Münchener Kommentar zur Strafprozessordnung

Herausgegeben von

Dr. Christoph Knauer
Rechtsanwalt in München
Honorarprofessor an der Ludwig-Maximilians-Universität München

Dr. Hans Kudlich
Professor an der Friedrich-Alexander-Universität Erlangen-Nürnberg

Dr. Hartmut Schneider
Bundesanwalt beim Bundesgerichtshof
Honorarprofessor an der Freien Universität Berlin

Band 1
§§ 1–150

Die einzelnen Bände des Münchener Kommentars zur StPO

Band 1: §§ 1–150

Band 2: §§ 151–332

Band 3: §§ 333–500

Band 4: GVG · GDolmG · EGGVG · EMRK
EGStPO · EGStGB · ZSHG · StrEG
JGG · G10 · AO

Münchener Kommentar zur Strafprozessordnung

Band 1

§§ 1–150 StPO

Herausgegeben von

Dr. Hans Kudlich

Professor an der Friedrich-Alexander-Universität Erlangen-Nürnberg

2. Auflage 2023

C.H.BECK

Zitiervorschlag: MüKoStPO/Bearbeiter § … Rn. …

www.beck.de

ISBN 978 3 406 76771 5

Druck: Druckerei C.H.Beck Nördlingen
(Adresse wie Verlag)
Satz: Meta Systems Publishing & Printservices GmbH, Wustermark
Umschlaggestaltung: Druckerei C.H.Beck Nördlingen
nach einem Entwurf von Elmar Lixenfeld, duodez.de

CO_2 neutral
chbeck.de/nachhaltig

Gedruckt auf säurefreiem, alterungsbeständigem Papier
(hergestellt aus chlorfrei gebleichtem Zellstoff)

Die Bearbeiter des ersten Bandes

Olaf Beller
Richter am Amtsgericht Aschaffenburg

Folker Bittmann
Rechtsanwalt, Köln
Leitender Oberstaatsanwalt a.D., Staatsanwaltschaft Dessau-Roßlau

Klaus Michael Böhm
Richter am Oberlandesgericht a.D., Karlsruhe

Stefan Conen
Rechtsanwalt, Berlin

Dr. Klaus Ellbogen
Assessor, Potsdam

Dr. Sönke Florian Gerhold
Professor an der Universität Bremen

Wolfgang Gründler
Generalstaatsanwalt in Bamberg

Dr. Jörn Hauschild
Bundesanwalt beim Bundesgerichtshof, Karlsruhe

Dr. Simone Kämpfer
Rechtsanwältin, Düsseldorf

Dr. Ingo Kindler
Richter am Oberlandesgericht Nürnberg

Dr. Helmut Kreicker
Richter am Bundesgerichtshof, Karlsruhe

Dr. Hans Kudlich
Professor an der Friedrich-Alexander-Universität Erlangen-Nürnberg

Stefan Maier
Vorsitzender Richter am Oberlandesgericht Stuttgart

Dr. Johannes Rochner
Oberregierungsrat, Bayerisches Staatsministerium der Justiz, München

Dr. Christian Rückert
Privatdozent
Lehrstuhlvertreter an der Universität Mannheim

Dr. Jan C. Schuhr
Professor an der Universität Heidelberg

Die Bearbeiter des ersten Bandes

Dr. Thomas Schuster, LL.M.
Vorsitzender Richter am Landgericht Würzburg

Dr. Daniel Travers
Rechtsanwalt, Düsseldorf

Dr. Thomas Trück
Oberstaatsanwalt (sV), Staatsanwaltschaft Tübingen

Dr. Michael Tsambikakis
Rechtsanwalt, Köln
Honorarprofessor an der Universität Passau

Dr. Brian Valerius
Professor an der Universität Passau

Im Einzelnen haben bearbeitet

Einleitung	Dr. Hans Kudlich
§§ 1–21	Dr. Klaus Ellbogen
Vor § 22, §§ 22–31	Stefan Conen/Dr. Michael Tsambikakis
§§ 32–32f	Olaf Beller/Wolfgang Gründler/Dr. Ingo Kindler/Dr. Johannes Rochner
§§ 33–47	Dr. Brian Valerius
Vor § 48, §§ 48–51	Stefan Maier
§§ 52–54	Dr. Helmut Kreicker
§§ 55–71	Stefan Maier
§§ 72–93	Dr. Thomas Trück
§§ 94–98c	Dr. Jörn Hauschild
§§ 99, 100	Dr. Thomas Schuster
§§ 100a–101b	Dr. Christian Rückert
§§ 102–111a	Dr. Jörn Hauschild
Vor §§ 111b ff., §§ 111b–111q	Folker Bittmann
§§ 112–130	Klaus Michael Böhm
§§ 131–132a	Dr. Sönke Florian Gerhold
Vor § 133, §§ 133–136a	Dr. Jan C. Schuhr
§§ 137–150	Dr. Simone Kämpfer/Dr. Daniel Travers

Vorwort zur zweiten Auflage

Die erste Auflage des Münchener Kommentars zur Strafprozessordnung ist freundlich aufgenommen worden. Mit ihr wurde eine Lücke in der erfolgreichen Reihe der Münchener Kommentare geschlossen. Dies war im Strafprozessrecht umso wichtiger, da hier dem Prozessrecht auf Grund der etwa im Vergleich zum Zivilverfahren geringeren Disponibilität verfahrensrechtlicher Normen eine mindestens gleich bedeutsame Rolle zukommt wie dem materiellen Recht.

Die erste Auflage eines solchen mehrbändigen Werkes hat fast schon naturgemäß mit Verzögerungen zu kämpfen, wenn einzelne Autorinnen oder Autoren Mühe haben, in ihrem Arbeitsalltag die anfänglich vereinbarten Fristen einzuhalten. Zusammen mit vor allem der (teilweise nahezu hyper-) aktiven Gesetzgebung geschuldeten Verzögerungen auch bei der zweiten Auflage liegt nun doch eine nicht ganz unerhebliche Zeitspanne zwischen dem Erscheinen der ersten und der vorliegenden zweiten Auflage des ersten Bandes. Für die Zukunft sollen diese Intervalle verringert werden, selbst wenn die Erläuterungen im Münchener Kommentar nicht vorrangig dem Nachweis der tagesaktuellen Rechtsprechung dienen, sondern größere Zusammenhänge aufzeigen und Argumentationsmuster anbieten sollen. Dabei sollen auch weiterhin ausgetragene oder nicht mehr praxisrelevante Streitstände verknappt und stattdessen die modernen strafprozessualen Entwicklungen dargestellt und kritisch begleitet werden.

Dazu gehört insbesondere im vorliegenden Band auch der Umgang mit modernen Technologien im Strafverfahren: Gegenüber der Vorauflage ist eine Kommentierung der §§ 32 ff. StPO zur elektronischen Aktenführung aufgenommen und der Umfang der Kommentierung zu den §§ 100a ff. StPO erheblich erweitert worden. Von nicht unerheblicher praktischer Bedeutung dürften darüber hinaus die in den Jahren 2017 und 2019 erfolgten Änderungen des Ablehnungsrechts sein.

Der Aufbau der Darstellung folgt grundsätzlich einer allen Bänden einheitlichen Struktur. Die Erläuterung beginnt regelmäßig mit der Erörterung des Zwecks und der Rechtsnatur der Norm. Auf deren Entstehungsgeschichte wird nur dort vertieft eingegangen, wo sie für die Auslegung und das Verständnis der Vorschrift bedeutsam ist. Die einzelnen Voraussetzungen der Vorschriften werden jeweils vom Wortlaut ausgehend erläutert. Gegebenenfalls wird ergänzend auf Aspekte des internationalen, insbesondere europäischen Rechts eingegangen. Jeder Band enthält ein Abkürzungs- und ein Literaturverzeichnis sowie ein ausführliches Sachregister. Sach- und Rechtsstand ist grundsätzlich der Juli 2022; vereinzelt konnten in der Korrekturphase auch neuere Beiträge und Entscheidungen noch berücksichtigt werden.

Es wird darauf hingewiesen, dass in den Kommentierungen dieses Buches zur besseren Lesbarkeit das generische Maskulinum verwendet wird. Sämtliche Personenbezeichnungen gelten selbstverständlich gleichermaßen für alle Geschlechter.

Zuletzt: Gegenüber der Vorauflage ist es zu vereinzelten Wechseln im Bearbeiterkreis gekommen. Den ausgeschiedenen Autoren gilt unser Dank für die Bewerkstelligung der – oft besonders arbeitsintensiven – ersten Auflage sowie den neu eingetretenen Autoren derjenige für die Bereitschaft der Mitwirkung an diesem Projekt.

Im September 2022 *Herausgeber und Verlag*

Vorwort zur zweiten Auflage

[illegible]

[illegible]

[illegible]

[illegible]

[illegible]

[illegible]

Aus dem Vorwort zur ersten Auflage

Mit den drei Bänden zum Strafprozessrecht wird nunmehr eine in der seit langem erfolgreichen Reihe der Münchener Kommentare bestehende Lücke geschlossen. (…) Dabei soll die Kommentierung auch hier die „goldene Mitte" zwischen einbändigen Kommentierungen (in denen aus Umfangsgründen Lösungsvorschläge mitunter nur präsentiert, nicht aber entwickelt werden können) und vielbändigen Werken (in denen für den Praktiker mitunter die rasche Orientierung schwierig sein kann) bilden.

(…)

Der Münchener Kommentar zum Strafprozessrecht wendet sich vorrangig an Richter, Staats- und Amtsanwälte, Strafverteidiger und alle weiteren strafrechtlichen Praktiker. Entsprechend dieser Ausrichtung steht das Bestreben im Vordergrund, auf der Basis der höchstrichterlichen Rechtsprechung und zuverlässigen Wiedergabe der wesentlichen Literatur stets klare und praxisnahe Lösungsvorschläge und Entscheidungshilfen anzubieten. Dass ein so konzeptioniertes Werk auch für eine Strafprozessrechtswissenschaft wichtig sein kann, die sich als anwendungsbezogene Wissenschaft an der Rechtspraxis orientieren und für diese anschlussfähig sein sollte, liegt auf der Hand.

(…)

Wegen seiner auf die Praxis bezogenen Ausrichtung auf wissenschaftlichem Fundament haben die Herausgeber und der Verlag großen Wert darauf gelegt, im Strafverfahrensrecht ausgewiesene Wissenschaftler und berufserfahrene Praktiker als Autoren zu gewinnen, die in ihren Beiträgen theoretische Ideen und praktische Notwendigkeiten harmonisch miteinander verknüpfen. Die Übertragung wichtiger Passagen der Kommentierung nicht nur in diesem Band sowie die Aufnahme eines Strafverteidigers in den Herausgeberkreis machen deutlich, dass vorliegend – abweichend von einer stark ausgeprägten Wissenschafts- oder aber Justiz-Zentrierung in manchen Parallelwerken – gerade auch der Perspektive der auf hohem rechtlichen Niveau professionalisierten Strafverteidigung ein besonderer Stellenwert eingeräumt werden soll.

Im Juli 2014 *Herausgeber und Verlag*

Inhaltsverzeichnis

Achter Abschnitt. Ermittlungsmaßnahmen

Verzeichnis der allgemeinen Abkürzungen

aA	anderer Ansicht
AA	Auswärtiges Amt
aaO	am angegebenen Ort
Abg.	Abgeordnete(r)
abgedr.	abgedruckt
AbgG	Gesetz über die Rechtsverhältnisse der Mitglieder des Deutschen Bundestages
abl.	ablehnend
ABl. EG (Nr.)	Amtsblatt der Europäischen Gemeinschaft
Abs.	Absatz
Abschn.	Abschnitt
abw.	abweichend
AcP	Archiv für die civilistische Praxis (zitiert nach Band und Seite)
aE	am Ende
AE-Wiedergutmachung	Alternativ-Entwurf Wiedergutmachung, 1992
AEUV	Vereinbarung über die Arbeitsweise der Europäischen Union (ABl. 2008 Nr. C 115)
aF	alte Fassung
AfP	Archiv für Presserecht (zitiert nach Jahr und Seite)
AG	Amtsgericht/Aktiengesellschaft
AGB	Allgemeine Geschäftsbedingungen
AGGVG	Ausführungsgesetz zum Gerichtsverfassungsgesetz
AJIL	American Journal of International Law
AktG	Aktiengesetz
AkWiss.	Akademie der Wissenschaften und der Literatur (zitiert nach Jahr und Seite)
allg.	allgemein
allgA	allgemeine Ansicht
allgM	allgemeine Meinung
Alt.	Alternative
aM	anderer Meinung
Amtl. Begr.	Amtliche Begründung
ÄndG	Änderungsgesetz
ÄndVO	Änderungsverordnung
Angekl.	Angeklagter
Anh.	Anhang
Anl.	Anlage
Anm.	Anmerkung
AnO	Anordnung
AnwBl.	Anwaltsblatt (zitiert nach Jahr und Seite)
AO	Abgabenordnung (AO 1977)
AÖR	Archiv für öffentliches Recht (zitiert nach Jahr und Seite)
ArbGG	Arbeitsgerichtsgesetz
ArbuR	Arbeit und Recht (zitiert nach Jahr und Seite)
Arch.Krim.	Archiv für Kriminologie (zitiert nach Band und Seite)
ArchPT	Archiv für Post und Telekommunikation (zitiert nach Jahr und Seite)
Art.	Artikel
ASOG	Allgemeines Gesetz zum Schutz der Sicherheit und Ordnung (Berliner Polizeigesetz)
AsylbLG	Asylbewerberleistungsgesetz
AsylG	Gesetz über das Asylverfahren (Asylgesetz – AsylG)
AT	Allgemeiner Teil
ATDG	Antiterrordateigesetz
AufenthG	Gesetz über den Aufenthalt, die Erwerbstätigkeit und die Integration von Ausländern im Bundesgebiet
Aufl.	Auflage
ausf.	ausführlich
AuslG	Gesetz über die Einreise und den Aufenthalt von Ausländern im Bundesgebiet (Ausländergesetz – AuslG)

Verzeichnis der allgemeinen Abkürzungen

AV	Allgemeine Verfügung
AWG	Außenwirtschaftsgesetz
AWPrax	Außenwirtschaftliche Praxis
AZRG	Gesetz über das Ausländerzentralregister (AZR-Gesetz)
BA	Blutalkohol
BaFin	Bundesanstalt für Finanzdienstleistungsaufsicht
BAG	Bundesarbeitsgericht; Entscheidungen des Bundesarbeitsgerichts
BAK	Blutalkoholkonzentration
BannMG	Bannmeilengesetz
BAnz.	Bundesanzeiger (ab 1983 zitiert nach Jahr und Seite)
BÄO	Bundesärzteordnung
Bay.	Bayern
BayAGGVG	Gesetz zur Ausführung des Gerichtsverfassungsgesetzes und von Verfahrensgesetzen des Bundes
BayBS	Bereinigte Sammlung des Bayerischen Landesrechts
BayGZVJu	Bayerische Verordnung über gerichtliche Zuständigkeiten im Bereich des Staatsministeriums der Justiz
BayJMBl	Bayerisches Justizministerialblatt (zitiert nach Jahr und Seite)
BayObLG	Bayerisches Oberstes Landesgericht
BayObLGSt	Bayerisches Oberstes Landesgericht, Sammlung von Entscheidungen in Strafsachen (alte Folge zitiert nach Band und Seite, neue Folge nach Jahr und Seite)
BayPAG	Bayerisches Polizeiaufgabengesetz
BayVBl.	Bayerische Verwaltungsblätter
BayVerf	Verfassung des Freistaates Bayern
BayVerfGH	Bayerischer Verfassungsgerichtshof
BayVSG	Bayerisches Verfassungsschutzgesetz
BB	Betriebs-Berater (zitiert nach Jahr und Seite)
BBergG	Bundesberggesetz (BBergG)
BBesG	Bundesbesoldungsgesetz
Bd.	Band
BDG	Bundesdisziplinargesetz vom 9.7.2001
BDH	Bundesdisziplinarhof
BDO	Bundesdisziplinarordnung
BDSG	Bundesdatenschutzgesetz
BeamtStG	Gesetz zur Regelung des Statusrechts der Beamtinnen und Beamten in den Ländern (Beamtenstatusgesetz)
Begr.	Begründung
Beil.	Beilage
Bek.	Bekanntmachung
Ber.	Bericht (früher Schriftlicher Bericht) des federführenden Ausschusses des Deutschen Bundestages
BerlVerfGH	Berliner Verfassungsgerichtshof
Beschl.	Beschluss
Bespr.	Besprechung
bestr.	bestritten
betr.	betreffend
BetrVG	Betriebsverfassungsgesetz
BeurkG	Beurkundungsgesetz
BewHi	Bewährungshilfe, Fachzeitschrift für Bewährungs-, Gerichts- und Straffälligenhilfe (zitiert nach Jahr und Seite)
BezG	Bezirksgericht
BFH	Bundesfinanzhof
BFHE	Sammlung der Entscheidungen des Bundesfinanzhofes (zitiert nach Jahr und Seite)
BfV	Bundesamt für Verfassungsschutz
BGB	Bürgerliches Gesetzbuch
BGBl. I, II, III	Bundesgesetzblatt Teil I, Teil II; die Verweisung auf Teil III entspricht dem jährlich veröffentlichten Fundstellennachweis A (FNA) des BGBl.
BGH	Bundesgerichtshof; Entscheidungen des Bundesgerichtshofs in Strafsachen (zitiert nach Band und Seite)
BGH GrS	Großer Senat beim Bundesgerichtshof in Strafsachen
BGHR	BGH-Rechtsprechung – Strafsachen, herausgegeben von den Richtern des Bundesgerichtshofes (seit 1987), (zitiert nach Paragraph, abgekürztem Stichwort und laufender Nummer)

BGHSt	Entscheidungen des Bundesgerichtshofs in Strafsachen (zitiert nach Band und Seite)
BGHZ	Entscheidungen des Bundesgerichtshofs in Zivilsachen (zitiert nach Band und Seite)
BGSG	Gesetz über den Bundesgrenzschutz (Bundesgrenzschutzgesetz – BGSG)
BHO	Bundeshaushaltsordnung
BJagdG	Bundesjagdgesetz
BKA	Bundeskriminalamt
BKAG	Gesetz über das Bundeskriminalamt und die Zusammenarbeit des Bundes und der Länder in kriminalpolizeilichen Angelegenheiten (Bundeskriminalamtgesetz – BKAG)
BKartA	Bundeskartellamt
BKatV	Verordnung über Regelsätze für Geldbußen und über die Anordnung eines Fahrverbotes wegen Ordnungswidrigkeiten im Straßenverkehr (Bußgeldkatalog-Verordnung – BKatV)
Bln.	Berlin
Blutalkohol	Blutalkohol, Wissenschaftliche Zeitschrift für die medizinische und juristische Praxis (zitiert nach Jahr und Seite)
BMF	Bundesministerium der Finanzen
BMI	Bundesministerium des Innern
BMinG	Gesetz über die Rechtsverhältnisse der Mitglieder der Bundesregierung (Bundesministergesetz)
BMJ	Bundesministerium der Justiz
BMVg	Bundesministerium der Verteidigung
BND	Bundesnachrichtendienst
BNDG	Gesetz über den Bundesnachrichtendienst (Bundesnachrichtendienstgesetz – BNDG)
BNotO	Bundesnotarordnung
BORA	Berufsordnung für Rechtsanwälte
BPersVG	Bundespersonalvertretungsgesetz (BPersVG)
BPolG	Bundespolizeigesetz
BPolZV	Verordnung über die Zuständigkeit der Bundespolizeibehörden
BPräs	Bundespräsident
Brandenbg.	Brandenburg
BRAO	Bundesrechtsanwaltsordnung
BRat	Bundesrat, auch Plenarprotokoll (zitiert nach Sitzungsnummer)
BR-Drs.	Drucksache des Bundesrats (zitiert nach Nummer und Jahr)
BReg.	Bundesregierung
Brem.	Freie Hansestadt Bremen
BRep.	Bundesrepublik Deutschland
BRRG	Rahmengesetz zur Vereinheitlichung des Beamtenrechts (Beamtenrechtsrahmengesetz – BRRG)
BSGE	Amtliche Sammlung der Entscheidungen des Bundessozialgerichts
BSHG	Bundessozialhilfegesetz
BSozG	Bundessozialgericht
Bsp.	Beispiel
bspw.	beispielsweise
BStatG	Gesetz über die Statistik für Bundeszwecke (Bundesstatistikgesetz – BStatG)
BStBl.	Bundessteuerblatt (zitiert nach Jahr und Seite)
BT	Besonderer Teil
BTA	Bild-Ton-Aufzeichnung
BTag	Deutscher Bundestag, auch Plenarprotokoll (zitiert nach Wahlperiode und Seite)
BT-Drs.	Drucksache des Deutschen Bundestags (zitiert nach Wahlperiode und Nummer)
BT-GeschO	Geschäftsordnung des Deutschen Bundestages
BtMG	Gesetz über den Verkehr mit Betäubungsmitteln (Betäubungsmittelgesetz – BtMG)
BtPrax	Betreuungsrechtliche Praxis (zitiert nach Jahr und Seite)
Buchst.	Buchstabe
BVerfG	Bundesverfassungsgericht
BVerfGE	Entscheidungen des Bundesverfassungsgerichts (zitiert nach Band und Seite)
BVerfGG	Gesetz über das Bundesverfassungsgericht (Bundesverfassungsgerichtsgesetz – BVerfGG)

Verzeichnis der allgemeinen Abkürzungen

BVerfSchG	Gesetz über die Zusammenarbeit des Bundes und der Länder über Angelegenheiten des Verfassungsschutzes und über das Bundesamt für Verfassungsschutz (Bundesverfassungsschutzgesetz – BVerfSchG)
BVerwG	Bundesverwaltungsgericht
BVerwGE	Entscheidungen des Bundesverwaltungsgerichts (zitiert nach Band und Seite)
BW	Baden-Württemberg
BWAGGVG	Baden-Württembergisches Gesetz zur Ausführung des Gerichtsverfassungsgesetzes und von Verfahrensgesetzen der ordentlichen Gerichtsbarkeit
BWahlG	Bundeswahlgesetz
BWO	Bundeswahlordnung
BWStAnz.	Staatsanzeiger Baden-Württemberg
BwVollzO	Bundeswehrvollzugsordnung
bzgl.	bezüglich
BZR	Bundeszentralregister
BZRG	Gesetz über das Zentralregister und das Erziehungsregister (Bundeszentralregistergesetz – BZRG)
bzw.	beziehungsweise
CLF	Criminal Law Forum
CR	Computer und Recht (zitiert nach Jahr und Seite)
DAR	Deutsches Autorecht (zitiert nach Jahr und Seite)
DAV	Deutscher Anwaltverein
DB	Der Betrieb (zitiert nach Jahr und Seite)
ders./dies.	derselbe/dieselbe(n)
desgl.	desgleichen
DGVZ	Deutsche Gerichtsvollzieher-Zeitung (zitiert nach Jahr und Seite)
dh	das heißt
Die Justiz	Amtsblatt des Justizministeriums Baden-Württemberg (zitiert nach Jahr und Seite)
Diss.	Dissertation
diff.	differenzierend
DJ	Deutsche Justiz (zitiert nach Jahr und Seite)
DJT	Deutscher Juristentag
DJZ	Deutsche Juristenzeitung (zitiert nach Jahr und Seite)
DNotZ	Deutsche Notar-Zeitschrift
DÖD	Der öffentliche Dienst (zitiert nach Jahr und Seite)
DÖV	Deutsche Öffentliche Verwaltung (zitiert nach Jahr und Seite)
DR	Deutsches Recht (Wochenausgabe)
DRiB	Deutscher Richterbund
DRiG	Deutsches Richtergesetz
DRiZ	Deutsche Richterzeitung (zitiert nach Jahr und Nummer)
Drs.	Drucksache
DRW	Deutsches Recht, vereinigt mit Juristischer Wochenschrift (zitiert nach Jahr und Seite)
DRZ	Deutsche Rechtszeitschrift (zitiert nach Jahr und Seite)
DStR	Deutsches Steuerrecht (zitiert nach Band und Seite)
DStrZ	Deutsche Strafrechtszeitung
DStZ	Deutsche Steuerzeitung (zitiert nach Jahr und Seite)
DtZ	Deutsch-Deutsche Rechtszeitschrift (zitiert nach Jahr und Seite)
DuD	Datenschutz und Datensicherheit (zitiert nach Jahr und Seite)
DVBl.	Deutsches Verwaltungsblatt
DVJJ-Journal	Zeitschrift für Jugendkriminalrecht und Jugendhilfe (zitiert nach Jahr und Seite)
DVO	Durchführungsverordnung
E	Entwurf
EBAO	Einforderungs- und Beitreibungsanordnung
ebd.	ebenda
EBO	Eisenbahn-Bau- und Betriebsordnung
EG	Einführungsgesetz
EG	Europäische Gemeinschaften
EGGVG	Einführungsgesetz zum Gerichtsverfassungsgesetz
EGH	Entscheidungen der Ehrengerichtshöfe der Rechtsanwaltschaft des Bundesgebietes und des Landes Berlin
EGMR	Europäischer Gerichtshof für Menschenrechte
EGOWiG	Einführungsgesetz zum Gesetz über Ordnungswidrigkeiten

Verzeichnis der allgemeinen Abkürzungen

EGStGB	Einführungsgesetz zum Strafgesetzbuch
EGStPO	Einführungsgesetz zur Strafprozeßordnung
EGV	Vertrag zur Gründung der Europäischen Gemeinschaft vom 25.3.1957 idF des Vertrags über die Europäische Union vom 7.2.1992
EGWStG	Einführungsgesetz zum Wehrstrafgesetz
EheG	Ehegesetz (Gesetz Nr. 16 des Kontrollrates)
Einf.	Einführung
Einl.	Einleitung
einschr.	einschränkend
EJIL	European Journal of International Law
EKMR	Europäische Kommission für Menschenrechte
EMRK	Konvention vom 4.11.1950 zum Schutze der Menschenrechte und Grundfreiheiten
entspr.	entspricht/entsprechend
erg.	ergänzend
Erg.	Ergebnis
Erl.	Erlass
EStG	Einkommensteuergesetz
ETS	European Treaty Series
EU	Europäische Union
EuAbgG	Europaabgeordnetengesetz
EuAlÜbk.	Europäisches Auslieferungsübereinkommen
EU-BestG	Gesetz zu dem Protokoll vom 27. September 1996 zum Übereinkommen über den Schutz der finanziellen Interessen der Europäischen Gemeinschaften (EU-Bestechungsgesetz – EUBestG)
EuGH	Europäischer Gerichtshof (Gerichtshof der Europäischen Gemeinschaften)
EuGRZ	Europäische Grundrechte Zeitschrift (zitiert nach Jahr und Seite)
EuR	Europarecht (zitiert nach Jahr und Seite)
EuRAG	Gesetz zur Umsetzung von Richtlinien der Europäischen Gemeinschaft auf dem Gebiet des Berufsrechts der Rechtsanwälte
EuRhÜbk.	Europäisches Übereinkommen über die Rechtshilfe in Strafsachen
EuropolG	Gesetz zu dem Übereinkommen vom 26. Juli 1995 auf Grund von Artikel K.3 des Vertrags über die Europäische Union über die Errichtung eines Europäischen Polizeiamts (Europol-Gesetz)
EuTerrÜbk.	Europäisches Übereinkommen v. 27.1.1977 zur Bekämpfung des Terrorismus
EUV	Vertrag vom 7.2.1992 über die Europäische Union
EuWG	Gesetz über die Wahl der Abgeordneten der Europäischen Parlaments aus der Bundesrepublik Deutschland (Europawahlgesetz – EuWG)
EuZW	Europäische Zeitung für Wirtschaftsrecht (zitiert nach Jahr und Seite)
EV	Einigungsvertrag (Vertrag zwischen der Bundesrepublik Deutschland und der Deutschen Demokratischen Republik über die Herstellung der Einheit Deutschlands)
EWG	Europäische Wirtschaftsgemeinschaft
EWR	Europäischer Wirtschaftsraum
EzSt.	Entscheidungssammlung zum Straf- und Ordnungswidrigkeitenrecht (zitiert nach Paragraph und laufender Nummer)
f./ff.	folgende/fortfolgende
FA	Finanzamt
FAG	Gesetz über Fernmeldeanlagen
Fallbespr.	Fallbesprechung
FamFG	Gesetz über das Verfahren in Familiensachen und in den Angelegenheiten der freiwilligen Gerichtsbarkeit (FamFG)
FamRZ	Ehe und Familie im privaten und öffentlichen Recht (zitiert nach Jahr und Seite)
FD-StrfR	fachdienst strafrecht (beck-online, zitiert nach Jahr und lfd. Nr.)
FeV	Verordnung über die Zulassung von Personen zum Straßenverkehr (Fahrerlaubnis-Verordnung – FeV)
FEVG	Gesetz über das gerichtliche Verfahren bei Freiheitsentziehungen
FG	Festgabe, Finanzgericht
FGG	Gesetz über die Angelegenheiten der freiwilligen Gerichtsbarkeit
FGG-RG	FGG-Reformgesetz
FGO	Finanzgerichtsordnung
FGPrax	Praxis der freiwilligen Gerichtsbarkeit
FinB	Finanzbehörde

Verzeichnis der allgemeinen Abkürzungen

Fn	Fußnote
FNA	Fundstellennachweis A des Bundesgesetzblattes (früher BGBl. III)
FrhEntzG	Gesetz über das gerichtliche Verfahren bei Freiheitsentziehungen
FS	Festschrift
G	Gesetz
G 10	Gesetz zur Beschränkung des Brief-, Post- und Fernmeldegeheimnisses (Artikel 10-Gesetz – G 10)
GA	Goltdammer's Archiv für Strafrecht (bis 1952 zitiert nach Band und Seite, ab 1953 zitiert nach Jahr und Seite)
GABl	Gemeinsames Amtsblatt
GBA	Generalbundesanwalt beim Bundesgerichtshof
GBG	Gesetz über die Beförderung gefährlicher Güter (Gefahrgutbeförderungsgesetz)
GBl.	Gesetzblatt
GedS	Gedächtnisschrift
gem.	gemäß
GerS	Der Gerichtssaal (zitiert nach Band und Seite)
GeschlKrG	Gesetz zur Bekämpfung der Geschlechtskrankheiten
GeschO BGH	Geschäftsordnung des Bundesgerichtshofes
GeschO BRat	Geschäftsordnung des Bundesrates
GeschO BReg	Geschäftsordnung der Bundesregierung
GeschO BTag	Geschäftsordnung des Deutschen Bundestages
GeschO BVerfG	Geschäftsordnung des Bundesverfassungsgerichts
GesE	Gesetzentwurf
GewO	Gewerbeordnung
GewSchG	Gewaltschutzgesetz
GG	Grundgesetz für die Bundesrepublik Deutschland
GgA	Gegenansicht
ggf.	gegebenenfalls
GjS	Gesetz über die Verbreitung jugendgefährdender Schriften und Medieninhalte
GKG	Gerichtskostengesetz
GmbH	Gesellschaft mit beschränkter Haftung
GmbHG	Gesetz betreffend die Gesellschaften mit beschränkter Haftung
GMBl.	Gemeinsames Ministerialblatt
GnO	Anordnung über das Verfahren in Gnadensachen (Gnadenordnung – GnO)
grds.	grundsätzlich
GrS	Großer Senat
GrStrK	Große Strafkammer
GRUR	Gewerblicher Rechtsschutz und Urheberrecht (zitiert nach Jahr und Seite)
GS	Gesetzessammlung
GStA	Generalstaatsanwalt
GSSt	Großer Senat für Strafsachen
GüKG	Güterkraftverkehrsgesetz
GÜV	Gesetz zur Überwachung strafrechtlicher und anderer Verbringungsverbote
GVBl.	Gesetz- und Verordnungsblatt
GVG	Gerichtsverfassungsgesetz
GWB	Gesetz gegen Wettbewerbsbeschränkungen
GwG	Gesetz über das Aufspüren von Gewinnen aus schweren Straftaten (Geldwäschegesetz)
hA	herrschende Ansicht
Hbg.	Hamburg
Hdb.	Handbuch
Hdbwb	Handwörterbuch
Hess.	Hessen
HESt	Höchstrichterliche Entscheidungen in Strafsachen (zitiert nach Band und Seite)
HGB	Handelsgesetzbuch
HinterlO	Hinterlegungsordnung
HIV	Human Immunodeficiency Virus
hL	herrschende Lehre
hM	herrschende Meinung
HmbAGGVG	Hamburgisches Gesetz zur Ausführung des Gerichtsverfassungsgesetzes vom 31.5.1965 (GVBl 99)
HRR	Höchstrichterliche Rechtsprechung (zitiert nach Jahr und Nummer)
HRRS	Onlinezeitschrift für Höchstrichterliche Rechtsprechung zum Strafrecht. Internetzeitung für Strafrecht – www.hrr-strafrecht.de – 2000 ff.

Verzeichnis der allgemeinen Abkürzungen

Hrsg.	Herausgeber
HS	Halbsatz
HSOG	Hessisches Gesetz über die öffentliche Sicherheit und Ordnung
HV	Hauptverhandlung
ICC	International Criminal Court
ICJ	International Court of Justice
ICJ Reports	Amtliche Sammlung der Entscheidungen des Internationalen Gerichtshofs
ICLR	International Criminal Law Review
ICTR	International Criminal Tribunal for Rwanda
ICTY	International Criminal Tribunal for the Former Yugoslavia
idF	in der Fassung (Bekanntmachung der Neufassung auf Grund einer Ermächtigung)
idR	in der Regel/im Rahmen der
ieS	im engeren Sinne
IfSG	Gesetz zur Verhütung und Bekämpfung von Infektionskrankheiten beim Menschen (Infektionsschutzgesetz)
IGH	Internationaler Gerichtshof
ILC	International Law Commission
ILM	International Legal Materials
ILR	International Law Reports (London)
IMG	Internationaler Militärgerichtshof
insb./insbes.	insbesondere
insg.	insgesamt
InsO	Insolvenzordnung
IntBestG	Gesetz zu dem Übereinkommen vom 17. Dezember 1997 über die Bekämpfung der Bestechung ausländischer Amtsträger im internationalen Geschäftsverkehr (Gesetz zur Bekämpfung internationaler Bestechung – IntBestG)
IPRax	Praxis des Internationalen Privat- und Verfahrensrechts (zitiert nach Jahr und Seite)
iRd	im Rahmen des/der
IRG	Gesetz über die internationale Rechtshilfe in Strafsachen
iS	im Sinne
IStGH	Internationaler Strafgerichtshof
IStGHG	Gesetz über die Zusammenarbeit mit dem Internationalen Strafgerichtshof (IStGH-Gesetz – IStGHG)
IuR	Informatik und Recht (zitiert nach Jahr und Seite)
iVm	in Verbindung mit
iwS	im weiteren Sinne
JA	Juristische Arbeitsblätter (zitiert nach Jahr und Seite)
JAVollzO	Verordnung über den Vollzug des Jugendarrestes (Jugendarrestvollzugsordnung – JAVollzO)
JBeitrO	Justizbeitreibungsordnung
JBlRP	Justizblatt Rheinland-Pfalz
JBl.	Juristische Blätter (zitiert nach Jahr und Seite)
JGG	Jugendgerichtsgesetz
JK	Jura-Kartei
JKomG	Justizkommunikationsgesetz
JMBl.	Justizministerialblatt
JMBlNW	Justizministerialblatt für das Land Nordrhein-Westfalen
JP	Juristische Person
JR	Juristische Rundschau (zitiert nach Jahr und Seite)
JStGH	Internationaler Strafgerichtshof für das ehemalige Jugoslawien
JugG	Jugendgericht
JugK	Jugendkammer
JugSchG	Jugendschöffengericht
JuMiG	Justizmitteilungsgesetz und Gesetz zur Änderung kostenrechtlicher Vorschriften und anderer Gesetze vom 18.6.1997
JuMoG	Justizmodernisierungsgesetz (1. JuMoG vom 24.8.2004, 2. JuMoG vom 22.12.2006)
Jura	Juristische Ausbildung (zitiert nach Jahr und Seite)
JurA	Juristische Analysen (zitiert nach Jahr und Seite)
JurBüro	Das Juristische Büro (zitiert nach Jahr und Spalte)
JuS	Juristische Schulung (zitiert nach Jahr und Seite)
Justiz	Die Justiz – Amtsblatt des Justizministeriums Baden-Württemberg (zitiert nach Jahr und Seite)

Verzeichnis der allgemeinen Abkürzungen

JV	Justizverwaltung
JVA	Justizvollzugsanstalt
JVBl.	Justizverwaltungsblatt (zitiert nach Jahr und Seite)
JVEG	Justizvergütungs- und -entschädigungsgesetz
JVerwA	Justizverwaltungsakt
JVerwB	Justizverwaltungsbehörde
JW	Juristische Wochenschrift (zitiert nach Jahr und Seite)
JZ	Juristenzeitung (zitiert nach Jahr und Seite)
JZ-GD	Juristenzeitung, Gesetzgebungsdienst (zitiert nach Jahr und Seite)
Kap.	Kapitel
Kfz	Kraftfahrzeug
KG	Kammergericht bzw. Kommanditgesellschaft
KonsularG	Gesetz über die Konsularbeamten, ihre Aufgaben und Befugnisse (Konsulargesetz)
KrG	Kreisgericht
Kriminalist	Der Kriminalist (zitiert nach Jahr und Seite)
Kriminalistik	Kriminalistik (zitiert nach Jahr und Seite)
KrimJ	Kriminologisches Journal
KrimZ	Kriminologische Zentralstelle e. V. Wiesbaden
krit.	kritisch
KritJ	Kritische Justiz
KritV	Kritische Vierteljahreszeitschrift für die Gesetzgebung und Rechtswissenschaft (zitiert nach Jahr und Seite)
KUG	Gesetz betr das Urheberrecht an Werken der bildenden Künste und der Fotografie
KUP	Kriminologie und Praxis (herausgegeben von der Kriminologischen Zentralstelle Wiesbaden e. V.)
KVGKG	Kostenverzeichnis zum GKG (Anlage 1 zum GKG)
KWG	Gesetz über das Kreditwesen
KWKG	Ausführungsgesetz zu Artikel 26 Abs. 2 des Grundgesetzes (Gesetz über die Kontrolle von Kriegswaffen)
LG	Landgericht
li. Sp.	linke Spalte
Lit.	Literatur
LKA	Landeskriminalamt
LM	Entscheidungen des Bundesgerichtshofs im Nachschlagewerk des Bundesgerichtshofs von Lindenmaier/Möhring (zitiert nach Nr. und Paragraph)
Losebl.	Loseblattsammlung
LPartG	Gesetz über die Eingetragene Lebenspartnerschaft (Lebenspartnerschaftsgesetz)
LPresseG	Landespressegesetz
LRiG	Landesrichtergesetz
LS	Leitsatz
LVerwG	Landesverwaltungsgericht
LVO	Landesverordnung
LZ	Leipziger Zeitschrift (zitiert nach Jahr und Seite)
MABl.	Ministerialamtsblatt
mAnm	mit Anmerkung
Mat.	Materialien zur Strafrechtsreform, 15 Bände, 1954–1962
MBl.	Ministerialblatt
MDR	Monatsschrift für deutsches Recht (zitiert nach Jahr und Seite)
MeckVorp.	Mecklenburg-Vorpommern
MedR	Medizinrecht (zitiert nach Jahr und Seite)
MiStra	Anordnung über Mitteilungen in Strafsachen. AV BMJ
MMR	MultiMedia und Recht, Zeitschrift für Information, Telekommunikation und Medienrecht (zitiert nach Jahr und Seite)
MOG	Gesetz zur Durchführung der gemeinsamen Marktorganisationen
MRVfÜbk.	Europäisches Übereinkommen v. 6.5.1969 über die am Verfahren vor der Europäischen Kommission und dem Europäischen Gerichtshof für Menschenrechte teilnehmenden Personen
MschrKrim	Monatsschrift für Kriminalpsychologie und Strafrechtsreform (bis 1936; dann für Kriminalbiologie u. Strafrechtsreform), (zitiert nach Jahr und Seite)
mwN	mit weiteren Nachweisen
mWv	mit Wirkung vom

Verzeichnis der allgemeinen Abkürzungen

Nachw.	Nachweis
Nds.	Niedersachsen
NdsAGGVG	Ausführungsgesetz zum Gerichtsverfassungsgesetz
NdsRpflege	Niedersächsische Rechtspflege (zitiert nach Jahr und Seite)
nF	neue Fassung
NJ	Neue Justiz (zitiert nach Jahr und Seite)
NJOZ	Neue Juristische Online-Zeitschrift (zitiert nach Jahr und Seite)
NJW	Neue Juristische Wochenschrift (zitiert nach Jahr und Seite)
NJW-CoR	Computerreport der Neuen Juristischen Wochenzeitschrift (zitiert nach Heft und Jahr)
NJW-RR	NJW-Rechtsprechungs-Report Zivilrecht
NPA	Neues Polizeiarchiv
Nr.	Nummer
NRW	Nordrhein-Westfalen
NRW SGV	Sammlung des bereinigten Gesetz- und Verordnungsblattes für das Land Nordrhein-Westfalen
NRW VBl.	Verwaltungsblatt des Landes Nordrhein-Westfalen
NStE	Neue Entscheidungssammlung für Strafrecht (zitiert nach Paragraph und Nummer; ist kein Paragraph angegeben, so handelt es sich um eine Entscheidung zu dem kommentierten Paragraphen)
NStZ	Neue Zeitschrift für Strafrecht (zitiert nach Jahr und Seite)
NStZ-RR	NStZ-Rechtsprechungs-Report Strafrecht (zitiert nach Jahr und Seite)
NTS	NATO-Truppenstatut
NTSG	Gesetz zu dem Abkommen zwischen den Parteien des Nordatlantikvertrags v. 19. Juni 1951 über die Rechtsstellung ihrer Truppen und zu den Zusatzvereinbarungen v. 3. Aug. 1959 zu diesem Abkommen (Gesetz zum NATO-Truppenstatut und zu den Zusatzvereinbarungen)
NTS-ZA	Zusatzabkommen zu dem Abkommen zwischen den Parteien des Nordatlantikvertrages (vom 19. Juni 1951) über die Rechtsstellung ihrer Truppen hinsichtlich der in der Bundesrepublik Deutschland stationierten Truppen
NZV	Neue Zeitschrift für Verkehrsrecht (zitiert nach Jahr und Seite)
NZWiSt	Neue Zeitschrift für Wirtschafts-, Steuer- und Unternehmensstrafrecht
ObLG	Oberstes Landesgericht
öffentl.	öffentlich(e)(en)(er)
ÖJZ	Österreichische Juristenzeitung (zitiert nach Jahr und Seite)
OEG	Gesetz über die Entschädigung für Opfer von Gewalttaten (Opferentschädigungsgesetz – OEG)
o. g.	oben genannt
OGH	Oberster Gerichtshof für die britische Zone in Köln
OGHSt	Oberster Gerichtshof für die britische Zone in Köln, auch Rechtsprechung des OGH in Strafsachen (zitiert nach Band und Seite)
OLG	Oberlandesgericht
OLG-NL	OLG-Rechtsprechung – Neue Länder (zitiert nach Jahr und Seite)
OLGR	OLG-Report, Schnelldienst zur Zivilrechtsprechung der Oberlandeslandesgerichte (zitiert mit dem Ort des jeweiligen Oberlandesgerichts)
OLGSt	Entscheidungen der Oberlandesgerichte zum Straf- und Strafverfahrensrecht (zitiert nach Paragraph und Seite; Neuaufl. (Entscheidungen seit 1982) innerhalb der Paragraphen nur mit laufender Nr. zitiert)
OpferRRG	Opferrechtsreformgesetz
OpferSchG	Erstes Gesetz zur Verbesserung der Stellung des Verletzten im Strafverfahren (Opferschutzgesetz)
OrgK	Organisierte Kriminalität
OrgKG	Gesetz zur Verbesserung der Bekämpfung der Organisierten Kriminalität
OrgStA	Anordnung über Organisation und Dienstbetrieb der Staatsanwaltschaften (bundeseinheitlich)
OStA	Oberstaatsanwalt
OVG	Oberverwaltungsgericht
OWiG	Gesetz über Ordnungswidrigkeiten
PAG	Polizeiaufgabengesetz
ParlStG	Gesetz über die Rechtsverhältnisse der Parlamentarischen Staatssekretäre
ParteienG	Gesetz über Parteien und andere politische Vereinigungen (Parteiengesetz)
pass.	passim; im angegebenen Werk da und dort verstreut
PassG	Passgesetz
PatentanwaltsO	Patentanwaltsordnung

Verzeichnis der allgemeinen Abkürzungen

PatentG	Patentgesetz
PAuswG	Gesetz über Personalausweise
PflVG	Gesetz über die Pflichtversicherung für Kraftfahrzeughalter (Pflichtversicherungsgesetz)
PKS	Polizeiliche Kriminalstatistik des BKA
POGNW	Polizeiorganisationsgesetz (des Landes Nordrhein-Westfalen)
PolG	Polizeigesetz
PolGBW	Polizeigesetz (des Landes Baden-Württemberg)
PolGNW	Polizeigesetz (des Landes Nordrhein-Westfalen)
POGRP	Polizei- und Ordnungsbehördengesetz (des Landes Rheinland-Pfalz)
Polizei	Die Polizei (zitiert nach Jahr und Seite)
PolVO	Polizeiverordnung
PostG	Postgesetz
Präs.	Präsident
PräsLG	Präsident des Landgerichts
PräsOLG	Präsident des Oberlandesgerichts
PStG	Personenstandsgesetz
PVG	Polizeiverwaltungsgesetz
r. Sp.	rechte Spalte
RA	Rechtsausschuss bzw. Rechtsanwalt
RA-BTag	Rechtsausschuss des Deutschen Bundestages
RAK	Rechtsanwaltskammer
RBerG	Rechtsberatungsgesetz
RdErl.	Runderlass
RDG	Gesetz über außergerichtliche Rechtsdienstleistungen (Rechtsdienstleistungsgesetz)
RdSchr.	Rundschreiben
RefE	Referentenentwurf
RegBl.	Regierungsblatt
RegE	Regierungsentwurf (des jeweiligen Änderungsgesetzes)
RG	Reichsgericht
RGBl. I, II	Reichsgesetzblatt Teil I, Teil II
RGSt	Entscheidungen des Reichsgerichts in Strafsachen (zitiert nach Band und Seite); auch Reichsgericht
RhPf.	Rheinland-Pfalz
RiStBV	Richtlinien für das Strafverfahren und das Bußgeldverfahren in der ab 1.2.1997 (bundeseinheitlich) geltenden Fassung
RiVASt	Richtlinien für den Verkehr mit dem Ausland in strafrechtlichen Angelegenheiten
RiWG	Richterwahlgesetz
RMBl.	Reichsministerialblatt
Rn.	Randnummer/Randnummern
ROW	Recht in Ost und West (zitiert nach Jahr und Seite)
RpflAnpG	Rechtspflege-Anpassungsgesetz vom 26.6.1992, aufgehoben durch Gesetz vom 19.4.2006
RPflBegrV	Verordnung über die Begrenzung der Geschäfte des Rechtspflegers bei der Vollstreckung in Straf- und Bußgeldsachen
Rpfleger	Der Deutsche Rechtspfleger (zitiert nach Jahr und Seite)
RpflEntlG	Gesetz zur Entlastung der Rechtspflege
RPflG	Rechtspflegergesetz
Rspr.	Rechtsprechung
RStGH	Internationaler Strafgerichtshof für Ruanda
RuP	Recht und Psychiatrie (zitiert nach Jahr und Seite)
RVG	Rechtsanwaltsvergütungsgesetz
RVO	Reichsversicherungsordnung
s.	siehe
S.	Seite/Satz
s. o.	siehe oben
s. u.	siehe unten
Saarl.	Saarland
Sachs.	Sachsen
SchG	Schöffengericht
SchlH	Schleswig-Holstein
SchlHA	Schleswig-Holsteinische Anzeigen (zitiert nach Jahr und Seite)
SchwarzArbG	Gesetz zur Bekämpfung der Schwarzarbeit und illegalen Beschäftigung

SchweizJZ	Schweizerische Juristenzeitung (zitiert nach Jahr und Seite)
SchweizStGB	Schweizerisches Strafgesetzbuch
SchweizZSt.	Schweizerische Zeitschrift für Strafrecht (zitiert nach Jahr und Seite)
SchwurG	Schwurgericht
SDÜ	Übereinkommen zur Durchführung des Übereinkommens von Schengen vom 14. Juni 1985 zwischen den Regierungen der Staaten der Benelux-Wirtschaftsunion, der Bundesrepublik Deutschland und der Französischen Republik betreffend den schrittweisen Abbau der Kontrollen an den gemeinsamen Grenzen (Schengener Durchführungsübereinkommen) vom 19. Juni 1990
Sen.	Senat
SGB I–XI	Sozialgesetzbuch I–XI
SGG	Sozialgerichtsgesetz
SH	Schleswig-Holstein
SJZ	Süddeutsche Juristenzeitung
Slg.	Sammlung
sog.	sogenannt
SoldG	Gesetz über die Rechtsstellung der Soldaten
Sonderausschuss	Sonderausschuss des Bundestages für die Strafrechtsreform
StA	Staatsanwalt bzw. Staatsanwaltschaft
StAG	Staatsangehörigkeitsgesetz
StARegG	Gesetz zur Regelung von Fragen der Staatsangehörigkeit
StBerG	Steuerberatungsgesetz
Stbg	Die Steuerberatung (zitiert nach Jahr und Seite)
StGB	Strafgesetzbuch
StGB-DDR	Strafgesetzbuch der Deutschen Demokratischen Republik
StORMG	Gesetz zur Stärkung der Rechte von Opfern sexuellen Missbrauchs
StPO	Strafprozeßordnung
str.	streitig
StraFo	Strafverteidiger Forum
StrÄndG	Strafrechtsänderungsgesetz
StrEG	Gesetz über die Entschädigung für Strafverfolgungsmaßnahmen
StrK	Strafkammer
StrRehaG	Gesetz über die Rehabilitierung und Entschädigung von Opfern rechtsstaatswidriger Strafverfolgungsmaßnahmen im Beitrittsgebiet (Strafrechtliches Rehabilitierungsgesetz – StrRehaG)
StRR	StrafRechtsReport (zitiert nach Jahr und Seite)
StrRG	Gesetz zur Reform des Strafrechts
StV	Strafverteidiger (zitiert nach Jahr und Seite)
StVÄG	Strafverfahrensänderungsgesetz
StVÄG 1979	Strafverfahrensänderungsgesetz 1979 vom 5.10.1978
StVÄG 1987	Strafverfahrensänderungsgesetz 1987 vom 27.1.1987
StVG	Straßenverkehrsgesetz
StVK	Strafvollstreckungskammer
StVO	Straßenverkehrs-Ordnung
StVollstrK	Strafvollstreckungskammer
StVollstrO	Strafvollstreckungsordnung
StVollzG	Gesetz über den Vollzug der Freiheitsstrafe und der freiheitsentziehenden Maßregeln der Besserung und Sicherung – Strafvollzugsgesetz
StVRG	Gesetz zur Reform des Strafverfahrensrechts
StVZO	Straßenverkehrs-Zulassungs-Ordnung
SubvG	Gesetz gegen mißbräuchliche Inanspruchnahme von Subventionen (Subventionsgesetz – SubvG)
SVR	Straßenverkehrsrecht (zitiert nach Jahr und Seite)
TDG	Gesetz über die Nutzung von Telediensten (Teledienstegesetz – TDG)
teilw.	teilweise
TerrorBG	Gesetz zur Bekämpfung des Terrorismus
ThUG	Gesetz zur Therapierung und Unterbringung psychisch gestörter Gewalttäter
Thür.	Thüringen
ThürPAG	Thüringer Polizeiaufgabengesetz
TKG	Telekommunikationsgesetz
TKÜ	Telekommunikationsüberwachung
TKÜV	Telekommunikations-Überwachungsverordnung
TMG	Telemediengesetz
TOA	Täter-Opfer-Ausgleich

Verzeichnis der allgemeinen Abkürzungen

u. a.	unter anderem/und andere
üA	überwiegende Ansicht
Übers.	Übersicht
ÜberstÜbk.	Übereinkommen über die Überstellung verurteilter Personen
Übk.	Übereinkommen
UHaft	Untersuchungshaft
UKG	Gesetz zur Bekämpfung der Umweltkriminalität
umstr.	umstritten
UN	United Nations
Univ.	Universitas (zitiert nach Jahr und Seite)
unstr.	unstreitig
unveröff.	unveröffentlicht
unzutr.	unzutreffend(e)(en)(er)
UrhG	Gesetz über Urheberrecht und verwandte Schutzrechte (Urheberrechtsgesetz)
UrkB	Urkundenbeamter der Geschäftsstelle
urspr.	ursprünglich
Urt.	Urteil
usw.	und so weiter
UrkB	Urkundsbeamte, -en, -er
uU	unter Umständen
UVollzO	Untersuchungshaftvollzugsordnung
UVollzG	Untersuchungshaftvollzugsgesetz
UWG	Gesetz gegen den unlauteren Wettbewerb
UZwG	Gesetz über den unmittelbaren Zwang bei Ausübung öffentlicher Gewalt durch Vollzugsbeamte des Bundes
UZwGBw	Gesetz über die Anwendung unmittelbaren Zwanges und die Ausübung besonderer Befugnisse durch Soldaten der Bundeswehr und zivile Wachpersonen
v.	von/vom
VA	Vermittlungsausschuss/Verwaltungsakt
VAG	Versicherungsaufsichtsgesetz
Vbl.	Verordnungsblatt
VDA	Vergleichende Darstellung des deutschen und ausländischen Strafrechts, Allgemeiner Teil, 1908
VereinheitlG	Gesetz zur Wiederherstellung der Rechtseinheit auf dem Gebiete der Gerichtsverfassung, der bürgerlichen Rechtspflege, des Strafverfahrens und des Kostenrechts
VereinsG	Gesetz zur Regelung des öffentlichen Vereinsrechts (Vereinsgesetz)
Verf.	Verfassung, Verfasser
VerfGH	Verfassungsgerichtshof
VerjG	Verjährungsgesetz
VerkMitt	Verkehrsrechtliche Mitteilungen (zitiert nach Jahr und Seite)
vern.	verneinend
VersammlG	Gesetz über Versammlungen und Aufzüge (Versammlungsgesetz)
VersR	Versicherungsrecht Juristische Rundschau für die Individualversicherung (zitiert nach Jahr und Seite)
VerwRspr	Verwaltungsrechtsprechung in Deutschland. Sammlung obergerichtlicher Entscheidungen aus dem Verfassungs- und Verwaltungsrecht (zitiert nach Band und Nummer)
VG	Verwaltungsgericht
VGH	Verwaltungsgerichtshof
vgl.	vergleiche
VGO	Vollzugsgeschäftsordnung
VGrS	Vereinigte Große Senate
VMBl.	Ministerialblatt des Bundesministers der Verteidigung (zitiert nach Jahr und Seite)
VN	Vereinte Nationen
VO	Verordnung
VollstrB	Vollstreckungsbehörde
VOR	Zeitschrift für Verkehrs- und Ordnungswidrigkeitenrecht (zitiert nach Jahr und Seite)
Voraufl.	Vorauflage
Vorbem.	Vorbemerkung
VRS	Verkehrsrechtssammlung (zitiert nach Band und Seite)
VStGB	Völkerstrafgesetzbuch
VStSen	Vereinigte Strafsenate

Verzeichnis der allgemeinen Abkürzungen

VV	Verwaltungsvorschrift
VVRVG	Vergütungsverzeichnis zum RVG
VwGO	Verwaltungsgerichtsordnung – VwGO
VwKostG	Verwaltungskostengesetz
VwV	Allgemeine Verwaltungsvorschriften
VwVfG	Verwaltungsverfahrensgesetz
VwVG	Verwaltungs-Vollstreckungsgesetz
VwZG	Verwaltungszustellungsgesetz
WaffG	Waffengesetz
WaffV	Verordnung zum Waffengesetz
WaffVwV	Allgemeine Verwaltungsvorschrift zum Waffengesetz
WDO	Wehrdisziplinarordnung
WiB	Wirtschaftliche Beratung. Zeitschrift für Wirtschaftsanwälte und Unternehmensjuristen (zitiert nach Jahr und Seite)
WiPrO	Wirtschaftsprüferordnung
wistra	Zeitschrift für Wirtschafts- und Steuerstrafrecht (zitiert nach Jahr und Seite)
wN	weitere Nachweise
WPflG	Wehrpflichtgesetz
WpHG	Gesetz über den Wertpapierhandel (Wertpapierhandelsgesetz – WpHG)
WStG	Wehrstrafgesetz
WÜD	Wiener Übereinkommen über diplomatische Beziehungen
WÜK	Wiener Übereinkommen über konsularische Beziehungen
WÜV	Wiener Übereinkommen über das Recht der Verträge
WVRK	Wiener Vertragsrechtskonvention
ZAP	Zeitschrift für Anwaltspraxis
zB	zum Beispiel
ZfdG	Zollfahndungsgesetz
ZfS	Zeitschrift für Schadensrecht (zitiert nach Jahr und Seite)
ZfStrVo	Zeitschrift für Strafvollzug und Straffälligenhilfe (zitiert nach Jahr und Seite)
ZfW	Zeitschrift für Wasserrecht (zitiert nach Jahr und Seite)
ZfWBankR	Zeitschrift für Wirtschaft und Bankrecht (zitiert nach Jahr und Seite)
ZfZ	Zeitschrift für Zölle und Verbrauchssteuern (zitiert nach Jahr und Seite)
ZGR	Zeitschrift für Unternehmens- und Gesellschaftsrecht (zitiert nach Jahr und Seite)
ZInsO	Zeitschrift für das gesamte Insolvenzrecht (zitiert nach Jahr und Seite)
ZIP	Zeitschrift für Wirtschaftsrecht und Insolvenzpraxis (zitiert nach Jahr und Seite)
ZIS	Zeitschrift für Internationale Strafrechtsdogmatik (zitiert nach Jahr und Seite)
ZLR	Zeitschrift für Luftrecht und Weltraumfragen (zitiert nach Jahr und Seite)
ZLuftSiÜbk.	Übereinkommen v. 23.9.1971 zur Bekämpfung widerrechtlicher Handlungen gegen die Sicherheit der Zivilluftfahrt
ZKA	Zollkriminalamt
ZmedEthik	Zeitschrift für medizinische Ethik (zitiert nach Jahr und Seite)
ZMR	Zeitschrift für Miet- und Raumrecht (zitiert nach Jahr und Seite)
ZollV	Zollverordnung
ZollVG	Zollverwaltungsgesetz
ZPO	Zivilprozessordnung
ZRP	Zeitschrift für Rechtspolitik (zitiert nach Jahr und Seite)
ZS	Zivilsenat
ZSchG	Zeugenschutzgesetz
ZSEG	Gesetz über die Entscheidung von Zeugen und Sachverständigen
ZSHG	Zeugenschutz- und Harmonisierungsgesetz
ZStV	Zentrales staatsanwaltschaftliches Verfahrensregister
ZStW	Zeitschrift für die gesamte Strafrechtswissenschaft (zitiert nach Jahr, Band und Seite)
ZSW	Zeitschrift für das gesamte Sachverständigenwesen (zitiert nach Jahr und Seite)
zT	zum Teil
ZugabeVO	Verordnung des Reichspräsidenten zum Schutze der Wirtschaft Erster Teil: Zugabewesen (Zugabeverordnung)
ZUM	Zeitschrift für Urheber- und Medienrecht (zitiert nach Jahr und Seite)
ZUR	Zeitschrift für Umweltrecht (zitiert nach Jahr und Seite)
zust.	zustimmend
zutr.	zutreffend
ZVG	Gesetz über die Zwangsversteigerung und die Zwangsverwaltung
ZVR	Zeitschrift für Verkehrsrecht (zitiert nach Jahr und Seite)
zw.	zweifelhaft, zweifelnd

Verzeichnis der abgekürzt zitierten Literatur

Achenbach/Ransiek/Rönnau WirtschaftsStrafR-HdB	Achenbach/Ransiek/Rönnau, Handbuch Wirtschaftsstrafrecht, Handbuch, 5. Aufl. 2019
AK-StPO	Wassermann, Alternativkommentar zur Strafprozessordnung, Kommentar, 1992
Alsberg Beweisantrag	Alsberg, Der Beweisantrag im Strafprozess, Handbuch, 7. Aufl. 2019
Ambos IntStrafR	Ambos, Internationales Strafrecht, Handbuch, 5. Aufl. 2018
Arloth/Krä	Arloth/Krä, Strafvollzugsgesetz: StVollzG, Kommentar, 4. Aufl. 2017
Arloth/Krä	Arloth/Krä, Strafvollzugsgesetz: StVollzG, Kommentar, 5. Aufl. 2021
Artkämper	Artkämper/Herrmann/Jakobs/Kruse, Aufgabenfelder der Staatsanwaltschaft, 2008
Artkämper/Clages Kriminalitätsbekämpfung	Artkämper/Clages, Kriminalitätsbekämpfung – ein Blick in die Zukunft, Monografie, 2015
Bär EDV-Beweissicherungen-HdB	Bär, Handbuch zur EDV-Beweissicherung im Strafverfahren, Handbuch, 2007
BeckOK DatenschutzR	Brink/Wolff, BeckOK Datenschutzrecht, Kommentar, 35. Aufl. 2021
BeckOK DatenschutzR	Brink/Wolff, BeckOK Datenschutzrecht, Kommentar, 36. Aufl. 2021
BeckOK InfoMedienR	Gersdorf/Paal, BeckOK Informations- und Medienrecht, Kommentar, 32. Aufl. 2021
BeckOK InfoMedienR	Gersdorf/Paal, BeckOK Informations- und Medienrecht, Kommentar, 31. Aufl. 2021
BeckOK StGB	von Heintschel-Heinegg, BeckOK StGB, Kommentar, 50. Aufl. 2021
BeckOK StGB	von Heintschel-Heinegg, BeckOK StGB, Kommentar, 47. Aufl. 2020
BeckOK StPO	Graf, BeckOK StPO mit RiStBV und MiStra, Kommentar, 39. Aufl. 2021
BeckOK StPO	Graf, BeckOK StPO mit RiStBV und MiStra, Kommentar, 37. Aufl. 2020
BeckOK StPO	Graf, BeckOK StPO mit RiStBV und MiStra, Kommentar, 40. Aufl. 2021
BeckTKG-Komm	Beck'scher TKG-Kommentar, Kommentar, 3. Aufl. 2006
Bender/Häcker/Schwarz Tatsachenfeststellung	Bender/Häcker/Schwarz, Tatsachenfeststellung vor Gericht, Handbuch, 5. Aufl. 2021
Bender/Nack/Treuer Tatsachenfeststellung	Bender/Nack/Treuer, Tatsachenfeststellung vor Gericht, Handbuch, 4. Aufl. 2014
Benfer Rechtseingriffe	Benfer, Rechtseingriffe von Polizei und Staatsanwaltschaft, Monografie, 4. Aufl. 2010
Beulke/Swoboda StrafProzR	Beulke/Swoboda, Strafprozessrecht, Lehrbuch, 15. Aufl. 2020
Bittmann InsStrafR-HdB	Bittmann, Praxishandbuch Insolvenzstrafrecht, Handbuch, 2. Aufl. 2017
Bittmann/Köhler/Seeger/Tschakert Strafrechtl. Vermögensabschöpfung-HdB	Bittmann/Köhler/Seeger/Tschakert, Handbuch der strafrechtlichen Vermögensabschöpfung, Handbuch, 2020
Blaese/Wielop Revision	Blaese/Wielop, Die Förmlichkeiten der Revision in Strafsachen, Monografie, 3. Aufl. 1991
Böckenförde Ermittlung	Böckenförde, Die Ermittlung im Netz, Handbuch, 2003
Bosbach Ermittlungsverfahren	Bosbach, Verteidigung im Ermittlungsverfahren, Handbuch, 8. Aufl. 2015
Bouska/Laeverenz	Bouska/Laeverenz, Fahrerlaubnisrecht, Kommentar, 3. Aufl. 2004
Breyer/Endler AnwForm StrafR	Breyer/Endler, AnwaltFormulare Strafrecht, Formularbuch, 3. Aufl. 2013
Bringewat Strafvollstreckung	Bringewat, Strafvollstreckung – Kommentar zu den §§ 449–463d StPO, Kommentar, 1993
Brodag StrafVerfR	Brodag, Strafverfahrensrecht – Kurzlehrbuch zum Ermittlungsverfahren der StPO, Lehrbuch, 12. Aufl. 2008

Verzeichnis der abgekürzt zitierten Literatur

Brunner/Dölling	Brunner/Dölling, Jugendgerichtsgesetz, Kommentar, 13. Aufl. 2017
Brüssow/Gatzweiler/Krekeler/Mehle Strafverteidigung	Brüssow/Gatzweiler/Krekeler/Mehle, Strafverteidigung in der Praxis, Handbuch, 4. Aufl. 2007
Buddendiek/Rutkowski NebenStrafR-Lex	Buddendiek/Rutkowski, Lexikon des Nebenstrafrechts, Lexikon, 43. Aufl. 2020
Buddendiek/Rutkowski NebenStrafR-Lex	Buddendiek/Rutkowski, Lexikon des Nebenstrafrechts, Lexikon, 44. Aufl. 2021
Burhoff StrafREV-HdB	Burhoff, Handbuch für das strafrechtliche Ermittlungsverfahren, Handbuch, 8. Aufl. 2019
Burhoff StrafRHV-HdB	Burhoff, Handbuch für die strafrechtliche Hauptverhandlung, Handbuch, 9. Aufl. 2019
Burhoff/Kotz StrafR-Nachsorge-HdB	Burhoff/Kotz, Handbuch für die strafrechtliche Nachsorge, Handbuch, 2015
Burhoff/Kotz StrafR-Rechtsmittel-HdB	Burhoff/Kotz, Handbuch für die strafrechtlichen Rechtsmittel und Rechtsbehelfe, Handbuch, 2. Aufl. 2016
Calliess/Ruffert	Calliess/Ruffert, EUV/AEUV, Kommentar, 5. Aufl. 2016
Ciolek-Krepold Durchsuchung	Ciolek-Krepold, Durchsuchung und Beschlagnahme in Wirtschaftsstrafsachen, Monografie, 2000
Dahs Strafprozessrevision	Dahs, Die Revision im Strafprozess, Monografie, 9. Aufl. 2017
Dahs Strafverteidiger-HdB	Dahs, Handbuch des Strafverteidigers, Handbuch, 8. Aufl. 2015
Dannecker/Knierim InsStrafR	Dannecker/Knierim, Insolvenzstrafrecht, Handbuch, 3. Aufl. 2018
Deckers	Deckers, Der strafprozessuale Beweisantrag, 3. Aufl. 2013
Dencker Verwertungsverbote	Dencker, Verwertungsverbote im Strafprozess, Monografie, 1977
Diemer/Schatz/Sonnen	Diemer/Schatz/Sonnen, Jugendgerichtsgesetz, Kommentar, 8. Aufl. 2020
Diemer/Schatz/Sonnen	Diemer/Schatz/Sonnen, Jugendgerichtsgesetz, Kommentar, 7. Aufl. 2015
Dörr/Grote/Marauhn	Dörr/Grote/Marauhn, EMRK/GG Konkordanzkommentar zum europäischen und deutschen Grundrechtsschutz, Kommentar, 3. Aufl. 2021
Dörr/Grote/Marauhn	Dörr/Grote/Marauhn, EMRK/GG Konkordanzkommentar zum europäischen und deutschen Grundrechtsschutz, Kommentar, 2. Aufl. 2013
Dreier	Dreier, Grundgesetz-Kommentar, Kommentar, Band 1, 2, 3, 3. Aufl. 2013 ff.
Dürig/Herzog/Scholz	Dürig/Herzog/Scholz, Grundgesetz, Kommentar, 97. Aufl. 2022
Eisenberg BeweisR StPO	Eisenberg, Beweisrecht der StPO, Kommentar, 10. Aufl. 2017
Eisenberg/Kölbel JGG	Eisenberg/Kölbel, JGG, Kommentar, 22. Aufl. 2021
Eisenberg/Kölbel JGG	Eisenberg/Kölbel, Jugendgerichtsgesetz, Kommentar, 21. Aufl. 2020
Erbs/Kohlhaas	Erbs/Kohlhaas, Strafrechtliche Nebengesetze, Kommentar, 236. Aufl. 2021
Erbs/Kohlhaas	Erbs/Kohlhaas, Strafrechtliche Nebengesetze, Kommentar, 231. Aufl. 2020
Esser/Rübenstahl/Saliger/Tsambikakis	Esser/Rübenstahl/Saliger/Tsambikakis, Wirtschaftsstrafrecht – Kommentar mit Steuerstrafrecht und Verfahrensrecht, Kommentar, 2017
Eyermann	Eyermann, Verwaltungsgerichtsordnung: VwGO, Kommentar, 15. Aufl. 2019
Fezer StrafProzR	Fezer, Strafprozeßrecht, Lehrbuch, 2. Aufl. 1995
Fischer	Fischer, Strafgesetzbuch: StGB, Kommentar, 69. Aufl. 2022
Fischer/Hoven/Huber/Raum/Rönnau/Saliger/Trüg Strafrechtl. Vermögensschaden	Fischer/Hoven/Huber/Raum/Rönnau/Saliger/Trüg, Dogmatik und Praxis des strafrechtlichen Vermögensschadens, 2015
Franke/Wienroeder	Franke/Wienroeder, Betäubungsmittelgesetz, Kommentar, 3. Aufl. 2008
Freyschmidt/Krumm VerkehrsStrafR	Freyschmidt/Krumm, Verteidigung im Verkehrsstrafrecht, Lehrbuch, 11. Aufl. 2019
Frowein/Peukert	Frowein/Peukert, Europäische Menschenrechtskonvention – EMRK-Kommentar, Kommentar, 3. Aufl. 2009

FS 50 Jahre BGH, 2000	Geiß/Nehm/Brandner/Hagen, Festschrift aus Anlass des 50jährigen Bestehens von Bundesgerichtshof, Bundesanwaltschaft und Rechtsanwaltschaft beim Bundesgerichtshof, 2000
FS Amelung, 2009	Böse/Sternberg-Lieben, Grundlagen des Straf- und Strafverfahrensrechts – Festschrift für Knut Amelung zum 70. Geburtstag, 2009
FA Badura, 2004	Brenner, Der Staat des Grundgesetzes – Kontinuität und Wandel – Festschrift für Peter Badura zum 70. Geburtstag, 2004
FS Bemmann, 1997	Schulz/Vormbaum, Festschrift für Günter Bemmann zum 70. Geburtstag, 1997
FS Bengl, 1984	Lang, Festschrift für Karl Bengl, 1984
FS Böhm, 1999	Feuerhelm/Schwind/Bock, Festschrift für Alexander Böhm zum 70. Geburtstag am 14. Juni 1999, 1999
FS Böttcher, 2007	Schöch/Dölling/Helgerth/König, Recht gestalten – dem Recht dienen – Festschrift für Reinhard Böttcher zum 70. Geburtstag am 29. Juli 2007, 2007
FS Dahs, 2005	Widmaier/Lesch/Müssig/Wallau, Festschrift für Hans Dahs zum 70. Geburtstag, 2005
FS DAV, 2009	Arbeitsgemeinschaft Strafrecht des Deutschen Anwaltvereins, Strafverteidigung im Rechtsstaat – 25 Jahre Arbeitsgemeinschaft Strafrecht des Deutschen Anwaltvereins, 2009
FS Dreher, 1977	Jescheck/Lüttger, Festschrift für Eduard Dreher zum 70. Geburtstag am 29. April 1977, 1977
FS Dünnebier, 1982	Hanack/Rieß/Wendisch, Festschrift für Hanns Dünnebier zum 75. Geburtstag am 12. Juni 1982, 1982
FS Dürig, 1990	Maurer, Das akzeptierte Grundgesetz – Festschrift für Günter Dürig zum 70. Geburtstag, 1990
FS Engisch, 1969	Bockelmann/Kaufmann, Festschrift für Karl Engisch zum 70. Geburtstag, 1969
FS E. Schmidt, 1961	Bockelmann/Gallas/Schmidt, Festschrift für Eberhard Schmidt zum 70. Geburtstag, 1961
FS Eisenberg, 2009	Müller/Sander/Válková, Festschrift für Ulrich Eisenberg zum 70. Geburtstag, 2009
FS Eser, 2005	Arnold/Burkhardt/Gropp/Heine/Koch/Lagodny/Perron/Walther, Menschengerechtes Strafrecht: Festschrift für Albin Eser zum 70. Geburtstag, 2005
FS Fezer, 2008	Wesslau/Wohlers, Festschrift für Gerhard Fezer zum 70. Geburtstag am 29. Oktober 2008, 2008
FS Fischer, 2018	Barton/Eschelbach/Hettinger/Kempf/Krehl/Salditt, Festschrift für Thomas Fischer, 2018
FS Frisch, 2013	Freund/Murmann/Bloy/Perron, Grundlagen und Dogmatik des gesamten Strafrechtssystems: Festschrift für Wolfgang Frisch zum 70. Geburtstag, 2013
FS Gallas, 1973	Lackner/Leferenz/Schmidt/Welp/Wolff, Festschrift für Wilhelm Gallas zum 70. Geburtstag, 1973
FS Geerds, 1995	Schlüchter, Kriminalistik und Strafrecht: Festschrift für Friedrich Geerds zum 70. Geburtstag, Festschrift, 1995
FS Geppert, 2011	Geisler/Kraatz Kretschmer/Schneider/Sowada, Festschrift für Klaus Geppert zum 70. Geburtstag, 2011
FS Graf-Schlicker, 2018	Czerwenka/Korte/Kübler, Festschrift zu Ehren von Marie Luise Graf-Schlicker, 2018
FS Grünwald, 1999	Samson/Dencker/Frisch/Frister/Reiß, Festschrift für Gerald Grünwald zum siebzigsten Geburtstag, 1999
FS Hamm, 2008	Michalke/Köberer/Pauly/Kirsch, Festschrift für Rainer Hamm zum 65. Geburtstag, 2008
FS Hanack, 1999	Ebert/Rieß/Roxin/Wahle, Festschrift für Ernst-Walter Hanack zum 70. Geburtstag am 30. August 1999, 1999
FS v. Heintschel-Heinegg, 2015	Bockemühl/Gierhake/Müller/Walter, Festschrift für Bernd v. Heintschel-Heinegg, 2015
FS Helmrich, 1994	Letzgus/Hill/Klein/Kleinert/Oschatz/de With, Festschrift für Herbert Helmrich zum 60. Geburtstag, 1994
FS Hilger, 2003	Wolter/Schenke/Rieß/Zöller, Datenübermittlungen und Vorermittlungen – Festgabe für Hans Hilger, 2003
FS Hirsch, 1999	Weigend/Küpper, Festschrift für Hans Joachim Hirsch zum 70. Geburtstag am 11. April 1999, Festschrift, 1999

FS Kleinknecht, 1985 .... Kleinknecht/Gössel/Kauffmann, Strafverfahren im Rechtsstaat : Festschrift für Theodor Kleinknecht zum 75. Geburtstag am 18. August 1985, Festschrift, 1985

FS Klug, 1983 .... Kohlmann, Festschrift für Ulrich Klug zum 70. Geburtstag, 1983

FS Koch, 1989 .... Gatzweiler/Jungfer, Strafverteidigung und Strafprozess: Festgabe für Ludwig Koch, Festschrift, 1989

FS Kohlmann, 2003 .... Hirsch/Wolter/Brauns, Festschrift für Günter Kohlmann zum 70. Geburtstag, 2003

FS Kühne, 2013 .... Esser/Günther/Jäger/Mylonopoulos/Öztürk, Festschrift für Hans-Heiner Kühne zum 70. Geburtstag, 2013

FS Lampe, 2003 .... Dölling, Jus humanum. Grundlagen des Rechts und Strafrecht: Festschrift für Ernst-Joachim Lampe zum 70. Geburtstag, 2003

FS Laufs, 2006 .... Kern/Wadle/Schroeder/Katzenmeier, Humaniora: Medizin – Recht – Geschichte – Festschrift für Adolf Laufs zum 70. Geburtstag, 2006

FS Leferenz, 1983 .... Kerner/Göppinger/Streng, Kriminologie – Psychiatrie-Strafrecht: Festschrift für Heinz Leferenz zum 70. Geburtstag, 1983

FS Lüderssen, 2002 .... Prittwitz/Baurmann/Günther, Festschrift für Klaus Lüderssen, 2002

FS Maihofer, 1988 .... Kaufmann/Mestmäcker/Zacher, Festschrift für Werner Maihofer zum 70. Geburtstag: Rechtsstaat und Menschenwürde, 1988

FS Maiwald, 2010 .... Bloy/Böse/Hillenkamp/Momsen/Rackow, Gerechte Strafe und legitimes Strafrecht: Festschrift für Manfred Maiwald zum 75. Geburtstag, 2010

FS Mehle, 2009 .... Hiebl/Kassebohm/Lille, Festschrift für Vokmar Mehle: zum 65. Geburtstag am 11.11.2009, 2009

FS Merkel, 2020 .... Bublitz/Bung/Grünewald/Magnus/Putzke/Scheinfeld, Festschrift für Reinhard Merkel zum 70. Geburtstag, Festschrift, 2020

FS Meyer-Goßner, 2001 ..... Eser/Goydke/Maatz/Meurer, Strafverfahrensrecht in Theorie und Praxis: Festschrift für Lutz Meyer-Goßner zum 65. Geburtstag, Festschrift, 2001

FS Middendorff, 1986 .... Kürzinger/Müller, Festschrift für Wolf Middendorff zum 70. Geburtstag, 1986

FS Miyazawa, 1995 .... Kühne, Festschrift für Koichi Miyazawa, 1995

FS Müller 2008 .... Christensen/Pieroth, Rechtstheorie in rechtspraktischer Absicht – Freundesgabe zum 70. Geburtstag v. Friedrich Müller, 2008

FS Nehm, 2006 .... Griesbaum/Schnarr/Hannich, Strafrecht und Justizgewährung: Festschrift für Kay Nehm zum 65. Geburtstag, 2006

FS Odersky, 1996 .... Böttcher/Hueck/Jähnke, Festschrift für Walter Odersky zum 65. Geburtstag am 17. Juli 1996, 1996

FS Oehler, 1985 .... Herzberg, Festschrift für Dietrich Oehler zum 70. Geburtstag, 1985

FS Otto, 2007 .... Dannecker/Langer/Ranft/Schmitz/Brammsen, Festschrift für Harro Otto, 2007

FS Peters, 1974 .... Baumann/Tiedemann, Einheit und Vielfalt des Strafrechts: Festschrift für Karl Peters zum 70. Geburtstag, 1974

FS Peters, 1984 .... Wasserburg/Haddenhorst, Wahrheit und Gerechtigkeit im Strafverfahren: Festgabe für Karl Peters aus Anlass seines 80. Geburtstages, 1984

FS Pfeiffer, 1988 .... v. Gamm/Raisch/Tiedemann, Strafrecht, Unternehmensrecht, Anwaltsrecht: Festschrift für Gerd Pfeiffer, 1988

FS Rebmann, 1989 .... Rebmann/Eyrich/Odersky/Säcker, Festschrift für Kurt Rebmann zum 65. Geburtstag, 1989

FS Richter II, 2006 .... Kempf, Festschrift für Christian Richter II.: Verstehen und Widerstehen, 2006

FS Rieß, 2002 .... v. Hanack/Hilger/Mehle/Widmaier, Festschrift für Peter Rieß zum 70. Geburtstag am 4. Juni 2002, 2002

FS Rissing-van Saan, 2011 .. Fischer/Bernsmann, Festschrift für Ruth Rissing-van Saan zum 65. Geburtstag am 25. Januar 2011, 2011

FS Rogall, 2018 .... Stein/Greco/Jäger/Wolter, Systematik in Strafrechtswissenschaft und Gesetzgebung. Festschrift für Klaus Rogall zum 70. Geburtstag am 10. August 2018, 2018

FS Rolinski, 2002 .... Kühne, Festschrift für Klaus Rolinski: zum 70. Geburtstag am 11. Juli 2002, 2002

FS Roxin, 2001 .... Schünemann/Achenbach/Bottke/Haffke/Rudolphi, Festschrift für Claus Roxin zum 70. Geburtstag am 15. Mai 2001, Festschrift, 2001

FS Roxin, 2011 .... Heinrich/Jäger/Achenbach/Amelung/Bottke/Haffke/Schünemann/Wolter, Festschrift für Claus Roxin zum 80. Geburtstag am 15. Mai 2011, Festschrift, 2011

FS Salger, 1995 .... Eser/Salger, Straf- und Strafverfahrensrecht, Recht und Verkehr, Recht und Medizin: Festschrift für Hannskarl Salger zum Abschied aus dem Amt als Vizepräsident des Bundesgerichtshofes, 1995

FS Samson, 2010 .... Joecks, Recht – Wirtschaft – Strafe: Festschrift für Erich Samson zum 70. Geburtstag, 2010
FS Sauer, 1949 .... Sauer, Festschrift für Wilhelm Sauer zu seinem 70. Geburtstag, 1949
FS Schäfer, 1979 .... Hassenpflug, Festschrift für Karl Schäfer zum 80. Geburtstag am 11. Dezember 1979, 1979
FS Schäfer, 1980 .... Jekewitz, Politik als gelebte Verfassung – Aktuelle Probleme des modernen Verfassungsstaates – Festschrift für Friedrich Schäfer, 1980
FS Schöch, 2010 .... Dölling/Götting/Meier/Verrel, Verbrechen – Strafe – Resozialisierung: Festschrift für Heinz Schöch zum 70. Geburtstag am 20. August 2010, 2010
FS Schlothauer, 2018 .... Barton/Fischer/Jahn/Park, Festschrift für Reinhold Schlothauer zum 70. Geburtstag, 2018
FS Schmidt-Leichner, 1977 .. Hamm/Matzke, Festschrift für Erich Schmidt-Leichner zum 65. Geburtstag, 1977
FS Schroeder, 2006 .... Hoyer, Festschrift für Friedrich-Christian Schroeder zum 70. Geburtstag, 2006
FS Schüler-Springorum, 1993 .... Albrecht, Festschrift für Horst Schüler-Springorum zum 65. Geburtstag, 1993
FS Spendel, 1992 .... Seebode, Festschrift für Günter Spendel zum 70. Geburtstag am 11. Juli 1992, 1992
FS Stöckel, 2010 .... Jahn/Kudlich/Streng, Strafrechtspraxis und Reform: Festschrift für Heinz Stöckel zum 70. Geburtstag, 2010
FS Streck, 2011 .... Binnewies/Spatschek, Festschrift für Michael Streck zum 70. Geburtstag, 2011
FS Volk, 2009 .... Hassemer/Kempf/Moccia, In dubio pro libertate – Festschrift für Klaus Volk zum 65. Geburtstag, 2009
FS Wassermann, 1985 .... Broda, Festschrift für Rudolf Wassermann zum sechzigsten Geburtstag, 1985
FS Weber, 2004 .... Bernd/Hilgendorf/Mitsch/Sternberg-Lieben, Festschrift für Ulrich Weber zum 70. Geburtstag, 2004
FS Widmaier, 2008 .... Schöch/Satzger/Schäfer/Ignor/Knauer, Strafverteidigung, Revision und die gesamten Strafrechtswissenschaften: Festschrift für Gunter Widmaier zum 70. Geburtstag, 2008
FS Wolff, 1998 .... Zaczyk/Kühler/Kahlo, Festschrift für E. A. Wolff zum 70. Geburtstag am 1.10.1998, 1998
FS Wolter, 2013 .... Roxin/Zöller/Hilger/Küper, Gesamte Strafrechtswissenschaft in internationaler Dimension: Festschrift für Jürgen Wolter zum 70. Geburtstag am 7. September 2013, 2013

Geppert/Schütz .... Geppert/Schütz, Beck'scher TKG-Kommentar, Kommentar, 4. Aufl. 2013
Gercke/Julius/Temming/Zöller .... Gercke/Julius/Temming/Zöller, Strafprozessordnung, Kommentar, 6. Aufl. 2018
Gercke/Leimenstoll/Stirner MedStrafR-HdB .... Gercke/Leimenstoll/Stirner, Handbuch Medizinstrafrecht, Handbuch, 2019
Göbel Strafprozess .... Göbel, Strafprozess, Handbuch, 8. Aufl. 2013
Göhler .... Göhler, Gesetz über Ordnungswidrigkeiten: OWiG, Kommentar, 18. Aufl. 2021
Gola .... Gola, DS-GVO, Kommentar, 2. Aufl. 2018
Gola/Heckmann .... Gola/Heckmann, Bundesdatenschutzgesetz, Kommentar, 13. Aufl. 2019
Grabitz/Hilf/Nettesheim ..... Grabitz/Hilf/Nettesheim, Das Recht der Europäischen Union, Kommentar, 71. Aufl. 2020
Graf .... Graf, Strafprozessordnung: StPO, Kommentar, 3. Aufl. 2018
Graf .... Graf, Strafprozessordnung: StPO, Kommentar, 4. Aufl. 2021
Grüneberg .... Grüneberg, Bürgerliches Gesetzbuch, Kommentar, 81. Aufl. 2022
Grünwald BeweisR .... Grünwald, Das Beweisrecht der Strafprozeßordnung, 1997
GS Armin Kaufmann, 1989 . Dornseifer/Horn/Schilling/Schöne/Struensee/Zielinski, Gedächtnisschrift für Armin Kaufmann, 1989
GS BGH IV, 2000 .... Roxin, 50 Jahre Bundesgerichtshof – Festgabe aus der Wissenschaft, Band 4: Strafrecht, Strafprozessrecht, 2000
GS Heinze, 2005 .... Söllner/Gitter/Waltermann/Giesen/Ricken, Gedächtnisschrift für Meinhard Heinze, 2005
GS Meurer, 2002 .... Graul/Wolf, Gedächtnisschrift für Dieter Meurer, 2002
GS Meyer, 1990 .... Geppert/Dehnicke, Gedächtnisschrift für Karlheinz Meyer, 1990

Verzeichnis der abgekürzt zitierten Literatur

GS Schlüchter, 2002	Duttge, Gedächtnisschrift für Ellen Schlüchter, 2002
GS Schröder, 1978	Stree, Gedächtnisschrift für Horst Schröder, 1978
Hamm Revision	Hamm, Die Revision in Strafsachen, Handbuch, 8. Aufl. 2020
Hamm/Pauly Revision	Hamm/Pauly, Die Revision in Strafsachen, Handbuch, 8. Aufl. 2020
Hartmann/Toussaint	Hartmann/Toussaint, Kostenrecht: KostR, Kommentar, 50. Aufl. 2020
HdB-EuStrafR	Sieber/Satzger/von Heintschel-Heinegg, Europäisches Strafrecht, Handbuch, 2. Aufl. 2014
Heghmanns Strafverfahren	Heghmanns, Strafverfahren, 2014
Heghmanns Verteidigung	Heghmanns, Verteidigung in Strafvollstreckung und Strafvollzug, 2. Aufl. 2012
Heghmanns/Herrmann Staatsanwalt	Heghmanns/Herrmann, Das Arbeitsgebiet des Staatsanwalts, Lehrbuch, 5. Aufl. 2017
Heghmanns/Scheffler Straf-Verf-HdB	Heghmanns/Scheffler, Handbuch zum Strafverfahren, Handbuch, 2007
Hellebrand Staatsanwaltschaft	Hellebrand, Die Staatsanwaltschaft, Monografie, 1999
Hellmann StrafProzR	Hellmann, Strafprozessrecht, Lehrbuch, 2. Aufl. 2005
Henssler/Prütting	Henssler/Prütting, Bundesrechtsanwaltsordnung: BRAO, Kommentar, 5. Aufl. 2019
Hentschel/König/Dauer	Hentschel/König/Dauer, Straßenverkehrsrecht, Kommentar, 46. Aufl. 2021
Hentschel/Krumm Fahrerlaubnis	Hentschel/Krumm, Fahrerlaubnis – Alkohol – Drogen, Handbuch, 7. Aufl. 2018
Hilgendorf/Kudlich/Valerius StrafR-HdB VII	Hilgendorf/Kudlich/Valerius, Handbuch des Strafrechts, Bd. 7: Grundlagen des Strafverfahrensrechts, 2020
HK-EMRK	Meyer-Ladewig/Nettesheim/von Raumer, EMRK, Kommentar, 4. Aufl. 2017
HK-GS	Dölling/Duttge/König/Rössner, Gesamtes Strafrecht, Kommentar, 4. Aufl. 2017
HK-JGG	Meier/Rössner/Trüg/Wulf, Jugendgerichtsgesetz, Kommentar, 2. Aufl. 2014
Hoeren/Sieber/Holznagel MMR-HdB	Hoeren/Sieber/Holznagel, Handbuch Multimedia-Recht, Handbuch, 56. Aufl. 2021
Hoeren/Sieber/Holznagel MMR-HdB	Hoeren/Sieber/Holznagel, Handbuch Multimedia-Recht, Handbuch, 55. Aufl. 2021
Hoeren/Sieber/Holznagel MMR-HdB	Hoeren/Sieber/Holznagel, Handbuch Multimedia-Recht, Handbuch, 54. Aufl. 2020
HWiStR	Krekeler/Tiedemann/Ulsenheimer/Weinmann, Handwörterbuch des Wirtschafts- und Steuerstrafrechts, Handwörterbuch, 1987
IntKommEMRK	Pabel/Schmahl, Internationaler Kommentar zur Europäischen Menschenrechtskonvention, Kommentar, 2009
Jäger Beweisverwertung	Jäger, Beweisverwertung und Beweisverwertungsverbote im Strafprozess, Monografie, 2003
Jarass/Pieroth	Jarass/Pieroth, Grundgesetz für die Bundesrepublik Deutschland: GG, Kommentar, 17. Aufl. 2022
Jarass/Pieroth	Jarass/Pieroth, Grundgesetz für die Bundesrepublik Deutschland: GG, Kommentar, 16. Aufl. 2020
Joecks StPO	Joecks, Studienkommentar StPO, Kommentar, 5. Aufl. 2022
Joecks StPO	Joecks, Studienkommentar StPO, Kommentar, 4. Aufl. 2015
Joecks/Jäger/Randt	Joecks/Jäger/Randt, Steuerstrafrecht, Kommentar, 8. Aufl. 2015
Karpenstein/Mayer	Karpenstein/Mayer, EMRK, Kommentar, 2. Aufl. 2015
Kindhäuser/Schumann StrafProzR	Kindhäuser/Schumann, Strafprozessrecht, Lehrbuch, 5. Aufl. 2019
Kissel/Mayer	Kissel/Mayer, GVG, Kommentar, 10. Aufl. 2021
KK-OWiG	Mitsch, Karlsruher Kommentar zum Gesetz über Ordnungswidrigkeiten: OWiG, Kommentar, 5. Aufl. 2018
KK-StPO	Hannich, Karlsruher Kommentar zur Strafprozessordnung: StPO, Kommentar, 8. Aufl. 2019

Verzeichnis der abgekürzt zitierten Literatur

Kleine-Cosak	Kleine-Cosak, Bundesrechtsanwaltsordnung, 6. Aufl. 2009
Klesczewski StrafProzR	Klesczewski, Strafprozessrecht, Lehrbuch, 2. Aufl. 2013
KMR-StPO	Kleinknecht/Müller/Reitberger, KMR-Kommentar StPO, Kommentar, 104. Aufl. 2021
Körner/Patzak/Volkmer	Körner/Patzak/Volkmer, Betäubungsmittelgesetz: BtMG, Kommentar, 10. Aufl. 2021
Kotz/Rahlf BtMStrafR	Kotz/Rahlf, Praxis des Betäubungsmittel-Strafrechts, Handbuch, 2012
Krekeler/Löffelmann/ Sommer	Krekeler/Löffelmann/Sommer, Anwaltkommentar StPO, Kommentar, 2. Aufl. 2010
Krenberger/Krumm	Krenberger/Krumm, OWiG, Kommentar, 7. Aufl. 2022
Krey/Esser StrafR AT	Krey/Esser, Deutsches Strafrecht Allgemeiner Teil, Lehrbuch, 7. Aufl. 2022
Kübler/Prütting/Bork	Kübler/Prütting/Bork, InsO, Kommentar zur Insolvenzordnung, Kommentar, 88. Aufl. 2021
Kühling/Buchner	Kühling/Buchner, DS-GVO BDSG, Kommentar, 3. Aufl. 2020
Kühne StrafProzR	Kühne, Strafprozessrecht, Monografie, 9. Aufl. 2015
Kunz StrEG	Kunz, Gesetz über die Entschädigung für Strafverfolgungsmaßnahmen: StrEG, Kommentar, 4. Aufl. 2010
Lackner/Kühl	Lackner/Kühl, StGB, Kommentar, 29. Aufl. 2018
Laubenthal/Nestler/ Neubacher/Verrel	Laubenthal/Nestler/Neubacher/Verrel, Strafvollzugsgesetze: StVollzG, Kommentar, 12. Aufl. 2015
Leitner/Michalke	Leitner/Michalke, Strafprozessuale Zwangsmaßnahmen, 2007
Lesch StrafProzR	Lesch, Strafprozessrecht, Lehrbuch, 2. Aufl. 2002
Lisken/Denninger PolR-HdB	Lisken/Denninger, Handbuch des Polizeirechts, Handbuch, 6. Aufl. 2018
LK-StGB	Cirener/Radtke/Rissing-van Saan/Rönnau/Schluckebier, Leipziger Kommentar Strafgesetzbuch: StGB, Kommentar, Band 1, 3, 4, 6, 13. Aufl. 2019
Löwe/Rosenberg	Löwe/Rosenberg, Die Strafprozessordnung und das Gerichtsverfassungsgesetz: StPO, Kommentar, Band 1, 2, 3/1, 3/2, 4/1, 4/2, 5/1, 5/2, 6, 7, 8, 9, 10, 11, 12, 27. Aufl. 2016 ff.
MAH Strafverteidigung	Widmaier/Müller/Schlothauer, Münchener Anwaltshandbuch Strafverteidigung, Handbuch, 2. Aufl. 2014
MAH WirtschaftsStrafR	Volk/Beukelmann, MAH Verteidigung in Wirtschafts- und Steuerstrafsachen, Handbuch, 3. Aufl. 2020
Malek Verteidigung Hauptverhandlung	Malek, Verteidigung in der Hauptverhandlung, Handbuch, 5. Aufl. 2017
Malek/Wohlers Zwangsmaßnahmen	Malek/Wohlers, Zwangsmaßnahmen und Grundrechtseingriffe im Ermittlungsverfahren, Lehrbuch, 2. Aufl. 2001
v. Mangoldt/Klein/Starck	v. Mangoldt/Klein/Starck, Grundgesetz, Kommentar, Band 1, 2, 3, 7. Aufl. 2018
Marxen/Tiemann Strafsachen	Marxen/Tiemann, Die Wiederaufnahme in Strafsachen, Handbuch, 3. Aufl. 2013
Meyer-Goßner Prozessvoraussetzungen	Meyer-Goßner, Prozessvoraussetzungen und Prozesshindernisse, Monografie, 2011
Meyer-Goßner/Appl Strafsachen	Meyer-Goßner/Appl, Die Urteile in Strafsachen, Lehrbuch, 29. Aufl. 2014
Meyer-Goßner/Schmitt	Meyer-Goßner/Schmitt, Strafprozessordnung: StPO, Kommentar, 65. Aufl. 2022
MüKoBGB	Säcker/Rixecker/Oetker/Limperg, Münchener Kommentar zum Bürgerlichen Gesetzbuch: BGB, Kommentar, Band 2, 3, 4, 5, 6, 7, 8, 8a, 9, 10, 11, 12, 13, 8. Aufl. 2018 ff.
MüKoBGB	Limperg/Oetker/Rixecker/Säcker, Münchener Kommentar zum Bürgerlichen Gesetzbuch: BGB, Kommentar, Band 1, 9. Aufl. 2021
MüKoStGB	Erb/Schäfer, Münchener Kommentar zum Strafgesetzbuch: StGB, Kommentar, Band 1, 2, 3, 4, 4. Aufl. 2020 ff.
MüKoZPO	Krüger/Rauscher, Münchener Kommentar zur ZPO, Kommentar, Band 1, 2, 3, 6. Aufl. 2020 ff.
Müller-Gugenberger WirtschaftsStrafR-HdB	Müller-Gugenberger, Wirtschaftsstrafrecht, Handbuch, 7. Aufl. 2021
v. Münch/Kunig	v. Münch/Kunig, Grundgesetz: GG, Kommentar Band 1, 2, 7. Aufl. 2021

v. Münch/Kunig Nachtrag	v. Münch/Kunig, Grundgesetz: GG, Nachtrag, Kommentar, 2003
Münchhalffen/Gatzweiler Untersuchungshaft	Münchhalffen/Gatzweiler, Das Recht der Untersuchungshaft, Monografie, 3. Aufl. 2009
Niemöller/Schlothauer/Wieder Verständigung	Niemöller/Schlothauer/Wieder, Gesetz zur Verständigung im Strafverfahren, 2010
NK-JGG	Ostendorf, Jugendgerichtsgesetz, Kommentar, 11. Aufl. 2021
NK-JGG	Ostendorf, Jugendgerichtsgesetz, Kommentar, 10. Aufl. 2016
Nomos-BR/Pieper/Spoerhase PUAG	Pieper/Spoerhase, Untersuchungsausschussgesetz, Kommentar, 2012
Paal/Pauly	Paal/Pauly, DS-GVO BDSG, Kommentar, 3. Aufl. 2021
Palandt	Palandt, Bürgerliches Gesetzbuch, Kommentar, 80. Aufl. 2021
Park Durchsuchung	Park, Durchsuchung und Beschlagnahme, Handbuch, 4. Aufl. 2018
Peters Fehlerquellen I	Peters, Fehlerquellen im Strafprozess, Band 1: Einführung und Dokumentation, Lehrbuch, 1970
Peters Fehlerquellen II	Peters, Fehlerquellen im Strafprozess, Band 2: Systematische Untersuchungen und Folgerungen, Lehrbuch, 1972
Peters Fehlerquellen III	Peters, Fehlerquellen im Strafprozess, Band 3: Wiederaufnahmerecht, Lehrbuch, 1974
Peters StrafProzR	Peters, Strafprozess, Lehrbuch, 4. Aufl. 1985
Pfeiffer	Pfeiffer, Strafprozessordnung: StPO, Kommentar, 5. Aufl. 2005
Plath	Plath, DSGVO/BDSG, Kommentar, 3. Aufl. 2018
Pohlmann/Jabel/Wolf	Pohlmann/Jabel/Wolf, Strafvollstreckungsordnung, Kommentar, 9. Aufl. 2015
Prütting/Wegen/Weinreich	Prütting/Wegen/Weinreich, BGB Kommentar, Kommentar, 15. Aufl. 2020
Putzke/Scheinfeld StrafProzR	Putzke/Scheinfeld, Strafprozessrecht, Lehrbuch, 8. Aufl. 2019
Radtke/Hohmann	Radtke/Hohmann, Strafprozessordnung: StPO, Kommentar, 2. Aufl. 2017
Ranft StrafProzR	Ranft, Strafprozessrecht, Lehrbuch, 3. Aufl. 2005
Rebmann/Roth/Herrmann	Rebmann/Roth/Herrmann, Gesetz über Ordnungswidrigkeiten, Kommentar, 27. Aufl. 2019
Rebmann/Roth/Herrmann	Rebmann/Roth/Herrmann, Gesetz über Ordnungswidrigkeiten, Kommentar, 29. Aufl. 2020
Rönnau Vermögensabschöpfung	Rönnau, Die Vermögensabschöpfung in der Praxis, Monografie, 2. Aufl. 2015
Röttle/Wagner HRP Strafvollstreckung	Röttle/Wagner, Strafvollstreckung, Handbuch, 8. Aufl. 2009
Roxin	Roxin, Strafverfahrensrecht, 25. Aufl. 1998 (30. Aufl. 2022 siehe Roxin/Schünemann)
Roxin/Achenbach/Jäger/Heinrich StrafProzR PdW	Roxin/Achenbach/Jäger/Heinrich, Strafprozessrecht, Lehrbuch, 17. Aufl. 2018
Roxin/Schünemann StrafVerfR	Roxin/Schünemann, Strafverfahrensrecht, Handbuch, 30. Aufl. 2022
Rüping Strafverfahren	Rüping, Das Strafverfahren, Monografie, 3. Aufl. 1997
Sachs	Sachs, Grundgesetz: GG, Kommentar, 9. Aufl. 2021
Safferling IntStrafR	Safferling, Internationales Strafrecht: Strafanwendungsrecht – Völkerstrafrecht – Europäisches Strafrecht, Lehrbuch, 2011
Satzger/Schluckebier/Widmaier StGB	Satzger/Schluckebier/Widmaier, StGB – Strafgesetzbuch, Kommentar, 5. Aufl. 2020
Satzger/Schluckebier/Widmaier StPO	Satzger/Schluckebier/Widmaier, StPO-Kommentar, Kommentar, 4. Aufl. 2020
Schäfer/Sander/van Gemmeren Strafzumessung	Schäfer/Sander/van Gemmeren, Praxis der Strafzumessung, Monografie, 6. Aufl. 2017
Schaffstein/Beulke/Swoboda JugendStrafR	Schaffstein/Beulke/Swoboda, Jugendstrafrecht, Lehrbuch, 15. Aufl. 2015
Schenke/Graulich/Ruthig	Schenke/Graulich/Ruthig, Sicherheitsrecht des Bundes, Kommentar, 2. Aufl. 2019

Schimansky/Bunte/Lwowski BankR-HdB	Schimansky/Bunte/Lwowski, Bankrechts-Handbuch, Handbuch, Band I, II, 5. Aufl. 2017
Schlothauer/Weider/Nobis Untersuchungshaft	Schlothauer/Weider/Nobis, Untersuchungshaft – mit Erläuterungen zu den UVollzG der Länder, Handbuch, 5. Aufl. 2016
Schlothauer/Weider/Wollschläger Revisionsverfahren	Schlothauer/Weider/Wollschläger, Verteidigung im Revisionsverfahren, Handbuch, 3. Aufl. 2017
Schmidt StPO II	Schmidt, Lehrkommentar zur Strafprozessordnung, Teil II, Kommentar, 1953
Schmidt StPO/GVG	Schmidt, Lehrkommentar zur Strafprozessordnung und zum Gerichtsverfassungsgesetz Teil II, Kommentar, 1957
Schmidt StPO/GVG Nachtrag	Schmidt, Lehrkommentar zur Strafprozessordnung und zum Gerichtsverfassungsgesetz – Nachträge und Ergänzungen, Kommentar, 1966
Schmidt Vermögensabschöpfung-HdB	Schmidt, Vermögensabschöpfung – Handbuch für das Straf- und Ordnungswidrigkeitenverfahren, Handbuch, 2. Aufl. 2018
Schmidt-Bleibtreu/Hofmann/Henneke	Schmidt-Bleibtreu/Hofmann/Henneke, Kommentar zum Grundgesetz: GG, Kommentar, 14. Aufl. 2017
Schmidt-Räntsch	Schmidt-Räntsch, Deutsches Richtergesetz: DRiG, Kommentar, 7. Aufl. 2019
Schomburg/Lagodny	Schomburg/Lagodny, Internationale Rechtshilfe in Strafsachen, Kommentar, 6. Aufl. 2020
Schomburg/Lagodny/Gleß/Hackner	Schomburg/Lagodny/Gleß/Hackner, Internationale Rechtshilfe in Strafsachen = International Cooperation in Criminal Matters, Kommentar, 5. Aufl. 2011
Schönke/Schröder	Schönke/Schröder, Strafgesetzbuch, Kommentar, 30. Aufl. 2019
Schroeder/Verrel StrafProzR	Schroeder/Verrel, Strafprozessrecht, Lehrbuch, 7. Aufl. 2017
Schwind/Böhm/Jehle/Laubenthal	Schwind/Böhm/Jehle/Laubenthal, Strafvollzugsgesetze – Bund und Länder, Kommentar, 7. Aufl. 2019
SK-StGB	Rudolphi/Horn/Samson/Deiters/Wolter, Systematischer Kommentar zum Strafgesetzbuch, Kommentar, Band 1, 2, 3, 4, 5, 6, 9. Aufl. 2016 ff.
SK-StPO	Wolter, Systematischer Kommentar zur Strafprozeßordnung und zum Gerichtsverfassungsgesetz, Kommentar, Band 1, 2, 3, 4, 5, 6, 7, 8, 9, 10, 5. Aufl. 2013 ff.
Sodan	Sodan, Grundgesetz: GG, Kommentar, 4. Aufl. 2018
Soiné StPO	Soiné, Strafprozessordnung – Kommentar für Polizeibeamte im Ermittlungsdienst, Kommentar, 121. Aufl. 2019
Spindler/Schmitz	Spindler/Schmitz, TMG, Kommentar, 2. Aufl. 2018
Spindler/Schuster	Spindler/Schuster, Recht der elektronischen Medien, Kommentar, 4. Aufl. 2019
Stein/Jonas	Stein/Jonas, Kommentar zur Zivilprozessordnung, Kommentar, Band 1, 2, 3, 4, 5, 6, 8, 9, 10, 23. Aufl. 2014 ff.
Stern/Becker	Stern/Becker, Grundrechte-Kommentar, Kommentar, 3. Aufl. 2018
Streinz	Streinz, EUV/AEUV, Kommentar, 3. Aufl. 2018
Thomas/Putzo	Thomas/Putzo, Zivilprozessordnung: ZPO, Kommentar, 43. Aufl. 2022
Toussaint	Toussaint, Kostenrecht, Kommentar, 51. Aufl. 2021
Uhlenbruck	Uhlenbruck, Insolvenzordnung, EuInsVO, Kommentar, Band 1, 2, 15. Aufl. 2019 ff.
Ulrich Sachverständiger-HdB	Ulrich, Der gerichtliche Sachverständige, Handbuch, 12. Aufl. 2007
Venzlaff/Foerster/Dreßing/Habermeyer Psychiatrische Begutachtung-HdB	Venzlaff/Foerster/Dreßing/Habermeyer, Psychiatrische Begutachtung – Ein praktisches Handbuch für Ärzte und Juristen, Handbuch, 7. Aufl. 2020
Venzlaff/Foerster/Dreßing/Habermeyer Psychiatrische Begutachtung-HdB	Venzlaff/Foerster/Dreßing/Habermeyer, Psychiatrische Begutachtung – Ein praktisches Handbuch für Ärzte und Juristen, Handbuch, 6. Aufl. 2015

Verzeichnis der abgekürzt zitierten Literatur

Volckart Verteidigung	Volckart, Verteidigung in der Strafvollstreckung und im Vollzug, Monografie, 5. Aufl. 2013
Volk/Engländer GK StPO ...	Volk/Engländer, Grundkurs StPO, Lehrbuch, 9. Aufl. 2018
von der Grün Verdeckte Ermittlungen	von der Grün, Verdeckte Ermittlungen, Lehrbuch, 2018
Vordermayer/v. Heintschel-Heinegg/Schnabl StA-HdB ..	Vordermayer/von Heintschel-Heinegg/Schnabl, Handbuch für den Staatsanwalt, Handbuch, 6. Aufl. 2018
Wabnitz/Janovsky/Schmitt WirtschaftsStrafR-HdB	Wabnitz/Janovsky/Schmitt, Handbuch Wirtschafts- und Steuerstrafrecht, Handbuch, 5. Aufl. 2020
Wasserburg Strafverfahren	Wasserburg, Die Wiederaufnahme des Strafverfahrens, Handbuch, 1983
Wessing/Ahlbrecht Zeugenbeistand	Wessing/Ahlbrecht, Der Zeugenbeistand, Handbuch, 2013
Weyland	Weyland, Bundesrechtsanwaltsordnung: BRAO, Kommentar, 10. Aufl. 2020
Zöller	Zöller, Zivilprozessordnung: ZPO, Kommentar, 34. Aufl. 2022

Strafprozeßordnung (StPO)

In der Fassung der Bekanntmachung vom 7. April 1987 (BGBl. I S. 1074, ber. S. 1319)

FNA 312-2

Zuletzt geändert Art. 2 Gesetz vom 25.3.2022 (BGBl. I S. 571)

Einleitung

Schrifttum: Ahlbrecht, Strukturelle Defizite Europäischer Verteidigung – Gründe und Möglichkeiten ihrer Überwindung, StV 2012, 491; Altenhain/Hagemeier/Haimerl/Stammen, Die Praxis der Absprachen in Wirtschaftsstrafverfahren, 2007; Altenhain/Jahn/Kinzig, Die Praxis der Verständigung im Strafprozess, 2020; Abdallah, Die Problematik des Rechtsmißbrauchs im Strafverfahren, 2002; Altvater, Kann nach der gesetzlichen Regelung der Verständigung im Strafverfahren noch auf die bisherige Rechtsprechung des Bundesgerichtshofes zur Urteilsabsprache zurückgegriffen werden?, Festschrift Rissing-van Saan, 2011, 1; Ambos, Die transnationale Verwertung von Folterbeweisen, StV 2009, 151; Ambos/Poschadel, Transnationales Strafverfolgungsersuchen – Verfolgungshindernis im ersuchenden Staat?, GA 2011, 95; Ambos/Rackow, Erste Überlegungen zu den Konsequenzen des Lissabon-Urteils des Bundesverfassungsgerichts für das Europäische Strafrecht, ZIS 2009, 397; Amelung, Zur dogmatischen Einordnung strafprozessualer Grundrechtseingriffe, JZ 1987, 737; Amelung, Informationsbeherrschungsrechte im Strafprozess, 1990; Amelung, Die Entscheidung des BVerfG zur Gefahr im Verzug iS des Artikel 13 II GG, NStZ 2001, 337; Amelung, Die Darstellung der Lehre von den Informationsbeherrschungsrechten im strafprozessualen Gutachten für den 67. Deutschen Juristentag, JR 2008, 327; Appel, Verfassung und Strafe, 1998; Appl, Die strafschärfende Verwertung von nach §§ 154, 154a StPO eingestellten Nebendelikten und ausgeschiedenen Tatteilen bei der Strafzumessung, 1987; Arndt, Die Zeit im Recht (Zum Streit um die „Rückwirkung" von Gesetzen), NJW 1961, 14; Arnoldi, Präsente Beweismittel in der Praxis, NStZ 2018, 305; Arnoldi, Hauptverhandlungen im Zeitalter von Sars-CoV-2/COVID-19, NStZ 2020, 313; Arzt, Die deutsche Strafrechtswissenschaft zwischen Studentenberg und Publikationsflut, Gedächtnisschrift Armin Kaufmann, 1989, 839; Bachmann, Probleme des Rechtsschutzes gegen Grundrechtseingriffe im strafrechtlichen Ermittlungsverfahren, 1994; Ballo/Reischl, Der Koalitionsvertrag 2018 – Neue Impulse für die Reform des Sanktionenrechts für Unternehmen, CB 2018, 189; Bartel, Auf dem Weg zur technischen Dokumentation der Hauptverhandlung in Strafsachen, StV 2018, 678; Basdorf, Formelle und informelle Präklusion im Strafverfahren, StV 1997, 488; Bauer, Die Präklusion von Verfahrensrügen und des Widerspruchs im Zusammenhang, NStZ 2012, 191; Bauer, Der prozessuale Tatbegriff, NStZ 2003, 174; Bauer, Die Regelung in § 302 Abs. 1 S. 2 StPO – ein „Verteidigerdilemma"?, StV 2015, 524; Beckemper, Der Kölner Entwurf eines Verbandssanktionengesetzes – Sanktionen und Einstellungsmöglichkeiten, NZWiSt 2018, 420; Becker/Meinicke, Die sog. Quellen-TKÜ und die StPO – Von einer „herrschenden Meinung" und ihrer fragwürdigen Entstehung, StV 2011, 50; v. Beling, Deutsches Reichsstrafprozeßrecht, 1928; Berg, Neukonzeptionierung der Widerspruchslösung, StraFo 2018, 327; Bernsmann, Verwertungsverbot bei fehlender und mangelhafter Belehrung, StraFo 1998, 73; Bettermann/Nipperdey/Scheuner (Hrsg.), Die Grundrechte, Band III/2, 2. Aufl. 1972; Beulke, Die Strafbarkeit des Verteidigers, 1980; Beulke, Hypothetische Kausalverläufe im Strafverfahren bei rechtswidrigem Vorgehen von Ermittlungsorganen, ZStW 103 (1991), 657; Beulke, Der prozessuale Tatbegriff, Festgabe BGH (Wissenschaft), 2000, 781; Beulke, Die Unmittelbarkeit der Beweisaufnahme in der Hauptverhandlung, §§ 250 ff. StPO, JA 2008, 758; Beulke, Rechtsmißbrauch im Strafprozeß – Eine Erwiderung auf Pfister, StV 2009, 554; Beulke/Ruhmannseder, Die Strafbarkeit des Verteidigers, 2. Aufl. 2010; Beulke/Witzigmann, Das Akteneinsichtsrecht des Strafverteidigers in Fällen der Untersuchungshaft, NStZ 2011, 254; Bischoff, Der Zwischenrechtsbehelf des § 238 II StPO im Spiegel von Rechtsprechung und Literatur: Beanstandungsrecht oder Beanstandungspflicht?, NStZ 2010, 77; Bittmann, Risikogeschäft – Untreue – Bankenkrise, NStZ 2011, 361; Bleckmann, Verfassungsrang der Europäischen Menschenrechtskonvention?, EuGRZ 1994, 149; Bloy, Zur Systematik der Einstellungsgründe im Strafverfahren, GA 1980, 161; Bock, Das Opfer vor dem Internationalen Strafgerichtshof, ZStW 119 (2007), 664; Böckenförde, Zur verfassungsrechtlichen Beurteilung der Einführung der Unverjährbarkeit des Mordes, ZStW 91 (1979), 888; Böhm, Das neue Europäische Haftbefehlsgesetz, NJW 2006, 2592; Börner, Die Vermögensbeschlagnahme nach §§ 290 ff. StPO, NStZ 2005, 547; Börner, § 243 III, 1 StPO und der Große Senat für Strafsachen, NStZ 2011, 436; Börner, Die Fristsetzung für Beweisanträge gemäß § 244 Abs. 6 EStPO, StV 2016, 681; Bosch, Beweiskraft des Protokolls bei Protokollberichterstattung, JA 2006, 578; Böse, Die Entscheidung des Bundesverfassungsgerichts zum Vertrag von Lissabon und ihre Bedeutung für die Europäisierung des Strafrechts, ZIS 2010, 76; Böse/Meyer, Die Beschränkung nationaler Strafgewalten als Möglichkeit zur Vermeidung von Jurisdiktionskonflikten in der Europäischen Union, ZIS 2011, 336; Böß, Das Gesetz zur Neuregelung des Rechts der notwendigen Verteidigung, NStZ 2020, 185; Bratke, Die Quellen-Telekommunikationsüberwachung im Strafverfahren, 2013; Braum, Europäisches Strafrecht im Fokus konfligierender Verfassungsmodelle, ZIS 2009, 418; Brause, Zum Zeugenbeweis in der Rechtsprechung des BGH, NStZ 2007, 505; Brodersen, Das Strafverfahrensänderungsgesetz 1999, NJW 2000, 2536; Brodowski, Strafrechtsrelevante Entwicklungen in der Europäischen Union – ein Überblick, ZIS 2010, 749; 2011, 940; Brune, Die ungeschriebenen Rügepräklusionen im Revisionsverfahren, 2022; Buermeyer/Bäcker, Zur Rechtswidrigkeit der Quellen-Telekommunikationsüberwachung auf Grundlage des

§ 100a StPO, HRRS 2009, 433; Buhrow, Neuregelung des Rechts des Urkundsbeamten der Geschäftsstelle, NJW 1981, 907; Bünger, Die tatrichterlichen Möglichkeiten der Reaktion auf einen Missbrauch des Beweisantragsrechts, NStZ 2006, 305; Burchard, Zu den Folgen einer Verletzung der Belehrungspflicht gegenüber ausländischen Beschuldigten über das Recht auf konsularische Unterstützung, JZ 2007, 891; Bürger, Die tatrichterlichen Möglichkeiten der Reaktion auf einen Missbrauch des Beweisantragsrechts, NStZ 2006, 305; Busch, Zur Geltung des § 140 I Nr. 4 StPO in Fällen der Überhaft und sog. Verfahrenskumulation, NStZ 2011, 663; Calvelli-Adorno, Die Verlängerung der Verjährungsfrist für die Strafverfolgung von Verbrechen, die mit lebenslangem Zuchthaus bedroht sind, NJW 1965, 273; Christensen/Kudlich, Recht und Missbrauch des Rechtsmissbrauchs, in Feldner/Forgó (Hrsg.), Norm und Entscheidung. Prolegomena zu einer Theorie des Falls, 2000, 189; Christensen/Kudlich, Theorie richterlichen Begründens, 2001; Christensen/Kudlich, Gesetzesbindung: Vom vertikalen zum horizontalen Verständnis, 2008; Cierniak, Verschlechterungsverbot bei einer unbeschränkten Berufung des Angeklagten und einem auf den Rechtsfolgenanspruch beschränkten Rechtsmittel der Staatsanwaltschaft?, NStZ 2001, 399; Claus, Zur Modernisierung des Strafverfahrens, NStZ 2020, 57; Coing, Grundzüge der Rechtsphilosophie, 5. Aufl. 1993; Dallmeyer, Beweisführung im Strengbeweisverfahren, 2002; Dallmeyer, Reformbedarf im Recht der Befangenheitsanträge, Besetzungsrüge und Beweisanträge?, StV 2018, 533; Dannecker, Das materielle Strafrecht im Spannungsfeld des Rechts der Europäischen Union, JURA 2006, 95, 173; De Wall, Der Schutz des Seelsorgegeheimnisses (nicht nur) im Strafverfahren, NJW 2007, 1856; Deal (= Weider), Der strafprozessuale Vergleich, StV 1982, 545; Dehne-Niemann, Kritische Anmerkungen zur neuen Praxis der „Rügeverkrümmung", wistra 2011, 213; Demko, Das Recht auf Verfahrensbeschleunigung gemäß Art. 6 Abs. 1 S. 1 EMRK in Strafverfahren und dessen Verhältnis zum Recht auf wirksame Beschwerde gemäß Art. 13 EMRK in der Rechtsprechung des EGMR – Teil 1, HRRS 2005, 283; Dencker, Verwertungsverbote im Strafprozeß, 1977; Duttge, Möglichkeiten eines Konsensualprozesses nach deutschem Strafprozeßrecht, ZStW 115 (2003), 539; Echterhölter, Die Europäische Menschenrechtskonvention im Rahmen der verfassungsmäßigen Ordnung, JZ 1955, 689; Eidam, Zur Problematik der Verschleppungsabsicht in Strafverfahren, JZ 2009, 318; Eisenberg, Aspekte des Verhältnisses von materieller Wahrheit und Wiederaufnahme des Verfahrens gemäß §§ 359 ff. StPO, JR 2007, 360; Ellbogen, Die Fluchttagebücher Frank Schmökel und ihre Verwertbarkeit im Strafprozess, NStZ 2001, 460; Erb, Ein Freibrief zur Willkür? GA 2012, 72; Ernst, Auf die Haftanstalt einer Internationalen Organisation anwendbares Recht und die negative Ausprägung des Äquivalenzprinzips, NStZ 2011, 430; Eschelbach/Gieg/Schulz, Begründungsanforderungen an die Urteilsverfassungsbeschwerde in Strafsachen, NStZ 2000, 565; Eschenhagen, Der Mißbrauch des Beweisantragsrechts, 2001; Eser/Meyer, Öffentliche Vorverurteilung und faires Strafverfahren, 1986; Esser, Sicherungsverwahrung, JA 2011, 727; Esser, Verfahrenseinstellung nach § 154 Abs. 2 StPO und Strafzumessung: Ein schwieriger Spagat zwischen Unschuldsvermutung und Strafklageverbrauch, StV 2019, 492; Esser/Gaede/Tsambikakis, Übersicht zur Rechtsprechung des EGMR in den Jahren 2008 bis Mitte 2010, NStZ 2011, 78, 140; Fahl, Rechtsmißbrauch im Strafprozeß, 2004; Fahl, Der abgesprochene Rechtsmittelverzicht, ZStW 117 (2005), 605; Fahl, Aufgabe des Verbots der Rügeverkümmerung durch den BGH von BVerfG bestätigt, JR 2009, 245; Fahl/Geraats, Absprachen im Strafprozess, JA 2009, 791; Fezer, Die erweiterte Revision – Legitimierung der Rechtswirklichkeit? 1974; Fezer, Polizeiliche Vernehmung eines infolge seines geistig-seelischen Zustands die Belehrung zur Aussagefreiheit nicht nachvollziehenden Beschuldigten, JZ 1994, 686; Fezer, Grundfragen der Beweisverwertungsverbote, 1995; Fezer, Zu den Auswirkungen einer mangelhaften Darstellung des wesentlichen Ermittlungsergebnisses in einer Anklageschrift, NStZ 1995, 297; Fezer, Ist die Vornahme einer verbotenen Vernehmungsmethode nur nach Widerspruch gegen ihre Verwertung in der Hauptverhandlung mit der Revision angreifbar?, StV 1997, 57; Fezer, Zum Fristbeginn bei Abhörmaßnahmen und den Folgen eines Fristverstoßes, JZ 1999, 526; Fezer, Überwachung der Telekommunikation und Verwertung eines Raumgesprächs, NStZ 2003, 625; Fezer, Zur Reichweite einer Rügepflichtverletzung im Strafverfahren, JZ 2006, 474; Fezer, Gesetzeswidrige Fristsetzung für die Stellung von Beweisanträgen, HRRS 2009, 17; Fezer, Inquisitionsprozess ohne Ende? – Zur Struktur des neuen Verständigungsgesetzes NStZ 2010, 177; Fischer, Regelung der Urteilsabsprache – ein Appell zum Innehalten, NStZ 2007, 433; Fischer, Absprache-Regelung: Problemlösung oder Problem?, StraFo 2009, 177; Fischer/Maul, Tatprovozierendes Verhalten als polizeiliche Ermittlungsmaßnahme, NStZ 1992, 7; Fischer/Krehl, „Vieraugenprinzip", gesetzlicher Richter und rechtliches Gehör, StV 2012, 550; Forschner, Rechtshandwerk, Rechtsgemeinschaft und Rechtsidee, AöR 136 (2011), 616; Foth, Fortdauer der U-Haft bei Verfahrensverzögerung im Revisionsverfahren, NStZ 2005, 457; Franzke, Die Vertretung des abwesenden Angeklagten in der Berufungshauptverhandlung – Kritische Anmerkungen zur Entwicklung der Rechtsprechung seit Inkrafttreten von § 329 StPO n. F., StV 2019, 363; Freiling/Safferling/Rückert, Quellen-TKÜ und Online-Durchsuchung als neue Maßnahmen für die Strafverfolgung: Rechtliche und technische Herausforderungen, JR 2018, 9; Freyschmidt/Ignor, Mehr Verteidigung im Ermittlungsverfahren?, NStZ 2004, 465; Frisch, Wandel der Revision als Ausdruck geistigen und gesellschaftlichen Wandels, in Festschrift Fezer, 2008, 353; Frisch, Konzepte der Strafe und Entwicklungen des Strafrechts in Europa, GA 2009, 385; Frisch, Verwerfung der Berufung ohne Sachverhandlung und Recht auf Verteidigung – Zur Änderung des § 329 StPO, NStZ 2015, 69; Frister, Beschleunigung der Hauptverhandlung durch Einschränkung von Verteidigungsrechten?, StV 1994, 445; Fronza/Malarino, Die Auslegung von multilingualen strafrechtlichen Texten am Beispiel des Status für den Internationalen Strafgerichtshof, ZStW 118 (2006), 927; Gaede, Grundkenntnisse des materiellen und formellen Steuerstrafrechts, JA 2008, 88; Gaede, Zur Frage der Fristsetzung zur Stellung von Beweisanträgen und dem Indiz für Verschleppungsabsicht, NJW

2009, 608; Gaede, Vorbeugende Rügepräklusionen gegen vermuteten Revisionsmissbrauch, wistra 2010, 210; Gärditz/Gusy, Zur Wirkung europäischer Rahmenbeschlüsse im innerstaatlichen Recht, GA 2006, 225; Geppert, Gedanken zur Rechtskraft und Beseitigung strafprozessualer Beschlüsse, GA 1972, 165; Geppert, Der Grundsatz der Unmittelbarkeit im deutschen Strafverfahren, 1979; Gercke, Grenzen zulässiger Strafverteidigung aus anwaltlicher Sicht, StV 2020, 201; Gerckel/Heinisch, Auswirkungen der Verzögerungsrüge auf das Strafverfahren, NStZ 2012, 300; Giesler, Der Ausschluß der Beschwerde gegen richterliche Entscheidungen im Strafverfahren, 1981; Gillmeister, Zur normativ-faktischen Bestimmung der strafprozessualen Tat, NStZ 1989, 1; Gleß, Europa – Eine Herausforderung für die Strafverteidigung, StV 2010, 400; Gleß/Eymann, Nachträgliches Verwertungsverbot und internationale Beweisrechtshilfe, StV 2008, 318; Globke, Die Wirkung eines Europäischen Haftbefehls, GA 2011, 412; Goldbach, Der Deal mit dem Recht, 2004; Goldschmidt, Der Prozeß als Rechtslage, 1962; Gössel, Rechtsmittel gegen Nicht-Urteile?, JR 1979, 75; Gössel, Die Beweisverbote im Strafverfahrensrecht der Bundesrepublik Deutschland, GA 1991, 486; Gössel, Zur Zulässigkeit von Absprachen im Strafverfahren in der Rechtsprechung, in: Recht gestalten, dem Recht dienen, Festschrift Böttcher, 2007, 79; Göttgen, Prozessökonomische Alternativen zur Verständigung, 2019; Grabenwarter, Wirkungen eines Urteils des Europäischen Gerichtshofs für Menschenrechte – am Beispiel des Falls M. gegen Deutschland, JZ 2010, 857; Grabenwarter, Androhung von Folter und faires Strafverfahren – Das (vorläufig) letzte Wort aus Straßburg, NJW 2010, 3128; Grözinger, Heimliche Zugriffe auf die Cloud – Befugnis zur Plünderung eines unermesslichen Datenschatzes?, StV 2019, 406; Grüner, Über den Mißbrauch von Mitwirkungsrechten und die Mitwirkungspflichten des Verteidigers im Strafprozeß, 2000; Grunst, Prozeßhandlungen im Strafprozeß, 2002; Grünwald, Beweisverbote und Verwertungsverbote im Strafverfahren, JZ 1966, 489; Grünwald, Zur selbstverschuldeten Verhandlungsunfähigkeit, JZ 1976, 767; Haas, Vorermittlungen und Anfangsverdacht, 2003; Habetha, Übergehen „unwahrscheinlicher" Beweisanträge ohne Ablehnungsgrund, StV 2011, 239; Hackner, Das teileuropäische Doppelverfolgungsverbot insbesondere in der Rechtsprechung des Gerichtshofes der Europäischen Union, NStZ 2011, 425; Hackner/Schomburg/Lagodny/Gleß, Das 2. Europäische Haftbefehlsgesetz, NStZ 2006, 663; Hamm, Absprachen im Strafverfahren?, ZRP 1990, 337; Hamm, Die (Verfahrens-)Rüge in der (Sach-)Rüge, Festschrift Rissing-van Saan, 2011, 195; Hamm, Das Ende des formalisierten Dialogs im Beweisantragsrecht, StV 2018, 525; Hanack, Die Rechtsprechung des Bundesgerichtshofs zum Strafverfahrensrecht, JZ 1972, 236; Hassemer, Die „Funktionstüchtigkeit der Strafrechtspflege" – ein neuer Rechtsbegriff?, StV 1982, 275; Hassemer, Sicherheit durch Strafrecht, StV 2006, 321; Hecker, Statement: Jurisdiktionskonflikte in der EU, ZIS 2011, 60; Hefendehl, Die Entfesselung des Strafverfahrens über Methoden der Nachrichtendienste, GA 2011, 209; Heger, Perspektiven des Europäischen Strafrechts nach dem Vertrag von Lissabon, ZIS 2009, 406; Heger, James Goldschmidt und der Strafprozess als Rechtslage, JZ 2010, 637; Heine, Beweisverbote und Völkerrecht: Die Affäre Liechtenstein in der Praxis, HRRS 2009, 540; Heinrich, Rügepflichten in der Hauptverhandlung und Disponibilität strafverfahrensrechtlicher Vorschriften, ZStW 112 (2000), 398; Hellwig/Zebisch, Pflichtverteidigung – Die Entpflichtung des Verteidigers wegen eines gestörten Vertrauensverhältnisses – (Rechts-)Probleme und Lösungsansätze, NStZ 2010, 602; Henkel, Strafverfahrensrecht, 2. Aufl. 1968; Henssler/Hoven/Kubiciel/Weigend, Kölner Entwurf eines Verbandssanktionengesetzes, NZWiSt 2018, 1; Herdegen, Das Beweisantragsrecht – Zum Rechtsmissbrauch – Teil 3, NStZ 2000, 1; Herzog, R., Das Bundesverfassungsgericht und die Anwendung einfachen Gesetzesrechts, Festschrift Dürig, 1990, 431; Herzog, F., Schlanke Justiz, StV 1995, 372; Hettich, Aussagepflicht von ausländischen Zeugen, NStZ 2019, 646; Hillenkamp, Verfahrenshindernisse von Verfassungs wegen, NJW 1989, 2841; Hofmann, Die Online-Durchsuchung – staatliches Hacken oder zulässige Ermittlungsmaßnahme?, NStZ 2005, 121; Hollaender, Der Rechtsmissbrauch im Strafverfahren und die Grenzen der Gesetzesauslegung, JR 2007, 6; Hombrecher, Grundzüge und praktische Fragen des Internationalen Strafrechts – Teil 2: Europäisches Strafrecht und Völkerstrafrecht, JA 2010, 731; Hörster, Die (soziale) Gerichtshilfe zur Persönlichkeitserforschung, JZ 1982, 92; Hoven, Frieden versus Gerechtigkeit? ZIS 2011, 230; Hoven, Die Grenzen des Anfangsverdachts – Gedanken zum Fall Edathy, NStZ 2014, 361; Huber, Grundwissen – Strafprozessrecht: Beweismittel in der Hauptverhandlung, JuS 2010, 1056; Hübner, Schluss mit der Strafzumessungslösung, HRRS 2020, 441; Ignor, Geschichte des Strafprozesses in Deutschland 1532–1846, 2002; Ignor/Jahn, Der Staat kann auch anders – Die Schweizer Daten-CDs und das deutsche Strafrecht, JuS 2010, 390; Ilsner, Psychosoziale Prozessbegleitung im Strafverfahren, 2021; Jäger, Zulässigkeit der Beschlagnahme und Verwertung von E-Mails, StV 2002, 243; Jäger, Beweisverwertung und Beweisverwertungsverbote im Strafprozess, 2003; Jäger, Grund und Grenzen des Gesetzlichkeitsprinzips im Strafprozessrecht, GA 2006, 615; Jäger, Beweiserhebungs- und Beweisverwertungsverbote als prozessuale Regelungsinstrumente im strafverfolgenden Rechtsstaat, GA 2008, 473; Jahn, „Konfliktverteidigung" und Inquisitionsmaxime, 1998; Jahn, Zurück in die Zukunft – Die Diskurstheorie des Rechts als Paradigma des neuen konsensualen Strafverfahrens, GA 2004, 272; Jahn, Aktuelle Probleme des Strafverfahrens, NJ 2005, 106; Jahn, Der strafprozessuale Zugriff auf Telekommunikationsverbindungsdaten, JuS 2006, 491; Jahn, Die Konsensmaxime in der Hauptverhandlung, ZStW 118 (2006), 427; Jahn, Strafprozessuale Eingriffsmaßnahmen im Lichte der aktuellen Rechtsprechung des BVerfG, NStZ 2007, 255; Jahn, Beweiserhebung und Beweisverwertungsverbote im Spannungsfeld zwischen Garantien des Rechtsstaates und der effektiven Bekämpfung von Kriminalität und Terrorismus – Gutachten C zum 67. Deutschen Juristentag, 2008; Jahn, Grundfragen und aktuelle Probleme der Beweisverwertung im Straf- und Steuerstrafverfahren. Zugleich ein Beitrag zur Fortentwicklung der Beweisbefugnislehre nach dem „Fall Liechtenstein", Festschrift Stöckel, 2010, 259; Jahn, Rechtstheoretische Grundlagen des Gesetzesvorbehaltes im Strafprozessrecht, in Kudlich/Montiel/Schuhr (Hrsg.), Gesetzlichkeit und Strafrecht, 2012,

223; Jahn, Der Beweistransfer aus dem Ermittlungsverfahren in die Hauptverhandlung nach dem Modell des AE-Beweisaufnahme, StV 2015, 778; Jahn/Dallmeyer, Zum heutigen Stand der beweisrechtlichen Berücksichtigung hypothetischer Ermittlungsverläufe im deutschen Strafverfahrensrecht, NStZ 2005, 297; Jahn/Geck, Tagebuch revisited – Der Bundesgerichtshof, die Gedankenfreiheit und ein Selbstgespräch im Auto, JZ 2012, 561; Jahn/Hübner, Notwendigkeit und Ausgestaltung einer gesetzlichen Regelung der Tatprovokation im deutschen Strafprozess, StV 2020, 207; Jahn/Kudlich, Die strafprozessuale Zulässigkeit der Online-Durchsuchung, JR 2007, 57; Jahn/Kudlich, Rechtsstaatswidrige Tatprovokation als Verfahrenshindernis: Spaltprozesse in Strafsachen beim Bundesgerichtshof, JR 2016, 54; Jahn/Löffelmann/Güntge/Krehl, Die Verfassungsbeschwerde in Strafsachen, 2011; Jahn/Müller, Das Gesetz zur Regelung der Verständigung im Strafverfahren – Legitimation und Reglementierung der Absprachenpraxis, NJW 2009, 2625; Jahn/Schmitt-Leonardy/Schoop, Unternehmensverantwortung für Unternehmenskriminalität – „Frankfurter Thesen", wistra 2018, 27; Jansen, Verwerfung der Berufung trotz Verteidigung des abwesenden Angeklagten nach § 329 StPO n. F. – nunmehr konventionskonform?, StV 2020, 59; Joerden, Verbotene Vernehmungsmethoden – Grundfragen des § 136a StPO, JuS 1993, 927; Jung, Die Sicherungsverwahrung auf dem Prüfstand der EMRK, GA 2010, 639; Kadelbach, Zu den Auswirkungen des MRK Art. 6 Abs. 1 auf das deutsche Prozeßrecht, insbesondere auf das Normenkontrollverfahren, JZ 2000, 1053; Kaiser, Zulässigkeit des Ankaufs deliktisch erlangter Steuerdaten, NStZ 2011, 383; Kaufmann/Hassemer/Neumann (Hrsg.), Einführung in Rechtsphilosophie und Rechtstheorie der Gegenwart, 8. Aufl. 2011; Kemme/Dunkel, Strafbefehl und Fehlurteil – Erkenntnisse zu einer wenig beachteten Verbindung, StV 2020, 52; Kempf, Rechtsmißbrauch im Strafprozeß, StV 1996, 507; Kempf, Anstiftung einer bis dahin Unverdächtigen durch einen polizeilichen Lockspitzel, StV 1999, 128; Kinzig, Bewegung in der Lockspitzelproblematik nach der Entscheidung des EGMR: Muß die Rechtsprechung ihre strikte Strafzumessungslösung verabschieden?, StV 1999, 288; Kinzig, Die Neuordnung des Rechts der Sicherungsverwahrung, NJW 2011, 177; Klasen/Schäfer, Whistleblower, Zeuge und „Beschuldigter" – Informationsweitergabe im Spannungsfeld grundrechtlicher Positionen, BB 2012, 641; Klitsch, Der neue EU-Rahmenbeschluss zu Abwesenheitsverurteilungen – ein Appell zur Revision, ZIS 2009, 11; Knauer, Untersuchungshaft und Beschleunigungsgrundsatz, StraFo 2007, 309; Knauer, Zur Wahrheitspflicht des (Revisions-)Verteidigers, Festschrift Widmaier, 2008, 291; Knauer, Interne Ermittlungen, ZWH 2012, 41, 81; Knauer, Anträge auf Beweiserhebung in der neueren Rechtsprechung des Bundesgerichtshofs, StraFo, 2012, 473; Knauer, Vom Wesen und Zweck der Revision, NStZ 2016, 1; Knauer, Der Regierungsentwurf zur Einführung eines Gesetzes zur Sanktionierung von verbandsbezogenen Straftaten – großer Wurf oder bittere Pille?, NStZ 2020, 441; Knauer/Buhlmann, Unternehmensinterne (Vor-) Ermittlungen – was bleibt von nemo-tenetur und fair trial, AnwBl 2010, 387; Knauer/Lickleder, Die obergerichtliche Rechtsprechung zu Verfahrensabsprachen nach der gesetzlichen Regelung – ein kritischer Überblick, NStZ 2012, 366; Knauer/Wolf, Zivilprozessuale und strafrechtliche Änderungen durch das Justizmodernisierungsgesetz – Teil 2: Änderungen der StPO, NJW 2004, 2932; Koch, Rechtsdogmatische Überlegungen und rechtsvergleichende Betrachtungen zu einem zukünftigen Verbandssanktionsverfahren (im Erscheinen 2021); Kölbel, Zur Verwertbarkeit privat-deliktisch beschaffter Bankdaten, NStZ 2008, 241; König, Fristsetzung für Beweisanträge, StV 2009, 171; Korte, Verbandstrafrecht zwischen Wissenschaft und Politik, NZWiSt 2018, 393; Kraatz, Das Beweisverbot des § 252 StPO, Jura 2011, 170; Krack, Der Normzweck des § 136a StPO, NStZ 2002, 120; Krahl, Mißachtung rechtsstaatlicher Verfahrensgrundsätze durch die schriftliche und selbstlesende Hauptverhandlung, GA 1998, 329; Krämer, Die verfassungsrechtliche Stellung des Rechtsanwalts, NJW 1995, 2313; Kranjčić, Dolmetschen im Strafverfahren: wider die Wörtlichkeit und für wirkliche Zweckorientierung (oder: Wem dient der Dolmetscher?), NStZ 2011, 657; Krehl, Richtervorbehalt und Durchsuchungen außerhalb gewöhnlicher Dienstzeiten, NStZ 2003, 461; Kreß, Die strafprozessualen Texte des Internationalen Strafgerichtshofs, GA 2006, 528; Kreß, Die verfassungsrechtliche Pflicht der deutschen Strafverfolgungsbehörden zur Berücksichtigung des Wiener Konsularabkommens, GA 2007, 296; Krey, Studien zum Gesetzesvorbehalt im Strafrecht, 1977; Krey, Grundzüge des Strafverfahrensrechts – Einführung, JA 1983, 233; Krey, Keine Strafe ohne Gesetz, Einführung in die Dogmengeschichte des Satzes „nullum crimen, nulla poena sine lege", 1983; Kröpil, Die prozessuale Tat als Zentralbegriff in der strafrechtlichen Ausbildung und Prüfung, JuS 1986, 211; Kröpil, Zum Begriff des Mißbrauchs in §§ 241 Abs. 1, 138a Abs. 1 Nr. 2 StPO, JR 1997, 315; Kropp, Zur Überprüfung von Terminsbestimmungen des Vorsitzenden in Strafsachen, NStZ 2004, 668; Kubiciel, Das „Lissabon"-Urteil und seine Folgen für das europäische Strafrecht, GA 2010, 99; Kudlich, Strafprozeß und allgemeines Missbrauchsverbot, 1998; Kudlich, Der Öffentlichkeitsgrundsatz im Strafprozeß, JA 2000, 970; Kudlich, Die strafrahmenorientierte Auslegung im System der strafrechtlichen Rechtsfindung, ZStW 115 (2003), 1; Kudlich, Grundrechtsorientierte Auslegung im Strafrecht, JZ 2003, 127; Kudlich, Die Unterstützung fremder Straftaten durch berufsbedingtes Verhalten, 2004; Kudlich, Herkunftslandprinzip und internationales Strafrecht, HRRS 2004, 278; Kudlich, Missbrauch durch bewusste Berufung auf ein unrichtiges Hauptverhandlungsprotokoll?, HRRS 2007, 9; Kudlich, Erosion des Hauptverhandlungsprotokolls durch den Bundesgerichtshof?, BLJ 2007, 125; Kudlich, Zur Zulässigkeit strafprozessualer Online-Durchsuchungen, HFR 2007, 201; Kudlich, Rechtsmissbrauch bei Verfahrensrüge aufgrund eines als unrichtig erkannten Hauptverhandlungsprotokolls, JA 2007, 154; Kudlich, Unvorsätzliches Entfernen vom Unfallort, JA 2007, 549; Kudlich, Wie absolut sind die absoluten Revisionsgründe?, Festschrift Fezer, 2008, 435; Kudlich, Enge Fesseln für „Landes- und Bundestrojaner" – Anforderungen an die Zulässigkeit einer (sicherheitsrechtlichen) Online-Durchsuchung, JA 2008, 475; Kudlich, Nichtanwendung von § 66b Abs. 3 StGB in Fällen, in denen nach Erledigung der Unterbringung im psychiatrischen Krankenhaus noch eine Freiheitsstrafe zu vollstrecken ist, JR 2008, 257; Kudlich, Erfordert das Beschleunigungsgebot eine Umgestaltung des Strafverfahrens? – Gutachten C zum 68. Deutschen Juristentag, 2010; Kudlich, „Gesetzesumgehung“ und andere Fälle teleologischer Lückenschließung im Strafrecht. Zugleich ein Beitrag zur Ermittlung der sog. „Wortlautgrenze“, Festschrift Stöckel, 2010, 93; Kudlich, Fristsetzung für Beweisanträge als legitimes Mittel zur Verfahrensbeschleunigung, Festschrift Karras, 2010, 591; Kudlich, Strafrechtliche Fragen der mittelbaren Patentverletzung, in Bosch/Bung/Klippel (Hrsg.), Geistiges Eigentum und Strafrecht, 2011, 39; Kudlich, Strafverfolgung im Internet, GA 2011, 193; Kudlich, Zur Bedeutung der absoluten Revisionsgründe im Strafverfahren, StV 2011, 212; Kudlich, Wie weit reicht die Widerspruchslösung?, HRRS 2011, 114; Kudlich, Das Gesetzlichkeitsprinzip im deutschen Strafprozessrecht, in Kudlich/Montiel/Schuhr (Hrsg.), Gesetzlichkeit und Strafrecht 2012, 233; Kudlich, Straftaten und Strafverfolgung im Internet, StV 2012, 560; Kudlich, Grenzen der Verfassungsgerichtsbarkeit – die Entscheidung des BVerfG zur strafprozessualen Verständigung, NStZ 2013, 379; Kudlich, Die Entscheidung des BVerfG zu den strafprozessualen Absprachen – Konsequenzen für den Gesetzgeber?, ZRP 2013, 162; Kudlich, Nichtigkeit eines Strafurteils nach informeller Verständigung und fehlender Sachaufklärung, NJW 2013, 3216; Kudlich, Die Lehre von der objektiven Zurechnung als Vorbild für die Argumentationslastverteilung bei der Entstehung unselbständiger Beweisverwertungsverbote, Festschrift Wolter, 2013, 995; Kudlich, StPO-Reform: Die Ergebnisse der Expertenkommission und der Referentenentwurf des BMJV, JR 2016, 514; Kudlich, Strafprozess – noch mehr Reformbedarf, ZRP 2018, 9; Kudlich, Audiovisuelle Aufzeichnung, Videobeweis und „Rügeverkümmerung“, in Cirener/Jahn/Radtke (Hrsg.), Bild-Ton-Dokumentation und „Konkurrenzlehre 2.0“, 2020, 13; Kudlich, Audiovisuelle Dokumentation der tatrichterlichen Hauptverhandlung im Strafrecht und ihre Folgen für die Revision, in Hoven/Kudlich (Hrsg.), Digitalisierung und Strafverfahren, 2020, 163; Kudlich/Christensen, Die Methodik des BGH in Strafsachen, Köln 2009; Kudlich/Christensen, Wortlaut, Wörterbuch und Wikipedia – wo findet man die Wortlautgrenze?, JR 2011, 146; Kudlich/Christensen/Sokolowski, Zauberpilze und Cybernauten – oder: Macht Sprache aus Pilzen Pflanzen?, in Müller (Hrsg.), Politik, (Neue) Medien und die Sprache des Rechts, 2007, 119; Kudlich/Nicolai, Immer wieder Neuigkeiten im Strafprozessrecht – Das Gesetz zur Modernisierung des Strafverfahrens, JA 2020, 881; Kuhlen, Zum Vertrauensschutz bei belastenden Rechtsprechungsänderungen, HRRS 2012, 114; Kühne, Wer mißbraucht den Strafprozess?, StV 1996, 684; Kühne, Europäische Methodenvielfalt und nationale Umsetzung von Entscheidungen Europäischer Gerichte, GA 2005, 195; Kulhanek, Saalöffentlichkeit unter dem Infektionsschutzgesetz, NJW 2020, 1183; Lagodny, Strafrecht vor den Schranken der Grundrechte, Tübingen 1996; Lampe, Unzulässigkeit der Rügeverkümmerung?, NStZ 2006, 366; Lamprecht, Strafrecht und Disziplinarrecht, 1997; Lange, Vorermittlungen, 1999; Laser, Das Rechtsschutzsystem gegen strafprozessuale Zwangsmaßnahmen, NStZ 2001, 120; Laubenthal/Nestler, Strafvollstreckung, 2. Aufl. 2018; Lehmann, Zur Beiordnung des auswärtigen Verteidigers, NStZ 2012, 188; Liebhart, Die Gesamtwürdigung im Indizienverfahren, NStZ 2016, 134; Liebhart, Das Beschleunigungsgebot in Strafsachen – Grundlagen und Auswirkungen, NStZ 2017, 254; Lien, Analytische Untersuchung der Ursachen des andauernden Streits um Absprachen, GA 2006, 129; Lilie, Augenscheinseinnahme und Öffentlichkeit der Hauptverhandlung, NStZ 1993, 121; Lindemann/Reichling, Sieg der Wahrheit über die Form? Die neue Rechtsprechung des Bundesgerichtshofes zur unwahren Verfahrensrüge, StV 2007, 152; Löffelmann, Die normativen Grenzen der Wahrheitserforschung im Strafverfahren, 2008; Löffelmann, Die Lehre von den Verwertungsverboten oder die Freude am Hindernislauf auf Umwegen, JR 2009, 10; Loos, Probleme der beschränkten Sperrwirkung strafprozessualer Entscheidungen, JZ 1978, 592; Looschelders/Roth, Juristische Methodik im Prozeß der Rechtsanwendung, 1996; Lorenzmeier, Kartellrechtliche Geldbußen als strafrechtliche Anklage im Sinne der europäischen Menschenrechtskonvention, ZIS 2008, 20; Lüderssen, Politische Grenzen des Rechts – rechtliche Grenzen der Politik, JZ 1979, 449; Lüderssen, Die Krise des öffentlichen Strafanspruchs, 1989; Lüderssen, Verständigung im Strafverfahren, Das Modell und seine Implikationen, Festschrift Hamm, 2008, 419; Lüderssen, Muss Strafe sein? Das Strafrecht auf dem Weg in die Zivilgesellschaft, Festschrift Hassemer, 2010, 467; Luhmann, Legitimation durch Verfahren, 8. Aufl. 1983; Luhmann., Gesellschaftsstruktur und Semantik, 1993; Maier, Aussage gegen Aussage und freie Beweiswürdigung, NStZ 2005, 246; Mandla, „Wesentliche Förderung“ und „Verhandeln zur Sache“ – Probleme des § 229 StPO, NStZ 2011, 1; Mankowski/Bock, Die internationale Zuständigkeit der deutschen Strafgerichte als eigene Kategorie des Internationalen Strafverfahrensrechts, JZ 2008, 555; Marxen, Der prozessuale Tatbegriff in der neueren Rechtsprechung, StV 1985, 472; Matt, Nemo tenetur se ipsum accusare – Europäische Perspektiven, GA 2006, 323; Maul/Eschelbach, Zur „Widerspruchslösung“ von Beweisverbotsproblemen in der Rechtsprechung, StraFo 1996, 66; Meinicke, Der strafprozessuale Zugriff auf Inhaltsdaten in der Cloud, 2020; Metz, Verwertbarkeit von tätereigenen Tatvideos, NStZ 2020, 9; Meyer, Die Lissabon-Entscheidung des BVerfG und das Strafrecht, NStZ 2009, 657; Meyer, Eine Geologie des Strafrechts, ZStW 123 (2011), 1; Meyer-Goßner, Eröffnungsbeschluß nach Eröffnung der Hauptverhandlung?, JR 1981, 214; Meyer-Goßner, Sind Verfahrenshindernisse von Amts wegen zu beachten?, NStZ 2003, 281; Meyer-Goßner, Der „falsche“ Angeklagte, ZIS 2009, 522; Meyer-Goßner, Prozessvoraussetzungen und Prozesshindernisse, 2011; Meyer-Ladewig/Petzold, 50 Jahre Europäischer Gerichtshof für Menschenrechte, NJW 2009, 3749; Michael, Die drei Argumentationsstrukturen des Grundsatzes der Verhältnismäßigkeit – Zur Dogmatik des Über- und Untermaßverbotes und der Gleichheitssätze, JuS 2001, 148; Miebach, Die Verteidigung des schweigenden Angeklagten, NStZ 2019, 318; Mitsch, Der Europäische Haftbefehl, JA 2006, 448; Mitsch, Grundzüge des Ordnungswidrigkeitenrechts (Teil 2), JA 2008, 409; Mittermaier, Die Gesetzgebung und Rechtsübung über Strafverfahren nach ihrer neuesten Fortbildung dargestellt und geprüft, 1856; Moldenhauer/Wenske, Die

Verständigung in Strafsachen und die Berufungsinstanz, NStZ 2012, 184; Montiel/Ludeña, Von Biologie-Studenten als Kellner bis zu Richtern als Biologen, ZIS 2010, 618; Morgenstern, Strafvollstreckung im Heimstaat – der geplante EU-Rahmenbeschluss zur transnationalen Vollstreckung von Freiheitsstrafen, ZIS 2008, 76; Morozinis, Die Strafbarkeit der „Auschwitzlüge" im Internet, insbesondere im Hinblick auf „Streaming-Videos", GA 2011, 475; Mosbacher, Rügeobliegenheiten in der strafrechtlichen Hauptverhandlung, JR 2007, 387; Mosbacher, Rügepräklusion mangels Rechtsschutzbedürfnis, Zur Unzulässigkeit von Verfahrensrügen beim Unterlassen von Zwischenrechtsbehelfen, in Strafverteidigung, Revision und die gesamten Strafrechtswissenschaften, Festschrift Widmaier, 2008, 339; Mosbacher, Zur aktuellen Debatte um die Rügepräklusion, NStZ 2011, 606; Mosbacher, Straßburg locuta – § 329 I StPO finita?, NStZ 2013, 312; Mosbacher, Fristsetzung für Beweisanträge, NStZ 2018, 9; Mosbacher, Aufzeichnung der Hauptverhandlung und Revision – ein Vorschlag, StV 2018, 182; Müller, Probleme um eine gesetzliche Regelung der Absprachen im Strafverfahren, 2008; Müller-Dietz, Sozialstaatsprinzip und Strafverfahren, Festschrift Dünnebier, 1982, 75; Nack, Abhängigkeit des Richters vom Sachverständigen, GA 2009, 201; Naucke, Der Nutzen der subjektiven Auslegung im Strafrecht, Festschrift Karl Engisch, 1969, 274; Naucke, Die Legitimation strafrechtlicher Normen, – durch Verfassungen oder durch überpositive Quellen?, in Lüderssen (Hrsg.) Aufgeklärte Kriminalpolitik oder Kampf gegen das Böse?, Bd. I, 1998, 156; Naucke, Eine leblose Vorschrift: Art. 103 II GG, in Albrecht/Denninger u. a. (Hrsg.), Festgabe Hassemer, 2000, 132; Neuber, Unselbstständige Beweisverwertungsverbote im Strafprozess – Die Abwägungslehre auf dem methodischen Prüfstand, NStZ, 2019, 113; Neuhaus, Zum Strafklageverbrauch bei mit einem Dauerdelikt idealkonkurrierenden Taten, NStZ 1993, 202; Neuhaus, Die Änderung der StPO durch das Erste Justizmodernisierungsgesetz vom 28.4.2004, StV 2005, 47; Neuhaus, Die Auswertung von Smartphones im Ermittlungsverfahren, StV 2020, 489; Niebler, Der Einfluß der Rechtsprechung des Bundesverfassungsgerichts auf das Strafprozeßrecht, Festschrift Kleinknecht, 1985, 299; Niemöller, Zur Ablehnung des Sachverständigenbeweises wegen eigener Sachkunde des Tatrichtrers (§ 244 IV 1 StPO) – zugleich Besprechung des BGH-Beschl. v. 26.3.2014 – 2 StR 274713, NStZ 2015, 16; Niemöller/Schuppert, Die Rechtsprechung des Bundesverfassungsgerichts zum Strafverfahrensrecht, AöR 107 (1982), 387; Niese, Doppelfunktionelle Prozeßhandlungen, 1950; Nobis, Die Strafprozeßgesetzgebung der späten Weimarer Republik (1930–1932), 2010; Norouzi, Öffentlichkeit im Strafverfahren, StV 2016, 590; Nüse, Zu den Beweisverboten im Strafprozeß, JR 1966, 281; Oehler, Neuere Verschiebungen beim prozessualen Tatbegriff, Gedächtnisschrift Schröder, 1978, 439; Otto, Grenzen und Tragweite der Beweisverbote im Strafverfahren, GA 1970 289; Otto, Prozessualer Tatbegriff bei der Umsatzsteuerhinterziehung, NStZ 2005, 515; Paeffgen, Vernachrichtendienstlichung des Strafprozesses GA 2003, 647; Paeffgen, Prozessualer Tatbegriff und das Kriterium der Untersuchungsrichtung, Gedächtnisschrift Heinze, 2005, 615; Papier, Die finanzrechtlichen Gesetzesvorbehalte und das grundgesetzliche Demokratieprinzip, 1973; Paulduro, Die Verfassungsgemäßheit von Strafrechtsnormen, insbesondere der Normen des Strafgesetzbuches im Lichte der Rechtsprechung des Bundesverfassungsgerichts, 1992; Paulus, Dogmatik der Verteidigung, NStZ 1992, 305; Paulus, Prozessuale Wahrheit und Revision, Festschrift Spendel 1992, 687; Pawlik, Der Polizeibeamte als Garant zur Verhinderung von Straftaten, ZStW 111 (1999), 335; Pawlik, Zur strafprozessualen Verwertbarkeit rechtswidrig erlangter ausländischer Bankdaten, JZ 2010, 693; Pawlowski, Aufgabe des Zivilprozesses, ZZP 80 (1967), 345; Peglau, Akteneinsichtsrecht des Verteidigers in Untersuchungshaftfällen, JR 2012, 231; Peters, § 154 StPO im Hinblick auf ausländische Strafverfahren und Verurteilungen, NStZ 2012, 76; Petry, Beweisverbote im Strafprozeß, 1971; Peukert, Die überlange Verfahrensdauer (Art. 6 Abs. 1 EMRK) in der Rechtsprechung der Straßburger Instanzen, EuGRZ 1979, 261; Pfeiffer, Zum Spannungsverhältnis richterlicher Unabhängigkeit – Dienstaufsicht – Justizgewährungspflicht, Festschrift Karl Bengl, 1984, 85; Pfeiffer, Die innere Unabhängigkeit des Richters, Festschrift Zeidler, Bd. 1, 1987, 67; Pfister, Rechtsmißbrauch im Strafprozeß, StV 2009, 550; Pfister/Bernsmann/Weigend (Hrsg.), Der Deal mit dem Recht, 2004; Pieroth/Silberkuhl, Die Verfassungsbeschwerde, 2008; Puppe, Verführung als Sonderopfer, NStZ 1986, 404; Radtke, Bestandskraft staatsanwaltlicher Einstellungsverfügungen und die Identität des wiederaufgenommenen Verfahrens, NStZ 1999, 481; Radtke, Die Anfechtbarkeit richterlicher Beschlüsse im Strafverfahren, JR 2003, 127; Radtke, Der Europäische Staatsanwalt. Ein Modell für Strafverfolgung in Europa mit Zukunft?, GA 2004, 1; Radtke/Busch, Transnationaler Strafklageverbrauch in der Europäischen Union, NStZ 2003, 281; Ranft, Der Tatbegriff des Strafprozessrechts, JuS 2003, 417; Ranft, Das beschleunigte Verfahren (§§ 417–420 StPO) in der Rechtsmittelinstanz, NStZ 2004, 424; Rath, Internationales Strafrecht (§§ 3 ff. StGB), JA 2006, 435; 2007, 26; Reichart, Revision und Verfassungsbeschwerde in Strafsachen, 2007; Renzikowski, Fair trial und anonymer Zeuge, JZ 1999, 605; Ress, Verfassungsrechtliche Auswirkungen der Fortentwicklung völkerrechtlicher Verträge, Festschrift Zeidler Bd. 2, 1987, 1775; Rieß, Prolegomena zu einer Gesamtreform des Strafverfahrensrechts, Festschrift Karl Schäfer, 1980, 155; Rieß, Die Zukunft des Legalitätsprinzips, NStZ 1981, 2; Rieß, Prozeßmaximen und Ermittlungsverfahren, Festschrift Rebmann, 1989, 381; Rieß, Der Bundesgerichtshof und die Prozeßvoraussetzungen, 50 Jahre Festschrift BGH (Wissenschaft IV), 2000, 809; Rieß, Über die Aufgaben des Strafverfahrens, JR 2006, 269; Rogall, Hypothetische Ermittlungsverläufe im Strafprozeß, NStZ 1988, 385; Rogall, Beweiserhebungs- und Beweisverwertungsverbote im Spannungsfeld zwischen den Garantien des Rechtsstaates und der effektiven Bekämpfung von Kriminalität und Terrorismus, JZ 2008, 818; Rogall, Gegenwärtiger Stand und Entwicklungstendenzen der Lehre von den strafprozessualen Beweisverboten, ZStW 91 (1979), 1; Roggan, Die strafprozessuale Quellen-TKÜ und Online-Durchsuchung: Elektronische Überwachungsmaßnahmen mit Risiken für Beschuldigte und die Allgemeinheit, StV 2017, 821; Roggan/Bergemann, Die „neue Sicherheitsarchitektur" der Bundesrepublik

Deutschland- Anti-Terror-Datei, gemeinsame Projektdateien und Terrorismusbekämpfungsgesetz, NJW 2007, 876; Rose, Beweisanträge auf Vernehmung von Auslandszeugen: Entwicklung und Tendenzen der neueren Rechtsprechung, NStZ 2012, 18; Rotsch, Der Handlungsort iSd. § 9 Abs. 1 StGB, ZIS 2010, 168; Roxin, Zum Beweisverwertungsverbot bei bewusster Missachtung des Richtervorbehalts nach § 105 I 1 StPO, NStZ 2007, 616; Rudolph, Die politische Abhängigkeit der Staatsanwaltschaft, NJW 1998, 1205; Rübenstahl, Zum Referentenentwurf eines Gesetzes zur Bekämpfung der Unternehmenskriminalität – Punitives und „absprachefördernde" Verbandssanktionenrecht, ZWH 2019, 233; Rübenstahl, Zum Regierungsentwurf eines Gesetzes zur Bekämpfung der Unternehmenskriminalität – Punitives und „absprachefördernde" Verbandssanktionenrecht (Teil 1–4) ZWH 2020, 164; 193; Rüping, Der Schutz der Menschenrechte im Strafverfahren – Wesentliche Erfordernisse eines gerechten Strafverfahrens, ZStW 91 (1979), 351; Rüping, Der Mißbrauchsgedanke im Strafprozeßrecht und sein Mißbrauch, JZ 1997, 865; Rüping/Dornseifer, Dysfunktionales Verhalten im Prozeß, JZ 1977, 417; Rüping/Jerouscheck, Grundriss der Strafrechtsgeschichte, 6. Aufl. 2011; Rüthers, Methodenfragen als Verfassungsfragen?, Rechtstheorie 40 (2009) 253; Safferling, Die zwangsweise Verabreichung von Brechmittel: Die StPO auf dem menschenrechtlichen Prüfstand, Jura 2008, 100; Sahan, Keine Steuererklärungspflicht bei Gefahr strafrechtlicher Selbstbelastung, 2006; Saliger/Tsambikakis/Mückenberger/Huber (Hrsg.), Münchner Entwurf eines Verbandssanktionengesetzes, 2019; Satzger, Chancen und Risiken einer Reform des strafrechtlichen Ermittlungsverfahrens – Gutachten C für den 65. Deutschen Juristentag, 2004; Satzger/Hanft, Erheben einer bewusst unwahren Protokollrüge im Rahmen der Revision als Rechtsmissbrauch?, NStZ 2007, 185; Sauer, Konsensuale Verfahrensweisen im Wirtschafts- und Steuerstrafrecht, 2008; Schäuble, Anforderungen an die Beweisantragsstellung, NStZ 2020, 377; Scheffler/Lehmann, § 302 Abs. 1 S. 2 StPO – sehr wohl ein Dilemma für die Verteidigung!, StV 2015, 526; Schlothauer, Zur Bedeutung der Beweisverwertungsverbote im Ermittlungs- und Zwischenverfahren, Festschrift Lüderssen, 2002, 761; Schlothauer, Wiederaufleben des Rechts zum Widerspruch gegen Beweisverwertung nach Urteilsaufhebung, StV 2006, 397; Schlothauer, Neuregelung der Pflichtverteidigung: effektiver und praxistauglicher!?, StV 2017, 557; Schlothauer, Reform des Ermittlungsverfahrens, StV 2016, 607; Schlüchter, Beschleunigung des Strafprozesses und insbesondere der Hauptverhandlung ohne Rechtsstaatsverlust, GA 1994, 397; Schmid, Nebenklage und Adhäsionsantrag in der Berufung, NStZ 2011, 611; Schmidt, Das Beschleunigungsgebot in Haftsachen, NStZ 2006, 313; Schmidt/Walter, Rechtsschutz der Öffentlichkeit gegen sitzungspolizeiliche Maßnahmen, NStZ 2016, 505; Schmidthäuser, Zur Frage nach dem Ziel des Strafprozesses, Festschrift Eb. Schmidt, 1961, 511; Schmidt-Hieber, Vereinbarungen im Strafverfahren, NJW 1982, 1017; Schöch, Die Gerichtshilfe aus kriminologischer und verfahrensrechtlicher Sicht, in Kriminologie – Psychiatrie – Strafrecht, Festschrift Leferenz, 1983, 127; Schomburg/Lagodny, Verteidigung im international-arbeitsteiligen Strafverfahren, NJW 2012, 348; Schomburg/Suominen-Picht, Verbot der mehrfachen Strafverfolgung, Kompetenzkonflikte und Verfahrenstransfer, NJW 2012, 1190; Schoreit, Absolutes Strafverfahrenshindernis und absolutes U-Haftverbot bei begrenzter Lebenserwartung des Angeklagten?, NJW 1983, 881; Schramm, Acht Fragen zum Europäischen Strafrecht, ZJS 2010, 615; Schreiber, Gesetz und Richter – Zur geschichtlichen Entwicklung des Satzes nullum crimen, nulla poena sine lege, 1976; Schroeder, Die Rechtsnatur des Grundsatzes „ne bis in idem", JuS 1997, 227; Schroeder, Das Immutabilitätsprinzip als Merkmal des inquisitorischen Strafprozesses, GA 2011, 501; Schroth, Beweisverwertungsverbote im Strafverfahren – Überblick, Strukturen und Thesen zu einem umstrittenen Thema, JuS 1998, 969; Schuhr, Brechmitteleinsatz als unmenschliche und erniedrigende Handlung, NJW 2006, 3538–3541; Schünemann, Das strafprozessuale Wiederaufnahmeverfahren propter nova und der Grundsatz „in dubio pro reo", ZStW 84 (1972), 870; Schünemann, Verjährung der Beihilfe zum Mord, NStZ 1981, 143; Schünemann, Absprachen im Strafverfahren? Grundlagen, Gegenstände und Grenzen – Gutachten B für den 58. Deutschen Juristentag 1990; Schünemann, Hände weg von der kontradiktorischen Struktur der Hauptverhandlung, StV 1993, 607; Schünemann, Zeugenbeweis auf dünnem Eis, Von seinen tatsächlichen Schwächen, seinen rechtlichen Gebrechen und seiner notwendigen Reform, Festschrift Meyer-Goßner, 2001, 385; Schünemann, Wohin treibt der deutsche Strafprozess?, ZStW 114 (2002), 1; Schünemann, Strafrechtssystematisches Manifest, GA 2006, 378; Schünemann, Die Liechtensteiner Steueraffäre als Menetekel des Rechtsstaats, NStZ 2008, 305; Schünemann, Risse im Fundament, Flammen im Gebälk: Zum Zustand des kontinentaleuropäischen Strafverfahrens, 2010; Schünemann/Roger, Stellungnahme zum Grünbuch der EU-Kommission „Erlangung verwertbarer Beweise in Strafsachen aus einem anderen Mitgliedstaat" (KOM 2009, 624 endg.), ZIS 2010, 92; Schmitt, Die Dokumentation der Hauptverhandlung, NStZ 2019, 1; Schuster, Die Europäische Ermittlungsanordnung – Möglichkeiten einer gesetzlichen Realisierung, StV 2015, 393; Schwabenbauer, Zweifelssatz („in dubio pro reo") und Prozessvoraussetzungen, HRRS 2011, 26; Seban, Das Beschleunigungsgebot in Haftsachen und sonstigen Strafverfahren und die Kompensation rechtsstaatswidriger Verfahrensverzögerungen, 2011; Seel, Wahrheit im Strafprozess, 2021; Senge, Missbräuchliche Inanspruchnahme verfahrensrechtlicher Gestaltungsmöglichkeiten – wesentliches Merkmal der Konfliktverteidigung? – Abwehr der Konfliktverteidigung, NStZ 2002, 225; Sieber, Ermittlungen in Sachen Liechtenstein – Fragen und erste Antworten, NJW 2008, 881; Sieber, Die Zukunft des Europäischen Strafrechts, ZStW 121 (2009), 1; Simon, Gesetzesauslegung im Strafrecht, 2005; Soiné, Erkenntnisverwertung von Informanten und V-Personen der Nachrichtendienste in Strafverfahren, NStZ 2007, 247; Soiné, Kriminalistische List im Ermittlungsverfahren, NStZ 2010, 596; Soiné, Die strafprozessuale Online-Durchsuchung, NStZ 2018, 497; Sowada, Zur Notwendigkeit der Verteidigerbeiordnung im Ermittlungsverfahren, NStZ 2005, 1; Sowada, Der Doppelvorsatz beim BGH und das Prinzip des gesetzlichen Richters, NStZ 2012, 353; Soyer/Schumann, Verteidigungsrechte im Vorverfahren, StV 2012, 495; Spendel, Wahrheitsfindung im Strafprozeß, JuS 1964, 465; Spiekermann, Der Mißbrauch des Beweisantragsrechts, 2001; Spitzer, Das Gesetz zur Neuregelung des Rechts der notwendigen Verteidigung aus europarechtlicher Sicht, StV 2020, 418; Stächelin, Strafgesetzgebung im Verfassungsstaat, 1998; Staudig/Weber, Europäische Bewährungsüberwachung, NStZ 2008, 17; Stein, Die rechtswissenschaftliche Arbeit, 2000; Steinmetz, Zur Kumulierung strafprozessualer Ermittlungsmaßnahmen, NStZ 2001, 344; Tepperwien, „Schöpferische Rechtsfindung" in der neueren Rechtsprechung des Bundesgerichtshofs zum Strafverfahrensrecht, Festschrift Widmaier, 2008, 583; Tepperwien, Beschleunigung über alles?, NStZ 2009, 1; Tiedemann, Die Auslegung des Strafprozeßrechts, Festgabe Karl Peters, 1984, 131; Tiedemann, Verfassungsrecht und Strafrecht, 1991; Tiedemann/Sieber, Die Verwertung des Wissens von V-Leuten im Strafverfahren, NJW 1984, 753; Tinkl, Die Ungleichbehandlung eigener und fremder Staatsbürger im deutschen Auslieferungsrecht, ZIS 2010, 320; Trepper, Zur Rechtskraft strafprozessualer Beschlüsse, 1996; Trück, Die revisionsrechtliche Einordnung der Rüge rechtsfehlerhafter Anwendung des Richtervorbehalts bei Durchsuchung und Blutprobenentnahme, NStZ 2011, 202; Trüg/Habetha, Beweisverwertung trotz rechtswidriger Beweisgewinnung – insbesondere mit Blick auf die Liechtensteiner Steueraffäre, NStZ 2008, 481; Ullenboom, Die Berufungsverhandlung in Abwesenheit des Angeklagten gemäß § 329 StPO, StV 2019, 643; Ulsenheimer, Einschränkungen des Beweisrechts in Gegenwart und Zukunft, AnwBl 1983, 373; Valerius, Internationaler Terrorismus und nationales Strafanwendungsrecht, GA 2011, 696; Valls Prieto, Die juristische Natur der Sanktionen der Europäischen Union, ZStW 120 (2008), 403; Ventzke, „... bringt alles Palaver dem Revidenten nichts.", NStZ 2011, 481; Vogel, Juristische Methodik, 1998; Vogel/Grotz, Perspektiven des internationalen Strafprozessrechts, 2004; Vogel/Matt, Gemeinsame Standards für Strafverfahren in der Europäischen Union, StV 2007, 206; Vogel/Norouzi, Europäisches ne bis in idem – EuGH, NJW 2003, 1173, JuS 2003, 1059; Volk, Prozessvoraussetzungen im Strafrecht. Zum Verhältnis von materiellem Recht und Prozessrecht, 1978; Volk, Wahrheit und materielles Recht im Strafprozess, 1980; Walter, Der deutsche Strafprozess und das Völkerrecht, JR 2007, 99; Warg, Anmerkungen zum Kernbereich privater Lebensgestaltung, NStZ 2012, 237; Weber, Der Missbrauch prozessualer Rechte im Strafverfahren, GA 1975, 289; Wehowsky, Ausgewählte Aspekte einer audiovisuellen Dokumentation der Hauptverhandlung: Persönlichkeitsrechte und Austauschrichter, StV 2018, 685; Wehowsky, Zur Justage – Befangenheitsgesuche und Beweisanträge, NStZ 2019, 59; Weigend, Deliktsopfer und Strafverfahren, 1989; Weigend, Das „Opportunitätsprinzip" zwischen Einzelfallgerechtigkeit und Systemeffizienz, ZStW 109 (1997), 103; Weigend, Unverzichtbares im Strafverfahrensrecht, ZStW 113 (2001), 271; Weigend, Audio-visuelle Aufzeichnung von Beschuldigtenvernehmungen – Zur Interpretation des ab dem 1.1.2020 geltenden Rechts, StV 2019, 852; Weigend, Die Revision im Zeitalter technischer Reproduzierbarkeit, NStZ 2018, 177; Wenske, Die Beiordnung des „Pflichtverteidigers" (§§ 141 IV, 142 StPO) – Alte Fragen im neuen Gewand?, NStZ 2010, 479; Weßlau, Vorfeldermittlungen, 1989; Weßlau, Konsensprinzip als Leitidee des Strafverfahrens, StraFo 2007, 1; Wick, Demokratische Legitimation von Strafverfahren, 2018; Widmaier, Mitwirkungspflicht des Verteidigers in der Hauptverhandlung und Rügeverlust, NStZ 1992, 519; Widmaier, Münchener Anwaltshandbuch Strafverteidigung, 2006; Widmaier, Präklusion von Verfahrensrügen durch Zweckentfremdung des § 238 II StPO, NStZ 2011, 305; Willoweit (Hrsg.), Die Entstehung des öffentlichen Strafrechts, 1999; Wohlers, Zur Verlesbarkeit ausländischer richterlicher Vernehmungsprotokolle, wenn der vernommene Beschuldigte zuvor nicht auf sein Schweigerecht hingewiesen worden war, NStZ 1995, 45; Wohlers, Prozessuale Konsequenzen präjudizierender Medienberichterstattung, StV 2005, 186; Wohlers, Rechtliches Gehör im strafrechtlichen Revisionsverfahren, JZ 2011, 78; Wohlers/Schlegel, Zum Umfang des Rechts der Verteidigung auf Akteneinsicht gemäß § 147 I StPO, NStZ 2010, 486; Wolter, Zur Fernwirkung von Beweisverwertungsverboten, NStZ 1984, 276; Wolter, Verfassungsrecht im Strafprozeß- und Strafrechtssystem, NStZ 1993, 1; Wolter, Datenschutz und Strafprozeß, ZStW 107 (1995), 793; Wolter, Zur Fristberechnung bei der richterlichen Anordnung einer Abhörmaßnahme und zu den Folgen einer Fristüberschreitung, JR 1999, 524; Zimmermann, Mehr Fragen als Antworten: Die 2. EuGH-Entscheidung zur Strafrechtsharmonisierung mittels EG-Richtlinien, NStZ 2008, 662; Zippelius, Juristische Methodenlehre, 10. Aufl. 2006; Zöller, Die zweckändernde Nutzung von personenbezogenen Daten im Strafverfahren – Gegenwart und Zukunft von § 161 StPO, StV 2019, 419; Zuck, Das Recht der Verfassungsbeschwerde, 3. Aufl. 2006; Zuleeg, Der Beitrag des Strafrechts zur europäischen Integration, JZ 1992, 761.

Übersicht

Einleitung

A. Wesen und Ziel des Strafprozesses

I. Begriff des Strafprozesses

1. Die Stellung des Strafrechts in der Gesamtrechtsordnung. Strafrechtliche Sanktionen stellen die schärfsten Eingriffe dar, mit denen die Rechtsordnung den Bürger üblicherweise konfrontiert. Insoweit ist das Strafrecht das **„schärfste Schwert"** des Staates zur Gewährleistung des Schutzes hochrangiger Rechtsgüter. Zugleich ist es damit aber auch – und in vielen Bereichen zunehmend ohne wirkliche Beachtung von Prinzipien wie dem „fragmentarischen Charakter des Strafrechts" oder dem „Strafrecht als ultima ratio des Rechtgüterschutzes" – schlicht ein Instrument der staatlichen Sozialkontrolle in solchen Fällen, in denen zivil- und öffentlich-rechtliche Eingriffsmechanismen nicht Erfolg versprechend erscheinen. Zum Schutz individueller und kollektiver Rechtsgüter (die ungeachtet der soeben erwähnten Tendenzen aber über einen bloßen „Schutz des gedeihlichen Zusammenlebens" hinausgehen müssen) werden Verbote und Gebote aufgestellt, deren Verletzung scharf sanktioniert wird. 1

2. Strafprozessrecht als „Prozessrecht des Strafrechts". Vor dem Hintergrund dieser Charakterisierung des Strafrechts (als Gesamtmaterie) als Schutzrecht für besonders bedeutsame Rechtsgüter gegen schwerwiegende Eingriffe stellt der Strafprozess – vergleichbar auch jeder anderen Form von Prozess im Verhältnis zum zugehörigen materiellen 2

Recht – einen rechtlich geordneten, sich von Lage zu Lage fortentwickelnden **Prozess zur Gewinnung einer richterlichen Entscheidung** über ein materielles Rechtsverhältnis dar. Das Strafprozessrecht **konstituiert das materielle Recht** dahingehend, als dort die Regeln aufgestellt werden, nach denen zum einen festgestellt wird, ob ein Verdächtiger sich strafbar gemacht hat, und zum anderen geregelt wird, wie eine etwaige Strafe vollstreckt wird. Insoweit ist auch das Strafprozessrecht in ein Erkenntnis- und Vollstreckungsverfahren (vgl. §§ 449 ff.) unterteilt, wobei die inhaltliche Ausgestaltung der Vollstreckung von Freiheitsstrafen im Strafvollzugsrecht eine eigene Materie bildet. Für die einzelnen am Strafverfahren beteiligten Personen (vgl. → Rn. 280 ff.) enthält das Strafprozessrecht positive wie negative Verhaltensanordnungen.

3 **3. Weitere Charakteristika.** Einige weitere wichtige Charakteristika für das deutsche Strafverfahrensrecht[1] lassen sich – mosaikartig und unvollständig – wie folgt benennen: Das Strafverfahren in Deutschland ist **kein Parteiprozess** (vgl. § 160 Abs. 2). So sehr seine Durchführung einerseits Ausdruck des staatlichen Gewaltmonopols ist, wird es andererseits doch traditionell als angewandtes bzw. geronnenes Verfassungsrecht bzw. als **„Seismograph der Staatsverfassung"** bezeichnet (→ Rn. 45 ff.). Zuletzt ist das Strafverfahren – schon mit Blick auf die Unschuldsvermutung – **nicht als Teil des Strafübels** zu betrachten, sondern es ist im Gegenteil Aufgabe des Strafverfahrensrechts, die mit der Sachverhaltsermittlung zwangsläufig einhergehenden Belastungen zB für den Beschuldigten und die Zeugen möglichst gering zu halten (→ Rn. 9).

II. Ziele des Strafprozesses und des Strafprozessrechts

4 **1. Begrifflichkeiten und Bedeutung der Frage.** Bei den nachfolgenden Überlegungen werden die Begriffe des **„Ziels" bzw. des „Zwecks"** des Strafprozesses schon deshalb **synonym** verwendet, weil auch die Diskussion in der Lit. vielfach divergierend unter beiden Stichworten geführt wird.[2] Wegen der Vielzahl der hier in Betracht kommenden und sich teilw. auch widersprechenden (→ Rn. 11) Aspekte darf die Frage nach Ziel bzw. Zweck des Strafprozessrechts **für die praktische Rechtsanwendung gewiss nicht überschätzt** werden; freilich ist sie auch nicht nur rein akademischer Natur. Überall dort, wo es um Grundfragen der Auslegung des Strafverfahrensrechts bzw. um Grenzbereiche einzelner Regelungen geht (wie etwa bei der Missbrauchsdiskussion, → Rn. 342 ff.[3]), kann der Rückgriff auf die Prozessziele die Auslegung leiten. Dass sich diese Prozessziele vielfach nicht unmittelbar aus dem Normtext ergeben und ihre Gewichtung zumindest teilw. letztlich rechtspolitischer Natur ist, steht der Bedeutung für die Gesetzesanwendung nicht notwendig entgegen: Man mag zwar mit guten Gründen behaupten, dass die intersubjektive Verbindlichkeit des „Prozesszielarguments" darunter leidet; jedenfalls werden dadurch aber – methodisch allein redlich – die **kriminalpolitischen Prämissen der eigenen Argumentation** offen gelegt.

5 **2. Die wichtigsten Verfahrensziele in der Diskussion. a) Verwirklichung des materiellen Strafrechts.** Schon aus dem eingangs genannten Wesen jedes Prozesses als rechtlich geordnetem Vorgang zur Gewinnung einer Entscheidung über ein materielles Rechtsverhältnis ergibt sich, dass es im Ausgangspunkt (vielleicht nicht abschließend, aber doch jedenfalls) nicht falsch sein kann, wenn als ein Zweck des Strafprozesses die **Verwirklichung des materiellen Strafrechts** genannt wird.[4] Dabei ist unter „Verwirklichung des

1 Überblick auch bei Kühne in Hilgendorf/Kudlich/Valerius StrafR-HdB VII § 9.

2 Vgl. zur sinnvollen synonymen Verwendung der beiden Begriffe auch Ries JR 2006, 269 (270).

3 Zum Zusammenhang zwischen Prozesszielen und Missbrauchsurteil vgl. auch Kudlich, Strafprozeß und allgemeines Mißbrauchsverbot, 1998, S. 199 ff.

4 Insbes. in der älteren Lit. weit verbreitet, vgl. nur v. Beling, Deutsches Reichsstrafprozessrecht, 1928, 5; Henkel, Strafverfahrensrecht, 2. Aufl. 1968, 17; ausf. Nachw. bei Weigend, Deliktsopfer und Strafverfahren, 1989, S. 191 f. Vgl. aus der neueren Lit. etwa Dölling in HK-GS Vor § 1 Rn. 1; Hassemer/Neumann in NK-StPO Vor § 1 Rn. 200; Fischer in KK-StPO Einl. Rn. 3. Offensiver formuliert ist hier auch von der Durchsetzung des öffentlichen Strafanspruchs die Rede; krit. Lüderssen, Die Krise des öffentlichen Strafanspruchs, 1989, pass.

materiellen Strafrechts“ weder eine völlige Verschmelzung iS einer Schaffung bzw. Realisierung des materiellen Rechts erst im Prozess[5] noch eine fast vollständige Trennung zwischen materiellem Recht und Prozess im Goldschmidt'schen Sinne des „Prozesses als Rechtslage“[6] bzw. eine reine Legitimation durch Verfahren im Luhmann'schen Sinne[7] zu verstehen.

Vielmehr handelt es sich um ein **Zusammenwirken von materiellem und prozessualem Recht,** wobei Letzteres gleichwohl unterstützende Funktion hat, oder anders gewendet: Das Strafprozessrecht ist gegenüber dem materiellen Strafrecht zwar eigenständig, hat aber gleichwohl instrumentalen Charakter.[8] Dabei lassen sich freilich bestimmte prozessuale Regeln und Gegebenheiten nur verstehen, wenn das zu verwirklichende materielle Strafrecht gleichsam „prozessual aufgeladen“ gedacht wird: Während nämlich zB durch den Freispruch des Unschuldigen das materielle Strafrecht noch in gleicher Weise „verwirklicht“ wird, wie durch die Verurteilung des Schuldigen, stellt der Freispruch desjenigen, der nur nicht zur Überzeugung des Gerichts (§ 261) der Tat überführt werden konnte (diese aber in Wahrheit begangen hat), isoliert betrachtet gerade keine Verwirklichung des materiellen Strafrechts dar, sondern ist nur dann auch Ausfluss seiner Garantiefunktion, wenn man das materielle Recht um prozessuale Garantien und um das Erfordernis gerade eines prozessordnungsgemäßen Schuldnachweises ergänzt denkt. 6

b) Wahrheitsermittlung als Ziel des Strafprozesses. Häufig wird als das (bzw. zumindest als vorrangiges) Ziel des Strafprozesses die Ermittlung der materiellen Wahrheit genannt.[9] Jenseits der damit verbundenen erkenntnistheoretischen Fragen[10] würde ein Abstellen allein darauf zu kurz greifen, da der Strafprozess **kein historisches Forschungsvorhaben** ist[11] und am Ende keine Verlesung eines Protokolls über den Tathergang, sondern die Verkündung einer Entscheidung steht.[12] Die Suche nach der Wahrheit ist nämlich nicht nur in zahlreichen Fällen bewusst „prozessual verfälscht“,[13] da es nach einer vielfach wiederholten Formulierung des BGH gerade „kein Grundsatz der StPO (ist), dass die Wahrheit um jeden Preis erforscht werden müsste“.[14] Vielmehr erfolgt die Suche nach der Wahrheit sogar dort, wo nicht auf sie verzichtet werden soll, nicht um ihrer selbst Willen, sondern als **Grundlage für das spätere Urteil** bzw. für die im Strafverfahren erstrebte „Beseitigung der Folgen einer Verdachtssituation“.[15] 7

c) Gerechtigkeit als Ziel des Strafprozesses. Soweit die „Gerechtigkeit“ als Ziel des Strafverfahrens postuliert wird,[16] ist dies zwar ein hehres Ziel, und die Gerechtigkeit 8

5 So – iS einer allgemeinen Prozessrechtslehre – Pawlowski ZZP 80 (1967), 345 (368).

6 Vgl. Goldschmidt, Der Prozess als Rechtslage, 1962, etwa S. 150 f.; Goldschmidt, Der Prozess als Rechtslage, 1962, 246 ff.; zum Verständnis des Strafprozesses bei Goldschmidt in jüngerer Zeit auch Heger JZ 2010, 637.

7 Vgl. Luhmann, Legitimation durch Verfahren, 8. Aufl. 1983, S. 114 ff.

8 Vgl. auch Kudlich, Strafprozeß und allgemeines Mißbrauchsverbot, 1998, S. 206; Volk, Prozessvoraussetzungen im Strafrecht. Zum Verhältnis von materiellem Recht und Prozessrecht, 1978, 192 (201).

9 Vgl. etwa Beulke/Swoboda StrafProzR Rn. 3; Rüping/Dornseifer JZ 1977, 417; Weigend, Deliktsopfer und Strafverfahren, 1989, S. 177; vgl. auch Ries JR 2006, 269 (273). Zum Ansatz und seinen Grenzen außerdem Kudlich in Hilgendorf/Kudlich/Valerius StrafR-HdB VII § 1 Rn. 7 f.

10 Vgl. dazu etwa – speziell mit Bezug auf die strafprozessuale Dimension der Fragestellung – Volk, Wahrheit und materielles Recht im Strafprozess, 1980, S. 7 ff.; Volk, Prozessvoraussetzung im Strafrecht. Zum Verhältnis von materiellem Recht und Prozessrecht, 1978, S. 193 ff.; Weigend, Deliktsopfer und Strafverfahren, 1989, S. 177 ff.; Paulus FS Spendel, 1992, 687 ff. Ebenso eingehend wie instruktiv zur Wahrheit im Strafprozess im Lichte philosophischer Wahrheitskonzepte cpassim.

11 Vgl. anschaulich Spendel JuS 1964, 465 (466 f.).

12 Vgl. Weigend, Deliktsopfer und Strafverfahren, 1989, S. 178.

13 Vgl. Volk, Wahrheit und materielles Recht im Strafprozess, 1980, S. 9; für die Revision Knauer FS Widmaier, 2008, 291 ff.

14 Vgl. nur BGH 14.6.1960 – 1 StR 683/59, BGHSt 14, 358 (365) = NJW 1960, 1580 (1582), ständige Rspr.

15 Vgl. Weigend, Deliktsopfer und Strafverfahren, 1989, S. 213; vgl. auch Murmann GA 2004, 65 (74).

16 Eingehend zu dieser Frage sowie zu etwaigen Gerechtigkeitsdefiziten Radtke in Goldenstein (Hrsg.), Mehr Gerechtigkeit, 2011, S. 131 ff. Zum Ansatz und seinen Grenzen auch Kudlich in Hilgendorf/Kudlich/Valerius StrafR-HdB VII § 1 Rn. 9 f.

mag im Einzelfall auch einmal (dann aber wohl auch mit präziseren Begriffen umschreibbar) gewisse unhintergehbare Grenzen des Prozessrechts markieren; als **operabler Maßstab** positive Inhalte festzusetzen vermag sie dagegen in den **meisten Fällen nicht.** Dies gilt selbst dann, wenn man den allgemeinen Gerechtigkeitsgedanken – etwa in der klassischen und bis heute in der abendländischen Kultur wirkmächtigen Differenzierung nach Aristoteles – etwa zwischen austeilender und ausgleichender Gerechtigkeit (iustitia distributiva und iustitia communicativa) weiter ausdifferenziert. Denn gerade die diesen beiden Ausprägungen zuzuordnenden Prinzipien einer mehr oder weniger strikten Normtreue gegenüber einer Berücksichtigung aller Besonderheiten des Einzelfalles können etwaige Auslegungsprobleme noch „härter" hervortreten lassen, statt sie mit Rückgriff auf ein Prozessziel der „Gerechtigkeit" zu beseitigen. Einen stärkeren Bezug zum Strafverfahren mag man einem dritten Gerechtigkeitsaspekt zubilligen, der etwa bei *Coing* als „iustitia protectiva" bezeichnet wird und besagt, dass alle Macht von Menschen über alle Menschen begrenzt sein müsse.[17] Indes ist auch dieser Gesichtspunkt positiv rechtlich wohl schärfer an der Geltung von Grundrechten gegen staatliche Eingriffe im Strafverfahren festzumachen.

9 **d) Schutz kollidierender Rechtsgüter als eigenes Prozessziel?** Die voranstehenden Überlegungen lassen einzelne Aspekte immer wieder als Verfahrensziele deshalb nicht restlos überzeugend erscheinen, weil **Persönlichkeitsrechte der Betroffenen** einer Realisierung dieses Zwecks bzw. einer Erreichung dieses Ziels entgegenstehen. Zumindest wenn man die Frage nach dem Zweck des Strafverfahrens nicht iS eines monistischen Modells auf einen Aspekt beschränken möchte, könnte man auch den Schutz dieser kollidierenden Persönlichkeitsrechte als ein Prozessziel definieren. Freilich spricht hiergegen, dass das Strafverfahren bestenfalls mittelbar (und auch nur sehr selten) *gerade dafür durchgeführt* wird, damit diese Rechte geschützt werden; insofern kann man von ihnen kaum als Zweck des Verfahrens sprechen, sondern muss sie in Abgrenzung dazu als **Aufgaben des Strafverfahrens*rechts*** begreifen.[18] Spätestens dies macht deutlich, dass in einem konkreten Strafverfahren als tatsächlichem Lebensvorgang verschiedene Ziele des Verfahrens als Institution und des Verfahrensrechts aufeinander treffen und das Verfahren damit gerade durch Zielkonflikte geprägt ist (vgl. auch → Rn. 11).

10 **e) Rechtsfrieden als Ziel des Strafverfahrens.** Ein Versuch, diese (und andere) Zielkonflikte mit Hilfe eines **Meta-Prozessziels** aufzulösen hat namentlich Schmidhäuser mit seinem vielfach (allerdings wohl nicht immer inhaltsgleich)[19] rezipierten[20] Begriff des **Rechtsfriedens** unternommen, in welchem er ein „letztlich (…) übergeordnetes Ziel" darin sieht, einen Zustand zu schaffen, „bei dem sich die Gemeinschaft über den Rechtsbruch beruhigen kann",[21] dh mit dem Prozessausgang „zu-frieden sein kann". Ein **wirklich operabler Ansatz** ist damit freilich **nicht geschaffen,** denn da der Rechtsfrieden in diesem Sinne kaum als empirisch-gesellschaftlicher Zustand, sondern als normative Größe verstanden werden muss, ist er letztlich von einer Abwägung abhängig, in welche gerade die widerstreitenden Begriffe bzw. Interessen einbezogen werden müssen. Die *Bezeichnung* eines so gefundenen Ergebnisses als „Rechtsfrieden" ist zwar plakativ, bringt aber keinen wirklich neuen Erkenntniswert. Vielmehr ist sie sogar geeignet, **unbestreitbare Zielkonflikte** innerhalb des Verfahrens zu verwischen.

11 **3. Ziele, Zwischenziele und Zielkonflikte.** Zusammenfassend kann man also als ein zentrales Ziel des Strafprozesses (als Institution) die **Verwirklichung des materiellen**

[17] Coing, Grundzüge einer Rechtsphilosophie, 5. Aufl. 1993, S. 220 ff.

[18] Vgl. Kudlich, Strafprozeß und allgemeines Mißbrauchsverbot, 1998, S. 220 f.; zu einer Differenzierung zwischen Zielen und Aufgaben des Strafverfahrens (bei denen die Aufgaben zumindest teilw. gerade solche des Verfahrensrechts, nicht des Verfahrens als Institution beschreiben) vgl. auch Ries JR 2006, 269 (270 ff.).

[19] Vgl. Kudlich, Strafprozeß und allgemeines Mißbrauchsverbot, 1998, S. 225.

[20] Vgl. nur Ries JR 2006, 269 (270 f.).

[21] Schmidhäuser FS E. Schmidt, 1961, 511 (515 f.). Zum Ansatz und seinen Grenzen auch näher Kudlich in Hilgendorf/Kudlich/Valerius StrafR-HdB VII § 1 Rn. 14 ff.

Strafrechts betrachten, welche freilich bereits **mit bestimmten prozessualen Vorwertungen aufgeladen ist.**[22] Ein wichtiges **Zwischenziel** hierzu ist die Wahrheitsfindung (welche ihrerseits normativ etwa durch Persönlichkeitsrechte der Beteiligten beschränkt ist). Soweit die Regelungen des verwirklichten materiellen Rechts abstrakt betrachtet „gerecht" sind, dient die Durchsetzung des materiellen Strafrechts auch der Gerechtigkeit. Gleichsam als Reaktion auf die mit Wahrheitsfindung und Rechtsdurchsetzung notwendigerweise verbundenen Belastungen für den Bürger auch schon vor Abschluss des Verfahrens (und damit noch zur Zeit der Geltung der Unschuldsvermutung) beinhaltet das Strafprozessrecht **verschiedene Schutzmechanismen.** Da die prozessualen Regeln mithin einerseits der Verwirklichung der Ziele und Zwischenziele des Strafverfahrens als Institution dienen, andererseits aber auch gerade den damit verbundenen Gefahren entgegenwirken, kann eine einheitliche Zielvorgabe für den durch das Strafverfahrensrecht geprägten Strafprozess nicht formuliert werden. Vielmehr ist das Strafverfahren insoweit durch **diverse Zielkonflikte** gekennzeichnet,[23] deren Aufzählung hier noch weiter fortgeführt werden könnte (etwa im Konflikt zwischen der Durchsetzung eines staatlichen Strafanspruchs und dem Verständnis des StGB „magna charta des Verbrechers" uÄ).

III. Historische Entwicklung des Strafverfahrens in Deutschland

Ungeachtet des großen wissenschaftlichen Reizes der Materie[24] ist hier nicht der Raum, die historischen Wurzeln im Detail nachzuzeichnen. Mit Blick jedenfalls auf die praktische Rechtsanwendung (und sogar mit Blick auf etwaige Änderungsdiskussionen) dürfte dies aber in einem von rechtspolitischen Strömungen und zahlreichen Änderungen in den letzten Jahrzehnten geprägten Rechtsgebiet eine verzeihbare Lücke in der Darstellung sein. Insofern muss und darf sich die Darstellung bis in die Gegenwart hinein mit **einigen knappen Federstrichen** begnügen. 12

Nachdem es in der **germanischen Zeit** in Deutschland noch keinen öffentlichen Strafprozess gegeben hat, sondern Verletzungen zwischen den Sippen mit den Instituten der Buße und Fehde vergolten wurden,[25] entwickelte sich in der zweiten Hälfte des Mittelalters ein zumindest vereinfachtes öffentliches Strafverfahren,[26] was einem „sprunghaften Anstieg der Kriminalität" in dieser Zeit, die „im Zuge der zunehmenden Urbanisierung und der Entstehung eines ‚fahrenden Volks' in Form von Vaganten, Spielleuten, gescheiterten Studenten und Bettlern" geschuldet sein dürfte.[27] Dieses Strafverfahren wurde nicht zuletzt durch die Rezeption fortentwickelt,[28] und mit der „Carolina" bildete sich die Wurzel des in der Folgezeit auch wissenschaftlich begleiteten gemeinen Strafprozesses, der als **Inquisitionsprozess** durch die Personaleinheit von Ankläger und Richter sowie durch ein geheimes Verfahren geprägt war. Das für diese Zeit auch immer wieder betonte Phänomen der Folter stellt sich dabei als (inhumane) Konsequenz eines (eigentlich fortschrittlichen) Postulats weitgehender Gewissheit vor einer strafrechtlichen Verurteilung dar. 13

Während es insoweit schon im 17. und 18. Jahrhundert zu **„Humanisierungstendenzen"** kam, welche etwa mit den Namen Friedrich Spee von Langenfeld und Christian Thomasius verbunden waren, nahmen **strukturelle Änderungen** hin zu einem reformierten Strafprozess in Deutschland erst seit dem Beginn des 19. Jahrhunderts ihren Lauf, wozu 14

---

[22] Vgl. auch Kudlich in Hilgendorf/Kudlich/Valerius StrafR-HdB VII § 1 Rn. 16 f.

[23] Vgl. auch Beulke in Satzger/Schluckebier/Widmaier StPO Einl. Rn. 4; Kudlich, Strafprozeß und allgemeines Mißbrauchsverbot, 1998, S. 222 ff.

[24] Vgl. zur Strafprozessrechtsgeschichte im Überblick etwa Rüping/Jerouschek StrafRGeschichte; beeindruckend für den Zeitraum zwischen Mitte des 16. und Mitte des 19. Jahrhunderts Ignor, Geschichte des Strafprozesses in Deutschland 1532–1846, 2002; eine Zusammenstellung neuerer Forschungsansätze zur Entstehung des öffentlichen Strafrechts bei Willoweit (Hrsg.), Die Entstehung des öffentlichen Strafrechts, 1999.

[25] Vgl. zu dieser Phase Rüping/Jerouschek StrafRGeschichte Rn. 1 ff.

[26] Vgl. zu dieser Phase Rüping/Jerouschek StrafRGeschichte Rn. 26 ff.

[27] Vgl. Schroeder/Verrel StrafProzR Rn. 28.

[28] Vgl. zu dieser Phase Rüping/Jerouschek StrafRGeschichte Rn. 85 ff.

insbes. die Trennung von Anklagebehörde und entscheidendem Gericht gehörte.[29] Nach Vorläuferprozessordnungen etwa in Bayern, Preußen und Baden in der Mitte des 19. Jahrhunderts kam es auf dieser Basis **1871** zur **Reichsstrafprozessordnung.**[30] Vor dem Zweiten Weltkrieg wurde diese im Wesentlichen durch die sog „Lex Emminger" im Jahr 1924 sowie dann in den Jahren der Weimarer Republik zunehmend, gipfelnd in der Notverordnung vom 14.6.1932,[31] geändert.[32]

15 Auch **nach dem Zweiten Weltkrieg** hat die Strafprozessordnung diverse Änderungen erfahren, die jedoch in den meisten Fällen bis in die jüngste Vergangenheit hinein **eher Einzelmaßnahmen als Strukturveränderungen** betroffen haben.[33] Besonders die Reformgesetzgebung der letzten ca. 30 Jahre ist vor allem durch drei Aspekte geprägt: Die **„Bekämpfungsgesetzgebung"**[34] (mit welcher auf neue Bedrohungslagen durch eine zunehmende Ausweitung von prozessualen Eingriffsbefugnissen reagiert wird, was nach Auffassung von Kritikern bis hin zu einer „Vergeheimdienstlichung" des Strafverfahrens führt[35]), die **Beschleunigungsgesetzgebung**[36] (in deren Rahmen verfahrensverschlankende und ressourcenschonende Änderungen aufgenommen worden sind) sowie den **Gedanken des Opferschutzes**[37] (an dessen grundsätzlicher Berechtigung nicht gezweifelt werden kann, der jedoch im Einzelfall dazu führen kann, dass Rechte des Beschuldigten – der unter der Geltung der Unschuldsvermutung gerade noch nicht als mit dem „Opfer" korrespondierender „Täter" betrachtet werden darf! – zurückgedrängt werden).

16 Eine strukturelle Reform in der jüngeren Vergangenheit, die freilich im Wesentlichen nur eine praeter legem verlaufende Entwicklung in gesetzliche Form gegossen hat, stellt das **Gesetz zur Verständigung im Strafverfahren** aus dem Jahre 2009 dar.[38] Inwieweit hierin eine kritisch zu beurteilende Vermengung des tradierten „Normalverfahrens" mit konsensualen Elementen zu sehen ist, gegenüber dem eine gesamte Reform des Strafverfahrens vorzugswürdig gewesen wäre[39] oder ob es sich um den grundsätzlich zu billigenden Versuch des Gesetzgebers handelt, gewisse verfahrensökonomisch erforderliche und auch rechtspolitisch nicht per se als negativ zu bewertende konsensuale Elemente unter im Übri-

[29] Vgl. dazu Rüping/Jerouschek StrafR Geschichte Rn. 243 ff.
[30] Vgl. zur Entwicklung hin zur RStPO auch Koch in Hilgendorf/Kudlich/Valerius StrafR-HdB VII § 4.
[31] RGBl. I 285.
[32] Vgl. eingehend Nobis, Strafprozessgesetzgebung der späten Weimarer Republik (1930–1932), 2010; Überblick bei Rüping/Jerouschek StrafR Geschichte Rn. 261 ff. sowie bei Ladiges in Hilgendorf/Kudlich/Valerius StrafR-HdB VII § 5.
[33] Zu den teils weiterreichenden (dann aber zurückgestellten bzw. nur vorsichtiger skizzierten), teils in den gegenwärtigen Strukturen verhafteten (und insoweit vom Gesetzgeber teilweise schon aufgegriffenen) Vorschlägen der Expertenkommission zur Reform des Strafprozessrechts vgl. Kudlich JR 2016, 514.
[34] Vgl. Gesetz zur Bekämpfung des illegalen Rauschgifthandels und anderer Erscheinungsformen der Organisierten Kriminalität (OrgKG) v. 15.7.1992, BGBl. I 1302; Gesetz zur Änderung des Strafgesetzbuches, der Strafprozeßordnung und anderer Gesetze (Verbrechensbekämpfungsgesetz) v. 28.10.1994, BGBl. I 3186; Gesetz zur Verbesserung der Bekämpfung der Organisierten Kriminalität v. 4.5.1998, BGBl. I 845. Zusammenfassend zu Entwicklungslinien im bundesrepublikanischen Strafverfahrensrecht Stuckenberg in Hilgendorf/Kudlich/Valerius StrafR-HdB VII § 6.
[35] Vgl. Wolter ZStW 107 (1995), 793; Roggan/Bergemann NJW 2007, 876; Hefendehl GA 2011, 209 („Methoden des Nachrichtendienstes"); Paeffgen GA 2003, 647; Pawlik JZ 2010, 693 (695); Schünemann in Schünemann, Risse im Fundament, Flammen im Gebälk: Zum Zustand des kontinentaleuropäischen Strafverfahrens, 2010, S. 71 (78 f. = ZIS 2009, 484 (488 f.)); Soiné NStZ 2007, 247.
[36] Vgl. Gesetz zur Entlastung der Rechtspflege v. 11.1.1993, BGBl. I 50; Gesetz zur Änderung des Strafgesetzbuches, der Strafprozeßordnung und anderer Gesetze (Verbrechensbekämpfungsgesetz) v. 28.10.1994, BGBl. I 3186; Gesetz zur effektiveren und praxistauglichen Ausgestaltung des Strafverfahrens v. 17.8.2017, BGBl. I 3202 (zu auch danach noch geführten Reformdiskussionen Kudlich ZRP 2018, 9); Gesetz zur Modernisiserung des Strafverfahrens v. 10.12.2019, BGBl. I 2121 (dazu Claus NStZ 2020, 57).
[37] Vgl. Gesetz zur Verbesserung der Rechte von Verletzten im Strafverfahren (Opferrechtsreformgesetz – OpferRRG) v. 24.6.2004, BGBl. I 1354 und Gesetz zur Stärkung der Rechte von Verletzten und Zeugen im Strafverfahren (2. Opferrechtsreformgesetz) v. 29.7.2009, BGBl. I 2280.
[38] Vgl. Gesetz zur Regelung der Verständigung im Strafverfahren v. 29.7.2009, BGBl. I 2353; ausf. hierzu die Behandlung bei Schlothauer/Weider/Niemöller, Gesetz zur Verständigung im Strafverfahren, 2010.
[39] Vgl. eindringlich etwa Fezer NStZ 2010, 177.

gen möglichst weitgehender Beibehaltung des traditionellen Strafverfahrens zu berücksichtigen,[40] wurde von Anfang an unterschiedlich beurteilt. Auch die jüngst abgeschlossene Evaluation der gesetzlichen Regelung[41] kommt zu differenzierenden Ergebnissen.

Wichtige **Änderungsgesetze in der jüngeren Vergangenheit** – seit 2015 immerhin rund 40 – sind bzw. betreffen etwa verschiedene Erweiterungen des Katalogs des § 100a zur Überwachung der Telekommunikation,[42] das 3. Opferrechtsreformgesetz mit einer Reihe zusätzlicher Regelungen,[43] das umfangreiche prozessuale Änderungen mit sich bringende Gesetz zur Reform der strafrechtlichen Vermögensabschöpfung,[44] das Gesetz zur Erweiterung der Medienöffentlichkeit[45] mit Änderungen des § 169 GVG, welche eine erweiterte Möglichkeit der Übertragung aus Gerichtssälen geschaffen hat (vgl. auch → Rn. 197a), Änderungen der Regelungen über schweigepflichtige Berufsträger und ihre Hilfspersonen in den §§ 53, 53a, 97 und 160a,[46] das für die Praxis wichtige Gesetz zur Einführung der elektronischen Akte vom 5.7.2017,[47] die Neuregelung des Rechts der notwendigen Verteidigung aus dem Dezember 2019[48] und die Einführung der Möglichkeit der (bzw. in bestimmten Fällen sogar der zwingenden) Aufzeichnung der ersten Beschuldigtenvernehmung nach § 136 IV ebenso im Dezember 2019,[49] sowie zuletzt das Gesetz zur Fortentwicklung der StPO mit Geltung ab dem 1.7.2021[50] (u.a. mit Einführung etwa eines neuen § 95a zur Zurückstellung der Benachrichtigung des Beschuldigten von einer Beschlagnahme, eines Auskunftsverlangens i.R. der Postbeschlagnahme und einer Regelung zur Kennzeichenerfassung (§ 163g), sowie mit der Erweiterung von Straftatenkatalogen bei verschiedenen Zwangsmaßnahmen, der Erweiterung der Durchsuchungsmöglichkeiten zur Nachtzeit, der Erweiterung des § 136 auf Folgevernehmungen, der Einführung einer Verletzendefinition (§ 373b) und verschiedenen Änderungen im Vollstreckungsrecht). **16a**

Die größten praktischen bzw. auch grundsätzlichsten systematischen Auswirkungen dürften freilich das **Gesetz zur effektiveren und praxistauglichen Ausgestaltung des Strafverfahrens** vom 17.8.2017[51] sowie das **Gesetz zur Modernisierung des Strafverfahrens** vom 10.12.2019[52] gehabt haben. Ersteres hat – wesentlich durch die Arbeit der Expertenkommission zur StPO-Reform[53] beeinflusst – die explizite Regelung der sogenannten **Quellen-Telekommunikationsüberwachung**[54] in § 100a Abs. 1 S. 2, die Ein- **16b**

---

40 Positiver in der Bewertung daher Kudlich, Gutachten C zum 68. Deutschen Juristentag, 2010, S. 67.

41 Altenhain/Jahn/Kinzig, Die Praxis der Verständigung im Strafprozess, 2020.

42 So etwa durch das Asylverfahrensbeschleunigungsgesetz vom 20.10.2015 (BGBl. I 17), das Gesetz zur Verbesserung der Bekämpfung des Menschenhandels vom 11.10.2016 (BGBl. I 2226) und das Gesetz zur Verbesserung des Schutzes der sexuellen Selbstbestimmung vom 4.11.2016 (BGBl. I 2460), das Gesetz zur Bekämpfung der Verbreitung neuer psychoaktiver Stoffe vom einen 21.11.2016 (BGBl. I 2615), das Gesetz zur Strafbarkeit von Sportwettbetrug und Manipulation von berufssportlichen Wettbewerben vom 11.4.2017 (BGBl. I 815), das Gesetz zur Bekämpfung der Korruption vom 20.11.2015 (BGBl. I 2025) sowie das Gesetz zur Bekämpfung von Doping im Sport vom 10.12.2015 (BGBl. I 2210).

43 BGBl. 2015 I 2525.

44 BGBl. 2017 I 872.

45 BGBl. 2017 I 3546.

46 BGBl. 2017 I 3618.

47 BGBl. I 2208.

48 BGBl. I 2128.

49 BGBl. I 2146 (2151).

50 BGBl. I 2099.

51 BGBl. I 3202. Vgl. dazu Hamm StV 2018, 525 und (bereits im Vorfeld) Börner StV 2016, 661 (jew. mit Blick auf das Beweisantragsrecht) und Schlothauer StV 2017, 557 (zur partiellen Reform der notwendigen Verteidigung); zur Frage eines weitergehenden Reformbedarfs nach diesem Gesetz Dallmeyer StV 2018, 533; Kudlich ZRP 2018, 9.

52 BGBl. I 2121. Vgl. dazu Claus NStZ 2020, 57; Kudlich/Nicolai JA 2020, 881.

53 Vgl. https://www.bmjv.de/SharedDocs/Downloads/DE/PDF/Abschlussbericht_Reform_StPO_Kommission.pdf (zuletzt abgerufen am 15.12.2020), sowie dazu Kudlich, JR 2016, 514; zu von der Kommission nur angedeuteten möglichen Reformen des Ermittlungsverfahrens Schlothauer StV 2016, 607.

54 Eingehend zur Diskussion über die Zulässigkeit der Quellen-TKÜ vor der Reform Bratke, Die Quellen-Telekommunikationsüberwachung im Strafverfahren, 2013.

führung einer (bislang vom BGH für unzulässig gehaltenen[55]) strafprozessualen **Online-Durchsuchung** in § 100b StPO[56] sowie Änderungen im Recht der Ablehnung wegen Befangenheit und im Beweisantragsrecht (insbesondere durch die Einführung der Möglichkeit einer Fristsetzung, vgl. in der nunmehr aktuellen Gesetzesfassung § 244 Abs. 6 S. 3–5) gebracht. Zweiteres hat zu Reformen im Bereich der „drei großen Bs", nämlich bei der **Besetzungsrüge** (Einführung einer Quasi-Vorabentscheidung in § 222b Abs. 3 StPO), bei **Befangenheitsgesuchen** (erweiterte Möglichkeiten zur Weiterverhandlung nach einer Ablehnung und zur Verwertung der bisherigen Prozessführung selbst bei erfolgreicher Ablehnung) und im **Beweisantragsrecht** (Einführung einer Legaldefinition des Beweisantragsrechts sowie neue Sonderregelung für Fälle der Verschleppungsabsicht) geführt, enthält daneben aber auch **weitere Änderungen** bei den §§ 58a, 68 Abs. 3 (Gesichtsverhüllung), § 81e Abs. 2 S. 2 (Bestimmung von Augen-, Haar- und Hautfarbe), § 229 (verlängerte Unterbrechungshöchstdauer) und § 397b (gemeinschaftliche Nebenklagevertretung).

16c Neuere punktuelle Änderungen betreffen etwa die Stellung besonders schutzbedürftiger Zeugen (§ 48a),[57] Auskunftsersuchen im Zusammenhang mit Telekommunikation (§§ 100j und 100k)[58] oder – von grundsätzlicher Bedeutung – die Einführung und Fortentwicklung der elektronischen Aktenführung.[59]

IV. Wichtige Rechtsquellen des geltenden Strafverfahrensrechts

17 Die im Strafverfahren zu beachtenden Normen entspringen einer ganzen Reihe – teils zentraler, teils nur im Einzelfall relevanter – Gesetze.[60] Der **Schwerpunkt** liegt hier anders als in vielen anderen Rechtsgebieten noch immer klar auf dem **nationalen Recht** (vgl. → Rn. 18 ff.); aber auch das europäische Recht gewinnt in einzelnen Bereichen zunehmend an Einfluss (vgl. → Rn. 29). Für das Strafverfahren vor deutschen Gerichten spielt dagegen das Völkerstrafrecht keine Rolle, da auch Verfahren mit der Anwendung völkerstrafrechtlicher Straftatbestände vor deutschen Gerichten nach dem deutschen Strafprozessrecht durchgeführt werden; die speziellen Verfahrensvorschriften der Art. 34 ff. des Rom-Statuts dagegen gelten nur für Strafverfahren vor dem internationalen Strafgerichtshof selbst.

18 **1. Strafprozessordnung mit Einführungsgesetz.** Die zentrale Rechtsquelle für das Strafverfahrensrecht ist naturgemäß die **Strafprozessordnung (StPO),** die in ihrem Kern noch auf die Reichsstrafprozessordnung vom 1.2.1877[61] zurückgeht. Die StPO regelt in **acht Büchern** das Verfahren im ersten Rechtszug (2. Buch) und etwaigen Rechtsmittelinstanzen (3. Buch), das Wiederaufnahmeverfahren (4. Buch), besondere Verfahrensarten mit Beteiligung des Verletzten am Verfahren (5. Buch), weitere besondere Verfahrensarten (insbes. vereinfachte bzw. beschleunigte Verfahrensformen) sowie Verfahren für die Einziehung, Vermögensbeschlagnahme sowie die Festsetzung von Geldbußen gegen juristische Personen innerhalb eines Strafverfahrens (6. Buch), die Strafvollstreckung und Kosten (7. Buch) sowie die Akteneinsicht und Datenverwendung (8. Buch). All dies wird durch die allgemeinen

[55] Vgl. BGH 31.1.2007 – StB 18/06, BGHSt 51, 211 = NJW 2007, 930 mAnm Bär MMR 2007, 239; Buermeyer HRRS 2007, 154; Cornelius JZ 2007, 798; Hamm NJW 2007, 932; Valerius JR 2007, 275; vgl. zur vorangegangenen Entscheidung des Ermittlungsrichters am BGH auch bereits Jahn/Kudlich JR 2007, 57.

[56] Vgl. zu Quellen-TKÜ und Online-Durchsuchung nach den neuen Regeln auch Freiling/Safferling/Rückert JR 2018, 9.

[57] Durch das Gesetz zur Bekämpfung sexualisierter Gewalt gegen Kinder vom 16.6.2021, BGBl. 2021 I 1810.

[58] Durch das Gesetz zur Anpassung der Regelungen über die Bestandsdatenauskunft vom 30.3.2021, BGBl. 2021 I 448 samt Berichtigung vom 25.5.2021, BGBl. 2021 I 1380 sowie durch das Telekommunikationsmodernisierungsgesetz vom 23.6.2021, BGBl. 2021 I 1982.

[59] Durch das Gesetz zur Einführung der elektronischen Akte in der Justiz und zur weiteren Förderung des elektronischen Rechtsverkehrs vom 5.7.2017, BGBl. 2017 I 2208 sowie durch das Gesetz zur Fortentwicklung der Strafprozessordnung und zur Änderung weiterer Vorschriften vom 25.6.2021, BGBl. 2021 I 2099.

[60] Eingehend und weit über die hier im Folgenden Skizze hinausreichend Kuhli in Hilgendorf/Kudlich/Valerius StrafR-HdB VII § 7.

[61] RGBl. 1877, 253.

Vorschriften des ersten Buches ergänzt, die allerdings trotz ihrer Stellung im „Allgemeinen Teil" zumindest teilw. vorrangig für bestimmte Verfahrensstufen eine Rolle spielen (so etwa die Zwangsmaßnahmen und die Untersuchungshaft im 8. und 9. Abschn. im Bereich des Ermittlungsverfahrens).

In dem in der Praxis nicht besonders bedeutsamen **Einführungsgesetz zur Strafprozessordnung (EGStPO)** wird ihr Anwendungsbereich bestimmt und werden die Länder ermächtigt, für Strafsachen nach der Landesgesetzgebung abweichende Verfahrensregelungen zu treffen (§§ 3 und 6 EGStPO). Außerdem enthält es eine Regelung über die Mitteilungen in Strafsachen gegen Abgeordnete (§ 8 EGStPO) und einige Übergangsvorschriften. 19

2. Gerichtsverfassungsgesetz mit Einführungsgesetz. Die Gerichtsverfassung (dh insbes. sachliche Zuständigkeiten und Besetzung der Spruchkörper) bei den ordentlichen Gerichten und damit auch in Strafsachen ist im **Gerichtsverfassungsgesetz (GVG)** geregelt. Neben der Gerichtsverfassung im engeren finden sich auch allgemeine Verfahrensregelungen für die ordentlichen Gerichte wie insbes. die Vorschriften über die Öffentlichkeit (§§ 169 ff.), die Gerichtssprache (§§ 184 ff.) sowie Beratung und Abstimmung (§§ 192 ff.) im GVG, wobei die Regelungen teilw. strafrechtsspezifisch durch die StPO ergänzt bzw. modifiziert werden (zB § 263 für das qualifizierte Stimmenverhältnis gegenüber § 196 GVG). 20

Das **Einführungsgesetz zum Gerichtsverfassungsgesetz (EGGVG)** enthält neben einer Regelung des Anwendungsbereichs insbes. einige praktisch nicht unwichtige Vorschriften zur Datenübermittlung (§§ 12 ff. EGGVG) und zum Rechtsschutz gegen Justizverwaltungsakte (§§ 23 ff. EGGVG). 21

3. Strafgesetzbuch. Das Strafgesetzbuch bestimmt nicht nur die zentralen Inhalte des Strafverfahrens in Gestalt der Straftatbestände des Besonderen Teils sowie der – nach Art. 1 Abs. 1 EGStGB auch für das Nebenstrafrecht geltenden – Regelungen des Allgemeinen Teils, sondern beinhaltet mit den **Vorschriften zur Verjährung** (insbes. zur Verfolgungsverjährung §§ 78 ff. StGB) sowie zum **Strafantrag** (§§ 77 ff. StGB) auch zwei zentrale Prozessvoraussetzungen (vgl. auch → Rn. 381 ff.). Dagegen sind die Indemnitätsvorschriften der §§ 36 f. StGB – anders als die Immunität nach Art. 46 Abs. 2 GG – keine Prozesshindernisse, sondern echte persönliche bzw. sachliche Strafausschließungsgründe und gehören insoweit dem materiellen Recht an.[62] 22

4. Grundgesetz. Ebenso wie umgekehrt die Strafprozessordnung als „Ausführungsgesetz zum Grundgesetz" bezeichnet wird,[63] kann man das GG in Teilen als **zentrales strafprozessuales Regelwerk** interpretieren: Dabei bilden die **Grundrechte der Art. 1 ff. GG** insbes. Schranken für strafprozessuale Ermittlungsmaßnahmen, welche (zB in Gestalt von Hausdurchsuchungen, Beschlagnahmen oder Überwachungen der Telekommunikation) geradezu Paradefälle staatlicher Grundrechtseingriffe darstellen. Nicht weniger wichtig – mit ihrer Bedeutung zwar nicht ausschließlich, aber vorrangig im Hauptverfahren – sind die **Verfahrensgrundrechte** der Art. 101 ff. GG. Durch das gesamte Strafverfahren als intensive Form staatlicher Machtausübung gegenüber dem Bürger ziehen sich schließlich die aus dem Rechtsstaatsgebot abzuleitenden Postulate.[64] 23

5. Spezialregelungen für besondere Fragen. Daneben gibt es ergänzende und konkretisierende Vorschriften für bestimmte Elemente des Verfahrens bzw. für das Handeln spezieller Verfahrensbeteiligter: 24

a) Regelungen für Verfahrensbeteiligte nach deren beruflicher Stellung. Das Wirken vor allem der **Berufsrichter** (vgl. § 2 DRiG) wird durch das Deutsche Richterge- 25

[62] Vgl. nur Fischer StGB § 36 Rn. 2; Fischer StGB § 37 Rn. 1.

[63] Vgl. Sax in Bettermann/Nipperdey/Scheuner, Die Grundrechte, Bd. III/2, 1959, S. 909 (967); vom „angewandten Verfassungsrecht" sprechen BGH und BVerfG in den beiden Entscheidungen BGH 21.2.1964 – 4 StR 519/63, NJW 1964, 1139 (1142 f.) und BVerfG 8.3.1972 – 2 BvR 28/71, BVerfGE 32, 373 (383) = NJW 1972, 1123 (1125).

[64] Vgl. zu all dem → Rn. § 83 ff.

setz näher geregelt. Hierin sind zwar keine unmittelbaren Vorschriften für den Strafprozess enthalten (wenn man von der gesetzlich angeordneten Bezeichnung der ehrenamtlichen Richter in der Strafgerichtsbarkeit als „Schöffen" in § 45a DRiG absieht). Indes prägen Postulate wie etwa dasjenige der Unabhängigkeit des Richters (§§ 25 ff. DRiG) selbstverständlich auch den Strafrichter. Das Wirken der **Verteidiger,** die – nicht notwendig aber meistens – Rechtsanwälte sind, wird durch die Regelungen der **Bundesrechtsanwaltsordnung (BRAO)** und der **Berufsordnung für Rechtsanwälte (BORA)** geregelt. Dies gilt zum einen dahingehend, dass für das alltägliche Handeln der Anwälte, soweit in der StPO keine Regelungen enthalten sind, Vorschriften aus BRAO bzw. BORA zu berücksichtigen sein können; zum anderen bestimmen diese Vorschriften auch das Leitbild der anwaltlichen Tätigkeit maßgeblich mit, auf das es etwa ankommt, wenn strafprozessuale Vorschriften explizit (vgl. insbes. § 138a Abs. 1 Nr. 2) oder der Sache nach auf einen Missbrauch der Verteidigerstellung Bezug nehmen.

26 **b) Regelungen zur Verwertbarkeit von Vorverurteilungen.** Die Frage, in welchem Ausmaß ins Strafverfahren frühere Verurteilungen eingebracht oder sogar bei der Entscheidung (im Rahmen der Strafzumessung) berücksichtigt werden dürfen, ist im Detail im **Bundeszentralregistergesetz** geregelt.

27 **c) Kosten.** Ergänzend zu den Kostenvorschriften der §§ 464 ff. (die sich im Wesentlichen damit beschäftigen, *von wem* die Kosten zu tragen sind) wird die Höhe der Kosten maßgeblich durch das **Gerichtskostengesetz (GKG)** sowie durch das Gesetz über die Vergütung der Rechtsanwältinnen und Rechtsanwälte **(Rechtsanwaltsvergütungsgesetz – RVG)** bestimmt.

28 **d) Entschädigung.** Ein Strafverfahren kann in zweierlei Hinsicht Anlass für „Entschädigungsansprüche" der Verfahrensbeteiligten sein. Zum einen geht es um die **Entschädigung für eigenen Aufwand,** der im Zusammenhang mit der Teilnahme am Strafverfahren als solchem entstanden ist. Dieser wird durch das „Gesetz über die Vergütung von Sachverständigen, Dolmetscherinnen, Dolmetschern, Übersetzerinnen und Übersetzern sowie die Entschädigung von ehrenamtlichen Richterinnern, ehrenamtlichen Richtern, Zeuginnen, Zeugen und Dritten" (Justizvergütungs- und -entschädigungsgesetz – **JVEG**) geregelt. Zum anderen kann für den Betroffenen eine Entschädigung für Urteilsfolgen zu leisten sein, wenn die strafrechtliche Verurteilung, nachdem sie rechtskräftig geworden ist, wieder wegfällt oder gemildert wird. Diese Ansprüche sind (ebenso wie die praktisch wichtige Entschädigung für zu Unrecht erlittene Untersuchungshaft) im Gesetz über die Entschädigung von Strafverfolgungsmaßnahmen **(StrEG)** geregelt.

29 **6. Europäisches und internationales Recht.** Im Strafverfahren wird grundsätzlich – sowohl hinsichtlich der Verfahrensregelungen vor den deutschen Gerichten als auch hinsichtlich des anzuwendenden materiellen Strafrechts – **vor deutschen Gerichten deutsches Strafrecht** angewendet. Die Vorschriften über das sog internationale Strafrecht der §§ 3 ff. StGB sind keine Entsprechungen des internationalen Privatrechts auf dem Gebiet des Strafrechts, sondern enthalten lediglich einseitige Kollisionsnormen[65] und beschreiben mit dem Anwendungsbereich des deutschen Strafrechts eine Prozessvoraussetzung.[66] Anders als im Zivilrecht werden daher deutsche Strafgerichte regelmäßig kein ausländisches Strafrecht anwenden. Sehr wohl eine Rolle spielen können aber **supranationale Regelungen,**[67] sei es dass sie als völkerrechtliche Verträge mit entsprechenden Umsetzungsgesetzen im Rang einfachen Gesetzesrechtes als deutsches Recht gelten, sei es dass sie etwa Fragen der internationalen Zusammenarbeit regeln. Zu nennen sind hier insbes. (vgl. auch → Rn. 611 ff. sowie die einschlägige Kommentierung zu europäischen Vorgaben des Strafverfahrens in Bd. 3) die Europäische Menschenrechtskonvention **(EMRK)** bzw. Konvention

---

65 Vgl. Kudlich HRRS 2004, 278 (279).
66 Vgl. Fischer StGB Vor §§ 3–7 Rn. 1.
67 Überblick bei Kuhli in Hilgendorf/Kudlich/Valerius StrafR-HdB VII § 7 Rn. 45 ff.

zum Schutze der Menschenrechte und Grundfreiheiten und der Internationale Pakt über bürgerliche und politische Rechte **(IPbpR)** sowie die (durch Art. 6 EUV in der Fassung des Lissabonner Vertrags in Bezug genommene) **Grundrechtscharta** und das **Schengener Durchführungsübereinkommen.**[68] Daneben ist aber – und sei es auch nur gegenstandsbezogen – auch ein mittelbarer Einfluss europäischer Rechtsakte auf das Strafverfahrensrecht und seine Auslegung vorstellbar;[69] schließlich sind im Rahmen der polizeilichen und justiziellen Zusammenarbeit in Strafsachen (dh im Bereich der ehemals „dritten Säule" vor dem Vertrag von Lissabon) diverse Vorschriften etwa über Auslieferung, Rechts- und Vollstreckungshilfe oder Anerkennung von Urteilen getroffen worden.[70]

V. Verwandte Verfahrensarten

1. Überblick. Strukturelle Ähnlichkeiten mit dem Strafprozess haben auch andere Verfahrensarten, in denen es um die **Aufklärung** und anschließende **Ahndung von Fehlverhalten** geht. Diese Verfahren kennen teilw. Verweisungsnormen auf die StPO (so zB in § 25 Abs. 2 BDO auf die §§ 22–55 zu den Einschränkungen der Zeugenpflicht[71]); teilw. werden umgekehrt im Strafverfahrensrecht Rechtsgedanken aus diesen anderen Verfahrensarten aufgegriffen (so zB zur objektiven Bestimmung des Beschuldigtenbegriffs durch Rückgriff auf den in § 397 Abs. 1 AO geregelten Gedanken[72]). Vielfach ergeben sich auch unmittelbare Verzahnungen durch das Nebeneinander von Regelungen der Strafprozessordnung und der jeweiligen Spezialgesetze (so im Steuerstrafverfahren nach der AO und im Bußgeldverfahren nach dem OWiG). 30

Es handelt sich hierbei insbes. um das **Steuerstrafverfahren,** das ordnungswidrigkeitenrechtliche **Bußgeldverfahren** sowie um das **disziplinarrechtliche Verfahren** bei Verfehlungen von Beamten und Soldaten. Während die letzten beiden Verfahrensarten als genuin verwaltungsrechtliche Materien hier nicht weiter vertieft werden sollen, werden aufgrund der engen Verzahnungen und Übergänge ineinander einige knappe Grundzüge des Steuerstrafverfahrens (vgl. dazu im Einzelnen auch die Kommentierungen der §§ 385 ff. AO) sowie des Bußgeldverfahrens kurz angerissen.[73] Da gegenwärtig noch im Entwurfsstadium, ebenfalls nur kurz erwähnt werden sollen die verfahrensrechtlichen Regelungen im Entwurf eines Verbandssanktionengesetzes. 31

2. Steuerstrafverfahren. a) Allgemeines. Der 3. Abschn. des 8. Teils der AO (§§ 385 ff. AO) regelt das Steuerstrafverfahren.[74] Zentrale Vorschrift und zugleich **Brückennorm in die StPO** ist dabei **§ 385 Abs. 1 AO,** nach dem für das Strafverfahren wegen Steuerstraftaten (vgl. § 369 AO) die „allgemeinen Gesetze über das Strafverfahren, namentlich die Strafprozessordnung" gelten, soweit in den §§ 386 ff. AO nichts Abweichendes bestimmt ist. Neben diesen ergänzenden Vorschriften für das Strafverfahren sind für das steuerrechtliche Bußgeldverfahren ergänzend zu den Vorschriften des OWiG (vgl. → Rn. 37 ff.) die §§ 409–412 AO von Bedeutung. 32

---

[68] Vom 19.6.1990, ABl. 2000 L 239, 19 v. 22.9.2000; BGBl. 1993 II 1010; BGBl. 1994 II 631; BGBl. 1996 II 242; BGBl. 1997 I 1606. Vgl. hierzu einleitend näher Kühne StrafProzR Rn. 74 ff.

[69] Vgl. Kühne StrafProzR Rn. 56 ff.

[70] Überblick bei Kühne StrafProzR Rn. 71; → Rn. 611 ff.; knapp auch Beulke in Satzger/Schluckebier/Widmaier StPO Einl. Rn. 17a.

[71] Vgl. auch den allgemeinen Verweis auf die StPO § 24 Abs. 1 eines Entwurfs eines Verbandssanktionengesetzes, BT-Drs. 19/23568, S. 17.

[72] Vgl. BGH 3.7.2007 – 1 StR 3/07, BGHSt 51, 367 (370) = NStZ 2007, 653 mAnm Mikolajczyk ZIS 2007, 565.

[73] Zu den verfahrensrechtlichen Abweichungen im Jugendstrafverfahren vgl. §§ 33 ff., insbes. §§ 43 ff. JGG samt den Regelungen für die Anwendung bei Heranwachsenden in §§ 107–109 JGG sowie ausführlich die Kommentierung des Jugendstrafverfahrensrechts im 3. Bd.

[74] Vgl. dazu überblicksartig Gaede JA 2008, 88 (92 ff.), sowie Pflaum in Wabnitz/Janovsky/Schmitt WirtschaftsStrafR-HdB Kap. 21 Rn. 162 ff.; Bohnert/Szesny in MAH WirtschaftsStrafR § 33, sowie die Kommentierung der §§ 385 ff. AO im 3. Bd. Vertiefend die Kommentierungen von Randt und Joecks in Joecks/Jäger/Randt, Steuerstrafrecht, 8. Aufl. 2015.

33 **b) Organisatorische und kompetenzielle Unterschiede.** Ein wesentlicher und auch praktisch bedeutsamer Unterschied zu allgemeinen Strafsachen besteht in Steuerstrafverfahren darin, dass die Ermittlungen des Sachverhalts durch die **Finanzbehörden** (vor allem durch die **Steuerfahndung,** vgl. § 208 AO, sowie durch die **Straf- und Bußgeldstelle,** sog StraBu bzw. BuStra) geführt werden können. Die Finanzbehörden haben dabei grundsätzlich die gleichen Ermittlungskompetenzen wie die Polizei in allgemeinen Strafsachen (vgl. §§ 420 Abs. 1, 404 AO). Soweit die verfolgte Tat entweder ausschließlich eine Steuerstraftat darstellt oder die verfolgte Tat Kirchensteuern oder andere öffentliche-rechtliche Abgaben betrifft, die an die Besteuerungsgrundlagen, Steuermessbeträge oder Steuerbeträge anknüpfen, führt die Finanzbehörde das Ermittlungsverfahren nach § 386 Abs. 2 AO selbständig durch und hat damit erst einmal eine Stellung wie die Staatsanwaltschaft in allgemeinen Strafsachen. Die **Kompetenz zur selbständigen Führung** des Verfahrens **endet,** sobald gegen einen Beschuldigten wegen der Tat ein **Haftbefehl** oder ein **Unterbringungsbefehl** erlassen ist. Ferner hat die ermittelnde Finanzbehörde auch unabhängig davon **jederzeit** die **Möglichkeit,** die Strafsache **an die Staatsanwaltschaft abzugeben** (§ 386 Abs. 4 S. 1 AO), und die Staatsanwaltschaft kann das Verfahren jederzeit von sich aus **an sich ziehen** (sog **Evokationsrecht,** § 386 Abs. 4 S. 2 AO).

34 Gleichsam spiegelbildlich zu den Ermittlungsbefugnissen der sachnahen und inhaltlich kompetenten Finanzbehörden gibt es auf **Verteidigerseite** nach § 392 Abs. 1 AO die Möglichkeit, dass ergänzend neben einem Verteidiger bzw. Rechtslehrer an einer deutschen Hochschule mit Befähigung zum Richteramt (ähnlich § 138 Abs. 1) Steuerberater, Steuerbevollmächtigte, Wirtschaftsprüfer oder vereidigte Buchprüfer zu Verteidigern gewählt werden. Solange die Finanzbehörde nach § 396 Abs. 2 AO das Strafverfahren selbständig durchführt, können die Steuerberater usw auch als alleinige Verteidiger auftreten.

35 **c) Verfahrensstrukturelle Besonderheiten.** Steuerverfahren sind keineswegs immer, aber zumindest in größeren Fällen häufig gleichsam „wirtschaftsstrafrechtstypisch" durch **lange Verfahren** und **komplexe, zahlreiche außerstrafrechtliche Vorfragen** berührende Sachverhalte geprägt. Umfang wie Komplexität der Fälle, möglicherweise aber auch typische soziostrukturelle Merkmale der Steuerstraftäter führen dazu, dass gerade auch Steuerstrafverfahren ein wichtiges **Anwendungsfeld für Verfahrensabsprachen** – seien es solche nach § 257c, seien es (für die Beschuldigten oft noch erstrebenswerter) solche im Ermittlungs- oder Zwischenverfahren[75] – darstellen. Im Einzelfall kann auch an die Gefahr rechtsstaatswidriger Verfahrensverzögerungen gedacht werden.

36 Weiterhin typisch für das Steuerstrafverfahren ist aufgrund der häufigen Parallelität mit dem Besteuerungsverfahren und seinen vom Strafverfahren abweichenden Prinzipien (insbes. in Gestalt von umfangreichen Mitwirkungspflichten, vgl. nur §§ 99 ff., 200 AO) ein **Ziel- und vor allem Prinzipienkonflikt zwischen den beiden Verfahrensarten,** insbes. mit Blick auf den strafrechtlichen Grundsatz der Freiheit von Selbstbelastung. Den Konflikt versucht **§ 393 AO** – mehr oder weniger erfolgreich – zu entschärfen,[76] indem die Rechte und Pflichten der Verfahrensbeteiligten in beiden Verfahren unabhängig voneinander gestaltet werden und auch im Steuerungsverfahren steuerrechtliche Zwangsmittel für unzulässig erklärt werden, wenn der Steuerpflichtige dadurch gezwungen würde, sich wegen einer Steuerstraftat bzw. Ordnungswidrigkeit selbst zu belasten. Dies gilt nach § 393 Abs. 1 S. 3 AO insbes. dann, wenn wegen der Tat gegen den Steuerpflichtigen ein Strafverfahren eingeleitet worden ist; nach § 393 Abs. 1 S. 4 AO ist der Steuerpflichtige darüber auch zu belehren. Ferner errichtet § 393 Abs. 2 AO eine Sperre dahingehend, dass Erkenntnisse aus pflichtgemäß gemachten Angaben in den Steuerakten von den Strafverfolgungsbehörden grundsätzlich nicht für andere als Steuerstraftaten verwertet werden dürfen, soweit

---

[75] Vgl. hierzu umfassend Sauer, Konsensuale Verfahrensweisen im Wirtschafts- und Steuerstrafrecht, 2008.
[76] Vgl. ausf. etwa Sahan, Keine Steuererklärungspflicht bei Gefahr strafrechtlicher Selbstbelastung, 2006, sowie die Kommentierung → AO § 393 Rn. 1 ff.

an der Verfolgung nicht ein zwingendes öffentliches Interesse iSd § 30 Abs. 4 Nr. 5 AO besteht.[77]

3. Ordnungswidrigkeitenverfahren. a) Allgemeines. Hinsichtlich des Verfahrens bei der Ahndung der „kleinen Geschwister" der Straftat, dh der Ordnungswidrigkeitentatbestände, ist zu unterscheiden: Soweit die **Verfolgung der Ordnungswidrigkeit Gegenstand eines Strafverfahrens** ist (was nach §§ 40 ff. OWiG insbes. immer dann der Fall ist, wenn die gleiche Tat als Straftat und als Ordnungswidrigkeit verfolgt werden kann), gilt ganz selbstverständlich grundsätzlich die StPO (welche aber über die Ordnungswidrigkeiten rechtlichen Vorschriften dann modifiziert wird, wenn das Gericht die Anklage zur Hauptverhandlung nur unter dem rechtlichen Gesichtspunkt einer Ordnungswidrigkeit zulässt, vgl. § 82 Abs. 2 OWiG). Geht es dagegen „nur" um Ordnungswidrigkeiten, so ist das **Bußgeldverfahren** nach dem OWiG durchzuführen, das zwar über eine Reihe von Sondervorschriften verfügt, ergänzend in § 46 Abs. 1 OWiG jedoch ebenfalls auf die – hier explizit nur „sinngemäße" – Anwendung der Vorschriften der StPO verweist. Einige schwerwiegende Grundrechtseingriffe sind nach § 46 Abs. 3 OWiG vom Verweis ausdrücklich ausgenommen; andere Ausnahmen ergeben sich mehr oder weniger aus der Natur der Sache, so etwa das Fehlen einer notwendigen Verteidigung, da auf Ordnungswidrigkeiten a priori keine der Voraussetzungen des § 140 anwendbar sein kann, oder für die Pflicht zur Teilnahme der Staatsanwaltschaft an der Hauptverhandlung nach § 226, da nach § 75 Abs. 1 S. 1 OWiG eine solche explizit nicht erforderlich ist.[78] 37

Bedeutsam sind **mangels eigener Vorschriften im OWiG** etwa die strafprozessualen Regelungen über den Zeugenbeweis (§§ 48 ff.), den Sachverständigen (§§ 72 ff.) oder die Beweismittelsicherung (§§ 94 ff., 102 ff.). Ein Ordnungswidrigkeitenverfahren darf nur durchgeführt werden, solange keine Verfolgungsverjährung eingetreten ist (vgl. § 31 Abs. 1 S. 1 OWiG). Die Verjährungsfrist richtet sich dabei gem. § 31 Abs. 2 OWiG nach dem Höchstmaß der angedrohten Geldbuße. Regelungen über das Ruhen und die Unterbrechung der Verfolgungsverjährung finden sich in §§ 32 f. OWiG. Auch nach Eintritt der Verjährung kann die Anordnung eines Verfalls zulässig sein (§ 31 Abs. 1 S. 2 OWiG). 38

b) Verwaltungsverfahren. Zuständig für die Verfolgung und Ahndung von Ordnungswidrigkeiten sind nach § 35 Abs. 1, 2 OWiG zunächst die **Verwaltungsbehörden,** wobei sich die **sachliche Zuständigkeit** oft in den speziellen Fachgesetzen findet (vgl. § 36 Abs. 1 Nr. 1 OWiG), während **örtlich** nach § 37 Abs. 1 OWiG die Verwaltungsbehörde zuständig ist, in deren Bezirk die Ordnungswidrigkeit begangen oder entdeckt worden ist bzw. der Betroffene zur Zeit der Einleitung des Bußgeldverfahrens seinen Wohnsitz hat. Soweit dadurch die örtliche Zuständigkeit mehrerer Behörden begründet wird, gebührt grundsätzlich nach § 39 Abs. 1 OWiG derjenigen Verwaltungsbehörde der Vorzug, die sich zuerst mit der Sache dem Betroffenen gegenüber erkennbar befasst hat.[79] Bei Gefahr im Verzug kann nach § 46 Abs. 1, 2 OWiG iVm den einschlägigen Vorschriften der StPO bzw. des GVG jede sachlich zuständige Behörde ungeachtet der örtlichen Zuständigkeit tätig werden. 39

Einleitung und Durchführung des Ordnungswidrigkeitenverfahrens bis hin zur Ahndungsentscheidung obliegen den soeben beschriebenen Behörden (so dass insoweit gewissermaßen die Inquisitionsmaxime gilt),[80] ggf. mit Unterstützung der Polizei (vgl. § 53 OWiG), und erfolgen nach § 46 Abs. 1 OWiG iVm § 152 beim Vorliegen eines **Anfangsverdachts.** Die Staatsanwaltschaft wird nur tätig, wenn die Ordnungswidrigkeit 40

---

77 Zu Konsequenzen für die Steuerpflicht, welche nicht entfällt, soweit sich die Erklärungspflicht auf die betragsmäßige Angabe der Einnahmen beschränkt und nicht deren deliktische Herkunft umfasst, vgl. BGH 2.12.2005 – 5 StR 119/05, BGHSt 50, 299 = NStZ 2006, 210.

78 Zu diesen und weiteren Bsp. vgl. Mitsch JA 2008, 409 (410).

79 Gegen Doppelahndungen gewährt § 84 OWiG Schutz; zu den insoweit erforderlichen Feststellungen zur Tatidentität vgl. KG 28.9.2001 – 2 Ss 437/98 ua, wistra 2002, 227 (228 f.); Lutz in KK-OWiG § 84 Rn. 2 ff.

80 Vgl. Mitsch JA 2008, 409 (411).

mit einer von ihr verfolgten Straftat zusammenhängt (vgl. § 42 Abs. 1 S. 1 OWiG). Dabei gilt für das gesamte Verfahren nach § 47 OWiG das **Opportunitätsprinzip,** dh anders als für die Staatsanwaltschaft bei der Verfolgung von Straftaten (sog Legalitätsprinzip) besteht für die Verwaltungsbehörden bei der Verfolgung von Ordnungswidrigkeiten kein strenger Verfolgungszwang, sondern die Durchführung des Verfahrens liegt in ihrem pflichtgemäßen Ermessen.[81] Soweit ermittelt wird, hat die Verwaltungsbehörde nach § 46 Abs. 1 OWiG iVm § 160 Abs. 2 nicht nur be-, sondern auch entlastendes Material zu ermitteln. Gegenüber Ermittlungshandlungen, durch die in die Rechte des Betroffenen oder Dritter eingegriffen wird, steht diesen nach Maßgabe des § 62 OWiG ein Rechtsmittel zu.

41 Der **Abschluss des Ordnungswidrigkeitenverfahrens** erfolgt durch eine **Einstellung** (§ 47 Abs. 1 S. 2, Abs. 2, 3 OWiG), durch eine **Verwarnung** ohne oder mit Verwarnungsgeld (in Höhe von 5 bis 35 EUR, vgl. § 56 OWiG) oder durch einen **Bußgeldbescheid** (§§ 65 f. OWiG).

42 **c) Einspruch und gerichtliches Verfahren.** Gegen einen Bußgeldbescheid kann der Betroffene nach § 67 Abs. 1 OWiG binnen zwei Wochen nach Zustellung **Einspruch** einlegen.[82] Verwirft die Verwaltungsbehörde den Einspruch im Zwischenverfahren nach § 69 OWiG als unzulässig, kann der Betroffene dagegen innerhalb von zwei Wochen einen **Antrag auf gerichtliche Entscheidung** nach § 69 Abs. 1 S. 2 OWiG, § 62 OWiG stellen. Ist der Einspruch zulässig und wird der Bußgeldbescheid von der Verwaltungsbehörde aufrechterhalten, so übersendet sie die Akten an die Staatsanwaltschaft (vgl. § 69 Abs. 3 OWiG), die diese dem nach § 68 OWiG zuständigen Strafrichter vorlegt. Verwirft auch dieser den Einspruch nicht als unzulässig (vgl. § 70 OWiG), so kommt es zu einem (öffentlichen) **Hauptverfahren,** das sich im Wesentlichen nach den **Verfahrensregeln der StPO** nach Einspruch gegen einen Strafbefehl (vgl. § 411 Abs. 1 S. 2) richtet (vgl. § 71 Abs. 1 OWiG; zu Modifikationen des Verfahrens, insbes. mit erweiterten Möglichkeiten des Abwesenheitsverfahrens, vgl. §§ 72 ff. OWiG). Rechtsmittel gegen die Entscheidung des Amtsgerichts ist allein die Rechtsbeschwerde zum OLG (vgl. § 79 OWiG), die im Wesentlichen der strafprozessualen Revision nachgebildet ist.

43 **d) Beitreibung der Geldbuße.** Zahlt der Betroffene das in einem rechtskräftig gewordenen Bußgeldbescheid festgesetzte Bußgeld nicht, kann aus dem Bescheid vollstreckt werden. Dies erfolgt nach § 90 Abs. 1 Hs. 1 OWiG (oder übereinstimmenden Regeln in den einschlägigen Spezialgesetzen, vgl. etwa § 23 Abs. 5 S. 2 AEntG) **nach den Vorschriften des Verwaltungsvollstreckungsgesetzes des Bundes.** Ein **gerichtlicher Bußgeldbescheid** wird dagegen gemäß § 91 OWiG **nach** § 451 Abs. 1, 2, § 459 bzw. § 459g Abs. 1, 2 iVm § 459 **vollstreckt.** Nach pflichtgemäßem Ermessen[83] der Vollstreckungsbehörde (dh nach § 92 OWiG grundsätzlich der Behörde, die auch den Bußgeldbescheid erlassen hat) kann diese nach erfolglosen Vollstreckungsversuchen oder auch schon vor bzw. statt einer Vollstreckung nach §§ 90, 91 OWiG nach § 96 OWiG Erzwingungshaft anordnen.

44 Auch ein rechtskräftig festgesetztes Bußgeld darf nach Ablauf der **Vollstreckungsverjährungsfrist** nicht mehr vollstreckt werden, § 34 Abs. 1 OWiG. Die Verjährungsfrist beträgt nach § 34 Abs. 2 OWiG bei einer verhängten Geldbuße bis zu 1.000 Euro drei Jahre, bei einer Geldbuße von mehr als 1.000 Euro fünf Jahre. Näheres regelt § 34 Abs. 3, 4 OWiG. Zur **Sicherung und Durchführung der Vollstreckung** kann nach § 46 Abs. 1 OWiG iVm § 132 eine **Sicherheitsleistung angeordnet** werden. Die Schwierigkeiten, die insbes. im Zusammenhang mit Betroffenen auftreten können, die ihren (Wohn-) Sitz im Ausland haben, können im Einzelfall – insbes. zur Sicherung des Verfalls – die Anordnung eines dinglichen Arrestes nach § 46 OWiG iVm § 111d angezeigt erscheinen lassen.

---

[81] Näher zum Opportunitätsprinzip Göhler OWiG § 47 Rn. 3 ff.

[82] Näher zum Einspruchsverfahren vgl. Ellbogen in KK-OWiG § 67 Rn. 1 ff.

[83] Vgl. Mitsch in KK-OWiG § 96 Rn. 15.

Beide Möglichkeiten sind nicht zuletzt **vor dem Hintergrund der Tatsache** zu sehen, dass die **Rechtshilfe im Ordnungswidrigkeitenbereich** und die Vollstreckung daraus erwachsender Geldforderungen im Ausland **noch vielfach auf unsicheren Füßen** steht.[84]

4. Verbandssanktionengesetz. Gerade in den letzten Jahren hat auch die nicht nur rechtswissenschaftliche, sondern konkret rechtspolitische Diskussion Fahrt aufgenommen, nicht zuletzt nachdem ein Verbandssanktionenrecht ein Ziel des Koalitionsvertrags 2018 war.[85] Insoweit ist in eher näherer als fernerer Zukunft mit einer entsprechenden Reform zu rechnen. Den Anstoß dieser „Welle" hat ein Gesetzesantrag des Landes Nordrhein-Westfalen gegeben.[86] In seiner Folge sind verschiedene Vorschläge aus der Wissenschaft unterbreitet worden, so der sog. „Kölner Entwurf",[87] die sog. „Frankfurter Thesen"[88] und der sog. „Münchener Entwurf".[89] Die Politik reagierte darauf im August 2019 mit einem Referentenentwurf zum Verbandssanktionengesetz (VerSanG-E), der im Oktober 2020 in den Bundestag eingebracht wurde[90] dazu aber in der 19. Legislaturperiode doch nicht mehr weiter verfolgt wurde. Im Koalitionsvertrag der „Ampelkoalition" ist das Recht „der Unternehmenssanktionen (einschließlich eines Rahmens für Compliance-Pflichten und für die Durchführung interner Untersuchungen)" zwar angesprochen, aber keine Richtung vorgegeben. **44a**

Im Entwurf 2019/2020 wurde nicht nur die materiellen Voraussetzungen für die Verhängung einer Verbandssanktion (vgl. § 3 Abs. 1 VerSanG-E: Begehung einer Verbandsstraftat durch eine Leitungsperson des Verbandes oder Begehung in Wahrnehmung der Angelegenheiten des Verbands durch eine andere Person, wenn Leitungspersonen die Straftat durch angemessene Vorkehrungen hätten verhindern oder wesentlich erschweren können) bestimmt, sondern – neben einem allgemeinen Verweis auf StPO und GVG in § 24 Abs. 1 VerSanG-E – insbesondere auch zahlreiche prozessuale Regelungen getroffen, die kaum minder bedeutsam sind.[91] **44b**

Während bei der Frage nach einer Verbandsstrafbarkeit in der Vergangenheit häufig die grundsätzlichen materiellen Bedenken (etwa mit Blick auf die Handlungs- oder Schuldfähigkeit von juristischen Personen) im Mittelpunkt gestanden haben, hat sich bei der konkreten Diskussion um die Einführung eines Verbandssanktionenrechts schnell gezeigt, dass mindestens ebenso bedeutsam, wenn nicht sogar praktisch noch wichtiger die prozessualen Komponenten sind. Hier stellt sich – auch wenn man die grundsätzliche Anwendbarkeit der StPO auf ein entsprechendes Verbandssanktionenverfahren einmal unterstellt – etwa schon die Frage, wer die Gesellschaft im Verfahren vertreten kann (vgl. §§ 28, 29 VerSanG-E), darf (wenn möglicherweise gegen ihre Organe auch der Verdacht von Straftaten bestehen kann, so dass Interessenkonflikte auf der Hand liegen) oder zur **44c**

---

84 Vgl. etwa zu den Schwierigkeiten im Zusammenhang mit dem IRG und dem RHÜ 1959 Mitsch in KK-OWiG Einl. Rn. 190 ff.

85 Dort heißt es ua: „Wir wollen sicherstellen, dass Wirtschaftskriminaliät wirksam verfolgt und angemessen geahndet wird. Deshalb regeln wir das Sanktionsrecht für Unternehmen neu. Wir werden sicherstellen, dass bei Wirtschaftskriminalität grundsätzlich auch die von Fehlverhalten von Mitarbeiterinnen und Mitarbeitern profitierenden Unternehmen stärker sanktioniert werden.", vgl. Koalititionsvertrag 2018, S. 126, sowie dazu Ballo/Reischl CB 2018, 189 und Korte NZWiSt 2018, 393 (398).

86 Vgl. Gesetzesantrag des Landes Nordrhein-Westfalen, Entwurf eines Gesetzes zur Einführung der strafrechtlichen Verantwortlichkeit von Unternehmen und sonstigen Verbänden.

87 Kölner Entwurf eines Verbandssanktionengesetz Henssler/Hoven/Kubiciel/Weigend NZWiSt 2018, 1; hierzu auch Beckemper NZWiSt 2018, 420.

88 Vgl. Jahn/Schmitt-Leonardy/Schoop wistra 2018, 27.

89 Vgl. Saliger/Tsambikakis/Mückenberger/Huber (Hrsg.), Münchner Entwurf, 2019.

90 Vgl. BT-Drs. 19/23568.

91 Vgl. zu den vielfältigen in einem Verbandssanktionen relevanten Fragen – auch über den gegenwärtigen Gesetzesentwurf weit hinausreichend – Koch, Rechtsdogmatische Überlegungen und rechtsvergleichende Betrachtungen zu einem zukünftigen Verbandssanktionsverfahren, 2021, passim; mit Blick auf den Gesetzesentwurf (in verschiedenen Stadien) Rübenstahl ZWH 2019, 233; 2019, 265; 2020, 164; 2020, 193 sowie zum Regierungsentwurf auch Knauer NStZ 2020, 441.

Wahrung der Anwesenheit in der Hauptverhandlung sogar muss (vgl. §§ 42 ff. VerSanG-E). Ferner kann man etwa danach fragen, wer für die Gesellschaft „schweigen darf", sich also auf den Grundsatz nemo tenetur und ein Schweigerecht berufen darf (vgl. zur gegenwärtigen Regelung im Entwurf § 31 Abs. 1 VerSanG-E): Niemand? Nur die Organe (und gegebenenfalls: nur die aktuellen oder auch bereits ausgeschiedene)? Jeder Mitarbeiter der Gesellschaft?

44d Der Entwurf eines Verbandsdanktionengesetzes beinhaltet außerdem auch Regelungen zum Umgang mit den Ergebnissen interner Ermittlungen (vgl. §§ 16–18 VerSanG-E), die gerade im Kontext von Unternehmenssanktionen eine besondere Rolle spielen würden. Zuletzt ist bei einer (als gewünscht unterstellten) spezialpräventiven Ausrichtung eines Unternehmenssanktionenrechts zu fragen, in welchem Stadium und unter welchen Voraussetzungen von einer Verfolgung abgesehen werden kann, insbesondere wenn im Verband bestimmte – vergangene oder zukünftige – Bemühungen etwa um Compliance festgestellt werden können, vgl. §§ 35–37 VerSanG-E (vergleichbar §§ 153, 153a sowie § 153b iVm § 60 StGB) und § 38 VerSanG-E (bei zu erwartender Sanktonierung im Ausland), § 39 VerSanG-E (bei Insolvenz), § 40 VerSanG-E (bei vorübergehenden Verfahrenshindernissen), § 41 VerSanG-E (bei verbandsinternen Untersuchungen) und § 42 VerSanG-E (bei kartellrechtlichen Verbandstaten soweit ein Verfahren nach § 82 GWB geführt wird).

B. Verfassungsrechtliche Rahmenbedingungen

I. Strafprozess und Verfassung

45 **1. Bedeutung des Verfassungsrechts.** Nicht erst[92] unter der Geltung des Grundgesetzes wurde schon früh betont, dass das **Strafprozessrecht „angewandtes Verfassungsrecht"**[93] oder aber ein **„Seismograph der Staatsverfassung"**[94] sei. In eine ähnliche Richtung – allerdings mit eher kritischer Konnotation – geht es, wenn *Arzt* vom Strafprozessrecht als „Kolonie" des Verfassungsrechts spricht.[95] All diese Metaphern belegen die besondere Bedeutung der verfassungsrechtlichen Rahmenbedingungen – und zwar in verschiedenen Ausprägungen (→ Rn. 47 ff.) – für das Strafprozessrecht, welche von der Tatsache herrühren, dass es sich um einen **Prototyp des staatlichen Eingriffsrechts** handelt wie sonst wohl nur noch das Polizeirecht.[96] Nicht zuletzt die Tatsache, dass die Grundrechtseingriffe etwa im Bereich der Ermittlungsmaßnahmen besonders sicht- und greifbar sind, dürfte der Grund dafür sein, dass die verfassungsrechtliche Diskussion im Verfahrensrecht sogar eher eingesetzt hat und bis heute stärker ausgeprägt ist als diejenige zum materiellen Strafrecht, welche (abgesehen von der Bestimmtheitsproblematik und Art. 103 Abs. 2 GG) erst Mitte der 1990er Jahre ihren ersten Höhepunkt erreicht hat.[97]

---

92 Vgl. etwa schon aus der Mitte des 19. Jahrhunderts Mittermaier, Die Gesetzgebung und Rechtsübung über Strafverfahren nach ihrer neuesten Fortbildung dargestellt und geprüft von C. J. A. Mittermaier, 1856, S. 131 ff. („Zusammenhang des Strafverfahrens mit dem politischen, socialen und sittlichen Zuständen eines Volkes").

93 Vgl. Sax in Bettermann/Nipperdey/Scheuner, Die Grundrechte, Bd. III/2, 1959, S. 909 (967); auf S. 910 spricht Sax (ohne Nachw.) davon, dass schon 1959 die Einordnung der StPO als „Ausführungsgesetz zum Grundgesetz" verbreitet gewesen sei. Das Bild des „angewandten Verfassungsrechts" wird später auch vom BVerfG (etwa BVerfG 8.3.1972 – 2 BvR 28/71, BVerfGE 32, 373 (383) = NJW 1972, 1123 (1125)) aufgenommen.

94 Vgl. Roxin/Schünemann StrafVerfR § 2 Rn. 1.

95 Vgl. Arzt GS Armin Kaufmann, 1989, 839 (847 ff.); vgl. auch Niemöller/Schuppert AöR 107 (1982), 387 (389, 411 f.); Wolter NStZ 1993, 1.

96 Vgl. Niemöller/Schuppert AöR 107 (1982), 387 (389 f.).

97 Vgl. etwa Appel, Verfassung und Strafe, 1998; Lagodny, Das Strafrecht vor den Schranken der Grundrechte, 1996; Paulduro, Die Verfassungsmäßigkeit von Strafrechtsnormen, insbesondere der Normen des Strafgesetzbuches, 1992, sowie Staechelin, Strafgesetzgebung im Verfassungsstaat, 1998; als Vorreiter der Diskussion ist auch die Kurzmonographie von Tiedemann, Verfassungsrecht und Strafrecht, 1991, zu nennen. Zu einer grundrechtsorientierten Auslegung materiell rechtlicher Strafnormen vgl. auch (teilw. durchaus auf das Strafprozessrecht übertragbar) Kudlich JZ 2003, 127.

Die Intensität dieser Diskussion und die starke verfassungsrechtliche Verankerung des Strafprozessrechts stärken vielfach die **Beschuldigtenrechte,** derer sich das BVerfG in zahlreichen Entscheidungen angenommen hat.[98] Die Wirkung ist aber durchaus ambivalent, da als ein mit verfassungsrechtlichen Weihen ausgestatteter Argumentationstopos umgekehrt auch die **„Funktionstüchtigkeit der Strafrechtspflege"** (→ Rn. 87 ff.) herangezogen wird, um Beschuldigtenrechte einzuschränken (bzw. zumindest, um ihrer Erweiterung Grenzen zu ziehen). Neben dieser Ambivalenz, die letztlich bereits in dem in verschiedene Richtungen wirkenden Rechtsstaatsprinzip begründet liegt (vgl. unten 83 ff.), ergeben sich weitere Probleme daraus, dass die Auflösung der verfassungsrechtlichen Schranken in einfachgesetzliche Tatbestandsvoraussetzungen auf der einen und die vom Verfassungsrecht her in das Strafprozessrecht (und insbes. auch in die Rechtsprechung dazu) diffundierende Abwägungshypertrophie zum anderen die Rechtsanwendung erschweren und vor allem ihre Vorhersehbarkeit beeinträchtigen können: Einerseits treten nämlich verfassungsrechtliche Schranken gewissermaßen als „zweite Linie des Grundrechtsschutzes" neben etwa Subsidiaritätsanforderungen, Beschränkungen von Eingriffsbefugnissen auf den Verdacht von Katalogtaten etc, welche insbes. in neu geschaffenen bzw. geänderten prozessualen Eingriffsbefugnissen vielfältig schon existieren, um die Grundrechte hinreichend zu sichern. Andererseits führt die stete Abwägung von etwa Beschuldigteninteressen mit den Belangen der Strafverfolgung dazu, dass klare Grenzziehungen vielfach vermieden werden[99] und möglicherweise gerade aufgrund der Existenz solcher zusätzlichen verfassungsrechtlichen Rückzugslinien die einfachgesetzlichen Merkmale im Einzelfall vergleichsweise sorglos bejaht werden. 46

2. Verfassungsrechtliche Problemstellungen im Überblick. Anknüpfungspunkte für verfassungsrechtliche Überlegungen können sich im Einzelnen unter folgenden Aspekten ergeben: 47

a) Grundrechte. Im Strafverfahren spielen sowohl die **„materiellen" Grundrechte** der Art. 1 ff. GG (hier insbes. im Ermittlungsverfahren bei eingriffsintensiven Ermittlungsbefugnissen, vgl. → Rn. 53 ff.) als auch die **sog Verfahrensgrundrechte** (bei der Verfahrensgestaltung im Einzelnen und damit nicht zuletzt auch prominent in der Hauptverhandlung, vgl. → Rn. 65 ff.) eine Rolle. 48

Gerade bei den letztgenannten Verfahrensgrundrechten, aber auch bei speziellen Ausprägungen der Menschenwürde des Art. 1 Abs. 1 GG ergeben sich **Überschneidungen mit strafverfahrensrechtlichen Prozessmaximen,** welche auch in der Rspr. nicht nur als Kondensat des Prozessrechts, sondern gleichsam als Zwischenebene zwischen verfassungs- und einfachem Gesetzesrecht behandelt werden.[100] Gleichwohl werden in diesem Unterabschnitt nicht alle Prozessmaximen, bei denen man einen verfassungsrechtlichen Bezug herstellen kann, behandelt. Vielmehr sind diese vielfach erst Gegenstand von Teil C (→ Rn. 120 ff.), wobei die Aufteilung der Darstellung zugegebenermaßen teilw. „willkürlich" ist und sich im Wesentlichen an bestehenden Traditionen orientiert. Vergröbernd beschrieben werden in diesem Abschn. B nur solche „Prozessmaximen" behandelt, welche (wie der Grundsatz „ne bis in idem", → Rn. 78 ff.) eine **explizite Ausprägung im GG** gefunden haben (und nicht nur als bspw. „menschenwürderelevant" in einen weiten Kontext zu Art. 1 Abs. 1 GG gestellt werden). 49

b) Rechtsstaatsprinzip. Von Bedeutung für das Verfassungsrecht ist ferner das Rechtsstaatsprinzip als **inhaltliches Kriterium** (vgl. → Rn. 83 ff.), dessen Ausprägungen den Grundrechtsschutz teils ergänzen (wobei es dann für das Ergebnis eher zweitrangig ist, ob dem Rechtsstaatsprinzip insoweit auch subjektive Rechtspositionen entnommen werden 50

---

98 Vgl. zur älteren Rspr. nur die Nachw. bei Niebler FS Kleinknecht, 1985, 299 (303 ff.), sowie bei Niemöller/Schuppert AöR 107 (1982), 387 (421 ff.).

99 Exemplarisch die Entscheidung des Großen Strafsenats zur Hörfalle, BGH 13.5.1996 – GSSt 1/96, BGH (GS)St 42, 139 = NJW 1996, 2940 mAnm Kudlich JuS 1997, 696.

100 Vgl. die Analyse von Niemöller/Schuppert AöR 107 (1982), 387 (406, 408 ff.).

oder ob man es als eine bloße Grenze für Eingriffe in die allgemeine Handlungsfreiheit aus Art. 2 Abs. 1 GG interpretiert), teils aber in Gestalt der „Funktionstüchtigkeit der Strafrechtspflege" auch Gegengewichte dazu bilden werden.

51 **c) Gesetzesvorbehalt.** Im Unterschied zum inhaltlich wirkenden Rechtsstaatsprinzip ist als ebenfalls verfassungsrechtlich verankerte, aber **formell** ausgestaltete Grenze der **Gesetzesvorbehalt** für das Strafverfahrensrecht von Bedeutung. Nach verbreiteter Auffassung handelt es sich hierbei freilich nicht um den speziellen strafrechtlichen Gesetzesvorbehalt des Art. 103 Abs. 2 GG, sondern „nur" um den allgemeinen Gesetzesvorbehalt für staatliche Grundrechtseingriffe (vgl. näher → Rn. 92 ff.), womit zugleich auch eine methodenrelevante Dimension des Verfassungsrechts angesprochen ist (zu weiteren Methodenfragen des Strafprozessrechts vgl. → Rn. 577 ff.).

52 **d) Verfahren zur Wahrung der Verfassung.** Die verfassungsrechtlichen Implikationen sind schon mit Blick auf Art. 1 Abs. 3 GG auch von den Fachgerichten im Prinzip **vollumfänglich bei der Rechtsanwendung** zu berücksichtigen. Gleichwohl spielt natürlich auch im Strafverfahrensrecht die Möglichkeit eine große Rolle, die Einhaltung verfassungsrechtlicher Grenzen **in speziellen Verfahren** – hier insbes. bedeutsam die Individualverfassungsbeschwerde nach Art. 93 Abs. 1 Nr. 4a GG – überprüfen lassen zu können (vgl. → Rn. 101 ff.).

II. Materielle Grundrechtsgarantien und Strafverfolgung

53 Die „materiellen" Grundrechte der Art. 1 ff. GG[101] sind insbes. als **Abwehrrechte** gegen strafprozessuale Zwangsmaßnahmen und daher **vorrangig im Ermittlungsverfahren** von Bedeutung. Die Grundrechte schützen hier all die Lebensbereiche, in welche der Staat im Rahmen seiner Ermittlungstätigkeit einzugreifen gezwungen sein kann. Eine detaillierte Darstellung der grundrechtsorientierten oder gar verfassungskonformen Auslegung der Eingriffsnormen[102] muss daher der Kommentierung der jeweiligen Befugnisnormen vorbehalten bleiben. Einige wichtige Grundsätze gewissermaßen aus der umgekehrten Perspektive – dh nicht von der Befugnisnorm, sondern vom Grundrecht her gedacht – sollen im Folgenden aber gleichwohl (nicht nur colorandi causa) genannt werden:

54 **1. Menschenwürde (Art. 1 GG).** Unter den zahlreichen – naturgemäß im Strafverfahren auch häufig nicht-offenen sowie nicht-konsensual erfolgenden – Eingriffen finden sich zwangsläufig auch solche, die mehr oder weniger deutlich menschenwürderelevant sind. Ebenso wie in anderen Bereichen bietet sich freilich auch hier an, die Menschenwürde nicht mit „zu **kleiner Münze**"[103] zu messen, um weder zielgerichtete Ermittlungen immer schon im Keim zu ersticken noch umgekehrt die normative Prägnanz der Menschenwürdegarantie dadurch zu verwässern, dass bei zu großzügiger Annahme des Schutzbereichs zahlreiche an sich in der Verfassung nicht vorgesehene (vgl. auch Art. 1 Abs. 3 GG) Einschränkungen hingenommen werden müssen. Als **menschenwürderelevant** genannt werden etwa die akustische Überwachung von Wohnräumen dahingehend, dass der Kernbereich der privaten Lebensgestaltung[104] gesichert bleiben muss[105] oder der Zugriff auf Tagebücher;[106] auch der nemo tenetur-Grundsatz wird als Ausprägung von Art. 1 GG verstanden.[107]

55 **2. Allgemeine Handlungsfreiheit und allgemeines Persönlichkeitsrecht (Art. 2 Abs. 1 GG, insbes. iVm Art. 1 GG).** Ebenso wie in anderen Rechtsgebieten kommt

---

101 Eingehend hierzu Lindemann in Hilgendorf/Kudlich/Valerius StrafR-HdB VII § 2.
102 Vgl. zum Unterschied zwischen beiden Auslegungsmethoden Kudlich JZ 2003, 127.
103 Vgl. Herdegen in Dürig/Herzog/Scholz GG Art. 1 Rn. 44.
104 Vgl. hierzu allgemein Warg NStZ 2012, 237.
105 Vgl. BVerfG 3.3.2004 – 1 BvR 2378/98 u. 1 BvR 1084/99, BVerfGE 109, 279 (319 ff.) = NJW 2004, 999 (1003 ff.).
106 Vgl. BVerfG 14.9.1989 – 2 BvR 1062/87, BVerfGE 80, 367 (379) = NJW 1990, 563 (564 f.).
107 Vgl. BVerfG 26.2.1997 – 1 BvR 2172/96, BVerfGE 95, 220 (241 f.) = NJW 1997, 1841 (1843 f.); vgl. auch Rüping ZStW 91 (1979), 351 (352).

auch im Strafprozessrecht der allgemeinen Handlungsfreiheit – ggf. ein wenig konkretisiert zum allgemeinen Persönlichkeitsrecht (Art. 2 Abs. 1 iVm Art. 1 GG) – eine **Auffangfunktion zu,** wenn staatliche Maßnahmen nicht den Schutzbereich eines konkreten Grundrechts erfassen, gleichwohl jedoch als „invasiv" empfunden werden. **Beispiele,** in denen die Rspr. diese Position diskutiert hat, sind etwa wiederum die Beschlagnahme von Tagebuchaufzeichnungen (soweit nicht schon unter die Menschenwürde isoliert gefasst),[108] die Beschlagnahme einer Karteikarte über den Beschuldigten bei seinem Arzt[109] oder das Abhören von Selbstgesprächen im Krankenzimmer[110] oder in einem Pkw.[111] In neuerer Zeit wurde hier etwa auch das **„Computergrundrecht"** auf Gewährleistung und Vertraulichkeit der Integrität informationstechnischer Systeme verortet.[112] Zuletzt bietet die allgemeine Handlungsfreiheit auch einen generellen Schutz gegen strafrechtliche Verurteilungen dahingehend, dass eine solche nicht aufrechterhalten werden kann, wenn vor der letzten Entscheidung die zugrundeliegende Strafvorschrift außer Kraft getreten ist.[113]

3. Schutz der körperlichen Unversehrtheit (Art. 2 Abs. 2 S. 1 GG). Mitunter sind strafprozessuale Zwangsmaßnahmen mit **Eingriffen in die körperliche Unversehrtheit** verbunden, für die es in Gestalt von § 81a zwar eine Befugnisnorm gibt, die jedoch immer in besonderer Weise an den Anforderungen des **Verhältnismäßigkeitsgrundsatzes** zu messen sind. Bekannt sind hier etwa – auch das gesamte Spektrum an Eingriffsintensität abbildend – Entscheidungen zur Veränderung der Haar- und Barttracht,[114] zur Liquorentnahme[115] sowie zur Hirnkammerlüftung;[116] ungewöhnlich, aber ebenfalls schon Gegenstand einer höchstrichterlichen Entscheidung ist die Untersuchung zur Erektionsfähigkeit.[117] Insbes. zu Ermittlungen in BtM-Sachen wurde lange Zeit der zwangsweise Einsatz von **Brechmitteln** diskutiert, welcher durch eine Entscheidung des EGMR im Jahr 2006 im Wesentlichen obsolet geworden ist.[118] Eine Flut jüngerer von Entscheidungen zu § 81a im Zusammenhang mit Trunkenheitsfahrten[119] schließlich knüpfte weniger am Recht auf körperliche Unversehrtheit als vielmehr am früher geltenden Richtervorbehalt an (der freilich im praktisch relevantesten Fall der Entnahme einer Blutprobe beim Verdacht eines Straßenverkehrsdelikts in § 81a Abs. 2 S. 2 seit 2017 nicht mehr gilt[120]). Dagegen hat die 56

[108] Vgl. BGH 21.2.1964 – 4 StR 519/63, BGHSt 19, 325 (330) = NJW 1964, 1139 (1142).
[109] Vgl. BVerfG 8.3.1972 – 2 BvR 28/71, BVerfGE 32, 373 (383) = NJW 1972, 1123 (1124 f.).
[110] Vgl. BGH 10.8.2005 – 1 StR 140/05, BGHSt 50, 206 = NJW 2005, 3295.
[111] Vgl. BGH 22.12.2011 – 2 StR 509/10, NStZ 2012, 277 mAnm Jahn/Geck JZ 2012, 561.
[112] Vgl. BVerfG 27.2.2008 – 1 BvR 370/07, 1 BvR 595/07, BVerfGE 120, 274 (302 ff.) = NJW 2008, 822 (824 ff.).
[113] Vgl. BVerfG 19.2.1993 – 2 BvR 1551/92, NJW 1993, 2167 (2168).
[114] Vgl. BVerfG 14.2.1978 – 2 BvR 406/77, BVerfGE 47, 239 = NJW 1978, 1149.
[115] Vgl. BVerfG 10.6.1963 – 1 BvR 790/58, BVerfGE 16, 194 = NJW 1963, 1597.
[116] Vgl. BVerfG 25.7.1963 – 1 BvR 542/62, BVerfGE 17, 108 = NJW 1963, 2368.
[117] Vgl. BVerfG 21.5.2004 – 2 BvR 715/04, NJW 2004, 3697, dort auch zugleich zur Frage, ob die dafür notwendige Freiheitsentziehung von § 81a gedeckt ist.
[118] Vgl. EGMR 11.7.2006 – 54810/00, NJW 2006, 3117 – Jalloh ./. Deutschland mit Besprechung Schuhr NJW 2006, 3538; aus materiell-rechtlicher Sicht interessant zum Problem aus jüngerer Zeit BGH 29.4.2010 – 5 StR 18/10, NJW 2010, 2595.
[119] Vgl. die Flutwelle auslösend BVerfG 12.2.2007 – 2 BvR 273/06, NJW 2007, 1345 (einschränkend aber auch BVerfG 28.7.2008 – 2 BvR 784/08, NJW 2008, 3053 sowie BVerfG 11.6.2010 – 2 BvR 1046/08, NJW 2010, 2864; sodann aber wieder BVerfG 11.6.2010 – 2 BvR 1046/08, NStZ 2011, 289 mAnm Rabe v. Kühleheim NStZ 2011, 290) sowie aus der fachgerichtlichen Rechtsprechung nachfolgend etwa OLG Dresden 11.5.2009 – 1 Ss 90/09, NJW 2009, 2149; OLG Bremen 14.7.2009 – SsBs 15/09, NStZ-RR 2009, 353; OLG Bamberg 19.3.2009 – 2 Ss 15/09, NJW 2009, 2146; KG 1.7.2009 – (3) 1 Ss 204/09 (71/09), NJW 2009, 3527; OLG Hamm 18.8.2009 – 3 Ss 293/08, NJW 2009, 3109; OLG Oldenburg 12.10.2009 – 2 SsBs 149/09, NJW 2009, 3591; OLG Zweibrücken 16.8.2010 – 1 SsBs 2/10, StRR 2010, 468; LG Itzehoe 3.4.2008 – 2 Qs 60/08, NStZ-RR 2008, 249.
[120] Änderung durch das Gesetz zur effektiveren und praxistauglicheren Ausgestaltung des Strafverfahrens vom 17.8.2017 (BGBl. I 3202), in Kraft getreten am 24.8.2017. Zur Frage der Verwertbarkeit von vor der Gesetzesänderung unzulässig polizeilich angeordneten Blutentnahmen nach der Gesetzesänderung OLG Rostock 30.11.2017 – 20 RR 85/17, BeckRS 2017, 140378 (für eine Verwertbarkeit; krit. Kudlich JA 2018, 392 (393 f.): vgl. allgemein zum intertemporalen Strafverfahrensrecht hier → Rn. 607.

körperliche Unversehrtheit auch im Recht der Hauptverhandlung Relevanz, wenn sich die Frage stellt, ob diese bei drohenden irreparablen Gesundheitsschäden abzubrechen ist.[121]

57 **4. Freiheit der Person (Art. 2 Abs. 2 S. 2 GG).** Die Freiheit der Person ist im Strafverfahren thematisch das zentral einschlägige Grundrecht mit Blick auf das **Haftrecht,** in dem verfassungskonforme Auslegung und besondere Anforderungen von Verfassungs wegen eine besondere Rolle spielen.[122] Freilich wird Art. 2 Abs. 2 S. 2 GG hierbei ganz maßgeblich durch die spezielleren Garantien des **Art. 104 GG** überlagert, vgl. daher → Rn. 82 ff.

58 **5. Allgemeiner Gleichheitsgrundsatz (Art. 3 Abs. 1 GG).** Der allgemeine Gleichheitsgrundsatz hat als solcher ein großes spontanes **„Gerechtigkeitspotential"** und eine thematische Nähe zur Idee der **„Waffengleichheit",** die grundsätzlich durchaus als wichtige Ausprägung eines rechtsstaatlichen Verfahrens betrachtet werden kann.[123] Freilich werden aufgrund der unterschiedlichen Funktionen der verschiedenen Verfahrensbeteiligten nicht selten **Differenzierungskriterien** zu benennen sein, welche eine **nicht-willkürliche** Ungleichbehandlung ermöglichen. Der scheinbare Vorteil der Weite des Grundrechts (im Vergleich zu den Einzelgrundrechten der Art. 2, 4 ff. GG) führt als Kehrseite insoweit dazu, dass etwaige Verstöße auch weniger leicht „scharf gestellt" werden können. Gerade verteidigerseitig sollte nicht der vielleicht manchmal naheliegenden Versuchung nachgegangen werden, über Art. 3 Abs. 1 GG mehr oder weniger floskelhaft „Ungleichbehandlungen" zu rügen, obwohl speziellere einfachgesetzliche und mitunter sogar in den Freiheitsgrundrechten fundierte verfassungsrechtliche Abwehrmechanismen existieren.[124]

59 **6. Religionsfreiheit und Schutz von Ehe und Familie (Art. 4, 6 GG).** Die die **persönliche Lebensgestaltung** in religiöser und familiärer Hinsicht schützenden Grundrechte aus Art. 4, 6 GG wirken sich insbes. im Zusammenhang mit den Zeugenpflichten (und damit nicht nur im Ermittlungsverfahren, sondern in gleicher Weise in der Hauptverhandlung) aus. Insbes. eheliche und verwandtschaftliche Beziehungen sind bereits durch die Einräumung von Zeugnisverweigerungsrechten in §§ 52 ff. berücksichtigt, deren Auslegung dann noch zusätzlich durch die Ausstrahlungswirkung der Grundrechte beeinflusst wird. Zeugnisverweigerungsrechte im Zusammenhang mit der **Religionsausübung** werfen insbes. die **Frage ihrer Reichweite,** so etwa hinsichtlich des vom Zeugnisverweigerungsrecht noch umfassten Bestandteils der Dienstausübung eines Gefängnisseelsorgers[125] oder hinsichtlich der Reichweite des Seelsorgerprivilegs bei Angehörigen der Glaubensgemeinschaft der Yeziden auf.[126]

60 **7. Meinungs- und Pressefreiheit (Art. 5 Abs. 1 GG).** Vor allem die **Pressefreiheit** kann bei Durchsuchungs- oder Überwachungsmaßnahmen beeinträchtigt werden, wenn diese sich gegen Pressemitarbeiter richten und deren Recherchetätigkeit bzw. die

---

121 Vgl. dazu BVerfG 19.6.1979 – 2 BvR 1060/78, BVerfGE 51, 324 = NJW 1979, 2349.

122 Vgl. an dieser Stelle statt aller nur BVerfG 15.12.1965 – 1 BvR 513/65, BVerfGE 19, 342 (350) = NJW 1966, 243; Niemöller/Schuppert AöR 107 (1982), 387 (489 f.).

123 Vgl. etwa BVerfG 25.7.1979 – 2 BvR 878/74, BVerfGE 52, 131 (156) = NJW 1979, 1925 (1927).

124 Erfolglos waren insoweit auf die angebliche Verletzung von Art. 3 Abs. 1 GG gestützte Rügen bzw. Gegenvorstellungen gegen eine Beschlussverwerfung als offensichtlich unbegründet gem. § 349 Abs. 2 (vgl. BGH 12.10.2000 – 5 StR 414/99, NStZ 2001, 334), gegen unterschiedliche Sicherheitszuschläge bei Blut- und Atemalkoholkonzentrationsbestimmungen (vgl. BGH 3.4.2001 – 4 StR 507/00, BGHSt 46, 358 (367) = NJW 2001, 1952 (1953 f.) oder gegen eine (vermeintlich) unterschiedliche Bereitschaft zum Eingehen von Absprachen (insbes. vor Inkrafttreten des Verständigungsgesetzes).

125 Vgl. BVerfG 25.1.2007 – 2 BvR 26/07, NJW 2007, 1865 mit Besprechungsaufsatz de Wall NJW 2007, 1856.

126 Vgl. BGH 15.4.2010 – 4 StR 650/09, NStZ 2010, 646: Grundsätzlich keine Beschränkung des Begriffs des „Geistlichen" iSd § 53 Abs. 1 Nr. 1 auf Angehörige der staatlich anerkannten und öffentlich-rechtlich verfassten Religionsgemeinschaften; aber jedenfalls dann keine seelsorgerische Tätigkeit, wenn das Gespräch über einen Konflikt den späteren Tatopfern keine religiös geprägte Zuwendung oder geistliche Begleitung im Interesse des seelischen Wohles war; vgl. andererseits aber auch BGH 15.11.2006 – StB 15/96, BGHSt 51, 140 = NStZ 2007, 275.

Informantenermittlung zum Gegenstand haben. Besonders deutlich hat dies das BVerfG in neuerer Zeit in seiner CICERO-Entscheidung ausgesprochen, nach der Durchsuchungen und Beschlagnahmen in einem Ermittlungsverfahren gegen Presseangehörige dann verfassungsrechtlich unzulässig sind, wenn sie ausschließlich oder vorwiegend dem Zweck dienen, die Person des Informanten zu ermitteln.[127] Weitere Konstellationen, in denen sich das Verfassungsgericht mit Ermittlungsmaßnahmen im Pressebereich befasst und diese teils eingeschränkt, teils aber auch für grundsätzlich zulässig erachtet hat, betreffen etwa die Überwachung von Mobiltelefonen,[128] die Beschlagnahme von Filmmaterial[129] oder aber eines Bekennerschreibens einer terroristischen Gruppe bei einem Presseunternehmen.[130] Gerichtsverfassungsrechtlich schließlich kann die Pressefreiheit mit dem **Persönlichkeitsrecht** der Beteiligten in einen Konflikt geraten, was die Auslegung der Reichweite insbes. des § 169 GVG beeinflussen kann (vgl. dazu im Einzelnen → GVG § 169 Rn. 1 ff.).[131]

8. Berufsfreiheit (Art. 12 Abs. 1 GG). Eingriffe in die Berufsfreiheit (und hier insbes. mit der für eine Beeinträchtigung des Art. 12 GG erforderlichen objektiv berufsregelnden Tendenz[132] an der es zB bei mit beruflichen Terminen kollidierenden Zeugenpflichten oder Ähnlichem fehlt) kommen insbes. **gegenüber dem Strafverteidiger** in Betracht, wenn prozessuale Maßnahmen unmittelbar an seine berufliche Tätigkeit anknüpfen. Dies ist immer dann der Fall, wenn es um Bestellung oder auch um Entpflichten des Verteidigers (insbes. gegen seinen Willen) geht,[133] oder aber im Zusammenhang mit dem Umgang mit dem Beschuldigten, etwa bei der Überwachung von Briefverkehr[134] oder der Telekommunikation zwischen dem Angeklagten und seinem Verteidiger.[135] 61

9. Schutz des Brief- und Fernmeldegeheimnisses (Telekommunikationsfreiheit, Art. 10 GG). Gerade in der jüngeren Vergangenheit[136] von eminenter Bedeutung sind Probleme im Zusammenhang mit dem Telekommunikationsgeheimnis des Art. 10 GG. Diese rühren daher, dass aufgrund **veränderter technischer Möglichkeiten** zum einen **Umfang und Intensität der elektronischen Individualkommunikation** massiv zugenommen haben[137] und dass zum anderen selbst die nachträglich in die StPO eingefügten Vorschriften nicht immer mit der technischen Entwicklung Stand halten bzw. ihre Auslegung zumindest teilw. ungeklärt ist,[138] zumal etwa im Zusammenhang mit Überwachungsmaßnahmen im Internet durch die Konvergenz der Medien teilw. auch die **grundrechtliche Zuordnung** einzelner Verhaltensweisen **schwierig** ist.[139] Nicht zuletzt durch das 62

[127] Vgl. BVerfG 27.2.2007 – 1 BvR 538/06, 1 BvR 2045/06, BVerfGE 117, 244 = NJW 2007, 1117; vorher bereits BVerfG 5.8.1966 – 1 BvR 586/62, 610/63, 512/64, BVerfGE 20, 162 = NJW 1966, 1603 – Spiegelurteil.

[128] Vgl. BVerfG 12.3.2003 – 1 BvR 330/96 u. 1 BvR 348/99, BVerfGE 107, 299 (334) = NJW 203, 1787 (1793 ff.). Zu deren Auswertung im Ermittlungsverfahren vgl. Neuhaus StV 2020, 489.

[129] Vgl. BVerfG 1.10.1987 – 2 BvR 1434/86, BVerfGE 77, 65 (78 ff.) = NJW 1988, 329 (grds. zulässig).

[130] Vgl. BVerfG 22.8.2000 – 1 BvR 77/96, NJW 2001, 507 (grds. zulässig). Vgl. ferner zu den verfassungsrechtlichen Anforderungen an die Ausgestaltungen der Zeugnisverweigerungsberechtigung von Pressemitarbeitern auch BVerfG 28.11.1973 – 2 BvL 42/71, BVerfGE 36, 193 (204) = NJW 1974, 356.

[131] Vgl. BVerfG 19.12.2007 – 1 BvR 620/07, BVerfGE 119, 309 (318 ff.) = NJW 2008, 977 (978 ff.).

[132] Vgl. etwa BVerfG 30.10.1961 – 1 BvR 833/59, BVerfGE 13, 181 (185 f.) = NJW 1961, 2299 f.; BVerfG 19.6.1985 – 1 BvL 57/79, BVerfGE 70, 191 (214) = NJW 1986, 575 = NVwZ 1986, 113 (117); BVerfG 29.11.1989 – 1 BvR 1402/87, 1528/87, BVerfGE 81, 108 (121 f.) = NJW 1990, 2053 (2055).

[133] Vgl. etwa zur Verweigerung der Festsetzung und Auszahlung einer Pflichtverteidigervergütung BVerfG 4.5.2009 – 1 BvR 2252/08, AnwBl. 2009, 551 = BeckRS 2009, 34053.

[134] Vgl. BVerfG 12.4.2005 – 2 BvR 1027/02, NJW 2005, 1917.

[135] Vgl. BVerfG 30.4.2007 – 2 BvR 2151/06, NJW 2007, 2752.

[136] Zur Rspr. bis zum Anfang der 1980er Jahre vgl. knapp zusammenfassend Niemöller/Schuppert AöR 107 (1982), 387 (485).

[137] Vgl. etwa zur Cloud als „unermesslicher Datenschatz" Grözinger StV 2019, 406 sowie eingehend zum Zugriff auf die dort gespeicherten Daten auch Meinicke Der strafprozessuale Zugriff auf Inhaltsdaten in der Cloud, 2020, passim.

[138] Vgl. zu aktuellen Problemen und Entwicklungen überblicksartig Kudlich StV 2012, 560 (564 ff.).

[139] Vgl. hier Kudlich GA 2011, 193 (195 ff.).

Gesetz zur Neuregelung der Telekommunikationsüberwachung und anderer verdeckter Ermittlungsmaßnahmen sowie zur Umsetzung der Richtlinie 2006/24/EG sind hierbei durch eine detailliertere und an Vorgaben des BVerfG ausgestaltete Gesetzesformulierung diverse verfassungsrechtliche Konflikte schon in das einfache Gesetzesrecht transportiert und zumindest für viele Fälle aufgelöst worden, einschließlich eines speziellen Rechtsbehelfs in § 101.

63 Zur **Reichweite** und zu den **inhaltlichen Anforderungen** an die Überwachung der Telekommunikation findet sich eine **ganze Reihe von Entscheidungen des BVerfG,** die ihren Ursprung im präventiven Bereich haben, für die verfassungsrechtlichen Leitlinien aber auch mit Blick auf das Strafverfahrensrecht zu beachten sind.[140] Zum praktisch nicht unbedeutsamen Fall der Email-Beschlagnahme bei Providern gehen nach längeren kontroversen Diskussionen in der Lit. das BVerfG und der BGH übereinstimmend (wenngleich im Ergebnis durchaus zweifelhaft) davon aus, dass diese nach § 94 (ggf. iVm § 99) möglich ist.[141] Zu der infolge einer Entscheidung des Ermittlungsrichters am BGH und einer bestätigenden Entscheidung des 3. Strafsenats[142] intensiv diskutierten „Online-Durchsuchung" hat das BVerfG jedenfalls im sicherheitsrechtlichen Zusammenhang grundsätzliche Ausführungen gemacht, die über den konkreten Fall hinaus auch für die Schaffung einer entsprechend prozessualen Befugnisnorm de lege ferenda von Bedeutung waren,[143] zu der es 2017 in Gestalt von § 100b gekommen ist.[144] Praktisch bedeutsam ist, dass das Telekommunikationsgeheimnis nach herrschender und zutreffender Auffassung **„am Endgerät endet",**[145] was immer dann bedeutsam ist, wenn etwa Abhörgeräte erst am Endgerät angebracht oder beim Empfänger gespeicherte Informationen (sei es auf seinem Anrufbeantworter, sei es im Email-Programm auf seinem Rechner) zum Gegenstand der Strafverfolgung werden.

64 **10. Unverletzlichkeit der Wohnung (Art. 13 GG).** Als praktisch enorm wichtige Ermittlungsmaßnahme greift die **Durchsuchung** nach §§ 102 ff. regelmäßig in den Schutzbereich des Art. 13 GG ein. Die Anforderungen an solche Eingriffe und an die Anordnungen, insbes. auch an die **Feststellung der Gefahr im Verzug,** sind Gegenstand reichhaltiger Rspr. des BVerfG.[146] Neben einem physischen Eindringen in die Wohnungen ist auch die **akustische Wohnraumüberwachung** am Maßstab des Art. 13 GG gemessen worden,[147] was die Auffassung des BVerfG, bei einer „Online-Durchsuchung" sei regelmäßiger

[140] Vgl. hierzu etwa BVerfG 20.6.1984 – 1 BvR 1494/78, BVerfGE 67, 157 (172 f.) = NJW 1985, 121 (122 f.); BVerfG 14.7.1999 – 1 BvR 2226/94, 2420/95 u. 2437/95, BVerfGE 100, 313 (372 ff.) = NJW 2000, 55 (56 ff.); BVerfG 27.7.2005 – 1 BvR 668/04, BVerfGE 113, 348 (364 ff.) = NJW 2005, 2603 (2604 ff.).

[141] Vgl. BVerfG 16.6.2009 – 2 BvR 902/06, BVerfGE 124, 43 = NJW 2009, 2431; BGH 31.3.2009 – 1 StR 76/09, NStZ 2009, 397 mAnm Kudlich JA 2009, 660; zur Kritik auch Kudlich GA 2011, 193 (201 ff.). Da es sich bei § 94 um eine offene Ermittlungsmaßnahme handelt, ist deren Anordnung bekannt zu machen, eine Zurückstellung der Benachrichtigung wegen Gefährdung des Untersuchungszwecks sieht die StPO nicht vor, vgl. BGH 4.8.2015 – 3 StR 162/15, NStZ 2015, 704 mAnm Mosbacher JuS 2016, 127 (132).

[142] Vgl. BGH 31.1.2007 – StB 18/06, BGHSt 51, 211 = NJW 2007, 930.

[143] Vgl. BVerfG 27.2.2008 – 1 BvR 370/07, 1 BvR 595/07, BVerfGE 120, 274 = NJW 2008, 822.

[144] Vgl. hierzu (und zur Quellen-TKÜ) Freiling/Safferling/Rückert JR 2018, 9 sowie Roggan StV 2017, 821.

[145] Vgl. bereits BGH 16.3.1983 – 2 StR 775/82, BGHSt 31, 296 (298) = NJW 1983, 1569; BVerfG 9.10.2002 – 1 BvR 1611/96, 1 BvR 805/98, BVerfGE 106, 28 (37) = NJW 2002, 3619 (3620); 2.3.2006 – 2 BvR 2099/04, NJW 2006, 976 mAnm Jahn JuS 2006, 491.

[146] Vgl. etwa BVerfG 5.8.1966 – 1 BvR 586/62, 610/63, 512/64, BVerfGE 20, 162 (223 ff.) = NJW 1966, 1603 (1607 ff.); 26.5.1976 – 2 BvR 294/76, BVerfGE 42, 212 (220) = NJW 1976, 1735; 3.4.1979 – 1 BvR 994/76, BVerfGE 51, 97 (111) = NJW 1979, 1539; 10.11.1981 – 2 BvR 1118/80, BVerfGE 59, 95 (97) = MDR 1982, 291; 20.2.2001 – 2 BvR 1444/00, BVerfGE 103, 142 (153 ff.) = NJW 2001, 1121; vgl. ferner BVerfG 23.6.1990 – 2 BvR 417/88, NJW 1991, 690; 4.7.2006 – 2 BvR 950/05, NJW 2006, 2974; 21.1.2008 – 2 BvR 1219/07, NJW 2008, 3629; 31.1.2020 – 2 BvR 2992/14, NStZ 2020, 557 mAnm Raschke NZWiSt 2020, 276. Vgl. dazu auch Amelung NStZ 2001, 337.

[147] Vgl. BVerfG 3.3.2004 – 1 BvR 2378/98 u. 1 BvR 1084/99, BVerfGE 109, 279 (335) = NJW 2004, 999, 1005.

Art. 13 GG nicht berührt, widersprüchlich erscheinen lässt.[148] Gerade im Zusammenhang mit nicht offenen Überwachungsmaßnahmen ist die Frage nach dem Schutzbereich des Art. 13 GG von besonderer Bedeutung, da hier nicht jede neu zu schaffende einfachgesetzliche Vorschrift allein den Anforderungen des Gesetzesvorbehaltes genügen könnte, die durch das **Schrankensystem** des Art. 13 GG aufgestellt werden.

III. Verfahrensgrundrechte im Strafprozess

1. Allgemeines. Neben den materiellen Grundrechtsgarantien der Art. 1 ff. GG kennt das Grundgesetz auch eine Reihe von Rechtsgewährleistungen des Bürgers gegenüber der Justiz, welche nicht zuletzt aufgrund ihrer Verfassungsbeschwerdefähigkeit als **„Justizgrundrechte"** bezeichnet werden.[149] Diese Garantien gelten nicht nur, aber selbstverständlich auch – und teilw. sogar exklusiv – im Strafverfahren. Die wahrscheinlich wichtigste spezifisch strafrechtliche Garantie in Gestalt von Art. 103 Abs. 2 GG spielt dabei freilich weniger im Zusammenhang mit dem Strafprozessrecht als vielmehr mit dem materiellen Recht eine Rolle, bezieht sich der nicht umsonst in § 1 StGB wortgleich niedergelegte „nulla-poena-Grundsatz" doch vorrangig auf die Strafbarkeit[150] und nicht genuin auf die Strafverfolgung.[151] Genuin das Verfahren(srecht) betreffen dagegen die Garantien des gesetzlichen Richters (Art. 101 Abs. 1 S. 2 GG), des rechtlichen Gehörs (Art. 103 Abs. 1 GG), des Verbotes der Doppelbestrafung (Art. 103 Abs. 3 GG) sowie bei der Beschränkung der Freiheit der Person (Art. 104 GG). 65

2. Garantie des gesetzlichen Richters (Art. 101 Abs. 1 S. 2 GG). Der Grundsatz des gesetzlichen Richters soll nicht nur Eingriffe unbefugter (und dabei auch von staatlicher Seite, etwa durch die Exekutive) Dritter in Gerichtsverfahren verhindern,[152] sondern dadurch, dass **die Entscheidungszuständigkeit bereits ante casum** feststeht und nicht mit Blick auf den konkreten Fall erst statuiert wird, dafür sorgen, dass sowohl der Betroffene als auch die Öffentlichkeit grundsätzlich in die Unparteilichkeit und Sachlichkeit des Gerichts vertrauen können. Die Garantie gilt nicht nur hinsichtlich des **zuständigen Gerichts** (als übergeordnete Organisationseinheit), sondern auch für die **Festlegung des konkreten Spruchkörpers** bis hin zu der darin tätig werdenden **konkreten Person,** mit anderen Worten: Über die gesetzlichen Zuständigkeitsregelungen hinaus auch für die konkrete **Geschäftsverteilung,** weshalb auch Geschäftsverteilungspläne hinsichtlich ihrer Ausgestaltung am Maßstab des Art. 101 Abs. 1 S. 2 GG zu prüfen sind.[153] Die hervorgehobene Bedeutung des gesetzlichen Richters ergibt sich etwa daraus, dass Besetzungs- und Zuständigkeitsverstöße nach § 338 Nr. 1, 4 als **absolute Revisionsgründe** geltend gemacht werden können.[154] 66

Die **Zuständigkeitsverteilung** (oberhalb der Ebene der Geschäftsverteilungspläne) richtet sich für das Strafprozessrecht nach den Regelungen der StPO (örtliche Zuständigkeit) und des GVG (sachliche Zuständigkeit). Das BVerfG hat hier auch keine grundsätzlichen Einwände gegen solche Vorschriften, welche im Sinne einer „beweglichen Zuständigkeit" die letzte (freilich überprüfbare) Entscheidung bei der Staatsanwaltschaft (bei der Zuständigkeit des LG wegen der besonderen Bedeutung des Falles, § 24 Abs. 1 Nr. 3 GVG bzw. bei 67

---

148 Vgl. zu BVerfG 27.2.2008 – 1 BvR 370/07, 1 BvR 595/07, BVerfGE 120, 274 = NJW 2008, 822 (826); zur Kritik Kudlich JA 2008, 475 (478) sowie ausführlicher Kudlich HFR 2007, 201 (205 ff.).

149 Eingehend dazu Lindemann in Hilgendorf/Kudlich/Valerius StrafR-HdB VII § 3.

150 Vgl. zu den vier Garantien (lex scripta, stricta, certa und praevia) des Art. 103 Abs. 2 GG statt vieler nur Schmitz in MüKoStGB StGB § 1 Rn. 23 ff.

151 Zur Frage einer (direkten oder entsprechenden) Anwendung des Art. 103 Abs. 2 GG auch auf das Strafverfahrensrecht → Rn. 92 ff.

152 Vgl. Niemöller/Schuppert AöR 107 (1982), 387 (417).

153 Vgl. BVerfG 16.2.2005 – 2 BvR 581/03, NJW 2005, 2689; 18.3.2009 – 2 BvR 229/09, NJW 2009, 1734; BayObLG 12.2.1980 – 3 Ob OWi 5/80, BayObLGSt 1980, 9.

154 Eindrucksvoll BGH 7.11.2016 – 2 StR 9/15, NJW 2017, 745 = NStZ 2017, 425 mAnm Niemöller sowie dazu auch Jäger JA 2017, 312 (Besetzungsfehler bei Mitwirkung einer Richterin während des Beschäftigungsbverbotes nach dem MuSchG).

der Straferwartung, § 25 Nr. 3 GVG, § 28 GVG)[155] bzw. beim Revisionsrichter (bei der Zurückverweisung an ein anderes Gericht[156]) ansiedeln.

68 **Zuständigkeitsmängel,** die zu einem Verstoß gegen Art. 103 Abs. 1 S. 2 GG führen, liegen in **Abgrenzung von bloßen „errores in procedendo“** (insbes. wenn die Zuständigkeit nur mittelbare Folge einer anderen Entscheidung ist) **nur bei willkürlicher Verkennung**[157] vor. Dies gilt etwa nach der mittlerweile vom BGH[158] geteilten Auffassung des BVerfG[159] in Fällen einer willkürlichen Verwerfung eines Ablehnungsgesuches als unzulässig iSd **§ 26a** (statt einer Zurückweisung als unbegründet nach § 27), bei welcher nach § 26a Abs. 2 S. 1 (abweichend von § 27 Abs. 1) ein anders besetzter Spruchkörper unter Mitwirkung des abgelehnten Richters entscheidet. In solchen Fällen der Willkür wird dann auch ein absoluter Revisionsgrund nach § 338 Nr. 3 angenommen, obwohl bei einem unbegründeten Ablehnungsgesuch an sich nach allgemeinen Grundsätzen daran gedacht werden könnte, den absoluten Revisionsgrund wegen des „denkgesetzlichen Ausschlusses des Beruhens“ zu relativieren. Ebenfalls zur Revision führt bei willkürlicher Verkennung des gesetzlichen Richters abweichend von der allgemeinen Regelung des **§ 269** die unvertretbare Anklage zu einem bzw. die Verhandlung vor einem Gericht höherer Ordnung.[160]

69 Soweit als eigentliches Ziel des gesetzlichen Richters **Sachlichkeit und Unvoreingenommenheit** des mit der Sache befassten Richters erreicht werden sollen,[161] hängen mit dieser Garantie thematisch auch die Regelungen über **Ausschluss bzw. Ablehnbarkeit** wegen des Verdachts der Befangenheit (§§ 22 ff.) eng zusammen, was freilich nicht dahingehend missverstanden werden dürfte, dass ein formal zuständiger Richter nie als möglicherweise befangen in Betracht käme. Man könnte aber durchaus argumentieren, dass die Regeln über Ausschluss und Ablehnung individuelle und verfahrenskonkretisierte Ergänzungen der allgemeinen Zuständigkeitsregeln sind, so dass der ausgeschlossene und der (erfolglos, aber der Sache nach zu Recht) abgelehnte Richter letztlich auch nicht „gesetzlich“ iSd Art. 101 Abs. 1 S. 2 GG sind. Die besondere Bedeutung dieser Regeln ergibt sich wiederum aus den **absoluten Revisionsgründen** der § 338 Nr. 2,3. Ob der „gesetzliche Richter“ auch dann fehlt, wenn ein Richter die ihm übertragenen Aufgaben auf Grund (objektiver) Überlastung nicht ordnungsgemäß erfüllen zu können droht, hat Rechtsprechung und Literatur im Zusammenhang mit den Querelen um den Doppelvorsitz im 2. und 4. Strafsenat beschäftigt,[162] erscheint aber (ungeachtet einer etwaigen justizpolitischen Zweifelhaftigkeit der Maßnahme) rein verfassungsrechtlich zweifelhaft.[163]

70 **3. Anspruch auf rechtliches Gehör (Art. 103 Abs. 1 GG). a) Grundlagen.** Eine weitere zentrale Garantie stellt der Anspruch auf rechtliches Gehör dar. Die Bedeutung ergibt sich auch daraus, dass die Rüge seiner Verletzung bei **erfolgreichen Verfassungsbeschwerden** eine durchaus exponierte Position einnimmt bzw. eingenommen hat.[164] Die Garantie des rechtlichen Gehörs wird traditionell weit verstanden und mit gewissen **„Vor- und Nachwirkungen“** neben dem eigentlichen Äußerungsrecht bedacht. Damit sind als drei „Verwirklichungsstufen“ ein Anspruch auf Information als Grundlage einer effektiven Äußerung, ein Recht zur Äußerung selbst sowie ein Anspruch auf Beachtung der Äußerung

[155] Vgl. BVerfG 19.3.1959 – 1 BvR 295/58, BVerfGE 9, 223 (229) = NJW 1959, 871; 19.7.1967 – 2 BvR 489/66, BVerfGE 22, 254 (258 ff.) = NJW 1967, 2151.

[156] Vgl. BVerfG 25.10.1966 – 2 BvR 291, 656/64, BVerfGE 20, 336 (342 ff.) = NJW 1967, 99.

[157] Vgl. Niemöller/Schuppert AöR 107 (1982), 387 (420 f.) mwN.

[158] Vgl. BGH 14.6.2005 – 3 StR 446/04, NJW 2005, 3434.

[159] Vgl. BVerfG 2.6.2005 – 2 BvR 625/01, NJW 2005, 3410.

[160] Vgl. BGH 27.2.1992 – 4 StR 23/92, NStZ 1992, 342; BGH 3.2.2016 – 2 StR 159/15, NStZ-RR 2016, 220 mAnm Kudlich JA 2016, 551; Schmitt in Meyer-Goßner/Schmitt § 338 Rn. 32; Pfeiffer § 338 Rn. 14.

[161] Vgl. BVerfG 8.2.1967 – 2 BvR 235/64, BVerfGE 21, 139 (145 f.) = NJW 1967, 1123.

[162] Für einen Verstoß BGH 11.1.2012 – 2 StR 346/11, NStZ 2012, 406; vgl. dazu auch Sowada NStZ 2012, 353.

[163] Gegen einen Verstoß dann auch BVerfG 23.5.2012 – 2 BvR 610/12 und 2 BvR 625/12, StV 2012, 513; vgl. dazu auch Fischer/Krehl StV 2012, 550.

[164] Vgl. Schulze-Fielitz in Dreier GG Art. 103 I Rn. 14.

zu beachten.[165] Auch wenn insbes. mit Blick auf diesen letztgenannten Gesichtspunkt der „Berücksichtigung“ das BVerfG betont, dass Art. 103 Abs. 1 GG keinen „Anspruch auf ein Rechtsgespräch“ gewähre,[166] wird man den Anwendungsbereich der Norm nicht allein auf den Tatsachenvortrag beschränken können, sondern auch die rechtliche Argumentation[167] zumindest insoweit mit einzubeziehen haben, als auch hinsichtlich der Rechtsausführungen ein **„Verbot von Überraschungsentscheidungen“** anzuerkennen ist und die spätere Entscheidungsbegründung – soll sie *lege artis* sein – sich der argumentativen Auseinandersetzung mit relevanten vorgebrachten rechtlichen Argumenten nicht völlig entziehen darf;[168] ein justitiabler Verfassungsverstoß wird insoweit freilich in der Tat selten begründbar sein.

b) Ausprägungen. Vor dem Hintergrund dieses weiten Verständnisses der Vorschrift lässt sich in den verschiedensten Normen der StPO eine Ausprägung des Anspruchs auf rechtliches Gehör sehen, so etwa in §§ 226, 230, 239, 243 Abs. 4, § 257 oder § 258. Auch das gesamte **Beweisantragsrecht** ist vor diesem Hintergrund zu verstehen.[169] Da nach § 184 GVG die Gerichtssprache Deutsch ist, ist es letztlich auch[170] als Ausfluss des Anspruchs auf rechtliches Gehör zu verstehen, wenn § 185 GVG vorschreibt, dass ein Dolmetscher hinzuzuziehen ist,[171] wenn „unter Beteiligung von Personen verhandelt (wird), die der deutschen Sprache nicht mächtig sind“ und die dabei anfallenden Kosten nach § 464c auch dem Verurteilten zumindest regelmäßig nicht auferlegt werden, wodurch auch die Vorgaben des Art. 6 Abs. 3e EMRK umgesetzt werden. **71**

Eine ausdrückliche **Regelung zur Anhörung** der Beteiligten in verschiedenen Verfahrensstadien enthält **§ 33.** §§ 33a, 311a und § 356a ermöglichen eine nachträgliche Anhörung bzw. geben dem Betroffenen ein diesbezügliches Antragsrecht **(Anhörungsrüge).** Dies ist insbes. im Zusammenhang mit dem Grundsatz der Subsidiarität der Verfassungsbeschwerde zu sehen, welche nicht mehr zulässig erhoben werden kann, wenn das Verfahren nach § 33a nicht durchgeführt worden ist.[172] **72**

c) Grenzen. Grenzen des Anspruchs auf rechtliches Gehör bestehen zunächst darin, dass insbes. der Angeklagte nur die **Möglichkeit** haben muss, sich zu äußern, Entscheidungen aber auch getroffen werden können, wenn er sich dieser Möglichkeit mutwillig verschließt (vgl. § 231a zur Hauptverhandlung ohne Angeklagten bei vorsätzlich herbeigeführter Verhandlungsunfähigkeit). Des Weiteren ergibt sich schon aus der Natur der Sache, dass bei zumindest vielen strafprozessualen Maßnahmen eine **vorherige Anhörung** des Betroffenen **nicht möglich** ist, so dass die nachträgliche Gewährung rechtlichen Gehörs (vgl. nochmals § 33a) ausreichend sein muss. Dies hat das BVerfG schon früh für verschiedene Maßnahmen explizit gebilligt,[173] und es entspricht auch einem allgemeinen Grundsatz des Strafverfahrensrechts (vgl. auch § 33 Abs. 4). **73**

---

165 Vgl. BVerfG 17.5.1983 – 2 BvR 731/80, BVerfGE 64, 135 ff. = NJW 1983, 2762; 30.1.1985 – 1 BvR 876/84, BVerfGE 69, 145 (148) = NJW 1985, 1150; aus der Lit. statt vieler nur Schmidt-Aßmann in Dürig/Herzog/Scholz GG Art. 103 Rn. 69; Wohlers JZ 2011, 78 (79 f.); vgl. ferner Christensen/Kudlich, Theorie richterlichen Begründens, 2001, 294 ff.; Christensen/Kudlich, Gesetzesbindung, 2008, S. 188 ff.

166 Vgl. BVerfG 27.7.1971 – 2 BvR 443/70, BVerfGE 31, 364 (370); 24.3.1976 – 2 BvR 804/75, BVerfGE 42, 64 (85) – Sondervotum Geiger; 19.5.1992 – 1 BvR 986/91, BVerfGE 86, 133 (145).

167 Dazu auch Wohlers JZ 2011, 78 (79 f.).

168 Speziell für Revisionsentscheidungen nochmals Wohlers JZ 2011, 78 (81 ff.).

169 Vgl. Rüping ZStW 91 (1979), 351 (356).

170 Üblicherweise werden Herbeiziehung des Dolmetschers und Kostentragungsregelungen vorrangig als Ausfluss des Anspruchs auf ein faires Verfahren betrachtet, vgl. BVerfG 27.8.2003 – 2 BvR 2032/01, BVerfGE 1, 331 (333) = NJW 2004, 50.

171 Vgl. zum Dolmetschen im Strafverfahren auch Kranjčić NStZ 2011, 657.

172 Vgl. BVerfG NStZ-RR 2000, 110; 8.3.1994 – 2 BvR 477/94, NStZ 1994, 498; 30.6.1976 – 2 BvR 164/76, BVerfGE 42, 243 (250) = NJW 1976, 1837 (1839).

173 Vgl. bereits BVerfG 8.1.1959 – 1 BvR 396/55, BVerfGE 9, 89 (95 ff.) = NJW 1959, 427 (zum Erlass eines Haftbefehls); BVerfG 2.3.1965 – 2 BvR 176/63, BVerfGE 18, 399 (404) = NJW 1965, 1171 (Beschlagnahme); BVerfG 11.10.1978 – 2 BvR 1055/76, BVerfGE 49, 329 (342) = NJW 1979, 154 (155); BVerfG 16.6.1981 – 1 BvR 1094/80, BVerfGE 57, 346 (358 ff.) = NJW 1981, 2111 (2121) (Durchsuchungsbefehl). Vgl. auch Niemöller/Schuppert AöR 107 (1982), 387 (481 f.).

74 Weitere Einschränkungen gerade der Geltung des Anspruchs auf rechtliches Gehör drohen **in der Hauptverhandlung,** wenn – sei es als Reaktion auf einen (vermeintlichen) Missbrauch, sei es auch als „anlasslose" verfahrensstraffende Maßnahme – die **Ausübung von bestimmten Rechten eingeschränkt** wird. Im Mittelpunkt steht hier insbes. das Beweisantragsrecht, hinsichtlich dessen (nicht nur) in Missbrauchsfällen verschiedene Maßnahmen von der neueren Fristsetzungslösung des insbes. 1. Strafsenats[174] bis hin zu einer Beschränkung des Beweisantragsrechts auf die Geltendmachung durch den Verteidiger[175] diskutiert werden.[176]

75 Da der Anspruch auf rechtliches Gehör in einem hohen Maße ein **normgeprägtes Grundrecht** ist[177] und etwa die gegenwärtige Ausgestaltung des Beweisantragsrechts gewiss nicht das verfassungsrechtlich gerade noch zulässige Minimum darstellt, wäre de lege ferenda seine Einschränkung strikt verfassungsrechtlich wahrscheinlich nicht zu beanstanden (wenngleich strafprozessrechtspolitisch zweifelhaft); **ungeschriebene bzw. richterrechtlich begründete Einschränkungen** sind aber – zumindest jenseits einer auf Extremfälle begrenzten Missbrauchskontrolle – **problematisch,** da durch eine Verkürzung von Ausprägungen und des Anspruchs auf rechtliches Gehör in dieses Grundrecht ohne gesetzliche Befugnisnorm eingegriffen wird. Insoweit dürfte die teilw. „eigenmächtige" Lösung der durch ein vermeintlich überbordendes Beweisantragsrecht entstehenden Probleme durch die Obergerichte der falsche Weg sein.[178]

76 **d) Prozessuale Geltendmachung.** Hinsichtlich der Geltendmachung des Anspruchs auf rechtliches Gehör ist zu berücksichtigen, dass trotz (oder gerade wegen) der Durchdringung nahezu des gesamten Verfahrensrechts durch diesen Grundsatz der **isolierte Rückgriff** darauf zwar oft erfolgt, aber ebenso **häufig erfolglos** ist. Zwar bildet der Art. 103 Abs. 1 GG einen wichtigen Maßstab für das Prozessrecht. Soweit dieses jedoch grundsätzlich verfassungsgemäß ist, ist das Verfahren im Übrigen vorrangig an den prozessrechtlichen Vorschriften und nach fachgerichtlichen Maßstäben zu messen; dabei wird auch nicht jede einfachgesetzliche Rechtsverletzung automatisch zu einem Verstoß gegen Art. 103 Abs. 1 GG.[179] Ist der Betroffene gleichwohl der Meinung, dass spezifisches Verfassungsrecht verletzt worden ist, so kann gegen die Entscheidung die Verfassungsbeschwerde offenstehen (vgl. ausführlicher zu diesem Instrument → Rn. 101 ff. sowie bereits → Rn. 72).

77 Gewisse Berührungspunkte und damit **Abgrenzungsprobleme** zum Anspruch auf rechtliches Gehör bestehen zur Rechtsweggarantie des **Art. 19 Abs. 4 GG.** Da dieser grundsätzlich nur den Rechtsweg zum, nicht gegen den Richter eröffnet, ist er originär insbes. dort von Bedeutung, wo auch im Strafprozessrecht – generell oder bei Gefahr im Verzug – belastende Maßnahmen durch nicht-richterliche Personen angeordnet werden dürfen. Freilich entnimmt das Verfassungsgericht der Vorschrift auch die Garantie, dass bestehende Rechtsschutzmöglichkeiten durch den Bürger ausgenutzt werden können, was zB einen zu engen Begriff vom bestehenden Rechtsschutzbedürfnis verbietet,[180] Einfluss auf die Gestaltung der Rechtsbehelfsbelehrung haben kann[181] oder eine antragstellerfreundliche Auslegung von Anträgen im Verfahren erforderlich machen kann.[182]

78 **4. Der Grundsatz ne bis in idem (Art. 103 Abs. 3 GG). a) Grundlagen.** Im Spannungsverhältnis zwischen Rechtssicherheit und Verwirklichung der materiellen

174 Vgl. BGH 23.9.2008 – 1 StR 484/08, BGHSt 52, 355 = NJW 2009, 605; auch BVerfG 24.3.2010 – 2 BvR 2092/09, 2 BvR 2523/09, NJW 2010, 2036.
175 Vgl. BGH 7.1.1991 – 4 StR 252/91, BGHSt 38, 111 = NJW 1992, 1245.
176 Zu den Reaktionsmöglichkeiten des Richters auch Bürger NStZ 2006, 305.
177 Vgl. Schmidt-Aßmann in Dürig/Herzog/Scholz GG Art. 103 Rn. 22.
178 Vgl. Kudlich, Gutachten C zum 68. Deutschen Juristentag, 2010, S. 104 f.; Knauer StraFo 2012, 139 ff.
179 Vgl. etwa BVerfG 5.5.1987 – 1 BvR 903/85, BVerfGE 75, 302 (313 ff.) = NJW 1987, 2733 (2734 f.); BVerfG 21.4.1982 – 2 BvR 810/81, BVerfGE 60, 305 (310) = NJW 1982, 1636 (1637), jeweils zum Zivilprozessrecht.
180 Vgl. BVerfG 30.4.1997 – 2 BvR 817/90, BVerfGE 96, 27 = NJW 1997, 2163.
181 Vgl. BVerfG 2.12.1995 – 2 BvR 2033/95, NJW 1996, 1811.
182 Vgl. BVerfG 10.8.1999 – 2 BvR 184/99, NStZ 2000, 44.

Gerechtigkeit enthält Art. 103 Abs. 3 GG eine **Entscheidung für die Rechtssicherheit** und verbürgt sogleich ein **subjektives Recht des Einzelnen,** nicht wegen einer Straftat wiederholt zur Verantwortung gezogen zu werden.[183] Über den Wortlaut der Vorschrift hinaus wird durch Art. 103 Abs. 3 GG nach ganz hM nicht nur ein Verbot der „Doppelbestrafung" aufgestellt, sondern weitergehend ein **Verbot der nochmaligen Befassung nach einem Sachurteil,** dh also auch der späteren Verfolgung nach einem rechtskräftigen Freispruch.[184] Ein rechtskräftiges Sachurteil führt insoweit also – gleichgültig, ob verurteilend oder freisprechend – zu einem **Strafklageverbrauch,** der sich prozessual als Verfahrenshindernis darstellt (→ Rn. 377). Soweit darüber hinaus auch bei anderen Entscheidungen im Verfahren (etwa in Fällen des § 153a[185] oder des § 211) ein teilweiser Strafklageverbrauch angenommen wird, dürfte dieser nicht durch Art. 103 Abs. 3 GG abgesichert sein.

b) Reichweite. Die Garantie des Art. 103 Abs. 3 GG bezieht sich auf den „geschichtlichen Vorgang, auf welchen Anklage und Eröffnungsbeschluss hinweisen und innerhalb dessen der Angeklagte als Täter oder Teilnehmer einen Straftatbestand verwirklicht haben soll",[186] mithin also auf den **prozessualen Tatbegriff,** wie er aus § 264 bekannt ist. Die Anwendung auf den Bereich des Ordnungswidrigkeitenrechts ist umstritten, als strenge verfassungsrechtliche Garantie allerdings mit Blick auf den Wortlaut der Vorschrift wohl abzulehnen. Dies schließt naturgemäß nicht aus, dass auch hier allgemeine Vertrauensschutzgedanken Platz greifen. **79**

Aufgrund beschuldigtenbegünstigender Zielrichtung ist eine **Wiederaufnahme** zu Gunsten des Angeklagten nach einer Verurteilung aus verfassungsrechtlichen Gründen unproblematisch möglich. Die Beschränkung der Wiederaufnahmegründe (§ 359) dient nicht seinem Schutz, sondern objektiv der Wahrung der Rechtskraft. Die nur in engen Grenzen zugelassene Wiederaufnahme auch zu Ungunsten des Angeklagten (vgl. § 362) ist vom BVerfG gebilligt worden,[187] dürfte verfassungsrechtlich freilich kaum gänzlich unbedenklich sein. Dies gilt insbes. für § 362 Nr. 4, der auf keinerlei Mängel des Verfahrens abstellt, sondern letztlich schlicht ein unrichtiges Urteil zum Gegenstand hat, wie es ja gerade typischer Ausgangsfall (und nicht Sonderkonstellation) eines Konflikts zwischen Rechtskraft und materieller Gerechtigkeit ist. **80**

c) Internationale Dimension. Im Ausgangspunkt gilt die Garantie des Art. 103 Abs. 3 GG **nur national;** dies schon deshalb, da auch das Grundgesetz selbstverständlich nur die deutsche staatliche Gewalt bindet. Insoweit handelt es sich auch nicht um einen allgemeinen Grundsatz des Völkerrechts.[188] Grds. bleibt insoweit nur die **Möglichkeit einer Anrechnung** im Ausland erlittener Strafhaft auf die in Deutschland zu verhängende Strafe und damit eine Lösung auf Vollstreckungsebene (vgl. § 51 Abs. 3 StGB). Auf europäischer Ebene finden sich freilich Erweiterungen insbes. in **Art. 54 SDÜ**[189] (→ Rn. 508, → Rn. 656) bzw. Art. 50 GRCh, dessen Inhalt auch in Art. II-110 VVE übergehen sollte. **81**

---

183 Zu den Grenzen vgl. etwa BGH 12.10.2004 – WpSt(R) 1/04, BGHSt 49, 258 = NJW 2005, 1057 (Freispruch nach einer Berufsordnung steht nicht Verfolgung nach anderer entgegen).

184 Vgl. etwa Schroeder JuS 1997, 227.

185 Vgl. zum beschränkten Strafklageverbrauch in diesen Fällen BGH 26.8.2003 – 5 StR 145/03, BGHSt 48, 331 = NStZ 2004, 633.

186 Vgl. nur BVerfG 7.3.1968 – 2 BvR 354, 355, 524, 566, 567, 710/66 und 79, 171, 431/67, BVerfGE 23, 191 (202); 8.1.1981 – 2 BvR 873/80, BVerfGE 56, 22 (28) = NJW 1981, 1433 (1434).

187 Vgl. BVerfG 17.1.1961 – 2 BvL 17/60, BVerfGE 12, 62 (66) = NJW 1961, 867; 17.1.1961 – 2 BvL 17/60, NJW 1961, 867; vgl. auch BGH (GrStrSen) 9.12.1953 – GS St 2/53, BGHSt 5, 323 (328 f.) = NJW 1954, 609.

188 Vgl. BVerfG 31.3.1987 – 2 BvM 2/86, BVerfGE 75, 1 (23 f.) = NJW 1987, 2155 (2156) mAnm Lagodny NJW 1988, 2146.

189 Zu dessen Auslegung vgl. insbes. EuGH 11.2.2003 – C-187/01 und C-385/01, NStZ 2003, 332, sowie dazu Radtke/Busch NStZ 2003, 281. In größerem Zusammenhang zu „ne bis in idem" im Schengenraum auch Schomburg/Suominen-Picht NJW 2012, 1190 (1191 f.).

82 **5. Rechtsgarantien bei Freiheitsentziehung (Art. 104 GG).** Art. 104 GG sichert als grundrechtsgleiches Recht bestimmte prozessuale Voraussetzungen bei Eingriffen in die Freiheit der Person und stellt insoweit ein **formelles Gegenstück** zur materiellen Freiheitsgarantie des **Art. 2 Abs. 2 S. 2** dar.[190] Gefordert werden ein förmliches **Gesetz** als Befugnisnorm (Art. 104 Abs. 1 S. 1 GG[191]) und die Entscheidung eines **Richters** (Art. 104 Abs. 2, 3 GG), über die grds. ein Angehöriger des Festgehaltenen oder eine Person seines Vertrauens zu benachrichtigen ist (vgl. Art. 104 Abs. 4 GG). Die strafprozessuale Bedeutung der Vorschrift liegt naturgemäß vornehmlich im Haftrecht, wobei das System der §§ 112 ff. den Anforderungen der Verfassung grds. genügt. Allerdings sind diese Garantien auch bei der **Anwendung im Einzelfall** und der Behandlung atypischer Konstellationen (insbes. mit Blick auf das aus Art. 104 Abs. 1 S. 4 GG abzuleitende Analogieverbot) im Blick zu behalten. Die in den letzten Jahren kontrovers geführte Diskussion zur überlangen Untersuchungshaft[192] ist weniger unter dem Gesichtspunkt des Art. 104 GG als vielmehr unter demjenigen des Beschleunigungsgebotes bzw. des konventionsrechtlich verbürgten Anspruchs auf die Behandlung des Falles in angemessener Zeit zu verstehen.[193]

IV. Das Rechtsstaatsprinzip als inhaltliches Kriterium

83 Aus Art. 20 Abs. 3 GG, wonach die Legislative an die verfassungsmäßige Ordnung sowie Exekutive und Judikative „an Gesetz und Recht gebunden" sind, wird traditionell das sog **Rechtsstaatsprinzip** abgeleitet. Dieses Prinzip lässt sich in verschiedene – in ihren Auswirkungen auf die Behandlung konkreter Fälle mitunter durchaus gegenläufige – Ausprägungen konkretisieren. Vergröbernd kann man dabei einerseits eine **Beschuldigten schützende Dimension** erkennen (vgl. → Rn. 84 ff.), da dieser grds. nur Belastungen dulden muss, welche den Anforderungen eines Rechtsstaats genügen; andererseits ist aber auch eine **funktionierende und effektive Justiz,** hier in ihrer speziellen Ausprägung der Funktionstüchtigkeit der Strafrechtspflege, ein hohes Gut für den Rechtsstaat (vgl. → 87 ff.). Schon im Verfassungstext selbst steht in Art. 20 GG das Rechtsstaatsprinzip als Staatszielbestimmung des Abs. 3 in einem gewissen Zusammenhang mit der Staatszielbestimmung des Sozialstaats nach Abs. 1 (vgl. → Rn. 90 f.).

84 **1. Das Rechtsstaatsprinzip als Ergänzung des grundrechtlichen Schutzes. a) Grundlagen.** Als wichtige Ausprägungen des Rechtsstaatsprinzips (und damit zugleich als „Zwischenebenen" zwischen dem sehr allgemeinen Postulat des Art. 20 Abs. 3 GG und den einfachgesetzlichen Normen) werden gemeinhin der **Grundsatz der Gesetzmäßigkeit** (Vorrang und Vorbehalt des Gesetzes, Wesentlichkeitstheorie und Bestimmtheit), der Aspekt des **Vertrauensschutzes,** der **Verhältnismäßigkeitsgrundsatz** sowie der Gedanke effektiven Rechtsschutzes und eines gerechten Verfahrens **(fair trial)** genannt. Eine Reihe dieser Aspekte, die nicht nur aus Art. 20 Abs. 3 GG, sondern näher am Normtext auch aus Art. 6 Abs. 1, 3 EMRK abgeleitet werden können, haben – zumindest teilw. – spezielle Normierungen im Grundgesetz und selbstverständlich erst recht ausdifferenzierten Niederschlag in zahlreichen Vorschriften der StPO gefunden. Dabei ist die Ausgestaltung des Strafverfahrensrechts in einer Weise, die den Grundsatz des fairen Verfahrens und damit den Rechtsstaatsgedanken wahrt, **vorrangig Sache des Gesetzgebers** und dann **als zweiter Schritt** – in den vom Gesetz gezogenen Grenzen – **auch der Gerichte** bei der diesen obliegenden Rechtswendung und -auslegung. Eine Verletzung des Rechts auf ein faires

190 Vgl. BVerfG 10.2.1960 – 1 BvR 526/53, 29/58, BVerfGE 10, 302 (323 f.) = NJW 1960, 811 (812).

191 Dabei hält das BVerfG eine Spezifizierung des Eingriffstatbestandes durch Rechtsverordnung aber für möglich, vgl. BVerfG 3.7.1962 – 2 BvR 15/62, BVerfGE 14, 174 (186 f.) = NJW 1962, 1339; 6.5.1987 – 2 BvL 11/85, BVerfGE 75, 329 (342) = NJW 1987, 3175; 22.6.1988 – 2 BvR 234/87, 2 BvR 1154/86, BVerfGE 78, 374 (383) = NJW 1989, 1663.

192 Vgl. eingehend Seban, Das Beschleunigungsgebot in Haftsachen und sonstigen Strafverfahren und die Kompensation rechtsstaatswidriger Verfahrensverzögerungen, 2011, pass.

193 Zum Zusammenhang von Beschleunigungsgrundsatz und Untersuchungshaft auch Knauer StraFo 2007, 309.

Verfahren bzw. ein Verstoß gegen das Rechtsstaatsprinzip liegt daher erst dann vor, wenn eine Gesamtschau auf das Verfahrensrecht – auch in seiner Auslegung und Anwendung durch die Gerichte – ergibt, dass rechtsstaatlich zwingende Forderungen nicht erfüllt werden oder rechtsstaatlich Unverzichtbares preisgegeben wird.[194]

b) Beispielhafte Kasuistik. Aufgrund dieser relativ weichen Konturen ist es nicht erstaunlich, dass Verstöße gegen das Rechtsstaatsprinzip nicht selten geltend gemacht werden, wenn bei **„gefühlten" Härten oder Ungerechtigkeiten** das einfache Gesetzesrecht nicht weiterhilft, weil für den in Rede stehenden Sonderfall keine Spezialregelungen getroffen worden sind. Ebenso klar ist aber auch, dass eine „Preisgabe von rechtsstaatlich Unverzichtbarem" dabei **keineswegs immer erreicht** wird. **Themenfelder,** in denen schon länger oder aber schwerpunktmäßig in der jüngeren Vergangenheit das Rechtsstaatsprinzip mit unterschiedlichem Erfolg bemüht worden ist, betreffen so divergente Fragen wie die ohne Vorwarnung erfolgende Zurückweisung einer unleserlichen Unterschrift als nicht ordnungsgemäß,[195] die Verweigerung einer Wiedereinsetzung in den vorherigen Stand nach irreführenden Angaben der Fachgerichte,[196] das Bekanntwerden der Verteidigungsstrategie im Rahmen einer unzulässigen Beschlagnahme,[197] die Androhung einer die Schuldangemessenheit übersteigenden Strafe (Sanktionenschere),[198] die Sperrerklärung für Vernehmungen verdeckter Ermittler,[199] die Beschränkung des Fragerechts des Angeklagten in einem Verfahren vor einem ausländischen Gericht,[200] die fehlende Unterstützung bei der Verteidigerkonsultation (gleichsam rechtsstaatsgemäße Erweiterung der Belehrungspflicht des § 136 Abs. 1 S. 2),[201] die Annahme einer Rügeverkümmerung kraft Protokollberichtigung nach Einlegung einer zulässigen Verfahrensrüge,[202] die erweiternde Auslegung des § 354 Abs. 1a S. 1 bei Fehlern im Schuldspruch,[203] die Überwachung der Besucherzelle in der Untersuchungshaft bei gleichzeitigem Erwecken des Eindrucks unüberwachter Gesprächsmöglichkeiten,[204] das verdeckte Verhör eines inhaftierten Beschuldigten durch einen als Besucher getarnten nicht offen ermittelnden Polizeibeamten unter Zwangseinwirkung[205] sowie die Verwertung von Untersuchungsergebnissen aus „internen Ermittlungen", bei denen arbeitsvertraglicher Aussagezwang besteht.[206] 85

Auch in der **Rspr. des BGH** wird immer wieder (und so teilw. auch in den in → Rn. 85 genannten Fällen) anerkannt, dass sich unmittelbar aus der Verfassung (Verstoß gegen das Rechtsstaatsprinzip bzw. den Fair-trial-Grundsatz) Beweisverwertungsverbote ergeben können – sei es in Gestalt von selbständigen **Beweisverwertungsverboten** im eigentlichen Sinn (vgl. zur Terminologie → Rn. 450), sei es dadurch, dass Verletzungen des Fair-trial-Grundsatzes bzw. des Rechtsstaatsprinzips die Beweiserhebung per se rechtswidrig machen. Wichtige Fälle sind hier etwa der **Einsatz privater Ermittlungsgehilfen** mittels einer „Mithör-Falle" jedenfalls in Abwägung zur Schwere der zu verfolgenden Straftat,[207] 86

---

194 Vgl. BVerfG 26.5.1981 – 2 BvR 215/81, BVerfGE 57, 250 (275 f.) = NJW 1981, 1719 (1722 ff.); 17.5.1983 – 2 BvR 731/80, BVerfGE 64, 135 (145 f.) = NJW 1983, 2762 (2763 f.).

195 Vgl. BVerfG 26.4.1988 – 1 BvR 669/87, BVerfGE 78, 123 (126) = NJW 1988, 2787: Berufung auf Fair-trial-Grundsatz erfolgreich (zum Zivilverfahrensrecht).

196 Vgl. BVerfG 4.5.2004 – 1 BvR 1892/03, BVerfGE 110, 339 = NJW 2004, 2887: erfolgreich (zur Verwaltungsgerichtsbarkeit).

197 Vgl. BGH 10.3.2005 – 3 StR 233/04, NJW 2005, 1668 (1669): offengelassen.

198 Vgl. BGH 12.1.2005 – 3 StR 411/04, NStZ 2005, 393: erfolgreich (fair trial bzw. § 136a Abs. 1 S. 3).

199 Vgl. BGH 17.8.2004 – 1 StR 315/04, NStZ 2005, 43: erfolglos.

200 Vgl. BGH 27.2.2004 – 2 StR 146/03, NStZ 2004, 505: erfolglos.

201 Vgl. BGH 29.10.1992 – 4 StR 126/92, BGHSt 38, 372 = NJW 1993, 338 sowie BGH 12.1.1996 – 5 StR 756/94, BGHSt 42, 15 = NJW 1996, 1547: erfolgreich.

202 Vgl. BVerfG 15.1.2009 – 2 BvR 2044/07, BVerfGE 122, 248 = NJW 2009, 1469: erfolglos.

203 Vgl. BVerfG 14.6.2007 – 2 BvR 1447/05, 2 BvR 136/05, BVerfGE 118, 212 = NJW 2007, 2977: erfolgreich.

204 Vgl. BGH 29.4.2009 – 1 StR 701/08, BGHSt 53, 294 = NJW 2009, 2463: erfolgreich (obwohl an sich die formalen Voraussetzungen des § 100f vorlagen).

205 Vgl. BGH 18.5.2010 – 5 StR 51/10, BGHSt 55, 138.

206 Vgl. statt vieler Knauer/Buhlmann AnwBl 2010, 387; Knauer ZWH 2012, 81 (86, dort mwN in Fn. 57).

207 Vgl. BGH 13.5.1996 – GSSt 1/96, BGHSt 42, 139 = NJW 1996, 2940 mAnm Kudlich JuS 1996, 696.

die Verwertung von Aussagen gegenüber einer Mitgefangenen, welche als Wahrsagerin den Beschuldigten während der Untersuchungshaft unter Drogeneinfluss ausgehorcht hat,[208] Durchsuchungsmaßnahmen, bei denen in eklatanter Weise die **Bedeutung des Richtervorbehalts** verkannt wird[209] oder die unterlassene Belehrung über das Recht auf konsularischen Beistand;[210] nach Auffassung des BGH soll dies nicht (ohne weiteres) gelten, wenn der Verteidiger eines Mitbeschuldigten nicht nach § 168c Abs. 1, 5[211] belehrt worden ist.[212]

87 **2. Die Funktionstüchtigkeit der Strafrechtspflege als Ausprägung des Rechtsstaatsprinzips.** Das Rechtsstaatsprinzip fordert freilich nicht nur eine faire Ausgestaltung und Anwendung des Strafverfahrensrechts, sondern gestattet und verlangt auch die Berücksichtigung der **Belange einer funktionstüchtigen Strafrechtspflege.**[213] Dies setzt ausreichende Vorkehrungen dafür voraus, dass Straftäter im Rahmen der geltenden Gesetze verfolgt, abgeurteilt und einer gerechten Bestrafung zugeführt werden.[214] So unbestreitbar dies im Ausgangspunkt erscheint, so auffällig und auf den ersten Blick problematisch (und daher auch in der Lit. kritikbehaftet[215]) ist, dass der Topos der „Funktionstüchtigkeit der Strafrechtspflege" praktisch nur Erwähnung findet, wenn es um die (zumindest Prüfung hinsichtlich der) **Einschränkung von Beschuldigtenrechten** geht. Obwohl also auch der Schutz dieser Rechte zu einem funktionierenden rechtsstaatlichen Strafprozess gehört, wird die Argumentationsfigur ganz überwiegend **einseitig gegen Beschuldigtenrechte** in Stellung gebracht und basiert auf einem mehr oder weniger unbestimmten Begriff, welcher eine scheinbare Harmonisierung antagonistischer Interessen[216] suggeriert. Dadurch laufen im Ergebnis die Beschuldigteninteressen zumindest Gefahr, im Konfliktfall in den Hintergrund gedrängt zu werden.

88 Auch wenn man sich dieser Probleme bewusst ist, sollte man freilich mit der Kritik am Begriff nicht über das Ziel hinausschießen:[217] Denn zum einen lehrt nicht nur die Erfahrung zahlreicher höchst- und obergerichtlicher Entscheidungen einschließlich solcher des BVerfG, dass die **Beschuldigteninteressen keinesfalls immer im Konfliktfall hintangestellt** werden; zum anderen dürfte der Topos der „Funktionstüchtigkeit der Strafrechtspflege" weniger als ein neu geschaffenes, den Beschuldigtenrechten entgegengesetztes Abwägungskriterium fungieren, sondern eher einen **verfassungsrechtlichen Überbegriff** für eine Reihe von ohne Zweifel grds. **legitimen Zielen** bilden, denen in der Abwägung die Rechte des Beschuldigten unmittelbar in ihrer grundrechtlichen Ausgestaltung oder als andere Ausprägungen des Rechtsstaatsprinzips sehr wohl gegenübergestellt werden.[218]

89 Dass schließlich innerhalb des Funktionstüchtigkeitstopos' Beschuldigteninteressen regelmäßig kaum explizit berücksichtigt werden, lässt sich sehr leicht auch weniger skandalisierend erklären: Soweit in der konkreten Situation die hinter dem Funktionstüchtigkeitstopos stehenden Aspekte (etwa Ziel einer umfassenden Wahrheitsermittlung) auch seinen

---

[208] Vgl. BGH 21.7.1998 – 5 StR 302–97, BGHSt 44, 129 = NJW 1998, 3506 mAnm Jahn JuS 2000, 441. Zur Abgrenzung aber BGH 1.12.2016 – 3 StR 230/16, NStZ 2017, 503 mAnm Ventzke sowie dazu auch Jäger JA 2017, 715: kein generelles Beweisverwertungsverbot durch Entgegennahme von belastenden Informationen, die ein Zeuge innerhalb der JVA durch Täuschung des Beschuldigten erlangt hat.

[209] Vgl. BGH 18.4.2007 – 5 StR 546/06, BGHSt 51, 285 (288 f.) = NJW 2007, 2269.

[210] Vgl. BGH 20.12.2007 – 3 StR 318/07, BGHSt 52, 110 (111) = NJW 2008, 1090 = NStZ 2008, 356; 25.9.2007 – 5 StR 475/02, BGHSt 52, 48 = NStZ 2008, 168.

[211] Vgl. dazu BGH 9.8.2016 – 4 StR 195/16, NStZ 2016, 377 mAnm Jäger JA 2017, 74.

[212] Vgl. BGH 24.7.2003 – 3 StR 212/02, NStZ 2003, 671; 17.2.2009 – 1 StR 691/08, BGHSt 53, 191 = NStZ 2009, 345 mAnm Kudlich JR 2009, 303.

[213] Vgl. BVerfG 19.7.1972 – 2 BvL 7/71, BVerfGE 33, 367 (383) = NJW 1972, 2214 (2216); 20.10.1977 – 2 BvR 631/77, BVerfGE 46, 214 (222) = NJW 1977, 2355 (2356).

[214] Vgl. ständige Rspr., vgl. nur BVerfG 19.7.1972 – 2 BvL 7/71, BVerfGE 33, 367 (383) = NJW 1972, 2214 (2216); 20.10.1977 – 2 BvR 631/77, BVerfGE 46, 214 (222) = NJW 1977, 2355 (2356).

[215] Vgl. nur Grünwald JZ 1976, 767; Hassemer StV 1982, 275.

[216] Zum strukturellen Antagonismus im Strafverfahren vgl. auch Schünemann StV 1993, 607.

[217] Vgl. zum Folgenden auch Kudlich, Strafprozeß und allgemeines Mißbrauchsverbot, 1998, S. 168 ff.

[218] Deutlich etwa BGH 27.2.1992 – 5 StR 190/91, BGHSt 38, 214 (220) = NJW 1992, 1463 (1464 f.): Obwohl die Abwägung zwischen Beschuldigtenrechten und Funktionstüchtigkeit gerade dazu führte, dass unter Aufgabe der bisherigen Rspr. ein Beweisverwertungsverbot bei Verstößen gegen die Belehrungspflicht des § 136 Abs. 1 S. 2 bejaht wurde.

Interessen dienen (weil damit ein Verdacht ausgeräumt werden kann), ergibt sich von vornherein kein Konflikt, so dass keine Abwägung explizit vorgenommen werden muss; soweit dagegen tatsächlich Interessengegensätze bestehen (weil der Beschuldigte kein Interesse an der Sachverhaltsaufklärung hat), ist es angesichts des **strukturellen Rollenantagonismus** des Strafverfahrens und der durch **Zielkonflikte und Zwischenziele geprägten Struktur** (→ Rn. 11) nahezu selbstverständlich, dass auch verschiedene Ausprägungen des Rechtsstaatsprinzips in einen Widerspruch miteinander treten müssen, bei denen es dann fast schon nur noch eine terminologische Frage ist, ob man bestimmte von diesen (mehr oder weniger exklusiv) unter den Topos der „Funktionstüchtigkeit" begrifflich versammelt. Größere Gefahr droht rechtspolitisch, wenn Funktionstüchtigkeitsüberlegungen, welche in mehr oder weniger extremen Einzelfällen entwickelt worden sind und in ihnen auch ihre singuläre Berechtigung haben mögen, **aus ihrem Kontext als Notbehelf** in exzeptionellen Einzelfällen gerissen und **„kochrezeptartig"** auch auf andere Verfahren(ssituationen) übertragen werden, bei denen die Funktionstüchtigkeit nicht einmal mit Blick auf den konkreten Prozess ernsthaft gefährdet ist (sondern nur eine Verschlankung oder Erhöhung der Bequemlichkeit in Rede steht).[219]

3. Exkurs: Strafprozess und Sozialstaatsprinzip. Wie oben bereits erwähnt (→ Rn. 83), ist das Rechtsstaatsprinzip mit dem **Sozialstaatsprinzip** durch die gemeinsame Eigenschaft als Staatszielbestimmung sowie die Normierung in Art. 20 GG vereint. Daher bietet es sich an, an dieser Stelle die Frage zu verorten, welche Bedeutung diesem Prinzip **im Strafverfahren** zukommt bzw. zukommen muss. Obwohl entsprechende Diskussionen immer wieder aufkeimen,[220] wird sehr leicht deutlich, dass dem Sozialstaatsprinzip im Strafrecht – mit Ausnahme des Strafvollzugs – **keine große Bedeutung** zukommt.[221] Dies dürfte mittlerweile nicht mehr daran liegen, dass im Strafprozess die „Repression des Sozialschädlings" im Vordergrund steht,[222] sondern daran, dass zB schon eine verbesserte „Behandlung" des Straftäters im Rahmen des Verfahrens oder eine noch stärkere Einbeziehung des Wiedergutmachungsgedankens mit der **Unschuldsvermutung kollidieren** und ganz generell Beschuldigtenrechte beschneiden können. Eine verbesserte Berücksichtigung sozialstaatlicher Interessen in den gegebenen Strukturen (und ohne grundsätzliche Änderungen wie etwa die Einführung des Tat- oder Schuldinterlokuts[223]) ist in der jüngeren Vergangenheit vorrangig durch die Einführung einer psychosozialen Prozessbegleitung[224] (welche die oben angesprochenen Gefahren für die Beschuldigtenrechte nicht allzu sehr verschärft) und durch eine Verbesserung (und insbesondere Vorverlegung) der **notwendigen Verteidigung**[225] erfolgt. 90

Gerade soweit diesbezüglich auch von einer „Chancengleichheit" gesprochen wird,[226] sollte man sich freilich klarmachen, dass auch aus dem Sozialstaatsprinzip keine übertriebenen Ansprüche abgeleitet werden können: Wenn erst einmal – woran man für bestimmte Konstellationen sicher mit guten Gründen zweifeln kann – im Bereich der notwendigen Verteidigung sowohl hinsichtlich ihres Anwendungsbereichs als auch hinsichtlich der Vergütung der Pflichtverteidiger ein Standard erreicht ist, der eine **rechtsstaatlich akzeptable** 91

---

[219] Vgl. zu diesem Phänomen bereits krit. Kudlich, Gutachten C zum 68. Deutschen Juristentag, 2010, S. 101 f.

[220] Vgl. ausf. Müller-Dietz FS Dünnebier, 1982, 75 ff.; zusammenfassend etwa Roxin/Schünemann StrafVerfR § 2 Rn. 6.

[221] Vgl. auch Müller-Dietz FS Dünnebier, 1982, 75.

[222] So für frühere Epochen die Begr. bei Roxin/Schünemann StrafVerfR § 2 Rn. 6.

[223] Vgl. im Überblick nur Roxin/Schünemann StrafVerfR § 44 Rn. 62 ff. mwN.

[224] Vgl. §§ 406g ff. sowie das Gesetz über die psychosoziale Prozessbegleitung im Strafverfahren, beides eingeführt durch das 3. Opferrechtsreformgesetz v. 21.12.2015 (BGBl. I 2525). Vgl. dazu auch Neuhaus StV 2017, 55 sowie eingehend Ilsner Psychosoziale Prozessbegleitung im Strafverfahren, 2021, passim.

[225] Vgl. dazu die Änderungen durch das Gesetz zur Neuregelgung des Rechts der notwendigen Verteidigung BGBl. I 2019 S. 2128; einen Überblick gibt Böß NStZ 2020, 185; zur Bewertung aus europarechtlicher Sicht vgl. Spitzer StV 2020, 418.

[226] Vgl. Müller-Dietz FS Dünnebier, 1982, 75 (79) mwN.

Verteidigung ermöglicht, wäre es unserem Staatswesen fremd (und kann auch kein Postulat des Sozialstaatsprinzips sein, welches dann gerade im Strafverfahrensrecht mit einer in der gesellschaftlichen Realität sonst nie verfolgten Radikalität gelten müsste), dass jedes Gefälle zu den noch weiter verbesserten Verteidigungsmöglichkeiten besser situierter Beschuldigter nivelliert würde.

V. Das Gesetzlichkeitsprinzip als formell-methodische Größe

92 **1. Bedeutung der Frage.** Das Verfassungsrecht kommt nicht nur als inhaltlicher Maßstab für verfahrensbedingte Eingriffe in die Grundrechte der Art. 1 ff. GG oder die Verfahrensgrundrechte in Betracht, sondern es liefert auch **formal-methodische Vorgaben** für die Rechtsfindung und ihre Grenzen. Dieser Aspekt, der für das materielle Strafrecht in Art. 103 Abs. 2 GG überragende Bedeutung hat,[227] wird im Strafprozessrecht traditionell weniger diskutiert bzw. tritt zumindest deutlich hinter die Grundrechte als inhaltlicher Prüfungsmaßstab zurück. Dabei ist die **Gesetzlichkeitsfrage im Prozessrecht** kaum weniger bedeutsam, weil das Verfahren als Zustand rechtlicher Interaktion immer in die eine oder andere Richtung „weitergehen" muss; ein dem materiellen Recht vergleichbarer Zustand von „Keine Regelung, daher keine Relevanz" ist hier oft nicht denkbar, weil prozessual zumindest irgendwie reagiert werden muss.[228] Interessant ist daher insbesondere, ob die **Garantien des Art. 103 Abs. 2 GG** auch – vollständig oder zumindest teilw. – für das Strafprozessrecht gelten, wo ggf. Grenzen verlaufen und ob sich verneinendenfalls aus der Verfassung andere Grenzen ableiten lassen.

93 **2. Rechtsprechung.** Die Rechtsprechung bietet – soweit die Frage angesprochen wird – ein **uneinheitliches Bild,** aus dem kaum verallgemeinerungsfähige Grundsätze abgeleitet werden können. So stellt zB das BVerfG in einer Entscheidung vom 23.2.1990[229] im Zusammenhang mit Straferlass und Gesamtstrafenbildung fest, dass für verfahrensrechtliche Vorschriften ein Analogieverbot gelte, lässt aber offen, ob dieses aus Art. 103 Abs. 2 GG oder aus dem allgemeinen Vorbehalt des Gesetzes herzuleiten sei. Demgegenüber führt der BGH in seiner bekannten Leitentscheidung zum ungeschriebenen allgemeinen Missbrauchsverbot im Strafprozessrecht[230] ohne weitere Begründung (oder auch nur Erörterung dieser Problematik) aus, dass auf der Grundlage des allgemeinen Missbrauchsverbots – das *prima vista* für den Gesetzesvorbehalt ähnlich relevant erscheint wie der Analogieschluss[231] – das Beweisantragsrecht des Angeklagten auch ohne gesetzliche Verankerung nicht unerheblich eingeschränkt werden dürfe. Andererseits betont der BGH in seiner Entscheidung zur Unzulässigkeit der strafprozessualen Onlinedurchsuchung,[232] dass es „dem Grundsatz des **Gesetzesvorbehaltes für Eingriffe in Grundrechte** (Art. 20 Abs. 3 GG) sowie dem Grundsatz der Normenklarheit und Tatbestandsbestimmtheit von strafprozessualen Eingriffsnormen widersprechen" würde, wenn gewissermaßen aus mehreren, für sich allein

[227] Die damit zusammenhängenden Fragen betreffen dann zwar (das materielle und) nicht das Strafprozessrecht, sehr wohl aber die Rechtsanwendung im Strafprozess. Gleichwohl können sie hier nicht aufgegriffen werden, sondern statt vieler sei etwa auf die Kommentierung von Schmitz in MüKoStGB StGB § 1 verwiesen. Zum noch wenig diskutierten Problem eines Vertrauensschutzes bei Rechtsprechungsänderung vgl. BVerfG 16.5.2011 – 2 BvR 1230/10, HRRS 2011 Nr. 737 mAnm Kuhlen HRRS 2012, 114.

[228] Zum Zusammenhang zwischen Inhalt und Struktur der rechtlichen Materie und Regeln der Rechtsanwendung auch Jahn in Kudlich/Montiel/Schuhr, Gesetzlichkeit und Strafrecht, 2012, S. 223 (225 ff.), sowie hierzu und zum Folgenden auch näher Kudlich in Kudlich/Schuhr/Montiel, Gesetzlichkeit und Strafrecht, 2012, S. 233 ff. und teilweise auch schon Kudlich, Strafprozeß und allgemeines Mißbrauchsverbot, 1998, S. 131 ff.

[229] BVerfG 23.2.1990 – 2 BvR 51/90, NJW 1991, 558.

[230] BGH 7.11.1991 – 4 StR 252/91, BGHSt 38, 111 (insbes. 112 f.) = NJW 1992, 1245.

[231] Zur methodischen Dimension des „Missbrauchsurteils" vgl. Christensen/Kudlich in Feldner/Forgó, Norm und Entscheidung. Prolegomena zu einer Theorie des Falls, 2000, S. 189.

[232] Vgl. BGH 31.1.2007 – StB 18/06, BGHSt 51, 211 (219) = NJW 2007, 930 (932) mAnm Kudlich JA 2007, 391, sowie schon vorher zur Entscheidung des Ermittlungsrichters des BGH Jahn/Kudlich JR 2007, 57.

jeweils nicht „passenden" Eingriffsbefugnissen eine als solche nicht geschriebene Befugnis für diese Ermittlungsmaßnahme abgeleitet würde.

In einer **Reihe weiterer Entscheidungen** wird die **Frage nach einer Analogie** zwar gestreift, jedoch sogar jeweils für sich genommen **kaum verallgemeinerungsfähig beantwortet,** zB weil nicht zur Möglichkeit einer Analogie im Strafverfahren überhaupt Stellung genommen wird, sondern eine solche bspw. mit der (zumindest konkludenten) Begründung abgelehnt wird, dass eine vergleichbare Interessenlage gar nicht vorliege.[233] Umgekehrt tragen einzelne, eine weite Rechtsanwendung billigende Entscheidungen nicht die Annahme eines allgemeinen Grundsatzes, wonach eine Analogie stets zulässig sei.[234] 94

3. Literatur. In der Literatur wird für verfahrensrechtliche Vorschriften jedenfalls eine Geltung von **Art. 103 Abs. 2 GG überwiegend abgelehnt.**[235] Andere vertreten ein Konzept einer zumindest weitgehenden Gleichwertigkeit der strafrechtlichen und strafprozessualen Eingriffe,[236] das auf das Bild „einer gleitenden Skala von Eingriffen in die Rechtssphäre der Personen, die der Strafverfolgung ausgesetzt sind" gestützt wird, die „einander sehr ähnlich" seien und „sich zusammen in einem gleichsam durch ein ‚Auf und Ab' geprägten Kontinuum" bewegen. **Vermittelnde Auffassungen** unterstellen zumindest solche strafprozessualen Normen den speziellen Garantien des Art. 103 Abs. 2 GG, die unmittelbar dem Nachweis der Voraussetzungen der Tatbestandsmerkmale dienen (wie zB Vorschriften aus dem Beweiserhebungsrecht), da diese Regelungen mittelbar ebenfalls zu „Strafbarkeitsvoraussetzungen" führen.[237] 95

4. Keine Geltung von Art. 103 Abs. 2 GG, aber allgemeiner Gesetzesvorbehalt. Richtigerweise dürfte eine Geltung des strengen strafrechtlichen Gesetzesvorbehalts des Art. 103 Abs. 2 GG für das Verfahrensrecht **abzulehnen** sein.[238] Dafür spricht schon der **Wortlaut** der Regelung (obwohl vorstellbar wäre, den Begriff der „Strafbarkeit" verfassungsspezifisch weit zu verstehen[239] und unter seine Garantie all die Normen fallen zu lassen, die letztlich für die Verhängung einer Strafe von Bedeutung sein können). Hätte der Verfassungsgeber einen weiteren Anwendungsbereich gewünscht, hätte er genauer von einer 96

---

[233] Vgl. nur BayObLG 16.1.1963 – RReg. 1 St 674/62, NJW 1963, 772; OLG Hamm 9.2.1967 – 2 Ss 1562/66, NJW 1967, 1524 (alle ablehnend zur analogen Ableitung aktiver Mitwirkungspflichten aus § 81a mangels vergleichbarer Interessenlage); BGH 15.3.1976 – AnwSt (R) 4/75, BGHSt 26, 298 (303) = NJW 1976, 1462 (1463); BGH 16.3.1983 – 2 StR 775/82, BGHSt 31, 296 (301) = NJW 1983, 1569 (1570) (keine analoge Anwendung von § 108 aF auf Zufallsfunde bei Telefonüberwachungen (heute gesetzlich übergreifend geregelt in § 161 Abs. 1 S. 1) bzw. auf Raumgespräche); BVerfG 14.2.1973 – 2 BvR 667/72, BVerfGE 34, 293 = NJW 1973, 696 (gegen BGH 25.8.1972 – 1 BJs 6/71, NJW 1972, 2140 kein Verteidigerausschluss ohne gesetzliche Grundlage, vor allem begründet mit dem Eingriff in die Berufsfreiheit); BVerfG 13.10.1970 – 1 BvR 226/70, BVerfGE 29, 183 (195 f.) = NJW 1970, 2205 (2207) (gegen BGH 7.2.1968 – 4 ARs 48/67, BGHSt 22, 58 = NJW 1968, 1056 kein Haftbefehl auf Grundlage einer analogen Anwendung von § 30 DAG, da diese Analogie den Anforderungen des Art. 104 GG nicht genüge).

[234] BVerfG 14.2.1978 – 2 BvR 406/77, BVerfGE 47, 239 (246 ff.) = NJW 1978, 1149 (Veränderung der Haar- und Barttracht des Beschuldigten als „weite Auslegung" des und damit gerade nicht als Analogie zu § 81a); BGH 21.6.1956 – 3 StR 158/56, BGHSt 9, 297 (300) = NJW 1956, 1527 (1528) (für eine analoge Anwendung von § 251 Abs. 1 Nr. 2 aF, der freilich nur bedingt beschuldigtenschützende Wirkung hatte); BVerfG 26.2.1969 – 2 BvL 15, 23/68, BVerfGE 25, 269 (287) = NJW 1969, 1059 ff. (Billigung der faktischen Verlängerung der Verjährung für bestimmte Straftaten durch Anordnung einer Verjährungsunterbrechung für die Zeit vom 8.5.1945 bis zum 31.12.1949, was Akt des Gesetzgebers und nicht der Judikative ist, so dass sich jedenfalls die Vorbehaltproblematik nicht stellte).

[235] Vgl. Schmidt-Aßmann in Dürig/Herzog/Scholz GG Art. 103 Rn. 233.

[236] Vgl. etwa Jahn in Kudlich/Montiel/Schuhr, Gesetzlichkeit und Strafrecht, 2012, S. 223 (228 ff.).

[237] Vgl. Jäger GA 2006, 615 (619 ff.).

[238] Vgl. zum Folgenden auch bereits Kudlich, Strafprozeß und allgemeines Mißbrauchsverbot, 1998, S. 134 ff., sowie Kudlich in Kudlich/Montiel/Schuhr, Gesetzlichkeit und Strafrecht 2012, S. 233 (240 ff.).

[239] In diesem Sinne wohl Arndt NJW 1961, 14 (15); Lüderssen JZ 1979, 449 (450). Allgemein zum Gebot einer weiten Auslegung von Grundrechten, nach der „die juristische Wirkungskraft der betreffenden Norm am stärksten entfaltet" wird, BVerfG 17.1.1957 – 1 BvL 4/54, BVerfGE 6, 55 (72) = NJW 1957, 417 (418); 15.12.1976 – 2 BvR 841/73, BVerfGE 43, 154 (167) = NJW 1977, 1189 als Beispiele aus der ständigen Rspr. des BVerfG.

„Verfolgbarkeit" sprechen müssen.[240] Unter **systematischen Gesichtspunkten** ist anzuführen, dass auch der Art. 103 Abs. 2 GG nachfolgende Grundsatz des *ne bis in idem* (Art. 103 Abs. 3 GG, → Rn. 78 ff.) den Begriff des „Strafgesetzes" und des „Bestrafens" sinnvollerweise nur iSd materiellen Rechts und der darin angedrohten Sanktion verstehen kann.

97 Etwas anderes ergibt sich letztlich auch nicht – und zwar auch nicht unter Berücksichtigung der teilw. gemeinsamen historischen Entwicklung von Straf- und Strafprozessrecht – aus dem **historischen Hintergrund** des nulla-poena-Grundsatzes,[241] der neben dem rechtsstaatlichen Element des Schutzes vor richterlicher Willkür (das einer Erstreckung seiner Geltung auf das Strafverfahrensrecht nicht entgegenstehen, ja sogar für sie sprechen würde) eben auch das präventive Element nach von Feuerbachs Theorie des psychologischen Zwanges enthält, dem echte Berechtigung nur für das materielle Strafrecht zukommt. Vor allem aber liegt die **Sonderstellung des materiellen** – und nur des materiellen! – **Strafrechts** innerhalb eines generell vom Postulat des Gesetzlichkeitsprinzips für das Verhältnis zwischen Staat und Bürger beherrschten Rechtssystems gerade darin, dass mit der strafrechtlichen Verurteilung der **sozialethische Vorwurf** einer Schädigung elementarer gesellschaftlicher Interessen verbunden ist. Das gilt schon wegen der Unschuldsvermutung und wegen des Verdachts als hinreichendem Anordnungsgrund selbst für einschneidendste strafprozessuale Ermittlungsmaßnahmen gerade nicht für das Strafprozessrecht.

98 Kann damit auch als Zwischenergebnis davon ausgegangen werden, dass Art. 103 Abs. 2 GG jedenfalls grundsätzlich auf das Strafverfahrensrecht nicht anwendbar ist (sondern nur im Einzelfall die Frage aufgeworfen werden muss, ob alle in der Strafprozessordnung geregelten oder traditionell etwa als Verfahrensvoraussetzung dem Prozessrecht zugeschlagenen Materien wirklich rein formaler Natur sind oder ob sie nicht doch zumindest im hier interessierenden Sinne auch dem materiellen Recht zuzurechnen sind), bedeutet das **keinesfalls,** dass das Gericht im Strafverfahrensrecht **von der Gesetzesbindung freigestellt** wäre. Vielmehr ist auch die Rechtsanwendung im Strafprozessrecht als typischem „Eingriffsrecht" (→ Rn. 45) dem allgemeinen Vorbehalt des Gesetzes unterworfen. Die unbefangene Neigung zu Analogien aus dem Zivilrecht lässt sich damit nicht auf Rechtsverkürzungen durch das Strafverfahren übertragen.[242]

99 Konsequenz daraus ist, dass jedenfalls **die Gebote der lex scripta und der lex stricta** auch im Anwendungsbereich des **einfachen Gesetzesvorbehalts** Geltung beanspruchen können. Dagegen ist eine Art. 103 Abs. 2 GG vergleichbare Garantie der *lex praevia* dem allgemeinen Gesetzesvorbehalt fremd. Zwar gelten auch insoweit die allgemeinen rechtsstaatlichen Grundsätze über den **Vertrauensschutz bei einer Rückwirkung.** Soweit man hier als Anknüpfungspunkt aber jeweils nur das prozessuale Geschehen (und nicht die zu verfolgende Straftat) sieht, werden sich Rückwirkungsverbote in einer in Art. 103 Abs. 2 GG vergleichbaren Weise regelmäßig nicht ergeben. Vielmehr ist der Prozess nach dem jeweils geltenden Verfahrensrecht zu führen. Unterschiede ergeben sich schließlich auch hinsichtlich der Garantie der **lex certa:** So sind etwa im Sicherheitsrecht, in dem als klassischem Eingriffsrecht selbstverständlich auch der allgemeine Gesetzesvorbehalt gilt, **Generalklauseln,** die in ihrer Bestimmtheit hinter den für materielle Strafgesetze geltenden Anforderungen deutlich zurückbleiben, nicht unüblich und hinsichtlich ihrer Zulässigkeit auch grundsätzlich anerkannt. Freilich wird man insoweit eine gewisse **Korrespondenz mit der Eingriffstiefe** dahingehend anzunehmen haben, dass auf Generalklauseln gestützte

---

240 So iErg auch Calvelli-Adorno NJW 1965, 273 (274); Krey JA 1983, 233 (235); vgl. auch BVerfG 26.2.1969 – 2 BvL 15, 23/68, BVerfGE 25, 269 (287) = NJW 1969, 1059 (1061), wonach mit der Strafbarkeit die Verfolgbarkeit, nicht dagegen mit der Verfolgbarkeit auch die Strafbarkeit entfallen soll; vgl. dazu auch Böckenförde ZStW 91 (1979), 888 (891); krit. insoweit Schünemann NStZ 1981, 143 (144).

241 Vgl. eingehend nur Schreiber, Gesetz und Richter – Zur geschichtlichen Entwicklung des Satzes nullum crimen, nulla poena sine lege, 1976; zusammenfassend Krey, Keine Strafe ohne Gesetz, 1983, Rn. 13, 38, 53; Kudlich, Strafprozeß und allgemeines Mißbrauchsverbot, 1998, S. 136 ff.

242 Ähnlich (für das öffentliche Recht insges. im Unterschied zum Zivilrecht) Papier, Die finanzrechtlichen Gesetzesvorbehalte und das grundgesetzliche Demokratieprinzip, 1973, S. 172.

Maßnahmen zum einen keine massiven Grundrechtsbeeinträchtigungen gestatten können und dass durch sie zum anderen die Wertungen spezieller Vorschriften nicht unterlaufen werden dürfen.

VI. Verfahren zur Wahrung der Verfassung

Um praktische Wirksamkeit zu erlangen, bedürfen die verfassungsrechtlichen Bindungen einer **prozessualen Absicherung** bzw. Durchsetzbarkeit. Teilw. wird eine solche schon durch die **Fachgerichte selbst** gewährt, wenn diese etwa auf Grundrechtseingriffe ohne hinreichende gesetzliche Grundlage oder unter Rückgriff auf verfassungsrechtlich problematische Analogien (→ Rn. 98 f.) verzichten, wenn sie strafprozessuale oder auch materiellrechtliche Vorschriften grundrechtsorientiert systematisch auslegen[243] oder aber bei drohender „harter" Verfassungswidrigkeit einer bestimmten Auslegung eine verfassungskonforme Interpretation vornehmen. Daneben wird die Einhaltung des Verfassungsrechts aber auch **durch das BVerfG** gewährleistet,[244] insbes. durch die Individualverfassungsbeschwerde nach Art. 93 Abs. 1 Nr. 4a GG, daneben aber auch durch die Möglichkeit konkreter Normenkontrollanträge nach Art. 100 GG. **100**

1. Die Individualverfassungsbeschwerde im Strafrecht (Art. 93 Abs. 1 Nr. 4a GG, §§ 90, 92 f. BVerfGG). a) Allgemeines. Die Individualverfassungsbeschwerde nach Art. 93 Abs. 1 Nr. 4a GG ist eine (auch im internationalen Vergleich bemerkenswerte) **individuelle Möglichkeit des Bürgers,** Rechtsschutz gegen Grundrechtsverletzungen durch eine spezielle Instanz (und dabei auch gegen Akte der Legislative und der Judikative) zu suchen. Die Gefahr solcher Grundrechtsverletzungen durch strafgerichtliche Verurteilungen, aber auch schon durch die strafprozessualen Ermittlungsmaßnahmen liegt auf der Hand. Mit ihr kann nach Art. 93 Abs. 1 Nr. 4a GG jedermann rügen, „durch die öffentliche Gewalt in einem seiner Grundrechte oder in einem seiner in Art. 20 Abs. 4, 33, 38, 101, 103 und 104 enthaltenen Rechte verletzt zu sein". Im strafrechtlichen Instanzenzug ist die Verfassungsbeschwerde (obgleich die Rechtssache im Ergebnis im Falle ihrer Erhebung oft abschließend) **kein zusätzliches Rechtsmittel**[245] und insbes. keine „Superrevisionsinstanz",[246] sondern nur eine zusätzliche verfassungsrechtsspezifische Rechtsschutzmöglichkeit,[247] welche in ihrem Prüfungsumfang auf die „Verletzung spezifischen Verfassungsrechts" beschränkt ist.[248] **101**

Statistisch sind die **Erfolgsaussichten** einer Verfassungsbeschwerde **gering,**[249] und in Relation zu diesen begrenzten Erfolgsaussichten ist ihre ordnungsgemäße Erhebung (und auch ansprechende Begründung) mit erheblichem Aufwand verbunden.[250] Freilich bringt sie in Fällen, in denen der Beschwerdeführer nicht „einfach nur unzufrieden" mit seiner **102**

---

243 Vgl. zur grundrechtsorientierten Auslegung im Strafrecht (im Unterschied zur verfassungskonformen Auslegung) Kudlich JZ 2003, 127.

244 Parallele Fragen stellen sich für die Überprüfung der Wahrung der Garantien der EMRK durch Verfahren vor dem EGMR, vgl. dazu auch → Rn. 645 ff. sowie die Kommentierung im 3. Bd.

245 Ungeachtet dessen haben sich für die Verfassungsbeschwerde und die strafprozessuale Revision teilweise ganz ähnliche Strukturen etwa hinsichtlich der Erschwernisse der Zulässigkeitsvoraussetzungen oder der Begründungsanforderungen herausgebildet, und schon mit Blick auf den Grundsatz der Subsidiarität (→ Rn. 108) ergeben sich auch schon für die Revisionsbegründung Erfordernisse mit Blick auf eine etwaige spätere Verfassungsbeschwerde. Vgl. eingehend zum Vergleich der beiden Rechtsschutzmöglichkeiten Reichart, Revision und Verfassungsbeschwerde in Strafsachen, 2007, pass.

246 Vgl. Herzog FS Dürig, 1990, 431 (435).

247 Vgl. bereits BVerfG 27.9.1951 – 1 BvR 121/51, BVerfGE 1, 3 (5).

248 Sog Heck'sche Formel, vgl. BVerfG 10.6.1964 – 1 BvR 37/63, BVerfGE 18, 85 (92 ff.) = NJW 1964, 1715 (1716 f.), sowie speziell für das Strafrecht BVerfG 24.10.1996 – 2 BvR 1851/94, 1853/94, 1875/94 u. 1852/94, BVerfGE 95, 96 (127 f.) = NJW 1997, 929.

249 Vgl. auch Arnold StraFo 2005, 28, der insbes. in Restriktionen durch §§ 93a, 93b BVerfGG empfindliche Rechtsschutzlücken sieht und die Messlatte für erfolgreiche Angriffe auf Akte des Gesetzgebers als „kaum erreichbar" einstuft.

250 Überblicksartig zur Erhebung einer Verfassungsbeschwerde in Strafsachen vgl. Eschelbach/Gieg/Schulz NStZ 2000, 565.

Verurteilung ist, sondern in denen verfassungsrechtliche Probleme ernsthaft im Raume stehen und bei denen im Zeitpunkt des Entschlusses, Verfassungsbeschwerde zu erheben, noch hinreichend Zeit für eine ordnungsgemäße Begründung ist, immerhin eine zusätzliche Verteidigungsmöglichkeit, die insbes. auch einen **(zumindest mittelbaren) Angriff auf die strafbarkeitsbegründende Rechtnorm** zulässt.[251] Die Voraussetzungen einer Verfassungsbeschwerde können im Folgenden nur knapp und spezifisch mit Blick auf strafrechtliche Fragen erörtert werden.[252]

103 **b) Zulässigkeit. aa) Beschwerdegegenstand.** Taugliche Angriffsgegenstände der Verfassungsbeschwerde sind nach Art. 93 Abs. 1 Nr. 4a GG, § 90 Abs. 1 BVerfGG **Maßnahmen der öffentlichen Gewalt,** dh nach Art. 1 Abs. 3 GG grds. Akte der Exekutive, Legislative und Judikative. Für den strafrechtlichen Bereich sind dabei Verfassungsbeschwerden **unmittelbar gegen Gesetze oder aber Urteilsverfassungsbeschwerden** (auch als mittelbare Rechtssatzverfassungsbeschwerden) von Bedeutung. Neben prozessbeendenden Urteilen bzw. Beschlüssen sind **Zwischenentscheidungen** nicht grds.,[253] wohl aber dann beschwerdefähig, wenn mit ihnen über eine für das Verfahren wesentliche Rechtsfrage abschließend entschieden wird, zB über eine Richterablehnung,[254] eine Durchsuchungsanordnung[255] oder die Aufrechterhaltung eines Haftbefehls.[256]

104 **bb) Partei- und Prozessfähigkeit.** Beschwerdeführer im Strafverfahren werden regelmäßig (geborene und lebendige) **natürliche Personen** sein, so dass insoweit keine nennenswerten Probleme auftreten. Da jedoch auch **juristische Personen** etwa als Einziehungs- und Verfallsbeteiligte am Strafverfahren beteiligt sein können, ist von Bedeutung, dass auch sie nach Maßgabe von Art. 19 Abs. 3 GG im Einzelfall Grundrechtsträger sein können und dann einer entsprechenden Vertretung bedürfen. Außerhalb der mündlichen Verhandlung besteht vor dem BVerfG kein Anwaltszwang (vgl. § 22 BVerfGG). Der Beschwerdeführer kann sich aber in jeder Lage des Verfahrens durch einen an einem deutschen Gericht zugelassenen Rechtsanwalt oder einen Rechtslehrer an einer deutschen Hochschule vertreten lassen, so dass grds. diejenigen Personen, die nach § 138 als Verteidiger in Betracht kommen, auch vertretungsberechtigt vor dem BVerfG sind.

105 **cc) Frist.** Die Verfassungsbeschwerde ist gem. § 93 Abs. 1 BVerfGG bei Urteilsverfassungsbeschwerden binnen **eines Monats** nach (erstmaliger) Bekanntgabe der letztinstanzlichen Entscheidung zu erheben. Die Fristberechnung erfolgt entsprechend § 222 Abs. 1 ZPO iVm § 187 f. BGB.[257] Soweit letztinstanzliche Urteile nicht zugestellt werden, da sie keine (reguläre) Rechtsmittelfrist in Gang setzen (vgl. § 35 Abs. 2 S. 2), kommt es auf den Zeitpunkt der formlosen Mitteilung an. Verfassungsbeschwerden unmittelbar gegen **(Straf-) Gesetze** können gem. § 93 Abs. 3 BVerfGG **nur binnen eines Jahres** seit dem Inkrafttreten des Gesetzes erhoben werden.

106 **dd) Beschwerdebefugnis.** Der Beschwerdeführer muss die Möglichkeit einer Grundrechtsverletzung (dh der Verletzung eines der in § 90 Abs. 1 BVerfGG genannten Rechte) behaupten. Diese Behauptung muss die **eigene, unmittelbare und gegenwärtige Betroffenheit** des Beschwerdeführers beinhalten. Bei Verurteilungen in einem Strafverfahren ist dies beim Angeklagten unproblematisch der Fall; soweit die Urteilsverfassungsbeschwerde zugleich eine mittelbare Rechtssatzverfassungsbeschwerde ist, stellt die Entscheidung auch

[251] IErg ähnlich Eschelbach in MAH Strafverteidigung § 28 Rn. 12.

[252] Vgl. dazu auch instruktiv ausführlicher Eschelbach in MAH Strafverteidigung § 28 Rn. 16 ff.; noch weiter vertiefend Jahn/Löffelmann/Güntge/Krehl, Die Verfassungsbeschwerde in Strafsachen, 1. Aufl. 2011; als „allgemeines Anleitungsbuch" zur Verfassungsbeschwerde vgl. insbes. Zuck, Das Recht der Verfassungsbeschwerde, 3. Aufl. 2006.

[253] Etwa nicht ein Eröffnungsbeschluss, vgl. 16.4.1969 – 2 BvR 115/69, BVerfGE 25, 336 (343 f.) = NJW 1969, 1104 (1106).

[254] Vgl. BVerfG 25.6.1968 – 2 BvR 599, 677/67, BVerfGE 24, 56 (60) = NJW 1968, 1621.

[255] Vgl. BVerfG 24.5.1977 – 2 BvR 988/75, BVerfGE 44, 353 (366) = NJW 1977, 1489.

[256] Vgl. BVerfG 6.2.1980 – 2 BvR 1070/79, BVerfGE 53, 152 (157 f.) = NJW 1980, 1448.

[257] Vgl. nur BVerfG 30.7.2001 – 2 BvR 128/00, NJW 2001, 3534.

unproblematisch einen Vollziehungsakt der mittelbar angegriffenen Strafvorschriften dar. Bei unmittelbaren Rechtssatzverfassungsbeschwerden[258] ist hier zu berücksichtigen, dass – abweichend von allgemeinen Grundsätzen[259] – bei einer **Strafnorm** dem Beschwerdeführer regelmäßig **nicht zumutbar** ist, erst eine unmittelbare Beschwer durch eine eigene **Verurteilung abzuwarten,** bevor er sich gegen die Strafnorm wendet.[260]

ee) Erschöpfung des Rechtswegs. Nach § 90 Abs. 2 S. 1 BVerfGG muss der Rechtsweg erschöpft worden sein. Das Vorliegen dieser Voraussetzung richtet sich nach dem **strafgerichtlichen Instanzenzug** und ist bei Sachentscheidungen nach der **Revisionsentscheidung** (des OLG bzw. des BGH) erfüllt. Ausreichend ist insoweit nicht, dass kein Rechtsmittel mehr möglich ist, sondern dass auch die zur Verfügung stehenden Rechtsmittel ausgeschöpft worden sind. Ist daher etwa eine Revision nicht fristgerecht eingelegt worden, so kann gegen das landgerichtliche Urteil keine zulässige Verfassungsbeschwerde erhoben werden. Auch soweit das Revisionsgericht die landgerichtliche Verurteilung im Strafausspruch aufhebt und die Sache zu einer neuen Verhandlung und Entscheidung zurückverweist, ist der Schuldspruch damit rechtskräftig geworden und – soweit die Grundrechtsverletzung darin behauptet wird – im fachgerichtlichen Instanzenzug nicht mehr angreifbar, so dass insoweit sofort Verfassungsbeschwerde erhoben werden kann (und mit Blick auf die drohende Verfristung auch erhoben werden muss[261]). **107**

ff) Subsidiarität der Verfassungsbeschwerde. In mittlerweile ständiger Rspr. hat das BVerfG aus § 90 Abs. 1 BVerfGG **über die formelle Erschöpfung des Rechtswegs hinaus** auch den Grundsatz der Subsidiarität der Verfassungsbeschwerde dahingehend entwickelt, dass sie erforderlich sein muss, um eine Grundrechtsverletzung zu verhindern oder auszuräumen, welche **im fachgerichtlichen Verfahren** trotz der Bemühungen um eine Korrektur der Verfassungsverletzung des Beschwerdeführers **nicht beseitigt werden konnte.**[262] Der Blick auf eine mögliche Verfassungsbeschwerde mit entsprechenden Argumenten schon bei der fachgerichtlichen Verteidigung steht zwar in einem gewissen Kontrast zu etwaigen Bemühungen um konsensuale Verteidigungsformen,[263] ist aber im Einzelfall unvermeidlich, um den Subsidiaritätsanforderungen zu genügen, und sollte an sich auch „emotional" jedenfalls bei einer späteren Rechtssatzverfassungsbeschwerde nicht genuin die Strafverfolgungsbehörden treffen. **Beispiele** für Subsidiaritätsanforderungen[264] aus der Rspr. des BVerfG sind etwa[265] die Ablehnung eines Richters,[266] die Erhebung eines Widerspruchs gegen die Beweisverwertung nach der „Widerspruchslösung",[267] ein Antrag analog § 98 Abs. 2 S. 2 gegen Maßnahmen nach § 81a,[268] die Stellung von Beweisanträgen[269] oder **108**

---

[258] Zur Beschwerdebefugnis hier allg. Eschelbach in MAH Strafverteidigung § 28 Rn. 49 mit zahlreichen weiteren Nachw.

[259] Vgl. Sturm in Sachs GG Art. 93 Rn. 93.

[260] Vgl. BVerfG 14.11.1989 – 1 BvL 14/85, 1 BvR 1276/84, BVerfGE 81, 70 (82 f.) = NJW 1990, 1349; 14.1.1998 – 1 BvR 1995–94, BVerfGE 97, 157 (165 f.) = NJW 1998, 1385.

[261] Vgl. BVerfG 26.6.2007 – 1 BvR 1877/01, BVerfGK 11, 357 (358 ff.).

[262] Vgl. dazu aus neuerer Zeit grds. die BVerfG-Entscheidung BVerfG 30.4.2003 – 1 PBvU 1/02, BVerfGE 107, 395 (414) = NJW 2003, 1924 (1928). Weitere Nachw. – auch zur Kasuistik im Einzelnen – Eschelbach in MAH Strafverteidigung § 28 Rn. 71 ff.; zur Gehörsrüge als Voraussetzung für eine erfolgreiche Verfassungsbeschwerde vgl. BGH 13.8.2008 – 1 StR 162/08, wistra 2009, 33 sowie nochmals → Rn. 72.

[263] Vgl. Eschelbach in MAH Strafverteidigung § 28 Rn. 73, der zu Recht darauf hinweist, dass verfassungsrechtliche Argumente auch sonst bei den Strafjustizorganen oft auf fehlendes Verständnis stoßen.

[264] Vgl. dazu außer den nachfolgenden Fußnoten auch eingehend die Zusammenstellung bei Reichart, Revision und Verfassungsbeschwerde in Strafsachen, 2007, S. 380 ff.

[265] Vgl. auch die Aufzählung bei Eschelbach in MAH Strafverteidigung § 28 Rn. 74.

[266] Vgl. BVerfG 26.8.1991 – 2 BvR 964/90, NJW 1993, 2926; BVerfG 27.3.2000 – 2 BvR 434/00, NStZ 2000, 382 (383).

[267] Vgl. BVerfG 1.3.2000 – 2 BvR 2017 u. 2039/94, NStZ 2000, 489 (490); zu generellen Bedenken gegen die Widerspruchslösung → Rn. 479 f.

[268] Vgl. BVerfG 15.9.1999 – 2 BvR 2360/95, NStZ 2000, 96.

[269] Vgl. BVerfG 21.8.1996 – 2 BvR 1304/96, NStZ 1997, 94 (95).

die Erhebung einer Verfahrensrüge nach Maßgabe von § 344 Abs. 2 S. 2 bei überlanger Verfahrensdauer.[270] Bei einer Rüge der Verletzung von Art. 103 Abs. 1 GG besonders bedeutsam ist die Anhörungsrüge nach § 33a.

109 **c) Annahmevoraussetzungen des § 93a Abs. 2 BVerfGG.** Die Verfassungsbeschwerde wird nach § 93a BVerfGG nur zur Entscheidung angenommen, soweit ihr **grundsätzliche verfassungsrechtliche Bedeutung** zukommt **oder** wenn die Annahme **zur Durchsetzung der in § 90 Abs. 1 BVerfGG genannten Rechte angezeigt** ist, was auch dann der Fall sein kann, wenn dem Beschwerdeführer durch die Versagung der Entscheidung in der Sache ein besonders schwerer Nachteil entsteht. Nach der Rspr. des BVerfG ist ein solcher besonders schwerer Nachteil bei einem **Schuldspruch regelmäßig** zu bejahen, wenn die Beanstandung nicht nur einen untergeordneten Punkt betrifft.[271] Grundsätzliche verfassungsrechtliche Bedeutung kommt der aufgeworfenen Frage insbes. zu, wenn sie für bereits laufende oder in der Zukunft denkbare ähnlich gelagerte Verfahren Bedeutung haben kann und verfassungsgerichtlich noch nicht geklärt ist.[272]

110 **d) Begründetheit.** Die Verfassungsbeschwerde ist begründet, wenn der Beschwerdeführer durch den angegriffenen Akt der öffentlichen Gewalt in einem der **in Art. 93 Abs. 1 Nr. 4a GG, § 90 Abs. 1 BVerfGG genannten Rechte verletzt** ist. Die hier für eine Begründetheit erforderliche Verletzung spezifischen Verfassungsrechts (vgl. nochmals → Rn. 101) kann dabei vorliegen, wenn dem belastenden Eingriff in die Freiheitsrechte des Beschuldigten **keine verfassungsgemäße Norm zugrunde liegt** (mittelbare Rechtssatzbeanstandung[273]), wenn bei der **Auslegung und Anwendung des Gesetzes** verfassungsrechtlich relevante Fehler passieren, weil etwa der mögliche Wortsinn einer Strafnorm überschritten wird oder Bedeutung und **Reichweite der Grundrechte grundlegend verkannt** werden[274] oder aber wenn **Prozessgrundrechte verletzt** wurden.[275] Für die verfassungsrechtlich-inhaltlichen Anforderungen insoweit ist auf die Ausführungen oben (→ Rn. 54 ff., → Rn. 65 ff.) sowie auf die Kommentierungen etwa zu den einzelnen Eingriffsbefugnissen zu verweisen.

111 **e) Sonstiges.** Wird eine Verfassungsbeschwerde eingelegt, so ist sie nach § 23 Abs. 1 S. 2 BVerfGG zu begründen. Dabei sind das angeblich verletzte Recht sowie der angegriffene Akt der öffentlichen Gewalt zu bezeichnen. Darüber hinaus muss sich aus der **Begründung** aber auch ergeben, dass die Gebote der Rechtswegerschöpfung und der Subsidiarität erfüllt sind. Auch wenn die Anforderungen an eine schlüssige Begründung mit Blick auf das fehlende Anwaltserfordernis nicht überstrapaziert werden sollten, ist doch eine **sorgfältige Ausarbeitung** und eine **gründliche Dokumentation** durch mitgesandte Unterlagen zu empfehlen.[276]

112 Da die Verfassungsbeschwerde keine aufschiebende Wirkung hat, besteht nach § 32 Abs. 1 BVerfGG die Möglichkeit, dass das BVerfG einen Zustand durch **einstweilige Anordnung** vorläufig regelt. Obwohl eine solche Anordnung auch von Amts wegen erlassen werden darf, ist ein entsprechender Antrag zu empfehlen, soweit dies aus Sicht des

---

270 BVerfG 17.12.1996 – 2 BvR 1533/96.

271 Vgl. BVerfG 9.7.1997 – 2 BvR 1371/96, BVerfGE 96, 245 (249 f.) = NJW 1998, 443 (444).

272 Vgl. Barley in Pieroth/Silberkuhl, Die Verfassungsbeschwerde, 2008, BVerfGG § 93a Rn. 13 f.

273 Vgl. hierzu überblicksartig Eschelbach in MAH Strafverteidigung § 28 Rn. 101 ff., mit zutreffendem Hinweis darauf, dass hier nicht nur inhaltliche, sondern auch grundgesetzlich-formale Mängel etwa in der Gesetzgebungskompetenz beachtlich sein können.

274 Vgl. zu Fehlern bei Auslegung und Anwendung der Gesetze Eschelbach in MAH Strafverteidigung § 28 Rn. 125 ff. mwN; Löffelmann in Jahn/Löffelmann/Güntge/Krehl, Die Verfassungsbeschwerde in Strafsachen, 1. Aufl. 2011, Rn. 566 ff., 580 ff.

275 Vgl. zur Missachtung von Prozessgrundrechten Eschelbach in MAH Strafverteidigung § 28 Rn. 132 ff. mwN; Löffelmann in Jahn/Löffelmann/Güntge/Krehl, Die Verfassungsbeschwerde in Strafsachen, 1. Aufl. 2011, Rn. 394 ff.

276 Zu Hinweisen für eine „übersichtliche" Begründungsformulierung vgl. Eschelbach in MAH Strafverteidigung § 28 Rn. 81 ff.

Beschwerdeführers wünschenswert und sinnvoll erscheint. Schon seit seiner frühen Rspr.[277] geht das BVerfG davon aus, dass im Verfassungsbeschwerdeverfahren die zivilprozessualen Bestimmungen über die **Prozesskostenhilfe** grds. entsprechend anzuwenden sind. Da das Verfahren kostenfrei ist und kein Anwaltszwang besteht, werden insoweit freilich strenge Maßstäbe angelegt.[278]

Soweit im Landesverfassungsrecht vorgesehen, können **Verfassungsbeschwerden auch zu den Landesverfassungsgerichten** erhoben werden. Zwischen diesen und dem BVerfG besteht teilw. eine parallele Zuständigkeit (vgl. § 90 Abs. 3 BVerfGG),[279] wobei die Landesverfassungsgerichte Akte der öffentlichen Gewalt des Bundes (Bundesgesetze oder Entscheidungen von Bundesgerichten) nicht überprüfen können.[280] 113

2. Konkrete Normenkontrolle (Art. 100 GG). a) Allgemeines. Im Zusammenhang mit einem Strafverfahren kann das BVerfG nicht nur durch den Beschuldigten im Rahmen einer Verfassungsbeschwerde, sondern auch **durch das Gericht** einbezogen werden. Dieses hat das Verfahren auszusetzen und die Entscheidung des BVerfG einzuholen,[281] wenn es ein **Gesetz,** auf dessen Gültigkeit es bei der Entscheidung ankommt, **für verfassungswidrig hält.** Pflicht zur und Verfahren der sog konkreten Normenkontrolle dienen somit dem Schutz der Verfassung gegenüber den Akten der Legislative und zugleich dem Verwerfungsmonopol des BVerfG. Aus diesen erstgenannten Schutzrichtungen ergibt sich sogleich zwanglos, dass die Vorlage nur bei **formellen nachkonstitutionellen Gesetzen** erforderlich ist. 114

b) Vorlagezuständigkeit. Vorlageverpflichtet ist das zur Entscheidung berufene **Gericht in der Urteilsbesetzung,** dh ggf. auch unter Beteiligung der Schöffen;[282] „Gericht" in diesem Sinne ist beim Strafrichter als Einzelrichter auch dieser allein. Ob der **Große Strafsenat** des BGH zur Vorlage berechtigt ist, ist umstritten, da er keine Endentscheidung fällt und der den Großen Senat anrufende Spruchkörper sich ohnehin seine eigene Überzeugung von der Frage der Verfassungsmäßigkeit oder Verfassungswidrigkeit bilden und letzterenfalls selbst dem BVerfG vorlegen muss.[283] 115

c) Vorlagerelevante Normen. Wie oben bereits angedeutet, müssen **nur Gesetze im formellen Sinn** vorgelegt werden, welche freilich im Straf- und Strafverfahrensrecht (mit Ausnahme von gesetzgeberischen „Ausrutschern" nach Art der MaKonV) meist vorliegen. „Zwischenbereiche" zwischen Verordnungen und Gesetzen[284] spielen hier ebenso wenig eine Rolle wie (zumindest im materiellen Strafrecht strafbegründendes) Gewohnheitsrecht. 116

Ferner besteht das **Verwerfungsmonopol des BVerfG** nur für **nachkonstitutionelles Recht.** Durch eine Reihe von **Neuverkündungen** des StGB und der StPO nach 1945 117

---

277 Vgl. BVerfG 31.1.1952 – 1 BvR 68/51, BVerfGE 1, 109 (110 f.) = NJW 1952, 457.

278 Vgl. BVerfG 2.10.1969 – 1 BvR 132/67, BVerfGE 27, 57.

279 Soweit das Landesrecht allerdings einen Ausschluss der Landesverfassungsbeschwerde bei Erhebung der Bundesverfassungsbeschwerde vorsieht, muss der Betroffene zwischen beiden wählen, vgl. BVerfG 18.1.1996 – 1 BvR 1375/95, NJW 1996, 1464, sowie Schmitt in Meyer-Goßner/Schmitt Einl. Rn. 241.

280 Eschelbach in MAH Strafverteidigung § 28 Rn. 179 f. weist darauf hin, dass bei einer „Aufgabenparallelität" das Anrufen der Landesverfassungsgerichte im Einzelfall günstiger sein kann, soweit das Landesrecht für sein Verfassungsbeschwerdeverfahren keine oder niedrigere Annahmevoraussetzungen vorsieht.

281 Art. 100 Abs. 1 S. 1 GG differenziert zwischen Vorlagen zum BVerfG und zum jeweils zuständigen Landesverfassungsgericht danach, ob das Gesetz, das zur Beurteilung vorgelegt wird, Landes- oder Bundesverfassungsrecht verletzt. Da Prüfungsmaßstab der Landesverfassungsgerichte jedoch nur Akte der öffentlichen Gewalt des Landes und damit Landesgesetze sein können, spielt die konkrete Normenkontrolle bei den Landesverfassungsgerichten im Strafrecht keine bedeutende Rolle.

282 Vgl. BVerfG 25.5.1965 – 1 BvL 16/64, BVerfGE 19, 71 (72).

283 Für die Vorlagemöglichkeit eines Großen Senats: BVerfG 19.2.1957 – 1 BvL 13/54, BVerfGE 6, 222 (241) = NJW 1957, 625 (627); Maunz in Dürig/Herzog/Scholz GG Art. 100 Rn. 30; dagegen Clemens in Umbach/Clemens GG Art. 100 Rn. 37, 145.

284 Vgl. dazu Clemens in Umbach/Clemens GG Art. 100 Rn. 52.

ist diese Voraussetzung jedenfalls im Kernstrafrecht unproblematisch gegeben.[285] Soweit sich im Nebenstrafrecht einmal die Frage vorkonstitutioneller und nicht neuverkündeter Regelungen stellen sollte, ist dies anhand der allgemeinen Regeln zu lösen, welche für die Frage gelten, wann vorkonstitutionelles Recht in nachkonstitutioneller Zeit „in den Willen des Gesetzgebers aufgenommen" und dadurch **„quasi-nachkonstitutionell"** geworden sein kann, etwa durch nachträgliche – nicht nur redaktionelle – Änderungen,[286] durch Ergänzungen im engen Zusammenhang mit bestehenbleibenden Normen,[287] durch Verweisungen bzw. Inkorporationen[288] sowie durch tiefgreifende Änderungen eines begrenzten und überschaubaren Rechtsgebiets.[289] Die umgekehrte Frage, inwiefern früher erlassenes Gesetzesrecht an später in Kraft tretenden GG-Novellen gemessen werden kann bzw. muss,[290] dürfte (nicht nur wegen der regelmäßigen Neuverkündungen des StGB) praktisch keine große Rolle spielen.

118 **d) Sonstiges.** Die Vorlage setzt voraus, dass die vorgelegte Norm **entscheidungserheblich** ist und dass das Gericht von der **Verfassungswidrigkeit überzeugt** ist (und nicht nur Zweifel an ihr hat).[291] Auch darf keine Möglichkeit zu einer verfassungskonformen Auslegung bestehen.[292]

119 Ist die Verfassungsmäßigkeit der fraglichen Vorschrift schon in einer **früheren Entscheidung** des BVerfG festgestellt worden, so ist eine Vorlage nach Art. 100 GG nur zulässig, wenn neue Tatsachen bzw. rechtliche Gesichtspunkte aufgetreten sind.[293] Ebenfalls grds. keine Vorlage ist möglich, wenn die Sache vom Obergericht an ein neues Instanzengericht zurückverwiesen worden ist, da insoweit dann die Annahme der Verfassungsmäßigkeit durch das Obergericht bindend ist.[294] Eine unterlassene Vorlage führt nur dann zu einer Verletzung des **Anspruchs auf den gesetzlichen Richter** nach Art. 101 Abs. 1 S. 2 GG, wenn diese sich als willkürlich darstellt.[295] Dies wird im Ergebnis oft ausscheiden, wenn das Gericht substantiiert darlegt, warum es von einer Vorlage abgesehen hat.

C. Strafprozessuale Verfahrensmaximen

I. Allgemeines

120 **1. Bedeutung der Verfahrensmaxime.** Ähnlich wie in anderen Rechtsgebieten (so etwa mit Blick auf die Staatszielbestimmungen im Staatsorganisationsrecht oder mit Blick

[285] Vgl. zur Rolle von Neuverkündungen BVerfG 23.10.1958 – 1 BvL 45/56, BVerfGE 8, 210 (213 f.) = NJW 1958, 2059.

[286] Vgl. BVerfG 14.1.1969 – 1 BvL 24/68, BVerfGE 25, 25 (27); 16.11.1971 – 1 BvL 29/70, 11/71, BVerfGE 32, 256 (258 f.).

[287] Vgl. Clemens in Umbach/Clemens GG Art. 100 Rn. 65.

[288] Vgl. BVerfG 26.1.1972 – 1 BvL 3/71, BVerfGE 32, 296 (300) = NJW 1972, 571; 4.6.1985 – 1 BvL 14/84, BVerfGE 70, 126 (130).

[289] Vgl. BVerfG 26.1.1972 – 1 BvL 3/71, BVerfGE 32, 296 (300) = NJW 1972, 571; 4.6.1985 – 1 BvL 14/84, BVerfGE 70, 126 (130).

[290] Vgl. Clemens in Umbach/Clemens GG Art. 100 Rn. 72.

[291] Vgl. BVerfG 29.11.1967 – 1 BvL 16/63, BVerfGE 22, 373 (378) = NJW 1968, 99; 7.4.1992 – 1 BvL 19/91, BVerfGE 86, 52 (57).

[292] Vgl. BVerfG 12.2.1992 – 1 BvL 21/88, BVerfGE 85, 329 (333 f.) = NJW 1992, 1951; 12.5.1992 – 1 BvL 7/89, BVerfGE 86, 71 (77).

[293] Vgl. BVerfG 13.5.1996 – 2 BvL 33/93, BVerfGE 94, 315 (322 f.) = NJW 1996, 2717.

[294] Vgl. BVerfG 15.7.1953 – 1 BvL 7/53, BVerfGE 2, 406 (411) = NJW 1953, 1385; 19.12.1984 – 2 BvL 20/84, 2 BvL 21/84, BVerfGE 68, 352 (358).

[295] Vgl. zur Abgrenzung von Willkür und bloßem error in procedendo bei Art. 101 Abs. 1 S. 2 GG bereits → Rn. 68 sowie – zu jeweils anderen Formen der Nichtvorlage – auch BVerfG 11.5.1965 – 2 BvR 259/63, BVerfGE 19, 38 (42 f.) = NJW 1965, 1323; 12.4.1983 – 2 BvR 678/81, 2 BvR 679/81, 2 BvR 680/81, 2 BvR 681/81, 2 BvR 683/81, BVerfGE 64, 1 (20 f.) = NJW 1983, 2766; 31.5.1990 – 3 BvL 12/88, 3 BvL 13/88, 2 BvR 1436/87, BVerfGE 82, 159 (194 ff.); 10.6.1997 – 2 BvR 1516/96, BVerfGE 96, 68 (77) = NJW 1998, 50. Spezifisch zur Vorlage an den EuGH vgl. die Maßstäbe bei BVerfG 9.1.2001 – 1 BvR 1036/99, NJW 2001, 1267 (1268).

auf das Postulat der Privatautonomie im Zivilrecht) ist auch das Strafverfahrensrecht durch **„Grundsätze" bzw. „Maximen"** geprägt, die man als eine Art **„Zwischenebene"** zwischen der hochabstrakten Verbürgung des Rechtsstaatsprinzips (→ Rn. 83 ff.) und den strafprozessualen Einzelvorschriften verstehen kann.[296] Der Kanon dieser Verfahrens- bzw. Prozessmaximen ist nicht völlig klar konturiert (und wird daher auch unterschiedlich weit gefasst), weil zum einen für bestimmte Aspekte unklar ist, ob sie tatsächlich als „bedeutsam" genug zu erachten sind, um ihnen den Rang einer Prozessmaxime zukommen zu lassen und weil zum anderen auch die **verfassungsrechtlichen Grundlagen** des Strafverfahrensrechts (→ Rn. 45 ff.) teilw. pauschalierend als Verfahrensmaximen verstanden werden, während andere zwischen positiv-verfassungsrechtlichen Grundlagen und prozessrechtstheoretischen Verfahrensmaximen unterscheiden.[297]

Ebenso wie bei den Maximen/Grundsätzen in anderen Rechtsgebieten gilt auch für die strafprozessualen Verfahrensmaximen: Zwar handelt es sich um **wichtige Leitlinien** für den Gesetzgeber bei der Gestaltung des Strafverfahrensrechts; primär maßgeblich für die Rechtsanwendung ist aber die ganz **konkrete Ausprägung** in den jeweiligen Einzelnormen, in denen die Verfahrensmaximen zumeist nicht in Reinform zum Ausdruck kommen. Lässt also etwa § 251 explizit die Verlesung einer Urkunde zu, so macht es für die Rechtsanwendung *de lege lata* keinen Sinn, hierin einen Verstoß gegen den Unmittelbarkeitsgrundsatz zu sehen: Letztlich ausschlaggebend ist für die praktische Rechtsanwendung eben, in welchem Umfang der Unmittelbarkeitsgrundsatz Eingang in die §§ 249 ff. tatsächlich gefunden hat (und nicht, ob bei einer idealisierten Geltung des Unmittelbarkeitsgrundsatzes die §§ 249 ff. anders strukturiert sein müssten). Insoweit ist anschaulich, wenn Kühne den Prozessmaximen „Dominanz nicht aber Ausschließlichkeit" zuspricht.[298] **121**

Gleichwohl bedeutsam sind die Maximen dann jedoch für die Behandlung von nicht explizit geregelten Fragen bzw. auch für die **Auslegung** in Grenzfällen einer Norm oder aber für die Bewahrung einer gewissen Konstanz in der gesetzlichen Systematik bei Überlegungen de lege ferenda.[299] Und auch die Rspr. argumentiert in ihren Entscheidungen nicht selten unter Rückgriff auf die Prozessmaximen.[300] **122**

2. Ergänzende Parameter und Geltungsanspruch des Prozessmodells. In inhaltlicher bzw. systemtranszendenter Hinsicht ist für die Frage, welcher Aspekt so bedeutsam ist, dass ihm die Rolle einer Verfahrensmaxime zukommt, bzw. für die zu fordernde Reichweite einer Verfahrensmaxime auch die **Gesamtausgestaltung des Verfahrens** bedeutsam,[301] mithin also das jeweils gewählte „Prozessmodell"[302] insgesamt. So liegt etwa auf der Hand, dass für die Frage, wie stark mit Blick auf ein gerechtes Verfahren und den Subjektstatus des Angeklagten die Unmittelbarkeit der Beweisaufnahme in der Hauptverhandlung ausgeprägt sein muss, nicht zuletzt auch entscheidend ist, welche Mitwirkungsgarantien der spätere Angeklagte im Ermittlungsverfahren hat und umgekehrt.[303] Vor diesem Hintergrund ist dann auch nicht erstaunlich, wenn ein nachträglich inkorporiertes mehr oder weniger eigenständiges „Verfahrensmodell" wie die Regelung über die Verständigung **123**

---

[296] Ähnlich auch Kühne in Löwe/Rosenberg Einl. I Rn. 1; Rieß FS Schäfer, 1979, 155 (172).

[297] Beispiele für solche Aspekte, die teils zu den Verfahrensmaximen, teils zu den verfassungsrechtlichen Grundlagen gezählt werden, sind etwa die Unschuldsvermutung, der nemo-tenetur-Grundsatz, die gerichtliche Fürsorgepflicht oder der Grundsatz der richterlichen Unabhängigkeit.

[298] Kühne in Löwe/Rosenberg Einl. G Rn. 9.

[299] Kühne in Löwe/Rosenberg Einl. I Rn. 2 spricht insoweit von der rechtsgestaltenden, systematisierenden und interpretatorischen Funktion der Prozessmaximen.

[300] Vgl. statt vieler nur BGH 23.5.1956 – 6 StR 14/56, BGHSt 9, 280 (281, 283 ff.) = NJW 1956, 1646 (1647); 23.9.1960 – 3 StR 28/60, BGHSt 15, 155 (157 ff.) = NJW 1960, 2346; 28.8.1997 – 4 StR 240/97, BGHSt 43, 195 (205 f.) = NJW 1998, 86 (88).

[301] Vgl. Weigend ZStW 113 (2001), 271 f.; Weigend ZStW 109 (1997), 104 f.

[302] Vgl. Kühne in Löwe/Rosenberg Einl. G Rn. 9.

[303] Vgl. Weigend ZStW 113 (2001), 271 (283); zur rechtsvergleichenden Betrachtung der Geltung verschiedener, miteinander kommunizierender Prozessmaximen in unterschiedlich geprägten Rechtsordnungen auch Kühne in Löwe/Rosenberg Einl. G Rn. 8 ff., 22 ff.

in § 257c[304] mit einer Vielzahl von Prozessmaximen in einen zumindest potentiellen Konflikt tritt.[305]

124 Zugleich zeigt dieses Beispiel auch, dass es letztlich **Sache des Gesetzgebers** ist, durch Abänderung des geltenden oder Ergänzung um ein neues Prozessmodell die Reichweite der Prozessmaximen zu bestimmen[306] (womit natürlich über die Frage, ob diese Neuausrichtung misslungen, gelungen oder zumindest praktischen Bedürfnissen geschuldet ist, noch nichts ausgesagt ist). Schließlich darf nicht übersehen werden, dass das jeweils geltende „Prozessmodell" nicht nur durch die Verfahrensmaximen, sondern – unabhängig von der terminologischen Einordnung als Verfahrensmaximen oder nicht – auch von verfassungsrechtlichen Parametern geprägt ist, so durch den Fair-trial-Grundsatz, den Verhältnismäßigkeitsgrundsatz, den Anspruch auf rechtliches Gehör oder den Anspruch auf Justizgewährleistung.[307]

125 Zuletzt muss man sich stets vergegenwärtigen, dass der Geltungsanspruch ebenso des allgemeinen „Prozessmodells" wie der einzelnen Maximen auch dadurch eingeschränkt wird, dass diese üblicherweise das **„vollständige Normalverfahren"** beschreiben. Ein solches ist aber statistisch keineswegs der Regelfall, sondern erhebliche Teile aller Strafverfahren werden entweder bereits im Ermittlungsverfahren durch Einstellung nach §§ 153 ff. oder aber durch den Erlass eines Strafbefehls beendet, bevor es überhaupt zur Hauptverhandlung kommt, in welcher dann seinerseits die seit 2009 legalisierte Möglichkeit einer verfahrensbeendenden Absprache noch hinzu kommt.[308] Selbst innerhalb des „Normalverfahrens" hängt die Geltung einzelner Maximen dann noch vom jeweiligen **Verfahrensstadium** ab.[309]

126 **3. Überblick über die wichtigsten Verfahrensmaximen.** Im Folgenden werden als **spezielle Verfahrensmaximen** behandelt das Legalitätsprinzip, das Offizialprinzip, der Amtsermittlungsgrundsatz, der Anklagegrundsatz, die Beschleunigungs- und Konzentrationsmaxime, die (in ihrer Geltung als neue Verfahrensmaxime sehr umstrittene) Konsensmaxime sowie die spezifischen Prinzipien zur Ausgestaltung der Hauptverhandlung (Unmittelbarkeitsgrundsatz, Mündlichkeitsgrundsatz, Öffentlichkeitsgrundsatz, freie Beweiswürdigung samt ihren Bezügen zum Grundsatz *in dubio pro reo*). Neben diesen und den verfassungsrechtlichen Grundlagen (vgl. zum Verhältnis zwischen verfassungsrechtlichen Grundlagen und Prozessmaximen bereits → Rn. 120) prägend sind etwa auch die Rechtsweggarantie, die Unparteilichkeit des Richters, das Recht auf Unterstützung durch einen Verteidiger oder der nemo-tenetur-Grundsatz; diese, doch sehr speziell auf bestimmte Verfahrensbeteiligte zugeschnittenen, Aspekte werden im Zusammenhang mit jenen unten ausführlicher behandelt werden.

II. Legalitätsprinzip

127 **1. Ermittlungs- und Anklagepflicht.** Das sog Legalitätsprinzip besagt, dass den Staat eine **Ermittlungs- und Anklagepflicht** bzgl. etwaiger Straftaten trifft.[310] Es hat explizit insbes. in § 152 Abs. 2 Niederschlag gefunden, auf dessen Kommentierung hier ergänzend auch verwiesen wird. Dieser grundsätzliche Ermittlungs- und Anklagezwang beinhaltet **zwei Stoßrichtungen:**[311] Zum einen sollen Straftaten nicht zuletzt als **prozessuale Absicherung** der rechtsgüterschützenden Funktion des materiellen Strafrechts effektiv verfolgt

304 Krit. insbes. mit Blick auf die fehlende systematische Stimmigkeit etwa Fezer NStZ 2010, 177.

305 Vgl. zu den Verfahrensmaximen, die durch Absprachen im Strafverfahren möglicherweise verletzt sein könnten, statt vieler nur Schünemann, Gutachten B zum 58. Deutschen Juristentag, 1990. S. 93 ff.; plastisch Fahl ZStW 117 (2005), 605: „Die verfahrensbeendende ‚Absprache' (…) gerät in Konflikt mit so gut wie allen Verfahrensgrundsätzen des deutschen Strafprozesses".

306 Möglicherweise sogar: neue Maximen in Gestalt einer Konsensmaxime zu schaffen, dafür Jahn ZStW 118 (2006), 427.

307 Vgl. Kühne in Löwe/Rosenberg Einl. G Rn. 17; Kühne in Löwe/Rosenberg Einl. H Rn. 16.

308 Vgl. auch Kühne in Löwe/Rosenberg Einl. G Rn. 32 (auch rechtsvergleichend); Weigend ZStW 113 (2001), 271 (272 f., 274 ff.).

309 Vgl. Rieß FS Rebmann, 1989, 381 (386).

310 Überblick bei Stam in Hilgendorf/Kudlich/Valerius StrafR-HdB VII § 10 Rn. 17 ff.

311 Vgl. auch Weigend ZStW 109 (1997), 103 f.

werden;[312] zum anderen soll eine sachliche Verfolgung ohne Ansehen der Person erfolgen, worin zugleich eine **Vorkehrung gegen Willkür** im Strafverfahren liegt.[313] Unter diesem zuletzt genannten Gesichtspunkt ist es zugleich auch ein Korrelat des staatlichen Anklagemonopols[314] und die Konsequenzen daraus, dass das deutsche Strafverfahren kein Parteienprozess ist.

Das Legalitätsprinzip gilt nicht nur für die Staatsanwaltschaft, sondern **auch für die** 128
Polizei (vgl. § 163), welche im Strafverfahren (anders als im Sicherheitsrecht) gerade im Prinzip **keine Opportunitätserwägungen** anzustellen hat. Freilich ist praktisch die Arbeit der Staatsanwaltschaften (und damit gem. § 399 Abs. 1 AO im Unterschied zur Polizei auch diejenige der Finanzbehörden) in der Praxis ganz wesentlich durch Opportunitätsregeln geprägt. Inhaltlich lässt sich dem Legalitätsprinzip zwar keine Verpflichtung zur „anlasslosen" Suche nach Straftaten entnehmen; demgegenüber wird man aber zumindest eine Berechtigung auch für **„Vorermittlungen"** anzuerkennen haben (die freilich nicht notwendig auch schon Grundrechtseingriffe rechtfertigen), wenn diese auf einem konkreten Hinweis beruhen, der nach kriminalistischer Erfahrung die Annahme einer Straftat nahe legt, selbst wenn die Anforderungen an einen „Anfangsverdacht" iSd § 152 Abs. 2 noch nicht vorliegen.

2. Konsequenzen aus dem Legalitätsprinzip für die Rechte und Pflichten von 129
Staatsanwaltschaft und Polizei. a) Immutabilitätsprinzip. Zwar bindet das Legalitätsprinzip vorrangig die Staatsanwaltschaft (vgl. → Rn. 127 f.). In seiner konkreten Ausprägung ist es aber auch im Zusammenhang mit dem deutschen Strafprozess beherrschenden Prozessmodell einer Aufgabenteilung von Staatsanwaltschaft (als Anklagebehörde) und Gericht (Entscheidungsbehörde) zu sehen. Verbreitet wird daher der Grundsatz der Immutabilität,[315] nach welchem die Staatsanwaltschaft die **öffentliche Klage nicht mehr zurücknehmen** kann, wenn das beschließende Gericht die Hauptverhandlung eröffnet hat (vgl. § 156), als Ausfluss des Legalitätsprinzips betrachtet.

b) Außerdienstliche Kenntniserlangung. Im Spannungsfeld zwischen Legalitäts- 130
prinzip und Achtung der Privatsphäre auch von Mitgliedern der Strafverfolgungsbehörden steht die Frage nach einem Verfolgungs- und Anklagezwang auch bzgl. solcher Tatsachen, von denen **außerdienstliche Kenntnis** erlangt worden ist. Die **hM** schließt einen solchen Anklagezwang auch bei privater Erkenntniserlangung nicht aus, relativiert ihn aber durch eine **Abwägung** mit dem Schutz der Privatsphäre und nimmt daher in solchen Fällen im Ergebnis nur bei **schwerwiegenden** (etwa unter den Katalog des § 138 StGB fallenden) **Straftaten** einen Ermittlungszwang an.[316] Auf den ersten Blick erscheint ein Verfolgungszwang in solchen Konstellationen nicht als übermäßige Belastung, handelt es sich doch um Fälle, in denen selbst dem „Jedermann" eine Handlungspflicht abverlangt wird. Ein nicht nur den Strafrahmen betreffender, sondern durchaus auch kategorialer Unterschied liegt freilich darin, dass mit der Anerkennung des Verfolgungszwangs zugleich eine Art **„Sonderzuständigkeit"** (mit der Möglichkeit einer Strafbarkeit nach §§ 258a, 13 StGB) anerkannt wird, die qualitativ etwas durchaus Verschiedenes zur allgemeinen Solidaritätspflicht des § 138 StGB ist. Insoweit mag man daran zweifeln, ob überhaupt ein Verfolgungszwang angenommen werden kann, soweit die Kenntniserlangung klar ausschließlich im privaten Bereich wurzelt.[317] Freilich ändert die private Kenntniserlangung letztlich nichts daran, dass die spätere **Kenntnis auch** beim Amtsträger während seiner Dienstausübung vorliegt;

---

312 Vgl. Rieß NStZ 1981, 2 (5).

313 Vgl. auch BVerfG 23.7.1982 – 2 BvR 8/82, NStZ 1982, 430 (gleiche Verfolgung eines mindestens Gleichverdächtigen).

314 Vgl. BGH 23.9.1960 – 3 StR 28/60, BGHSt 15, 155 (159) = NJW 1960, 2346 (2347 f.); Fischer in KK-StPO Einl. Rn. 8; Beulke in Satzger/Schluckebier/Widmaier StPO Einl Rn. 50.

315 Zu diesem Prinzip als Merkmal des inquisitorischen Strafprozesses Schroeder GA 2011, 501.

316 Vgl. etwa BGH 29.10.1992 – 4 StR 358/92, BGHSt 38, 388 = NJW 1993, 544 mAnm Laubenthal JuS 1993, 907; eingehend Pawlik ZStW 111 (1999), 335.

317 Krit. auch Kühne in Löwe/Rosenberg Einl. I Rn. 23.

insoweit käme auch niemand auf die Idee, sonstige **basale Grundkenntnisse,** die außerhalb des Dienstes erlangt worden sind (wie zB das „Einmaleins“), aus dem Kopf des Amtsträgers gleichsam „auszublenden“, wenn sich nur im Zusammenhang mit diesen Grundkenntnissen auch der Verdacht einer Straftat ergibt. Vor diesem Hintergrund ist die vermittelnde Lösung des BGH zumindest keinen unüberwindbaren Bedenken ausgesetzt.

131 **c) Divergierende Rechtssauffassungen zwischen Staatsanwaltschaft und Rechtsprechung.** Zumindest teilw. mit dem Legalitätsprinzip zusammen hängt die Frage, inwieweit die Staatsanwaltschaft bei ihrer **Entscheidung über die Anklageerhebung** (vgl. insoweit auch ergänzend die Kommentierung zu § 78 Abs. 1) **an** eine – zumindest gefestigte und höchstrichterliche – **Rspr. gebunden** ist, soweit es um die Bewertung des Verhaltens als strafbar bzw. straflos geht. Vergleichsweise wenig Probleme wirft dabei der Fall auf, in welchem die Staatsanwaltschaft **über die Rspr. hinausgehen** und ein Verhalten als strafbar erachten will, das nach der (bisherigen) Rspr. ggf. straflos bleiben würde. Da die Gerichte in diesen Fällen trotz einer Anklageerhebung bei ihrer Position bleiben und das Hauptverfahren nicht eröffnen oder jedenfalls den Angeklagten freisprechen können, liegt hierin kein nennenswerter Eingriff der Staatsanwaltschaft in richterliche Befugnisse; vor diesem Hintergrund wird man es durchaus als Ausfluss des Legalitätsprinzips verstehen können, dass ein Verhalten, welches ein **Staatsanwalt für strafbar hält, von ihm auch verfolgt** und angeklagt wird, zumal auch nur auf diese Weise die Rspr. überhaupt die Möglichkeit bekommt, ihren Standpunkt zu überdenken und ggf. zu korrigieren.[318] Zwar hat der hiergegen vorgebrachte **Einwand** einer ex post unnötigen Belastung des Beschuldigten durch eine Anklageerhebung und möglicherweise sogar eine öffentliche Hauptverhandlung durchaus Gewicht.[319] Andererseits darf dieses Problem auch **nicht überschätzt** werden, dürfte es letztlich doch deutlich seltener auftauchen als Fälle einer „Tatsachenunsicherheit“, in denen es zwar zur Anklage, letztlich mangels hinreichender Überzeugungsbildung durch das Gericht aber auch nicht zu einer Verurteilung kommt; im Vergleich zu diesen Fällen dürfte ferner dem Beschuldigten/Angeklagten das Verfahren sogar noch eher zuzumuten sein, da der dann ggf. erfolgende Freispruch aus Rechtsgründen noch klarer, überzeugender und rehabilitierender ist als ein bloßer „Mangel an Beweisen“ bei einer Anklageerhebung trotz Tatsachenunsicherheit.

132 **Problematischer** ist demgegenüber die Situation, in welcher die **Staatsanwaltschaft** ein **Verhalten für straflos hält,** welches von der bislang herrschenden Rspr. als strafbar erachtet würde. Gegen einen Verfolgungszwang in solchen Fällen könnten insbes. die organisatorische Trennung zwischen Staatsanwaltschaft und Gerichten sowie das letztlich im Anklagegrundsatz (→ Rn. 144) zum Ausdruck kommende Erfordernis sprechen, dass einer strafrechtlichen Verurteilung das negative Urteil zweier voneinander unabhängiger Stellen vorangehen muss. Freilich streitet gerade das Legalitätsprinzip in solchen Fällen für einen Verfolgungszwang, da der **„Rahmen der Legalität“** gewissermaßen durch die Auslegung der Strafvorschriften seitens der zur Entscheidung berufenen Instanzen (und dh damit der Gerichte) gespannt wird.[320] Auch die übliche Umschreibung des „genügenden Anlasses zur Erhebung der öffentlichen Klage“ in § 170 Abs. 1 damit, dass eine Verurteilung wahrscheinlicher erscheint als ein Freispruch, spricht insoweit für einen Anklagezwang, da nach Erhebung der Klage auf der Grundlage der bisherigen Rspr. eine Verurteilung eben wahrscheinlich wäre. Selbstverständlich muss es der Staatsanwaltschaft freistehen, in der Hauptverhandlung auf Freispruch zu plädieren – Gegenstand des Legalitätsprinzips ist es aber eben auch, dass dem **Gericht** zumindest die **Möglichkeit** gegeben wird, davon abweichend zu entscheiden.

133 **3. Grenzen des und Ausnahmen vom Legalitätsprinzip(s).** Eine echte Ausnahme vom Legalitätsprinzip ist die in §§ 376, 377 Abs. 1 S. 1 vorgesehene Möglichkeit, den

[318] Zu diesem letztgenannten Gesichtspunkt auch Beulke/Swoboda StrafProzR Rn. 89.

[319] Zu diesem Einwand vgl. Kühne StrafProzR Rn. 144.

[320] So auch BGH 23.9.1960 – 3 StR 28/60, BGHSt 15, 155 (158) = NJW 1960, 2346 (2347); Beulke/Swoboda StrafProzR Rn. 90.

Geschädigten auf die **Privatklage** zu verweisen. Theoretisch begründet dies zwar keine Ausnahme vom **Ermittlungszwang;** faktisch werden die Ermittlungen aber in solchen Fällen selbstverständlich knapper ausfallen, so dass aus Sicht der Staatsanwaltschaft die Möglichkeit, auf den Privatklageweg zu verweisen, auch ein **Beschleunigungspotential** beinhaltet. Keine derartige vollständige Durchbrechung, aber doch eine wesentliche (und zahlenmäßig relevantere) Einschränkung des Legalitätsprinzips bilden die **Opportunitätsvorschriften,** nach denen – vielfach bis zur Eröffnung des Gerichts auch ohne dessen Zustimmung – auf eine weitere Verfolgung nach dem Ermessen der Staatsanwaltschaft verzichtet werden kann. Neben den speziellen jugendstrafrechtlichen Vorschriften der §§ 45, 47 JGG (für die Staatsanwaltschaft bzw. den Richter) sind dies in der StPO selbst insbes. die §§ 153–154e.

Wollte man diese nach dem **Grund für die Einräumung des Ermessens** systematisieren, so sind entscheidende Gesichtspunkte diejenigen **134**
- der **Geringfügigkeit** bzw. der **Verfahrensökonomie** (§§ 153, 153a, 154, 154a – gerade bei der Einstellung gegen Auflage freilich keinesfalls auf Bagatellfälle beschränkt);
- der **Korrespondenz** mit der im **materiellen Recht** vorgesehenen Möglichkeit, von Strafe abzusehen (§ 153b iV etwa mit § 46b StGB, § 31 BtMG);
- der **verfahrensökonomischen Zurückschneidung** des in manchen Fällen extrem weit ausgedehnten **Anwendungsbereichs** des deutschen Strafrechts mit entsprechender Zuständigkeit der deutschen Strafverfolgungsbehörden (§ 153c und § 153f);[321]
- des **Staatsschutzes,** dh des Überwiegens des Interesses an der öffentlichen Sicherheit gegenüber demjenigen an der Strafverfolgung (§ 153d und § 153e iVm § 74a Abs. 1 GVG, § 120 Abs. 1 GVG);
- sonstiger **materieller Gerechtigkeitserwägungen** oder Unsicherheiten über die Angemessenheit der Strafverfolgung (§§ 154c, 154d, 154e, 154f).

Statistisch spielen diese Einstellungsmöglichkeiten – insbes. diejenigen nach §§ 153, 153a, 154, 154a – **eine überragende Rolle.** Andererseits sind sie aber **abschließend,** dh trotz der in ihnen zum Ausdruck kommenden „Wertschätzung" des Opportunitätsprinzips durch den Gesetzgeber ist den Strafverfolgungsbehörden außerhalb des Anwendungsbereichs dieser Vorschrift ein Rückgriff auf das Opportunitätsprinzip (etwa im Wege einer Gesamtanalogie) untersagt. Angesichts der zahlreichen Einstellungsmöglichkeiten ist das Erfordernis eines solchen Rückgriffes allerdings zumindest in geeigneten Fällen auch kaum vorstellbar. **135**

III. Das Offizialprinzip und seine Beschränkungen

Mit der Bezeichnung „Offizialprinzip" wird zum Ausdruck gebracht, dass die Strafverfolgung grds. **Sache des Staates** ist und es sich um **keinen Parteienprozess** handelt.[322] Daraus ergibt sich regelmäßig auch – rechtspolitisch nicht immer völlig unproblematisch – dass das Einschreiten **ohne Rücksicht auf den Willen des Verletzten** erfolgt. Historische Wurzel des Offizialprinzips ist der Inquisitionsprozess; aber auch nach dessen Überwindung durch das Akkusationsprinzip bleibt die Strafverfolgung als genuin staatliche Aufgabe – idealtypisch nunmehr verteilt auf mehrere verschiedene Behörden – bestehen. **136**

Zuständig zur Durchführung des Strafverfahrens sind zum einen die **Gerichte,** wobei die konkrete Zuständigkeit (die sich nach der StPO und dem GVG bestimmt) Ausdruck des auch verfassungsrechtlich garantierten gesetzlichen Richters (→ Rn. 66 ff.) ist. Als staatliche Ermittlungs- und Anklagebehörde werden die **Staatsanwaltschaft** mit ihren (früher im Gesetz durchaus anschaulich als „Hilfsbeamte" bezeichneten) Ermittlungsbeamten sowie in Steuerstrafsachen die Finanzbehörden zuständig. Die besondere Monopolstellung der Staatsanwaltschaft zeigt sich darin, dass sie auch dort, wo eine anderweitige Zuständigkeit begründet ist, die Sache in jedem Stadium des Verfahrens an sich ziehen kann (sog Evokati- **137**

---

[321] Vgl. aber auch zur Möglichkeit eines Vorgehens nach § 154 im Hinblick auf ausländische Verfahren bzw. Verurteilungen Peters NStZ 2012, 76.

[322] Knapper Überblick bei Stam in Hilgendorf/Kudlich/Valerius StrafR-HdB VII § 10 Rn. 5 ff.

onsrecht, vgl. § 377 Abs. 2 für die Privatklage und § 386 Abs. 4 S. 2 AO für das Steuerstrafverfahren).

138 **Einschränkungen** des Offizialprinzips bestehen zum einen in der **Privatklage** (§§ 374 ff.), welche nicht nur das Legalitäts-, sondern auch das Offizialprinzip durchbricht. Einschränkungen gelten ferner bei **Antrags- oder Ermächtigungsdelikten,** bei denen die Strafverfolgung zwar weiterhin durch den Staat, aber nicht (so bei absoluten Antragsdelikten) oder jedenfalls nicht ohne weiteres (so bei relativen Antragsdelikten) gegen den Willen des Verletzten erfolgen kann (zB §§ 123, 185 ff., 223, 229, 242 iVm §§ 247, 248a, 303 StGB sowie diverse Vorschriften aus dem Nebenstrafrecht[323]).

IV. Amtsermittlungsgrundsatz

139 Mit Blick auf das – (zentrale[324]) – (Zwischen-)Ziel der **Wahrheitsermittlung** im Strafprozess (→ Rn. 7, 11) ergibt sich fast notwendig die Verpflichtung der Strafverfolgungsorgane, die (ungeachtet etwa erkenntnistheoretischer Einschränkungen möglichst materielle, nicht nur prozessuale/formale[325]) Wahrheit zu ermitteln,[326] dh den zugrundeliegenden Sachverhalt möglichst so, wie er wirklich vorgefallen ist, aufzuklären. Diese Verpflichtung ist Gegenstand des sog **Amtsermittlungsgrundsatzes** (synonym: Untersuchungsgrundsatz oder Instruktionsmaxime). Einem solchen materiellen Wahrheitsbegriff entspricht es, dass auch die Strafverfolgungsbehörden (und zwar nicht nur das Gericht, sondern auch die Staatsanwaltschaft, vgl. § 160) verpflichtet sind, nicht nur belastende, sondern **auch entlastende Informationen** zu sammeln. Zumindest flankierend und reflexartig, teilw. wohl aber auch final wird der Gedanke der bestmöglichen Wahrheitserforschung neben dem Aufklärungsgrundsatz auch noch durch andere prozessuale Maximen bzw. Rechtsinstitute unterstützt, so etwa durch den Unmittelbarkeitsgrundsatz (→ Rn. 177 ff.) sowie durch die Konzentrationsmaxime (vgl. unten → Rn. 150 ff., welche vor einer Verschlechterung der Beweislage durch Zeitablauf schützt).

140 Das Recht, aber eben auch die Verpflichtung zur Sachverhaltsaufklärung trifft nicht nur die Staatsanwaltschaft im Rahmen des Ermittlungsverfahrens (vgl. auch § 155 Abs. 2),[327] sondern ebenso das **Gericht im Rahmen der Hauptverhandlung** (vgl. § 244 Abs. 2). Es ist dort bei seiner Wahrheitsfindung weder an die Ermittlungsergebnisse der Staatsanwaltschaft noch an irgendwelche Anträge gebunden. Durch seine Verhandlungsleitung in der Hauptverhandlung (vgl. § 238 Abs. 1) kommt dabei dem Vorsitzenden eine starke Stellung bei der Wahrheitsermittlung zu, da etwa Art und Reihenfolge der Beweisaufnahme durchaus für ihr Ergebnis von Bedeutung sein können.

141 Die Pflicht des Tatgerichts zur Wahrheitsermittlung hat nicht nur etwa zur Folge, dass diese allein seine Aufgabe wäre. Vielmehr gewährt die StPO verschiedenen Beteiligten mehr oder weniger starke Teilhaberechte, insbes. das **Beweisantragsrecht** (→ Rn. 428 ff.). Auch dort, wo der Inhalt eines Beweisantrages (in der Metapher zweier konzentrischer Kreise) gewissermaßen außerhalb des Bereichs der ermessenpflichtgemäßen Amtsermittlung liegt,

[323] So etwa alle Straftatbestände aus dem Bereich des gewerblichen Rechtsschutzes, soweit sie nicht gewerbsmäßig begangen werden, vgl. § 109 UrhG; § 143 Abs. 6 MarkenG; § 25 Abs. 6 GebrMusterG; § 51 Abs. 6 GeschmMusterG; § 142 Abs. 6 PatG; vgl. auch Kudlich in Bosch/Bung/Klippel, Geistiges Eigentum und Strafrecht, 2011, 39 (47).

[324] Vgl. BGH 23.5.1956 – 6 StR 14/56, BGHSt 9, 280 (281) = NJW 1956, 1646 (1647); BVerfG 26.5.1981 – 2 BvR 215/81, BVerfGE 57, 250 (275) = NJW 1981, 1719 (1722); 12.1.1983 – 2 BvR 864/81, BVerfGE 63, 45 (61) = NJW 1983, 1043.

[325] Dies schließt nicht aus, dass in bestimmten Verfahrenssituationen – und hier insbes. in der Rechtsmittelinstanz – Abstriche vom materiellen Wahrheitsbegriff gemacht werden, wenn etwa Rechtsmittel zulässigerweise beschränkt werden. Wenn der BGH im Zusammenhang mit der Zulässigkeit der Rügeverkümmerung daher betont, dass im Strafprozessrecht eine prozessuale Wahrheit nie beachtlich sei, ist dies nicht zutreffend, vgl. Kudlich HRRS 2007, 9 (14 f.); Kudlich BLJ 2007, 125 (127 f.); Knauer FS Widmaier, 2008, 291.

[326] Vgl. dazu auch Zabel in Hilgendorf/Kudlich/Valerius StrafR-HdB VII § 11 Rn. 1 ff., va Rn. 15 ff.

[327] Zur Befugnis der Staatsanwaltschaft auch zur Nachermittlung während der laufenden Hauptverhandlung vgl. BGH 7.5.2919 – 5 StR 263/18, BeckRS 2019, 10447 mAnm Mosbacher JuS 2020, 128.

kann ein solcher nur in den engen Grenzen der § 244 Abs. 3–5, § 245 abgelehnt werden; ist dies nicht möglich, muss grds. die beantragte Beweiserhebung durchgeführt werden. Bei zutreffendem Verständnis ist diese starke Stellung des Beweisantragsberechtigten (zwar im Einzelfall mitunter ein Ärgernis für das Gericht,[328] aber) keine Ausnahme vom Amtsermittlungsgrundsatz, sondern eher seine Folge bzw. ein **damit korrespondierender Umstand,** kann doch diese Bindung gerade deshalb zur bestmöglichen „materiellen" Sachverhaltsaufklärung führen, weil damit auch Perspektiven der möglicherweise am verhandelten Geschehen beteiligten Personen mit eingebracht werden können, über welche das Gericht kraft Natur der Sache überhaupt nicht verfügen kann.

Das Prinzip der Amtsermittlung und das Ziel einer möglichst umfassenden Sachverhaltsaufklärung haben selbstverständlich dennoch nicht zur Folge, dass diese Aufklärung uneingeschränkt erfolgen würde. **Grenzen** liegen zum einen schon kraft Natur der Sache – außer im **begrenzten menschlichen Erkenntnisvermögen** überhaupt – schon darin, dass ein Strafverfahren **kein zeitlich unbegrenztes Forschungsprojekt,** sondern auf einen Abschluss und die rechtliche Bewertung eines Sachverhaltes (und damit auch die Schaffung von Rechtsfrieden, → Rn. 10) angelegter Prozess ist. So können etwa im Einzelfall das Institut der Rechtskraft ebenso wie Erschwernisse bei der zulässigen Einlegung einer Revision[329] zu einer Begrenzung der Wahrheitsfindung führen und damit die Unwahrheit zementieren; Vergleichbares gilt etwa für der Verfahrensökonomie geschuldeten Durchbrechungen des Unmittelbarkeitsgrundsatzes, soweit im Einzelfall mit dem unmittelbaren Beweismittel ein besserer Beweis hätte geführt werden können. Ferner kann die Wahrheitsfindung der – als solcher ja ebenfalls durchaus gewünschten (→ Rn. 150 ff.) – Beschleunigung zum Opfer fallen, wie ungeachtet der Salvatorischen Klausel in § 257c Abs. 1 S. 2 besonders deutlich bei der verfahrensbeendenden Verständigung.[330] **142**

Aber auch dort, wo mit vertretbarem prozessökonomischen Aufwand eine weitere Wahrheitserforschung möglich wäre (oder sogar erfolgt ist), können sich **Beschränkungen aus übergeordneten Gesichtspunkten** ergeben, wenn die Ermittlung in einer als unzulässig erachteten Weise in die Grundrechtspositionen der Verfahrensbeteiligten eingreift. Für solche Fälle erkennt auch die Rspr. an, dass es kein **Ziel des Strafverfahrens ist, die Wahrheit „um jeden Preis zu erforschen",**[331] wobei die Frage, unter welchen Voraussetzungen hierbei ungeschriebene Beweiserhebungs- bzw. Beweisverwertungsverbote auftreten, trotz einer reichhaltigen Rspr. und trotz intensiver Bemühungen in der Lit.[332] in vielen Bereichen noch als ungeklärt gelten muss (→ Rn. 451 ff.). **143**

V. Anklagegrundsatz

1. Allgemeines. Prägend für den modernen, nicht mehr nach (gemeinrechtlich-)inquisitorischem Muster ablaufenden Strafprozess ist die **Verschiedenheit und auch** **144**

---

[328] Zur „Angst des Richters vor dem Beweisantrag" bzw. zum vorgeblichen „Missbrauch des Beweisantragsrechts" und den Reaktionsmöglichkeiten → Rn. 342 ff. sowie vertiefend Eschenhagen, Der Mißbrauch des Beweisantragsrechts, 2001; Herdegen NStZ 2000, 1; Kudlich, Gutachten C zum 68. Deutschen Juristentag, 2010, S. 69 ff.; Kudlich, Strafprozeß und allgemeines Mißbrauchsverbot, 1998, 275 ff.; Spiekermann, Der Mißbrauch des Beweisantragsrechts, 2001.

[329] Zu Tendenzen, die Durchsetzung prozessualer Positionen zu erschweren, vgl. zusammenfassend Kudlich, Gutachten C zum 68. Deutschen Juristentag, 2010, S. 86 ff.

[330] Zur Kritik daher statt vieler nur Schmitt in Meyer-Goßner/Schmitt § 257c Rn. 3 („bloßes Lippenbekenntnis"); Fischer StraFo 2009, 177 (186: „bloßes Postulat"); für eine neue Deutung des § 244 Abs. 2 im Licht einer Konsensmaxime Jahn GA 2004, 272. Zum Versuch einer Synthese über den Gedanken der wechselseitigen Abhängigkeit von Amtsaufklärung und richterlicher Überzeugung (§ 244 Abs. 2 und § 261) Kudlich, Gutachten C zum 68. Deutschen Juristentag, 2010, S. 64 f., sowie → Rn. 172 ff.; für ein striktes Verständnis auch um den Preis einer Einschränkung des Anwendungsbereichs der Verständigungen aber BVerfG 19.3.2013 – 2 BvR 2628/10 ua, NJW 2013, 1058 (1063) mAnm Kudlich NStZ 2013, 379.

[331] Vgl. nur BGH 14.6.1960 – 1 StR 683/59, BGHSt 14, 358 (365) = NJW 1960, 1580 (1582); BGH 17.3.1983 – 4 StR 640/82, BGHSt 31, 304 (309) = NJW 1983, 1570 (1571) stRspr.

[332] Vgl. aus jüngerer Zeit nur monographisch Jäger, Beweisverwertung und Beweisverwertungsverbote im Strafprozess, 2003; Jahn, Gutachten C zum 67. Deutschen Juristentag, 2008.

Unabhängigkeit von Anklagebehörde und Gericht. Nach dem sog Anklagegrundsatz bzw. Akkusationsprinzip[333] kommt es nach §§ 151, 152 zu einer „gerichtlichen Untersuchung"[334] nur auf eine Anklage hin. Zuständig für diese und zugleich Herrin des die Anklage vorbereitenden Ermittlungsverfahrens ist die **Staatsanwaltschaft.** Insbes. das (potentielle) spätere Tatgericht ist strukturell vor Anklageerhebung mit dem Fall nie befasst. Hinter diesem Grundsatz steckt die Idee, dass einer Verurteilung die **strafrechtliche Würdigung durch zwei unterschiedliche und voneinander unabhängige strafjuristische Einrichtungen** voraus gehen soll, die das Verhalten beide als strafbar erachtet haben; aus anderem Blickwinkel könnte man auch formulieren: Schon der Belastung mit dem gerichtlichen Verfahren soll der Bürger nur unterzogen werden, wenn eine vom Gericht unabhängige Behörde von der Strafbarkeit seines Verhaltens ausgeht. Dies gilt nach der gesetzlichen Konzeption nicht nur generell, sondern auch für **jede einzelne** vom Gericht zu beurteilende **Tat,** woraus sich etwa das Erfordernis einer Nachtragsanklage (§ 266, im Unterschied zur bloßen Hinweispflicht nach § 265 bei Änderung der rechtlichen Bewertung[335]) bei Einbeziehung einer weiteren prozessualen Tat ergibt. Insoweit kann man auch davon sprechen, dass die **Anklage den Prozessstoff bestimmt,** der im Verfahren dann „abgearbeitet" werden muss, was sich insbes. in §§ 155 und 264 widerspiegelt, aber etwa auch Auswirkungen auf die Frage hat, in welchen Konstellationen jedenfalls Teilfreisprüche ergehen müssen, in welchem Umfang Ermittlungsverfahren ggf. innerhalb einer Anklageschrift eingestellt werden müssen etc.

145 Zur soeben genannten Funktion des Anklagegrundsatzes für jeden einzelnen Tatvorwurf darf man freilich nicht die Augen davor verschließen, dass gerade in **komplexeren und umfangreicheren Verfahren** wohl nicht selten Einzelaspekte auch unterhalb der an sich durch § 170 Abs. 1 gebotenen Verdachtsschwelle angeklagt werden, um damit einen gewissen Druck auszuüben und **Verhandlungsmasse** für die in solchen Verfahren nicht seltenen Gespräche über Verfahrenseinstellungen (§§ 153a, 154, 154a) bzw. im Rahmen einer Verständigung (§ 257c) zu haben.

146 **2. Anklage als Prozessvoraussetzung.** Die prägende Kraft und zentrale Bedeutung des Akkusationsprinzips dürfte auch ein Grund dafür sein, dass in der **fehlerfreien Anklage** selbst eine **Prozessvoraussetzung** (und nicht nur eine sonstige formale Rechtsmäßigkeitsanforderung) gesehen wird (→ Rn. 369 ff.). Die Konsequenz daraus ist, dass bei hinreichend schweren Mängeln ein Prozesshindernis vorliegt.

147 **3. Durchbrechungen des Anklagegrundsatzes.** Der Anklagegrundsatz gilt **im Kern ausnahmslos.** Auch Verfahrensschritte, die explizit oder der Sache nach **Surrogate der Anklage** darstellen (wie insbes. der Antrag auf Erlass eines Strafbefehls) ändern daran nichts, sondern bestätigen diese Regel sogar noch, soweit sie durch eine vergleichbare Struktur der Trennung und Unabhängigkeit von zwei Behörden geprägt sind. Dass dabei tatsächlich in der Praxis gerade im **Strafbefehlsverfahren** diese Unabhängigkeit kritisch hinterfragt werden kann, da Strafbefehlsanträgen wohl nicht selten ohne nähere Prüfung entsprochen wird, steht dem nicht entgegen, sondern ist eher ein **Missstand bei der praktischen Umsetzung** (wobei an dieser Stelle nicht drüber geurteilt werden soll, ob dieser mit den zur Verfügung stehenden Ressourcen behoben werden kann).[336]

---

333 Vgl. näher auch Stam in Hilgendorf/Kudlich/Valerius StrafR-HdB VII § 10 Rn. 8 ff.

334 Kühne in Löwe/Rosenberg Einl. I Rn. 9 weist zu Recht darauf hin, dass die Formulierung der „Eröffnung einer gerichtlichen Untersuchung" in § 151 zu Verständnisschwierigkeiten führt, da sie in der ursprünglichen Fassung der StPO auch noch die gerichtliche Voruntersuchung mit umfasst hat; nach geltendem Recht verläuft die Trennlinie der Anklage zwischen dem Ermittlungsverfahren und dem Zwischenverfahren nach §§ 199 ff., in dem sich das (potentielle) spätere Tatgericht erstmals mit der Sache befasst.

335 Dazu, dass diese Pflicht durch etwaige Verständigungen nach § 257c nicht berührt wird, vgl. BGH 11.5.2011 – 2 StR 590/10, NStZ 2012, 45 mAnm Jahn/Rückert.

336 Zum Zusammenhang zwischen Strafbefehlsverfahren und Fehlurteil auch Kemme/Dunkel StV 2020, 52.

Ebenfalls keine Durchbrechung des Anklagegrundsatzes bildet das **Klageerzwingungsverfahren.** Vielmehr dient es nur der **Kontrolle des staatsanwaltschaftlichen Handelns.** Dies wird dadurch deutlich, dass nicht etwa das spätere Tatgericht (sondern das OLG) über den Antrag entscheidet, dass dies erst nach einer internen Kontrolle innerhalb der Staatsanwaltschaft selbst erfolgt und dass die Entscheidungskompetenzen des Gerichts insbes. bei den praktisch sehr wichtigen Opportunitätseinstellungen beschränkt sind (vgl. § 172 Abs. 2 S. 3). 148

4. Verhältnis zu anderen Prozessmaximen bzw. verfassungsrechtlichen Garantien. Der Anklagegrundsatz steht aufgrund seines verfahrensprägenden und verschiedene formale Anforderungen nach sich ziehenden Charakters in **Interdependenzen zu verschiedenen anderen Verfahrensmaximen** bzw. verfassungsrechtlichen Garantien: So dient die der gerichtlichen Verhandlung vorhergehende Anklage etwa sowohl der **Effektivierung des Verteidigungsrechtes** als auch insbes. des Grundsatzes auf **rechtliches Gehör,** welcher für seine effektive Ausübung gerade bestimmte Informationsrechte voraussetzt (→ Rn. 70). Dass auch schon eine Anklageerhebung als solche stigmatisierend wirken und damit für den Angeschuldigten belastend wirken kann, ist zwar nicht von der Hand zu weisen, steht dem aber nicht entgegen. Denn würde man sich den Anklagegrundsatz wegdenken, so würde in diesen Fällen eher nicht die möglicherweise ungerechtfertigte Inanspruchnahme entfallen, sondern es müsste – mutatis mutandis – im Gegenteil sogar zu einer noch belastenderen (ggf. sogar öffentlichen) Untersuchung durch das Gericht kommen. Durch die Voraussetzung, dass jedenfalls im Normalverfahren der Anklagesatz auch verlesen werden muss, ergeben sich spezielle Berührungspunkte zum **Mündlichkeitsgrundsatz.** Freilich liegt weder nach dessen Ratio noch nach Sinn und Zweck des Anklagegrundsatzes ein besonders schwerer, da „prozessprinzipienwidriger" Fehler darin, wenn etwa in einem umfangreichen Anklagesatz mit zahlreichen tabellarischen Übersichten eine Zahl oder ein Komma falsch verlesen werden. 149

VI. Beschleunigungsgrundsatz und Konzentrationsmaxime

1. Allgemeines. Oft in einem Atemzug genannt werden als Prozessmaximen ferner der **Beschleunigungsgrundsatz** und die sog **Konzentrationsmaxime.**[337] Daran ist richtig, dass beide Grundsätze – wenn man sie denn begrifflich voneinander trennen möchte – meist **gleichgerichtet** wirken werden, da eine Konzentration des Verfahrens regelmäßig auch zu seiner Beschleunigung führt. Möchte man beide Prinzipien aber begrifflich auseinanderhalten, so haben sie durchaus verschiedene Schutzrichtungen (die freilich beide auch in ein insoweit wertfreies Beschleunigungspostulat hineingelesen werden können): Die Beschleunigung des Verfahrens als solche dient insbes. als Schutz vor den damit verbundenen Belastungen für den Beschuldigten/Angeklagten sowie auch der Ökonomie mit Blick auf die staatlichen Strafverfolgungsorgane; bei der Konzentrationsmaxime tritt noch stärker als beim Beschleunigungsgebot der Gesichtspunkt einer **Sicherung der Wahrheitsfindung** hervor.[338] 150

2. Konzentrationsmaxime im engeren Sinn. Hauptanliegen der Konzentrationsmaxime ist die **Durchführung der Hauptverhandlung** möglichst **in einem Zug** (wobei sich das Ideal des „Ein-Verhandlungstages" in umfangreicheren Verfahren auch bei optimaler Vorbereitung selbstverständlich nicht wahren lässt). Insoweit wird die soeben angedeutete Schutzrichtung des **kompakten und unmittelbaren Eindrucks vom Tatgeschehen** deutlich, und eine insgesamt kürzere Hauptverhandlung dient durchaus auch im oben genannten Sinne den Interessen der Verfahrensbeteiligten. Freilich darf nicht vernachlässigt werden, dass zu konzentrierte und eng getaktete Verhandlungstage bzw. -terminierungen auch eine belastende Wirkung haben können. 151

---

337 Eingehend hierzu auch Murmann in Hilgendorf/Kudlich/Valerius StrafR-HdB VII § 12.

338 Vgl. auch BGH 5.2.1970 – 4 StR 272/68, BGHSt 23, 224 (225 f.) = NJW 1970, 767; BGH 25.7.1996 – 4 StR 172/96, NJW 1996, 3019.

152 Ausdruck findet dieses Bestreben insbes. in der Unterscheidung zwischen zulässiger, aber zeitlich an mehr oder weniger enge Fristen geknüpfter **Unterbrechungen** der Hauptverhandlung (§ 228 Abs. 1 S. 1 Alt. 2, § 229 Abs. 1) und zum Erfordernis völlig neuer Verhandlungen führender **Aussetzung** des Verfahrens (§ 228 Abs. 1 Alt. 1, § 229 Abs. 4). Die Unterscheidung zwischen beiden Instituten richtet sich hier allein nach der **tatsächlichen Dauer,** nicht nach einer (im Einzelfall etwa auch falschen) Bezeichnung durch das Gericht. Zu den in Abhängigkeit vom bisherigen Verhandlungsverlauf zulässigen Obergrenzen einer Unterbrechung vgl. §§ 228, 229 sowie die dazugehörigen Kommentierungen.

153 Problematische Konsequenz dieser Regelung sind seit jeher sog **„Schiebetermine"**, die nur abgehalten werden, um eine weitere Unterbrechung zu ermöglichen, ohne dass zielgerichtet in dem Umfang zur Sache verhandelt wird, in dem dies aktuell möglich wäre. Zu den Anforderungen an das von der Rechtsprechung[339] (in Abgrenzung zu unzulässigen bzw. rechtsmissbräuchlichen[340] Schiebeterminen) erforderliche **„Verhandeln zur Sache"** vgl. näher die Kommentierung zu § 229. An dieser Stelle sei allein der Hinweis erlaubt, dass durch das erste **JuMoG** aus dem Jahr 2004[341] eine **großzügigere Unterbrechungsregelung** geschaffen worden ist, um das „Erfordernis" solcher Schiebetermine zu verringern.[342] Freilich darf dabei nicht vernachlässigt werden, dass gerade dadurch die Gefahr einer zeitlich noch weiteren Ausdehnung des Verfahrens geschaffen worden ist, wenn weiterhin in der vom Gesetzgeber an sich nicht erwünschten (aber auch durch keine Regelung explizit stärker unterbundenen) Weise „Schiebetermine" durchgeführt werden. Dies spricht durchaus dafür, nach dem ersten JuMoG die Anforderungen an eine „Verhandlung zur Sache" strenger zu gestalten,[343] wozu sich der BGH freilich zumindest in dieser Allgemeinheit noch nicht durchringen kann.[344]

154 Die **absolute Dauer** des Verfahrens ist – soweit die zulässigen Unterbrechungsgrenzen eingehalten worden sind – mit Blick auf die Konzentrationsmaxime grds. unbeachtlich. Hier kommt nur eine – sehr eingeschränkte – Kontrolle anhand des eher unkonkreten Beschleunigungsgebotes (vgl. → Rn. 155 ff.) in Betracht.[345]

155 **3. Der Beschleunigungsgrundsatz im Übrigen. a) Grundlagen und Rahmen.** Anders als die speziellen Ausprägungen der Konzentrationsmaxime in §§ 228, 229 ist ein allgemeiner Beschleunigungsgrundsatz in der StPO **nicht explizit ausformuliert.** Gleichwohl geht die hM davon aus, dass dieses Gebot eine strafprozessuale Verfahrensmaxime darstellt[346] – dabei freilich eine solche, bei deren Handhabung in besonderer Weise Vorsicht geboten sein soll.[347] Seine Bedeutung wird in der Geschichte des Strafprozessrechts durchaus nicht einheitlich wahrgenommen, wie etwa ein Vergleich der sehr knappen und „vorsichtigen" Erwähnung der „Schnelligkeit" als Prozessprinzip in der 1. Auflage des Lehrbuchs von *Henkel* aus dem Jahre 1953 mit der wahren Flut von Entscheidungen zum Beschleunigungsgrundsatz etwa durch das BVerfG in den Jahren 2003 bis 2006[348] zeigt. Diese unterschiedli-

339 Vgl. nur aus neuerer Zeit BGH 7.4.2011 – 3 StR 61/11, NStZ 2011, 532.
340 Vgl. hierzu auch Fahl, Rechtsmissbrauch im Strafprozess, 2004, S. 293 ff.
341 BGBl. 2004 I 2198.
342 Zu den Konsequenzen daraus auch Knauer StV 2007, 340.
343 Zutr. Knauer/Wolf NJW 2004, 2932 (2934); vgl. auch Mandla NStZ 2011, 1.
344 Vgl. BGH 3.8.2006 – 3 StR 199/06, NStZ 2006, 710 (711).
345 Vgl. auch BGH 3.8.2006 – 3 StR 199/06, NJW 2006, 3077 (3078) mAnm Gössel JR 2007, 38; Neuhaus StV 2005, 47 (51).
346 Vgl. nur Kühne in Löwe/Rosenberg Einl. B Rn. 41; Kühne in Löwe/Rosenberg Einl. I Rn. 67 f.; Kindhäuser/Schumann StrafProzR § 18 Rn. 1, 6 ff., 24; Volk/Engländer GK StPO § 18 Rn. 11, 13. Zur Geltendmachung in der Revision (regelmäßig Verfahrensrüge, uU aber auch Sachrüge ausreichend, wenn sich die Verzögerung aus dem Urteil ergibt) vgl. BGH 11.11.2004 – 5 StR 376/03, BGHSt 49, 342 = NStZ 2005, 223.
347 Vgl. bereits Henkel, Strafverfahrensrecht, 2. Aufl. 1968, 104 f.; Kühne StrafProzR Rn. 268.
348 Vgl. nur BVerfG 25.7.2003 – 2 BvR 153/03, NJW 2003, 2897; BVerfG 23.9.2005 – 2 BvR 1315/05, NJW 2005, 3485; BVerfG 22.2.2005 – 2 BvR 109/05, NStZ 2005, 456; BVerfG 29.12.2005 – 2 BvR 2057/05, StV 2006, 81; BVerfG 5.12.2005 – 2 BvR 1964/05, NJW 2006, 672; BVerfG 16.3.2006 – 2 BvR 170/06, NJW 2006, 1336; BVerfG 21.6.2006 – 2 BvR 750, 752 und 761/06, NStZ 2006, 680.

che Wahrnehmung dürfte ihren Grund in der in den letzten Jahren, wenn nicht sogar schon Jahrzehnten bestehenden **notorischen Überlastung der Justiz** einerseits,[349] aber auch in der **besonderen Sensibilität** gegenüber (tatsächlichen oder vermeintlichen[350]) Verfahrensverzögerungen andererseits haben. Als allgemeines Prinzip ist der Beschleunigungsgrundsatz in **Art. 6 Abs. 1 S. 1 EMRK** verankert, der jedermann das Recht garantiert, dass über eine gegen ihn „erhobene strafrechtliche Anklage" ua auch „innerhalb angemessener Frist verhandelt wird." Nicht umsonst hatte in der Geschichte vielfach gerade der EGMR die Rolle eines „Motors" in der Diskussion um die Beschleunigung des Strafverfahrens.[351]

Verfassungsrechtlich zieht das BVerfG (das auf Art. 6 EMRK als Prüfungsmaßstab nicht zurückgreifen kann) **Art. 2 Abs. 2 S. 2 GG iVm dem Verhältnismäßigkeitsgrundsatz** heran.[352] Damit wird das Beschleunigungsgebot einerseits als Ausfluss des Rechtsstaatsprinzips verstanden,[353] während es von anderen teilw. nur als eine das Prinzip der Wahrheitsfindung einschränkende „Praktikabilitätserwägung" bezeichnet wird,[354] die mit dem Rechtsstaatsprinzip nur schwerlich friedvoll vereint werden kann. Diese divergierenden Bewertungen dürften daher rühren, dass das „Beschleunigungsgebot" **zwei ganz unterschiedliche Dimensionen** beinhaltet, die in der Diskussion nicht immer hinreichend klar voneinander getrennt werden: Zum einen eine **beschuldigtenschützende,** zum anderen eine **verfahrensökonomische.** Dass beide Dimensionen – nicht immer, aber doch mitunter – konträr zueinander stehen können, dürfte nicht erstaunen, so dass sie – wenngleich terminologisch traditionell in beiden Fällen auf „das Beschleunigungsgebot" abgestellt wird – inhaltlich deutlich voneinander zu trennen sind.[355] Anderenfalls läuft die Argumentation Gefahr, im Einzelfall fast schon zynisch, zumindest aber „unangemessen paternalistisch" zu verlaufen, wenn der Angeklagte vor Verzögerungen des Verfahrens „geschützt" werden soll, die durch das von ihm eingelegte Rechtsmittel eintreten, und ihm dieses Rechtsmittel daher genommen wird.[356] **156**

b) Voraussetzung bzw. Anforderungen. Das Beschleunigungsgebot dient vorrangig dem Schutz des Beschuldigten.[357] Es gilt keineswegs nur, aber naturgemäß in hervorgehobener Weise in Haftsachen.[358] Soweit daneben auch das öffentliche Interesse[359] etwa iS einer „wirtschaftlichkeitsdienlichen"[360] bzw. ressourcenschonenden Dimension und damit die „Funktionstüchtigkeit der Strafrechtspflege" angesprochen wird, wird man allein hierfür kaum Art. 6 Abs. 1 S. 1 EMRK als Grundlage heranziehen können, da gerade der Beschuldigte Adressat dieser Gewährleistung ist. Auch sind Anforderungen an das konkrete Verfahren daraus schwer ableitbar (bzw. kommen allenfalls als kollidierende Rechtspositionen in Betracht, mit denen ggf. Rechtspositionen der Verfahrensbeteiligten in Ausgleich gebracht werden müssen). Greifbare Anforderungen an die Verfahrensbeschleunigung, an deren Verletzung ggf. auch Konsequenzen zu knüpfen sind, bestehen daher nur in der beschuldigtenschützenden Dimension. Die beiden meist diskutierten Fragen in diesem Zusammenhang **157**

349 Vgl. Kühne in Löwe/Rosenberg Einl. B Rn. 40.
350 Insoweit kritisch zur Rechtsprechung des BVerfG Foth NStZ 2005, 457 f.
351 Vgl. zur Auswirkung der Rechtsprechung des EGMR bzw. der Praxis der Menschenrechtskommission auf das nationale Verfahrensrecht gerade auch unter dem Gesichtspunkt der Beschleunigung nur Demko HRRS 2005, 283; Kadelbach JZ 2000, 1053; Peukert EuGRZ 1979, 261; Liebhart NStZ 2017, 254.
352 Vgl. nur BVerfG 25.7.2003 – 2 BvR 153/03, NStZ 2004, 335.
353 Vgl. etwa BVerfG 12.1.1983 – 2 BvR 864/81, BVerfGE 63, 45 (69) = NJW 1983, 1043 (1045); 21.6.2006 – 2 BvR 750, 752 und 761/06, NStZ 2006, 680; aus Literatur etwa Fischer in KK-StPO Einl. Rn. 29.
354 Vgl. Kühne in Löwe/Rosenberg Einl. B Rn. 41.
355 Vgl. Kudlich, Gutachten C zum 68. Deutschen Juristentag, 2010, S. 13 ff.
356 So etwa in BGH 23.4.2007 – GSSt 1/06, BGHSt 51, 298 (310) = NJW 2007, 2419 (2422).
357 Vgl. etwa Fischer in KK-StPO Einl. Rn. 29; Schmitt in Meyer-Goßner/Schmitt Einl. Rn. 160; König in MAH Strafverteidigung § 4 Rn. 235.
358 Zu Letzteren Schmidt NStZ 2006, 313.
359 Vgl. Fischer in KK-StPO Einl. Rn. 29; Schmitt in Meyer-Goßner/Schmitt Einl. Rn. 160.
360 Zur Frage nach dem Erfordernis einer „Wirtschaftlichkeit des Strafverfahrens" vgl. Kühne StrafProzR Rn. 279 ff.

sind daher die Berechnung der „angemessenen Frist" (iSd Art. 6 Abs. 1 EMRK) sowie die Folge einer etwaigen Verletzung des Beschleunigungsgebotes.

158 Dabei ist davon auszugehen, dass der maßgebende Zeitraum in Strafsachen **spätestens mit der Erhebung der Anklage,** möglicherweise aber auch früher (etwa durch eine vorläufige Festnahme oder andere Ermittlungsmaßnahmen) beginnt.[361] Ein Verstoß gegen Art. 6 Abs. 1 S. 1 EMRK kommt allerdings nur bei einer **rechtsstaatswidrigen Verfahrensverzögerung** in Betracht;[362] insbesondere Verfahrensverlängerungen, die nur dadurch entstehen, dass auf die Revision eines Angeklagten hin ein Urteil aufgehoben und die Sache zur erneuten Verhandlung zurückverwiesen wird, begründen grundsätzlich – obwohl der zur Aufhebung führende Fehler aus der Sphäre des Gerichts und damit des Staates kommt – keine rechtsstaatswidrige Verfahrensverzögerung.[363] Anderes kann gelten, wenn die Aufhebung auf einen offensichtlich der Justiz anzulastenden Verfahrensfehler zurückzuführen ist.[364] Wichtig ist dabei, dass die Angemessenheit der Frist stets im Hinblick auf die **Umstände des konkreten Einzelfalls** geprüft werden muss,[365] weil erst diese konkreten Umstände Zeit und Verfahrenshandlungen in eine aussagekräftige Relation bringen können.[366] Steht eine Verletzung des Beschleunigungsgrundsatzes im Raum, so muss diese bereits im Rahmen des fachgerichtlichen Verfahrens gerügt werden. Für eine etwaige Verfassungsbeschwerde gilt nämlich auch insoweit der Grundsatz der **Subsidiarität** (→ Rn. 108).

159 **c) Folgen einer Verletzung des Beschleunigungsgrundsatzes.** Die Folgen aus einer festgestellten Verletzung des Beschleunigungsgrundsatzes sind seit langem **umstritten;** in der Literatur besteht bis heute noch kein Konsens. Zumindest teilw. dürften größer als die grundsätzlichen Unterschiede in der Dogmatik die Unterschiede in den konkret zu beurteilenden Sachverhalten sein. Je nach Verfahrenssituation, Umfang der unzulässigen Verzögerung und auch Grad der Zurechenbarkeit sind **verschiedene Kompensationsformen denkbar** und auch in der Rspr. nicht nur des BGH, sondern auch des EGMR durchaus für möglich erachtet worden: UU kann bereits die bloße Feststellung der Verzögerung als Kompensation genügen,[367] wie sie im Übrigen auch der Gesetzgeber nunmehr im Gesetz zur Vermeidung überlanger Verfahrensdauern nicht zuletzt mit Blick auf das Strafrecht vorgesehen hat (→ Rn. 163 ff.). Weitere denkbare Kompensationsmöglichkeiten (die gegenüber einem bloßen Strafzumessungs- oder Vollstreckungsgesichtspunkt, → Rn. 160 f., vorrangig sein können) sind etwa eine Einstellung aus Opportunitätsgründen oder wegen eines Verfahrenshindernisses,[368] das Absehen von Strafe, die Verwarnung mit Strafvorbehalt, oder aber die Berücksichtigung bei der Strafaussetzung zur Bewährung bzw. bei der Anordnung von Maßregeln.[369] Zumindest für bestimmte Konstellationen dürften auch diese aus teilw. schon länger zurückliegenden Entscheidungen stammenden Kompensationsmöglichkeiten nicht ihre Berechtigung verloren haben, da die Rspr. zwar grds. lange Zeit Strafzumessungs- und nunmehr Strafvollstreckungslösungen verfolgt, aber die Bedeutung des Beschleunigungsgebotes gegenüber der Rspr. aus den 80er und 90er Jahren des letzten Jahrhunderts kaum zurückgegangen sein dürfte.

160 Zumeist wurden Verletzungen des Beschleunigungsgrundsatzes lange Zeit jedoch „nur" als selbständiger **Strafzumessungsgesichtspunkt** betrachtet, der **zu dem ohnehin straf-**

---

361 Vgl. EGMR 31.5.2001 – 37591/97, NJW 2002, 2856; Tepperwien NStZ 2009, 1 mwN.

362 Näher Tepperwien NStZ 2009, 1 (2) mwN.

363 Vgl. BVerfG 5.2.2003 – 2 BvR 29/03, NJW 2003, 2228; BVerfG 23.9.2005 – 2 BvR 1315/05, NJW 2005, 3485 (3487).

364 Vgl. BVerfG 5.12.2005 – 2 BvR 1964/05, NJW 2006, 672.

365 Vgl. EGMR 26.1.1993 – 92/1991/344/417, EuGRZ 1993, 384; 29.7.2004 – 49746/99, NJW 2005, 3125 (3126).

366 Vgl. dazu auch – jeweils in etwas anderem Zusammenhang – BVerfG 16.12.1980 – 2 BvR 419/80, BVerfGE 55, 349 (369) = NJW 1981, 1499 (1500); 28.12.1984 – 2 BvR 1541/84, NJW 1985, 1019.

367 So EGMR 10.2.2005 – 64387/01, StV 2005, 475 (477).

368 Vgl. BGH 25.10.2000 – 2 StR 232/00, BGHSt 46, 159 (168 ff.) = NJW 2001, 1146 (1148 ff.); OLG Stuttgart 18.3.1993 – 3 Ws 36/93, NStZ 1993, 450 (451); OLG Koblenz 9.12.1992 – 1 Ws 502/92, NJW 1994, 1887.

369 Vgl. BVerfG 24.11.1983 – 2 BvR 121/83, NJW 1984, 967.

mildernden Gesichtspunkt des Zeitablaufs seit Begehung der Tat selbständig hinzutrat.[370] Als Grundproblem dieser Strafzumessungs- bzw. „Strafabschlagslösung" wurde freilich schon seit Langem bemängelt, dass damit im Ergebnis uU die gesetzlichen Mindeststrafen unterschritten werden müssen. Die Rspr. verfolgt daher seit einigen Jahren nach einer richtungsweisenden Entscheidung des Großen Strafsenats[371] die sog **„Strafvollstreckungslösung".** Danach erfolgt in einem ersten Schritt eine „normale" Strafzumessung unter Berücksichtigung des § 46 StGB und anschließend in einem gesonderten Schritt die Berechnung bzw. Erklärung, dass ein nach dem Rechtsgedanken des § 51 Abs. 1 S. 1, Abs. 4 S. 2 StGB bezifferter Anteil der Strafe bereits für vollstreckt erklärt wird.

Dabei ist zu berücksichtigen, dass die lange Verfahrensdauer als solche bereits mildernd 161 bei der Strafzumessung nach § 46 StGB in Ansatz zu bringen ist, so dass es nur noch um einen **Ausgleich für die rechtsstaatswidrige Verfahrensverzögerung** als solche geht. Die zugemessene Strafe und der bezifferte, als vollstreckt erachtete Teil **ist in die Urteilsformel** aufzunehmen. Wird eine Gesamtstrafe verhängt, so erfolgt die Anrechnung nur auf diese selbst (nicht auf die Einzelstrafen), da nur sie Grundlage der Vollstreckung ist; dies hat zur Folge, dass bei einer nachträglichen Auflösung der Gesamtstrafe das nunmehr neu zu erkennende Gericht den als vollstreckt anzurechnenden Teil (unter Berücksichtigung des Schlechterstellungsverbotes) zu beziffern hat.[372]

Freilich wirft auch das Vollstreckungsmodell – über die teils diffizilen Anforderungen 162 an die Berechnungen und Darstellungen im Urteil hinaus – **Schwierigkeiten** auf, auf die sich insbes. die Verteidigung einzustellen hat: Da nicht die zugemessene Strafe als solche, sondern nur ihre Vollstreckung betroffen ist, kann über rechtsstaatswidrige bzw. zumindest rechtsstaatskritische Verfahrensverzögerungen **deutlich weniger leicht** zu einer zweijährigen und damit **bewährungsfähigen Freiheitsstrafe** gekommen werden als bisher. Dass eine vollstreckbare Freiheitsstrafe von zwei Jahren und sechs Monaten, von denen das erste Jahr bereits als vollstreckt gilt, für den Angeklagten deutlich schmerzhafter ist als eine aufgrund der Verzögerung zugemessene Strafe „von zwei Jahren mit", liegt auf der Hand.

In Umsetzung konventionsrechtlicher und verfassungsgerichtlicher Vorgaben mit Blick 163 auf Art. 19 Abs. 4 GG, Art. 20 Abs. 3 GG und Art. 6 Abs. 1 EMRK hat der Bundesgesetzgeber 2011 in Gestalt der §§ 198 ff. GVG einen **innerstaatlichen Rechtsbehelf** geschaffen, mit dem ein Betroffener sich gegen Gefährdungen und Verletzungen seines Rechts auf angemessene Verfahrensdauer wehren kann. Ziel war dabei, die befassten Gerichte zu einer schnelleren Entscheidungsfindung zu veranlassen **(präventive Wirkung)** und zugleich dem Rechtsuchenden für die bereits entstandenen Verzögerungen eine angemessene Entschädigung – insbesondere auch für immaterielle Nachteile – zu gewähren **(kompensatorische Wirkung).** § 198 GVG legt dabei die Voraussetzungen eines Entschädigungsanspruchs wegen Verfahrensverzögerungen (unangemessene Dauer und hierdurch erlittener Nachteil) fest und regelt auch den möglichen Umfang eines solchen Anspruchs. Ebenso wie bei sonstigen Verstößen gegen den Beschleunigungsgrundsatz kommt es auch hier nicht auf die absolute Dauer eines Verfahrens, sondern auf die Angemessenheit der Verfahrensdauer unter Berücksichtigung der Umstände des konkreten Einzelfalls an. Der Eintritt eines Schadens (der oft nur schwer darzulegen und nachzuweisen sein wird) wird zugunsten des Anspruchsinhabers vermutet (§ 198 Abs. 2 GVG). Neben oder an Stelle einer Entschädigung kann allerdings nach § 198 Abs. 4 GVG auch die bloße Feststellung einer unangemessenen Verfahrensdauer treten.

Die Regelung gilt nach der expliziten Regelung des § 199 GVG auch **für das Strafver-** 164 **fahren** und umfasst hierbei nach § 199 Abs. 1 GVG auch das **Ermittlungsverfahren,** in

370 Vgl. BGH 20.1.1987 – 1 StR 687/86, NStZ 1987, 232; 6.9.1988 – 1 StR 473/88, NStZ 1988, 552; 10.11.1999 – 3 StR 361/99, BGHSt 45, 308 = NJW 2000, 748; vgl. auch BVerfG 24.11.1983 – 2 BvR 121/83, NJW 1984, 967; 5.2.2003 – 2 BvR 327/02, 2 BvR 328/02, 2 BvR 1473/02, NJW 2003, 2225, BVerfG 25.7.2003 – 2 BvR 153/03, NJW 2003, 2897.

371 Vgl. BGH 17.1.2008 – GSSt 1/07, BGHSt 52, 124 = NStZ 2008, 234 mAnm Bußmann.

372 Vgl. zusammenfassend zu den Darstellungsanforderungen im Urteil auch Fischer in KK-StPO Einl. Rn. 34.

welchem im Falle der Geltendmachung eines Entschädigungsanspruchs die Rüge konsequenterweise gegenüber der Staatsanwaltschaft (bzw. in Fällen des § 386 Abs. 2 AO gegenüber der Finanzbehörde) zu erheben ist, vgl. § 199 Abs. 2 GVG. Dabei gilt im Strafverfahren aber die Besonderheit, dass nach § 199 Abs. 3 GVG die **„Berücksichtigung"** einer überlangen Verfahrensdauer durch Staatsanwaltschaft oder Strafgericht[373] – und das muss wohl verstanden werden als: **Kompensation** in der schon bisher praktizierten Weise[374] – **„als ausreichende Wiedergutmachung auf andere Weise"** iSd § 198 Abs. 2 S. 2 GVG gilt. Eine Geldentschädigung kommt dann regelmäßig nicht in Betracht.

165 Vor diesem Hintergrund ist fraglich, welche **Bedeutung** die Neuregelung für das Strafrecht haben wird.[375] Es spricht aber einiges dafür, dass die Geltendmachung einer Verzögerungsrüge dazu führen kann, dass etwaige entstandene oder drohende Verfahrensverzögerungen möglichst beseitigt oder durch besondere Anstrengungen der Verfahrensbeteiligten bezüglich einer Erledigung des Verfahrens kompensiert werden.[376] Soweit tatsächlich eine Entschädigung geltend gemacht wird, ist nach § 201 Abs. 1 GVG für die Klagen auf Entschädigung gegen ein Land das Oberlandesgericht, in dessen Bezirk das streitgegenständliche Verfahren durchgeführt wurde, für Klagen auf Entschädigung gegen den Bund der Bundesgerichtshof (ausschließlich) **zuständig.** In Strafverfahren (samt Ermittlungsverfahren) hat das Entschädigungsgericht dabei das nach § 201 Abs. 3 S. 2 GVG das **Verfahren auszusetzen,** solange das Strafverfahren noch nicht abgeschlossen ist.

166 **d) Zwangsmaßnahmen.** Der Beschleunigungsgrundsatz ist nicht nur im Zusammenhang mit den verfahrensbeendenden Entscheidungen (als Strafzumessungs- oder Strafvollstreckungsgesichtspunkt) zu berücksichtigen, sondern hat auch für die **Bewertung von prozessualen Zwangsmaßnahmen** Bedeutung. Da diese ganz generell unter dem Grundsatz der Verhältnismäßigkeit stehen (→ Rn. 84), können sie im Laufe der Zeit unzulässig werden. Dies gilt ersichtlich etwa für eine zu lang andauernde U-Haft, wenn das Recht des Beschuldigten auf eine Verhandlung innerhalb angemessener Frist verletzt wird;[377] entsprechendes wird aber auch zu gelten haben, wenn etwa eine Sicherstellung (zB von komplett beschlagnahmten Aktenschränken aus einem Büro oder von EDV-Anlagen) unverhältnismäßig lang andauert, ohne dass die Strafverfolgungsbehörden die Auswertung soweit vorantreiben, dass für den Beschuldigten wichtige Unterlagen, die objektiv nicht zum Verfahren beitragen, zurückgegeben werden können.

VII. Bedeutung einer „Konsensmaxime" im Strafverfahren?

167 **1. Allgemeines.** Auf den ersten Blick scheinen die oben beschriebenen Maximen des Legalitätsprinzips, des Offizialprinzips und des Amtsermittlungsgrundsatzes gegen **konsensuale Elemente** im Strafverfahren und zumindest klar gegen eine zum Verfahrensgrundsatz erhobene „Konsensmaxime" zu sprechen. Klassisch ist vielmehr das Verständnis, das im Strafverfahren geradezu einen **„strukturellen Antagonismus"** zwischen zumindest Staatsanwaltschaft und Beschuldigtem/Verteidigung sieht.[378]

168 Gleichwohl drängt sich aus zwei Richtungen zumindest die Frage auf, ob und ggf. welche Bedeutung eine Konsensmaxime auch im Strafverfahrensrecht haben kann: Zum einen wird man nicht (zeitlich wie inhaltlich) unbegrenzt die Augen davor verschließen dürfen, dass schon seit langem Elemente einer – mehr oder weniger – konsensualen Verfah-

[373] Und zwar grds. mit einer für das Entschädigungsgericht bindenden Wirkung, vgl. § 199 Abs. 3 S. 2 GVG.
[374] Vgl. näher Graf in BeckOK StPO § 199 Rn. 8 ff.
[375] Näher Gerckel/Heinisch NStZ 2012, 300 ff.
[376] Zutr. Graf in BeckOK StPO § 198 Rn. 4.
[377] Vgl. etwa BVerfG 23.9.2005 – 2 BvR 1315/05, NJW 2005, 3485; 5.12.2005 – 2 BvR 1964/05, NJW 2006, 672 (674 f.); 16.3.2006 – 2 BvR 170/06, NJW 2006, 1136; zusammenfassend Graf, Das Beschleunigungsgebot in Haftsachen und sonstigen Strafverfahren und die Kompensation rechtsstaatswidriger Verfahrensverzögerungen, 2011, S. 69 ff.
[378] Vgl. Schünemann StV 1993, 607; in einem speziellen Kontext aufgegriffen auch bei Kudlich, Strafprozeß und allgemeines Mißbrauchsverbot, 1998, S. 227 ff.

renserledigung **in der Praxis** des Strafprozesses eine **herausragende Rolle** spielen. Hierfür kann nicht einmal nur auf die Realität verfahrensbeendender Absprachen im Hauptverfahren rekurriert werden;[379] vielmehr ist daneben auch an die noch größere Zahl ebenfalls konsens(mit)geprägter Entscheidungen im Rahmen des (insbes. Vor-) Verfahrens zu denken, aufgrund welcher das Verfahren nach § 153a eingestellt oder durch einen Strafbefehl beendet werden kann.[380]

2. Kritik am Postulat einer Konsensmaxime. Zumindest **systemtranszendent** 169
steht ein **großer Teil der Strafrechtswissenschaft** der Geltung einer wie auch immer gearteten „Konsensmaxime" nach wie vor **krit.** gegenüber. Der **Gesetzgeber** scheint sogar in den Materialien zum „Verständigungsgesetz" die Geltung einer Konsensmaxime zu leugnen, wenn er betont, dass „keine neue – dem deutschen Strafprozess bislang unbekannte – Form einer konsensualen Verfahrenserledigung, die die Rolle des Gerichts, insb. bei seiner Verpflichtung zur Ermittlung der materiellen Wahrheit, zurückdrängen würde, wünschenswert" sei und dass die „Verständigung als solche (…) niemals die Grundlage eines Urteils bilden" könne.[381]

In der **Lit.** wenden ebenso wortgewaltige wie einflussreiche Kritiker[382] gegen die 170
Geltung einer Konsensmaxime ua ein, dass **prozedurale Gerechtigkeit** eine notwendige, aber **keine hinreichende Bedingung** für einen Rechtsfrieden wiederherstellenden Abschluss des Strafverfahrens sei und den strategisch motivierten Aushandlungsprozess verschweigen müsse,[383] dass der Strafprozess aufgrund des **strukturellen Machtgefälles** kein Ort für eine erfolgreiche und faire Konsensfindung sei,[384] dass der konsensorientierte Strafprozess seine soziale Funktion verfehle,[385] dass nicht nur über den Beweisstoff, sondern unzulässigerweise auch über den Verfahrensstand disponiert werde[386] und dass der Konsensgedanke nur ein „ideologischer Steigbügelhalter" dafür sei, die Masse der Strafverfahren ökonomisch effizient abzuwickeln.[387]

Freilich sind Einwände gegen praktisch durchgeführte konsensuale Erledigungsformen 171
aus einer Zeit vor Inkrafttreten des Verständigungsgesetzes de lege lata ebenso wenig ein Gegenargument gegen die Annahme eines nunmehr zumindest partiell Einzug haltenden Konsensprinzips wie die vermeintliche Inkompatibilität mit anderen Verfahrensmaximen; letztere mag etwas darüber aussagen, ob die Reform gelungen oder misslungen ist,[388] aber nicht unbedingt über den Geltungsstand des Gesetzes, zumal zumindest teilw. gegenläufige Prozessmaximen und auch Verfahrensziele (→ Rn. 9, → Rn. 11) keineswegs etwas Ungewöhnliches sind, wenn die groben Linien des Prozessrechts beschrieben werden. Insofern nötigt zumindest der **Respekt vor dem Gesetzgeber**[389] dazu, sich jedenfalls halbwegs unvoreingenommen mit der Frage eines Konsensprinzips im geltenden Strafprozessrecht auseinanderzusetzen und den Versuch einer irgendwie gearteten Integration zu unterneh-

379 Vgl. hier statt vieler nur den „Hilferuf" des Großen Strafsenats an den Gesetzgeber in BGH 3.3.2005 – GSSt 1/04, BGHSt 50, 40 (63 f.) = NJW 2005, 1440 (1444); krit. Fischer NStZ 2007, 433 (434).

380 Zutr. hierauf besonders hinweisend Sauer, Konsensuale Verfahrensweisen im Wirtschafts- und Steuerstrafrecht, 2008, pass. (in zweiter Auflage erschienen unter dem Titel Sauer/Münkel, Absprachen im Strafprozess, 2014; vgl. – stärker auf das Hauptverfahren bezogen und insbes. auf die § 154 Abs. 2 und § 154a Abs. 2 blickend Göttgen, Prozessökonomische Alternativen zur Verständigung im Strafverfahren, 2019, insbes. S. 147 ff.

381 Vgl. BT-Drs. 16/12310, 8 (13).

382 Vgl. statt vieler nur Duttge ZStW 115 (2003), 539 (541 ff.); Fischer NStZ 2007, 433 (434); Hamm ZRP 1990, 337 (342); Hassemer StV 2006, 321 (327); Schünemann ZStW 114 (2002), 1 (26 ff.); Schünemann GA 2006, 378 (382); Weigend ZStW 113 (2001), 271 (303).

383 Vgl. Duttge ZStW 115 (2003), 539 (554).

384 Vgl. Weigend ZStW 113 (2001), 271 (303); Lien GA 2006, 129 (140 ff.).

385 Vgl. Weigend ZStW 113 (2001), 271 (304).

386 Vgl. Weßlau StraFo 2007, 1 (5).

387 Weigend in Pfister/Bernsmann/Weigend, Der Deal mit dem Recht, 2004, S. 39 f.; zusammenfassend zu diesen Einwänden auch Müller, Probleme um eine gesetzliche Regelung der Absprachen im Strafverfahren, 2008, S. 392 ff.

388 Krit. und deutlich für die Annahme eines „Misslingens" etwa Fezer NStZ 2010, 177.

389 Vgl. Niemöller in Niemöller/Schlothauer/Weider Verständigung § 257c Rn. 72.

men,[390] zumal sich einem konsensualen Verfahren mit Blick auf Aspekte wie die Erreichung von Rechtsfrieden (→ Rn. 10) oder den Beschleunigungsgrundsatz (→ Rn. 155 f.[391]) durchaus auch „Pluspunkte" abgewinnen lassen.

172 **3. Bedeutung einer Konsensmaxime de lege lata und Versuch einer Integration.** Der Konflikt zwischen der faktischen – und durch das Verständigungsgesetz auch („noch verfassungsgemäß"[392]) formal-gesetzlichen – Zulassung einer teilkonsensualen[393] Verfahrensbeendigung und dem programmatischen Beschwören der tradierten Verfahrensstruktur (überdeutlich zum Ausdruck kommend in § 257c Abs. 1 S. 2) kann nur aufgelöst oder zumindest abgeschwächt werden, wenn es gelingt, eine **Konsensmaxime zumindest ansatzweise mit Prinzipien** wie Amtsaufklärung, Legalitätsprinzip und schuldangemessener Strafe **zu harmonisieren.** Ausgangspunkt entsprechender Überlegungen kann der Vorschlag von Jahn sein, insbes. § 244 Abs. 2 „konsenstheoretisch" zu deuten.[394]

173 Dabei ist **zwar fraglich,** ob die Frage, was iSd § 244 Abs. 2 von „Bedeutung" ist, tatsächlich durch die Beteiligten (konsensual) beeinflussbar ist. Denn auch durch die verfassungsrechtlich gebotenen Garantien der Chancengleichheit (Art. 3 GG) und des rechtlichen Gehörs (Art. 103 Abs. 1 GG) wird wohl im diskurstheoretischen Sinne (und erst Recht nach strafprozessualen Maßstäben) keine **„ideale Sprechsituation"** geschaffen, da trotz des antagonistischen Charakters gerade des Handelns von Staatsanwaltschaft und Verteidigung, der grundsätzlich durchaus wahrheitsfördernd wirken kann,[395] die Beteiligten vorliegend ein – und zwar nach traditionellem Verständnis vom Zweck des Strafverfahrens **dysfunktionales – gemeinsames Interesse** an einem raschen und unkomplizierten Ausgang haben.

174 Umgekehrt darf man aber nicht aus dem Blick verlieren, was – zunächst einmal **streng** orientiert **am gesetzlichen Regelwerk** – bei einer Verständigung nach § 257c **in der Sache** denn passieren soll: Idealtypisch sollte das **Gericht** unter Beachtung von § 244 Abs. 2 sowie der gängigen Strafzumessungserwägungen einen **Rechtsfolgenvorschlag** machen, zu dem sich dann die Verfahrensbeteiligten ihrerseits äußern können. Dieser Vorschlag erlangt überhaupt **nur** dann irgendeine **Wirkung,** wenn er auf **Zustimmung** durch die Verfahrensbeteiligten stößt. Das danach erfolgende Urteil ist nach allgemeinen Grundsätzen (bzw. sogar darüber hinaus) angreifbar. Vergleicht man diese Situation mit dem „normalen Verfahrensablauf", so ist dieser oftmals – jedenfalls hinsichtlich der Wahrung der Beteiligtenrechte – so unterschiedlich nicht.

175 In diesem Sinne lässt sich dann auch § 244 Abs. 2 – weniger in seinem grundsätzlichen Verständnis als vielmehr in seiner **Anwendung im Einzelfall**[396] – besser in das Gefüge einpassen: Auch in nicht abgesprochenen Verfahren wird dem Aufklärungsauftrag im Falle eines Geständnisses insgesamt weniger intensiv nachgegangen als dann, wenn ein solches fehlt. Denn selbstverständlich ist auch in nicht abgesprochenen Verfahren der Umfang der Aufklärungspflicht durchaus vom Prozessverhalten insbesondere des Angeklagten abhängig. Dieser hat – va durch sein Beweisantragsrecht – erheblichen Einfluss auf die Ermittlung des Sachverhalts, und der Umfang der Ausübung dieses Einflusses ist nicht nur für das Beweisantragsrecht relevant, sondern wirkt sich **mittelbar auch auf § 244 Abs. 2** aus. Im **Wechselspiel zwischen § 244 Abs. 2 und § 261** wird das Gericht ohne Rechtsfehler

[390] Elaborierte Entwürfe dazu bei Jahn GA 2004, 272 (281 ff.); Jahn ZStW 118 (2006), 427.

[391] Vgl. zum Zusammenhang zwischen Beschleunigung und Verständigung auch eingehend Kudlich, Gutachten C zum 68. Deutschen Juristentag, 2008, S. 30.

[392] Vgl. BVerfG 19.3.2013 – 2 BvR 2628/10 ua, NJW 2013, 1058; zu Konsequenzen daraus für den Gesetzgeber Kudlich ZRP 2013, 162.

[393] Nur „teilkonsensual", weil das zu erledigende Verfahren ja keinesfalls konsensual eingeleitet wurde.

[394] Vgl. zu den Grundlagen Jahn GA 2004, 272 (281 ff.); zur Deutung des § 244 Abs. 2 Jahn ZStW 118 (2006), 427 ff., insbes. 437 ff.; krit. etwa Lüderssen FS Hamm, 2008, 419 (432).

[395] Vgl. auch Jahn GA 2004, 272 (284).

[396] Darauf stellt im Ergebnis auch Niemöller in Niemöller/Schlothauer/Weider Verständigung § 257c Rn. 76 wohl ab.

leichter und schneller zu einer Überzeugung kommen,[397] wenn der Angeklagte ein plausibles Geständnis abgibt.

Dabei soll nicht geleugnet werden, dass die Verständigungsregeln insoweit ein **Missbrauchspotential** bieten. Indes besteht dieses **im Normalverfahren** (und bestand dieses insbesondere bei informellen Absprachen ohne gesetzliche Regelung) **in gleicher Weise.** Arbeiten Gerichte im traditionellen Normalverfahren „schlampig", so ist das keinesfalls „besser" bzw. „weniger schlimm" als im Rahmen einer Verständigung, bei der das Zustandekommen immerhin noch (anders als nach streitiger Verhandlung!) die Zustimmung von Staatsanwaltschaft und Angeklagtem voraussetzt und bei welcher der Inhalt der Verständigung zumindest teilw. im Protokoll enthalten ist. Wer also die konsensualen Elemente vor allem mit Blick darauf kritisiert, dass die Gerichte die gesetzlichen Vorgaben nicht einhalten könnten, hat wenig Grund zu hoffen, dass dies im Fall des regulären Verfahrens generell anders ist. 176

VIII. Verfahrensmaximen zur Gestaltung der Hauptverhandlung

1. Unmittelbarkeitsgrundsatz. a) Allgemeines. Die **Beweisaufnahme in der Hauptverhandlung** ist (jedenfalls in wichtigen Teilen bzw. „als Prinzip") durch den Grundsatz der **Unmittelbarkeit** geprägt.[398] Dieser wird nicht nur als mehr oder weniger willkürliche „technische" Entscheidung für die Verfahrensgestaltung verstanden, sondern ihm wird auch ein **Bezug** zu den Verteidigungsrechten des Angeklagten sowie **zur Wahrheitsfindung** (da der Richter sich ein Bild insbes. von den Personalbeweismitteln machen kann) zugesprochen. In diesem Sinn kann es etwa auch sein, dass grds. zulässige Abweichungen vom Unmittelbarkeitsgrundsatz wie der durch § 250 nicht untersagte[399] Zeuge vom Hörensagen unter dem Gesichtspunkt der bestmöglichen Sachaufklärung unzulänglich sein kann bzw. zumindest im Rahmen der Beweiswürdigung auf das „Sorgfältigste"[400] zu überprüfen sein soll.[401] 177

Gleichwohl ist der Unmittelbarkeitsgrundsatz **keine Selbstverständlichkeit,** und manche andere Rechtsordnungen kommen auch ohne ihn aus. Denn so anerkennenswert es ist, wenn dieser (theoretisch) Richtern und Verfahrensbeteiligten die gleiche Informationsgrundlage sichert, so sehr birgt er die **Gefahr,** dass gegen Missverständnisse und **Fehlwahrnehmungen des Gerichts** nicht erfolgreich vorgegangen werden kann. Da die Ergebnisse der Beweisaufnahme erst im Urteil stehen und die anderen Verfahrensbeteiligten nicht wissen, wie das Gericht den erhobenen Beweis wahrgenommen hat, was es gehört und gesehen hat etc, können sie sich darauf entsprechend schlecht „einstellen". Die Kommunikation in der Verhandlung kompensiert das nur rudimentär, und es ist praktisch durchaus schwierig, Teilergebnisse der Beweisaufnahme revisibel festzuschreiben. Insoweit könnte man auch auf dem Standpunkt stehen, dass der Unmittelbarkeitsgrundsatz in einem Spannungsverhältnis zu dem Grundsatz steht, dass die Pflicht zur sorgfältigen Entscheidung aus einer Pflicht zur sorgfältigen Beschaffung einer tragfähigen Informationsgrundlage und einer Pflicht zur sorgfältigen Entscheidung auf dieser Grundlage besteht, denn das Einhalten des erstgenannten Teils ist unter der Herrschaft des Unmittelbarkeitsgrundsatzes nur einge- 178

---

397 Vgl. zum Wechselspiel zwischen (abgeschlossener bzw. dann wieder in Frage zu stellender) Überzeugungsbildung und Amtsermittlungspflicht Krehl in KK-StPO § 244 Rn. 29.

398 Vgl. eingehend auch Heger in Hilgendorf/Kudlich/Valerius StrafR-HdB VII § 13 Rn. 62 ff.

399 Vgl. bereits BGH 30.10.1951 – 1 StR 67/51, BGHSt 1, 373 (375) = NJW 1952, 153; ferner etwa Geppert, Der Grundsatz der Unmittelbarkeit im deutschen Strafverfahren, 1979, S. 130 ff.; Beulke JA 2008, 758 (762); krit. aber etwa Grünwald JZ 1966, 489 (493); Hanack JZ 1972, 236 f.; Schünemann FS Meyer-Goßner, 2001, 385 (400).

400 Vgl. BGH 30.10.1951 – 1 StR 67/51, BGHSt 1, 373 (376) = NJW 1952, 153; BGH 1.8.1962 – 3 StR 28/62, BGHSt 17, 382 (384 f.) = NJW 1962, 1876 (1877). Zum Ganzen mwN auch Kudlich/Schuhr in Satzger/Schluckebier/Widmaier StPO § 250 Rn. 15 f.

401 Vgl. BGH 4.3.2004 – 3 StR 218/03, BGHSt 49, 112 (118 ff.) = NJW 2004, 1259 (1261); ebenso EGMR 14.2.2002 – 26668/95, StraFo 2002, 160.

schränkt überprüfbar. Vielmehr kann das Gericht das Maß der Nachprüfbarkeit durch das Revisionsgericht in nicht unbeträchtlichem Umfang selbst steuern.

179 Im Ergebnis soll deshalb zwar keiner Abschaffung des Unmittelbarkeitsgrundsatzes das Wort geredet werden; **rechtspolitischen Reformüberlegungen** sollte aber auch nicht völlig verschlossen gegenübergestanden werden. Selbstverständlich ist dabei indes, dass eine (noch stärkere) Zulassung auch der mittelbaren Beweiserhebung mit Ergebnissen aus dem Ermittlungsverfahren mit einer deutlichen Stärkung der Beteiligungsrechte in diesem Verfahrensabschnitt einhergehen müsste.[402]

180 **b) Ausprägungen und Reichweite des Unmittelbarkeitsgrundsatzes. Zentrales Anliegen** des Unmittelbarkeitsgrundsatzes ist, dass **nicht als Prozessstoff** verwertet werden darf, was **nicht Gegenstand der Hauptverhandlung** gewesen ist; soweit ein Strengbeweis zu erbringen ist, muss die Tatsache auch nicht nur Gegenstand der Hauptverhandlung selbst, sondern der Beweisaufnahme gewesen sein.[403] Ein idealtypischer strafprozessualer Unmittelbarkeitsgrundsatz fordert damit **materiell** die Verwendung unmittelbarer Beweismittel im Gegensatz zu mittelbaren (abgeleiteten/indirekten) und **formell** die Beweisaufnahme vor dem erkennenden Gericht, das später das Urteil fällt (was in § 226 Abs. 1 als Leitidee der formellen Unmittelbarkeit besonders deutlich wird).[404] Beide Ausprägungen gehören freilich zusammen. Denn formell mittelbar erhobene Beweise werden ihrerseits als materiell mittelbares Beweismittel in die Hauptverhandlung eingeführt, während umgekehrt die Verwendung eines materiell mittelbaren Beweismittels dazu führt, dass das Gericht sich nur aus der Wiedergabe der Wahrnehmung eines Dritten unterrichtet.

181 In der lex lata ist das Prinzip der **materiellen Unmittelbarkeit** nicht als Verbot indirekter Beweismittel umgesetzt, sondern verlangt nur, dass **auch das unmittelbare Beweismittel** (ggf. neben den mittelbaren) herangezogen wird.[405] In diesem Sinn kann man auch mit einer gängigen Wendung vom Vorrang des Personalbeweises vor dem Urkundsbeweis sprechen,[406] in dem der materielle Unmittelbarkeitsgrundsatz Ausdruck in § 250 gefunden hat. Diese Vorschrift spricht auch maßgeblich dafür, dass der materielle Unmittelbarkeitsgrundsatz nur mit Blick auf personale Beweismittel (Zeugen und Sachverständige) und auch nur im Strengbeweisverfahren gilt (so im Ergebnis auch die hM), was freilich als Prinzip keineswegs selbstverständlich ist.

182 **c) Ausnahmen vom Unmittelbarkeitsgrundsatz.** Gerade beim **Unmittelbarkeitsgrundsatz** wird deutlich, was einleitend für alle Prozessmaximen erläutert worden ist (→ Rn. 121 f.): Er gilt zunächst einmal **nur soweit, wie** (bzw. in den Grenzen, in denen) **er geregelt ist,** nicht aber uneingeschränkt. Vielmehr kennt die StPO selbst eine Reihe von **Ausnahmen vom Unmittelbarkeitsgrundsatz,** deren Reichweite in Grenzfällen freilich möglicherweise mit Blick auf ein generelles Prinzip oder zumindest eine Richtungsentscheidung des Gesetzgebers zugunsten der Unmittelbarkeit zu beurteilen ist. Diese Ausnahmen betreffen die **formelle Unmittelbarkeit** (vor wem werden die Beweise erhoben) ebenso wie die **materielle** (welche Beweise werden erhoben). Zu nennen sind hier insbes. die § 249 Abs. 1 S. 2 (beispielhafte Auflistung wichtiger verlesbarer Urkunden), § 249 Abs. 2 (Selbstleseverfahren); §§ 251, 253, 354, 255a, 256 (Verlesbarkeit von Vernehmungsprotokollen, Vorführen von Bild-Ton-Aufzeichnungen[407] sowie Verlesung von Gutachten und Attes-

---

[402] Vgl. statt vieler nur sowie Freyschmidt/Ignor NStZ 2004, 465; zum Zusammenhang von Unmittelbarkeit und Trennung von Vor- und Hauptverfahren auch Velten in SK-StPO Vor § 250 Rn. 7 ff., 15 ff.

[403] Vgl. BGH 10.8.1989 – 4 StR 393/89, NStZ 1990, 228 (229); 26.6.1984 – 1 StR 188/84, NJW 1984, 2172 (zu Tatsachen, die nur gegen den Mitangeklagten verhandelt worden sind).

[404] Vgl. Beulke/Swoboda StrafProzR Rn. 24; Kudlich/Schuhr in Satzger/Schluckebier/Widmaier StPO § 250 Rn. 2.

[405] Vgl. Kudlich/Schuhr in Satzger/Schluckebier/Widmaier StPO § 250 Rn. 4.

[406] Vgl. BGH 13.12.1960 – 1 StR 389/60, BGHSt 15, 253 (254) = NJW 1961, 327.

[407] Vgl. zur vom BGH angenommenen Zulässigkeit der Vorführung der audio-visuellen Aufzeichnung einer Zeugenvernehmung in der Hauptverhandlung in Fällen des § 255a Abs. 2 (der anders als Abs. 1 keinen Verweis auf § 252 enthält) ohne vorherige Klärung eines Zeugnisverweigerungsrechts BGH 26.11.2019 – 5 StR 555/19, NStZ 2020, 369 (Ls.) mAnm Börner sowie dazu auch Kudlich JA 2020, 229.

ten); ferner die §§ 49, 50 (Ort der Vernehmung beim Bundespräsidenten oder Parlamentarier als Zeugen), § 232 f. (Verhandlung in Abwesenheit des Angeklagten) und § 325 (Verlesung von Schriftstücken in der Berufungsverhandlung). Teils (und vielfach insbes. nach der ursprünglichen gesetzlichen Konzeption) beruhen diese Ausnahmen auf der fehlenden oder doch sehr erschwerten Möglichkeit der unmittelbaren Beweisaufnahme, teils sind sie (insbes. in ihrer richterrechtlichen Ausgestaltung) auch Resultat einer Kollision zwischen dem Unmittelbarkeitsgrundsatz und etwaigen staatlichen Geheimhaltungsinteressen, die durch das persönliche Auftreten des Zeugen vor dem erkennenden Gericht (ggf. sogar in öffentlicher Verhandlung) erheblich beeinträchtigt sein können. Wo freilich – wie insbesondere im Selbstleseverfahren – „nur" prozessökonomische Gründe eine Ausnahme vom Unmittelbarkeitsgrundsatz tragen sollen, ist Zurückhaltung geboten, denn in der geltenden Verfahrensstruktur ist hier für die Verteidigung besonders schwer angemessen zu ermitteln, worauf das Gericht abstellt und wie es die Dinge einschätzt. Daher muss die Verlesung der Urkunde auch praktisch Regelfall, ein Vorgehen nach Abs. 2 die Ausnahme bleiben, und das Selbstleseverfahren ist unzulässig, wo ohne Mitteilung zumindest des wesentlichen Inhalts die Fairness des Verfahrens in einer das Rechtsstaatsprinzip oder Art. 6 Abs. 1 S. 1 **EMRK** verletzenden Weise beeinträchtigt wird[408] oder wo die Aufklärungspflicht des Gerichts eine Erörterung mit den Beteiligten gebietet und diese ohne Verlesung oder Mitteilung des wesentlichen Inhalts nicht ausreichend erfolgen kann.[409]

Gerade zu diesem letztgenannten Aspekt hat sich ein mehr oder weniger **ausdifferen-** 183
ziertes System über die **Einführung der Aussagen auch anonymer Zeugen** entwickelt. Wichtig sind hier insbes. die Fälle, in denen Polizei, Kriminalämter oder Verfassungsschutz verdeckte Ermittler nach §§ 110a ff. bzw. V-Leute (ohne klare gesetzliche Grundlage) „sperren", dh zur Person gar keine Angaben machen oder aber Kontaktdaten unter der Bedingung mitteilen, dass der gesperrte Zeuge nicht in der Hauptverhandlung vernommen wird. Bevor Zeugen auf diese Weise grds. unerreichbar werden (vgl. auch dazu die Kommentierung zu § 251), ist freilich **in abgestufter Weise** nach dem Grad des Geheimhaltungsinteresses vorzugehen:[410] Hierbei kommen auf der ersten Stufe ein Vorgehen nach § 247a oder auch ein Ausschluss der Öffentlichkeit nach § 172 GVG in Betracht, bevor das Gericht sich auf eine nach § 251 Abs. 1 uU zulässige Verlesung des Protokolls einer kommissarischen Vernehmung des Gewährsmanns oder gar die Vernehmung des Verbindungsbeamten bzw. gar nur der Verhörsperson beschränkt.[411] Zwar ist nach üA die **Verwertung mittelbarer Wahrnehmung** auch in solchen Fällen nach den allgemeinen Regeln zulässig;[412] allerdings sind diese besonders **sorgfältig zu prüfen** und können die Verurteilungsüberzeugung im Einzelfall nur bei Vorliegen weiterer gewichtiger Beweisanzeichen tragen.[413]

Soweit der Verteidigung aus der Sperre Nachteile zu entstehen drohen, fordert **Art. 6** 184
Abs. 1 EMRK im Verfahren insgesamt einen **angemessenen Ausgleich;** insbes. muss dem Angeklagten nach Art. 6 Abs. 3d EMRK irgendwann im Verfahren Gelegenheit gege-

---

408 Vgl. Kudlich/Schuhr in Satzger/Schluckebier/Widmaier StPO § 249 Rn. 38; noch weiter gehend Krahl GA 1998, 329 (333 ff.). Zur Frage, wann ein Selbstleseverfahren angeordnet und sogleich als durchgeführt erklärt werden kann, vgl. BGH 10.1.2012 – 1 StR 587/11, NStZ 2012, 346; dazu, dass aber grds. die Anordnung im pflichtgemäßen Ermessen stehen soll, BGH 14.12.2010 – 1 StR 422/10, NStZ 2011, 300; zur fehlenden Feststellung der (Gelegenheit zur) Kenntnisnahme durch die Verfahrensbeteiligten BGH 9.3.2017 – 3 StR 424/16, NStZ 2017, 722 mAnm Kudlich JA 2017, 553.

409 Vgl. Ulsenheimer AnwBl 1983, 373 (380).

410 Vgl. näher Kudlich/Schuhr in Satzger/Schluckebier/Widmaier StPO § 250 Rn. 20.

411 Vgl. BGH 5.2.1986 – 3 StR 477/85, BGHSt 34, 15 (17) = NJW 1986, 1766; 31.3.1989 – 2 StR 706/88, BGHSt 36, 159 (162) = NJW 1989, 3291 (3292).

412 Vgl. nur BGH 1.8.1962 – 3 StR 28/62, BGHSt 17, 382 (383 ff.) = NJW 1962, 1876; 10.10.1979 – 3 StR 281/79, BGHSt 29, 109 (110 f.) = NJW 1980, 464; ferner BVerfG 11.4.1991 – 2 BvR 196/91, NJW 1992, 168. Aus der Lit. grundlegend Tiedemann/Sieber NJW 1984, 753 (760 ff.).

413 Vgl. BGH 1.8.1962 – 3 StR 28/62, BGHSt 17, 382 (384) = NJW 1962, 1876; 4.4.2007 – 4 StR 345/06, BGHSt 51, 280 (282) = NJW 2007, 2341 (2342 f.); für steigende Anforderungen mit der steigenden Zahl der Zwischenglieder BGH 5.2.1986 – 3 StR 477/85, BGHSt 34, 15 (18) = NJW 1986, 1766.

ben werden, dem Zeugen Fragen zu stellen bzw. durch seinen Verteidiger stellen zu lassen,[414] etwa durch ein unter Mitwirken des Angeklagten und seines Verteidigers vorbereitenden Fragenkatalog.[415] Noch höhere Anforderungen (nämlich Fragen in der Hauptverhandlung) stellt der EGMR, wenn die Verurteilung allein oder maßgeblich auf die Aussage eines anonymen Belastungszeugen gestützt werden soll,[416] wobei eine den Justizbehörden nicht zuzurechnende Kooperationsverweigerung des Staates dann nicht zur Unverwertbarkeit führt, wenn die belastende Aussage durch andere Beweismittel gestützt wird[417] und/oder[418] im Verfahren insg. ein fairnesssichernder Ausgleich erfolgt.[419] Tendenziell entsteht hier der Eindruck, dass der **BGH trotz** formalen bzw. scheinbaren **Aufgreifens der Rspr. des EGMR** in Grenzfällen die **Hürden** immer noch ein **wenig niedriger** legt. Allerdings sind in den Entscheidungen beider Gerichte die Formulierungen vielfach auch so „weich", dass scheinbar voneinander abweichende Standpunkte leicht ineinander verfließen können.

185 **2. Mündlichkeitsgrundsatz. a) Allgemeines.** Eng mit dem Grundsatz der formellen Unmittelbarkeit zusammen hängt der Mündlichkeitsgrundsatz, nach dem nur **in der Hauptverhandlung mündlich vorgetragener** („verbalisierter") **Verfahrensstoff** dem Urteil zugrunde gelegt werden darf.[420] Anders ausgedrückt: Inbegriff der Hauptverhandlung iSd § 261 ist grds. (zu Ausnahmen → Rn. 189) nur das mündlich Vorgetragene. **Bezüge** zum Mündlichkeitsgrundsatz weisen unter den Prozessmaximen bzw. verfassungsrechtlichen Rahmenbestimmungen des Strafprozessrechts insbes. der **Anspruch auf rechtliches Gehör** (Art. 103 Abs. 1 GG) und der **Öffentlichkeitsgrundsatz** (§ 169 GVG) auf: Ersterer, da dem Angeklagten in der Hauptverhandlung noch einmal deutlich alles, was dem Urteil zugrunde gelegt werden kann, „vor Ohren" geführt wird, so dass er in seiner Einlassung darauf reagieren kann und sich dann auch vergleichsweise einfach auf qualitativ gleiche Weise (nämlich auch mündlich) äußern kann. Zweiterer insoweit, als die Verfolgung der Verhandlung durch die Öffentlichkeit bei einer mündlichen Verhandlung deutlich leichter möglich ist, als wenn (organisatorisch ohnehin nicht ernsthaft vorstellbar) schriftliche Verfahrensakten im Saal öffentlich gemacht würden. Dass hierbei freilich für die Anforderungen an die Mündlichkeit aus dem im GVG statuierten Öffentlichkeitsgrundsatz das im Strafverfahrensrecht geltende Ausmaß nicht den unverzichtbaren Minimalzustand bildet, wird im Zivilverfahrensrecht deutlich, in dem unter der Geltung des gleichen § 169 GVG vom mündlichen Vortrag in der Verhandlung doch deutliche Abstriche gemacht werden.

186 Die mit dem **Mündlichkeitsgrundsatz** mit Blick auf rechtliches Gehör und Reaktionsmöglichkeit **verfolgten Ziele** werden in der Praxis freilich kaum vollständig erreicht: Geht es nämlich – vorbehaltlich der Interessen der die Öffentlichkeit verkörpernden Zuschauer – für die Verfahrensbeteiligten vor allem darum, dass sie aufgrund der mündlichen Verhandlung wissen, was Gegenstand der Entscheidung des Gerichts sein wird, um sich in ihrem Prozessverhalten darauf einstellen zu können, scheitert dies nicht selten schon daran, dass die Beteiligten nicht wissen, was das Gericht wahrnimmt, sondern dies gerade erst im Urteil erfahren.

187 Wie oben schon zum Unmittelbarkeitsgrundsatz angedeutet (→ Rn. 178), bedeuten **Unmittelbarkeits- und Mündlichkeitsprinzip** eine sehr **weite Freiheit des Gerichts**

414 Vgl. nur EGMR 20.11.1989 – 10/1988/154/208, StV 1990, 481 (482); 18.10.2001 – Nr. 37225/97, NJW 2003, 2297 f.

415 Vgl. BVerfG 21.8.1996 – 2 BvR 715/96, NJW 1996, 3408; BGH 30.1.1996 – 1 StR 624/95, StV 1996, 471; ferner EGMR 25.6.1992 – 17/1991/269/340, StV 1992, 499 (500). Vgl. zum nationalen Recht auch die Pflicht zur nachträglichen Unterrichtung oder – vorrangig (vgl. BGH 22.8.2017 – 1 StR 216/17, NJW 2017, 3397 mAnm Metz sowie dazu auch Mosbacher JuS 2018, 129 (132)) – simultanen Übertragung in Fällen des § 247.

416 Vgl. EGMR 23.4.1997 – 55/1996/674/861–864, StV 1997, 617 (619) mAnm Renzikowski NStZ 1999, 605.

417 Vgl. BGH 17.3.2010 – 2 StR 397/09, BGHSt 55, 70 (78) = NJW 2010, 2224, (2225).

418 Hier scheinen sich BGH und EGMR zu unterscheiden.

419 EGMR 23.11.2005 – 73047/01, JR 2006, 289 (291) mAnm Gaede und Anm. Esser NStZ 2007, 106.

420 Vgl. eingehend auch Heger in Hilgendorf/Kudlich/Valerius StrafR-HdB VII § 13 Rn. 50 ff.

beim Treffen der Feststellungen und eine entsprechende eingeschränkte Revisibilität, welche den Grund für die diversen bekannten Versuche der Verteidigung bilden, Beweisergebnisse schon vor dem Urteil festzuschreiben oder zumindest zu erfahren. Überspitzt ausgedrückt: Diese Ziele könnten besser erreicht werden, wenn das Gericht am Anfang eines Sitzungstages die bisherige Beweisaufnahme zusammenzufassen und am Ende der Beweisaufnahme deren Ergebnisse zunächst in Form eines Entwurfs zur Diskussion zu stellen hätte, ehe daraus dann die rechtlichen Konsequenzen gezogen werden. Dass ein solches Vorgehen freilich in strenger und konsequenter Form nicht wirklich realistisch ist (möglicherweise nunmehr aber zumindest in eingeschränkter Form durch § 257b gestärkt werden könnte) liegt auf der Hand; ohne derartige Sicherungs- und Nachprüfungsmechanismen freilich stellt der Mündlichkeitsgrundsatz ein zumindest nicht a priori untaugliches Mittel dar, diese Ziele zu erreichen.

b) Umfang und Ausnahmen. Grds. müssen **alle Tatsachen verbalisiert** werden, 188
welche der späteren Urteilsfindung zugrunde gelegt werden sollen. Dies gilt auch für offenkundige Tatsachen,[421] **nicht** aber für **allgemein bekannte Tatsachen.** Schon in der Rspr. vor Erlass des Verständigungsgesetzes war seit längerem anerkannt, dass etwaige **Urteilsabsprachen** mit dem wesentlichen Inhalt in die Hauptverhandlung eingeführt werden müssen;[422] mittlerweile ist dies durch den neugefassten **§ 243 Abs. 4** unmittelbar gesetzlich geregelt. Die Anforderungen dazu, was wie mitgeteilt werden muss, hat dabei die obergerichtliche Rechtsprechung einige Jahre intensiv beschäftigt, vgl. im Einzelnen die Darstellung in → § 244 Rn. 40 ff. sowie zusammenfassend in → § 257c Rn. 36.

Gewisse **Einschränkungen** des Mündlichkeitsgrundsatzes in seiner Dimension der 189
Erfassbarkeit eines mündlichen Vortrags durch die Öffentlichkeit ergeben sich zwangsläufig immer dann, wenn auch der **Öffentlichkeitsgrundsatz eingeschränkt** wird (so etwa beim Ausschluss der Öffentlichkeit im Einzelfall oder im Jugendstrafverfahren); das Erfordernis der mündlichen Verhandlung als solches wird dadurch freilich nicht tangiert. Eine echte Ausnahme stellt dagegen das **Selbstleseverfahren** nach § 249 Abs. 2 dar. Ferner gilt selbstverständlich der Mündlichkeitsgrundsatz nicht, soweit ein Verfahrensabschluss in einem eigenständigen, nicht auf eine öffentliche Verhandlung angelegten Verfahren erreicht werden kann, so insbes. im **Strafbefehlsverfahren.** Dies ist aber keine echte Einschränkung des Öffentlichkeitsgrundsatzes, soweit man diesen ohnehin „nur" als eine die Hauptverhandlung prägende Maxime versteht.

c) Sonderproblem: Kenntnis der Schöffen von vorbereitenden Unterlagen. 190
Soweit man davon ausgeht, dass nur mündlich zum Gegenstand der Hauptverhandlung (und Beweisaufnahme) gemachte Umstände dem Urteil zugrunde gelegt werden dürfen, entstehen potentielle Probleme mit Blick auf den Mündlichkeitsgrundsatz auch dann, wenn etwaige **Schöffen auf andere Weise als durch die Verbalisierung** des Verfahrensstoffs in der Hauptverhandlung so **beeinflusst** werden, dass sie (möglicherweise) ihr Urteil nicht auf den Inbegriff der Verhandlung, sondern auf andere (etwa in schriftlicher Form mitgeteilte) Einschätzungen stützen. Scheinbar konsequenterweise hat insbes. die frühere Rspr. daher eine **Einsichtnahme** vom Schöffen in schriftliche Darstellungen der Staatsanwaltschaft über das Ergebnis der Ermittlungen für generell unzulässig erklärt.[423]

Diese **ganz strenge Linie** ist etwa seit den 90er Jahren des 20. Jahrhunderts in mehreren 191
Entscheidungen **zumindest aufgeweicht** worden. So hat der 3. Strafsenat entschieden, dass das Überlassen von Tonbandprotokollen an die Schöffen als Hilfsmittel zum besseren Verständnis der Beweisaufnahme über abgehörte Telefongespräche in der Hauptverhandlung zulässig sein kann,[424] und wenig später auch für die Verlesung eines mit Gründen versehenen

---

421 Vgl. BGH 14.7.1954 – 6 StR 180/54, BGHSt 6, 292 (295 f.) = NJW 1954, 1656.
422 Vgl. BGH 28.8.1997 – 4 StR 240/97, BGHSt 43, 195 (205 f.) = NJW 1998, 85 (88).
423 Vgl. RG 8.2.1935 – 4 D 787/34, RGSt 69, 120 (124); auch noch BGH 17.11.1958 – 2 StR 188/58, BGHSt 13, 73.
424 Vgl. BGH 26.3.1997 – 3 StR 421/96, BGHSt 43, 36 ff. = NJW 1997, 1792 (1793).

Vorlagebeschlusses nach § 209 Abs. 2 in der Hauptverhandlung eine Verletzung des Mündlichkeitsgrundsatzes nur angenommen, wenn wegen besonderer Umstände im Einzelfall zu befürchten ist, dass sich die Schöffen in ihrem Urteil durch die Gründe des Vorlageschlusses beeinflussen lassen.[425] Schon vorher hatte der 1. Strafsenat für den Fall eines Anklagesatzes, der der Sache nach das wesentliche Ergebnis der Ermittlungen enthält, zwischen der Überlassung der Anklageschrift und deren einmaliger Verlesung unterschieden sowie für den zuletzt genannten Fall zumindest ausgeschlossen, dass das Urteil auf einem möglichen Verfahrensfehler beruht.[426]

192 Die genannten Entscheidungen dürften Ausdruck einer neueren Linie sein, die **Schöffen** insoweit aufgrund ihrer auch sonst in weiten Teilen erfolgten **Gleichstellung mit den Berufsrichtern** nicht nennenswert anders zu bewerten als diese. Auch wenn böse Zungen behaupten mögen, dass die dem Richter, der schriftliche vorgelegte Ermittlungsergebnisse kennt und sich dennoch auf den mündlichen Vortrag beschränken soll, zugemuteten schizophrenen Tendenzen mit einer gewissen Plausibilität prima facie erst nach mehrjähriger juristischer Ausbildung zu vermuten seien, erscheint eine Annäherung hier durchaus **überzeugend,** da der **Mündlichkeitsgrundsatz als „Wert an sich" gewiss nicht höher einzuschätzen** ist **als die Wahrheitsfindung,** der durch ein verbessertes Verständnis aufgrund eines unterstützenden Blicks in die Akten durchaus Vorschub geleistet werden könnte, wenn der Schöffe sonst das mündlich Formalisierte nicht verstehen kann (und nach allgemeiner Erfahrung regelmäßig auch nicht geneigt ist in der Verhandlung nachzufragen). **Anders** wäre dies freilich zu bewerten, wenn etwaige Schriftstücke (außerhalb zB des gesetzlich geregelten Selbstleseverfahrens) den Schöffen **vor der mündlichen Verhandlung eigenständig** zur Verfügung gestellt werden, da sie dann bei der Wahrnehmung des Inhaltes und seiner (Nicht-)Bewertung im Verhältnis zum mündlichen Vortrag keine Anleitung durch den Vorsitzenden erfahren können.

193 **3. Öffentlichkeitsgrundsatz. a) Allgemeines.** Einfachgesetzliche Grundlage des Öffentlichkeitsgrundsatzes in der ordentlichen Gerichtsbarkeit und damit auch im Strafverfahren ist **§ 169 S. 1 GVG.** Er gewährleistet die zumindest grundsätzliche **Rspr. „in aller Öffentlichkeit"** im Gegensatz zu einer solchen „hinter verschlossenen Türen"[427] und dient damit nicht nur dem **Informationsinteresse der Allgemeinheit,** sondern auch einer **Festigung des öffentlichen Vertrauens** in die Rspr. und dem Schutz vor willkürlichen Entscheidungen durch öffentliche Kontrolle.[428] Eine gleichlautende Garantie findet sich auch in **Art. 6 Abs. 1 S. 1, 2 EMRK** sowie in einigen Landesverfassungen,[429] während eine explizite Erwähnung im GG fehlt. Allerdings dürfte der Öffentlichkeitsgrundsatz im Rechtsstaatsprinzip verankert sein,[430] auch wenn das BVerfG in ihm keinen „Verfassungsrechtssatz" sieht[431] (ihn aber immerhin als wesentlich für die Staatszielbestimmung der Demokratie sieht[432]). Ergänzung findet der Öffentlichkeitsgrundsatz durch den Mündlichkeitsgrundsatz, welcher der Öffentlichkeit das Nachvollziehen des Strafprozesses deutlich erleichtert (vgl. auch → Rn. 185; obwohl nicht unmittelbar die Öffentlichkeit betreffend, werden zumindest ähnliche Ziele durch die in der Rspr. teilw. anerkannten Pflichten zur Veröffentlichung bzw. Zugänglichmachung von den Entscheidungen verfolgt,[433] die auch

[425] Vgl. BGH 10.12.1997 – 3 StR 250/97, BGHSt 43, 360 = NJW 1998, 1163.
[426] Vgl. BGH 2.12.1986 – 1 StR 433/86, JR 1987, 389 mAnm Rieß.
[427] Vgl. BGH 23.5.1956 – 6 StR 14/56, BGHSt 9, 280 (281) = NJW 1956, 1646 (1647); BGH 28.8.1997 – 4 StR 240/97, BGHSt 43, 195 (205) = NJW 1998, 86 (88).
[428] Eingehend zum Öffentlichkeitsgrundsatz Heger in Hilgendorf/Kudlich/Valerius StrafR-HdB VII § 13 Rn. 8 ff.
[429] Vgl. etwa Art. 90 BV.
[430] Vgl. auch BGH 18.12.1968 – 3 StR 297/68, BGHSt 22, 297 (301 f.) = NJW 1969, 756 (758).
[431] Vgl. BVerfG 7.9.1963 – 2 BvR 629, 637/62, BVerfGE 15, 303 (307) = NJW 1963, 757 (758).
[432] Vgl. BVerfG 24.1.2001 – 1 BvR 2623/95, NJW 2001, 1633 (1635 f.).
[433] Vgl. OLG Celle 12.6.1990 – 1 VAs 4/90, NJW 1990, 2570; OVG 25.10.1988 – OVG 1 BA 32/88, NJW 1989, 926.

auf einer Linie mit den Zielen etwa der Informationsfreiheitsgesetze des Bundes und der Länder liegen.

b) Gewährleistungsumfang. Zu den Details und zur reichhaltigen Kasuistik des Gewährleistungsumfangs des Öffentlichkeitsgrundsatzes mit Blick auf § 169 S. 1 GVG sei auf die dortige Kommentierung verwiesen. Als einige **wichtige Grundlinien** lässt sich das Folgende skizzieren:[434] Umfasst vom Verfahren sind **alle Teile der Hauptverhandlung** bis zur Verkündung des Urteilstenors sowohl in der ersten Instanz als auch im Rechtsmittelverfahren (einschließlich der Revision). Dagegen gilt der Öffentlichkeitsgrundsatz **nicht** für das **Vor- und Zwischenverfahren** und im Hauptverfahren insbes. nicht für die Urteilsberatung. Gefordert wird, dass Verhandlungen grds. an einem Ort stattfinden, zu **dem jedermann Zutritt** hat[435] und dass ausreichende vorherige Informationsmöglichkeiten über Ort und Zeit der Verhandlung bestehen.[436] Zumindest rein faktische Einschränkungen durch Pandemie-bedingte Ausgangssperren sollen nach Auffassung des 4. Strafsenats auch dann keine unzulässige Verkürzung der Öffentlichkeit darstellen, wenn unklar war, ob die Teilnahme an einer Verhandlung als Öffentlichkeit ein triftiger Grund zum Verlassen der eigenen Wohnung ist.[437] 194

Zutritt ist (auf jeden Fall, aber auch „nur") **im Rahmen der tatsächlichen Gegebenheiten** zu gewähren,[438] wobei ein Verhandlungsraum im Einzelfall aber durchaus sehr klein sein und nur wenigen Personen (regelmäßig freilich nicht nur einer einzigen[439]) Platz bieten kann. Anspruch auf einen Platz, der freie Sicht auf Augenscheinsobjekte ermöglicht, besteht nicht.[440] Begehren **mehr Besucher** Einlass in die Verhandlung, als Platz vorhanden ist, so ist in der Reihenfolge grds. nach dem **Prioritätsprinzip** vorzugehen; aber auch eine Regelung über „Eintrittskarten" erscheint vorstellbar,[441] darf jedoch nicht zu einer bewussten Selektion des Publikums führen. Auch ein bewusstes Ausweichen auf Räumlichkeiten, in denen weniger Zuschauer, als zu erwarten sind, Platz finden, ist problematisch. Die **Presse- und Rundfunkfreiheit** muss **angemessen berücksichtigt** werden, ggf. auch durch verschiedene Vertreter (und erforderlichenfalls über eine „Pool-Lösung"); dabei kann bei begrenzten Plätzen das Prioritätsprinzip bei der Anmeldung grundsätzlich ein zulässiges Verfahren sein, allerdings ist in besonders gelagerten Einzelfällen vorstellbar, dass besonderen Gruppen (etwa ausländischen Medienvertretern) eine gewisse Zahl von Plätzen reserviert werden, die dann über das Los vergeben werden.[442] Auch psychische Zutrittshemmnisse (etwa in Gestalt von besonders strengen Kontrollen) können den Öffentlichkeitsgrundsatz tangieren,[443] sind aber grds. zulässig, solange sie nicht unverhältnismäßig sind.[444] 195

Grenzen des Zulassungsanspruchs können sich aus der **Natur der Sache** ergeben. Dies gilt nicht nur für **zu kleine** (solange nicht willkürlich klein gewählte, → Rn. 195) **Gerichtssäle** bei massivem Öffentlichkeitsinteresse, sondern insbes. bei **Terminen außerhalb des Gerichts** (etwa zu einer Augenscheinseinnahme). So hat zwar der Inhaber des 196

---

434 Vgl. zusammenfassend auch Kudlich JA 2000, 970.

435 Dies wird nicht dadurch in Frage gestellt, dass eine Außentür ins Schloss gefallen ist, die sich nicht ohne weiteres von außen öffnen lässt, wenn durch andere Vorkehrungen (zB Klingel und Pförtner) die Zutrittsmöglichkeit weiter sichergestellt ist, vgl. BGH 28.9.2011 – 5 StR 245/11, NStZ 2012, 173.

436 Vgl. BGH 10.6.1966 – 4 StR 72/66, BGHSt 21, 72 (73) = NJW 1966, 1570.

437 Vgl. BGH 17.11.2020 – 4 StR 390/20, BeckRS 2020, 37724 mAnm Jahn JuS 2021, 274.

438 Vgl. BGH 10.11.1953 – 5 StR 445/53, BGHSt 5, 75 (83) = NJW 1954, 281 (283); BGH 6.10.1976 – 3 StR 291/76, BGHSt 27, 13 (14) = NJW 1977, 157; zu den Auswirkungen einer globalen Pandemie auf den Öffentlichkeitsgrundsatz (hier: SARS-CoV-2) vgl. Arnoldi NStZ 2020, 313 und Kulhanek NJW 2020, 1183.

439 Vgl. BayObLG 30.11.1981 – 1 Ob OWi 331/81, NJW 1982, 395.

440 Vgl. BGH 26.7.1990 – 4 StR 301/90, NStZ 1991, 122.

441 Vgl. RG 30.1.1920 – IV 1178/19, RGSt 54, 225.

442 Vgl. BVerfG 12.4.2013 – 1 BvR 990/13, NJW 2013, 1293.

443 Vgl. BGH 11.7.1979 – 3 StR 165/79, NJW 1980, 249.

444 Vgl. etwa zur Durchsuchung nach Waffen BVerfG 7.4.1978 – 2 BvR 202/78, NJW 1978, 1048; OLG Koblenz 20.3.1975 – 1 Ss 39/75, NJW 1975, 1333; zur Ausweiskontrolle BGH 6.10.1976 – 3 StR 291/76, BGHSt 27, 13 = NJW 1977, 157.

privaten Hausrechts eine solche zu dulden; allerdings ist er nicht verpflichtet, die komplette Öffentlichkeit mit in seine Räume einzulassen.[445] Bei der **Augenscheinseinnahme** in einem Krankenhaus kann der Zutritt für das Publikum aus medizinischen Gründen untersagt werden; freilich darf dann die Verhandlung nicht länger als erforderlich im Krankenzimmer fortgesetzt und insbes. nicht auf eine Zeugenvernehmung etwa eines Arztes ausgedehnt werden.[446]

197 **c) Grenzen des Öffentlichkeitsgrundsatzes. § 169 Abs. 1 S. 2 GVG** (= § 169 S. 2 GVG aF) stellt klar, dass der Öffentlichkeitsgrundsatz **keine Fernsehübertragungen** fordert (sondern dass diese im Gegenteil untersagt sind). Ob das auch für **Übertragungen in andere Gerichtssäle** (bei großem, in einem Raum nicht zu befriedigendem Publikumsinteresse) gilt, ist fraglich, aber nicht von der Hand zu weisen, da zumindest die Situation der „Beobachtung durch eine Kamera" wie auch die Beobachtung durch für das Gericht seinerseits nicht sichtbare Zuschauer auch hier vorliegen; vor einer Klärung dieser Frage dürften **Tatgerichte gut beraten sein, nicht** so vorzugehen, da das Fehlen einer solchen Öffentlichkeitserweiterung gewiss kein revisibler Verstoß gegen Satz 1 der Vorschrift ist. Weitere wichtige Grenzen des Öffentlichkeitsgrundsatzes im Strafverfahren bilden **§ 48 JGG** im Verfahren gegen Jugendliche sowie die **§ 171a GVG**(Verfahren über die Unterbringung des Beschuldigten in einem psychiatrischen Krankenhaus oder einer Entziehungsanstalt), **§ 171b GVG**(Verhandlung über Umstände aus dem persönlichen Lebensbereich eines Prozessbeteiligten, deren öffentlicher Erörterung schutzwürdige Interessen widersprechen) und **§ 172 GVG** (Ausschließung zum Schutz der Staatssicherheit, der öffentlichen Ordnung oder der Gesundheit von Zeugen sowie bei der Vernehmung von Personen unter 16 Jahren). Diese Ausschlussmöglichkeiten werden von der Rspr. freilich hinsichtlich einzelner Zuhörer nicht als abschließend erachtet, so dass auch **sitzungspolizeiliche Maßnahmen** nach §§ 176, 177 GVG zu der Ausschließung einzelner Teile der Öffentlichkeit führen können, wobei das Öffentlichkeitsprinzip und die Belange eines zügigen und ungestörten Verhandlungsablaufs grds. als gleichrangig zu erachten sind.[447]

197a Das **Gesetz zur Erweiterung der Medienöffentlichkeit**[448] hat im Jahr mit Änderungen des § 169 GVG die Möglichkeiten der Übertragung aus Gerichtssälen – auf den ersten Blick mit mehreren Fällen ganz erheblich, bei genauerer Betrachtung dann aber doch auf sehr spezielle Fälle beschränkt – erweitert.[449] So können Tonübertragungen in einen Arbeitsraum für Presse, Hörfunk, Fernsehen oder für andere Medien ebenso zugelassen werden wie Tonaufnahmen der Verhandlung einschließlich der Verkündung der Urteile und Beschlüsse zu wissenschaftlichen und historischen Zwecken, wenn es sich um ein Verfahren von herausragender zeitgeschichtlicher Bedeutung für die Bundesrepublik Deutschland handelt, oder Ton- und Fernseh-Rundfunkaufnahmen für die Verkündung von Entscheidungen des Bundesgerichtshofs in besonderen Fällen.

198 **d) Revisibilität.** Bei Verletzung der Vorschrift über die Öffentlichkeit – nach ganz hM freilich **nur bei unzulässigen Beschränkungen,** nicht dagegen bei unzulässigen Erweiterungen[450] – ordnet **§ 338 Nr. 6** einen absoluten Revisionsgrund an. Entsprechend den auch sonst sichtbaren Tendenzen einer allgemeinen Relativierung absoluter Revisions-

---

445 Vgl. BGH 14.6.1994 – 1 StR 40/94, BGHSt 40, 191 = NJW 1994, 2773; zust. Kudlich JA 2000, 970 (972); anderer Auffassung Lilie NStZ 1993, 121 (125).

446 Vgl. BGH 14.6.1994 – 1 StR 40/94, BGHSt 40, 191 = NJW 1994, 2773.

447 Vgl. BGH 22.1.1971 – 3 StR 3/70 II, BGHSt 24, 72 (74) = NJW 1971, 715; BGH 6.10.1976 – 3 StR 291/76, BGHSt 27, 13 (15) = NJW 1977, 157 (158); BGH 23.4.1980 – 3 StR 434/79, BGHSt 29, 258 (259 f.) = NJW 1981, 61; hinsichtlich des Rechtsschutzes der Öffentlichkeit gegen sitzungspolizeiliche Maßnahmen siehe Schmidt/Walter NStZ 2016, 505.

448 BGBl. 2017 I 3546.

449 Überblick (zu den Plänen im Vorfeld) bei Norouzi StV 2016, 590; eingehend Wick, Demokratische Legitimation von Strafverfahren, 2018.

450 Vgl. BGH 8.2.1957 – 1 StR 375/56, BGHSt 10, 202 (206 f.) = NJW 1957, 881; 23, 82 (85); 36, 119 (122).

gründe[451] ist die Rspr. auch hier teilw. bemüht, die **Revisibilität einzuschränken.** „Öffentlichkeitsgrundsatzspezifisch" etwa durch die Forderung, dass revisible Verfahrensverstöße nur vorliegen sollen, **wenn das erkennende Gericht** (dh den Spruchkörper) daran auch eine **Schuld trifft**[452] oder einer allgemeinen (und bei engem Verständnis auch zu akzeptieren) Tendenz beim Umgang mit absoluten Revisionsgründen entsprechend,[453] jedenfalls dann wenn (ausnahmsweise) denknotwendig ausgeschlossen ist, dass die Verletzung der Öffentlichkeit Einfluss auf das Ergebnis des Verfahrens gehabt haben könnte.[454]

4. Grundsatz der freien Beweiswürdigung. a) Allgemeines. Die Hauptverhandlung im Strafverfahren und die diese abschließende Urteilsfindung ist durch den Grundsatz der **freien richterlichen Beweiswürdigung** geprägt, wie er einfachgesetzlich insbes. in **§ 261** zum Ausdruck kommt.[455] Wenngleich der Stellung im Gesetz nach ein spezieller Grundsatz für die Hauptverhandlung (und deshalb hier auch in diesem Kontext behandelt), zeigt das Prinzip der freien Beweiswürdigung selbstverständlich gewisse **Vor- und Nachwirkungen:** Sie führt dazu, dass die Beweiswürdigung im Revisionsverfahren nur sehr eingeschränkt überprüfbar ist (→ Rn. 201, → Rn. 263); umgekehrt dürfen und müssen Staatsanwaltschaft und Gericht bei ihren **Prognoseentscheidungen** über Anklageerhebung bzw. Verfahrensöffnung im Ermittlungs- bzw. Zwischenverfahren berücksichtigen, dass in der Hauptverhandlung eine freie Beweiswürdigung erfolgen wird und der Tatnachweis somit zumindest grds. nicht an feste Beweisregeln gebunden ist. Ob man diese Einschätzung, wie die freie Beweiswürdigung in der Hauptverhandlung erfolgen könnte, ebenfalls als gleichsam „abgeleitete freie Beweiswürdigung" versteht oder als mit einem mehr oder weniger großen Spielraum ausgestaltete Prognose über die Ausübung der Beweiswürdigung durch das Gericht in der Hauptverhandlung, dürfte im Wesentlichen eine terminologische Frage sein. 199

b) Inhalt des Grundsatzes und Bezug zu „in dubio pro reo" und Unschuldsvermutung. Der Grundsatz der freien Beweiswürdigung (vgl. dazu ausführlich die Kommentierung zu § 261) besagt, dass für die Beweiswürdigung und Entscheidung in der Hauptverhandlung grds. **keine festen Beweisregeln bzw. -richtlinien** gelten,[456] so dass in Abkehr vom gemeinen deutschen Strafprozess und seinen Vorläufern kein streng formales Beweisrecht gilt. Dies ist nur auf den ersten Blick eine Aufweichung „schützender Formen" und hat historisch vielmehr erheblich zur Humanisierung des Strafverfahrens (etwa durch die Verzichtbarkeit der Folter) beigetragen. Überdies bleiben als formale Elemente in Tat- und Schuldfragen immerhin das **Strengbeweisverfahren** mit seinem Numerus Clausus an Beweismitteln sowie das Erfordernis einer subjektiv zweifelsfreien Überzeugungsbildung des Gerichts bestehen. 200

Daneben wird einer (nicht nur freien, sondern ganz und gar) **willkürlichen Beweiswürdigung** auch dadurch **vorgebeugt,** dass auch **im Revisionsverfahren** zumindest die Übereinstimmung des Urteils mit gesicherten wissenschaftlichen Erkenntnissen, den **Regeln der Logik** und allgemein anerkannten Erfahrungssätzen sowie in gewissen Grenzen auch die erschöpfende Beweiswürdigung überprüft werden. Gerade die formalen Anforderungen[457] an Klarheit und Vollständigkeit der Beweiswürdigung haben in den letzten Jahren zu einem engeren revisionsrechtlichen Überprüfungsmaßstab geführt, der im Einzelfall auf die Sachrüge hin zu einer Aufhebung des Urteils führen kann. 201

451 Vgl. Kudlich FS Fezer, 2008, 435; Kudlich StV 2011, 212.

452 Vgl. BGH 10.6.1966 – 4 StR 72/66, BGHSt 21, 72 = NJW 1966, 1570; BGH 28.11.1994 – 5 StR 611/94, NStZ 1995, 143.

453 Vgl. nochmals Kudlich FS Fezer, 2008, 435 (448 ff.).

454 Vgl. BGH 9.6.1999 – 1 StR 325–98, BGHSt 45, 117 = NJW 1999, 3060, mAnm Gössel NStZ 2008, 181 und mAnm Park StV 2000, 246; ferner BGH 2.2.1999 – 1 StR 636/98, StV 2000, 248 mAnm Ventzke; 9.5.2019 – 4 StR 605/18, NStZ 2019, 549 mAnm Ventzke sowie dazu auch Kudlich JA 2019, 708.

455 Vgl. dazu auch im Überblick Zabel in Hilgendorf/Kudlich/Valerius StrafR-HdB VII § 11 Rn. 53 ff.

456 Vgl. BGH 19.8.1993 – 4 StR 627/92, BGHSt 39, 291 (295) = NJW 1993, 3081 (3082).

457 Dazu, dass es sich um formelle, nicht materiell-rechtliche Bindungen handelt, vgl. BGH 7.6.1979 – 4 StR 441/78, BGHSt 29, 18 (20) = NJW 1979, 2318; 8.2.2000 – 5 StR 310/99, NStZ-RR 2000, 171.

202 Soweit der Richter sich innerhalb dieser (weiten) Grenzen befindet, kommt es grds. allein auf seine **persönliche Überzeugung** an. Dieser steht die auch vom Richter erkannte theoretische Möglichkeit eines anderen Geschehensablaufes nicht entgegen, da absolutes Wissen unmöglich ist.[458] Glaubt er dagegen nicht nur an die „theoretische Möglichkeit" eines alternativen Geschehensablaufes, sondern hat **selbst Zweifel** (und hätte nicht nur „zweifeln müssen"[459]), so gilt der Grundsatz in **dubio pro reo.** Dabei kommt es freilich nicht auf einzelne Beweiserhebungen bzw. Beweiselemente, sondern auf die **gesamte Beweissituation** an.[460] Hat der Richter insoweit mit Blick auf Tatsachenfragen – Rechtsfragen unterfallen dem Grundsatz nicht und sind grds. voll umfänglich revisibel[461] – Zweifel, so darf keine belastende Entscheidung getroffen werden, welche materiell-rechtlich den nicht zweifelsfrei festgestellten Sachverhalt voraussetzen würde. Der **Zweifelssatz** ist somit wie der Grundsatz der freien Beweiswürdigung keine Beweis-, sondern eine **Entscheidungsregel.**[462]

203 Wenngleich mitunter miteinander vermengt und auch keinesfalls beziehungslos nebeneinander stehend, so doch vom Zweifelssatz zu unterscheiden ist die **Unschuldsvermutung.** Dieser in Art. 6 Abs. 2 EMRK niedergelegte und im Rechtsstaatsprinzip verankerte Grundsatz[463] gilt viel stärker als die Entscheidungsregel des Zweifelssatzes im gesamten Verfahren (und insbes. auch im Ermittlungsverfahren) und besagt, dass jedermann bis zum gerichtlichen Beweis des Gegenteils als unschuldig zu gelten hat. Dies muss Konsequenzen etwa für die Gestaltung und Handhabung von prozessualen Ermittlungsmaßnahmen haben, ist aber auch bei der Ausformung des materiellen Strafrechts zu berücksichtigen (weshalb etwa die Vermögensstrafe § 43a StGB für verfassungswidrig erklärt worden ist[464] oder die bis an die Grenze der Beweislastumkehr[465] konstruierte Strafvorschrift des § 261 StGB ebenso nicht unproblematisch ist wie der Anscheinsbeweis des § 437 im selbständigen Einziehungsverfahren). Das **strukturelle Verhältnis zum Zweifelssatz** dürfte so aussehen, dass die Unschuldsvermutung den gerichtlichen Nachweis der Schuld fordert und der Zweifelssatz eine Entscheidungsregel darstellt, wenn dieser Nachweis jedenfalls nicht als erbracht angesehen werden darf. Auch **inhaltlich** wird man aber wohl einen **Zusammenhang** dahingehend sehen müssen, dass die Unschuldsvermutung eine generelle Beweislastverteilung zu Lasten des Beschuldigten nicht zulassen würde,[466] was für den Fall des Zweifels als gleichsam „subjektivem non liquet" fast notwendig zur Entscheidungsregel „pro reo" führt.

204 **c) Ausnahmen und Durchbrechungen. Durchbrechungen** der freien richterlichen Beweiswürdigung in Gestalt von echten Beweisregeln enthalten etwa **§ 190 StGB** (Beweis der ehrverletzenden Tatsache durch Urteil), **§ 274** (Beweiskraft des Hauptverhandlungsprotokolls, soweit dieses nicht gefälscht oder berichtigt[467] ist) sowie **§ 51 BZRG** (nach-

---

458 Vgl. BGH 9.2.1957 – 2 StR 508/56, BGHSt 10, 208 (209) = NJW 1957, 1039; 6.11.1998 – 2 StR 636/98, StV 1999, 5 (6); Beulke/Swoboda StrafProzR Rn. 490.

459 Vgl. BVerfG 23.9.1987 – 2 BvR 814/87, NJW 1988, 477; 16.5.2002 – 2 BvR 665/02, NJW 2002, 3015.

460 Vgl. BHG 25.11.1998 – 3 StR 334–98, NStZ 1999, 205; 17.3.2005 – 4 StR 581/04, NStZ-RR 2005, 209.

461 Vgl. BGH 16.12.1959 – 4 StR 484/59, BGHSt 14, 68 (73) = NJW 1960, 540 (541); OLG Celle 31.7.1968 – 1 Ws 37/68, NJW 1968, 2119 (2120).

462 Vgl. aus neuerer Zeit nur BGH 12.10.2011 – 2 StR 202/11, NStZ 2012, 171.

463 Vgl. Kühne StrafProzR Rn. 301, der insbes. einen engen Zusammenhang zur Instruktionsmaxime, aber etwa auch zum nemo-tenetur-Grundsatz herstellt.

464 Vgl. BVerfG 20.3.2002 – 2 BvR 794/95, BVerfGE 105, 135 = NJW 2002, 1779.

465 Vgl. dazu auch BVerfG Beschl. v. 5.2.2012 – 2 BvR 1464/11, NJW 2012, 1136 (wonach der Angeklagte nicht das Risiko der Unaufklärbarkeit des Sachverhalts in Bezug auf Verfahrensfehler tragen muss, wenn die Unaufklärbarkeit des Fehlers und die damit einhergenden Zweifel auf einem Verstoß gegen angeordnete Dokumentationspflichten beruhen) sowie dazu Schwabenbauer NStZ 2014, 495.

466 Vgl. nochmals Kühne StrafProzR Rn. 301.

467 Zum Problem der für eine neueren Rspr. insoweit zugelassenen „Rügeverkümmerung" vgl. BGH 23.4.2007 – GSSt 1/06, BGHSt 51, 298 = NJW 2007, 2419, sowie bestätigend BVerfG 15.1.2009 – 2 BvR 2044/07, BVerfGE 122, 248 = NJW 2009, 1469; zur Kritik statt vieler nur Knauer FS Widmaier, 2008, 291; Kudlich HRRS 2007, 9; Kudlich BLJ 2007, 125; Kudlich/Christensen JZ 2009, 943; ferner Dehne-Niemann wistra 2011, 213; sowie → Rn. 270 ff. und die Kommentierung zu § 274.

teilige Berücksichtigung von im Zentralregister getilgten bzw. tilgungsreifen Eintragungen). Auch die **Rspr. zur absoluten Fahruntüchtigkeit** (für Kraftfahrzeuge ab 1,1 ‰) kann als eine solche Ausnahme verstanden werden, wenn man den von der hM darin offenbar gesehenen Erfahrungssatz[468] nicht in dem Maße für allgemeinverbindlich hält, wie dies vielfach postuliert wird. Keine echte Durchbrechung, sondern nur eine **Modifizierung** sind dagegen **bloße Beweisvermutungen** bzw. widerlegbare Beweisregeln (wie etwa § 69 Abs. 2 StGB oder § 71 Abs. 2 Nr. AO), da sie die freie richterliche Beweiswürdigung nicht einschränken, sondern nur das Beweisthema anders stellen bzw. den Bezugspunkt für die Beweiswürdigung und damit den Beurteilungsmaßstab verändern,[469] ohne zu einer (strikten) Bindung zu führen.[470]

Praktisch wichtige und im Gesetz nicht explizit behandelte Ausnahmen ergeben sich als mittelbare Konsequenz insbes. **aus bestimmten Rechtspositionen** (vornehmlich, aber nicht ausschließlich des Beschuldigten). Hier kann als Faustregel gelten, dass aus der Berufung auf eine gesetzlich eingeräumte Rechtsposition **keine negativen Schlüsse** gezogen werden können.[471] Dies gilt für die Berufung auf das Aussageverweigerungsrecht und damit den Nemo-tenetur-Grundsatz ebenso wie für die Berufung eines Zeugen auf sein Zeugnisverweigerungsrecht (etwa als Angehöriger). Dabei ist jedoch zu beachten, dass nach der Rspr. Schlüsse aus dem Schweigen zu bestimmten Fragen gezogen werden dürfen, wenn sich die Auskunftsperson teilw. zur Sache einlässt.[472] Dies ist zumindest dann nicht unproblematisch, wenn das (nur) Teil-Schweigen schematisch schon dann angenommen wird, wenn der Aussagende nicht sofort jede Antwort verweigert, sondern zunächst mehr oder weniger unspezifische Erklärungen abgibt, bevor er sich auf konkrete Nachfragen hin auf sein Schweigerecht beruft. 205

D. Ablauf, Beteiligte und Interaktion im Strafverfahren

I. Verfahrensabschnitte

Wie aus vielen anderen Verfahrensordnungen bekannt, lässt sich auch das Strafverfahren grob in ein **Erkenntnis- und ein Vollstreckungsverfahren** untergliedern, wobei das Erkenntnisverfahren als ordentliches oder als besonderes[473] ablaufen kann. Gemeinhin wird das Erkenntnisverfahren dabei – nicht zuletzt orientiert an der wechselnden Zuständigkeit hinsichtlich der Verfahrensherrschaft zwischen StA und Gericht und mit Blick auf die jeweils von einer in die nächste Stufe überleitenden Entscheidungen (§§ 170, 203) – weiter in **Ermittlungsverfahren (bzw. Vorverfahren), Zwischenverfahren und Hauptverfahren** untergliedert, welche um ein **Rechtsmittelverfahren** ergänzt sein können. 206

Der Dreiteilung in Ermittlungs-, Zwischen- und Hauptverfahren entspricht als parallele Begriffstrias die unterschiedliche Bezeichnung des Beschuldigten auch als Angeschuldigter (ab Klageerhebung) bzw. Angeklagter (ab Zulassung zur Hauptverhandlung), vgl. § 157. Betrachtet man die Stufen nicht nur chronologisch, sondern funktional, so kann man auch anschaulich vom **Stoffsammlungs-** bzw. Vorklärungsabschnitt (Vorverfahren und Zwi- 207

---

468 Vgl. Fischer in KK-StPO Einl. Rn. 46.

469 Vgl. Fischer in KK-StPO Einl. Rn. 47.

470 Vgl. BGH 19.8.1993 – 4 StR 627/92, BGHSt 39, 291 (295) = NJW 1993, 3081 (3082).

471 Vgl. etwa BGH 17.6.2015 – 2 StR 228/14, NJW 2016, 732 = NStZ 2016, 59 mAnm Kudlich JA 2016, 73 (keine negativen Konsequenzen aus dem Schweigerecht und daher auch nicht aus dem Zeitpunkt, in dem ggf. doch eine Aussage gemacht wird).

472 Angedeutet etwa bereits in BGH 26.10.1965 – 5 StR 415/65, BGHSt 20, 281 = NJW 1966, 210.

473 Als partiell besondere Arten des Erkenntnisverfahrens sind insbes. das Strafbefehlsverfahren, das beschleunigte Verfahren und das Privatklageverfahren zu nennen (→ Rn. 535 ff.). Das Verfahren bei einer Verständigung nach § 257c weist zwar auch deutliche Eigenheiten auf, ist aber gesetzessystematisch nur als besondere Variante innerhalb des ordentlichen Verfahrens, nicht als besondere Verfahrensart ausgestaltet.

schenverfahren), vom **Entscheidungsabschnitt** (Hauptverfahren) und vom **Kontrollabschnitt** (Rechtsmittel) sprechen.[474]

208 Diese Stufen werden naturgemäß keineswegs von allen Verdächtigen durchlaufen. Vielmehr werden aufgrund eines gewissermaßen zunehmend verengenden „Durchlasses" beim Übergang von einer auf die nächste Stufe (welcher von Riess anschaulich gleichsam wie ein **„Trichtermodell"** beschrieben wird[475]) von Abschnitt zu Abschnitt weniger Personen betroffen: Nur ein Teil der Ermittlungsverfahren führt irgendwann zur Anklage; die angeklagten Fälle führen nur zu einem (dann freilich größeren) Teil zu einer Hauptverhandlung; in diesen kommt es wiederum nur in einem Teil der Fälle zu einer Verurteilung.

209 Die ebenso legitimen wie nachvollziehbaren Ziele, einen Verdächtigen ggf. möglichst frühzeitig zu entlasten und auch die Funktionstüchtigkeit der Strafrechtspflege trotz der Masse an Verfahren zu sichern, führen dazu, dass **in früheren Verfahrensstadien** teilw. raschere und dementsprechend noch **weniger formalisierte** (sowie mit weniger Schutzmechanismen versehene) **Abläufe dominieren** bzw. Entscheidungen getroffen werden. Soweit ein Verdächtiger dabei freilich bis in die Angeklagtenstellung in der Hauptverhandlung „durch den Filter rutscht", führt dies zu einem **Dilemma,** da in den frühen, noch weniger formalisierten und „abgesicherten" Verfahrensabschnitten durchaus entscheidende Weichenstellungen erfolgen, die in der Hauptverhandlung nur noch schwer korrigiert werden können. Die insoweit durchaus zu einem gewissen Schutz beitragenden Prinzipien der Unmittelbarkeit und Mündlichkeit (→ Rn. 177 ff.) sind dabei aufgrund der Aktenkenntnis der Strafverfolgungsbehörden sowie auch aufgrund des von dieser Aktenkenntnis auf den Beschuldigten zumindest unbewusst ausgehenden Druckes nur begrenzt hilfreich. Schon aus diesem Grund sind allfällige rechtspolitische Überlegungen zu einer Stärkung der Beschuldigtenposition im Ermittlungsverfahren[476] ernst zu nehmen, und es ist auch de lege lata bei der Auslegung der Vorschriften des Ermittlungsverfahrens auf ihren möglicherweise vorentscheidenden Charakter zu achten.

210 **1. Das Ermittlungsverfahren. a) Einordnung und Abgrenzung.** Nach § 152 Abs. 2, §§ 158 ff. setzt ein Ermittlungsverfahren einen **Anfangsverdacht**[477] voraus (ist aber ab dessen Vorliegen auch in dem für das Ermittlungsverfahren geltenden gesetzlichen Rahmenbedingungen durchzuführen), der auf verschiedene Weise entstehen kann (→ Rn. 214 f.). Einem solchen strafprozessualen Ermittlungsverfahren vorgeschaltet sind – abhängig vom jeweiligen Kriminalitätstyp mehr oder weniger häufig – präventivpolizeiliche Ermittlungen, die nicht auf die StPO, sondern auf die Polizeigesetze der Länder (bzw. in besonderen Fällen auch auf bundespolizeigesetzliche Regelungen, etwa im BKAG) gestützt sein können.

211 Liegt ein Anfangsverdacht vor, der sich auch noch nicht auf eine konkrete Person beziehen muss, findet § 152 Abs. 2 Anwendung. In einem – freilich schwer abgrenzbaren – Vorfeld soll bei Hinweisen auf die Möglichkeit einer Straftat nach verbreiteter Auffassung auch eine **„Verdachtsschöpfung"** zulässig sein.[478] Die Frage, ob auch diese bereits Teil des Ermittlungsverfahrens oder diesem vorgelagert ist,[479] verliert[480] an Ergebnisrelevanz,

---

474 So Kühne in Löwe/Rosenberg, Einl. G Rn. 3, der freilich selbst darauf hinweist, dass dies nur eine gewissermaßen idealtypische Klassifizierung ist, ohne dass sich die einzelnen Verfahrensabschnitte in diesen Funktionen vollständig erschöpfen bzw. diese exklusiv für sich beanspruchen können.

475 Vgl. Rieß FS Schäfer, 1980, 155 (177).

476 Eingehend Satzger Gutachten C zum 65. DJT, 2004, pass.; zum status quo auch Soyer/Schumann StV 2012, 495.

477 Zu den Anforderungen eines Anfangsverdachts vgl. Schmitt in Meyer-Goßner/Schmitt § 152 Rn. 4 sowie hier die Kommentierung zu § 152. Die Grenzen des Anfangsverdachts zeigt Hoven NStZ 2014, 361 auf.

478 Vgl. zur Problematik Diemer in KK-StPO § 152 Rn. 7; Mavany in Löwe/Rosenberg § 152 Rn. 36.; Schmitt in Meyer-Goßner/Schmitt § 152 Rn. 4a; anschaulich anhand eines aktuellen Beispiels Bittmann NStZ 2011, 361 f.

479 Zur Abgrenzung und zu weiteren Fragestellungen vertiefend Weßlau, Vorfeldermittlungen, 1989; Lange, Vorermittlungen, 1999; Haas, Vorermittlungen und Anfangsverdacht, 2003.

480 Wohl abgesehen von der – unterschiedlich gehandhabten – technischen Führung unter einem AR- (Allgemeines Register) statt unter einem Js-Aktenzeichen.

wenn man sich klar macht, dass der StA in einer Phase vor einem Anfangsverdacht **jedenfalls** auch **noch keine Zwangsmittel** zur Verfügung stehen, was freilich nichts daran ändert, dass bei Befragungen von Personen die Vorschriften, die dem Schutz der Auskunftsperson in einem förmlichen Ermittlungsverfahren dienen, entsprechende Anwendung finden.[481]

Außerhalb des Anwendungsbereichs der StPO liegt dagegen die gleichsam **anlasslose Suche** nach irgendwelchen denkbaren Straftaten. Konkret: Erleidet ein Unternehmen durch ein Geschäft einen überraschenden Verlust, so begründet dies noch keinen Anfangsverdacht hinsichtlich einer Untreue durch seine Organe, erlaubt aber wohl eine Verdachtsschöpfung, um etwa Anhaltspunkte für eine Vermögensbetreuungspflichtverletzung zu finden.[482] Dagegen ist nicht jedes gute Konzernergebnis als solches ein Anhaltspunkt, der eine Verdachtsschöpfung dahingehend legitimieren würde, ob dieses Ergebnis vielleicht durch betrügerische Machenschaften, Korruption oÄ erzielt worden ist. Justitiable Auswirkungen wird freilich eine in diesem Sinne unzulässige (aber auf korrektem Wege, dh ohne Zwangsmaßnahmen etc erfolgte) Verdachtsschöpfung nicht haben, auch wenn an ihrem Ende dann ein Anfangsverdacht steht, der zu weiteren Ermittlungen berechtigt. **212**

So schwierig die Abgrenzung schon theoretisch ist, umso problematischer und teilw. unbefriedigend verläuft sie in der Praxis, zumal in diesem Stadium mit der **Polizei** auch die gleiche Behörde **teils präventiv, teils repressiv** tätig ist.[483] Hinsichtlich der anzuwendenden (Ermittlungs-)Befugnisse wird man methodisch zwar leicht begründen können, dass die Voraussetzungen, die in den Polizeigesetzen an präventive Maßnahmen gestellt werden, zugleich (ggf. ungeschriebene) Mindeststandards auch für die Anwendung strafprozessualer Befugnisnormen bilden müssen. Dies stellt freilich keinen hinreichenden Schutz gegen die von Kühne resigniert konstatierte **„Flucht aus der StPO“** dar.[484] Soweit es um die Nutzung von Informationen aus dem einen Tätigkeitsfeld im jeweils anderen geht, enthält die StPO seit dem Jahr 2000 in den §§ 474 ff., insbes. in § 481 eine Regelung für die Verwendung strafprozessual gewonnener Erkenntnisse im präventiven Bereich; umgekehrt scheint § 161 eine weitgehende Befugnis zur Verwendung präventiv gewonnener Erkenntnisse für das Strafverfahren zuzulassen.[485] Wieweit diese Nutzungsbefugnis freilich tatsächlich geht, ist noch nicht abschließend geklärt. Exemplarisch sei hier nur darauf hingewiesen, dass § 477 Abs. 2 S. 2 diese Fälle nach seinem Wortlaut nicht erfasst, so dass die Behandlung von Zufallsfunden nicht geklärt ist. Aber auch überall dort, wo die präventiven Befugnisse deutlich weiter gehen als die strafprozessualen, erscheint die **ungefilterte Verwendung im Strafverfahren zweifelhaft.** **213**

b) Einleitung und Ablauf des Ermittlungsverfahrens. aa) Einleitung. Deutlicher als in den vorhergehend beschriebenen repressiv-präventiven Gemengelagen ist in „klassischen“ Ermittlungsverfahren aufgrund eines konkreten Straftatverdachtes die **Staatsanwaltschaft** die **„Herrin des Vorverfahrens“,** wenngleich sie sich zu ihrer Arbeit in vielen Bereichen ganz wesentlich der Mithilfe der Polizei bedient. Nach § 152 Abs. 2 (zum **Legalitätsprinzip** → Rn. 127 ff.) ist sie zu Ermittlungen verpflichtet, wenn sie Kenntnis vom Verdacht einer Straftat erlangt. Dies ist insbes. denkbar infolge von Strafanzeigen (§ 158 Abs. 1 S. 1 Alt. 1[486]), einem Strafantrag (§ 158 Abs. 1 S. 1 Alt. 2 als Mitteilung eines Ver- **214**

---

481 Zutr. Bittmann NStZ 2011, 361.

482 Bsp. bei Bittmann NStZ 2011, 361.

483 Zu doppelfunktionalen Maßnahmen, deren Rechtmäßigkeit sich nach der subjektiven Zwecksetzung der Poizei bestimmt und die bei auch bei gefahrenabwehrrechtlichen Zwecken nach Polizeirecht gerechtfertigt sein können, vgl. BGH 17.1.2018 – 2 StR 180/17, NStZ-RR 2018, 146 mAnm Mosbacher JuS 2018, 767 (771) sowie (zur Zulässigkeit sog. kontrollierter Kontrollen) BGH 26.4.2017 – 2 StR 247/16, NJW 2017, 3173 mAnm Mitsch = NStZ 2017, 651 mAnm Schiemann sowie dazu Mosbacher JuS 2018, 129.

484 Vgl. Kühne StrafProzR Rn. 393.

485 Vgl. hierzu auch Brodersen NJW 2000, 2536 (2538); Zöller StV 2019, 419, sowie exemplarisch BGH 8.12.2015 – 3 StR 406/15, NStZ-RR 2016, 176 mAnm Mosbacher JuS 2016, 706 (707): Übertragbarkeit der Ergebnisse aus einer gefahrenrechtlich zulässigen Durchsuchung ins Strafverfahren.

486 Nach empirischen Befunden sind solche Anzeigen in mehr als 90 % der Fälle die Quelle für die Kenntnis vom Anfangsverdacht, vgl. Kühne StrafProzR Rn. 314.

dachtes verbunden mit dem zum Ausdruck gebrachten Wunsch nach Strafverfolgung[487]) oder von eigenen Wahrnehmungen (vgl. § 160 Abs. 1: „auf anderem Wege“[488]). Als Sonderfall im Gesetz geregelt ist hier der Leichenfund bei (vermeintlich) unnatürlichem Tod in § 159.

215 Der **Erkenntnisgrad** für die zulässige Annahme eines Anfangsverdachtes dürfte – gerade auch in Anbetracht des vorhergehenden „Nichtwissens“ als Vergleichsgrundlage – **nicht zu hoch** anzusetzen sein. Umgekehrt muss berücksichtigt werden, dass unter ermittlungsökonomischen Aspekten die begrenzten Strafverfolgungsressourcen nicht „in lauter unbedeutenden und letztlich voraussehbar erfolglosen Aktionen“ vergeudet werden dürfen und dass „bereits verhältnismäßig harmlose Ermittlungsmaßnahmen für den betroffenen Bürger gravierende Folgen“, insbes. in Gestalt einer stigmatisierenden Wirkung haben können.[489] Dies gilt umso mehr da bzw. soweit gerade erste Anhaltspunkte und Indizien ausgesprochen mehrdeutig sein können. Viel spricht hier für den Ansatz Kühnes,[490] für die Einleitungen von Ermittlungen als solchen (dh insbes. auch „gegen Unbekannt“) relativ großzügig zu sein, während bei den potentiell stigmatisierenderen Ermittlungen gegen eine bestimmte Person als Beschuldigter eine gewisse Zurückhaltung geboten ist. Dies darf freilich nicht so verstanden werden, dass die Zuerkennung einer Beschuldigtenstellung willkürlich herausgezögert werden dürfte. Im Gegenteil ist es für die Strafverfolgungsbehörden besonders wichtig, bei Entstehen eines Anfangsverdachts gegen eine Person den Zeugen zu einem Beschuldigten „umzuwandeln“.[491]

216 **bb) Durchführung der Ermittlungen.** Die weitere Verdachtsklärung bzw. Sachverhaltserforschung erfolgt insbes. durch die Vernehmung des Beschuldigten und von Zeugen sowie mit strafprozessualen Ermittlungsmaßnahmen (→ Rn. 222 ff.). Dabei betont § 160 Abs. 2 die Verpflichtung einer Staatsanwaltschaft, **auch entlastende Umstände** zu ermitteln. Dass dies tatsächlich nicht immer im gleichen Umfang erfolgt, muss keineswegs stets auf einen „bösen Willen“ hindeuten, sondern ist auch der durchaus naheliegenden Vermutung geschuldet, dass zumindest bestimmte entlastende Umstände vom Beschuldigten vorgebracht werden dürften, soweit sie im Raume stehen, so dass die Staatsanwaltschaft weniger Anlass hat, ohne entsprechende Hinweise in bestimmte Richtungen weiter zu forschen.

217 Insgesamt freilich ist gerade das **Ermittlungsverfahren** noch mehr oder weniger stark **vom Inquisitionsprozess geprägt,** und die Rechte und Gestaltungsmöglichkeiten des Beschuldigten sind vergleichsweise gering. Forderungen nach mehr Teilhaberechten im Ermittlungsverfahren sind daher systematisch und theoretisch gewiss gerechtfertigt;[492] inwieweit selbst bei entsprechenden Gesetzänderungen eine Umsetzung realistisch erscheint, steht auf einem anderen Blatt und muss zumindest für viele Fälle bezweifelt werden, wenn man betrachtet, wie wenig die mittlerweile bereits bestehenden Rechte von manchen Beschuldigten (und mitunter auch Verteidigern) wahrgenommen werden bzw. welche Verteidigungsdefizite es sogar in der wesentlich greifbareren Hauptverhandlung mitunter gibt.

218 In der **Gestaltung des Ermittlungsverfahrens** und bei der Wahl der Maßnahmen ist die Staatsanwaltschaft (innerhalb der rechtlichen Grenzen der StPO) **grds. frei.**[493] Nicht zuletzt vor diesem Hintergrund ist mitunter die Befürchtung geäußert worden, die Staatsanwaltschaften würden zukünftig Verfahren im Wesentlichen über die Ermittlungsgeneralklausel des § 163 durchführen und die „Gesetzgebungsbereitschaft“ werde umgekehrt zurückgehen.[494] Bislang hat sich dies allerdings nicht bestätigt; vielmehr ist die Entwicklung der

---

487 Nicht notwendig auch im Sinne eines Strafantrags als Verfolgungsvoraussetzung iSd § 158 Abs. 2, §§ 77 ff. StGB.

488 Zur Frage, inwiefern dies auch bei privater Erkenntniserlangung gilt → Rn. 130.

489 Vgl. Kühne StrafProzR Rn. 316 f.

490 Kühne StrafProzR Rn. 318 f.

491 Vgl. BGH 18.10.1956 – 4 StR 278/56, BGHSt 10, 8 (12) = NJW 1957, 230 (231); BGH 31.5.1990 – 4 StR 112/90, BGHSt 37, 48 (51) = NJW 1990, 2633 (2634).

492 Vgl. zur Diskussion eingehend Satzger, Gutachten C zum 65. DJT, 2004.

493 Vgl. nur Schmitt in Meyer-Goßner/Schmitt Einl. Rn. 60.

494 Vgl. Hefendehl StV 2001, 700 (702).

letzten Jahre stark (nicht zuletzt auf Grund der sich durch die fortschreitende Technisierung ergebenden Möglichkeiten) durch mehr oder weniger massive Grundrechtseingriffe – Stichworte seien hier nur die Hörfalle,[495] die Online-Durchsuchung[496] oder (ganz anders geartet) die sog Cold-Case-Technik[497] – geprägt, die von ihrer Tiefe her a priori nicht unter § 163 subsumiert werden können.

c) Insbesondere strafprozessuale Grundrechtseingriffe. Die zur Ermittlung durchgeführten strafprozessualen Grundrechtseingriffe (die aufgrund des häufig heimlichen Charakters nicht auf den Begriff der „Zwangsmaßnahme" reduziert werden sollten[498])[499] richten und richteten sich **vor allem gegen den Beschuldigten,** in der historischen Entwicklung nachfolgend (bzw. de lege lata: unter jeweils besonderen Voraussetzungen) **auch gegen Dritte.** Zeugnisverweigerungsberechtigte Personen genießen hier durch § 160a seit einigen Jahren einen relativ weitreichenderen Schutz. 219

Das in den verschiedenen Eingriffsbefugnissen zum Ausdruck kommende abgestufte und am Grundrechtschutz orientierte System differenziert auf mehreren Ebenen im Hinblick auf die Zulässigkeit des Eingriffs: Maßgeblich sind hier etwa die **Intensität** des erforderlichen Verdachtsgrades, die **Entscheidungs- bzw. Handlungsbefugnisse** (nur Richter? bei Gefahr im Verzug auch Staatsanwaltschaft und Polizei? stets auch Staatsanwaltschaften und Polizei?)[500] sowie die **Verhältnismäßigkeit** des Eingriffs[501] (in einer Abwägung der Verfolgungsinteressen gegenüber den betroffenen Grundrechten). 220

Soweit prozessuale Befugnisnormen zur Beweiserhebung bestehen, kann sich hier im Einzelfall die Frage stellen, inwiefern diese zugleich auch eine **„Annexkompetenz"** zu vorbereitenden Maßnahmen (etwa: kurze Freiheitsentziehung für körperliche Untersuchungen; Verbringen eines Fahrzeugs in eine Werkstatt zum Einbau von Abhöreinrichtungen; Eindringen in eine Wohnung, um dort Hilfsmittel für eine (Quellen-)TKÜ anzubringen etc) beinhalten. Die Rspr. erschöpft sich hier im Wesentlichen noch in einer Einzelkasuistik; ein genereller Ansatz zu Reichweite und Grenzen für Annexmaßnahmen steht bislang noch aus (und dürfte angesichts der Vielgestaltigkeit der in Betracht kommenden Maßnahmen und aufgrund des im Verhältnis zur Primärmaßnahme ganz unterschiedlichen denkbaren Gewichts der Sekundärmaßnahme auch nur schwer möglich sein). Ein auf jeden Fall bedeutsamer Aspekt dürfte die vom AG Hamburg (im Zusammenhang mit der Beurteilung der Zulässigkeit einer beantragten Quellen-TKU) aufgeworfene Frage danach sein, ob die entsprechende Annexmaßnahme **typischerweise** bei der Durchführung der Ermittlung **auftritt** und diese somit mehr oder weniger **phänotypisch prägt** oder nicht.[502] 221

---

495 Vgl. BGH 13.5.1996 – GSSt 1/96, BGHSt 42, 139 = NJW 1996, 2940.

496 Vgl. zur Unzulässigkeit nach alter Rechtslage BGH 25.11.2006 – 1 BGs 184/06, BeckRS 2007 00295 und 31.1.2007 – StB 18/06, BGHSt 51, 211 = NJW 2007, 930, mAnm Cornelius JZ 2007, 798, Fezer NStZ 2007, 535 und Jahn/Kudlich JR 2007, 57. Für eine Zulässigkeit aus der Zeit vor der Entscheidung des BGH aber grds. Hofmann NStZ 2005, 121. Nunmehr aber in § 100b gesetzlich geregelt. Einen Überblick geben Soiné NStZ 2018, 497 und Freiling/Safferling/Rückert JR 2018, 9 (hier auch zur Quellen-TKÜ).

497 Vgl. OLG Zweibrücken 26.5.2010 – 1 Ws 241/09, NStZ 2011, 113.

498 Zutr. Amelung JZ 1987, 737.

499 Zu Eingriffen in verschiedene Grundrechte → Rn. 53 ff.

500 Dabei wird insbes. die „Gefahr im Verzug" in der verfassungsrechtlichen Rspr. seit einigen Jahren (grundlegend BVerfG 20.2.2001 – 2 BvR 1444/00, NJW 2001, 1121 (1122 ff.)) als voll überprüfbarer Rechtsbegriff verstanden; dazu und zur damit einhergehenden „Renaissance des Richtervorbehalts" vgl. nur BGH 28.6.2001 – 1 StR 198/01, NJW 2001, 3793 (3794); BVerfG 4.2.2005 – 2 BvR 308/04, NJW 2005, 1637 (1638 ff.); BGH 18.4.2007 – 5 StR 546/06, NStZ 2007, 601; OLG Dresden 11.5.2009 – *1 Ss 90/09*, NJW 2009, 2149; OLG Hamm 18.8.2009 – 3 Ss 293/08, NStZ 2010, 165.

501 Etwa auch mit Blick auf die Kumulation von Ermittlungsmaßnahmen, vgl. dazu BGH 24.1.2001 – 3 StR 324/00, BGHSt 46, 266 (277) = NStZ 2001, 386, sowie Steinmetz NStZ 2001, 344. Generell zur Bewertung von strafprozessualen Grundrechtseingriffen durch das BVerfG Jahn NStZ 2007, 255.

502 Vgl. AG Hamburg 160 Gs 301/09 mAnm Kudlich JA 2010, 310; der konkrete Fall macht gleich wieder deutlich, dass man im Einzelfall trefflich darüber streiten kann, wodurch eine Ermittlungsmaßnahme phänotypisch geprägt ist – insbes. ob es auf die nach dem Wortlaut der Vorschrift denkbaren Maßnahmen oder auf die bisherige Durchführungspraxis ankommt; vgl. dazu auch Kudlich GA 2011, 193 (205 ff.).

222 **d) Insbesondere Rechtsschutz gegen Grundrechtseingriffe durch Ermittlungsmaßnahmen.** Gerichtlicher Rechtsschutz gegen strafprozessuale Grundrechtseingriffe (Zwangsmaßnahmen im Ermittlungsverfahren) ist zum einen mittelbar durch **Rechtsmittel** gegen ein etwaiges **erstinstanzliches Urteil** möglich: Wurde eine Maßnahme unrechtmäßig durchgeführt, so kann dies im Einzelfall[503] zu **Beweisverwertungsverboten** führen, deren Missachtung wiederum eine erfolgreiche **Revision** auf die Verfahrensrüge hin ermöglicht, wenn die Verurteilung auf die Ergebnisse dieser Beweisaufnahme gestützt wird. Daneben ist aber auch Rechtsschutz **unmittelbar gegen den belastenden Eingriff** möglich und kann für den Betroffenen von Interesse sein, wenn er sich gegen die Maßnahme (oder ihre Folgen) etwa noch im laufenden Ermittlungsverfahren wehren möchte.

223 Die **ausdrücklichen gesetzlichen Vorgaben** für den Rechtsschutz gegen Ermittlungsmaßnahmen zeichnen ein etwas **uneinheitliches System:** Teils ist er explizit geregelt (so etwa historisch dominierend in § 98 Abs. 2 S. 2), teils nicht; teils handelt es sich um Maßnahmen, die bereits erledigt sind (etwa Durchsuchungsmaßnahmen), teils nicht (etwa Beschlagnahmen); teils sind die entsprechenden Maßnahmen durch Staatsanwaltschaft und Polizei angeordnet worden, teils durch Gerichte. Erschwert wird die Situation dadurch, dass der in unsicheren Fällen zumindest subsidiär zur Verfügung stehende Rechtsschutz nach **§§ 23 ff. EGGVG wenig praktikabel** ist, da insbes. die Entscheidungszuständigkeit beim OLG zum einen für viele Fälle „unangemessen hoch aufgehängt" erscheint und zu einer Entscheidung durch nicht sachnah mit dem Fall befassten Richtern führt.[504]

224 Durch die Rspr. des BVerfG und der Fachgerichte[505] insbes. in den 1990er Jahren hat sich ein **System des Rechtsschutzes** etabliert,[506] das knapp zusammengefasst auf folgende wichtige Punkte reduziert werden kann:[507] Richtet sich der **Rechtsschutz gegen gerichtliche Anordnungen,** so ist **die Beschwerde nach §§ 304 ff.** grds. statthaft. Dabei ist auch regelmäßig nicht von einem Entfallen des Rechtsschutzbedürfnisses für eine Entscheidung über die Rechtmäßigkeit wegen Erledigung auszugehen, da es zum einen mit der Rechtsschutzgarantie des Art. 19 Abs. 4 GG unvereinbar wäre, wenn in der Strafjustiz ein als existent vorausgesetztes Rechtsmittel praktisch regelmäßig entfallen würde und da zum anderen bei strafprozessualen Ermittlungsmaßnahmen das (etwa auch im Verwaltungsrecht in der Fortsetzungsfeststellungsklage anerkannte) Rehabilitationsinteresse des Betroffenen zumindest regelmäßig vorliegen wird.[508] Diese Überlegung gilt entsprechend auch dann, wenn sich der Rechtsschutz gegen **Anordnungen der Polizei bzw. Staatsanwaltschaft oder aber** gegen die konkrete **Art und Weise der Durchführung** einer (ggf. auch vom Gericht angeordneten) Zwangsmaßnahme durch die Polizei richtet. In diesen Fällen ist **§ 98 Abs. 2 S. 2 unmittelbar oder analog** anzuwenden, soweit keine ihm **entsprechenden Sonderregelungen** (etwa § 161a Abs. 3 S. 1) bestehen; zuständig ist damit zur Überprüfung der Maßnahme also das Gericht, welches diese regelmäßig auch selbst hätte anordnen können (Gedanke der Sachnähe).

225 Knapp zusammengefasst: Gerichtliches Handeln wird mit der Beschwerde überprüft; staatsanwaltschaftliches oder polizeiliches Handeln – sei es in Gestalt von Anordnungen durch diese beiden Behörden oder aber in Gestalt der konkreten Durchführung einer Maßnahme – mit einem Rechtsbehelf gemäß oder analog § 98 Abs. 2 S. 2 bzw. entsprechenden Sonderregelungen. Eine einheitliche **Sonderregelung für verdeckte Ermittlungsmaßnahmen** insbes. nach §§ 98a, 99, 100a–100i und § 110a enthält § 101 Abs. 7 S. 2, wonach

---

503 Muss allerdings nicht notwendig, → Rn. 451 ff.

504 Vgl. monographisch mit damit zusammenhängenden Problemen und mit mittlerweile vielfach durch die Rspr. der Sache nach übernommenen Lösungsvorschlägen Bachmann, Probleme des Rechtsschutzes gegen Grundrechtseingriffe im strafrechtlichen Ermittlungsverfahren, 1994.

505 Grundlegend BVerfG 27.5.1997 – 2 BvR 1992/92, BVerfGE 96, 44 (48 ff.) = NJW 1997, 2165; ferner etwa BGH 21.11.1978 – 1 BJs 93/77, NJW 1978, 1013; StB 210/78, BGHSt 28, 206 = NJW 1979, 882; 23.11.1987 – I BJs 55/81 – 4 – I BGs 517/87, StV 1988, 90.

506 Vgl. auch *Laser* NStZ 2001, 120.

507 Vgl. auch mit anschaulicher Graphik Beulke/Swoboda StrafProzR Rn. 326c.

508 Vgl. BVerfG 27.5.1997 – 2 BvR 1992/92, BVerfGE 96, 44 (50 f.; 55) = NJW 1997, 2165.

bis zwei Wochen nach der Benachrichtigung der betroffenen Personen über die Durchführung der verdeckten Maßnahme (§ 101a Abs. 4, 5) die „überprüfende Rechtmäßigkeit der Maßnahme sowie der Art und Weise ihres Vollzugs" beantragt werden kann.

e) Abschluss des Ermittlungsverfahrens. aa) Systematik. Sind die Ermittlungen so weit durchgeführt, dass die Staatsanwaltschaft den Verdacht aus ihrer Sicht bestätigen oder verwerfen kann, verläuft streng gesetzessystematisch die Trennlinie zwischen verschiedenen Ermittlungsverfahren **abschließenden Entscheidungen** bei der Frage, ob iSd **§ 170 Abs. 1** genügender Anlass zur Erhebung der öffentlichen Klage besteht, dh ob die Staatsanwaltschaft nach Abschluss der Ermittlungen eine Verurteilung in einer Hauptverhandlung für wahrscheinlicher hält als einen Freispruch (vgl. näher auch die Kommentierung zu § 170) oder nicht (dann Einstellung nach **§ 170 Abs. 2**). Die nach außen vielleicht **sichtbarere Trennlinie** zwischen **Einstellung des Verfahrens und Anklageerhebung** deckt sich damit nur teilw., da auch in Fällen einer Verfahrenseinstellung nach §§ 153 ff. an sich ein für § 170 Abs. 1 „genügender Anlass" vorliegen müsste, da bei seinem Fehlen das Verfahren nach § 170 Abs. 2 eingestellt werden müsste. Zur Frage, ob die Staatsanwaltschaft bei der verfahrensabschließenden Entscheidung einer rechtlichen Beurteilung an eine etwaige gesicherte Rspr. gebunden ist, → Rn. 131 f. 226

Der Grundsatz **„in dubio pro reo"** soll bei der Anklageerhebung noch keine unmittelbare Anwendung finden,[509] wird sich aber **mittelbar** dahingehend auswirken können, dass bei der mehr oder weniger sicheren Prognose einer Zweifelssituation eben nicht davon ausgegangen werden kann, dass eine Verurteilung wahrscheinlicher ist als ein Freispruch. Gerade hinsichtlich solcher im tatsächlichen – aber uU auch im rechtlichen – Bereich „unsicheren" Anklagepunkte entsteht freilich mitunter der Eindruck, dass von den Staatsanwaltschaften überraschend viele Aspekte „erst einmal mit angeklagt" werden, wohl auch um „Verhandlungsmasse" für die allfälligen Gespräche über Einstellungen nach §§ 154, 154a bzw. für etwaige verfahrensbeendende Absprachen in der Hauptverhandlung (§ 257c) zu haben. Soweit es sich hier nicht um einen „konstruierten Verdacht" handelt, ist dies wohl nicht in justitiabler Weise zu beanstanden, auch wenn aus verschiedenen Gründen ein **früher sinnvoller „Zuschnitt" des Prozessstoffes** sinnvoller erscheinen kann; problematisch daran ist allerdings, dass uU auch schon die Anklageerhebung für den Angeschuldigten (aber auch durch andere in der Anklage erwähnte Personen) mit einer erheblich stigmatisierenden Wirkung verbunden sein kann. 227

bb) Einstellung nach § 170 Abs. 2. Fehlte es an dem iSd Rn. 226 beschriebenen Verdachtsgrad bzw. „genügenden Anlass zur Erhebung der öffentlichen Klage", so ist das Verfahren nach **§ 170 Abs. 2** einzustellen. Für den Beschuldigten ist dies **folgenlos,** bietet ihm aber auch keine Sicherheit für die Zukunft, da ein **Strafklageverbrauch unstreitig nicht** eintritt.[510] Ein etwaiger **Antragsteller** (§ 158 Abs. 1 Alt. 2, → Rn. 214) ist nach § 171 über die Einstellung mit Gründen zu bescheiden. Ist er zugleich **Verletzter,** so kann er nach § 172 das zweistufige **Klageerzwingungsverfahren** mit einem Antrag bei der Generalstaatsanwaltschaft und erforderlichenfalls einen nachfolgenden Antrag beim OLG verfolgen. 228

Statistisch gesehen sind Klageerzwingungsverfahren **wenig aussichtsreich,** was nicht nur an den Einschränkungen dahingehend liegt, dass der Antrag bei Privatklagedelikten und in Fällen der Opportunitätseinstellung nicht zulässig ist (§ 172 Abs. 2 S. 3). Ob die letztgenannten Einschränkungen auch schon für den Antrag an die Generalstaatsanwaltschaft gelten (da es sich um einen „vorbereitenden Akt" für das spätere gerichtliche Klageerzwingungsverfahrens handelt) ist zumindest hinsichtlich der Opportunitätseinstellungen fraglich, da der Zweck dieser Zulässigkeitseinschränkung, dass das Gericht nicht sein Ermessen an 229

509 Vgl. nur Schmitt in Meyer-Goßner/Schmitt § 170 Rn. 1.

510 Vgl. nur Schmitt in Meyer-Goßner/Schmitt § 170 Rn. 9; Loos JZ 1978, 592 (594 – kein „Vertrauensschutz" auf den Bestand einer Einstellungsverfügung).

die Stelle desjenigen der Staatsanwaltschaft setzen soll, nicht durchgreift, solange sich das Verfahren innerhalb der Behördenhierarchie hält.

230 **cc) Einstellung und Verfolgungsbeschränkungen aus Opportunitätsgründen.** Auch wenn an sich ein hinreichender Verdacht vorliegt (oder jedenfalls nicht mit der von der Staatsanwaltschaft für eine Einstellung nach § 170 Abs. 2 erforderlich gehaltenen Gewissheit ausgeschlossen werden kann), kommt es in vielen Fällen nicht zur Anklageerhebung, sondern zu einer Einstellung aus Opportunitätsgesichtspunkten nach **§§ 153 ff.** (vgl. zum Opportunitätsprinzip auch → Rn. 133 ff.). Die **praktische Bedeutung** dieser Einstellungsmöglichkeiten – insbes. derjenigen nach §§ 153, 153a, 154 und 154a – ist enorm. Ihre Wirkung ist auf den ersten Blick und auch in der Sache häufig eine **beschuldigtenfreundliche;** freilich besteht auch die Gefahr einer gewissen **„Instrumentalisierung"**, indem in Zweifelsfällen, in denen sonst möglicherweise „zähneknirschend" nach § 170 Abs. 2 eingestellt würde, Druck in Richtung auf eine Einstellung nach § 153a ausgeübt werden kann, welchem der Beschuldigte nicht selten nachgeben wird, da er eine andererseits auch nicht völlig ausgeschlossene Verurteilung, jedenfalls aber eine öffentliche Hauptverhandlung scheut.

231 Soweit es zu einer Einstellung kommt, ist danach zu unterscheiden, ob diese **mit oder ohne Auflage** erfolgt. Einstellungen nach § 153a gegen Auflage haben nach der ausdrücklichen Regelung in § 153a Abs. 1 S. 5 einen **beschränkten Strafklageverbrauch** (Tat nicht mehr als Vergehen verfolgbar) zur Folge. Für die Einstellung ohne Auflagen nach § 153 sieht das Gesetz dies nicht vor; in Rspr. und Lit. werden aber mit guten Gründen auch hier Einschränkungen – etwa analog § 153a Abs. 1 S. 5[511] oder mit dem Erfordernis eines „sachlich einleuchtenden Grundes" für eine neue Verfolgung[512] – verlangt.

232 Werden Teile des Anklagevorwurfs nach **§§ 154, 154a** ausgeschieden, handelt es sich oft um ein sinnvolles Mittel zu einem „vernünftigen Zuschnitt" des Verfahrensstoffes im Interesse einer prozessökonomischen (und oft auch: dadurch weniger konfliktträchtigen) Bewältigung des Verfahrens. Das Gesetz sieht hier **keinen partiellen Strafklageverbrauch** vor, allerdings wird man einen **sachlich einleuchtenden Grund** für eine erneute Verfolgung voraussetzen müssen.[513] Ob ausgeschiedene Vorwürfe **strafschärfend berücksichtigt** werden dürfen, ist umstritten;[514] Einigkeit sollte darüber bestehen, dass eine solche strafschärfende Berücksichtigung jedenfalls dann nicht möglich ist, wenn der Vorwurf nicht in einer prozessordnungsgemäßen Weise festgestellt oder der Angeklagte auf diese Möglichkeit hingewiesen worden ist. Liegen diese Voraussetzungen vor, lässt der BGH eine strafschärfende Berücksichtigung zu.[515] Das mag zwar unter materiellen Gerechtigkeitserwägungen mitunter angezeigt erscheinen; andererseits ist gerade Voraussetzung der §§ 154, 154a, dass die Taten nicht nennenswert ins Gewicht fallen, so dass dieses Argument relativiert wird. Prozessual betrachtet ist problematisch, dass die Verfolgungsbeschränkung nach §§ 154, 154a formal nicht von einer Zustimmung des Angeklagten abhängig ist. Deshalb wird man zumindest dann, wenn der Angeklagte nach der Belehrung (§ 265) der Beschränkung widerspricht bei einem gleichwohl erfolgenden Vorgehen nach §§ 154, 154a, eine Strafschärfung nicht zulassen dürfen; hält das Gericht die Schärfung für unverzichtbar, müssen diese Vorwürfe „durchprozessiert" werden. Wird dagegen nach Belehrung nicht widersprochen,

---

511 Vgl. BGH 26.8.2003 – 5 StR 145/03, NJW 2004, 375 (für gerichtliche Einstellungsbeschlüsse nach § 153 Abs. 2); Mavany in Löwe/Rosenberg § 153 Rn. 95; Radtke NStZ 1999, 481 (483).

512 Vgl. Beulke in Löwe/Rosenberg[26] § 153 Rn. 56.

513 Vgl. Schmitt in Meyer-Goßner/Schmitt § 154 Rn. 21; Mavany in Löwe/Rosenberg § 154 Rn. 39.

514 Vgl. zum Meinungsstand mwN Diemer in KK-StPO § 154 Rn. 38 ff.; Schmitt in Meyer-Goßner/Schmitt § 154 Rn. 2; Mavany in Löwe/Rosenberg § 154 Rn. 62 ff.; vertiefend Esser StV 2019, 492. Monographisch zum Problem Appel, Die strafschärfende Verwertung von nach §§ 154, 154a eingestellten Nebendelikten und ausgeschiedenen Tatteilen bei der Strafzumessung, 1987.

515 Für diese Fälle aber für die Möglichkeit einer Berücksichtigung etwa BGH 1.6.1981 – 3 StR 173/81, BGHSt 30, 147 (148) = NJW 1981, 2422; 9.9.1981 – 3 StR 290/81, BGHSt 30, 197 (198) = NStZ 1982, 40.

dürfte nichts gegen die strafschärfende Verwendung sprechen, wofür zumindest auch die Wertung des § 257c spricht.

dd) Klageerhebung nach § 170 Abs. 1 und ihre Surrogate. Liegt dagegen ein hinreichender Verdacht (bzw. in den Worten des § 170 Abs. 1: „ein genügender Anlass") vor, so hat die Staatsanwaltschaft grds. **Klage** zu erheben, soweit nicht eine Einstellung aus Opportunitätsgesichtspunkten erfolgt (vgl. dazu → Rn. 232). **Ausnahmen** gelten insoweit in **Privatklagesachen,** in denen der Geschädigte nach § 376 auf die Möglichkeit der Privatklage (→ Rn. 536 ff.) verwiesen wird und die Staatsanwaltschaft öffentliche Klage nur erhebt, „wenn diese im öffentlichen Interesse liegt", sowie bei einem Vorgehen im **Strafbefehlsverfahren** (→ Rn. 556 ff.), in welchem der Antrag auf Erlass eines Strafbefehls durch die Staatsanwaltschaft der Erhebung der öffentlichen Klage gleichgestellt ist (vgl. § 407 Abs. 1 S. 3). 233

Der notwendige **Inhalt der Klageschrift** ergibt sich im Einzelnen aus § 200 und umfasst den Angeschuldigten, die zu Last gelegte Tat, Zeit und Ort der Begehung, die gesetzlichen Merkmale der Straftat und die anzuwendenden Strafvorschriften im sog (in einer etwaigen Hauptverhandlung auch zu verlesenden) **Anklagesatz** sowie ferner die Beweismittel, das zuständige Gericht und ggf. den Verteidiger. **Fehler in der Anklageschrift** führen nicht grds. zu einem Verfahrenshindernis, sondern nur wenn sie zu einem funktionalen Mangel der Anklageschrift in dem Sinne führen, dass Täter und/oder Tat nicht hinreichend genau identifiziert werden können. In diesen Fällen nämlich kann die Anklageschrift ihrer Aufgabe nicht gerecht werden, den Prozessstoff des Verfahrens auf dieser Stufe (und bei der häufig unveränderten Zulassung zur Hauptverhandlung dann auch für das gesamte weitere Verfahren) festzulegen. Daraus ergibt sich umgekehrt sogleich, dass durch eine korrekte Anklage der **Prozessgegenstand** (vorläufig oder endgültig) **festgelegt** wird. 234

Die Anklage ist durch das Gericht (zumindest im Zwischenverfahren, bei unveränderter Zulassung dann auch im Hauptverfahren) **erschöpfend zu behandeln;** umgekehrt darf über sie nicht hinausgegangen werden.[516] Entscheidend ist dabei der in § 155 zum Ausdruck kommende und in § 264 identisch fortgeführte[517] **prozessuale Tatbegriff.**[518] Dieser ist im Verhältnis zum materiellen Tatbegriff der §§ 52 ff. StGB selbständig, auch wenn faktisch von wenigen Ausnahmen abgesehen jeweils große Überschneidungen bestehen, so dass bei materiell-rechtlicher Handlungseinheit zumeist auch eine Tat im prozessualen Sinn vorliegt, während materiell-rechtliche Handlungsmehrheit regelmäßig auch zu zwei Taten im prozessualen Sinne führt.[519] Inhaltlich handelt es sich bei der Tat im prozessualen Sinn um einen einheitlichen geschichtlichen Vorgang, der sich von anderen ähnlichen oder gleichartigen unterscheidet,[520] und zu dem das gesamte Verhalten des Täters gehört, soweit es nach natürlicher Auffassung einen einheitlichen Lebensvorgang darstellt.[521] Entscheidend ist hier, ob ein enger sachlicher Zusammenhang besteht, angesichts dessen eine getrennte Aburteilung der Geschehnisse als unnatürliche Aufspaltung empfunden würde.[522] Liegen mehrere selbstständige prozessuale Taten vor, so sind sie nur dann vollumfänglich Gegenstand der Urteilsfindung, wenn sich nach dem aus der Anklageschrift erkennbaren Willen der Staatsanwaltschaft ergibt, dass sie alle einer Aburteilung zugeführt werden sollen; die bloße Erwähnung eines Sachverhalts in der Anklageschrift macht diesen noch nicht notwendigerweise zum Verfahrensgegenstand.[523] 235

---

516 Vgl. nur Schmitt in Meyer-Goßner/Schmitt § 155 Rn. 1.

517 Vgl. daher ergänzend zu den folgenden Ausführungen auch die Kommentierungen zu diesen beiden Vorschriften.

518 Zu diesem eingehend Stuckenberg in Hilgendorf/Kudlich/Valerius StrafR-HdB VII § 23.

519 Vgl. – auch mit Erläuterung etwaiger Ausnahmen – Schmitt in Meyer-Goßner/Schmitt § 264 Rn. 6 ff.

520 Vgl. nur BGH 20.5.1969 – 5 StR 658/68, BGHSt 22, 375 (385) = NJW 1969, 1181 (1183).

521 Vgl. nur BGH 5.11.1969 – 4 StR 519/68, BGHSt 23, 141 (145) = NJW 1970, 255; 21.12.1983 – 2 StR 578/83, BGHSt 32, 215 (216) = NJW 1984, 808 ständige Rspr.; zusammenfassend zur Rspr. Marxen StV 1985, 472; krit. etwa Paeffgen GS Heinze, 2005, 615.

522 Eingehend und zT auch krit. Bauer NStZ 2003, 174.

523 Vgl. BGH 9.9.2020 – 2 StR 261/20, BeckRS 2020, 29207 mAnm Kudlich JA 2021, 80.

236 **Wirkung der Anklageerhebung** ist die **Anhängigkeit der Sache** (nicht die Rechtshängigkeit, die erst durch Zulassung zur Hauptverhandlung erfolgt). Mit Anklageerhebung (bzw. auch schon mit dem Abschluss der Ermittlungen und einem entsprechenden Aktenvermerk, vgl. § 169a) ist nach § 141 Abs. 3 S. 2 auf Antrag der Staatsanwaltschaft im Fall der notwendigen Verteidigung ein **Verteidiger zu bestellen;** ferner ist im Umkehrschluss zu § 147 Abs. 2 mit dem Abschluss der Ermittlungen auf Antrag **Akteneinsicht** zu gewähren. Nach § 162 Abs. 3 S. 1 geht die Zuständigkeit zur richterlichen Anordnung von Ermittlungsmaßnahmen vom Ermittlungsrichter nach § 162 Abs. 1 auf das durch die Anklage mit der Sache befasste Gericht über. Gleiches gilt nach § 126 Abs. 2 S. 1 für Entscheidungen in Haftsachen (dh im Wesentlichen für Entscheidungen nach §§ 116, 116b, 117, 118, 118a, 119, 119a, 123, 124).[524]

237 Ist in einer anderen Sache bereits das Hauptverfahren eröffnet, ohne dass die von der Anklage betroffene prozessuale Tat Verfahrensgegenstand ist, so ist die Einbeziehung einer weiteren Tat nur im Wege der **Nachtragsanklage nach § 266** unter den dort genannten Voraussetzungen möglich, dh insbes. nur mit Zustimmung des Angeklagten. Handelt es sich dagegen um die gleiche Tat im prozessualen Sinne,[525] so genügt für eine etwaige abweichende Würdigung bei der Verurteilung ein Hinweis nach § 265.[526]

238 **2. Zwischenverfahren. a) Allgemeines.** Dem Zwischenverfahren kommt zunächst die Funktion eines weiteren, nunmehr **„gerichtlichen Filters“** zu, bevor die Sache ins Hauptverfahren kommt. Maßstab für die Zulassung ist nach § 203 der hinreichende Tatverdacht, welcher mit dem Maßstab des „genügenden Anlasses“ zur Klageerhebung in § 170 Abs. 1 übereinstimmt. **Aspekte der Prozessökonomie** könnten eine weitere Verfahrensstufe – noch dazu durch das gleiche Gericht, das sich in der Hauptsache ohnehin mit dem Fall befassen wird – **kaum rechtfertigen,** da die Quote der insg. nicht zugelassenen Anklagen relativ gering ist, so dass die Ressourcenschonung durch die relativ geringe Anzahl der „ausgefilterten“ Anklagen in keinem Verhältnis zur Ressourcenbelastung durch die Durchführung des Zwischenverfahrens in jedem einzelnen Fall steht (wenngleich zu berücksichtigen ist, dass die Befassung mit der Sache durch das Gericht im Zwischenverfahren zugleich auch der inhaltlichen Vorbereitung der Hauptverhandlung dient).

239 Ein wichtiger Aspekt des Zwischenverfahrens liegt daher im **Schutz des Angeschuldigten** bzw. späteren Angeklagten, indem eine weitere, von der Staatsanwaltschaft unabhängige Instanz den Fall auch bereits prüft, **bevor** es zu einer **öffentlichen** (und damit uU besonders belastenden bzw. stigmatisierenden) **Hauptverhandlung** kommt. Auch darf nicht unterschätzt werden, dass zumindest bei komplexeren Vorwürfen häufig erst durch die Anklageschrift die dort dann konkret erhobenen Vorwürfe und das wesentliche Ergebnis der Ermittlung für den Beschuldigten bzw. seinen Verteidiger im Detail klar werden, so dass erst auf dieser Grundlage zielgenaue Erläuterungen gegeben oder weitere Beweiserhebungen angestoßen werden können (vgl. auch § 201 Abs. 1). Hinzukommt, dass mit der Anklageerhebung nun für etwaige **Gespräche zum Verfahrensstand** in Gestalt des Gerichts ein **weiterer Beteiligter** hinzutritt (vgl. auch § 202a). Dies ist nicht zuletzt deswegen wichtig, weil bei Gesprächen unter Einbeziehung des Gerichts (im Zwischenverfahren zwar noch keine förmliche Bindungswirkung wie in § 257c hergestellt werden kann, aber doch immerhin) eine zumindest „etwas verlässlichere“ Kommunikation mit dem späteren Entscheidungsgremium stattfinden kann. Das hat nicht zuletzt aufgrund der Präklusion des im Jahre 2009 eingeführten § 46b Abs. 3 StGB (ggf. iVm § 31 BtMG)

---

[524] Vgl. Schmitt in Meyer-Goßner/Schmitt § 126 Rn. 1.

[525] Verändert sich im Verlauf des Verfahrens das Bild des Geschehens, wie es in der Anklageschrift und im Eröffnungsbeschluss umschrieben ist, so ist die Identität der prozessualen Tat noch gewahrt, wenn bestimmte Merkmale die Tat weiterhin als ein einmaliges und unverwechselbares Geschehen kennzeichnen, vgl. BGH 6.2.2019 – 1 StR 499/18, NStZ 2019, 427 mAnm Mosbacher JuS 2019, 766.

[526] Nicht einmal ein solcher Hinweis ist erforderlich, wenn bei einer notwendig ungenauen Anklageformulierung der Tatvorwurf sich im Laufe der Hauptverhandlung (innerhalb des ursprünglichen Rahmens) näher konkretisiert, vgl. BGH 20.2.2003 – 3 StR 222/02, BGHSt 48, 221 (223 f.) = NStZ 2003, 674.

an Bedeutung gewonnen, weil nur solche Aufklärungshilfen durch diese Vorschrift strafmildernd berücksichtigt werden können, die vor Eröffnung der Hauptverhandlung erfolgen und ein nicht von der Hand zu weisendes Interesse des Verdächtigen besteht, derartige Hilfestellungen nicht anzubieten, wenn die strafmildernde Berücksichtigung noch vollständig ungewiss ist.

Abgesehen von der Möglichkeit solcher Gespräche und der besonderen Bedeutung dieses Abschnittes durch die nunmehr geltende Kronzeugenregelung wird das **Gewicht des Zwischenverfahrens** insg. **eher als gering eingeschätzt.** Aus der Praxis werden teilw. „formularmäßige" Eröffnungsbeschlüsse berichtet. Selbst dann darf jedoch das „retardierende Element" des Zwischenverfahrens nicht zu gering geschätzt werden, das schon durch seine Existenz mitunter die Möglichkeit zu weiteren Überlegungen oder Gesprächen bzw. zum Aufgreifen weiterer Entwicklungen nach Anklageerhebung eröffnet. Das Zwischenverfahren entfällt im sog beschleunigten Verfahren (§§ 417 ff.) sowie naturgemäß im Strafbefehlsverfahren. 240

b) Entscheidungsmöglichkeiten im Zwischenverfahren. Der § 170 Abs. 1 vergleichbare (vgl. oben) Entscheidungsmaßstab ist die Frage, ob der Angeschuldigte nach den bisherigen Ermittlungsergebnissen einer Straftat hinreichend verdächtig erscheint. Ist dies nicht der Fall, wird nach **§ 204 die Eröffnung des Hauptverfahrens abgelehnt.** Der Staatsanwaltschaft steht hiergegen gem. § 210 Abs. 2 die **sofortige Beschwerde** zu. Ist der Beschluss nicht mehr anfechtbar (vgl. § 311 Abs. 2 zur Wochenfrist für die Einlegung der sofortigen Beschwerde), so tritt **beschränkter Strafklageverbrauch** ein, und die Klage kann nur aufgrund neuer Tatsachen oder Beweismittel wieder aufgenommen werden, vgl. § 211.[527] 241

Liegt dagegen ein hinreichender Tatverdacht vor, so wird die **Eröffnung des Hauptverfahrens gem. § 203** beschlossen, wobei das Gericht bei seiner Würdigung der von der Anklage erfassten prozessualen Tat(en) nach § 206 nicht an die Anträge der Staatsanwaltschaft gebunden ist und die Anklage **ggf. mit Änderungen** zur Hauptverhandlung zulassen kann (vgl. § 207 Abs. 2). Durch die Zulassung zur Hauptverhandlung tritt **Rechtshängigkeit** ein, und gem. **§ 156** kann die öffentliche Klage durch die Staatsanwaltschaft nicht mehr zurückgenommen werden. Der Zulassungsbeschluss ist gem. § 210 Abs. 1 vom Angeklagten **nicht isoliert anfechtbar;** leidet er freilich an Mängeln, die zu seiner Unwirksamkeit führen, kann dies mit Blick auf eine dann fehlende Prozessvoraussetzung eine Revision begründen. Ferner gilt auch § 33a (Möglichkeit einer Anhörungsrüge). 242

Neben der Eröffnung des Hauptverfahrens und ihrer Ablehnung besteht auch noch die Möglichkeit einer **vorläufigen Einstellung,** wenn für längere Zeit in der Person des Angeschuldigten liegende Gründe der Hauptverhandlung entgegenstehen. Davon zu unterscheiden sind die Fälle echter Prozesshindernisse (→ Rn. 352 ff.), bei deren Vorliegen die Eröffnung nach § 204 abzulehnen ist, wenn diese nicht mehr beseitigt werden können. Nach Eröffnung des Hauptverfahrens erfolgt bei Vorliegen eines Verfahrenshindernisses der Einstellungsbeschluss nach § 206a[528] (der insoweit systematisch nicht ganz stimmig im Recht des Zwischenverfahrens angesiedelt ist) bzw. innerhalb der Hauptverhandlung nach § 260 Abs. 3. 243

3. Hauptverfahren. Das Hauptverfahren (§§ 212–275) zerfällt in die Vorbereitung der Hauptverhandlung als Teil des Hauptverfahrens (§§ 212–225a) und die eigentliche Hauptverhandlung als gleichsam „Kernstück" des Strafprozesses (jedenfalls des Strafprozesses in der idealtypischen Form der StPO). 244

---

[527] Hat hierbei bezüglich der erforderlichen neuen Tatsachen oder Beweismittel (Nova) ein Beweisverwertungsverbot bestanden, so ist dieses im Revisionsverfahren ebenso wie im Eröffnungs- und Hauptverfahren von Amts wegen zu berücksichtigen, vgl. BGH 1.12.2016 – 3 StR 230/16, NStZ 2017, 503 mAnm Ventzke sowie dazu auch Jäger JA 2017, 715.

[528] Zur Fortsetzung des Verfahrens nach einem täuschungsbedingt irrtümlichen Beschluss nach § 206a vgl. BGH 12.12.2007 – 2 StR 485/06, BGHSt 52, 119 = NStZ 2008, 296.

245 **a) Vorbereitung der Hauptverhandlung.** In den §§ 212–212a werden Organisation und Planung der Hauptverhandlung beschrieben. Hierbei geht es insbes. um Fragen der Terminsbestimmung,[529] der Ladungen und sonstiger „Beweismittelvorbereitungen", der mit der Vorbereitung zusammenhängenden Mitteilungspflichten sowie etwaiger eigener Ermittlungstätigkeiten des Gerichts.

246 **b) Die Hauptverhandlung.** Die Hauptverhandlung ist durch die Geltung insbes. der Maximen der Mündlichkeit und der Unmittelbarkeit (→ Rn. 177 ff.) nach der Konzeption der StPO **zentraler Abschnitt des Strafverfahrens,** in dem insbes. auch sämtliche Fakten noch einmal zusammengeführt werden, damit das Gericht „aus dem Inbegriff der Hauptverhandlung" sein Urteil fällen kann (vgl. § 261). Die Verfahrenswirklichkeit freilich sieht teilw. anders aus, da entscheidende Weichen bereits im Ermittlungsverfahren gestellt werden und da durch (seit 2009 gesetzlich geregelte und damit formalisierte, daneben aber wohl mitunter immer noch auch nicht formalisierte) Verständigungen, aber auch durch massive Beschneidungen des Beweisstoffes etwa durch die „Fristsetzungslösung"[530] oder die „Widerspruchslösung"[531] der **Inhalt der Hauptverhandlung ausgedünnt** wird. Gleichwohl ist der gesetzliche Regelfall der vollständigen, mündlichen Unmittelbarkeitsprinzip achtenden Hauptverhandlung nicht zu unterschätzen, da sich nicht nur zahlreiche Verfahren auch immer noch daran orientieren, sondern weil auch etwaige – formelle oder informelle – Abweichungen nur vor diesem Hintergrund zu verstehen sind und sich letztlich daran messen lassen müssen, ob sie mit den idealtypischen Prinzipien (wenngleich nicht immer übereinstimmen, so doch) noch zu vereinbaren sind.

247 Der **Ablauf** der Hauptverhandlung ist in **§ 243** beschrieben. Nach dem Aufruf der Sache und der Feststellung der erforderlichen Anwesenheiten (Abs. 1) wird der Angeklagte über seine persönlichen Verhältnisse vernommen (Abs. 2). Es folgen die Verlesung des Anklagesatzes (Abs. 3) und etwaige Mitteilungen über Erörterungen nach §§ 202a, 212 (Abs. 4), bevor der Angeklagte zur Sache aussagen kann (Abs. 5). Dem folgt die in §§ 244 ff. geregelte Beweiserhebung durch das Gericht (zu der inhaltlich auch die Angeklagtenvernehmung schon zu zählen ist), bevor nach dem Ende der Beweiserhebung Staatsanwaltschaft und Angeklagter/Verteidiger ihre Abschlussplädoyers halten und dem Angeklagten das letzte Wort gewährt wird (§ 258).[532] Dem schließen sich zuletzt Beratung (mit der Abstimmung, vgl. §§ 192 ff. GVG) und Urteilsverkündung (§ 260 Abs. 1) an. Die Hauptverhandlung ist nach Maßgabe der §§ 271–273 zu **protokollieren.** In jüngerer Zeit (wieder) verstärkt diskutiert wird eine **audio-visuelle Dokumentation** der Hauptverhandlung (welche freilich nicht nur in der Instanz, sondern auch in der Revision verschiedene Probleme aufwerfen würde).[533]

248 **c) Zentrale inhaltliche Fragen im Recht der Hauptverhandlung.** Die Hauptverhandlung als Kernstück des Verfahrens ist naturgemäß Gegenstand zahlreicher – teilw. auch

---

529 Zur Überprüfung Kropp NStZ 2004, 668.

530 Vgl. – aufbauend auf BGH 14.6.2005 – 5 StR 129/05, StV 2006, 113 und 9.5.2007 – 1 StR 32/07, BGHSt 51, 333 = NStZ 2007, 659 – insbes. 23.9.2008 – 1 StR 484/08, BGHSt 52, 355 = NStZ 2009, 169 sowie diese Rspr. billigend BVerfG 6.10.2009 – 2 BvR 2580/08, NStZ 2010, 155 = NJW 2010, 592.

531 Grundlegend BGH 27.2.1992 – 5 StR 190/91, BGHSt 38, 214 = NJW 1992, 1463; Vorläufer dazu schon in RG 24.6.1881 – 1431/81RGSt 4, 301; RG 6.3.1924 – III 68/24, RGSt 58, 100 (101); nachfolgend etwa BGH 27.2.1992 – 5 StR 190/91, BGHSt 38, 214 = NJW 1992, 1463 (1466), 12.1.1996 – 5 StR 756/94, BGHSt 42, 15 (19, 22) = NJW 1996, 1547 (1549 f.); 20.12.1995 – 5 StR 445/95, NStZ 1996, 290 (291); 15.8.2000 – 5 StR 223/00, StV 2001, 545; 15.8.2000 – 5 StR 223/00, NStZ-RR 2001, 260. Vgl. näher → Rn. 476 ff.

532 Wenn der Verteidiger eines Mitangeklagten erwidert hat, ist dabei dem Angeklagten nochmals die Gelegenheit zum letzten Wort zu erteilen, vgl. BGH 17.1.2003 – 2 StR 443/02, BGHSt 48, 181 = NStZ 2003, 382.

533 Vgl. näher Bartel StV 2018, 678; Kudlich in Cirener/Jahn/Radtke, Bild-Ton-Dokumentation und „Konkurrenzlehre 2.0", 2020, S. 13; Kudlich in Hoven/Kudlich, Digitalisierung und Strafverfahren, 2020, S. 163; Mosbacher StV 2018, 182; Wehowsky NStZ 2018, 77; Wehowsky StV 2018, 685. Instruktiv (auch mit Vergleich zur Praxis am IStGH) Schmitt NStZ 2019, 1.

aktuell heftig umstrittener – Fragestellungen. Freilich liegen diese ganz überwiegend in speziellen, an anderer Stelle erörterten Kontexten, so dass sie hier nur kurz benannt werden müssen: Zentral etwa sind hier das **Beweisrecht** (einschließlich des Beweisantragsrechts und der Problematik der Beweisverwertungsverbote, → Rn. 403 ff.), Ausgestaltungen und Durchbrechungen des Unmittelbarkeitsgrundsatzes (bereits → Rn. 177 ff.) sowie die Prozesshandlungen in der Hauptverhandlung (etwa unter dem Gesichtspunkt eines allgemeinen Missbrauchsverbotes, → Rn. 342 ff.).

Ohne dies hier vertiefen zu können,[534] kann man für die mit der Hauptverhandlung verbundenen Rechtsfragen für die jüngere Vergangenheit eine **Tendenz** konstatieren, in der die Rspr. die **Ausübung von Verfahrensrechten** – insbes. auch mit Blick auf eine spätere revisionsrechtliche Überprüfung – **zunehmend erschwert.** Als Schlagworte können hier nur nochmals die Fristsetzungslösung für Beweisanträge, die sog Widerspruchslösung oder das Erfordernis eines Zwischenrechtsbehelfs nach § 238 Abs. 2 genannt werden. Damit geht einher eine (bzw. dies ist Ausdruck einer) Annahme einer zunehmenden Professionalisierung der Verteidigung, in deren Folge dem Verteidiger zunehmend die Verantwortung für den ordnungsgemäßen Verfahrensablauf aufgebürdet wird. Dass dieses Konzept in nicht seltenen Fällen schlicht nicht aufgeht, belegen eindrucksvoll die Fälle, aus denen sich die einschlägigen Entscheidungen speisen. Die Entwicklung ist jenseits dessen aber auch normativ nicht überzeugend. 249

d) Sonderproblem: Verständigung in der Hauptverhandlung. Der oben skizzierte Ablauf der Hauptverhandlung sowie die aufgeworfenen Fragen in ihrer Reinform stellen sich bei einem **Prozessmodell,** welches bis zu den Schlussvorträgen von einer **streitigen Verhandlung mit voller Beweisaufnahme** ausgeht. Dieses Modell entspricht schon lange nicht mehr in allen Fällen der **Verfahrensrealität.** Eine nicht zu vernachlässigende Anzahl von Verfahren ist vielmehr durch **konsensuale Elemente** (→ Rn. 172 ff.) geprägt, welche ihren Gipfel in verfahrensbeendenden Absprachen mit verkürzter Beweisaufnahme und vorher – und sei es auch nur nolens volens – konsentiertem Strafmaß erreicht. Vielleicht schon seit den 60er, jedenfalls aber seit den 70er Jahren des 20. Jahrhunderts[535] hatte sich eine – zumindest später nicht nur Groß- und Wirtschaftsstrafverfahren erfassende[536] – Absprachenpraxis entwickelt, die Anfang der 80er Jahre in der fachwissenschaftlichen Diskussion berichtet worden ist.[537] Obwohl das BVerfG Anfang 1987 eine Verständigung zwischen Gericht und Verfahrensbeteiligten außerhalb der Hauptverhandlung jedenfalls von Verfassungs wegen nicht grundsätzlich beanstandete,[538] blieb das Phänomen „Absprachen" weiterhin in hohem Maße umstritten. 250

Mangels gesetzlicher Regelung war nicht zuletzt der **BGH** bemüht, durch mehrere **Leitentscheidungen** den Tatgerichten **Richtlinien** an die Hand zu geben.[539] Die Leitlinienentscheidung des 4. Strafsenats aus dem Jahre 1997[540] untersagte dabei mit Blick auf §§ 260 Abs. 1, 261 die verbindliche Zusage zur Höhe der zu verhängenden Strafe, während die Verständigung auf eine Strafobergrenze nicht zu beanstanden sei. Ferner dürfe der „Boden schuldangemessenen Strafens" nicht verlassen und der Angeklagte nicht durch Drohung mit einer höheren Strafe zu einem Geständnis gedrängt werden. Des Weiteren werden Amtsaufklärungspflicht und Öffentlichkeitsgrundsatz betont sowie zuletzt das Versprechen 251

---

534 Vgl. ausführlicher Kudlich, Gutachten C 68. Deutschen Juristentag, 2010, S. 86 ff.

535 Vgl. v. Heintschel-Heinegg in KMR-StPO § 257c Rn. 2 unter Berufung auf BT-Drs. 16/12310, 7.

536 Vgl. Altenhain/Hagemeier/Haimerl/Stammen, Die Praxis der Absprachen in Wirtschaftsstrafverfahren, 2007, S. 333 ff. Jahn/Müller NJW 2009, 2625; M. Müller, Probleme um eine gesetzliche Regelung der Absprachen im Strafverfahren, 2008, S. 35 ff.

537 Vgl. Schmidt-Hieber NJW 1982, 1017; Deal (= Weider) StV 1982, 545 ff.

538 Vgl. BVerfG 27.1.1987 – 2 BvR 1133/86, NJW 1987, 2662.

539 Zur Frage, welche Bedeutung diese Grundsätze nach der Neuregelung durch § 257c noch haben, vgl. Altvater FS Rissing-van Saan, 2011, 1.

540 Vgl. BGH 28.8.1997 – 4 StR 240/97, BGHSt 43, 195 = NJW 1998, 86 mAnm Weigend NStZ 1999, 57; vgl. auch Fahl/Geraats JA 2009, 791.

eines Rechtsmittelverzichts als unzulässig erachtet.[541] Dieser zuletzt genannte Aspekt führte später zur bekannten **Entscheidung des Großen Strafsenats** des BGH,[542] welcher den Gerichten im Rahmen einer Urteilsabsprache die Erörterung eines Rechtsmittelverzichts oder gar die Hinwirkung auf einen solchen untersagt und eine qualifizierte Belehrung des Angeklagten verlangt. Zugleich enthält die Entscheidung geradezu einen „Hilferuf" an den Gesetzgeber, die notwendig unvollkommenen Versuche der obergerichtlichen Rspr., Urteilsabsprachen ohne Bruch in das System des geltenden Strafverfahrensrechts einzupassen, zu unterstützen.[543]

252 Als Konsequenz daraus wurde nach einer längeren Phase deutlicher Zurückhaltung das Problem aus verschiedenen Richtungen angegangen.[544] Entgegen der einige Zeit lang sehr realen Befürchtung, das später zum **Verständigungsgesetz** führende Gesetzgebungsverfahren würde im Herbst 2009 der Diskontinuität zum Opfer fallen, verzichtete der Bundesrat schließlich darauf, den Vermittlungsausschuss anzurufen, so dass das Gesetz schließlich am 3.8.2009 verkündet werden konnte. Damit und insbes. mit seiner **„Königsnorm" des § 257c**[545] ist dieses Verfahren nunmehr auf ein doch mehr oder weniger solides Fundament gestellt. Man kann dessen Ausgestaltung im Detail, die fehlende Harmonisierung mit dem „Normalverfahren"[546] oder auch das praktisch fragwürdige Rechtsmittelverzichtsverbot des § 302 Abs. 1 S. 2[547] kritisieren, muss aber bei einer Beschreibung der lex lata des Prozessrechts darauf hinweisen, dass diese Alternative in der Verfahrensgestaltung besteht.[548]

253 **4. Rechtsmittel. a) Allgemeines und Einordnung.** Eine Überprüfung der strafprozessualen Urteile und Entscheidungen erfolgt insbes. durch die sog **Rechtsmittel** (vgl. §§ 296 ff.), welche sich innerhalb der größeren Gruppe der (insbes. förmlichen) **Rechtsbehelfe**[549] dadurch auszeichnen, dass sie eine noch nicht rechtskräftige gerichtliche Entscheidung zur Nachprüfung vor ein Gericht höherer Instanz bringen (sog **Devolutiveffekt**) und – in den Fällen der Berufung sowie der Revision – die Rechtskraft des Urteils und damit seine Vollstreckbarkeit hindern (sog **Suspensiveffekt,** vgl. § 316 Abs. 1, § 343 Abs. 1).[550] Die StPO kennt insoweit die Rechtsmittel der **Beschwerde** (gegen Beschlüsse und Verfügungen), der **Berufung** und der **Revision**[551] (letztere gegen Endurteile), die jeweils in den Fällen statthaft sind, in denen sie vom Gesetz explizit zur Verfügung gestellt werden. Allgemeine Zulässigkeitsvoraussetzungen jedes Rechtsmittels sind (wie auch in anderen Prozessordnungen) eine **Beschwer** (die sich insbes. für den verurteilten Angeklagten[552] ohne weiteres stets aus der Tatsache der Verurteilung ergibt), die Einhaltung der

541 Vgl. BGH 28.8.1997 – 4 StR 240/97, BGHSt 43, 195 (204 ff.) = NJW 1998, 86. Krit. zur Regelung der Materie durch die Rspr. etwa Gössel FS Böttcher, 2007, 79 (85 ff.).

542 Vgl. BGH 3.3.2005 – GSSt 1/04, BGHSt 50, 40 = NJW 2005, 1440; aus der umfangreichen Lit. zu dieser Entscheidung und dem Problemkreis des Rechtsmittelverzichts vgl. nur Fahl ZStW 117 (2005), 605.

543 Vgl. BGH 3.3.2005 – GSSt 1/04, BGHSt 50, 40 (63 f.) = NJW 2005, 1440 (1443 f.), krit. dazu Fischer NStZ 2007, 433 (434).

544 Knappe Zusammenfassung etwa bei Kudlich, Gutachten C 68. Deutschen Juristentag, 2010, 38.

545 Vgl. Harms in Jahn/Nack, Wer regelt das Strafrecht?, 2009, 18. Zur Bedeutung der Verständigung in der Berufungsinstanz Moldenhauer/Wenske NStZ 2012, 184.

546 Krit. dazu statt vieler etwa Fezer NStZ 2010, 177.

547 Zur Problematik aus Verteidigersicht Bauer StV 2015, 524 und Scheffler/Lehmann StV 2015, 526. Die Vorschrift schließt allerdings eine Rücknahme des Rechtsmittels nicht generell aus, vgl. KG 9.12.2014 – 2 Ws 7/15, NStZ 2015, 236 mAnm Knauer/Pretsch und dazu Mosbacher JuS 2015, 701 (702).

548 Einen krit. Überblick zur Rechtsprechung in den ersten knapp drei Jahren Verständigungsgesetz geben Knauer/Lickleder NStZ 2012, 366.

549 Wie etwa dem Wiederaufnahmerecht (→ Rn. 517 ff.), dem Einspruch gegen einen Strafbefehl (→ Rn. 561), dem Antrag auf Wiedereinsetzung in den vorigen Stand (vgl. §§ 44, 235, 329 Abs. 3 und § 412), dem Antrag auf gerichtliche Entscheidung etwa nach § 111l Abs. 6, § 161a Abs. 3, § 172 Abs. 2; vgl. ergänzend auch §§ 23 ff. EWGVG.

550 Die Beschwerde hat diese Wirkung nicht, vgl. § 307 Abs. 1.

551 Zum Wesen und Zweck der Revision vgl. Knauer NStZ 2016, 1.

552 Zur Beschwer bei einer Verfahrenseinstellung wegen eines behebbaren Verfahrenshindernisses, wenn vorgetragen wird, es liege auch ein unbehebbares vor, vgl. BGH 4.5.2011 – 2 StR 524/10, NStZ 2011, 531; BGH 2.3.2011 – 2 StR 524/10, NStZ 2011, 650.

vorgesehenen **Formen** und **Fristen**[553] (zT nicht nur für die Einlegung, sondern auch für die Begründung) sowie das Fehlen eines zur Unwirksamkeit führenden Verzichts- oder Rücknahmeaktes[554] (§ 302). Die übrigen Zulässigkeitsvoraussetzungen (Verhandlungsfähigkeit, Zulässigkeit der Vertretung etc) richten sich nach den allgemeinen Vorschriften.

Das **Rechtsmittelsystem** gegen instanzabschließende Urteile ist **teils zweistufig** 254
(Berufung und anschließende Revision gegen erstinstanzliche Urteile des AG), **teils nur einstufig** (nur Revision gegen erstinstanzliche Urteile des LG und des OLG), im Einzelnen → Rn. 258 und → Rn. 262. Das überrascht auf den ersten Blick, weil in komplexeren Fällen mit schwerer wiegenden Strafdrohungen eine Überprüfungsmöglichkeit weniger zur Verfügung steht. Soweit dies gemeinhin damit erklärt wird, dass bei einer erstinstanzlichen Zuständigkeit des LG von Anfang an ein Kollegialgericht mit größerer Sachkompetenz zuständig ist, darf dies nicht zynisch dahingehend missverstanden werden, dass am AG erstinstanzlich überwiegend falsch entschieden würde. Vielmehr dürften – da auf Grund der unterschiedlichen Gerichtsbesetzung eine viel größere Menge an Verfahren mit den zur Verfügung stehenden Ressourcen bewältigt werden kann – der weitaus größere Teil der amtsgerichtlichen Entscheidungen richtig sein, und viele von ihnen werden auch nicht angefochten. Es ist aber eben nicht der gleiche (als erstrebenswert empfundene) Grad an Richtigkeitsgewähr und Urteilsqualität gesichert wie bei den mit weniger Fällen befassten LGen, so dass für die verbleibenden **„Ausreißer" eine zweite Tatsacheninstanz** (→ Rn. 258) existiert. In diesem Sinne mag man mit Schünemann von einer „genialen Intuition des Schöpfers der RStPO" sprechen, der in der Berufung „Legitimation und Verfahrensökonomie miteinander verbindet".[555]

Ein allgemeines und teilw. auch im Strafprozessrecht verwirklichtes Prinzip des Rechts- 255
mittelrechts ist das **Verbot der reformatio in peius.** Dieses gilt – soweit nur der Angeklagte (bzw. zu seinen Gunsten die Staatsanwaltschaft) Rechtsmittel eingelegt hat – für Berufung (§ 331) und Revision (§ 358 Abs. 2).[556] Dadurch soll vermieden werden, dass die Rechtsmitteleinlegung für den Anklagten mit einem Risiko verbunden ist. Durch die mitunter anzutreffende Praxis einiger Staatsanwaltschaften, auch bei nur geringfügigen Abweichungen von der beantragten Strafhöhe **„Sperrrechtsmittel"** einzulegen, wird diese rechtsstaatliche Garantie teilw. ausgehöhlt. Dagegen gilt das Verbot der reformatio in peius nicht bei der Beschwerde. Freilich wird sich hier die Problematik in vielen Konstellationen (etwa bei der Überprüfung einer Ermittlungsmaßnahme im laufenden Ermittlungsverfahren) nicht stellen, da eine echte „Verschlechterung" kaum vorstellbar ist. In manchen anders gelagerten Fällen, nämlich bei solchen Beschlüssen, die Rechtsfolgen endgültig festsetzen und der materiellen Rechtskraft fähig sind (etwa nach § 51 StGB oder nach § 460 sowie für die Untersuchungshaft betreffende Haftverschonungsbeschlüsse) soll dies dagegen nicht gelten, so dass hier ein Verschlechterungsverbot angenommen wird.[557]

b) Die Beschwerde. Die Beschwerde ist nach **§ 304 Abs. 1** gegen von den Gerichten 256
in den Tatsacheninstanzen erlassenen **Beschlüsse** und gegen **richterliche Verfügungen** zulässig, soweit das Gesetz sie nicht ausdrücklich einer Anfechtung entzieht, was in einer ganzen Reihe von wichtigen Vorschriften der Fall ist,[558] so etwa in § 28 Abs. 1, § 46 Abs. 2, § 68b Abs. 3 S. 1, § 81c Abs. 3 S. 4, § 153a Abs. 2 S. 4, § 163a Abs. 3 S. 5, § 201 Abs. 2 S. 2, § 247a S. 2, § 305 S. 1 sowie im GVG etwa in § 52 Abs. 4 GVG, § 53 Abs. 2 S. 2 GVG

553 Zu den Fristen im Strafverfahren allgemein eingehend Valerius in Hilgendorf/Kudlich/Valerius StrafR-HdB VII § 26.

554 Zur Unwirksamkeit eines Rechtsmittelverzichts bei einer (auch irrtümlich) falschen Erklärung bzw. Auskunft des Gerichts vgl. BGH 10.1.2001 –2 StR 500/00, BGHSt 46, 257 = NStZ 2001, 493.

555 Vgl. Roxin/Schünemann StrafVerfR § 54 Rn. 5.

556 Zu Sonderfällen des Verschlechtungsverbotes auch Cierniak NStZ 2001, 359.

557 Vgl. OLG Hamm 13.12.1995 – 2 Ws 195/95, NStZ 1996, 303 (304) (Widerruf der Strafaussetzung); Schmitt in Meyer-Goßner/Schmitt Vor § 304 Rn. 5.

558 Ausführlicherer Überblick etwa bei Schmitt in Meyer-Goßner/Schmitt § 304 Rn. 5; eingehend zum Ganzen auch Giesler, Der Ausschluß der Beschwerde gegen richterliche Entscheidungen im Strafverfahren, 1981.

und § 171b Abs. 3 GVG; daneben gibt es auch verschiedene Vorschriften, in denen die Beschwerde partiell ausgeschlossen ist. In einigen dieser Fälle kann die Entscheidung dann freilich stattdessen mit dem Rechtsmittel gegen das Urteil angefochten werden, vgl. insbes. **§ 28 Abs. 2 S. 2** (unberechtigte Zurückweisung einer Richterablehnung als Revisionsgrund) und **§ 305 S. 1** (iVm § 336: Entscheidungen der erkennenden Gerichte, die der Urteilsfällung vorausgehen, als etwaige Revisionsgründe).

257 **Arten der Beschwerde** sind die (unbefristete) einfache Beschwerde, die (befristete) sofortige Beschwerde, für die § 311 eine allgemeine Regelung vorsieht, welche in der StPO aber an verschiedenen Stellen gefordert wird, wenn aus Gründen der Rechtssicherheit eine schnelle Klärung erforderlich ist, sowie zuletzt die weitere Beschwerde in den in § 310 Abs. 1 genannten Fällen. In allen Konstellationen stellt sie sowohl die Tatsachengrundlage als auch die Rechtsanwendung der angefochtenen Entscheidung zur Nachprüfung des Beschwerdegerichts; entsprechend können auch **neue Tatsachen vorgebracht** und berücksichtigt werden. Die Beschwerde wird nach § 306 Abs. 1 bei dem Gericht, von dem oder von dessen Vorsitzenden die angefochtene Entscheidung erlassen worden ist, eingelegt. Nach § 306 Abs. 2 kann dort auch der **Beschwerde abgeholfen** werden; anderenfalls ist sie dem Beschwerdegericht vorzulegen. Soweit konstruktiv denkbar, ist eine Schlechterstellung des Beschwerdeführers im Gegenschluss zur Regelung in § 331 und § 358 Abs. 2 nicht generell ausgeschlossen (vgl. bereits oben → Rn. 255).

258 **c) Berufung.** Die Berufung ist nach **§ 312 gegen amtsgerichtliche Strafurteile** statthaft (gegen die nach § 335 allerdings auch eine Sprungrevision eingelegt werden kann); bei geringfügigen Verurteilungen sowie bei Freisprüchen nach geringfügigen Anträgen der Staatsanwaltschaft erfordert die Berufung nach § 312 Abs. 1 eine Annahme, die allerdings schon immer dann erfolgen soll, wenn die Berufung nicht offensichtlich unbegründet ist (vgl. § 312 Abs. 2). Soweit die Berufung zulässig ist, führt sie nicht nur zu einer Überprüfung des erstinstanzlichen Urteils, sondern zu einer **völligen Neuverhandlung** mit neuer Hauptverhandlung und Entscheidung über alle Tat- und Rechtsfragen auf der Grundlage des Eröffnungsbeschlusses, gewissermaßen nach Art einer „zweiten Erstinstanz".[559] Auch die Grundsätze der Mündlichkeit und der Unmittelbarkeit der Beweisaufnahme gelten im Berufungsverfahren daher im Ausgangspunkt, sind jedoch durch § 325 abgeschwächt.

259 Die Berufung ist **binnen einer Woche nach Urteilsverkündung** beim iudex a quo einzulegen (§ 314) und bedarf **keiner zwingenden Begründung** (vgl. § 317). Zuständig zur Entscheidung über die Berufung sind die **kleinen Strafkammern** am LG, vgl. § 74 Abs. 3 GVG, § 76 Abs. 1, 3 GVG.

260 Die Berufung kann auf bestimme Beschwerdepunkte **beschränkt** werden, die nach dem engeren Zusammenhang des Urteils losgelöst von den nicht angegriffenen Teilen rechtlich und tatsächlich selbständig beurteilt werden können, ohne eine Prüfung der Entscheidung im Übrigen erforderlich zu machen (sog Trennbarkeitsformel).[560] Dabei gilt im Einzelnen: **Prozessual voneinander „unabhängige Straffälle"**[561] können unproblematisch unabhängig voneinander angefochten werden; dies gilt also etwa für die Anfechtung durch einen **Mitangeklagten** ohne die anderen oder für **selbständige prozessuale Taten** iSd § 264. Auch bei materiell-rechtlich selbständigen Straftaten ist eine Berufungsbeschränkung wirksam, selbst wenn diese prozessual eine einheitliche Tat bilden;[562] hinsichtlich der Feststellungen zu dem nicht angefochtenen Urteilsteil tritt aber eine Bindung ein.[563] Demgegenüber kann die Berufung nicht auf einzelne rechtliche Gesichtspunkte des Schuld-

---

559 Vgl. Schmitt in Meyer-Goßner/Schmitt/ Vor § 312 Rn. 1.

560 Vgl. nur BGH 8.1.1954 – 2 StR 572/53, BGHSt 5, 252 = NJW 1954, 441; 25.9.1961 – AnwSt (R) 4/61, BGHSt 16, 237 (239) = NJW 1961, 2219 (2220); 22.7.1971 – 4 StR 184/71, BGHSt 24, 185 (187 f.) = NJW 1971, 1948 (1949); 21.10.1980 – 1 StR 262/80, BGHSt 29, 359 (364) = NJW 1981, 589 (590) – ständige Rspr.

561 So anschaulich Schmitt in Meyer-Goßner/Schmitt § 318 Rn. 9.

562 Vgl. BGH 26.5.1967 – 2 StR 129/67, BGHSt 21, 256 (258) = NJW 1967, 1972.

563 Vgl. BGH 22.7.1971 – 4 StR 184/71, BGHSt 24, 185 (187 f.) = NJW 1971, 1948 (1949).

spruchs beschränkt werden,[564] also nicht auf die Nachprüfung einzelner Gesetzesverletzungen.[565] Demgegenüber ist eine Beschränkung der Anfechtung der Berufung auf den **Rechtsfolgenausspruch** wirksam,[566] soweit im Urteil hierfür eine hinreichende Grundlage zur Überprüfung vorliegt[567] und nicht über doppelrelevante Tatsachen (die sowohl für den Rechtsfolgen- als auch für den Schuldausspruch von Bedeutung sind) abweichende Feststellungen getroffen werden müssten. Auch innerhalb des Rechtsfolgenausspruchs sind Beschränkungen auf **abtrennbare Urteilsteile** (etwa auf die Zahl oder die Höhe der Tagessätze sowie uU auf die Bewährungsentscheidung) möglich. Soweit eine getrennte Überprüfung, die ggf. zur vertikalen oder horizontalen Teilrechtskraft des erstinstanzlichen Urteils führt, nicht möglich ist, gilt die Berufung als uneingeschränkt eingelegt.

Eine Besonderheit gilt im Berufungsverfahren beim **unentschuldigten Ausbleiben** 261
des Angeklagten, bei dem in Abweichung von der Regelung der §§ 231 ff. nach § 329 Abs. 1 S. 1 das Gericht die Berufung des Angeklagten ohne Verhandlung der Sache verwirft, was freilich nach Auffassung des EGMR[568] jedenfalls dann gegen Art. 6 Abs. 1, Abs. 3c EMRK verstoßen soll, wenn ein verteidigungsbereiter Verteidiger für den Angeklagten erschienen ist.[569] Nach § 329 Abs. 3 kann unter den Voraussetzungen der §§ 44 f. binnen einer Woche nach Zustellung des Urteils Wiedereinsetzung in den vorigen Stand beansprucht werden.

d) Revision. aa) Einordnung, Grundkonzeption und Rügearten. Die Revision 262
ist nach § 333 gegen **Urteile der Strafkammern** (einschließlich der Schwurgerichte) sowie die **erstinstanzlichen Urteile der Oberlandesgerichte** statthaft oder anders gewendet: Sie ist das Rechtsmittel sowohl gegen erstinstanzliche Entscheidungen des LG (große Strafkammern) und der Oberlandesgerichte als auch gegen Berufungsurteile der kleinen Strafkammern. Ferner ist sie nach § 335 als **Sprungrevision** gegen solche Urteile statthaft, gegen die auch Berufung hätte eingelegt werden können. Zur Entscheidung zuständig sind bei Revisionen gegen Berufungsurteile (sowie gegen erstinstanzliche Urteile der großen Strafkammern, soweit – selten! – ausschließlich die Verletzung von Landesrecht gerügt wird) die Strafsenate der OLGe (vgl. § 121 Abs. 1 Nr. 1 GVG). Über Revisionen gegen erstinstanzliche Urteile des LG (große Strafkammern und Schwurgerichte) sowie der OLGe entscheidet der BGH, vgl. § 135 Abs. 1 GVG.

Die Revision ist eine **reine Rechtsprüfung,** dh keine neue Tatsacheninstanz. Dies 263
bedeutet freilich nur, dass **keine eigenen Tatsachenfeststellungen** zur Schuld- und Straffrage getroffen werden (sondern insoweit allenfalls eine Zurückverweisung zu neuen Feststellungen erfolgt); die auf dem Weg zur Schaffung der Tatsachengrundlage notwendigen Schritte, dh die Beweiserhebung (vollumfänglich) und Beweiswürdigung (eingeschränkt) werden rechtlich durchaus überprüft.

Insgesamt ist die Überprüfung des Urteils **in zwei Richtungen** möglich: Auf die 264
sog **Sachrüge** hin wird das Urteil materiell-rechtlich überprüft, dh Gegenstand der Prüfung sind die Beweiswürdigung, die materiell-rechtliche Subsumtion des Tatsachenstoffes unter die Strafnormen sowie die Strafzumessung. Mit hierher gehört auch die generelle Prüfung, ob die Urteilsfeststellung überhaupt eine **tragfähige Grundlage** für

---

564 Vgl. BGH 26.5.1967 – 2 StR 129/67, BGHSt 21, 256 (258) = NJW 1967, 1972. (keine zulässige Beschränkung bei einer einheitlichen Tat im Sinne des materiellen Rechts).

565 Vgl. BGH 22.7.1971 – 4 StR 184/71, BGHSt 24, 185 (189) = NJW 1967, 1972.

566 Vgl. BGH 21.10.1980 – 1 StR 262/80, BGHSt 29, 359 (364) = NJW 1981, 589 (590); 5.11.1984 – AnwSt (R) 11/84, BGHSt 33, 59 = NJW 1985, 1089.

567 Vgl. BGH 5.11.1984 – AnwSt (R) 11/84, BGHSt 33, 59 = NJW 1985, 1089; 27.5.2003 – 4 St RR 47/2003, NStZ-RR 2003, 310.

568 EGMR 8.11.2012 – 30804/07, StraFo 2012, 490, eine Besprechung des auf die Entscheidung des EGMR folgenden Gesetzesentwurfs der Bundesregierung nimmt Frisch NStZ 2015, 69 vor.

569 Gegen eine Berücksichtigung dieser Rechtsprechung de lege lata wegen des eindeutigen Gesetzeswortlauts OLG München 17.1.2013 – 4 StRR (A) 18/12, NStZ 2013, 358; eingehend Mosbacher NStZ 2013, 312. Vgl. zur aktuellen Gesetzesfassung und den damit zusammenhängenden Problemen auch Franzke StV 2019, 363; Jansen StV 2020, 59 und Ullenboom StV 2019, 643.

die rechtliche Bewertung bietet,[570] insbes. ob sie frei von Lücken und Widersprüchen sind (sog Darstellungsrüge). Demgegenüber wird auf die sog **Verfahrensrüge** hin, für welche nach § 344 Abs. 2 S. 2 erhöhte Anforderungen an die **Revisionsbegründung** bestehen,[571] überprüft, ob eine Vorschrift verletzt worden ist, die „den Weg bestimmt" auf dem der Richter zur Urteilsfindung berufen und gelangt ist. Dieses inhaltliche Kriterium ist für die Abgrenzung zwischen Sach- und Verfahrensrüge (welche im Einzelfall an ihren Rändern schwierig sein kann) wichtiger als die Frage, ob sich die verletzte Vorschrift etwa in der StPO oder in einem anderen Gesetz befindet.[572] Cum grano salis kann die Abgrenzung daran festgemacht werden, ob der Richter zur Überprüfung der Rüge allein den Urteilstext benötigt (dann Sachrüge) oder ob er insbes. auch auf das Hauptverhandlungsprotokoll angewiesen ist.

265 Das **„originäre" Prüfungsprogramm der Revision nach der StPO** und die daraus erwachsenden Folgen für Bestand oder Aufhebung von Urteilen waren damit durchaus **ambivalent:** Einerseits weitgehende Unüberprüfbarkeit der tatrichterlichen Feststellungen; andererseits insbes. bei der Verfahrensrüge (zumal bei den sog absoluten Revisionsgründen, → Rn. 268 f.) die Gefahr einer „Aufhebungsanfälligkeit" von Urteilen auch in solchen Fällen, in denen das Ergebnis „materiell" an sich nicht zu beanstanden ist. Dieses – in der originären Revisionskonstruktion der StPO gegenüber dem heutigen Meinungsstand in der Rspr. noch viel deutlicher zum Ausdruck kommende – Dilemma war durchaus schon bei der Schaffung der Reichsstrafprozessordnung gesehen worden, wo etwa auf Probleme beim Vollzug der Nichtigkeitsbeschwerde bzw. der Kassation bzw. des Kassationsrekurses hingewiesen wird, die nach der Auffassung des Gesetzgebers von 1877 „vor allem in der zur formalen Ausgestaltung dieses Rechtsmitteltyps lagen".[573]

266 Diese Konzeption hat im Laufe der Entwicklung – ungeachtet ihrer grundsätzlichen Anlage in den beiden verschiedenen Rügeformen – gewisse **Aufweichungen und Weiterentwicklungen** erfahren,[574] indem einerseits die Möglichkeit einer Anfechtung auch in ursprünglich für irreversibel erachteten Bereichen (insbes. im Bereich der Tatsachenfeststellung und Beweiswürdigung) ausgeweitet worden ist,[575] andererseits die Revisibilität in anderen Bereichen (insbes. im Zusammenhang mit der Verfahrensrüge) eingeschränkt worden ist.[576] Diese Entwicklung gründet zum einen auf geänderten „rechtstheoretischen" Vorstellungen über Tat- und Rechtsfrage,[577] dürfte aber auch damit zusammenhängen, dass die Revisionsgerichte über die ursprüngliche Konzeption einer zwar einerseits scharfen, andererseits aber gleichwohl häufig „beschnittenen" reinen Rechtskontrolle hinaus die **Neigung** verspürt haben, **„in der Sache richtige"**, „gerechte" **Urteile zu fällen,** wozu einerseits ein (über eine Ausweitung der Sachrüge) erleichterter Zugriff auf die Tatsachenfeststellung erforderlich ist,[578] andererseits rein formale Aufhebungsmöglichkeiten bei sachlich gerecht-

---

570 Zumindest grds. ist die bloße Sachrüge dagegen nicht ausreichend zur Beanstandung von Beweisverwertungsverboten, vgl. BGH 8.8.2018 – 2 StR 131/18, NStZ 2019, 107 mAnm Ventzke NStZ 2019, 171 sowie dazu auch Mosbacher JuS 2019, 129 (130).

571 Einschließlich etwa eines Vortrags von „Negativtatsachen", dh des Fehlens von Umständen, die einer erfolgreichen Rüge entgegenstehen könnten; vgl. etwa zum Vortrag von Negativtatsachen anlässlich einer Rüge nach § 168c Abs. 5 S. 1, sofern der Verteidiger, nicht jedoch der Beschuldigte mit langem zeitlichen Vorlauf vom Vernehmungstermin Kenntnis erlangt hat, BGH 7.10.2014 – 1 StR 381/14, NStZ 2015, 98 mAnm Mosbacher JuS 2015, 701 (705).

572 Vgl. Schmitt in Meyer-Goßner/Schmitt § 337 Rn. 8.

573 Vgl. Frisch FS Fezer, 2008, 353 (354) (mwN aus den Materialien).

574 Für eine noch weitergehende Zulassung der „Verfahrensrüge in der Sachrüge" in allen Fällen, „in denen sich der Verfahrensfehler vollständig aus den Urteilsgründen ergibt", Hamm FS Rissing-van Saan, 2011, 195 (203).

575 Vgl. grundlegend bereits Fezer, Die erweiterte Revision, 1984, pass.; Frisch FS Fezer, 2008, 353 (357 ff.).

576 Vgl. Frisch FS Fezer, 2008, 353 (361 ff.); vgl. auch Kudlich, Gutachten C zum 68. Deutschen Juristentag, 2010, 92 ff.; sowie eingehend Brune, Die ungeschriebenen Rügepräklusionen im Revisionsverfahren; zur Situation des Verteidigers Ventzke NStZ 2011, 481.

577 Vgl. Frisch FS Fezer, 2008, 353 (368).

578 Dieser fällt möglicherweise unter den Strafsenaten des BGH unterschiedlich stark aus: verteidigerseitig wird hier mitunter die Kritik laut, dass teilweise das „Halten von Urteilen" als solches im Mittelpunkt steht, vgl. den Bericht bei Erb GA 2012, 72 (dort Fn. 1).

fertigten Urteilen zurückgedrängt werden mussten.[579] Diese – insbes. auch aus Sicht des Verurteilten – Stärkung der Sachrüge gegenüber der Verfahrensrüge in den Erfolgsaussichten sollte für den Verteidiger Grund genug sein, auch neben einer noch so feinen ausdifferenzierten Verfahrensrüge zumindest die allgemeine, unausgeführte Sachrüge zu erheben (wobei es selbstverständlich ist, dass eine – erläuternd, nicht einschränkend – erfolgende Begründung an neuralgischen Punkten auch für die Sachrüge empfehlenswert ist).

bb) Beruhenserfordernis. In jedem Fall setzt eine erfolgreiche Revision zudem voraus, „dass das Urteil auf einer Verletzung des Gesetzes beruht" (vgl. § 337 Abs. 1). Anders gewendet: Der Rechtsanwendungsfehler muss für Schuld- und/oder Rechtsfolgenausspruch (und nicht nur für die Begründung) **kausal geworden** sein. Oder nochmals anders: Ein Gesetzesverstoß begründet die Revision nur, wenn das Urteil **bei richtiger Anwendung anders** ausgefallen wäre. Dabei reicht die bloße **Möglichkeit,** dass das Urteil auf dem Fehler beruht, aus.[580] Am notwendigen Zusammenhang fehlt es umgekehrt nur, wenn diese Möglichkeit ausgeschlossen bzw. rein theoretischer Natur ist.[581] Bei sachlich-rechtlichen Mängeln ergibt sich das Beruhen in der Regel ohne weiteres aus dem Urteil; bei Verfahrensfehlern kommt es darauf an, ob ein rechtsfehlerfreies Verfahren zu demselben oder vielleicht zu einem anderen Urteil geführt hätte; hier ist auch eine Heilung von Verfahrensverstößen möglich, die das Beruhen ausschließt.[582] 267

Der **Beruhensnachweis** ist **entbehrlich** (und wäre regelmäßig auch kaum möglich), wenn einer der in **§ 338 sog absoluten Revisionsgründe** vorliegt. In den dort aufgezählten Fällen (zu ihren Voraussetzungen im Detail vgl. die Kommentierung zu § 338) wird das Beruhen im Ausgangspunkt unwiderleglich vermutet (bzw. im Falle des § 338 Nr. 7 schlicht fingiert). Der Grund für die Sonderstellung der in § 338 genannten Verfahrensfehler wird unterschiedlich beschrieben: Kuckein[583] sieht etwa im Anschluss an Schünemann[584] die in § 338 genannten Verfahrensmängel als „so gravierend" an, dass „der davon betroffene Prozess insgesamt das **Signum der Rechtsstaatlichkeit verliert**". Das ist freilich nicht nur schwer operabel, sondern wäre auch im Katalog des § 338 nur unvollständig (und fast ein wenig willkürlich) umgesetzt, wie insbes. das Fehlen einer mit § 136a korrespondierenden Nummer zeigt. 268

Vielmehr dürfte die Aufnahme von bestimmten Verfahrensfehlern als absolute Revisionsgründe in § 338 zumeist und im Grundsatz auf zwei Elementen beruhen: Zunächst handelt es sich zumindest grundsätzlich um **zentrale Institutionen und Garantien** des Strafverfahrensrechts, die vielfach mehr oder weniger eng mit den hergebrachten Prozessmaximen (→ Rn. 120) zusammenhängen. Hinzu tritt, dass bei den meisten in § 338 genannten Verfahrensfehlern zwar einerseits die Möglichkeit eines Beruhens aus Sicht eines sensiblen Beobachters nicht wirklich ausgeschlossen werden kann, dass aber andererseits der **Beruhensnachweis für den Revisionsführer schwer** zu führen ist.[585] Dies führt zugleich auch dazu, dass aus den zahlreichen Bemühungen der Rspr., die absoluten Revisionsgründe in diversen Fallgruppen irgendwo zwischen teleologischer Reduktion und „heimlicher Rechtsprechung contra legem"[586] zu relativieren und die Wirkung des § 338 auf schwerwie- 269

---

579 Vgl. auch Wohlers JZ 2011, 78 (mit Forderungen nach Konsequenzen für die Begründung der entsprechenden Revisionsentscheidungen).

580 Vgl. bereits BGH 2.10.1951 – 1 StR 434/51, BGHSt 1, 346 (350) = NJW 1952, 192 (193) – ständige Rspr.

581 Vgl. nur BGH 3.5.1960 – 1 StR 155/60, BGHSt 14, 265 (268 f.) = NJW 1960, 1358 (1359); BGH 6.8.1987 – 4 StR 333/87, NJW 1988, 1223 (1224).

582 Vgl. bereits RG Feriensenat 28.7.1908 – II 647/08, RGSt 41, 404 (405), aus der Rspr. des BGH etwa BGH 18.3.1980 – 1 StR 213/79, BGHSt 29, 224 (228 ff.) = NJW 1980, 1858; BGH 1.4.1981 – 2 StR 791/80, BGHSt 30, 74 (76) = NJW 1981, 1568.

583 Vgl. StraFo 2000, 397.

584 Vgl. JA 1982, 123 (128).

585 Vgl. auch Schmitt in Meyer-Goßner/Schmitt § 338 Rn. 1; eingehend Kudlich FS Fezer, 2008, 435 (436 ff.).

586 Vgl. Kudlich FS Fezer, 2008, 435 (444).

gende Rechtsverletzungen[587] zu beschränken oder von über objektiven Rechtsverstößen hinausgehenden subjektiven Pflichtverletzungen abhängig zu machen,[588] vorrangig (wenn nicht ausschließlich) diejenigen überzeugen, die gerade hier ansetzen. Eine einschränkende Auslegung des § 338 ist in diesem Sinne dann möglich, wenn in der konkreten Situation der **Beruhensnachweis** (eben nicht nur schwer zu führen, sondern) **denkgesetzlich ausgeschlossen** ist.[589]

270 **cc) Sonderproblem Rügeverkümmerung.** Insbes. der **Nachweis von Verfahrensfehlern** im Rahmen der Verfahrensrüge ist oftmals nur über das **Hauptverhandlungsprotokoll** möglich, dem hinsichtlich der Beachtung wesentlicher Förmlichkeiten nach § 274 positive wie negative Beweiskraft zukommt. Diese weitgehende Beweiswirkung führt wie auch bei anderen stark formalisierten Regeln zu einem Spannungsverhältnis zwischen der formell angeordneten Rechtsfolge und der materiell zutreffenden Rechtslage bzw. tatsächlich vorliegenden Situation.[590] In der jüngeren Rspr. hat der **Große Strafsenat** (nachdem zunächst der 3. Senat für einen Fall der Berufung auf ein nach Auffassung des Gerichts erkanntermaßen unrichtiges Protokoll auf den Missbrauchsgedanken rekurriert hatte[591]) mit Billigung des BVerfG[592] **in Abweichung von seiner bisherigen Rspr.** und gegen weite Teile der Lit. einer nachträglichen Protokollberichtigung Wirkung zum Nachteil bereits eingelegter und auf den von der Protokollberichtigung betroffenen Inhalt gestützten Revisionen zugebilligt (sog **Rügeverkümmerung**).[593]

271 **Überzeugend ist das nicht:**[594] Soweit der Große Senat darauf hinweist, dass auch § 274 nur der Korrektur tatsächlich geschehener Verfahrensfehler diene und keine eigene „prozessuale Wahrheit" schaffe, wird man diese strikte Trennung zwischen tatsächlicher bzw. behaupteter Wahrheit und ihrer Beweisbarkeit nicht aufrecht erhalten können. Zwar wird eine Behauptung natürlich nicht durch ihre prozessuale Beweisbarkeit „wahr"; damit ist aber auch noch nicht ausgemacht, dass wegen der Möglichkeit einer gedanklichen Trennung von „Wahrheit", „Behauptbarkeit" und „Beweisbarkeit" Letzteres strafprozessrechtlich keinesfalls auf die ersten beiden Kategorien zurückwirken würde. Zumindest **in der Revision** ist eine formelle Bewertung auch iS eines **„eigenen Realitätsbegriffs"** trotz des Grundsatzes der materiellen Wahrheit im Strafverfahren durchaus **kein Fremdkörper,** wie sich besonders plastisch bei der Möglichkeit der Rechtsmittelbeschränkung (zu der in der Revision die → Rn. 260 genannten Grundsätze entsprechend gelten) zeigt.

272 Akzeptiert man das, wird man die **praktischen Schwierigkeiten einer Berichtigung** (etwa nachlassendes Erinnerungsvermögen der Urkundspersonen; Gefahr des „Umerinnerns") nicht einfach so abtun können, die bei einer die Revision des Angeklagten beschneidenden Interpretation auch nicht durch den Beschleunigungsgrundsatz legitimiert werden

587 Etwa Beschränkung von § 338 Nr. 5 auf „wesentliche Teile" der Hauptverhandlung, vgl. BGH 11.7.2006 – 3 StR 216/06, BGHSt 51, 81 = NStZ 2006, 715 (bloße Feststellung der Nichtvereidigung gemäß § 59 während Ausschlusses nach § 247); BGH 28.7.2010 – 1 StR 643/09, NStZ 2011, 233; BGH 9.2.2011 – 5 StR 387/10, NStZ 2011, 534.

588 Knappe Zusammenstellung dieser Fälle und gesetzgeberischer „Relativierungen" (etwa durch Präklusionsregeln) bei Kudlich FS Fezer, 2008, 435 ff., sowie bei Kudlich StV 2011, 212.

589 Vgl. zu diesem Aspekt auch nochmals BGH 28.7.2010 – 1 StR 643/09, NStZ 2011, 233.

590 Vgl. Bosch JA 2006, 578, der zu Beginn der im Folgenden skizzierten Entwicklung davon spricht, dass die „Beweiskraft (…) dem BGH schon seit längerem ein Dorn im Auge" sei.

591 Vgl. BGH 11.8.2006 – 3 StR 284/05, BGHSt 51, 88 = NJW 2006, 3579 mAnm Fahl JR 2007, 34; Hollaender JR 2007, 6; Kudlich JA 2007, 154; Lindemann/Reichling StV 2007, 152.

592 Vgl. BVerfG 15.1.2009 – 2 BvR 2044/07, BVerfGE 122, 248 = NJW 2009, 1469 mAnm Kudlich/Christensen JZ 2009, 943; Fahl JR 2009, 245.

593 Vgl. BGH 23.4.2007 – GSSt 1/06, BGHSt 51, 298 = NJW 2007, 2419. Aus der entgegenstehenden früheren Rspr. vgl. nur BGH 19.12.1951 – 3 StR 575/51, BGHSt 2, 125 (127) = NJW 1952, 432 (433); 4.2.1986 – 1 StR 643/85, BGHSt 34, 11 (12) = NJW 1986, 1820. Aus der Lit. etwa Lampe NStZ 2006, 366. Einschränkend (für den speziellen Fall der fehlenden Feststellung der Kenntnisnahme von Urkunden im Selbstleseverfahren) BGH 8.7.2009 – 2 StR 54/09, BGHSt 54, 37; 11.11.2009 – 5 StR 460/08, NJW 2010, 1012; 28.1.2010 – 5 StR 169/09, BGHSt 55, 31 (34).

594 Vgl. zum Folgenden ausführlicher bereits Kudlich BLJ 2007, 125.

können.[595] Auch die **verfahrensmäßigen Sicherungen** in einem System von Benachrichtigungspflichten, Widerspruchsmöglichkeiten und Würdigung des Protokolls durch das Revisionsgericht federn all das kaum hinreichend ab, da jedenfalls bei einer Revision der Verteidigung nur schwer vorstellbar ist, dass das Revisionsgericht ihr im Widerspruch zu den Erklärungen von Tatrichter und Urkundsbeamtem Glauben schenken wird, was für den Verteidiger sogar die Gefahr des (unberechtigten, aber dennoch drohenden) Verdachts einer Strafbarkeit wegen Strafvereitelung begründen kann.[596] All dies gewinnt zusätzlich an Gewicht, wenn man berücksichtigt, dass schlussendlich auch unter Berücksichtigung des vermeintlich falschen Protokolls kein materiell unrichtiges Ergebnis droht, da die entsprechende Rüge regelmäßig nicht zum Freispruch, sondern nur zu einer Zurückverweisung und Neuverhandlung führen wird.

5. Strafvollstreckung (§§ 459 ff.). a) Allgemeines. Die Strafvollstreckung stellt als Durchführung der im Urteil angeordneten Rechtsfolgen die **Realisierung des Strafererkenntnisses** dar.[597] Die Statuierung eines mit dem Erkenntnisverfahren korrespondierenden Vollstreckungsverfahrens ist typisch für das Prozessrecht in allen Teilgebieten der Rechtsordnung.[598] **Rechtsgrundlagen** der Vollstreckung, welche Freiheits- und Geldstrafen ebenso wie Nebenstrafen und Maßregeln der Besserung und Sicherung betreffen, sind insbes. die §§ 459 ff. sowie die §§ 56–58 StGB. Sonderregelungen für bestimmte Delikte bzw. Täter existieren aber etwa auch im Betäubungsmittelrecht (§ 35 BtMG zur Vollstreckungsreihenfolge) und im Jugendstrafrecht (§ 82 Abs. 1 JGG, § 110 Abs. 1 JGG zum Jugendrichter als Vollstreckungsleiter). Daneben finden sich auch **untergesetzliche Vorschriften,** insbes. in der praktisch bedeutsamen Strafvollstreckungsordnung (StVollstrO), der Justizbeitreibungsordnung (JBeitrO) sowie der Einforderungs- und Beitreibungsanordnung (EBAO). 273

b) Ablauf der Vollstreckung. Zentrale allgemeine Vollstreckungsvoraussetzung ist die Rechtskraft der Entscheidung im Erkenntnisverfahren. Diese muss absolut vorliegen,[599] wobei auch bei vertikaler und in bestimmten Konstellationen auch bei horizontaler Teilrechtskraft eine Vollstreckung denkbar ist.[600] Wichtige **Vollstreckungshindernisse** neben einer fehlenden hinreichenden Rechtskraft sind insbes. die Vollstreckungsverjährung, der Gnadenerweis, eine Amnesie sowie (selbstverständlich) der Tod der sanktionierten Person. UU können auch Verstöße gegen den Vertrauensgrundsatz ein Vollstreckungshindernis darstellen.[601] Weitere, nur bestimmte Rechtsfolgen betreffende Vollstreckungshindernisse sind insbes. im Bereich der freiheitsentziehenden Sanktionen die Immunität, die Aussetzung zur Bewährung oder die Zurückstellung der Strafvollstreckung gem. § 35 BtMG. Auch die Ausweisung des Verurteilten aus dem Geltungsbereich der StPO oder eine Überstellung an einen internationalen Strafgerichtshof bilden Vollstreckungsgegengründe. 274

Zuständige **Vollstreckungsbehörde** ist nach § 451 Abs. 1 grds. die **Staatsanwaltschaft,** wobei eine Reihe von Maßnahmen gem. § 31 Abs. 2 RPflG auf den Rechtspfleger übertragen werden können. Im Jugendstrafrecht ist der Jugendrichter Vollstreckungsleiter (vgl. oben → Rn. 273) ohne dass es in gleicher Weise wie im Erwachsenenstrafrecht zu einer prinzipiellen Übertragung der Vollstreckungssachen auf den Rechtspfleger kommen würde. 275

Bei Freiheitsstrafen berechnet sich die Zeit der zu verbüßenden Strafe nach §§ 37 ff. StVollstrO. Eine wichtige gesetzliche Vorschrift zur Anrechnung von erlittener Untersuchungshaft bildet § 450 Abs. 1; auch **überlange Verfahrensdauern** können bei der Vollstreckung ange- 276

---

595 Zum darin liegenden Zynismus bereits Kudlich, Gutachten C zum 68. Deutschen Juristentag, 2010, S. 13.

596 Dass dieses Risiko nicht nur theoretischer Natur ist, zeigt die Prozessgeschichte bei LG Augsburg 14.3.2011 – 3 KLs 400 Js 110961/10, NJW 2012, 93 mAnm Kudlich JA 2011, 948.

597 Vgl. Laubenthal/Nestler, Strafvollstreckung, 2. Aufl. 2018, Rn. 1, 3.

598 Zu einer Vermischung der beiden Elemente Erkenntnisverfahren und Vollstreckung an manchen Stellen vgl. Kühne in Löwe/Rosenberg/ Einl. G Rn. 2.

599 Vgl. Laubenthal/Nestler, Strafvollstreckung, 2. Aufl. 2018 Rn. 18.

600 Vgl. Laubenthal/Nestler, Strafvollstreckung, 2. Aufl. 2018, Rn. 20 ff.

601 Vgl. Laubenthal/Nestler, Strafvollstreckung, 2. Aufl. 2018, Rn. 40 ff.

rechnet werden (sog Vollstreckungslösung, bereits → Rn. 160 f.). Die Reihenfolge der Vollstreckung mehrerer Freiheitsstrafen richtet sich nach § 43 Abs. 2 StVollstrO. Für das Absehen von der Vollstreckung enthalten insbes. die §§ 453, 454, 454a und § 462 Regelungen.

277 **Geldstrafen** sind nach Maßgabe der §§ 459–463 sowie der §§ 48–51 StVollstrO einzufordern und beizutreiben. Das nähere Prozedere ist in der EBAO und der JBeitrO geregelt.

278 Die Vollstreckung freiheitsentziehender **Maßregeln der Besserung und Sicherung** richtet sich nach §§ 53 f. StVollstrO und den Unterbringungsgesetzen der Länder,[602] diejenige nichtfreiheitsentziehender Maßregeln nach § 54a StVollstrO.[603] Nebenstrafen und sonstige Nebenfolgen werden nach Maßgabe von § 59a StVollstrO vollstreckt.[604]

279 **c) Rechtsmittel.** In **§§ 458, 459h** sowie § 103 OWiG wird die Möglichkeit eröffnet, in den dort genannten Fällen eine gerichtliche Entscheidung herbeizuführen; für die Vollstreckung von Maßregeln der Besserung und Sicherung gelten diese Vorschriften nach **§ 463 Abs. 1** entsprechend. Soweit Entscheidungen des Rechtspflegers angegriffen werden, ist nach **§ 31 Abs. 6 S. 1 RPflG** derjenige Rechtsbehelf statthaft, der auch nach den allgemeinen verfahrensrechtlichen Vorschriften zulässig wäre (dh insbes. die Anrufung des Gerichts nach § 459h oder die sofortige Beschwerde nach § 311). Soweit kein anderer Rechtsbehelf speziell vorgesehen ist, sind Einwendungen gegen die Entscheidung des Rechtspflegers gem. § 31 Abs. 6 S. 2 RPflG möglich, über welche der Staatsanwalt zu entscheiden hat. Neben diesem Regelungssystem hat der subsidiäre allgemeine Rechtsbehelf gegen Justizverwaltungsakte nach §§ 23 ff. EGGVG keine praktische Bedeutung. Abzugrenzen von diesen Rechtsbehelfen, welche Vollstreckungsmaßnahmen betreffen, ist der Antrag auf gerichtliche Entscheidung nach **§§ 109 ff. StVollzG,** welcher gegen Maßnahmen zur Regelung einzelner Angelegenheiten auf dem Gebiet des **Strafvollzugs** möglich ist.

II. Verfahrensbeteiligte

280 **1. Beschuldigter. a) Begriff und Begründung der Beschuldigtenstellung.** Der **Beschuldigte** – ab Erhebung der öffentlichen Klage auch Angeschuldigter und ab Zulassung zur Hauptverhandlung auch Angeklagter (→ § 157 Rn. 207) – ist diejenige **Person,** gegen die ein Strafverfahren geführt wird[605] und über deren Strafbarkeit im strafprozessualen Erkenntnisverfahren entschieden wird.[606] Die Beschuldigteneigenschaft ist mit einer Reihe von (insbes. Duldungs-)Pflichten (insbes. einer vergleichsweise leichteren Anordnung von prozessualen Zwangsmaßnahmen), aber auch mit diversen **Rechten** (vgl. auch → Rn. 282 ff.) verbunden, so dass von Interesse ist, wann die **Beschuldigtenstellung entsteht.** Voraussetzung ist hierfür nach hM sowohl objektiv ein (zumindest Anfangs-)Verdacht sowie subjektiv ein entsprechender Verfolgungswille bzw. **Inkulpationsakt** durch die Strafverfolgungsbehörden.[607] Solange der Inkulpationsakt nicht willkürlich erfolgt, wird das objektive Vorliegen eines Verdachts mit ihm immer einhergehen, so dass dieses Merkmal kaum eigenständige Bedeutung für die Begründung der Beschuldigtenstellung hat (sondern vielmehr ein Kriterium dafür ist, ob der Inkulpationsakt zu Recht bzw. in vertretbarer Weise erfolgt ist).

281 Soweit in der Lit. mitunter auf den subjektiven Inkulpationsakt verzichtet wird, so ist daran zwar richtig, dass die Beschuldigtenstellung nicht willkürlich vorenthalten werden darf; praktisch lässt sich dies auch dadurch lösen, dass im Fall einer **rechtsmissbräuchlichen Vorenthaltung der Beschuldigtenposition** (zB bei der Vernehmung als Zeuge, obwohl bereits von

602 Nähere Darstellung bei Laubenthal/Nestler, Strafvollstreckung, 2. Aufl. 2018, Rn. 338 ff.

603 Vgl. näher Laubenthal/Nestler, Strafvollstreckung, 2. Aufl. 2018, Rn. 371 ff.

604 Vgl. ausführlicher noch Laubenthal/Nestler, Strafvollstreckung, 2. Aufl. 2018, Rn. 426 ff.

605 Dies wird auch in dem gebräuchlichen Begriff deutlich, dass ein Ermittlungsverfahren „gegen Unbekannt" geführt wird, solange noch kein individualisierter Beschuldigter benannt werden kann.

606 Eingehend zum Beschuldigten Bung in Hilgendorf/Kudlich/Valerius StrafR-HdB VII § 18.

607 Vgl. BGH 18.10.1956 – 4 StR 278/56, BGHSt 10, 8 (10 f.) = NJW 1957, 230 (231); Schmitt in Meyer-Goßner/Schmitt Einl. Rn. 76; Gleß in Löwe/Rosenberg § 136 Rn. 4. Zur Begründung der Beschuldigteneigenschaft auch ohne förmliche Verfahrenseröffnung, wenn sich das Verhalten des ermittelnden Beamten bei seinen Aufklärungsmaßnahmen nach außen so darstellt, BGH 30.12.2014 – 2 StR 439/13, NStZ 2015, 291 mAnm Mosbacher JuS 2015, 701.

einer nicht nur theoretischen Möglichkeit der Täterstellung ausgegangen wird) die Rechtsfolgen so herangezogen werden, als ob bereits eine Beschuldigtenstellung vorgelegen hätte. Ein genereller Verzicht auf einen subjektiven Inkulpationsakt und die bloße Beschränkung auf einen bestimmten Verdachtsgrad kann demgegenüber weniger überzeugen, wie nicht zuletzt die Regelung des § 55 deutlich macht: Dieser gibt gerade Zeugen (und nicht Beschuldigten) in eben dieser Verfahrensrolle ein Auskunftsverweigerungsrecht, wenn die Gefahr besteht, dass der Zeuge sich durch die wahrheitsgemäße Aussage selbst belasten würde, was in vielen Fällen mit dem objektiven Vorliegen eines „Verdachts" einhergehen dürfte.

b) Der Beschuldigte als Prozesssubjekt. Es gehört zu den zentralen Errungenschaften des modernen **rechtsstaatlichen Strafverfahrens,** dass der Beschuldigte als **Prozesssubjekt** und **nicht nur als Objekt** einer gerichtlichen Untersuchung angesehen wird.[608] Ausdruck findet diese Subjektstellung etwa in verschiedenen Anwesenheitsrechten sowohl innerhalb (vgl. §§ 231 ff.)[609] als auch außerhalb (vgl. § 168c Abs. 2) der Hauptverhandlung oder in der Rücksicht auf die Verhandlungsfähigkeit,[610] in der Anerkennung des nemo-tenetur-Grundsatzes[611] teilw. auch über die konkreten gesetzlichen Ausprägungen hinaus,[612] im starken (über die Reichweite der Amtsaufklärung hinausgehenden) Beweisantragsrecht[613] sowie in der Geltung der Unschuldsvermutung bis zur rechtskräftigen Verurteilung.[614] Gerade diese letzte Garantie wird in der Verfahrenswirklichkeit – und zwar vielfach wohl, ohne dass die Beteiligten bewusst rechtsstaatliche Grundsätze hintanstellen würden – in vielen Konstellationen nicht konsequent zu Ende gedacht.[615] Insbes. die vom Beschuldigten mitunter nur durch die Anwendung von subtilem Druck konsentierte Anwendung des § 153a oder die Handhabung der Regelungen über den erweiterten Verfall nach § 73d StGB stehen mitunter in einem scharfen Konflikt zur Unschuldsvermutung. 282

c) Insbesondere: Vernehmung des Beschuldigten. Die Vernehmung des Beschuldigten ist seine **Befragung durch Organe der Staatsgewalt,** die dem Beschuldigten nach außen erkennbar mit dem Anliegen gegenübertreten, Auskunft von ihm zu erlangen;[616] Äußerungen gegenüber verdeckten Ermittlern, Vertrauenspersonen oder sonstigen Infor- 283

---

608 Vgl. nur BVerfG 21.6.1977 – 1 BvL 14/76, BVerfGE 45, 187 (227 f.) = NJW 1977, 1525 (1526); 12.4.1983 – 2 BvR 1304/80, 432/81, BVerfGE 63, 380 (390) = NJW 1983, 1599; vgl. auch EGMR 28.8.1991 – 37/1990/228/292–294, NJW 1992, 3085.

609 Zu den Anforderungen an eine Abwesenheitsverhandlung etwa BGH 14.6.2000 – 3 StR 26/00, BGHSt 46, 81 = NJW 2000, 2830; zur Annahme eines eigenmächtigen Entfernens nach § 231 Abs. 2, wenn der Angeklagte auf Grund einer mittelgradigen depressiven Episode einen Suizidversuch unternimmt, der zur Verhandlungsunfähigkeit führt, vgl. BGH 25.7.2011 – 1 StR 631/10, NStZ 2012, 105.

610 Vgl. nur BVerfG 24.2.1995 – 2 BvR 345/95, NJW 1995, 1951.

611 Vgl. hierzu nur BVerfG 8.10.1974 – 2 BvR 747, 748, 749, 750, 751, 752, 753/73, BVerfGE 38, 105 (113) = NJW 1975, 103; BGH 27.2.1992 – 5 StR 190/91, BGHSt 38, 214 (220) = NJW 1992, 1463 (1464).

612 Vgl. etwa BGH 21.1.2004 – 1 StR 364/03, BGHSt 49, 56 = NStZ 2004, 392 (Verstoß gegen nemo-tenetur, wenn die Verweigerung einer freiwilligen Speichelprobe in die Beweiswürdigung einfließt); BGH 6.3.2018 – 1 StR 277/17, NJW 2018, 1986 mAnm Jahn = NStZ 2019, 36 mAnm Vogler sowie dazu auch Mosbacher JuS 2018, 767 (Verstoß gegen nemo-tenetur, wenn einem gesundheitlich beeinträchtigten und nicht aussagewilligen Beschuldigten keine Gelegenheit gegeben wird, nach einem Feuer ohne Anwesenheit der Polizei mit dem behandelnden Arzt zu sprechen und er zur Ermöglichung der optimalen Behandlung ihn belastendes Geschehen schildern muss); kein Verstoß dagegen, wenn eine Privatperson unter Verheimlichung ihres Ermittlungsinteresses den auf freiem Fuß befindlichen Beschuldigten zu einem Gespräch über die Tat veranlasst und dieses Gespräch aufgezeichnet wird, vgl. BGH 31.3.2011 – 3 StR 400/10, NStZ 2011, 596.

613 Vgl. dazu Knauer StrF0 2012, 473.

614 Vgl. BVerfG 5.6.1973 – 1 BvR 536/72, BVerfGE 35, 202 (232) = NJW 1973, 1226 (1230); 8.10.1974 – 2 BvR 747, 748, 749, 750, 751, 752, 753/73, BVerfGE 38, 105 (111) = NJW 1975, 103.

615 Zur Relativierung der Unschuldsvermutung durch die „effektive Durchsetzung" europäischer Verbotsnormen am Beispiel des Insiderstrafrechts EuGH 23.12.2009 – C-45/08, ZIP 2010, 78; grds. zustimmend, aber für die Berücksichtigung von Zweifeln, wenn der Beschuldigte plausibel machen kann, dass ein Geschäft auch ohne Insiderkenntnisse durchgeführt worden wäre, Ransiek wistra 2011, 1.

616 Vgl. BGH 13.5.1996 – GSSt 1/96, BGHSt – GrS – 42, 139 (145) = NJW 1996, 2940 (2941); Schmitt in Meyer-Goßner/Schmitt § 136a Rn. 4.

manten fallen daher nicht unter den Begriff. Einen „funktionalen Vernehmungsbegriff" dahingehend, dass hierzu alle Äußerungen des Beschuldigten gehören, welche ein Strafverfolgungsorgan direkt oder indirekt herbeigeführt hat, lehnt die Rspr. demgegenüber im Grundsatz zu Recht ab[617] (ohne dass damit über die Frage der Verwertbarkeit solcher Äußerungen vorentschieden wäre): Denn die **vernehmungstypische Zwangs- bzw. Stresssituation,** wie sie bei einer förmlichen Befragung durch ein als solches wahrgenommenes Organ der Strafverfolgung auftritt, besteht nicht, wenn (vermeintlichen) Privatpersonen Dinge offenbart werden, von denen von vornherein bekannt ist, dass sie nicht offenbart werden müssen.

284 Von einer Vernehmung ist, auch bei einem Gespräch mit als solchen erkennbaren Organen der Strafverfolgung, die sog **„informatorische Befragung"** abzugrenzen,[618] bei der es noch nicht um die Ermittlung gegen eine bestimmte Person, sondern nur um das Verschaffen eines ersten Eindrucks vom Geschehen (etwa an einem Unfallort) geht. Zur Frage, ob und unter welchen Voraussetzungen hier gleichwohl Belehrungspflichten nach § 136 Abs. 1 S. 2 bestehen bzw. unabhängig von diesen Pflichten bei fehlender Belehrung ein Beweisverwertungsverbot anzunehmen ist, → § 136 Rn. 5, → § 136 Rn. 61, → § 136 Rn. 66.

285 Der Beschuldigte ist nach § 136 Abs. 1 S. 2 vor seiner ersten Vernehmung über die gegen ihn erhobenen Vorwürfe zu informieren und über sein **Schweigerecht (zur Sache)** zu belehren. Der Verstoß gegen die Belehrungspflichten nach S. 2 kann zu einem Beweisverwertungsverbot führen.[619] Mit dem Schweigerecht als Beschuldigter korrespondiert für den Zeugen § 55 (→ Rn. 281), wobei es für die Anwendung der Vorschrift jeweils auf den Zeitpunkt der Vernehmung ankommt. Den Beschuldigten trifft bei seiner Aussage auch **keine Wahrheitspflicht,** so dass prozessual keine unmittelbaren negativen Konsequenzen an eine Falschaussage geknüpft werden dürfen und auch die §§ 153 ff. StGB dem Beschuldigten im Ergebnis nicht als tauglichen Täter eines Aussagedeliktes ansehen. Diese Wertung ist auch bei der Auslegung etwa der §§ 145d, 164 StGB oder § 185 StGB zu berücksichtigen,[620] von denen seitens eines Beschuldigten im Strafverfahren nur ein Verhalten erfasst werden darf, das über das bloße wahrheitswidrige Abstreiten der eigenen Täterschaft hinausgeht.

286 Neben einem Hinweis auf das Schweigerecht hat auch ein solcher auf den **Anspruch auf anwaltliche Vertretung** bzw. ein Rückspracherecht mit dem Verteidiger sowie mittlerweile explizit auch auf anwaltliche Notdienste § 136 Abs. 1 S. 4[621]) sowie auf die Möglichkeit der Pflichtverteidigung (§ 136 Abs. 1 S. 5[622]) zu erfolgen.[623] Je nach konkreter Situation

---

[617] Vgl. BGH 13.5.1996 – GSSt 1/96, BGHSt – GrS – 42, 139 (145 f.) = NJW 1996, 2940 (2941).

[618] Vgl. BGH 27.10.1982 – 3 StR 364/82, NStZ 1983, 86; 25.3.1980 – 5 StR 36/80, BGHSt 29, 230 (232 f.) = NJW 1980, 1533.

[619] Vgl. BGH 27.2.1992 – 5 StR 190/91, BGHSt 38, 214 (220) = NJW 1992, 1463 (1464). Ferner zur Pflicht einer „qualifizierten Belehrung" über die mögliche Unverwertbarkeit, wenn vor der nächsten Vernehmung eine Belehrung erfolgt, vgl. BGH 18.12.2008 – 4 StR 455/08, BGHSt 53, 112 (dort allerdings gegen ein Beweisverwertungsverbot bei Verstoß gegen die qualifizierte Belehrungspflicht). Kein Beweisverwertungsverbot dagegen nach KG 9.10.2014 – 3 Ws (B) 507/14 – 122 Ss 147/14, NStZ-RR 2015, 25 mAnm Jäger JA 2015, 314 und Mosbacher JuS 2015, 129 (131) bei fehlender Belehrung über die Freiwilligkeit einer Atemalkoholmessung.

[620] Vgl. BGH 18.3.1986 – 5 StR 74/86, NStZ 1986, 325.

[621] Vgl. dazu BGH 19.6.2019 – 5 StR 167/19, BeckRS 2019, 14505 mAnm Mosbacher JuS 2020, 128 (129).

[622] Für einen Verstoß gegen die Belehrungspflicht hinsichtlich der Pflichtverteidigung hat der BGH (6.2.2018 – 2 StR 163/17, NStZ 2018, 671 mAnm Jäger) mit zweifelhafter Begründung ein Beweisverwertungsverbot abgelehnt. Zur Kritik vgl. Kudlich JA 2018, 792. Mittlerweile dürfte die Entscheidung noch umso weniger haltbar sein, da zwei (ohnehin schwache) Argumente des 2. Senats weggefallen sind: Zum einen hat mittlerweile (nicht mehr nur noch die Staatsanwaltschaft, sondern auch) der Beschuldigte selbst ein entsprechendes Antragsrecht; zum anderen könnte mittlerweile beim besten Willen nicht mehr gesagt werden, dass diese Belehrungspflicht neu und daher für die Vernehmungsbeamten unbekannt sei.

[623] Vgl. BGH 29.10.1992 – 4 StR 126/92, BGHSt 38, 372 (373) = NJW 1993, 338 (339); BGH 12.1.1996 – 5 StR 756/94, BGHSt 42, 15 (19) = NJW 1996, 1547 (1548); BGH 22.11.2001 – 1 StR 220/01, BGHSt 47, 172 (174) = NJW 2002, 975.

darf sich der Vernehmende dabei auch nicht auf diesen Hinweis beschränken, sondern muss die **Konsultation eines Verteidigers in effektiver Weise gewähren** (ohne dass er dadurch notwendig dazu gezwungen wäre, eine weitere Befragung a priori abzubrechen, bis der Verteidiger erreicht wurde und eingetroffen ist[624]). Ferner ist bei der Beschuldigtenvernehmung das Verbot **unzulässiger Vernehmungsmethoden nach § 136a** zu berücksichtigen,[625] dem der Gesetzgeber einen so hohen Stellenwert zubilligt, dass er einen expliziten Fall eines – noch dazu absoluten – Beweisverwertungsverbots annimmt, vgl. § 136a Abs. 3 S. 2.[626] Näher zu §§ 136, 136a und den aus ihrer Missachtung resultierenden Verwertungsverboten → Rn. 467 sowie die Kommentierung zu beiden Vorschriften. Nach dem in dieser Form seit 1.1.2020 geltenden Regelung des § 136 Abs. 4 ist in bestimmten Konstellationen (Vernehmung von Jugendlichen und Verdacht eines Tötungsdelikts) eine audiovisuelle Aufzeichnung der Vernehmung vorzunehmen.[627]

2. Staatliche Organe der Strafrechtspflege. a) Gerichte. aa) Allgemeines und Stellung des Richters. Der Richter[628] hat während des gesamten Erkenntnisverfahrens eine zentrale Stellung. Im **Ermittlungsverfahren** wird diese – obwohl es von der Staatsanwaltschaft beherrscht wird – dadurch deutlich, dass für wichtige Ermittlungshandlungen entweder ein **Richtervorbehalt** besteht[629] oder aber eine richterliche Mitwirkung (zB bei **Vernehmungen**) dazu führt, dass Beweismittel wesentlich leichter in die Hauptverhandlung transportiert[630] werden können (vgl. etwa §§ 252,[631] 254). In der **Hauptverhandlung** ist das Gericht – und hier insbes. der Vorsitzende – das zentrale Organ des Verfahrens, dem auch das Verurteilungsmonopol zukommt.[632] Mit dieser herausgehobenen Stellung korrespondiert in einem Strafrechtssystem, das von exekutivischen und politischen Einflussmaßnahmen möglichst frei sein soll, die verfassungsrechtlich garantierte **Unabhängigkeit** der Richter.[633] 287

288 Diese fachliche und personelle Unabhängigkeit findet freilich ihre Grenzen: Formal unterliegen zunächst auch die Richter einer Dienstaufsicht, die natürlich immer im Lichte ihrer Unabhängigkeit ausgeübt werden muss.[634] Ferner gilt selbstverständlich auch für richterliche Entscheidungen das allgemeine rechtstaatliche Willkürverbot, welches sowohl durch Art. 20 Abs. 3 als auch durch Art. 3 GG gewährt wird.[635] Ein Verstoß hiergegen ist aber wesentlich seltener anzunehmen, als dies gerne von Verfassungsbeschwerdeführern gerügt wird, die mit einer fachgerichtlichen Auslegung nicht zufrieden sind. Obergerichtlichen Strafurteilen wird vom Verfassungsgericht dieser Vorwurf praktisch nie gemacht. Zuletzt ist

---

624 Anderes liegt nahe, wenn der Beschuldigte den Abbruch der Vernehmung bis zum Eintreffen des Verteidigers explizit verlangt; allgemein zur Verteidigung schweigender Angeklagter Miebach NStZ 2019, 318.

625 Zu dessen Zweck vgl. Krack NStZ 2002, 120.

626 Einen Fall des § 136a nimmt OLG Jena 31.7.2019 – 1 Ws 242/19, BeckRS 2019, 24214 mAnm Jäger JA 2020, 231 an.

627 Vgl. dazu eingehend Weigend StV 2019, 852.

628 Eingehend zur Rolle der Gerichtspersonen Fischer/Kudlich in Hilgendorf/Kudlich/Valerius StrafR-HdB VII § 14.

629 Vgl. hierzu (speziell für die Situation außerhalb der üblichen Dienstzeiten) Krehl NStZ 2003, 461.

630 Allgemein zum Beweistransfer aus dem Ermittlungsverfahren in die Hauptverhandlung (auch de lege ferenda) Jahn StV 2015, 778.

631 Hier insoweit, als zwar auch richterliche Protokolle nicht verlesen werden dürfen, aber das von der hM angenommene darüber hinausgehende Beweisverwertungsverbot hier nicht gilt, sondern der Ermittlungsrichter als Zeuge über die Aussage vernommen werden kann, und zwar nach BGH (GS), 15.7.2016 – GGSt 1/16, NStZ 2016, 747 = NJW 2017, 94 mAnm Brand sowie dazu auch Mosbacher JuS 2017, 127 (131) auch dann, wenn darüber keine spezielle Belehrung erfolgt ist (vgl. vorangehend auch BGH 14.1.2015 – 1 ARs 21/14, BeckRS 2015, 02348 mAnm Mosbacher JuS 2015, 701 (704).

632 Vgl. BVerfG 6.6.1967 – 2 BvR 375, 53/60, 18/65, BVerfGE 22, 49 (73 ff.).

633 Vgl. statt vieler nur BVerfG 26.4.1988 – 1 BvR 669, 686, 687/87, BVerfGE 78, 123 (126) = NJW 1988, 2787; 3.11.1992 – 1 BvR 1243/88, BVerfGE 87, 273 (278) = NJW 1993, 996.

634 Zum Verhältnis von Dienstaufsicht und Unabhängigkeit vgl. Pfeiffer FS Bengl, 1984, 85; Pfeiffer FS Zeidler, Bd. 1, 1987, 67 (70).

635 Vgl. nur BVerfG 7.4.1992 – 1 BvR 1772/91, BVerfGE 86, 59 (62 f.) = NJW 1992, 1675.

an die **Ausschließung** von Richtern gem. § 22 in bestimmten Fällen der persönlichen oder sachlichen Voreingenommenheit sowie insbes. auch an die **Ablehnung wegen der Besorgnis der Befangenheit**[636] nach § 24 zu denken. Während es sich beim Ausschluss kraft Gesetzes um einen formalen und damit vergleichsweise leicht handhabbaren Katalog handelt, ist die Besorgnis der Befangenheit in hohem Maße durch eine Kasuistik geprägt,[637] bei der es in extremer Weise auf die Umstände des Einzelfalles ankommt.[638] Besondere Schärfe erlangen sowohl Ausschließung als auch Ablehnbarkeit dadurch, dass diesbezügliche Fehler zu **absoluten Revisionsgründen** nach § 338 Nr. 2 bzw. § 338 Nr. 3 führen.

289 Eine nicht geringe Bedeutung spielt in der Strafgerichtsbarkeit auch der Einsatz von **Laienrichtern.** Mit Schöffen besetzt sind neben dem erstinstanzlichen Schöffengericht am AG insbes. auch sowohl Große als auch Kleine Strafkammer am LG. Über Vor- und Nachteile einer Laienbeteiligung lässt sich rechtspolitisch trefflich streiten, und man tut den Schöffen im Strafrecht wohl kein Unrecht, wenn man ihre Bedeutung gegenüber den Beisitzern etwa im arbeitsrechtlichen Verfahren oder in der Kammer für Handelssachen eher relativiert. Gleichwohl sollte die für eine **Verurteilungsmehrheit** (vgl. § 263) erforderliche Überzeugung auch der bzw. mindestens eines Schöffen durch den bzw. die Berufsrichter nicht unterschätzt werden, soweit es etwa um die Frage des Wortlauts einer strafbarkeitsbegründenden Vorschrift und insbes. um die richterliche Überzeugungsbildung bei schwierigen Beweislagen geht. Zu den Schwierigkeiten im Zusammenhang mit der Aktenkenntnis und sonstigen schriftlichen Unterlagen bei Schöffen und dem Unmittelbarkeitsgrundsatz bzw. dem Mündlichkeitsgrundsatz bereits → Rn. 190 ff.

290 **bb) Zuständigkeit.** Ebenso wie im Zivilverfahren ist die **sachliche Zuständigkeit** der Strafgerichte im Wesentlichen im **Gerichtsverfassungsgesetz** geregelt, während die **örtliche Zuständigkeit** in der fachgerichtlichen Prozessordnung selbst, dh hier in **§§ 7 ff.** geregelt ist. Örtlich sind hierbei insbes. die Gerichtsstände des Tatortes, des Wohn- oder Aufenthaltsortes sowie des Ergreifensortes (§§ 7–9 ff.) von Bedeutung; §§ 10 ff. enthalten Sonderregelungen für Straftaten auf Schiffen bzw. Luftfahrzeugen, bei Straftaten gegen die Umwelt und für deutsche Beamte im Ausland. Zwischen den verschiedenen Gerichtsständen gilt im Konfliktfall grds. das **Prioritätsprinzip.** Das Auswahlermessen der Staatsanwaltschaft, wo bei divergierenden Gerichtsständen Anklage erhoben wird, ist mit Blick auf den Grundsatz des gesetzlichen Richters nicht völlig unproblematisch, *de lege lata* aber letztlich (in den Grenzen des Willkürverbotes, das letztlich aber selten verletzt sein wird) wohl hinzunehmen.

291 Sachlich besteht nach §§ 22 ff., 73 ff. GVG und § 120 GVG letztlich **systematisch eine „Auffangzuständigkeit" für die großen Strafkammern** (vgl. § 74 Abs. 1 S. 1 GVG) soweit nicht – wie häufig und bei Vergehen stets – das AG oder – wie nur in einem engen Katalog insbes. im Staatsschutzbereich – das OLG erstinstanzlich zuständig ist. Für die Abgrenzung im Einzelnen vgl. die Kommentierung zu den einschlägigen Vorschriften des GVG. Mit Blick auf die sachliche Zuständigkeit ist auch das System der **§§ 269 f.** zu beachten, wonach bei einer materiell unrichtigen Anklage vor einem Gericht höherer Ordnung dieses die Sache nach § 269 nicht an ein Gericht niederer Ordnung verweisen darf (so dass aus der Verhandlung vor dem Gericht höherer Ordnung auch kein revisibler Rechtsfehler folgt, soweit die Zuständigkeit nicht willkürlich angenommen wurde) während nach § 270 bei einer fehlerhaften Anklage an ein Gericht niederer Ordnung grds. eine

636 S. hierzu auch Wehowsky NStZ 2016, 59.

637 Vgl. zu dieser statt vieler nur hier die Kommentierung zu § 24 sowie Kudlich/Noltensmeier in Satzger/Schluckebier/Widmaier StPO § 24 Rn. 9 ff.

638 Mehr oder weniger „spektakuläre" Einzelfälle aus der jüngeren Vergangenheit etwa BGH 12.1.2016 – 3 StR 482/15, NStZ 2016, 218 mAnm Ventzke sowie dazu Kudlich JA 2016, 395 und Mosbacher JuS 2016, 706 (709) zur Befangheit durch einen privaten (und vom konkreten Fall unabhängigen) Facebook-Auftritt sowie BGH 17.6.2015 – 2 StR 228/14, NJW 2015, 2986 = NStZ 2016, 58 mAnm Jäger JA 2015, 949 (Ablehung einer beisitzenden Richterin wegen – kurzer – Nutzung des Handys während der Hauptverhandlung zum Versand einer vorbereiteten SMS-Nachricht).

Verweisung an das Gericht höherer Ordnung erforderlich ist.[639] Neben der sachlichen und örtlichen Zuständigkeit im Regel-Erkenntnisverfahren ist insbes. auch die **Sonderzuständigkeit der Jugendgerichte** in Jugendstrafsachen (vgl. §§ 33 ff. JGG) zu beachten.

cc) Instanzenzug. Gegen erstinstanzliche Urteile des AG (ob Strafrichter oder Schöffengericht) ist eine Berufung zur Kleinen Strafkammer des LG möglich (vgl. § 312; § 76 Abs. 1 S. 1 GVG); gegen das Berufungsurteil dann eine Revision zum OLG (das nach § 335 auch unmittelbar mit der Sprungrevision angerufen werden kann). Gegen erstinstanzliche Urteile des LG (Große Strafkammer) oder des OLG ist eine Revision zum BGH statthaft (vgl. § 333). **292**

dd) Gerichtszuständigkeit im Ermittlungsverfahren. Vor Anklageerhebung ist als Gericht der sog **Ermittlungsrichter** zuständig, dessen örtliche und sachliche Zuständigkeit in der StPO geregelt ist: Grds. ist als Ermittlungsrichter ein Richter bei dem AG, in dessen Bezirk die Staatsanwaltschaft oder ihre den Antrag stellende Zweigstelle ihren Sitz hat (vgl. § 162 Abs. 1 S. 1; seit 2007 also nicht mehr bei dem AG, in dessen Bezirk die beantragte Maßnahme auszuführen ist[640]). Funktional zuständig ist der nach § 21e Abs. 1 S. 1 GVG bestellte Richter am AG. In Sachen, die nach § 120 GVG zur Zuständigkeit des OLG im ersten Rechtszug gehören, können neben dem Ermittlungsrichter am AG Maßnahmen auch durch Ermittlungsrichter dieses OLG angeordnet werden (§ 169 Abs. 1 S. 1). Führt der Generalbundesanwalt die Ermittlungen, so ist der Ermittlungsrichter des BGH zuständig (§ 169 Abs. 1 S. 2). **293**

b) Staatsanwaltschaft. aa) Grundlagen und Stellung. Die Staatsanwaltschaft[641] ist eine **hierarchisch strukturierte Behörde,** die ein gegenüber den Gerichten selbständiges Organ der Strafrechtspflege darstellt,[642] welcher im Verfahren aber – trotz eines gewissen strukturellen Antagonismus gegenüber Angeklagtem und Verteidiger – **keine echte Parteistellung** zukommt.[643] Dies wird schon durch die in § 160 Abs. 2 (dort freilich explizit nur für das Ermittlungsverfahren) festgeschriebene Neutralität deutlich. Auf Bundesebene besteht die dem Justizminister unterstellte (vgl. § 147 Nr. 1 GVG) **Bundesanwaltschaft** beim BGH (vgl. § 142 Nr. 1 GVG), die vom Generalbundesanwalt geleitet wird und an der Staatsanwälte als Bundesanwälte tätig sind. In die Zuständigkeit des Bundesanwaltes fallen die Verfolgung von Straftaten nach § 120 Abs. 1 und 2 GVG (erstinstanzliche Zuständigkeit der Oberlandesgerichte im ersten Rechtszug, insbes. Staatsschutzbereich) sowie die Verhandlung von Revisionen vor dem BGH. Die Staatsanwaltschaften der Länder unterstehen nach § 147 Nr. 2 GVG dem Justizminister des jeweiligen Bundeslandes. Sie sind nach § 142 Nr. 2 GVG als Generalstaatsanwaltschaften bei den Oberlandesgerichten (mit dem Generalstaatsanwalt als Behördenleiter und weiteren Staatsanwälten) bzw. nach § 142 Nr. 2 GVG als Staatsanwaltschaft bei den Landgerichten (mit dem leitenden Oberstaatsanwalt als Behördenleiter und weiteren Staatsanwälten sowie einer Zuständigkeit auch für etwaige Amtsanwälte) angesiedelt. **294**

Ungeachtet der unterhalb der hier angedeuteten Strukturen weiter fein ausdifferenzierten Aufgabenbereiche der einzelnen Staatsanwälte in verschiedenen Abteilungen ergibt sich aus der hierarchischen Struktur der jeweiligen Behörde, dass „die Staatsanwaltschaft" im Außenverhältnis **durch den jeweils handelnden Staatsanwalt wirksam vertreten** wird und dass der jeweils erste Beamte der Staatsanwaltschaften nach § 145 Abs. 1 GVG jeweils **295**

---

[639] Vgl. hierzu neben der Kommentierung zu §§ 269, 270 auch hier → Rn. 365.

[640] Das ermöglicht auch eine parallele landesweite Zuständigkeit des lokalen Ermittlungsrichters bei Bestehen von Schwerpunktstaatsanwaltschaften iSd § 143 Abs. 4 GVG.

[641] Eingehend zur Rolle der Staatsanwaltschaft Heghmanns in Hilgendorf/Kudlich/Valerius StrafR-HdB VII § 16.

[642] Vgl. nur BGH 14.7.1971 – 3 StR 73/71, BGHSt 24, 170 (171) = NJW 1971, 2082 (2083); Rudolph NJW 1998, 1205 (1206).

[643] Vgl. BGH 23.9.1960 – 3 StR 28/60, BGHSt 15, 155 (159) = NJW 1960, 2346 (2347). Eine andere Metaphorik liegt allerdings § 347 S. 1 zu Grunde, der im Revisionsverfahren von der Zustellung der Begründung an den „Gegner" spricht.

ein **Devolutions- und Substitutionsrecht** hat; letzteres kommt auch dem jeweiligen Justizminister zu. Ferner besteht – jedenfalls in den Grenzen rechtmäßigen Handelns – sowohl ein internes als auch (durch den jeweiligen Justizminister) externes **Weisungsrecht,** wobei im Zweifelsfall und bei grundlegender Bedeutung der Fragen wohl einer Konfliktlösung durch Devolutions- und Substitutionsrecht der Vorzug vor Weisungen zu geben ist, welche die agierenden Staatsanwälte nur schlecht mit ihrem „juristischen Gewissen" vereinbaren können.

296 **bb) Aufgaben, Rechte und Pflichten der Staatsanwaltschaft.** Die Staatsanwaltschaft ist im Rahmen ihrer jeweiligen Zuständigkeit zunächst **Herrin des Ermittlungsverfahrens** (→ Rn. 214), wobei sie auch durch die – ihr gegenüber insoweit weisungsgebundene – Polizei tätig wird. Mit dem Abschluss des Ermittlungsverfahrens wird sie ggf. von der Ermittlungs- zur **Anklagebehörde,** welche dabei nicht nur das Anklagemonopol besitzt, sondern auch im Rahmen der **Hauptverhandlung mit diversen Rechten** (Anträgen, Äußerungsrechten und insbes. einem bei Verletzung absolut revisiblen Anwesenheitsrecht, vgl. §§ 226, 338 Nr. 5) ausgestattet ist. Im Falle einer Verurteilung wirkt die Staatsanwaltschaft schließlich auch als **Vollstreckungsbehörde** (→ Rn. 275). Bei ihrer Arbeit ist die Staatsanwaltschaft systematisch grds. an das Legalitätsprinzip gebunden (vgl. zum Legalitätsprinzip → Rn. 127 ff.), wobei rein tatsächlich bei kleinerer und mittlerer Kriminalität die Anwendung des Opportunitätsprinzips insbes. nach §§ 153 und 153a (bzw. beim „Zuschnitt" der Verfahren auch nach §§ 154, 154a) überwiegt.

297 **cc) Sonstiges.** Die Vorschriften über **Ausschließung und Besorgnis der Befangenheit** nach §§ 22 ff. gelten nach hM nicht unmittelbar für Staatsanwälte.[644] Unabhängig davon ist es mit rechtstaatlichen Grundsätzen nicht zu vereinbaren, wenn ein persönlich betroffener Staatsanwalt an dem Verfahren in entscheidender Weise mitwirkt. Ungeachtet der Tatsache, dass die meisten verbindlichen Entscheidungen (insbes. Verurteilungen) nur durch das Gericht getroffen werden können, ist der rechtliche, vor allem aber auch faktische Einfluss der Staatsanwaltschaft zu groß, als dass dieser Gesichtspunkt vernachlässigt werden dürfte. Ebenso, wie ein Richter nicht seine eigene Zeugenaussage würdigen kann (vgl. § 22 Nr. 5), darf auch der als Zeuge gehörte Staatsanwalt die eigene Zeugenaussage im Plädoyer nicht würdigen.[645] Hinzukommt, dass durch das **Substitutionsrecht** (und etwa auch die Beschränkung des Anwesenheitsrechts der Staatsanwaltschaft in § 226 nur auf einen Vertreter der Staatsanwaltschaft, nicht notwendig auf dieselbe Person während des gesamten Verfahrens) ein „Austausch" des Staatsanwaltes viel einfacher möglich ist als bei einem Richter, bei dem stets die feinen, bis in den Geschäftsverteilungsplan hinunterreichenden Garantien des gesetzlichen Richters (→ Rn. 66 ff.) ebenso zu berücksichtigen sind wie das Erfordernis der ununterbrochenen Anwesenheit des letztlich entscheidenden Richters, der sein Urteil aus dem Inbegriff der gesamten Hauptverhandlung zu fällen hat. Wirkt daher ein aufgrund seines Näheverhältnisses oder aufgrund von anderen Umständen greifbar dem Verdacht einer Befangenheit unterliegender Staatanwalt in erheblicher Weise am Verfahren mit, liegt es nicht fern, darin auch nach allgemeinen **rechtsstaatlichen Grundsätzen einen potentiell revisiblen Rechtsfehler** zu sehen.[646]

298 Eine gewisse **„Kontrolle"** der Orientierung am Legalitätsprinzip erfolgt durch das **Klageerzwingungsverfahren** (→ Rn. 228 f.). Eher ergänzenden als kontrollierenden Charakter hat das Strafantragsanrecht (iSd § 77 StGB), da es hier nicht um die Absicherung des Legalitätsprinzips, sondern um eine Ergänzung bzw. partielle Durchbrechungen geht. Erst recht gilt dies für das Privatklageverfahren. Eine gerichtliche Kontrolle ist unabhängig

[644] Verfassungsrechtlich abgesegnet durch BVerfG 16.4.1969 – 2 BvR 115/69, BVerfGE 25, 336 (345); vgl. im Einzelnen auch die Kommentierung zu §§ 22 und 24 sowie ergänzend Kudlich/Noltensmeier in Satzger/Schluckebier/Widmaier StPO § 22 Rn. 5, § 24 Rn. 23.

[645] Vgl. BGH 31.7.2018 – 1 StR 382/17, NStZ 2019, 234 mAnm Mosbacher JuS 2019, 129 (131 – relativer Revisionsgrund analog § 22 Nr. 5).

[646] Vgl. BGH 19.10.1982 – 5 StR 408/82, NStZ 1983, 135; 21.12.1988 – 2 StR 377/88, NStZ 1990, 24; vgl. näher auch die Kommentierung zu § 22.

davon ebenso wie bei sonstigem behördlichem Handeln denkbar, wodurch im Einzelfall auch Schadensersatz- bzw. Entschädigungsansprüche begründet werden können (ohne dass insoweit das Spruchrichterprivileg des § 839 BGB eingreifen würde).[647]

c) Polizei. aa) Stellung und Funktion. Der Polizei kommen **repressive wie präventive Aufgaben** zu. Im hier interessierenden Bereich der Strafverfolgung liegt genuin repressives Handeln vor, was dazu führt, dass sich die polizeilichen Befugnisse im Wesentlichen aus der StPO (Strafprozessrecht als Bundesrecht), nicht aus den Polizeigesetzen der Länder (Polizeirecht im Sinn des präventiven Sicherheitsrechts als Landesrecht) ergeben. Insbes. in einigen (rechtlich oder auch nur phänomenologisch abgrenzbaren) Deliktsgruppen mit wiederholter Tatbegehung und verfestigten Täterstrukturen kann die **Abgrenzung** zwischen repressivem und präventivem Handeln **schwierig** sein. Die heute hM fragt hier nach dem **Schwerpunkt** der jeweiligen Maßnahme, wobei grds. eine Vermutung dafür besteht, dass die Polizei rechtmäßig, dh insoweit auch „aufgabengerecht" handeln will[648] (was freilich nicht notwendig dazu führt, dass bei einem einheitlichen Handeln die präventiven und repressiven Befugnisse gleichsam kombiniert werden und sich wechselseitig ergänzen können[649]). Für den **Rechtschutz gegen polizeiliches Handeln** führt dies dazu, dass gegen sicherheitsrechtliche (präventive) Maßnahmen der Rechtsweg zu den Verwaltungsgerichten eröffnet ist, während die Rechtmäßigkeit von Maßnahmen im Rahmen der Strafverfolgung von den ordentlichen Gerichten überprüft werden, sei es über Sondervorschriften (wie insbes. § 98 Abs. 2), sei es mangels anderer Bestimmungen nach §§ 23 ff. EGGVG. **299**

Dass die Polizei formal nicht der Staatsanwaltschaft bzw. nicht dem Justizministerium, sondern den Länderministerien des Inneren (bzw. im Fall der Bundespolizei dem Bundesministerium) unterstellt ist, ändert daran nichts. Denn trotz der **faktischen Vorrangstellung der Polizei** bei der Durchführung vieler Ermittlungen und einer daraus resultierenden tatsächlichen Machtverschiebung zur Polizei hin[650] bleibt die Staatsanwaltschaft nach der Konzeption der Strafprozessordnung Herrin des Ermittlungsverfahrens, und die Ermittlungsaufträge der Polizei werden gleichsam für die Staatsanwaltschaft als Justizbehörde durchgeführt. **300**

bb) Polizeiliches Legalitätsprinzip. Nach Maßgabe von § 163 Abs. 1 wird die (Kriminal-)Polizei **auch ohne konkreten Ermittlungsauftrag** durch die Staatsanwaltschaft tätig; insoweit ist sie im gleichen Umfang dem Legalitätsprinzip verpflichtet wie diese.[651] Anders als im durch das Opportunitätsprinzip geprägten Sicherheitsrecht gelten auch und gerade für die Polizei im Rahmen des Strafprozessrechts **keine Ausnahmen vom Legalitätsprinzip.** Die Befugnis, nach pflichtgemäßem Ermessen in den im Gesetz geregelten Fällen Verfahren einzustellen bzw. die Verfolgung zu beschränken (vgl. §§ 153 ff. sowie → Rn. 230 ff.) kommt nur der Staatsanwaltschaft, nicht aber der Polizei zu. Insofern hat die Polizei hier jedenfalls soweit zu ermitteln, dass die Staatsanwaltschaft eine Grundlage für eine entsprechende Entscheidung hat. Allein dort, wo ein Opportunitätsprinzip iS eines echten Wahlrechts[652] besteht (etwa bei Privatklagedelikten), muss die Polizei nur beim Bestehen von Anhaltspunkten dafür ermitteln, dass die Staatsanwaltschaft ein öffentliches Interesse bejahen könnte. Entsprechend kann sich auch und gerade für Polizisten die oben allgemein angesprochene Frage nach einer Ermittlungspflicht bei privater Kenntniserlangung stellen.[653] Insoweit gelten die Ausführungen in → Rn. 130 entsprechend. **301**

[647] Vgl. BGH 21.4.1988 – III ZR 255/86, NStZ 1988, 510 (511 f.).
[648] Einschränkend Kühne StrafProzR Rn. 155.
[649] Vgl. BGH 23.2.1962 – 4 StR 511/61, NJW 1962, 1020 (1021) sowie Kühne StrafProzR Rn. 156.
[650] Vgl. BVerwG 3.12.1974 – BVerwG I C 11.73, BVerwGE 47, 255 (261 f.) = NJW 1975, 893 (894); Kühne StrafProzR Rn. 135 f. unter Hinweis auf ein „kriminalistisches Kompetenzgefälle".
[651] Vgl. Köhler in Meyer-Goßner/Schmitt § 163 Rn. 1.
[652] Vgl. Schmitt in Meyer-Goßner/Schmitt § 152 Rn. 7.
[653] Vgl. auch BGH 29.10.1992 – 4 StR 358/92, BGHSt 38, 388 = NJW 1993, 544 mAnm Mitsch NStZ 1993, 384 und Laubenthal JuS 1993, 907 (zum konkreten Fall eines Beamten der Schutzpolizei).

302 **cc) Ermittlungsbefugnisse der Polizei.** Nach § 163 Abs. 1 S. 2 ist die Polizei befugt, alle Behörden um **Auskunft** zu ersuchen bzw. bei Gefahr im Verzug die Auskunft zu verlangen; ferner dürfen **„Ermittlungen jeder Art"** vorgenommen werden, soweit keine abweichenden gesetzlichen Sonderregelungen bestehen. Diese strafprozessuale Ermittlungsgeneralklausel muss freilich so verstanden werden, dass sie sich in das ausdifferenzierte und abgestufte **System der strafprozessualen Zwangsmaßnahmen** einfügt und dieses (und insbes. auch die darin enthaltenen Kompetenzzuweisungen) **nicht aufweicht.** So wird man auf § 163 Abs. 1 S. 2 allein solche Maßnahmen nicht stützen können, die in der Eingriffstiefe mit in der StPO speziell geregelten Ermittlungsmaßnahmen vergleichbar sind. Auch die Anwendung von Zwang wird durch die Vorschrift allein nicht gedeckt.[654]

303 Vor diesem Hintergrund haben trotz der Generalklausel die **speziellen Befugnisse** und ihre Voraussetzungen eine erhebliche Bedeutung. Insoweit ist zwischen der **Durchführung** von gerichtlich oder staatsanwaltschaftlich angeordneten Maßnahmen und einer **eigenen Anordnungskompetenz** der Polizei – sei es originär oder bei Gefahr im Verzug – zu unterscheiden. Erstere liegt sehr häufig bei der Polizei; die zweitgenannten Befugnisse sind dagegen etwas seltener bzw. an höhere Hürden geknüpft. In Betracht kommen hier insbes. die Festnahmerechte nach § 127 Abs. 2, § 127b, die Durchführung erkennungsdienstlicher Maßnahmen nach § 81b, der (nur zustimmungs-, nicht anordnungspflichtige) Einsatz von verdeckten Ermittlern nach § 110a, und die Identitätsfeststellung nach § 163b. Bei „Gefahr im Verzug" bzw. (der Sache nach gleichbedeutend) „Gefährdung des Untersuchungsergebnisses durch Verzögerung" hat die Polizei anstelle originärer richterlicher oder staatsanwaltschaftlicher Anordnungsbefugnis auch die Möglichkeit, Maßnahmen nach § 81a (vgl. Abs. 2 S. 1), § 81c (vgl. Abs. 5), § 94 (vgl. § 98 Abs. 1 S. 1), § 102 (vgl. § 105 Abs. 1 S. 1[655]) oder § 111 (vgl. Abs. 2) anzuordnen.

304 **d) Urkundsbeamter. aa) Stellung.** Auch die Urkundsbeamten der Geschäftsstelle, über welche die Norm über die Geschäftsstelle in § 153 GVG einige Regelungen enthält, sind **Teil des Gerichts** bzw. der Staatsanwaltschaft und damit Organ der Rechtspflege, nicht Teil der Verwaltung.[656] Im Strafprozess sind sie sogar insoweit ein **notwendiges Mitglied des erkennenden Gerichts,** als die Hauptverhandlung nach § 226 Abs. 1 in ununterbrochener Gegenwart eines Urkundsbeamten der Geschäftsstelle durchgeführt werden muss; bei einer Verletzung gegen diese Pflicht liegt ein absoluter Revisionsgrund nach **§ 338 Nr. 5** vor.

305 **bb) Aufgaben.** Die den Urkundsbeamten der Geschäftsstelle übertragenen Aufgaben liegen außerhalb der funktionellen Zuständigkeit des Richters,[657] was freilich nicht ausschließt, dass etwa bei der Abgabe von Erklärungen ein richterliches (Hauptverhandlungs-)Protokoll der Niederschrift der Geschäftsstelle gleichstehen und diese ersetzen kann. Wichtige Aufgaben im Einzelnen sind die **Führung der Schöffenliste** (vgl. § 44 GVG), die **Protokollierung von Vernehmungen** durch die Staatsanwaltschaft oder das Gericht, die Aufnahme von **Rechtsmittelerklärungen** (vgl. §§ 314, 341) oder die Protokollierung von Strafanträgen (vgl. § 158 Abs. 2). Von zentraler Bedeutung ist die **Erstellung des Hauptverhandlungsprotokolls,** welches nach § 271 nicht nur vom Vorsitzenden, sondern auch vom Urkundsbeamten der Geschäftsstelle zu unterschreiben ist. Die besondere Bedeutung dieses Protokolls und damit auch die spezielle Verantwortung des Urkundsbeamten ergeben sich aus der positiven und negativen Beweiskraft hinsichtlich der wesentlichen Förmlichkeiten (vgl. § 274), welche das Hauptverhandlungsprotokoll zum wichtigsten Beweismittel bei der Begründung von Verfahrensrügen in der Revision macht.[658] Daneben

654 Vgl. Köhler in Meyer-Goßner/Schmitt § 163 Rn. 32.
655 Zu den Anforderungen insoweit und den Konsequenzen deren Verkennung BGH 2 StR 46/15, NStZ 2017 mAnm Basdorf sowie dazu auch Kudlich JA 2017, 390.
656 Vgl. Buhrow NJW 1981, 907.
657 Vgl. BGH 19.8.1982 – 1 StR 595/81, BGHSt 31, 109 (113) = JR 1983, 383.
658 Vgl. hierzu und zum Problem der Protokollberichtigung und Rügeverkümmerung → Rn. 270 ff.; ferner die Kommentierung zu §§ 271 ff.

stellt die Geschäftsstelle auch Urteilsausfertigungen bzw. Auszüge und Vollstreckbarkeitsbescheinigungen aus und wirkt auch sonst in unterschiedlicher Weise (insbes. bei Ladungen und Zustellungen) mit. Auch das **Kosten- und Rechnungswesen** liegt in der Hand der Geschäftsstelle.

cc) Fehlerhafte Besetzung der Position der Urkundsperson. Für die Urkunds- **306**
personen in der Geschäftsstelle – auch dies zeigt die Bedeutung, welche der Gesetzgeber ihnen beimisst – gelten hinsichtlich **Ausschließung und Ablehnung** nach § 31 Abs. 1 die Vorschriften der §§ 22 ff. über die Richter entsprechend. Insoweit bestehen hier klarere und letztlich strengere Regeln über Ausschluss und Ablehnbarkeit als für die Staatsanwaltschaft (→ Rn. 297). Freilich ist hier zu beachten, dass die absoluten Revisionsgründe der **§ 338 Nr. 2, 3** auf Richter und Schöffen beschränkt sind und die **Urkundsbeamten gerade nicht mit einbeziehen.** Dies führt im Ergebnis dazu, dass die Mitwirkung eines ausgeschlossenen oder befangenen Urkundsbeamten kaum erfolgreich gerügt werden kann, da das Urteil hierauf nicht beruhen wird.[659] Sehr wohl verliert das Protokoll eines nach § 22 ausgeschlossenen Urkundsbeamten aber nach verbreiteter Auffassung seine Beweiskraft[660] (während bei einem wegen Befangenheit erfolgreich abgelehnten Urkundsbeamten streitig ist, ob das Protokoll bis zu dessen Ausscheiden voll wirksam ist oder nicht[661]).

e) Gerichtshilfe. Die in § 160 Abs. 3 S. 1 und § 463d erwähnte Gerichtshilfe[662] ist **307**
nach Art. 294 EGStGB **Teil der Landesjustizverwaltungen,** wobei durch eine Rechtsverordnung auch eine andere Behörde aus dem Bereich der Sozialverwaltung mit den entsprechenden Aufgaben betreut werden kann. Aufgrund dieser rudimentären bundesgesetzlichen Regelungen ist das System auf **Landesebene ausdifferenziert** und höchst unterschiedlich: teilw. ist die Gerichtshilfe als eigenständige Einheit bei der Staatsanwaltschaft, teilw. bei der Justizverwaltung angesiedelt; teilw. ist sie in andere soziale Dienste beim LG, beim OLG oder bei der Justizverwaltung eingegliedert.[663]

Arbeitsschwerpunkte der Gerichtshilfe sind zunächst Ermittlungshilfen für Sanktio- **308**
nierung (vgl. § 160 Abs. 3) und Vollstreckung (§ 463d). Beiträge zur Überführung oder Nichtüberführung des Angeklagten gehören dagegen nicht in ihren Aufgabenbereich.[664] Anders als die Jugendgerichtshilfe (vgl. § 38 JGG), die auch im Verfahren gegen Heranwachsende tätig wird (vgl. § 107 JGG), ist die Erwachsenen-Gerichtshilfe **keine Verfahrensbeteiligte.**

Weitere denkbare Tätigkeiten sind die Vermittlung von Arbeitsstellen (auch zur **309**
Abwendung von drohenden Ersatzfreiheitsstrafen) vgl. auch Art. 293 EGStGB. Ferner kann die Gerichtshilfe sog Haftentscheidungshilfe (Ermittlung der für die Anordnung oder Aufrechterhaltung von Untersuchungshaft nach § 112 bedeutsamen Aspekte) leisten oder bei der Durchführung des Täter-Opfer-Ausgleichs tätig werden.

3. Verteidiger. a) Allgemeines und Stellung des Verteidigers. Die Rolle des Ver- **310**
teidigers[665] des Beschuldigten im Strafverfahren ist primär in §§ 137 ff. geregelt. Ergänzend spielen **verfassungsrechtliche Aspekte** (und dabei über die auch für den Beschuldigten

---

659 Vgl. für den Protokollführer bereits RG 2.7.1934 – 3 D 1281/33, RGSt 68, 272 (273).

660 Vgl. RG 2.7.1934 – 3 D 1281/33, RGSt 68, 272 (273); Siolek in Löwe/Rosenberg § 31 Rn. 17; Kudlich/Noltensmeier in Satzger/Schluckebier/Widmaier StPO § 31 Rn. 10.

661 Vgl. etwa Schmitt in Meyer-Goßner/Schmitt § 31 Rn. 3 (für Gültigkeit des Protokolls); Kudlich/Noltensmeier in Satzger/Schluckebier/Widmaier StPO § 31 Rn. 7; Scheuten in KK-StPO § 31 Rn. 11 (gegen Gültigkeit). Gegen eine Ungültigkeit spricht letztlich auch nicht die für § 31 ebenfalls entsprechend geltende Neuregelung des § 29 Abs. 4, nach dem auf eine Nachholung der Hauptverhandlung unter relativ niedrigen Voraussetzungen verzichtet werden kann, betrifft dies doch eine andere Frage als die besondere Beweiskraft des Protokolls.

662 Vgl. zu den Aufgaben allg. Hörster JZ 1982, 92; Schöch FS Leferenz, 1983, 127.

663 Vgl. für einen Überblick Erb in Löwe/Rosenberg § 160 Rn. 70 ff.

664 Vgl. Köhler in Meyer-Goßner/Schmitt § 160 Rn. 24.

665 Eingehend hierzu aus prozessrechtlicher Perspektive Jahn/Brodowski in Hilgendorf/Kudlich/Valerius StrafR-HdB VII § 17; allgemein zur Stellung im „System. Strafprozess" auch Kudlich/Knauer in Hilgendorf/Kudlich/Valerius StrafR-HdB I § 16.

bedeutsamen Grundrechte, → Rn. 53 ff., hinaus insbes. auch Art. 12 GG[666]) eine Rolle. Auch die **BRAO** kann im Einzelfall mit Gewinn herangezogen werden. Der Verteidiger soll dem Beschuldigten die Möglichkeit gewähren, Gang und Ergebnis des Strafverfahrens zu beeinflussen,[667] und wird vom BVerfG als „Garant der Unschuldsvermutung" angesehen.[668] Seine **Aufgaben** sind vielfältig und beginnen (bis heute bisweilen unterschätzt) schon lange vor der Hauptverhandlung. In dieser ist seine Rolle freilich besonders deutlich, da er diverse aktive Mitwirkungsrechte hat, um seiner Kontroll-, Aufklärungs- und Äußerungsfunktion nachzukommen, so insbes. das Beweisantragsrecht (§§ 244–246), das Fragerecht (§§ 239–241) und das Recht zum Schlussvortrag (vgl. § 258).

311 Insbes. die Rspr. sieht im Verteidiger neben Gericht und Staatsanwaltschaft ein weiteres **„Organ der Rechtspflege".**[669] Daran ist – unabhängig davon, wie man seine Stellung und insbes. das Verhältnis zu seinem Mandanten insg. im Detail bewertet[670] – ohne Zweifel richtig, dass dem Verteidiger von der StPO an vielen Stellen (etwa beim Akteneinsichtsrecht) eine mehr oder weniger **starke Stellung** eingeräumt wird, mit der **legitimerweise eine gewisse Erwartungshaltung** verbunden ist, dass der Verteidiger diese nicht missbraucht.[671] Die Erwartungshaltung, dass gleichsam nicht „negativ Obstruktion betrieben wird", führt jedoch nicht dazu, dass umgekehrt gleichsam im positiven Sinne kooperiert werden muss bzw. Loyalitätspflichten gegenüber dem Gericht bestehen. In diesem Sinne ist der Verteidiger auch **kein Bestandteil des staatlichen Organisationsapparates**[672] und darf auch nicht uneingeschränkt vom Gericht kontrolliert werden.[673]

312 Anders gewendet lässt sich formulieren: Der Verteidiger ist zwar ein „Organ der Rechtspflege" (gegen das etwa deshalb auch keine Maßnahmen nach §§ 177, 179 GVG verhängt werden dürfen[674]), aber natürlich kein Teil des staatlichen Strafverfolgungsapparates. Oder nochmals anders gewendet: Gerade aufgrund der Bedeutung einer effektiven Verteidigung für ein rechtsstaatliches Strafverfahren ist „die Rechtspflege" im Sinne der „Organformel" weiter zu verstehen als die staatliche Organisation zur Strafverfolgung.[675] Auch wenn der Verteidiger **auf Seiten des Beschuldigten** steht,[676] hat er eine mit Sonderrechten ausgestattete Rolle in dem (über die staatliche Organisation hinaus zu verstehenden) Subsystem

---

[666] Vgl. Jahn „Konfliktverteidigung" und Inquisitionsmaxime, 1998, S. 155 ff.

[667] Vgl. BVerfG 12.4.1983 – 2 BvR 1304/80, 432/81, BVerfGE 63, 380 (390 f.) = NJW 1983, 1599.

[668] Vgl. BVerfG 8.10.1974 – 2 BvR 747, 748, 749, 750, 751, 752, 753/73, BVerfGE 38, 105 (111 ff.) = NJW 1975, 103 ff.

[669] Vgl. BVerfG 26.2.1980 – 2 BvR 752/78, BVerfGE 53, 207 (214) = NJW 1980, 1677 (1678); BGH 2.3.1961 – 3 StR 49/60, BGHSt 15, 326 = NJW 1961, 614. Zu weiteren Ansätzen neben dieser – in verschiedenen Schattierungen durchaus herrschenden – Organtheorie vgl. den Überblick bei Beulke/Ruhmannseder, Die Strafbarkeit des Verteidigers, 2010, Rn. 10 ff.; zusammenfassend und auf den „Dualismus zwischen Individual- und Allgemeininteresse" herunterbrechend Paulus NStZ 1992, 305 f.

[670] Vgl. hierzu auch die Kommentierung zu § 137.

[671] Hier in einem untechnischen Sinn zu verstehen. Zum Missbrauch von Verfahrensrechten – nicht nur aber auch durch den Verteidiger – vgl. auch → Rn. 342 ff.

[672] Vgl. Krämer NJW 1995, 2313 (2315).

[673] Vgl. BVerfG 14.2.1973 – 2 BvR 667/72, BVerfGE 34, 293 (299 ff.) = NJW 1973, 696 ff.; eine Kontrolle erfolgt vielmehr vorrangig über die Ehrengerichtsbarkeit (vgl. BVerfG 4.4.1984 – 1 BvR 1287/83, BVerfGE 66, 337 (345 f.; 352 ff.) = NJW 1984, 2341 ff.), wobei etwa die Standespflichten nach § 43 BRAO zu beachten sind.

[674] Maßnahmen nach § 176 GVG bleiben demgegenüber möglich, vgl. BVerfG 7.4.1978 – 2 BvR 202/78, BVerfGE 48, 118 (122 ff.) = NJW 1978, 1048 (1049); BVerfG 29.9.1997 – 2 BvR 1676/97, NJW 1998, 296 (297 f.).

[675] In diesem Sinn ist der Verteidiger dann auch allenfalls eingeschränkt einer effektiven Rechtspflege verpflichtet, falls man diese eng nur mit der Durchsetzung (und nicht mit der prozessordnungsgemäßen Abwehr) des staatlichen Strafanspruchs assoziiert, vgl. insoweit auch Beulke, Der Verteidiger im Strafverfahren, 1980, 259 ff., auf der Grundlage seiner „eingeschränkten Organtheorie" (Beulke, Der Verteidiger im Strafverfahren, 1980, S. 145 ff.).

[676] In diesem Sinne ist er natürlich auch ein Interessenvertreter, wie es die gleichnamige Theorie postuliert, vgl. etwa Bernsmann StraFo 1999, 226 (229 f.); Gatzweiler StV 1985, 248; Wassmann, Strafverteidigung und Strafvereitelung, 1982, S. 64 ff., 71 ff., 255, ohne dass deren extreme Folgerungen überzeugen könnten, vgl. anschaulich Beulke/Ruhmannseder, Die Strafbarkeit des Verteidigers, 2010, Rn. 16.

„Strafrechtspflege“, mit der die Beschränkung auf den Einsatz rechtlich erlaubter Mittel zur Verteidigung korrespondiert.[677]

Die Entwicklung der Strafverteidiger in den letzten Jahren und Jahrzehnten ist durch eine **zunehmende Professionalisierung** – oder genauer gesagt: durch eine deutliche Ausweitung derjenigen Anwälte, die sich entsprechend spezialisieren – gekennzeichnet. Dies dürfte neben allgemeinen professionssozilogischen Tendenzen hin zu einer Spezialisierung etwa durch die Einführung der Fachanwaltschaften, aber auch durch die ständige Ausdifferenzierung der Materie und verbesserte Informationsmöglichkeiten in einer veränderten Medienlandschaft bedingt sein. Noch stärker als die tatsächliche Spezialisierung und Professionalisierung ist aber vielleicht die (wenn nicht notwendig empirische, so doch normative) **Erwartungshaltung der Rspr.** an diese Professionalisierung angestiegen. Durch diverse **Mitwirkungsobliegenheiten**[678] wird die Verteidigung mehr denn je „in die Pflicht genommen“, und bei einer Nichterfüllung dieser Pflichten drohen dem Mandanten Nachteile. Es ist aber fraglich, ob diese Erwartungshaltung in allen Bereichen angemessen ist, was freilich nicht vorschnell als Problem allein der Verteidigung abgetan werden kann, denn eine entsprechende Fehleinschätzung[679] geht letztlich meist zulasten des Beschuldigten. **313**

Ein Verteidiger kann nach Maßgabe der **§§ 138a, 138b** (in jeder Lage des Verfahrens) **ausgeschlossen** werden, dh etwa auch im Vollstreckungs-, Strafvollzugs- oder Wiederaufnahmeverfahren.[680] Diese – nach Auffassung des BVerfG[681] verfassungsgemäßen – Vorschriften regeln die strafprozessualen Ausschließungsgründe abschließend; andere „Verfehlungen“ des Verteidigers rechtfertigen seine Ausschließung nicht; ein Rückgriff auf allgemeine Abwägungskriterien (etwa analog § 34 StGB) ist nicht möglich. **314**

b) Arten der Verteidigung. Die Verteidigerstellung kann durch **Beiordnung**[682] (bei der sog Pflichtverteidigung → Rn. 317 ff.) **oder durch Bevollmächtigung** (bei der Wahlverteidigung) begründet werden. Als Verteidiger wählbar sind nach § 138 Abs. 1 insbes. alle in Deutschland zugelassenen Rechtsanwälte sowie Rechtslehrer (Professoren und Privatdozenten) an deutschen Hochschulen. Mit Genehmigung des Gerichts sind auch andere Beistände wählbar. Beschränkungen in der freien Verteidigerwahl ergeben sich dahingehend, dass ein Beschuldigter in einem Strafverfahren **maximal von drei Verteidigern** vertreten werden darf, vgl. § 137 Abs. 1 S. 2; umgekehrt gilt ein durch § 146 statuiertes (und durch § 356 StGB flankiertes) **Verbot der Mehrfachverteidigung.** Nicht erfasst von diesem prozessualen Verbot wird die sog sukzessive Mehrfachverteidigung.[683] Wird der das Mandatsverhältnis tragende Geschäftsbesorgungsvertrag mit einer **Sozietät** abgeschlossen, so werden grds. alle Sozien zu Verteidigern bestellt, sofern bei Vertragsabschluss keine namentliche Beschränkung erfolgt.[684] Dies kann zu Problemen sowohl mit dem Verbot der Mehrfachverteidigung als auch mit der Beschränkung auf maximal drei Wahlverteidiger führen. Da es sich letztlich um eine Frage der Auslegung des Vertrages handelt, wird man hinsichtlich des letztgenannten Punktes auch eine **Vollmacht,** die auf eine Sozietät ausgestellt wird, nicht so **auslegen,** dass ggf. mehr als drei Sozien zu Verteidigern bestellt werden; wenn keine anderen Anhaltspunkte deutlich werden, wird man (neben dem für die Sozietät unterzeichnenden) die weiteren Vertreter **315**

---

677 Vgl. Meyer-Goßner FS 50 Jahre BGH, 2000, 615 (637).

678 Vgl. auch Kudlich, Gutachten C zum 68. Deutschen Juristentag, 2010, S. 92 ff.

679 Man könnte auch von einem Auseinanderfallen der normativen Erwartung und der empirischen Befunde sprechen.

680 Vgl. Schmitt in Meyer-Goßner/Schmitt § 138a Rn. 2.

681 Vgl. BVerfG 4.7.1975 – 2 BvR 482/75, NJW 1975, 2341.

682 Zur Beiordnung eines auswärtigen Verteidigers vgl. Lehmann NStZ 2012, 188.

683 Vgl. OLG Celle 3.1.1989 – 3 Ws 394/88, StV 1989, 471 f. Dazu, dass diese aber den Vorwurf des § 356 StGB begründen kann, vgl. BGH 25.6.2008 – 5 StR 109/07, BGHSt 52, 307 = NStZ 2008, 627 mAnm Gillmeister NJW 2008, 2726 und Bosch JA 2008, 903.

684 Vgl. BVerfG 28.10.1976 – 2 BvR 23/76, BVerfGE 43, 79 (94) = NJW 1977, 99 (100); BGH 7.6.1994 – 5 StR 85/94, BGHSt 40, 188 (189) = NJW 1994, 2302.

anhand von objektiven Kriterien (und sei es die Reihenfolge auf dem Briefkopf) zu bestimmen versuchen zu haben.

316 Das Verbot der Mehrfachverteidigung kann zu Problemen führen, wenn **mehrere Personen** innerhalb einer Rechtssache **die Sozietät mandatieren** wollen. Soweit hier keine klare (und dh insbes. zwischen den verschiedenen Mandanten nach plausiblen Gesichtspunkten differenzierende) Auslegung möglich ist, muss damit gerechnet werden, dass das Gericht die Bestellung zurückweist. Schon aus diesem Grund ist bei der Mandatierung einer Sozietät regelmäßig zu empfehlen, die Vollmacht auf einzelne Sozien bzw. andere Rechtsanwälte zu beschränken. Dies ist auch insoweit unproblematisch, als die zulässige Verteidigerhöchstzahl von drei einer internen Mitwirkung anderer Anwälte im Hintergrund in keiner Weise entgegensteht.

317 Von den Fällen, in denen schon das „Ob“ der Unterstützung durch einen Verteidiger in der freien Entscheidung des Beschuldigten steht, zu unterscheiden sind die Fälle der **notwendigen Verteidigung** nach §§ 140 ff. Begrifflich ist hier zwischen der „notwendigen Verteidigung“ und der „Pflichtverteidigung“ zu differenzieren: In Fällen der notwendigen Verteidigung nach § 140 muss der Beschuldigte ab den nach § 141 (→ Rn. 319) einschlägigen Zeitpunkten einen Verteidiger haben:[685] Dies kann ein frei gewählter Wahlverteidiger sein; wählt der Beschuldigte einen solchen nicht aus bzw. kann er diesen nicht engagieren, wird ihm ein **Pflichtverteidiger** zur Seite gestellt. Anders gewendet: Pflichtverteidiger gibt es nur in den Fällen der notwendigen Verteidigung; nicht jeder Verteidiger bei der notwendigen Verteidigung ist aber auch ein Pflichtverteidiger. Das Institut einer notwendigen Verteidigung ist eine Konkretisierung des Rechtstaatsprinzips, da mit der Bestellung eines Verteidigers ohne Rücksicht auf die Einkommens- und Vermögensverhältnisse des Angeklagten das Interesse gesichert wird, welches der Rechtstaat an einem prozessordnungsgemäßen Strafverfahren und zu diesem Zweck auch an einer wirksamen Verteidigung des Beschuldigten hat.[686]

318 **§ 140 Abs. 1** benennt dabei **katalogartig aufgezählte Einzelfälle,** von welchen die Hauptverhandlung im ersten Rechtszug vor dem LG oder OLG (Nr. 1) oder der Vorwurf eines Verbrechens (Nr. 2) die größte praktische Bedeutung haben; bedeutsam ist daneben auch die Beiordnung nach § 140 Abs. 1 Nr. 4 bei Anordnung der Untersuchungshaft.[687] Die **Auffangklausel des § 140 Abs. 2** greift ein, „wegen der Schwere der Tat oder wegen der Schwierigkeit der Sach- oder Rechtslage die Mitwirkung eines Verteidigers geboten erscheint oder wenn ersichtlich ist, dass sich der Beschuldigte nicht selbst verteidigen kann“.

319 Die Beiordnung eines notwendigen Verteidigers[688] hat nach **§ 141 Abs. 1** regelmäßig zu dem **Zeitpunkt** zu erfolgen, zu dem der Angeschuldigte nach § 201 zur Erklärung über die Anklageschrift aufgefordert worden ist,[689] kann aber nach § 141 Abs. 3 auch schon früher erfolgen;[690] in Fällen des § 140 Abs. 1 Nr. 4 erfolgt die Beiordnung mit „Vollstreckung“ der Untersuchungshaft, dh mit Eröffnung (nicht schon mit Erlass) des Haftbefehls.

---

685 Diese Zeitpunkte haben sich durch das Gesetz zur Neuregelung des Rechts der notwendigen Verteidigung im Jahr 2019 (BGBl. I 2128) teilweise verschoben, was bei der Arbeit mit älteren Judikaten zu beachten ist: So war etwa nach § 115 Abs. 1 Nr. 4 aF ein Pflichtverteidiger in Fällen der Untersuchungshaft erst bei der Vollstreckung des Haftbefehls, nicht schon vor seinem Erlass erforderlich (vgl. auch etwa noch BGH 20.10.2014 – 5 StR 176/14, NStZ 2014, 722 mAnm Knauer sowie dazu Mosbacher JuS 2015, 129), während die neue Fassung schon die Vorführung zur Entscheidung über die Untersuchungshaft genügen lässt.

686 Vgl. nur BVerfG 6.11.1984 – 2 BvL 16/83, BVerfGE 68, 237 (254) = NJW 1985, 727 (728); BVerfG 19.10.1977 – 2 BvR 462/77, BVerfGE 46, 202 (210) = NJW 1978, 151; BVerfG 12.4.1983 – 2 BvR 1304/80, 432/81, BVerfGE 63, 380 (390 f.) = NJW 1983, 1599; Schmitt in Meyer-Goßner/Schmitt § 140 Rn. 1.

687 Zur Anordnung bei Überhaft vgl. Busch NStZ 2011, 663.

688 Vgl. dazu aus neuerer Zeit Wenske NStZ 2010, 479.

689 Zur Beiordnung schon im Ermittlungsverfahren Sowada NStZ 2005, 1.

690 Zur notwendigen Verteidigung bei ermittlungsrichterlicher Vernehmung vgl. BGH 25.7.2000 – 1 StR 169/00, BGHSt 46, 93 = NStZ 2001, 212.

Ergibt sich die Notwendigkeit einer Verteidigung erst später, so ist in diesem Moment sofort zu handeln (vgl. § 141 Abs. 2). Auch wenn eine Wahlverteidigung erfolgt, ist nach Auffassung der Rspr. bei Vorliegen eines sachlichen Grundes[691] die Beiordnung eines **zusätzlichen Pflichtverteidigers** möglich, obwohl das Gesetz dies nicht ausdrücklich vorsieht.[692] Ist das Vertrauensverhältnis zwischen Mandant und Pflichtverteidiger nachhaltig gestört, muss eine **Entpflichtung** erfolgen,[693] wobei dem regelmäßig eine Abmahnung vorauszugehen hat,[694] gegen welche isoliert keine Beschwerde möglich ist.[695] Gleiches gilt, wenn der Pflichtverteidiger die Verteidigung einstellt, weil sein Mandant ihn ablehnt. Das Gericht hat hier einen Ersatzverteidiger beizuordnen;[696] anderenfalls beruht das Urteil idR auf diesem Fehler.[697]

c) Verteidigung als Recht des Beschuldigten. Die Verteidigung des Beschuldigten 320
liegt nicht nur als unverzichtbares Merkmal eines rechtstaatlichen Strafverfahrens im öffentlichen Interesse. Vielmehr und insbes. handelt es sich auch um ein **elementares subjektives Recht** des Beschuldigten. Über die Möglichkeit, einen Verteidiger seiner Wahl zu konsultieren, ist nach § 136 Abs. 1 S. 2 bereits bei der ersten Vernehmung zu **belehren;** entsprechende Versäumnisse – und sogar auch die mangelnde Unterstützung bei der Suche nach einem Verteidiger – können zu einem Beweisverwertungsverbot führen (→ Rn. 284 ff., → Rn. 467). Auch besteht zumindest eine eingeschränkte[698] Pflicht des Staates, etwa bei der Terminierung der Hauptverhandlung entsprechende Absprachen mit dem Verteidiger zu treffen und auf diesen Rücksicht zu nehmen.[699] Hat der Beschuldigte mehrere Verteidiger gewählt, so besteht kein Anspruch darauf, dass immer alle anwesend sein können.[700]

d) Rechte des Verteidigers und ihre Grenzen. aa) Rechtsposition als Beistand. 321
Der Verteidiger übt als Beistand des Beschuldigten **eigene** (und nicht nur vom Beschuldigten abgeleitete) **Rechte** aus. Auch aus seiner eigenen Rechtsposition ist er damit umfassend berechtigt und verpflichtet, kann aber in den (seltenen) Fällen einer Abwesenheit des Angeklagten (zB in der Revisionshauptverhandlung) auch die Rechte des Angeklagten unmittelbar wahrnehmen.[701] In vielen Fällen ist diese Trennung eine theoretische. Und auch der Fall, in welchem der Verteidiger sein Recht abweichend vom Willen des Beschuldigten wahrnehmen wird, wird schon rein praktisch selten sein und es wird sich darüber hinaus die Frage stellen, inwiefern dies mit dem Mandatsvertrag vereinbar ist.

bb) Rechte des Verteidigers. Die Rechte des Verteidigers umfassen zunächst die 322
vollständige **Beratung und Vertretung** des Beschuldigten. Dies beinhaltet etwa die Erteilung umfassenden Rechtsrats (welcher als solcher auch nicht als Teilnahme einer in der

[691] Vgl. nur die Zusammenstellung bei Schmitt in Meyer-Goßner/Schmitt § 141 Rn. 1a.
[692] Vgl. BGH 24.1.1961 – 1 StR 132/60, BGHSt 15, 306 (309) = NJW 1961, 740 (741); BVerfG 28.3.1984 – 2 BvR 275/83, BVerfGE 66, 313 (331) = NJW 1984, 2403.
[693] Vgl. BGH 26.8.1993 – 4 StR 364/93, BGHSt 39, 310 (314 f.) = NJW 1993, 3275 (3277); BGH 19.5.1985 – 2 StR 22/88, NStZ 1988, 420; BGH 18.11.2003 – 1 StR 481/03, NStZ 2004, 632 (633); BVerfG 25.9.2001 – 2 BvR 1152/01, NJW 2001, 3695 (3697). Zusammenfassend Hellwig/Zebisch NStZ 2010, 602. Zur Beschwerde eines Pflichtverteidigers gegen die Ablehnung seines Antrags auf Entpflichtung vgl. BGH 5.3.2020 – StB 6/20, BGH NJW 2020, 1534 mAnm Mehle/Mehle NJW 2020, 1536 = NStZ 2020, 434 mAnm Gubitz NStZ 2020, 436 sowie dazu auch Mosbacher JuS 2020, 745.
[694] Vgl. OLG Hamburg 17.11.1997 – 2Ws 255/97, NJW 1998, 621.
[695] Vgl. OLG Hamburg 16.1.1998 – 2 Ws 16–97, NJW 1998, 1328.
[696] Vgl. BGH 14.5.1992 – 4 StR 202/92, NStZ 1992, 503.
[697] Vgl. BGH 14.5.1992 – 4 StR 202/92, NJW 1993, 340.
[698] Zur Situation bei der Pflichtverteidigung vgl. BGH 6.11.1991 – 4 StR 515/91, NJW 1992, 849.
[699] Vgl. zu den Maßstäben dieser Rücksicht und zu den Konsequenzen einer Verhinderung BGH 9.11.2006 – 1 StR 474/06, NStZ-RR 2007, 81 (82); BGH 6.7.1999 – 1 StR 142/99, NStZ 1999, 527.
[700] Vgl. BGH 9.11.2006 – 1 StR 474/06, NStZ-RR 2007, 81 (82); OLG Frankfurt a. M. 10.2.1997 – 3 Ws 111/97, NStZ 1997, 177.
[701] Vgl. BGH 8.3.1995 – 5 StR 434/94, BGHSt 41, 69 (71) = NJW 1995, 393.

Folge der Beratung durchgeführten Straftat strafbar sein kann[702]), die Entwicklung und Besprechung der Verteidigungsstrategie, die **Aufklärung** über das Schweigerecht des Beschuldigten und dessen Folgen. Des Weiteren hat der Verteidiger **Anwesenheitsrechte** in der Hauptverhandlung (§ 218), bei Inaugenscheinsnahmen (§ 168d) sowie bei Beschuldigten- und Zeugenvernehmungen (§ 168c). Dies gilt auch bei einer Vernehmung durch die Staatsanwaltschaft (vgl. § 163a iVm § 168c), nicht jedoch verpflichtend bei polizeilichen Vernehmungen. Zumindest mittelbar kann der Beschuldigte, der bereits über einen Verteidiger verfügt, dessen Hinzuziehung „erzwingen", indem er sich weigert, ohne ihn eine Aussage zu machen. Bedeutsam ist ferner das **Akteneinsichtsrecht,**[703] das im Grundsatz vom ersten Tag des Ermittlungsverfahrens an besteht, bei Gefährdung des Untersuchungszwecks bis zum Abschluss der Ermittlungen (vgl. § 147 Abs. 2 S. 1) jedoch beschränkt werden kann[704] (was kaum effektiv überprüfbar ist). Vgl. zum Umfang des Einsichtsrechts hinsichtlich der verschiedenen Aktenteile und -arten näher die Kommentierung zu § 147.[705] Üblicherweise erfolgt eine Abgabe der Akten an den Strafverteidiger in dessen Kanzlei; allerdings besteht hierauf kein uneingeschränkter gesetzlicher Anspruch.[706]

323 Das wohl vornehmste Recht des Verteidigers ist der – schriftliche wie mündliche – **freie Verkehr** mit seinem Mandanten, der (auch bei fernmündlichem Verkehr) grds. keiner Überwachung unterliegt[707] (was freilich nicht ausschließt, dass ein Polizist ein Gespräch mit dem Verteidiger zur Kenntnis nimmt und auch als Zeuge darüber berichtet, welches der Beschuldigte auf dem Gerichtsflur in erkennbarer Hörweite des Beamten mit seinem Verteidiger führt[708]). Dieses Privileg des § 148 ergänzt auch § 53 Abs. 1 Nr. 2 sowie die flankierende Regelung des § 97 bei Beschlagnahmeverboten,[709] wenn eine Beschlagnahmefreiheit etwa auch dann vorliegt, wenn die Verteidigerpost sich nicht in den Räumlichkeiten des Verteidigers befindet. In Verfahren nach §§ 129a, 129b StGB sind Einschränkungen des freien Verkehrs nach Maßgabe der §§ 31, 34 EGGVG möglich.

324 **cc) Grenzen.** In der Frage nach den Grenzen der Rechte des Verteidigers[710] spiegelt sich diejenige nach seiner Stellung (**Organtheorie versus Interessenvertreter,** → Rn. 311) wider. Geht man mit der hier vertretenen Auffassung davon aus, dass der Verteidiger zwar entsprechend der Regelung des § 1 BRAO „Organ der Rechtspflege" ist, dies jedoch nicht als Quasi-Inkorporierung in den Staatsapparat, sondern nur als Rollenzuweisung im Gesamtgeschehen der staatlichen Rechtspflege zu betrachten ist, so ergibt sich daraus Folgendes: Der Verteidiger ist nicht zur Unparteilichkeit und erst recht **nicht zu einer Loyalität gegenüber dem Staat** bzw. seinen Strafverfolgungsbehörden verpflichtet. Er ist aber in den Wahrheits- und Gerechtigkeitsfindungsprozess eingebunden und darf dies **nicht gesetzeswidrig boykottieren.** Eine Obstruktion der Rechtspflege, wie sie jedenfalls für den Angeklagten straflos möglich ist, ist dem Verteidiger nicht erlaubt (und kann möglicherweise sogar zu einer Strafbarkeit nach § 258 StGB führen); andererseits darf er aber sehr wohl im Rahmen dessen, was der formalisierte Rechtsfindungsprozess zu- oder auch nur offen lässt, alle Spielräume zugunsten seines Mandanten ausschöpfen.[711]

---

702 Vgl. Kudlich, Die Unterstützung fremder Straftaten durch berufsbedingtes Verhalten, 2004, S. 478 ff.
703 Vgl. dazu auch Wohlers/Schlegel NStZ 2010, 486.
704 Vgl. BVerfG 11.7.1994 – 2 BvR 777/94, NStZ 1994, 551 (552).
705 Zum Akteneinsichtsrecht speziell in Fällen der Untersuchungshaft Beulke/Witzigmann NStZ 2011, 254; Peglau JR 2012, 231.
706 Vgl. BGH 14.9.1993 – 5 StR 283/93, NStZ 1994, 227.
707 Vgl. BGH 5.11.1985 – 2 StR 279/85, BGHSt 33, 347 (349); BGH 11.5.1988 – 3 StR 563/87, NStZ 1988, 562 f.
708 Vgl. BGH 4.7.2018 – 2 StR 485/17, BeckRS 2018, 22943 mAnm Jäger JA 2019, 308.
709 Zu diesen etwa BGH 23.9.1977 – 1 BJs 55/75, 123, 126, 128, 133/76; 23, 80/77; StB 215/77, BGHSt 27, 260 (262); 13.8.1973 – 1 BJs 6/71/StB 34/73, NJW 1973, 2035.
710 Vgl. dazu auch Gercke StV 2020, 201.
711 Ähnlich iErg BGH 1.9.1992 – 1 StR 281/92, BGHSt 38, 345 (347 f.) = NJW 1993, 273 (274); 9.5.2000 – 1 StR 106/00, BGHSt 46, 53 (55) = NJW 2000, 2433 (2434); vgl. auch – zugleich mit Hinweisen auf die Grenzen – Senge NStZ 2002, 225 (227).

Konkret bedeutet dies etwa, dass auch wider besseres Wissen mit **sozialzulässigen Mitteln** ein Freispruch herbeigeführt und beantragt werden darf; auch gibt es zwar ein „Verbot der Lüge", umgekehrt aber **keine Offenbarungspflichten** gegenüber dem Gericht.[712] Unzulässig ist demgegenüber etwa der Rat oder die Unterstützung zu bzw. bei einer wissentlich wahrheitswidrigen Einlassung des Angeklagten (da diese zwar sanktionslos, deswegen aber noch lange nicht prozessordnungsgemäß ist).[713] Auch für den Verteidiger gelten ferner im **Grundsatz die allgemeinen Strafgesetze,** so etwa bei beleidigenden, verleumderischen oder volksverhetzenden Äußerungen[714] im Verfahren. Soweit hier – wie häufig (zB auch mit Blick auf Art. 5 Abs. 1 GG bei den Beleidigungsdelikten) – auslegungsbedürftige Tatbestands- bzw. Rechtfertigungsmerkmale enthalten sind, ist die prozessuale Sondersituation zu berücksichtigen. Eine prozessrechtliche Grenze des Verteidigerhandelns findet sich darüber hinaus – wie auch bei allen anderen Verfahrensbeteiligten, beim Verteidiger besonders intensiv diskutiert – in einem **allgemeinen Missbrauchsverbot,** das auch für das Strafprozessrecht anzuerkennen ist, keinesfalls aber vorschnell herangezogen werden darf (vgl. ausführlicher → Rn. 342 ff.). 325

4. Weitere Verfahrensbeteiligte. a) Verletzter. Der Verletzte war schon immer – und sei es als Zeuge (zum Zeugen als Beweismittel → Rn. 417 ff.) – ein Verfahrensbeteiligter. Seine **Stellung** hat sich allerdings im Lauf der Jahrzehnte **stark gewandelt** und ist dabei immer wieder **gestärkt** worden.[715] Der nach wie vor immer wieder pauschal erhobene Vorwurf, das Strafverfahrensrecht würde „Täterschutz über Opferschutz" stellen, kann daran nichts ändern, zumal insoweit auch kein unmittelbarer Zusammenhang besteht: Durch eine Berücksichtigung der Interessen des „Täters" (dh sowohl des Beschuldigten als auch insbes. später des Verurteilten) werden zumindest unmittelbar nur selten Rechtspositionen des Verletzten berührt. In den letzten Jahren ist der Pegel in der Diskussion aber auch bereits in die gegenteilige Richtung ausgeschlagen, und es wird zunehmend eine Beeinträchtigung von Beschuldigtenrechten durch eine zu starke Ausweitung der Verletztenrechte im Strafverfahren befürchtet.[716] 326

Die gegenwärtige Stellung des Verletzten – sei es als subsidiärer (vgl. §§ 172 ff., 374 ff.) bzw. zusätzlicher (§§ 395 ff.) Vertreter des Sanktionsanspruchs, sei es als Vertreter seiner privaten Ansprüche (vgl. §§ 403 ff.) – ist maßgeblich durch das **Opferschutzgesetz** aus dem Jahre 1986[717] sowie durch das **1. und 2. Opferrechtsreformgesetz** in den Jahren 2004 bzw. 2009[718] geprägt worden. Zentrale Rechte, die dem (präsumtiv) Verletzten allein aufgrund der Verletztenposition als solcher zustehen, betreffen insbes. Mitteilungspflichten über den Verfahrensausgang (§ 406d), die Akteneinsicht (§ 406e) sowie die Vertretung durch einen Anwalt im Verfahren (§ 406f). Außerhalb der og speziellen Opferschutzgesetze ist noch die Verankerung des Täteropferausgleichs (§ 46a StGB) in den §§ 153a, 155a und § 155b im Jahre 1999 zu nennen.[719] 327

Nicht in der Eigenschaft als Verletzter als solcher, wohl aber in derjenigen als **Privat- oder Nebenkläger** besteht ferner im Falle einer Verurteilung oder einer Einstellung des Verfahrens nach § 153a eine Kostentragungspflicht des Beschuldigten für die Kosten des Verletzten-Beistandes, vgl. § 472 Abs. 3, § 473 Abs. 1 S. 2. Zuletzt genießt der Verletzte in seiner Eigenschaft als Zeuge bestimmte Rechte. So insbes. die Möglichkeit einer audiovisuellen Aufzeichnung der Zeugenvernehmung (zur Vermeidung eines späteren Auftritts in der Hauptverhandlung) nach § 58a, die weitgehende Untersagung entehrender Fragen nach 328

712 Vgl. Dahs StraFo 2000, 181.
713 Vgl. BGH 26.11.1998 – 4 StR207/98, NStZ 1999, 188 (189).
714 Vgl. dazu BGH 6.4.2000 – 1 StR 502/99, BGHSt 46, 36 (44) = NJW 2000, 2217 (2218).
715 Eingehend zum Opfer und seinen Rechten Barton in Hilgendorf/Kudlich/Valerius StrafR-HdB VII § 19.
716 Vgl. Jahn NJ 2005, 106 (109) mwN (dort Fn. 36).
717 Vgl. BGBl. 1986 I 2496 ff.
718 Vgl. BGBl. 2004 I 1354 ff.; BGBl. 2009 I 2280 ff.
719 Vgl. BGBl. 1999 I 2491 f.

§ 68a,[720] die Beiordnung eines Rechtsanwalts nach § 68b oder den Ausschluss der Öffentlichkeit während der Verhandlung über Umstände aus seinem persönlichen Lebensbereich nach § 171b GVG.

329 **b) Dolmetscher.** Mit Blick darauf, dass die **Gerichtssprache nach § 184 GVG grds. Deutsch** ist, besteht bei einer Verhandlung unter Beteiligung von Personen, die der deutschen Sprache nicht mächtig sind, das Erfordernis der Hinzuziehung eines Dolmetschers (ohne dass ein Nebenprotokoll in der fremden Sprache zu führen wäre, vgl. § 185 Abs. 1 S. 2). Um eine Benachteiligung fremdsprachiger Verfahrensbeteiligter so gut wie möglich zu verhindern, ist der **Dolmetscher** für das gesamte Verfahren **kostenfrei** hinzuzuziehen,[721] da auch mit Blick auf die Kostenfolge keine Benachteiligung eintreten soll.[722] Der Dolmetscher iSd § 185 GVG ist dabei ein Verfahrensbeteiligter eigener Art.[723] Davon zu unterscheiden sind im Einzelfall Personen, die irgendwann im Verfahren einmal als Übersetzer tätig geworden sind und als Zeugen vernommen werden können, sowie sonstige Sprachkundige, welche etwa die Übersetzung eines Schriftstückes vornehmen und als Sachverständige zu hören sind.[724] Der Dolmetscher ist zu **vereidigen** (§ 189 Abs. 1 GVG). Diese Vereidigung bzw. die Berufung auf einen allgemein geleisteten Eid muss ausdrücklich und vor dem Tätigwerden erfolgen (§ 189 Abs. 2 GVG).[725] Für die **Ablehnung** und den **Ausschluss** von Dolmetschern gelten nach § 191 GVG die Regeln über den Sachverständigen (und damit nach § 74 im Ergebnis diejenigen über den Richter) entsprechend.

330 Die nach § 185 GVG notwendige Übersetzungstätigkeit erstreckt sich auf alle wesentlichen Vorgänge und Äußerungen.[726] Für die Schlussvorträge der Staatsanwaltschaft und des Verteidigers beschränkt § 259 Abs. 1 diese Pflicht auf die Anträge. Es steht allerdings im Ermessen des Vorsitzenden, den Dolmetscher dazu zu beauftragen, auch die Schlussvorträge wörtlich oder jedenfalls in Gestalt einer komprimierten Inhaltsangabe verständlich zu machen.[727] Soweit ein erforderlicher Dolmetscher nicht zugezogen worden ist, ist dies nach **§ 338 Nr. 5 iVm § 185 GVG** ein absoluter Revisionsgrund.[728] Anderes gilt, wenn der Angeklagte zwar nur teilw. der deutschen Sprache mächtig, eine Verständigung jedoch möglich ist; in diesem Falle steht es im pflichtgemäßen Ermessen des Tatrichters, in welchem Umfang er unter der Mitwirkung des Dolmetschers verhandeln will.[729] Wird dieses Ermessen fehlerhaft ausgeübt bzw. ist die Übersetzungsleistung des Dolmetschers unzureichend, so kann darin ein relativer Revisionsgrund liegen.[730]

III. Prozesshandlungen

331 **1. Begriff und Arten der Prozesshandlung.** Die Prozesshandlungen sind in allgemeiner Form in der StPO nicht legal definiert. Beschreiben lassen sie sich als **prozessgestaltende Betätigung** des Gerichts, der Staatsanwaltschaft oder eines anderen Verfahrensbeteiligten.[731] **Beispiele** sind etwa gerichtliche Entscheidungen, Erklärungen und Anträge der

---

720 Zur Konfrontation des Opfers mit tätereigenen Tatvideos, die in die Intimsphäre des Opfers eingreifen, Metz NStZ 2020, 9.

721 Vgl. BVerfG 17.5.1983 – 2 BvR 731/80, BVerfGE 64, 135 (145 ff.) = NJW 1983, 2762 (2763); OLG Düsseldorf 21.3.1985 – 5 Ws 2/84, NStZ 1985, 370 (371); EGMR 23.10.1978 – XX, NJW 1979, 1091 (1092).

722 Vgl. BGH 26.10.2000 – 3 StR 6/00, BGHSt 46, 178 (186 f.) = NJW 2001, 309 (311).

723 Vgl. bereits BGH 28.11.1950 – 2 StR 50/50, BGHSt 1, 4 (6 f.).

724 Vgl. auch Schmitt in Meyer-Goßner/Schmitt GVG § 185 Rn. 2.

725 Vgl. BGH 2.9.1987 – 2 StR 420/87, NStZ 1987, 568.

726 Vgl. zu Details BVerfG 17.5.1983 – 2 BvR 731/80, BVerfGE 64, 135 (148) = NJW 1983, 2762 (2763 f.).

727 Vgl. BGH 16.10.1962 – 5 StR 405/62, GA 1963, 148 (149); Schmitt in Meyer-Goßner/Schmitt § 259 Rn. 1.

728 Vgl. BGH 11.11.1952 – 1 StR 484/52, BGHSt 3, 285 = NJW 1953, 114; vgl. auch BVerfG 17.5.1983 – 2 BvR 731/80, BVerfGE 64, 135 (149) = NJW 1983, 2762 (2764).

729 Vgl. BGH 22.11.2001 – 1 StR 471/01, NStZ 2002, 275 (276).

730 Vgl. BGH 11.11.1952 – 1 StR 484/52, BGHSt 3, 285 = NJW 1953, 114.

731 Vgl. Schmitt in Meyer-Goßner/Schmitt Einl. Rn. 95; vgl. auch Beulke in Satzger/Schluckebier/Widmaier StPO Einl. Rn. 203 (jede prozessual relevante Betätigung). Eingehend zu den Prozesshandlungen Heger in Hilgendorf/Kudlich/Valerius StrafR-HdB VII § 25.

Verfahrensbeteiligten, wohl auch Realakte (zB Aktenvorlagen), Strafanträge und ihre Rücknahme und anderes.[732] Abzugrenzen sind Prozesshandlungen von reinen **Wissensäußerungen** wie etwa den Aussagen des Beschuldigten, des Zeugen oder auch des Sachverständigen, sowie von Justizverwaltungsakten nach § 23 EGGVG. Die Erklärungen sind – auch mit Blick auf die primären Adressaten – **auslegungsfähig** und im Einzelfall **auslegungsbedürftig.** Entscheidend ist der mit der Erklärung verfolgte Sinn, nicht ihr Wortlaut (vgl. explizit etwa auch § 300). Insoweit sind eher die Auslegungsregeln für Willenserklärungen (§§ 133, 157 BGB) als diejenigen für (insbes. Straf-) Gesetze (Art. 103 Abs. 2 GG/„Wortlautgrenze") maßgeblich.

Hinsichtlich der **Zielrichtung** der Prozesshandlungen kann zurückgehend auf Goldschmidt und Niese zwischen Erwirkungs- und Bewirkungshandlungen (dh zwischen Handlungen, die sich unmittelbar an das Gericht wenden und eine Entscheidung erfordern, sowie solchen Handlungen, welche selbst rechtsgestaltend wirken) unterschieden werden.[733] Hinsichtlich der **eingetretenen Wirkungen** kann mit Grunst zwischen den Rechtswirkungen (dh der Begründung, Änderung oder Aufhebung von Rechten und Pflichten) und den Gestaltungswirkungen (dh der Einwirkung auf den Prozess als Entwicklungsvorgang) differenziert werden.[734] 332

2. Handlungsfähigkeit. Die Anforderungen an die **Handlungsfähigkeit** im Sinn der Befähigung, grundsätzlich wirksame Prozesshandlungen vorzunehmen, sind für die **verschiedenen Verfahrensbeteiligten** zumindest partiell **unterschiedlich anzusetzen.** Dies liegt daran, dass die Handlungsfähigkeit nicht nur ein „Privileg" des Handelnden ist, sondern dass die Verantwortung für die vorgenommenen Handlungen auch mehr oder weniger einschneidende persönliche Konsequenzen nach sich zieht und dass Aspekte der Rechtssicherheit zu berücksichtigen sind. Beim Beschuldigten dürfte die Handlungsfähigkeit im genannten Sinne mit dem häufiger verwandten Begriff der „Verhandlungsfähigkeit" übereinstimmen; bei den übrigen Verfahrensbeteiligten ist die Handlungsfähigkeit eine Folge der (wiederum unterschiedlich zu bewertenden) Prozessfähigkeit: 333

a) Beschuldigter. Die **Verhandlungsfähigkeit** wird gemeinhin definiert als die Fähigkeit des Beschuldigten, in oder außerhalb der Hauptverhandlung seine Interessen vernünftig wahrzunehmen, die Verteidigung in verständlicher und verständiger Form zu führen sowie Prozesserklärungen abzugeben und entgegenzunehmen.[735] **Geschäftsfähigkeit** im bürgerlich-rechtlichen Sinne wird dafür **nicht notwendig vorausgesetzt**[736] (was im Übrigen ja auch schon durch das Jugendstrafverfahren deutlich wird); im Übrigen sind an die Handlungsfähigkeit in den unterschiedlichen Prozessstadien auch unterschiedliche Anforderungen zu stellen: So dürften sie in der Hauptverhandlung, in welcher die Subjektposition des Angeklagten regelmäßig eine größere Rolle spielt, höher sein als im Ermittlungsverfahren. Umgekehrt genügt im Revisionsverfahren die Möglichkeit, verantwortlich über die Frage einer Rechtsmitteleinlegung entscheiden zu können.[737] 334

Die Verhandlungsfähigkeit ist als **Prozessvoraussetzung** (→ Rn. 380) – jedenfalls bei hinreichendem Anlass[738] stetig – zu prüfen;[739] wenn und soweit sie nicht vorliegt, muss 335

---

[732] Vgl. BGH 5.8.1976 – 5 StR 240/76, BGHSt 26, 384 = NJW 1976, 1755.
[733] Vgl. Niese, Doppelfunktionelle Prozeßhandlungen, 1950, S. 89 ff.; knapp zur Unterscheidung auch Eb. Schmidt, Lehrkommentar, Bd. I, 1952, Rn. 210.
[734] Vgl. Grunst, Prozeßhandlungen im Strafprozeß, 2002, S. 133; Schmitt in Meyer-Goßner/Schmitt Einl. Rn. 95.
[735] Vgl. BVerfG 24.2.1995 – 2 BvR 345/95, NJW 1995, 1951; BGH 8.2.1995 – 5 StR 434/94, BGHSt 41, 16 (18) = NJW 1995, 1973.
[736] Vgl. BGH 11.1.1983 – 1 StR 788/82, NStZ 1983, 280.
[737] Vgl. BVerfG 24.2.1995 – 2 BvR 345/95, NJW 1995, 1951 (1952); BGH 8.2.1995 – 5 StR 434/94, BGHSt 41, 16 (19) = NJW 1995, 1973.
[738] Also etwa insbes. bei einschlägig bekannten Erkrankungen.
[739] Vgl. OLG Karlsruhe 12.7.1977 – 1 Ws 166/77, NJW 1978, 601 f.

der staatliche Strafanspruch zurücktreten,[740] dh bei vorübergehender Verhandlungsunfähigkeit ist das Verfahren gem. § 205 vorläufig einzustellen,[741] bei dauerhafter Verhandlungsunfähigkeit ist eine Verfahrenseinstellung nach § 206a bzw. § 260 Abs. 3 geboten.[742] Zur Ausnahme des **Sicherungsverfahrens** vgl. § 415.[743] Ob der Angeklagte verhandlungsfähig ist, ist durch das Gericht zu beurteilen, welches sich dabei der Sachkunde von Sachverständigen bedienen kann.[744] Einer eingeschränkten Verhandlungsfähigkeit kann durch eine angepasste Verhandlungsführung, etwa beschränkte Verhandlungszeit pro Tag, hinreichende Pausen bei ärztlicher Aufsicht etc, begegnet werden.[745] Dagegen ist der Angeklagte nicht verpflichtet, zur Herstellung seiner Verhandlungsfähigkeit erhebliche körperliche Eingriffe bei sich vornehmen zu lassen.[746]

336 **b) Weitere Verfahrensbeteiligte.** Die zur Definition der Verhandlungsfähigkeit herangezogenen Kriterien (→ Rn. 334) wird man in ähnlicher Weise auch heranziehen können, wenn es um die Frage der **Prozessfähigkeit der weiteren Verfahrensbeteiligten** geht. Eine solche ist jedenfalls auch für Verteidiger und Staatsanwalt[747] zu fordern,[748] wobei die Kontrolldichte des Gerichts auch hinsichtlich des (insbes. Wahl-)Verteidigers gering ist.[749] Auch für den Sachverständigen muss aufgrund seiner unmittelbaren Mitverantwortlichkeit für die Aufklärung der Straftat (die nicht zuletzt auch durch § 74 und seinen Verweis auf die richterlichen Vorschriften für die Ablehnung deutlich wird) Prozessfähigkeit vorliegen; der **Zeuge** dagegen muss „nur" **aussagetüchtig** sein, was etwa selbst bei Kindern der Fall sein kann, wenn von ihnen eine verständliche Aussage zu erwarten ist.[750] Für bestimmte Verfahrensbeteiligte bzw. Verfahrenshandlungen sieht das Gesetz auch spezielle Vertretungsregelungen bei der Vornahme von Prozesshandlungen vor, so etwa in § 77 Abs. 3 StGB für die Stellung des Strafantrages sowie für § 374 Abs. 3 für die Erhebung der Privatklage.

337 **3. Form.** Aufgrund der Weite des Begriffs der Prozesshandlung und der Vielgestaltigkeit der darunter gefassten Verhaltensweisen (unterschiedliche Verfahrensstadien, unterschiedliche Verfahrensbeteiligte) gibt es für die bei Prozesshandlungen einzuhaltenden Formen **keine einheitlichen Regelungen.** Prozesshandlungen innerhalb von mündlichen Verhandlungen und Vernehmungen werden regelmäßig auch mündlich vorgenommen; soweit eine **Protokollierung** vorgeschrieben ist (vgl. etwa §§ 168, 271), dient diese nur Beweiszwecken und ist nicht konstitutiv für die Wirksamkeit der Handlung. Außerhalb der Hauptverhandlung sind Prozesshandlungen grds. nur **schriftlich oder zu Protokoll der Geschäftsstelle** möglich. Dieser Schriftform genügen regelmäßig auch Telefax oder Telegramm,[751] sowie elektronische Dokumente nach Maßgabe von § 41a. Die telefonische

---

740 Vgl. LG Konstanz 14.1.2002 – 3 KLs 25/01 33; Js 17730/00, NJW 2002, 911.

741 Vgl. nur BGH 14.12.1995 – 5 StR 208/95, NStZ 1996, 242.

742 Vgl. BVerfG 19.6.1979 – 2 BvR 1060/78, BVerfGE 51, 324 (342 ff.) = NJW 1979, 2349 ff.; 24.2.1995 – 2 BvR 345/95, NJW 1995, 1951.

743 Die Rspr. lässt allerdings bei einer erst während des Verfahrens festgestellten Verhandlungsunfähigkeit keinen Übergang vom Straf- ins Sicherungsverfahren zu, vgl. BGH 23.3.2001 – 2 StR 498/00, BGHSt 46, 345 = NJW 2001, 3277.

744 Vgl. BVerfG 24.2.1995 – 2 BvR 345/95, NJW 1995, 1951 (1952 f.); 2.10.2009 – 2 BvR 1724/09, EuGRZ 2009, 645 (647).

745 Vgl. Schmitt in Meyer-Goßner/Schmitt Einl. Rn. 97.

746 ZB einer Ballondilatation vgl. BGH 14.4.1992 – 1 StR 68/92, StV 1992, 553 (554). Ferner BVerfG 22.9.1993 – 2 BvR 1732/93, BVerfGE 89, 120 (129 f.) = NJW 1994, 1590 (1591).

747 Zur Geisteskrankheit des Richters Schmitt in Meyer-Goßner/Schmitt Einl. Rn. 106.

748 Vgl. Schmitt in Meyer-Goßner/Schmitt Einl. Rn. 99.

749 Vgl. BGH 10.7.1962 – 5 StR 294/62, JR 1962, 428.

750 Vgl. Schmitt in Meyer-Goßner/Schmitt Vor § 48 Rn. 13; zum Fehlen einer allgemeinen Zeugnisunfähigkeit vgl. RG 12.2.1918 – V 804/17, RGSt 52, 138 (139); zur Möglichkeit etwa der Vernehmung auch Geisteskranker in der Hauptverhandlung vgl. RG 9.10.1900 – 3479/00, RGSt 33, 393; RG 27.11.1924 – II 836/24, RGSt 58, 396.

751 Vgl. BGH 9.3.1982 – 1 StR 817/81, BGHSt 31, 7 = NJW 1982, 1470; BVerfG 11.2.1987 – 1 BvR 475/85, BVerfGE 74, 228 (235) = NJW 1987, 2067.

Abgabe der prozessualen Erklärungen genügt dagegen nach üA auch bei einer entsprechenden Niederschrift durch den Gesprächspartner nicht.[752]

Die Einhaltung einer **qualifizierten Form** (Unterschrift durch einen Verteidiger) findet sich etwa bei der Revisionsbegründung (§ 345 Abs. 2) beim Antrag auf Wiederaufnahme des Verfahrens (§ 366 Abs. 2) und beim Antrag auf gerichtliche Entscheidung im Klageerzwingungsverfahren (§ 172 Abs. 3 S. 2).[753] 337a

4. Wirksamkeitsanforderungen im Übrigen. a) Allgemeines. Prozesshandlungen werden erst **mit Eingang** bei der jeweils zuständigen Stelle wirksam,[754] was freilich etwa bei der Vielzahl der mündlich möglichen Prozesshandlungen in der Hauptverhandlung keine weiteren Probleme aufwirft. Im Übrigen sind Prozesshandlungen (neben den Fällen der Handlungsunfähigkeit, → Rn. 333) unwirksam, wenn sie offensichtlich **nicht ernst** gemeint oder nur **zum Schein** abgegeben sind;[755] jedenfalls wenn dies zwischen den Beteiligten streitig ist, ist bei der Annahme einer unernsten oder Scheinerklärung Zurückhaltung geboten. Auch wenn die Äußerungen mit Beschimpfungen oder Beleidigungen verbunden sind,[756] darf daraus jedenfalls nicht ohne weiteres gefolgert werden, dass das damit verbundene Antragsziel automatisch nicht ernst gemeint sei. 338

Dagegen wird man Prozesshandlungen, die **durch eine Drohung herbeigeführt** worden sind oder die in einem durch das Gericht verursachten unverschuldeten Rechtsirrtum wurzeln, im Einzelfall die Wirksamkeit absprechen können.[757] Ferner wird die Unwirksamkeit von Prozesshandlungen teilw. im Gesetz selbst explizit bestimmt (vgl. etwa § 8 Abs. 4 RPflG) oder aber ergibt sich daraus, dass sie nach einer konkreten Gesetzesbestimmung von vornherein keine Folgen auslösen kann,[758] zB bei der Zurücknahme eines Rechtsmittels des Verteidigers ohne ausdrückliche Ermächtigung nach § 302 Abs. 2 oder bei der Mitteilung der Besetzung der Richterbank an den Angeklagten anstatt an seinen Verteidiger (vgl. § 222a Abs. 1 S. 2). In anderen Fällen tritt die Unwirksamkeit nicht automatisch ein, sondern muss **konstitutiv festgestellt** werden, so etwa bei präkludierten Ablehnungsanträgen. 339

b) Insbesondere Wirksamkeit von Urteilen. Auch gerichtliche Entscheidungen (Urteile oder Beschlüsse) stellen Prozesshandlungen dar. Insbes. zu ihnen gibt es auch eine umfangreiche Diskussion über die Wirksamkeit sowie über Abgrenzungsprobleme zwischen einer bloßen **Anfechtbarkeit und einer Nichtigkeit** (oder gar Nichtexistenz) der Entscheidungen. Aufgrund der besonderen Bedeutung der Urteile sollten diese nach früher vielfach vertretener Auffassung bei extrem schweren Mängeln, welche die Entscheidung auch unter Berücksichtigung der Belange der Rechtssicherheit und des Rechtsfriedens als „schlechthin unerträglich" erscheinen ließen, jedenfalls dann nichtig sein, wenn der Mangel für einen verständigen Beurteiler offensichtlich war.[759] In jüngerer Zeit wurde ein solches nichtiges Urteil in einer für Aufsehen sorgenden Entscheidung des OLG München im Fall einer informellen Verständigung bei praktisch vollständig fehlender Sachaufklärung angenommen.[760] Soweit solche Urteile – vergleichbar mit offensichtlichen **„Nicht-Urtei-** 340

---

752 Vgl. BGH 26.3.1981 – 1 StR 206/80, BGHSt 30, 64 (66) = NJW 1981, 1627; anders allerdings für eine Berufungseinlegung LG Münster 11.10.2004 – 15 Ns 622 Js 467/04, NJW 2005, 166 mAnm Kudlich JuS 2005, 660.

753 Hier kann die anwaltliche Unterschrift trotz § 138 Abs. 1 nicht durch die eines Hochschullehrers ersetzt werden, vgl. OLG Bamberg 8.6.2021 – 1 Ws 290/21 mAnm Kudlich JA 2021, 779.

754 Vgl. Schmitt in Meyer-Goßner/Schmitt Einl. Rn. 95.

755 Vgl. Schmitt in Meyer-Goßner/Schmitt Einl. Rn. 110.

756 Vgl. zu solchen Fällen OLG Karlsruhe 18.12.1973 – 2 Ss 222/73, NJW 1974, 915.

757 Vgl. zum Ganzen auch BGH 6.12.1961 – 2 StR 485/60, BGHSt 17, 14 = NJW 1962, 598; OLG Hamm 14.6.1976 – 4 Ws 131/76, NJW 1976, 1952.

758 Vgl. Schmitt in Meyer-Goßner/Schmitt Einl. Rn. 104.

759 Vgl. BGH 16.10.1980 – 1 BJs 80/78; StB 29, 30, 31/80, BGHSt 29, 351 (352) = JR 1981, 379; 13.2.1980 – 3 StR 5/80, BGHSt 29, 216 (219) = NJW 1980, 1586; 16.1.1985 – 2 StR 717/84, BGHSt 33, 126 (127) = NJW 1985, 926; vgl. auch BVerfG 12.11.1984 – 2 BvR 1350/84, NJW 1985, 125.

760 OLG München 17.5.2013 – 2 Ws 1149, 1150/12, NJW 2013, 2371 mkritAnm Meyer-Goßner StV 2013, 613; abl. dazu auch Kudlich NJW 2013, 3216.

len", die etwa durch einen Rechtsreferendar im Rahmen einer simulierten Hauptverhandlung zu Ausbildungszwecken erlassen werden – schlechthin und für jedermann unbeachtlich sein sollen,[761] spricht (von der zumeist fehlenden praktischen Relevanz solcher Überlegungen abgesehen[762]) viel dafür, eine solche **Nichtigkeit** mit wichtigen Stimmen in der Lit.[763] und auch gewissen Tendenzen in der neueren Rspr.[764] **nicht anzuerkennen.** Die Möglichkeit, ein solches Urteil (soweit es kein „Nicht-Urteil" im og Sinn ist) durch das Rechtsmittelverfahren, im Wiederaufnahmeweg oder in den einschlägigen Fällen jedenfalls durch eine Nichtvollstreckbarerklärung nach § 458 aus der Welt zu schaffen bzw. seine Wirkungen zu beseitigen, dürften im Allgemeinen ausreichen. Die mit der Abgrenzung zwischen nur anfechtbaren und „nichtigen" Urteilen sowie mit etwaigen Zweifeln über die Verbindlichkeit solcher Urteile verbundenen Unsicherheiten und Schwierigkeiten rechtfertigen vor diesem Hintergrund keine Anerkennung der Kategorie des „nichtigen" Urteils.

341 Dies dürfte auch in Fällen des **Verstoßes gegen den Grundsatz „ne bis in idem"** (→ Rn. 78 ff.) gelten,[765] da auch dieser Mangel durch Wiederaufnahme des Verfahrens nach § 359 geltend gemacht werden[766] oder bei einer Prüfung nach § 458 berücksichtigt werden kann. Soweit man gleichwohl eine Nichtigkeit bzw. sonstige „Unwirksamkeit" einer gerichtlichen Entscheidung aufgrund eines schwerwiegenden evidenten Verfahrensfehlers anerkennen würde, müssten gegen solche Entscheidungen Rechtsmittel gleichwohl in gleicher Weise zulässig sein wie gegen „wirksame" Entscheidungen,[767] da die im Einzelfall schwierige (und daher nach hier vertretener Auffassung überhaupt nicht anzuerkennende) Abgrenzung zwischen rechtswidrigen, aber „nur" anfechtbaren und „nichtigen/unwirksamen" Urteilen dem Rechtsmittelführer nicht abverlangt werden kann.

342 **c) Sonderproblem: Missbrauch von Verfahrensrechten. aa) Begründbarkeit eines allgemeinen Missbrauchsverbots?** Ein schon seit längerem[768] und auch bis in die jüngste Vergangenheit[769] intensiv diskutiertes Problem im Zusammenhang mit der „Wirksamkeit" von Prozesshandlungen betrifft den **Missbrauch von Befugnissen** (in einem weit verstandenen Sinne). Theoretisch – und je nach Reichweite der Missbrauchsdefinition auch phänomenologisch – lässt sich die Frage für alle Verfahrensbeteiligten und insbes. auch für das richterliche Handeln stellen.[770] Im Fokus der Diskussion steht freilich der Missbrauch von Verfahrensrechten durch den Angeklagten bzw. durch den Verteidiger,[771] nicht zuletzt wohl auch deshalb, weil entsprechende Verhaltensweisen auf Seiten des Gerichts zumindest

---

761 Dafür etwa OLG Karlsruhe 24.8.1989 – 2 AR 21/89, NStZ 1990, 100; OLG Hamm 10.5.1993 – 2 Ss 372/93, MDR 1993, 1002; OLG Frankfurt a. M. 31.5.1996 – 3 Ws 436/96, StV 1996, 533; OLG Düsseldorf 12.3.1998 – 1 Ws 142/98, StraFo 1998, 274 (275); vgl. auch BVerfG 12.11.1984 – 2 BvR 1350/84, NJW 1985, 125 f.; BGH 16.1.1985 – 2 StR 717/84, BGHSt 33, 126 (127) = NJW 1985, 926.

762 Vgl. Meyer-Goßner ZIS 2009, 522.

763 Vgl. nur Schmitt in Meyer-Goßner/Schmitt Einl. Rn. 105a; Kühne in Löwe/Rosenberg Einl. K Rn. 16; Volk/Engländer GK StPO § 15 Rn. 11; Radtke JR 2003, 127 (130).

764 Vgl. BGH 19.2.2009 – 3 StR 439/08, NStZ 2009, 579 (580).

765 Ähnlich bereits BGH 24.1.1984 – 1 StR 874/83, NStZ 1984, 279.

766 Vgl. Kühne in Löwe/Rosenberg Einl. K Rn. 119.

767 Ebenso BGH 12.10.1953 – III ZR 379/52, NJW 1954, 34 (zum Zivilprozessrecht); anders aber etwa Gössel JR 1979, 75 (76).

768 Vgl. nur aus den Monographien der letzten ca. 15 Jahre – jeweils mit zahlreichen weiteren Nachweisen aus der Literatur – Abdallah, Die Problematik des Rechtsmißbrauchs im Strafverfahren, 2002 (dazu Kudlich GA 2003, 852 ff.), Eschenhagen, Der Mißbrauch des Beweisantragsrechts, 2001 (dazu Kudlich JA 2002, 580 ff.), Fahl, Rechtsmißbrauch im Strafprozeß, 2004; Grüner, Über den Mißbrauch von Mitwirkungsrechten und die Mitwirkungspflichten des Verteidigers im Strafprozeß, 2000; Jahn, „Konfliktverteidigung" und Inquisitionsmaxime, 1998; Kudlich, Strafprozeß und allgemeines Mißbrauchsverbot, 1998; Spiekermann, Der Mißbrauch des Beweisantragsrechts, 2001 (dazu nochmals Kudlich JA 2002, 580).

769 Vgl. nur Beulke StV 2009, 554 einer- und Pfister StV 2009, 550 andererseits.

770 Vgl. statt vieler Fischer NStZ 1997, 212 (215); Kempf StV 1996, 507 (511); Kühne StV 1996, 684 (689); Rüping JZ 1997, 865 (869).

771 Zu Missbrauchsverbot und Konfliktverteidigung vgl. auch Senge NStZ 2002, 225.

teilw. in anderen Termini bzw. Kategorien bearbeitet und gelöst werden,[772] so dass das Verteidigungsverhalten am meisten ins Bewusstsein gerückt ist.

Versucht man, sich dem Missbrauchsproblem in allgemeiner Form von den strukturellen Grundlagen her anzunähern, so zeichnen sich **drei grundsätzliche Fragen** ab: Kann ein **„Missbrauchsverbot" überhaupt begründet** und insbes. mit Blick auf den Vorbehalt des Gesetzes legitimiert werden? Bejahendenfalls:[773] Was sind seine **Voraussetzungen?** Und: Welche **Rechtsfolgen** kann es (auch in welcher formalen Weise) nach sich ziehen?[774] Ohne dass der ersten – auch in der einschlägigen Lit. selten vertieft und etwa in ihren methodischen[775] und verfassungsrechtlichen Dimensionen[776] angesprochenen – Frage hier angemessen nachgegangen werden könnte, dürfte zu Recht verbreitet (wenngleich nicht einhellig) Konsens darüber bestehen, dass ein ungeschriebenes Missbrauchsverbot **auch im Strafprozessrecht** jedenfalls nicht von vorneherein ausgeschlossen ist: Sieht man als wesentliches Strukturmerkmal des Missbrauchs den **zweckwidrigen Einsatz einer Befugnis,** erscheint die grundsätzliche Zulässigkeit einer Missbrauchskontrolle nämlich durchaus mit den anerkannten Regeln der Methodenlehre, aber auch mit den meisten Aspekten des Gesetzesvorbehalts (Demokratieprinzip, Gewaltenteilungsgrundsatz und wohl auch Willkürverbot) vereinbar. 343

Das kann zwar nur gelten, wenn dadurch nicht im konkreten Einzelfall der klare Wortlaut bei einer deutlich als abschließend beabsichtigten Regelung überspielt wird. Aber davon kann jedenfalls in dieser Allgemeinheit für das Strafverfahrensrecht keine Rede sein: Zwar geben die de lege lata bestehenden **missbrauchsrelevanten Vorschriften**[777] wohl keine taugliche Analogiebasis her; dem Rückgriff auf einen allgemeinen Rechtsgedanken wie das Missbrauchsverbot stehen aber gesetzliche Einzelausprägungen nicht entgegen. Sieht man dies schon kategorial anders, müsste man konsequenterweise davon ausgehen, dass einem auch noch so krassen Missbrauch – der gewiss nicht den Regelfall bildet, aber eben auch nicht auszuschließen ist – nicht in rechtsstaatlicher Weise begegnet werden kann.[778] Der Begründung eines Missbrauchsverbots mit methodischen Standards jedenfalls kaum überlegen erscheint die etwa von Spiekermann vorgeschlagene Lösung,[779] das im Einzelfall auch von ihr zugestandene Bedürfnis nach einer Missbrauchsreaktion über § 34 StGB zu befriedigen. Denn von den bekannten grundsätzlichen Einwänden gegen die Interpretation eines Rechtfertigungsgrundes als staatliche Eingriffsermächtigung (die hier nicht vertieft werden sollen) einmal abgesehen, gelten die gegen ein allgemeines Missbrauchsverbot traditionell erhobenen Einwände der geringen Bestimmtheit, des Fehlens verlässlicher Aussagen zur Rechtsfolge, des Erfordernisses einer ausführlichen Begründung usw hier ganz genauso. 344

---

772 So etwa über verfassungskonforme – restriktive Auslegung, über den Verhältnismäßigkeitsgrundsatz oder über die Lehre von Beweisverboten.

773 Verneinendenfalls würde sich die Frage stellen: Sollte dies de lege ferenda geändert werden? Vgl. dazu näher Eschenhagen, Der Missbrauch des Beweisantragsrechts, 2001, S. 215 ff.

774 Vgl. zu dieser Fragentrias Kudlich, Strafprozeß und allgemeines Mißbrauchsverbot 1998, insbes. S. 189 ff., 248 ff., sowie Kudlich NStZ 1998, 588.

775 Vgl. Christensen/Kudlich in Feldner/Forgó, Norm und Entscheidung 2000, S. 189. Fahl, Rechtsmissbrauch im Strafprozess 2004, S. 116 ff., insbes. 124 ff., geht davon aus, dass jedes Recht von vornherein nur in den Grenzen seines zweckmäßigen Einsatzes eingeräumt wird, und dürfte damit letztlich von einem Fall der teleologischen Auslegung ausgehen, während Weber GA 1975, 289 (295) darin einen Sonderfall der teleologischen Reduktion sieht.

776 Vgl. dazu Kudlich, Strafprozeß und allgemeines Mißbrauchsverbot 1998, S. 126 ff.; mit Blick auf die Verteidigerrechte und Art. 12 Abs. 1 GG auch Jahn, „Konfliktverteidigung" und Inquisitionsmaxime, 1998, 192 ff., 220 f.; grundlegend zur Frage des Gesetzesvorbehalts im Strafverfahren Krey, Studien zum Gesetzesvorbehalt im Strafrecht, 1977, pass.; Krey, Keine Strafe ohne Gesetz, 1983, pass.

777 Zu diesen Kröpil JR 1997, 315 ff., und Kudlich, Strafprozeß und allgemeines Mißbrauchsverbot, 1998, S. 26 ff.

778 Exemplarisch: Dem Verlesen eines letzten Wortes, das sich über Dutzende von Hauptverhandlungstagen hinzieht. Man mag dieses Problem auch dadurch lösen, dass man diese Ausführungen nicht mehr als „letztes Wort" interpretiert, das ist dann aber allenfalls eine (noch dazu eher vertuschende als klärende) Umetikettierung des methodischen Instrumentariums.

779 Spiekermann, Der Mißbrauch des Beweisantragsrechts, 2001, S. 175 ff.

345 **bb) Voraussetzungen eines Missbrauchs.** Hinsichtlich des tatsächlichen Vorliegens eines Missbrauchsfalles in der konkreten Situation muss geprüft werden, ob die **Zweckwidrigkeit** ein Maß erreicht, das es gerechtfertigt erscheinen lässt, als **Ausnahme von der gesetzlichen Regelanordnung** die Ausübung einer prozessualen Befugnis als unzulässig anzusehen[780] oder sie für die Zukunft einzuschränken bzw. sogar völlig zu entziehen. Hinsichtlich der Bestimmung dieser Zweckwidrigkeit ist zu beachten, dass die konkrete Bezugsgröße dieses Urteils nicht der Zweck des Strafverfahrens als Institution oder der Zweck des Strafverfahrensrechts insgesamt sein kann, sondern stets der **Zweck der jeweils betroffenen Befugnis.** Zwar ist dieser oft durch den Zweck des Verfahrens als Institution mehr oder weniger stark beeinflusst; gleichwohl kann nur das Anknüpfen an der Einzelbefugnis zu überzeugenden Ergebnissen führen. Dies ergibt sich nicht nur methodisch aus der allgemeinen Regel des Vorrangs der lex specialis, sondern auch aus der Tatsache, dass der Gesetzgeber mit der Einräumung bestimmter Verteidigungsbefugnisse bewusst in Kauf genommen hat, dass durch sie zB der Verfahrensabschluss erschwert wird, und ganz offenbar auch davon ausgeht, dass die Meinungen etwa über die Zweckmäßigkeit einer Beweiserhebung zwischen Gericht und Verteidigung auseinander gehen.

346 **cc) Rechtsfolgen eines festgestellten Missbrauchs.** Bei der Auswahl einer Missbrauchsreaktion macht das Gesetz im Anwendungsbereich eines ungeschriebenen Missbrauchsverbots notwendigerweise keine klaren Vorgaben. Es kommt zum einen in Betracht, eine **einzelne Befugnisausübung zurückzuweisen** (wobei sich durchgesetzt hat, diese im Sinne der prozessualen Wertkategorien als „unzulässig" zu bezeichnen) oder – effektiver, aber auch eingriffsintensiver – ihre **zukünftige Ausübung** zu untersagen. Wichtiges Kriterium für die Auswahl der konkreten Rechtsfolge muss dabei zum einen sein, ob nur eine einzelne Befugnisausübung „missbräuchlich" war oder aber das „Ausübungsverhalten" insgesamt, maW: Die Missbrauchsreaktion **sollte mit dem Gegenstand des Missbrauchs korrespondieren.**[781] Zum anderen ist aber jede Missbrauchsreaktion als Eingriff in (prozess-) grundrechtlich geschützte Positionen am **Verhältnismäßigkeitsgrundsatz** zu messen. Hier kann etwa auf das Erfordernis einer „Abmahnung" hingewiesen werden, die – um ihrem Zweck gerecht werden zu können – hinreichend klar sein muss, die mögliche Missbrauchsreaktion nennen sollte und erst einem bereits erfolgten Missbrauch nachfolgen (und nicht „gleichsam auf Vorrat" zu Beginn der Verhandlung erfolgen) darf. Eher „technischer Natur" ist die Frage, ob die Missbrauchsreaktion durch eine bloße Verfügung des Vorsitzenden erfolgen kann oder aber eines Beschlusses des Gerichts als Kollegium bedarf. Vorzugswürdig erscheint, generell einen solchen Beschluss zu fordern, wie etwa auch der Vergleich mit den geschriebenen Fällen einer Missbrauchsreaktion in §§ 26a Abs. 1 Nr. 3,[782] Abs. 2, § 244 Abs. 3 S. 2 Mod. 6, Abs. 6 zeigt und was auch dem og Ausnahmecharakter besser gerecht wird.[783]

347 **5. Anfechtung, Widerruf und Bedingungen. a) Anfechtbarkeit.** Wiewohl insbes. ein **Motivirrtum ohne Auswirkungen** auf die Wirksamkeit von Prozesshandlungen ist[784] und aufgrund des öffentlich-rechtlichen Charakters der Prozesshandlung auch eine Anfechtung nach Irrtumsregeln nach Analogie zum bürgerlichen Recht nicht möglich sein soll,[785] können in **besonders schwer gelagerten** Fällen Täuschungen durch das Gericht, die

780 So etwa im (zutreffend entschiedenen) Fall BGH 21.10.1994 – 2 StR 328/94, BGHSt 40, 287 = NJW 1995, 603 mAnm Kudlich JuS 1997, 507 (missbräuchliche Verknüpfung zwischen Bedingung und Antragsinhalt beim Hilfsbeweisantrag).

781 Vgl. auch bereits Kudlich, Strafprozeß und allgemeines Mißbrauchsverbot, 1998, S. 256, 333.

782 Zu diesem vgl. etwa BGH 2.11.2010 – 1 StR 544/09, NStZ 2011, 294.

783 AA Fahl, Missbrauch im Strafprozess, 2003, S. 434 (dort mit Fn. 3099–3101) mit Verweis auf §§ 238, 241 Abs. 1 – in diesen Fällen müsste der Betroffene eine Entscheidung nach § 238 Abs. 2 herbeiführen, um einen Beschluss des ganzen Kollegiums erlangen zu können.

784 Vgl. BGH 3.11.1983 – 1 StR 681/83, NStZ 1984, 181; 14.11.1986 – 1 StR 589/85, NStZ 1986, 277 (278).

785 Vgl. BGH 6.12.1961 – 2 StR 485/60, BGHSt 17, 14 (18) = NJW 1962, 598; Schmitt in Meyer-Goßner/Schmitt Einl. Rn. 103.

zu einem Irrtum der Verfahrensbeteiligten führen, eine Unwirksamkeit, jedenfalls aber **Anfechtbarkeit** der täuschungsbedingt abgegebenen Erklärung nach sich ziehen (→ Rn. 338 f.).

b) Widerruf und Rücknahme. Der **Widerruf** von Prozesshandlungen und seine Voraussetzungen sind für einzelne Handlungen ausdrücklich geregelt: So für den Strafantrag in § 77d StGB, für die Anklage in § 156 (sowie für den Strafbefehl in § 411 Abs. 3), für die Rechtsmittel in § 302 oder für die Privatklage in § 391. Soweit keine expliziten Regelungen existieren, kann man aus diesem divergenten Bild **keine klaren allgemeinen Grundsätze** ableiten, sondern muss nach Sinn und Zweck der jeweiligen Handlung **differenzieren:**[786] Kein Widerruf ist möglich für Urteile und urteilsähnliche Entscheidungen wie den Strafbefehl, aber auch für mit der sofortigen Beschwerde anfechtbare Beschlüsse oder den Eröffnungsbeschluss sowie für die Rücknahme eines Rechtsmittels.[787] Dagegen sind Beschlüsse, gegen welche die einfache Beschwerde zulässig ist oder die nur aufgrund ihres Charakters als Zwischenentscheidung nicht selbständig anfechtbar sind (§ 305), widerruflich. 348

Als **Faustregel** wird man einerseits für tragende Prozesshandlungen (dh solche, die unmittelbare Voraussetzungen für den Fortgang, die Beschränkung oder die Beendigung des Prozesses schaffen) sowie für solche Handlungen, welche im Ergebnis zu einer Beendigung des Verfahrens führen (neben dem Rechtsmittelverzicht etwa die Übernahmeerklärung der Staatsanwaltschaft nach § 377 Abs. 2,[788] welche gewissermaßen zur Beendigung des Privatklageverfahrens führt), keine Rücknahmemöglichkeit zulassen, während einfache Prozesserklärungen widerruflich sind. So dürfte etwa ein Beweisantrag ohne weiteres widerrufbar sein, ohne dass dies freilich das Gericht daran hindert, die beantragte Beweiserhebung durchzuführen (sondern es vielmehr nur von der Bescheidungspflicht bei Nichtdurchführung entbindet). Auch Verfahrenshandlungen, die aufgrund des später zurückgenommenen oder widerrufenen Antrags durchgeführt worden sind, verlieren dadurch nicht ihre Wirksamkeit. 349

c) Verzicht. Von der späteren Rücknahme bzw. dem späteren Widerruf ist der **Verzicht** auf eine Prozesshandlung zu unterscheiden. Ein solcher ist immer dann möglich, wenn der Beteiligte zur Ausübung der Handlung nicht verpflichtet ist. Eine Wirkung wird man einem solchen Verzicht allerdings nur dann zugestehen können, wenn das Gesetz diese (wie insbes. in § 302) ausdrücklich vorsieht. In den übrigen Fällen kann sich der Prozessbeteiligte (soweit keine Fristabläufe entgegenstehen) grds. auch wieder umentscheiden, und man wird nur in sehr engen Grenzen eine Verwirkung durch die Verzichtsäußerung bzw. eine Unzulässigkeit der späteren Rechtsausübung nach dem Gedanken des venire contra factum proprium annehmen können. 350

d) Bedingungen. Im Grundsatz sind die **meisten Prozesshandlungen bedingungsfeindlich,** dh sie dürfen nicht von einer außerprozessualen Bedingung abhängig gemacht werden, da Unklarheiten über den Verfahrensstand (und insbes. über den Eintritt der Rechtskraft) vermieden werden sollen. Soweit eine unzulässige Bedingung vorliegt, führt dies regelmäßig nicht dazu, dass die Prozesshandlung als unbedingte interpretiert wird, sondern dass sie unwirksam wird,[789] allerdings sind hier durchaus auch Fälle einer „geltungserhaltenden" Auslegung vorstellbar. Für spezielle Konstellationen erkennt auch die StPO selbst die bedingte Ausübung von Prozesshandlungen an, sogar im Rechtsmittelrecht (vgl. § 315 Abs. 2; § 342 Abs. 2 im Zusammenhang mit einem Antrag auf Wiedereinsetzung in den vorigen Stand). Darüber hinaus sind nach allgemeinen Grundsätzen **auch innerprozessuale Bedingungen zulässig, dh** solche Bedingungen, deren Eintritt in der 351

---

786 Nachweise bei Schmitt in Meyer-Goßner/Schmitt Einl. Rn. 116.
787 Vgl. hierzu BGH 3.5.1957 – 5 StR 52/57, BGHSt 10, 245 (247) = NJW 1957, 1040.
788 Vgl. OLG Saarbrücken 9.10.1958 – Vs 2/58, NJW 1959, 163.
789 Vgl. bereits RG 30.5.1932 – 3 TB 50/32, RGSt 66, 265 (268); weiter BGH 12.11.1953 – 3 StR 435/53, BGHSt 5, 183 (184); 16.5.1973 – 2 StR 497/72, BGHSt 25, 187 (188) = NJW 1974, 66 (67).

Hand des Gerichts selbst liegt, so dass es im entscheidenden Verfahrensstadium Klarheit darüber hat oder jedenfalls selbst herstellen kann, ob ein Bedingungseintritt vorgelegen hat oder nicht. Der wichtigste Fall dürften insoweit **bedingte Beweisanträge** sein. Auch die Zurücknahme eines Strafantrags unter der Bedingung einer dem Antragsteller günstigen Kostenentscheidung wird für möglich gehalten. Ferner ist auch die Ankündigung einer (zulässigen) Rücknahme einer Prozesshandlung unschädlich, da es sich insoweit genau genommen um keine Bedingung handelt (sondern bis zur Zurücknahme gerade Klarheit über den Stand des Verfahrens bestätigt).

E. Prozessvoraussetzungen

I. Begriff und Bedeutung

352 **1. Prozessvoraussetzungen und Prozesshindernisse – die traditionelle Sichtweise.** Die StPO enthält **weder Legaldefinitionen noch systematisch zusammenhängende Regeln** über die Behandlung von Prozessvoraussetzungen und Prozesshindernissen.[790] Das Verhältnis der beiden Figuren wird im Gesetz selbst nicht angesprochen. An einigen Stellen werden Folgen für das Vorliegen von „Verfahrenshindernissen" angeordnet (so etwa in §§ 206a, 260 Abs. 3, § 304 Abs. 4 S. 2 Nr. 2). Indes betreffen auch diese Regelungen nur kleine Ausschnitte aus der Gesamtsystematik der Prozessvoraussetzungen und Prozesshindernisse und enthalten außerdem keine Aussage darüber, wann solche vorliegen. Ferner sind in der StPO für einige Umstände, welche gemeinhin als Prozessvoraussetzung verstanden werden, Regelungen enthalten (so etwa zur sachlichen Zuständigkeit in §§ 209, 269 und § 270); allerdings sind diese keineswegs ohne weiteres auf andere Prozessvoraussetzungen übertragbar, und gerade die Regelungen in § 269 und § 270 sind zumindest auf den ersten Blick für die sonst übliche Behandlung von Prozessvoraussetzungen gerade untypisch.

353 Gleichwohl haben sich **Definitionen** herausgebildet, welche zumindest in ihrem Kern weitgehend konsentiert sind. So spricht die Rspr. von **Prozessvoraussetzungen als** „Bedingungen für die Zulässigkeit (…), in einem bestimmten Verfahren – vor diesem Gericht, unter Mitwirkung dieser Prozessobjekte – zu einem Sachurteil in einer bestimmten Sache zu gelangen"[791] bzw. von „Verfahrenshindernissen" als solchen Umständen, „die es ausschließen, dass über einen Prozessgegenstand mit dem Ziel einer Sachentscheidung verhandelt werden darf. Sie müssen so schwer wiegen, dass von ihrem Vorhandensein oder Nichtvorhandensein die Zulässigkeit des gesamten Verfahrens abhängig gemacht werden muss".[792] Ferner findet man verbreitet – teils vielleicht bewusst, teils auch unbewusst verkürzt – noch die Feststellungen, dass das Fehlen einer Prozessvoraussetzung bzw. das Vorliegen eines Prozesshindernisses in jedem Verfahrensstadium von Amts wegen zu beachten sei und eine Einstellung des Verfahrens zur Folge habe. Beides sind Feststellungen, die zwar häufig zutreffen und insoweit auch wichtige Charakteristika der Prozesshindernisse etwa im Unterschied zu Beweisverwertungsverboten zum Ausdruck bringen; beide Aussagen bedürfen jedoch in den Details bereits nach traditioneller Auffassung und in einigen Punkten sogar darüber hinaus noch einer Relativierung (insbes. → Rn. 388 ff.).

354 Die soeben genannten Formulierungen scheinen dafür zu sprechen, dass das **Fehlen von Prozessvoraussetzungen** und das **Vorliegen von Prozesshindernissen** letztlich nur zwei Seiten derselben Medaille sind, dh dass es sich gewissermaßen nur um positive bzw. negative Formulierungen jeweils ein und desselben Umstandes handelt. Soweit an

---

[790] Eingehend zu Grundlagen und Systematik Meyer-Goßner in Hilgendorf/Kudlich/Valerius StrafR-HdB VII § 20.

[791] Vgl. BGH 10.1.1957 – 2 StR 575/56, BGHSt 10, 74 (75) = NJW 1957, 511; vgl. auch Beulke in Satzger/Schluckebier/Widmaier StPO Einl. Rn. 83.

[792] Vgl. BGH 25.10.2000 – 2 StR 232/00, BGHSt 46, 159 (169) = NJW 2001, 1146 (1148) mwN.

dieser Gleichsetzung unmittelbar „begriffliche" Kritik geäußert wird, da es etwa „unsinnig (sei) zu sagen", „es sei eine Prozessvoraussetzung, dass keine Verjährung oder Amnestie gegeben ist",[793] kann diese Kritik jedenfalls nicht pauschal überzeugen. Gerade bei letztlich technischen Begriffsbildungen, die sich nicht unmittelbar im Gesetz finden, ist es eine Frage der Zweckmäßigkeit, wie man bestimmte Umstände formuliert; in diesem Sinne könnte man sehr wohl davon sprechen, dass es eine Prozessvoraussetzung – dh im Sinne der oben genannten Definition eine Bedingung dafür, dass zu einem Sachurteil in einer bestimmten Sache gelangt werden darf – ist, dass hinsichtlich des Vorwurfs jedenfalls keine Verjährung eingetreten ist.[794] Eine andere Frage ist, ob nicht eine bewusst enge und damit differenzierende Verwendung der Begriffe geboten ist, um damit jeweils unterschiedliche Fallgruppen zu beschreiben, in denen trotz der auf den ersten Blick bestehenden Ähnlichkeiten in der rechtlichen Behandlung für bestimmte Konstellationen auch Unterschiede bestehen. In diesem Sinn würde es sich dann freilich um keine begriffliche Argumentation, sondern um eine funktional jeweils unterschiedliche Verwendung der beiden Begriffe handeln.

2. Die Unterscheidung zwischen Befassungs- und Bestrafungsverboten. In diesem Sinne (→ Rn. 354) einer **funktional unterschiedlichen Begriffsverwendung** für zwei unterschiedliche Fallgruppen mag man zwischen Prozessvoraussetzungen und Prozesshindernissen strenger unterscheiden.[795] Vorzugswürdiger, da aufgrund einer neuen und insoweit „unbelasteten" Begriffsbildung weniger anfällig für Missverständnisse und auch „bildhafter" für daran anknüpfenden Konsequenzen ist freilich die **Differenzierung zwischen Befassungs- und Bestrafungsverboten,** welche auf Meyer-Goßner zurückgeht[796] und über die Aufnahme in die Rspr. des BGH[797] rasch auch Eingang in die Judikatur anderer Obergerichte[798] sowie in die Kommentarliteratur[799] gefunden hat. Dieser Unterscheidung liegt der Gedanke zugrunde, dass bestimmte Umstände eine Befassung (generell oder zumindest durch das jeweilige Gericht) mit dem Fall vollständig untersagen, so dass ein **Sachurteil stets ausgeschlossen** ist, während andere Umstände nur **untersagen,** dass es zu einer **Bestrafung** kommt. Hierauf kann mit einem Prozessurteil (bzw. allgemeiner: durch Verfahrenseinstellung) reagiert werden, aber auch ein anderes Sachurteil als eine „Bestrafung" (oder einfacher ausgedrückt: ein Freispruch) bleibt durchaus vorstellbar. Bloße „Bestrafungsverbote" im letztgenannten Sinne sind insbes. der **fehlende Strafantrag,** die **Verjährung** und die **Amnesie;** daneben wohl aber auch die Verhandlungsunfähigkeit sowie – soweit jeweils als Prozesshindernis anerkannt – die unzulässige Tatprovokation und die überlange Verfahrensdauer (→ Rn. 386).[800] 355

Diese Unterscheidung wird auch im Folgenden zugrunde gelegt werden und immer wieder eine Rolle spielen. Die eingeführten Begriffe der Prozessvoraussetzung bzw. des Prozesshindernisses finden gleichwohl Verwendung (wobei die Prozessvoraussetzungen im Wesentlichen mit den Befassungsverboten, die Prozesshindernisse mit den Bestrafungsverbo- 356

793 Meyer-Goßner Prozessvoraussetzungen S. 37.

794 Eher überzeugend ist die Kritik bei dem bei Meyer-Goßner Prozessvoraussetzungen S. 37 genannten Verfahrenshindernis einer überlangen Verfahrensdauer, soweit ein solches anzuerkennen ist. Hier stößt die Bezeichnung eines „Verfahrenshindernisses" etwas auf, da sich dieser Umstand erst im Laufe des Verfahrens entwickelt. Aber selbst insoweit würde nichts gegen ein weites Verständnis dieses technischen Begriffs sprechen, welches von der eingangs genannten Definition durchaus noch gedeckt ist.

795 Vgl. die zusammenfassende Auflistung nach Fallgruppen bei Meyer-Goßner Prozessvoraussetzungen S. 37. Ferner auch Dahs in MAH Strafverteidigung § 12 Rn. 61 ff.; Freund in MüKoStGB Vor §§ 13 ff. Rn. 364.

796 Vgl. neben Schmitt in Meyer-Goßner/Schmitt Einl. Rn. 143 auch Meyer-Goßner Prozessvoraussetzungen S. 38; zust. etwa Beulke in Satzger/Schluckebier/Widmaier StPO Einl. Rn. 84.

797 Vgl. insbes. BGH 10.1.2007 – 5 StR 305/06, BGHSt 51, 202 (205) = NJW 2007, 853 (854).

798 Vgl. OLG Hamm 2.6.2008 – 2 Ss 190/08, NStZ-RR 2008, 383; OLG München 17.6.2008 – 5 St RR 28/08, NJW 2008, 3151 (3153).

799 Vgl. Kühne in Löwe/Rosenberg Einl. K Rn. 37 ff.; Paeffgen in SK-StPO § 206a Rn. 3a – dort als „wohl schon hL" zeichnet; krit. allerdings Stuckenberg in Löwe/Rosenberg § 206a Rn. 29.

800 Meyer-Goßner Prozessvoraussetzungen S. 37.

ten gleichgesetzt werden können), freilich eher als Überbegriffe bzw. ohne eine voneinander differenzierende Konnotation.

357 **3. Übersichtskatalog über Prozessvoraussetzungen und Prozesshindernisse und seine Erweiterung bzw. Beschränkung.** Prozessvoraussetzungen bzw. Prozesshindernisse können nicht nur nach ihren Wirkungen (als Befassungs- oder Bestrafungsverbote) unterschieden, sondern auch nach ihrer **thematischen Herkunft geordnet** werden, was in seinen Fallgruppen mit der Wirkung vielfach, aber nicht durchgehend Überschneidungen mit sich bringt. Für den vorliegenden ersten Überblick, was überhaupt alles als Prozessvoraussetzung bzw. Prozesshindernis diskutiert wird, soll der besseren Übersichtlichkeit wegen allein diese thematische Zuordnung erfolgen. Wenn im Anschluss (→ Rn. 361 ff.) die einzelnen Prozessvoraussetzungen näher beschrieben werden,[801] wird dagegen die Gliederung durch die Unterscheidung zwischen Befassungs- und Bestrafungsverboten überlagert.

358 In diesem Sinne lassen sich als Prozessvoraussetzungen, welche die **Zuweisung an ein bestimmtes Gericht** betreffen, das Eingreifen der deutschen Gerichtsbarkeit, der Rechtsweg nach § 13 GVG, die örtliche Zuständigkeit sowie auch die sachliche Zuständigkeit begreifen. Prozessvoraussetzungen bzw. Prozesshindernisse, welche die **zu verfolgende Sache** betreffen, sind die Verjährung, der Strafantrag, entgegenstehende Rechtskraft oder Rechtshängigkeit, Niederschlagung des Verfahrens, der Spezialitätsgrundsatz (bei der Auslieferung), die wirksame Anklageerhebung sowie ein wirksamer Eröffnungsbeschluss. **Angeklagtenorientierte** Prozessvoraussetzungen bzw. Prozesshindernisse sind die Strafmündigkeit, die Verhandlungsfähigkeit, der Tod sowie die nur noch begrenzte Lebenserwartung, die Ab- bzw. Anwesenheit in der Hauptverhandlung sowie parlamentarische Immunität und Indemnität. Prozessvoraussetzungen bzw. Prozesshindernisse, die **aus der Verfassung abgeleitet** werden, in ihrer Existenz aber letztlich umstritten sind, betreffen die überlange Verfahrensdauer, die unzulässige Tatprovokation durch einen Lockspitzel sowie nach vereinzelter Auffassung auch Verstöße gegen das Folterverbot des § 136a.

359 Über diesen Katalog hinaus, der an seinen Rändern ohnehin schon umstritten ist und dessen letztgenannte Fallgruppe nach überwiegender Auffassung regelmäßig gar nicht zu Prozesshindernissen führt (→ Rn. 384 ff.), ist beim **Anerkennen weiterer neuer Prozesshindernisse Zurückhaltung** geboten. So dürfte etwa trotz gewichtiger Argumente der von *Jäger*[802] unterbreitete Vorschlag, in entsprechender Anwendung von § 260 Abs. 3 ein Verfahren dann einzustellen, wenn der Angeklagte ausschließlich durch **unverwertbare Beweismittel** belastet werde, letztlich nicht praktikabel sein.[803] Zum einen ist es ein qualitativer Unterschied, ob ein Verfahren überhaupt nicht durchgeführt werden darf oder ob nur bestimmte Beweise nicht erhoben werden dürfen (und deswegen – ebenso wie in anderen Fällen, in denen das Gericht zu keiner Überzeugung der Strafbarkeit gelangen kann – eben keine Verurteilung stattfindet); zum anderen dürfte die Abgrenzung, wann „ausschließlich" unverwertbare Beweismittel und wann zwar auch verwertbare, aber für eine Überzeugungsbildung nicht hinreichende Beweismittel vorliegen, vor große Schwierigkeiten stellen. Diesen Problemen muss man sich aber nicht aussetzen, wenn kein Vorteil einer Einstellung entsprechend § 260 Abs. 3 gegenüber einem Einspruch ersichtlich ist. Diese Gedanken gelten entsprechend bei Ansätzen, **andere schwere Verfahrensfehler** zu Prozesshindernissen zu definieren bzw. sie zumindest wie solche zu behandeln, indem Verfahrenseinstellungen (hier besonders iSd §§ 206a, 260 Abs. 3) erfolgen.[804] Mit einem solchen Vorgehen

801 Nur „etwas näher" deshalb, weil die Anforderungen an die entsprechenden Aspekte (etwa an eine wirksame Anklage oder einen wirksamen Eröffnungsbeschluss) naturgemäß der Kommentierung der einschlägigen Vorschriften vorbehalten bleiben muss.

802 Jäger, Beweisverwertung und Beweisverwertungsverbot im Strafprozess 2003, S. 257 ff.

803 Krit. auch Meyer-Goßner Prozessvoraussetzungen S. 11 f.

804 Vgl. etwa die Entscheidung BGH 3.8.1998 – 5 StR 311–98, NStZ-RR 1999, 303 sowie krit. dazu Meyer-Goßner Prozessvoraussetzungen S. 14 ff.; ferner BGHSt 35, 137: krit. Meyer-Goßner, Prozessvoraussetzungen und Prozesshindernisse, 2011, S. 20 ff.; vorsichtig zust. dagegen Riess FS BGH IV, 2000, 809 (826, siehe auch dort Fn. 87).

in Situationen, denen andererseits zugleich die Qualifikation eines Verfahrenshindernisses abgesprochen wird, dürfte letztlich nichts gewonnen sein.

Umgekehrt ist der oben genannte Katalog (→ Rn. 358) auch nicht „auszudünnen". **360**
Insbes. soweit in manchen Fällen eine Nachholbarkeit denkbar ist und von der Rspr. anerkannt wird (vgl. etwa zur Anklageerhebung → Rn. 369), ändert dies nichts daran, dass die fehlende oder unzureichende Anklage **vor der Nachholung bzw. Nachbesserung** ein Verfahrenshindernis darstellt. Ob ein solches in bestimmten Konstellationen behoben werden kann, hat mit der grundsätzlichen Qualifikation eines bestimmten Umstandes als (zumindest potentielles) Verfahrenshindernis nichts zu tun.

II. Die einzelnen Prozessvoraussetzungen bzw. Prozesshindernisse

Wie oben angedeutet, soll im Folgenden die **Differenzierung zwischen Befassungs-** **361**
und Bestrafungsverboten zugrunde gelegt werden und dementsprechend die **erste Gliederungsebene** bilden. Unterhalb dieser Ebene orientiert sich die Darstellung der einzelnen Prozessvoraussetzungen bzw. Prozesshindernisse an der ebenfalls bereits angedeuteten Differenzierung zwischen gerichtsbezogenen, personenbezogenen, sachbezogenen und unmittelbar aus der Verfassung abgeleiteten Prozessvoraussetzungen bzw. Prozesshindernissen. Demgegenüber bildet die Unterscheidung zwischen behebbaren und nichtbehebbaren Prozesshindernissen keine eigene Gliederungsebene, sondern wird – soweit insofern Besonderheiten bestehen – bei der jeweiligen Fallgruppe mitbehandelt. Die Konsequenzen aus dem Fehlen von Prozessvoraussetzungen bzw. dem Fehlen von Prozesshindernissen (oder anders formuliert: aus dem Vorliegen von Befassungs- oder Bestrafungsverboten) werden zusammenfassend in Abschn. III (→ Rn. 388 ff.) behandelt.

1. Befassungsverbote.[805] **a) Befassungsverbote mangels Zuweisung an das ent-** **362**
scheidende Gericht. aa) Eingreifen der deutschen Gerichtsbarkeit. Anders als im Privatrecht, in welchem nach den Regelungen des sog internationalen Privatrechts deutsche Gerichte auch ausländisches Sachrecht anwenden können, korrespondiert im Strafverfahren die **Anwendbarkeit des deutschen Strafrechts** mit der Zuständigkeit der deutschen Strafgerichtsbarkeit. Die Durchführung eines Strafverfahrens ist unzulässig, wenn das deutsche Strafrecht nach Maßgabe der §§ 3–7, 9 StGB nicht anwendbar ist.[806] An der Schnittstelle zwischen personenbezogenem Befassungsverbot und mangelnder Zuweisung an die deutsche Gerichtsbarkeit bewegen sich ferner die Fälle, in welchen nach §§ 18–20 GVG bestimmte Personen aufgrund ihrer **Extraterritorialität** nicht der deutschen Gerichtsbarkeit unterworfen sind, weil sie diplomatische, konsularische oder anderweitige Immunität besitzen.[807]

bb) Eröffnung des Rechtswegs zu den Strafgerichten. Ebenfalls ein Befassungs- **363**
verbot greift ein, wenn der **Rechtsweg** zu den Strafgerichten als Teil der ordentlichen Gerichtsbarkeit **nach § 13 GVG nicht eröffnet** ist. Auch insoweit ist das Verfahren daher einzustellen (bzw. ggf. ein an die Stelle der Einstellung tretender Verweisungsbeschluss zu erlassen). In Einzelfällen können allerdings Ordnungswidrigkeiten nach § 82 OWiG im Strafverfahren abgeurteilt werden.[808]

cc) Örtliche Zuständigkeit. Die örtliche Zuständigkeit folgt eigenen Regeln, was **364**
nicht zuletzt auch daran deutlich wird, dass ihr **Fehlen** nach **§ 338 Nr. 4** (anders als andere Befassungsverbote) als absoluter Revisionsgrund ausgestaltet ist. Bis zur Eröffnung des Hauptverfahrens ist sie nach **§ 16 S. 1** von Amts wegen zu prüfen und bildet somit zumindest eine **„kurzlebige" Prozessvoraussetzung.**[809] Danach kann das Gericht seine örtliche

---

805 Instruktiver Überblick bei Meyer-Goßner in Hilgendorf/Kudlich/Valerius StrafR-HdB VII § 21.
806 Vgl. BGH 22.1.1986 – 3 StR 472/85, BGHSt 34, 1 (3) = NJW 1986, 2895; Kindhäuser/Schumann StrafProzR § 14 Rn. 6.
807 Vgl. Valerius in BeckOK GVG GVG § 18 Rn. 1, 8, 12; Paeffgen in SK-StPO Anh. § 206a Rn. 5.
808 Vgl. Beulke/Swoboda StrafProzR Rn. 275.
809 So Meyer-Goßner Prozessvoraussetzungen S. 29.

Zuständigkeit gem. § 16 S. 2, 3 nur noch bis zum Beginn der Vernehmung des Angeklagten auf seinen Einwand hin aussprechen und das Verfahren nach § 206a bzw. § 260 Abs. 3 einstellen.[810]

365 **dd) Sachliche Zuständigkeit.** Die sachliche Unzuständigkeit eines **höheren Gerichts,** vor dem angeklagt worden ist, ist nach **§ 269** grds. unbeachtlich, wenn die Zuständigkeit nicht willkürlich angenommen worden ist.[811] Wird die Sache dagegen beim unzuständigen Gericht **niederer Ordnung** angeklagt, so ist sie nach **§ 270 Abs. 1** an das zuständige Gericht zu verweisen. Dies ändert allerdings nichts an der Einordnung als Prozessvoraussetzung (in Gestalt eines Befassungsverbotes), da zum einen § 6 explizit anordnet, dass die sachliche Zuständigkeit von Amts wegen zu prüfen ist (was im Allgemeinen typisch für Prozessvoraussetzungen ist) und da zum anderen in dem **Verweisungsbeschluss zugleich eine Einstellung** des Verfahrens vor dem niederen Gericht gesehen werden kann.[812]

366 **b) Befassungsverbote in der Person des Beschuldigten. aa) Strafunmündigkeit.** Kinder, die zum Zeitpunkt der Tat **jünger als 14 Jahre** alt waren, sind gem. § 19 StGB **schuldunfähig** und damit nicht strafmündig. Gegen sie darf deshalb kein Strafverfahren eingeleitet werden; ein gleichwohl eingeleitetes Verfahren ist einzustellen.[813] Auch insoweit liegt also ein Befassungsverbot vor.

367 **bb) Tod des Beschuldigten.** Mit dem Tod des Beschuldigten ist ein Abschluss des Verfahrens durch Sachentscheidung ausgeschlossen und es liegt – **ab diesem Zeitpunkt – ein Befassungsverbot** vor. Entgegen einer früher in Rspr. und Lit. vertretener Auffassung[814] ist ein Einstellungsbeschluss hier auch nicht nur deklaratorisch, sondern konstitutiv erforderlich, um ein förmlich eingeleitetes Verfahren formell zu beenden.[815]

368 **cc) Begrenzte Lebenserwartung des Beschuldigten.** Ob ein Befassungsverbot auch dann vorliegt, wenn der noch verhandlungsfähige Beschuldigte den Abschluss des Verfahrens aufgrund einer **tödlichen Krankheit** mit an Sicherheit grenzender Wahrscheinlichkeit nicht erleben wird, ist **umstritten.** Während der BerlVerfGH und ihm nachfolgend das LG Berlin im Fall Honecker ein entsprechendes Verfahrenshindernis angenommen hatten,[816] lehnt eine verbreiterte Auffassung in der Lit. dies ab, da das Feststellungs- und Aufklärungsinteresse der Rechtsgemeinschaft bei einer Verfahrenseinstellung vor dem Tod oder tatsächlich eingetretener Verhandlungsunfähigkeit missachtet würde.[817]

369 **c) Befassungsverbote, welche die zu verfolgende Sache betreffen. aa) Wirksame Anklage.** Für die Durchführung eines Verfahrens muss eine wirksame Anklage nach **§ 200** vorliegen. **Fehlt sie** völlig oder ist sie aufgrund eines Fehlers **unwirksam** (vgl. zugleich Rn. 370),[818] führt dies zu einem Befassungsverbot. Für das völlige Fehlen der Anklage ist dies im Grundsatz unstreitig. Der nachträgliche Verlust einer Anklageschrift ist dagegen für das Verfahren nach der Rspr. dann ohne Bedeutung, wenn der Anklagesatz

---

810 Vgl. Bosbach in Gercke/Julius/Temming/Zöller § 16 Rn. 1.
811 Vgl. die Nachw. bei Schmitt in Meyer-Goßner/Schmitt § 269 Rn. 8.
812 Vgl. auch Meyer-Goßner Prozessvoraussetzungen S. 10.
813 Vgl. Schild in NK-StPO § 19 Rn. 9; Kindhäuser/Schumann StrafProzR § 14 Rn. 8.
814 Vgl. BGH 3.10.1986 – 2 StR 193/86, BGHSt 34, 184 = NJW 1987, 661 (662); 9.11.1982 – 1 StR 687/81, NStZ 1983, 179, Bloy GA 1980, 161 (168 f.).
815 Vgl. BGH 8.6.1999 – 4 StR 595/97, BGHSt 45, 108 (111 ff.) = NJW 1999, 3644 ff.
816 Vgl. BerlVerfGH 12.1.1993 – VerfGH 55/92, NJW 1993, 515 (517); LG Berlin 13.1.1993 – 527 – 10/92, NStZ 1993, 298.
817 Vgl. etwa Beulke/Swoboda StrafProzR Rn. 12, 289; Schoreit NJW 1993, 881 (885 f.).
818 Die Anforderungen an die Bestimmtheit einer Anklage verlangen dabei freilich nicht mehr Substanz, als materiell-rechtlich für einen Schuldspruch erforderlich ist, vgl. BGH 24.1.2012 – 1 StR 412/11, NStZ 2012, 279.

soweit wiederhergestellt werden kann, dass die angeklagte Person und der Prozessgegenstand festgestellt werden können.[819]

Ebenfalls ein Befassungsverbot liegt bei einer **unwirksamen Anklageschrift** vor. **370**
Jedoch führen nicht alle Mängel in dieser zugleich auch zur Unwirksamkeit, sondern es ist nach hM zu unterscheiden, ob Mängel nur in der Informations- oder auch in der **Umgrenzungsfunktion** der Anklage vorliegen.[820] Mängel in der bloßen Informationsfunktion führen nicht zur Unwirksamkeit,[821] da diese zwar die Verteidigungsmöglichkeiten des Angeklagten und sein Recht aus Art. 103 Abs. 1 GG (→ Rn. 70) beeinträchtigen können, aber den Prozessgegenstand hinreichend konkretisieren (und daher nur mit der Revision gerügt werden können). Solche Mängel in der Informationsfunktion liegen etwa vor, wenn die gesetzlichen Merkmale der Straftat nicht aufgeführt sind, die Angabe der verletzten Strafnormen unvollständig ist oder fehlt,[822] die Beweismittelliste unvollständig ist[823] oder Angaben nach § 200 Abs. 1 S. 4 fehlen.[824] Selbst Unklarheiten darüber, wer der Geschädigte ist oder fehlerhafte Angaben des Tatdatums,[825] sollen nicht zur Unwirksamkeit führen, wobei dies zweifelhaft ist, weil damit auch die angeklagte Tat letztlich fehlt und in diesen Fällen deshalb auch die Umgrenzungsfunktion betroffen ist.[826] **Ob gravierende Mängel hinsichtlich der Informationsfunktion** (nicht nur zu einer Verweigerung der Zustellung an den Angeklagten,[827] sondern auch) in Extremfällen zu einem Befassungsverbot führen können, ist umstritten.[828]

Jedenfalls ein Befassungsverbot besteht dagegen bei Mängeln in der **Umgrenzungs-** **371**
funktion, die dazu führen, dass der Prozessgegenstand nicht hinreichend genau bestimmt ist.[829] Probleme tauchen hier regelmäßig auf, wenn eine **Vielzahl gleichartiger Handlungen** angeklagt ist. Auch nach Aufgabe der „Fortgesetzten Handlung" lässt die Rspr. eine sachgerechte Zusammenfassung der begangenen Taten in der Anklageschrift zu. Diese müssen aber soweit präzisiert werden, dass der Angeklagte feststellen kann, worauf er seine Verteidigung ausrichten muss. Danach müssen die jeweiligen Tatopfer und Tatorte, die Anzahl der vorgeworfenen Einzelakte sowie der Tatzeitraum und die Grundzüge der Begehungsweise angegeben sein.[830] Typische Anwendungsfälle sind hier etwa Betrugs-, Betäubungsmittel- und Sexualdelikte. Bei letzteren muss im Hinblick auf die unterschiedlichen Altersschutzgrenzen der §§ 174, 176, 182 StGB aus der Anklageschrift erkennbar werden, wie viele Taten welchen Altersstufen des Opfers zuzuordnen sind.[831] Soweit hier (oder erst recht: soweit bei an sich einfacher gelagerten Fällen) Fehler auftreten, welche dazu führen, dass die angeklagte Tat nicht klar wird,[832] ist die Anklageschrift unwirksam, was zu einem Befassungsverbot führt. Vgl. ergänzend auch die Kommentierung zu § 200.

---

819 Zum umgekehrten Fall vgl. aber OLG Oldenburg 11.8.2005 – Ss 408/04, NStZ 2006, 119 (Einstellung des Verfahrens wegen nicht auszuschließenden Verfahrenshindernisses, wenn die Akten verloren gegangen sind und sich nicht mehr rekonstruieren lassen, da dann nicht auszuschließen ist, dass es an Anklageschrift und/oder Eröffnungsbeschluss fehlt).

820 Vgl. BGH 29.7.1998 – 1 StR 94/98, BGHSt 44, 153 (156) = NJW 1998, 3788 f.; 2.3.2011 – 2 StR 524/10, NJW 2011, 2308.

821 Vgl. BGH 25.1.1995 – 3 StR 448/94, BGHSt 40, 390 (392) = NJW 1996, 1221 (1222); OLG Karlsruhe 20.1.2005 – 3 Ws 108/04, NJW 2005, 767 (770).

822 Vgl. BGH 15.11.1983 – 5 StR 657/83, StV 1984, 63 (64); BGHR StPO § 200 Abs. 1 S. 1 Anklagesatz 5.

823 Seidl in KMR-StPO § 200 Rn. 60.

824 Stuckenberg in Löwe/Rosenberg § 200 Rn. 90.

825 Vgl. Ritscher in BeckOK StPO § 200 Rn. 21.

826 Teils krit. zur Rspr. daher zu Recht Börner NStZ 2011, 436.

827 Vgl. Seidl in KMR-StPO § 200 Rn. 64; Fezer NStZ 1995, 297 (298).

828 Dafür OLG Schleswig 3.5.1995 – 1 Ws 456, 457/94, NStZ-RR 1996, 111; OLG Düsseldorf 22.10.1996 – 3 Ws 555, 566/96, StV 1997, 10; tendenziell dagegen Schneider in KK-StPO § 200 Rn. 34.

829 Vgl. BGH 19.2.2008 – 1 StR 596/07, NJW 2008, 2131; OLG Karlsruhe 20.1.2005 – 3 Ws 108/04, NJW 2005, 767 (770); Beulke/Swoboda StrafProzR Rn. 285.

830 Vgl. BGH 11.1.1994 – 5 StR 682/93, BGHSt 40, 44 (46 f.) = NJW 1994, 2556 f.

831 Vgl. BGH 16.12.2004 – 3 StR 387/04, NStZ 2005, 282 (283).

832 Vgl. zur Bedeutung der Anklage für den Verfahrensstoff → Rn. 144.

372 Inwieweit solche Fehler in Begrenzungs- oder Informationsfunktion durch eine **„Nachbesserung"** geheilt werden können, ist umstritten und hängt jedenfalls vom **Verfahrensstadium** ab: Vor Eröffnung des Hauptverfahrens ist es im Grundsatz unproblematisch möglich. Nach Eröffnung des Hauptverfahrens können Mängel in der Informationsfunktion grds. durch Klarstellungen und Hinweise in der Hauptverhandlung ausgeglichen werden.[833] Dagegen ist eine Heilung von Mängeln, welche die **Begrenzungsfunktion** betreffen, jedenfalls nicht durch Hinweise in der Hauptverhandlung heilbar, da es weder Aufgabe noch überhaupt Kompetenzbereich des Gerichts ist, die zur Konkretisierung der Anklageschrift erforderlichen Ermittlungen in der Hauptverhandlung durchzuführen und die nach dem Akkusationsprinzip durch die Staatsanwaltschaft gebotene Stoffkonkretisierung vorzunehmen.[834] Nach bestrittener,[835] mittlerweile aber wohl gefestigter Rspr.[836] wird allerdings eine Heilung durch **Rückgriff auf die wesentlichen Ergebnisse** der Ermittlungen für möglich gehalten, wenn sich die im Anklagesatz fehlenden Angaben daraus eindeutig ergeben, der Verfolgungswille des Staatsanwalts sich auch eindeutig auf diese erstreckt und die dort näher umgrenzte Tat in der Anklageschrift zumindest genannt ist.

373 **bb) Wirksamer Eröffnungsbeschluss.** Im Grundsatz **Ähnliches,** aufgrund der unterschiedlichen Zuständigkeiten (Staatsanwaltschaft und Gericht) aber dennoch zu Modifizierendes gilt für den Eröffnungsbeschluss: Auch ein solcher ist für die spätere Hauptverhandlung erforderlich und sein vollständiges Fehlen führt zu einem Befassungsverbot.[837] Teilw. wird hier freilich zugelassen, dass sich der Wille des Gerichts, die Anklage zuzulassen, auch aus einer anderen schriftlichen Entscheidung (etwa einem Verbindungsbeschluss oder eine Entscheidung über die Fortdauer der Untersuchungshaft) eindeutig ergibt.[838] Bloße Termins- und Ladungsverfügungen reichen hingegen ebenso wie Verweisungs- und Übernahmebeschlüsse nicht aus.[839] Wie bei der Anklageschrift kann auch ein **verlorengegangener Eröffnungsbeschluss** rekonstruiert werden, soweit dies zweifelsfrei möglich ist.

374 Daneben können auch **gravierende Mängel** des Eröffnungsbeschlusses zu seiner Unwirksamkeit und damit zu einem Befassungsverbot führen, wobei hier weniger der Gesichtspunkt einer fehlenden Umgrenzungsfunktion in Rede steht, da diese an sich schon durch die Anklage erreicht worden sein sollte. Fehlt es freilich an einer insoweit wirksamen Anklage, so verliert auch der Eröffnungsbeschluss seine Wirksamkeit;[840] Ähnliches gilt auch für das Fehlen sonstiger zur Eröffnung der Hauptverhandlung erforderlicher Prozessvoraussetzungen wie dem Eingreifen der deutschen Gerichtsbarkeit oder dem auslieferungsrechtlichen Spezialitätsgrundsatz (→ Rn. 379); dagegen müssen etwa Strafantrag (oder behördliches Strafverlangen) erst in der Hauptverhandlung für die Verurteilung vorliegen, was die auch hier favorisierte Unterscheidung zwischen Befassungs- und Bestrafungsverboten bestätigt.[841] Unwirksam ist ein Eröffnungsbeschluss ferner, wenn er weder schriftlich erlassen noch protokolliert wurde;[842] wie sich eine fehlende Unterschrift unter dem Beschluss auswirkt, ist umstritten.[843]

---

833 Vgl. BGH 23.8.1995 – 3 StR 163/95, NJW 1996, 206.

834 Vgl. OLG Jena 1.12.1997 – 1 Ss 160/97, NStZ-RR 1998, 144 (145). Eine Änderung der Tatzeiten nach Zulassung der Anklage hält etwa für unzulässig BGH 17.8.2000 – 4 StR 245/00, BGHSt 46, 130 (133 ff.) = NJW 2000, 3293.

835 Vgl. OLG Schleswig 3.5.1995 – 1 Ws 456/94, 457/94, StV 1995, 455 (456).

836 Vgl. nur BGH 28.10.2009 – 1 StR 205/09, NJW 2010, 308 (309).

837 Vgl. BGH 14.5.1957 – 5 StR 145/57, BGHSt 10, 278 (279) = NJW 1957, 1244 (1245); Schneider in KK-StPO § 207 Rn. 20.

838 Vgl. BayObLG 24.11.2000 – 4 St RR 134/2000, BayObLGSt 2000, 161 (162); BGHR StPO § 203 Beschl. 5; OLG Hamm 5.12.1989 – 1 Ss 604/89, NStZ 1990, 146; vgl. auch Ritscher in BeckOK StPO § 207 Rn. 8.

839 Vgl. BayObLG 24.11.2000 – 4 St RR 134/2000, BayObLGSt 2000, 161 (162); Stuckenberg in Löwe/Rosenberg § 207 Rn. 54.

840 Vgl. BGH 3.5.1972 – 3 StR 49/72, GA 1973, 111.

841 Vgl. Stuckenberg in Löwe/Rosenberg § 207 Rn. 79.

842 Vgl. BGH 9.6.1981 – 4 StR 263/81, NStZ 1981, 448; 17.12.1999 – 2 StR 376/99, NStZ 2000, 442 (443).

843 Vgl. OLG Düsseldorf 8.12.1999 – 2 Ws 358362/99, NStZ-RR 2000, 114 (keine Unwirksamkeit) einerseits und OLG Frankfurt a. M. 28.5.1991 – 1 Ss 43/91, NJW 1991, 2849 (2850); OLG Zweibrücken 5.8.2008 – 1 Ss 35/08, NStZ-RR 2009, 287 (grds. unwirksam) andererseits.

Nicht zur Unwirksamkeit (und damit zu keinem Befassungsverbot) führen soll hingegen, wenn die Zulassung zur Hauptverhandlung nicht erkennen lässt, welche Alternative innerhalb eines gesetzlichen Tatbestands durch die Tat verwirklicht wurde,[844] wenn sich die Bezeichnung der anzuwendenden Strafnorm und die Qualifizierung der Tat zwischen Anklageerhebung und Eröffnung des Hauptverfahrens geändert haben[845] oder wenn bloße Mängel in der Informationsfunktion der Anklageschrift vorliegen bzw. das wesentliche Ergebnis der Ermittlungen fehlt.[846] Auch bloße **Besetzungsfehler** beim Erlass des Eröffnungsbeschlusses machen diesen nicht unwirksam;[847] etwas anderes gilt, wenn nicht die erforderliche Zahl von Richtern an seinem Erlass mitgewirkt hat.[848] Nach Auffassung der Rspr. führt auch die Mitwirkung eines ausgeschlossenen Richters nicht zur Unwirksamkeit,[849] da diese selbst in der Hauptverhandlung nur einen absoluten Revisionsgrund nach sich ziehe. **375**

Bis zum Beginn der Hauptverhandlung ist die **Heilung** etwaiger Mängel nach allgA möglich.[850] Ebenso sicher nicht mehr nachholbar ist der Eröffnungsbeschluss dagegen nach Erlass des erstinstanzlichen Urteils, insbes. auch **nicht im Berufungsverfahren.**[851] In der Hauptverhandlung erster Instanz lässt eine inzwischen gefestigte Rspr. eine Heilung bzw. Nachholung des Eröffnungsbeschlusses bis zum Beginn der Vernehmung des Angeklagten zu, wobei die Eröffnungsentscheidung in der Verhandlung bekannt zu machen und der Angeklagte über seine Möglichkeit zu belehren ist, die Aussetzung der Hauptverhandlung zu verlangen.[852] Die Gegenansicht, die eine solche Nachholung nicht für möglich hält,[853] kann für sich immerhin in Anspruch nehmen, dass bei einer Entscheidung in der Hauptverhandlung die Schöffen mitwirken, während der Eröffnungsbeschluss im Zwischenverfahren ohne sie zu erlassen wäre;[854] ferner wird – auch wenn es auf den ersten Blick paradox klingt – die **Sicherungsfunktion** des Zwischenverfahrens und des Eröffnungsbeschlusses (→ Rn. 239) konterkariert, wenn das (von der Besetzung abgesehen) gleiche Gericht, das den Eröffnungsbeschluss versäumt hat, diesen regelmäßig selbst in der eigenen Hauptverhandlung nachholen könnte. Gleichwohl bleibt aus **prozessökonomischen Gründen** durchaus fraglich, ob ein Befassungsverbot – mit der Konsequenz, dass der Angeklagte der Nachholung nicht einmal dann zustimmen könnte, wenn er es wollte – die angemessene Rechtsfolge ist, wenn man berücksichtigt, dass einerseits eine neue Anklageerhebung für den Beschuldigten sogar belastender sein könnte, und dass er umgekehrt auch ohne den Eröffnungsbeschluss aufgrund der Anklageschrift an sich die Möglichkeit hatte, sich auf das Verfahren inhaltlich vorzubereiten.[855] **376**

cc) Entgegenstehende Rechtskraft. Wie sich aus Art. 103 Abs. 3 GG (**ne bis in idem,** → Rn. 78) ergibt, darf niemand wegen derselben Tat mehrmals bestraft werden, wobei die Vorschrift nicht nur ein Doppelbestrafungs- sondern hinsichtlich der gleichen **377**

---

844 Vgl. BGH 15.11.1983 – 5 StR 657/83, NStZ 1984, 133.
845 Vgl. BGH 17.2.1981 – 1 StR 546/80, NStZ 1981, 309.
846 Vgl. BGH 25.1.1995 – 3 StR 448/94, BGHSt 40, 390 (392) = NJW 1996, 1221 (1222).
847 Vgl. BGH 18.2.1981 – 3 StR 269/80, NStZ 1981, 447.
848 Anders, wenn lediglich die Unterschriften der Richter fehlen, ihre Mitwirkung aber zweifelsfrei feststeht.
849 Vgl. BGH 16.10.1980 – 1 BJs 80/78; 3StB 29, 30, 31/80, BGHSt 29, 351 (354 f.) = NJW 1981, 133 (134).
850 Zu den Anforderungen daran etwa BGH 29.9.2011 – 3 StR 280/11, NStZ 2012, 225.
851 Vgl. BGH 4.4.1985 – 5 StR 193/85, BGHSt 33, 167 ff. = NJW 1985, 1720; OLG Zweibrücken 5.8.2008 – 1 Ss 35/08, NStZ-RR 2009, 287 (288); Schneider in KK-StPO § 207 Rn. 21.
852 Vgl. BGH 18.3.1980 – 1 StR 213/79, BGHSt 29, 224 (228 ff.) = NJW 1980, 1858; 2.11.2005 – 4 StR 418/05, BGHSt 50, 267 (268 f.) = NJW 2006, 240.
853 Vgl. Meyer-Goßner JR 1981, 214 (215, 217); Beulke/Swoboda StrafProzR Rn. 284.
854 Nach BGH 29.9.2011 – 3 StR 280/11, NStZ 2012, 225, scheidet eine Heilung jedenfalls aus, wenn in der Hauptverhandlung nur mit zwei Berufsrichtern verhandelt wurde, während die Eröffnungsentscheidung außerhalb der Hauptverhandlung mit drei Berufsrichtern zu treffen wäre; vgl. auch BGH 7.9.2011 – 1 StR 388/11, NStZ 2012, 50.
855 Zu diesem Argument vgl. auch BGH 18.3.1980 – 1 StR 213/79, BGHSt 29, 224 (230) = NJW 1980, 1858 (1859).

prozessualen Tat auch ein **Doppelverfolgungsverbot** enthält. Soweit also ein (verurteilendes wie freisprechendes) Urteil zur gleichen prozessualen Tat bereits vorliegt, führt dies für ein neues Gericht zu einem Befassungsverbot.[856] Anders, als früher teilw. angenommen, wäre freilich ein gleichwohl ergehendes zweites Urteil nicht „nichtig", sondern bedürfte einer konstitutiven Aufhebungsentscheidung. Zur fehlenden Anwendbarkeit auf ausländische Urteile und zur Erweiterung aufgrund völkerrechtlicher Verträge sowie insbes. auch aufgrund von Art. 54 SDÜ → Rn. 81.

378 **dd) Anderweitige Rechtshängigkeit.** Ebenso besteht ein **Befassungsverbot,** wenn der Anklagegegenstand (prozessuale Tat) bereits bei einem **anderen Gericht rechtshängig** ist, so dass die Gefahr einer Doppelbestrafung besteht. Nach dem **Prioritätsgrundsatz** des § 12 Abs. 1 hat dasjenige Gericht Vorrang, das zuerst eröffnet hat;[857] eine Ausnahme gilt nur, wenn dem anderen Gericht umfassendere Aburteilungsmöglichkeiten zur Verfügung stehen.[858] Kein Befassungsverbot besteht jedoch, wenn die Tat von jedem der Gerichte nur unter solchen rechtlichen Gesichtspunkten beurteilt werden kann, zu dem das jeweils andere Gericht keinen Zugang hat.[859]

379 **ee) Spezialitätsgrundsatz.** Nach dem sog Spezialitätsgrundsatz darf ein Beschuldigter, der **von einem fremden Staat** zur Durchführung eines Strafverfahrens **ausgeliefert** wurde, nur innerhalb der vom ausliefernden Staat gesetzten tatsächlichen und rechtlichen Grenzen verfolgt werden. Eine Strafverfolgung ist also nur für solche Taten zulässig, für die eine Auslieferung bewilligt worden ist; auch eine andere rechtliche Beurteilung der Taten kann nur erfolgen, soweit die Auslieferung auch danach bewilligt worden wäre.[860] Hinsichtlich anderer selbständiger Taten besteht ähnlich wie für die fehlende Zuständigkeit der deutschen Strafgerichte (→ Rn. 362) ein **Befassungsverbot,** das aber entfallen kann, wenn der ausliefernde Staat die Auslieferung nachträglich bewilligt. Bei einer Verfolgung des Beschuldigten wegen einer weiteren Tat innerhalb des prozessualen Tatbegriffs führt der Spezialitätsgrundsatz nur zu einem beschränkenden Schuldspruch und zu keinem Befassungsverbot.[861]

380 **2. Bestrafungsverbote.**[862] **a) Bestrafungsverbote in der Person des Beschuldigten: Verhandlungsfähigkeit.** Anders als die Strafunmündigkeit oder der Tod des Angeklagten führt seine **Verhandlungsunfähigkeit** „nur" zu einem Bestrafungs-, nicht zu einem Befassungsverbot. Bei einer nur vorübergehenden Verhandlungsunfähigkeit wird das Verfahren gem. § 205 vorläufig eingestellt; die dauerhafte Verhandlungsunfähigkeit führt grds. zur endgültigen Einstellung,[863] wobei jedoch bei der Durchführung einer Verhandlung bis zur **Freispruchreife** wegen der Einordnung als bloßes Bestrafungsverbot gerade auch ein Freispruch erfolgen könnte. Einer Sachentscheidung in solchen Fällen wird man auch nicht mit Volk[864] entgegenhalten können, dass die Rechtsordnung „ihre Macht" nicht „in einem Verfahren" demonstrieren solle, dem „der Betroffene nicht folgen" könne, da die berechtigten Interessen des Verhandlungsunfähigen durch seinen Freispruch nicht beeinträchtigt werden. Verhandlungsfähigkeit in diesem Sinne setzt **keine Geschäfts- oder Prozessfähigkeit** wie im Zivilverfahren voraus, sondern es ist ausreichend, dass der Beschul-

[856] Vgl. aus der neueren Rspr. nur OLG Hamm 2.6.2008 – 2 Ss 190/08, NStZ-RR 2008, 383; ferner etwa Schroeder/Verrel StrafProzR § 10 Rn. 69.

[857] Bei dieser Zuständigkeit bleibt es auch, wenn eine Verbindung und Übernahme durch ein anderes Gericht – etwa wegen Verstoßes gegen § 13 Abs. 2 (wenn auch die sachliche Zuständigkeit betroffen ist) und mangels Beschlusses nach § 4 Abs. 2 S. 2 – unwirksam ist, vgl. OLG Oldenburg 23.8.2011 – 1 Ss 133/11, NStZ-RR 2011, 376 (377).

[858] Vgl. Stuckenberg in Löwe/Rosenberg § 206a Rn. 64.

[859] Vgl. Stuckenberg in Löwe/Rosenberg § 206a Rn. 64.

[860] Vgl. BGH 20.12.1968 – 1 StR 508/67, BGHSt 22, 307 ff. = NJW 1969, 995 f.

[861] Vgl. Stuckenberg in Löwe/Rosenberg § 206a Rn. 70.

[862] Instruktiver Überblick bei Meyer-Goßner in Hilgendorf/Kudlich/Valerius StrafR-HdB VII § 22.

[863] Vgl. BGH 23.3.2001 – 2 StR 498/00, BGHSt 46, 345 (346) = NJW 2001, 3277 (3278).

[864] Volk, Prozessvoraussetzungen im Strafrecht, 1978, 246.

digte seine Interessen innerhalb und außerhalb der Verhandlung vernünftig wahrnehmen und seine Verteidigung in verständiger und verständlicher Weise führen kann sowie Prozesserklärungen abzugeben und entgegenzunehmen vermag.[865]

b) Bestrafungsverbote, welche die zu verfolgende Sache betreffen. aa) Verjährung. Die nach § 78 Abs. 1 S. 1 StGB ausgeschlossene Ahndung der Tat in Fällen der Verjährung besitzt nach heutiger ganz hM zumindest auch prozessualen Charakter.[866] Der Eintritt der Verjährung führt grds. zur **Verfahrenseinstellung.** Ist bis zu dem Zeitpunkt, an dem die Verjährung festgestellt worden ist, jedoch schon bis zur **Freispruchreife** verhandelt worden, muss dieser ausgesprochen werden.[867] 381

bb) Strafantrag. Bei **Antragsdelikten** verlangt das Gesetz das Vorliegen eines wirksamen Strafantrags, damit ein Verfahren eingeleitet und durchgeführt werden darf. Fehlt es an einem solchen (und kann dieser auch nicht mehr gestellt werden), liegt bei absoluten Antragsdelikten ein endgültiges Prozesshindernis in Gestalt eines **Bestrafungsverbotes** vor. Gleiches gilt, wenn bei relativen Antragsdelikten die Staatsanwaltschaft ein Einschreiten von Amts wegen nicht für geboten hält.[868] Ähnlich wie bei der Verjährung gilt: Steht zu dem Zeitpunkt, zu dem das Fehlen des Strafantrags bemerkt wird, schon fest, dass der Angeklagte keinen Straftatbestand verwirklicht hat bzw. ihm dieser nicht nachzuweisen ist, muss ein **Freispruch** erfolgen.[869] 382

cc) Amnestie. Wegen der grundsätzlichen verfassungsrechtlichen Unzulässigkeit der Einzelabolition (Einzelniederschlagung) kommt eine Niederschlagung grds. allenfalls durch **Massenabolition (Amnestie)** in Betracht. Bei dieser ist es ähnlich wie bei der Verjährung teilw. umstritten, ob sie neben dem prozessualen auch einen materiell-rechtlichen Charakter hat,[870] was aber nichts daran ändert, dass sie jedenfalls ein Verfahrenshindernis als Bestrafungsverbot darstellt.[871] 383

c) Verfassungsrechtlich begründete Bestrafungsverbote. aa) Grundsätzliches. In einer Reihe weiterer Fälle werden Verfahrenshindernisse auch für Konstellationen diskutiert, welche in der StPO (jedenfalls mit dieser Rechtsfolge) keinen ausdrücklichen Niederschlag gefunden haben. Insoweit erfolgt regelmäßig argumentativ ein Rückgriff unmittelbar auf das **GG** oder auch die **EMRK.** Ernsthaft diskutiert und auch von praktischer Bedeutung sind insbes. die **Tatprovokation** durch einen Lockspitzel und die **überlange Verfahrensdauer,** wenngleich beide von der heute hM regelmäßig anders behandelt werden. Einzelne andere Vorschläge haben nur wenige Anhänger gefunden. 384

bb) Tatprovokation. Als Verfahrenshindernis diskutiert wird der Fall der unzulässigen Tatprovokation.[872] Inhaltlich ist dabei die erste Frage, wann überhaupt von einer „unzulässigen" Provokation gesprochen werden kann, da nach herrschender Auffassung im Rahmen von verdeckten Ermittlungen gewisse Anreize zur Tatbegehung durchaus geschaffen werden dürfen. Die Grenze ist dann jedoch überschritten, wenn eine **anfangs nicht tatgeneigte Person** ausschließlich von einer dem Staat zurechenbaren Provokation zu der Straftat „ver- 385

---

865 Vgl. BGH 14.12.1995 – 5 StR 208/95, NStZ 1996, 242.

866 Vgl. Rudolphi/Wolter in SK-StGB Vor § 78 Rn. 9 f.; Stuckenberg in Löwe/Rosenberg § 206a Rn. 55: Ob sie neben dem verfahrensrechtlichen Charakter zugleich auch materiell-strafrechtlicher Natur ist, spielt für die prozessuale Behandlung keine Rolle.

867 Vgl. bereits Volk, Strafprozessvoraussetzungen im Strafrecht, 1978, 243 ff.; Meyer-Goßner Prozessvoraussetzungen S. 34.

868 Vgl. Krey/Esser StrafR AT § 8 Rn. 237.

869 Vgl. Meyer-Goßner Prozessvoraussetzungen S. 34.

870 Vgl. BGH 18.11.1971 – 1 StR 302/71, BGHSt 24, 262 (265) = NJW 1972, 262 (263).

871 Vgl. Meyer-Goßner Prozessvoraussetzungen S. 34.

872 Zahlreiche Nachw. zur Problematik bei Schmitt in Meyer-Goßner/Schmitt Einl. Rn. 148a; zur Forderung nach einer Regelung de lege ferenda vgl. Jahn/Hübner StV 2020, 207.

führt" wird.[873] Soweit ein Verstoß bejaht wird, stehen sich in der neueren Rechtsprechung des BGH eine vom BVerfG jedenfalls „abgesegnete" Linie insbesondere des 1. Senats[874] (Berücksichtigung nur bei der Strafzumessung) und eine an der Rechtsprechung des EGMR orientierte Rechtsprechung des 2. Senats[875] (Verfahrenshindernis) gegenüber,[876] die in jüngster Zeit durch die Entscheidung Akbay gegen Deutschland noch einmal Unterstützung erfahren hat.[877]

386 **cc) Überlange Verfahrensdauer.** Auch im Fall einer überlangen Verfahrensdauer aufgrund eines **Verstoßes gegen das Beschleunigungsverbot** wird ein Verfahrenshindernis diskutiert. Zu den Anforderungen an diese Verstöße und zum regelmäßigen Fehlen eines Verfahrenshindernisses nach hM sowie zur Behandlung über die sog Vollstreckungslösung → Rn. 159 ff. Soweit in Extremfällen ein Verfahrenshindernis angenommen würde,[878] wäre auch dieses als bloßes Bestrafungshindernis anzusehen, welches bei einer Ermittlung bis zur Freispruchreife einen solchen nach sich ziehen müsste.[879]

387 **dd) Weitere Fälle.** Weitere Fälle, in denen – jeweils freilich nur für extreme Konstellationen – Verfahrenshindernisse diskutiert werden, sind die **öffentliche Vorverurteilung in den Medien,**[880] rechtsstaatswidrige und über die normalen Aufgaben der Strafverfolgungsbehörden hinausgehende **parteiische Versuche,** eine Verurteilung um jeden Preis herbeizuführen (etwa bei **Beweismanipulationen** durch die Ermittlungsbehörden oder den Bruch der Zusage der Nichtverfolgung)[881] sowie Verstöße gegen die allgemeinen **Regeln des Völkerrechts,** etwa bei einer völkerrechtswidrigen Festnahme und Verschleppung.[882] Vom BVerfG anerkannt ist ein Verfolgungshindernis aus dem Verhältnismäßigkeitsgrundsatz für **DDR-Spione** nach der Wiedervereinigung;[883] freilich betrifft dieses nur eine historische Sondersituation, die sich voraussichtlich in absehbarer Zeit nicht mehr so wiederholen wird.

III. Die Rechtsanwendung bei Prozesshindernissen bzw. fehlenden Prozessvoraussetzungen

388 **1. Rechtsfolgen. a) Grundsatz: Verfahrenseinstellung.** Grds. ist das Verfahren beim Vorliegen eines Prozesshindernisses bzw. beim Fehlen einer Prozessvoraussetzung – und damit also in gleicher Weise bei Befassungs- wie bei Bestrafungsverboten – **einzustel-**

[873] Vgl. EGMR 9.6.1998 – 44/1997/828/1034, NStZ 1999, 47 (48); EGMR 5.2.2008 – 74420/01, NJW 2009, 3565 (3566). Vgl. zu verschiedenen Vorschlägen zur Behandlung solcher Fälle (von der Annahme eines materiellen Strafausschließungsgrundes über die Annahme eines Prozesshindernisses kraft Verwirkung bis zur Lösung über Beweisverwertungsverbote) etwa BGH 13.7.1984 – 2 StR 199/84, NStZ 1984, 519 (520); Fischer/Maul NStZ 1992, 7 (13); Hillenkamp NJW 1989, 2841 (2843 f.); Kempf StV 1999, 128; Kinzig StV 1999, 288; Puppe NStZ 1986, 404 (406); Roxin StrafR AT I § 10 Rn. 28. Zur unzulässigen Provokation wegen fehlenden Bezugs zum konkreten Tatverdacht vgl. BGH 30.5.2001 – 1 StR 42/01, BGHSt 47, 44 = NStZ 2002, 50.

[874] BGH 19.5.2015 – 1 StR 128/15, BGHSt 60, 238 = NStZ 2015, 541 mAnm Jahn JuS 2016, 180.

[875] BGH 10.6.2015 – 2 StR 97/14, BGHSt 60, 276 = NJW 2016, 91 mAnm Eisenberg = NStZ 2016, 52 mAnm Mitsch sowie dazu auch Jäger JA 2016, 308 und Mosbacher JuS 2017, 127.

[876] Vgl. eingehend Jahn/Kudlich JR 2016, 54.

[877] Vgl. EGMR 15.10.2020 – Nr. 40495/15, 40913/15, 37273/15 – Urteil der Fünften Sektion, sowie dazu Hübner HRRS 2020, 441.

[878] Vgl. für ungewöhnliche Einzelfälle BGH 25.10.2000 – 2 StR 232/00, BGHSt 46, 159 (170 ff.) =NJW 2001, 1146 (1148 ff.).

[879] Vgl. Meyer-Goßner Prozessvoraussetzungen S. 35.

[880] Vgl. hierzu Wohlers StV 2005, 186 (190) (als ultima ratio); ausführlicher Eser/Meyer, Öffentliche Vorverurteilung und faires Strafverfahren, 1986, insbes. S. 344 ff.

[881] Vgl. mwN Schmitt in Meyer-Goßner/Schmitt Einl. Rn. 148b.

[882] Vgl. mwN Schmitt in Meyer-Goßner/Schmitt Einl. Rn. 149: Davon zu unterscheiden ist die Frage, ob nicht der ausländische Staat ggf. Ansprüche gegen die BRD stellen können, welche zB beim Verlangen der unverzüglichen Rückführung einem Verfahren zumindest faktisch entgegenstehen.

[883] Vgl. BVerfG 15.5.1995 – 2 BvL 19/91, 2 BvR 1206/91, 1584/91, 2601/93, BVerfGE 92, 277 (341 ff.) = NJW 1995, 1811 (1816 ff.).

len. Auch eine **Teilrechtskraft** steht dabei einer Einstellung nicht entgegen;[884] vielmehr genügen auch die Anhängigkeit nur noch wegen einer Nebenfolge,[885] eine auf die Rechtsfolgen beschränkte Anfechtung des Urteils[886] oder ein Verfahren über die Frage der Strafaussetzung.[887] Nicht ausreichend ist dagegen, wenn ein Prozesshindernis sich auf prozessuale Taten bezieht bzgl. derer die Entscheidung (insbes. für Fälle der horizontalen Teilrechtskraft) rechtskräftig wurde, selbst wenn eine Gesamtstrafe gebildet wurde.[888]

Die entsprechende Rechtsgrundlage hängt hier vom **konkreten Verfahrensstadium** ab: Wird das Prozesshindernis (im weiteren Sinne) bereits im Ermittlungsverfahren deutlich, so ist das Verfahren nach § 170 Abs. 2 einzustellen; im Zwischenverfahren führt das Prozesshindernis zu einer Nichteröffnung nach § 204 bzw. bei einem nur vorübergehenden Prozesshindernis zu einer vorläufigen Einstellung nach § 205. Nach Eröffnung des Hauptverfahrens erfolgt die Einstellung außerhalb der Hauptverhandlung nach § 206a durch Beschluss bzw. innerhalb der Hauptverhandlung nach § 260 Abs. 3 durch Einstellungsurteil. Zu (zT nur scheinbaren) Ausnahmen bei der Behandlung der sachlichen Zuständigkeit → Rn. 365 sowie → Rn. 393). Im Falle einer Privatklage wird diese bei Fehlen einer Prozessvoraussetzung bzw. Vorliegen eines Prozesshindernisses vom Gericht nach § 383 Abs. 1 S. 1 zurückgewiesen.[889] 389

b) Zum Verhältnis von Einstellung und Freispruch. Unstreitig und damit im Ergebnis klar ist, dass es bei Vorliegen eines Prozesshindernisses bzw. Fehlen einer Prozessvoraussetzung zu keiner Verurteilung kommen kann. Weniger klar ist aber, ob bzw. in welchen Fällen **statt einer Verfahrenseinstellung** in der Verhandlung ein **Freispruch** in Betracht kommt. Diese Frage stellt sich freilich nur, wenn in dem Moment, in welchem das Prozesshindernis bzw. die fehlende Prozessvoraussetzung vom Gericht erkannt wird, bereits bis zur **Freispruchreife** verhandelt worden ist. Ist dies nicht der Fall, soll auf jeden Fall eine Einstellung erfolgen. In anderen Fällen ist zu differenzieren: 390

aa) Bestrafungsverbote. Liegt „nur" ein Bestrafungsverbot, also nach hier vertretener Auffassung das Fehlen eines Strafantrags, Eintritt von Verjährung, Amnestie, Verhandlungsunfähigkeit sowie – soweit anerkannt – überlange Verfahrensdauer und Tatprovokation, vor, hat der **Freispruch Vorrang vor der Einstellung.**[890] Soweit gleichwohl eine Einstellung erfolgt, erwächst diese in materielle Rechtskraft.[891] 391

bb) Befassungsverbote. Handelt es sich dagegen um Befassungsverbote (→ Rn. 355) wie etwa das Fehlen der Anklage[892] oder des Eröffnungsbeschlusses,[893] bleibt ein **Vorrang der Einstellung** bestehen und es kann kein Freispruch erfolgen. 392

884 Vgl. BGH 11.11.1955 – 1 StR 409/55, BGHSt 8, 269 (270 f.) = NJW 1956, 110; 24.9.1954 – 2 StR 598/53, BGHSt 6, 304 = NJW 1954, 1776; 28.4.1982 – 3 StR 35/82, BGHSt 31, 51 = NJW 1982, 1954.

885 Vgl. BGH 24.9.1954 – 2 StR 598/53, BGHSt 6, 304 ff. = NJW 1954, 1776 ff.; 13.5.1959 – 4 StR 122/59, BGHSt 13, 128 f. = NJW 1959, 1331.

886 Vgl. BGH 14.6.1977 – 4 StR 243/77, DAR 1978, 160.

887 Vgl. BGH 26.6.1958 – 4 StR 145/58, BGHSt 11, 393 (395) = NJW 1958, 1307 (1308).

888 Insoweit aA BGH 11.11.1955 – 1 StR 409/55, BGHSt 8, 269 = NJW 1956, 110.

889 Vgl. Schmitt in Meyer-Goßner/Schmitt § 383 Rn. 3, 7.

890 Vgl. → Rn. 355 ff.; ferner etwa OLG München 17.6.2008 – 5 St RR 28/08, NJW 2008, 3151 (3155). Zur Frage, ob bei gleichwohl erfolgter Einstellung eines Beschwer vorliegt und mithin eine Revision zulässig ist, vgl. (letztlich für behebbare Verfahrenshindernisse offenlassend) BGH 4.5.2017 – 3 StR 232/16, NStZ 2018, 51 mAnm Arnoldi sowie dazu auch Mosbacher JuS 2017, 742 (746).

891 Vgl. BGH 5.6.2007 – 5 StR 383/06, NJW 2007, 3010 (3011); Kühne in Löwe/Rosenberg Einl. K Rn. 95 ff.

892 Vgl. BGH 17.8.2000 – 4 StR 245/00, BGHSt 46, 130 = NJW 2000, 3293.

893 Vgl. Meyer-Goßner Prozessvoraussetzungen S. 29; vgl. ferner allg. auch BGH 14.5.1957 – 5 StR 145/57, BGHSt 10, 278 (279) = NJW 1957, 1244 (1245); BGH 4.4.1985 – 5 StR 193/85, BGHSt 33, 167 = NJW 1985, 1720; weitere Bsp. bei Meyer-Goßner, Prozessvoraussetzungen und Prozesshindernisse, 2011, S. 32 f.

393 **cc) Sonderfall der sachlichen Unzuständigkeit.** Ist das angerufene **niedere Gericht** sachlich unzuständig, ist grds. eine (die Einstellung enthaltende, → Rn. 365) **Verweisung** an das zuständige höhere Gericht erforderlich; diese setzt nach hM voraus, dass das niedere Gericht von einer Schuld des Angeklagten überzeugt ist. Begründen erst in der Hauptverhandlung neu hervorgetretene Umstände eine höhere Zuständigkeit, muss insoweit zumindest hinreichender Tatverdacht bestehen.[894] Nimmt das AG eine **Freispruchreife** an, so hat es insoweit beides verneint und eine Verweisung scheidet aus.[895] Ergibt sich die sachliche Unzuständigkeit des AG aber bereits ohne weiteres aus der Anklage selbst (etwa bei Anklage einer Straftat, für die nach § 74a GVG die Staatsschutzkammer zuständig ist[896]), fehlt dem Gericht jede Zuständigkeit, in der Sache zu entscheiden und es darf deswegen nicht freisprechen, sondern muss verweisen. In den „normalen" Fällen des § 269 steht einem Freispruch ohnehin nichts entgegen. Bei einer willkürlichen Annahme der Zuständigkeit durch das höhere Gericht (die auch in der Revision zu berücksichtigen ist) ist allerdings zu erwägen, ob nicht ähnlich wie bei der originären Unzuständigkeit des niederen Gerichts eine Sachentscheidung nicht erfolgen darf.[897]

394 **c) Einstellung und Freispruch bei Tateinheit.** Ist beim Zusammentreffen **tateinheitlich verbundener Taten** ein Vorwurf nicht nachweisbar, während der andere aufgrund eines Verfahrenshindernisses nicht verfolgt werden darf, muss zumindest auch eine Sachentscheidung iS eines Freispruches ergehen. Im Unterschied zu den oben genannten Fällen bezieht sich der Grund für den Freispruch hier aber auf einen anderen Straftatbestand als denjenigen, hinsichtlich dessen ein Verfahrenshindernis vorliegt. Als Folge einer solchen Konstellation möchte eine Auffassung den Angeklagten immer freisprechen,[898] während nach wohl herrschender Auffassung **der schwerere Tatvorwurf** bestimmt, welches Urteil ergeht: Wiegt der nicht nachweisbare Tatvorwurf schwerer als derjenige, der aufgrund des Verfahrenshindernisses nicht verfolgt werden darf, soll freigesprochen werden;[899] in anderen Fällen hat ein Einstellungsurteil zu ergehen (da hinsichtlich eines – und zwar hier des schwereren – Vorwurfs keine Freispruchreife vorliegt). Konkret heißt dies: Beim Zusammentreffen eines Verbrechens und eines Vergehens kann ein Freispruch nur erfolgen, wenn der Grund hierfür beim Verbrechen und das Verfahrenshindernis beim Vergehen vorliegen;[900] beim Zusammentreffen von Straftat und Ordnungswidrigkeit müssen die Freispruchreife bei der Straftat und das Verfahrenshindernis bei der Ordnungswidrigkeit vorliegen;[901] beim Zusammentreffen von Vorsatz- und Fahrlässigkeitsdelikt muss die vorsätzliche Tat nicht nachweisbar (und die fahrlässige Tat aufgrund eines Verfahrenshindernisses unverfolgbar) sein.[902]

395 **2. Berücksichtigung der Prozesshindernisse von Amts wegen. a) Grundsatz der Berücksichtigung von Amts wegen.** Verbreitet findet sich in Rspr. und Lit. die Formulierung, dass Verfahrenshindernisse **in jeder Lage des Verfahrens von Amts wegen** zu berücksichtigen seien.[903] Dies wird auch bei tateinheitlicher Begehung für jedes einzelne

---

[894] Vgl. BGH 13.2.1980 – 3 StR 5/80, BGHSt 29, 216 (219) = NJW 1980, 1586; BGH 26.9.1980 – 1 BJs 202/79, 5 StB 32/80, BGHSt 29, 341 (344) = NJW 1981, 180.

[895] Vgl. Meyer-Goßner Prozessvoraussetzungen S. 30.

[896] Bsp. bei Meyer-Goßner Prozessvoraussetzungen S. 30.

[897] Dafür Meyer-Goßner Prozessvoraussetzungen S. 31.

[898] So wohl Velten in SK-StPO § 260 Rn. 50.

[899] Vgl. BGH 16.2.2005 – 5 StR 14/04, BGHSt 50, 16 (30) = NJW 2005, 1287 (1290); OLG Frankfurt a. M. 9.11.1979 – 1 Ws (B) 254/79, NJW 1980, 2824 (2825); Ott in KK-StPO § 260 Rn. 51.

[900] Vgl. BGHR StPO § 260 Abs. 3 Freispruch 1.

[901] Vgl. BGH 10.1.1978 – 5 StR 383/77, GA 1978, 371.

[902] Vgl. BGH 9.1.1990 – 5 StR 601/89, BGHSt 36, 340 = NJW 1990, 2073.

[903] Vgl. nur BGH 24.9.1954 – 2 StR 598/53, BGHSt 6, 304 (305 f.) = NJW 1954, 1776; 10.1.1957 – 2 StR 575/56, BGHSt 10, 74 (75) = NJW 1957, 511; 10.11.1965 – 2 StR 387/65, BGHSt 20, 292 (293) = NJW 1966, 114 (115); in KK-StPO § 260 Rn. 48; Kühne in Löwe-Rosenberg Einl. K Rn. 42; Saliger NK-StPO § 78 Rn. 2; Beulke/Swoboda StrafProzR Rn. 273 und Roxin/Schünemann StrafVerfR § 22 Rn. 22. Differenzierend bereits Meyer-Goßner NStZ 2003, 169.

„verletzte" Strafgesetz gelten,[904] wobei dies nicht zur Verfahrenseinstellung führen kann, wenn hinsichtlich der anderen tateinheitlich begangenen Delikte eine Verurteilung erfolgt. In der **ersten Instanz** beansprucht dieser Grundsatz in der Tat Geltung. Dies gilt nach hM sogar bei Verfahrenshindernissen, die erst nach Urteilserlass entstehen, so dass das Verfahren nach § 206a einzustellen ist, solange die Akten nicht nach § 347 Abs. 2 dem Revisionsgericht vorgelegt sind;[905] freilich berechtigen den Tatrichter Verfahrenshindernisse, die er bei der Urteilsfällung übersehen hat, nicht zu einer späteren Urteilsaufhebung oder -abänderung, selbst wenn die Rechtskraft nach § 343 Abs. 1 gehemmt ist.[906]

b) Ausnahmen bei Rechtsmitteln. Einschränkung erfährt der Grundsatz der Berücksichtigung von Amts wegen aber richtigerweise im **Rechtsmittelverfahren.** Sowohl das Berufungs- als auch das Revisionsrecht kennen nämlich bestimmte Voraussetzungen, unter denen das **Rechtsmittelgericht überhaupt in eine Sachprüfung** eintreten darf: Bei der Berufung ist dies – nach freilich bestrittener Auffassung – bei **§ 329 Abs. 1 S. 1** der Fall, da bei einem nichterschienenen Angeklagten keine Sachprüfung stattfindet; dies wird auch nicht durch § 206a Abs. 1 relativiert. Der hiergegen denkbare Einwand, das Rechtsmittelgericht dürfe ein insoweit fehlerhaftes Urteil nicht bestehen lassen, verliert an Überzeugungskraft, wenn man berücksichtigt, dass auch aus anderen Gründen fehlerhafte Urteile bestehen bleiben, wenn der Angeklagte nicht zur Verhandlung erscheint, und dass auch trotz eines Prozesshindernisses in erster Instanz ergangene Urteile in Rechtskraft erwachsen, wenn keine Berufung eingelegt wird. Anders ausgedrückt: „Dass Prozessvoraussetzungen (regelmäßig) von Amts wegen zu überprüfen sind, besagt nicht, dass sie ohne Rücksicht auf den Verfahrensstand zu beachten sind, sondern nur dass sie – **falls** das Gericht in eine Prüfung eintreten darf – auch ohne Rüge des Rechtsmittelführers durchschlagen."[907] 396

In der **Revision** gilt Entsprechendes selbstverständlich dann, wenn die Revision **nicht fristgerecht** eingelegt worden (und damit Rechtskraft eingetreten) ist, aber auch dann, wenn sie bei einer bloßen **Verfahrensrüge nicht ordnungsgemäß begründet** worden und damit unzulässig ist.[908] Erst recht nicht möglich ist daher entgegen einer (freilich auch vereinzelt gebliebenen) Entscheidung des BayObLG eine Einstellung wegen eines Verfahrenshindernisses nach Rücknahme des Rechtsmittels.[909] Eine Ausnahme gilt aber umgekehrt dann, wenn das **Verfahrenshindernis erst im Rechtsmittelverfahren** entstanden ist. Dann ist § 206a sowohl im Berufungs- als auch im Rechtsmittelverfahren anzuwenden.[910] 397

Speziell in der Revision mit ihren strengen Rügepflichten stellt sich des Weiteren noch die Frage, ob selbst bei einem zulässigen Rechtsmittel nicht auch noch – je nach Verfahrenshindernis – eine Sachrüge oder eine einschlägige Verfahrensrüge erhoben werden muss. Insbes. bei solchen Verfahrenshindernissen, die eng mit dem materiellen Recht verwoben sind (wie etwa dem Strafantragserfordernis) besteht sonst die „Gefahr", dass etwa ohne Erhebung einer Sachrüge ein materiell-rechtlicher Fehler, bei dem die fehlende Strafbarkeit verkannt wird, nicht berücksichtigt wird, während das weniger schwerwiegende Fehlen des Strafantrags zur Urteilsaufhebung führen würde. Meyer-Goßner schlägt daher vor, auch hier die Unterscheidung zwischen Befassungs- **und Bestrafungsverboten** fruchtbar zu machen und nur erstere **in jedem Fall von Amts wegen für beachtlich** zu halten, 398

---

904 Vgl. bereits RG 20.3.1928 – I 963/27, RGSt 62, 83 (88).

905 Vgl. Schmitt in Meyer-Goßner/Schmitt § 346 Rn. 3.

906 Vgl. BGH 17.7.1968 – 3 StR 117/68, BGHSt 22, 213 (216) = NJW 1968, 2253 (2254).

907 So prägnant Meyer-Goßner Prozessvoraussetzungen S. 46 (Hervorhebung dort); vgl. andererseits aber auch BGH 13.12.2000 – 2 StR 56/00, BGHSt 46, 230 = NStZ 2001, 440 (zumindest keine Einschränkung der revisionsrechtlichen Prüfungsweite).

908 Anders noch BGH 9.11.1960 – 4 StR 407/60, BGHSt 15, 203 (206 ff.) = NJW 1961, 228 ff. sowie Roxin/Schünemann StrafVerfR § 55 Rn. 66; wie hier jedoch BGH 16.6.1961 – 1 StR 95/61, BGHSt 16, 115 (117 f.) = NJW 1961, 1684 (1685); Meyer-Goßner Prozessvoraussetzungen S. 44.

909 Vgl. BayObLG 31.1.1974 – 1 St 1/74, BayObLGSt 74, 8 ff. = JR 1975, 120.

910 Meyer-Goßner Prozessvoraussetzungen S. 48.

während bei Bestrafungsverboten teilw. die Erhebung einer Sachrüge, teilw. die Geltendmachung einer Verfahrensbeschwerde erforderlich sei.

399 Doch scheint damit der Grundsatz von der „Berücksichtigung von Amts wegen" **zu weit zurückgenommen** zu sein: Soweit „die Tür" zu einem zulässigen Rechtsmittel „aufgestoßen" ist, sollte der Grundsatz der Prüfung von Amts wegen uneingeschränkt Berücksichtigung finden. Dass damit bei defizitärem Rügeverhalten des Revisionsführers andere materiell-rechtliche Fehler weniger Gewicht bekommen als fehlende Prozessvoraussetzungen, liegt in der Natur der Prozessvoraussetzungen, die auch in der Tatsacheninstanz mitunter schneller und einfacher dazu führen können, dass das Verfahren eingestellt wird, als dies sonst bei einem Freispruch aus Rechtsgründen möglich wäre. Die „Gewichtung" unterschiedlicher Parameter in der StPO ist hier ersichtlich nicht immer völlig stimmig, wie etwa die Einordnung bestimmter Aspekte als Prozesshindernis oder auch als absoluten Revisionsgrund im Unterschied zu einem nur zu einem Beweisverwertungsverbot führenden Verstoß gegen § 136a zeigt. Diese unterschiedlichen **Kategorisierungen** sind **durch den Rechtsanwender hinzunehmen.**

400 **3. Anwendung des Zweifelssatzes (in dubio pro reo).** Seit der Entscheidung BGHSt 18, 274[911] hat die Rspr. in verschiedenen Entscheidungen **Zweifel** etwa über die Strafmündigkeit des Angeklagten, über das Vorliegen eines Strafantrags, über den Eintritt der Verjährung sowie der anderweitigen Rechtshängigkeit oder über die entgegenstehende Rechtskraft **zugunsten des Angeklagten gewertet** und das Verfahren eingestellt.[912] Zweifel über die Verhandlungsfähigkeit des Angeklagten sollten dagegen lediglich zu einer vorläufigen Einstellung nach § 205 führen.[913] Auch in der Lit. wird die Problematik **kontrovers und teils differenzierend** behandelt.[914] Meyer-Goßner zieht auch hier die Unterscheidung zwischen Befassungs- und Bestrafungsverboten zumindest im Grundsatz heran und möchte den Zweifelssatz nur bei dem zweitgenannten berücksichtigen.[915] Das mutet zumindest auf den ersten Blick erstaunlich an, weil die eigentlich weitergehenden Befassungsverbote insoweit eine weniger „starke Wirkung" entfalten als die bloßen Bestrafungsverbote. Mit Blick auf die ganz unterschiedliche Verwurzelung der Prozessvoraussetzungen bzw. -hindernisse teils stärker im materiellen, teils stärker im Prozessrecht sowie auch wegen der unterschiedlich strengen Formulierung über das Erfordernis ihres bzw. ihrer Beweisbarkeit im Gesetz sind hier pauschalierende Aussagen nur schwer möglich. Allerdings spricht vieles dafür, den **Zweifelssatz tendenziell großzügig** anzuwenden,[916] soweit sich nicht aus der Auslegung der zugrundeliegenden Vorschriften ergibt, dass ihre Voraussetzungen zweifelsfrei vorliegen müssen. Denn wenn Prozessvoraussetzungen allg. so definiert werden, dass sie Voraussetzung für die Zulässigkeit sind, in einem bestimmten Verfahren zu einem Sachurteil in einer bestimmten Sache zu gelangen (→ Rn. 353), so darf sich die Ungewissheit darüber, ob diese Bedingung vorliegt, nicht zum Nachteil des Angeklagten auswirken.

401 **4. Prozesshindernisse und Verschlechterungsverbot.** Diffizile Probleme können sich ergeben, wenn sich der **Angeklagte gegen eine Entscheidung,** innerhalb derer ein **Prozesshindernis übersehen** wurde, mit einem Rechtsmittel wendet, obwohl diese Entscheidung gegenüber dem status quo ante bereits eine erste „Verbesserung" gebracht hatte. Denkbar ist dies etwa, wenn der Amtsrichter die im Bußgeldbescheid festgesetzte Geldbuße herabgesetzt hatte, obwohl der Antrag auf gerichtliche Entscheidung verspätet

911 BGH 19.2.1963 – 1 StR 318/62 (zu Zweifeln an der Verjährung).

912 Vgl. BGH 21.2.1968 – 2 StR 719/67, BGHSt 22, 90 (93) = NJW 1968, 1148 (1149); BGH 23.5.2002 – 3 StR 58/02, BGHSt 47, 311 (313) = NJW 2002, 2483 (zur Verweisung an die Jugendkammer, wenn der Angeklagte zum Tatzeitpunkt nicht ausschließbar noch Heranwachsender war); BGH 30.7.2009 – 3 StR 273/09, NStZ 2010, 160 mAnm Schwabenbauer HRRS 2011, 26; KG 27.12.1988 – I AR 1725/88, 4 Ws 263/88, StV 1989, 197 f.; OLG Oldenburg 11.8.2005 – Ss 408/04, NStZ 2006, 119.

913 Vgl. BGH 14.12.1995 – 5 StR 206/95, StV 1996, 250 (251).

914 Nachw. bei Meyer-Goßner Prozessvoraussetzungen S. 69 ff.

915 Vgl. Meyer-Goßner Prozessvoraussetzungen S. 69.

916 So wohl auch Paeffgen in SK-StPO § 206a Rn. 19, dort Fn. 101. Klar bejahend Schwabenbauer HRRS 2011, 26.

gestellt worden war, und die amtsrichterliche Entscheidung deswegen im Rechtsbeschwerdeverfahren aufzuheben ist.[917] Ein ähnliches Problem ergibt sich, wenn auf den unzulässigen Einspruch gegen den Strafbefehl hin zur Sache verhandelt und die im Strafbefehl festgesetzte Strafe herabgesetzt worden ist[918] oder wenn die Strafe im Berufungsverfahren gemildert worden ist und das Revisionsgericht der Auffassung ist, das LG hätte (zB wegen entgegenstehender Teilrechtskraft) nicht zur Sache entscheiden dürfen.[919] Nach überwiegender Auffassung[920] soll in solchen Fällen das **Verschlechterungsverbot trotz (Teil-)Rechtskraft** der vorangegangenen Entscheidung zu beachten sein. Dahinter steht der allgemeine Gedanke, dass der Rechtsmittelführer nicht befürchten soll, dass durch die Einlegung eines Rechtsmittels eine Verfahrenssituation nachteilig verändert wird.

Meyer-Goßner wendet hiergegen auf den ersten Blick plausibel ein,[921] dass die durch das Verbot der reformatio in peius zu sichernde „Wohltat" von einem Gericht nur dann mit dauerhafter Sicherheit gewährt werden könne, wenn es selbst zu einer Sachentscheidung zuständig sei und der Angeklagte durch die spätere Korrektur dieses Ergebnisses nur einen „ihm nicht zustehenden, unberechtigten Vorteil", „gegenüber der wiederhergestellten ersten Entscheidung (…) hingegen keinen Nachteil" erleiden würde. Im Ergebnis ist aber letztlich die Gegenauffassung dennoch überzeugender: **Das Verbot der reformatio in peius schützt** – mit Blick auf den Vertrauensschutz des Rechtsmittelführers oft mit gutem Grund[922] – auch sonst **vor dem Verlust „ungerechtfertigter Vorteile"**, so etwa wenn bei einzelnen Tatvorwürfen in erster Instanz zu Unrecht ein Freispruch erfolgte und die verbleibende Verurteilung gleichwohl vom Angeklagten angefochten worden ist. Der formale Aspekt, dass das Zweitgericht zu der (den Angeklagten partiell begünstigenden) Zweitentscheidung nicht befugt war, sollte demgegenüber nicht so viel schwerer wiegen, dass das Berufung und Revision prägende Prinzip des Verbots der reformatio in peius (→ Rn. 255) dadurch außer Kraft gesetzt wird. 402

F. Beweisrecht

I. Begriff, Beweismittel und Beweiswürdigung

1. Begriffsbestimmungen, Systematik und Ziele. a) Grundlagen. aa) Definition. Die StPO enthält **keine gesetzliche Definition,** was ein „Beweis" ist. Die Definitionsansätze in der Lit. laufen – bei allen Unterschiedlichkeiten in Details – darauf hinaus, dass unter „Beweis" der am Ziel der Ermittlung der objektiv-relativen Wahrheit orientierte Vorgang zu verstehen ist, in dem **Tatsachen festgestellt** werden;[923] damit bildet er die **Rekonstruktion** eines vermuteten historischen Ereignisses, um den in der Anklage formulierten Vorwurf in allen Einzelheiten auf seinen Realitätsgehalt hin zu überprüfen.[924] Oder anders formuliert: Der Beweis ist der Vorgang, mit dem sich das Gericht die erforderliche **Gewissheit von der Tatsachengrundlage** verschafft, welche der rechtlichen Bewertung zugrunde gelegt wird. „Beweisen" kann damit als Feststellen und Würdigen von Tatsachen beschrieben werden,[925] wobei Regeln über „Produktion" (dh Sammlung erforderlicher 403

---

917 So im Fall BGH 16.11.1962 – 2 StR 316/62, BGHSt 18, 127 (129 f.) = NJW 1963, 166.
918 Vgl. zu einem solchen Fall BGH 19.11.1959 – 2 StR 357/59, BGHSt 13, 306 ff. = NJW 1960, 109 f.
919 So etwa im Fall OLG Hamburg 9.2.2005 – 1 Ss 5/05, NStZ-RR 2006, 18 (19 f.).
920 Soweit sich eine solche mit Blick auf die divergierenden einschlägigen Verfahrenssituationen feststellen lässt, vgl. nur BayObLG 22.4.1980 – 2 Ob OWi 44/80, NJW 1980, 2367; OLG Düsseldorf 26.11.1984 – 5 Ss 349/84, 312/84, JR 1986, 121 (122); Metzger in KMR-StPO § 411 Rn. 8; Maur in KK-StPO § 411 Rn. 5.
921 Vgl. Meyer-Goßner Prozessvoraussetzungen S. 73 ff.
922 Vgl. auch Gössel in Löwe/Rosenberg § 411 Rn. 8.
923 Vgl. Jäger, Beweisverwertung und Beweisverwertungsverbote im Strafprozess, 2003, S. 131 f.; Gössel in Löwe/Rosenberg Einl. L Rn. 2.
924 Vgl. Kühne StrafProzR Rn. 751.
925 Vgl. Gössel in Löwe/Rosenberg Einl. L Rn. 3.

Informationsträger), „Restriktion" (dh Einschränkung dieser Sammlung mit Blick auf übergeordnete Ziele) und „Interpretation" (dh die Würdigung der Beweise) gelten.[926]

404 **bb) Gegenstand des Beweises.** Gegenstand des Beweises sind also Tatsachen, welche in **äußere** (zB Verletzungserfolge) **und innere Tatsachen** (Vorsatz, besondere Absichten) unterschieden werden können. Beide sind – wenngleich auf unterschiedlichem Wege – einem Beweis zugänglich. Tatsachen ieS werden regelmäßig **mit Hilfe von Erfahrungssätzen miteinander verbunden,** um eine Aussage über das zu erforschende Tatgeschehen zu ermöglichen.[927] Auch solche Erfahrungssätze (zB über die Wirkungsweise von Stoffen, über Methoden zu bestimmten Messungen etc) sind Gegenstand des Beweises.[928] Kein Gegenstand der Beweisaufnahme sind demgegenüber **Rechtsfragen.** Diese muss und kann das Gericht sich regelmäßig selbst erarbeiten (was die Berücksichtigung von Rechtsgutachten selbstverständlich nicht unzulässig macht, einer standardmäßigen Inauftraggabe von diesen durch die Gerichte aber durchaus entgegensteht). Diese Arbeit wird im Strafverfahren – im Unterschied etwa zum Zivilverfahren – dadurch erleichtert, dass deutsche Strafgerichte regelmäßig auch nur deutsches Strafrecht anzuwenden haben. Von einer „Beweisaufnahme" über Rechtsfragen zu unterscheiden ist die Möglichkeit, in bestimmten Konstellationen auf **Entscheidungen anderer Gerichte** zurückzugreifen. Dies ist leicht einsehbar bei einer Vorlage nach **Art. 100 GG** an das BVerfG der Fall (→ Rn. 114 ff.); daneben aber etwa auch in Fällen **des § 262 Abs. 2,** nach dem die Entscheidung eines Zivilgerichts abgewartet werden kann, wenn die strafrechtliche Beurteilung von zivilrechtlichen Problemen abhängt.

405 **cc) Beweisbedürftigkeit.** Beweisbedürftig ist nach dem **Gebot der Amtsaufklärung** (vgl. insbes. § 244 Abs. 2) grds. alles, was **nicht allgemeinkundig** (dh einem größeren Personenkreis unzweifelhaft bekannt und in allgemein zugänglichen Quellen nachzulesen[929]) oder **gerichtskundig** (dh jedenfalls dem Richter in seiner Position bekannt) ist. Quellen allgemeinkundiger Tatsachen sind etwa Zeitungen, Lexika oder Landkarten; zur Gerichtskundigkeit gehört auch die in § 244 Abs. 4 S. 1 erwähnte Sachkunde des Gerichts, welche die Vernehmung eines Sachverständigen entbehrlich machen kann, was indes auf Grund der sonst schweren Überprüfbarkeit jedenfalls bei Wissen, das nicht zum Allgemeingut der Richter gehört, an strenge Voraussetzungen gebunden ist. Ferner kein Gegenstand der Beweisaufnahme sind schon erwiesene Tatsachen, wie sich nicht zuletzt aus § 244 Abs. 3 S. 2 Mod. 6 ergibt;[930] entgegen dem ersten durch § 244 Abs. 3 S. 2 Mod. 7 vermittelten Eindruck ist die Wahrunterstellung, die auch nach der Rspr. zulässig ist, wenn sie ohne Verletzung der Aufklärungspflicht erfolgen kann,[931] kein genereller Fall der fehlenden Beweisbedürftigkeit.

406 **b) Ziele des Beweises.** Die oben genannte Rekonstruktion der Tatsachenbasis, die der rechtlichen Bewertung zugrunde gelegt werden soll, als Kern des Beweises erfährt in den verschiedenen Verfahrensstadien unterschiedliche Ausprägungen (ohne sich in diesen einander zu entsprechen): Im **Ermittlungsverfahren** geht es um die **Sachverhaltserforschung** zur Entscheidung, ob eine Anklageerhebung (oder ein Surrogat → Rn. 233 ff.) oder eine Verfahrenseinstellung erfolgen soll (vgl. § 170 Abs. 1, 2); im **Zwischenverfahren** geht es um die Feststellung der späteren **Verurteilungswahrscheinlichkeit,** vgl. § 203. Im **Hauptverfahren** (sowie grds. gleichgerichtet auch in der Berufungsinstanz) geht es um die **Sachverhaltserforschung zur späteren Urteilsfindung,** vgl. § 264 Abs. 1.

---

926 Vgl. Kühne StrafProzR Rn. 751.

927 Vgl. Kühne StrafProzR Rn. 754.

928 Der Umstand, dass diese Erfahrungssätze regelmäßig nur „Regelmäßigkeiten" beschreiben, ändert nichts an ihrer Einordung unter den Beweisbegriff, sondern ist bei Beweiswürdigung zu berücksichtigen.

929 Vgl. Kühne StrafProzR Rn. 772.

930 Ob man diese dann auch als zumindest „nicht mehr" beweisbedürftig bezeichnen sollte, ist wohl nur eine terminologische Frage.

931 Vgl. nur BGH 4.6.1996 – 4 StR 242/96, NStZ-RR 1997, 8; zu weiteren Einschränkungen dieses Instruments vgl. Kühne StrafProzR Rn. 776 ff. sowie Eisenberg BeweisR StPO Rn. 242; Krehl in KK-StPO § 244 Rn. 184, 194.

Auch wenn somit spätestens mit Abschluss der Berufungsinstanz die Beweiserhebung zur Straf- und Schuldfrage abgeschlossen erscheint, ist das Beweisrecht auch in ggf. anschließenden Verfahrensstadien von großer Bedeutung: In der **Revision** erfolgt hierüber zwar keine eigene Beweiserhebung. Es werden aber sowohl die Tatsachenfeststellung (im oben genannten Sinne: Produktion bzw. Restriktion – regelmäßig durch die Verfahrensrüge) als auch ihre Würdigung (im oben genannten Sinne: Interpretation – regelmäßig durch die Sachrüge) überprüft. Im Bereich des **Wiederaufnahmerechts** steht **§ 359 Nr. 5,** der neue Tatsachen oder Beweismittel voraussetzt, im Mittelpunkt. Schwieriger als die Frage, was nun ein „Beweismittel" sein kann, ist diejenige, was iSd Vorschrift „neu" ist. Hierzu muss ein Vergleich mit Beweisführung und vor allem mit Beweiswürdigung im früheren Verfahren stattfinden, so dass diese im Wiederaufnahmeverfahren ebenfalls zu einem zentralen Gegenstand werden. **407**

c) Beweisarten. Wenn Beweis der Vorgang der Rekonstruktion bestimmter äußerer und innerer Tatsachen ist (→ Rn. 404), so kann mit Blick auf den Zusammenhang zwischen dem herangezogenen Beweismittel und der zu erweisenden Tatsache zwischen **direkten (unmittelbaren) und indirekten (mittelbaren) Beweisen** unterschieden werden. Beim direkten oder unmittelbaren Beweis wird vom Beweismittel auf eine unmittelbare entscheidungserhebliche Tatsache (sog Haupttatsache) geschlossen. Beim indirekten bzw. mittelbaren Beweis oder Indizienbeweis[932] erbringt das Beweismittel nur einen Nachweis für nicht unmittelbar entscheidungserhebliche Tatsachen (Nebentatsachen), von denen erst auf Haupttatsachen geschlossen werden muss. **408**

Freilich darf von dieser tradierten begrifflichen Unterscheidung nicht vorschnell auf die **„Wertigkeit"** der Beweisarten bzw. Beweismittel geschlossen werden. Zum einen ergibt sich schon aus dem Charakter der Rekonstruktion von Tatsachen, dass letztlich jeder Beweis ein mittelbarer ist, der noch einer weiteren Interpretation bedarf; nur der „Grad der Mittelbarkeit" kann unterschiedlich sein. Zum anderen sind manche typische mittelbare bzw. indirekte Beweise (etwa die Ergebnisse einer Faseruntersuchung) von deutlich höherer Validität als die häufig einen unmittelbaren Beweis darstellende Zeugenaussage. Mittelbarkeit bzw. Unmittelbarkeit dürfen also nicht gegeneinander ausgespielt werden, sondern bei der Würdigung der Überzeugungskraft ist für jeden einzelnen Beweis insbes. auch im Blick zu behalten, wo seine Schwachstellen liegen. **409**

Von den Beweisen für Haupt- und Nebentatsachen können begrifflich diejenigen für **Hilfstatsachen,** welche allein den Beweiswert eines anderen, originären Beweises (etwa die Glaubwürdigkeit eines Zeugen oder die Zuverlässigkeit eines wissenschaftlichen Untersuchungsverfahrens) belegen, unterschieden werden. **410**

d) Beweisformen: Streng- und Freibeweisverfahren. Hinsichtlich der Frage, wie und insbes. mit welchen Mitteln ein Beweis geführt werden kann, ist im Strafverfahrensrecht zwischen dem im Gesetz (insbes. in §§ 244 ff.) näher geregelten **Strengbeweisverfahren** und dem sog **Freibeweisverfahren** zu unterscheiden. Für die Sachverhaltsaufklärung hinsichtlich der **Schuld- und Tatfrage** innerhalb der Hauptverhandlung gilt das Strengbeweisverfahren. In diesem darf nur auf die **gesetzlich zugelassenen Beweismittel** (Zeuge, Sachverständiger, Urkunde, Augenscheinsobjekt und Beschuldigter, soweit man diesen zu den Beweismitteln ieS zählt) zurückgegriffen werden. Andere Beweismittel – aber auch im Gesetz nicht geregelte Formen der Beweisführung (etwa eidesstattliche Versicherungen) – sind nicht zulässig. Der Beweis muss hinsichtlich der die Schuld und Tatfrage tragenden Tatsachen **zur vollen Überzeugung** des Gerichts geführt sein. **411**

Dem steht das sog **Freibeweisverfahren** gegenüber, in welchem grds. auf alle (nicht a priori unzulässigen) Beweismittel zurückgegriffen werden kann, mit denen iSd oben genannten Beweisdefinition (→ Rn. 403) ein Sachverhalt rekonstruiert werden kann. Das Freibeweisverfahren gilt bis zur Eröffnung des Hauptverfahrens im Grundsatz auch hinsicht- **412**

932 Einen Überblick zur Würdigung von Indizienbeweisen gibt Liebhart NStZ 2016, 134.

lich der Schuld- und Rechtsfolgenfragen,[933] wobei allerdings für die Prognose der Verurteilungswahrscheinlichkeit, welche in abschließenden Entscheidungen im Ermittlungs- und Zwischenverfahren zugrunde gelegt wird (vgl. § 170 Abs. 1, § 203), gedanklich einzustellen ist, ob eine Verurteilung mit im Strengbeweisverfahren zulässigen Beweismitteln möglich sein wird.

413 Nicht nur vor, sondern auch im Hauptverfahren und sogar innerhalb der Hauptverhandlung „genügt" das Freibeweisverfahren grds. bei der Klärung **prozessualer Fragen** wie etwa dem Vorliegen von Verfahrensvoraussetzungen bzw. Verfahrenshindernissen,[934] oder der Eidesfähigkeit eines Zeugen.[935] Soweit eine Tatsache sowohl für prozessuale Fragen als auch für die Sachentscheidung relevant ist, ist das Strengbeweisverfahren einzuhalten.[936] Eine Ausnahme von der Geltung des Freibeweisverfahrens für prozessuale Fragen wird für das Vorliegen von Verfahrensverstößen **nach § 136a** diskutiert, da es sich um einen besonders schwerwiegenden Eingriff handle und die damit verknüpfte Frage nach einem Beweisverwertungsverbot einen engen Bezug zur Sachentscheidung habe. Isoliert überzeugt dies als Argument freilich nur bedingt, da dies bei sehr vielen Verfahrensverstößen der Fall ist.[937]

414 Dass theoretisch im Freibeweisverfahren auch ein geringerer **Grad an Überzeugung** seitens des Gerichts für ausreichend erachtet wird, dürfte praktisch nicht zu bedeutsam sein: Da die richterliche Überzeugungsbildung als solche nur in sehr engen Grenzen überprüfbar ist und sich unterschiedliche Konsequenzen etwa mit Blick auf den Grundsatz „in dubio pro reo" erst dann ergeben, wenn das Gericht seine fehlende feststehende Überzeugung offenlegt, dürften die Unterschiede im Ergebnis gering sein, da unterschiedliche „Abstufungen" der subjektiven Überzeugung schwer mitteilbar, noch schwerer nachvollziehbar und fast gar nicht überprüfbar sind.

415 **2. Arten von Beweismitteln im Strengbeweisverfahren.** In dem **für die Tat- und Schuldfrage geltenden Strengbeweisverfahren** gibt es neben dem Beschuldigten (zu dessen Stellung als „Beweismittel" → Rn. 416) vier weitere zulässige Beweismittel, von denen zwei persönliche Beweismittel (Zeuge, Sachverständiger), die anderen beiden sächliche Beweismittel (Urkunden, Augenscheinsobjekt) sind.[938]

416 **a) Beschuldigter.** Zumindest **in einem weiteren Sinn ein Beweismittel** sind die Aussagen des Beschuldigten (bzw. in der Hauptverhandlung: Angeklagten). Nach der gesetzlichen Systematik in § 243 Abs. 5 S. 2 (Vernehmung des Angeklagten in der Hauptverhandlung) und des § 244 Abs. 1 („nach der Vernehmung des Angeklagten folgt die Beweisaufnahme") scheint der Angeklagte kein Beweismittel ieS zu sein; dem entspricht prozessrechtstheoretisch auch die dezidierte Betonung seiner Subjektstellung, die einer Einordnung als „Mittel" zum Beweis entgegenstehen könnte. Dies ändert freilich nichts daran, dass die Aussagen des Beschuldigten/Angeklagten – ungeachtet seiner Möglichkeit, diese Aussage zu verweigern, sowie des Erfordernisses einer besonders sorgfältigen Würdigung – ein **wichtiges** und vom Gesetz explizit vorgesehenes (vgl. auch §§ 136, 136a) **Mittel zur Rekonstruktion** der für den Prozess bedeutsamen Tatsachen darstellt, so dass er zumindest in einem materiellen Sinn ein „Beweismittel" ist. Dies gilt dann erst recht und in noch stärkerem Maße für den jeweils individuellen Angeklagten hinsichtlich der Aussagen von Mitbeschuldigten, welche (zwar nicht immer,[939] aber) in manchen Fällen den Zeugen sogar gleichgestellt sind (vgl. insbes. § 251 Abs. 1 Nr. 2, Abs. 2 Nr. 1).

933 Vgl. Eisenberg BeweisR StPO Rn. 38; Krehl in KK-StPO § 244 Rn. 8.

934 Vgl. bereits RG 24.4.1917 – V 74/17, RGSt 51, 71 (72).

935 Vgl. bereits RG 30.5.1921 – 697/21, RGSt 56, 102 (103). Nähere Bsp. bei Kühne StrafProzR Rn. 760.

936 Vgl. BGH 11.11.1981 – 2 StR 596/81, StV 1982, 101.

937 Für die Anwendung des Freibeweisverfahrens auch hier etwa BGH 28.6.1961 – 2 StR 154/61, BGHSt 16, 164 (166) = NJW 1961, 1979 (1980); für das Strengbeweisverfahren etwa Eisenberg BeweisR StPO Rn. 707; Kühne StrafProzR Rn. 760.

938 Vgl. zu den Arten der Beweismittel etwa Beulke/Swoboda StrafProzR Rn. 179 ff.; Huber JuS 2010, 1056.

939 Vgl. etwa § 168c Abs. 2 sowie hier für die Differenzierung zwischen Zeugen und Mitbeschuldigten BGH 20.2.1997 – 4 StR 598/96, BGHSt 42, 391 ff. = NJW 1997, 1790 ff.; abw. etwa Wohlers/Albrecht in SK-StPO § 168c Rn. 11 ff.

b) Zeugen. aa) Zeugenstellung.[940] Der Zeugenbeweis ist die Beweisführung durch ein **persönliches Beweismittel,** welches Aussagen über **sinnlich wahrgenommene Tatsachen** zu machen hat.[941] In Abgrenzung zu diesen sinnlich wahrgenommenen Tatsachen als Geschehnissen in der Außenwelt ist die Bewertung dieser Geschehnisse gerade kein Gegenstand der Zeugenaussage. In Anlehnung an Peters[942] kann man den Zeugen also als „erweitertes Auge" (aber auch als erweitertes Ohr, erweiterte Nase, erweiterten Tastsinn) des Richters begreifen.[943] 417

bb) Zeugenpflichten. Die Zeugenpflichten, die auch schon vor ihrer teilweisen ausdrücklichen Regelung in § 48 Abs. 1 im Jahre 2009 gleichsam als **Grundpflichten** des Bürgers vorausgesetzt wurden, sind die **Erscheinenspflicht,** die **Aussagepflicht,** die **Wahrheitspflicht** und die **Eidespflicht.** Die Erscheinenspflicht wird durch die Möglichkeit, dem ordnungsgemäß geladenen und nicht erscheinenden Zeugen ein Ordnungsgeld bzw. eine Ordnungshaft aufzuerlegen, vgl. § 51 Abs. 1, abgesichert. Aus § 51 Abs. 3, § 161a Abs. 2 und § 163a Abs. 5 ergibt sich, dass dies uneingeschränkt für das angeordnete Erscheinen vor dem Richter und im Grundsatz auch vor der Staatsanwaltschaft gilt (wobei die Festsetzung einer Ordnungshaft dem Richter vorbehalten ist), während eine **Ladung durch die Polizei** nicht zwangsweise durchgesetzt werden kann, da insbes. in § 163a Abs. 5 nicht auf § 51 verwiesen wird. Ähnliches gilt für die Aussagepflicht mit der Möglichkeit von Ordnungsmaßnahmen nach § 70, der ebenfalls (eingeschränkt) für die Staatsanwaltschaft (§ 161a Abs. 2), nicht jedoch für die Polizei (§ 163a Abs. 5) gilt. Gegen Auslandszeugen, aber auch gegen Exterritoriale dürfen Maßnahmen nach § 51 nicht angeordnet werden; zur Durchführung der Vernehmung ist aber an die Möglichkeit einer konsularischen Vernehmung zu denken, die nach § 15 Abs. 4 KonsularG einer richterlichen Vernehmung gleichgestellt ist.[944] Ausländer mit Wohnsitz im Inland können dagegen grds. von den gleichen Maßnahmen betroffen sein wie Inländer.[945] 418

Grenzen findet die Aussagepflicht in den **Zeugnisverweigerungsrechten,**[946] welche für Angehörige des Beschuldigten (vgl. § 52) sowie für besondere Berufsgruppen mit einem hervorgehobenen Vertrauensverhältnis zu ihren Patienten/Mandanten gelten (vgl. §§ 53 f.[947]). Partielle Einschränkungen, die im Einzelfall jedoch bis zu einem vollständigen Zeugnisverweigerungsrecht erwachsen können, ergeben sich aus dem **Auskunftsverweigerungsrecht nach § 55** auf solche Fragen, durch deren Beantwortung der Zeuge selbst oder einer seiner Angehörigen in die Gefahr geraten würde, wegen einer Straftat oder einer Ordnungswidrigkeit verfolgt zu werden. Die Zeugenaussage von Richtern und Beamten ist nach § 54 von einer Aussagegenehmigung des Dienstherrn abhängig, bei deren Fehlen im Ergebnis ebenfalls eine berechtigte Verweigerung der Aussage erfolgt. Dass die Aussagen auch wahr sein müssen, ergibt sich nicht unmittelbar aus der StPO, wohl aber aus der dem **§ 153 f. StGB** zugrundeliegenden Verhaltensnorm. Auch die Eidespflicht wird in der StPO konkludent vorausgesetzt; in Fällen, in denen die Aussage verweigert wird, stellt sich die Eidesfrage nicht. Auch wenn ausgesagt wird, haben die in § 52 Abs. 1 genannten Angehörigen das Recht, jedenfalls die Beeidigung ihres Zeugnisses zu verweigern. Ferner soll nach 419

[940] Vgl. zum Zeugenbeweis zusammenfassend Beulke/Swoboda StrafProzR Rn. 181 ff.; zur Bedeutung in der Rechtsprechung des BGH Brause NStZ 2007, 505.

[941] Vgl. Kühne StrafProzR Rn. 795.

[942] Peters StrafProzR 342.

[943] Während der Sachverständige – abermals in der Terminologie von Peters StrafProzR, S. 342 – gleichsam das erweiterte „Hirn des Richters" ist.

[944] Dazu Hettich NStZ 2019, 646.

[945] Vgl. Otte in Radtke/Hohmann § 51 Rn. 3.

[946] Vgl. BGH 29.10.1991 – 1 StR 334/90, NJW 1992, 1116 (1117); BGH 29.10.1991 – 1 StR 334/90, BGHSt 38, 96 (100) = NJW 1992, 1116 (1117).

[947] Insoweit besteht freilich kein strafprozessualer Anspruch des Patienten darauf, dass sein Arzt von dessen Zeugnisverweigerungsrecht Gebrauch macht, vgl. BGH 16.11.2017 – 3 StR 460/17, NStZ 2018, 362 mAnm Jäger JA 2018, 632. Zur Frage der Entbindung von der Schweigepflicht bei Mandatsbeziehungen von Wirtschaftsprüfern und juristischen Personen (auch im speziellen Fall der Insolvenz) vgl. BGH 27.1.2021 – StB 44/20, NJW 2021, 1022 mAnm Trüg, sowie dazu auch Jäger JA 2021, 695.

§ 60 bei nicht eidesmündigen Personen (Nr. 1) oder iwS beteiligungsverdächtigen Personen (Nr. 2) von einer Vereidigung abgesehen werden.

420 **c) Sachverständiger. aa) Begriff und Pflichten.** Der Sachverständige[948] ist ebenfalls ein **persönliches Beweismittel,** das als Gehilfe des erkennenden Gerichts[949] **spezielles fachliches Wissen** zur Verfügung stellt, dessen die Richter zur Beurteilung der die Anklage tragenden tatsächlichen Umstände bedürfen, um darauf aufbauend das Recht überhaupt erst anwenden zu können.[950] Als solches kann der Sachverständige über die Erfahrungs- und Wissenssätze seiner Disziplin Auskunft erteilen, diese auf konkrete Sachverhalte anwenden und auch unter Anwendung seiner Fachkunde Tatsachen ermitteln (etwa bei der psychiatrischen Begutachtung eines Beschuldigten).

421 Wer zum **Sachverständigen ernannt** wird, hat dem nach § 75 Abs. 1 Folge zu leisten, wenn er „zur Erstattung von Gutachten der erforderten Art öffentlich bestellt ist oder wenn er die Wissenschaft, die Kunst oder das Gewerbe, deren Kenntnis Voraussetzung der Begutachtung ist, öffentlich zum Erwerb ausübt oder wenn er zu ihrer Ausübung öffentlich bestellt oder ermächtigt ist". Die Gründe zur Verweigerung des Zeugnisses berechtigen auch den Sachverständigen nach § 76 Abs. 1 zur **Verweigerung des Gutachtens.** Bei einer unberechtigten Verweigerung sind Ordnungsmittel nach § 77 möglich. Nach § 74 Abs. 1 kann ein Sachverständiger aus denselben Gründen abgelehnt werden, die auch zur Ablehnung eines Richters berechtigen.

422 **bb) Sachverständiger Zeuge.** Vom Sachverständigen zu unterscheiden ist der in § 85 behandelte **„sachverständige Zeuge".** Ein solcher berichtet über eigene Wahrnehmungen, die allerdings nur aufgrund der (sonst für den Sachverständigen typischen) besonderen Sachkunde in dieser Form möglich ist. Insofern steht der „sachverständige Zeuge" in gewisser Hinsicht zwischen Sachverständigem und Zeugen, wird vom Gesetz aber als Zeuge behandelt („… gelten die Vorschriften über den Zeugenbeweis"). Dies ist auch insoweit stimmig, als letztlich über eigene Wahrnehmungen berichtet wird, und diese auch unterhalb der Schwelle zum „sachverständigen Zeugen" letztlich immer von persönlichen Befähigungen des Zeugen abhängen werden.

423 **d) Urkunden.** Der in §§ 249 ff. geregelte **Urkundenbeweis**[951] wird mit **Trägern von Gedankenerklärungen** geführt, die durch Schriftzeichen beliebiger Art vermittelt werden.[952] Es handelt sich also um ein sachliches Beweismittel, welches sich in Abgrenzung zu den Augenscheinsobjekten (→ Rn. 424) dadurch auszeichnet, dass es einen **verlesbaren Inhalt** hat. Insoweit stimmt der strafprozessuale Urkundsbegriff nicht mit dem strafrechtlichen überein: Er ist insofern enger, als Urkunden im strafprozessualen Sinn nur aus Schriftzeichen bestehen können (während beim Strafrecht auch sog Beweiszeichen genügen können, insbes. bei der zusammengesetzten Urkunde); andererseits ist er insoweit weiter, als das zu verlesende Schriftstück seinen Aussteller nicht notwendig erkennen lassen muss. Soll der Inhalt einer Urkunde (und nicht etwa nur ihr äußeres Erscheinungsbild) im Urteil verwendet werden, so muss sie durch Verlesen (bzw. durch die Anordnung des Selbstleseverfahrens nach § 249 Abs. 2) in die Hauptverhandlung eingebracht werden. Ein (und sei es auch nur im Protokoll so bezeichnetes) **„In-Augenschein-Nehmen" genügt nicht.**

424 **e) Augenscheinsobjekte.** Das zweite **sachliche Beweismittel** sind die sog Augenscheinsobjekte. Der Augenscheinsbeweis[953] ist in der StPO nicht zusammenhängend geregelt oder gar definiert; vielmehr erwähnt das Gesetz den Begriff nur an verschiedenen Stellen (§§ 86, 168d, 225, 244 Abs. 5). Gemeint sind hiermit solche sachlichen Beweismittel,

---

948 Vgl. zum Sachverständigenbeweis zusammenfassend Beulke/Swoboda StrafProzR Rn. 197 ff.
949 Vgl. BGH 7.6.1956 – 3 StR 136/56, BGHSt 9, 292 (293) = NJW 1956, 1526 (1527).
950 Vgl. Kühne StrafProzR Rn. 856; zur steigenden Bedeutung der Sachverständigen in der strafgerichtlichen Praxis vgl. Nack GA 2009, 201.
951 Vgl. zusammenfassend Beulke/Swoboda StrafProzR Rn. 203; Eisenberg BeweisR StPO Rn. 2003 ff.
952 Vgl. Kühne StrafProzR Rn. 878.
953 Vgl. zusammenfassend Beulke/Swoboda StrafProzR Rn. 204 ff.; Eisenberg BeweisR StPO Rn. 2220 ff.

von denen sich das Gericht (im Unterschied zu den nach ihrem Inhalt zu verlesenden Urkunden) einen **sinnlichen Eindruck** verschafft und damit die „faktische Mittelbarkeit der Beweisaufnahme“ in solchen Fällen überwindet, in denen sonst eine Auskunftsperson dem Gericht nur ihre Wahrnehmungen über das Objekt berichten könnte.[954]

Die sinnliche Wahrnehmung kann dabei **nicht nur eine visuelle,** sondern auch eine taktile (etwa zur Beschaffenheit eines als Waffe eingesetzten Gegenstandes), akustische oder im Einzelfall auch olfaktorische sein. Ebenfalls als Augenschein bewertet werden von der Rspr. Tonbandaufzeichnungen, die in der Verhandlung abgespielt werden,[955] da es zwar nicht um die unmittelbare Wahrnehmung des Beweisgegenstandes (zB Gespräch) geht, dieser aber „gleichsam aus der Vergangenheit“ in die Gegenwart transportiert wird.[956] 425

Ist eine Augenscheinseinnahme **vor Ort durch das Gericht nicht möglich,** kann diese durch einen sog Augenscheinsgehilfen erfolgen. Das Ergebnis einer richterlichen Augenscheinseinnahme im Ermittlungsverfahren kann nach § 86 iVm § 249 Abs. 1 S. 2 in der Hauptverhandlung anstelle einer eigenen Augenscheinseinnahme durch das Gericht verlesen werden. 426

f) Kombination mehrerer Beweisarten. Im Grundsatz unstreitig und auch nicht problematisch ist, dass mehrere Beweismittel auch **in verschiedener Weise miteinander kombiniert** werden können. Dies ist etwa zum einen dadurch möglich, dass für die gleiche Beweistatsache verschiedene (mehr oder weniger unmittelbare) Beweise geführt werden, die gemeinsam leichter in der Lage sind, die Überzeugung des Gerichts zu tragen. Denkbar ist aber auch, dass ein Beweismittel einer Art Hilfsbeweismittel für ein Beweismittel der anderen Art ist, so etwa, wenn ein Zeuge etwas dazu aussagen kann, wo eine bestimmte Urkunde gefunden werden kann (und der Fundort einen Hinweis darauf gibt, dass es sich um eine beabsichtigte endgültige Regelung und nicht nur um einen Entwurf handelt). 427

3. Das Beweisantragsrecht in der Hauptverhandlung. a) Amtsaufklärung und Beweisanträge. Anders als im Zivilprozess gilt im Strafprozess der Grundsatz der **Amtsaufklärung,** dh das Gericht muss grundsätzlich von sich aus die Beweisaufnahme „auf alle Tatsachen und Beweismittel erstrecken, die für die Entscheidung von Bedeutung sind“ (§ 244 Abs. 2). Gleichwohl steht auch anderen Prozesssubjekten (vor allem der Staatsanwaltschaft und dem Angeklagten sowie seinem Verteidiger, darüber hinaus auch dem Neben- und dem Privatkläger) das Recht zu, auf die Beweiserhebung durch Anträge und Anregungen Einfluss zu nehmen. Wichtigstes Mittel hierzu ist das in §§ 244–246 geregelte **Beweisantragsrecht.** 428

Diese Vorschriften bestimmen nicht nur die (engen) **Voraussetzungen,** unter denen ein **Beweisantrag vom Gericht abgelehnt** werden darf, dh die begehrte Beweisaufnahme nicht erfolgen muss (und haben damit schon immer implizit vorausgesetzt, dass es neben der Amtsaufklärungspflicht ein solches Recht zur Stellung von Beweisanträgen gibt), sondern mit dem Gesetz zur Modernisierung des Strafverfahrens wurde 2019 in § 244 Abs. 3 S. 1 eine Legaldefinition des Beweisantrags eingeführt (welche die von der Rechtsprechung bisher aufgestellten Voraussetzungen an Beweisanträge[957] im Wesentlichen in Gesetzesform gegossen hat). Für den Angeklagten ist dieses Recht zugleich eine einfachgesetzliche Ausgestaltung des Grundrechts auf rechtliches Gehör nach Art. 103 Abs. 1 GG[958] sowie auch eine Kompensation für das Teilhabedefizit im Ermittlungsverfahren. Amtsaufklärung und Reichweite des Beweisantragsrechts stehen dabei im **Verhältnis sich überschneidender** 429

954 Vgl. Kühne StrafProzR Rn. 857.
955 Vgl. BGH 14.6.1960 – 1 StR 73/60, BGHSt 14, 339 (341) = NJW 1960, 1582 (1583); die Niederschrift einer Tonbandaufzeichnung ist dagegen als Urkunde einzuführen, vgl. BGH 3.3.1977 – 2 StR 390/76, BGHSt 27, 135 = NJW 1977, 1545 (1546).
956 Vgl. Kühne StrafProzR Rn. 877.
957 Vgl. hierzu Schmitt in Meyer-Goßner/Schmitt § 244 Rn. 18 ff.
958 Vgl. nur BVerfG 23.11.1977 – 1 BvR 481/77, BVerfGE 46, 315 (319) = NJW 1978, 413; 29.11.1983 – 1 BvR 1313/82, BVerfGE 65, 305 = NJW 1984, 1026; Schmitt in Meyer-Goßner/Schmitt § 244 Rn. 29, sowie → Rn. 70.

Kreise,[959] so dass zwar ein großer Teil des durch Beweisanträge vorgebrachten Beweisstoffes auch von der Amtsaufklärungspflicht gedeckt ist, aber auch zulässige und begründete Beweisanträge zu Sachverhalten denkbar sind, auf die sich die Amtsaufklärungspflicht nicht erstrecken würde.

430 **b) Voraussetzungen eines Beweisantrags.** Grundsätzlich muss das Gericht den von den Beteiligten gestellten Beweisanträgen durch eine entsprechende Beweisaufnahme nachkommen, wenn kein Ablehnungsgrund vorliegt. Diese starke Stellung kommt aber nur einem Beweisantrag iSd § 244 Abs. 3 S. 1 zu. Danach muss der Antragsteller ernsthaft verlangen, mittels eines bestimmt bezeichneten Beweismittels Beweis über eine bestimmt behauptete konkrete Tatsache zu erheben, welche die Schuld- oder Rechtsfolgenfrage betrifft; zudem muss dem Antrag zu entnehmen sein, weshalb das bezeichnete Beweismittel die behauptete Tatsache belegen können soll. Erforderlich sind also eine bestimmte **Tatsachenbehauptung** (sog Beweisbehauptung)[960] und ein bestimmtes **Beweismittel** (aus dem Kreis der Strengbeweismittel) sowie die **Konnexität.** Nicht ausreichend sind dagegen bloße Vermutungen oder Werturteile. Fehlt es an einer dieser (oder gar an mehreren) Voraussetzungen, liegt kein Beweisantrag iSd §§ 244 ff., sondern allenfalls ein sog **Beweisermittlungsantrag** vor. Die Unterscheidung ist von Bedeutung, weil Beweisermittlungsanträge nicht beschieden werden müssen und nicht nur unter den engen gesetzlichen Voraussetzungen abgelehnt werden dürfen, sondern nur die Aufklärungspflicht des Gerichts intensivieren.

431 **c) Ablehnung eines Beweisantrags.** Wird ein Beweisantrag[961] gestellt, muss das Gericht den beantragten Beweis erheben, wenn der Antrag nicht (durch Beschluss, vgl. § 244 Abs. 6 S. 1) abgelehnt werden kann (vgl. aber auch → Rn. 431a). Die **Ablehnungsgründe** sind in den § 244 Abs. 3–5 und § 245 geregelt. Danach ist zunächst zwischen **präsenten**[962] (dh vorgeladene und auch erschienene Zeugen und Sachverständige sowie herbeigeschaffte Urkunden und Augenscheinsobjekte) und **nicht präsenten** Beweismitteln zu unterscheiden: Auf präsente Beweismittel ist die Beweiserhebung grundsätzlich zu erstrecken, wenn nicht die engen Ausnahmen des § 245 eingreifen. Sind die Beweismittel nicht präsent iSd § 245, muss eine Beweiserhebung (und damit eine Ladung der benannten Zeugen oder Sachverständigen bzw. eine Herbeischaffung der Urkunden oder Augenscheinsobjekte) erfolgen, wenn nicht die Ablehnungsgründe des § 244 Abs. 3–5 eingreifen.[963]

431a Eine **Ausnahme vom Beschlusserfordernis** gilt seit 2019 für Fälle der **Verschleppungsabsicht** durch bewusst unsachdienliche Beweisanträge nach § 244 Abs. 6 S. 2.[964] Dies ist dann der Fall, wenn völlig ausgeschlossen ist, dass die Beweiserhebung etwas Sachdienliches erbringen kann und eine für den Antragsteller günstige Wendung herbeiführen könnte[965] (so dass die Norm eine gesetzliche Ausnahme vom Verbot der Beweisantizipation darstellt[966]). Dass dies bloß „unwahrscheinlich" ist, genügt nicht.[967] Eine pauschale Ablehnung nur aufgrund einer (vermeintlichen) Verspätung würde dagegen § 246 und das Prinzip der fehlenden Präklusion aushöhlen.[968] In welchem exakten Verhältnis § 244 Abs. 6 S. 2 zu der Möglichkeit einer Fristsetzung in S. 3 der Vorschrift steht, ist ebenso noch nicht

---

959 Vgl. Schlüchter GA 1994, 397 (411).

960 Vgl. zur Bestimmtheit der Beweistatsache etwa BGH 29.8.1990 – 3 StR 184/90, BGHSt 37, 162 (164 ff.) = NJW 1991, 435 (436 f.).

961 Zu den Anforderungen an die Beweisantragsstellung s. Schäuble NStZ 2020, 377.

962 Aus Sicht der Praxis s. Arnoldi NStZ 2018, 305.

963 Zur Entwicklung bei Auslandszeugen (§ 244 Abs. 5 S. 2) vgl. Rose NStZ 2012, 18; dazu, dass die Ablehnung wegen Prozessverschleppung diejenige nach § 244 Abs. 5 S. 2 „umfasst", vgl. BGH 8.6.2011 – 3 StR 49/11, NStZ 2011, 646.

964 Vgl. dazu Börner NStZ 2020, 460.

965 Bachler in BeckOK StPO § 244 Rn. 43.

966 Krause in Wabnitz/Janovsky/Schmitt WirtschaftsStrafR-HdB Kap. 27. Rn. 147; ausf. zu diesem Grundsatz Trüg/Habetha → § 244 Rn. 205 ff.

967 BGH NStZ-RR 2017, 21 (noch zum alten Recht).

968 Vgl. hierzu auch Kudlich, Gutachten C zum 68. Deutschen Juristentag, 2010, C 77 ff; Gaede NJW 2009, 608.

abschließend geklärt wie die Frage, wie dann mit einem solchen (vermeintlich) prozessverschleppenden Antrag zu verfahren ist. Denn wenn er nicht – schwer vorstellbar – gänzlich stillschweigend übergangen werden soll, müsste die Feststellung der Verschleppungsabsicht der Verhandlungsleitung des Vorsitzenden nach § 238 Abs. 1 unterworfen sein, was wiederum die Möglichkeit eines Zwischenrechtsbehelfs nach § 238 Abs. 2 eröffnet.[969] Da hierüber dann auch wieder mit einem Gerichtsbeschluss entschieden werden muss, erschließt sich das Beschleunigungspotential der Neuregelung nicht so recht.

Gemeinsamer Grund für die **Ablehnungsgründe** ieS des § 244 Abs. 3 S. 2, welcher für alle Beweismittel gilt, ist, dass die beantragte Beweisaufnahme für die **Wahrheitsfindung unerheblich** ist.[970] Für den Sachverständigenbeweis kommen auf dem gleichen Grundgedanken basierend die Ablehnungsgründe des § 244 Abs. 4 hinzu,[971] wenn das Gericht den Sachverständigen nicht mehr braucht, weil es eigene Sachkenntnis[972] hat oder das Gegenteil der behaupteten Tatsache bereits erwiesen ist. § 244 Abs. 5 schließlich stellt die Beweiserhebung bei Augenscheinsobjekten und Zeugen, die im Ausland geladen werden müssten, in das pflichtgemäße Ermessen des Gerichts. Diese Vorschrift, die für die Ermessensausübung eine (sonst unzulässige) Beweisantizipation voraussetzt und ersichtlich auch der Vereinfachung der Beweisaufnahme dienen soll, fügt sich nicht in den oben genannten Grundgedanken der fehlenden Wahrheitsfindungsmöglichkeit ein und ist entsprechend restriktiv auszulegen. **432**

Sowohl bei präsenten als auch bei nicht präsenten Beweismitteln ist neben den genannten Ablehnungsgründen die **„Unzulässigkeit der Beweisaufnahme"** genannt. Eine Besonderheit der „Unzulässigkeit" gegenüber den og Ablehnungsgründen ist, dass sie **zwingend,** nicht nur fakultativ zur Ablehnung der beantragten Beweisaufnahme führt. Unzulässig ist die beantragte Beweisaufnahme dabei grundsätzlich, wenn sie nicht den gesetzlichen Vorschriften entspricht, vor allem also, wenn das angegebene Beweismittel unter ein Beweiserhebungs- oder Beweisverwertungsverbot (→ Rn. 437 ff.) fällt. **Kein Ablehnungsgrund** für einen Beweisantrag ist dagegen ausweislich des klaren Wortlauts des § 246 Abs. 1, dass das Beweismittel oder die zu beweisende Tatsache **zu spät vorgebracht** worden seien. Anders als im Zivilprozessrecht gibt es also im Strafprozessrecht keine Präklusion für Beweisanträge, vielmehr können diese während der gesamten Hauptverhandlung bis zum Beginn der Urteilsverkündung gestellt werden.[973] § 244 Abs. 6 S. 3 eröffnet allerdings die Möglichkeit einer Fristsetzung für Beweisanträge nach Abschluss der von Amts wegen vorgesehenen Beweisaufnahme. Anträge, die erst nach Fristablauf gestellt werden, können nach § 244 Abs. 6 S. 4 (statt durch Beschluss) im Urteil beschieden werden. Etwas anderes gilt, wenn die rechtzeitige Stellung des Antrags vor Fristablauf nicht möglich war (was ggf. mit dem Antrag zusammen glaubhaft zu machen ist).[974] **433**

---

969 Vgl. auch Schmitt in Meyer-Goßner/Schmitt § 244 Rn. 103a (der jedoch noch von der „Ablehnung eines Antrags" spricht, § 238 Rn. 22 ff.).

970 Zu den Ablehnungsgründen im Einzelnen vgl. auch näher die Kommentierung zu § 244.

971 Daneben kann ein Sachverständiger auch nach allgemeinen Grundsätzen ein ungeeignetes Beweismittel sein; dafür genügt aber nicht, wenn er absehbar aus den Anknüpfungstatsachen keine sicheren und eindeutigen Schlüsse zu ziehen vermag, vgl. BGH 1.12.2011 – 3 StR 284/11, NStZ 2012, 345.

972 Unzulässig ist jedoch die Ablehnung gem. § 244 Abs. 4 dann, wenn sich das Tatgericht die Sachkunde zuvor gezielt durch Befragung eines Sachverständigen im Freibeweisverfahren verschafft hat, um einen zu erwartenden Sachverständigenbeweisantrag abzulehnen, s. dazu Niemöller NStZ 2015, 16.

973 Zur Diskussion de lege ferenda vgl. etwa Frister StV 1994, 445 (447 f.); Herzog StV 1995, 372 (375); Schlüchter GA 1994, 397 (413 ff.). Zum Problem einer Umgehung des § 246 durch die „Fristsetzungslösung" der Rspr. vgl. BGH 23.9.2008 – 1 StR 484/08, BGHSt 52, 355 = NJW 2009, 605 (in Fortführung von BGH 15.11.2005 – 3 StR 327/05, StV 2006, 113; 9.5.2007 – 1 StR 32/07, NStZ 2007, 659 mAnm Beulke/Ruhmannseder NStZ 2008, 300 und 19.6.2007 – 3 StR 149/07, StV 2007, 563) und (diese Rspr. billigend) BVerfG 24.3.2010 – 2 BvR 2092/09, 2 BvR 2523/09, NJW 2010, 2036 sowie aus der Lit. krit. Eidam JZ 2009, 318; Fezer HRRS 2009, 17, 18; Gaede NJW 2009, 608; König StV 2009, 171; Kudlich, Gutachten C zum 68. Deutschen Juristentag, 2010, S. 75 ff.; Kudlich FS Karras, 2010, 591. Dazu, dass eine solche Fristsetzung das Gericht nicht davon enthebt, die Beweisanträge in der Hauptverhandlung zu bescheiden, vgl. BGH 20.7.2011 – 3 StR 44/11, NStZ 2011, 647.

974 Vgl. zur Fristsetzungsproblematik nach dem neuen Recht Mosbacher NStZ 2018, 9.

434 **d) Hilfsbeweisanträge und ihre Ablehnung.** Zur Möglichkeit, Beweisanträge von **innerprozessualen Bedingungen** abhängig zu machen, → Rn. 351. Verfahrensrechtlich ist zu beachten, dass dabei solche Anträge, die unter der Bedingung einer bestimmten verfahrensabschließenden Entscheidung gestellt werden, grds. erst in den Urteilsgründen beschieden werden müssen: Tritt nämlich die Bedingung durch das (erstrebte) Urteil gar nicht ein, gibt es keinen Beweisantrag, der zu bescheiden wäre.

435 **4. Die Beweiswürdigung.** So (mehr oder weniger) eng durch die Pflicht nach § 244 Abs. 2 und insbes. durch das Beweisantragsrecht die Vorgaben sind, welche Tatsachen zur Kenntnis genommen werden müssen, so weit ist andererseits der Spielraum, den das **Tatgericht bei der Bewertung der Beweismittel** bzw. bei den daraus dann abzuleitenden Konsequenzen hat. Dieser Spielraum ist durch die Figur der **„freien"** (insbes. regelmäßig nicht durch Beweisregeln eingeschränkten, vgl. dazu, aber auch zu den Einschränkungen → Rn. 200 sowie → Rn. 204 f.) **tatrichterlichen Beweiswürdigung** (vgl. näher bereits → Rn. 199 ff. sowie die Kommentierung zu § 261) geprägt, die einfachgesetzlich insbes. in **§ 261** zum Ausdruck kommt. Zur Bedeutung auch außerhalb der Hauptverhandlung (etwa Vorwirkungen in früheren Verfahrensstadien und Einschränkungen der Revisibilität der Beweiswürdigung) → Rn. 199, → Rn. 202; zum Verhältnis zum Grundsatz „in dubio pro reo" → Rn. 202.

436 Die **inhaltlichen Anforderungen** und damit auch die Überprüfbarkeit durch das Revisionsgericht im Detail hängen stark vom Einzelfall ab und sind vielfach auch gar nicht nur mit Blick auf das **Ergebnis** der Beweiswürdigung, sondern vor allem auch hinsichtlich der Anforderungen an die Darstellung im Urteil, dh also der hinreichend intensiven Auseinandersetzung mit bestimmten Fragen zu berücksichtigen.[975] So gelten etwa besonders strenge Anforderungen, wenn **Aussage gegen Aussage** steht[976] und die Entscheidung allein davon abhängt, welcher der beiden Angaben das Gericht Glauben schenkt[977] oder wenn nach der Tatsituation typischerweise oder gar erwiesenermaßen ein **besonderer Belastungseifer** eines Zeugen besteht.[978] Auch ein **fehlgeschlagener Alibibeweis** darf nicht automatisch in einen Gegenbeweis umgedeutet werden; vielmehr muss auch dieser anhand weiterer Indizien geführt werden,[979] da auch ein Unschuldiger in einer schwierigen Beweissituation durchaus „Zuflucht zur Lüge nehmen" könnte.[980] Dagegen muss sich ein aus tatsächlichen Gründen freisprechendes Urteil näher mit dem Einlassungsverhalten des Angeklagten auseinandersetzen, wenn belangvolle Belastungsmomente den Anklagevorwurf stützen.[981] Kann ein potentiell **entlastendes Beweismittel** auf Grund von Maßnahmen der Exekutive **(Sperrung eines Zeugen)** nicht in die Hauptverhandlung eingeführt werden, obwohl seine Erhebung ein Gebot der Aufklärungspflicht gewesen wäre, bedingt diese Verkürzung der Beweisgrundlage und der Verteidigungsmöglichkeiten das Erfordernis einer besonders vorsichtigen Beweiswürdigung, ggf. mit Anwendung des Zweifelssatzes.[982]

II. Beweisverbote

437 Wie oben bereits angedeutet, ist nicht nur die Produktion, sondern auch die **Restriktion von Beweismaterial** Teil des Beweisrechts. Geregelt sind also auch Begrenzungen der zulässigen Beweiserhebung und Beweisverwertung, die sich als Einschränkungen in der Aufklärungspflicht nach § 244 Abs. 2 darstellen. Diese an die Strafverfolgungsorgane

---

975 Vgl. nur Gericke in KK-StPO § 330 Rn. 32; Dahs in MAH Strafverteidigung § 12 Rn. 278.

976 Vgl. zu solchen Fällen auch Maier NStZ 2005, 246; zu den Anforderungen an die Begründung eines Freispruchs in solchen Konstellationen vgl. BGH 10.8.2011 – 1 StR 114/11, NStZ 2012, 110.

977 Vgl. BGH 19.7.1989 – 2 StR 182/89, StV 1990, 99; 24.11.1993 – 3 StR 517/93, StV 1994, 358 (359).

978 Vgl. BGH 27.7.1990 – 2 StR 324/90, NStZ 1990, 603; 7.6.1991 – 2 StR 175/91, StV 1991, 452.

979 Vgl. BGH 5.7.1995 – 2 StR 137/95, BGHSt 41, 153 (154) = NJW 1995, 2997 (2998).

980 Vgl. BGH 16.7.1996 – 5 StR 370/96, NStZ-RR 1996, 363.

981 Vgl. BGH 3.8.2011 – 2 StR 167/11, NStZ 2012, 227, sowie ferner 18.1.2011 – 1 StR 600/10, NStZ 2011, 302.

982 Vgl. BGH 4.3.2004 – 3 StR 218/03, BGHSt 49, 112 = NStZ 2004, 343 (344) mAnm Kudlich JuS 2004, 929 – Fall El Motassadeq.

gerichteten Beschränkungen dienen dem **Schutz kollidierender Rechtsgüter,** welche durch das Strafverfahren in Mitleidenschaft gezogen werden können und mit denen ein Ausgleich hergestellt werden muss (wie etwa den Grundrechten,[983] insbes. der Menschenwürde und der freien Entfaltung der Persönlichkeit). Es gilt mithin, dass auch im Strafprozess die Erforschung der Wahrheit nicht um jeden Preis stattfinden darf.[984]

Bei diesen Beweisverboten ist zu unterscheiden zwischen solchen Verboten, die bereits die **Beweiserhebung** betreffen (Beweiserhebungs- bzw. auch Beweisgewinnungs- oder Beweisverfahrensverbote) und solchen Verboten die – sei es darauf aufbauend, sei es eigenständig auch bei an sich korrekter Beweiserhebung – die **Verwertung des Beweises** in der Hauptverhandlung untersagen (sog Beweisverwertungsverbote). **438**

Der **Zusammenhang** zwischen beiden Formen ist dabei ein zweiseitiger, jeweils jedoch nicht zwingend durchgehender bzw. automatisierter: Aus dem Verstoß gegen ein Beweiserhebungsverbot kann sich ein Beweisverwertungsverbot ergeben; nach hM ist dies jedoch nicht zwangsläufig der Fall, sondern – soweit im Gesetz nicht ausnahmsweise explizit angeordnet – eine Frage des Einzelfalles (→ Rn. 453 ff.). Umgekehrt können Beweisverwertungsverbote auch dann eintreten, wenn die Beweiserhebung als solche nicht zu beanstanden war. Umgekehrt sind Situationen denkbar, in welchen das sicher abzusehende Eintreten eines Beweisverwertungsverbotes sich auch schon auf die Beweiserhebung auswirkt und diese unzulässig macht (→ Rn. 486 f.). **439**

1. Beweiserhebungsverbote. a) Allgemeines. Beweiserhebungsverbote ziehen als Ausnahmen von der strafprozessualen Aufklärungspflicht (vgl. oben) Schranken bereits für die Gewinnung von Beweisen im Strafprozess. Traditionell werden Beweiserhebungsverbote in **Beweisthemenverbote, Beweismittelverbote und Beweismethodenverbote** unterteilt (→ Rn. 441). Die Abgrenzung zwischen diesen Kategorien ist in einzelnen Fällen schwierig, da etwa das Beweisthema mehr oder weniger eng am Beweismittel „hängen" kann. Freilich ist die Abgrenzung im Einzelfall auch nicht entscheidend, da sie **nur** einer **Systematisierung** der Beweiserhebungsverbote dient, ohne dass strikt-dogmatisch Konsequenzen daran hängen würden, ob ein bestimmtes Beweisverbot in die eine oder andere Gruppe fällt. Quer zu dieser Einteilung bzw. unabhängig davon könnte man zudem von „relativen Beweisverboten" sprechen,[985] soweit eine Beweisgewinnung nur von bestimmten Personen angeordnet bzw. durchgeführt werden darf; Beispiele hierfür finden sich in der StPO zu hauf (vgl. nur §§ 81a, 98, 100, 100b Abs. 1, §§ 105, 111e und § 111n), da strafprozessuale Grundrechtseingriffe häufig (zumindest standardmäßig) nur durch den Richter angeordnet werden dürfen. **440**

b) Beweisthemenverbote. Von Beweisthemenverboten wird gesprochen, wenn **bestimmte Sachverhalte bzw. Tatsachen** als Gegenstand der strafprozessualen Beweisführung ausscheiden. Dies ist zum einen in einer Reihe von Konstellationen der Fall, in welchen der strafprozessuale Ermittlungsauftrag hinter den unterschiedlichsten staatlichen **Geheimhaltungsinteressen** zurücktritt. Dies gilt etwa für das Verbot der Aufklärung von Staatsgeheimnissen (iSd § 93 StGB) oder Amtsgeheimnissen (iSd § 67 f. BBG bzw. § 37 BeamtStG oder § 14 SoldG), daneben aber auch für Vorgänge, die dem richterlichen Beratungsgeheimnis nach §§ 43, 45 DRiG unterliegen,[986] für Tatsachen, die das Abstimmungsverhalten bei geheimen demokratischen Wahlen (vgl. Art. 28 Abs. 1 S. 2 GG, Art. 38 Abs. 1 S. 1 GG) betreffen, oder aber für Umstände, auf die sich das gerichtliche Schweigeverbot nach § 174 Abs. 3 GVG nach einem Ausschluss der Öffentlichkeit bezieht. **441**

Zum anderen betreffen die Beweisthemenverbote Umstände, die aus **prozessstrukturellen Gründen nicht (mehr) in Frage gestellt** bzw. verwertet werden sollen und über **442**

[983] Zu den Beweisverboten zur Wahrung des fairen Verfahrens in der Rechtsprechung des EGMR vgl. zusf. Gaede JR 2009, 493.
[984] Vgl. grundlegend BGH 14.6.1960 – 1 StR 683/59, BGHSt 14, 358 (365) = NJW 1960, 1580 (1581 f.).
[985] Vgl. Roxin/Schünemann StrafVerfR § 24 Rn. 15.
[986] BGH 8.7.2009 – 2 StR 54/09, NJW 2009, 2836 (2837).

die deshalb kein Beweis erhoben werden soll. Beispiele hierfür sind bereits getroffene bindende Feststellungen zum Tatgeschehen innerhalb eines Verfahrens oder getilgte Verurteilungen im Bundeszentralregister (vgl. §§ 51, 63 Abs. 4 BZRG)[987] bzw. getilgte gerichtliche Entscheidungen im Verkehrszentralregister (vgl. § 29 Abs. 8 S. 1 StVG). Ebenfalls in diese Gruppe gehören Befragungen, mit denen missbräuchliche Zwecke iSd § 241 Abs. 2 verfolgt werden; auch wenn diese Fragen zurückgewiesen werden, handelt es sich (zumindest formal) um eine Verkürzung der Beweiserhebung zu den in der Frage angesprochenen Themen.

443 **c) Beweismethodenverbote.** Von den inhaltsbezogenen Beweisthemenverboten zu unterscheiden sind die sog Beweismethodenverbote. Diese untersagen unabhängig vom Beweisziel (und im Prinzip auch unabhängig vom Beweismittel, wobei naturgemäß bestimmte Methoden oftmals nur bei bestimmten Beweismitteln vorkommen können) eine **bestimmte Art und Weise** der „sonst" (dh im Grundsatz durch ein solches Beweismittel) zulässigen Beweisgewinnung. Wichtigstes und anschaulichstes Beispiel sind die verbotenen Vernehmungsmethoden in § 136a: Die Vernehmung des Beschuldigten ist (wenn man den Beschuldigten zumindest als Beweismittel iwS versteht, → Rn. 416) eine ebenso wichtige wie grds. zulässige Art der Beweisführung. Die Vernehmung darf aber nicht mit Hilfe der dort aufgeführten Methoden erfolgen. Wenn man den nicht zu den Strafverfolgungsbehörden zählenden Arzt, der eine Blutprobe abnehmen soll, ebenfalls als „Instrument" und damit „Methode" der Beweiserhebung betrachtet, bildet auch § 81a für körperliche Eingriffe durch einen Nichtarzt ein Beispiel.

444 Ganz allg. könnte man jedenfalls dann, wenn man für **strafprozessuale Grundrechtseingriffe** aus dem **allgemeinen Gesetzesvorbehalt** ein Analogieverbot ableitet (→ Rn. 92 ff.) in nahezu jeder Eingriffsbefugnis zumindest eine Art „mittelbares Beweismethodenverbot" für solche Durchführungen der Beweiserhebung sehen, die im thematischen Anwendungsbereich der Vorschrift nicht die in der StPO vorgesehene Art und Weise der Durchführungen einhält. Letztlich geht es hier um eine Frage der Auslegung der Reichweite der gesetzlichen Befugnisse, wie zB in der (mittlerweile freilich überholten!) Diskussion darüber, ob § 100a (von seinem Wortlaut durchaus gedeckt, nach der Systematik, insbes. mit Blick auf § 100b Abs. 3 aber durchaus fraglich) auch die sog Quellen-TKÜ gestattet, die sich als Überwachung der Telekommunikation mit einer „anderen Methode" (insbes. ohne Mitwirkung des Providers) deuten ließ.[988]

445 **d) Beweismittelverbote.** Die sog Beweismittelverbote untersagen nicht die Beweiserhebung zu bestimmten Inhalten oder auf eine bestimmte Weise, sondern die **Nutzung eines bestimmten** (sachlichen oder persönlichen) **Beweismittels.** Ein solches liegt etwa vor, wenn ein Zeuge ein Zeugnisverweigerungsrecht nach §§ 52 f. ausübt oder sich auf sein Auskunftsverweigerungsrecht nach § 55 beruft; in diesen Fällen ist (nur) dieser Zeuge ausgeschlossen. Formal scheiden auch der Beschuldigte, etwaige Mitbeschuldigte und Privatkläger aufgrund ihrer Stellung im Verfahren als Zeugen aus und kommen insoweit nicht als Beweismittel für den Zeugenbeweis in Betracht. Dazu, dass insbes. der Beschuldigte und etwaige Mitbeschuldigte gleichwohl zumindest in einem weiteren Sinne Beweismittel sind, bereits → Rn. 416. Auch durch das Amtsgeheimnis gebundene Beamte scheiden nach § 67 f. BBG bzw. § 37 BeamtStG (vgl. auch § 39 BRRG aF) als Zeugen aus. Hier sind die

987 Vgl. dazu auch BVerfG 27.11.1973 – 2 BvL 12/72; 3/73, BVerfGE 36, 174 ff. = NJW 1974, 179 ff.; BGH 19.7.1972 – 3 StR 66/72, BGHSt 24, 378 (382) = NJW 1973, 66 (67); 6.3.1979 – 1 StR 747/78, BGHSt 28, 338 (340) = NJW 1979, 1720 f.; zu tilgungsreifen Auslandsverurteilungen BGH 5.12.2019 – 4 StR 301/19, NStZ-RR 2020, 217 mAnm Mosbacher JuS 2020, 745 (749).

988 Vgl. zu dieser Frage etwa LG Bayreuth 17.9.2009 – Gs 911/09, MMR 2010, 266 mzustAnm Bär; LG Hamburg 1.10.2007 – 629 Qs 29/07, MMR 2008, 423 mablAnm Bär; AG Hamburg 28.8.2009 – 160 Gs 301/09, StV 2009, 636 mAnm Kudlich JA 2010, 310. Aus der Kommentarliteratur für die Zulässigkeit Köhler in Meyer-Goßner/Schmitt § 100a Rn. 7a; Graf in BeckOK StPO § 100a Rn. 31; Bruns in KK-StPO § 100a Rn. 27; Bär in KMR-StPO § 100a Rn. 31a; krit. dagegen Wolter/Greco in SK-StPO § 100a Rn. 27 ff. Vgl. zusammenfassend zum Streitstand jeweils aus neuerer Zeit Buermeyer/Bäcker HRRS 2009, 433 (438); Becker/Meinicke StV 2011, 50.

Grenzen zum Beweisthemaverbot fließend, da sich die Verweigerung der Aussagegenehmigung auch nur auf bestimmte Themen beschränken kann.

Weitere Beweismittelverbote betreffen den Körper anderer Personen als des Beschuldigten, soweit diese nicht in eine Untersuchung eingewilligt haben oder aber „eine bestimmte Spur oder Folge einer Straftat" gesucht wird (vgl. § 81c Abs. 1). Ähnliches gilt für Gegenstände, die einem Beschlagnahmeverbot nach § 97 unterliegen[989] oder für die in § 160a genannten anwaltlichen bzw. anwaltsgleichen Personen, gegen welche sonstige Ermittlungen durchgeführt werden sollen. § 81a Abs. 3 lässt die Verwendung von dem Beschuldigten entnommenen Blutproben oder sonstigen Körperzellen nur für Zwecke des der Entnahme zugrundeliegenden oder eines anderen anhängigen Strafverfahrens zu; die Verwendung von zu anderen Zwecken entnommener DNA ist daher unzulässig.[990] Des Weiteren enthalten etwa §§ 250, 252 Beweismittelverbote hinsichtlich verlesbarer Urkunden, soweit ihre Voraussetzungen nicht vorliegen; § 274 untersagt grds. die Verwendung eines anderen Beweismittels als des Hauptverhandlungsprotokolls zur Beweisaufnahme über die Einhaltung wesentlicher Förmlichkeiten. 446

Zuletzt können sich – gerade in umgekehrter Richtung, als üblicherweise geprüft – **Beweismittelverbote auch aus Beweisverwertungsverboten** ergeben: Soweit feststeht, dass hinsichtlich eines bestimmten Beweismittels ein (selbständiges) Beweisverwertungsverbot eintreten würde, lässt sich hieraus auch ein Verbot ableiten, diese Beweismittel überhaupt zu erheben. Der damit verbundene Eingriff ist nämlich unter Verhältnismäßigkeitsgesichtspunkten nicht zu rechtfertigen, wenn feststeht, dass das Beweismittel ohnehin nicht verwertet werden darf. Freilich darf die Bedeutung derartiger Fälle nicht überschätzt werden: Betrachtet man nämlich das vieldiskutierte selbständige Beweisverwertungsverbot in sog Tagebuchfällen (→ Rn. 475), so wird man vor der Beweiserhebung regelmäßig nicht mit der erforderlichen Sicherheit von einer Unverwertbarkeit ausgehen können, da diese sich erst aus einer näheren Analyse des Tagebuchs ergeben kann, → Rn. 487. Auch kann ein strafprozessuales Beweisverwertungsverbot gerade dazu führen, dass **in anderen Verfahrensarten** legitimerweise auch solche Äußerungen erzwungen werden dürfen, die zu einer Selbstbelastung führen würden.[991] 447

e) Beweistransfer. Grenzüberschreitend agierende Straftäter, wie sie in vielen Bereichen (etwa der Betäubungsmittel- oder Teilen der Wirtschaftskriminalität) eher die Regel als die Ausnahme darstellen, aber auch die „private" Mobilität von Tatverdächtigen bei an sich rein national beschränkten Straftaten bedingen eine Internationalisierung der Strafverfolgung (→ Rn. 611 ff.), die auch das Beweisrecht betrifft. Da die Beweiserhebung als Ausübung von Hoheitsrechten im Grundsatz auf das jeweils eigene Staatsgebiet beschränkt ist, muss eine Beweiserhebung im Ausland regelmäßig im Wege der Rechtshilfe (vgl. knapp → Rn. 657 ff.) erfolgen. Von Bedeutung ist hierbei zunächst, ob die Beweiserhebung nach der anzuwendenden bi- oder multilateralen Regelung nach dem Recht des ersuchten Staates (**locus regit actum,** so insbes. in Art. 3 Abs. 1 RHÜ 1959[992]) oder des ersuchenden Staates (**forum regit actum,** so teilw. ermöglicht in Art. 4 Abs. 2 RHÜ 2000[993]) erfolgt (vgl. näher → Rn. 618 f.). Soweit eine im Ausland an sich zulässige Beweiserhebung[994] in dieser 448

---

[989] Zu den Grenzen der Beschlagnahmefähigkeit aus Verhältnismäßigkeitsgründen, insbes. mit Blick auf Art. 5 GG im Bereich von Rundfunk und Presse vgl. auch BVerfG 27.2.2007 – 1 BvR 538/06, 1 BvR 2045/06, BVerfGE 117, 244 = NJW 2007, 1117 mAnm Gaede AfP 2007, 410; BVerfG 10.12.2010 – 1 BvR 1739/04, 1 BvR 2020/04, NJW 2011, 1859 mAnm Jäger JA 2011, 712.

[990] Vgl. BGH 20.5.2015 – 4 StR 555/14, NJW 2015, 2594 mAnm Magnus = NStZ 2016, 111 sowie dazu Mosbacher JuS 2016, 127 (129).

[991] Vgl. BVerfG 13.1.1981 – 1 BvR 116/77, BVerfGE 56, 37 = NJW 1981, 1431 (Gemeinschuldnerentscheidung). Zur Frage der Übertragbarkeit dieses Beweisverwertungsverbots auf die Ergebnisse sog. interner Ermittlungen vgl. Klasen/Schaefer BB 2012, 641 (646).

[992] Also dem Europäischen Rechtshilfeübereinkommen des Europarats aus dem Jahre 1959.

[993] Also dem Rechtshilfeübereinkommen der Europäischen Union von 2000.

[994] Zu den Fällen, in denen die Beweiserhebung schon nach dem Maßstab des Auslandes unzulässig war, vgl. Jahn, Gutachten C zum 67. DJT, 2008, S. 119 f.

Form in Deutschland nicht möglich wäre, stellt sich die (wohl jedenfalls in schwer wiegenden Fällen zu bejahende) Frage, ob nicht iS eines „ordre public-Vorbehalts“[995] ein Beweis(verwertungs)verbot (vgl. allgemein → Rn. 449 ff.) angenommen werden muss, wenn die im Ausland vorgenommene Handlung mit grundlegenden Wertungen eines rechtsstaatlichen Verfahrens nach deutschem Verständnis unvereinbar wäre. Ein solcher – freilich „hoch zu hängender“ – Vorbehalt dürfte (durchaus auch in Konsequenz der Rechtsprechung des BVerfG) wohl selbst vorstellbar bleiben, wo im Anwendungsbereich von Art. 82 Abs. 1 AEUV eine Entwicklung hin zu einem Grundsatz der gegenseitigen Anerkennung postuliert wird,[996] der freilich eine weitere Harmonisierung der Schutzstandards unter Berücksichtigung auch der unterschiedlichen denkbaren Verfahrensstrukturen voraussetzt (welche etwa zu verschiedenen Beweisstandards in einzelnen Verfahrensabschnitten führen können, die in andere Systeme nicht ohne weiteres übertragbar sind).[997]

449 **2. Beweisverwertungsverbote. a) Allgemeines und Systematik.** Anders als die Beweiserhebungsverbote, die bereits die Beweisgewinnung untersagen bzw. beschränken, geht es bei den Beweisverwertungsverboten darum, dass grds. **bereits zur Verfügung stehende Beweise** im weiteren Verfahren **nicht verwertet** werden dürfen. Dies gilt originär für die Verwertung in der **Hauptverhandlung;** dort absehbar zu berücksichtigende Beweisverwertungsverbote wirken sich aber auch in **vorherigen Verfahrensstadien** zumindest dahingehend aus, dass bei der Prognose über den Ausgang der Hauptverhandlung, welche den abschließenden Entscheidungen im Ermittlungs- und Zwischenverfahren zugrunde liegt (→ Rn. 226, → Rn. 241) zu berücksichtigen ist, dass voraussichtlich ein Beweisverwertungsverbot bestehen wird.[998] In Fällen, in denen die Rechtsprechung ein Beweisverwertungsverbot von einem Widerspruch abhängig macht (vgl. näher und auch zur Kritik → Rn. 476 ff.), ist es konstruktiv problematisch,[999] aber rechtsstaatlich durchaus „sympathisch“, wenn der BGH davon ausgeht, dass im Ermittlungsverfahren Beweisverwertungsverbote unabhängig von einem Widerspruch des Beschuldigten von Amts wegen zu beachten sind, auch wenn der zugrunde liegende Verfahrensmangel eine für ihn disponible Vorschrift betrifft.[1000] Jedenfalls für die Entscheidung über der Anklageerhebung lässt sich dieses Ergebnis aber auch mit der genannten Prognose über den Ausgang der Hauptverhandlung begründen.

449a Soweit man davon ausgeht, dass jedenfalls in der Hauptverhandlung jede Beweisverwertung zugleich auch eine Beweiswürdigung beinhaltet, mag man auch mit *Gössel* davon sprechen, dass die Beweisverwertungsverbote das Verbot enthalten, bestimmte Tatsachen zum Gegenstand der Beweiswürdigung zu machen.[1001] Sachgrund für das Verbot der Verwertung von an sich zur Verfügung stehenden Beweismitteln, das naturgemäß mit dem Aufklärungsgrundsatz des § 244 Abs. 2 kollidiert, ist regelmäßig der Schutz der Rechte des Beschuldigten bzw. der von der Beweiserhebung betroffenen Personen.

450 Im Anschluss insbes. an Rogall[1002] hat sich durchgesetzt, zwischen **selbständigen und unselbständigen Beweisverwertungsverboten** zu unterscheiden, wobei beide Formen sowohl Kraft ausdrücklicher gesetzlicher Anordnung als auch ohne gesetzliche Normierung

---

[995] Vgl. auch Jahn, Gutachten C zum 67. DJT, 2008, S. 118.

[996] Vgl. hierzu das Grünbuch der EU-Kommission „Erlangung verwertbarer Beweise in Strafsachen aus einem anderen Mitgliedstaat“ (KOM (2009) 624 endg.) sowie dazu Schünemann/Rogers ZIS 2009, 92.

[997] Zutr. Schünemann/Rogers ZIS 2009, 92, die zu Recht darauf hinweisen, dass die „Freiheitsoptimierung“, die durch gegenseitige Anerkennung im Bereich der Grundfreiheiten entsteht, nicht einfach umgekehrt werden darf, weil sonst gerade eine Kumulation strukturell illiberaler Effekte droht.

[998] In diesem Sinn kann man auch mit Gössel in Löwe/Rosenberg Einl. L Rn. 7, 14 davon sprechen, dass die Beweisverwertungsverbote „in allen Verfahrensstadien“ gelten. → Rn. 487. In diese Richtung auch der 3. Senat in BGH 1.12.2016 – 3 StR 230/16, NJW 2017, 1828 mAnm Meyer-Mews NJW 2017, 1831 sowie dazu auch Mosbacher JuS 2017, 742 (744).

[999] Vgl. Kudlich JR 2020, 81 ff.

[1000] Vgl. BGH 6.6.2019 – StB 14/19, BGHSt 64, 89 = NJW 2019, 2627 mAnm Gierhake = NStZ 2019, 539 mAnm Kulhanek.

[1001] Vgl. Gössel in Löwe/Rosenberg Einl. L Rn. 9.

[1002] Vgl. Rogall ZStW 91 (1979), 1 (3 f.).

vorkommen: Von **unselbständigen** Beweisverwertungsverboten spricht man, wenn das Verbot die **Folge eines vorausgegangenen Verfahrensverstoßes** (und damit letztlich des Verstoßes gegen ein Beweiserhebungsverbot) war. Prominentes Bsp. einer gesetzlichen Regelung hierzu ist das Beweisverwertungsverbot des § 136a Abs. 3 S. 2. In den meisten Fällen allerdings fehlt eine solche ausdrückliche Regelung, so dass im Einzelfall zu entscheiden ist, wann aus einem Fehler bei der Beweiserhebung ein Beweisverwertungsverbot erwächst (→ Rn. 453 ff.). Von **selbständigen** Beweisverwertungsverboten spricht man dagegen, wenn die Beweiserhebung als solche nicht zu beanstanden war, aber aus später eintretenden bzw. übergeordneten Gründen ein Beweismittel nicht verwertet werden soll. Auch hier gibt es gesetzlich angeordnete Fälle (zB § 257c Abs. 4 S. 3) und gesetzlich nicht normierte Fälle, wobei letztere hier regelmäßig auf einer drohenden Grundrechtsverletzung durch die Verwertung des Beweismittels in der Hauptverhandlung beruhen (→ Rn. 473 ff.).

b) Entstehen von unselbständigen Beweisverwertungsverboten. Bei der Frage nach der Entstehung unselbständiger Beweisverwertungsverbote geht es darum zu untersuchen, wann gerade aus einem Fehler bei der Beweiserhebung auch ein Beweisverwertungsverbot erwächst. 451

aa) Gesetzlich geregelte Fälle. Als ausdrückliche Konsequenz aus Verstößen gegen Beweiserhebungsverbote sind **nur in wenigen Fällen** Beweisverwertungsverbote im Gesetz angeordnet. Der Gesetzgeber geht hier offensichtlich davon aus, dass Beweiserhebungsverbote bzw. die Vorgabe von Regelungen für die Beweiserhebung von den Strafverfolgungsbehörden regelmäßig auch beachtet werden. Im Übrigen wird – nicht zuletzt auch mit Blick auf die **Vielgestaltigkeit der denkbaren Sachverhalte** – die Einzelentscheidung der Rspr. überlassen. Namhafte Ausnahme ist insbes. **§ 136a Abs. 3 S. 2,** der explizit ein absolutes Beweisverwertungsverbot bei Verstößen gegen verbotene Vernehmungsmethoden anordnet; streng genommen setzt die Anordnung dieses Verbotes auch bei Einverständnis des Beschuldigten aber wohl das Verbot bei einem fehlenden Einverständnis ohnehin mehr oder weniger (und dann ebenfalls ungeschrieben) voraus. Die Besonderheit liegt hier darin, dass Aussagen, die unter Verstoß gegen § 136a erlangt worden sind, nicht nur in extremer Weise rechtsstaatlich bedenklich sind, sondern dass im Einzelfall auch die Qualität zum Wahrheitsbeweis darunter leiden kann.[1003] Auch **§ 100a Abs. 4 S. 2** und **§ 100c Abs. 5 S. 2** können als solche unselbständige Beweisverwertungsverbote gedeutet werden (dürften zugleich aber auch selbständige Beweisverwertungsverbote darstellen, wenn bei der Beweiserhebung noch nicht absehbar war, dass der Kernbereich privater Lebensgestaltung betroffen sein würde). 452

bb) Allgemeine Lehren. Vor dem Hintergrund dieser doch sehr rudimentären gesetzlichen Regelung ist nicht erstaunlich, dass die Frage, anhand welcher Kriterien aus einem Fehler bei der Beweiserhebung ein (und auch wie weit reichendes) Beweisverwertungsverbot abzuleiten ist, ein zentrales Problem des Strafprozessrechts darstellt.[1004] 453

(1) Automatismus von Erhebungs- und Verwertungsverbot. Eine gewisse Plausibilität prima facie und auch den Vorzug großer Anwendungseinfachheit hätte ein Konzept, nach dem grds. jeder Fehler bei der Beweiserhebung zu einem Beweisverwertungsverbot führt. Ein Argument für diesen radikalen „verwertungsfeindlichen" Weg bestünde in dem (auch von den Vertretern einer sog „Beweisbefugnistheorie" vorgebrachten[1005]) Überlegung, dass jede Beweisverwertung zum Nachteil des Angeklagten grundrechtsrelevant ist und daher einer (grds. vollständig) rechtmäßigen Grundlage bedarf.[1006] 454

1003 Vgl. Joerden JuS 1993, 927.

1004 Dass zu diesem Problem einiges an scharfsinniger Dogmatik entwickelt worden ist und viele Einzelfragen befriedigend gelöst worden sind, ist unbestritten (vgl. auch Rogall JZ 2008, 818 (819)); ein stimmiges, Anwendungseinfachheit und Rechtsicherheit gewährendes Konzept dürfte freilich noch nicht gefunden sein (vgl. auch Löffelmann JR 2009, 10).

1005 Vgl. Jahn/Dallmeyer NStZ 2005, 297, (303 f.); eingehend zur Beweisbefugnistheorie Dallmeyer, Beweisführung im Strengbeweisverfahren, 2002, S. 50 ff.; Jahn, Gutachten C zum 67. DJT, 2008, S. 66 ff.

1006 Vgl. zu einem solchen Modell eines Automatismus von Beweiserhebungs- und Beweisverwertungsverbot auch Kühne StrafProzR Rn. 907.

455 Diesen Weg beschreiten allerdings auch die Anhänger der **Beweisbefugnistheorie** nicht konsequent,[1007] und zwar zu Recht: Würde ein Beweisverwertungsverbot automatisch auf jeden, und sei es auch noch so „kleinen"[1008] Fehler bei der Beweiserhebung folgen, so würde damit nicht nur das Interesse an einer **funktionstüchtigen Strafrechtspflege** als jedenfalls im Ausgangspunkt durchaus schützenswerter öffentlicher Belang[1009] erheblich in Mitleidenschaft gezogen, sondern auch ein wichtiger Unterschied etwa zu zahlreichen verwaltungsrechtlichen Maßnahmen übersehen: Selbst wenn dort grds. die meisten Rechtsfehler zu einer Anfechtbarkeit des hoheitlichen Aktes führen, so können doch viele dieser Fehler geheilt werden[1010] oder aber der erneute Erlass eines Verwaltungsakts kommt jedenfalls dann, wenn der alte „nur" an formalen Fehlern gelitten hat, in Betracht. Diese Möglichkeit besteht im Strafprozessrecht zumindest regelmäßig nicht, da etwa **strafprozessuale Ermittlungsmaßnahmen** nach ihrem Bekanntwerden durch den Betroffenen in sehr vielen Fällen schlicht **nicht sinnvoll wiederholt** werden können. Insoweit würde eine ausnahmslose Unverwertbarkeit der Beweismittel die Strafverfolgung wesentlich stärker treffen als die grundsätzliche Beachtlichkeit von formalen Fehlern in dem (im Grundsatz nach jederzeit nachholbaren) Verwaltungsverfahren.

456 **(2) Einzelfallabhängige Entscheidungen.** Aus diesem Grund bleibt es zwar aus Rechtssicherheitsgesichtspunkten unbefriedigend, ist aber **nahezu unvermeidlich,** dass die Frage des Erwachsens eines Beweisverwertungsverbotes aus einem Fehler bei der Beweiserhebung letztlich **nur für den Einzelfall entschieden** werden kann. Umso wichtiger sind dann tragfähige und zumindest eine gewisse Rechtssicherheit gewährende Kriterien, sei es in Gestalt von mehr oder minder monistischen Modellen, sei es in Gestalt von Kriterienkatalogen.[1011]

457 Ein früher Ansatz in der Rspr. des BGH war hierzu die sog **Rechtskreistheorie,**[1012] nach der die Verwertung eines Beweismittels trotz Verletzung eines Beweisverwertungsverbotes davon abhängt, ob dadurch der „Rechtskreis des Beschuldigten" betroffen ist.[1013] Die Einwände gegen diese – zumindest als alleiniges Kriterium auch in der Rspr. zunehmend an Gewicht verlierende[1014] – Theorie besteht nicht darin, dass der Rechtskreis als Kriterium generell als Ausschlusskriterium nicht sinnvoll wäre. Problematisch ist vielmehr, dass zum einen die Betroffenheit „des Rechtskreises" wohl nicht unbedingt für die Annahme eines Beweisverwertungsverbotes genügen kann und dass zum anderen gerade erst durch Auslegung im Einzelfall zu ermitteln ist, welche Vorschriften den Rechtskreis des Beschuldigten berühren und welche nicht. Dies wird nicht zuletzt am Beispiel des § 55, an dem die Rechtskreistheorie mit entwickelt worden ist, besonders deutlich, da man durchaus gut vertreten könnte, dass die Frage, ob ein möglicherweise Tatverdächtiger und daher gegenüber anderen Beteiligten besonders „belastungsfreudiger" Zeuge über sein Auskunftsverweigerungsrecht belehrt worden ist, eben doch auch den Rechtskreis des Beschuldigten mit betrifft. Soweit sich Vorschriften als **reine Ordnungsvorschriften** bei der Beweiserhebung klassifizieren lassen, spricht zwar in der Tat einiges dafür, dass ihre Verletzung den Beschuldigten nicht in seinem Rechtskreis verletzen kann;[1015] fraglich ist jedoch, wann in einer

---

[1007] Zur Einschränkung bei Beweisverwertungsverboten etwa Jahn, Gutachten C zum 67. DJT, 2008, S. 68 ff. (§ 244 Abs. 2 als Rechtsgrundlage der Beweisverwertung, für welche die Rechtmäßigkeit des Verschaffungsaktes nicht unverzichtbar ist).

[1008] Möchte man „unbedeutende" Fehler bei der Beweiserhebung ausschließen, wäre damit der Charme einer klaren Lösung sogleich wieder verspielt.

[1009] Vgl. zum Funktionstüchtigkeitstopos und seinen Grenzen, aber auch seinem berechtigten Kern → Rn. 87 ff.

[1010] Vgl. § 45 VwVfG.

[1011] Kompakte Darstellung verschiedener Ansätze etwa bei Schroth JuS 1998, 969 (973 f.).

[1012] Vgl. BGH 21.1.1958 – GSSt 4/57, BGHSt 11, 213 (216 f.) = NJW 1958, 557 (558).

[1013] Vgl. zur Rechtskreistheorie auch die Darstellung bei Gössel in Löwe/Rosenberg Einl. L Rn. 131 ff.

[1014] Vgl. auch die Analyse bei Jahn, Gutachten C zum 67. DJT, 2008, 39 ff., für den eine „eigenständige Rechtskreis-Theorie (…) Rechtsgeschichte" ist (Jahn, Gutachten C zum 67. DJT, 2008, 41).

[1015] Vgl. auch Schroth JuS 1998, 969 (973).

Rechtsmaterie, die auch ganz wesentlich durch den „schützenden Wert der Form“[1016] geprägt ist, tatsächlich von „reinen Ordnungsvorschriften“ gesprochen werden kann. Zutreffenderweise wird man aufgrund all dieser Angriffspunkte die Rechtskreistheorie nur als einen Topos in größer angelegten Konzepten betrachten können.[1017]

Gleichsam einen „materiellen“ Ansatz verfolgt die namentlich von *Amelung* begründete **„Informationsbeherrschungstheorie“**, wonach Beweisverwertungsverbote auf informationellen Abwehransprüchen beruhen, die sich aus der Verletzung eines Informationsbeherrschungsrechts des Beschuldigten ergeben können.[1018] Soweit man hieraus freilich ableiten möchte,[1019] dass formelle Fehler (wie etwa die fehlende Zuständigkeit zur Anordnung der Zwangsmaßnahme) allein ein Beweisverwertungsverbot nicht tragen können, würde damit nicht hinreichend berücksichtigt, dass etwa eine willkürliche Verletzung des Richtervorbehaltes[1020] ebenso wie die unvertretbare Annahme einer eigenen Zuständigkeit die Entscheidung des Gesetzgebers untergraben würde, dass nur von unabhängigen Institutionen und nur im Rahmen ihrer Zuständigkeit Grundrechtseingriffe angeordnet werden können. **458**

Im Gegensatz zu dem stark materiell ausgerichteten Informationsbeherrschungsansatz verfolgen **„revisionsrechtliche Theorien“**[1021] in verschiedenen Spielarten einen streng verfahrensbezogenen Ansatz. Danach liegt ein Beweisverwertungsverbot nur vor, wenn der Verstoß gegen das Erhebungsverbot zu einer Urteilsaufhebung führen würde. Jedenfalls in dieser Form(ulierung) ist der Ansatz freilich **zirkulär,** da die Revisibilität gerade davon abhängt, ob ein Beweisverwertungsverbot besteht. Auf dem Fehler bei der Beweiserhebung als solcher nämlich kann das Urteil ohnehin nicht beruhen, sondern nur auf der nachfolgenden Verwertung oder eben Nichtverwertung des Beweismittels. Damit soll nicht geleugnet werden, dass die Beruhensfrage im Zusammenhang mit Beweisverwertungsverboten von Bedeutung ist;[1022] allerdings handelt es sich hierbei um eine nachgelagerte Frage, die sich überhaupt erst stellt, wenn trotz Vorliegens des Beweisverwertungsverbotes ein Beweismittel verwertet (oder umgekehrt: auch ohne Vorliegen eines Beweisverwertungsverbotes ein Beweismittel nicht verwertet) worden ist. Nicht einmal die einschränkende Deutung von Schroth,[1023] wonach dann, „wenn Urteile nicht auf Verstößen gegen Beweisverwertungsverbote beruhen, dies auch nicht dazu führen kann, dass eine Verwertung ausgeschlossen“ sei, da „die Funktionseffizienz der Strafrechtspflege zu sehr beeinträchtigt wäre, wenn man in diesen Fällen immer ein Beweisverwertungsverbot annehmen würde“, überzeugt: Denn Urteile beruhen nur dann nicht auf Verstößen gegen Beweisverwertungsverbote, wenn sie auch von den anderen verwerteten (und nicht nur weiteren, theoretisch erlangbaren aber tatsächlich nicht herangezogenen!) Beweismitteln getragen werden – wird das Urteil aber ohnehin durch diese anderen Beweismittel getragen, wird die Funktionstüchtigkeit der Strafrechtspflege in keiner Weise beeinträchtigt, wenn ein einzelnes, fehlerhafterweise hervorgebrachtes Beweismittel nicht verwertet wird. **459**

Dominierend in der **Rspr.** ist die **einzelfallbezogene Abwägung,**[1024] bei der überprüft wird, ob mit der bei der Beweiserhebung verletzten Vorschrift ein Interesse des Ange- **460**

[1016] Vgl. bis heute lesenswert Zachariae, Handbuch des deutschen Strafprozesses Bd. I, 1861, 145 f.; ferner hierzu auch Schlüchter in Wolter, Zur Theorie und Systematik des Strafprozeßrechts, 1995, 205; Eb. Schmidt ZStW 65 (1953), 161 (166 ff.); Tiedemann FS Peters, 1984, 131 (148).

[1017] Vgl. nochmals Jahn, Gutachten C zum 67. DJT, 2008, S. 41.

[1018] Grundlegend Amelung, Informationsbeherrschungsrechte im Strafprozess, 1990.

[1019] Zu unterschiedlichen „Lesarten“ des Informationsbeherrschungsansatzes vgl. einerseits Jahn, Gutachten C zum 67. DJT, 2008, 64 f.; krit. zur Darstellung seines eigenen Ansatzes andererseits Amelung JR 2008, 327 f.

[1020] Zu Fällen der Umgehung des Richtervorbehalts und einem daraus erwachsenden Beweisverwertungsverbot vgl. BGH 30.8.2011 – 3 StR 210/11, NStZ 2012, 104.

[1021] So genannt bei Schroth JuS 1998, 969 (973); Gössel GA 1991, 486 sowie Gössel in Löwe/Rosenberg Einl. L Rn. 18 spricht insoweit von der „Funktionslehre“.

[1022] Vgl. auch – freilich weiter reichend als hier angedeutet – Gössel in Löwe/Rosenberg Einl. L Rn. 47 ff.

[1023] Vgl. JuS 1998, 969 (973).

[1024] Vgl. nur BGH 21.2.1964 – 4 StR 519/63, BGHSt 19, 325 (329) = NJW 1964, 1139 (1143); 17.3.1983 – 4 StR 640/82, BGHSt 31, 304 (307) = NJW 1983, 1570 (1571); 25.9.2007 – 5 StR 116/01, 475/02, NJW 2008, 307 (309); 20.12.2007 – 3 StR 318/07, NJW 2008, 1090 (1092).

klagten geschützt wird, das gewichtiger ist als das Interesse an der Effizienz der Strafverfolgung. In den hierbei möglichen **bunten Strauß an Abwägungskriterien** werden etwa Schutzzwecküberlegungen, Schwere der Straftat und des Verstoßes sowie auch Überlegungen zur hypothetischen rechtmäßigen Beweisgewinnung[1025] eingeflochten. Die Kritik daran, dass ein solches umfassendes Abwägungsmodel der Rechtssicherheit nicht dienlich ist, liegt auf der Hand. Verstärkt wird diese Kritik in der Lit. teilw. noch durch den Hinweis darauf, dass entgegen der Berufung auf eine Abwägungslösung eine umfassende Abwägung in Wahrheit durch die Gerichte nur selten vorgenommen wird.[1026]

461 Im Unterschied zur „allgemeinen" und insbes. auch die Schwere des Tatvorwurfs einbeziehenden Abwägung der Rspr. orientiert sich eine (mit Unterschieden im Detail) in der **Lit.** stark vertretene Auffassung bei ihrer Einzelfallentscheidung über die Verwertung ausschließlich oder zumindest vorrangig am **Schutzzweck** der bei der Beweiserhebung verletzten Norm.[1027] Hierzu zählen in einem weiteren Sinn auch solche Ansätze, die das Eingreifen des Beweisverwertungsverbotes davon abhängig machen wollen, ob ein mit der Anerkennung eines Beweisverwertungsverbotes verbundener **Zweck** in der konkreten Situation erreicht werden kann bzw. muss,[1028] etwa der Gedanke der Disziplinierung der Strafverfolgungsbehörden (sog „Funktionslehren"[1029]) oder die Ausrichtung der Verfahrensgestaltung am Zweck der Spezialprävention und Resozialisierung, welcher Urteile auf der Grundlage staatlicher Rechtsverstöße entgegenstehen könnten.[1030]

462 Zumindest in einem weiteren Sinn ebenfalls zu den Schutzzwecklehren zu zählen ist die von *Jäger* entwickelte und von ihm selbst so bezeichnete **„Lehre von der Fehleridentität",**[1031] nach welcher vor dem Hintergrund einer im Gesetz vorgezeichneten zumindest grundsätzlichen Abstraktion von Erhebungs- und Verwertungsverbot nur solche Verstöße gegen Beweiserhebungsverbote auch zu Beweisverwertungsverboten führen, bei denen durch die Anordnung des Verbotes ein „beweisgegenständlicher Ausschluss" verfolgt wird, dh wenn mit Blick auf den „sachlich-gegenständlichen (…) Schutzbereich der Norm" hinsichtlich Erhebung und Verwertung „beweisgegenständliche Tatsachenidentität" vorliegt bzw. „wenn die jeweilige Vorschrift das Beweismittel im Hinblick auf ein Beweisziel vor verwertbarer Existenz oder in seiner unverwertbaren Existenz schützt".

463 Schon dieser kurze, auch nicht im Entferntesten Vollständigkeit beanspruchende Überblick macht deutlich, dass die Lehre von den Beweisverwertungsverboten im Grundsätzlichen ebenso wie in ihren Details nach wie vor **umstritten** ist. Die jeweils denkbaren Einwände gegen einzelne Ansätze (jedenfalls in ihrer Reinform) sowie auch die mit der konkreten Rechtsanwendung verbundenen Schwierigkeiten machen deutlich, dass „nicht ein Theorienkonstrukt Beweisverwertungsverbote begründen kann, sondern unterschiedliche Wertungsgesichtspunkte ineinandergreifen".[1032] **Grundsätzlichen Vorzug** verdienen **schutzzweckbezogene Ansätze,** die danach fragen, ob die Verwertung des Beweismittels gerade dem Sinn des Beweiserhebungsverbotes zuwiderläuft bzw. die Verwertung die Verletzung des Schutzzwecks des Erhebungsverbotes noch weiter vertiefen würde. Ob und wann

---

[1025] Vgl. zu den hypothetischen Ermittlungsverläufen auch Jahn NStZ 2005, 297; einen kritischen Überblick gibt Neuber NStZ 2019, 113.

[1026] Vgl. zur Kritik etwa Dallmeyer, Beweisführung im Strengbeweisverfahren, 2002, S. 149 ff., 213 ff.; Löffelmann, Die normativen Grenzen der Wahrheitserforschung im Strafverfahren, 2008, S. 51 ff., 294 ff.; Wolters JR 1999, 524 (525); Fezer JZ 1999, 526; Fezer NStZ 2003, 625 (629).

[1027] Grundlegend zu den Schutzzwecklehren Grünwald JZ 1966, 489 (492 ff.); Beulke ZStW 103 (1991), 657 ff.; monographisch Petry, Beweisverbote im Strafprozeß, 1971, insbes. S. 29 ff.; Fezer, Grundfragen der Beweisverwertungsverbote, 1995, etwa S. 20 ff.; zusammenfassender Überblick auch bei Jäger, Beweisverwertung und Beweisverwertungsverbote im Strafprozess, 2003, S. 69 ff.

[1028] Von Jäger, Beweisverwertung und Beweisverwertungsverbote im Strafprozess, 2003, S. 69 ff.

[1029] Ähnlich Nüse JR 1966, 281 (284). Zu abweichenden Begriffsverwendungen vgl. Schroth JuS 1998, 969 (973); Gössel GA 1991, 486.

[1030] Vgl. zu diesem Ansatz Otto GA 1970, 289 (290, 297 f.). Zu einem stärker an der Generalprävention orientierten Beweisverbotsverständnis vgl. Dencker Verwertungsverbote, S. 59 ff.

[1031] Vgl. Jäger, Beweisverwertung und Beweisverwertungsverbote im Strafprozess, 2003, insbes. S. 137 ff.

[1032] Zutr. Schroth JuS 1998, 969 (974).

dies der Fall ist, bleibt im Einzelfall freilich eine schwierige Auslegungsfrage. Diesen Schwierigkeiten muss man sich aber stellen, wenn man einerseits auf keine differenzierte gesetzliche Regelung zurückgreifen kann und sich andererseits auch nicht mit einer „Radikallösung" (die dann freilich nur in Gestalt eines Automatismus von Erhebungs- und Verwertungsverbot und sicher nicht in einer grundsätzlichen Unbeachtlichkeit von Verstößen bei der Beweiserhebung liegen könnte) anfreunden mag. Über solche Schutzzweckerwägungen könnten und müssten letztlich dann sogar teilw. solche (allgemeinen) Fragen entschieden werden, die in der jeweiligen Norm selbst gar nicht explizit angesprochen sind, so etwa nach der Beachtlichkeit von hypothetischen Ermittlungsergebnissen.

Als **grobe Marschrichtung** muss dabei jedoch Folgendes festgehalten werden: Den Ausgangspunkt der Überlegungen bildet (bei den unselbständigen Beweisverwertungsverboten) ein **vom Staat**[1033] **begangener Fehler bei der Beweiserhebung.** Liegt ein solcher vor, spricht – dies ist der richtige Kern etwa an der Beweisbefugnistheorie – erst einmal viel dafür, dass darauf basierend kein weiterer Grundrechtseingriff in Gestalt einer Beweisverwertung vorliegen darf. Ein Beweisverwertungsverbot kann aber nach dem Schutzzweck der jeweiligen Vorschrift ausgeschlossen sein. Vergegenwärtigt man sich dies und auch die Parallele zu den Überlegungen bei der objektiven Zurechnung im Rahmen der materiell-strafrechtlichen Haftungsbegründung,[1034] so muss hier ebenso wie für die Frage nach dem Ausschluss der objektiven Zurechnung trotz kausalem Verletzungshandeln gelten, dass die **argumentative Begründungslast** bei demjenigen liegt, der eine **Unbeachtlichkeit des Verstoßes bejaht** (und nicht bei demjenigen, der ein Beweisverwertungsverbot postuliert). Ebenso wie der Ausschluss der objektiven Zurechnung trotz kausaler Rechtsgutsverletzung zumindest systematisch und damit argumentationsstrukturell die begründungsbedürftige Ausnahme ist,[1035] muss auch derjenige, der die Verwertung eines Beweismittels trotz Fehler bei der Beweisaufnahme behauptet, eine Begründung dafür benennen können. Dass diese im Einzelfall genauso leichtfällt wie etwa diejenige für die fehlende objektive Zurechnung im materiellen Strafrecht bei den bekannten „Erb-Onkel-Gewitterfällen", steht dem nicht entgegen. 464

cc) Kasuistik. Die einzustehende Vagheit des hier postulierten Lösungsweges, aber auch aller anderen Abwägungs- und Schutzzwecklehren führt dazu, dass für die praktische Rechtsanwendung in diesem Bereich fast noch stärker als in anderen Fällen die **Orientierung an der Kasuistik** von bereits in der Rspr. entschiedenen Fällen (freilich durchaus auch unter Berücksichtigung daran geübter Kritik, denn auch die Vorstellungen zu den Beweisverwertungsverboten ändern sich[1036]) zu beachten ist. Wichtige Konstellationen, in denen die Rspr. in diesem Sinne unselbständige Beweisverwertungsverbote anerkannt oder gerade abgelehnt hat, sind etwa:[1037] 465

(1) Verletzung des Anwesenheitsrechts. Bei Verletzung des Anwesenheitsrechts des Beschuldigten oder seines Verteidigers nach § 168c Abs. 2, § 168d Abs. 1 soll nach verbreiteter Auffassung in der Lit. ein Beweisverwertungsverbot entstehen,[1038] während die Rspr. nur von einer Minderung des Beweiswertes, nicht aber einem Bewertungsverbot ausgeht.[1039] 466

[1033] Zur Sonderfrage Beweisermittlung durch Private → Rn. 481 ff.

[1034] Vgl. Kudlich FS Wolter, 2013, 995 ff.; ferner zu dieser Parallele Gössel in Löwe/Rosenberg Einl. L Rn. 258, freilich nur im Zusammenhang mit dem Beruhen.

[1035] Vgl. zu den Argumentationslasten beim Urteil über die objektive Zurechnung im materiellen Strafrecht Kudlich Die Unterstützung fremder Straftaten durch berufsbedingtes Verhalten, S. 331 f.; zur Übertragung auf die Beweisverwertungsverbote Kudlich FS Wolter, 2013, 995 (1003 ff.).

[1036] Augenscheinlich in der Entscheidung BGH 27.2.1992 – 5 StR 190/91, BGHSt 38, 214 = NJW 1992, 1463, in der erstmalig und abw. von der bisherigen Rspr. das zu diesem Zeitpunkt schon lange in der Lit. geforderte Beweisverwertungsverbot bei Verstoß gegen die Belehrungspflicht nach § 136 Abs. 1 S. 2 im Grunde nach anerkannt worden ist.

[1037] Darstellung der Kasuistik etwa auch bei Gössel in Löwe/Rosenberg Einl. L Rn. 153 ff.; Jäger, Beweisverwertung und Beweisverwertungsverbote im Strafprozess, 2003, S. 4 ff., 14 ff., 143 ff.

[1038] Vgl. etwa Kühne StrafProzR Rn. 910 (dort bei Fn. 159); Schroth JuS 1998, 969 (974); Renzikowski JZ 1999, 605 (609 ff.).

[1039] Vgl. BGH 25.7.2000 – 1 StR 169/00, BGHSt 46, 93 (103 ff.) = NJW 2000, 3505 (3509 f.).

467 **(2) Fehler bei der Beschuldigtenvernehmung.** Ein klarer Fall eines Beweisverwertungsverbotes liegt bei einer Anwendung **verbotener Vernehmungsmethoden** nach § 136a Abs. 1 iVm § 136a Abs. 3 S. 2 vor (→ Rn. 452); hier fokussiert die Frage – wie so oft bei unflexiblen Rechtsfolgen – eher darauf, ob tatsächlich gegen die Vorschrift verstoßen worden ist (oder ob nicht zB statt einer Täuschung „nur" kriminalistische List vorliegt[1040]). Auch **Verstöße gegen die Belehrungspflicht** nach § 136 Abs. 1 S. 2 begründen – entgegen der früheren Rspr.[1041] – seit der Entscheidung BGHSt 38, 214 ein Beweisverwertungsverbot,[1042] soweit nicht der Beschuldigte auch ohne Belehrung Kenntnis von seinen Rechten hatte (und soweit in der Hauptverhandlung rechtzeitig Widerspruch gegen die Verwertung eingelegt worden ist, → Rn. 476 ff.). Gleiches gilt, wenn der Beschuldigte die Belehrung über die Aussagefreiheit wegen seines geistig-seelischen Zustands nicht verstanden hat.[1043] Hinsichtlich der Möglichkeit der **Konsultation eines Verteidigers** begründet die fehlende Belehrung unter den gleichen Voraussetzungen ebenso ein Beweisverwertungsverbot[1044] wie die Verwehrung der Beiziehung des Verteidigers.[1045] Welche aktiven Bemühungen getätigt werden müssen, um die Verteidigerkonsultation zu ermöglichen, bleibt freilich Frage des Einzelfalles.[1046] Die unterbliebene oder gar nur verspätete Belehrung eines ausländischen Beschuldigten über das **Recht auf konsularischen Beistand** sollte nach der Rspr. des BGH ursprünglich kein Beweisverwertungsverbot begründen;[1047] nach der neueren Rechtsprechung des BVerfG soll ein solches Beweisverwertungsverbot aber jedenfalls nicht grundsätzlich ausgeschlossen sein,[1048] weshalb zumindest der 4. Strafsenat in seiner aktuellen Rechtsprechung eine Abwägung im Einzelfall vornimmt.[1049]

468 **(3) Verletzung von Zeugnis- bzw. Auskunftsverweigerungsrechten.** Die unterbliebene **Zeugenbelehrung eines Angehörigen** nach § 52 Abs. 3 kann (auch nach dem Tod des Zeugen) ein Beweisverwertungsverbot begründen;[1050] auch hier gilt anderes, wenn der Berechtigte über sein Recht informiert war.[1051] Dagegen soll ein Verstoß gegen die **Belehrungspflicht nach § 55 Abs. 2** nach Ansicht der Rspr. kein Beweisverwertungsverbot begründen,[1052] da insoweit der Rechtskreis des Angeklagten nicht berührt sei. Dies ist zumindest zweifelhaft (→ Rn. 457). Mangels Belehrungspflichten stellt sich diese Frage bei den Zeugnisverweigerungsrechten der Berufsträger nach § 53 regelmäßig nicht; unrichtige Belehrungen bzw. der unrichtige Hinweis darauf, dass eine Entbindung nach § 53 Abs. 2 erfolgt ist, führen aber zu einem Beweisverwertungsverbot.[1053] Auch die Verletzung des die Beweis-

[1040] Vgl. näher zu den Voraussetzungen an § 136a die dortige Kommentierung; zusammenfassend auch Soiné NStZ 2010, 593.
[1041] Vgl. BGH 31.5.1968 – 4 StR 19/68, BGHSt 22, 170 (173 ff.) = NJW 1968, 1838 f.
[1042] Vgl. BGH 27.2.1992 – 5 StR 190/91, BGHSt 38, 214 (218) = NJW 1992, 1463 (1464); zu den Grenzen BGH 22.11.2001 – 1 StR 220/01, BGHSt 47, 172 = NJW 2002, 975.
[1043] Vgl. BGH 12.10.1993 – 1 StR 475/93, BGHSt 39, 349 (351 f.) = NJW 1994, 333 (334) mAnm Fezer JZ 1994, 686 f.
[1044] Vgl. BGH 22.11.2001 – 1 StR 220/01, BGHSt 47, 172 (174) = NJW 2002, 975 (976). Nicht aber für den Mitbeschuldigten, vgl. BGH 9.8.2016 – 4 StR 195/16, NStZ-RR 2016, 377 mAnm Jäger JA 2017, 74.
[1045] Vgl. BGH 29.10.1992 – 4 StR 126/92, BGHSt 38, 372 (373) = NJW 1993, 338 (339); 12.1.1996 – 5 StR 756/94, BGHSt 42, 15 (21 f.) = NJW 1996, 1547 (1548 f.).
[1046] Vgl. daher auch einschr. BGH 21.5.1996 – 1 StR 154/96, BGHSt 42, 170 ff. = NJW 1996, 2242 ff.; 5.2.2002 – 5 StR 588/01, BGHSt 47, 233 (234 f.) = NStZ 2002, 380.
[1047] Vgl. BGH 25.9.2007 – 5 StR 116/01, 5 StR 475/02, BGHSt 52, 48 = NJW 2008, 307 (309); 20.12.2007 – 3 StR 318/07, BGHSt 52, 110 (111) = NJW 2008, 1090 (1092); mit Blick auf ein postuliertes, aber nicht erfülltes Widerspruchserfordernis offen gelassen in BGH 11.9.2007 – 1 StR 273/07, BGHSt 52, 38 (41) = NJW 2007, 3587.
[1048] Vgl. BVerfG 8.7.2010 – 2 BvR 2485/07 ua, NJW 2011, 207 (209 f.). Frühere Stellungnahmen in BVerfG 19.9.2006 – 2 BvR 2115/01, 2132/01, 348/03, NJW 2007, 499 (503 f.).
[1049] Vgl. BGH v. 7.6.2011 – 4 StR 643/10, StV 2011, 603. Vgl. zur Problematik auch Kreß GA 2007, 296 (304); Walter JR 2007, 99 (101 f.); Burchard JZ 2007, 891 (893 f.).
[1050] Vgl. BGH 21.1.1958 – GSSt 4/57, BGHSt 11, 213 (216) = NJW 1958, 557 (558); Kühne StrafProzR Rn. 910.
[1051] Vgl. BGH 27.2.1992 – 5 StR 190/91, BGHSt 38, 214 (225) = NJW 1992, 1463 (1465).
[1052] Vgl. BGH 21.1.1958 – GSSt 4/57, BGHSt 11, 213 (218) = NJW 1958, 557 (558).
[1053] Vgl. BGH 7.3.1996 – 4 StR 737/95, BGHSt 42, 73 (75 f.) = NJW 1996, 2435 (2436).

verwertungsverbote flankierenden § 97 Abs. 1 können ein solches begründen;[1054] nach der Rspr. soll dies aber nur gelten, wenn bereits die Beschlagnahme unzulässig war und dies auch geblieben ist, während bei einer an sich zulässigen Beschlagnahme spätere Umstände, die ihr entgegenstehen, ebenso wenig zu einem Beweisverwertungsverbot führen wie eine unzulässige Beschlagnahme, falls die Unzulässigkeitsgründe nachträglich wegfallen (und sich dieser Wegfall nicht erst aus den rechtswidrig beschlagnahmten Unterlagen ergibt[1055]).[1056]

(4) Beeinträchtigungen der Verteidigung. Beweisverwertungsverbote ergeben sich auch aus Verstößen gegen die **Garantie des freien Verkehrs mit dem Verteidiger** nach § 148 sowie hinsichtlich der Verwertung von Aussagen eines kommissarisch vernommenen Zeugen, an dessen Vernehmung der Verteidiger nicht teilnehmen durfte.[1057] Ob die vermeidbare Verhinderung der direkten Befragung von Belastungszeugen ebenfalls ein Beweisverwertungsverbot nach sich zieht, ist umstr.;[1058] für ein Beweisverwertungsverbot könnten die Formulierungen des EGMR in einer Entscheidung vom 20.12.2001 sprechen.[1059] 469

(5) Zwangsmaßnahmen. Soweit es um Beweisverwertungsverbote nach der Durchführung von prozessualen Ermittlungsmaßnahmen (Zwangsmaßnahmen) geht, stellt sich als allgemeines Problem die Frage, wie es sich auswirkt wenn der oftmals vorgesehene **Richtervorbehalt** dadurch unterlaufen wird, dass entweder ganz ohne richterliche Beteiligung oder unter schwer vertretbarer Annahme einer anderweitigen Notkompetenzen begründenden Gefahr im Verzug eine Anordnung erfolgt. Soweit die zuständige (richterliche oder ggf. auch staatsanwaltliche) Anordnungsperson gleichsam **vollständig umgangen** wird, ist in jedem Fall von einem Beweisverwertungsverbot auszugehen.[1060] Dagegen sollen nach der Rspr. bloße Fehler in der Annahme der Zuständigkeit oder auch eine **„einfach-fehlerhafte" Annahme der Gefahr im Verzug** kein Beweisverwertungsverbot nach sich ziehen, während ein willkürlicher Rückgriff auf die Eilkompetenz[1061] zu einem solchen führen kann.[1062] Die – zT auch uneinheitliche – Kasuistik hierzu insbes. im Zusammenhang mit körperlichen Eingriffen nach § 81a im Straßenverkehr war bis zur Relativierung des Richtervorbehalts in Abs. 2 S. 2[1063] nicht zuletzt seit der Entscheidung des BVerfG vom 12.2.2007[1064] Legion.[1065] 470

1054 Vgl. BGH 23.1.1963 – 2 StR 534/62, BGHSt 18, 227 ff. = NJW 1963, 870 f. zu § 97 Abs. 1 Nr. 1 iVm § 52.

1055 Vgl. BGH 28.6.2001 – 1 StR 198/01, NStZ 2001, 604 (606).

1056 Vgl. zu diesen Konstellationen Köhler in Meyer-Goßner/Schmitt § 97 Rn. 47 f.

1057 Vgl. BGH 17.10.1983 – GSSt 1/83, BGHSt 32, 115 (128) = NJW 1984, 247.

1058 Abl. BGH 18.11.1999 – 1 StR 221/99, BGHSt 45, 321 (331) = NJW 2000, 1123 (1125).

1059 Vgl. EGMR 20.12.2001 – 33900/96, StV 2002, 289 (290).

1060 Vgl. auch (jeweils zu § 100) BGH 17.3.1983 – 4 StR 640/82, BGHSt 31, 304 = NJW 1983, 1570; BGH 6.8.1987 – 4 StR 333/87, BGHSt 35, 32 = NJW 1988, 1223; ferner Jäger StV 2002, 243 (244); Jäger GA 2008, 473 (497); vgl. auch (zu § 105 Abs. 1 S. 1) BGH 18.4.2007 – 5 StR 546/06, BGHSt 51, 285 = NJW 2007, 2269.

1061 Dem gleichgestellt: Die Berufung auf die Eilkompetenz, obwohl vorher eine Stunde nicht versucht wurde, einen Richter zu erreichen, vgl. bemerkenswert und zustimmungswürdig OLG München 21.2.2011 – 4 StRR18/11, BeckRS 2011, 27553. Zum Beweisverwertungsverbot bei bewusster Missachtung eines Richtervorbehaltes auch NStZ 207, 616. Zur Problematik auch Satzger/Hanft NStZ 2007, 185.

1062 Vgl. ferner auch (im Zusammenhang mit § 81a) OLG Dresden 11.5.2009 – 1 Ss 90/09, StV 2009, 458; OLG Hamm 12.3.2009 – 3 Ss 31/09, StV 2009, 459.

1063 Durch das Gesetz zur effektiveren und praxistauglicheren Ausgestaltung des Strafverfahrens vom 17.8.2017 (BGBl. I 3202), in Kraft getreten am 24.8.2017.

1064 Vgl. BVerfG 12.2.2007 – 2 BvR 273/06, NJW 2007, 1345.

1065 Vgl. nur OLG Dresden 11.5.2009 – 1 Ss 90/09, NJW 2009, 2149; OLG Bremen 14.7.2009 – SsBs 15/09, NStZ-RR 2009, 353; OLG Bamberg 19.3.2009 – 2 Ss 15/09, NJW 2009, 2146 sowie OLG Bamberg 20.11.2009 – 2 Ss OWi 1283/09, StV 2010, 621; OLG Nürnberg 7.12.2009 – 1 St Ss 232/09, StV 2010, 624; KG 1.7.2009 – 1 Ss 204/09 (71/09), NJW 2009, 3527; OLG Hamm 18.8.2009 – 3 Ss 293/08, NJW 2009, 3109; OLG Köln 26.9.2008 – 83 Ss 69/08, DAR 2008, 710; OLG Oldenburg 12.10.2009 – 2 SsBs 149/09, NJW 2009, 3591; OLG Zweibrücken 16.8.2010 – 1 SsBs 2/10, StRR 2010, 468; vgl. aber auch BVerfG 28.7.2008 – 2 BvR 784/08, NJW 2008, 3053 sowie BVerfG 11.6.2010 – 2 BvR 1046/08, NJW 2010, 2864. Knapp zusammengefasst bei Beulke/Swoboda StrafProzR Rn. 241; zur revisionsrechtlichen Einordnung einer entsprechenden Rüge Trück NStZ 2011, 202.

471 Im Übrigen gilt für **einzelne Ermittlungsmaßnahmen** exemplarisch:[1066] **Körperliche Untersuchungen bzw. Blutprobenentnahmen,** die entgegen §§ 81a, 81b nicht von einem Arzt durchgeführt wurden, bleiben verwertbar,[1067] da der diesbezügliche Schutzzweck der Schonung der körperlichen Integrität auch durch ein Beweisverwertungsverbot nicht erreicht werden kann. Etwas anderes gilt freilich, wenn bewusst über das (Nicht-)Vorliegen eines Arztes getäuscht worden ist. Aus dem gleichen Grund ist ein Beweisverwertungsverbot auch abzulehnen, wenn entgegen § 81f Abs. 2 S. 3 nicht teilanonymisiert worden ist.[1068] Fehler bei **Durchsuchungsmaßnahmen** (§§ 102 ff.) werden als solche selten Beweisverwertungsverbote hervorrufen, soweit die eigentliche Beschlagnahme ordnungsgemäß verläuft. Etwas anderes gilt, wenn die zur Fehlerhaftigkeit der Durchsuchung führenden Verfahrensverstöße schwerwiegend waren oder bewusst bzw. willkürlich begangen worden sind;[1069] auch Verstöße gegen den Richtervorbehalt führen hier regelmäßig zu einem Beweisverwertungsverbot, wobei hypothetischen Ersatzeingriffen gerade bei Kompetenzverstößen keine Bedeutung zukommt.[1070] Rechtswidrig hergestellte **Tonbandaufnahmen,** die unter Verletzung des Persönlichkeitsrechts angefertigt wurden, sind unverwertbar.[1071] Zu Beweisverwertungsverboten im Zusammenhang mit Fehlern bei der **Beschlagnahme,** insbes. beim Verstoß gegen Beschlagnahmeverbote bereits → Rn. 468.

472 Im Zusammenhang mit dem **Zugriff auf informationstechnische Systeme** ist zunächst zu prüfen, ob die konkrete Art des Zugriffs überhaupt eine gesetzliche Grundlage hat.[1072] Fehlt es daran, müssen entspr. erlangte Beweismittel jedenfalls unverwertbar sein. Soweit eine unter § 100a subsumierbare Maßnahme **(Überwachung der Telekommunikation)** vorliegt, sollen einfache Zuständigkeitsfehler (→ Rn. 470) nicht zur Unverwertbarkeit führen. Unverwertbar sind dagegen Beweismittel, wenn von vornherein überhaupt kein Tatverdacht bzw. jedenfalls kein Verdacht einer Katalogtat bestanden hat.[1073] Beweismittel, die aufgrund eines willkürlich fehlerhaft angeordneten großen Lauschangriffs gewonnen worden sind,[1074] sind ebenso unverwertbar wie solche Erkenntnisse aus dem Einsatz eines verdeckten Ermittlers, der trotz des Fehlens der materiellen Eingriffsvoraussetzungen tätig geworden ist[1075] oder der einen Beschuldigten, der sich bereits auf sein Aussageverweigerungsrecht berufen hat, beharrlich zu einer Aussage drängt.[1076]

473 **c) Entstehen von selbständigen Beweisverwertungsverboten.** Selbständige Beweisverwertungsverbote sind dann unproblematisch anzunehmen, wenn sie **im Gesetzestext**

1066 Vgl. zum Beweisverwertungsverbot bei einzelnen Maßnahmen auch jeweils die einschlägigen Kommentierungen.

1067 Zutr. BGH 17.3.1971 – 3 StR 189/70, BGHSt 24, 125 (128) = NJW 1971, 1097.

1068 Vgl. BGH 12.11.1998 – 3 StR 421/98, NStZ 1999, 209.

1069 Vgl. auch BVerfG 2.7.2009 – 2 BvR 2225/08, NJW 2009, 3225 (3226); BGH 21.4.2016 – 2 StR 394/15 weitere Nachweise bei Köhler in Meyer-Goßner/Schmitt § 94 Rn. 21. Zur gröblichen Verkennung des Richtervorbehalts BGH 18.4.2007 – 5 StR 546/06, BeckRS 2016, 11272 mAnm Jäger JA 2016, 710; BGHSt 51, 285 (295) = NJW 2007, 2269 (2271 f.).

1070 Vgl. BGH 17.2.2016 – 2 StR 24/12, BeckRS 2016, 09227 mAnm Mosbacher JuS 2016, 706; 6.10.2016 – 2 StR 46/15, NJW 2017, 1335 mAnm Zopfs = NStZ 2017, 367 mAnm Basdorf, sowie dazu auch Kudlich JA 2017, 390 und Mosbacher JuS 2017, 742.

1071 Vgl. BGH 14.6.1960 – 1 StR 683/59, BGHSt 14, 358 = NJW 1960, 1580.

1072 Vgl. auch BGH 31.1.2007 – StB 18/06, NJW 2007, 930; sowie zum Problem auch Jahn/Kudlich JR 2007, 57 ff. zur Unzulässigkeit der Online-Durchsuchung.

1073 Vgl. BGH 17.3.1983 – 4 StR 640/82, BGHSt 31, 304 (308 f.) = NJW 1983, 1570 (1571); 24.8.1983 – 3 StR 136/83, BGHSt 32, 68 (70) = NJW 1984, 2772. Dasselbe soll gelten, wenn die TKÜ auf den Verdacht der Geldwäsche gestützt wird, eine solche Verurteilung aber wegen § 261 Abs. 9 S. 2 StGB nicht zu erwarten ist und die Vortat keine Katalogtat nach § 100a ist, vgl. BGH 26.2.2003 – 5 StR 423/02, BGHSt 48, 240 = NStZ 2003, 444 mAnm Kudlich JR 2003, 453.

1074 Vgl. dazu BGH 9.4.1986 – 3 StR 551/85, BGHSt 34, 39 (43 ff.) = NJW 1986, 2261 (2262 ff.); 15.1.1997 – StB 27/96, BGHSt 42, 372 (374 ff.) = NJW 1997, 1018 (1019).

1075 Vgl. BGH 23.3.1996 – 1 StR 685/95, BGHSt 42, 103 (107) = NJW 1996, 2518 (2519); Kühne StrafProzR Rn. 910.

1076 Vgl. BGH 26.7.2007 – 3 StR 104/07, BGHSt 52, 11 = NStZ 2007, 714.

ausdrücklich angeordnet sind. Prominente Beispiele sind hier etwa **§ 252,** der gerade keinen Fehler bei der früheren Vernehmung des Zeugen voraussetzt,[1077] sowie **§ 161 Abs. 3 S. 1 für Zufallsfunde,** der ein generelles Beweisverwertungsverbot für personenbezogene Daten statuiert, soweit diese zur Ermittlung einer Straftat herangezogen werden sollen, bei deren Verdacht die konkrete Maßnahme nicht hätte angeordnet werden dürfen. Bedeutsam ist das insbes. bei Zwangsmaßnahmen, die einen bestimmten Straftatenkatalog voraussetzen (vgl. etwa §§ 100a, 100c). **Weitere** (zumindest partielle bzw. situationsgebundene) **selbständige Beweisverwertungsverbote** ergeben sich etwa aus § 81c Abs. 3 S. 5, § 98b Abs. 3 S. 3, § 100c Abs. 5 S. 3, Abs. 6 S. 2, Abs. 7.

Deutlich problematischer sind die **im Gesetz nicht geregelten** selbständigen Beweisverwertungsverbote, die **unmittelbar aus der Verfassung,** insbes. aus Art. 1, 2 Abs. 1 GG, abgeleitet werden müssen und dem Schutz der Privatsphäre dienen. Entscheidende Frage ist hier, ob die Verwertung des (und sei es auch rechtmäßig erhobenen) Beweismittels selbst einen eigenständigen Verfassungsverstoß darstellt. Das BVerfG hat hierzu eine **„Sphärentheorie"** mit drei Stufen entwickelt:[1078] Auf der ersten Stufe steht die Intimsphäre als absolut geschützter Kernbereich des Grundrechts, in welchen auf keinen Fall eingegriffen werden darf (absolutes Verwertungsverbot); auf der zweiten Stufe ist die schlichte Privatsphäre angeordnet, aus der persönlichkeitsnahe Beweismittel verwertet werden dürfen, soweit das Strafverfolgungsinteresse das Individualinteresse überwiegt und der Verhältnismäßigkeitsgrundsatz gewahrt ist;[1079] auf der dritten Stufe stehen die allgemeinen sozialen Kontakte, die keines besonderen Schutzes bedürfen. **474**

Diese „Sphärentheorie" ist nicht nur dem Einwand ausgesetzt, mehr oder weniger schwer vorhersehbare bis hin zu willkürlichen Ergebnissen zu produzieren,[1080] sondern ist insbes. vom **BVerfG** selbst in gewisser Weise ausgehöhlt worden, indem es davon ausgegangen ist, schon mit einer schriftlichen Niederlegung von Gedanken in einem Tagebuch habe der Verfasser diese Gedanken der Gefahr der Kenntnisnahme preisgegeben und damit aus dem absolut geschützten Kernbereich entlassen.[1081] Während der **BGH** zumindest in extrem gelagerten Fällen (Aufzeichnung eines Selbstgesprächs[1082]) den Kernbereich des Persönlichkeitsrechts als betroffen ansieht, hat das BVerfG mithin einen absolut geschützten Kernbereich im Ergebnis mehr oder weniger aufgegeben,[1083] indem der Kernbereich im Grunde genommen „auf Gedanken und Gefühle beschränkt (wird), auf die schon faktisch niemand zugreifen kann".[1084] **475**

d) Sonderfragen. aa) Widerspruchslösung. (1) Allgemeines und Begründung. **476**
Prominent als Grundlage ihrer heutigen Ausprägung in BGHSt 38, 214 (225 f.) statuiert,[1085] besagt die sog Widerspruchslösung, dass ein **Beweisverwertungsverbot** im Anwendungsbereich dieser „Lösung"[1086] tatsächlich **nur eingreift,** wenn der verteidigte

[1077] Eingehend zu § 252 etwa Kraatz Jura 2011, 170; zur Anwendung bei „Vernehmung" durch einen Rechtsanwalt vgl. BGH 10.2.2000 – 4 StR 616/99, BGHSt 46, 1 = NStZ 2001, 49; zur Anwendung auf vom Sachverständigen berichteten Zusatztatsachen BGH 3.11.2000 – 2 StR 354/00, BGHSt 46, 189, 355 = NJW 2001, 528; keine Anwendung findet die Vorschrift, wenn der zeugnisverweigerungsberechtigte Zeuge in der Hauptverhandlung selbst aussagt, um Aussagen aus einer früheren richterlichen Vernehmung zu entkräften, vgl. BGH 28.5.2003 – 2 StR 445/02, BGHSt 48, 294 (297 ff.) = NStZ 2003, 612. Zu den Grenzen der Anwendung, wenn ein Zeuge im Ermittlungsverfahren von seiner Schweigepflicht entbunden war, vgl. BGH 20.12.2011 – 1 StR 547/11, NStZ 2012, 281.

[1078] Vgl. BVerfG 31.1.1973 – 2 BvR 454/71, BVerfGE 34, 238 (245 ff.) = NJW 1973, 891 (892 f.).

[1079] Vgl. BGH 14.9.1989 – 2 BvR 1062/87, NStZ 1990, 89 (90).

[1080] Vgl. Gössel in Löwe/Rosenberg Einl. L Rn. 89.

[1081] Vgl. BVerfG 14.9.1989 – 2 BvR 1062/87, BVerfGE 80, 367 (376) = NJW 1990, 563 (564).

[1082] Vgl. BGH 10.8.2005 – 1 StR 140/05, NJW 2005, 3295 (3297) mAnm Jahn JuS 2006, 91; 22.12.2011 – 2 StR 509/10, NJW 2012, 945. Vgl. auch zum Brief eines Drogensüchtigen an seinen Arzt (allerdings nur für Fälle „nicht schwerer Kriminalität") BayObLG 15.4.1992 – 4 St RR 10/92, NJW 1992, 2370.

[1083] So auch die Einschätzung von Gössel in Löwe/Rosenberg Einl. L Rn. 94.

[1084] Vgl. auch Ellbogen NStZ 2001, 460 (463).

[1085] BGH 27.2.1992 – 5 StR 190/91, NJW 1992, 1463 (1466).

[1086] Dieser ist „in Bewegung" und nicht auf Verstöße gegen § 136 Abs. 1 beschränkt, weshalb „im Zweifel" ein Widerspruch ratsam ist. Vgl. etwa zum Widerspruchserfordernis bei einem Verstoß gegen das WÜK

Angeklagte[1087] der Verwertung der Aussage (bzw. des sonstigen Beweismittels) **bis zu dem in § 257 genannten Zeitpunkt in der Hauptverhandlung widersprochen** hat.[1088] Die Rspr. hat auf verschiedene Weise versucht, das im Gesetz nicht vorgesehene Widerspruchserfordernis zu begründen, wobei der Ansatz des BGH, hierin nichts anderes als eine „Einschränkung des Verwertungsverbotes" zu sehen, welche „die Rechte des Angeklagten nicht in unangemessener Weise" beschneide, wenn ihm das Recht, sich auf ein Verwertungsverbot zu berufen, genommen werde,[1089] trotz oder gerade wegen seiner Schlichtheit noch am überzeugendsten ist. Denn zumindest ist dem zuzugestehen, dass die bloße **ungeschriebene Einschränkung eines genauso ungeschriebenen Beweisverwertungsverbotes** letztlich kein Problem des strafprozessualen Gesetzesvorbehalts darstellt.[1090] In der Lit. hat diese Figur verbreitet Kritik,[1091] durchaus aber auch von namhaften (und verteidigungsnahen) Stimmen Zustimmung erfahren.[1092]

476a Die **„Konstruktion" eines Widerspruchserfordernisses** ist auf grds. zwei Weisen möglich, was sich nicht zuletzt auf die Geltung von Beweisverwertungsverboten im **Ermittlungsverfahren auswirkt:** Teilweise wird angenommen, dass **Beweisverwertungsverbote bereits durch den Gesetzesverstoß** und nicht erst durch einen erhobenen Widerspruch begründet werden;[1093] das Unterlassen des Widerspruchs wäre dann nur ein – sei es aus der instanzgerichtlichen Perspektive durch ein prozessuales Verhalten (Verzicht, Verwirkung), sei es aus der revisionsgerichtlichen Perspektive durch den Gedanken der Präklusion zu erklärendes[1094] – Hindernis für eine erfolgreiche Revision. Für das Ermittlungsverfahren würde dies bedeuten, dass die Beweisverwertungsverbote (da gerade noch keine Präklusion begründet werden konnte) von Amts wegen und vollumfänglich zu berücksichtigen sind; konsequenterweise müsste dies dann entsprechend auch im Zwischenverfahren gelten, wenn (es zwar zu einer Anklageerhebung kommt, aber) das Gericht dort – gegebenenfalls auch abweichend von der rechtlichen Bewertung der Staatsanwaltschaft – ein Beweisverwertungsverbot sieht. Alternativ wird die Ausübung des **Widerspruchs teilweise auch als konstitutiv** für das Erwachsen eines Beweisverwertungsverbots postuliert.[1095] Erst durch ihn – dann aber mit gleichsam

---

BGH 11.9.2007 – 1 StR 274/07, BGHSt 52, 38 = NStZ 2008, 168. Zum Streit um die Anwendung bei fehlerhaften Durchsuchungsmaßnahmen vgl. ablehnend BGH 6.10.2016 – 2 StR 46/15, NJW 2017, 1335 mAnm Zopfs = NStZ 2017, 367 mAnm Basdorf, sowie dazu auch Kudlich JA 2017, 390 und Mosbacher JuS 2017, 742 (mit dem Argument, dass die Widerspruchslösung nur Bedeutung haben kann, wo der Beschuldigte wie bei der Entscheidung über seine Aussage dispositionsbefugt ist) und bejahend BGH 9.5.2018 – 5 StR 17/18, NJW 2018, 2279 mAnm Meyer-Mews = NStZ 2018, 737 mAnm Börner sowie dazu auch Jäger JA 2018, 711 und Mosbacher JuS 2019, 129 (mit dem Argument, dass es letztlich zumindest auch um prozessökonomische Ziele geht); offen gelassen in BGH 17.2.2016 – 2 StR 24/12, BeckRS 2016, 09227 mAnm Mosbacher JuS 2016, 706.

1087 Dem verteidigten Angeklagten wird ein solcher gleichgestellt, der vom Gericht über die Möglichkeit des Widerspruchs belehrt worden ist.

1088 Vgl. neben den folgenden Nachweisen hier nur Schmitt in Meyer-Goßner/Schmitt § 136 Rn. 25.

1089 Vgl. BGH 27.2.1992 – 5 StR 190/91, BGHSt 38, 214 (226) = NJW 1992, 1463 (1466).

1090 Vgl. Basdorf StV 1997, 488, 491; zust. Kudlich, Gutachten C zum 68. DJT, 2010, 94.

1091 Vgl. bereits Maul/Eschelbach StraFo 1996, 66; Heinrich ZStW 112 (2000), 398, 406 ff., 412 ff.; aus neuerer Zeit etwa Tepperwien FS Widmaier, 2008, 583 (591); Kudlich HRRS 2011, 114.

1092 Vgl. etwa Matt GA 2006, 323 (325 f.); Widmaier NStZ 1992, 519 (521) (mit einem Schwerpunkt freilich auf der Möglichkeit, entlastende Gesichtspunkte verwertbar zu belassen; zur darüber hinausgehenden Zuweisung von Verantwortung zum Verteidiger krit. Tepperwien FS Widmaier, 2008, 583 (591 f.); Wohlers NStZ 1995, 45 (46) (möglicherweise eher referierend als affirmativ).

1093 So wohl auch – wenngleich die exakte Einordnung mitunter nicht ganz einfach zu treffen ist – bereits BGH 1.12.2016 – 3 StR 230/16, NStZ 2017, 593 (594) mAnm Venzke; NStZ 2018, 737 (737 f.); Schneider in KK-StPO § 203 Rn. 9; Berg StraFo 2018, 327 (332).

1094 Dieser Dichotomie entspricht letztlich die Begründung über den Gesichtspunkt der Dispositionsbefugnis oder aber über denjenigen des subsidiären Rechtsschutzes, vgl. auch BGH 9.5.2018 – 5 StR 17/18, NStZ 2018, 737 (738).

1095 Vgl. BGH 19.3.1996 – 1 StR 497/95, NStZ 1996, 595 (597: „Dessen Entstehung (sc.: diejenige des Beweisverwertungsverbots) ist davon abhängig, daß der Verteidiger im Rahmen des Äußerungsrechts nach § 257 StPO der Verwertung sofort widerspricht"); BGH 9.11.2005 – 1 StR 447/05, NStZ 2006, 348, (349: „prozessuales Gestaltungsrecht"); BGH 6.10.2016 – 2 StR 46/15, NStZ 2017, 367 (368:

rechtsgestaltender Kraft – würde die prozessuale Rechtslage dann umgestaltet und ein Beweisverwertungsverbot geschaffen; vor einem solchen Widerspruch würde es dann konstruktiv kein Beweisverwertungsverbot geben, so dass dieses bei konsequenter Betrachtung für das Ermittlungsverfahren (einschließlich der Entscheidung über die Anklageerhebung als seinem Abschluss!) unbeachtlich sein müsste – oder als Kompromiss eine Berücksichtigung bei einem verteidigten Beschuldigten zumindest das Vorbringen von expliziten Einwänden im Ermittlungsverfahren voraussetzen würde.[1096] Vgl. ergänzend auch → Rn. 449.

(2) Anforderungen nach der Rechtsprechung. Der Widerspruch muss nach Auffassung der Rspr. in der Hauptverhandlung **in erster Instanz** spätestens bis zum in § 257 genannten Zeitpunkt erhoben werden. Nicht ausreichend ist damit aber nicht nur ein **verspäteter,** sondern auch ein **verfrühter** (dh etwa im Ermittlungsverfahren getätigter und dann nicht wiederholter) Widerspruch.[1097] Sinnvoll ist das nicht, und jedenfalls wird man aus der allgemeinen Garantie eines fairen Verfahrens, die unstreitig auch für den verteidigten Angeklagten gilt, eine Pflicht des Gerichts ableiten müssen, bei einem entsprechenden Widerspruch im Ermittlungsverfahren auf die Widerspruchsmöglichkeit und -notwendigkeit in der Hauptverhandlung hinzuweisen. Innerhalb der Hauptverhandlung meint die Bezugnahme auf § 257 den Passus **„nach jeder einzelnen Beweiserhebung".** Damit wird klargestellt, dass der Widerspruch nicht bis zum Ende der Beweiserhebung aufgeschoben werden kann (was ebenfalls weder zwingend noch förderlich für die Verfahrensökonomie ist). Zu erheben ist der Widerspruch dabei grundsätzlich bereits in der ersten Instanz, so dass nach der Rspr. **weder im Berufungsverfahren**[1098] (obwohl an sich „zweite Tatsacheninstanz") **noch nach der Zurückweisung** der Sache durch das Revisionsgericht an ein neues Tatgericht ein Widerspruch wirksam erhoben werden kann.[1099] 477

Eine wenig überzeugende Steigerung haben diese Anforderungen in einer Entscheidung des OLG Frankfurt a. M. erfahren,[1100] das in einem Fall, in dem tatgerichtlich ein Beweisverwertungsverbot wegen Verstoßes gegen den Richtervorbehalt nach § 81a Abs. 2 (aF) in zwei Instanzen angenommen worden war, auf die Revision der Staatsanwaltschaft hin das Berufungsurteil aufhob und als obiter dictum erklärte, dass **auch bei einem Freispruch in der Tatsacheninstanz** jedenfalls ein Widerspruch hätte erhoben werden müssen. Das Gericht habe nämlich „das Vorliegen eines Verwertungsverbotes nicht von Amts wegen zu überprüfen", sondern die Erhebung des Widerspruchs unterliege „allein der Dispositionsfreiheit des Beschuldigten", so dass die Unterlassung „des Widerspruchs in der erstinstanzlichen Hauptverhandlung (…) die **prozessuale Rechtslage dauerhaft umgestaltet**" und der Angeklagte „mit seinem Rügerecht endgültig präkludiert" ist.[1101] Damit geht es nicht mehr nur um das in BGHSt 38, 214, 226 genannte Recht, „sich auf ein Verwertungsverbot zu berufen" bzw. auf die (von den Voraussetzungen des Verwertungsver- 478

„Der rechtzeitige Widerspruch als Bewirkungshandlung ist danach eine Entstehungsvoraussetzung des Verwertungsverbots") mAnm Basdorf; aus der Literatur etwa Hamm NJW 1996, 2185 (2187); Maul/Eschelbach StraFo 1996, 66 (68); Meixner, Das Widerspruchserfordernis des BGH bei Beweisverwertungsverboten, 2015, 17 ff.; Meyer-Goßner/Appl StraFo 1998, 258 (260 f.); offener in der Formulierung BVerfG 7.12.2011 – 2 BvR 2500/09 ua, NStZ 2012, 496 (499: „Es begegnet keinen Bedenken, dass ein Verwertungsverbot nach einem Rechtsverstoß bei der Informationserhebung oder -verwendung von einem Widerspruch in der Hauptverhandlung abhängig gemacht wird" – hier bleibt offen, ob die Entstehung oder die Berufung darauf davon abhängig ist).

1096 So wohl Radtke FS Schlothauer, 2018, 453 (466 f.).

1097 Vgl. etwa BGH 17.6.1997 – 4 StR 243/97, NStZ 1997, 502 (503). Krit. Schlothauer FS Lüderssen, 2002, 761 (769 f.); Schlothauer StV 2006, 397; aber auch Mosbacher FS Widmaier, 2008, 339 (343 f.).

1098 Vgl. OLG Stuttgart 4.3.1997 – 4 Ss 1/97, NStZ 1997, 405; zust. Schmitt in Meyer-Goßner/Schmitt § 136 Rn. 25; krit. Gössel in Löwe/Rosenberg Einl. L Rn. 57.

1099 Vgl. BGH 9.11.2005 – 1 StR 447/05, BGHSt 50, 272 = NJW 2006, 707; BayObLG 19.7.1996 – 1 St RR 71/96, NJW 1997, 404; krit. Fezer JZ 2006, 474 ff.; Schlothauer StV 2006, 397.

1100 OLG Frankfurt a. M. 8.11.2010 – 3 Ss 285/10, NStZ-RR 2011, 46.

1101 Vgl. OLG Frankfurt a. M. 8.11.2010 – 3 Ss 285/10, NStZ-RR 2011, 46 (48).

bots abzugrenzende) „Durchsetzbarkeit", sondern darum, dass gewissermaßen gleich einem Gestaltungsrecht das Prozessverhältnis dauerhaft umgestaltet worden sein soll.[1102]

479 **(3) Kritik.** Insgesamt steht das gesamte Konstrukt – ähnlich wie die vergleichbaren Argumente, mit denen aus dem Beanstandungsrecht nach § 238 Abs. 2 eine Beanstandungspflicht gemacht werden soll[1103] – **dogmatisch auf tönernen Füßen.** Zu Recht kritisieren etwa Bernsmann und Fezer gleichgerichtet, dass die Idee einer Rügepräklusion in der StPO stets eine Ausnahme darstelle und dass es an einer allgemeinen Präklusionsvorschrift fehle, so dass die Widerspruchslösung eine „völlig freischwebende (…) richterrechtliche (…) Rechtsfortbildung" darstelle, die zudem „den Eindruck eines bloßen ergebnisorientierten Machtspruches" erwecke.[1104]

480 Auch ist das Erfordernis des Widerspruchs als **Sachkriterium** für das Erwachsen eines Beweisverwertungsverbotes als solches **zweifelhaft.** Denn die Abwägungsleitlinien sowie die Verantwortungsbereiche werden dadurch unangemessen zu Lasten der Verteidigung und damit letztlich auch des Beschuldigten verschoben: Im Konflikt zwischen dem staatlichen Interesse an der Strafverfolgung auf der einen und dem Interesse des Bürgers auf Wahrung seiner Rechte auf der anderen Seite beeinflussen beide „Versäumnisse" weder das Gewicht des Verfahrensverstoßes noch die Schwere des verfolgten Delikts als die beiden wichtigen Abwägungsparameter, so dass die Interessenerwägung für ein Beweisverwertungsverbot und damit für die Revisibilität mit oder ohne Zwischenrechtsbehelf bzw. Widerspruch an sich gleich ausfallen müsste. Insoweit ist auch die Widerspruchslösung letztlich als Ausfluss einer allgemeinen (und rechtspolitisch wie prozessrechtsdogmatisch durchaus zweifelhaften) Linie zu verstehen, unter dem Schlagwort der „erhöhten Professionalisierung der Strafverteidigung" die **Verantwortung für Verfahrensfehler** von den Verfolgungsbehörden auf den Beschuldigten und seinen Verteidiger **zu verschieben** und damit die Revision zu erschweren.[1105] Dies alles gibt Anlass zu mancherlei Zweifeln und Einwänden, scheint bis auf Weiteres zumindest im Grundsatz für die praktische Betrachtung aber ein hinzunehmender und für Folgeüberlegungen zugrunde zu legender Zustand zu sein.

481 **bb) Beweiserlangung durch Private.** Die strafprozessualen **Regeln über die Beweiserhebung,** welche letztlich auch die Quelle etwaiger Beweisverwertungsverbote sind, richten sich grundsätzlich nur an die Strafverfolgungsbehörden als **Träger hoheitlicher Gewalt.** Soweit also keine selbständigen Beweisverwertungsverbote unabhängig von der Art der Erhebung vorliegen, unterliegen daher von Privaten beigebrachte Informationen grundsätzlich keinen Beweisverwertungsverboten[1106] und müssen deshalb sogar im Rahmen der Aufklärungspflicht des § 244 Abs. 2 verwertet werden.

[1102] Vgl. zur Kritik an der Entscheidung ausführlich Kudlich HRRS 2011, 114.

[1103] Vgl. aus neuerer Zeit Mosbacher JR 2007, 387 f., sowie Mosbacher NStZ 2011, 606; krit. dazu Bauer NStZ 2012, 191. Ferner Widmaier NStZ 2011, 305, sowie zusammenfassend Bischoff NStZ 2010, 77. Zu den Gemeinsamkeiten von Widerspruchslösung und Erfordernis eines Zwischenrechtsbehelfs auch Kudlich, Gutachten C zum 68. DJT, 2010, S. 92 ff. Aus der neueren Rechtsprechung BGH 16.11.2006 – 3 StR 139/06, BGHSt 51, 144 = NStZ 2007, 230, 9.3.2010 – 4 StR 606/09, BGHSt 55, 65 (Pflicht, auf Anerkenntnis eines Verlöbnisses durch das Gericht hinzuwirken), sowie BGH 10.1.2012 – 5 StR 508/11, NStZ 2012, 344 (Pflicht, auf einen Fairnessverstoß wegen verspäteten rechtlichen Hinweises hinzuweisen).

[1104] Vgl. Bernsmann StraFo 1998, 73 (76); Fezer StV 1997, 57 (58); krit. auch Beulke in Satzger/Schluckebier/Widmaier StPO Einl. Rn. 264.

[1105] Zu dieser Tendenz vgl. Kudlich, Gutachten C zum 68. DJT, 2010, S. 86 ff., sowie Gaede wistra 2010, 210. Als weitere Beispiele hierfür können etwa die geänderte Rspr. zur Rügeverkümmerung (→ Rn. 270 ff.) oder die Relativierung absoluter Revisionsgründe genannt werden. Allgemein zu geänderten Sichtweisen im Revisionsrecht als Ausdruck „geistigen und gesellschaftlichen Wandels" Frisch FS Fezer, 2008, 353 (insbes. 368 ff.).

[1106] Vgl. BGH 22.2.1978 – 2 StR 334/77, BGHSt 27, 355 (357) = NJW 1978, 1390; 9.4.1986 – 3 StR 551/85, BGHSt 34, 39 (52) = NJW 1986, 2261 (2264); 12.4.1989 – 3 StR 453/88, BGHSt 36, 167 (173) = NJW 1989, 2760 (2761 f.); vgl. auch EGMR 12.7.1988 – 8/1987/131/182, NJW 1989, 654 ff., Löwe/Rosenberg/Gleß § 136a Rn. 10; zu abweichenden Standpunkten vgl. zusammenfassend Jäger, Beweisverwertung und Beweisverwertungsverbote im Strafprozess, 2003, S. 124 ff. (222 ff. iErg dann aber der hM zust.).

Ebenso herrschende Meinung wie dieser Ausgangspunkt sind jedoch auch **zwei Ausnahmen,** die hiervon zu machen sind:[1107] Eine Unverwertbarkeit wird zum einen angenommen bei **krassen Menschenwürdeverstößen** durch den Privaten (wofür grundsätzlich nicht alle in § 136a genannten verbotenen Vernehmungsmethoden ohne weiteres ausreichen),[1108] zum anderen aber auch dann, wenn das entsprechende Verhalten den Strafverfolgungsbehörden **zugerechnet** werden kann. Für eine solche Zurechnung freilich genügt nicht das bloße Ausnutzen der Informationen und noch nicht einmal jedes „Kausal-Werden" dafür, dass diese Informationen erhoben werden; umgekehrt ist die Beauftragung des Privaten mit der einschlägigen Informationserhebung ein klarer Fall der Zurechnung.[1109] **482**

Die letztgenannte Fallgruppe ist auch denkbarer Anknüpfungspunkt für die in der jüngeren Vergangenheit intensiv geführte Diskussion über die Verwertung der **Liechtensteiner und Schweizer „Daten-CD",** welche von den Strafverfolgungsbehörden von Informanten abgekauft wurden, die sich diese Daten wohl illegal von den Kreditinstituten verschafft hatten.[1110] Wenn man sich den Grund für die Ausnahme von der Unbeachtlichkeit in Gestalt der Zurechnungsfälle vergegenwärtigt, so liegt diesen die Wertung zu Grunde, dass der Staat zwar auf Beweismittel aus zweifelhafter Herkunft zurückgreifen kann (und nach § 244 Abs. 2 sogar muss), wenn er mit den näheren Umständen dieser Herkunft selbst nichts zu tun hatte; umgekehrt soll von ihm aber nicht die **Initiative** ausgehen, dass Private in illegaler Weise Beweismittel sammeln und zur Verwertung zur Verfügung stellen. Legt man dies zugrunde, so kann man sich nur auf den ersten Blick damit beruhigen, dass die Entwendung der Daten im Moment der Kontaktanbahnung mit den deutschen Behörden jeweils bereits abgeschlossen gewesen ist. Denn selbst dort, wo die Überlassung der Informationen an die Behörden strafrechtlich nicht ohnehin noch einmal selbständig Relevanz erlangt, wird jedenfalls das og „Und-zur-Verwertung-zur-Verfügung-Stellen" gerade erst **durch die Bezahlung initiiert.** Es könnte auch kaum überzeugen, Fälle wie die bislang bekannten grundsätzlich anders zu behandeln als den hypothetischen Fall, in welchem der Private erst anbietet, sich gegen Bezahlung illegal Informationen zu verschaffen. Auch ist bei einem Ankauf illegal erlangter Informationen die **Anreizwirkung** für spätere Täter so groß, dass es schon deswegen angemessen erscheint, eine entsprechende Zurechnung vorzunehmen.[1111] **483**

In der dann auf der Grundlage der Abwägungslehre der Rspr. vorzunehmenden Abwägung der betroffenen Interessen sprechen hier die große Zahl von Straftaten und die hohen vermuteten Hinterziehungsbeträge für eine Verwertung. Gegen eine Verwertung sprechen neben der **fatalen Signalwirkung**[1112] für zukünftige Datendiebe und einem drohenden Vertrauensverlust in die Integrität der Strafverfolgung insbesondere der Aspekt, dass mit dem Ankauf evident illegal erlangter Informationen **in finaler Weise ein Straftäter unterstützt** und finanziell entlohnt wird, um an Beweismittel zu gelangen, mit dem der Staat vorher in keinerlei Verfolgungsverhältnis gestanden hat. Die hier vertretene Position findet **484**

1107 Über die genannten Fallgruppen hinaus diskutiert Kölbel NStZ 2008, 241 (242 ff.) noch die „doppelte Rechtswidrigkeit", die zu einem Beweisverwertungsverbot führen soll, wenn nicht nur die „Erhebung" eines Beweises durch die Privaten, sondern auch die Verwertung durch den Staat rechtswidrig ist; krit. dazu Schünemann NStZ 2008, 305 (307 f.); abw. auch Sieber NJW 2008, 881 (882 f.).

1108 Vgl. Gleß in Löwe/Rosenberg, § 136a Rn. 12; Schmitt in Meyer-Goßner/Schmitt § 136a Rn. 3 mwN; Diemer in KK-StPO § 136a Rn. 3.

1109 Vgl. BGH 21.7.1998 – 5 StR 302/97, BGHSt 44, 129 = NJW 1998, 3506 („U-Haft"-Fall); ferner Jahn FS Stöckel, 2010, 259 (279).

1110 Zu weiteren Problemen in diesen Fällen mit Blick auf eine Verletzung des Trennungsgebots (im Fall Liechtenstein mit Blick auf die Abgrenzung zwischen den Kompetenzen des BND und den Strafverfolgungsbehörden) und auf internationale Kompetenzverstöße vgl. Schünemann NStZ 2008, 305 (309), sowie Heine HRRS 2009, 540 (545 mwN, dort Fn. 67); vgl. zum Problemfeld auch Kaiser NStZ 2011, 383; Kölbel NStZ 2008, 241; Trüg/Habetha NStZ 2008, 481.

1111 Krit. Wohlers JZ 2011, 252 (253).

1112 Ignor und Jahn stellen angesichts der raschen Häufung entsprechender Fälle die süffisante Frage, ob der Ankauf derartiger Daten „fast schon als eine neue Ermittlungsroutine staatlicher Dienststellen außerhalb ihres Kompetenzkreises" angesehen werden könne, vgl. Ignor/Jahn JuS 2010, 390 (394).

freilich keinen Rückhalt in der bisherigen Rspr., in welcher insbes. das **BVerfG** (in einer Kammerentscheidung[1113]) auf eine gegen eine Durchsuchungsanordnung gerichtete Verfassungsbeschwerde hin entschieden hat, dass es jedenfalls von Verfassungs wegen nicht zu beanstanden sei, wenn insoweit strafprozessual **kein Beweisverwertungsverbot** angenommen wurde, das dem für die Durchsuchung erforderlichen Verdacht (gleichsam als „Vorwirkung") entgegenstehen würde. Diese Linie wird auch in der finanzgerichtlichen Rspr. für das Besteuerungsverfahren bestätigt.[1114] Das macht wenig Hoffnung, schließt aber ein abweichendes Ergebnis hinsichtlich der „harten" unmittelbaren Verwertbarkeitsfrage zum Schuldnachweis in einem Strafverfahren noch nicht aus.[1115]

485 **cc) Fern- und Vorwirkung.** Unmittelbare Konsequenz eines Beweisverwertungsverbotes ist die Unzulässigkeit, das konkrete bereits erhobene Beweismittel in der Entscheidungssituation (insbes. in der **Hauptverhandlung**) zu verwerten (→ Rn. 449). Von diesem Ausgangspunkt aus stellt sich die Frage nach einer **Ausstrahlungswirkung** eines solchen Verbotes in verschiedene Richtungen, welche als Problem der Vorwirkung und der Fernwirkung beschrieben werden kann:

486 **(1) Vorwirkung.** Die Frage einer Vorwirkung stellt sich zum einen hinsichtlich der der Hauptverhandlung **vorangehenden Verfahrensstadien,** falls man die eigentliche Wirkung des Beweisverwertungsverbotes auf die Hauptverhandlung als eigentlicher Ort der richterlichen Beweiswürdigung beschränken möchte. Selbst wenn man dies so sieht, ist nämlich bei vorangehenden Entscheidungen – insbes. auch bei der Entscheidung über die Anklageerhebung (§ 170) und die Zulassung zur Hauptverhandlung (§§ 203, 204) – in Rechnung zu stellen, wenn ein zentrales Beweismittel voraussichtlich einem Verwertungsverbot unterliegen wird. Soweit eine Verurteilung nur darauf gestützt werden kann, wird man hier nämlich nicht von der für die Entscheidung erforderlichen überwiegenden Wahrscheinlichkeit der Verurteilung gegenüber dem Freispruch (→ Rn. 226, → Rn. 241) ausgehen können. Richtigerweise ist dies auch dann der Fall, wenn etwa auf dem Boden der (in der Rspr. herrschenden, → Rn. 476 f.) **Widerspruchslösung** die tatsächliche Entstehung eines Beweisverwertungsverbotes erst noch von einem entsprechenden Verhalten in der Hauptverhandlung abhängen würde. Vergleichbares gilt bei der Entscheidung über Beweisanträge, wenn das beantragte Beweismittel (ggf. auch erst nach einem Widerspruch) einem Beweisverwertungsverbot unterliegen würde, so dass der Beweisantrag nach § 244 Abs. 3 S. 1 abgelehnt werden kann.

487 In eine andere Richtung weist die „Vorwirkung" von Beweisverwertungsverboten, wenn es um die Frage nach der **Beweiserhebung** geht: Steht fest, dass für das Beweismittel ein Beweisverwertungsverbot besteht, so ist im Grundsatz zumindest aus Verhältnismäßigkeitsgesichtspunkten auf jede Beweiserhebung zu verzichten, die (wie in den meisten Fällen) ihrerseits bereits einen Grundrechtseingriff darstellt.[1116] In der konkreten Rechtsanwendung dürfte diese Überlegung allerdings **weitgehend folgenlos** sein: Denn entweder knüpfen die Beweisverwertungsverbote als unselbständige ohnehin an Fehlern bei der Beweiserhebung an, so dass sich das Verbot der ganz konkreten Durchführung nicht aus dem Beweisverwertungsverbot, sondern aus den Erhebungsvorschriften ergibt. Oder aber das Beweisverwertungsverbot gründet als selbständiges darin, dass die Verwertung einen eigenständigen Grundrechtseingriff (etwa in den Tagebuchfällen, → Rn. 475) darstellen würde. Dies dürfte aber vor der Erhebung des Beweismittels kaum jemals mit der erforderlichen Sicherheit feststellbar sein, da die Verwertungsverbote hier stets von einer Abwägung im Einzelfall abhängig sind, die ohne Kenntnis des Beweismittels praktisch nicht getroffen werden kann.

1113 Vgl. BVerfG 9.11.2010 – 2 BvR 2101/09, NJW 2011, 2417 mAnm Wohlers JZ 2011, 252; vgl. auch bereits LG Bochum 7.8.2009 – 2 Qs 2/09, NStZ 2010, 351, sowie unmittelbar nach der Verfassungsgerichtsentscheidung LG Düsseldorf NStZ-R 2011, 84.

1114 Vgl. FG Köln 15.12.2010 – 14 V 2484/10, ZWH 2011, 33 mAnm Kudlich.

1115 Vgl. Kudlich ZWH 2011, 35: „Die Hoffnung (…) stirbt zuletzt".

1116 Vgl. auch Gössel in Löwe/Rosenberg Einl. L Rn. 197.

(2) Fernwirkung. Von dieser Vorwirkung zu unterscheiden ist die sog **Fernwirkung.** Sie hat Situationen im Blick, in denen (insbes. im Ermittlungsverfahren) auf der Grundlage von später als unverwertbar eingestuften Ermittlungsergebnissen **weitere Beweismittel** gefunden worden sind, welche auch allein den Nachweis der Tatbegehung tragen. Beispielhaft mag man hier an eine unter Verstoß gegen § 136 oder gar § 136a zustande gekommene Aussage denken, die den Weg dann zu der Leiche mit entsprechenden Gewebe- und Faserspuren des Täters gewiesen hat. Die in diesem Kontext oft als Vergleichsmaßstab bemühte, aus der amerikanischen Strafprozessrechtsdiskussion stammende „Fruits of the Poisonous Tree-Doctrine" erstreckt (freilich auch dort schon mit weiten Einschränkungen) das Beweisverwertungsverbot grds. über „mehrere Stufen der Mittelbarkeit hin"[1117] auch auf weitere Beweismittel. **488**

Obwohl eine solche Fernwirkung immer dann, wenn die neuen Beweismittel nicht völlig selbständig sind (dh in keinem „Kausalnexus zu der rechtswidrigen Ermittlungshandlung stehen"[1118]) erforderlich erscheinen würde, um nicht gerade zu einer „Umgehung" der Beweisverwertungsverbote aufzufordern, geht die **Rspr.** hierzulande von dem Erfordernis eines **Abwägungsprozesses im Einzelfall** aus. Dieser wird von wenigen Ausnahmen abgesehen zugunsten der Verwertbarkeit (und damit gegen eine Fernwirkung) entschieden: Der BGH hat eine Fernwirkung soweit ersichtlich bisher nur in einem einzigen Fall anerkannt, in dem es um das Verwertungsverbot des § 7 Abs. 3 des G-10-Gesetzes ging,[1119] während hingegen bei einer unzulässigen Telefonüberwachung in der Folgezeit eine Fernwirkung abgelehnt wurde.[1120] Die **Lit.** zeichnet ein uneinheitliches Bild, in dem teilw. von einem Grundsatz der Fernwirkung ausgegangen wird,[1121] teils nach der Intensität der das Beweisverwertungsverbot begründenden Rechtsverletzung differenziert[1122] und teils bei grundsätzlicher Akzeptanz eines Fernwirkungsgebotes eine Verwertbarkeit dann angenommen wird, wenn hypothetisch auch ohne die rechtswidrige Beweiserhebung nach dem zu diesem Zeitpunkt bestehenden Ermittlungsstand das Beweismittel mit großer Sicherheit gefunden worden wäre.[1123] **489**

In der neueren Zeit wird betont, dass das Beweisverwertungsverbot nach **§ 257c Abs. 4 S. 3** bei Lösung des Gerichts von einer Verständigung keine Fernwirkung zeitigt.[1124] Das ist im Grundsatz zwar fragwürdig, da diesem Beweisverwertungsverbot mit Blick darauf eine besonders starke Wirkung zugebilligt werden sollte, dass die vom Gesetzgeber vorgesehenen Lösungsmöglichkeiten (ohne jede Beschränkung auf die fehlende Erkennbarkeit der übersehenen Gesichtspunkte beim Gericht) unbegreiflich weit gehen.[1125] Wirklich praktisch dürfte diese Konsequenz jedoch selten werden, da in den Fällen des § 257c das Geständnis, für welches das originäre Beweisverwertungsverbot gilt, erst in der Hauptverhandlung abgegeben worden ist, so dass für den Regelfall nicht zu erwarten ist, dass im Anschluss daran und darauf beruhend noch nennenswert neue Beweismittel gefunden werden, die im Ermittlungsverfahren bisher unbeachtet geblieben sind. **490**

dd) Disponibilität von Beweisverwertungsverboten. Da Beweiserhebungen – und seien sie auch noch so rechtswidrig durchgeführt – aus Sicht des Angeklagten **sowohl** negative (dh **belastende**) als auch positive (dh **entlastende**) Umstände zutage bringen **491**

1117 Vgl. Kühne StrafProzR Rn. 912.
1118 Vgl. Kühne StrafProzR Rn. 912.
1119 Vgl. BGH 18.4.1980 – 2 StR 731/79, BGHSt 29, 244 = NJW 1980, 1700.
1120 Vgl. BGH 24.8.1983 – 3 StR 136/83, BGHSt 32, 68 (70 f.) = NJW 1984, 2772 (2773); 6.8.1987 – 4 StR 333/87, BGHSt 35, 32 (34) = NJW 1988, 1223 (1224).
1121 So etwa Dencker Verwertungsverbote S. 80.
1122 Vgl. Grünwald JZ 1966, 489.
1123 Vgl. Rogall NStZ 1988, 385 (392); Wolter NStZ 1984, 276 (277). Krit., da diese „hypothetische Kausalität ernsthaft kaum" ermittelt werden könne, Kühne StrafProzR Rn. 912.2.
1124 Vgl. nur Schmitt in Meyer-Goßner/Schmitt § 257c Rn. 28; Niemöller in Niemöller/Schlothauer/Weider Verständigung § 257c Rn. 150; nur für enge Ausnahmen anders Jahn/Müller NJW 2009, 2625 (2629).
1125 Zur Kritik vgl. auch Kudlich, Gutachten C zum 68. DJT, 2010, 53.

können, stellt sich die Frage, ob Beweisverwertungsverbote in dem Sinne „disponibel" sind, dass der Angeklagte auf sie verzichten und eine Beweiserhebung zulassen bzw. sogar fordern kann. Insoweit sind verschiedene Konstellationen zu unterscheiden: Ein **absolutes Beweisverwertungsverbot** – dezidiert auch bei Zustimmung des Beschuldigten – statuiert § 136a Abs. 3 S. 2; dies hat seine Berechtigung darin, dass Aussagen, die unter den dort genannten Umständen hervorgebracht worden sind, auch in ihrem Beweiswert zweifelhaft erscheinen (→ Rn. 452). Insofern steht das Beweisverwertungsverbot auch nicht zur Disposition des Angeklagten. In vielen anderen Fällen ergibt sich de facto eine Disponibilität schon daraus, dass zumindest der verteidigte Angeklagte nach hM einer Beweisverwertung **widersprechen** muss, um ein Beweisverwertungsverbot herbeizuführen (→ Rn. 476 ff.); ohne einen solchen Widerspruch tritt das Verwertungsverbot nicht ein, und das Beweismittel ist schon mit Blick auf § 244 Abs. 2 heranzuziehen.

492 Auch wenn man die Widerspruchslösung für grds. falsch hält (bzw. soweit sie von der Rspr. noch nicht auf bestimmte Beweisverwertungsverbote ausgedehnt worden ist), spricht aber mehr dafür, grds. von einer Disponibilität auszugehen, da die **Beweisverwertungsverbote** regelmäßig gerade unmittelbaren oder zumindest mittelbaren **Schutzinteressen des Beschuldigten** dienen.[1126] Da freilich immer dann, wenn ein Widerspruch nicht erforderlich ist (bzw. generell nicht für erforderlich gehalten wird), ein Beweisverwertungsverbot auch ohne Widerspruch zu entstehen droht und es für das Gericht nicht in allen Fällen hinreichend klar erkennbar sein wird, ob das Beweismittel Beweisergebnisse hervorbringen wird, die vom Angeklagten subjektiv als positiv empfunden werden, muss insoweit gleichsam umgekehrt wie nach der Widerspruchslösung ein „Dispositionsakt" des Angeklagten erfolgen, damit das Beweismittel verwertet wird.

493 Dieser Dispositionsakt kann, muss aber nicht notwendig in der förmlichen Gestalt eines **Beweisantrages** erfolgen, da die Ermittlungspflicht des Gerichts bei für den Verfahrensstoff grds. einschlägigen Beweismitteln schon durch Hinweise aktiviert werden dürfte, die etwa die Intensität eines Beweisermittlungsantrags bzw. einer bloßen Beweisanregung haben. Ist es dazu gekommen, wird hier die fehlende Ermittlung des Gerichts ausnahmsweise einmal relativ leicht eine Aufklärungsrüge begründen. Denn ist das Beweismittel grds. existent sowie thematisch einschlägig und steht seiner Verwertung nur ein Verwertungsverbot entgegen, so muss das Gericht sich im Sinne einer Aufklärungsrüge zur Beweisaufnahme „gedrängt" fühlen,[1127] wenn der Angeklagte deutlich macht, dass er das Beweisverwertungsverbot unberücksichtigt lassen möchte.

494 **ee) Nachweis von Beweisverwertungsverboten.** Ob ein Fehler bei der Beweiserhebung mit der Folge eines Beweisverwertungsverbotes vorgelegen hat, unterliegt den Regeln des **Freibeweises.**[1128] Nach BGHSt 16, 164 und wohl hM gilt dies auch für Verstöße gegen § 136a. Die üA geht hierbei davon aus, dass der Grundsatz **„in dubio pro reo"** keine Anwendung findet, sondern Verfahrensfehler nachgewiesen werden müssen.[1129] Freilich darf diese Frage auch nicht überschätzt werden, da der Grundsatz „in dubio pro reo" nur Anwendung findet, wenn das Gericht tatsächlich Zweifel hat (und nicht schon, wenn es ggf. solche „haben müsste", → Rn. 202). Soweit das Gericht also der Überzeugung ist, dass – trotz anzweifelbarer Tatsachengrundlage – letztlich kein Verfahrensfehler aufgetreten ist, kommt nach beiden Auffassungen kein Beweisverwertungsverbot in Betracht. Gerade deshalb allerdings spricht unter rechtstaatlichen Gesichtspunkten einiges dafür, mit einer

---

[1126] Für die Vertreter der Rechtskreistheorie, → Rn. 457, ist dies schon deshalb selbstverständlich, weil nur dann, wenn der Rechtskreis des Beschuldigten betroffen ist, überhaupt ein Beweisverwertungsverbot entstehen kann.

[1127] Vgl. Krehl in KK-StPO § 244 Rn. 215 f.; Becker in Löwe/Rosenberg § 244 Rn. 361; Schmitt in Meyer-Goßner/Schmitt § 244 Rn. 80 ff.

[1128] Ständige Rspr., vgl. nur BGH 12.1.1996 – 5 StR 756/94, BGHSt 42, 15 (18) = NJW 1996, 1547 (1548); Gössel in Löwe/Rosenberg Einl. L Rn. 190.

[1129] Vgl. Gössel in Löwe/Rosenberg Einl. L Rn. 191. Zweifelnd aber – zumindest jeweils für bestimmte Konstellationen – Beulke/Swoboda StrafProzR Rn. 143; Roxin/Schünemann StrafVerfR § 45 Rn. 63.

Mindermeinung in der Lit. in solchen Fällen, in denen das Gericht sich davon nicht überzeugen konnte, in dubio pro reo von einem Beweisverwertungsverbot auszugehen.

G. Die Rechtskraft und ihre Durchbrechungen

I. Überblick

Wenn eine Entscheidung im Strafverfahren getroffen (und insbes. ein instanzabschlie- 495
ßendes Sachurteil gefällt) worden ist, so führt dies unmittelbar in das **Spannungsfeld zwischen Rechtssicherheit und materieller Richtigkeit** der Entscheidung: Der Gedanke der Rechtssicherheit, der deutlich über etwa rein ökonomische Interessen hinausgeht, streitet dafür, den Bestand der jeweiligen Entscheidung möglichst zu erhalten, damit Klarheit über die Bewertung des Falles besteht und auf der jeweiligen Entscheidung aufbauende Folgeschritte anlaufen können. Demgegenüber spricht der Gedanke der materiellen Richtigkeit dafür, eine Entscheidung möglichst lange und im Prinzip beliebig oft wieder korrigieren zu können, bis dieser Zustand erreicht ist.

Der Gesetzgeber hat in diesem unvermeidbaren Spannungsverhältnis einen **Kompro-** 496
miss dahingehend geschaffen, dass gegen Entscheidungen innerhalb des Strafverfahrens (seien sie verfahrensinterner Art, seien sie instanzabschließend) in der Regel **wenigstens eine** (reguläre bzw. ordentliche) **Korrekturmöglichkeit** besteht, dass aber nach einer bestimmten Anzahl von Instanzen[1130] oder aber vielfach auch nach einem bestimmten Zeitraum seit Erlass der Entscheidung[1131] die Überprüfungsmöglichkeiten ein Ende haben und ab diesem Zeitpunkt die Rechtssicherheit im Grundsatz Vorrang vor dem Gedanken der materiellen Richtigkeit hat, so dass diese gleichsam nur noch in außerordentlichen Verfahren verfolgt werden kann.[1132]

Dieser Zustand, in welchem die Rechtssicherheit höher gewichtet wird als die materi- 497
elle Richtigkeit der Entscheidung, kann mit dem Terminus der **„Rechtskraft"** beschrieben werden. Diese bildet einerseits einen **Abschluss des Erkenntnisverfahrens** (bzw. zumindest des Streits über einzelne Maßnahmen in diesem), andererseits aber auch die Grundlage für weitere Schritte (insbes. für die Vollstreckung, → Rn. 273 ff.) und hat auch weitere Folgewirkungen. Die verfahrensabschließende Dimension, dh die Unanfechtbarkeit des Urteils wird als **„formelle Rechtskraft"** bezeichnet; die daraus abzuleitenden über das konkrete Verfahren hinausgehenden Folgen werden durch die **„materielle Rechtskraft"** gekennzeichnet. In besonders gelagerten Ausnahmefällen kann diese Rechtskraft **durchbrochen** werden (vgl. → Rn. 516), wobei der systematisch wichtigste Fall (ungeachtet der geringen Erfolgsaussichten in der Praxis) die Wiederaufnahme des Verfahrens nach §§ 359 ff. ist (→ Rn. 517).

II. Formelle Rechtskraft

Wie auch in anderen Prozessrechtsordnungen ist von der **formellen Rechtskraft** die 498
Rede, wenn eine Entscheidung (insbes. aufgrund eines Fristablaufs oder des Fehlens weiterer Rechtsmittelmöglichkeiten) **nicht mehr angefochten** werden kann. Im Strafverfahren ist zwischen der (weitaus bedeutsameren) formellen Rechtskraft von Urteilen und derjenigen von Beschlüssen zu unterscheiden. Ob insoweit ein Urteil oder ein Beschluss vorliegt, richtet sich nicht zwingend nach der Bezeichnung, welche die Entscheidung trägt; maßgeblich für die formelle Rechtskraft und die Anfechtbarkeit ist vielmehr die Form, in der die Entscheidung hätte ergehen müssen.[1133]

1130 Vgl. zum Instanzenzug in Abhängigkeit von der erstinstanziellen Zuständigkeit → Rn. 254.

1131 Dh im Ergebnis: nach Ablauf der jeweiligen Rechtsmittelfrist.

1132 Aus Sicht des Strafprozesses in diesem Sinne außerordentlich sind sowohl die Aufhebung eines Urteils aufgrund einer Verfassungsbeschwerde sowie die Wiederaufnahme des Verfahrens.

1133 Vgl. BGH 15.12.1960 – 3 StR 26/59, BGHSt 15, 259 (262) = NJW 1961, 227; Schmitt in Meyer-Goßner/Schmitt Einl. Rn. 167.

499 **1. Formelle Rechtskraft von Urteilen.** Formelle Rechtskraft eines Urteils liegt vor, wenn das laufende Verfahren beendet und keine Änderung mehr möglich ist. Dieser Zustand tritt ein, wenn **kein ordentliches Rechtsmittel mehr** zur Verfügung steht (dh insbes. nach Revisionsurteilen), wenn eine etwaige **Rechtsmittelfrist** (vgl. § 314 oder § 341) **abgelaufen** ist, wenn auf ein **Rechtsmittel** (wirksam, vgl. insoweit insbes. § 302 Abs. 1 S. 2[1134]) **verzichtet** worden ist oder wenn dieses **zurückgenommen** wurde. Die formelle Rechtskraft bildet die Grundlage für die Vollstreckung (§ 449) und für die Eintragung ins Bundeszentralregister (vgl. § 4 BZRG). Ferner wird mit Eintritt der Rechtskraft die Rechtshängigkeit beendet (wobei innerhalb der gleichen logischen Sekunde also ein Prozesshindernis durch ein anderes[1135] ersetzt wird).

500 Ob man insoweit zwischen **relativer** und **absoluter (formeller) Rechtskraft** unterscheiden sollte oder nicht,[1136] erscheint letztlich als eher begriffliche Frage: Wenn man von „relativer Rechtskraft" sprechen möchte, so muss man sich darüber im Klaren sein, dass damit nicht in jeder Hinsicht die gleichen Folgen verbunden sind wie mit der „absoluten" Rechtskraft; andererseits ist durchaus möglich, dass die typische Konsequenz der formellen Rechtskraft in Gestalt einer „Nicht-mehr-Anfechtbarkeit" nur einem von mehreren Verfahrensbeteiligten gegenüber eintritt.

501 Viel wichtiger sind daher die **Sachfragen,** über die sich relativ rasch Einigkeit herstellen lassen wird: So ist unstreitig, dass sich die **„Noch-Anfechtbarkeit"** einer Entscheidung **bei verschiedenen Angeklagten** unterschiedlich entwickeln kann. Dies kann etwa auf unterschiedlichen Zustellungszeitpunkten einer Entscheidung (die ihrerseits für den Lauf der Rechtsmittelfrist entscheidend sind) beruhen oder aber darauf, dass nur einer von mehreren Mitangeklagten ein Rechtsmittel einlegt, weshalb nur ihm gegenüber der zum Eintritt der Rechtskraft führende (→ Rn. 499) ungenutzte Ablauf der Rechtsmittelfrist nicht eintritt. Positiv festgehalten ist in § 450 Abs. 1 iVm § 51 StGB sodann, dass auch die unverkürzte **Anrechnung der Untersuchungshaft** auf die zu vollstreckende Freiheitsstrafe für jeden Angeklagten ab dem Zeitpunkt läuft, in dem er auf sein Rechtsmittel verzichtet und das eingelegte Rechtsmittel zurückgenommen hat. Umgekehrt ist nach § 357 bis zum Eintritt der absoluten Rechtskraft möglich, dass bestimmte **Entscheidungen** im Revisionsverfahren sich auch auf nicht revidierende Mitangeklagte **erstrecken.**[1137] Ob man dies nun als eine Art Durchbrechung der relativen Rechtskraft oder als Ausfluss daraus, dass noch keine absolute Rechtkraft eingetreten ist, bezeichnet, ist eher ein Streit um Worte als in der Sache.

502 **2. Beschlüsse.** Bei strafprozessualen **Beschlüssen**[1138] ist die Situation aufgrund der vielen verschiedenen Verfahrensgestaltungen, in denen solche gefällt werden, weniger übersichtlich als bei den Urteilen: **Instanzabschließende Beschlüsse in Revisionsverfahren** (vgl. § 349 Abs. 1) werden mangels ordentlicher Anfechtungsmöglichkeit in gleicher Weise **sofort rechtskräftig** wie andere instanzenzugabschließende Urteile. Beschlüsse nach **§§ 153 Abs. 2, 153a Abs. 2** sind grds. nicht anfechtbar (vgl. § 153 Abs. 2 S. 4 bzw. § 153a Abs. 2 S. 4); eine Beschwerde wird aber für möglich gehalten, wenn eine prozessuale Voraussetzung des Beschlusses nach § 153 Abs. 2 fehlte.[1139] Der Strafklageverbrauch ist dabei freilich nur ein beschränkter (→ Rn. 509). Bei **sonstigen Beschlüssen** innerhalb eines Verfahrens (sei es in Gestalt von Anordnungen im Ermittlungsverfahren, sei es bei verfahrensleitenden Beschlüssen innerhalb der Hauptverhandlung) ist **im Grundsatz** eine nachträgliche **Abänderung jederzeit möglich.** Formelle Rechtskraft ieS tritt daher nur ein,

[1134] Zur fehlenden Rückwirkung dieser Vorschrift auf Fälle vor Inkrafttreten des Verständigungsgesetzes vgl. BGH 29.9.2009 – 1 StR 367/09, BGHSt 54, 167.

[1135] Zu anderweitiger Rechtshängigkeit und entgegenstehender Rechtshängigkeit als Prozesshindernisse, → Rn. 377 f.

[1136] Krit. zur begrifflichen Unterscheidung etwa Schmitt in Meyer-Goßner/Schmitt Einl. Rn. 164, da Rechtskraft, wenn sie denn eintrete, immer nur eine absolute sein könne.

[1137] Dies soll nach BGH 9.5.2006 – 1 StR 57/06, BGHSt 51, 34 = NStZ 2006, 518 nicht gelten, wenn für diesen die Revision nach § 56 JGG unzulässig wäre (zw.).

[1138] Monographisch dazu Trepper, Zur Rechtskraft strafprozessualer Beschlüsse, 1996.

[1139] Vgl. OLG Hamm 13.11.2003 – 4 Ws 578-578/03, NStZ-RR 2004, 144.

wenn der Beschluss für unanfechtbar erklärt wird oder aber der Beschluss einer Anfechtung ohnehin entzogen ist (etwa in Fällen der § 46 Abs. 2, § 138d Abs. 6 S. 3, § 419 Abs. 2 S. 2). Auch für Beschlüsse, die lediglich mit der sofortigen Beschwerde angefochten werden können (vgl. § 311), wird eine formelle Rechtskraft anerkannt, zu der außer der Unanfechtbarkeit eben auch gehört, dass die Entscheidung durch das Gericht grds. nicht mehr abgeändert werden kann.[1140] Die Einstellung des Verfahrens nach **§ 170 Abs. 2 generiert keine Rechtskraft,** da das Verfahren jederzeit wieder aufgegriffen werden kann. Bei den Opportunitätseinstellungen der §§ 153 ff. ist zu unterscheiden: Für die Einstellung gegen Auflagen ordnet **§ 153a Abs. 1 S. 5** explizit an, dass nach Erfüllung der Auflagen durch den Beschuldigten die Tat **nicht mehr als Vergehen** verfolgt werden kann, dh das Verfahren kann nur wiederaufgegriffen werden, wenn sich herausstellt, dass die von der Einstellung betroffene prozessuale Tat tatsächlich ein Verbrechen (§ 12 Abs. 1 StGB) war. Inwiefern das auf **§ 153,** der keine eigene Regelung zum Strafklageverbrauch enthält, übertragbar ist, ist umstritten.[1141] Klar dürfte sein, dass der Strafklageverbrauch – und zwar auch bei Einstellungen durch das Gericht – jedenfalls nicht weiter gehen kann als in Fällen des § 153a Abs. 1 S. 5 (ggf. iVm Abs. 2 S. 2); Uneinigkeit herrscht dagegen darüber, ob jedenfalls in Fällen des § 153 Abs. 2 die Voraussetzungen analog § 153a Abs. 1 S. 5 zwingend sind[1142] oder ob darüber hinaus wegen der verringerten Schutzwürdigkeit in Analogie zu § 47 Abs. 3 JGG und § 174 Abs. 2, § 211 auch neue Tatsachen genügen.[1143] In den Fällen des **§ 154** schließlich enthalten Abs. 3–5 Voraussetzungen für die Wiederaufnahme nach einer gerichtlichen Einstellung nach **§ 154 Abs. 2,** der in diesem Umfang Strafklageverbrauch zukommt, während an die Fortführung eines nach **§ 154 Abs. 1** eingestellten Verfahrens keine besonderen Voraussetzungen zu stellen sein sollen (man aber einen gewissen Vertrauensschutz in Gestalt des Erfordernisses eines „nachvollziehbaren" Grundes wird gewähren müssen).

III. Materielle Rechtskraft und Strafklageverbrauch

1. Einordnung. Die materielle Rechtskraft baut auf der formellen Rechtskraft auf. 503
Sie hat insbes. zwei Wirkrichtungen: Zum einen ist **sie inhaltliche Rechtfertigung der Vollstreckung;** zum anderen ist sie unter dem Stichwort des **„Strafklageverbrauchs"** Anknüpfungspunkt der Frage, ob bzw. in welchem Umfang trotz der rechtskräftigen Entscheidung noch (weitere) Sanktionen wegen derselben Tat möglich sind.

2. Wesen der Rechtskraft und Legitimation der Vollstreckung. Wie einleitend 504
erläutert (→ Rn. 496), bedeutet die Rechtskraft eine gewisse Einschränkung der Idee der materiellen Richtigkeit und schmälert damit auch die Legitimationsgrundlage für die Vollstreckung der Strafe, welche einerseits gerade durch die formelle Rechtskraft bedingt ist, andererseits unter Gerechtigkeitsgesichtspunkten natürlich nur bei materieller Richtigkeit der Entscheidung legitimiert werden könnte. Um dieses Dilemma zu vermeiden, ist die insbes. früher vertretene **materiell-rechtliche Rechtskrafttheorie** davon ausgegangen, dass das Urteil gewissermaßen auf das materielle Recht einwirke und den Unschuldigen damit auch unabhängig von der „Wahrheit" zum Schuldigen machen könne.[1144] Mit einem anderen Anknüpfungspunkt zum gleichen Ergebnis kommt auch die **prozessrechtliche Gestaltungstheorie,** die eine nur prozessuale, aber gleichwohl allgemein verbindliche Umgestaltung der Rechtslage annimmt, so dass auch dadurch die darauf basierende Vollstreckung rechtmäßig würde.

Die **heute hM** geht dagegen von einer **rein prozessrechtlichen Rechtskraftslehre** 505
aus, die zu keiner Veränderung der Rechtslage führt, so dass die Vollstreckung gegen einen

1140 Vgl. Schmitt in Meyer-Goßner/Schmitt Einl. Rn. 166.

1141 Vgl. zum Meinungsstand eingehend Mavany in Löwe/Rosenberg § 153 Rn. 93 ff.

1142 Dafür BGH 26.8.2003 – 5 StR 145/03, BGHSt 48, 331 = NJW 2004, 375 mAnm Beulke NStZ 2004, 218 und Heghmanns NStZ 2004, 633.

1143 Dafür etwa Mavany in Löwe/Rosenberg § 153 Rn. 96 (bei „Erheblichkeit" der Tatsachen).

1144 In diese Richtung noch RG 18.12.1893 – 3145/93, RGSt 25, 27 ff.; Nachw. bei Schroeder JuS 1997, 227 (229).

Unschuldigen rechtswidrig bleibt. Freilich soll diese Rechtswidrigkeit nach hM nicht zur Notwehr (und wohl auch nicht zur Nothilfe) berechtigen, was in der Tat die Frage aufwirft, was mit einem Rechtswidrigkeitsurteil gewonnen ist, „an das sich keine der normalerweise mit dem Begriff der Rechtswidrigkeit verbundenen Rechtsfolgen knüpfen".[1145] Vor diesem Hintergrund sprechen **gute Gründe für die Theorie von der prozessrechtlichen Gestaltung,** die relativ „ehrlich" zum Ausdruck bringt, welche Folgewirkungen man mit dem rechtskräftigen Urteil tatsächlich verbindet, ohne den nicht begründbaren materiellrechtlichen Fiktionen materieller Gestaltungstheorien anzuhängen.

506 **3. Rechtskraft und Strafklageverbrauch. a) Verfassungsrechtlicher Rahmen (Art. 103 Abs. 3 GG).** Der **Strafklageverbrauch** als Folge der materiellen Rechtskraft (und zugleich als **Verfahrenshindernis,** → Rn. 377) wird in **Art. 103 Abs. 3 GG** vom einfachen Recht auf Verfassungsrang erhoben.[1146] Dabei reicht die Garantie wesentlich weiter, als es der gebräuchliche Begriff des „Doppelbestrafungsverbots" vermuten lassen könnte. Denn der Strafklageverbrauch tritt gerade nicht nur mit einer Bestrafung, sondern etwa auch mit einem rechtskräftigen Freispruch ein (→ Rn. 78). Dabei bleibt freilich alleiniger Bezugspunkt das **Strafverfahren,** dh eine erneute Ahndung etwa nach Berufs- oder wohl auch Disziplinarrecht[1147] bleibt möglich. Dagegen dürfte der Strafklageverbrauch hinsichtlich einer späteren Verhängung einer Geldbuße Geltung beanspruchen, da § 82 OWiG klarstellt, dass das Strafgericht die Tat auch nach ordnungswidrigkeitsrechtlichen Gesichtspunkten zu beurteilen hat.

507 Der verfassungsrechtliche Schutz gegen „Doppelbestrafung" sichert freilich nur den Kern des Rechts ab, welches mittelbar durch die einfachgesetzliche Auslegung (etwa des prozessualen Tatbegriffs) durchaus beschränkt werden kann. Umgekehrt ist freilich auch diese Auslegung ihrerseits im Lichte des Art. 103 Abs. 3 GG vorzunehmen.[1148]

508 **b) Rechtskraftfähige Entscheidungen und Strafklageverbrauch.** Wichtigster Anwendungsfall des Strafklageverbrauchs kraft entgegenstehender Rechtskraft sind die **Urteile der Strafgerichte.** Ein Strafklageverbrauch tritt bei solchen auch dann ein, wenn eine Strafe nicht festgesetzt wird (vgl. § 59b Abs. 2 StGB, § 453 Abs. 2 S. 3). Dabei gilt die Garantie unmittelbar nur für **Akte der deutschen Judikative.** Eine Harmonisierung im Sinne einer internationalen Rechtskrafterstreckung bzw. eines internationalen ne bis in idem erfolgt aber auf europäischer Ebene insbes. über **Art. 54 SDÜ** (vgl. auch → Rn. 81 sowie → Rn. 656)[1149] sowie über Art. 50 der europäischen Grundrechts-Charta und Art. 20 des Rom-Statutes.[1150]

509 Rechtskraftfähig sind auch Urteile im **Sicherungsverfahren** (vgl. §§ 413 ff.) sowie **Strafbefehle,** gegen die kein Einspruch eingelegt worden ist (vgl. § 410 sowie arg. e contr. § 373a). Obwohl im Detail umstritten, sollte auch bei Beschlüssen nach § 260 Abs. 3, § 206a von einer Rechtskraftwirkung ausgegangen werden. Eine beschränkte Rechtskraftwirkung iS eines eingeschränkten Strafklageverbrauchs geht auch von Entscheidungen nach § 211 (im **Zwischenverfahren**) und § 174 Abs. 2 (im **Klageerzwingungsverfahren**) aus.[1151] Eine ähnliche „Quasi-Rechtskraft" entfaltet auch § 153a Abs. 1 S. 5, der nach Auffassung des BGH auf Fälle des § 153 Abs. 2 entsprechend anwendbar sein soll.[1152]

[1145] Vgl. Kühne in Löwe/Rosenberg Einl. K Rn. 82.

[1146] Eingehend Schuhr in Hilgendorf/Kudlich/Valerius StrafR-HdB VII § 24.

[1147] Zu den Details vgl. Lamprecht, Strafrecht und Disziplinarrecht, 1997, insbes. 103 ff.

[1148] Vgl. BVerfG 7.9.1977 – 2 BvR 674/77, BVerfGE 45, 434 ff. = NJW 1978, 414 f.; 7.3.1968 – 2 BvR 354, 355, 524, 566, 567, 710/66; 79, 171, 431/67, BVerfGE 23, 191 (202 f.) = NJW 1968, 982 (983 f.). Ergänzend zu Art. 103 Abs. 3 GG → Rn. 78 ff. sowie etwa Jarass/Pieroth GG Art. 103 Rn. 72 f.; Degenhart in Sachs GG Art. 103 Rn. 77 f.

[1149] Vgl. auch Hackner NStZ 2011, 425.

[1150] Zusammenfassend zu den internationalen Dimensionen Vogel/Norouzi JuS 2003, 1059.

[1151] Vgl. Roxin/Schünemann StrafVerfR § 42 Rn. 19.

[1152] Vgl. BGH 26.8.2003 – 5 StR 145/03, JZ 2004, 737 (738); eingehend und trotz des Alters der Untersuchung für die Grundprobleme immer noch instruktiv Geppert GA 1972, 165.

c) Reichweite der materiellen Rechtskraft und des Strafklageverbrauchs. 510
aa) Persönliche Reichweite. In persönlicher Hinsicht kommt es zur materiellen Rechtskraft gegenüber **demjenigen, gegen** den sich das **Verfahren tatsächlich richtete.** Bei einer Teilnahme des (richtigen) Angeklagten an der Hauptverhandlung unter falschem Namen führt dies also dazu, dass ein rechtskräftiges Urteil (nur) gegenüber dem tatsächlich Verurteilten, nicht aber gegenüber dem wahren Namensträger ergeht.[1153]

bb) Sachliche Reichweite. Die sachliche Reichweite des Strafklageverbrauchs hängt 511
von der Erstreckung der jeweils abgeurteilten **„Tat" im prozessualen Sinne** ab.[1154] Als solche Tat (iSd § 264, vgl. daneben auch § 155 Abs. 1) wird von der Rspr. jeder einheitliche geschichtliche Vorgang verstanden, der das gesamte Verhalten des Täters beschreibt, soweit er sich **nach natürlicher Auffassung als einheitlicher Lebensvorgang** darstellt.[1155] Die Bewertung des konkreten Einzelfalls stellt sich eher als normative Wertentscheidung denn als Subsumtion unter diese Definition dar. Mit dieser stärker normativen als faktischen Betrachtung sind naturgemäß gewisse Unschärfen verbunden. Darüber hilft auch nicht das Kriterium hinweg, dass der Strafklageverbrauch soweit reicht, wie der Richter die Möglichkeit hatte, die Strafklage abzuarbeiten und ggf. umzugestalten.[1156] Denn im Grunde genommen beschreibt das die gleiche Frage (und keine Antwort darauf), in welchem Umfang der Richter eine solche Umgestaltungsbefugnis hat. Gerade, soweit es darum geht, den Anwendungsbereich der Rechtskraft zu reduzieren (→ Rn. 513), tut man wohl gut daran, für die Reichweite auch das Vertrauen des Angeklagten in die Erledigung des Verfahrens zu berücksichtigen.[1157]

Eine nicht zu unterschätzende Indizwirkung besteht dabei – ungeachtet der grund- 512
sätzlichen Eigenständigkeit beider Begriffe – auf Grund der **materiell-rechtlichen Konkurrenzverhältnisse,**[1158] so dass in weiten Bereichen ein Gleichlauf von materieller und prozessualer Tat erfolgt und letztlich nur „an den Rändern" fraglich ist, wann einerseits trotz materiell-rechtlicher Handlungsmehrheit eine prozessuale Tat angenommen werden kann und andererseits trotz Handlungseinheit ausnahmsweise mehrere prozessuale Taten vorliegen. Eine prozessuale Tat trotz materiell-rechtlicher (anerkannter oder zumindest ernsthaft diskussionswürdiger) **Handlungsmehrheit** liegt etwa bei einer mehr oder weniger durchgehenden Trunkenheitsfahrt vor, bei welcher in der Fortsetzung nach einem Unfall materiell-rechtlich eine Zäsur und damit eine zweite Handlung gesehen wird;[1159] weitere Beispiele sind die Umsatzsteuervoranmeldungen eines Kalenderjahres samt der dazugehörigen Umsatzsteuerjahreserklärung[1160] oder die Brandstiftung und ein auf ihr basierender Versicherungsbetrug[1161] (und zwar selbst dann, wenn die unverändert zugelassene Anklage zu einer versuchten Täuschung der Versicherung keine Angaben enthält[1162]). Umgekehrt werden trotz materiell-rechtlicher **Handlungseinheit** mehrere prozessuale Taten insbes. im Zusammenhang mit „modernen" Organisationsdelikten angenommen, die als mehraktige Tätigkeits- bzw. Dauerdelikte ausgestaltet sind und bei denen eine materiell-rechtliche Verklammerung über die Gedanken der Bewertungseinheit erfolgt, obwohl der Ablauf eines engeren Zeitraums dem Delikt immanent ist. Beispiele sind hier etwa das Handelstreiben mit Betäubungsmitteln (§ 29

[1153] Ggf. ist ein Berichtigungsbeschluss zu erlassen, vgl. BGH 9.8.1995 – 2 StR 385/95, NStZ-RR 1996, 9.
[1154] Vgl. zum tatprozessualen Sinn näher etwa Kröpil JuS 1986 211; Gillmeister NStZ 1989, 1; Oehler GS Schröder, 1978, 439.
[1155] Vgl. nur BGH 21.12.1983 – 2 StR 578/83, BGHSt 32, 215 (216) = NJW 1984, 808.
[1156] Vgl. zu diesem Gesichtspunkt Ott in KK-StPO § 264 Rn. 2.
[1157] Vgl. zu diesem Aspekt Neuhaus NStZ 1993, 202 (204).
[1158] Vgl. BGH 19.12.1995 – KRB 33/95, BGHSt 41, 385 ff. = NJW 1996, 1973 ff.
[1159] Vgl. BGH 5.11.1969 – 4 StR 519/68, BGHSt 23, 141 (144) = NJW 1970, 255 (256).
[1160] Vgl. BGH 24.11.2004 – 5 StR 206/04, BGHSt 49, 359 = NJW 2005, 836 mAnm Otto NStZ 2005, 515 f. und Kudlich JR 2005, 168.
[1161] Vgl. BGH 23.9.1999 – 4 StR 700/98, BGHSt 45, 211 (212 f.) = NJW 2000, 226 f.
[1162] Vgl. BGH 23.11.2005 – 2 StR 327/05, NStZ 2006, 350.

Abs. 1 Nr. 1 BtMG), die Organisationsdelikte der §§ 129, 129a StGB oder die Agententätigkeit nach §§ 89 ff. StGB.[1163]

513 Nicht immer überzeugend sind die **Versuche in der Rspr.,** einen **Strafklageverbrauch** durch die Konstruktion zweier prozessualer Taten in Fällen **zu vermeiden,** in denen ein erhebliches Unrechtsgefälle zwischen einem Dauerdelikt (etwa einem unerlaubten Waffenbesitz) und einer schwerer wiegenden konkreten Tat (etwa einem schweren Raub unter Benutzung eben dieser Waffe) vorliegt.[1164] Freilich ist der Rspr. insoweit zuzugestehen, dass der og Aspekt des Vertrauens des Angeklagten in die Erledigung des Verfahrens hier eher gegen einen Strafklageverbrauch sprechen mag.

514 **cc) Zeitlicher Anwendungsbereich.** Nach zutreffender Auffassung wird man eine Rechtskrafterstreckung bzw. einen Strafklageverbrauch sogar hinsichtlich solcher **Folgen** anzunehmen haben, die **erst nach der Verurteilung eintreten** (also etwa in Fällen einer versuchten Tötung, die erst nach dem Urteil zu einer vollendeten wird, bzw. einer Körperverletzung, deren Todesfolge erst nach dem Urteil eintritt). Die hierzu teilw. vertretene Möglichkeit einer „Ergänzungsklage sui generis"[1165] ist mit der wohl überwiegenden Auffassung in der Lit.[1166] und dem BVerfG[1167] abzulehnen. Für bestimmte Entscheidungsformen mit **bewusst eingeschränkter Rechtskraftwirkung** ermöglichen Sondervorschriften hier in extremen Fällen eine befriedigende Lösung (vgl. etwa § 373a). Dass die (in der materiell-rechtlichen Bewertung sogar dominierende, vgl. nur § 8 StGB) Tathandlung aber zentral auch die prozessuale Tat prägt, kann letztlich nicht verleugnet werden. Fragwürdig sind jedoch selbst vor diesem Hintergrund Entscheidungen (bzw. zumindest Entscheidungsbegründungen), welche bei mehreren selbständigen Handlungen eine einheitliche prozessuale Tat bereits deswegen annehmen, weil diese auf einem einheitlichen Handlungsentschluss beruhen[1168] oder weil die Handlungen Verstöße gegen eine einheitlich entstandene Pflicht darstellen.[1169]

IV. Teilrechtskraft

515 Bei **beschränktem Revisionsvorbringen** oder bei Teilbarkeit des Prozessstoffs ist auch der Eintritt einer **Teilrechtskraft** denkbar. Dies ist etwa bei mehreren **Mitangeklagten** der Fall (wobei es sich dann hier um die in ihrer grundsätzlichen Berechtigung umstrittene relative Rechtskraft handelt, → Rn. 497) oder auch bei mehreren prozessualen Taten denkbar. Während man in diesen Fällen von einer vertikalen Teilrechtskraft sprechen mag, kommt eine horizontale Teilrechtskraft in Betracht, wenn bei einem Täter bzw. einer Tat im Rechtmittel nur noch über den Rechtsfolgenausspruch gestritten wird.[1170]

V. Durchbrechung der Rechtskraft (ohne Wiederaufnahme)

516 Auch Entscheidungen, die im oben beschriebenen Sinne formell und materiell rechtskräftig geworden sind, können in bestimmten Konstellationen ihre **Verbindlichkeit verlieren,** wenn die **Rechtskraft durchbrochen** wird. Neben dem Sonderfall der Wiederaufnahme (vgl. dazu sogleich ausf. → Rn. 517) ist dies etwa bei einer Wiedereinsetzung in

[1163] Vgl. BGH 14.8.1991 – StB 15/91, BGHSt 38, 54 (56 f.) = NJW 1991, 2779 f.; zum Ganzen auch Ranft JuS 2003, 417 sowie Beulke FS BGH (Wissenschaft IV), 2000, 781.

[1164] Vgl. OLG Hamm 9.9.1985 – 1 Ws 83/85, NStZ 1986, 278 f.; Zum Waffenbesitz auch BGH StV 2021, 795 = BeckRS, 2020, 29207 mAnm Kudlich JA 2021, 80.

[1165] Vgl. etwa Roxin Strafverfahrensrecht, 25. Aufl. 1998, § 50 Rn. 17.

[1166] Vgl. nunmehr Roxin/Schünemann StrafVerfR § 52 Rn. 15; Kühne in Löwe/Rosenberg Einl. K Rn. 86.

[1167] Vgl. BVerfG 7.12.1983 – 2 BvR 282/80, BVerfGE 65, 377 (381) = NJW 1984, 604 (605).

[1168] Vgl. BVerfG 7.3.1968 – 2 BvR 354, 355, 524, 566, 567, 710/66; 79, 171, 431/67, BVerfGE 23, 191 (202 ff.) = NJW 1968, 982 (983 f.) für die wiederholte Ersatzdienstverweigerung aufgrund einer gleichbleibenden Gewissensentscheidung; nur im Ergebnis zust. Roxin/Schünemann StrafVerfR § 52 Rn. 17; krit. Niemöller/Schuppert AöR 107 (1982), 387, 473.

[1169] So etwa im Fall OLG Brandenburg (2) 53 Ss 71/11 (28/11), ZWH 2012, 166 mAnm Schuhr (Nichtmeldung unterschiedlicher sukzessiver Beschäftigungsverhältnisse nach Gewährung von Sozialleistungen).

[1170] Zur horizontalen Teilrechtskraft BGH 6.5.1980 – 1 StR 89/80, NJW 1980, 1807.

den vorigen Stand (bei Fristversäumnis hinsichtlich des Rechtsmittels) nach §§ 44, 45 der Fall.[1171] Daneben kommt die Revisionserstreckung auf Mitverurteilte **(§ 357)** und auch die Aufhebung des Urteils durch das BVerfG nach **§ 95 Abs. 2 BVerfGG** in Betracht. Da es sich bei der Verfassungsbeschwerde um einen außerordentlichen Rechtsbehelf handelt, der nicht im regulären Instanzenzug integriert ist, steht nämlich die theoretische Möglichkeit der Einlegung einer Verfassungsbeschwerde der Rechtskraft begrifflich noch nicht entgegen, und die Aufhebung des Urteils führt damit zu ihrer Durchbrechung. Dagegen ist eine **Verurteilung durch den EGMR** kein Grund dafür, dass das Urteil automatisch seine Rechtskraft verliert. Die Konventionswidrigkeit bildet aber einen denkbaren Wiederaufnahmegrund nach § 359 Nr. 6.

VI. Das Wiederaufnahmeverfahren (§§ 359 ff.)

1. Bedeutung und Anwendungsbereich. a) Funktion des Wiederaufnahmever- 517 fahrens. Die Wiederaufnahme des Verfahrens führt zu einer **Durchbrechung der Rechtskraft** und stellt sich somit als außerordentlicher Rechtsbehelf bzw. Rechtsbehelf eigener Art dar, durch welchen ermöglicht werden soll, trotz eines rechtskräftigen Verfahrensabschlusses Fehlentscheidungen unter bestimmten Voraussetzungen zu berichtigen und somit dem Prinzip der Gerechtigkeit/der materiellen Richtigkeit (auch zu Lasten der Rechtssicherheit) zum Durchbruch zu verhelfen. Setzt man den Rechtsfrieden als ein Ziel des Strafrechtprozesses (→ Rn. 10) nicht einseitig mit der Rechtssicherheit gleich, sondern stellt auch auf die „befriedende" Funktion für die Rechtsgemeinschaft ab, so wird die Möglichkeit einer solchen Wiederaufnahme in extrem gelagerten Fällen dem **Rechtsfrieden** sogar eher dienlich sein als ein uneingeschränktes Beharren auf einer erkanntermaßen bzw. zumindest greifbar möglich unrichtigen Entscheidung.

Da es sich hierbei jedoch um einen **Ausnahmefall** handelt und rechtskräftige Entschei- 518 dungen schon aufgrund der Überprüfungsmöglichkeiten im regulären Instanzenzug auch eine gewisse Vermutung der Richtigkeit für sich in Anspruch nehmen können, ist die Wiederaufnahme nur in engen, im Gesetz abschließend geregelten Grenzen möglich.[1172] Insbes. die **falsche Rechtsanwendung allein** – und sei sie auch noch so evident fehlerhaft – **reicht** für eine Wiederaufnahme **grds. nicht aus.**[1173]

b) Anwendungsbereich. Die Wiederaufnahmevorschriften der §§ 359 ff. sind unmit- 519 telbar auf **Urteile** anwendbar. Eine entsprechende Anwendung auf **Beschlüsse**[1174] kommt grds. nicht in Betracht.[1175] Dies gilt nach hM auch dann, wenn sie in urteilsähnlicher Art sachlich-rechtliche Rechtsfolgen festsetzen (so etwa in Fällen des § 460 oder der §§ 56 f., 67 StGB).[1176] In den praktisch wichtigen Fällen des **§ 174 Abs. 2** und insbes. des **§ 211** sind insoweit allerdings Sonderregelungen enthalten, die in bestimmten Konstellationen ein wiederaufnahmeäquivalentes Aufgreifen des Verfahrens ermöglichen. Im Verfahren nach **§§ 109 ff. StVollzG** soll eine Wiederaufnahme nicht statthaft sein.[1177]

2. Wiederaufnahmegründe. a) Grundsätzliches. Die Wiederaufnahmegründe 520 (vgl. im Detail → Rn. 521) sind nicht nur **eng gefasst** (→ Rn. 518), sondern im Gesetz **abschließend** aufgezählt. Es ist insoweit zu **unterscheiden** zwischen der Aufnahme **zu Gunsten und zu Ungunsten** des Verurteilten: Vielfach besteht hier zwar Übereinstim-

---

[1171] Zu den Anforderungen an den Wiedereinsetzungsantrag vgl. BGH 8.12.2011 – 4 StR 430/11, NStZ 2012, 276; zur Frage des Verschuldens eines Fristversäumnisses nach (unverschuldetem) Verlust des Briefkastenschlüssels OLG Hamm 3.5.2016 – 4 Ws 103/16, BeckRS 2016, 09439 mAnm Kudlich JA 2016, 793.

[1172] Vgl. BGH 3.12.1992 – StB 6/92, BGHSt 39, 75 (78 f.) = NJW 1993, 1481 (1482).

[1173] Vgl. BGH 3.12.1992 – StB 6/92, BGHSt 39, 75 (79 f.) = NJW 1993, 1481 (1482).

[1174] Vgl. dazu Schmitt in Meyer-Goßner/Schmitt Vor § 359 Rn. 4 f.

[1175] Vgl. etwa für §§ 153, 153a LG Baden-Baden 30.1.2004 – 3 Qs 36/03, NStZ 2004, 513.

[1176] Im Einzelnen freilich umstritten, vgl. kompakte Nachweise bei Schmitt in Meyer-Goßner/Schmitt Vor § 359 Rn. 5.

[1177] Vgl. OLG Hamburg 5.3.2001 – 3 Vollz (Ws) 5/01, NStZ 2001, 391.

mung für Konstellationen, in welchen es dem Gesetzgeber grds. angemessen erscheint, die Rechtskraft des Urteils in Frage zu stellen. Insg. erweist sich die Regelung jedoch als verurteiltenfreundlich, da zu seinen Gunsten auch einige so für die Wiederaufnahme zu Ungunsten des Verurteilten nicht bekannte Wiederaufnahmegründe existieren, darunter insbes. der besonders häufig (wenngleich meist ohne Erfolg) herangezogene Wiederaufnahmegrund der Beibringung neuer Tatsachen oder Beweismittel nach § 359 Nr. 5 (vgl. unten → Rn. 522).

521 **b) Wiederaufnahmegründe zu Gunsten des Verurteilten.** In **§ 359 Nr. 1–6** sind die Wiederaufnahmegründe **zu Gunsten des Verurteilten** aufgezählt: Es handelt sich hierbei zunächst um den Nachweis

- der Verwendung unechter oder verfälschter **Urkunden** im Ursprungsverfahren (Nr. 1),
- der vorsätzlichen oder fahrlässigen **Falschaussage** eines Zeugen bzw. Falschbegutachtung durch einen Gutachter (Nr. 2), wobei der Nachweis für diese grds. nur durch eine rechtskräftige Verurteilung wegen dieser Tat erbracht werden kann, vgl. **§ 364,** soweit dieser nicht ein Verfolgungshindernis – insbes. die Verjährung – entgegensteht,
- der strafbaren **Amtspflichtverletzung** (Nr. 3; insbes. – aber nicht ausschließlich – in Gestalt von Bestechungsdelikten, Rechtsbeugung und Aussageerpressung sowie Verfolgung Unschuldiger) sowie
- des **Wegfalls eines zivilgerichtlichen Urteils,** auf welchem das Strafurteil beruht (Nr. 4).

522 Die größte Bedeutung freilich dürfte das Vorbringen **neuer Tatsachen oder Beweismittel** gemäß **§ 359 Nr. 5** haben, welches von der Rspr. aber grds. restriktiv ausgelegt wird. Dies erfolgt zunächst dadurch, dass „neue" Tatsachen im Einzelfall schon dann nicht angenommen werden, wenn in der Ursprungsentscheidung das entsprechende Gegenteil festgestellt wurde (da hiermit inzident auch eine spiegelbildliche Aussage zur Kehrseite der Urteilsfeststellung getroffen sein soll[1178]); des Weiteren aber auch durch die in der Rspr. (bedenklicherweise) existente Tendenz einer vorgezogenen Beweiswürdigung bereits im Zulassungsverfahren (→ Rn. 528). Die im Jahre 1998 eingefügte **Nr. 6** knüpft an die Feststellung einer **Verletzung der EMRK** durch den EGMR an und zieht die Konsequenz daraus, dass der EGMR selbst nicht in den nationalen Instanzenzug integriert ist und daher keine Entscheidungen der mitgliedstaatlichen Gerichte aufheben kann. Nach § 363 Abs. 1 **ausgeschlossen** ist dagegen ein Wiederaufnahmeantrag, der nur das Ziel einer **günstigeren Rechtsfolge** bei gleichem Schuldspruch verfolgt.[1179]

523 **c) Wiederaufnahme zu Ungunsten des Angeklagten (§ 362 Nr. 1–4).** Die Wiederaufnahmegründe zu Ungunsten des Angeklagten nach **§ 362 Nr. 1–3** entsprechen im Prinzip denjenigen des **§ 359 Nr. 1–3.** Zu Auslegungsdetails aufgrund der unterschiedlichen Situation vgl. näher die Kommentierung zu § 362. Ein in dieser Form naturgemäß bei der Wiederaufnahme zu Gunsten des Verurteilten nicht bekannter Grund ist das **glaubwürdige Geständnis** der Straftat durch den Freigesprochenen (Nr. 4). Von besonderer Bedeutung ist, dass (nicht nur – naturgemäß – eine § 359 Nr. 6 entsprechende Regelung, sondern auch) ein Wiederaufnahmegrund mit Blick auf neue Tatsachen oder Beweismittel, der § 359 Nr. 5 entsprechen würde, bei der Wiederaufnahme zu Ungunsten des Angeklagten fehlt.

524 **d) Sonderfälle.** Eine Wiederaufnahme ist auch im **Strafbefehlsverfahren** möglich, was zum einen von § 373a vorausgesetzt wird und was sich zum anderen auch aus der Gleichstellung des Strafbefehls, gegen den nicht rechtzeitig Einspruch erhoben worden ist, mit einem rechtskräftigen Urteil nach § 410 Abs. 3 ergibt. Die Wiederaufnahmegründe **zu Gunsten** des Angeklagten sind hier **identisch** mit denjenigen beim Urteil, wobei sich aus der Natur des Strafbefehlsverfahrens Abweichungen ergeben können, etwa bei den neuen

---

1178 Vgl. BGH 22.10.1999 – 3 StE 15/93-1; StB 4/99, NStZ 2000, 218.

1179 Damit ist der Wiederaufnahmeantrag aber umgekehrt zulässig, wenn er sich nicht isoliert auf eine Änderung der Strafe richtet, sondern den Schuldspruch angreift, vgl. BGH 20.12.2002 – StB 15/02, BGHSt 48, 153 (156 f.) = NStZ 2003, 678.

Tatsachen und Beweismitteln dahingehend, dass für die Neuheit nicht auf die Beweiswürdigung im Urteil als Vergleichsmaßstab abgestellt werden kann, sondern der gesamte Akteninhalt herangezogen werden muss.

Eine Wiederaufnahme **zu Ungunsten** des durch einen rechtskräftigen Strafbefehl Verurteilten ist über die Fälle des § 362 hinaus nach **§ 373a** auch dann möglich, wenn neue Tatsachen oder Beweismittel geeignet sind, die Verurteilung wegen eines **Verbrechens** zu begründen. Eine **verfassungsprozessual** begründete Wiederaufnahme gewährt **§ 79 Abs. 1 BVerfGG** gegen rechtskräftige Strafurteile, die auf einer mit dem GG für unvereinbar oder nach § 78 BVerfGG für nichtig erklärten Norm (bzw. auf einer Auslegung der Norm, die das BVerfG für unvereinbar mit dem GG erklärt hat) beruhen.[1180] Für das Verfahren gelten die §§ 359 ff. entsprechend. **525**

3. Verfahrensablauf bei der Wiederaufnahme. a) Allgemeines und Zuständigkeit. Im Wiederaufnahmeverfahren selbst wird gemeinhin zwischen den beiden Verfahrensstufen des **Additions- und des Probationsverfahrens** unterschieden: Im ersteren wird die Zulässigkeit des gestellten Antrags (→ Rn. 528 ff.), im zweiteren seine Begründetheit (→ Rn. 531 ff.) geprüft, wobei das Probationsverfahren nicht mit der **ggf. erforderlichen neuen Sachentscheidung** nach einer erfolgreichen Wiederaufnahme verwechselt werden darf. **526**

Das Wiederaufnahmeverfahren, das nach **§ 367 Abs. 1 S. 1 iVm § 140a GVG** vor einem anderen Gericht mit gleicher sachlicher Zuständigkeit wie das Gericht, gegen dessen Entscheidung sich der Wiederaufnahmeantrag richtet,[1181] durchgeführt wird, setzt stets einen Antrag voraus. Dieser ist **nicht fristgebunden,** kann umgekehrt allerdings nicht vor Eintritt der Rechtskraft zulässig gestellt werden. Auch nach dem Tod des Verurteilten oder nach der Strafvollstreckung bleibt ein Antrag grds. möglich (vgl. § 361). Erforderlich ist eine Beschwer durch den Urteilstenor, sofern die Wiederaufnahme nicht von der StA beantragt wird.[1182] Für den Angeklagten wird schon wegen § 366 Abs. 2 (Form der Antragstellung durch von einem Rechtsanwalt unterzeichneter Schrift oder zu Protokoll der Geschäftsstelle) regelmäßig ein Anwalt tätig werden, der nach Maßgabe der §§ 364a, 364b für das Wiederaufnahmeverfahren und auch für seine Vorbereitung bereits auf Antrag beizuordnen ist. **Ziel** der Wiederaufnahme darf dabei **nicht** (zumindest nicht unmittelbar) eine **andere Strafzumessung** aufgrund desselben Strafgesetzes und auch nicht die Herbeiführung einer Milderung der Strafe wegen verminderter Schuldfähigkeit (vgl. § 362 Abs. 1, 2) sein. **527**

b) Additionsverfahren. Nach § 368 prüft das Gericht die Zulässigkeit des gestellten Antrags hinsichtlich seiner **Form** und der **Angabe eines gesetzlichen Wiederaufnahmegrundes** (vgl. § 366) sowie auf seine Schlüssigkeit insbes. in den wichtigen Fällen des § 359 Nr. 5 dahingehend, dass die **Erheblichkeit des Vorbringens** für den Fall untersucht wird, dass die im Antrag behaupteten Tatsachen richtig sind und dass die beigebrachten Beweismittel den ihnen zugedachten Erfolg haben werden.[1183] In welchem Umfang hier (insbes. wieder mit Blick auf § 359 Nr. 5) eine **vorweggenommene Beweiswürdigung** vorgenommen werden darf, ist umstritten.[1184] Die (insbes. ältere) strafgerichtliche Rspr. neigt hier dazu, die beigebrachten Beweismittel zumindest insoweit auch schon zu bewerten, soweit dies ohne förmliche Beweisaufnahme möglich ist.[1185] Demgegenüber ist zu berück- **528**

[1180] Vgl. ergänzend Schmitt in Meyer-Goßner/Schmitt Vor § 359 Rn. 7. Zur Frage, ob dies nur bei einer Nichtigerklärung einer materiell-rechtlichen Strafnorm oder auch bei Normen des Verfahrensrechts möglich ist, vgl. näher BGH 28.11.1996 – StB 13/96, BGHSt 42, 314 (318 ff.) = NJW 1997, 670 ff.

[1181] Vgl. BGH 11.12.1959 – 4 StR 321/59, BGHSt 14, 64 (66) = NJW 1960, 545.

[1182] Vgl. LG Baden-Baden 30.1.2004 – 3 Qs 36/03, NStZ 2004, 513.

[1183] Vgl. BGH 19.6.1962 – 5 StR 189/62, BGHSt 17, 303 (304) = NJW 1962, 1520.

[1184] Vgl. auch Beulke/Swoboda StrafProzR Rn. 587.

[1185] Vgl. etwa BGH 7.7.1976 – 5 (7) (2) StE 15/56, NJW 1977, 59. Für ein vorsichtiges Abwägen der Beweiskraft des neuen Beweismittels sowie eines Beweisergebnisses des früheren Verfahrens etwa auch OLG Celle 12.5.1966 – 4 Ws 527/65, GA 1967, 284 f.; OLG Nürnberg 5.8.1963 – Ws 243/63, MDR 1964, 171.

sichtigen, dass nach einem Beschluss der 2. Kammer des **BVerfG**[1186] aus verfassungsrechtlichen Gründen im Zulassungsverfahren unter dem Prüfungspunkt der „Eignung" **keine Beweise antizipiert** zu würdigen und überhaupt keine Feststellungen zu treffen sind, die nach der Struktur des Strafprozesses der Hauptverhandlung vorbehalten sind. Dabei sind insbes. solche Tatsachen, die den Schuldspruch wesentlich tragen, nur in der Hauptverhandlung festzustellen.[1187]

529 Dieser **„wiederaufnahmefreundlicheren"** verfassungsgerichtlichen Linie ist schon deshalb **zuzustimmen,** weil eine Abwägung zwischen Beweisergebnissen aus einer förmlichen und mündlich durchgeführten Beweisaufnahme in der Hauptverhandlung mit bloßen schriftlich vorgebrachten Beweisbehauptungen kaum möglich ist. Auch ist die Gefahr nicht von der Hand zu weisen, dass die „Abwägung" zwischen den neuen Beweismitteln und den „alten" Urteilsfeststellungen gerade dann zum Ergebnis einer voraussichtlichen „Ungeeignetheit" führen könnte, wenn sich das alte Urteil mangels hinreichender Detailfülle und Begründungstiefe bei einem Verfahren „nach Papierform" als besonders schwer mit anderen Beweismitteln angreifbar erweist.

530 Wenn der Wiederaufnahmeantrag als **unzulässig** erachtet wird, so wird er nach § 368 Abs. 1 **verworfen.** Anderenfalls wird der Antrag dem Gegner des Antragstellers unter Bestimmung einer Frist zur Erklärung zugestellt (vgl. § 368 Abs. 2) und ein – im Gesetz nur mittelbar in § 369 Abs. 1 erwähnter – Zulassungsbeschluss erlassen, der zur Begründetheitsprüfung nach §§ 369 f. führt.

531 **c) Das Probationsverfahren (§§ 369, 370).** Wenn der Zulassungsbeschluss ergangen ist, erfolgt die Prüfung der **Begründetheit** des Antrags im sog **Probationsverfahren.** Das Gericht beauftragt hierbei, soweit dies erforderlich erscheint, einen Richter mit der Aufnahme der angetretenen Beweise für das Vorliegen eines Wiederaufnahmegrundes (vgl. § 369 Abs. 1). Maßstab für die Entscheidung über die Begründetheit ist nach § 370 Abs. 1 insbes., ob die im Antrag aufgestellten Behauptungen eine „genügende Bestätigung gefunden haben", dh ob aufgrund der Beweisaufnahme die Richtigkeit der Behauptungen im Wiederaufnahmeantrag hinreichend wahrscheinlich ist.[1188] In den Fällen der §§ 359, 362 Nr. 1, 2 darf ferner „nach Lage der Sache" nicht ausgeschlossen sein, „dass die in diesen Vorschriften bezeichnete Handlung auf die Entscheidung Einfluss gehabt hat".

532 **Besonderheiten** gelten beim **Wiederaufnahmegrund nach § 359 Nr. 5,** bei dem im Rahmen des Probationsverfahrens bereits geprüft werden soll, ob auch hinreichend wahrscheinlich ist, dass in der neuen Hauptverhandlung eine für den Verurteilten günstige Entscheidung ergeht. Nach Auffassung der Rspr.[1189] muss sich das Wiederaufnahmegericht dabei gleichsam gedanklich auf den Standpunkt des früher erkennenden Gerichts stellen und die Ergebnisse der neuen Beweisaufnahme mit den alten Urteilsfeststellungen vergleichen.[1190] Der Grundsatz **„in dubio pro reo"** ist dabei nach hA[1191] nicht unmittelbar anwendbar, dh bloße Zweifel an der Richtigkeit des alten Urteils sind für eine Wiederaufnahme nicht ausreichend. Allerdings ist bei der Frage der hinreichenden Wahrscheinlichkeit eines anderen Verfahrensausganges durchaus mittelbar zu berücksichtigen, dass in einer neuen Hauptverhandlung der Grundsatz in dubio pro reo Anwendung finden würde.[1192]

1186 Solche Kammerbeschlüsse stehen gem. § 93c Abs. 1 S. 2 BVerfGG hinsichtlich ihrer Wirksamkeit und auch hinsichtlich ihrer Bindungswirkung nach § 31 BVerfGG Senatsentscheidungen gleich, vgl. BVerfG 5.12.2005 – 2 BvR 1964/05, NJW 2006, 672 (674).

1187 Vgl. BVerfG 7.9.1994 – 2 BvR 2093/93, NStZ 1995, 43 (44).

1188 Voller Beweis wird nicht gefordert, vgl. BVerfG 20.6.1990 – 2 BvR 1110/89, NStZ 1990, 499; BGH 28.11.1996 – StB 13/96, BGHSt 42, 314 (323) = NJW 1997, 670 (672).

1189 Vgl. BGH 28.7.1964 – 2 StE 15/56, BGHSt 19, 365 ff.; aA in der Lit. etwa Gösselin Löwe/Rosenberg, 26. Aufl., § 359 Rn. 157 ff.; Eisenberg JR 2007, 360 (367).

1190 Vgl. Schmitt in Meyer-Goßner/Schmitt § 370 Rn. 4.

1191 Vgl. Kühne StrafProzR Rn. 1123; Schmitt in Meyer-Goßner/Schmitt § 370 Rn. 4; anders wohl Schünemann ZStW 84 (1972), 870.

1192 Vgl. bereits OLG Bremen 3.9.1957 – Ws 132/57, NJW 1957, 1730 (1731); OLG Koblenz 25.4.2005 – 1 Ws 231/05, NStZ-RR 2007, 317.

Haben die Behauptungen iSd § 370 Abs. 1 **„keine genügende Bestätigung gefunden"**, so wird der Wiederaufnahmeantrag **ohne mündliche Verhandlung als unbegründet verworfen;** gegen diese Entscheidung ist nach § 372 S. 1 die sofortige Beschwerde möglich. Hält das Wiederaufnahmegericht den Antrag im Probationsverfahren dagegen für **begründet,** so wird nach § 370 Abs. 2 (und insoweit für die StA unanfechtbar, vgl. § 372 S. 2) die **Wiederaufnahme des Verfahrens** und die Erneuerung der Hauptverhandlung angeordnet. Das Verfahren wird mit der Unanfechtbarkeit des Beschlusses in den Zustand der Rechtshängigkeit zurückversetzt. Damit entfällt die Grundlage für eine weitere Vollstreckung des Urteils, was jedoch im Fall eines erfolgreichen Wiederaufnahmeantrags zu Gunsten des Angeklagten einem Haft- oder Unterbringungsbefehl gegen diesen ebenso wenig entgegensteht wie der Anordnung eines vorläufigen Berufsverbotes (§ 132a). 533

d) Neue Hauptverhandlung nach erfolgreicher Wiederaufnahme. In der nach § 370 Abs. 2 angeordneten **neuen Hauptverhandlung** kann nach § 373 Abs. 1 entweder das frühere Urteil aufrechterhalten oder unter seiner Aufhebung anderweitig in der Sache erkannt werden; bei einer Wiederaufnahme zu Gunsten des Angeklagten gilt insoweit nach § 373 Abs. 2 S. 1 das **Verbot der reformatio in peius;** Ausnahme bildet nach S. 2 die Anordnung der Unterbringung in einem psychiatrischen Krankenhaus oder einer Entziehungsanstalt. In dieser Verhandlung, die ebenfalls vor dem nach § 140a GVG zuständigen Gericht stattfindet, gilt der Grundsatz **„in dubio pro reo"** wieder uneingeschränkt und unmittelbar. Gegen das dort ergehende Urteil sind die üblichen Rechtsmittel zulässig. Ein Freispruch (und auch eine Verfahrenseinstellung wegen eines Prozesshindernisses[1193]) ist mit Zustimmung der StA auch ohne Durchführung einer neuen Hauptverhandlung möglich, wenn hierzu bereits genügende Beweise vorliegen (vgl. § 371 Abs. 2). Soweit – was möglich ist – hier nur ein Teilfreispruch erfolgt, so muss in der Entscheidung nach § 371 Abs. 2 auch die Gesamtstrafe neu gebildet werden.[1194] 534

H. Besondere Verfahrensarten

Neben dem (in den sonstigen Erläuterungen als selbstverständlich einschlägig vorausgesetzten) „Normalverfahren" kennt die StPO noch eine Reihe von besonderen Verfahrensarten, die zumeist (aber nicht ausnahmslos) der **Verfahrensbeschleunigung** oder aber der besseren **Beteiligung des Verletzten** dienen. Diese sind (anders als die „nur verwandten" Verfahrensarten im OWiG und der AO, → Rn. 30 ff.) vor allem im 5. und 6. Buch der StPO geregelt. 535

I. Besondere Verfahrensarten zur Beteiligung des Verletzten

1. Privatklage. a) Allgemeines. Das in §§ 374–394 geregelte Privatklageverfahren trägt im Unterschied zum Normalverfahren **Züge eines Parteiprozesses,** bleibt jedoch dem Ziel verpflichtet, den staatlichen Strafanspruch durchzusetzen. Der Verletzte kann hier als Privatkläger auftreten, was indes wegen des **Kostenrisikos** (§ 471 Abs. 2) und der Pflicht zum Kostenvorschuss bzw. zur Sicherheitsleistung (vgl. §§ 379, 379a; §§ 108 ff. ZPO; § 67 Abs. 1 GKG) nur relativ selten wahrgenommen wird. Auch wenn ein Privatklageverfahren geführt wird, kann die StA das Verfahren jederzeit übernehmen; anschließend ist die Privatklage ausgeschlossen und das Offizialverfahren hat Vorrang, so dass auch der Privatkläger in dieser Funktion aus dem Verfahren ausscheidet, sich aber gem. § 396 Abs. 1 S. 1 als Nebenkläger anschließen kann. Eine (genuine) Privatklage gegen **Jugendliche** ist nach § 80 Abs. 1 JGG unzulässig; dies gilt nach § 109 Abs. 1 JGG nicht gegenüber **Heranwachsenden.** § 80 Abs. 2 JGG lässt aber eine Widerklage gegen einen jugendlichen Privatkläger zu, wobei dann in deren Folge allerdings keine Jugendstrafe verhängt werden darf. 536

[1193] Vgl. Schmitt in Meyer-Goßner/Schmitt § 371 Rn. 8.
[1194] Vgl. BGH 27.1.1960 – 2 StR 604/59, BGHSt 14, 85 (89) = NJW 1960, 780 (782).

537 **b) Straftatenkatalog und Privatklageberechtigung.** Im umfangreichen Katalog des § 374 Abs. 1 sind **abschließend** die Delikte aufgeführt, die zur Privatklage berechtigen. Neben dem dort genannten Verletzten besteht nach Maßgabe des § 374 Abs. 2, 3 eine Privatklageberechtigung auch noch für weitere Personen (insbes. gesetzliche Vertreter).

538 **c) Verfahren bei der Privatklage.** Bei einer Reihe von Privatklagedelikten setzt die zulässige Klageerhebung durch den Privatkläger nach § 380 einen erfolglosen **Sühneversuch** voraus, der Klagevoraussetzung ist und vor einer durch die Landesjustizverwaltung zu bezeichnenden Vergleichsbehörde[1195] durchzuführen ist. Ist dieser Sühneversuch erfolglos verlaufen, beginnt das eigentliche Privatklageverfahren mit der Erhebung der Klage beim AG (Strafrichter, vgl. § 25 Nr. 1 GVG). Die **Anklageschrift** muss im Wesentlichen einer staatsanwaltschaftlichen Anklage entsprechen, wobei die Darstellung des wesentlichen Ermittlungsergebnisses verzichtbar ist, vgl. § 381, der nur auf § 200 Abs. 1 (nicht auch auf § 200 Abs. 2) verweist.

539 Ist die Klage vorschriftsmäßig erhoben, so teilt das Gericht sie nach § 382 dem Beschuldigten unter Bestimmung einer Frist zur Erklärung mit. Nach Eingang der Erklärung oder Ablauf der Frist entscheidet das Gericht – entsprechend der Entscheidung im Zwischenverfahren im regulären Strafverfahren – nach § 383 darüber, ob das Hauptverfahren zu eröffnen ist. Kommt es zu einem solchen, so richtet sich das weitere Verfahren (und insbes. die Hauptverhandlung) grds. nach den Vorschriften des regulären Verfahrens, wie es nach einer öffentlichen Klage gem. § 170 Abs. 1 verläuft, vgl. § 384 Abs. 1. Insbes. gilt auch im Privatklageverfahren der **Amtsermittlungsgrundsatz,** so dass es nur konsequent ist, wenn das Gericht gem. § 384 Abs. 3 auch im Privatklageverfahren den Umfang der Beweisaufnahme bestimmt[1196] (was eine Stellung von Beweisanträgen durch den Privatkläger natürlich nicht ausschließt). Der Privatkläger befindet sich hier gewissermaßen in der Stellung der StA (vgl. § 385 Abs. 1), ohne in gleicher Weise zur Objektivität verpflichtet zu sein. Statt einer Verlesung der Anklageschrift durch ihn sieht § 384 Abs. 2 vor, dass der Vorsitzende den Beschluss über die Eröffnung des Hauptverfahrens verliest.

540 In Fällen einer wechselseitigen Verletzung besteht für den Angeklagten die Möglichkeit einer **Widerklage** nach § 388. Die Privatklage selbst kann jederzeit zurückgenommen werden (vgl. § 391). Als Rechtsfolge dürfen im Fall einer Verurteilung Maßregeln der Besserung und Sicherung nicht angeordnet werden (vgl. § 384 Abs. 1 S. 2). Eine besondere prozessuale Möglichkeit zur Vorbereitung der Verfahrensbeendigung ist der gerichtliche Vergleich,[1197] der die unwiderrufliche Beendigung des Verfahrens herbeiführen soll und dafür die Zurücknahme der Privatklage (sowie einer etwaigen Widerklage) und ggf. auch eines Strafantrags voraussetzt. Zum Ausgleich dafür erklärt sich der Angeklagte gewöhnlich dazu bereit, Schadensersatz zu leisten oder eine Geldbuße zu Gunsten einer gemeinnützigen Einrichtung zu zahlen und die Kosten des Verfahrens (zumindest teilw.) zu übernehmen.

541 **2. Nebenklage. a) Allgemeines.** Die in §§ 395 ff. geregelte Nebenklage hat ihre heutige Struktur im Wesentlichen durch das **OpferSchG**[1198] sowie durch das 1. und 2. **Opferrechtsreformgesetz**[1199] erhalten. Anders als das Privatklageverfahren handelt es sich um kein vollständig selbständiges Verfahren, sondern der Nebenkläger tritt gleichsam als (mit eigenen Rechten ausgestatteter) **Gehilfe der StA im regulären Verfahren**[1200] auf. Neben dem persönlichen Interesse an Genugtuung des Nebenklägers[1201] hat die Nebenklage somit auch eine zusätzliche Kontroll- und Aufklärungsfunktion, ohne dass der Nebenkläger deshalb zur Objektivität verpflichtet wäre; vielmehr ist auch er (wie der Privatkläger) in einer

---

1195 Vgl. zu einem Überblick über die Vergleichsbehörden in den verschiedenen Bundesländern Schmitt in Meyer-Goßner/Schmitt § 380 Rn. 3.

1196 Vgl. BVerfG 12.4.1983 – 2 BvR 1304/80, 432/81, BVerfGE 63, 380 (392) = NJW 1983, 1599.

1197 Vgl. im Überblick Schmitt in Meyer-Goßner/Schmitt Vor § 374 Rn. 8 ff.

1198 BGBl. 1986 I 2496.

1199 Vgl. BGBl. 2004 I 1354 sowie BGBl. 2009 I 2280.

1200 Seit dem 1. Opferrechtsreformgesetz auch im Sicherungsverfahren nach §§ 113 ff.

1201 Vgl. BGH 23.1.1979 – 5 StR 748/78, BGHSt 28, 272 (273) = NJW 1979, 1310.

Parteirolle. Auch im Verfahren gegen **Jugendliche** ist eine Nebenklage nicht (mehr) generell ausgeschlossen (vgl. § 80 Abs. 3 JGG); gegen **Heranwachsende** ist sie uneingeschränkt zulässig.

b) Nebenklagefähige Delikte und Antragsberechtigung. Die Befugnis zur Nebenklage ist zentral in § 395 geregelt, der einen (durch die Opferrechtsreformgesetze zunehmend ausgeweiteten) **Katalog** nebenklagefähiger Delikte enthält und die Befugnis zur Nebenklage grds. dem Verletzten, nach § 395 Abs. 2 insbes. aber auch nahen Angehörigen im Falle eines vollendeten Tötungsdeliktes gegenüber dem Verletzten zuspricht. Eine Anschlussmöglichkeit besteht auch nach erfolgreichem Klageerzwingungsverfahren (vgl. § 395 Abs. 2 Nr. 2). Der Beitritt erfolgt durch eine schriftliche **Anschlusserklärung** mit anschließendem Zulassungsbeschluss des Gerichts (welche außer in den Fällen des § 395 Abs. 3 nur deklaratorische Bedeutung hat). 542

c) Verfahren bei der Nebenklage. Die **Rechte** des Nebenklägers sind in **§ 397 Abs. 1** (teils durch explizite Nennung, teils durch Verweis auf die Rechtsposition der StA) enumerativ aufgezählt.[1202] Sie betreffen insbes. das Recht auf Anwesenheit, auf anwaltliche Vertretung, auf Anhörung und Terminsmitteilung samt Einhaltung von Ladungsfristen, auf Akteneinsicht über einen RA, auf die Ablehnung von Richtern und Sachverständigen, auf Fragen, Beanstandungen und Erklärungen sowie auf die Stellung eigener Beweisanträge. Da der Nebenkläger nur ein Gehilfe der StA und nicht wie der Privatkläger Träger der Anklage ist, treffen ihn auch nicht dessen Pflichten. Insbes. besteht mit Ausnahme des § 401 Abs. 3 (Berufungseinlegung allein durch den Nebenkläger) **keine Anwesenheitspflicht,** und auch das persönliche Erscheinen kann nicht angeordnet werden; auch besteht keine Pflicht zur Sicherheitsleistung oder zu sonstigen Mitwirkungen. Die Androhung von Zwangsmaßnahmen gegen den Nebenkläger ist nur in seiner Eigenschaft als Zeuge möglich. 543

Schon vor Erhebung der öffentlichen Klage kann sich der Nebenklageberechtigte nach § 406g durch einen RA als **Beistand** vertreten lassen. Für die Bestellung des RA und die Bewilligung von Prozesskostenhilfe gilt nach § 406g Abs. 3 die Vorschrift des § 397a entsprechend. 544

Nach § 401 Abs. 1 S. 1 kann der Nebenkläger **unabhängig von der StA Rechtsmittel** einlegen.[1203] Eine Anfechtung ist allerdings nur mit Blick auf den Schuldspruch möglich, während die Rechtsfolgen der Tat gem. § 400 Abs. 1 dem Anfechtungsrecht des Nebenklägers entzogen sind. Ein Rechtmittel des Nebenklägers kann – entsprechend § 301 – auch zu Gunsten des Angeklagten wirken,[1204] während eine genuin zu Gunsten des Angeklagten eingelegte Revision des Nebenklägers unzulässig ist.[1205] 545

3. Adhäsionsverfahren. a) Allgemeines. Das in §§ 403–406c geregelte Adhäsionsverfahren soll eine **Entscheidung des Strafgerichts über vermögensrechtliche Ansprüche**[1206] sowie über Herausgabe-, Bereicherungs- und Unterlassungsansprüche (soweit wirtschaftliche Interessen verfolgt werden) ermöglichen. In der Praxis spielt das Adhäsionsverfahren nur eine ganz **untergeordnete Rolle,** was sich wohl auch durch die Streichung der in § 405 S. 2 aF vorgesehenen Möglichkeit des Absehens von einer Entscheidung im Adhäsionsverfahren noch nicht nachhaltig geändert hat. Gegen **Jugendliche** findet nach § 81 JGG kein Adhäsionsverfahren statt; gegen **Heranwachsende** ist es seit 2006 uneingeschränkt zulässig, vgl. § 109 JGG, der keinen Verweis auf § 81 JGG enthält. 546

b) Verfahren bei der Adhäsion. Antragsberechtigt im Verfahren ist der **Verletzte** oder sein Erbe (§ 403). Der **Antrag,** bei dem sich der Antragssteller durch einen RA 547

1202 Abweichend von der früheren Gesetzesfassung wird also nicht mehr pauschal auf die Rechte des Privatklägers verwiesen.

1203 Zur Nebenklage in der Berufung Schmid NStZ 2011, 611.

1204 Vgl. BGH 19.3.1986 – 2 StR 38/86, NJW 1986, 2716 (2717).

1205 Vgl. BGH 12.7.1990 – 4 StR 247/90, BGHSt 37, 136 f. = NJW 1990, 2479.

1206 Vgl. BGH 30.10.1992 – 3 StR 478/92, NStZ 1993, 145.

vertreten lassen kann,[1207] muss schriftlich oder zu Protokoll oder in der Hauptverhandlung bis zu Beginn der Schlussvorträge gestellt werden[1208] und sich gegen den Beschuldigten richten.

548 **c) Entscheidung und Rechtsfolgen.** Anders als nach früherer Rechtslage (vgl. § 405 S. 2 aF) kann das Gericht den Antrag **nicht zurückweisen,** sondern eben nur entweder (ganz oder teilweise) stattgeben oder von einer Entscheidung absehen, soweit der Antrag unzulässig oder unbegründet erscheint. Von diesen Fällen abgesehen ist ein Absehen von einer Entscheidung nach § 406 Abs. 1 S. 4, 5 regelmäßig nur noch dann möglich, wenn die Entscheidung zu einer erheblichen Verzögerung des Verfahrens führen würde. Nach § 406 Abs. 2 ist auch ein Anerkenntnisurteil zulässig.

549 Gegen den Beschluss, über den Antrag nicht zu entscheiden (vgl. § 406 Abs. 5 S. 2), ist nach § 406a Abs. 1 die **sofortige Beschwerde** zulässig; soweit dem Antrag stattgegeben wird, sind nach § 406a Abs. 2 **Berufung und Revision** zulässig. Nach § 406c kann auch ein Antrag auf Wiederaufnahme des Verfahrens darauf gerichtet sein, eine wesentlich andere Entscheidung über den Anspruch herbeizuführen. Nicht zugesprochene Teile der im Adhäsionsverfahren angeforderten Leistung können – da keine rechtskräftige Sachentscheidung darüber vorliegt, sondern von einer Entscheidung abgesehen wird – vor dem **Zivilgericht** geltend gemacht werden.

II. Beschleunigtes Verfahren

550 **1. Allgemeines.** Das in §§ 417 ff. geregelte beschleunigte Verfahren soll in Fällen mit **einfachen Sachverhalten** bzw. **klarer Beweislage** eine rasche und damit auch **zeitnahe Behandlung** der Sache im Bereich der geringfügigen bis unteren mittleren Kriminalität ermöglichen. Anders als im Strafbefehlsverfahren (→ Rn. 556) wird dabei zwar ein mündliches Verfahren beibehalten, allerdings an verschiedenen Stellen entschlackt bzw. gestrafft.

551 Im Privatklageverfahren sind die Vorschriften über das beschleunigte Verfahren nicht anwendbar; eine Beteiligung als **Nebenkläger** ist jedoch möglich. Gegenüber **Jugendlichen** findet (anders als gegenüber **Heranwachsenden**) kein beschleunigtes Verfahren statt (vgl. § 79 Abs. 2 JGG); stattdessen kann hier das vereinfachte Jugendverfahren nach § 76–78 JGG zur Anwendung kommen. Zur Frage nach der Zulässigkeit des beschleunigten Verfahrens in der Rechtsmittelinstanz vgl. Ranft NStZ 2004, 424. Zur Sicherung des beschleunigten Verfahrens ist nach § 127b eine **vorläufige Festnahme** und Inhaftierung möglich.

552 **2. Voraussetzungen.** Liegen ein einfacher Sachverhalt oder eine klare Beweislage sowie eine **Straferwartung bis maximal ein Jahr Freiheitsstrafe** (vgl. § 419) vor, so ist das beschleunigte Verfahren auf Antrag der StA nach § 417 vor dem Strafrichter oder dem Schöffengericht möglich. Die Zurücknahme des Antrags ist nach verbreiteter Meinung bis zur Urteilsverkündung,[1209] nach anderer Auffassung nur bis zum Beginn der Vernehmung des Angeklagten in der Hauptverhandlung zulässig.[1210] Liegen die Voraussetzungen für ein beschleunigtes Verfahren nicht vor, so wird der Antrag gem. § 419 Abs. 2 S. 2 durch unanfechtbaren Beschluss abgelehnt. Dies ist auch noch in der Hauptverhandlung möglich, insbes. sofern die Straferwartung nicht ausreicht oder eine Maßregel nach § 61 Nr. 1–4, 6 StGB verhängt werden müsste, da aus dem Bereich der **Maßregeln der Besserung und Sicherung** nur die Entziehung der Fahrerlaubnis nach § 61 Nr. 5 StGB zulässig ist (vgl. § 419 Abs. 1 S. 3). Wenn das Gericht die Entscheidung im beschleunigten Verfahren ablehnt,

---

1207 Zur Möglichkeit der Prozesskostenhilfe vgl. § 404 Abs. 5. Die Beiordnung eines RA als Nebenkläger erstreckt sich nicht automatisch auf das Adhäsionsverfahren, vgl. BGH 30.3.2001 – 3 StR 25/01, NJW 2001, 2486.

1208 Vgl. § 404 Abs. 1 S. 1.

1209 Vgl. BayObLG 18.12.1997 – 5 St RR 147–96, NJW 1998, 2152; Graf in KK-StPO § 417 Rn. 6; Paeffgen in SK-StPO § 417 Rn. 11.

1210 So OLG Oldenburg 21.2.1961 – 1 Ss 14/61, NJW 1961, 1127; Schmitt in Meyer-Goßner/Schmitt § 417 Rn. 13.

der Angeschuldigte einer Straftat aber iSd § 203 hinreichend verdächtig erscheint, so beschließt es zugleich die Eröffnung des Hauptverfahrens; von der Einreichung einer neuen Anklageschrift kann hier abgesehen werden (vgl. § 419 Abs. 3). Liegen dagegen die Voraussetzungen vor, so hat das Gericht nach § 419 Abs. 1 S. 1 dem Antrag zu entsprechen; es gibt insoweit also kein Ermessen des Gerichts.

3. Verfahrensbesonderheiten. Abweichend vom Regelverfahren ist nach § 418 553 Abs. 3 S. 1 die **mündliche Anklage ausreichend.**[1211] Das **Zwischenverfahren entfällt** insoweit, als nach § 418 Abs. 1 S. 1 ohne Entscheidung über die Eröffnung des Hauptverfahrens die Hauptverhandlung sofort oder in kurzer Frist durchgeführt werden kann. Die Ladungsfristen sind nach § 418 Abs. 2 S. 3 auf 24 Stunden verkürzt; wenn der Beschuldigte erscheint oder vorgeführt wird, ist überhaupt keine Ladung erforderlich.

In der Verhandlung ist insbes. die Beweisaufnahme entformalisiert: Nach § 420 Abs. 1, 554 2 ist eine erweiterte vernehmungsersetzende Verlesung von Niederschriften möglich, soweit Angeklagter, Verteidiger und StA zustimmen (vgl. § 420 Abs. 3). Nach § 420 Abs. 4 wird der Umfang der Beweisaufnahme unbeschadet der Amtsaufklärungspflicht (§ 244 Abs. 2) im Verfahren vor dem Strafrichter von diesem bestimmt, dh insbes. das formelle **Beweisantragsrecht entfällt,** und Beweisanträge können nicht nur unter den Voraussetzungen der § 244 Abs. 3–5, § 245 abgelehnt werden.

Bei einer **Straferwartung von mindestens 6 Monaten** liegt – gleichsam als Kompen- 555 sation für die Entformalisierung und die damit einhergehenden Rechtsverluste – ein Fall der notwendigen Verteidigung vor, vgl. § 418 Abs. 4.

III. Das Strafbefehlsverfahren

1. Allgemeines. Das in §§ 407–412 geregelte Strafbefehlsverfahren ist ein **summari- 556 sches Verfahren**[1212] zur raschen Erledigung tatsächlich und rechtlich einfach gelagerter Fälle. Seine Durchführung schont aber nicht nur justizielle Ressourcen, sondern kann auch im Interesse des Beschuldigten liegen, da es **kostengünstig und „diskret“** (dh insbes. ohne öffentliche Hauptverhandlung) vonstatten geht.[1213] Vor diesem Hintergrund sieht Nr. 75 Abs. 3 RiStBV vor, dass in geeigneten Fällen der Strafbefehl der Regelfall und die Anklage die Ausnahme sein sollen.

2. Voraussetzungen. Der Erlass eines Strafbefehls setzt einen entsprechenden **Antrag** 557 durch die StA (vgl. § 407 Abs. 1 S. 1) bzw. der zuständigen Finanzbehörde (vgl. § 400 AO) voraus. Dieser Antrag muss auf eine bestimmte Rechtsfolge gerichtet sein und ersetzt die Erhebung der **öffentlichen Klage.** Nach § 408a ist auch nach Eröffnung des Hauptverfahrens der Übergang ins Strafbefehlsverfahren vorstellbar.

Soweit die übrigen Voraussetzungen vorliegen, ist das Strafbefehlsverfahren bei allen 558 **Vergehen** grds. zulässig. Mögliche Rechtsfolgen sind insbes. Geldstrafe, Verwarnung mit Strafvorbehalt, Absehen von Strafe sowie bei verteidigten Angeschuldigten auch eine Freiheitsstrafe bis zu 1 Jahr auf Bewährung. Ferner können Fahrverbot, Verfall und Einziehung sowie Entziehung der Fahrerlaubnis bis zu 2 Jahren angeordnet werden.

Lehnt das Gericht den Antrag auf Erlass des Strafbefehls mangels hinreichenden Tatver- 559 dachts ab (vgl. § 408 Abs. 2 S. 1), hat die StA nach § 408 Abs. 2 S. 2 iVm § 210 Abs. 2 die Möglichkeit der sofortigen Beschwerde. Die **Ablehnung des Erlasses** wegen örtlicher oder sachlicher Unzuständigkeit können mit der einfachen Beschwerde nach § 304 Abs. 1 angefochten werden. Liegen beim Richter Zweifel vor, deren Behebung durch eine Hauptverhandlung zu erwarten ist, oder möchte er in der rechtlichen Beurteilung des Sachverhalts

---

[1211] Vgl. auch OLG Hamburg 3.11.1999 – 2 Ss 117/99, StV 2000, 127; OLG Frankfurt a. M. 19.10.2000 – 3 Ss 346/00, StV 2001, 341.

[1212] Vgl. BGH 8.7.1980 – 5 StR 686/79, BGHSt 29, 305 (307) = NJW 1980, 2364; BVerfG 15.2.1993 – 2 BvR 1746/91, NJW 1993, 2735 (2736).

[1213] Vgl. auch BVerfG 21.1.1969 – 2 BvR 724/67, BVerfGE 25, 158 (165) = NJW 1969, 1103.

oder in der Rechtsfolge vom Antrag der StA abweichen, beraumt er nach § 408 Abs. 3 S. 2 eine **Hauptverhandlung** an.

560 **3. Verfahrensablauf bei Erlass eines Strafbefehls.** Liegen die Voraussetzungen für den Erlass dagegen vor, erlässt der Strafrichter (vgl. § 25 Nr. 2 GVG) den Strafbefehl; wegen der begrenzten Rechtsfolgenkompetenz im Strafverfahren und der höherliegenden Eröffnungszuständigkeit kommt ein Strafbefehl durch das Schöffengericht regelmäßig nur in Fällen des § 408a in Betracht. Eine Anhörung des Beschuldigten durch das Gericht vor Erlass des Strafbefehls ist nicht notwendig. Der Strafbefehl wird **ohne Hauptverhandlung** erlassen (vgl. § 408 Abs. 3 S. 1) und schriftlich zugestellt, weshalb auch das Erfordernis eines Eröffnungsbeschlusses entfällt. Sein in § 409 geregelter Inhalt muss ungefähr den Anforderungen einer Anklageschrift entsprechen;[1214] zusätzlich ist aber die Festsetzung einer Rechtsfolge erforderlich, ohne welche der Strafbefehl unwirksam und damit unbeachtlich ist.[1215]

561 **4. Einspruch.** Gegen den Strafbefehl kann der Angeschuldigte **binnen zwei Wochen Einspruch** einlegen, vgl. § 410 Abs. 1. Soweit dies nicht erfolgt, steht der nicht mehr anfechtbare Strafbefehl nach § 410 Abs. 3 einem **rechtskräftigen Urteil** gleich, ist vollstreckbar[1216] und verbraucht die Strafklage. Ohne Einspruch kann dem – auch vor Ablauf der Einspruchsfrist – nicht durch Rücknahme von Strafbefehlsantrag und Strafbefehl der Boden entzogen werden; da der Erlass des Strafbefehls der Zulassung zur Hauptverhandlung gleich steht (vgl. auch § 433 Abs. 1 S. 2), ergibt sich das letztlich aus dem Prinzip der Immutabilität gem. § 156. Wegen der Besonderheiten des summarischen Verfahrens besteht aber eine **erweiterte Möglichkeit der Wiederaufnahme** zu Ungunsten des Verurteilten, vgl. § 373a sowie → Rn. 524.

562 Wird Einspruch eingelegt, so kommt es zu einer **Hauptverhandlung nach** grundsätzlich **allgemeinen Vorschriften.** Nach § 411 Abs. 2 S. 2 gilt allerdings das **vereinfachte Beweisaufnahmeverfahren** wie im beschleunigten Verfahren (und damit insbes. auch das Entfallen des förmlichen Beweisantragsrechts, was die unschöne Konsequenz hat, dass der doch massive Einschnitt in die Verteidigungsrechte in dem praktisch weitaus häufigeren Fall des Einspruchs auf einen Strafbefehl hin nicht explizit, sondern nur durch einen versteckten Verweis auf den praktisch viel selteneren Fall des beschleunigten Verfahrens erfolgt). In der Hauptverhandlung besteht allerdings abweichend von den allgemeinen Regeln keine Pflicht des Angeklagten zum Erscheinen, soweit er durch einen bevollmächtigten RA vertreten wird (vgl. § 411 Abs. 2). Erscheinen weder der Angeklagte noch sein Vertreter, wird der Einspruch verworfen.

563 Die **Entscheidung** nach der Hauptverhandlung wird **wie im Regelverfahren tenoriert.** Es besteht insoweit keine Bindungswirkung des Strafbefehls, vielmehr ist nach § 411 Abs. 4 hier auch eine **reformatio in peius zulässig** (und wird nicht selten eintreten, da in die in dem Strafbefehl festgesetzte Rechtsfolge bereits die in seiner Akzeptanz liegende geständnisgleiche Funktion „eingepreist" ist).

IV. Weitere besondere Verfahrensarten

564 **1. Das Sicherungsverfahren. a) Allgemeines.** Das in §§ 413–416 geregelte Sicherungsverfahren bietet die Möglichkeit der **selbständigen Anordnung von Maßregeln bei schuldunfähigen Tätern,** gegen die kein reguläres Strafverfahren durchführbar ist. Damit korrespondiert das Verfahren mit der zweiten Spur im Sanktionensystem des materiellen Strafrechts, in welcher neben der (repressiven) Strafe auch die (präventiven) Maßregeln der Besserung und Sicherung beheimatet sind. **Gegenstand der selbständigen Anordnung** ist dabei insbes. die Unterbringung in einem psychiatrischen Krankenhaus (nach § 71

[1214] Vgl. OLG Düsseldorf 30.10.1990 – 5 Ss 203/90 – 31/90 III, wistra 1991, 32.
[1215] Vgl. OLG Düsseldorf 30.3.1984 – 2 Ss 109/84; 47/84 III, MDR 1984, 690.
[1216] Worauf nach § 409 Abs. 1 Nr. 7 im Strafbefehl hingewiesen werden muss.

Abs. 1 StGB[1217]) oder aber Berufsverbot und Entziehung der Fahrerlaubnis nach § 71 Abs. 2 StGB. Auch im Sicherungsverfahren ist nach § 395 Abs. 1 eine Nebenklage zulässig.

b) Voraussetzungen. Das Sicherungsverfahren ist nur zulässig, wenn ein **Strafverfahren wegen Schuldunfähigkeit** oder Verhandlungsunfähigkeit **nicht durchgeführt** werden kann; nach hM gilt dies auch bereits bei Zweifeln, die der Durchführbarkeit entgegenstehen.[1218] Bei Verhandlungsunfähigkeit ist ein Sicherungsverfahren nur bei dauernder, dh für unabsehbare Zeit nicht behebbare Verhandlungsunfähigkeit zulässig; anderenfalls hat eine vorläufige Einstellung nach § 205 zu erfolgen. **565**

c) Verfahren. Zuständig ist in den **meisten Fällen** nach **§ 24 Abs. 2 GVG** das **AG,** nämlich dann, wenn es um die Unterbringung in einer Entziehungsanstalt, die Verhängung eines Berufsverbotes oder die Entziehung der Fahrerlaubnis geht; innerhalb der amtsgerichtlichen Zuständigkeit soll aufgrund der erweiterten Zuständigkeit des Einzelrichters nach § 25 Nr. 2 GVG seit dem Rechtspflegeentlastungsgesetz regelmäßig dieser und nur noch bei schwereren Straftaten bzw. Verbrechen das Schöffengericht zuständig sein.[1219] Trivial ist die Beantwortung dieser Frage deshalb nicht, weil das Sicherungsverfahren nicht ohne weiteres in das Schema der Höhe der erwarteten Freiheitsstrafe passt. Die Unterbringung in einem psychiatrischen Krankenhaus und die Entscheidung in Fällen besonderer Bedeutung sind nach § 74 Abs. 1 S. 2 GVG den Strafkammern vorbehalten; bei Straftaten nach § 74 Abs. 2 GVG ist auch für das Sicherungsverfahren das Schwurgericht zuständig,[1220] in Verfahren gegen **Jugendliche** und **Heranwachsende** gelten die §§ 40, 41, 109 JGG (Zuständigkeit der Jugendgerichte).[1221] **566**

Im Sicherungsverfahren sind nach § 414 Abs. 1 grds. sinngemäß die Vorschriften über das reguläre Strafverfahren anwendbar. **Verfahrensbesonderheiten** ergeben sich insbes. dadurch, dass ein Unterbringungsbefehl statt eines Haftbefehls erlassen werden kann (vgl. § 126a), dass eine Antragsschrift statt einer Anklageschrift vorzulegen ist (vgl. § 414 Abs. 2) sowie dass nicht vom Angeklagten, sondern vom Beschuldigten die Rede ist (vgl. § 415). Die Öffentlichkeit kann nach § 171a GVG ausgeschlossen werden. Auch kann in Abwesenheit des Beschuldigten verhandelt werden, sofern er vorher unter den Voraussetzungen des § 415 Abs. 2, 4 angehört wurde (vgl. § 415 Abs. 1, 3). Das Sicherungsverfahren bildet nach Maßgabe des § 140 Abs. 1 Nr. 7 einen Fall der **notwendigen Verteidigung;** ebenfalls notwendig ist die Berichterstattung eines Sachverständigen über den Zustand des Beschuldigten, vgl. § 415 Abs. 5. **567**

Stellt sich heraus, dass die Tat doch im schuldfähigen Zustand begangen wurde, ist eine **Überleitung in das allgemeine Strafverfahren möglich** (vgl. § 416). Auch durch ein rechtskräftiges Sicherungsurteil tritt Strafklageverbrauch ein.[1222] **568**

2. Verfahren bei Einziehung und Beschlagnahme. In §§ 430 ff. ist das **Verfahren bei Einziehung und Beschlagnahme** geregelt. Dabei betreffen die §§ 431–439 und § 440 das **subjektive Verfahren,** also das Verfahren über die Einziehung oder Beschlagnahme im Rahmen eines Strafverfahrens gegen eine bestimmte (vom Einziehungsadressaten verschiedene) Person, während die §§ 440, 441 das **objektive Verfahren** regeln, also die Beschlagnahme nach § 76a StGB in Fällen, in denen wegen der Straftat keine bestimmte Person verfolgt oder verurteilt werden kann. § 430 ermöglicht allgemein in Anknüpfung an § 154a die Einziehung oder den Verfall als Gegenstand der Untersuchung und Entscheidung auszuklammern, um das Verfahren zu vereinfachen und zu beschleunigen. Der im Gesetz genannten Einziehung stehen dabei in den §§ 430–441 Verfall, Vernichtung, Unbrauchbar- **569**

[1217] Für die Unterbringung in einem psychiatrischen Krankenhaus ist dabei eine erhöhte Wahrscheinlichkeit schwerer Störungen erforderlich, vgl. BGH 15.9.1992 – 1 StR 603/92, NStZ 1993, 78.
[1218] Vgl. BGH 26.9.1967 – 1 StR 378/67, BGHSt 22, 1 ff. = NJW 1968, 412 f.
[1219] Vgl. Schmitt in Meyer-Goßner/Schmitt § 414 Rn. 8; Metzger in KMR-StPO § 414 Rn. 7.
[1220] Vgl. BGH 5.4.2001 – 4 StR 56/01, NStZ-RR 2002, 104.
[1221] Vgl. OLG Stuttgart 27.10.1987 – 3 Ws 342/87, NStZ 1988, 225 f.
[1222] Vgl. BGH 29.4.1958 – 1 StR 68/58, BGHSt 11, 319 (322) = NJW 1958, 1050 (1051).

machung und Beseitigung eines gesetzwidrigen Umstandes gleich (vgl. § 442). § 443 schließlich ermöglicht die Beschlagnahme des gesamten im Geltungsbereich der StPO befindlichen Vermögens (oder einzelne Vermögensgegenstände) eines Beschuldigten, gegen den wegen der dort genannten Straftaten öffentliche Klage erhoben oder der Haftbefehl erlassen worden ist.

570 **3. Festsetzung von Geldbußen gegenüber juristischen Personen und Personenvereinigungen.** In der Vorschrift des **§ 444,** welche allein den 4. Abschnitt des 6. Buches bildet, ist das Verfahren bei der **Festsetzung von Geldbußen gegen juristische Personen** oder Personenvereinigungen (§ 30 OWiG) geregelt, soweit diese **im Strafverfahren** erfolgt.[1223] **§ 30 OWiG** setzt dabei voraus, dass eine natürliche Person eine Straftat oder Ordnungswidrigkeit begangen und dabei in ihrer Funktion als eine der vertretungsberechtigten bzw. organschaftlichen Person gehandelt hat, welche in § 30 OWiG genannt werden. Durch die Tat muss eine Pflicht der juristischen Person bzw. Personenvereinigung verletzt oder diese bereichert (oder zumindest eine Bereicherung derselben angestrebt) worden sein.

571 Die Entscheidung über die Geldbuße hat grds. **einheitlich mit der Entscheidung über Schuldspruch und Rechtsfolgen** gegen den Angeklagten und im selben (subjektiven) Verfahren zu erfolgen. Nur unter der Voraussetzung des § 30 Abs. 4 OWiG ist ein selbständiges (objektives) Verfahren statthaft, auf das § 444 Abs. 3 Anwendung findet.

572 Inhaltlich erfolgt die Ausgestaltung weitgehend durch **Verweis auf die Rechtsstellung des Einziehungsbeteiligten bzw. Einziehungsinteressenten** nach §§ 431 ff., obwohl die Zielsetzung von § 444 iVm § 30 OWiG eine wesentlich andere ist und hier gerade eine der Beschuldigtenstellung ähnliche Position geschaffen werden soll.[1224]

573 Obwohl § 444 Abs. 1 die Anordnung der Beteiligung am Verfahren erst „im Strafverfahren", dh nach Erhebung der öffentlichen Klage[1225] zulässt, sind die **verfahrensrechtlichen Positionen** nach § 444 Abs. 2 S. 2 (etwa über das Schweigerecht) **auch schon im Vorverfahren** zu berücksichtigen.

574 **4. Verfahren gegen Abwesende.** § 276 sowie die unmittelbar anschließenden (§§ 277–284 sind unbesetzt) **§§ 285–295** regeln das **Verfahren gegen Abwesende.** Gegen diese kann nicht im genuin strafprozessualen Sinne „verhandelt" werden, da ein Anspruch auf rechtliches Gehör nach Art. 103 Abs. 1 GG besteht. Entsprechend betont § 285 Abs. 1, dass ein Verfahren gegen Abwesende nicht stattfindet und das insoweit eingeleitete Verfahren nur der **Beweissicherung** dient. Um ihm gleichwohl die Möglichkeit zu geben, am Verfahren Einfluss zu nehmen, sieht § 288 die Möglichkeit vor, den Abwesenden „in einem oder mehreren öffentlichen Blättern zum Erscheinen vor Gericht oder zur Anzeige seines Aufenthaltsortes" aufzufordern und ihm nach § 295 sicheres Geleit zu erteilen. Im Rahmen der Sicherung der Beweismittel kann nach § 290 auch eine (in §§ 291–293 näher geregelte) **Vermögensbeschlagnahme** gegen den Abwesenden angeordnet werden, deren Zweck darin liegt, die Stellung des Abwesenden durch Entzug seiner finanziellen Mittel zu bezwingen und damit letztlich die Durchführung der Hauptverhandlung zu ermöglichen.[1226]

575 Nicht geregelt sind in den §§ 276 ff. die Verletzungen der Anwesenheitspflicht gem. § 231 Abs. 2–§ 232 bzw. der zeitweise Ausschluss aus der Hauptverhandlung nach § 247, da es sich jeweils um Maßnahmen in der Situation des Strafverfahrens gegen den „grundsätzlich Anwesenden" handelt.

576 **5. Verfahren im Zusammenhang mit dem Völkerstrafgesetzbuch.** In dem durch das Rom Statut (IStGH-Statut) und für Deutschland durch das VStGB sowie durch das IStGHG geprägten **Völkerstrafrecht** sind hinsichtlich des Prozessrechts – korrespondierend

---

1223 Näher zum Ganzen auch Kudlich/Schuhr in Satzger/Schluckebier/Widmaier StPO § 444 Rn. 1 ff.
1224 Vgl. Gösselin Löwe/Rosenberg § 444 Rn. 6.
1225 Vgl. Schmitt in Meyer-Goßner/Schmitt § 444 Rn. 6; Kudlich/Schuhr in Satzger/Schluckebier/Widmaier StPO § 444 Rn. 5, 12.
1226 Vgl. Börner NStZ 2005, 547 (548); Schmitt in Meyer-Goßner/Schmitt § 290 Rn. 1.

mit dem Komplementaritätsprinzip[1227] in Art. 17 IStGH-Statut – zwei verschiedene Konstellationen zu unterscheiden: Grds. sind die nach dem IStGH-Statut für strafbar erachteten Verhaltensweisen in den Straftatbeständen des deutschen VStGB abgebildet, für welche nach § 1 VStGB (zumindest theoretisch) ein weites und uneingeschränktes Weltrechtsprinzip gilt. Soweit nach dieser Maßgabe Straftatbestände des deutschen Strafrechts erfüllt sind und über diese **vor deutschen Gerichten verhandelt** wird, gilt im Grundsatz das normale **Regelverfahren der deutschen StPO.** Von einer Verfolgung kann freilich nach **§ 153c Abs. 1 S. 2, § 153f** in relativ weitem Umfang abgesehen werden, wenn sich der Beschuldigte nicht im Inland aufhält und ein solcher Aufenthalt auch nicht zu erwarten ist (wobei für deutsche Beschuldigte noch weitere, tendenziell verfolgungsfreundlichere Regelungen gelten). Nur soweit – ausnahmsweise bzw. nach der Konzeption des deutschen Gesetzgebers eigentlich nicht vorhergesehen – durch das deutsche Strafrecht keine hinreichende Verfolgung einer Völkerstraftat erfolgt, wird nach dem Komplementaritätsprinzip der **internationale Strafgerichtshof** tätig. Hierzu findet sich in den **Teilen 5 und 6 des IStGH-Statuts** (Art. 57 ff.) eine Reihe von Vorschriften sowohl zum Ermittlungs- als auch zum Hauptverfahren.

I. Auslegung des Strafprozessrechts

I. Allgemeines

1. Strafprozessrecht als Auslegungsgegenstand. Gemessen etwa am Allgemeinen **577**
Teil des (materiellen) Strafrechts, der sich schlagwortartig mit der Kennzeichnung „wenig Gesetz – viel Dogmatik" beschreiben ließe, ist die **StPO** an vielen Stellen ein sehr **detailreiches** und zT auch technisches **Gesetz.** Das ändert aber selbstverständlich nichts daran, dass – in manchen Bereichen mehr, in manchen Bereichen weniger[1228] – eine nähere Auseinandersetzung mit dem Gesetz und seine **Auslegung erforderlich** sind,[1229] weil für den ganz konkreten, eventuell auch atypisch gelagerten Fall verschiedene Lesarten denkbar sind.[1230] Dabei gelten im Grundsatz die **allgemeinen Auslegungsregeln,** wie sie sich als **leges artis** der Rechtsanwendung herausgebildet haben; die besondere strukturelle Situation des Strafprozesses und insbes. seine erhebliche **Eingriffsintensität** sind dabei natürlich zu berücksichtigen, da die verfassungsrechtliche Stellung des von der staatlichen Strafverfolgung betroffenen Bürgers sich auch methodisch widerspiegeln muss.[1231]

2. Die Rechtsquellen des Strafprozessrechts als Auslegungsgegenstand. Gegen- **578**
stand der Auslegung sind die **strafprozessualen Rechtsquellen,** also insbes. die einschlägigen gesetzlichen Vorschriften (vor allem die StPO, daneben etwa das GVG, das StGB

[1227] Vgl. knapp jeweils Ambos IntStrafR § 6 Rn. 34; § 7 Rn. 110; Safferling IntStrafR § 7 Rn. 22 ff.; Satzger IntStrafR § 14 Rn. 17 ff.; eingehend Lafleur, Der Grundsatz der Komplementarität, 2011.

[1228] Auslegungsbedarf kann dabei durchaus auch bei eher technisch erscheinenden Regelungskomplexen wie der Fristberechnung entstehen, so etwa bei der früher in der Rspr. umstrittenen Frage, ob der Anfangstag einer Frist auch dann nach § 43 Abs. 1 nicht mitgezählt wird, wenn die Frist mit dem Beginn eines Tages anfängt (zB wenn sich die Revisionsbegründungsfrist an die Einlegungsfrist des § 341 anschließt, vgl. BGH 30.8.1989 – 3 StR 15/89, BGHSt 36, 241 = NJW 1990, 460; aA noch BayObLG 27.11.1967 – BWReg. 4 b St 15/67, NJW 1968, 904).

[1229] Vgl. hierzu auch Tiedemann FS Peters, 1984, 131 (gerade auch zur Auslegungsbedürftigkeit vermeintlicher rein technischer Normen bzw. bloßer „Ordnungsvorschriften").

[1230] Exemplarisch etwa die Frage, ob auch der von der typischen Vorstellung des Gesetzgebers (vgl. § 100b Abs. 3) offenbar abweichende Fall einer Quellen-TKÜ von § 100a gedeckt sein soll, vgl. dazu zusammenfassend zum Streitstand jeweils aus neuerer Zeit Buermeyer/Bäcker HRRS 2009, 433 (438); Becker/Meinicke StV 2011, 50. Gerichtliche Stellungnahmen dazu bei AG Bayreuth 17.9.2009 – Gs 911/09, MMR 2010, 266 mzustAnm Bär; LG Hamburg 1.10.2007 – 629 Qs 29/07, MMR 2008, 423 mablAnm Bär; AG Hamburg 28.8.2009 – 160 Gs 301/09, StV 2009, 636 mAnm Kudlich JA 2010, 310.

[1231] Dass Methodenfragen auch Verfassungsfragen sind, dürfte nicht ernsthaft bestritten werden; vgl. aus neuerer Zeit etwa Rüthers Rechtstheorie 40 (2009) 253; Forschner AöR 136 (2011) 616. Zur Bedeutung des Verfassungsrechts für das Strafprozessrecht vgl. → Rn. 45 ff.

oder das JGG) samt seinen verfassungsrechtlichen und zB auch international-rechtlichen Rahmenbedingungen.[1232] Nach tradiertem Verständnis keine Rechtsquelle in diesem Sinne sind **Entscheidungen** und auch nicht einmal eine ständige Rspr. (soweit sie sich nicht zu Gewohnheitsrecht verfestigt hat[1233]). Das ändert aber natürlich nichts daran, dass die höchstrichterliche Rspr. (und insbes. die „Obersätze" einer gefestigten Rspr.) tatsächlich von Bedeutung für die nachfolgende Rechtsfindung sind und diese möglicherweise noch stärker prägen als der Gesetzeswortlaut. Dies gilt nicht nur praktisch, da **Selbstreferenzen** empirisch zu den wichtigsten Begründungsinstrumentarien gerade auch der Obergerichte zählen,[1234] sondern es dürfte zumindest die Berücksichtigung einschlägiger Rspr. (gleichsam als Systematik zweiter Ordnung) auch unter methodischen Gesichtspunkten durchaus zu fordern sein.[1235]

579 Werden nun aber solche **Vorentscheidungen** (ersichtlich und auch legitimerweise) herangezogen, so sind auch sie im Einzelfall hinsichtlich ihrer Reichweite „auslegungsbedürftig", zB hinsichtlich der allgemeinen Abwägungsformel für das Eingreifen eines unselbständigen Beweisverwertungsverbotes (→ Rn. 460) oder hinsichtlich des Widerspruchserfordernisses bei Beweisverwertungsverboten, wie es die sog Widerspruchslösung (→ Rn. 476) postuliert: Gegenstand eines Auslegungsvorganges, der im Ausgangspunkt ganz ähnlich verläuft wie bei einer hypothetischen gesetzlichen Regelung mit dem Wortlaut der einschlägigen Rechtsprechungs-Obersätze, wäre hier etwa die Frage, ob in der konkreten Situation ein Beweisverwertungsverbot anzunehmen ist oder ob dem „Widerspruchserfordernis bis zum in § 257 genannten Zeitpunkt" auch ein Widerspruch in der zweiten Tatsacheninstanz (Berufung) noch genügen kann. Dass auf eine solche „Auslegung von Vorentscheidungen" nicht alle für die Gesetzesauslegung entwickelten Parameter 1 : 1 übertragbar sind, ist schon deshalb nicht erstaunlich, weil der Entstehungsvorgang eines Gesetzes und einer Entscheidung maßgeblich voneinander abweichen. Vieles ist aber – zumindest mutatis mutandis – durchaus übertragbar, da auch die juristische Auslegung letztlich eine Spielart der allgemeinen hermeneutischen Texterschließung ist und weil jedenfalls bestimmte für das Recht besonders wichtige Kriterien (wie etwa der Vorhersehbarkeit oder der Rechtssicherheit) auch für die höchstrichterliche Rspr. nicht bedeutungslos sind.

580 **3. „Auslegung" als Entscheidung eines Bedeutungskonfliktes.** Nach traditionellem Verständnis besteht die Auslegung von Gesetzen darin, dass der Normtext soweit „entfaltet" (bzw. „aus-legt") wird, bis die in ihm gleichsam versteckte Lösung des Auslegungsproblems deutlich wird. Realistischer ist demgegenüber wohl die Annahme, dass die Lösung des Problems noch nicht wirklich in der Norm „steckt" (und daher dort auch nicht einfach „gefunden" werden kann). Vielmehr hat der Rechtsanwender den **Konflikt über die Bedeutung des Normtextes** tatsächlich selbst zu entscheiden. Er hat zwar das Gesetz, an das er nach Art. 20 Abs. 3 GG, Art. 97 GG gebunden ist, als zentralen Orientierungspunkt. Auch dieses entbindet ihn jedoch nicht von der Last, letztlich eine eigene Entscheidung zu treffen.[1236]

581 Dieses unterschiedliche Verständnis vom tatsächlichen Vorgehen bei der Auslegung, welches auch eher die Beschreibung als das wirkliche Vorgehen beim Auslegungsprozess betrifft, muss hier nicht vertieft werden. Unabhängig davon gilt: Für die Entfaltung der oder aber für die Entscheidung über die Bedeutung des Normtextes bilden die **Canones der Auslegung** die wichtigsten Hilfsmittel. Sie sind die Argumente für eine Vermehrung oder Reduzierung der Bedeutungsmöglichkeiten von gesetzlichen Begriffen, indem der

[1232] Zu den Rechtsquellen des Strafprozessrechts → Rn. 17 ff. sowie eingehend Kühne in Löwe/Rosenberg Einl. C und D und Kuhli in Hilgendorf/Kudlich/Valerius StrafR-HdB VII § 7.

[1233] Ein solches (in diesem Falle verfassungsrechtliches) Gewohnheitsrecht, das auch für das Strafprozessrecht von maßgeblicher Bedeutung ist, dürfte mittlerweile der Grundsatz der Verhältnismäßigkeit sein.

[1234] Vgl. hierzu Kudlich/Christensen, Die Methodik des BGH in Strafsachen, 2009, 37 ff.

[1235] Vgl. Christensen/Kudlich, Gesetzesbindung, 2008, S. 139 f., 161 ff.; Christensen/Kudlich, Theorie richterlichen Begründens, 2001, S. 411 ff.

[1236] Vgl. näher Christensen/Kudlich, Theorie richterlichen Begründens, 2001, pass., insbes. 157 ff.

Begriff in einen bestimmten Kontext gestellt wird. Bei der grammatischen Auslegung ist dies der Kontext des (insbes. Alltags-)Sprachgebrauchs; bei der systematischen Auslegung der Kontext der Verwendung des Begriffs in anderen Vorschriften, usw (zu den gängigen Canones der Auslegung → Rn. 584 ff.).

4. Die allgemeinen Kollisionsnormen. Auch im Strafverfahrensrecht gelten neben den allgemeinen Canones der Auslegung, (→ Rn. 584 ff.) insbes. die **allgemeinen Kollisionsnormen** bei der Auslegung. Diese sind etwa die Grundsätze des Vorranges der **lex specialis** oder der **lex posterior** (wobei von Letzterem die allgemeinen Grundsätze des intertemporalen Strafprozessrechts bzw. die Existenz von Überleitungsvorschriften bei Gesetzesänderungen zu unterscheiden sind, → Rn. 607 ff.). Nicht anders als in den sonstigen Rechtsgebieten ist bei diesen Kollisionsnormen im Einzelfall zu prüfen, ob sich nicht aus Sinn und Zweck einer der beiden jeweils kollidierenden Normen ein anderes Vorrangverhältnis ergibt. Im Strafprozessrecht ist dies als Problem etwa greifbar, soweit es um das Verhältnis der EMRK zu Regelungen der deutschen StPO geht. Nach überwiegender Auffassung gilt die EMRK in Deutschland im Rang einfachen Gesetzesrechts,[1237] so dass nachkonventionelles einfaches deutsches Gesetzesrecht nach dem lex posterior-Grundsatz an sich der EMRK vorgehen müsste. Soweit dieses Ergebnis irgendwie durch Auslegung zu verhindern ist, ist aber zu unterstellen, dass der deutsche Gesetzgeber grds. nicht die Absicht hat, in konventionswidriger Weise von der EMRK abweichende gesetzliche Regelungen zu schaffen, so dass sich kraft Natur der Sache eine Einschränkung (wenngleich auch keine vollständige Durchbrechung) des lex posterior-Grundsatzes ergibt. 582

5. In dubio pro reo. Der Grundsatz „in dubio pro reo" (→ Rn. 203) gilt für die **Rechtsanwendung nach ganz hM nicht.** Dies ist zwar in einem Rechtssystem mit staatlich gesetzten Normen (welche letztlich auch die Tatsachen darstellen) und unter Berücksichtigung der realistischerweise doch nur eingeschränkten Determination der Auslegungsentscheidung durch den Normtext nicht so selbstverständlich, wie es in einem naiven Bild einer entweder naturrechtlich intersubjektiv geltenden Rechtsordnung oder aber zumindest eines durch den Normtext bereits vollständig determinierten Rechtssystems, in welchem die Auslegungsentscheidung stets einen Akt der besseren Erkenntnis darstellt, angenommen werden könnte. Gerade wenn man davon ausgeht, dass Auslegungsfragen Bedeutungskonflikte über den Normtext zugrunde liegen (→ Rn. 580 f.) und es Aufgabe des Richters ist, diesen **Bedeutungskonflikt** zu entscheiden, tritt strenggenommen die für die Anwendung des in dubio-Grundsatzes erforderliche Situation des „Zweifels" nicht ein. Dessen Bezugspunkt ist ja das tatsächliche Geschehen, bei welchem der Richter (unüberwindbare) Zweifel haben kann, ob dieses so oder anders verlaufen ist. Bei der Entscheidung über einen Bedeutungskonflikt, zu dem es gerade keine einfach erkennbare *lex ante casum* gibt, kann über die Existenz des „Ist-Zustandes" ein solcher Zweifel gerade nicht bestehen. Vielmehr würde ein Auslegungszweifel nur zum Ausdruck bringen, dass der Bedeutungskonflikt schwierig zu entscheiden ist. Wo solche Schwierigkeiten bestehen, dürfte es aber wohl durchaus zulässig sein, mit (ihrerseits wieder durch Auslegung zu ermittelnden) **„Argumentationslastregelungen"**[1238] zu arbeiten, wie man sie etwa im Bereich strafprozessualer Grundrechtseingriffe mit dem Grundsatz „in dubio pro libertate", bei der Zulässigkeit von nur mittelbaren Beweismitteln in der Hauptverhandlung mit dem Unmittelbarkeitsgrundsatz[1239] usw formulieren könnte. 583

[1237] Vgl. statt vieler nur mwN Kreicker in HdB-EuStrafR § 51 Rn. 7 f.; divergierende Ansätze etwa bei Bleckmann EuGRZ 1994, 149 (153).

[1238] Vgl. zu solchen „Argumentationslastregelungen" im materiellen Strafrecht etwa Kudlich, Die Unterstützung fremder Straftaten durch berufsbedingtes Verhalten, 2004, etwa S. 197 f., 222 f., 355 f., sowie zusammenfassend S. 427 ff.

[1239] Die Interpretation als eine solche „Argumentationslastregel" bei der Auslegung ist ein denkbarer Anwendungsbereich für den Unmittelbarkeitsgrundsatz als Prozessmaxime, wenn oben (→ Rn. 122) erläutert wurde, dass überall dort, wo klare/im Einzelfall unstreitige Regelungen bestehen, der Unmittelbarkeitsgrundsatz nur insoweit Geltung beanspruchen kann, wie er in den Einzelregeln der StPO Ausdruck gefunden hat.

II. Die tradierten Auslegungsmethoden

584 In der **dogmatischen Literatur** werden traditionell – in Anlehnung an das, wenngleich nicht in völliger Übereinstimmung mit dem Savigny'sche(n) Methodenquartett[1240] – die grammatische, die systematische, die historische und die teleologische Auslegung als wesentliche Auslegungsmethoden genannt. Auch wenn neben diesen **klassischen Canones**[1241] (bzw. teilw. auch innerhalb derselben weiter ausdifferenzierend) noch diverse „Auslegungsargumente" vorstellbar sind,[1242] verdienen sie besondere Beachtung, weil sie solche Kontexte erschließen, die für das Verständnis von Rechtsnormen typischerweise besonders bedeutsam sind:

585 **1. Grammatische Auslegung.** Die grammatische Auslegung erschließt den Kontext der **Alltagssprache** und **des Sprachgebrauchs des Gesetzes;** daneben kann insbesondere in Spezialregelungen für bestimmte Lebensbereiche auch der **Fachsprachgebrauch** der jeweiligen Gruppe eine Rolle spielen.[1243] Dahinter steht der Gedanke, dass der Gesetzgeber einen Begriff im Zweifel so verwenden wird, wie er allgemein oder in Fachkreisen der geregelten Materie verwendet wird oder wie er ihn selbst an anderer Stelle im Gesetz verwendet. Wirklich enge Grenzen werden damit freilich nicht gezogen, da „mögliche" Begriffsverwendungen **denkbar weit** gehen. Selbst Verwendungsbeispiele in Wörterbüchern können nicht iS einer negativen Ausschlussfunktion bei Nichterwähnung bedeutungsreduzierend wirken, da sie keine abschließenden „Sprachgesetzbücher", sondern nur Sammlungen nicht enumerativ aufgezählter Beispiele sind.[1244] Insoweit wird das grammatische Argument im Regelfall zu einer Erweiterung der potentiellen Verständnismöglichkeiten eines Normtexts herangezogen und spielt darüber hinaus in der Entscheidungspraxis – selbst im materiellen Strafrecht mit der strengen Bindung des Art. 103 Abs. 2 GG – wohl eine geringere Rolle, als man spontan erwarten würde.[1245]

586 **2. Systematische Auslegung.** Die systematische Auslegung erschließt den **Kontext des Gesetzes bzw. der Rechtsordnung** als Ganzes. Dahinter steht primär der Gedanke, dass der Gesetzgeber insgesamt um eine möglichst widerspruchsfreie Regelung bemüht ist. Dass ihm dies nicht immer gelingt (und dass dies einer der Punkte ist, derentwegen die systematische Auslegung an ihre Grenzen stößt), ist unter Juristen hinlänglich bekannt. Während der Umstand, dass die in Bezug genommene Stelle ihrerseits erst wieder ausgelegt werden müsste, bevor etwas darüber ausgesagt werden kann, wie die eigentliche interessierende Norm im Sinne einer widerspruchsfreien Regelung zu lesen wäre, oft eher ein theoretisches Problem ist, wiegt ein anderer Punkt schwerer: Nicht selten ist nicht ohne weiteres klar, ob die in Bezug genommene Regelung **eher Modell- oder Ausnahmecharakter** hat, dh ob die daran anknüpfende Argumentation eher analogischen oder gegenschlüssigen Charakter hat. Mit diesen Vorbehalten bezüglich der Ergiebigkeit kann die

---

1240 Vgl. Stein, Die rechtswissenschaftliche Arbeit, 2000, S. 13.

1241 Zu deren Verwendung in der strafrechtlichen Rspr. des BGH ausführlich Simon, Gesetzesauslegung im Strafrecht, 2005.

1242 Genau genommen, ist die Zahl der Argumente sogar nicht abschließend benennbar. Eine Übersicht mit weiteren Argumenten, die aber auch keinesfalls abschließend ist, findet sich bei Kudlich/Christensen, Die Methodik des BGH in Strafsachen, 2009, S. 23 f.

1243 Vgl. dazu mit Beispielen auch Vogel, Juristische Methodik, 1998, S. 114. Zu den Grenzen der Berücksichtigung der Fachsprache BGH 25.10.2006 – 1 StR 384/06, NJW 2007, 524 (in einem materiellrechtlichen Kontext), sowie zu dieser Entscheidung Kudlich/Christensen/Sokolowski in Müller, Politik, (Neue) Medien und die Sprache des Rechts, 2007, 119 einerseits sowie Montiel/Ludeña ZIS 2010, 618 andererseits.

1244 Zur Wörterbuchproblematik vgl. auch Kudlich/Christensen JR 2011, 146.

1245 Kudlich/Christensen, Die Methodik des BGH in Strafsachen, 2009, 23 ff. Für das Strafprozessrecht gilt dies umso mehr, und so ist es kein Zufall, dass etwa die zur grammatischen Auslegung bei Schmitt in Meyer-Goßner/Schmitt Einl. Rn. 196 angeführten Beispiele alle das materielle Strafrecht (BGHSt 3, 259 (262) = NJW 1953, 72 zur Strafzumessung; BGHSt 14, 116 (118) = NJW 1960, 829 zu § 142 StGB; BGHSt 18, 151 (152) = NJW 1963, 914 zu § 91 StGB) und in einem Fall sogar das Beamtenrecht betreffen (BVerfGE 8, 28 (33) = NJW 1958, 1227).

systematische Auslegung sowohl einen „bedeutungsreduzierenden" als auch „bedeutungserweiternden" Kontext darstellen, wenn es um die Frage geht, ob ein bestimmter Sachverhalt noch von der Norm gedeckt ist.

Gleichsam als „Systematik zweiter Ordnung" können und müssen auch die **Ergebnisse früherer Entscheidungen** in den Rechtsfindungsvorgang einbezogen werden.[1246] Dies nicht nur iS einer dadurch möglichen Präzisierung von Generalklauseln und unbestimmten Rechtsbegriffen, sondern auch als Teil eines Gesamtgefüges, in dem jede neue Entscheidung über einen Bedeutungskonflikt begründet verortet werden muss.[1247] 587

3. Historische und genetische Auslegung. Die oft unter dem Oberbegriff „historische Auslegung" firmierenden Argumente lassen sich präziser zuordnen, wenn man zwischen **historischer Auslegung** (ieS) und (historisch-) **genetischer** Auslegung unterscheidet. Erste bezieht sich auf das historische Verständnis von **Vorgängerregelungen,** letztere auf die **Gesetzesmaterialien.**[1248] Dahinter steht der Gedanke, dass der Gesetzgeber sich bei seiner Arbeit teilw. an Vorläuferregelungen – sei es ihnen folgend, sei es gerade bewusst neue Wege einschlagend – orientiert und dies auch oft in den Materialien zum Ausdruck bringen wird. Auch die unkommentierte Übernahme älterer Regelungen kann freilich von Bedeutung sein und ggf. so gedeutet werden, dass der Gesetzgeber eine bekannte Praxis zur Kenntnis genommen und keinen Anlass dazu gesehen hat, diese zu ändern. Wo es keine unmittelbaren Vorläuferregelungen gibt, wird in den Gesetzgebungsverfahren mitunter umso intensiver auf die mit der Regelung verfolgten Ziele eingegangen. Gerade die **modernen Instrumente der Datenverarbeitung, Texterstellung und Fundstellenerschließung** führen dazu, dass die genetische Auslegung an Bedeutung gewinnt, da es offenbar in der Vorbereitung der Gesetze leichter fällt, entsprechende Papiere zu produzieren (was nicht notwendig mit einer gestiegenen gedanklichen Durchdringung einhergeht), und da solche Texte über die einschlägigen Datenbanken komfortabel erschließbar sind.[1249] 588

4. Teleologische Auslegung. Die teleologische Auslegung erschließt den **Regelungszweck** des Gesetzes, so wie er sich dem Interpreten – durchaus auch unter Berücksichtigung weiterer Canones – darstellt. Dahinter steht der Gedanke, dass der Gesetzgeber Normen so gestalten bzw. verstanden wissen möchte, dass die mit dem Gesetz bzw. der einzelnen Norm verfolgten Ziele möglichst gut erreicht werden. Soweit – wie häufig – durch die Förderung eines dieser Ziele andere an sich schützenswerte Interessen zwangsläufig beeinträchtigt werden, kann der teleologische Kontext auch Anhaltspunkte dafür geben, wie restriktiv eine Norm zum Nutzen dieser anderen Interessen noch ausgelegt werden darf, ohne dass der Regelungszweck der Norm gefährdet wird. In Fällen, in denen dabei die Anwendung einer Vorschrift gewissermaßen über die Wortlautgrenze hinaus zurückgenommen wird, wird üblicherweise nicht mehr von teleologischer Auslegung, sondern von einer teleologischen Reduktion gesprochen. 589

Solche teleologischen Erwägungen liegen natürlich auch anderen Argumenten teilw. zu Grunde, so dass sich **Überschneidungen** ergeben: So können historisch-genetische Auslegung oder Systematik auf einen bestimmten Sinn hindeuten, der dann als Argument für oder gegen eine Lesart herangezogen wird. Die teleologische Auslegung soll aber nach traditionellem Verständnis auch einen Rückgriff auf Regelungszwecke zulassen, die weniger spezifisch zum Ausdruck gebracht und dem Gesetz eher vom Interpreten nach seinem 590

1246 Vgl. auch Schmitt in Meyer-Goßner/Schmitt Einl. Rn. 197 unter Verweis auf BVerfG 21.6.1977 – 2 BvR 308/77, BVerfGE 45, 363 (372) = NJW 1977, 1815; zur Bedeutung von Selbstreferenzen und zur Systematik zweiter Ordnung auch Kudlich/Christensen, Die Methodik des BGH in Strafsachen, 2009, 37 ff., 80.

1247 Zum rechtstheoretischen Rahmen (insbes. iS eines horizontalen Gesetzesbindungsverständnisses) vgl. Christensen/Kudlich, Gesetzesbindung, 2008, insbes. S. 125 ff.

1248 Zum Nutzen einer subjektiven Auslegung (nicht nur dort, aber ua auch) dabei vgl. Naucke FS Engisch, 1969, 274 ff.

1249 Vgl. zu diesem Phänomen auch Kudlich/Christensen, Die Methodik des BGH in Strafsachen, 2009, S. 27.

Verständnis zugebilligt werden. Dies macht sie freilich nicht nur besonders **anfällig** für den Einfluss eigener rein **subjektiver Anschauungen** des Rechtsanwenders, sondern auch jeweils eine genaue Prüfung erforderlich, ob durch den Rückgriff auf ein vermeintliches Telos nicht andere, normtextnähere Kontexte vernachlässigt werden. Auch darf die teleologische Auslegung insbesondere bei prozessualen Ermittlungsbefugnissen nicht zum „grundrechtsinvasiven Superargument" mit der Begründung werden, dass ein Maximum an Eingriffserlaubnis den mit den Eingriffsbefugnissen verfolgten Aufklärungszweck schließlich optimiere.[1250]

591 **5. Hierarchie der Auslegungsmethoden.** Betrachtet man dieses Quartett schon der traditionell auch in der dogmatischen Literatur anerkannten Auslegungsmethoden (und hat darüber hinaus sogar weitere denkbare Argumentformen aus dem grundsätzlich unbegrenzten Repertoire, → Rn. 584, im Blick), so drängt dies zu dem von *Arthur Kaufmann* so bezeichneten „Kardinalproblem"[1251] der Auslegungslehre, nämlich zur Frage einer **Hierarchie der Canones.**[1252] Die **Ausgangspunkte** für dieses sind bekanntlich **konträr:**[1253] Während insbesondere in der dogmatischen Literatur im Rahmen von „methodischen Exkursen" nicht selten von einem Primat der teleologischen Auslegung ausgegangen wird,[1254] zeigt sich andererseits auch eine Sympathie für einen Vorrang der normtextnahen Methoden der grammatischen und systematischen Auslegung,[1255] die nicht zuletzt in der stereotyp wiederholten Formel deutlich wird, wonach „der Wortlaut die äußerste Grenze der Auslegung" bilde, was zwar nicht verkürzt als Beschränkung auf eine grammatische Auslegung verstanden werden darf,[1256] aber doch als starke Betonung des grammatischen Auslegungsarguments gedeutet werden muss.

592 Zutreffenderweise ist – das legen auch schon die einander so diametral gegenüberstehenden Grundannahmen nahe – davon auszugehen, dass eine für alle Fälle **feste „Rangfolge"** der Canones nicht angegeben werden kann.[1257] Vielmehr müssen die vorgebrachten **Argumente** in **doppelter Weise bewertet** werden,[1258] nämlich abstrakt **normstrukturell** sowie konkret nach ihrer **Intensität:** Normstrukturell ist das Gewicht eines Arguments umso größer, je näher es am Normtext steht. Textbezogene Argumente schlagen also Normbereichsargumente aus dem Feld, und diese wiederum bloße rechtspolitische Bewertungen usw. Neben dieser Einordnung des Arguments in die Normstruktur als „direkt textbezogen", „indirekt textbezogen" und „normgelöst" muss jedoch noch eine konkrete Bewer-

[1250] Hier gelten die (verfassungsrechtlichen) Überlegungen entsprechend, die auch im materiellen Strafrecht Grund dafür sind, dass die teleologische Auslegung dort nicht zum „punitiven Superargument" werden darf, vgl. dazu Kudlich FS Stöckel, 2010, 93 (113 f. mit Hinweis auf BVerfG 1.9.2008 – 2 BvR 2238/07, NJW 2008, 3627 (3629) und BVerfG 19.3.2007 – 2 BvR 2273/06, NJW 2007, 1666).

[1251] Kaufmann in Kaufmann/Hassemer/Neumann, Einführung in Rechtsphilosophie und Rechtstheorie der Gegenwart, 2011, S. 136.

[1252] Vgl. zum Folgenden auch bereits Christensen/Kudlich, Theorie richterlichen Begründens, 2001, S. 375 ff.; Kudlich JR 2008, 257 (258 ff.).

[1253] Vgl. etwa auch zur Bezugnahme auf Wortlaut einer- und Telos andererseits die Nachweise bei Simon Gesetzesauslegung im Strafrecht, 2005, S. 583 ff.

[1254] Vgl. etwa Jescheck/Weigend, Lehrbuch des Strafrechts, 5. Aufl. 1996, § 17 IV 1b mwN dort Fn. 14; in diese Richtung zielend aus der Rspr. des BVerfG 21.5.1952 – 2 BvH 2/52, BVerfGE 1, 299 (312) = NJW 1952, 737; BVerfG 17.5.1960 – 2 BvL 11/59, 11/60, BVerfGE 11, 126 (130 f.) = NJW 1960, 1563 (1564); aus der Rspr. der Fachgerichtsbarkeiten exemplarisch BGH 11.12.1961 – AnwSt. (B) 6/61, BGHSt 17, 21 (23) = NJW 1962, 824.

[1255] Vgl. die – allerdings explizit nicht als „feste Rangordnung" verstandene – „subsidiäre Stufenfolge" der Rechtsgewinnung (grammatische und systematische Interpretation/historische und genetische Interpretation/teleologische Interpretation), die Looschelders/Roth, Juristische Methodik im Prozeß der Rechtsanwendung, 1996, S. 193 f. skizzieren.

[1256] Vgl. Kudlich JA 2007, 549 (551).

[1257] Vgl. etwa auch (zu einer sanktionenrechtlichen Frage) BGH 2.4.2008 – 1 ARs 3/08, JR 2008, 255 (256).

[1258] Für eine „nachvollziehbare Gewichtung" der Argumente und anschließende „Berücksichtigung je nach ihrem Gewicht" auch Zippelius, Juristische Methodenlehre, 10. Aufl. 2006, § 10 VI, der zutreffend auch darauf hinweist, dass bei widerstreitenden „Auslegungsargumenten (…) keine streng rationale Rangordnung zwischen ihnen besteht".

tung treten, die sich allerdings nur schwer vom jeweiligen Fall abheben lässt. Eine denkbare Abstufung wären die Kategorien Möglichkeit, Plausibilität und Evidenz.[1259] Möglich ist dabei ein Argument, wenn es nicht von vornherein ausgeschlossen ist. Plausibel heißt, dass das Argument überzeugend ist, aber Alternativen denkbar sind. Evident ist ein Argument, wenn im Moment keine Alternativen denkbar sind.[1260]

Diese **doppelte Unterscheidung** macht auch die beiden scheinbar widersprüchlichen Ansätze von der teleologischen Auslegung als „Königsdisziplin" einerseits und dem Vorrang normtextnaher Argumente andererseits miteinander kompatibel: Die grammatische Auslegung ist zwar abstrakt-normstrukturell vorrangig, fällt aber ihrer Intensität nach häufig nur unter die Kategorie „möglich"; die teleologische Auslegung ist abstrakt-normstrukturell zwar nachrangig, lässt aber – wenn man das als erkannt geglaubte Telos als verbindlich unterstellt – die Einschlägigkeit oder Nichteinschlägigkeit einer Norm am ehesten „evident" erscheinen. **593**

III. Weitere gängige Auslegungsmethoden

Neben dem mehr oder weniger klassischen → Rn. 584 genannten „Methodenquartett" gibt es noch **zahlreiche weitere Auslegungsargumente,** die als **Sachgesichtspunkte** zur Entscheidung über einen Bedeutungskonflikt (vulgo: zur Auslegung) herangezogen werden können. Streng genommen ist der Katalog dieser Kriterien mehr oder weniger unendlich groß und an seinen Rändern auch nur noch bedingt systematisierbar. Topoi, die gleichwohl immer wieder eine Rolle spielen und daher hier besondere Erwähnung finden sollen, sind die verfassungskonforme (und damit vergleichbar: jede andere Form einer die Konformität mit übergeordnetem Recht darstellende) Auslegung, die strafrahmenorientierte Auslegung sowie die grundrechts- bzw. verfassungsorientierte Auslegung: **594**

1. Verfassungskonforme Auslegung. Als verfassungskonforme Auslegung wird die Überlegung bezeichnet, dass unter mehreren grds. denkbaren Auslegungsergebnissen **im Zweifelsfall** dasjenige den Vorrang verdient, das zu einer auch **verfassungskonformen Lösung** führt, wenn andere Auslegungsergebnisse gegen die Verfassung verstoßen würden. Theoretisch ist dies als Konzept ohne weiteres überzeugend; die praktischen Anwendungsfälle werden sich dagegen in Grenzen halten, da sie voraussetzen würden, dass es bei der Auslegung einer grundsätzlich verfassungsgemäßen einfachrechtlichen Vorschrift starke (etwa systematische, historische oder teleologische) Argumente dafür gibt, ein verfassungswidriges Ergebnis zu erzielen. Unabhängig davon: Auch wenn eine solche Konstellation einmal vorstellbar ist, ist die verfassungskonforme Auslegung im eigentlichen Sinne, wie sie hier beschrieben ist, **kein eigenständiges Auslegungskriterium,** sondern „nur" ein **Kontrollmechanismus** nach Abschluss einer Auslegung, welche verschiedene Ergebnisse nebeneinander bestehen lässt. Von dieser Art der Ergebniskontrolle zu unterscheiden, ist die unten (→ Rn. 598 ff.) beschriebene grundrechtsorientierte Auslegung als Sonderfall einer verfassungsrechtlich-systematischen Interpretation. **595**

Mutatis mutandis das Gleiche gilt, wo nicht die Verfassungskonformität des Auslegungsergebnisses, sondern die **Vereinbarkeit mit anderen als höherrangig/vorrangig erachteten Rechtsnormen** überprüft wird. Dies ist etwa denkbar bei einer europarechtskonformen Auslegung (auch soweit dem Unionsrecht gegenüber dem deutschen Gesetzesrecht kein Geltungs-, sondern nur ein Anwendungsvorrang zugebilligt wird), einer EMRK-konformen Auslegung (wenn man im og Sinne unterstellen möchte, dass der deutsche Gesetzgeber sich selbst dann nicht über die EMRK hinwegsetzen möchte, wenn dies nur im Range einfachen Gesetzesrechts gilt, → Rn. 643 mwN) oder zB einer „Grundrechts-Charta konformen" Auslegung, die im Prinzip ohne weiteres auch denkbar wäre. **596**

2. Strafrahmenorientierte Auslegung. Hinsichtlich des im Strafverfahren auszulegenden materiellen Strafrechts nicht zu unterschätzen ist die (wenngleich theoretisch nur **597**

[1259] Vgl. Luhmann, Gesellschaftsstruktur und Semantik, 1993, S. 119, 163 f., 201 f., 204 f.
[1260] Ähnlich Looschelders/Roth, Juristische Methodik im Prozeß der Rechtsanwendung, 1996, S. 194.

wenig beleuchtete[1261]) **„strafrahmenorientierte Auslegung".** Richtigerweise wird man einer solchen „strafrahmenorientierten Auslegung" (nur, aber immerhin) den Charakter eines **„Auslegungsarguments zweiter Ordnung"** zusprechen können, welches geeignet ist, etwa systematische Zusammenhänge, historische Entwicklungen oder auch Sinn und Zweck einer Vorschrift (zumindest hinsichtlich der Einordnung eines Verstoßes durch den Gesetzgeber als besonders schwerwiegend oder weniger schwerwiegend) näher zu bestimmen. Ihr „Charme" liegt dabei darin, dass **„Zahlen",** wie sie üblicherweise den Strafrahmen kennzeichnen, einen **massiv plakativen Charakter** besitzen und außerdem eine relativ einfache „Vergleichbarkeit" versprechen.

598 **3. Verfassungsorientierte Auslegung.** Gerade im Strafprozessrecht als neben dem Polizeirecht wohl typischster Materie für Grundrechtseingriffe noch einer näheren Erwähnung wert ist ein Argumentationsmuster, das man als **verfassungsorientierte oder systematisch-grundgesetzliche Argumentation** bezeichnen kann[1262] und das von einer verfassungskonformen Auslegung (→ Rn. 595) zu unterscheiden sowie im praktischen Anwendungsbereich deutlich weiterreichend ist: Es geht dabei um den der Sache nach oft herangezogenen, aber deutlich seltener theoretisch explizierten Gedanken, dass zwar eine (strafprozessuale oder auch sonstige) Vorschrift als solche nur verfassungsgemäß sein kann oder eben nicht,[1263] dass aber **verschiedene Auslegungsvarianten aus grundgesetzlicher Sicht wünschenswerter oder bedenklicher** sein können.

599 Deshalb kann die verfassungsrechtliche Perspektive nicht nur zu einer verfassungskonformen Auslegung ieS herangezogen werden, welche nur in Fällen „harter Verfassungswidrigkeit" eine Ergebniskontrolle bei mehreren nach anderen Kriterien vorstellbaren Auslegungsergebnissen liefert. Vielmehr ist die Ausstrahlungswirkung der Verfassung auch – bei genauerer Einordnung dann als Akt der systematischen Auslegung – ein **Argument bei der Entscheidung für die eine oder andere Lesart diesseits des Verdikts der harten Verfassungswidrigkeit:** Wenn etwa durch eine bestimmte Interpretation die Wirkkraft der tangierten Grundrechte optimiert wird, ist dies ein Argument für diese Interpretation. Dieses ist dann freilich – und darin liegt ein Unterschied zur verfassungskonformen Auslegung ieS – nicht zwingend bzw. unüberwindbar, sondern muss **mit den anderen Argumenten,** die für oder gegen eine bestimmte Lesart sprechen, **abgewogen und diskursiv verarbeitet** werden. Die Intensität der systematisch-grundgesetzlichen Argumentation wird dabei umso größer, je problematischer eine bestimmte Interpretation sub specie constitutionis wird; und in dem Moment, in dem die Interpretation verfassungswidrig wird, schlägt die Argumentation in eine verfassungskonforme Auslegung um, die zumindest ein bestimmtes Ergebnis zwingend verbietet.

600 Für eine solche **abgestufte Berücksichtigung** der verfassungsrechtlichen Vorgaben spricht, dass das Grundgesetz nicht kategorisch immer eine optimale Verwirklichung etwa eines Grundrechtes gebietet[1264] (was auf Grund der steten Kollisionen verfassungsrechtlicher Rechtspositionen ohnehin nicht möglich ist), sehr wohl aber die völlige Vernachlässigung eines Grundrechts zugunsten anderer Interessen verbietet. Anders als bei der verfassungsrechtlichen Beurteilung einer Strafnorm als solcher ist deshalb bei der Gesetzesauslegung eine Aussage über eine mehr oder weniger gute Berücksichtigung von verfassungsrechtlichen Garantien durchaus sinnvoll. Lassen sich hier signifikante Unterschiede feststellen, ist

[1261] Vgl. aber Kudlich ZStW 115 (2003), 1 (mit Beispielen zur Berücksichtigung bei konkreten Auslegungsfragen, die weitaus häufiger erfolgt, als es das geringe theoretische Interesse in diesem Rechtsinstitut vermuten lässt).

[1262] Vgl. zur verfassungsorientierten Auslegung Kudlich JZ 2003, 127.

[1263] Das wird besonders plastisch, wenn man sich die Entscheidungssituation des BVerfG mit Blick auf § 31 Abs. 2 BVerfGG (Gesetzeskraft) und § 78 BVerfGG (Nichterklärung) vorstellt. Einer Differenzierung auf dem Spektrum zwischen „verfassungsrechtlich in jeder Hinsicht unbedenklich" und „verfassungsrechtlich bedenklich, aber gerade noch hinnehmbar" kommt hier allenfalls politische Appellfunktion, nicht aber rechtliche Bedeutung zu.

[1264] Vgl. auch Michael JuS 2001, 148 (149 f.).

auch diesseits „harter Verfassungswidrigkeit" die nähere Orientierung an den Grundrechten ein gewichtiges systematisches Argument bei der Rechtsfindung.

Zuzugeben ist zwar, dass einer zu starken Gewichtung des GG im Rahmen einer solchen verfassungsorientierten (systematischen) Auslegung die **Einwände** entgegengehalten werden können, die generell **gegen die Ergiebigkeit verfassungsrechtlicher Argumentationsformen** (insbes. bei einem Vergleich der relativ allgemein gehaltenen Normen des GG mit den zT viel detaillierteren Vorschriften des Strafprozessrechts) erhoben werden. So wendet etwa Naucke gegen Rückgriffe auf das GG ein, dass diese sich nur „verfassungsrechtlich ein(kleideten)",[1265] während es in Wahrheit um überpositive Argumentationsstränge gehe. Dem Vorwurf, für weitergehende Ansätze besitze die Verfassung zu wenig argumentatives Potential, ist allerdings[1266] entgegenzuhalten, dass der (zugegebenermaßen oft knapp gehaltene) Verfassungstext insbesondere durch die Spruchpraxis des BVerfG mittlerweile vielfach in einem Maße an Substanz gewonnen hat, das durchaus **reichhaltiges Argumentationsmaterial** an die Hand gibt und dass die beschränkte Leistungsfähigkeit einer verfassungsrechtlichen Beurteilung bei der Gewichtung des Arguments redlich berücksichtigt werden kann, ohne es a priori als untauglich zu verwerfen. 601

IV. Gesetzlichkeitsgrundsatz und Analogieverbot

1. Ausgangspunkt: Gesetzesvorbehalt und Analogieverbot. Im Zusammenhang mit den verfassungsrechtlichen Dimensionen des Strafprozessrechts (→ Rn. 96 ff.) wurde bereits näher erläutert, dass **nicht** der strenge Gesetzlichkeitsgrundsatz des **Art. 103 Abs. 2 GG,** wohl aber der **allgemeine strafrechtliche Gesetzesvorbehalt** gilt (der insbes. im Zusammenhang mit Haftfragen auch noch durch den speziellen Gesetzlichkeitsgrundsatz des Art. 104 GG ergänzt werden kann). Wendet man diesen Gesetzesvorbehalt konsequent an, so müsste dies zu einem **Analogieverbot für belastende Maßnahmen** führen. Obwohl dies in anderen Bereichen der Eingriffsverwaltung nicht immer mit dieser Konsequenz durchgehalten wird, spricht viel dafür, es jedenfalls im Strafprozessrecht als dem Bereich der schärfsten staatlichen Eingriffe ernst zu nehmen. Die analoge Anwendung von **prozessualen Eingriffsbefugnissen** (iwS) ist damit ebenso unzulässig wie der Rückgriff auf sonstige ungeschriebene, etwa aus der Kombination zweier verschiedener Eingriffsbefugnisse konstruierte, Eingriffserlaubnisse.[1267] 602

Wer freilich ein Analogieverbot postuliert, muss (sich zumindest darüber im Klaren sein, idealerweise aber sogar) Angebote machen, welche **Folge das Fehlen einer Regelung** hat. Für das Analogieverbot des Art. 103 Abs. 2 GG etwa ist dies ganz klar: Ein Verhalten, das von keinem Straftatbestand erfasst wird, ist schlicht nicht strafbar. Nimmt man dies ernst, so muss das für das Strafprozessrecht bedeuten: Ein prozessualer Grundrechtseingriff, der von keiner Norm gedeckt ist, darf nicht vorgenommen werden (wobei man gewohnheitsrechtlich anerkannte allgemeine Prozessrechtsinstitute sicher großzügiger zulassen wird, als dies beim rigiden Gebot der lex scripta im gängigen Verständnis des Art. 103 Abs. 2 GG der Fall ist, und wobei für Maßnahmen der Sachverhaltserforschung auch die Ermittlungsgeneralklausel des § 161 Abs. 1 S. 1 zu beachten ist). 603

2. Konsequenzen. Konkret in der Anwendung dürfte dies bedeuten, dass **Ermittlungsmaßnahmen,** welche in materielle Grundrechte (Eigentum, Wohnung, Telekommunikation etc) eingreifen, ohne gesetzliche Grundlage unzulässig sind. Zumindest in gewissen 604

[1265] Deutlich Naucke in Lüderssen, Aufgeklärte Kriminalpolitik … ? Bd. I, 1998, S. 156, 164 f.; knapp auch nochmals Naucke FG Hassemer, 2000, 132 (134).

[1266] Neben der Tatsache, dass in einem verfassten Rechtsstaat mit geschriebenem Gesetzesrecht „Textinterpretationen" eben das zentrale Problem der Gesetzesanwendung sind und dass judikative Gewalt nur in ihrer Einhegung durch Recht und Gesetz (und damit eben auch: durch die Verfassung) legitim ausgeübt wird.

[1267] Zu diesem letzten Fall der Kombination zweier Eingriffsnormen anschaulich noch einmal BGH 31.1.2007 – StB 18/06, BGHSt 51, 211 (218 f.) = NJW 2007, 930 (932) (zur verdeckten strafprozessualen Online-Durchsuchung).

Grenzen wird man hierbei allerdings auch **ungeschriebene Annexbefugnisse** für Vorbereitungshandlungen als noch von der Befugnisnorm umfasst betrachten können. Im Grundsatz gilt dies auch für sonstiges **innerprozessuales Verhalten,** wenn auf **Prozessgrundrechte gestützte prozessuale Befugnisse** ohne Grundlage eingeschränkt werden sollen. Dieser auf den ersten Blick weitreichenden Konsequenz wird allerdings ein wenig die „Spitze abgebrochen", wenn man sich vergegenwärtigt, dass die Prozessgrundrechte vielfach (etwa beim gesetzlichen Richter oder beim Anspruch auf strafrechtliches Gehör) **normgeprägt** sind und daher grundsätzlich ohnehin nur in dem Umfang gelten, wie der einfache Gesetzgeber sie zur Verfügung stellt. Soweit eine solche einfachgesetzliche Gewährleistung dann aber klar erfolgt ist, ist ihre Beschränkung durch ungeschriebene Regelungen bzw. die analoge Anwendung anderer Vorschriften als unzulässig zu betrachten. Wo dagegen ohnehin keine oder nur rudimentäre Regelungen bestehen, ist auch der Spielraum des Rechtsanwenders relativ groß.[1268]

605 **Exemplarisch:** Da das Beweisantragsrecht ebenso wie die Beweisverwertungsverbote nur rudimentär (hinsichtlich der Anforderungen eines Vorliegens eines Beweisantragsrechts) oder praktisch gar nicht (hinsichtlich allgemeiner Grundlagen der Beweisverwertungsverbote) geregelt sind, wird der strafprozessuale Gesetzesvorbehalt nicht dadurch verletzt, dass ohne gesetzliche Grundlage etwa erhöhte Anforderungen an die Konnexität beim Beweisantrag[1269] gestellt werden oder das Erwachsen eines Beweisverwertungsverbotes von einem Widerspruch abhängig gemacht wird. Auch der grundsätzlich weite Gestaltungsspielraum des Vorsitzenden bei der Verhandlungsleitung nach § 238 Abs. 1 führt dazu, dass es (ganz ungeachtet der wohl berechtigten dogmatischen Kritik daran, ob dadurch § 246 Abs. 1 unterlaufen werden darf[1270]) zumindest nicht völlig trivial ist, dass darin ein Verstoß gegen den Gesetzesvorbehalt liegt. Ganz allgemein freilich ist es mit Blick auf die weiten Gestaltungsspielräume des Gesetzgebers bei normgeprägten Grundrechten rechtspolitisch doch bemerkenswert, dass Einschränkungen etwa der Verteidigungsrechte vielfach gerade nicht – was verfassungsrechtlich relativ unkritisch wäre – durch den Gesetzgeber erfolgen, sondern dass die obergerichtliche Rspr. hier – verfassungsrechtlich problematische – Grenzen zieht.[1271]

606 **3. Gesetzesvorbehalt und Missbrauchsverbot?** Die vorstehenden Ausführungen zur grundsätzlichen Geltung eines Analogieverbots bei belastenden Maßnahmen, welche auch in der Verkürzung von Verfahrensrechten liegen können, stehen auch nicht im Widerspruch zu der hier für Extremfälle für möglich gehaltenen Missbrauchskontrolle bzw. zur Annahme der Geltung eines **„ungeschriebenen Missbrauchsverbots"** auch im Strafverfahrensrecht (→ Rn. 342 ff.). Nach dem hier zugrundeliegenden Verständnis des allgemeinen Missbrauchsverbotes ist dieses **keine Begrenzung,** welche vergleichbar einem Analogieschluss einer bestehenden prozessualen Befugnis **gleichsam „von außen"** entgegengehalten werden muss und als solche einer gesetzlichen Grundlage bedarf, sondern ist fast jeder Befugnis **bereits immanent.** Anders gewendet: Es erfolgt hier keine Beschränkung eines an sich weitergehenden grundgesetzlich gestützten Verhaltens, sondern die grundrechtliche Garantie (ggf. in ihrer konkreten Ausgestaltung, „normgeprägte Grundrechte", vgl. oben → Rn. 604 f.) geht bereits ihrem Schutzbereich nach nicht weiter.[1272]

V. Intertemporales Strafverfahrensrecht

607 Der Gesetzesauslegung gleichsam vorgelagert, damit aber zugleich einen Teil der Rechtsfindung bildend kann im Einzelfall die Frage nach dem anwendbaren (Prozess-)Recht

[1268] Vgl. Kudlich, Gutachten C zum 68. DJT, 2010, S. 104 f.
[1269] Vgl. etwa aus neuerer Zeit BGH 3.11.2010 – 1 StR 497/10, NStZ 2011, 169 mAnm Ventzke NStZ 2011, 301 und Habetha StV 2011, 239; BGH 14.1.2010 – 1 StR 620/09, StraFo 2010, 152.
[1270] Vgl. zur Diskussion um die Fristsetzungslösung zusammenfassend mwN Kudlich, Gutachten C zum 68. DJT, 2010, S. 68 ff.
[1271] Zu diesen Zusammenhängen näher Kudlich, Gutachten C zum 68. DJT, 2010, S. 105.
[1272] Vgl. zum Problem auch – mit etwas anderer Fokussierung – Kudlich, Strafprozeß und allgemeines Mißbrauchsverbot, 1998, S. 148 f.

sein, wenn dieses entweder zwischen Tatbegehung und Urteil oder sogar noch im Laufe des Verfahrens Änderungen unterworfen ist (sog intertemporales Strafrecht). Sehr **häufig** finden sich für solche Fälle spezielle **Übergangsvorschriften,** welche etwas dazu aussagen, ob die neuen Regelungen mit sofortiger Wirkung gelten oder aber ob bereits begonnene Verfahren nach den alten Regeln zu Ende geführt werden sollen.[1273]

Gerade der wiederholten gesetzgeberischen Wahl desselben „Übergangsmechanismus" für vergleichbare Verfahrenssituationen lassen sich zumindest vorsichtig auch **allgemeine Grundsätze** für eben diese Arten von Änderungen entnehmen. Diese gehen etwa dahin, dass bei **Besetzungs- und Zuständigkeitsänderungen** regelmäßig im Zeitpunkt des Inkrafttretens bereits laufende Hauptverhandlungen **in der bisherigen Besetzung** mit den bisherigen Zuständigkeiten **fortzuführen** sind, dass Änderungen von **Verfahrensvoraussetzungen** sich häufig auch auf bereits **laufende Verfahren** beziehen und dass neu eingeführte **Präklusionsvorschriften** für bereits anhängige Verfahren dann **keine Anwendung** finden, wenn der für die Präklusion maßgebliche Zeitpunkt bereits verstrichen ist.[1274] **608**

Soweit solche expliziten Übergangsregelungen oder aber „typische" Übergangsmechanismen für bestimmte Verfahrenskonstellationen fehlen, gilt Folgendes: Änderungen zwischen (vorgeworfener) Tatbegehung und Verfahrensbeginn wirken stets sofort; anders als beim Rückwirkungsverbot im materiellen Recht ist der **Tatzeitpunkt** also für das Prozessrecht erst einmal **unerheblich.** Aber auch innerhalb eines laufenden Verfahrens gilt zumindest als **Grundsatz** des intertemporalen Verfahrensrechtes, dass gesetzliche Änderungen vom Tage ihres Inkrafttretens an auch **gerade laufende Verfahren erfassen,** soweit nichts Abweichendes geregelt ist.[1275] Ein Art. 103 Abs. 2 GG vergleichbares Rückwirkungsverbot gilt damit ebenso wenig wie der in § 2 StGB für die meisten Fällen angeordnete Grundsatz der „lex mitior", weshalb im Einzelfall eine Abgrenzung erforderlich ist, ob eine bestimmte Neuregelung prozessualen oder materiellen Charakter trägt.[1276] **609**

Ein Sonderproblem stellen unzulässige Prozesshandlungen dar, aus denen ein **Beweisverwertungsverbot** erwachsen ist, wenn das neue Recht diese nunmehr für zulässig erachtet. Die besseren Gründe sprechen hier gegen die Möglichkeit einer „Heilung" und damit dagegen, dass aus zum Zeitpunkt ihrer Vornahme unzulässigen Prozesshandlungen später verwertbare Beweismittel entstehen.[1277] Denn regelmäßig wird die spätere Regelung gerade nicht den Inhalt haben, dass sie rückwirkend bestimmte Handlungen zulässt.[1278] Entweder ist die Prozesshandlung nunmehr nach dem jetzt geltenden Recht nachzuholen; oder aber die Strafverfolgungsbehörden müssen wie in allen anderen Fällen auch, in denen eine Nach- **610**

[1273] Vgl. Kühne in Löwe/Rosenberg Einl. E Rn. 16.

[1274] Vgl. zu all diesen Beispielen mit Nachweisen aus entsprechenden Überleitungsgesetzen Kühne in Löwe/Rosenberg Einl. E Rn. 19 ff.

[1275] Vgl. Schmitt in Meyer-Goßner/Schmitt Einl. Rn. 203; vgl. auch BVerfG 7.11.1992 – 2 BvR 1631, 1728/90, BVerfGE 87, 48 (64), wo darin ein allgemeiner Grundsatz des intertemporalen Prozessrechts gesehen wird.

[1276] Sieht man etwa in der Regelung, dass das Gericht im Urteil feststellen kann, wenn es lediglich deshalb nicht auf Verfall erkannt hat, weil Ansprüche eines Verletzten iSd § 73 Abs. 1 S. 2 StGB entgegenstehen, eine rein prozessuale Regelung, so würde nichts dagegen sprechen, diese auch auf laufende Strafverfahren anzuwenden. Erkennt man darin dagegen eine Rechtsfolge, für welche § 2 StGB gilt, so kann eine solche Feststellung nicht für Taten erfolgen, die vor Inkrafttreten der aktuellen Fassung des § 111i Abs. 2 beendet worden sind (dafür BGH 10.11.2011 – 3 StR 314/11, BeckRS 2011, 27881).

[1277] Anders aber für Zufallsfunde aus einer Telefonüberwachung, die nicht nach § 100b Abs. 5 aF, wohl aber nach § 477 Abs. 2 S. 2 aF verwertbar sein sollten, BGH 27.11.2008 – 3 StR 342/08, BGHSt 53, 64 (67 f.), freilich mit der Besonderheit, dass hier überhaupt erst die Verwertung der Zufallsfunde problematisch war, während die zu Grunde liegende Zwangsmaßnahme als solche nicht zu beanstanden war, so dass dieser Fall nicht ohne weiteres übertragbar ist. Anders allerdings auch (für die Verwertbarkeit von vor der Änderung des § 81a unzulässig polizeilich angeordneten Blutentnahmen in einer Hauptverhandlung nach der Gesetzesänderung) OLG Rostock 30.11.2017 – 20 RR 85/17, BeckRS 2017, 140378 mkrit-Anm Kudlich JA 2018, 392 (393 f.).

[1278] AA offenbar Kühne in Löwe/Rosenberg Einl. E Rn. 22; wie hier möglicherweise Schmitt in Meyer-Goßner/Schmitt Einl. Rn. 203 (Ordnungsgemäßheit von Prozesshandlungen richtet sich nach dem Zeitpunkt ihrer Vornahme – anders interpretiert bei Kühne in Löwe/Rosenberg Einl. E Rn. 22, dort Fn. 60).

holung einer ordnungsgemäßen Beweiserhebung nicht mehr möglich ist, auf das mittlerweile nicht mehr verfügbare Beweismittel verzichten. Umgekehrt sind zulässig erhobene und damit bereits existente Beweismittel auch dann verwertbar, wenn ihre Erhebungsgrundlage während des Verfahrens wegfällt (soweit dies nicht – wie etwa bei der Nichtigkeitserklärung durch das BVerfG – explizit ex tunc-Wirkung haben soll[1279]).

J. Internationale Dimensionen des Strafverfahrensrechts

I. Überblick

611 Das Strafverfahrensrecht hat mannigfaltige internationale Bezüge. Diese kann man auf unterschiedliche Weise **systematisieren:**[1280]

612 **1. Systematik nach Regelungsmaterien.** Zunächst lassen sich **Regelungsmaterien** unterscheiden. Die Regelung der **internationalen** (und intraföderalen) **Zuständigkeit** in Strafsachen begrenzt den Zugang zu den deutschen Gerichten (bzw. den Gerichten eines bestimmten Bundeslandes). Das **interlokale** Strafverfahrensrecht beschäftigt sich mit der Frage, welches Strafverfahrensrecht am jeweiligen Ort Anwendung findet. **International vereinheitlichtes Strafverfahrensrecht** kann es demgegenüber in allen Teilen der Strafprozessordnung geben. Dabei geht es entweder um Vorschriften der StPO, des GVG oder in selbstständigen Gesetzen (etwa Teilen des IRG), denen internationale Vereinbarungen oder unionsrechtliche Umsetzungsverpflichtungen zu Grunde liegen; oder es handelt sich unmittelbar um die Vereinbarungen selbst, die über entsprechende Zustimmungsgesetze im Range nationaler Gesetze (zB das RHÜ 1959[1281]) bzw. als unmittelbar anwendbares Unionsrecht (zB das RHÜ 2000[1282]) gelten. Naheliegender primärer Gegenstand internationaler strafverfahrensrechtlicher Vereinbarungen und Vereinheitlichungen ist das Recht der **internationalen Rechtshilfe** in Strafsachen. Internationalen Bezug hat freilich auch das nationale Recht, welches das nationale Verfahren, in dem diese Zusammenarbeit realisiert wird, regelt.

613 **2. Systematik nach Normgebern.** Daneben gibt es aber noch eine Vielzahl von Einwirkungen insbes. der **EMRK** und des **Unionsrechts** auf das Strafverfahrensrecht, ohne welche die Aufzählung der internationalen Bezüge in einer ganz wesentlichen Hinsicht unvollständig bleiben würde. Das „Wirkungsgebiet" dieser Einwirkungen lässt sich heute aber praktisch nicht mehr thematisch eingrenzen oder systematisieren, so dass die Systematisierung nach Regelungsmaterien verlassen werden muss. Eine sinnvolle Ordnung ergibt sich hier vielmehr nach der „Quelle" der Einwirkung.

614 Eine zweite, „quer" zur ersten stehende Unterscheidung erfolgt daher nach Normgebern bzw. nach den Organisationen, die die Vereinbarungen „betreuen": Dies sind namentlich der nationale Gesetzgeber, der **Europarat** (va bzgl. der EMRK) und die **Europäische Union,** innerhalb derer wiederum verschiedene hierarchische Ebenen bestehen.

615 Erhebliche praktische Bedeutung haben das Unionsrecht und die EMRK nicht zuletzt deshalb, weil jeweils eigene Gerichte über ihre Auslegung und Anwendung wachen. Über den im GVG geregelten Instanzenzug der ordentlichen Gerichtsbarkeit hinaus können uU nicht nur das **BVerfG,** sondern auch der **EuGH** (→ Rn. 633 ff.) und der **EGMR** (→ Rn. 640 ff., insbes. → Rn. 645 ff.) mit demselben Strafverfahren befasst werden: Ein Recht auf Individualbeschwerde zum EuGH fehlt zwar bislang.[1283] Er kann aber von einem

[1279] Vgl. BGH 18.1.2011 – 1 StR 663/10, BGHSt 56, 138 (140) = NJW 2011, 1377 (1378) = ZWH 2011, 97 mAnm Kudlich (wobei im konkreten Fall wiederum eine Ausnahme mit Blick auf eine einstweilige Anordnung nach § 32 BVerfGG angenommen worden ist, die von der Rückwirkung nicht erfasst wird).

[1280] Eine eingehende Analyse „geologischer Schichten", die sich im nationalen und internationalen Strafrecht überlagern, gibt Meyer ZStW 123 (2011), 1.

[1281] BGBl. 1964 II 1369 (1386); BGBl. 1976 II 1799.

[1282] Rechtsakt des Rates vom 29.5.2000, ABl. 2000 C 197/01 vom 12.7.2000.

[1283] Kritisch dazu zB Kühne in Löwe/Rosenberg Einl. D Rn. 43.

nationalen Gericht im Instanzenzug (und später vom BVerfG) zur Vorabentscheidung (→ Rn. 634) mit dem Verfahren befasst werden. Wer durch ein rechtskräftiges strafrechtliches Urteil beschwert ist, kann (wegen Art. 35 Abs. 1 EMRK im Allgemeinen erst nach einer Verfassungsbeschwerde) die rechtskräftige Entscheidung uU durch Individualbeschwerde (→ Rn. 642) vor dem EGMR angreifen. Nach einer Kammerentscheidung des EGMR ist unter den Voraussetzungen des Art. 43 EMRK schließlich auch noch eine Befassung der Großen Kammer des EGMR mit demselben Verfahren möglich. Stellt der EGMR eine Verletzung der EMRK fest, ist eine Wiederaufnahme des Strafverfahrens zugunsten des Verurteilten nach § 359 Nr. 6 StPO zulässig, wenn das Urteil auf der Verletzung beruhte.

II. Internationale Zuständigkeit und interlokales Strafprozessrecht

1. Grundsatz der Anwendung deutschen Verfahrensrechts durch deutsche Strafgerichte. Deutsche Strafgerichte wenden grundsätzlich ihr eigenes, dh deutsches Strafverfahrensrecht (die **lex fori**) an. Unter diesen Umständen fallen der räumliche Geltungsbereich des Strafverfahrensrechts, sein Anwendungsbereich und der Zuständigkeitsbereich der deutschen Gerichte grundsätzlich zusammen.[1284] Reflektiert wird vor allem der letztere. Die Frage nach dem (die internationale Zuständigkeit begrenzenden) Schutzbereich des deutschen Strafrechts[1285] kommt dabei meist zu kurz. Die Frage nach dem anwendbaren Recht wird – ganz anders als in privatrechtlichen Streitigkeiten mit Auslandsbezug – kaum gestellt. 616

Das führt zu einer rechtlich vergleichsweise simplen Situation, zumal meist Bundesrecht einschlägig ist, so dass auch **inner-föderale** Komplikationen selten sind. Praktisch genügen zu ihrer Lösung die folgenden beiden Klarstellungen: 1. Soweit ein Revisionsgericht vorinstanzliche Entscheidungen zu überprüfen hat, geschieht das nicht am Maßstab des eigenen (Verfahrens-) Rechts, sondern am Maßstab des Rechts, das die Vorinstanz anzuwenden hatte. 2. Besteht ein Verfahrenshindernis nur in einem Bundesland, kann das Verfahren in einem anderen Bundesland zulässig sein, wenn dort ein Gerichtsstand begründet ist. Von diesem Grundsatz können aber Ausnahmen angeordnet werden. So ist vor allem die nach Landesrecht bestehende Immunität eines Landtagsabgeordneten ein bundesweites Verfahrenshindernis (§ 152a StPO). 617

2. Ausnahmen und Aufweichungen des Grundsatzes. Dieser Zustand, in dem die Anwendbarkeit des eigenen (insbes. des deutschen) Rechts als Selbstverständlichkeit erscheint, die gar nicht zu hinterfragen wäre, beginnt seit geraumer Zeit aufzubrechen. Vor allem wird zunehmend wahrgenommen, dass in Rechtshilfe vorgenommene Ermittlungshandlungen funktional Teil des Verfahrens sind, um dessentwillen das Ersuchen erfolgt. Daraus ist nicht nur die Konsequenz zu ziehen, dass ein am Ort des ersuchten Gerichts bestehendes Verfahrenshindernis Untersuchungshandlungen nicht entgegensteht, sondern für Verfahrenshindernisse allein das Recht am Sitz des ersuchenden Gerichts maßgeblich ist[1286] (solange es nach der lex fori des ersuchten Gerichts statthaft ist, dem Ersuchen nachzukommen). Auch ansonsten fördern die Untersuchungshandlungen das Verfahren oft wesentlich besser und vermögen ihre Funktion bisweilen überhaupt nur dann zu erfüllen, wenn sie dem Recht jenes Verfahrens folgen.[1287] Dazu muss das Gericht (und müssen 618

[1284] Zur Unterscheidung von internationaler und örtlicher Zuständigkeit und dem Gleichlaufprinzip näher Mankowski/Bock JZ 2008, 555.

[1285] Dazu Walter JuS 2006, 870; Satzger IntStrafR § 6 jeweils mwN.

[1286] Zu der davon zu unterscheidenden Frage, wie sich Verfahrenshindernisse des Tatortrechts auswirken Satzger IntStrafR § 5 Rn. 97 ff.

[1287] Notgedrungen ist die Praxis bei der Anerkennung ausländischer Untersuchungshandlungen bislang – unter Verlust des Schutzes der hintangestellten eigenen Anforderungen – großzügig, vgl. BGHSt 1, 219 (221); 2, 300 (304); 7, 15 (16); 42, 86 (90).

ggf. ebenso andere Behörden) uU auch bei der Untersuchungshandlung selbst **fremdes Verfahrensrecht** anwenden.[1288]

619 Rechtliche Regelungen, die auf dieser Einsicht beruhen, sind zwar noch selten, und es blieb bislang grundsätzlich auch hier beim Territorialitätsprinzip.[1289] Immerhin kann in Rechtshilfeersuchen an Mitgliedstaaten der EU aber nach **Art. 4 Abs. 1 RHÜ 2000** nunmehr ausdrücklich angegeben werden, welche Formvorschriften und Verfahren, auf die es nach dem Recht des ersuchenden Staates ankommt, im ersuchten Staat einzuhalten sind.[1290] Zumindest diese Vorgaben sind – unter ordre public-Vorbehalt – für den ersuchten Staat bindend, soweit das RHÜ 2000 keine Sonderregelungen enthält. Indirekt wurde hier das Tor zur Anwendung fremden Rechts zumindest ein kleines Stück geöffnet.

620 Daneben bestehen gelegentlich zumindest **informelle Möglichkeiten,** fremdes Verfahrensrecht zur Anwendung zu bringen. Zunächst können – und müssen[1291] – Rechtshilfeersuchen mit der Darlegung der zwingend einzuhaltenden Verfahrensvorschriften des Ausgangsverfahrens und der Bitte um ihre Einhaltung und Dokumentation verbunden werden. Soweit nach dem im ersuchten Staat anwendbaren Recht entsprechende Spielräume bestehen, dh keine zwingenden Vorschriften entgegenstehen, wird das ersuchte Gericht dem oft Folge leisten, freilich ohne dass darauf ein Anspruch bestünde. Ist das Ersuchen auf eine Videovernehmung gerichtet, kann in deren Rahmen ggf. vom ersuchenden (und die Vernehmung letztlich selbst durchführenden und oft zumindest teilw. selbst leitenden) Gericht selbst eigenes Recht angewendet werden. Eventuell besteht auch bei anderen Vernehmungen die Möglichkeit, ein Mitglied des Gerichts zur Durchführung nach eigenem Recht zu entsenden,[1292] was freilich mit eigenen Problemen behaftet ist (neben den Kosten insbes. mit der mangelnden Hoheitsgewalt des Entsandten, dem Risiko der Verletzung fremder Hoheitsgewalt und jedenfalls dem Problem, dass das entsandte Mitglied des Gerichts sich seine Überzeugung aufgrund anderer und vor allem außerhalb der Hauptverhandlung gewonnener Eindrücke bilden und auf die übrigen Mitglieder des Gerichts ungleichen Einfluss gewinnen kann).

621 **3. Ausblick zum interlokalen Strafprozessrecht.** Aufgabe eines interlokalen Strafprozessrechts muss es vor diesem Hintergrund sein, die Verfahrensrechte der im jeweiligen Fall betroffenen Staaten zu koordinieren. Dabei muss – ohne unnötigen National- und Souveränitätsdünkel – das für den jeweiligen Verfahrensteil anwendbare Recht nach allgemeinen Regeln im Voraus so bestimmt werden, dass der späteren Verwertung seiner Ergebnisse und ihrer inhaltlichen Zuverlässigkeit keine absehbaren Hürden entgegenstehen. Von diesem Idealbild ist die heutige Rechtslage weit entfernt. Mit Art. 4 Abs. 1 RHÜ 2000 wurde hier aber ein erster und schon allein deshalb wichtiger Fortschritt erzielt. In dieser Richtung weiterzuarbeiten steht daher zu Recht auf der **Agenda der Europäischen Kommission.**

III. Europarecht und supranationale Gerichte

622 **1. Formen des Europarechts.** Das deutsche Strafverfahrensrecht erhält seine internationale Dimension heute vor allem aus dem Europarecht. Dabei spielen neben dem Recht der Europäischen Union (dem **Unionsrecht**) gerade auch die zum Europarecht im weiteren Sinne gehörenden multilateralen völkerrechtlichen Verträge, die im Rahmen des **Europarats** abgeschlossen wurden, eine wesentliche Rolle. Der prominenteste im Rahmen des Europarats abgeschlossene völkerrechtliche Vertrag ist die Europäische Menschenrechtskon-

---

[1288] Vgl. zur Unterscheidung zwischen lex fori und lex loci bei der Durchführung von Beweiserhebungen und den damit zusammenhängenden Transferfragen auch bereits → Rn. 448.

[1289] Vgl. Kühne in Löwe/Rosenberg Einl. E Rn. 9 ff.; für Ermittlungshandlungen auf Schiffen und Luftfahrzeugen außerhalb fremden Hoheitsraums gilt grundsätzlich das Flaggenprinzip entsprechend § 4 StGB (Schmitt in Meyer-Goßner/Schmitt Einl. Rn. 209 mwN).

[1290] Vgl. auch BGH 15.3.2007 – 5 StR 53/07, StV 2007, 627 und Kudlich/Schuhr in Satzger/Schluckebier/Widmaier StPO § 251 Rn. 31.

[1291] BGHSt 35, 82 (84).

[1292] Vgl. auch Kühne in Löwe/Rosenberg Einl. E Rn. 10.

vention (EMRK); aber zB auch das Europäische Übereinkommen über die Rechtshilfe in Strafsachen vom 20.4.1959 (RHÜ 1959) gehört hierzu.

Das strafprozessual bedeutsame Europarecht lässt sich indes nicht einfach in Unionsrecht und Abkommen des Europarats einteilen; die Struktur der Rechtsmaterie ist komplexer. Neben dem Unionsrecht und den Verträgen des Europarats gibt es diverse weitere Formen zwischenstaatlicher Vereinbarungen, auch wenn sie bisweilen mit der EU eng verbunden sind. So ist das Übereinkommen über die Rechtshilfe in Strafsachen zwischen den Mitgliedstaaten der Europäischen Union vom 29.5.2000 (RHÜ 2000)[1293] ein uneigentlicher Beschluss des Rates der Europäischen Union und gehört damit nur **funktionell** zum **Unionsrecht** (im weiteren Sinne). Obwohl das RHÜ 2000 immerhin auch sekundäres Unionsrecht ersetzt,[1294] hat es grundsätzlich die gleiche völkerrechtliche Qualität wie andere zwischenstaatliche Einzelabkommen. Es ist ein völkerrechtlicher Vertrag der Mitgliedstaaten und im engeren Sinne weder primäres noch sekundäres Unionsrecht (eigentliches Unionsrecht), sondern diesem (wie nationales Recht) an sich hierarchisch nachgeordnet. Daher könnte es eigentlich auch nur indirekt zum Gegenstand eines Verfahrens vor dem EuGH gemacht werden, indem Verstöße gegen eigentliches Unionsrecht gerügt werden.[1295] Bereits Art. K.3 Abs. 2 Gedankenstrich 2 lit. c UAbs. 3 EUV aF (Maastricht 1992) gestattete es aber in Übereinkommen zur justiziellen Zusammenarbeit in Strafsachen, den EuGH anzurufen, und der – bei Erstellung des RHÜ 2000 bereits gültige – Art. 35 EUV aF (Amsterdam 1997) sah auch schon das Vorabentscheidungsverfahren ausdrücklich vor. Das RHÜ 2000 ist somit ein Beispiel für eine weitere Eigentümlichkeit solcher Abkommen, die ihren Grund in Assoziationsabkommen hat: Auch wenn ein Übereinkommen zwischen den Mitgliedstaaten der EU getroffen wurde, entfaltet es uU Wirkung für andere Staaten. So entwickelt eine Reihe von Bestimmungen des RHÜ 2000 den Schengen-Besitzstand fort, weshalb diese Bestimmungen auch für die assoziierten Staaten Island und Norwegen gelten.[1296] **623**

Ein mindestens ebenso wichtiger Normenkomplex grundsätzlich gleicher Art sind die **Schengener Abkommen.** Der Schengen-Besitzstand[1297] wurde aber ausdrücklich in den rechtlichen Rahmen der EU einbezogen.[1298] Auf ihn stützt sich der „Raum der Sicherheit, der Freiheit und des Rechts" (→ Rn. 635; angesprochen in Art. 87 Abs. 3 UAbs. 4 AEUV). Im Schengenraum sind nicht nur stationäre Grenzkontrollen weitgehend abgeschafft, sondern es bestehen auch weitgehende Regelungen über die Zusammenarbeit von Zoll,[1299] Polizei und Justiz, ein eigenes Schengener Informationssystem (SIS) und Regelungen über die Strafverfolgung. **624**

Ferner bestehen zahlreiche **zwischenstaatliche Einzelabkommen,** die für die Entscheidung im Einzelfall von erheblicher Bedeutung sein können (→ Rn. 657 ff.). Für die Systematisierung internationaler Einflüsse auf das Strafprozessrecht und Rechtsschutzmög- **625**

1293 Rechtsakt des Rates vom 29.5.2000, ABl. 2000 C 197/01 vom 12.7.2000.

1294 Der RB 2002/465/JI des Rates vom 13.6.2002 über gemeinsame Ermittlungsgruppen wurde gerade deshalb erlassen, weil das RHÜ 2000 zunächst nur zögerlich ratifiziert wurde und erst am 23.8.2005 in Kraft trat; mit seinem Inkrafttreten trat der Rahmenbeschluss außer Kraft (Art. 5 S. 2 RB 2002/465/JI).

1295 Vedder in HK-UnionsR AEUV Art. 288 Rn. 54 ff.

1296 Vgl. Art. 2 RHÜ 2000 sowie das Übereinkommen ABl. 2004 L 26 und den erläuternden Bericht ABl. 2000 C 379/02 (S. 7 ff.) mit Nachweisen unter I. B.

1297 Eine konsolidierte Zusammenstellung des damaligen Standes insbes. einschließlich Schengener Übereinkommen, Schengener Durchführungsabkommen (SDÜ) und Grundlagen des SIS gab ABl. 2000 L 239. Beachte seither insbes. den Prümer Vertrag vom 27.5.2005 (BGBl. 2006 II 626; BGBl. 2006 I 1458) einschließlich Beschluss 2008/615/JI des Rates vom 23.6.2008 (ABl. 2008 L 210/1), den Schengener Grenzkodex, VO (EG) 562/2006 vom 15.3.2006 (ABl. 2006 L 105/1) sowie zu SIS II die VOen VO (EG) 1986/2006 und VO (EG) 1987/2006 (ABl. 2006 L 381/1 und ABl. 2006 L 381/4) sowie den Beschluss 2007/533/JI des Rates vom 12.6.2007 (ABl. 2007 L 205/63). Näher Hetzer in HdB-EuStrafR § 41 Rn. 50–102.

1298 Prot. zum Vertrag von Amsterdam (ABl. 1997 C 340/93) und Prot. Nr. 19 zum Vertrag von Lissabon (ABl. 2010 C 83/290).

1299 Vgl. insoweit Gellert in HdB-EuStrafR, § 42.

lichkeiten haben sie aber geringere Bedeutung. Deshalb können sie in diesem Überblick ausgeblendet werden.

626 **2. Unionsrecht. a) Primäres und sekundäres Unionsrecht.** Das Recht der Europäischen Union hat in den vergangenen Jahren nicht nur inhaltliche Neuerungen, sondern zugleich regelmäßige Änderungen der **Nomenklatur** erfahren. Es wurde ursprünglich als „Gemeinschaftsrecht" bezeichnet, denn es war zunächst das Recht der Europäischen Gemeinschaften (bzw. einer der Europäischen Gemeinschaften). Dann war es (seit Inkrafttreten des Vertrags von Maastricht 1993) das Recht der Europäischen Gemeinschaft. Oft wurde auch das auf die Gemeinsame Außen- und Sicherheitspolitik (GASP) sowie das auf die polizeiliche und justizielle Zusammenarbeit in Strafsachen (PJZS) bezogene Recht (also das Recht der gerade entstandenen EU, das nicht zugleich im eigentlichen Sinne Recht der EG war) als Gemeinschaftsrecht bezeichnet. Seit mit dem Inkrafttreten des Vertrags von Lissabon am 1.12.2009 nur noch die europäische Union besteht und an die Stelle der bisherigen EG getreten ist (Art. 1 Abs. 3 S. 3 EUV), wird dieser gesamte Rechtscorpus üblicherweise als **„Unionsrecht"** bezeichnet.

627 Hierarchisch ist zwischen primärem und sekundärem Unionsrecht zu unterscheiden. Die ebenfalls mehrfach umbenannten bzw. unterschiedlich abgekürzten **Verträge des primären Unionsrechts** sind (nach Art. 1 Abs. 1 S. 1, 2 EUV sowie Art. 6 Abs. 1 UAbs. 1 EUV) heute der EUV, der AEUV (der in weiten Teilen mit dem bisherigen EGV bzw. EG stark übereinstimmt und auch die ehemaligen „Säulen" der EU – GASP und PJZS – umfasst) sowie die **Grundrechtecharta** (GRCh). Letztere enthält in Art. 47 ff. GRCh auch verschiedene Verfahrensgrundrechte.[1300] Dazu gehören das Recht auf einen wirksamen Rechtsbehelf und ein unparteiisches (und durch Gesetz errichtetes) Gericht (Art. 47), die Unschuldsvermutung und Verteidigungsrechte (Art. 48), die Grundsätze der Gesetzmäßigkeit und der Verhältnismäßigkeit im Zusammenhang mit Straftaten und Strafen (Art. 49) sowie das Recht, wegen derselben Straftat nicht zweimal strafrechtlich verfolgt oder bestraft zu werden (Art. 50).

628 Zum **sekundären Unionsrecht** zählen zunächst Verordnungen, Richtlinien, Beschlüsse[1301] und Empfehlungen (Art. 288 AEUV). Verordnungen sind allgemeine, unmittelbar anwendbare Regelungen. Richtlinien bedürfen hingegen grds. einer Umsetzung in nationales Recht und entfalten nur in Ausnahmefällen auch ohne Umsetzung nach Ablauf der Umsetzungsfrist unmittelbare Wirkung.[1302] Doch auch hier ist die Situation bei den strafprozessual bedeutsamen Rechtsakten der EU komplexer, als Art. 288 AEUV sie auf den ersten Blick erscheinen lässt:

629 Zunächst ergingen im Rahmen der EU (zur PJZS) vor dem Vertrag von Lissabon auch (den Richtlinien eng verwandte) **Rahmenbeschlüsse,** die im Rang des sekundären Unionsrechts fortgelten. Zudem treten uneigentliche Ratsbeschlüsse (vgl. nochmals → Rn. Rn. 623) bisweilen auch in der Variante **gemischter Rechtsakte** auf, die teilw. Akte des Rates im Rahmen der Kompetenzen der EU und insoweit auch sekundäres Unionsrecht (mit entsprechendem normhierarchischen Status und Zuständigkeit des EuGH), in den übrigen (idR nicht von den Kompetenzen der EU gedeckten) Teilen aber kein eigentliches Unionsrecht sind.[1303]

630 Schließlich gehören auch von der EU selbst abgeschlossene **völkerrechtliche Verträge** (Art. 216 AEUV) zum Unionsrecht.[1304] Nach der ganz herrschenden Mezzanin-Theorie

[1300] Einen auf das Strafverfahren bezogenen Überblick über den Grundrechtsschutz in EUV, AEUV, GRCh und allgemeinen Grundsätzen des Unionsrechts nach der Rspr. des EuGH gibt Esser in HdB-EuStrafR, 2. Aufl. 2014, § 53 Rn. 1–30.

[1301] Zu Besonderheiten sog unspezifischer Beschlüsse (zB Geschäftsordnungen, Mitteilungen und Entschließungen) und interinstitutioneller Vereinbarungen zwischen Unionsorganen siehe zB Vedder in HK-UnionsR AEUV Art. 288 Rn. 56 mN.

[1302] Näher dazu und mN zB Vedder in HK-UnionsR AEUV Art. 288 Rn. 37 ff.; speziell zur Strafrechtsharmonisierung mittels Richtlinien Zimmermann NStZ 2008, 662.

[1303] Näher dazu und mN zB Vedder in HK-UnionsR AEUV Art. 288 Rn. 54.

[1304] Einen Überblick über die Beziehungen der EU im Vertragsgeflecht internationaler Kooperation in Strafsachen gibt Hecker EurStrafR§ 5.

stehen sie im Rang unterhalb des Primärrechts, gehen innerhalb des Sekundärrechts aber allen anderen Rechtsakten vor.[1305] Wenn die EU – wie vorgesehen[1306] – der EMRK beitritt, wird das für diese der Fall sein. Das führt dann zu einer noch stärkeren Verflechtung zwischen dem Unionsrecht und sonstigem Europarecht mit unmittelbaren nationalen Auswirkungen.

b) Stellung in der Normenhierarchie. Unionsrecht geht dem nationalen Recht der Mitgliedstaaten vor. In der Frage, ob dies ein Geltungs- oder „nur" ein Anwendungsvorrang sei, erfreut sich in Deutschland bekanntlich der zweitgenannte Einsatz dauerhafter Beliebtheit, da er die nationale Souveränität weniger zu tangieren scheint (dabei aber nicht ganz einfach miteinander zu vereinbarende Prämissen voraussetzt). Konsequenzen werden daraus praktisch nur für die hypothetischen Szenarien gezogen, mit denen sich die neuere Solange-Rechtsprechung[1307] beschäftigt. In praktischer Hinsicht genügt daher die Feststellung, dass sowohl primäres als auch sekundäres Unionsrecht **Vorrang** vor dem nationalen Recht jedweder Hierarchiestufe – und zumindest vielfach auch vor den Verfassungen – besitzen.[1308] 631

Dieser Vorrang führt nicht nur dazu, dass das Unionsrecht ggf. entgegenstehendes nationales Recht verdrängt. Er hat – in dem Maße, in dem das nationale Recht auslegungsfähig ist – auch die Konsequenz, dass eine **unionsrechtskonforme Auslegung**[1309] des nationalen Rechts geboten ist (→ Rn. 596). Schließlich ergeben sich aus dem Unionsrecht oft auch Handlungspflichten der Nationalstaaten. Nicht nur Richtlinien involvieren eine Pflicht zu ihrer Umsetzung; bei der Auslegung des Unionsrechts gilt vielmehr das Effektivitätsgebot (effet utile), und aus der unionsrechtlichen Pflicht zur effektiven Anwendung des Unionsrechts können sich im Extremfall – wenn andere ähnlich effektive Mittel nicht zur Verfügung stehen – auch eine Pflicht zur Absicherung unionsrechtskonformen Verhaltens durch Straftatbestände und eine **Pflicht zur Strafverfolgung** ergeben.[1310] 632

3. EuGH. Im primären Unionsrecht wird terminologisch zwischen dem **„Gerichtshof der Europäischen Union"** und dem „Gerichtshof" unterschieden. „Der Gerichtshof der Europäischen Union umfasst den Gerichtshof, das Gericht und Fachgerichte." (Art. 19 Abs. 1 UAbs. 1 S. 1 EUV). Wo die Verträge von dem „Gerichtshof der Europäischen Union" sprechen, ist das also gleichbedeutend mit „den Gerichten der Union" (vgl. Art. 52 Abs. 7 GRCh). Der Gerichtshof der Europäischen Union ist insgesamt ein Organ der EU (Art. 13 Abs. 1 UAbs. 2 –5 EUV).[1311] Die ältere Bezeichnung für „das Gericht" (EuG) ist „Gericht erster Instanz". Einerseits sind „die Fachgerichte" heute dem Gericht aber instanziell vorgelagert, andererseits ist „der Gerichtshof" (EuGH) in einigen Streitigkeiten erste und einzige Instanz. Noch stärker, als mit Bezug auf das deutsche Gerichtssystem der „BGH" 633

[1305] Vgl. EuGH 10.9.1996 – C-61/94, Kom ./. D, § 52 (Slg. 1996, I-3989) = EuZW 1997, 122; Hummer in HK-UnionsR AEUV Art. 216 Rn. 21 ff. mN.

[1306] Zu den aktuellen Entwicklungen mN zB Brodowski ZIS 2010, 749; 2011, 940; Breuer EuR 2015, 330.

[1307] BVerfG 22.10.1986 – BvR 197/83, BVerfGE 73, 339 = NJW 1987, 577; BVerfG 30.6.2009 – 2 BvE 2/08, 2 BvE 5/08, 2 BvR 1010/08 ua, BVerfGE 123, 267 – „Lissabon" = NJW 2009, 2267; siehe aber auch BVerfG 18.7.20052 – BvR 2236/04, BVerfGE 113, 273 – „Europäischer Haftbefehl" = NJW 2005, 2289. Zu den Auswirkungen der Lissabon-Entscheidung auf das Strafrecht vgl. Kubiciel GA 2010, 99; Böse ZIS 2010, 76; Braum ZIS 2009, 418; Heger ZIS 2009, 406; Ambos/Rackow ZIS 2009, 397; Meyer NStZ 2009, 657.

[1308] Einen Überblick über Auswirkungen auf das materielle deutsche Strafrecht gibt Dannecker Jura 2006, 95; 2006, 173.

[1309] In der Diskussion um rahmenbeschlusskonforme Auslegungen spielt die (mit der besonderen Situation eines noch gar nicht umgesetzten Rahmenbeschlusses befasste) Entscheidung EuGH 16.6.2005 – C-105/03, Slg. 2005, I-5285 – (Pupino) = NJW 2005, 2839 eine besondere Rolle. Bspr. zB von Hillgruber JZ 2005, 841; Wehnert NJW 2005, 3760; Gärditz/Gusy GA 2006, 225; Bock ZStW 119 (2007), 664; Schramm ZJS 2010, 615.

[1310] EuGH 21.9.1989 – C-68/88, Slg. 1989, 2965 – „Griechischer Mais" = EuZW 1990, 100 mAnm Tiedemann; zu Gefahren einer überbordenden Pönalisierung zB Frisch GA 2009, 385.

[1311] Das „Gericht für den öffentlichen Dienst der Europäischen Union" (Anh. I iVm Art. 62c EUV) ist bislang ihr einziges Fachgericht.

auch für die Rechtsprechung der ordentlichen Gerichtsbarkeit insgesamt steht, wird auch oft vom „EuGH" gesprochen, ohne dabei zwischen EuGH und EuG zu differenzieren.

634 Der Gerichtshof der Europäischen Union „sichert die Wahrung des Rechts bei der Auslegung und Anwendung der Verträge"; es ist aber Aufgabe der Mitgliedstaaten, die „erforderlichen Rechtsbehelfe" zu schaffen, „damit ein wirksamer Rechtsschutz in den vom Unionsrecht erfassten Bereichen gewährleistet" wird (Art. 19 Abs. 1 EUV). Er hat keine originäre Zuständigkeit in Kriminalstrafsachen, verhandelt er über **Bußgeldangelegenheiten** zB des europäischen Wettbewerbsrechts.[1312] Er ist auch keine Revisionsinstanz über den Straf- oder Verfassungsgerichten der Mitgliedstaaten. Die Gerichte der Mitgliedstaaten können ihn aber zur **Vorabentscheidung** (Art. 19 Abs. 3 lit. b EUV; Art. 267 AEUV; § 1 EuGHG) über entscheidungserhebliche Fragen der Auslegung von Unionsrecht (einschließlich funktionellem Unionsrecht mit Jurisdiktion des EuGH) anrufen; letztinstanzlich entscheidende Gerichte sind dazu ggf. verpflichtet.[1313] **Exemplarisch zu Entscheidungen zum Strafverfahrensrecht:** So hat der EuGH in einer Vorabentscheidung im italienischen Strafverfahren gegen den Österreicher Bickel (wegen Trunkenheit im Verkehr) und den Deutschen Franz (wegen Beisichführens eines verbotenen Messers) entschieden, dass diesen als Folge des Verbots jeder Diskriminierung aus Gründen der Staatsangehörigkeit (heute Art. 18 Abs. 1 AEUV) ebenso wie deutschsprachigen Bürgern in der Provinz Bozen das Recht zustehe, Deutsch als Verfahrenssprache zu wählen.[1314] Mit einer Vorabentscheidung im belgischen Strafverfahren gegen Ibiyinka Awoyemi[1315] begann auch die rege Entscheidungs- und Rechtsetzungstätigkeit mit Bezug auf Führerscheine und damit indirekt zur Strafbarkeit wegen Fahrens ohne Fahrerlaubnis.

635 **4. Europäisches Strafverfahrensrecht.** Es gibt – zumindest bislang – kein europäisches Strafverfahrensrecht und auch keine umfassende Kompetenz der Union, strafverfahrensrechtliche Vorschriften zu erlassen.[1316] EU und Mitgliedstaaten teilen sich aber die Zuständigkeit für den **„Raum der Freiheit, der Sicherheit und des Rechts"** (Art. 4 Abs. 2 lit. j AEUV sowie Titel V AEUV). Zu ihm gehört auch eine **justizielle Zusammenarbeit in Strafsachen** (Titel V Kap. 4 AEUV).[1317] Gemäß Art. 82 Abs. 1 UAbs. 1 AEUV beruht sie „auf dem Grundsatz der gegenseitigen Anerkennung gerichtlicher Urteile und Entscheidungen und umfasst die Angleichung der Rechtsvorschriften der Mitgliedstaaten in den in Absatz 2 und in Artikel 83 genannten Bereichen".

636 Dabei enthält Art. 82 Abs. 2 AEUV einen strafprozessualen und Art. 83 AEUV einen materiell-strafrechtlichen Zuständigkeitskatalog.[1318] In beiden Bereichen haben das europäische Parlament und der Rat die Befugnis, durch **Richtlinien** Mindestvorschriften festzulegen. Das geschieht grundsätzlich im ordentlichen Gesetzgebungsverfahren; gemäß dem jeweiligen Abs. 3 beider Vorschriften kann dabei aber ein Staat, der grundlegende Aspekte seiner Rechtsordnung berührt sieht, den europäischen Rat mit der Angelegen-

[1312] Zum strafrechtlichen Charakter (iSv Art. 6, 7 EMRK) kartellrechtlicher Sanktionen Lorenzmeier ZIS 2008, 20. Allgemeiner zur Natur der Sanktionen im Unionsrecht Valls Prieto ZStW 120 (2008), 403.

[1313] Näher zu den Rechtsschutzmöglichkeiten vor dem EuGH im Strafverfahren (einschließlich Nichtigkeitsklage, Vertragsverletzungsverfahren, Untätigkeitsklage, Amtshaftungsklage und vorläufigem Rechtsschutz) Böse in HdB-EuStrafR, 2. Aufl. 2014, § 54. Kritisch dazu, wie selten deutsche Gerichte den EuGH anrufen, Vogel JZ 2012, 25 (26).

[1314] EuGH 24.11.1998 – C-274/96, Slg. 1998, I-7637 = EuZW 1999, 82 mAnm Novak.

[1315] ZB EuGH 29.10.1998 – C-230/97, Slg. 1998, I-6781 = EuZW 1999, 52 zu den Führerscheine betreffenden RL 80/1263/EWG und RL 91/439/EWG.

[1316] Grundlegend zu Problemen der Kooperation verschiedener Rechtsordnungen Kühne in Löwe/Rosenberg Einl. D Rn. 55–79 und Kühne in Löwe/Rosenberg Einl. G Rn. 8 ff.

[1317] Zu ihrer Entwicklung Zuleeg JZ 1992, 761. Näher zu den Neuerungen durch den Vertrag von Lissabon nochmals Kubiciel GA 2010, 99; Böse ZIS 2010, 76; Braum ZIS 2009, 418; Heger ZIS 2009, 406; Ambos/Rackow ZIS 2009, 397; Meyer NStZ 2009, 657. Zu den Problemen der Suche nach gemeinsamen Standards zB Vogel/Matt StV 2007, 206.

[1318] Materiell-strafrechtliche Aspekte können hier nicht weiter aufgegriffen werden, erst recht nicht – allgemeiner – solche des „supranationalen Sanktionenrechts". Ein Überblick über einzelne Deliktsbereiche findet sich etwa in HdB-EuStrafR, 2. Aufl. 2014, §§ 12–30.

heit befassen und eine einvernehmliche Entscheidung erforderlich machen bzw. die Angelegenheit auf eine verstärkte Zusammenarbeit nur eines Teils der Mitgliedstaaten beschränken. Gebunden an die Erforderlichkeit zur Erleichterung entweder der gegenseitigen Anerkennung gerichtlicher Urteile oder sonstiger Entscheidungen bzw. der polizeilichen oder justiziellen Zusammenarbeit in Strafsachen mit grenzüberschreitender Dimension nennt Art. 82 Abs. 2 AEUV die folgenden **Gegenstandsbereiche zur Rechtsvereinheitlichung:**
– die Zulässigkeit von Beweismitteln auf gegenseitiger Basis zwischen den Mitgliedstaaten,
– die Rechte des Einzelnen im Strafverfahren und
– die Rechte der Opfer von Straftaten.

Zu diesen recht generell formulierten und damit sehr umfassenden Bereichen tritt hinzu
– die Möglichkeit, dass der Rat nach Zustimmung des Europäischen Parlaments einstimmig weitere „spezifische Aspekte des Strafverfahrens" als weiteren Gegenstand der Rechtsvereinheitlichung benennt.

Zusätzlich – **vor allem** aber weder auf Richtlinien beschränkt noch mit der Möglichkeit eines einzelnen Mitgliedstaats, die Rückkehr zum Prinzip der Einvernehmen zu erzwingen – dürfen nach Art. 82 Abs. 1 UAbs. 2 AEUV im ordentlichen Gesetzgebungsverfahren **Maßnahmen** erlassen werden, um 637
– Regeln und Verfahren festzulegen, mit denen die Anerkennung aller Arten von Urteilen und gerichtlichen Entscheidungen in der gesamten Union sichergestellt wird,
– Konflikte zwischen den Mitgliedstaaten zu verhindern und beizulegen,
– die Weiterbildung von Richtern und Staatsanwälten sowie Bediensteten zu fördern und
– die Zusammenarbeit zwischen den Justizbehörden oder entsprechenden Behörden der Mitgliedstaaten im Rahmen der Strafverfolgung sowie des Vollzugs und der Vollstreckung von Entscheidungen zu erleichtern.

Damit werden die zuvor va in Art. 29 ff. EUV aF (seit Amsterdam 1997) bzw. – neben anderem – in Art. K EUV aF (Maastricht 1992) enthaltenen Kompetenzen fortgeschrieben und erweitert. Auf ihrer Grundlage bestehen bereits ua 638
– die Übereinkommen über
  – den Entzug der Fahrerlaubnis[1319] und
  – die Rechtshilfe in Strafsachen (RHÜ 2000)[1320] nebst Protokoll,[1321]
– die Rahmenbeschlüsse über
  – die gegenseitige Anerkennung
    – von Geldstrafen und Geldbußen,[1322]
    – von Einziehungsentscheidungen,[1323]
    – von Urteilen in Strafsachen, durch die eine freiheitsentziehende Strafe oder Maßnahme verhängt wird,[1324]
    – von Urteilen und Bewährungsentscheidungen im Hinblick auf die Überwachung von Bewährungsmaßnahmen und alternativen Sanktionen[1325] und
    – von Überwachungsmaßnahmen als Alternative zur Untersuchungshaft,[1326]

1319 Rechtsakt des Rates vom 17.6.1998, ABl. 1998 C 216/01.
1320 Vgl. Rechtsakt des Rates vom 29.5.2000, ABl. 2000 C 197/01 vom 12.7.2000.
1321 Rechtsakt des Rates vom 16.10.2001, ABl. 2001 C 326/01.
1322 RB 2005/214/JI des Rates v. 24.2.2005, ABl. 2005 L 76/16; geändert durch RB 2009/299/JI des Rates v. 26. Februar 2009, Abl. 2009 L 81/24; zur Umsetzung insbes. im IRG siehe BGBl. 2010 I 1408. Näheres bei Gleß in HdB-EuStrafR § 39a.
1323 RB 2006/783/JI des Rates v. 6.10.2006, ABl. 2006 L 328/59; geändert durch RB 2009/299/JI; zur Umsetzung insbes. im IRG siehe BGBl. 2009 I 3214. Näheres (auch zur Harmonisierung der materiellrechtlichen Bestimmungen und zur Zusammenarbeit) bei Gleß in HdB-EuStrafR § 40.
1324 RB 2008/909/JI des Rates vom 27.11.2008, ABl. 2008 L 327/27; geändert durch RB 2009/299/JI. Siehe dazu Morgenstern ZIS 2008, 76.
1325 RB 2008/947/JI des Rates vom 27.11.2008, ABl. 2008 L 337/102; geändert durch RB 2009/299/JI. Siehe dazu Staudigl/Weber NStZ 2008, 17.
1326 RB 2009/829/JI des Rates vom 23.10.2009, ABl. 2009 L 294/20. Siehe dazu Esser in HdB-EuStrafR § 53 Rn. 48 ff.

– die Stellung des Opfers im Strafverfahren[1327] (ersetzt durch die RL 2012/29/EU),
– den Europäischen Haftbefehl,[1328]
– die Vollstreckung von Entscheidungen über die Sicherstellung von Vermögensgegenständen oder Beweismitteln,[1329]
– die Berücksichtigung der in anderen Mitgliedstaaten der EU ergangenen Verurteilungen in einem neuen Strafverfahren,[1330]
– den Schutz personenbezogener Daten, die im Rahmen der polizeilichen und justiziellen Zusammenarbeit in Strafsachen verarbeitet werden,[1331]
– die Europäische Beweisanordnung,[1332] (ersetzt durch die Europäische Ermittlungsanordnung)
– die Stärkung der Verfahrensrechte und Förderung der gegenseitigen Anerkennung von Entscheidungen nach Abwesenheitsverhandlungen[1333] und
– die Vermeidung und Beilegung von Kompetenzkonflikten in Strafverfahren[1334] sowie

– die Richtlinie zur Entschädigung der Opfer von Straftaten,[1335]
– die Richtlinie über Verfahrensgarantien in Strafverfahren für Kinder, die Verdächtige oder beschuldigte Personen in Strafverfahren sind,[1336]
– die Richtlinie über Mindeststandards für die Rechte, die Unterstützung und den Schutz von Opfern von Straftaten,[1337]
– die Richtlinie zur Europäischen Ermittlungsanordnung (EEA) in Strafsachen,[1338] als „**umfassendes System für die Beweiserhebung** in Fällen mit grenzüberschreitenden Bezügen",[1339] „das sämtliche bestehende Instrumente in diesem Bereich ersetzt, unter anderem auch den Rahmenbeschluss 2008/978/JI des Rates vom 18. Dezember 2008 über die Europäische Beweisanordnung".[1340]

[1327] RB 2001/220/JI des Rates vom 15.3.2001, ABl. 2001 L 82/1. Vgl. dieser Materie im nationalen Recht insbes. das OpferRRG (BGBl. 2004 I 1354) und das 2. OpferRRG (BGBl. 2009 I 2280) jeweils va mit Änderungen der StPO. Aus der neueren Literatur vgl. hierzu Bock JZ 2011, 469 (zu EuGH – C-467/05, Slg. 2007 I-5557, EuGRZ 2007, 566, NJW 2007, 2835 – Giovanni Dell'Orto); Safferling ZStW 122 (2010), 87 und Esser in HdB-EuStrafR § 53 Rn. 63 f.

[1328] RB 2002/584/JI des Rates vom 13.6.2002, ABl. 2002 L 190/1; geändert durch RB 2009/299/JI; zur Umsetzung insbes. im IRG siehe BGBl. 2006 I 1721 (EuHbG) sowie zuvor BVerfG 18.7.2005 – 2 BvR 2236/04, BVerfGE 113, 273 – „Europäischer Haftbefehl" = NJW 2005, 2289. Siehe auch v. Heintschel-Heinegg in HdB-EuStrafR § 37; Globke GA 2011, 412 ff.; Böhm NJW 2006, 2592; Hackner/Schomburg/Lagodny/Gleß NStZ 2006, 663; Mitsch JA 2006, 448.

[1329] RB 2003/577/JI des Rates vom 22.7.2003, ABl. 2003 L 196/45; zur Umsetzung insbes. im IRG siehe BGBl. 2008 I 995.

[1330] RB 2008/675/JI des Rates vom 24.7.2008, ABl. 2008 L 220/32; zur Umsetzung insbes. im IRG siehe BGBl. 2009 I 3214.

[1331] RB 2008/977/JI des Rates vom 27.11.2008, ABl. 2008 L 350/60. Näher zum Datenverkehr und Datenschutz im Rahmen der PJZS Eisele in HdB-EuStrafR §§ 49 und 50. Änderungen in verschiedenen Gesetzen hierdurch durch das Gesetz über die Vereinfachung des Austausches von Informationen und Erkenntnissen zwischen den Strafverfolgungsbehörden der Mitgliedstaaten der Europäischen Union vom 21.7.2012 (BGBl. I 1566 ff.).

[1332] RB 2008/978/JI des Rates vom 18.12.2008, ABl. 2008 L 350/72; vgl. dazu BT-Drs. 17/1543 (Antwort auf kl. Anfrage). Näheres bei Gleß in HdB-EuStrafR § 38; Schmitt in Meyer-Goßner/Schmitt Einl. Rn. 207g.

[1333] RB 2009/299/JI des Rates vom 26.2.2009, ABl. 2009 L 81/24. Siehe dazu Klitsch ZIS 2009, 11 und Esser in HdB-EuStrafR § 53 Rn. 43 ff.

[1334] RB 2009/948/JI des Rates vom 30.11.2009, ABl. 2009 L 328/42. Näher zu diesem Problemkreis Hecker ZIS 2011, 60 und Böse/Meyer ZIS 2011, 336.

[1335] RL 2004/80/EG des Rates vom 29.4.2004, ABl. 2004 L 261/15; vgl. dazu BT-Drs. 16/6541, 49 und Esser in HdB-EuStrafR § 53 Rn. 65 f.

[1336] ABl. 2016 L 132/1.

[1337] ABl. 2012 L 315/57; die Umsetzung der Richtlinie erfolgte durch das Gesetz zur Stärkung der Opferrechte im Strafverfahren (3. Opferrechtsreformgesetz) vom 21.12.2015.

[1338] ABl. 2014 L130/1, am 22.5.2017 in Kraft getreten; die Umsetzung der Richtlinie erfolgte durch das 4. Gesetz zur Änderung des Gesetzes über die nationale Rechtshilfe in Strafsachen vom 5.1.2017. Vgl. hierzu auch bereits Schuster StV 2015, 393.

[1339] ABl. 2010 C 115/12.

[1340] ABl. 2010 C 115/12; siehe dazu insbes. das Grünbuch der Kommission „Erlangung verwertbarer Beweise in Strafsachen aus einem anderen Mitgliedstaat", KOM (2009) 624 endg., mit Stellungnahmen von Schünemann/Roger ZIS 2010, 92 sowie → Rn. 448.

Mittelfristig zu erwartende Entwicklungen in diesem Bereich lassen sich dem **Stockholmer Programm**[1341] entnehmen. Danach werden Rechtsakte der EU insbes. 639
- zum „Schutz der Rechte von Verdächtigen und Beschuldigten"[1342] (nach dem „Fahrplan" des Rates[1343]),
- für „benutzerfreundlichere" Rechtsinstrumente zur grenzüberschreitenden Zusammenarbeit[1344] einschließlich
  - der Möglichkeit, „Ermittlungsmaßnahmen durch Strafverfolgungs- oder Justizbehörden des ersuchenden/ausstellenden Mitgliedstaats in Verbindung und in Absprache mit den Behörden des ausführenden Staates"[1345] durchzuführen,
  - Mechanismen, um „rasch Informationen von privaten und öffentlichen Einrichtungen eines anderen Mitgliedstaats erhalten (zu) können"[1346] sowie
  - eines weiteren Ausbaus von Eurojust,[1347]

zum Strafvollzug einschließlich Alternativen zum Freiheitsentzug,[1348] für einen erleichterten Zugangs zur Justiz einschließlich E-Justiz-Systemen, eines häufigeren Einsatzes von Videokonferenzen und einer Vernetzung nationaler Register[1349] sowie zum Ausbau der justiziellen „Zusammenarbeit mit wichtigen Drittländern"[1350] angestrebt. In der hier als rechtsdogmatisch primär in den Vordergrund gestellten Rechtsetzungstätigkeit erschöpft sich die Arbeit der EU freilich bei Weitem nicht. Ihren Schwerpunkt bilden Aktivitäten, um die **praktische Zusammenarbeit** der Behörden der Mitgliedstaaten zu fördern (→ Rn. 649 ff.); aus politischer Perspektive und aus Sicht der Rechtspflege stellt die Schaffung neuer Regelungen im Unionsrecht sich dabei oft geradezu als bloße Begleitmaßnahme dar.[1351] Deshalb tritt das Bemühen um effektive Strafverfolgung bislang auch immer wieder zu Lasten der Individualrechte va (aber nicht nur) des Beschuldigten zu stark in den Vordergrund.[1352]

5. Verträge im Rahmen des Europarats (insbes. EMRK). Dem am 5.5.1949 in London gegründeten Europarat[1353] mit Sitz in Straßburg gehören heute fast alle europäischen Staaten an. Einzige Ausnahmen sind Weißrussland (Beitrittskandidat seit 1993), das Kosovo (völkerrechtlicher Status ungeklärt) sowie der Heilige Stuhl, der Beobachterstatus besitzt. Der Europarat hat als älteste internationale Organisation Europas mit genuin politi- 640

1341 ABl. 2010 C 115/1.

1342 ABl. 2010 C 115/10; vgl. dazu Esser in HdB-EuStrafR § 53 Rn. 33 ff.

1343 Fahrplan zur Stärkung der Verfahrensrechte von Verdächtigen oder Beschuldigten in Strafverfahren, Entschließung 2009/C 295/01 (ABl. 2009 C 295/1) des Rates vom 30.11.2009. Teilrealisiert zuletzt durch RL 2013/48/EU vom 22.10.2013 über das Recht auf Zugang zu einem Rechtsbeistand im Strafverfahren.

1344 ABl. 2010 C 115/12; siehe zu den folgenden Teilaspekten auch die Vorschläge der Kommission zu Rahmenbeschlüssen über bestimmte Verfahrensrechte, KOM(2004) 328 endg., und über das Recht auf Verdolmetschung und Übersetzung in Strafverfahren, KOM(2009) 338 endg.; dazu Esser in HdB-EuStrafR § 53 Rn. 56 ff.

1345 ABl. 2010 C 115/12.

1346 ABl. 2010 C 115/12.

1347 ABl. 2010 C 115/13. Vgl. hierzu aus jüngerer Zeit auch das Gesetz zur Änderung des Eurojust-Gesetzes vom 7.6.2012 (BGBl. I 1270 ff.).

1348 ABl. 2010 C 115/14 und ABl. 2010 C 115/15.

1349 ABl. 2010 C 115/15 f.

1350 ABl. 2010 C 115/17.

1351 Siehe statt vieler den Beschluss 2007/126/JI des Rates vom 12.2.2007 zur Auflegung des spezifischen Programms „Strafjustiz" als Teil des Generellen Programms „Grundrechte und Justiz" für den Zeitraum 2007 bis 2013, ABl. 2007 L 58/13. Dazu, dass auch die deutsche Strafrechtswissenschaft sich insbes. methodisch stärker öffnen und gedankliche Fixierungen auf eine national-gesetzespositivistische Herangehensweise ablegen muss, wenn sie nicht wegen Integrationsunfähigkeit obsolet werden möchte, Vogel JZ 2012, 25 (28 ff.). Zu Zielen und Modellen für ein europäisches Straf(verfahrens)rechtssystem Sieber ZStW 121 (2009), 1; Vogel/Grotz, Perspektiven des internationalen Strafprozessrechts, 2004.

1352 Zu Analysen, Kritik und konstruktiven Vorschlägen insbes. unter Verteidigungsgesichtspunkten siehe Gleß StV 2010, 400 ff.. Vgl. ferner Ahlbrecht StV 2012, 491.

1353 Einen umfassenderen Überblick gibt Hecker EurStrafR § 3.

scher Zielsetzung „die Aufgabe, einen engeren Zusammenschluss unter seinen Mitgliedern zu verwirklichen, um die Ideale und Grundsätze, die ihr gemeinsames Erbe sind, zu schützen und zu fördern und um ihren wirtschaftlichen und sozialen Fortschritt zu begünstigen" (Art. 1a der Satzung). Seine Hauptziele sind der Schutz der **Menschenrechte** und die Förderung der **Demokratie** und **Rechtsstaatlichkeit.**[1354]

641 Wichtigstes Instrument des Europarats ist die **EMRK** einschließlich ihrer Zusatzprotokolle. Sie bezieht sich ihrerseits auf die Erklärung der Menschenrechte der Generalversammlung der UN vom 10.12.1948, hatte eine ganz zentrale Vorbildfunktion für die GRCh und Einfluss auf etliche weitere Übereinkommen, zB den IPbpR. Sie formuliert Menschenrechte und Grundfreiheiten, die die Vertragsstaaten allen unter ihrer Hoheitsgewalt stehenden Personen zusichern. **Für das Strafverfahren** hat das Recht auf ein faires Verfahren (Art. 6 EMRK) besondere Bedeutung. Verbürgt werden ua[1355] auch das Recht auf Leben (Art. 2 EMRK), das Verbot der Folter (Art. 3 EMRK), das Recht auf Freiheit und Sicherheit (Art. 5 EMRK), das Recht, nicht ohne Gesetz bestraft zu werden (Art. 7 EMRK), das Recht auf Achtung des Privat- und Familienlebens (Art. 8 EMRK), die Gedanken-, Gewissens- und Religionsfreiheit (Art. 9 EMRK), die Freiheit der Meinungsäußerung (Art. 10 EMRK), der Schutz des Eigentums (Art. 1 EMRKZusProt), das Verbot der Freiheitsentziehung wegen Schulden (Art. 1 4. ZP), das Verbot der Ausweisung eigener Staatsbürger (Art. 3 4. ZP) und der Kollektivausweisung fremder Staatsbürger (Art. 4 4. ZP), die Abschaffung der Todesstrafe (jeweils Art. 1 6. ZP und 13. ZP) und ein allgemeines Diskriminierungsverbot (Art. 1 12. ZP). Das 7. ZP ua mit verfahrensrechtlichen Schutzvorschriften in Bezug auf die Ausweisung ausländischer Personen (Art. 1 7. ZP), Rechtsmitteln in Strafsachen (Art. 2 7. ZP), dem Recht auf Entschädigung bei Fehlurteilen (Art. 3 7. ZP) und dem Recht, wegen derselben Sache nicht zweimal vor Gericht gestellt zu werden (Art. 4 7. ZP) wurde von der Bundesrepublik Deutschland 1985 zwar unterzeichnet, bislang aber nicht ratifiziert. Die Konvention bzw. ihre Zusatzprotokolle regeln und begrenzen damit auch die Zulässigkeit von Abweichungen und Ausnahmen.

642 Die Rechtsverbürgungen der EMRK werden nicht nur durch ein **Recht auf wirksame (innerstaatliche) Beschwerde** (Art. 13 EMRK), sondern vor allem auch durch ein **eigenes Rechtsschutzsystem** abgesichert. Zu diesem gehörte ursprünglich auch die Europäische Kommission für Menschenrechte (als Vor- bzw. Hauptinstanz), die die Auslegung der Konvention zusammen mit dem Gerichtshof wesentlich prägte. Heute können Beschwerden unmittelbar an den **Europäischen Gerichtshof für Menschenrechte (EGMR)** gerichtet werden.[1356] Der Umgang mit der EMRK wird stark durch sein case law (und das der Kommission) geprägt. In gewisser Weise ähnlich wie der EuGH regelmäßig auf den „effet utile" einer Regelung bzw. ihrer Anwendung abstellt, „dynamisiert" der EGMR die Rechtsverbürgungen der EMRK und konstruiert sie insbesondere gezielt auch zur Förderung von Rechtsstaatlichkeit und Demokratie.[1357]

643 Als Abkommen des Europarats und damit völkerrechtlicher Vertrag steht die EMRK heute in Deutschland grundsätzlich nur im **Rang** des Zustimmungsgesetzes, gilt also als einfaches (nationales) **Bundesrecht.** Weil Art. 52 Abs. 3 GRCh zur Auslegung vieler Vorschriften der GRCh auf die EMRK und indirekt auch auf die Rechtsprechung des EGMR (vgl. Präambel Abs. 5 GRCh) verweist, nimmt die EMRK im Anwendungsbereich der GRCh (dh einerseits nur für eigene Akte der EU sowie die Anwendung des Unionsrechts durch die Mitgliedstaaten und andererseits nur soweit die GRCh der EMRK entsprechende Bestimmungen enthält) bereits seit Inkrafttreten des Vertrags von Lissabon indirekt den Rang primären Unionsrechts ein. Wenn die EU der Konvention beitritt, wird sie dadurch zudem zu sekundärem Unionsrecht mit – innerhalb dieser Hierarchiestufe – Vorrang (→ Rn. 631 f.). Darüber hinaus begründet

---

[1354] Warschauer Erklärung, Schlusserklärung des Dritten Gipfels am 16. und 17.5.2005.

[1355] Siehe auch die Überblicke bei Kreicker in HdB-EuStrafR § 51 und Esser in HdB-EuStrafR § 56 Rn. 17 ff.; sowie Satzger IntStrafR§ 11 Rn. 20 ff. und Hombrecher JA 2010, 731 (733 f.).

[1356] Zu den Änderungen im Rechtsschutzsystem der EMRK und der Geschichte des EGMR siehe Meyer-Ladewig/Petzold NJW 2009, 3749.

[1357] Näher dazu anhand der Entscheidung Jalloh ./. D (Brechmitteleinsatz als unmenschliche und erniedrigende Behandlung) Schuhr NJW 2006, 3538.

der verfassungsrechtlich verankerte Grundsatz des völkerrechtsfreundlichen Verhaltens zwar keinen Geltungsvorrang der EMRK, verlangt aber – im Rahmen des Auslegungsspielraums von Vorschriften – eine **konventionskonforme Auslegung** des gesamten deutschen Rechts einschließlich der Grundrechte.[1358] Dabei geht es immer nur um Mindeststandards, denn einem über ihr Schutzniveau hinausgehenden nationalen Menschenrechtsschutz steht die Konvention nicht entgegen. Auslegungsfragen stellen sich nur für neueres Recht, denn älteres entgegenstehendes Recht hat das Zustimmungsgesetz (als *lex posterior*) derogiert.

Zu den **weiteren,** im Rahmen des Europarats abgeschlossenen **Übereinkommen**[1359] mit strafverfahrensrechtlichem Inhalt gehören **644**

- das Europäische Auslieferungsübereinkommen (EurAuslÜbk),[1360] Paris 13.12.1957,
- das EU-Auslieferungsübereinkommen (EUAuslÜbk),[1361]
- das Europäische Übereinkommen über die Rechtshilfe in Strafsachen (RHÜ 1959),[1362] Straßburg 20.4.1959,
- das Europäische Übereinkommen zur Bekämpfung des Terrorismus (EuTerrBekaempfÜ),[1363] Straßburg 27.1.1977, sowie das Übereinkommen des Europarats zur Verhütung des Terrorismus,[1364] Warschau 16.5.2005,
- das Europäische Übereinkommen über die Zustellung von Schriftstücken in Verwaltungssachen im Ausland (VwZustÜb),[1365] Straßburg 24.11.1977, sowie das Europäische Übereinkommen über die Erlangung von Auskünften und Beweisen in Verwaltungssachen im Ausland,[1366] Straßburg 15.3.1978,
- das Übereinkommen über die Überstellung verurteilter Personen (ÜberstÜb),[1367] Straßburg 21.3.1983,
- das Europäische Übereinkommen über die Entschädigung für Opfer von Gewalttaten (OEÜ),[1368] Straßburg 24.11.1983,
- das Europäische Übereinkommen über Gewalttätigkeiten und Fehlverhalten von Zuschauern bei Sportveranstaltungen und insbesondere bei Fußballspielen (SportVGewaltÜbereink),[1369] Straßburg 19.8.1985,

---

[1358] Vgl. knapp bereits → Rn. 596 sowie näher insbes. BVerfG 14.10.2004 – 2 BvR 1481/04, BVerfGE 111, 307 = NJW 2004, 3407 (3408 ff.) mwN; dazu zB Kühne GA 2005, 195; Esser in HdB-EuStrafR § 56 Rn. 6 ff., 17 ff. und 39 ff. und Radtke in Radtke/Hohmann Einl. Rn. 16. Näher zum Verhältnis von BVerfG und EGMR Kühne in Löwe/Rosenberg Einl. D Rn. 81 ff.

[1359] Aktuelle Auskunft über alle im Rahmen des Europarats abgeschlossenen Übereinkommen einschließlich Ratifikationsstand ist abrufbar unter http://conventions.coe.int/Treaty/Commun/ListeTraites.asp?CL=GER&CM=8 (zuletzt abgerufen am 7.1.2021), speziell zum Strafrecht http://www.conventions.coe.int/Treaty/Commun/ListeTraites.asp?MA=20&CM=7&CL=GER (zuletzt abgerufen am 7.1.2021). Ausführlicher hierzu Schomburg in HdB-EuStrafR §§ 3 und 4.

[1360] CETS No. 24, in Kraft seit 18.4.1960, für die BRD seit 1.1.1977, BGBl. 1964 II 1369, BGBl. 1976 II 1778, auch ggü. Israel, Korea und Südafrika, bislang 3 Zusatzprotokolle. Vgl. dazu auch Schmitt in Meyer-Goßner/Schmitt Einl. Rn. 215a.

[1361] ABl. EG C 313 v. 23.10.1996, 12, in Kraft seit 5.11.2019.

[1362] CETS No. 30, in Kraft seit 12.6.1962, für die BRD seit 1.1.1977, BGBl. 1964 II 1369, BGBl. 1976 II 1799, auch ggü. Chile, Israel und Korea, bislang 2 Zusatzprotokolle. Vgl. dazu auch Schmitt in Meyer-Goßner/Schmitt Einl. Rn. 215b.

[1363] CETS No. 90, in Kraft (auch für die BRD) seit 4.8.1978, BGBl. I 321, BGBl. 1978 II 907, bislang 1 Zusatzprotokoll.

[1364] CETS No. 196, in Kraft seit 1.6.2007, für die BRD seit 1.10.2011, BGBl. I 300, BGBl. 2011 II 1006.

[1365] CETS No. 94, in Kraft seit 1.11.1982, für die BRD seit 1.1.1983, BGBl. 1981 II 533, BGBl. 1982 II 1057.

[1366] CETS No. 100, in Kraft (auch für die BRD) seit 1.1.1983, BGBl. 1981 II 533, BGBl. 1982 II 1052.

[1367] CETS No. 112, in Kraft seit 1.7.1985, für die BRD seit 1.2.1992, BGBl. 1991 II 1006, BGBl. 1992 II 98, auch ggü. Australien, Bahamas, Bolivien, Chile, Costa Rica, Ecuador, Honduras, Israel, Japan, Kanada, Korea, Mauritius, Mexiko, Panama, Tonga, Trinidad und Tobago, Venezuela und den Vereinigten Staaten von Amerika, bislang 1 Zusatzprotokoll. Umgesetzt im Überstellungsausführungsgesetz (ÜAG). Vgl. dazu auch Schmitt in Meyer-Goßner/Schmitt Einl. Rn. 215c.

[1368] CETS No. 116, in Kraft seit 1.2.1988, für die BRD seit 1.3.1997, BGBl. 1996 II 1120, BGBl. 1997 II 740.

[1369] CETS No. 120, in Kraft seit 1.11.1985, für die BRD seit 1.5.2005, BGBl. 2004 II 1642, BGBl. 2005 II 893.

– das Europäische Übereinkommen zur Verhütung von Folter und unmenschlicher oder erniedrigender Behandlung oder Strafe,[1370] Straßburg 26.11.1987,
– das Übereinkommen über Geldwäsche sowie Ermittlung, Beschlagnahme und Einziehung von Erträgen aus Straftaten,[1371] Straßburg 8.11.1990,
– die Europäische Charta der Regional- oder Minderheitensprachen (EuChMindSpr),[1372] Straßburg 5.11.1992, sowie
– das Übereinkommen über Computerkriminalität,[1373] Budapest 23.11.2001,
– und – für Deutschland (bislang) nicht in Kraft –
– das Europäische Übereinkommen über die Überwachung bedingt verurteilter oder bedingt entlassener Personen,[1374] Straßburg 30.11.1964,
– das Europäische Übereinkommen über die Ahndung von Zuwiderhandlungen im Straßenverkehr,[1375] Straßburg 30.11.1964,
– das Europäische Übereinkommen über die internationale Geltung von Strafurteilen,[1376] Den Haag 28.5.1970,
– das Europäische Übereinkommen über die Übertragung der Strafverfolgung (EUÜbkÜbtrStrV),[1377] Straßburg 15.5.1972,
– das Übereinkommen über Insidergeschäfte,[1378] Straßburg 20.4.1989,
– das Strafrechtsübereinkommen über Korruption,[1379] Straßburg 27.1.1999,
– die Konvention des Europarates gegen Menschenhandel,[1380] Warschau 16.5.2005,
– die Konvention des Europarates über Geldwäsche, Terrorismusfinanzierung sowie Ermittlung, Beschlagnahme und Einziehung von Erträgen aus Straftaten,[1381] Warschau 16.5.2005,
– das Übereinkommen des Europarats zur Verhütung und Bekämpfung von Gewalt gegen Frauen und häuslicher Gewalt (ÜbkVerhGewFr),[1382] Istanbul 11.5.2011, sowie
– die Konvention des Europarats über die Fälschung von Arzneimittelprodukten und ähnlichen Verbrechen, die eine Bedrohung der öffentlichen Gesundheit darstellen,[1383] Moskau 28.10.2011.

645 **6. EGMR.** Der EGMR entscheidet über die Feststellung eines **Verstoßes gegen die EMRK** und spricht ggf. eine gerechte Entschädigung zu (Art. 41 EMRK).[1384] Der Vertragsstaat ist verpflichtet, in einem endgültigen Urteil festgestellte Verstöße zu beseitigen, soweit dies noch möglich ist (Art. 46 Abs. 1 EMRK). Dazu besteht im deutschen Recht insbeson-

[1370] CETS No. 126, in Kraft seit 1.2.1989, für die BRD seit 1.6.1990, BGBl. 1989 II 946, BGBl. 1990 II 491, bislang 2 Zusatzprotokolle.
[1371] CETS No. 141, in Kraft seit 1.9.1993, für die BRD seit 1.1.1999, BGBl. 1998 II 519, BGBl. 1999 II 200, auch ggü. Australien.
[1372] CETS No. 148, in Kraft seit 1.3.1998, für die BRD seit 1.1.1999, BGBl. 1998 II 1314, BGBl. 1999 II 59.
[1373] CETS No. 185, in Kraft seit 1.7.2004, für die BRD seit 1.7.2009, BGBl. 2008 II 1242, BGBl. 2010 II 281, auch ggü. den Vereinigten Staaten von Amerika, bislang 1 Zusatzprotokoll.
[1374] CETS No. 51, in Kraft seit 22.8.1975; die BRD gehört zu den Erstunterzeichnern, hat das Übereinkommen bislang aber nicht ratifiziert.
[1375] CETS No. 52, in Kraft seit 18.7.1972; die BRD gehört zu den Erstunterzeichnern, hat das Übereinkommen bislang aber nicht ratifiziert.
[1376] CETS No. 70, in Kraft seit 26.7.1974; die BRD gehört zu den Erstunterzeichnern, hat das Übereinkommen bislang aber nicht ratifiziert.
[1377] CETS No. 73, in Kraft seit 30.3.1978; von der BRD nicht unterzeichnet.
[1378] CETS No. 130, in Kraft seit 1.10.1991; von der BRD nicht unterzeichnet.
[1379] CETS No. 173, in Kraft seit 1.7.2002; die BRD gehört zu den Erstunterzeichnern, hat das Übereinkommen bislang aber nicht ratifiziert.
[1380] CETS No. 197, in Kraft seit 1.2.2008; von der BRD am 17.11.2005 unterzeichnet, bislang aber nicht ratifiziert.
[1381] CETS No. 198, in Kraft seit 1.5.2008; von der BRD nicht unterzeichnet.
[1382] CETS No. 210, noch nicht in Kraft; die BRD gehört zu den Erstunterzeichnern, hat das Übereinkommen bislang aber nicht ratifiziert.
[1383] CETS No. 211, noch nicht in Kraft; die BRD gehört zu den Erstunterzeichnern, hat das Übereinkommen bislang aber nicht ratifiziert.
[1384] Siehe auch den Überblick bei Böse in HdB-EuStrafR § 52 mwN.

dere die Möglichkeit einer Wiederaufnahme von Strafverfahren zugunsten des Verurteilten nach § 359 Nr. 6 StPO. Die formelle Bindungswirkung besteht zwar nur für den Einzelfall, eine Missachtung der Rechtsprechung des EGMR (sein **„case law"**) behandelt dieser aber als Verstoß gegen die zugrundliegenden Vorschriften der EMRK.

Die **Anzahl** der an den EGMR gerichteten **Beschwerden** ist in den letzten 20 Jahren **dramatisch gestiegen.**[1385] Sie lag 1999 bei 8.400 Beschwerden, 2011 bei 64.500 Beschwerden und nach einem Rückgang 2019 immer noch bei 4.4500, die einem Spruchkörper zugewiesen wurden. Im gleichen Zeitraum stieg die Anzahl offener Verfahren von 12.600 auf 151.600. Nur ein kleiner Teil der Beschwerden führt letztlich zu einem Urteil. Für die BRD liegt der Anteil (im Zeitraum 1959 bis 2019) bei 1 %. Bezogen auf alle Mitgliedstaaten der Konvention führen 3 % aller Beschwerden zu einem Urteil. Im Zeitraum von 1959 bis 1998 ergingen 837 Urteile des EGMR. Mit der Änderung des Rechtsschutzsystems (11. ZP; → Rn. 642) stieg dieser Wert von 177 Urteilen in 1999 kontinuierlich auf bis zu 1.625 Urteile im Jahr 2009. Durch Änderungen des Rechtsschutzsystems in den ZP 14 bzw. 14bis, mit denen auf die **enorme Belastung des Gerichts** reagiert wurde, ging die Anzahl der Urteile in 2011 wieder auf 1.157 zurück. Im Jahre 2019 ergingen 884 Urteile. 646

348 (1,72 %) der Urteile aus den Jahren 1959 bis 2019 ergingen in Verfahren **gegen die BRD.** Besonderes Aufsehen erregten Urteile gegen die Bundesrepublik Deutschland zur Sicherungsverwahrung,[1386] zum Folterverbot[1387] und zum Brechmitteleinsatz.[1388] Die meisten Urteile des EGMR betrafen Russland (22,4 %), die Türkei (12,78 %), die Ukraine (12,33 %), Rumänien, Moldawien und Ungarn (mit zwischen 4,5 und 7 %) sowie Griechenland und Serbien (mit je 2,71 %). Bei diesen Staaten wurde auch am häufigsten eine Verletzung der EMRK oder ihrer Zusatzprotokolle festgestellt. In 56 % aller Urteile in Verfahren gegen die BRD kam es zu einer Verurteilung, in 35 % der Urteile wurde keine Verletzung der BRD festgestellt, 3,7 % beruhten auf einer gütlichen Einigung oder bestanden in einer Streichung der Beschwerde aus dem Register und 4 % sonstige Urteile ergingen. Bezogen auf alle Mitgliedstaaten der Konvention enthalten 84 % aller Urteile die Feststellung einer Verletzung der Konvention oder eines ihrer Zusatzprotokolle, nur 8 % stellen fest, dass keine Verletzung stattfand. 647

27 % der Verurteilungen der BRD lag eine **überlange Verfahrensdauer** (Verstoß gegen Art. 6 EMRK) zugrunde,[1389] je 20 % der Verurteilungen beruhten auf sonstigen Verletzungen von Art. 6 EMRK einerseits und Art. 8 EMRK andererseits, 9 % auf Verletzungen von Art. 5 EMRK, 20 % auf sonstigen Verstößen. Bezogen auf alle Mitgliedstaaten der Konvention beruhten 26 % der Verurteilungen auf einer überlangen Verfahrensdauer, 20 % auf sonstigen Verletzungen von Art. 6 EMRK,14 % auf Verletzungen des Eigentumsschutzes, 11 % auf Verstößen gegen Art. 5 EMRK und 29 % auf anderen Verstößen. Die relative Häufigkeit der in Art. 6 EMRK gegründeten Verurteilungen zeigt, dass die EMRK gerade für die Verfahrensrechte eine enorme Rolle spielt und Art. 6 EMRK eine besondere praktische Bedeutung besitzt.[1390] 648

[1385] Diese und die folgenden Werte entstammen folgenden Statistiken der Public Relations Unit des EGMR: Overview 1959–2019 (Feb. 2020); Statistics 1959–2019, Analysis of Statistics 2019, Annual Report 2019, The ECHR in Facts and Figures 2019; Aug. 2020 (jeweils https://www.echr.coe.int/Documents/Annual_report_2019_ENG.pdf).

[1386] Ua EGMR 17.12.2009 – 19359/04, Rep. 2009, NJW 2010, 2495 – M ./. Deutschland, neben zahlreichen weiteren Bspr. vgl. ua Esser JA 2011, 727, Jung GA 2010, 639; Grabenwarter JZ 2010, 857; Eschelbach NJW 2010, 2499; Kinzig NJW 2011, 177 sowie Kallweit ./. Deutschland 13.1.2011/17792/07, EuGRZ 2011, 255; Haidn ./. Deutschland 13.1.2011/6587/04, NJW 2011, 3423 und Homann ./. Deutschland 9.5.2007 –12788/04, NJW 2008, 2320 mAnm Meyer-Mews.

[1387] EGMR (GK) 1.6.2010 – 22978/05, Rep. 2010, NJW 2010, 3145 – Gäfgen ./. Deutschland m. Bespr. Grabenwarter NJW 2010, 3128.

[1388] EGMR (GK) 11.7.2006 – 54810/00, Rep. 2006-IX, NJW 2006, 3117 – Jalloh ./. Deutschland m. Bespr. Schuhr NJW 2006, 3538 und Safferling Jura 2008, 10.

[1389] Zu Problemen des Beschleunigungsgebots vgl. → Rn. 150 ff. mwN.

[1390] Eingehend Esser, Auf dem Weg zu einem europäischen Strafverfahrensrecht, 2002; vgl. auch Satzger JA 2005, 656. Einen Überblick über neuere, strafverfahrensrechtlich bedeutsame Entscheidungen des EGMR geben Esser/Gaede/Tsambikakis NStZ 2011, 78, 140.

IV. „Europäisierung" der Strafverfolgung

649 Neben der zunehmenden Europäisierung des Strafverfahrensrechts – und dieser nicht selten voranschreitend – erfolgt auch eine zunehmende Europäisierung der Strafverfolgung. Diese manifestiert sich insbesondere in den folgenden Institutionen:[1391]

650 Seit 1.7.1999 besteht **Europol,** das „Europäische Polizeiamt".[1392] Seine Grundlage sind heute Art. 88 AEUV[1393] und der Europol-Beschluss.[1394] Es ist nun eine Agentur der Europ. Union. Seine Aufgabe besteht darin, nationale Ermittlungsbehörden zu unterstützen und zu koordinieren. Es ist aber auch zu eigenen Ermittlungen befugt. Operative Maßnahmen darf es nur in Absprache mit den territorial zuständigen nationalen Behörden ergreifen; Zwangsmaßnahmen bleiben allein letzteren vorbehalten (Art. 88 Abs. 3 AEUV).

651 **Eurojust** ist die Justizbehörde der EU zur Koordinierung der nationalen Behörden bei der Verfolgung schwerer Kriminalität, von der mindestens zwei Mitgliedstaaten betroffen sind (Art. 85 Abs. 1 UAbs. 1 AEUV[1395]). Sie wurde 2002 gegründet und hat ihren Sitz in Den Haag. Die nach nationalem Recht erforderlichen förmlichen Prozesshandlungen sind von national zuständigen Amtsträgern vorzunehmen, Eurojust kann aber insbesondere auch selbst Ermittlungen einleiten (Art. 85 Abs. 2 AEUV bzw. Art. 85 Abs. 1 UAbs. 2 lit. a AEUV).

652 **CEPOL** (auch: EPA) ist die im Jahr 2000 gegründete Europäische Polizeiakademie in Bramshill (UK).[1396] **OLAF** ist die Agentur zur Bekämpfung von Betrug und Korruption zum Nachteil der finanziellen Interessen der EU mit Sitz in Brüssel.[1397] Sie ist die Nachfolgeeinrichtung der 1988 eingerichteten UCLAF. In der Bestimmung und Bekämpfung von Straftaten zum Nachteil der finanziellen Interessen der Europäischen Union kristallisieren sich zahlreiche Mechanismen des materiellen Strafrechts und des Strafprozessrechts erstmalig heraus und erfahren von dort aus eine Fortentwicklung. Zu den hierbei wegweisenden Entwicklungen zählt insbesondere der sog **Corpus Iuris**[1398] als (aus der Wissenschaft stammender) Entwurf eines möglichen „Nukleus" eines genuin europäischen Strafrechts.

653 Nach Art. 86 AEUV besteht die Möglichkeit, eine **Europäische Staatsanwaltschaft** einzurichten.[1399] Mit der Verordnung (EU) 2017/1939 des Rates vom 12.10.2017 zur Durchführung einer Verstärkten Zusammenarbeit zur Errichtung der Europäischen Staatsanwaltschaft (EUStA) wurde von dieser Möglichkeit Gebrauch gemacht.[1400] Die Europäische Staatsanwalt-

[1391] Siehe dazu vertiefend Brodowski ZIS 2011, 940, Hetzer in HdB-EuStrafR § 41 Rn. 1–18, auch mit Ausführungen zu EPCTF, COSPOL und COSI (→ Rn. 19–49), sowie Satzger IntStrafR § 10 Rn. 2 ff. Zur Koordination der verschiedenen europäischen Einrichtungen untereinander Storbeck in HdB-EuStrafR § 47.

[1392] Näher dazu Schmitt in Meyer-Goßner/Schmitt Einl. Rn. 207 f.

[1393] Ferner Art. 12 lit. c, 85 Abs. 1 UAbs. 1 AEUV und Art. 86 Abs. 2 AEUV.

[1394] Beschl. 2009/371/JI des Rates vom 6.4.2009, ABl. 2009 L 121/37.

[1395] Grundlage sind die Beschlüsse des Rates B 2002/187/JI vom 28.2.2002 (ABl. 2002 L 63/1) und B 2009/426/JI vom 16.12.2008 (ABl. 2009 L 138/14); siehe auch Art. 12 lit. c, 88 Abs. 2 lit. b AEUV. Näher zu Eurojust Grotz in HdB-EuStrafR § 45. Vgl. auch die Änderungen des Eurojust-Gesetzes (insbes. Einfügung von §§ 4a–4d zur Datenverwendung) durch das Gesetz zur Änderung des Eurojust-Gesetzes vom 7.6.2012 (BGBl. I 1270 ff.) sowie den Vorschlag für eine Verordnung zur Modernisierung von Eurojust in KOM (2013) 535 final.

[1396] Ihre Grundlage war der Beschluss B 2000/820/JI des Rates (ABl. 2000 L 336/1) und ist nunmehr der Beschluss B 2005/681/JI des Rates vom 20.9.2005 (ABl. 2005 L 256/63).

[1397] Ihre Grundlage sind insbes. die VO (EG) Nr. 1073/1999 (ABl. 1999 L 136/1), die Institutionelle Vereinbarung v. 25.5.1999 (ABl. 1999 L 136/15), abgelöst durch VO 883/2013 mWv 1.10.2013, sowie der Beschluss KOM (1999) 802 (ABl. 1999 L 136/20). Näher zu OLAF Brüner/Spitzer in HdB-EuStrafR, § 43; Knapp auch Schmitt in Meyer-Goßner/Schmitt Einl. Rn. 207e.

[1398] Urspr. Delmas-Marty (Hrsg.), Corpus Iuris der strafrechtlichen Regelungen zum Schutze der finanziellen Interessen der Europäischen Union, Ius Criminale 1998, überarbeitet: Delmas-Marty/Vervaele (Hrsg.), The Implementation of the Corpus Iuris in the Member States, Vol. I 2000. Näher dazu Kühne in Löwe/Rosenberg Einl. D Rn. 49 ff. mwN.

[1399] Zu Vorarbeiten siehe das Grünbuch der Kommission KOM (2001) 715 vom 11.12.2001, Radtke GA 2004, 1; siehe auch Schmitt in Meyer-Goßner/Schmitt Einl. Rn. 207c. Eingehend Killmann/Hofmann in HdB-EuStrafR § 48. Aktuell nunmehr der Vorschlag für eine Verordnung über die Errichtung einer Europäischen Staatsanwaltschaft in KOM (2013) 534 final.

[1400] EUStA-VO, Abl. 2017 L 283 1.

schaft mit Sitz in Luxemburg hat am 1.6.2021 ihre Tätigkeit aufgenommen und ist nach Art. 4 Verordnung (EU) 2017/1939 zur Verfolgung von Straftaten zum Nachteil der finanziellen Interessen der Union zuständig, ihre Zuständigkeit wäre aber durch Ratsbeschluss erweiterbar (Art. 86 Abs. 4 AEUV). Zur Einführung der EUStA in das deutsche Strafverfahren wurde das Europäische-Staatsanwaltschaft-Gesetz (EUStAG) erlassen, welches vor allem die Anwendbarkeit von deutschen Verfahrensnormen regelt.[1401] Ferner bestünde die Möglichkeit, der Kommission nationale Durchführungsbefugnisse zu übertragen (Art. 291 Abs. 2 AEUV). Der Aufbau der EuStA ist in Art. 8–13 Verordnung (EU) 2017/1939 geregelt. In den einzelnen Mitgliedstaaten handeln nach Art. 13 Abs. 1 Verordnung (EU) 2017/1939 die „Delegierten Europäischen Staatsanwälte" im Namen der EUStA und haben neben und vorbehaltlich der ihnen übertragenen besonderen Befugnisse in Bezug auf Ermittlungen, Strafverfolgungsmaßnahmen und Anklageerhebung die gleichen Befugnisse wie nationale Staatsanwälte.

Das Europäische Justizielle Netz **(EJN)** ist ein „Netz justitieller Kontaktstellen" mit 654
Sekretariat in Den Haag, iÜ aber dezentral. Es wurde 1998 gegründet[1402] und umfasst auch Kontaktstellen außerhalb der EU. Es dient der Abwicklung von Rechtshilfeersuchen.

V. Internationale Zusammenarbeit

1. „Eigene" im Gegensatz zu „fremder" Strafverfolgung. Strafverfolgung 655
durch deutsche Behörden erstreckt sich grundsätzlich auf das gesamte Gebiet der BRD als Geltungsbereich der StPO, endet aber zugleich an den Staatsgrenzen **(Territorialitätsprinzip).** Einschränkungen der Befugnis zur Strafverfolgung innerhalb dieses Territoriums entstehen insbesondere durch Beschränkungen des persönlichen Geltungsbereichs, zB für Exterritoriale (§§ 18–20 GVG).[1403] Eine Ausweitung der Strafverfolgung über die Staatsgrenzen hinaus kann im Einzelfall von fremden Hoheitsträgern genehmigt werden. Generelle Regelungen dieser Art bestehen in Art. 39 ff. SDÜ. Konsularbeamte der BRD im Ausland handeln (zB bei Vernehmungen) aus deutscher Perspektive innerstaatlich, dürfen aber keine Zwangsmittel anwenden (§§ 2, 15 KonsG).

Das **materielle Strafanwendungsrecht** der §§ 3–7 StGB, § 1 VStGB enthält hingegen 656
mannigfache Ausnahmen vom Territorialitätsprinzip und fasst dieses zB im Erfolgsortprinzip (§§ 3, 9 Abs. 1 Alt. 3, 4 StGB) weit.[1404] So wird der Tatbestand der Volksverhetzung (§ 130 StGB) auch auf Inhalte angewendet, die ausländische Staatsbürger im Ausland auf ausländische Server nach dortigem Recht rechtmäßig (im entschiedenen Fall ein Australier in Australien auf einen australischen Server), aber von Deutschland aus über das Internet abrufbar einstellen.[1405] Das materielle Strafanwendungsrecht hat unmittelbar prozessrechtliche Auswirkungen, denn aus ihm ergibt sich die Befugnis, entsprechende Auslandstaten im Inland zu verfolgen. Dabei entstehen Kompetenzkonflikte, die nicht nur für die involvierten Behörden praktische Probleme, sondern zugleich für die Verfolgten beträchtliche Belastungen mit sich bringen. Soweit diese in Schwierigkeiten bestehen, die einschlägigen Verhaltensnormen überhaupt erkennen zu können (insbes. § 17 StGB und ggf. Art. 103 Abs. 2 GG bzw. Art. 7 EMRK) bzw. in der Unmöglichkeit, in der Situation des Handelns allen Verhaltensnormen gerecht zu werden, die irgendein Staat der Welt in der Situation als anwendbar erachtet, sind diese materiell-rechtlicher

---

1401 BGBl. 2020 I 1648.

1402 Gemeinsame Maßnahme 98/428/JI des Rates vom 29.6.1998, ABl. 1998 L 191/4. Siehe auch Art. 85 Abs. 1 UAbs. 2 lit. c AEUV. Näher zum EJN Stiegel in HdB-EuStrafR § 46. Vgl. auch Kühne in Löwe/Rosenberg Einl. D Rn. 28 ff.

1403 Näher und zu weiteren Ausnahmen (Angehörige fremder Truppen; ohne Auslandsbezug: Fälle der Immunität bei staatlichen Funktionsträgern) Kühne in Löwe/Rosenberg Einl. E Rn. 6 ff.

1404 Zu Problemen der §§ 3 ff. StGB vgl. aus der neueren Lit. als Überblicksdarstellungen etwa Hombrecher JA 2010, 637 (638 ff.); Rotsch ZIS 2010, 168; Rath JA 2006, 435; 2007, 26; ferner Satzger IntStrafR §§ 3–6 und Schramm IntStrafR Kap. 1. Eingehend Oehler, Internationales Strafrecht, 2. Aufl. 1983. Insbes. auch unter dem Gesichtspunkt völkerrechtlicher Probleme, die durch die zunehmende Ausweitung deutscher Strafrechtsanwendung entstehen, Valerius GA 2011, 696. Näher zu den völkerrechtlichen Grundlagen Ambos IntStrafR §§ 2 und 3.

1405 BGHSt 46, 212 (220 ff.) mAnm Kudlich StV 2001, 397. Aktuell dazu Morozinis GA 2011, 475.

Natur und hier nicht weiter zu vertiefen. Diese Schwierigkeiten werden aber prozessrechtlich dadurch verschärft, dass das innerhalb rechtsstaatlich verfasster Rechtsordnungen weithin garantierte Verbot der Doppelverfolgung im Verhältnis dieser Rechtsordnungen zueinander als Beschränkung der Souveränität empfunden würde und nicht durchgehend anerkannt wird. Diese etatistische Herangehensweise und die dem **Grundsatz ne bis in idem** innewohnende individual-rechtliche Betrachtung stehen in einem schwer auflösbaren Spannungsverhältnis.[1406] Art. 54 SDÜ (und § 83 Nr. 1 IRG) ist ein Meilenstein auf diesem Weg.[1407] Die Ausnahme vom Legalitätsprinzip in § 153c StPO und die Anrechnung ausländischer Strafe nach § 51 Abs. 3 StGB schaffen demgegenüber nur Raum für (wenngleich praktisch bisher zT bedeutsame) Notlösungen im Einzelfall.

657 **2. Rechtshilfe.** Es gibt zahlreiche **Formen justizieller Zusammenarbeit** im Strafverfahren. Sie kann im Austausch von Erfahrungen und Informationen liegen, die nicht einmal fallbezogen sein müssen. Sie kann in der Koordination von Maßnahmen bestehen, die bisweilen – soweit jede Seite dabei in ihrem eigenen Tätigkeitsfeld handelt – auch informell erfolgen kann und zB von Eurojust (→ Rn. 651) gezielt unterstützt wird. Sie kann bis zur Abgabe oder Übernahme ganzer Strafverfahren reichen.[1408]

658 Das regelungstechnisch bedeutsamste Feld ist aber die (horizontale) **Rechtshilfe.**[1409] Sie wird grundsätzlich nur auf ein förmliches Ersuchen hin, nur im Rahmen dieses Ersuchens und nur über die vorgesehenen Geschäftswege gewährt (Nr. 4 Abs. 1, 5, 8 RiVaSt). In ausgehenden Ersuchen bittet die BRD um Rechtshilfe einer ausländischen Stelle. Die – im Erfolgsfall – regelmäßig darauf folgende Anknüpfung an Verfahrensakte anderer Hoheitsträger ist oft mit eigenen Problemen verbunden, etwa der Frage, ob bereits im Ausland eingetretene Verfahrensverzögerungen kompensiert werden müssen[1410] und ob Beweismittel verwertet werden können, die direkt oder indirekt durch (nach deutschem Verständnis) verbotene Vernehmungsmethoden (bis hin zur Folter) erlangt wurden.[1411] In eingehenden Ersuchen wird umgekehrt Rechtshilfe einer deutschen Stelle von ausländischer Seite erbeten. Zu typischen Rechtshilfeangelegenheiten zählen die Auslieferung, die Vollstreckungshilfe sowie Zustellungs-, Beschlagnahme-, Herausgabe- und Vernehmungsersuchen. Die Auslieferung eines Deutschen darf nach Art. 16 Abs. 2 GG nur an einen Mitgliedstaat der EU oder den IStGH erfolgen.[1412] Asyl steht einer Auslieferung grds. nicht entgegen (§ 4 S. 2 AsylVfG).

659 Einen Eindruck von Fallzahlen gibt zB die **Auslieferungsstatistik.** Für das Jahr 2018[1413] weist sie 884 erledigte an die BRD gerichtete Ersuchen um Auslieferung aus der BRD zur Strafverfolgung und 1.046 zur Strafvollstreckung aus (die Neueingänge lagen jeweils darunter). Mit Mehrfachzählungen wegen unterschiedlicher Entscheidungen hinsichtlich verschiedener Straftaten im selben Ersuchen waren dies 1.887 abgeschlossene Ver-

---

[1406] Vertiefend statt vieler eingehend Eser in HdB-EuStrafR § 36 mwN.

[1407] Vgl. bereits knapp → Rn. 81, → Rn. 508. Zur einschlägigen Rspr. des EuGH Hacker NStZ 2011, 425. Speziell zu BGH 9.6.2008 – 5 StR 342/04, BGHSt 52, 275 = NStZ 2009, 457 und EuGH 18.7.2007 – C-288/05, Slg. 2007, I-6441 – Kretzinger = NJW 2007, 3412 siehe Rübenstahl NJW 2008, 2934.

[1408] Zur Frage, ob aus entsprechenden ausgehenden Ersuchen zugleich ein inländisches Verfolgungshindernis resultiert, Ambos/Poschadel GA 2011, 95.

[1409] Zu einem Überblick siehe auch Kühne in Löwe/Rosenberg Einl. D Rn. 108 ff. und Hombrecher JA 2010, 637 (641 ff.). Näher zur horizontalen Rechtshilfe Lagodny in HdB-EuStrafR § 31, zur Fortentwicklung Wasmeier in HdB-EuStrafR § 32 und zur Zusammenarbeit mit Drittstatten Schröder/Stiegel in HdB-EuStrafR § 35. Eingehend dazu Schomburg/Lagodny IntRechtshilfe. Zur Verteidigungsperspektive Schomburg/Lagodny NJW 2012, 348 (351 ff.).

[1410] BGH 23.8.2011 – 1 StR 153/11, BGHSt 57, 1 = NJW 2011, 3314 verneint dies wohl zu Unrecht, denn es geht bei der Kompensation weniger um eine Sanktionierung des staatlichen Fehlers als um eine schuldangemessene Bestrafung der Tat unter Berücksichtigung der bei ihrer Verfolgung eingetretenen Menschenrechtsverletzung.

[1411] Dazu zB Ambos StV 2009, 151 mN. Eingehend zu Verwertungsverboten nach internationaler Beweisrechtshilfe Gleß/Eymann StV 2008, 318.

[1412] Näher zur Ungleichbehandlung deutscher und ausländischer Staatsbürger im deutschen Auslieferungsrecht Tinkl ZIS 2010, 320.

[1413] Bundesanzeiger vom 27.1.2020, Auslieferungsstatistik 2018.

fahren. In 703 Fällen wurde die Auslieferung mit Einverständnis des Verfolgten bewilligt, in 795 Fällen aufgrund gerichtlicher Entscheidung, in 265 Fällen wurde sie abgelehnt und in 124 Fällen das Verfahren auf andere Weise erledigt. 497 dieser Verfahren beruhten auf polnischen Ersuchen, 147 auf rumänischen, 122 auf italienischen, 103 auf österreichischen, 86 auf bulgarischen, 70 auf belgischen und 54 auf französischen. Von 162 Ersuchen um Durchlieferung durch die BRD wurden 158 bewilligt. Im gleichen Zeitraum wurden 1.274 Ersuchen der BRD um Auslieferung an die BRD (Einlieferung) zur Strafverfolgung und 226 zur Strafvollstreckung erledigt (die Neueingänge lagen auch hier darunter). Mit Mehrfachzählung wurden dabei 1.500 Verfahren abgeschlossen, 1.367 durch Bewilligung, 60 durch Ablehnung und 73 auf andere Weise. In 193 dieser Verfahren wurde Rumänien ersucht, in 145 Polen, in 113 Italien und in 112 die Niederlande.

Ausgangspunkt für die praktische Bearbeitung von Rechtshilfeangelegenheiten sind die Richtlinien für den Verkehr mit dem Ausland in strafrechtlichen Angelegenheiten **(RiVASt).** Sie umfassen in Anhang I eine Sammlung einschlägiger nationaler Vorschriften (**IRG, ÜAG,** Auszug aus dem **KonsG,** Zuständigkeits- und Kostenvereinbarungen zwischen Bund und Ländern sowie zoll- und außenwirtschaftsrechtliche Bestimmungen). Anhang II besteht aus einem **Länderteil,** dem die jeweils einschlägigen Rechtsgrundlagen und Besonderheiten zu entnehmen sind. Zu diesem Anhang gehören Anlagen mit Rechtsgrundlagen für die Rechts- und Amtshilfe der Zollverwaltungen, einer Zusammenstellung anderer völkerrechtlicher Übereinkünfte von besonderer Bedeutung für den Verkehr mit dem Ausland in strafrechtlichen Angelegenheiten, einer Liste der Urkunden, die gemäß Art. 52 Abs. 1 SDÜ unmittelbar durch die Post zugestellt werden können und mit Rechtsgrundlagen für polizeiliche Rechtshilfemaßnahmen. Anhang III beinhaltet den Rahmenbeschluss zum Europäischen Haftbefehl. Zu den in Rechtshilfeangelegenheiten besonders bedeutsamen bi- und multilateralen Übereinkommen zählen das Nato-TS, das EurAuslÜbk, das RHÜ 2000, das ÜberstÜb und Teile des SDÜ. **660**

3. Internationale Gerichte. Auf der Grundlage des Londoner Viermächteabkommen vom 8.8.1945 wurde der **Internationale Militärgerichtshof in Nürnberg** eingerichtet. Er war das erste der **ad-hoc-Tribunale,** die seither zur Verfolgung schwerster Menschenrechtsverbrechen eingerichtet worden sind und die Entwicklung des Völkerstrafrechts entscheidend vorangetrieben haben. Zu diesen gehören auch das International Criminal Tribunal for the former Yugoslavia (ICTY) und das International Criminal Tribunal for Rwanda (ICTR).[1414] **661**

Auf der Grundlage des Rom-Statuts vom 17.7.1998[1415] besteht heute der Internationale Strafgerichtshof (**IStGH;** International Criminal Court, ICC) in Den Haag. Er ist ein ständiges internationales Gericht, und die Ära der ad-hoc-Tribunale dürfte ihrem Ende entgegengehen. Die nationale Zuständigkeit zur Strafverfolgung ist grundsätzlich gegenüber der des IStGH bzw. der ihm zugeordneten Anklagebehörde vorrangig (Art. 17 Rom-Statut). Der IStGH wendet eigenes Verfahrensrecht, insbesondere die Rules of Procedure and Evidence an.[1416] **662**

Internationale Gerichte sind in besonderem Maße auf nationale Rechtshilfe angewiesen. In der Bundesrepublik wurden zur Zusammenarbeit mit den Tribunalen jeweils eigene Gesetze erlassen. Bzgl. des IStGH gilt ebenso das **IStGHG** sowie insbes. §§ 9a, 67a, 74a IRG.[1417] **663**

[1414] Vgl. dazu auch Schmitt in Meyer-Goßner/Schmitt Einl. Rn. 207a.

[1415] Der Text und der jeweils aktuelle Unterzeichnungs- und Ratifikationsstand sind zB als MTDSG Chap. XVIII No. 10 unter http://treaties.un.org/ (zuletzt abgerufen am 7.1.2021) bzw. als UNTS vol. 2187, No. 38544 multilateral, abrufbar. Vgl. zum IStGH auch Safferling, Internationales Strafrecht, 2011, § 7; Hombrecher JA 2010, 731 (735) sowie Schmitt in Meyer-Goßner/Schmitt Einl. Rn. 207b.

[1416] ICC-ASP/1/3 (Part. II-A); einen Überblick auch über weitere Rechtsgrundlagen gibt Kreß GA 2006, 528. Zu erster Rspr. hierzu siehe Hoven ZIS 2011, 230. Vertiefend zur Stellung des Opfers Bock ZStW 119 (2007), 664. Zu Problemen des Haftrechts nach Urteilen internationaler Strafgerichte siehe Ernst NStZ 2011, 430. Zu den materiellrechtlichen Elements of Crime eingehend zum Völkerstrafrecht Werle (Hrsg.), Völkerstrafrecht, 2. Aufl. 2007. Besondere Schwierigkeiten, die sich aus der Mehrsprachigkeit der Rechtsgrundlagen ergeben, behandeln Fronza/Malarino ZStW 118 (2006), 927.

[1417] Zu einem Überblick siehe Kühne in Löwe/Rosenberg Einl. D Rn. 95 ff.

Erstes Buch. Allgemeine Vorschriften

Erster Abschnitt. Sachliche Zuständigkeit der Gerichte

Schrifttum: Achenbach, Staatsanwalt und gesetzlicher Richter – ein vergessenes Problem?, Festschrift Wassermann, 1985, 849; Arnold, Die Wahlbefugnis der Staatsanwaltschaft, 2007; Arnold, Bewegliche Zuständigkeit versus gesetzlicher Richter, ZIS 2008, 92; Bernsmann, Zu den Folgen einer willkürlichen Zuständigkeitsbegründung im Strafprozess und zum Lohnwucher, JZ 1998, 629; Bettermann, Der gesetzliche Richter in der Rechtsprechung des Bundesverfassungsgerichts, AöR 94 (1969), 263; Bockelmann, Strafprozessuale Zuständigkeitsordnung und gesetzlicher Richter, GA 1957, 357; Bockelmann, Entspricht die Zuständigkeitsordnung im Strafprozess dem Grundgesetz?, NJW 1958, 889; Brause, Die Zuständigkeit der allgemeinen und besonderen Strafkammern nach dem Strafverfahrensänderungsgesetz, NJW 1979, 802; Bruns, Zur Auslegung des Art. 101 Abs. 1 Satz 2 Grundgesetz, NJW 1964, 1884; Dinslage, Zur „Überbesetzung" der Gerichte – Perfektionismus oder Praktikabilität?, DRiZ 1965, 12; Dünnebier, Die Verbindung von Strafsachen nach §§ 2 bis 4, 13 StPO, JR 1975, 1; Eisenberg, Grundsätzliche erstinstanzliche Nichtzuständigkeit von Bundesanwaltschaft und Oberlandesgerichten in Jugendstrafverfahren (§ 120 GVG, § 102 GVG), NStZ 1996, 263; Engelhardt, Staatsanwaltschaft und gesetzlicher Richter, DRiZ 1982, 418; Eser, Der „gesetzliche Richter" und seine Bestimmung für den Einzelfall, Festschrift Salger, 1994, 247; Fahl, Zur Verbindung von Strafsachen gegen Jugendliche und Erwachsene gemäß § 103 JGG, NStZ 1983, 309; Felsch, Rechtsprobleme des fehlerhaften Verbindungsbeschlusses nach § 4 StPO, NStZ 1996, 163; J. Fischer, Zum Rollentausch zwischen Zeugen und Angeklagten, StV 1981, 85; R. Fischer, Nochmals: Die neue Strafrichterzuständigkeit des § 25 Nr. 2 GVG, NJW 1996, 1044; Gerlach, Die Vernehmung von Mitangeklagten als Zeugen, NJW 1964, 2397; Grünwald, Die sachliche Zuständigkeit der Strafgerichte und die Garantie des gesetzlichen Richters – BVerfGE 22, 254, JuS 1968, 452; Gubitz/Bock, Zur Verbindung weiterer Verfahren während einer bereits begonnenen Hauptverhandlung gegen denselben Angeklagten, StraFo 2007, 225; Heghmanns, Auswahlermessen der Staatsanwaltschaft bei Anklageerhebung und gesetzlicher Richter, StV 2000, 277; Hegmann, Zuständigkeitsänderung im strafgerichtlichen Berufungsverfahren, NStZ 2000, 574; Helm, Grundzüge des Strafverfahrensrechts: Die sachliche Zuständigkeit, JA 2006, 389; Helm, Grundzüge des Strafverfahrensrechts: die örtliche und funktionelle Zuständigkeit sowie der Instanzenzug, JA 2007, 272; Herzog, Über bewegliche Zuständigkeitsregelungen, instrumentelle Zuständigkeitswahl und das Prinzip des gesetzlichen Richters, StV 1993, 609; Hohendorf, § 225a StPO im Spannungsfeld zwischen Strafrichter und Schöffengericht, NStZ 1987, 389; Hohendorf, Die neue Strafrichterzuständigkeit des § 25 Nr. 2 GVG, NJW 1995, 1454; Katholnigg, Zur Geschäftsverteilung bei obersten Gerichtshöfen des Bundes und innerhalb ihrer Senate, NJW 1992, 2256; Kleinknecht, Anmerkung, MDR 1958, 357; Krey, Grundzüge des Strafverfahrensrechts (6. Teil), JA 1984, 288; Kudlich, Entschuldigung, ist hier jemand zuständig?, JA 2016, 551; Kühl, Neue Gesetze gegen terroristische Straftaten, NJW 1987, 737; Lange, Darf und soll die Staatsanwaltschaft bei Gruppendelikten Jugendlicher in besonderen Fällen abweichend von den Gerichtsständen des § 42 JGG eine gemeinsame Anklage zum Tatortgericht erheben?, NStZ 1995, 110; Meyer-Goßner, Verfahrensverbindungen im Strafprozess ohne gesetzliche Grundlage, DRiZ 1985, 241; Meyer-Goßner, Die Behandlung von Zuständigkeitsstreitigkeiten zwischen allgemeinen und Spezialstrafkammern beim Landgericht, NStZ 1981, 168; Meyer-Goßner, Die Verbindung verschiedener gegen denselben Angeklagten bei demselben Landgericht anhängiger Strafverfahren, NStZ 1989, 297; Meyer-Goßner, Die Verbindung von Strafsachen beim Landgericht, NStZ 2004, 353; Moller, Strafprozessnovelle und bewegliche Zuständigkeiten, MDR 1966, 100; Mutzbauer, Gerichtliche Zuständigkeiten nach der Trennung verbundener Strafverfahren, NStZ 1995, 213; Oehler, Der gesetzliche Richter und die Zuständigkeit in Strafsachen, ZStW 64 (1952), 292; Pechstein, Der gesetzliche Richter, Jura 1998, 197; Rebmann, Die Zuständigkeit des Generalbundesanwalts zur Verfolgung terroristischer Straftaten – Vorschläge zu notwendiger Ergänzung, NStZ 1986, 289; Rieß, Die Bestimmung und Prüfung der sachlichen Zuständigkeit und verwandter Erscheinungen im Strafverfahren, GA 1976, 1; Rieß, Das Strafverfahrensänderungsgesetz 1979, NJW 1978, 2265; Rieß, Zur Zuständigkeit der allgemeinen und besonderen Strafkammern, NJW 1979, 1536; Rosenmeier, Die Verbindung von Strafsachen im Erwachsenenstrafrecht, 1973; Rotsch, Materielle Strafrechtsdogmatik und strafprozessuale Zuständigkeit – Zur Kollision von Zuständigkeitskumulation und Art. 101 Abs. 1 S. 2 GG, ZIS 2006, 17; Rotsch/Sahan, Verbindung und Trennung von Strafsachen, JA 2005, 801; Rotsch/Sahan, § 3 StPO und die materiell-rechtlichen Regelungen von Täterschaft und Teilnahme – oder: Gibt es einen strafprozessualen „Beteiligtenbegriff"? ZIS 2007, 142; Sahan, Der Begriff der Teilnahme in § 3 StPO, JA 2006, 539; Schnarr, Innere Sicherheit – die Zuständigkeit des Generalbundesanwalts nach § 120 II 1 Nr. 3 GVG, MDR 1993, 589; Schroeder, Die Anklageerhebung beim LG und beim BGH wegen der „besonderen Bedeutung des Falles", MDR 1965, 177; Schoreit, Erstinstanzliche Zuständigkeit der Bundesanwaltschaft und der Oberlandesgerichte in Strafverfahren gegen Jugendliche und Heranwachsende gem. §§ 120, 142a GVG, § 102 JGG, NStZ 1997, 69; Sowada, Der gesetzliche Richter im Strafverfahren, 2000; Steinmetz, Das Gleichzeitigkeitserfordernis des § 53 StGB und die Rechtsprechungsänderung zu §§ 4, 237 StPO, JR 1993, 228; Weiler, Unzuständigkeit eines mit der Sache vorbefaßten Gerichts im Wiederaufnahmeverfahren, NJW 1996, 1042; Welp, Die Strafgerichtsbarkeit des Bundes, NStZ 2002, 1; Wolff, Zur Bedeutung von § 6 StPO im Revisionsverfahren, JR 2006, 232.

§ 1 Anwendbarkeit des Gerichtsverfassungsgesetzes

Die sachliche Zuständigkeit der Gerichte wird durch das Gesetz über die Gerichtsverfassung bestimmt.

Übersicht

I. Normzweck

1 Durch § 1 wird das in Art. 101 Abs. 1 S. 2 GG und § 16 S. 2 GVG aufgestellte Gebot, dass niemand seinem **gesetzlichen Richter** entzogen werden darf, konkretisiert. Es soll vermieden werden, dass durch eine auf den Einzelfall bezogene Auswahl der zur Entscheidung berufenen Richter das Ergebnis der gerichtlichen Entscheidung beeinflusst werden kann. Die eine Prozessmaxime darstellende Garantie des gesetzlichen Richters soll also der Gefahr vorbeugen, dass die Justiz durch eine Manipulation der rechtsprechenden Organe sachfremden Einflüssen ausgesetzt wird,[1] egal von welcher Seite die Manipulierung ausgeht.[2] Es soll verhindert werden, dass dem Bürger „sein" Richter durch unbefugte Eingriffe weggenommen wird.[3] Das Recht auf den gesetzlichen Richter ist eine Ausprägung der rechtsstaatlichen Rechtssicherheit[4] und des rechtsstaatlichen Objektivitätsgebotes.[5] Es stellt sicher, dass der zuständige Richter generell vorherbestimmt ist und nicht ad hoc und ad personam bestellt wird.

2 Aus Art. 101 Abs. 1 S. 2 GG folgt auch das Gebot an den Gesetzgeber, die richterliche **Zuständigkeit so eindeutig wie möglich** durch allgemeine Normen zu regeln.[6] Welcher Richter, gegebenenfalls in welchem gerichtlichen Spruchkörper, zur Entscheidung im Einzelfall berufen ist, muss sich also im Voraus und möglichst eindeutig aus den allgemeinen Zuständigkeitsregeln ergeben.[7] Die Sache muss nahezu „blindlings" aufgrund allgemeiner, abstrakter, sachlich-objektiver Merkmale auf den Richter zukommen.[8] Gesetzlicher Richter iSd Art. 101 Abs. 1 S. 2 GG ist der gesamte Spruchkörper, wie auch jeder einzelne mitwirkende Richter und Schöffe.[9]

3 Hinsichtlich der Verfassungswidrigkeit einer bestimmten Zuständigkeitsbestimmung ist allerdings zu beachten, dass nach der Rechtsprechung des BVerfG nicht jede irrtümliche

[1] BVerfG 8.4.1997 – 1 PBvU 1/95, BVerfGE 95, 322 (327) = NJW 1997, 1497.

[2] BVerfG 24.3.1964 – 2 BvR 42/63, BVerfGE 17, 294 (299) = NJW 1964, 1020; 26.1.1971 – 2 BvR 443/69, BVerfGE 30, 149 (152) = NJW 1971, 1029; BVerfG 3.12.1975 – 2 BvL 7/74, BVerfGE 40, 356 (360) = NJW 1976, 283.

[3] BVerfG 24.3.1964 – 2 BvR 42/63, BVerfGE 17, 294 (299) = NJW 1964, 1020; 3.12.1975 – 2 BvL 7/74, BVerfGE 40, 356 (360) = NJW 1976, 283.

[4] BVerfG 25.10.1966 – 2 BvR 291/64, BVerfGE 20, 336 (344) = NJW 1967, 99; 3.12.1975 – 2 BvL 7/74, BVerfGE 40, 356 = NJW 1976, 283.

[5] 31.5.1990 – 2 BvL 12/88, BVerfGE 82, 159 (194) = NVwZ 1991, 53.

[6] BVerfG 18.5.1965 – 2 BvR 40/60, BVerfGE 19, 52 (59 f.) = NJW 1965, 2291; 8.2.1967 – 2 BvR 235/64, BVerfGE 21, 139 (145) = NJW 1967, 1123; 16.7.1969 – 2 BvL 2/69, BVerfGE 27, 18 (34) = NJW 1969, 1619.

[7] BVerfG 24.3.1964 – 2 BvR 42/63, BVerfGE 17, 294 (298) = NJW 1964, 1020; BVerfG 3.12.1975 – 2 BvL 7/74, BVerfGE 40, 356 (360 f.) = NJW 1976, 283. Siehe hierzu auch Achenbach FS Wassermann, 1985, 849; Pechstein JURA 1998, 197 ff.

[8] BVerfG 10.7.1990 – 1 BvR 984/87, BVerfGE 82, 286 (298) = NJW 1991, 217; 8.4.1997 – 1 PBvU 1/95, BVerfGE 95, 322 (329) = NJW 1997, 1497; BGH 28.9.1954 – 5 StR 275/53, BGHSt 7, 23 (24) = NJW 1955, 152; OVG Hamburg 24.9.1993 – Bs IV 177/93, NJW 1994, 274. Kritisch Dinslage DRiZ 1965, 12 ff.

[9] Vgl. BVerfG 3.12.1975 – 2 BvL 7/74, BVerfGE 40, 356 = NJW 1976, 283.

Verletzung der den Fachgerichten gezogenen Grenzen, **nicht jeder Verfahrensverstoß** eine Verfassungsverletzung darstellt. Eine verfassungswidrige Entscheidung liegt vielmehr erst dann vor, wenn die fehlerhafte Auslegung bzw. Anwendung des Rechts schlechthin unvertretbar und unter keinen Umständen mehr zu rechtfertigen, also objektiv willkürlich ist.[10]

Neben dem GVG finden sich auch **in anderen Gesetzen** Vorschriften über die sachliche Zuständigkeit: §§ 39–41 JGG und § 108 Abs. 1 JGG regeln die Zuständigkeit von Jugendrichter, Jugendschöffengericht und Jugendkammer bei Jugendlichen und Heranwachsenden;[11] § 68 OWiG bestimmt das zuständige Gericht bei einem Einspruch gegen einen Bußgeldbescheid und §§ 1, 2 Abs. 3 Gesetz über das gerichtliche Verfahren in Binnenschifffahrtssachen und § 3 Abs. 3 Gesetz über das gerichtliche Verfahren in Binnenschifffahrtssachen regeln die Zuständigkeit in Straf- und Bußgeldsachen, die Binnenschifffahrtssachen sind. 4

II. Erläuterung

1. Arten der Zuständigkeit. Bei der Bestimmung der Zuständigkeit ist zwischen der sachlichen, der örtlichen und der funktionalen Zuständigkeit zu unterscheiden. 5

Die **sachliche Zuständigkeit** (§§ 1–6) regelt die Verteilung der Strafsachen auf die verschiedenen erstinstanzlichen Spruchkörper beim Amtsgericht, Landgericht und OLG nach ihrer Art und Schwere. Bei der Bestimmung spielen ua Deliktscharakter, Straferwartung und Bedeutung des Falls eine Rolle. Gemäß § 6 muss ein Gericht seine sachliche Zuständigkeit in jeder Lage des Verfahrens von Amts wegen prüfen. 6

Gerichte mit unterschiedlicher sachlicher Zuständigkeit stehen nach dem Wortlaut der StPO im Verhältnis von „niedrigerer" und „höherer" Ordnung (vgl. zB §§ 209, 269, 270 Abs. 1, § 354 Abs. 3).[12] 7

Die **örtliche Zuständigkeit** („der Gerichtsstand" §§ 7–21) entscheidet darüber, welches unter mehreren sachlich zuständigen Gerichten sich mit der Strafsache zu befassen hat. Das Procedere der Prüfung der örtlichen Zuständigkeit regelt § 16. 8

Die **funktionale Zuständigkeit** erfasst alle Regelungen zur Zuständigkeit, die nicht sachlicher oder örtlicher Natur sind. Insbesondere die Geschäftsverteilungspläne der Gerichte und Spruchkörper[13] geben hier Auskunft. Die in diesen vorgenommene Aufteilung der anfallenden Strafsachen auf die verschiedenen Spruchkörper eines Gerichts kann zB nach Deliktsarten, Anfangsbuchstaben der Beschuldigten, örtlichen Anknüpfungspunkten oder Eingangszahlen erfolgen.[14] Auch die Zuständigkeit des Rechtspflegers wird unter diesem Begriff geprüft.[15] 9

2. Bewegliche Zuständigkeit. Zahlreiche Vorschriften der StPO und des GVG (zB §§ 2, 3, 7 ff. StPO und § 24 Abs. 1 Nr. 3 GVG, § 74 Abs. 1 S. 2 GVG) scheinen der Staatsanwaltschaft weitreichende Möglichkeiten einzuräumen, unter mehreren sachlich und oder örtlich zuständigen Gerichten zu wählen und selbstständig zu entscheiden, vor welchem Gericht sie Anklage erhebt.[16] Dieses als **bewegliche Zuständigkeit** bezeichnete Wahlrecht steht allerdings im Konflikt mit Art. 101 Abs. 1 S. 2 GG. Das BVerfG hält deshalb – zumindest im Bereich der sachlichen Zuständigkeit – eine **verfassungskonforme Auslegung** 10

---

[10] Vgl. BVerfG 10.10.2001 – 2 BvR 1620/01, NJW 2002, 814; Helm JA 2006, 389; Sowada, Der gesetzliche Richter im Strafverfahren, 2000, 202 ff. Siehe auch Bettermann AöR 94 (1969), 263 (281).

[11] Beachte insoweit auch § 26 GVG bei Straftaten Erwachsener, durch die Kinder oder Jugendliche verletzt oder unmittelbar gefährdet wurden.

[12] Siehe auch Rieß GA 1976, 1 (2).

[13] Siehe hierzu zB BVerfG 8.4.1997 – 1 PBvU 1/95, BVerfGE 95, 322 (327) = NJW 1997, 1497; 3.5.2004 – 2 BvR 1825/02, NJW 2004, 3482; BGH 5.5.1994 – VGS 1–4/93, NJW 1994, 1735; 30.3.1993 – X ZR 51/92, NJW 1993, 1596.

[14] Vgl. BGH 2.11.1989 – 1 StR 354/89, NStZ 1990, 138; Katholnigg NJW 1992, 2256; Rieß GA 1976, 1 (4).

[15] Siehe §§ 21, 22, 24, 31 RPflG.

[16] Vgl. hierzu Nr. 113 RiStBV.

des § 24 Abs. 1 Nr. 3 GVG für erforderlich, so dass die Staatsanwaltschaft bei einem Fall minderer Bedeutung Anklage beim Einzelrichter[17] und im Falle besonderer Bedeutung Anklage beim Landgericht erheben muss.[18] Die beweglichen Zuständigkeitsregeln seien dann verfassungskonform, wenn die Bedeutsamkeit einer Sache als unbestimmter Rechtsbegriff und nicht als ermessensartiges Wahlrecht der Staatsanwaltschaft verstanden wird.[19] Zudem müsse das Gericht über das Vorliegen der Merkmale entscheiden,[20] die staatsanwaltliche Entscheidung unterliegt also in vollem Umfang der gerichtlichen Überprüfung.[21] Das dem Gesetz nach bestehende Wahlrecht der Staatsanwaltschaft wird daher als nicht bindende Beurteilung der Zuständigkeitsfrage aufgefasst, welche in Einklang mit Art. 101 Abs. 1 S. 2 GG stehe.[22] Zudem muss die Staatsanwaltschaft die Gründe des § 24 Abs. 1 S. 3 GVG, die zur Anklageerhebung bei einem bestimmten Gericht geführt haben, **in der Anklageschrift darlegen,** soweit sie nicht offenkundig sind.[23]

11 In der Praxis gibt es allerdings trotzdem weiterhin **Zweifelsfälle:** so sei es zulässig, wenn das Schöffengericht eine Anklage wegen besonders schweren Landfriedensbruchs in Tateinheit mit gefährlicher Körperverletzung und Sachbeschädigung zulässt, statt vor dem Strafrichter das Hauptverfahren zu eröffnen.[24] Gegen die Wahlmöglichkeit der Anklageerhebung unter mehreren örtlich zuständigen Gerichten hat das OLG Hamm dann keine Bedenken, wenn die Auswahl der Staatsanwaltschaft nicht auf unsachlichen, sich von den gesetzlichen Maßstäben völlig entfernenden Erwägungen beruht.[25] Allerdings sind auch Fälle bekannt geworden, in denen die alphabetische Reihenfolge der Angeklagten so verändert wurde, dass eine bestimmte gerichtliche Zuständigkeit erreicht oder vermieden wurde.[26]

12 Offensichtlich besteht also trotz der verfassungsrechtlichen Vorgaben ein recht weiter Spielraum der (weisungsgebundenen) Staatsanwaltschaft, bei welchem Gericht sie Anklage erhebt. Gegen diese bewegliche Zuständigkeit werden daher weiterhin[27] zu Recht **starke Bedenken** vorgebracht.[28] Die für die bewegliche Zuständigkeit angeführten Gesichtspunkte, wie ua Effizienz und Funktionsfähigkeit der Strafrechtspflege, Praktikabilität und Anpassungsfähigkeit an die weiten Strafrahmen des StGB sowie gerichtliche Kontrollmöglichkeiten,[29] können die hiergegen sprechenden Argumente, insbesondere die Bedeutung des Art. 101 Abs. 1 S. 2 GG und die Gefahren des Missbrauchs bzw. der Willkür[30] bei der Entscheidung über die Anklageerhebung, nicht überwiegen und ausräumen.[31]

---

17 BVerfG 19.7.1967 – 2 BvR 489/66, BVerfGE 22, 254 = NJW 1967, 2151.

18 BVerfG 19.3.1959 – 1 BvR 295/58, BVerfGE 9, 223 = NJW 1959, 871.

19 Siehe auch KG 23.12.1996 – 1 AR 504/95 – 4 Ws 206/96, BeckRS 1996, 12810.

20 BVerfG 19.3.1959 – 1 BvR 295/58, BVerfGE 9, 223 (229) = NJW 1959, 871.

21 OLG Hamburg 1.11.1994 – 1 Ws 288/94, NStZ 1995, 252; anders aber OLG Schleswig 15.6.1984 – 1 Ws 366/84, NStZ 1985, 74 (nur eingeschränkte Überprüfungsbefugnis der Gerichte).

22 Kleinknecht JZ 1965, 153 (159) „nur eine Art Vorschlagsrecht"; Rieß GA 1976, 1 (8).

23 BGH 10.2.1998 – 1 StR 760/97, NStZ-RR 1998, 336; Barthe in KK-StPO GVG § 24 Rn. 6. Siehe auch Nr. 113 Abs. 2 RiStBV.

24 OLG Karlsruhe 20.2.1997 – 2 Ss 216/96, StV 1998, 252. Siehe zur scheinbar willkürlichen Annahme der Zuständigkeit des Schöffengerichts auch BGH 30.7.1996 – 5 StR 288/95, StV 1996, 585.

25 OLG Hamm 10.9.1998 – 2 Ws 376/98, NStZ-RR 1999, 16; hierzu Heghmanns StV 2000, 277.

26 Siehe zB OLG Nürnberg 11.12.1962 – Ws 456/62, NJW 1963, 502; Herzog StV 1993, 609 (610).

27 Zu den Bedenken vor den Entscheidungen des BVerfG siehe: Bockelmann GA 1957, 357 ff.; Bockelmann NJW 1958, 889 ff.; Moller MDR 1966, 100 ff.; Oehler ZStW 64 (1952), 292 ff.; Schmidt JZ 1959, 535; Schroeder MDR 1965, 177 ff. Siehe auch Bruns NJW 1964, 1884 ff.

28 Achenbach FS Wassermann, 1985, 849 (859 f.); Eisenberg NStZ 1996, 263 (264); Engelhardt DRiZ 1982, 418 ff.; Grünwald JuS 1968, 452 ff.; Herzog StV 1993, 609 ff.; v. Heintschel-Heinegg in KMR-StPO Rn. 65; Kühl NJW 1987, 737 (747); Roxin/Schünemann StrafVerfR § 6 Rn. 11f; Sowada, Der gesetzliche Richter im Strafverfahren, 2000, 585 ff.

29 Vgl. Arnold ZIS 2008, 92 (93) mwN sowie Eser FS Salger, 1994, 247 (252). Für die bewegliche Zuständigkeit: Dallinger MDR 1957, 113 (114); Dünnebier JR 1975, 1 (4); Krey JA 1984, 288 (290); Lange NStZ 1995, 110 ff.; Rebmann NStZ 1986, 289 (292); Schnarr MDR 1993, 589 (595); Schoreit NStZ 1997, 70.

30 Siehe die Ergebnisse der empirischen Untersuchung zum Anklageverhalten der StA bei Arnold ZIS 2008, 92 (98) sowie Arnold, Die Wahlbefugnis der Staatsanwaltschaft, 2007, 186 ff.

31 Gegen die bewegliche Zuständigkeit: R. Fischer NJW 1996, 1044 ff.; Hohendorf NJW 1995, 1454 ff.; Heghmanns StV 2000, 277 ff.; Rotsch ZIS 2006, 17 ff.; Weiler NJW 1996, 1042 ff.

3. Die zuständigen Gerichte. Im erstinstanzlichen Rechtszug kommen als zuständige Gerichte in Betracht: 13

– Am Amtsgericht
  – der Strafrichter, § 25 GVG,
  – das Schöffengericht, §§ 24, 28 GVG,
  – das erweiterte Schöffengericht, § 29 Abs. 2 GVG,
– Am Landgericht
  – die (allgemeine) große Strafkammer, § 74 Abs. 1 GVG; als Schwurgericht, § 74 Abs. 2 GVG; als Staatsschutzkammer, § 74a GVG; als Wirtschaftsstrafkammer, § 74c GVG.[32]
– Am Oberlandesgericht[33]
  – der Strafsenat, § 120 Abs. 1, 2 GVG.

Als Rechtsmittel- und Beschwerdegerichte kommen in Betracht: 14

– Am Landgericht
  – die kleine Strafkammer für Berufungen, § 74 Abs. 3 GVG,
  – die Strafkammer als Beschwerdegericht, § 73 GVG,
– Am Oberlandesgericht
  – der Strafsenat für Revisionen, § 121 Abs. 1 Nr. 1 GVG; für Beschwerden, § 121 Abs. 1 Nr. 2 GVG; für Rechtsbeschwerden gegen Entscheidungen der Strafvollstreckungskammern, § 121 Abs. 1 Nr. 3 GVG; für Rechtsbeschwerden, § 79 Abs. 3 OWiG,[34]
– Am Bundesgerichtshof
  – der Strafsenat für Revisionen, § 135 Abs. 1 GVG, für Beschwerden, § 135 Abs. 2 GVG.

4. Kompetenzkonflikte. Die Bestimmung der **sachlichen Zuständigkeit** kann zu Kompetenzkonflikten zwischen Gerichten gleicher oder niedriger und höherer Ordnung führen, wenn sich mehrere Gerichte für zuständig (dann positiver Kompetenzkonflikt) oder für unzuständig (dann negativer Kompetenzkonflikt) halten.[35] Das Gesetz enthält für den **positiven Kompetenzkonflikt** in den §§ 14, 19, 209, 209a, 225a Verfahrensvorschriften. Hinsichtlich des negativen Kompetenzkonflikts fehlt es zwar an ausdrücklichen Regelungen, die Rechtsprechung hält eine analoge Anwendung der §§ 14, 19 hier aber für zulässig, wenn anderenfalls das Verfahren unter Umständen nicht fortgesetzt und zum Stillstand kommen würde.[36] **Darüber hinaus gelten folgende Regeln:** 15

a) Halten sich mehrere Gerichte für sachlich zuständig, so hat das höhere Gerichte den Vorrang.[37] 16
b) Bei mehrfacher Rechtshängigkeit ist nur das Gericht zuständig, bei dem das Verfahren zuerst rechtshängig wurde,[38] der späteren Eröffnung des Verfahrens steht das Verfahrenshindernis der anderweitigen Rechtshängigkeit entgegen.
c) Halten sich mehrere Gerichte für nicht zuständig, so entscheidet gemäß §§ 14, 19 das gemeinsame Obergericht.
d) Bei einem **negativen Kompetenzkonflikt** zwischen der Wirtschaftsstrafkammer und der allgemeinen Strafkammer im Berufungsverfahren bestimmt nicht das OLG gemäß §§ 14, 19 analog die zuständige Strafkammer, vielmehr steht gemäß §§ 209, 209a, 225a analog der Wirtschaftsstrafkammer gegenüber der allgemeinen Strafkammer die Kompe- 17

32 Zum Vorrangverhältnis zwischen den Strafkammern siehe § 74e GVG sowie § 209a.
33 Das Oberlandesgericht Berlin trägt die historische Bezeichnung Kammergericht; das Bayerische Oberste Landesgericht (vgl. § 9 EGGVG) wurde zum 30.6.2006 aufgelöst und zum 15.9.2018 wieder eingerichtet.
34 Bei Kartellordnungswidrigkeiten entscheidet über die Rechtsbeschwerde jedoch der BGH, § 84 GWB.
35 Hinsichtlich Kompetenzkonflikten auf der Ebene der Staatsanwaltschaft siehe § 143 GVG.
36 BGH 15.5.1963 – 2 ARs 66/63, BGHSt 18, 381 (384) = NJW 1963, 1747; OLG Karlsruhe 6.5.1987 – 4 Ws 101/87, NStZ 1987, 375. Siehe auch Rieß GA 1976, 1 (13 f.).
37 BGH 13.8.1963 – 2 ARs 172/63, NJW 1964, 506 (507).
38 BGH 30.8.1968 – 4 StR 335/68, NJW 1968, 2387.

tenz-Kompetenz zu.[39] Hält sich also die Wirtschaftsstrafkammer für unzuständig, so ist in diesem Fall die allgemeine Strafkammer zuständig.

e) Die **Jugendgerichte** haben die Kompetenz, über ihre Zuständigkeit selbst zu entscheiden, § 209a Nr. 2.[40] Gemäß § 47a JGG darf sich ein Jugendgericht nach Eröffnung des Hauptverfahrens allerdings nicht deshalb für unzuständig erklären, weil die Sache nach seiner Auffassung vor ein für allgemeine Strafsachen zuständiges Gericht gleicher oder niedrigerer Ordnung gehört.

f) Hat ein LG das Verfahren gemäß § 270 Abs. 1 an das für Staatsschutzstrafsachen erstinstanzlich zuständige OLG verwiesen, hält dieses aber den Verweisungsbeschluss wegen objektiver Willkür für unwirksam, ist der BGH gemäß §§ 14, 19 analog zur Bestimmung des sachlich zuständigen Gerichts berufen.[41]

g) Zu Konflikten über die **örtliche Zuständigkeit** siehe § 12.

III. Revision

18 Gemäß § 338 Nr. 4 stellt es einen absoluten Revisionsgrund dar, wenn ein Gericht seine Zuständigkeit zu Unrecht angenommen hat.[42] Umstritten ist, ob die Verletzung der sachlichen Zuständigkeit von Amts wegen oder nur auf entsprechende Rüge hin vom Revisionsgericht überprüft werden muss[43] – richtigerweise ist von einer Prüfungspflicht **von Amts wegen** auszugehen.[44]

§ 2 Verbindung und Trennung von Strafsachen

(1) [1]Zusammenhängende Strafsachen, die einzeln zur Zuständigkeit von Gerichten verschiedener Ordnung gehören würden, können verbunden bei dem Gericht anhängig gemacht werden, dem die höhere Zuständigkeit beiwohnt. [2]Zusammenhängende Strafsachen, von denen einzelne zur Zuständigkeit besonderer Strafkammern nach § 74 Abs. 2 sowie den §§ 74a und 74c des Gerichtsverfassungsgesetzes gehören würden, können verbunden bei der Strafkammer anhängig gemacht werden, der nach § 74e des Gerichtsverfassungsgesetzes der Vorrang zukommt.

(2) Aus Gründen der Zweckmäßigkeit kann durch Beschluß dieses Gerichts die Trennung der verbundenen Strafsachen angeordnet werden.

Übersicht

I. Normzweck

1 Sind von einem oder mehreren Beteiligten eine oder mehrere Straftaten begangen worden, kann es zweckmäßig sein, die Verfahren zu verbinden und gemeinsam zu entschei-

---

39 OLG Düsseldorf 3.4.1995 – 1 Ws 223/95, wistra 1995, 362.

40 Scheuten in KK-StPO Rn. 27; siehe auch BGH 4.11.1981 – 2 StR 242/81, BGHSt 30, 260 = NJW 1982, 454; 28.4.1988 – 4 StR 33/88, BGHSt 35, 267 (269) = NJW 1988, 3216.

41 BGH 17.3.1999 – 3 ARs 2/99, BGHSt 45, 26 = NJW 1999, 1876. Siehe auch Welp NStZ 2002, 1 ff.

42 Im Falle der funktionalen Unzuständigkeit greift jedoch § 338 Nr. 1 – BGH 6.1.1953 – 2 StR 162/52, BGHSt 3, 353 (355); 29.10.1992 – 4 StR 199/92, NJW 1993, 672.

43 Nur auf entsprechende Rüge: BGH 22.4.1997 – 1 StR 701/96, NJW 1997, 2689 (2690); von Amts wegen: BGH 12.12.1991 – 4 StR 506/91, NJW 1992, 1775 (1776).

44 Barthe in KK-StPO GVG § 24 Rn. 12a.

den.[1] Eine Verbindung nach § 2 kann daher – wenn ein Zusammenhang nach § 3 besteht – zu einer Arbeitsersparnis führen und es wird verhindert, dass der gleiche Sachverhalt unterschiedlich beurteilt wird.[2] Die Verbindung oder Trennung von Straftaten dient nach Auffassung des BVerfG daher der Funktionsfähigkeit der Strafrechtspflege.[3]

Ein **Vorteil** der Verbindung von Straftaten zur gemeinsamen Verhandlung und Aburteilung kann bei einem Straftäter zudem darin liegen, dass seine Persönlichkeit auf breiter und umfassender Grundlage sachgerecht beurteilt wird.[4] Auch kann so eine nachträgliche Gesamtstrafenbildung (§ 460) umgangen werden.[5] Jedoch sollte vermieden werden, durch eine Verbindung Großverfahren zu schaffen, da diese dem Beschleunigungsgebot des Art. 6 Abs. 1 S. 1 EMRK zuwiderlaufen können und auch nicht unbedingt verfahrensökonomisch sind.[6] Bei mehreren Angeklagten denen bandenmäßiges Vorgehen zur Last gelegt wird, kann eine Verfahrensverbindung jedoch deshalb angezeigt sein, weil oft nur so die Bandenstruktur prozessökonomisch im Rahmen der gemeinsamen Hauptverhandlung gegen alle Angeklagte geklärt werden kann.[7] 2

Nachteile einer Verfahrensverbindung können eine Verfahrensverzögerung und eine Rechtszugverkürzung sein. Bei der Verfahrenstrennung besteht hingegen die Gefahr der „Rollenvertauschung", wenn zB aus potentiellen Mitangeklagten Zeugen werden. Da sich durch eine Verfahrensverbindung und -trennung die Zuständigkeit des Gerichts ändern kann, wird auch ein Verstoß der Norm gegen Art. 101 Abs. 1 S. 2 GG diskutiert.[8] 3

II. Erläuterung

1. Verbindung von Strafsachen. Neben der in § 2 Abs. 1 geregelten Situation – die sich auf **nicht rechtshängige Strafsachen** aller Gerichte erster Instanz bezieht,[9] besteht nach § 4 die Möglichkeit der Verfahrensverbindung durch das Gericht für bereits rechtshängige Strafsachen und § 13 regelt die Verbindung bei unterschiedlicher örtlicher Zuständigkeit. § 237 führt hingegen lediglich zu einer Verbindung zum Zwecke gleichzeitiger Verhandlung und dient nur der Verfahrensvereinfachung.[10] 4

a) Verfahrensverbindung durch die Staatsanwaltschaft. aa) Allgemeines. Über eine Verfahrensverbindung – bereits im Ermittlungsverfahren oder erst mit Anklageerhebung[11] – entscheidet die Staatsanwaltschaft nach pflichtgemäßen **Ermessen.**[12] Ein unzulässiger Ermessensfehlgebrauch liegt vor, wenn durch die Verbindung die Verteidigung des Angeklagten durch den Anwalt seines Vertrauens (im Hinblick auf das Verbot der Mehrfachverteidigung) ohne ersichtlichen Verfahrensgewinn unmöglich wird.[13] Auch darf die Verfahrensverbindung nicht herbeigeführt werden, um ein für möglich erachtetes Zeugnisverweigerungsrecht zu unterlaufen.[14] Weder besteht allerdings für die 5

[1] Meyer-Goßner NStZ 2004, 353 (355).
[2] BGH 10.1.1958 – 5 StR 487/57, BGHSt 11, 130 (133) = NJW 1958, 469; 5.2.1963 – 1 StR 265/62, BGHSt 18, 238 (239) = NJW 1963, 869.
[3] BVerfG 21.6.1977 – 2 BvR 804/76, BVerfGE 45, 354 (359) = NJW 1977, 1767; 12.8.2002 – 2 BvR 932/02, StV 2002, 578 (580).
[4] Vgl. BGH 5.2.1963 – 1 StR 265/62, BGHSt 18, 238 (239) = NJW 1963, 869.
[5] BGH 20.5.1953 – 4 ARs 30/53, BGHSt 4, 152 (153).
[6] Erb in Löwe/Rosenberg Rn. 1.
[7] OLG Koblenz 28.7.2010 – 2 Ws 336/10, NStZ-RR 2011, 209.
[8] Herzog StV 1993, 609 ff.; Rosenmeier, Die Verbindung von Strafsachen im Erwachsenenstrafrecht, 1973, 138.
[9] RG 8.6.1914 – T.B. 83/14 VIII 1253/14, RGSt 48, 297; BGH 13.8.1963 – 2 ARs 172/63, BGHSt 19, 177 = NJW 1964, 506.
[10] BGH 13.8.1963 – 2 ARs 172/63, BGHSt 19, 177 (82) = NJW 1964, 506; 3.2.1976 – 1 StR 694/75, BGHSt 26, 271 (273) = NJW 1976, 720.
[11] Vgl. Meyer-Goßner DRiZ 1985, 241.
[12] Vgl. Rotsch/Sahan JA 2005, 801 (803).
[13] BVerfG 12.8.2002 – 2 BvR 932/02, StV 2002, 578. Siehe auch 21.6.1977 – 2 BvR 804/76, BVerfGE 45, 354 (359) = NJW 1977, 1767.
[14] BGH 8.12.1999 – 5 StR 32/99, BGHSt 45, 342 (351) = NJW 2000, 1274.

Staatsanwaltschaft eine Verpflichtung zu verbinden,[15] noch ein Anspruch des Angeklagten auf eine Verbindung.[16]

6 Entsteht im Ermittlungsverfahren nach einer Verfahrensverbindung **Streit** darüber, welche Staatsanwaltschaft das verbundene Verfahren nun führt, entscheidet diese Frage gemäß §§ 146, 147 GVG innerhalb eines Landgerichtsbezirks der Leitende Oberstaatsanwalt, innerhalb eines OLG-Bezirks der Generalstaatsanwalt, wenn erforderlich innerhalb eines Bundeslandes die Landesjustizverwaltung und bei verschiedenen Bundesländern gemäß § 143 Abs. 3 GVG der Generalbundesanwalt.[17]

7 **bb) Fallvarianten.** Gesetzlich nicht geregelt ist der Fall, dass die Staatsanwaltschaft zusammenhängende Verfahren verbinden möchte, die alle in die **Zuständigkeit ein und des gleichen Gerichts** fallen. Da die Staatsanwaltschaft sogar zusammenhängende Verfahren verbinden darf, die in die Zuständigkeit von Gerichten verschiedener Ordnung gehören (§ 2 Abs. 1), darf sie erst Recht in diesem Fall eine Verbindung vornehmen.[18]

8 Sollen zusammenhängende Strafsachen verbunden werden, die in die **Zuständigkeit verschiedener Gerichte gleicher Ordnung** fallen, wird dadurch die örtliche Zuständigkeit berührt und § 13 ist zu beachten.[19]

9 Im Falle der Verbindung zusammenhängender Straftaten, welche in die **Zuständigkeit verschiedener Gerichte unterschiedlicher Ordnung** gehören, ordnet § 2 Abs. 1 an, dass das verbundene Verfahren beim Gericht der höheren Ordnung anhängig gemacht werden muss. Wird durch die Verbindung in die Zuständigkeit besonderer Strafkammern nach § 74 Abs. 2 GVG, §§ 74a, 74c GVG eingegriffen, so ist das Verfahren bei der nach § 74e GVG vorrangigen Strafkammer anhängig zu machen.

10 **b) Besondere Fälle und Beispiele.** Nach Nr. 17 Abs. 1, 2 RiStBV, Nr. 114 RiStBV soll die Staatsanwaltschaft zusammenhängende Straftaten verbinden und in einer Anklage zusammenfassen. Nach Nr. 114 RiStBV kann eine Verbindung allerdings unterbleiben, wenn es hierdurch zu Verfahrensverzögerungen kommen würde. Dies kann zB bei einem unterschiedlichen Ermittlungsstand der verschiedenen Strafverfahren in Verbindung mit Haftsachen eintreten.

11 Eine Verbindung ist **unzulässig,** wenn zB eine zur Zuständigkeit des Amtsgerichts gehörende Sache nur deshalb beim Landgericht angeklagt wird, weil dort bereits ein Berufungsverfahren anhängig ist.[20]

12 Im Bereich des **Ordnungswidrigkeitenrechts** kann die Staatsanwaltschaft gemäß §§ 42, 64 OWiG die Verfolgung einer Ordnungswidrigkeit übernehmen und die Anklage auf diese erstrecken, wenn ein Zusammenhang iSd § 42 Abs. 1 OWiG besteht. Eine Trennung der verbundenen Straf- und Bußgeldsache durch das Gericht ist nach hM nicht möglich.[21]

13 Im **Jugendstrafrecht** besteht gemäß § 103 Abs. 1 JGG die Möglichkeit, Strafsachen gegen Jugendliche und Erwachsene nach den allgemeinen Vorschriften der StPO zu verbinden, wenn dies zur Erforschung der Wahrheit oder aus anderen wichtigen Gründen geboten ist.[22] Grundsätzlich ist für das verbundene Verfahren nach § 103 Abs. 2 S. 1 JGG das Jugendgericht zuständig. Gemäß §§ 102, 103 Abs. 2 S. 2 JGG bleibt jedoch die Zuständigkeit des OLG im ersten Rechtszug[23] und die Zuständigkeiten der Wirtschafts- und Staatsschutzkammern bestehen, so dass diese im Falle der Verbindung auch für die Verurteilung der jugendlichen Straftäter zustän-

[15] Schmitt in Meyer-Goßner/Schmitt Rn. 3.

[16] BGH 20.11.1990 – 1 StR 588/90, NStZ 1991, 226; OLG Stuttgart 8.7.1960 – 1 Ss 244/60, NJW 1960, 2353; Rogall StV 1985, 354.

[17] Vgl. Erb in Löwe/Rosenberg Rn. 15.

[18] IE ebenso Rotsch/Sahan JA 2005, 801 (803).

[19] Siehe BGH 30.8.1968 – 4 StR 335/68, BGHSt 22, 232 = NJW 1968, 2387; 5.6.1986 – 4 StR 238/86, NStZ 1986, 564.

[20] BGH 12.12.1991 – 4 StR 506/91, BGHSt 38, 172 = NJW 1992, 1775; 6.2.1992 – 4 StR 626/91, NStZ 1992, 397.

[21] Göhler OWiG § 45 Rn. 4 – siehe aber auch Lampe in KK-OWiG OWiG § 45 Rn. 4.

[22] Für eine grundsätzliche Verfahrenstrennung ist Fahl NStZ 1983, 309 f.

[23] Siehe aber Eisenberg NStZ 1996, 263 ff.; hiergegen Schoreit NStZ 1997, 69 ff.

dig sind. Dies gilt gemäß § 112 S. 1 JGG für Heranwachsende entsprechend. Hat ein Beschuldigter in verschiedenen Alters- und Reifestufen Straftaten begangen, so ist § 32 JGG zu beachten.[24]

14 **2. Trennung von Strafsachen.** Das Gericht ist an die Ermessensentscheidung der Staatsanwaltschaft, zusammenhängende Verfahren zu verbinden, nicht gebunden. Es kann daher die verbundenen Verfahren nach § 2 Abs. 2 wieder trennen. Die Trennung steht im pflichtgemäßen Ermessen des Gerichts und ist aus Gründen der **Zweckmäßigkeit** ebenso zulässig, wie das Unterlassen einer Verbindung.[25] Der Angeklagte hat keinen Anspruch auf eine Verfahrenstrennung. Die Trennung kann dadurch erfolgen, dass das Gericht **bereits mit dem Eröffnungsbeschluss** die von ihm abgetrennte Strafsache vor dem zuständigen Gericht niederer Ordnung nach § 209 Abs. 1 eröffnet.[26] Sind allerdings mehrere Gerichte niedriger Ordnung örtlich zuständig und liegen diese eventuell außerhalb des Bezirkes des höheren Gerichts, muss das Auswahlermessen der Staatsanwaltschaft, vor welchem Gericht sie Anklage erheben will, berücksichtigt werden.[27]

15 Will das nach Absatz 1 für die verbundenen Strafsachen zuständige Gericht **nach Eröffnung des Hauptverfahrens** eine Trennung beschließen, muss es zunächst gemäß § 33 Abs. 1 die Verfahrensbeteiligten anhören.[28] Folge der Trennung ist dann aber nicht, dass das abgetrennte Verfahren in die alte Zuständigkeit zurückfällt.[29] Da das höhere Gericht sich bereits mit dem abgetrennten Verfahren beschäftigt hat, ist es dem § 269 folgend verpflichtet, die Sache auch nach der Trennung weiter zu verhandeln.[30]

16 Eine Trennung wird nicht dadurch bewirkt, dass eines der verbundenen Verfahren nach § 205 eingestellt[31] oder ein Verfahrensteil abgeschlossen wird.[32]

17 Durch eine Verfahrenstrennung kann es zu einem **Rollentausch** kommen, dh der Angeklagte des einen Verfahrens wird zum Zeugen im anderen Verfahren.[33] Durch § 2 Abs. 2 darf allerdings nicht gezielt der Grundsatz umgangen werden, dass ein Angeklagter nicht als Zeuge zu seiner eigenen Straftat gehört werden darf.[34] Eine Verfahrenstrennung, mit dem Ziel den Angeklagten als Zeugen vernehmen zu können, ist aber zulässig, wenn er an der angeklagten Tat, zu der er vernommen werden soll, nicht beteiligt war.[35] **Unzulässig** ist die Trennung in diesem Kontext folglich, wenn die Zeugenaussage auch auf den Angeklagten Einfluss hat.[36]

III. Rechtsmittel und Revision

18 Der Trennungsbeschluss kann von der Staatsanwaltschaft und dem betroffenen Angeklagten mit der **Beschwerde** nach § 304 Abs. 1 angefochten werden.[37] Zum Teil wird

[24] BGH 29.2.1956 – 2 StR 25/56, BGHSt 10, 100 = NJW 1956, 680; 2.10.1973 – 1 StR 217/73, JR 1974, 428.

[25] BGH 5.2.1963 – 1 StR 265/62, BGHSt 18, 238 = NJW 1963, 869; OLG Frankfurt a. M. 11.5.1982 – 3 Ws 336/82, StV 1983, 92.

[26] OLG Düsseldorf 7.11.1990 – 3 Ws 936/90, NStZ 1991, 145 (146).

[27] Siehe hierzu v. Heintschel-Heinegg in KMR-StPO Rn. 19; Mutzbauer NStZ 1995, 213 f.

[28] BGH 12.2.1980 – 5 StR 35/80, NStZ 1982, 188.

[29] Für das Jugendstrafrecht ist § 47a JGG zu beachten – BGH 4.11.1981 – 2 StR 242/81, MDR 1982, 244; BayObLG 11.6.1980 – RReg. 5 St 195/79, MDR 1980, 958.

[30] BGH 26.9.2001 – 2 StR 340/01, BGHSt 47, 116 = NJW 2002, 526; Scheuten in KK-StPO Rn. 14; Roxin/Schünemann StrafVerfR § 6 Rn. 14.

[31] OLG Frankfurt a. M. 2.12.1980 – Ojs 42/78, StV 1981, 85. Hiergegen J. Fischer StV 1981, 85 ff.; Erb in Löwe/Rosenberg Rn. 25.

[32] OLG Köln 8.3.1977 – Ss 38 13/77, VRS Band 53, 130.

[33] Grundsätzlich gegen eine Trennung nur zum Zweck des Rollentauschs Rotsch/Sahan JA 2005, 801 (804).

[34] BGH 25.2.1964 – 1 StR 13/64, NJW 1964, 1034; 1.3.1977 – 5 StR 65/77, MDR 1977, 637 (639).

[35] BGH 5.10.1983 – 2 StR 298/83, BGHSt 32, 100 = NJW 1984, 501; 24.2.1971 – 3 StR 305/70, MDR 1971, 895 (897). Siehe aber Gerlach NJW 1964, 2397 f.

[36] BGH 14.5.1968 – 1 StR 552/67, GA 1968, 305 f.; 5.10.1983 – 2 StR 298/83, BGHSt 32, 100 = NJW 1984, 501; LG Frankfurt a. M. 3.10.1985 – 90 Js 13171/83, StV 1986, 470.

[37] OLG Frankfurt a. M. 11.5.1982 – 3 Ws 336/82, StV 1983, 92; OLG Frankfurt a. M. 24.6.1991 – 3 Ws 370/91, StV 1991, 504; Schmitt in Meyer-Goßner/Schmitt Rn. 13.

allerdings danach differenziert, ob die Verfahrenstrennung nur der Förderung des Verfahrens in seiner Gesamtheit diene, dann sei sie der Anfechtung entzogen, es sei denn die Rechtswidrigkeit der Anordnung sei infolge fehlerhafter Ermessensausübung evident und bewirke dadurch für den Verfahrensbeteiligten eine besondere selbstständige Beschwer oder die Abtrennung wirke sich ausschließlich hemmend oder verzögernd auf das Verfahren aus.[38] Diese Differenzierung ist jedoch abzulehnen.[39] Der Trennungsbeschluss wird vielmehr durch das Beschwerdegericht in vollem Umfang, also auch auf seine Zweckmäßigkeit,[40] und nicht nur auf Ermessensfehler hin überprüft.[41] Der Beschluss des erkennenden Gerichts, durch welchen die Trennung verbundener Verfahren **abgelehnt** wird, ist hingegen unanfechtbar, da die Entscheidung im Ermessen des Gerichts steht.[42]

19 Mit der **Revision** können keine Ermessensfehler bei der Verbindung oder Trennung nach § 2 gerügt werden. Gerügt werden können aber ein Ermessensmissbrauch, das Fehlen der gesetzlichen Voraussetzungen für die Trennung oder Verbindung oder sonstige Verfahrensfehler, zu denen die Verbindung oder Trennung geführt hat (zB § 244 Abs. 2, § 261).[43]

§ 3 Begriff des Zusammenhanges

Ein Zusammenhang ist vorhanden, wenn eine Person mehrerer Straftaten beschuldigt wird oder wenn bei einer Tat mehrere Personen als Täter, Teilnehmer oder der Datenhehlerei, Begünstigung, Strafvereitelung oder Hehlerei beschuldigt werden.

I. Normzweck

1 § 3 definiert den Begriff des Zusammenhangs für §§ 2, 4, 13 abschließend. Während für § 237 ein tatsächlicher Zusammenhang genügt, muss für § 3 ein persönlicher Zusammenhang oder ein sachlicher Zusammenhang oder eine Kombination aus beidem vorliegen.

2 Die Verknüpfung iSd § 3 muss durch konkrete, in der Anklage im Einzelnen dargestellte Tatsachen begründet werden, die bloße Möglichkeit eines derartigen Zusammenhanges genügt nicht.[1] Die Zuständigkeit, die durch die Verbindung zusammenhängender Straftaten geschaffen wird, bleibt grundsätzlich auch dann bestehen, wenn der Grund für die Verbindung nach Eröffnung des Hauptverfahrens entfällt.[2]

II. Erläuterung

3 **1. Persönlicher Zusammenhang.** Ein persönlicher Zusammenhang ist gegeben, wenn ein Beschuldigter **mehrere rechtlich selbstständige Straftaten** iSd § 264 begangen hat.[3] Hierfür genügt nicht bereits das Vorliegen von Tatmehrheit nach § 53 StGB innerhalb einer prozessualen Tat.[4] In einem solchen Falle müssen die mehreren Straftaten ohnehin gemeinsam abgeurteilt werden. Sollte die Staatsanwaltschaft in dieser Konstellation irrtümlich getrennt Anklage erhoben haben und das höhere Gericht das andere Verfahren an sich

[38] KG 10.5.2012 – 4 Ws 42/12, NStZ-RR 2013, 218 (219); Neuheuser in MüKoStPO § 305 Rn. 16.
[39] So auch Scheuten in KK-StPO Rn. 15.
[40] BGH 6.8.2013 – 1 StR 201/13, NStZ-RR 2013, 352 (353).
[41] OLG Düsseldorf 7.11.1990 – 3 Ws 936/90, NStZ 1991, 145 (146); OLG Frankfurt a. M. 24.6.1991 – 3 Ws 370/91, StV 1991, 504.
[42] BayObLG 1.7.1952 – BeschwReg. 1 St 128/52, BayObLGSt 1952, 117 f.
[43] BGH 5.2.1963 – 1 StR 265/62, BGHSt 18, 238 (239) = NJW 1963, 869; 5.3.1953 – 5 StR 676/52, NJW 1953, 836; OLG Koblenz 23.12.1974 – 1 Ws [a] 706/74, VRS Band 49, 115 (zu § 237); Brunner JR 1974, 429 f.; Schmitt in Meyer-Goßner/Schmitt Rn. 14.
[1] Erb in Löwe/Rosenberg Rn. 4; siehe auch Kindhäuser JZ 1993, 478 (479).
[2] BGH 20.12.1961 – 2 Ars 158/61, BGHSt 16, 391 (393) = NJW 1962, 499; 9.6.1993 – 3 StR 49/93, StV 1993, 452; 27.8.2003 – 2 StR 309/03, NStZ 2004, 100.
[3] Sahan JA 2006, 539 (540).
[4] BGH 14.10.1975 – 1 StR 481/75, MDR 1976, 64; Kleinknecht MDR 1958, 357; Rotsch/Sahan JA 2005, 801 (802).

ziehen, würde nur das Prozesshindernis der doppelten Rechtshängigkeit beseitigt werden.[5] Dies gilt auch, wenn hinsichtlich einer Straftat sowohl Anklage iSd § 200 erhoben wurde und gleichzeitig ein Sicherungsverfahren nach §§ 413 ff. betrieben wird.[6]

Stehen mehrere rechtshängige Strafsachen in einem persönlichem Zusammenhang, ist es regelmäßig sachgerecht, sie zu einem Verfahren zu verschmelzen, sofern nicht überwiegende Nachteile einer solchen Sachverbindung dazu drängen, die Verfahren getrennt – sei es auch in gemeinsamer Verhandlung gemäß § 237 StPO – weiterzuführen.[7] 4

2. Sachlicher Zusammenhang. Ein sachlicher Zusammenhang besteht, wenn hinsichtlich einer prozessualen Tat mehrere Personen als Täter (§ 25 StGB) oder Teilnehmer (§§ 26, 27 StGB) verdächtigt werden oder die weitere Person(en) der Datenhehlerei (§ 202d StGB),[8] der Begünstigung (§ 257 StGB),[9] der Strafvereitelung (§§ 258, 258a StGB) oder der Hehlerei (§§ 259, 260, 260a StGB) hinsichtlich dieser Tat verdächtigt wird. 5

Ausgangspunkt ist auch hier der **prozessuale Tatbegriff** des § 264.[10] Vom Begriff des Täters werden alle Formen der Täterschaft erfasst, also auch Mittäterschaft (§ 25 Abs. 2 StGB), mittelbare Täterschaft (§ 25 Abs. 1 S. 2 StGB) sowie die gesetzlich nicht geregelte Nebentäterschaft.[11] Täter ist darüber hinaus auch, wer den Erfolg fahrlässig (mit-) herbeiführt.[12] 6

Der Begriff der Teilnahme wird in § 28 Abs. 1 StGB als Anstiftung (§ 26 StGB) und Beihilfe (§ 27 StGB) legal definiert. Von der hM wird der Begriff allerdings insoweit ausgedehnt, dass die Teilnahme nicht auf § 27 StGB beschränkt sei, es genüge vielmehr die in dieselbe Richtung zielende **Mitwirkung an einem einheitlichen geschichtlichen Vorgang.**[13] Es soll die Mitverantwortlichkeit für den dem Mitangeklagten vorgeworfenen Erfolg genügen, auch wenn diese nicht in demselben Umfang besteht oder unter denselben rechtlichen Gesichtspunkten gewürdigt werden kann. Eine derartige erweiternde Auslegung ist vom Wortlaut des § 3 jedoch nicht gedeckt und angesichts des möglichen Eingriffs in das Recht auf den gesetzlichen Richter auch unzulässig und daher abzulehnen.[14] 7

3. Kombination beider Zusammenhänge. Auch eine Kombination von persönlichem und sachlichen Zusammenhang ist vom Wortlaut des § 3 („oder") gedeckt. Eine solche ist denkbar, wenn etwa A und B Täter und Teilnehmer einer prozessualen Tat sind und B darüber hinaus Täter einer weiteren prozessualen Tat ist. In diesem Fall des mittelbaren Zusammenhangs ist eine gemeinsame Anklage hinsichtlich aller prozessualen Taten möglich.[15] 8

III. Revision

Das Fehlen der Voraussetzungen des § 3 kann mit der Revision gerügt werden.[16] 9

---

5 BGH 13.8.1963 – 2 ARs 172/63, BGHSt 19, 177 (181) = NJW 1964, 506; 31.10.1957 – 4 StR 449/57, NJW 1958, 31.

6 BGH 25.6.1968 – 5 StR 191/68, BGHSt 22, 185 (186) = NJW 1968, 1730.

7 OLG Stuttgart 28.9.1994 – 3 ARs 102/94, NStZ 1995, 248.

8 Durch das Gesetz zur Einführung einer Speicherpflicht und einer Höchstspeicherfrist für Verkehrsdaten vom 10.12.2015, BGBl. I 2218 (2221) wurde die Datenhehlerei in § 3 aufgenommen. Zur Begründung siehe BT-Drs. 18/5088, 37.

9 Siehe speziell hierzu zB BGH 5.2.1963 – 1 StR 265/62, BGHSt 18, 238 = NJW 1963, 869.

10 BT-Drs. 7/550, 289; BGH 29.10.1992 – 4 StR 199/92, BGHSt 38, 376 (379) = NJW 1993, 672; 25.8.1987 – 1 StR 357/87, NJW 1988, 150; Kindhäuser JZ 1993, 478 (479); Kleinknecht MDR 1958, 357.

11 RG 22.4.1901 – 923/01, RGSt 34, 255 (258); 4.2.1910 – V 36/10, RGSt 43, 293 (296); Rotsch/Sahan ZIS 2007, 142 (146).

12 RG 16.10.1930 – II 536/30, RGSt 64, 377 (379).

13 BGH 29.10.1992 – 4 StR 199/92, BGHSt 38, 376 (379) = NJW 1993, 672; 25.8.1987 – StR 357/87, NStZ 1987, 569; Larcher in BeckOK StPO Rn. 1; Scheuten in KK-StPO Rn. 4; Erb in Löwe/Rosenberg Rn. 4; Schmitt in Meyer-Goßner/Schmitt Rn. 3.

14 v. Heintschel-Heinegg in KMR-StPO Rn. 4; Rotsch/Sahan ZIS 2007, 142 (149); Sahan JA 2006, 539 (542).

15 Vgl. zB Scheuten in KK-StPO Rn. 5; ablehnend Julius in Gercke/Julius/Temming/Zöller Rn. 5.

16 BGH 29.10.1992 – 4 StR 199/92, BGHSt 38, 376 (378 f.) = NJW 1993, 672; Erb in Löwe/Rosenberg Rn. 6.

§ 4 Verbindung und Trennung rechtshängiger Strafsachen

(1) Eine Verbindung zusammenhängender oder eine Trennung verbundener Strafsachen kann auch nach Eröffnung des Hauptverfahrens auf Antrag der Staatsanwaltschaft oder des Angeklagten oder von Amts wegen durch gerichtlichen Beschluß angeordnet werden.

(2) [1]Zuständig für den Beschluß ist das Gericht höherer Ordnung, wenn die übrigen Gerichte zu seinem Bezirk gehören. [2]Fehlt ein solches Gericht, so entscheidet das gemeinschaftliche obere Gericht.

Übersicht

I. Normzweck

1 § 4 regelt die Möglichkeiten der Verbindung und Trennung **bereits rechtshängiger Strafverfahren** auf Antrag oder von Amts wegen. Während § 2 sich auf noch nicht rechtshängige Strafsachen bezieht (→ § 2 Rn. 4), greift § 4 erst nach Eröffnung des Hauptverfahrens ein.

II. Erläuterung

2 **1. Verbindung.** Eine Verbindung nach § 4 setzt voraus, dass zwischen verschiedenen Straftaten iSd § 264 ein Zusammenhang nach § 3 besteht (→ § 3 Rn. 3 ff.). Von § 4 ist nur der Fall geregelt, dass **bei Gerichten unterschiedlicher Ordnung** zusammenhängende Strafsachen anhängig sind. Dies gilt auch im Verhältnis vom Strafrichter zum Schöffengericht.[1] Gleichgültig ist dabei, ob das niedrigere Gericht sich im Bezirk des höheren befindet. Sind die zu verbindenden Strafsachen bei Gerichten gleicher Ordnung an verschiedenen Orten anhängig, ist § 13 einschlägig.[2]

3 Sind sowohl § 4 als auch § 13 von der zu treffenden Entscheidung betroffen, geht § 4 vor.[3] Eine die **sachliche Zuständigkeit** verändernde Verbindung bedarf daher stets der Entscheidung des **gemeinschaftlichen oberen Gerichts.** Verkennen dies die beteiligten Gerichte und einigen sich unter Umgehung dieses Gerichts, ist die Verfahrensverbindung unwirksam.[4]

4 **a) Verbindung in verschiedenen Rechtszügen.** Eine Verbindung nach § 4 ist nicht mehr möglich, wenn in einer der zusammenhängenden Strafsachen bereits ein Urteil ergangen ist.[5] Eine Ausnahme besteht nur dann, wenn durch die Verbindung der Rechtsmittelzug nicht verkürzt wird. Dies kann zB eintreten, wenn das Revisionsgericht eine Sache nach § 354 Abs. 2 zurückverweist. Nun kann eine bei einem niedrigen Gericht anhängige zusam-

---

1 Vgl. BGH 15.11.1972 – 2 ARs 300/72, BGHSt 25, 51 = NJW 1973, 204; Meyer-Goßner DRiZ 1985, 241 (242).

2 OLG Düsseldorf 24.5.1985 – 2 Ws 222/85, MDR 1985, 1048.

3 BGH 30.8.1968 – 4 StR 335/68, NJW 1968, 2387; 21.3.2000 – 1 StR 609/99, NStZ 2000, 435.

4 BGH 21.3.2000 – 1 StR 609/99, NStZ 2000, 435; 11.7.2013 – 3 StR 166/13, NStZ-RR 2013, 378; siehe auch Felsch NStZ 1996, 163 ff.

5 BGH 13.8.1963 – 2 ARs 172/63, BGHSt 19, 177 = NJW 1964, 506; 24.4.1990 – 4 StR 159/90, BGHSt 37, 15 (17) = NJW 1991, 239; 5.6.1986 – 4 StR 238/86, NStZ 1986, 564; Eb. Schmidt JZ 1964, 469 (470).

menhängende Strafsache verbunden werden, selbst wenn in der einen Sache der Schuldspruch schon rechtskräftig ist.[6]

Wegen der damit verbundenen Verkürzung des Instanzenzuges ist es aber **unzulässig,** ein amtsgerichtliches Verfahren mit einem Berufungsverfahren beim Landgericht zu verbinden.[7] Das gleiche gilt für den Fall, das ein am Landgericht anhängiges Verfahren mit der Berufungssache eines anderen Landgerichts verbunden werden soll.[8] Unzulässig ist es nach dem BGH darüber hinaus, eine Anklage beim Landgericht nur deshalb zu erheben, um dieses Verfahren mit einem dort anhängigen Berufungsverfahren zu verbinden, wenn eine Zuständigkeit des Landgerichts nach § 74 GVG sonst nicht gegeben ist.[9] 5

Problematisch ist es jedoch, wenn die Rechtsprechung es zulässt, dass **eine große Strafkammer das bei einer kleinen Strafkammer desselben Landgerichts geführte Berufungsverfahren übernimmt.**[10] Folge der analog § 4 vorgenommenen Verfahrensverschmelzung soll es sein, dass die große Strafkammer das Verfahren insgesamt erstinstanzlich führt und eine Rücknahme der Berufung ausscheidet.[11] Nur wenn in der Berufungssache horizontale Teilrechtskraft eingetreten ist, soll eine derartige Verbindung ausgeschlossen sein.[12] Diese nach der Rechtsprechung zulässige Verbindung wirkt auch insoweit fort, als dass nach einer Verfahrenstrennung das ursprüngliche Berufungsverfahren erstinstanzlich fortzuführen ist.[13] Eine derartige Verbindung zusammenhängender erst- und zweitinstanzlicher Verfahren bei einem Landgericht ist jedoch abzulehnen, da hierdurch ohne gesetzliche Grundlage in den Instanzenzug eingegriffen wird.[14] Möglich ist in einem solchen Fall aber die Anwendung von § 237.[15] 6

b) Sonderfälle. Von § 4 nicht erfasst wird die Konstellation, dass zusammenhängende Strafsachen bei Gerichten gleicher Ordnung rechtshängig sind und verbunden werden sollen.[16] Sind die Verfahren **bei demselben Spruchkörper im gleichen Rechtszug** anhängig, ist eine Verbindung ohne weiteres möglich,[17] da das Recht auf den gesetzlichen Richter nicht tangiert wird. 7

Sollen Strafsachen verbunden werden, die **bei gleichartigen Spruchkörpern eines Gerichts im gleichen Rechtszug** anhängig sind, wird dies nach § 4 analog für zulässig gehalten, wenn die Spruchkörper sich einig sind.[18] Lässt sich keine Einigung erzielen, soll das Präsidium gemäß § 21e Abs. 1 S. 1 GVG diese Entscheidung treffen.[19] Eine Verfahrensverbindung in dieser Konstellation ist jedoch **problematisch,** da ohne gesetzliche Grundlage in das Recht auf den gesetzlichen Richter eingegriffen wird. Bei einer Uneinigkeit zwischen den gerichtlichen Spruchkörpern das Gerichtspräsidium in einem konkreten Ein- 8

---

6 BGH 15.11.1972 – 2 ARs 300/72, BGHSt 25, 51 = NJW 1973, 204.

7 BGH 24.4.1990 – 4 StR 159/90, BGHSt 37, 15 = NJW 1991, 239; Rieß NStZ 1992, 548 (549).

8 Erb in Löwe/Rosenberg Rn. 15; Schmitt in Meyer-Goßner/Schmitt Rn. 3.

9 BGH 12.12.1991 – 4 StR 506/91, BGHSt 38, 172 = NJW 1992, 1775; 6.2.1992 – 4 StR 626/91, NStZ 1992, 397.

10 BGH 18.1.1990 – 4 StR 616/89, BGHSt 36, 348 (350) = NJW 1990, 1490; 24.4.1990 – 4 StR 159/90, BGHSt 37, 15 (17) = NJW 1991, 239; 26.8.1998 – 3 StR 201/98, NStZ 1998, 628; 17.12.1998 – 1 StR 628/98, NStZ-RR 1999, 257.

11 BGH 21.5.1992 – 4 StR 81/92, BGHSt 38, 300 = NJW 1992, 2644.

12 BGH 18.1.1990 – 4 StR 616/89, BGHSt 36, 348 (350 f.) = NJW 1990, 1490; 24.4.1990 – 4 StR 159/90, BGHSt 37, 15 (17) = NJW 1991, 239; 12.11.1996 – 4 StR 495/96, NStZ-RR 1997, 171.

13 BGH 21.5.1992 – 4 StR 81/92, BGHSt 38, 300 (301) = NJW 1992, 2644.

14 Erb in Löwe/Rosenberg Rn. 19; Schmitt in Meyer-Goßner/Schmitt Rn. 8d; Meyer-Goßner NStZ 2004, 353 (357).

15 Erb in Löwe/Rosenberg Rn. 22.

16 Siehe hierzu auch Meyer-Goßner NStZ 2004, 353 ff.

17 KG 7.2.1997 – 5 Ws 646/96 Vollz, NStZ 1998, 400; Rotsch/Sahan JA 2005, 801 (808).

18 BGH 18.1.1990 – 4 StR 616/89, BGHSt 36, 348 (350) = NJW 1990, 1490; 24.3.1995 – 3 ARs 8/95, NJW 1995, 1688 (1689); OLG Düsseldorf 29.5.1980 – 1 Ws 214/80, MDR 1980, 1041 (1042); Meyer-Goßner NStZ 1989, 297 (298); ablehnend Steinmetz JR 1993, 228 ff. (Verstoß gegen Art. 101 Abs. 1 S. 2 GG).

19 Meyer-Goßner NStZ 2004, 353 (356).

zelfall eine zuständigkeitsändernde Entscheidung treffen zu lassen, ist noch problematischer. In dieser Konstellation sollte deshalb auf eine Verfahrensverbindung verzichtet werden.[20]

9 Sollen Verfahren verbunden werden, die **bei ungleichartigen Spruchkörpern im gleichen Rechtszug** anhängig sind, ist § 74e GVG zu beachten, mit der Folge, dass das verbundene Verfahren von der vorrangigen Strafkammer geführt wird. Im **Jugendstrafrecht** sind die §§ 102, 103, 112 JGG zu beachten (→ § 2 Rn. 13). Im Übrigen kommt eine Verbindung (oder Trennung) auch in Betracht, wenn einem Angeklagten verschiedene Straftaten zur Last gelegt werden, die er teils als Jugendlicher oder Heranwachsender, teils als Erwachsener begangen haben soll.[21]

10 **c) Verfahrensregeln.** Ein Beschluss nach § 4 Abs. 2 ist nicht erforderlich, wenn beim höheren Gericht eine Strafsache anhängig ist und die Staatsanwaltschaft bei diesem eine zusammenhängende Sache anklagt, welche eigentlich in die Zuständigkeit eines Gerichts niedriger Ordnung gehört. In dieser Konstellation macht die Staatsanwaltschaft von ihrer **Dispositionsbefugnis** Gebrauch, um ein förmliches gerichtliches Abgabeverfahren nach § 4 gerade zu vermeiden. § 4 ist vielmehr ein Verfahren für den Fall, dass die Staatsanwaltschaft nach Verlust ihrer Dispositionsbefugnis (§ 156) durch Eröffnung des Hauptverfahrens eine gemeinsame Verhandlung nicht mehr bewirken kann und eine Verbindung der beiden zusammenhängenden Verfahren zweckmäßig erscheint.[22]

11 Eine Verbindung durch das gemeinschaftliche obere Gericht nach § 4 Abs. 2 ist auch dann zulässig, wenn das Hauptverfahren vor dem Gericht, das mit Zustimmung der Staatsanwaltschaft die Sache abgibt, **noch nicht eröffnet** ist.[23] Andererseits ist aber stets erforderlich, dass das Verfahren vor dem höheren Gericht bereits eröffnet ist.[24]

12 Eine Verbindung nach § 4 ist **in jedem Verfahrensabschnitt** zulässig, auch noch in der Hauptverhandlung.[25] Dies gilt unproblematisch bei verschiedenen Angeklagten.[26] Bei demselben Angeklagten ist eine Nachtragsanklage nach § 266 erforderlich,[27] dh dieser muss zustimmen. Wegen einer sonst möglichen Verletzung des § 261 müssen ggf. Teile der Hauptverhandlung wiederholt werden, damit diese gegen den hinzugekommenen Mitangeklagten verwertet werden können.[28]

13 Die Durchführung einer Verfahrensverbindung nach § 4 steht im pflichtgemäßen **Ermessen** des Gerichts.[29] Bei der Ermessensentscheidung muss ua das Beschleunigungsgebot beachtet werden und die Frage, ob hierdurch die Verteidigerwahl des Angeklagten eingeschränkt wird (→ § 2 Rn. 5).[30] Vor der Entscheidung muss rechtliches Gehör gewährt werden.[31] Es besteht kein Rechtsanspruch auf eine Verbindung.[32] Mit der Verbindung entfällt die Rechtshängigkeit beim niedrigen Gericht.[33]

14 **2. Trennung.** Eine Verfahrenstrennung kann aus Gründen der **Zweckmäßigkeit** jederzeit beschlossen werden, auch noch im Revisionsrechtszug. Dies bietet sich zB an,

20 Erb in Löwe/Rosenberg Rn. 7.
21 BGH 20.8.2019 – 3 StR 317/19, NStZ 2020, 299.
22 BGH 24.4.1996 – 3 StE 4/96, NStZ 1996, 447; siehe auch Meyer-Goßner DRiZ 1985, 241 (242). AA OLG Celle 19.2.1954 – 2 Ws 14/54, MDR 1954, 375, das darauf abstellt, dass die zu verbindenden Verfahren bereits rechtshängig sein müssen – hiergegen zutreffend Erb in Löwe/Rosenberg Rn. 3.
23 BGH 27.7.1990 – 2 ARs 318/90, NJW 1990, 2760.
24 BGH 11.10.2006 – 2 ARs 405/06, StraFo 2006, 492.
25 BGH 8.12.1999 – 5 StR 32/99, BGHSt 45, 342 (351) = NJW 2000, 1274; Gollwitzer JR 2001, 253 (256).
26 Schmitt in Meyer-Goßner/Schmitt Rn. 9.
27 BGH 24.4.1996 – 3 StE 4/96, NStZ 1996, 447; 11.12.2008 – 4 StR 318/08, NStZ 2009, 222; Gubitz/Bock StraFo 2007, 225 ff.
28 BGH 8.12.1999 – 5 StR 32/99, BGHSt 45, 342 (351) = NJW 2000, 1274; siehe auch BGH 5.3.1953 – 5 StR 676/52, NJW 1953, 836.
29 BGH 5.2.1963 – 1 StR 265/62, BGHSt 18, 238 = NJW 1963, 869; 8.12.1999 – 5 StR 32/99, BGHSt 45, 342 (351) = NJW 2000, 1274.
30 BVerfG 12.8.2002 – 2 BvR 932/02, StV 2002, 578.
31 BGH 27.4.1989 – 1 StR 632/88, NJW 1989, 2403 (2407).
32 OLG Stuttgart 8.7.1960 – 1 Ss 244/60, NJW 1960, 2353.
33 BGH 31.10.1957 – 4 StR 449/57, NJW 1958, 31; 27.4.1989 – 1 StR 632/88, NJW 1989, 2403 (2406).

wenn eine Sache bereits entscheidungsreif ist.[34] Die Trennung muss nicht deshalb vorgenommen werden, bloß weil der Grund für die Verbindung nachträglich entfallen ist.[35]

Nach dem Gesetzeswortlaut ist ein **ausdrücklicher Beschluss** erforderlich, schlüssiges oder stillschweigendes Verhalten genügt also nicht.[36] Der Beschluss – für die Trennung wie für eine Verbindung – ist gemäß § 34 **zu begründen,** dh er muss zumindest – soweit vorhanden – auf die vorgetragenen Argumente der Antragssteller eingehen und die Ermessensentscheidung nachvollziehbar machen.[37] Vor Erlass des Beschlusses ist rechtliches Gehör zu gewähren.[38] Nach der Trennung gilt für die einzelnen Verfahren § 269, dh die Zuständigkeit des höheren Gerichts bleibt für alle ehemals verbundenen Verfahren bestehen (→ § 2 Rn. 15).[39] 15

3. Zuständigkeiten. Gemäß § 4 Abs. 2 S. 1 wird der Beschluss vom Gericht höherer Ordnung erlassen, wenn die übrigen Gerichte in dessen Bezirk liegen. Für die Bestimmung des ansonsten gemäß § 4 Abs. 2 S. 2 zuständigen gemeinschaftlichen oberen Gerichts gilt:[40] Oberes Gericht bei mehreren Amtsgerichten ist das Landgericht, bei mehreren Landgerichten das OLG, sonst der BGH. Ist ein OLG gemäß § 121 Abs. 3 GVG für mehrere Bezirke zuständig, tritt an die Stelle des BGH insoweit das OLG.[41] 16

Eine rechtsunwirksam herbeigeführte Verfahrensverbindung kann noch im Revisionsverfahren **geheilt** werden, wenn das Revisionsgericht Spruchkörper des gemeinschaftlichen oberen Gerichts ist.[42] 17

III. Rechtsmittel und Revision

Verfahrenstrennungen und -verbindungen nach § 4 können im gleichen Umfang wie bei § 2 mit Rechtsmitteln bzw. mit der Revision angegriffen werden (→ § 2 Rn. 18 f.). Dh es können keine Ermessensfehler bei der Trennung nach § 4 gerügt werden, wohl aber ein Ermessensmissbrauch. Dieser liegt vor, wenn von dem Ermessen in einer dem Gesetzeszweck nicht entsprechenden Weise Gebrauch gemacht wurde. Ein solcher kommt beispielsweise im Fall gezielter Umgehung jugendgerichtlicher Zuständigkeit zur Vermeidung der Anwendung von Jugendrecht in Betracht.[43] 18

§ 5 Maßgebendes Verfahren

Für die Dauer der Verbindung ist der Straffall, der zur Zuständigkeit des Gerichts höherer Ordnung gehört, für das Verfahren maßgebend.

I. Normzweck

§ 5 stellt klar, dass das verbundene Verfahren sich nach der Strafsache richtet, die zur Zuständigkeit des höheren Gerichts gehört. Die verfahrensrechtliche Folge einer Verbindung nach §§ 2 ff. ist darüber hinaus eine **Verschmelzung** der verbundenen Verfahren.[1] 1

[34] BGH 3.10.1974 – 4 StR 385/74, MDR 1975, 23.
[35] Schmitt in Meyer-Goßner/Schmitt Rn. 11.
[36] Rudolphi in SK-StPO Rn. 11. Anders aber RG 24.9.1935 – 1 D 279/35, RGSt 70, 65 (69 f.); BayObLG 10.8.1961 – RReg 4 St 190/61, NJW 1961, 2318.
[37] Erb in Löwe/Rosenberg Rn. 26; für deutlich geringere Anforderungen aber RG 3.4.1922 – II 130/22, RGSt 57, 44 f.; BGH 17.11.1999 – 3 StR 385/99, NStZ 2000, 211; Scheuten in KK-StPO Rn. 9.
[38] BGH 27.4.1989 – 1 StR 632/88, NJW 1989, 2403 (2407).
[39] OLG Stuttgart 28.9.1994 – 3 ARs 102/94, NStZ 1995, 248; Mutzbauer NStZ 1995, 213 (214).
[40] Siehe auch v. Heintschel-Heinegg in KMR-StPO Rn. 12.
[41] Vgl. BGH 8.1.1997 – 2 ARs 448/96, NStZ-RR 1997, 187; 7.9.2005 – 2 ARs 313/05, NStZ-RR 2007, 129; Volckart NStZ 1990, 205.
[42] BGH 29.11.1996 – 2 StR 585/96, NStZ-RR 1997, 170; 8.8.2001 – 2 StR 285/01, NStZ-RR 2002, 257.
[43] BGH 20.8.2019 – 3 StR 317/19, NStZ 2020, 299.
[1] Vgl. BGH 18.1.1990 – 4 StR 616/89, BGHSt 36, 348 = NJW 1990, 1490; 22.5.1990 – 4 StR 210/90, NJW 1990, 2697 (2698).

Da § 237 diese Folge nicht hat, ist § 5 folglich bei einer bloßen Verbindung zur gleichzeitigen Verhandlung nicht anwendbar.[2] Mit der Verschmelzung endet die Rechtshängigkeit beim Gericht niedrigerer Ordnung.[3]

II. Erläuterung

2 Der Ausschluss eines Richters nach § 22 bezüglich eines der verbundenen Verfahren, bezieht sich nach der Verbindung auf alle verbundenen Verfahren.[4] Wird das verschmolzene Verfahren nun zB von einer großen Strafkammer des Landgerichts geführt, sind die dort geltenden Verfahrensvorschriften maßgeblich, also etwa über die Mitteilung der Gerichtsbesetzung (§ 222a) oder die notwendige Verteidigung (§ 140).

3 Wird aufgrund der Verbindung vor einem für allgemeine Strafsachen zuständigen Gericht (auch) gegen einen Jugendlichen oder Heranwachsenden verhandelt (§§ 102, 103, 112 JGG), ist § 104 JGG zu beachten.

4 Trotz der Verschmelzung sind eventuell bestehende **Prozesshindernisse** oder prozessuale Besonderheiten bei einer der verbundenen Strafsachen weiter zu beachten, wie zB Verjährung,[5] Strafantragserfordernisse oder die Rechtsstellung Dritter in diesem Verfahren.

5 Bei einer Verbindung mit einem **Strafbefehls**verfahren ist die Rücknahme des Einspruchs nach § 411 Abs. 3 nur möglich, wenn das Verfahren zuvor wieder abgetrennt wurde.[6]

III. Rechtsmittel

6 Für das zulässige Rechtsmittel ist die Zuständigkeit des Gerichts maßgebend, bei dem die Verfahren verbunden sind – beim persönlichen (→ § 3 Rn. 3 f.)[7] wie beim sachlichen Zusammenhang (→ § 3 Rn. 5 ff.).[8] Als Folge der Verschmelzung bleibt es hierbei selbst dann, wenn die Strafsache, welche die höhere Zuständigkeit begründet hat, eingestellt wurde.[9] Ist von den verbundenen Verfahren jenes, das die höhere Zuständigkeit begründet hatte, im Revisionsverfahren inzwischen erledigt, kann das Revisionsgericht die Sache an das Gericht niedrigerer Zuständigkeit zurückverweisen, § 354 Abs. 3.[10]

§ 6 Prüfung der sachlichen Zuständigkeit

Das Gericht hat seine sachliche Zuständigkeit in jeder Lage des Verfahrens von Amts wegen zu prüfen.

I. Normzweck

1 § 6 hebt die besondere Bedeutung der sachlichen Zuständigkeit heraus, die eine Prozessvoraussetzung ist,[1] dh bei ihrem Fehlen darf keine Sachentscheidung ergehen. Das dies auch den absoluten Revisionsgrund des § 338 Nr. 4 erfüllt, ist dem Umstand geschuldet, dass bei Inkrafttreten der StPO die Lehre von den Prozessvoraussetzungen und deren Wirkungen noch nicht bekannt waren.[2] Wird vom Gericht das Fehlen der eigenen sachlichen

---

[2] BGH 19.1.1988 – 4 StR 647/87, BGHSt 35, 195 (197 f.) = NJW 1988, 2808; Meyer JR 1988, 386.

[3] BGH 31.10.1957 – 4 StR 449/57, NJW 1958, 31; 27.4.1989 – 1 StR 632/88, NJW 1989, 2403 (2406).

[4] BGH 4.11.1959 – 2 StR 421/59, BGHSt 14, 219 (222) = NJW 1960, 301.

[5] RG 25.5.1883 – 982/82, RGSt 8, 310 (312).

[6] Erb in Löwe/Rosenberg Rn. 4; Schmitt in Meyer-Goßner/Schmitt Rn. 1; offengelassen von BGH 27.4.1989 – 1 StR 632/88, BGHSt 36, 175 (187) = NJW 1989, 2403.

[7] BGH 26.5.1955 – 3 StR 514/54, MDR 1955, 755.

[8] BGH 13.10.1955 – 4 StR 346/55, NJW 1955, 1890.

[9] BGH 26.5.1955 – 3 StR 514/54, MDR 1955, 755; Scheuten in KK-StPO Rn. 1.

[10] v. Heintschel-Heinegg in KMR-StPO Rn. 7.

[1] BGH 5.10.1962 – GSSt 1/62, BGHSt 18, 79 (81) = NJW 1963, 60; Roxin/Schünemann StrafVerfR § 21 Rn. 4 f.

[2] BGH 10.1.1957 – 2 StR 575/56, BGHSt 10, 74 (75 f.) = NJW 1957, 511; Bernsmann JZ 1998, 629 (630); Wolff JR 2006, 232 (233).

Zuständigkeit festgestellt und kommt eine Verweisung bzw. Vorlage an das zuständige Gericht nicht in Betracht, muss das Verfahren nach § 206a oder § 260 Abs. 3 eingestellt werden.[3] Eine solche **Einstellung** schließt allerdings die erneute Anklage vor dem sachlich zuständigen Gericht nicht aus.[4] Wenn möglich, sollten darum aus prozessökonomischen Gründen die bestehenden Verweisungsmöglichkeiten an das zuständige Gericht ausgeschöpft werden.[5]

2 Im Hauptverfahren ist vor der Feststellung der sachlichen Unzuständigkeit durch das höhere Gericht § 269 zu beachten.[6] Eine **Ausnahme** besteht nur dann, wenn die Zuständigkeit des OLG in Frage steht[7] oder wenn die Annahme der Zuständigkeit durch das höhere Gericht unter keinem denkbaren Aspekt rechtlich vertretbar war und sich der Schluss aufdrängt, dass diese Entscheidung auf sachfremden Erwägungen beruhte, dh objektiv willkürlich war.[8]

II. Erläuterung

3 **1. Allgemeines.** § 6 ordnet an, dass die sachliche Zuständigkeit in jeder Lage des Verfahrens von Amts wegen zu prüfen ist.[9] Dies gilt auch im Revisionsverfahren (→ Rn. 8).[10] Es ist also kein diesbezüglicher Antrag oder eine Rüge erforderlich. Hiervon ausgenommen sind nur die Voraussetzungen von § 24 GVG – die besondere Sachbedeutung und Rechtsfolgenerwartung. Diese werden – nach dem erklärten Willen des Gesetzgebers –[11] nach Beginn der Hauptverhandlung nicht mehr geprüft.[12] Ausnahmsweise erfolgt dies allerdings doch, wenn die Zuständigkeitsbestimmung objektiv willkürlich erfolgte.[13]

4 Das Urteil eines sachlich unzuständigen Gerichts kann – wenn es nicht angefochten wird – in Rechtskraft erwachsen.[14]

5 **2. Feststellung der Unzuständigkeit.** Stellt das Gericht bei Eröffnung des Hauptverfahrens seine Unzuständigkeit fest, kann es gemäß § 209 Abs. 1 vor dem zuständigen Gericht niederer Ordnung das Verfahren eröffnen, wenn sich dieses in seinem Bezirk befindet. Hält das Gericht die Zuständigkeit eines Gerichts höherer Ordnung für begründet, so legt es diesem gemäß § 209 Abs. 2 die Akten vor.

6 Ergibt eine Prüfung des Gerichts nach Eröffnung des Hauptverfahrens, dass ein Gericht höherer Ordnung zuständig ist, kann es außerhalb der Hauptverhandlung gemäß § 225a diesem die Akten zur Übernahme vorlegen. In der Hauptverhandlung geschieht dies nach § 270.

---

3 BGH 20.7.1962 – 4 StR 194/62, BGHSt 18, 1 = NJW 1962, 2116; v. Heintschel-Heinegg in KMR-StPO Rn. 4.

4 BGH 20.7.1962 – 4 StR 194/62, BGHSt 18, 1 (6) = NJW 1962, 2116.

5 Vgl. BGH 24.4.1974 – 2 StR 69/74, BGHSt 25, 309 (312) = NJW 1974, 1255; Scheuten in KK-StPO Rn. 1; Hohendorf NStZ 1987, 389 (391 f.).

6 BGH 22.4.1997 – 1 StR 701/96, BGHSt 43, 53 (57) = NJW 1997, 2689; 22.12.2000 – 3 StR 378/00, BGHSt 46, 238 (240) = NJW 2001, 1359.

7 BGH 22.12.2000 – 3 StR 378/00, BGHSt 46, 238 (241 ff.) = NJW 2001, 1359; Welp NStZ 2002, 1 (2 f.).

8 BGH 30.7.1996 – 5 StR 288/95, BGHSt 42, 205 (206 f.) = NJW 1997, 204; 10.5.2001 – 1 StR 504/00, BGHSt 47, 16 (18) = NJW 2001, 2984; OLG Oldenburg 11.4.1994 – Ss 122/94, StV 1994, 421; OLG Hamm 14.3.1996 – 4 Ss 156/96, StV 1996, 300; Sowada JR 1995, 257 (258). Siehe zum Kriterium der Willkür auch BVerfG 15.3.1984 – 1 BvR 200/84, NJW 1984, 1874.

9 BGH 21.4.1994 – 4 StR 136/94, BGHSt 40, 120 (122) = NJW 1994, 2369; 22.4.1999 – 4 StR 19/99, BGHSt 45, 58 (59) = NJW 1999, 2604.

10 BGH 10.1.1957 – 2 StR 575/56, BGHSt 10, 74 = NJW 1957, 511; OLG Köln 1.12.1995 – Ss 482/95, StV 1996, 298; OLG Brandenburg 2.3.2000 – 2 Ss 76/97, NStZ 2001, 611 – umstritten.

11 BT-Drs. VIII/976, 22; Rieß NJW 1978, 2265 (2267 f.).

12 BayObLG 8.2.1985 – RReg 2 St 165/84, NStZ 1985, 470; Schmitt in Meyer-Goßner/Schmitt Rn. 2; Rieß GA 1976, 1 (16). Ablehnend Achenbach NStZ 1985, 471 f.

13 Helm JA 2006, 389 (394).

14 RG 9.12.1937 – 3 D 639/37, RGSt 71, 377 (378); Erb in Löwe/Rosenberg Rn. 17.

7 Stellt das **Berufungsgericht** fest, dass das Amtsgericht sachlich unzuständig war – zB weil es mit dem Urteil seine Strafgewalt überschritten[15] oder seine Zuständigkeit objektiv willkürlich angenommen hat –, hebt es das Urteil gemäß § 328 Abs. 2 auf und verweist an das zuständige Gericht.[16]

8 Ob die sachliche Zuständigkeit auch **in der Revision,** wie von § 6 vorgeschrieben, von Amts wegen[17] oder nur auf entsprechende Rüge hin geprüft wird,[18] beurteilt die Rechtsprechung unterschiedlich.[19] Da bei einer irrtümlichen oder auch willkürlichen Annahme der sachlichen Zuständigkeit in das Recht auf den gesetzlichen Richter eingegriffen wird, ist es aber richtig, dies stets **von Amts wegen** zu prüfen.[20] Die Prüfung von Amts wegen erstreckt sich dabei auch auf die Frage, ob eine Ausnahme zu § 269 vorgelegen hat (→ Rn. 2).[21]

9 Wird in der Revision die Unzuständigkeit des Revisionsgerichts selbst oder die des Gerichts des vorangehenden Rechtszuges festgestellt, so wird gemäß § 355 das Urteil aufgehoben und an das zuständige Gericht verwiesen.[22] Dies gilt auch dann, wenn dem Gericht bei Eröffnung des Verfahrens die sachliche Zuständigkeit fehlte, es aber zum Zeitpunkt der Urteilsfällung zuständig war.[23]

10 Auch für die **Jugendgerichte** gelten die §§ 6, 269. Nach Eröffnung des Hauptverfahrens ist § 47a JGG zu beachten. In der Revision wird nach hM die sachliche Unzuständigkeit der Jugendgerichte nur aufgrund einer Rüge überprüft.[24]

§ 6a Zuständigkeit besonderer Strafkammern

[1]Die Zuständigkeit besonderer Strafkammern nach den Vorschriften des Gerichtsverfassungsgesetzes (§ 74 Abs. 2, §§ 74a, 74c des Gerichtsverfassungsgesetzes) prüft das Gericht bis zur Eröffnung des Hauptverfahrens von Amts wegen. [2]Danach darf es seine Unzuständigkeit nur auf Einwand des Angeklagten beachten. [3]Der Angeklagte kann den Einwand nur bis zum Beginn seiner Vernehmung zur Sache in der Hauptverhandlung geltend machen.

Übersicht

[15] Die Strafgewalt des Amtsgerichts nach § 24 Abs. 2 GVG steht dem Strafrichter ebenso wie dem Schöffengericht zu – OLG Düsseldorf 15.6.2000 – 1 Ws 293/00, NStZ-RR 2001, 222 (223); Larcher in BeckOK StPO Rn. 3.

[16] Vgl. v. Heintschel-Heinegg in KMR-StPO Rn. 14. Siehe auch OLG Naumburg 6.12.1995 – 2 Ss 375/95, NStZ 1996, 248.

[17] BGH 12.12.1991 – 4 StR 506/91, BGHSt 38, 172 (176) = NJW 1992, 1775; 21.4.1994 – 4 StR 136/94, BGHSt 40, 120 = NJW 1994, 2369; 12.2.1998 – 4 StR 428/97, BGHSt 44, 34 (36) = NJW 1998, 2149; OLG Brandenburg 2.3.2000 – 2 Ss 76/97, NStZ 2001, 611 (612); zustimmend Bernsmann JZ 1998, 629 (630 f.); Helm JA 2006, 389 (394); Ullenbruch in Radtke/Hohmann Rn. 6; Sowada JR 1995, 257 (258); Wolff JR 2006, 232 (235 f.). Siehe auch Gollwitzer JR 1997, 430 ff.

[18] BGH 30.7.1996 – 5 StR 288/95, BGHSt 42, 205 (212) = NJW 1997, 204; 22.4.1997 – 1 StR 701/96, BGHSt 43, 53 (54) = NJW 1997, 2689; zustimmend Engelhardt JZ 1995, 262 f.; Erb in Löwe/Rosenberg Rn. 17; Renzikowski JR 1999, 166 (169); siehe auch Hegmann NStZ 2000, 574 (577).

[19] Offengelassen in BGH 10.5.2001 – 1 StR 504/00, BGHSt 47, 16 (18) = NJW 2001, 2984.

[20] v. Heintschel-Heinegg in KMR-StPO Rn. 21.

[21] Schmitt in Meyer-Goßner/Schmitt § 269 Rn. 8; siehe auch Kudlich JA 2016, 551 (552).

[22] BGH 5.10.1962 – GSSt 1/62, BGHSt 18, 79 (81) = NJW 1963, 60; OLG Brandenburg 2.3.2000 – 2 Ss 76/97, NStZ 2001, 611 (612); Meyer-Goßner NStZ 2001, 612.

[23] Scheuten in KK-StPO Rn. 8; siehe auch OLG Oldenburg 26.2.1996 – Ss 486/95, NStZ-RR 1996, 240; aA BGH 2.10.1951 – 1 StR 434/51, BGHSt 1, 346 (347) = NJW 1952, 192.

[24] BGH 5.10.1962 – GSSt 1/62, BGHSt 18, 79 = NJW 1963, 60; 25.8.1975 – 2 StR 309/75, BGHSt 26, 191 (198 f.) = NJW 1975, 2304; 18.3.1996 – 1 StR 113/96, NStZ-RR 1996, 250; aA OLG Oldenburg 7.10.1980 – Ss 467/80, NJW 1981, 1384; Eisenberg/Kölbel JGG §§ 33–33b Rn. 38; Ullenbruch in Radtke/Hohmann Rn. 6.

I. Normzweck

§ 6a regelt ein Problem der funktionalen Zuständigkeit[1] und stellt eine zeitliche Grenze für die Prüfung der Zuständigkeit besonderer Strafkammern auf. Mit dieser Regelung soll verhindert werden, dass die Hauptverhandlung sich dadurch verzögert, dass eine Strafsache zwischen mehreren Strafkammern mit unterschiedlicher gesetzlich bestimmter **funktioneller Zuständigkeit** hin und her verwiesen wird.[2] Ist die Unzuständigkeit einer allgemeinen Strafkammer nicht innerhalb der Fristen des § 6a festgestellt oder gerügt worden, verbleibt die Strafsache bei der allgemeinen Strafkammer, auch wenn eigentlich eine besondere Strafkammer zuständig wäre.[3] 1

Auf **Jugendgerichte** bezieht sich diese Regelung nicht, deren Zuständigkeit muss folglich immer geprüft werden.[4] Dies gilt auch dann, wenn die Jugendkammer ihre Zuständigkeit verneint hat und sich dann in der Hauptverhandlung vor der (allgemeinen) Strafkammer die Zuständigkeit des Jugendgerichts herausstellt.[5] 2

II. Erläuterung

1. Prüfung von Amts wegen. Bis zur Eröffnung des Hauptverfahrens (§ 203) prüft das Gericht **von Amts wegen,** ob die Zuständigkeit einer besonderen Strafkammer – also Schwurgericht (§ 74 Abs. 2 GVG), Staatsschutzkammer (§ 74a GVG) oder Wirtschaftsstrafkammer (§ 74c GVG) – gegeben ist. Ist dies der Fall, ist nach § 209 zu verfahren.[6] 3

Eine **besondere Strafkammer** ist von dieser Prüfungspflicht nicht ausgenommen. Auch diese muss prüfen, ob ihre eigene Zuständigkeit oder die einer anderen besonderen Strafkammer gegeben ist (zum Rangverhältnis zwischen den besonderen Strafkammern siehe § 74e GVG). Dieser Prüfungspflicht steht § 269 nicht entgegen.[7] 4

2. Berechtigte. Nach Erlass des Eröffnungsbeschlusses (§ 207) kann nur noch der Angeklagte die (Un-) Zuständigkeit einer besonderen Strafkammer geltend machen. Nach hM wird dabei allerdings der Einwand, zur Beurteilung des Falles seien besondere Kenntnisse des Wirtschaftslebens erforderlich (§ 74c Abs. 1 Nr. 6 GVG), nicht berücksichtigt und auch nicht für revisibel gehalten,[8] es sei denn, es liegt ein Fall von objektiver Willkür vor.[9] 5

Den Einwand der Unzuständigkeit können neben dem Angeklagten dessen Verteidiger (allerdings nur für diesen, nicht aus einer eigenen Rechtsposition heraus, § 297) und im Jugendstrafrecht auch dessen Erziehungsberechtigter und der gesetzliche Vertreter (§ 67 Abs. 1 JGG) erheben. Dies gilt auch, wenn gegen Jugendliche vor für allgemeine Strafsachen zuständigen Gerichten verhandelt wird, § 104 Abs. 1 Nr. 9 JGG. Ein entsprechender Einwand der Staatsanwaltschaft hingegen ist unbeachtlich.[10] 6

---

1 BGH 11.12.2008 – 4 StR 376/08, NStZ 2009, 404; Scheuten in KK-StPO Rn. 1.
2 Vgl. BT-Drs. 8/976, 21 f.; Helm JA 2007, 272 (273); Schlüchter JR 1982, 511 (512).
3 Siehe auch Meyer JR 1985, 522 f.; Schlüchter JR 1982, 511 (512).
4 BGH 4.11.1981 – 2 StR 242/81, BGHSt 30, 260 = NJW 1982, 454; 22.1.1980 – 5 StR 12/80, MDR 1980, 456; 26.11.1980 – 2 StR 689/80, MDR 1981, 269; 9.10.2002 – 2 StR 344/02, StV 2003, 454; OLG Oldenburg 7.10.1980 – Ss 467/80, NJW 1981, 1384 (1385).
5 BGH 23.5.2002 – 3 StR 58/02, BGHSt 47, 311 f. = NStZ 2003, 47; siehe auch Rieß NStZ 2003, 48 f.
6 Brause NJW 1979, 802.
7 Rieß NJW 1978, 2265 (2267 Fn. 58); Rieß NJW 1979, 1536.
8 Rieß NJW 1978, 2265 (2268); Rieß NJW 1979, 1536; krit. Meyer-Goßner NStZ 1981, 168 (170).
9 BGH 21.3.1985 – 1 StR 417/84, NStZ 1985, 464 (466).
10 Schmitt in Meyer-Goßner/Schmitt Rn. 5.

7 Erkennt das Gericht nunmehr seine Unzuständigkeit muss es nach § 225a bzw. § 270 verfahren.[11]

8 **3. Zeitraum für die Geltendmachung.** Der Angeklagte kann den Einwand nach § 6a schon im Zwischenverfahren und auch noch nach Eröffnung des Hauptverfahrens erheben.[12] Nach dem Beginn der Vernehmung des Angeklagten zur Sache ist der Einwand aber unbeachtlich. Maßgeblich ist der Zeitpunkt des § 243 Abs. 5 S. 1.[13]

9 **4. Folgen der Fristversäumnis.** Wenn der Angeklagte diesen Zeitpunkt versäumt, ist eine Wiedereinsetzung nach § 44 ausgeschlossen, da es sich um eine **Ausschlussfrist** handelt.[14] Wurde der Einwand nach § 6a nicht rechtzeitig erhoben, ist eine Verweisung nach § 270 selbst dann ausgeschlossen, wenn die Umstände, die der Zuständigkeit der allgemeinen Strafkammer entgegenstehen, sich erst nachträglich ergeben.[15]

10 **5. Form der Entscheidung.** Über den Antrag des Angeklagten entscheidet das Gericht durch Beschluss nach vorheriger Anhörung der Beteiligten (§ 33).[16]

11 **6. Berufungsverfahren.** Im Berufungsverfahren ist § 6a analog anwendbar, wenn ein Schöffengericht über eine Wirtschaftsstraftat entschieden hat. Für die Berufung ist dann eine kleine Wirtschaftsstrafkammer zuständig. Die Situation des § 6a stellt sich dann erstmals.[17]

III. Rechtsmittel und Revision

12 Der Beschluss, mit dem der Einwand der Unzuständigkeit des Gerichts abgelehnt wurde, ist für den Beschuldigten unanfechtbar.[18] In der Revision kann der Angeklagte die Rüge des § 338 Nr. 4 erheben. Allerdings muss er dann auch vortragen, dass er den Einwand nach § 6a rechtzeitig erhoben hat.[19]

---

11 Brause NJW 1979, 802.

12 Vgl. Meyer-Goßner NStZ 1981, 168 (170).

13 Vgl. BGH 25.10.1983 – 5 StR 736/82, NStZ 1984, 128 f.

14 Scheuten in KK-StPO Rn. 8; Schmitt in Meyer-Goßner/Schmitt Rn. 7.

15 BGH 11.8.1981 – 5 StR 309/81, BGHSt 30, 187 = NJW 1981, 2311; 11.12.2008 – 4 StR 376/08, NStZ 2009, 404; Erb in Löwe/Rosenberg Rn. 4; Schlüchter JR 1982, 511 ff.

16 Larcher in BeckOK StPO Rn. 8.

17 Helm JA 2007, 272 (273); Erb in Löwe/Rosenberg Rn. 21. Siehe hierzu auch OLG Düsseldorf 2.11.1981 – 2 Ws 614/81, JR 1982, 514; 3.4.1995 – 1 Ws 223/95, wistra 1995, 362; v. Heintschel-Heinegg in KMR-StPO Rn. 6; Meyer-Goßner NStZ 1981, 168 (172); Rieß JR 1980, 79 (80); Rieß JR 1982, 515 f.

18 Schmitt in Meyer-Goßner/Schmitt Rn. 16.

19 Jeweils für § 16: BGH 4.12.1979 – 5 StR 571/79, GA 1980, 255; OLG Düsseldorf 6.6.1986 – 5 Ss (OWi) 181/86, VRS Band 71, 366.

Zweiter Abschnitt. Gerichtsstand

Schrifttum: Bock, „Folgenschwere Entdeckungen", JA 2013, 667; Busching, Der Begehungsort von Äußerungsdelikten im Internet – Grenzüberschreitende Sachverhalte und Zuständigkeitsprobleme, MMR 2015, 295; Corves, Nochmals: Wiedereinführung des Gerichtsstandes des Verwahrungsortes (§ 8a StPO), MDR 1956, 335; Dallinger, Gerichtsverfassung und Strafverfahren, JZ 1953, 432; Dorbritz, Der strafprozessuale Gerichtsstand bei Rundfunksendungen (Fernsehsendungen) mit strafbarem Inhalt, NJW 1971, 1209; Dose, Zur analogen Anwendung des § 7 Abs. 2 StPO (Gerichtsstand des Tatortes) auf Rundfunk- und Fernsehsendungen, NJW 1971, 2212; Felsch, Rechtsprobleme des fehlerhaften Verbindungsbeschlusses nach § 4 StPO, NStZ 1996, 163; Groß, Zum Pressestrafrecht, NStZ 1994, 312; Hannich/Rautenberg, Brauchen wir einen besonderen Gerichtsstand für Straftaten im Zusammenhang mit Auslandseinsätzen der Bundeswehr?, ZRP 2010, 140; Heghmanns, Auswahlermessen der Staatsanwaltschaft bei Klageerhebung und gesetzlicher Richter, StV 2000, 277; Helm, Grundzüge des Strafverfahrensrechts: die örtliche und funktionelle Zuständigkeit sowie der Instanzenzug, JA 2007, 272; Jürgens, Abgestürzte Gerichtsstände – Der fliegende Gerichtsstand im Presserecht, NJW 2014, 3061; Kammerer, § 12 StPO – Ein Weg zur Beseitigung der Teilrechtskraft bei Tatidentität?, MDR 1990, 785; Krey, Grundzüge des Strafverfahrensrechts (6. Teil), JA 1984, 288; Mankowski/Bock, Die internationale Zuständigkeit der deutschen Strafgerichte als eigene Kategorie des Internationalen Strafverfahrensrechts, JZ 2008, 555; Meyer-Goßner, Die Behandlung von Zuständigkeitsstreitigkeiten zwischen allgemeinen und Spezialstrafkammern beim Landgericht, NStZ 1981, 168; Mitsch, Strafverfahrensrechtliche Aspekte bei Urheberrechtsverletzungen mittels Presseerzeugnissen, AfP 2011, 544; Raap, Zur Einführung: Wehrrecht, JuS 2003, 9 ff.; Rehbinder, Grundzüge des Pressestrafrechts, JA 1977, 471; Rinio, Piraten-Prozesse – Die strafrechtliche Verfolgung der Seeräuber vor der Küste Somalias, Betrifft JUSTIZ 2009, 150; Römer, „Bochum gegen Liechtenstein" oder: Zur örtlichen Zuständigkeit der Wirtschaftsstrafkammer, StraFo 2009, 194; Rotsch, Materielle Strafrechtsdogmatik und strafprozessuale Zuständigkeit – Zur Kollision von Zuständigkeitskumulation und Art. 101 Abs. 1 S. 2 GG, ZIS 2006, 17; Schermer, Über die Rangordnung der Gerichtsstände im Strafverfahren, MDR 1964, 895; Schneble, Wiedereinführung des Gerichtsstandes des Verwahrungsortes (§ 8a StPO), MDR 1955, 656; Stam, Strafverfolgung von Bundeswehrsoldaten im Auslandseinsatz, ZIS 2010, 628; Strubel/Sprenger, Die gerichtliche Nachprüfbarkeit staatsanwaltschaftlicher Verfügungen, NJW 1972, 1734; Trüg, Anmerkung, NZWiSt 2014, 111; Wagner, Beschlagnahme und Einziehung staatsgefährdender Massenschriften, MDR 1961, 93; Walter, Einführung in das internationale Strafrecht, JuS 2006, 967; Weidemann, Zur Bindungswirkung eines Verweisungsbeschlusses nach § 270 StPO, wistra 2000, 45.

§ 7 Gerichtsstand des Tatortes

(1) Der Gerichtsstand ist bei dem Gericht begründet, in dessen Bezirk die Straftat begangen ist.

(2) [1]Wird die Straftat durch den Inhalt einer im Geltungsbereich dieses Bundesgesetzes erschienenen Druckschrift verwirklicht, so ist als das nach Absatz 1 zuständige Gericht nur das Gericht anzusehen, in dessen Bezirk die Druckschrift erschienen ist. [2]Jedoch ist in den Fällen der Beleidigung, sofern die Verfolgung im Wege der Privatklage stattfindet, auch das Gericht, in dessen Bezirk die Druckschrift verbreitet worden ist, zuständig, wenn in diesem Bezirk die beleidigte Person ihren Wohnsitz oder gewöhnlichen Aufenthalt hat.

Übersicht

I. Normzweck

Örtlich zuständig ist ein Gericht dann, wenn in seinem Bezirk ein Gerichtsstand begründet ist. Gemäß § 143 Abs. 1 GVG ist die örtliche Zuständigkeit der Staatsanwaltschaft hierzu akzessorisch. Speziell § 7 regelt die örtliche Zuständigkeit des Gerichtsstandes des 1

Tatortes. Da sich bei einer Straftat mehrere Gerichtsstände nach § 7[1] aber auch nach den §§ 7 ff. ergeben können, hat die Staatsanwaltschaft ein Wahlrecht, bei welchem der örtlich zuständigen Gerichte sie Anklage erhebt.[2] Grenzen ergeben sich nach hM erst aus dem **Willkürverbot,**[3] also bei einer unsachlichen, unter keinem Gesichtspunkt mehr vertretbaren, auf Erwägungen, die sich von den gesetzlichen Maßstäben völlig entfernten, beruhenden Entscheidung der Staatsanwaltschaft.[4] Die hieraus folgende bewegliche Zuständigkeit ist im Hinblick auf den durch Art. 101 Abs. 1 S. 2 GG verbürgten gesetzlichen Richter aber problematisch (→ § 1 Rn. 10 ff.).[5]

II. Erläuterung

2 **1. Begriff des Tatortes.** Zur Beantwortung der Frage, in welchem Bezirk eine Straftat begangen wurde, muss das materielle Strafrecht herangezogen werden.

3 Für den **Alleintäter** (§ 25 Abs. 1 S. 1 StGB) gilt nach § 9 Abs. 1 StGB, dass die Tat an jedem Ort begangen wurde, an dem der Täter gehandelt hat oder im Falle des Unterlassens hätte handeln müssen oder an dem der zum Tatbestand gehörende Erfolg eingetreten ist oder nach der Vorstellung des Täters eintreten sollte.[6]

4 Für den **mittelbaren Täter** (§ 25 Abs. 1 S. 2 StGB) ist Tatort sowohl sein eigener Betätigungsort als auch der Ort, an welchem die Mittelsperson (das „Werkzeug") gehandelt hat oder der Erfolg eingetreten ist.[7]

5 Im Falle der **Mittäterschaft** (§ 25 Abs. 2 StGB) ist Tatort jeder Ort, an dem auch nur ein Mittäter gehandelt hat.[8] Tatort eines Verbrechens ist auch der Ort, an dem es verabredet worden ist (§ 30 Abs. 2 StGB).[9]

6 Für den **Teilnehmer,** also den Anstifter (§ 26 StGB) oder Gehilfen (§ 27 StGB), gilt gemäß § 9 Abs. 2 StGB als Tatort jeder Ort, an dem die Tat begangen wurde, und auch der Ort, an dem er gehandelt hat oder im Falle des Unterlassens hätte handeln müssen oder an dem nach seiner Vorstellung die Tat begangen werden sollte.[10]

7 Im Falle der **Begünstigung** (§ 257 StGB), **Strafvereitelung** (§§ 258, 258a StGB) und der **Hehlerei** (§§ 259 ff. StGB) kommt es nicht auf den Tatort der Vortat an, sondern auf den Ort, an dem der Nachtäter gehandelt hat.[11]

8 Soweit § 9 StGB auf einen **Erfolg** abstellt, sind nur solche Tatfolgen zu berücksichtigen, die für die Verwirklichung des Deliktstatbestandes erheblich sind.[12] Liegt der Tatort außerhalb des Geltungsbereiches der StPO, so kann ein Gerichtsstand nur nach den §§ 8–11, 13, 13a begründet sein.[13] Bei Internetkriminalität kann ein Handlungsort nur am Aufenthaltsort des Täters begründet werden.[14] Bei bloßen Tätigkeitsdelikten scheidet ein Erfolgsort aus.[15]

---

1 Siehe hierzu auch Rotsch ZIS 2006, 17 ff.
2 Siehe aber Nr. 2, 26 RiStBV.
3 OLG Hamm 10.9.1998 – 2 Ws 376/98, NStZ-RR 1999, 16; siehe auch Schmitt in Meyer-Goßner/Schmitt Vor § 7 Rn. 10.
4 OLG Frankfurt a. M. 24.1.2014 – 3 Ws 2 3114, 5 KLs – 4424 Js 11790/12, NZWiSt 2014, 109.
5 Trüg NZWiSt 2014, 111.
6 Beispiele: BGH 19.6.1986 – 4 StR 622/85, BGHSt 34, 101 (106) = NJW 1987, 1152; 19.5.1999 – 2 StR 86/99, BGHSt 45, 97 (100) = NJW 1999, 2908; OLG Koblenz 17.11.1983 – 1 Ss 428/83, wistra 1984, 79 f.
7 Vgl. RG 2.3.1933 – II 834/32, RGSt 67, 130 (138); BGH 15.1.1991 – 1 StR 617/90, wistra 1991, 135.
8 RG 14.11.1922 – IV 561/22, RGSt 57, 144 f.; BGH 4.12.1992 – 2 StR 442/92, BGHSt 39, 88 (91) = NJW 1993, 1405; BGH 3.4.1996 – 2 ARs 105/96, NStZ 1996, 502; OLG Karlsruhe 12.8.1997 – 1 Ws 229/97, StV 1998, 603 f.
9 BGH 4.12.1992 – 2 StR 442/92, NJW 1993, 1405.
10 Vgl. BGH 30.10.1964 – 3 StR 42/64, BGHSt 20, 89 f. = NJW 1965, 162.
11 RG 9.12.1909 – I 868/09, RGSt 43, 84 (85); OLG München 17.4.1990 – 2 Ws 339/90, StV 1991, 504.
12 BGH 25.4.2006 – 1 StR 519/05, BGHSt 51, 29 (31) = NJW 2006, 1984.
13 Schmitt in Meyer-Goßner/Schmitt Rn. 5.
14 Ellbogen in BeckOK StGB StGB § 86a Rn. 44; siehe auch BGH 19.8.2014 – 3 StR 88/14, NStZ 2015, 81; Busching MMR 2015, 295; Schmitt in Meyer-Goßner/Schmitt Rn. 2a.
15 OLG Köln 18.11.2008 – 82 Ss 89/08, NStZ-RR 2009, 84; Bachler in BeckOK StPO Rn. 3.

2. Gerichtsstand bei Presseinhaltsdelikten. Wird ein Delikt durch ein Druckwerk, welches im gesamten Bundesgebiet vertrieben wird, verwirklicht, wäre nach § 7 Abs. 1 ein Gerichtsstand an jedem Ort begründet, wo das Druckwerk verkauft wird. Das gleiche würde gelten, wenn das Druckwerk (nur) in einem oder mehreren Bundesländern vertrieben würde. Um einen derartigen „fliegenden Gerichtsstand" der Presse zu verhindern,[16] bestimmt § 7 Abs. 2, dass nur am Erscheinungsort des Druckwerkes ein Gerichtsstand besteht.[17] 9

Lässt sich allerdings nicht feststellen, wo die Druckschrift erschienen ist – insbesondere wegen eines falschen oder fehlenden Impressums, ist jedes Gericht zuständig, in dessen Bezirk das Presseinhaltsdelikt begangen wurde.[18] Das gleiche gilt, wenn das Druckwerk im Ausland erschienen ist. In diesen Fällen ist als Tatort auch jeder Beförderungsort anzusehen.[19] 10

a) Begriff der Druckschrift. Zur Definition des Begriffes Druckschrift kann auf die Begriffsbestimmungen in den Landespressegesetzen zurückgegriffen werden. Eine **Druckschrift** ist demnach jede mittels Buchdruckerpresse oder eines sonstigen zur Massenherstellung geeigneten Vervielfältigungsverfahrens hergestellte und zur Verbreitung bestimmte Schrift. Erfasst sind darüber hinaus aber auch besprochene Tonträger, bildliche Darstellungen mit und ohne Schrift sowie Bildträger und Musikalien mit Text oder Erläuterungen.[20] Es muss sich nicht um ein periodisch erscheinendes Werk handeln. 11

b) Erscheinungsort. Erscheinen iSd § 7 Abs. 2 wird dann angenommen, wenn die Druckschrift einem größeren Personenkreis zugänglich gemacht werden soll.[21] Beim Erscheinungsort wurde früher regelmäßig an den Ort angeknüpft, an welchem die Druckschrift hergestellt wird oder den sie zum Zwecke der Verbreitung verlässt (zB ein Auslieferungslager).[22] 12

Wenn man hieran anknüpft, lässt man allerdings außer Acht, dass heutzutage Druckaufträge von Verlagen oft an (auswärtige) Fremdfirmen vergeben werden, die mitunter verschiedene Druckaufträge gleichzeitig erfüllen. Zudem werden die fertig gestellten Druckwerke häufig erst an Haupt- und Zwischenlager geliefert, von wo sie dann am Erscheinungstag ausgeliefert werden. Die derart begründeten Gerichtsstände führen folglich nicht notwendig zu demjenigen, der das Druckwerk inhaltlich zu vertreten hat. Richtiger ist es daher, als Erscheinungsort auf den **Sitz der Geschäftsniederlassung** des Verlegers bzw. des verantwortlichen Redakteurs abzustellen.[23] 13

c) Presseinhaltsdelikt. § 7 Abs. 2 findet nur bei Presseinhaltsdelikten Anwendung. Es muss sich also um ein Druckwerk handeln, bei dem der Grund, aus dem seine Verbreitung bestraft wird, nur in seinem Inhalt liegt. Das Druckwerk muss die nach dem jeweiligen Straftatbestand erforderliche Erklärung enthalten. Die zur Verwirklichung der Strafbarkeit weiterhin erforderlichen Tatbestandsmerkmale (zB Nichterweislichkeit der Wahrheit bei § 186 StGB) können auch außerhalb des Druckwerkes liegen.[24] Als Delikte kommen daher 14

---

16 Siehe hierzu Jürgens NJW 2014, 3061.
17 BGH 7.11.1957 – 2 ARs 143/57, BGHSt 11, 56 (59) = NJW 1958, 229; zur alten Rechtslage: RG 17.6.1892 – 1671/92, RGSt 23, 155 ff. Siehe auch Nr. 250 RiStBV.
18 BGH 27.6.1997 – StB 8/97, BGHSt 43, 122 = NJW 1997, 2828.
19 Wagner MDR 1961, 93.
20 Siehe zB § 6 Abs. 1 Berliner Pressegesetz oder § 7 Abs. 1 Pressegesetz des Landes Brandenburg.
21 BGH 6.10.1959 – 5 StR 384/59, BGHSt 13, 257 (258) = NJW 1959, 2125.
22 RG 29.10.1907 – V 569/07, RGSt 40, 354 (359); 29.8.1930 – 7 TB 62/30, RGSt 64, 292 f. – siehe auch BGH 27.6.1997 – StB 8/97, BGHSt 43, 122 = NJW 1997, 2828.
23 Erb in Löwe/Rosenberg Rn. 21; Schmitt in Meyer-Goßner/Schmitt Rn. 9.
24 Siehe RG 6.3.1903 – 5632/02, RGSt 36, 145 (146); 14.12.1931 – II 1004/31, RGSt 66, 145 (146 f.); BGH 18.12.1974 – 3 StR 105/74, BGHSt 26, 40 (44) = NJW 1975, 1039; OLG Düsseldorf 18.3.1982 – 5 Ss (OWi) 16/82 I, NJW 1982, 2614; OLG Hamburg 1.7.1965 – 2 Ss 41/65, NJW 1965, 2168; Groß NStZ 1994, 312 (313); Erb in Löwe/Rosenberg Rn. 18; Kühl in Löffler LPG § 20 Rn. 52; Kronthaler in Radtke/Hohmann Rn. 7; Rehbinder JA 1977, 471.

zB §§ 184, 185 ff., 353b, 353d StGB in Betracht.[25] Verstöße gegen das Urheberrechtsgesetz fallen nicht hierunter.[26]

15 **d) Rundfunk- und Fernsehsendungen.** Nach zutreffender Ansicht gilt § 7 Abs. 2 analog für Ton- und Fernsehsendungen. Dies hat zur Folge, dass Tatort für eine Straftat, die durch eine Ausstrahlung einer Sendung verwirklicht wurde, der **Verwaltungssitz der Sendeanstalt** ist.[27] Würde hier § 7 Abs. 1 Anwendung finden, wäre sonst überall dort ein Gerichtsstand eröffnet, wo die entsprechende Sendung empfangen werden konnte.

16 **e) Privatklagen bei Beleidigungsdelikten.** Wird eine Beleidigung (§§ 185–187a, 189 StGB) durch ein Druckerzeugnis im Wege der Privatklage verfolgt, so ist hierfür neben dem Gericht des Erscheinungsortes gemäß § 7 Abs. 2 S. 2 auch das Gericht des Verbreitungsortes zuständig, wenn in dessen Bezirk die beleidigte Person ihren Wohnsitz oder gewöhnlichen Aufenthalt hat (§ 8).[28]

17 Hat der Beleidigte beim Gericht seines Wohnsitzes, in dessen Bezirk die Druckschrift verbreitet wurde, die Privatklage erhoben, so ist das Verfahren bei **Übernahme** durch die Staatsanwaltschaft (§ 377) an diesem Gericht fortzusetzen. Der Gerichtsstand des § 7 Abs. 2 S. 1 tritt gegenüber dem Gerichtsstand des § 7 Abs. 2 S. 2 zurück, falls beide Gerichtsstände auseinanderfallen.[29]

§ 8 Gerichtsstand des Wohnsitzes oder Aufenthaltsortes

(1) Der Gerichtsstand ist auch bei dem Gericht begründet, in dessen Bezirk der Angeschuldigte zur Zeit der Erhebung der Klage seinen Wohnsitz hat.

(2) Hat der Angeschuldigte keinen Wohnsitz im Geltungsbereich dieses Bundesgesetzes, so wird der Gerichtsstand auch durch den gewöhnlichen Aufenthaltsort und, wenn ein solcher nicht bekannt ist, durch den letzten Wohnsitz bestimmt.

I. Normzweck

1 § 8 bestimmt die örtliche Zuständigkeit des Gerichts, in dessen Bezirk der Beschuldigte seinen Wohnsitz hat. Fehlt ein solcher, tritt an dessen Stelle subsidiär der Gerichtsstand des gewöhnlichen Aufenthaltsortes. Fehlt auch ein solcher, kommt – soweit vorhanden – der letzte Wohnsitz zum Tragen. Zwischen mehreren örtlich zuständigen Gerichten (auch nach § 8 Abs. 1) kommt der Staatsanwaltschaft ein (willkürfreies) Ermessen zu (→ § 7 Rn. 1). Nach hM gibt es generell zwischen den Gerichtsständen keine Rangfolge.[1]

II. Erläuterung

2 **1. Wohnsitz.** Zur Bestimmung des Wohnsitzes kann auf die §§ 7–11 BGB zurückgegriffen werden. Für Berufs- und Zeitsoldaten ist dabei § 9 BGB einschlägig, bei besonderer Auslandsverwendung ist allerdings § 11a zu beachten. Zur **Begründung eines Wohnsitzes** muss sich der Betreffende an einem bestimmten Ort mit dem entsprechenden rechtsgeschäftlichen Willen (Domizilwille) niedergelassen haben.[2] Auch ein Hotelzimmer kann einen Wohnsitz begründen. Der erforderliche Willensentschluss braucht sich nicht auf den Rechtserfolg der Begründung eines Wohnsitzes, sondern nur auf die Niederlassung zu

[25] Zu § 184 StGB – OLG Hamm 5.5.1952 – 2 Ss 50/52, MDR 1952, 441.
[26] Mitsch AfP 2011, 544 (545 f.).
[27] Siehe LG Arnsberg 30.6.1964 – 4 Qs 138/64, NJW 1964, 1972; LG Landshut 5.7.1999 – 4 Qs 166/99, NStZ-RR 1999, 367 f.; AG Würzburg 30.1.1989 – 1 Bs 16/88, NStZ 1990, 199 f.; Dose NJW 1971, 2212 f.; Scheuten in KK-StPO Rn. 9; Erb in Löwe/Rosenberg Rn. 12; Kusch NStZ 1990, 200; aA Dorbritz NJW 1971, 1209 f.; Krey JA 1984, 288 (295).
[28] Schmitt in Meyer-Goßner/Schmitt Rn. 11.
[29] BGH 7.11.1957 – 2 ARs 143/57, BGHSt 11, 56 f. = NJW 1958, 229.
[1] OLG Brandenburg 27.8.2012 – 1 Ws 132/12, NJW-Spezial 2013, 57; Scheuten in KK-StPO Rn. 1.
[2] Siehe auch Helm JA 2007, 272.

erstrecken.[3] Ein Amtssitz oder gewerbliche Niederlassung begründet allerdings keinen Wohnsitz.[4]

Hat der Beschuldigte **mehrere Wohnsitze** (§ 7 Abs. 2 BGB), bestehen auch mehrere Gerichtsstände nach § 8 Abs. 1. Scheitert der Versuch einen Wohnsitz aufzugeben, führt dies noch nicht zu dessen Aufhebung. Ein Wohnsitz liegt erst dann nicht mehr vor, wenn der Ort tatsächlich und endgültig aufgegeben wurde.[5] Für exterritoriale Deutsche und deutsche Beamte im Ausland ist § 11 einschlägig. 3

Gemäß § 8 Abs. 1 ist der Wohnsitz zur Zeit der Klageerhebung maßgebend.[6] Frühere Wohnsitze sind folglich ebenso unerheblich, wie nach diesem Zeitpunkt eingetretene Änderungen. 4

2. Gewöhnlicher Aufenthalt. Besteht kein Wohnsitz nach Abs. 1, kommt es auf den gewöhnlichen Aufenthaltsort des Beschuldigten an. Dieser muss sich im Bundesgebiet befinden.[7] Als **Aufenthaltsort** gilt der Ort, an dem sich die Person freiwillig ständig oder für längere Zeit – wenn auch nicht ununterbrochen – aufhält, ohne dort einen Wohnsitz zu begründen.[8] Als Aufenthaltsort kommt daher nicht ein Krankenhaus, eine Heilanstalt oder eine Justizvollzugsanstalt in Betracht. Die Begründung eines Gerichtsstandes nach Abs. 2 kommt ebenfalls nicht in Frage, wenn sich der Betreffende auf der Flucht[9] oder in einem Flüchtlingslager[10] befindet. Der Beschuldigte kann nur einen gewöhnlichen Aufenthaltsort haben. 5

Für die Zuständigkeit eines **Jugendgerichts** ist auch nach der Anklageerhebung der faktische Aufenthaltsort und nicht gemäß § 8 der Wohnsitz oder die Meldeanschrift des Jugendlichen maßgebend.[11] 6

Der Gerichtsstand des **letzten Wohnsitzes** kommt nur zum Zuge, wenn es weder einen aktuellen Wohnsitz im Bundesgebiet gibt, noch ein gewöhnlicher Aufenthaltsort bekannt ist oder dieser im Ausland liegt.[12] 7

§ 9 Gerichtsstand des Ergreifungsortes

Der Gerichtsstand ist auch bei dem Gericht begründet, in dessen Bezirk der Beschuldigte ergriffen worden ist.

I. Normzweck

Einen Gerichtsstand am Ergreifungsort eröffnet § 9. Mit dieser Vorschrift wollte der Gesetzgeber einen allgemeinen, dh nicht nur subsidiären Gerichtsstand schaffen.[1] Insbesondere aus dem Wort „auch" im § 9 lässt sich keine Rangfolge der möglichen Gerichtsstände entnehmen.[2] Bedeutung hat der Gerichtsstand des Ergreifungsortes insbesondere bei **Auslandstaten.**[3] 1

Beim Gerichtsstand des Ergreifungsortes Anklage zu erheben, bietet sich an, wenn der Beschuldigte an einem Ort inhaftiert ist, an dem er alsbald überführt werden kann, ohne das 2

---

3 BVerfG 10.7.1958 – 1 BvR 532/56, BVerfGE 8, 81 (86).
4 Kronthaler in Radtke/Hohmann Rn. 3; vgl. auch Spickhoff in MüKoBGB BGB § 7 Rn. 16, 17.
5 LG Frankfurt a. M. 8.2.1988 – 5/6 Qs 69/87, StV 1988, 381.
6 Siehe BGH 15.1.2003 – 2 ARs 383/02, NStZ-RR 2004, 33.
7 OLG Köln 27.12.1977 – 2 Ws 782/77, JMBl. NRW. 1978, 113.
8 Schmitt in Meyer-Goßner/Schmitt Rn. 3. Siehe auch BGH 30.6.1959 – 2 ARs 158/58, BGHSt 13, 209 (210 ff.) = NJW 1959, 1834.
9 Siehe OLG Köln 27.12.1977 – 2 Ws 782/77, JMBl. NRW. 1978, 113.
10 BGH 9.12.2008 – 2 ARs 536/08, NStZ-RR 2009, 84.
11 BGH v. 10.1.207 – 2 ARs 545/06, StraFo 2007, 162.
12 Schmitt in Meyer-Goßner/Schmitt Rn. 4.
1 BT-Drs. 1/3713, 46; Erb in Löwe/Rosenberg Rn. 1.
2 So aber OLG Hamm 10.9.1998 – 2 Ws 376/98, NStZ-RR 1999, 16 (17).
3 Beulke/Swoboda StrafProzR Rn. 57; siehe auch BGH 27.10.1993 – 2 ARs 164/93, NStZ 1994, 139 (140); Mankowski/Bock JZ 2008, 555 ff.

Zeugen oder Sachverständige weite Reisen unternehmen müssen. So können insbesondere unnötige Kosten für den Transport des inhaftierten Beschuldigten, eine Verzögerung des Verfahrens und eine Verlängerung der Untersuchungshaft vermieden werden.[4] Wenn diese Umstände **nicht ersichtlich** sind bzw. fehlen, spricht aber vieles dafür, dass die Entscheidung der Staatsanwaltschaft gerade an diesem Gerichtsstand Anklage zu erheben, willkürlich bzw. ermessensfehlerhaft war.[5]

II. Erläuterung

3 **Ergreifung** ist jede befugte und gerechtfertigte Festnahme durch Beamte oder Privatpersonen zum Zwecke der Strafverfolgung vor allem nach § 127 Abs. 1 bzw. Abs. 2.[6] Nach früher hM wurde der Gerichtsstand nach § 9 allerdings nur dann begründet, wenn die Ergreifung zum Erlass eines Haftbefehls führte. Nach Auffassung des BGH, der sich ua auf den Wortsinn beruft, genügt es jedoch nunmehr, wenn die Ergreifung lediglich **zur Einleitung eines Ermittlungsverfahrens führt.**[7] Dies erscheint allerdings bedenklich, weil die Strafverfolgungsbehörden so im gesamten Bundesgebiet einen Gerichtsstand begründen können. Hinsichtlich des Rechts auf den gesetzlichen Richter aus Art. 101 Abs. 1 S. 2 GG muss in diesen Fällen daher sorgfältig geprüft werden, ob nicht eine willkürliche Anklageerhebung vorliegt (→ § 1 Rn. 10 ff.).

4 Auch nach der weiten Auslegung des BGH liegt ein Gerichtsstand nach § 9 jedoch dann nicht vor, wenn der Beschuldigte aufgrund einer Ausschreibung zur Aufenthaltsermittlung lediglich festgestellt und zur Sache vernommen wird.[8]

5 Bei einem gemeinsamen Amtsgericht nach § 58 Abs. 1 GVG ist der Sitz dieses Amtsgerichts Ergreifungsort, selbst wenn der Beschuldigte im Bezirk eines der verbundenen Amtsgerichte ergriffen wurde.[9] **Ergreifen** iSd § 9 liegt auch dann vor, wenn der Beschuldigte sich stellt.[10] Bei einer Auslieferung ist für den Gerichtsstand der Ort des Grenzüberganges entscheidend.[11] Die Zuständigkeit des Gerichtsstandes erstreckt sich nach hM auch auf zuvor begangene Straftaten des Beschuldigten, wegen denen die Ergreifung nicht stattfand.[12]

6 Der nach § 9 begründete Gerichtsstand bleibt bestehen, auch wenn der Beschuldigte entweicht oder aus der Haft entlassen wird. Wird er dann erneut (an einem anderen Ort) ergriffen, entsteht ein weiterer Gerichtsstand nach § 9.[13] Befindet sich der Beschuldigte im ununterbrochenen Gewahrsam der Justiz, begründet der Austausch der Haftgründe keinen neuen Gerichtsstand nach § 9.[14]

§ 10 Gerichtsstand bei Auslandstaten auf Schiffen oder in Luftfahrzeugen

(1) Ist die Straftat auf einem Schiff, das berechtigt ist, die Bundesflagge zu führen, außerhalb des Geltungsbereichs dieses Gesetzes begangen, so ist das Gericht zuständig, in dessen Bezirk der Heimathafen oder der Hafen im Geltungsbereich dieses Gesetzes liegt, den das Schiff nach der Tat zuerst erreicht.

(2) Absatz 1 gilt entsprechend für Luftfahrzeuge, die berechtigt sind, das Staatszugehörigkeitszeichen der Bundesrepublik Deutschland zu führen.

---

4 BT-Drs. 1/3713, 46; Dallinger JZ 1953, 432 (441).
5 Vgl. OLG Hamm 10.9.1998 – 2 Ws 376/98, NStZ-RR 1999, 16 ff.; siehe auch Erb in Löwe/Rosenberg Rn. 3; Kronthaler in Radtke/Hohmann Rn. 2; sowie Heghmanns StV 2000, 277 (279 f.).
6 Schmitt in Meyer-Goßner/Schmitt Rn. 2.
7 BGH 20.1.1999 – 2 ARs 518/98, BGHSt 44, 347 ff. = NJW 1999, 1412; Erb in Löwe/Rosenberg Rn. 6.
8 AG Kehl 1.7.2008 – 2 Cs 4 Js 2360/07, BeckRS 2008, 13102.
9 Scheuten in KK-StPO Rn. 1. vgl. auch Corves MDR 1956, 335 f.; Schneble MDR 1955, 656.
10 Schmitt in Meyer-Goßner/Schmitt Rn. 2.
11 BGH 8.3.2006 – 2 ARs 79/06, NStZ-RR 2007, 114.
12 BGH 8.3.2006 – 2 ARs 79/06, NStZ-RR 2007, 114; 14.4.1954 – 3 ARs 22/54, MDR 1954, 336; siehe auch OLG München 7.6.1956 – Ws 330/56, MDR 1956, 566.
13 Vgl. Erb in Löwe/Rosenberg Rn. 10.
14 OLG Karlsruhe 20.2.2019 – Wi 3 Ws 89/19, NZWiSt 2019, 240.

I. Normzweck

Gemäß § 4 StGB gilt das deutsche Strafrecht, unabhängig vom Recht des Tatorts, für alle Straftaten, die auf einem Schiff oder in einem Luftfahrzeug begangen wurden, welches berechtigt ist, die Bundesflagge oder das Staatsangehörigkeitszeichen der Bundesrepublik Deutschland zu führen.[1] Hieran anknüpfend eröffnet § 10 für den Fall einen Gerichtsstand, dass sich das See- oder Luftfahrzeug zum Zeitpunkt der Tat **außerhalb des Bundesgebietes** befunden hat. Das Bundesgebiet umfasst an Land das Gebiet innerhalb der Bundesgrenzen, an der deutschen Küste die Eigengewässer und das Küstenmeer sowie allgemein den über den vorgenannten Bereichen liegenden Luftraum. Jenseits dieser Gebiete beginnt der von § 10 erfasste Bereich.[2] Befindet sich das Schiff oder das Luftfahrzeug zum Tatzeitpunkt innerhalb des deutschen Hoheitsgebietes, gilt § 7.[3] 1

II. Erläuterung

1. Gerichtsstand bei Schiffen. Schiffe sind Wasserfahrzeuge jeder Art, die zur See- und Binnenschifffahrt bestimmt sind.[4] Die weiterhin für § 10 erforderliche Berechtigung dieser Schiffe, die Bundesflagge zu führen, ergibt sich aus dem Flaggenrechtsgesetz. Die Berechtigung von Schiffen der Bundesmarine die Bundesflagge zu führen folgt aus der Anordnung des Bundespräsidenten über die Dienstflagge der Seestreitkräfte der Bundeswehr vom 25.5.1956.[5] 2

Als **Heimathafen** eines Schiffes gilt gemäß § 480 Abs. 1 HGB der Hafen, von welchem aus die Seefahrt mit dem Schiff betrieben wird. Fehlt ein solcher Ort gilt § 4 Schiffsregisterordnung. Ein Gerichtsstand nach Abs. 1 ist alternativ neben dem Gericht, in dessen Bezirk sich der Heimathafen des Schiffes befindet, auch im Bezirk des Gerichts begründet, in welchem der erste (deutsche) Hafen liegt, den das Schiff nach Begehung der Tat anläuft. 3

2. Gerichtsstand bei Luftfahrzeugen. Luftfahrzeuge sind nach § 1 Abs. 2 Luftverkehrsgesetz Flugzeuge, Drehflügler (zB Hubschrauber), Luftschiffe („Zeppeline"), Segelflugzeuge, Motorsegler, Frei- und Fesselballone, Rettungsfallschirme, Flugmodelle, Luftsportgeräte und sonstige für die Benutzung des Luftraums bestimmte Geräte, sofern sie in Höhen von mehr als 30 Meter über Grund oder Wasser betrieben werden können. Ebenfalls als Luftfahrzeuge gelten sog. Drohnen, also unbemannte Fluggeräte einschließlich ihrer Kontrollstation, die nicht zu Zwecken des Sports oder der Freizeitgestaltung betrieben werden.[6] Die nach § 10 Abs. 2 erforderliche Berechtigung dieser Luftfahrzeuge das Staatsangehörigkeitszeichen der Bundesrepublik Deutschland zu führen, folgt aus § 2 Luftverkehrsgesetz. 4

Beim Gericht, in dessen Bezirk der Heimathafen des Luftfahrzeugs liegt, ist ein Gerichtsstand begründet. Als **Heimathafen** des Luftfahrzeugs gilt entsprechend § 480 Abs. 1 HGB der Ort, von dem aus der Flugverkehr mit diesem betrieben wird. Dabei wird es sich also regelmäßig um einen Flughafen oder einen regulären Flugplatz handeln. Daneben ist entsprechend Absatz 1 ein Gerichtsstand auch an dem Ort begründet, den das Luftfahrzeug als erstes nach der Tatbegehung auf deutschen Boden erreicht. Da Absatz 1 allerdings auf einen Hafen abstellt, muss es sich bei Absatz 2 um einen Flughafen oder Flugplatz handeln. Wenn das Luftfahrzeug nach einer Notlandung wieder auf einem solchen landet, so ist dieser für die Gerichtsstandsbestimmung ausschlaggebend. Bei einer „Bruchlandung" hingegen, kommt es für den Gerichtsstand auf den Unfallort an.[7] 5

---

1 Siehe zu § 4 StGB zB Walter JuS 2006, 967.
2 BGH 7.4.2009 – 2 ARs 180/09, NStZ 2009, 464.
3 Siehe auch Schmitt in Meyer-Goßner/Schmitt Rn. 1.
4 Fischer StGB § 4 Rn. 3.
5 BGBl. 1956 I 447; siehe auch BGH 7.4.2009 – 2 ARs 180/09, NStZ 2009, 464.
6 Diese werden auch als unbemannte Luftfahrtsysteme bzw. Unmanned Aircraft System (AUS) bezeichnet.
7 Siehe auch Erb in Löwe/Rosenberg Rn. 11.

§ 10a Gerichtsstand bei Auslandstaten im Bereich des Meeres

Ist für eine Straftat, die außerhalb des Geltungsbereichs dieses Gesetzes im Bereich des Meeres begangen wird, ein Gerichtsstand nicht begründet, so ist Hamburg Gerichtsstand; zuständiges Amtsgericht ist das Amtsgericht Hamburg.

I. Normzweck

1 § 10a schafft – seinem eindeutigen Wortlaut gemäß – nur einen **subsidiären** Gerichtsstand für alle Straftaten, die außerhalb des Bundesgebietes **auf dem Meer** begangen wurden. Die frühere Beschränkung auf Umweltstraftaten (§§ 324–330d StGB) wurde durch das Ausführungsgesetz zum Übereinkommen der Vereinten Nationen gegen den unerlaubten Verkehr mit Suchtstoffen und psychotropen Stoffen vom 20.12.1988 im Jahre 1993 aufgehoben.[1] § 10a kann ua bei der Verfolgung von **Piraterie** zur Anwendung kommen.[2]

II. Erläuterung

2 Bei der Klärung der Frage, ob eine Straftat außerhalb des Geltungsbereiches der StPO begangen wurde, ist zu beachten, dass die Bundesrepublik Deutschland durch Proklamation der Bundesregierung 1994 ihre Küstengebiete auf die **12 Seemeilen-Zone** ausgeweitet hat.[3] Wird eine verfolgbare Straftat also innerhalb dieses Gebietes begangen, gilt der Gerichtsstand nach § 7, außerhalb dieses Bereiches – auf dem Meer – greift § 10a.[4] Der Begriff des **Meeres** umfasst dabei auch die Küstengewässer anderer Staaten einschließlich des Luftraumes über dem Meer.[5] Zuständiges Gericht ist das Amtsgericht Hamburg.

§ 11 Gerichtsstand bei Auslandstaten exterritorialer Deutscher und deutscher Beamter

(1) [1]Deutsche, die das Recht der Exterritorialität genießen, sowie die im Ausland angestellten Beamten des Bundes oder eines deutschen Landes behalten hinsichtlich des Gerichtsstandes den Wohnsitz, den sie im Inland hatten. [2]Wenn sie einen solchen Wohnsitz nicht hatten, so gilt der Sitz der Bundesregierung als ihr Wohnsitz.

(2) Auf Wahlkonsuln sind diese Vorschriften nicht anzuwenden.

I. Normzweck

1 In Ergänzung zu § 8 Abs. 2 bestimmt § 11, dass Gerichtsstand für Straftaten exterritorialer Deutscher und deutscher Auslandsbeamter deren letzter Wohnsitz im Bundesgebiet ist. Ist ein solcher nicht vorhanden, so gilt der Sitz der Bundesregierung (also Berlin) als ihr Wohnsitz. Unerheblich ist, ob der Tatort im In- oder Ausland liegt.[1]

II. Erläuterung

2 Ob ein deutscher Staatsbürger (vgl. §§ 1, 3 Staatsangehörigkeitsgesetz) das **Recht der Exterritorialität** genießt, also nicht der Gerichtsbarkeit und Zwangsgewalt seines Aufenthaltsstaates unterliegt, bestimmt sich nach dem Völkerrecht, das gemäß Art. 25 GG Bestandteil des Bundesrechts ist. Regelmäßig handelt es sich hierbei um Botschafter und Gesandte sowie deren Personal und Familien (vgl. auch §§ 18–20 GVG).

3 **Deutsche Beamte** die **im Ausland** arbeiten, haben meist dort auch ihren Wohnsitz, so dass es einer Gerichtsstandsbestimmung nach § 11 bedarf. Der Begriff des Beamten ist

---

[1] BGBl. 1993 I 1407.
[2] Rinio Betrifft Justiz 2009, 150 (154).
[3] Einzelheiten siehe BGBl. 1994 I 3428 f.
[4] Scheuten in KK-StPO Rn. 2.
[5] Erb in Löwe/Rosenberg Rn. 2; Schmitt in Meyer-Goßner/Schmitt Rn. 2.
[1] Erb in Löwe/Rosenberg Rn. 4; Schmitt in Meyer-Goßner/Schmitt Rn. 1.

hier weit auszulegen und bestimmt sich nach § 11 Abs. 1 Nr. 2–4 StGB.[2] Die ebenfalls im Ausland lebenden Familienangehörigen des Beamten fallen nicht unter § 11, für sie gilt § 8 Abs. 2.[3] Ein (Berufs-) Konsul ist gemäß §§ 1, 2 Konsulargesetz ebenfalls Beamter.

Honorar- oder Wahlkonsuln sind Ehrenbeamte iSd § 6 Abs. 2 Bundesbeamtengesetz. 4
Bei ihnen handelt es sich meist um Staatsangehörige des Empfangsstaates, die nur in loser Verbindung zur Bundesrepublik Deutschland stehen. Daher sind sie nach Abs. 2 von der Gerichtsstandsbestimmung des § 11 Abs. 1 ausgenommen.[4]

§ 11a Gerichtsstand bei Auslandstaten von Soldaten in besonderer Auslandsverwendung

Wird eine Straftat außerhalb des Geltungsbereiches dieses Gesetzes von Soldatinnen oder Soldaten der Bundeswehr in besonderer Auslandsverwendung (§ 62 Absatz 1 des Soldatengesetzes) begangen, so ist der Gerichtsstand bei dem für die Stadt Kempten zuständigen Gericht begründet.

§ 11a wurde durch das Gesetz für einen Gerichtsstand bei besonderer Auslandsverwen- 1
dung der Bundeswehr vom 21.1.2013 in die StPO eingefügt und trat zum 1.4.2013 in Kraft.[1] Für Straftaten, die sich gegen Soldaten im Auslandseinsatz richten, gilt die Vorschrift nicht.[2]

I. Normzweck

§ 11a trifft eine Gerichtsstandsregelung für Soldaten, die gemäß § 62 Abs. 1 Soldatenge- 2
setz[3] in **besonderer Auslandsverwendung** dienen.[4] Nach § 1a WStG (sowie § 1 VStGB) gilt für diese das deutsche Strafrecht unabhängig vom Recht des Tatorts für Straftaten, die sie während eines dienstlichen Aufenthalts oder in Beziehung auf den Dienst im Ausland begangen haben. Der Bund hat zwar durch Art. 96 Abs. 2 GG die Möglichkeit eingeräumt bekommen, eine eigenständige Wehrstrafgerichtsbarkeit zu errichten, hat diese Möglichkeit bislang aber nicht genutzt.[5]

Für die jährlich etwa bis zu 20 Verfahren[6] fehlte daher bislang ein besonderer Gerichts- 3
stand. Dies hatte zur Folge, dass nach den allgemeinen Gerichtsstandsregelungen Gerichte und Staatsanwaltschaften an verschiedenen Orten für diese Verfahren zuständig sein konnten. Als Anknüpfungspunkt für die Zuständigkeit kam meist nach § 8 Abs. 1 der letzte inländische Standort in Betracht. Dies führte dann aber zu **Mehrfachzuständigkeiten,** wenn Soldaten verschiedener Stammeinheiten an den Straftaten beteiligt waren.[7]

Die Notwendigkeit für die Schaffung eines besonderen Gerichtsstandes wurde auch 4
deshalb gesehen, weil die bisherige Rechtslage den Anforderungen an eine effiziente Strafverfolgung und den Besonderheiten der Verfahren mit Auslandsberührung nicht gerecht geworden sei. Neben der Kenntnis militärischer Abläufe und Strukturen sowie der rechtlichen und tatsächlichen Rahmenbedingungen der besonderen Auslandsverwendung seien

---

2 Bachler in BeckOK StPO Rn. 2; Scheuten in KK-StPO Rn. 2.
3 Schmitt in Meyer-Goßner/Schmitt Rn. 3.
4 Schmitt in Meyer-Goßner/Schmitt Rn. 4.
1 BGBl. 2013 I 89 f.
2 Bachler in BeckOK StPO Rn. 1.
3 § 62 Abs. 1 SG lautet: „Besondere Auslandsverwendungen sind Verwendungen, die auf Grund eines Übereinkommens, eines Vertrages oder einer Vereinbarung mit einer über- oder zwischenstaatlichen Einrichtung oder mit einem auswärtigen Staat auf Beschluss der Bundesregierung im Ausland oder außerhalb des deutschen Hoheitsgebietes auf Schiffen oder in Luftfahrzeugen stattfinden."
4 Siehe allg. zum Wehrrecht Raap JuS 2003, 9 ff.
5 Siehe hierzu Voßkuhle in v. Mangoldt/Klein/Starck GG Art. 96 Rn. 15; sowie Berg DRiZ 1986, 128 ff.; Tondorf StV 1983, 388 ff.
6 Hannich/Rautenberg ZRP 2010, 140 (142); Zimmermann NJW 2013, 905 (906).
7 Siehe auch Hannich/Rautenberg ZRP 2010, 140; Stam ZIS 2010, 628.

auch spezielle Erfahrungen bei **Ermittlungen mit Auslandsbezug** erforderlich.[8] Gleichwohl ist aber weiterhin das Problem ungeklärt, wie und durch wen die staatsanwaltlichen Ermittlungen im Ausland auch unter Berücksichtigung der Verfahrensrechte der Beschuldigten zu führen sind. Die jetzige Rechtslage ist unbefriedigend.[9]

5 Als Ort des besonderen Gerichtsstandes wurde in früheren Gesetzentwürfen das Gericht vorgeschlagen, in dessen Bezirk das für den Auslandseinsatz zuständige Einsatzführungskommando der Bundeswehr seinen Sitz hat.[10] Dass die Wahl dennoch auf **Kempten** fiel, wurde im Gesetzgebungsverfahren – wenig überzeugend – damit begründet, dass dort schon eine Schwerpunktstaatsanwaltschaft besteht, die mit der Verfolgung von Straftaten, die Soldaten in Ausübung des Dienstes im Rahmen von Auslandseinsätzen begehen, befasst ist und entsprechende Erfahrungen sammeln konnte.[11]

II. Erläuterung

6 **1. Zuständiges Gericht.** Der besondere Gerichtsstand besteht beim AG bzw. beim LG Kempten. Die Ermittlungen führt daher im Grundsatz gemäß § 143 Abs. 1 GVG die dort bestehende Staatsanwaltschaft. Für Verfahren, welche in die erstinstanzliche Zuständigkeit des OLG fallen, ist das OLG München zuständiges Gericht. Die Ermittlungen führt dann der GBA.[12]

7 Im Rahmen der Ermittlungszuständigkeit ist allerdings noch eine Verfügung des GBA zu beachten. Nach dieser ist der GBA auch für die Prüfung und die abschließende Entscheidung hinsichtlich solcher Taten **(militärische Handlungen)** zuständig, die in Zusammenhang mit einem bewaffneten Konflikt begangen wurden und mangels Erfüllung einzelner Tatbestandsmerkmale zwar nicht nach dem VStGB strafbar sind, für die jedoch eine Strafbarkeit nach dem StGB in Betracht kommt.[13]

8 **2. Kein ausschließlicher Gerichtsstand.** § 11a begründet **keinen ausschließlichen Gerichtsstand.** Gerichtsstände nach dem allgemeinen Verfahrensrecht oder nach besonderen Vorschriften bleiben also neben § 11a bestehen.[14] So werden zB die für Heranwachsenden bestehenden Gerichtsstände nach § 108 Abs. 1 JGG, § 42 Abs. 1 Nr. 2, 3 JGG nicht verdrängt.[15]

§ 12 Zusammentreffen mehrerer Gerichtsstände

(1) Unter mehreren nach den Vorschriften der §§ 7 bis 11a und 13a zuständigen Gerichten gebührt dem der Vorzug, das die Untersuchung zuerst eröffnet hat.

(2) Jedoch kann die Untersuchung und Entscheidung einem anderen der zuständigen Gerichte durch das gemeinschaftliche obere Gericht übertragen werden.

Übersicht

[8] Siehe hierzu zB den Bericht von Demmer Der Spiegel Nr. 30/2009, S. 38 (40).

[9] Siehe hierzu Stam ZIS 2010, 628 ff. und die Schilderung bei Ambos NJW 2010, 1725. Allgemein zu den Problemen bei Strafverfahren gegen Soldaten Poretschkin DRiZ 2009, 288 ff.

[10] Siehe BT-Drs. 15/3508 und BT-Drs. 16/673 sowie van Essen DRiZ 2009, 274. Das Einsatzführungskommando der Bundeswehr hat seinen Sitz in Geltow bei Potsdam.

[11] BT-Drs. 17/9694, 7.

[12] Schmitt in Meyer-Goßner/Schmitt Rn. 2; siehe auch grundsätzlich Werle JZ 2012, 373 (377).

[13] Verfügung des GBA vom 16.4.2010, NStZ 2010, 581 ff.; kritisch insoweit Kaleck/Schüller/Steiger KJ 2010, 270 (282).

[14] BT-Drs. 17/9694, 7.

[15] Scheuten in KK-StPO Rn. 2; Schmitt in Meyer-Goßner/Schmitt Rn. 3.

I. Normzweck

Sind bei einer Tat im prozessualen Sinne (§§ 155, 264)[1] mehrere Gerichtsstände nach den §§ 7–11a oder – dem nachträglich eingefügten – § 13a[2] eröffnet, hat zunächst die Staatsanwaltschaft ein – willkürfreies[3] – Wahlrecht, bei welchem örtlich zuständigen Gericht sie Anklage erheben will.[4] Im Ermittlungsverfahren sind dabei Nr. 2, 26 RiStBV zu beachten. Sind verschiedene Staatsanwaltschaften in die Untersuchung involviert, müssen diese eine Einigung herbeiführen, welche Staatsanwaltschaft das Verfahren führt und anklagt (→ § 2 Rn. 6). 1

II. Erläuterung

1. Allgemeines. Wurde eine prozessuale Tat bei mehreren Gerichten im 1. Rechtszug anhängig gemacht, so ist nach § 12 Abs. 1 dasjenige Gericht für die Entscheidung über die Strafsache ausschließlich[5] zuständig, das die Untersuchung zuerst eröffnet hat – **Prioritätsprinzip.**[6] Hierdurch wird das Strafverfahren rechtshängig und den bei den anderen Gerichten anhängigen Verfahren in der gleichen Sache steht nun das Prozesshindernis der anderweitigen Rechtshängigkeit entgegen.[7] Auf diese Weise wird einer sonst drohenden Doppelbestrafung entgegengewirkt (Art. 103 Abs. 3 GG). Die anderen Verfahren müssen nach § 206a bzw. § 260 Abs. 3 eingestellt werden.[8] 2

Bei welchem Gericht zuerst Anklage erhoben wurde, ist unerheblich.[9] Die Regelung des § 12 Abs. 1 gilt auch zwischen Gerichten unterschiedlicher Ordnung.[10] Im Zwischenverfahren spielt sie hingegen keine Rolle.[11] 3

Die **Eröffnung der Untersuchung** erfolgt regelmäßig durch den Erlass des Eröffnungsbeschlusses (§ 203) bzw. in den besonderen Verfahrensarten (beschleunigtes Verfahren, Strafbefehlsverfahren,[12] Sicherungsverfahtren etc) durch Vornahme der gerichtlichen Handlung, die eine Rücknahme der Anklage der Staatsanwaltschaft unmöglich macht, die also deren Dispositionsbefugnis zum Erlöschen bringt.[13] 4

Der Vorrang des nach § 12 Abs. 1 zuständigen Gerichts besteht nur solange, wie dieses das Verfahren nicht endgültig einstellt. Bewirkt die **Einstellung** keinen Strafklageverbrauch, kann das Verfahren bei einem anderen örtlich zuständigen Gericht fortgeführt werden.[14] 5

Hat das nach § 12 Abs. 1 an sich nicht vorrangige Gericht eine **rechtskräftige** Entscheidung gefällt, ist das Verfahren beim eigentlich vorrangigen Gericht einzustellen.[15] Dies gilt auch schon bei Teilrechtskraft.[16] 6

Der Grundsatz des § 12 Abs. 1 wird von der Rechtsprechung **gewohnheitsrechtlich eingeschränkt.**[17] Vorrangig soll stets das Gericht sein, das – wegen seiner höheren 7

---

1 Vgl. Scheuten in KK-StPO Rn. 4.
2 BGH 10.5.1957 – 2 ARs 74/56, BGHSt 10, 255 (259) = NJW 1957, 1160.
3 Vgl. OLG Hamm 10.9.1998 – 2 Ws 376/98, NStZ-RR 1999, 16.
4 Hinsichtlich der Bedenken gegenüber der so begründeten beweglichen Zuständigkeit → § 1 Rn. 10 ff.
5 BGH 11.6.1952 – 3 StR 233/51, BGHSt 3, 134 (138) = NJW 1952, 1148.
6 BGH 5.4.2000 – 1 StR 75/00, NStZ-RR 2000, 332.
7 Scheuten in KK-StPO Rn. 4.
8 Bachler in BeckOK StPO Rn. 6.
9 Schmitt in Meyer-Goßner/Schmitt Rn. 1.
10 RG 20.12.1920 – III 1738/20, RGSt 55, 186 (187 f.); BGH 30.8.1968 – 4 StR 335/68, BGHSt 22, 232 (233) = NJW 1968, 2387; Kronthaler in Radtke/Hohmann Rn. 2.
11 BGH 20.2.1990 – 5 StR 48/90, BGHSt 36, 361 (362) = NJW 1990, 1675.
12 Siehe für dieses BGH 30.6.1976 – 2 ARs 169/76, BGHSt 26, 374 = NJW 1976, 2172; 16.9.2003 – 2 ARs 323/03, NStZ 2004, 449; OLG Karlsruhe 3.5.1991 – 1 Ws 81/91, NStZ 1991, 602.
13 Vgl. Scheuten in KK-StPO Rn. 2.
14 Siehe auch Erb in Löwe/Rosenberg Rn. 13.
15 BGH 17.7.1991 – 5 StR 225/91, BGHSt 38, 37 (42) = NJW 1991, 3227; 20.1.1995 – 3 StR 585/94, NStZ 1995, 351 (352).
16 Kammerer MDR 1990, 785 f.; siehe aber auch BayObLG 27.10.1988 – RReg. 2 St 254/88, NStZ 1989, 241.
17 Erb in Löwe/Rosenberg Rn. 15; Scheuten in KK-StPO Rn. 6.

sachlichen Zuständigkeit – die Strafsache umfassender und nach allen rechtlichen Gesichtspunkten erschöpfender behandeln und aburteilen kann.[18] Bei tateinheitlich begangenen Delikten (§ 52 StGB), die bei verschiedenen Gerichten angeklagt sind, hat das höhere Gericht den Vorrang, wenn das untere nicht für alle angeklagten Straftaten zuständig ist.[19]

8 **2. Übertragung aus Zweckmäßigkeitsgründen.** Aus Zweckmäßigkeitsgründen kann nach § 12 Abs. 2 durch das **gemeinschaftliche obere Gericht** (→ § 4 Rn. 16) einem anderen, als dem nach § 12 Abs. 1 zuständigen Gericht, in jeder Lage des Verfahrens die Untersuchung und Entscheidung des Strafverfahrens übertragen werden. Gründe für diese Übertragung können zB sein, dass der Beschuldigte am Sitz des anderen Gerichts inhaftiert ist und so ein unnötiger Transport entbehrlich wird, der Beschuldigte transportunfähig ist,[20] Kosten gespart oder für eine Vielzahl von Zeugen längere Reisen zum Gerichtsort vermieden werden können. Die Interessen eventueller Mitangeklagter sind bei der Entscheidung ebenso zu berücksichtigen, wie eine möglicherweise eintretende Verfahrensverzögerung[21] durch die Übertragung oder der Umstand, dass bereits eine längere Zeit beim vorrangigen Gericht verhandelt wurde.[22] Die Übertragung kann von Amts wegen oder auf Antrag hin erfolgen und ergeht nach pflichtgemäßen Ermessen.[23]

9 Das Gericht, dem das Verfahren übertragen wird, muss jedoch **zuständig** sein.[24] Eine Übertragung auf ein Gericht scheidet darum aus, wenn dessen Zuständigkeit bei Eröffnung des Hauptverfahrens auf Grund eines Sachzusammenhangs nach § 13 Abs. 1 hätte begründet werden können, dieser Sachzusammenhang aber nicht mehr besteht.[25]

10 Voraussetzung für eine Entscheidung nach § 12 Abs. 2 ist nicht, dass das Strafverfahren bei mehreren Gerichten anhängig ist.[26] Die Untersuchung muss aber bereits eröffnet worden sein, ansonsten könnte die Staatsanwaltschaft die Klage nach § 156 zurücknehmen und nach ihrer Wahl bei einem anderen zuständigen Gericht einreichen.[27]

11 § 12 Abs. 2 gilt nicht im **Rechtsmittelverfahren,**[28] da sonst in den Instanzenzug eingegriffen würde, und auch nicht, wenn ein Urteil nach § 354 Abs. 2 aufgehoben und zurückverwiesen wurde.[29] Im **beschleunigten Verfahren** ist eine Übertragung nach Abs. 2 ebenfalls ausgeschlossen.[30]

12 Durch die Übertragung nach § 12 Abs. 2 endet die **Rechtshängigkeit** des Strafverfahrens beim alten Gericht und wird beim neuen – durch das gemeinschaftliche obere Gericht bestimmte – Gericht begründet.[31]

13 Eine **Beschwerde** gegen die Übertragung ist unzulässig.[32]

[18] RG 13.12.1932 – I 708/31, RGSt 67, 53 (56); 5.11.1936 – 3 D 636/36, RGSt 70, 336 (337); BGH 14.1.1954 – 3 StR 642/53, BGHSt 5, 381 (384) = NJW 1954, 847; 27.4.1989 – 1 StR 632/88, BGHSt 36, 175 (181) = NJW 1989, 2403; BGH 20.1.1995 – 3 StR 585/94, NStZ 1995, 351; BayObLG 27.10.1988 – RReg. 2 St 254/88, NStZ 1989, 241.

[19] BGH 20.1.1995 – 3 StR 585/94, NStZ 1995, 351 f.

[20] BGH 28.4.2020 – 2 AR 20/20, BeckRS 2020, 8581.

[21] Vgl. BGH 18.1.2018 – 2 ARs 4/18, BeckRS 2018, 666.

[22] Vgl. BGH 17.1.2001 – 2 ARs 7/01, NStZ-RR 2002, 65; 13.12.2006 – 2 ARs 511/06, NStZ-RR 2009, 1 f.; 29.4.1998 – 2 ARs 146/98, wistra 1998, 307.

[23] Vgl. Schmitt in Meyer-Goßner/Schmitt Rn. 5.

[24] BGH 30.6.1959 – 2 ARs 158/58, BGHSt 13, 209 (217) = NJW 1959, 1834.

[25] BGH 20.12.1961 – 2 ARs 158/61, BGHSt 16, 391 = NJW 1962, 499.

[26] OLG Düsseldorf 4.7.1983 – 2 Ws 292/83, MDR 1984, 70.

[27] BGH 11.10.1957 – 2 ARs 167/57, BGHSt 10, 391 (392) = NJW 1957, 1809; 14.11.1958 – 2 ARs 182/58, BGHSt 12, 180 (184) = NJW 1959, 396; 4.5.2017 – 2 AR 46/17, BeckRS 2017, 112048.

[28] BGH 13.8.1963 – 2 ARs 172/63, BGHSt 19, 177 (179) = NJW 1964, 506; 3.5.2018 – 2 ARs 63/18, NStZ-RR 2018, 218 (219).

[29] BGH 15.2.1963 – 2 ARs 26/63, BGHSt 18, 261 f. = NJW 1963, 965; 9.1.1985 – 2 ARs 412/84, BGHSt 33, 111 (112) = NJW 1985, 872.

[30] BGH 31.1.1961 – 2 ARs 1/61, BGHSt 15, 314 = NJW 1961, 789.

[31] BGH 31.10.1957 – 4 StR 449/57, NJW 1958, 31; Bachler in BeckOK StPO Rn. 11.

[32] BGH 5.2.2003 – 2 ARs 31/03, StraFo 2003, 272; Scheuten in KK-StPO Rn. 13.

§ 13 Gerichtsstand bei zusammenhängenden Strafsachen

(1) Für zusammenhängende Strafsachen, die einzeln nach den Vorschriften der §§ 7 bis 11 zur Zuständigkeit verschiedener Gerichte gehören würden, ist ein Gerichtsstand bei jedem Gericht begründet, das für eine der Strafsachen zuständig ist.

(2) [1]Sind mehrere zusammenhängende Strafsachen bei verschiedenen Gerichten anhängig gemacht worden, so können sie sämtlich oder zum Teil durch eine den Anträgen der Staatsanwaltschaft entsprechende Vereinbarung dieser Gerichte bei einem unter ihnen verbunden werden. [2]Kommt eine solche Vereinbarung nicht zustande, so entscheidet, wenn die Staatsanwaltschaft oder ein Angeschuldigter hierauf anträgt, das gemeinschaftliche obere Gericht darüber, ob und bei welchem Gericht die Verbindung einzutreten hat.

(3) In gleicher Weise kann die Verbindung wieder aufgehoben werden.

I. Normzweck

Aus Gründen der Zweckmäßigkeit und Verfahrensökonomie eröffnet § 13 einen gleichberechtigten Gerichtsstand[1] neben §§ 7–11 und § 13a[2] für zusammenhängende Strafsachen bei jedem Gericht, das für eine der Strafsachen zuständig ist. Ist der Zusammenhang vor Eröffnung des Hauptverfahrens allerdings entfallen, so ist § 13 unanwendbar. Ein Entfallen nach diesem Zeitpunkt hingegen ist unbeachtlich.[3] Die Verfahren dürfen noch nicht rechtskräftig abgeschlossen sein (keine Verbindung zum Zweck der Wiederaufnahme).[4] 1

II. Erläuterung

1. Gemeinsame Anklage durch die Staatsanwaltschaft. Liegen zusammenhängende Strafsachen iSd § 3 vor (→ § 3 Rn. 3 ff.),[5] hat die Staatsanwaltschaft die Wahl, ob sie die Strafverfahren einzeln oder insgesamt bei einem der örtlich zuständigen Gerichte anklagt. Voraussetzung für § 13 Abs. 1 ist, dass verschiedene **Gerichte gleicher Ordnung** örtlich zuständig sind.[6] Für jede der Strafsachen muss ein inländischer Gerichtsstand bestehen.[7] Sind verschiedene Staatsanwaltschaften involviert, müssen diese untereinander eine Einigung herbeiführen, bei welchem Gericht Anklage erhoben werden soll und welche Staatsanwaltschaft folglich das Verfahren führt (→ § 2 Rn. 6). Die Entscheidung über die gemeinsame Anklage ergeht nach pflichtgemäßen Ermessen und willkürfrei.[8] Erfolgte die Gerichtswahl dennoch missbräuchlich, kann das Gericht nach § 16 verfahren.[9] 2

Ist erst eine der zusammenhängenden Strafsachen rechtshängig, können weitere auch durch eine Nachtragsanklage (§ 266) beim ersten Gericht anhängig gemacht werden.[10] 3

2. Verbindung durch das Gericht. Sind zusammenhängende Strafsachen bei verschiedenen Gerichten anhängig gemacht worden, können diese nach Abs. 2 ganz oder zum 4

---

1 Vgl. BGH 22.11.1957 – 4 StR 497/57, BGHSt 11, 106 (108) = NJW 1958, 429.

2 Scheuten in KK-StPO Rn. 2; Schermer MDR 1964, 895 f.

3 BGH 20.12.1961 – 2 ARs 158/61, BGHSt 16, 391 (393) = NJW 1962, 499; 9.6.1993 – 3 StR 49/93, NJW 1993, 2819 (2820); 24.10.2002 – 5 StR 600/01, NJW 2003, 446 (452); 27.8.2003 – 2 StR 309/03, NStZ 2004, 100.

4 BGH 27.4.2016 – 2 ARs 61/16, BeckRS 2016, 11069.

5 ZB Bock JA 2013, 667 (671); Römer StraFo 2009, 194 (196 f.).

6 RG 21.9.1911 – 119/11, RGSt 45, 166 (167); BGH 30.8.1968 – 4 StR 335/68, BGHSt 22, 232 = NJW 1968, 2387; 24.4.1990 – 4 StR 159/90, BGHSt 37, 15 (17) = NJW 1991, 239; 17.3.1982 – 2 StR 414/81, NStZ 1982, 294; 5.6.1986 – 4 StR 238/86, NStZ 1986, 564; 23.3.2006 – 3 StR 458/05, NStZ-RR 2008, 33.

7 BGH 20.3.1992 – 2 ARs 151/92, NJW 1992, 1635.

8 Vgl. OLG Hamm 10.9.1998 – 2 Ws 376/98, NStZ-RR 1999, 16.

9 Vgl. Erb in Löwe/Rosenberg Rn. 7. Siehe auch Strubel/Sprenger NJW 1972, 1734 (1738).

10 BGH 5.5.1965 – 2 StR 66/65, BGHSt 20, 219 (221) = NJW 1965, 1609.

Teil durch **Vereinbarung** der betroffenen Gerichte verbunden werden. Dies ist schon nach Erhebung der Anklage zulässig.[11]

5 Voraussetzung ist, dass alle verfahrensbeteiligten Staatsanwaltschaften sich über die Verbindung **einig sind** und entsprechende Anträge stellen. Wird von gerichtlicher Seite eine entsprechende Anregung gemacht, genügt die ausdrückliche Zustimmung aller Staatsanwaltschaften.[12] Auch der Angeschuldigte kann eine Verfahrensverbindung beantragen, das Gericht kann sie jedoch nicht von Amts wegen herbeiführen.[13] Für eine Verbindung darf aber noch kein Urteil ergangen sein[14] und diese muss sach- und justizgemäß erscheinen.[15] Erforderlich ist weiterhin, dass der Sachzusammenhang noch besteht[16] und Gerichte gleicher Ordnung zuständig sind.[17] Wird durch die Verbindung **die sachliche Zuständigkeit geändert** ist § 4 einschlägig.[18] Eine dennoch irrtümlich nach § 13 Abs. 2 vorgenommene Verbindung ist unwirksam[19] – das Verfahren bleibt also tatsächlich beim abgebenden Gericht rechtshängig. Wird dann gegen ein aufgrund der Verfahrensverbindung ergangenes Urteil Revision eingelegt, wird dieses aufgehoben und das Verfahren zurückverwiesen.[20]

6 Die Verbindung erfolgt durch eine **Vereinbarung der beteiligten Gerichte** sowie den Erlass eines förmlichen Abgabebeschlusses und eines entsprechenden Übernahmebeschlusses.[21] Die zusammenhängende Strafsache wird dadurch beim übernehmenden Gericht anhängig.

7 Kommt eine gerichtliche Vereinbarung nicht zustande, kann diese – nicht aber **eine fehlende Einigung** der Staatsanwaltschaften[22] – durch eine Entscheidung des gemeinschaftlichen oberen Gerichts ersetzt werden. Stimmt eine der beteiligten Staatsanwaltschaften nicht zu, scheidet eine Verbindung nach § 13 also stets aus.

8 **3. Verfahrenstrennung.** Unter Umständen kann es zweckmäßig sein, die nach Absatz 1 gemeinsam angeklagten oder nach Abs. 2 verbundenen Strafsachen wieder zu trennen.[23] Dies kann zB der Fall sei, wenn der Sachzusammenhang nach Eröffnung des Hauptverfahrens entfallen ist.[24] Die Verfahrenstrennung erfolgt aber nicht von Amts wegen, sondern nur auf **Antrag** der Staatsanwaltschaft oder des Angeklagten. Es darf noch kein Urteil ergangen sein.[25] Die Aufhebung der Verfahrensverbindung wird durch einen förmlichen Trennungsbeschluss und Übernahmebeschlüsse der beteiligten Gerichte bewirkt.[26]

---

11 BGH 5.5.1965 – 2 StR 66/65, BGHSt 20, 219 (221) = NJW 1965, 1609; BGH 21.6.1967 – 2 ARs 177/67, BGHSt 21, 247 (248) = NJW 1967, 1720.

12 BayObLG 12.6.1957 – RevReg. 1 St 198/57, NJW 1957, 1329.

13 BGH 21.6.1967 – 2 ARs 177/67, BGHSt 21, 247 (248) = NJW 1967, 1720.

14 RG 8.6.1914 – T.B. 83/14, RGSt 48, 297 (299); OLG Düsseldorf 24.5.1985 – 2 Ws 222/85, MDR 1985, 1048.

15 OLG Nürnberg 8.1.1965 – Ws 1/65, MDR 1965, 678.

16 BGH 20.12.1961 – 2 ARs 158/61, BGHSt 16, 391 (393) = NJW 1962, 499; OLG München 21.6.1968 – Ws 339/68, NJW 1969, 148; OLG Zweibrücken 24.11.1978 – Ws 296/78, NJW 1979, 827.

17 BGH 30.8.1968 – 4 StR 335/68, BGHSt 22, 232 = NJW 1968, 2387; 17.3.1982 – 2 StR 414/81, NStZ 1982, 294; 5.6.1986 – 4 StR 238/86, NStZ 1986, 564; Helm JA 2007, 272 (273).

18 BGH 11.7.2013 – 3 StR 166/13, NStZ-RR 2013, 378; 31.10.2018 – 2 ARs 311/18, NStZ-RR 2019, 23.

19 BGH 21.3.2000 – 1 StR 609/99, NStZ 2000, 435 f.; 16.4.1996 – 4 StR 80/95, NStZ-RR 1996, 232; 9.5.2000 – 4 StR 105/00, NStZ-RR 2001, 129; 20.12.2001 – 2 StR 493/01, NStZ-RR 2003, 1 f.; 1.12.2005 – 4 StR 426/05, NStZ-RR 2006, 85 f.

20 BGH 26.7.1995 – 2 StR 74/95, NStZ 1996, 47; Felsch NStZ 1996, 163 ff.

21 BGH 17.3.1982 – 2 StR 414/81, NStZ 1982, 294; 15.5.2002 – 2 ARs 127/02, NStZ-RR 2003, 97.

22 BGH 21.6.1967 – 2 ARs 177/67, BGHSt 21, 247 = NJW 1967, 1720; 10.6.1992 – 2 ARs 259/92, NStZ 1993, 27; 4.6.2004 – 2 ARs 184/04, NStZ 2004, 688; 25.7.2001 – 2 ARs 187/01, NStZ-RR 2002, 257; 5.2.2003 – 2 ARs 25/03, NStZ-RR 2003, 173; 12.11.2004 – 2 ARs 329/04, NStZ-RR 2005, 77.

23 Vgl. RG 27.10.1914 – IV 532/14, RGSt 49, 9 (10).

24 Bachler in BeckOK StPO § 13 Rn. 7.

25 Schmitt in Meyer-Goßner/Schmitt Rn. 7.

26 Scheuten in KK-StPO Rn. 7.

Die Verfahrenstrennung kann entsprechend Abs. 2 auch durch eine Entscheidung des gemeinschaftlichen oberen Gerichts herbeigeführt werden.

III. Rechtsmittel

Die Anklage der zusammenhängenden Strafsachen nach § 13 Abs. 1 bei einem Gericht ist nicht anfechtbar. Gegen die Abgabe- und Übernahmebeschlüsse der beteiligten Gerichte ist hingegen das Rechtsmittel der Beschwerde nach § 304 gegeben – es sei denn der Beschluss wurde vom erkennenden Gericht erlassen (§ 305).[27] Die Entscheidung des gemeinsamen oberen Gerichts ist unanfechtbar.[28] 9

§ 13a Zuständigkeitsbestimmung durch den Bundesgerichtshof

Fehlt es im Geltungsbereich dieses Bundesgesetzes an einem zuständigen Gericht oder ist dieses nicht ermittelt, so bestimmt der Bundesgerichtshof das zuständige Gericht.

I. Normzweck

Die Norm gilt im Wesentlichen für Auslandstaten.[1] Unterfällt eine Straftat zwar der deutschen Gerichtsbarkeit, ist aber kein zuständiges Gericht ersichtlich bzw. kann ein solches nicht ermittelt werden, bestimmt der BGH das zuständige Gericht, um die Strafverfolgung zu ermöglichen. Die so herbeigeführte Konkretisierung des gesetzlichen Richters (Art. 101 Abs. 1 S. 2 GG) ist verfassungsgemäß.[2] 1

II. Erläuterung

Schon im **Ermittlungsverfahren** kann eine Entscheidung des BGH nach § 13a herbeigeführt werden.[3] Durch die Gerichtsbestimmung wird zugleich gemäß § 143 Abs. 1 GVG eine zuständige Staatsanwaltschaft bestimmt.[4] Der **Antrag** zur Herbeiführung einer Entscheidung nach § 13a kann von der Staatsanwaltschaft oder einem Dritten gestellt werden. Der BGH kann aber auch **von Amts wegen** tätig werden.[5] 2

Voraussetzung der Zuständigkeitsbestimmung ist, dass ein Gerichtsstand nicht durch Auslegung des Gesetzes bestimmt bzw. auch nicht aus dessen Sinn und Zweck hergeleitet werden kann.[6] Die Unmöglichkeit einer anderweitigen Zuständigkeitsbestimmung ist aber nicht Voraussetzung, es darf nur kein anderer Gerichtsstand ermittelt sein.[7] Der BGH darf erst dann nach § 13a verfahren, wenn die örtliche Zuständigkeit eines Gerichts auch nicht anhand teleologischer Erwägungen durch die erweiterte Auslegung einer gesetzlichen Bestimmung begründet werden kann.[8] 3

Das Vorliegen von **Prozesshindernissen** muss bei der Entscheidung nicht berücksichtigt werden.[9] Steht allerdings ohne weiteres von vornherein und zweifelsfrei fest, dass die Untersuchung und Entscheidung in einer Strafsache nicht zum Aufgabenbereich der deut- 3a

---

[27] Schmitt in Meyer-Goßner/Schmitt Rn. 8; siehe aber auch Erb in Löwe/Rosenberg Rn. 21.
[28] Kronthaler in Radtke/Hohmann Rn. 8.
[1] Scheuten in KK-StPO Rn. 2; Mankowski/Bock JZ 2008, 555 (558).
[2] BVerfG 25.10.1966 – 2 BvR 291/64, NJW 1967, 99 f.
[3] Vgl. BT-Drs. 1/3713, 46.
[4] BGH 24.8.1962 – 2 ARs 54/62, BGHSt 18, 19 (20) = NJW 1962, 2018; 4.11.1983 – 2 ARs 365/83, BGHSt 32, 159 (160 f.) = NJW 1984, 623.
[5] BGH 18.10.2000 – 2 ARs 280/00, NStZ-RR 2001, 257; Scheuten in KK-StPO Rn. 4.
[6] BGH 29.1.1965 – 2 ARs 368/64, BGHSt 20, 157 (158) = NJW 1965, 923; 25.9.1987 – 2 ARs 251/87, NStZ 1988, 209.
[7] BGH 10.5.1957 – 2 ARs 74/56, BGHSt 10, 255 (257) = NJW 1957, 1160; 29.9.1997 – 2 ARs 400/97, NStZ-RR 1998, 257; Erb in Löwe/Rosenberg Rn. 5.
[8] BGH 3.5.2018 – 2 ARs 63/18, NStZ-RR 2018, 218.
[9] BGH 24.8.1962 – 2 ARs 54/62, BGHSt 18, 19 = NJW 1962, 2018; 14.12.1984 – 2 ARs 252/84, NJW 1985, 639; siehe auch Jescheck JZ 1963, 564 f.

schen Gerichte gehört (etwa bei Unanwendbarkeit des deutschen Strafrechts[10]) oder aus sonstigen Gründen unzulässig ist, ist eine Entscheidung nach § 13a überflüssig und wird auch nicht getroffen.[11] Dies gilt insbesondere, wenn der Strafverfolgung die §§ 18 ff. GVG entgegenstehen.[12] Eine Entscheidung nach § 13a ist auch entbehrlich, wenn § 14 Abs. 2 IRG eingreift.[13]

4 § 13a dient darüber hinaus nicht der Klärung verfahrensunabhängiger, abstrakter Zuständigkeitsfragen.[14] Stets muss es also um die Verfolgung einer konkreten und individualisierten Straftat gehen.[15] Daher ist auch eine Gerichtsstandsbestimmung durch den BGH nach § 13a im Todesermittlungsverfahren (§ 159) nicht zulässig.[16] Es handelt sich hierbei nämlich nur um ein Beweissicherungs- und Vorprüfungsverfahren, hat aber nicht den Verdacht einer konkreten Straftat zum Gegenstand, ist also kein Ermittlungsverfahren iSd § 160.[17]

5 Ergibt sich **nach der Entscheidung** des BGH ein Gerichtsstand nach den §§ 7–11, 13, entfällt derjenige nach § 13a nicht.[18] Der Staatsanwaltschaft steht dann trotz der Bestimmung durch den BGH ein – willkürfreies[19] – Wahlrecht zu, bei welchem örtlich zuständigen Gericht sie Anklage erheben will.[20]

III. Rechtsmittel

6 Die Entscheidung des BGH ist gemäß § 304 Abs. 4 S. 1 unanfechtbar.

§ 14 Zuständigkeitsbestimmung durch das gemeinschaftliche obere Gericht

Besteht zwischen mehreren Gerichten Streit über die Zuständigkeit, so bestimmt das gemeinschaftliche obere Gericht das Gericht, das sich der Untersuchung und Entscheidung zu unterziehen hat.

I. Normzweck

1 Nach § 14 entscheidet das gemeinschaftliche obere Gericht (→ § 4 Rn. 16), wenn zwischen mehreren Gerichten ein **örtlicher Kompetenzkonflikt**[1] infolge der Auslegung der gesetzlichen Zuständigkeitsbestimmungen besteht. Voraussetzung ist also, dass zwischen Gerichten ein **Streit** besteht, dh wenn mindestens zwei Entscheidungen anfechtbar sind. Allein die formlose Weiterleitung an ein anderes, vermeintlich zuständiges Gericht stellt dabei allerdings keine derartige anfechtbare Entscheidung dar.[2] Ebenso wenig genügt eine bloße Beschlussabsicht.[3] § 14 ist zudem nicht anwendbar, wenn es bei dem Streit nur um eine in Verwaltungsvorschriften enthaltene gerichtliche Anhörungskompetenz geht.[4]

---

10 BGH 6.6.2018 – 2 ARs 163/18, NJW 2018, 2742.

11 BGH 13.5.1958 – 2 ARs 64/58, BGHSt 11, 379 ff. = NJW 1958, 1547; 9.1.1959 – 2 ARs 59/58, BGHSt 12, 326 = NJW 1959, 779; 15.7.1960 – 2 ARs 193/60, BGHSt 15, 72 f. = NJW 1960, 1963; 11.12.1998 – 2 ARs 499/98, NStZ 1999, 236; 18.4.2007 – 2 ARs 32/07, NStZ 2007, 534; 11.2.1999 – 2 ARs 51/99, StV 1999, 240.

12 BGH 14.12.1984 – 2 ARs 252/84, BGHSt 33, 97 ff. = NJW 1985, 639; differenzierend Scheuten in KK-StPO Rn. 5.

13 BGH 22.7.1988 – 2 ARs 347/88, wistra 1989, 34.

14 BGH 27.2.1991 – 2 ARs 90/91, NStZ 1992, 27; 12.2.1997 – 2 ARs 62/97, NStZ 1998, 25.

15 BGH 27.10.1993 – 2 ARs 164/93, NStZ 1994, 139 – „Kriegsverbrechen im Bosnienkonflikt"; siehe auch BGH 12.8.1999 – 3 ARs 9/99, NStZ 1999, 577.

16 BGH 28.3.2018 – 2 ARs 97/18, NStZ-RR 2018, 185.

17 BGH 2.12.2003 – 1 StR 102/03, NJW 2004, 865 (866) mwN.

18 BGH 10.5.1957 – 2 ARs 74/56, BGHSt 10, 255 (258 f.) = NJW 1957, 1160; 4.11.1983 – 2 ARs 365/83, BGHSt 32, 159 (160) = NJW 1984, 623; 17.6.2003 – 2 ARs 59/03, NStZ-RR 2003, 268.

19 Vgl. OLG Hamm 10.9.1998 – 2 Ws 376/98, NStZ-RR 1999, 16.

20 Schermer MDR 1964, 895 f.

1 OLG Düsseldorf 29.5.1980 – 1 Ws 214/80, DRiZ 1981, 192; Scheuten in KK-StPO Rn. 2.

2 BGH 28.4.2020 – 2 ARs 274/19, BeckRS 2020, 8972.

3 BGH 24.9.2019 – 2 ARs 229/19, NStZ-RR 2019, 384.

4 OLG Frankfurt a. M. 23.12.1981 – 3 Ws 717/81, NStZ 1982, 260.

II. Erläuterung

1. Kompetenzstreit. Erfasst ist von § 14 der positive **örtliche Kompetenzstreit,** wenn sich mehrere Gerichte für zuständig halten. Ein negativer örtlicher Kompetenzstreit, wenn kein Gericht seine Zuständigkeit gegeben sieht, ist nur solange nach § 14 lösbar, wie mindestens noch zwei Entscheidungen anfechtbar sind.[5] Nach diesem Zeitpunkt ist § 19 einschlägig. § 14 ist bereits im Ermittlungsverfahren[6] anwendbar und gilt auch im Strafvollstreckungsverfahren und in Strafvollzugssachen.[7] 2

Keine Entscheidung des gemeinschaftlichen oberen Gerichts ergeht jedoch, wenn zwischen Spruchkörpern eines Gerichts der Geschäftsverteilungsplan strittig ist (dann muss das Gerichtspräsidium entscheiden), die Zuständigkeit nach den § 74 Abs. 2 GVG, §§ 74a, 74c GVG[8] oder zwischen Jugend- und Erwachsenengericht ungeklärt ist[9] oder die inhaltliche Richtigkeit einer Entscheidung des übergeordneten Gerichts in Zweifel gezogen wird.[10] Bei einem Rechtshilfeersuchen regelt § 159 GVG abschließend die Zuständigkeit, so dass es auf § 14 ebenfalls nicht ankommt.[11] 3

2. Analoge Anwendung von § 14. Nach hM findet § 14 entsprechende Anwendung bei einem **negativen sachlichen Kompetenzstreit,** wenn sonst das Verfahren nicht fortgesetzt werden könnte und somit die Strafrechtspflege zum Stillstand käme.[12] Diese Situation kann zB beim Streit zwischen Berufungs- und Beschwerdekammer in Haftsachen eintreten,[13] **nicht aber** beim Streit um die Art des Rechtsmittels[14] oder bei dem Streit zwischen zwei Führungsaufsichtsstellen.[15] 4

3. Entscheidung des gemeinschaftlichen oberen Gerichts. Einen **Antrag** auf Entscheidung des gemeinschaftlichen oberen Gerichts kann von den Prozessbeteiligten, wie der Staatsanwaltschaft,[16] oder – dann durch einen förmlichen Vorlagebeschluss, es sei denn das vorlegende Gericht besteht nach dem GVG nur aus einem Richter[17] – von den beteiligten Gerichten gestellt werden.[18] Die Entscheidung kann aber auch **von Amts wegen** erfolgen.[19] Auch ein **Rechtspfleger** kann eine Entscheidung nach § 14 herbeiführen,[20] 5

---

[5] BGH 24.9.2019 – 2 ARs 229/19, NStZ-RR 2019, 384; OLG Hamm 30.8.1979 – 3 (s) Sbd 17 – 2/79, VRS Band 58, 363 (364); Erb in Löwe/Rosenberg Rn. 5; Wendisch JR 1995, 519 (520).

[6] BGH 14.10.1975 – 2 ARs 292/75, NJW 1976, 153 f.

[7] BGH 1.12.1989 – 2 ARs 543/89, BGHSt 36, 313 (314) = NJW 1990, 723; 20.10.1976 – 2 ARs 347/76, MDR 1977, 418; BayObLG 24.1.1955 – AR 50/54, NJW 1955, 601.

[8] OLG Düsseldorf 2.11.1981 – 2 Ws 614/81, JR 1982, 514 (515); 9.3.1982 – 1 Ws 840/81, MDR 1982, 689 (690); 3.4.1995 – 1 Ws 223/95, wistra 1995, 362; aA OLG München 6.6.1979 – 1 Ws 510/79, JR 1980, 77; siehe auch Meyer-Goßner NStZ 1981, 168 (174).

[9] BGH 14.5.2008 – 2 ARs 168/08, NStZ 2008, 695; KG 15.6.1964 – 2 ARs 8/64, NJW 1964, 2437; LG Zweibrücken 4.1.2005 – Qs 119/04, NStZ-RR 2005, 153 (154).

[10] BGH 11.6.1993 – 2 ARs 213/93, NStZ 1994, 23; 17.1.2007 – 2 ARs 527/06, NStZ-RR 2007, 179.

[11] OLG Frankfurt a. M. 7.11.2003 – 3 Ws 1250/03, NStZ-RR 2004, 50 (52).

[12] BGH 15.5.1963 – 2 ARs 66/63, BGHSt 18, 381 (384) = NJW 1963, 1747; 29.4.1983 – 2 ARs 118/83, BGHSt 31, 361 (362) = NJW 1983, 1918; 17.3.1999 – 3 ARs 2/99, BGHSt 45, 26 (28) = NJW 1999, 1876; Franke NStZ 1999, 524 ff.; Eb. Schmidt JZ 1963, 715 (716), siehe aber auch Weidemann wistra 2000, 45 (46 f.).

[13] OLG Frankfurt a. M. 28.6.1996 – 3 Ws 535/96, NStZ-RR 1996, 302 ff.

[14] BGH 21.12.1982 – 2 ARs 388/82, BGHSt 31, 183 = NJW 1983, 1437; 19.3.1993 – 2 ARs 43/93, BGHSt 39, 162 = NJW 1993, 1808.

[15] OLG Zweibrücken 29.5.2001 – 1 AR 29/01, NStZ 2002, 279 – da es sich um eine Justizverwaltungsangelegenheit handelt, kann eine Lösung nur im Rahmen der Dienstaufsicht erfolgen.

[16] BGH 23.4.2003 – 2 ARs 89/03, BGHSt 48, 275 (276) = NJW 2003, 2252; OLG Jena 2.5.2007 – 1 AR(S) 23/07, VRS 113, 342.

[17] OLG Düsseldorf 3.8.2000 – 2 Ws 196/00, NStZ 2000, 609.

[18] Vgl. BGH 7.11.1957 – 2 ARs 143/57, BGHSt 11, 56 (58) = NJW 1958, 229; 4.2.1983 – 2 ARs 328/82, NJW 1983, 1687.

[19] Scheuten in KK-StPO Rn. 3.

[20] OLG Brandenburg 3.12.2009 – 1 AR 15/09, NStZ-RR 2010, 263; Schmitt in Meyer-Goßner/Schmitt Rn. 3; aA BGH 30.5.1990 – 2 ARs 163/90, NStZ 1991, 27; 27.11.2018 – 2 AR 238/18, BeckRS 2018, 33677; Bachler in BeckOK StPO Rn. 1.

es sei denn, es handelt sich um ein nach § 24 Abs. 1 Nr. 1a RPflG übertragenes Geschäft.[21]

6 Durch die Entscheidung wird eines der streitenden Gerichte als das zuständige bestimmt.[22] Ist allerdings tatsächlich keines der Gerichte **zuständig,** kann das gemeinschaftliche obere Gericht nicht von sich aus ein weiteres Gericht für zuständig erklären, sondern muss den Antrag nach § 14 zurückweisen.[23] Es kann aber das an sich zuständige Gericht in den Urteilsgründen benennen. Es ist dann Sache der Staatsanwaltschaft, dort Anklage zu erheben.[24]

III. Rechtsmittel

7 Die Entscheidung des gemeinschaftlichen oberen Gerichts ist **unanfechtbar** (§ 304 Abs. 1, 4).[25] Macht das Gesetz allerdings die Verweisung des Verfahrens an ein anderes Gericht davon abhängig, dass ein Verfahrensbeteiligter dies beantragt, so ist ein ohne Antrag ergangener Verweisungsbeschluss rechtsunwirksam.[26]

§ 15 Gerichtsstand kraft Übertragung bei Hinderung des zuständigen Gerichts

Ist das an sich zuständige Gericht in einem einzelnen Falle an der Ausübung des Richteramtes rechtlich oder tatsächlich verhindert oder ist von der Verhandlung vor diesem Gericht eine Gefährdung der öffentlichen Sicherheit zu besorgen, so hat das zunächst obere Gericht die Untersuchung und Entscheidung dem gleichstehenden Gericht eines anderen Bezirks zu übertragen.

I. Normzweck

1 § 15 bietet im Falle der rechtlichen oder tatsächlichen **Verhinderung** des an sich zuständigen Gerichts die Möglichkeit einer Übertragung der Zuständigkeit auf ein Gericht der gleichen Ordnung. Trotz der damit verbundenen Änderung des gesetzlichen Richters (Art. 101 Abs. 1 S. 2 GG) ist die Norm verfassungsgemäß,[1] muss aber gleichwohl **restriktiv angewendet** werden.[2] Mittels § 15 kann vermieden werden, dass die Rechtspflege wegen der Verhinderung zum Stillstand kommt und infolge dessen ein Schuldiger nicht bestraft oder ein unschuldig Angeklagter nicht freigesprochen wird.[3]

II. Erläuterung

2 **1. Allgemeines.** § 15 ist auch anwendbar, wenn neben dem verhinderten Gericht noch andere Gerichtsstände nach §§ 7–11, 12 Abs. 2 oder § 13 Abs. 1 bestehen, so kann das im Einzelfall zweckmäßigste Gericht gewählt werden.[4] Als neues zuständiges Gericht kann zudem eines gewählt werden, bei dem **sonst** im konkreten Strafverfahren **kein Gerichtsstand** besteht.[5] Die Übertragung kann für die gesamte Verhandlung, aber auch

[21] OLG Hamm 26.7.2007 – 3 (s) Sbd. I-8/07, NStZ-RR 2008, 79; Scheuten in KK-StPO Rn. 3.
[22] Wendisch JR 1995, 519 (520).
[23] BGH 27.6.1975 – 2 ARs 137/75, BGHSt 26, 162 (164) = NJW 1975, 1846; 4.2.1983 – 2 ARs 328/82, BGHSt 31, 244 (245) = NJW 1983, 1687; 9.12.1994 – 2 ARs 402/94, NStZ 1995, 218; 15.1.1997 – 2 ARs 481/96, NStZ 1997, 255; 27.9.2000 – 2 ARs 69/00, NStZ 2001, 110; 10.11.1999 – 2 ARs 447/99, NStZ-RR 2000, 83.
[24] Vgl. OLG Bamberg 13.6.2005 – Ws 338/05, NStZ-RR 2005, 377.
[25] Scheuten in KK-StPO Rn. 4.
[26] BGH 1.12.1989 – 2 ARs 543/89, BGHSt 36, 313 = NJW 1990, 723.
[1] Vgl. BVerfG 25.10.1966 – 2 BvR 291/64, BVerfGE 20, 336 (343) = NJW 1967, 99.
[2] BGH 4.4.2002 – 3 ARs 17/02, BGHSt 47, 275 (276) = NJW 2002, 1589.
[3] BGH 15.10.1968 – 2 ARs 291/68, BGHSt 22, 250 (252) = NJW 1969, 105.
[4] Erb in Löwe/Rosenberg Rn. 2; vgl. auch BGH 7.3.1967 – 2 ARs 60/67, BGHSt 21, 212 (215) = NJW 1967, 1045.
[5] RG 15.6.1911 – 86/11, RGSt 45, 67 (69); BGH 2.6.1961 – 2 ARs 70/61, BGHSt 16, 84 (86) = NJW 1961, 1484.

nur für einzelne richterliche Handlungen vorgenommen werden.[6] Sie ist **in jeder Lage des Verfahrens** zulässig,[7] auch im Rechtsmittelzug.[8] Die Übertragung erfolgt nach einem entsprechenden **Antrag** oder **von Amts wegen.**[9] Wird die Übertragung bereits vor Rechtshängigkeit vorgenommen, wird das Wahlrecht der Staatsanwaltschaft, vor welchem Gericht sie Anklage erheben will, hierdurch nicht eingeschränkt.[10]

2. Hinderungsgründe. Eine **rechtliche Verhinderung** des an sich zuständigen gerichtlichen Spruchkörpers liegt vor, wenn alle oder so viele Richter und ihre konkreten Vertreter ausgeschlossen (§§ 22, 23) oder erfolgreich abgelehnt wurden (§ 24), dass das Gericht beschlussunfähig ist.[11] Allein die Gefahr, dass das gesamte Gericht voreingenommen ist, reicht jedoch nicht, um nach § 15 zu verfahren.[12] 3

Eine **tatsächliche Verhinderung** kann angenommen werden, wenn alle Richter für eine nicht nur unerhebliche Zeit erkrankt sind bzw. so viele, dass das Gericht beschlussunfähig ist. Diese Situation kann auch eintreten, wenn wegen Aufruhr, Krieg oder kriegsähnlichen Zuständen in dem betreffenden Gerichtsbezirk die Rechtspflege zum Stillstand gekommen ist.[13] 4

Fehlt es in den Fällen des § 210 Abs. 3 oder § 354 Abs. 2 an einem entsprechenden **Auffangspruchkörper** muss zunächst versucht werden, diesen nachträglich zu bilden.[14] Erst wenn dies nicht möglich ist, kommt § 15 zur Anwendung.[15] 5

Eine Übertragung kommt zudem in Betracht, wenn das Gericht die Hauptverhandlung zwar außerhalb seines Bezirkes durchführen könnte, von dieser Möglichkeit aber keinen Gebrauch macht,[16] oder der Angeklagte nicht vor das zuständige Gericht gebracht werden kann.[17] Allein die weite Entfernung zwischen Gericht und Prozessbeteiligten, durch die möglicherweise die Verhandlung erschwert und erhebliche Kosten verursacht wird, rechtfertigt die Anwendung von § 15 jedoch ebenso wenig[18] wie der Umstand, dass der Aufenthaltsort des Angeklagten nicht feststellbar ist.[19] 6

Eine § 15 rechtfertigende **Gefährdung der öffentlichen Sicherheit** ist gegeben, wenn mit (gewalttätigen) Protesten oder terroristischen Anschlägen gerechnet werden muss, denen mit polizeilichen Mitteln nicht begegnet werden kann.[20] Angesichts der bei dieser Übertragungsmöglichkeit gebotenen restriktiven Auslegung der Voraussetzungen, ist aber erforderlich, dass die Gefährdung ihre Ursache in der Durchführung der Verhandlung gerade vor dem zuständigen Gericht haben muss (etwa bei Verfahren mit starkem örtlichem oder regionalem Bezug) und nicht auf andere Weise – zB durch Verlegung der Hauptverhandlung an einen besonders gesicherten Ort – beseitigt werden kann. Hierbei ist zudem zu beachten, dass **nicht jede Gefahr** für die öffentliche Sicherheit bereits Anlass für eine Zuständigkeitsübertragung gibt, sondern nur eine solche, die aufgrund ihres Grades und des Ausmaßes der drohenden Schäden eine Situation begründet, die dem Fall der Verhinderung des Gerichts aus tatsächlichen oder rechtlichen Gründen vergleichbar ist[21] und eine nachteilige 7

[6] Schmitt in Meyer-Goßner/Schmitt Rn. 1.
[7] BGH 7.3.1967 – 2 ARs 60/67, BGHSt 21, 212 (215) = NJW 1967, 1045.
[8] BGH 15.10.1968 – 2 ARs 291/68, BGHSt 22, 250 = NJW 1969, 105.
[9] BGH 4.4.2002 – 3 ARs 17/02, BGHSt 47, 275 (276) = NJW 2002, 1589.
[10] BGH 7.3.1967 – 2 ARs 60/67, BGHSt 21, 212 (215) = NJW 1967, 1045.
[11] Vgl. RG 9.5.1884 – 1063/84, RGSt 10, 381.
[12] BGH 21.3.2007 – 2 ARs 107/07, NStZ 2007, 475.
[13] Vgl. BGH 31.5.1951 – 1 ARs 2/51, BGHSt 1, 211 (214) = NJW 1951, 670.
[14] BGH 25.9.1984 – 2 StR 418/84, NStZ 1985, 204; OLG München 14.7.1977 – 2 Ws 489/77, JR 1978, 301.
[15] OLG Oldenburg 19.10.1984 – 2 Ws 475/84, NStZ 1985, 473.
[16] BGH 15.10.1968 – 2 ARs 291/68, BGHSt 22, 250 = NJW 1969, 105.
[17] Vgl. BGH 2.6.1961 – 2 ARs 70/61, BGHSt 16, 84 (85) = NJW 1961, 1484 (wegen Krankheit reiseunfähiger Angeklagter); BGH 15.10.1968 – 2 ARs 291/68, BGHSt 22, 250 (251) = NJW 1969, 105.
[18] BGH 27.1.1970 – 2 ARs 12/70, MDR 1970, 383.
[19] BGH 2.10.1996 – 2 ARs 329/96, NStZ 1997, 331.
[20] Vgl. RG 9.5.1884 – 1063/84, RGSt 10, 381 (383); Best JR 2002, 433; Schmitt in Meyer-Goßner/Schmitt Rn. 5.
[21] BGH 12.3.2019 – 2 AR 48/19, BeckRS 2019, 3206.

Rückwirkung auf die Unbefangenheit der zur Urteilsfindung berufenen Personen ausüben kann.[22]

8 **3. Entscheidung des zunächst oberen Gerichts.** Das **zunächst obere Gericht** ist jenes, das dem verhinderten Gericht unmittelbar übergeordnet ist. Dies ist das Landgericht für ein Amtsgericht, das OLG für ein Landgericht und der BGH für ein OLG. Die Übertragung kann nur auf ein **Gericht mit der gleichen sachlichen Zuständigkeit** erfolgen und dieses muss sich **im Bezirk** des oberen Gerichts befinden. Ist ein solches Gericht nicht vorhanden, muss die Übertragung vom gemeinschaftlichen oberen Gericht vorgenommen werden, dass sowohl dem verhinderten wie auch dem neuen Gericht übergeordnet ist. Notfalls muss die Übertragung vom BGH vorgenommen werden.[23] Der BGH hat auch die Möglichkeit an ein Gericht eines anderen Bundeslandes zu übertragen.[24] Liegen die Voraussetzungen von § 15 vor, muss das obere Gericht die Entscheidung treffen und hat insoweit **kein Ermessen.**[25]

9 **4. Wirkung der Übertragung.** Wird ein Verfahren nach Eröffnung des Hauptverfahrens auf ein anderes Gericht nach § 15 übertragen, so wird dieses Gericht örtlich zuständig und bleibt dies auch, wenn die zugrundeliegende Verhinderung später wegfällt. Der Vorzug des neuen Gerichts kann nur durch eine erneute Entscheidung des oberen Gerichts beendet werden.[26]

III. Rechtsmittel

10 Eine **Beschwerde** gegen den Übertragungsbeschluss ist gemäß § 304 Abs. 1, 4 unzulässig.[27] Das Gericht, auf welches das Verfahren übertragen wurde, darf sich zudem nicht gemäß § 16 für unzuständig erklären.[28]

§ 16 Prüfung der örtlichen Zuständigkeit; Einwand der Unzuständigkeit

(1) [1]Das Gericht prüft seine örtliche Zuständigkeit bis zur Eröffnung des Hauptverfahrens von Amts wegen. [2]Danach darf es seine Unzuständigkeit nur auf Einwand des Angeklagten aussprechen. [3]Der Angeklagte kann den Einwand nur bis zum Beginn seiner Vernehmung zur Sache in der Hauptverhandlung geltend machen.

(2) [1]Ist Anklage von der Europäischen Staatsanwaltschaft erhoben worden, so prüft das Gericht auf Einwand des Angeklagten auch, ob die Europäische Staatsanwaltschaft gemäß Artikel 36 Absatz 3 der Verordnung (EU) 2017/1939 des Rates vom 12. Oktober 2017 zur Durchführung einer Verstärkten Zusammenarbeit zur Errichtung der Europäischen Staatsanwaltschaft (EUStA) (ABl. L 283 vom 31.10.2017, S. 1) befugt ist, vor einem Gericht im Geltungsbereich dieses Gesetzes Anklage zu erheben. [2]Absatz 1 Satz 3 gilt entsprechend.

Übersicht

[22] BGH 4.4.2002 – 3 ARs 17/02, BGHSt 47, 275 f. = NJW 2002, 1589; siehe auch Best JR 2002, 433 ff.
[23] BGH 2.6.1961 – 2 ARs 70/61, BGHSt 16, 84 (87) = NJW 1961, 1484; 7.3.1967 – 2 ARs 60/67, BGHSt 21, 212 (213) = NJW 1967, 1045.
[24] BGH 15.10.1968 – 2 ARs 291/68, BGHSt 22, 250 (252) = NJW 1969, 105.
[25] RG 15.6.1911 – 86/11, RGSt 45, 67 (69).
[26] Erb in Löwe/Rosenberg Rn. 18.
[27] OLG Celle 1.11.1956 – 2 Ws 362/56, NJW 1957, 73; Scheuten in KK-StPO Rn. 7.
[28] Kronthaler in Radtke/Hohmann Rn. 12.

I. Normzweck

§ 16 verdeutlicht, dass die örtliche Zuständigkeit – im Gegensatz zur sachlichen, die nach § 6 in jeder Lage des Verfahrens zu prüfen ist – nur eine kurzlebige bzw. befristete **Verfahrensvoraussetzung** ist.[1] Durch die zeitliche Begrenzung der Prüf- und Rügemöglichkeit soll der ungehinderte und zügige Fortgang des Verfahrens sichergestellt werden.[2] 1

II. Erläuterung

1. Prüfungszeitraum. Das Gericht prüft **von Amts wegen** nur bis zur Eröffnung des Hauptverfahrens seine örtliche Zuständigkeit, also bis zum Erlass des Eröffnungsbeschlusses bzw. im beschleunigten Verfahren bis zur Vernehmung des Angeklagten zur Sache.[3] 2

Der Angeklagte kann den Einwand der örtlichen Unzuständigkeit wie bei § 6a nur bis zum Beginn seiner Vernehmung zur Sache (§ 243 Abs. 5 S. 1) erheben.[4] Eine nach diesem Zeitpunkt eintretende Änderung der tatsächlichen Umstände oder der rechtlichen Beurteilung ist für die örtliche Zuständigkeit irrelevant.[5] 3

2. Entscheidung des Gerichts. Zunächst hat das Gericht im Rahmen des § 16 ausschließlich zu prüfen, ob es für den ihm vorliegenden Lebenssachverhalt örtlich zuständig ist. Eine inhaltliche Prüfung dahin, ob hinreichender Tatverdacht für die seiner Kognitionspflicht unterliegende Tat oder Teile dieser Tat vorliegt, findet dagegen nicht statt.[6] Stellt das Gericht nach der vorzunehmenden Prüfung seine örtliche Unzuständigkeit fest, lehnt es nicht die Eröffnung des Verfahrens nach § 204 ab, denn nach Verneinung der örtlichen Zuständigkeit fehlt für eine Prüfung des hinreichenden Tatverdachts die Grundlage. Vielmehr erklärt sich das Gericht **durch** einen **Beschluss für unzuständig.**[7] Damit endet die Rechtshängigkeit des Verfahrens bei diesem Gericht und die Staatsanwaltschaft hat die Möglichkeit, vor einem anderen Gericht erneut Anklage zu erheben. 4

In den Fällen von § 12 Abs. 2, § 13 Abs. 2 S. 2, §§ 14, 19 in denen das **obere Gericht** die örtliche Zuständigkeit bestimmt oder überträgt, kann das Gericht nicht seine Unzuständigkeit feststellen. Der Angeklagte hat aber, außer bei §§ 13a, 15, gleichwohl die Möglichkeit, die Unzuständigkeit zu rügen.[8] 5

Ist die – eventuell auch irrtümlich ergangene[9] – Entscheidung, mit der das Gericht sich für unzuständig erklärt hat, unanfechtbar geworden, kann vor diesem Gericht die Sache nicht noch einmal angeklagt werden.[10] 6

Wird die fehlende örtliche Zuständigkeit erst **nach Eröffnung des Hauptverfahrens** festgestellt, muss das Verfahren außerhalb der Hauptverhandlung durch einen Beschluss nach § 206a, sonst durch Urteil nach § 260 Abs. 3 eingestellt werden.[11] Wird stattdessen irrtümlich nur ein Beschluss über die Unzuständigkeit getroffen, bedeutet dies aber ebenfalls eine Einstellung des Verfahrens.[12] Infolge dessen endet die Rechtshängigkeit und die Wirkungen 7

---

1 Vgl. BGH 12.7.2001 – 1 StR 171/01, NStZ 2001, 588; Schmitt in Meyer-Goßner/Schmitt Rn. 1.

2 Vgl. RG 19.5.1881 – 975/81, RGSt 4, 232; 14.12.1894 – 2736/94, RGSt 26, 340 (341 f.); 29.10.1907 – V 569/07, RGSt 40, 354 (356); 20.4.1931 – II 255/31, RGSt 65, 267 (268).

3 Scheuten in KK-StPO Rn. 3.

4 BGH 25.10.1983 – 5 StR 736/82, NStZ 1984, 128.

5 RG 20.4.1931 – II 255/31, RGSt 65, 267 f.

6 BGH 19.9.2017 – 5 StR 593/16, NStZ-RR 2018, 53.

7 RG 20.2.1899 – 5100/98, RGSt 32, 50 (51); OLG Köln 22.2.2000 – Ss 15/00, NStZ-RR 2000, 273; Bachler in BeckOK StPO Rn. 1.

8 Vgl. OLG Köln 10.7.1987 – Ss 150/87 (Z), VRS Band 74, 32; Erb in Löwe/Rosenberg Rn. 2.

9 Kronthaler in Radtke/Hohmann Rn. 3.

10 BGH 20.7.1962 – 4 StR 194/62, BGHSt 18, 1 (5) = NJW 1962, 2116; 1.3.1988 – 1 StR 701/87, NStZ 1988, 371.

11 OLG Düsseldorf 24.10.1990 – 3 Ws 870/90, VRS Band 80, 281; OLG Köln 10.7.1987 – Ss 150/87 (Z), VRS Band 74, 32 (33).

12 BGH 20.7.1962 – 4 StR 194/62, BGHSt 18, 1 = NJW 1962, 2116.

der Anklageerhebung entfallen. Die Staatsanwaltschaft kann damit erneut vor dem zuständigen Gericht Anklage erheben.[13]

8 Die **Abgabe oder Verweisung** des Verfahrens an das örtlich zuständige Gericht ist im 1. Rechtszug ausgeschlossen und unwirksam,[14] denn hierfür fehlt es an einer gesetzlichen Grundlage. Zudem bestehen regelmäßig noch weitere Gerichtsstände, so dass das Gericht zudem sonst in das Auswahlermessen der Staatsanwaltschaft eingreifen würde. Erfolgt gleichwohl eine Verweisung und wird vor einem anderen Gericht daraufhin das Verfahren fortgesetzt, so leidet dieses Verfahren an dem unheilbaren Mangel, dass ein Eröffnungsbeschluss oder eine diesem gleichstehende gerichtliche Entscheidung fehlt. Eine Ausnahme ist nur dann möglich, wenn die Verweisung mit dem Einverständnis der Staatsanwaltschaft erfolgt.[15]

9 Das **Berufungs- und Revisionsgericht** hat hingegen die Möglichkeit, wenn das angefochtene Urteil von einem örtlich unzuständigen Gericht erlassen wurde, dieses Urteil gemäß § 328 Abs. 2[16] bzw. § 355 aufzuheben und an das örtlich zuständige Gericht zu verweisen. In dem praktisch seltenen Fall, dass das Rechtsmittelgericht seine örtliche Unzuständigkeit feststellt, ist § 16 entsprechend anzuwenden.[17]

III. Europäische Staatsanwaltschaft

10 Durch das Gesetz zur Durchführung der Verordnung (EU) 2017/1939 des Rates vom 12.10.2017 zur Durchführung einer Verstärkten Zusammenarbeit zur Errichtung der Europäischen Staatsanwaltschaft und zur Änderung weiterer Vorschriften wurde der Abs. 2 zum 17.7.2020 neu eingeführt.[18] Die Europäische Staatsanwaltschaft (EUSta) ist zuständig für die strafrechtliche Ermittlung und Verfolgung sowie die Anklageerhebung bei Straftaten zum Nachteil der finanziellen Interessen der Europäischen Union.[19]

10a Nach Abs. 2 hat das Gericht auf Einwand des Angeklagten nunmehr auch zu prüfen, ob die EUSta gemäß Art. 36 Abs. 3 EUStA-Verordnung befugt war, vor einem Gericht in Deutschland Anklage zu erheben. Im Rahmen dieser Prüfung ist ggf. auch zu bewerten, ob die EUStA unter Berücksichtigung der in Art. 26 Abs. 4 EUStA-Verordnung genannten Kriterien befugt war, vor dem Gericht eines anderen Mitgliedstaates Anklage zu erheben als dem, in dem die EUStA das Ermittlungsverfahren geführt hat. Die Regelung des Art. 36 Abs. 3 EUStA-Verordnung soll insbesondere verhindern, dass die EUStA eine nicht sachgerechte Auswahl des Staates trifft, in dem sie Anklage erheben will.[20]

10b Hat das Gericht Zweifel an der Rechtmäßigkeit der Entscheidung der EUStA in Deutschland Anklage zu erheben, so muss es das Verfahren aussetzen und dem EuGH gemäß Art. 42 Abs. 2a EUStA-Verordnung zur Vorabentscheidung nach Art. 267 AEUV vorlegen.[21]

IV. Rechtsmittel

11 Erklärt sich das Gericht nach Abs. 1 für örtlich unzuständig, steht der Staatsanwaltschaft hiergegen die **Beschwerde** nach § 304 zu. Ist die Beschwerde begründet, verweist das Beschwerdegericht das Verfahren zurück.[22] Gegenüber einer Einstellung nach § 206a

[13] BGH 20.7.1962 – 4 StR 194/62, BGHSt 18, 1 (3) = NJW 1962, 2116; Stöckel in KMR-StPO Rn. 13.
[14] Vgl. BGH 23.7.1969 – 2 ARs 201/69, BGHSt 23, 79 (82) = NJW 1969, 1820; 13.3.2018 – 2 AR 45/18, NStZ-RR 2018, 218; OLG Hamm 12.9.1960 – 2 Ss 476/60, NJW 1961, 232; 12.3.1970 – 3 (s) Sbd. 13-6/70, VRS Band 38, 345 (346).
[15] OLG Braunschweig 21.7.1961 – Ss 119/61, GA 1962, 284; OLG Karlsruhe 23.7.1976 – 1 Ss (B) 292/76, GA 1977, 58.
[16] BayObLG 26.3.1987 – RReg. 3 St 43/87, NJW 1987, 3091.
[17] Schmitt in Meyer-Goßner/Schmitt Rn. 6; für § 348 analog hingegen Erb in Löwe/Rosenberg Rn. 20.
[18] G vom 10.7.2020, BGBl. I 1648.
[19] Vgl. BT-Drs. 19/17963, 1.
[20] BT-Drs. 19/17963, 62.
[21] BT-Drs. 19/17963, 63.
[22] BayObLG 26.3.1987 – RReg. 3 St 43/87, NJW 1987, 3091; OLG Hamm 1.9.2005 – 2 Ss 66/05, wistra 2006, 37.

besteht nach § 206a Abs. 2 die Möglichkeit, die sofortige Beschwerde zu erheben. Gegen eine Einstellung nach § 260 Abs. 3 kann Berufung oder Revision eingelegt werden.

Wurde der vom Angeklagten erhobene Einwand der örtlichen Unzuständigkeit abgewiesen, hat er hiergegen keine Beschwerdemöglichkeit. Er hat dann aber die Rüge nach § 338 Nr. 4,[23] wenn er vortragen kann, dass er den Einwand nach § 16 Abs. 1 rechtzeitig erhoben hat.[24] 12

§§ 17, 18 (weggefallen)

§ 19 Zuständigkeitsbestimmung bei Zuständigkeitsstreit

Haben mehrere Gerichte, von denen eines das zuständige ist, durch Entscheidungen, die nicht mehr anfechtbar sind, ihre Unzuständigkeit ausgesprochen, so bezeichnet das gemeinschaftliche obere Gericht das zuständige Gericht.

I. Normzweck

§ 19 greift bei einem **negativen örtlichen Kompetenzstreit,** wenn sich also zwei oder mehr Gerichte nicht für örtlich zuständig halten. Halten sich hingegen nur verschiedene Spruchkörper ein und desselben Gerichts für unzuständig, unterfällt dies nicht § 19.[1] Das gleiche gilt bei einem Kompetenzkonflikt zwischen zwei Führungsaufsichtsstellen.[2] 1

Die Vorschrift ist anwendbar, wenn mehrere Gerichte ihre Unzuständigkeit selbst ausgesprochen haben oder diese in einer Beschwerdeentscheidung festgestellt wurde.[3] Die Entscheidungen müssen allerdings **unanfechtbar** sein, sind mindestens zwei noch anfechtbar, ist § 14 einschlägig.[4] 2

§ 19 ist bei einem **negativen sachlichen Zuständigkeitsstreit** entsprechend anwendbar, wenn andernfalls das Verfahren nicht fortgesetzt werden könnte und es sonst insoweit zu einem Stillstand der Strafrechtspflege kommen würde.[5] 3

II. Erläuterung

Der Kompetenzstreit wird durch das **gemeinschaftliche obere Gericht** gelöst.[6] Gehören die beteiligten Gerichte verschiedenen OLG Bezirken an, ist dies der BGH.[7] Die Entscheidung wird auf Antrag eines Prozessbeteiligten, meist der Staatsanwaltschaft herbeigeführt. Die Gerichte kommen hierfür nicht in Betracht, da sie sich ja für unzuständig erklärt haben und zwischen ihnen somit kein Streit besteht. Der Antrag muss eines der Gerichte, die sich für unzuständig erklärt haben, als zuständig bezeichnen. Ist tatsächlich aber keines von ihnen nach den §§ 7–11, 13 örtlich zuständig, muss das obere Gericht die Entscheidung ablehnen.[8] Auch eine **Verweisung** an das an sich zuständige Gericht kommt 4

---

23 BGH 10.1.1958 – 5 StR 487/57, BGHSt 11, 130 (131) = NJW 1958, 469; Rieß NStZ 1981, 447 (448).

24 BGH 4.12.1979 – 5 StR 571/79, GA 1980, 255; 9.6.1993 – 3 StR 49/93, MDR 1993, 891; OLG Köln 10.1.2003 – Ss 530/02, StV 2004, 314.

1 Siehe OLG Düsseldorf 9.3.1982 – 1 Ws 840/81, MDR 1982, 689; OLG Frankfurt a. M. 27.8.2015 – 3 Ws 647/15, NStZ-RR 2015, 314.

2 OLG Zweibrücken 29.5.2001 – 1 AR 29/01, NStZ 2002, 279 – da es sich um eine Justizverwaltungsangelegenheit handelt, kann eine Lösung nur im Rahmen der Dienstaufsicht erfolgen.

3 Erb in Löwe/Rosenberg Rn. 2.

4 Schmitt in Meyer-Goßner/Schmitt Rn. 1.

5 BGH 15.5.1963 – 2 ARs 66/63, BGHSt 18, 381 (384) = NJW 1963, 1747; 29.4.1983 – 2 ARs 118/83, BGHSt 31, 361 (362) = NJW 1983, 1918; 17.3.1999 – 3 ARs 2/99, BGHSt 45, 26 (28) = NJW 1999, 1876; 27.11.2018 – 2 ARs 295/18, NStZ-RR 2019, 92; → § 14 Rn. 4.

6 Zu diesem → § 4 Rn. 16.

7 Vgl. BGH 1.9.2004 – 5 ARs 55/04, NStZ-RR 2005, 146.

8 BGH 23.12.1977 – 2 ARs 415/77, BGHSt 27, 329 (330) = NJW 1978, 835; 14.12.1983 – 2 ARs 374/83, NStZ 1984, 177.

nicht in Betracht, vielmehr ist es Sache der Staatsanwaltschaft vor diesem Anklage zu erheben.

5 Ist kein zuständiges Gericht ersichtlich, darf nicht an ein unzuständiges Gericht verwiesen werden, sondern dieses muss – auf einen entsprechenden Antrag hin – nach § 13a bestimmt werden. Die Anträge bezüglich § 19 und § 13a können auch zusammengestellt werden.[9]

6 Die Entscheidung nach § 19 ergeht nach **Anhörung** des Prozessgegners, § 33 Abs. 2, 3. Mit dem Beschluss, mit dem das zuständige Gericht bestimmt wird, wird die Unzuständigkeitserklärung des unteren Gerichts unwirksam, ohne das es einer ausdrücklichen Aufhebung bedarf.

III. Rechtsmittel

7 Die Entscheidung des gemeinschaftlichen oberen Gerichts ist **unanfechtbar,** § 304 Abs. 1, 4.[10]

§ 20 Untersuchungshandlungen eines unzuständigen Gerichts

Die einzelnen Untersuchungshandlungen eines unzuständigen Gerichts sind nicht schon dieser Unzuständigkeit wegen ungültig.

I. Normzweck

1 Nach § 20 sind einzelne Untersuchungshandlungen, nicht das gesamte Verfahren, auch dann wirksam, wenn ein örtlich unzuständiges Gericht diese **irrtümlich** vornimmt oder anordnet.[1] Der dem zugrundeliegende Rechtsgedanke, die Wirksamkeit einer richterlichen Handlung nicht an der örtlichen Unzuständigkeit scheitern zu lassen, findet sich auch in § 7 FGG und § 44 Abs. 3 Nr. 1 VwVfG. Zudem steht nach § 22d GVG der Wirksamkeit einer Handlung nicht entgegen, dass diese nach dem Geschäftsverteilungsplan von einem anderen Richter hätte vorgenommen werden müssen. § 20 ist auf Entscheidungen in Strafvollstreckungs- und Strafvollzugssachen **entsprechend anwendbar.**[2]

2 Die Wirksamkeit einer Entscheidung kann jedoch dann **nicht auf § 20 gestützt** werden, wenn das Ausmaß und das Gewicht der Fehlerhaftigkeit für die Rechtsgemeinschaft geradezu unerträglich wäre, die Entscheidung also an einem so schweren und offenkundigen Mangel leidet, dass sie mit wesentlichen Grundsätzen des Strafprozessrechts und des rechtsstaatlichen Verfahrens unvereinbar ist.[3] Eine Heilung des Zuständigkeitsmangels scheidet demzufolge aus, wenn der Richter offensichtlich unzuständig ist und die reguläre Zuständigkeit in grober Weise verletzt wurde.[4] Ebenfalls unanwendbar ist § 20 bei sachlicher Unzuständigkeit.[5]

II. Erläuterung

3 § 20 bezieht sich auf **einzelne Untersuchungshandlungen,** § 162 Abs. 1, also vor allem richterliche Beweiserhebungen, wie zB die Vernehmung und Vereidigung von Zeugen (§§ 58, 59), und die Anordnung strafprozessualer Zwangsmaßnahmen, wie zB die Anordnung der körperlichen Untersuchung des Beschuldigten oder anderer Personen (§§ 81a, c), der Erlass von Durchsuchungs- und Beschlagnahmeanordnungen (§ 98 Abs. 1)[6] oder eines

9 Scheuten in KK-StPO Rn. 3.
10 Schmitt in Meyer-Goßner/Schmitt Rn. 4.
1 LG Köln 26.6.1995 – 107 Qs 144/95, MDR 1996, 192.
2 BGH 23.12.1977 – 2 ARs 415/77, BGHSt 27, 329 (331) = NJW 1978, 835.
3 Vgl. grundsätzlich BGH 16.10.1980 – 1 BJs 80/78, BGHSt 29, 351 (353) = NJW 1981, 133; 24.1.1984 – 1 StR 874/83, NStZ 1984, 279.
4 Scheuten in KK-StPO Rn. 1; Schmitt in Meyer-Goßner/Schmitt Rn. 1.
5 OLG Köln 27.2.2004 – 2 Ws 57/04, StV 2004, 417 (418).
6 Siehe auch Erb in Löwe/Rosenberg Rn. 4.

Haftbefehls.[7] § 20 bewirkt, dass Beweiserhebungen nach §§ 223–225 nicht wiederholt werden müssen und Protokolle nach §§ 251, 253, 254 verlesen werden können.[8] Dies gilt auch bei der Wiederaufnahme des Verfahrens für § 369 entsprechend.[9]

Eine **Wiederholung der Untersuchungshandlungen** ist aber gleichwohl möglich und unter Umständen auch aus Gründen der Unmittelbarkeit und Mündlichkeit des Verfahrens erforderlich.[10] 4

Die Entscheidung des unzuständigen Gerichts kann – ohne das dem § 20 entgegenstünde – aufgehoben werden.[11] Gegebenenfalls muss, wenn die Unzuständigkeit des Gerichts bemerkt wird, darüber entschieden werden, ob die Maßnahme, zB ein Haftbefehl, nach § 21 aufrechtzuerhalten ist.[12] 5

§ 21 Befugnisse bei Gefahr im Verzug

Ein unzuständiges Gericht hat sich den innerhalb seines Bezirks vorzunehmenden Untersuchungshandlungen zu unterziehen, bei denen Gefahr im Verzug ist.

I. Normzweck

§ 21 erlaubt bei Gefahr im Verzug, dass ein örtlich unzuständiges Gericht **in Kenntnis** seiner Unzuständigkeit Untersuchungshandlungen vornimmt oder anordnet. Im Gegensatz zu § 20 handelt das Gericht also nicht irrtümlich, sondern bewusst an Stelle des zuständigen Gerichts. Ein **sachlich unzuständiges** Gericht kann aber nicht aufgrund der Notzuständigkeit tätig werden.[1] 1

§ 21 gilt grundsätzlich in allen Verfahrensstadien. Aufgrund der Ausgestaltung der §§ 162, 165 spielt die Norm im Ermittlungsverfahren aber praktisch keine Rolle. Bedeutung kann sie aber erlangen, wenn bereits Anklage erhoben wurde.[2] 2

II. Erläuterung

§ 21 erlaubt dem örtlich unzuständigen Gericht die Vornahme bzw. Anordnung einzelner Untersuchungshandlungen (→ § 20 Rn. 3). Voraussetzung ist jedoch, dass **Gefahr im Verzug** ist. Dies ist der Fall, wenn die Einschaltung des zuständigen Gerichts wegen der damit verbundenen zeitlichen Verzögerung den Untersuchungserfolg gefährden oder unmöglich machen würde.[3] **Nicht eilbedürftige** Untersuchungshandlungen bleiben dem an sich zuständigen Gericht vorbehalten.[4] 3

Das Gericht kann **von Amts wegen** oder auf **Antrag** der Staatsanwaltschaft tätig werden.[5] 4

---

[7] KG 1.8.2016 – 2 Ws 190/16 – 121 AR 17/16, BeckRS 2016, 110175.
[8] Schmitt in Meyer-Goßner/Schmitt Rn. 3.
[9] OLG Düsseldorf 28.3.1979 – 5 Ws 6/79, NJW 1979, 1724.
[10] Scheuten in KK-StPO Rn. 2.
[11] Vgl. OLG Köln 27.2.2004 – 2 Ws 57/04, StV 2004, 417 (418).
[12] Siehe KG 3.12.1997 – 1 AR 1480/97, StV 1998, 384.
[1] Erb in Löwe/Rosenberg Rn. 1.
[2] Schmitt in Meyer-Goßner/Schmitt Rn. 1.
[3] Vgl. BVerfG 3.4.1979 – 1 BvR 994/76, NJW 1979, 1539 (1540); 20.2.2001 – 2 BvR 1444/00, NJW 2001, 1121 (1125); Greven in KK-StPO § 98 Rn. 13.
[4] Schmitt in Meyer-Goßner/Schmitt Rn. 1; vgl. auch OLG Karlsruhe 20.3.2017 – 301 AR 21/17, BeckRS 2017, 105170.
[5] Scheuten in KK-StPO Rn. 2.

Dritter Abschnitt. Ausschließung und Ablehnung der Gerichtspersonen

Vorbemerkung zu § 22

1 Die §§ 22 ff. sichern in der StPO das verfassungsrechtlich in Art. 101 Abs. 1, S. 2 GG verankerte Prinzip des gesetzlichen und iSd Art. 97 GG unabhängigen Richters.[1] Dem Gesetzgeber ist es **verfassungsrechtlich aufgegeben,** dafür Sorge zu tragen, dass die Richterbank von Richtern freigehalten wird, welche dem zu entscheidenden Rechtsfall oder den hieran beteiligten Personen nicht mit der erforderlichen Distanz einer unbeteiligten, am Verfahrensausgang nicht privat interessierten Person gegenüber stehen.[2] Die §§ 22 ff. mögen dem verfassungsrechtlichen Auftrag gerecht werden und ihn ausfüllen. Sie stellen indes keine parlamentarische Reflektion des Art. 101 GG dar, denn das Normgefüge der §§ 22–24 StPO war schon Bestandteil der 1877 in Kraft getretenen StPO. Auf einfachgesetzlicher Ebene fordert daneben auch Art. 6 Abs. 1 S. 1 EMRK, dass über eine strafrechtliche Anschuldigung durch ein unparteiisches und unabhängiges Gericht entschieden wird. Die Unbefangenheit der Gerichtspersonen ist damit auch eine Forderung des Fair-Trial-Prinzips.[3]

2 Überraschen kann dies nicht, gilt doch die grundsätzliche Unparteilichkeit von Gerichtspersonen als international geforderte **Voraussetzung rechtsstaatlichen Prozedierens** und ist in Art. 14 Abs. 1 des Internationalen Paktes über Bürgerliche und Politische Rechte ebenso kodifiziert wie in Art. 10 der Allgemeinen Erklärung der Menschenrechte. Sie ist weiterhin völkergewohnheitsrechtlich als Mindeststandard im Internationalen Menschenrechtsschutz anerkannt.[4] Unparteilichkeit stellt damit auch eine Legitimationsbedingung von Rechtspflege im rechtsstaatlichen Sinne dar, mögen auch die Anforderungen hieran entsprechend den unterschiedlichen Prozessordnungen differieren.

3 Die Regeln der StPO über den Ausschluss oder die Ablehnung von Gerichtspersonen dienen einerseits dem **Ansehen und der Akzeptanz der Rechtspflege,** sollen mithin auch deren **Autorität und Verbindlichkeit** sichern. Herkömmlich wird dies durchaus als Zweck der Regelungen der §§ 22 ff. gesehen. Nicht verkannt werden darf hierbei, dass Art. 101 GG iVm Art. 6 Abs. 1 S. 1 EMRK und den Normen des 2. Abschnitts der StPO dem Angeschuldigten auch einen **Leistungsanspruch** auf eine unparteilich besetzte Richterbank vermitteln und ihm ein Ablehnungsrecht einräumen, welches auch seine Subjektstellung im Strafprozess sichert. In der Gesetzgebungsgeschichte um das Ablehnungsrecht fand die intensivste Auseinandersetzung denn auch um den Widerstreit der Gewährung dieses Rechts einerseits und dem gleichzeitigen staatlichen Bedürfnis es effektiv einzuhegen andererseits statt. Letztere Bemühungen führten zunächst dazu, dem Angeklagten ein Ablehnungsrecht für Gründe zu verwehren, die sich erst im Laufe der Hauptverhandlung ergaben. Generell war er bis zur Reform von 1965 darauf angewiesen, Ablehnungsgründe bis zum Beginn der Beweisaufnahme geltend zu machen. Späteres Vorbringen war auch dann unzulässig, wenn sich die Gründe, an der Unvoreingenommenheit des Gerichts zu zweifeln, erst in der Beweisaufnahme ergaben. Bis zur 1965 in Kraft getretenen Reform stand einer großzügigeren Regelung stets die Sorge vor dem Missbrauch des Ablehnungsrechts durch den Angeklagten entgegen.[5]

4 Diese Sorge, die **Effektivität der Strafrechtspflege** könne durch ein nicht hinreichend restriktiv interpretiertes Ablehnungsrecht beeinträchtigt werden, prägt noch heute –

---

1 BVerfG 8.2.1967 – 2 BvR 235/64, BVerfGE 21, 139 (146); 26.1.1971 – 2 BvR 443/69, BVerfGE 30, 149 (153); 12.1.1983 – 2 BvR 964/82, BVerfGE 63, 77 (79 ff.).

2 BVerfG 8.2.1967 – 2 BvR 235/64, BVerfGE 21, 139 (145 f.); 5.10.1977 – 2 BvL 10/75, BVerfGE 46, 34 (37).

3 Wassermann in AK-StPO Vor § 22 Rn. 2; Bockemühl in KMR-StPO Vor § 22 Rn. 1.

4 Borchard, Proceedings of the American Society of International Law at its Annual Meeting, 27.–29. April 1939, S. 63; Doehring, Völkerrecht, S. 379.

5 S. etwa Protokolle der Kommission für die Reform des Strafprozesses (1903), Erster Band, Erste Lesung, S. 17; Protokolle der Reichstagsverhandlungen bei Schubert, Bericht der 7. Kommission (1910/1911), S. 127 ff.

häufig unausgesprochen – die Diskussion hinsichtlich streitiger Einzelfragen. Sie war auch bestimmend für die Ausgestaltung der jüngsten Eingriffe 2019 im Rahmen des Gesetzes zur „Modernisierung" des Strafverfahrens. Begünstigt wird dies dadurch, dass es an einer dogmatischen Durchdringung des Befangenheitsrechts fehlt. Das Ergebnis ist eine Kasuistik, welcher der gelegentliche Eindruck einer gewissen Zufälligkeit kaum abzusprechen ist. Überraschen kann dies nicht, denn die einschlägigen Entscheidungen ergehen anhand von Formeln, deren normative Vagheit das Subsumtionsergebnis schwerlich vorhersehbar macht.

So wird von der hM einerseits die Sicht eines vernünftigen Angeklagten auf den zu beurteilenden Vorgang als die maßgebliche postuliert. Diese fiktive, aus richterlicher Sicht kreierte Figur des vernünftigen Angeklagten ist letztlich eine empiriefreie, leere Projektionsfläche, die sich mit gewisser Beliebigkeit bedürfnisgerecht füllen lässt. Dies gilt zumal, wenn von diesem „vernünftigen" Angeklagten entgegen jeder empirischen Wahrscheinlichkeit auch verlangt werden kann, selbst dann keine Zweifel an der Unbefangenheit eines Richters zu hegen, wenn dieser sich im Urteil eines Parallelverfahrens schon von seiner Schuld überzeugt gezeigt hat. Denn nach h. M. gilt hierzu, dass „das deutsche Verfahrensrecht von der Auffassung beherrscht [werde], dass der Richter auch dann unvoreingenommen an die Beurteilung einer Sache herantrete, wenn er sich schon früher über denselben Sachverhalt ein Urteil gebildet habe".[6] 5

Damit ist eine **wiederkehrende Argumentationsfigur** bei der Auslegung der §§ 22 ff. angesprochen. Nicht selten wird hierbei der normativ angestrebte Sollzustand zum empirisch gegebenen (v)erklärt und damit die Auseinandersetzung mit den erfahrungswissenschaftlich tatsächlich naheliegenden Problemen einer Befangenheit im Rechtssinne gemieden. Dies betrifft wie angesprochen teilweise Fragen der Vorbefasstheit ebenso wie Thesen, nach denen sich Richter von privaten Überzeugungen, öffentlichem Druck durch Medienberichterstattungen über den konkreten Fall und ähnlichem jederzeit frei machen könnten, sobald sie im Richteramt wirkten. Mag es unvermeidlich sein, Voreinstellungen des Richters, auch wenn sie einer vollkommen unbefangenen Herangehensweise abträglich erscheinen, zunächst einmal hinzunehmen, um Rechtspflege überhaupt betreiben zu können, kann dies für die im Richteramt getätigte **Vorbefassung** so pauschal nicht verschlagen. Jedenfalls dann, wenn ein Richter in dem Urteil eines Parallelprozesses zum gleichen Sachverhalt zu erkennen gegeben hat, den nun in seiner Zuständigkeit befindlichen Angeklagten für schuldig zu halten, wird dies die Ablehnung wegen Besorgnis der Befangenheit entgegen der hM begründen (hierzu auch → § 24 Rn. 52 ff.). 6

Insoweit fehlt es in der nationalen Diskussion des Befangenheitsrechts auch weitestgehend an einer vertieften Auseinandersetzung mit der Rechtsprechung des EGMR. Nach dieser ist eine richterliche Vorbefassung zwar ebenfalls grundsätzlich unschädlich. Sofern jedoch gelegentlich dieser Vorbefassung erkennbar eine richterliche Überzeugung über die Schuld des nun zu beurteilenden Angeklagten zum Ausdruck gekommen ist, wird die Berechtigung einer Befangenheitsbesorgnis regelmäßig nicht mehr von der Hand zu weisen sein.[7] Dies kann hiernach u.a. auch bereits dann der Fall sein, wenn das entscheidende Gericht eigeninitiativ vor Beginn der Hauptverhandlung Untersuchungshaft anordnete.[8] 7

Das normativ hergeleitete, empirisch eher zweifelhafte Dogma, der Richter im deutschen Strafverfahren gehe auch dann unvoreingenommen an eine Sache heran, wenn er sich über selbige bereits zuvor ein Urteil gebildet hatte, droht zudem den Blick auf die grundsätzliche Problematik dieser Situation zu verstellen. Das insoweit **fehlende Problembewusstsein** verleitet die Justiz nicht selten im Sinne vermeintlich ressourcenschonender 8

6 BGH 18.5.1994 – 3 StR 628/93, NStZ 1994, 447, krit. auch Weßlau/Deiters in SK-StPO § 24 Rn. 25.

7 Steinfatt, Die Unparteilichkeit des Richters in Europa im Lichte der Rechtsprechung des Europäischen Gerichtshofs für Menschenrechte, S. 96; s. nunmehr auch EGMR 16.2.2021 – 1128/17, NJW 2021, 2947 mAnm Rzadkowoki – Meng ./. Deutschland.

8 EGMR 17.1.2012 – 5612/08, NJVZ 2013, 1598 (1599) – Kate ./. Spanien; ähnliches kann u. U. für Vorbefassungen mit Haftentscheidungen gelten, bei denen das später entscheidende Gericht eine gesteigerte Stufe des Tatverdachts annimmt, welche den Anforderungen an eine Verurteilung nahe kommt, vgl. Esser in Löwe/Rosenberg EMRK Art. 6 Rn. 160.

Effizienz dazu, **Vorbefassungen durch Geschäftsverteilungspläne** sogar bewusst zu kumulieren. So etwa, wenn landgerichtliche Kammern deshalb für ein Hauptverfahren als zuständig bestimmt werden, weil sie bereits im Ermittlungsverfahren mit diesem im Rahmen von Beschwerden befasst waren, und zwar auch solchen, bei denen sie bereits über die Dringlichkeit des Tatverdachts zu befinden hatten, etwa betreffend Haftbeschwerden. Bedenken sind hierzu höchstrichterlich soweit ersichtlich allenfalls dann formuliert worden, wenn selbst Revisionsrückläufer aufgrund der Geschäftsverteilung eines Landgerichts absehbar und entgegen der Intention des § 354 Abs. 2 StPO den identischen Richtern zur erneuten Entscheidung zugeteilt werden, deren Urteil gerade durch das Revisionsgericht aufgehoben wurde.[9] Tatsächlich wäre es im Interesse einer auch strukturellen Unparteilichkeit der entscheidenden Richter wichtig, diese durch entsprechende Fassung der Geschäftsverteilungspläne jenseits gesetzlich unvermeidlicher Vorbefassungen weitestgehend von solchen frei zu halten.

9 Dem deutschen Strafprozessrecht sind diese Erwägungen auch keinesfalls fremd. So galt bis zur Emmingerschen Justizreform 1924, dass der Berichterstatter, der über die Eröffnung des Hauptverfahrens mitentschieden hatte, an der Hauptverhandlung nicht teilnehmen durfte. Fiskalische Argumente, Richter im Rahmen von Geschäftsverteilungsplänen über das im Gesetz angelegte hinaus jeweils erneut mit Sachverhalten und Personen zu befassen, zu denen sie schon Entscheidungen getroffen haben, können jedenfalls nicht verschlagen. Denn die Garantie, eines auch dem Anschein nach möglichst unbefangenem Richter überantwortet zu sein, ist eine verfassungsrechtliche. Ein gegebenenfalls existierendes justizielles Bedürfnis in getrennten Verfahren zu gleichen Sachverhalten widerstreitende Entscheidungen durch unterschiedlich besetzte Kammern des gleichen Gerichts dadurch zu meiden, dass solche Verfahren im Geschäftsverteilungsplan auf eine Kammer konzentriert werden, wäre im übrigen eher geeignet, die Besorgnis zu nähren, Richter lösten sich empirisch eben doch nur ähnlich schwer von bereits gefassten Überzeugungen wie sonstige Personengruppen und würden gerade nicht stets frei von ihren Vorentscheidungen an die Sache herangehen. Die Frage **tatsächlicher Unbefangenheit nach bereits getroffenen Vorentscheidungen** – etwa sich von in Parallelverfahren über die Glaubhaftigkeit eines Belastungszeugen getroffenen Überzeugungen zu lösen – **harrt des empirischen Nachweises.** Einen solchen vermag das rein normative Postulat, nach welchem das deutsche Verfahrensrecht von dem Gedanken steter Unvoreingenommenheit auch nach Vorfestlegungen geleitet sei, nicht überzeugend zu ersetzen.

10 Eine weitere **Schwäche des Ablehnungsrechts** liegt in der **Zuständigkeit** der zur Entscheidung über ein Befangenheitsgesuch berufenen Richter. Bei landgerichtlichen Kammern, in denen der Vorsitzende wegen Besorgnis der Befangenheit abgelehnt wird, sind etwa dessen Beisitzer zur Entscheidung berufen, § 27 Abs. 1 StPO. Letztere stehen in einem solchen dienstlichen **Näheverhältnis** zum Vorsitzenden ihrer Kammer, der zudem regelmäßig durch Beurteilungen der Beisitzer nicht unwesentlichen Einfluss auf deren berufliches Fortkommen hat. Eine unbefangene Herangehensweise erscheint hierdurch zumindest strukturell gefährdet. Anerkannt ist insoweit in anderem Zusammenhang, dass eine große dienstliche Nähe geeignet ist, ihrerseits bereits die Besorgnis der Befangenheit zu begründen.[10] Daneben ist es aufgrund von landgerichtlichen Geschäftsverteilungsplänen nicht selten der Fall, dass sofern sämtliche Kammermitglieder abgelehnt und ein solches Gesuch für begründet erklärt wird, die über das Gesuch entscheidenden Richter sodann selbst für das Verfahren zuständig werden. Sie entscheiden in diesen Fällen also inzident nicht nur über die Befangenheit, sondern auch über die eigene Übernahme der Sachverhandlung und damit der eigenen Arbeitsbelastung, was geeignet sein kann, die Entscheidungsfindung störend zu beeinflussen.[11]

---

9 BGH 28.11.2012 – 5 StR 416/12, NStZ 2013, 542.
10 Etwa OLG Düsseldorf 20.10.2009 – III – 2 Ss 107/09-69/09 III, NStZ-RR 2010, 144.
11 OLG Celle 29.8.1989 – 1 Ss 174/89, NJW 1990, 1308 (1309).

Unbeschadet obiger Ausführungen wird es Richtern auch generell nicht leicht fallen, einem Befangenheitsgesuch gegen Kollegen stattzugeben. Denn Unparteilichkeit dürfte zum Kern der Eigenschaften gehören, die im richterlichen Selbstverständnis die **richterliche Berufsehre** ausmachen. Einem Kollegen zu attestieren, dass auch ein vernünftiger Angeklagter im konkreten Fall berechtigte Zweifel an der Unbefangenheit hegt, wird daher im kollegialen Umgang stets schwerer fallen als den abgelehnten Richter von der Berechtigung solchen Vorbringens freizusprechen.[12] Strukturelle Schwierigkeiten bei der Umsetzung des verfassungsrechtlichen Versprechens auf eine auch dem äußeren Anschein nach stets unbefangene Richterbank verdienen hiernach mehr wissenschaftliche Aufmerksamkeit als die stets wiederkehrende, indes wohl rein akademische Frage der Anwendbarkeit des Befangenheitsrechts auf den Staatsanwalt (→ § 22 Rn. 4 ff.). 11

§ 22 Ausschließung von der Ausübung des Richteramtes Kraft Gesetzes

Ein Richter ist von der Ausübung des Richteramtes kraft Gesetzes ausgeschlossen,
1. **wenn er selbst durch die Straftat verletzt ist;**
2. **wenn er Ehegatte, Lebenspartner, Vormund oder Betreuer des Beschuldigten oder des Verletzten ist oder gewesen ist;**
3. **wenn er mit dem Beschuldigten oder mit dem Verletzten in gerader Linie verwandt oder verschwägert, in der Seitenlinie bis zum dritten Grad verwandt oder bis zum zweiten Grad verschwägert ist oder war;**
4. **wenn er in der Sache als Beamter der Staatsanwaltschaft, als Polizeibeamter, als Anwalt des Verletzten oder als Verteidiger tätig gewesen ist;**
5. **wenn er in der Sache als Zeuge oder Sachverständiger vernommen ist.**

Schrifttum: Arzt, Der befangene Strafrichter, 1969; Goeckenjan/Eisenberg, Eingang von die Schuldfrage betreffenden Wahrnehmungen des beauftragten Richters in die Hauptverhandlung, JR 2001, 123; Kelker, Wohin will der BGH beim Zeugenstaatsanwalt?, StV 2008, 381; Kierzkowski, Die Unparteilichkeit des Richters im Strafverfahren unter Berücksichtigung von Art. 6 Abs. 1 S. 1 EMRK; Pfeiffer, Zur Ausschließung und Ablehnung des Staatsanwalts im geltenden Recht in Säcker (Hrsg.), Festschrift Rebmann 1989, S. 359; Schairer, Der befangene Staatsanwalt: Ausschluß und Ablehnung de lege lata und de lege ferenda sowie Rechtsfolgen der Mitwirkung des disqualifizierten Staatsanwalts im Strafverfahren, 1983; Schmidt, Richterausschluß (§ 22 Nr. 5 StPO) durch „dienstliche Äußerungen"?, GA 1980, 285; Schneider, Gedanken zur Problematik des infolge einer Zeugenvernehmung „befangenen" Staatsanwalts, NStZ 1994, 457; Volkmer, Der entscheidungsbefugte Verletzte – Zu den Grenzen des Ausschlusses nach § 22 Nr. 1 StPO, NStZ 2009, 371; Wendisch, Zur Ausschließung und Ablehnung des Staatsanwalts, in Hassenpflug u. a. (Hrsg.), Festschrift Schäfer, 1979, S. 243.

Übersicht

1. Normzweck der §§ 22 ff. Die §§ 22 ff. sind die einfachgesetzliche Umsetzung des verfassungsmäßigen Rechts auf den **gesetzlichen Richter,** Art. 101 Abs. 1 S. 2 GG. Dieses 1

[12] Gespräche mit Richtern über „vergiftete Atmosphären" nach Stattgaben von Befangenheitsgesuchen sind keine Seltenheit. Gelegentlich ist auch zu beobachten, dass in Geschäftsverteilungsplänen des Folgejahres die Zuständigkeiten der Vertreterkammern hiernach anders bestimmt werden.

ist nicht gewahrt, wenn ein Betroffener vor einem Richter steht, der Anlass zu der Besorgnis bietet, er werde ihm oder der Sache gegenüber eine innere Haltung einnehmen, die seine Unparteilichkeit und Unvoreingenommenheit störend beeinflussen kann.[1] Der Ausschluss (§§ 22, 23) und die Ablehnungsmöglichkeit (§ 24) eines Richters sollen die Richterbank von Richtern freihalten, die schon dem Anschein nach nicht mit der für die richterliche Unparteilichkeit erforderlichen Distanz eines unbeteiligten, am Verfahrensausgang nicht interessierten „Dritten" gegenüberstehen.[2] Dies kann sich auch erst **im Laufe des Verfahrens** als begründete Besorgnis erweisen. Die Vorschriften dienen aber keinesfalls ausschließlich den Individualinteressen der von richterlicher Entscheidungsmacht Betroffenen. Mit Art. 6 Abs. 1, S. 1 EMRK steht § 22 in Einklang.[3] Schutzweck der §§ 22 ff. ist es gleichfalls das **öffentliche Vertrauen in die Unparteilichkeit der Justiz** zu stärken. Vom Gesetzgeber als offenkundig erkannte Gründe, die dies erschüttern könnten, sind in § 22 der Disposition der Betroffenen gänzlich entzogen. Damit soll nicht nur die Akzeptanz richterlicher Entscheidungen, sondern letztlich auch deren Autorität gesichert werden.

2 Die beiden Rechtsinstitute des Ausschlusses und der Ablehnung nach § 24 unterscheiden sich: Der Ausschluss tritt **kraft Gesetzes ein;** ein dies feststellender Gerichtsbeschluss ist nur deklaratorisch. Ausgeschlossen sind – um schon den Anschein des Verdachts einer Parteilichkeit zu vermeiden – alle Personen, bei denen aus den in §§ 22 Nr. 1 bis 5 angeführten Gründen die abstrakte Gefahr der Voreingenommenheit besteht.[4] Das Ausscheiden eines Richters wegen Befangenheit bedarf hingegen einer gerichtlich konstitutiven Entscheidung nach einem Ablehnungsgesuch (§ 24) oder einer Selbstanzeige (§ 30). Die §§ 22, 23 sollen nach hM mit den Regelungen über die gerichtliche Zuständigkeit kollidieren und schon deshalb eng auszulegen sein.[5] Richtigerweise wird man sagen müssen, dass diese Regelungen die Zuständigkeit präzisieren, indes eine zu restriktive Auslegung die Gefahr birgt, den verfassungsrechtlichen Auftrag aus Art. 97 Abs. 1, 101 Abs. 1 S. 2 GG zu verkürzen, eine Rechtsprechung durch unbefangene Richter zu gewährleisten.[6] Hiernach scheidet eine den Wortsinn restriktiv einschränkende Auslegung ebenso aus wie eine diesen überdehnende oder gar analoge Anwendung auf ähnlich erscheinende Sachverhalte, welche jenseits der Norm über den gesetzlichen Richter disponieren würde;[7] bei Ähnlichkeit kann ggf. ein Befangenheitsgrund iSd § 24 vorliegen.[8] Während die Umstände, welche die berechtigte Besorgnis der Befangenheit auslösen können, gesetzlich nicht begrenzt sind, ist der Richterausschluss an abschließend aufgezählte Tatbestände geknüpft, bei denen objektivierbare Tatsachen[9] die unwiderlegliche Vermutung einer Störung der Unparteilichkeit begründen. Diese Vermutung ist der **Disposition der Verfahrensbeteiligten entzogen;** auf subjektive Empfindungen – etwa, ob die Prozessbeteiligten keine Bedenken haben – kommt es nicht an.

3 **2. „Richter". a) Richter iSd §§ 22 ff.** Richter im Sinne des Abschnitts sind alle Berufsrichter, gemäß § 31 auch Schöffen, Urkundsbeamte und sonstige Protokollführer,

---

1 BVerfG 8.2.1967 – 2 BvR 235/64, BVerfGE 21, 139 (146) = NJW 1967, 1123; 26.1.1971 – 2 BvR 443/69, BVerfGE 30, 149 (153) = NJW 1971, 1029; 2.6.2005 – 2 BvR 625/01, 2 BvR 638/01, NJW 2005, 3410 (3411) mwN; BGH 10.8.2005 – 5 StR 180/05, BGHSt 50, 216 (218) = NJW 2005, 3436.

2 BVerfG 8.2.1967 – 2 BvR 235/64; BVerfGE 21, 139 (145 f.); 5.10.1977 – 2 BvL 10/75, BVerfGE 46, 34 (37).

3 Kierzkowski, Die Unparteilichkeit des Richters im Strafverfahren unter Berücksichtigung von Art. 6 Abs. 1 S. 1 EMRK, S. 127.

4 BGH 29.4.1983 – 2 StR 709/82, BGHSt 31, 358 (359) = NJW 1983, 2711; 27.9.2005 – 4 StR 413/05, NStZ 2006, 113 f.

5 BGH 28.1.1998 – 3 StR 575/96, BGHSt 44, 4 (7) = NJW 1998, 1234 (1235); Schmitt in Meyer-Goßner/Schmitt Rn. 43; Rissing-van Saan MDR 1993, 310.

6 Hierzu BVerfG 8.2.1967 – 2 BvR 235/64, BVerfGE 21, 139 (146) = NJW 1967, 1123; 26.1.1971 – 2 BvR 443/69, BVerfGE 30, 149 (153) = NJW 1971, 1029; 2.6.2005 – 2 BvR 625/01, 2 BvR 638/01, NJW 2005, 3410 (3411) mwN; BGH 10.8.2005 – 5 StR 180/05, BGHSt 50, 216 (218) = NJW 2005, 3436.

7 BVerfG 5.10.1977 – 2 BvL 10/75, BVerfGE 46, 34 (38) = NJW 1978, 37.

8 BGH 18.10.2006 – 2 StR 499/05, BGHSt 51, 100 (111) = NJW 2007, 1760.

9 BGH 28.1.1998 – 3 StR 575/96, BGHSt 44, 4 (7) = NJW 1998, 1234 (1235); BVerfG 5.10.1977 – 2 BvL 10/75, BVerfGE 46, 34 = NJW 1978, 37.

nicht aber Sachverständige (vgl. hierzu § 74) und Dolmetscher (§ 191 GVG). Für Rechtspfleger verweist § 10 RPflG auf die §§ 22 ff. Der Richter muss in Ausübung seines Richteramtes tätig werden, so dass er Aufgaben der Justizverwaltung weiter wahrnehmen kann; der Ausschluss erfasst ansonsten richterliche Handlungen jeder Art.[10]

b) Staatsanwälte. Die Frage, ob Staatsanwälte analog der §§ 22 ff. wegen Besorgnis der Befangenheit mit der Folge ihres Ausschlusses abgelehnt werden können, erscheint in ihrer Bedeutung überschätzt. In der Praxis spielt sie kaum noch eine Rolle. 4

Bei Kodifizierung der StPO hielt man besondere Vorschriften zum Ausschluss von Staatsanwälten für entbehrlich, weil die Organisation der StA es gestatte, dass „in Fällen, in denen die Ersetzung eines staatsanwaltlichen Beamten durch einen anderen geboten oder wünschenswert erscheint, diese auf Antrag des Beschuldigten oder jenes Beamten selbst oder auch von Amts wegen durch die vorgesetzte Behörde bewirkt werden kann, ohne dass es eines förmlichen Verfahrens bedarf".[11] Es schien demnach außer Frage zu stehen, dass Ausschließungs- und Ablehnungsgründe auch beim Staatsanwalt auftreten können. 5

Nach hM sind die §§ 22 ff. jedoch **nicht,** auch nicht analog, anwendbar.[12] Der Staatsanwalt kann daher weder kraft Gesetzes ausgeschlossen noch wegen Befangenheit abgelehnt werden; es fehlt hierfür auch schlicht an einer Rechtsgrundlage in der StPO. Auch aus den §§ 141–151 GVG wird sich hierfür nichts herleiten lassen.[13] Es wäre auch verfehlt, den gleichen Maßstab an Neutralität und Unvoreingenommenheit, der an den Richter anzulegen ist, auf den Staatsanwalt anzuwenden. Es ist im konkreten Fall Sache des Staatsanwalts, bei dem Ausschlussgründe vorliegen oder der sich für befangen hält, **auf seine Ablösung zu drängen,** und Aufgabe seines Dienstvorgesetzten, ihn abzulösen (§ 145 Abs. 1 GVG).[14] Unterbleibt dies, kann es seitens des Gerichts – und zwar sowohl auf Antrag anderer Prozessbeteiligter als auch von Amts wegen – geboten sein, auf die Ablösung hinzuwirken, um die Fairness des Verfahrens zu gewährleisten.[15] 6

Die Mitwirkung eines Staatsanwalts, bei dem die Ausschlussgründe des (nicht anwendbaren) § 22 vorliegen, kann ggf. einen Verfahrensfehler darstellen. Der absolute Revisionsgrund des § 338 Nr. 5 ist hier jedoch nicht einschlägig, so dass das Urteil iSd § 337 auf der Mitwirkung des Staatsanwalts **beruhen** muss.[16] Ob die Mitwirkung eines Staatsanwalts verfahrensfehlerhaft ist, soll sich hiernach in Anlehnung an die Ausschlussgründe der §§ 22, 23 bestimmen.[17] Es scheint auf der Hand zu liegen, dass ein Staatsanwalt nicht mit anderen Verfahrensbeteiligten in der von § 22 Nr. 1–3 genannten Verwandtschafts- oder Näheverhältnissen stehen oder gar mögliches Opfer der aufzuklärenden Straftat sein darf. Andererseits vermag wegen der unterschiedlichen verfahrensrechtlichen Stellung von Richtern und Staatsanwälten[18] die Rüge eines entsprechenden, aber unter dem Vorbehalt des § 337 stehenden Verfahrensfehlers nicht sicher zu verschlagen. 7

10 BVerfG 21.1.1992 – 1 BvR 517/91, NJW 1992, 2471 (2472).

11 Hahn Motive I, S. 93.

12 Ganz hM: BVerfG 16.4.1969 – 2 BvR 115/69, BVerfGE 25, 336 (345) = NJW 1969, 1104 (1106); BGH 3.5.1960 – 1 StR 155/60, BGHSt 14, 265 = NJW 1960, 1358; 13.7.1966 – 2 StR 157/66, BGHSt 21, 85 (89) = NJW 1966, 2321 (2322); 25.9.1979 – 1 StR 702/78, NJW 1980, 845; 9.12.1983 – 2 StR 452/83, NJW 1984, 1907; Wendisch FS Schäfer, 1979, 243; Pfeiffer FS Rebmann, 1989, 359 (364); Schmitt in Meyer-Goßner/Schmitt Vor § 22 Rn. 3; Siolek in Löwe/Rosenberg Vor § 22 Rn. 8 ff.; Schneider NStZ 1994, 457.

13 BGH 25.9.1979 – 1 StR 702/78, NJW 1980, 845.

14 Schmitt in Meyer-Goßner/Schmitt Vor § 22 Rn. 4; Auffassungen, die einen Rechtsanspruch auf Auswechslung nach § 23 Abs. 2 EGGVG (Buckert NJW 1969, 808) bzw. nach § 24 analog (Schairer, Der befangene Staatsanwalt, S. 159 ff.) befürworten, haben sich nicht durchgesetzt.

15 S. auch Bockemühl in KMR-StPO Vor § 22 Rn. 3–4, der eine Pflicht des Gerichts, auf die Ablösung hinzuwirken, aus § 145 GVG herleitet.

16 Ausgeschlossen zB von BGH 10.7.1996 – 3 StR 50/96, NJW 1997, 66 (67): Dass ein Staatsanwalt die Richtigkeit der Niederschrift einer von ihm geführten Vernehmung bestätigte, habe keinen Einfluss auf die Überzeugungsbildung des Gerichts gehabt.

17 Scheuten in KK-StPO Vor § 22 Rn. 16a ff. spricht von Anhaltspunkten.

18 BVerfG 25.10.1978 – 1 BvR 983/78, JR 1979, 28; BGH 9.12.1983 – 2 StR 452/83, NJW 1984, 1907 (1908); 15.9.1995 – 5 StR 642/94, 5 StR 68/95, StV 1996, 297.

8 Ein als **Zeuge vernommener Staatsanwalt** kann anschließend nicht mehr ohne Verlust der gebotenen Objektivität an der Hauptverhandlung teilnehmen, sofern er seine eigene Zeugenaussage würdigen müsste.[19] (Dass er sie auch gewürdigt hat, muss die Revision freilich vortragen.[20]) Er muss sich bei der Beweiswürdigung, besonders bei seinem Plädoyer, auf diejenigen Teile der Beweisaufnahme beschränken, die von seiner zeugenschaftlichen Aussage nicht beeinflusst sein können.[21] Ist die Würdigung seiner Zeugenaussage zwar relevant, aber trennbar, so kann dies ein anderer Staatsanwalt übernehmen.[22] Der erste Strafsenat des BGH vertrat jedoch der Ansicht, in der Mitwirkung eines als Zeugen vernommenen Staatsanwalts liege kein Verfahrensverstoß.[23]

9 **3. Ausschlussgründe.** Die in § 22 Nr. 1–5 genannten Ausschlussgründe sind **abschließend.**[24] Nr. 1–3 betreffen persönliche Beziehungen des Richters zu Beschuldigtem oder Verletztem, Nr. 4 und 5 die nichtrichterliche Vorbefassung mit der Sache.

10 **a) Nr. 1: Verletzter Richter.** Verletzt iSd Vorschrift soll nach hM nur der durch die verfahrensgegenständliche Tat unmittelbar in seinen Rechten betroffene Richter sein.[25] Eine mittelbare Betroffenheit könne allenfalls die Besorgnis der Befangenheit iSd § 24 begründen.[26] Dies erscheint zweifelhaft, da § 373b[27] auch den mittelbar Betroffenen als Verletzten anerkennt und ihm gem. § 403 die Geltendmachung von Ansprüchen im Adhäsionsverfahren gestattet. Nach hiesiger Auffassung ist daher auch der iSd § 373b gleichgestellte **Verletzte,** vom Richteramt ausgeschlossen lex specialis ist § 22 Nr. 2. Für diese nicht einengende Auslegung des Verletztenbegriffs spricht auch, dass es nach hM im Weiteren nicht darauf ankommen soll, ob es wegen der den Richter verletzenden Tat noch zu einer Verurteilung kommen kann; wird die Verfolgung mehrerer verbundener Sachen insoweit etwa nach §§ 153 f. oder §§ 154 ff. beschränkt, ändert dies am Ausschluss nichts.[28] Sind mehrere Sachen nach §§ 2 ff. verbunden, ist der Ausschluss dauerhaft: Auch eine spätere Trennung berührt den einmal eingetretenen Ausschlussgrund nicht.[29] Straftaten während der Hauptverhandlung sind nicht Verfahrensgegenstand und können damit auch keine Verletzteneigenschaft iSd Norm begründen, die zum gesetzlichen Ausschluss des Richters führte.[30]

11 **aa) Vermögensdelikte.** Da es nach hM zu einer unmittelbaren Verletzung des Richters kommen muss, soll ein **unmittelbarer Vermögensnachteil** erforderlich sein, wohingegen mittelbare Einbußen wie etwa auf Mietnebenkosten des Richters umgelegte überhöhte Straßenreinigungsentgelte[31] oder ein verringerter Gewinn des für die geschädigte GmbH tätigen Richters[32] nicht hinreichen sollen, den gesetzlichen Ausschluss zu begründen. Richtigerweise wird man jedoch iSd § 403 zu unterscheiden haben, ob der betreffende Richter **als Verletzter im Adhäsionsverfahren** legitimiert bzw. gem. § 378b dem Verletz-

[19] BGH 19.3.1996 – 1 StR 497/95, NJW 1996, 2239 (2241); 19.9.2019 – 1 StR 235/19, NStZ 2020, 180.
[20] BGH 30.1.2007 – 5 StR 465/06, NStZ 2007, 419 (420).
[21] BGH 30.1.2007 – 5 StR 465/06, NStZ 2007, 419 (420); 7.12.2000 – 3 StR 382/00, NStZ-RR 2001, 107; 31.7.2018 – 1 StR 382/17, NStZ 2019, 234 = JR 2019, 160 mAnm Stuckenberg.
[22] Vgl. BGH 7.12.1993 – 5 StR 171/93, NStZ 1994, 194.
[23] BGH 22.1.2008 – 1 StR 607/07, NStZ 2008, 353; vgl. hierzu Kelker StV 2008, 381.
[24] BVerfG 5.10.1977 – 2 BvL 10/75, BVerfGE 46, 34 (38); OLG Düsseldorf 1.7.1987 – 1 Ws 469/87, NStZ 1987, 571.
[25] BGH 26.7.1951 – 2 StR 251/51, BGHSt 1, 298 (299); Weßlau/Deiters in SK-StPO Rn. 3.
[26] BGH 24.3.2009 – 5 StR 394/08, NStZ 2009, 342 mAnm Volkmer NStZ 2009, 371.
[27] Eingefügt mWv 1.7.2021 durch Gesetz zur Fortentwicklung des StPO vom 25.6.2021 (BGBl. I 2099).
[28] BGH 4.11.1959 – 2 StR 421/59, BGHSt 14, 219 betreffend § 153; für § 154a vgl. KG 19.5.1980 – 2 OJs 9/78 (2/79), StV 1981, 13.
[29] BGH 4.11.1959 – 2 StR 421/59, BGHSt 14, 219 (223).
[30] BGH 5.5.1954 – 6 StR 17/54, MDR 1954, 628; Scheuten in KK-StPO Rn. 3, 4; Cirener in BeckOK StPO Rn. 14.
[31] BGH 24.3.2009 – 5 StR 394/08, NStZ 2009, 342, krit. Volkmer NStZ 2009, 371.
[32] BGH 26.7.1951 – 2 StR 251/51, BGHSt 1, 298 (299).

ten gleichgestellt wäre. Die bislang hM mit ihrer Unterscheidung zwischen mittelbaren und unmittelbaren Verletzungen differenziert hingegen wie folgt: Beim Betrug ist nicht der Getäuschte, sondern der Geschädigte Verletzter im Sinne von § 22 Nr. 1.[33] Beim Diebstahl soll hingegen neben dem Eigentümer auch der Gewahrsamsinhaber verletzt sein.[34] Bei Insolvenzdelikten ist jeder aus der Masse nicht voll Befriedigte verletzt.[35] Unbeachtlich ist hierbei die spätere Vollbefriedigung.[36] Nicht verletzt soll der Konkursverwalter bei Straftaten zulasten der Masse sein.[37]

Ist eine **Gesellschaft** geschädigt, kommt es auf die Gesellschaftsform an. Juristischen Personen (ua GmbH, AG, rechtsfähiger Verein, Genossenschaft) ist das Vermögen zugeordnet, so dass die Gesellschaft, nicht aber die Gesellschafter unmittelbar geschädigt sind, was nach hM wie erwähnt für § 22 Nr. 1 nicht ausreichen soll.[38] Anders ist dies bei den Gesellschaftern einer GbR (vgl. nur § 718 Abs. 1 BGB, wonach das Gesellschaftsvermögen den Gesellschaftern gemeinschaftlich zusteht) und eines nicht rechtsfähigen Vereins;[39] Einschränkungen können sich ergeben, wenn der Gesellschafter im Einzelfall nicht haftet und somit nicht unmittelbar geschädigt sein kann.[40] Die Verletzteneigenschaft aller Gesellschafter einer OHG oder aller Komplementäre einer KG ist strittig.[41] 12

bb) Sonderfall Beleidigung. Beleidigungen des Richters **im laufenden Verfahren** führen **nicht** zum Ausschluss, s. o. Der Richter kann daher auch ein diesbezügliches Ordnungsmittel selbst festsetzen. Er ist nur gehindert, in einem späteren Verfahren wegen dieser Beleidigung mitzuwirken. 13

Ist eine Beleidigung oder Bedrohung Verfahrensgegenstand, ist derjenige verletzt, der persönlich getroffen werden sollte und gegen den die Beleidigung unmittelbar gerichtet ist.[42] Wer den Strafantrag gestellt hat (vgl. § 193 Abs. 3 StGB), ist nicht von Belang. **Kollektivbeleidigungen** gegen Richter begründen eine Verletzteneigenschaft nur, wenn einzelne Richter persönlich getroffen werden sollen und die Kundgebung unmittelbar gegen sie gerichtet ist.[43] Wenn aber bei einer Kollektivbeleidigung ein Richter Strafantrag stellt, bringt er damit zum Ausdruck, die Beleidigung auf sich bezogen zu haben, und wird so Verletzter.[44] 14

b) Nr. 2: Ehegatte, Lebenspartner, Vormund, Betreuer. § 22 Nr. 2 betrifft **durch Rechtsakt begründete besondere Näheverhältnisse,** nämlich Ehe, Lebenspartnerschaft, Vormundschaft und Betreuung. Das Näheverhältnis muss zum Beschuldigten oder Verletzten bestehen; dieser Begriff ist mit dem des § 157 identisch.[45] Das **Verlöbnis** ist – anders als bei § 52 – **nicht** umfasst; es besteht aber Einigkeit, dass dies jedenfalls eine Befangenheit iSd § 24 besorgen lässt. 15

---

33 BGH 24.11.1970 – 2 StR 538/70, MDR 1971, 363.

34 RG 17.4.1916 – I 66/16, RGSt 50, 46 (47); Siolek in Löwe/Rosenberg Rn. 16; vgl. auch BGH 26.7.1957 – 4 StR 257/57, BGHSt 10, 401; 17.9.1980 – 2 StR 355/80, BGHSt 29, 319 (323); zw. Scheuten in KK-StPO Rn. 5.

35 RG 7.10.1884 – 2160/84, RGSt 11, 223; 8.6.1900 – 1831/00; Scheuten in KK-StPO Rn. 4.

36 RG 15.1.1891 – 3485/90, RGSt 21, 291.

37 Siolek in Löwe/Rosenberg Rn. 16 mit Verweis auf RG HRR 1938, 636.

38 RG 3.3.1905 – 8/05, RGSt 37, 414 (415); 26.2.1935 – 4 D 76/35, RGSt 69, 127 (128).

39 Vgl. RG 3.3.1905 – 8/05, RGSt 37, 414 (415); 25.4.1912 – I 345/12, RGSt 46, 77 (80); 26.2.1935 – 4 D 76/35, RGSt 69, 127 (128).

40 BGH 18.10.2006 – 2 StR 499/05, BGHSt 51, 100, (110 f.) = NJW 2007, 1760 (1763); 11.7.2006 – 2 StR 499/05, NStZ 2006, 646.

41 Dafür RG 25.4.1912 – I 345/12 RGSt 46, 77 (80); Schmitt in Meyer-Goßner/Schmitt Rn. 7; Siolek in Löwe/Rosenberg Rn. 17; zw. Scheuten in KK-StPO Rn. 6.

42 BVerfG 21.1.1992 – 1 BvR 517/91, NJW 1992, 2471 (2472); für Personen, die in einem Gebäude arbeiten, auf das der Beschuldigte einen Anschlag angekündigt hat, eine unmittelbare Betroffenheit verneinend BGH 10.5.2001 – 1 StR 410/00, NStZ-RR 2002, 66.

43 BVerfG 2.2.1995 – 2 BvR 37/95, NJW 1995, 2912 (2913).

44 BVerfG 21.1.1992 – 1 BvR 517/91, NJW 1992, 2471 (2472).

45 Bockemühl in KMR-StPO Rn. 7; keine analoge Anwendung, wenn die Richterin Ehegattin des Betreuers des Beschuldigten ist: LG München I 13.7.2015 – 20 KLs 124 Js 209119/14, StV 2016, 273; insoweit ist aber Anzeige nach § 30 StPO angebracht.

16 Der Begriff des Ehegatten bestimmt sich wie bei § 52: Die (bestehende oder bestandene) Ehe muss nach deutschem Recht gültig anzuerkennen sein; auf Mängel der Ernstlichkeit bei Eheschließung oder das Vorliegen von Aufhebungsgründen kommt es nicht an. Auch Geschiedene und Partner einer aufgehobenen oder für nichtig erklärten Ehe sind Ehegatten.[46] Keine Ehe im Sinne der Norm sind rein kirchliche Trauungen und Ehen nach islamischem Recht. Der Begriff des Lebenspartners richtet sich nach § 1 LPartG, der des Vormunds nach §§ 1773, 1792 BGB und der des Betreuers nach § 1896 bis § 1908i BGB. Vormund ist hierbei sowohl der vorläufige (§ 1906 BGB) als auch der Gegenvormund (§ 1792 BGB);[47] nicht aber der Pfleger (§§ 1909 f. BGB).

17 **c) Nr. 3: Verwandte und Verschwägerte.** Dieser Ausschlussgrund betrifft Verwandtschaft und Schwägerschaft. Diese muss den Richter mit dem Beschuldigten oder Verletzten verbinden; ist der Richter mit einem anderen Verfahrensbeteiligten verwandt, besteht aber ggf. ein Ablehnungsgrund gem. § 24.[48] Das Bestehen dieser Verhältnisse richtet sich nach den BGB-Vorschriften.

18 Gemäß § 1589 BGB sind Personen, die voneinander in gerader Linie abstammen (Großeltern – Eltern – Kinder – Enkel) und Personen, die von derselben dritten Person abstammen (va Geschwister – Neffen, Nichten), in der Seitenlinie verwandt. Der Grad der Verwandtschaft bestimmt sich nach der Zahl der sie vermittelnden Geburten. Da die Verwandtschaft in der Seitenlinie nur bis zum dritten Grad von § 22 Nr. 3 erfasst wird, sind Cousins und Cousinen nicht betroffen.

19 Zwischen ehelichen und nichtehelichen Kindern unterscheidet das Gesetz seit Aufhebung des § 1589 Abs. 2 BGB aF nicht mehr. Bei Adoption gelten §§ 1755, 1756, 1770, 1772 BGB. Hier sind die unterschiedlichen Rechtsfolgen hinsichtlich der Begründung der Verwandtschaft bei Annahme eines Minderjährigen bzw. eines Volljährigen zu beachten.

20 Verschwägert sind die Verwandten eines Ehegatten mit dem anderen Ehegatten. Schwägerschaft in gerader Linie besteht zwischen dem Ehegatten und den Schwiegereltern (und deren Eltern usw, aufsteigender Linie) sowie mit den Stiefkindern (und deren Kindern usw, absteigender Linie). In der Seitenlinie ist die Schwägerschaft bis zum zweiten Grad von § 22 Nr. 3 umfasst (Geschwister des Ehegatten). Die Schwägerschaft bleibt nach Auflösung der Ehe bestehen. Nach § 11 Abs. 2 LPartG gelten auch die Verwandten eines Lebenspartners mit dem anderen Lebenspartner als verschwägert.

21 **d) Nr. 4: Nichtrichterliche Vortätigkeit.** § 22 Nr. 4 regelt abschließend die zum Ausschluss führende nichtrichterliche Vortätigkeit (Beamter der Staatsanwaltschaft, Polizeibeamter, Anwalt des Verletzten, Verteidiger); zur richterlichen Vortätigkeit vgl. § 23.

22 **aa) Sache.** Ein Richter darf „in der Sache" noch nicht in einer der genannten Funktionen tätig gewesen sein. Das ist weit zu verstehen, um dem Normzweck des § 22 zu genügen: Die „Sache" betrifft **das gesamte Verfahren** vom Beginn der Ermittlungen über die Hauptverhandlung bis zum Wiederaufnahmeverfahren.[49] Für Sachgleichheit kommt es auf Tatmehrheit im Sinne von § 53 StGB oder das Vorliegen mehrerer prozessualer Taten im Sinne von § 264 nicht an. Denn es entscheidet regelmäßig die Einheit der Hauptverhandlung; sie kann auch solche Vorgänge, die bei natürlicher Betrachtung als verschiedene historische Ereignisse erscheinen, zu einer Einheit zusammenfassen.[50] So ist bei verbundenen Sachen das gesamte Verfahren als eine Sache im Sinne der Nr. 4 anzusehen.

46 RG 3.2.1922 – 1473/21, RGSt 56, 427 (428); BGH 27.1.1956 – 2 StR 446/55, BGHSt 9, 37 (38) = NJW 1956, 679 (680) jeweils zu § 52 StPO.

47 RG 7.10.1884 – 2160/84, RGSt 11, 223.

48 BGH 6.3.1974 – 3 StR 129/72, MDR 1974, 547; Schmitt in Meyer-Goßner/Schmitt Rn. 10; Bockemühl in KMR-StPO Rn. 9; Kudlich/Noltensmeier-v. Osten in Satzger/Schluckebier/Widmaier StPO Rn. 12.

49 BGH 4.11.1959 – 2 StR 421/59, BGHSt 14, 219 (223) = NJW 1960, 301; 16.1.1979 – 1 StR 575/78, BGHSt 28, 262 (264) = NJW 1979, 2160; 12.8.2010 – 4 StR 378/10, NStZ 2011, 106.

50 BGH 2.12.2003 – 1 StR 102/03, BGHSt 49, 29 (30) = NJW 2004, 865; 16.1.1979 – 1 StR 575/78, BGHSt 28, 262 (263 ff.) = NJW 1979, 2160; in diesem Sinne eher extensiv: BGH 18.9.2018 – 1 StR 454/18, NStZ 2019, 353.

Verfahrensidentität ist aber keine Voraussetzung für die Sachgleichheit: Der Anschein der Parteilichkeit kann ebenso aufkommen, wenn der Richter materiell in derselben Sache, formell aber in einem anderen Verfahren tätig war; denn dann besteht ein enger und für die zu treffende Entscheidung bedeutsamer Sachzusammenhang.[51] Ein solcher soll aber nicht schon vorliegen, wenn eine Strafe aus einem früheren Verfahren, in dem der Richter als Staatsanwalt mitgewirkt hat, nun nach § 55 StGB in eine Gesamtstrafe einbezogen wird.[52] Zweifelhaft und abzulehnen ist diese Ansicht indes für das Verfahren nach dem JGG, wenn die Bildung einer Einheitsjugendstrafe gem. § 31 JGG im Raum steht. Denn insoweit ist nach dem Prinzip des JGG die zu findende Maßnahme losgelöst von der im einzubeziehenden Urteil gefundenen Rechtsfolge neu zu bestimmen, so dass der Richter in diesem Fall auch über „diese Sache" neu befindet. Letztlich liegt dies auch in der Konsequenz der zutreffenden Ansicht, die auch Einstellungen nach § 154 StPO unter „Sache" iSd Norm subsumiert, sofern diese im anhängigen Verfahren strafschärfende Berücksichtigung finden sollen.[53] 23

bb) Art der Vortätigkeit. Beamte der Staatsanwaltschaft im formellen Sinn sind auch Amtsanwälte und mit Aufgaben dieser Beamten betraute Referendare. Ob zum damaligen Zeitpunkt der Täter noch unbekannt, die Tätigkeit förmlicher oder sachlicher Art, für das Verfahren wesentlich oder unbedeutend war, spielt keine Rolle. Es ist darauf abzustellen, ob der Richter zuvor als Beamter der Staatsanwaltschaft irgendetwas zur Erforschung des Sachverhalts oder zur **Beeinflussung des Ganges des Verfahrens** getan hat.[54] Es genügt jede (noch so unerhebliche) Verfügung, mit welcher der Gang des Verfahrens gefördert werden sollte, beispielsweise auch eine Sachstandsanfrage bei der Polizei und Bestimmung einer Wiedervorlagefrist[55] oder die Gewährung von Akteneinsicht und Bestimmung einer Frist zur Stellungnahme.[56] 24

Für die Vortätigkeit als **Polizeibeamter** kann nichts anderes gelten als für den Staatsanwalt. Es wird indes vertreten, dass dies eigene Ermittlungstätigkeit voraussetze; und sonstige Tätigkeiten für einen Ausschluss nicht genügten (zB bloße Anzeigenerstattung, Bewachung).[57] Auch soll ein Polizeibeamter, der ein wissenschaftliches oder kriminaltechnisches Gutachten erstellt oder erstattet, nicht im Sinne von § 22 Nr. 4 tätig gewesen sein.[58] Dies überzeugt nicht. Die insoweit zitierten Entscheidungen des Reichsgerichts sowie auch frühe Entscheidungen des BGH differenzierten aufgrund des ausgedehnteren Polizeibegriffs in der öffentlichen Verwaltung, der so heute nicht mehr gepflegt wird.[59] Im Sinne der Normenklarheit ist hiernach jeder Polizeibeamte ausgeschlossen, der mit der Sache inhaltlich befasst und irgendetwas zur Erforschung des Sachverhalts oder zur Beeinflussung des Ganges des Verfahrens getan hat. 25

Anwälte des Verletzten sind ausschließlich Rechtsanwälte, nicht aber andere Beistände oder Interessenvertreter. Schon eine Beratung in der Sache genügt; der Verletzte muss nicht formell vertreten worden sein.[60] 26

---

51 BGH 16.1.1979 – 1 StR 575/78, BGHSt 26, 265 = NJW 1979, 2160 mwN.

52 BGH wie Fn. 50; anders aber, wenn die Entscheidung auch Einfluss auf die Strafvollstreckung hat, OLG Stuttgart 8.3.1988 – 3 Ws 55/88, NStZ 1988, 375.

53 Siolek in Löwe/Rosenberg Rn. 26; Cirener in BeckOK StPO Rn. 25.1.

54 BGH 24.3.2006 – 2 StR 271/05, wistra 2006, 310; 12.8.2010 – 4 StR 378/10, NStZ 2011, 106.

55 BGH 3.11.1981 – 1 StR 711/81, StV 1982, 51.

56 BGH 12.8.2010 – 4 StR 378/10, NStZ 2011, 106. Weitere Beispiele bei BGH 8.8.1952 – 1 StR 334/52, NJW 1952, 1149 und bei 7.8.1973 – 1 StR 219/73: Abzeichnen von Verfügungen durch den Behördenleiter, auch wenn es in erster Linie dem Zweck diente, einen Überblick über die Dauer der Erledigung der Geschäfte der Staatsanwaltschaft zu erhalten.

57 Vgl. RG 30.4.1888 – 777/88, RGSt 17, 415 (424); 8.7.1902 – 811/02, RGSt 35, 319; Siolek in Löwe/Rosenberg Rn. 35.

58 BGH 24.6.1958 – 1 StR 267/58, MDR 1958, 785; s. auch anders RG 30.4.1888 – 777/88, RGSt 17, 415 (418).

59 RG 30.4.1888 – 777/88, RGSt 17, 415: Bahnpolizeiliche Betätigung; 8.7.1902 – 811/02, RGSt 35, 319: Überwachung von Nahrungs- und Genussmitteln durch das Gewerbekommissariat, das dem königlichen Polizeipräsidium zu Berlin unterstand; ähnlich wie hier Weßlau/Deiters in SK-StPO Rn. 15.

60 Scheuten in KK-StPO Rn. 13; Schmitt in Meyer-Goßner/Schmitt Rn. 15.

27 **Verteidiger** im Sinne von § 22 Nr. 4 sind Wahlverteidiger und Pflichtverteidiger sowie zu Verteidigern bestellte Rechtskundige, und zwar auch Referendare, die nach § 139 tätig geworden oder gem. § 142 Abs. 2 bestellt worden sind.[61] Die Dauer des Mandatsverhältnisses ist ohne Belang. Blieb es hingegen bei einem Anbahnungsgespräch ohne Mandatserteilung, findet kein gesetzlicher Ausschluss nach § 22 statt, indes wird die Ablehnung nach § 24 regelmäßig begründet sein. War der Richter bei dem Verteidiger, ohne iSd § 139 tätig geworden zu sein, als Referendar tätig und mit der Bearbeitung der Sache in irgendeiner Form in Berührung gekommen, rechtfertigt dies grundsätzlich seinen Ausschluss mangels formaler Verteidigereigenschaft nicht. Regelmäßig werden diese Konstellationen indes Anlass zur Anzeige nach § 30 sein und die Ablehnung nach § 24 rechtfertigen.

28 **e) Nr. 5: Vernehmung als Zeuge oder Sachverständiger.** Der Richter soll nicht in die Zwangslage kommen, seine eigenen als Zeuge oder Sachverständiger gemachten Äußerungen bei der Urteilsfindung würdigen zu müssen. Damit würde er sein im Kern „privates Wissen" zur Urteilsbasis erheben,[62] obwohl niemand in einer Sache gleichzeitig Zeuge und Richter sein kann.[63] Voraussetzung ist, dass er als Zeuge vernommen worden ist.[64] Damit schließt ihn das Gesetz nicht für den Fall aus, dass er unvernommener Tatzeuge ist. Selbiges wird der Richter indes nach § 30 anzuzeigen haben. Seine Ablehnung nach § 24 wird in diesen Fällen regelmäßig aus der Ratio des Gesetzes begründet sein. Denn dieses setzt in § 22 Nr. 5 nicht voraus, dass die frühere Vernehmung des Richters Gegenstand der Hauptverhandlung nach § 261 und damit formal entscheidungserheblich werden kann.

29 Sachidentität hat hier dieselbe Bedeutung wie bei Nr. 4 (siehe oben → Rn. 21). Daher ist ein Richter ausgeschlossen, wenn er in einem anderen Verfahren als Zeuge zu demselben Tatgeschehen vernommen worden ist, das er jetzt abzuurteilen hätte.[65] Dies gilt auch, wenn das Verfahren hinsichtlich dieses Tatgeschehens später gem. § 154 Abs. 2 StPO eingestellt wurde.[66]

30 **Vernehmung** bedeutet die Anhörung durch ein Strafverfolgungsorgan in irgendeinem Verfahrensabschnitt. Ob ein Vernehmungsprotokoll erstellt wurde, ist unerheblich. Mit Sachgleichheit ist hier nicht Verfahrensidentität gemeint,[67] so dass der Ausschluss auch eintritt, wenn der Richter in einem anderen Verfahren als Zeuge zum selben Lebenssachverhalt einvernommen wurde.[68] Für den Ausschluss genügen kann das bloße Erscheinen des als Zeuge geladenen Richters im Hauptverhandlungstermin.[69] Die Möglichkeit oder die Anbahnung einer Vernehmung genügt hingegen nicht,[70] so dass allein die Benennung[71] oder die Ladung[72] nicht zum Ausschluss führt. Es ist den Ablehnungsberechtigten nicht möglich, den Richter durch Benennung als Zeugen auszuschalten. Diesem ist es aber verwehrt, an der Entscheidung über Beweisanträge mitwirken, in denen er als Zeuge benannt

61 Vgl. im Einzelnen §§ 138 f., 142.
62 Schmidt GA 1980, 285 (294); Arzt, Der befangene Strafrichter, 1969, S. 86 ff.
63 BGH 7.12.1954 – 2 StR 402/54, BGHSt 7, 44 (46) = NJW 1955, 152.
64 AG Rudolstadt 14.3.2019 – 260 Js 15751/18 – 2 Cs, StV 2020, 462: bereits, wenn Richter seine Vernehmung für erforderlich achtet, greift § 22 Nr. 5 StPO, eher Mindermeinung; aA OLG Oldenburg 14.5.2020 – 1 Ws 140/20, BeckRS 2020, 11251 Rn. 10 mwN.
65 BGH 29.4.1983 – 2 StR 709/82, BGHSt 31, 358 = NJW 1983, 2711; 22.5.2007 – 5 StR 530/06, NStZ 2007, 711; 22.1.2008 – 4 StR 507/07, StV 2008, 283.
66 BGH 27.9.2005 – 4 StR 413/05, NStZ 2006, 113.
67 BGH 22.5.2007 – 5 StR 530/06, StraFo 2007, 415; Scheuten in KK-StPO Rn. 16.
68 BGH 29.4.1983 – 2 StR 709/82, BGHSt 31, 358; 27.9.2005 – 4 StR 413/05, StV 2006, 4.
69 BGH 7.12.1954 – 2 StR 402/54, BGHSt 7, 44 (46) = NJW 1955, 152. Insofern aber ein eher theoretischer Sonderfall, als dass sich der Vorsitzende selbst als Zeuge geladen und für die Vernehmung einen Vertreter bestellt hatte.
70 BGH 18.11.2008 – 1 StR 541/08, NStZ-RR 2009, 85.
71 BGH 11.2.1958 – 1 StR 6/58, BGHSt 11, 206 = NJW 1958, 557.
72 BGH 4.11.1959 – 2 StR 421/59, BGHSt 14, 219 (220) = NJW 1960, 301; 23.6.1993 – 3 StR 89/93, BGHSt 39, 239 (241) = NJW 1993, 2758.

wird.[73] Allerdings kann dies zweifelhaft sein, wenn der Beweisantrag als unzulässig zu behandeln wäre.[74]

Ob trotz fehlender Vernehmung eine Zeugenaussage vorliegt, richtet sich im Einzelfall stets nach dem mit § 22 Nr. 5 verfolgten Gesetzeszweck.[75] Schriftliche, eine persönliche Zeugenvernehmung ersetzende, auch dienstliche Erklärungen, genügen, wenn sie sachlich erhebliche Umstände betreffen.[76] Hierbei soll ein Unterschied bestehen zwischen Bekundungen zur Schuld- und Straffrage, die außerhalb des anhängigen Prozesses gemacht wurden und Äußerungen, die den Gegenstand des bei ihm anhängigen Verfahrens betreffen und die der Richter im Zusammenhang mit seiner amtlichen Tätigkeit in dieser Sache wahrgenommen hat.[77] 31

Dienstliche Erklärungen führen dann nicht zum Ausschluss, wenn sie nur prozessual erhebliche Umstände berühren.[78] Gleiches soll gelten, wenn mit der dienstlichen Erklärung nur Klarheit geschaffen werden soll, ob der Richter als Zeuge überhaupt in Betracht kommt.[79] Bei dieser Konstellation muss der Richter nicht seine eigene Zeugenaussage würdigen und die vom Gesetzgeber angestrebte kritische Distanz kann gewahrt werden.[80] Schließlich ist eine dienstliche Erklärung auch dann nicht Vernehmung, wenn der als Zeuge benannte Richter angibt, über das Beweisthema nichts zu wissen.[81] 32

Ebenfalls nicht ausgeschlossen soll nach hM der beauftragte Richter sein, dessen Aufzeichnungen über eine kommissarische Zeugenvernehmung verlesen werden. Der Gesetzgeber habe durch die Schaffung des Rechtsinstituts des beauftragten Richters zu erkennen gegeben, dass er gegen diese Form eingeschränkter Distanz keine Bedenken hegt.[82] Dies mag zutreffen, sofern lediglich der Inhalt der Bekundungen des Zeugen vor dem beauftragten Richter Gegenstand der Hauptverhandlung wird. Ihre Grenzen findet diese Betrachtung jedoch, wo subjektive Vernehmungseindrücke des beauftragten Richters zum Gegenstand der Hauptverhandlung gemacht werden sollen.[83] 33

Zu beachten ist im Kontext mit dienstlichen Erklärungen noch, dass Wahrnehmungen über Umstände, welche die Schuldfrage betreffen, nicht durch dienstliche Erklärung in die Hauptverhandlung eingeführt werden dürfen;[84] ein Verstoß kann die Rüge nach § 261 begründen.[85] 34

Findet eine Vernehmung statt, ist es **unerheblich,** ob der Aussage des richterlichen Zeugen **Bedeutung** zukommt. Es bedarf auch keiner förmlichen Protokollierung[86] oder 35

---

73 BGH 11.2.1958 – 1 StR 6/58, BGHSt 11, 206 = NJW 1958, 537; 23.6.1993 – 3 StR 89/93, BGHSt 39, 239 = NJW 1993, 2793.

74 S. hierzu BGH 23.6.1993 – 3 StR 89/93, BGHSt 39, 239, dort allerdings fragliches obiter dictum zur Unzulässigkeit des Beweisantrags trotz potentiell die Schuldfrage betreffender Wahrnehmungen des Richters außerhalb der Hauptverhandlung, die er in Dienstlicher Erklärung niederlegte; s. auch Anm. Bottke NStZ 1994, 81 sowie Bockemühl in KMR-StPO Rn. 16.

75 BGH 9.12.1999 – 5 StR 312/99, BGHSt 45, 354 (356) = NJW 2000, 1204 (1205).

76 BGH 28.1.1998 – 3 StR 575/96, BGHSt 44, 4 (9) = NJW 1998, 1234; s. auch Weßlau/Deiters in SK-StPO Rn. 21.

77 Beispiel, weshalb dieser Unterschied zur Vermeidung der „Provokation" von Ausschlussgründen gemacht wird, bei BGH 23.6.1993 – 3 StR 89/93, BGHSt 39, 239 = NJW 1993, 2758.

78 Frühere Urteilsgründe eines Richters, die sich auf den nunmehr von ihm zu beurteilenden Verfahrensgegenstand beziehen, sind Dienstlichen Erklärungen bzw. Zeugenbekundungen iSd § 22 Nr. 5 StPO nicht gleichgestellt, da der richterlichen Unterschrift lediglich die Beurkundung der Übereinstimmung der Urteilsgründe mit dem Beratungsergebnis zu entnehmen ist, OLG Oldenburg 14.5.2020 – 1 Ws 140/20.

79 BGH 9.12.1999 – 5 StR 312/99, BGHSt 45, 354 (361) = NJW 2000, 1204 (1205).

80 BGH 22.3.2002 – 4 StR 485/01, BGHSt 47, 270 (273) = NJW 2002, 2401 (2402 f.).

81 BGH 24.5.1955 – 2 StR 6/55, NJW 1955, 1239.

82 BGH 9.12.1999 – 5 StR 312/99, BGHSt 45, 354 (356) = NJW 2000, 1204.

83 Deiters in SK-StPO § 223 Rn. 31 f.; s. auch Keller in AK-StPO § 223 Rn. 17: Umgehung des § 22 Nr. 5 StPO; zur Frage der Zulässigkeit einer solchen Einführung generell auch Goeckenjan/Eisenberg JR 2001, 123.

84 BGH 9.12.1999 – 5 StR 312/99 BGHSt 45, 354 (355 f.).

85 BGH 28.1.1998 – 3 StR 575/96, BGHSt 44, 4 (13).

86 BGH 4.11.1997 – 5 StR 423/97, NStZ 1998, 93.

der Bezeichnung der Vernehmung als solche.[87] Schließlich ist auch ausreichend, dass der Richter nur Angaben vom Hörensagen macht.[88] Ob dem Richter oder anderen Verfahrensbeteiligten die Stellung als Aussageperson bekannt war, ist gleichgültig. Ein Richter wird daher auch dann „als Zeuge vernommen", wenn er zwar in der formellen Funktion eines Richters, in der Sache, aber als Zeuge privates Wissen, das er außerhalb des Verfahrens gewonnen hat, in der Hauptverhandlung (oder, was ebenso unzulässig ist: in der Beratung) kundgibt.[89]

36 **4. Eintritt und Folge des Ausschlusses. a) Eintritt kraft Gesetzes.** Der Ausschluss tritt **kraft Gesetzes** ein; es bedarf weder eines Antrags oder einer – jederzeit möglichen – Anregung noch eines Gerichtsbeschlusses. Auch ein Verzicht der Verfahrensbeteiligten auf den Ausschluss ist nicht möglich. Mit Entstehung des Ausschlussgrundes darf der Richter **keine richterliche Tätigkeit**[90] in der Sache mehr ausführen; davor liegende Tätigkeiten, wie dies etwa bei § 22 Nr. 5 denkbar ist, sind vom Ausschluss nicht betroffen. Der Ausschluss bezieht sich auf den gesamten Verfahrensgegenstand und wirkt bei Verbindung für alle Sachen.[91] § 29 gilt nur für die Ablehnung, so dass auch unaufschiebbare Amtsgeschäfte erfasst sind. Auf die Kenntnis des Richters kommt es nicht an,[92] mithin kann auch ein entsprechender Irrtum das Mitwirken des gesetzlich ausgeschlossenen Richters nicht verfahrensrechtlich exkulpieren.[93]

37 **b) Folge.** Die Mitwirkung eines ausgeschlossenen Richters führt nicht zur Unwirksamkeit, sondern nur zur **Anfechtbarkeit** seiner Amtshandlungen durch Rechtsmittel, vor allem durch die Revision nach § 338 Nr. 2. Eine nicht angefochtene Entscheidung, an der ein ausgeschlossener Richter mitgewirkt hat, erwächst daher nach Verstreichen der Frist in Rechtskraft.

38 Die Ansicht, dass ein **Eröffnungsbeschluss** bei Ausschluss eines an ihm mitwirkenden Richters unwirksam ist, hat der BGH aufgegeben.[94] Damit führt ein solcher Eröffnungsbeschluss nicht – wie beim gänzlichen Fehlen oder bei schwerwiegenden Mängeln – zur Einstellung des Verfahrens.

39 Bei einem während der **Hauptverhandlung** entstehenden Ausschlussgrund ist diese zu wiederholen. Die Hauptverhandlung kann nur fortgesetzt werden, wenn gemäß § 192 GVG ein Ergänzungsrichter zugezogen war und alsbald nach Entstehen des Ausschlussgrundes eingetreten ist. Bei von Anfang an bestehenden Ausschlussgründen ist dieses Vorgehen jedoch nicht möglich, da der Ergänzungsrichter bei Beratungen und Abstimmungen ausgeschlossen war.[95] Der ausgeschlossene Richter hat dann durch seine Beteiligung an Zwischenentscheidungen das Verfahren beeinflusst. Um eine Anfechtbarkeit des Urteils zu verhindern, muss der ordnungsgemäß besetzte Spruchkörper diese Entscheidungen wiederholen beziehungsweise ändern.

40 Beschlüsse bleiben ebenfalls **wirksam.** Bei Anfechtung sind sie aufzuheben und trotz § 309 Abs. 2 ausnahmsweise an die untere Instanz zurückzuverweisen.[96] Bei einer Gegenvorstellung auf einen rechtskräftigen Beschwerdebeschluss hält das OLG Düsseldorf die Zurücknahme des Beschlusses für zulässig, da ein Bestehenbleiben dieser Entscheidung

---

87 BGH 9.12.1999 – 5 StR 312/99 BGHSt 45, 354 (355).

88 BGH 4.11.1997 – 5 StR 423/97, NStZ 1998, 93.

89 Scheuten in KK-StPO Rn. 16.

90 Das gilt auch für richterliche Handlungen, welche die Hauptverhandlung vorbereiten. Beispiele bei BGH 3.3.1982 – 2 StR 32/82, BGHSt 31, 3 (5) = NJW 1982, 1655 (Befreiung eines Schöffen von seinem Amt) und BVerfG 20.3.1956 – 1 BvR 479/55, BVerfGE 4, 412 = NJW 1956, 545 (unzulässige Einflussnahme auf die Terminanberaumung).

91 BGH 7.11.1978 – 5 StR 314/78, BeckRS 1978, 108272 Rn. 9.

92 RG 8.6.1900 – 1831/00, RGSt 33, 309 f.

93 BVerfG 27.1.1971 – 2 BvR 507/69, BVerfGE 30, 165, 167.

94 BGH 16.10.1980 – 3 StB 29, 30 u. 31/80, BGHSt 29, 351 (355) = NJW 1981, 133; 30.5.1985 – 4 StR 187/85, NStZ 1985, 464.

95 Scheuten in KK-StPO Rn. 23.

96 Schmitt in Meyer-Goßner/Schmitt Rn. 21.

ein grobes prozessuales Unrecht darstellte; die Hinnahme einer unter Verletzung von Art. 101 Abs. 1 S. 2 GG zustande gekommenen Entscheidung sei schlechthin unerträglich.[97]

Auch ein **Haftbefehl** muss mit Haftprüfung oder Haftbeschwerde angegriffen werden. 41

Existiert ein von einem ausgeschlossenen Richter aufgenommenes Vernehmungsproto- 41a
koll, darf dieses nicht als richterliches Protokoll verwertet werden.[98] In Betracht kommt allenfalls eine Verlesung als nichtrichterliches Vernehmungsprotokoll.[99]

5. Revision. Die Mitwirkung eines ausgeschlossenen Richters ist ein **absoluter Revi-** 42
sionsgrund, § 338 Nr. 2; auf ein Beruhen kommt es daher nicht an (vgl. zu den Einzelheiten § 338). Eine vorherige Ablehnung des Richters nach § 24 ist für das Revisionsvorbringen nicht nötig. Der Revisionsführer muss die Tatsachen anführen, die den Ausschluss begründen, und den gesetzlich Ausgeschlossenen namentlich bezeichnen.[100]

Ist in der Instanz unzutreffend ein in Wahrheit nicht vorliegender Ausschlussgrund 43
angenommen worden, ist § 338 Nr. 1 Hs. 1 nur verletzt, wenn der Gesetzesverstoß klar zutage liegt oder die zum Ausschluss führende Annahme willkürlich ist.[101]

Wird mit der Revision die Mitwirkung eines Staatsanwalts gerügt, bei dem Gründe 44
nach § 22 vorliegen, ist § 338 nicht einschlägig. Möglich ist nur ein relativer Revisionsgrund nach § 337, so dass das Urteil auf der Mitwirkung des Staatsanwalts beruhen muss (siehe oben → Rn. 7).[102]

§ 23 Ausschließung eines Richters wegen Mitwirkung an der angefochtenen Entscheidung

(1) Ein Richter, der bei einer durch ein Rechtsmittel angefochtenen Entscheidung mitgewirkt hat, ist von der Mitwirkung bei der Entscheidung in einem höheren Rechtszuge kraft Gesetzes ausgeschlossen.

(2) [1]Ein Richter, der bei einer durch einen Antrag auf Wiederaufnahme des Verfahrens angefochtenen Entscheidung mitgewirkt hat, ist von der Mitwirkung bei Entscheidungen im Wiederaufnahmeverfahren kraft Gesetzes ausgeschlossen. [2]Ist die angefochtene Entscheidung in einem höheren Rechtszug ergangen, so ist auch der Richter ausgeschlossen, der an der ihr zugrunde liegenden Entscheidung in einem unteren Rechtszug mitgewirkt hat. [3]Die Sätze 1 und 2 gelten entsprechend für die Mitwirkung bei Entscheidungen zur Vorbereitung eines Wiederaufnahmeverfahrens.

Schrifttum: Arzt, Ausschließung und Ablehnung des Richters im Wiederaufnahmeverfahren, NJW 1971, 1112; Brandt-Janczyk, Richterliche Befangenheit durch Vorbefassung im Wiederaufnahmeverfahren, 1978; Dierlamm, Ausschließung und Ablehnung von Tatrichtern, 1994; Hanack, Anmerkung zu BGH, Urteil v. 9.9.1966 – 4 StR 261/66, NJW 1967, 580; Hanack, Die Rechtsprechung des Bundesgerichtshofs zum Strafverfahrensrecht, JZ 1973, 777; Roxin/Schünemann, Strafverfahrensrecht, 29. Aufl. 2017; Seibert, Das andere Gericht (§ 354 Abs. 2 StPO), NJW 1968, 1317; Sieg, Befangenheit nach Zurückweisung, Anmerkung zu Beschluss LG Verden v. 20.3.1975 – 7 Ns 42/74, MDR 1976, 72; Schünemann, Der Richter im Strafverfahren als manipulierter Dritter?, StV 2000, 159; Schünemann, Zur Reform der Hauptverhandlung im Strafprozeß, GA 1978, 161; Sieg, Richterausschluß im Wiederaufnahmeverfahren, NJW 1984, 1519; Traut/Nickolaus, Ist es (wieder) Zeit für eine Trennung zwischen Eröffnungs- und Tatsachenrichter? StraFo 2012, 51; Wohlers,

---

97 OLG Düsseldorf 25.1.1982 – 2 Ws 48/82, MDR 1982, 518; aA Schmitt in Meyer-Goßner/Schmitt Rn. 21.

98 RG 4.5.1897 – 1392/97, RGSt 30, 70 (71); Sander/Cirener in Löwe/Rosenberg § 251 Rn. 45.

99 Sander/Cirener in Löwe/Rosenberg § 251 Rn. 3, 9, 44.

100 BGH 12.12.1961 – 3 StR 35/61, NJW 1962, 500.

101 BGH 22.11.1957 – 4 StR 497/57, BGHSt 11, 110; 13.2.1959 – 4 StR 446/58, BGHSt 12, 402 = NJW 1959, 1093.

102 BGH 3.5.1960 – 1 StR 155/60, BGHSt 14, 265 = NJW 1960, 1358; BGH 25.9.1979 – 1 StR 702/78, NJW 1980, 845; 1.12.1982 – 2 StR 210/82, NStZ 1983, 135; bei Miebach NStZ 1990, 24 – RsprÜ.

Vorbefassung durch Erlass des Eröffnungsbeschlusses, in Heinrich/Jäger/Schünemann (Hrsg.), Festschrift für Claus Roxin zum 80. Geburtstag am 15. Mai 2011, 1313.

Übersicht

1 **1. Ausnahmecharakter nach hM.** § 23 regelt zwei Fälle, in denen die richterliche Vorbefassung zum Ausschluss führt (zur nichtrichterlichen Vorbefassung siehe § 22 Nr. 4): Ein Richter darf **nicht** über ein Rechtsmittel **gegen seine eigene Erkenntnis** entscheiden (§ 23 Abs. 1), und nicht im Wiederaufnahmeverfahren sowie im Verfahren zu dessen Vorbereitung bei der Entscheidung mitwirken, wenn er an der ursprünglichen Entscheidung **beteiligt** war (§ 23 Abs. 2). Einen weiteren Fall enthält § 148a Abs. 2 für den mit Überwachungsmaßnahmen betrauten Richter (siehe dort). Keinen Ausschluss regelt § 74a Abs. 4 GVG; die Norm ist bloße Zuständigkeitsvorschrift und enthält keine Aussage zu den Folgen, wenn der anordnende Richter doch mit der Hauptsache befasst wird.

2 Die Vorschrift des § 23 zielt dabei nicht unmittelbar auf die richterliche Unparteilichkeit selbst ab, sondern auf das schutzwürdige **Vertrauen des Betroffenen** in diese Unparteilichkeit.[1]

3 § 23 gilt als **abschließend** und wird von der hM als **Ausnahmeregelung** verstanden.[2] Hiernach begründet es im Grundsatz keine Befangenheit, wenn ein mit der Sache bereits vorbefasster Richter erneut zur Entscheidung berufen ist.[3] Tatsächlich ist es im Gesetz angelegt, dass ein Richter in verschiedenen Verfahrensstadien Feststellungen über denselben Lebenssachverhalt zu treffen und dieselben Beweismittel zu beurteilen hat.[4] Bereits die Identität des das Hauptverfahren eröffnenden und in der Sache erkennenden Richters ist in der StPO angelegt.[5] Dementsprechend wird der Ausnahmecharakter der Norm betont und postuliert, sie sei eng auszulegen[6] und analoger Anwendung nicht zugänglich.[7]

4 Nach alledem ist daher auch **nicht** derjenige Richter **ausgeschlossen,** der schon bei dem vom **Revisionsgericht** unter Zurückverweisung nach § 354 Abs. 2 aufgehobenen Urteil **mitgewirkt** hat und der nun – etwa nach einem Wechsel in eine andere Kammer – erneut zuständig wird. Das ist verfassungsgemäß,[8] wird aber zumindest rechtspolitisch mit guten Gründen heftig kritisiert.[9] Zum einen sei die Situation mit der Regelung des § 23 Abs. 2 vergleichbar. Zum anderen liegt es – trotz des Leitbilds des distanzierten, unparteilichen Richters – auf der Hand,

[1] Hahn Materialien III/1, S. 89; Dierlamm, Ausschließung und Ablehnung von Tatrichtern, 1994, S. 66; Wassermann in AK-StPO vor § 22 Rn. 1.

[2] BVerfG 26.11.2014 – 2 BvR 713/12 (Nichtannahmebeschluss).

[3] BGH 4.6.1956 – 2 StR 22/56, BGHSt 9, 233; Kudlich/Noltensmeier-v. Osten in Satzger/Schluckebier/Widmaier StPO Rn. 2; BGH 14.10.2015 – 5 StR 273/15; NStZ-RR 2016, 17.

[4] Scheuten in KK-StPO Rn. 1.

[5] Allerdings uneingeschränkt erst nach der Emmingerschen Reform der StPO 1924. Zuvor war der Berichterstatter in dem Verfahren über die Zulassung der Anklage von der Teilnahme an der Hauptverhandlung gesetzlich ausgeschlossen; zur Kritik am status quo und rechtsvergleichend Traut/Nickolaus StraFo 2012, 51 (52); die Vereinbarkeit mit der EMRK bezweifelnd Wohlers FS Roxin, 2011, 1313; krit. auch Weßlau/Deiters in SK-StPO Rn. 1.

[6] BVerfG 26.1.1971 – 2 BvR 443/69, BVerfGE 30, 149 (155) = NJW 1971, 1029 (1030) (vgl. aber die insoweit einschränkende abweichende Meinung dreier Verfassungsrichter); BGH 28.1.1998 – 3 StR 575/96, BGHSt 44, 4 (7) = NJW 1998, 1234 (1235).

[7] BGH 17.3.2003 – AnwSt R 3/02, NStZ-RR 2004, 18; keine entsprechende Anwendung des § 23 StPO bei einer Vorbefassung einer Verfassungsrichterin an einem mit der Popularklage angegriffenen Gesetz, in welcher sie als Referatsleiterin am Entwurf des angegriffenen Gesetzes mitgewirkt hat, jedoch rechtfertigt ein solcher Sachverhalt die Annahme der Besorgnis der Befangenheit, VerfGH Bayern 13.8.2018 – Vf. 2-VII-17, BeckRS 2018, 18273 Rn. 9.

[8] BVerfG 26.1.1971 – 2 BvR 443/69, BVerfGE 30, 149 (155) = NJW 1971, 1029.

[9] Hanack NJW 1967, 580; Hanack JZ 1973, 779; Seibert NJW 1968, 1318; Sieg MDR 1976, 72; Roxin/Schünemann, Strafverfahrensrecht, 29. Aufl. 2017, Kap. 1 § 8 Rn. 10.

an der Unvoreingenommenheit eines Richters zu zweifeln, der den Angeklagten rechtsfehlerhaft verurteilt hat und nun wieder entscheiden soll. Andererseits würde eine Überdehnung des Wortlauts durch Analogien in Konflikt mit Art. 101 GG zu geraten drohen, der die eindeutige Regelung des gesetzlichen Richters verlangt. Nach der Rechtsprechung muss daher der neue Spruchkörper noch nicht einmal überwiegend mit anderen Richtern besetzt sein[10] und auch eine erneute Mitwirkung als Berichterstatter soll nicht ausscheiden.[11]

Dies wäre zu verschmerzen, wenn dem Betroffenen in diesem Fall ein Ablehnungsrecht zugestanden werden würde. Die Rechtsprechung nimmt aber auch dieses nur in Ausnahmefällen und keinesfalls allein aufgrund des Umstandes einer Vorbefassung an. Es herrscht die empirisch und psychologisch zweifelhafte Auffassung,[12] nach der ein Richter grundsätzlich auch dann unvoreingenommen an die Beurteilung einer Sache herantritt, wenn er schon früher über denselben Sachverhalt geurteilt hat.[13] Es wird, gleichsam im Umkehrschluss aus § 23, in anderen Konstellationen der Vorbefassung verfehlt eine **quasigesetzliche vermutete Unbefangenheit des Vorbefassten** normativ gefolgert, welche die Ablehnung nach § 24 sperren würde. Hier – und nicht am Wortlaut oder in Analogiebemühungen des § 23 – hat die Kritik anzusetzen (näher dazu → Vor 22 Rn. 6 ff. sowie unter → § 24 Rn. 52 ff.).[14] Die in Rede stehenden Konstellationen können zudem vermieden werden, indem im Geschäftsverteilungsplan die Zuständigkeit des so vorbefassten Richters aufgehoben wird. Diesbezügliche Versäumnisse können die **Revision** nach § 338 Nr. 1 begründen, was indes einen rechtzeitig erhobenen **Besetzungseinwand** voraussetzt.[15] So ist auch ein Geschäftsverteilungsplan als Umgehung des § 354 Abs. 2 unzulässig, der sämtliche vom Revisionsgericht aufgehobenen Sachen eines Richters demselben Richter zur erneuten Entscheidung zuweist.[16] Die Vorbehalte der hM gegen die Annahme einer Befangenheit, derartigen Konstellationen dürften zudem durch die Entscheidung des EGMR Meng ./. Deutschland vom 16.2.2021 überholt sein. 5

Wie schon im Rahmen des § 22 kommt es auf eine tatsächliche Voreingenommenheit nicht an. In den beiden Fällen des § 23 gilt die unwiderlegliche Vermutung, dass Zweifel an der Unparteilichkeit des Richters bestehen. Der Ausschluss erfolgt **kraft Gesetzes;** zum Eintritt und zu den Folgen der Mitwirkung eines ausgeschlossenen Richters siehe oben → § 22 Rn. 1 ff. Im Unterschied zu § 22 erfasst die Norm keine Protokollführer (siehe dazu § 31). 6

2. Rechtsmittelentscheidungen. Ein Richter ist nach Abs. 1 ausgeschlossen, wenn er über ein Rechtsmittel entscheiden müsste, das sich gegen eine Entscheidung richtet, bei der er mitgewirkt hat. Rechtsmittel sind (vgl. bei → § 296 Rn. 1 ff.) nur **Beschwerde, Berufung** und **Revision.** Damit erfasst § 23 Abs. 1 ebenso wenig Anträge auf Wiedereinsetzung (§ 44), auf Haftprüfung (§ 117 Abs. 1) wie den Einspruch gegen den Strafbefehl (§ 410) und andere Rechtsbehelfe. 7

Mitgewirkt hat ein Richter, wenn er in seiner richterlichen Funktion an der Urteilsfindung, dh an den tatsächlichen Feststellungen und den rechtlichen Folgerungen, **unmittelbar beteiligt** war, wenn er also **das Urteil mit zu verantworten hat.**[17] Reine Vorberei- 8

---

10 OLG Hamm GA 1971, 185; OLG Saarbrücken 2.10.1969 – Ss 22/67, MDR 1970, 347.

11 Schmitt in Meyer-Goßner/Schmitt § 354 Rn. 39.

12 Brandt-Janczyk, Richterliche Befangenheit, S. 138 ff. sowie 195 ff.; s. auch Schünemann StV 2000, 159 zum Perseveranz- bzw. Inertiaeffekt; Schünemann GA 1978, 161 (172); vgl. auch Weßlau/Deiters in SK-StPO Rn. 1.

13 BGH 27.8.1991 – 1 StR 438/91, NStZ 1991, 595; 19.5.1994 – 1 StR 132/94, NStZ 1994, 447; BGH 7.8.2012 – 1 StR 212/12, NStZ-RR 2012, 350.

14 Vgl. auch Weßlau/Deiters in SK-StPO Rn. 3.

15 BGH 28.11.2012 – 5 StR 416/12, NStZ 2013, 542 f.

16 OLG Hamm 11.11.2004 – 4 Ss 476/04, NStZ-RR 2005, 212.

17 BVerfG 26.1.1971 – 2 BvR 443/69, BVerfGE 30, 149 (156) = NJW 1971, 1029 (1030); 27.1.1971 – 2 BvR 507/69, BVerfGE 30, 165 (168) = NJW 1971, 1033; vgl. aber die abweichende Meinung dreier Verfassungsrichter, die eine weitere Auslegung und – aufgrund der gewandelten Stellung des Beschuldigten im Strafverfahren eine Abkehr vom RG fordern: „Es kann nicht mehr einfach auf die früher herrschende Auffassung verwiesen werden, nach der ein Richter, der an einer früheren Entscheidung mitgewirkt (Anm.: gemeint ist: mittelbar mitgewirkt) hat, „selbstverständlich" in der Lage ist, sich aufgrund des in dem neuen Verfahren vorgetragenen Beweisstoffes unbefangen ein neues Urteil, zu bilden." (NJW 1971, 1031, 1032).

tungshandlungen genügen nicht.[18] Nicht beteiligt in diesem Sinne ist nach hM auch der nicht eingetretene Ergänzungsrichter (vgl. § 192 GVG), und zwar selbst dann nicht, wenn er unzulässigerweise an der Beratung teilgenommen hat.[19] Ferner ist nicht beteiligt ein Revisionsrichter, der zwar an einer Entscheidung im angegriffenen Urteil mitgewirkt hat, diese konkrete Entscheidung jedoch nicht Gegenstand des Revisionsvorbringens ist und daher auch nicht überprüft wird.[20] Teilweise wird aber der Ausschluss eines mittelbar beteiligten Richters gefordert.[21] Das soll zB für den Richter gelten, der am Amtsgericht das Urteil gefällt hat und der jetzt über die Revision gegen das Berufungsurteil entscheiden muss, oder für den Richter, der an einem früheren Berufungsurteil mitgewirkt hatte und nun an der Revisionsentscheidung gegen ein erneutes Berufungsurteil in derselben Sache beteiligt wäre.[22]

9 Für den **Ausschluss** nach § 23 Abs. 1 muss es in der höheren Instanz gerade um die Überprüfung der angefochtenen unterinstanzlichen Entscheidung des betroffenen Richters gehen. Daher ist der Haftrichter im Verfahren nach §§ 121, 122 nicht ausgeschlossen, da diese Entscheidung nicht auf ein Rechtsmittel hin ergeht.[23] Nicht ausgeschlossen bei der Entscheidung über Berufung oder Revision gegen das Urteil ist mangels Identität der Entscheidungen ferner der Richter, der an der Haftentscheidung mitgewirkt hat;[24] an dem Beschluss über die Haftbeschwerde soll er hingegen nicht mitwirken können, da es dann um seine ursprüngliche Entscheidung ginge.[25] Weitere Einzelfälle, bei denen die Rechtsprechung keinen Ausschluss angenommen hat, sind:

– Der nur bei der ausgesetzten Hauptverhandlung mitwirkende Richter.[26]
– Der Ermittlungsrichter (vgl. §§ 162, 169).[27]
– Der an der Eröffnungsentscheidung[28] ebenso wie der an der Beschwerdeentscheidung gegen die Nichteröffnung des Hauptverfahrens[29] mitwirkende Richter.
– Der Richter, der Mitglied des Berufungsgerichts in einem zwischen Angeklagtem und Verletztem geführten Zivilrechtsstreit war.[30]
– Der Richter, der am Amtsgericht geurteilt hat, bei der nach § 27 zu treffenden Entscheidung über den Ablehnungsantrag gegen einen Berufungsrichter.[31]
– Der im anwaltsgerichtlichen Verfahren[32] oder als Revisionsrichter im berufsgerichtlichen Verfahren[33] tätige Richter.

10 **3. Wiederaufnahmeverfahren.** § 23 Abs. 2 **schließt** im Wiederaufnahmeverfahren über die Regelung des § 140a GVG, wonach im Wiederaufnahmeverfahren ein anderes Gericht zuständig ist, auch den **vormals erkennenden Richters persönlich aus.** Dies gilt bereits, wenn er an der Entscheidung mitgewirkt hat, welche ihrerseits der angefochtenen

[18] ZB die Terminierung, Beweiserhebungen nach § 202 (dazu BGH 4.6.1956 – 2 StR 22/56, BGHSt 9, 233 = NJW 1956, 1246) oder Erteilung des sicheren Geleits nach § 295 Abs. 1, vgl. RG 23.2.1925 – II 24/25, RGSt 59, 100 (102).
[19] BVerfG 26.1.1971 – 2 BvR 443/69, BVerfGE 30, 149 (157) = NJW 1971, 1029 (1030); Kudlich/Noltensmeier-v. Osten in Satzger/Schluckebier/Widmaier StPO Rn. 4.
[20] OLG Zweibrücken 9.4.2019 – 1 OLG 2 Ss 56/18, NStZ 2019, 486.
[21] Schmitt in Meyer-Goßner/Schmitt Rn. 5.
[22] Schmitt in Meyer-Goßner/Schmitt Rn. 5 mit Verweis auf KG, JW 1928, 1949 L; OLG Schleswig, SchlHA 1958, 318.
[23] BGH 31.10.1989 – 3 StR 381/89, NStZ 1990, 96; OLG Bremen 31.10.1989 – 3 StR 381/89, NStZ 1990, 96 (97).
[24] BGH 29.1.1968 – 2 StR 519/67, Dallinger MDR 1972, 385/387 – RsprÜ.
[25] Siolek in Löwe/Rosenberg Rn. 8.
[26] BGH 5.2.1976 – 4 StR 389/75, n.v.; Schmitt in Meyer-Goßner/Schmitt Rn. 5.
[27] BGH 4.6.1956 – 2 StR 22/56 BGHSt 9, 233 (235) = NJW 1956, 1246; 29.1.1968 – 2 StR 519/67, Dallinger MDR 1972, 385/387 – RsprÜ.
[28] BVerfG 26.1.1971 – 2 BvR 443/69 BVerfGE 30, 149 (156) = NJW 1971, 1029 (1030).
[29] RG 7.10.1981 – 2 StR 331/81 = Pfeiffer JW 1933, 444.
[30] BGH 7.10.1981 – 2 StR 331/81 = Pfeiffer NStZ 1983, 208.
[31] RG 7.10.1981 – 2 StR 331/81 = Pfeiffer DRiZ 1927, 326.
[32] BGH 6.2.1961 – AnwSt (R) 3/60, BGHSt 15, 372 f. = NJW 1961, 931.
[33] BGH 17.3.2003 – AnwSt R 3/02, NStZ-RR 2004, 18.

Entscheidung im Instanzenzug zugrunde lag (Satz 2). Der Ausschluss gilt nicht nur für das neue Erkenntnisverfahren, sondern für alle im Rahmen des Wiederaufnahmeverfahrens zu treffenden Entscheidungen,[34] auch solcher die zur Vorbereitung dienen, wie die Pflichtverteidigerbestellung nach § 364b (Satz 3).

Wie schon im Rahmen von § 23 Abs. 1 muss der Richter die angefochtene Entscheidung **richterlich mit zu verantworten haben** (→ Rn. 8). Daran fehlt es beim eröffnenden Richter, der an dem Urteil nicht mitgewirkt hat,[35] und beim Ergänzungsrichter (bei § 23 Abs. 1, → Rn. 8). Ein Richter, dessen Urteil vom Revisionsgericht aufgehoben worden ist und der nur in der Weise mittelbar beteiligt war, dass er die tatsächlichen Feststellungen getroffen hat, die dem späteren Schuldspruch durch das Revisionsgericht zugrunde gelegen haben, ist dagegen ausgeschlossen.[36] Indes soll bei einer Aufhebung des Strafausspruchs in der Revision derjenige Richter, der nach Zurückverweisung am Straffolgenausspruch mitwirkt, nicht ausgeschlossen sein, da ihm der (schon zuvor rechtskräftig gewordene) Schuldspruch nicht zugerechnet werden könne.[37] Dies ist abzulehnen, da die Norm die Mitwirkung an einer Entscheidung zum Gradmesser macht und § 23 Abs. 2 S. 2 auch den Richter ausschließt, der in einem unteren Rechtszug ebenfalls nicht an der angefochtenen Entscheidung des höheren Rechtszuges mitgewirkt hat. Auf „Zurechnungen" der angefochtenen Entscheidungsgründe kann es daher nicht ankommen, sondern allein auf Sachbefassung, die in eine Entscheidung iSd Norm mündet.[38] An einer solchen Mitwirkung fehlt es bei Einstellungsbeschlüssen gemäß §§ 153 Abs. 2 S. 1, 153a Abs. 2 S. 1, 153b Abs. 2, 153e Abs. 2, 154 Abs. 2, 145b Abs. 4, 383 Abs. 2.[39] 11

Mitgewirkt hat auch der **Revisionsrichter,** da er das angefochtene Urteil, das er bestätigt, mit zu verantworten hat; auf ihn trifft deshalb nach Wortlaut und Wortsinn der Ausschlusstatbestand des § 23 Abs. 2 zu; das gilt auch bei der Beschlussverwerfung der Revision nach § 349 Abs. 2,[40] nicht aber bei Verwerfung der Revision als unzulässig oder bei Aufhebung des Urteils.[41] 12

Das Wiederaufnahmeverfahren ist mit der Anordnung der Wiederaufnahme durch das Landgericht nach § 370 Abs. 2 abgeschlossen. Daher sind nach der Wiederaufnahme diejenigen Revisionsrichter, die schon die frühere Revision gegen das durch die Wiederaufnahme angefochtene Urteil verworfen hatten, nicht ausgeschlossen.[42] 13

4. Revision. Wirkt ein nach § 23 ausgeschlossener Richter mit, liegt ein **absoluter Revisionsgrund** (§ 338 Nr. 2) vor; auf ein Beruhen des Fehlers kommt es nicht an (vgl. zu den Einzelheiten bei → § 22 Rn. 1 ff. und bei → § 338 Rn. 1 ff.). 14

§ 24 Ablehnung eines Richters; Besorgnis der Befangenheit

(1) Ein Richter kann sowohl in den Fällen, in denen er von der Ausübung des Richteramtes kraft Gesetzes ausgeschlossen ist, als auch wegen Besorgnis der Befangenheit abgelehnt werden.

---

34 Auch für solche nach §§ 360 Abs. 2, 368, 370, vgl. OLG Saarbrücken 15.9.1965 – Ws 148/65, NJW 1966, 167.

35 BVerfG 26.1.1971 – 2 BvR 443/69, BVerfGE 30, 149 (157) = NJW 1971, 1029 f.

36 OLG Koblenz 12.2.1996 – 1 Ws 71/96, NStZ-RR 1997, 111.

37 OLG Nürnberg 30.6.1998 – Ws 667/98, NStZ-RR 1999, 305; Siolek in Löwe/Rosenberg Rn. 23; aA Schmitt in Meyer-Goßner/Schmitt Rn. 6.

38 Für Ablehnungsmöglichkeit jedenfalls gem. § 24 Weßlau/Deiters in SK-StPO Rn. 12.

39 Bockemühl in KMR-StPO Rn. 9.

40 BVerfG 12.1.1983 – 2 BvR 964/82, BVerfGE 63, 77 (80) = NJW 1983, 1900.

41 Arzt NJW 1971, 1113; Schmitt in Meyer-Goßner/Schmitt Rn. 7; einschränkend Siolek in Löwe/Rosenberg Rn. 17 Fn. 36: Wenn das Revisionsgericht das Urteil wegen eines Formfehlers aufhebt, befasst es sich oft dennoch mit der materiellen Grundlage des Urteils und gibt mitunter Hinweise für die rechtliche Beurteilung in einer neuen Hauptverhandlung.

42 BVerfG 1.3.1982 – 2 BvR 1191/81 (Nichtannahmebeschluss); ablAnm Sieg NJW 1984, 1519.

(2) Wegen Besorgnis der Befangenheit findet die Ablehnung statt, wenn ein Grund vorliegt, der geeignet ist, Mißtrauen gegen die Unparteilichkeit eines Richters zu rechtfertigen.

(3) [1]Das Ablehnungsrecht steht der Staatsanwaltschaft, dem Privatkläger und dem Beschuldigten zu. [2]Den zur Ablehnung Berechtigten sind auf Verlangen die zur Mitwirkung bei der Entscheidung berufenen Gerichtspersonen namhaft zu machen.

Schrifttum: Becker, Aus der Rechtsprechung des BGH zum Strafverfahrensrecht, NStZ-RR 2007, 129; Bittmann, Das Verständigungsgesetz in der gerichtlichen Praxis, NStZ-RR 2011, 102, Bock, Besorgnis der Befangenheit des Richters (§ 24 Abs. 1 StPO) nach gegen diesen gerichteter Straftat des Angeklagten, StraFO 2017, 141; Dallinger, Aus der Rechtsprechung des Bundesgerichtshofs in Strafsachen, MDR 1972, 569; Dierlamm, Ausschließung und Ablehnung von Tatrichtern, 1994; Ellbogen/Schneider, Besorgnis der Befangenheit bei Ehe zwischen Richterin und Staatsanwalt, JR 2012, 188; Fezer, Inquisitionsprozess ohne Ende? – Zur Struktur des neuen Verständigungsgesetzes, NStZ 2010, 177; Fischer, Absprache-Regelung: Problemlösung oder Problem?, StraFo 2009, 177; Fischer/Krehl, Strafrechtliche Revision, „Vieraugenprinzip", gesetzlicher Richter und rechtliches Gehör, StV 2012, 550; Friesenhahn, Ablehnung eines Richters des Bundesverfassungsgerichts, JZ 1966, 704; Hamm, Der gesetzliche Richter und die Ablehnung wegen Besorgnis der Befangenheit, 1973; Hanack, Anmerkung zu BGH, Urteil vom 9.9.1966 – 4 StR 261/66, NJW 1967, 580; Hanack, Die Rechtsprechung des Bundesgerichtshofs zum Strafverfahrensrecht, JZ 1973, 777; Hettinger, Die Absprache im Strafverfahren als rechtsstaatliches Problem, JZ 2011, 292; Jahn, Der befangene Revisionsrichter, Wessler/Wohlers (Hrsg.): Festschrift Fezer, 2008, 413; Jahn, Strafprozessrecht: Richterablehnung wegen „ergänzender Belehrung", JuS 2010, 270; Jahn, Strafprozessrecht: Befangenheit eines Richters bei Mitwirkung an Prozessberichterstattung in der Boulevardpresse (Fall Wildmoser), JuS 2006, 1034; Kepplinger/Zerback, Der Einfluss der Medien auf Richter und Staatsanwälte. Art, Ausmaß und Entstehung reziproker Effekte, PUB 2009, Vol. 54, 216; Knauer/Lickleder, Die obergerichtliche Rechtsprechung zu Verfahrensabsprachen nach der gesetzlichen Regelung – ein kritischer Überblick, NStZ 2012, 366; Lamprecht, Karlsruher Befangenheits-Logik, NJW 1999, 2791; Park, Anmerkung zu BGH: Urteil vom 11.12.1997 – 4 StR 323/97, StV 1998, 417; Rabe, Ablehnung des Strafrichters bei provokativem oder beleidigendem Verhalten des Angeklagten oder seines Verteidigers, NJW 1976, 172; Rasehorn, Selbstablehnung eines Richters, NJW 1966, 666; Riedel, Das Postulat der Unparteilichkeit des Richters 1980; Strate, Freie Beweiswürdigung und gebundene Beweiserhebung, HRRS 2003, 47; Schünemann, Ein deutsches Requiem auf den Strafprozess des liberalen Rechtsstaats, ZRP 2009, 104; Schünemann, Der Richter im Strafverfahren als manipulierter Dritter?, StV 2000, 159; Seibert, Das andere Gericht (§ 354 Abs. 2 StPO), NJW 1968, 1317; Sieg, Befangenheit nach Zurückweisung, Anmerkung zu Beschluss LG Verden v. 20.3.1975 – 7 Ns 42/74, MDR 1976, 72; Stange/Rilinger, Befangenheit – Die Mitwirkung eines Richters an atypischen Vorentscheidungen rechtfertigt die Annahme der Befangenheit (§ 24 StPO), StV 2005, 579; Steinfatt, Die Unparteilichkeit des Richters in Europa im Lichte der Rechtsprechung des Europäischen Gerichtshofs für Menschenrechte, 2012; Schmuck/Gorius, Der Zeuge im Strafprozess – Einzelbetrachtungen, NJOZ 2011, 833; Stemmler, Nochmals – Ablehnung eines Richters wegen früherer richterlicher Tätigkeit, NJW 1974, 1545; Theile, Wahrheit, Konsens und § 257c StPO, NStZ 2012, 666; Traut/Nickolaus, Ist es (wieder) Zeit für eine Trennung zwischen Eröffnungs- und Tatsachenrichter?, StraFo 2012, 51; Trüg/Kerner, Formalisierung der Wahrheitsfindung im (reformiert-) inquisitatorischen Strafverfahren? Betrachtungen unter rechtsvergleichender Perspektive, Dölling/Helgerth/König/Schöch, Recht gestalten – dem Recht dienen. Festschrift Böttcher, 2007, 191; Ventzke, Ausschluss des absoluten Revisionsgrundes des § 338 Nr. 3 StPO im Fall ordnungsgemäßer Urteilsabsprache, HRRS 2009, 28; Weigend, Verständigung in der Strafprozessordnung – auf dem Weg zu einem neuen Verfahrensmodell?, Bloy/Böse/Hillenkamp/Momsen/Rackow, Gerechte Strafe und legitimes Strafrecht, Festschrift Maiwald, 2010, 829; Werdel, Rechtsgeschichtliche und vergleichende Studie zum strafprozessualen Befangenheitsrecht, 2001; Weßlau, Absprachen im Strafverfahren, ZStW 116 (2004), 151; Zuck, Befangenheit als Fehlerquelle für ein faires Verfahren, DRiZ 1988, 172.

Übersicht

1. Allgemeines. a) Grundsatz. Zum Normzweck siehe → Vor § 22 Rn. 1 ff. Die Ablehnung eines Richters ist gemäß § 24 sowohl aus einem der **Ausschließungsgründe** der §§ 22, 23 als auch wegen **Besorgnis der Befangenheit** möglich. Das Ablehnungsverfahren soll den grundrechtsgleichen Anspruch auf den gesetzlichen, unbefangenen Richter[1] verwirklichen. Anders als bei den Ausschlussgründen nach §§ 22, 23 bedarf der Ausschluss eines Richters wegen Befangenheit eines insoweit konstitutiven Gerichtsbeschlusses. Erst ab dann tritt die Wirkung des Ausschlusses ein. 1

Nicht abschließend geklärt erscheint das Verhältnis der in §§ 22, 23 genannten gesetzlichen Ausschlussgründe zu denen der Befangenheit nach § 24 (→ Vor § 22 Rn. 1 ff.). 2

Die Ablehnung ist ein **Antrag auf gerichtliche Entscheidung,** die Sorge der Voreingenommenheit bzw. Parteilichkeit betreffend des abgelehnten Richters für begründet zu erklären und hierdurch dessen Ausschluss von künftigen Entscheidungen in der Sache herbeizuführen. Den Ablehnenden trifft die **Darlegungslast.** Gem. § 26 Abs. 2 hat er die Verfahrenstatsachen, welche die Besorgnis begründen sollen glaubhaft zu machen. Den Zeitpunkt der Ablehnung regelt § 25, das Ablehnungsverfahren die §§ 26 ff. (siehe → § 26 Rn. 1 ff.). Die Wirkung der Ablehnung kann sich nur auf die zukünftige richterliche Mitwirkung an bestimmten Entscheidungen beziehen, namentlich auf diejenigen am erstinstanzlichen Urteil, an Rechtsmittel- und Rechtsbehelfsentscheidungen und an selbstständigen vorbereitenden und vollstreckenden Entscheidungen. Eine „rückwirkende" Ablehnung existiert nicht.[2] Bereits getätigte Handlungen vor der Ablehnung werden daher auch bei Erfolg selbiger nicht unwirksam. Unzulässig ist die gleichsam prophylaktische Ablehnung für richterliche Handlungen, von denen noch gar nicht feststeht, ob der abgelehnte Richter an ihnen mitwirken wird.[3] Nicht möglich ist zudem die Ablehnung im Revisionsverfahren im formlosen Verfahren der Gegenvorstellung gegen den Verwerfungsbeschluss[4] bzw. im Wege der Anhörungsrüge.[5] 3

b) Antragsrichtung. Die Ablehnung muss sich **gegen den oder die einzelnen, konkret zu benennenden Richter** richten. Schöffen[6] und Protokollführer können ebenfalls abgelehnt werden, § 31.[7] Die Maßstäbe für die Unvoreingenommenheit sollen bei Schöffen dieselben wie bei Berufsrichtern sein;[8] daran soll auch die Schwierigkeit einer Beweissituation nichts ändern, etwa die Frage der Unverwertbarkeit von in die Hauptverhandlung eingeführten Beweismitteln; von Schöffen könne ebenso wie von Berufsrichtern erwartet werden, dass sie der Urteilsfindung nur das verwertbare Beweismaterial zugrunde legen.[9] Mit dieser zweifelhaften Prämisse, deren Richtigkeit empirischer Bestätigung harrt, ist es allerdings schwerlich vereinbar, wenn die Rechtsprechung eine Akteneinsicht für Schöffen grundsätzlich mit der Erwägung für unzulässig hält, bei diesen bestehe die Gefahr, ihre Eindrücke aus den Akten könnten sich – anders als bei Berufsrichtern – untunlich mit denen aus der Hauptverhandlung vermischen.[10] 4

---

1 BVerfG 8.6.1993 – 1 BvR 878/90, BVerfGE 89, 28 (36) = NJW 1993, 2229; 27.12.2006 – 2 BvR 958/06, NJW 2007, 1670.
2 Scheuten in KK-StPO Rn. 1.
3 BGH NStE Nr. 9; BGHR § 26a Unzulässigkeit 6; KG 13.8.1982 – 2 Ws 176/82 Vollz – 2 Ws 171/82, NStZ 1983, 44; LG Frankfurt (Oder) 25.6.2021 – 24 Qs 11/21, StV 2021, 559.
4 OLG Düsseldorf 5.9.1988 – 1 Ws 861, 862/88, NStZ 1989, 86; BGH 6.6.2001 – 2 StR 194/01, NStZ-RR 2001, 333.
5 BGH 11.9.2007 – 1 StR 273/07, NStZ 2008, 55; 4.8.2009 – 1 StR 287/09, NStZ-RR 2009, 353.
6 BGH 28.4.2010 – 2 StR 595/09, NJW 2010, 2226.
7 Zu Sachverständigen s. § 74, zu Dolmetschern § 191 GVG.
8 BGH 17.7.1996 – 5 StR 121/96, BGHSt 42, 191 = NJW 1996, 3018.
9 BGH 17.7.1996 – 5 StR 121/96, BGHSt 42, 191 = NJW 1996, 3018.
10 RG 8.2.1935 – 4 D 787/34, RGSt 69, 120 (124); BGH 5.1.1954 – 1 StR 476/53, BGHSt 5, 261; 17.11.1958 – 2 StR 188/58, BGHSt 13, 73 relativierend indes obiter dicta 26.3.1997 – 3 StR 421/96, BGHSt 43, 36 (39); 10.12.1997 – 3 StR 250/97, BGHSt 43, 360 (365), jeweils 3. Senat; siehe hierzu auch § 31; zweifelnd auch betreffend der Fähigkeit von Berufsrichtern strikt zu trennen etwa Schünemann StV 2000, 159.

5 Unzulässig ist es, ein Kollegialgericht als Ganzes[11] oder sämtliche Richter eines Gerichts[12] abzulehnen. Bevor ein solches Ablehnungsgesuch verworfen wird, hat das Gericht jedoch durch **Auslegung** zu ermitteln, ob nicht jedes Mitglied des Spruchkörpers als Einzelperson – wenn auch mit der gleichen Begründung – abgelehnt werden soll und der Eindruck einer **unzulässigen Kammerablehnung** nur durch eine ungeschickte Formulierung entstanden ist.[13]

6 Die StPO kennt keine Rechtsgrundlage für die Ablehnung von Staatsanwälten. Eingehend dazu und zu den Fällen, in denen die Mitwirkung eines „befangenen" Staatsanwalts einen Rechtsfehler begründen kann, siehe oben bei → § 22 Rn. 4 ff.

7 **c) Ablehnungsberechtigte.** Ausdrücklich ablehnungsberechtigt nach § 24 Abs. 3 S. 1 sind **Staatsanwalt, Privatkläger** und **Beschuldigter.** Gemäß Art. 101 Abs. 1 S. 2 GG muss die Möglichkeit der Ablehnung auch anderen Verfahrensbeteiligten offenstehen.[14] Weitere ausdrückliche Regelungen enthalten § 397 Abs. 1 S. 3 für den **Nebenkläger,** §§ 427 Abs. 1, 438 Abs. 1, 3 **Einziehungsbeteiligte** und Nebenbetroffene, §§ 444 Abs. 1 S. 1, Abs. 2 S. 2, 433 Abs. 1 für den Beteiligten im Verfahren bei Festsetzung von Geldbußen gegen **juristische Personen** und **Personenvereinigungen,** § 414 Abs. 1 für den **Beschuldigten** im Sicherungsverfahren und § 67 Abs. 1 JGG für **gesetzliche Vertreter** und **Erziehungsberechtigte.** Darüber hinaus können **Dritte,** die im Ermittlungsverfahren von schwerwiegenden grundrechtsrelevanten Eingriffen, zB einer Wohnraumüberwachung, betroffen sind, bei der Überprüfung der Anordnung dieses Eingriffs den Richter ablehnen.[15] Antragsteller im Klageerzwingungsverfahren nach § 172 Abs. 2[16] haben ebenso ein Ablehnungsrecht wie diejenigen im Adhäsionsverfahren nach §§ 403 ff.[17]

8 **Kein** Ablehnungsrecht haben dagegen **Zeugen** und **Sachverständige** und bei der Verhandlung nicht beteiligte Personen im Ordnungsmittelverfahren (vgl. §§ 70, 77; §§ 177, 180, 181 GVG).[18]

9 Der Verteidiger kann einen Richter nicht in eigenem Namen ablehnen. Das Ablehnungsrecht liegt beim Beschuldigten. Der Verteidiger kann und wird es jedoch regelmäßig für ihn wahrnehmen und zwar gerade auch dann, wenn dieser mangels Kenntnis oder Fähigkeit dazu nicht in der Lage ist.[19] Daher ist grundsätzlich davon auszugehen, dass der Verteidiger **Ablehnungsanträge im Namen des Mandanten** stellt, und zwar auch dann, wenn die Ablehnung ausschließlich auf Vorgänge gestützt wird, die das Verhältnis zwischen Richter und Verteidiger betreffen.[20]

10 **d) Namhaftmachung.** Grundsätzlich kann die Namhaftmachung von Gerichtspersonen nach § 24 Abs. 3 S. 2 nicht nur für Entscheidungen, sondern für Amtshandlungen jeder Art verlangt werden.[21] Namhaftmachung bedeutet die **Bekanntgabe von Namen und Dienstbezeichnung.** Weitere Daten zur Ermittlung von Ablehnungsgründen (Ausbildung, Meinungen, Lebensumstände) können auf dieser Grundlage nicht begehrt werden.[22] Der Ablehnungsberechtigte soll nach Sinn und Zweck der Norm in der Lage

---

[11] BVerfG 22.2.1960 – 2 BvR 36/60, BVerfGE 11, 1 (3); Dallinger MDR 1955, 269 (271) – RsprÜ; BGH 1.2.1955 – 1 StR 702/54, BeckRS 1955, 31193239.

[12] Dallinger MDR 1955, 269 (271) – RsprÜ; BGH 1.2.1955 – 1 StR 702/54; 8.7.2009 – 1 StR 289/09, wistra 2009, 446; 17.5.1994 – 4 StR 181/94, n.v.

[13] BGH 16.12.1969 – 5 StR 468/69, BGHSt 23, 200 (202) = NJW 1970, 478.

[14] BVerfG 8.2.1967 – 2 BvR 235/64, BVerfGE 21, 139 (146) = NJW 1967, 1123 (1124).

[15] BGH 27.2.2006 – 1 BGs 25/06 – 2 BJs 65/95 – 2 – (7), NStZ 2006, 584.

[16] OLG Hamm 5.3.1976 – 2 Ws 383/75, NJW 1976, 1701; OLG Karlsruhe 25.5.1973 – 1 Ws 143/73, NJW 1973, 1658; OLG Koblenz 25.5.1982 – 1 Ws 183/82, NStZ 1983, 470; OLG Saarbrücken 18.6.1974 – Ws 62/74, NJW 1975, 399.

[17] BVerfG 27.12.2006 – 2 BvR 958/06, NJW 2007, 1670, entgegen früherer anderslautender Entscheidungen.

[18] Scheuten in KK-StPO Rn. 25.

[19] BGH 8.3.1995 – 5 StR 434/94, BGHSt 41, 69 = NStZ 1995, 393.

[20] Rabe NJW 1976, 172.

[21] OLG Koblenz 25.5.1982 – 1 Ws 183/82, NStZ 1983, 470.

[22] OLG Koblenz 25.5.1982 – 1 Ws 183/82, NStZ 1983, 470.

sein, (auch) die über das Ablehnungsgesuch entscheidenden Richter abzulehnen.[23] Die Namhaftmachung ist Aufgabe des Vorsitzenden. Er muss dies nicht von Amts wegen tun (vgl. „auf Verlangen"); sind die Gerichtspersonen namhaft gemacht, muss er indes Änderungen ohne weitere Nachfrage bekanntgeben.[24] Nach der Namhaftmachung versteht es sich von selbst, dass der Ablehnungsberechtigte die Gelegenheit erhält, binnen einer angemessenen Frist die Mitteilung zu prüfen sowie weitere Befangenheitsanträge zu stellen und zu begründen.[25]

Der **Anspruch auf Namhaftmachung** ist nicht verletzt, wenn gemäß § 26a Abs. 2 S. 1 über ein Ablehnungsgesuch ohne Ausscheiden der abgelehnten Richter wegen Unzulässigkeit entschieden wird.[26] § 24 Abs. 3 S. 2 gewährleistet nur, dass die Namen der über das Ablehnungsgesuch entscheidenden Richter bekannt werden. Da jedes Gesuch inzident auf seine Zulässigkeit geprüft wird, liegt dies hier wegen § 26a Abs. 2 S. 1 auf der Hand.[27] 11

Eine **unterlassene Namhaftmachung** kann grundsätzlich geeignet sein, die Revision zu begründen. Dies soll jedoch nicht gelten, wenn der Antrag auf Namhaftmachung in der Hauptverhandlung nicht wiederholt wird.[28] 12

2. Ablehnung wegen Vorliegen eines Ausschließungsgrundes. Der Ausschluss eines Richters aus Gründen nach §§ 22, 23 tritt **kraft Gesetzes** ein (siehe oben bei → § 22 Rn. 1 ff.). § 24 Abs. 1 Var. 1 ermöglicht es insoweit nur, das Gericht bzw. weitere Richter, die zur Entscheidung berufen sind, im Rahmen eines förmlichen Verfahrens zu einer feststellenden Entscheidung über die Frage des Ausschlusses zu zwingen. 13

Lehnt der Ablehnungsberechtigte einen Richter aus diesen Gründen ab, gelten für das Verfahren die Regelungen der §§ 26, 27. Für die Zulässigkeit der Rüge des § 338 Nr. 2 in der Revision ist die Ablehnung nach § 24 nicht erforderlich (siehe oben → § 22 Rn. 1 ff.). 14

3. Ablehnung wegen Befangenheit. a) Begriff und Sichtweise. Eine **Besorgnis der Befangenheit** besteht nach allgemeiner Auffassung, wenn **aus Sicht eines vernünftigen Ablehnungsberechtigten Zweifel** an der – auch verfassungsmäßig gebotenen – Unvoreingenommenheit und Unabhängigkeit des Richters bestehen. **Befangenheit** ist nach der Definition des Bundesverfassungsgerichts ein innerer Zustand des Richters, welcher seine vollkommen gerechte, von jeder falschen Rücksicht freie Einstellung zur Sache, seine **Neutralität und Distanz** gegenüber den Verfahrensbeteiligten **beeinträchtigen** kann.[29] In diesem Sinne kann die „Parteilichkeit" sowohl personen- als auch sachbezogener Natur sein.[30] 15

Ob die Befangenheit **tatsächlich vorliegt,** ist hierbei ebenso **unerheblich** wie die Frage der Ernstlichkeit ihrer Besorgnis beim Ablehnenden. Beides wird in aller Regel auch dem Beweis kaum zugänglich sein. Es genügt der Anschein der Befangenheit. Zur Verwirklichung des Individualanspruchs auf einen unbefangenen Richter und dem zugleich verfolgten Zweck, den Anschein parteiischer Entscheidungen zum Wohle des Ansehens der Justiz zu meiden, haben sich Formeln herausgebildet, nach denen sich die Begründetheit eines Ablehnungsgesuchs beurteilen soll. 16

---

[23] Becker NStZ-RR 2007, 129.

[24] RG 13.11.1931 – I 1034/31, RGSt 66, 10; BayObLG 29.9.1989 – RReg. 2 St 10/89, NStZ 1990, 200; BVerfG 22.10.2015 – 2 BvR 2396/14 (Nichtannahmebeschluss).

[25] BVerfG 5.6.1991 – 2 BvR 103/91, NJW 1991, 2758.

[26] BGH 9.5.2007 – 2 StR 530/06, wistra 2007, 319; 13.2.2007 – 3 StR 425/06, NStZ 2007, 416; Schmitt in Meyer-Goßner/Schmitt Rn. 21; abl. Jahn FS Fezer, 2008, 413 (427) unter Hinweis auf BVerfG 9.8.2007 – 2 BvR 1277/07, NJW 2007, 3563.

[27] Krit. dazu Jahn FS Fezer, 2008, 413 (431).

[28] RG 18.9.1896 – 2309/96, RGSt 29, 62.

[29] BVerfG 8.2.1967 – 2 BvR 235/64, BVerfGE 21, 139 (146) = NJW 1967, 1123; BGH 9.2.1951 – 3 StR 48/50, BGHSt 1, 34 = NJW 1951, 323 (324); 10.11.1967 – 4 StR 512/66, BGHSt 21, 334 (341) = NJW 1968, 710 – Weigand; 8.12.1999 – 5 StR 32/99, BGHSt 45, 353 = NJW 2000, 1274.

[30] Riedel, Das Postulat der Unparteilichkeit des Richters, 1980, S. 85; Stemmler NJW 1974, 1545 f.; Dierlamm, Ausschließung und Ablehnung von Tatrichtern, S. 117; aA Friesenhahn JZ 1966, 704 (707).

17 Die hM will einen **individuell-objektivierbaren Maßstab** anlegen: Einem vernünftig urteilenden Angeklagten muss die Besorgnis des Ablehnenden einleuchten.[31] Von diesem Standpunkt aus – und nicht von einem richterlichen, der dem Angeklagten als der seine unterstellt wird – soll sich die Berechtigung der Ablehnungsgründe entscheiden.[32]

18 Tatsächlich ist die Behauptung einer Objektivierung des Maßstabs zumindest trügerisch. Es wird mit der fiktiven, nach normativen Gesichtspunkten erschaffenen Figur des vernünftigen, wahlweise besonnenen Angeklagten oder Dritten operiert, dem die Besorgnis des tatsächlichen Angeklagten ebenso einleuchten müsse, wie er zu unterstellen hat, dass der Richter im Grundsatz dem Idealbild der Anforderungen an Unparteilichkeit auch entspreche.[33] Was die Vernünftigkeit eines Angeklagten ausmacht und was für einen solchen Angeklagten nachvollziehbar sein soll, bleibt hierbei letztlich Resultat normativer richterlicher Zuschreibung. Die Formel ist damit auch geeignet, die Autorität richterlicher Entscheidungsfindung zu sichern, indem sie inzident suggeriert, nach einem abgeschlossenen Verfahren sei selbst aus Sicht zumindest eines vernünftigen Angeklagten hinsichtlich des unparteilichen Agierens der Entscheidungsträger nichts zu erinnern gewesen.

19 Bei Anwendung dieses Maßstabs ist zunächst der **Standpunkt des Ablehnenden** einzunehmen. Ob der Richter tatsächlich parteiisch oder voreingenommen ist,[34] ob er sich (nicht) dafür hält,[35] spielt ebenso wenig eine Rolle wie die Frage, ob er für die Besorgnis des Ablehnenden Verständnis aufbringt. Dementsprechend darf der zur Entscheidung über das Ablehnungsgesuch berufene Richter auch nicht seine Kenntnis von der Persönlichkeit des abgelehnten Richters in die Abwägung einstellen, denn dies verlässt den maßgeblichen Standpunkt des „vernünftigen Angeklagten" bzw. Dritten.

20 Auf der anderen Seite **genügt allein der subjektive Eindruck des Ablehnenden nicht.**[36] Art. 101 Abs. 1 S. 2 GG garantiert nicht nur das individuelle Recht auf den gesetzlichen Richter, sondern enthält auch die justizielle Verpflichtung dieses sicherzustellen. Eine Beliebigkeit der Ablehnung allein aus innerlichen Befindlichkeiten, die sich ggf. intersubjektiv nicht vermitteln lassen, wäre hiermit unvereinbar. Dies gilt, zumal ein Ausschluss sich auf das gesamte Verfahren erstreckt, mithin auch für Mitangeklagte gilt, deren Recht auf den gesetzlichen Richter mitbetroffen sein kann.[37] Ein Ausschluss ohne zureichend objektivierbaren Grund kommt daher kaum in Betracht.[38]

21 Eine Besorgnis der Befangenheit muss auf **tatsächlichen Umständen** in der Person des Richters gründen, welche die Ablehnung bei einer auf vernünftigen Gründen beruhenden Würdigung aller Umstände trägt.[39] **Nicht ausreichend sind daher Vermutungen**[40] oder Stimmungen. Auch das Verhalten Dritter, etwa eine intensive oder auch einseitige Berichterstattung in den Medien, ist kein Umstand, der in der Person des

---

[31] BGH 10.11.1967 – 4 StR 512/66, BGHSt 21, 334 (341) = NJW 1968, 710 – Weigand; noch deutlich eingeschränkter sieht das der EGMR 10.8.2006 – 75737/01, NJW 2007, 3553 (3554, Tz. 40) – Schwarzenberger ./. Deutschland. Es sei der „Standpunkt desjenigen, der die Parteilichkeit geltend macht, wichtig, aber nicht entscheidend. Entscheidend ist vielmehr, ob die Befürchtung für objektiv berechtigt gehalten werden kann".

[32] Siolek in Löwe/Rosenberg Rn. 8; krit. Zuck DRiZ 1988, 172: Entscheidung hänge weitgehend „von Leerformeln und arbiträrer Kasuistik" ab.

[33] Hierzu Lamprecht NJW 1999, 2791: „Aus dem Ideal ist eine fixe Idee geworden".

[34] BVerfG 3.3.1966 – 2 BvE 2/64, BVerfGE 20, 9 (14) = JZ 1966, 312; BGH 27.4.1972 – 4 StR 149/72, BGHSt 24, 336 (338); 9.8.1988 – 4 StR 222/88, StV 1988, 417.

[35] BVerfG 25.1.1972 – 2 BvA 1/69, BVerfGE 32, 288 (290); BGH 20.11.1951 – 1 StR 300/51, BGHSt 2, 4 (11); viele Richter verweisen dennoch darauf in ihren dienstlichen Äußerungen.

[36] Jahn JuS 2010, 270.

[37] BGH 7.11.1978 – 5 StR 314/78, GA 1979, 311.

[38] BGH 13.3.1997 – 1 StR 793/96, NStZ 1997, 559.

[39] BVerfG 16.2.1995 – 2 BvR 1852/94, NJW 1995, 1277; ebenso 2.12.1992 – 1 BvR 1213/85, BVerfGE 88, 1 (4) = NJW 1993, 2231; BGH 27.4.1972 – 4 StR 149/72, BGHSt 24, 336 (338) = NJW 1972, 1288; stRspr.

[40] BGH 23.11.1995 – 1 StR 296/95, NJW 1996, 1355 (1358); 12.2.1998 – 1 StR 588/97, NJW 1998, 2458 (2459).

Richters oder eines Schöffen liegt.[41] Anders kann dies freilich sein, wenn zu erkennen ist, dass sich der Richter von der Berichterstattung beeinflussen lässt oder diese gar auf unzulässige Weise mit ausgelöst hat.[42]

22 Bestehen **Zweifel** am Vorliegen eines Befangenheitsgrundes, etwa aufgrund mehrdeutiger dienstlicher Erklärungen, ist zunächst seitens der zur Entscheidung über das Gesuch Berufenen auf Klarstellung zu dringen.[43] Unterbleibt diese bzw. verbleiben Zweifel, welche in der Sphäre der Abgelehnten behebbar wären, ist **zugunsten des Ablehnenden** zu entscheiden.[44]

23 **b) Fallgruppen.** § 24 stellt lediglich eine **Generalklausel** bereit, die aus sich heraus weder Anhaltspunkte für Fallgruppen bietet, in denen Befangenheit zu besorgen oder auszuschließen wäre. Nur sehr vereinzelt stellen Gerichte klar, ein bestimmter Sachverhalt müsse „grundsätzlich" zur Befangenheit führen.[45] Die Ablehnungsrechtsprechung ist **stark von Einzelfällen geprägt** und kann kaum verallgemeinert werden.[46] Die Würdigung des Ablehnungsgesuchs wird schwerlich losgelöst von dem Geschehensablauf, in dem es zu dem beanstandeten Verhalten kam und der dienstlichen Erklärung des abgelehnten Richters gemäß § 26 Abs. 3 betrachtet werden können. Ob eine Besorgnis der Befangenheit besteht, hängt daher bei ähnlich erscheinenden Sachverhalten häufig von Nuancen ab.[47] Klar ist auch, dass nicht jeder prozessuale Fehler eine Besorgnis der Befangenheit auslösen kann, denn Fehler sind nicht per se Ausdruck einer Parteinahme. In einer auf § 338 Nr. 2 gestützten Revision ist daher insbesondere der Zusammenhang vorzutragen, in dem das Verhalten des Richters stand.[48] Handelt es sich um Verfahrensfehler, kann zudem entscheidend sein, inwieweit sie mit einer Einschränkung wesentlicher Verteidigungsrechte einhergehen.[49] Aus der Fülle der Entscheidungen lassen sich im Wesentlichen folgende Fallgruppen, die sich ihrerseits überschneiden können unterscheiden:

24 **aa) Eigenes Verhalten von Prozessbeteiligten.** Prozessbeteiligte sollen es **nicht beliebig** in der Hand haben, die Besorgnis der Befangenheit zu begründen. Daher können deren Handlungen in der Auseinandersetzung mit dem Richter grundsätzlich auch dann nicht zu einer erfolgreichen Ablehnung führen, wenn sie geeignet sein könnten, den Richter in seiner (vermuteten) Unvoreingenommenheit zu erschüttern. Dies gilt etwa, wenn **Disziplinarverfahren** beantragt oder Strafanzeige gegen den Richter erstattet wird,[50] aber auch für **Provokationen, Beleidigungen und Bedrohungen** des Richters. Einschränkungen werden erwogen, sofern das Gewicht des Rechtsgutsangriffs vermuten lässt, der Richter könne auch bei erheblichem Bemühen die ihm obliegende berufliche Distanz nicht

41 BGH 18.12.1968 – 2 StR 322/68, BGHSt 22, 289 (294) = NJW 1969, 703; dass indes Berichterstattung und mediale Erwartungshaltungen durchaus geeignet sind, das Verfahrensergebnis untunlich zu beeinflussen, belegt die Studie von Kepplinger/Zerback PUB 2009, Vol. 54, 216 ff.

42 Etwa durch einseitige oder für einzelne Verfahrensbeteiligte nachteilige Informationen an Pressevertreter, tendenziöse „Hintergrundgespräche", Interviews oder TV-Auftritte, vgl. Scheuten in KK-StPO Rn. 3; s. auch einschränkend BGH 9.8.2006 – 1 StR 50/06, NJW 2006, 3290 mkritAnm Jahn JuS 2006, 1034.

43 BVerfG 5.3.2012 – 2 BvR 1464/11, NJW 2012, 1136 für die freibeweisliche Aufklärung bei unklarer Verständigung, verallgemeinerungsfähig aufgrund der Herleitung aus Rechtsstaats- und Fair-Trial-Prinzip.

44 BayObLG 26.3.1974 – BReg 1 Z 5/74, BayObLGZ 1974, 131 (137); anders BGH 23.11.1995 – 1 StR 296/95, BGHSt 41, 348 = NJW 1996 1355 (1358), wo nach mehrdeutiger dienstlicher Erklärung der Ablehnungsgrund für nicht erwiesen gehalten wurde.

45 So aber LG Hamburg 14.7.2004 – 620 KLs 5/04, StV 2004, 590: Hat das BVerfG festgestellt, dass eine Entscheidung gegen das Willkürverbot verstoße, rechtfertigt allein diese Feststellung die Ablehnung der beteiligten Richter am Verfahren.

46 Vgl. auch Richter II FS Eisenberg, 2009, 559 (562): „Einzelfallbetrachtung, die sich manchmal auch als Kuriositätenschau darstellt."

47 Siolek in Löwe/Rosenberg Rn. 9.

48 BGH 14.1.2000 – 3 StR 106/99, NStZ 2000, 325; 9.6.2009 – 4 StR 461/08, NStZ 2009, 581; KG 10.7.2008 – (3) 1 Ss 354/07 (123/07), StV 2009, 177.

49 BGH 9.7.2009 – 5 StR 263/08, NJW 2009, 3248 (3252 f.).

50 BGH 7.10.1952 – 1 StR 94/52, NJW 1952, 1425; 19.1.1962 – 3 StR 41/61, NJW 1962, 748 (749).

mehr aufbringen.[51] Straftaten gegen den Richter im laufenden Verfahren sind keine solchen, die nach § 22 zum Ausschluss führen (siehe → § 22 Rn. 10).

25 Ein Befangenheitsgrund kann sich daher regelmäßig nur daraus ergeben, dass der Richter auf ein Verhalten seinerseits **unsachlich reagiert;** zB wenn er – obwohl es dem Angeklagten nicht um pure Provokation ging – gegen diesen Strafantrag stellt.[52] Unbeschadet der richterlichen Reaktion soll das Befangenheitsrecht ggf. wegen Rechtsmissbrauchs verwirkt sein können, wenn sich das vorherige Verhalten des Ablehnenden als rechtsmissbräuchlich erweist.[53]

25a Ein gestörtes Verhältnis des Richters zum Verteidiger soll das Vertrauen des Angeklagten in die Unvoreingenommenheit in der Regel nicht beeinträchtigen, es sei denn es droht gleichsam auf den Angeklagten durchzuschlagen.[54] Dies kann etwa der Fall sein, wenn Handlungen des Richters hierbei auch Verfahrensrechte des Angeklagten verletzen. Insoweit können insbesondere Einschränkungen des rechtlichen Gehörs als prozessuales Urrecht des Angeklagten Gewicht erlangen.[55] Ansonsten bleibt die Rechtsprechung vage: Schwerwiegende, auch außerhalb des konkreten Verfahrens begründete Spannungen zwischen Richter und Verteidiger sollen eine Ablehnung nur dann rechtfertigen, wenn sie bei verständiger Würdigung geeignet sind, Zweifel an der Unparteilichkeit des Richters auch gegenüber dem Beschuldigten zu wecken.[56] Sichere Kriterien, wann dies angenommen werden kann, fehlen. Nicht hinreichend sollen jedenfalls auch unangemessene Antworten auf eine provokante Frage des Verteidigers sein.[57]

26 **bb) Persönliche Verhältnisse des Richters (Religion, Weltanschauung, Geschlecht, Familienstand).** Persönliche Gründe in der Person des Richters können eine Besorgnis der Befangenheit begründen, wenn die Voraussetzungen der Ausschlussgründe in § 22 Nr. 1–3 zwar nicht vorliegen, aber der Sachverhalt dem nahekommt.[58] Verlangt wird ein **besonderer Zusammenhang** zwischen einem **persönlichen Merkmal des Richters** und der **Strafsache,** so dass eine Religions- oder Parteizugehörigkeit für sich genommen kein Ablehnungsgrund ist.[59] Ein Ausforschungsrecht privater Einstellungen des Richters, etwa

---

[51] Scheuten in KK-StPO Rn. 6; etwa, wenn Richterin „Todesangst" wegen eines Angriffs mit einem Stuhlbein hat, AG Magdeburg 30.11.2017 – 61 AR 22/17, BeckRS 2017, 157217.

[52] BGH 14.2.1992 – 2 StR 254/91, NStZ 1992, 290 (291) mablAnm Ilvehl NStZ 1992, 598; diff. Bock StraFO 2017, 141.

[53] BGH 15.12.2005 – 1 StR 411/05, NJW 2006, 708, wo die Verteidigerin zuvor erfolglos eine ärztliche Untersuchung des Angeklagten beantragt hat, nachdem dieser Rattengift eingenommen und dies verschwiegen hatte; zw., da diese Konsequenz für das verfassungsrechtlich abgesicherte Ablehnungsrecht wohl allenfalls dann gezogen werden könnte, wenn eine bewusste Reaktion des Richters in Kenntnis des rechtsmissbräuchlichen Verhaltens in Rede stünde. Daran fehlte es im entschiedenen Fall indes.

[54] BGH 1.7.1971 – 1 StR 362/70, Dallinger MDR 1971, 897 – RsprÜ; 17.7.1973 – 1 StR 61/73, NJW 1973, 1985; 15.1.1986 – 2 StR 630/85, NStZ 1987, 19.

[55] BGH 5.4.1995 – 5 StR 681/94, StV 1995, 396; 26.1.2006 – 5 StR 500/05, NJW 2006, 854 (Verheimlichung bzw. Nichtmitteilung von Nachermittlungen, deren Ergebnisse dem Gericht vorliegen); 26.6.1996 – 1 StR 328/96, NJW 1996, 3285; OLG Zweibrücken 22.8.1996 – 1 Ss 96/96, StV 1996, 650 (Versagung von Akteneinsicht unmittelbar vor der Hauptverhandlung trotz zeitlicher Möglichkeit); BGH 26.11.1987 – 5 AR Vollz 41/87, NStZ 1988, 150 und 31.1.1990 – 2 StR 449/89, NStZ 1990, 289 (290), Rücknahme von Verteidigerbestellungen wegen Missfalle der Kleidung oder sonstiger Missliebigkeit; BGH 24.8.2004 – 4 StR 293/04, StraFo 2005, 24 (willkürliche Ablehnung des Antrags auf Terminsverlegung).

[56] BGH 1.7.1971 – 1 StR 362/70, Dallinger MDR 1971, 897 – RsprÜ; 15.1.1986 – 2 StR 630/85, StV 1986, 281; 4.5.1993 – 1 StR 921/92, StV 1993, 339; 5.4.1995 – 5 StR 681/94, StV 1995, 396; 12.2.1998 – 1 StR 588/97, NJW 1998, 2458; Schmitt in Meyer-Goßner/Schmitt Rn. 11; Siolek in Löwe/Rosenberg Rn. 33.

[57] Etwa BGH 17.7.1973 – 1 StR 61/73, NJW 1973, 1985: Bejahung der Frage: „Sie wollen wohl die Hauptverhandlung unter allen Umständen zu Ende führen?"; anders (weil nicht provokant gefragt?) BGH 13.10.2005 – 5 StR 278/05, NStZ 2006, 49; „Meinen Sie, wir können die Anträge noch schneller ablehnen?"

[58] BGH 18.10.2006 – 2 StR 499/05, BGHSt 51, 100 (111) = NJW 2007, 1760.

[59] BVerfG 13.5.1953 – 1 BvR 344/51, BVerfGE 2, 295 (297) = NJW 1952, 1097; VerfGH Bayern 20.9.2010 – Vf. 19-VII-09, NVwZ 2011, 39 (40).

durch entsprechende Fragenkataloge besteht nicht.[60] Unparteilichkeit fordert nicht, dass der jeweilige Richter keine Persönlichkeit und Meinung mit ins Amt einbringt. Von persönlicher Subjektivität ist prozessuale Befangenheit, um die es allein geht, zu unterscheiden.[61] Sie wird zuvörderst in den Blick zu nehmen sein, wenn es um abwertende private Äußerungen über Personengruppen geht, denen der Angeklagte angehört, oder Charakterisierungen der Deliktsart des Verfahrensgegenstands, etwa als besonders abscheulich, vorliegen.

Einzelfälle: 27

– Ausländerfeindlichkeit eines Richters oder Sympathiebekundungen für ausländerfeindliche Personen kann gegenüber einem ausländischen Angeklagten zur Befangenheit führen.[62] Der rechtsradikalen Szene zuzuordnende Bekleidung eines Schöffen führt bei ausländischen Angeklagten zur Befangenheit.[63]
– Keine Befangenheit bei einem Richter, der Fluchthelfer unterstützt hat und nun über einen wegen Tötung an der Mauer angeklagten Grenzsoldaten der DDR zu urteilen hat.[64]
– Bei Schöffen darf nicht zweifelhaft sein, dass sie rechtstreu sind und sich dem Recht verpflichtet fühlen. Bedroht ein Schöffe bei seiner Tätigkeit als Inkassounternehmer rechtswidrig Schuldner und kündigt zudem Maßnahmen der Selbstjustiz an, ist er befangen, vor allem, wenn er in seiner dienstlichen Erklärung nicht von diesem Verhalten abrückt.[65]
– Fragen des Vorsitzenden, etwa an den Sachverständigen, ob er auch (wie der Angeklagte) Mitglied der jüdischen Gemeinde sei, nachdem er die Religionszugehörigkeit des Angeklagten bereits im Zusammenhang mit Fluchtgefahr thematisiert hatte, können besorgen lassen, der Richter lasse sich von Vorbehalten gegenüber dieser Religion leiten und die Besorgnis der Befangenheit begründen.[66]
– Facebook-Profil eines Richters mit einem Foto, auf dem er ein T-Shirt mit der Aufschrift „Wir geben Ihrer Zukunft ein Zuhause: JVA" trägt sowie „Das ist mein ‚Wenn du raus kommst, bin ich in Rente-Blick'" kommentiert.[67]

cc) Persönliche und dienstliche Beziehungen. Enge **Freundschaft**[68] zu Beschuldigtem, Verletzten oder Zeugen kann ebenso zur Befangenheit führen wie **Feindseligkeit.**[69] Teilweise reichen schon freundnachbarliche Verhältnisse aus,[70] ebenso nähere Beziehungen gesellschaftlicher Art wie wechselseitige Einladungen und Zugehörigkeit zu Stammtischen oder Klubs.[71] **Geschäftliche Beziehungen** rechtfertigen die Ablehnung nur im Fall konkreter wirtschaftlicher Interessen des Richters, nicht bei Beziehungen allgemeiner Natur.[72] Anderes kann gelten, wenn der Richter vormals anwaltlich in einem Zivilprozess die Gegenpartei des Angeklagten vertreten hat.[73] 28

[60] BGH 14.4.2020 – 5 StR 14/20, NJW 2020, 2741.
[61] Riedel, Das Postulat der Unparteilichkeit des Richters, S. 31 ff.; Wassermann in AK-StPO § 24 Rn. 10.
[62] OLG Karlsruhe 19.4.1995 – 3 Ws 72/95, NJW 1995, 2503; AG Köln 14.6.2005 – 581 Ls 119/05, StV 2007, 127 (128).
[63] LG Berlin 26.11.2001 – 68 Js 693/00 KLs (24/01), StV 2002, 132.
[64] BGH 25.3.1993 – 5 StR 418/92, BGHSt 39, 168 = NJW 1993, 1932 (1934).
[65] BGH 28.4.2010 – 2 StR 595/09, NJW 2010, 2226 (2227), wobei abschätzige Äußerungen über den Verteidiger hinzukamen.
[66] LG Berlin 25.9.2013 – (514) 83 Js 960/06 KLs (7/12), StV 2014, 331.
[67] BGH 12.1.2016 – 3 StR 482/15, NStZ 2016, 218.
[68] LG Bonn 11.10.1965 – 4 T 460/65, NJW 1966, 160.
[69] Schmitt in Meyer-Goßner/Schmitt Rn. 11; LG Nürnberg-Fürth 21.12.2018 – 11 Ns 417 Js 67977/16, BeckRS 2018, 53503: fortdauernde negative innere Haltung zum Angeklagten reicht ebenfalls aus; auch ein Schreiben der Schöffin, wonach diese „gravierende negative Erfahrungen" mit der Sozietät des Verteidigers in einem Scheidungsverfahren gemacht habe, reicht aus, so BGH 2.4.2020 – 1 StR 90/20, NStZ 2020, 495.
[70] AA LG Bonn 11.10.1965 – 45460/65, NJW 1966, 160; Rasehorn NJW 1966, 666.
[71] Wassermann in AK-StPO Rn. 20; enge Freundschaft und regelmäßige Essenseinladung zwischen Richter und Strafverteidiger geben keine Besorgnis zur Befangenheit: AG Torgau 24.2.2020 – 2 Ds 950 Js 41188/19, BeckRS 2020, 4800.
[72] Wassermann in AK-StPO Rn. 22.
[73] Dallinger MDR 1972, 572 – RsprÜ; Scheuten in KK-StPO Rn. 11.

29 Eine Kontroverse zwischen Richter und Sachverständigem kann einen Ablehnungsgrund darstellen, wenn Anhaltspunkte vorliegen, sie könnte sich auf die Bewertung der Gutachtensergebnisse auswirken und der Richter somit die gebotene Distanz in der Sache vermissen lassen werde.[74] Keine Befangenheit liegt vor, wenn ein Rechtsanwalt bei dem Landgericht angeklagt wird, bei dem er zugelassen ist, und dienstliche Kontakte zu den Richtern dieses Gerichts unterhält.[75]

30 Unklar ist die Frage der Befangenheit aufgrund persönlicher Nähe des Richters zum mit der Sache befassten **Staatsanwalt, Verteidiger** oder **Nebenklagevertreter.** In der zivilrechtlichen Rechtsprechung ist Befangenheit bereits angenommen worden, wenn der Ehepartner des Richters in einer Kanzlei arbeitet, die eine der Parteien vertritt, und zwar auch dann, wenn eine persönliche Befassung des Gatten mit der Sache nicht gegeben ist.[76] Auf den Strafprozess übertragen könnte dies weitreichende Folgen für eheliche Verbindungen von Richtern und Staatsanwälten,[77] aber auch zu Anwälten zeitigen. Einem Befangenheitsgesuch wird zumindest dann der Erfolg nicht zu versagen sein, wenn eine Ehe oder ein Verlöbnis mit einem Prozessbeteiligten besteht. Aber auch sonstige über Freundschaft hinausgehende intime Beziehungen des Richters zu Prozessbeteiligten sind geeignet, die Befangenheit zu begründen. Dies gilt erst recht, wenn der Richter einem Angeklagten einen Verteidiger beiordnet, zu dem ein entsprechendes Näheverhältnis besteht. Generell kann ein vernünftiger Ablehnungsberechtigter durchaus zutreffend den Schluss ziehen, dass eine enge private Verbindung des Richters zu einem Prozessbeteiligten seine Neutralität störend beeinflussen kann.[78] Entsprechende Näheverhältnisse werden daher nach § 30 anzuzeigen sein. Wird dies unterlassen kann sich die Besorgnis der Befangenheit aus der Verheimlichung begründen.

31 **dd) Verhalten außerhalb des Verfahrens. Rechtsansichten,** die ein Richter unabhängig vom laufenden Verfahren kundtut, zB in wissenschaftlichen Publikationen, können nur im Einzelfall[79] für eine Befangenheit ausreichen. Etwa wenn die Publikation einen Verfahrensbeteiligten unmittelbar berührt und sich nicht als abstrakte Rechtsmeinung darstellt.[80] Dabei ist irrelevant, ob der Richter die Folgen seiner Äußerung absehen konnte und ihm die Verletzung seiner richterlichen Dienstpflichten (§ 39 DRiG) vorzuwerfen ist.[81] Erscheint eine publizierte oder anderweitig geäußerte Rechtsmeinung eines Richters als unumstößlich, kann befürchtet werden, er sei Gegenargumenten verschlossen und in keiner Weise bereit von ihr abzurücken, begreife vielmehr im Gegenteil den anhängigen Fall als günstige Gelegenheit entsprechend seiner vorgefassten Meinung zu judizieren.[82] Vertritt der Richter in anderer Sache mit anderen Verfahrensbeteiligten eine Rechtsansicht, soll dies keine Befangenheit begründen.[83] Äußerungen außerhalb des Verfahrens zu Unbeteiligten abseits der wissenschaftlichen Ebene dürften eher für eine Befangenheit sprechen: Unzweifelhaft ist dies, wenn der Richter dem Angeklagten zur Last gelegte Vorgänge als feststehende Tatsachen der Presse mitteilt.[84] Allein der Umgang mit der

[74] BGH 12.2.1998 – 1 StR 588/97, NJW 1998, 2458 (2459).
[75] OLG Hamm 23.2.1981 – 6 Ws 54/81, NStZ 1981, 233.
[76] BGH 15.3.2012 – V ZB 102/11, NJW 2012, 1890.
[77] Für Befangenheit bei Ehe zwischen Richter und Staatsanwalt Ellbogen/Schneider JR 2012, 188; ebenso AG Kehl 15.4.2014 – 5 OWi 304 Js 2546/14; anders bei einer Ehe zwischen anklagender Staatsanwältin und einem mit einer sofortigen Beschwerde des Verurteilten im Vollstreckungsverfahren befassten Senatsmitglied, OLG Karlsruhe 21.6.2016 – 2 Ws 156/16.
[78] Ehe zwischen erkennender Richterin und rechtlichem Betreuer des Beschuldigten rechtfertigen Besorgnis der Befangenheit, LG München I 30.10.2015 – 20 KLs 124 Js 209119/14, StV 2016, 273 = BeckRS 2016, 6541; Ehe zwischen Richterin und Nebenklagevertreter BGH 19.11.2020 – 4 StR 249/20, NStZ 2021, 176.
[79] Bloßes Vertreten wissenschaftlicher Meinungen in Gutachten soll nicht genügen, BVerfG 2.10.1951 – 2 BvG 1/51, BVerfGE 1, 66 (69); ebenso wenig das Äußern von Rechtsansichten allgemein, BGH 16.12.1988 – 4 StR 563/88, StV 1989, 152; BVerfG 25.1.1955 – 1 BvR 522/53, BVerfGE 4, 143.
[80] Vgl. BVerfG 21.5.1996 – 1 BvR 1408/95, NJW 1996, 3333.
[81] BVerfG 19.8.1996 – 2 BvR 115/95, NJW 1996, 3333 (3334).
[82] Scheuten in KK-StPO Rn. 17.
[83] BGH 9.1.1996 – 5 StR 533/95, n.v.
[84] BGH 9.7.1953 – 5 StR 282/53, BGHSt 4, 264 = NJW 1953, 1358.

Presse soll hingegen nicht die Besorgnis der Befangenheit begründen, selbst wenn das Verhalten des Richters persönlich motiviert war; dabei soll sich der Richter gegen übermäßiges Lob oder sonstige Charakterisierungen in der Presse nicht wehren müssen.[85] Dass der Umgang mit der Presse sehr wohl Sensibilität erfordert, zeigt der Umstand, dass Schöffen regelmäßig vom Vorsitzenden zur Vermeidung von Befangenheitsanträgen hierüber zu belehren sind.[86]

Kritisch sind regelmäßig Äußerungen im Vorfeld gegenüber den Verfahrensbeteiligten. 31a
In folgenden Einzelfällen wurde Befangenheit bejaht:

- Der Richter erklärt dem Angeklagten vor Eröffnung des Hauptverfahrens, auf Grund 32
  seiner Strafliste stehe fest, dass er der „Typ des Gewohnheitsverbrechers" sei.[87]
- Der Richter regt die Ergänzung der Anklage an, damit die Überführung des Angeklagten erleichtert werde.[88]
- Der Richter besucht einen Mitangeklagten in der Haft, um ihm persönlich einen Beschluss zu übergeben und sich mit ihm über das Verfahren und Privates zu unterhalten.[89]
- Der Richter äußert telefonisch gegenüber dem Verteidiger, die Einlassung sei „schwachsinnig", und die diese Einlassung stützende Sachverständige „könne sich warm anziehen".[90]
- Der Richter erklärt gegenüber der Verteidigern in einem Telefonat sinngemäß, er könne es verstehen, dass der Angeklagte ihn abknallen wolle. Von einer grundsätzlichen Bereitschaft zu töten, sei beim Angeklagten auszugehen: „Wer sich ein Gewehr kauft, will auch schießen."[91]
- Nicht fernliegend ist die Besorgnis der Befangenheit, wenn der Vorsitzende nach Inhaftierung mit einer Sachverständigen telefoniert und dabei nachfragt, ob diese an ihrer negativen Beurteilung der Glaubhaftigkeit der Nebenklägerin festhalte.[92]
- Der Richter gibt vor Beginn der Hauptverhandlung zu erkennen, dass aus seiner Sicht der Betroffene mit den Vorwürfen noch gut bedient sei.[93]
- Verteilen von Aufmerksamkeiten, etwa zu Festtagen (Süssigkeiten) an Verfahrensbeteiligte unter Aussparung des Angeklagten und seiner Verteidigung.[94]

Äußert sich der Richter inhaltlich wertend über ein bei ihm anhängiges Verfahren gegen- 33
über Personen, die an diesem nicht beteiligt sind, kann dies ein Verstoß gegen das Mäßigungsgebot nach § 39 DRiG darstellen und die Besorgnis der Befangenheit begründen.

Kein Ablehnungsgrund soll hingegen vorliegen bei fahrlässig unrichtiger Belehrung 34
des Angeklagten über Rechtsmittel trotz frühen Verfahrensstadiums[95] und bei telefonischer Äußerung gegenüber einem Zeugen, der Angeklagte könne während der Vernehmung möglicherweise entfernt werden.[96]

---

85 BGH 9.8.2006 – 1 StR 50/06, NJW 2006, 3290. Nach dieser Entscheidung soll es auch zulässig sein, dass ein Richter nach negativen Berichten auf eine positivere Berichterstattung über seine Person hinwirkt; zweifelhaft, weil dann die Besorgnis, der Richter werde sein Handeln und Entscheiden untunlich auch mit Bedacht auf dessen mediale Akzeptanz ausrichten, begründet erscheint.

86 BGH 9.8.2008 – 1 StR 50/06, NJW 2006, 3290 (3295).

87 BGH 7.2.1961 – 1 StR 558/60, NJW 1961, 789.

88 BGH 18.6.1957 – 5 StR 160/57, Dallinger MDR 1957, 652 (653) – RsprÜ.

89 BGH 8.1.1982 – 2 StR 751/80, NStZ 1983, 359.

90 LG Mainz 15.4.2004 – 3214 Js 22893/03-1 Ks, StV 2004, 531.

91 BGH 15.3.1976 – AnwSt (R) 4/75, NJW 1976, 1462.

92 BGH 11.11.2008 – 4 StR 480/08, NStZ-RR 2011, 99.

93 So bei einer Bußgeldsache mit leichtem Personenschaden, bei der der Richter Unverständnis über den Einspruch äußert, da es nicht das Verdienst des Betroffenen sei, dass er sich nicht vor dem Schöffengericht wegen fahrlässiger Tötung zu verantworten habe, AG Tiergarten 19.11.1992 – 213b AR 46/92 – 308 Owi 1954/92, StV 1993, 516 (517).

94 LG Koblenz 19.12.2012 – 2090 Js 29752/10 – 12 KLs, NJW 2013, 801; LG Flensburg 20.1.2021 – V KLs 2/19, BeckRS 2021, 602 mit Differenzierung: Verteilung von Süssigkeiten innerhalb des Spruchkörpers unbedenklich, anders wenn auch Staatsanwalt bedacht wird.

95 BGH 8.3.1979 – 4 StR 708/78, n.v.

96 BGH 12.5.1981 – 5 StR 132/81, n.v.

35 **ee) Verhalten in der Hauptverhandlung.** Die meisten Ablehnungsgesuche betreffen das Verhalten des Richters in der **Hauptverhandlung;** den Schwerpunkt bilden dabei Äußerungen. Vom distanzierten, unparteilichen Richter wird erwartet, dass er sich nicht unsachlich äußert. Dazu gehört, dass er ua die Demonstration von Bestrafungswillen, sachfernem Machtbewusstsein oder Humor auf Kosten von Verfahrensbeteiligten unterlässt.[97] Der Richter muss sich – auch auf Provokationen hin – populistischer oder privater Ansichten zur Strafwürdigkeit oder zur Rechtspolitik enthalten.[98] Er darf von der Schuld des Angeklagten nicht bereits endgültig überzeugt sein und dieses auch nicht signalisieren.[99] Untunlich ist zudem Desinteresse an der Hauptverhandlung, etwa durch Beschäftigung mit anderen Dingen, da dieses signalisieren kann, auf ein bestimmtes Ergebnis bereits festgelegt zu sein.[100]

36 Bei den im Folgenden genannten Einzelfällen sei betont, dass es nicht so sehr auf das jeweilige Verhalten, sondern immer – gerade bei Äußerungen – auf den Gesamtzusammenhang im Einzelfall ankommt. Daher können mitunter auch mehrere der gebildeten Unterfallgruppen berührt sein.

(1) Einzelfälle: Ablehnungsgrund bejaht. (a) Prozessuale Willkür

37 – Verheimlichen der Ergebnisse von Nachermittlungen während einer laufenden Hauptverhandlung bzw. keine Nachricht an den Verteidiger über den Eingang weiteren belastenden Aktenmaterials kurz vor der Einlassung des Angeklagten zur Sache.[101]
– Bewusstes Versagen des rechtlichen Gehörs;[102] unberechtigte Beschränkung des Fragerechts;[103] grundlos vorenthaltene Akteneinsicht.[104]
– Entpflichten eines Verteidigers, weil nicht erkennbar sei, ob der Rechtsanwalt einen Langbinder trage;[105] überhaupt kann beim Widerruf einer Pflichtverteidigerbestellung ohne schwerwiegendes Fehlverhalten des Verteidigers beim Angeklagten der Eindruck entstehen, der Richter wolle „unbequemes" Verteidigerverhalten sanktionieren.[106] Gleiches gilt, wenn er dem Verteidiger mit der Entfernung aus dem Sitzungssaal droht, wenn dieser weiterhin lautstark und intensiv disputiere.[107]
– Schließen der Beweisaufnahme und Aufforderung an die Staatsanwaltschaft, den Schlussvortrag zu halten, obgleich der Verteidiger bei schwieriger Beweislage weitere Beweisanträge angekündigt hat.[108]
– Zurückweisung eines Beweisantrags auf Vernehmung eines Hintermanns eines Drogengeschäfts mit der Begründung, dem Angeklagten würde dies ein Unrechtsbewusstsein für das von ihm tatsächlich geschmuggelte Rauschgift nehmen und zu dem untragbaren

[97] Scheuten in KK-StPO Rn. 12.
[98] Scheuten in KK-StPO Rn. 13 ff.
[99] BGH 10.9.2002 – 1 StR 169/02, BGHSt 48, 4 = NJW 2002, 3484; 20.11.1961 – 2 StR 472/61, GA 1962, 282; 24.8.1999 – 4 StR 339/99, NStZ 1999, 629.
[100] BGH 17.6.2015 – 2 StR 228/14, NStZ 2016, 58 für private Nutzung des Mobiltelefons durch beisitzende Richterin; hierzu auch LG Koblenz 28.9.2015 – 2090 Js 29752/10 – 12 KLs –, BeckRS 2016, 12349.
[101] BGH 5.4.1995 – 5 StR 681/94, StV 1995, 396; 26.1.2006 – 5 StR 500/05, NJW 2006, 854. Anders, wenn über Nachermittlungen nicht unterrichtet wird, neue Aktenbestandteile aber unverzüglich zugänglich gemacht werden, BGH 12.1.2000 – 5 StR 617/99, NStZ 2000, 216.
[102] OLG Zweibrücken 22.8.1996 – 1 Ss 96/96, StV 1996, 650 (651); Schmitt in Meyer-Goßner, Schmitt Rn. 17 mwN.
[103] BGH 4.10.1984 – 4 StR 429/84, StV 1985, 2.
[104] AG Frankfurt a. M. 7.3.2016 – 970 OWi – 862 Js 65796/15, BeckRS 2016, 5603 = StV 2017, 178 Ls., BGH 29.1.2021 – AnwSt (B) 4/20, NJvZ 2022, 376 Rn. 10.
[105] BGH 9.8.1988 – 4 StR 222/88, NStZ 1988, 510.
[106] KG 2.2.2007 – (4) 1 Ss 332/06 (176/06), StV 2008, 68; BGH 23.9.2015 – 2 StR 434/14, StV 2016, 269; 11.6.2014 – 2 StR 489/13, NStZ 2014, 660: auf der anderen Seite besteht die Besorgnis der Befangenheit auch dann, wenn das Gericht einen Pflichtverteidiger nicht entbindet, obwohl dieser einen Interessenkonflikt (Mitangeklagter wird von einem in gleicher Bürogemeinschaft tätigen Verteidiger vertreten) angezeigt hat; ähnlich: AG Köln 27.1.2016 – 526 Ds 724/15/102 Js 9/15.
[107] AG Köln 24.1.2020 – 612 AR 3/20, BeckRS 2020, 4186.
[108] BGH 11.3.2003 – 3 StR 28/03, NStZ 2003, 666.

Ergebnis führen, dass es nach Bekanntwerden dieser Rspr. mit Sicherheit nur noch gutgläubige Betäubungsmitteltransporteure gäbe.[109]
- Richter unterbricht die Einlassung des Angeklagten mit den Worten, er habe nicht das Recht, „solchen politischen Quatsch" von sich zu geben.[110]
- Weigerung, einen Befangenheitsantrag entgegen zu nehmen, mit den Worten, der Verteidiger wolle „ohnehin nur Sand ins Getriebe streuen".[111]
- Behauptung, die Hauptakten enthielten allen verfahrensrelevanten Stoff, ohne Kenntnisnahme der Beiakten mit konkludenter Weigerung, sich mit diesen zu befassen.[112]
- Erweckung des Eindrucks, allein die Tatsache von Antragstellungen werde nachteilige Folgen für den Angeklagten zeitigen.[113]
- Erlass eines Haftbefehls gestützt auf eine vermeintliche Fluchtgefahr wegen eines plötzlichen Verteidigerwechsels.[114]
- Frage des Richters an einen früheren Mitangeklagten und nunmehr Mithäftlings bezüglich der Strafmaßvorstellungen des Angeklagten.[115]
- Richterin beginnt während des Plädoyers des Verteidigers das Urteil bereits abzufassen bzw. zu verkünden.[116]
- Unterbrechung einer durch den Verteidiger erfolgende Vernehmung des Nebenklägers mit dem Hinweis, dass der Richter nicht wisse, ob das Sinn mache, da er die Aussage des Zeugen für überzeugend halte.[117]

(b) Unsachliche Äußerungen. Die Rechtsprechung zeigt sich relativ verständnisvoll im Umgang mit unsachlichen richterlichen Äußerungen. Einmalige Äußerungen werden gern als kontextgebundener verständlicher Unmut toleriert,[118] dessen Anschein einer Befangenheit zudem durch die dienstliche Erklärung des Richters wieder entkräftet werden kann.[119] Soweit hierbei allerdings angenommen wird, eine **Entschuldigung** des abgelehnten Richters in seiner dienstlichen Erklärung sei gleichsam grundsätzlich geeignet, die Besorgnis des Ablehnenden zu beseitigen,[120] **überzeugt dies nicht.** Zum einen läge es damit in der Hand des ggf. tatsächlich befangenen Richters, sich durch ein Lippenbekenntnis weiterhin die Entscheidungsbefugnis zu sichern. Zum anderen wertet es eine Entschuldigung von vornherein ab, wenn diese erst in Reaktion auf ein Ablehnungsgesuch erfolgt. Auch von einem vernünftigen Ablehnenden kann normativ nicht erwartet werden, dass er auf derartige Entschuldigungen hin Vertrauen in die Unparteilichkeit (erneut) zu fassen hat, zumal er besorgen muss, dass die Erklärung nicht zuvörderst an ihn, sondern an die Rechtsmittelinstanz gerichtet ist.[121] Anderes kann gelten, wenn eine solche Entschuldigung vor oder unabhängig von einem angebrachten Befangenheitsgesuch erfolgt. 38

Grob unsachliche Äußerungen rechtfertigen die Befangenheit auch, wenn sie nur einmalig vorkommen, zB: 39

---

109 LG Frankfurt a. M. 8.3.1988 – 5/4 KLs 88 Js 18059/87, StV 1988, 245.
110 LG Freiburg 11.10.1978 – VAK 55/78, StV 1982, 112.
111 BGH 22.4.2005 – 2 StR 46/05, Becker NStZ-RR 2007, 1 – RsprÜ; 8.6.2005 – 2 StR 118/05, StV 2005, 531.
112 LG Hanau 10.9.2003 – 1200 Js 18044/2002 – KLs, StV 2004, 71.
113 BGH 16.6.1971 – 4 StR 450/70, VRS 41, 203.
114 BGH 8.5.2014 – 1 StR 726/13, NJW 2014, 2372.
115 BGH 28.5.2015 – 2 StR 526/14, NStZ 2016, 217.
116 AG Wildeshausen 5.4.2017 – 3 OWi 859/16; AG Fürth 24.7.2018 – 411 OWi 704 Js 105668/18 (2).
117 AG Köln 23.11.2018 – 612 AR 49/18, StraFO 2019, 63.
118 BVerfG 13.5.2009 – 2 BvR 247/09, BeckRS 2009, 35214; BGH 2.3.2004 – 1 StR 574/03, NStZ-RR 2004, 208.
119 BGH 13.10.2005 – 5 StR 278/05, NStZ 2006, 4.3.2009 – 1 StR 27/09, NStZ 2009, 701; 4.3.2009 – 1 StR 27/09, NStZ 2011, 71.
120 BGH 26.10.2011 – 5 StR 292/11, NStZ 2012, 168; 13.10.2005 – 5 StR 278/05, NStZ 2006, 49; 18.8.2011 – 5 StR 286/11, BeckRS 2011, 22407; krit. a. Sommer NStZ 2014, 615.
121 Aus der Praxis wird berichtet, dass einige Richter praktisch keine Dienstlichen Erklärungen im Ablehnungsverfahren mehr verfassen, die nicht auch eine prophylaktische Entschuldigung enthalten. Es ist nicht fernliegend, anzunehmen, dass diese eher vorab für das Revisionsgericht denn für den Angeklagten verfasst sind.

– grob neben der Sache liegende Unmutsäußerungen über Beweisanträge des Verteidigers;[122] Ironie vor der Beratung über Beweisanträge des Verteidigers über die voraussichtliche Dauer bis zu einer Entscheidung („Meinen Sie, wir können die Anträge noch schneller ablehnen?").[123]
– Diskriminierende Äußerungen über die Herkunft des Angeklagten und pauschale Charakterisierungen („Ihre Landsleute legen sehr ungern Geständnisse ab. Wenn sie verurteilt werden, fangen sie das Weinen und Zähneknirschen an").[124]
– Versteckte Drohungen an den Angeklagten bezüglich der Konsequenzen einer Prozesshandlung („Die Folgen werden Sie zu tragen haben", zu einem Angeklagten, der in der Hauptverhandlung seinem Wahlverteidiger das Mandat entzogen hatte).[125]
– Kundgabe eines unbedingten Verurteilungswillen durch die Äußerung, man werde die Sache „nicht platzen lassen, auch auf die Gefahr hin, dass wir aufgehoben werden".[126]
– Die Aufforderung an den Angeklagten, sich lieber beim Verletzten zu entschuldigen statt ein Rechtsmittel zu betreiben.[127]
– Unterstellung, der Angeklagte habe sich über die „Fragwürdigkeit seiner eigenen Rechtsansicht" bewusst „aus Rechthaberei" hinweggesetzt.[128]
– Beschwerde beim Vorgesetzten des Sitzungsstaatsanwalts, dass dieser wie ein Verteidiger auftrete.[129]
– Hinweis auf die Todesstrafe in anderen Ländern.[130]
– Vorwurf des Richters an den Angeklagten, „nach Aktenlage" unverschämt zu lügen.[131]
– Der Richter erweckt den Eindruck, von der Unwahrhaftigkeit einer Zeugenaussage schon endgültig überzeugt zu sein, durch die Äußerung, der Zeuge habe die Wahrheit zu sagen, und wenn er das nicht wolle, solle er „gefälligst die Klappe halten";[132] spöttische Befragung einer Zeugin, die diese der Lächerlichkeit preisgibt („Dann hat wohl Superman das Fahrzeug gefahren");[133] Bemerkung bei offener Beweislage, ein Zeuge habe „jetzt endlich die Wahrheit gesagt".[134]
– Ratschlag an die Ehefrau des Angeklagten, sie solle sich mit ihrem Ehemann nicht versöhnen und von ihrem Zeugnisverweigerungsrecht keinen Gebrauch machen.[135]
– Erwiderung der Richterin auf die Äußerung des Angeklagten, der Geschädigte sei ein Krimineller: „Das gibt Ihnen kein Recht auf die Leute zu schießen, Ihre Einstellung wird sich im Strafmaß wiederfinden".[136]
– Die Richterin fragt während der laufenden Beweisaufnahme in einer Sitzungspause bei einer Betreuerin nach, ob die Zeugin sich wegen der außerordentlich belastenden Tatgeschehnisse einer Therapie unterziehe, was doch dringend erforderlich wäre.[137]
– Ungewöhnlich drastisch formulierte Vorwürfe an die Verteidiger, konkret die Qualifizierung eines – ggf. auch kritikwürdigen – Verteidigerverhaltens als „üble, menschenverachtende Entgleisung" und „widerwärtig", auch noch zwei Tage nach der betroffenen Zeugenvernehmung.[138]

---

122 BGH 9.3.1988 – 3 StR 567/87, NStZ 1988, 372.
123 BGH 13.10.2005 – 5 StR 278/05, NStZ 2006, 49.
124 BGH 2.3.2004 – 1 StR 574/03, NStZ-RR 2004, 208 f.
125 BGH 14.11.1967 – 5 StR 439/67, n.v.
126 BGH 15.2.1972 – 5 StR 35/72, Dallinger MDR 1972, 569 (571) – RsprÜ.
127 OLG Köln 26.1.1988 – Ss 650/87, StV 1988, 287.
128 OLG Bremen 3.9.1990 – Ws 108/90, StV 1991, 57 (58).
129 BGH 4.5.1977 – 3 StR 93/77, NStZ 1991, 348 = BeckRS 1977, 1.
130 BGH 23.7.1991 – 5 StR 268/91, NStZ 1991, 226.
131 BayObLG 4.8.1993 – 5St RR 80/93, NJW 1993, 2948.
132 BGH 9.12.1983 – 2 StR 452/83, NJW 1984, 1907.
133 KG 10.7.2008 – (3) 1 Ss 354/07 (123/07), NJW 2009, 96.
134 BGH GA 1978, 243.
135 BGH 9.2.1951 – 3 StR 48/50, BGHSt 1, 34 = NJW 1951, 323 (324).
136 BGH 2.8.2001 – 4 StR 290/01, NStZ-RR 2001, 372 (373).
137 BGH 24.8.1999 – 4 StR 339/99, NStZ 1999, 629.
138 BGH 9.11.2004 – 5 StR 380/04, NStZ 2005, 218.

- Schöffin äußert sich in der Verhandlungspause, sie nehme vor jeder Sitzung eine Beruhigungspille, denn sie sei schon bedient, wenn sie sehe, wie dreckig und ungewaschen die Angeklagten seien.[139]
- Äußerung eines Richters in einem Telefonat mit einem Verteidiger bezüglich der Einlegung und Erfolgsaussichten einer Haftbeschwerde: „Unter uns gesagt, machen Sie sich doch nichts vor, die Drei gehören dahin, wo sie sind, und zwar ganz lange und ganz tief. Solche Leute haben in Freiheit nichts zu suchen."[140]

(c) Unzulässiger Druck. Ein Verstoß gegen einen fundamentalen Grundsatz des geltenden Strafverfahrensrechts stellt das Ausüben von Druck dar, um den Angeklagten zu einem Geständnis zu bringen,[141] vgl. §§ 136 Abs. 1 S. 2, 136a, 243 Abs. 5 S. 1 (zum Sonderfall der Befangenheit nach Verständigungsversuchen siehe unten). Daher darf der Richter insbesondere nicht versuchen, den Angeklagten zu einem Geständnis zu drängen.[142] Dies kann auch bei Verständigungen nach § 257c bzw. dem Versuch solche herbeizuführen Relevanz erlangen. Unzulässig ist demnach 40

- dem Angeklagten vorzuhalten, fehlende Einsicht in das Unrecht der Tat könne strafschärfend berücksichtigt werden,[143] oder den Angeklagten als Feigling zu bezeichnen, weil er nicht für seine Tat einstehen wolle, verbunden mit dem Wunsch, dass ihm nachts seine tote Frau (deren Ermordung ihm zur Last gelegt wurde) vor die Augen treten möge.[144] 41
- Den Angeklagten zu fragen, wie lange er sich die Zeugenaussage über die erlittenen Tatfolgen noch anhören wolle.[145]
- Den Eindruck zu erwecken, ein in der Hauptverhandlung verkündeter Haftbefehl sei ergangen, weil der Verteidiger eines Mitangeklagten die Aufhebung des gegen seinen Mandanten erlassenen Haftbefehls beantragt hatte.[146]
- Die Aufforderung, ein Rechtsmittel zurückzunehmen, wenn sie über einen angemessen formulierten Ratschlag hinausgehend einem Einschüchterungsversuch gleicht.[147] Für das Verfahren nach einem Einspruch gegen einen Strafbefehl[148] oder im Verfahren nach dem StVollzG[149] gilt nichts anderes.
- Unterlassen einer weiteren Terminierung nach Anordnung von Sitzungshaft wegen Nichterscheinen des Angeklagten.[150]
- Anregung an Staatsanwaltschaft, bereits eingestellte Taten wiederaufzunehmen, sofern der Angeklagte Einspruch gegen den Strafbefehl einlegt.[151]

(2) Einzelfälle: Ablehnungsgrund verneint.

- Die Terminierung des Verfahrens, wenn auf die Belange der Beteiligten Rücksicht genommen wurde;[152] ferner die Bemerkung des Richters bei Absprache der Terminie- 42

[139] Werdel, Rechtsgeschichtliche und vergleichende Studie zum strafprozessualen Befangenheitsrecht, 2001, S. 123.
[140] BGH 19.8.2014 – 3 StR 283/14, NStZ 2015, 46.
[141] BGH 4.10.1984 – 4 StR 429/84, Pfeiffer NStZ 1985, 204 (205) – RsprÜ; 2.3.2004 – 1 StR 574/03, NStZ-RR 2004, 208 (209); 8.12.2005 – 4 StR 198/05, NStZ-RR 2007, 116 (118).
[142] BGH 9.1.1958 – 4 StR 203/57, NJW 1959, 55; 24.3.1982 – 2 StR 105/82, NJW 1982, 1712.
[143] BGH 2.8.2001 – 4 StR 290/01, StV 2002, 115.
[144] BGH 9.1.1958 – 4 StR 203/57, NJW 1959, 55.
[145] BGH 15.5.2007 – 3 StR 132/07, StV 2007, 449.
[146] BGH 9.8.2000 – 3 StR 504/99, wistra 2001, 24, wörtlich: „Das haben Sie nun davon".
[147] OLG Nürnberg 20.11.2007 – 2 St OLG Ss 133/07, NStZ-RR 2008, 114 mwN; OLG Hamm 11.10.2018 – 3 RVs 32/18, BeckRS 2018, 31412.
[148] OLG Stuttgart 30.1.2006 – 1 Ss 5/06, StV 2007, 232 (233).
[149] OLG Hamm 30.8.2007 – 3 Ss 339/07, NStZ 2008, 218.
[150] AG Bautzen 14.11.2017 – 40 Ds 560 Js 24562/15, BeckRS 131708.
[151] AG Tiergarten 19.2.2020 – (332a Cs) 246 Js 26/14 (177/17), wistra 2020, 172.
[152] BGH 26.11.2001 – 5 StR 54/01, NStZ-RR 2002, 77: Die Terminierung auf den zweiten Tag nach Urlaubsrückkehr des Verteidigers ist bei einfacher Sach- und Rechtslage in Ordnung. BGH 9.11.2006 – 5 StR 349/06, NStZ 2007, 163 (164): Die Terminierung führt auch nicht zur Befangenheit, wenn ermessensfehlerfrei die Wahrung des Beschleunigungsgrundsatzes gegenüber einer Verteidigung durch den Wahlverteidiger der Vorrang eingeräumt wird. Anders aber bei einer bewusst falschen Angabe, es

rung, es könne nicht sein, dass er am Schluss die Haftbefehle aufheben müsse, weil die Verteidiger keine Zeit hätten.[153]

- Richter bricht wegen Schließung des Gerichtsgebäudes eine Zeugenvernehmung ab und lässt weitere Fragen an den Zeugen nur aufgrund von Beweisanträgen zu.[154]
- Richter weist den Angeklagten zurecht, sein „dummes Geschwätz" zu lassen, nachdem dieser mehrfach die Verhandlung störte;[155] auch die an den Verteidiger nach einer Unterbrechung des Richters gerichtete Äußerung „Ich verbitte mir Ihre Belehrungen" stellt keinen Ablehnungsgrund dar.[156]
- Der Richter schaltet das Mikrofon des Verteidigers ab, während dieser so laut redet, dass er ohnehin deutlich zu verstehen ist.[157]
- Der Richter bedankt sich im Namen der Steuerzahler für Beweisanträge kurz vor dem Schluss der Beweisaufnahme und fügt an: „Uns ist hier nichts zu teuer."[158]
- Den Zeitpunkt einer Zeugenbelehrung nach § 55 darf der Richter gemäß § 238 Abs. 1 selbst bestimmen und gilt nicht als befangen, wenn er diesen – nicht sachwidrig – hinauszögert.[159] Nach neuerer Rechtsprechung darf er auch ergänzend auf Umstände hinweisen, die der Zeuge bei der Entscheidung über sein Auskunftsverweigerungsrecht zu bedenken haben könnte.[160]
- Der Vorsitzende übergibt den Schöffen Teile der Anklageschrift; dies soll auch gegenüber den Schöffen nicht zur Ablehnung berechtigen.[161]
- Fristsetzungen zur Stellung von Beweisanträgen, wenn die Maßgaben der BGH-Rechtsprechung eingehalten werden;[162] eine unangemessen kurze Fristsetzung muss insgesamt willkürlich erscheinen.[163]
- Der Richter lehnt einen Antrag auf Verlesung des Anklagesatzes in türkischer Sprache gegenüber einem der deutschen Sprache mächtigen Angeklagten ab.[164]
- Der Richter nimmt einen Antrag auf Aufhebung des Haftbefehls erst nach der Verhandlung entgegen.[165]
- Der Richter trifft vertretbare sitzungspolizeiliche Maßnahmen.[166]
- Der Richter äußert – in Zusammenhang mit einer aus seiner Sicht nicht zielführenden Zeugenbefragung – Unmut über die Art der Befragung der Verteidigung.[167]
- Die Richterin tut eine Zeugenaussage mit einer Handbewegung ab und sagt in Richtung der neben ihr sitzenden Schöffin: „Unglaublich".[168]

---

sei ein Fortsetzungstermins erforderlich, an dessen Wahrnehmung der Verteidiger gehindert ist, OLG München 22.11.2006 – 4St RR 182/06, NJW 2007, 449.

153 BGH 9.5.2007 – 1 StR 32/07, bei Cierniak/Zimmermann, NStZ-RR 2010, 65 (66) – RsprÜ.

154 BGH 14.12.2006 – 5 StR 472/06, NStZ 2007, 281 f.

155 BGH 10.6.1970 – 2 StR 562/69, Dallinger MDR 1971, 17 – RsprÜ.

156 BGH 22.6.1994 – 3 StR 72/94, Kusch NStZ 1995, 18 – RsprÜ.

157 BGH 22.6.1994 – 3 StR 72/94, Kusch NStZ 1995, 18 – RsprÜ.

158 BGH 29.11.1995 – 5 StR 345/95, NStZ-RR 1996, 200 (201).

159 BGH 12.12.2008 – 2 StR 479/08, NStZ-RR 2009, 142.

160 BGH 27.10.2009 – 3 StR 424/09, NStZ 2010, 270; das soll selbst dann gelten, wenn dem Zeugen rechtlich unzutreffend gesagt wird, ein Schweigen könne sich in seinem Verfahren negativ auswirken, 12.11.2009 – 4 StR 275/09, NStZ 2010, 342. Überzeugender 9.2.1951 – 3 StR 48/50, BGHSt 1, 34 = NJW 1951, 323: „Jede Einwirkung in dem Sinne, dass er von seinem Recht keinen Gebrauch machen solle, wäre für den Richter ein Eingriff in diese Entschlussfreiheit und ist ihm daher nicht gestattet."; vgl. hierzu auch Schmuck/Gorius NJOZ 2011, 833.

161 BGH 2.11.2010 – 1 StR 544/09, NStZ 2011, 294; vgl. auch EGMR 12.6.2008 – 26771/03, NJW 2009, 2871 – Elezi ./. Deutschland.

162 BGH 8.7.2009 – 1 StR 289/09, wistra 2009, 446 (448).

163 BVerfG 24.3.2010 – 2 BvR 2092/09, 2 BvR 2523/09, NJW 2010, 2036.

164 BGH 14.6.2005 – 3 StR 446/04, NJW 2005, 3434.

165 BGH 9.7.2009 – 5 StR 263/08, NJW 2009, 3248.

166 BGH 19.5.1994 – 1 StR 132/94, NStZ 1994, 447: Fesselung des Angeklagten in Sitzungspausen; BGH 14.2.2002 – 4 StR 272/01, NStZ 2002, 429: Richter zieht auf Antrag der Staatsanwaltschaft Wachtmeister für mögliche Maßnahmen gegen Zeugen hinzu.

167 BGH 14.1.2000 – 3 StR 106/99, NStZ 2000, 325.

168 BVerfG 13.5.2009 – 2 BvR 247/09 (Nichtannahmebeschluss).

– Der Richter lässt anstelle einer Einlassung den Verteidiger keine anwaltliche Erklärung über ihm von dem Angeklagten mitgeteilte Angaben verlesen.[169]
– Die Äußerung „Das ist ja lachhaft" ist noch spontan und verständlich, wenn sie durch entsprechendes Verteidigerverhalten provoziert wurde;[170] dialektgefärbte Äußerungen, sofern sie gebräuchlich und nicht beleidigend sind.[171]
– Die an einen Mitangeklagten gerichtete Äußerung gelegentlich seiner Abtrennung, „falls der BGH unsere Rechtsauffassung teilt, werden wir uns wiedersehen" wegen Besonderheiten des Einzelfalls.[172]
– Anordnung zur Aufbewahrung Erbrochenes für eine Untersuchung durch einen Sachverständigen, um behauptete Verhandlungsunfähigkeit zu überprüfen.[173]
– Richterin legt Termine auf Samstage und beaufsichtigt ihren 9-jährigen Sohn im Beratungszimmer durch die offene Tür zum Gerichtssaal.[174]
– Kurzes Auflachen eines Richters während des Plädoyers der Verteidigung.[175]

ff) Verständigung. Die eingeführten Regeln über Verfahrensabsprachen nach § 257c stellen einen Fremdkörper im herkömmlichen Verfahrensrecht der StPO dar.[176] Sie verlangen vom Richter, sich „in geeigneten Fällen" von der mit Verfassungsrang ausgestatteten Unschuldsvermutung zu lösen und sie im Wege einer gedanklichen Wahrunterstellung der Anklage gleichsam durch eine Schuldvermutung zu ersetzen sowie hieraus bereits einen Strafmaßkorridor zu antizipieren. Als Ziel der so angestrebten Verständigung ist gesetzgeberisch die **Erlangung eines Geständnisses** genannt, § 257c Abs. 2 S. 2. Dass dieser gesetzlich vorgeschlagene Weg der Verfahrenserledigung auch aus Sicht eines besonnenen Angeklagten den Anschein bergen kann, der Richter habe seine innere Neutralität und Distanz zur Sache aufgegeben, ist zwar schwerlich zu bestreiten und rechtsstaatlich bedenklich. Eine Ablehnung kann auf diese gesetzlich angelegte, „strukturelle Voreingenommenheit"[177] indes nicht per se gestützt werden, so dass auch die Kontaktaufnahmen eines Richters zur Erörterung von Verständigungsmöglichkeiten als **unbedenklich** gelten.[178] 43

Die Rechtsprechung scheint die Besorgnis der Befangenheit tendenziell an Einhaltung der Absprachereglen zu koppeln. Verletzt ein Richter bei Abspracheversuchen die gesetzlichen (früher richterrechtlichen) Vorgaben, kommt Befangenheit in Betracht. Im Einzelnen erlangen folgende Fallgruppen Relevanz: 44

(1) Prognosen über Straferwartung. Die **Angabe einer Strafobergrenze** begründet nicht die Befangenheit; s. auch § 257b StPO.[179] Es soll jedoch stets die gebotene Zurückhaltung zu wahren sein.[180] Der Eindruck einer unabhängig von der Einlassung und dem Ergebnis der Beweisaufnahme bestehenden Festlegung auf eine Strafe darf niemals entste- 45

[169] BGH 20.6.2007 – 2 StR 84/07, NStZ 2008, 349.
[170] BGH 9.6.2009 – 4 StR 461/08, NStZ 2009, 581.
[171] BGH 3.11.2010 – 1 StR 500/10, NStZ 2011, 228 (229): Aufforderung eines bayerischen Richters, der Verteidiger solle „sich nicht so aufmandeln".
[172] Insoweit nicht abgedruckt in BGH 9.7.2009 – 5 StR 263/08, NJW 2009, 3248, sondern in BGH 9.7.2009 – 5 StR 263/08, BeckRS 2009, 21879.
[173] BGH 28.7.2015 – 1 StR 602/14, NStZ 2016, 164 mAnm Kudlich.
[174] AG Bielefeld 5.12.2017 – 39 Ds – 6 Js 42/17 – 824/17, BeckRS 2017, 134347.
[175] BayObLG 9.4.2020 – 205 StRR 1779/19, BeckRS 2020, 16493.
[176] Fischer StraFo 2009, 185; Trüg/Kerner FS Boettcher, 2007, 212; Fezer NStZ 2010, 177; Eschelbach in BeckOK StPO § 257c Rn. 1.
[177] Eschelbach in BeckOK StPO Vor § 257c Rn. 1.
[178] Siolek in Löwe/Rosenberg Rn. 59.
[179] BT-Drs. 16/11736, 10; BGH 14.4.2011 – 4 StR 511/10, NStZ 2011, 590; Cirener in BeckOK StPO § 24 Rn. 31; Knauer/Lickleder NStZ 2012, 366 (371); aA Eschelbach in BeckOK StPO § 257c Rn. 27.4, wonach die Zwischenberatung über die Schuld- und Straffrage vor Abschluss der Beweisaufnahme unzulässig und mit §§ 261, 263 StPO unvereinbar ist. Sie begründe Befangenheit der beteiligten Berufsrichter und Schöffen aufgrund dieses „Vorurteils" nach Aktenlage, das über den Eröffnungsbeschluss hinaus auch noch einen „kleinen Strafrahmen" nennt, s. dazu auch: Strate HRRS 2003, 47 (51).
[180] BGH 5.7.1984 – 4 StR 255/84, NStZ 1985, 36 (37); 4.3.2009 – 1 StR 27/09, NStZ 2009, 701; 29.3.2012 – 3 StR 455/11, NStZ-RR 2012, 21 f.

hen.[181] Voreingenommenheit ist anzunehmen, wenn der Unterschied in den Strafobergrenzen mit der strafmildernden Wirkung eines Geständnisses nicht erklärbar ist („Sanktionsschere", ggf. auch iSd § 136a beachtlich).[182]

46 **(2) Nichtbeteiligung anderer Verfahrensbeteiligter.** Bei Bestehen erkennbar widerstreitender Interessen kann die Nichtbeteiligung von Verfahrensbeteiligten, zB durch das Führen von Gesprächen unter Beteiligung nicht aller Verteidiger,[183] die **Befangenheit begründen.**[184] Gespräche gezielt an der Staatsanwaltschaft vorbei sind ebenso[185] wie geheime Absprachen mit einem Mitangeklagten, ggf. zu Lasten des Angeklagten, unzulässig und begründen die Ablehnung.[186] Ebenso die Verweigerung der Auskunft auf Fragen des Verteidigers, ob Inhalt von Gesprächen mit StA oder Wirtschaftsreferenten das anhängige Verfahren war.[187] Soweit ausgeführt wird, nachträgliche Transparenz könne derartiges Vorgehen heilen,[188] wird dies uneingeschränkt nur für Gespräche gelten können, die dem Gericht gleichsam aufgedrängt wurden. Hat es selbst die Initiative ergriffen, ist es Frage des Einzelfalls, ob nachträgliche Transparenz den Anschein der Befangenheit entfallen lässt. Keinesfalls kann jedoch die unfreiwillige Offenbarung im Ablehnungsverfahren mittels Dienstlicher Erklärung als nachträglich vertrauensbildend gewertet werden. Auch prozessuale „Überfürsorge" für einen zu Lasten von Mitangeklagten Aussagenden, etwa in Form von schneller Abtrennung und absprachegemäßer (günstiger) Verurteilung nach erfolgter drittbelastender Aussage kann Befangenheit offenbaren.[189]

47 **(3) Umgang mit fehlgeschlagener Verständigung.** Problematisch erscheint, dass nach Wegfall der Bindung des Gerichts das Geständnis nicht mehr verwertbar ist, dasselbe Gericht jedoch weiter agieren darf.[190] Die in einer Absprache ohnehin angelegte „strukturelle Voreingenommenheit" droht nach deren Scheitern in einem sich anschließenden streitigen Verfahren zwar eine gefährliche Steigerung zu erfahren;[191] das Gesetz geht jedoch von einer **fortbestehenden Unbefangenheit des Gerichts** aus.[192] Im Rahmen des Ablehnungsrechts erlangt in derartigen Konstellationen jedweder Hinweis darauf, dass dem Gericht das geforderte „Vergessen" des Absprachevesuchs Schwierigkeiten bereitet, größeres Gewicht und kann die Ablehnung begründen.[193] So ist insbesondere, wenn die gescheiterte Verständigung durch das Gericht selbst initiiert wurde, die Besorgnis der Befangenheit begründet, wenn sich Anzeichen ergeben, das Gericht trauere der fehlgeschlagenen Absprache nach.[194] Dies gilt erst recht, wenn richterlich der Anschein erweckt wird, man mache den Angeklagten für deren Scheitern ver-

---

181 BGH 14.4.2011 – 4 StR 571/10, NStZ 2011, 590; 29.3.2012 – 3 StR 455/11, NStZ-RR 2012, 211.

182 BGH 14.8.2007 – 3 StR 266/07, NStZ 2008, 170, 171; Cirener in BeckOK StPO § 24 Rn. 32.

183 BGH 4.7.1990 – 3 StR 121/89, BGHSt 37, 99.

184 BGH 7.5.2003 – 5 StR 556/02, NStZ 2003, 563; zur Vorgehensweise vgl. 18.12.2007 – 1 StR 301/07, NStZ 2008, 229; zur Situation bei Angeklagten in verschiedenen Verfahren vgl. 9.2.2012 – 1 StR 438/11, StV 2012, 393; Cirener in BeckOK StPO § 24 Rn. 32; Ausschluss eines Angeklagten, Bittmann NStZ-RR 2011, 102 (103).

185 BGH 20.2.1996 – 5 StR 679/95, BGHSt 42, 46 (50) = NJW 1996, 1763; 28.8.1997 – 4 StR 240/97, BGHSt 43, 195 (206).

186 Vgl. BGH 23.11.1995 – 1 StR 296/95, NJW 1996, 1355 (1358); s. auch 23.8.2007 – 3 StR 301/07, NStZ 2008, 116; 18.12.2007 – 1 StR 301/07, NStZ 2008, 229; 28.8.1997 – 4 StR 240/97, NStZ 2009, 701; vgl. auch 30.6.2010 – 2 StR 455/09, NStZ 2011, 44; 10.1.2019 – 5 StR 648/18, NStZ 2019, 223.

187 BGH 30.3.1984 – 2 StR 132/84, StV 1984, 318; 5.4.1995 – 5 StR 681/94, StV 1995, 397.

188 BGH 5.10.2010 – 3 StR 287/10, StV 2011, 72.

189 BGH 10.1.2012 – 3 StR 400/11, NStZ 2012, 519; s. auch 30.6.2010 – 2 StR 455/09, NStZ 2011, 44, wo die Abtrennung im Vorgriff auf das Bemühen der Mitangeklagten erfolgte, die Glaubhaftigkeit des sie belastenden Abzutrennenden zu erschüttern.

190 Hettinger JZ 2011, 292 (301).

191 Schünemann ZRP 2009, 104 (107); Paeffgen in SK-StPO § 202a Rn. 9; Sommer, Effektive Strafverteidigung 2011, Kap. 3, Rn. 1586; Velten in SK-StPO § 257c Rn. 47; Weigend FS Maiwald, 2010, 829 (841); Eschelbach in BeckOK StPO § 257c Rn. 40.2.

192 Ablehnend Velten in SK-StPO § 257c Rn. 47; s. auch Theile NStZ 2012, 666 (671).

193 Eschelbach in BeckOK StPO § 257c Rn. 40.2.

194 Weßlau ZStW 116 (2004), 151 (167); Velten in SK-StPO § 257c Rn. 33.

antwortlich.[195] Ein richterliches erneutes Wiederaufgreifen eines bereits abgelehnten Verständigungsvorschlags soll indes die Besorgnis der Befangenheit für sich genommen nicht begründen können.[196]

Nach Auflösung der Verständigung ist das Gericht an Zusagen nicht mehr gebunden. 48
Fühlt sich ein Richter gleichwohl verpflichtet, kann eine diesbezügliche Erklärung die Befangenheit begründen.[197] Ebenso, wenn das Verhalten des Vorsitzenden nach Scheitern einer Absprache der StA den begründeten Eindruck vermittelt, er ziehe eine schnelle Erledigung der prozessordnungsgemäßen Aufklärung der Vorwürfe vor.[198]

(4) Verständigungen unter Einbeziehung der §§ 46b StGB, 31 BtMG. Stellt das 49
Gericht einzelnen Angeklagten für den Fall der Belastung Mitangeklagten oder der Wiederholung entsprechender, bereits im Ermittlungsverfahren getätigter Aussagen, Strafabschläge durch Anwendung des § 46b StGB in Aussicht, wird dies aus Sicht der zu belastenden Mitangeklagten regelmäßig die Besorgnis der Befangenheit rechtfertigen. Auch aus dem Blickwinkel eines besonnenen Angeklagten gibt ein Gericht die gebotene Neutralität und Distanz auf, wenn es selbst, ggf. auch ohne sich dessen gewahr zu sein, einen **suggestiven Anreiz zur Belastung** Mitangeklagter setzt. Der Zweifel, ein Richter, der eine diesem gesetzten Anreiz entsprechende und seinem mutmaßlichen Erwartungshorizont genügende Aussage entgegennimmt, werde noch in der Lage sein, selbige in der gebotenen kritischen Weise zu hinterfragen, die das Gesetz durch ein neutrales distanziertes Gericht garantiert, ist berechtigt und begründet die Ablehnung. Ob in derartigen Konstellationen die Formen des § 257c beachtet wurden, ist sodann ohne Belang.[199]

gg) Mitwirkung an Vorentscheidungen – Fehlerhafte Rechtsanwendung. Eine 50
Vortätigkeit des Richters in derselben Sache stellt per se, sofern kein Ausschlussgrund nach §§ 22 (Nr. 4 und 5), 23 vorliegt, **regelmäßig keinen** Ablehnungsgrund dar.[200] Sie ist nach der Gesetzeslage sogar der Regelfall, da in StPO und GVG angelegt und etwa der nach § 203 die Anklage zulassende Richter auch über selbige in der Instanz entscheidet.[201]

Nur in **Ausnahmekonstellationen** lässt die hM eine Vorbefassung ohne weitere 50a
Umstände für die Besorgnis einer Befangenheit genügen: Ein Richter gilt als befangen, wenn er über ein (zweites) Befangenheitsgesuch entscheidet, mit dem geltend gemacht wird, er habe ein gegen ihn gerichtetes (erstes) Befangenheitsgesuch fehlerhaft gem. § 26a selbst abgelehnt und damit dem Ablehnenden (ein zweites Mal) den gesetzlichen Richter entzogen.[202] Schließlich soll ein Richter befangen sein, wenn er über ein Aussa-

---

195 Eschelbach in BeckOK StPO § 257c Rn. 40.2.; zurückhaltend EGMR auf der Grundlage von Art. 6 Abs. 1 S. 1 EGMR 23.11.2010 – 21698/06 – Kriegisch ./. Deutschland.

196 BGH 2.9.2020 – 5 StR 630/19, NStZ 2020, 749.

197 Eschelbach in BeckOK StPO § 257c Rn. 40.3.; aA LG Verden 4.3.2010 – 2 KLs 13/09, StV 2010, 234 f.

198 BGH 11.3.2003 – 3 StR 28/03, NStZ 2003, 666 (667); 29.3.2012 – 3 StR 455/11, NStZ-RR 2012, 211.

199 Vgl. in diesem Sinne auch BGH 10.1.2012 – 3 StR 400/11, NStZ 2012, 519 (521).

200 BGH 25.4.1984 – 3 StR 103/84, BGHSt 32, 334; 1.12.1982 – 2 StR 210/82, NStZ 1983, 135.

201 BVerfG 26.1.1971 – 2 BvR 443/69, BVerfGE 30, 149 (157) = NJW 1971, 1029; Siolek in Löwe/Rosenberg Rn. 47; letztlich entscheidet insoweit ein legislatorischer Imperativ, dessen empirische Berechtigung zweifelhaft ist (vgl. etwa Schünemann StV 2000, 159). Dass indes Zweifel an der Unvoreingenommenheit vorbefasster Richter nicht von vornherein als unvernünftig abgetan werden können, belegt neben empirischen Anhaltspunkten auch die Gesetzeslage bis zur Emminger'schen Reform 1924, nach welcher zumindest der Berichterstatter über die Eröffnungsentscheidung als Richter für die Hauptverhandlung gesetzlich ausgeschlossen war (§ 23 Abs. 3 aF); Wohlers FS Roxin, 2011, 1313, leitet aus der Rechtsprechung des EGMR berechtigte Zweifel an der Unparteilichkeit der den Eröffnungsbeschluss fassenden Richter ab und sieht den Gesetzgeber gefordert; krit. auch Traut/Nickolaus StraFo 2012, 51.

202 BGH 9.12.1983 – 2 StR 452/83, NStZ 1984, 419 f. Weniger grundsätzlich lesen sich andere Entscheidungen, nach denen es auf die vom Richter vertretene Rechtsmeinung ankommt, etwa in der dienstlichen Erklärung, vgl. BGH 19.5.1994 – 1 StR 132/94, NStZ 1994, 447; BVerfG 20.2.1995 – 2 BvR 1406/94, NJW 1995, 2914.

gedelikt, das in einem von ihm geleiteten Prozess begangen worden sein soll, zu entscheiden hat.[203]

51 Vorbefassung soll nach hM selbst dann **unschädlich** sein, wenn der zur Entscheidung Berufene bereits ein (vermeintlich abschließendes) Urteil über die Sache gefasst hatte,[204] da „das deutsche Verfahrensrecht von der Auffassung beherrscht [werde], dass der Richter auch dann unvoreingenommen an die Beurteilung einer Sache herantrete, wenn er sich schon früher über denselben Sachverhalt ein Urteil gebildet habe".[205] Mit der neueren Rechtsprechung des EGMR[206] lässt sich dies nicht in Einklang bringen, zumal ein Ablehnungsgesuch hiernach bereits unzulässig nach § 26a Abs. 1 Nr. 2 sein soll, wenn es ohne nähere Begründung lediglich auf die Teilnahme des Richters an einer früheren Entscheidung verweist.[207]

52 **(1) Kritik an der hM.** Letztlich wird durch das Rezitativ, ein Richter trete nach deutschem Verfahrensrecht auch dann unvoreingenommen an die Beurteilung einer Sache heran, wenn er sich schon früher ein Urteil über selbige gebildet habe, ein normativer „Soll-„ schlicht zum „Istzustand" deklariert. Dieses Postulat befremdet nicht nur empirisch, sondern ist auch rechtlich nicht haltbar. Dogmatisch wäre entscheidend, ob § 23 die Konstellationen der Ausschließung eines Richters wegen Vorbefassung abschließend regelt und Sperrwirkung auch für die Geltendmachung jedweder weiteren Fallgestaltung nach § 24 entfaltet.[208] Die Judikatur bejaht dies mit der Behauptung, dass Vorbefassungen in StPO und GVG angelegt seien und damit keine Ablehnung rechtfertigten, sofern nicht die Ausschlussgründe des § 23 vorlägen.[209] Dies überzeugt nicht. Es ist schon bedenklich, durch einfachgesetzliche Auslegung hergeleitete Sperrwirkungen zum Dogma zu erheben, wenn dieses in Widerstreit zu dem verfassungsrechtlich gewährleisteten Anspruch zu geraten droht, nach welchem niemand einem Richter gegenüberstehen muss, dessen Neutralität und Distanz ggf. nicht gewährleistet ist.[210] Daneben gilt, dass ein Richter, der etwa einem gegen mehrere Beschuldigte aussagenden Kronzeugen in einem vorangegangenen Verfahren Glaubhaftigkeit attestiert hat, in einem späteren Verfahren gegen einen weiteren Beschuldigten, die Kronzeugenaussage kaum unbefangen würdigen kann. Käme er nämlich im aktuellen Verfahren zum dem Ergebnis, der Kronzeuge habe die Unwahrheit bekundet, müsste er potentiell den Grundstein für ein Wiederaufnahmeverfahren gegen sein vormaliges Urteil legen (vgl. § 359 Nr. 2). Er käme mithin in die Lage ggfls. über den Ausgangspunkt eines Verfahrens zu entscheiden, für welches das Gesetz ihn bereits nach § 23 Abs. 2 StPO ausschließen würde.

53 Letztlich wird auch verkannt, dass das deutsche Verfahrensrecht in gebotener konventionskonformer Auslegung[211] der EMRK und der Rechtsprechung des EGMR Rechnung

---

203 OLG Celle 29.8.1989 – 1 Ss 174/89, NJW 1990, 1308; hinzu kommt, dass selbst wenn insoweit mangels erfolgter Vernehmung des Richters kein Fall des § 22 Nr. 5 vorliegt, er materiell Tatzeuge ist und bereits § 244 Abs. 2 StPO seine Vernehmung gebieten kann.

204 BVerfG 26.1.1971 – 2 BvR 443/69, BVerfGE 30, 149 = NJW 1971, 1029, vgl. aber auch die abweichende Meinung dreier Verfassungsrichter zu dieser Entscheidung.

205 BGH 19.5.1994 – 1 StR 132/94-1, NStZ 1994, 447; s. auch 10.1.2018 – 1 StR 571/17, NJW 2018, 812.

206 EGMR 16.2.2021 – 1128/17, NJW 2021, 2947 mAnm Rzadkowski – Meng ./. Deutschland.

207 BGH 19.4.2018 – 3 StR 23/18, NStZ-RR 2018, 252; 18.11.2008 – 1 StR 541/08, NStZ-RR 2009, 85; 9.6.2009 – 2 StR 164/09, HRRS 2009 Nr. 796; 29.6.2006 – 5 StR 485/05, NJW 2006, 2864 (2866); 30.6.1955 – 4 StR 178/55, n.v.

208 Bejahend Schmitt in Meyer-Goßner/Schmitt § 22 Rn. 3; Kudlich/Noltensmeier-v. Osten in Satzger/Schluckebier/Widmaier StPO Rn. 10; ablehnend etwa Arzt Der befangene Strafrichter 17 ff., 65 ff.; Roxin/Schünemann Strafverfahrensrecht § 8 Rn. 5; Hamm, Der gesetzliche Richter, S. 117 ff., 164 ff.; krit. auch Weßlau/Deiters in SK-StPO Rn. 25 (im Gegensatz zur Vorauflage aber nunmehr einschränkend).

209 BGH 30.6.2010 – 2 StR 455/09, NStZ 2011, 44 (46) mwN.

210 Hierzu BVerfG 1.2.1967 – 1 BvR 630/64, BVerfGE 21, 132 (146); sowie 26.1.1971 – 2 BvR 443/69, BVerfGE 30, 149 (153): Es muss „Vorsorge dafür getroffen sein, dass im Einzelfall ein Richter, der nicht die Gewähr der Unparteilichkeit bietet, von der Ausübung seines Amtes ausgeschlossen ist oder im Ablehnungsverfahren ausgeschlossen werden kann."

211 Hierzu etwa BVerfG 11.10.1985 – 2 BvR 336/85, NJW 1986, 1425.

zu tragen hat. Nach dieser stellt eine Vorbefassung zwar ebenfalls nicht per se die Unbefangenheit infrage.[212] Ein Konventionsverstoß nach Art. 6 Abs. 1 EMRK[213] ist gegeben, wenn ein Richter, der sich im Rahmen von Vorbefassungen von der Schuld des Angeklagten überzeugt gezeigt hat, nunmehr über diese im Hauptverfahren entscheidet.[214] Dies gilt insbesondere auch, wenn der jetzt zur Entscheidung berufene Richter bereits in Parallelverfahren die Schuld des jetzigen Angeklagten angenommen hat.[215] Vorentscheidungen gegen andere Angeklagte zum gleichen Lebenssachverhalt bergen ohne solche Vorfestlegungen jedoch keinen Konventionsverstoß.[216]

54 Hiernach begründet entgegen der bislang hM die Annahme der Schuld des Angeklagten gelegentlich Vorbefassungen oder in Parallelverfahren[217] die begründete Besorgnis der Befangenheit. Ein derartiges Präjudiz ist damit als besonderer Umstand zu werten, aus dem sich aus einer an sich unschädlichen Vorbefassung eine Befangenheit begründet.

55 **(2) Befangenheit begründende besondere Umstände.** Gilt die Vorbefassung als grundsätzlich unschädlich, soll bei **Hinzutreten besonderer Umstände** Befangenheit ggf. zu bejahen sein. Etwa dann, wenn gelegentlich Vorbefassungen – gerade auch in abgetrennten Verfahren, die gegen andere Angeklagte wegen desselben prozessualen Lebenssachverhalts geführt werden – der Sachlage nach unnötige und sachlich unbegründete Werturteile über den jetzt Angeklagten richterlich geäußert bzw. in die Vorentscheidungen eingeflossen sind.[218] Mit der Rechtsprechung des EGMR (vgl. → Rn. 53) und in verständiger Würdigung eines „vernünftigen Angeklagten" wird man entgegen der hM desgleichen Befangenheit anzunehmen haben, wenn auch ohne Abwertung des Angeklagten seine Schuld bereits angenommen wurde.[219]

56 Dies wird namentlich dann der Fall sein, wenn in abgetrennten oder sonstigen Verfahren bei einem Angeklagten für Aussagen gegen den jetzigen Angeklagten von einem nun entscheidenden Richter die **Voraussetzungen der §§ 31 BtMG bzw. 46b StGB bejaht** wurden. Denn diese setzen die volle Überzeugung des Richters von einem Aufklärungserfolg und damit von der Tatbeteiligung des jetzigen Angeklagten voraus, über dessen Schuld nunmehr erst zu befinden ist.[220] Hingegen erkennt der BGH Befangenheit bislang nur an, wenn der Richter vorschnell nach einer geständigen Einlassung eines Mitangeklagten diesen abtrennt, ohne zuvor über Beweisanträge entschieden zu haben, die auf die Unglaubhaftigkeit der Aussage abzielen,[221] oder ihn sodann zu einer (günstigen) abgesprochenen Strafe verurteilt.[222]

57 Aber auch sonstige vorbehaltlose Schuldzuschreibungen stellen die Befangenheit begründende besondere Umstände dar.

---

212 S. etwa EGMR 24.5.1989 10486/83 – Hauschildt ./. Dänemark; 24.2.1993 14396/88 – Fey ./. Österreich.

213 Zum Gebot der Unparteilichkeit nach der EMRK s. EGMR 27.1.2004 – 73797/01 – Kyprianou ./. Zypern.

214 EGMR 25.7.2002 – 45238/99 – Perote Pellon ./. Spanien; 15.2.2007 – 15048/03 – Mathony ./. Luxemburg; 16.2.2021 – 1128/17, NJW 2021, 2947 mAnm Rzadkowski.

215 EGMR 7.8.1996 – 19874/92 – Ferantelli und Santangelo vs. Italien; 16.11.2000 – 39676/98 – Morales ./. Italien (Bezeichnung des Angeklagten als Drahtzieher im Parallelverfahren); 16.2.2021 – 1128/17, NJW 2021, 2947 mAnm Rzadkowski.

216 EGMR 10.8.2006 – 75737/01 – Schwarzenberger ./. Deutschland; 24.3.2009 – 32271/04 – Poppe ./. Niederlande; verfehlt wäre es indes, die Entscheidung Schwarzenberger ./. Deutschland als Beleg für die EMRK-Konformität der nationalen Rechtsprechung heranzuziehen, vgl. hierzu a. EGMR 16.2.2021 – 1128/17 – Meng ./. Deutschland. Gerade die letztgenannte Entscheidung sollte Anlass sein, Mahnungen zur Zurückhaltung bei der strafprozessualen Implementierung der EGMR Kriterien angesichts dessen schwankender Tendenz (in diesem Sinne etwa Weßlau/Deiters in SK-StPO Rn. 29) aufzugeben.

217 Zutreffend LG Bremen 8.2.1990 – 14 KLs 501 Js 6582/89, StV 1990, 203.

218 St. Rspr. BGH 10.1.2012 – 3 StR 400/11, NStZ 2012, 519 (521) mwN; 10.8.2005 – 5 StR 180/05, BGHSt 50, 216.

219 Auf eine Gesamtschau abstellend BGH 28.2.2018 – 2 StR 234/16, NStZ-RR 2018, 186.

220 BT-Drs. 16/6268, 12 (betreffend § 46b StGB); BGH 24.11.1982 – 3 StR 384/82, BGHSt 31, 163.

221 BGH 30.6.2010 – 2 StR 455/09, NStZ 2011, 44 (46 f.).

222 BGH 10.1.2012 – 3 StR 400/11, NStZ 2012, 519.

57a Nicht anders sollten Fälle behandelt werden, bei denen durch Spruchkörperwechsel ein an einem aufgehobenen Urteil mitwirkender Richter nach Zurückverweisung trotz § 354 Abs. 2 erneut zuständig wird.[223]

58 **(3) Befangenheit begründende Rechtsfehler.** Die Rechtsfehlerhaftigkeit richterlicher Entscheidungen vermag nach zutreffender Ansicht für sich genommen ebenso wenig eine Ablehnung zu begründen wie ein tatsächlicher Irrtum.[224] Denn unzutreffender Rechtsanwendung ist Parteilichkeit nicht notwendig immanent. Anderes kann gelten, wenn sie den Eindruck der Willkür nahelegt,[225] rechtliches Gehör bewusst versagt,[226] dem Angeklagten einen nicht gewünschten Verteidiger aufdrängt[227] oder die Beiordnung seines Vertrauensverteidigers ohne rechtliches Gehör aufhebt.[228] Ebenso wenn der Antrag auf Beiordnung eines Pflichtverteidigers nicht beschieden wird,[229] Terminverlegungsanträge grundlos abgelehnt werden,[230] Ablehnung von Beweisanträgen als verspätet[231] sowie unvertretbare Versagung der Akteneinsicht.[232] Den insoweit ergangenen Entscheidungen lässt sich entnehmen, eine Befangenheit ggf. dann anzunehmen, wenn **grob rechtsfehlerhafte Vorentscheidungen** geeignet sind, die Verteidigungsposition bzw. das rechtliche Gehör zu **beschränken** und damit den **Schluss auf eine Parteilichkeit** nahelegen können. Etwaige (behauptete) **Willkür** des Richters ist im Ablehnungsgesuch schlüssig darzulegen.[233]

59 **(4) Befangenheit verneinende Einzelfälle nach hM.** Hingegen sollen folgende Formen der Vorbefassung nach der Rechtsprechung des BGH für sich genommen nicht die Befangenheit begründen:

- Die Befassung mit dem Sachverhalt in anderen Verfahren, konkret die Verurteilung eines ehemals Mitangeklagten wegen einer Tat, die auch dem Angeklagten vorgeworfen wird,[234] und zwar auch dann, wenn die Verurteilung wegen Beteiligung an der Tat des Angeklagten erfolgt.[235]
- Die Mitwirkung des Richters in demselben Verfahren bei einer Zwischenentscheidung oder einem früheren Urteil, das wegen irriger Rechtsauffassung vom Revisionsgericht aufgehoben worden ist.[236] In der Konsequenz muss der neue Spruchkörper noch nicht

[223] In der Rspr. des EGMR hinsichtlich strafrechtlicher Verfahren nicht abschließend geklärt, vgl. Steinfatt, Die Unparteilichkeit des Richters in Europa im Lichte der Rechtsprechung des EGMR, 91 ff.; s. auch zur verfahrenspsychologischen Sicht Stange/Rilinger StV 2005, 579; dagegen auch mit Blick auf die Rechtsprechung des EGMR Weßlau/Deiters in SK-StPO Rn. 29 f; siehe nunmehr aber EGMR 16.2.2021 – 1128/17 – Meng ./. Deutschland.

[224] BGH 15.7.1960 – 4 StR 542/59, BGHSt 15, 40 (46); so auch 19.5.1994 – 1 StR 132/94, NStZ 1994, 447 und 11.12.1997 – 4 StR 323/97, StV 1998, 416, wobei die dortigen Rechtfehler Befangenheit durchaus nahelegten, s. auch ablAnm Park StV 1998, 417.

[225] BGH 22.4.2005 – 2 StR 46/05 n.v.

[226] BGH VRS 41, 205; s. auch OLG Schleswig, SchlHA 1976, 44 f.; LG Hildesheim 13.10.1986 – 20a Qs 13/86, StV 1987, 12 f. sowie LG Berlin 6.7.1992 – (508) 69 Js 48/92 KLs, StV 1993, 8: Eröffnungsentscheidung vor Ablauf der Stellungnahmefrist.

[227] BayObLG 1.12.1987 – RReg. 4 St 253/87, StV 1988, 97.

[228] BGH 31.1.1990 – 2 StR 449/89, NStZ 1990, 289.

[229] AG Hameln 10.12.2003 – 14 Ls 97/03, StV 2004, 127.

[230] OLG Naumburg 2.6.2004 – 1 Ss (B) 174/04, StraFo 2005, 24; OLG Bamberg 10.10.2005 – 2 Ss OWi 269/05, NJW 2006, 2341.

[231] OLG Köln 19.10.1990 – Ss 490/90, LG Köln StV 1991, 292.

[232] LG Köln 4.9.1985 – 117-7/84, StV 1987, 381.

[233] OLG Düsseldorf 19.8.1996 – 1 Ws 723/96, NStZ-RR 1997, 175.

[234] BGH 23.11.1995 – 1 StR 296/95, NJW 1996, 1355, bei Ilusch NStZ 1996, 323 – RsprÜ; dies gilt auch, wenn die Anklageschrift im Wesentlichen aus Textpassagen der Urteile gegen Mitbeschuldigte des vorbefassten Richters besteht, 15.5.1997 – 1 StR 233/96, NJW 1997, 3034. Ausdrücklich zur Abtrennung eines geständigen Mitangeklagten 30.6.2010 – 2 StR 455/09, NStZ 2011, 44.

[235] BGH 29.6.2006 – 5 StR 485/05, NJW 2006, 2864 (2866).

[236] BGH 9.9.1966 – 4 StR 261/66, BGHSt 21, 142 = NJW 1967, 580; 10.11.1967 – 4 StR 512/66, BGHSt 21, 334 (341) = NJW 1968, 710 – Weigand; 27.4.1972 – 4 StR 149/72, BGHSt 24, 336 (337) = NJW 1972, 1288; 14.3.1990 – 3 StR 109/89, BeckRS 1990, 31089406 = NStZ 1991, 27; 19.5.1994 – 1 StR 132/94, NStZ 1994, 447. Zur Kritik vgl. Hanack NJW 1967, 580; Hanack JZ 1973, 779; Seibert NJW 1968, 1318; Sieg MDR 1976, 72; der Rechtsprechung aus gesetzessystematischen Gründen folgend Dierlamm, Ausschließung und Ablehnung von Tatrichtern, S. 156 f. sowie 208.

einmal überwiegend mit anderen Richtern besetzt sein.[237] Auch eine erneute Mitwirkung als Berichterstatter soll nicht ausscheiden.[238]

- Ebenso reichen Verfahrensfehler[239] oder tatsächliche Irrtümer[240] bei der Zwischenentscheidung nicht aus. Ausnahmen können bei ganz fernliegenden Rechtsansichten vorliegen,[241] die Willkür nahelegen.
- Der Richter war an einem anderen Verfahren gegen den Angeklagten als Staatsanwalt beteiligt.[242]
- Der Richter wirkte schon in einem Zivilprozess mit, der denselben Sachverhalt wie das Strafverfahren betraf. Eine solche Vorbefassung soll lediglich „besondere Zurückhaltung" erfordern.[243]
- Richter des BGH, deren Verwerfungsbeschluss nach § 349 Abs. 2 vom BVerfG aufgehoben worden ist, sind für die neue Revisionsentscheidung nicht ausgeschlossen. Bei der Frage der Befangenheit des Revisionsrichters kommt es auch auf die Besonderheiten der Revisionshauptverhandlung an. Die Wahrnehmung der Aufgabe des Berichterstatters nach § 351 Abs. 1 begründet daher keine Besorgnis der Befangenheit, wenn der Angeklagte die Darstellung der für die Beweiswürdigung beachtlichen Aspekte als selektiv oder belastend empfindet.[244]

4. Revision. Ein fehlerhaft abschlägig beschiedenes Ablehnungsgesuch begründet die 60 Revision gem. dem **absoluten Revisionsgrund** des § 338 Nr. 3. Dies setzt **ordnungsgemäße Geltendmachung** in der Hauptverhandlung voraus.[245] Die revisionsrichterliche Prüfung erfolgt nach Beschwerdegrundsätzen. Die Revisionsschrift muss das Ablehnungsgesuch, die dienstlichen Erklärungen der abgelehnten Richter sowie den ergangenen Ablehnungsbeschluss geschlossen und im Wortlaut mitteilen; die Mitteilung dessen, was im Rahmen des Ablehnungsverfahrens auf die dienstliche Äußerung erwidert wurde, ersetzt deren eigene Mitteilung nicht.[246] Näher dazu siehe unter § 344.

Ist ein **Ablehnungsgesuch zurückgewiesen** worden und die Hauptverhandlung im 61 Weiteren ausgesetzt worden, erscheint es zum Erhalt der Revision ratsam, dieses vor Beginn der neuen Hauptverhandlung **erneut** anzubringen, um dem potentiellen Einwand zu begegnen, die Besorgnis habe ggf. nicht fortbestanden.[247]

Abzulehnen ist die Ansicht des 1. und 5. Strafsenats des BGH, die Rüge der Befangen- 62 heit könne durch eine verfahrensbeendende Absprache nach § 257c verwirkt sein, da einer

237 OLG Hamm GA 1971, 185; OLG Saarbrücken 26.2.1969 – 4 Ss 66/69, MDR 1970, 347.

238 Schmitt in Meyer-Goßner/Schmitt § 354 Rn. 39.

239 BGH 19.5.1994 – 1 StR 132/94, NStZ 1994, 447; selbst bei Beschränkung von Verteidigungsrechten nicht zwingend 9.7.2009 – 5 StR 263/08 (betreffend fehlerhafter Fristsetzung zur Stellung von Beweisanträgen bei gleichzeitiger Abtrennung des Mitangeklagten, insoweit nicht abgedruckt in NJW 2009, 3248, sondern bei BeckRS 2009, 21879).

240 BGH 16.6.1971 – 4 StR 450/70, VRS 41, 203.

241 BGH 9.12.1983 – 2 StR 452/83, NJW 1984, 1907 (1909).

242 Scheuten in KK-StPO Rn. 11; die zitierte Entscheidung BGH 27.8.1991 – 1 StR 438/91, NStZ 1991, 595 betrifft allerdings den umgekehrten Fall, in dem eine ehemals den Angeklagten verurteilende Richterin nach Aufhebung nun als Staatsanwältin teilnahm. Mag diese Entscheidung – mangels Ablehnbarkeit von Staatsanwälten – nachvollziehbar sein, ist sie mit der Konstellation nicht vergleichbar, dass ein ehemaliger Staatsanwalt, der den Angeklagten in früheren Verfahren im Vergleich zu deren Ergebnissen ggf. mit überhöhten Strafanträgen verfolgt hat, nunmehr als Richter über sein Schicksal befinden soll. Dennoch soll auch dies zumindest unsubstantiiert vorgetragen allein kein Umstand sein, der eine Befangenheit begründe, BGH 14.6.1977 – 5 StR 256/77, n.v.

243 BGH 31.1.1978 – 5 StR 476/77, GA 1978, 243.

244 BGH 15.7.2008 – 1 StR 231/08, bei Cierniak/Zimmermann, NStZ-RR 2011, 97 (98 Nr. 4) – RsprÜ; vgl. allerdings die besondere Stellung des Berichterstatters in der Revisionspraxis nach Fischer/Krehl StV 2012, 550 sowie Paeffgen/Wasserburg GA, 525 (547 f.); diese Position normativ negierend BVerfG 23.5.2012 – 2 BvR 610/12; 2 BvR 625/12, NStZ 2012, 458 (460).

245 BVerfG 21.10.1992 – 1 BvR 1233/91, NJW 1993, 2926; 2.9.2009 – 2 BvR 448/09, NJW 2010, 669.

246 BGH 10.11.1967 – 4 StR 512/66, BGHSt 21, 334 = NJW 1968, 710 – Weigand; 8.8.1995 – 1 StR 377/95, StV 1996, 2; OLG Hamm 24.1.2008 – 3 Ws 34/08, NStZ-RR 2008, 283.

247 S. BGH 26.1.2006 – 5 StR 500/05, NStZ 2006, 234, obiter dictum gegen BGH 24.3.1982 – 2 StR 105/82, BGHSt 31, 15.

Absprache immanent sei, sie „dahin zu verstehen, dass er die zuvor geäußerte Besorgnis in die Unparteilichkeit des Gerichts nicht mehr hegt".[248]

63 Wird die Namhaftmachung entgegen § 24 Abs. 3 S. 2 verweigert, ist die Beschwerde (§ 304 Abs. 1) statthaftes Rechtsmittel. Die Revision soll darauf nur gestützt werden können, wenn der Antrag in der Hauptverhandlung wiederholt und Aussetzung beantragt worden ist.[249]

§ 25 Ablehnungszeitpunkt

(1) [1]Die Ablehnung eines erkennenden Richters wegen Besorgnis der Befangenheit ist bis zum Beginn der Vernehmung des ersten Angeklagten über seine persönlichen Verhältnisse, in der Hauptverhandlung über die Berufung oder die Revision bis zum Beginn des Vortrags des Berichterstatters, zulässig. [2]Ist die Besetzung des Gerichts nach § 222a Absatz 1 Satz 2 schon vor Beginn der Hauptverhandlung mitgeteilt worden, so muss das Ablehnungsgesuch unverzüglich angebracht werden. [3]Alle Ablehnungsgründe sind gleichzeitig vorzubringen.

(2) [1]Im Übrigen darf ein Richter nur abgelehnt werden, wenn
1. die Umstände, auf welche die Ablehnung gestützt wird, erst später eingetreten oder dem zur Ablehnung Berechtigten erst später bekanntgeworden sind und
2. die Ablehnung unverzüglich geltend gemacht wird.
[2]Nach dem letzten Wort des Angeklagten ist die Ablehnung nicht mehr zulässig.

Schrifttum: Drees, Die Entscheidung des Vorsitzenden über den Zeitpunkt der Anbringung von Ablehnungsgesuchen, NStZ 2005, 184; Günther, Unzulässige Ablehnungsgesuche und ihre Bescheidung, NJW 1986, 281; Kudlich/Nicolai, Immer wieder Neuigkeiten im Strafprozessrecht – Das Gesetz zur Modernisierung des Strafverfahrens, JA 2020, 881; Meyer-Mews, Der Befangenheitsantrag nach erfolgloser Gegenvorstellung, StraFo 2000, 369; Rieß/Hilger, Das neue Strafverfahrensrecht – Opferschutzgesetz und Strafverfahrensänderungsgesetz 1987, NStZ 1987, 145; Senge, Missbräuchliche Inanspruchnahme verfahrensrechtlicher Gestaltungsmöglichkeiten – wesentliches Merkmal der Konfliktverteidigung? Abwehr der Konfliktverteidigung, NStZ 2002, 225 Steinfatt, Die Unparteilichkeit des Richters in Europa im Lichte der Rechtsprechung des Europäischen Gerichtshofs für Menschenrechte, 2012; Zwiehoff, Der Befangenheitsantrag im Strafverfahren, 2. Aufl. 2013.

Übersicht

A. Überblick

1 Den Zeitpunkt, bis zu dem ein Richter **in der Hauptverhandlung** wegen Besorgnis der Befangenheit abgelehnt werden darf, regeln insbesondere Abs. 1 S. 1 und Abs. 2 S. 1.

[248] So jetzt auch BGH 13.9.2011 – 3 StR 196/11, NStZ 2012, 396 (3. Senat) gegen die (vormalige?) Ansicht des 1. (BGH 22.9.2008 – 1 StR 323/08, NStZ 2009, 159) und 5. Senats (BGH 24.2.2010 – 5 StR 23/10, NStZ-RR 2010, 180) unter Verweis auf das Verständigungsgesetz; abl. a. Ventzke HRRS 2009, 28; Cirener in BeckOK StPO Rn. 38.1.

[249] BayObLG 26.10.1987 – RReg. 4 St 106/87, MDR 1988, 339; 29.9.1989 – RReg. 2 St 10/89, NStZ 1990, 200 (201).

Der heute maßgebliche Beginn der Vernehmung des Angeklagten über seine persönlichen Verhältnisse wurde 1987[1] in die Strafprozessordnung eingeführt. Im Urkonzept der RStPO war der Beginn der Verhandlung und damit die Verlesung des Eröffnungsbeschlusses ausschlaggebend. Nachdem die Verlesung des Eröffnungsbeschlusses abgeschafft wurde,[2] konnte ein Ablehnungsgesuch bis zur Vernehmung des Angeklagten zur Sache vorgebracht werden. Zwar wurde die Ablehnungsbefugnis zwischenzeitlich durch Art. 3 Nr. 9 VereinhG[3] erweitert, so dass bis zum Beginn des Teils der Hauptverhandlung, der sich der Vernehmung des Angeklagten zur Sache anschloss, ein Antrag wegen Besorgnis der Befangenheit gestellt werden konnte. Diese Erweiterung wurde aber wieder rückgängig gemacht durch Art. 5 Nr. 2 StPÄG und anschließend die Ablehnungsbefugnis durch das StVÄG 1987 auf die heutige Fassung beschränkt.[4] Durch das Gesetz zur Modernisierung des Strafverfahrens vom 10.12.2019 wurde Abs. 1 S. 2 eingefügt.[5] Wird die Besetzung des Gerichts nach § 222a Abs. 1 S. 2 Hs. 1 **schon vor der Hauptverhandlung** mitgeteilt, so ist das Ablehnungsgesuch unverzüglich anzubringen. Zwar ist die Gerichtsbesetzung nach § 222a Abs. 1 S. 1 bis spätestens zu Beginn der Hauptverhandlung mitzuteilen. In der Praxis jedoch wird die Besetzung regelmäßig vor der Hauptverhandlung mitgeteilt (→ § 222a Rn. 11). In Verfahren ohne Besetzungsmitteilung kann ein Richter außerhalb der Hauptverhandlung jederzeit abgelehnt werden (→ Rn. 27 ff.).

Nach Abs. 1 S. 1 kann ein Richter wegen der Besorgnis der Befangenheit bis zur Vernehmung des ersten Angeklagten zu seinen persönlichen Verhältnissen ohne Einschränkungen abgelehnt werden. Abs. 1 S. 2 enthält eine vorgezogene Rügeverpflichtung.[6] Im Anschluss besteht ein relatives Zulässigkeitsverbot, dh ein Richter kann nur noch unter den engen Voraussetzungen des Abs. 2 S. 1 erfolgreich abgelehnt werden (→ Rn. 13b ff.). Abs. 2 S. 2 bestimmt den letzten Zeitpunkt, bis zu dem ein Ablehnungsgesuch geltend gemacht werden kann (→ Rn. 22 f.). 2

Für den **Ausschluss eines Richters kraft Gesetzes** nach § 24 Abs. 1 Alt. 1 gilt § 25 nicht – ebenso wenig für die eigene Ablehnung nach § 30: In diesen Fällen verbleibt es bei der Prüfung von Amts wegen und der Richter kann durch die Verfahrensbeteiligten bis zum Ende der Hauptverhandlung abgelehnt werden.[7] 3

B. Erläuterung

Erst wenn feststeht, welche Richter zu einer Entscheidung berufen sind, können sie abgelehnt werden.[8] Vorher besteht kein schützenswertes Interesse daran, das (Mit-)Wirken einer unerwünschten Gerichtsperson zu verhindern. Allgemein können Ablehnungsgesuche bis zur Entscheidung durch den Richter vorgebracht werden. Besonderheiten, genauer: **Einschränkungen,** gelten in der Hauptverhandlung, wenn ein erkennender Richter abgelehnt werden soll. Sie ergeben sich aus dem Unverzüglichkeits- (→ Rn. 15 ff.) und dem Konzentrationsgebot des § 25 (→ § 25 Rn. 23). 4

1 StVÄG v. 27.1.1987, BGBl. 1987 I 475.

2 Art. 2 Abs. 2 VO über die Beseitigung des Eröffnungsbeschlusses im Strafverfahren vom 13.8.1942, RGBl. I 512.

3 Gesetz zur Wiederherstellung der Rechtseinheit auf dem Gebiete der Gerichtsverfassung, der bürgerlichen Rechtspflege, des Strafverfahrens und des Kostenrechts vom 12.9.1950 (BGBl. 1950 I 455) – VereinhG. Ausführlich zu diesem Gesetz Rieß FS Helmrich, 1994, 127 ff.

4 Näher Siolek in Löwe/Rosenberg Entstehungsgeschichte.

5 BGBl. I 2121.

6 Bockemühl in KMR-StPO Rn. 7; Cirener in BeckOK StPO Rn. 5.

7 OLG Schleswig, SchlHA 1953, 246; Temming in Gercke/Julius/Temming/Zöller Rn. 4; Scheuten in KK-StPO Rn. 1.

8 KG 13.8.1982 – 2 Ws 176/82 Vollz ua, NStZ 1983, 44; OLG Schleswig 10.8.1981 – 1 Ws 213/81, SchlHA 1982, 31; s. auch OLG Schleswig, SchlHA 1953, 246.

I. Zeitpunkt der Ablehnung

5 Die Zulässigkeitsvoraussetzungen eines Antrags auf Ablehnung wegen Besorgnis der Befangenheit richten sich nach dem Zeitpunkt der Antragstellung.

6 **1. Gesetzlicher Regelfall (Abs. 1 S. 1).** Nach Abs. 1 S. 1 ist ein Ablehnungsgesuch **bis zur Vernehmung des Angeklagten über seine persönlichen Verhältnisse** zulässig. Bis dahin kann der Antrag jederzeit gestellt werden.[9] Auch wenn der Antragsteller den Ablehnungsgrund schon früher kannte, darf er diesen Zeitpunkt abwarten.[10] Das Unverzüglichkeitsgebot nach Abs. 2 S. 1 greift nicht.

7 In einer Berufungs- oder Revisionshauptverhandlung ist der Beginn des **Vortrages des Berichterstatters** entscheidend.[11] Nach anderer Ansicht sei der Beginn der Ausführungen des Angeklagten zur Sache maßgebend bzw. der Beginn der Ausführungen des Verteidigers, soweit der Angeklagte selbst nicht anwesend ist.[12] Aufgrund des eindeutigen Wortlauts des Abs. 1 S. 2 Hs. 2 ist diese Meinung abzulehnen; sie findet keine Stütze im Gesetz.

8 Sind **mehrere Täter** angeklagt, ist für den maßgeblichen letzten Zeitpunkt nach Abs. 1 S. 1 nicht auf jeden einzelnen Angeklagten abzustellen, sondern auf die Vernehmung des **ersten Angeklagten.**[13] Dadurch soll eine Verschleppung des Verfahrens vermieden werden.[14] Der Ablehnungsberechtigte darf daher nicht die eigene Vernehmung abwarten, um sein Ablehnungsgesuch vorzutragen. So wird eine Konzentration auf einen bestimmten Zeitpunkt erzielt, die eine einheitliche, zeitgleiche Überprüfung der vorgetragenen Ablehnungsgründe ermöglicht.[15]

9 Je nach **Verfahrensart** kann Abs. 1 S. 1 nicht unmittelbar angewendet werden. Insoweit muss ein entsprechendes Äquivalent zu dem in § 25 geregelten Zeitpunkt bestimmt werden:

10 Jedenfalls finden die Bestimmungen des § 25 bei **Abwesenheit des Angeklagten** Anwendung.[16] Auch wenn der Angeklagte nicht anwesend ist und nur vertreten wird, kann eine Ablehnungsbefugnis erlöschen, wenn von ihr nicht rechtzeitig Gebrauch gemacht wird. Soweit nach §§ 232 Abs. 3, 233 Abs. 3 S. 2 oder 415 Abs. 4[17] nur ein richterliches Protokoll verlesen wird, tritt dieses an die Stelle der Vernehmung.[18] Ansonsten ist der Beginn der Verlesung der Anklageschrift (§ 243 Abs. 3) entscheidend.[19] In den Fällen der §§ 412, 329 wird nach Einspruch gegen einen **Strafbefehl** nicht verhandelt. Ein Ablehnungsgesuch muss dann nach der Prüfung der Formalia gestellt werden.[20] Im Übrigen präkludiert die Vernehmung des Beschuldigten im **Sicherungsverfahren** nach §§ 413 ff., die des **Einziehungsbeteiligten** im Verfahren gem. §§ 421 ff. und die des Vertreters der juristischen Person oder Personenvereinigung im Verfahren gem. § 444 über die Festsetzung einer **Geldbuße nach § 30 OWiG.**[21]

11 Unklarheiten über die Bestimmung des Zeitpunktes können sich bei **verbundenen Verfahren** ergeben: Wird das Verfahren mit einem schon laufenden Verfahren verbunden, kann der erste Angeklagte bereits zu seinen persönlichen Verhältnissen vernommen worden

---

9 OLG Schleswig, SchlHA 1953, 246.

10 BVerfG 13.5.1953 – 1 BvR 344/51, BVerfGE 2, 295 (297); BGH 9.7.1953 – 5 StR 282/53, BGHSt 4, 264 (270).

11 So auch Rieß/Hilger NStZ 1987, 145 (148); Temming in Gercke/Julius/Temming/Zöller Rn. 2; Scheuten in KK-StPO Rn. 4.

12 Wassermann in AK-StPO Rn. 4 mit Verweis auf BT-Drs. IV/178, 34 – Begründung zu § 25.

13 Bockemühl in KMR-StPO Rn. 3; Temming in Gercke/Julius/Temming/Zöller Rn. 8; Cirener in BeckOK StPO Rn. 3; Alexander in Radtke/Hohmann Rn. 3; dazu Rieß/Hilger NStZ 1987, 145 (148).

14 Schmitt in Meyer-Goßner/Schmitt Rn. 2.

15 Siolek in Löwe/Rosenberg Rn. 3.

16 BayObLG 5.5.1961 – 4 St 87/60, BayObLGSt 1961, 33 (37).

17 Siolek in Löwe/Rosenberg Rn. 19.

18 Deiters in SK-StPO Rn. 10; Scheuten in KK-StPO Rn. 4; Temming in Gercke/Julius/Temming/Zöller Rn. 10.

19 Scheuten in KK-StPO Rn. 4.

20 Deiters in SK-StPO Rn. 10; Temming in Gercke/Julius/Temming/Zöller Rn. 10.

21 Siolek in Löwe/Rosenberg Rn. 8.

sein. Nach dem in Abs. 1 S. 1 niedergelegten Grundsatz könnte ein Ablehnungsgesuch der weiteren Angeklagten unzulässig sein, da auch bei mehreren Tätern für die Zulässigkeit eines Ablehnungsgesuchs die Vernehmung des ersten Angeklagten ausschlaggebend ist (→ Rn. 8). Dies würde allerdings zu einer unzulässigen Beschränkung der Rechte des Betroffenen führen. Wird ein Verfahren mit einem anderen verbunden, führt erst die Vernehmung des nächsten (neuen) Angeklagten zur Präklusion.[22] Andere stellen auf die Vernehmung des Ablehnungsberechtigten ab.[23] Dies führt jedoch zu einer Erweiterung der Ablehnungsbefugnis, die dem Grundgedanken des Abs. 1 S. 1 in seiner jetzigen Fassung widerspricht. Die erweiterte Möglichkeit zur Ablehnung betrifft aber nur den hinzutretenden Angeklagten.

Weitere Ausnahmen ergeben sich, wenn nach der **Aussetzung der Hauptverhandlung** oder nach der **(Zurück-)Verweisung** der Sache die Verhandlung von neuem beginnt.[24] Der Zeitpunkt des § 25 erneuert sich, so dass mit der zeitlichen Beschränkung des § 243 Abs. 2 S. 2 der Richter abgelehnt werden kann.[25] Anders als bei der Verbindung von Verfahren gilt dies auch dann, wenn der Ablehnungsberechtigte in der früheren Verhandlung kein Ablehnungsgesuch gestellt hat:[26] In einer erneuten Hauptverhandlung muss die prozessuale Möglichkeit des Angeklagten, einen Richter wegen der Besorgnis der Befangenheit abzulehnen, wieder aufleben, weil in der neuen Hauptverhandlung andere Richter mitwirken können oder einer der bisherigen eine andere Einstellung gegenüber dem Angeklagten erkennen lassen kann als in der ausgesetzten Hauptverhandlung.[27] Die Ablehnungsgründe, die bereits in der ausgesetzten Hauptverhandlung vorgebracht wurden, sind – entgegen neueren Strömungen[28] – nicht erneut vorzutragen, um sich ggf. die Rüge des absoluten Revisionsgrundes des § 338 Nr. 3 zu erhalten.[29] Freilich ist der Betroffene angesichts des Meinungsstreits gut beraten, es gleichwohl zu tun. 12

2. Verfahren mit Besetzungsmitteilung (Abs. 1 S. 2). Abs. 1 S. 2 wurde durch das Gesetz zur Modernisierung des Strafverfahrens eingefügt; der bisherige Satz 2 wurde zu Satz 3. Der neue Abs. 1 S. 2 zieht das **Unverzüglichkeitserfordernis** des Abs. 2 S. 1 Nr. 2 vor, soweit eine **Besetzungsmitteilung** nach § 222a Abs. 1 S. 2 erfolgt ist. Zweck ist die Beschleunigung des Strafverfahrens.[30] Im Interesse der Effektivität sollen unnötige Verfahrensverzögerungen durch missbräuchlich gestellte Befangenheitsanträge vermieden werden. Die Regelung wurde und wird zahlreich kritisiert.[31] Der Gesetzgeber wolle unter dem Deckmantel einer „Modernisierung"[32] nicht bloßen Verfahrensverzögerungen entgegenwirken, sondern der Wahrnehmung des Ablehnungsrechts schlechthin.[33] Das Gesetz zur effektiveren und praxistauglicheren Ausgestaltung des Strafverfahrens aus 2017 sei wohl nicht „praxistauglich" genug gewesen.[34] Empirisch evaluiert wurden die Auswirkungen 13

---

22 Rieß/Hilger NStZ 1987, 145; Siolek in Löwe/Rosenberg Rn. 5; Scheuten in KK-StPO Rn. 4; Alexander in Radtke/Hohmann Rn. 4; Temming in Gercke/Julius/Temming/Zöller Rn. 8; Kudlich/Noltensmeier-v. Osten in Satzger/Schluckebier/Widmaier StPO Rn. 5; Deiters in SK-StPO Rn. 11.

23 Bockemühl in KMR-StPO Rn. 4.

24 ZB §§ 229, 328 Abs. 2, 354 Abs. 2, 355 StPO.

25 BGH 16.6.1970 – 5 StR 602/69, BGHSt 23, 277 (278); OLG Brandenburg 27.1.1997 – 2 Ss 2/97, StV 1997, 455; BayObLG 19.7.1996 – 1 St RR 71/96, MDR 1997, 284; OLG Oldenburg 13.8.1959 – 2 Ss 246/59, NJW 1959, 2225; OLG Schleswig, SchlHA 1953, 246 (247); RG 20.6.1889 – 1142/89, RGSt 19, 332 (335).

26 BGH 16.6.1970 – 5 StR 602/69, BGHSt 23, 277 (278); OLG Brandenburg 27.1.1997 – 2 Ss 2/97, StV 1997, 455.

27 BGH 16.6.1970 – 5 StR 602/69, BGHSt 23, 277 (278).

28 BGH 26.1.2006 – 5 StR 500/05, NJW 2006, 854, nicht tragend; Temming in Gercke/Julius/Temming/Zöller Rn. 3; Schmitt in Meyer-Goßner/Schmitt Rn. 2; Siolek in Löwe/Rosenberg Rn. 4; kritisch: Fischer in KK-StPO, 6. Aufl. 2008, Rn. 1.

29 BGH 24.3.1982 – 2 StR 105/82, BGHSt 31, 15 = NJW 1982, 1712; ausf. Deiters in SK-StPO Rn. 14 f.

30 BT-Drs. 19/14747, 21 f.

31 Bockemühl in KMR-StPO Rn. 7 mwN.

32 Kudlich/Nicolai JA 2020, 881 (885) halten den Begriff „Modernisierung" für dezeptiv.

33 BRAK-Stellungnahme Nr. 30/2019, 10.

34 So die Stellungnahme der Strafverteidigervereinigungen zum Referentenentwurf für ein Gesetz zur Modernisierung des Strafverfahrens, 13.

dieser Änderungen vor der abermaligen Reformierung nicht. Ältere Studien sprächen indes gegen gesetzgeberischen Handlungsbedarf.[35]

13a Das Ablehnungsgesuch ist unverzüglich nach Zustellung der Besetzungsmitteilung an den jeweiligen Ablehnungsberechtigten anzubringen. Der Begriff „unverzüglich" ist wie in Abs. 2 S. 1 Nr. 2 zu verstehen (→ Rn. 15). Zwar ist der (strenge) Maßstab der Rechtsprechung zu Abs. 2 S. 1 auf Abs. 1 S. 2 zu übertragen – dem Ablehnungsberechtigten muss aber zumindest eine gewisse Überlegungsfrist eingeräumt werden. Denn die Kenntnis von der Besetzung des Gerichts darf nicht mit der Kenntnis des Ablehnungsgrundes verwechselt werden.[36] Es liegt auf der Hand, dass erst die Mitteilung der Besetzung und damit erst die Namhaftmachung der erkennenden Richter eine konkrete Prüfung von Ablehnungsgründen ermöglicht. Im Anschluss ist Abs. 2 S. 1 mit der Folge anzuwenden, dass mit dem Vorbringen des Ablehnungsgesuchs nicht bis zum Beginn der Hauptverhandlung zugewartet werden kann.[37] Die Rechtzeitigkeit des Vorbringens ist nach § 26 Abs. 2 S. 1 glaubhaft zu machen.

13b **3. Später eingetretene oder bekanntgewordene Tatsachen (Abs. 2 S. 1).** Nach Beginn der Vernehmung des Angeklagten zu seinen persönlichen Verhältnissen ist ein Ablehnungsgesuch grundsätzlich unzulässig. Es besteht ein relatives Zulässigkeitsverbot, dh ein Richter kann nur noch unter den Voraussetzungen des Abs. 2 S. 1 erfolgreich abgelehnt werden. Zwei Voraussetzungen müssen kumulativ erfüllt sein: Es müssen **neue Tatsachen** vorliegen (Abs. 2 S. 1 Nr. 1), die eine Ablehnung begründen können. Diese müssen **unverzüglich** geltend gemacht werden (Abs. 2 S. 1 Nr. 2).

14 **a) Neue Tatsachen (Abs. 2 S. 1 Nr. 1).** Es müssen **neue Tatsachen eintreten,** die eine Besorgnis der Befangenheit begründen, oder „alte"[38] Tatsachen dürfen dem Ablehnungsberechtigten erst später **bekannt geworden sein.** Es ist ausschließlich auf dessen Kenntnis und nicht etwa die seines Verteidigers abzustellen.[39] Eine Wissenszurechnung ist unzulässig. Jedoch kann sich eine frühere Kenntnis des Verteidigers nach der Rechtsprechung auf die Auslegung der Unverzüglichkeit des Anbringens des Ablehnungsgesuchs auswirken (→ Rn. 18). Die Überlegenszeitspanne kann dann ggf. kürzer sein. Soweit der Verteidiger die Kenntnisnahme schuldhaft verzögert, ist dies dem Angeklagten nicht zuzurechnen, wenn er keine Kenntnis von den die Besorgnis der Befangenheit erregenden Umständen erlangt hat.[40] Anders ist es beim Nebenkläger, der sich prinzipiell die Kenntnis seines Vertreters zurechnen lassen muss.[41] Der Verteidiger ist im Strafprozess nicht der Vertreter seines Mandanten, sondern unabhängiger Beistand. Er bildet mit dem Mandanten keine rechtliche Einheit, so dass dem Beschuldigten die Kenntnis seines Verteidigers grundsätzlich nicht zugerechnet wird.[42]

15 **b) Unverzügliches Geltendmachen (Abs. 2 S. 1 Nr. 2).** Nach Eintritt der die Ablehnung begründenden Umstände bzw. nach deren Kenntniserlangung ist die betroffene Gerichtsperson **unverzüglich** abzulehnen. Die Umstände müssen so bald wie möglich vorgetragen werden, also ohne dass eine nicht durch die Sache begründete Verzögerung eintritt.[43]

---

[35] Stellungnahme der Strafverteidigervereinigungen zum Referentenentwurf für ein Gesetz zur Modernisierung des Strafverfahrens, 13; zust. Bockemühl in KMR-StPO Rn. 7 und § 29 Rn. 2.

[36] So auch Schmitt in Meyer-Goßner/Schmitt Rn. 4c.

[37] BT-Drs. 19/14747, 22; Bockemühl in KMR-StPO Rn. 7.

[38] Vor dem Zeitpunkt der Abs. 1 S. 1 entstandene Tatsachen.

[39] BGH 18.12.1990 – 5 StR 448/90, BGHSt 37, 264; 17.12.2009 – 3 StR 367/09, NStZ 2010, 401; 18.10.2005 – 1 StR 114/05, NStZ 2006, 236; Temming in Gercke/Julius/Temming/Zöller Rn. 12; Schmitt in Meyer-Goßner/Schmitt Rn. 7; Siolek in Löwe/Rosenberg Rn. 22; zweifelnd: BGH 18.10.2005 – 1 StR 114/05, bei Becker NStZ-RR 2007, 129.

[40] BGH 17.12.2009 – 3 StR 367/09, NStZ 2010, 401 (403).

[41] BGH 18.12.1990 – 5 StR 448/90, BGHSt 37, 264 (265, 288); Schmitt in Meyer-Goßner/Schmitt Rn. 7; Kudlich/Noltensmeier-v. Osten in Satzger/Schluckebier/Widmaier StPO Rn. 7.

[42] Vgl. Dornach NStZ 1995, 57 (63) mwN.

[43] BGH 17.11.1999 – 2 StR 313/99, BGHSt 45, 315; 10.11.1967 – 4 StR 512/66, BGHSt 21, 334 (339) = NJW 1968, 710 (711) – Weigand; 25.4.2006 – 3 StR 429/05, NStZ 2006, 644 (645); 5.4.1995 – 5 StR 681/94, StV 1995, 396; 28.9.1990 – 2 StR 189/90, StV 1991, 49; 3.2.1982 – 2 StR 374/81, NStZ 1982, 291 (292); BayObLG 22.4.1992 – 4 StRR 65/92, NJW 1992, 2242; OLG Köln 26.1.1988 – Ss 650/87, StV 1988, 287 (288); OLG Köln 3.4.1973 – Ss 2/73, JMBlNW 1973, 258.

Starre zeitliche Grenzen existieren nicht, es bleibt jeweils eine Frage des **Einzelfalles,** ob unverzüglich gehandelt wurde. Die Rechtsprechung legt seit jeher einen **strengen Maßstab** an.[44] Ein sachlicher Grund ist dafür nicht zu erkennen: Einem begründeten Ablehnungsgesuch sollte der Erfolg nicht verwehrt sein, weil dem erkennenden Gericht möglicherweise ein Tag zu viel vergangen ist. Das Gesetz verwehrt freilich keine strenge Handhabung. Dem § 25 lassen sich unzweifelhaft die Gebote der Konzentration und Unverzüglichkeit entnehmen.

Das Unverzüglichkeitsgebot umfasst auch das Beibringen der **Mittel zur Glaub-** 16
haftmachung.[45] Daher darf der Ablehnungsberechtigte nicht den Fehler machen und abwarten, bis er neues Material für sein Ablehnungsgesuch erhält oder gar nur erhofft, sondern muss sich alsbald um die Ablehnung bemühen. Dieser Grundsatz wird vor allem relevant, wenn der Berechtigte ein bereits abgelehntes Gesuch mit neuen Beweismitteln wiederholen will.[46]

Eine Fristsetzung für den Ablehnungsberechtigten, damit er weitere Tatsachen beschaf- 17
fen oder seinen Antrag begründen kann, sieht das Gesetz nicht vor.[47] Jedoch muss ihm ausreichend Zeit zur Vorbereitung gegeben werden.[48] Unverzüglich heißt eben auch, dass in der Sache liegende Verzögerungsgründe toleriert werden. Hierbei kommt es wiederum auf die Umstände im Einzelfall an.[49]

Der Ablehnungsberechtigte muss **Gelegenheit zum Überlegen und zum Abfassen** 18
seines Gesuchs erhalten.[50] Auch ist ihm ausreichend Zeit zuzubilligen, um **mit seinem Verteidiger** seine Bedenken gegen den Richter **zu erörtern.**[51] Die zugestandene Zeit darf nach der Rechtsprechung verkürzt werden, wenn dem Verteidiger der Ablehnungsgrund vorher bekannt war.[52] Das überzeugt nicht;[53] zumal dem Angeklagten im Übrigen die Kenntnis seines Verteidigers nicht zugerechnet wird (→ Rn. 14). Das Wochenende ist nicht als Arbeitszeit einzurechnen.[54] Verlängernd berücksichtigt werden darf, dass das wei-

---

44 BGH 10.11.1967 – 4 StR 512/66, BGHSt 21, 334 (339) = NJW 1968, 710 (711) – Weigand; 6.3.2018 – 3 StR 559/17, NJW 2018, 2578; 8.6.2016 – 5 StR 48/16, BeckRS 2016, 12690; 10.11.2015 – 5 StR 303/15, BeckRS 2015, 19652; 7.7.2015 – 3 StR 66/15, BeckRS 2015, 14863; 27.8.2008 – 2 StR 261/08, NStZ 2009, 223 (224); 10.6.2008 – 5 StR 24/08, NStZ 2008, 578; 3.5.1995 – 2 StR 19/95, NStZ 1996, 47; 22.10.1992 – 1 StR 575/92, NStZ 1993, 141; OLG München 22.11.2006 – 4 St RR 182/06, NJW 2007, 449 (451).

45 ZB BayObLG 9.4.2020 – 205 StRR 1779/19, BeckRS 2020, 16493 (1. Ls.); Bockemühl in KMR-StPO Rn. 11.

46 BGH 10.11.1967 – 4 StR 512/66, BGHSt 21, 334 (353).

47 OLG München 2.12.1975 – 2 Ws 597/75, NJW 1976, 436.

48 BGH 17.11.1999 – 2 StR 313/99, BGHSt 45, 312 (315); 25.4.2006 – 3 StR 429/05, NStZ 2006, 644 (645).

49 BGH 17.11.1999 – 2 StR 313/99, BGHSt 45, 312 (315); 25.4.2006 – 3 StR 429/05, NStZ 2006, 644 (645); 3.5.1995 – 2 StR 19/95, NStZ 1996, 47; 14.2.1992 – 2 StR 254/92, NStZ 1992, 290; 28.9.1990 – 2 StR 289/90, StV 1991, 49.

50 BGH 17.11.1999 – 2 StR 313/99, BGHSt 45, 312 (315); 21.7.2020 – 5 StR 236/20, BeckRS 2020, 25444; 6.3.2018 – 3 StR 559/17, NJW 2018, 2578; 29.3.2012 – 3 StR 455/11, NStZ-RR 2012, 211; 25.4.2006 – 3 StR 429/05, NStZ 2006, 644 (645); 3.5.1995 = NStZ 2021, 56 mAnm Schneider NStZ 2021, 242 – 2 StR 19/95, BGHR StPO § 25 Abs. 2 Unverzüglich 3; 28.9.1990 – 2 StR 289/90, StV 1991, 49; 3.2.1982 – 2 StR 374/81, NStZ 1982, 291; BayObLG 22.4.1992 – 4 St RR 65/92, NJW 1992, 2242.

51 BGH 8.6.2016 – 5 StR 48/16, BeckRS 2016, 12690; 10.6.2008 – 5 StR 24/08, NStZ 2008, 578; 14.2.1992 – 2 StR 254/92, NStZ 1992, 290 mAnm Krehl NStZ 1992, 598; 28.9.1990 – 2 StR 289/90, Holtz MDR 1991, 107 – RsprÜ; 21.3.1984 – 2 StR 634/83, NStZ 1984, 371; OLG München 22.11.2006 – 4 St RR 182/06, NJW 2007, 449 (451); OLG Köln 26.1.1988 – Ss 650/87, StV 1988, 287; Temming in Gercke/Julius/Temming/Zöller Rn. 14; Siolek in Löwe/Rosenberg Rn. 24; Bockemühl in KMR-StPO Rn. 11; zu taktischen Erwägungen, die ggf. zwischen Verteidiger und Mandant zu erörtern sind, vgl. bspw. Barton, Einführung in die Strafverteidigung, 2. Aufl. 2013, § 9 Rn. 113 oder Tsambikakis in MAH Strafverteidigung, 3. Aufl. 2022, § 2 Rn. 110 ff.

52 BGH 5.4.1995 – 5 StR 681/94, StV 1995, 396; zust. Scheuten in KK-StPO Rn. 7; s. auch → Rn. 14.

53 Ebenso Deiters in SK-StPO Rn. 23.

54 OLG Düsseldorf 22.4.1992 – 2 Ss 34/92 – 19/92 III, NJW 1992, 2243 (1. Ls.); Zwiehoff, Der Befangenheitsantrag im Strafverfahren, Rn. 262.

tere Verhalten des abgelehnten Richters den Eindruck der Voreingenommenheit gestützt und verstärkt hat.[55]

19 Bei **Unterbrechungen** findet § 25 weiterhin Anwendung.[56] Eine Unterbrechung verringert die Anforderungen an ein Ablehnungsgesuch nicht.[57] Damit ist das Unverzüglichkeitsgebot zwingend zu beachten. Für die Beurteilung, ob ein Ablehnungsgesuch rechtzeitig erfolgt, ist die Dauer der Unterbrechung bedeutsam:[58] Liegt nur eine kurze Unterbrechung vor, reicht es aus, den Antrag zu Beginn des nächsten Verhandlungstermins zu stellen.[59] Ist die Unterbrechung dagegen länger, muss das Gesuch unter Umständen außerhalb der Hauptverhandlung zu Protokoll der Geschäftsstelle gebracht werden.[60] Die Dauer, in der das Gesuch dann gestellt werden muss, hängt – wie immer – von den Umständen des Einzelfalls ab und wird in der Praxis sehr unterschiedlich gehandhabt.[61] Der Antragsteller ist gut beraten, das Ablehnungsgesuch so schnell wie möglich anzubringen, um Problemen an dieser Stelle von Beginn an aus dem Weg zu gehen.

20 Treten die Umstände, die zu einem Ablehnungsgesuch führen, **während einer Beweisaufnahme** ein, muss das Gesuch nicht sofort geltend gemacht werden. So kann zB bei einer Zeugenvernehmung das Ende der Beweiserhebung abgewartet werden.[62] Eine Pflicht zur sofortigen Geltendmachung besteht nicht. Ein Ablehnungsgesuch ist allerdings verspätet, wenn es nicht unmittelbar nach der erbetenen Pause, sondern erst nach weiteren prozessualen Maßnahmen angebracht wird.[63] Hat der Ablehnungsberechtigte zunächst eine Gegenvorstellung erhoben und erst bei dessen Erfolgslosigkeit das Ablehnungsgesuch vorgetragen, wird es als verspätet zurückgewiesen.[64] An die **Staatsanwaltschaft** werden besonders strenge Anforderungen gestellt. Sie muss den Antrag am selben Tag der Kenntnis, spätestens am Vormittag des nächsten Tages – ggf. außerhalb der Hauptverhandlung – stellen.[65]

21 Eine Strafvereitelung des Verteidigers durch das Stellen eines Ablehnungsantrags für den Mandanten kommt auch dann nicht in Betracht, wenn der Verteidiger davon ausgeht, das Gesuch sei nicht mehr rechtzeitig gestellt.[66]

22 **4. Absolute Grenze (Abs. 2 S. 2).** Die absolute Grenze für ein Ablehnungsgesuch bestimmt Abs. 2 S. 2. Nach Abschluss des **letzten Wortes** des Angeklagten (§ 258 Abs. 2

---

55 BGH 29.3.2012 – 3 StR 455/11, NStZ-RR 2012, 211; 9.3.1988 – 3 StR 567/87, StV 1988, 281.

56 BGH 8.6.2016 – 5 StR 48/16, BeckRS 2016, 12690; 5.4.1995 – 5 StR 681/94, StV 1995, 396; 22.10.1992 – 1 StR 575/92, NStZ 1993, 141; 2.12.1981 – 2 StR 229/81, Pfeiffer/Miebach NStZ 1983, 208 – RsprÜ; Cirener in BeckOK StPO Rn. 7; Scheuten in KK-StPO Rn. 2, 10; Temming in Gercke/Julius/Temming/Zöller Rn. 13; Siolek in Löwe/Rosenberg Rn. 26.

57 So auch Scheuten in KK-StPO Rn. 2.

58 BVerfG 2.8.2006 – 2 BvR 1518/06, NStZ-RR 2006, 379 (380); BGH 10.6.2008 – 5 StR 24/08, NStZ 2008, 578.

59 BGH 10.11.1967 – 4 StR 512/66, BGHSt 21, 334 (339, 344); 3.5.1995 – 2 StR 19/95, NStZ 1996, 47; 22.10.1992 – 1 StR 575/92, NStZ 1993, 141; 28.9.1990 – 2 StR 289/90, StV 1991, 49; 2.12.1981 – 2 StR 229/81 und 27.1.1981 – 5 StR 143/80, Pfeiffer/Miebach NStZ 1983, 208 – RsprÜ; 3.2.1982 – 2 StR 374/81, NStZ 1982, 291 (292); OLG Köln 26.1.1988 – Ss 650/87, StV 1988, 287 (288); OLG Köln 3.4.1973 – Ss 2/73, JMBlNW 1973, 258.

60 Vgl. BGH 10.6.2008 – 5 StR 24/08, StV 2008, 562; 3.5.1995 – 2 StR 19/95, NStZ 1996, 47 (48); 22.10.1992 – 1 StR 575/92, NStZ 1993, 141.

61 BGH 10.11.1967 – 4 StR 512/66, BGHSt 21, 334 (344): 10 Tage zu lang; 5.4.1994 – 5 StR 681/95, StV 1995, 397: sechs Tage zu lang; 24.7.1990 – 5 StR 221/89, NJW 1991, 50; 3.2.1982 – 2 StR 374/81, StV 1982, 339: zwei Tage; 27.1.1981 – 5 StR 143/80, StV 1981, 163: eine Woche; BayObLG 22.4.1992 – 4 St RR 65/92, NJW 1992, 2242; OLG Düsseldorf 22.4.1992 – 2 Ss 34/92-19/92 III, NJW 1992, 2243.

62 BGH 3.5.1995 – 2 StR 19/95, NStZ 1996, 47; 14.2.1992 – 2 StR 254/91, NStZ 1992, 290: bzgl. Kopiervorgang; 15.1.1986 – 2 StR 630/85, StV 1986, 281; 17.7.1973 – 1 StR 61/73, NJW 1973, 1985; Scheuten in KK-StPO Rn. 9; Pfeiffer Rn. 2; Kudlich/Noltensmeier-v. Osten in Satzger/Schluckebier/Widmaier StPO Rn. 8; Deiters in SK-StPO Rn. 25.

63 BayObLG 22.4.1992 – 4 St RR 65/92, NJW 1992, 2242.

64 LG Bremen 7.1.1998 und 13.1.1998 – 11 KLs 320 Js 24874/97; aA Meyer-Mews StraFo 2000, 369 (372 f.).

65 BGH 3.5.1995 – 2 StR 19/95, NStZ 1996, 47 (48); 3.2.1982 – 2 StR 374/81, NStZ 1982, 291.

66 LG Nürnberg-Fürth 17.11.2009 – 7 Qs 89, 90, 91/09, StV 2010, 136 (138).

HS. 2, § 326 S. 2, § 351 Abs. 2 S. 2) ist eine Ablehnung unzulässig.[67] Bemerkungen des Richters danach können eine Ablehnung nicht mehr begründen. Diese Beschränkung des Ablehnungsrechtes ist verfassungsgemäß.[68] Bei mehreren Angeklagten ist das letzte Wort des jeweiligen Ablehnungsberechtigten entscheidend. Eine **Präklusion** tritt aber selbstverständlich dann nicht ein, wenn nach dem letzten Wort wieder in die Beweisaufnahme eingetreten worden ist.[69] Wenn Umstände unmittelbar vor dem letzten Wort auftreten, die zu einem Ablehnungsgrund führen können, kann es erforderlich und zumutbar sein, eine Unterbrechung der Verhandlung zu beantragen.[70]

II. Konzentrationsgebot (Abs. 1 S. 3)

Ein Ablehnungsgesuch ist nur zulässig, wenn das Konzentrationsgebot nach Abs. 1 S. 3 beachtet wurde: Der Berechtigte hat **alle Ablehnungsgründe gleichzeitig** anzuführen, auf die er sich berufen möchte. Zwar kann der Angeklagte bis zu seiner Vernehmung warten, wenn er einen Richter wegen der Besorgnis der Befangenheit ablehnen will,[71] soweit er aber zuvor Gründe anbringt, muss er alle vortragen. Sonst sind später vorgebrachte Gesuche unzulässig, wenn die vorgetragenen Tatsachen schon im Zeitpunkt des ersten Antrags bekannt waren. Mit dem Konzentrationsgebot soll Verzögerungen vorgebeugt werden, die sich durch ein Nachreichen von Ablehnungsgründen ergeben könnten.[72] Das Gebot gilt in allen Verfahrensstadien, auch in der Revision, so dass ein Nachschieben bereits zuvor bekannter Ablehnungsgründen nie statthaft ist.[73] Präkludierte Umstände dürfen nur berücksichtigt werden, wenn es einem nicht präkludierten, grundsätzlich berechtigten Ablehnungsgrund höheres Gewicht verleiht.[74] 23

Ein (Vor-)Verhalten des Angeklagten kann ggf. zur **Verwirkung** des Rechts auf Stellung eines nachfolgenden Ablehnungsantrages führen. Der Bundesgerichtshof hat dies zB in einem Fall angenommen, in dem sich der Angeklagte durch die Einnahme von Rattengift bewusst in einen Zustand versetzt hat, der seine Verhandlungsfähigkeit beeinträchtigen konnte, ohne auf Nachfrage des Gerichts konkrete Beschwerden anzugeben. Im Anschluss hat er die erkennenden Richter wegen Fortsetzung der Hauptverhandlung trotz behaupteter Verhandlungsunfähigkeit abgelehnt. Sie stünden nicht einmal seinem Gesundheitszustand unparteiisch gegenüber. Hier habe der Angeklagte sein Ablehnungsrecht wegen Irreführung und Rechtsmissbräuchlichkeit verwirkt.[75] Diese Argumentation überzeugt nicht. Anhaltspunkte dafür, dass ein Betroffener sein Ablehnungsrecht verwirken könnte, finden sich im Gesetz allein aufgrund zeitlicher Aspekte. Namentlich Verzögerungen und Verspätungen missbilligt die Strafprozessordnung im Ablehnungsrecht. Alles andere sind Fragen der Begründetheit. Sonst würden materielle Aspekte in den formalen Teil der Zulässigkeitsprüfung gezogen. Das ist schon verfassungsrechtlich problematisch (vgl. Art. 101 Abs. 1 S. 2 GG), weil die Begründetheitsprüfung dem abgelehnten Richter entzogen ist, während er die Zulässigkeit zu prüfen hat (§ 27 Abs. 1). 24

67 BGH 25.4.2006 – 3 StR 429/05, NStZ 2006, 644; BVerfG 2.8.2006 – 2 BvR 1518/06, NStZ-RR 2006, 379; Siolek in Löwe/Rosenberg Rn. 31 ff.; kritisch dazu Hanack JR 1967, 230; Wassermann in AK-StPO Rn. 8; Steinfatt, Die Unparteilichkeit des Richters in Europa im Lichte der Rechtsprechung des Europäischen Gerichtshofs für Menschenrechte, S. 236 ff., 250, hält die Rechtslage für konventionswidrig und sieht darin einen Verstoß gegen Art. 6 Abs. 1 EMRK.

68 BVerfG 23.9.1987 – 2 BvR 814/87, NJW 1988, 477; aA Wassermann in AK-StPO Rn. 8 und Hanack JR 1967, 230 (Anmerkung).

69 BGH 25.4.2006 – 3 StR 429/05, NStZ 2006, 644; BVerfG 2.8.2006 – 2 BvR 1518/06, NStZ-RR 2006, 379. Zur Erforderlichkeit einer Unterbrechung im Übrigen vgl. Deiters in SK-StPO Rn. 28 ff.

70 BGH 25.4.2006 – 3 StR 429/05, wistra 2006, 349 (350); BVerfG 2.8.2006 – 2 BvR 1518/06, NStZ-RR 2006, 379 (380).

71 BGH 9.7.1953 – 5 StR 282/53, BGHSt 4, 264 (270).

72 BT-Drs. IV/178 – Begründung zu § 25 (1).

73 BGH 13.7.1966 – 2 StR 157/66, BGHSt 21, 85 (88); Scheuten in KK-StPO Rn. 5.

74 BGH 2.3.2004 –1 StR 574/03, NStZ-RR 2004, 208; Zwiehoff, Der Befangenheitsantrag im Strafverfahren, Rn. 247.

75 BGH 15.12.2005 – 1 StR 411/05, NJW 2006, 708 (709).

III. Gelegenheit zur Anbringung des Ablehnungsgesuchs

25 Ein Ablehnungsgesuch kann **jederzeit** gestellt werden, soweit die absolute zeitliche Grenze nach Abs. 2 S. 2 eingehalten wird. Der Ablehnungsberechtigte hat aber unter Umständen keinen Anspruch darauf, seinen Antrag sofort in der Hauptverhandlung zu stellen.[76] Der Vorsitzende hat das Recht, auf einen späteren Zeitpunkt – allerdings noch am selben Verhandlungstag – zu verweisen.[77] Indessen muss er zusichern, dass keine Präklusion eintreten wird.[78]

26 Verteidiger müssen Ablehnungsgesuche mit dem Angeklagten absprechen. Es handelt sich um ein **originäres Recht des Angeklagten,** das in seinem Namen geltend gemacht werden muss. Wird dieser Pflicht nicht nachgekommen, wird das Gesuch möglicherweise als unzulässig zurückgewiesen, wenn nicht ausgeschlossen werden kann, dass die Ablehnung nicht im Namen des Angeklagten erfolgt ist.[79]

IV. Ablehnungen außerhalb der Hauptverhandlung

27 Außerhalb der Hauptverhandlung kann ein Richter (mit Ausnahme des Abs. 1 S. 2) **jederzeit** abgelehnt werden[80] – und zwar ohne Rücksicht auf den Zeitpunkt der Kenntnisnahme.[81] Die zeitlichen Grenzen aus § 25 gelten nicht.[82] Eine **absolute Grenze** zieht stets die gerichtliche **Entscheidung.**[83] Danach kann ein Ablehnungsgesuch nie erfolgreich angebracht werden.[84] Dies folgt aus dem Sinn und Zweck der Ablehnung. Im Gegensatz zum Rechtsmittel soll sie sicherstellen, dass an **bevorstehenden** Entscheidungen nur unbefangene Richter mitwirken.[85] Dieser Grundsatz ist verfassungsrechtlich nicht zu beanstanden.[86] Wird erst in der Entscheidungsfassung der Ablehnungsgrund offenbar, bleibt es bei dem Ausschluss des Ablehnungsgesuchs.[87]

28 Die in §§ 25 ff. niedergelegten Grundsätze des Ablehnungsverfahrens werden im **gesamten Strafprozess** oder bei auf die Strafprozessordnung verweisenden Verfahrensarten angewendet, wie zB bei weiteren Ablehnungen im Verfahren über das Ablehnungsgesuch selbst,[88] im Klageerzwingungsverfahren,[89] im Wiedereinsetzungsverfahren nach

---

76 Drees NStZ 2005, 184 (185 f.); Scheuten in KK-StPO Rn. 8; Senge NStZ 2002, 225 (232 f.); Siolek in Löwe/Rosenberg Rn. 29.
77 AA Bosbach in HK-GS Rn. 4.
78 BGH 5.11.2003 – 1 StR 368/03, NStZ 2004, 163; Temming in Gercke/Julius/Temming/Zöller Rn. 15.
79 BGH 12.12.2008 – 2 StR 479/08, StraFo 2009, 145.
80 ZB im Ermittlungsverfahren, BGH 1 BJs 22/75 – AK 35/77; Bockemühl in KMR-StPO Rn. 13.
81 BGH 5.4.2000 – 2 StR 545/99, NStZ-RR 2001, 130; OLG Schleswig 10.8.1981 – 1 Ws 213/81, SchlHA 1982, 31; KG 6.3.1991 – 4 Ws 34/91, NStZ 1991, 401.
82 Schmitt in Meyer-Goßner/Schmitt Rn. 11; Bockemühl in KMR-StPO Rn. 13.
83 BGH 23.1.2019 – 1 StR 666/17, BeckRS 2019, 1162; 4.12.2018 – 1 StR 666/17, BeckRS 2018, 33344; 9.5.2018 – 4 StR 579/17, BeckRS 2018, 8808; 5.10.2015 – 2 StR 396/14, BeckRS 2015, 17083; 15.11.2012 – 3 StR 239/12, BeckRS 2013, 00504; Cirener in BeckOK StPO Rn. 9; Temming in Gercke/Julius/Temming/Zöller Rn. 5; Schmitt in Meyer-Goßner/Schmitt Rn. 11.
84 BGH 3.2.2007 – 3 StR 425/06, NStZ 2007, 416; 6.8.1993 – 3 StR 277/93, NStZ 1993, 600; OLG Hamm 12.6.2001 – 4 Ss 98/01, VRS 101 (2001) 204; OLG Jena 17.6.1997 – 1 Ws 123/124/94, NStZ 1997, 510; OLG Düsseldorf 5.7.1990 – 1 Ws 558/90, VRS 80 (1991), 27; OLG Düsseldorf 5.9.1988 – 1 Ws 861–862/88, NStZ 1989, 86; KG 13.8.1982 – 2 Ws 176/82, NStZ 1983, 44; aA OLG Saarbrücken 18.6.1974 – Ws 62/73, NJW 1975, 399 mablAnm Meyer-Goßner NJW 1975, 1179.
85 BGH 6.8.1993 – 3 StR 277/93, NStZ 1993, 600; OLG Hamm 12.6.2001 – 4 Ss 98/01, VRS 101 (2001), 204; OLG Jena 17.6.1997 – 1 Ws 123/124/94, NStZ 1997, 510; OLG Düsseldorf 5.7.1990 – 1 Ws 558/90, VRS 80 (1991), 27; OLG Düsseldorf 5.9.1988 – 1 Ws 861–862/88, NStZ 1989, 86; KG 13.8.1982 – 2 Ws 176/82 Vollz – 2 Ws 171/82, NStZ 1983, 44 (Gesuch in Unkenntnis der Entscheidung erfolgt).
86 BVerfG 2.5.2007 – 2 BvR 2655/06, NStZ 2007, 709 (710); BGH 28.2.2007 – 2 BvR 2619/06, NStZ 2007, 416.
87 BVerfG 2.5.2007 – 2 BvR 2655/06, NStZ 2007, 709 (710).
88 BGH 10.11.1967 – 4 StR 512/66, BGHSt 21, 334 = NJW 1968, 710 – Weigand.
89 OLG Karlsruhe 25.5.1973 – 1 Ws 143/73, NJW 1973, 1658.

§ 33a[90] oder im Verfahren über die Zulässigkeit der Rechtsbeschwerde nach § 79 Abs. 3 OWiG.[91]

29 Dagegen ist ein Ablehnungsgesuch gegen Richter, die einen Verwerfungsbeschluss gem. § 349 Abs. 2 gefasst haben, **unzulässig.**[92] Die Entscheidung ist schon getroffen, was zwangsläufig die in die Zukunft gerichtete Ablehnung unzulässig macht. Etwas anderes gilt auch dann nicht, wenn die Ablehnung mit einem Antrag nach § 356a verbunden wird, der sich jedoch deswegen als unbegründet erweist, weil die gerügte Verletzung des Art. 103 Abs. 1 GG nicht vorliegt.[93] Ebenso ist eine Ablehnung im Verfahren über Gegenvorstellungen nicht möglich, da in der Sache schon entschieden wurde.[94]

30 Verspätetes Vorbringen (nach der Entscheidung) kann nicht über einen Umweg über § 33a zulässig gemacht werden.[95] Ebenso ist eine analoge Anwendung der Nichtanhörungsrüge nach § 356a ausgeschlossen.[96]

§ 26 Ablehnungsverfahren

(1) [1]Das Ablehnungsgesuch ist bei dem Gericht, dem der Richter angehört, anzubringen; es kann vor der Geschäftsstelle zu Protokoll erklärt werden. [2]Das Gericht kann dem Antragsteller aufgeben, ein in der Hauptverhandlung angebrachtes Ablehnungsgesuch innerhalb einer angemessenen Frist schriftlich zu begründen.

(2) [1]Der Ablehnungsgrund und in den Fällen des § 25 Absatz 1 Satz 2 und Absatz 2 die Voraussetzungen des rechtzeitigen Vorbringens sind glaubhaft zu machen. [2]Der Eid ist als Mittel der Glaubhaftmachung ausgeschlossen. [3]Zur Glaubhaftmachung kann auf das Zeugnis des abgelehnten Richters Bezug genommen werden.

(3) Der abgelehnte Richter hat sich über den Ablehnungsgrund dienstlich zu äußern.

Schrifttum: Günther, Unzulässige Ablehnungsgesuche und ihre Bescheidung, NJW 1986, 281; Hamm, Können Ablehnungsgründe bei rechtzeitigem und zulässigem Ablehnungsgesuch verspätet sein? NJW 1973,

---

90 BGH 20.7.2004 – 5 StR 539/03, NStZ-RR 2006, 1; 1.2.2005 – 4 StR 486/04, NStZ-RR 2005, 173; 6.8.1997 – 3 StR 337/96, NStZ-RR 1998, 51; OLG Koblenz 25.5.1982 – 1 Ws 183/82, NStZ 1983, 470.

91 LG Düsseldorf 24.4.1991 – 1 Qs 28/91, StV 1991, 411.

92 BGH 13.2.2007 – 3 StR 425/06, NStZ 2007, 416; 5.4.2000 – 2 StR 545/99, NStZ-RR 2001, 130; BGH 6.8.1993 – 3 StR 277/93, NStZ 1993, 600; OLG Koblenz 10.12.1981 – 2 Ss 362/81, GA 1982, 470 (471); zur Anbringung eines Ablehnungsgesuchs nach Beschlussfassung, aber vor Eingang des Beschlusses auf der Geschäftsstelle vgl. BGH 14.8.2012 – 2 StR 629/11, NStZ 2012, 710.

93 BGH 6.11.2018 – 1 StR 666/17, BeckRS 2018, 29651; 9.5.2018 – 4 StR 579/17, BeckRS 2018, 8808; 31.1.2013 – 1 StR 595/12, BeckRS 2013, 03153; 13.12.2012 – 2 StR 585/11, BeckRS 2013, 02723; 15.11.2012 – 3 StR 239/12, BeckRS 2013, 00504; 2.5.2012 – 1 StR 152/11, NStZ-RR 2012, 314; 13.2.2007 – 3 StR 425/06, NStZ 2007, 416; Cirener in BeckOK StPO Rn. 10.

94 BGH 11.7.2001 – 3 StR 462/01, NStZ-RR 2001, 333; 6.8.1997 – 3 StR 337/96, NStZ-RR 1998, 51; OLG Hamm 29.4.1993 – 3 Ws 123/93, MDR 1993, 789; OLG Düsseldorf 5.9.1988 – 1 Ws 861 – 862/88, NStZ 1989, 86; 18.1.1994 – 1 Ws 886 – 887/93 ua, VRS 86 (1994), 444; 15.4.1992 – 1 Ws 210/92, 1 Ws 324/92, VRS 83 (1992), 356; OLG Düsseldorf 5.7.1990 – 1 Ws 558/90, VRS 80 (1991), 27.

95 Thüring. OLG 17.6.1997 – 1 Ws 123, 124/97, NStZ 1997, 510; BGH 6.8.1993 – 3 StR 277/93, NStZ 1993, 600; OLG Düsseldorf 12.11.1991 – 1 Ws 912/91 ua, VRS 82 (1992), 189; OLG Celle 23.7.1985 – 1 Ws 92/85, Nds.Rpfl. 1985, 238; OLG Koblenz 4.10.1982 – 1 HEs 48/82, MDR 1983, 151; 10.12.1981 – 2 Ss 362/81, NStZ 1982, 217; OLG Hamm 5.3.1976 – 2 Ws 383/75, NJW 1976, 1701; KG 13.8.1982 – 2 Ws 176/82, NStZ 1983, 44; anders KG 14.3.1983 – 4 Ws 29/82, JR 1984, 39.

96 BGH 4.8.2009 – 1 StR 287/09, NStZ-RR 2009, 353; s. auch 7.8.2007 – 4 StR 142/07, NStZ 2008, 55; 13.2.2007 – 3 StR 425/06, NStZ 2007, 416; 22.11.2006 – 1 StR 180/06, JR 2007, 172; Temming in Gercke/Julius/Temming/Zöller Rn. 6; zur Statthaftigkeit der Gehörsrüge gegen die Ablehnung eines Befangenheitsantrages im Revisionsverfahren binnen einer Woche nach Kenntnis von der Verletzung des rechtlichen Gehörs: BGH 6.2.2009 – 1 StR 541/08, NJW 2009, 1092.

178; Krey, Grundzüge des Strafverfahrensrechts (8. Teil), JA 1984, 573; Pentz, Formelle Fragen der Richterablehnung unter besonderer Berücksichtigung der geschäftsmäßigen Behandlung, JVBl. 1963, 185; Richter II, Marginalien zum Ablehnungsrecht, FS Hamm, 2008, 587; Zwiehoff, Der Befangenheitsantrag im Strafverfahren, 2. Aufl. 2013.

Übersicht

A. Überblick

1 Die Vorschrift regelt das **Verfahren über die Ablehnung.** Sie sichert, dass die Fristen des § 25 eingehalten werden, leicht überprüfbar bleiben und das Gesuch bei dem für die Zulässigkeitsentscheidung zuständigen Gericht ankommt. § 26 verpflichtet den Antragsteller, seinen Vortrag glaubhaft zu machen. So wird das Gericht in die Lage versetzt, ohne weitere eigene Ermittlungen zu entscheiden. Die zusätzliche richterliche Pflicht zur dienstlichen Äußerung soll die Erkenntnisgrundlage verbessern.

2 Das Ablehnungsverfahren ist **kein Teil der Hauptverhandlung,** sondern ein selbstständiges Verfahren nach dem GVG.[1] Daher gilt weder das Öffentlichkeitsprinzip[2] noch das Anwesenheitsrecht[3] des Angeklagten. Wurde der Angeklagte nach § 247 von der Hauptverhandlung ausgeschlossen, muss er vor Verkündung der Entscheidung über das vorausgegangene Ablehnungsverfahren nicht unterrichtet werden.[4]

3 Der Wortlaut erfasst nur die **richterlichen Mitglieder;** § 31 Abs. 1 erstreckt das Ablehnungsverfahren auf **Schöffen** und **Urkundsbeamte** der Geschäftsstelle.

4 Durch das Gesetz zur effektiveren und praxistauglicheren Ausgestaltung des Strafverfahrens vom 17.8.2017[5] hat der durch eine Expertenkommission[6] beratene Gesetzgeber Abs. 1 S. 2 geändert. Der Worlaut ist missglückt (→ Rn. 7a). Zwei Jahre[7] später wurde Abs. 2 S. 1 um einen Hinweis auf § 25 Abs. 1 S. 2 ergänzt.

B. Ablehnungsverfahren

I. Zuständigkeit

5 Das Ablehnungsgesuch ist gem. Abs. 1 bei dem Spruchkörper (Senat, Kammer, Schöffengericht, Strafrichter) anzubringen, dem der **Richter bei seiner Tätigkeit** angehört, die zur Ablehnung geführt hat.[8] Ist der Richter gleichzeitig beim Amts- oder Landgericht (§§ 22 Abs. 2, 59 Abs. 2 GVG), ist das Gericht zuständig, bei dem die Strafsache anhängig ist. Ist ein Richter einer auswärtigen Strafkammer (§ 78 GVG) oder eines auswärtigen

1 Temming in Gercke/Julius/Temming/Zöller Rn. 1.
2 BGH 23.4.1980 – 3 StR 434/79, NStZ 1982, 188 – RsprÜ.
3 BGH 17.4.1996 – 3 StR 34/96, NJW 1996, 238.
4 BGH 17.4.1996 – 3 StR 34/96, NJW 1996, 238; Siolek in Löwe/Rosenberg Rn. 3.
5 BGBl. I 3202.
6 Bericht der Expertenkommission zur effektiveren und praxistauglicheren Ausgestaltung des allgemeinen Strafverfahrens und des jugendgerichtlichen Verfahrens, 112.
7 BGBl. I 2121.
8 RG 20.6.1889 – 1142/89, RGSt 19, 332 (336).

Strafsenats (§ 116 Abs. 2 GVG) betroffen, ist das Gesuch dort anzubringen, auch wenn ein anderer Senat oder eine andere Kammer für die Entscheidung zuständig ist, § 27. Im Falle eines ersuchten Richters ist der Antrag bei diesem anzubringen, nicht bei dem ersuchenden Gericht.[9]

II. Form und Inhalt

Das Ablehnungsgesuch kann grundsätzlich in **jeder Form** eingebracht werden.[10] Innerhalb der Hauptverhandlung kann es mündlich oder schriftlich,[11] außerhalb der Hauptverhandlung schriftlich eingereicht werden. Der Angeklagte kann nicht darauf verwiesen werden, ein Befangenheitsgesuch zu Protokoll der Geschäftsstelle anzubringen. Es steht ihm frei zu entscheiden, ob er das Gesuch in der Hauptverhandlung oder zu Protokoll der Geschäftsstelle erklären will.[12] Die Erklärung zu **Protokoll der Geschäftsstelle** ist stets möglich.[13] Sie kann etwa dann notwendig sein, wenn der Angeklagte gerade wegen des Ablehnungsgrundes nicht vor Gericht erscheint.[14] 6

In der Hauptverhandlung ist ein schriftlicher Antrag oder die Abgabe einer Protokollanlage einem **nur mündlichen Antrag vorzuziehen.**[15] Dies liegt darin begründet, dass nach § 273 Abs. 1 zwar die Anträge zu protokollieren sind, auf die Protokollierung der Begründung jedoch kein Anspruch besteht,[16] so dass mit Blick auf §§ 338 Nr. 3, 344 Abs. 2 S. 2 die Übergabe einer verlesenen Begründung als Anlage zum Protokoll sinnvoll erscheint.[17] 7

Bis 2017[18] erklärte Abs. 1 S. 2 den § 257a für nicht anwendbar. Nunmehr ist es dem Gericht ausdrücklich gestattet, dem Antragsteller aufzugeben, das mündliche Ablehnungsgesuch **innerhalb einer angemessenen Frist schriftlich zu begründen.** Dadurch soll in Ausnahmefällen Situationen begegnet werden, in denen das Recht zur mündlichen Begründung eines Ablehnungsgesuchs in der Hauptverhandlung mit dem Ziel der Verfahrensverzögerung missbraucht wird.[19] Aus dem Wortlaut ergibt sich eine solche Einschränkung nicht. Vielmehr steht das Begründungserfordernis im pflichtgemäßen Ermessen des Gerichts. Diese missratene Formulierung birgt deshalb die Gefahr, die nach den Materialien intendierte Ausnahme ins Gegenteil zu verkehren.[20] Um dem entgegenzuwirken ist eine Fristsetzung nur zulässig, wenn tatsächlich eine missbräuchliche Verzögerung droht.[21] 7a

Die **Angemessenheit** der Frist beurteilt sich nach den Umständen des Einzelfalls, wobei das Gericht insbesondere Umfang und Komplexität des dem Ablehnungsgesuch zugrundeliegenden Sachverhalts berücksichtigt.[22] Es wird ferner berücksichtigen müssen, mit welchem zeitlichen Aufwand der Angeklagte und seine Verteidigung rechnen. Wird das Gesuch nicht fristgerecht angebracht, wird es vom Gericht als unzulässig verworfen (§ 26a Abs. 1 Nr. 2). Vor diesem Hintergrund erscheint es problematisch, dass die Bemessung der Frist uU allein in den Händen des potentiell befangenen Richters liegt und dem Ablehnenden in der Tatsacheninstanz keine Rechtsmittel gegen dessen Anordnung zur 7b

---

9 Schmitt in Meyer-Goßner/Schmitt Rn. 1; Siolek in Löwe/Rosenberg Rn. 4; Scheuten in KK-StPO Rn. 1; Kudlich/Noltensmeier-v. Osten in Satzger/Schluckebier/Widmaier StPO Rn. 2.

10 RG 22.1.1886 – 3250/85, RGSt 13, 302 (304); Schmitt in Meyer-Goßner/Schmitt Rn. 2; Deiters in SK-StPO Rn. 3.

11 Siolek in Löwe/Rosenberg Rn. 6; Bosbach in HK-GS Rn. 3.

12 BGH 8.6.2005 – 2 StR 118/05, StV 2005, 531.

13 Alexander in Radtke/Hohmann Rn. 3.

14 Scheuten in KK-StPO Rn. 2; Siolek in Löwe/Rosenberg Rn. 7.

15 Zwiehoff, Der Befangenheitsantrag im Strafverfahren, Rn. 270.

16 BGH 12.12.2008 – 2 StR 479/08, NStZ-RR 2009, 142; Siolek in Löwe/Rosenberg Rn. 7.

17 Werner in Krekeler/Löffelmann/Sommer Rn. 9; Alexander in Radtke/Hohmann Rn. 3; Scheuten in KK-StPO Rn. 2; Bockemühl in KMR-StPO Rn. 3; Deiters in SK-StPO Rn. 3.

18 BGBl. I 3202.

19 BT-Drs. 18/11277, 18.

20 S. auch Deiters in SK-StPO Rn. 4b.

21 Singelnstein/Derin NJW 2017, 2646 (2650 f.); zust. Scheuten in KK-StPO Rn. 2.

22 Schmitt in Meyer-Goßner/Schmitt Rn. 2b.

Verfügung stehen. Es bleibt dann zu prüfen, ob ein potentieller Missbrauch dieser Position wiederum die Besorgnis der Befangenheit begründet.

8 Warum es für den **Zeitpunkt der Ablehnung** (§ 25) im Fall der Erklärung zu Protokoll der Geschäftsstelle darauf ankommen soll, wann der Antrag dem Gericht vorgelegt wird,[23] erschließt sich nicht. Das Ablehnungsrecht erlischt nicht, wenn der Antrag bei ordnungsgemäßer Behandlung rechtzeitig vorgelegen hätte.[24] Das gilt erst recht, wenn sich der Angeklagte nicht auf freiem Fuß befindet und seine Erklärung zu Protokoll der Geschäftsstelle des Amtsgerichts gibt, in dessen Bezirk er verwahrt wird.[25] Hier kann § 299 Abs. 2 analog angewendet werden.

9 In dem Ablehnungsgesuch muss der **abgelehnte Richter** grundsätzlich namentlich[26] bezeichnet werden. Ausreichend kann es aber auch sein, wenn der Richter in anderer Weise hinreichend, also zweifelsfrei bestimmbar ist.[27] Dies etwa dann, wenn der Ablehnende nicht feststellen kann, auf welchen von mehreren Richtern ein Ablehnungsgrund zutrifft.[28] Zudem müssen die Ablehnungsgründe, also die **Tatsachen,** aus denen sich nach Ansicht des Ablehnenden das Misstrauen gegen die Unparteilichkeit des abgelehnten Richters ergibt (§ 24 Abs. 2), im Gesuch selbst benannt werden.[29]

10 In den Fällen des § 25 Abs. 1 S. 2 und Abs. 2 müssen zusätzlich die Tatsachen angeführt werden, aus denen sich die Rechtzeitigkeit der Antragstellung ergibt.[30] Bei einem Gesuch **nach Vernehmung des Angeklagten** zählen hierzu die Angaben, wann die ablehnungsberechtigenden Umstände vorlagen und wann diese erstmalig bekannt geworden sind (§ 25 Abs. 2 S. 1 Nr. 1) sowie ggf. die Umstände, die einer früheren Anbringung entgegen standen (§ 25 Abs. 2 S. 1 Nr. 2). Die Benennung der Ablehnungstatsachen darf grundsätzlich **nicht** durch Bezugnahme auf die Akten ersetzt werden. Eine Ausnahme wird zugelassen, wenn die Tatsachen sich aus den Prozessakten selbst (vor allem aus dem Hauptverhandlungsprotokoll) ergeben oder sonst gerichtsbekannt sind.[31]

11 Einen erkennbaren, aber nicht geltend gemachten Ablehnungsgrund darf das Gericht wegen der insoweit geltenden **Dispositionsmaxime** nicht von Amts wegen heranziehen[32] – auch dann nicht, wenn der andere Grund durch die dienstliche Äußerung des abgelehnten Richters (§ 26 Abs. 3) deutlich wird.[33] Soweit hiergegen vorgebracht wird, dass dies dazu führe, dass die Frage des gesetzlichen Richters so der Disposition des Ablehnenden unterliege,[34] ist dies zwar zutreffend, aber unerheblich, da dieses Ergebnis letztlich der Konzeption des Ablehnungsverfahrens insgesamt entspricht, dass – wie § 26 gerade zeigt – zwingend eines Antrags bedarf.

III. Glaubhaftmachung

12 **1. Begriff und Umfang.** Da eine förmliche Beweisaufnahme über das Befangenheitsgesuch nicht stattfindet,[35] bedarf es der Glaubhaftmachung zur richterlichen Überzeugungsbildung. Die Glaubhaftmachung erfordert, dass die behaupteten Tatsachen aufgrund der beigebrachten Beweismittel jedenfalls wahrscheinlich sind.[36] Das Gericht muss in die Lage

[23] So Siolek in Löwe/Rosenberg Rn. 8.
[24] AA Siolek in Löwe/Rosenberg Rn. 8.
[25] AA Siolek in Löwe/Rosenberg Rn. 8.
[26] RG 22.1.1886 – 3250/85, RGSt 13, 302 (305).
[27] BVerfG 13.5.1953 – 1 BvR 344/51, BVerfGE 2, 297; Günther NJW 1986, 281 (282).
[28] Siolek in Löwe/Rosenberg Rn. 13.
[29] BayObLGSt 1952, 188; Scheuten in KK-StPO Rn. 3.
[30] Schmitt in Meyer-Goßner/Schmitt Rn. 6.
[31] Scheuten in KK-StPO Rn. 4; Siolek in Löwe/Rosenberg Rn. 12.
[32] Günther NJW 1986, 281 (288); Peters JR 1972, 119 (121); Bockemühl in KMR-StPO Rn. 6; aA Hamm NJW 1973, 178 (179).
[33] Siolek in Löwe/Rosenberg Rn. 10.
[34] So Hamm NJW 1973, 178 (180).
[35] BGH 15.12.2010 – 1 StR 500/10, BeckRS 2010, 28505; 22.8.2006 – 1 StR 382/06, NStZ 2007, 51.
[36] BVerfG 9.7.1969 – 2 BvR 753/68, BVerfGE 26, 315 (319); BGH 10.11.1967 – 4 StR 512/66, BGHSt 21, 334 (350); 30.10.1990 – 5 StR 447/90, NStZ 1991, 144.

versetzt werden, über das Ablehnungsgesuch zu entscheiden, ohne den Verfahrensfortgang durch Ermittlungen zu verzögern.[37] Die glaubhaft zu machenden Tatsachen müssen nicht bewiesen werden. Die volle Überzeugung des Gerichts hinsichtlich der Wahrheit der behaupteten Tatsachen ist nicht erforderlich.[38] Bleiben jedoch Zweifel an der Zuverlässigkeit der angebotenen Beweismittel, soll dies zu Lasten des Ablehnenden gehen.[39] Der Grundsatz in dubio pro reo ist nicht anwendbar.[40] Diese Vorgaben der Rechtsprechung sind jedoch insoweit konkretisierungsbedürftig, als dass unerhebliche Zweifel[41] nicht zu Lasten des Ablehnenden gehen dürfen,[42] da ansonsten das Postulat der Rechtsprechung, dass die glaubhaft zu machenden Tatsachen gerade nicht zur vollen Überzeugung des Richters feststehen müssen, leerlaufen würde.

Zur Glaubhaftmachung nicht ausreichend ist die bloße Benennung eines Zeugen. Vielmehr ist es notwendig, dass der Antragsteller mindestens eine **schriftliche Erklärung des Zeugen** beibringt.[43] Etwas anderes kann sich ausnahmsweise dann ergeben, wenn das Unvermögen, eine schriftliche Erklärung eines Zeugen beizubringen, glaubhaft gemacht worden ist.[44] Dies kann etwa bei der fehlenden Aussagegenehmigung des Dienstvorgesetzten oder bei Nichterreichbarkeit des Zeugen der Fall sein.[45] In diesen Fällen erhebt das Gericht den (Frei-) Beweis von Amts wegen.[46] Das Gericht ist zudem nicht verpflichtet, auf eine weitere Glaubhaftmachung hinzuwirken[47] oder Zeugen zu hören.[48] Der Grundsatz des fairen Verfahrens kann es allerdings gebieten, Zweifelsfragen anzusprechen.[49] Mit welchen Mitteln das Gericht sich Kenntnis der maßgeblichen Tatsachen verschaffen will, obliegt seinem pflichtgemäßen Ermessen.[50] Haben sich die Tatsachen vor demselben Gericht ereignet, soll es aufgrund eigener Wahrnehmungen ohne weiteres die Entscheidung treffen dürfen.[51] 13

Nicht der Glaubhaftmachung bedürfen Tatsachen, deren Richtigkeit sich aus den Akten ergibt oder die sonst wie gerichtsbekannt sind[52] oder aber der vom Verteidiger verfasste Antrag, wenn er Wahrnehmungen des Verteidigers selbst enthält.[53] Die Glaubhaftmachung bezieht sich im **Falle des § 25 Abs. 1 S. 2 und Abs. 2** auch auf die Tatsachen, aus denen sich die Rechtzeitigkeit der Antragstellung ergibt.[54] Davon kann abgesehen werden, wenn die Rechtzeitigkeit nach der Sachlage offenkundig ist. Das ist regelmäßig der Fall, wenn das Gesuch unmittelbar im Anschluss an den fraglichen Verfahrensvorgang und unter Bezugnahme auf diesen erfolgt.[55] 14

Da die Glaubhaftmachung nach der Systematik des § 26 mit der Ablehnung zu erfolgen hat und das Gesetz selbst in § 26a Abs. 1 Nr. 2 die Glaubhaftmachung zur **Zulässigkeitsvo-** 15

---

[37] BGH 10.11.1967 – 4 StR 512/66, BGHSt 21, 334 (347) = NJW 1968, 710 (712) – Weigand.
[38] BGH 10.11.1967 – 4 StR 512/66, BGHSt 21, 334 (352).
[39] BGH 20.8.2008 – 5 StR 336/08, BeckRS 2008, 19681.
[40] BGH 10.11.1967 – 4 StR 512/66, BGHSt 21, 334 (352).
[41] S. auch Deiters in SK-StPO Rn. 10.
[42] Insoweit ist es unzutreffend, wenn Kudlich/Noltensmeier-v. Osten in Satzger/Schluckebier/Widmaier StPO Rn. 5 anmerken, die Zweifel an der Richtigkeit der behaupteten Tatsachen wirkten „immer" zulasten des Antragstellers.
[43] BGH 10.11.1967 – 4 StR 512/66, BGHSt 21, 334 (347) = NJW 1968, 710 (712) – Weigand.
[44] BGH 22.12.1976 – 2 StR 527/76, bei Holtz MDR 1978, 108 (111).
[45] Schmitt in Meyer-Goßner/Schmitt Rn. 11.
[46] Temming in Gercke/Julius/Temming/Zöller Rn. 12.
[47] BGH 10.11.1967 – 4 StR 512/66, BGHSt 21, 334 (347 f.) = NJW 1968, 710 (712) – Weigand.
[48] OLG Düsseldorf 6.5.1985 – 2 Ws 184/85 u. 2 Ss 161/85 – 104/85 II, NJW 1985, 2207 (2207) – allerdings in Bezug auf § 45 Abs. 2 StPO.
[49] Werner in Krekeler/Löffelmann/Sommer § 26 Rn. 5.
[50] BGH 15.12.2010 – 1 StR 500/10, NStZ 2011, 228; 22.8.2006 – 1 StR 382/06, NStZ 2007, 51.
[51] BGH 15.12.2010 – 1 StR 500/10, NStZ 2011, 228.
[52] BGH 6.5.2014 – 5 StR 99/14, NStZ 2015, 175; Schmitt in Meyer-Goßner/Schmitt Rn. 8; Bosbach in HK-GS Rn. 5; Scheuten in KK-StPO Rn. 4.
[53] BGH 29.8.2006 – 1 StR 371/06, NStZ 2007, 161 (162).
[54] Schmitt in Meyer-Goßner/Schmitt Rn. 6.
[55] BGH 14.9.1965 – 1 StR 296/65, BeckRS 1965, 31177584.

raussetzung erhebt, sind auch Ausschließungsgründe glaubhaft zu machen.[56] Aus diesem Grund kann eine Begründung nicht „nachgeschoben" – wohl aber die abgegebene Begründung ergänzt und verbessert werden.[57]

16 **2. Mittel der Glaubhaftmachung.** Als Mittel der Glaubhaftmachung kommt alles in Betracht, was geeignet ist, die Wahrscheinlichkeit der vorgebrachten Tatsachen zu belegen. Hierzu zählen insbesondere schriftliche Erklärungen von Zeugen, Urkunden, ärztliche Zeugnisse, dienstliche Erklärungen des abgelehnten Richters (§ 26 Abs. 2 S. 3, Abs. 3) sowie die Gerichtsakte.[58] Die Bezugnahme auf ein richterliches Zeugnis nach Abs. 2 S. 3 meint jedoch ausschließlich dienstliche Äußerungen nach Abs. 3.[59] Die Berufung auf das Zeugnis des abgelehnten Richters muss ausdrücklich erfolgen, zumindest beim Vorbringen des Gesuchs durch den Verteidiger darf sie nicht unterstellt werden, da dieser durchaus Anlass haben kann, sich gerade nicht auf die Erklärung des Richters zu beziehen.[60] Die bloße Benennung von Zeugen reicht grundsätzlich nicht aus (→ Rn. 13). Der Eid oder die eidesstattliche Erklärung des Ablehnenden scheidet wegen § 26 Abs. 2 S. 2 aus. Eine dennoch abgegebene eidliche Erklärung des Ablehnungsberechtigten wird als einfache Erklärung gewertet, die als Mittel der Glaubhaftmachung allein meist nicht ausreichen wird.[61] Zwar dürfen wegen S. 2 auch Zeugen nicht vereidigt werden, dies schließt jedoch nicht die eidesstattliche Versicherung durch den Zeugen aus.[62] Wahrnehmungen des Verteidigers können anwaltlich versichert werden.[63] Nach neuerer Rechtsprechung ist es unter Berufung auf die Stellung des Verteidigers als selbstständiges Organ der Rechtspflege[64] unschädlich, wenn der Verteidiger seine Angaben nicht ausdrücklich als anwaltlich versichert bezeichnet.[65]

IV. Dienstliche Äußerung

17 Nach Abs. 3 ist der abgelehnte Richter verpflichtet, sich zum Ablehnungsgrund dienstlich zu äußern. Während die dienstliche Erklärung für die Entscheidung nach § 27 verpflichtend ist, soll sie im Verfahren nach § 26a entfallen.[66] Wird das Gesuch fälschlich als unzulässig (§ 26a) behandelt, kann die Erklärung des Richters im Beschwerdeverfahren (§ 28 Abs. 2 S. 1) nachgefordert werden.[67] Dies gilt jedoch nicht für das Revisionsverfahren.[68] Die Erklärung hat **schriftlich** zu erfolgen und darf nicht lediglich in das Protokoll diktiert werden,[69] da sie zu den Sachakten genommen wird und dem Rechtsmittelgericht ggf. noch als Entscheidungsgrundlage dienen muss.[70]

18 Die **Funktion** der Erklärung nach Abs. 3 liegt darin, die Erkenntnisgrundlage für das entscheidende Gericht zu verbessern.[71] Keinesfalls soll darin eine wertende Aussage zur Zulässigkeit oder Begründetheit des Antrags getroffen werden. Die Erklärung dient damit nicht der Gewährung rechtlichen Gehörs für den Richter, sondern ist ein Instrument der objektiven

---

56 Siolek in Löwe/Rosenberg Rn. 18.
57 Bockemühl in KMR-StPO Rn. 4; Kudlich/Noltensmeier-v. Osten in Satzger/Schluckebier/Widmaier StPO Rn. 4.
58 OLG Düsseldorf 5.10.2006 – IV-5 Ss-OWi 175/06 – (OWi) 127/06 I, NStZ 2007, 608.
59 Bosbach in HK-GS Rn. 6; Siolek in Löwe/Rosenberg Rn. 23.
60 OLG Frankfurt a. M. 15.12.1976 – 20 W 1044/76, NJW 1977, 767; Günther NJW 1886, 281 (283).
61 Schmitt in Meyer-Goßner/Schmitt Rn. 9.
62 RG 30.3.1928 – I 1277/27, RGSt 62, 119 (121); Krey JA 1984, 573 (575); Schmitt in Meyer-Goßner/Schmitt Rn. 10.
63 OLG Köln 20.12.1963 – 1 Ws 76/63, NJW 1964, 1038; OLG Schleswig 24.8.1971 – 1 Ws 204/71, MDR 1972, 165.
64 Vgl. § 1 BRAO.
65 BGH 29.8.2006 – 1 StR 371/06, NStZ 2007, 161 (172); zuvor schon BayObLG 25.10.1994 – 1 Ob OWi 446/94, StV 1995, 7.
66 BVerfG 22.2.1960 – 2 BvR 36/60, BVerfGE 11, 1 (3).
67 OLG Hamburg 9.3.1998 – 2 Ws 23/98, OLGSt StPO § 26 Nr. 1; Siolek in Löwe/Rosenberg Rn. 25.
68 BGH 16.12.1969 – 5 StR 468/69, NJW 1970, 478 (479).
69 Scheuten in KK-StPO Rn. 7; Deiters in SK-StPO Rn. 16.
70 BayObLG 27.7.1982 – RReg 5 St 71/82, StV 1982, 460; Schmitt in Meyer-Goßner/Schmitt Rn. 14.
71 Cirener in BeckOK StPO Rn. 9.

Sachverhaltsaufklärung. Hiergegen spricht nicht, dass die Erklärung nach Abs. 3 nach der Rechtsprechung des BGH zur „Klarstellung und Entschuldigung" genutzt werden kann,[72] da dies letztlich auch der Sachverhaltsaufklärung dient. In **inhaltlicher Hinsicht** ist dementsprechend zu fordern, dass die Erklärung sich mit den der Ablehnung zu Grunde liegenden Tatsachen inhaltlich auseinandersetzt.[73] Dies legt schon der Wortlaut der Vorschrift nahe, wonach der Richter sich „über den Ablehnungsgrund" zu äußern hat. Da die Vorschrift in Abs. 2 vom Ablehnenden die Benennung der Ablehnungstatsachen fordert, muss die Erklärung nach Abs. 3 sich umgekehrt mindestens zu allen vorgebrachten Tatsachen verhalten. Bloße Erklärungen zu Empfindungen, wie dass der Richter sich „nicht befangen" fühlt, sind damit unzureichend und stehen der Nichtabgabe der Erklärung gleich, was wiederum Grundlage für einen erneuten Befangenheitsantrag sein kann[74] und zudem zur Nachforderung der Erklärung im Beschwerdeverfahren nach § 28 Abs. 2 S. 1 berechtigt. Stellt die Erklärung den Verfahrensablauf falsch dar, kann dies den Verdacht mangelnder Sorgfalt rechtfertigen und ggf. einen selbstständigen Ablehnungsgrund darstellen.[75] Der Richter darf in der dienstlichen Äußerung gegen die Zulässigkeit oder Begründetheit des Gesuchs keine Stellung beziehen. Jede wertende Einlassung verlässt den Boden der Tatsachenaufklärung und kann nach Maßgabe des § 25 Abs. 2 einen erneuten Befangenheitsantrag rechtfertigen.

Da sich der Richter zu allen vorgebrachten Tatsachen verhalten muss, wird der glaubhaft 19
gemachte Vortrag zugestanden, soweit sich der betroffene Richter zu entscheidungserheblichen Tatsachen nicht äußert. Dies ergibt sich daraus, dass die richterliche Pflicht sich im Tatsächlichen über den Ablehnungsgrund zu äußern, bestenfalls entfallen kann, soweit der Vortrag des Antragstellers korrekt ist.[76] Nur so lässt sich auch die Rechtsprechung erklären, dass die von abgelehnten Richtern über den Ablehnungsgrund abzugebenden dienstlichen Äußerungen, soweit sie von der Ablehnungsbegründung abweichen, den Beteiligten zwecks Gewährung rechtlichen Gehörs zur Kenntnis zu bringen sind, ehe sie bei der Entscheidung über den Ablehnungsantrag verwertet werden.[77]

Die Erklärung ist eine Dienstpflicht.[78] Ihrer **Rechtsnatur** nach ist sie dem engeren 20
Bereich richterlicher Tätigkeit zuzuordnen und damit als Teil der richterlichen Tätigkeit der Dienstaufsicht entzogen, § 26 Abs. 1 DRiG.[79]

V. Verfahren

Will das Gericht dem Gesuch nicht stattgeben, ist die Erklärung nach Abs. 3 sowohl 21
dem Antragsteller, der Staatsanwaltschaft als auch den übrigen Beteiligten zur Wahrung des **rechtlichen Gehörs** mitzuteilen und diesen die Möglichkeit der Stellungnahme nach § 33 Abs. 2 und 3 zu geben, bevor sie zum Nachteil der Beteiligten verwertet wird.[80] Letzteres gilt auch dann, wenn sich die dienstliche Äußerung in der Erklärung erschöpft, der Richter

72 BGH 13.10.2005 – 5 StR 278/05, NStZ 2006, 49: Schmitt in Meyer-Goßner/Schmitt Rn. 15 mwN.

73 Werner in Krekeler/Löffelmann/Sommer Rn. 7; Wassermann in AK-StPO Rn. 5; Siolek in Löwe/Rosenberg Rn. 26; Alexander in Radtke/Hohmann Rn. 9.

74 Siolek in Löwe/Rosenberg Rn. 26; Kudlich/Noltensmeier-v. Osten in Satzger/Schluckebier/Widmaier StPO Rn. 9; vgl. hierzu auch Richter II FS Hamm, 2008, 587 ff. mit Hinweisen auch zur zivilrechtlichen Literatur und Judikatur.

75 OLG Frankfurt a. M. 6.12.1977 – 20 W 917/77, MDR 1978, 409; Bosbach in HK-GS Rn. 7; Kudlich/Noltensmeier-v. Osten in Satzger/Schluckebier/Widmaier StPO Rn. 8.

76 Nur soweit kann die Aussage in BGH 24.7.2007 – 4 StR 236/07, NStZ 2007, 117 reichen, soweit dort judiziert wird, das Fehlen der gemäß § 26 Abs. 3 grundsätzlich auch bei der Ablehnung von Schöffen erforderlichen dienstlichen Äußerung sei unschädlich, wenn der zu beurteilende Sachverhalt eindeutig feststehe. Im Übrigen ist die dienstliche Äußerung zum Ablehnungsgrund ein Gesetzesbefehl. Kritisch Deiters in SK-StPO Rn. 15.

77 BayObLG 27.7.1982 – RReg 5 St 71/82, StV 1982, 460.

78 Scheuten in KK-StPO Rn. 7.

79 BGH 12.5.2011 – RiZ (R) 4/09, NJOZ 2012, 151 (153); 18.4.1980 – RiZ (R) 1/80, NJW 1980, 2530 (2531).

80 BVerfG 25.6.1968 – 2 BvR 599, 677/67, NJW 1968, 1621; BGH 16.12.1969 – 5 StR 468/69, NJW 1970, 478 (479); 13.7.1966 – 2 StR 157/66, BGHSt 21, 85 = NJW 1966, 2321; Schmitt in Meyer-Goßner/Schmitt Rn. 14.

„fühle sich nicht befangen", da auch dies für die Beurteilung des Ablehnungsgesuchs erheblich sein kann (vgl. schon → Rn. 18).[81] Das liegt aber nicht an dem darin enthaltenen Erklärungsgehalt, wonach es in tatsächlicher Hinsicht zu dem Gesuch nicht zu ergänzen gäbe (→ Rn. 19), sondern an der darin möglicherweise suggestiven Einflussnahme auf die anstehende Entscheidung des Gerichts zu Begründetheit des Gesuchs, die eben nicht Teil der richterlichen Pflicht zur dienstlichen Äußerung nach § 26 Abs. 3 ist (→ Rn. 18). Der Nachteil eines nicht stattgebenden Beschlusses ergibt sich aus der Natur der Sache. Der Privat- und Nebenkläger könnte ebenfalls benachteiligt werden, wenn das Urteil aufgrund des zu Unrecht nicht stattgebenden Ablehnungsantrags aufgehoben wird.[82] Will das Gericht dem Beschluss stattgeben, ist die Mitteilung der Erklärung nicht erforderlich, da stattgebende Beschlüsse wegen § 28 Abs. 1 nicht anfechtbar sind und daher kein Nachteil im Sinne von § 33 Abs. 3 entstehen kann.[83]

22 Zur Wahrung des rechtlichen Gehörs gegenüber dem anwaltlich vertretenen Beteiligten ist es ausreichend, wenn der Verteidiger die Gelegenheit bekommt, sich zu äußern.[84] Soweit die Mitteilung der dienstlichen Erklärung unterlassen worden ist, kann der Berechtigte nach Bekanntgabe des zurückweisenden Beschlusses das Ablehnungsgesuch nach Maßgabe des § 25 Abs. 2 Nr. 2 wiederholen.[85] Das neue Gesuch kann dann sowohl auf bislang unbekannte Umstände gestützt werden, die sich aus dem verwerfenden Beschluss ergeben,[86] als auch ggf. darauf, dass die dienstliche Erklärung nicht bekannt gemacht worden ist.[87]

C. Revision

23 Eine erfolgreiche Revision ist möglich, wenn das Gericht dem Antragsteller **kein rechtliches Gehör** gewährt, indem es ihm die Erklärung nach Abs. 3 nicht übermittelt (→ Rn. 22), da auf diesem Verstoß das Urteil beruhen kann.[88] Die Revision ist dann auf das unterlassene rechtliche Gehör zu stützen (§§ 33, 25). Der Beschwerdeführer muss hierzu den Inhalt des Ablehnungsgesuchs sowie des Beschlusses mitteilen und ggf. das Ablehnungsverfahren genau darstellen.[89] Zudem ist auch die dienstliche Erklärung nach Abs. 3 geschlossen und im Wortlaut mitzuteilen.[90] Das Urteil beruht jedoch nicht auf einem solchen Verstoß, wenn die Möglichkeit der Erneuerung des Ablehnungsgesuchs bestand.[91]

§ 26a Verwerfung eines unzulässigen Ablehnungsantrags

(1) Das Gericht verwirft die Ablehnung eines Richters als unzulässig, wenn
1. die Ablehnung verspätet ist,
2. ein Grund zur Ablehnung oder ein Mittel zur Glaubhaftmachung nicht oder nicht innerhalb der nach § 26 Absatz 1 Satz 2 bestimmten Frist angegeben wird oder

---

[81] OLG Braunschweig 25.6.1976 – 1 W 9/76, NJW 1976, 2024 (2025).
[82] Pentz JVBl. 1963, 185 (186).
[83] Siolek in Löwe/Rosenberg Rn. 30.
[84] Bockemühl in KMR-StPO Rn. 10; Alexander in Radtke/Hohmann Rn. 10; Siolek in Löwe/Rosenberg Rn. 29.
[85] Bosbach in HK-GS Rn. 7; Siolek in Löwe/Rosenberg Rn. 30.
[86] Siolek in Löwe/Rosenberg Rn. 31.
[87] Bosbach in HK-GS Rn. 7.
[88] OLG Hamm 13.7.1995 – 2 Ss OWi 546/95, NStZ 1995, 596 (597).
[89] OLG Hamm 5.1.2007 – 1 Ss OWi 814/06, SVR 2007, 470 (471); Bockemühl in KMR-StPO Rn. 11; Werner in Krekeler/Löffelmann/Sommer Rn. 8.
[90] OLG Hamm 5.1.2007 – 1 Ss OWi 814/06, SVR 2007, 470 (471); Bockemühl in KMR-StPO Rn. 11; Werner in Krekeler/Löffelmann/Sommer Rn. 8.
[91] BGH 13.7.1966 – 2 StR 157/66, BGHSt 21, 85 = NJW 1966, 2321.

3. durch die Ablehnung offensichtlich das Verfahren nur verschleppt oder nur verfahrensfremde Zwecke verfolgt werden sollen.

(2) [1]Das Gericht entscheidet über die Verwerfung nach Absatz 1, ohne daß der abgelehnte Richter ausscheidet. [2]Im Falle des Absatzes 1 Nr. 3 bedarf es eines einstimmigen Beschlusses und der Angabe der Umstände, welche den Verwerfungsgrund ergeben. [3]Wird ein beauftragter oder ein ersuchter Richter, ein Richter im vorbereitenden Verfahren oder ein Strafrichter abgelehnt, so entscheidet er selbst darüber, ob die Ablehnung als unzulässig zu verwerfen ist.

Schrifttum: Deckers, „Mißbrauch" von Anwaltsrechten zur „Prozeßsabotage", AnwBl. 1981, 316; Güntge, Die willkürliche Ablehnung von Befangenheitsgesuchen nach § 26a StPO und der gesetzliche Richter, JR 2006, 393; Günther, Unzulässige Ablehnungsgesuche und ihre Bescheidung, NJW 1986, 281; Kröpil, Zur Entstehung und Bedeutung des § 26a Abs. 1 Nr. 3 und Abs. 2 StPO, AnwBl. 1997, 575; Nehm/Senge, Ursachen langer Hauptverhandlungen – dargestellt am Beispiel von 3 Strafverfahren, NStZ 1998, 377; Rabe, Zur Zulässigkeit eines Ablehnungsgesuchs gemäß § 26a I Nr. 2 StPO, NStZ 1996, 369; Röhling, Verstoß gegen § 26a StPO als absoluter Revisionsgrund iSv § 338 Nr. 3 StPO, JA 2009, 720; Senge, Missbräuchliche Inanspruchnahme verfahrensrechtlicher Gestaltungsmöglichkeiten – wesentliches Merkmal der Konfliktverteidigung? Abwehr der Konfliktverteidigung, NStZ 2002, 225.

Übersicht

A. Überblick

1 Schon 1894 wurde für eine ähnliche Regelung gestritten. Eingefügt wurde § 26a jedoch erst durch Art. 5 Nr. 4 des StPÄG 1964. Die Richterbezeichnungen in Abs. 2 S. 3 entstammen Art. 1 Nr. 5 des 1. StVRG vom 9.12.1974.[1] Zuletzt wurde die Vorschrift 2017 geändert.[2] Die Änderung knüpft an § 26 Abs. 1 S. 2 an – die dem Gericht eingeräumte Möglichkeit, dem Antragsteller die schriftliche Begründung seines Ablehnungsgesuchs in angemessener Frist aufzugeben.

2 § 26a regelt eine **Ausnahme zu § 27,** wonach über einen Ablehnungsantrag grundsätzlich ohne den abgelehnten Richter entschieden wird. Unter bestimmten Voraussetzungen darf das Gericht unter Mitwirkung des abgelehnten Richters oder dieser selbst das Ablehnungsgesuch in einem **vereinfachten Verfahren als unzulässig verwerfen.** Die Aufzählung in Abs. 1 ist auf den ersten Blick **abschließend.** Davon abweichend hält die Rechtsprechung eine entsprechende Anwendung der Vorschrift in engen Grenzen für möglich

[1] Zur Historie ausführlich Kröpil AnwBl 1997, 575 ff.
[2] BGBl. I 3202.

(→ Rn. 19 ff.). § 26a erlaubt es nicht, nur einzelne Ablehnungsgründe als unzulässig zu verwerfen; das Ablehnungsgesuch darf nur **insgesamt** als unzulässig verworfen werden.[3]

3 Die Vorschrift bezweckt die **Beschleunigung des Verfahrens** und soll dem **Missbrauch des Ablehnungsrechts** entgegenwirken. Die früher befürchtete Gefahr, wonach die Entscheidung über ein unzulässiges Ablehnungsgesuch zur Unterbrechung oder gar Aussetzung der Hauptverhandlung führt, existiert heute wegen § 29 Abs. 2 S. 1 (→ § 29 Rn. 5 ff.) nicht mehr.

4 Unbedenklich ist das vereinfachte Verfahren nur in den Fällen des Abs. 1 Nr. 1 und Nr. 2 Var. 1, soweit dort die Unzulässigkeit auf die mangelnde Angabe des Grundes zur Ablehnung gestützt wird. **Verfassungsrechtliche Bedenken** bestehen jedoch sobald die Feststellung der Unzulässigkeit normative Wertungen voraussetzt, die sich einer eindeutigen Beurteilung entziehen. Bedenken bestehen vor allem, weil die Zulässigkeitsprüfung des § 26a keinesfalls eine echte **Entscheidung in eigener Sache** sein darf, also eine materielle Beurteilung des eigenen Verhaltens.[4] Problematisch ist daher schon Nr. 2 Var. 2, da die Frage, ob etwas glaubhaft gemacht worden ist, angesichts der Fülle der dafür zur Verfügung stehenden Möglichkeiten (→ § 26 Rn. 16) durchaus problematisch sein kann.[5] Schwerer wiegen die Bedenken noch bei der Verwerfung wegen Verfahrensverschleppungsabsicht oder Verfolgung verfahrensfremder Zwecke nach Nr. 3.[6] Die Regelung enthält unbestimmte Rechtsbegriffe, die eine normative Wertung bei der Subsumtion unumgänglich machen. Es besteht dann die Gefahr, dass der abgelehnte Richter bzw. das Gericht unter seiner Mitwirkung das Interesse des Beschuldigten an der Unvoreingenommenheit des Richters unbewusst dem öffentlichen Interesse an der Verfahrensbeschleunigung unterordnet.[7] Dem kann letztlich nur durch eine restriktive Auslegung der Vorschrift begegnet werden. Soweit **auch nur geringe Zweifel** hinsichtlich des Vorliegens eines Unzulässigkeitsgrunds bestehen, ist es notwendig im Verfahren nach § 27 ohne Mitwirkung des abgelehnten Richters zu entscheiden, um so jeden **Anschein** einer Entscheidung in eigener Sache zu vermeiden.[8] § 26a ist daher auf **echte Formalentscheidungen** oder die Verhinderung eines offensichtlichen Missbrauchs des Ablehnungsrechts beschränkt.[9] Bei Entscheidungen nach Nr. 3 werden wegen der notwendigen wertenden Betrachtung oft Zweifel verbleiben. Lässt man schon geringe Zweifel ausreichen, um das Verfahren nach § 27 für notwendig zu erachten,[10] verbleibt nur ein schmaler Anwendungsbereich für die Nr. 3. Der Wortlaut unterstützt das gefundene Ergebnis, weil die Merkmale der Nr. 3 „offensichtlich" vorliegen müssen, was Zweifel ausschließt.

5 Gesetzeswidrig wäre es allerdings, Entscheidungen nach Nr. 3 generell nur nach § 27 zu treffen,[11] da der Gesetzgeber durch den klaren Wortlaut („Das Gericht verwirft") die Anwendbarkeit des § 26a **nicht in das Ermessen des Gerichts** gestellt hat.[12] Sobald die Voraussetzungen von Abs. 1 vorliegen, ist das Gesuch zwingend als unzulässig zu verwerfen.[13]

6 Im Verhältnis zu § 27 ist zu beachten, dass dort das **Regelverfahren** beschrieben ist. Für die **Abgrenzung zu § 27** ergibt sich daraus, dass bei schon geringen Zweifeln am

[3] Schmitt in Meyer-Goßner/Schmitt Rn. 2.
[4] BVerfG 2.6.2005 – 2 BvR 625/01, NJW 2005, 3410.
[5] Dästner in AK-StPO Rn. 1; Siolek in Löwe/Rosenberg Rn. 3.
[6] Deckers AnwBl 1981, 316 (319); Siolek in Löwe/Rosenberg Rn. 4.
[7] Siolek in Löwe/Rosenberg Rn. 4; Dästner in AK-StPO Rn. 1.
[8] BVerfG 24.2.2006 – 2 BvR 836/04, NJW 2006, 3129 (3132); Dästner in AK-StPO Rn. 2.
[9] BVerfG 24.2.2006 – 2 BvR 836/04, NJW 2006, 3129 (3132); BGH 2.4.2008 – 5 StR 129/07, NStZ-RR 2008, 246 (247); 26.6.2007 – 5 StR 138/07, NStZ 2008, 46 (47).
[10] Dästner in AK-StPO Rn. 2.
[11] So Siolek in Löwe/Rosenberg Rn. 4.
[12] Schmitt in Meyer-Goßner/Schmitt Rn. 2; Dästner in AK-StPO Rn. 2; Temming in Gercke/Julius/Temming/Zöller Rn. 5; Kudlich/Noltensmeier-v. Osten in Satzger/Schluckebier/Widmaier StPO Rn. 1.
[13] BGH 3.2.1982 – 2 StR 374/81, NStZ 1982, 291 (292); Werner in Krekeler/Löffelmann/Sommer Rn. 1; aA BGH 10.11.1967 – 4 StR 512/66, NJW 1968, 710 (710): § 26a eröffne nur nur „die Möglichkeit einer solchen Verwerfung".

Vorliegen eines Unzulässigkeitsgrundes unter Ausschluss des betroffenen Richters nach § 27 zu entscheiden ist. Zweifel an der Anwendbarkeit drängen sich insbesondere dann auf, wenn zur Begründung der Unzulässigkeit auf den Verfahrensgegenstand, mithin die Begründung des Ablehnungsgesuchs[14] eingegangen werden muss. Dann droht eine unzulässige Entscheidung in eigener Sache.

Wird der Antrag nicht nach § 26a verworfen, obwohl die Voraussetzungen vorgelegen hätten, entscheidet gleichwohl das nach § 27 zuständige Gericht. Nach § 27 kann sowohl über **zulässige als auch über unzulässige** Anträge entschieden werden.[15] Dies folgt aus dem **Wortlaut** des § 27, da es dort nicht heißt „ist die Ablehnung nicht als unzulässig zu verwerfen", sondern „wird die Ablehnung nicht als unzulässig verworfen". Über alle Anträge, die nicht nach § 26a (als unzulässig) verworfen werden, muss nach § 27 entschieden werden – und zwar auch dann, wenn der Antrag irrtümlich für zulässig gehalten wurde. 7

B. Erläuterungen

I. Unzulässigkeit (Abs. 1)

1. Verspätung (Nr. 1). Ob ein Ablehnungsgesuch gemäß Abs. 1 Nr. 1 verspätet ist, richtet sich nach den Vorgaben des § 25. Ein verspätetes Gesuch liegt damit auch dann vor, wenn entgegen § 25 Abs. 1 S. 3 (Konzentrationsgrundsatz) nicht **alle Ablehnungsgründe gleichzeitig** vorgebracht werden. Dies führt dazu, dass ein Gesuch auch vor dem Zeitpunkt des § 25 Abs. 1 S. 1 verspätet sein kann, wenn der Berechtigte zuvor schon ein Gesuch eingebracht und sich dabei auf die nunmehr vorgetragenen und damals schon bekannten Ablehnungsgründe nicht berufen hat.[16] Andererseits kann ein Ablehnungsantrag nach § 25 Abs. 1 S. 1 noch rechtzeitig sein, wenn der Berechtigte nicht schon beim **ersten Eindruck richterlicher Befangenheit** das Gesuch anbringt, sondern abwartet, ob sich dieser erste Eindruck im weiteren Verfahren durch das Verhalten des Richters verfestigt.[17] Auch die **erneute Einlegung** eines bereits beschiedenen Antrags ist nicht zwingend verspätet: Das wiederholte Gesuch kann neue Behauptungen bzw. neue Mittel der Glaubhaftmachung für eine frühere Behauptung enthalten, die jeweils vorher nicht präsentiert werden konnten. Dann ist das Gesuch rechtzeitig gestellt und Abs. 1 Nr. 1 unanwendbar.[18] Wird ein Richter nach dem Zeitpunkt des § 25 Abs. 1 S. 1 abgelehnt und werden die Voraussetzungen des § 25 Abs. 2 dargetan, hat das Gericht diese zu prüfen. Dies betrifft sowohl den Zeitpunkt, zu welchem dem Ablehnungsberechtigten die Umstände bekannt geworden sind, als auch den, in dem er sie geltend gemacht hat.[19] Wird die Rechtzeitigkeit des Gesuchs entgegen § 26 Abs. 2 S. 1 **nicht glaubhaft** gemacht, kann das Gericht unterstellen, dass der Ablehnungsgrund schon zum Zeitpunkt des § 25 Abs. 1 bekannt war. Eine solche Vorgehensweise ist in der Beschlussbegründung darzulegen.[20] 8

2. Fehlende Begründung (Nr. 2 Var. 1). Ein entgegen § 25 Abs. 2 Nr. 1 nicht begründetes Ablehnungsgesuch ist unzulässig. Daran ändert sich auch nichts, wenn eine Begründung in Aussicht gestellt wird: Eine „Nachfrist" zur nachträglichen Begründung wäre gesetzeswidrig.[21] Erforderlich ist es, die tatsächlichen Umstände anzugeben, aus denen 9

---

14 Güntge JR 2006, 363 (365).
15 BGH 10.11.1967 – 4 StR 512/66, BGHSt 21, 334 (337) = NJW 1968, 710 – Weigand.
16 Siolek in Löwe/Rosenberg Rn. 11.
17 OLG München 22.11.2006 – 4St RR 182/06, NJW 2007, 449.
18 Scheuten in KK-StPO Rn. 2; Siolek in Löwe/Rosenberg Rn. 11; Deiters in SK-StPO Rn. 12.
19 Siolek in Löwe/Rosenberg Rn. 9.
20 Schmitt in Meyer-Goßner/Schmitt Rn. 3; Kudlich/Noltensmeier-v. Osten in Satzger/Schluckebier/Widmaier StPO Rn. 2.
21 OLG München 2.12.1975 – 2 Ws 597/75, NJW 1976, 436; Günther NJW 1986, 281 (283); Deiters in SK-StPO Rn. 13.

sich die Besorgnis der Befangenheit ergeben soll; die bloße Behauptung, einen Rechtsgrund zu haben, genügt nicht.[22] Der Wortlaut „ein Grund" ist nicht so zu verstehen, dass schon das Fehlen eines von mehreren denkbaren Gründen zur Unzulässigkeit führt. Das Gesuch ist dann zulässig und es muss gemäß § 27 darüber entschieden werden.[23]

10 Die Rechtsprechung hat über viele Jahre exzessiv die **völlige Ungeeignetheit** einer Begründung dem Fehlen gleichgesetzt.[24] Das ist nicht unbedenklich und birgt verfassungsrechtliche Implikationen. Da im Ablehnungsverfahren über unzulässige Anträge in anderer Besetzung als über unbegründete Anträge entschieden wird, kann eine fehlerhafte Anwendung von Zuständigkeitsregeln einen Verstoß gegen das Recht auf den gesetzlichen Richter begründen. Werden unbegründete und völlig ungeeignete Gesuche gleich behandelt (nämlich als unzulässig), ist dies von Verfassung wegen nur vertretbar, soweit in der Sache keine Begründetheitsprüfung erfolgt. Auf Fälle „offensichtlicher Unbegründetheit" des Ablehnungsgesuchs darf das vereinfachte Ablehnungsverfahren wegen des sonst vorliegenden Verstoßes gegen Art. 101 Abs. 1 S. 2 GG nicht ausgedehnt werden.[25] Vorzugswürdig ist es ohnehin eine Verwerfungsentscheidung, an der ein abgelehnter Richter mitwirkt, ausschließlich in denen vom Wortlaut des § 26a erfassten Fällen zuzulassen. Die Vorschrift eröffnet ein verkürztes Verfahren allein für klare Formalentscheidungen.[26]

11 Völlige Ungeeignetheit in dem vorbeschriebenen Sinn ist nach der **Rechtsprechung** etwa dann gegeben, wenn lediglich Wertungen ohne Tatsachenbehauptungen vorgebracht werden[27] oder ein Grund, wie ein Verwandtschaftsverhältnis, schlicht behauptet wird, was auf eine Ausforschung hinausliefe.[28] Vergleichbar sind Fälle, bei denen als Ablehnungsgrund vorgetragen wird, der erkennende Richter gehöre einer bestimmten Konfession an[29] bzw. wolle diese nicht bekannt geben.[30] Der Verweis auf die prozessordnungsgemäße Mitwirkung an einer Vorentscheidung soll ebenfalls nicht ausreichen (→ Rn. 12).[31] Auch hat der BGH entschieden, die Begründung, ein Richter habe ein Beweisergebnis des laufenden Verfahrens unzutreffend wiedergegeben oder gewürdigt, sei völlig ungeeignet ein Ablehnungsgesuch zu begründen.[32] Ansonsten käme es zur Umgehung des Verbotes, Aufzeichnungen, die ein Prozessbeteiligter über die Vernehmung eines Zeugen in der Hauptverhandlung abweichend von den tatrichterlichen Feststellungen gemacht hat, zu deren Widerlegung im Revisionsverfahren heranzuziehen. Dabei ist bei einer Rechtsprechungskasuistik zu § 26a stets zu beachten, dass zitierte Entscheidungen häufig vor dem grundlegenden Beschluss der 3. Kammer des Zweiten Senats des Bundesverfassungsgerichts zu den verfassungsrechtlichen Grenzen des § 26a ergangen sind. Das Bundesverfassungsgericht hat der Praxis, unbegründete Befangenheitsanträge als unzulässig zu verwerfen, eine deutliche Absage erteilt.[33] Entscheidungen, die vor 2005 datieren, sind daher mit Vorsicht zu lesen.

12 Um eine Begründetheitsprüfung im Gewand einer Zulässigkeitsprüfung zu vermeiden, ist bei der Annahme völliger Ungeeignetheit strikte Zurückhaltung geboten.[34] Das Gericht ist verpflichtet, das Ablehnungsgesuch vollständig zu erfassen und gegebenenfalls wohlwollend auszulegen.[35] Allein die Tatsache, dass eine Begründung schwer verständlich oder unvollständig ist, macht diese nicht völlig ungeeignet.[36] Die völlige Ungeeignetheit ist

[22] Scheuten in KK-StPO Rn. 5.
[23] Siolek in Löwe/Rosenberg Rn. 12.
[24] Vgl. dagegen vor allem BVerfG 2.6.2005 – 2 BvR 625/01, NJW 2005, 3410 (3412); BGH 10.5.2001 – 1 StR 410/00, BeckRS 2001, 4661, bei Becker NStZ-RR 2002, 65 (66) – RsprÜ.
[25] BVerfG 2.6.2005 – 2 BvR 625/01, NJW 2005, 3410.
[26] Zwiehoff, Der Befangenheitsantrag im Strafverfahren, Rn. 308.
[27] BGH 20.3.2009 – 2 StR 545/08, NStZ-RR 2009, 207.
[28] Temming in Gercke/Julius/Temming/Zöller Rn. 8.
[29] BGH 10.5.2001 – 1 StR 410/00, BeckRS 2001, 4661, bei Becker NStZ-RR 2002, 65 (66).
[30] BayVerfGH 20.9.2010 – Vf. 19-VII-09, NVwZ 2011, 39 (40).
[31] BGH 20.7.2010 – 5 StR 209/10, BGHR StPO § 26a Unzulässigkeit 20 (Gründe).
[32] BGH 18.2.2004 – 2 StR 462/03, NStZ 2004, 630 (631).
[33] BVerfG 2.6.2005 – 2 BvR 625/01, NJW 2005, 3410.
[34] BGH 26.6.2007 – 5 StR 138/07, NStZ 2008, 46.
[35] BVerfG 2.6.2005 – 2 BvR 625/01, NJW 2005, 3410 (3412).
[36] Dästner in AK-StPO Rn. 4.

abzugrenzen von der **offensichtlichen Unbegründetheit.** Die offensichtliche Unbegründetheit ist kein Gradmesser für die Zulässigkeit des Antrags. Für die **Abgrenzung** ist darauf abzustellen, ob das Ablehnungsgesuch losgelöst und ohne nähere Prüfung des konkreten Einzelfalls zur Begründung der Besorgnis der Befangenheit vollkommen ungeeignet ist oder aber, ob über die bloß formale Prüfung hinaus eine inhaltliche Prüfung erforderlich ist.[37] Durch letzteres würde der abgelehnte Richter sich zum „Richter in eigener Sache" erheben, was gegen Art. 101 Abs. 1 S. 2 GG verstößt.[38] Völlig ungeeignet ist nach der Rechtsprechung etwa die Begründung des Gesuchs mit dem Vorliegen von **Vorentscheidungen** zu Lasten des Angeklagten.[39] Anders verhält es sich jedoch schon, wenn besondere Umstände hinzutreten, die über die bloße Vorbefassung hinausgehen. Dies kann etwa der Fall sein, wenn Äußerungen in Vorentscheidungen nach der Sachlage unnötige und sachlich unbegründete Werturteile enthalten, ein Richter sich bei einer Vorentscheidung in sonst unsachlicher Weise zum Nachteil des Angeklagten oder seines Verteidigers äußert[40] oder aber wenn sich aus Inhalt und Umständen einer verfahrensleitenden Anordnung ergibt, dass diese zu verfahrenswidrigen Zwecken erlassen worden ist.[41] Unzulässigkeit ist damit bestenfalls[42] gegeben, wenn bloß die Vorbefassung an sich beanstandet wird, während eine Kritik an der Art und Weise der Mitwirkung das Verfahren nach § 27 notwendig macht.[43] Zumindest über einen Folgeantrag, der die falsche Behandlung des ersten Gesuchs nach § 26a zum Gegenstand hat, ist nach § 27 zu verfahren.[44]

3. Fehlende Glaubhaftmachung (Nr. 2 Var. 2). Die Notwendigkeit der Glaubhaftmachung bezieht sich nicht nur auf den Ablehnungsgrund, sondern auch auf die Voraussetzungen der Rechtzeitigkeit des Vorbringens (§ 25 Abs. 2, § 26 Abs. 2 S. 1). Dies kann zur Unzulässigkeit des Antrags führen, wenn zwar der Ablehnungsgrund glaubhaft gemacht wurde, nicht aber seine Rechtzeitigkeit. Gerichtsbekannte Tatsachen oder Tatsachen, deren Richtigkeit sich aus den Akten ergibt, bedürfen aber keiner Glaubhaftmachung.[45] Deren Fehlen führt daher nicht zur Verwerfung wegen Unzulässigkeit. Gleiches gilt, soweit die Unverzüglichkeit gemäß § 25 Abs. 2 dadurch gerichtskundig wird, dass sie ganz offensichtlich gegeben ist.[46] Das Fehlen der Glaubhaftmachung eines von mehreren Gründen führt nicht zur Unzulässigkeit.[47] 13

4. Fristversäumnis nach § 26 Abs. 1 S. 2 (Nr. 2 Var. 3). Gibt das Gericht dem Antragsteller im Sinne des § 26 Abs. 1 S. 2 auf, sein mündliches Ablehnungsgesuch schriftlich zu begründen, ist das Gesuch nach Abs. 1 Nr. 2 Var. 3 unzulässig, wenn die schriftliche Begründung nicht fristgerecht angebracht wird. Das Fristerfordernis soll einen dauerhaften Schwebezustand vermeiden.[48] 13a

5. Rechtsmissbrauch (Nr. 3). Abs. 1 Nr. 3 regelt nach ganz hM einen **prozessualen Missbrauchstatbestand.**[49] Auch wenn der Regelungszweck der Missbrauchsverhütung im Wortlaut nicht unmittelbar zum Ausdruck kommt, ist die Einordnung der hM zutreffend: 14

---

37 BGH 29.6.2006 – 5 StR 485/05, NStZ 2006, 703 (704).

38 BVerfG 2.6.2005 – 2 BvR 625/01, NJW 2005, 3410 (3412); BGH 29.6.2006 – 5 StR 485/05, NStZ 2006, 703 (704); 10.8.2005 – 5 StR 180/05, BGHSt 50, 216 (219) = NJW 2005, 3436 (3437).

39 BGH 13.7.2006 – 5 StR 154/06, NStZ 2006, 705 (707).

40 BGH 10.8.2005 – 5 StR 180/05, BGHSt 50, 216 (222) = NJW 2005, 3436 (3438); BGH 13.7.2006 – 5 StR 154/06, NStZ 2006, 705 (707).

41 BGH 26.6.2007 – 5 StR 138/07, NStZ 2008, 46.

42 Vgl. zur Kritik an der hM diesbezüglich § 24 Rn. 52 ff.

43 BVerfG 27.4.2007 – 2 BvR 1674/06, NStZ 2007, 275 (277).

44 BVerfG 27.4.2007 – 2 BvR 1674/06, NStZ 2007, 275 (277).

45 § 26 Rn. 14.

46 Siolek in Löwe/Rosenberg Rn. 21.

47 Siolek in Löwe/Rosenberg Rn. 12.

48 BT-Drs. 18/11277, 19.

49 Kröpil AnwBl 1997, 575 (575); Bockemühl in KMR-StPO Rn. 11; Temming in Gercke/Julius/Temming/Zöller Rn. 10; Schmitt in Meyer-Goßner/Schmitt Rn. 5; Siolek in Löwe/Rosenberg Rn. 24; Senge NStZ 2002, 225 (226).

Die Einordnung als Missbrauchstatbestand geht eindeutig aus der Entstehungsgeschichte hervor.[50] Die Norm setzt den Missbrauch, also das gezielte Verfolgen verfahrensfremder oder verfahrenswidriger Zwecke durch prozessuale Rechte der StPO[51] inhaltlich voraus.[52] Der Schutz des Ablehnungsberechtigten muss dort seine Grenze finden, wo dieser bei der Ablehnung nicht tatsächlich die Besorgnis hegt, dass bei Mitwirken des abgelehnten Richters eine unparteiische Entscheidung zu erwarten ist.[53] Dementsprechend sind nach Abs. 3 solche Ablehnungsgesuche unzulässig, mit denen der Antragsteller nicht das Ausscheiden des abgelehnten Richters, sondern ausschließlich andere Ziele,[54] wie die Verhinderung des Fortgangs des Verfahrens, erreichen möchte.[55]

15 Die Vorschrift ist mit Blick auf Art. 101 Abs. 1 S. 2 GG eng auszulegen (→ Rn. 4). Zudem ist die Vorschrift schon dem Wortlaut nach mit **zwei Einschränkungen** versehen, die sich aus den Begriffen „offensichtlich" und „nur" ergeben. Dies führt dazu, dass Nr. 3 bereits dann nicht mehr anwendbar ist, wenn neben verfahrensfremden Zielen zumindest **auch das Ausscheiden des Richters** angestrebt wird, da dann nicht mehr „nur" die Ziele des Nr. 3 verfolgt werden.[56] Der Missbrauch des Ablehnungsrechts muss zudem **offensichtlich,** dh ohne weitere Nachforschungen feststellbar sein.[57] Das Erfordernis der Offensichtlichkeit bezieht sich – wie sich aus der Satzstellung ergibt – auf beide Tatbestandsvarianten des Nr. 3, so dass Nr. 3 regelmäßig **kaum Bedeutung beigemessen** wird: Es dürfte kaum nachweisbar sein, dass offensichtlich ausschließlich eine Prozessverschleppung beabsichtigt ist oder verfahrensfremde Ziele verfolgt werden. Entbehrlich ist der Missbrauchstatbestand damit trotzdem nicht ohne Weiteres, da es sich ohnehin um eine Ausnahmeregelung für ausgesprochen konfliktbeladene Prozesse handelt[58] und beispielsweise bei äußerst exzessiver Nutzung des Ablehnungsrechts das Vorliegen der Voraussetzungen von Abs. 3 durchaus denkbar erscheint.[59] Nr. 3 ist damit nicht als Ausfluss symbolischer Gesetzgebung einzustufen und – trotz des geringen Anwendungsbereiches – **nicht überflüssig** (zu den Anwendungsbereichen der einzelnen Varianten noch → Rn. 16 ff.). Insbesondere Strafverteidiger sollten akzeptieren, dass es sich um einen ausdrücklich im Gesetz niedergelegten Missbrauchstatbestand handelt. Umso vehementer sollte sich der Widerstand gegen Beschränkungen von Beschuldigtenrechten wegen (vermeintlichen) Rechtsmissbrauchs formieren. Eine allgemeine Missbrauchsklausel ist der deutschen Strafprozessordnung fremd.

16 **a) Verschleppungsabsicht. aa) Inhalt.** Der Begriff ist deckungsgleich mit dem in § 244 Abs. 6 S. 2.[60] Obwohl das Gesetz auch hier das Wort „Verschleppungsabsicht" nicht verwendet, handelt es sich um ein **subjektives Merkmal.** Das folgt aus der Formulierung „verfolgt werden sollen". Dementsprechend kann Verschleppungsabsicht noch nicht allein aus einer auffälligen Häufung von Anträgen gefolgert werden,[61] da subjektiv erforderlich ist, dass der Antragsteller weiß, dass sein Ablehnungsantrag unzulässig ist und er das Entscheidungsverfahren nur anstrebt, um das Verfahren zu verzögern.[62] Ein Indiz kann in einer auffälligen Häufigkeit der Anträge nach der Rechtsprechung zwar liegen,[63] jedoch

50 Hierzu Kröpil AnwBl 1997, 575 (577).
51 BGH 7.11.1991 – 4 StR 252/91, BGHSt 38, 111 = NJW 1992, 1245.
52 Senge NStZ 2002, 225 (226).
53 Scheuten in KK-StPO Rn. 9.
54 Kröpil AnwBl 1997, 575 (577).
55 Scheuten in KK-StPO Rn. 9.
56 BT-Drs. 4/178, 35; Bockemühl in KMR-StPO Rn. 11; Schmitt in Meyer-Goßner/Schmitt Rn. 5.
57 Schmitt in Meyer-Goßner/Schmitt Rn. 6; Dästner in AK-StPO Rn. 4a; Scheuten in KK-StPO Rn. 9.
58 Kröpil AnwBl 1997, 575 (578).
59 Vgl. die Beispiele bei Nehm/Senge NStZ 1998, 377 (382). Siolek in Löwe/Rosenberg Rn. 31 sieht die Vorschrift in diesen Fällen allerdings als „Anlass zu vermeidbaren Angriffen".
60 Vgl. dazu umfassend Alsberg/Güntge, Der Beweisantrag im Strafprozess, 8. Aufl. 2022, Kap. 5 Rn. 613 ff.
61 Deiters in SK-StPO Rn. 21; Scheuten in KK-StPO Rn. 10; Kudlich/Noltensmeier-v. Osten in Satzger/Schluckebier/Widmaier StPO Rn. 6.
62 Kröpil AnwBl 1997, 575 (577).
63 OLG Nürnberg 5.3.2009 – 1 St OLG Ss 78/08.

darf dabei nicht übersehen werden, dass gerade die subjektive Einschätzung des Antragstellers, der Richter sei befangen, nicht durch Verwerfungen als unzulässig unter Beteiligung des abgelehnten Richters zerstreut wird. Eine Häufung von Ablehnungsgesuchen in einer solchen Konstellation liegt nicht fern und kann für sich alleine genommen niemals auf eine Verschleppungsabsicht schließen lassen. Sie liegt nur vor, wenn ausschließlich bezweckt werden soll, Ablauf und Abschluss des Verfahrens unabhängig von sachlichen Gründen hinauszuzögern oder zu vereiteln.[64] Dies kann in der mehrfachen Wiederholung gleichlautender Anträge erkennbar werden, wenn zusätzlich in einer Gesamtschau ersichtlich wird, dass es nur um die Verhinderung eines geordneten Verfahrensfortganges geht.[65] Da die Verschleppungsabsicht „offensichtlich" gegeben sein muss, ist zu fordern, dass die Nichternstlichkeit der Ablehnung und die ausschließliche Absicht der Verschleppung keinem Zweifel unterliegen dürfen.[66] Strebt der Antragsteller nur eine Verfahrensverzögerung an, ohne zu bemerken, dass sein Antrag tatsächlich einen Ablehnungsgrund enthält, kann dies für die Anwendbarkeit der Vorschrift ausreichen, da diese ausschließlich auf die Absicht der Verschleppung abstellt, ohne dass es gleichzeitig auf das objektive Nichtvorliegen von Ablehnungsgründen ankommt. Für ein Verfahren nach § 27 wäre dann kein Raum, da die Vorschrift kein Ermessen einräumt (→ Rn. 5). Da die Verschleppungsabsicht aber offensichtlich sein muss, wird die Anwendbarkeit in aller Regel an diesem Merkmal scheitern.[67] Da nach Abs. 2 S. 2 die Gründe des gerichtlichen Beschlusses, durch den ein Ablehnungsgesuch wegen Verschleppungsabsicht als unzulässig verworfen wird, anzugeben sind, kann es erforderlich sein, dass der Richter sein **eigenes Verhalten** im Prozessgeschehen schildert. Dadurch allein wird er noch nicht zum Richter in eigener Sache, da die Schilderung noch keine Beurteilung des eigenen Verhaltens voraussetzt[68] und der Verwerfungsgrund der Verschleppungsabsicht im Katalog des Abs. 1 enthalten ist.

bb) Praktische Bedeutung. Der Vorschrift kommt **keine praktische Bedeutung** zu. Dies liegt nicht nur an den Nachweisschwierigkeiten, sondern daran, dass die Variante nur einen **Unterfall der Ablehnung wegen verfahrensfremder Zwecke** darstellt.[69] Da die Konzentrationsmaxime ein anerkannter Verfahrensgrundsatz des Strafverfahrens ist,[70] verfolgt eine Prozessverschleppung damit immer einen verfahrensfremden Zweck.[71] Wegen der Konzentrationsmaxime in § 25 Abs. 1 S. 3 und des Unverzüglichkeitserfordernisses gemäß § 25 Abs. 2 Nr. 2 werden in aller Regel schon die Ablehnungsgründe nach § 26a Abs. 1 Nr. 1 und 2 vorliegen.[72] 17

b) Verfahrensfremde Zwecke. Unzulässig sind auch Ablehnungsgesuche, mit denen der Antragsteller ausschließlich verfahrensfremde Zwecke verfolgt. Der Begriff „verfahrensfremd" ist inhaltlich **unbestimmt,** da er sämtliche Verhaltensweisen einbezieht, die den Prozessmaximen des Strafverfahrens und einer justizförmigen und Rechtsfrieden schaffenden Entscheidung zuwiderlaufen.[73] Die Weite des Begriffs ist unschädlich, da das Ablehnungsverfahren nur den Anspruch auf den gesetzlichen, mithin unbefangenen Richter schützt und insofern alles andere ausgeblendet werden kann, was damit nichts zu tun hat. Verfahrensfremde Zwecke werden zB verfolgt, wenn mit dem Gesuch nur Demonstrationszwecke[74] verfolgt, die Verunglimpfung des abgelehnten Richters[75] bzw. der Strafjustiz als 18

64 Scheuten in KK-StPO Rn. 10; Bockemühl in KMR-StPO Rn. 12; Bosbach in HK-GS Rn. 6.
65 BGH 2.11.2010 – 1 StR 544/09, NStZ 2011, 294. Dies könnte aber auch eine Verwerfung wegen Verspätung iSd Abs. 1 Nr. 1 rechtfertigen.
66 BGH 17.12.1954 – 5 StR 567/54, MDR 1955, 271.
67 Vgl. Kröpil AnwBl 1997, 575 (577).
68 BGH 8.7.2009 – 1 StR 289/09, BeckRS 2009, 23917.
69 Scheuten in KK-StPO Rn. 10; Siolek in Löwe/Rosenberg Rn. 30; Werner in Krekeler/Löffelmann/Sommer Rn. 4.
70 Kühne in Löwe/Rosenberg Einl. Abschn. I Rn. 67.
71 Kröpil AnwBl 1997, 575 (578).
72 Siolek in Löwe/Rosenberg Rn. 29.
73 Kröpil AnwBl 1997, 575 (577).
74 BT-Drs. 4/178, 35.
75 BGH 24.10.1996 – 5 StR 474/96, NStZ 1997, 331.

Ganzes erreicht werden sollen[76] oder aber versucht wird, durch das Ablehnungsverfahren einen Streit über das Ergebnis der Beweisaufnahme anzustrengen.[77] Die Verfolgung verfahrensfremder Zwecke muss auch in dieser Variante **offensichtlich** sein (→ Rn. 15). Wie bei der Verschleppungsabsicht geht es um ein **subjektives Merkmal** (→ Rn. 16). In der Praxis bleibt diese Variante besonders konfliktbeladenen Prozessen vorbehalten und hat daher einen sehr geringen Anwendungsbereich.[78] Im Vergleich zur Verschleppungsabsicht sind die Voraussetzungen im Einzelfall leichter nachweisbar,[79] da bei den meisten hier denkbaren verfahrensfremden Zwecken aus dem objektiven Vorliegen auf die subjektive Seite geschlossen werden kann. So hat der BGH aus dem Umstand, dass „sachlich nachvollziehbare Anhaltspunkte für das Vorliegen eines zulässigen Ablehnungsgesuchs nicht zu entnehmen" sind, darauf geschlossen, dass offensichtlich nur verfahrensfremde Zwecke verfolgt würden.[80] Das ist nicht unproblematisch, weil so der **offensichtlichen Unbegründetheit** (hierzu schon → Rn. 12) im Missbrauchstatbestand letztlich doch mittelbare Bedeutung zukommt.[81]

19 **6. Sonstige Gründe.** Die Aufzählung der Verwerfungsgründe in Abs. 1 ist grundsätzlich **abschließend.** Gleichwohl sind Fälle denkbar, in denen es – entsprechend dem Regelungsziel des § 26a – zweckmäßig erscheint, zur Beschleunigung des Verfahrens und zur Verhinderung eines Missbrauchs des Ablehnungsrechts, das Gericht außerhalb des Regelverfahrens des § 27 nach Abs. 2 S. 1 entscheiden zu lassen. De lege lata sind diese Tendenzen abzulehnen. Gleichwohl greift die Rechtsprechung auf dieses Mittel zurück. Dies darf nicht dazu verleiten, unerwünschte Gesuche stets im vereinfachten Verfahren nach Abs. 2 S. 1 zu verwerfen, da dies das Regel-Ausnahme-Verhältnis zwischen § 26a und § 27 verkennen würde (hierzu schon → Rn. 2) und zudem einen Verstoß gegen Art. 101 Abs. 1 S. 2 GG darstellen kann. Insbesondere das aus Art. 101 Abs. 1 S. 2 GG abzuleitende strenge Verbot einer Entscheidung in eigener Sache führt dazu, dass eine entsprechende Anwendung des Abs. 2 S. 1 ausschließlich bei **echten Formalentscheidungen** denkbar ist. Wirkliche Missbrauchsfälle, die nicht unter Abs. 2 subsumiert werden können, sind ohnehin kaum denkbar.

20 **a) Ablehnung des Gerichts als Ganzes.** Entsprechend angewendet wird Abs. 2 S. 1 auf die Ablehnung des Gerichts als Ganzes. Die Rechtsprechung geht seit jeher davon aus, dass ein Ablehnungsantrag gegen das Gericht in seiner regelmäßigen Besetzung als unzulässig zurückgewiesen werden muss, soweit er sich gegen ein Gericht als Ganzes, gegen alle Richter oder alle Kammern und Senate oder gegen eine Kammer oder einen Senat als Spruchkörper richtet.[82] Dies ist folgerichtig, da „Misstrauen gegen die Unparteilichkeit" schlechthin nicht gegenüber dem „Gericht" als Institution schützenswert bestehen kann, sondern ausschließlich bezüglich der Person des zur Entscheidung berufenen Richters.[83] Die Verwerfung entsprechend Abs. 2 S. 1 stellt dann immerhin noch eine echte Formalentscheidung dar. Ursprünglich wurde vom Gesetzgeber eine spezielle Vorschrift für diesen Fall für überflüssig gehalten, da sich die Unzulässigkeit aus dem Inhalt des Abschnitts von selbst ergebe.[84] Zur Klarstellung wäre es wünschenswert, diesen Fall in den Katalog des § 26a aufzunehmen.[85]

---

76 OLG Koblenz 3.1.1977 – 1 AR 44/76 Str, 1 AR 45/76 Str, 1 AR 46/76 Str, MDR 1977, 425.

77 BGH 18.2.2004 – 2 StR 462/03, NStZ 2004, 630 (631).

78 Scheuten in KK-StPO Rn. 11.

79 Vgl. Scheuten in KK-StPO Rn. 11; aA Siolek in Löwe/Rosenberg Rn. 30: „kaum nachweisbar".

80 BGH 25.6.2007 – 2 ARs 184/07, 2 AR 118/07, BeckRS 2007, 10984.

81 In diese Richtung gehend Scheuten in KK-StPO Rn. 11; Temming in Gercke/Julius/Temming/Zöller Rn. 12.

82 RG 24.4.1895 – 311/95, RGSt 27, 175; 22.4.1921 – 821/20, RGSt 56, 49; BGH 17.12.1954 – 5 StR 567/54, Dallinger MDR 1955, 271 – RsprÜ; 17.5.1994 – 4 StR 181/94, Kusch NStZ 1995, 18 – RsprÜ.

83 Günther NJW 1986, 281 (282).

84 Siolek in Löwe/Rosenberg Rn. 32 mwN.

85 Siolek in Löwe/Rosenberg Rn. 32.

Abzugrenzen ist die Ablehnung des Gerichts als Ganzes jedoch von Fällen, in denen der Antragsteller **alle Richter einzeln namhaft** macht, selbst dann, wenn er hierzu nur auf die Sitzungsniederschrift verweist, aber gleichzeitig Gründe für die Befangenheit der einzelnen Richter angibt.[86] Der Antrag ist ebenfalls zulässig, wenn zwar das Gericht abgelehnt wird, aber erkennbar ist, dass mit der Sammelbezeichnung die Berufsrichter des Gerichts gemeint sind.[87] 21

b) Ablehnung im Gegenvorstellungsverfahren. Als unzulässig und entsprechend Abs. 2 S. 1 werden zudem Ablehnungen im Gegenvorstellungsverfahren verworfen.[88] Dies liegt in der Natur des Gegenüberstellungsverfahrens begründet, das als **formloses Rechtsbehelfsverfahren** einer Petition entspricht, die zwar beschieden werden muss, aber nicht zur Ablehnung berechtigt.[89] Der Rechtsgedanke des § 28 Abs. 1 ist hier daher auch nicht entsprechend anwendbar, da der Angeklagte über die voraussetzungslose Petitionsmöglichkeit ansonsten immer eine Ausschließung oder zumindest eine Ablehnung erreichen könnte. 22

c) Verfrühte und verspätete Anträge. Auch das Gesuch gegen einen Richter, der mit der Sache **noch nicht** oder **nicht mehr** befasst ist, wird entsprechend Abs. 2 S. 1 verworfen.[90] Hierunter fallen Gesuche gegen Richter, die vielleicht in der Zukunft einmal nach Geschäftsverteilungsplan zuständig werden könnten, genauso wie der Fall, dass die Umstände, auf welche die Ablehnung gestützt werden soll, noch nicht gegeben sind, sondern nur möglicherweise einmal eintreten werden.[91] Bei diesen Entscheidungen handelt es sich gleichfalls um echte Formalentscheidungen wie bei der Entscheidungen nach Abs. 1 Nr. 1 bis 2, so dass eine entsprechende Anwendung des Abs. 2 S. 1 nicht von vornherein ausgeschlossen ist. 23

II. Verfahren (Abs. 2)

1. Zuständigkeiten. Da durch die Regelung des Abs. 2 S. 1 erreicht werden soll, dass das Gericht unter Mitwirkung des abgelehnten Richters entscheidet,[92] ist unter **„Gericht"** dasjenige zu verstehen, zu dem der Abgelehnte gehört. Es ist damit das Gericht zuständig, dass entsprechend der örtlichen und sachlichen Zuständigkeit sowie nach dem Geschäftsverteilungsplan berufen ist, in der Strafsache zu entscheiden, in der es zur Ablehnung gekommen ist.[93] Die Regelungen zum Verfahren weichen damit ausdrücklich von denen in § 27 Abs. 2 ab, da so verhindert werden soll, dass der Antragsberechtigte durch unzulässige Ablehnungsgesuche die Beschlussunfähigkeit des Gerichts herbeiführen kann.[94] 24

Innerhalb der Hauptverhandlung entscheidet das vollbesetzte Gericht, ohne dass bspw. die Schöffen ausscheiden. Daher könnte die Beratung theoretisch auch im Sitzungszimmer mit leiser Stimme erfolgen, was jedoch in der Praxis nicht vorkommen dürfte. Da § 29 Abs. 2 S. 1 eine **Fortsetzung nach Unterbrechung** der Hauptverhandlung auch im Falle des § 26a zulässt, ist eine Beratung im Beratungszimmer unproblematisch möglich.[95] Durch die Unterbrechung der Hauptverhandlung ändert sich die Besetzung des Gerichts nicht;[96] es ist dann auch keine Entscheidung „außerhalb der Hauptverhandlung".[97] **Außer-** 25

86 BGH 16.12.1969 – 5 StR 468/69, NJW 1970, 478 (479); Siolek in Löwe/Rosenberg Rn. 35; Scheuten in KK-StPO Rn. 2.
87 Günther NJW 1986, 281 (284); vgl. § 24 Rn. 10 ff.
88 BGH 1.2.2005 – 4 StR 486/04, NStZ-RR 2005, 173 (174); Siolek in Löwe/Rosenberg Rn. 38.
89 OLG Düsseldorf NStE Nr. 6 zu § 24; Siolek in Löwe/Rosenberg Rn. 36.
90 Schmitt in Meyer-Goßner/Schmitt Rn. 1; Temming in Gercke/Julius/Temming/Zöller Rn. 2; Dästner in AK-StPO Rn. 7.
91 RG 20.6.1932 – II 583/31, RGSt 66, 391.
92 BT-Drs. 4/178, 35.
93 Siolek in Löwe/Rosenberg Rn. 41.
94 BT-Drs. 4/178, 35; Dästner in AK-StPO Rn. 8.
95 Siolek in Löwe/Rosenberg Rn. 42.
96 Deiters in SK-StPO Rn. 23.
97 OLG München 22.11.2006 – 4St RR 182/06, NJW 2007, 449 (450).

halb der Hauptverhandlung wird unter Beteiligung des abgelehnten Richters in Beschlussbesetzung (§ 76 Abs. 1 GVG) entschieden. Wenn das Gericht ein **einzelner Richter,** ein **beauftragter** oder **ersuchter Richter** ist, entscheidet er nach Abs. 2 S. 3 ebenfalls selbst.

26 **2. Entscheidung, Begründung und Bekanntmachung.** Die Entscheidung ergeht entsprechend § 28 Abs. 1 in Beschlussform. Grundsätzlich ist nach § 196 Abs. 1 GVG **Stimmenmehrheit** ausreichend, lediglich im Falle des Abs. 2 S. 2 – also der Entscheidung nach Abs. 1 Nr. 3 – ist **Einstimmigkeit** erforderlich. Die Beteiligten sind nach § 33 vor der Entscheidung **zu hören.** Außerhalb der Hauptverhandlung sind auch sonstige Beteiligte nach § 33 Abs. 3 zu hören, da diesen im Rahmen eines Rechtsmittelverfahrens ein Nachteil daraus entstehen könnte, wenn ein Ablehnungsantrag als unzulässig verworfen würde, obwohl tatsächlich kein Unzulässigkeitsgrund gegeben war.[98] Die Pflicht zur Namhaftmachung des § 24 Abs. 3 S. 2 gilt im Verfahren nach § 26a genauso wenig[99] wie die Pflicht zur Abgabe einer dienstlichen Erklärung nach § 26 Abs. 3.[100]

27 Der Verwerfungsbeschluss ist nach §§ 28 Abs. 2, 34 zu begründen. Die **Begründung** muss dabei so ausführlich gestaltet sein, dass dem Beschwerdegericht eine sachliche Nachprüfung ermöglicht wird.[101] **Strengere Voraussetzungen** gelten jedoch für eine Ablehnung nach Abs. 1 Nr. 3, da dann wegen Abs. 2 S. 2 die Angabe der Umstände erforderlich ist, aus denen sich der Verwerfungsgrund ergibt. Hierzu gehören vor allem die Umstände, aus denen sich ergibt, dass der Ablehnende nicht das Ausscheiden des Richters, sondern nur eine Verzögerung der Hauptverhandlung anstrebt.[102] Hier gelten dieselben strengen Voraussetzungen, wie sie bei § 244 Abs. 3 verlangt werden[103] – auch wenn diese offensichtlich sind.[104] Es wird keine **Kostenentscheidung** getroffen.[105]

28 Der Beschluss ist nach § 35 **bekanntzumachen,** also entweder durch Verkündung – wenn er innerhalb der Hauptverhandlung ergeht – oder Zustellung, soweit er außerhalb der Hauptverhandlung ergeht. Soweit die Entscheidung in der Hauptverhandlung erfolgt, ist diese zu protokollieren. § 274 ist anwendbar.[106] Da der abgelehnte Richter an der Entscheidung mitwirkt, verkündet der Vorsitzende die Entscheidung selbst dann, wenn sich die Ablehnung gegen ihn gerichtet hatte.[107]

C. Rechtsbehelfe

29 Gegen den Beschluss ist die sofortige Beschwerde nach § 28 Abs. 2 S. 1 statthaft (→ § 28 Rn. 3 ff.).

D. Revision

30 Zur Verfahrensrüge bei rechtsfehlerhafter Anwendung des § 26a vgl. die Erläuterungen zu § 338 Nr. 3.

---

[98] Siolek in Löwe/Rosenberg Rn. 48.
[99] BGH 24.10.2005 – 5 StR 269/05, bei Becker NStZ-RR 2007, 129 (129).
[100] Cirener in BeckOK StPO Rn. 13.
[101] OLG Köln 19.10.1990 – Ss 490/90 (Z), StV 1991, 292; Deiters in SK-StPO Rn. 24.
[102] BGH 13.2.1973 – 5 StR 577/72, Dallinger MDR 1973, 369 (371) – RsprÜ; Dästner in AK-StPO Rn. 9.
[103] Scheuten in KK-StPO Rn. 13; Kudlich/Noltensmeier-v. Osten in Satzger/Schluckebier/Widmaier StPO Rn. 8.
[104] Cirener in BeckOK StPO Rn. 12; Werner in Krekeler/Löffelmann/Sommer Rn. 5.
[105] Temming in Gercke/Julius/Temming/Zöller Rn. 16; Werner in Krekeler/Löffelmann/Sommer Rn. 5.
[106] Dästner in AK-StPO Rn. 10.
[107] Siolek in Löwe/Rosenberg Rn. 53.

Die Unzulässigkeitsgründe dürfen durch das Revisionsgericht **ausgetauscht** werden. 31
Dies führt nicht zu einer Verletzung des gesetzlichen Richters nach Art. 101 Abs. 1 S. 2 GG, da sich die Besetzung des zur Entscheidung berufenen Spruchkörpers nicht ändert.[108] Soweit das Ablehnungsgesuch zu Unrecht nach Abs. 1 Nr. 2 oder Nr. 3 behandelt worden ist, kann jedoch eine **Verletzung des gesetzlichen Richters** gegeben sein. In diesen Fällen erfolgt – entgegen der früheren Rechtsprechung – keine Prüfung der hypothetischen Begründetheit des Ablehnungsgesuchs nach Beschwerdegrundsätzen.[109] Nur ausnahmsweise kann eine solche Prüfung erfolgen, nämlich dann, wenn die Anwendung des vereinfachten Verfahrens nicht willkürlich, sondern nur schlicht fehlerhaft war (hierzu ausführlich § 338).[110] Hat die Anfechtung Erfolg, führt dies **nicht zur isolierten Aufhebung und Zurückweisung,** in der Weise, dass nur erneut über das Ablehnungsgesuch in der Besetzung nach § 27 entschieden wird. Vielmehr erfolgt die Zurückverweisung nach der Sache aus § 338 Nr. 3 mit der Folge der Urteilsaufhebung, ohne dass es auf die Frage, ob die Ablehnung sachlich begründet war, ankäme.[111]

Wurde das Ablehnungsgesuch als verspätet oder unzulässig verworfen, muss die **Revisi-** 32
onsbegründung die vollständige Mitteilung des Verfahrensverlaufs, also der Vorgänge, aus denen sich die Rechtzeitigkeit ergeben soll, enthalten.[112]

§ 27 Entscheidung über einen zulässigen Ablehnungsantrag

(1) Wird die Ablehnung nicht als unzulässig verworfen, so entscheidet über das Ablehnungsgesuch das Gericht, dem der Abgelehnte angehört, ohne dessen Mitwirkung.

(2) Wird ein richterliches Mitglied der erkennenden Strafkammer abgelehnt, so entscheidet die Strafkammer in der für Entscheidungen außerhalb der Hauptverhandlung vorgeschriebenen Besetzung.

(3) [1]Wird ein Richter beim Amtsgericht abgelehnt, so entscheidet ein anderer Richter dieses Gerichts. [2]Einer Entscheidung bedarf es nicht, wenn der Abgelehnte das Ablehnungsgesuch für begründet hält.

(4) Wird das zur Entscheidung berufene Gericht durch Ausscheiden des abgelehnten Mitglieds beschlußunfähig, so entscheidet das zunächst obere Gericht.

Schrifttum: Frohne, Anmerkung zu LG Münster, Beschluss vom 23.1.1984 – 3 KLs 37 JS 762/83, NStZ 1984, 473; Günther, Unzulässige Ablehnungsgesuche und ihre Bescheidung, NJW 1986, 281; Janssen, Rückwirkung von stattgebenden Beschlüssen zur Richterablehnung wegen der Besorgnis der Befangenheit, StV 2002, 170; Krey, Grundzüge des Strafverfahrensrechts (8. Teil), JA 1984, 573; Voormann, Die mehrfache Ablehnung von Richtern im Strafverfahren, NStZ 1985, 444.

Übersicht

108 BGH 10.6.2008 – 5 StR 24/08, NStZ 2008, 578; BVerfG 2.8.2006 – 2 BvR 1518/06, NStZ-RR 2006, 379 (380); OLG Rostock 13.10.2011 – 2 Ss (OWi) 72/11 I 197/11, BeckRS 2011, 29487.

109 BVerfG 2.6.2005 – 2 BvR 625/01, NJW 2005, 3410; 24.2.2006 – 2 BvR 836/04, NJW 2006, 3129 (3132).

110 BGH 14.6.2005 – 3 StR 446/04, NJW 2005, 3434 (3435); 29.8.2006 – 1 StR 371/06, NStZ 2007, 161 (162).

111 BGH 10.8.2005 – 5 StR 180/05, NStZ 2006, 50 (51).

112 BGH 12.10.1976 – 1 StR 384/76, BeckRS 1976, 00228, Holtz MDR 1977, 109 – RsprÜ; Bosbach in HK-GS Rn. 8; Scheuten in KK-StPO Rn. 14.

A. Überblick

1 § 27 regelt die Zuständigkeit und Gerichtsbesetzung für die Entscheidung über Ablehnungsgesuche, soweit sie nicht bereits gemäß § 26a als unzulässig verworfen wurden.

2 Die Norm hat sich im Kern seit ihrer Einführung durch die RStPO kaum verändert. Zwar wurde der Abs. 2 durch § 21 Abs. 2 der EmmingerVO in Verbindung mit der Bekanntmachung 1924 neu eingefügt, die übrigen Absätze bestanden aber schon. Anfänglich hatte das Landgericht in den Fällen des Abs. 3 zu entscheiden. Der Versuch durch die dritte VereinfVO, die Entscheidungsbefugnis der Stelle zu übertragen, der die Dienstaufsicht über den Richter zusteht, wurde dann wieder durch Art. 3 Nr. 10 VereinhG beendet.[1]

3 Abs. 1 enthält den Grundsatz, wonach der abgelehnte Richter in der Entscheidung über die Ablehnung nicht mitwirkt. Abhängig vom formalen Rang des Gerichtes ist das nähere Verfahren in Abs. 2 und 3 normiert. Ausdrücklich werden die Strafkammer (Abs. 2) und das Amtsgericht (Abs. 3) erwähnt. Abs. 4 klärt das Vorgehen, soweit ein Gericht beschlussunfähig wird.

B. Erläuterungen

4 Das Verfahren richtet sich nach § 27, wenn die Ablehnung nicht nach § 26a als unzulässig verworfen wurde. Ob § 26a korrekt angewendet wurde, ist unerheblich. Es verbleibt dann bei dem Regelverfahren des § 27.[2] Grundsätzlich entscheidet nach Abs. 1 das Gericht über das Gesuch, dem der abgelehnte Richter angehört – allerdings ohne dessen Mitwirkung.[3]

5 Wenn ein Ablehnungsgrund geltend gemacht und der Antrag nicht nach § 26a verworfen wurde, hat der abgelehnte Richter alsbald auszuscheiden.[4] Die Entscheidung über die Ablehnung findet außerhalb der Hauptverhandlung in Beschlussbesetzung[5] statt und stellt **keinen Teil der Hauptverhandlung** dar.[6] Daher ist die Hauptverhandlung zu unterbrechen, um eine Entscheidung herbeiführen zu können: Der abgelehnte Richter muss aufgrund des Ablehnungsantrags für die anstehende Entscheidung ausscheiden. Das Gericht ist damit nicht mehr vollständig besetzt und § 226 ist nicht mehr erfüllt. Die Hauptverhandlung darf in der verkümmerten Besetzung nicht fortgeführt werden. Das Gericht muss über die Ablehnung nunmehr zwangsläufig in einer anderen Besetzung entscheiden.

6 Die Hauptverhandlung muss nicht sofort unterbrochen werden. Näheres regelt § 29 Abs. 3 (→ § 29 Rn. 4 ff.).

7 Der ausdrücklichen Regelung des § 27 Abs. 2, nach dem eine Strafkammer in der für eine Entscheidung außerhalb der Hauptverhandlung vorgeschriebenen Besetzung entscheidet, bedurfte es nach dem eben dargelegten (→ Rn. 5) nicht zwingend. Im Gegensatz

---

[1] Näheres bei Siolek in Löwe/Rosenberg Entstehungsgeschichte.
[2] Temming in Gercke/Julius/Temming/Zöller Rn. 1.
[3] Dazu Voormann NStZ 1985, 444 (445); Scheuten in KK-StPO Rn. 2; Siolek in Löwe/Rosenberg Rn. 2.
[4] RG 22.1.1886 – 3250/85, RGSt 13, 302 (305).
[5] RG 22.1.1886 – 3250/85, RGSt 13, 302 (304).
[6] BGH 17.4.1996 – 3 StR 34/96, NJW 1996, 2382.

dazu fehlt es an einer ausdrücklichen Regelung für die Strafsenate. Abs. 2 wird insoweit entsprechend angewandt.[7]

I. Grundsatz: ohne Mitwirkung des abgelehnten Richters

Der abgelehnte Richter entscheidet nicht selbst über die Begründetheit des gegen ihn gerichteten Ablehnungsantrags. Ihm fehlt es an der inneren Unbefangenheit und Unparteilichkeit, um über seine eigene Ablehnung zu entscheiden.[8] Dieser Grundsatz wurde in Abs. 1 festgeschrieben und war in der ursprünglichen Fassung nicht ausformuliert, sondern wurde 1964 durch Art. 5 Nr. 5 StPÄG hinzugefügt. 8

Über seine Ablehnung entscheidet das Gericht, dem er angehört, und nicht etwa ein anderes.[9] Damit bleibt die originäre Zuständigkeit erhalten und das Gebot des gesetzlichen Richters nach Art. 101 Abs. 1 S. 2 GG unverletzt:[10] Es beschließt der **zur Sache berufene Spruchkörper**[11] in seiner nach der Geschäftsverteilung berufenen Besetzung.[12] Eine Ausnahme gilt allein für die auswärtigen Strafkammern. 9

Die Entscheidung ist kein Teil der Hauptverhandlung, sondern wird außerhalb der Hauptverhandlung durchgeführt. Das ändert sich auch nicht, wenn das Ablehnungsgesuch direkt im Sitzungssaal behandelt und beraten wird.[13] Der gesamte Verfahrensteil wird als besonderes Zwischenverfahren bezeichnet.[14] 10

Grundlage für die Bestimmung der Zuständigkeit und der Besetzung des entscheidenden Gerichts ist nicht der **Zeitpunkt** der Antragsstellung, sondern **der Entscheidung.**[15] Diese beiden Daten können unter Beachtung von § 29 Abs. 3 nicht unbedeutend weit auseinanderfallen und die Besetzung des zuständigen Gerichts kann sich nach Antragstellung verändern. 11

Eine Besonderheit ergibt sich bei dem beauftragten Richter (§ 63, § 173 Abs. 3, § 223 Abs. 1 und 2, § 233 Abs. 2, § 289, § 369 Abs. 1, § 415 Abs. 2). Gehört er dem Amtsgericht an, ist nach Abs. 3 S. 1 zu verfahren. Ansonsten ist das Gericht zuständig, dem er angehört und nicht das ersuchende Gericht.[16] Für den abgelehnten Richter wird der Vertreter tätig.[17] Ebenso ist zu verfahren, wenn ein Richter vor der Hauptverhandlung abgelehnt wird und über das Gesuch vor der Hauptverhandlung entschieden wird.[18] Auch im Zwischenverfahren kann ein Ablehnungsantrag als unzulässig abgelehnt werden.[19] 12

II. Besetzung der Strafkammern (Abs. 2)

Der erst später eingeführte Abs. 2 regelt die Besetzung für die Strafkammern. Danach ist in **der außerhalb der Hauptverhandlung vorgeschriebenen Form** über das Ablehnungsgesuch zu entscheiden. Nach dem Wortlaut unterfallen der Regelung die große und kleine Strafkammer (§ 76 Abs. 1 GVG) sowie die Jugendkammer nach § 33b JGG. Außerhalb der Hauptverhandlung wird nach § 76 Abs. 1 S. 2 GVG ohne die Schöffen entschieden. 13

7 Siolek in Löwe/Rosenberg Rn. 10.
8 BVerfG 2.6.2005 – 2 BvR 625/01, NJW 2005, 3410 (3411); BGH 9.12.1983 – 3 StR 452/83, NJW 1984, 1907 (1909).
9 Scheuten in KK-StPO Rn. 2.
10 Alexander in Radtke/Hohmann Rn. 2; Scheuten in KK-StPO Rn. 1.
11 BGH 3.3.1959 – 1 StR 646/58, NJW 1959, 1141; OLG Zweibrücken 11.4.1968 – Ws 27/68, NJW 1968, 1439; 28.4.1971 – Ws 92/71, MDR 1971, 861; Werner in Krekeler/Löffelmann/Sommer Rn. 2.
12 So Siolek in Löwe/Rosenberg Rn. 4 mit Verweis auf: OLG Zweibrücken 11.4.1968 – Ws 27/68, NJW 1968, 1439; 28.4.1971 – Ws 92/71, MDR 1971, 861; für die Strafvollstreckung KG 6.2.1987 – 5 Ws 613-619/86 Vollz ua, MDR 1987, 606; aA OLG Karlsruhe 6.7.1979 – 3 Ws 133/79, MDR 1979, 1045.
13 BGH 17.4.1996 – 3 StR 34/96, NJW 1996, 2382; Scheuten in KK-StPO Rn. 2.
14 So Siolek in Löwe/Rosenberg Rn. 1.
15 BGH 12.2.1998 – 1 StR 588/97, BGHSt 44, 26 (2. Ls.) = NJW 1998, 2458 (2. Ls.).
16 Scheuten in KK-StPO Rn. 2.
17 Siolek in Löwe/Rosenberg Rn. 17 bzgl. ersuchter Richter.
18 RG 19.12.1890 – 2721/90, RGSt 21, 250 (251); RG 28.9.1891 – 2121/90, RGSt 22, 135 (136).
19 BGH 10.11.1967 – 4 StR 512/66, BGHSt 21, 334 = NJW 1968, 710 – Weigand.

Es entscheiden demnach drei Richter, auch bei reduzierter Besetzung des Gerichts nach § 33b Abs. 2 JGG und § 76 Abs. 2 GVG.[20] Der abgelehnte Richter wird durch einen anderen Richter der Kammer oder durch den geschäftsplanmäßigen oder für den Einzelfall bestimmten Vertreter ersetzt.[21] Soweit ein Richter einer kleinen Strafkammer abgelehnt wird, ist umstritten, ob sein Vertreter tätig werden soll. Er könnte hohe Anforderungen stellen, um seine eigene Einsetzung in das Verfahren zu vermeiden.[22] Weiterhin können Besetzungsfragen auftreten, wenn der Vorsitzende abgelehnt wird und die anderen Mitglieder der Kammer eine Vertretung aufgrund von Verhinderung nicht wahrnehmen können. Dann soll der Dienstälteste der von einer anderen Kammer gestellten regelmäßigen Vertreter den Vorsitz übernehmen.[23]

14 Auf die **Strafsenate des OLG und BGH** wird Abs. 2 so angewendet, dass sie in der nach §§ 122 Abs. 1, 139 Abs. 1 GVG vorgeschriebenen Weise bei der Ablehnungsentscheidung besetzt sind. Beim Oberlandesgericht entscheiden drei Richter.[24] Wird nur ein Richter eines Senates abgelehnt, der mit fünf Richtern besetzt ist, hat ein weiterer Richter auszuscheiden. Der Ausschluss richtet sich nach dem Geschäftsverteilungsplan. Nach der Entscheidung des Vorsitzenden wird alternativ das dienstjüngste Mitglied ausgeschlossen.[25] Ansonsten läge eine unzulässige Überbesetzung des Gerichtes vor, vgl. § 192 Abs. 1 GVG.[26] Beim BGH entscheiden fünf Richter, § 139 Abs. 1 GVG. Wird ein Ermittlungsrichter des OLG oder des BGH abgelehnt, ist Abs. 3 S. 1 analog anzuwenden (siehe auch → Rn. 17).

15 Eine Besonderheit kann sich bei **auswärtigen Kammern** oder **Senaten** (§§ 78, 116 Abs. 2 GVG) ergeben. Grundsätzlich entscheidet die Kammer bzw. der Senat selbst über die Ablehnung. Der abgelehnte Richter wird durch einen nach der Geschäftsverteilung zur Vertretung berufenen Richter ersetzt.[27] Anders ist es zu bewerten, wenn dem auswärtigen Senat ausnahmsweise nur die Tätigkeit als erkennendes Gericht in der Hauptverhandlung zugewiesen worden ist.[28] Für die Entscheidung über ein Ablehnungsgesuch, also außerhalb der Hauptverhandlung, ist der Strafsenat des OLG bzw. die für nicht übertragene Sachen zuständige Strafkammer des LG zuständig.[29]

III. Richter am Amtsgericht (Abs. 3 S. 1)

16 Wird ein Amtsrichter abgelehnt, entscheidet ein **anderer Richter des Gerichts.** Der Regelung des Abs. 3 S. 1 unterfallen der Vorsitzende Richter beim Schöffengericht (§ 29 Abs. 1 GVG), der zweite Richter beim erweiterten Schöffengericht (§ 29 Abs. 2 GVG), der Strafrichter (§ 25 GVG) und der ersuchte Richter. Durch die Geschäftsverteilung soll eine sinnvolle Regelung für die Ablehnungsgesuche gefunden werden, § 21e Abs. 1 S. 1 GVG.[30] Bei einem einstelligen Amtsgericht gemäß § 22b Abs. 1 GVG entscheidet der Vertreter. Der abgelehnte Richter kann das Ablehnungsgesuch für begründet erklären, dann entfällt die Entscheidungsbefugnis des anderen Richters. Voraussetzung dafür ist aber, dass der abgelehnte Richter zunächst die Zulässigkeit des Gesuchs festgestellt hat.

17 Soweit ein **Ermittlungsrichter** abgelehnt wird, findet Abs. 3 S. 1 entsprechende Anwendung.[31] Über das Ablehnungsgesuch entscheidet ein anderer Richter des Amtsge-

---

[20] BGH 2.11.2005 – 4 StR 418/05, BGHSt 50, 267 (269) = NJW 2006, 240.
[21] BGH 3.3.1959 – 1 StR 646/58, NJW 1959, 1141; Scheuten in KK-StPO Rn. 5; Schmitt in Meyer-Goßner/Schmitt Rn. 3.
[22] So Siolek in Löwe/Rosenberg Rn. 13; auf den Vertreter abstellend: Cirener in BeckOK StPO Rn. 3.2; Scheuten in KK-StPO Rn. 5; Temming in Gercke/Julius/Temming/Zöller Rn. 5; Alexander in Radtke/Hohmann Rn. 4.
[23] BGH 3.3.1959 – 1 StR 646/58, NJW 1959, 1141; Schmitt in Meyer-Goßner/Schmitt Rn. 3.
[24] Temming in Gercke/Julius/Temming/Zöller Rn. 6.
[25] Siolek in Löwe/Rosenberg Rn. 10.
[26] RG 27.10.1914 – IV 532/14, RGSt 49, 9 (11).
[27] Siolek in Löwe/Rosenberg Rn. 14 f.
[28] Vgl. RG 22.2.1908 – II 22/08, RGSt 41, 117 (118).
[29] RG 22.2.1908 – II 22/08, RGSt 41, 117 (118).
[30] Scheuten in KK-StPO Rn. 7.
[31] Deiters in SK-StPO Rn. 9; Scheuten in KK-StPO Rn. 8, Schmitt in Meyer-Goßner/Schmitt Rn. 7.

richts, dem der ersuchte Richter angehört und nicht einer des ersuchenden Gerichts. Dies gilt ebenfalls für den Fall, dass sich ein Ablehnungsgesuch gegen einen Ermittlungsrichter des BGH oder des OLG richtet.[32] Für die Entscheidung über das Ablehnungsgesuch ist ein im Geschäftsverteilungsplan zu bestimmender anderer Ermittlungsrichter[33] oder sein Vertreter[34] und nicht der Strafsenat zuständig.

18 Wird ein Amtsrichter als **Mitglied einer auswärtigen Strafkammer** (§ 78 Abs. 2 GVG) abgelehnt, dann gilt Abs. 2 und nicht Abs. 3.[35]

IV. Verfahren

19 **1. Grundsatz.** Für das Ablehnungsverfahren ist eine **mündliche Verhandlung nicht vorgesehen.**[36] Die Entscheidung über ein Gesuch findet **außerhalb der Hauptverhandlung** statt. Sie ist zu **unterbrechen,** wenn ein Ablehnungsgesuch angebracht wurde.[37] Nach Maßgabe des § 29 Abs. 3 muss das nicht immer sofort geschehen (→ § 29 Rn. 6 ff.). Die Entscheidung über das Ablehnungsgesuch ist kein Teil der Hauptverhandlung – auch nicht, wenn über das Gesuch direkt entschieden wird.[38]

20 Gegenstand der Entscheidung ist der vorgebrachte **Ablehnungsgrund.** Nur über diesen wird anhand des Gesuchs und der dienstlichen Äußerungen des Richters entschieden.[39] Andere Ablehnungsgründe, auch wenn sie im Rahmen des Verfahrens festgestellt werden, werden nicht berücksichtigt.[40] Der Ablehnende entscheidet selbst, worauf er sich berufen möchte und muss diese Gründe selbst vortragen. Werden allerdings **Ausschließungsgründe** erkennbar, muss über sie von Amts wegen entschieden werden.[41]

21 Zunächst werden die Prozessbeteiligten gehört, § 33 Abs. 2, 3. Ob Beweise zu erheben sind, entscheidet das Gericht nach pflichtgemäßem Ermessen. Es gilt das **Freibeweisverfahren.**[42] Es können auch Zeugen vernommen werden,[43] soweit dies neben der dienstlichen Äußerung notwendig erscheint. Eine Vereidigung ist möglich.[44] Umstände, die sich vor demselben Gericht zugetragen haben, können aufgrund eigener Wahrnehmung berücksichtigt werden.[45]

22 **2. Ausnahme (Abs. 3 S. 2).** Zunächst muss der Richter, gegen den ein Ablehnungsgesuch geltend gemacht wurde, die Zulässigkeit des Gesuchs feststellen.[46] Liegen Zweifel vor, wird er die Entscheidung des anderen Richters nach Abs. 3 S. 1 herbeiführen.[47] Der

---

32 Temming in Gercke/Julius/Temming/Zöller Rn. 8; Scheuten in KK-StPO Rn. 8; Siolek in Löwe/Rosenberg Rn. 12; Schmitt in Meyer-Goßner/Schmitt Rn. 7; Bosbach in HK-GS Rn. 4; Pfeiffer Rn. 3; Alexander in Radtke/Hohmann Rn. 8; Deiters in SK-StPO Rn. 9.

33 BGH Erm. Richter 10.10.1985 – 1 BJs 284/85-6, Schmidt MDR 1986, 179 – RsprÜ; Scheuten in KK-StPO Rn. 8.

34 Siolek in Löwe/Rosenberg Rn. 12.

35 Siolek in Löwe/Rosenberg Rn. 17.

36 RG 27.10.1914 – IV 532/14, RGSt 49, 9 (11); Deiters in SK-StPO Rn. 14.

37 BGH 3.3.1961 – 4 StR 548/60, BGHSt 15, 384 = NJW 1961, 1077; RG 22.1.1886 – 3250/85, RGSt 13, 302 (304); 19.12.1890 – 2721/90, RGSt 21, 250.

38 BGH 17.4.1996 – 3 StR 34/96, NStZ 1996, 398; 23.4.1980 – 3 StR 434/79, NStZ 1982, 188; RG 19.12.1890 – 2721/90, RGSt 21, 250 (251); Krey JA 1984, 573 (576); Alexander in Radtke/Hohmann Rn. 10.

39 RG 11.1.1926 – II 710/25, RGSt 60, 43 (44); Temming in Gercke/Julius/Temming/Zöller Rn. 13; Schmitt in Meyer-Goßner/Schmitt Rn. 9.

40 Deiters in SK-StPO Rn. 15; Siolek in Löwe/Rosenberg Rn. 30; aA BGH 14.9.1971 – 5 StR 232/71, JR 1972, 119 mablAnm Peters.

41 Siolek in Löwe/Rosenberg Rn. 30.

42 RG 30.11.1926 – I 662/26, RGSt 61 (67, 70).

43 RG 30.11.1926 – I 662/26, RGSt 61 (67, 70).

44 Siolek in Löwe/Rosenberg Rn. 31.

45 BGH 22.8.2006 – 1 StR 382/06, NStZ 2007, 51; Werner in Krekeler/Löffelmann/Sommer Rn. 7.

46 RG 10.2.1882 – 108/82, RGSt 5, 438; 7.10.1890 – 2735/90, GA 38 (1891), 425.

47 OLG Düsseldorf 25.9.1986 – 2 Ws 575/86, MDR 1987, 253: der abgelehnte Richter kann das Verfahren frei entscheiden; Siolek in Löwe/Rosenberg Rn. 28; Schmitt in Meyer-Goßner/Schmitt Rn. 5; aA Temming in Gercke/Julius/Temming/Zöller Rn. 7: es fehle dann an einer gerichtlichen Entscheidung.

abgelehnte Richter hat das Recht, eine Erklärung gem. Abs. 3 S. 2 abzugeben, sodann entfällt die Entscheidungsbefugnis des anderen Richters:[48] Der betroffene Richter prüft die vorgebrachten Ablehnungsgründe und erkennt in der nach § 26 Abs. 3 abzugebenden Äußerung die Ablehnungstatsachen an und kommt zu dem Ergebnis, dass er ausgeschlossen ist oder dass der Ablehnungsberechtigte besorgen könne, er sei befangen.[49] Eine Erklärung nach Abs. 3 S. 2 muss **schriftlich** erfolgen und ist **unanfechtbar** (§ 28 Abs. 1). Mit ihr steht fest, dass der abgelehnte Richter nicht mehr berufen ist, an dem Strafverfahren mitzuwirken.[50]

23 Eine Erklärung nach Abs. 3 S. 2 ist dann nicht möglich, wenn ein Ablehnungsgrund, der die Besorgnis der Befangenheit rechtfertigt, dem betroffenen Richter auf andere Weise als durch Ablehnung bekannt wird. Dann liegt ein Fall des § 30 vor und ein anderer Richter hat über die Ablehnung zu entscheiden.

24 Aus dem systematischen Zusammenhang folgt, dass Abs. 3 S. 2 **nur für den Richter am Amtsgericht** gilt.

25 **3. Ablehnung mehrerer Richter.** Es können mehrere Richter eines Gerichtes abgelehnt werden. Wie zu verfahren ist, hängt davon ab, ob die Gesuche **gleichzeitig** eingehen und **ob gleiche oder unterschiedliche Gründe** angegeben werden. Werden nacheinander Ablehnungsgesuche mit unterschiedlichen Gründen angebracht, so sind sie in der Reihenfolge des Eingangs zu überprüfen.[51] Dies gebietet Art. 101 Abs. 1 S. 2 GG.[52] Bei gleichzeitiger Ablehnung von mehreren Richtern bestimmt sich die Reihenfolge nach der **Aufzählung im Gesuch.**[53] Wurde allerdings immer der gleiche Grund angegeben, hat ein einheitlicher Beschluss zu erfolgen.[54] Dies folgt aus Sinn und Zweck des § 27:[55] Würde man die Ablehnungsgesuche hintereinander bescheiden, würde ein Richter über einen Sachverhalt urteilen, der auch sein eigenes Verhalten betrifft. Daher ist ein einheitlicher Beschluss herbeizuführen, wenn die Ablehnungsgründe sich auf denselben tatsächlichen Vorgang beziehen oder in enger sachlicher Verbindung[56] stehen.[57] Werden unterschiedliche Ablehnungsgründe gegen denselben Richter vorgetragen, kann ebenfalls eine einheitliche Entscheidung ergehen.[58]

26 Eine Besonderheit kann sich ergeben, wenn **alle Richter einer Kammer oder eines Senats** gleichzeitig aus unterschiedlichen Gründen abgelehnt werden. Die Reihenfolge sollte sich auch wegen Art. 101 Abs. 1 S. 2 GG **nach dem Geschäftsverteilungsplan** richten.[59] Alternativ wird vorgeschlagen, nach der Aufzählung im Gesuch zu verfahren.[60] Daneben werden die Anfangsbuchstaben oder das Dienstalter als Reihenfolge anempfoh-

---

[48] OLG Düsseldorf 25.9.1986 – 2 Ws 575/86, MDR 1987, 253.
[49] Siolek in Löwe/Rosenberg Rn. 27.
[50] OLG Düsseldorf 25.9.1986 – 2 Ws 575/86, MDR 1987, 253.
[51] BGH 25.4.2014 – 1 StR 13/13, BGHSt 59, 205 = BeckRS 2014, 11005; 9.10.1995 – 3 StR 324/94, NStZ 1996, 144 („Fall Markus Wolf"); bestätigt durch: BVerfG 14.4.2004 – 2 BvR 2225/03, NJW 2004, 2514; Siolek in Löwe/Rosenberg Rn. 35; Schmitt in Meyer-Goßner/Schmitt Rn. 4; Kudlich/Noltensmeier-v. Osten in Satzger/Schluckebier/Widmaier StPO Rn. 4; krit. u. teilw. aA Deiters in SK-StPO Rn. 27.
[52] BGH 9.10.1995 – 3 StR 324/94, NStZ 1996, 144 („Fall Markus Wolf").
[53] Voormann NStZ 1985, 444 (445); Siolek in Löwe/Rosenberg Rn. 35; Alexander in Radtke/Hohmann Rn. 13.
[54] BGH 12.2.1998 – 1 StR 588/97, BGHSt 44, 26 = NJW 1998, 2458; OLG Frankfurt a. M. 19.10.1984 – 1 StE 1/84, StV 1984, 499; OLG Hamburg 6.2.1984 – 2 Ws 571/83, MDR 1984, 512; LG Münster 23.1.1984 – 3 KLs 37 Js 762/83, NStZ 1984, 472 mAnm Frohne; anders OLG Schleswig 10.8.1981 – 1 Ws 213/81, NStZ 1981, 489 (Ls.) = SchlHA 1982, 31: zunächst Ablehnungsgesuch gegen Vorsitzenden, dann gegen Dienstältesten.
[55] BVerfG 14.4.2004 – 2 BvR 2225/03, NJW 2004, 2514; BGH 12.2.1988 – 1 StR 588/97, StV 1999, 463.
[56] BGH 12.2.1998 – 1 StR 588/97, BGHSt 44, 26 = NJW 1998, 2458.
[57] Dazu auch Zieschang StV 1999, 468; Siolek in Löwe/Rosenberg Rn. 37.
[58] KG 10.7.2008 – 1 Ss 354/07, NJW 2009, 96 mwN.
[59] Scheuten in KK-StPO Rn. 3; Siolek in Löwe/Rosenberg Rn. 36; BGH 10.11.1967 – 4 StR 512/66, BGHSt 21, 334 (337) hat die Bestimmung offen gelassen.
[60] Voormann NStZ 1985, 444 (445); Temming in Gercke/Julius/Temming/Zöller Rn. 12.

len.[61] Hält man sich an den Geschäftsverteilungsplan, wird der Vorwurf der Willkür von Anfang an vermieden. Der Grundsatz gilt auch für das obere Gericht.[62]

Der Grundsatz des gesetzlichen Richters verbietet jedenfalls eine Sortierung von Gesuchen nach dem Umfang oder der Art der Begründung. Eine Auswahl nach nicht oder weniger gut begründeten Gesuchen ist daher unzulässig.[63] Werden ein Richter und dessen Vertreter gleichzeitig abgelehnt, ist vorab über die Ablehnung des Vertreters zu entscheiden.[64] Dies gilt auch bei einer Anzeige nach § 30.[65] Wurde ein Richter abgelehnt und gegen die über das Ablehnungsgesuch zuständigen Richter geltend gemacht, sie hätten das Gesuch fehlerhaft abgelehnt, darf dieser Richter über die Gesuche nicht sachlich entscheiden.[66] 27

4. Entscheidung. Die Entscheidung über das Ablehnungsgesuch ergeht durch Beschluss (§ 28) in Abwesenheit der Beteiligten. Das Gesuch kann als unbegründet zurückgewiesen (§ 28 Abs. 2 S. 1) oder als begründet erklärt (§ 28 Abs. 1) werden. Der Antrag kann auch als unzulässig verworfen werden.[67] § 26a spricht nicht dagegen. Das zur Entscheidung nach § 27 zuständige Gericht hat die Zulässigkeit des Ablehnungsgesuchs ebenfalls zu prüfen. Eine Zurückweisung an das nach § 26a entscheidende Gericht ist nicht vorgesehen.[68] Soweit das Gesuch nicht nach § 26a verworfen wurde, ist allein das Gericht in der Besetzung nach § 27 zuständig. Ansonsten könnte ein Kompetenzstreit entstehen, dessen Lösung nicht geregelt ist.[69] 28

a) Gründe. Gründe sind nur erforderlich, wenn der Beschluss mit Rechtsmittel angefochten werden kann (§ 28 Abs. 2). Bei stattgebenden Beschlüssen kann daher von einer Begründung abgesehen werden.[70] Eine Kostenentscheidung wird nicht getroffen.[71] Nur die Ablehnungsgründe, die innerhalb der Antragsfrist nach § 25[72] vorgebracht worden sind, dürfen in der Begründetheitsprüfung beachtet werden.[73] 29

b) Bekanntgabe. Der Beschluss muss gegenüber Personen außerhalb des Gerichts bekannt gemacht werden. Die Art der Bekanntgabe richtet sich danach, ob ein **erkennender Richter** abgelehnt wurde. Ist dies der Fall (§ 28 Abs. 2 S. 2), reicht eine **formlose Verkündung** (§ 35 Abs. 2 S. 2), da die Entscheidung nur mit dem Urteil angefochten werden kann und daher keine Frist läuft. Wurde ein **nichterkennender Richter** abgelehnt (§ 28 Abs. 2 S. 1), muss eine **förmliche Zustellung** erfolgen (§ 35 Abs. 2 S. 1). Nichterkennend in diesem Sinne ist ein Richter auch dann, wenn er zwar später erkennender Richter werden würde, über seine Ablehnung jedoch noch vor der Hauptverhandlung entschieden wird.[74] 30

---

61 OLG Schleswig 10.8.1981 – 1 Ws 213/81, NStZ 1981, 489 (Ls.) = SchlHA 1982, 31; Frohne NStZ 1984, 472 (473); Günther NJW 1986, 281 (289): zur Prüfung unzulässiger Ablehnungsgesuche; Münchhalffen StraFo 2007, 91 (96).

62 Vgl. OLG Frankfurt a. M. 26.2.1981 – 3 ARs 27/80, NStZ 1981, 233 (234).

63 Scheuten in KK-StPO Rn. 3; Siolek in Löwe/Rosenberg Rn. 39; Schmitt in Meyer-Goßner/Schmitt Rn. 8; aA OLG Zweibrücken 11.4.1968 – Ws 27/68, NJW 1968, 1439.

64 BGH 10.11.1967 – 4 StR 512/66, BGHSt 21, 334 (337) = NJW 1968, 710 – Weigand; Voormann NStZ 1985, 444 (445 und 446); Deiters in SK-StPO Rn. 25.

65 OLG Oldenburg 21.1.1987 – 2 Ws 16/87, Nds.Rpfl. 1987, 61.

66 BGH 9.12.1983 – 2 StR 452/83, NJW 1984, 1907; 26.1.2006 – 5 StR 500/05, NJW 2006, 854; zw. 3.12.1991 – 1 StR 120/90, BGHSt 38, 144; 19.5.1994 – 1 StR 132/94, NStZ 1994, 447; vgl. auch BVerfG 20.2.1995 – 2 BvR 1406/94, NJW 1995, 2914; aA BGH 10.11.1967 – 4 StR 512/66, BGHSt 21, 334 = NJW 1968, 710 – Weigand; Temming in Gercke/Julius/Temming/Zöller Rn. 12.

67 BGH 10.11.1967 – 4 StR 512/66, BGHSt 21, 334 (337).

68 Cirener in BeckOK StPO Rn. 9; Schmitt in Meyer-Goßner/Schmitt Rn. 9; offen gelassen: OLG München 22.11.2006 – 4 St RR 182/06, NJW 2007, 449 (450).

69 So Siolek in Löwe/Rosenberg Rn. 1; Schmitt in Meyer-Goßner/Schmitt Rn. 9; Alexander in Radtke/Hohmann Rn. 12.

70 Eine solche aber empfehlend: Bockemühl in KMR-StPO Rn. 14; Wassermann in AK-StPO Rn. 8.

71 Scheuten in KK-StPO Rn. 14.

72 BGH 29.8.1952 – 1 StR 256/52, MDR 1952, 659.

73 Siolek in Löwe/Rosenberg Rn. 30; Bockemühl in KMR-StPO Rn. 14; aA BGH 14.9.1971 – 5 StR 232/71, JR 1972, 119 mablAnm Peters.

74 Vgl. Siolek in Löwe/Rosenberg Rn. 48.

31 Für die **formlose Verkündung** genügt die mündliche Mitteilung an den abgelehnten Richter oder eine Vorlage der Urschrift.[75] Die Bekanntgabe kann auch bei Fortsetzung der Hauptverhandlung durch Verkündung erfolgen (§ 35 Abs. 1). Dann ist aber eine Protokollierung notwendig, § 274. Bedenken gegen eine solche Vorgehensweise sind nicht ersichtlich.[76] Auch der abgelehnte Richter selbst kann die Verkündung übernehmen,[77] wenn das Gesuch als unzulässig verworfen oder als unbegründet zurückgewiesen wurde. Der Antragsteller hat einen Anspruch auf eine Abschrift des Beschlusses (§ 35 Abs. 1 S. 2). Sie muss aber erst nach Schluss der Hauptverhandlung erteilt werden. Zuvor besteht nicht immer ein rechtliches Interesse daran, weil der Beschluss ohnehin nur mit dem Urteil angefochten werden kann (§ 28 Abs. 2 S. 2).[78] Etwas anderes kann vor allem dann gelten, wenn sich aus den Beschlussgründen Anhaltspunkte für eine Besorgnis der Befangenheit der Richter bieten, die über das Gesuch entschieden haben.

32 **c) Wirkung.** Ist der **ablehnende Beschluss** rechtskräftig oder der Beschluss nur mit dem Urteil anfechtbar, muss der erfolglos abgelehnte Richter wieder mitwirken.[79] Es tritt der Zustand ein, der vor der Ablehnung bestand. Soweit über den Ablehnungsgrund sachlich entschieden wurde, gilt er grundsätzlich als verbraucht, so dass er nicht ein weiteres Mal vorgebracht werden kann.[80] Ein Verbrauch tritt aber nicht ein, wenn der gleiche Ablehnungsgrund mit anderen Tatsachen begründet wird.[81]

33 Ist die Ablehnung begründet (**stattgebender Beschluss,** § 28 Abs. 1), muss sich der abgelehnte Richter jeder Tätigkeit enthalten.[82] Er ist wie ein ausgeschlossener Richter im Sinne des § 338 Nr. 3 zu behandeln. Der Ausschluss gilt für das gesamte Strafverfahren. Dabei ist es irrelevant, ob der Richter gegenüber dem Ablehnungsberechtigten oder einem anderen Prozessbeteiligten handelt.[83] Er kann in einem einheitlichen Verfahren nicht teilweise befugt sein.[84] Eine Trennung des Verfahrens bei mehreren Angeklagten würde eine Umgehung der getroffenen Entscheidung darstellen und ist nicht zulässig.[85] In anderen Verfahren ist eine Mitwirkung des abgelehnten Richters weiterhin möglich. Ihm steht es frei, sich ggf. selbst nach § 30 anzuzeigen.[86] Hat der Richter vor seiner erfolgreichen Ablehnung bereits Entscheidungen getroffen, bleiben diese von dem stattgebenden Beschluss unberührt. Eine erfolgreiche Ablehnung hat im Gegensatz zur Ausschließung **keine Rückwirkung.** Entscheidend für die Wirkung der Ablehnung ist der Beschluss und nicht das Vorliegen des Ablehnungsgrundes.[87] Eine Rückwirkung lässt sich auch nicht durch eine analoge Anwendung des § 359 (Wiederaufnahme des Verfahrens) begründen.[88]

---

75 RG 26.9.1924 – I 756/24, RGSt 58, 285 (288); 17.10.1911 – 4 D 721/11, GA 59 (1912), 351; BGH 3.3.1961 – 4 StR 548/60, BGHSt 15, 384 (386).

76 RG 19.12.1890 – 2721/90, RGSt 21, 250; 26.9.1924 – I 756/24, RGSt 58, 285.

77 BGH 3.3.1961 – 4 StR 548/60, BGHSt 15, 384; RG 26.9.1924 – I 756/24, RGSt 58, 285 (287 ff.).

78 Siolek in Löwe/Rosenberg Rn. 50; Maul in KK-StPO § 35 Rn. 9: berechtigtes Interesse ist Voraussetzung; aA Werner in Krekeler/Löffelmann/Sommer Rn. 10; Graalmann-Scheerer in Löwe/Rosenberg § 35 Rn. 12.

79 BGH 10.11.1967 – 4 StR 512/66, BGHSt 21, 334 (335) = NJW 1968, 710 – Weigand.

80 RG 3.11.1884 – 2323/84, RGSt 11, 224; RG GA 44 (1896), 385; OLG Hamm 27.6.1966 – 3 Ws 50/66, NJW 1966, 2073; Siolek in Löwe/Rosenberg Rn. 43; krit. Günther NJW 1986, 281 (288).

81 RG 13.2.1893 – 4117/92, RGSt 24, 14; BGH 10.11.1967 – 4 StR 512/66, BGHSt 21, 334 (353); → § 25 Rn. 12.

82 OLG Koblenz 6.7.1982 – 1 Ws 183/82, NStZ 1983, 471.

83 BGH 7.11.1987 – 5 StR 314/78, GA 1979, 311.

84 BGH 7.11.1987 – 5 StR 314/78, GA 1979, 311; Siolek in Löwe/Rosenberg Rn. 46.

85 BGH 7.11.1987 – 5 StR 314/78, GA 1979, 311; Temming in Gercke/Julius/Temming/Zöller Rn. 15; Bockemühl in KMR-StPO Rn. 17.

86 Temming in Gercke/Julius/Temming/Zöller Rn. 16; Scheuten in KK-StPO Rn. 16; Bockemühl in KMR-StPO Rn. 17; Siolek in Löwe/Rosenberg Rn. 46.

87 OLG Hamm 2.9.1963 – 2 Ss 1785/62, MDR 1964, 344; OLG Koblenz 6.7.1982 – 1 Ws 183/82, NStZ 1983, 471; Siolek in Löwe/Rosenberg Rn. 45; Schmitt in Meyer-Goßner/Schmitt Rn. 11; aA Janssen StV 2002, 170.

88 Temming in Gercke/Julius/Temming/Zöller Rn. 17; Siolek in Löwe/Rosenberg Rn. 45.

Der abgelehnte Richter darf eine Mitwirkung an einer nachträglichen Protokollierung daher nicht verweigern.[89]

V. Beschlussunfähigkeit (Abs. 4)

Der Abs. 4 regelt den Fall des beschlussunfähigen zuständigen Gerichts, indem das **zunächst obere Gericht** die Entscheidung zugewiesen bekommt. Das ist das Gericht, welches in der Hierarchie unmittelbar über dem beschlussunfähig Gewordenen steht.[90] Es kommt nicht auf den Instanzenzug an. Das zunächst obere Gericht bleibt zuständig, bis die Beschlussfähigkeit des unteren Gerichtes wieder hergestellt ist.[91] Die Prüfungsreihenfolge der Ablehnungsgesuche richtet sich nach den Geschäftsverteilungsplan des unteren Gerichtes.[92] 34

Eine Beschlussunfähigkeit kommt selten vor. Sie ist erst gegeben, wenn **nicht nur vorübergehend** kein Vertreter mehr vorhanden ist bzw. nicht bestellt werden kann,[93] dh auf Dauer dürfen beim Gericht nicht mehr so viele Vertreter bestellt werden können, wie erforderlich sind, um den abgelehnten Richter zu ersetzen.[94] Es reicht nicht, wenn etwa nur an einem Tag die erforderliche Richterzahl fehlt.[95] 35

Kann bei Ablehnung einer gesamten Kammer der Vorsitzende durch das Mitglied einer anderen Kammer ersetzt werden, ist – abgesehen im Fall des § 21f Abs. 2 GVG – ebenso noch keine Beschlussunfähigkeit gegeben.[96] Notfalls kann die Beschlussfähigkeit durch den Präsidenten (§ 21i Abs. 2 S. 1 GVG) oder durch das Präsidium (§ 21e Abs. 1 S. 1 GVG) aufrechterhalten werden.[97] Bei der auswärtigen Strafkammer ist die Besetzung dieser Kammer entscheidend und nicht die Strafkammer des Landgerichts.[98] In dem außergewöhnlichen Fall, dass der BGH beschlussunfähig sein sollte, muss wohl der abgelehnte Richter mitwirken.[99] 36

§ 28 Rechtsmittel

(1) Der Beschluß, durch den die Ablehnung für begründet erklärt wird, ist nicht anfechtbar.

(2) [1]Gegen den Beschluß, durch den die Ablehnung als unzulässig verworfen oder als unbegründet zurückgewiesen wird, ist sofortige Beschwerde zulässig. [2]Betrifft die Entscheidung einen erkennenden Richter, so kann sie nur zusammen mit dem Urteil angefochten werden.

Schrifttum: Meyer-Mews, Ablehnungsrecht für Feinschmecker: Der erkennende Richter iSd § 28 Abs. 2 S. 2 StPO, StraFo 2008, 182; Schmidt-Leichner, Befangenheitsgründe und Instanzenzug im politischen Strafrecht, NJW 1977, 1804; Sieg, Zum Begriff des erkennenden Richters im Sinne des § 28 II 2 StPO, StV 1990, 283.

---

89 OLG Hamm 2.9.1963 – 2 Ss 1785/62, MDR 1964, 344; OLG Koblenz 6.7.1982 – 1 Ws 183/82, NStZ 1983, 471; Deiters in SK-StPO Rn. 31; Siolek in Löwe/Rosenberg Rn. 45.

90 So LG Hannover 22.7.1966 – 41-21-4/66, Nds.Rpfl. 1966, 275 (276); Temming in Gercke/Julius/Temming/Zöller Rn. 9; Scheuten in KK-StPO Rn. 11; Bockemühl in KMR-StPO Rn. 10; Siolek in Löwe/Rosenberg Rn. 24; Schmitt in Meyer-Goßner/Schmitt Rn. 8; Deiters in SK-StPO Rn. 12; nach einem früheren Streitstand wurde ua als das zunächst obere Gericht das im Instanzenzug vorgesetzte gesehen, dazu: Siolek in Löwe/Rosenberg Rn. 22 ff.

91 OLG Frankfurt a. M. 26.2.1981 – 3 ARs 27/80, NStZ 1981, 233; Schmitt in Meyer-Goßner/Schmitt Rn. 8.

92 OLG Frankfurt a. M. 26.2.1981 – 3 ARs 27/80, NStZ 1981, 233 (234); OLG Oldenburg 21.1.1987 – 2 Ws 16/87, Nds.Rpfl. 1987, 61 (62).

93 BGH 3.3.1959 – 1 StR 646/58, NJW 1959, 1141; RG 10.12.1907 – V 592/07, RGSt 40, 436 (438); OLG Stuttgart 23.7.1974 – 3 Ars 35/74, MDR 1974, 1034; OLG Zweibrücken 11.4.1968 – Ws 27/68, NJW 1968, 1439.

94 Cirener in BeckOK StPO Rn. 8.

95 RG 10.12.1907 – V 592/07, RGSt 40, 436; OLG Kassel 19.10.1889, GA 37 (1889), 449.

96 BGH 3.3.1959 – 1 StR 646/58, NJW 1959, 1141; Temming in Gercke/Julius/Temming/Zöller Rn. 10.

97 Vgl. Siolek in Löwe/Rosenberg Rn. 19 mit Verweis auf OLG Zweibrücken 11.4.1968 – Ws 27/68, NJW 1968, 1439; OLG Stuttgart 23.7.1974 – 3 Ars 35/74, MDR 1974, 1034 (1035).

98 OLG Kassel 19.10.1889, GA 37 (1889), 449; Müller NJW 1963, 614 (616).

99 Siolek in Löwe/Rosenberg Rn. 24.

Übersicht

A. Überblick

1 Die Vorschrift behandelt die Anfechtbarkeit von Entscheidungen nach §§ 26a und 27. Ursprünglich fehlte eine Bestimmung für ein Rechtsmittel gegen Verwerfungsbeschlüsse wegen Unzulässigkeit. Nach einzelnen Veränderungen wurde die Vorschrift durch Art. 5 Nr. 6 StPÄG 1964 in der heutigen Fassung Gesetz.[1]

B. Erläuterungen

I. Keine Anfechtung stattgebender Entscheidungen (Abs. 1)

2 Ein erfolgreiches Ablehnungsgesuch kann weder widerrufen[2] noch erfolgreich angegriffen werden. Abs. 1 konstituiert die Unanfechtbarkeit stattgebender Beschlüsse – auch wenn aufgrund einer Selbstanzeige nach § 30 entschieden wurde.[3] Diese gesetzgeberische Wertung darf nicht umgangen werden, so dass eine Anfechtung in der Revision gleichfalls ausscheidet.[4] Dies folgt bereits aus § 336 S. 2; eine Besetzungsrüge nach § 338 Nr. 1 ist daher unzulässig.[5] Die Ansicht, der Grundsatz des gesetzlichen Richters nach Art. 101 Abs. 1 S. 2 GG verdränge die Regelung nach § 336 S. 2, überzeugt nicht.[6] Wer für einen abgelehnten Richter eintritt, ist **gesetzlicher Richter,** wenn das Gericht die Ablehnung für begründet erklärt bzw. ein Amtsrichter das Gesuch nach § 27 Abs. 3 S. 2 für begründet hält.[7] In der Regel ist das Gericht daher in diesen Fällen ordnungsgemäß besetzt gewesen,[8] es sei denn die Entscheidung ist **willkürlich** und nicht lediglich rechtsirrig getroffen worden.[9]

II. Anfechtung zurückweisender Entscheidungen (Abs. 2)

3 Angreifbar sind Beschlüsse, durch die ein Ablehnungsgesuch als unzulässig verworfen (§ 26a) oder als unbegründet zurückgewiesen worden ist (Abs. 2).

4 **1. Nichterkennender Richter – sofortige Beschwerde (Abs. 2 S. 1).** Soweit die Entscheidung einen **nichterkennenden Richter** betrifft, ist die sofortige Beschwerde nach

[1] Näheres bei Siolek in Löwe/Rosenberg Entstehungsgeschichte.
[2] Schmitt in Meyer-Goßner/Schmitt Rn. 1; Scheuten in KK-StPO Rn. 1.
[3] Schmitt in Meyer-Goßner/Schmitt Rn. 1; Siolek in Löwe/Rosenberg Rn. 1.
[4] Scheuten in KK-StPO Rn. 1; Siolek in Löwe/Rosenberg Rn. 1; Schmitt in Meyer-Goßner/Schmitt Rn. 1.
[5] So aber BGH 3.2.1982 –2 StR 374/81, NStZ 1982, 291 (292).
[6] So BGH 3.2.1982 –2 StR 374/81, NStZ 1982, 291 (292), wohl auch Joecks/Jäger StPO Rn. 1; wie hier Scheuten in KK-StPO Rn. 1; Bockemühl in KMR-StPO Rn. 1.
[7] BGH 13.3.1962 – 5 StR 544/61, GA 109 (1962), 338; Scheuten in KK-StPO Rn. 1.
[8] Dazu vgl. auch Siolek in Löwe/Rosenberg Rn. 1.
[9] BGH 13.3.1962 – 5 StR 544/61, GA 109 (1962), 338; 28.10.1970 – 4 Ss 80/70, GA 118 (1971), 185 (186); Scheuten in KK-StPO Rn. 1; Bockemühl in KMR-StPO Rn. 1; Cirener in BeckOK StPO Rn. 2; Deiters in SK-StPO Rn. 1.

Maßgabe des § 304 statthaft. Zu beachten ist aber, dass die sofortige Beschwerde nach § 304 Abs. 4 gegen Entscheidungen des BGH oder eines OLG unzulässig ist,[10] und zwar auch wenn das Oberlandesgericht in erster Instanz entscheidet.[11]

Nach § 311 Abs. 2 ist die sofortige Beschwerde binnen einer Wochenfrist, beginnend mit 5
der Bekanntgabe der Entscheidung, einzulegen. Allein der Ablehnende ist **beschwerdebefugt.** Dies gilt nicht für einen Ablehnungsberechtigten, der von seinem Ablehnungsrecht keinen Gebrauch gemacht hat.[12] Dem Richter steht überhaupt kein Beschwerderecht zu, auch wenn er sich – im Gegensatz zur Ansicht des Gerichts – für ausgeschlossen oder befangen hält.[13]

Das Beschwerdegericht prüft den angefochtenen Beschluss **vollumfänglich**[14] und trifft 6
eine eigene Entscheidung in der Sache unabhängig davon, ob das Gesuch als unbegründet oder zu Unrecht als unzulässig verworfen wurde.[15] Es ist daher gehalten, den Sachverhalt selbst aufzuklären (§ 308 Abs. 2) und lückenhafte Feststellungen zu schließen, indem bspw. fehlende dienstliche Äußerungen eingeholt werden.[16] Der Antragsteller darf keine weiteren Ablehnungsgründe nachschieben; eine weitere Glaubhaftmachung bleibt dagegen möglich.[17] Der Vortrag neuer Ablehnungsgründe ist der Sache nach ein neues Ablehnungsgesuch.

Ein **Zurückverweisen** an das Ausgangsgericht ist dagegen **gesetzlich nicht vorgese-** 7
hen. Es ist umstritten, ob diese Verfahrensweise im Beschwerderechtszug überhaupt zulässig ist.[18] In Ablehnungsverfahren wird es gelegentlich so praktiziert.[19] Wenn in der Vorinstanz ein ausgeschlossener Richter mitgewirkt hat, liegt das auch nicht völlig fern.[20]

Die Beschwerde kann durch prozessuale Überholung **unzulässig werden.** Dies ist 8
etwa der Fall, wenn ein Instanzenwechsel eintritt und ausgeschlossen ist, dass der abgelehnte Richter an der Entscheidung mitwirkt. Der Schutzzweck der Ablehnungsvorschriften ist dann bereits erreicht[21] bzw. kann nicht mehr erreicht werden.

Soweit sich das Ausgangsgericht **für unzuständig erklärt** und daher keine Entscheidung 9
über das Ablehnungsgesuch trifft, fehlt es an einer gesetzlichen Regelung. Dann ist Abs. 2 S. 1 entsprechend anzuwenden, um dem Antragsteller im Interesse der Verfahrensbeschleunigung die sofortige Beschwerde zu ermöglichen. Deutlich wird dies, wenn sich das erkennende Gericht nach Abs. 2 S. 2 für unzuständig erklärt, da diese Erklärung ansonsten nicht anfechtbar wäre.[22] Das Beschwerdegericht hat sich dann auf die Zuständigkeitsfrage zu beschränken und darf nicht in der Sache entscheiden. Die Sachentscheidung ist ggf. im Anschluss durch das erkennende Gericht zu treffen,[23] sonst wird dem Antragsteller eine „Instanz" genommen.

Die Beschwerdeentscheidung kann im Revisionsverfahren nicht mit dem **Revisions-** 10
grund des § 338 Nr. 3 angegriffen werden, weil die Entscheidung durch das Revisionsgericht nicht überprüft wird, vgl. § 336 S. 2.[24] Nichts anderes gilt, wenn erst gar keine Beschwerde eingelegt wurde.[25] Nur wenn das Beschwerdegericht die Beschwerde rechtsir-

---

[10] BGH 5.1.1977 – 3 StR 433/76, BGHSt 27, 96 = NJW 1977, 1829.

[11] BGH 5.1.1977 – 3 StR 433/76, BGHSt 27, 96 = NJW 1977, 1829; zur Verfassungsgemäßheit von Abs. 2 S. 2 vgl. BVerfG 21.6.1977 – 2 BvR 308/77, BVerfGE 45, 363 = NJW 1977, 1815.

[12] Siolek in Löwe/Rosenberg Rn. 5.

[13] Dästner in AK-StPO Rn. 3; Bockemühl in KMR-StPO Rn. 3.

[14] BGH 14.9.2004 – 1 StR 44/04, NStZ-RR 2006, 5; Deiters in SK-StPO Rn. 6.

[15] Scheuten in KK-StPO Rn. 4; Bockemühl in KMR-StPO Rn. 3; Werner in Krekeler/Löffelmann/Sommer Rn. 3.

[16] OLG Hamburg 8.11.2007 – 2 Ws 331/07, OLGSt Nr. 1 zu § 26; Schmitt in Meyer-Goßner/Schmitt Rn. 4.

[17] Schmitt in Meyer-Goßner/Schmitt Rn. 3; Cirener in BeckOK StPO Rn. 4; aA OLG Schleswig 10.8.1981 – 1 Ws 213/81, NStZ 1981, 489: auch Nachschieben von Ablehnungsgründen möglich.

[18] Vgl. BGH 24.6.1992 – 1 StE 11/88 StB 8/92, BGHSt 38, 312 = NJW 1992, 2775; Schmitt in Meyer-Goßner/Schmitt § 309 Rn. 8; Cirener in BeckOK StPO § 309 Rn. 11.

[19] KG 6.3.1991 – 4 Ws 34/91, NStZ 1991, 401.

[20] Vgl. OLG Saarbrücken 15.9.1965 – Ws 148/65, NJW 1966, 167; OLG Bremen 21.12.1965 – Ws 247/65, NJW 1966, 605.

[21] OLG Stuttgart 19.1.2012 – 1 Ws 208/11, Justiz 2012, 301 f.

[22] Siolek in Löwe/Rosenberg Rn. 6; Deiters in SK-StPO Rn. 4.

[23] RG 20.6.1889 – 1142/89, RGSt 19, 332 (338); Siolek in Löwe/Rosenberg Rn. 6.

[24] BGH 4.12.1951 – 1 StR 594/51, NJW 1952, 234.

[25] BGH 28.11.1961 – 1 StR 432/61, NJW 1962, 260 (261).

rig als unzulässig verworfen hat, da es das Revisionsgericht für zuständig gehalten hat, greift der Ausschluss nach § 336 S. 2 nicht.[26] Dies dürfte aber von geringer praktischer Relevanz sein. Möglich bleibt zudem die Rügemöglichkeit nach § 338 Nr. 2 (Ausschluss kraft Gesetz).[27]

11 **2. Erkennender Richter – Anfechtung mit dem Urteil (Abs. 2 S. 2).** Betrifft die Entscheidung einen erkennenden Richter, ist eine Anfechtung nur „zusammen mit dem Urteil" zulässig. Das soll verhindern, dass ausstehende bzw. laufende Hauptverhandlungen durch den Beschwerderechtszug verzögert werden.[28] Allerdings sind Fälle denkbar, in denen das Gericht ein Interesse an einer Entscheidung des Beschwerdegerichts haben kann. So kann es bedeutsam sein, die Hauptverhandlung von der Last zu befreien, dass das Urteil womöglich in der Revision aufgehoben wird. Faktisch verkürzt dieses Regularium wohl auch den Rechtsschutz des Betroffenen. Ein Beschwerdegericht mag prinzipiell geneigter sein, einem Ablehnungsgesuch zu Beginn einer Hauptverhandlung stattzugeben, als das Revisionsgericht viele Monate und Hauptverhandlungstage später – zumal wenn es sich in die Verlegenheit kommen sieht, ein vermeintlich „goldrichtiges" Urteil aufheben zu müssen. Der Wortlaut ist jedoch eindeutig und lässt keine Ausnahmen zu.[29]

12 Beim Verfahren nach Abs. 2 S. 2 bleibt es auch dann, wenn der Amtsrichter einen Antrag selbst als unbegründet zurückgewiesen hat, obwohl ein anderer Richter beim Amtsgericht zuständig gewesen wäre (§ 27 Abs. 3 S. 2). Erforderlich ist insoweit nur, dass der unzuständige Richter ein erkennender Richter war.[30]

13 **Form** und **Frist** der Anfechtung richten sich nach dem jeweiligen **Rechtsmittel.**[31] Der Wille, den Verwerfungs- oder Zurückweisungsbeschluss anfechten zu wollen, muss klar zum Ausdruck kommen. Allein das Einlegen von Rechtsmitteln gegen das Urteil schließt nicht notwendig die Anfechtung der Zurückweisung des Ablehnungsgesuchs mit ein.[32] Bei der Berufung ist zudem zu beachten, dass die Anfechtung der Entscheidung von vornherein nutzlos ist, weil das Berufungsgericht unabhängig von dieser Frage in der Sache urteilen muss und nicht an das Amtsgericht zurückverweisen kann.[33] Ist das Urteil unanfechtbar, besteht auch gegen die Ablehnungsentscheidung kein Rechtsmittel.[34]

14 Trotz der Verbindung mit den Rechtsmitteln gegen das Urteil sind zusätzlich die Anfechtungsvoraussetzungen der sofortigen Beschwerde zu beachten.[35] Abs. 2 S. 2 bietet dem Antragsteller nicht mehr, sondern bestenfalls genauso viel und im Einzelfall weniger Rechtsschutz als Abs. 2 S. 1. So bleiben erstinstanzliche Entscheidungen des OLG in den Fällen des § 304 Abs. 4 S. 2 (→ Rn. 4) unanfechtbar und werden nicht dadurch anfechtbar, dass gegen das Urteil selbst die Revision statthaft ist.[36]

15 **a) Erkennender Richter. aa) Begriff.** Erkennender Richter ist, wer zur Mitwirkung in der Hauptverhandlung berufen ist.[37] Das kann auch ein Ergänzungsrichter (§ 192 Abs. 2 GVG) sein, wenn sein Eintritt noch bevorsteht,[38] oder ein Ergänzungsschöffe (§ 31 Abs. 1),

---

[26] Bockemühl in KMR-StPO Rn. 4; Schmitt in Meyer-Goßner/Schmitt Rn. 4.
[27] Siolek in Löwe/Rosenberg Rn. 11.
[28] RG 27.9.1882 – 3175/81, RGSt 7, 175; KG 4.6.1975 – 3 Ws 116/75, JR 1976, 26.
[29] De lege ferenda wäre zu erwägen, eine Zulassung der Beschwerde durch das Gericht zu ermöglichen; so auch Siolek in Löwe/Rosenberg Rn. 19.
[30] OLG Saarbrücken 23.7.1965 – Ws 107/65, NJW 1966, 169 (170).
[31] OLG Köln 19.3.1976 – Ss 118/76, MDR 1976, 774; Pfeiffer Rn. 4.
[32] BayObLG 20.11.1956 – 2 St 371/56, NJW 1957, 599; Pfeiffer Rn. 4.
[33] Zu engen, aber nicht einschlägigen Ausnahmen vgl. Schmitt in Meyer-Goßner/Schmitt Rn. 4; → Rn. 26 ff.; Vgl. zur Problematik der Anfechtung in der Berufung Deiters in SK-StPO Rn. 9 ff.
[34] Cirener in BeckOK StPO Rn. 8.
[35] Schmitt in Meyer-Goßner/Schmitt Rn. 8.
[36] BGH 5.1.1977 – 3 StR 433/76, BGHSt 27, 96 = NJW 1977, 1829; BGH 16.1.2007 – 3 StR 251/06, NStZ 2007, 417.
[37] OLG Karlsruhe 18.10.1974 – 1 Ws 339/74, NJW 1975, 458 (459); BayObLGSt 24, 108 (109); Schmitt in Meyer-Goßner/Schmitt Rn. 6.
[38] OLG Celle 28.2.1973 – 2 Ws 44/73, NJW 1973, 1054; Schmitt in Meyer-Goßner/Schmitt Rn. 6; Scheuten in KK-StPO Rn. 5; aA Siolek in Löwe/Rosenberg Rn. 14: erst ab dem Zeitpunkt, in dem feststeht, dass er eintritt.

der zwar an der Hauptverhandlung teilnimmt, aber noch nicht eingetreten ist.[39] Erkennender Richter ist ferner, wer im Verfahren nach § 27 über Ablehnungsgesuche gegen die in der Hauptverhandlung mitwirkenden Richter zu entscheiden hat,[40] bis sie über das Ablehnungsgesuch entschieden haben.[41]

Auch bei der Revisionsverwerfung nach § 349 Abs. 2 entscheiden erkennende Richter.[42] Zur Vermeidung von Rechtsschutzlücken kann gegen die Ablehnung eines Befangenheitsgesuchs im Revisionsverfahren die Verletzung des Anspruchs auf rechtliches Gehör geltend gemacht werden.[43] 16

Wenig überzeugend ist die Tendenz der Rechtsprechung, Abs. 2 S. 2 weitgehend analog im Strafvollstreckungsverfahren anzuwenden, vorgeblich um eine Zersplitterung der Rechtswege zu vermeiden.[44] Gleiches gilt im Strafvollzugsverfahren[45] – einschließlich des einstweiligen Rechtsschutzes dort[46] –, bei Ablehnungsgesuchen im Wiederaufnahmeverfahren[47] sowie im gerichtlichen Disziplinarverfahren nach der WDO.[48] Dafür gibt es kein Bedürfnis, zumal der Grund für die Existenz des Abs. 2 S. 2 darin liegt, laufende Hauptverhandlungen nicht zu verzögern. Die genannten Verfahren kennen aber keine Hauptverhandlung. 17

bb) Maßgeblicher Zeitpunkt. Die Eigenschaft als erkennender Richter beginnt mit der Rechtshängigkeit. Diese beginnt im erstinstanzlichen Verfahren grundsätzlich mit der **Eröffnung des Hauptverfahrens,** also mit Erlass des Eröffnungsbeschlusses.[49] Der Erlass des Eröffnungsbeschlusses ist selbst schon ein Akt des erkennenden Gerichts.[50] Eröffnet ein höheres Gericht vor einem niedrigerem, werden dessen Mitglieder mit der Eröffnung erkennende Richter.[51] **Unerheblich** ist der Beginn der Hauptverhandlung, bzw. ob diese unterbrochen oder ausgesetzt worden ist.[52] 18

Die Beurteilung, ob ein erkennender Richter betroffen ist, richtet sich nach dem **Zeitpunkt der Bescheidung über die Ablehnung** und nicht der Antragseinlegung, denn nur dann betrifft die Entscheidung einen erkennenden Richter.[53] Daher ist auch dann ein erkennender Richter betroffen, wenn der Antrag vor Eröffnung des Hauptverfahrens gestellt, jedoch erst nach diesem Zeitpunkt beschieden wurde.[54] Eine im Zwischenverfahren einge- 19

[39] OLG Schleswig 5.5.1994 – 3 Ws 163–164/94, 3 Ws 163/94, 3 Ws 164/94, StV 1994, 641.
[40] Scheuten in KK-StPO Rn. 5; mit Einschränkungen Sieg StV 1990, 283 (284).
[41] BGH 16.8.2007 – 1 StR 304/07, NStZ 2007, 719; OLG Hamburg 24.9.1998 – 1 Ws 189/98, NStZ 1999, 50.
[42] BGH 6.2.2009 – 1 StR 541/08, NJW 2009, 1092.
[43] BGH 6.2.2009 – 1 StR 541/08, NJW 2009, 1092.
[44] KG 24.5.2018 – 2 Ws 83/18 Vollz, BeckRS 2018, 15147; OLG Braunschweig 13.7.2012 – Ws 199/12, NStZ-RR 2013, 191; OLG Brandenburg 15.7.2004 – 1 Ws 99/04, NStZ 2005, 296; KG 13.8.1982 – 2 Ws 176/82 Vollz – 2 Ws 171/82, NStZ 1983, 44; OLG Düsseldorf 1.10.1986 – 1 Ws 859/86, NStZ 1987, 290; Schmitt in Meyer-Goßner/Schmitt Rn. 6a; aA auch OLG Saarbrücken 6.2.2007 – 1 Ws 18/07, NStZ-RR 2007, 222; OLG Hamm 8.11.2007 – 2 Ws 331/07, NStZ 2009, 53.
[45] OLG Koblenz 29.10.2015 – 2 Ws 592/15, BeckRS 2016, 3111; OLG Rostock 13.8.2010 – I Vollz (Ws) 9/10, BeckRS 2010, 21522; OLG Brandenburg 15.7.2004 – 1 Ws 99/04, NStZ 2005, 296; OLG Celle 26.5.1998 – 17 StVK 522/97, StraFo 1998, 428; OLG Frankfurt a. M. 12.8.1996 – 3 Ws 661/96, NStZ-RR 1996, 352; OLG Koblenz 11.2.1986 – 2 Vollz (Ws) 3/86, NStZ 1986, 384; aA auch OLG Nürnberg 24.6.1988 – Ws 634/88, NStZ 1988, 475; Temming in Gercke/Julius/Temming/Zöller Rn. 9; Chlosta ablAnm zu OLG Düsseldorf 1.10.1986 – 1 Ws 859/86, NStZ 1987, 290 (291 f.).
[46] OLG Hamburg 4.7.2008 – 3 Vollz (Ws) 45/08, StraFo 2008, 520.
[47] OLG Frankfurt a. M. 18.1.2007 – 2 Ws 2/07, NStZ-RR 2007, 222; aA auch OLG Hamm 6.3.2014 – 1 Ws 110/14, NStZ-RR 2014, 215; OLG Frankfurt a. M. 19.9.2008 – 1 Ws 27/08, NStZ-RR 2008, 378; Cirener in BeckOK StPO Rn. 9.4.
[48] BVerwG 5.1.2010 – 2 WD 26/09, DÖV 2010, 619.
[49] BGH 4.12.1951 – 1 StR 594/51, NJW 1952, 234; OLG Karlsruhe 18.10.1974 – 1 Ws 339/74, NJW 1975, 458; OLG Köln 27.10.1992 – 2 Ws 488/92, NJW 1993, 608; OLG Hamm 25.4.2002 – 2 Ws 85/02, NStZ-RR 2002, 238.
[50] Siolek in Löwe/Rosenberg Rn. 13.
[51] Siolek in Löwe/Rosenberg Rn. 16.
[52] BGH 24.3.1982 – 2 StR 105/82, BGHSt 31, 15 = NJW 1982, 1712; Deiters in SK-StPO Rn. 16.
[53] OLG Karlsruhe 18.10.1974 – 1 Ws 339/74, NJW 1975, 458; OLG Hamburg 24.9.1998 – 1 Ws 189/98, NStZ 1999, 50; Deiters in SK-StPO Rn. 17.
[54] OLG Köln 27.10.1992 – 2 Ws 488/92, NJW 1993, 608; Schmitt in Meyer-Goßner/Schmitt Rn. 7.

legte sofortige Beschwerde wird mit dessen Erlass des Eröffnungsbeschlusses unzulässig und damit gegenstandslos.[55] Das erscheint überdenkenswert, weil der abgelehnte Richter sich so eigenmächtig der Kontrolle durch das Beschwerdegericht entziehen kann. Drängt sich dem besonnenen Beobachter eine Flucht des Richters in den Abs. 2 S. 2 geradezu auf, kann dies erneut die Besorgnis der Befangenheit erregen. Anders liegt der Fall, wenn der abgelehnte Richter nach Erlass des Ablehnungsbeschlusses, aber vor der Beschwerdeentscheidung ausscheidet. Ein erkennender Richter ist dann **nicht** mehr betroffen und der Antrag wird unzulässig und eine sofortige Beschwerde ist als (nunmehr) unbegründet zu verwerfen.[56]

20 Die Eigenschaft als erkennender Richter erstreckt sich auf das gesamte Hauptverfahren.[57] Wird ein Richter bspw. nach Eröffnung des Hauptverfahrens abgelehnt und die Entscheidung ergeht vor Beginn der Hauptverhandlung, bleibt der Richter ein erkennender Richter. Da die Entscheidung fortwirkt, ist sie mit der Revision anfechtbar.[58] Bei der **Zurückverweisung** nach §§ 328 Abs. 2, 354 Abs. 2, 3, 355 beginnt die Eigenschaft als erkennender Richter mit dem Eingang der Akten.[59] Beim **Berufungs- und Revisionsrechtszug** mit der Vorlage der Akten gem. § 321 S. 1, § 347 Abs. 2.[60]

21 In Verfahrensarten **ohne Eröffnungsbeschluss** ist auf die gerichtliche Verfügung abzustellen, die erkennen lässt, dass und vor welchem Gericht die Hauptverhandlung stattfinden soll.[61] Im beschleunigten Verfahren nach §§ 417 ff. ist demnach die Terminsanberaumung oder die Anordnung zur sofortigen Durchführung der Hauptverhandlung der entscheidende Zeitpunkt.[62] Im Strafbefehlsverfahren wird der Richter mit der Unterzeichnung des Strafbefehls bzw. Anberaumung der Hauptverhandlung, § 408, ein erkennender Richter im Sinne des Gesetzes.[63] Soweit gegen einen Strafbefehl (§ 411 Abs. 1 S. 2) oder im selbständigen Einziehungsverfahren (§ 435) Einspruch eingelegt wird, ist die Terminsbestimmung entscheidend.[64] Im Wiederaufnahmeverfahren richtet sich die Beurteilung, ob der Antragsteller einen erkennenden Richter ablehnt, nach allen richterlichen Handlungen, die nach Anordnung der Wiederaufnahme sowie Erneuerung der Hauptverhandlung getroffen werden.[65]

22 Mit der Urteilsfällung[66] oder der Verfahrenseinstellung **endet** die Eigenschaft als erkennender Richter. Dies gilt bei einer Verwerfung der Berufung nach § 329 Abs. 1 auch dann, wenn noch über einen Antrag nach § 329 Abs. 7 zu entscheiden ist.[67]

23 **b) Nur zusammen mit dem Urteil.** Abs. 2 S. 2 führt aus Gründen der Zweckmäßigkeit einen **vom Regelfall abweichenden Instanzenzug** ein. Die Anfechtung des Verwerfungsbeschlusses ist daher an die Form- und Fristvorschriften der Berufung und Revision

[55] OLG Düsseldorf 7.11.2002 – 3 Ws 407/02, NStZ 2003, 448.
[56] OLG Hamburg 24.9.1998 – 1 Ws 189/98, NStZ 1999, 50; Siolek in Löwe/Rosenberg Rn. 20 mwN; aA Dästner in AK-StPO Rn. 4; Temming in Gercke/Julius/Temming/Zöller Rn. 11.
[57] BGH 24.3.1982 – 2 StR 105/82, BGHSt 31, 15 = NJW 1982, 1712; Scheuten in KK-StPO Rn. 6.
[58] Vgl. BGH 24.3.1982 – 2 StR 105/82, BGHSt 31, 15 = NJW 1982, 1712.
[59] Schmitt in Meyer-Goßner/Schmitt Rn. 6.
[60] OLG Karlsruhe 12.1.1998 – 3 Ws 5/98, NStZ-RR 1998, 144; KG 2.6.1980 – 4 Ws 65/80, JR 1981, 168; OLG Karlsruhe 18.10.1974 – 1 Ws 339/74, NJW 1975, 458 (459); aA OLG Bremen 3.9.1990 – Ws 108/90, NStZ 1991, 95; Siolek in Löwe/Rosenberg Rn. 24: Terminsanberaumung, da sonst noch keine Rechtshängigkeit.
[61] Siolek in Löwe/Rosenberg Rn. 22.
[62] OLG Hamburg 4.3.1964 – 2 Ws 70/64, NJW 1964, 2123.
[63] LG Zweibrücken 12.7.2005 – Qs 75/05, NStZ 2006, 120.
[64] Siolek in Löwe/Rosenberg Rn. 28.
[65] Siolek in Löwe/Rosenberg Rn. 26.
[66] OLG Düsseldorf 13.8.1982 – 2 Ws 176/82 Vollz – 2 Ws 171/82, NStZ-RR 2004, 47; OLG München 7.5.1982 – 2 Ws 501/82, MDR 1982, 773; OLG Celle 15.10.1959 – 3 Ws 67/59, NJW 1960, 210; LG Düsseldorf 24.4.1991 – I Qs 28/91, StV 1991, 411.
[67] OLG München 7.5.1982 – 2 Ws 501/82, MDR 1982, 773; OLG Celle 15.3.1982 – 1 Ws 55/82, NdsRpfl. 1982, 100; KG 19.12.2001 – 1 AR 1546/01 – 3 Ws 649/01, NZV 2002, 334; Schmitt in Meyer-Goßner/Schmitt Rn. 6, Scheuten in KK-StPO Rn. 7; Deiters in SK-StPO Rn. 16; aA OLG Hamm 17.3.2005 – 1 Ws 120/05, NStZ-RR 2005, 267; OLG Düsseldorf 24.4.2003 – III – 3 WS 127–129/03, NStZ-RR 2004, 47.

(auch Rechtsbeschwerde, § 79 Abs. 3 OWiG, §§ 109 ff. StVollzG) gebunden.[68] Allerdings folgt daraus nicht, dass dem Anfechtenden neben dem Rechtsmittel gegen das Urteil noch eine besondere Beschwerde zusteht oder diese gar vorab erhoben werden müsste. Die rechtsfehlerhafte Zurückweisung bzw. Verwerfung berechtigt (allein) zu einer Rüge, die das Urteil angreift.[69]

Das Rechtsmittel bleibt seiner Natur nach weiterhin eine **Beschwerde** (→ Rn. 14).[70] 24
Die Anfechtung ist daher stets unzulässig, wenn keine Anfechtungsmöglichkeit nach Abs. 2 S. 1 gegeben wäre, zB wenn gegen den Verwerfungsbeschluss eines im ersten Rechtszug entscheidenden Oberlandesgerichtes vorgegangen werden würde.[71] Eine Ausnahme ist im Einzelfall lediglich bei Willkür denkbar,[72] da dies eine Verletzung des Art. 101 Abs. 1 S. 2 GG darstellen kann (→ Rn. 2).[73]

Gegen die Entscheidung des Revisionsgerichts über einen Befangenheitsantrag ist allein 25
die – befristete – Anhörungsrüge gemäß § 356a statthaft.[74]

c) Anfechtung mit der Berufung. Die Anfechtung im Rahmen der Berufung ist 26
letztlich **nutzlos,** da das Berufungsgericht die Sache nach der Neufassung des § 328 Abs. 2[75] nicht zurückverweisen darf,[76] sondern in der Sache selbst entscheiden muss (§ 328 Abs. 1). Die Mitwirkung eines ausgeschlossenen oder befangenen Richters in erster Instanz bleibt damit **rechtlich ohne Konsequenzen,** da dieser Umstand auch in einer späteren Revision gegen das Urteil des Berufungsgerichts nicht mehr – auch nicht unter dem Gesichtspunkt des fairen Verfahrens[77] – gerügt werden kann.[78]

Wählt der Rechtsmittelführer gleichwohl die Berufung, ist auf Folgendes zu achten: 27
Zwar ist eine Berufungsbegründung wegen § 317 an sich nicht zwingend. Etwas anderes gilt jedoch im Falle des Abs. 2 S. 2, da die Anfechtung nur auf solche Tatsachen gestützt werden kann, die dem Ablehnungsbeschluss zugrunde gelegen haben.[79] Die mit der Berufung erfolgende Anfechtung muss zudem innerhalb der Wochenfrist des § 317 erfolgen.[80] Neue Tatsachen oder Glaubhaftmachungen dürfen nicht nachgeschoben werden, da sonst die zeitlichen Grenzen des § 25 unterlaufen würden.[81]

d) Anfechtung mit der Revision. Da Abs. 2 S. 2 im Rahmen der Berufung durch 28
die Änderung des § 328 Abs. 2 nutzlos geworden ist (→ Rn. 26), ist die Revision der **zentrale Anwendungsbereich** der Vorschrift. Die Anfechtung nach Abs. 2 S. 2 wird wie eine Verfahrensrüge – für die insbesondere **§ 344 Abs. 2 S. 2** zu beachten ist – behandelt.[82] Beschwerdeberechtigt ist nur der Ablehnende. Das gilt selbst dann, wenn der gerügte Ablehnungsgrund zwei Mitangeklagte gleichermaßen betrifft; auch dann kann die Zurückweisung

---

68 BGH 10.11.1967 – 4 StR 512/66, BGHSt 21, 334 = NJW 1968, 710 – Weigand.
69 Siolek in Löwe/Rosenberg Rn. 29.
70 BGH 5.1.1977 – 3 StR 433/76, BGHSt 27, 96 = NJW 1977, 1829; zur Verfassungsmäßigkeit BVerfG 21.6.1977 – 2 BvR 308/77, NJW 1977, 1816.
71 BGH 5.1.1977 – 3 StR 433/76, BGHSt 27, 96 = NJW 1977, 1829; 16.1.2007 – 3 StR 251/06, NStZ 2007, 417; für Zulässigkeit in diesem Fall Schmidt-Leichner NJW 1977, 1804 (1804 f.).
72 Offen gelassen in BGH 16.1.2007 – 3 StR 251/06, NStZ 2007, 417; Alexander in Radtke/Hohmann Rn. 7.
73 Vgl. Bosbach in HK-GS Rn. 7.
74 BGH 6.2.2009 – 1 StR 541/08, NStZ 2009, 470.
75 Art. 1 Nr. 25 StVÄG v. 1987.
76 Schmitt in Meyer-Goßner/Schmitt Rn. 9; Siolek in Löwe/Rosenberg Rn. 43; Scheuten in KK-StPO Rn. 9; Cirener in BeckOK StPO Rn. 11; Bosbach in HK-GS Rn. 6; Temming in Gercke/Julius/Temming/Zöller Rn. 14; aA LG Köln 14.2.1992 – 151 – 6/92, MDR 1992, 893; Dästner in AK-StPO Rn. 6; Werner in Krekeler/Löffelmann/Sommer Rn. 7; Bockemühl in KMR-StPO Rn. 11.
77 Temming in Gercke/Julius/Temming/Zöller Rn. 14.
78 RG 26.2.1926 – I 4/26, RGSt 60, 111 (112); vgl. Siolek in Löwe/Rosenberg Rn. 43.
79 Scheuten in KK-StPO Rn. 9.
80 BayObLG 20.11.1956 – RevReg. 2 St 371/56, BayObLGSt 1956, 248 = NJW 1957, 599; Dästner in AK-StPO Rn. 6; Kudlich/Noltensmeier-v. Osten in Satzger/Schluckebier/Widmaier StPO Rn. 11.
81 BGH 13.7.1966 – 2 StR 157/66, BGHSt 21, 85 = NJW 1966, 2321.
82 BGH 10.11.1967 – 4 StR 512/66, BGHSt 21, 334 = NJW 1968, 710 – Weigand; Scheuten in KK-StPO Rn. 10.

des Ablehnungsgesuchs des Mitangeklagten nicht gerügt werden.[83] Die mangelbegründenden **Tatsachen** sind so detailliert anzugeben, dass das Revisionsgericht allein aufgrund der Revisionsbegründung in der Lage ist zu prüfen, ob – soweit die behaupteten Tatsachen erwiesen werden – ein Verfahrensfehler vorliegt.[84] Die Revisionsbegründung muss den **Wortlaut** des Ablehnungsantrags sowie des verwerfenden bzw. zurückweisenden Beschlusses genau mitteilen.[85] Gleiches gilt für den Inhalt der dienstlichen Äußerung nach § 26 Abs. 3.[86] Soweit das Gesuch aufgrund Verspätung als unzulässig verworfen worden ist (§ 26a Abs. 1 Nr. 1), muss die Revisionsbegründung den **Verfahrensablauf** vollständig mitteilen, aus dem sich die Unverzüglichkeit des Gesuchs herleiten lässt.[87]

29 Soweit beanstandet wird, dass dem Ablehnenden unter Verstoß gegen § 24 Abs. 3 S. 2 die Besetzung nicht mitgeteilt worden sei, ist auch eine Darlegung dieser Umstände erforderlich – aber auch ausreichend.[88] Insbesondere eine weitergehende Begründung dahingehend, dass der Ablehnende etwa vorzutragen hätte, welche Ablehnungsgründe er – bei Kenntnis der Namen – geltend gemacht hätte, ist nicht erforderlich.[89]

30 Die Revision kann **nicht** alleine darauf gestützt werden, dass das Gesuch rechtsfehlerhaft als **unzulässig** verworfen worden ist. Entscheidend ist vielmehr, ob das Gesuch sachlich gerechtfertigt war. Mit der Revisionsbegründung sind daher auch diejenigen Tatsachen anzubringen, aus denen sich die sachliche Rechtfertigung des Ablehnungsantrags ergeben soll.[90] Kann eine hinreichende Beurteilungsgrundlage für die Frage, ob das Gesuch sachlich gerechtfertigt war, nicht geschaffen werden, ist das Revisionsgericht jedoch frei, die Sache wegen Verletzung bzw. Nichtanwendung des § 27 gemäß § 337 aufzuheben und zurückzuverweisen.[91]

31 Das Gericht darf nur diejenigen Ablehnungsgründe in Betracht ziehen, die schon zum **Zeitpunkt der Verwerfung** des Gesuchs vorgebracht waren.[92] Im Gegensatz zur Beschwerde gegen nicht erkennende Richter nach Abs. 2 S. 1 (→ Rn. 6) ist damit im Revisionsverfahren nicht nur das Nachschieben von Befangenheitsgründen, sondern auch das Nachschieben von weiteren Mitteln der Glaubhaftmachung unzulässig.[93]

32 Da im Rahmen der Prüfung durch das Revisionsgericht nach **Beschwerdegrundsätzen** zu verfahren ist, ist das Revisionsgericht nicht auf die rechtliche Nachprüfung des tatrichterlichen Beschlusses beschränkt. Vielmehr kann es sämtliche im ersten Rechtszug vorgebrachten und glaubhaft gemachten Ablehnungsgründe auch in tatsächlicher Hinsicht würdigen und überprüfen sowie die Verwerfungsgründe des § 26a austauschen (→ § 26a Rn. 29).[94] Dies führt dazu, dass ein Ablehnungsgesuch nur dann „mit Unrecht verworfen" ist, wenn es **sachlich gerechtfertigt** war.[95] Für das Revisionsgericht ist es daher nicht ausschlaggebend, ob der Tatrichter das Ablehnungsgesuch als unzulässig oder als unbegründet verworfen hat, da es auch ein rechtsfehlerhaft als unzulässig verworfenes Gesuch sachlich prüfen und bescheiden darf.[96] Auf die sachliche Berechtigung des Ablehnungsgesuchs kommt es jedoch dann nicht an, wenn die Verwer-

---

[83] BGH 20.6.1985 – 1 StR 682/84, NStZ 1985, 515; Scheuten in KK-StPO Rn. 10.
[84] Dästner in AK-StPO Rn. 7.
[85] BGH 16.1.1979 – 1 StR 575/78, NJW 1979, 2160.
[86] BGH 27.1.1981 – 5 StR 143/80, StV 1981, 163; Scheuten in KK-StPO Rn. 10.
[87] BGH 12.10.1976 – 1 StR 384/76, Holtz MDR 1977, 105 (109) – RsprÜ.
[88] RG 13.11.1931 – I 1034/31, RGSt 66, 10; Temming in Gercke/Julius/Temming/Zöller Rn. 13.
[89] RG 13.11.1931 – I 1034/31, RGSt 66, 10; Siolek in Löwe/Rosenberg Rn. 34.
[90] BGH 8.3.1979 – 4 StR 708/78, Holtz MDR 1979, 637 – RsprÜ.
[91] BGH 16.12.1969 – 5 StR 468/69, BGHSt 23, 200 = NJW 1970, 478; Siolek in Löwe/Rosenberg Rn. 39.
[92] RG 26.9.1940 – 3 D 121/40, RGSt 74, 296 (297); Siolek in Löwe/Rosenberg Rn. 41.
[93] BGH 13.7.1966 – 2 StR 157/66, NJW 1966, 2321; Siolek in Löwe/Rosenberg Rn. 41; Scheuten in KK-StPO Rn. 11.
[94] BGH 25.4.2006 – 3 StR 429/05, NStZ 2006, 644; 27.7.2006 – 5 StR 249/06, StraFo 2006, 452.
[95] BGH 8.3.1979 – 4 StR 708/78, Holtz MDR 1979, 637 – RsprÜ; 12.12.1962 – 2 StR 495/62, BGHSt 18, 200 = NJW 1963, 964; 26.5.1970 – 1 StR 132/70, NJW 1970, 1558; aA Joecks StPO Rn. 4, auf die Begründetheit des Ablehnungsgesuchs komme es nach der Entscheidung des BVerfG zu § 26a (BVerfG 2.6.2005 – 2 BvR 625/01, NJW 2005, 3410) generell nicht mehr an.
[96] BGH 26.5.1970 – 1 StR 132/70, BGHSt 23, 265 = NJW 1970, 1558.

fung nach § 26a StPO als unzulässig auf einer **willkürlichen** oder die Anforderungen des Art. 101 GG grundlegend verkennenden Rechtsanwendung beruht.[97] Bei fehlender tatsächlicher Beurteilungsgrundlage besteht die Möglichkeit der Zurückverweisung.[98]

§ 29 Verfahren nach Ablehnung eines Richters

(1) Ein abgelehnter Richter hat vor Erledigung des Ablehnungsgesuchs nur solche Handlungen vorzunehmen, die keinen Aufschub gestatten.

(2) [1]Die Durchführung der Hauptverhandlung gestattet keinen Aufschub; sie findet bis zur Entscheidung über das Ablehnungsgesuch unter Mitwirkung des abgelehnten Richters statt. [2]Entscheidungen, die auch außerhalb der Hauptverhandlung ergehen können, dürfen nur dann unter Mitwirkung des abgelehnten Richters getroffen werden, wenn sie keinen Aufschub gestatten.

(3) [1]Über die Ablehnung ist spätestens vor Ablauf von zwei Wochen und stets vor Urteilsverkündung zu entscheiden. [2]Die zweiwöchige Frist für die Entscheidung über die Ablehnung beginnt
1. mit dem Tag, an dem das Ablehnungsgesuch angebracht wird, wenn ein Richter vor oder während der Hauptverhandlung abgelehnt wird,
2. mit dem Tag des Eingangs der schriftlichen Begründung, wenn das Gericht dem Antragsteller gemäß § 26 Absatz 1 Satz 2 aufgegeben hat, das Ablehnungsgesuch innerhalb der vom Gericht bestimmten Frist schriftlich zu begründen.
[3]Findet der übernächste Verhandlungstag erst nach Ablauf von zwei Wochen statt, so kann über die Ablehnung spätestens bis zu dessen Beginn entschieden werden.

(4) [1]Wird die Ablehnung für begründet erklärt und muss die Hauptverhandlung nicht deshalb ausgesetzt werden, so ist ihr nach der Anbringung des Ablehnungsgesuchs liegender Teil zu wiederholen. [2]Dies gilt nicht für solche Teile der Hauptverhandlung, deren Wiederholung nicht oder nur mit unzumutbarem Aufwand möglich ist.

Schrifttum: Claus, Zur Modernisierung des Strafverfahrens, NStZ 2020, 57; Rieß, Das Strafverfahrensänderungsgesetz, NJW 1978, 2268; Schork, Das Gesetz zur Modernisierung des Strafverfahrens – Änderung der Kräfteverhältnisse zum Nachteil der Verteidigung, NJW 2020, 1; Waldmann, Ein Gericht ohne Gschmäckle? – Reformbedarf bei den Befangenheitsregelungen, ZRP 2005, 220; Wehowsky, Zur Justage – Befangenheitsgesuche und Beweisanträge, NStZ 2019, 59.

Übersicht

97 BVerfG 24.2.2006 – 2 BvR 836/04, NJW 2006, 3129; 2.6.2005 – 2 BvR 625/01, NJW 2005, 3410; BGH 10.8.2005 – 5 StR 180/05, BGHSt 50, 216 = NJW 2005, 3436; 14.6.2005 – 3 StR 446/04, NStZ 2006, 51; 13.7.2006 – 5 StR 154/06, NStZ 2006, 705; OLG München 13.7.2006 – 5 StR 154/06, NJW 2007, 449.

98 BGH 26.5.1970 – 1 StR 132/70, BGHSt 23, 265 mwN.

1 Die Ursprungsfassung des § 29 entsprach dem heutigen § 29 Abs. 1 und ordnete in einem schlichten Satz an, dass ein abgelehnter Richter vor Erledigung des Ablehnungsgesuchs nur solche Handlungen vorzunehmen hat, welche keinen Aufschub gestatten. Diese grundsätzliche Wartepflicht hat der Gesetzgeber in den letzten Jahren zugunsten der Beschleunigung von Strafverfahren stetig ausgehöhlt. In diesem Zusammenhang ist zunächst das Gesetz zur effektiveren und praxistauglicheren Ausgestaltung des Strafverfahrens vom 17.8.2017[1] hervorzuheben, mit dem die Durchführung der Hauptverhandlung bis zur Verlesung des Anklagesatzes zugelassen wurde, falls ein Richter vor Beginn der Hauptverhandlung abgelehnt wurde und eine Entscheidung über die Ablehnung den Beginn der Hauptverhandlung verzögert hätte. Die hiermit bewirkte Verfahrenskonzentration erschien dem Gesetzgeber indes noch nicht als ausreichend: Nur zwei Jahre später folgte er dem rechtspolitischen „Ruf" des 2. Strafkammertages und schränkte die Wartepflicht durch das Gesetz zur Modernisierung des Strafverfahrens vom 10.12.2019 abermals ein.[2] Seitdem duldet die Durchführung der Hauptverhandlung von Gesetzes wegen keinen Aufschub mehr.

2 **1. Vorläufige Amtsunfähigkeit (Abs. 1). a) Grundsatz.** Sobald ein Ablehnungsgesuch gegen einen Richter anhängig gemacht ist, wird er bis zu dessen Erledigung **vorläufig amtsunfähig;** ob das Gesuch begründet ist, spielt keine Rolle. Außerhalb der Hauptverhandlung tritt diese Rechtsfolge mit dem Eingang des Ablehnungsgesuchs bei Gericht ein, auf die Kenntnis des abgelehnten Richters kommt es nicht an.[3] Bis das Ablehnungsgesuch erledigt ist, sollen richterlichen Handlungen unterbleiben. Zweck der Vorschrift ist es, im Interesse des Ablehnenden einen abgelehnten Richter bis zur Entscheidung über das Gesuch von weiterer Einwirkung auf das Verfahren weitgehend freizustellen.[4] Andererseits soll das Ablehnungsgesuch nicht dazu führen, den Richter sogleich von jeder Mitwirkung auszuschließen; die bedingte Verfahrensförderung wird daher ebenfalls von der Vorschrift gesichert.[5] Unerheblich ist, ob die Besorgnis der Befangenheit oder das Vorliegen eines Ausschlussgrundes geltend gemacht wird. Allerdings ist § 29 nur eingeschränkt für den ausgeschlossenen Richter von Bedeutung, da bei Vorliegen von Ausschlussgründen der Richter kraft Gesetzes von allen, auch dringlichen Handlungen suspendiert ist (vgl. dazu bereits § 22). § 29 kommt daher im Hinblick auf Ausschlussgründe nur zum Tragen, wenn mit dem Ablehnungsgesuch ein Ausschlussgrund behauptet wird, der offenkundig nicht vorliegt. Eine Anwendung von § 29 auf Konstellationen, in denen der Ausschließungsgrund nicht alsbald feststellbar ist, kommt hingegen nicht in Betracht. Beim Ausschlussgrund kommt es auf die Kenntnis des Richters gerade nicht an.[6] Ebenso wenig anwendbar ist die Vorschrift auf den Richter am Amtsgericht, der den Ablehnungsantrag für begründet hält.[7]

3 **Erledigt** ist ein Ablehnungsgesuch mit der endgültigen Entscheidung.[8] Das kann zunächst der Beschluss nach § 28 Abs. 1 sein. Ist gegen die Entscheidung des Gerichts die sofortige Beschwerde zulässig (§ 28 Abs. 2), tritt Erledigung erst mit der Rechtskraft ein.[9] Diese ist bei § 28 Abs. 2 S. 1 mit Ablauf des Tages der Beschlussfassung des Beschwerdegerichts (§ 34a) oder mit Ablauf der Beschwerdefrist (§ 311 Abs. 2) der Fall, bei § 28 Abs. 2 S. 2 mit Erlass der Entscheidung nach § 27.[10]

---

1 BGBl. I 3202.
2 BGBl. I 2121; Bockemühl in KMR-StPO Rn. 2.
3 OLG Frankfurt a. M. 14.11.1997 – 3 Ws 921/97, NJW 1998, 1238.
4 BGH 3.4.2003 – 4 StR 506/02, BGHSt 48, 264 = NJW 2003, 2396; 17.4.1996 – 3 StR 34/96, NStZ 1996, 398.
5 Cirener in BeckOK StPO Rn. 1.
6 Siolek in Löwe/Rosenberg Rn. 8.
7 Siolek in Löwe/Rosenberg Rn. 9.
8 Scheuten in KK-StPO Rn. 4; Siolek in Löwe/Rosenberg Rn. 10; Temming in Gercke/Julius/Temming/Zöller Rn. 5.
9 OLG München 7.5.1982 – 2 Ws 501/82, MDR 1982, 773; OLG Stuttgart 8.11.1993 – 4 Ws 216/93, MDR 1994, 499; Schmitt in Meyer-Goßner/Schmitt Rn. 26 mwN.
10 Scheuten in KK-StPO Rn. 4; Siolek in Löwe/Rosenberg Rn. 10; Bockemühl in KMR-StPO Rn. 4.

b) Ausnahme: Unaufschiebbare Handlungen. Als Ausnahme vom Grundsatz der Amtsunfähigkeit regelt Abs. 1 die Vornahme von Handlungen, die keinen Aufschub gestatten. Es soll dem Angeklagten nicht möglich sein, dringende Untersuchungshandlungen durch willkürliche Ablehnungsgesuche zu verzögern oder zu verhindern. **Dringende Untersuchungshandlungen** sind solche, mit denen nicht bis zum Eintritt eines Ersatzrichters zugewartet werden kann. Das ist etwa bei **drohendem Beweisverlust** oder **Fristablauf** der Fall.[11] Bei der richterlichen Beurteilung der Unaufschiebbarkeit ist ein **strenger Maßstab** anzulegen; allein die Zweckmäßigkeit einer Handlung macht diese noch nicht unaufschiebbar. Es besteht allerdings ein Beurteilungsspielraum, der nur bei einer vertretbaren und ermessensfehlerfreien Entscheidung gewahrt ist.[12] Nimmt der Richter hiernach Unaufschiebbarkeit an, sind die Gründe für diese Einschätzung aktenkundig zu machen.[13] Der Erlass eines Haftbefehls ist für den abgelehnten Richter eines Kollegialgerichts nach Anklageerhebung im Grundsatz keine unaufschiebbare Handlung; denn insoweit kann der eintretende Vertreter mitwirken. Anderes kann gelten, wenn alle Richter eines Kollegialgerichts oder der Strafrichter abgelehnt werden und Fluchtgefahr besteht.[14] Die in der Literatur zur Unaufschiebbarkeit angeführten Beispiele stehen ganz überwiegend noch im Zusammenhang mit der Hauptverhandlung, die seit dem Gesetz zur Modernisierung des Strafverfahrens nach Abs. 2 S. 1 nunmehr generell als unaufschiebbar gilt.[15] Hieraus folgt, dass Abs. 1 nur noch richterliche Handlungen vor dem Beginn der Hauptverhandlung sowie während ihrer Unterbrechung betrifft. Der praktische Anwendungsbereich der eigentlich als Grundsatz konzipierten Wartepflicht wird weiter dadurch verengt, dass Handlungen, die der Förderung der Hauptverhandlung dienen, regelmäßig unaufschiebbar sein sollen.[16] Hierzu zählen unter anderem die Terminsanberaumung oder die Bestimmung eines Fortsetzungstermins sowie die Ladung hierzu.[17] 4

2. Unaufschiebbarkeit der Hauptverhandlung. Die alte, durch das Gesetz zur effektiveren und praxistauglicheren Ausgestaltung des Strafverfahrens begründete Rechtslage differenzierte hinsichtlich der Durchführung bzw. Fortsetzung der Hauptverhandlung unter Mitwirkung des abgelehnten Richters nach dem Zeitpunkt der Ablehnung. Erfolgte die Ablehnung vor Beginn der Hauptverhandlung und hätte eine Entscheidung über die Ablehnung den Beginn der Hauptverhandlung verzögert, konnte diese vor der Entscheidung über die Ablehnung durchgeführt werden, bis der Staatsanwalt den Anklagesatz verlesen hatte (§ 29 Abs. 1 S. 2 aF). Wurde der Richter indessen während der Hauptverhandlung abgelehnt und hätte die Entscheidung über die Ablehnung (§§ 26a, 27) eine Unterbrechung der Hauptverhandlung erfordert, so konnte diese so lange fortgesetzt werden, bis eine Entscheidung über die Ablehnung ohne Verzögerung der Hauptverhandlung möglich war. Allerdings war über die Ablehnung spätestens bis zum Beginn des übernächsten Verhandlungstages und stets vor Beginn der Schlußvorträge zu entscheiden (§ 29 Abs. 2 aF). 5

a) Fortsetzung der Hauptverhandlung (Abs. 2 S. 1). Diese Differenzierung ist heute weitgehend obsolet: Die Hauptverhandlung gestattet nach Abs. 2 S. 1 keinen Aufschub und findet bis zur Entscheidung über das Ablehnungsgesuch unter Mitwirkung des abgelehnten Richters statt – und zwar unabhängig davon, wann das Ablehnungsgesuch gestellt wurde. Mit dieser auf das Gesetz zur Modernisierung des Strafverfahrens zurückgehenden Änderung beabsichtigte der Gesetzgeber, die Durchführung der strafgerichtlichen Hauptverhandlung sicherzustellen.[18] Dies, obwohl er mit Einführung des § 29 Abs. 1 S. 2 aF erst zwei Jahre zuvor die suspendierende Wirkung des Ablehnungsgesuchs 6

[11] BGH 14.2.2002 – 4 StR 272/01, NStZ 2002, 429.
[12] BGH 14.2.2002 – 4 StR 272/01, NStZ 2002, 429 mwN.
[13] OLG Köln 18.4.1980 – 3 Ss 291/80 Z, VRS 59, 428.
[14] Siolek in Löwe/Rosenberg Rn. 15 f.
[15] Cirener in BeckOK StPO Rn. 5.
[16] BT-Drs. 19/14747, 23.
[17] Bockemühl in KMR-StPO Rn. 5; Schmitt in Meyer-Goßner/Schmitt Rn. 10.
[18] BT-Drs. 19/14747, 23.

gelockert hatte.[19] Nunmehr darf der abgelehnte Richter also innerhalb der Fristen des Abs. 3 ohne Einschränkungen an der Hauptverhandlung mitwirken, bis über das Ablehnungsgesuch entschieden wurde.[20] Die Verlesung der Anklage, die Vernehmungen von Zeugen oder sonstige Handlungen zwecks Beweisaufnahmen dürfen heute auch dann erfolgen, wenn sie nach früherem Recht als aufschiebbar angesehen worden wären.[21] Unterbrechungen der Hauptverhandlungen durch Ablehnungsgesuche werden so vollständig vermieden. Hiermit wird das öffentliche Interesse an einer beschleunigten Hauptverhandlung, welches regelmäßig mit dem Interesse des Angeklagten kollidiert, nicht einem etwaig befangenen Richter ausgesetzt zu sein, nochmals stärker als bislang gewichtet. Die aufgezeigte Interessenkollision löst das Gesetz grundsätzlich über die Fristenregelung des Abs. 3, im Falle begründeter Ablehnungsgesuche zusätzlich entweder mit der Aussetzung der Hauptverhandlung oder – sofern ein Ersatzrichter vorhanden ist – über das Wiederholungsgebot nach § 29 Abs. 4.[22]

7 Der Zeitpunkt der Ablehnung bleibt indes für die Frage relevant, ob die Hauptverhandlung durchgeführt oder fortgesetzt werden muss.[23] Wurde das Gesuch vor Beginn der Hauptverhandlung gestellt, so ist das Gericht weder zur Terminierung einer noch nicht anberaumten Hauptverhandlung noch zur **Durchführung** einer bereits anberaumten Hauptverhandlung verpflichtet.[24] Ob die Hauptverhandlung terminiert oder fortgesetzt wird, entscheidet der Vorsitzende im Rahmen der Verhandlungsleitung gemäß § 238 Abs. 1 nach pflichtgemäßen Ermessen.[25] Der Beschleunigungsgrundsatz in Haftsachen soll dabei die Durchführung gebieten.[26] Voraussetzung der Revisibilität der Entscheidung ist eine Beanstandung nach § 238 Abs. 2 (dazu siehe unten). Die Entscheidung über die **Fortsetzung** der Hauptverhandlung steht hingegen nicht länger im Ermessen des Vorsitzenden.[27] Wie sich aus der Formulierung des Abs. 2 S. 1 „findet statt" ergibt, ist eine bereits begonnene Hauptverhandlung fortzusetzen. Da eine Unterbrechung aus sonstigen Gründen freilich möglich bleibt und die Entscheidung für eine Unterbrechung grundsätzlich nicht begründungsbedürftig ist, dürfte dieser Nuance indessen keine praktische Bedeutung zukommen.

8 **b) Fristenregelung (Abs. 3).** Die Beeinträchtigung des Rechts des Angeklagten, einem unvoreingenommenen Richter gegenüberzusitzen, soll durch die Fristenregelung des Abs. 3 kompensiert werden.[28] Hiernach darf die Hauptverhandlung für maximal zwei Wochen oder bis zum übernächsten Verhandlungstag fortgesetzt werden, ohne dass über den Befangenheitsantrag entschieden wurde.

9 Während bislang über die Ablehnung spätestens bis zum Beginn des übernächsten Verhandlungstages und stets vor Beginn der Schlußvorträge zu entscheiden war, sieht Abs. 3 S. 1 nunmehr vor, dass über die Ablehnung dem Grunde nach spätestens vor Ablauf von zwei Wochen und stets vor Urteilsverkündung zu entscheiden ist.[29] Aus dem Begriff „spätes-

---

[19] Zur Begründung der Notwendigkeit einer abermaligen Änderung führt der Gesetzgeber die „Erfahrungen aus der justiziellen Praxis" (BT-Drs. 19/14747, 23) an, bietet hierfür jedoch keinerlei Beleg. Dass ein etwaiger Reformbedarf im Übrigen durch die Erhebung und Bewertung der praktischen Auswirkungen der vorausgegangenen Änderung des § 29 ermittelt worden wäre, ist nicht bekannt, Stellungnahme der BRAK (BRAK-Nr. 361/2019 vom 9.8.2019, 5 f.).

[20] BT-Drs. 19/14747, 23.

[21] Schmitt in Meyer-Goßner/Schmitt Rn. 9.

[22] Claus NStZ 2020, 57 (59); vgl. auch BT-Drs. 19/14747, 23 f.

[23] Außerdem kann dem Zeitpunkt Bedeutung für den Fristbeginn zukommen, vgl. Abs. 3 S. 2.

[24] BT-Drs. 19/14747, 23.

[25] So zur alten Rechtslage BGH 14.2.2002 – 4 StR 272/01, NStZ 2002, 429 (430).

[26] BT-Drs. 19/14747, 23.

[27] § 29 Abs. 1 S. 2 und Abs. 2 aF sahen noch vor, dass die Hauptverhandlung trotz des Ablehnungsgesuchs durchgeführt bzw. fortgesetzt werden „kann".

[28] BT-Drs. 19/14747, 23 f.; noch weitergehende Forderungen erhebt Wehowsky NStZ 2019, 59 (61). Kritisch BRAK-Nr. 361/2019 vom 9.8.2019, 5 f.; Schork NJW 2020, 1 (2).

[29] Führt man sich das mit der Fristenregelung verfolgte Ansinnen des Gesetzgebers, Einschränkungen der Rechte des Angeklagten durch eine zügige Gerichtsentscheidung zu kompensieren, vor Augen, so wirkt es befremdlich, wenn die Fristenregelung gleichzeitig dazu dienen soll, den Richtern den Zeitdruck zu nehmen (vgl. BT-Drs. 19/14747, 24).

tens" soll folgen, dass die zweiwöchige Frist nur ausnahmsweise ausgeschöpft werden darf, grundsätzlich also so schnell wie möglich zu entscheiden ist.[30] Die Kriterien einer verspäteten Entscheidung lässt der Gesetzgeber zwar offen. Insoweit können jedoch die Grundsätze des bisherigen Rechts übertragen werden, wonach angesichts der relativen Grenze insbesondere Entscheidungen nach § 26a zügig, spätestens bis zum nächsten Verhandlungstag getroffen werden sollten.[31] Wird ohnehin eine Verhandlungspause notwendig, so ist diese zur Entscheidung über das Ablehnungsgesuch zu nutzen.[32] Rechtsfolgen (zur Revisibilität siehe unten) ergeben sich aus einer verspäteten Entscheidung in der Regel allerdings nicht.[33]

Den **Beginn** der nach § 43 zu berechnenden **Frist** regelt Abs. 3 S. 2. Grundsätzlich beginnt die zweiwöchige Frist für die Entscheidung über die Ablehnung mit dem Tag, an dem das Ablehnungsgesuch angebracht wird, wenn ein Richter vor oder während der Hauptverhandlung abgelehnt wird (Nr. 1). Hat das Gericht von der ihm nach § 26 Abs. 1 S. 2 eingeräumten Möglichkeit Gebrauch gemacht, dem Antragsteller aufzugeben, ein in der Hauptverhandlung angebrachtes Ablehnungsgesuch innerhalb einer angemessenen Frist schriftlich zu begründen, beginnt die Frist mit dem Tag des Eingangs der schriftlichen Begründung (Nr. 2). Dies führt dazu, dass sich der Zeitraum, in dem der abgelehnte Richter weiter das Verfahren führen darf, noch um diese Begründungsfrist verlängert, deren Länge im Ermessen des möglicherweise befangenen Richters liegt.[34] Der Angeklagte kann allenfalls versuchen, diese zusätzliche Dauer, während der er sich mit einem potenziell befangenen Richter konfrontiert sieht, durch zügige Begründung seines Antrags kurz zu halten. 10

Über Ablehnungsgesuche ist stets vor der Urteilsverkündung (§ 268) zu entscheiden. § 29 Abs. 2 S. 1 aF sah als absolute Grenze noch den Beginn der Schlußvorträge vor, was in Widerspruch zu der von § 25 Abs. 2 S. 2 implizierten Möglichkeit des Angeklagten stand, das Ablehnungsgesuch noch während seines letzten Wortes anzubringen.[35] Dieses Paradoxon hat der Gesetzgeber mit Abs. 3 S. 1 Alt. 2 beseitigt. 11

Findet der übernächste Verhandlungstag erst nach Ablauf von zwei Wochen – gemeint ist wohl nach Anbringung des Ablehnungsgesuchs[36] – statt, bleibt es nach Abs. 3 S. 3 bei der bisherigen Regelung, sodass es dem Gericht erlaubt ist, über die Ablehnung spätestens bis zu dessen Beginn zu entscheiden. Hiermit will der Gesetzgeber Ausnahmefällen Rechnung tragen, in denen eine nur nach Wochen bestimmte Frist zu kurz sein kann. Ist der abgelehnte Richter beispielsweise durch seinen Erholungsurlaub an der Abgabe einer dienstlichen Stellungnahme (§ 26 Abs. 3) oder an der Mitwirkung an der Entscheidung (§ 26a) gehindert, soll eine Entscheidung noch zu Beginn des übernächsten Verhandlungstags möglich sein.[37] Obgleich der praktische Bedarf nach einer ausnahmsweisen Fristverlängerung über zwei Wochen hinaus nicht zu verkennen ist, eröffnet Abs. 3 S. 3 dem Gericht die Möglichkeit, eine solche durch die Aufhebung der in die zwei-Wochen-Frist fallenden Verhandlungstermine herbeizuführen, um sich mehr Zeit für die Entscheidung über das Ablehnungsgesuch zu verschaffen. In Extremfällen könnte die Entscheidung damit an die sechs Wochen auf sich warten lassen. Angesichts dessen wäre es zu begrüßen gewesen, wenn der Gesetzgeber die Gründe für eine ausnahmsweise Fristüberschreitung näher geregelt hätte. 12

c) Entscheidungen, die auch außerhalb der Hauptverhandlung ergehen können (Abs. 2 S. 2). Der abgelehnte Richter darf indes nicht an sämtlichen Entscheidungen innerhalb der Hauptverhandlung mitwirken. Wie schon nach alter Rechtslage sind Entscheidungen nach Abs. 2 S. 2 weiterhin grundsätzlich unzulässig, wenn diese – wie bspw. Haft- 13

---

[30] BT-Drs. 19/14747, 24.
[31] Cirener in BeckOK StPO Rn. 8.1 mwN.
[32] Bockemühl in KMR-StPO Rn. 12; Siolek in Löwe/Rosenberg Rn. 31.
[33] Bei erfolgreichen Ablehnungsgesuchen käme ausnahmsweise allenfalls eine Verletzung des Beschleunigungsgrundsatzes mit den ihrerseits üblichen Folgen in Betracht.
[34] Schork NJW 2020, 1 (2).
[35] BT-Drs. 19/14747, 24; vgl. auch Wehowsky NStZ 2019, 59 (62).
[36] Bockemühl in KMR-StPO Rn. 14.
[37] BT-Drs. 19/14747, 24 f.

entscheidungen, Beschlagnahmen, Durchsuchungen und andere Ermittlungsmaßnahmen[38] – auch außerhalb der Hauptverhandlung ergehen können. Dann darf der abgelehnte Berufsrichter **nur bei Unaufschiebbarkeit** mitwirken, an die derselbe strenge Maßstab anzulegen ist wie bei Abs. 1. Da die Durchführung der Hauptverhandlung nach dem Gesetz keinen Aufschub mehr gestattet, soll selbiges konsequenterweise regelmäßig auch für diejenigen Handlungen gelten, die der Förderung der Hauptverhandlung dienen.[39] Der Förderung dienen vor allem solche Handlungen, die die Festsetzung oder inhaltliche Gestaltung weiterer Verhandlungstermine betreffen, bspw. Ladungen oder Abladungen zu bereits anberaumten Terminen.[40] Sind die Entscheidungen aufschiebbar, ist hingegen zunächst das Ablehnungsgesuch zu erledigen. Betrifft die Ablehnung einen Schöffen, können solche Entscheidungen vor der Erledigung des Ablehnungsgesuchs außerhalb der Hauptverhandlung mangels dortiger Schöffenmitwirkung getroffen werden.[41]

14 **d) Hauptverhandlung nach begründeter Ablehnung.** Bleibt ein Ablehnungsgesuch **erfolglos,** wird die Verhandlung ohne weitere Folgen für selbige **fortgesetzt.**[42]

14a Hat ein Ablehnungsgesuch hingegen Erfolg, scheidet der abgelehnte Richter aus (§ 338 Nr. 3) und es kommt in der Regel zur **Aussetzung,** was den **Abbruch der Hauptverhandlung** zur Folge hat. Für den Ausnahmefall, dass für den ausscheidenden Richter ein Ergänzungsrichter gemäß § 192 Abs. 2 GVG eintreten kann und es deshalb nicht zur Aussetzung kommt, regelt Abs. 4 S. 1 die Wiederholung des Teils der Hauptverhandlung, der zwischen Stellen des Gesuchs und Entscheidung hierüber lag.[43] Nach Abs. 4 S. 2 sind hiervon Handlungen ausgenommen, deren Wiederholung nicht (Alt. 1) oder nur mit unzumutbarem Aufwand (Alt. 2) möglich ist. Ebenso wenig zu wiederholen sind die unaufschiebbaren Handlungen.[44] Die Wiederholung bedarf der Anordnung durch den Vorsitzenden; seine die Wiederholung ablehnende Entscheidung unterliegt der Beanstandung gemäß § 238 Abs. 2.[45]

15 Aus dem Umkehrschluss des Abs. 4 S. 2 folgt, dass die Ergebnisse aus einer nicht zu wiederholenden Beweisaufnahme weiterhin für die Urteilsfindung verwendet werden dürfen. Demgegenüber dürfen die Ergebnisse, die aus einer zu wiederholenden Beweisaufnahme gewonnen wurden, jedenfalls nicht unmittelbar verwertet werden.[46] Wenn im Zuge der Wiederholung einer Zeugenvernehmung die neue Aussage von der früheren abweicht, soll es aber zulässig sein, über den Inhalt der früheren Zeugenaussage Beweis zu erheben und das Ergebnis zu verwerten.[47] Diese Auffassung ist nicht bedenkenfrei: Die Wiederholung soll lediglich sicherstellen, dass bei begründeter Ablehnung das eigentlich gebotene sofortige Ausscheiden des Richters gleichsam nachträglich durchexerziert wird.[48] Ließen sich die Ergebnisse des durch Abs. 4 S. 1 herausgetrennten, zu wiederholenden Teils der Hauptverhandlung ohne Weiteres wieder einführen und verwerten, bliebe die Mitwirkung eines zu Recht abgelehnten Richters im Ergebnis oft ohne praktische Auswirkung.

16 Andererseits wird sich im Sinne des Prozesszieles der Wahrheitsermittlung etwa inkonstantes Aussageverhalten schwerlich bewusst ignorieren lassen und per se einem ungeschriebenen Verwertungsverbot anheimfallen können. Sofern der abgelehnte Richter etwa durch Vorhalte- und Fragetechnik oder sonst den Aussagegehalt maßgeblich mitbeeinflusst hat, läge es in der Disposition der Prozessbeteiligten, der Verwertung insoweit zu widersprechen. Eine begründet zu besorgende Befangenheit beschränkt sich nämlich generell nicht allein auf die abschließende Entscheidung, sondern kann sich gerade auch in der Gestaltung des

[38] Cirener in BeckOK StPO Rn. 14.
[39] BT-Drs. 19/14747, 23.
[40] Schmitt in Meyer-Goßner/Schmitt Rn. 10.
[41] Cirener in BeckOK StPO Rn. 14.1.
[42] Siolek in Löwe/Rosenberg Rn. 34; Scheuten in KK-StPO Rn. 11.
[43] Kritik an dieser Regelung übt Schork NJW 2020, 1 (2).
[44] Bockemühl in KMR-StPO Rn. 16 mwN.
[45] Schmitt in Meyer-Goßner/Schmitt Rn. 32.
[46] Scheuten in KK-StPO Rn. 12; Schmitt in Meyer-Goßner/Schmitt Rn. 33.
[47] Schmitt in Meyer-Goßner/Schmitt Rn. 33.
[48] Scheuten in KK-StPO Rn. 12.

Verfahrensablaufs sowie in Ziel, Umfang und möglicher Tendenz einer Beweiserhebung niederschlagen.[49]

17 Die Ausnahme des Abs. 4 S. 2 Alt. 1 regelt an sich eine Selbstverständlichkeit. Hiernach besteht keine Verpflichtung zur Wiederholung, wenn diese aus tatsächlichen Gründen unmöglich oder aus rechtlichen Gründen unzulässig ist. Aus tatsächlichen Gründen scheidet eine Wiederholung aus, wenn das Beweismittel nicht mehr vorhanden ist. Dies kann bei Sachbeweisen etwa auf deren Beschädigung bzw. Vernichtung zurückzuführen sein. Bei einer Auskunftsperson sind Hinderungsgründe tatsächlicher Art bspw. das Versterben, der Vernehmung entgegenstehende Krankheit oder Gebrechlichkeit, aber auch die Unerreichbarkeit.[50] Rechtliche Unmöglichkeit liegt etwa vor, wenn ein Zeuge nach der Vernehmung befugt das Zeugnis (§§ 52 ff.) oder die Auskunft (§ 55) verweigert oder aber ein im Ausland wohnender Zeuge erklärt, nicht erneut zur Hauptverhandlung anreisen zu wollen (§ 251 Abs. 2 Nr. 2).[51]

18 An die Unzumutbarkeit der Wiederholung (Abs. 4 S. 2 Alt. 2) soll ausweislich der Gesetzgebungsmaterialien „wie bislang" ein strenger Maßstab angelegt werden.[52] § 29 aF sah die Ausnahme der Unzumutbarkeit nicht vor, sodass sich dieser – nicht mit Nachweisen belegte – Hinweis auf den bisher gültigen Maßstab nicht erschließt. Nach alter Gesetzeslage war lediglich danach zu differenzieren, ob die nach der Anbringung des Gesuchs vorgenommene Handlung Aufschub gestattete oder nicht. Obgleich der Gesetzgeber diese Differenzierung jüngst zugunsten des völlig andersgearteten, dem Strafverfahrensrecht fremden[53] Kriteriums des unzumutbaren Aufwands aufgegeben hat, will er mit der Neuregelung keine erheblichen Abweichungen zum geltenden Recht bezweckt haben.[54] Welches Ziel der Austausch verfolgt, geht weder aus dem Gesetzestext selbst noch aus seiner Begründung hervor. Grundsätzlich ist davon auszugehen, dass ein unzumutbarer Aufwand nur ausnahmsweise dann vorliegt, wenn der mit der Beweiserhebung verbundene Aufwand in keinem vernünftigen Verhältnis mehr zum erwartbaren Ertrag steht. Bei der seitens des Gerichts vorzunehmenden Abwägung ist unter anderem der zeitliche und logistische Aufwand der Wiederholung der Beweisaufnahme in Relation zum möglichen Aufklärungsertrag zu setzen, wobei das Ergebnis der bisherigen Beweisaufnahme zu berücksichtigen ist. Je wichtiger das Beweismittel und je wesentlicher sein potentieller Aufklärungswert, desto weniger kommt die Annahme eines unzumutbaren Aufwands in Betracht.[55] Besteht Streit über die Unzumutbarkeit, empfiehlt es sich, die Handlung sicherheitshalber zu wiederholen, da dies im Gegensatz zur fehlerhaften Nichtwiederholung regelmäßig unschädlich ist.

19 **3. Wirksamkeit richterlicher Handlungen nach erfolgreicher Ablehnung.** Bleibt das Ablehnungsgesuch erfolglos, ist ein Verstoß gegen Abs. 1 geheilt;[56] selbiges gilt für Verstöße gegen Abs. 2 S. 2. Es handelt sich dann um einen bloß formalen Verstoß, der weder zur Begründetheit der Revision noch zur Unwirksamkeit der Handlung führt.[57] Von Interesse ist die Frage der Wirksamkeit richterlicher Handlungen – etwa eines Haftbefehls[58] – zwischen Anbringung und Entscheidung über das Ablehnungsgesuch daher zuvörderst bei erfolgreicher Ablehnung. In den Fällen des Abs. 1 ist zwischen aufschiebbaren und unaufschiebbaren Handlungen zu unterscheiden:

20 **a) Aufschiebbare Handlungen.** Nimmt ein abgelehnter Richter eine **aufschiebbare Handlung** vor, ist dies **rechtsfehlerhaft.** Fehlerhaftigkeit führt aber – entgegen einer

[49] Scheuten in KK-StPO Rn. 12.
[50] Vgl. Schmitt in Meyer-Goßner/Schmitt Rn. 30.
[51] Schmitt in Meyer-Goßner/Schmitt Rn. 30; BT-Drs. 19/14747, 25.
[52] BT-Drs. 19/14747, 25.
[53] Schork NJW 2020, 1 (2).
[54] Vgl. BT-Drs. 19/14747, 25.
[55] Schmitt in Meyer-Goßner/Schmitt Rn. 31.
[56] BVerfG 5.7.2005 – 2 BvR 497/09, NJW 2005, 3414.
[57] BGH 3.4.2005 – 4 StR 506/02, BGHSt 48, 264 (267) = NJW 2003, 2396 (2397); OLG München 5.3.1993 – 2 Ws 100/93, NStZ 1993, 354.
[58] LG Ingolstadt 19.3.2020 – 2 Qs 24/20, BeckRS 2020, 12965.

einzelnen Ansicht[59] – nicht zur Unwirksamkeit.[60] Bereits § 338 Nr. 3 zeigt, dass eine richterliche Entscheidung, die unter Verletzung des § 29 Abs. 1 ergangen ist, nur fehlerhaft und nicht unwirksam ist, da sie mit der Revision angegriffen werden muss.[61] Eine andere Auffassung wäre mit den Grundsätzen des Beschwerde- und Revisionsrechtes schwerlich vereinbar, wonach rechtsfehlerhafte Prozesshandlungen anzufechten sind und ihre Wirksamkeit erst durch begründete Beschwerde oder Revision entfällt.[62]

21 **b) Unaufschiebbare Handlungen.** Nimmt der abgelehnte Richter eine **unaufschiebbare Handlung** vor, bleibt diese auch dann **wirksam,** wenn die Ablehnung für begründet erklärt wird.[63] Anderes kann gelten, wenn das Vorliegen eines Ausschließungsgrundes festgestellt wird (siehe Rn. 2 sowie § 22). Allerdings ist die Handlung aufgrund der Mitwirkung des erfolgreich abgelehnten Richters ebenfalls rechtsfehlerhaft; sie ist in analoger Anwendung des Abs. 4 S. 1 durch den nunmehr geschäftsplanmäßig zuständigen Richter zu wiederholen.[64]

22 **4. Revision.** Wird Unaufschiebbarkeit unzutreffend angenommen, kann dies mit der **Revision** gemäß § 337 als Verletzung von Abs. 1 oder Abs. 2 S. 2 gerügt werden. Die revisionsrechtliche Kontrolle beschränkt sich dabei auf Ermessensüberschreitungen[65] und steht zudem unter dem Vorbehalt des Beruhens, § 337, denn ein Verstoß gegen § 29 stellt keinen Revisionsgrund iSd § 338 Nr. 3 dar. Zur Zulässigkeit der Rüge wird die Beanstandung der Maßnahme des Vorsitzenden gemäß § 238 Abs. 2 gefordert.[66] Dies ist abzulehnen, denn insoweit wird zum Erhalt der Revisibilität verlangt, Rechtsschutz bei einem (teil-)befangenen Gericht zu suchen, das ggf. bereits außerhalb seines Ermessensspielraums[67] agiert.[68] Bei einem unbegründeten Ablehnungsgesuch liegt ohnehin nur ein die Revision nicht begründender formaler Verstoß vor (→ Rn. 19). Die Revision kann auch dann nicht auf einen Verstoß gegen Abs. 1 gestützt werden, wenn das Ablehnungsgesuch noch in der Hauptverhandlung zurückgenommen wird.[69]

23 Überschreitet der Richter die zeitlichen Höchstgrenzen des Abs. 3, beruht das Urteil bei einem erfolglosen Gesuch in der Regel nicht auf diesem Fehler.[70] Verstößt das Gericht gegen das Wiederholungsgebot des Abs. 4 S. 1, ist die Rüge nach § 261 begründet, da der nicht wiederholte Teil nicht Inbegriff der Hauptverhandlung ist.

§ 30 Ablehnung eines Richters bei Selbstanzeige und von Amts wegen

Das für die Erledigung eines Ablehnungsgesuchs zuständige Gericht hat auch dann zu entscheiden, wenn ein solches Gesuch nicht angebracht ist, ein Richter aber von einem Verhältnis Anzeige macht, das seine Ablehnung rechtfertigen könnte,

[59] OLG Düsseldorf 22.7.1994 – 5 Ss 274/94-85/94 I, StV 1994, 528; Bockemühl in KMR-StPO Rn. 8, der Heilung für möglich hält.
[60] Zur Mitwirkung am Eröffnungsbeschluss BGH 19.5.1953 – 2 StR 445/52, BGHSt 4, 208 (210) = NJW 1953, 1114.
[61] Vgl. RG JW 1902, 249; BGH 19.5.1953 – 2 StR 445/52, BGHSt 4, 208 (210) = NJW 1953, 1114; Waldmann ZRP 2005, 221.
[62] KG Berlin 28.9.2012 – 3 Ws (B) 524/12, StraFo 2013, 203.
[63] Siolek in Löwe/Rosenberg Rn. 20; Schmitt in Meyer-Goßner/Schmitt Rn. 17; aA Bockemühl in KMR-StPO Rn. 9, der zwar zutreffend besorgt, dass sich bei einem erfolgreich abgelehnten Richter dessen Befangenheit gerade in der vorgenommenen unaufschiebbaren Handlung manifestiere. Indes wird Unwirksamkeit hieraus jenseits einer gesetzlichen Regelung nicht zu konstatieren sein.
[64] LG Ingolstadt 19.3.2020 – 2 Qs 24/20, BeckRS 2020, 12965.
[65] BGH 14.2.2002 – 4 StR 272/01, NStZ 2002, 429 (430).
[66] BGH 14.2.2002 – 4 StR 272/01, NStZ 2002, 429 (430).
[67] Treffender „Beurteilungsspielraum", Fischer in KK-StPO, 6. Aufl. 2008, Rn. 12.
[68] Zum Meinungsstand um die revisionsrechtliche Präklusionswirkung des § 238 s. Schneider in KK-StPO § 238 Rn. 28 ff.
[69] OLG Koblenz 19.5.1983 – 1 Ss 149/83, BeckRS 1983, 31152089.
[70] BGH 17.4.1996 – 3 StR 34/96, NStZ 1996, 398: Dem Fall lag ein Überschreiten der Höchstfrist durch eine dreiminütige Zeugenbelehrung zugrunde.

oder wenn aus anderer Veranlassung Zweifel darüber entstehen, ob ein Richter kraft Gesetzes ausgeschlossen ist.

Schrifttum: Teplitzky, Die Richterablehnung wegen Befangenheit, JuS 1969, 318.

1. Selbstanzeige. Bereits **von Amts wegen** sind in jeder Lage des Verfahrens die gesetzlichen Ausschlussgründe zu prüfen (§§ 22, 23). § 30 sieht darüber hinaus eine **Selbstanzeige** des Richters vor, der bei sich Ausschlussgründe oder Gründe für die Besorgnis der Befangenheit erkennt.[1] Ein Selbstablehnungsrecht existiert indes nicht. Die Entscheidung über die Selbstanzeige trifft nicht der Anzeigende, sondern das nach § 27 zuständige Gericht. 1

Maßstab hierbei ist wie bei jedem Ablehnungsgesuch der **Standpunkt des Beschuldigten;**[2] rechtlich irrelevant ist daher im Unterschied zu § 27 Abs. 3 S. 2, ob der Richter sich selbst für befangen hält. Die Selbstanzeige steht nicht zur Disposition, sondern ist ua eine **Dienstpflicht,** die nach pflichtgemäßem Ermessen auszuüben ist.[3] Sie ist darüber hinaus eine Ausprägung des Gebots des fairen Verfahrens (Art. 6 EMRK)[4] und des Prinzips des gesetzlichen Richters.[5] Mag die Selbstanzeige für den Richter auch im Einzelfall unangenehm sein, als mit ihr ggf. die Privatsphäre betreffende Verhältnisse offenzulegen sind, entbinden Persönlichkeitsrechte nicht von der Offenlegung von Umständen, die für den Anschein von Befangenheit von Belang sein können. Diesbezügliche Versäumnisse können hingegen ihrerseits Anlass für ein begründetes Ablehnungsgesuch sein, wenn sie den Anschein erwecken, der Richter wolle entgegen § 30 zur Ablehnung geeignete Gründe geheim halten. 2

Etwaige **Kenntnis der Prozessbeteiligten** von den anzeigepflichtigen Tatsachen entbindet nicht von der Anzeige.[6] Auf Zweifel über einen Ausschließungsgrund hat der Richter hinzuweisen, auch wenn sie einen anderen Richter oder Schöffen (§ 31) betreffen.[7] Schöffen und Protokollführern ist die Selbstanzeige über § 31 Abs. 1 ebenfalls möglich. Eine Frist zur Selbstanzeige besteht nicht, so dass sie auch noch nach dem Zeitpunkt des § 25 möglich ist;[8] der Richter darf die Anzeige aber nicht herauszögern.[9] Nur Richter, die zur Mitwirkung berufen sind, können die Anzeige machen.[10] Ein Ergänzungsrichter (§ 192 Abs. 2 GVG) sollte die Selbstanzeige schon vor seinem Eintritt erstatten, da es widersinnig wäre, erst den Eintrittsfall abzuwarten und eventuell alsbald die Mitwirkung wegen Befangenheit wieder auszuschließen.[11] Dies gilt auch für den Vertretungsrichter.[12] 3

2. Verfahren. Früher fasste der BGH das Selbstanzeigeverfahren als „innere Angelegenheit des Gerichts" auf.[13] Es ist indes **kein innerdienstlicher Vorgang,** sondern für die Verfahrensbeteiligten von Belang: Der Grundsatz des rechtlichen Gehörs (Art. 103 Abs. 1 GG) gebietet die Mitteilung und die Ermöglichung zur Stellungnahme,[14] zweckmäßigkeits- 4

---

1 BGH 11.6.1970 – III ZR 7/69, NJW 1970, 1644.

2 BGH 16.2.1959 – III AR 24/59, DRiZ 1959, 153 = BeckRS 2010, 6422; wobei es nicht darauf ankommt, ob sich die Rechtsansicht des Richters, die die Besorgnis auslöst, zu Gunsten oder zu Lasten des Angeklagten auswirkt: 4.2.2014 – 3 StR 243/13, BeckRS 2014, 5923 Rn. 5; Der Grundsatz der Nichtüberprüfbarkeit einer Selbstanzeige findet ihre Grenze im Falle einer objektiv willkürlichen Verfahrensweise: 11.7.2017 – 3 StR 90/17, NStZ 2017, 720.

3 OLG Neustadt 11.9.1963 – Ss 94/63, NJW 1963, 2087; OLG Schleswig SchlHA 53, 69.

4 So bereits EGMR 1.10.1982 – 8692/79 – Piersack ./. Belgien; 15.10.2009 – 17056/06 – Micallef ./. Malta; Bockemühl in KMR-StPO Rn. 1; Deiters in SK-StPO Rn. 6.

5 Siolek in Löwe/Rosenberg Rn. 2; Dünnebier JR 1975, 5; Scheuten in KK-StPO Rn. 4.

6 Schmitt in Meyer-Goßner/Schmitt Rn. 2; Siolek in Löwe/Rosenberg Rn. 2.

7 Scheuten in KK-StPO Rn. 2.

8 BGH 13.3.1962 – 5 StR 544/61, GA 1962, 338; RG 6.7.1933 – II 308/33, RGSt 67, 276.

9 Schmitt in Meyer-Goßner/Schmitt Rn. 2; Bockemühl in KMR-StPO Rn. 3.

10 Siolek in Löwe/Rosenberg Rn. 9; Bockemühl in KMR-StPO Rn. 2.

11 Siolek in Löwe/Rosenberg Rn. 11.

12 Siolek in Löwe/Rosenberg Rn. 10.

13 BGH 23.9.1952 – 2 StR 67/52, BGHSt 3, 68.

14 BVerfG 8.6.1993 – 1 BvR 878/90, BVerfGE 89, 28 = NJW 1993, 2229.

halber durch das zur Entscheidung nach § 27 berufene Gericht.[15] § 27 Abs. 4 findet Anwendung, wenn ein Fall des § 30 bei so vielen Richtern vorliegt, dass die für die Entscheidung erforderliche Richterzahl nicht mehr erfüllt ist.[16] Mit der Selbstanzeige scheidet der Richter bis zur Entscheidung vorläufig aus und darf in dem betreffenden Verfahren nicht tätig werden. Das gilt auch für die Hauptverhandlung vorbereitende Handlungen.[17] Die Befugnis zur Vornahme unaufschiebbarer Handlungen (§ 29 Abs. 1) bleibt indes unberührt.

5 Das zuständige Gericht entscheidet über die Selbstanzeige durch **förmlichen Beschluss.**[18] Wird die Selbstanzeige für begründet erklärt, ergeben sich dieselben Konsequenzen wie bei einem begründeten Ablehnungsgesuch: Der anzeigende Richter scheidet aus und ist von jeder Art der richterlichen Tätigkeit in dieser Sache ausgeschlossen.[19] Werden keine Ausschließungs- oder Befangenheitsgründe festgestellt, ist das Verfahren fortzusetzen. Stellt daraufhin ein Verfahrensbeteiligter aus denselben Gründen einen Befangenheitsantrag, ist über diesen nach §§ 25 ff. zu entscheiden; er darf nicht als gegenstandslos behandelt werden.[20]

6 Nicht konstitutiv, sondern lediglich deklaratorisch ist die Entscheidung, wenn zweifelsfrei ein Ausschließungsgrund nach §§ 22, 23 gegeben ist.[21] Der Beschluss dient dann lediglich der Feststellung des gesetzlichen Richters.[22]

7 **3. Anfechtung. a) Beschwerde.** Gegen den Beschluss des Gerichts, dass eine Besorgnis der Befangenheit oder Ausschließungsgründe nicht vorliegen, ist die **Beschwerde nicht statthaft,** und zwar weder für den anzeigenden Richter[23] noch für die sonstigen Prozessbeteiligten. Diesen bleibt nur die Möglichkeit, ein eigenes **Ablehnungsgesuch** zu stellen und dessen Verwerfung oder Zurückweisung nach § 28 Abs. 2 anzufechten,[24] der allerdings keine Anwendung findet, wenn die gerichtliche Entscheidung nach dem Eröffnungsbeschluss ergeht.[25] Ebenfalls nicht mit der Beschwerde angreifbar ist der Beschluss, mit dem die Selbstanzeige als begründet erachtet wird.

8 Lag eine Selbstanzeige nicht vor und schließt das Gericht trotzdem im Verfahren des § 30 einen Richter aus, ist die Entscheidung gesetzeswidrig. Hat kein erkennendes Gericht entschieden, steht die Beschwerde zur Verfügung (§ 304 Abs. 1). Andernfalls ist die Beschwerde nach § 305 ausgeschlossen, jedoch die Revision wegen Verletzung von Art. 101 Abs. 1 S. 2 GG, § 16 S. 2 GVG begründet.[26] Die Rüge der Verletzung des § 16 S. 2 GVG will das OLG Köln zudem immer zulassen, wenn der Vorsitzende eines Schöffengerichts oder einer kleinen Strafkammer nach Beginn der Urteilsberatung einen Schöffen für gesetzlich ausgeschlossen oder befangen hält.[27]

9 **b) Revision.** Die Behauptung, ein Richter habe eine nach § 30 gebotene Anzeige unterlassen, ist nach hM **revisionsrechtlich unerheblich.**[28] Das Revisionsgericht soll auch den auf die Selbstanzeige folgenden Beschluss grundsätzlich nicht überprüfen können.[29]

---

[15] Vgl. OLG Frankfurt a. M. 26.2.1981 – 3 ARs 27/80, NStZ 1981, 233 (234) mwN.
[16] OLG Frankfurt a. M. 26.2.1981 – 3 ARs 27/80, NStZ 1981, 233 (234); Siolek in Löwe/Rosenberg Rn. 6 mwN.
[17] BGH 3.3.1982 – 2 StR 32/82, BGHSt 31, 3 (5) = NJW 1982, 1655 zur Entbindung vom Schöffenamt.
[18] Vgl. BGH 19.1.1999 – 1 StR 171/98, NJW 1999, 1562.
[19] BGH 23.9.1952 – 2 StR 67/52, BGHSt 3, 68.
[20] Scheuten in KK-StPO Rn. 5; Siolek in Löwe/Rosenberg Rn. 27.
[21] BGH 18.10.1972 – 2 StR 384/72, BGHSt 25, 24; Schmitt in Meyer-Goßner/Schmitt Rn. 3; Siolek in Löwe/Rosenberg Rn. 13.
[22] BGH 13.2.1973 – 1 StR 541/72, BGHSt 25, 122 (125); Bockemühl in KMR-StPO Rn. 5.
[23] AA Teplitzky JuS 1969, 325.
[24] Schmitt in Meyer-Goßner/Schmitt Rn. 8.
[25] RG 6.7.1933 – II 308/33, RGSt 67, 277; BGH 28.9.1952 – 2 StR 67/52, BGHSt 3, 68; Siolek in Löwe/Rosenberg Rn. 20.
[26] OLG Köln JMBl.NRW. 1965, 214; Bohnert, Beschränkung der strafprozessualen Revision durch Zwischenverfahren, 1983, S. 91 ff.; Siolek in Löwe/Rosenberg Rn. 21.
[27] OLG Köln, JMBl.NRW. 1965, 214; aA Siolek in Löwe/Rosenberg Rn. 22.
[28] Dallinger MDR 1966, 22 (24) – RsprÜ; BGH 1.7.1971 – 1 StR 362/70; Temming in HK-GS Rn. 10; aA Hamm, Der gesetzliche Richter und die Ablehnung wegen Besorgnis der Befangenheit, S. 143 ff.
[29] BGH 13.2.1973 – 1 StR 541/72, BGHSt 25, 122 (127) = NJW 1973, 860 (861).

Gerügt werden könne allenfalls eine **willkürliche Verfahrensweise** (Art. 101 Abs. 1 S. 2 GG)[30] oder die **Verletzung rechtlichen Gehörs** (Art. 103 Abs. 1 GG). Diese Einschränkungen der Revisibilität beruhen auf der Auffassung, dass die **Nichtanzeige** lediglich eine **Dienstpflichtverletzung** darstelle.[31] Dem kann nicht gefolgt werden. Angesichts der gebotenen konventionsfreundlichen Auslegung[32] lässt sich die auch Art. 6 Abs. 1 EMRK verletzende[33] Säumnis der Selbstanzeige nicht zu einer innerdienstlichen, Rechtsmitteln entzogenen Angelegenheit erklären. Die Nichtanzeige nach § 30 muss damit als gleichzeitige Verletzung des fairen Verfahrens der revisionsrechtlichen Überprüfung zugänglich sein.

Revisibilität iSd absoluten Revisionsgrundes des § 338 Nr. 1 wird jedenfalls angenommen wegen nicht vorschriftsmäßiger Besetzung, wenn nach der Anzeige eines möglichen Befangenheitsgrundes ein Richter ohne förmliche Entscheidung durch einen Vertreter ersetzt wird.[34] Ebenso bleibt die Rüge nach § 338 Nr. 2 unberührt, wenn ein Ausschließungsgrund nicht beachtet wurde. 10

§ 31 Schöffen, Urkundsbeamte

(1) Die Vorschriften dieses Abschnitts gelten für Schöffen sowie für Urkundsbeamte der Geschäftsstelle und andere als Protokollführer zugezogene Personen entsprechend.

(2) [1]Die Entscheidung trifft der Vorsitzende. [2]Bei der großen Strafkammer und beim Schwurgericht entscheiden die richterlichen Mitglieder. [3]Ist der Protokollführer einem Richter beigegeben, so entscheidet dieser über die Ablehnung oder Ausschließung.

Schrifttum: Basdorf/Harms/Moosbacher/Föhrig, Kleines Strafrichter-Brevier: oder: Der überlastete Strafrichter? Wegweiser zur zügigen Urteilsfindung, 2013; Hanack, Die Rechtsprechung des Bundesgerichtshof zum Strafverfahrensrecht, JZ 1972, 313; Rieß, Zur Frage, unter welchen Voraussetzungen die Kenntnis der Laienrichter von einer formwidrigen Anklageschrift die Revision begründet, JR 1987, 389; Schultz, Blick in die Zeit, MDR 1980, 108; Terhorst, Information und Aktenkenntnis der Schöffen im Strafprozeß, MDR 1988, 809.

1. Schöffen. Die Ausschließungsgründe der §§ 22, 23 gelten für Schöffen ebenso wie für die Berufsrichter, weil Schöffen das Richteramt in vollem Umfang und mit gleichem Stimmrecht wie die Richter ausüben (§ 30 Abs. 1, § 77 Abs. 1 GVG). Ergänzend gibt es von Amts wegen[1] zu beachtende **Unfähigkeitsgründe** (§§ 32, 77 Abs. 1 GVG) und **Soll-Vorschriften** zu nicht zu berufenden Personen (§§ 33, 34 GVG). Da maßgeblicher Zeitpunkt für das Vorliegen der Unfähigkeit derjenige der Ausübung des Schöffenamtes ist, kommt der Regelung des § 32 GVG kein Vorrang zu.[2] Bezüglich einer Besorgnis der Befangenheit gelten für Schöffen die §§ 24 ff. entsprechend;[3] insbesondere streitet auch für Laienrichter die Vermutung der Unparteilichkeit.[4] Schöffen haben wie Berufsrichter bezüglich der Selbstanzeige nach § 30 ihr Ermessen pflichtgemäß auszuüben.[5] Neben den 1

[30] BGH 5.1.1977 – 3 StR 433/76 (L), BGHSt 27, 96 (99) = NJW 1977, 1829 (1830).
[31] Siolek in Löwe/Rosenberg Rn. 17; BGH 1.7.1971 – 1 StR 362/70 belässt es bei dem Hinweis, das Ablehnungsverfahren sei abschließend in §§ 25 ff. geregelt.
[32] BVerfG 14.10.2004 – 2 BvR 1481/04, BVerfGE 111, 307 (317, 323).
[33] EGMR 1.10.1982 – 8692/79 – Piersack ./. Belgien; 15.10.2009 – 17056/06 – Micallef ./. Malta; wie hier Deiters in SK-StPO Rn. 14.
[34] BGH 13.2.1973 – 1 StR 541/72, BGHSt 25, 122 = NJW 1973, 860, insoweit bedarf es jedoch des Besetzungseinwands in der Hauptverhandlung. Anders bei Offenbarung eines klaren Ausschlussgrundes nach §§ 22, 23, wo der fehlende Beschluss nur deklaratorische Wirkung hätte.
[1] RG 15.6.1894 – 110/94, RGSt 25, 415.
[2] Siolek in Löwe/Rosenberg Rn. 3; aA Rudolphi in SK-StPO Rn. 3; Bohnert, Beschränkungen der strafprozessualen Revision durch Zwischenverfahren, 1983, S. 95.
[3] BGH 13.7.1966 – 2 StR 157/66, BGHSt 21, 85 = NJW 1966, 2321.
[4] BGH 18.12.1968 – 2 StR 322/68, BGHSt 22, 289 (295) = NJW 1969, 703.
[5] BGH 9.7.1953 – 3 StR 33/53, n.v.

auch für die Berufsrichter geltenden Anzeigepflichten haben sie insoweit die in §§ 33, 34 GVG genannten Umstände anzuzeigen. § 27 Abs. 1 ist nicht anwendbar. An seine Stelle tritt § 31 Abs. 2, der auch § 30 modifiziert.[6]

2 Im Grundsatz kommen für die Schöffen wie für die Berufsrichter **dieselben** unter § 24 genannten **Befangenheitsgründe** in Betracht; die Anforderungen an die Unvoreingenommenheit sind nicht abgeschwächt. Auch für Schöffen verbieten sich unsachliche Bemerkungen während der Hauptverhandlung[7] oder auf Festlegung in der Sache hindeutende Äußerungen gegenüber Verfahrensbeteiligten, Medienvertretern oder sonstigen Dritten.[8] Ständiges Einschlafen kann die Besorgnis der Befangenheit begründen.[9] Auch kann ein Schöffe abgelehnt werden, wenn er in unangemessen erscheinender Weise privaten Kontakt zu Verfahrensbeteiligten aufnimmt und Anhaltspunkte für einen Verfahrensbezug bestehen.[10] Darüber hinaus kann ein Schöffe abgelehnt werden, wenn er bei der geschädigten Behörde bedienstet ist.[11] Der Beruf des Schöffen soll per se kein Ablehnungsgrund sein,[12] indes sei verwiesen auf die Berufsgruppen nach §§ 33, 34 GVG, denen Schöffen nicht angehören sollen. Nebenberufe und Ehrenämter stellen keinen Befangenheitsgrund dar, sofern sie keine einseitige Interessenfestlegung befürchten lassen.[13] Auch eine Verwandtschaft unter Schöffen[14] oder das Verfolgen von Presseberichten zum Verfahren[15] genügen für sich genommen nicht für eine begründete Besorgnis der Befangenheit.

3 Streit ergibt sich aus der **Verfahrensstellung der Schöffen:** Verfahrensakten dürfen ihnen nicht zugänglich gemacht werden, da sie ihre Überzeugung aus dem Inbegriff der Verhandlung schöpfen sollen. Verliest der Sitzungsvertreter der Staatsanwaltschaft versehentlich nicht für die Schöffen bestimmte Teile der Anklage (etwa das wesentliche Ergebnis der Ermittlungen), soll dennoch die Vermutung der Unparteilichkeit fortgelten.[16] Das gilt auch, wenn der Staatsanwalt im Schlussvortrag Schlussfolgerungen zieht, die vom Beweisergebnis nicht gedeckt sind.[17] Andererseits soll es grundsätzlich unzulässig sein, Schöffen schriftliche Darstellungen des Ermittlungsergebnisses zu überlassen, da die Gefahr besteht, dass sie diese Eindrücke mit denen aus der Hauptverhandlung vermengen.[18]

4 Die **Gleichstellung** des Schöffen mit dem Berufsrichter ist zwar normativ angelegt. Dies besagt indes nichts darüber, ob ein besonnener Prozessbeteiligter nicht begründet insoweit eine größere Skepsis hinsichtlich ihrer Unbefangenheit hegen kann, als gegenüber den Berufsrichtern. Gerade in Zeiten auch vorprozessualer medialer Aufbereitung von Kriminalfällen muss die Skepsis gegenüber der Unbefangenheit von Schöffen im Umgang mit Verfahrensakten erst recht gelten, wenn medialen Schilderungen und Erwartungshaltungen an den Verfahrensausgang kaum zu entkommen ist. Dass Schöffen im Grundsatz leichter

---

6 Siolek in Löwe/Rosenberg Rn. 2; Bockemühl in KMR-StPO Rn. 1.

7 BGH 30.10.1990 – 5 StR 447/90, NStZ 1991, 144: „Das sieht man ja, dass die mit Drogen zu tun haben" und weitere Ausführungen über das Aussehen von Rauschgifthändlern; BGH 6.3.2018 – 3 StR 559/17, NStZ 2018, 610: Kommentierung einer Einlassung des Angeklagten als „Quatsch".

8 Scheuten in KK-StPO Rn. 4; BGH 2.4.2020 – 1 StR 90/20, NStZ 2020, 495.

9 LG Bremen 4.2.2002 – 42 KLs 300 Js 34579/97, StV 2002, 357.

10 Scheuten in KK-StPO Rn. 4; s. auch LG Koblenz 19.12.2012 – 2090 Js 29.752/10 – 12 KLs, NJW 2013, 801: Schokoladenpräsente für die Sitzungsvertreter der StA.

11 BGH MDR 1954, 151. Gleiches gilt für eine Finanzbeamtin, die im Verfahren wegen Steuerhinterziehung über ähnliche Vorgänge urteilen soll, wie sie zu ihren Aufgaben gehören, AG Bremen 18.2.2009 – 87 Ls 850 Js 56574/07 (2/09), StV 2009, 181.

12 BGH 19.5.1992 – 1 StR 173/92: Insbesondere genügt es nicht, dass der Schöffe denselben Beruf wie der Angeklagte ausübt und dieser deshalb seitens des Schöffen eine besondere Strenge befürchtet, vgl. auch BGH 13.3.1997 – 1 StR 793/96, BGHSt 43, 16 = NStZ 1997, 559.

13 Scheuten in KK-StPO Rn. 6.

14 BGH 6.3.1974 – 3 StR 129/72, Dallinger MDR 1974, 544 (547) – RsprÜ.

15 BGH 18.12.1968 – 2 StR 322/68, BGHSt 22, 289 (294) = NJW 1969, 703 (704).

16 BGH 30.3.1983 – 2 StR 173/82, Pfeiffer NStZ 1984, 14 (15) – RsprÜ.

17 BGH 8.9.1982 – 3 StR 241/82 (5), Pfeiffer NStZ 1983, 354 – RsprÜ.

18 BGH 5.1.1954 – 1 StR 476/53, BGHSt 5, 261 = NJW 1954, 483; 17.11.1958 – 2 StR 188/58, BGHSt 13, 73; anders zB Kissel GVG § 30 Rn. 2–4; Rieß JR 1987, 389 (391); Terhorst MDR 1988, 809; Hanack JZ 1972, 314.

zu beeinflussen bzw. zu beeindrucken sein sollen, scheint hierbei auch berufsrichterliche Alltagserfahrung zu sein.[19] Hinzu kommt, dass der Zugang zum Schöffenamt im Gegensatz zu dem des Berufsrichters kaum durch Qualifikationserfordernisse beschränkt ist. Das Vertrauen in die Unparteilichkeit der Schöffen wird durch den weitgehend unreglementierten Zugang, bei gleichzeitigen Kampagnen Schöffe zu werden, um ein höheres Strafmaß gegen „kriminelle Ausländer und Linksradikale" durchzusetzen,[20] nicht eben bestärkt. Die Forderung der Rechtsprechung, Schöffen stets den gleichen Vertrauensvorschuss hinsichtlich ihrer Unbefangenheit wie den Berufsrichtern entgegenzubringen, wäre legitimer, wenn das System der Schöffenauswahl geeignet wäre, dieses Verlangen auch formell zu substantiieren.

Einen Befangenheitsgrund verneint der BGH jedenfalls, wenn die Schöffen **zum besseren Verständnis** aus den Akten Protokolle von Tonaufzeichnungen erhalten.[21] Bloß tabellarische Aufzeichnungen über Tatzeiten, Schadenshöhen und ähnliche Tatmerkmale aus dem wesentlichen Ermittlungsergebnis sollen ausgehändigt werden dürfen, da dadurch erst eine sachlich fundierte Beurteilung der Beweisaufnahme sichergestellt werde.[22] 5

2. Urkundsbeamte. Indem § 31 die Befangenheitsvorschriften auch auf Urkundsbeamte und andere Protokollführer erstreckt, dient die Norm der Unvoreingenommenheit dieser Personen im Hinblick auf die **Beweiskraft des Protokolls** (vgl. § 274). Daher muss die Vorschrift dahingehend ausgelegt werden, dass sie nur auf Personen Anwendung findet, die **richterliche Handlungen beurkunden.**[23] Nicht entsprechend anwendbar ist allerdings § 23, da Protokollführer an den Entscheidungen nicht mitwirken. § 25 Abs. 1 ist nur dann anwendbar, wenn der Urkundsbeamte seine Tätigkeit zu Beginn der Sitzung aufnimmt.[24] Die Ablehnung des Protokollführers wegen Befangenheit spielt in der Praxis keine Rolle;[25] es dürfte sich bislang um ein weitgehend akademisches Problem handeln. Im Zuge dieser theoretischen Diskussion ist streitig, ob ein abgelehnter Protokollführer alsbald auszutauschen ist: Dafür spricht, die Wiederholung eines Teils der Hauptverhandlung gemäß § 29 Abs. 2 S. 2 zu vermeiden;[26] eine andere Ansicht hält diese Vorschrift auf den Urkundsbeamten für nicht anwendbar.[27] Es ist unschädlich, dass derselbe Urkundsbeamte in allen Instanzen tätig war; ebenso, dass er Rechtsmittelerklärungen des Angeklagten zu Protokoll nimmt, obwohl er als Sitzungsvertreter der Staatsanwaltschaft an der Hauptverhandlung teilgenommen hat.[28] Selbständige Amtshandlungen unterliegen nicht den §§ 22 ff.[29] 6

3. Entscheidung und Folgen. Die Zuständigkeit für die Entscheidung über das Ablehnungsgesuch regelt nicht § 27, sondern **§ 31 Abs. 2** als **speziellere Norm.**[30] Beim Schöffengericht und bei der kleinen Strafkammer entscheidet der Vorsitzende über die Ablehnungsgesuche, die nicht nach § 26a verworfen werden. Bei der großen Strafkammer entscheiden die Berufsrichter. Umstritten ist, ob das auch für das OLG und den BGH gilt[31] oder ob sie in der für die Hauptverhandlung bestimmten Besetzung, das OLG im 1. Rechtszug also mit 5, nicht mit 3 Richtern, entscheiden.[32] Betrifft die Entscheidung einen Schöf- 7

---

19 So in dem prominent editierten Werk von Föhrig, Kleines Strafrichterbrevier, S. 86: „Wenn der angloamerikanische Anwalt es vermag, eine ganze Jury zu überzeugen (manipulieren?), ist der deutsche Richter fehl am Platze, misslingt ihm dies mit bloßen zwei Amateuren."

20 Kampagne der NPD 2009.

21 BGH 26.3.1997 – 3 StR 421/96, NJW 1997, 1792.

22 Scheuten in KK-StPO Rn. 7.

23 Siolek in Löwe/Rosenberg Rn. 4; Bockemühl in KMR-StPO Rn. 4.

24 Siolek in Löwe/Rosenberg Rn. 8.

25 Schultz MDR 1980, 109; Schmitt in Meyer-Goßner/Schmitt Rn. 3.

26 Scheuten in KK-StPO Rn. 8.

27 Schmitt in Meyer-Goßner/Schmitt Rn. 3.

28 Scheuten in KK-StPO Rn. 8 mN.

29 Bockemühl in KMR-StPO Rn. 4.

30 Bockemühl in KMR-StPO Rn. 1.

31 Siolek in Löwe/Rosenberg Rn. 11; OLG Celle 2.6.2014 – 31 Ss 22/14, NStZ-RR 2014, 346: zur Vorstandsmitgliedschaft einer Schöffin im Verein „Wildwasser", der auf der „Grundlage eines feministisch-parteilichen Konzepts" operiert; wobei dem Angeklagten sexueller Missbrauch vorgeworfen wird.

32 Scheuten in KK-StPO Rn. 9; Schmitt in Meyer-Goßner/Schmitt Rn. 5.

fen, ist sie nach § 28 anfechtbar.[33] Wirkt ein ausgeschlossener oder befangener Schöffe an einer Entscheidung mit, ergeben sich keine Unterschiede zum Mitwirken eines ausgeschlossenen oder befangenen Berufsrichters (vgl. § 338 Nr. 2, 3). Ein vor Beginn der Hauptverhandlung ausgeschiedener Schöffe wird gemäß §§ 49 GVG durch einen Hilfsschöffen ersetzt. Im Ablehnungsverfahren gilt § 29 Abs. 1 und 2 auch bezüglich Schöffen.[34] Nur wenn die Entscheidung auch außerhalb der Hauptverhandlung getroffen werden kann, muss nicht zuerst über das Ablehnungsgesuch entschieden werden, da bei solchen Beschlüssen ohnehin nur die Berufsrichter mitwirken (siehe dazu § 29).

8 Die eine Ablehnung des Urkundsbeamten betreffende Entscheidung ist **unanfechtbar.**[35] Wirkt ein ausgeschlossener Protokollführer mit, kann das Urteil auf diesem Fehler nicht beruhen. Es entfällt dadurch aber die Beweiskraft des Protokolls.[36] Die Verlesung nach § 251 ist dann unzulässig.

---

[33] Bockemühl in KMR-StPO Rn. 9; Bohnert, Beschränkungen der strafprozessualen Revision durch Zwischenverfahren, 1983, 95.

[34] Schmitt in Meyer-Goßner/Schmitt Rn. 2; aA Siolek in Löwe/Rosenberg Rn. 2.

[35] Schmitt in Meyer-Goßner/Schmitt Rn. 6; Scheuten in KK-StPO Rn. 10; aA Siolek in Löwe/Rosenberg Rn. 14.

[36] BGH 22.6.1993 – 1 StR 686/92, BeckRS 1993, 8264; s. auch Schmitt in Meyer-Goßner/Schmitt Rn. 7.

Vierter Abschnitt. Aktenführung und Kommunikation im Verfahren

§ 32 Elektronische Aktenführung; Verordnungsermächtigungen

(1) [1]Die Akten können elektronisch geführt werden. [2]Die Bundesregierung und die Landesregierungen bestimmen jeweils für ihren Bereich durch Rechtsverordnung den Zeitpunkt, von dem an die Akten elektronisch geführt werden. [3]Sie können die Einführung der elektronischen Aktenführung dabei auf einzelne Gerichte oder Strafverfolgungsbehörden oder auf allgemein bestimmte Verfahren beschränken und bestimmen, dass Akten, die in Papierform angelegt wurden, auch nach Einführung der elektronischen Aktenführung in Papierform weitergeführt werden; wird von der Beschränkungsmöglichkeit Gebrauch gemacht, kann in der Rechtsverordnung bestimmt werden, dass durch Verwaltungsvorschrift, die öffentlich bekanntzumachen ist, geregelt wird, in welchen Verfahren die Akten elektronisch zu führen sind. [4]Die Ermächtigung kann durch Rechtsverordnung auf die zuständigen Bundes- oder Landesministerien übertragen werden.

(2) [1]Die Bundesregierung und die Landesregierungen bestimmen jeweils für ihren Bereich durch Rechtsverordnung die für die elektronische Aktenführung geltenden organisatorischen und dem Stand der Technik entsprechenden technischen Rahmenbedingungen einschließlich der einzuhaltenden Anforderungen des Datenschutzes, der Datensicherheit und der Barrierefreiheit. [2]Sie können die Ermächtigung durch Rechtsverordnung auf die zuständigen Bundes- oder Landesministerien übertragen.

(3) [1]Die Bundesregierung bestimmt durch Rechtsverordnung mit Zustimmung des Bundesrates die für die Übermittlung elektronischer Akten zwischen Strafverfolgungsbehörden und Gerichten geltenden Standards. [2]Sie kann die Ermächtigung durch Rechtsverordnung ohne Zustimmung des Bundesrates auf die zuständigen Bundesministerien übertragen.

Übersicht

A. Gesetzesfassungen

§ 32 gehörte **ursprünglich** zum 3. Abschnitt der Allgemeinen Vorschriften des Ersten 1
Buches der Strafprozessordnung „Ausschließung und Ablehnung von Gerichtspersonen" und regelte vom Inkrafttreten der Strafprozessordnung am 1.2.1877[1] die Geltung der für Richter geregelten Ausschlussgründe (§ 22 StPO aF) auch für Geschworene. Mit Art. 3 Nr. 13 des Gesetzes zur Wiederherstellung der Rechtseinheit auf dem Gebiete der Gerichtsverfassung, der bürgerlichen Rechtspflege, des Strafverfahrens und des Kostenrechts vom 12.9.1950[2] fiel diese Regelung weg, da es keine Geschworenengerichte mehr gab. Dieser

[1] RGBl. 1877, 253.

[2] BGBl. 1950 I 455, 629.

Wegfall der Regelung wurde zuletzt in der Bekanntmachung der Neufassung der Strafprozessordnung vom 7.4.1987[3] mit Wirkung vom 1.4.1987 übernommen.

2 Durch Art. 1 Nr. 2 des **Gesetzes zur Einführung der elektronischen Akte in der Justiz und zur weiteren Förderung des elektronischen Rechtsverkehrs** vom 5.7.2017[4] wurde der Vierte Abschnitt „Aktenführung und Kommunikation im Verfahren" mit §§ 32 bis 32f neu eingefügt. § 32 regelt die „Elektronische Aktenführung; Verordnungsermächtigungen" und gilt vom 1.1.2018 bis 30.6.2025. Der bisherige Vierte Abschnitt „Gerichtliche Entscheidungen und Kommunikation zwischen den Beteiligten" mit §§ 33 bis 41a wurde unter Aufhebung des § 41a nunmehr Abschnitt 4a „Gerichtliche Entscheidungen".

3 Die **derzeit und bis 30.6.2025 gültige Regelung** des § 32 (Inkrafttreten: Art. 33 Abs. 1 des Gesetzes zur Einführung der elektronischen Akte in der Justiz und zur weiteren Förderung des elektronischen Rechtsverkehrs vom 5.7.2017[5]) erlaubt dem Bund und den Ländern, durch Rechtsverordnung die Gerichte bzw. die Strafverfolgungsbehörden und/oder bestimmte Verfahrensarten zu bestimmen, bei bzw. in denen ab einem in dieser Rechtsverordnung zu bestimmenden Zeitpunkt die Akten als elektronische Akten geführt werden.

4 Die Regelung in S. 3 Hs. 2 lässt zu, in der Rechtsverordnung nur den Zeitpunkt und die Beschränkung auf bestimmte Gerichte bzw. Strafverfolgungsbehörden zu bestimmen und die Beschränkung auf bestimmte Verfahrensarten in einer öffentlich bekanntzumachenden Verwaltungsvorschrift zu regeln.

5 Ferner kann durch Rechtsverordnung bestimmt werden, dass Verfahren, die in Papierform begonnen wurden, in Papierform weitergeführt werden. Die Ermächtigung zum Erlass dieser Rechtsverordnung kann nach Abs. 1 S. 4 auf die jeweils zuständigen Bundes- oder Landesministerien übertragen werden.

6 Die Vorschrift wird in Abs. 1 mit **Wirkung vom 1.7.2025** (Inkrafttreten: Art. 33 Abs. 5 Nr. 1 des Gesetzes zur Einführung der elektronischen Akte in der Justiz und zur weiteren Förderung des elektronischen Rechtsverkehrs vom 5.7.2017[6]) **bis 31.12.2025** durch Art. 2 Nr. 1 Buchst. b des Gesetzes zur Einführung der elektronischen Akte in der Justiz und zur weiteren Förderung des elektronischen Rechtsverkehrs vom 5.7.2017[7] geändert. Abs. 1 lautet dann:

[1]Die Akten können elektronisch geführt werden. [2]Die Bundesregierung und die Landesregierungen können jeweils für ihren Bereich durch Rechtsverordnung bestimmen, dass Akten, die in Papierform angelegt wurden, in Papierform weitergeführt werden. [3]Die Ermächtigung kann durch Rechtsverordnung auf die zuständigen Bundes- oder Landesministerien übertragen werden.

7 Für den Zeitraum vom 1.7.2025 bis 31.12.2025 bleibt es bei der Möglichkeit, Akten elektronisch zu führen. Die Möglichkeit, durch Rechtsverordnung den Umfang der elektronischen Aktenführung zu regeln, entfällt dagegen.

8 Ferner kann durch auf die zuständigen Bundes- und Landesministerien übertragbare Rechtsverordnung (S. 3) bestimmt werden, dass Verfahren, die in Papierform begonnen wurden, in Papierform weitergeführt werden.

9 Die Vorschrift wird in Abs. 1 mit **Wirkung ab 1.1.2026** (Inkrafttreten: Art. 33 Abs. 6 Nr. 1 des Gesetzes zur Einführung der elektronischen Akte in der Justiz und zur weiteren Förderung des elektronischen Rechtsverkehrs vom 5.7.2017[8]) erneut durch Art. 2 Nr. 1 Buchst. b des Gesetzes zur Einführung der elektronischen Akte in der Justiz und zur weiteren Förderung des elektronischen Rechtsverkehrs vom 5.7.2017[9] geändert. Abs. 1 lautet ab 1.1.2026 bis auf Weiteres:

---

[3] BGBl. 1987 I 1074, 1319.
[4] BGBl. 2017 I 2208.
[5] BGBl. 2017 I 2208, 2229.
[6] BGBl. 2017 I 2208, 2229.
[7] BGBl. 2017 I 2208, 2214.
[8] BGBl. 2017 I 2208, 2229.
[9] BGBl. 2017 I 2208, 2214.

[1]Die Akten werden elektronisch geführt. [2]Die Bundesregierung und die Landesregierungen können jeweils für ihren Bereich durch Rechtsverordnung bestimmen, dass Akten, die in Papierform angelegt wurden, in Papierform weitergeführt werden. [3]Die Ermächtigung kann durch Rechtsverordnung auf die zuständigen Bundes- oder Landesministerien übertragen werden.

Für den Zeitraum ab 1.1.2026 ist die elektronische Aktenführung für alle Behörden und alle Verfahren verbindlich. 10

Die Möglichkeit, durch auf die zuständigen Bundes- und Landesministerien übertragbare Rechtsverordnung (S. 3) zu bestimmen, dass Verfahren, die in Papierform begonnen wurden, in Papierform weiterzuführen, bleibt bestehen. 11

B. Allgemeines

Der Gesetzgeber hatte zunächst die Entscheidung zur **verpflichtenden Einführung der elektronischen Akte** in Strafsachen bewusst und ausdrücklich nicht getroffen. 12

Denn der Einsatz der elektronischen Akte im Strafverfahren **unterscheidet** sich gerade in für die Digitalisierung erheblichen Aspekten von der elektronischen Aktenführung in anderen Verfahrensordnungen. 13

Zunächst stehen die Verfahrensbeteiligten regelmäßig zum Verfahrensbeginn noch nicht fest. Gerade in den bedeutsamen Verfahren wegen Kapitaldelikten treten vielfach Fälle auf, in denen ein Täter erst durch in Einzelfällen sehr lange andauernden Verfahren ermittelt werden kann. Auch werden gerade in den ebenfalls bedeutsamen Verfahren aus den Bereichen der Wirtschaftsstrafsachen bzw. Cybercrimedelikten Geschädigte, denen für den Fall der Verfahrenseinstellung das Beschwerderecht zustehen kann, erst im Zuge der Ermittlungen bekannt. 14

Für die Aktenführung sind unterschiedliche Stellen zuständig, die teilweise nicht von den für die Justiz getroffenen Regelungen umfasst sind. Neben den Staatsanwaltschaften und Gerichten sind eine Vielzahl von Ermittlungsbehörden auf Bundes- und Landesebene für die (Weiter-)Führung der Akten zuständig. 15

Anders als in den übrigen Verfahrensordnungen, in denen regelmäßig nur das (jeweils) zuständige Gericht neue Bestandteile „veraktet", werden im Strafrecht von (verschiedenen) Ermittlungsbehörden (zB steuerliche Behandlung verdeckter Gewinnausschüttungen durch die Steuerfahndung bzw. Bußgeld- und Strafsachenstellen und Ermittlung dadurch verwirklichter Bankrotthandlungen durch die Kriminalpolizei) in verschiedenen Bundesländern (zB polizeiliche Vernehmungen von Geschädigten in großen Betrugsverfahren jeweils durch die für den Wohnort der Geschädigten zuständige Polizeidienststelle) Dokumente erstellt, die Teil einer Akte werden. 16

Eine Versendung der Akte erfolgt in den übrigen Verfahrensordnungen grundsätzlich nur im Rahmen einer Abgabe wegen Unzuständigkeit, im Rahmen einer Amtshilfe bzw. im Rahmen des Instanzenzuges. Im Strafverfahren sind vielfache Versendungen allein zwischen den Ermittlungsbehörden, der zuständigen Staatsanwaltschaft und dem Ermittlungsrichter üblich. 17

Noch in der Begründung des Entwurfes für das Gesetz über die Verwendung elektronischer Kommunikationsformen (JKomG) vom 22.3.2005[10] wurde die Öffnung der Zivilverfahren und Verfahren vor den Fachgerichten für die elektronische Aktenbearbeitung als Ziel des Gesetzentwurfes bezeichnet.[11] Dagegen wurde 2005 für die Strafverfahren noch ausdrücklich festgestellt, dass keine vollständig elektronisch geführte Akte eingeführt werden soll.[12] 18

---

10 BGBl. 2005 I 837.
11 BT-Drs. 15/4067, 24.
12 BT-Drs. 15/4067, 26.

19 Nachdem im Jahr 2008[13] die Große Strafrechtskommission des Deutschen Richterbundes in einem Gutachten zur Frage „Einführung der elektronischen Akte in Strafsachen" die Einführung (einstimmig) für möglich[14] und unter Beachtung bestimmter Bedingungen für fruchtbar[15] angesehen hatte, wurden die entsprechenden Planungen für eine gesetzliche Regelung begonnen.

20 Noch durch das Gesetz zur Förderung des elektronischen Rechtsverkehrs mit den Gerichten vom 10.10.2013[16] wurde die Einführung der elektronischen Akte für die meisten gerichtlichen Verfahrensordnungen, nicht jedoch für das Strafverfahren, getroffen.

21 Erst durch das Gesetz zur Einführung der elektronischen Akte in der Justiz und zur weiteren Förderung des elektronischen Rechtsverkehrs vom 5.7.2017[17] wurde die Einführung der elektronischen Akte in Strafsachen geregelt.

22 § 32 gilt gemäß § 110c S. 1 OWiG für das Ordnungswidrigkeitenrecht nicht entsprechend. Für die Regelung der elektronischen Akte im Ordnungswidrigkeitenrecht gilt der mit Gesetz zur Einführung der elektronischen Akte in der Justiz und zur weiteren Förderung des elektronischen Rechtsverkehrs vom 5.7.2017[18] eingeführte § 110a OWiG.

23 Die RiStBV enthalten keine Regelungen mit Bezug zu § 32. Vielmehr gehen die Regelungen der RiStBV erkennbar von der Papierakte aus, so dass mit der Zunahme elektronisch geführter Verfahrensakten eine Anpassung der RiStBV erfolgen sollte. In der Übergangsphase bis zur verbindlichen Einführung der elektronischen Akte in allen Verfahren (1.1.2026) sollten die RiStBV Regelungen sowohl für in Papierform als auch in elektronischer Form geführte Verfahren beinhalten.

C. Der „neue" Vierte Abschnitt

24 Mit dem neuen **„Vierten Abschnitt"** des ersten Buches der StPO wurden die Regelungen zusammengefasst, wie im Bereich der Strafverfahren die Digitalisierung der Justiz (auch unter der Bezeichnung „E-Justice") umgesetzt werden soll. Diese besteht aus zwei Bestandteilen – dem elektronischen Rechtsverkehr und der elektronischen Akte.

25 Der **elektronische Rechtsverkehr** umfasst die Kommunikation der unterschiedlichen am Verfahren beteiligten Behörden untereinander sowie die Kommunikation zwischen diesen Behörden und externen Beteiligten. Letztere sind die Sachverständigen, Dolmetscher und Übersetzer, Rechtsanwälte und Notare sowie (nicht verpflichtend; → § 32d Rn. 2) die Bürger. Der elektronische Rechtsverkehr betrifft also die Zusammenarbeit mit Externen.

26 Bei einer alleinigen Regelung des elektronischen Rechtsverkehrs sind ohne die Einführung einer elektronischen Aktenführung sog. Medienbrüche zwingend in Kauf zu nehmen: die elektronisch eingegangenen Nachrichten sind zur Veraktung in der in diesem Fall ausschließlich zulässigen Papierakte auszudrucken. Dokumente, die elektronisch expediert werden sollen, müssen durch Einscannen aus der für die Papierakte notwendigen Papierform in eine per elektronischer Nachricht versendbare Datei umgewandelt werden.

27 Daher ist es nur folgerichtig, auch den Schritt zur Digitalisierung der internen Vorgänge zu gehen, also die **Führung einer elektronischen Akte** vorzusehen.

28 Die **§§ 32, 32e, 32f** betreffen dabei die Führung der elektronischen Akten mit der grundsätzlichen Regelung zur Einführung der elektronischen Akte in § 32. Die Regelungen

[13] Zusammenfassung des Gutachtens der Großen Strafrechtskommission des Deutschen Richterbundes „Die elektronische Akte im Strafverfahren", S. 3.

[14] Zusammenfassung des Gutachtens der Großen Strafrechtskommission des Deutschen Richterbundes „Die elektronische Akte im Strafverfahren", S. 8.

[15] Nicht furchtbar: Zusammenfassung des Gutachtens der Großen Strafrechtskommission des Deutschen Richterbundes „Die elektronische Akte im Strafverfahren", S. 4.

[16] BGBl. 2013 I 3786.

[17] BGBl. 2017 I 2208.

[18] BGBl. 2017 I 2208.

zur elektronischen Akte betreffen daher interne Vorgänge zwischen den beteiligten Behörden und Gerichten.

Nachdem eine Verpflichtung zur Teilnahme am elektronischen Rechtsverkehr für die Bürger – jedenfalls derzeit richtigerweise – nicht vorgesehen ist (→ § 32d Rn. 2), wird der Eingang von Papierdokumenten nicht ausbleiben. In § 32e ist daher die Übertragung von in Papier vorhandenen Dokumenten zur rechtssicheren Veraktung in einer elektronischen Akte geregelt. Die Umsetzung des Rechts auf Einsicht in elektronische Akten ist Gegenstand des § 32f. 29

Die **§§ 32a, 32b, 32c, 32d** regeln dagegen den elektronischen Rechtsverkehr zwischen externen Beteiligten und den Behörden und Gerichten. Auch hier sind in § 32a die zentralen Regelungen zur Einreichung elektronischer Dokumente bei Strafverfolgungsbehörden und Gerichten zusammengefasst. Die Übermittlung von Dokumenten der Strafverfolgungsbehörden und Gerichten nach außen ist in § 32b geregelt. 30

§ 32c sieht die Schaffung von Formularen vor, mit welchen Dokumente (gerade auch von Bürgerinnen und Bürgern, die elektronisch kommunizieren wollen) technisch niederschwellig eingereicht werden können, die aber dennoch durch Metadaten (elektronische und strukturierte Begleitinformationen eines Dokuments) maschinell auswert- und bearbeitbar sind – und sei es nur die automatische Durchleitung der Nachricht an die (elektronische) Akte des jeweiligen Verfahrens. 31

Der ab 1.1.2022 in Kraft getretene § 32d sieht vor, dass Verteidiger und Rechtsanwälte alle Dokumente elektronisch einreichen sollen. Eine entsprechende Verpflichtung gilt für besondere Dokumente. 32

D. Die elektronische Akte (Abs. 1)

I. Definition

Eine **Legaldefinition des Begriffs der „Akte“** ist in der StPO nicht verankert. Vielmehr wird der Aktenbegriff vorausgesetzt[19] und in vielen Regelungen (zB zur Akteneinsicht in § 147, Aktenvorlage mit Anklageerhebung in § 199 Abs. 2, Aktenvorlage im Berufungsverfahren in § 320, Aktenvorlage an das Revisionsgericht in § 347 Abs. 2) verwendet. 33

Der Begriff der Akte ist für viele für den Verfahrensfortgang bedeutsamen Fragen entscheidend: Wurde vollständige Akteneinsicht gewährt? Wurden alle erforderlichen Akten dem Gericht vorgelegt? Mit der Einführung der elektronischen Akte verändern „die Akten“ ihre Form. Sie sind nicht mehr ein physisches Objekt, das heißt im Wesentlichen miteinander verbundenes Papier, sondern ein definiertes System elektronisch gespeicherter Daten.[20] 34

Bei den in Deutschland entwickelten Softwareanwendungen zum Betrieb der elektronischen Akte werden die einzelnen Dokumente einer Akte (zB das polizeiliche Tatblatt, die Vernehmung des Zeugen Z, die Vernehmung des Beschuldigten B) als pdf/A-Dateien in einem Dokumentmanagementsystem oder einer Datenbank gespeichert. Über Metadaten, die auch gespeichert werden (und damit zur elektronischen Akte gehören), werden diese Dateien bestimmten Verfahren, bestimmten – frei erstellbaren – Akten (zB Haupt-, Teilermittlungs-, Beweismittelakte, Sonderhefte) und dort einer durch die Blattzahl bestimmten Rangstelle zugeordnet. 35

Von der Akte zu trennen ist das **Beweismittel,** welches seinerseits auch in elektronischer Form asserviert werden kann. Zum Bestandteil einer Akte wird ein Beweismittel nur dann, wenn es aufgrund einer Anordnung bzw. Verfügung zu den Akten genommen wird.[21] Damit steht fest, dass auch solche Beweismittel nicht der Akteneinsicht unterliegen, die von 36

[19] BT-Drs. 18/9416, 42.
[20] BT-Drs. 18/9416, 42.
[21] BT-Drs. 18/9416, 42.

ihrer Beschaffenheit (elektronische Kopie, die von den elektronischen Beweismitteln im Rahmen einer Durchsuchung gezogen wurden) nicht wegen einer möglichen Rückgabeverpflichtung an den letzten Gewahrsamsinhaber asserviert werden müssen. Das Recht, amtlich verwahrte Beweisstücke zu besichtigen, ist kein Teil des Akteneinsichtsrechts, sondern ergänzt es.[22] Dieses Besichtigungsrecht umfasst die nicht im Ermittlungsverfahren erstellten Tonbandaufnahmen und Videoaufzeichnungen,[23] die also Beweismittel und damit nur im Fall der ausdrücklichen Veraktung Teil der Akte sind. Dies muss so auch für die sonstige sichergestellte Daten gelten.[24]

37 Ein Dokument ist dann Aktenbestandteil, wenn eine (bewusste) Beinahme zur Akte (also Veraktung)[25] erfolgt ist, die Datei also mit Metadaten (zu welchem Verfahren, zu welcher Akte mit welcher Blattzahl die Datei verknüpft ist) versehen ist. Nicht ausreichend ist ein Eingang eines Dokuments im Posteingangskorb des Fachverfahrens, da zu diesem Zeitpunkt noch keine bewusste Beinahme zur Akte erfolgt ist. Erst diese „Veraktung" bedingt eine automatische Paginierung, also die Vergabe der zu den Metadaten gehörenden Blattzahl.

38 Die Akten sind **ausschließlich elektronisch** zu führen. Also müssen alle zum Verfahren verknüpften und verakteten Dokumente im Dokumentmanagementsystem bzw. der Datenbank mit den zur Zuordnung zu einem Verfahren und zu einer Akte notwendigen Metadaten gespeichert werden. Eine „hybride" Aktenführung, bei der die Akte teilweise als Papierakte und teilweise als elektronische Akte geführt wird, ist vom Gesetzgeber ausdrücklich nicht zugelassen,[26] da bei hybrider Aktenführung die Vorteile der elektronischen Aktenführung nicht zum Tragen kämen.

39 Wie zu verfahren ist, wenn im Rahmen einer Stellungnahme eines Verteidigers bzw. eines Sachverständigengutachtens nicht zur elektronischen Akte digitalisierbare physische Unterlagen eingehen (zB Baupläne, die wegen der Größe nicht gescannt werden können), ist nicht geregelt. Zum Teil dürfte eine Asservierung als Beweismittel möglich sein. Sofern dies nicht möglich ist, muss soweit möglich eine (verkleinerte) digitalisierte Version zur elektronischen Akte genommen werden und für das Original ausnahmsweise eine Papierakte geführt werden.

40 Alle Regelungen zur elektronischen Akte betreffen die führende Akte. Sofern **Aktenmehrfertigungen** (Zweitakte etc.) angelegt wurden, müssen Originale, die dort beispielsweise in einem Haftprüfungsverfahren erstellt wurden, nach Rückleitung der Aktenmehrfertigung an die Staatsanwaltschaft in die führende (Erst-)Akte übernommen und veraktet werden. Die Mehrfertigungen der Akte sind von den Regelungen der §§ 32 ff. nicht betroffen. Diese können schon seit Langem elektronisch (als gescannte Kopie) geführt werden. Die dabei gewonnenen Erfahrungen wurden bei der Entwicklung der Software für die elektronische Akte berücksichtigt, wie dies von der Großen Strafrechtskommission des Deutschen Richterbundes angeregt wurde.[27]

41 Von der Führung einer **„hybriden" Akte** ist die verfahrensbezogene Verwahrung von in die elektronische Form übertragenen Papierdokumenten zu unterscheiden. Diese Originale sind grundsätzlich ab dem Zeitpunkt der Übertragung für die Dauer von sechs Monaten aufzubewahren (§ 32e Abs. 4 S. 1). In diesem Fall wird die Aufbewahrung der eingescannten Originale tageweise (und ohne Bezug zu den jeweiligen Verfahren) erfolgen. Es ist jedoch auch eine abweichende Aufbewahrung bis zum Ende des Kalenderjahres, in welchem die Verjährung eintritt bzw. bis zum Ende des Kalenderjahres, welches auf den Abschluss des Verfahrens folgt (§ 32e Abs. 4 S. 2) möglich. In diesen Fall kann die Aufbewahrung nur abweichend von der tageweisen Aufbewahrung für das jeweilige Verfahren erfol-

22 Schmitt in Meyer-Goßner/Schmitt § 147 Rn. 19.
23 Schmitt in Meyer-Goßner/Schmitt § 147 Rn. 19a.
24 AA Schmitt in Meyer-Goßner/Schmitt § 147 Rn. 19e, der von Akteneinsichtsrecht spricht.
25 BT-Drs. 18/9416, 49.
26 BT-Drs. 18/9416, 42.
27 Zusammenfassung des Gutachtens der Großen Strafrechtskommission des Deutschen Richterbundes „Die elektronische Akte im Strafverfahren", S. 4.

gen, da insoweit eine einheitliche maximale Aufbewahrungsfrist, die von Gegebenheiten des Verfahrens beeinflusst wird (Verjährung oder Abschluss) gilt.

II. Vorteile der elektronischen Akte

Der Gesetzgeber sieht **verschiedene Vorteile** der elektronischen Aktenführung im Vergleich zur herkömmlichen Aktenführung in Papier:[28] 42

Zunächst soll die Kommunikation zwischen Gericht bzw. Behörde und den an der elektronischen Kommunikation teilnehmenden Verfahrensbeteiligten beschleunigt werden. Dies wird durch die weitgehende Vermeidung von Medienbrüchen erzielt. Elektronisch eingehende Nachrichten müssen zur Veraktung nicht ausgedruckt werden, elektronisch erstellte Dokumente können ohne Ausdruck im Rahmen des elektronischen Rechtsverkehrs expediert werden. Erkennbar rechnet der Gesetzgeber mit zunehmenden elektronischen Eingängen. 43

Ferner soll die Übermittlung der Akten oder von Dokumenten schneller möglich sein. Das wird dadurch sichergestellt, dass das aufwändige Verpacken und der Postversand von Akten und Dokumenten entfallen. 44

Der Vorteil, dass elektronische Akten kontinuierlich verfügbar sind, auch wenn diese zB zur Antragstellung an den Ermittlungsrichter „verschickt" sind, liegt auf der Hand. Das gilt auch für den gleichzeitigen Zugriff verschiedener Bearbeiter. Dabei ist jedoch zu beachten, dass nur ein Bearbeiter schreibenden Zugriff auf die Akte bzw. einen abgrenzbaren Aktenteil haben kann, also Änderungen an der Akte bzw. dem Aktenteil vornehmen kann. Nur so lassen sich Konflikte, wessen Änderung tatsächlich gelten soll, vermeiden. Zur Antragstellung genügt ein Versand mit nur lesendem Zugriff, so dass das Recht zur Vornahme von Änderungen bei der Staatsanwaltschaft verbleibt. Der bei Gericht angefallene Schriftverkehr (also dort erstellte Beschlüsse, Protokolle, Verfügungen) werden vom Gericht mangels Schreibrechts noch nicht veraktet, sondern an die Staatsanwaltschaft zurückgeleitet und dort veraktet. 45

Auch der Vorteil einer örtlich unabhängigen Bearbeitung ist umgesetzt, sofern den Anwendern ein mobiles Endgerät mit sicherer Einwahl in das jeweilige Netz zur Verfügung steht. Die in Deutschland derzeit verwendeten Systeme zum Betrieb der elektronischen Akte sehen eine Verfügbarkeit der letzten aufgerufenen Akten auch dann vor, wenn kein Netz vorhanden ist (Offline-Fähigkeit). Damit soll die Durchführung von Sitzungen auch im Falle eines Netzausfalls sichergestellt werden. 46

Auch soll der Akteninhalt, insbesondere in Umfangsverfahren besser ausgewertet, dargestellt und verarbeitet werden, wofür einfache, komfortable und schnelle Suchmöglichkeiten verfügbar sind. Eine Volltextsuche ist für alle Dokumente möglich, die mit einer regelmäßig erfolgenden Texterkennung (derzeit mit OCR-Technik[29]) bearbeitet wurden. Dabei ist eine Suche über alle Aktenteile eines Verfahrens möglich. Neben den Suchmöglichkeiten kann der Akteninhalt nach Metadaten, deren auch nachträgliche Vergabe auch über die vorgesehenen Kriterien hinaus möglich ist, sortiert werden (mit der Folge, dass Zeugenvernehmungen alphabetisch nach dem Namen der Zeugen sortiert sind) oder gefiltert werden (mit der Folge, dass nur die Vernehmungen des Zeugen Z angezeigt werden). Die komfortable Ver- und Bearbeitung wird ua durch die Möglichkeit von Annotationen ergänzt. 47

Soweit vorgebracht wird,[30] dass Veränderungen der Akte in der Papierakte leichter nachvollziehbar wären, ist die Gefahr unbemerkter Manipulationen in der elektronischen Akte tatsächlich deutlich geringer. In der Papierakte werden Ergänzungen regelmäßig dadurch vorgenommen, dass auf die später eingehefteten Seiten die Blattzahl, hinter der die Blätter eingeheftet werden, mit Buchstaben ergänzt werden (zB Blatt 50a, 50b d. A.). Ausheftungen werden vorgenommen, indem die Blätter entnommen werden und – sofern 48

[28] BT-Drs. 18/9416, 31.
[29] OCR steht für optical character recognation, also optische Zeichenerkennung.
[30] Von Stetten ZRP 2015, 138.

Folgeblätter vorhanden sind – diese umpaginiert werden. Dazu wird die alte Blattzahl durchgestrichen und durch eine neue Blattzahl ersetzt. Dieses System kann wohl kaum als transparent gelobt werden. In der elektronischen Akte wird im Fall der späteren Ergänzung (wenn diese überhaupt in den vorhandenen bereits verakteten Dokumenten erfolgen soll) die Folgeblätter lesbar neu paginiert. Eine jederzeit unbemerkt entnehmbare Blattfolge mit Buchstaben wird so vermieden. Auch eine Entnahme führt zwingend entweder zu einem Freihalten der bereits einmal vergebenen Blattzahlen oder zur Anlage eines Fehlblatts. Daher ist die Veränderungssicherheit höher als in der Papierakte.

49 Auch handschriftliche Verfügungen werden Bestandteil der Akte. Durch die Bereitstellung einfach und schnell zu erstellender Verfügungen (sog. Stempelverfügungen) werden die Anwender vermehrt elektronisch verfügen. Soweit handschriftliche Verfügungen erstellt werden, sind diese gemäß § 32e in elektronische Dokumente zu übertragen und zu verakten.

50 Annotationen als Ersatz für in der elektronischen Akte nicht mehr mögliche handschriftliche Anmerkungen auf bereits verakteten Dokumenten unterliegen grundsätzlich nicht der Akteneinsicht.[31]

51 Die elektronische Akte ist zwingend auf ein funktionierendes EDV-Netz und zur Teilnahme am elektronischen Rechtsverkehr auf einen Anschluss an das Internet angewiesen. Daher sind Anforderungen der IT-Sicherheit, des Datenschutzes und der Verfügbarkeit des Netzes zu beachten.

III. Pilotierungsphase

52 Bis zum 31.12.2025 kann ab dem Inkrafttreten des § 32 am 1.1.2018 eine **Pilotierungsphase** erfolgen, in der die notwendigen organisatorischen und technischen Umstellungen und Entwicklungen getestet und Erfahrungen für die flächendeckende Einführung gesammelt werden können. Diese Pilotierungsphase wurde stets vorausgesetzt, wenn über die Einführung der elektronischen Akten in Strafverfahren nachgedacht wurde.[32] Diese Pilotierungsphase wurde vom Gesetzgeber zeitlich in zwei Abschnitte aufgeteilt.

53 In der ersten Phase vom 1.1.2018 bis 30.6.2025 kann durch Rechtsverordnung des Bundes und der Länder die Führung elektronischer Akten angeordnet werden. Dabei kann in der Rechtsverordnung eine Beschränkung auf einzelne Gerichte und Strafverfolgungsbehörden erfolgen. Darüber hinaus kann eine Beschränkung auf bestimmte Verfahrensarten entweder unmittelbar in der Rechtsverordnung oder flexibler[33] nach S. 3 Hs. 2 in einer öffentlich bekannt zu machenden Verwaltungsvorschrift erfolgen, zu deren Erlass dann in der Rechtsverordnung zu ermächtigen ist.

54 Bei der Beschränkung auf bestimmte Gerichte und Strafverfolgungsbehörden ist jedoch zu beachten, dass bei jeder Versendung der Akten an eine Behörde, die nicht zur elektronischen Aktenführung verpflichtet ist, ein Medienbruch (Ausdruck) erfolgen muss. Daher empfiehlt sich, eine Beschränkung auf eine Verfahrensart vorzunehmen, bei der eine häufige Versendung der Akten regelmäßig nicht vorkommt (zB auf Verkehrssachen, bei denen im Ermittlungsverfahren regelmäßig eine Aktenversendung an den Ermittlungsrichter nur im Fall des § 111a erfolgt). Dagegen scheint eine Beschränkungsmöglichkeit auf Verfahrensarten, deren Vorliegen erst während des laufenden Verfahrens festgelegt wird (zB Strafbefehlsverfahren) nicht praxistauglich, da die Frage, ob die Akte in Papier oder elektronisch geführt wird, regelmäßig zu Beginn des Verfahrens (im Idealfall schon bei der Polizei) getroffen werden muss.

55 Für Bestandsakten, also Akten, die zum Stichtag der (beschränkten) Einführung der elektronischen Akte in Papier geführt werden, kann durch die Rechtsverordnung bestimmt werden, diese auch in Zukunft in Papier zu führen. Dies gilt auch dann, wenn die entspre-

[31] Schmitt in Meyer-Goßner/Schmitt § 147 Rn. 13. Derartige Anmerkungen konnten schon bisher durch Radieren jederzeit entfernt werden.

[32] Zusammenfassung des Gutachtens der Großen Strafrechtskommission des Deutschen Richterbundes „Die elektronische Akte im Strafverfahren", S. 8.

[33] BT-Drs. 18/12203, 72.

chenden Verfahren noch nicht abgeschlossen sind. Von einer grundsätzlichen Digitalisierung von Bestandsakten kann nur abgeraten werden. Dazu müsste jedes eingescannte Dokument mit Metadaten versehen werden, um die Auswerte-, Filter- und Sortiermöglichkeiten der elektronischen Akte effizient nutzen zu können. Nachdem die Verfahren bis zum Stichtag in Papier zu führen sind, stünde nur ein kurzes Zeitfenster zur Digitalisierung zur Verfügung, welches mit der ohnehin nicht einfachen Einführung der elektronischen Akte und der damit einhergehenden Umstellung der Arbeitsabläufe bereits erheblich belastet ist.

Die Ermächtigung zum Erlass der Rechtsverordnung kann auf die zuständigen Bundes- 56
oder Landesministerien übertragen werden. Von dieser Übertragungsmöglichkeit wurde bisher nicht Gebrauch gemacht. Der erst im Rechtsausschuss eingefügte S. 3 Hs. 2 ermöglicht für den Fall, dass von der Beschränkungsmöglichkeit Gebrauch gemacht wird, durch Anordnung in der beschränkenden Rechtsverordnung die Festlegung der Verfahren, in denen die Akten elektronisch zu führen sind, durch öffentlich bekanntzumachende Verwaltungsvorschrift zu regeln. Damit wird die Festlegung der Verfahren deutlich erleichtert, so dass der Pilotierungsumfang flexibel angepasst werden kann.

In der zweiten (kurzen) Pilotierungsphase vom 1.7.2025 bis 31.12.2025 ist die Möglich- 57
keit gegeben, elektronische Akten zu führen („können"). Auch die Regelung der Fortführung der Bestandakten als Papierakten ist vorgesehen.

Eine Regelung, die vor dem 30.6.2025 angeordneten Pilotierungen auszudehnen, fehlt. 58
Die auf Grundlage der bis 30.6.2025 erlassenen Rechtsverordnungen bestehen trotz Aufhebung der Ermächtigungsgrundlage weiter.[34] Ob eine gegebenenfalls erforderliche Anpassung der Rechtsverordnung (zB wegen unvorhergesehener technischer Schwierigkeiten während der Pilotierung) möglich ist, ist unklar.

Damit ist der Erlass einer Rechtsverordnung zur Ausdehnung der Pilotierung (bzw. der 59
Einführung bei weiteren Behörden) nach dem 1.7.2025 nicht mehr möglich. Die durch vor dem 30.6.2025 erlassene Rechtsverordnungen angeordneten Pilotierungen können bis 31.12.2025 fortgesetzt werden. Diese Möglichkeit entspricht dem Willen des Gesetzgebers.[35]

Eine Ausdehnung der Einführung der elektronischen Aktenführung ist nach dem Wort- 60
laut vom 1.7.2025 bis 31.12.2025 nicht mehr möglich. Damit sind alle Verfahrensarten, die am 1.7.2025 bei Gerichten und Staatsanwaltschaften in Papier geführt werden, zwingend am 31.12.2025 zum 1.1.2026 auf elektronische Aktenführung umzustellen.

IV. Regelbetrieb der elektronischen Akte

Mit der Neuregelung wird ab 1.1.2026 die vollständige elektronische Aktenführung 61
für alle Gerichte und Strafverfolgungsbehörden in allen Verfahren und in allen Verfahrensabschnitten (Ermittlungs-, Straf- einschließlich Rechtsmittel- und Vollstreckungsverfahren) **verbindlich** vorgeschrieben. Alle ab dem 1.1.2026 neu eingehenden Verfahren sind daher ausschließlich elektronisch zu führen.

E. Organisatorische und technische Rahmenbedingungen (Abs. 2)

Durch Abs. 2 S. 1 werden die Bundes- und Landesregierungen ermächtigt und ver- 62
pflichtet, für ihren jeweiligen Bereich durch Rechtsverordnung die Rahmenbedingungen für den Einsatz der elektronischen Akte zu bestimmen. Folgende Rahmenbedingungen sind dabei zu regeln:

Organisatorische Rahmenbedingungen: Hier dürfte insbesondere die Frage zu 63
klären sein, wie die Veraktung eines Dokuments erfolgen soll. Auch die Aufbewahrung der nach § 32e zu übertragenen papierenen Ausgangsdokumente (abhängig von der Frage, ob

34 Remmert in Maunz/Düring GG Art. 80 Rn. 122.
35 BT-Drs. 18/9416, 81.

die Aufbewahrung „nur" für die Dauer der sechsmonatigen „Mindestdauer" oder länger bis längstens bis zum Ende des Jahres, in welchem Verjährung eintritt bzw. bei Abschluss des Verfahrens bis zum Ende des Jahres, das auf das Jahr folgt, in dem das Verfahren abgeschlossen wurde, muss die Aufbewahrung getrennt nach dem Zeitpunkt des Digitalisierungsvorgangs bzw. nach Verfahren erfolgen; → § 32e Rn. 12 ff.) stellt eine solche organisatorische Frage dar.

64 **Technische Rahmenbedingungen:** Bei den technischen Rahmenbedingungen wurde auf Empfehlung des Rechtsausschusses die Klarstellung ergänzend aufgenommen, dass diese dem jeweiligen Stand der Technik entsprechen müssen.[36] Zwar mag der Begriff „Stand der Technik" bekannt sein, jedoch knüpfen sich an seine Verwendung auch Fragen: Ergibt sich aus der Regelung ein Anspruch auf eine Anpassung der Software an den sich rasch fortentwickelnden Stand der Technik? Wenn sich ein entsprechender Anspruch ergibt, für wen (für die Anwender in der Justiz, für alle Einsichtsberechtigten)? Welcher Zeitpunkt für die Beurteilung des Standes der Technik ist maßgeblich (der des Erlasses der Rechtsverordnung, ein Zeitpunkt in der Entwicklungsphase der Software)?

65 Nachdem die Entwicklung einer an einen neuen Stand der Technik angepassten Softwareanwendung oft Jahre dauert und erhebliche finanzielle Ressourcen verbraucht, sollten nur in sehr eingeschränkten Umfang in der Rechtsverordnung technische Regelungen aufgenommen werden, um die zwingende Notwendigkeit für Anpassungen an den sich fortentwickelnden Stand der Technik auf ein Mindestmaß zu beschränken.

66 Eine derartige Beschränkung der technischen Regelungen könnte auf Themen, die die Nutzung der elektronischen Akte außerhalb der Justiz betreffen, erfolgen. Hier könnte festgelegt werden, in welchem Format eine elektronische Akte zur Akteneinsicht verfügbar gemacht wird. Die elektronische Akte enthält neben visualisierbaren Dateien auch Ton-, Video- und sonstige Dateien, sofern diese veraktet wurden (zB Aufzeichnungen von Vernehmungen). Aus der Akteneinsicht muss sich ergeben, wo die Datei veraktet wurde (zB Blattzahl) und unter welchem Namen die Datei an welchem Speicherort so abgespeichert ist, dass ein Öffnen der Datei (zB zum manuellen Abspielen der Aufzeichnung) möglich ist.

67 Gegenstand einer entsprechenden Rechtsverordnung kann auch sein, eine zwingende Protokollierung von Änderungen an der Akte (also das nachträgliche Einfügen von Dokumenten, das Entfernen bereits veraktekter Dokumente bzw. das Verschieben von Dokumenten) vorzusehen.

68 Zwar sind Regelungen zum **Datenschutz** und zur **Datensicherheit** einschließlich der Vorgaben aus §§ 496 ff.[37] möglich, jedoch dürften diese kaum praktische Bedeutung erlangen, da schon die Begründung des Gesetzesentwurfs weitere Konkretisierungen nicht für erforderlich hält. Die aufgrund der Verordnungsermächtigung festzulegenden Rahmenbedingungen treten insoweit lediglich ergänzend neben die geltenden Bestimmungen des allgemeinen Datenschutzrechts. Derzeit regelt insoweit § 9 BDSG[38] im Zusammenhang mit der Anlage zu § 9 insbesondere die einzuhaltenden Anforderungen an die Zutritts-, Zugangs-, Zugriffs-, Weitergabe-, Eingabe-, Auftrags- und Verfügbarkeitskontrolle, so dass lediglich bereichsspezifische Besonderheiten im Rahmen der Verordnung ergänzend festzulegen sind. Künftig sollen die allgemeinen Datenschutzregelungen für das Strafverfahren, die zugleich der Umsetzung der Richtlinie (EU) 2016/680 dienen, in Teil 3 des neuen Bundesdatenschutzgesetzes[39] geregelt werden.[40]

69 In den Rechtsverordnungen soll **Barrierefreiheit** im Sinne des § 4 BGG[41] bei der elektronischen Aktenführung angemessen Berücksichtigung finden, um Menschen mit

---

[36] BT-Drs. 18/12203, 73.
[37] BT-Drs. 18/9416, 43.
[38] Bundesdatenschutzgesetz vom 30.6.2017 (BGBl. I 2097), das durch Gesetz vom 23.6.2021 (BGBl. I 1858) geändert worden ist.
[39] Vgl. BT-Drs. 18/11325.
[40] BT-Drs. 18/12203, 73.
[41] Behindertengleichstellungsgesetz vom 27.4.2002 (BGBl. I 1467, 1468) zuletzt geändert durch Art. 9 des Gesetzes vom 2.6.2021 (BGBl. I 1387).

Behinderungen eine uneingeschränkte Nutzung der neuen elektronischen Zugangswege und Dokumente zu ermöglichen, so dass sie in der allgemein üblichen Weise, ohne besondere Erschwernis und grundsätzlich ohne fremde Hilfe zugänglich und nutzbar sind. Infolge der Umstellung auf die elektronische Aktenführung darf es nicht dazu kommen, dass sich Nutzungsmöglichkeiten für Menschen mit Behinderungen verschlechtern. Bund und Länder gewährleisten dies im Rahmen ihrer jeweiligen Regelungskompetenz.

Eine barrierefreie Verwendung der elektronischen Akte setzt neben der barrierefrei zu bedienenden regelmäßig nur justizintern verwendeten Softwareanwendung auch barrierefreie Dokumente voraus. Daher regelt die Dokumentenerstellungs- und -übermittlungsverordnung – DokErstÜbV vom 28.2.2020[42] in § 2 Abs. 4 für Gerichte und Strafverfolgungsbehörden von Bund und Ländern, dass barrierefreie lesbare Dokumente eingereicht werden sollen.[43] 70

Mit der Delegation der Regelungshoheit auf den Landesverordnungsgeber wird sichergestellt, dass die Ausgestaltung der Einzelheiten der Aktenführung in der **Organisationshoheit der Länder** verbleibt.[44] Damit können die Regelungen und deren technische Umsetzung in den Ländern erheblich voneinander abweichen. Dies macht die Regelung des Abs. 3 erforderlich, der sicherstellt, dass bei allen Unterschieden eine Übermittlung der elektronischen Akte von den Ländern an den Bund und umgekehrt sowie zwischen den Ländern möglich ist. 71

Neben den unterschiedlichen Regelungen wird es unterschiedliche Softwareanwendungen in Bund und Ländern geben. Derzeit werden in sog. Entwicklungsverbünden drei Softwaresysteme (eIP, eAS, e^2A) entwickelt, die mit den bestehenden Fachverfahren zur Vorgangsverwaltung bei den Gerichten und Staatsanwaltschaften und den damit verknüpften Textverarbeitungssystemen kompatibel sein müssen. 72

Der **Bund** hat für seinen Bereich die technischen und organisatorischen Rahmenbedingungen der Aktenführung beim Generalbundesanwalt und beim Bundesgerichtshof zu regeln. Abs. 2 stellt nicht darauf ab, ob es sich um originäre Akten des Bundes (etwa die Akten des Generalbundesanwalts bei eigener Ermittlungstätigkeit oder die Senatshefte des Bundesgerichtshofs) oder wie bei allen übrigen Strafakten um solche der Länder handelt, sondern allein darauf, dass die Aktenführung – etwa für die Dauer des Revisionsverfahrens – dem Bundesgerichtshof beziehungsweise dem Generalbundesanwalt obliegt.[45] Für die Ausgestaltung der Einzelheiten der Aktenführung an den Instanzgerichten hat der Bund keine Regelungskompetenz. Diese verbleibt bei den Ländern.[46] 73

Der Bund hat für seinen Zuständigkeitsbereich die **Bundesstrafaktenführungsverordnung (BStrafAktFV)** vom 9.12.2019[47] erlassen, die gemäß § 6 BStrafAktFV am 13.12.2019 in Kraft trat.[48] 74

Gemäß **§ 1 BStrafAktFV** gilt diese Verordnung für den Generalbundesanwalt, die Finanzbehörden des Bundes (bei Steuerstraftaten nach § 386 Abs. 2 Abgabenordnung (AO)[49] und Ermittlungsverfahren nach § 14a Schwarzarbeitsbekämpfungsgesetz (SchwarzArbG)[50]) und den Bundesgerichtshof. 75

§ 2 BStrafAktFV regelt Struktur und Format der elektronischen Akte und führt das Repräsentat ein. Zunächst werden zur Akte alle elektronischen Dokumente mit den Signaturdateien sowie sonstige zur Akte gebrachter Dateien und Informationen gespeichert. 76

---

[42] BGBl. 2020 I 244.
[43] Siehe → § 32b Rn. 30.
[44] BT-Drs. 18/9416, 43.
[45] BT-Drs. 18/9416, 43.
[46] So auch Graf in KK-StPO Rn. 28; Bär in Radtke/Hohmann § 32 Rn. 15 aE.
[47] BGBl. 2019 I 2140.
[48] BGBl. 2019 I 2140.
[49] Abgabenordnung idF der Bekanntmachung vom 1.10.2002 (BGBl. 2002 I 3866; 2003 I 61) zuletzt geändert durch G vom 22.12.2014 (BGBl. 2014 I 2415).
[50] Schwarzarbeitsbekämpfungsgesetz vom 23.7.2004 (BGBl. 2004 I 1842), das zuletzt durch Art. 22 des Gesetzes vom 25.6.2021 (BGBl. 2021 I 2099) geändert worden ist.

Soweit strukturierte maschinenlesbare Datensätze (zB Empfangsbekenntnisse oder Formulare iSd § 32c) gespeichert werden, verbleiben diese in der Form des strukturierten Datensatzes.

77 Das Repräsentat ist die lesbare Fertigung der elektronischen Akte, die beispielsweise für die Akteneinsicht erstellt wird. Die Inhalte der elektronischen Akte müssen als pdf/A[51]-Datei angezeigt werden können. Die Wiedergabe gespeicherter Metadaten (nur für die Datenverarbeitung notwendige Struktur-, Definitions- und Schemadateien) müssen dabei nicht wiedergegeben werden. An die Stelle einer als Strukturdaten gespeicherten Signaturdatei tritt ein Vermerk über die Signaturprüfung.

78 In § 2 Abs. 3 BStrafAktFV ist die Vorhaltung von XML-Dateien[52] geregelt, die für die Übermittlung der elektronischen Akten iSd Abs. 3 erforderlich sind.

79 **§ 3 BStrafAktFV** regelt die Bearbeitung der elektronischen Akte. Dabei wird das Verakten als die bewusste und dauerhafte Abspeicherung von elektronischen Dokumenten und sonstiger Dateien und Informationen definiert, wobei der Zeitpunkt der Speicherung nachvollziehbar sein muss.

80 **§ 4 BStrafAktFV** trifft ergänzende Regelungen zur Barrierefreiheit.

81 **§ 5 BStrafAktFV** sieht Ersatzmaßnahmen für den Fall technischer Störungen vor. In diesem Fall kann eine Ersatzakte in Papierform geführt werden, die nach Beseitigung der Störung wieder in die elektronische Form zu übertragen ist.

82 In Abs. 2 S. 2 ist die Befugnis für die Bundes- und Landesregierungen enthalten, die Ermächtigung zum Erlass der Rechtsverordnung nach Art. 2 auf die zuständigen Bundes- oder Landesministerien zu übertragen. Die Anwendung der Regelung birgt die Gefahr abweichender oder gar widersprechender Regelungen für Polizei und Justiz in sich.

F. Übermittlung elektronischer Akten (Abs. 3)

83 Abs. 3 **ermächtigt** und verpflichtet die Bundesregierung, durch Rechtsverordnung nach Zustimmung des Bundesrats, die wegen der Auswirkungen auf die in den Bundesländern eingesetzten Systeme erforderlich ist, bundesweit einheitliche Standards festzulegen, die für die Übermittlung elektronischer Akten zwischen den Gerichten und den Strafverfolgungsbehörden des Bundes und der Länder gelten.

84 In Abs. 3 S. 2 ist die Möglichkeit geregelt, die Ermächtigung durch Rechtsverordnung, für die die Zustimmung des Bundesrats nicht erforderlich ist, auf die zuständigen Bundesministerien zu **delegieren.**

85 Nachdem die organisatorische und technische Ausgestaltung der elektronischen Akte gemäß Abs. 2 der Regelungsbefugnis des Bundes und der Länder in eigener Zuständigkeit unterliegen, stellt Abs. 3 sicher, dass **elektronische Akten übermittelt** und vom Empfänger gelesen und bearbeitet werden können, auch wenn sie in den einzelnen Ländern unterschiedlich geführt werden.

86 Daher genügt nicht, eine lesbare Version der elektronischen Akte (also das Repäsentat[53]) zu versenden. Für eine umfassende Bearbeitbarkeit müssen auch die Metadaten übertragen werden und vom Zielsystem eingelesen werden können. Außerdem müssen die einzelnen Dateien, aus denen die elektronische Akte besteht, übermittelt werden.

87 Um diese **Übermittlung von einem Herkunftssystem in ein Zielsystem** zu ermöglichen, müssen Standards für die Aktenübermittlung festgelegt werden. Das versendende System muss in der Lage sein, die Akte in dieser Version, also mit einzelnen Dateien und den entsprechenden Metadaten, zu erstellen und an eine Schnittstelle abzugeben. Das

[51] pdf steht dabei für portable document format, einem Dateiformat zur Langzeitarchivierung von Dokumenten.

[52] xml steht für extensible markup language, eine Sprache, in der Strukturdaten in Form einer Textdatei so dargestellt werden können, dass sie von Menschen und Maschinen gelesen werden können.

[53] Siehe → Rn. 76.

empfangene System muss in der Lage sein, die Daten von der Schnittstelle abzuholen und in eine elektronische Akte im Zielsystem umzuwandeln.

Daher sind drei Versionen einer elektronischen Akte denkbar: eine bloße Leseversion ohne Metadaten (Repräsentat), eine übermittelbare Version mit den im Standard definierten Dateien und Metadaten sowie eine Version mit allen im System abgespeicherten Daten (die über den zur Übermittlung definierten Standard hinausgehen können). 88

In Ermittlungs- und Strafverfahren sind Fälle, in denen Akten übermittelt werden, häufiger und komplexer als in einem kontradiktorischen Verfahren (zB in Zivilsachen). Neben der dort üblichen Versendung im Rahmen der Abgabe, Amtshilfe und im Instanzenzug werden im Ermittlungs- und Strafverfahren Vorgänge, Dokumente, Akten und andere Informationen zwischen Ermittlungsbehörden, Staatsanwaltschaften, Gerichten (im Ermittlungsverfahren zur Beschlussbeantragung, ermittlungsrichterlichen Beweiserhebungen und Haftbefehlseröffnungen; im Strafverfahren nach Anklageerhebung) und Strafvollstreckungsbehörden teilweise mehrfach in beiden Richtungen übermittelt.[54] Jedenfalls sobald dabei die Grenze des versendenden Bundeslandes überschritten wird, handelt es sich um eine Aktenübermittlung iSd. Abs. 3. 89

Zunächst sind die **Dateiformate** für die elektronische Akte zu definieren. Um bei fortschreitender technischer Entwicklung die Kompatibilität der Daten sicherzustellen, dürfte auch die Aufnahme einer Versionsbezeichnung des Dateiformats in die Rechtsverordnung notwendig sein. 90

Daneben wird die Definition von **Softwareschnittstellen** vorzusehen sein, über die der justizinterne (länderübergreifende) Austausch der elektronischen Akte zwischen zwei Systemen (Herkunfts- und Zielsystem) erfolgt. Diese Definition sollte das Softwareprotokoll mit Regelungen zum Aufbau und zur Beendigung einer Verbindung zwischen den Systemen sowie zur eigentlichen Übermittlung der Daten enthalten.[55] 91

Daneben sind Regelungen zur Übermittlung von **Metadaten** notwendig, ohne die eine automatisierte Zuordnung der oftmals erheblichen Datenmengen zu einer Akte eines bestimmten Aktenzeichens, eines bestimmten Aktentyps (Haupt-, Teilermittlungs-, Beweismittelakte, Sonderhefte) und einer bestimmten Blattzahl bzw. eines Eingangs- oder Veraktungszeitstempels bestehend aus Datum und Uhrzeit nicht möglich ist. 92

Der Bundesgesetzgeber hat mit Zustimmung des Bundesrats am 14.4.2020 von der Ermächtigung des Abs. 3 S. 1 Gebrauch gemacht und die **Strafaktenübermittlungsverordnung (StrafAktÜbV)**[56] erlassen. Diese trat nach § 7 StrafAktÜbV am 21.4.2020 am Tag nach der Verkündung in Kraft.[57] 93

Gemäß **§ 1 StrafAktÜbV** ist diese auf Staatsanwaltschaften, Finanzbehörden in Ermittlungsverfahren nach § 386 Abs. 2 der Abgabenordnung (AO)[58] und § 14a des Schwarzarbeitsbekämpfungsgesetz (SchwarzArbG)[59] und Gerichte anwendbar. 94

In **§ 2 StrafAktÜbV** werden die inhaltlichen Standards der Übermittlung elektronischer Akten festgelegt. 95

Nach **§ 2 Abs. 1 StrafAktÜbV** werden die elektronisch geführten Akten auch dann elektronisch übermittelt, wenn die empfangende Stelle die Akte noch in Papier führt. Damit wird die Verpflichtung, die Akte im Rahmen des Medienbruchs auszudrucken, auf die empfangende Stelle übertragen. 96

Nach **§ 2 Abs. 2 S. 1 StrafAktÜbV** ist der elektronischen Akte ein strukturierter maschinenlesbarer Datensatz beizufügen. Dieser Datensatz muss den nach **§ 6 Abs. 1 StrafAktÜbV** bekanntgemachten Definitions- und Schemadateien entsprechend 97

[54] BT-Drs. 18/9416, 44.
[55] BT-Drs. 18/9416, 44.
[56] BGBl. 2020 I 799.
[57] BGBl. 2020 I 799.
[58] Abgabenordnung idF der Bekanntmachung vom 1.10.2002 (BGBl. 2002 I 3866; 2003 I 61), zuletzt geändert durch G vom 22.12.2014 (BGBl. 2014 I 2415).
[59] Schwarzarbeitsbekämpfungsgesetz vom 23.7.2004 (BGBl. 2004 I 1842), das zuletzt durch G vom 25.6.2021 (BGBl. 2021 I 2099) geändert worden ist.

und den in **§ 2 Abs. 2 S. 2 Nr. 1–6 StrafAktÜbV** geregelten Mindestinhalt umfassen. Damit müssen die jeweilige aktenführende Behörde, die Aktenzeichen (auch – soweit vorhanden – die polizeilichen Vorgangsnummern), Tatzeit, Tatort und Tatvorwurf, die Beschuldigten, Behörde und Aktenzeichen von Verfahren, die denselben Tatvorwurf betreffen, bezeichnet werden, um eine automatisierte Datenerfassung und eine Zuordnung zu gegebenenfalls vorhandenen Daten zu ermöglichen. Zuletzt ist mitzuteilen, ob mit der elektronischen Akte das Aktenführungsrecht bzw. ein Bearbeitungsrecht übertragen wurde oder ein nur lesbares Repräsentat übermittelt wurde. Hinsichtlich des Aktenführungsrechts und Bearbeitungsrechts sind auch Mischformen (zB Beschränkung auf bestimmte Aktenteile) möglich.

98 **§ 3 StrafAktÜbV** ergänzt die Information zu den übermittelten Berechtigungen für den Fall, dass das Aktenführungsrecht oder ein Bearbeitungsrecht übertragen werden. Mit dem Versand des Übernahmeersuchens darf die abgebende Stelle die Akte nicht mehr fortschreiben oder bearbeiten. Wurde die Aktenführung bzw. das Bearbeitungsrecht nur teilweise übertragen (zB auf einen Aktenteil beschränkt), gilt dieses Verbot der weiteren Fortschreibung nur in dem übertragenen Umfang. Soweit die Übernahme der Aktenführung und Bearbeitung abgelehnt wird (zB bei Ablehnung der Übernahme des Verfahrens), lebt das Aktenführungs- und Bearbeitungsrecht bei der abgebenden Stelle wieder auf. Eine Übernahmeerklärung, die die Abgabe vollzieht, ist soweit möglich als strukturierter Datensatz, sonst in anderer Form (zB als pdf/A-Datei) zu übersenden. Mit erfolgter Übernahme hat die abgebende Behörde nur ein Leserecht und muss die Akte entsprechend kennzeichnen. Dadurch wird die gleichzeitige Bearbeitung und damit unterschiedliche Aktenstände vermieden.

99 **§ 4 StrafAktÜbV** legt die Übermittlungswege und die Nutzung des elektronischen Gerichts- und Verwaltungspostfachs (EGVP) fest.

100 **§ 5 StrafAktÜbV** sieht Ersatzmaßnahmen vor, wenn und soweit eine elektronische Übermittlung nicht möglich ist. In diesem Fall kann die Akte entweder in Papierform oder mit einem physischen Datenträger übermittelt werden. Die elektronische Version der Akte ist im Störungsfall nur auf Anforderung nach Beseitigung der Störung nachzureichen. Diese Regelung sollte spätestens nach dem 1.1.2026 dahingehend überdacht werden, dass im Fall einer Übermittlung in Papierform zwingend die elektronische Version nachzureichen ist.

101 Nach **§ 6 StrafAktÜbV** kann die Bundesregierung weitere technische Anforderungen (Bestimmung, dass die Definitions- oder Schemadateien im XML-Format übermittelt werden sowie die im Störungsfall verwendbaren physischen Datenträger) im Bundesanzeiger bekanntmachen.

§ 32a Elektronischer Rechtsverkehr mit Strafverfolgungsbehörden und Gerichten; Verordnungsermächtigungen

(1) Elektronische Dokumente können bei Strafverfolgungsbehörden und Gerichten nach Maßgabe der folgenden Absätze eingereicht werden.

(2) [1]Das elektronische Dokument muss für die Bearbeitung durch die Strafverfolgungsbehörde oder das Gericht geeignet sein. [2]Die Bundesregierung bestimmt durch Rechtsverordnung mit Zustimmung des Bundesrates technische Rahmenbedingungen für die Übermittlung und die Eignung zur Bearbeitung durch die Strafverfolgungsbehörde oder das Gericht.

(3) Ein Dokument, das schriftlich abzufassen, zu unterschreiben oder zu unterzeichnen ist, muss als elektronisches Dokument mit einer qualifizierten elektronischen Signatur der verantwortenden Person versehen sein oder von der verantwortenden Person signiert und auf einem sicheren Übermittlungsweg eingereicht werden.

(4) [1]Sichere Übermittlungswege sind

1. **der Postfach- und Versanddienst eines De-Mail-Kontos, wenn der Absender bei Versand der Nachricht sicher im Sinne des § 4 Absatz 1 Satz 2 des De-Mail-Gesetzes angemeldet ist und er sich die sichere Anmeldung gemäß § 5 Absatz 5 des De-Mail-Gesetzes bestätigen lässt,**
2. **der Übermittlungsweg zwischen dem besonderen elektronischen Anwaltspostfach nach § 31a der Bundesrechtsanwaltsordnung oder einem entsprechenden, auf gesetzlicher Grundlage errichteten elektronischen Postfach und der elektronischen Poststelle der Behörde oder des Gerichts,**
3. **der Übermittlungsweg zwischen einem nach Durchführung eines Identifizierungsverfahrens eingerichteten Postfach einer Behörde oder einer juristischen Person des öffentlichen Rechts und der elektronischen Poststelle der Behörde oder des Gerichts,**
4. **der Übermittlungsweg zwischen einem nach Durchführung eines Identifizierungsverfahrens eingerichteten elektronischen Postfach einer natürlichen oder juristischen Person oder einer sonstigen Vereinigung und der elektronischen Poststelle der Behörde oder des Gerichts,**
5. **der Übermittlungsweg zwischen einem nach Durchführung eines Identifizierungsverfahrens genutzten Postfach- und Versanddienst eines Nutzerkontos im Sinne des § 2 Absatz 5 des Onlinezugangsgesetzes und der elektronischen Poststelle der Behörde oder des Gerichts,**
6. **sonstige bundeseinheitliche Übermittlungswege, die durch Rechtsverordnung der Bundesregierung mit Zustimmung des Bundesrates festgelegt werden, bei denen die Authentizität und Integrität der Daten sowie die Barrierefreiheit gewährleistet sind.**

[2]Das Nähere zu den Übermittlungswegen gemäß Satz 1 Nummer 3 bis 5 regelt die Rechtsverordnung nach Absatz 2 Satz 2.

(5) [1]Ein elektronisches Dokument ist eingegangen, sobald es auf der für den Empfang bestimmten Einrichtung der Behörde oder des Gerichts gespeichert ist. [2]Dem Absender ist eine automatisierte Bestätigung über den Zeitpunkt des Eingangs zu erteilen.

(6) [1]Ist ein elektronisches Dokument für die Bearbeitung durch die Behörde oder das Gericht nicht geeignet, ist dies dem Absender unter Hinweis auf die Unwirksamkeit des Eingangs unverzüglich mitzuteilen. [2]Das elektronische Dokument gilt als zum Zeitpunkt seiner früheren Einreichung eingegangen, sofern der Absender es unverzüglich in einer für die Behörde oder für das Gericht zur Bearbeitung geeigneten Form nachreicht und glaubhaft macht, dass es mit dem zuerst eingereichten Dokument inhaltlich übereinstimmt.

Übersicht

A. Allgemeines

1 Die Vorschrift ist durch das Gesetz zur Einführung der elektronischen Akte in der Justiz und zur weiteren Förderung des elektronischen Rechtsverkehrs vom 5.7.2017[1] geschaffen worden und trat an die Stelle von § 41a, der gestrichen wurde. Bis zum 1.1.2020 sah § 15 EGStPO eine Übergangsregelung vor. Inzwischen gilt § 32a ausnahmslos.

2 § 32a regelt den **elektronischen Rechtsverkehr mit den Strafverfolgungsbehörden** (Staatsanwaltschaften, Polizeien des Bundes und der Länder, Zoll, Steuerfahndung)[2] **und den Gerichten,** konkret die Einreichung elektronischer Dokumente durch die Verfahrensbeteiligten. Der Kreis der möglichen Absender wird nicht eingeschränkt. Für **Verteidiger und Rechtsanwälte** gilt seit dem 1.1.2022 § 32d als Sonderregelung.

3 **Ausgenommen** von der Regelung sind die **justizinterne Kommunikation,** zu der § 32b Regelungen enthält, sowie die **ausgehende Kommunikation der Justiz mit externen Beteiligten.** Schon seit dem 1.7.2002 ist es den Staatsanwaltschaften und Gerichten nach § 37 Abs. 1 und § 173 ZPO[3] möglich, auf elektronischem Wege zuzustellen oder den Beteiligten nicht zustellungspflichtige Dokumente zu übermitteln.[4]

4 Die Vorschrift entspricht weitgehend den **Parallelvorschriften in anderen Verfahrensordnungen,** vgl. § 130a ZPO, § 14 Abs. 2 S. 2 FamFG, § 55a VwGO, § 65c SGG, § 46c ArbGG und § 52a FGO. § 110c S. 1 OWiG und § 120 Abs. 1 S. 2 StVollzG verweisen auf § 32a sowie auf die auf Grundlage von Abs. 2 S. 2 und Abs. 4 Nr. 4 erlassenen Rechtsverordnungen, so dass diese auch unmittelbar für die Bußgeldbehörden und -gerichte sowie für den gerichtlichen Rechtsschutz in Strafvollzugssachen anwendbar sind.

5 Zum 1.1.2022 erfuhr die Vorschrift, insbesondere Abs. 4 (→ Rn. 41, siehe auch → Rn. 9, 13), eine umfangreichere Ergänzung durch das **Gesetz zum Ausbau des elektronischen Rechtsverkehrs mit den Gerichten und zur Änderung weiterer Vorschriften** vom 5.10.2021.[5]

6 Eine weitere Änderung der Vorschrift, die zum 1.8.2022 in Kraft treten wird, ist bereits absehbar und betrifft Abs. 4 S. 1 Nr. 2. Durch das **Gesetz zur Neuregelung des Berufsrechts der anwaltlichen und steuerberatenden Berufsausübungsgesellschaften sowie zur Änderung weiterer Vorschriften im Bereich der rechtsberatenden Berufe** vom 7.7.2021[6] wird dem Umstand Rechnung getragen, dass zusätzlich zum persönlichen, nur an natürliche Personen gebundenen besonderen elektronischen Anwaltspostfach jedes Rechtsanwalts nach § 31a BRAO künftig auch nach § 31b BRAO nF für Berufsausübungsgesellschaften besondere elektronische Anwaltspostfächer eingerichtet werden. Die Vorschrift lautet dann:

(4) [1]Sichere Übermittlungswege sind

2. der Übermittlungsweg zwischen den besonderen elektronischen Anwaltspostfächern nach den §§ 31a und 31b der Bundesrechtsanwaltsordnung oder einem entsprechenden, auf gesetzlicher Grundlage errichteten elektronischen Postfach und der elektronischen Poststelle der Behörde oder des Gerichts,

B. Elektronische Dokumente (Abs. 1 und 2)

7 Abs. 1 bestimmt, dass die Einreichung elektronischer Dokumente bei den Strafverfolgungsbehörden und Gerichten möglich ist und hierfür die nachfolgenden Absätze maßgebend sind. Eine Legaldefinition des Begriffs findet sich nicht. Ein **elektronisches Doku-**

---

1 BGBl. 2017 I 2208.
2 BT-Drs. 18/9416, 37.
3 Bis zum 31.12.2021 war die Regelung in § 174 Abs. 3 ZPO aF enthalten.
4 BT-Drs. 18/9416, 45; BT-Drs. 15/4067, 26.
5 BGBl. 2021 I 4607; dazu vgl. Müller RDiZ 2021, 486.
6 BGBl. 2021 I 2363.

ment ist jegliche Form von elektronischer Information, die ein Schriftstück oder eine körperliche Urkunde ersetzen soll und grundsätzlich zur Wiedergabe in körperlicher Form, zB durch Ausdruck, geeignet ist.[7] Soweit diese Voraussetzung erfüllt ist, kommt es auf den Inhalt des Dokuments nicht an, so dass neben reinem Text auch Tabellen oder Bilder in einem elektronischen Dokument enthalten sein können. Informationen, die nicht in körperlicher Form wiedergegeben werden können, wie **Audio- oder Videodateien,** sind von § 32a nicht erfasst. Die Übermittlung solcher Informationen an die Strafverfolgungsbehörden und Gerichte kann als Anlage zu einem elektronischen Dokument oder auf einem Datenträger erfolgen.

I. Eignung zur Bearbeitung

Elektronische Dokumente müssen nach Abs. 2 S. 1 **für die Bearbeitung durch die empfangenden Gerichte und Behörden geeignet** sein. Diese sind damit nicht verpflichtet, jedes Dateiformat zu akzeptieren bzw. technische Vorkehrungen dafür zu treffen, dass jedes Dateiformat gelesen werden kann. Der Gesetzgeber hat hier praxisgerecht dem Umstand Rechnung getragen, dass eine unbegrenzte Verpflichtung zur Entgegennahme von Dateiformaten zwar möglicherweise technisch, jedenfalls aber nicht praktisch umzusetzen wäre. Nach der Gesetzesbegründung sind, ohne dass es auf das Dateiformat ankommt, auch solche Dokumente nicht für die Bearbeitung geeignet, die eine **Schadsoftware** enthalten.[8] 8

Abs. 2 S. 2 wurde durch das **Gesetz zum Ausbau des elektronischen Rechtsverkehrs mit den Gerichten und zur Änderung weiterer Vorschriften vom 5.10.2021** (→ Rn. 5) im Wortlaut angepasst. Hierdurch soll Rechtssicherheit über die Anforderungen an elektronische Dokumente geschaffen werden. Ziel der Vorschrift und der Rechtsverordnung (→ Rn. 10 ff.) ist es sicherzustellen, dass elektronische Dokumente für die Gerichte und Strafverfolgungsbehörden lesbar sind und bearbeitet werden können. Formunwirksamkeit soll nur eintreten, wenn ein elektronisches Dokument im konkreten Fall durch die Behörde nicht bearbeitet werden kann. Liegt lediglich ein formaler Verstoß gegen die Vorgaben der Verordnung zu den technischen Rahmenbedingungen vor, führt dies nicht zu einer unwirksamen Einreichung. Maßgeblich ist die konkrete Eignung zur Bearbeitung durch die Behörde.[9] 9

II. Elektronischer-Rechtsverkehr-Verordnung

1. Allgemeines. Die Festlegung der für die Übermittlung und Bearbeitung geeigneten technischen Rahmenbedingungen – also auch der zulässigen Formate – soll nach Abs. 2 S. 2 in einer **Rechtsverordnung der Bundesregierung** erfolgen, die der Zustimmung des Bundesrates bedarf. Somit gelten hier ebenso bundeseinheitliche Standards wie bei der Übermittlung elektronischer Akten (→ § 32 Rn. 83 ff.), bei den bundeseinheitlichen sicheren Übermittlungswegen (→ Rn. 35 ff.) und bei der Erstellung und Übermittlung elektronischer Dokumente zwischen den Strafverfolgungsbehörden und den Gerichten (→ § 32b Rn. 20 ff.). Eine Subdelegationsmöglichkeit ist entsprechend den Parallelvorschriften in anderen Verfahrensordnungen nicht vorgesehen. 10

Von dieser Ermächtigung in Abs 2 S. 2 hat die Bundesregierung Gebrauch gemacht, indem der Anwendungsbereich der **Elektronischer-Rechtsverkehr-Verordnung (ERVV)** vom 24.11.2017[10] mit Wirkung vom 16.2.2018 auf das Strafverfahren erweitert wurde.[11] Nach **§ 1 Abs. 1 ERVV** sind die Vorschriften der Verordnung und der Bekanntmachung nach § 5 ERVV auf den elektronischen Rechtsverkehr nach § 32a anwendbar. 11

In der Verordnung werden die **technischen Rahmenbedingungen des elektronischen Rechtsverkehrs** (Kapitel 2, §§ 2–5), das **elektronische Behördenpostfach** (Kapitel 3, §§ 6–9) sowie das **elektronische Bürger- und Organisationenpostfach** und der 12

[7] BT-Drs. 18/9416, 45; vgl. Graf in KK-StPO § 32a Rn. 4–6.
[8] BT-Drs. 18/9416, 45.
[9] BT-Drs. 19/28399, 39, 33.
[10] BGBl 2017 I 3803.
[11] BGBl. 2018 I 200; BR-Drs. 4/18; Biallaß in jurisPK-ERV ERVV § 1 Rn. 22.

Postfach- und Versanddienst eines Nutzerkontos (Kapitel 4, §§ 11–13) konkretisiert. Nach Kapitel 5 (§§ 14–15) gelten **Sondervorschriften für das Strafverfahren.**

13 Mit Wirkung vom 1.1.2022 wurde die Verordnung durch das **Gesetz zum Ausbau des elektronischen Rechtsverkehrs mit den Gerichten und zur Änderung weiterer Vorschriften** (→ Rn. 5) geändert und ergänzt. Es sind insbesondere die Regelungen zum besonderen elektronischen Bürger- und Organisationenpostfach sowie zum Postfach und Versanddienst eines Nutzerkontos (Kapitel 4, §§ 10–13) hinzugekommen. Ferner wurden in § 2 ERVV einzelne Anforderungen an die elektronischen Dokumente gestrichen.

14 **2. Einzelne Regelungen.** Die in der Verordnung festgelegten einzelnen **technischen Rahmenbedingungen für elektronische Dokumente** können nachfolgend nur überblicksartig dargestellt werden.[12] Die Anforderungen enthalten Soll- und – insbesondere seit dem 1.1.2022 nur noch – wenige zwingende Vorgaben. Erfüllen eingereichte Dokumente Soll-Vorgaben der Verordnung nicht, ist die Einreichung gleichwohl wirksam. Werden zwingende Vorschriften nicht beachtet, gilt das Dokument als nicht geeignet für die Bearbeitung durch das Gericht oder die Behörde.

15 Nach **§ 2 Abs. 1 ERVV** ist das elektronische Dokument im Dateiformat PDF zu übermitteln. Nur wenn bildliche Darstellungen im Format PDF nicht verlustfrei wiedergegeben werden können, ist eine zusätzliche Einreichung im Dateiformat TIFF zulässig. Für elektronische Dateien, die als Beweismittel eingereicht werden, gelten die Beschränkungen der Dateiformate nicht.[13] Seit dem 1.1.2022 ist die **Vorgabe des Dateiformats PDF die einzige zwingende Anforderung** an das elektronische Dokument. Die bis dahin geltenden weiteren Anforderungen der Druck-, Kopier- und Durchsuchbarkeit wurden gestrichen, da nur noch solche Rahmenbedingungen vorgegeben werden sollen, die eine Eignung zur Bearbeitung durch das Gericht oder die Behörde sicherstellen (→ Rn. 9, 13).[14]

16 Nach **§ 2 Abs. 2 ERVV** soll das elektronische Dokument den Standards nach § 5 Abs. 1 Nr. 1 und 6 ERVV entsprechen. Es handelt sich um eine Soll-Regelung, so dass das Gericht, wenn die Eignung zur Bearbeitung sichergestellt ist, das Dokument zulassen muss, auch wenn die Standards nicht eingehalten werden. Diese stellen jedoch den Maßstab für die Eignung zur Bearbeitung dar und bieten dem Einreicher so hinreichende Sicherheit. Es ist nicht ausgeschlossen, dass das Gericht auch bei Einhaltung der Standards die Einreichung aufgrund anderer technischer Defekte zurückweisen kann.[15]

17 Nach **§ 2 Abs. 3 ERVV** soll dem Dokument ein strukturierter maschinenlesbarer Datensatz mit einem bestimmten Mindestinhalt und entsprechend den gemäß § 5 Abs. 1 Nr. 2 bekanntgemachten Spezifikationen beigefügt werden. Solche Strukturdatensätze können weitere manuelle Bearbeitungsschritte entbehrlich werden lassen. Die enthaltenen Informationen können zB von den behördlichen Fachverfahren ausgelesen und im Rahmen der Vorgangs- und Verfahrensverwaltung verwendet werden, ohne dass die Daten von einem Bearbeiter manuell erfasst werden müssen.

18 Sind Höchstgrenzen für die Anzahl oder das Volumen elektronischer Dokumente festgelegt und stehen diese einer Einreichung als elektronisches Dokument entgegen, kann nach **§ 3 ERVV** eine Übermittlung des Schriftsatzes und der Anlagen nach den allgemeinen Vorschriften, mithin auf Papier, erfolgen. Dann soll die Einreichung möglichst von einem physischen Datenträger begleitet sein, der die Dokumente in elektronischer Form enthält.

19 **§ 4 ERVV** bestimmt, dass qualifiziert elektronisch signierte Dokumente (→ Rn. 32) nur auf einem sicheren Übermittlungsweg (→ Rn. 35 ff.) oder an das Elektronische Gerichts- und Verwaltungspostfach übermittelt werden dürfen. Die Übermittlung qualifiziert elektronisch signierter Dokumente auf anderen elektronischen Kommunikationswe-

---

[12] Zur Verordnung siehe auch Bacher MDR 2019, 1; Mardorf jM 2020, 266; Radke in jurisPK-ERV StPO § 32a Rn. 14 ff.
[13] Bacher MDR 2019, 1 (3).
[14] BT-Drs. 19/28399, 40.
[15] BT-Drs. 19/28399, 40.

gen, also zB per E-Mail, ist damit unzulässig.[16] Sog. Containersignaturen, also die Signatur mehrerer elektronischer Dokumente mit einer gemeinsamen qualifizierten elektronischen Signatur, sind unzulässig.

Einzelheiten zu den **technischen Standards für die Übermittlung und Eignung zur Bearbeitung** elektronischer Dokumente, zB betreffend die Versionen der Dateiformate PDF und TIFF, die zulässigen Höchstgrenzen für Anzahl und Volumen der Dokumente oder die Einzelheiten der Anbringung qualifizierter elektronischer Signaturen, sind nach **§ 5 ERVV** in einer Bekanntmachung festzulegen, die im Bundesanzeiger und auf der Internetseite www.justiz.de zu veröffentlichen ist. Dies ist mit den Elektronischer-Rechtsverkehr-Bekanntmachungen (ERVB) in den Jahren 2018,[17] 2019,[18] 2021[19] und 2022[20] erfolgt. 20

Das dritte Kapitel enthält sodann die Anforderungen an das **besondere elektronische Behördenpostfach (§ 6 ERVV),** das diesbezügliche Identifizierungsverfahren **(§ 7 ERVV),** Regelungen zum Zugang und den Zugangsberechtigungen **(§ 8 ERVV)** sowie zur Änderung und Löschung der Postfächer **(§ 9 ERVV).** So muss bei einer Nachricht aus einem besonderen Behördenpostfach feststellbar sein, dass das elektronische Dokument vom Postfachinhaber versandt wurde, § 6 Abs. 1 Nr. 4 ERVV. In der Praxis erfolgt dies durch einen **vertrauenswürdigen Herkunftsnachweis (vHN),** der der Nachricht beigefügt ist und Voraussetzung für die wirksame Einreichung des elektronischen Dokuments ist.[21] 21

Seit dem 1.1.2022 sind im vierten Kapitel Regelungen zu den in § 32a Abs. 4 Nr. 4 und 5 **neu geschaffenen sicheren Übermittlungswegen** (→ Rn. 41) enthalten. So regelt **§ 10 ERVV** die Anforderungen an das besondere elektronische Bürger- und Organisationenpostfach, während **§ 11 und § 12 ERVV** die Identifizierung und Authentisierung des Postfachinhabers sowie Änderungen bei den Daten des Postfachinhabers und die Löschung des Postfachs betreffen. Die Anforderungen an den Postfach- und Versanddienst eines Nutzerkontos nach § 2 Abs. 5 OZG definiert **§ 13 ERVV.**[22] 22

Das fünfte Kapitel enthält die **besonderen Vorschriften für den elektronischen Rechtsverkehr mit den Strafverfolgungsbehörden und den Strafgerichten.**[23] 23

Nach **§ 14 ERVV** gelten die übrigen Regelungen der ERVV für schriftlich abzufassende, zu unterschreibende oder zu unterzeichnende Dokumente nach § 32a Abs. 3 (→ Rn. 27 ff.) mit besonderen **Maßgaben bezüglich des strukturierten maschinenlesbaren Datensatzes,** der nach § 2 Abs. 3 ERVV einem elektronischen Dokument beigefügt werden soll (→ Rn. 17). Dieser muss die in § 14 Nr. 1 bis 5 ERVV genannten Angaben enthalten, da die nach der allgemeinen Regelung des § 2 Abs. 3 ERVV geforderten Angaben in Strafverfahren, aber auch in Strafvollzugs- und Bußgeldsachen (→ Rn. 4), fachlich nicht passend sind. 24

§ 15 ERVV enthält eine **Sonderregelung für sonstige verfahrensbezogene Dokumente.** Erforderlich ist dies, weil § 32a Abs. 1 die Einreichung elektronischer Dokumente bei den Strafverfolgungsbehörden und Gerichten – anders als die Parallelvorschriften (→ Rn. 4) – ohne Einschränkungen zulässt. Auch nicht formbedürftige Dokumente können elektronisch eingereicht werden. Dies soll auf einem hierfür ausdrücklich eröffneten Übermittlungsweg auch ohne Einhaltung der Vorgaben des § 2 ERVV möglich sein. Aber auch dann müssen die Dokumente in einem Format übermittelt werden, in dem sie zur Bearbeitung geeignet sind. Anderenfalls ist der Eingang unwirksam. Das Risiko, dass eine Bearbeitung nicht möglich ist, trägt in diesen Fällen der Absender.[24] § 15 Abs. 1 S. 3 ERVV legt fest, dass die Mitteilung nach § 32a Abs. 6 S. 1 (→ Rn. 49) einen ausdrücklichen Hinweis auf die geltenden technischen Rahmenbedingungen und nicht auf mögliche Alternativformate enthalten muss. 25

---

16 BR-Drs. 645/17 15.
17 BAnz AT 28.12.2017 B2.
18 BAnz AT 31.12.2018 B3.
19 BAnz AT 30.12.2020 B5.
20 BAnz AT 26.11.2021 B2; BAnz AT 18.2.2022 B2.
21 OVG Bremen BeckRS 2020, 11204 Rn. 22.
22 Vgl. zu den Änderungen im Einzelnen BT-Drs. 19/28399, 41.
23 Ausführlich dazu Biallaß in jurisPK-ERV ERVV § 14 und ERVV § 15.
24 BR-Drs. 4/18 6.

26 Die Übermittlung von Dokumenten, für die § 32a Abs. 3 nicht gilt, soll nach § 15 Abs. 2 ERVV auch auf anderen als den in § 32a Abs. 4 genannten Übermittlungswegen möglich sein, wenn ein solcher Übermittlungsweg generell, dh durch die Justizverwaltung, und ausdrücklich, dh durch entsprechende Bekanntmachung, eröffnet worden ist.[25]

C. Formbedürftige Dokumente (Abs. 3)

27 Bei elektronischen **Dokumenten, für die ein Schriftformerfordernis gilt,** sind nach Abs. 3 besondere Anforderungen zu beachten. Konkret geht es dabei um solche Dokumente, bei denen die Strafprozessordnung in der Papierwelt fordert, dass sie **„schriftlich"** abgefasst (zB § 158 Abs. 1 S. 1, Abs. 2, § 222b Abs. 1 S. 4, § 306 Abs. 1, § 314 Abs. 1, § 317, § 341 Abs. 1, § 347 Abs. 1 S. 2, § 349 Abs. 3 S. 2, § 356a S. 2, § 381 S. 1, § 396 Abs. 1 S. 1, § 404 Abs. 1 S. 1, § 410 Abs. 1 S. 1, § 424 Abs. 2) bzw. **„unterschrieben"** oder **„unterzeichnet"** (zB § 172 Abs. 3 S. 2, § 345 Abs. 2, § 366 Abs. 2, § 390 Abs. 2) sein sollen. Bei elektronischen Dokumenten soll es diese Unterschiede nicht geben. Vielmehr sollen einheitliche förmliche Anforderungen gelten.[26]

28 Anders als nach der Vorgängerregelung in § 41a Abs. 1 aF soll die Einreichung elektronischer Dokumente auch bei **Anträgen nach § 23 EGGVG** möglich sein, für die nach § 26 EGGVG die Schriftform gilt.[27]

29 Soweit der **Nachweis der Vertretungsmacht** des Verteidigers für eine Prozesshandlung vorausgesetzt ist (zB § 329 Abs. 1) und dieser **durch ein elektronisches Dokument** geführt werden soll, ist es erforderlich, dass das Dokument entsprechend den Anforderungen des Abs. 3 eingereicht wurde.[28] Die praktische Umsetzung einer dieser Anforderung entsprechenden Einreichung begegnet aktuell freilich noch erheblichen Schwierigkeiten.[29] Die Führung des Nachweises mittels **Einreichung eines gescannten und ausgedruckten Papierdokuments** soll hingegen ausreichen, da dann der Anwendungsbereich von § 32a nicht eröffnet ist.[30]

30 Elektronische **Dokumente, für die kein Schriftformerfordernis gilt,** können nach Abs. 1 und 2 ohne die zusätzlichen besonderen Anforderungen des Abs. 3 eingereicht werden (→ Rn. 25). Die Abs. 5 und 6 gelten hier ebenfalls.

31 Dokumente iSv Abs. 3 (→ Rn. 27) sind entweder mit einer **qualifizierten elektronischen Signatur** der verantwortenden Personen zu versehen **oder** von der verantwortenden Person **(einfach) signiert und auf einem sicheren Übermittlungsweg** einzureichen. Soweit an ein elektronisches Dokument besondere Formerfordernisse gestellt werden, genügt die Einreichung mittels einfacher E-Mail grundsätzlich nicht.[31] Die Rechtsprechung hält die Form jedoch für gewahrt, wenn eine an eine E-Mail angehängte Scankopie ausgedruckt und zur Papierakte genommen wird.[32]

32 Die **Voraussetzungen einer qualifizierten elektronischen Signatur** ergeben sich aus der Verordnung (EU) Nr. 910/2014 des Europäischen Parlaments und des Rates über elektronische Identifizierung und Vertrauensdienste für elektronische Transaktionen im Binnenmarkt und zur Aufhebung der Richtlinie 1999/93/EG (sog. **eIDAS-Verordnung**).[33] Nach Art. 3 Nr. 12 der Verordnung handelt es sich um eine fortgeschrittene[34] elektronische

[25] BR-Drs. 4/18 7.
[26] BT-Drs. 18/9416 46.
[27] BT-Drs. 18/9416 46.
[28] OLG Karlsruhe NStZ-RR 2021, 56; aA Spitzer NStZ 2021, 327 (329).
[29] Müller RDi 2021, 215.
[30] OLG Karlsruhe NStZ-RR 2021, 184 mAnm Ibold RDi 2021, 416.
[31] LG Baden-Baden BeckRS 2020, 2634; vgl. auch → Rn. 25.
[32] OLG Koblenz BeckRS 2021, 37047; AG Stuttgart BeckRS 2021, 32419 mAnm Krenberger, jurisPR-VerkR 6/2022 Anm. 4; vgl. ausführlich insbes. zum FamFG Hergenröder FamRZ 2020, 1982.
[33] ABl. EU 2014 L 257, 73.
[34] Vgl. Art. 3 Nr. 11 und Art. 26 eIDAS-Verordnung.

Signatur, die von einer qualifizierten elektronischen Signaturerstellungseinheit erstellt wurde und auf einem qualifizierten Zertifikat für elektronische Signaturen beruht. Mit dem eIDAS-Durchführungsgesetz vom 18.7.2017[35] wurden die erforderlichen Voraussetzungen für den effektiven Vollzug der unmittelbar geltenden und vorrangig anzuwendenden Verordnung geschaffen. Im Zuge dessen wurde das bisherige Signaturgesetz (SigG) durch das **Vertrauensdienstegesetz (VDG)** abgelöst. Die qualifizierte elektronische Signatur soll einen sicheren Nachweis über die Herkunft des elektronischen Dokuments **(Authentizität)** ermöglichen und gewährleisten, dass dieses nicht verändert wurde **(Integrität).** Für die Übermittlung qualifiziert elektronischer Dokumente gilt § 4 ERVV (→ Rn. 19).

Einfache elektronische Signaturen[36] sind solche, die kein fortgeschrittenes oder qualifiziertes Niveau haben, zB die Wiedergabe des Namens der verantwortenden Person unter einem Dokument. Die sicheren Übermittlungswege, auf denen elektronische Dokumente mit einfacher elektronischer Signatur eingereicht werden können, ergeben sich aus Abs. 4 (→ Rn. 35). Angesichts der höheren technischen Anforderungen zur Erstellung einer qualifizierten elektronischen Signatur und der bislang geringen Verbreitung der Nutzung solcher Signaturen wollte der Gesetzgeber mit dieser Alternative zur Einreichung elektronischer formbedürftiger Dokumente u.a. einen niederschwelligen digitalen Zugangsweg schaffen. 33

Die Regelung soll ausschließlich der **Einhaltung prozessualer Formerfordernisse** (→ Rn. 27) dienen und nicht der Gewährleistung einer vertraulichen Kommunikation. Will bzw. muss der Absender aufgrund anderweitiger Vorgaben oder Verpflichtungen eine vertrauliche Kommunikation sicherstellen, obliegt es ihm, dies gesondert zu prüfen und entsprechende Vorkehrungen zu treffen.[37] 34

D. Sichere Übermittlungswege (Abs. 4)

I. Allgemeines

Abs. 4 knüpft an die zweite Alternative des Abs. 3 an und nennt abschließend die sicheren Übermittlungswege, auf denen **elektronische Dokumente ohne qualifizierte elektronische Signatur** formwirksam eingereicht werden können. Damit werden nicht an das Dokument selbst, sondern an die Art und Weise der Übertragung besondere Anforderungen gestellt. So soll bezüglich der Authentizität und Integrität eine Gleichwertigkeit mit der qualifizierten elektronischen Signatur hergestellt werden.[38] Eine einfache Signatur (→ Rn. 33) ist jedoch Voraussetzung für eine wirksame Einreichung über einen sicheren Übermittlungsweg.[39] 35

Da sich die Übermittlung auf einem sicheren Übermittlungsweg nicht aus dem Dokument allein ergibt, ist es in der Praxis erforderlich, den **Übertragungsweg** durch Veraktung von Protokollen oder technischen Bestätigungen zu **dokumentieren und dauerhaft prüfbar** zu machen.[40] 36

II. Die sicheren Übermittlungswege im Einzelnen

Abs. 4 Nr. 1 sieht den **Postfach- und Versanddienst eines De-Mail-Kontos** als einen sicheren Übermittlungsweg vor. Voraussetzung ist, dass der Absender bei Versand der Nachricht sicher im Sinne von § 4 Abs. 1 S. 2 des De-Mail-Gesetzes, also mittels zweier geeigneter und voneinander unabhängiger Sicherungsmittel, angemeldet ist und er sich die sichere Anmeldung nach § 5 Abs. 5 des De-Mail-Gesetzes bestätigen lässt. Bis zum 31.12.2021 (→ Rn. 5) war De-Mail der einzige Übermittlungsweg, der auch nicht professi- 37

[35] BGBl. 2017 I 2745.
[36] Vgl. auch Art. 3 Nr. 10 eIDAS-Verordnung.
[37] BT-Drs. 18/9416 45.
[38] BT-Drs. 18/9416 46.
[39] BT-Drs. 17/12634 25; OLG Koblenz BeckRS 2021, 37047.
[40] BT-Drs. 18/9416 46.

onellen Verfahrensbeteiligten zur Verfügung stand. Gleichwohl führt er in der justiziellen Praxis ein Schattendasein und wird nur in nicht nennenswertem Umfang zur Kommunikation mit den Gerichten und Strafverfolgungsbehörden genutzt.[41]

38 Aus Abs. 4 Nr. 2 ergibt sich der aus praktischer Sicht bis dato wohl am häufigsten genutzte Übermittlungsweg, nämlich die Einreichung eines einfach signierten elektronischen Dokuments aus einem **besonderen elektronischen Anwaltspostfach** (beA) nach § 31a BRAO (ab 1.8.2022 auch § 31b BRAO, → Rn. 6) an die elektronische Poststelle der Behörde oder des Gerichts. Letzteres meint die bereits seit 2004 bestehende Infrastruktur des Elektronischen Gerichts- und Verwaltungspostfachs (EGVP), an die bundesweit alle Gerichte und Staatsanwaltschaften angebunden sind.[42] Auf Absenderseite ist entscheidend, dass die Authentizität der Teilnehmer durch einen sicheren Verzeichnisdienst sichergestellt ist. Beim besonderen elektronischen Anwaltspostfach trägt die Bundesrechtsanwaltskammer die Verantwortung für die Einrichtung der Postfächer und die Führung des Verzeichnisses. Von Abs. 4 Nr. 2 ist auch das besondere elektronische Notarpostfach (beN) nach § 78n BNotO erfasst, wenngleich dieses im strafrechtlichen Bereich von geringer praktischer Relevanz sein dürfte.

39 Beim Versand eines nicht qualifiziert elektronisch signierten Dokuments aus dem besonderen elektronischen Anwaltspostfach kommt es für die Wirksamkeit der Einreichung eines Dokuments nach Abs. 3 darauf an, dass der Ersteller der einfachen Signatur und der Absender ein und dieselbe Person sind.[43]

40 Behörden und juristische Personen des öffentlichen Rechts können nach Abs. 4 Nr. 3 über das **besondere elektronische Behördenpostfach** (beBPo) elektronische Dokumente auf einem sicheren Übermittlungsweg bei den Gerichten und Strafverfolgungsbehörden einreichen. Die technischen Einzelheiten des Postfachs, bei dem die Infrastruktur des Elektronischen Gerichts- und Behördenpostfachs genutzt wird, sind in §§ 6–9 ERVV geregelt (→ Rn. 21). Eine Pflicht zur Nutzung des elektronischen Behördenpostfachs besteht – anders als in anderen Verfahrensordnungen[44] – nach der Strafprozessordnung nicht.

41 Mit dem Gesetz zum Ausbau des elektronischen Rechtsverkehrs mit den Gerichten und zur Änderung weiterer Vorschriften vom 5.10.2021 (→ Rn. 5) wurden Abs. 4 S. 1 (ebenso wie den Parallelvorschriften in den anderen Verfahrensordnungen → Rn. 4) **zwei neue sichere Übermittlungswege** hinzugefügt.[45] Ziel ist es, den elektronischen Zugang zu den Gerichten und Strafverfolgungsbehörden, insbesondere für die Bürger, Unternehmen, Organisationen und Verbände zu erweitern und zu vereinfachen, aber auch Zustellungen durch die Gerichte und Behörden zu ermöglichen (vgl. auch § 173 ZPO).

42 Nach Abs. 4 Nr. 4 ist ein nach Durchführung eines Identifizierungsverfahrens eingerichtetes **besonderes elektronisches Bürger- und Organisationenpostfach** (eBO), bei dem sich natürliche oder juristische Personen oder sonstige prozessfähige Vereinigungen registrieren können, als sicherer Übermittlungsweg zugelassen.

43 Nach Abs. 4 Nr. 5 können elektronische Dokumente auch mittels des **Postfach- und Versanddienstes eines Nutzerkontos nach § 2 Abs. 5 OZG** an die Poststelle der Behörde oder des Gerichts übermittelt werden. Die Einzelheiten zu den neuen Zugangswegen regeln die §§ 10 ff. ERVV (→ Rn. 23 ff.).

44 **Weitere Kommunikationswege,** die bundeseinheitlich zur Verfügung stehen, können nach Abs. 4 Nr. 6 mittels Rechtsverordnung der Bundesregierung, die der Zustimmung des Bundesrates bedarf, als sichere Übermittlungswege festgelegt werden. Voraussetzung ist, dass die Authentizität und Integrität der Daten sowie die Barrierefreiheit gewährleistet sind. Ein solcher Kommunikationsweg muss also durch technische oder organisatorische Maßnahmen gewährleisten, dass die Identität des Absenders verifiziert und eine Manipulation der über-

[41] Albrecht in Hoeren/Sieber/Holznagel MultimediaR-HdB Teil 28 Rn. 62.
[42] Vgl. www.egvp.justiz.de.
[43] Vgl. § 23 Abs. 3 S. 5 RAVPV.
[44] Vgl. § 130d ZPO, § 14b FamFG.
[45] BT-Drs. 19/28399, 39, 33; Müller RDi 2021, 486 (489); Müller NJW 2021, 3281 (3283); Schultzky MDR 2022, 201 (202).

mittelten Daten ausgeschlossen ist.[46] Mit Blick auf den raschen Fortschritt in der Technologie ergibt sich hierdurch die Option, flexibel auf technische Veränderungen und Entwicklungen zu reagieren. Die Möglichkeit der Subdelegation ist nicht vorgesehen.

E. Eingang elektronischer Dokumente (Abs. 5)

Abs. 5 bestimmt den Zeitpunkt, in dem ein **elektronisches Dokument eingegangen** ist. Nach S. 1 muss es hierzu auf der für den Empfang bestimmten Einrichtung der Behörde oder des Gerichts gespeichert worden sein. Dies kann ein von der Behörde oder dem Gericht oder von einem im Rahmen des § 497 entsprechend beauftragten Dienstleister betriebener Posteingangsserver sein.[47] **Maßgeblich** ist allein die erstmalige Speicherung der Nachricht auf dem zentralen Posteingangsserver. Ist die Speicherung auf dem Empfänger-Intermediär im Netzwerk für das elektronische Gerichts- und Verwaltungspostfach (EGVP) gespeichert, kommt es nicht auf die Weiterleitung an andere Rechner der justiziellen Infrastruktur oder darauf an, ob die Möglichkeit bestand, die Nachricht vom Intermediär abzuholen.[48] Auch die nachfolgenden Verarbeitungsschritte, wie das Zuweisen der Nachricht zu einem vorhandenen oder neu anzulegenden Verfahren, der Ausdruck oder die Speicherung zu einer konkreten elektronischen Akte sind diesbezüglich unerheblich. 45

Bei formbedürftigen einfach signierten elektronischen Dokumenten, die auf einem sicheren Übermittlungsweg eingereicht werden (→ Rn. 34 f.), muss zudem dokumentiert werden, dass und auf welchem sicheren Übermittlungsweg nach Abs. 4 die Einreichung erfolgt ist. Die Art der Übermittlung ist aus dem Dokument selbst nicht zwingend und zweifelsfrei ersichtlich. In diesen Fällen erfordert der Grundsatz der Aktenvollständigkeit, dass die Nachricht bzw. die Nachrichteninformationen zur Akte genommen wird, aus denen sich der verwendete sichere Übermittlungsweg ergibt (→ Rn. 36). 46

S. 2 bestimmt, dass dem Absender automatisiert eine **Bestätigung über den Zeitpunkt des Eingangs** zu erteilen ist. Hier zeigt sich ein Vorteil der Digitalisierung: Ohne zusätzlichen manuellen Aufwand auf Seiten der Justiz ist es möglich, dem Absender Gewissheit darüber zu verschaffen, dass die Übertragung erfolgreich war und wann diese erfolgt ist. Anders als bei der Einreichung von Papierdokumenten, kann der Eingangszeitpunkt im elektronischen Rechtsverkehr zudem um einiges exakter bestimmt werden. Die Eingangsbestätigung stellt anders als der Sendebericht beim Telefax, der im Zuge der Umstellung der Telefonnetze auf Internettelefonie aus technischer Sicht keine verlässliche Bestätigung für den erfolgreichen Versand eines Telefaxes mehr darstellen dürfte, eine deutlich verlässlichere Grundlage für eine erfolgreiche Einreichung dar. Der Absender kann auf eine erfolgreiche Übertragung nur vertrauen, wenn er die gerichtliche oder behördliche Eingangsbestätigung erhalten hat. Bleibt diese aus oder ist sie fehlerhaft, hat er nachzuforschen und die Einreichung ggf. zu wiederholen, um nachteilige Folgen zu vermeiden.[49] 47

F. Formatfehler bei der Einreichung (Abs. 6)

Die Anforderungen des formellen Rechts dürfen den Verfahrensbeteiligten den Zugang zu den Gerichten nicht in unverhältnismäßiger Weise erschweren.[50] Daher sollen **Fehler bei der Einreichung** elektronischer Dokumente, die dazu führen, dass die Dokumente zB wegen eines falschen Dateiformats nicht bearbeitet werden können, **nicht zum Rechts-** 48

[46] BT-Drs. 18/9416, 47.
[47] BT-Drs. 18/9416, 47.
[48] BGH NZA 2020, 1199 (zu § 130a Abs. 5 ZPO).
[49] OVG Magdeburg NJW 2019, 3663 (3664); OVG Berlin-Brandenburg BeckRS 2020, 31277 jeweils zu § 55a Abs. 5 VwGO; BGH NJW 2021, 2201 (2202) zu § 130a Abs. 5 ZPO.
[50] BVerfG NJW 2005, 814 (815).

verlust führen, wenn sie unverzüglich korrigiert werden. Dies soll Abs. 6 sicherstellen und damit gleichzeitig das Vertrauen in die elektronische Kommunikation fördern.[51]

49 Nach Abs. 6 S. 1 ist die Behörde oder das Gericht verpflichtet, den Absender darauf hinzuweisen, dass ein elektronischer Eingang den Anforderungen des Abs. 2 nicht genügt und deshalb unwirksam ist. Maßgeblich ist die konkrete Eignung zur Bearbeitung (→ Rn. 9). Der Absender soll so in die Lage versetzt werden, die Einreichung zu wiederholen. Mit Blick auf Abs. 6 S. 2 hat die Mitteilung ebenfalls unverzüglich, also ohne schuldhaftes Zögern, zu erfolgen.[52] Handelt es sich um sonstige verfahrensbezogene elektronische Dokumente nach § 15 Abs. 1 S. 3 ERVV, sind (nur) die technischen Rahmenbedingungen nach § 2 ERVV mitzuteilen (→ Rn. 25).

50 Macht der Absender von dieser **Möglichkeit der erneuten Einreichung** unverzüglich nach Erhalt der Mitteilung Gebrauch und reicht das elektronische Dokument in einer zur Bearbeitung geeigneten Form nach,[53] gilt das Dokument nach Abs. 6 S. 2 als zum Zeitpunkt der früheren Einreichung eingegangen, wenn er zudem **glaubhaft** macht, dass das nachgereichte Dokument mit dem zuerst eingereichten inhaltlich übereinstimmt. Ein Rechtsverlust durch Fristversäumnis kann so verhindert werden. Als Mittel der Glaubhaftmachung kommt eine eidesstattliche Versicherung in Betracht.[54]

51 Führt ein **Defekt auf der Seite der Justiz** dazu, dass das elektronische Dokument nicht bearbeitet werden kann, berührt dies die Wirksamkeit der Einreichung nicht, wenn der Inhalt des Dokuments nachträglich einwandfrei nachvollzogen werden kann.

52 Eine **Wiedereinsetzung in den vorigen Stand** kann in Betracht kommen, wenn die elektronische Kommunikation mit dem Gericht bzw. der Behörde wegen einer technischen Störung gar nicht möglich oder das Gericht bzw. die Behörde der Pflicht nach Abs. 6 S. 1 nicht oder nicht ausreichend nachgekommen ist[55] und die Fristversäumnis darauf beruht. Im ersten Fall muss der Absender keine andere Art der Einreichung wählen.[56]

§ 32b Erstellung und Übermittlung strafverfolgungsbehördlicher und gerichtlicher elektronischer Dokumente; Verordnungsermächtigung

(1) [1]Wird ein strafverfolgungsbehördliches oder gerichtliches Dokument als elektronisches Dokument erstellt, müssen ihm alle verantwortenden Personen ihre Namen hinzufügen. [2]Ein Dokument, das zu unterschreiben oder zu unterzeichnen ist, muss darüber hinaus mit einer qualifizierten elektronischen Signatur aller verantwortenden Personen versehen sein.

(2) Ein elektronisches Dokument ist zu den Akten gebracht, sobald es von einer verantwortenden Person oder auf deren Veranlassung in der elektronischen Akte gespeichert ist.

(3) [1]Werden die Akten elektronisch geführt, sollen Strafverfolgungsbehörden und Gerichte einander Dokumente als elektronisches Dokument übermitteln. [2]Die Anklageschrift, der Antrag auf Erlass eines Strafbefehls außerhalb einer Hauptverhandlung, die Berufung und ihre Begründung, die Revision, ihre Begründung und die Gegenerklärung sowie als elektronisches Dokument erstellte gerichtliche Entscheidungen sind als elektronisches Dokument zu übermitteln. [3]Ist dies aus technischen Gründen vorübergehend nicht möglich, ist die Übermittlung in Papierform zulässig; auf Anforderung ist ein elektronisches Dokument nachzureichen.

(4) [1]Abschriften und beglaubigte Abschriften können in Papierform oder als elektronisches Dokument erteilt werden. [2]Elektronische beglaubigte Abschriften müs-

[51] BT-Drs. 18/9416, 48.
[52] So schon zur Vorgängervorschrift Graalmann-Scheerer in Löwe/Rosenberg § 41a Rn. 15.
[53] OLG Oldenburg BeckRS 2022, 3740.
[54] BT-Drs. 18/9416, 48.
[55] Graalmann-Scheerer in Löwe/Rosenberg § 41a Rn. 13.
[56] BT-Drs. 18/9416, 48; ähnlich Graf in KK-StPO § 32a Rn. 19.

sen mit einer qualifizierten elektronischen Signatur der beglaubigenden Person versehen sein. [3]Wird eine beglaubigte Abschrift in Papierform durch Übertragung eines elektronischen Dokuments erstellt, das mit einer qualifizierten elektronischen Signatur versehen ist oder auf einem sicheren Übermittlungsweg eingereicht wurde, muss der Beglaubigungsvermerk das Ergebnis der Prüfung der Authentizität und Integrität des elektronischen Dokuments enthalten.

(5) [1]Die Bundesregierung bestimmt durch Rechtsverordnung mit Zustimmung des Bundesrates die für die Erstellung elektronischer Dokumente und deren Übermittlung zwischen Strafverfolgungsbehörden und Gerichten geltenden Standards. [2]Sie kann die Ermächtigung durch Rechtsverordnung ohne Zustimmung des Bundesrates auf die zuständigen Bundesministerien übertragen.

Übersicht

A. Allgemeines

1 § 32b wurde mit Wirkung vom 1.1.2018 durch das Gesetz zur Einführung der elektronischen Akte in der Justiz und zur weiteren Förderung des elektronischen Rechtsverkehrs vom 5.7.2017[1] eingefügt. Abs. 1 S. 2 der Vorschrift wurde durch das Gesetz zur Fortentwicklung der Strafprozessordnung und zur Änderung weiterer Vorschriften vom 25.6.2021[2] mit Wirkung vom 1.7.2021 geändert.

2 Die Vorschrift wird mit Wirkung zum 1.1.2026 durch das Gesetz zur Fortentwicklung der Strafprozessordnung und zur Änderung weiterer Vorschriften vom 25.6.2021[3] wiederum geändert. Abs. 3 lautet künftig:

[1]Strafverfolgungsbehörden und Gerichte sollen einander Dokumente als elektronisches Dokument übermitteln. [2]Die Anklageschrift, der Antrag auf Erlass eines Strafbefehls außerhalb einer Hauptverhandlung, die Berufung und ihre Begründung, die Revision, ihre Begründung und die Gegenerklärung sowie als elektronisches Dokument erstellte gerichtliche Entscheidungen sind als elektronisches Dokument zu übermitteln. [3]Ist dies aus technischen Gründen vorübergehend nicht möglich, ist die Übermittlung in Papierform zulässig; auf Anforderung ist ein elektronisches Dokument nachzureichen.

Die Gesetzesänderung streicht lediglich den einleitenden Halbsatz „Werden die Akten elektronisch geführt"; da ab dem 1.1.2026 alle Akten elektronisch geführt werden, besteht

[1] BGBl. 2017 I 2208.
[2] BGBl. 2021 I 2099.
[3] BGBl. 2021 I 2099.

kein Bedarf mehr für ihn. Bereits jetzt sind die Strafverfolgungsbehörden verpflichtet, die Anklageschrift, den Antrag auf Erlass eines Strafbefehls, die Berufungseinlegung und ihre Begründung sowie die Revisionseinlegung, ihre Begründung und die Gegenerklärung als elektronisches Dokument zu übermitteln. Sollte die elektronische Übermittlung aus technischen Gründen unmöglich sein, ist die Ersatzeinreichung als Papierdokument zulässig. Alle anderen Dokumente *sollen* lediglich als elektronisches Dokument übermittelt werden, eine Verpflichtung besteht insoweit nicht. In der Praxis wird ab der flächendeckenden Einführung der elektronischen Akte in Strafsachen bis spätestens zum 31.12.2025 bis auf sehr wenige Ausnahmen sämtliche Kommunikation zwischen Strafverfolgungsbehörden und Gerichten elektronisch erfolgen, so dass der Soll-Vorschrift des Abs. 3 S. 1 nur geringe praktische Bedeutung zukommen wird.

3 Die Vorschrift gilt gemäß § 110c S. 1 OWiG für das Ordnungswidrigkeitenrecht entsprechend.

4 Die RiStBV enthalten keine Regelungen mit Bezug zur Vorschrift des § 32b (zur RiStBV → § 32 Rn. 23).

B. Erstellung eines elektronischen Dokuments

5 § 32b Abs. 1 regelt die Erstellung und (interne) Übermittlung eines strafverfolgungsbehördlichen oder (straf-)gerichtlichen elektronischen Dokuments sowie dessen Veraktung. Die Vorschrift normiert explizit keine Verpflichtung der Strafverfolgungsbehörden und Gerichte, Dokumente nur noch elektronisch zu erstellen.[4] Sie legt lediglich die rechtlichen Rahmenbedingungen für originär elektronisch erstellte Dokumente fest. Zur Übertragung von sogenannten Ausgangsdokumenten iSv § 32e Abs. 1 vgl. → § 32e Rn. 4 ff. Für die Übermittlung eines elektronischen Dokuments an Externe verbleibt es bei den Regelungen von § 37 Abs. 1 iVm § 173 ZPO.[5]

I. Einfache elektronische Signatur

6 S. 1 bestimmt, dass in jedem Fall alle verantwortenden Personen ihren Namen dem Dokument beifügen müssen. Verantwortende Person im Sinne der Vorschrift ist jede Person, die inhaltlich für das Dokument verantwortlich zeichnet. Eine bloße Mitwirkung an der Erstellung, etwa als Schreibkraft, reicht hierfür nicht aus.[6]

7 Eine einfache elektronische Signatur, die den Nachnamen oder ein zuordbares Namenskürzel wiedergibt, genügt dem Erfordernis des Abs. 1 S. 1. Die Gesetzesbegründung geht zutreffend davon aus, dass die Nennung der Dienststelle und der Dienstbezeichnung der verantwortenden Person zweckmäßig ist, wenngleich sie nach dem Gesetz nicht verpflichtend erfolgen müssen.[7]

II. Qualifizierte elektronische Signatur

8 Weitergehende Anforderungen gelten gemäß Abs. 1 S. 2 für Dokumente, die zu unterschreiben oder zu unterzeichnen sind. Abs. 1 S. 2 wurde mit Wirkung zum 1.7.2021 entscheidend geändert: Mit der Änderung gilt Abs. 1 nur noch für Dokumente, die zu unterschreiben oder zu unterzeichnen sind; zuvor wurde eine qualifizierte elektronische Signatur auch für Dokumente gefordert, die „schriftlich abzufassen" sind. Mit der Streichung soll ein Gleichlauf zwischen analoger und digitaler Welt erreicht werden: Besteht prozessrechtlich lediglich die Anforderung, ein Dokument müsse schriftlich abgefasst werden, bedarf es

4 Vgl. auch die Gesetzesbegründung: BT-Drs. 18/9416, 48.
5 Bis zum 31.12.2021 war die Regelung in § 174 Abs. 3 ZPO aF enthalten.
6 Vgl. BT-Drs. 18/9416, 48.
7 BT-Drs. 18/9416, 48.

keiner eigenhändigen Unterschrift.;[8] anders die Regelung des § 32a Abs. 3, in der nicht zwischen Dokumenten unterschieden wird, die schriftlich abzufassen, zu unterschreiben oder zu unterzeichnen sind (→ § 32a Rn. 27). § 126 BGB gilt nach allgemeiner Meinung im Prozessrecht nicht.[9] Daher soll auch deren elektronisches Pendant, die qualifizierte elektronische Signatur nicht erforderlich sein.[10] Die Änderung ist insbesondere im Ordnungswidrigkeitenrecht von Relevanz, da § 32b gemäß § 110c S. 1 OWiG für das Ordnungswidrigkeitenrecht entsprechend gilt: Im Bußgeldverfahren sind zahlreiche Dokumente schriftlich abzufassen, aber nicht zwingend zu unterschreiben oder zu unterzeichnen.

Qualifizierte elektronische Signaturen sind seit dem 1.7.2021 nur noch auf Dokumenten aufzubringen, die zu unterschreiben oder zu unterzeichnen sind. Dies betrifft seit dem 1.7.2021 nur noch Urteile und gerichtliche Protokolle: Mit dem Gesetz zur Fortentwicklung der Strafprozessordnung und zur Änderung weiterer Vorschriften vom 25.6.2021 wurden auch die §§ 168 ff. dahingehend geändert, dass die zuvor bestehenden Unterschriftserfordernisse für polizeiliche und staatsanwaltschaftliche Vernehmungsprotokolle entfallen. Nur über richterliche Untersuchungshandlungen ist ein Protokoll aufzunehmen, das vom Richter und dem Protokollführer zu unterschreiben ist (§ 168 S. 4). Sonstige Untersuchungshandlungen der Ermittlungsbehörden sind gemäß § 168b Abs. 1 n.F. lediglich aktenkundig zu machen. Ob die Praxis der Ermittlungsbehörden dem Gesetzgeber darin folgt, nur noch in den gesetzlich vorgeschriebenen Fällen Dokumente mit Unterschriften der Beteiligten zu versehen, bleibt abzuwarten. Die Unterschrift des Zeugen oder Beschuldigten unter einem Vernehmungsprotokoll hat schließlich eine nicht zu unterschätzende Wirkung im Rahmen der Beweisaufnahme, sollte der Zeuge oder Beschuldigte von der protokollierten Aussage abweichen: In diesem Fall stellen sich gerade angesichts seiner eigenhändigen Unterschrift unter das Protokoll Fragen der Glaubwürdigkeit der Person und der Glaubhaftigkeit der in der Hauptverhandlung gemachten abweichenden Aussage.[11] 9

Die qualifizierte elektronische Signatur muss den Anforderungen der Art. 25 ff. der eIDAS-VO[12] entsprechen; diese Norm ist mitsamt dem VDG[13] an die Stelle des § 2 Nr. 3 SigG getreten, auf den in der Gesetzesbegründung noch referenziert wird.[14] In der Sache ergeben sich daraus keine größeren Änderungen. Soweit bei einem zu unterschreibenden Papierdokument eine Vertretung zulässig ist, wie etwa bei Urteilen (§ 275 Abs. 2 S. 2), gilt dies auch bei elektronischen Dokumenten. In diesem Fall ist der Vertreter verantwortende Person iSv Abs. 1 (→ Rn. 6) und muss seine qualifizierte elektronische Signatur anbringen.[15] 10

§ 32b schweigt sich zu Folgen einer fehlerhaften oder fehlenden elektronischen Signatur bewusst aus. Damit gelten die allgemeinen Grundsätze, die auch bislang für einen Verstoß gegen die Formvorschriften galten.[16] 11

C. Veraktung eines elektronischen Dokuments

§ 32b Abs. 2 bestimmt, dass ein elektronisches Dokument (erst) dann zu den Akten gebracht worden ist, *„sobald es von einer verantwortenden Person oder auf deren Veranlassung in der elektronischen Akte gespeichert"* wurde. Zum Begriff der elektronischen Akte vgl. → § 32 12

---

8 StRspr und hM, vgl. nur BVerfGE 15, 288 = NJW 1963, 755; RGSt 62, 53 (54); BGHSt 2, 77 (78); 30, 182 (183); Schmitt in Meyer-Goßner/Schmitt Einl. Rn. 128.

9 Vgl. GmS-OGB NJW 1980, 172 (174); Einsele in MüKoBGB § 126 Rn. 5.

10 Vgl. BT-Drs. 19/27654, 55.

11 Zu der damit ggf. einhergehenden Gefahr rechtspsychologischer Fehler vgl. Eisenberg BeweisRStPO Rn. 874 ff.

12 Verordnung (EU) Nr. 910/2014 des Europäischen Parlaments und des Rates vom 23.7.2014 über elektronische Identifizierung und Vertrauensdienste für elektronische Transaktionen im Binnenmarkt und zur Aufhebung der Richtlinie 1999/93/EG, ABl. L 257 S. 73.

13 BGBl. 2017 I 2745.

14 BT-Drs. 18/9416, 48.

15 BT-Drs. 18/9416, 48.

16 BT-Drs. 18/9416, 49.

Rn. 33 ff. Die Vorschrift stellt damit klar, dass die Veraktung eines elektronisch erstellten Dokuments eine bewusste Handlung darstellt, die sich klar von der bloßen Erstellung und Fertigstellung des elektronischen Dokuments unterscheidet. Dies ist ein großer Unterschied zur bisherigen Praxis in der „Papierwelt“, in der jedenfalls die Manifestierung der Entscheidung zur Veraktung keine praktische Rolle spielt: Häufig wird sich die Entscheidung zur Veraktung nur durch schlüssiges Handeln manifestieren, etwa im Heften und paginieren oder in der unveränderten Übersendung eines von der Polizei zugelieferten Aktenbestandes zur Akteneinsicht an Verfahrensbeteiligte.[17] Erstmals lässt sich mit der elektronischen Akte der Zeitpunkt der Veraktung eines Dokuments exakt bestimmen. Der Gesetzgeber hat nicht geregelt, ob der Zeitpunkt der Veraktung in einem Metadatum, der Akte selbst oder lediglich in der Datenbank, in der die elektronische Akte gespeichert wird, niedergelegt werden muss. Er muss in jedem Falle bestimmbar sein. Dieser Zeitpunkt ist von großer praktischer Relevanz, etwa für die Überprüfung der Einhaltung der Urteilsabsetzungsfrist des § 275 Abs. 1 S. 2 im Revisionsverfahren. Es ist daher für die Wahrung der Urteilsabsetzungsfrist künftig nicht mehr ausreichend, ein elektronisch oder schriftlich abgefasstes Urteil an die Geschäftsstelle zu versenden oder zu übergeben. Erforderlich ist vielmehr, dass die Geschäftsstelle das Urteil zur Akte speichert.[18] Sollte das Speichern zur Akte aus technischen Gründen vorübergehend unmöglich sein, so wird die Überschreitung der Urteilsabsetzungsfrist in der Regel nach § 275 Abs. 1 S. 4 gerechtfertigt sein.[19]

13 Anders als Abs. 1 gilt Abs. 2 der Vorschrift auch für Dokumente, die nicht originär elektronisch erstellt, sondern erst in elektronische Form übertragen wurden.

D. Übermittlung eines elektronischen Dokuments

14 Abs. 3 regelt die Übermittlung elektronischer Dokumente. Den Grundsatz bildet eine Sollvorschrift zur elektronischen Kommunikation, die für bestimmte Dokumente zu einer Pflicht wird: Bei elektronischer Aktenführung *sollen* Strafverfolgungsbehörden und Gerichte grundsätzlich Dokumente elektronisch übermitteln (S. 1). Für die Anklageschrift, den Antrag auf Erlass eines Strafbefehls außerhalb der Hauptverhandlung, die Einlegung von Berufung und Revision sowie die jeweiligen Begründungen durch die Staatsanwaltschaft,[20] die Revisionsgegenerklärung sowie als elektronisches Dokument erstellte gerichtliche Entscheidungen *müssen* als elektronisches Dokument übermittelt werden (S. 2). Sollte die elektronische Übermittlung aus technischen Gründen nicht möglich sein, ist die papierhafte Übermittlung zulässig; allerdings ist auch in diesen Fällen auf Aufforderung ein elektronisches Dokument nachzureichen (S. 3).

15 Der Gesetzgeber begründet den Verzicht auf einen Zwang zur elektronischen Kommunikation mit dem Umstand, dass es Situationen geben könne, *„in denen ein Bedürfnis bestehen kann, Dokumente in Papierform weiterzuleiten – beispielsweise wenn Datenverarbeitungsgeräte in der einzelnen Situation nicht verfügbar sind, gleichwohl jedoch ein Bedürfnis nach sofortiger Übermittlung eines Dokuments"* bestehe.[21] Diese Begründung überzeugt nicht, sondern widerspricht dem erklärten Ziel des Gesetzgebers, eine schnelle, reibungslose Kommunikation zwischen den Strafverfolgungsbehörden sicherzustellen und zu einer Verfahrensvereinfachung und -beschleunigung beizutragen:[22] Bei elektronischer Aktenführung wird in aller Regel kein Bedürfnis bestehen, Dokumente in Papierform weiterzuleiten. Dies ist bei elektronischer Aktenführung gerade mit erhöhten Aufwänden verbunden, da entsprechende Dokumente

---

17 So Growe/Gutfleisch NStZ 2020, 633 (634), die noch weitere Beispiele aufführen.
18 Vgl. auch Kassebohm StraFo 2017, 393 (397), der darauf hinweist, dass nicht geregelt sei, wann und wie ein elektronisches Dokument in den Geschäftsgang gelangt.
19 Vgl. BT-Drs. 18/9416, 49.
20 Für die Rechtsmitteleinlegung und -begründung des Verteidigers gilt ab dem 1.1.2022 § 32d S. 2.
21 BT-Drs. 18/9416, 49.
22 So die Gesetzesbegründung: BT-Drs. 18/9416, 49.

zunächst in die Papierform gebracht, sprich ausgedruckt werden müssten. Etwas anderes gilt nur dann, wenn das zu übersendende Dokument in Papierform vorliegt und zunächst durch den Sender in die elektronische Form überführt werden müsste. Es steht leider zu befürchten, dass die durch die Digitalisierung der Aktenführung und Kommunikation zu erwartenden Effizienzgewinne verwässert werden, wenn die Möglichkeit zum papierhaften Versand weiter voraussetzungslos möglich bleibt. Durch die notwendige Digitalisierung eines Papierdokuments, um es zur Akte zu nehmen, entstehen insbesondere bei den Empfängern von Papierdokumenten unnötige Aufwände, die vermeidbar wären. In jedem Fall hätte der Gesetzgeber die Pflicht aus S. 3 Hs. 2 zur nachträglichen Übersendung eines elektronischen Dokuments auch für die Fälle des S. 1 ausweiten sollen, um die Arbeitsaufwände auf der Empfängerseite zu minimieren.

E. Erstellung von Abschriften

Abs. 4 regelt die Erstellung von **Abschriften** und **beglaubigten Abschriften.** Beide 16
Arten der Abschrift können sowohl als Papier- wie auch als elektronisches Dokument erteilt werden (S. 1). Ob eine Abschrift erteilt werden darf oder muss, regelt Abs. 4 explizit nicht;[23] dies ergibt sich direkt aus der jeweiligen Vorschrift der StPO.[24]

I. Einfache Abschriften

Für einfache Abschriften gelten keine besonderen Regeln. Sie können sowohl in 17
Papierform durch Ausdruck eines elektronischen Dokuments als auch elektronisch erteilt werden.

II. Beglaubigte Abschriften

Beglaubigte Abschriften müssen mit einer qualifizierten elektronischen Signatur der 18
beglaubigenden Person versehen sein, wenn sie elektronisch erteilt werden. Wenn eine beglaubigte Abschrift durch Ausdruck eines elektronischen Dokuments erstellt wurde, das mit einer qualifizierten elektronischen Signatur versehen ist oder auf einem sicheren Übermittlungsweg eingereicht wurde, muss der Beglaubigungsvermerk das Ergebnis der Prüfung der Authentizität und Integrität des elektronischen Dokuments enthalten. Damit gilt für elektronisch erstellte beglaubigte Abschriften der § 32e Abs. 3 S. 3 entsprechend.

III. Ausfertigungen

Ausfertigungen werden nicht von § 32b Abs. 4 normiert. Unter einer Ausfertigung 19
versteht man eine amtliche Abschrift, die durch den Urkundsbeamten der Geschäftsstelle mit einem Ausfertigungsvermerk versehen wird[25] und dem Zweck dient, eine bei den Akten verbleibende Urschrift nach außen zu vertreten.[26] Sie tritt im Rechtsverkehr damit an deren Stelle.[27] Bis zum 31.12.2017 waren Ausfertigungen in der StPO lediglich in den § 114d Abs. 2 S. 2 (Übersendung einer Ausfertigung der Anklageschrift an die JVA) und § 275 Abs. 4 (Ausfertigungen von Urteilen) erwähnt. Mit der Anpassung der genannten Vorschriften durch Art. 1 Nr. 9 und Nr. 28 lit. b des Gesetzes zur Einführung der elektronischen Akte in der Justiz und zur weiteren Förderung des elektronischen Rechtsverkehrs vom 5.7.2017[28] besteht künftig kein Bedarf an der Erstellung von Ausfertigungen. Sofern nach Einführung der elektronischen Akte Bedarf an einer mit besonderem öffentlichen

---

[23] BT-Drs. 18/9416, 50.
[24] Bär in Radtke/Hohmann § 32b Rn. 11 zählt einige Beispiele dafür auf.
[25] Vgl. § 275 Abs. 4 StPO aF.
[26] Vgl. BT-Drs. 18/9416, 50.
[27] → 1. Aufl. § 275 Rn. 43.
[28] BGBl. 2017 I 2208.

Glauben ausgestatteten amtlichen Abschrift besteht, soll nach dem Willen des Gesetzgebers eine beglaubigte Abschrift ausreichend sein.[29] Ausfertigungen von Entscheidungen der Strafgerichte wird es indes weiter geben, soweit sich ihre Erstellung nach den Vorschriften der ZPO richtet. Dies ist immer dann der Fall, wenn die StPO für die Vollstreckung von Entscheidungen auf die zwangsvollstreckungsrechtlichen Vorschriften der ZPO verweist, wie etwa bei der Vollstreckung von Adhäsionsurteilen (§ 406b S. 1) oder der Vollstreckung von Kostenfestsetzungsbeschlüssen (§ 464b S. 3). Die Erteilung einer vollstreckbaren Ausfertigung gemäß § 724 Abs. 1 ZPO richtet sich dann nach den Vorschriften der ZPO.

F. Verordnungsermächtigung

I. Verordnungserlass durch die Bundesregierung

20 § 32b Abs. 5 gibt der Bundesregierung die Ermächtigung zum Erlass von Rechtsverordnungen über die Erstellung und Übermittlung elektronischer Dokumente zwischen Strafverfolgungsbehörden und Gerichten. Von dieser Ermächtigung hat der Bund inzwischen Gebrauch gemacht. Die Verordnung über die Standards für die Erstellung elektronischer Dokumente und für deren Übermittlung zwischen Strafverfolgungsbehörden und Gerichten (Dokumentenerstellungs- und -übermittlungsverordnung – DokErstÜbV) vom 28.2.2020[30] regelt die Einzelheiten der Erstellung und Übermittlung von elektronischen Dokumenten im Bereich der Strafverfolgungsbehörden und Gerichte.

21 Die Möglichkeit zur Festlegung einheitlicher Standards für die Erstellung und Übermittlung von elektronischen Dokumenten war auch notwendig. § 32 normiert lediglich Standards für die elektronische Akte der Staatsanwaltschaften und Gerichte sowie der Finanzbehörden in Ermittlungsverfahren (§§ 386 Abs. 2 AO; 14a SchwarzArbG); soweit im Weiteren von „Staatsanwaltschaften" die Rede ist, sind stets auch die Finanzbehörden im Ermittlungsverfahren mitgemeint. Ermittlungsvorgänge der Polizei sind anders strukturiert als Justizakten; die entsprechenden Dokumente müssen nach bestimmten Standards an die Justiz übermittelt werden, um verfahrensrechtskonform und einfach bearbeitbar zu sein. Aus diesem Grund gilt die DokErstÜbV für alle Strafverfolgungsbehörden (§ 1 Abs. 1 DokErstÜbV).

22 Die DokErstÜbV gilt gemäß § 120 Abs. 1 S. 2 StVollzG auch in **Strafvollzugssachen.** In **Ordnungswidrigkeitensachen** gilt sie bereits aufgrund des globalen Verweises in § 110c S. 1 OWiG auf § 32b.

II. Die Regelungen im Einzelnen

23 Die Regelungen der DokErstÜbV können im Folgenden nur überblicksartig dargestellt und kommentiert werden.

24 **1. Anwendbarkeit der DokErstÜbV.** § 1 Abs. 1 DokErstÜbV lautet:

(1) Diese Verordnung ist anzuwenden auf
1. die Erstellung elektronischer Dokumente durch Strafverfolgungsbehörden und Gerichte;
2. die Übermittlung elektronischer Dokumente zwischen aktenführenden Strafverfolgungsbehörden und Gerichten sowie diesen Stellen untereinander;
3. die Übermittlung elektronischer Dokumente zwischen nichtaktenführenden Strafverfolgungsbehörden und aktenführenden Strafverfolgungsbehörden und Gerichten;
4. Ermittlungsvorgänge, die als Verhandlungen im Sinne des § 163 Absatz 2 Satz 1 der Strafprozessordnung zu übersenden sind.

§ 1 Abs. 1 DokErstÜbV stellt klar, dass die Verordnung auf alle Dokumente anzuwenden ist, die durch Strafverfolgungsbehörden und Gerichte erstellt werden. Damit ist die Verordnung nicht nur für die Gerichte und Staatsanwaltschaften sowie die Finanzbehörden

[29] Vgl. BT-Drs. 18/9416, 50.
[30] BGBl. 2020 I 244.

in Ermittlungsverfahren, **sondern auch für die Polizeibehörden** anwendbar. Dies wird allein dadurch deutlich, dass die Norm zwischen „aktenführenden" und „nichtaktenführenden" Strafverfolgungsbehörden unterscheidet. § 1 Abs. 1 Nr. 3 DokErstÜbV stellt klar, dass nur die Übermittlung von elektronischen Dokumenten zwischen nichtaktenführenden und aktenführenden Strafverfolgungsbehörden und Gerichten von der Verordnung umfasst wird. Nicht erfasst wird hingegen die rein interne Kommunikation der nichtaktenführenden Strafverfolgungsbehörden, also der Polizei.

Der Begriff des elektronischen Dokuments ist nicht legaldefiniert (→ § 32a Rn. 7). 25

2. Erstellung elektronischer Dokumente. § 2 DokErstÜbV regelt Einzelheiten zur Erstellung elektronischer Dokumente. Diese müssen in druckbarer, kopierbarer und – soweit technisch möglich – durchsuchbarer Form im Format PDF/A erstellt werden (§ 2 Abs. 1 DokErstÜbV). Einzelheiten zum Dateiformat werden in einer Bekanntmachung gemäß § 7 Abs. 1 Nr. 4 DokErstÜbV geregelt, die im Bundesanzeiger und auf der Internetseite www.justiz.de veröffentlicht wird. 26

Wird ein elektronisches Dokument mit einer qualifizierten elektronischen Signatur versehen, so muss diese ebenfalls den Anforderungen einer Bekanntmachung nach § 7 Abs. 1 Nr. 4 DokErstÜbV genügen (§ 2 Abs. 2 S. 1 DokErstÜbV). § 2 Abs. 2 S. 2 DokErstÜbV stellt klar, dass jedes Dokument einzeln mit einer qualifizierten elektronischen Signatur zu versehen ist. Sogenannte **Containersignaturen,** bei denen ein Container signiert wird, der mehrere Dateien enthält, sind damit unzulässig. Zulässig sind weiterhin sog. **Stapelsignaturen:** Hierbei werden mehrere Dokumente in einem „Stapel" gesammelt und mittels eines technischen Vorgangs und einmaliger Eingabe der PIN des Signierenden gleichzeitig abgearbeitet und signiert werden. 27

§ 2 Abs. 3 DokErstÜbV stellt klar, dass es sich bei Übertragung eines Dokuments in die elektronische Form um eine Übertragung nach § 32e handelt. Bei einem Scanprozess zur Überführung eines Papierdokuments in die elektronische Form müssen zur Einhaltung des Standes der Technik iSv § 32 die Bestimmungen der „Technischen Richtlinie 03138 Ersetzendes Scannen" **(TR RESISCAN)** in der jeweils gültigen Fassung eingehalten werden; die TR RESISCAN wird vom Bundesamt für Sicherheit in der Informationstechnik (BSI) herausgegeben und kann von der dortigen Internetseite heruntergeladen werden. § 2 Abs. 3 S. 2 DokErstÜbV stellt klar, dass Leerseiten zur besseren Lesbarkeit des elektronischen Dokuments nicht gespeichert werden müssen. 28

§ 2 Abs. 4 DokErstÜbV legt fest, dass bei der Erstellung elektronischer Dokumente die Anforderungen der **Barrierefreiheit** berücksichtigt werden sollen, wie sie sich aus der Barrierefreiheit-Informationstechnik-Verordnung **(BITV 2.0)** vom 12.9.2011[31] in der jeweils aktuellen Fassung ergeben. Die Nichteinhaltung der Vorschriften über die Barrierefreiheit von Dokumenten hat allerdings keine Folgen für deren Verwertbarkeit im Strafprozess, da es sich um eine Soll-Vorschrift handelt. 29

3. Übermittlung elektronischer Dokumente. Nach § 3 Abs. 1 S. 1 und S. 2 DokErstÜbV kommt es für die Frage, ob die Akten elektronisch geführt werden und Dokumente elektronisch zu übermitteln sind, auf die **Aktenführung der empfangenden Behörde** an. Daraus folgt, dass es allein von der Umstellung der Aktenführung der jeweiligen Empfangsbehörde auf die elektronische Akte abhängt, ab welchem Zeitpunkt Dokumente elektronisch eingereicht werden sollen. Der Verordnungsgeber wollte hierdurch insbesondere die Staatsanwaltschaften entlasten: Führen diese noch Papierakten, sollen sie nicht mit dem Ausdruck elektronischer Eingänge belastet werden; führen sie bereits elektronische Akten, sollen sie nicht mit dem Scannen von Papiereingängen belastet werden. 30

§ 3 Abs. 1 S. 1 DokErstÜbV ist als **Soll-Vorschrift** ausgestaltet: Ab dem Zeitpunkt der Umstellung auf die elektronische Akte der empfangenden Behörde sollen Dokumente elektronisch eingereicht werden, dies ist aber nicht zwingend. Der Verordnungsgeber begründet dies damit, dass noch nicht für alle Phänomene der analogen Welt ein digitales 31

---

31 BGBl. 2011 I 1843.

Äquivalent gefunden worden sei.[32] Dies sei insbesondere bei Dokumenten in besonders sensiblen Verfahren der Fall, in denen derzeit direkte Kommunikationskanäle existierten.[33] Tatsächlich ist für sehr sensible Dokumente, die heute ausschließlich von Hand zu Hand weitergereicht werden, noch kein adäquater Ersatz in der digitalen Welt gefunden.

32 § 3 Abs. 1 S. 2 DokErstÜbV stellt deklaratorisch klar, dass Dokumente in Papierform eingereicht werden müssen, soweit die jeweilige empfangende Behörde noch nicht auf die elektronische Aktenführung umgestellt hat. Nach dem 31.12.2025 hat die Vorschrift keinen praktischen Anwendungsfall mehr, da ab dem 1.1.2026 alle Staatsanwaltschaften und Strafgerichte die Akten elektronisch führen werden. Den Absendern bleibt es auch bei einer Behörde, die die Akten weiter in Papierform führt, in jedem Fall unbenommen, ein elektronisch vorliegendes Dokument sowohl in Papier- als auch in elektronischer Form einzureichen. Dies wird in vielen Fällen sinnvoll sein, da die mit dem elektronischen Dokument mitgelieferten Strukturdatensätze von den eingesetzten Fachverfahren häufig jetzt schon verarbeitet werden können.

33 § 3 Abs. 2 DokErstÜbV stellt eine **Privilegierung von Staatsanwaltschaften und Gerichten** dar, die die Akten bereits vor dem 1.1.2026 elektronisch führen.[34] An sich wären auch diese nach § 3 Abs. 1 S. 1 DokErstÜbV verpflichtet, die Akten in Papierform an eine andere Behörde zu übersenden, soweit diese die Akten noch in Papierform führt. Um die Staatsanwaltschaften und Gerichte von dem hiermit verbundenen Zusatzaufwand zu entlasten, stellt es § 3 Abs. 2 DokErstÜbV diesen Staatsanwaltschaften und Gerichten frei, die Akten **wahlweise elektronisch oder in Papierform** zu übermitteln. Die Polizei ist von § 3 Abs. 2 DokErstÜbV weder auf Sender- noch auf Empfängerseite betroffen, sie kann sich damit nicht auf die Privilegierung berufen.[35] Dasselbe gilt für Verwaltungsbehörden in Ordnungswidrigkeitensachen und Justizvollzugsanstalten in Strafvollzugssachen, für die die DokErstÜbV ebenfalls gilt (→ Rn. 23).[36]

34 § 3 Abs. 3 DokErstÜbV bestimmt, dass in Fällen, in denen PDF-Dateien aus einem anderen Dateiformat erstellt und hierbei wichtige Informationen der Ursprungsdatei verloren gegangen sind, die **Ursprungsdatei mit übermittelt werden soll.** Beispiele hierfür sind etwa umfangreiche Excel-Tabellen oder große Bilddateien wie technische Zeichnungen. In diesen Fällen wird die Ursprungsdatei zwar nicht zur Akte genommen, soll aber der empfangenden Staatsanwaltschaft zur Arbeitserleichterung dennoch vorliegen.[37]

35 § 3 Abs. 4 DokErstÜbV legt fest, dass jedem elektronischen Dokument ein **Strukturdatensatz** beigefügt werden soll. Dieser Datensatz soll die automatisierte Erfassung bestimmter Grunddaten und die Zuordnung zu einem bereits bestehenden Ermittlungs- bzw. Strafverfahren ermöglichen. Näheres regelt eine Bekanntmachung der Bundesregierung nach § 7 Abs. 1 Nr. 2 DokErstÜbV.

36 **4. Übermittlung von Ermittlungsvorgängen.** § 4 Abs. 1 DokErstÜbV trifft eine zentrale Regelung für die elektronische Kommunikation zwischen Polizeibehörden und Staatsanwaltschaften: Die Norm regelt, dass **Ermittlungsvorgänge,** die in § 163 Abs. 2 S. 1 als „Verhandlungen"[38] bezeichnet werden, vollständig in elektronischer Form zu übermitteln sind, einschließlich der dazugehörigen Signaturdateien. Die Norm regelt nicht, welche Bestandteile des vorgelegten Ermittlungsvorgangs schließlich Teil der Ermittlungsakte der Staatsanwaltschaft werden. Dies zu entscheiden, bleibt Aufgabe der sachleitenden Staatsanwaltschaft.[39]

37 § 4 Abs. 2 DokErstÜbV bestimmt, dass § 32e auch für **Übertragungsvorgänge bei den Polizeibehörden** anwendbar ist, soweit diese Papierdokumente in die elektronische

[32] Vgl. BR-Drs. 634/19, 11.
[33] BR-Drs. 634/19, 11.
[34] Vgl. BR-Drs. 634/19, 12.
[35] BR-Drs. 634/19, 12.
[36] BR-Drs. 634/19, 12.
[37] Vgl. BR-Drs. 634/19, 13.
[38] Zum Umfang der „Verhandlungen" iSv § 163 Abs. 2 Satz 1 StPO vgl. Griesbaum in KK-StPO § 163 Rn. 27.
[39] Vgl. BR-Drs. 634/19, 13.

Form übertragen, um diese anschließend als Ermittlungsvorgang an die Staatsanwaltschaft zu übersenden. Zu den Einzelheiten der Vorschrift im Übrigen vgl. → § 32e Rn. 4 ff.

§ 4 Abs. 3 DokErstÜbV regelt die **Mindestaufbewahrungsdauer** von Dokumenten, die vor Übertragung in elektronische Dokumente umgewandelt wurden. Zu den Einzelheiten vgl. → § 32e Rn. 12. 38

§ 4 Abs. 4 DokErstÜbV legt fest, dass je Ermittlungsvorgang nur ein **einheitlicher Strukturdatensatz** mit übermittelt werden soll. Damit soll verhindert werden, dass für jedes einzelne Dokument des Ermittlungsvorgangs ein eigener Strukturdatensatz übersandt wird. Zudem soll der Strukturdatensatz des Ermittlungsvorgangs auch Informationen über Sortierung und Gliederung der einzelnen übersandten Dokumente enthalten (§ 4 Abs. 4 S. 2 DokErstÜbV). 39

5. Übermittlungswege. § 5 Abs. 1 DokErstÜbV legt fest, dass die Übermittlung elektronischer Dokumente zwischen Strafverfolgungsbehörden und Gerichte untereinander über das **elektronische Gerichts- und Verwaltungspostfach (EGVP)** über den Standard OSCI oder einen aktuelleren vergleichbaren Standard erfolgen muss. Die Regelung richtet sich entsprechend des Anwendungsbereiches der DokErstÜbV, wie er in § 1 Abs. 1 Nr. 2 und Nr. 3 DokErstÜbV festgelegt ist, an alle Staatsanwaltschaften und Gerichte sowie an alle Polizeibehörden, soweit diese Dokumente oder ganze Ermittlungsvorgänge an die Staatsanwaltschaften und Gerichte übermitteln.[40] Im Umkehrschluss bedeutet dies, dass die Polizeibehörden bei der internen Kommunikation nicht auf die Verwendung des besonderen elektronischen Behördenpostfachs (beBPo) und des Standards OSCI angewiesen sind. 40

§ 5 Abs. 2 S. 1 DokErstÜbV eröffnet eine weitere Möglichkeit für den Bund und einzelne Länder. Die Vorschrift lässt **alternative Übermittlungswege** zu, soweit die entsprechenden Standards eingehalten werden und sowohl Sender als auch Empfänger an die alternative Übermittlungsmöglichkeit angeschlossen sind. Die Vorschrift speist sich aus einem gewissen Misstrauen einiger Länder gegenüber der Leistungsfähigkeit des Standards OSCI und der EGVP-Infrastruktur. Da in vielen Ermittlungsverfahren mit großen Datenmengen zu rechnen ist, bevorzugen einige Länder eine direkte Verbindung zwischen Servern der (Landes-)Polizei und der Justiz in landeseigenen Rechenzentren. Dass hierbei die entsprechenden Sicherheitsstandards eingehalten werden, kann als gegeben unterstellt werden, da in den entsprechenden abgesicherten Landesrechenzentren nur intern kommuniziert werden müsste und keine Kommunikation nach außen dränge. 41

§ 5 Abs. 2 S. 2 DokErstÜbV legt schließlich fest, dass etablierte Kommunikationswege zwischen den Strafverfolgungsbehörden bis zum 31.12.2025 weiterhin zulässig sind. Damit soll erreicht werden, dass alle beteiligten Strafverfolgungsbehörden auf Polizei- und Justizseite genügend Zeit zur Umstellung auf die neuen Kommunikationswege haben.[41] 42

6. Ersatzmaßnahmen. § 6 DokErstÜbV bestimmt, dass in Fällen technischer Unmöglichkeit der Übermittlung von Dokumenten oder Ermittlungsvorgängen nach § 5 DokErstÜbV die **Ersatzeinreichung in Papierform** oder auf einem physischen Datenträger möglich ist. In wessen Sphäre eine technische Störung fällt, spielt dabei keine Rolle. Zur Arbeitserleichterung aller Beteiligter soll die elektronische Übermittlung alsbald nachgeholt werden, sobald die Störung behoben ist.[42] Einzelheiten des zulässigen physischen Datenträgers regelt eine Bekanntmachung der Bundesregierung nach § 7 Abs. 1 Nr. 3 DokErstÜbV. 43

§ 32c Elektronische Formulare; Verordnungsermächtigung

[1]Die Bundesregierung kann durch Rechtsverordnung mit Zustimmung des Bundesrates elektronische Formulare einführen. [2]Die Rechtsverordnung kann bestimmen, dass die in den Formularen enthaltenen Angaben ganz oder teilweise in

[40] Vgl. BR-Drs. 634/19, 15.
[41] Vgl. BR-Drs. 634/19, 15.
[42] Vgl. BR-Drs. 634/19, 16.

strukturierter maschinenlesbarer Form zu übermitteln sind. [3]Die Formulare sind auf einer in der Rechtsverordnung zu bestimmenden Kommunikationsplattform im Internet zur Nutzung bereitzustellen. [4]Die Rechtsverordnung kann bestimmen, dass eine Identifikation des Formularverwenders abweichend von § 32a Absatz 3 durch Nutzung des elektronischen Identitätsnachweises nach § 18 des Personalausweisgesetzes, § 12 des eID-Karte-Gesetzes oder § 78 Absatz 5 des Aufenthaltsgesetzes erfolgen kann. [5]Die Bundesregierung kann die Ermächtigung durch Rechtsverordnung ohne Zustimmung des Bundesrates auf die zuständigen Bundesministerien übertragen.

1 Der Gesetzgeber hat im Gesetz zur Einführung der elektronischen Akte in der Justiz und zur weiteren Förderung des elektronischen Rechtsverkehrs vom 5.7.2017 **bewusst davon abgesehen, den Bürgern eine Verpflichtung zur Teilnahme am elektronischen Rechtsverkehr aufzuerlegen,** die Nutzung digitaler Kommunikationswege aber als Möglichkeit vorgesehen.[1] Das führt dazu, dass auch nach der Einführung der elektronischen Akte in dieser – gerade im Strafverfahren quantitativ nicht zu vernachlässigenden – Kommunikationsbeziehung[2] analoge Kommunikation stattfinden wird und Medienbrüche entstehen werden.

2 S. 1 eröffnet der Bundesregierung vor diesem Hintergrund die Möglichkeit, durch Rechtsverordnung, die der Zustimmung des Bundesrates bedarf, **elektronische Formulare** zur Kommunikation mit der Strafjustiz einzuführen. Der Begriff „elektronische Formulare" erfährt dabei keine gesetzliche Definition, kann aber als „standardisierte Gestaltungsvorgabe für nicht mündliche Erklärungen" verstanden werden und entspricht damit den bisherigen Vordrucken bei der Führung von Papierakten.[3]

3 Nach S. 3 sind die Formulare mittels einer im Internet verfügbaren **Kommunikationsplattform** bereit zu stellen, die jedermann, insbesondere aber den Bürgern, einen niederschwelligen elektronischen Zugang zur Strafjustiz gewähren sollen. Die Nutzung der Formulare soll kostenlos sein.[4] Die genaue Ausgestaltung der Plattform hat in der Rechtsverordnung zu erfolgen.

4 Grundsätzlich sollten ein Internetzugang und mit Blick auf S. 4 ggf. die Möglichkeit einer Online-Identifikation des Verwenders (→ Rn. 7) ausreichen, um die Formulare nutzen zu können. Anders als bei den sicheren Übermittlungswegen des § 32a Abs. 4 wäre hier eine dauerhafte Registrierung für einen bestimmten Dienst zur Nutzung der Formulare nicht unbedingt erforderlich. Die Nutzung eines Formulars durch den Bürger muss auch nicht die Möglichkeit einer bidirektionalen Kommunikation eröffnen. Der Verwender soll auf diesem Weg keine Nachrichten von den Gerichten oder Staatsanwaltschaften empfangen können.

5 **Ziel** von § 32c ist es, die Anzahl an Medienbrüchen und den für die Bearbeitung nicht elektronischer Eingänge erforderlichen zusätzlichen Aufwand bei den Gerichten und Behörden zu reduzieren sowie die IT-unterstützten Abläufe zu standardisieren.[5]

6 Bereits aufgrund der Tatsache, dass die Informationen nicht analog, sondern digital übermittelt werden, entfällt das Scannen von Papierdokumenten, um diese zur elektronischen Akte nehmen zu können. S. 2 sieht ergänzend vor, dass in der Rechtsverordnung festgelegt werden kann, dass die in den Formularen enthaltenen Angaben ganz oder teilweise in **strukturierter maschinenlesbarer Form** zu übermitteln sind. Hierdurch können weitere manuelle Bearbeitungsschritte entbehrlich werden. Die in einem strukturierten Datensatz enthaltenen Informationen können zB von den behördlichen Fachverfahren ausgelesen

[1] BT-Drs. 18/9416, 35.
[2] Vgl. BT-Drs. 18/9416, 31.
[3] Korves MDR 2019, 396.
[4] Vgl. BT-Drs. 18/9416, 50.
[5] Vgl. BT-Drs. 18/9416, 50.

und im Rahmen der Vorgangs- und Verfahrensverwaltung verwendet werden, ohne dass die Daten von einem Bearbeiter manuell erfasst werden müssen.

Aus S. 4 ergibt sich, dass die **Identifikation des Verwenders,** soweit diese nicht nach § 32a Abs. 3 mittels einer qualifizierten elektronischen Signatur erfolgt, durch Nutzung eines elektronischen Identitätsnachweises nach § 18 PAuswG, § 12 eIDKG oder § 78 Abs. 5 AufenthG geschehen kann, wenn dies in der Rechtsverordnung so vorgesehen ist. Hier kommt ebenfalls das Ziel der Schaffung eines niederschwelligen Zugangs zur Justiz zum Ausdruck. 7

Nach S. 5 kann die Ermächtigung durch Rechtsverordnung, die keiner Zustimmung des Bundesrates bedarf, auf die zuständigen Bundesministerien **subdelegiert** werden. 8

Die Verwendung von Formularen, die in einer vorgegebenen Struktur Informationen abfragen, die für die Bearbeitung des Anliegens erforderlich sind, ist vor allem in solchen Fällen sinnvoll, in denen sich die Kommunikation mit der Behörde auf gleichartige und somit weitgehend standardisierbare Sachverhalte bezieht. Der **Anwendungsbereich** ist damit begrenzt. 9

In Betracht kommen die Einreichung einer Strafanzeige oder eines Strafantrags, ein Antrag auf Entschädigung als Zeuge, Schöffe oder Dolmetscher oder die Einlegung des Einspruchs gegen einen Strafbefehl.[6] Denkbare Szenarien sind auch Sachverhalte, bei denen die Anzahl möglicher Antragsteller sehr groß ist, zB beim nachträglichen Rechtsschutz nach § 101 Abs. 7 S. 2, der für die in § 101 Abs. 4 S. 1 genannten Personen eröffnet ist (vgl. ebenso § 101a Abs. 6). 10

Ähnliche Vorschriften wie § 32c enthalten auch andere Verfahrensordnungen, vgl. zB § 130c ZPO, § 14a FamFG und insbesondere § 110b OWiG. 11

Derzeit hat der Gesetzgeber von den Möglichkeiten, die § 32c einräumt, noch keinen Gebrauch gemacht. 12

§ 32d Pflicht zur elektronischen Übermittlung

[1]Verteidiger und Rechtsanwälte sollen den Strafverfolgungsbehörden und Gerichten Schriftsätze und deren Anlagen sowie schriftlich einzureichende Anträge und Erklärungen als elektronisches Dokument übermitteln. [2]Die Berufung und ihre Begründung, die Revision, ihre Begründung und die Gegenerklärung sowie die Privatklage und die Anschlusserklärung bei der Nebenklage müssen sie als elektronisches Dokument übermitteln. [3]Ist dies aus technischen Gründen vorübergehend nicht möglich, ist die Übermittlung in Papierform zulässig. [4]Die vorübergehende Unmöglichkeit ist bei der Ersatzeinreichung oder unverzüglich danach glaubhaft zu machen; auf Anforderung ist ein elektronisches Dokument nachzureichen.

A. Allgemeines und Zweck

Die Vorschrift trat nach Art. 33 Abs. 4 Nr. 1 des **Gesetzes zur Einführung der elektronischen Akte in der Justiz und zur weiteren Förderung des elektronischen Rechtsverkehrs** vom 5.7.2017[1] zum **1.1.2022** in Kraft. Damit wird eine Reduzierung von Medienbrüchen in der elektronischen Verfahrensbearbeitung bezweckt, indem ergänzend zur elektronischen Aktenführung der Strafverfolgungsbehörden und Gerichte der Bereich der Kommunikation von Verteidigern und Rechtsanwälten auf elektronische Weise vorgesehen wird. Dies vermeidet Überführungs-, dh Scanaufwände die nach § 32e auf Seiten der Justizbehörden bzw. Gerichte anfallen würden und trägt somit zu einer effizienteren Verfahrensführung bei. 1

---

6 Vgl. BT-Drs. 18/9416, 50.
1 BGBl. 2017 I 2229.

B. Adressaten und Übermittlungsgegenstände

2 Adressat der elektronischen Einreichungsvorschrift sind nach § 32d S. 1 **Verteidiger** und **Rechtsanwälte,** dh die sog. „professionellen" Verfahrensbeteiligten. Bei den Rechtsanwälten kommt für diese Kommunikation das gemäß § 31a BRAO verpflichtend zu verwendende besondere Anwaltspostfach (beA) zum Einsatz. Die Verfahrenshandlungen aller anderen Verfahrensbeteiligten, insbesondere der Beschuldigten, Geschädigten oder Zeugen, werden von der Norm nicht erfasst. Diese können bzw. müssen ihre Kommunikation mit den Strafverfolgungsbehörden und Gerichten weiterhin in üblichen bzw. soweit gesetzlich anderweitig vorgesehen (→ § 32a Rn. 37, 42), in den vorgeschriebenen Formen vornehmen. Von diesen Verfahrensbeteiligten wäre eine elektronische Kommunikation nur schwer erwartbar, da diese nicht zwingend über die hierfür erforderlichen technischen Voraussetzungen, insbesondere die Sicherheitsvorkehrungen verfügen und somit deren Rechtswahrung bzw. Verteidigung eingeschränkt werden würde. Für die Strafverfolgungsbehörden und Gerichte wird eine entsprechende Übermittlungsverpflichtung untereinander in § 32b Abs. 3 geregelt und entspricht der gegenständlichen Regelung sinngemäß in weiten Teilen.

3 Von der elektronischen Einreichung werden nach § 32d S. 1 grundsätzlich alle **Schriftsätze nebst Anlagen** und aufgrund anderweitiger Vorschriften, wie zB § 314 für die Berufungseinlegung oder § 410 für den Einspruch gegen den Strafbefehl, **schriftlich einzureichender Anträge und Erklärungen** der vorgenannten Einreicher (→ Rn. 2) erfasst. Hierbei handelt es sich um eine Sollvorschrift. An deren Nichteinhaltung sind jedoch keine Wirksamkeitsfolgen geknüpft, auch wenn die Gesetzesbegründung insoweit von einer grundsätzlichen Verpflichtung zur elektronischen Übermittlung ausgeht und Abweichungen nur ausnahmsweise erfolgen dürfen.[2] Die gesetzlich vorgesehene Möglichkeit der Abgabe von Erklärungen zu Protokoll der Geschäftsstelle wird von der elektronischen Einreichungspflicht ausdrücklich nicht berührt. Derartige Erklärungen werden durch die Geschäftsstelle in elektronischer Form erstellt und finden so ihren Weg in die elektronische Akte.[3]

4 Für die nachfolgend abschließend genannten Verfahrenserklärungen der Normadressaten (→ Rn. 2) sieht § 32d S. 2 eine **Rechtspflicht** zur elektronischen Übermittlung vor:
- Berufungseinlegung und -begründung,
- Revisionseinlegung und -begründung sowie die Gegenerklärung,
- Erhebung der Privatklage und
- Anschlusserklärung der Nebenklage.

5 Diese Verpflichtung wurde vom Gesetzgeber auf Erklärungen beschränkt, bei denen auszuschließen ist, dass deren Abgabe in einer besonders eilbedürftigen Situation, wie etwa der Hauptverhandlung oder in einem Haftprüfungstermin erforderlich wird, in der die technischen Rahmenbedingungen für die Erstellung und Übermittlung elektronischer Erklärungen nicht vorhanden sind.[4] Insbesondere die genannten Rechtsmitteleinlegungen bzw. -begründungen können innerhalb der dafür vorgesehenen Fristen grundsätzlich unter Verwendung der von den „professionellen" Einreichern vorzuhaltenden technischen Infrastruktur elektronisch erstellt und sodann übermittelt werden. Andere als die genannten Erklärungen werden von dieser Verpflichtung nicht erfasst und können in der bisher verwendeten Form, insbesondere auch handschriftlich abgegeben werden.[5] Andernfalls wäre eine effektive Strafverteidigung nicht zu gewährleisten. Derartige Einreichungen müssen im Anschluss von den Justizbehörden bzw. Gerichten nach § 32e in die elektronische Form überführt und zur elektronischen Akte genommen werden.

---

[2] Vgl. BT-Drs. 18/9416, 50.
[3] Vgl. BT-Drs. 18/9416, 51.
[4] Vgl. BT-Drs. 18/9416, 50.
[5] Vgl. BT-Drs. 18/9416, 51.

Für die zwingend elektronisch zu übermittelnden Prozesshandlungen zieht die **Nichtbeachtung** der Formvorgabe deren **Unwirksamkeit** nach sich.[6] Allerdings kommt in solchen Fällen über § 44 eine Wiedereinsetzung in den vorherigen Stand in Betracht, wenn die formbedingte Fristversäumnis unverschuldet war. Nachdem den Beschuldigten ein Verschulden des Verteidigers mangels Überwachungspflicht in der Regel nicht zuzurechnen ist[7] und die elektronische Übermittlungspflicht nur für Verteidiger und Rechtsanwälte gilt, ist insoweit auf Antrag eine Wiedereinsetzung zu gewähren. 6

C. Ausnahmen für Störungsfälle

Nachdem eine erfolgreiche elektronische Einreichung dieser Verfahrenshandlungen eine Vielzahl funktionierender technischer Hard- und Softwarekomponenten auf Seiten des Einreichers, der Telekommunikation und des Empfängers erfordern, ist es unerlässlich, dass das Gesetz für den Fehlerfall eine Ausweichmöglichkeit vorsieht. Eine solche Ausnahme für die elektronische Übermittlung hält § 32d S. 3 bereit, wenn aus **technischen Gründen** eine Übermittlung **vorübergehend** nicht möglich ist. In einem solchen Fall darf auf die bisherigen Kommunikationsmittel, dh auf Papierdokumente oder Telefaxeinreichungen, zurückgegriffen werden. Die Voraussetzungen der Schriftform, insbesondere des Unterschriftserfordernisses, müssen dabei aber zwingend beachtet werden. Die Situation ist insoweit mit der Problematik einer gestörten Telefaxübermittlung vergleichbar. Nach der Gesetzesbegründung ist es außerdem unerheblich, wo die technische Störung verortet ist. Technische Schwierigkeiten können zum Teil sehr einfache Ursachen haben, in nicht seltenen Fällen sind diese jedoch sehr komplex und gelegentlich auch durch mehrere Probleme verursacht. Daher ist der gesetzgeberische Ansatz nur konsequent und richtig, zumal sich sonst zudem noch schwierig zu beurteilende Verschuldensfragen stellen und deshalb Nachteile für die Verfahrensbeteiligten drohen würden. Eine wichtige Einschränkung macht das Gesetz jedoch dadurch, dass diese Störung **vorübergehender Art** sein muss, was unverzügliche Abhilfebemühungen bedeutet. Auch wäre der Anwendungsbereich der Ausnahmeregelung nicht eröffnet, wenn ein verpflichteter Einreicher keine oder keine ausreichenden technischen Einrichtungen (Hard- bzw. Software) bereithalten würde, die zu einer funktionierenden Übermittlung benötigt werden.[8] 7

Soweit eine **Ersatzeinreichung** zulässig und erforderlich ist, hat der Einreicher nach § 32d S. 4 Hs. 1 zusammen mit der „analogen" Einreichung bzw. unverzüglich danach, dh ohne schuldhaftes Zögern auch die technische Störung als solche glaubhaft zu machen. Letzteres betrifft vor allem Situationen, in denen die Verfahrenshandlung, was grundsätzlich zulässig ist, unmittelbar, zum Teil wenige Minuten vor Fristablauf erfolgen soll. Die Glaubhaftmachung wird dabei eine grobe Umschreibung der Störung, wie beispielsweise die Übermittlung lieferte eine konkret benennbare Fehlermeldung oder die Hard- oder Software des Absenders ließ sich nicht starten, beinhalten. Tiefergehende technische Beschreibungen können insoweit nicht erwartet werden. 8

Auf Anforderung des Empfängers ist gemäß § 32d S. 4 Hs. 2 die Übermittlung in elektronischer Form nachzureichen. Ob die Praxis von dieser **Nachholung** Gebrauch machen wird, bleibt abzuwarten, da die nicht elektronische Einreichung durch die digitale Nachholung nicht zum „Nullum" wird und ohnehin elektronisch zu überführen und zu verakten sein wird. Dabei wird es unerheblich sein, ob allein die nicht elektronische Einreichung fristwahrend eingegangen ist oder ggfs. auch das nachgereichte elektronische Dokument ebenfalls innerhalb der jeweiligen Frist übermittelt wurde. 9

---

6 Vgl. BT-Drs. 18/9416, 51.

7 BVerfG NJW 91, 351; BGH NJW 94, 3112.

8 Vgl. BT-Drs. 18/9416, 51.

§ 32e Übertragung von Dokumenten zu Aktenführungszwecken

(1) [1]Dokumente, die nicht der Form entsprechen, in der die Akte geführt wird (Ausgangsdokumente), sind in die entsprechende Form zu übertragen. [2]Ausgangsdokumente, die als Beweismittel sichergestellt sind, können in die entsprechende Form übertragen werden.

(2) Bei der Übertragung ist nach dem Stand der Technik sicherzustellen, dass das übertragene Dokument mit dem Ausgangsdokument bildlich und inhaltlich übereinstimmt.

(3) [1]Bei der Übertragung eines nicht elektronischen Ausgangsdokuments in ein elektronisches Dokument ist dieses mit einem Übertragungsnachweis zu versehen, der das bei der Übertragung angewandte Verfahren und die bildliche und inhaltliche Übereinstimmung dokumentiert. [2]Wird ein von den verantwortenden Personen handschriftlich unterzeichnetes staatsanwaltschaftliches oder gerichtliches Schriftstück übertragen, so ist der Übertragungsnachweis vom Urkundsbeamten der Staatsanwaltschaft oder des Gerichts mit einer qualifizierten elektronischen Signatur zu versehen. [3]Bei der Übertragung eines mit einer qualifizierten elektronischen Signatur versehenen oder auf einem sicheren Übermittlungsweg eingereichten elektronischen Ausgangsdokuments ist in den Akten zu vermerken, welches Ergebnis die Prüfung der Authentizität und Integrität des Ausgangsdokuments erbracht hat.

(4) [1]Ausgangsdokumente, die nicht als Beweismittel sichergestellt sind, müssen während des laufenden Verfahrens im Anschluss an die Übertragung mindestens sechs Monate lang gespeichert oder aufbewahrt werden. [2]Ist das Verfahren abgeschlossen oder ist Verjährung eingetreten, dürfen Ausgangsdokumente, die nicht als Beweismittel sichergestellt sind, längstens bis zum Ablauf des zweiten auf den Abschluss des Verfahrens folgenden Kalenderjahres gespeichert oder aufbewahrt werden.

(5) [1]Ausgangsdokumente, die nicht als Beweismittel sichergestellt sind, können unter denselben Voraussetzungen wie sichergestellte Beweisstücke besichtigt werden. [2]Zur Besichtigung ist berechtigt, wer befugt ist, die Akten einzusehen.

Übersicht

A. Allgemeines

1 § 32e regelt die Übertragung von nicht veraktungsfähigen Ausgangsdokumenten in Dokumente, die zur Akte genommen werden können. Auch nach Einführung der elektronischen Akte in Strafsachen wird es weiterhin vorkommen, dass Dokumente in Papierform oder in einer elektronischen Form, welche nicht veraktungsfähig sind, zur Akte genommen werden müssen oder als Beweismittel verwendet werden sollen.[1] Dies sieht auch der Gesetz-

[1] BT-Drs. 18/9416, 52.

geber, hat er doch die Vorschrift des § 32d bewusst überwiegend nur als Soll-Vorschrift ausgestaltet und nur an die „professionellen" Verfahrensbeteiligten adressiert (→ § 32d Rn. 2). Alle übrigen Verfahrensbeteiligten, insbesondere Zeugen und Geschädigte, werden jedenfalls kurzfristig in vielen Fällen keine tatsächliche Möglichkeit haben, mit den Strafverfolgungsbehörden elektronisch zu kommunizieren, daher sind sie darauf angewiesen, weiter die Möglichkeit der papierhaften Einreichung zu haben. Dies gebieten nicht zuletzt die verfassungsrechtlichen Ansprüche auf rechtliches Gehör (Art. 103 Abs. 1 GG)[2] und auf die Gewährung effektiven Rechtsschutzes (Art. 19 Abs. 4 GG).

Mit der Regelung des § 32e formuliert der Gesetzgeber eine deutliche Absage an die sogenannte **Hybrid-Akte,** also eine sowohl aus Papier- wie aus elektronischen Bestandteilen bestehende Akte. Die Regelung stellt klar, dass nach Einführung der elektronischen Aktenführung allein elektronische Dokumente Bestandteil der Akte sein sollen. Alle anderen Dokumente sind in die entsprechende Form zu überführen. 2

Die Vorschrift wurde mit Wirkung vom 1.1.2018 durch das Gesetz zur Einführung der elektronischen Akte in der Justiz und zur weiteren Förderung des elektronischen Rechtsverkehrs vom 5.7.2017[3] eingefügt. § 32e Abs. 3 S. 2 und Abs. 4 S. 2 wurde durch das Gesetz zur Fortentwicklung der Strafprozessordnung und zur Änderung weiterer Vorschriften vom 25.6.2021[4] mit Wirkung vom 1.7.2021 geändert bzw. gestrichen; der bisherige Abs. 4 S. 3 wurde zu S. 2. § 32e Abs. 4 S. 2 StPO aF lautete: 3

Sie dürfen längstens bis zum Ende des Kalenderjahres, in dem die Verjährung eingetreten ist, gespeichert oder aufbewahrt werden.

Durch die Streichung des § 32e Abs. 4 S. 2 aF wollte der Gesetzgeber eine Angleichung der Aufbewahrungsfristen erreichen und vermeiden, dass Dokumente unmittelbar nach Verjährungseintritt herausgegeben bzw. vernichtet werden müssen, wenn die Verjährung gegen Jahresende eintritt.[5]

B. Regeln zur Übertragung von Dokumenten (Abs. 1 bis Abs. 3)

I. Grundregel (Abs. 1)

Abs. 1 S. 1 statuiert eine **Umwandlungspflicht** aller Ausgangsdokumente in eine veraktungsfähige Form.[6] Sollen Ausgangsdokumente **Beweismittel** werden, so **können** sie in eine veraktungsfähige Form übertragen werden. Dadurch wird eine einheitliche Form der Akte sichergestellt. Eine hybride Aktenführung ist bei der (führenden) Strafakte nicht möglich; für Zweit- und weitere Hilfsakten gilt dies selbstredend nicht, da diese ein rechtliches Nullum darstellen. Die Umwandlungspflicht für Ausgangsdokumente gerät im Strafprozess **absolut.** Dies unterscheidet sie von der Umwandlungspflicht anderer Prozessordnungen: So lassen die Regelungen der §§ 55b Abs. 2 VwGO; 52b Abs. 2 FGO; 65b Abs. 2 SGG und 110c Abs. 2 OWiG jeweils Ausnahmen von der Umwandlungspflicht für bestimmte elektronische Ausgangsdokumente zu, falls die Akte noch in Papier geführt wird.[7] Für diesen Fall müssen die elektronischen Ausgangsdokumente nicht ausgedruckt werden, falls dies ein unverhältnismäßig großer Aufwand wäre. In der „Gegenrichtung", also dem Umwandeln papierhafter oder sonstiger Ausgangsdokumente in die veraktungsfähige elektronische Form, lassen auch die vom Gesetzgeber genannten Vorschriften keine Ausnahme zu.[8] Bei elektronischer Aktenführung sind auch nach diesen Vorschriften alle Ausgangsdo- 4

[2] Vgl. BT-Drs. 18/9416, 52.
[3] BGBl. 2017 I 2208.
[4] BGBl. 2021 I 2099.
[5] BT-Drs. 19/27654, 57.
[6] BT-Drs. 18/9416, 52.
[7] Vgl. BT-Drs. 18/9416, 52.
[8] Vgl. nur Ulrich in Schoch/Schneider VwGO § 55b Rn. 64.

kumente in eine veraktungsfähige Form zu übertragen. Für den Strafprozess meint der Gesetzgeber von Ausnahmen der Umwandlungspflicht absehen zu können, da *„die Existenz von Papierdokumenten, deren Scannen nur mit größerem technischen oder wirtschaftlichen Aufwand möglich ist, wie die als Beispiel in den jeweiligen Entwurfsbegründungen herangezogenen Bebauungspläne oder andere sehr große – etwa über DIN A3 hinausgehende – Formate,"* im Strafverfahren keine allgemeine Relativierung der Übertragungspflicht rechtfertige.[9] Dies gelte *„umso mehr, als das tatsächliche Aufkommen derartiger Überformate in der Praxis verschwindend gering ist und die technischen Möglichkeiten der Formatumwandlung – etwa im Wege des Abfotografierens – ständig zunehmen."*[10] Ob diese Annahme des Gesetzgebers zutrifft, muss die Zukunft zeigen. In der Praxis werden jedenfalls Scanner, die ein größeres Format als DIN A3 bewältigen können, eine Seltenheit sein.

5 Abs. 1 S. 1 enthält eine **Legaldefinition** des Begriffs „Ausgangsdokumente":[11] Hierbei handelt es sich um alle Dokumente, die nicht der Form entsprechen, in der die Akte geführt wird; auf diesen Begriff nehmen die weiteren Absätze des § 32e sowie die §§ 244 Abs. 5 StPO, 110c OWiG Bezug.

II. Sicherstellung der Übereinstimmung zwischen Ausgangsdokument und übertragenem Dokument (Abs. 2)

6 § 32e Abs. 2 bestimmt, dass bei der Übertragung eines Ausgangsdokument nach dem Stand der Technik sicherzustellen ist, dass dieses mit dem übertragenen Dokument übereinstimmt. Der Begriff des Standes der Technik ist ein unbestimmter Rechtsbegriff, der der näheren Definition bedarf. Das Bundesamt für die Sicherheit in der Informationstechnik (BSI) hat mit der Technischen Richtlinie 03138 Ersetzendes Scannen (TR RESISCAN)[12] Hinweise dazu gegeben, welche technischen und organisatorischen Maßnahmen einzuhalten sind, um diesem Stand Genüge zu tun.[13] Die Einhaltung des Standes der Technik führt nach Ansicht des Gesetzgebers dazu, dass dem so übertragenen Dokument in der Hauptverhandlung regelmäßig ein gesteigerter Beweiswert zukommt.[14] Allerdings ist nach dem Wortlaut des Gesetzes dennoch in bestimmten Fällen die Klärung von Zweifelsfragen im Freibeweisverfahren geboten:

„Dem Gericht bleibt es unbenommen, in Zweifelsfällen die Vorlage eines beweiserheblichen Dokuments in Form des Ausgangsdokuments anzuordnen, um eine bildliche und inhaltliche Übereinstimmung zu überprüfen oder das Ausgangsdokument selbst zum Gegenstand der Beweisaufnahme zu machen. Ist das Ausgangsdokument im Zeitpunkt der Hauptverhandlung nicht mehr vorhanden, weil es aufgrund einer unzutreffenden Einschätzung nicht als Beweismittel in Verwahrung genommen und auch nicht länger als sechs Monate aufbewahrt wurde, so kommen begründete Zweifel hinsichtlich der bildlichen und inhaltlichen Übereinstimmung oder hinsichtlich der Echtheit eines Dokuments nach den allgemeinen Grundsätzen dem Angeklagten zugute."[15]

7 Entsprechende Beweisanträge auf Verlesung des Ausgangsdokuments können allerdings nach § 244 Abs. 5 S. 3 durch das Gericht abgelehnt werden, wenn nach pflichtgemäßem Ermessen des Gerichts kein Anlass besteht, an der inhaltlichen Übereinstimmung des Ausgangsdokuments mit dem übertragenen Dokument zu zweifeln. Beweisanträge auf Inaugenscheinnahme des Ausgangsdokuments können nach der allgemeinen Regel des § 244 Abs. 5 S. 1 dann abgelehnt werden, wenn der Augenschein zur Erforschung der Wahrheit nicht erforderlich ist.

8 Gerade in konfliktträchtigen Verfahren, in denen mit entsprechenden Anträgen der Verteidigung gerechnet werden muss, drängt sich die längstmögliche (→ Rn. 13) Aufbe-

[9] BT-Drs. 18/9416, 52.
[10] BT-Drs. 18/9416, 52.
[11] Zur Wahl der Begrifflichkeit vgl. BT-Drs. 18/9416, 52.
[12] Die TR RESISCAN ist auf der Homepage des BSI abrufbar.
[13] Vgl. BT-Drs. 18/9416, 53.
[14] BT-Drs. 18/9416, 53.
[15] BT-Drs. 18/9416, 53.

wahrung aller Ausgangsdokumente durch die Staatsanwaltschaft nach dem Vorgesagten geradezu auf: Es wäre ein zu großes Risiko für den Ausgang des Verfahrens, wenn durch die Staatsanwaltschaften darauf vertraut würde, dass das Gericht keinen Anlass sieht, an der inhaltlichen Übereinstimmung von Ausgangs- und übertragenen Dokumenten zu zweifeln. Vielmehr wird es in der Praxis dazu kommen, dass grundsätzlich eine maximal lange Aufbewahrung aller Ausgangsdokumente angestrebt wird, um kein Risiko einzugehen. Dies macht auf der anderen Seite angestrebte Effizienzgewinne zunichte, ist aber nicht zu verhindern. Es bleibt zu hoffen, dass Eingänge in nicht veraktungsfähiger Form die Ausnahme bleiben, damit es nicht zu übermäßigen Zusatzaufwänden bei den Staatsanwaltschaften und Gerichten kommt.

III. Übertragung von Papierdokumenten (Abs. 3)

§ 32e Abs. 3 legt fest, dass bei einer Übertragung von Dokumenten nach § 32e Abs. 1 **9**
ein sog. Übertragungsvermerk zu erstellen ist. Bei der Übertragung von Papierdokumenten in elektronische Dokumente bestimmt § 32e Abs. 3 S. 1, dass der Vermerk das bei der Übertragung angewandte Verfahren und die bildliche und inhaltliche Übereinstimmung von Ausgangs- und übertragenem Dokument dokumentiert. Ursprünglich sollte nach dem Willen des Gesetzgebers keine Feststellung über die tatsächliche inhaltliche und bildliche Übereinstimmung des Ausgangsdokuments mit dem übertragenen Dokument erfolgen; diese Übereinstimmung sollte vielmehr durch die Einhaltung des angegebenen Verfahrens nach dem Stand der Technik gewährleistet werden.[16] Durch die Empfehlung des Rechtsausschusses des Bundestages wurde die Vorschrift so abgeändert, dass nunmehr auch die inhaltliche und bildliche Übereinstimmung von Ausgangs- und übertragenem Dokument zu dokumentieren ist.[17] Dadurch soll nach dem Willen des Gesetzgebers der öffentliche Glaube an die Richtigkeit und Vollständigkeit der Übertragung hergestellt werden.[18]

§ 32e Abs. 3 S. 2 macht weitergehende Vorgaben für handschriftlich unterzeichnete **10**
Dokumente. Danach muss der Urkundsbeamte der Geschäftsstelle den Übertragungsnachweis mit seiner qualifizierten elektronischen Signatur versehen. Diese zusätzliche Anforderung soll nach Auffassung des Gesetzgebers der besonderen Bedeutung dieser Dokumente Rechnung tragen.[19] Die Beschränkung dieser Sondervorschrift auf gerichtliche und strafverfolgungsbehördliche Dokumente ergibt vor diesem Hintergrund Sinn, da bis auf weiteres mit zahlreichen Eingängen in Papierform von Dritten gerechnet werden muss, die nicht alle eine herausgehobene Bedeutung für das Strafverfahren haben werden.

Die Vorschrift lautete bis zu ihrer Änderung mit Wirkung zum 1.7.2021 (→ Rn. 3): **11**

Ersetzt das elektronische Dokument ein von den verantwortenden Personen handschriftlich unterzeichnetes strafverfolgungsbehördliches oder gerichtliches Schriftstück, ist der Übertragungsnachweis mit einer qualifizierten elektronischen Signatur des Urkundsbeamten der Geschäftsstelle zu versehen.

Der Wortlaut des § 32e Abs. 3 S. 2 aF schloss nicht nur staatsanwaltschaftliche und gerichtliche Dokumente ein, sondern auch solche, die im Rahmen eines Ermittlungsverfahrens durch Polizeibeschäftigte unterzeichnet wurden.[20] Das Erfordernis einer qualifizierten elektronischen Signatur sollte nach dem Willen des Gesetzgebers allerdings lediglich sicherstellen, dass die handschriftliche Unterschrift bei solchen Dokumenten rechtssicher erhalten bleibt, für die regelmäßig beglaubigte Abschriften erstellt werden müssen, wie dies etwa bei Urteilen, Beschlüssen und Protokollen der Fall ist.[21] Ähnliche Regelungen hat der Gesetzgeber auch in anderen Prozessordnungen erlassen, vgl. nur §§ 298a Abs. 2 S. 4 ZPO; 46e

[16] BT-Drs. 18/9416, 53.
[17] BT-Drs. 18/12203, 12.
[18] BT-Drs. 18/12203, 73.
[19] BT-Drs. 18/12203, 73.
[20] Vgl. BT-Drs. 19/27654, 56.
[21] BT-Drs. 19/27654, 56.

Abs. 2 S. 4 ArbGG; 65b Abs. 6 S. 4 SGG; 55b Abs. 6 S. 4 VwGO; 52b Abs. 6 FGO. Die Klarstellung in § 32 Abs. 3 S. 2, dass nur Urkundsbeamte der Staatsanwaltschaft oder des Gerichts eine qualifizierte elektronische Signatur anbringen können, soll nach dem Willen des Gesetzgebers klarstellen, dass die Übertragung nur von Staatsanwaltschaften und Gerichten vorgenommen werden kann.[22]

C. Aufbewahrung von Ausgangsdokumenten (Abs. 4)

12 § 32e Abs. 4 S. 1 legt fest, dass Ausgangsdokumente, die nicht als Beweismittel sichergestellt sind, für die Dauer des Strafverfahrens mindestens für sechs Monate nach Umwandlung aufbewahrt oder gespeichert werden müssen. Die Aufbewahrung kommt bei Ausgangsdokumenten in Papierform, die Speicherung bei Ausgangsdokumenten in elektronischer Form, die nicht veraktet werden können, in Betracht.

13 Die datenschutzrechtlich erforderliche Höchstspeicher- bzw. Aufbewahrungsfristen sind in § 34 Abs. 4 S. 2 normiert. Demnach dürfen Ausgangsdokumente längstens bis zum Ende des zweiten Kalenderjahres aufbewahrt werden, das auf den Abschluss des Verfahrens oder den Eintritt der Verjährung folgt. Die Streichung des § 32e Abs. 4 S. 2 aF hat die Höchstspeicherfristen vereinheitlicht. Der Abschluss des Verfahrens iSd Vorschrift kann durch ein rechtskräftiges Urteil bzw. einen rechtskräftigen Strafbefehl erfolgen; die Einstellung des Verfahrens reicht hierfür nicht aus. Vielmehr soll nach dem Willen des Gesetzgebers in diesem Fall der Eintritt der Verjährung abzuwarten sein.[23] Die Möglichkeit der Wiederaufnahme (§§ 359 ff.) hindert den Abschluss des Verfahrens nicht, da sie nur unter sehr engen Voraussetzungen die Beseitigung der Rechtskraft zur Folge hat.[24] Eigenständig betrachtet werden muss weiter das Vollstreckungsverfahren: Fallen in dessen Rahmen Ausgangsdokumente an, werden diese bis zum Abschluss des Vollstreckungsverfahrens aufbewahrt. Die Ausgangsdokumente des Erkenntnisverfahrens werden hiervon allerdings nicht umfasst.[25]

14 Nach der Vorstellung des Gesetzgebers sollen Zweifel an der korrekten Übertragung eines Ausgangsdokuments in ein elektronisches Dokument, das zur elektronischen Akte genommen werden kann, im Freibeweisverfahren geklärt werden. In der Regel wird dazu das Ausgangsdokument in Augenschein genommen werden müssen.

D. Besichtigung von Ausgangsdokumenten (Abs. 5)

15 Abs. 5 S. 1 legt fest, dass Ausgangsdokumente besichtigt werden können. Dieses Besichtigungsrecht bezieht sich sowohl auf Papierdokumente, die in ein elektronisches Dokument umgewandelt wurden, als auch auf elektronische Ausgangsdokumente, die bei Papieraktenführung ausgedruckt wurden.[26] Abs. 5 S. 2 legt den Kreis der Anspruchsberechtigten auf jene fest, die auch ein Recht auf Akteneinsicht haben.

§ 32f Form der Gewährung von Akteneinsicht; Verordnungsermächtigung

(1) [1]Einsicht in elektronische Akten wird durch Bereitstellen des Inhalts der Akte zum Abruf oder durch Übermittlung des Inhalts der Akte auf einem siche-

22 BT-Drs. 19/27654, 57.
23 Vgl. BT-Drs. 19/27654, 57.
24 Vgl. BT-Drs. 18/9416, 55.
25 BT-Drs. 18/9416, 55.
26 Vgl. BT-Drs. 18/9416, 55.

ren Übermittlungsweg gewährt. [2]Auf besonderen Antrag wird Akteneinsicht durch Einsichtnahme in die elektronischen Akten in Diensträumen gewährt. [3]Ein Aktenausdruck oder ein Datenträger mit dem Inhalt der elektronischen Akten wird auf besonders zu begründenden Antrag nur übermittelt, wenn der Antragsteller hieran ein berechtigtes Interesse hat. [4]Stehen der Akteneinsicht in der nach Satz 1 vorgesehenen Form wichtige Gründe entgegen, kann die Akteneinsicht in der nach den Sätzen 2 und 3 vorgesehenen Form auch ohne Antrag gewährt werden.

(2) [1]Einsicht in Akten, die in Papierform vorliegen, wird durch Einsichtnahme in die Akten in Diensträumen gewährt. [2]Die Akteneinsicht kann, soweit nicht wichtige Gründe entgegenstehen, auch durch Bereitstellen des Inhalts der Akten zum Abruf, durch Übermittlung des Inhalts der Akte auf einem sicheren Übermittlungsweg oder durch Bereitstellen einer Aktenkopie zur Mitnahme gewährt werden. [3]Auf besonderen Antrag werden einem Verteidiger oder Rechtsanwalt, soweit nicht wichtige Gründe entgegenstehen, die Akten zur Einsichtnahme in seine Geschäftsräume oder in seine Wohnung mitgegeben.

(3) Entscheidungen über die Form der Gewährung von Akteneinsicht nach den Absätzen 1 und 2 sind nicht anfechtbar.

(4) [1]Durch technische und organisatorische Maßnahmen ist zu gewährleisten, dass Dritte im Rahmen der Akteneinsicht keine Kenntnis vom Akteninhalt nehmen können. [2]Der Name der Person, der Akteneinsicht gewährt wird, soll durch technische Maßnahmen in abgerufenen Akten und auf übermittelten elektronischen Dokumenten nach dem Stand der Technik dauerhaft erkennbar gemacht werden.

(5) [1]Personen, denen Akteneinsicht gewährt wird, dürfen Akten, Dokumente, Ausdrucke oder Abschriften, die ihnen nach Absatz 1 oder 2 überlassen worden sind, weder ganz noch teilweise öffentlich verbreiten oder sie Dritten zu verfahrensfremden Zwecken übermitteln oder zugänglich machen. [2]Nach Absatz 1 oder 2 erlangte personenbezogene Daten dürfen sie nur zu dem Zweck verwenden, für den die Akteneinsicht gewährt wurde. [3]Für andere Zwecke dürfen sie diese Daten nur verwenden, wenn dafür Auskunft oder Akteneinsicht gewährt werden dürfte. [4]Personen, denen Akteneinsicht gewährt wird, sind auf die Zweckbindung hinzuweisen.

(6) [1]Die Bundesregierung bestimmt durch Rechtsverordnung mit Zustimmung des Bundesrates die für die Einsicht in elektronische Akten geltenden Standards. [2]Sie kann die Ermächtigung durch Rechtsverordnung ohne Zustimmung des Bundesrates auf die zuständigen Bundesministerien übertragen.

Übersicht

A. Allgemeines

1 § 32f regelt die Rahmenbedingungen und die Formen der zu gewährenden Einsicht für die Verfahrensbeteiligten unter Berücksichtigung der verschiedenen Aktenführungsarten. Dies setzt jedoch die positive Entscheidung über das Akteneinsichtsgesuch durch die aktenführende Stelle aufgrund der Vorschriften der Verfahrensordnung voraus.[1] Derartige Ansprüche können sich beispielsweise aus § 147 Abs. 1 bis 3 für den Verteidiger, § 147 Abs. 4 für den Beschuldigten, § 385 Abs. 3 für den Privatkläger, § 406e für den Nebenkläger und Verletzten, § 428 Abs. 1 S. 2 für den Einziehungsbeteiligten, § 444 Abs. 2 S. 2 für die bußgeldbeteiligte juristische Person oder Personenvereinigung, § 474 Abs. 1 für Justizbehörden und andere öffentlichen Stellen, § 475 Abs. 2 für Privatpersonen und sonstige Stellen sowie § 120 StVollzG Abs. 1 für Personen im Straf- oder Maßregelvollzug ergeben.

B. Arten der Akteneinsichten (Abs. 1 bis Abs. 3)

I. Akteneinsicht in elektronisch geführte Akten (Abs. 1)

2 **1. Bereitstellung zum Abruf der elektronischen Dokumente.** Grundsätzlich wird die Einsicht in die elektronische Verfahrensakte nach **Abs. 1 S. 1** durch das Bereitstellen zum Abruf gewährt, soweit nicht ausdrücklich eine andere Form der Einsicht beantragt wird.[2] Dabei ist unter Abruf die **Zurverfügungstellung** der Akte an die einsichtsberechtigte Person mittels einer besonderen gesicherten Verbindung über das öffentliche Telekommunikationsnetz, insbesondere des Internets, zB über ein sog. **Akteneinsichtsportal** zu verstehen. Damit ist kein Zugriff auf die Originalakte in den Systemen und Anwendungen der Strafverfolgungsbehörden verbunden,[3] sondern vielmehr ein dafür anzufertigender Export für die Zwecke der Einsichtnahme. Dieses beinhaltet auch die **Möglichkeit des Herunterladens** der Akte. Bei dieser Bereitstellung kann der Akteninhalt zuvor auch in ein anderes Dateiformat, zB in ein PDF übertragen werden, wobei die Akteninhalte bei den Justizbehörden grundsätzlich bereits im PDF-Format geführt werden. Wie auch bei der bisherigen Akteneinsicht in Papierakten genügt die Möglichkeit der Einsichtnahme. Ob der Berechtigte hiervon durch Kenntnisnahme des Akteninhalts Gebrauch macht, ist kein Bestandteil des Akteneinsichtsverfahrens.[4]

3 **Maßgeblicher Zeitpunkt** und somit Bestand für den bereitzustellenden Akteninhalt ist grundsätzlich derjenige Bestand im Zeitpunkt der gestattenden Entscheidung. Eine „Echtzeiteinsicht" im Zugriffsmoment ist damit nicht verbunden.[5] Zwischen der Bewilligung und der Einsichtnahme liegt unweigerlich eine gewisse Zeit, in der sich der Aktenumfang durchaus erweitert haben kann. Daher sollte zu Beweiszwecken der Bestand bei der Einsicht dokumentiert werden. Akteneinsicht kann auch für einen bestimmten späteren Zeitpunkt, zB nach Abschluss der Ermittlungen beantragt bzw. gewährt werden. Zudem sieht § 2 StrafAktEinV (→ Rn. 23) vor, dass das Datum des Stands der Bereitstellung anzugeben ist.

4 Dieses Abrufverfahren erfordert bei den Einsichtnehmenden entsprechende **Hard- und Softwareausstattungen,** die diese grundsätzlich eigenverantwortlich vorhalten müssen. Soweit jedoch beispielsweise bei Gefangenen die Verwendung von Kommunikationstechnik untersagt ist, was der Wahrnehmung des Akteneinsichtsrechts entgegenstehen würde, dürfen diese untergesetzlichen Vorschriften nicht angewandt werden.[6] Den Gefangenen sind inso-

---

1 BT-Drs. 18/9416, 56.
2 BT-Drs. 18/9416, 56.
3 BT-Drs. 18/9416, 57.
4 BT-Drs. 18/9416, 56.
5 BT-Drs. 18/9416, 56.
6 BT-Drs. 18/9416, 56.

weit für die Einsichtnahme entsprechende Lesegeräte zur Verfügung zu stellen, damit diese ihre verfahrensmäßigen Rechte wahrnehmen können.

Entsprechend Art. 7 Abs. 5 der RL 2012/13/EU4 über das Recht auf Belehrung und Unterrichtung in Strafverfahren soll die Akteneinsicht in die elektronische Akte, wie auch in die Papierakte grundsätzlich **unentgeltlich** erfolgen. Daher sieht Nummer 9000 der Anlage 1 zum GKG auch nur für die spezielle Herstellung und Überlassung von Dokumenten bzw. die Übermittlung eines Datenträgers mit elektronischen Akteninhalten eine Pauschale vor. 5

In Ausnahmefällen kann auch ohne einen entsprechenden Antrag von Amts wegen abweichend von Abs. 1 S. 1 die Einsicht in die elektronische Akte in einer der nachstehenden Formen der Sätze 2 oder 3, dh in den Diensträumen oder durch Übermittlung eines Aktenausdrucks bzw. eines Datenträgers mit der elektronischen Akte gewährt werden, wenn der Gewährung im Abrufverfahren **wichtige Gründe** iSd **Abs. 1 S. 4** entgegenstehen. Dies ist insbesondere dann der Fall, wenn aus technischen Gründen, so etwa bei sehr großen Datenmengen eine Bereitstellung nicht in Betracht kommt. Aber auch bei besonders schutzwürdigen Inhalten, wie beispielsweise bei Verschlusssachen, bei denen bereits bisher nach § 147 Abs. 4 eine Mitgabe der Akte an den Verteidiger nicht in Betracht kam.[7] 6

2. Einsichtnahme in den Diensträumen. Nach **Abs. 1 S. 2** kann alternativ zum Abrufverfahren auf ausdrücklichen, hierauf gerichteten Antrag die Einsichtnahme in die elektronische Akte in den Diensträumen der aktenführenden Strafverfolgungsbehörde gewährt werden. Dies entspricht der Einsichtnahme vor Ort in die Papierakte nach Abs. 2 S. 1. Dieser besondere Antrag muss jedoch – entsprechend einem Umkehrschluss aus Abs. 1 S. 3 – nicht gesondert begründet werden und ist auch nicht an bestimmte Voraussetzungen gebunden. Damit soll auch denjenigen die Akteneinsicht ermöglich werden, die nicht über die für das Abrufverfahren des Abs. 1 S. 1 erforderlichen technischen Voraussetzungen verfügen. 7

Durchgeführt wird dieses Akteneinsichtsverfahren in den **Diensträumen** der Behörde, zB der Geschäftsstelle oder in eigens für diesen Zweck vorgesehenen Räumen der Strafverfolgungsbehörde über ein entsprechend technisch ausgestattetes Gerät. Dieses Einsichtsmedium muss dem Einsichtnehmenden die Wahrnehmung und Wiedergabe des Akteninhalts in Ton und Bild ermöglichen, wie sie auch für die Strafverfolgungsbehörden und Gerichte wahrnehmbar ist.[8] Als Diensträume sind dabei all jene Räumlichkeiten zu verstehen, die vorübergehend oder dauerhaft dem öffentlichen Dienst zur Ausübung dienstlicher Tätigkeiten dienen und über die der Träger der öffentlichen Gewalt das Hausrecht ausübt.[9] Dabei muss es sich nicht zwingend um die Diensträumen der im Zeitpunkt der Antragstellung oder Gewährung aktenführenden Strafverfolgungsbehörde oder Gerichte handeln. 8

3. Übersendung von Ausdrucken oder Datenträgern. Neben die vorgenannten Einsichtsformen treten die in **Abs 1 S. 3** genannte Übermittlung von Aktenausdrucken (vgl. insoweit auch § 5 StrafAktEinV, → Rn. 26) oder Datenträgern mit dem Inhalt der elektronischen Akte als zusätzliche Form der Akteneinsicht in die elektronische Verfahrensakte. Dieses Vorgehen setzt ein berechtigtes Interesse des Antragstellers voraus und ist nur ausnahmsweise zu gewähren. Hierfür bedarf es eines besonders zu begründenden Antrags, der ein berechtigtes Interesse an dieser Einsichtsform darlegt. Dies kann insbesondere dann gegeben sein, wenn dem Antragsteller keine technischen Möglichkeiten zur Verfügung stehen, elektronische Dokumente einzusehen oder es ihm, zB aus gesundheitlichen Gründen nicht zuzumuten ist, zur Einsichtnahme in die Diensträume zu kommen. Kein Grund ist es hingegen, dass der Antragsteller eine Akte in gedruckter Form bevorzugt.[10] Dies kann er auch durch eine eigenständige Herstellung von Ausdrucken erreichen. Damit wird 9

---

7 BT-Drs. 18/12203, 73.
8 BT-Drs. 18/9416, 56.
9 BT-Drs. 18/9416, 56 f.
10 BT-Drs. 18/9416, 57.

verhindert, dass die Strafverfolgungsbehörden zur Druckstraße der Einsichtnehmenden werden.

II. Akteneinsicht in Papierakten (Abs. 2)

10 Bis zur vollständigen Einführung der elektronischen Akte ist die Einsichtnahme in Akten, die noch in Papierform geführt werden, in Abs. 2 geregelt. Dabei erfolgt die Einsichtnahme nach **Abs. 2 S. 1** grundsätzlich in den **Diensträumen** der jeweils aktenführenden Stelle (→ Rn. 8). Hiervon kann diese im Rahmen ihres Ermessens abweichen und stattdessen die Akteneinsicht in den nach den Sätzen 2 und 3 vorgesehenen Formen gewähren.[11]

11 So kann dies nach **Abs. 2 S. 2** im Wege der elektronischen **Bereitstellung zum Abruf** des Akteninhalts (→ Rn. 2 ff.) erfolgen. Dies setzt jedoch voraus, dass die aktenführende Stelle eine Digitalisierung der führenden Papierakte vorgenommen hat. Soweit das in Form einer sog. Hilfsakte erfolgt ist, kann diese für eine elektronische Akteneinsicht genutzt werden. Eine eigens zum Zweck der Einsichtnahme erstellte Digitalisierung des Akteninhalts wird voraussichtlich nur in seltenen Fällen erfolgen, da dies zu erheblichen Mehraufwänden bei der einsichtsgewährenden Stelle führen wird. Daneben besteht die auch bisher schon vorgesehene Möglichkeit der **Bereitstellung von Kopien** der Akteninhalte zur Mitnahme. Auch insoweit fallen bei den Strafverfolgungsbehörden Aufwände für die Erstellung der Fotokopien an. Dennoch haben beide Formen trotz der personellen Aufwände den Vorteil, dass sie im Vergleich zu der geläufigsten Form der Aktenversendung nach Abs. 2 S. 3 zu einer Verfahrensbeschleunigung führen können. So ist es unvermeidbar, dass Akten, die nacheinander an mehrere Verfahrensbeteiligte zur Einsicht versendet werden, eine gewisse Zeit im Umlauf sind und somit eine Weiterbearbeitung nur in eingeschränktem Umfang möglich ist. Im Rahmen ihres Ermessens wird die aktenführende Stelle die Vor- und Nachteile gegeneinander abwägen.

12 Die zusätzlichen Formen der Einsichtsgewährung des S. 2 stehen unter dem Vorbehalt, dass nicht **wichtige Gründe** einer derartigen Akteneinsicht entgegenstehen. Von diesem Vorbehalt soll zurückhaltend Gebrauch gemacht werden, um eine effektive Ausübung der Verfahrensbeteiligung zu gewährleisten. Bei unverteidigten Beschuldigten reicht insoweit die abstrakte Gefahr der möglichen Veränderung des Akteninhalts als wichtiger Grund aus. Darüber hinaus können auch vom Antragsteller wichtige Gründe vorgebracht werden.[12]

13 Für Verteidiger und Rechtsanwälte gilt zusätzlich die Sonderregel des **Abs. 2 S. 3,** wonach ihnen die Akten auch zur Einsichtnahme in ihre Geschäftsräume oder auch in ihre Wohnung mitgegeben werden kann. Nachdem auch Personen als Verteidiger auftreten können, die keine Rechtsanwälte sind und somit nicht zwingend über eigenständige Geschäftsräume verfügen, wurde die Mitnahme in deren Wohnung eingeführt. In der Regel werden die Akten jedoch an die Einsichtsberechtigten versandt, wofür dann eine Gebühr anfällt. Auch insoweit gilt die Einschränkung, dass dieser Einsichtsform keine wichtigen Gründe entgegenstehen (→ Rn. 12). Auf Beweisstücke, dh Urkunden, die in Papierform in den Akten vorhanden sind, erstreckt sich diese Einsicht nicht. Stattdessen sind insoweit entsprechend kenntlich gemachte Kopien der Einsichtnahme beizugeben.

III. Entscheidung über die Form der Akteneinsicht (Abs. 3)

14 Die Entscheidung über die nach den Absätzen 1 bzw. 2 zu wählende Form der Gewährung der Akteneinsicht erfolgt nach **Abs. 3** durch einen insoweit **nicht anfechtbaren Bescheid.** Durch die Art und Weise der Durchführung der Akteneinsicht werden die Verfahrensrechte der Einsichtsberechtigten nicht verletzt, da der Anspruch auf effektive Strafverteidigung hierdurch nicht tangiert wird. Ein Anspruch auf eine bestimmte Form der Akteneinsicht besteht gerade nicht.[13] Die Nichtanfechtbarkeit dient insoweit auch dem Schutz der aktenfüh-

[11] BT-Drs. 18/12203, 73.
[12] BT-Drs. 18/9416, 57.
[13] BT-Drs. 18/9416, 57.

renden Stelle vor organisatorischen Mehraufwänden, da gerade die Möglichkeit der Bereitstellung von Akteninhalten zum Abruf bei an sich in Papierform geführten Akten (Abs. 2 S. 2) andernfalls zu einem vermehrten Interesse an dieser Einsichtsform führen würde. Die dieser Entscheidung vorgelagerte Frage, ob der einsichtsbegehrenden Person im jeweiligen Verfahrensstadium Akteneinsicht zugebilligt wird, ist davon unbenommen und unterliegt den hierfür vorgesehenen Rechtsschutzmöglichkeiten. Insoweit bedarf es eines nach Ziffer 188 Abs. 1 RiStBV mit einer kurzen Begründung versehenen Bescheids.

IV. Durchführung der Akteneinsicht (Abs. 4)

Die Akten der Strafverfolgungsbehörden enthalten naturgemäß eine Vielzahl von perso- **15**
nenbezogenen und auch ansonsten sehr sensiblen Daten. Diese im Wege des Amtsermittlungsgrundsatzes beigebrachten Informationen dürfen daher nur im verfahrensrechtlich gebotenen Umfang Dritten zur Kenntnisnahme gegeben werden. Durch geeignete technische und organisatorische Maßnahmen hat daher das Ziel der Erreichung des Datenschutzes bei der Akteneinsicht nach **Abs. 4 S. 1** sichergestellt zu werden. Diese Verpflichtung richtet sich sowohl an die die Einsicht gewährende Stelle als auch an den Empfänger der Akteninhalte, da ein unberechtigter Abfluss der Akteninhalte bei Transportweg, aber auch danach beim „Vorhalten" der Daten in Betracht kommt.

Dabei wird nach der gesetzgeberischen Intention der Datenschutz durch eine verpflich- **16**
tende Kombination aus **technischen und organisatorischen Maßnahmen** bestmöglich zu erreichen versucht. Vorrangig sind dabei die jeweiligen Verschlüsselungstechniken der Daten selbst und während der Datenübertragung. Dies wird in § 2 StrafAktEinV weiter konkretisiert (→ Rn. 23). Die beste technische Absicherung hilft aber wenig, wenn die Daten vor oder auch nach der Übermittlung durch unsachgemäße Handhabung „offen" Dritten zugänglich sind.[14] Auch muss bedacht werden, dass die verschlüsselten Datenträger nicht zusammen mit dem zur Entschlüsselung erforderlichen Passwort versendet werden. Ein Zwei-Wege-Versand sollte hier unbedingt beachtet werden. Andererseits ist bei den zu fordernden konkreten Mechanismen die Funktionsfähigkeit der Geschäftsprozesse im Blick zu halten. Nachdem eine hundertprozentige Sicherheit nie erreicht werden kann, muss insoweit ein hinreichender Schutz gewährleistet sein.

Bei den elektronischen Akteneinsichtsformen des Abs. 1 S. 1 bzw. Abs. 2 S. 2 (Abruf- **17**
verfahren) oder Abs 1 S. 3 (Übermittelung eines Datenträger) soll im Rahmen der jeweiligen technischen Möglichkeiten aufgrund **Abs. 4 S. 2** bei der Gewährung von Akteneinsicht der **Name** der Einsicht nehmenden Person als „Wasserzeichen" in den abgerufenen Akten oder auf den übermittelten elektronischen Dokumenten dauerhaft erkennbar gemacht werden. Hier dient ein seit langem in der Privatwirtschaft bewährtes Verfahren bei der Einsicht in vertrauliche Unternehmensunterlagen bei der „due-diligence"-Prüfung über sog. „elektronische Datenräume" als Vorbild.[15] Auf diese Weise wird eine Hemmschwelle für die unberechtigte Weitergabe oder Veröffentlichung aufgebaut, da das bewusste oder auch unbewusste „Datenleck" unmittelbar einer Herkunftsquelle zugeordnet werden kann und diese ggfs. mit entsprechenden zivil- und strafrechtlichen Konsequenzen rechnen muss.

V. Verwendung der Akteninhalte (Abs. 5)

Die überlassenen Akteninhalte dürfen nach **Abs. 5 S. 1** von den die Einsicht nehmen- **18**
den Personen nur entsprechend der datenschutzrechtlichen **Zweckbindung** für die unmittelbaren Belange des Strafverfahrens verwendet werden. Die Akten, Dokumente, Ausdrucke oder Abschriften dürfen weder ganz noch teilweise öffentlich verbreitet oder an Dritte zu verfahrensfremden Zwecken übermittelt bzw. zugänglich gemacht werden. Zulässig ist danach nur eine Weitergabe der Daten durch den Verteidiger bzw. Rechtsanwalt an seinen Mandanten oder an einen Sachverständigen. Eine Übermittlung an Vertreter der Presse

14 BT-Drs. 18/9416, 58.
15 BT-Drs. 18/9416, 58.

oder andere Dritte verstößt gegen Abs. 5 S. 1.[16] Adressat dieser Zweckbindung ist der Einsichtnehmende, nicht aber die Drittempfänger.

19 Hinsichtlich **personenbezogener Daten** iSd § 46 Nr. 1 BDSG wird durch **Abs. 5 S. 2** die Verwendung auf jene Zwecke beschränkt, für die die Akteneinsicht gewährt wurde. Der Begriff der Verwendung, wie er noch in § 3 Abs. 5 BDSG aF legaldefiniert wurde, findet sich im neuen BDSG nicht mehr wieder. Verwendung war dort der Oberbegriff für Nutzung und Verarbeitung und umfasste offenbar jegliche Tätigkeit mit Ausnahme der Erhebung. Der neue Oberbegriff ist nunmehr die Verarbeitung iSd § 46 Nr. 2 BDSG, worunter die Nutzung der Daten durch Speichern, Verändern, Übermitteln, Sperren oder Löschen personenbezogener Daten zu verstehen ist. Zu anderen Zwecken dürfen die Daten entsprechend **Abs. 5 S. 3** nur verwendet werden, wenn auch hierfür Auskunft oder Akteneinsicht hätte gewährt werden dürfen.

20 Auf die vorgenannten Zweckbindungen der Sätze 2 und 3 ist nach **Abs. 5 S. 4** bei der Gewährung der Akteneinsicht **hinzuweisen.**

VI. Festlegung von technischen und organisatorischen Standards (Abs. 6)

21 **Abs. 6** beinhaltet eine Verordnungsermächtigung an die Bundesregierung technische Standards für die Einzelheiten des Aktenabrufs und der Einsicht in elektronische Akten per Rechtsverordnung festzulegen. Nach Abs. 6 S. 1 bedarf die Bundesregierung hierfür der Zustimmung des Bundesrats. Diese Kompetenz kann nach Abs. 6 S. 2 auf die betroffenen Bundesministerien delegiert werden. Aufgrund von Abs. 6 S. 1 wurde die Verordnung über die Standards für die Einsicht in elektronische Akten im Strafverfahren (Strafakteneinsichtsverordnung – StrafAktEinV) vom 24.2.2020 erlassen.[17] Zweck ist es, die in den Absätzen 1 bis 4 festgelegten Regeln für die Durchführung der zu gewährenden Akteneinsicht zu konkretisieren. Hierfür können bzw. wurden die technischen und organisatorischen Einzelheiten, insbesondere die der Datensicherheit[18] und des Datenschutzes näher ausgestaltet werden.

22 Hierzu bestimmt **§ 1 StrafAktEinV** deren Anwendungsbereich auf die Einsicht in elektronisch geführte Strafverfahrensakten, insbesondere der Staatsanwaltschaften und Gerichte.

23 Beim Abrufverfahren (→ Rn. 2 ff.) wird durch **§ 2 StrafAktEinV** geregelt, dass die Einsicht in Form des Repräsentats (→ § 32 Rn. 76 f.) auf dem der Name der einsehenden Person dauerhaft anzubringen ist, erfolgt. Zudem ist ein strukturierter maschinenlesbarer Datensatz (Metadaten) beizufügen. Der Bereitstellungszeitraum wird auf 30 Tage festgelegt, worauf u.a. entsprechend hinzuweisen ist. Der abzurufende Inhalt ist nach dem Stand der Technik verschlüsselt zu übertragen und soll für den Empfänger speicherbar sein. Darüber hinaus sollen die Grundsätze der Barrierefreiheit bei der Einrichtung des Akteneinsichtsportal beachten werden.

24 Nach **§ 3 StrafAktEinV** kann Akteneinsicht soweit der Empfänger über entsprechende Zugänge, wie etwa ein De-Mail-Konto oder ein besonderes elektronisches Anwaltspostfach verfügt, auch durch Übermittlung des Repräsentats auf einem solchen sicheren Übermittlungsweg nach § 32a Abs. 4 (→ § 32a Rn. 37 ff.) gewährt werden.

25 Die organisatorischen Schutzmaßnahmen werden durch **§ 4 StrafAktEinV** hinsichtlich der Einsichtnahme in Diensträumen näher konkretisiert, indem dabei sicherzustellen ist, dass der Akteninhalt nicht von unbefugten Personen wahrgenommen oder verändert werden kann.

26 Auch der Ausdruck der elektronischen Akte zum Zweck der Einsichtnahme erfolgt konsequenterweise gemäß **§ 5 StrafAktEinV** durch das Ausdrucken des Repräsentats.

27 Die Übermittlung des Inhalts der elektronischen Akte auf einem Datenträger erfolgt nach **§ 6 StrafAktEinV** mittels ihres Repräsentats auf einem nach § 8 Nummer 2 StrafAkt-

[16] BT-Drs. 18/9416, 58.
[17] BGBl. 2020 I 242.
[18] BT-Drs. 18/9416, 58.

EinV zulässigen physischen Datenträger (→ Rn. 29), welcher zu verschlüsseln ist. Die Daten sind nach dem Stand der Technik zu verschlüsseln. Die für die Entschlüsselung erforderlichen Daten müssen gesondert versandt werden.

Nach **§ 7 StrafAktEinV** sind die Einsichtnehmenden insbesondere auf die Zweckbindungen des § 32f Abs. 5 sowie die möglichen strafrechtlichen Konsequenzen der §§ 94–97, 203, 353d StGB oder § 42 BSDG und die Löschpflicht nach Wegfall der Verwendungszwecke hinzuweisen. 28

Die technischen Anforderungen an den Strukturdatensatz sowie die zulässigen physischen Datenträger iSd § 6 Abs. 1 StrafAktEinV (→ Rn. 27), werden nach **§ 8 StrafAktEinV** von der Bundesregierung im Bundesanzeiger und auf der Internetseite www.justiz.de bekannt gemacht. Nachdem diese Datensatzformate einem stetigen Wandel bzw. einer regelmäßigen Erweiterung unterliegen, werden dabei auch Gültigkeitszeiträume festgelegt. Zulässige Datenträge sind dabei insbesondere bestimmte USB-Speichermedien, CDs und DVDs.[19] 29

Die **StrafAktEinV** trat gemäß **§ 9** am Tag nach ihrer Verkündung, mithin am 6.3.2020 in Kraft. 30

[19] Vgl. Bekanntmachung des Bundesministeriums der Justiz und für Verbraucherschutz zu den Rechtsverordnungen über die Führung und Übermittlung elektronischer Akten, die Erstellung und Übermittlung elektronischer Dokumente sowie die Einsichtnahme in elektronische Akten 2020 – eAeDB 2020 vom 17.9.2020.

Abschnitt 4a. Gerichtliche Entscheidungen

§ 33 Gewährung rechtlichen Gehörs vor einer Entscheidung

(1) Eine Entscheidung des Gerichts, die im Laufe einer Hauptverhandlung ergeht, wird nach Anhörung der Beteiligten erlassen.

(2) Eine Entscheidung des Gerichts, die außerhalb einer Hauptverhandlung ergeht, wird nach schriftlicher oder mündlicher Erklärung der Staatsanwaltschaft erlassen.

(3) Bei einer in Absatz 2 bezeichneten Entscheidung ist ein anderer Beteiligter zu hören, bevor zu seinem Nachteil Tatsachen oder Beweisergebnisse, zu denen er noch nicht gehört worden ist, verwertet werden.

(4) [1]Bei Anordnung der Untersuchungshaft, der Beschlagnahme oder anderer Maßnahmen ist Absatz 3 nicht anzuwenden, wenn die vorherige Anhörung den Zweck der Anordnung gefährden würde. [2]Vorschriften, welche die Anhörung der Beteiligten besonders regeln, werden durch Absatz 3 nicht berührt.

Schrifttum: Bohnert, Zum Problem des Anhörungsrechts Dritter im Strafverfahren, JZ 1978, 710; Kleinknecht, Gesetz zur Änderung der Strafprozeßordnung und des Gerichtsverfassungsgesetzes (StPÄG), JZ 1965, 153; Kockel/Vossen-Kempkens, Zur Sachbehandlung von unschlüssigen, haltlosen, beschimpfenden, sich inhaltlich wiederholenden „querulatorischen" Strafanzeigen, NStZ 2001, 178; Schneider, Förmlichkeiten der Einlegung und Begründung von Rechtsmitteln, MDR 1979, 1; Walther, Zum Anspruch des Deliktsopfers auf rechtliches Gehör und auf ein faires Verfahren, GA 2007, 615.

Übersicht

I. Überblick

1 **1. Normzweck.** Die Vorschrift regelt die Anhörung bei gerichtlichen Entscheidungen und gewährleistet somit den verfassungsrechtlichen **Anspruch auf rechtliches Gehör** gemäß Art. 103 Abs. 1 GG, häufig auch mit dem römischen Rechtsgrundsatz „audiatur et altera pars" umschrieben. Hiernach ist jedermann die Gelegenheit zu geben, sich vor Erlass der gerichtlichen Entscheidung zu dem zugrunde liegenden Sachverhalt in tatsächlicher wie in rechtlicher Hinsicht zu äußern. Das Gericht muss dabei die Ausführungen nicht nur zur Kenntnis nehmen, sondern bei seiner Entscheidung auch in Erwägung ziehen.[1] Das Recht auf rechtliches Gehör (→ Einl. Rn. 70 ff.) beinhaltet allerdings keinen Anspruch auf rechtlichen Dialog, verpflichtet das Gericht somit nicht zu einem Rechtsgespräch.[2]

[1] BVerfG 19.7.1967 – 2 BvR 639/66, BVerfGE 22, 267 (273) = NJW 1967, 1955 (1956); 10.10.1973 – 2 BvR 574/71, BVerfGE 36, 92 (97) = NJW 1974, 133 (133).

[2] BGH 5.3.1969 – 4 StR 610/68, BGHSt 22, 336 (339) = NJW 1969, 941 (941); 27.4.1989 – 1 StR 632/88, NJW 1989, 2403 (2407), in BGHSt 36, 175 nicht abgedr.; Graalmann-Scheerer in Löwe/Rosenberg Rn. 23; Schmitt in Meyer-Goßner/Schmitt Rn. 1; Weßlau/Weißer in SK-StPO Rn. 10.

Weitere Ausprägungen des Anspruchs auf rechtliches Gehör finden sich etwa für die Hauptverhandlung in § 248 S. 2, §§ 257, 258, 265 Abs. 1, Abs. 2 bzw. für Rechtsmittelverfahren in § 311 Abs. 3 S. 2, § 311a Abs. 1, § 326 und § 351 Abs. 2. 2

2. Anwendungsbereich. Der Begriff der **„Entscheidungen"** ist wegen des Anliegens des § 33, den verfassungsrechtlichen Anspruch auf rechtliches Gehör aus Art. 103 Abs. 1 GG im Strafverfahren zu sichern (→ Rn. 1), weit auszulegen.[3] Erfasst sind sämtliche Urteile, Beschlüsse und Verfügungen des erkennenden und beschließenden Gerichts, die in die materiell- oder verfahrensrechtliche Stellung eines Beteiligten oder Dritten eingreifen.[4] Setzt der Richter in ein Formular oder ein von ihm gefertigtes unvollständiges Schriftstück Blattzahlen, Klammern oder Kreuzzeichen ein, mit denen er auf in den Akten befindliche Textpassagen Bezug nimmt, handelt es sich hierbei noch nicht um eine Entscheidung iSd § 33.[5] Wie sich auch aus Abs. 4 ergibt, ist unerheblich, ob die Entscheidung im Vor- oder Hauptverfahren ergeht.[6] Auf das vollzugsgerichtliche Verfahren ist § 33 nicht entsprechend anwendbar.[7] 3

Prozessleitende Verfügungen (zB die Anordnung, die Verhandlung zu unterbrechen) sind – anders als in § 35 (→ § 35 Rn. 3) – demzufolge keine „Entscheidungen" iSd Vorschrift, da sie Eingriffe in Rechtsstellungen und Rechte lediglich vorbereiten, aber noch nicht bewirken. Gleiches gilt für alle sonstigen Entscheidungen, die nur den Gang des Verfahrens betreffen.[8] 4

Ebenso wenig sind in der Regel **gerichtsinterne Entscheidungen** oder bloße Mitteilungen, Belehrungen sowie justizinterne Anordnungen erfasst.[9] Sofern schon hierdurch die Rechte der Verfahrensbeteiligten berührt werden sollten, müssen aber auch insoweit die Anhörungspflichten des § 33 beachtet werden. Beispielsweise ist bei einem Beschluss gemäß § 30 über die Selbstablehnung eines Richters rechtliches Gehör zu gewähren, da dadurch der gesetzliche Richter vorenthalten werden könnte.[10] 5

Jeder Antragsteller hat grds. ein **Recht auf richterliche Entscheidung.** Die Entscheidung kann mangels besonderer gesetzlicher Anforderungen auch formlos ergehen. Dem Antragsteller ist aber jedenfalls die Art der Erledigung schriftlich mitzuteilen.[11] 6

Das Recht auf richterliche Entscheidung **entfällt,** wenn der Antragsteller schon ordnungsgemäß beschieden wurde, er aber gleichwohl seine Eingabe wiederholt.[12] Ebenso wenig muss eine Entscheidung ergehen, wenn der Antrag nicht den Anforderungen entspricht, die an jede Eingabe an eine Behörde zu stellen sind. Dies betrifft vor allem Eingaben, die lediglich ehrverletzende, herausfordernde oder erpresserische Aussagen enthalten, ohne sich zu sachlichen 7

---

[3] Graalmann-Scheerer in Löwe/Rosenberg Rn. 6; Schmitt in Meyer-Goßner/Schmitt Rn. 2; Weßlau/Weißer in SK-StPO Rn. 3; Ziegler in KMR-StPO Rn. 2.

[4] Graalmann-Scheerer in Löwe/Rosenberg Rn. 6; Schmitt in Meyer-Goßner/Schmitt Rn. 2; Ziegler in KMR-StPO Rn. 2.

[5] LG Gießen 8.6.2015 – 2 Qs 3/15, StV 2016, 351 (351); LG Limburg 11.3.2015 – 1 Qs 27/15, BeckRS 2016, 9415 Rn. 7.

[6] Graalmann-Scheerer in Löwe/Rosenberg Rn. 6; Schmitt in Meyer-Goßner/Schmitt Rn. 2; Weßlau/Weißer in SK-StPO Rn. 3.

[7] OLG Celle 21.1.2008 – 1 Ws 34/08, NStZ 2008, 347 (348); OLG Karlsruhe 27.4.2015 – 2 Ws 133/15, BeckRS 2015, 8485 Rn. 6.

[8] Graalmann-Scheerer in Löwe/Rosenberg Rn. 7; Larcher in BeckOK StPO Rn. 1; Maul in KK-StPO Rn. 2; Pollähne in Gercke/Julius/Temming/Zöller Rn. 2; Rappert in Radtke/Hohmann Rn. 20; Schmitt in Meyer-Goßner/Schmitt Rn. 2; Weßlau/Weißer in SK-StPO Rn. 4.

[9] Maul in KK-StPO Rn. 2; Rappert in Radtke/Hohmann Rn. 20; Schmitt in Meyer-Goßner/Schmitt Rn. 2.

[10] Graalmann-Scheerer in Löwe/Rosenberg Rn. 7; Maul in KK-StPO Rn. 2; Weßlau/Weißer in SK-StPO Rn. 4; Ziegler in KMR-StPO Rn. 4; s. hierzu BVerfG 8.6.1993 – 1 BvR 878/90, BVerfGE 89, 28 (36) = NJW 1993, 2229 (2230); aA BGH 13.3.1962 – 5 StR 544/61, GA 1962, 338.

[11] Rappert in Radtke/Hohmann Rn. 4; Schmitt in Meyer-Goßner/Schmitt Vor § 33 Rn. 10; Weßlau/Weißer in SK-StPO Vor § 33 Rn. 14; vgl. auch BVerfG 22.4.1953 – 1 BvR 162/51, BVerfGE 2, 225 (230) = NJW 1953, 817.

[12] BGH 18.12.2006 – 1 StR 161/06, NStZ 2007, 283; Rappert in Radtke/Hohmann Rn. 7; Schmitt in Meyer-Goßner/Schmitt Vor § 33 Rn. 14; Ziegler in KMR-StPO Vor § 33 Rn. 7.

Fragen zu äußern.[13] Das Gericht hat dem Antragsteller aber mitzuteilen, dass es eine Entscheidung ablehnt. Dies geschieht durch Beschluss, sofern in der Sache auf diesem Wege zu entscheiden wäre, ansonsten formlos.[14] Dem Gericht steht es dabei frei, den Antragsteller auf die Ungehörigkeit seiner Äußerungen hinzuweisen und ggf. Strafanzeige zu erstatten.[15]

8 § 33 betrifft – entsprechend dem Schutzbereich des Prozessgrundrechts aus Art. 103 Abs. 1 GG – lediglich Entscheidungen des **Gerichts,** sei es eines Kollegialgerichts oder des Strafrichters. Ob die Entscheidung im Laufe (Abs. 1; → Rn. 9 ff.) oder außerhalb (Abs. 2–4; → Rn. 17 ff.) einer Hauptverhandlung ergeht, ist unerheblich. Allerdings unterscheiden sich die Anforderungen an die Anhörung der Beteiligten: Während Abs. 1 für gerichtliche Entscheidungen in der Hauptverhandlung grds. eine Anhörung sämtlicher Beteiligter vorschreibt, ist dies für Entscheidungen außerhalb der Hauptverhandlung bzgl. anderer Beteiligter als der Staatsanwaltschaft nur unter den Voraussetzungen des Abs. 3 notwendig, sofern nicht ohnehin ein Fall des Abs. 4 S. 1 entgegensteht. Entscheidungen anderer staatlicher Stellen wie der Staatsanwaltschaft sind nicht erfasst.[16]

II. Erläuterung

9 **1. Entscheidungen des Gerichts im Laufe einer Hauptverhandlung (Abs. 1). a) Entscheidungen im Laufe einer Hauptverhandlung.** Abs. 1 betrifft Entscheidungen (→ Rn. 3 ff.), die **im Laufe einer Hauptverhandlung,** dh während der mündlichen Verhandlung im Hauptverfahren, ergehen. Hierzu zählen vornehmlich Urteile, seien es Sach- oder Prozessentscheidungen. Während der Hauptverhandlung können aber auch Beschlüsse ergehen, die in die Rechte oder in die Rechtsstellung der Verfahrensbeteiligten eingreifen. Dies gilt zB für den Beschluss über den Ausschluss der Öffentlichkeit gemäß §§ 172,[17] 173 Abs. 2 GVG,[18] das Absehen von einer antragsgemäß beschlossenen Beweisaufnahme,[19] die Inverwahrnahme von Beweismitteln gemäß § 94 Abs. 1, die Unterbringung des Beschuldigten in ein öffentliches psychiatrisches Krankenhaus zur Vorbereitung eines Gutachtens über dessen psychischen Zustand gemäß § 81 Abs. 1 oder die Anordnung von Untersuchungshaft gemäß § 112.[20]

10 Eine Entscheidung **ergeht** mit ihrer Bekanntgabe. Erst mit diesem Akt wird die Entscheidung wirksam und für das Gericht grds. – vorbehaltlich besonderer Regelungen, welche die nachträgliche Änderung ermöglichen (zB § 33a, § 306 Abs. 2, § 311 Abs. 3 S. 2, § 311a Abs. 1, § 356a) – unabänderlich.[21] In der Hauptverhandlung ist demnach der Zeitpunkt maßgeblich, in dem die Verkündung der Entscheidung samt Eröffnung der Gründe abgeschlossen wird (§ 35 Abs. 1 S. 1 bzw. § 268 Abs. 2 S. 1). Zuvor handelt es sich bei entsprechenden schriftlichen Abfassungen lediglich um Entwürfe, nicht aber um Entscheidungen iSd § 33.[22] Unerheblich ist, ob der Betroffene bei der Verkündung anwesend ist oder nicht.[23]

---

[13] KG 19.8.1968 – 2 VAs 39/68, NJW 1969, 151 (151); OLG Hamm 17.3.1976 – 4 Ss 158/76, NJW 1976, 978; OLG Karlsruhe 25.5.1973 – 1 Ws 143/73, NJW 1973, 1658 (1658 f.); Rappert in Radtke/Hohmann Rn. 5; Schmitt in Meyer-Goßner/Schmitt Vor § 33 Rn. 11; Weßlau/Weißer in SK-StPO Vor § 33 Rn. 15; Ziegler in KMR-StPO Vor § 33 Rn. 7; vgl. auch BVerfG 22.4.1953 – 1 BvR 162/51, BVerfGE 2, 225 (229) = NJW 1953, 817; zur Sachbehandlung entsprechender Strafanzeigen Kockel/Vossen-Kempkens NStZ 2001, 178.

[14] Vgl. BGH 18.12.2006 – 1 StR 161/06, NStZ 2007, 283; Rappert in Radtke/Hohmann Rn. 5; Schmitt in Meyer-Goßner/Schmitt Vor § 33 Rn. 12; Weßlau/Weißer in SK-StPO Vor § 33 Rn. 15.

[15] Rappert in Radtke/Hohmann Rn. 6; Schmitt in Meyer-Goßner/Schmitt Vor § 33 Rn. 13.

[16] Graalmann-Scheerer in Löwe/Rosenberg Vor § 33 Rn. 8; Weßlau/Weißer in SK-StPO Vor § 33 Rn. 6.

[17] Vgl. BGH 9.2.1977 – 3 StR 382/76, BGHSt 27, 117 (117) = NJW 1977, 964.

[18] RG 4.4.1935 – 3 D 59/35, RGSt 69, 175 (176).

[19] BGH 16.6.1983 – 2 StR 837/82, BGHSt 32, 10 (12) = NJW 1983, 2396 (2397).

[20] Graalmann-Scheerer in Löwe/Rosenberg Rn. 16.

[21] OLG Celle 18.7.1950 – Ws 152/50, NJW 1951, 415; OLG Hamburg 27.11.1962 – 2 Ss 128/62, NJW 1963, 874; Graalmann-Scheerer in Löwe/Rosenberg Rn. 9; Weßlau/Weißer in SK-StPO Vor § 33 Rn. 7.

[22] Graalmann-Scheerer in Löwe/Rosenberg Rn. 10; Maul in KK-StPO Rn. 3; Weßlau/Weißer in SK-StPO Vor § 33 Rn. 8; Ziegler in KMR-StPO Vor § 33 Rn. 3.

[23] OLG Hamm 3.7.1962 – 3 Ws 184/62, NJW 1962, 1734 (1734); Graalmann-Scheerer in Löwe/Rosenberg Rn. 10; Schmitt in Meyer-Goßner/Schmitt Vor § 33 Rn. 3; Weßlau/Weißer in SK-StPO Vor § 33 Rn. 8.

b) Anhörung der Beteiligten. Entscheidungen des Gerichts, die im Laufe einer Hauptverhandlung ergehen, dürfen gemäß Abs. 1 erst nach Anhörung der Beteiligten erlassen werden. Zu den **Beteiligten** zählen sämtliche Personen, die Verfahrensrechte ausüben oder von der jeweiligen Entscheidung unmittelbar betroffen werden.[24] Dies trifft zunächst auf alle **Verfahrensbeteiligte** zu, vornehmlich den Beschuldigten, Verteidiger und Beistand, die Staatsanwaltschaft, Neben- und Privatkläger sowie im Steuerstrafverfahren die Finanzbehörde (§§ 403, 407 AO) und im Jugendstrafverfahren den Erziehungsberechtigten und gesetzlichen Vertreter (§ 50 Abs. 2 JGG, § 67 JGG), außerdem den Verletzten (s. insbesondere §§ 403 ff.),[25] den Einziehungsbeteiligten (§ 424 Abs. 1) sowie den Geldbußenbeteiligten nach § 444. Die Verfahrensbeteiligten sind vor sämtlichen Entscheidungen zu hören. 11

Außerdem sind **Dritte** zu hören, die nicht am Prozess beteiligt sind, aber gleichwohl von einer Entscheidung betroffen werden und daher ebenso einen Anspruch auf rechtliches Gehör haben. Sie müssen jedoch nur zu gerichtlichen Entscheidungen gehört werden, die in ihre Rechte eingreifen.[26] Dies betrifft etwa Zeugen, gegen die ein Ordnungsmittel nach § 70 Abs. 1 StPO oder § 178 GVG verhängt werden soll.[27] Vor Erlass eines Ordnungsmittelbeschlusses kann allerdings von der Gewährung rechtlichen Gehörs ausnahmsweise abgesehen werden, wenn die Ungebühr und der Ungebührwille außer Frage stehen und die Anhörung dem Täter nur zu weiteren Ausfällen Gelegenheit geben würde.[28] 12

Dass Abs. 1 generell eine **Anhörung** der Beteiligten vorsieht, ist dem Umstand geschuldet, dass in der Hauptverhandlung in der Regel alle Beteiligten zugegen sind. Beteiligte, die nicht anwesend sind, müssen daher vor der Entscheidung nicht angehört werden.[29] Um ihren Anspruch auf rechtliches Gehör geltend machen zu können, muss den Beteiligten allerdings die Anwesenheit ermöglicht werden. Dies geschieht durch den Aufruf zur Sache gemäß § 243 Abs. 1, bei dessen Fehlerhaftigkeit somit das Recht auf rechtliches Gehör verletzt wird.[30] Ebenso wenig erfolgt eine Anhörung ordnungsgemäß, wenn die Beteiligten überhaupt nicht wissen, zu welchem Sachverhalt sie sich äußern dürfen. Sofern der Gegenstand der zu erlassenden Entscheidung nicht offensichtlich ist, muss er den Beteiligten daher mitgeteilt werden.[31] 13

In welcher **Form** das rechtliche Gehör gewährt wird, steht mangels ausdrücklicher Regelung (s. zB § 308 Abs. 1) im Ermessen des Gerichts.[32] Die bloße tatsächliche Möglichkeit zur Äußerung genügt jedoch nicht. Vielmehr muss die Gelegenheit zu einer rechten und ausreichenden Äußerung bestehen.[33] In der Regel reicht es aus, dem Beteiligten erkennbar zum Bewusstsein zu bringen, sich zur anstehenden Entscheidung äußern zu dürfen. Es ist daher grds. nicht notwendig, den Beteiligten ausdrücklich zur Stellungnahme aufzufordern,[34] sofern die Fürsorgepflicht – etwa beim unverteidigten Angeklagten – aus- 14

---

24 BVerfG 22.4.1964 – 2 BvR 190/62, BVerfGE 17, 356 (362) = NJW 1964, 1412 (1413); Maul in KK-StPO Rn. 5; Weßlau/Weißer in SK-StPO Rn. 7.

25 Für eine generelle Einbeziehung des nebenklageberechtigten Verletzten Walther GA 2007, 615 (621 f.).

26 BVerfG 28.10.1958 – 1 BvR 5/58, BVerfGE 8, 253 (255 f.) = NJW 1958, 2011; 1.2.1967 – 1 BvR 630/64, BVerfGE 21, 132 (137) = NJW 1967, 492 (492); BGH 27.5.1963 – GSSt 2/62, BGHSt 19, 7 (15) = NJW 1963, 1988 (1989); Graalmann-Scheerer in Löwe/Rosenberg Rn. 18; Weßlau/Weißer in SK-StPO Rn. 7; vgl. auch Bohnert JZ 1978, 710 (711 ff.).

27 Maul in KK-StPO Rn. 5; Schmitt in Meyer-Goßner/Schmitt Rn. 4.

28 OLG Düsseldorf 11.1.1988 – 1 Ws (OWi) 19/88, NStZ 1988, 238; OLG Hamburg 7.2.2018 – 2 Ws 22/18, BeckRS 2018, 1864 Rn. 31; OLG Hamm 28.11.2000 – 2 Ws 292 und 296/2000, NStZ-RR 2001, 116 (117); OLG Köln 3.2.2010 – 2 Ws 62/10, BeckRS 2010, 7524; OLG Rostock 16.10.2018 – 20 Ws 174/18, BeckRS 2018, 27512 Rn. 18.

29 OLG Celle 1.10.1956 – 1 Ws 285/56, JR 1957, 72; Graalmann-Scheerer in Löwe/Rosenberg Rn. 17; Ziegler in KMR-StPO Rn. 13.

30 Graalmann-Scheerer in Löwe/Rosenberg Rn. 17; Ziegler in KMR-StPO Rn. 13; vgl. auch BVerfG 5.10.1976 – 2 BvR 558/75, BVerfGE 42, 364 (369 f.) = NJW 1977, 1443 (1443).

31 Schmitt in Meyer-Goßner/Schmitt Rn. 5; Ziegler in KMR-StPO Rn. 10.

32 Larcher in BeckOK StPO Rn. 6; Pollähne in Gercke/Julius/Temming/Zöller Rn. 5; Schmitt in Meyer-Goßner/Schmitt Rn. 6; Ziegler in KMR-StPO Rn. 10.

33 OLG Karlsruhe 15.3.1968 – 3 Ws (B) 3/68, NJW 1968, 1438 (1439); Larcher in BeckOK StPO Rn. 6.

34 BGH 3.7.1962 – 3 StR 22/61, BGHSt 17, 337 (340); 27.4.1989 – 1 StR 632/88, NJW 1989, 2403 (2407); 20.4.1993 – 5 StR 568/92, NStZ 1993, 500; Graalmann-Scheerer in Löwe/Rosenberg Rn. 18; Larcher in BeckOK StPO Rn. 7; Ziegler in KMR-StPO Rn. 10.

nahmsweise nichts anderes gebietet.[35] Insbesondere der Sitzungsvertreter der Staatsanwaltschaft muss lediglich die bevorstehende Prozesshandlung erkennen und sich hierzu äußern können.[36]

15 Bei dem verteidigten Angeklagten genügt es in der Regel, den erschienenen **Verteidiger** anzuhören.[37] Der Beschuldigte muss somit grds. nicht gehört werden (s. aber etwa § 122 Abs. 2 S. 1). Im umgekehrten Fall, in dem allein der Beschuldigte, nicht aber der Verteidiger gehört wird, ist § 33 nicht gewahrt;[38] allerdings kann der Verteidiger bei der Anhörung seines Mandanten zumeist erkennen, ebenfalls Stellung beziehen zu dürfen.[39] Ebenso reicht die Anhörung des Angeklagten aus, wenn nur er die Tatsachen kennt, zu denen Gelegenheit zur Äußerung besteht. Der Verteidiger kann sich hierzu dann nach § 257 Abs. 2 erklären.[40]

16 **c) Beurkundung.** Die Anhörung der Beteiligten ist nach hL als **wesentliche Förmlichkeit** iSd § 273 Abs. 1 in das Protokoll der Hauptverhandlung aufzunehmen,[41] zB in dem Vermerk, dass gegen die Entscheidung von keiner Seite etwas erinnert worden sei.[42] Da dem Grundsatz des rechtlichen Gehörs auf vielfältige Weise genügt werden kann, lässt der BGH es aber ausreichen, wenn sich aus der Sitzungsniederschrift ergibt, dass die Verfahrensbeteiligten erkennbar Gelegenheit zur Äußerung hatten.[43]

17 **2. Entscheidungen des Gerichts außerhalb einer Hauptverhandlung (Abs. 2–4). a) Entscheidungen außerhalb einer Hauptverhandlung.** Entscheidungen (→ Rn. 3 ff.) des Gerichts außerhalb einer Hauptverhandlung bedürfen nach Abs. 2 der vorherigen Erklärung der Staatsanwaltschaft. Beispiele für Entscheidungen **außerhalb einer Hauptverhandlung** sind Beschlüsse wie der Erlass eines Haft- oder Durchsuchungsbefehls oder die Anordnung von Zwangsmitteln wie einer Beschlagnahme;[44] erwogen wurde dies auch für die Anordnung gemäß § 132, eine Zustellungsvollmacht zu erteilen.[45] Für den Strafbefehl enthält § 407 Abs. 3 eine Ausnahmevorschrift, wonach es entgegen § 33 Abs. 3 nicht der vorherigen Anhörung des Angeschuldigten bedarf. Der Anspruch auf rechtliches Gehör ist hier dadurch gewährleistet, dass der Beschuldigte gegen den Strafbefehl Einspruch einlegen und dadurch die Hauptverhandlung herbeiführen kann.[46]

18 Sofern die betroffene Person anwesend ist, **ergeht** die Entscheidung durch Verkündung (§ 35 Abs. 1 S. 1). Ansonsten – wie in der Regel – werden Entscheidungen außerhalb der Hauptverhandlung schriftlich erlassen. Auch in diesem Fall ergeht eine Entscheidung zu demjenigen Zeitpunkt, ab dem das Gericht seine Entscheidung grds. nicht mehr ändern

---

35 Larcher in BeckOK StPO Rn. 7; Maul in KK-StPO Rn. 7; Schmitt in Meyer-Goßner/Schmitt Rn. 6; Weßlau/Weißer in SK-StPO Rn. 9; s. auch BGH 3.7.1962 – 3 StR 22/61, BGHSt 17, 337 (341).

36 BGH 3.7.1962 – 3 StR 22/61, BGHSt 17, 337 (341); Graalmann-Scheerer in Löwe/Rosenberg Rn. 19.

37 Graalmann-Scheerer in Löwe/Rosenberg Rn. 20; Larcher in BeckOK StPO Rn. 8; Schmitt in Meyer-Goßner/Schmitt Rn. 12; Ziegler in KMR-StPO Rn. 11.

38 OLG Karlsruhe 15.3.1968 – 3 Ws (B) 3/68, NJW 1968, 1438 (1438); Maul in KK-StPO Rn. 6; vgl. auch BGH 18.12.1973 – 1 StR 458/73, BGHSt 25, 252 (255) = NJW 1974, 371 (372).

39 Larcher in BeckOK StPO Rn. 8; Rappert in Radtke/Hohmann Rn. 23; Schmitt in Meyer-Goßner/Schmitt Rn. 7; Ziegler in KMR-StPO Rn. 11.

40 Graalmann-Scheerer in Löwe/Rosenberg Rn. 20; Schmitt in Meyer-Goßner/Schmitt Rn. 7; Weßlau/Weißer in SK-StPO Rn. 8.

41 Maul in KK-StPO Rn. 7; Pollähne in Gercke/Julius/Temming/Zöller Rn. 6; Rappert in Radtke/Hohmann Rn. 24; Schmitt in Meyer-Goßner/Schmitt Rn. 8; Weßlau/Weißer in SK-StPO Rn. 11; Ziegler in KMR-StPO Rn. 12.

42 BGH 2.10.1951 – 1 StR 434/51, BGHSt 1, 346 (349) = NJW 1952, 192 (193).

43 BGH 20.4.1993 – 5 StR 568/92, NStZ 1993, 500; Larcher in BeckOK StPO Rn. 7; vgl. auch BGH 3.7.1962 – 3 StR 22/61, BGHSt 17, 337 (341); Ziegler in KMR-StPO Rn. 12.

44 Zur Anordnung der Beschlagnahme von Daten auf dem Mailserver eines Providers BGH 4.8.2015 – 3 StR 162/15, NStZ 2015, 704 (705).

45 AG Kehl 23.10.2015 – 3 Cs 206 Js 1716/15, NStZ-RR 2016, 17 (18); gegen die daraus gezogenen Rechtsfolgen (Unwirksamkeit der Zustellungsvollmacht) jedenfalls LG Offenburg 13.7.2016 – 3 Qs 116/15, BeckRS 2016, 12862.

46 BVerfG 18.12.1953 – 1 BvR 230/51, BVerfGE 3, 248 (253) = NJW 1954, 69 (69); 21.1.1969 – 2 BvR 724/67, BVerfGE 25, 158 (165 f.) = NJW 1969, 1103 (1104); krit. Weßlau/Weißer in SK-StPO Rn. 2.

kann (→ Rn. 10), dh wenn die Entscheidung mit Außenwirkung an eine Behörde oder Person außerhalb des Gerichts bekannt gegeben wird.[47] Zuvor handelt es sich bei der zuzustellenden Entscheidung lediglich um einen Entwurf, den das Gericht jederzeit noch abändern kann.[48]

Umstritten ist jedoch, wann die beschriebene **Außenwirkung** eintritt. Einige Stimmen stellen auf den Zeitpunkt ab, an dem die Entscheidung den Verfahrensbeteiligten zugestellt wird.[49] Allerdings ist schon der Zustellungsweg (zB bei der Zustellung per Post) dem Einflussbereich des Gerichts in der Regel entzogen, so dass hiermit jedenfalls eine faktische Unabänderlichkeit einhergeht. Daher ist mit der hM eine Entscheidung bereits als ergangen anzusehen, wenn sie zur Bekanntgabe aus dem **räumlichen Geschäftsbereich des Gerichts** entlassen wird.[50] Hingegen genügt es noch nicht, dass der Vorsitzende die Entscheidung in den Geschäftsgang gibt.[51] Dass die Geschäftsstelle ohne richterliche Verfügung handelt, steht dem Erlass der Entscheidung nicht entgegen.[52] 19

Aktenmäßig erlassen ist die Entscheidung bereits dann, wenn sie vollinhaltlich zur Kenntnis für Personen außerhalb des Gerichts niedergelegt ist und der zuständige Richter sie unterzeichnet (vgl. zB § 78c Abs. 2 StGB und § 33 Abs. 2 OWiG). Es ist zwar immer noch möglich, die Entscheidung abzuändern. Da die Entscheidung aber schon existiert, ist sie **anfechtbar,** auch wenn der Betroffene noch überhaupt keine Kenntnis von ihrem Erlass hat.[53] 20

Anders als bei Urteilen (§ 275 Abs. 2) verlangt das Gesetz nicht, **Beschlüsse** zu **unterzeichnen.**[54] Es reicht daher aus, dass nur die zuständigen, nicht aber alle mitwirkenden Richter unterschreiben.[55] Exemplarisch bestimmt § 14 Abs. 2 GeschOBGH für Beschlüsse, die nicht aufgrund einer mündlichen Verhandlung ergehen, dass die Unterzeichnung durch den Berichterstatter und den Vorsitzenden genügt. Allerdings muss der Beschluss erkennen lassen, in vorschriftsmäßiger Besetzung getroffen worden zu sein.[56] Es empfiehlt sich daher, wie bei Urteilen die übrigen Richter im Rubrum nach der Bezeichnung des Gerichts namentlich zu nennen.[57] 21

---

[47] BGH 14.8.2012 – 2 StR 629/11, StraFo 2012, 463 (463); OLG Bremen 28.12.1955 – Ws 220/55, NJW 1956, 435 (435); OLG Hamburg 27.11.1962 – 2 Ss 128/62, NJW 1963, 874; OLG Hamm 18.3.1958 – 3 Ss 170/58, GA 1959, 287 (287); Graalmann-Scheerer in Löwe/Rosenberg Rn. 12; Schmitt in Meyer-Goßner/Schmitt Vor § 33 Rn. 9; aA Laubenthal NStZ 1991, 402 (402): aktenmäßiger Erlass genügt.

[48] OLG Celle 12.12.1975 – 2 Ws 303/75, MDR 1976, 508 (509); Graalmann-Scheerer in Löwe/Rosenberg Rn. 12.

[49] OLG Koblenz 18.11.1971 – 1 Ws (a) 383/71, VRS 42, 375 (376); Graalmann-Scheerer in Löwe/Rosenberg Rn. 12.

[50] BayObLG 29.4.1977 – RReg. 1 St 91/77, BayObLGSt 1977, 77 (79); OLG Bremen 28.12.1955 – Ws 220/55, NJW 1956, 435 (435); OLG Frankfurt a. M. 16.5.1962 – 6 Ws 259/62, MDR 1962, 744; OLG Köln 27.10.1992 – 2 Ws 488/92, NJW 1993, 608 (608); Larcher in BeckOK StPO Rn. 4; Maul in KK-StPO Rn. 4; Rappert in Radtke/Hohmann Rn. 15; Schmitt in Meyer-Goßner/Schmitt Vor § 33 Rn. 9; Weßlau/Weißer in SK-StPO Vor § 33 Rn. 9; Ziegler in KMR-StPO Vor § 33 Rn. 5.

[51] So aber BGH 21.9.1993 – 4 StR 474/93, NStZ 1994, 96 (97); BayObLG 27.8.1969 – 2a Ws (B) 50/69, NJW 1970, 623; s. auch BGH 14.8.2012 – 2 StR 629/11, StraFo 2012, 463 (463) für Beschlüsse, die unmittelbar die Rechtskraft einer angefochtenen Entscheidung herbeiführen, zB des Revisionsgerichts nach § 349 Abs. 2.

[52] BayObLG 6.7.1981 – 3 Ob OWi 108/81, NJW 1981, 2589 (2590); Larcher in BeckOK StPO Rn. 4; Maul in KK-StPO Rn. 4; Rappert in Radtke/Hohmann Rn. 15; Schmitt in Meyer-Goßner/Schmitt Vor § 33 Rn. 9; aA Graalmann-Scheerer in Löwe/Rosenberg Rn. 12.

[53] BGH 16.5.1973 – 2 StR 497/72, BGHSt 25, 187 (189 f.) = NJW 1974, 66 (67); OLG Koblenz 10.6.1985 – 1 Ws 335/85, MDR 1985, 955 (956); Schneider MDR 1979, 1 (2); aA BayObLG 17.5.1961 – RevReg. 1 St 196/61, NJW 1961, 1637 (1637 f.); Rappert in Radtke/Hohmann Rn. 13; Schmitt in Meyer-Goßner/Schmitt Vor § 33 Rn. 8; Weßlau/Weißer in SK-StPO Vor § 33 Rn. 9.

[54] BayObLG 27.6.1989 – RReg. 4 St 34/89, NStZ 1989, 489 (489); Graalmann-Scheerer in Löwe/Rosenberg Rn. 13; Ziegler in KMR-StPO Vor § 33 Rn. 4.

[55] BGH 7.12.1956 – 5 StR 494/56, JR 1957, 69; Graalmann-Scheerer in Löwe/Rosenberg Rn. 14; Weßlau/Weißer in SK-StPO Vor § 33 Rn. 12.

[56] BGH 5.2.1997 – 3 StR 524/96, NStZ-RR 1997, 205; OLG Düsseldorf 5.8.1983 – 1 Ws 668/83, MDR 1984, 164; Rappert in Radtke/Hohmann Rn. 14; Weßlau/Weißer in SK-StPO Vor § 33 Rn. 12.

[57] Graalmann-Scheerer in Löwe/Rosenberg Rn. 14; Schmitt in Meyer-Goßner/Schmitt Vor § 33 Rn. 15.

22 Wird lediglich der **Entwurf eines Beschlusses** (zB wenn an einem Beschluss noch nicht sämtliche Richter mitgewirkt haben)[58] zugestellt, ist er gleichwohl anfechtbar, um den äußeren Anschein einer Entscheidung beseitigen zu können.[59] Das Rechtsmittel wird aber unzulässig, sofern der Rechtsschein auf andere Weise (zB wenn der Beschluss selbst noch ordnungsgemäß ergeht) beseitigt wird. Das Rechtsmittel muss daher erneut eingelegt werden.[60]

23 **b) Erklärung der Staatsanwaltschaft (Abs. 2).** Stets zu hören vor Entscheidungen des Gerichts außerhalb der Hauptverhandlung ist die **Staatsanwaltschaft.** Ihre Erklärung erfolgt in der Regel schriftlich, wenngleich sie nach Abs. 2 ebenso mündlich abgegeben werden kann. Allerdings hat die Staatsanwaltschaft keinen Anspruch auf eine mündliche Anhörung, sofern das Gesetz nicht etwas anderes bestimmt (so zB in § 124 Abs. 2 S. 3).[61] Die Staatsanwaltschaft darf von ihrer Stellungnahme nicht absehen, da sie wegen des Offizialprinzips zur Mitwirkung nicht nur berechtigt, sondern auch verpflichtet ist (vgl. Nr. 127 Abs. 1 S. 1 RiStBV).[62]

24 **Privat- und Nebenkläger** sind zwar gemäß § 385 Abs. 1 S. 1 bzw. § 397 Abs. 1 S. 4 in demselben Umfang zuzuziehen und zu hören wie die Staatsanwaltschaft. Da sie aber anders als die Staatsanwaltschaft keine Mitwirkungspflicht am Verfahren trifft, sind sie wie andere Beteiligte iSd Abs. 3 zu behandeln.[63]

25 **Ausnahmen** von dem Grundsatz der Anhörung der Staatsanwaltschaft enthalten § 125 Abs. 1 für den Fall fehlender Erreichbarkeit und § 128 Abs. 2 S. 2 für den Erlass des Haftbefehls sowie § 165 für richterliche Nothandlungen (vgl. auch § 163 Abs. 2 S. 2). Eine weitere Einschränkung beinhaltet § 309 Abs. 1 für die Entscheidung des Beschwerdegerichts.[64] Außerdem wird die Staatsanwaltschaft nicht bei der Überwachung des Schriftverkehrs gemäß § 148a gehört, da nur der zuständige Richter vom Inhalt der Sendungen Kenntnis nehmen darf.[65] Verfassungsrechtlich bedenklich sind diese Regelungen nicht, da die Staatsanwaltschaft als Vertreterin des Staates nicht Betroffene des Strafverfahrens ist und sich somit nicht auf das Justizgrundrecht auf rechtliches Gehör gemäß Art. 103 Abs. 1 GG berufen kann.[66]

26 **c) Anhörung anderer Beteiligter (Abs. 3).** Andere Beteiligte außer der Staatsanwaltschaft sind bei Entscheidungen des Gerichts außerhalb einer Hauptverhandlung gemäß Abs. 3 (nur dann) zu hören, wenn Tatsachen oder Beweisergebnisse zu ihrem Nachteil verwertet werden sollen. Diese Einschränkung dient dem Interesse der **Verfahrensbeschleunigung,** da eine Anhörung sämtlicher Beteiligter außerhalb der Hauptverhandlung das Verfahren verzögerte. Allerdings darf die Vorschrift nicht derart interpretiert werden, dass auf ihrer Grundlage der Anspruch auf rechtliches Gehör abweichend von Art. 103 Abs. 1 GG eingeschränkt werden kann. Insbesondere ermöglicht sie es nicht, eine Entscheidung zu Lasten des Beschuldigten zu treffen, ohne dass dieser zu der nach Abs. 2 stets erforderlichen (mündlichen oder schriftlichen) Erklärung der Staatsanwaltschaft Stellung nehmen konnte.[67] Zu beachten sind

---

[58] BVerfG 17.1.1985 – 2 BvR 498/84, NJW 1985, 788; Weßlau/Weißer in SK-StPO Vor § 33 Rn. 12.
[59] LG Hildesheim 19.10.1990 – 12 Qs 46/90, NStZ 1991, 401 (401 f.) mAnm Laubenthal; Rappert in Radtke/Hohmann Rn. 14; Schmitt in Meyer-Goßner/Schmitt Vor § 33 Rn. 6.
[60] Graalmann-Scheerer in Löwe/Rosenberg Rn. 13; Laubenthal NStZ 1991, 402 (402 f.); s. auch BVerfG 17.1.1985 – 2 BvR 498/84, NJW 1985, 788.
[61] Graalmann-Scheerer in Löwe/Rosenberg Rn. 29; Larcher in BeckOK StPO Rn. 10; Schmitt in Meyer-Goßner/Schmitt Rn. 10; Weßlau/Weißer in SK-StPO Rn. 14; Ziegler in KMR-StPO Rn. 14.
[62] Larcher in BeckOK StPO Rn. 10; Schmitt in Meyer-Goßner/Schmitt Rn. 10; Ziegler in KMR-StPO Rn. 14.
[63] Graalmann-Scheerer in Löwe/Rosenberg Rn. 27; Weßlau/Weißer in SK-StPO Rn. 13; Ziegler in KMR-StPO Rn. 16.
[64] Zur (geringen) praktischen Anwendung Graalmann-Scheerer in Löwe/Rosenberg Rn. 31; krit. gegenüber der Vorschrift Ziegler in KMR-StPO Rn. 15.
[65] BayObLG 23.5.1979 – 1 St ObWs 1/79, BayObLGSt 1979, 65 (67 f.); Schmitt in Meyer-Goßner/Schmitt Rn. 10.
[66] Schmitt in Meyer-Goßner/Schmitt Rn. 10.
[67] BVerfG 15.7.2016 – 2 BvR 857/14, BeckRS 2016, 49621 Rn. 9.

zudem Sondervorschriften, die das Anhörungsrecht des Beteiligten in diesen Fällen erweitern und gemäß Abs. 4 S. 2 von Abs. 3 unberührt bleiben (→ Rn. 37).

Das Anhörungsrecht gemäß Abs. 3 setzt voraus, dass Tatsachen und Beweisergebnisse zum Nachteil des Beschuldigten verwertet werden sollen. **Tatsachen** sind sowohl äußere als auch innere Geschehnisse oder Zustände. Auch verfahrensrechtliche Fragen (zB die Rechtzeitigkeit eines Strafantrags) sind erfasst.[68] Eine klare Trennung von Tatsachenaussagen und Werturteilen ist nicht möglich, da Wertungen sich in der Regel auf Tatsachen beziehen und daher eng mit ihnen verknüpft sind.[69] Auszuscheiden sind aber bloße Rechtsausführungen; insoweit ist nur nach speziellen Vorschriften (zB § 265 in der Hauptverhandlung) rechtliches Gehör zu gewähren.[70] **Beweisergebnisse** sind vor allem Zeugenaussagen und Sachverständigengutachten, sichergestellte Beweismittel und Erkenntnisse aus der Einnahme eines Augenscheins.[71] **27**

Die betreffenden Tatsachen oder Beweisergebnisse müssen **zum Nachteil** des Beteiligten verwertet werden. Dies setzt voraus, dass das Gericht die fraglichen Umstände für entscheidungserheblich hält. Die Anhörung ist folglich zum einen entbehrlich, wenn die Tatsachen oder Beweisergebnisse überhaupt nicht zum Nachteil des Beteiligten berücksichtigt werden sollen.[72] Zum anderen bedarf es keiner Anhörung, wenn nur ein Teil der Tatsachen zu Lasten des Beteiligten gedeutet wird, die gerichtliche Entscheidung insgesamt aber aufgrund anderer Tatsachen zu seinen Gunsten und somit letztlich nicht zu seinem Nachteil ergeht.[73] **28**

Die **Anhörung** erfolgt gewöhnlich im schriftlichen Verfahren, in dem der Beteiligte über die zu treffende Entscheidung sowie über diejenigen Tatsachen und Beweisergebnisse (zB durch Abschriften) informiert wird, zu denen der Beteiligte noch nicht gehört wurde und die das Gericht zu dessen Nachteil verwerten will. Der Beteiligte ist darauf hinzuweisen, dass er sich zu den betreffenden Tatsachen und Beweisergebnissen äußern darf.[74] Es empfiehlt sich hierbei, eine Frist für die Stellungnahme zu setzen.[75] Möglich ist auch, den Beteiligten (zB in der Justizvollzugsanstalt) zu Protokoll anzuhören. Unter Umständen reicht bereits die Anhörung durch die Staatsanwaltschaft aus, wenn sie erkennen lässt, eine gerichtliche Entscheidung vorzubereiten.[76] **29**

Bei einem verteidigten Beschuldigten genügt es in der Regel, den **Verteidiger** anzuhören, da er für den Beschuldigten spricht.[77] Insoweit reicht auch die Gewährung von Akteneinsicht.[78] Gleiches gilt für den Prozessbevollmächtigten eines Nebenbeteiligten und für Rechtsanwälte, die Privat- oder Nebenklägern beistehen.[79] **30**

d) Ausnahme von der Anhörung anderer Beteiligter (Abs. 4). Das Anhörungsrecht nach Abs. 3 besteht gemäß Abs. 4 S. 1 nicht, wenn die vorherige Anhörung den **31**

68 OLG Köln 6.2.1970 – 1 Ws OWi 15/70, NJW 1970, 1336 (1336); Graalmann-Scheerer in Löwe/Rosenberg Rn. 34; Maul in KK-StPO Rn. 9; Schmitt in Meyer-Goßner/Schmitt Rn. 13.

69 BVerfG 15.10.1963 – 2 BvR 563/62, BVerfGE 17, 139 (143) = NJW 1964, 293; Maul in KK-StPO Rn. 9; Pollähne in Gercke/Julius/Temming/Zöller Rn. 9; Weßlau/Weißer in SK-StPO Rn. 18.

70 Graalmann-Scheerer in Löwe/Rosenberg Rn. 34; Ziegler in KMR-StPO Rn. 18; offen gelassen von BVerfG 11.5.1965 – 2 BvR 242/63, BVerfGE 19, 32 (36).

71 Graalmann-Scheerer in Löwe/Rosenberg Rn. 34; Maul in KK-StPO Rn. 9.

72 OLG Hamburg 25.8.1964 – 1 Ws 294/64, NJW 1964, 2315 (2315); Larcher in BeckOK StPO Rn. 12; Maul in KK-StPO Rn. 9; Weßlau/Weißer in SK-StPO Rn. 17; weitergehend Graalmann-Scheerer in Löwe/Rosenberg Rn. 35.

73 Rappert in Radtke/Hohmann Rn. 31; Schmitt in Meyer-Goßner/Schmitt Rn. 13; Weßlau/Weißer in SK-StPO Rn. 19; Ziegler in KMR-StPO Rn. 17.

74 Graalmann-Scheerer in Löwe/Rosenberg Rn. 33; Weßlau/Weißer in SK-StPO Rn. 15.

75 Graalmann-Scheerer in Löwe/Rosenberg Rn. 33; Larcher in BeckOK StPO Rn. 11; Schmitt in Meyer-Goßner/Schmitt Rn. 11; Weßlau/Weißer in SK-StPO Rn. 16; Ziegler in KMR-StPO Rn. 19.

76 Graalmann-Scheerer in Löwe/Rosenberg Rn. 33; Maul in KK-StPO Rn. 9; Schmitt in Meyer-Goßner/Schmitt Rn. 11; Ziegler in KMR-StPO Rn. 19.

77 OLG Hamm 13.2.2020 – 3 Ws 36/20, BeckRS 2020, 6286 Rn. 16; OLG Karlsruhe 15.3.1968 – 3 Ws (B) 3/68, NJW 1968, 1438 (1438); Rappert in Radtke/Hohmann Rn. 28; Schmitt in Meyer-Goßner/Schmitt Rn. 12; Ziegler in KMR-StPO Rn. 20.

78 Maul in KK-StPO Rn. 8; Schmitt in Meyer-Goßner/Schmitt Rn. 11; Weßlau/Weißer in SK-StPO Rn. 15.

79 Rappert in Radtke/Hohmann Rn. 28; Schmitt in Meyer-Goßner/Schmitt Rn. 12.

Zweck der Anordnung einer Maßnahme **gefährden** würde, deren erfolgreiche Durchführung somit eines Überraschungsmoments bedarf. Hiervon ist auszugehen, wenn Tatsachen im konkreten Einzelfall oder die allgemeine Lebenserfahrung nahe legen, dass bei einer vorherigen Anhörung der Beteiligte die Maßnahme vereitelt.[80] § 33 Abs. 4 S. 1 gilt auch in der Beschwerdeinstanz (§ 308 Abs. 1 S. 2).[81]

32 Den exemplarisch genannten **Maßnahmen** der Untersuchungshaft gemäß §§ 112 ff. und der Beschlagnahme gemäß §§ 94 ff. und §§ 111b ff. lässt sich entnehmen, dass als mögliche Vereitelungshandlungen die Flucht vor Zugriffen auf die eigene Person (zB auch durch eine körperliche Untersuchung gemäß § 81a und eine Vorführung gemäß § 134) und das Verstecken oder Vernichten von Beweismitteln (nicht nur vor Beschlagnahmen, sondern ebenso etwa vor Durchsuchungen) anzusehen sind. Außerdem entfällt naturgemäß bei heimlichen Maßnahmen (zB Telekommunikationsüberwachung gemäß § 100a, Online-Durchsuchung nach § 100b, akustische Wohnraumüberwachung gemäß § 100c oder Einsatz eines verdeckten Ermittlers nach §§ 110a ff.) die Notwendigkeit einer Anhörung.[82] Keine heimliche Ermittlungsmaßnahme stellt aber etwa die „Beschlagnahme" von Dateien auf dem Mailserver eines Providers dar, weshalb deren Anordnung den Betroffenen und Verfahrensbeteiligten bekannt zu machen ist.[83]

33 Abs. 4 S. 1 ist **entsprechend anwendbar,** wenn der Anhörung tatsächliche Gründe entgegenstehen, zB der Aufenthaltsort des Beteiligten nicht bekannt ist.[84] Gleiches gilt, wenn die vorherige Anhörung Gefahren für Leib oder Leben anderer begründen könnte.[85] Eine entsprechende Anwendung bleibt jedoch abzulehnen, wenn lediglich von einer Anhörung abgesehen werden soll, weil der erforderliche Aufwand unverhältnismäßig wäre.[86]

34 Da die angeordneten Maßnahmen keine endgültigen Entscheidungen darstellen und zumeist unter einem gewissen Zeitdruck getroffen werden müssen, bedarf es keiner umfassenden Abwägung und **Begründung** des Gerichts. Vielmehr ist in der Regel nach der allgemeinen Lebenserfahrung davon auszugehen und somit offensichtlich, dass eine vorherige Anhörung den Zweck der Anordnung gefährdete.[87]

35 Selbst wenn sich die vorherige Anhörung gemäß Abs. 4 S. 1 als entbehrlich erweist, bedarf es aber der **nachträglichen Anhörung** des Beteiligten. Sofern gegen die Maßnahme Beschwerde eingelegt wurde, ist rechtliches Gehör im Beschwerdeverfahren zu gewähren.[88] Gewährt das Gericht, dessen Entscheidung mit der Beschwerde angefochten wurde, kein nachträgliches Gehör, muss das **Beschwerdegericht** dies nachholen.[89]

36 Stehen dem Betroffenen keine Rechtsmittel zur Verfügung, bleibt nur der Weg über **§ 33a.** § 33a ist ebenso einschlägig, wenn der Zweck der angeordneten Maßnahme nicht mehr gefährdet ist, spätestens folglich nach deren Vollzug.[90] Über sein Recht auf nach-

---

80 Graalmann-Scheerer in Löwe/Rosenberg Rn. 41; Rappert in Radtke/Hohmann Rn. 34; Schmitt in Meyer-Goßner/Schmitt Rn. 16.

81 S. hierzu OLG Hamm 17.4.1997 – 2 Ws 109, 110/97, NStZ-RR 1998, 19 (19); OLG Stuttgart 19.1.1990 – 3 Ws 248/89, NStZ 1990, 247 (247).

82 Graalmann-Scheerer in Löwe/Rosenberg Rn. 41; Schmitt in Meyer-Goßner/Schmitt Rn. 15.

83 BGH 4.8.2015 – 3 StR 162/15, NStZ 2015, 704 (705).

84 Larcher in BeckOK StPO Rn. 13; Maul in KK-StPO Rn. 13; Schmitt in Meyer-Goßner/Schmitt Rn. 17; Weßlau/Weißer in SK-StPO Rn. 25; Ziegler in KMR-StPO Rn. 24.

85 Rappert in Radtke/Hohmann Rn. 35; Schmitt in Meyer-Goßner/Schmitt Rn. 17.

86 Maul in KK-StPO Rn. 13; Pollähne in Gercke/Julius/Temming/Zöller Rn. 12; Rappert in Radtke/Hohmann Rn. 35; Schmitt in Meyer-Goßner/Schmitt Rn. 17; Weßlau/Weißer in SK-StPO Rn. 26; Ziegler in KMR-StPO Rn. 24.

87 Graalmann-Scheerer in Löwe/Rosenberg Rn. 42; Rappert in Radtke/Hohmann Rn. 34; Schmitt in Meyer-Goßner/Schmitt Rn. 16; Ziegler in KMR-StPO Rn. 21.

88 BVerfG 5.5.2004 – 2 BvR 1012/02, NJW 2004, 2443 (2443); 19.1.2006 – 2 BvR 1075/05, NJW 2006, 1048 (1048 f.); 7.9.2007 – 2 BvR 1009/07, NStZ-RR 2008, 16 (17); Graalmann-Scheerer in Löwe/Rosenberg Rn. 45.

89 BVerfG 19.1.2006 – 2 BvR 1075/05, NJW 2006, 1048 (1048 f.).

90 Graalmann-Scheerer in Löwe/Rosenberg Rn. 43; Maul in KK-StPO Rn. 13; Weßlau/Weißer in SK-StPO Rn. 27.

trägliche Anhörung ist der Beteiligte zu belehren.[91] Besteht nach Vollzug der Maßnahme ein Nachteil für den Beteiligten fort, muss er von Amts wegen nachträglich angehört werden.[92]

Sondervorschriften über die Anhörung der Beteiligten bleiben von der allgemeinen 37
Regelung in Abs. 3 unberührt **(Abs. 4 S. 2).** Solche speziellen Regelungen finden sich ua in § 81 Abs. 1, § 111p Abs. 3 S. 1, § 118a Abs. 3 S. 1, § 122 Abs. 2 S. 1, § 124 Abs. 2, § 175 S. 1, § 201 Abs. 1, § 216 Abs. 2 S. 2, § 225a Abs. 2 S. 1, § 347 Abs. 1 S. 2, § 349 Abs. 3 S. 1, § 453 Abs. 1 S. 2, § 454 Abs. 1 S. 2, 3, Abs. 2 S. 3 sowie § 462 Abs. 2.

III. Revision

Die Verletzung des Anspruchs auf rechtliches Gehör kann einen **relativen Revisions-** 38
grund darstellen. Für einen absoluten Revisionsgrund gemäß § 338 Nr. 8 fehlt es in aller Regel an einem Beschluss, aufgrund dessen rechtliches Gehör versagt wird.[93] Das Urteil kann auf der unterlassenen Gewährung rechtlichen Gehörs nicht zuletzt dann **beruhen,** wenn die Stellungnahme des Angeklagten die jeweilige Entscheidung hätte beeinflussen können. Ebenso wenig kann aber auszuschließen sein, dass die Entgegnung des Gerichts auf eine Äußerung des Angeklagten diesen etwa zu weiteren Anträgen veranlasst hätte, die sich auf die Entscheidung hätten auswirken können.[94]

Der Angeklagte soll nach Lit. die Verletzung rechtlichen Gehörs nur rügen können, 39
wenn er die gleichwohl ergangene gerichtliche Entscheidung beanstandet hat. Ansonsten sei von seiner stillschweigenden Billigung der Entscheidung auszugehen, die daher auch bei erfolgter Anhörung nicht anders ausgefallen wäre.[95] Nach der Rechtsprechung soll ebenso wenig beschwert sein, wem entgegen § 33 die dienstliche Äußerung eines Richters auf ein Ablehnungsgesuch nicht vor der Entscheidung bekannt gegeben wird. Hier sei es nämlich möglich, den Antrag nach Bekanntgabe der Entscheidung und damit auch des wesentlichen Inhalts der dienstlichen Äußerung zu erneuern.[96]

§ 33a Wiedereinsetzung in den vorigen Stand bei Nichtgewährung rechtlichen Gehörs

[1]Hat das Gericht in einem Beschluss den Anspruch eines Beteiligten auf rechtliches Gehör in entscheidungserheblicher Weise verletzt und steht ihm gegen den Beschluss keine Beschwerde und kein anderer Rechtsbehelf zu, versetzt es, sofern der Beteiligte dadurch noch beschwert ist, von Amts wegen oder auf Antrag insoweit das Verfahren durch Beschluss in die Lage zurück, die vor dem Erlass der Entscheidung bestand. [2]§ 47 gilt entsprechend.

Schrifttum: Burhoff, Die Anhörungsrüge im Strafverfahren, ZAP Fach 22, 409; Eschelbach/Geipel/Weiler, Anhörungsrügen, StV 2010, 325; Esskandari, Zum Rechtsschutz bei prozessualer Überholung (§§ 304 ff., 33a StPO) – Überlegungen im Anschluß an BVerfG, NJW 1997, 2163, StraFo 1997, 289; Kiethe, Entscheidung über die Nebenklagekosten im Wege des § 33a StPO, JR 2007, 321; Pohlreich, Zur Fristvorwirkung der Verfassungsbeschwerde im strafgerichtlichen Verfahren, StV 2011, 574; Ulrici, Das Anhörungsrügengesetz, JURA 2005, 368.

[91] Vgl. BVerfG 8.1.1959 – 1 BvR 396/55, BVerfGE 9, 89 (107) = NJW 1959, 427 (430).
[92] Maul in KK-StPO Rn. 14; Hanack JR 1967, 229 (230); Kleinknecht JZ 1965, 153 (160); aA Rappert in Radtke/Hohmann Rn. 36; Schmitt in Meyer-Goßner/Schmitt Rn. 18.
[93] Graalmann-Scheerer in Löwe/Rosenberg Rn. 25.
[94] Graalmann-Scheerer in Löwe/Rosenberg Rn. 25.
[95] Claus in Satzger/Schluckebier/Widmaier StPO Rn. 15; Graalmann-Scheerer in Löwe/Rosenberg Rn. 25; Rappert in Radtke/Hohmann Rn. 38; Schmitt in Meyer-Goßner/Schmitt Rn. 19; aA Pollähne in Gercke/Julius/Temming/Zöller Rn. 14; Weßlau/Weißer in SK-StPO Rn. 29; Ziegler in KMR-StPO Rn. 27.
[96] BGH 13.7.1966 – 2 StR 157/66, BGHSt 21, 85 (87) = NJW 1966, 2321 (2321) mkritAnm Hanack JR 1967, 229; 30.6.1982 – 2 StR 260/82, StV 1982, 457.

Übersicht

I. Überblick

1 **1. Normzweck.** § 33a ermöglicht es den Strafgerichten, entscheidungserhebliche Verletzungen des Verfahrensgrundrechts der Beteiligten auf rechtliches Gehör aus Art. 103 Abs. 1 GG auch dann zu beheben, wenn dem Beteiligten kein Rechtsbehelf gegen den jeweiligen Beschluss zusteht. In diesem Fall kann das beschließende Gericht bei fortdauernder Beschwer des Betroffenen das Verfahren in die Lage vor der Entscheidung zurückversetzen. Dies gewährleistet, den in § 33 zum Ausdruck kommenden **Anspruch auf rechtliches Gehör** schon im fachgerichtlichen Verfahren hinreichend zu beachten. Das Bundesverfassungsgericht hat in einer Plenumsentscheidung vom 30.4.2003 hierzu ausgeführt, dass schon die Fachgerichte zumindest einmal die Einhaltung des Anspruchs auf rechtliches Gehör überprüfen[1] und dessen Verletzung in jeder Instanz abhelfen können müssen.[2] Es genüge den Anforderungen des Rechtsstaatsprinzips iVm Art. 103 Abs. 1 GG nicht, mit der Verfassungsbeschwerde die Verletzung des Anspruchs auf rechtliches Gehör rügen zu können.[3]

2 Hauptanliegen der Norm dürfte damit nicht zuletzt sein, das **Bundesverfassungsgericht** zu **entlasten.** Schließlich kann vor ihm jeder Eingriff in Art. 103 Abs. 1 GG – und somit auch eine Missachtung des § 33 – mit der Verfassungsbeschwerde beanstandet werden, sofern die Fach- wie etwa die Strafgerichte nicht selbst den Mangel beheben können.[4] Wegen der Regelung des § 33a muss zuerst ein Antrag nach dieser Norm gestellt werden, um den Rechtsweg iSd § 90 Abs. 2 BVerfGG zu erschöpfen und den Grundsatz der Subsidiarität zu wahren. Ohne einen solchen (erfolglosen) Antrag ist die Verfassungsbeschwerde – sofern die Anhörungsrüge nicht aussichtslos gewesen wäre[5] – demzufolge unzulässig.[6] Ebenso wenig reicht es aus, den Rechtsweg lediglich formell zu beschreiten. Vielmehr bedarf es eines hiermit einhergehenden ernsthaften Versuchs, die gerügte Verletzung inhaltlich zu beheben.[7]

3 **2. Anwendungsbereich.** Die Vorschrift setzt einen **Beschluss** voraus, der den Anspruch eines Beteiligten auf rechtliches Gehör verletzt, aber gegen den kein Rechtsbehelf eröffnet ist. Es handelt sich bei der Anhörungsrüge somit um einen eigenständigen wie –

[1] BVerfG 30.4.2003 – 1 PBvU 1/02, BVerfGE 107, 395 (407) = NJW 2003, 1924 (1926).
[2] BVerfG 30.4.2003 – 1 PBvU 1/02, BVerfGE 107, 395 (410 f.) = NJW 2003, 1924 (1926 f.).
[3] BVerfG 30.4.2003 – 1 PBvU 1/02, BVerfGE 107, 395 (413 ff.) = NJW 2003, 1924 (1927 f.).
[4] OLG Düsseldorf 25.11.1987 – 1 Ws 827/87, NJW 1989, 311 (312); Schmitt in Meyer-Goßner/Schmitt Rn. 1.
[5] BVerfG 14.12.2011 – 2 BvR 68/11, BeckRS 2012, 46353 Rn. 9; 29.2.2012 – 2 BvR 309/10, BeckRS 2012, 51068 Rn. 17 mwN; 6.10.2014 – 2 BvR 1569/12, BeckRS 2014, 59293 Rn. 9; 11.9.2015 – 2 BvR 1586/15, BeckRS 2015, 52869 Rn. 4 mwN; 9.11.2016 – 2 BvR 545/16, BeckRS 2016, 54709 Rn. 27 mwN.
[6] BVerfG 10.5.1972 – 2 BvR 644/71, BVerfGE 33, 192 (194) = NJW 1972, 1227; 30.6.1976 – 2 BvR 164/76, BVerfGE 42, 243 (245) = NJW 1976, 1837 (1838); 5.3.1985 – 2 BvR 1715/83, NStZ 1985, 277; 20.4.2004 – 2 BvR 297/04, NStZ-RR 2004, 372 (372); Maul in KK-StPO Rn. 14; Weßlau/Weißer in SK-StPO Rn. 33; Ziegler in KMR-StPO Rn. 1; krit. Eschelbach/Geipel/Weiler StV 2010, 325 (325 ff.).
[7] BVerfG 22.5.2017 – 2 BvR 1107/16, BeckRS 2017, 112183 Rn. 13; 10.2.2020 – 2 BvR 336/19, BeckRS 2020, 3652 Rn. 7 mwN.

auch bei offenkundigen Verletzungen des rechtlichen Gehörs – **subsidiären Rechtsbehelf.**[8] Vorrangige Sonderregelungen enthalten § 311a für das Beschwerdeverfahren sowie § 356a für das Revisionsverfahren.[9]

Nach früherer Rechtslage betraf § 33a lediglich die Verwertung von Tatsachen oder Beweisergebnissen zum Nachteil eines nicht hierzu gehörten Beteiligten gemäß § 33 Abs. 3. Das **Bundesverfassungsgericht** erachtete dieses Rechtsschutzsystem gegen Verletzungen des Anspruchs auf rechtliches Gehör in der Plenumsentscheidung vom 30.4.2003 (→ Rn. 1) allerdings als unzureichend.[10] Der Gesetzgeber sah sich dadurch veranlasst, das Gesetz über die Rechtsbehelfe bei Verletzung des Anspruchs auf rechtliches Gehör **(Anhörungsrügengesetz)** vom 9.12.2004 (BGBl. I 3220)[11] zu verabschieden. Dessen Art. 2 Nr. 1 erweiterte die Vorschrift des § 33a, indem sie nunmehr **jede Verletzung des Anspruchs auf rechtliches Gehör** im Beschlussverfahren erfasst und sich nicht mehr auf die Fälle des § 33 Abs. 3 beschränkt. 4

In der gebotenen weiten Auslegung der Norm ist jeder Aspekt rechtlichen Gehörs erfasst.[12] Nicht zuletzt ist rechtliches Gehör auch zu **Anträgen und Rechtsausführungen anderer Beteiligter** zu gewähren, die möglicherweise für das Gericht entscheidungserheblich sind. Dies versetzt den jeweiligen Beteiligten zudem in die Lage, sich auf neue rechtliche Gesichtspunkte einzustellen und hierzu zu äußern.[13] Nach BVerfG ist die Vorschrift des § 33a zudem geeignet im Sinne der Rechtsprechung des EGMR, Konventionsverletzungen zu vermeiden.[14] 5

II. Erläuterung

1. Voraussetzungen der Anhörungsrüge. § 33a betrifft nur Verletzungen des Anspruchs auf rechtliches Gehör, die im Beschlussverfahren ergangen sind (→ Rn. 3). Da § 33a die Vorschrift des § 33 ergänzt, sind unter **„Beschluss"** grds. sämtliche dort genannten Entscheidungen (→ § 33 Rn. 3 ff.), insbesondere die Anordnungen in § 33 Abs. 4 zu verstehen.[15] Ausgenommen sind lediglich Urteile.[16] Ob eine Entscheidung als Urteil oder als Beschluss anzusehen ist, hängt aber nicht von der Bezeichnung ab, sondern von dem Inhalt der Entscheidung und den Gründen, auf denen diese beruht.[17] 6

Gegen den Beschluss darf dem Beteiligten **kein** anderer **Rechtsbehelf** zustehen. Dies betrifft vor allem die ausdrücklich genannte **Beschwerde** (einschließlich der weiteren Beschwerde nach § 310), die allerdings etwa in den Fällen des § 305 S. 1 oder auch des § 28 Abs. 2 S. 2 (Anfechtung des Beschlusses „nur zusammen mit dem Urteil") ausgeschlossen ist.[18] 7

[8] BGH 1.8.2019 – 5 StR 85/19, BeckRS 2019, 21208 Rn. 3; Graalmann-Scheerer in Löwe/Rosenberg Rn. 2; Ziegler in KMR-StPO Rn. 2.

[9] Ziegler in KMR-StPO Rn. 3 f.; zu § 356a s. nur BGH 16.5.2006 – 4 StR 110/05, NStZ 2007, 236 (236); 29.11.2012 – 3 StR 236/12, BeckRS 2013, 01370; 1.8.2019 – 5 StR 85/19, BeckRS 2019, 21208 Rn. 3; KG 18.12.2015 – 2 Ws 259/15, BeckRS 2016, 2901 Rn. 4; OLG Frankfurt a. M. 13.10.2016 – 3 Ws 130/16 StVollz, BeckRS 2016, 118573 Rn. 2.

[10] BVerfG 30.4.2003 – 1 PBvU 1/02, BVerfGE 107, 395 (416 ff.) = NJW 2003, 1924 (1928 f.).

[11] S. hierzu Burhoff ZAP Fach 22, 409; Ulrici JURA 2005, 368.

[12] BVerfG 13.10.2015 – 2 BvR 2436/14, NJW 2016, 861 (861); 18.9.2018 – 2 BvR 745/18, NJW 2019, 41 (42).

[13] BVerfG 7.9.2007 – 2 BvR 1009/07, NStZ-RR 2008, 16 (17); OLG Frankfurt a. M. 8.7.2002 – 3 Ws 692/02, NStZ-RR 2002, 306; Graalmann-Scheerer in Löwe/Rosenberg Rn. 3; Schmitt in Meyer-Goßner/Schmitt Rn. 1.

[14] BVerfG 18.9.2018 – 2 BvR 745/18, NJW 2019, 41 (47).

[15] Graalmann-Scheerer in Löwe/Rosenberg Rn. 6; Weßlau/Weißer in SK-StPO Rn. 6.

[16] Graalmann-Scheerer in Löwe/Rosenberg Rn. 4; Larcher in BeckOK StPO Rn. 1; Schmitt in Meyer-Goßner/Schmitt Rn. 3; Ziegler in KMR-StPO Rn. 5.

[17] BVerfG 27.5.2020 – 2 BvR 2054/19, NStZ-RR 2020, 357 (358).

[18] KG 2.2.1966 – 1 Ws 6/66, NJW 1966, 991 (991 f.); OLG Celle 17.7.1973 – 2 Ws 123/73, NJW 1973, 2306 (2307); Graalmann-Scheerer in Löwe/Rosenberg Rn. 15; Maul in KK-StPO Rn. 2; Schmitt in Meyer-Goßner/Schmitt Rn. 4; Weßlau/Weißer in SK-StPO Rn. 18; Ziegler in KMR-StPO Rn. 9; aA Claus in Satzger/Schluckebier/Widmaier StPO Rn. 5.

8 **Weitere Rechtsbehelfe,** die § 33a entgegenstehen, sind der Antrag auf Wiedereinsetzung in den vorigen Stand nach § 44 sowie der Antrag auf Entscheidung des Rechtsmittelgerichts bei verspäteter bzw. formwidriger Einlegung gemäß § 319 Abs. 2, § 346 Abs. 2.[19]

9 Das Gericht muss in dem Beschluss den **Anspruch** eines Beteiligten **auf rechtliches Gehör verletzt** haben. Es darf ihm somit keine ausreichende Gelegenheit zur Äußerung eingeräumt haben; dass der Beteiligte diese Möglichkeiten ergreift oder sie von vornherein nicht nutzen kann, weil er etwa unentschuldigt ausbleibt oder schuldhaft seine Verhandlungsunfähigkeit herbeiführt, ist unerheblich.[20] Ebenso ist § 33a jedenfalls entsprechend anwendbar, wenn der Beteiligte im Anschluss an die schuldhaft vereitelte Anhörung ein mögliches Rechtsmittel versäumt (zB beim Widerruf der Strafaussetzung ohne vorherige Anhörung des Verurteilten, dessen Aufenthaltsort nicht zu ermitteln war).[21] Unbeachtlich bleibt, ob das Gericht bewusst (etwa unter Berufung auf § 33 Abs. 4 S. 1) von der Anhörung absieht oder dies versehentlich unterlässt.[22] Nicht anwendbar ist § 33a hingegen etwa, wenn das Gericht einen Verfahrensbeteiligten – trotz fehlenden Gehörsverstoßes – schlicht übersieht, zB bei der Kostenentscheidung die Auslagen des Nebenklägers nicht berücksichtigt.[23]

10 Zum **Beteiligten** → § 33 Rn. 11. Die Staatsanwaltschaft ist zwar – wie aus ihrer Erwähnung in § 33 Abs. 2 folgt – als Beteiligte iSd § 33 anzusehen.[24] Als Vertreterin des Staates kann sie sich allerdings nicht auf das Prozessgrundrecht des Art. 103 Abs. 1 GG berufen (→ § 33 Rn. 25). Da § 33a gerade den hieraus erwachsenden Anspruch auf rechtliches Gehör gewährleisten will (→ Rn. 1), ist die Norm nicht einschlägig, sofern das Gericht etwa das Anhörungsrecht der Staatsanwaltschaft aus § 33 Abs. 2 missachten sollte.[25]

11 Der Anspruch auf rechtliches Gehör muss **in entscheidungserheblicher Weise** verletzt werden. Hiervon kann nur die Rede sein, wenn und soweit sich die unterbliebene oder unzureichende Anhörung auf das Ergebnis des Beschlusses ausgewirkt hat. Dies gilt nicht zuletzt, wenn das Gericht zum Nachteil des Antragstellers Tatsachen oder Beweisergebnisse verwertet hat, zu denen er nicht gehört worden ist, oder wenn es zu berücksichtigendes Vorbringen übergangen hat.[26] Hingegen fehlt die Entscheidungserheblichkeit, wenn das Gericht auch bei vorgenommener Anhörung nicht anders entschieden hätte,[27] zB weil dem Beschuldigten ohnehin keine anderen Verteidigungsoptionen zur Verfügung standen.[28]

12 Schließlich muss der Beteiligte durch die Verletzung seines Anspruchs auf rechtliches Gehör noch **beschwert** sein. Diese Voraussetzung entspricht dem von § 33a aF (→ Rn. 4)

---

19 Graalmann-Scheerer in Löwe/Rosenberg Rn. 12; Schmitt in Meyer-Goßner/Schmitt Rn. 4; Ziegler in KMR-StPO Rn. 7.

20 Graalmann-Scheerer in Löwe/Rosenberg Rn. 10.

21 BGH 6.5.1975 – 7 BJs 14/69 StB 8/75, BGHSt 26, 127 (130 f.) = NJW 1975, 2211 (2212); OLG Düsseldorf 23.4.1992 – 1 Ws 338/92, NStZ 1992, 453 (453); OLG Köln 30.1.2012 – 2 Ws 76/12, NStZ 2012, 528; Graalmann-Scheerer in Löwe/Rosenberg Rn. 12; Larcher in BeckOK StPO Rn. 7; Maul in KK-StPO Rn. 6; Rappert in Radtke/Hohmann Rn. 10; Schmitt in Meyer-Goßner/Schmitt Rn. 4; Ziegler in KMR-StPO Rn. 8; aA OLG Stuttgart 19.11.1973 – 2 Ws 277/73, NJW 1974, 284; diff. Pollähne in Gercke/Julius/Temming/Zöller Rn. 7; Weßlau/Weißer in SK-StPO Rn. 21.

22 Maul in KK-StPO Rn. 5; Schmitt in Meyer-Goßner/Schmitt Rn. 3.

23 KG 24.6.2015 – (4) 161 Ss 68/15 (75/15), NStZ-RR 2015, 328.

24 Graalmann-Scheerer in Löwe/Rosenberg Rn. 7.

25 OLG Stuttgart 19.4.2017 – 1 Ws 36/17, BeckRS 2017, 155792 Rn. 5; Graalmann-Scheerer in Löwe/Rosenberg Rn. 8; Maul in KK-StPO Rn. 3; Schmitt in Meyer-Goßner/Schmitt Rn. 3; Weßlau/Weißer in SK-StPO Rn. 4; Ziegler in KMR-StPO Rn. 6.

26 OLG Koblenz 16.10.2014 – 2 VAs 12/14, NStZ-RR 2015, 122; 18.7.2016 – 2 Ws 130/16, BeckRS 2016, 138014 Rn. 14.

27 BVerfG 18.9.2018 – 2 BvR 745/18, NJW 2019, 41 (46).

28 OLG Bremen 26.10.2017 – 1 Ws 120/17, BeckRS 2017, 134934 Rn. 8; Graalmann-Scheerer in Löwe/Rosenberg Rn. 11; Larcher in BeckOK StPO Rn. 4; Rappert in Radtke/Hohmann Rn. 8; Schmitt in Meyer-Goßner/Schmitt Rn. 3.

verlangten noch bestehenden Nachteil.[29] Es bedarf einer objektiven Beschwer, dh einer nachteiligen Entscheidung für den Betroffenen, die in seine Rechtsposition eingreift.[30] Allein das Gefühl, etwa durch die Begründung des Beschlusses bei tatsächlich nicht nachteiliger Entscheidung beschwert zu sein, genügt nicht.[31] Unerheblich ist, ob die Entscheidung richtig ist.[32]

Der Beteiligte muss **noch** beschwert sein, dh die Beschwer muss fortbestehen. Sie kann insbesondere dadurch nachträglich entfallen, dass sich eine Maßnahme erledigt.[33] Wird etwa ein Haftbefehl außer Vollzug gesetzt und der Angeklagte aus der Untersuchungshaft entlassen, kommt eine Entscheidung über die gegen die Haftfortdauerentscheidung des Oberlandesgerichts erhobene Gehörsrüge nach § 33a infolge Erledigung nicht mehr in Betracht.[34] Ein Rechtsschutzbedürfnis besteht aber etwa fort, wenn der Betroffene ein berechtigtes Feststellungsinteresse aufzuweisen hat, zB die ohne vorherige Anhörung beschlossene Maßnahme einen tiefgreifenden Grundrechtseingriff für ihn bedeutet.[35] 13

2. Nachholungs- und Überprüfungsverfahren. Ob der Anspruch eines Beteiligten auf rechtliches Gehör verletzt wurde, prüft das Gericht, das die fragliche Sachentscheidung getroffen hat,[36] im **Nachholungsverfahren** entweder von Amts wegen oder auf Antrag. 14

Für den Antrag auf nachträgliche Anhörung enthält § 33a – anders als etwa § 356a S. 2 für das Revisionsverfahren – weder Form- noch Fristerfordernisse. Es genügt daher ein **formloser Antrag.** Inhaltlich ist aber auch ohne gesetzlich vorgeschriebene Begründung zu fordern, die Voraussetzungen des § 33a darzulegen, nicht zuletzt die (zumindest mögliche) Entscheidungserheblichkeit der Verletzung des Anspruchs auf rechtliches Gehör.[37] Häufig wird der Antrag zusammen mit dem Antrag auf Änderung der Entscheidung gestellt; notwendig ist dies aber nicht.[38] 15

Fristen sind mangels Regelung grds. ebenso wenig zu beachten.[39] Zwar darf die Anhörungsrüge nicht ohne vernünftigen Grund grenzenlos hinausgezögert werden, um nicht verwirkt zu werden.[40] Eine Vorwirkung der Monatsfrist des § 93 Abs. 1 BVerfGG dergestalt, dass bei einer erst nach Ablauf dieser Frist erhobenen Anhörungsrüge eine etwaige spätere Verfassungsbeschwerde verfristet ist, bleibt aber abzulehnen. Schließlich bildet die Anhörungsrüge trotz ihrer Notwendigkeit für die Erschöpfung des Rechtswegs iSd § 90 Abs. 2 S. 1 BVerfGG einen Teil des fachgerichtlichen Verfahrens.[41] 16

---

29 Larcher in BeckOK StPO Rn. 8; Schmitt in Meyer-Goßner/Schmitt Rn. 6.

30 Graalmann-Scheerer in Löwe/Rosenberg Rn. 16; Maul in KK-StPO Rn. 4; Kiethe JR 2007, 321 (323).

31 Schmitt in Meyer-Goßner/Schmitt Rn. 6; Ziegler in KMR-StPO Rn. 12.

32 Graalmann-Scheerer in Löwe/Rosenberg Rn. 16.

33 OLG Celle 4.1.1973 – 2 Ws 31/72 und 72/72, NJW 1973, 863; OLG Düsseldorf 3.5.1993 – 4 Ausl (A) 48/92 – 28 und 29/93 III, MDR 1993, 1000 (1001); Graalmann-Scheerer in Löwe/Rosenberg Rn. 17; Larcher in BeckOK StPO Rn. 8.

34 OLG Bamberg 3.6.2014 – 1 Ws 101/14, NStZ-RR 2014, 347.

35 Graalmann-Scheerer in Löwe/Rosenberg Rn. 18; Pollähne in Gercke/Julius/Temming/Zöller Rn. 9; Rappert in Radtke/Hohmann Rn. 11; Ziegler in KMR-StPO Rn. 13; weiter Esskandari StraFo 1997, 289 (292 f.).

36 BGH 10.3.1999 – 2 Ars 92–99, NStZ 1999, 362; 20.5.2020 – 2 ARs 51/20, 2 AR 30/20, BeckRS 2020, 10801 Rn. 2.

37 BVerfG 18.9.2018 – 2 BvR 745/18, NJW 2019, 41 (46); OLG Düsseldorf 12.9.2000 – 1 Ws 497/00, 1 Ws 527–528/00, VRS 99, 430 (431); OLG Koblenz 2.4.1987 – 1 Ws 833/84, wistra 1987, 357 (358); Graalmann-Scheerer in Löwe/Rosenberg Rn. 19; Larcher in BeckOK StPO Rn. 4; Hohmann JR 1991, 10 (11 f.); einschränkend Ziegler in KMR-StPO Rn. 14.

38 Graalmann-Scheerer in Löwe/Rosenberg Rn. 20.

39 Maul in KK-StPO Rn. 8; Eschelbach/Geipel/Weiler StV 2010, 325 (330).

40 OLG Koblenz 2.4.1987 – 1 Ws 833/84, wistra 1987, 357 (358); OLG Köln 14.1.2013 – 2 Ws 308/11, BeckRS 2013, 08026 zur Anhörungsrüge 1½ Jahre nach der betreffenden Kostenentscheidung; Graalmann-Scheerer in Löwe/Rosenberg Rn. 20; Larcher in BeckOK StPO Rn. 11; Maul in KK-StPO Rn. 8; Weßlau/Weißer in SK-StPO Rn. 26; Ziegler in KMR-StPO Rn. 15; Kiethe JR 2007, 321 (324).

41 Pohlreich StV 2011, 574 (575).

17 **Von Amts wegen** entscheidet das Gericht über die (entscheidungserhebliche) Verletzung des Anspruchs auf rechtliches Gehör, wenn es hiervon auf andere Weise als durch Antrag des Beteiligten Kenntnis erlangt.[42] Zur nachträglichen Anhörung ist das Gericht insbesondere in den Fällen des § 33 Abs. 4 verpflichtet (→ § 33 Rn. 36). Gleiches gilt, wenn versehentlich kein rechtliches Gehör gewährt wurde.[43] Dass die Gewährung rechtlichen Gehörs aufgrund eines schuldhaften Verhaltens des Beteiligten vorher nicht möglich war, ist unerheblich.[44] Verzichtet der Beteiligte in Kenntnis der Sach- und Rechtslage ausdrücklich oder stillschweigend auf die nachträgliche Anhörung, kann von der Einleitung des Verfahrens aber abgesehen werden.[45]

18 Über die (von Amts wegen oder auf Antrag des Beteiligten geprüfte) Verletzung des Anspruchs auf rechtliches Gehör ist durch **Beschluss** zu entscheiden. Der **Antrag** des Beteiligten auf nachträgliche Anhörung ist als **unzulässig** zu verwerfen, wenn er nicht genügend substantiiert ist[46] (und ggf. auf Hinweis des Gerichts auch nicht entsprechend ergänzt wird) oder die Voraussetzungen des § 33a nicht gegeben sind.[47] Fehlt es hingegen etwa an der Entscheidungserheblichkeit des verletzten rechtlichen Gehörs, ist der Rechtsbehelf als **unbegründet** zurückzuweisen.[48] Die Gerichtsgebühr beträgt in diesen Fällen gemäß Nr. 3920 KVGKG jeweils 50 EUR; der Beschluss bedarf daher einer Kostengrundentscheidung.[49]

19 Ist der Antrag **begründet** oder muss die nachträgliche Anhörung von Amts wegen erfolgen, **versetzt** das Gericht das Verfahren in die Lage **zurück,** die vor dem Erlass der Entscheidung bestand. Dem Beteiligten ist nunmehr nachträglich das rechtliche Gehör zu gewähren.[50] Wie dies zu geschehen hat, gibt das Gesetz nicht vor; in der Regel wird dem Beteiligten die Möglichkeit einer schriftlichen Stellungnahme eingeräumt.[51] Weder der Antrag auf nachträgliche Anhörung noch der stattgebende Beschluss hemmen die Vollstreckung der auf der Verletzung des rechtlichen Gehörs beruhenden Entscheidung (**S. 2** iVm § 47 Abs. 1). Das Gericht kann aber einen Aufschub der Vollstreckung anordnen (S. 2 iVm § 47 Abs. 2).

20 Nach Abschluss des Nach(holungs)verfahrens durch nachträgliche Gewährung des rechtlichen Gehörs entscheidet das Gericht im **Überprüfungsverfahren** erneut und unter Berücksichtigung der Äußerung des Beteiligten durch einen zu begründenden (§ 34) und bekannt zu machenden (§ 35) **Beschluss.** Hierbei ist die frühere Entscheidung, die auf der Verletzung des rechtlichen Gehörs beruht, ggf. abzuändern oder aufzuheben.[52] Eine Verschlechterung ist unzulässig.[53] Ein Beschluss ist auch dann notwendig, wenn das Nachverfahren zu keiner anderen Entscheidung als der angefochtene oder von

[42] Graalmann-Scheerer in Löwe/Rosenberg Rn. 21; Larcher in BeckOK StPO Rn. 10.

[43] BayObLG 15.11.1993 – 2 StRR 111/93, 2 StRR 179/93, VRS 86, 348 (349).

[44] BGH 6.5.1975 – 7 BJs 14/69 StB 8/75, BGHSt 26, 127 (130) = NJW 1975, 2211 (2212); Maul in KK-StPO Rn. 8; Schmitt in Meyer-Goßner/Schmitt Rn. 8.

[45] Graalmann-Scheerer in Löwe/Rosenberg Rn. 21; Maul in KK-StPO Rn. 8; Pollähne in Gercke/Julius/Temming/Zöller Rn. 11; Schmitt in Meyer-Goßner/Schmitt Rn. 8.

[46] BGH 18.4.2016 – 2 ARs 410/14, BeckRS 2016, 8249 Rn. 1.

[47] KG 14.3.1983 – 4 Ws 29/82, JR 1984, 39 (40); Graalmann-Scheerer in Löwe/Rosenberg Rn. 22; Schmitt in Meyer-Goßner/Schmitt Rn. 7.

[48] OLG Bremen 26.10.2017 – 1 Ws 120/17, BeckRS 2017, 134934 Rn. 9.

[49] OLG Köln 10.10.2005 – 81 Ss OWi 41/05, NStZ 2006, 181 (182); OLG Nürnberg 7.11.2019 – Ws 771/19, BeckRS 2019, 41419 Rn. 13.

[50] Graalmann-Scheerer in Löwe/Rosenberg Rn. 23; Ziegler in KMR-StPO Rn. 20.

[51] Ziegler in KMR-StPO Rn. 17; eing. Graalmann-Scheerer in Löwe/Rosenberg Rn. 24; s. aber auch BayObLG 20.2.1973 – RReg. 2 St 658/72 OWi, NJW 1973, 1140 (1141): Gewährung in der Hauptverhandlung.

[52] BayObLG 20.2.1973 – RReg. 2 St 658/72 OWi, NJW 1973, 1140 (1141); KG 17.1.1989 – (5) 1 Ss 81/88 (10/88), JR 1989, 392 (393); Graalmann-Scheerer in Löwe/Rosenberg Rn. 24; Maul in KK-StPO Rn. 10; Ziegler in KMR-StPO Rn. 20.

[53] BayObLG 20.2.1973 – RReg. 2 St 658/72 OWi, NJW 1973, 1140 (1141); Graalmann-Scheerer in Löwe/Rosenberg Rn. 24; Maul in KK-StPO Rn. 10; Schmitt in Meyer-Goßner/Schmitt Rn. 9; Ziegler in KMR-StPO Rn. 21.

Amts wegen überprüfte Beschluss führt. Das Nachverfahren kann somit nicht formlos beendet werden.[54]

III. Beschwerde

21 Gegen die Ablehnung des Antrags auf nachträgliche Anhörung im **Nach(holungs)verfahren** ist die **Beschwerde** nach § 304 statthaft, unabhängig davon, ob das Gericht den Antrag als unzulässig verworfen oder als unbegründet zurückgewiesen hat.[55]

22 Der Beschluss im **Überprüfungsverfahren** (→ Rn. 20) kann hingegen – unabhängig von der getroffenen Entscheidung – nicht mit der Beschwerde oder einem sonstigen Rechtsbehelf angefochten werden.[56] Da die subsidiäre Anhörungsrüge gemäß § 33a nur bei nicht anfechtbaren Entscheidungen in Betracht kommt (→ Rn. 3), bedeutete dies ansonsten, eine – gesetzlich ausgeschlossene – weitere Beschwerde zuzulassen.[57] Gleiches gilt, wenn dem Gericht vorgeworfen wird, die Rüge inhaltlich nicht ausreichend gewürdigt zu haben.[58] Die Beschwerde ist aber für den Gegner, insbesondere die Staatsanwaltschaft statthaft, wenn das Gericht den ursprünglich getroffenen Beschluss aufhebt.[59] Eine Beschwerde ist nach der Rechtsprechung zudem dann zulässig, wenn der Beschluss erneut auf einer Verletzung des rechtlichen Gehörs beruht.[60]

§ 34 Begründung anfechtbarer und ablehnender Entscheidungen

Die durch ein Rechtsmittel anfechtbaren Entscheidungen sowie die, durch welche ein Antrag abgelehnt wird, sind mit Gründen zu versehen.

Schrifttum: Fezer, Anforderungen an die Begründung revisionsgerichtlicher Entscheidungen – Verfahrenswirklichkeit und normativer Anspruch, HRRS 2010, 281; Graalmann-Scheerer, Anforderungen an die Begründung anfechtbarer oder ablehnender gerichtlicher Entscheidungen, SchlHA 2018, 376; Hentschel, Beschwerde gegen die vorläufige Entziehung der Fahrerlaubnis – Zurückverweisung an den iudex a quo wegen nicht ausreichender Begründung?, DAR 1975, 265; Hiéramente, Begründungsdefizite bei Richterent-

[54] Graalmann-Scheerer in Löwe/Rosenberg Rn. 24; Schmitt in Meyer-Goßner/Schmitt Rn. 9; aA Maul in KK-StPO Rn. 10; Pollähne in Gercke/Julius/Temming/Zöller Rn. 11; Rappert in Radtke/Hohmann Rn. 15.

[55] KG 2.2.1966 – 1 Ws 6/66, NJW 1966, 991 (991); 12.3.2007 – 4 Ws 23/07, StV 2007, 517 (517 f.); 14.10.2015 – 4 Ws 78/15, NStZ-RR 2016, 52; 7.9.2016 – 5 Ws 75/16 – 141 AR 269/16, BeckRS 2016, 119942 Rn. 13; Graalmann-Scheerer in Löwe/Rosenberg Rn. 27; Maul in KK-StPO Rn. 13; Weßlau/Weißer in SK-StPO Rn. 31; Ziegler in KMR-StPO Rn. 22; aA OLG Bremen 3.7.2019 – 1 Ws 75/19, NStZ-RR 2019, 314 (315); OLG Celle 1.2.1968 – 4 Ws 28/68, NJW 1968, 1391 (1391 f.); OLG Frankfurt a. M. 5.8.2011 – 3 Ws 530/11, NStZ-RR 2012, 315; OLG Hamburg 26.6.2017 – 1 Ws 60/17, NJW 2017, 2360; Müller-Metz NStZ-RR 2016, 52; diff. OLG Celle 1.8.2012 – 1 Ws 290/12, 1 Ws 291/12, NJW 2012, 2899 (2900); Larcher in BeckOK StPO Rn. 16: Beschwerde nur bei als unzulässig verworfenem Antrag statthaft; offen gelassen von BGH 20.5.2020 – 2 ARs 307/19, 2 AR 204/19, NStZ-RR 2020, 252 (253) mAnm Müller-Metz.

[56] KG 14.10.2015 – 4 Ws 78/15, NStZ-RR 2016, 52.

[57] KG 2.2.1966 – 1 Ws 6/66, NJW 1966, 991 (991 f.); 7.9.2016 – 5 Ws 75/16 – 141 AR 269/16, BeckRS 2016, 119942 Rn. 13; OLG Düsseldorf 23.4.1992 – 1 Ws 338/92, NStZ 1992, 453 (454); OLG Frankfurt a. M. 25.5.2005 – 3 Ws 452/05, NStZ-RR 2005, 238; OLG Hamburg 12.11.1971 – 1 Ws 263/71, NJW 1972, 219; OLG Nürnberg 21.11.2012 – 2 Ws 481/10, BeckRS 2012, 24767 für eine im Wesentlichen inhaltsgleich wiederholte Anhörungsrüge; Graalmann-Scheerer in Löwe/Rosenberg Rn. 26; Larcher in BeckOK StPO Rn. 17; Maul in KK-StPO Rn. 11; Schmitt in Meyer-Goßner/Schmitt Rn. 10; Weßlau/Weißer in SK-StPO Rn. 32; Kiethe JR 2007, 321 (324).

[58] OLG Frankfurt a. M. 5.12.2002 – 3 Ws 122/02, NStZ-RR 2003, 79 (79); Rappert in Radtke/Hohmann Rn. 22; Schmitt in Meyer-Goßner/Schmitt Rn. 10; Ziegler in KMR-StPO Rn. 23; aA Pollähne in Gercke/Julius/Temming/Zöller Rn. 14.

[59] OLG Karlsruhe 10.5.1985 – 2 Ws 117/84, Justiz 1985, 319 (319); LG Aachen 17.1.1992 – 63 Qs 306/91, MDR 1992, 790; Graalmann-Scheerer in Löwe/Rosenberg Rn. 27; Maul in KK-StPO Rn. 11; Schmitt in Meyer-Goßner/Schmitt Rn. 10; Weßlau/Weißer in SK-StPO Rn. 32; Ziegler in KMR-StPO Rn. 22; Katzenstein StV 2003, 359 (364); aA OLG Düsseldorf 23.4.1992 – 1 Ws 338/92, NStZ 1992, 453 (454).

[60] OLG Frankfurt a. M. 25.5.2005 – 3 Ws 452/05, NStZ-RR 2005, 238.

scheidung im Ermittlungsverfahren, ZRP 2017, 50; Krehl, Die Begründung des Revisionsverwerfungsbeschlusses nach § 349 Abs. 2 StPO, GA 1987, 162; Nowrousian, „Klammern" als Begründung. Zu den Anforderungen an die Begründungspflicht gerichtlicher Entscheidungen im Strafrecht, SchlHA 2018, 375.

Übersicht

I. Überblick

1 **1. Normzweck.** Eine Entscheidung muss begründet werden, wenn die **Verfahrensbeteiligten** sie in tatsächlicher wie in rechtlicher Hinsicht nachvollziehen und die Chancen eines weiteren prozessualen Vorgehens abwägen können sollen. Anliegen des § 34 ist daher, insbesondere dem Anfechtungsberechtigten eine **sachgemäße Prüfung** der ergangenen Entscheidung zu **ermöglichen.**[1] Auch dies dient letztlich der Sicherung des verfassungsrechtlichen Anspruchs auf rechtliches Gehör.

2 Die Begründung gestattet außerdem dem **Rechtsmittelgericht,** die Entscheidung im Falle ihrer Anfechtung daraufhin zu überprüfen, ob sie auf zutreffenden rechtlichen Erwägungen beruht.[2] Anderen Gerichten oder Behörden, die zB im Wiederaufnahme-, Vollstreckungs- oder Gnadenverfahren auf die Entscheidung zurückgreifen müssen, dienen die Gründe zur Information; letztinstanzliche Entscheidungen sind daher ebenso zu begründen.[3] Schließlich geht mit der Begründungspflicht auch eine **Eigenkontrolle des Gerichts** einher.[4]

3 **2. Anwendungsbereich.** Gemäß seiner Einordnung in den entsprechend überschriebenen Abschnitt 4a des ersten Buches der StPO erfasst § 34 unmittelbar zwar nur **gerichtliche Entscheidungen.** Die Vorschrift ist jedoch entsprechend auf Entscheidungen der **Staatsanwaltschaft** anzuwenden.[5] Der Anwendungsbereich beschränkt sich aber auf Entscheidungen, die durch ein Rechtsmittel anfechtbar sind (→ Rn. 6) oder die einen Antrag ablehnen (→ Rn. 7).

4 **Sonderregelungen** zur Begründungspflicht oder zum Inhalt der Begründung enthalten ua § 267 für Urteile, § 26a Abs. 2 S. 2 für die Verwerfung eines Antrags auf Ablehnung eines Richters als unzulässig wegen Verschleppung des Verfahrens bzw. Verfolgung verfahrensfremder Zwecke, § 114 Abs. 2 Nr. 4, Abs. 3 für den Haftbefehl,[6] § 207 Abs. 1, 2 für die Eröffnung des Hauptverfahrens bzw. § 204 Abs. 1 für deren Ablehnung und § 225a Abs. 3 für den Vorlage- sowie § 270 Abs. 2 für den Verweisungsbeschluss. Für staatsanwaltschaftliche Entscheidungen ist der Begründungszwang ausdrücklich etwa in § 171 normiert.

---

1 KG 2.1.1986 – 5 Ws 531/85, StV 1986, 142; OLG Düsseldorf 23.7.1991 – 1 Ws 588/91, StV 1991, 521 (522); OLG Oldenburg 25.1.1971 – 2 Ws 19/71, NJW 1971, 1098 (1098 f.); Graalmann-Scheerer in Löwe/Rosenberg Rn. 1; Schmitt in Meyer-Goßner/Schmitt Rn. 1; Weßlau/Weißer in SK-StPO Rn. 1; vgl. auch BGH 22.7.2014 – 3 StR 302/14, NStZ 2014, 663 (664).

2 KG 2.1.1986 – 5 Ws 531/85, StV 1986, 142; OLG Düsseldorf 23.7.1991 – 1 Ws 588/91, StV 1991, 521 (522); Graalmann-Scheerer in Löwe/Rosenberg Rn. 1; Maul in KK-StPO Rn. 1; Schmitt in Meyer-Goßner/Schmitt Rn. 1; Weßlau/Weißer in SK-StPO Rn. 1; Ziegler in KMR-StPO Rn. 1.

3 Pollähne in Gercke/Julius/Temming/Zöller Rn. 3; Weßlau/Weißer in SK-StPO Rn. 4; Krehl GA 1987, 162 (172).

4 Graalmann-Scheerer in Löwe/Rosenberg Rn. 1; Weßlau/Weißer in SK-StPO Rn. 1; Ziegler in KMR-StPO Rn. 1.

5 Graalmann-Scheerer in Löwe/Rosenberg Rn. 5; Maul in KK-StPO Rn. 2; Ziegler in KMR-StPO Rn. 4.

6 Zu § 114 Abs. 2 KG 17.8.2016 – (2) 121 HEs 14/16 (16-17/16), BeckRS 2016, 111158 Rn. 12.

II. Erläuterung

1. Anwendungsvoraussetzungen. Entscheidungen iSd § 34 sind lediglich Sachentscheidungen, wobei unerheblich ist, ob sie materiell-rechtliche oder verfahrensrechtliche Fragen behandeln.[7] So gilt auch für Verwerfungsurteile nach § 329 Abs. 1 S. 1, Abs. 2 die Begründungspflicht gemäß § 34.[8] Nach dieser Vorschrift zu begründen sind auch Entscheidungen über Ordnungsmittel gemäß § 178 GVG.[9] Unbeachtlich ist, ob die Entscheidung schriftlich oder mündlich ergeht.[10] Prozessleitende Verfügungen sind hingegen nicht erfasst.[11] Der Begründungszwang gilt auch für Entscheidungen, die außerhalb der Hauptverhandlung getroffen werden.[12] 5

Es muss sich um eine Entscheidung handeln, die durch ein Rechtsmittel anfechtbar ist.[13] 6
Rechtsmittel ist iSd Überschrift des Dritten Buches (§§ 296 ff.) zu verstehen und umfasst daher Beschwerde (§ 304), weitere Beschwerde (§ 310) und sofortige Beschwerde (§ 311), Berufung (§ 312) und (Sprung-)Revision (§ 333, § 335), nicht hingegen die Anhörungsrüge gemäß § 356a als außerordentlichen Rechtsbefehl.[14] Auf letztinstanzliche Entscheidungen ist § 34 folglich nicht anwendbar, so dass insoweit nach einfachem Recht keine Begründungspflicht besteht (s. aber → Rn. 2).[15] Entsprechend ist § 34 anwendbar auf Entscheidungen im Ordnungswidrigkeitenverfahren, die mit der Rechtsbeschwerde (§ 79 OWiG) oder dem Antrag auf deren Zulassung (§ 80 OWiG) angefochten werden können.[16] Für die **Anfechtbarkeit** ist nicht erforderlich, dass die betreffende Entscheidung unmittelbar anfechtbar ist. Vielmehr reicht es aus, sie inzident in der Revision überprüfen zu können, so dass zB auch Beschlüsse des erkennenden Gerichts nach § 305 S. 1 dem Begründungszwang unterliegen.[17]

Unabhängig von einer etwaigen Anfechtbarkeit besteht eine Begründungspflicht auch für Entscheidungen, durch welche die Gerichte einen **Antrag ablehnen.** Betroffen sind ua Beschlüsse, durch die Beweis- und Beweisermittlungsanträge, der Antrag auf Vereidigung eines Zeugen oder Anträge der Staatsanwaltschaft auf Anordnung von Ermittlungsmaßnahmen abgelehnt werden.[18] 7

Auf **Entscheidungen von Amts wegen** ist § 34 grds. nicht anwendbar. Dies soll nach der Rspr. auch dann gelten, wenn ihnen ein (nicht notwendiger) Antrag vorausgeht.[19] Allerdings kann sich hier mit der hL jedenfalls eine Begründungspflicht aus dem Anspruch auf rechtliches Gehör und der gerichtlichen Fürsorgepflicht ergeben.[20] Dies gilt vor allem dann, wenn die Verfahrensbeteiligten sich zur Sache geäußert haben oder wenn ein Beteiligter dem Antrag eines anderen substantiiert widerspricht.[21] 8

---

7 Graalmann-Scheerer in Löwe/Rosenberg Rn. 3; Maul in KK-StPO Rn. 2; Schmitt in Meyer-Goßner/Schmitt Rn. 2; Ziegler in KMR-StPO Rn. 3.

8 OLG Brandenburg 9.9.2019 – (1) 53 Ss 108/19 (63/19), BeckRS 2019, 21703 Rn. 13; OLG Saarbrücken 16.9.2019 – Ss 44/2019 (26/19), BeckRS 2019, 24693 Rn. 7.

9 OLG Hamburg 2.12.2019 – 2 Ws 137/19, StraFo 2020, 113 (113).

10 Weßlau/Weißer in SK-StPO Rn. 3.

11 Graalmann-Scheerer in Löwe/Rosenberg Rn. 6; Maul in KK-StPO Rn. 3; Weßlau/Weißer in SK-StPO Rn. 5; Ziegler in KMR-StPO Rn. 3.

12 OLG Oldenburg 1.3.1961 – 1 Ws 58/61, NJW 1961, 981 (982); Graalmann-Scheerer in Löwe/Rosenberg Rn. 3.

13 Krit. Fezer HRRS 2010, 281 (286 ff.).

14 BGH 5.11.2018 – 1 StR 26/18, BeckRS 2018, 29436 Rn. 3.

15 BGH 4.12.2008 – 1 StR 510/08, NStZ-RR 2009, 119; 12.11.2013 – 3 StR 135/13, BeckRS 2013, 21431 Rn. 3.

16 Graalmann-Scheerer in Löwe/Rosenberg Rn. 3.

17 OLG Düsseldorf 9.6.1994 – 1 Ws 395 – 396/94, VRS 87, 437 (437); OLG Hamm 22.2.1996 – 3 Ws 94/96, StV 1996, 421 (421 f.); OLG Koblenz 1.3.1988 – 1 Ws 136/88, GA 1989, 174 (175); Graalmann-Scheerer in Löwe/Rosenberg Rn. 3; Maul in KK-StPO Rn. 2; Weßlau/Weißer in SK-StPO Rn. 3, jeweils mwBsp.

18 Graalmann-Scheerer in Löwe/Rosenberg Rn. 7 mwN.

19 BGH 13.12.1960 – 1 StR 389/60, BGHSt 15, 253 (253) = NJW 1961, 327 (327); aA Pollähne in Gercke/Julius/Temming/Zöller Rn. 4; Weßlau/Weißer in SK-StPO Rn. 8.

20 Graalmann-Scheerer in Löwe/Rosenberg Rn. 8; Rappert in Radtke/Hohmann Rn. 6; Ziegler in KMR-StPO Rn. 5.

21 Graalmann-Scheerer in Löwe/Rosenberg Rn. 8 f.; Maul in KK-StPO Rn. 4.

9 **2. Inhalt der Begründungspflicht.** Die von § 34 benannten Entscheidungen (→ Rn. 5 ff.) sind **mit Gründen zu versehen.** Worauf die Begründung im Einzelnen einzugehen hat, lässt sich dem Gesetz – anders als etwa bei den in § 267 normierten Anforderungen an die Urteilsgründe – zwar nicht entnehmen.[22] Sie müssen aber entsprechend dem Zweck der Begründungspflicht (→ Rn. 1 f.) insbesondere den Verfahrensbeteiligten ermöglichen, die Entscheidung nachzuvollziehen und die Erfolgsaussichten weiterer Vorgehensweisen zu beurteilen, und den Rechtsmittelgerichten die Überprüfung der Entscheidung gestatten.[23] Dies setzt voraus, die entscheidungserheblichen und -tragenden, tatsächlichen wie rechtlichen Erwägungen erkennen zu lassen.[24] Die Begründung muss so ausführlich sein, dass das Revisionsgericht prüfen kann, ob das Tatgericht die anzuwendenden Rechtsbegriffe verkannt hat.[25] Nicht erforderlich ist, sich mit jedem Vorbringen der Verfahrensbeteiligten in den Entscheidungsgründen auseinanderzusetzen.[26]

10 Welche Anforderungen an die Begründung im Einzelnen zu stellen sind, richtet sich nicht zuletzt nach dem jeweiligen Gegenstand der Entscheidung.[27] Es lassen sich aber einige **allgemeine Grundsätze** zur Konkretisierung der Begründungspflicht festhalten. Zum einen sind allgemeine oder formelhafte Wendungen ungenügend. Ebenso wenig darf sich die Begründung darauf beschränken, den Wortlaut der einschlägigen gesetzlichen Vorschriften wiederzugeben.[28] Verweise auf die Gründe früherer Entscheidungen sind zulässig, sofern die Begründung verständlich bleibt (zB bei Wiederholung eines bereits gestellten Antrags ohne neuen Vortrag).[29] Ebenso kann sich ein Gericht sämtliche Erwägungen einer angegriffenen Entscheidung zu eigen machen und gleichzeitig zum Ausdruck bringen, dass etwa die Beschwerdebegründung keine neuen Aspekte enthält.[30] Als problematisch wird jedoch die Praxis des sog. Klammerns angesehen, dh als Gericht umfassende Auszüge aus der Stellungnahme oder dem Antrag der Staatsanwaltschaft zu zitieren und sich selbst auf den Satz zu beschränken, diesen Ausführungen beizutreten.[31] Unzulässig ist es jedenfalls, die Begründung künftigen Entscheidungsgründen vorzubehalten oder auch ohne eine solche Ankündigung die Begründung für einen vorherigen Beschluss in den Urteilsgründen nachzuschieben.[32]

---

[22] Krit. etwa Hiéramente ZRP 2017, 50 ff.

[23] BGH 22.7.2014 – 3 StR 302/14, NStZ 2014, 663 (664); KG 2.1.1986 – 5 Ws 531/85, StV 1986, 142; OLG Celle 25.11.1988 – 3 Ws 374/88, StV 1989, 253 (254); Graalmann-Scheerer in Löwe/Rosenberg Rn. 10; Maul in KK-StPO Rn. 5; Weßlau/Weißer in SK-StPO Rn. 9.

[24] OLG Hamm 4.12.1950 – 2 Ws 184/50, NJW 1951, 166; OLG Köln 25.7.2011 – 2 Ws 428/11, BeckRS 2011, 21778; Larcher in BeckOK StPO Rn. 3; Schmitt in Meyer-Goßner/Schmitt Rn. 4.

[25] BGH 22.7.2014 – 3 StR 302/14, NStZ 2014, 663 (664); 10.1.2018 – 1 StR 437/17, NJW 2018, 1030 (1031).

[26] BVerfG 3.10.1961 – 2 BvR 4/60, BVerfGE 13, 132 (149); 1.2.1978 – 1 BvR 426/77, BVerfGE 47, 182 (187) = NJW 1978, 989 (989); 23.1.2017 – 2 BvR 2272/16, StV 2017, 775 (775); Maul in KK-StPO Rn. 1; Schmitt in Meyer-Goßner/Schmitt Rn. 1.

[27] Graalmann-Scheerer in Löwe/Rosenberg Rn. 10 mBsp; Weßlau/Weißer in SK-StPO Rn. 9.

[28] BayObLG 4.12.1952 – Beschw (W) Reg. 1 St 55/52, NJW 1953, 233; OLG Hamm 4.12.1950 – 2 Ws 184/50, NJW 1951, 166; OLG Köln 15.3.1988 – Ss 72/88 (Z), StV 1988, 335 (336 f.); 25.7.2011 – 2 Ws 428/11, BeckRS 2011, 21778; LG Berlin 25.7.2001 – 522 Qs 95/01, StV 2002, 67 (67); Graalmann-Scheerer in Löwe/Rosenberg Rn. 10; Maul in KK-StPO Rn. 5; Schmitt in Meyer-Goßner/Schmitt Rn. 4; Weßlau/Weißer in SK-StPO Rn. 10; Ziegler in KMR-StPO Rn. 8.

[29] BGH 25.11.2003 – 1 StR 182/03, NStZ-RR 2004, 118 (119); Graalmann-Scheerer in Löwe/Rosenberg Rn. 10; Larcher in BeckOK StPO Rn. 3; Pollähne in Gercke/Julius/Temming/Zöller Rn. 5; Rappert in Radtke/Hohmann Rn. 7; zur Begründung bei ergänzender Nennung einer Aktenfundstelle OLG Rostock 4.11.2019 – 20 Ws 190/19, BeckRS 2019, 28343 Rn. 14.

[30] BVerfG 25.10.2019 – 2 BvR 498/15, BeckRS 2019, 28642 Rn. 19 mwN, in NStZ-RR 2020, 51 nicht abgedr.

[31] Graalmann-Scheerer in Löwe/Rosenberg Rn. 10; Graalmann-Scheerer SchlHA 2018, 376 (377 f.); aA Nowrousian SchlHA 2018, 375 (375 f.).

[32] BGH 27.2.1951 – 2 StR 18/50, NJW 1951, 368; 11.6.1963 – 1 StR 501/62, BGHSt 19, 24 (26) = NJW 1963, 1788 (1788); Graalmann-Scheerer in Löwe/Rosenberg Rn. 10; Maul in KK-StPO Rn. 6; Weßlau/Weißer in SK-StPO Rn. 13.

Wie weit die Begründungspflicht reicht, bestimmt sich insbesondere nach der **Schwere des** mit der Entscheidung angeordneten oder aufrecht erhaltenen **Grundrechtseingriffs.**[33] Vor allem bei der Anordnung strafprozessualer Ermittlungsmaßnahmen muss sich der Entscheidung entnehmen lassen, dass die notwendige richterliche Einzelfallprüfung unter Berücksichtigung sämtlicher relevanter Umstände erfolgt.[34] Nicht unbedenklich ist daher der Rückgriff auf Formulare. Deren Verwendung muss jedenfalls die richterliche Einzelfallprüfung erkennen lassen.[35] 11

Aus den Gründen einer **Ermessensentscheidung** muss zunächst hervorgehen, dass es sich um eine solche handelt und auf welcher rechtlichen Grundlage sie beruht.[36] Es muss der Begründung daher insbesondere zu entnehmen sein, ob das Gericht eine Ermessens- oder Rechtsfrage entschieden, sein Ermessen somit überhaupt erkannt hat.[37] Die Ausübung des Ermessens muss begründet werden, indem die relevanten tatsächlichen Umstände angegeben und die maßgeblichen Erwägungen des Gerichts nachvollziehbar dargelegt werden.[38] Schließlich muss die Begründung aufzeigen, dass die Grenzen des Ermessens beachtet wurden.[39] Entbehrlich ist eine Begründung lediglich in dem seltenen Fall, dass sie sich aus dem Inhalt der Entscheidung selbst ergibt, weil sie von bloßen Zweckmäßigkeitserwägungen abhängt.[40] 12

III. Revision

Ergeht ein **Urteil** ohne Begründung, stellt dies einen absoluten Revisionsgrund gemäß § 338 Nr. 7 dar. Ist eine Begründung zwar vorhanden, aber mangelhaft, muss das Urteil auf diesem Fehler beruhen, um eine Revision zu stützen. Ebenso liegt ein relativer Revisionsgrund vor, wenn **Beschlüsse** des erkennenden Gerichts überhaupt nicht oder nur unzureichend begründet sind.[41] 13

Beschlüsse **außerhalb der Hauptverhandlung** sind in der Regel aufzuheben, wenn sie keine Begründung enthalten. Eine Entscheidung des Beschwerdegerichts in der Sache selbst scheidet zumeist aus, um dem Beschwerdeführer keine Instanz zu nehmen. Die angefochtene Entscheidung ist daher aufzuheben und die Sache zurückzuverweisen.[42] Bei einer lediglich mangelhaften Begründung entscheidet das Beschwerdegericht hingegen in der Regel selbst in der Sache.[43] 14

---

[33] BVerfG 5.2.2004 – 2 BvR 1621/03, NJW 2004, 1519; Graalmann-Scheerer in Löwe/Rosenberg Rn. 10; Weßlau/Weißer in SK-StPO Rn. 11; Ziegler in KMR-StPO Rn. 8.

[34] BGH 23.3.1996 – 1 StR 685/95, BGHSt 42, 103 (105 f.) = NJW 1996, 2518 (2519); Graalmann-Scheerer in Löwe/Rosenberg Rn. 10; Weßlau/Weißer in SK-StPO Rn. 11.

[35] BVerfG 16.10.1981 – 2 BvR 344/81, NJW 1982, 29 (30); BGH 23.3.1996 – 1 StR 685/95, BGHSt 42, 103 (105 f.) = NJW 1996, 2518 (2519); Graalmann-Scheerer in Löwe/Rosenberg Rn. 10; Ziegler in KMR-StPO Rn. 9; zur Kritik Weßlau/Weißer in SK-StPO Rn. 11; Bernsmann NStZ 1997, 250 (250 f.); Weßlau/Weißer StV 1996, 579 (579 f.).

[36] BGH 18.5.1951 – 1 StR 173/51, BGHSt 1, 175 (177) = NJW 1951, 671 (671); Graalmann-Scheerer in Löwe/Rosenberg Rn. 11; Maul in KK-StPO Rn. 7.

[37] OLG Stuttgart 22.10.1986 – 4 Ws 273/86, MDR 1987, 164 (165); Weßlau/Weißer in SK-StPO Rn. 10; Ziegler in KMR-StPO Rn. 10.

[38] Graalmann-Scheerer in Löwe/Rosenberg Rn. 11.

[39] Schmitt in Meyer-Goßner/Schmitt Rn. 5.

[40] RG 3.4.1922 – II 129.130/22, RGSt 57, 44 (44 f.); Maul in KK-StPO Rn. 7; Weßlau/Weißer in SK-StPO Rn. 10.

[41] Maul in KK-StPO Rn. 10; Pollähne in Gercke/Julius/Temming/Zöller Rn. 10; Weßlau/Weißer in SK-StPO Rn. 17.

[42] OLG Oldenburg 25.1.1971 – 2 Ws 19/71, NJW 1971, 1098 (1099); Graalmann-Scheerer in Löwe/Rosenberg Rn. 14; Maul in KK-StPO Rn. 11; Pollähne in Gercke/Julius/Temming/Zöller Rn. 10; Weßlau/Weißer in SK-StPO Rn. 18; Ziegler in KMR-StPO Rn. 11; vgl. auch OLG Bremen 28.11.1950 – Ws 83/50, NJW 1951, 84 (84 f.); aA Larcher in BeckOK StPO Rn. 5; Schmitt in Meyer-Goßner/Schmitt Rn. 7.

[43] Graalmann-Scheerer in Löwe/Rosenberg Rn. 16; Maul in KK-StPO Rn. 11; Weßlau/Weißer in SK-StPO Rn. 18; Ziegler in KMR-StPO Rn. 12; Hentschel DAR 1975, 265 (266); aA OLG Düsseldorf 16.2.1995 – 1 Ws 122–124/95, StV 1995, 538 (539).

§ 34a Eintritt der Rechtskraft bei Verwerfung eines Rechtsmittels durch Beschluss

Führt nach rechtzeitiger Einlegung eines Rechtsmittels ein Beschluß unmittelbar die Rechtskraft der angefochtenen Entscheidung herbei, so gilt die Rechtskraft als mit Ablauf des Tages der Beschlußfassung eingetreten.

Schrifttum: Pohlmann, Welche Bedeutung hat § 34a StPO für die Strafzeitberechnung?, Rpfleger 1979, 126.

I. Überblick

1 **1. Normzweck.** Wann eine Entscheidung **Rechtskraft** erlangt, ist in der Strafprozessordnung nicht allgemein geregelt. Allerdings ist generell anerkannt, dass unanfechtbare Entscheidungen mit ihrem Erlass rechtskräftig werden. Anfechtbare Entscheidungen, gegen die ein Rechtsmittel eingelegt werden kann, werden für den jeweiligen Anfechtungsberechtigten hingegen erst dann rechtskräftig, wenn die Rechtsmittelfrist abläuft, er auf Rechtsmittel verzichtet oder ein bereits eingelegtes Rechtsmittel wirksam zurücknimmt.[1]

2 Bei **Urteilen** richtet sich die Rechtskraft im Wesentlichen nach der Verkündung, dh gemäß § 268 Abs. 2 S. 1 nach der Verlesung der Urteilsformel und Eröffnung der Urteilsgründe. Der maßgebliche Zeitpunkt lässt sich hier demnach ohne Weiteres feststellen: Unanfechtbare Urteile werden mit dem Tag der Verkündung rechtskräftig, anfechtbare Urteile nach den soeben aufgezeigten Grundsätzen.[2]

3 Bei **Beschlüssen** kommt es dementsprechend ebenso darauf an, wann der Beschluss ergeht. Wird ein Beschluss nicht in einer Verhandlung verkündet, ist dieser Zeitpunkt jedoch umstritten (→ § 33 Rn. 19). § 34a will insoweit die Rechtsunsicherheit beseitigen. Es wird zwar nicht bestimmt, wann eine Entscheidung ergeht. Allerdings fingiert die Vorschrift, dass die Rechtskraft mit Ablauf des Tages der Beschlussfassung eintritt.[3]

4 Der Eintritt der Rechtskraft einer Entscheidung ist ua von **Bedeutung** gemäß § 449 für den Beginn der Vollstreckbarkeit von Strafurteilen, nach § 56a Abs. 2 S. 1 StGB für den Beginn der Bewährungszeit bzw. nach § 68c Abs. 4 S. 1 StGB für den Beginn der Führungsaufsicht sowie nach § 4 BZRG für die Eintragungsfähigkeit von Entscheidungen in das Bundeszentralregister. Des Weiteren wird § 34a zugeschrieben, bei der Strafzeitberechnung nach §§ 37 ff. StVollstrO beachtet werden zu müssen.[4] Von dem Eintritt der Rechtskraft hängt zudem ab, wann Fähigkeiten, Rechtsstellung und Rechte als Nebenfolge einer Verurteilung verloren gehen (§ 45a Abs. 1 StGB), ein angeordnetes Berufsverbot wirksam wird (§ 70 Abs. 4 S. 1 StGB), die Fahrerlaubnis gemäß § 69 Abs. 3 S. 1 StGB erlischt bzw. die Sperre für die Erteilung einer neuen Fahrerlaubnis nach § 69a Abs. 5 S. 1 StGB beginnt.

5 **2. Anwendungsbereich.** § 34a gilt nur für **gerichtliche Beschlüsse,** welche die angefochtene Entscheidung unmittelbar rechtskräftig werden lassen. Dies setzt zum einen voraus, dass der Beschluss selbst nicht mehr anfechtbar ist. Zum anderen darf die angefochtene Entscheidung nicht bereits zuvor rechtskräftig geworden sein; insbesondere darf die Rechtsmittelfrist nicht schon abgelaufen sein (→ Rn. 8).

6 Nicht anwendbar ist § 34a für Beschlüsse, die in der Hauptverhandlung ergehen und mit ihrer Verkündung wirksam werden (§ 33 Abs. 1). Des Weiteren findet die Norm keine Anwendung auf Beschlüsse in sonstigen mündlichen Verhandlungen, die in Gegenwart des

---

[1] Graalmann-Scheerer in Löwe/Rosenberg Rn. 1; Weßlau/Weißer in SK-StPO Rn. 1.

[2] Schmitt in Meyer-Goßner/Schmitt Rn. 3.

[3] BT-Drs. 8/976, 35; Graalmann-Scheerer in Löwe/Rosenberg Rn. 3; Maul in KK-StPO Rn. 1; Weßlau/Weißer in SK-StPO Rn. 1; Ziegler in KMR-StPO Rn. 1.

[4] Graalmann-Scheerer in Löwe/Rosenberg Rn. 4; Ziegler in KMR-StPO Rn. 3; s. hierzu Pohlmann Rpfleger 1979, 126 (126 ff.).

Betroffenen verkündet und ebenso schon zu diesem Zeitpunkt wirksam werden (§ 35 Abs. 1 S. 1).[5]

II. Erläuterung

Die Vorschrift des § 34a setzt einen Beschluss voraus, der die durch ein rechtzeitig eingelegtes Rechtsmittel **angefochtene Entscheidung unmittelbar rechtskräftig** werden lässt. Der Beschluss darf somit selbst nicht mehr angefochten werden können. Dies betrifft insbesondere die Verwerfung eines Rechtsmittels als unzulässig aus anderen Gründen als verspäteter Einlegung gemäß § 322 Abs. 2 für die Berufung sowie gemäß § 346 Abs. 2 und § 349 Abs. 1 für die Revision. Gleiches gilt für die Verwerfung der Revision als offensichtlich unbegründet gemäß § 349 Abs. 2.[6] Im Bußgeldverfahren ist § 34a anwendbar auf die Verwerfung der Rechtsbeschwerde gemäß § 79 Abs. 5 S. 1 OWiG sowie die Verwerfung des Antrags auf deren Zulassung gemäß § 80 Abs. 4 S. 1 OWiG.[7] 7

Das dem Beschluss vorausgegangene Rechtsmittel muss **rechtzeitig eingelegt** worden sein, da ansonsten die anzufechtende Entscheidung bereits mit Ablauf der Rechtsmittelfrist rechtskräftig wird. Die Verwerfung als unzulässig hat in diesen Fällen demzufolge lediglich feststellende Wirkung.[8] § 34a ist daher nicht auf Beschlüsse anwendbar, die ein Rechtsmittel wegen Verfristung als unzulässig verwerfen; dies gilt zB für die Beschlüsse des Ausgangsgerichts nach § 319 Abs. 1 für die Berufung sowie die Beschlüsse des Rechtsmittelgerichts nach § 319 Abs. 2 für die Berufung bzw. nach § 349 Abs. 1 für die Revision. 8

Unter den beiden vorstehenden Voraussetzungen gilt die Rechtskraft der angefochtenen Entscheidung mit Ablauf desjenigen Tages als eingetreten, an dem der betreffende **Beschluss ergangen** ist. Dies ist derjenige Tag, dessen Datum der Beschluss trägt.[9] Unerheblich ist, wann über die Beschlussfassung in einem Kollegialgericht beraten und abgestimmt wurde. Im Umlaufverfahren ergeht die Entscheidung erst mit der Unterschrift des letzten mitwirkenden Richters.[10] 9

§ 35 Bekanntmachung

(1) ¹Entscheidungen, die in Anwesenheit der davon betroffenen Person ergehen, werden ihr durch Verkündung bekanntgemacht. ²Auf Verlangen ist ihr eine Abschrift zu erteilen.

(2) ¹Andere Entscheidungen werden durch Zustellung bekanntgemacht. ²Wird durch die Bekanntmachung der Entscheidung keine Frist in Lauf gesetzt, so genügt formlose Mitteilung.

(3) Dem nicht auf freiem Fuß Befindlichen ist das zugestellte Schriftstück auf Verlangen vorzulesen.

Schrifttum: Amelung, Der strafprozessuale Eingriff in ein Grundrechtsgut als Staatsakt, FS Badura, 2004, 3; Heldmann, Ausländer und Strafjustiz, StV 1981, 251; Mayer, Verdeckte Maßnahmen: Muss es dem Beschuldigten umgehend bekannt gegeben werden, wenn der Ermittlungsrichter die Anordnung ablehnt?, Kriminalistik 2018, 739; Rieß/Hilger, Das neue Strafverfahrensrecht – Opferschutzgesetz und Strafverfahrensänderungsge-

---

5 Graalmann-Scheerer in Löwe/Rosenberg Rn. 7.

6 Graalmann-Scheerer in Löwe/Rosenberg Rn. 9; Rappert in Radtke/Hohmann Rn. 6; Weßlau/Weißer in SK-StPO Rn. 5.

7 Weßlau/Weißer in SK-StPO Rn. 5.

8 RG 1.7.1919 – IV 152/19, RGSt 53, 235 (236); Graalmann-Scheerer in Löwe/Rosenberg Rn. 8; Maul in KK-StPO Rn. 5; Rappert in Radtke/Hohmann Rn. 9; Schmitt in Meyer-Goßner/Schmitt Rn. 6.

9 BT-Drs. 8/976, 36; Maul in KK-StPO Rn. 7; Schmitt in Meyer-Goßner/Schmitt Rn. 7; Ziegler in KMR-StPO Rn. 8; vgl. OLG Frankfurt a. M. 25.5.1965 – 3 Ws 280/65, NJW 1965, 1724 (1725); einschränkend Claus in Satzger/Schluckebier/Widmaier StPO Rn. 5.

10 Maul in KK-StPO Rn. 7; Pollähne in Gercke/Julius/Temming/Zöller Rn. 5; Weßlau/Weißer in SK-StPO Rn. 6.

setz 1987, NStZ 1987, 145; Römer, Anspruch auf Urteilsübersetzung im Strafverfahren, NStZ 1981, 474; Sieg, Urteilsübersetzung für sprachunkundige Ausländer, MDR 1981, 281.

Übersicht

I. Überblick

1 **1. Normzweck.** § 35 regelt die Bekanntmachung von Entscheidungen im Strafverfahren. Erst die Bekanntmachung versetzt den Betroffenen in die Lage, die Entscheidung und ihre Gründe zu prüfen und ein weiteres Vorgehen abzuwägen. Wie schon §§ 33, 33a, 34 dient die Vorschrift somit dem Zweck, den **Anspruch auf rechtliches Gehör** zu gewährleisten.[1] Daher wird analog § 33 Abs. 4 ausnahmsweise von einer vorherigen Bekanntmachung abgesehen werden können, wenn dadurch – wie insbesondere bei heimlichen Ermittlungsmaßnahmen – der Zweck der Anordnung einer Maßnahme gefährdet werden würde.[2]

2 **2. Anwendungsbereich.** Aufgrund ihrer Stellung im entsprechend überschriebenen Abschnitt 4a des ersten Buches betrifft die Vorschrift nur **gerichtliche Entscheidungen.** Entscheidungen der Staatsanwaltschaft sind nicht erfasst;[3] s. hierzu etwa Nr. 91 Abs. 2 S. 2 RiStBV. § 35 regelt die Bekanntmachung gerichtlicher Entscheidungen im **Strafverfahren,** dh vom Ermittlungs- bis hin zum Vollstreckungsverfahren. Über § 46 Abs. 1 OWiG ist § 35 entsprechend im Ordnungswidrigkeitenverfahren anwendbar, soweit das Ordnungswidrigkeitengesetz nichts anderes bestimmt.

3 Der Begriff der **Entscheidungen** ist in § 35 weiter zu verstehen als in § 33 (→ § 33 Rn. 3 ff.) und erfasst auch prozessleitende Verfügungen,[4] zB die Ablehnung eines Beweisantrags,[5] eines Antrags auf Vertagung,[6] auf Entbindung von der Verpflichtung zum Erscheinen in der Hauptverhandlung nach § 233[7] oder auf Erteilung eines Verteidigersprechscheins.[8]

4 **Betroffen** sind alle Verfahrensbeteiligte wie auch Dritte, in deren Rechte oder Rechtsposition die jeweilige gerichtliche Entscheidung möglicherweise eingreift (→ § 33 Rn. 11 f.). Unerheblich ist, ob die jeweilige Person durch die Entscheidung einen Nachteil erfährt oder sogar begünstigt wird.[9] Ebenso ist die Staatsanwaltschaft stets von einer gerichtli-

[1] Graalmann-Scheerer in Löwe/Rosenberg Rn. 1; Maul in KK-StPO Rn. 1; Weßlau/Weißer in SK-StPO Rn. 1; Ziegler in KMR-StPO Rn. 1.

[2] Weßlau/Weißer in SK-StPO Rn. 1; Amelung FS Badura, 2004, 3 (14); ausf. hierzu, insbes. bei der Ablehnung einer Anordnung Mayer Kriminalistik 2018, 739 (740 f.).

[3] OLG Düsseldorf 18.3.1960 – 1 Ws 63/60, MDR 1960, 603 (603); Graalmann-Scheerer in Löwe/Rosenberg Rn. 19; Maul in KK-StPO Rn. 2; Ziegler in KMR-StPO Rn. 2; Nöldeke NStZ 1991, 52; Wagner NStZ 1991, 200 (201).

[4] OLG Hamm 7.9.1983 – 3 Ss OWi 947/83, VRS 66, 44 (45); Graalmann-Scheerer in Löwe/Rosenberg Rn. 3; Larcher in BeckOK StPO Rn. 1; Maul in KK-StPO Rn. 2; Schmitt in Meyer-Goßner/Schmitt Rn. 1; Weßlau/Weißer in SK-StPO Rn. 3; Ziegler in KMR-StPO Rn. 2.

[5] S. hierzu BGH 11.6.1963 – 1 StR 501/62, BGHSt 19, 24 (26) = NJW 1963, 1788 (1788).

[6] RG 6.4.1880 – 631/80, RGSt 1, 345 (346); 13.5.1892 – 1427–1429/92, RGSt 23, 136 (137).

[7] RG 28.1.1887 – 53/87, RGSt 15, 202 (203); 11.7.1910 – I 360/10, RGSt 44, 47 (48).

[8] LG München I 7.3.2000 – 8 Qs 8/00, StV 2000, 517 (517 f.).

[9] OLG Braunschweig 15.12.1952 – Ws 192/52, JZ 1953, 640 (641); Graalmann-Scheerer in Löwe/Rosenberg Rn. 4; Maul in KK-StPO Rn. 3; Schmitt in Meyer-Goßner/Schmitt Rn. 2; Weßlau/Weißer in SK-StPO Rn. 4; Ziegler in KMR-StPO Rn. 3.

chen Entscheidung betroffen, da sie Rechtsmittel auch zugunsten des Beschuldigten einlegen kann;[10] etwas anderes gilt nur für Privatklageverfahren, solange die Staatsanwaltschaft die Verfolgung nicht übernimmt.[11]

Die Anforderungen an die Bekanntmachung der Entscheidung unterscheiden sich danach, ob sie in **An- oder Abwesenheit** der betroffenen Person erfolgt. Abs. 1 bestimmt zunächst die Voraussetzungen bei Entscheidungen, die in Anwesenheit bekanntgemacht werden (→ Rn. 8 ff.). Hingegen regelt Abs. 2 die Bekanntmachung anderer Entscheidungen (→ Rn. 24 ff.); Abs. 3 gewährt insoweit nicht auf freiem Fuß befindlichen Betroffenen das Recht, sich das zugestellte Schriftstück vorlesen zu lassen (→ Rn. 29 ff.). 5

Sondervorschriften über die Bekanntmachung finden sich in § 114a (Aushändigung des Haftbefehls bei Verhaftung), § 201 Abs. 1 (Mitteilung der Anklageschrift), § 268 (Verkündung von Urteilen; → Rn. 9) sowie in § 316 Abs. 2 bzw. § 343 Abs. 2 zur Zustellung von Urteilen nach Einlegung von Berufung bzw. Revision. Im Jugendgerichtsverfahren enthalten § 54 Abs. 2 JGG (Mitteilung der Urteilsgründe gegenüber dem Angeklagten; → Rn. 9) und § 67a Abs. 1 JGG (Mitteilungen an den Erziehungsberechtigten und die gesetzlichen Vertreter) besondere Regelungen. 6

3. Internationalrechtliche Grundlagen und Einflüsse. Um ihre Rechte – vor allem gegen anfechtbare Entscheidungen – wahrzunehmen, muss die betroffene Person das Verfahren nachverfolgen und nachvollziehen können. **Art. 6 Abs. 3 lit. e EMRK** gewährt daher Angeklagten, dh sowohl Beschuldigten im Strafverfahren als auch Betroffenen im Ordnungswidrigkeitenverfahren,[12] welche die Verhandlungssprache des Gerichts nicht verstehen oder sprechen, ausdrücklich das Recht auf unentgeltliche Unterstützung durch einen Dolmetscher. Es sind demnach dem nicht der deutschen Sprache mächtigen Beschuldigten sämtliche für seine Verteidigung wesentlichen mündlichen wie schriftlichen Vorgänge einschließlich gerichtlicher Entscheidungen zu übersetzen (→ Rn. 12, → Rn. 16 und → Rn. 23 sowie § 187 GVG).[13] Ein Anspruch auf eine komplette Übersetzung der Verfahrensakte besteht zwar nicht.[14] Die betroffene Person soll aber über die ihr gegenüber erhobenen Vorwürfe informiert sowie in die Lage versetzt werden, sich effektiv zu verteidigen.[15] 7

II. Erläuterung

1. Bekanntmachung in Anwesenheit der Betroffenen (Abs. 1). a) Verkündung (Abs. 1 S. 1). Abs. 1 S. 1 betrifft **Entscheidungen,** die **in Anwesenheit** der betroffenen Person ergehen. Dies betrifft nicht nur Entscheidungen in der Hauptverhandlung, sondern auch Maßnahmen im Ermittlungsverfahren oder des beauftragten oder ersuchten Richters, zB eine kommissarische Vernehmung gemäß § 223 oder die Einnahme eines Augenscheins.[16] 8

Eine gerichtliche Entscheidung, die in Anwesenheit der betroffenen Person ergeht, ist durch **Verkündung** bekanntzumachen. Für **Urteile** enthält § 268 eine vorrangige Sonderregelung, nach dessen Abs. 2 die Urteilsformel zwingend zu verlesen ist, während für die anschließende Eröffnung der Urteilsgründe die mündliche Mitteilung des wesentlichen Inhalts genügt. 9

---

[10] Graalmann-Scheerer in Löwe/Rosenberg Rn. 4; Maul in KK-StPO Rn. 3; Ziegler in KMR-StPO Rn. 3.

[11] Larcher in BeckOK StPO Rn. 2; Schmitt in Meyer-Goßner/Schmitt Rn. 2.

[12] Zur konventionsautonomen Auslegung des Begriffs EGMR 25.8.1987 – 8/1986/106/154, EuGRZ 1987, 399 (402) – Lutz ./. Deutschland; Meyer-Ladewig/Harrendorf/König in HK-EMRK EMRK Art. 6 Rn. 246; Schmitt in Meyer-Goßner/Schmitt EMRK Art. 6 Rn. 1.

[13] BGH 26.10.2000 – 3 StR 6/00, BGHSt 46, 178 (184) = NJW 2001, 309 (311); Lohse/Jakobs in KK-StPO EMRK Art. 6 Rn. 115; aA Maul in KK-StPO Rn. 22. Ausf. zum Anspruch auf schriftliche Übersetzung eines Strafurteils BGH 18.2.2020 – 3 StR 430/19, BGHSt 64, 283 (285 ff.) = NJW 2020, 2041 (2042 ff.) mzustAnm Kulhanek.

[14] Schmitt in Meyer-Goßner/Schmitt EMRK Art. 6 Rn. 26.

[15] Lohse/Jakobs in KK-StPO EMRK Art. 6 Rn. 115; Meyer-Ladewig/Harrendorf/König in HK-EMRK Art. 6 Rn. 248.

[16] Graalmann-Scheerer in Löwe/Rosenberg Rn. 6; Maul in KK-StPO Rn. 4; Schmitt in Meyer-Goßner/Schmitt Rn. 5; Weßlau/Weißer in SK-StPO Rn. 5.

Im Jugendstrafverfahren ist von der Mitteilung der Urteilsgründe allerdings Abstand zu nehmen, soweit Nachteile für die Erziehung des Angeklagten zu befürchten sind (§ 54 Abs. 2 JGG).

10 Bei **sonstigen Entscheidungen** wie vornehmlich Beschlüssen ist eine wortwörtliche Verlesung der bereits ausformulierten Endfassung nicht erforderlich. Es reicht aus, den wesentlichen Inhalt der Entscheidung einschließlich ihrer Gründe mitzuteilen.[17]

11 Bei Kollegialgerichten obliegt die Verkündung dem **Vorsitzenden Richter** im Rahmen seiner Verhandlungsleitung. Aus besonderem Grund ist eine Übertragung auf andere Richter des erkennenden Gerichts zulässig, nicht hingegen auf Referendare oder nichtrichterliche Beamte wie den Urkundsbeamten der Geschäftsstelle.[18]

12 Die Verkündung muss auch dann erfolgen, wenn der Betroffene nicht der deutschen Sprache mächtig (§ 185 GVG) oder hör- oder sprachbehindert ist (§ 186 GVG). Es muss jedoch ein **Dolmetscher** hinzugezogen werden, der die Entscheidungsformel und -gründe noch während der Verkündung oder in unmittelbarem Anschluss in eine dem Betroffenen verständliche Sprache übersetzt.[19] Erst mit dieser Übersetzung ist die Verkündung abgeschlossen.[20]

13 Entscheidungen in der Hauptverhandlung sind gemäß § 273 Abs. 1 S. 1 in deren **Protokoll** zu beurkunden. Ergeht die gerichtliche Entscheidung in einer anderen Verhandlung, ist deren Verkündung in den Akten zu vermerken.[21]

14 Wird eine gerichtliche Entscheidung **nicht** (wirksam) nach Abs. 1 **verkündet,** liegt ein Verfahrensfehler vor. Bei **Beschlüssen** tritt allerdings durch Zustellung eine **Heilung** der mangelhaften Verkündung ein.[22] Bei **Urteilen** hingegen kann der Mangel einer unzureichenden oder nicht protokollierten und somit gemäß § 274 nicht nachweisbaren Verkündung nicht geheilt werden. Die Verkündung muss innerhalb der zeitlichen Grenzen des § 229 nachgeholt werden, um die Hauptverhandlung abzuschließen; ansonsten ist die Hauptverhandlung neu anzusetzen.[23]

15 **b) Anspruch auf Erteilung einer Abschrift (Abs. 1 S. 2).** Gemäß Abs. 1 S. 2 ist der betroffenen Person auf Verlangen eine **Abschrift** der in ihrer Anwesenheit verkündeten Entscheidung zu erteilen. Dieser Anspruch dient der Information des Betroffenen, um ihm eine Entscheidungsgrundlage für sein weiteres prozessuales Vorgehen zu gewähren.

16 Wer nicht der deutschen Sprache mächtig ist, hat nach hM grds. keinen Anspruch auf eine schriftliche **Übersetzung** der Entscheidung in eine ihm verständliche Sprache, wenn die Entscheidung in seiner Anwesenheit verkündet wurde und er durch einen sprachkundigen Verteidiger vertreten war.[24] Etwas anderes gilt, wenn der Betroffene für seine weitere Verteidigung eine Übersetzung benötigt.[25] Diese in der Rechtspraxis entwickelten Grundsätze wurden durch das am 6.7.2013 in Kraft getretene Gesetz zur Stärkung der Verfahrensrechte von

---

17 RG 26.7.1910 – II 605/10, RGSt 44, 53 (54); Maul in KK-StPO Rn. 6; Pollähne in Gercke/Julius/Temming/Zöller Rn. 4; Rappert in Radtke/Hohmann Rn. 7; Weßlau/Weißer in SK-StPO Rn. 6; Ziegler in KMR-StPO Rn. 4.

18 OLG Oldenburg 2.9.1952 – Ss 183/52, NJW 1952, 1310; Graalmann-Scheerer in Löwe/Rosenberg Rn. 7; Rappert in Radtke/Hohmann Rn. 5; Weßlau/Weißer in SK-StPO Rn. 7.

19 BGH 16.10.1962 – 5 StR 405/62, GA 1963, 148 (149); LG Limburg 11.5.1998 – 5 Qs 80/98, StV 1999, 104 (105); Graalmann-Scheerer in Löwe/Rosenberg Rn. 7.

20 BGH 22.2.1996 – 1 StR 23/96, NStZ-RR 1996, 337; Graalmann-Scheerer in Löwe/Rosenberg Rn. 7.

21 Larcher in BeckOK StPO Rn. 5; Schmitt in Meyer-Goßner/Schmitt Rn. 5.

22 Graalmann-Scheerer in Löwe/Rosenberg Rn. 8; Schmitt in Meyer-Goßner/Schmitt Rn. 5; Weßlau/Weißer in SK-StPO Rn. 25; Ziegler in KMR-StPO Rn. 4.

23 Graalmann-Scheerer in Löwe/Rosenberg Rn. 8; Weßlau/Weißer in SK-StPO Rn. 25.

24 BVerfG 17.5.1983 – 2 BvR 731/80, BVerfGE 64, 135 (151) = NJW 1983, 2762 (2764); 3.6.2005 – 2 BvR 760/05, NStZ-RR 2005, 273; OLG Frankfurt a. M. 16.10.1979 – 3 Ws 830/79, NJW 1980, 1238 (1238 f.); OLG Hamburg 18.4.1978 – 1 Ws 145/78, NJW 1978, 2462; Schmitt in Meyer-Goßner/Schmitt EMRK Art. 6 Rn. 27; Ziegler in KMR-StPO Rn. 21; aA Heldmann StV 1981, 251 (253); Sieg MDR 1981, 281 (282).

25 EGMR 19.12.1989 – 9/1988/153/207, ÖJZ 1990, 412 (415 f.) – Kamasinski ./. Österreich; OLG Stuttgart 4.3.1981 – 1 Ws 36/81, NStZ 1981, 225 (226); Schmitt in Meyer-Goßner/Schmitt EMRK Art. 6 Rn. 27; Ziegler in KMR-StPO Rn. 21; Römer NStZ 1981, 474 (475 f.).

Beschuldigten im Strafverfahren vom 2.7.2013[26] (→ § 37 Rn. 5) in § 187 Abs. 2 GVG aufgegriffen.[27]

17 Der Betroffene kann lediglich die Abschrift der **gerichtlichen Entscheidung,** nicht hingegen anderer Aktenteile (zB des Protokolls oder von Sachverständigengutachten) verlangen.[28] Zudem hat er nur Anspruch auf **eine** Abschrift. Gleichwohl wird bei begründetem Interesse einem Verlangen nach Erteilung weiterer Abschriften zu entsprechen sein.[29]

18 Ansonsten muss der Betroffene sein **Verlangen** nicht begründen und kann auch nur aus privaten Interessen eine Abschrift der Entscheidung fordern. Es bedarf folglich keines Zusammenhangs mit einem strafverfahrensrechtlichen Zweck.[30] Ebenso ist es unzulässig, die Erteilung einer Abschrift wegen Personal- oder Sachkosten abzulehnen.[31]

19 **Beschränkt** werden kann der Anspruch auf Erteilung der Abschrift nur aus Gründen der **öffentlichen Geheimhaltung,** insbesondere bei Staatsgeheimnissen iSd § 93 StGB (s. hierzu Nr. 213 RiStBV); schutzwürdige Geheimnisse sind lediglich tatsächliche Umstände, nicht hingegen rechtliche Ausführungen.[32] Abzuwägen sind die Notwendigkeit des Geheimschutzes einerseits und die Wahrung der Belange des Strafverfahrens, vornehmlich der dem Beschuldigten und seinem Verteidiger gewährten Rechtsstellung andererseits.[33] Infolge dieser Abwägung kann es etwa zulässig sein, einzelne Teile der Entscheidung in der Abschrift zu streichen. Dies schließt nicht aus, dem Betroffenen auf der Geschäftsstelle Einsicht in die ungekürzte Entscheidung zu gewähren.[34] Dem Verteidiger ist grds. die vollständige Abschrift zu übermitteln, sofern die Vertraulichkeit hinreichend gewährleistet ist, zB durch das Berichtsverbot gemäß § 174 Abs. 3 GVG oder durch Auflagen über die Verwahrung, Fertigung von Ablichtungen, Rückgabe der Abschrift sowie über deren Zugänglichmachen an andere.[35]

20 Wegen des Zwecks der Abschrift, dem Betroffenen eine klare Grundlage für seine Entscheidung über sein weiteres prozessuales Vorgehen zu gewähren (→ Rn. 1), muss die Abschrift grds. **unverzüglich** erteilt werden.[36] Dies gilt auch bereits während der Hauptverhandlung. Es kann demzufolge nicht darauf verwiesen werden, dass dadurch deren Fortgang gehemmt würde und daher die Fertigstellung der Sitzungsniederschrift abzuwarten sei.[37] Beispiele aus der Rechtsprechung betreffen Beschlüsse, die einen Beweisantrag mit längerer Begründung ablehnen[38] oder Ordnungsmittel gemäß § 178 GVG verhängen.[39]

---

26 BGBl. I 1938.

27 BT-Drs. 17/12578, 7 und 11.

28 BGH 27.10.1972 – 2 StR 105/70, Dallinger MDR 1973, 369 (371) – RsprÜ; Graalmann-Scheerer in Löwe/Rosenberg Rn. 10; Maul in KK-StPO Rn. 8; Schmitt in Meyer-Goßner/Schmitt Rn. 6; Ziegler in KMR-StPO Rn. 7.

29 Graalmann-Scheerer in Löwe/Rosenberg Rn. 10; Maul in KK-StPO Rn. 8; Pollähne in Gercke/Julius/Temming/Zöller Rn. 5; Weßlau/Weißer in SK-StPO Rn. 10; aA wohl Ziegler in KMR-StPO Rn. 7.

30 Graalmann-Scheerer in Löwe/Rosenberg Rn. 9; Maul in KK-StPO Rn. 8; Pollähne in Gercke/Julius/Temming/Zöller Rn. 5; Weßlau/Weißer in SK-StPO Rn. 10; aA KG 22.12.1958 – 2 Ws 111/58, JR 1960, 352 (352 f.); Larcher in BeckOK StPO Rn. 10; Rappert in Radtke/Hohmann Rn. 12; Schmitt in Meyer-Goßner/Schmitt Rn. 7; Ziegler in KMR-StPO Rn. 6.

31 Graalmann-Scheerer in Löwe/Rosenberg Rn. 9.

32 Schmitt in Meyer-Goßner/Schmitt Rn. 8.

33 BGH 29.5.1963 – StB 5/63 – 6 BJs 497/62, BGHSt 18, 369 (371 f.) = NJW 1963, 1462 (1462); Graalmann-Scheerer in Löwe/Rosenberg Rn. 11; Maul in KK-StPO Rn. 12; Rappert in Radtke/Hohmann Rn. 13; aA Weßlau/Weißer in SK-StPO Rn. 14: keine Einschränkung des Anspruchs aus Gründen des Geheimschutzes.

34 Graalmann-Scheerer in Löwe/Rosenberg Rn. 11; Schmitt in Meyer-Goßner/Schmitt Rn. 8.

35 BGH 29.5.1963 – StB 5/63 – 6 BJs 497/62, BGHSt 18, 369 (373) = NJW 1963, 1462 (1463); Graalmann-Scheerer in Löwe/Rosenberg Rn. 11; Maul in KK-StPO Rn. 12; Schmitt in Meyer-Goßner/Schmitt Rn. 8.

36 Graalmann-Scheerer in Löwe/Rosenberg Rn. 12; Larcher in BeckOK StPO Rn. 10; Maul in KK-StPO Rn. 9; Pollähne in Gercke/Julius/Temming/Zöller Rn. 7; Weßlau/Weißer in SK-StPO Rn. 13.

37 So aber RG 26.7.1910 – II 605/10, RGSt 44, 53 (54); einschränkend Schmitt in Meyer-Goßner/Schmitt Rn. 6; Rappert in Radtke/Hohmann Rn. 11, sofern der Betroffene ein besonderes Interesse an einer früheren Erteilung der Abschrift hat; vgl. auch Ziegler in KMR-StPO Rn. 8.

38 BGH 10.10.2007 – 1 StR 455/07, NStZ 2008, 110; s. a. Graalmann-Scheerer in Löwe/Rosenberg Rn. 12.

39 OLG Karlsruhe 24.3.1977 – 3 Ws 54/77, Justiz 1977, 385 (385 f.); Maul in KK-StPO Rn. 9.

21 **Vor Rechtskraft** der Entscheidung entscheidet der Vorsitzende des erkennenden Gerichts über die Erteilung einer Abschrift.[40] Allerdings besteht der diesbezügliche Anspruch, solange sich die Akten im Gewahrsam der Justiz befinden. Möglich ist insbesondere, den Anspruch erst nach Rechtskraft der Entscheidung geltend zu machen.[41] **Nach Rechtskraft** ist jedoch die Staatsanwaltschaft als aktenverwahrende Justizstelle zuständig. Gemäß § 31 Abs. 2 S. 1 RPflG entscheidet im Vollstreckungsverfahren der Rechtspfleger.[42] Die zuständige Stelle hat die Erteilung der Abschrift anzuordnen und in den Akten schriftlich festzuhalten. Erteilt wird die Abschrift sodann durch die jeweilige Geschäftsstelle.[43]

22 Frei von der Dokumentenpauschale sind nach der amtlichen Anmerkung (2) zu Nr. 9000 KVGKG für den Beschuldigten und seinen bevollmächtigten Vertreter jeweils eine (einzige) vollständige Ausfertigung oder Ablichtung jeder gerichtlichen Entscheidung, der Entscheidung ohne Tatbestand und Entscheidungsgründe sowie jeder Sitzungsniederschrift. Ansonsten werden vom Antragsteller für die Erteilung von Abschriften gerichtlicher Entscheidungen **Auslagen** nach Nr. 9000 KVGKG erhoben. Ein gemäß § 17 Abs. 2 GKG möglicher Vorschuss kann im Straf- und im Ordnungswidrigkeitenverfahren vom Beschuldigten und seinem Verteidiger nicht verlangt werden (§ 17 Abs. 4 S. 2 GKG).

23 Art. 6 Abs. 3 lit. e EMRK gewährt dem Beschuldigten, welcher der Verhandlungssprache nicht mächtig ist, die unentgeltliche Unterstützung durch einen Dolmetscher. Hat der Betroffene einen Anspruch auf Abschrift der Entscheidung in einer ihm verständlichen Sprache (→ Rn. 16), dürfen ihm für die **Übersetzung** als solche somit keine Kosten berechnet werden.[44] Es bedarf auch keiner vorherigen gerichtlichen Bewilligung der Unentgeltlichkeit.[45]

24 **2. Bekanntmachung in Abwesenheit der Betroffenen (Abs. 2 und Abs. 3). a) Zustellung (Abs. 2 S. 1). „Andere Entscheidungen"**, dh solche, die nicht in Anwesenheit der betroffenen Person ergehen, werden nach Abs. 2 S. 1 durch **Zustellung** bekanntgemacht. Auch dies dient wiederum der Gewährleistung des Anspruchs auf rechtliches Gehör, indem der Adressat die gerichtliche Entscheidung zur Kenntnis nehmen und die Erfolgsaussichten weiterer Verfahrensmöglichkeiten prüfen kann. Zugleich dient die Zustellungsurkunde dem anordnenden Gericht als Nachweis, dass der Empfänger das zugestellte Schriftstück zur Kenntnis nehmen konnte.[46] Das Zustellungsverfahren bestimmt sich nach den §§ 37 ff.

25 Die Zustellung ist vor allem dann erforderlich, wenn die Bekanntmachung der Entscheidung eine Frist in Lauf setzt.[47] Insbesondere sind Beschlüsse zuzustellen, die mit der sofortigen Beschwerde angefochten werden können.[48] Allerdings kann eine Zustellung auch

---

[40] Graalmann-Scheerer in Löwe/Rosenberg Rn. 14; Maul in KK-StPO Rn. 11; Ziegler in KMR-StPO Rn. 10.

[41] Graalmann-Scheerer in Löwe/Rosenberg Rn. 13; Maul in KK-StPO Rn. 10; Weßlau/Weißer in SK-StPO Rn. 11; Ziegler in KMR-StPO Rn. 9.

[42] KG 22.12.1958 – 2 Ws 111/58, JR 1960, 352 (352); Graalmann-Scheerer in Löwe/Rosenberg Rn. 14; Weßlau/Weißer in SK-StPO Rn. 12.

[43] Graalmann-Scheerer in Löwe/Rosenberg Rn. 15; Ziegler in KMR-StPO Rn. 10.

[44] Römer NStZ 1981, 474 (476); vgl. auch EGMR 23.10.1978 – o. A., NJW 1979, 1091 (1092); 21.2.1984 – 9/1982/55/84, NStZ 1984, 269 (270) – Öztürk ./. Deutschland; BGH 26.10.2000 – 3 StR 6/00, BGHSt 46, 178 (184) = NJW 2001, 309 (311); aA BVerfG 17.5.1983 – 2 BvR 731/80, BVerfGE 64, 135 (151) = NJW 1983, 2762 (2764); Graalmann-Scheerer in Löwe/Rosenberg Rn. 16.

[45] Vgl. BVerfG 27.8.2003 – 2 BvR 2032/01, NJW 2004, 50 (51); OLG Brandenburg 27.7.2005 – 1 Ws 83/05, StV 2006, 28 (29).

[46] Graalmann-Scheerer in Löwe/Rosenberg Rn. 18; Larcher in BeckOK StPO Rn. 12; Weßlau/Weißer in SK-StPO Rn. 16; vgl. auch BGH 21.12.1976 – 4 StR 194/76, BGHSt 27, 85 (88) = NJW 1977, 723; 24.11.1977 – III ZR 1/76, NJW 1978, 1858 (1858).

[47] S. LG Bochum 7.3.2012 – 7 Qs 3/12, StV 2012, 526 zur Anhörung des Beschuldigten gemäß § 142 Abs. 1.

[48] Graalmann-Scheerer in Löwe/Rosenberg Rn. 18; Maul in KK-StPO Rn. 16 jeweils mwBsp.

dann geboten sein, wenn eine formlose Mitteilung nach Abs. 2 S. 2 genügt. Dies gilt etwa für die Ladung zur Hauptverhandlung; gegenüber dem Angeklagten und dem Verteidiger wird dadurch die Einhaltung der Ladungsfrist des § 217 nachgewiesen, gegenüber den anderen Beteiligten wird die ordnungsgemäße Ladung dokumentiert, so dass bei deren Ausbleiben Ordnungsmittel verhängt werden können.[49] Ebenso ist der Beschluss zuzustellen, durch den der Angeklagte gemäß § 233 Abs. 1 von seiner Verpflichtung entbunden wird, in der Hauptverhandlung zu erscheinen.[50]

b) Formlose Mitteilung (Abs. 2 S. 2). Setzt die Bekanntmachung der Entscheidung 26
keine Frist in Lauf, kann die Zustellung gemäß Abs. 2 S. 2 durch **formlose Mitteilung** ergehen. Es genügt deshalb, eine Abschrift (→ § 37 Rn. 8) der Entscheidung durch einfachen Brief zuzusenden. Jedoch bedarf es einer schriftlichen Mitteilung; die bloß mündliche Eröffnung der Entscheidung durch den Urkundsbeamten reicht nicht aus.[51] Eine Ausnahme stellt die (nachträgliche) Verkündung einer bereits ergangenen Entscheidung, die weder verkündet noch zugestellt werden musste, in der Hauptverhandlung dar. In diesem Fall ist die formlose Mitteilung auch in der Form der Verkündung zulässig.[52]

Abs. 2 S. 2 gilt für sämtliche **Entscheidungen,** deren Bekanntmachung keine Frist in 27
Lauf setzt. Nach der Streichung des früheren § 35 Abs. 2 S. 2 Hs. 2 („dies gilt nicht für die Mitteilung von Urteilen“) durch das Strafverfahrensänderungsgesetz 1987 (StVÄG 1987) vom 27.1.1987[53] sind auch alle unanfechtbaren, vor allem letztinstanzliche **Urteile** erfasst. Eine Zustellung bietet sich gleichwohl an, wenn der Zeitpunkt der Entscheidung aus anderen Gründen von Bedeutung ist, etwa für sanktionsbewehrte Pflichten (zB nach § 145a, § 145c StGB oder § 21 Abs. 1 Nr. 1 StVG).[54]

Zu berücksichtigen sind nur strafprozessuale **Fristen.** Fristen für die Einlegung der 28
Verfassungsbeschwerde zum BVerfG nach § 93 BVerfGG oder der Individualbeschwerde zum EGMR gemäß Art. 35 Abs. 1 EMRK werden von Abs. 2 S. 2 nicht erfasst.[55]

c) Anspruch auf Vorlesen (Abs. 3). Gemäß Abs. 3 ist der von einer Entscheidung 29
betroffenen Person, die sich nicht auf freiem Fuß befindet, das zugestellte Schriftstück auf Verlangen vorzulesen. **Nicht auf freiem Fuß befindlich** ist jede Person, der die persönliche Freiheit auf gerichtliche oder behördliche Anordnung entzogen und die dadurch in der Wahl ihres Aufenthaltsortes beschränkt ist; darunter ist somit Freiheitsentziehung im weitesten Sinne zu verstehen.[56]

Die Beschränkung des Abs. 3 auf zugestellte Schriftstücke dürfte ein Redaktionsverse- 30
hen sein, da Abs. 2 S. 2 erst später eingefügt worden ist. Der Anspruch des Empfängers erstreckt sich somit entsprechend Abs. 3 auch auf gerichtliche Entscheidungen, die ihm formlos mitgeteilt werden.[57] Der Wortlaut der Regelung verdeutlicht aber jedenfalls, dass

---

[49] Graalmann-Scheerer in Löwe/Rosenberg Rn. 18; Ziegler in KMR-StPO Rn. 15.

[50] RG 28.1.1887 – 53/87, RGSt 15, 202 (203); BayObLG 20.11.1969 – RReg. 4 b St 84/69, NJW 1970, 1055 (1056); Graalmann-Scheerer in Löwe/Rosenberg Rn. 18; Maul in KK-StPO Rn. 17; Ziegler in KMR-StPO Rn. 15.

[51] Graalmann-Scheerer in Löwe/Rosenberg Rn. 23; Rappert in Radtke/Hohmann Rn. 18; Schmitt in Meyer-Goßner/Schmitt Rn. 12; Weßlau/Weißer in SK-StPO Rn. 19; aA Ziegler in KMR-StPO Rn. 16.

[52] BGH 3.3.1961 – 4 StR 548/60, BGHSt 15, 384 (385) = NJW 1961, 1077 (1077); Graalmann-Scheerer in Löwe/Rosenberg Rn. 23; Ziegler in KMR-StPO Rn. 16; Maul in KK-StPO Rn. 18; Schmitt in Meyer-Goßner/Schmitt Rn. 12.

[53] BGBl. I 475.

[54] BT-Drs. 10/1313, 18; Graalmann-Scheerer in Löwe/Rosenberg Rn. 21; Weßlau/Weißer in SK-StPO Rn. 17; Rieß/Hilger NStZ 1987, 145 (153).

[55] BT-Drs. 10/1313, 18; Graalmann-Scheerer in Löwe/Rosenberg Rn. 22; Schmitt in Meyer-Goßner/Schmitt Rn. 12.

[56] BGH 24.6.1953 – GSSt 1/53, BGHSt 4, 308 (309) = NJW 1953, 1561 (1561); 30.6.1959 – 2 ARs 158/58, BGHSt 13, 209 (212) = NJW 1959, 1834 (1835); Graalmann-Scheerer in Löwe/Rosenberg Rn. 24; Schmitt in Meyer-Goßner/Schmitt Rn. 13; Weßlau/Weißer in SK-StPO Rn. 21; Ziegler in KMR-StPO Rn. 17.

[57] Graalmann-Scheerer in Löwe/Rosenberg Rn. 26; Weßlau/Weißer in SK-StPO Rn. 22; krit. Ziegler in KMR-StPO Rn. 18; aA Claus in Satzger/Schluckebier/Widmaier StPO Rn. 13.

es sich hierbei nur um eine **ergänzende Bestimmung** zur Bekanntmachung nach **Abs. 2** handelt. Der Anspruch auf Vorlesung setzt demnach die vorherige Zustellung voraus und vermag diese nicht zu ersetzen. Umgekehrt bleibt die Zustellung wirksam, auch wenn dem Verlangen auf Vorlesen nicht stattgegeben wird.[58] In Betracht kommt dann aber eine Wiedereinsetzung in den vorigen Stand.[59]

31 Die **Bedeutung** des Abs. 3 in der Praxis ist gering, zumal der nicht auf freiem Fuß Befindliche über seinen Anspruch nicht belehrt werden muss. Ist es etwa bei einem sehbehinderten oder des Lesens nicht mächtigen Empfänger erforderlich, die bekanntgemachte Entscheidung vorzulesen, wird dies zudem ohnehin durch die Leitung der jeweiligen Anstalt von Amts wegen erfolgen müssen.[60] Die Vorlesung erfolgt durch den Zustellungsbeamten oder einen Anstaltsbeamten, ggf. auch durch einen Urkundsbeamten der Geschäftsstelle des Amtsgerichts, in dessen Bezirk die Anstalt liegt. Im Zweifelsfall bestimmt das Gericht, dessen Entscheidung zugestellt wird; es kann ebenso einen Urkundsbeamten der eigenen Geschäftsstelle mit der Vorlesung beauftragen.[61]

§ 35a Rechtsmittelbelehrung

[1]Bei der Bekanntmachung einer Entscheidung, die durch ein befristetes Rechtsmittel angefochten werden kann, ist der Betroffene über die Möglichkeiten der Anfechtung und die dafür vorgeschriebenen Fristen und Formen zu belehren. [2]Bei der Bekanntmachung eines Urteils ist der Angeklagte auch über die Rechtsfolgen des § 40 Absatz 3 und des § 350 Absatz 2 sowie, wenn gegen das Urteil Berufung zulässig ist, über die Rechtsfolgen der §§ 329 und 330 zu belehren. [3]Ist einem Urteil eine Verständigung (§ 257c) vorausgegangen, ist der Betroffene auch darüber zu belehren, dass er in jedem Fall frei in seiner Entscheidung ist, ein Rechtsmittel einzulegen.

Schrifttum: Altenhain/Haimerl, Die gesetzliche Regelung der Verständigung im Strafverfahren – eine verweigerte Reform, JZ 2010, 327; Geuenich/Höwer, Die neue gesetzliche Normierung strafrechtlicher Verständigungen – Berührungspunkte und Parallelen zu steuerlichen Absprachen, DStR 2009, 2320; Heldmann, Ausländer und Strafjustiz, StV 1981, 251; Nöldeke, Plädoyer für eine ausführliche Rechtsbehelfsbelehrung im Falle der Verwerfung einer verspäteten oder nicht formgerechten Revision nach §§ 346 I, 349 I StPO, NStZ 1991, 70; Schrader, Wiedereinsetzung und Rechtsmittelbelehrung (§§ 35a, 45 StPO), NStZ 1987, 447; Warda, Um die Rechtsmittelbelehrung im Strafprozeß, MDR 1957, 717.

Übersicht

58 BGH 18.9.2018 – 3 StR 92/18, NStZ-RR 2019, 24 (25); Maul in KK-StPO Rn. 20; Schmitt in Meyer-Goßner/Schmitt Rn. 13; Weßlau/Weißer in SK-StPO Rn. 21.

59 BGH 18.9.2018 – 3 StR 92/18, NStZ-RR 2019, 24 (25); Maul in KK-StPO Rn. 20.

60 Graalmann-Scheerer in Löwe/Rosenberg Rn. 27; Maul in KK-StPO Rn. 20; Weßlau/Weißer in SK-StPO Rn. 22. Nach Graalmann-Scheerer in Löwe/Rosenberg Vor § 33 Rn. 10 ist die Regelung in ihrer derzeitigen Fassung „entbehrlich".

61 Graalmann-Scheerer in Löwe/Rosenberg Rn. 25.

I. Überblick

1. Normzweck. Die Belehrung über Rechtsmittel soll den Adressaten über verfahrensrechtliche Möglichkeiten informieren, um ihn vor nachteiligen Folgen seiner Rechtsunkenntnis zu bewahren und ihm einen **effektiven Rechtsschutz** zu gewährleisten.[1] 1

2. Anwendungsbereich. Die Belehrungspflicht über zulässige Rechtsmittel gemäß § 35a betrifft lediglich **gerichtliche Entscheidungen,** die durch ein befristetes Rechtsmittel angefochten werden können. S. 1 bestimmt die Voraussetzungen und den grundsätzlichen Inhalt der Belehrung, S. 2 und S. 3 normieren besondere Anforderungen für Urteile im Allgemeinen sowie für mit der Berufung anfechtbare Urteile bzw. Urteile mit vorheriger Verständigung gemäß § 257c. 2

3. Entstehungsgeschichte der Norm. § 35a wurde in die Strafprozessordnung durch Art. 4 Nr. 5 des **Dritten Strafrechtsänderungsgesetzes** (3. StrÄndG) vom 4.8.1953[2] aufgenommen und trat zum 1.10.1953 in Kraft. In ihrer ursprünglichen Fassung bestand die Vorschrift nur aus ihrem heutigen ersten Satz. 3

Die Norm wurde sodann durch Art. 1 Nr. 3 des **Strafverfahrensänderungsgesetzes 1987** (StVÄG 1987) vom 27.1.1987[3] mit Wirkung zum 1.4.1987 um S. 2 ergänzt. Die Erweiterung der Belehrungspflicht ging mit der zeitgleichen Einfügung des § 40 Abs. 3 einher, der die öffentliche Zustellung erleichtern sollte, um das Berufungsverfahren zu beschleunigen.[4] 4

Schließlich wurde die Norm durch Art. 1 Nr. 2 des **Gesetzes zur Regelung der Verständigung im Strafverfahren** vom 29.7.2009[5] um einen weiteren, zum 4.8.2009 in Kraft getretenen S. 3 ergänzt. Der Gesetzgeber hat damit die vom Großen Senat des BGH[6] im Wege der richterlichen Rechtsfortbildung aufgestellten Voraussetzungen der Verständigung im Strafverfahren weitgehend übernommen. Dass hiernach die Ankündigung eines Rechtsmittelverzichts einer Verständigung entzogen bleibt, soll durch die in S. 3 ausdrücklich geregelte Belehrungspflicht abgesichert werden.[7] 5

Zuletzt wurde S. 2 der Vorschrift durch Art. 1 Nr. 2 des **Gesetzes zur Stärkung des Rechts des Angeklagten auf Anwesenheit in der Verhandlung** vom 17.12.2018[8] mit Wirkung vom 21.12.2018 neu gefasst. Die Erweiterung der hier normierten Belehrungspflicht diente der Umsetzung der Richtlinie (EU) 2016/343 des Europäischen Parlaments und des Rates vom 9.3.2016[9] über die Stärkung bestimmter Aspekte der Unschuldsvermutung und des Rechts auf Anwesenheit in der Verhandlung in Strafverfahren, die gemeinsame Mindeststandards für bestimmte Aspekte der Unschuldsvermutung und das Recht des Angeklagten auf Anwesenheit in der Hauptverhandlung bestimmte.[10] Insoweit musste S. 2 zum einen wegen der Änderung des § 40 Abs. 3, wonach seitdem auch im Revisionsverfahren eine vereinfachte öffentliche Zustellung zulässig ist, angepasst werden.[11] Zum anderen war eine Änderung des § 35a von Nöten, da nach den Vorgaben der Richtlinie der Angeklagte auch über die Folgen des Nichterscheinens in der Revisionshauptverhandlung belehrt werden muss, wenn diese ohne ihn durchgeführt werden kann (s. § 350 Abs. 2 S. 2).[12] 5a

---

[1] BayObLG 4.8.1966 – BWReg. 4b St 5/66, NJW 1967, 122 (122); Graalmann-Scheerer in Löwe/Rosenberg Rn. 1; Maul in KK-StPO Rn. 1; Weßlau/Weißer in SK-StPO Rn. 1; Schrader NStZ 1987, 447 (448).
[2] BGBl. I 735.
[3] BGBl. I 475.
[4] BT-Drs. 10/1313, 18.
[5] BGBl. I 2353.
[6] BGH GrS 3.3.2005 – GSSt 1/04, BGHSt 50, 40 = NJW 2005, 1440.
[7] BT-Drs. 16/12310, 10; vgl. auch Geuenich/Höwer DStR 2009, 2320 (2321).
[8] BGBl. I 2571.
[9] ABl. L 65, 1.
[10] BT-Drs. 19/4467, 1.
[11] BT-Drs. 19/4467, 19.
[12] BT-Drs. 19/4467, 19.

6 **4. Internationalrechtliche Grundlagen und Einflüsse.** Zu den Vorgaben des **Art. 6 Abs. 3 lit. e EMRK** → § 35 Rn. 7.

II. Erläuterung

7 **1. Anwendungsvoraussetzungen.** Die Vorschrift betrifft – wie sich bereits aus der Überschrift des Abschnitts 4a des Ersten Buches der StPO ergibt – nur (gerichtliche) **Entscheidungen** (ergänzend → § 33 Rn. 3, → § 34 Rn. 3 und → § 35 Rn. 2), die durch ein befristetes Rechtsmittel angefochten werden können. Die **Bekanntmachung** der Entscheidungen erfolgt gemäß § 35 durch Verkündung (→ § 35 Rn. 9) oder Zustellung (→ § 35 Rn. 24). Keine Bekanntmachung ist die Benachrichtigung gemäß § 145a Abs. 3 S. 1, der daher keine Rechtsmittelbelehrung beizufügen ist.[13]

8 **Befristete Rechtsmittel** sind in erster Linie Berufung (§ 312) und (Sprung-)Revision (§ 333, § 335), die gegen die erstinstanzlichen Urteile von Amts-, Land- und Oberlandesgericht sowie gegen die Berufungsurteile des Landgerichts eingelegt werden können. Gegen Beschlüsse und Verfügungen ist in den gesetzlich bestimmten Fällen außerdem die sofortige Beschwerde statthaft (§ 311). Die sofortige Beschwerde steht nach § 464 Abs. 3 auch dem durch Urteil freigesprochenen Angeklagten zur Verfügung, dessen notwendige Auslagen nicht gemäß § 467 Abs. 1 der Staatskasse auferlegt wurden.[14]

9 **Kein Rechtsmittel** ist der Antrag auf Wiedereinsetzung in den vorigen Stand gemäß § 44.[15] Jedoch ist § 35a für diesen Antrag bei Ausbleiben des Angeklagten in der Berufungshauptverhandlung (§ 329 Abs. 7) bzw. in der Hauptverhandlung nach Erlass eines Strafbefehls (§ 412 S. 1) entsprechend anwendbar.[16] Dies bestätigt Nr. 142 Abs. 3 Nr. 2 RiStBV, der in diesen Fällen ausdrücklich vorschreibt, den Angeklagten über das Recht zu belehren, die Wiedereinsetzung in den vorigen Stand beantragen zu können. Ausdrücklich ist die entsprechende Geltung des § 35a angeordnet für Urteile in Abwesenheit des Angeklagten in § 235 S. 2 (s. a. Nr. 142 Abs. 3 Nr. 2 RiStBV) sowie für Anträge auf Entscheidung des Rechtsmittelgerichts in § 319 Abs. 2 S. 3 (Berufung) und § 346 Abs. 2 S. 3 (Revision). **Sondervorschriften** zur Belehrung über Rechtsmittel finden sich in (§ 126a Abs. 2 iVm) § 115 Abs. 4 (Rechtsbehelfe gegen die Aufrechterhaltung des Unterbringungs- bzw. Haftbefehls) und § 409 Abs. 1 S. 1 Nr. 7 (Einspruch gegen einen Strafbefehl).

10 **2. Belehrungspflicht. a) Adressat der Belehrung.** Bei befristet anfechtbaren Entscheidungen trifft das Gericht gemäß § 35a eine Belehrungspflicht gegenüber dem Betroffenen. **Betroffener** iSd Vorschrift ist jeder, der gegen die bekanntgemachte Entscheidung ein befristetes Rechtsmittel (→ Rn. 8) einlegen kann.[17] Zu diesen Anfechtungsberechtigten zählen neben dem Beschuldigten (§ 296 Abs. 1) vor allem Privatkläger (§ 390 Abs. 1 S. 1) und Nebenkläger (§ 401 Abs. 1 S. 1), ferner juristische Personen und Personenvereinigungen bei ihnen gegenüber festgesetzten Geldbußen (§ 444) und Einziehungsbeteiligte (§ 424 Abs. 4 S. 1, § 427 Abs. 1, § 433 Abs. 1). Ebenso sind Zeugen, Sachverständige und bei der

---

[13] BGH 21.4.1998 – 4 StR 103/98, Kusch NStZ-RR 1999, 33 (34) – RsprÜ; OLG Karlsruhe 20.10.1988 – 3 Ws 274/88, Justiz 1989, 68; Maul in KK-StPO Rn. 3; Weßlau/Weißer in SK-StPO Rn. 2; Ziegler in KMR-StPO Rn. 2.

[14] BGH 26.3.1959 – 2 StR 566/58, BGHSt 13, 75 (77) = NJW 1959, 1449 (1449); Graalmann-Scheerer in Löwe/Rosenberg Rn. 5; Weßlau/Weißer in SK-StPO Rn. 4a; s. a. OLG Hamm 5.1.1996 – 2 Ws 614/95, MDR 1996, 643; OLG Koblenz 13.3.1989 – 1 Ws 113/89, NStZ 1989, 291 für die notwendigen Auslagen des Nebenklägers.

[15] BGH 3.6.1988 – 2 StR 263/88, BGHR § 44 S. 2 Rechtsmittelfrist 1; Graalmann-Scheerer in Löwe/Rosenberg Rn. 7; Maul in KK-StPO Rn. 4; Schmitt in Meyer-Goßner/Schmitt Rn. 3; Ziegler in KMR-StPO Rn. 4; aA Schrader NStZ 1987, 447 (447 f.); zust. Nöldeke NStZ 1991, 70 (71).

[16] Schmitt in Meyer-Goßner/Schmitt Rn. 3; Weßlau/Weißer in SK-StPO Rn. 4.

[17] BayObLG 4.8.1966 – BWReg. 4b St 5/66, NJW 1967, 122 (122); Graalmann-Scheerer in Löwe/Rosenberg Rn. 8; Schmitt in Meyer-Goßner/Schmitt Rn. 4.

Verhandlung nicht beteiligte Personen von Ordnungsmitteln betroffen, die ihnen gegenüber verhängt wurden (§ 181 GVG).[18]

Gesetzliche Vertreter sind zwar gemäß § 298 rechtsmittelberechtigt, müssen aber nur gemäß § 35a belehrt werden, wenn ihnen gegenüber die Entscheidung bekanntzumachen ist. Dies ist lediglich dann notwendig, wenn sich der Vertreter durch die Einlegung eines befristeten Rechtsmittels am Verfahren beteiligt.[19] Im Jugendstrafverfahren werden Erziehungsberechtigte und **gesetzliche Vertreter** erst dann Verfahrensbeteiligte, wenn sie auf ihre Rechte gemäß § 67 Abs. 1, Abs. 2 JGG zurückgreifen.[20] Davon unabhängig muss eine Belehrung über die Rechtsmittel des jugendlichen Angeklagten sowie über die eigenen Rechtsmittel nach § 67a Abs. 1 JGG erfolgen. Dies gilt allerdings nur, wenn der Erziehungsberechtigte oder gesetzliche Vertreter bei der Verkündung des Urteils anwesend ist.[21] 11

Hoheitliche Verfahrensbeteiligte müssen nicht belehrt werden, wenn von ihrer Kenntnis der zu beachtenden Form- und Fristvorschriften auszugehen ist. Dies gilt vornehmlich für die Staatsanwaltschaft und die Finanzbehörden.[22] Bei anfechtungsberechtigten Verwaltungsbehörden (zB im Bußgeldverfahren) muss hingegen eine Belehrung erfolgen.[23] 12

Dass ein Rechtsmittel schon wegen fehlender Beschwer ausscheidet, lässt die Belehrungspflicht allenfalls bei offensichtlicher Unzulässigkeit des Rechtsmittels entfallen.[24] So wird die Belehrung insbesondere bei freisprechenden Urteilen nicht für geboten gehalten.[25] Ebenso wenig ist die Belehrung entbehrlich, wenn der Betroffene rechtskundig oder anwaltlich verteidigt oder vertreten ist.[26] 13

Da die Belehrung trotz des öffentlichen Interesses an der Information des jeweiligen Betroffenen letztlich in dessen privatem Interesse steht, kann er in den Fällen des S. 1 (zu S. 3 → Rn. 26) wirksam auf die Belehrung **verzichten.**[27] Dies setzt allerdings voraus, dass sich der Betroffene der vollen Tragweite seiner Erklärung bewusst ist. Verneint wurde dies in der Rechtsprechung etwa bei einem unverteidigten Angeklagten mit mangelnden deutschen Sprachkenntnissen.[28] Bei entsprechender ausdrücklicher Vollmacht kann der Verzicht auch durch den Verteidiger des Angeklagten erklärt werden,[29] ggf. schon durch die Aussage, die Rechtsmittelbelehrung zu übernehmen.[30] Dem Verzicht steht es gleich, wenn der Adressat es bewusst vereitelt, über seine Rechtsmittel belehrt zu werden.[31] 14

---

[18] Graalmann-Scheerer in Löwe/Rosenberg Rn. 9.

[19] Graalmann-Scheerer in Löwe/Rosenberg Rn. 10; Weßlau/Weißer in SK-StPO Rn. 6.

[20] Graalmann-Scheerer in Löwe/Rosenberg Rn. 11.

[21] BGH 25.9.1962 – 1 StR 368/62, BGHSt 18, 21 (25) = NJW 1962, 2262 (2263); OLG Stuttgart 28.7.1960 – 1 Ws 256/60, NJW 1960, 2353 (2353); Graalmann-Scheerer in Löwe/Rosenberg Rn. 12; Maul in KK-StPO Rn. 7; Schmitt in Meyer-Goßner/Schmitt Rn. 4; Weßlau/Weißer in SK-StPO Rn. 7; weiter BayObLG 25.5.1954 – BBReg. 2 St 30/54, NJW 1954, 1378 (1379).

[22] OLG Naumburg 18.10.2006 – 1 Ws 369/06, NStZ 2007, 603 (604) für die Bußgeld- und Strafsachenstelle des Finanzamts; Ziegler in KMR-StPO Rn. 8; s. Schmitt in Meyer-Goßner/Schmitt Rn. 5, wonach die Belehrung „nicht nur überflüssig, sondern unangebracht" sei.

[23] BayObLG 4.8.1966 – BWReg. 4b St 5/66, NJW 1967, 122 (123); Maul in KK-StPO Rn. 6; Schmitt in Meyer-Goßner/Schmitt Rn. 5.

[24] Schmitt in Meyer-Goßner/Schmitt Rn. 4; Weßlau/Weißer in SK-StPO Rn. 6.

[25] Maul in KK-StPO Rn. 3.

[26] Maul in KK-StPO Rn. 6; Schmitt in Meyer-Goßner/Schmitt Rn. 4; Ziegler in KMR-StPO Rn. 8 f.

[27] OLG Hamm 28.5.1956 – 2 Ws 90/56, NJW 1956, 1330 (1331); OLG Stuttgart 14.7.1989 – 1 Ws 207/89, MDR 1990, 74 (74); Graalmann-Scheerer in Löwe/Rosenberg Rn. 33; Maul in KK-StPO Rn. 14; Schmitt in Meyer-Goßner/Schmitt Rn. 6; krit. BGH 27.4.2010 – 5 StR 129/10, BeckRS 2010, 11839, der „einen Verzicht auf Rechtsmittelbelehrung zwar nicht als unwirksam, aber im Allgemeinen kaum als angemessen erachtet".

[28] OLG Hamm 8.11.1982 – 3 Ws 532/82, NJW 1983, 530 (531).

[29] OLG Zweibrücken 14.7.1978 – Ss 193/78, MDR 1978, 861.

[30] OLG Hamm 20.9.1977 – 4 Ss OWi 1230/77, MDR 1978, 337; Graalmann-Scheerer in Löwe/Rosenberg Rn. 33; Larcher in BeckOK StPO Rn. 4; Maul in KK-StPO Rn. 15; Weßlau/Weißer in SK-StPO Rn. 21.

[31] OLG Düsseldorf 31.1.1990 – 2 Ss OWi 4/90–3/90 III, MDR 1990, 652; Ziegler in KMR-StPO Rn. 36; aA Weßlau/Weißer in SK-StPO Rn. 20.

15 **b) Inhalt der Belehrung.** Inhaltlich muss die Belehrung gemäß S. 1 im Einzelnen über die Möglichkeiten der Anfechtung sowie die dafür vorgeschriebenen Fristen und Formen informieren. Die Belehrung muss **klar, unmissverständlich und vollständig** sein.[32]

16 Als **Möglichkeiten der Anfechtung** sind sämtliche Rechtsmittel, namentlich sofortige Beschwerde, Berufung und Revision, anzugeben, die dem Betroffenen – ggf. auch wahlweise (§ 335 Abs. 1) – zur Verfügung stehen. Wird der Betroffene etwa lediglich über die zulässige Revision belehrt, nicht hingegen über die ebenso statthafte Berufung, ist die Rechtsmittelbelehrung unvollständig.[33] Gleiches gilt im umgekehrten Fall.[34]

17 Die ordnungsgemäße Belehrung über die vorgeschriebenen **Fristen** muss insbesondere den Hinweis enthalten, dass das Rechtsmittel innerhalb der Frist bei Gericht eingehen muss.[35] Es genügt, den Tag des Beginns der jeweiligen Frist zu bezeichnen. Dem Betroffenen darf dann selbst überlassen werden, das konkrete Fristende zu berechnen.[36] Ebenso wenig muss auf die Vorschrift des § 43 Abs. 2 hingewiesen werden, die das Fristende regelt, wenn dieses nicht auf einen Werktag fällt.[37]

18 Zu belehren ist schließlich über die **Form,** in der das Rechtsmittel einzulegen ist, dh zu Protokoll der Geschäftsstelle oder schriftlich (§ 306 Abs. 1, § 314 Abs. 1, § 341 Abs. 1).[38] Betroffene, die sich nicht auf freiem Fuß befinden, sind zudem über die ihnen mögliche Einlegung eines Rechtsmittels gemäß § 299 zu informieren.[39] Eine Belehrung über das statthafte Rechtsmittel der Revision muss auf die Notwendigkeit der Begründung (§ 344) und die dabei zu beachtende Form (§ 345 Abs. 2) hinweisen.[40] Auch besondere Voraussetzungen der Zulässigkeit eines Rechtsmittels (zB bei der Annahmeberufung gemäß § 313 oder das eingeschränkte Anfechtungsrecht des Nebenklägers gemäß § 400) sind mitzuteilen.[41] Zu der vorgeschriebenen Form gehört auch das Gericht, bei dem das Rechtsmittel einzulegen ist.[42] Die Anschrift des Gerichts einschließlich Ort, Straße und Hausnummer ist in der Rechtsmittelbelehrung anzugeben.[43] Ist der Betroffene der deutschen Sprache nicht mächtig, muss die Rechtsmittelbelehrung, die der gemäß § 185 GVG hinzugezogene Dolmetscher vermittelt, darauf hinweisen, dass die

32 Graalmann-Scheerer in Löwe/Rosenberg Rn. 21; Maul in KK-StPO Rn. 9; vgl. auch BGH 12.11.1970 – 1 StR 263/70, BGHSt 24, 15 (25) = NJW 1971, 389 (392).

33 LG München I 9.5.1956 – III AR 41/56, NJW 1956, 1368 (1369); Graalmann-Scheerer in Löwe/Rosenberg Rn. 21; Maul in KK-StPO Rn. 9.

34 Graalmann-Scheerer in Löwe/Rosenberg Rn. 21; Maul in KK-StPO Rn. 9; Pollähne in Gercke/Julius/Temming/Zöller Rn. 12; Weßlau/Weißer in SK-StPO Rn. 8; Ziegler in KMR-StPO Rn. 18; aA KG 12.5.1976 – 2 Ss 69/76 (27/76), JR 1977, 81 (81 f.); Schmitt in Meyer-Goßner/Schmitt Rn. 14.

35 BGH 4.8.1955 – 2 StR 250/55, BGHSt 8, 105 (106 f.) = NJW 1955, 1526; OLG Saarbrücken 15.1.1986 – 1 Ws 384/85, NStZ 1986, 470 (471); LG Saarbrücken 28.5.2002 – 8 Qs 108/02, NStZ-RR 2002, 334 (335); Maul in KK-StPO Rn. 9; Schmitt in Meyer-Goßner/Schmitt Rn. 11.

36 BVerfG 27.7.1971 – 2 BvR 118/71, BVerfGE 31, 388 (390) = NJW 1971, 2217 (2217); Maul in KK-StPO Rn. 9; Pollähne in Gercke/Julius/Temming/Zöller Rn. 6; Schmitt in Meyer-Goßner/Schmitt Rn. 11; Weßlau/Weißer in SK-StPO Rn. 8.

37 BVerfG 27.7.1971 – 2 BvR 118/71, BVerfGE 31, 388 (390) = NJW 1971, 2217 (2217); Schmitt in Meyer-Goßner/Schmitt Rn. 11; Ziegler in KMR-StPO Rn. 19; aA Weihrauch NJW 1972, 243. Nach Graalmann-Scheerer in Löwe/Rosenberg Rn. 22 und Weßlau/Weißer in SK-StPO Rn. 8 ist aber eine Aufnahme des § 43 Abs. 2 in die Belehrung empfehlenswert.

38 OLG Hamm 24.5.1956 – 3 Ws 141/56, NJW 1956, 1571 (1572); Graalmann-Scheerer in Löwe/Rosenberg Rn. 23.

39 OLG Bremen 12.1.1979 – Ss 172/78, MDR 1979, 517; Graalmann-Scheerer in Löwe/Rosenberg Rn. 23; Weßlau/Weißer in SK-StPO Rn. 9.

40 Graalmann-Scheerer in Löwe/Rosenberg Rn. 23.

41 Graalmann-Scheerer in Löwe/Rosenberg Rn. 24; Weßlau/Weißer in SK-StPO Rn. 9; Ziegler in KMR-StPO Rn. 23.

42 OLG Hamburg 10.1.1962 – Ws 881/61, NJW 1962, 602; OLG Stuttgart 15.1.2007 – 4 Ss 629/06, StraFo 2007, 114; Schmitt in Meyer-Goßner/Schmitt Rn. 10.

43 Graalmann-Scheerer in Löwe/Rosenberg Rn. 23; Weßlau/Weißer in SK-StPO Rn. 8; Ziegler in KMR-StPO Rn. 20; aA Rappert in Radtke/Hohmann Rn. 16; Schmitt in Meyer-Goßner/Schmitt Rn. 10; diff. Warda MDR 1957, 717 (720).

schriftliche Rechtsmitteleinlegung in deutscher Sprache zu erfolgen hat (vgl. Nr. 142 Abs. 1 S. 3 RiStBV für den Angeklagten).[44]

19 **c) Form der Belehrung. Zuständig** für die Belehrung ist das **Gericht,** das die jeweilige Entscheidung erlässt, nicht hingegen andere Verfahrensbeteiligte wie die Staatsanwaltschaft.[45] Die Art und Weise der Belehrung steht dem Gericht grds. frei, wird sich aber gewöhnlich an der jeweiligen Form der Bekanntmachung orientieren.[46] Wird eine gerichtliche Entscheidung durch **Verkündung** bekanntgemacht, belehrt das Gericht daher in der Regel mündlich über die zulässigen Rechtsmittel. Hierbei darf es wegen der Einzelheiten auf ein Merkblatt verweisen, dessen Aushändigung aber die mündliche Belehrung weder ersetzt noch entbehrlich werden lässt.[47] Insbesondere dem nicht anwaltlich vertretenen und rechtsunkundigen Betroffenen ist ergänzend jedenfalls bei schwieriger Belehrung ein Merkblatt zu übergeben (vgl. auch Nr. 142 Abs. 1 S. 2 RiStBV für den Angeklagten).[48] Eine generelle Pflicht zur Aushändigung eines Merkblattes besteht indessen nicht.[49]

20 **Entfernt** sich der zunächst anwesende Betroffene vor der Rechtsmittelbelehrung, ist die mündliche Belehrung entbehrlich. Allerdings bleibt sie schriftlich bei der Zustellung der Entscheidung (→ Rn. 23) nachzuholen,[50] sofern sich der Angeklagte nicht bewusst der Belehrung entziehen will.[51] Nicht von der Rechtsmittelbelehrung abgesehen werden kann freilich dann, wenn noch andere Betroffene an dem Verfahren beteiligt und anwesend sind (zB Mitangeklagte, Nebenkläger). Wer sich vor der Rechtsmittelbelehrung entfernt, kann sich nicht darauf berufen, hierüber nicht belehrt worden zu sein. Versäumt er in diesem Fall die Frist für die Einlegung des Rechtsmittels, hat er dies entgegen § 44 S. 2 selbst verschuldet.[52]

21 **Versteht** der Betroffene die mündliche Belehrung **nicht** oder falsch, gebietet die Fürsorgepflicht dem Gericht, die mündlich erfolgte Rechtsmittelbelehrung bei der Zustellung der Entscheidung schriftlich zu wiederholen.[53]

22 Ebenso ist es wegen der gerichtlichen Fürsorgepflicht veranlasst, **sprachunkundige Betroffene** in einer ihnen verständlichen Sprache über Rechtsmittel zu belehren. Für Beschuldigte folgt dies bereits aus Art. 6 Abs. 3 lit. e EMRK. Eine mündlich erteilte Rechtsmittelbelehrung in der Hauptverhandlung ist demzufolge durch den gemäß § 185 Abs. 1 GVG hinzuzuziehenden Dolmetscher ebenso zu übersetzen wie ein ergänzend ausgeteiltes

---

44 BVerfG 17.5.1983 – 2 BvR 731/80, BVerfGE 64, 135 (149) = NJW 1983, 2762 (2764); BGH 14.7.1981 – 1 StR 815/80, BGHSt 30, 182 (185) = NJW 1982, 532 (533); 29.6.2005 – 1 StR 222/05, StraFo 2005, 419; OLG Frankfurt a. M. 27.8.1987 – 1 Ss 320/87, StV 1987, 518; Graalmann-Scheerer in Löwe/Rosenberg Rn. 23; Larcher in BeckOK StPO Rn. 12; Maul in KK-StPO Rn. 8; s. hingegen Heldmann StV 1981, 251 (253).

45 OLG Hamm 11.3.1954 – 1 Ws 81/54, NJW 1954, 812; Graalmann-Scheerer in Löwe/Rosenberg Rn. 28; Weßlau/Weißer in SK-StPO Rn. 17; Ziegler in KMR-StPO Rn. 11; diff. Warda MDR 1957, 717 (720).

46 Graalmann-Scheerer in Löwe/Rosenberg Rn. 14; Weßlau/Weißer in SK-StPO Rn. 13.

47 Graalmann-Scheerer in Löwe/Rosenberg Rn. 17; Maul in KK-StPO Rn. 10; Ziegler in KMR-StPO Rn. 14; aA OLG Düsseldorf 20.10.1998 – 1 Ws OWi 138/98, VRS 96, 111 (112); OLG Stuttgart 14.7.1989 – 1 Ws 207/89, MDR 1990, 74 (74); Rappert in Radtke/Hohmann Rn. 11.

48 BVerfG 21.12.1995 – 2 BvR 2033/95, NJW 1996, 1811 (1811); 28.2.2007 – 2 BvR 2619/06, NStZ 2007, 416; OLG Saarbrücken 28.4.2003 – 1 Ws 72/03, NJW 2003, 2182 (2183); Larcher in BeckOK StPO Rn. 10; Maul in KK-StPO Rn. 10; Ziegler in KMR-StPO Rn. 14; weiter Graalmann-Scheerer in Löwe/Rosenberg Rn. 17; Pollähne in Gercke/Julius/Temming/Zöller Rn. 7; Weßlau/Weißer in SK-StPO Rn. 14.

49 BVerfG 28.2.2007 – 2 BvR 2619/06, NStZ 2007, 416; KG 1.7.2015 – 3 Ws (B) 294/15, BeckRS 2015, 18008 Rn. 5.

50 OLG Koblenz 26.7.1990 – 1 Ss 202/90, NStZ 1991, 42 (43); Schmitt in Meyer-Goßner/Schmitt Rn. 7; aA Graalmann-Scheerer in Löwe/Rosenberg Rn. 15.

51 OLG Köln 4.6.2009 – 2 Ws 272 und 276/09, NStZ 2009, 655.

52 OLG Bamberg 1.7.2014 – 3 Ss 84/14, BeckRS 2014, 18300 Rn. 1; Graalmann-Scheerer in Löwe/Rosenberg Rn. 16.

53 OLG Koblenz 8.11.1976 – 1 Ss 574/76, MDR 1977, 425; Graalmann-Scheerer in Löwe/Rosenberg Rn. 19; Schmitt in Meyer-Goßner/Schmitt Rn. 7; vgl. auch Maul in KK-StPO Rn. 12; Weßlau/Weißer in SK-StPO Rn. 19.

Merkblatt.[54] Ansonsten ist dem Betroffenen das Merkblatt über die Rechtsmittelbelehrung in einer ihm verständlichen Sprache auszuhändigen.[55] Wird eine Entscheidung durch Zustellung bekannt gemacht und ergibt sich aus der Akte nicht, dass der Betroffene die deutsche Sprache hinreichend beherrscht, ist die Rechtsmittelbelehrung ebenso zu übersetzen.[56] Dem sprachunkundigen muss dadurch ebenso wie dem sprachkundigen Betroffenen ermöglicht werden, sich auf der Grundlage ihm verständlicher Informationen effektiv zu verteidigen.[57]

23 Ergeht die Entscheidung in Abwesenheit des Betroffenen, wird sie durch **Zustellung** bekanntgemacht (§ 35 Abs. 2 Nr. 1). In diesem Fall muss auch die Rechtsmittelbelehrung schriftlich erfolgen. Es bietet sich insoweit an, die Rechtsmittelbelehrung bereits in die gerichtliche Entscheidung selbst aufzunehmen, zB unter einer gleichlautenden Überschrift nach den Gründen der Entscheidung. Ebenso kann der Entscheidung ein gesondertes Merkblatt hinzugefügt werden; in diesem Fall muss dessen Zustellung in der Zustellungsurkunde aber vermerkt werden, um die Belehrung und deren Inhalt nachzuweisen (vgl. Nr. 142 Abs. 3 S. 1 Hs. 2 RiStBV für den Angeklagten).[58] Allein das Fehlen eines Vermerks soll indessen nicht beweisen, dass eine Rechtsmittelbelehrung nicht beigefügt war.[59]

24 **d) Sondervorschriften.** Sondervorschriften über den Inhalt der Belehrung enthalten S. 2 und S. 3. Gemäß **S. 2** (→ Rn. 33) ist der Angeklagte bei der Bekanntmachung eines Urteils zunächst auch über die (für ihn nachteiligen) **Rechtsfolgen des § 40 Abs. 3 und des § 350 Abs. 2** zu informieren. Es bietet sich dabei an, den Betroffenen schon im Rahmen der allgemeinen Rechtsmittelbelehrung (→ Rn. 30 ff.) und nicht erst in der öffentlichen Zustellung auf diese Folgen hinzuweisen.[60] Insofern gegen das Urteil die Berufung zulässig ist, ist der Angeklagte auch über die Rechtsfolgen von § 329 und § 330 zu belehren.

25 **§ 40 Abs. 3** sieht vor, dass gegenüber dem Angeklagten, der Berufung oder Revision eingelegt hat, öffentlich zugestellt werden darf, wenn eine Zustellung unter derjenigen Anschrift, unter der letztmals zugestellt wurde oder die der Angeklagte zuletzt angegeben hat, nicht möglich ist. Dem Angeklagten wird somit eine Mitwirkungsobliegenheit auferlegt, unter einer ladungsfähigen Anschrift erreichbar zu sein. Gemäß **§ 350 Abs. 2 S. 2** kann die Hauptverhandlung auch durchgeführt werden, wenn weder der Angeklagte noch sein Verteidiger anwesend sind; etwas anderes gilt nur im Fall der notwendigen Verteidigung.

25a Ist gegen ein Urteil die **Berufung zulässig,** ist der Angeklagte nach S. 2 zudem über die Rechtsfolgen der § 329 und § 330 zu belehren. Insoweit ist nicht zuletzt darauf hinzuweisen, dass die Berufung des Angeklagten unter den Voraussetzungen des **§ 329** Abs. 1 S. 1 verworfen wird, wenn ohne genügende Entschuldigung weder er noch ein Verteidiger mit nachgewiesener Vollmacht bei Beginn des Hauptverhandlungstermins erscheinen. Soweit die Anwesenheit des Angeklagten nicht erforderlich ist, findet außerdem nach § 329 Abs. 2 S. 1 die Hauptverhandlung auch ohne ihn statt, wenn er durch einen Verteidiger mit nachgewiesener Vertretungsvollmacht vertreten wird oder – bei einer Verhandlung auf eine Berufung der Staatsanwaltschaft – seine Abwesenheit nicht genügend entschuldigt ist. Diese Rechtsfolgen treten unter den Voraussetzungen des **§ 330** Abs. 2 S. 2

---

54 Maul in KK-StPO Rn. 8; Rappert in Radtke/Hohmann Rn. 14; s. auch Heldmann StV 1981, 251 (253).

55 Graalmann-Scheerer in Löwe/Rosenberg Rn. 20.

56 Graalmann-Scheerer in Löwe/Rosenberg Rn. 20; Pollähne in Gercke/Julius/Temming/Zöller Rn. 10; Weßlau/Weißer in SK-StPO Rn. 16; aA Rappert in Radtke/Hohmann Rn. 15; Schmitt in Meyer-Goßner/Schmitt Rn. 9; Ziegler in KMR-StPO Rn. 13.

57 Lohse/Jakobs in KK-StPO EMRK Art. 6 Rn. 115; Meyer-Ladewig/Harrendorf/König in HK-EMRK EMRK Art. 6 Rn. 248.

58 OLG Düsseldorf 22.11.1985 – 1 Ws 1028/85, NStZ 1986, 233 (233); Graalmann-Scheerer in Löwe/Rosenberg Rn. 18; Weßlau/Weißer in SK-StPO Rn. 18; Ziegler in KMR-StPO Rn. 12.

59 So OLG Stuttgart 10.8.2010 – 2 Ws 107/10, NStZ-RR 2011, 17 (17); Schmitt in Meyer-Goßner/Schmitt Rn. 8; aA OLG Düsseldorf 22.11.1985 – 1 Ws 1028/85, NStZ 1986, 233 (233); Pollähne in Gercke/Julius/Temming/Zöller Rn. 9.

60 BT-Drs. 10/1313, 18 f.; Graalmann-Scheerer in Löwe/Rosenberg Rn. 25.

ebenso ein, wenn der gesetzliche Vertreter Berufung einlegt. Auf die Folgen seines Ausbleibens ist der Angeklagte bereits in der Ladung zur Hauptverhandlung ausdrücklich hinzuweisen (§ 323 Abs. 1 S. 2).

Geht einem Urteil eine **Verständigung gemäß § 257c** voraus (andere „Verständigungen" und Vereinbarungen sind nicht erfasst),[61] sieht **S. 3** (→ Rn. 34) eine erweiterte Belehrungspflicht vor. Danach ist der Betroffene darüber zu belehren, dass er in jedem Fall in seiner Entscheidung frei ist, ein Rechtsmittel einzulegen. Dem Betroffenen soll dadurch verdeutlicht werden, dass die Verständigung ihm nicht die Möglichkeit nimmt, das hierauf beruhende Urteil anzufechten.[62] Im Schrifttum wird der Vorschrift nur eine geringe Bedeutung zugeschrieben.[63] Anders als bei der allgemeinen Rechtsmittelbelehrung gemäß S. 1 steht es dem Angeklagten hier aber jedenfalls **nicht** frei, auf die (allgemeine sowie qualifizierte) Rechtsmittelbelehrung zu **verzichten,** weil gewährleistet sein muss, dass er aufgrund der vorangegangenen Verständigung nicht den Eindruck hat, kein Rechtsmittel mehr einlegen zu dürfen.[64] Ein Verzicht auf das Rechtsmittel selbst ist gemäß § 302 Abs. 1 S. 2 ausgeschlossen. 26

Inhaltlich muss die Belehrung unter Anknüpfung an die frühere Rechtsprechung zum Ausdruck bringen, dass der Betroffene ungeachtet der Verständigung und ungeachtet der Empfehlung der übrigen Verfahrensbeteiligten einschließlich seines Verteidigers frei entscheiden kann, Rechtsmittel einzulegen. Auch eine etwaige vorherige Ankündigung, kein Rechtsmittel einzulegen, vermag ihn weder rechtlich noch sonst zu binden.[65] Auf eine solche qualifizierte Belehrung, auf die gleichfalls der Gesetzgeber verwiesen hat,[66] dürfte nach der Einfügung des S. 3 nicht bereits deswegen zu verzichten sein, weil mit der zeitgleich ergangenen Neuregelung in § 302 Abs. 1 S. 2 ein Rechtsmittelverzicht als unwirksam erklärt wurde. Denn der dadurch erzielte Schutz des Betroffenen vor einem Verlust seines Rechtsmittels informiert ihn noch nicht über die ihm zustehende Möglichkeit, von einem solchen Rechtsmittel aktiv Gebrauch zu machen.[67] 27

3. Beurkundung. Als wesentliche Förmlichkeit iSd § 273 Abs. 1 ist die mündliche Rechtsmittelbelehrung in das **Protokoll** der Hauptverhandlung aufzunehmen (vgl. auch Nr. 142 Abs. 1 S. 4 RiStBV). Dies gilt sowohl für die allgemeine Rechtsmittelbelehrung gemäß S. 1[68] als auch für die besondere Belehrung über die in S. 2 genannten Rechtsfolgen sowie für die qualifizierte Belehrung gemäß S. 3.[69] Die Belehrung gemäß S. 2 wird nicht durch die schlichte Protokollierung „Rechtsmittelbelehrung ist erfolgt" nachgewiesen.[70] Wird dem Betroffenen ein Merkblatt ausgehändigt (→ Rn. 19), ist auch dies unter genauer Bezeichnung des Merkblatts in der Sitzungsniederschrift festzuhalten.[71] Der Verzicht auf die (einfache) Rechtsmittelbelehrung (→ Rn. 14) ist ebenfalls zu protokollieren.[72] 28

---

61 Schmitt in Meyer-Goßner/Schmitt Rn. 18; vgl. auch Larcher in BeckOK StPO Rn. 5; aA Claus in Satzger/Schluckebier/Widmaier StPO Rn. 8.

62 Ziegler in KMR-StPO Rn. 26.

63 Altenhain/Haimerl JZ 2010, 327 (333); nach Schmitt in Meyer-Goßner/Schmitt Rn. 17 „erscheint … § 35a S. 3 überflüssig".

64 Rappert in Radtke/Hohmann Rn. 9; Schmitt in Meyer-Goßner/Schmitt Rn. 18; Ziegler in KMR-StPO Rn. 32; vgl. auch BGH 3.4.2007 – 3 StR 72/07, BGHSt 51, 275 (276) = NJW 2007, 1829.

65 Vgl. BGH GrS 3.3.2005 – GSSt 1/04, BGHSt 50, 40 (61) = NJW 2005, 1440 (1446).

66 BT-Drs. 16/12310, 10.

67 AA Ziegler in KMR-StPO Rn. 27.

68 OLG Hamm 4.3.1980 – 1 Ss OWi 2254/79, VRS 59, 347 (347 f.).

69 Vgl. BGH GrS 3.3.2005 – GSSt 1/04, BGHSt 50, 40 (61) = NJW 2005, 1440 (1446); Graalmann-Scheerer in Löwe/Rosenberg Rn. 30.

70 OLG Hamm 17.12.2013 – 3 RVs 91/13 und 3 Ws 400/13, NStZ 2014, 421 (422); ebenso OLG Düsseldorf 22.6.2020 – 2 Ws 125/20, BeckRS 2020, 15746 Rn. 6 ff., da es sich insoweit entgegen der missverständlichen Überschrift des § 35a nicht um eine Rechtsmittelbelehrung, sondern um eine zusätzliche Belehrung aufgrund einer Sondervorschrift handele.

71 Graalmann-Scheerer in Löwe/Rosenberg Rn. 29; Weßlau/Weißer in SK-StPO Rn. 18.

72 Graalmann-Scheerer in Löwe/Rosenberg Rn. 33; Maul in KK-StPO Rn. 15; Ziegler in KMR-StPO Rn. 31.

29 Es genügt, den **Akt der Belehrung** zu protokollieren. Deren Inhalt muss weder bei der einfachen noch bei der qualifizierten Belehrung niedergeschrieben werden.[73] Hieraus wird geschlossen, dass ein Vermerk im Protokoll auch die Vollständigkeit und Richtigkeit der Belehrung beweist.[74]

30 **4. Rechtsfolgen bei fehlerhafter Belehrung. a) Allgemeine Rechtsmittelbelehrung nach S. 1.** Dass der Betroffene nicht ordnungsgemäß über die ihm zur Verfügung stehenden Rechtsmittel belehrt wird, hat auf deren Fristlauf und die Wirksamkeit der Entscheidung zwar keinen Einfluss.[75] Wenn die Belehrung **unterbleibt,** ist die Nichteinhaltung der Rechtsmittelfrist gemäß § 44 S. 2 allerdings als unverschuldet anzusehen und dem Betroffenen Wiedereinsetzung in den vorigen Stand zu gewähren (→ § 44 Rn. 71 ff.). Eine Nachholung der Rechtsmittelbelehrung bleibt selbst dann unbeachtlich, wenn sie noch innerhalb der Rechtsmittelfrist erfolgt.[76]

31 Der unterlassenen Rechtsmittelbelehrung steht die **unvollständige** Belehrung gleich, wenn sich der Mangel auf einen **wesentlichen Punkt** bezieht. Dies ist etwa anzunehmen, wenn die in → Rn. 18 genannten Einzelheiten nicht in der Rechtsmittelbelehrung erwähnt werden.[77] Fraglich erscheint lediglich, ob die nicht komplette Angabe der Adresse des Gerichts, bei dem das statthafte Rechtsmittel einzulegen ist, einen solchen wesentlichen Punkt darstellt.[78] Ansonsten bliebe jeweils im Einzelfall zu prüfen, ob der Betroffene die lückenhafte Belehrung durch zumutbare eigene Tätigkeit vervollständigen konnte.[79]

32 Eine **unzutreffende** oder widersprüchliche Belehrung ist wie eine unterlassene Belehrung zu behandeln, wenn sie in einem wesentlichen Punkt unrichtig ist.[80] Ebenso gilt die Belehrung als unrichtig, wenn die mündliche Belehrung zwar ordnungsgemäß erfolgt, jedoch ein falsches Merkblatt ausgehändigt wird; in diesem Fall darf der Betroffene davon ausgehen, sich nach der schriftlichen Belehrung richten zu müssen.[81]

33 **b) Sondervorschriften der S. 2 und S. 3.** Wird die Belehrung nach § 35a **S. 2** unterlassen, steht dies einer öffentlichen Zustellung nach § 40 Abs. 3 nicht entgegen.[82] Wird die Rechtsmittelfrist versäumt, ist dies gemäß § 44 S. 2 (hier insbesondere iVm § 329 Abs. 7) jedoch als unverschuldet anzusehen.[83]

34 Ein Rechtsmittelverzicht, der nach einem aufgrund einer Verständigung ergangenen Urteil erklärt wird, ist zwar gemäß § 302 Abs. 1 S. 2 unwirksam. Dies hindert aber wie-

---

[73] BGH 13.5.2009 – 2 StR 123/09, NStZ-RR 2009, 282; Graalmann-Scheerer in Löwe/Rosenberg Rn. 31; Rappert in Radtke/Hohmann Rn. 18; Schmitt in Meyer-Goßner/Schmitt Rn. 20.

[74] So KG 18.1.2002 – 2 Ss 285/01 – 3 Ws (B) 3/02, NZV 2002, 526 (527); Graalmann-Scheerer in Löwe/Rosenberg Rn. 29; Larcher in BeckOK StPO Rn. 13; Ziegler in KMR-StPO Rn. 16.

[75] BGH 3.4.1984 – 5 StR 172/84, NStZ 1984, 329; OLG Saarbrücken 6.3.1964 – Ws 21/64, NJW 1964, 1633 (1634); Graalmann-Scheerer in Löwe/Rosenberg Rn. 43; Maul in KK-StPO Rn. 16; Rappert in Radtke/Hohmann Rn. 19; Schmitt in Meyer-Goßner/Schmitt Rn. 13; Weßlau/Weißer in SK-StPO Rn. 22; Ziegler in KMR-StPO Rn. 34.

[76] OLG Stuttgart 13.1.1976 – 3 Ws 352/75, NJW 1976, 1278 (1279); Graalmann-Scheerer in Löwe/Rosenberg Rn. 45; Weßlau/Weißer in SK-StPO Rn. 22; Ziegler in KMR-StPO Rn. 37.

[77] OLG Zweibrücken 5.9.1994 – 1 Ws 388–389/94, VRS 88, 356 (357).

[78] Abl. Graalmann-Scheerer in Löwe/Rosenberg Rn. 48; krit. Ziegler in KMR-StPO Rn. 35.

[79] BayObLG 4.10.1994 – 3 Ob OWi 79/94, wistra 1995, 76; Graalmann-Scheerer in Löwe/Rosenberg Rn. 48.

[80] OLG Hamm 9.8.1960 – 1 Ws 337/60, Rpfleger 1961, 80; Graalmann-Scheerer in Löwe/Rosenberg Rn. 51; vgl. auch BVerwG 13.12.1978 – 6 C 77/78, NJW 1979, 1670.

[81] BGH 24.11.1993 – 3 StR 523/93, NStZ 1994, 194 (195); OLG Saarbrücken 27.1.1965 – AK 68/64, NJW 1965, 1031 (1032); Graalmann-Scheerer in Löwe/Rosenberg Rn. 50; Schmitt in Meyer-Goßner/Schmitt Rn. 15.

[82] OLG Hamburg 25.10.1999 – 2 Ws 191/99, NStZ-RR 2000, 238 (239 f.); OLG Hamm 17.12.2013 – 3 RVs 91/13 und 3 Ws 400/13, NStZ 2014, 421 (422); Schmitt in Meyer-Goßner/Schmitt Rn. 16; Ziegler in KMR-StPO Rn. 24; aA OLG Brandenburg 31.5.2017 – (1) 53 Ss 19/17 (31/17), 1 Ws 63/17, NStZ 2018, 117 (118); Graalmann-Scheerer in Löwe/Rosenberg Rn. 25; Weßlau/Weißer in SK-StPO § 40 Rn. 15; Wendisch NStZ 1988, 377; offen gelassen von OLG Düsseldorf 22.6.2020 – 2 Ws 125/20, BeckRS 2020, 15746 Rn. 12.

[83] OLG Hamm 24.5.2018 – 5 RVs 69/18, BeckRS 2018, 14170 Rn. 11.

derum nicht den Beginn der Rechtsmittelfrist, so dass das Urteil nach deren fruchtlosem Ablauf rechtskräftig wird.[84] Auch ein Verstoß gegen **S. 3** steht dem Beginn und Ablauf der Rechtsmittelfrist nicht entgegen. Unterbleibt die hier vorgesehene Belehrung aber, kann dies ebenso die Wiedereinsetzung in den vorigen Stand begründen, wenngleich wohl nur in seltenen Fällen. Denn die Versäumung der Rechtsmittelfrist gilt – anders als bei der unterlassenen Belehrung nach S. 1 oder S. 2 – nicht gemäß § 44 S. 2 als unverschuldet. Der Gesetzgeber hat davon abgesehen, § 35a S. 3 dort aufzunehmen, weil hier zum einen der Rechtsmittelverzicht – selbst bei insoweit unzulässiger Verständigung – häufig auf der Akzeptanz der Verständigung beruht. Zum anderen sei es im Interesse der Rechtssicherheit nicht hinnehmbar, auch bei einem bloßen späteren Motivwechsel unbefristete Rechtsmittelmöglichkeiten zu eröffnen.[85] Der Angeklagte müsste daher glaubhaft geltend machen, davon ausgegangen zu sein, gegen ein Urteil wegen der vorangegangenen Verständigung keine Rechtsmittel einlegen zu können.[86]

---

[84] OLG Frankfurt a. M. 26.10.2010 – 3 Ws 538/10, NStZ-RR 2011, 49 (50).

[85] BT-Drs. 16/12310, 11 unter Verweis auf BGH GrS 3.3.2005 – GSSt 1/04, BGHSt 50, 40 (62 f.) = NJW 2005, 1440 (1446).

[86] Rappert in Radtke/Hohmann Rn. 20; Schmitt in Meyer-Goßner/Schmitt Rn. 19; vgl. auch BGH GrS 3.3.2005 – GSSt 1/04, BGHSt 50, 40 (63) = NJW 2005, 1440 (1446).

Abschnitt 4b. Verfahren bei Zustellungen

§ 36 Zustellung und Vollstreckung

(1) [1]Die Zustellung von Entscheidungen ordnet der Vorsitzende an. [2]Die Geschäftsstelle sorgt dafür, daß die Zustellung bewirkt wird.

(2) [1]Entscheidungen, die der Vollstreckung bedürfen, sind der Staatsanwaltschaft zu übergeben, die das Erforderliche veranlaßt. [2]Dies gilt nicht für Entscheidungen, welche die Ordnung in den Sitzungen betreffen.

Schrifttum: Rieß, Der Hauptinhalt des Ersten Gesetzes zur Reform des Strafverfahrensrechts (1. StVRG), NJW 1975, 81; Strubel/Sprenger, Die gerichtliche Nachprüfbarkeit staatsanwaltschaftlicher Verfügungen, NJW 1972, 1734; Wendisch, Zustellung von Entscheidungen, die der Vollstreckung bedürfen, JR 1978, 445; Wiepjes, Die Bekanntmachung richterlicher Durchsuchungsbeschlüsse, StV 2019, 286.

Übersicht

I. Überblick

1 **1. Normzweck.** Die Vorschrift regelt die **Zuständigkeit** von Gerichten und Staatsanwaltschaften für die Zustellung und die Vollstreckung gerichtlicher Entscheidungen. Sie bestimmt in Abs. 1 aus verfahrensökonomischen Gründen, dass die Anordnung der **Zustellung** grds. durch den Vorsitzenden desjenigen Gerichts geschieht, das die jeweilige Entscheidung erlässt und daher unmittelbar auch deren Bekanntmachung veranlassen kann.[1] Eine Ausnahme gilt lediglich für vollstreckungsbedürftige Entscheidungen. Sie sind gemäß Abs. 2 S. 1 grds. der Staatsanwaltschaft zu übergeben, da ihr die **Vollstreckung** gerichtlicher Entscheidungen obliegt. Indem Zustellung und Vollstreckung durch ein und dieselbe Stelle erfolgen, wird vor allem gewährleistet, dass die Vollstreckung nicht durch eine vorherige Bekanntmachung der gerichtlichen Entscheidung gefährdet oder vereitelt wird.[2]

2 **2. Anwendungsbereich.** § 36 regelt nur die Zustellung **gerichtlicher Entscheidungen.** Die Staatsanwaltschaft stellt ihre Entscheidungen – auch ohne ausdrückliche Normierung – selbst zu.[3]

II. Erläuterung

3 **1. Anordnung der Zustellung (Abs. 1). a) Anordnung durch den Vorsitzenden (S. 1).** Die **Zustellung** iSd § 35 Abs. 2, dh die Bekanntmachung von Entscheidungen, die

[1] Graalmann-Scheerer in Löwe/Rosenberg Rn. 2.

[2] BGH 28.6.2017 – 1 BGs 148/17, NJW 2017, 2359 (2359); OLG Düsseldorf 30.11.1987 – 2 Ws 452/87, NStZ 1988, 150 (150 f.); Graalmann-Scheerer in Löwe/Rosenberg Rn. 16; Schmitt in Meyer-Goßner/Schmitt Rn. 10; Rieß NJW 1975, 81 (86); Wendisch JR 1978, 445 (446 f.); aA OLG Saarbrücken 15.1.1986 – 1 Ws 384/85, NStZ 1986, 470 (471).

[3] Schmitt in Meyer-Goßner/Schmitt Rn. 11; Weßlau/Singelnstein in SK-StPO Rn. 7; Ziegler in KMR-StPO Rn. 11.

in Abwesenheit der betroffenen Person ergehen, ordnet der Vorsitzende an (S. 1). Unerheblich ist, ob die Entscheidung durch förmliche Zustellung gemäß § 35 Abs. 2 S. 1 (→ § 35 Rn. 24) oder durch formlose Mitteilung gemäß § 35 Abs. 2 S. 2 (→ § 35 Rn. 26) bekanntgemacht wird.[4]

Zuständig für die Anordnung ist über den Wortlaut der Vorschrift hinaus nicht nur der **Vorsitzende** Richter eines Kollegialgerichts, sondern auch der Strafrichter beim Amtsgericht und der Ermittlungsrichter im Vorverfahren, außerdem der beauftragte und der ersuchte Richter (§ 223 Abs. 1).[5] Nach verbreiteter Auffassung soll auch ein richterlicher Beisitzer die Anordnung treffen können;[6] dem ist allerdings nur zuzustimmen, sofern der beisitzende Richter den Vorsitzenden in dessen Eigenschaft vertritt.[7] 4

Eine besondere Form ist für die **Anordnung** der Zustellung nicht vorgesehen. Sie kann daher sowohl schriftlich als auch mündlich getroffen werden.[8] Allerdings muss sie spätestens im Zeitpunkt der Zustellung aktenkundig sein,[9] bei mündlicher Anweisung folglich in einem Vermerk der Geschäftsstelle festgehalten werden.[10] Nicht ausreichend ist eine vorgefertigte Stempelung ohne konkrete Unterzeichnung des Vorsitzenden.[11] Über die Anordnung ist **für jeden einzelnen Fall** gesondert zu entscheiden. Der Vorsitzende darf daher die Geschäftsstelle nicht allgemein dazu anhalten, sämtliche Entscheidungen seines Spruchkörpers zuzustellen, soweit dies nicht der Staatsanwaltschaft gemäß Abs. 2 obliegt.[12] 5

Inhaltlich muss die Anordnung zunächst den **Zustellungsempfänger** eindeutig benennen.[13] Unzulässig ist etwa die Anordnung Zustellung „an Verteidiger", wenn mehrere Verteidiger an dem Verfahren beteiligt sind.[14] Wurde der Zustellungsempfänger hinreichend bestimmt, kann bei fehlgeschlagener Zustellung der Rechtspfleger die erneute Zustellung an die neue Anschrift anordnen.[15] 6

Darüber hinaus soll nach wohl herrschender Rechtsprechung die **Zustellungsart** insoweit anzugeben sein, ob förmlich gemäß § 35 Abs. 2 S. 1 oder durch formlose Mitteilung gemäß § 35 Abs. 2 S. 2 zugestellt werden soll.[16] Allerdings genügt die Anordnung, „wie üblich" zuzustellen.[17] 7

b) Bewirken der Zustellung durch die Geschäftsstelle (S. 2). Die Zustellungsanordnungen des Vorsitzenden führt gemäß Abs. 1 S. 2 die **Geschäftsstelle** des Gerichts 8

---

4 Graalmann-Scheerer in Löwe/Rosenberg Rn. 6; Schmitt in Meyer-Goßner/Schmitt Rn. 2.

5 Graalmann-Scheerer in Löwe/Rosenberg Rn. 5; Maul in KK-StPO Rn. 2; Schmitt in Meyer-Goßner/Schmitt Rn. 2; Weßlau/Singelnstein in SK-StPO Rn. 3; Ziegler in KMR-StPO Rn. 2.

6 OLG Düsseldorf 23.12.1981 – 1 Ws 938 und 957/81, MDR 1982, 599 (600); Rappert in Radtke/Hohmann Rn. 1; s. a. Larcher in BeckOK StPO Rn. 4; aA Maul in KK-StPO Rn. 2; Weßlau/Singelnstein in SK-StPO Rn. 3.

7 Graalmann-Scheerer in Löwe/Rosenberg Rn. 5; Pollähne in Gercke/Julius/Temming/Zöller Rn. 3; Ziegler in KMR-StPO Rn. 2.

8 BGH 6.3.2014 – 4 StR 553/13, NJW 2014, 1686 (1687).

9 OLG Zweibrücken 28.1.1986 – 1 Ws 20/86, MDR 1986, 1047; LG Zweibrücken 19.7.2012 – Qs 71/12, NStZ-RR 2013, 49; Graalmann-Scheerer in Löwe/Rosenberg Rn. 7; Maul in KK-StPO Rn. 2; Pollähne in Gercke/Julius/Temming/Zöller Rn. 5; Rappert in Radtke/Hohmann Rn. 2; Weßlau/Singelnstein in SK-StPO Rn. 4; Ziegler in KMR-StPO Rn. 4.

10 BGH 6.3.2014 – 4 StR 553/13, NJW 2014, 1686 (1687).

11 OLG Hamburg 26.8.2020 – 2 Rev 45/20, BeckRS 2020, 22093 Rn. 31.

12 Graalmann-Scheerer in Löwe/Rosenberg Rn. 7; Maul in KK-StPO Rn. 2; Schmitt in Meyer-Goßner/Schmitt Rn. 3; Weßlau/Singelnstein in SK-StPO Rn. 4; Ziegler in KMR-StPO Rn. 5.

13 BayObLG 28.1.1982 – 1 Ob OWi 476/81, BayObLGSt 1982, 12 (13); OLG Hamm 18.8.1982 – 6 Ws 215/82, NStZ 1982, 479 (479); OLG Koblenz 3.9.1991 – 1 Ws 424/91, NStZ 1992, 194 (194).

14 BGH 14.12.2010 – 1 StR 420/10, NStZ 2011, 591 (592); OLG Celle 27.4.1984 – 1 Ss 237/84, Nds. Rpfl. 1984, 173 (174).

15 OLG Schleswig 27.8.1984 – 1 Ws 668/84, StV 1985, 23.

16 KG 20.5.1977 – 2 Ws (B) 287/76, JR 1977, 521 (521 f.); OLG Celle 24.8.1976 – 2 Ss OWi 276/76, MDR 1977, 67 (67); OLG Düsseldorf 25.11.1981 – 2 Ss OWi 749/81 – 367/81 II, NJW 1982, 590; LG Zweibrücken 19.7.2012 – Qs 71/12, NStZ-RR 2013, 49; aA BayObLG 12.3.1999 – 1 St RR 51/99, NStZ-RR 1999, 243 (243); OLG Düsseldorf 25.11.1999 – 1 Ws OWi 944 und 952/99, NStZ-RR 2000, 335; Schmitt in Meyer-Goßner/Schmitt Rn. 4; Weßlau/Singelnstein in SK-StPO Rn. 4; Ziegler in KMR-StPO Rn. 3.

17 BGH 20.12.1982 – AnwSt (B) 20/82, NStZ 1983, 325.

aus. Sofern der Vorsitzende die Art der förmlichen Zustellung nicht selbst bestimmt hat, entscheidet die Geschäftsstelle darüber, auf welche Weise förmlich zugestellt wird.[18] Sie kann hierzu der Post, einem Justizbediensteten oder einem Gerichtsvollzieher einen Zustellungsauftrag erteilen oder eine andere Behörde um die Ausführung der Zustellung ersuchen (vgl. § 176 Abs. 1 ZPO).

9 Abs. 1 S. 2 schließt es nicht aus, dass der **Vorsitzende** selbst die Zustellung bewirkt. Deren Anordnung und Ausführung können demnach in einer Person zusammenfallen. So kann der Vorsitzende eine Entscheidung dem Empfänger an der Amtsstelle aushändigen und dies in den Akten vermerken (§ 173 ZPO).[19]

10 **c) Mängel bei der Anordnung oder Zustellung.** Die Zustellung einer gerichtlichen Entscheidung **ohne Anordnung** des Vorsitzenden ist unwirksam.[20] Dies gilt auch für Zustellungen gemäß § 41 an die Staatsanwaltschaft.[21] Der überhaupt nicht erteilten steht die **unvollständige Anordnung** gleich. Beispielsweise ist eine Zustellung unwirksam, die trotz fehlender Bestimmung des Zustellungsempfängers bewirkt wird.[22]

11 Zum Teil wird auch befürwortet, dass die Staatsanwaltschaft die versehentlich unterbliebene richterliche Anordnung nachholen kann.[23] Eine derartige **Hilfszuständigkeit der Staatsanwaltschaft** widerspricht indessen dem Wortlaut des Abs. 1 und bleibt daher abzulehnen. Auch die Zustellung einer gerichtlichen Entscheidung durch die Staatsanwaltschaft in anderen Fällen als denen des Abs. 2 ist somit unwirksam.[24]

12 Des Weiteren ist die Zustellung unwirksam, wenn die Geschäftsstelle sie **entgegen der Anordnung** des Vorsitzenden ausführt,[25] zB wenn statt mit Postzustellungsurkunde gegen Empfangsbekenntnis nach § 174 ZPO zugestellt wird,[26] wenn der Entscheidung entgegen der Anordnung keine Übersetzung beigefügt wird[27] oder wenn anstelle dem Verteidiger dem Betroffenen zugestellt wird[28] oder umgekehrt.[29] Wird hingegen die Zustellung an Verteidiger und Beschuldigten angeordnet und tatsächlich nur dem Verteidiger zugestellt, ist die Zustellung insoweit wirksam.[30]

13 Erfolgt die **Ausführung der Zustellung** nicht ordnungsgemäß, ist sie gleichfalls unwirksam und muss durch die Geschäftsstelle neu bewirkt werden. Da die Anordnung des Vorsitzenden aber nach wie vor besteht, ist eine neue Anordnung nicht erforderlich.[31]

---

[18] OLG Hamm 18.8.1982 – 6 Ws 215/82, NStZ 1982, 479 (480); Graalmann-Scheerer in Löwe/Rosenberg Rn. 11; Schmitt in Meyer-Goßner/Schmitt Rn. 6; Ziegler in KMR-StPO Rn. 7.

[19] Graalmann-Scheerer in Löwe/Rosenberg Rn. 13; Schmitt in Meyer-Goßner/Schmitt Rn. 6; Weßlau/Singelnstein in SK-StPO Rn. 6; Ziegler in KMR-StPO Rn. 8.

[20] OLG Celle 15.9.2010 – 1 Ws 398/10, NStZ-RR 2011, 45; OLG Köln 17.8.1962 – Ss 293/62, NJW 1962, 1929 (1930); OLG Stuttgart 18.11.1975 – 3 Ws 286/75, MDR 1976, 245; Larcher in BeckOK StPO Rn. 5.

[21] BayObLG 6.7.1981 – 3 Ob OWi 108/81, NJW 1981, 2589 (2590); OLG Bamberg 23.10.2017 – 3 Ss OWi 896/17, BeckRS 2017, 138044 Rn. 4; Graalmann-Scheerer in Löwe/Rosenberg Rn. 34; Maul in KK-StPO Rn. 4; Rappert in Radtke/Hohmann Rn. 7; Schmitt in Meyer-Goßner/Schmitt Rn. 7; Weßlau/Singelnstein in SK-StPO Rn. 15; Ziegler in KMR-StPO Rn. 6.

[22] BGH 14.12.2010 – 1 StR 420/10, NStZ 2011, 591 (592); OLG Hamm 18.8.1982 – 6 Ws 215/82, NStZ 1982, 479 (480); OLG München 24.6.2009 – 5 St RR 157/09, NStZ-RR 2010, 15; Graalmann-Scheerer in Löwe/Rosenberg Rn. 35; Schmitt in Meyer-Goßner/Schmitt Rn. 7.

[23] OLG Düsseldorf 23.12.1981 – 1 Ws 938 und 957/81, MDR 1982, 599 (600); Schmitt in Meyer-Goßner/Schmitt Rn. 2; Rappert in Radtke/Hohmann Rn. 1.

[24] OLG Düsseldorf 30.11.1987 – 2 Ws 452/87, NStZ 1988, 150 (150 f.); Graalmann-Scheerer in Löwe/Rosenberg Rn. 10; Larcher in BeckOK StPO Rn. 3; Pollähne in Gercke/Julius/Temming/Zöller Rn. 3; Ziegler in KMR-StPO Rn. 6.

[25] OLG Köln 17.8.1962 – Ss 293/62, NJW 1962, 1929 (1930); Graalmann-Scheerer in Löwe/Rosenberg Rn. 36; Weßlau/Singelnstein in SK-StPO Rn. 16.

[26] BayObLG 12.3.1999 – 1 St RR 51/99, NStZ-RR 1999, 243 (243).

[27] OLG Oldenburg 12.10.2016 – 1 Ws 555/16, StV 2018, 77.

[28] OLG Düsseldorf 14.10.1982 – 1 Ws OWi 799/82, MDR 1983, 339; OLG Hamm 11.11.1997 – 4 Ss OWi 1053/97, NZV 1998, 475 (476); OLG Naumburg 23.9.2013 – 2 Ss 132/13, BeckRS 2013, 22086.

[29] BayObLG 12.1.1989 – RReg. 3 St 2/89, MDR 1989, 665; OLG Düsseldorf 5.8.1999 – 1 Ws OWi 673 – 674/99, VRS 97, 421 (421).

[30] OLG Düsseldorf 19.11.1982 – 1 Ws OWi 775/82, VRS 64, 269 (269 f.).

[31] Graalmann-Scheerer in Löwe/Rosenberg Rn. 12.

2. Vollstreckungsbedürftige Entscheidungen (Abs. 2). a) Bekanntmachung und Vollstreckung durch die Staatsanwaltschaft (S. 1). Bedarf die zuzustellende Entscheidung der Vollstreckung, ist sie nach der Sonderregelung in Abs. 2 der **Staatsanwaltschaft** zu übergeben. Der Vorsitzende darf in diesem Fall nicht die Zustellung anordnen; dies könnte zudem die Vollstreckung der jeweiligen Entscheidung gefährden oder vereiteln (→ Rn. 1). 14

Vollstreckung bedeutet mit der hM und nach dem üblichen Wortsinn die erforderlichenfalls zwangsweise Durchführung.[32] Einige Stimmen wollen in einem weiten Verständnis des Vollstreckungsbegriffs Abs. 2 hingegen bereits anwenden, wenn zur Durchsetzung der gerichtlichen Entscheidung mehr als deren Zustellung zu veranlassen ist.[33] Dies widerspricht aber dem Anliegen der Norm, die Zustellung demjenigen Gericht zu übertragen, das die jeweilige Entscheidung auch erlassen hat.[34] 15

Zu den **vollstreckungsbedürftigen Entscheidungen** iSd § 36 Abs. 2 S. 1 gehören insbesondere Haftbefehle gemäß §§ 112 ff. (einschließlich des Widerrufsbeschlusses nach § 116 Abs. 4),[35] § 230 Abs. 2, § 236, § 329 Abs. 3, § 453c und Unterbringungsbefehle gemäß § 126a sowie Ordnungsmittelbeschlüsse nach § 51 Abs. 1 S. 2 und S. 3, § 70 Abs. 1, Abs. 2 (→ Rn. 21), § 77 Abs. 1 S. 1 und S. 2, Abs. 2 S. 1, darüber hinaus Anordnungen von Ermittlungsmaßnahmen, zB nach § 81a Abs. 2, § 81c Abs. 5, § 100e Abs. 1 S. 1, § 100d Abs. 2, § 131 Abs. 1 und Abs. 3, § 131c Abs. 1 S. 1, vor allem der Beschlagnahme und Durchsuchung gemäß § 98 Abs. 1, § 100 Abs. 1, § 105 Abs. 1 und § 111a Abs. 3 und Abs. 6 S. 2, sowie Ordnungsmittelbeschlüsse in diesem Zusammenhang, zB gemäß § 81c Abs. 6 oder § 95 Abs. 2 S. 1, jeweils iVm § 70.[36] 16

Keiner Vollstreckung bedürfen hingegen Entscheidungen, die Zwangsmaßnahmen wie Haftbefehle (zB nach § 120, § 121 Abs. 2, § 122a) oder Unterbringungsbefehle (zB gemäß § 126a Abs. 3) und Beschlagnahmebeschlüsse etc aufheben oder den Vollzug eines Haftbefehls nach § 116 Abs. 1–3 aussetzen. Ebenso wenig erfasst § 36 Abs. 2 S. 1 Beschlüsse des Gerichts des ersten Rechtszugs (§ 462a Abs. 3) oder der Strafvollstreckungskammer (§ 462a Abs. 1) über den Widerruf der Strafaussetzung zur Bewährung[37] oder über die Aussetzung des Strafrestes nach § 454 iVm § 57 StGB;[38] denn diese Entscheidungen weisen bis zum Eintritt der Rechtskraft noch keinen vollstreckbaren Inhalt auf.[39] Auch Urteile, Strafbefehle und Beschlüsse nach den § 460, § 462, § 453, § 463 Abs. 2 und § 72 OWiG unterfallen daher nicht dem § 36 Abs. 2 S. 1.[40] 17

Die nach den vorstehenden Erwägungen von Abs. 2 S. 1 erfassten Entscheidungen sind der Staatsanwaltschaft zu **übergeben.** Zu diesem Zweck ordnet der Vorsitzende idR an, der Staatsanwaltschaft die Akten (mitsamt der betreffenden Entscheidung) zu übersenden. 18

---

32 Graalmann-Scheerer in Löwe/Rosenberg Rn. 18; Maul in KK-StPO Rn. 11; Rappert in Radtke/Hohmann Rn. 10; Schmitt in Meyer-Goßner/Schmitt Rn. 10; Weßlau/Singelnstein in SK-StPO Rn. 8; Herrmann NJW 1978, 653 (653); s. hierzu auch Wendisch JR 1978, 445 (447).

33 So OLG Frankfurt a. M. 23.10.1980 – 3 Ws 921/79, GA 1980, 474 (475); OLG Hamm 14.10.1977 – 2 Ws 190/77, NJW 1978, 175 (175); OLG Zweibrücken 27.7.1976 – Ws 82/76, JR 1977, 292 (293 ff.) mzustAnm Schätzler.

34 Graalmann-Scheerer in Löwe/Rosenberg Rn. 20; Schmitt in Meyer-Goßner/Schmitt Rn. 10; Weßlau/Singelnstein in SK-StPO Rn. 8.

35 S. hierzu Wendisch JR 1978, 445 (447).

36 OLG Oldenburg 18.3.2009 – 1 Ws 162/09, NStZ-RR 2009, 219; Graalmann-Scheerer in Löwe/Rosenberg Rn. 21; Schmitt in Meyer-Goßner/Schmitt Rn. 12.

37 OLG Düsseldorf 30.11.1987 – 2 Ws 452/87, NStZ 1988, 150 (151); Claus in Satzger/Schluckebier/Widmaier StPO Rn. 8.

38 OLG Frankfurt a. M. 23.10.1980 – 3 Ws 921/79, GA 1980, 474 (475); OLG Oldenburg 18.3.2009 – 1 Ws 162/09, NStZ-RR 2009, 219; Larcher in BeckOK StPO Rn. 2; Maul in KK-StPO Rn. 13; Polähne in Gercke/Julius/Temming/Zöller Rn. 11; Ziegler in KMR-StPO Rn. 10; Wendisch JR 1978, 445 (448); aA OLG Hamm 14.10.1977 – 2 Ws 190/77, NJW 1978, 175 (175 f.); OLG Zweibrücken 27.7.1976 – Ws 82/76, JR 1977, 292 (294 f.) mAnm Schätzler; Mrozynski JR 1983, 133 (139 f.).

39 Graalmann-Scheerer in Löwe/Rosenberg Rn. 22; Rappert in Radtke/Hohmann Rn. 12; Schmitt in Meyer-Goßner/Schmitt Rn. 12; Weßlau/Singelnstein in SK-StPO Rn. 9.

40 Maul in KK-StPO Rn. 13; Weßlau/Singelnstein in SK-StPO Rn. 7.

Die Staatsanwaltschaft veranlasst sodann das Erforderliche,[41] dh sie hat – selbst ohne ausdrückliches Ersuchen – die Entscheidung nicht nur bekanntzumachen, sondern auch zu vollstrecken.[42] Der Umfang der Bekanntgabe der richterlichen Entscheidung steht hierbei nicht im Ermessen der Staatsanwaltschaft. Grundsätzlich ist demzufolge die vollständige Entscheidung bekanntzumachen.[43]

19 **Zuständig** ist die Staatsanwaltschaft bei dem Gericht, das die Entscheidung erlassen hat. Die Staatsanwaltschaft beim Oberlandesgericht kann jedoch die Zustellung einer nachgeordneten und am Verfahren beteiligten Staatsanwaltschaft übertragen (§ 145 Abs. 1 GVG).[44] Die Anordnung der Zustellung geschieht durch den Staatsanwalt oder den Amtsanwalt selbst, nicht durch deren Geschäftsstelle, welche die Anordnungen lediglich ausführen darf.[45]

20 **b) Bekanntmachung und Vollstreckung durch das Gericht (S. 2).** Nicht der Staatsanwaltschaft gemäß S. 1 übergeben werden vollstreckungsbedürftige Entscheidungen, welche die **Ordnung in den Sitzungen** gemäß §§ 169 ff. GVG betreffen. In diesen Fällen obliegen – entsprechend dem Grundgedanken des Abs. 2 (→ Rn. 14) – sowohl Bekanntmachung der Entscheidung als auch deren Vollstreckung dem Gericht. Gemäß § 179 GVG veranlasst der Vorsitzende unmittelbar die Vollstreckung dieser Ordnungsmittel. IdR wird die Vollstreckung dem Rechtspfleger übertragen, soweit sich der Richter im Einzelfall die Vollstreckung nicht ganz oder teilweise vorbehält (§ 31 Abs. 3 RPflG).

21 Ebenso obliegt es dem Gericht, die **Beugehaft** zur Erzwingung einer Zeugenaussage (§ 70 Abs. 2) oder der Herausgabe von Beweismitteln (§ 95 Abs. 2 iVm § 70 Abs. 2) zu vollstrecken.[46] Denn in diesen Fällen kann nur das Gericht überprüfen, ob zwischenzeitlich ein Vollstreckungshindernis eingetreten ist.[47] Die Staatsanwaltschaft bleibt aber für die Vollstreckung zuständig, wenn die Erzwingungshaft gegen einen Zeugen angeordnet wird, den die Staatsanwaltschaft im Ermittlungsverfahren in eigener Zuständigkeit vernehmen will.[48] Ebenso ist die Staatsanwaltschaft für die Vollstreckung von Ordnungsgeldern gegen Schöffen gemäß § 56 Abs. 1 GVG zuständig.[49]

III. Rechtsbehelfe

22 Zustellungsmaßnahmen der Staatsanwaltschaft sind mit dem Antrag auf gerichtliche Entscheidung nach **§ 23 EGGVG** anfechtbar.[50] Gegen die Art und Weise der Vollstreckung wie gegen die Anordnung selbst ist hingegen jedenfalls bei Eingriffen in strafprozessuale Grundrechte mit dem Antrag auf gerichtliche Entscheidung nach **§ 98 Abs. 2 S. 2** analog vorzugehen.[51]

---

41 Ausf. wie krit. gegenüber diesem Begriff Wiepjes StV 2019, 286 (288 ff.) am Beispiel des richterlichen Durchsuchungsbeschlusses.

42 Schmitt in Meyer-Goßner/Schmitt Rn. 13; Ziegler in KMR-StPO Rn. 12.

43 BGH 28.6.2017 – 1 BGs 148/17, NJW 2017, 2359 (2359).

44 Graalmann-Scheerer in Löwe/Rosenberg Rn. 24; Maul in KK-StPO Rn. 10; Weßlau/Singelnstein in SK-StPO Rn. 12; Ziegler in KMR-StPO Rn. 12.

45 Graalmann-Scheerer in Löwe/Rosenberg Rn. 26; Schmitt in Meyer-Goßner/Schmitt Rn. 13; Weßlau/Singelnstein in SK-StPO Rn. 11; Ziegler in KMR-StPO Rn. 12.

46 Maul in KK-StPO Rn. 17; Pollähne in Gercke/Julius/Temming/Zöller Rn. 14; Rappert in Radtke/Hohmann Rn. 15; Weßlau/Singelnstein in SK-StPO Rn. 13; Ziegler in KMR-StPO Rn. 14.

47 BGH 17.3.1989 – I BGs 100/89, BGHSt 36, 155 (156 f.) = NJW 1989, 1740 (1741); Graalmann-Scheerer in Löwe/Rosenberg Rn. 29; Schmitt in Meyer-Goßner/Schmitt Rn. 14.

48 BGH 17.3.1989 – I BGs 100/89, BGHSt 36, 155 (157) = NJW 1989, 1740 (1741).

49 OLG Celle 15.4.2016 – 1 Ws 193/16, NStZ-RR 2016, 294.

50 Maul in KK-StPO Rn. 18; Pollähne in Gercke/Julius/Temming/Zöller Rn. 15; Rappert in Radtke/Hohmann Rn. 14; Schmitt in Meyer-Goßner/Schmitt Rn. 15; Ziegler in KMR-StPO Rn. 12; Strubel/Sprenger NJW 1972, 1734 (1736).

51 Weßlau/Singelnstein in SK-StPO Rn. 14; aA Graalmann-Scheerer in Löwe/Rosenberg Rn. 37; Rappert in Radtke/Hohmann Rn. 14: Antrag nach § 23 EGGVG.

§ 37 Zustellungsverfahren

(1) Für das Verfahren bei Zustellungen gelten die Vorschriften der Zivilprozeßordnung entsprechend.

(2) Wird die für einen Beteiligten bestimmte Zustellung an mehrere Empfangsberechtigte bewirkt, so richtet sich die Berechnung einer Frist nach der zuletzt bewirkten Zustellung.

(3) [1]Ist einem Prozessbeteiligten gemäß § 187 Absatz 1 und 2 des Gerichtsverfassungsgesetzes eine Übersetzung des Urteils zur Verfügung zu stellen, so ist das Urteil zusammen mit der Übersetzung zuzustellen. [2]Die Zustellung an die übrigen Prozessbeteiligten erfolgt in diesen Fällen gleichzeitig mit der Zustellung nach Satz 1.

Schrifttum: Arnold, Zustellungen, Ladungen, Vorführungen in der Bundeswehr, NJW 1957, 1220; Blankenheim, Zustellung des Strafbefehls an Nichtseßhafte, MDR 1992, 926; Dünnebier, Fristberechnung bei mehrfacher Zustellung (§ 37 Abs. 2 StPO), JZ 1969, 94; Eyinck, Zustellungsrecht und Postreform: Gemeinschaftsbriefkasten bei Ersatzzustellung durch Niederlegung, NJW 1998, 206; Heß, Neues deutsches und europäisches Zustellungsrecht, NJW 2002, 2417; Kohlhaas, Mehrfache Zustellungen nach § 37 StPO, NJW 1967, 24; Kotz, Anspruch auf Dolmetsch- und Übersetzungsleistungen im Strafverfahren, StV 2012, 626; Kuhn, Zustellung im Strafprozess, JA 2011, 217; Schumann, Der Vorsteher einer Postanstalt als Zustellungsbevollmächtigter wider Willen, NJW 1969, 2185; Schweckendieck, Die ordnungsgemäße Ladung von jugendlichen Angeklagten und minderjährigen Zeugen zur Hauptverhandlung, NStZ 1990, 170; Westphal, Noch einmal: Gemeinschaftsbriefkasten bei Ersatzzustellung durch Niederlegung, NJW 1998, 2413.

Übersicht

I. Überblick

1 **1. Normzweck.** § 37 regelt das Verfahren bei **Zustellungen,** dh bei Bekanntmachungen gerichtlicher Entscheidungen, die in Abwesenheit der betroffenen Person ergehen (→ § 35 Rn. 24 ff.). Die Zustellung ermöglicht es dem Adressaten, von der Entscheidung Kenntnis zu nehmen, und dient damit der Verwirklichung des Anspruchs auf rechtliches Gehör gemäß Art. 103 Abs. 1 GG sowie des Anspruchs auf Rechtsschutz gemäß Art. 19 Abs. 4 GG (→ § 35 Rn. 1).[1]

2 **2. Anwendungsbereich.** *Ob* ein Schriftstück zuzustellen ist, ergibt sich aus den jeweiligen Normen der Strafprozessordnung. *Wie* eine dort vorgesehene Zustellung erfolgt, richtet sich hingegen gemäß § 37 Abs. 1 nach den **Vorschriften der Zivilprozessordnung,** dh nach den §§ 166–195 ZPO.[2] Diese Regelungen gelten allerdings nur insoweit entsprechend, als ihrer Übertragung Wesen und Struktur des Straf- bzw. Bußgeldverfahrens nicht

---

1 Graalmann-Scheerer in Löwe/Rosenberg Rn. 1.

2 Krit. Graalmann-Scheerer in Löwe/Rosenberg Vor § 33 Rn. 9.

entgegenstehen. **Anwendbar** sind im Einzelnen insbesondere die §§ 166, 168, 169, 173–183, 189, 190 ZPO.[3]

3 Da die öffentliche Zustellung in § 40 gesondert normiert ist, gelten die §§ 185–188 ZPO lediglich für Privat- und Nebenkläger und Personen, die für den Beschuldigten Sicherheit geleistet haben (§ 124 Abs. 2 und Abs. 3).[4] **Beschränkt anwendbar** sind außerdem § 192 Abs. 2, § 193, § 194 ZPO bei der unmittelbaren Ladung von Zeugen und Sachverständigen gemäß § 220 Abs. 1 S. 1, § 386 Abs. 2, die Privatkläger und Angeklagte durch den Gerichtsvollzieher zustellen lassen können.[5]

4 **3. Entstehungsgeschichte der Norm.** Die Vorschrift wurde häufig geändert und beschränkt sich inzwischen im Wesentlichen (Abs. 1) auf einen Verweis auf die Vorschriften der Zivilprozessordnung. Diese Fassung ist zurückzuführen auf das zum 1.7.2002 in Kraft getretene Gesetz zur Reform des Verfahrens bei Zustellungen im gerichtlichen Verfahren (**Zustellungsreformgesetz** – ZustRG) vom 25.6.2001.[6] Dadurch wurde das Zustellungsrecht in den §§ 166 ff. ZPO umfassend reformiert, um es den gewandelten Lebensverhältnissen, nicht zuletzt der technischen Entwicklung anzupassen.[7]

5 Die – abgesehen von der Einführung der amtlichen Überschrift der Norm durch Art. 1 Nr. 13 des Gesetzes zur Stärkung des Rechts des Angeklagten auf Vertretung in der Berufungsverhandlung und über die Anerkennung von Abwesenheitsentscheidungen in der Rechtshilfe vom 17.7.2015[8] – letzte Änderung des § 37 beruht auf dem **Gesetz zur Stärkung der Verfahrensrechte von Beschuldigten im Strafverfahren** vom 2.7.2013,[9] das am 6.7.2013 in Kraft trat. Es diente ua der Umsetzung der Richtlinie 2010/64/EU des Europäischen Parlaments und des Rates vom 20.10.2010 über das Recht auf Dolmetscherleistungen und Übersetzungen in Strafverfahren.[10] Zu diesem Zweck wurde in § 37 ein neuer Abs. 3 eingefügt, wonach die gemäß § 187 Abs. 1 und Abs. 2 GVG erforderliche Übersetzung eines Urteils zum einen dem betroffenen Prozessbeteiligten gemeinsam mit dem Urteil zuzustellen ist und zum anderen auch die Zustellung an die übrigen Prozessbeteiligten zur selben Zeit zu erfolgen hat (→ Rn. 71 ff.). Dadurch soll ein zeitgleicher Beginn der Rechtsmittelbegründungsfristen für alle Verfahrensbeteiligten gewährleistet werden.[11]

6 **4. Internationalrechtliche Grundlagen und Einflüsse.** Zum europarechtlichen Hintergrund des § 37 Abs. 3 → Rn. 5, zu den Vorgaben des **Art. 6 Abs. 3 lit. e EMRK** → § 35 Rn. 7.

II. Erläuterung

7 **1. Zustellungsverfahren (Abs. 1). a) Grundlagen.** Unter Zustellung ist gemäß § 166 Abs. 1 ZPO die Bekanntgabe eines Dokuments an eine Person in der in §§ 166 ff. ZPO bestimmten Form zu verstehen. Nach der **Legaldefinition** kommt es allein auf die **Bekanntgabe** an, die dem jeweiligen Empfänger Gelegenheit verschaffen soll, von dem zugestellten Schriftstück Kenntnis zu nehmen. Keine Voraussetzung für die Wirksamkeit der Zustellung ist hingegen – anders als nach früherer Rechtsprechung[12] – die Beurkundung des Zustellungsaktes, die lediglich dem Nachweis der Zustellung dient.[13]

---

[3] Zu den nicht anwendbaren Vorschriften unter den §§ 166 ff. ZPO Graalmann-Scheerer in Löwe/Rosenberg Rn. 12 ff.
[4] Maul in KK-StPO Rn. 4; Schmitt in Meyer-Goßner/Schmitt Rn. 5; Weßlau/Singelnstein in SK-StPO Rn. 10; Ziegler in KMR-StPO Rn. 45.
[5] Graalmann-Scheerer in Löwe/Rosenberg Rn. 23.
[6] BGBl. I 1206.
[7] BT-Drs. 14/4554, 13.
[8] BGBl. I 1332.
[9] BGBl. I 1938.
[10] ABl. L 280, 1; s. hierzu Kotz StV 2012, 626.
[11] BT-Drs. 17/12578, 14.
[12] S. etwa BGH 24.11.1977 – III ZR 1/76, NJW 1978, 1858 (1858).
[13] BT-Drs. 14/4554, 15; Heß NJW 2002, 2417 (2418).

In welcher **Form** eine Zustellung zu erfolgen hat, ist in den §§ 166 ff. ZPO nicht geregelt. Diese Entscheidung bleibt der jeweiligen materiell- oder prozessrechtlichen Vorschrift vorbehalten.[14] Mangels gesetzlicher Bestimmung kann ein Schriftstück daher auch durch die Übergabe einer einfachen Abschrift zugestellt werden.[15] § 275 Abs. 4 aF sprach bei Urteilen von Ausfertigungen, dh von Abschriften der gerichtlichen Entscheidung, die einen Ausfertigungsvermerk der Geschäftsstelle enthielten, den der Urkundsbeamte unterschrieb und mit dem Dienstsiegel versah. Diese Möglichkeit, die eine bei den Akten liegende Urschrift nach außen vertreten sollte, ist aber nicht mehr erforderlich, sobald die elektronische Akte eingeführt wird.[16] Den Zeitpunkt, von dem an die Akten elektronisch geführt werden, bestimmen gemäß § 32 Abs. 1 S. 2 die Bundesregierung und Landesregierungen jeweils für ihren Bereich durch Rechtsverordnung. 8

Sofern im Einzelfall zur Beweisführung im Rechtsverkehr noch eine mit einem besonderen öffentlichen Glauben ausgestattete amtliche Abschrift erforderlich sein sollte, genügt – wie auch schon früher[17] – die Erteilung einer **beglaubigten Abschrift.**[18] Die Beglaubigung erfolgt durch die Geschäftsstelle (§ 169 Abs. 2 S. 1 ZPO) oder auch die Staatsanwaltschaft. Sie besteht in einem zu unterzeichnenden Beglaubigungsvermerk,[19] für den gesetzlich keine besondere Form vorgeschrieben ist. Einfache Abschriften genügen hingegen nicht.[20] Gemäß § 169 Abs. 3 S. 1 ZPO kann eine in Papierform zuzustellende Abschrift auch durch maschinelle Bearbeitung beglaubigt werden. Die handschriftliche Unterzeichnung wird hierbei durch das Gerichtssiegel ersetzt (§ 169 Abs. 3 S. 2 ZPO). Das zuzustellende Schriftstück muss wortgetreu und vollständig wiedergegeben werden (zu den Konsequenzen bei Mängeln → Rn. 60).[21] 8a

Die Zustellung kann grundsätzlich durch die Übergabe der einfachen bzw. beglaubigten Abschrift der zuzustellenden gerichtlichen Entscheidung erfolgen. Sie kann an jedem **Ort** stattfinden, an dem der Empfänger angetroffen wird (§ 177 ZPO). Allerdings ist eine Zustellung in unangemessenen Situationen (zB bei einer Beerdigung) oder zu generell unpassender **Zeit** (zB an Sonn- und Feiertagen) nicht gestattet.[22] Mit Einführung des elektronischen Rechtsverkehrs können nach § 32b Abs. 4 (einfache oder beglaubigte) Abschriften nicht nur in Papierform, sondern auch als elektronisches Dokument erteilt werden. 9

Ausgeführt wird die Zustellung grds. durch die Geschäftsstelle (§ 168 Abs. 1 S. 1 ZPO), die über die Art der Zustellung nach pflichtgemäßem Ermessen entscheidet.[23] IdR wird sie die Post, dh einen nach § 33 Abs. 1 PostG beliehenen Unternehmer mit der Ausführung beauftragen. Möglich ist aber ebenso die Zustellung durch einen Justizbediensteten wie insbesondere einen Justizwachtmeister (§ 168 Abs. 1 S. 2 ZPO) oder – sofern die vorstehenden Zustellungen keinen Erfolg versprechen – durch einen Gerichtsvollzieher oder eine andere Behörde wie die Polizei (§ 168 Abs. 2 ZPO).[24] 10

b) Empfänger der Zustellung. Möglicher Empfänger der Zustellung ist in erster Linie derjenige, für den die zuzustellende gerichtliche Entscheidung **bestimmt** ist. Dies gilt auch bei **minderjährigen Personen;**[25] hier ist entgegen § 170 Abs. 1 S. 1 ZPO nicht an den gesetzli- 11

[14] BT-Drs. 14/4554, 16.
[15] Claus in Satzger/Schluckebier/Widmaier StPO Rn. 5; Graalmann-Scheerer in Löwe/Rosenberg Rn. 3.
[16] BT-Drs. 18/9416, 50, 64.
[17] BGH 7.9.1972 – 4 StR 311/71, Dallinger MDR 1973, 16 (19) – RsprÜ; 15.5.1975 – 4 StR 51/75, BGHSt 26, 140 (141) = NJW 1975, 1612 (1612).
[18] BT-Drs. 18/9416, 50, 64.
[19] BGH 15.5.1975 – 4 StR 51/75, BGHSt 26, 140 (141) = NJW 1975, 1612 (1612).
[20] OLG Köln 23.7.1954 – Ws 223/54, GA 1955, 126; Maul in KK-StPO Rn. 7; Pollähne in Gercke/Julius/Temming/Zöller Rn. 2; Schmitt in Meyer-Goßner/Schmitt Rn. 1.
[21] OLG Celle 30.9.2015 – 2 Ss 161/15, BeckRS 2016, 8029 Rn. 2; Schmitt in Meyer-Goßner/Schmitt Rn. 2; Weßlau/Singelnstein in SK-StPO Rn. 3; Ziegler in KMR-StPO Rn. 3.
[22] BT-Drs. 14/4554, 20; Graalmann-Scheerer in Löwe/Rosenberg Rn. 52.
[23] Graalmann-Scheerer in Löwe/Rosenberg Rn. 26.
[24] Graalmann-Scheerer in Löwe/Rosenberg Rn. 27; Rappert in Radtke/Hohmann Rn. 7; Schmitt in Meyer-Goßner/Schmitt Rn. 6.
[25] Graalmann-Scheerer in Löwe/Rosenberg Rn. 4; Schmitt in Meyer-Goßner/Schmitt Rn. 3; Schweckendieck NStZ 1990, 170 (171).

chen Vertreter zuzustellen, da im Strafverfahren die Verhandlungsfähigkeit und nicht das Lebensalter maßgeblich ist.[26] Ebenso ist die Zustellung an jemanden zulässig, der lediglich wegen bestimmter Angelegenheiten unter Betreuung gemäß §§ 1896 ff. BGB steht.[27] Ist der Empfänger hingegen verhandlungsunfähig, erweist sich die Zustellung als unwirksam.[28]

12 Darüber hinaus kommen als Adressaten **Zustellungsbevollmächtigte** in Betracht, denen insoweit eine rechtsgeschäftliche Vertretungsmacht eingeräumt wurde.[29] Im Strafverfahren ist die Zustellungsvollmacht allerdings nur von geringer Bedeutung.[30] In den Fällen der § 116a Abs. 3, § 127a Abs. 2 und § 132 Abs. 1 Nr. 2 besteht jedoch die Pflicht, jemanden zum Empfang von Zustellungen zu bevollmächtigen.[31]

13 Außerdem gelten **Pflicht- und Wahlverteidiger** gemäß § 145a Abs. 1 als ermächtigt, Zustellungen und sonstige Mitteilungen für den Beschuldigten zu empfangen. Ihre Vollmacht muss sich aber spätestens zur Zeit der Ausführung der Zustellung bei den Akten befinden.[32] Ist die wirksame Zustellung an mehrere Verteidiger möglich, genügt es, an einen von ihnen zuzustellen (vgl. die Soll-Vorgabe in Nr. 154 Abs. 1 S. 2 RiStBV).[33] Trotz Bevollmächtigung reicht aber stets – entgegen § 172 Abs. 1 S. 1 ZPO – die Zustellung an den Beschuldigten aus, da § 145a zur Zustellung an den Verteidiger lediglich berechtigt, nicht aber verpflichtet.[34]

14 **c) Ersatzzustellung. aa) Allgemeines.** Scheitert eine Zustellung nach den vorstehenden Grundsätzen, kommt eine Ersatzzustellung nach den §§ 178 ff. ZPO in Betracht. Sollte einer Zustellung etwa entgegenstehen, dass die Person, der zugestellt werden soll, **nicht** in ihrer Wohnung, ihren Geschäftsräumen oder in einer Gemeinschaftseinrichtung (vgl. § 178 Abs. 1 ZPO) **angetroffen** wird, kann ersatzweise an die in § 178 Abs. 1 ZPO näher bezeichneten Personen (→ Rn. 17 ff.) zugestellt werden. Ist diese Form der Ersatzzustellung nicht ausführbar, bleibt in den Fällen des § 178 Abs. 1 Nr. 1, 2 ZPO die subsidiäre Möglichkeit, durch Einlegen in den Briefkasten (§ 180 ZPO; → Rn. 31 ff.) zuzustellen. Sofern dies ebenso ausscheidet oder wenn sich eine Ersatzzustellung gemäß § 178 Abs. 1 Nr. 3 ZPO nicht bewirken lässt, kann durch Niederlegung ersatzweise zugestellt werden (§ 181 ZPO; → Rn. 36 ff.).

15 Mit der Durchführung einer zulässigen Ersatzzustellung gilt die gerichtliche Entscheidung als dem Empfänger **wirksam zugestellt.** Die Zugangsfiktion beruht auf der Lebenserfahrung, dass die in § 178 Abs. 1 ZPO genannten Personen das ihnen zugestellte Schriftstück an den eigentlichen Adressaten weiterleiten.[35] Setzt die Zustellung eine **Frist** in Lauf, ist für deren Beginn der Tag der Ersatzzustellung maßgeblich.[36]

16 Ob und ggf. wann der Empfänger persönlich **Kenntnis** von der Ersatzzustellung erlangt, ist **unerheblich.**[37] Sein Anspruch auf rechtliches Gehör gemäß Art. 103 Abs. 1

---

[26] KG 20.11.2001 – 1 AR 1353/01 – 5 Ws 702/01, StV 2003, 343; OLG Düsseldorf 14.7.1992 – 4 Ws 230/92, MDR 1993, 70 (70); OLG Hamm 11.6.2013 – 5 RVs 32/13, BeckRS 2013, 14643; Graalmann-Scheerer in Löwe/Rosenberg Rn. 4; Maul in KK-StPO Rn. 9; Ziegler in KMR-StPO Rn. 4.

[27] OLG Brandenburg 23.12.2008 – 1 Ws 242/08, NStZ-RR 2009, 219 (219).

[28] LG Nürnberg-Fürth 31.3.2020 – 18 Qs 16/19, BeckRS 2020, 17408 Rn. 29.

[29] OLG Dresden 2.10.2014 – 1 Ws 214/14, BeckRS 2016, 5049.

[30] Graalmann-Scheerer in Löwe/Rosenberg Rn. 5.

[31] S. hierzu OLG München 21.12.1994 – 1 Ws 784/94, MDR 1995, 405 (405 f.).

[32] BGH 24.10.1995 – 1 StR 474/95, BGHSt 41, 303 (304) = NStZ 1996, 97; OLG Hamm 5.10.1981 – 6 Ss OWi 1892/81, NStZ 1982, 129; OLG Karlsruhe 14.3.1996 – 3 Ss 11/96, NStZ-RR 1996, 237 (237).

[33] BGH 30.7.1968 – 1 StR 77/68, BGHSt 22, 221 (222) = NJW 1968, 2019; 13.5.1987 – 2 StR 170/87, BGHSt 34, 371 (372) = NJW 1987, 2824 (2824); 12.8.1997 – 4 StR 329/97, NStZ-RR 1997, 364; 4.3.2003 – 4 StR 466/02, NStZ-RR 2003, 205.

[34] OLG Düsseldorf 8.9.1988 – 1 Ws 868/88, NStZ 1989, 88; Larcher in BeckOK StPO Rn. 2; Weßlau/Singelnstein in SK-StPO Rn. 7; Ziegler in KMR-StPO Rn. 6.

[35] Graalmann-Scheerer in Löwe/Rosenberg Rn. 56.

[36] KG 29.10.2013 – 2 Ws 481/13 – 141 AR 526/13, BeckRS 2014, 5696.

[37] BGH 21.12.1976 – 4 StR 194/76, BGHSt 27, 85 (88) = NJW 1977, 723; KG 29.10.2013 – 2 Ws 481/13 – 141 AR 526/13, BeckRS 2014, 5696; Graalmann-Scheerer in Löwe/Rosenberg Rn. 56; Maul in KK-StPO Rn. 11; Schmitt in Meyer-Goßner/Schmitt Rn. 17; Weßlau/Singelnstein in SK-StPO Rn. 22.

GG ist durch das mit der Ersatzzustellung verbundene Risiko, nicht von der Zustellung zu erfahren, zB bei unterbleibender Benachrichtigung durch die Ersatzperson nach § 178 ZPO, nicht beeinträchtigt.[38]

bb) Ersatzzustellung in der Wohnung, in Geschäftsräumen und Einrichtungen (§ 178 ZPO). Die Ersatzzustellung nach § 178 Abs. 1 ZPO setzt voraus, dass der Adressat der Zustellung in seiner Wohnung, dem Geschäftsraum oder einer Gemeinschaftseinrichtung **nicht angetroffen** wird. Darunter sind auch Situationen zu verstehen, in denen der Adressat zwar anwesend, aber aus anderen Gründen (zB wegen Krankheit oder unabwendbarer Dienstgeschäfte) das zuzustellende Schriftstück nicht entgegennehmen kann.[39] Die in Nr. 1–3 genannten Möglichkeiten der Ersatzzustellung stehen in absteigender Rangfolge, so dass die höhere gegenüber der niedrigeren Nummer jeweils subsidiär ist.[40] 17

Wohnung iSd § 178 Abs. 1 Nr. 1 ZPO ist diejenige Räumlichkeit, die der Empfänger zum Zeitpunkt der Zustellung **tatsächlich** für eine gewisse Dauer zum Wohnen, insbesondere zum Übernachten benutzt, wo sich folglich der Mittelpunkt seines Lebens befindet.[41] Solche Räumlichkeiten können auch Wohnwägen, Schiffe, Sommer- und Wochenendhäuser sowie Hotelzimmer sein.[42] Kurzfristige Abwesenheiten wie ein mehrwöchiger Besuch in einem Krankenhaus,[43] kürzere Geschäfts- oder Urlaubsreisen[44] oder der nur vorübergehende Auszug, ohne eine neue Wohnung zu begründen[45] bzw. wenn mit der Rückkehr zu rechnen ist,[46] lassen die Wohnungseigenschaft ebenso unberührt wie die vorläufige Festnahme des Adressaten.[47] 18

Eine Ersatzzustellung scheidet hingegen in Räumlichkeiten aus, die längere Zeit überhaupt nicht oder allenfalls sehr selten benutzt werden, so dass sich der räumliche Lebensmittelpunkt nicht mehr dort befindet.[48] Zu den zu berücksichtigenden Umständen des Einzelfalls zählt insbesondere die Dauer der Abwesenheit. Daher ist eine Ersatzzustellung nach § 178 Abs. 1 Nr. 1 ZPO ua unzulässig bei längerer Straf- oder Untersuchungshaft des Adressaten,[49] bei mehrmonatigem Aufenthalt in einem Frauenhaus[50] oder in einer Therapieein- 19

---

38 BVerfG 21.1.1969 – 2 BvR 724/67, BVerfGE 25, 158 (165) = NJW 1969, 1103 (1104); BGH 21.12.1976 – 4 StR 194/76, BGHSt 27, 85 (88 f.) = NJW 1977, 723; Schmitt in Meyer-Goßner/Schmitt Rn. 17.

39 BT-Drs. 14/4554, 20.

40 Graalmann-Scheerer in Löwe/Rosenberg Rn. 56.

41 BGH 24.11.1977 – III ZR 1/76, NJW 1978, 1858 (1858); 12.7.1984 – IVb ZB 71/84, NJW 1985, 2197; 27.10.1987 – VI ZR 268/86, NJW 1988, 713 (713); OLG Frankfurt a. M. 2.4.2003 – 3 Ws 391/03, NStZ-RR 2003, 174 (174); OLG Stuttgart 16.12.2014 – 5 Ss 732/14, NStZ-RR 2015, 144 (145); Graalmann-Scheerer in Löwe/Rosenberg Rn. 57; Larcher in BeckOK StPO Rn. 10; Maul in KK-StPO Rn. 12; Pollähne in Gercke/Julius/Temming/Zöller Rn. 7; Schmitt in Meyer-Goßner/Schmitt Rn. 8; Weßlau/Singelnstein in SK-StPO Rn. 25.

42 Graalmann-Scheerer in Löwe/Rosenberg Rn. 57.

43 BGH 12.7.1984 – IVb ZB 71/84, NJW 1985, 2197; OLG Zweibrücken 30.5.1984 – 2 WF 174/83, MDR 1984, 762.

44 BayObLG 9.3.1961 – RReg. 4 St 49/61, JR 1961, 271; OLG Köln 26.6.1980 – 1 Ss 476/80, NJW 1980, 2720; s. a. OLG Hamm 26.1.2006 – 2 Ws 27/06 und 2 Ss 31/06, NStZ-RR 2006, 309 (310).

45 OLG Hamburg 18.2.2005 – 2 Ws 5/05, NJW 2006, 1685 (1686); OLG Hamm 26.1.2006 – 2 Ws 27/06 und 2 Ss 31/06, NStZ-RR 2006, 309 (310).

46 BGH 24.11.1977 – III ZR 1/76, NJW 1978, 1858 (1858); 27.10.1987 – VI ZR 268/86, NJW 1988, 713 (714); vgl. auch BGH 13.10.1993 – XII ZR 120/92, NJW-RR 1994, 564 (565).

47 OLG Hamm 13.11.1961 – 3 Ss 1186/61, NJW 1962, 264 (264).

48 BGH 24.11.1977 – III ZR 1/76, NJW 1978, 1858 (1858); 12.7.1984 – IVb ZB 71/84, NJW 1985, 2197; BayObLG 9.3.1961 – RReg. 4 St 49/61, JR 1961, 271; OLG Düsseldorf 29.12.1986 – 1 Ws 1097/86, 1 Ws 1098/86, StV 1987, 378 (379); Graalmann-Scheerer in Löwe/Rosenberg Rn. 58; Schmitt in Meyer-Goßner/Schmitt Rn. 9; Ziegler in KMR-StPO Rn. 19.

49 BGH 24.11.1977 – III ZR 1/76, NJW 1978, 1858 (1858); OLG Düsseldorf 29.12.1986 – 1 Ws 1097/86, 1 Ws 1098/86, StV 1987, 378 (379); OLG Hamm 6.3.2003 – 2 Ss OWi 1090/02, NStZ-RR 2003, 189; OLG Jena 26.1.2006 – 1 Ws 29/06, NStZ-RR 2006, 277; s. aber OLG Dresden 24.11.2004 – 2 Ws 662/04, NStZ 2005, 398 (399).

50 OLG Stuttgart 16.12.2014 – 5 Ss 732/14, NStZ-RR 2015, 144 (145).

richtung[51] oder bei Wehrdienst mit Kasernierung,[52] ferner bei Abwesenheit aufgrund eines beruflichen[53] oder privaten (zB Weltreise) Aufenthalts im Ausland[54] oder auch nur um sich der Strafverfolgung zu entziehen.[55]

20 Unerheblich ist, wo sich der Wohnsitz des Adressaten nach den §§ 7–11 BGB befindet oder wo der Adressat polizeilich gemeldet ist.[56] Ebenso bleibt gleichgültig, welche Adresse der Empfänger in einem etwaigen Postnachsendeantrag angibt.[57] Allerdings ist trotz fehlender tatsächlicher Nutzung eine Räumlichkeit auch dann als Wohnung anzusehen, wenn der Empfänger deren Anschrift für seine Korrespondenz gebraucht und seine Post dort abholt.[58]

21 In Wohnungen können Schriftstücke gemäß § 178 Abs. 1 Nr. 1 ZPO ersatzweise an einen erwachsenen Familienangehörigen, eine in der Familie beschäftigte Person oder einen erwachsenen ständigen Mitbewohner zugestellt werden. **Familienangehöriger** ist grds. jede Person, die zu der Familie des Adressaten gehört, namentlich Ehe- oder eingetragene Lebenspartner, Verwandte und Verschwägerte.[59] Nach außen muss zwischen den Angehörigen ein Vertrauensverhältnis zum Ausdruck kommen, das die Weitergabe der zugestellten Entscheidung an den vorgesehenen Empfänger erwarten lässt.[60] Dies lässt sich auch bei getrennt lebenden Ehegatten annehmen.[61] Die Ersatzzustellung setzt nicht voraus, dass der in der Wohnung angetroffene Familienangehörige überhaupt dort wohnt; er kann sich vielmehr auch nur zufällig (zB auf Besuch) dort aufhalten.[62]

22 **Erwachsen** zu sein setzt keine Volljährigkeit des Familienangehörigen voraus. Vielmehr sind auch Minderjährige iSd Nr. 1 erwachsen, wenn sie aufgrund ihres Alters und ihrer geistigen Entwicklung in der Lage sind, die Bedeutung der Zustellung und die Verpflichtung zu erkennen, die Sendung an den Adressaten weiterzuleiten.[63] Dies lässt sich idR bei der Zustellung an einen 17-Jährigen[64] oder auch 14-Jährigen bejahen,[65] bleibt hingegen bei der Übergabe an eine 11-Jährige zu verneinen.[66]

23 **In der Familie beschäftigt** ist eine Person, die für den Adressaten oder einen seiner Familienangehörigen eine auf Dauer angelegte Tätigkeit im Hausstand oder zur Bedienung,

---

[51] OLG Frankfurt a. M. 2.4.2003 – 3 Ws 391/03, NStZ-RR 2003, 174 (174); OLG Hamm 23.8.1982 – 1 Ws 102/82, NStZ 1982, 521 (522); OLG Karlsruhe 18.11.1996 – 1 Ws 291/95, NJW 1997, 3183.

[52] BayObLG 4.6.1971 – 2 St OWi 550/71, VRS 41, 281 (282 f.).

[53] BayObLG 9.3.1961 – RReg. 4 St 49/61, JR 1961, 271; 28.11.1967 – RReg. 4a St 117/67, NJW 1968, 513 (514).

[54] LG Berlin 17.2.1992 – 503 Qs 1/92, MDR 1992, 791.

[55] OLG Schleswig 24.10.1991 – 2 Ws 412/91, SchlHA 1992, 144 (144).

[56] BGH 24.11.1977 – III ZR 1/76, NJW 1978, 1858 (1858); OLG Düsseldorf 12.1.1993 – 3 Ws 6 – 6/93, StV 1993, 400 (401 f.); 19.5.1995 – 1 Ws 399/95, 1 Ws 200/95, StV 1996, 83 (83); OLG Hamm 26.1.2006 – 2 Ws 27/06 und 2 Ss 31/06, NStZ-RR 2006, 309 (310); OLG Köln 26.6.1980 – 1 Ss 476/80, NJW 1980, 2720; LG Ellwangen 13.4.1984 – Qs 104/84–10, StV 1985, 496.

[57] BGH 27.10.1987 – VI ZR 268/86, NJW 1988, 713 (714); OLG Hamburg 20.7.1982 – 2 Ws 203/82 BSch, MDR 1982, 1041; OLG München 23.11.1993 – 24 W 183/93, NJW-RR 1995, 59 (59); Maul in KK-StPO Rn. 12; aA Graalmann-Scheerer in Löwe/Rosenberg Rn. 61.

[58] BayObLG 16.3.2004 – 2 Ob OWi 7/2004, NStZ-RR 2004, 237; OLG Hamm 11.9.2014 – 5 RVs 85/14 – 5 Ws 252 und 253/14, NStZ-RR 2014, 376; OLG Jena 24.1.2006 – 1 Ss 277/05, NStZ-RR 2006, 238 (238); OLG Karlsruhe 27.11.1991 – 9 W 72/91, NJW-RR 1992, 700 (701); OLG Köln 28.2.2000 – 16 U 73/99, NJW-RR 2001, 1511 (1512); Larcher in BeckOK StPO Rn. 13; Rappert in Radtke/Hohmann Rn. 12; Schmitt in Meyer-Goßner/Schmitt Rn. 8; Ziegler in KMR-StPO Rn. 21; vgl. auch OLG Hamm 26.1.2006 – 2 Ws 27/06 und 2 Ss 31/06, NStZ-RR 2006, 309 (310).

[59] Graalmann-Scheerer in Löwe/Rosenberg Rn. 67; Pollähne in Gercke/Julius/Temming/Zöller Rn. 8; Weßlau/Singelnstein in SK-StPO Rn. 27.

[60] BT-Drs. 14/4554, 20.

[61] Vgl. OLG Hamm 19.9.1968 – 15 W 402/68, NJW 1969, 800 (800).

[62] Graalmann-Scheerer in Löwe/Rosenberg Rn. 67; Pollähne in Gercke/Julius/Temming/Zöller Rn. 8.

[63] BGH 13.1.1981 – VI ZR 180/79, NJW 1981, 1613 (1613 f.); LG Konstanz 15.9.1998 – 3 O 305-98, NJW-RR 1999, 1508; Graalmann-Scheerer in Löwe/Rosenberg Rn. 70; Larcher in BeckOK StPO Rn. 14; Weßlau/Singelnstein in SK-StPO Rn. 30.

[64] BGH 13.1.1981 – VI ZR 180/79, NJW 1981, 1613 (1613 f.); OLG Hamm 8.2.1974 – 5 Ws 6/74, NJW 1974, 1150.

[65] LG Köln 8.2.1999 – 153-24/99, NStZ-RR 1999, 368 (369).

[66] KG 6.7.2007 – 1 W 144/07, NJOZ 2007, 5007 (5008).

Betreuung oder Pflege erbringt (zB Haushaltshilfen, Köche, Chauffeure, Gärtner, Aupairs).[67] Ein Entgelt muss hierfür nicht unbedingt entrichtet werden, so dass auch regelmäßig erbrachte Gefälligkeiten etwa eines Verwandten erfasst sein können, sofern diese nicht schon aufgrund eines bestehenden Vertrauensverhältnisses (→ Rn. 21) als Familienangehörige anzusehen sind.[68] Die Person, an die das Schriftstück übergeben wird, muss bereits nach dem Wortlaut der Vorschrift – anders als bei den beiden anderen genannten Gruppen – nicht erwachsen sein. Es kann daher ersatzweise auch an Minderjährige ohne erwachsenes äußeres Erscheinungsbild zugestellt werden.[69]

Ständiger Mitbewohner ist schließlich jeder, der mit dem Adressaten in der gemeinsa- 24 men Wohnung seinen Lebensmittelpunkt hat.[70] Ersatzzustellungen sind demnach insbesondere innerhalb von Wohngemeinschaften oder unverheirateten bzw. unverpartnerten Lebensgemeinschaften möglich.[71] Einer häuslichen Gemeinschaft in Form gemeinsamer Haushaltsführung bedarf es nicht.[72] Zu den Kriterien des Erwachsenseins des ständigen Mitbewohners → Rn. 22.

Geschäftsräume iSd § 178 Abs. 1 Nr. 2 ZPO sind Räumlichkeiten, die der Adressat 25 der Zustellung erkennbar für seine Berufs- oder Gewerbeausübung unterhält; idR sind die Räume dem Publikumsverkehr zugänglich.[73] Dazu zählen ua Behördenräume, Büros, Kanzleien, Praxen, Ateliers, Werkstätten, Warteräume, Ladenlokale und Gastwirtschaften.[74] Ob dem Adressaten in einer beruflichen oder privaten Rechtsangelegenheit zugestellt wird, ist unerheblich.[75] Die Räumlichkeiten müssen aber die Geschäftsräume des Zustellungsadressaten selbst sein. Für dort lediglich tätige Personen kommt eine Ersatzzustellung in den Geschäftsräumen nicht in Betracht. Ebenso ist eine Zustellung an den Geschäftsführer einer GmbH in deren Geschäftsräumen unwirksam.[76]

In Geschäftsräumen ist eine Ersatzzustellung an dort **beschäftigte Personen** zulässig, 26 wenn der eigentliche Empfänger nicht angetroffen werden kann. In den Räumen einer Kanzlei können etwa zuzustellende Entscheidungen an anwesende Angestellte oder Gehilfen übergeben werden.[77] Nur zufällig in den Geschäftsräumen anwesende Beschäftigte sind hingegen keine tauglichen Ersatzzustellungsempfänger.[78] Ebenso wenig wie bei Nr. 1 (→ Rn. 23) ist notwendig, dass es sich bei der beschäftigten um eine erwachsene Person handelt.[79]

Zu den **Gemeinschaftseinrichtungen** iSd § 178 Abs. 1 Nr. 3 ZPO gehören ua Kran- 27 kenhäuser,[80] Therapieeinrichtungen, Alten-, Pflege- und Wohnheime, Obdachlosen-[81] und Asylbewerberunterkünfte, Kasernen (→ Rn. 50) und Justizvollzugsanstalten (→ Rn. 53).[82]

Auch hier kann ersatzweise zugestellt werden, sofern diejenige Person, der zugestellt 28 werden soll, nicht angetroffen wird. Dafür genügt es bereits, den eigentlichen Empfänger

67 Weßlau/Singelnstein in SK-StPO Rn. 29.
68 OLG Hamm 19.2.1982 – 6 Ss OWi 1705/81, NJW 1983, 694.
69 AA Ziegler in KMR-StPO Rn. 23.
70 Pollähne in Gercke/Julius/Temming/Zöller Rn. 8; Weßlau/Singelnstein in SK-StPO Rn. 28.
71 Graalmann-Scheerer in Löwe/Rosenberg Rn. 69; Schmitt in Meyer-Goßner/Schmitt Rn. 12.
72 Larcher in BeckOK StPO Rn. 15; Schmitt in Meyer-Goßner/Schmitt Rn. 12; Weßlau/Singelnstein in SK-StPO Rn. 28; Ziegler in KMR-StPO Rn. 24.
73 BVerwG 12.5.2005 – 1 WB 45/04, NVwZ 2005, 1331 (1332); Graalmann-Scheerer in Löwe/Rosenberg Rn. 71; enger Kuhn JA 2011, 217 (220).
74 Schmitt in Meyer-Goßner/Schmitt Rn. 13; Weßlau/Singelnstein in SK-StPO Rn. 31.
75 BayObLG 23.10.1981 – 1 Ob OWi 289/81, Rüth DAR 1982, 241 (252); Rappert in Radtke/Hohmann Rn. 17; Weßlau/Singelnstein in SK-StPO Rn. 32; Ziegler in KMR-StPO Rn. 26; aA Larcher in BeckOK StPO Rn. 16.
76 OLG Bamberg 12.12.2005 – 3 Ss OWi 1354/2005, NJW 2006, 1078 (1078 f.); Larcher in BeckOK StPO Rn. 16; Ziegler in KMR-StPO Rn. 26.
77 Schmitt in Meyer-Goßner/Schmitt Rn. 13.
78 Graalmann-Scheerer in Löwe/Rosenberg Rn. 71; Ziegler in KMR-StPO Rn. 27.
79 S. hierzu BVerwG 19.9.1961 – VIII B 59/61, NJW 1962, 70 (71).
80 BGH 4.6.2019 – 1 StR 102/19, BeckRS 2019, 15083 Rn. 4.
81 S. hierzu OLG Köln 12.6.2018 – 1 RVs 107/18, StraFo 2019, 21 (21 f.).
82 Graalmann-Scheerer in Löwe/Rosenberg Rn. 72; Schmitt in Meyer-Goßner/Schmitt Rn. 13a; Weßlau/Singelnstein in SK-StPO Rn. 33; Ziegler in KMR-StPO Rn. 28.

nicht in den allgemein zugänglichen Teilen der Gemeinschaftseinrichtung vorzufinden. Es ist somit nicht erforderlich, den Betroffenen in seinem Zimmer (erfolglos) persönlich aufzusuchen.[83] Die Ersatzzustellung ist möglich an den **Leiter der Einrichtung** (zB einer Justizvollzugsanstalt,[84] einer Maßregelvollzugseinrichtung,[85] eines Krankenhauses[86] oder einer Gemeinschaftsunterkunft für Asylbewerber[87]) oder einen dazu **ermächtigten Vertreter.** Unzulässig ist hingegen die Übergabe an einen ständigen Mitbewohner – sofern er nicht gerade ermächtigt ist –, da dieser anders als bei Wohnungen iSd Nr. 1 nicht im Gesetz aufgeführt wird.[88]

29 **Unwirksam** ist eine Ersatzzustellung gemäß § 178 Abs. 2 ZPO an Personen, die an dem jeweiligen Rechtsstreit als Gegner des Zustellungsadressaten beteiligt sind. Im Strafverfahren ist diese Ausnahme nur von Bedeutung für Zustellungen an Privatkläger, Nebenkläger und Nebenbeteiligte,[89] nicht hingegen für die Staatsanwaltschaft oder ihr untergeordnete Polizeibeamte.[90] In Maßregelvollzugssachen ist etwa eine Ersatzzustellung an die Leitung des psychiatrischen Krankenhauses, gegen die sich der Antrag der untergebrachten Person gerade richtet, unwirksam.[91] Darüber hinaus ist die Ersatzzustellung an Personen unzulässig, die durch die dem Beschuldigten vorgeworfene Tat unmittelbar verletzt sind.[92]

30 **cc) Zustellung bei verweigerter Annahme (§ 179 ZPO).** Verweigert der Zustellungsadressat die Annahme des zuzustellenden Schriftstücks ohne hierzu (etwa bei unangemessener Zustellung nach → Rn. 9) berechtigt zu sein, gestattet § 179 S. 1 ZPO die Ersatzzustellung, indem das Schriftstück in der Wohnung oder in dem Geschäftsraum **zurückgelassen** wird. Dies erfolgt idR durch Einwurf des Schriftstücks in den Briefkasten.[93] Das Schriftstück gilt dann mit der Annahmeverweigerung als zugestellt (§ 179 S. 3 ZPO). Bei der Zustellung in Gemeinschaftseinrichtungen oder an anderen Orten ist dieser Weg nicht eröffnet und das zuzustellende Schriftstück zurückzusenden (§ 179 S. 2 ZPO). Ebenso wenig kommt die Zustellfunktion des § 179 S. 3 ZPO bei einer Zustellung durch Einschreiben mit Rückschein (s. hierzu § 175 ZPO) in Betracht.[94]

31 **dd) Ersatzzustellung durch Einlegen in den Briefkasten (§ 180 ZPO).** Sofern eine Zustellung gemäß § 178 Abs. 1 Nr. 1 ZPO (→ Rn. 18 ff.) oder § 178 Abs. 1 Nr. 2 ZPO (→ Rn. 25 f.) nicht ausführbar ist, gestattet § 180 ZPO als subsidiäre Form der Ersatzzustellung, das zuzustellende Schriftstück in den **Briefkasten** einzulegen, der zu der betreffenden Wohnung oder zu dem betreffenden Geschäftsraum gehört.

32 Alternativ kann das Schriftstück in eine einem Briefkasten **ähnliche Vorrichtung** eingelegt werden, die der Adressat für den Postempfang eingerichtet hat und die in der allgemein üblichen Art für eine sichere Aufbewahrung geeignet ist. Dies gilt etwa für den an der Haustür angebrachten Türschlitz eines Einfamilienhauses.[95] Ist eine Ersatzzustellung nach § 180 ZPO nicht ausführbar, kann gemäß § 181 ZPO durch Niederlegung ersatzweise zugestellt werden.

---

[83] OLG Nürnberg 20.10.2009 – 1 St OLG Ss 160/09, NStZ-RR 2010, 286 (286); Ziegler in KMR-StPO Rn. 29.
[84] VGH Mannheim 25.6.2001 – 11 S 2290/00, NJW 2001, 3569 (3569).
[85] OLG Zweibrücken 1.8.2019 – 1 Ws 209/19, BeckRS 2019, 17612 Rn. 3.
[86] OLG Stuttgart 18.12.1974 – 8 W 426/74, Rpfleger 1975, 102.
[87] OLG Nürnberg 20.10.2009 – 1 St OLG Ss 160/09, NStZ-RR 2010, 286 (286).
[88] OLG Bremen 17.6.2005 – Ws 71/05, StV 2005, 541.
[89] Schmitt in Meyer-Goßner/Schmitt Rn. 16; Weßlau/Singelnstein in SK-StPO Rn. 24.
[90] LG Landshut 20.8.2013 – 6 Qs 86/13, BeckRS 2013, 15197.
[91] OLG Zweibrücken 1.8.2019 – 1 Ws 209/19, BeckRS 2019, 17612 Rn. 3.
[92] OLG Hamburg 29.1.1964 – 1 Ws 38/64, NJW 1964, 678; Maul in KK-StPO Rn. 11; Pollähne in Gercke/Julius/Temming/Zöller Rn. 6; Weßlau/Singelnstein in SK-StPO Rn. 24; Ziegler in KMR-StPO Rn. 30.
[93] BT-Drs. 14/4554, 21; Graalmann-Scheerer in Löwe/Rosenberg Rn. 74.
[94] LG Rostock 17.12.2014 – 13 Qs 227/14 (72), BeckRS 2015, 7602.
[95] BT-Drs. 14/4554, 21.

Eine Ersatzzustellung durch Einlegen in den Briefkasten oder eine ähnliche Vorrichtung setzt voraus, die Vorrichtung **eindeutig** dem Zustellungsadressaten **zuordnen** zu können.[96] Unwirksam ist eine Ersatzzustellung daher in der Regel, wenn das zuzustellende Schriftstück in einen Gemeinschaftsbriefkasten eines Mehrfamilienhauses oder in einen dort in der Hauseingangstür angebrachten gemeinsamen Briefschlitz eingeworfen wird.[97] Etwas anderes gilt nach der Rechtsprechung dann, wenn der Gemeinschaftsbriefkasten durch entsprechende Beschriftung eine eindeutige Zuordnung zum Adressaten ermöglicht, dieser typischerweise seine Post über den Gemeinschaftsbriefkasten erhält und der Kreis der Mitbenutzer überschaubar ist.[98] Ebenso erscheint die Hinterlegung einer Sendung im Haftraum eines Strafgefangenen oder Sicherungsverwahrten fraglich.[99] 33

Gemäß § 180 S. 2 ZPO gilt das Schriftstück **mit** seiner **Einlegung** als **zugestellt.** Bei der Zustellung kommt es nicht darauf an, wann (etwa bei Einlegung an einem Samstag) üblicherweise mit einer Leerung zu rechnen ist oder diese tatsächlich vorgenommen wird.[100] Dass der Briefkasten wegen fehlender Verschlussmöglichkeit objektiv unsicher ist, bleibt unerheblich, sofern dies für den Postzusteller nicht erkennbar ist.[101] 34

Der Zusteller muss gemäß § 180 S. 3 ZPO das **Datum der Zustellung** auf dem Umschlag des zuzustellenden Schriftstücks **vermerken.** Nicht erforderlich ist es hingegen, in der Zustellungsurkunde (s. hierzu § 182 ZPO) die zur Einlegung benutzte Vorrichtung konkret zu bezeichnen.[102] 35

ee) Ersatzzustellung durch Niederlegung (§ 181 ZPO). Sofern die Ersatzzustellung in Gemeinschaftseinrichtungen nach § 178 Abs. 1 Nr. 3 ZPO (→ Rn. 27 f.) oder in den Briefkasten von Wohnungen oder Geschäftsräumen nach § 180 ZPO (→ Rn. 31 ff.) nicht ausführbar ist, kann gemäß § 181 ZPO durch die subsidiäre Zustellungsform der **Niederlegung** ersatzweise zugestellt werden.[103] Ausgeschlossen ist diese Form der Ersatzzustellung jedoch bei Urteilen wegen des ausdrücklichen Wortlauts des § 232 Abs. 4 („muß … durch Übergabe zugestellt werden").[104] 36

Einer Ersatzzustellung nach § 181 ZPO steht nicht entgegen, dass der Adressat einen Nachsendeauftrag an eine andere Adresse gestellt[105] oder die Rücksendung seiner Post an den Absender beantragt hat.[106] Jedoch muss der Adressat zur Zeit des Zustellungsversuchs und der Mitteilung über die Ersatzzustellung nach § 181 ZPO noch an der angegebenen Adresse **tatsächlich wohnhaft** sein. Die Zustellungsurkunde gemäß § 182 ZPO enthält insoweit lediglich ein Indiz.[107] 37

---

96 OLG Köln 8.6.2009 – 2 Ws 271/09, NStZ-RR 2009, 314 zur Ablage auf einen Schreibtisch in einer Einrichtung; Graalmann-Scheerer in Löwe/Rosenberg Rn. 79.

97 OLG Hamm 1.6.2004 – 4 Ws 172/04, VRS 107, 109 (111); Rappert in Radtke/Hohmann Rn. 20; Schmitt in Meyer-Goßner/Schmitt Rn. 13b.

98 OLG Frankfurt a. M. 14.1.2010 – 3 Ws 21/10, NStZ-RR 2010, 349 (350); OLG Hamm 11.9.2014 – 5 RVs 85/14 – 5 Ws 252 und 253/14, NStZ-RR 2014, 376; LG Stuttgart 15.2.2017 – 7 Qs 10/17, StV 2018, 78 (79); aus dem Schrifttum Graalmann-Scheerer in Löwe/Rosenberg Rn. 79; Ziegler in KMR-StPO Rn. 32.

99 OLG Hamm 11.4.2013 – 1 Vollz (Ws) 106/13, BeckRS 2013, 7687.

100 BGH 26.5.2020 – 3 StR 134/20, NStZ-RR 2020, 257.

101 OLG Nürnberg 26.5.2009 – 1 St OLGSs 76/09, NJW 2009, 2229 (2229 f.); Larcher in BeckOK StPO Rn. 25; Ziegler in KMR-StPO Rn. 33; enger LG Darmstadt 15.8.2003 – 3 Qs 522/03, NStZ 2005, 164 (165).

102 BGH 10.11.2005 – III ZR 104/05, NJW 2006, 150 (151 f.); OLG Köln 29.4.2005 – 8 Ss OWi 90/05, NJW 2005, 2026.

103 S. hierzu OLG Düsseldorf 19.7.2000 – 1 Ws 342–343/00, NJW 2000, 3511; OLG Hamburg 21.10.2002 – II-66/02, NStZ-RR 2003, 46 (46 f.); Graalmann-Scheerer in Löwe/Rosenberg Rn. 81; Ziegler in KMR-StPO Rn. 36.

104 Rappert in Radtke/Hohmann Rn. 8; Schmitt in Meyer-Goßner/Schmitt Rn. 6.

105 BayObLG 27.8.1980 – BReg. 2 Z 71/80, BayObLGZ 1980, 266 (268 ff.); OLG Hamburg 20.7.1982 – 2 Ws 203/82, MDR 1982, 1041.

106 BayObLG 18.9.1956 – BWReg. I St 70a und 70b/56, NJW 1957, 33.

107 BVerfG 5.10.1996 – 2 BvR 2195/96, NStZ-RR 1997, 70 (70); OLG Frankfurt a. M. 5.11.1996 – 3 Ws 901–903/96, NStZ-RR 1997, 138 (138 f.); Rappert in Radtke/Hohmann Rn. 36.

38 Führt die Zustellung ein **Justizbediensteter** aus, legt er das zuzustellende Schriftstück auf der Geschäftsstelle des Amtsgerichts nieder, in dessen Bezirk der Ort der Zustellung liegt (§ 181 Abs. 1 S. 1 ZPO). Erfolgt die Zustellung durch die **Post,** ist das Schriftstück am Ort der Zustellung oder am Ort des Amtsgerichts bei einer von der Post dafür bestimmten Stelle niederzulegen (§ 181 Abs. 1 S. 2 ZPO); das beliehene Unternehmen iSd § 33 PostG (→ Rn. 10) kann als diesen Ort auch von ihm beauftragte Agenturen wählen.[108]

39 Die Person, der zugestellt werden soll, ist über die Niederlegung durch eine **schriftliche Mitteilung** auf dem hierzu vorgesehenen Formular zu informieren. Die Mitteilung wird grundsätzlich unter der Anschrift des Adressaten in der bei gewöhnlichen Briefen üblichen Weise abgegeben. Ist dies nicht möglich, bleibt die Mitteilung an die Tür der Wohnung, des Geschäftsraums oder der Gemeinschaftseinrichtung anzuheften (§ 181 Abs. 1 S. 3 ZPO). Die Rechtsprechung lässt hierfür mitunter genügen, die Mitteilung durch den gemeinsamen Briefschlitz mehrerer Wohnungsinhaber zu werfen,[109] unter der Haustür durchzuschieben[110] oder – sofern im jeweiligen Einzelfall üblich – vor der Haustür abzulegen.[111] Unzulässig ist es hingegen, die Mitteilung in das Postfach des Zustellungsadressaten einzulegen[112] oder sie am Gartentor[113] oder auf dem Küchentisch des Adressaten zu hinterlassen.[114]

40 Das Schriftstück gilt bereits **mit** der Abgabe der schriftlichen **Mitteilung** als **zugestellt** (§ 181 Abs. 1 S. 4 ZPO), nicht erst mit dessen Niederlegung.[115] Das niedergelegte Schriftstück ist gemäß § 181 Abs. 2 S. 1 ZPO **drei Monate** zur Abholung **bereitzuhalten.** Wird das Schriftstück in dieser Zeit nicht abgeholt, ist es an den Absender zurückzusenden (§ 181 Abs. 2 S. 2 ZPO).

41 Der Zusteller hat auf dem Umschlag des zuzustellenden Schriftstücks das **Datum der Zustellung** zu **vermerken** (§ 181 Abs. 1 S. 5 ZPO).

42 **d) Zustellungen an besondere Personengruppen. aa) Zustellungen an Angehörige von Berufsgruppen erhöhter Zuverlässigkeit (§ 174 ZPO).** Gemäß § 174 ZPO können Schriftstücke an Personen, bei denen aufgrund ihres Berufs – und somit nicht aufgrund ihrer Eigenschaften als Privatperson[116] – von einer **erhöhten Zuverlässigkeit** ausgegangen werden kann, vereinfacht, dh gegen Empfangsbekenntnis gemäß § 174 Abs. 1 ZPO, durch Telekopie (Telefax) gemäß § 174 Abs. 2 ZPO oder durch elektronisches Dokument (insbesondere E-Mail) nach § 174 Abs. 3 ZPO zugestellt werden. An andere als die in § 174 Abs. 1 ZPO genannten Personen kommt eine Zustellung gemäß § 174 Abs. 2 ZPO und § 174 Abs. 3 ZPO nicht in Betracht.[117]

43 Als **Beispiele** nennt § 174 Abs. 1 ZPO insoweit Anwälte, Notare, Gerichtsvollzieher und Steuerberater. Darüber hinaus kommen ua Wirtschaftsprüfer, öffentlich bestellte Sach-

[108] BGH 19.10.2000 – IX ZB 69/00, NJW 2001, 832 (832); OLG Rostock 6.3.2002 – 2 Ss OWi 143/01 I 167/01, NStZ-RR 2002, 373 (374): Niederlegung in einem Otto-Shop.

[109] OLG Hamm 17.9.1980 – 2 Ss OWi 1920/80, JMBl. NRW. 1981, 68; zust. Maul in KK-StPO Rn. 23; Ziegler in KMR-StPO Rn. 38; Eyinck NJW 1998, 206 (206); aA OLG Köln 2.10.1978 – 13 W 17/78, JurBüro 1979, 607; LG Neuruppin 21.3.1997 – 14 Qs 25 Js 1920/95 (26/97), NJW 1997, 2337 (2337); Westphal NJW 1998, 2413 (2414).

[110] OLG Koblenz 16.11.1989 – 2 Ws 641/89, NStE Nr. 10 zu § 37 StPO.

[111] BVerwG 13.11.1984 – 9 C 23/84, NJW 1985, 1179 (1180).

[112] BFH 17.2.1983 – V R 76/77, NJW 1984, 448; OLG Oldenburg 6.6.1962 – 2 U 35/62, MDR 1962, 828; LG Köln 30.11.1972 – 1 S 160/72, MDR 1973, 768; Rappert in Radtke/Hohmann Rn. 22; Schmitt in Meyer-Goßner/Schmitt Rn. 14; Weßlau/Singelnstein in SK-StPO Rn. 39; aA BVerwG 12.2.1971 – VI C 29/69, NJW 1971, 1284 (1285); Schumann NJW 1969, 2185 (2186).

[113] BVerfG 2.6.1987 – 2 BvR 1389/86, NJW 1988, 817.

[114] BVerwG 5.5.1973 – VII C 35/72, NJW 1973, 1945; aA OLG Köln 8.6.2009 – 2 Ws 271/09, NStZ-RR 2009, 314 für das schon früher praktizierte Ablegen einer Mitteilung auf einem Schreibtisch in einer Einrichtung, in welcher der Zustellungsempfänger wohnt; zust. Ziegler in KMR-StPO Rn. 38.

[115] BT-Drs. 14/4554, 22; Graalmann-Scheerer in Löwe/Rosenberg Rn. 84; Ziegler in KMR-StPO Rn. 39.

[116] Graalmann-Scheerer in Löwe/Rosenberg Rn. 36; Ziegler in KMR-StPO Rn. 9.

[117] S. OLG Braunschweig 15.1.2015 – 1 Ws 3 und 12/15, NStZ-RR 2015, 157 (158) zur Zusendung eines Telefax an einen Untergebrachten.

verständige, Staatsanwälte[118] und Hochschullehrer[119] in Betracht, wobei stets eine Abwägung sämtlicher Umstände des Einzelfalls zu erfolgen hat.[120] Zustellungen an einen Rechtsassessor sind hingegen unwirksam, falls er nicht Zustellungsbevollmächtigter iSd § 30 BRAO oder allgemein bestellter Vertreter gemäß § 53 BRAO ist.[121]

Für die Zustellung an **europäische Rechtsanwälte** iSd § 1 EuRAG, die nur vorübergehend in Deutschland als Rechtsanwalt tätig werden (sog. dienstleistende europäische Rechtsanwälte iSd § 25 Abs. 1 EuRAG), und sich nicht in Deutschland niederlassen, gilt die Sondervorschrift in § 31 EuRAG.[122] 44

Eine vereinfachte Zustellung ist außerdem bei **Behörden** und Körperschaften oder Anstalten des öffentlichen Rechts möglich (§ 174 Abs. 1 ZPO). 45

IdR wird an die genannten Berufsgruppen per Empfangsbekenntnis gemäß Abs. 1 zugestellt. Die Zustellung ist hierbei erst **wirksam,** wenn der Empfänger durch die Unterzeichnung des Empfangsbekenntnisses zumindest konkludent zum Ausdruck bringt, das Schriftstück als zugestellt entgegennehmen zu wollen.[123] Die Unterzeichnung des Empfangsbekenntnisses durch einen Sozius vermag keine wirksame Zustellung herbeizuführen.[124] Auch die Entgegennahme durch Mitarbeiter des Adressaten (zB in der Kanzlei eines Anwalts) genügt nicht, sondern bereitet die Zustellung erst vor.[125] Ob der Empfänger vom Inhalt des zugestellten Schriftstücks (ggf. pflichtwidrig keine) Kenntnis nimmt, ist unerheblich.[126] 46

§ 174 Abs. 4 S. 1 ZPO verpflichtet den Adressaten dazu, das mit Datum und Unterschrift versehene **Empfangsbekenntnis** zurückzusenden.[127] Die Rücksendung des Empfangsbekenntnisses kann schriftlich, durch Telekopie oder als elektronisches Dokument erfolgen (§ 174 Abs. 4 S. 2 ZPO). Der Empfänger muss seinen Annahmewillen jedoch nicht in einem eigens hierfür vorgesehenen Schriftstück zum Ausdruck bringen. Es reicht etwa aus, sich auf das zugestellte Schriftstück in einem Schriftsatz unter Angabe eines Datums zu beziehen.[128] Auch eine nachträgliche Ausstellung des Empfangsbekenntnisses (zB auf Nachfrage der Geschäftsstelle) ist möglich.[129] 47

In dem Empfangsbekenntnis ist zunächst der **Zeitpunkt** zu vermerken, zu dem der Empfänger das Schriftstück entgegengenommen hat. Nicht von Bedeutung ist folglich etwa ein darauf angebrachter Datumsstempel der Kanzlei des Adressaten.[130] § 174 Abs. 4 S. 1 ZPO sieht Datum und Unterschrift allerdings nur als Mittel zum Nachweis, nicht hingegen als Voraussetzung der Zustellung an. Es steht der Wirksamkeit der Zustellung demnach nicht entgegen, wenn in das Empfangsbekenntnis ein falsches oder überhaupt kein Datum eingetragen wird. Der Zeitpunkt der Zustellung kann dann auch auf andere Weise festgestellt 48

---

118 OLG Stuttgart 6.3.2018 – 6 Ws 29/17, BeckRS 2018, 10714 Rn. 10.

119 BGH 22.10.1996 – 5 StR 277/96, NStZ 1997, 145.

120 Graalmann-Scheerer in Löwe/Rosenberg Rn. 35.

121 OLG Stuttgart 17.5.2010 – 2 Ws 48/10, NJW 2010, 2532 (2533).

122 S. hierzu Weßlau/Singelnstein in SK-StPO Rn. 18.

123 BVerfG 27.3.2001 – 2 BvR 2211/97, NJW 2001, 1563 (1564); BGH 31.5.1979 – VII ZR 290/78, NJW 1979, 2566 (2566); 18.1.2006 – VIII ZR 114/05, NJW 2006, 1206 (1207); OLG Hamm 23.2.2016 – 2 Ws 49/16, BeckRS 2016, 6092 Rn. 11; Graalmann-Scheerer in Löwe/Rosenberg Rn. 37; Maul in KK-StPO Rn. 8; Rappert in Radtke/Hohmann Rn. 25; Schmitt in Meyer-Goßner/Schmitt Rn. 19; Weßlau/Singelnstein in SK-StPO Rn. 17; Ziegler in KMR-StPO Rn. 12; Kuhn JA 2011, 217 (219).

124 BGH 12.2.2014 – 1 StR 601/13, NStZ-RR 2014, 149.

125 BVerfG 27.3.2001 – 2 BvR 2211/97, NJW 2001, 1563 (1564); BGH 31.5.1979 – VII ZR 290/78, NJW 1979, 2566 (2566 f.); 18.9.1990 – XI ZB 8/90, NJW 1991, 42; Schmitt in Meyer-Goßner/Schmitt Rn. 19.

126 BGH 23.11.2004 – 5 StR 429/04, NStZ-RR 2005, 77 (78); Rappert in Radtke/Hohmann Rn. 26; Ziegler in KMR-StPO Rn. 11.

127 Graalmann-Scheerer in Löwe/Rosenberg Rn. 42.

128 BT-Drs. 14/4554, 18; Graalmann-Scheerer in Löwe/Rosenberg Rn. 42; Ziegler in KMR-StPO Rn. 11.

129 BGH 14.6.1961 – IV ZR 56/61, BGHZ 35, 236 (239) = MDR 1961, 759 (760); 3.5.1994 – VI ZR 248/93, NJW 1994, 2297 (2297); 15.11.1995 – 3 StR 353/95, NStZ 1996, 149; Maul in KK-StPO Rn. 8; Ziegler in KMR-StPO Rn. 11.

130 BVerfG 27.3.2001 – 2 BvR 2211/97, NJW 2001, 1563 (1564); BGH 31.5.1979 – VII ZR 290/78, NJW 1979, 2566 (2567); OLG Karlsruhe 26.8.1983 – 4 Ss 126/83, NStZ 1983, 570.

werden.[131] Unter engen Voraussetzungen ist der Gegenbeweis gegen die Richtigkeit des in dem Empfangsbekenntnis angegebenen Datums zulässig.[132] Korrigiert der Empfänger das Datum auf dem Empfangsbekenntnis, ist das berichtigte Datum zumindest dann maßgebend, wenn dessen Richtigkeit bewiesen ist.[133]

49 Das Empfangsbekenntnis ist ferner zu **unterzeichnen.**[134] Sollte dies (pflichtwidrig) nicht beachtet werden, kann sich der Rechtsanwalt hierauf aber nicht berufen, wenn er einräumt, dass die (unvollständige) Unterschrift von ihm stammt.[135] Das Empfangsbekenntnis ist ferner von dem Anwalt, an den es zugestellt werden soll, selbst zu unterschreiben. Unterzeichnet ein anderer Rechtsanwalt das Empfangsbekenntnis für ein an den Pflichtverteidiger adressiertes Schriftstück, ist die Zustellung unwirksam.[136]

49a Die Zustellung nach § 174 Abs. 3 ZPO wird durch ein **elektronisches Empfangsbekenntnis** nachgewiesen (§ 174 Abs. 4 S. 3 ZPO), das in strukturierter maschinenlesbarer Form zu übermitteln ist (§ 174 Abs. 4 S. 4 ZPO). Grundsätzlich ist für die Übermittlung ein strukturierter Datensatz, den das Gericht dem Empfänger mit der Zustellung zur Verfügung stellt, zu nutzen (§ 174 Abs. 4 S. 5 ZPO). Erhält der Adressat keinen strukturierten Datensatz, ist das elektronische Empfangsbekenntnis als elektronisches Dokument zu übermitteln (§ 174 Abs. 4 S. 6 ZPO).

50 **bb) Zustellungen an Soldaten.** An Soldaten wird nach den allgemeinen Grundsätzen zugestellt.[137] Eine **Ersatzzustellung** ist aber häufig nur nach § 178 Abs. 1 Nr. 3 ZPO möglich. Leiter einer Truppenunterkunft als Gemeinschaftseinrichtung in diesem Sinne ist nach dem Erlass des Bundesministeriums der Verteidigung über Zustellungen, Ladungen, Vorführungen und Zwangsvollstreckungen bezüglich Soldaten in der Bundeswehr vom 23.7.1998 (VMBl. S. 246) der Kompaniefeldwebel oder dessen Vertreter.

51 Für in der Bundesrepublik stationierte **Streitkräfte der NATO** gelten Art. 36, 37 NTS-ZA.

52 **cc) Zustellungen an Gefangene.** Die Zustellung an Gefangene richtet sich ebenso nach den allgemeinen Regeln. Ausgeführt wird die Zustellung idR von **Justizbediensteten,** ggf. im Wege der Amtshilfe gemäß § 168 Abs. 1 S. 2 ZPO. Die Zustellungsurkunde (vgl. § 176 Abs. 1 ZPO) ist vom ausführenden Beamten zu unterzeichnen, muss aber nicht dessen Dienstbezeichnung enthalten.[138]

53 Eine **Ersatzzustellung** ist häufig nur nach § 178 Abs. 1 Nr. 3 ZPO möglich, da jedenfalls bei längerer Straf- oder Untersuchungshaft keine Wohnung mehr iSd § 178 Abs. 1 Nr. 1 ZPO zur Verfügung steht (→ Rn. 19). Empfangsberechtigte Personen für die Ersatzzustellung gemäß § 178 Abs. 1 Nr. 3 ZPO sind der Anstaltsleiter oder dessen Vertreter, nicht hingegen der zur Postannahme ermächtigte Beamte.[139]

54 **dd) Zustellungen an sonstige Personengruppen.** Bei **Seeleuten**[140] und bei **Binnenschiffern**[141] ist gewohnheitsrechtlich eine Zustellung gegen Empfangsbescheinigung

[131] BGH 11.7.2005 – NotZ 12/05, NJW 2005, 3216 (3217); OLG München 24.6.2009 – 5 StRR 157/09, NStZ-RR 2010, 15; Graalmann-Scheerer in Löwe/Rosenberg Rn. 41; Ziegler in KMR-StPO Rn. 12.

[132] BVerfG 27.3.2001 – 2 BvR 2211/97, NJW 2001, 1563 (1564); BGH 29.10.1986 – IVa ZR 120/85, NJW 1987, 1335; OLG Düsseldorf 22.10.1997 – 1 Ws OWi 846/97, NStZ-RR 1998, 110.

[133] BGH 12.9.1990 – 2 StR 359/90, NJW 1991, 709 (710); 25.10.2003 – 2 StR 379/03, NStZ-RR 2004, 46.

[134] OLG Celle 22.5.2000 – 1 VAs 2/00, StraFo 2000, 279 (279); Schmitt in Meyer-Goßner/Schmitt Rn. 19.

[135] BGH 6.2.1985 – I ZR 235/83, NJW 1985, 2651 (2652).

[136] BGH 25.8.1987 – 4 StR 426/87, Miebach NStZ 1988, 209 (213 f.) mwN – RsprÜ; 12.4.1988 – 4 StR 105/88, wistra 1988, 236.

[137] Maul in KK-StPO Rn. 21; Ziegler in KMR-StPO Rn. 42; Arnold NJW 1957, 1220 (1220).

[138] OLG Düsseldorf 17.9.2001 – 4 Ws 432/01, StraFo 2002, 87 (87).

[139] LG Saarbrücken 26.9.2003 – 4 Qs 71/03 I, StV 2004, 362; aA Schmitt in Meyer-Goßner/Schmitt Rn. 24.

[140] OLG Bremen 7.10.1964 – Ss 101/64, RPfl 1965, 48; AG Bremerhaven 22.3.1967 – 4 Qs 38/67, NJW 1967, 1721.

[141] Schifffahrtsobergericht Hamm 24.2.1965 – 3 Ns 1/6 BiSchi, NJW 1965, 1613; Graalmann-Scheerer in Löwe/Rosenberg Rn. 64; Schmitt in Meyer-Goßner/Schmitt Rn. 22; Ziegler in KMR-StPO Rn. 41; Blankenheim MDR 1992, 926 (926).

durch Vermittlung der Wasserschutzpolizei anerkannt. Als Zeuge geladene Seeleute können hierbei nach Seemannsart dazu aufgefordert werden, sich bei dem nächsten Verweilen in einem Hafen (sog. Liegezeit) auf der Geschäftsstelle des Amtsgerichts zu melden.[142]

Bei **Nichtsesshaften** wird vorgeschlagen, in Anlehnung an die Zustellung bei Seeleuten und Binnenschiffern gerichtliche Entscheidungen bei den üblichen Übernachtungsstellen durch die Polizei zuzustellen.[143] **55**

e) Zustellungen im Ausland. Zustellungen von Schriftstücken sind hoheitliche Akte und dürfen daher auf ausländischem Staatsgebiet nicht ohne Weiteres ergehen. Gemäß § 183 Abs. 1 S. 1 ZPO gelten für die Zustellung im Ausland die § 183 Abs. 2–5 ZPO, sofern nicht unmittelbar anwendbare Regelungen der Europäischen Union in ihrer jeweils geltenden Fassung maßgeblich sind. Nach § 183 Abs. 2 S. 1 ZPO sind Zustellungen im Ausland deshalb nach den bestehenden **völkerrechtlichen Vereinbarungen** vorzunehmen. Ist hierin vorgesehen, Schriftstücke unmittelbar durch die Post übersenden zu dürfen, soll grds. vereinfacht durch **Einschreiben mit Rückschein** zugestellt werden (§ 183 Abs. 2 S. 2 Hs. 1 ZPO). § 31 EuRAG steht dem nicht entgegen.[144] Alternativ kann der Vorsitzende des Prozessgerichts die **Behörden des fremden Staates ersuchen,** unmittelbar das Schriftstück zuzustellen (§ 183 Abs. 2 S. 2 Hs. 2 ZPO; s. hierzu RiVASt Nr. 115). **56**

Sofern eine Zustellung nach § 183 Abs. 2 ZPO ausscheidet, erfolgt die Zustellung durch die zuständige **diplomatische oder konsularische Vertretung** des Bundes oder die sonstige zuständige Behörde (§ 183 Abs. 3 S. 1 ZPO). Dies gilt vor allem dann, wenn völkerrechtliche Vereinbarungen nicht bestehen, die zuständigen Stellen des betreffenden Staates zur Rechtshilfe nicht bereit sind oder besondere Gründe eine solche Zustellung rechtfertigen (§ 183 Abs. 3 S. 2 ZPO). Die Zustellung erfolgt auf Ersuchen des Vorsitzenden des Prozessgerichts durch die zuständige Auslandsvertretung, wenn an entsandte Beschäftigte einer deutschen Auslandsvertretung und die in ihrer Privatwohnung wohnenden Personen zugestellt werden soll (§ 183 Abs. 4 ZPO; s. a. § 16 KonsG; RiVASt Nr. 129 Abs. 3). **57**

Wird **vereinfacht** durch Einschreiben mit Rückschein nach § 183 Abs. 2 S. 2 Hs. 1 ZPO **zugestellt** (→ Rn. 56; zu den Kosten Nr. 9014 KVGKG), genügt zum **Nachweis** der Zustellung der Rückschein (§ 183 Abs. 5 S. 1 ZPO). Hierauf wird vermerkt, an wen die Sendung wann übergeben wurde.[145] Allerdings darf an Ersatzempfänger nicht zugestellt werden, wenn das Einschreiben mit der Zusatzleistung „Eigenhändig" versehen ist.[146] **Wirksam** ist die Zustellung, wenn der vom Empfänger unterschriebene Rückschein zu den Gerichtsakten gelangt. Dieses Erfordernis schließt es sogleich aus, ersatzweise durch Niederlegung zuzustellen.[147] **58**

In den Fällen der **nicht vereinfachten Zustellung** nach § 183 Abs. 2 S. 2 Hs. 2, Abs. 3, Abs. 4 ZPO (→ Rn. 56 f.) wird die Zustellung gemäß § 183 Abs. 5 S. 2 ZPO durch das Zeugnis der ersuchten Behörde nachgewiesen (vgl. § 16 S. 2 KonsG für die Zustellung gemäß § 183 ZPO). Die ersuchte Behörde entscheidet selbst, auf welche Weise sie das Schriftstück zustellt. Ausreichend ist beispielsweise die Aushändigung gegen Nachweis am Amtssitz der konsularischen Vertretung.[148] In das **Zeugnis** der ersuchten Behörde ist aufzunehmen, wem auf wessen Ersuchen zu welchem Zeitpunkt welches Schriftstück in welcher **59**

142 AG Bremerhaven 22.3.1967 – 4 Qs 38/67, NJW 1967, 1721.

143 Polláhne in Gercke/Julius/Temming/Zöller Rn. 16; Weßlau/Singelnstein in SK-StPO Rn. 19; Blankenheim MDR 1992, 926 (928).

144 BayObLG 2.12.2019 – 201 ObOWi 1817/19, NStZ-RR 2020, 259 (260).

145 OLG Köln 15.10.1999 – 3 Ws 1/99, NStZ 2000, 666; Graalmann-Scheerer in Löwe/Rosenberg Rn. 89; Schmitt in Meyer-Goßner/Schmitt Rn. 25.

146 BT-Drs. 14/4554, 23; Graalmann-Scheerer in Löwe/Rosenberg Rn. 89; Schmitt in Meyer-Goßner/Schmitt Rn. 25.

147 OLG Oldenburg 21.2.2005 – 1 Ws 73/05, StV 2005, 432; LG Nürnberg-Fürth 10.7.2009 – 12 Qs 50/09, StraFo 2009, 381.

148 BGH 15.5.1975 – 4 StR 51/75, BGHSt 26, 140 (142) = NJW 1975, 1612 (1613).

Strafsache übergeben wurde.[149] Die Urkunde des ausländischen Zustellungsbeamten erbringt keinen Nachweis für die Zustellung.[150]

60 **2. Zustellungsmängel.** Weisen Anordnung oder Durchführung der Zustellung **wesentliche Mängel** auf, ist die Zustellung **unwirksam.**[151] Dies gilt beispielsweise für zuzustellende Abschriften von Urteilen, die nicht unbedeutende Teile der Urteilsformel nicht wiedergeben[152] oder nur die Unterschrift des Vorsitzenden eines Kollegialgerichts[153] oder überhaupt keine Unterschrift aufweisen.[154] Kleinere Fehler lassen hingegen die Wirksamkeit der Zustellung unberührt, sofern dem zugestellten Schriftstück nach wie vor der Inhalt der Urschrift zweifelsfrei entnommen werden kann.[155] Unschädlich ist demgemäß etwa die Angabe eines unzutreffenden Tages der Urteilsverkündung.[156]

61 Ebenso führen Fehler bei der **Zustellung** nur dann zu deren Unwirksamkeit, wenn sie offensichtlich schwerwiegend sind.[157] Solche Mängel liegen bei einer Ersatzzustellung nach den §§ 178 ff. ZPO ua vor, wenn deren Voraussetzungen nicht vorgelegen haben (zB an einem Ort ersatzweise zugestellt wird, an dem der Adressat überhaupt nicht wohnt)[158] bzw. die Behörde, welche die Zustellung angeordnet hat, eine Ersatzzustellung ausdrücklich ausgeschlossen hat.[159]

62 Da die **Beurkundung** nur den Nachweis der Zustellung ermöglichen soll (→ Rn. 7), lassen diesbezügliche Mängel die Wirksamkeit der Zustellung unberührt.[160] Dies gilt etwa bei einer fehlenden Unterschrift[161] oder sonstigen wesentlichen Lücken der Zustellungsurkunde[162] und für die falsche Bezeichnung etwa des Zustellungsempfängers oder des Zustellungsdatums[163] sowie der Zustellungsart.[164]

63 Zustellungsmängel werden nach § 37 Abs. 1 StPO iVm § 189 ZPO **geheilt,** wenn das betreffende Schriftstück derjenigen Person, an welche die Zustellung dem Gesetz gemäß gerichtet war oder gerichtet werden konnte, **tatsächlich zugegangen** ist. Das Schriftstück muss hierfür derart in den Machtbereich des Zustellungsadressaten oder eines Empfangsberechtigten gelangen, dass er dessen Inhalt zur Kenntnis nehmen kann.[165] Hingegen reicht es nicht aus, auf anderem Wege von dem Inhalt des zuzustellenden Schrift-

---

149 BGH 15.5.1975 – 4 StR 51/75, BGHSt 26, 140 (142 f.) = NJW 1975, 1612 (1613); Schmitt in Meyer-Goßner/Schmitt Rn. 25a; Weßlau/Singelnstein in SK-StPO Rn. 46.

150 BayObLG 20.2.1981 – RReg. 1 St 513/80, BayObLGSt 1981, 17 (18).

151 BGH 20.4.1967 – VII ZR 280/64, JR 1967, 465; OLG Düsseldorf 12.3.2002 – 2a Ss OWi 50/02 – OWi 13/02 II, NStZ 2002, 448; Maul in KK-StPO Rn. 26; Rappert in Radtke/Hohmann Rn. 4; Ziegler in KMR-StPO Rn. 52.

152 BGH 27.10.1977 – 4 StR 326/77, NJW 1978, 60; Maul in KK-StPO Rn. 26.

153 KG 26.11.1981 – 5 Ws 335/81, JR 1982, 251 (251 f.); vgl. auch OLG Karlsruhe 24.2.1989 – 3 Ss 142/88, NStZ 1989, 285.

154 LG Göttingen 12.5.2011 – 3 Ns 24/11, StraFo 2011, 273 (274).

155 BGH 27.10.1977 – 4 StR 326/77, NJW 1978, 60; 17.3.2004 – 2 StR 44/04, Becker NStZ-RR 2005, 257 (261 f.) – RsprÜ; OLG Celle 30.9.2015 – 2 Ss 161/15, BeckRS 2016, 8029 Rn. 2; OLG Düsseldorf 12.3.2002 – 2a Ss OWi 50/02 – OWi 13/02 II, NStZ 2002, 448; Schmitt in Meyer-Goßner/Schmitt Rn. 2; Ziegler in KMR-StPO Rn. 3.

156 BayObLG 28.1.1982 – 1 Ob OWi 476/81, BayObLGSt 1982, 12 (13).

157 Schmitt in Meyer-Goßner/Schmitt Rn. 26.

158 BayObLG 28.11.1967 – RReg. 4a St 117/67, NJW 1968, 513 (514); Ziegler in KMR-StPO Rn. 52.

159 Rappert in Radtke/Hohmann Rn. 37; Schmitt in Meyer-Goßner/Schmitt Rn. 26; Weßlau/Singelnstein in SK-StPO Rn. 47.

160 OLG Köln 29.4.2005 – 8 Ss OWi 90/05, NJW 2005, 2026; AG Neuruppin 14.2.2003 – 42 C 347/02, NJW 2003, 2249 (2250); Graalmann-Scheerer in Löwe/Rosenberg Rn. 100; Maul in KK-StPO Rn. 26; Ziegler in KMR-StPO Rn. 52.

161 S. hingegen noch BGH 26.11.1980 – IVb ZR 621/80, NJW 1981, 874 (875); OLG Düsseldorf 26.6.2000 – 1 Ws 336–337/00, NStZ-RR 2000, 371 (371); OLG Frankfurt a. M. 5.3.1993 – 11 W 44/92, NJW 1993, 3079.

162 S. hierzu noch OLG Düsseldorf 19.7.2000 – 1 Ws 342–343/00, NJW 2000, 3511.

163 Schmitt in Meyer-Goßner/Schmitt Rn. 26.

164 S. hierzu noch OLG Karlsruhe 8.9.1975 – Ws 2/75 RhSch, MDR 1976, 161 (162).

165 Graalmann-Scheerer in Löwe/Rosenberg Rn. 96; Ziegler in KMR-StPO Rn. 53; s. auch BGH 4.6.2014 – 4 StR 104/14, BeckRS 2014, 13035.

stücks zu erfahren, zB durch Akteneinsicht oder auch durch Übergabe eines gleichlautenden, aber anderen Schriftstücks.[166] Der Zugang muss mit Zustellungswillen des Gerichts bewirkt werden.[167] Bei einer Ersatzzustellung gegen (ggf. elektronisches) Empfangsbekenntnis muss darüber hinaus der Empfänger zur Entgegennahme bereit sein.[168] Die Zustellungsfiktion des § 189 ZPO gilt jedoch nicht für Sachverhalte, die bereits vor dem Inkrafttreten des ZustRG (→ Rn. 4) abgeschlossen waren und erst anschließend entschieden werden.[169]

Wird ein Zustellungsmangel geheilt, gilt das Schriftstück mit dem tatsächlichen Zugang als zugestellt. Zu diesem **Zeitpunkt,** den Gericht bzw. Staatsanwaltschaft in freier Beweiswürdigung ermitteln,[170] beginnen auch etwaige Fristen einschließlich Notfristen[171] zu laufen.[172] **64**

Mitunter ist es möglich, eine nicht formgerechte Zustellung in eine andere wirksame Form der Zustellung **umzudeuten.** Die Rechtsprechung hat dies etwa für eine fehlerhafte Zustellung nach § 178 ZPO bejaht, bei deren zutreffender rechtlicher Bewertung eine Zustellung nach § 171 ZPO angenommen werden konnte.[173] Hingegen lässt sich eine gescheiterte Übergabe an den Zustellungsadressaten nicht in eine wirksame Ersatzzustellung umdeuten.[174] **65**

Die **Zustellungsurkunde** ist eine öffentliche Urkunde, der die Beweiskraft gemäß § 418 ZPO zuteilwird. Sie begründet somit den vollen Beweis der in ihr bezeugten Tatsachen (§ 418 Abs. 1 ZPO). Der Gegenbeweis ist dadurch zwar nicht grundsätzlich ausgeschlossen (§ 418 Abs. 2 ZPO). Allerdings bedarf es eines substantiierten Beweisantritts, dh es muss ein konkreter Sachverhalt vorgetragen werden, der zur Überzeugung des Gerichts jede Möglichkeit der Richtigkeit der beurkundeten Tatsache ausschließt.[175] Denkbar ist etwa, die Beweiskraft der Zustellungsurkunde durch nachträglich bekanntgewordene Umstände zu erschüttern.[176] Hingegen reicht es nicht aus, schlicht das Gegenteil der Zustellungsurkunde zu behaupten und dabei den Postbediensteten als Zeugen zu benennen.[177] Ebenso wenig genügt die Glaubhaftmachung.[178] Erst recht stehen bloße Zweifel an der Richtigkeit des Inhalts einer Zustellungsurkunde ihrer Beweiskraft nicht entgegen.[179] **66**

---

[166] OLG Zweibrücken 21.3.2019 – 1 OWi 2 Ss Rs 76/18, BeckRS 2019, 4574 Rn. 7.

[167] BGH 6.3.2014 – 4 StR 553/13, NJW 2014, 1686 (1687); KG 12.10.2010 – 2 Ws 521/10, NStZ-RR 2011, 86 (87); OLG Hamm 16.2.2015 – 1 Ws 677/14, BeckRS 2015, 6741 Rn. 16; Ziegler in KMR-StPO Rn. 54.

[168] BGH 23.11.2004 – 5 StR 429/04, NStZ-RR 2005, 77 (77); OLG Zweibrücken 12.5.2020 – 1 OWi 2 Ss Rs 91/20, BeckRS 2020, 24615 Rn. 8; Maul in KK-StPO Rn. 27; Ziegler in KMR-StPO Rn. 54.

[169] OLG Hamburg 27.6.2003 – 2 Ws 174/03, NStZ-RR 2005, 17 (17).

[170] BT-Drs. 14/4554, 14; Heß NJW 2002, 2417 (2421).

[171] BGH 11.7.2005 – NotZ 12/05, NJW 2005, 3216 (3217); OLG Frankfurt a. M. 19.7.2004 – 3 Ws 734/04, NStZ-RR 2004, 336; OLG Hamburg 27.6.2003 – 2 Ws 174/03, NStZ-RR 2005, 17 (17); Heß NJW 2002, 2417 (2421).

[172] LG Magdeburg 9.5.2008 – 21 Qs 30/08, StV 2008, 626 (627); Graalmann-Scheerer in Löwe/Rosenberg Rn. 96; Schmitt in Meyer-Goßner/Schmitt Rn. 28; Weßlau/Singelnstein in SK-StPO Rn. 52; Ziegler in KMR-StPO Rn. 56.

[173] OLG Köln 26.5.2008 – 2 Ws 249/08, NStZ-RR 2008, 379 (380). Zu den Anforderungen an eine wirksame Zustellung nach § 171 ZPO s. OLG Dresden 2.10.2014 – 1 Ws 214/14, StV 2016, 219 (220).

[174] OLG Düsseldorf 2.5.1994 – 3 Ws 192–193/94, VRS 87, 441 (443).

[175] BVerfG 20.2.2002 – 2 BvR 2017/01, NJW-RR 2002, 1008; OLG Düsseldorf 27.4.2000 – 1 Ws 299/00, NJW 2000, 2831 (2832); OLG Frankfurt a. M. 8.12.2010 – 3 Ws 1252/10, NStZ-RR 2011, 147 (147); OLG Köln 26.10.2011 – 2 Ws 670/11, NStZ 2012, 284 (284); Schmitt in Meyer-Goßner/Schmitt Rn. 27; Weßlau/Singelnstein in SK-StPO Rn. 50; Ziegler in KMR-StPO Rn. 50; s. a. OLG Bamberg 30.11.2018 – 110 Ss 89/18, NStZ-RR 2019, 93 (94); OLG Oldenburg 8.9.2020 – 2 Ss (OWi) 195/20, BeckRS 2020, 24244 Rn. 16.

[176] S. hierzu etwa BVerfG 5.10.1996 – 2 BvR 2195/96, NStZ-RR 1997, 70 (70 f.); BGH 17.2.1992 – AnwZ (B) 53/91, NJW 1992, 1963.

[177] BVerwG 13.11.1984 – 9 C 23/84, NJW 1985, 1179 (1180); OLG Hamm 18.9.2001 – 2 Ws 233/01, VRS 101, 439 (440).

[178] OLG Schleswig 10.6.1983 – 1 Ws 357/83, SchlHA 1984, 98.

[179] OLG Düsseldorf 27.4.2000 – 1 Ws 299/00, NJW 2000, 2831 (2832).

67 **3. Fristberechnung bei mehreren Empfangsberechtigten (Abs. 2).** Setzt die Zustellung eine Frist in Gang und erfolgt sie gegenüber mehreren Adressaten zugleich, bleibt ein uneinheitlicher Fristlauf zu vermeiden. Daher sieht Abs. 2 vor, dass die zuletzt bewirkte Zustellung für die Berechnung der Frist den Ausschlag bildet, wenn die für einen Beteiligten bestimmte Zustellung an **mehrere Empfangsberechtigte** bewirkt wird. Dies kommt vor allem in Betracht, wenn sich ein Beschuldigter von mehreren Verteidigern vertreten lässt. Allerdings gebietet hier Nr. 154 Abs. 1 S. 2 RiStBV, dass nur an einen der Verteidiger zugestellt wird (→ Rn. 13).

68 Abs. 2 setzt voraus, dass eine **Zustellung** an mehrere Empfangsberechtigte (wirksam) **bewirkt** wird, dh tatsächlich erfolgt und nicht nur vom Vorsitzenden angeordnet und von der Geschäftsstelle ausgeführt wird.[180] Sollte nur an einen von zwei Verteidigern zugestellt werden, ist für den Fristlauf allein diese Zustellung maßgeblich.[181] Unberücksichtigt bleibt ebenso eine Zustellung an einen Verteidiger, wenn sich zu diesem Zeitpunkt weder eine Vollmachtsurkunde bei den Akten befindet noch eine solche Vollmacht in der Hauptverhandlung mündlich erteilt und in der Sitzungsniederschrift beurkundet wurde.[182] Wirksam soll die Zustellung in diesem Fall aber dann sein, wenn der Verteidiger im Empfangsbekenntnis seine Legitimation zur Entgegennahme bestätigt und somit seine Empfangsberechtigung nachweist.[183] Wiederum keine Zustellung iSd Abs. 2 stellt hingegen die Unterrichtung des Beschuldigten über die Zustellung der Entscheidung an den Verteidiger gemäß § 145a Abs. 3 S. 1 dar.[184]

69 Keine Zustellung an mehrere Empfangsberechtigte ist des Weiteren die **Doppelzustellung an ein und denselben Beteiligten.** Auch hier bleibt folglich die erste (wirksame) Zustellung für die Fristberechnung maßgeblich.[185] Dies gilt selbst dann, wenn bei der erneuten Zustellung inhaltlich unzutreffend über Rechtsmittel belehrt wird.[186]

70 Liegt eine Zustellung an mehrere Empfangsberechtigte vor, **beginnt** die **Frist** auch dann mit der letzten Zustellung zu laufen, wenn die spätere Zustellung erst angeordnet wird, nachdem die erste Zustellung ausgeführt wurde.[187] Etwas anderes gilt aber, wenn die mit der ersten Zustellung in Lauf gesetzte Frist schon verstrichen ist.[188] Dem steht nicht entgegen, dass die spätere Zustellung vor Ablauf der Frist angeordnet wurde.[189] Eine spätere Zustellung vermag somit lediglich eine begonnene Frist zu verlängern, jedoch nicht eine bereits abgelaufene Frist neu zu eröffnen.[190]

71 **4. Zustellung des Urteils bei erforderlicher Übersetzung (Abs. 3).** Gemäß **S. 1** sind **Urteile,** die nach § 187 Abs. 1, Abs. 2 GVG übersetzt werden müssen, dem betroffenen

[180] BGH 13.5.1987 – 2 StR 170/87, BGHSt 34, 371 (372) = NJW 1987, 2824 (2824).
[181] OLG Bamberg 25.4.2012 – 1 Ws 216/12, BeckRS 2012, 26009 Rn. 13.
[182] BGH 24.10.1995 – 1 StR 474/95, BGHSt 41, 303 (304) = NJW 1996, 406; BayObLG 16.12.1992 – 1 Ob OWi 339/92, BayObLGSt 1992, 157 (158); KG 24.10.2018 – 3 Ws (B) 264/18 – 162 Ss 121/18, BeckRS 2018, 30428 Rn. 3; OLG Düsseldorf 30.3.1988 – 2 Ss 105/88 – 73/88 II, NStZ 1988, 327; Graalmann-Scheerer in Löwe/Rosenberg Rn. 105; Maul in KK-StPO Rn. 10; Schmitt in Meyer-Goßner/Schmitt Rn. 29; Weßlau/Singelnstein in SK-StPO Rn. 55; aA OLG Düsseldorf 25.7.1986 – 2 Ss OWi 3/86 – 10/86 III, VRS 73, 389 (391).
[183] OLG Karlsruhe 6.2.2017 – 2 (6) SsRs 723/16-AK 261/16, BeckRS 2017, 103585 Rn. 7 mwN.
[184] Graalmann-Scheerer in Löwe/Rosenberg Rn. 103.
[185] OLG Hamburg 29.6.1965 – 1a Ws 21/65, NJW 1965, 1614; Graalmann-Scheerer in Löwe/Rosenberg Rn. 106; Schmitt in Meyer-Goßner/Schmitt Rn. 29; Weßlau/Singelnstein in SK-StPO Rn. 8; Ziegler in KMR-StPO Rn. 58; Dünnebier JZ 1969, 94 (96).
[186] OLG Bamberg 30.11.2018 – 110 Ss 89/18, NStZ-RR 2019, 93 (94).
[187] BGH 30.7.1968 – 1 StR 77/68, BGHSt 22, 221 (222 f.) = NJW 1968, 2019; BayObLG 11.7.1967 – RReg. 1a St 233/67, NJW 1967, 2124 (2125 f.); Schmitt in Meyer-Goßner/Schmitt Rn. 29; aA Kohlhaas NJW 1967, 24.
[188] BGH 12.9.2017 – 4 StR 233/17, NStZ 2018, 153 (154).
[189] BGH 30.7.1968 – 1 StR 77/68, BGHSt 22, 221 (223) = NJW 1968, 2019; OLG Hamm 7.2.2013 – III-1 Ws 49/13, NStZ-RR 2013, 215; OLG Koblenz 19.5.2017 – 2 Ws 175/17, BeckRS 2017, 146276 Rn. 2; Graalmann-Scheerer in Löwe/Rosenberg Rn. 104; Maul in KK-StPO Rn. 10; Pollähne in Gercke/Julius/Temming/Zöller Rn. 20; Weßlau/Singelnstein in SK-StPO Rn. 56; Ziegler in KMR-StPO Rn. 57.
[190] BayObLG 11.7.1967 – RReg. 1a St 233/67, NJW 1967, 2124 (2126); Rappert in Radtke/Hohmann Rn. 41; Weßlau/Singelnstein in SK-StPO Rn. 56; aA Dünnebier JZ 1969, 94 (96).

Prozessbeteiligten **zusammen mit der Übersetzung zuzustellen.** Die Prüfung dieser Voraussetzungen obliegt als Teil der Zustellungsanordnung dem Vorsitzenden.[191] S. 1 soll gewährleisten, dass die Begründungsfristen (des § 317 für die Berufung bzw. des § 345 für die Revision) erst mit der Zustellung der schriftlichen Übersetzung beginnen.[192] Eine Zustellung allein des Urteils ohne dessen Übersetzung ist daher unwirksam und setzt keinen Fristlauf in Gang.[193] Auch wenn in § 37 Abs. 3 S. 1 allgemein von „einem Prozessbeteiligten" die Rede ist, ergibt sich aus dem Zusammenhang mit der verwiesenen Regelung in § 187 Abs. 1, Abs. 2 GVG, dass es sich hierbei idR nur um den **Beschuldigten** handelt.

Einer Übersetzung des Urteils bedarf es nach § 187 Abs. 2 GVG dann, wenn der **72** Beschuldigte der deutschen Sprache nicht mächtig ist und er nicht nach § 187 Abs. 3 GVG wirksam auf eine schriftliche Übersetzung verzichtet hat. Allerdings bedeutet dies nicht stets einen Anspruch des Beschuldigten auf eine vollständige schriftliche Übersetzung des Urteils.[194] Vielmehr genügt nach § 187 Abs. 2 S. 2 GVG eine auszugsweise schriftliche Übersetzung, wenn hierdurch die **strafprozessualen Rechte des Beschuldigten gewahrt** werden. Unter derselben Voraussetzung reicht gemäß § 187 Abs. 2 S. 4 GVG anstelle der schriftlichen Übersetzung eine mündliche Übersetzung der Unterlagen oder eine mündliche Zusammenfassung des Inhalts der Unterlagen aus. Dies ist gemäß § 187 Abs. 2 S. 5 GVG in der Regel bei dem verteidigten Beschuldigten anzunehmen (→ § 35 Rn. 16). Hiervon bleibt freilich nur auszugehen, wenn sich die schriftlichen Urteilsgründe nicht maßgeblich von den mündlich eröffneten unterscheiden.[195]

Da § 187 Abs. 2 GVG in seiner (nicht abschließenden)[196] Aufzählung zu übersetzender **73** Entscheidungen von **„nicht rechtskräftigen Urteilen"** spricht, ist ein Urteil lediglich dann zu übersetzen, wenn ein Rechtsmittel hiergegen eingelegt wurde; s. a. Art. 1 Abs. 2 Richtlinie 2010/64/EU (→ Rn. 5).[197] Grds. ist auch bloß in diesem Fall das Urteil zuzustellen, so dass § 37 Abs. 3 keine zusätzliche Zustellungspflicht begründet.[198]

In der Rechtsprechung war zunächst umstritten, ob Abs. 3 auch auf **Strafbefehle** **73a** anwendbar ist.[199] Nach EuGH, dem das LG Aachen die Frage im Hinblick auf die Auslegung der Richtlinie 2010/64/EU (→ Rn. 5) zur Vorabentscheidung vorlegte, handelt es sich bei dem Strafbefehl um eine wesentliche Unterlage iSd Art. 3 Abs. 1 der Richtlinie, der den Betroffenen die Wahrnehmung ihrer Verteidigungsrechte ermöglichen und ein faires Verfahren gewährleisten soll.[200] Daher ist „Urteil" iSd Abs. 3 S. 2 im Lichte des europäischen Rechts so auszulegen, dass hierunter auch Strafbefehle zu verstehen sind.[201] Beschuldigte, die der deutschen Sprache nicht mächtig sind, müssen daher eine schriftliche Übersetzung des Strafbefehls erhalten.[202]

An die übrigen Prozessbeteiligten, für die das Urteil nicht übersetzt werden muss, ist **74** gemäß **Abs. 3 S. 2** das **Urteil zur gleichen Zeit zuzustellen.** Die Zustellung nach § 36 Abs. 1 bleibt demzufolge an alle Verfahrensbeteiligte gleichzeitig anzuordnen, sobald dem Vorsitzenden die Übersetzung des Urteils vorliegt.[203] Ohne diese Regelung seien Vorteile

---

191 BGH 13.9.2018 – 1 StR 320/17, BGHSt 63, 192 (193) = NJW 2018, 3790 (3791).
192 BT-Drs. 17/12578, 14.
193 BT-Drs. 17/12578, 14; OLG Karlsruhe 30.1.2017 – 2 Rb 6 Ss 53/17, BeckRS 2017, 102231 Rn. 9.
194 Ausf. hierzu BGH 18.2.2020 – 3 StR 430/19, BGHSt 64, 283 = NJW 2020, 2041 mAnm Kulhanek.
195 Vgl. Kotz StV 2012, 626 (629).
196 BT-Drs. 17/12578, 11.
197 BT-Drs. 17/12578, 11.
198 BT-Drs. 17/12578, 14.
199 Befürwortend LG Gießen 29.4.2015 – 7 Qs 48/15, NStZ-RR 2015, 283; LG Stuttgart 12.5.2014 – 7 Qs 18/14, NStZ-RR 2014, 216 (216 f.); aA LG Ravensburg 4.5.2015 – 2 Qs 29/15, NStZ-RR 2015, 219 (220); LG Stuttgart 13.9.2016 – 19 Qs 49/16, BeckRS 2016, 18857.
200 EuGH 12.10.2017 – C-278/16, NJW 2018, 142 (143 f.) – Sleutjes, mzustAnm Brodowski/Jahn StV 2018, 70 = NZV 2017, 530 mkritAnm Sandherr.
201 LG Aachen 13.11.2017 – 66 Qs 10/16, BeckRS 2017, 142962 Rn. 3; LG Berlin 23.9.2019 – 538 Qs 110, 111/19, StV 2020, 579 (579); LG Nürnberg-Fürth 31.3.2020 – 18 Qs 16/19, BeckRS 2020, 17408 Rn. 35.
202 AG Syke 20.12.2018 – 7 Cs 408 Js 52322/17 (149/18), StV 2020, 166.
203 BT-Drs. 17/12578, 14.

des nicht (hinreichend) der deutschen Sprache mächtigen Angeklagten gegenüber den anderen Verfahrensbeteiligten (zB durch Kenntnis derer Rechtsmittelbegründungen) sowie eine Schlechterstellung der übrigen Prozessbeteiligten durch eine faktisch kürzere Begründungsfrist zu befürchten.[204]

§ 38 Unmittelbare Ladung

Die bei dem Strafverfahren beteiligten Personen, denen die Befugnis beigelegt ist, Zeugen und Sachverständige unmittelbar zu laden, haben mit der Zustellung der Ladung den Gerichtsvollzieher zu beauftragen.

Schrifttum: Beulke, Die Neuregelung der Nebenklage, DAR 1988, 114; Wagner, Der Mißbrauch des Selbstladungsrechts des Angeklagten – KG, JR 1971, 338, JuS 1972, 315.

I. Überblick

1 § 38 regelt die Zustellung der Ladung von Zeugen und Sachverständigen, die nicht im Auftrag von Gericht oder Staatsanwaltschaft, sondern unmittelbar durch andere Verfahrensbeteiligte (→ Rn. 2) erfolgt.

II. Erläuterung

2 **1. Ladung von Beweispersonen.** Außer dem Gericht und der Staatsanwaltschaft ermächtigt die StPO weitere am **Strafverfahren beteiligte Personen** zur unmittelbaren Ladung von Zeugen und Sachverständigen. Im Einzelnen gehören hierzu der Angeklagte (§ 220 Abs. 1, § 323 Abs. 1, § 386 Abs. 2) bzw. dessen gesetzlicher Vertreter (§ 298 Abs. 1 iVm § 323 Abs. 1) sowie der Beschuldigte im Sicherungsverfahren (§ 414 Abs. 1), der Privatkläger (§ 386 Abs. 2), ferner die Beteiligten im Einziehungsverfahren (§ 427 Abs. 1, § 435 Abs. 3, § 438 Abs. 3) sowie im Verfahren bei Festsetzung von Geldbuße die betroffene juristische Person und Personenvereinigung (§ 444 Abs. 2 S. 2, Abs. 3 S. 1). Kein Ladungsrecht steht dem Nebenkläger zu (§ 397 Abs. 1).[1]

3 **2. Verfahren.** Mit der – vom Auftraggeber zu unterzeichnenden[2] – Ladung von Zeugen und Sachverständigen ist gemäß § 38 der Gerichtsvollzieher zu **beauftragen.** Der Auftrag ergeht unmittelbar durch die an dem Strafverfahren beteiligte Person. Eine Vermittlung durch die Geschäftsstelle des Gerichts nach § 161 GVG ist nicht möglich.

4 Andere Personen als der **Gerichtsvollzieher** darf der Ladungsberechtigte nicht mit der Zustellung beauftragen. Vor allem ist eine selbst initiierte Zustellung durch die Post unzulässig.[3] Dies schließt allerdings nicht aus, dass der unmittelbar beauftragte Gerichtsvollzieher – auch auf Anweisung des Ladungsberechtigten – seinerseits die Post mit der Ausführung der Zustellung beauftragt (§ 194 ZPO).[4]

5 Der Ladungsberechtigte darf sich mit seinem Anliegen grundsätzlich an jeden Gerichtsvollzieher in der Bundesrepublik wenden (§ 160 GVG). Soll der Gerichtsvollzieher jedoch die Zustellung selbst (und nicht etwa durch Beauftragung der Post; → Rn. 4) vornehmen, ist lediglich der Gerichtsvollzieher am Bestimmungsort **zuständig.**[5]

---

[204] BT-Drs. 17/12578, 14.

[1] Graalmann-Scheerer in Löwe/Rosenberg Rn. 1; Pollähne in Gercke/Julius/Temming/Zöller Rn. 1; Weßlau/Singelnstein in SK-StPO Rn. 1; Beulke DAR 1988, 114 (118); aA Maul in KK-StPO Rn. 1; Rappert in Radtke/Hohmann Rn. 1; Schmitt in Meyer-Goßner/Schmitt Rn. 1; Ziegler in KMR-StPO Rn. 1.

[2] Graalmann-Scheerer in Löwe/Rosenberg Rn. 3; Schmitt in Meyer-Goßner/Schmitt Rn. 2.

[3] BGH 15.1.1952 – 2 StR 567/51, NJW 1952, 836 (836).

[4] Graalmann-Scheerer in Löwe/Rosenberg Rn. 2; Maul in KK-StPO Rn. 2; Weßlau/Singelnstein in SK-StPO Rn. 2.

[5] Graalmann-Scheerer in Löwe/Rosenberg Rn. 2; Larcher in BeckOK StPO Rn. 4; Maul in KK-StPO Rn. 2; Schmitt in Meyer-Goßner/Schmitt Rn. 3; Weßlau/Singelnstein in SK-StPO Rn. 2; Ziegler in KMR-StPO Rn. 2.

3. Rechtsfolgen. Die unmittelbar geladene Person ist unter den Voraussetzungen des § 220 Abs. 2 **zum Erscheinen verpflichtet.** Dies gilt auch im Falle einer missbräuchlichen Ausübung des Selbstladungsrechts.[6] Gemäß § 220 Abs. 2 muss die gesetzliche Entschädigung für Reisekosten und Versäumnis bar dargeboten oder deren Hinterlegung bei der Geschäftsstelle nachgewiesen werden. Auf Verlangen des Auftraggebers hat daher der Gerichtsvollzieher der geladenen Person die bar ausgehändigte Entschädigung bei der Zustellung gegen Quittung zu übergeben bzw. bei Hinterlegung die diesbezügliche Bescheinigung der Kasse oder Gerichtszahlstelle mit zuzustellen. Soll der Gerichtsvollzieher dem Empfänger den Betrag in bar auszahlen und trifft er ihn nicht in Person an, so übersendet er ihm den Betrag mittels Postanweisung der Deutschen Post AG (§ 51 Abs. 2 S. 2 und S. 3 GVGA). 6

Zum Nachweis der unmittelbaren Ladung muss der Gerichtsvollzieher auf der **Zustellungsurkunde** das Angebot der Entschädigung an den Empfänger sowie deren Auszahlung oder Zurückweisung bzw. die Mitzustellung der Bescheinigung der Kasse oder Gerichtszahlstelle ersichtlich machen. Im Falle der Zurückweisung einer dargebotenen Entschädigung ist der Grund zu vermerken, den der Empfänger hierfür angegeben hat; zudem gibt der Gerichtsvollzieher dem Auftraggeber dann den Betrag mit der Zustellungsurkunde wieder zurück (§ 51 Abs. 2 S. 6 und S. 7 GVGA). Ansonsten übermittelt der Gerichtsvollzieher dem Auftraggeber mit der Zustellungsurkunde die Quittung des Empfängers oder den Einzahlungsnachweis der Deutschen Post AG (§ 51 Abs. 2 S. 5 GVGA). 7

Sollten die **Voraussetzungen des § 220 Abs. 2 nicht erfüllt** sein, steht dies der Ausführung der Zustellung zwar nicht entgegen. Die Ladung darf dann aber keine Erscheinenspflicht postulieren und nicht auf die gesetzlichen Folgen des Ausbleibens hinweisen (s. § 51 Abs. 3 GVGA). 8

§ 39 (weggefallen)

§ 40 Öffentliche Zustellung

(1) [1]Kann eine Zustellung an einen Beschuldigten, dem eine Ladung zur Hauptverhandlung noch nicht zugestellt war, nicht in der vorgeschriebenen Weise im Inland bewirkt werden und erscheint die Befolgung der für Zustellungen im Ausland bestehenden Vorschriften unausführbar oder voraussichtlich erfolglos, so ist die öffentliche Zustellung zulässig. [2]Die Zustellung gilt als erfolgt, wenn seit dem Aushang der Benachrichtigung zwei Wochen vergangen sind.

(2) War die Ladung zur Hauptverhandlung dem Angeklagten schon vorher zugestellt, dann ist die öffentliche Zustellung an ihn zulässig, wenn sie nicht in der vorgeschriebenen Weise im Inland bewirkt werden kann.

(3) Die öffentliche Zustellung ist im Verfahren über eine vom Angeklagten eingelegte Berufung oder Revision bereits zulässig, wenn eine Zustellung nicht unter einer Anschrift möglich ist, unter der letztmals zugestellt wurde oder die der Angeklagte zuletzt angegeben hat.

Schrifttum: Krause, Widerruf der Strafaussetzung zur Bewährung bei unbekanntem Aufenthalt des Verurteilten, NJW 1977, 2249; Kuhn, Zustellung im Strafprozess, JA 2011, 217; Mosenheuer, Über die Zulässigkeit einer öffentlichen Zustellung der Mitteilung des Inhalts der Anklageschrift nach § 201 Abs. 1 StPO, wistra 2002, 409; Nowak, Die Zulässigkeit der öffentlichen Zustellung im Sinne von § 40 Abs. 3 StPO im Jugendstrafverfahren, JR 2008, 234; Rieß/Hilger, Das neue Strafverfahrensrecht – Opferschutzgesetz und Strafverfahrensänderungsgesetz 1987, NStZ 1987, 145; Schmid, Die öffentliche Zustellung im Strafverfahren, MDR 1978, 96.

6 Maul in KK-StPO Rn. 4; Pollähne in Gercke/Julius/Temming/Zöller Rn. 5; Rappert in Radtke/Hohmann Rn. 4; Wagner JuS 1972, 315 (319); aA KG 10.5.1971 – 1 Ws 33/71, JR 1971, 338 (340 f.) mzustAnm Peters; Ziegler in KMR-StPO Rn. 3.

Übersicht

I. Überblick

1 **1. Normzweck.** Die Vorschrift bestimmt einen **Ersatzweg** in Form der **öffentlichen Zustellung,** wenn eine gerichtliche Entscheidung nicht auf anderem Wege zugestellt werden kann, zB wenn der Aufenthaltsort des Betroffenen unbekannt oder nicht erreichbar ist. Gleichwohl muss in diesen Fällen im Interesse einer wirksamen Strafrechtspflege das Verfahren ohne Verzögerung fortgeführt werden können, auch unter Berücksichtigung der Belange anderer Verfahrensbeteiligter.[1] Unproblematisch ist dies in Hinblick auf Art. 103 Abs. 1 GG zwar nicht, weil der Betroffene von einer öffentlichen Zustellung idR keine Kenntnis erlangt. Der Anspruch auf rechtliches Gehör bleibt aber durch andere strafprozessuale Vorschriften gewahrt, insbesondere durch die Nachholung des rechtlichen Gehörs nach § 33a und die Wiedereinsetzung in den vorigen Stand nach § 44.[2] Es bedarf jedoch einer restriktiven Auslegung der Norm.[3]

2 **2. Anwendungsbereich.** Die Vorschrift enthält eine Sonderregelung gegenüber (§ 37 Abs. 1 StPO iVm) §§ 185 ff. ZPO für die Zustellung **gerichtlicher Entscheidungen** im Strafverfahren. Hierzu zählen außer Urteile und Beschlüsse auch Anordnungen, Verfügungen und Ladungen. Wird der Angeklagte durch öffentliche Bekanntmachung geladen, darf gemäß § 232 Abs. 2 die Hauptverhandlung nicht ohne ihn stattfinden. Dies betrifft allerdings nur die erstinstanzliche Hauptverhandlung, weder hingegen die Berufungsverhandlung[4] noch die Hauptverhandlung nach einem Einspruch gegen einen Strafbefehl.[5] Für Entscheidungen der Staatsanwaltschaft gilt § 40 nicht. Für die Ladung zur staatsanwaltschaftlichen Vernehmung ergibt sich dies schon aus § 163a Abs. 3 S. 2 iVm § 133 Abs. 1.[6]

3 **Nicht zulässig** ist die öffentliche Zustellung von Strafbefehlen.[7] Eine Strafe rechtskräftig festsetzen zu können, ohne dass der Beschuldigte dies vor der Vollstreckung wegen der öffentlichen Zustellung im Regelfall erfährt, ist mit dem Anspruch auf rechtliches Gehör

---

1 Graalmann-Scheerer in Löwe/Rosenberg Rn. 1.

2 Graalmann-Scheerer in Löwe/Rosenberg Rn. 1; Weßlau/Singelnstein in SK-StPO Rn. 1; Ziegler in KMR-StPO Rn. 2; Schmid MDR 1978, 96 (96).

3 LG Stuttgart 17.5.2013 – 6 Qs 3/13, BeckRS 2013, 10025; Pollähne in Gercke/Julius/Temming/Zöller Rn. 1; Weßlau/Singelnstein in SK-StPO Rn. 1; Ziegler in KMR-StPO Rn. 2.

4 KG 27.9.1968 – 1 Ws 373/68, NJW 1969, 475 (475); OLG Hamburg 30.9.1981 – 1 Ss 133/81, JR 1982, 122 (122 f.) mAnm Wendisch; Graalmann-Scheerer in Löwe/Rosenberg Rn. 5; Weßlau/Singelnstein in SK-StPO Rn. 8; Ziegler in KMR-StPO Rn. 3; aA noch OLG Frankfurt a. M. 16.2.1978 – 4 Ws 29/78, JR 1978, 392 (392) mablAnm Meyer.

5 Graalmann-Scheerer in Löwe/Rosenberg Rn. 5; Weßlau/Singelnstein in SK-StPO Rn. 7; Ziegler in KMR-StPO Rn. 3.

6 Schmitt in Meyer-Goßner/Schmitt Rn. 1.

7 OLG Düsseldorf 19.2.1997 – 1 Ws 127/97, NJW 1997, 2965 (2965); Pollähne in Gercke/Julius/Temming/Zöller Rn. 2; Rappert in Radtke/Hohmann Rn. 3; Schmitt in Meyer-Goßner/Schmitt § 409 Rn. 21; Weßlau/Singelnstein in SK-StPO Rn. 7; Ziegler in KMR-StPO Rn. 6; Kuhn JA 2011, 217 (220); aA LG München I 21.8.1980 – 14 Qs 99/80, MDR 1981, 71 (71 f.); Schmid MDR 1978, 96 (98).

aus Art. 103 Abs. 1 GG nicht vereinbar (vgl. auch Nr. 175 Abs. 2 S. 1 RiStBV).[8] Ebenso wenig dürfen Aufforderungen zur Erklärung im Zwischenverfahren iSd § 201 öffentlich zugestellt werden. Dies wird zwar zT befürwortet, wenn Verjährung droht, ein Haftbefehl erlassen wurde und kein Grund für einen Ausschluss der Öffentlichkeit besteht.[9] Dem wird aber zu Recht entgegengehalten, dass bei der Mitteilung der Anklageschrift keine gerichtliche Entscheidung bekannt gegeben wird.[10]

§ 40 gilt für **Zustellungen an den Beschuldigten.** Nach hM sollen auch bereits rechtskräftig Verurteilte erfasst sein, so dass etwa der Beschluss, mit dem das Gericht die Strafaussetzung zur Bewährung widerruft, öffentlich zugestellt werden könnte.[11] Dem steht jedoch wiederum entgegen, dem Betroffenen durch den damit in der Regel einhergehenden Verzicht auf vorheriges Gehör die Möglichkeit zu nehmen, rechtzeitig Rechtsmittel einzulegen. Zudem kann in diesen Fällen gemäß § 453c ein Sicherungshaftbefehl erlassen werden.[12] Ebenso unzulässig ist es daher, die Aufforderung, zum beabsichtigten Widerruf gemäß § 453 Abs. 1 S. 2 Stellung zu nehmen, öffentlich zuzustellen.[13] 4

Für Einziehungsbeteiligte gilt § 40 gemäß § 429 Abs. 1 Hs. 2 entsprechend. An **andere Verfahrensbeteiligte,** namentlich an Privat- und Nebenkläger sowie Personen, die für den Beschuldigten Sicherheit geleistet haben (§ 124 Abs. 2, Abs. 3), wird nach § 37 Abs. 1 StPO iVm §§ 185 ff. ZPO öffentlich zugestellt. Eine Sondervorschrift zur öffentlichen Zustellung an in der Bundesrepublik stationierte Streitkräfte der NATO enthält Art. 36 NTS-ZA. 5

Nicht anwendbar ist § 40 nach hM im **Jugendstrafverfahren.** Es widerspräche dem Grundsatz der Nichtöffentlichkeit gemäß § 48 JGG, durch eine öffentliche Zustellung auf die bevorstehende Hauptverhandlung hinzuweisen.[14] 6

II. Erläuterung

1. Voraussetzungen der öffentlichen Zustellung. a) Grundlagen. Die Vorschrift unterscheidet drei verschiedene **Verfahrensstadien:** Abs. 1 ist anwendbar, wenn der Beschuldigte noch nicht zur Hauptverhandlung geladen ist (→ Rn. 8 ff.), Abs. 2 hingegen nach Zustellung der Ladung zur Hauptverhandlung (→ Rn. 13 f.). Abs. 3 (→ Rn. 15 ff.) behandelt schließlich das vom Angeklagten eingeleitete Berufungsverfahren. Da die bisherige Verfahrensbeteiligung des Beschuldigten in diesen Stadien steigt, sinken umgekehrt die Anforderungen an die Zulässigkeit der öffentlichen Zustellung.[15] 7

---

8 Graalmann-Scheerer in Löwe/Rosenberg Rn. 2; Maul in KK-StPO Rn. 3.

9 Graalmann-Scheerer in Löwe/Rosenberg Rn. 2; Rappert in Radtke/Hohmann Rn. 3; Schmitt in Meyer-Goßner/Schmitt Rn. 1; Mosenheuer wistra 2002, 409 (413); weiter Ziegler in KMR-StPO Rn. 4.

10 Maul in KK-StPO Rn. 3; Weßlau/Singelnstein in SK-StPO Rn. 6; Schmid MDR 1978, 96 (97).

11 OLG Celle 3.12.1984 – 3 Ws 451/84, StV 1985, 495 (495); OLG Düsseldorf 11.2.1988 – 1 Ws 120/88, JR 1989, 166 (166 f.) mzustAnm Wendisch; OLG Frankfurt a. M. 21.7.1977 – 4 Ws 95/77, MDR 1978, 71 (71 f.); OLG Hamburg 25.9.1987 – 1 Ws 187/87, NStZ 1988, 292 (292) mablAnm Johann/Johnigk; OLG Stuttgart 9.5.1983 – 3 Ws 51/83, NJW 1983, 1987; OLG Zweibrücken 20.1.1988 – 1 Ws 22 – 27/88, MDR 1988, 1077; Graalmann-Scheerer in Löwe/Rosenberg Rn. 3 f.; Larcher in BeckOK StPO Rn. 2; Maul in KK-StPO Rn. 2; Rappert in Radtke/Hohmann Rn. 4; Schmitt in Meyer-Goßner/Schmitt Rn. 2; Ziegler in KMR-StPO Rn. 5; vgl. auch BGH 6.5.1975 – 7 BJs 14/69 StB 8/75, BGHSt 26, 127 (128) = NJW 1975, 2211 (2211).

12 OLG Frankfurt a. M. 11.11.1981 – 3 Ws 702/81, StV 1983, 113; OLG Hamburg 21.8.1975 – 2 Ws 429/715, NJW 1976, 1327; LG München II 30.7.1975 – I Qs 160/75, NJW 1975, 2307 (2308); Weßlau/Singelnstein in SK-StPO Rn. 5; Krause NJW 1977, 2249 (2250).

13 Weßlau/Singelnstein in SK-StPO Rn. 5; s. a. Pollähne in Gercke/Julius/Temming/Zöller Rn. 4; aA OLG Stuttgart 9.5.1983 – 3 Ws 51/83, NJW 1983, 1987; Graalmann-Scheerer in Löwe/Rosenberg Rn. 2; Larcher in BeckOK StPO Rn. 18; Rappert in Radtke/Hohmann Rn. 3.

14 OLG Stuttgart 29.10.1986 – 3 Ws 293/86, StV 1987, 309 (310); Graalmann-Scheerer in Löwe/Rosenberg Rn. 6; Rappert in Radtke/Hohmann Rn. 5; Schmitt in Meyer-Goßner/Schmitt Rn. 2; Weßlau/Singelnstein in SK-StPO Rn. 4; Kuhn JA 2011, 217 (220); aA KG 27.9.2005 – 4 Ws 128/05, NStZ-RR 2006, 120 (121 f.) = JR 2006, 301; LG Zweibrücken 31.1.1991 – 3 Js 7477/87 – 1 Ns jug, MDR 1991, 985; Claus in Satzger/Schluckebier/Widmaier StPO Rn. 8; Larcher in BeckOK StPO Rn. 14; Maul in KK-StPO Rn. 8; Ziegler in KMR-StPO Rn. 7; Nowak JR 2008, 234 (235 ff.) zu § 40 Abs. 3.

15 Vgl. auch Weßlau/Singelnstein in SK-StPO Rn. 9.

8 **b) Beschuldigter noch nicht zur Hauptverhandlung geladen (Abs. 1).** Die öffentliche Zustellung an einen noch nicht zur Hauptverhandlung geladenen Beschuldigten setzt zum einen voraus, dass die Zustellung **nicht** in der vorgeschriebenen Weise **im Inland bewirkt** werden kann. In der Praxis scheitert die Zustellung in der Regel daran, dass der Aufenthaltsort des Beschuldigten dem Gericht unbekannt ist. Denkbar ist aber auch, dass mehrere Zustellungsversuche in einem Geschäftslokal fehlschlagen; ob der Adressat sein Geschäftslokal aufgegeben hat, ist unerheblich.[16] Der Beschuldigte muss sich nicht im Ausland aufhalten, wie die zweite Voraussetzung von Abs. 1 S. 1 suggeriert; sie gilt es nur zu beachten, wenn das Gericht weiß, dass sich der Beschuldigte im Ausland befindet.[17]

9 **In der vorgeschriebenen Weise** ist eine Zustellung im Inland allerdings dadurch möglich, dass dem Verteidiger nach § 145a Abs. 1[18] oder dem Zustellungsbevollmächtigten[19] zugestellt wird. Eine öffentliche Zustellung scheidet in diesen Fällen aus.[20]

10 Zum anderen muss die Befolgung der für Zustellungen **im Ausland** bestehenden Vorschriften unausführbar oder voraussichtlich erfolglos erscheinen.

11 Um den Anspruch auf rechtliches Gehör aus Art. 103 Abs. 1 GG zu gewährleisten, darf nicht voreilig auf die öffentliche Zustellung zurückgegriffen werden. Vielmehr trifft das Gericht die **Nachforschungspflicht,** zuvor mit allen ihm zur Verfügung stehenden und zumutbaren Mitteln zu versuchen, den Aufenthaltsort des Beschuldigten zu ermitteln.[21] Die öffentliche Zustellung ist folglich ultima ratio.[22]

12 An die Nachforschungspflicht des Gerichts ist ein **strenger Maßstab** anzulegen.[23] So darf insbesondere nicht allein deshalb öffentlich zugestellt werden, weil ein zuzustellendes Schriftstück mit dem Vermerk „Empfänger unbekannt“ zurückgesendet wird.[24] Auch eine Anfrage beim Einwohnermeldeamt des letzten bekannten Wohnsitzes oder Aufenthaltsortes des Beschuldigten genügt nicht.[25] Vielmehr muss das Gericht sich über Eintragungen im Bundeszentralregister (§ 41 Abs. 1 Nr. 1 BZRG) informieren und die Staatsanwaltschaft ersuchen, Auskünfte aus dem zentralen staatsanwaltschaftlichen Verfahrensregister einzuholen (§ 492).[26] Bei Ausländern ist idR zudem beim Bundesverwaltungsamt die Übermittlung von Daten aus dem Ausländerzentralregister (§ 10 AZRG) zu beantragen.[27]

13 **c) Beschuldigter bereits zur Hauptverhandlung geladen (Abs. 2).** Ist dem Beschuldigten die Ladung zur Hauptverhandlung bereits zugestellt, setzt die öffentliche

---

16 OLG Hamburg 25.10.1999 – 2 Ws 191/99, NStZ-RR 2000, 238 (239).

17 Schmitt in Meyer-Goßner/Schmitt Rn. 3.

18 OLG Hamburg 18.6.1971 – 1 Ss 44/71, MDR 1971, 775; OLG Köln 25.6.1996 – 2 Ws 256/96, StV 1998, 211 (211); LG Frankfurt a. M. 12.3.2004 – 5/6 Qs 14/04, StV 2004, 554 (554).

19 RG 14.1.1932 – II 570/31, RGSt 66, 76 (79); KG 19.9.2011 – (2) 1 Ss 361/11 (53/11), NJW 2012, 245 (246).

20 Graalmann-Scheerer in Löwe/Rosenberg Rn. 6; Maul in KK-StPO Rn. 5; Weßlau/Singelnstein in SK-StPO Rn. 12; Ziegler in KMR-StPO Rn. 10.

21 BayObLG 28.7.1983 – 1 Ob OWi 122/83, NStZ 1984, 29 (30); 10.7.1991 – RReg. 2 St 98/91, NStZ 1991, 598 (598); OLG Celle 3.12.1984 – 3 Ws 451/84, StV 1985, 495 (495); OLG Düsseldorf 18.4.1995 – 1 Ws 137/95, VRS 89, 291 (292 f.); OLG Frankfurt a. M. 28.3.1983 – 5 Ws 10/83, StV 1983, 233 (233); Graalmann-Scheerer in Löwe/Rosenberg Rn. 8; Pollähne in Gercke/Julius/Temming/Zöller Rn. 6; Rappert in Radtke/Hohmann Rn. 7; Schmitt in Meyer-Goßner/Schmitt Rn. 4; Weßlau/Singelnstein in SK-StPO Rn. 13.

22 KG 30.12.2005 – 1 AR 1496/05 – 5 Ws 612/05, NStZ-RR 2006, 208 (209); OLG Hamm 21.3.2005 – 3 Ws 136/05, StraFo 2005, 244; LG Stuttgart 17.5.2013 – 6 Qs 3/13, BeckRS 2013, 10025; Larcher in BeckOK StPO Rn. 2; Ziegler in KMR-StPO Rn. 11; Kuhn JA 2011, 217 (220).

23 BVerfG 6.2.2003 – 2 BvR 430/03, NStZ-RR 2005, 205 (206); BayObLG 10.7.1991 – RReg. 2 St 98/91, NStZ 1991, 598 (598); KG 30.12.2005 – 1 AR 1496/05 – 5 Ws 612/05, NStZ-RR 2006, 208 (209); OLG Düsseldorf 3.6.1994 – 1 Ws 337 – 338/94, VRS 87, 349 (350).

24 OLG Celle 3.12.1984 – 3 Ws 451/84, StV 1985, 495 (495); OLG Köln 2.2.1956 – Ws 55/56, NJW 1956, 642.

25 OLG Düsseldorf 18.4.1995 – 1 Ws 137/95, VRS 89, 291 (292).

26 Graalmann-Scheerer in Löwe/Rosenberg Rn. 8; Schmitt in Meyer-Goßner/Schmitt Rn. 4; Ziegler in KMR-StPO Rn. 11.

27 OLG Düsseldorf 20.5.1999 – 1 Ws 455/99, NStZ 1999, 476; OLG Köln 2.3.1990 – Ss 71/90, StV 1990, 345.

Zustellung lediglich voraus, sie **nicht** in der vorgeschriebenen Weise **im Inland bewirken** zu können (→ Rn. 8 f.). Öffentlich kann auch die Ladung zu einer neu terminierten Hauptverhandlung zugestellt werden, wenn nur zuvor einmal eine Ladung zur (etwa wegen Krankheit des Betroffenen aufgehobenen) Hauptverhandlung ordnungsgemäß bewirkt wurde.[28] Anders als nach Abs. 1 ist bei einem sich im Ausland aufhaltenden Beschuldigten nicht erforderlich, dass die Befolgung der für Zustellungen im Ausland bestehenden Vorschriften unausführbar oder voraussichtlich erfolglos erscheint.

Von dem bereits geladenen Angeklagten wird somit gefordert, weitere **Zustellungen** (im Inland) an ihn zu **ermöglichen,**[29] etwa indem er seinen Verteidiger nach § 145a Abs. 2 S. 1 bevollmächtigt.[30] Dies gilt auch dann, wenn der Angeklagte seinen Wohnsitz in das Ausland verlegt oder dorthin zurückkehrt.[31] 14

d) Berufung durch den Angeklagten (Abs. 3). Eine öffentliche Zustellung ist unter gegenüber Abs. 1 und Abs. 2 geringeren Anforderungen zulässig, wenn sie in dem Verfahren über eine vom Angeklagten eingelegte Berufung oder Revision ausgeführt werden soll. Schließlich will die Vorschrift etwaige Versuche des Angeklagten unterbinden, das selbst initiierte Rechtsmittelverfahren durch Aufgabe seines Wohnsitzes bei unbekannter neuer Anschrift zu verzögern und dadurch den Eintritt der Rechtskraft des erstinstanzlichen Urteils hinauszuschieben.[32] Anders als bei Abs. 1 und Abs. 2 (→ Rn. 11 f.) obliegt es dem Gericht hier daher auch nicht, zeit- und arbeitsaufwändige Ermittlungen nach dem Aufenthaltsort des Angeklagten anzustellen.[33] Vielmehr trifft den Angeklagten eine **Mitwirkungspflicht;** zur insoweit erforderlichen Belehrung → § 35a Rn. 24 f. 15

Angesichts des Anliegens der Norm sind **Berufung** und **Revision** eng zu verstehen und umfassen nur die durch den Angeklagten selbst eingelegten Rechtsmittel, nicht hingegen die seines gesetzlichen Vertreters.[34] Dass hingegen die Staatsanwaltschaft ebenso etwa Berufung eingelegt hat, steht der Anwendung des Abs. 3 nicht entgegen.[35] 16

Die öffentliche Zustellung setzt lediglich voraus, dass eine Zustellung nicht unter einer **Anschrift** möglich ist, unter der letztmals zugestellt wurde oder die der Angeklagte zuletzt angegeben hat. Es bedarf somit eines erfolglosen Zustellungsversuchs,[36] sofern das Gericht nicht bereits positiv weiß, dass der Angeklagte nicht mehr unter den vorstehenden Anschriften wohnt.[37] Die Unmöglichkeit der Zustellung hat das Gericht objektiv festzustellen. Dem Vermerk eines Postbediensteten, dass der Adressat unter der Anschrift nicht zu ermitteln sei, kommt hierbei lediglich eine gewisse Indizwirkung zu, die durch den Inhalt der Akten oder ein substantiiertes, plausibles und schlüssiges Antragsvorbringen entkräftet werden kann.[38] Wegen der Mitwirkungspflicht des Angeklagten ist § 40 Abs. 3 auch dann anzuwenden, wenn der Angeklagte ins Ausland abgeschoben wurde.[39] Erfährt das Gericht vor Eintritt in die Verhandlung einen inländischen Aufenthaltsort, an welchem dem Angeklagten ordnungsgemäß zugestellt werden kann, entfällt die Zugangsfiktion des § 40 Abs. 1 S. 2 und muss das Gericht nach § 37 zustellen.[40] Ist dem Gericht der ausländische Wohnort des 17

---

[28] KG 13.3.2015 – 3 Ws (B) 121/15 – 162 Ss 27/15, NStZ 2015, 526 (527).

[29] OLG Hamburg 30.9.1981 – 1 Ss 133/81, JR 1982, 122 (122 f.) mAnm Wendisch.

[30] KG 5.4.2013 – (4) 161 Ss 78-13 (71/13), BeckRS 2013, 13835; 13.3.2015 – 3 Ws (B) 121/15 – 162 Ss 27/15, NStZ 2015, 526 (527).

[31] KG 16.6.2008 – (3) 1 Ss 44/08 (41/08), NStZ 2009, 111 (112); OLG Frankfurt a. M. 21.7.2003 – 3 Ws 828/03, NStZ-RR 2004, 48; OLG Hamburg 30.9.1981 – 1 Ss 133/81, JR 1982, 122 (122 f.).

[32] BT-Drs. 10/1313, 18.

[33] OLG Hamburg 28.8.2019 – 5 Ws 26/19, BeckRS 2019, 30236 Rn. 21, in StV 2019, 826 nicht abgedr.

[34] Rappert in Radtke/Hohmann Rn. 12; Schmitt in Meyer-Goßner/Schmitt Rn. 5; Rieß/Hilger NStZ 1987, 145 (152).

[35] OLG Hamburg 22.3.2019 – 2 Rev 1/19, BeckRS 2019, 4468 Rn. 22 f.

[36] OLG Hamm 26.1.2006 – 2 Ws 27/06, 2 Ss 31/06, NJW 2006, 3511.

[37] BayObLG 12.10.2000 – 2 St RR 185/00, NStZ-RR 2001, 139.

[38] OLG Hamburg 28.8.2019 – 5 Ws 26/19, StV 2019, 826.

[39] OLG Stuttgart 28.1.2004 – 4 Ws 304/03, NStZ-RR 2004, 219 (220).

[40] OLG Düsseldorf 21.5.1992 – 3 Ws 204–205/92, MDR 1992, 985 (986); OLG Hamm 3.11.2004 – 4 Ss 359/04, NStZ-RR 2005, 114 (115); OLG Oldenburg 14.5.2004 – Ss 87/04 (I 58), StraFo 2004, 274 (274); OLG Stuttgart 1.3.2001 – 1 Ss 712/00, StV 2001, 336; Graalmann-Scheerer in Löwe/

Angeklagten bekannt, kann eine lediglich öffentliche Zustellung das Recht auf ein faires Verfahren aus Art. 6 Abs. 1, Abs. 3 lit. c EMRK verletzen.[41]

18 Zu den gerichtlichen Dokumenten, die unter den vorstehenden Voraussetzungen **öffentlich zugestellt** werden können, zählen vor allem die Ladung zur Berufungsverhandlung sowie zustellungsbedürftige Entscheidungen wie das Berufungsurteil, das die Berufung des Angeklagten gemäß § 329 Abs. 1 verwirft.[42]

19 **2. Verfahren der öffentlichen Zustellung.** Die **Anordnung** der öffentlichen Zustellung erfolgt gemäß § 37 Abs. 1 iVm § 186 Abs. 1 S. 1 ZPO durch Beschluss des Prozessgerichts, nicht dessen Vorsitzenden.[43] Liegen die Voraussetzungen des § 40 vor, ist die öffentliche Zustellung zwingend anzuordnen.[44]

20 Die **Ausführung** der öffentlichen Zustellung obliegt der Geschäftsstelle. Die Zustellung erfolgt gemäß § 37 Abs. 1 iVm § 186 Abs. 2 ZPO, indem eine Benachrichtigung an der Gerichtstafel ausgehängt oder in ein elektronisches Informationssystem, das im Gericht öffentlich zugänglich ist, eingestellt wird (§ 186 Abs. 2 S. 1 ZPO).[45] Zuständig ist das Prozessgericht, dh das Gericht, das die öffentliche Zustellung anordnet,[46] zB im Berufungsverfahren das Landgericht[47] und im Vollstreckungsverfahren die Strafvollstreckungskammer.[48] Darüber hinaus kann die Benachrichtigung zusätzlich in einem von dem Gericht für Bekanntmachungen bestimmten elektronischen Informations- und Kommunikationssystem veröffentlicht werden (§ 186 Abs. 2 S. 2 ZPO). Ebenso ist gemäß § 37 Abs. 1 iVm § 187 ZPO möglich, die Benachrichtigung zusätzlich einmal oder mehrfach im elektronischen Bundesanzeiger oder in anderen Blättern zu veröffentlichen. In den Akten ist gemäß § 186 Abs. 3 ZPO zu vermerken, wann die Benachrichtigung ausgehängt und abgenommen wird; zuständig ist der Urkundsbeamte der Geschäftsstelle.[49]

21 Die **Benachrichtigung** muss gemäß § 186 Abs. 2 S. 3 ZPO die Person benennen, für die zugestellt wird, ferner den Namen und die letzte bekannte Anschrift des Zustellungsadressaten sowie Datum und Aktenzeichen des Schriftstücks[50] enthalten und den Prozessgegenstand bezeichnen. Außerdem ist anzugeben, wo das Schriftstück eingesehen werden kann, was idR in der Geschäftsstelle des Gerichts sein wird. Das Einsichtsrecht steht aber nur dem Berechtigten und seinem Bevollmächtigten zu.[51] Das zuzustellende Schriftstück selbst (zB die gerichtliche Entscheidung) wird hingegen anders als nach § 40 aF nicht mehr ausgehängt, um nicht mehr über die Zustellung an Unberechtigte preiszugeben als unumgänglich ist und dadurch die Persönlichkeitssphäre des Zustellungsadressaten zu schützen.[52] Gemäß § 186 Abs. 2 S. 4 und S. 5 ZPO muss die Benachrichtigung schließlich darauf hinweisen, dass ein Schriftstück öffentlich zugestellt wird und Fristen in Gang gesetzt werden

Rosenberg Rn. 7 f.; Rappert in Radtke/Hohmann Rn. 11; Schmitt in Meyer-Goßner/Schmitt Rn. 5; Weßlau/Singelnstein in SK-StPO Rn. 14.

41 EGMR 26.7.2018 – 35778/11, NJW 2019, 3051 (3052) – Dridi ./. Deutschland.

42 BayObLG 18.4.1957 – RReg. 1 St 1111/56, NJW 1957, 1119; Maul in KK-StPO Rn. 3; Weßlau/Singelnstein in SK-StPO Rn. 6; Ziegler in KMR-StPO Rn. 17.

43 Maul in KK-StPO Rn. 9; Weßlau/Singelnstein in SK-StPO Rn. 17.

44 Graalmann-Scheerer in Löwe/Rosenberg Rn. 7; Pollähne in Gercke/Julius/Temming/Zöller Rn. 9; Rappert in Radtke/Hohmann Rn. 1; Schmitt in Meyer-Goßner/Schmitt Rn. 6.

45 Zur Notwendigkeit einer Übersetzung der Benachrichtigung in eine dem Betroffenen verständliche Sprache OLG Köln 9.12.2014 – III-1 RVs 167/14, III-1 Ws 102/14, NStZ-RR 2015, 317 (317).

46 KG 30.1.2009 – (2) 1 Ss 275/08 (35/08) – 2 Ws 532/08, StraFo 2009, 240 (241); OLG Hamm 19.9.2006 – 3 Ws 294/06, NJW 2007, 933 (934 f.); Claus in Satzger/Schluckebier/Widmaier StPO Rn. 19.

47 OLG Hamm 19.9.2006 – 3 Ws 294/06, NJW 2007, 933 (935).

48 OLG Düsseldorf 30.8.2002 – 3 Ws 300–301/02, NStZ 2003, 167 (168); OLG Hamm 16.8.2005 – 3 Qs 352–353/05, NStZ-RR 2006, 30; OLG Köln 22.1.1999 – 2 Ws 16–18/99, NStZ-RR 2000, 83 (84).

49 Graalmann-Scheerer in Löwe/Rosenberg Rn. 20; Rappert in Radtke/Hohmann Rn. 16; Schmitt in Meyer-Goßner/Schmitt Rn. 7.

50 S. hierzu OLG Dresden 24.5.2006 – 2 Ss 104/06, StraFo 2006, 375 (376).

51 Graalmann-Scheerer in Löwe/Rosenberg Rn. 18; Schmitt in Meyer-Goßner/Schmitt Rn. 7.

52 BT-Drs. 15/3482, 20.

bzw. bei Ladungen Termine enthalten sein können, bei deren Versäumung Rechtsverluste drohen.

3. Rechtsfolgen der öffentlichen Zustellung. Gemäß § 40 Abs. 1 S. 2 gilt die Zustellung als erfolgt, wenn seit dem Aushang der Benachrichtigung (→ Rn. 21) **zwei Wochen** vergangen sind. Dies gilt für sämtliche Konstellationen, in denen nach § 40 Abs. 1–3 öffentlich zugestellt werden muss. Ob der Zustellungsempfänger die Benachrichtigung wahrnehmen kann, bleibt unerheblich.[53] 22

Bei der öffentlichen Zustellung nach **Abs. 3** kommt als mittelbare Rechtsfolge hinzu, dass die **Berufung** des ausbleibenden Angeklagten gemäß § 329 Abs. 1 ohne Verhandlung zur Sache **zu verwerfen** ist, wenn er nicht zulässig vertreten wird oder sein Ausbleiben genügend entschuldigt. Der Angeklagte ist daher in der Rechtsmittelbelehrung des erstinstanzlichen Urteils auf die Möglichkeit der öffentlichen Zustellung gemäß § 40 Abs. 3 und die Folgen der §§ 329, 330 hinzuweisen (§ 35a S. 2; → § 35a Rn. 24 f.). 23

4. Zustellungsmängel. Stellt das Gericht öffentlich zu, ohne seine **Nachforschungspflicht** (→ Rn. 11 f.) erfüllt und die erforderlichen Ermittlungen angestellt zu haben, ist die Zustellung unwirksam.[54] Etwas anderes gilt nur, wenn feststeht, dass die Nachforschungen erfolglos geblieben wären.[55] 24

Wird eine öffentliche Zustellung ausgeführt, obwohl eine gerichtliche **Anordnung** fehlt, wesentliche Förmlichkeiten missachtet wurden (zB die Anordnung entgegen → Rn. 19 nur vom Vorsitzenden eines Kollegialgerichts erlassen wurde) oder die Voraussetzungen für eine öffentliche Zustellung erkennbar nicht vorliegen,[56] ist die Zustellung unwirksam.[57] 25

Ebenso vermögen Mängel bei der **Ausführung** der öffentlichen Zustellung deren Unwirksamkeit nach sich ziehen. Dies gilt vor allem dann, wenn der Aushang bei dem unzuständigen Gericht (→ Rn. 20) erfolgt,[58] die Benachrichtigung vor Ablauf von zwei Wochen abgehängt wird[59] oder der Vermerk über die Abnahme fehlt.[60] Unbeachtlich ist insoweit hingegen, wenn über § 186 Abs. 2 S. 3 ZPO hinaus und entsprechend § 40 aF auch das zuzustellende Schriftstück selbst ausgehängt wird.[61] 26

III. Rechtsmittel

Gegen die **Anordnung** der öffentlichen Zustellung nach § 40 ist bis zu deren Ausführung **Beschwerde** nach § 304 Abs. 1 statthaft.[62] Ausgeschlossen ist die Beschwerde wegen § 305 S. 1 gegen den Anordnungsbeschluss des erkennenden Gerichts.[63] 27

53 OLG Düsseldorf 30.8.2002 – 3 Ws 300–301/02, NStZ 2003, 167 (168).

54 BVerfG 6.2.2003 – 2 BvR 430/03, NStZ-RR 2005, 205 (206); BayObLG 28.7.1983 – 1 Ob OWi 122/83, NStZ 1984, 29 (30); 10.7.1991 – RReg. 2 St 98/91, NStZ 1991, 598 (598); OLG Celle 3.12.1984 – 3 Ws 451/84, StV 1985, 495 (495); OLG Frankfurt a. M. 28.3.1983 – 5 Ws 10/83, StV 1983, 233 (233 f.); Graalmann-Scheerer in Löwe/Rosenberg Rn. 8; Pollähne in Gercke/Julius/Temming/Zöller Rn. 6; Ziegler in KMR-StPO Rn. 11.

55 Rappert in Radtke/Hohmann Rn. 19; Schmitt in Meyer-Goßner/Schmitt Rn. 4.

56 BGH 19.12.2001 – VIII ZR 282/00, BGHZ 149, 311 (323) = NJW 2002, 827 (830); 6.10.2006 – V ZR 282/05, NJW 2007, 303 (303).

57 Graalmann-Scheerer in Löwe/Rosenberg Rn. 22; Schmitt in Meyer-Goßner/Schmitt Rn. 6; Weßlau/Singelnstein in SK-StPO Rn. 20.

58 OLG Stuttgart 5.2.2007 – 4 Ws 391/06, NJW 2007, 935 (937).

59 OLG Bremen 28.3.2014 – 2 Ss 10/14, StV 2018, 77 (78).

60 Graalmann-Scheerer in Löwe/Rosenberg Rn. 22.

61 OLG Karlsruhe 6.2.2006 – 2 Ws 20/06, NStZ-RR 2007, 205 (205); vgl. auch OLG Hamm 3.11.2016 – 4 RVs 52/16, BeckRS 2016, 20262 Rn. 15.

62 OLG Celle 5.12.1975 – 2 Ws 264/75, MDR 1976, 335 (335); OLG Düsseldorf 19.7.1995 – 1 Ws 569/95, VRS 90, 183 (184); Graalmann-Scheerer in Löwe/Rosenberg Rn. 23; Maul in KK-StPO Rn. 12; Rappert in Radtke/Hohmann Rn. 18; Schmitt in Meyer-Goßner/Schmitt Rn. 8; Weßlau/Singelnstein in SK-StPO Rn. 21.

63 KG 14.6.1994 – 5 Ws 254/94, JR 1995, 38; Ziegler in KMR-StPO Rn. 24.

28 Ist die öffentliche Zustellung bereits **ausgeführt,** ist die Beschwerde hingegen unzulässig.[64] Der Anordnungsbeschluss kann in diesem Fall nicht mehr aufgehoben werden.[65]

§ 41 Zustellungen an die Staatsanwaltschaft

[1]Zustellungen an die Staatsanwaltschaft erfolgen durch elektronische Übermittlung (§ 32b Absatz 3) oder durch Vorlegung der Urschrift des zuzustellenden Schriftstücks. [2]Wenn mit der Zustellung der Lauf einer Frist beginnt und die Zustellung durch Vorlegung der Urschrift erfolgt, so ist der Tag der Vorlegung von der Staatsanwaltschaft auf der Urschrift zu vermerken. [3]Bei elektronischer Übermittlung muss der Zeitpunkt des Eingangs (§ 32a Absatz 5 Satz 1) aktenkundig sein.

I. Überblick

1 Die Vorschrift eröffnet den Gerichten die Möglichkeit einer **vereinfachten Zustellung an die Staatsanwaltschaft.** Die gewöhnliche Zustellung nach § 37 – ggf. gegen Empfangsbekenntnis nach § 174 ZPO, das dann der Behördenleiter oder dessen Vertreter zu unterzeichnen hat,[1] oder gemäß § 178 Abs. 1 Nr. 2 ZPO[2] – wird dadurch aber nicht ausgeschlossen.[3] Bei anderen Behörden als der Staatsanwaltschaft ist § 41 nicht anwendbar.[4]

1a § 41 sah in seiner ursprünglichen Fassung nur die vereinfachte Zustellung durch **Vorlage der Urschrift des zuzustellenden Schriftstücks** vor. Durch Art. 1 Nr. 5 des Gesetzes zur Einführung der elektronischen Akte in der Justiz und zur weiteren Förderung des elektronischen Rechtsverkehrs vom 5.7.2017[5] mit Wirkung vom 1.1.2018 wurde als weitere Möglichkeit die **elektronische Übermittlung** eingeführt. Dadurch soll sichergestellt werden, an die Staatsanwaltschaft auch auf elektronischem Weg zustellen zu können.[6] Bei dieser Variante wird es sich künftig um den Regelfall der Zustellung handeln.[7]

II. Erläuterung

2 **1. Verfahren der Zustellung.** Über die **Anordnung** der Zustellung gemäß § 41 entscheidet nach allgemeinen Grundsätzen der Vorsitzende des Gerichts (§ 36 Abs. 1 S. 1).[8] Für die **Bewirkung** der Zustellung ist die Geschäftsstelle zuständig (§ 36 Abs. 1 S. 2).[9]

3 Die Zustellung erfolgt durch **elektronische Übermittlung** gemäß § 32b Abs. 3 oder durch **Vorlegung der** (unterzeichneten) **Urschrift** des zuzustellenden Schriftstücks **(S. 1).**

---

[64] OLG Düsseldorf 8.5.1991 – 1 Ws 404/91, 1 Ws 409 – 410/91, VRS 81, 371 (372); 19.7.1995 – 1 Ws 569/95, VRS 90, 183 (184).

[65] LG Aachen 10.6.1991 – 63 Qs 118/91, NStZ 1992, 143 (143) mAnm Wendisch; Graalmann-Scheerer in Löwe/Rosenberg Rn. 23; Maul in KK-StPO Rn. 12; Rappert in Radtke/Hohmann Rn. 18; Schmitt in Meyer-Goßner/Schmitt Rn. 8; Weßlau/Singelnstein in SK-StPO Rn. 21; Ziegler in KMR-StPO Rn. 24.

[1] OLG Frankfurt a. M. 28.2.1996 – 3 Ws 152–153/96, NStZ-RR 1996, 234 (234).

[2] RG 12.9.1938 – 3 D 596/38, RGSt 72, 317 (318); OLG Braunschweig 2.3.1988 – Ws 14/88, NStZ 1988, 514 (514).

[3] OLG Zweibrücken 27.7.1976 – Ws 82/76, JR 1977, 292 (293) mAnm Schätzler; Graalmann-Scheerer in Löwe/Rosenberg Rn. 1; Köhler in Meyer-Goßner/Schmitt Rn. 1; Maul in KK-StPO Rn. 1; Weßlau/Singelnstein in SK-StPO Rn. 1; Ziegler in KMR-StPO Rn. 3.

[4] OLG Celle 8.5.1984 – 3 Ws 143/84 Franke NStZ 1985, 349 (355) – RsprÜ; Larcher in BeckOK StPO Rn. 1; Maul in KK-StPO Rn. 1.

[5] BGBl. I 2208.

[6] BT-Drs. 18/9416, 59.

[7] Claus in Satzger/Schluckebier/Widmaier StPO Rn. 1; Larcher in BeckOK StPO Rn. 3.

[8] Zu den Besonderheiten bei elektronischer Übermittlung Larcher in BeckOK StPO Rn. 8.

[9] Köhler in Meyer-Goßner/Schmitt Rn. 1; Maul in KK-StPO Rn. 4; Rappert in Radtke/Hohmann Rn. 2; Weßlau/Singelnstein in SK-StPO Rn. 10.

Im letztgenannten Fall reicht es nicht aus, der Staatsanwaltschaft lediglich eine einfache oder beglaubigte Abschrift vorzulegen oder zu übersenden.[10] Nicht erforderlich ist, auf § 41 ausdrücklich hinzuweisen[11] oder einen entsprechenden Vermerk „zur Zustellung" anzubringen.[12] Vielmehr ist es ausreichend wie aber auch erforderlich, dass sich der Zustellungswille der zustellenden Behörde erkennen lässt.[13] Dies kann bereits bei der Vorlegung des Schriftstücks „zur gefälligen Kenntnisnahme"[14] oder „zur weiteren Veranlassung"[15] der Fall sein, nicht hingegen bei Rücksendung der Akten „nach Erledigung".[16] Ob die empfangende Staatsanwaltschaft das Schriftstück als Zustellung entgegennehmen will, bleibt jeweils unbeachtlich.[17]

2. Rechtsfolgen der Zustellung. Mit **Eingang des zuzustellenden Schriftstücks** 4
bei der Staatsanwaltschaft ist die Zustellung bewirkt. Gewöhnlich geht die Urschrift auf der Verwaltungsgeschäftsstelle oder der (ggf. auch gemeinsamen) Posteingangsstelle (der Justizbehörden)[18] ein und wird durch den Eingangsstempel nachgewiesen.[19] Für die Zustellung ist somit unerheblich, ob der Behördenleiter oder der zuständige Sachbearbeiter hiervon Kenntnis erlangen.[20] Eine entgegenstehende Anordnung des Behördenleiters oder des Geschäftsstellenleiters bleibt unbeachtlich.[21] Die schwere Lesbarkeit einer handschriftlichen Urschrift schließt die Zustellung nicht aus.[22] Bei einer Zustellung durch **elektronische Übermittlung** ist das Dokument gemäß § 32a Abs. 5 S. 1 eingegangen, sobald es auf der für den Empfang bestimmten Einrichtung der Staatsanwaltschaft gespeichert ist.[23]

Beginnt mit der Zustellung der Lauf einer **Frist,** ist die Geschäftsstelle der Staatsanwalt- 5
schaft bei Zustellung durch **Vorlegung der Urschrift** gemäß **S. 2**[24] dazu verpflichtet, den Tag der Vorlegung auf der Urschrift zu vermerken. Der Vermerk ist vom Staatsanwalt zu zeichnen (s. hierzu im Einzelnen Nr. 159 RiStBV). Hierbei handelt es sich jedoch um keine Wirksamkeitsvoraussetzung für die Zustellung.[25] Vielmehr stellt der Vermerk lediglich ein Beweismittel dar, das anderweitig ersetzt werden kann. Ein fehlender oder unzutreffender, dh einen falschen Eingangstag wiedergebender Vermerk wirkt sich daher nicht auf den

---

10 RG 30.6.1927 – II 258/27, RGSt 61, 351 (352); OLG Düsseldorf 11.4.1983 – 1 Ws 196/83, Rpfleger 1983, 325.

11 BGH 8.5.2013 – 4 StR 336/12, BGHSt 58, 243 (252) = NStZ 2013, 730 (732); OLG Bamberg 6.6.2016 – 3 Ss OWi 646/16, BeckRS 2016, 135236 Rn. 11.

12 BayObLG 7.9.1995 – 2 Ob OWi 600/95, BayObLGSt 1995, 154 (156 f.); OLG Hamm 19.1.1956 – 2 Ss 1345/55, GA 1957, 183 (184).

13 RG 21.4.1922 – V 48/22, RGSt 57, 55 (55); BGH 8.5.2013 – 4 StR 336/12, BGHSt 58, 243 (251 f.) = NStZ 2013, 730 (731 f.); 6.7.2016 – 4 StR 253/16, NStZ 2017, 171 (172); KG 22.2.2018 – 3 Ws (B) 61/18, NStZ-RR 2018, 292; OLG Bamberg 6.6.2016 – 3 Ss OWi 646/16, BeckRS 2016, 135236 Rn. 11; OLG Hamm 15.4.1977 – 1 Ws 37/77, JMBl. NRW 1977, 257 (257 f.).

14 OLG Zweibrücken 5.10.1977 – Ws 380/77, VRS 54, 284 (284 f.).

15 BayObLG 7.9.1995 – 2 Ob OWi 600/95, BayObLGSt 1995, 154 (157); OLG Hamm 19.1.1956 – 2 Ss 1345/55, GA 1957, 183 (184).

16 OLG Hamm 15.4.1977 – 1 Ws 37/77, JMBl. NRW 1977, 257 (258).

17 RG 21.4.1922 – V 48/22, RGSt 57, 55 (55 f.); OLG Hamm 19.1.1956 – 2 Ss 1345/55, GA 1957, 183 (184).

18 OLG Brandenburg 30.5.2013 – 2 Ws 65/13, NStZ 2014, 360.

19 OLG Braunschweig 2.3.1988 – Ws 14/88, NStZ 1988, 514 (514); OLG Hamm 19.1.1956 – 2 Ss 1345/55, GA 1957, 183 (184); Graalmann-Scheerer in Löwe/Rosenberg Rn. 2; Köhler in Meyer-Goßner/Schmitt Rn. 3.

20 RG 12.9.1938 – 3 D 596/38, RGSt 72, 317 (319); BGH 6.7.2016 – 4 StR 253/16, NStZ 2017, 171 (172); OLG Braunschweig 2.3.1988 – Ws 14/88, NStZ 1988, 514 (514); Graalmann-Scheerer in Löwe/Rosenberg Rn. 2; Köhler in Meyer-Goßner/Schmitt Rn. 3; Maul in KK-StPO Rn. 5; Weßlau/Singelnstein in SK-StPO Rn. 5; Ziegler in KMR-StPO Rn. 2; aA LG Marburg 25.11.2013 – 7 StVK 166/13, NStZ-RR 2014, 112 (113); s. auch Larcher in BeckOK StPO Rn. 7.

21 RG 12.9.1938 – 3 D 596/38, RGSt 72, 317 (320); OLG Hamm 19.1.1956 – 2 Ss 1345/55, GA 1957, 183 (184).

22 OLG Saarbrücken 8.9.1993 – 1 Ws 169/93, NStE Nr. 2 zu § 41 StPO.

23 AA Larcher in BeckOK StPO Rn. 9: Eingang im Postfach des zuständigen Staatsanwalts maßgeblich.

24 Kritisch gegenüber der Aufnahme der „Verwaltungsvorschrift" in § 41 Graalmann-Scheerer in Löwe/Rosenberg Rn. 3.

25 KG 31.7.2015 – 3 Ws (B) 356/15 – 162 Ss 65/15, NZV 2016, 594 (594).

Lauf der Frist aus.[26] Die bereits bewirkte Zustellung kann nicht durch eine Vereinbarung zwischen Staatsanwaltschaft und Gericht rückgängig gemacht werden.[27] Bei Zustellung durch **elektronische Übermittlung** muss der Zeitpunkt des Eingangs nach **S. 3** aktenkundig sein.

§ 41a [aufgehoben]

[26] RG 21.4.1922 – V 48/22, RGSt 57, 55 (56); OLG Braunschweig 2.3.1988 – Ws 14/88, NStZ 1988, 514 (514); OLG Hamm 19.1.1956 – 2 Ss 1345/55, GA 1957, 183 (184); Graalmann-Scheerer in Löwe/Rosenberg Rn. 3; Maul in KK-StPO Rn. 6; Pollähne in Gercke/Julius/Temming/Zöller Rn. 4; Weßlau/Singelnstein in SK-StPO Rn. 5.

[27] RG 21.4.1922 – V 48/22, RGSt 57, 55 (56).

Fünfter Abschnitt. Fristen und Wiedereinsetzung in den vorigen Stand

§ 42 Berechnung von Tagesfristen

Bei der Berechnung einer Frist, die nach Tagen bestimmt ist, wird der Tag nicht mitgerechnet, auf den der Zeitpunkt oder das Ereignis fällt, nach dem der Anfang der Frist sich richten soll.

Schrifttum: Brinker/Gierok/Kempny, Aus der Praxis: Berechnung der Haftprüfungsfrist gem. § 121 I StPO, JuS 2012, 36; Gräbener, Fristverwirrung bei § 229 Abs. 1 StPO, NStZ 2020, 514.

I. Überblick

1. Normzweck. Fristen dienen zum einen der **Rechtssicherheit,** indem sie das Verfahren beschleunigen und zu einem rechtskräftigen Abschluss bringen. Zum anderen werden die Rechte der Beteiligten gewährleistet, indem ihnen die notwendige **Vorbereitungs- und Überlegungszeit** eingeräumt wird.[1] Da Fristen nicht selten ausgereizt werden, sind Zweifel über deren Ablauf im Hinblick auf die bei Säumnis eintretenden Rechtsnachteile zu beseitigen. Daher regeln § 42 und § 43 Beginn und Ende von Tages-, Wochen- und Monatsfristen. 1

2. Anwendungsbereich. Fristen sind bestimmte oder zumindest bestimmbare Zeiträume, innerhalb derer eine Prozesshandlung durch einen Prozessbeteiligten zu erfolgen (zB Einlegung eines Rechtsmittels) bzw. seitens Gericht und Staatsanwaltschaft zu unterbleiben hat (zB bei der Beachtung von Ladungsfristen).[2] Nicht anwendbar sind die §§ 42 f. auf unbestimmte Rechtsbegriffe, welche die Fristdauer bezeichnen (zB „unverzüglich" in § 25 Abs. 2 S. 1 Nr. 2).[3] **Termine,** an oder ab denen nach gesetzlicher oder richterlicher Bestimmung Verhandlungen stattfinden sollen, sind nicht erfasst (zur Wiedereinsetzung bei Versäumung → § 44 Rn. 6).[4] 2

Die §§ 42 ff. beziehen sich lediglich auf **strafprozessuale Fristen.** Auf materiellrechtliche Fristen (zB beim Strafantrag gemäß § 77b StGB oder bei der Verfolgungsverjährung bei Straftaten gemäß § 78 StGB bzw. bei Ordnungswidrigkeiten[5]) sind die Regelungen des Fünften Abschnitts nicht anwendbar.[6] Ebenso wenig sind §§ 42, 43 für die Berechnung der Dauer zeitlich befristeter Sanktionen (wie zB Disziplinarmaßnahmen)[7] bzw. des Endes der Bewährungszeit[8] oder für die zentralregisterrechtlichen Tilgungsfristen des BZRG einschlägig.[9] 3

Zudem gelten die Vorschriften nur für Fristen, die von anderen Verfahrensbeteiligten als den Rechtspflegeorganen zu beachten sind. **Keine** Fristen iSd §§ 42 ff. sind demnach die sog. **Zwischenfristen,** die Staatsanwaltschaft und Gericht betreffen und sie entweder zu bestimmten Prozesshandlungen innerhalb eines bestimmten Zeitraums anhalten (zB § 98 Abs. 3, § 115 Abs. 2, § 115a Abs. 1, Abs. 2 S. 1, § 118 Abs. 5, § 118a Abs. 4 S. 2, § 122 4

---

1 BVerfG 11.2.1976 – 2 BvR 652/75, BVerfGE 41, 323 (326) = NJW 1976, 747; Brauer in Gercke/Julius/Temming/Zöller § 43 Rn. 1; Maul in KK-StPO § 43 Rn. 2; Allg. zum Anliegen von Fristen Valerius in HdBStrR Bd. 7 § 26 Rn. 3.

2 Cirener in BeckOK StPO Rn. 1; Rappert in Radtke/Hohmann Rn. 1; Schmitt in Meyer-Goßner/Schmitt Vor § 42 Rn. 1; Ziegler in KMR-StPO Vor § 42 Rn. 1.

3 Graalmann-Scheerer in Löwe/Rosenberg Vor § 42 Rn. 1.

4 Brauer in Gercke/Julius/Temming/Zöller § 43 Rn. 9; Deiters in SK-StPO § 43 Rn. 7; Maul in KK-StPO § 43 Rn. 6; Schmitt in Meyer-Goßner/Schmitt Vor § 42 Rn. 3.

5 AG Hermeskeil 14.8.2020 – OWi 8112 Js 854/20, BeckRS 2020, 29056 Rn. 6.

6 Brauer in Gercke/Julius/Temming/Zöller § 43 Rn. 1; Cirener in BeckOK StPO Rn. 3; Maul in KK-StPO § 43 Rn. 6; Schmitt in Meyer-Goßner/Schmitt Vor § 42 Rn. 1.

7 LG Kleve 24.4.2013 – 161 StVK 26/13, NStZ-RR 2013, 261 (262).

8 KG 3.11.2015 – 161 Ss 233/15, BeckRS 2015, 20694 Rn. 11 f.

9 BGH 15.7.2014 – 5 StR 270/14, NStZ-RR 2014, 356.

Abs. 4 S. 2, § 128 Abs. 1 S. 1, § 129, § 135, ggf. iVm § 163a Abs. 3 S. 2, § 229 Abs. 1, Abs. 2,[10] § 268 Abs. 3 S. 2, § 275 Abs. 1 S. 2) oder vor dessen Ablauf deren Vornahme untersagen (s. insbesondere die Ladungsfristen nach § 138d Abs. 2 S. 2, § 217 Abs. 1, ggf. iVm § 218 S. 2, § 418 Abs. 2 S. 3).[11] Zu den in §§ 42 f. geregelten Fristen zählen somit vornehmlich sog. **Handlungs- und Erklärungsfristen;** hier ist innerhalb der Frist eine bestimmte Prozesshandlung vorzunehmen bzw. Erklärung abzugeben, damit diese nicht unzulässig wird.

5 Fristen iSd §§ 42 f. sind zum einen **gesetzliche Fristen.** Beispiele für solche Zeiträume, die sich dem Gesetz sofort, eindeutig und klar erkennbar entnehmen lassen müssen,[12] enthalten vor allem Vorschriften über die Einlegung von Rechtsbehelfen (§ 45 Abs. 1 S. 1, § 172 Abs. 1 S. 1, Abs. 2 S. 1, § 235 Abs. 1 S. 1, § 319 Abs. 2 S. 1, § 346 Abs. 2 S. 1, § 410 Abs. 1 S. 1, § 439 Abs. 2 S. 1) und Rechtsmitteln (§ 311 Abs. 2, § 314 Abs. 1, § 341 Abs. 1 StPO, § 26 Abs. 1 EGGVG[13]) sowie über deren Begründung (§ 317, § 345 Abs. 1). Auch die Sechsmonatsfrist des § 121 Abs. 1 soll sich nach zunehmend vertretener Ansicht nach §§ 42, 43 berechnen.[14] Gesetzliche Fristen können nicht verlängert werden. Gleichwohl gewährte Verlängerungen sind daher unbeachtlich, begründen aber in der Regel eine Wiedereinsetzung in den vorigen Stand.[15] Eine Wiedereinsetzung scheidet jedoch von vornherein aus bei sog. **Ausschlussfristen,** nach deren Ablauf die jeweilige Prozesshandlung schlechthin unzulässig ist.[16] Ausschlussfristen finden sich ua in § 6a S. 3, § 16 S. 3, § 25 Abs. 1 S. 1, Abs. 2 S. 2, § 222b Abs. 1 S. 1, § 303 S. 1, § 388 Abs. 1, § 391 Abs. 1 S. 2 und § 439 Abs. 2 S. 2.

6 Außer durch das Gesetz können Fristen zum anderen durch Gericht und Staatsanwaltschaft gesetzt werden. **Richterliche Fristen** darf das Gericht mittels Verfügung aufgrund gesetzlicher Ermächtigung (zB § 123 Abs. 3, § 201 Abs. 1 S. 1, § 368 Abs. 2, § 379a Abs. 1, § 382, § 406g Abs. 4 S. 3) oder im Rahmen seiner Prozessleitungsbefugnis bestimmen.[17] Anders als bei gesetzlichen Fristen (→ Rn. 5) steht es dem Gericht – vorbehaltlich abweichender gesetzlicher Regelung (s. zB § 379a Abs. 3 S. 1) – grds. frei, auf Antrag oder von Amts wegen die von ihm gesetzte Frist zu verlängern oder nach deren Ablauf neu zu gewähren.[18] Für richterliche Fristen gelten die §§ 42 f. ebenfalls, es sei denn, dass das Gericht bei der Fristsetzung etwas anderes bestimmt, zB den Fristbeginn bzw. das Fristende ausdrücklich angibt.[19] Des Weiteren ist auch hier bei Versäumung der Frist ein Antrag auf Wiedereinsetzung in den vorigen Stand gemäß § 44 zulässig.

---

[10] Hierzu BGH 20.3.2014 – 3 StR 408/13, NStZ 2014, 469; 29.11.2016 – 3 StR 235/16, NStZ 2017, 424; zu § 229 Abs. 1 BGH 26.5.2020 – 5 StR 65/20, NStZ-RR 2020, 285 (286); 28.7.2020 – 6 StR 114/20, NStZ 2020, 622 (623); aA iErg Gräbener NStZ 2020, 514 (516 f.); zur Diskussion auch Alten StV 2020, 437 (438).

[11] Cirener in BeckOK StPO Rn. 2; Maul in KK-StPO § 43 Rn. 6; Rappert in Radtke/Hohmann Rn. 2; Schmitt in Meyer-Goßner/Schmitt Vor § 42 Rn. 2; Tsambikakis in Satzger/Schluckebier/Widmaier StPO Vor §§ 42 ff. Rn. 1; Ziegler in KMR-StPO Vor § 42 Rn. 5; aA Graalmann-Scheerer in Löwe/Rosenberg Vor § 42 Rn. 1; diff. Deiters in SK-StPO § 43 Rn. 3a f.

[12] BVerfG 11.8.1954 – 2 BvK 2/54, BVerfGE 4, 31 (37) = NJW 1954, 1601; BGH 30.8.1989 – 3 StR 195/89, BGHSt 36, 241 (242) = NJW 1990, 460; OLG Köln 9.1.1987 – Ss 745/86, NStZ 1987, 243; Maul in KK-StPO § 43 Rn. 3; Ziegler in KMR-StPO Vor § 42 Rn. 1.

[13] OLG Saarbrücken 3.6.3014 – VAs 7/14, BeckRS 2015, 9797 Rn. 5; Maul in KK-StPO § 43 Rn. 3.

[14] OLG Stuttgart 16.9.2014 – 1 HEs 89/14, BeckRS 2014, 19303 Rn. 10 ff.; zust. OLG Hamm 28.8.2018 – 4 Ws 145/18, BeckRS 2018, 23868 Rn. 4; OLG Karlsruhe 7.9.2017 – 2 Ws 270/17, BeckRS 2017, 123728 Rn. 4; s. schon Brinker/Gierok/Kempny JuS 2012, 36 (38).

[15] Cirener in BeckOK StPO Rn. 4; Graalmann-Scheerer in Löwe/Rosenberg Vor § 42 Rn. 4; Maul in KK-StPO § 43 Rn. 3.

[16] Graalmann-Scheerer in Löwe/Rosenberg Vor § 42 Rn. 5; Rappert in Radtke/Hohmann Rn. 4; Schmitt in Meyer-Goßner/Schmitt Vor § 42 Rn. 6; Ziegler in KMR-StPO Vor § 42 Rn. 4.

[17] Cirener in BeckOK StPO Rn. 5; Schmitt in Meyer-Goßner/Schmitt Vor § 42 Rn. 7.

[18] Brauer in Gercke/Julius/Temming/Zöller § 43 Rn. 5; Graalmann-Scheerer in Löwe/Rosenberg Vor § 42 Rn. 4; Maul in KK-StPO § 43 Rn. 4; Rappert in Radtke/Hohmann Rn. 6; Schmitt in Meyer-Goßner/Schmitt Vor § 42 Rn. 7.

[19] Graalmann-Scheerer in Löwe/Rosenberg Rn. 4; Schmitt in Meyer-Goßner/Schmitt Vor § 42 Rn. 7; Meyer JR 1972, 72 (72).

Für **staatsanwaltschaftliche Fristen,** die bei der Staatsanwaltschaft wahrzunehmen sind, gelten die §§ 42 f. entsprechend;[20] zur Zulässigkeit des Antrags auf Wiedereinsetzung in den vorigen Stand bei deren Versäumung → § 44 Rn. 4. 7

II. Erläuterung

§ 42 setzt eine Frist voraus, die **nach Tagen bestimmt** ist. Keine Tagesfrist ist die 24-Stunden-Frist des § 418 Abs. 2 S. 3 zur Ladung im beschleunigten Verfahren.[21] 8

Der Beginn einer Frist richtet sich nach bestimmten **Zeitpunkten** oder Ereignissen, insbesondere nach der Verkündung oder Zustellung einer Entscheidung. 9

Gemäß § 42 wird derjenige **Tag,** auf den der fristauslösende Zeitpunkt bzw. das fristauslösende Ereignis fällt, **nicht mitgerechnet.** Die Frist läuft demnach ab Beginn, dh ab 0 Uhr des darauffolgenden Tages. Wird etwa am 1. ein Schriftstück zugestellt und dadurch eine Drei-Tages-Frist ausgelöst, beginnt die Frist am 2. um 0 Uhr und endet am 4. um 24 Uhr.[22] 10

§ 43 Berechnung von Wochen- und Monatsfristen

(1) Eine Frist, die nach Wochen oder Monaten bestimmt ist, endet mit Ablauf des Tages der letzten Woche oder des letzten Monats, der durch seine Benennung oder Zahl dem Tag entspricht, an dem die Frist begonnen hat; fehlt dieser Tag in dem letzten Monat, so endet die Frist mit dem Ablauf des letzten Tages dieses Monats.

(2) Fällt das Ende einer Frist auf einen Sonntag, einen allgemeinen Feiertag oder einen Sonnabend, so endet die Frist mit Ablauf des nächsten Werktages.

Schrifttum: Dietlein, Wo „sitzt" der 5. Strafsenat des Bundesgerichtshofes?, BerlAnwBl 2018, 372; Schulze, Iudex non calculat?, JR 1996, 51.

Übersicht

I. Überblick

Abs. 1 regelt anders als § 42 nicht den Lauf von Tages-, sondern von **Wochen- und Monatsfristen.** Im Ergebnis wird auch hier der Anfangstag der Frist nicht mitgerechnet. Dies wird indessen nicht wie in § 42 durch eine ausdrückliche Regelung des Fristbeginns, sondern mittelbar dadurch erreicht, dass das **Fristende** entsprechend hinausgeschoben und erst mit Ablauf desjenigen Tages erreicht wird, der durch seine Benennung oder Zahl dem Tag des Fristbeginns entspricht.[1] 1

Abs. 2 enthält eine **Sonderregel** für das Fristende, das auf das Wochenende oder einen allgemeinen Feiertag fällt. Die Bestimmung gilt sowohl für Wochen- und Monats- 2

[20] Deiters in SK-StPO § 43 Rn. 6; Rappert in Radtke/Hohmann Rn. 7; Schmitt in Meyer-Goßner/Schmitt Vor § 42 Rn. 10.

[21] Cirener in BeckOK StPO Rn. 18; Deiters in SK-StPO § 43 Rn. 25; Graalmann-Scheerer in Löwe/Rosenberg Rn. 6; Rappert in Radtke/Hohmann Rn. 21.

[22] Brauer in Gercke/Julius/Temming/Zöller § 43 Rn. 30; Deiters in SK-StPO § 43 Rn. 23; Graalmann-Scheerer in Löwe/Rosenberg Rn. 1; Maul in KK-StPO § 43 Rn. 22.

[1] Graalmann-Scheerer in Löwe/Rosenberg Rn. 2; Schmitt in Meyer-Goßner/Schmitt Rn. 1.

als auch für Tagesfristen. Auf den Fristbeginn wird die Norm nicht (entsprechend) angewendet.[2]

II. Erläuterung

3 **1. Allgemeines Fristende bei Wochen- und Monatsfristen (Abs. 1).** Abs. 1 betrifft – gesetzliche sowie richterliche (→ § 42 Rn. 5 ff.) – Fristen, die **nach Wochen oder Monaten bestimmt** sind. Mangels einer Regelung wie in § 42 **beginnt** die (Wochen- oder Monats-)Frist stets an demjenigen Tag, auf den der fristauslösende Zeitpunkt bzw. das fristauslösende Ereignis fällt.

4 Die Frist **endet** gemäß Abs. 1 **Hs. 1** mit Ablauf des Tages der letzten Woche oder des letzten Monats, der durch seine Benennung oder Zahl dem Tag entspricht, an dem die Frist begonnen hat. Dies gilt ebenso dann, wenn sich eine Frist unmittelbar an eine andere anschließt (zB die Revisionsbegründungsfrist gemäß § 345 Abs. 1 S. 1 an die Revisionseinlegungsfrist gemäß § 341 Abs. 1) und somit um 0 Uhr beginnt. Auch hier wird – anders als nach § 188 Abs. 2 BGB iVm § 187 Abs. 2 BGB – der Anfangstag der zweiten Frist nicht mitgezählt.[3] Fristen enden stets um 24 Uhr, unabhängig von den Dienstzeiten der Gerichte.[4]

5 Wird etwa eine anfechtbare Entscheidung am Dienstag zugestellt, endet die Wochenfrist mit Ablauf, folglich um 24 Uhr des darauffolgenden Dienstages.[5] Löst eine am 13. eines Monats zugestellte Entscheidung eine Rechtsmittelfrist von einem Monat aus, endet diese am 13. des Folgemonats.[6]

6 Sofern in dem letzten Monat derjenige **Tag fehlt,** an dem die Frist begonnen hat, endet gemäß Abs. 1 **Hs. 2** die Frist mit dem Ablauf des letzten Tages dieses Monats. Eine einmonatige Frist, die am 31.8. beginnt, endet demnach am 30.9. Beginnt die Frist am 30.1., fällt das Fristende auf den 28.2. bzw. in einem Schaltjahr auf den 29.2.[7]

7 **2. Verlängerung bei Fristende an Sams-, Sonn- und allgemeinen Feiertagen (Abs. 2).** Eine Sonderregel enthält Abs. 2 für Fristen, die an einem **Sonnabend oder Sonntag** bzw. an einem allgemeinen Feiertag enden. Schließlich ist es dem Betroffenen an diesen Tagen kaum möglich, sich beraten zu lassen oder seine Erklärungen zu Protokoll der Behörden zu geben.[8] Auf die Rechtsfolge des Abs. 2 muss eine Rechtsmittelbelehrung nicht hinweisen (→ § 35a Rn. 17). Abs. 2 gilt entgegen seiner systematischen Stellung nicht nur für Wochen- und Monatsfristen, sondern auch für Tagesfristen.[9]

8 **Allgemeiner Feiertag** ist nur der staatlich anerkannte Feiertag iSv Art. 140 GG iVm Art. 139 WRV. Für lediglich staatlich geschützte (früher zB Mariä Empfängnis in Bayern)[10] oder kirchliche Feiertage[11] gilt Abs. 2 nicht. Ebenso wenig sind Tage erfasst, an denen (wie

---

2 Graalmann-Scheerer in Löwe/Rosenberg Rn. 3; Ziegler in KMR-StPO Rn. 6.

3 BGH 30.8.1989 – 3 StR 195/89, BGHSt 36, 241 (241 f.) = NJW 1990, 460; OLG Köln 9.1.1987 – Ss 745/86, NStZ 1987, 243; Brauer in Gercke/Julius/Temming/Zöller Rn. 33; Cirener in BeckOK StPO § 42 Rn. 19; Graalmann-Scheerer in Löwe/Rosenberg Rn. 5; Maul in KK-StPO Rn. 25; Rappert in Radtke/Hohmann Rn. 2; Schmitt in Meyer-Goßner/Schmitt Rn. 1; Tsambikakis in Satzger/Schluckebier/Widmaier StPO Rn. 3; Ziegler in KMR-StPO Rn. 3; aA BayObLG 27.11.1967 – BWReg. 4b St 15/67, NJW 1968, 904 (904 f.); Schulze JR 1996, 51 (52 f.).

4 BVerfG 11.2.1976 – 2 BvR 652/75, BVerfGE 41, 323 (327) = NJW 1976, 747; 7.4.1976 – 2 BvR 847/75, BVerfGE 42, 128 (131) = NJW 1976, 1255; Schmitt in Meyer-Goßner/Schmitt Rn. 1.

5 Deiters in SK-StPO Rn. 27; Graalmann-Scheerer in Löwe/Rosenberg Rn. 2; Schmitt in Meyer-Goßner/Schmitt Rn. 1.

6 Schmitt in Meyer-Goßner/Schmitt Rn. 1.

7 Graalmann-Scheerer in Löwe/Rosenberg Rn. 4; Schmitt in Meyer-Goßner/Schmitt Rn. 1.

8 Graalmann-Scheerer in Löwe/Rosenberg § 42 Rn. 3.

9 RG 23.4.1928 – II 204/28, RGSt 62, 140 (141 f.); Cirener in BeckOK StPO § 42 Rn. 20; Graalmann-Scheerer in Löwe/Rosenberg § 42 Rn. 3; Maul in KK-StPO Rn. 22; Schmitt in Meyer-Goßner/Schmitt Rn. 2; Ziegler in KMR-StPO § 42 Rn. 3.

10 BayObLG 3.7.1957 – RevReg. 1 St 246/57, BayObLGSt 1957, 131 (132).

11 BGH 26.7.2007 – 1 StR 368/07, NStZ 2008, 55 zum Buß- und Bettag in Baden-Württemberg.

etwa an Heiligabend oder Silvester) der Dienstbetrieb in Behörden und Kanzleien nicht oder nur eingeschränkt gewährleistet ist.[12]

Gesetzlicher Feiertag nach **Bundesrecht** ist allein der Tag der deutschen Einheit am 3.10. (Art. 2 Abs. 2 EV). Sämtliche übrigen staatlich anerkannten Feiertage (→ Rn. 10) ergeben sich aus **landesrechtlichen** Bestimmungen. Entscheidend ist die Feiertagsregelung am Ort des Gerichts, bei dem die Frist zu wahren ist,[13] nicht hingegen am Wohnsitz des Beschuldigten oder am Sitz der Kanzlei seines Verteidigers.[14] 9

In allen Ländern gesetzlich als Feiertag anerkannt sind Neujahr, Karfreitag, Ostermontag, Tag der Arbeit (1.5.), Christi Himmelfahrt, Pfingstmontag sowie der erste und zweite Weihnachtsfeiertag. Gesetzliche Feiertage nur in einigen Ländern bzw. Landesteilen sind Heilige Drei Könige (6.1.: Baden-Württemberg, Bayern und Sachsen-Anhalt), Fronleichnam (Baden-Württemberg, Bayern, Hessen, Nordrhein-Westfalen, Rheinland-Pfalz, Saarland sowie in einzelnen Gemeinden von Sachsen und Thüringen), das Augsburger Friedensfest (8.8.: Stadtgebiet Augsburg), Mariä Himmelfahrt (15.8.: Saarland sowie in Bayern in Gemeinden mit überwiegend katholischer Bevölkerung), der Reformationstag (31.10.: Brandenburg, Mecklenburg-Vorpommern, Sachsen, Sachsen-Anhalt und Thüringen), Allerheiligen (1.11.: Baden-Württemberg, Bayern, Nordrhein-Westfalen, Rheinland-Pfalz, Saarland) und der Buß- und Bettag (Sachsen). 10

In diesen Fällen **endet** die Frist erst mit Ablauf des nächsten Werktages. Handelt es sich bei dem nächsten Werktag um einen Sonnabend (zB weil der Freitag davor ein allgemeiner Feiertag war), wird Abs. 2 erneut angewendet.[15] 11

Abs. 2 ist auch auf **richterliche Fristen** anwendbar, selbst wenn diese ein bestimmtes Datum als Fristende bezeichnen.[16] Etwas anderes gilt nur, wenn das Gericht eindeutig zum Ausdruck bringt, dass die Frist an einem Wochenende oder Feiertag enden soll (→ § 42 Rn. 6).[17] 12

Auf **Zwischenfristen** ist Abs. 2 nicht anwendbar (→ § 42 Rn. 4). Auch der Grundgedanke der Regelung (→ Rn. 7) lässt sich hierauf nicht übertragen, sofern die Frist den äußersten zeitlichen Rahmen für die Vornahme einer Handlung absteckt.[18] Dies gilt vornehmlich für die Vernehmungsfristen in Haftsachen gemäß § 115 Abs. 2, § 115a Abs. 1, Abs. 2 S. 1, § 128 Abs. 1 S. 1, § 129, § 135, ggf. iVm § 163a Abs. 3 S. 2, für die richterliche Bestätigung nach § 100 Abs. 2, § 110b Abs. 2 S. 3, die Fristen zur Unterbrechung der Hauptverhandlung gemäß § 229 Abs. 1, Abs. 2 sowie zur Urteilsverkündung in § 268 Abs. 3 S. 2. 13

§ 44 Wiedereinsetzung in den vorigen Stand bei Fristversäumung

[1]War jemand ohne Verschulden verhindert, eine Frist einzuhalten, so ist ihm auf Antrag Wiedereinsetzung in den vorigen Stand zu gewähren. [2]Die Versäumung einer Rechtsmittelfrist ist als unverschuldet anzusehen, wenn die Belehrung nach den § 35a Satz 1 und 2, § 319 Abs. 2 Satz 3 oder nach § 346 Abs. 2 Satz 3 unterblieben ist.

---

[12] BayObLG 12.4.1999 – 2 ObOWi 145/99, NStZ-RR 1999, 363 (363); Graalmann-Scheerer in Löwe/Rosenberg Rn. 6; Maul in KK-StPO Rn. 26.

[13] Zum Sitz des in Leipzig ansässigen 5. (und nunmehr auch 6.) Strafsenats Dietlein AnwBl BE 2018, 372 ff.

[14] OLG Celle 21.5.1996 – 1 Ss (OWi) 120/96, Nds. Rpfl. 1996, 253 (254); Rappert in Radtke/Hohmann Rn. 5; Schmitt in Meyer-Goßner/Schmitt Rn. 3; Ziegler in KMR-StPO Rn. 5.

[15] Graalmann-Scheerer in Löwe/Rosenberg Rn. 7.

[16] BayObLG 25.3.1971 – RReg. 6 St 504/71 OWi, JR 1972, 71 (71 f.); Maul in KK-StPO Rn. 22; Tsambikakis in Satzger/Schluckebier/Widmaier StPO Rn. 4; aA Deiters in SK-StPO Rn. 24; Graalmann-Scheerer in Löwe/Rosenberg § 42 Rn. 4.

[17] Brauer in Gercke/Julius/Temming/Zöller Rn. 30; Cirener in BeckOK StPO § 42 Rn. 20; Rappert in Radtke/Hohmann Rn. 4; Schmitt in Meyer-Goßner/Schmitt Rn. 2; Ziegler in KMR-StPO § 42 Rn. 3; Meyer JR 1972, 72 (72).

[18] Graalmann-Scheerer in Löwe/Rosenberg § 42 Rn. 5.

Schrifttum: Berndt, Neue Tendenzen im Recht der Wiedereinsetzung zur Nachholung von Verfahrensrügen?, StraFo 2003, 112; Bischoff, Die Wiedereinsetzung bei Versäumung der Beschwerdefrist des § 172 I StPO, NJW 1986, 2097; Dittmar, Das Verschulden des Angeklagten und des Verteidigers bei der Wiedereinsetzung im Strafprozeß, MDR 1975, 270; Dittmar, Wiedereinsetzung in den vorigen Stand bei Terminsversäumnis des nicht wirksam geladenen Angeklagten, NJW 1982, 209; Ebnet, Rechtsprobleme bei der Verwendung von Telefax, NJW 1992, 2985; Fünfsinn, Die Auslegung des Begriffs „ohne Verschulden" bei der Wiedereinsetzung in den vorigen Stand (§ 44 StPO), NStZ 1985, 486; Graalmann-Scheerer, Moderne Kommunikationsformen und Wiedereinsetzung in den vorigen Stand im Strafverfahren, FS Nehm, 2006, 277; Hilger, Wiedereinsetzung in den vorigen Stand bei „mangelhafter" Verfahrensrüge durch den Verteidiger?, NStZ 1983, 152; Kohlhaas, Wiedereinsetzung in den vorigen Stand für Privat- und Nebenkläger bei Verschulden des Anwalts, NJW 1967, 191; Mertens, Wiedereinsetzung in den vorigen Stand und § 338 Nr. 7 StPO, NJW 1979, 1698; Pahlmann, § 338 Nr. 7 StPO – ein absoluter Revisionsgrund!, NJW 1979, 98; Pentz, Wiedereinsetzung im Rahmen von § 346 StPO, NJW 1962, 1236; Roth, Wiedereinsetzung nach Fristversäumnis wegen Belegung des Telefaxempfangsgeräts des Gerichts, NJW 2008, 785; Saenger, Die Wiedereinsetzung in den vorigen Stand im Strafverfahren, JuS 1991, 842; Scheffler, Erleichterung der Wiedereinsetzung?, NJW 1964, 993; M. Schmid, Wiedereinsetzung nach § 44 StPO bei Verschulden eines Dritten, der nicht Rechtsanwalt ist, NJW 1976, 941; W. Schmid, Über den Zugang strafprozessualer Willenserklärungen, FS Dünnebier, 1982, 101; Schrader, Wiedereinsetzung und Rechtsmittelbelehrung, NStZ 1987, 447; Stein, § 338 Nr. 7 StPO und Wiedereinsetzung in den vorigen Stand, NJW 1980, 1086.

Übersicht

I. Überblick

1 **1. Normzweck.** Mit dem Antrag auf Wiedereinsetzung in den vorigen Stand soll dem Betroffenen bei unverschuldeter Fristversäumung effektiver Rechtsschutz und letztlich rechtliches Gehör gewährt werden.[1] Die Vorschrift des § 44 dient damit auch der materiellen Gerechtigkeit, die einen großzügigen Umgang mit der Wiedereinsetzung gebietet und überspannten Anforderungen entgegensteht.[2] Dies gilt nicht zuletzt beim ersten Zugang zum Gericht.[3]

2 Ist der Antrag (→ Rn. 75 ff. und → § 45 Rn. 2 ff.) erfolgreich, wird das Verfahren in die Lage versetzt, die bei fristgemäßer Vornahme der versäumten Handlung bestanden hätte (→ Rn. 78 ff.). Schon mangels Devolutiveffekts handelt es sich bei dem Antrag auf Wiedereinsetzung in den vorigen Stand nicht um ein Rechtsmittel, sondern um einen förmlichen **außerordentlichen Rechtsbehelf,** der zudem nicht der Nachprüfung einer Entscheidung dient.[4]

---

[1] Deiters in SK-StPO Rn. 1; Graalmann-Scheerer in Löwe/Rosenberg Rn. 1; Ziegler in KMR-StPO Rn. 2.

[2] BVerfG 8.8.1990 – 2 BvR 267/90, NJW 1991, 351; Brauer in Gercke/Julius/Temming/Zöller Rn. 16; Maul in KK-StPO Rn. 1.

[3] BVerfG 18.10.2012 – 2 BvR 2776/10, NJW 2013, 592 (592); zu verfassungsrechtlichen Grundfragen von Fristen auch Valerius in HdBStrR Bd. 7 § 26 Rn. 6 ff.

[4] Brauer in Gercke/Julius/Temming/Zöller Rn. 1; Cirener in BeckOK StPO Rn. 3; Deiters in SK-StPO Rn. 1; Maul in KK-StPO Rn. 1; Rappert in Radtke/Hohmann Rn. 1; Schrader NStZ 1987, 447 (447).

2. Anwendungsbereich. Die Vorschrift betrifft lediglich **Fristen,** die **bei Gericht** wahrzunehmen sind (vgl. § 45 Abs. 1, § 46 Abs. 1). Erfasst werden sämtliche gesetzliche (→ § 42 Rn. 5) und richterliche (→ § 42 Rn. 6), vornehmlich Erklärungsfristen, sofern es sich nicht um Ausschlussfristen handelt (→ § 42 Rn. 5).[5] Wiedereinsetzung ist demzufolge etwa möglich bei Versäumung der Fristen aus § 45 Abs. 1 S. 1 für den Antrag auf Wiedereinsetzung,[6] aus § 172 Abs. 2 S. 1 für den Antrag auf gerichtliche Entscheidung[7] oder – wenngleich unter hohen Anforderungen – für die Anhörungsrüge nach § 356a S. 2.[8] Werden die Fristen für die Einlegung der Berufung bzw. für die Einlegung oder Begründung der Revision versäumt, kann zudem auf die Rechtsbehelfe nach § 319 Abs. 2, § 346 Abs. 2 zurückgegriffen werden.[9] 3

Nicht anwendbar ist § 44 auf Fristen, die nicht (nur) gegenüber dem Gericht zu wahren sind. So scheidet eine Wiedereinsetzung ua bei der Strafantragsfrist nach § 77b Abs. 1 S. 1 StGB aus, bei der es sich zudem um eine Ausschlussfrist handelt.[10] Gleiches gilt an sich für die Versäumung von Erklärungsfristen an die Staatsanwaltschaft, wie insbesondere für die Beschwerde gegen einen Einstellungsbescheid an den Generalstaatsanwalt gemäß § 172 Abs. 1. Da dies jedoch unbillig erscheint, lässt die hM einen Antrag auf Wiedereinsetzung entsprechend § 44 zu; umstritten ist hierbei, ob der Antrag an den Generalstaatsanwalt[11] oder an das Oberlandesgericht zu richten ist.[12] 4

Keine Wiedereinsetzung in den vorigen Stand ist ferner möglich bei Versäumung der vereinbarten Frist zum Widerruf eines Privatklagevergleichs[13] und mangels Bestimmtheit und Bestimmbarkeit bei Versäumung der Frist zum Anschluss als Nebenkläger.[14] Ebenso ist eine Wiedereinsetzung ausgeschlossen, wenn es der Einhaltung der Frist nicht bedarf, um prozessuale Rechte wirksam zu wahren. Dies gilt für die jederzeit nachholbare Prozesshandlung der Begründung einer eingelegten Berufung[15] sowie für die Begründung einer Beschwerde nach gerichtlicher Fristsetzung,[16] für die Frist des § 349 Abs. 3 S. 2[17] oder auch für die schriftliche Stellungnahme innerhalb einer richterlich gesetzten Frist vor der Entscheidung über den Widerruf der Bewährung.[18] Auch bei Versäumung der Wahlfrist für die Bezeichnung eines unbestimmt eingelegten Rechtsmittels als Revision besteht kein Anlass für eine Wiedereinsetzung, da dem 5

---

5 Deiters in SK-StPO Rn. 5; Rappert in Radtke/Hohmann Rn. 3; Schmitt in Meyer-Goßner/Schmitt Rn. 3; Ziegler in KMR-StPO Rn. 5.

6 KG 28.8.2014 – 4 Ws 70/14 – 141 AR 358/14, BeckRS 2014, 19171 Rn. 12; OLG Düsseldorf 29.4.1981 – 5 Ws 30/81, NJW 1982, 60 (61); OLG Hamm 24.3.1958 – 2 Ws 308/57, NJW 1958, 1104; Deiters in SK-StPO § 45 Rn. 3; Schmitt in Meyer-Goßner/Schmitt § 45 Rn. 3.

7 OLG Celle 26.10.1976 – 2 Ws 155/76, GA 1977, 150.

8 BGH 9.8.2016 – 1 StR 52/16, NStZ-RR 2016, 318 (319).

9 Schmitt in Meyer-Goßner/Schmitt Rn. 3.

10 BGH 25.1.1994 – 1 StR 770/93, NJW 1994, 1165 (1166); OLG Bremen 13.1.1956 – Ws 7/56, NJW 1956, 392; Cirener in BeckOK StPO Rn. 5; Deiters in SK-StPO Rn. 8; Maul in KK-StPO Rn. 10; Schmitt in Meyer-Goßner/Schmitt Rn. 3; krit. Graalmann-Scheerer in Löwe/Rosenberg Rn. 12.

11 So OLG Celle 30.4.1971 – 2 Ws 94/71, NJW 1971, 1374 (1374 f.) mzustAnm Fuhrmann JR 1972, 165; OLG Düsseldorf 27.8.1987 – 1 Ws 656–657/87, NJW 1988, 431 (432); OLG Hamm 9.2.1973 – 4 Ws 277/71, NJW 1973, 1055 (1055); OLG München 10.5.1977 – 1 Ws 438/77, NJW 1977, 2365 (2366); Maul in KK-StPO Rn. 11.

12 So KG 15.2.1982 – 4 Ws 188/81, JR 1982, 209 (209 f.); OLG Koblenz 29.5.1984 – 1 Ws 373/84, MDR 1985, 75; OLG Stuttgart 18.6.1976 – 1 Ws 65/76, NJW 1977, 61 (62); Graalmann-Scheerer in Löwe/Rosenberg Rn. 12; diff. OLG Celle 9.11.1979 – 2 Ws 159/79, MDR 1980, 335; OLG Köln 21.3.1972 – Zs 516/71, MDR 1972, 623; Bischoff NJW 1986, 2097 (2098): Zuständigkeit des Oberlandesgerichts, wenn der Generalstaatsanwalt in der Sache schon über die Beschwerde entschieden hat.

13 LG Würzburg 21.1.1954 – Qs 21/54, NJW 1954, 768 (769).

14 BGH 10.7.1996 – 2 StR 295/96, NStZ-RR 1997, 136; Ziegler in KMR-StPO Rn. 5.

15 OLG Dresden 20.5.1997 – 1 Ws 115/97, OLG-NL 1998, 216.

16 OLG Karlsruhe 19.10.1982 – 3 Ws 205/82, MDR 1983, 250 (250); OLG Koblenz 18.7.2016 – 2 Ws 130/16, BeckRS 2016, 138014 Rn. 13.

17 BGH 3.3.2016 – 1 StR 518/15, NStZ 2016, 496 (496 f.); 7.3.2018 – 2 StR 470/17, BeckRS 2018, 5488 Rn. 5.

18 OLG Stuttgart 11.6.2015 – 4 Ws 220/15, BeckRS 2015, 13371 Rn. 16 ff.

Antragsteller kein Rechtsmittel abgeschnitten wird und die Revision gegen die Entscheidung der Berufungsinstanz möglich bleibt.[19]

6 Die Vorschrift gilt nicht für die Versäumung von **Terminen** (→ § 42 Rn. 2).[20] Allerdings kann der Säumige hier gemäß den Spezialvorschriften der § 235, § 329 Abs. 7, § 391 Abs. 4, § 401 Abs. 3 S. 2, § 412 S. 1 iVm § 329 Abs. 7 unter den gleichen Voraussetzungen wie in §§ 44, 45 Wiedereinsetzung in den vorigen Stand beanspruchen.

II. Erläuterung

7 **1. Keine Einhaltung der Frist. a) Grundlagen.** Die Vorschrift setzt zunächst voraus, eine Frist nicht eingehalten zu haben. Ohne die **Versäumung einer Frist** (zB mangels Fristlaufs infolge unwirksamer Zustellung) ist der Antrag auf Wiedereinsetzung in den vorigen Stand unzulässig.[21] Ebenso wenig vermag sich auf § 44 zu berufen, wer den Beginn einer Frist zu spät bemerkt und dadurch eine Fristverkürzung erfährt.[22] Wiedereinsetzung kann nach hM aber demjenigen gewährt werden, der irrtümlich so behandelt wird, als hätte er eine Frist versäumt.[23]

8 Eine Frist wird nur gewahrt, wenn die betreffende Handlung **frist- und formgerecht** (→ Rn. 9 ff.) vorgenommen wird.[24] Aus welchem Grund eine Frist versäumt wird (zB infolge eines Verschuldens der Empfangsbehörde; → Rn. 67 ff.), ist für deren Ablauf unbeachtlich und lediglich für die Gewährung von Wiedereinsetzung in den vorigen Stand von Bedeutung. Bestehen Zweifel über die verspätete Einlegung einer Erklärung (zB bei unleserlichem Eingangsstempel oder aufgrund fehlenden Übertragungsprotokolls), ist zugunsten des Absenders von einem fristgerechten Eingang auszugehen.[25]

19 BayObLG 28.7.1970 – RReg. 1 St 18/70, BayObLGSt 1970, 158 (159); KG 12.5.1976 – (2) Ss 69/76 (27/76), JR 1977, 81 (82); OLG Hamm 11.2.1956 – 3 Ss 105/56, NJW 1956, 1168; 26.2.2015 – 2 RVs 4/15, BeckRS 2015, 6743 Rn. 13; Graalmann-Scheerer in Löwe/Rosenberg Rn. 8; Maul in KK-StPO Rn. 7; Schmitt in Meyer-Goßner/Schmitt Rn. 3; Ziegler in KMR-StPO Rn. 5; s. auch OLG Hamm 22.11.2011 – III-3 RVs 101/11, NStZ-RR 2012, 285 für das Jugendstrafverfahren; aA OLG Düsseldorf 7.1.1983 – 2 Ss 398/82–402/82 II, NStZ 1983, 471 (472).

20 OLG Köln 16.11.1956 – Ss 234/56, NJW 1957, 74 zur Versäumung der Hauptverhandlung vor dem Revisionsgericht; Cirener in BeckOK StPO Rn. 6; Deiters in SK-StPO Rn. 7; Maul in KK-StPO Rn. 8; Ziegler in KMR-StPO Rn. 6; Dittmar NJW 1982, 209 (209).

21 BGH 17.1.1962 – 4 StR 392/61, BGHSt 17, 94 (96) = NJW 1962, 818 (819); 26.3.2019 – 2 StR 511/18, BeckRS 2019, 7341 Rn. 2; BayObLG 16.12.1971 – RReg. 1 St 612/71 OWi, NJW 1972, 1097 (1098); OLG Karlsruhe 21.5.1980 – 3 Ws 67/80, NJW 1981, 471 (471); Cirener in BeckOK StPO Rn. 7; Deiters in SK-StPO Rn. 6; Graalmann-Scheerer in Löwe/Rosenberg Rn. 6; Schmitt in Meyer-Goßner/Schmitt Rn. 2; Ziegler in KMR-StPO Rn. 17.

22 LG Münster 10.1.1985 – 7 Qs OWi 878/84 VII, MDR 1985, 866 (867); Ziegler in KMR-StPO Rn. 17; aA OLG Stuttgart 13.1.1976 – 3 Ws 352/75, NJW 1976, 1278 (1279 f.).

23 BGH 11.11.1986 – 1 StR 207/86, NStZ 1987, 239 (240); OLG Frankfurt a. M. 18.11.1985 – 1 Ws 246/85, NStZ 1986, 279 (280); OLG Hamm 23.8.1982 – 1 Ws 102/82, NStZ 1982, 521 (522 f.) mkritAnm Meyer; OLG Stuttgart 1.4.1970 – 2 Ws 46/70, NJW 1970, 2224 (2225); Cirener in BeckOK StPO Rn. 11; Deiters in SK-StPO Rn. 6; Maul in KK-StPO Rn. 22; Schmitt in Meyer-Goßner/Schmitt Rn. 2; Ziegler in KMR-StPO Rn. 18; aA OLG Karlsruhe 21.5.1980 – 3 Ws 67/80, NJW 1981, 471 (471); einschränkend KG 2.7.2001 – 5 Ws 256/01, wistra 2002, 37; 27.9.2005 – 4 Ws 128/05, NStZ-RR 2006, 120 (120 f.); 28.9.2017 – 4 Ws 120/17, BeckRS 2017, 134409 Rn. 8; krit. auch OLG Hamm 16.2.2015 – 1 Ws 677/14, BeckRS 2015, 6741 Rn. 22, das seine Bedenken aber nicht lange aufrechthielt, OLG Hamm 22.11.2017 – 1 Ws 523/17, BeckRS 2017, 141864 Rn. 2.

24 OLG Hamburg 6.11.1964 – 2 Ws 310/64, NJW 1965, 312; OLG Hamm 24.5.1956 – 3 Ws 141/56, NJW 1956, 1571 (1572); OLG Köln 12.3.1996 – Ss 114/96 (Z) – 69 Z, NStZ-RR 1996, 212 (212); Brauer in Gercke/Julius/Temming/Zöller Rn. 6; Cirener in BeckOK StPO Rn. 9; Deiters in SK-StPO Rn. 11; Graalmann-Scheerer in Löwe/Rosenberg Rn. 9; Maul in KK-StPO Rn. 9; Schmitt in Meyer-Goßner/Schmitt Rn. 6.

25 BGH 26.6.1958 – 4 StR 145/58, BGHSt 11, 393 (395) = NJW 1958, 1307 (1307); 29.11.2018 – 3 StR 388/18, NStZ-RR 2019, 123; OLG Düsseldorf 14.5.1969 – 2 Ss 171/69, MDR 1969, 1031; OLG Hamburg 27.7.1973 – 1 Ws 234/73, NJW 1974, 68; Cirener in BeckOK StPO § 42 Rn. 17; Deiters in SK-StPO § 43 Rn. 22; Graalmann-Scheerer in Löwe/Rosenberg Vor § 42 Rn. 34; Maul in KK-StPO § 43 Rn. 20; Rappert in Radtke/Hohmann § 42 Rn. 17; aA KG 6.10.1954 – 1 Ss 318/53 (B) 400/53, JR 1954, 470 (471); OLG Düsseldorf 19.3.1964 – (1) Ss 18/64, NJW 1964, 1684; OLG Hamm 27.9.1956 – 2 Ss 1232/56, GA 1957, 222 (223).

b) Mündliche Erklärungen. Mündliche Erklärungen können eine Frist lediglich wahren, wenn das Gesetz Formfreiheit vorsieht. Auch bei formgebundenen Erklärungen gestatten einige Normen allerdings, eine Äußerung in eine Niederschrift der Geschäftsstelle aufnehmen zu lassen (zB § 306 Abs. 1, § 314 Abs. 1, § 341 Abs. 1, § 345 Abs. 2). **Erklärungen zu Protokoll der Geschäftsstelle** gehen unmittelbar bei Gericht ein, wenn sie gegenüber dem Urkundsbeamten des **zuständigen** Gerichts abgegeben und von ihm niedergeschrieben werden.[26] Geschieht dies innerhalb der Frist, ist die betreffende Erklärung somit rechtzeitig eingegangen (vgl. auch § 299 Abs. 2). Dieser Zeitpunkt wird in der Niederschrift vermerkt. Der Nachweis der Unrichtigkeit des festgehaltenen Datums ist zulässig.[27] Wird ein Antrag an das zuständige Gericht auf Protokollierung eines Rechtsmittels per Post gestellt, ist für das Verschulden einer etwaigen Säumnis maßgeblich, ob dem Ersuchen im Zuge eines ordentlichen Geschäftsganges fristgerecht entsprochen werden kann.[28] Dies dürfte abzulehnen sein, wenn der Antrag erst drei Tage vor Ablauf der Rechtsmittelfrist zur Post gegeben wird.[29] 9

Eine Erklärung zu Protokoll der Geschäftsstelle des **unzuständigen** Gerichts wird wie eine schriftliche Erklärung behandelt (→ Rn. 16). Abzustellen ist daher auf den Zeitpunkt, zu dem die von dem Beteiligten unterzeichnete Niederschrift an das zuständige Gericht gelangt.[30] 10

Erklärungen, die im Laufe der Hauptverhandlung abgegeben und in die **Sitzungsniederschrift** aufgenommen werden, nehmen einschließlich des darin festgehaltenen Datums an der erhöhten Beweiskraft des Protokolls gemäß § 274 teil.[31] Dies gilt nicht für Erklärungen, die nach Abschluss der Hauptverhandlung abgegeben, aber gleichwohl noch protokolliert werden. Allerdings kann dadurch die Schriftform gewahrt werden.[32] 11

Umstritten ist, ob eine Erklärung auch **fernmündlich** zu Protokoll der Geschäftsstelle abgegeben werden darf. Dem wird entgegengehalten, weder den Inhalt einer Äußerung zuverlässig feststellen noch Identität und Berechtigung des Erklärenden überprüfen zu können, wenn dieser nicht selbst auf der Geschäftsstelle erscheint.[33] Daher ist es nach hM grds. ausgeschlossen, telefonisch zB Rechtsmittel im Strafverfahren einzulegen.[34] Für den Einspruch im Ordnungswidrigkeitenverfahren soll hingegen anderes gelten, weil zum einen erst dadurch der Bereich der Verwaltung verlassen und der Weg zu einer richterlichen Sachentscheidung eröffnet werde und zum anderen in Bußgeldverfahren insbesondere wegen Verstößen im Straßenverkehr die Verwaltungsbehörde, die den Bußgeldbescheid erlässt, und der Wohnsitz oder Aufenthaltsort des Betroffenen häufig räumlich weit auseinanderliegen.[35] 12

---

26 Brauer in Gercke/Julius/Temming/Zöller § 43 Rn. 14; Deiters in SK-StPO § 43 Rn. 11; Graalmann-Scheerer in Löwe/Rosenberg Vor § 42 Rn. 6; Maul in KK-StPO § 43 Rn. 8; Schmitt in Meyer-Goßner/Schmitt Vor § 42 Rn. 12; Ziegler in KMR-StPO Vor § 42 Rn. 7.

27 Graalmann-Scheerer in Löwe/Rosenberg Vor § 42 Rn. 6.

28 OLG Hamm 28.5.2015 – 1 Vollz (Ws) 248/15, NStZ-RR 2015, 327 (327).

29 OLG Hamm 28.5.2015 – 1 Vollz (Ws) 248/15, NStZ-RR 2015, 327 (327), das dazu neigt, ein Protokollierungsersuchen in der Regel als rechtzeitig anzusehen, wenn es zumindest fünf Werktage vor Ablauf der Rechtsmittelfrist abgesendet wird.

30 Rappert in Radtke/Hohmann § 42 Rn. 10; Schmitt in Meyer-Goßner/Schmitt Vor § 42 Rn. 12.

31 RG 18.11.1932 – I 984/32, RGSt 66, 417 (418 f.); Brauer in Gercke/Julius/Temming/Zöller § 43 Rn. 15; Deiters in SK-StPO § 43 Rn. 12; Maul in KK-StPO § 43 Rn. 9; Ziegler in KMR-StPO Vor § 42 Rn. 8.

32 RG 12.4.1907 – V 253/07, RGSt 40, 133 (134); BGH 23.6.1983 – 1 StR 351/83, NJW 1984, 1974 (1975); Graalmann-Scheerer in Löwe/Rosenberg Vor § 42 Rn. 7.

33 BGH 26.3.1981 – 1 StR 206/80, BGHSt 30, 64 (67 f.) = NJW 1981, 1627 (1627 f.); Schmitt in Meyer-Goßner/Schmitt Einl. Rn. 140; Ziegler in KMR-StPO Vor § 42 Rn. 10.

34 BGH 26.3.1981 – 1 StR 206/80, BGHSt 30, 64 (67 f.) = NJW 1981, 1627 (1628); OLG Frankfurt a. M. 31.3.1953 – 1 Ws 66/53, NJW 1953, 1118 (1119); OLG Hamm 4.12.1951 – (1) 2 Ss 538/51, NJW 1952, 276 (277); Cirener in BeckOK StPO § 42 Rn. 7; Maul in KK-StPO § 43 Rn. 11; Rappert in Radtke/Hohmann § 42 Rn. 10; Schmitt in Meyer-Goßner/Schmitt Einl. Rn. 140; Ziegler in KMR-StPO Vor § 42 Rn. 10; aA OLG Düsseldorf 2.6.1969 – 1 Ws 302/69, NJW 1969, 1361 (1362); OLG Schleswig 17.7.1962 – 1 Ws 101/62, NJW 1963, 1466; LG Münster 11.10.2004 – 15 Ns 622 Js 467/04, NJW 2005, 166 (166 f.).

35 BGH 20.12.1979 – 1 StR 164/79, BGHSt 29, 173 (175 ff.) = NJW 1980, 1290 (1290 f.); Ziegler in KMR-StPO Vor § 42 Rn. 11; ebenso OLG Stuttgart 5.7.1988 – 3 Ws 121/88, NStZ 1989, 42 (42) für die Beschwerde gegen eine Einstellungsverfügung.

13 Die restriktive Zulassung fernmündlicher Erklärungen und die Differenzierung zwischen Straf- und Ordnungswidrigkeitenverfahren vermögen jedoch nicht zu überzeugen. Vor allem erscheint der Hinweis auf etwaige Schwierigkeiten, den Inhalt der Erklärung festzustellen, angesichts der heute herrschenden technischen Standards überholt. Technisch bedingten oder inhaltlichen Verständnisschwierigkeiten im Einzelfall kann dadurch begegnet werden, dass es dem Urkundsbeamten unter diesen Voraussetzungen zugestanden wird, die fernmündliche Äußerung nicht entgegenzunehmen. Dies gilt beispielsweise bei längeren Erklärungen wie der Begründung eines Rechtsmittels.[36] Jedenfalls unter dieser Einschränkung dürfen daher Erklärungen zu Protokoll der Geschäftsstelle grds. auch fernmündlich abgegeben werden. Schwierigkeiten bei der Feststellung der Identität und der Berechtigung des Erklärenden stehen dem nicht entgegen, da auch bei schriftlichen Erklärungen keine Authentizitätserfordernisse bestehen.[37] Durch den Rückgriff auf andere Kommunikationsmittel wie zB Telefax oder elektronische Dokumente ist die Bedeutung des Meinungsstreits freilich gering.

14 **c) Schriftliche Erklärungen. aa) Grundlagen.** Verfristungen können vor allem bei schriftlichen Erklärungen auftreten, die etwa per Post übermittelt werden, so dass Abgabe und Zugang zeitlich nicht zusammenfallen. Für die Fristwahrung gibt hier nicht die Absendung, sondern der Zugang den Ausschlag. Eine zugesendete schriftliche Erklärung geht demnach rechtzeitig ein, wenn sie innerhalb der Frist ordnungsgemäß in die **Verfügungsgewalt des zuständigen Gerichts** gelangt. Wann das Schriftstück der zuständigen Abteilung zugeleitet wird (zB aufgrund falschen Betreffs oder Aktenzeichens), ist unbeachtlich.[38]

15 Ein **ordnungsgemäßer Zugang** liegt vor, wenn das Schriftstück an eine empfangsbefugte Person (→ Rn. 18) übergeben oder an eine Empfangsvorrichtung übertragen wird (→ Rn. 19 ff.), seien es Briefkästen und Postfächer (→ Rn. 20 ff.) oder elektronische Empfangsgeräte wie ein Telefax (→ Rn. 26 ff.). Es genügt hingegen nicht, die Erklärung auf eine andere Art und Weise in den Machtbereich des Gerichts gelangen zu lassen. Nicht fristwahrend ist etwa der Einwurf des Schriftstücks durch ein offenes Fenster oder dessen Durchschieben unter der Haustür sowie die Übergabe an einen nicht zur Entgegennahme berechtigten Hausmeister (→ Rn. 18).[39]

16 Die Einreichung der schriftlichen Erklärung bei einer **unzuständigen Behörde** (wie zB bei einem unzuständigen Gericht oder der Staatsanwaltschaft) wahrt nicht die Frist. In diesem Fall ist entscheidend, ob das Schreiben noch fristgerecht dem zuständigen Gericht zugeht (zur Weiterleitungspflicht der unzuständigen Behörde → Rn. 69).[40] Dies kann auch dadurch geschehen, dass die unzuständige Behörde den Inhalt des bei ihr eingegangenen Schriftstücks telefonisch übermittelt und dieser von dem zuständigen Gericht in einem Protokoll aufgenommen wird.[41] Zufällig von einer Erklärung Kenntnis zu erlangen, zB im Rahmen einer Briefkontrolle bei einem in Untersuchungshaft befindlichen Absender, reicht nicht aus.[42]

17 Eine Mitwirkung des Gerichts ist – anders als bei der Erklärung zu Protokoll der Geschäftsstelle – nicht erforderlich.[43] Der Zeitpunkt des Eingangs der Erklärung wird aller-

36 Wolter JR 1982, 211 (214 f.); weiter Deiters in SK-StPO § 43 Rn. 13; Graalmann-Scheerer in Löwe/Rosenberg Vor § 42 Rn. 10; Dahs NJW 1952, 277.

37 LG Münster 11.10.2004 – 15 Ns 622 Js 467/04, NJW 2005, 166 (167).

38 BGH 19.5.1999 – 3 StR 200/99, wistra 1999, 346 (347); OLG Köln 23.2.1979 – 1 Ss 1036 B/78, VRS 57, 299; Graalmann-Scheerer in Löwe/Rosenberg Vor § 42 Rn. 13; Ziegler in KMR-StPO Vor § 42 Rn. 12.

39 Graalmann-Scheerer in Löwe/Rosenberg Vor § 42 Rn. 13; Schmitt in Meyer-Goßner/Schmitt Vor § 42 Rn. 13; Ziegler in KMR-StPO Vor § 42 Rn. 13.

40 OLG Braunschweig 2.3.1988 – Ws 14/88, NStZ 1988, 514 (514); OLG Düsseldorf 25.3.2002 – 2 Ws 79/02, NStZ-RR 2002, 216 (217); Graalmann-Scheerer in Löwe/Rosenberg Vor § 42 Rn. 15.

41 OLG Celle 19.3.1970 – 1 Ws 33/70, MDR 1970, 608; OLG Zweibrücken 11.9.1981 – 2 Ws 149/81, NStZ 1982, 395.

42 LG Bielefeld 21.3.1983 – 3b Ls 15 Js 1339/82 (202) Hw, MDR 1983, 779.

43 BVerfG 11.2.1976 – 2 BvR 652/75, BVerfGE 41, 323 (327) = NJW 1976, 747; 3.10.1979 – 1 BvR 726/78, BVerfGE 52, 203 (209) = NJW 1980, 580 (580).

dings vermerkt, wobei der **Nachweis** der Unrichtigkeit des Eingangsvermerks zulässig bleibt.[44] Beispielsweise kann der durch einen Eingangsstempel eines Nachtbriefkastens (→ Rn. 25) als öffentliche Urkunde iSd § 418 Abs. 1 ZPO erbrachte Nachweis entkräftet werden.[45]

bb) Übergabe an eine empfangsberechtigte Person. Eine Erklärung geht dem Empfänger zum einen mit der Übergabe an eine empfangsberechtigte Person (zB an den Urkundsbeamten der Geschäftsstelle) zu. Dies gilt selbst dann, wenn der Empfangsberechtigte außerhalb des Gerichtsgebäudes und/oder außerhalb der Dienstzeit angetroffen wird, solange er die Erklärung in Ausübung seines Dienstes entgegennimmt.[46] Die Aushändigung an Personen, die nicht als Empfangsberechtigte anzusehen sind (zB Reinigungskräfte oder Hausmeister), genügt hingegen nicht;[47] in diesem Fall ist die Erklärung nur dann rechtzeitig abgegeben, wenn sie noch innerhalb der Frist an eine zum Empfang befugte Person weitergeleitet wird.[48] 18

cc) Postsendungen. Außer durch Übergabe an eine empfangsberechtigte Person kann ein Schriftstück durch Verbringung in eine Empfangsvorrichtung des Empfängers eingehen. Durch Anbringen einer Empfangsvorrichtung bringt etwa das Gericht zum Ausdruck, Schriftstücke mit deren Eingang und somit mit Gelangen in seine **Verfügungsgewalt** entgegenzunehmen.[49] Ob dies während oder außerhalb der Dienstzeiten geschieht, ist wiederum unerheblich.[50] Ebenso wenig ist erforderlich, dass vor Fristablauf ein empfangsberechtigter Beamter das Schriftstück entgegen-[51] oder sogar Kenntnis hiervon nimmt.[52] 19

Eine Sendung geht insbesondere mit Einwurf in einen **Briefkasten** fristwahrend zu. Dies gilt unabhängig davon, ob es sich hierbei um einen gewöhnlichen Hausbriefkasten oder einen Nachtbriefkasten (→ Rn. 25) handelt.[53] Da es nur auf die Verfügungsgewalt des Gerichts ankommt, bleibt unbeachtlich, ob mit der Leerung noch an demselben Tag zu rechnen ist.[54] 20

Die vorstehenden Grundsätze gelten auch, wenn mehrere Justizbehörden eine **gemeinsame Briefannahmestelle** betreiben, welche die Post erst an die beteiligten Behörden und somit eigentlichen Empfänger verteilt.[55] Allerdings liegt kein ordnungsgemäßer Zugang 21

[44] Graalmann-Scheerer in Löwe/Rosenberg Vor § 42 Rn. 14.

[45] BGH 26.6.2018 – 3 StR 181/18, BeckRS 2018, 16028 Rn. 7; Rappert in Radtke/Hohmann § 42 Rn. 15; Schmitt in Meyer-Goßner/Schmitt Vor § 42 Rn. 15.

[46] RG 7.2.1898 – 4736/97, RGSt 31, 4 (6); 6.9.1926 – II 771/26, RGSt 60, 329 (330); Graalmann-Scheerer in Löwe/Rosenberg Vor § 42 Rn. 14; Maul in KK-StPO § 43 Rn. 12; Schmitt in Meyer-Goßner/Schmitt Vor § 42 Rn. 13.

[47] RG 7.2.1898 – 4736/97, RGSt 31, 4 (5); Graalmann-Scheerer in Löwe/Rosenberg Vor § 42 Rn. 13; Schmitt in Meyer-Goßner/Schmitt Vor § 42 Rn. 13.

[48] RG 5.2.1884 – 10/84, RGSt 10, 74 (74 f.); Deiters in SK-StPO § 43 Rn. 8.

[49] Maul in KK-StPO § 43 Rn. 13.

[50] BVerfG 11.2.1976 – 2 BvR 652/75, BVerfGE 41, 323 (327) = NJW 1976, 747; 7.4.1976 – 2 BvR 847/75, BVerfGE 42, 128 (131 f.) = NJW 1976, 1255; 14.5.1985 – 1 BvR 370/84, BVerfGE 69, 381 (386) = NJW 1986, 244 (244).

[51] BVerfG 3.10.1979 – 1 BvR 726/78, BVerfGE 52, 203 (209) = NJW 1980, 580 (580); 29.4.1981 – 1 BvR 159/80, BVerfGE 57, 117 (120) = NJW 1981, 1951; 14.5.1985 – 1 BvR 370/84, BVerfGE 69, 381 (386) = NJW 1986, 244 (244); BGH 12.2.1981 – VII ZB 27/80, NJW 1981, 1216 (1217); OLG Frankfurt a. M. 26.3.1974 – 4 Ws (B) 25/73 OWiG, NJW 1974, 1959.

[52] RG 10.3.1911 – IV 113/11, RGSt 44, 350 (351); Graalmann-Scheerer in Löwe/Rosenberg Vor § 42 Rn. 14.

[53] BGH 12.2.1981 – VII ZB 27/80, NJW 1981, 1216 (1217); OLG Hamm 12.3.1976 – 5 Ss OWi 1146/75, NJW 1976, 762; Graalmann-Scheerer in Löwe/Rosenberg Vor § 42 Rn. 19.

[54] BVerfG 7.4.1976 – 2 BvR 847/75, BVerfGE 42, 128 (132) = NJW 1976, 1255; BGH 25.1.1984 – IVb ZR 43/82, NJW 1984, 1237 (1237); OLG Frankfurt a. M. 26.3.1974 – 4 Ws (B) 25/73 OWiG, NJW 1974, 1959; Brauer in Gercke/Julius/Temming/Zöller § 43 Rn. 21; Cirener in BeckOK StPO § 42 Rn. 9; Deiters in SK-StPO § 43 Rn. 16; Maul in KK-StPO § 43 Rn. 13; Rappert in Radtke/Hohmann § 42 Rn. 11; Ziegler in KMR-StPO Vor § 42 Rn. 13; aA BGH 7.5.1974 – VI ZR 39/73, NJW 1974, 1326 (1327); BayObLG 18.11.1968 – RReg. 1a St 346/68, NJW 1969, 201.

[55] Graalmann-Scheerer in Löwe/Rosenberg Vor § 42 Rn. 22; Schmitt in Meyer-Goßner/Schmitt Vor § 42 Rn. 17.

vor, wenn das Schriftstück an einen unzuständigen Adressaten gerichtet ist, welcher derselben gemeinsamen Briefannahmestelle wie das zuständige Gericht angehört. In diesem Fall gelangt die Erklärung gleichsam zufällig in den Machtbereich des zuständigen Gerichts, so dass von dessen Verfügungsgewalt nicht gesprochen werden kann.[56] Das Schriftstück geht somit dem zuständigen und zutreffenden Empfänger erst dann zu, wenn der Beamte in der Annahmestelle es an ihn weiterleitet.[57] Zum Teil wird darüber hinaus gefordert, dass das Schriftstück auch innerhalb der Frist bei dem zuständigen Empfänger eintreffen muss.[58]

22 **Einschreiben** gehen schon mit Übergabe des Benachrichtigungsscheins über den beim Postunternehmen aufbewahrten Brief zu. Denn zu diesem Zeitpunkt erhält der Empfänger bereits die Verfügungsgewalt über das zugesendete Schriftstück.[59]

23 Sendungen an ein **Postfach** des Gerichts gehen diesem bereits zu, wenn sie in das Postfach gelegt werden, unabhängig davon, wann sie tatsächlich abgeholt werden oder mit ihrer Abholung zu rechnen ist. Schließlich gelangt schon hierdurch die Sendung in den Herrschaftsbereich des Empfängers.[60]

24 Nicht mehr gebräuchlich ist die Übermittlung einer Erklärung per **Telegramm.** Insoweit ist anerkannt, dass der Absender der Schriftform auch dadurch genügen kann, das Postunternehmen fernmündlich zur Anfertigung eines Schriftstücks in Gestalt eines (Aufgabe-)Telegramms zu veranlassen.[61] Es reicht hierbei aus, dass das Postamt das (Ankunfts-)Telegramm fernmündlich innerhalb der Frist der Geschäftsstelle übermittelt, sofern der empfangsberechtigte Beamte der Geschäftsstelle eine Aktennotiz über den wortwörtlich wiedergegebenen Inhalt des Telegramms anfertigt.[62]

25 Der Absender trägt grds. die **Beweislast** für den rechtzeitigen Zugang. Wer einen gewöhnlichen Briefkasten benutzt, muss daher insbesondere außerhalb der Dienstzeiten den rechtzeitigen Einwurf seiner schriftlichen Erklärung nachweisen.[63] Zu diesem Zweck sind an den Gerichten aber **Nachtbriefkästen** angebracht, die durch unterschiedliche Vorrichtungen wie zB Eingangsstempel oder Klappe festhalten, welche Sendungen noch vor Ablauf des Tages eingeworfen wurden. Funktionieren die beweiser-

---

[56] BGH 9.11.1950 – I ZB 1/50, NJW 1951, 71; BayObLG 27.11.1974 – RReg. 5 St 97/74, BayObLGSt 1974, 141 (142); OLG Frankfurt a. M. 2.5.1988 – 1 Ss 5/88, NJW 1988, 2812; 3.2.2000 – 3 Ws 106/00, NStZ-RR 2000, 212; OLG Stuttgart 5.2.1986 – 1 StO 1/86, NStZ 1987, 185 mkritAnm Maul; Brauer in Gercke/Julius/Temming/Zöller § 43 Rn. 25; Ziegler in KMR-StPO Vor § 42 Rn. 14; W. Schmid FS Dünnebier, 1982, 101 (118 f.); aA BayObLG 22.2.1982 – RReg. 1 St 8/82, BayObLGSt 1982, 26 (27 f.); KG 24.1.1955 – 1 AR 1350/54 – 2 Ws 255/54, JR 1955, 152 (153); OLG Bremen 27.10.1949 – Ss 86/49, NJW 1950, 395; OLG Düsseldorf 18.7.1990 – 2 Ws OWi 355/90, StV 1991, 248; Cirener in BeckOK StPO § 42 Rn. 11; Graalmann-Scheerer in Löwe/Rosenberg Vor § 42 Rn. 23 f.; Maul in KK-StPO § 43 Rn. 16; Tsambikakis in Satzger/Schluckebier/Widmaier StPO Rn. 13; Küper JR 1976, 28 (30 f.).

[57] BGH 2.7.1953 – 5 StR 8/53, JR 1953, 430; 21.10.1960 – V ZB 11/60, NJW 1961, 361 (361); BayObLG 22.2.1982 – RReg. 1 St 8/82, NJW 1983, 896; 8.10.1987 – BReg. 2 Z 103/87, NJW 1988, 714 (714); OLG Hamm 20.1.2009 – 3 Ss 561/08, NStZ-RR 2010, 21; ebenso Rappert in Radtke/Hohmann § 42 Rn. 14; W. Schmid FS Dünnebier, 1982, 101 (117 f.).

[58] BGH 24.9.1975 – IV ZB 21/75, NJW 1975, 2294 (2295); BayObLG 27.11.1974 – RReg. 5 St 97/74, BayObLGSt 1974, 141 (142).

[59] RG 10.3.1911 – IV 113/11, RGSt 44, 350 (351); KG 1.3.1995 – 4 Ws 21/95, NStZ 1995, 612 (613); Graalmann-Scheerer in Löwe/Rosenberg Vor § 42 Rn. 18; Schmitt in Meyer-Goßner/Schmitt Vor § 42 Rn. 13; Ziegler in KMR-StPO Vor § 42 Rn. 16.

[60] BGH 19.6.1986 – VII ZB 20/85, NJW 1986, 2646 (2647); OLG Frankfurt a. M. 2.11.2006 – 3 Ws 1055/06, NStZ-RR 2007, 206; Brauer in Gercke/Julius/Temming/Zöller § 43 Rn. 24; Cirener in BeckOK StPO § 42 Rn. 12; Maul in KK-StPO § 43 Rn. 17; Rappert in Radtke/Hohmann § 42 Rn. 12; Schmitt in Meyer-Goßner/Schmitt Vor § 42 Rn. 13; Ziegler in KMR-StPO Vor § 42 Rn. 15; aA BVerwG 11.5.1960 – V C 320/58, NJW 1960, 1587; LG Hamburg 27.1.1981 – (84) Qs 111/80, MDR 1981, 690 mkritAnm Karwacki; Graalmann-Scheerer in Löwe/Rosenberg Vor § 42 Rn. 25.

[61] BGH 11.10.1955 – 6 StR 289/54, BGHSt 8, 174 (176 f.) = NJW 1955, 1846; Graalmann-Scheerer in Löwe/Rosenberg Vor § 42 Rn. 26.

[62] BGH 29.4.1960 – 1 StR 114/60, BGHSt 14, 233 (239) = NJW 1960, 1310 (1311); OLG Neustadt 6.8.1951 – 3 W 50/51, NJW 1952, 271; Graalmann-Scheerer in Löwe/Rosenberg Vor § 42 Rn. 27 f.

[63] Brauer in Gercke/Julius/Temming/Zöller § 43 Rn. 21; Schmitt in Meyer-Goßner/Schmitt Vor § 42 Rn. 14; vgl. auch BGH 25.1.1984 – IVb ZR 43/82, NJW 1984, 1237 (1237).

bringenden Kontrollmechanismen nicht, bleibt dies dem Gericht zuzurechnen, so dass der Zugang der Sendung vor Mitternacht zu unterstellen ist.[64] Gleiches gilt, wenn solche Mechanismen von vornherein fehlen, das Gericht etwa überhaupt nicht über einen Nachtbriefkasten verfügt.[65]

dd) Erklärungen per Telekommunikation. Eine per **Telefax** zugesendete Erklärung geht dem adressierten Gericht mit deren (vollständiger)[66] Speicherung am Empfangsgerät zu. Auf den Ausdruck kommt es nicht an.[67] Bei einem gemeinsamen Telefaxanschluss geht – wie bei einer gemeinsamen Briefannahmestelle (→ Rn. 21) – bei falscher Bezeichnung des Adressaten das Schreiben erst dann dem zuständigen Empfänger zu, wenn es an ihn weitergeleitet wird.[68] 26

Bei dem inzwischen kaum noch verwendeten **Fernschreiber** ist die vollständige Niederschrift des übermittelten Textes in der Fernschreibestelle des Empfängers[69] bzw. bei vorhandenem Speichermedium wiederum die Aufzeichnung im Empfangsgerät maßgeblich. Zulässig ist auch die Übermittlung eines Schriftstücks als **Telebrief.**[70] 27

Elektronische Dokumente gehen gemäß § 32a Abs. 5 S. 1 ein, wenn sie auf der für den Empfang bestimmten Einrichtung der Behörde oder des Gerichts gespeichert werden. Über den Zeitpunkt des Eingangs ist dem Absender eine automatisierte Bestätigung zu erteilen (§ 32a Abs. 5 S. 2). 28

Auch bei der kommunikationstechnologischen Übertragung ist unerheblich, ob der Zugang nach Dienstschluss erfolgt und ob das Empfangsgerät besetzt ist.[71] Allerdings liegt die **Beweislast** für den (fristgerechten) Zugang wiederum beim Absender.[72] Der Sendebericht eines Telefax vermag lediglich eine Verbindung zwischen Absender- und Empfangsgerät zu belegen, weder aber den ordnungsgemäßen Eingang des Telefax noch dessen Inhalt nachzuweisen.[73] Bei fehlendem Übertragungsprotokoll beim Empfänger kann der Sendebericht jedoch Zweifel an der Versäumung der Frist begründen, die sich zugunsten des Absenders auswirken (→ Rn. 70).[74] 29

d) Sonderfall: Nachholen von Verfahrensrügen. Kontrovers diskutiert wird, ob eine Wiedereinsetzung in den vorigen Stand zulässig ist, um einzelne Verfahrensrügen 30

---

64 BayObLG 2.2.1972 – RReg. 5 St 627/71 OWi, BayObLGSt 1972, 25 (26); Deiters in SK-StPO § 43 Rn. 16; Graalmann-Scheerer in Löwe/Rosenberg Vor § 42 Rn. 20; Maul in KK-StPO § 43 Rn. 14; Rappert in Radtke/Hohmann § 42 Rn. 15.

65 BVerfG 11.2.1976 – 2 BvR 652/75, BVerfGE 41, 323 (328) = NJW 1976, 747; OLG Frankfurt a. M. 26.3.1974 – 4 Ws (B) 25/73 OWiG, NJW 1974, 1959; OLG Hamm 12.3.1976 – 5 Ss OWi 1146/75, NJW 1976, 762.

66 Vgl. BGH 12.4.2016 – VI ZB 7/15, NJW-RR 2016, 816 (817).

67 BVerfG 1.8.1996 – 1 BvR 121/95, NJW 1996, 2857 (2857); BGH 25.4.2006 – IV ZB 20/05, BGHZ 167, 214 (219 ff.) = NJW 2006, 2263 (2265 f.); 26.3.2019 – 2 StR 511/18, BeckRS 2019, 7341 Rn. 2; Cirener in BeckOK StPO § 42 Rn. 14; Graalmann-Scheerer in Löwe/Rosenberg Vor § 42 Rn. 31; Tsambikakis in Satzger/Schluckebier/Widmaier StPO Rn. 9; Ziegler in KMR-StPO Vor § 42 Rn. 17; aA Maul in KK-StPO § 43 Rn. 19; Rappert in Radtke/Hohmann § 42 Rn. 16; Schmitt in Meyer-Goßner/Schmitt Vor § 42 Rn. 18.

68 BGH 10.1.1990 – XII ZB 141/89, NJW 1990, 990; OLG Frankfurt a. M. 25.4.2002 – 3 Ws 369/02, NStZ-RR 2002, 215 (216); Rappert in Radtke/Hohmann § 42 Rn. 14.

69 BGH 9.3.1982 – 1 StR 817/81, BGHSt 31, 7 (9) = NStZ 1983, 36 (37) mAnm W. Schmid; BayObLG 29.5.1981 – RReg. 2 St 39/81, NJW 1981, 2591; Graalmann-Scheerer in Löwe/Rosenberg Vor § 42 Rn. 29; Maul in KK-StPO § 43 Rn. 19; Schmitt in Meyer-Goßner/Schmitt Vor § 42 Rn. 19.

70 BGH 18.7.1989 – 4 StR 348/89, wistra 1989, 313; OLG Karlsruhe 28.5.1986 – 1 Ss 53/86, NJW 1986, 2773; OLG Koblenz 2.1.1984 – 2 Ss 540/83, NStZ 1984, 236; Graalmann-Scheerer in Löwe/Rosenberg Vor § 42 Rn. 30; Schmitt in Meyer-Goßner/Schmitt Einl. Rn. 139.

71 BGH 3.6.1987 – IV ZR 292/85, BGHZ 101, 276 (280) = NJW 1987, 2586 (2587).

72 Vgl. auch OLG Karlsruhe 18.10.2018 – 2 Rb 9 Ss 724/18, BeckRS 2018, 48156 Rn. 4.

73 OLG Düsseldorf 13.3.1995 – 1 Ws 204/95, 228/95, NJW 1995, 2303; OLG Karlsruhe 21.9.1993 – 3 Ss 100/93, NStZ 1994, 200 (201); Graalmann-Scheerer in Löwe/Rosenberg Vor § 42 Rn. 31; Maul in KK-StPO § 43 Rn. 19; Rappert in Radtke/Hohmann § 42 Rn. 16; vgl. auch BGH 12.4.2016 – VI ZB 7/15, NJW-RR 2016, 816 (817).

74 BGH 2.5.1995 – 1 StR 123/95, StV 1995, 454.

bei bereits formgerecht begründeter Revision nachzuholen. Nach **hM** soll hier grds. **keine Wiedereinsetzung in den vorigen Stand** gewährt werden können, da das öffentliche Interesse eine alsbaldige klare Verfahrenslage verlange, um den geordneten Fortgang des Verfahrens zu sichern.[75] Zudem spreche § 44 nicht von der Versäumung einzelner Prozesshandlungen, sondern lediglich von der Versäumung einer Frist.[76]

31 Dieser Grundsatz wird von der Rechtsprechung in Ausnahmen jedoch durchbrochen, wenn dies zur Wahrung des Anspruchs des Betroffenen auf rechtliches Gehör unerlässlich erscheint.[77] Ist eine nachgeschobene Verfahrensrüge demnach in einer besonderen Prozesssituation ausnahmsweise zulässig, muss sie nicht nur die Form des § 344 Abs. 2 S. 2 und des § 345 beachten, sondern auch den Anforderungen des § 45 genügen.[78] Unter diesen Voraussetzungen kann vor allem dem in der Hauptverhandlung **unverteidigten Angeklagten** Wiedereinsetzung in den vorigen Stand gewährt werden, zB um ihm die Erhebung von Verfahrensrügen durch einen später gewählten Verteidiger zu ermöglichen[79] oder wenn er bei der Rechtsmittelbegründung zu Protokoll der Geschäftsstelle von dem Urkundsbeamten nicht richtig und zuverlässig beraten wurde.[80]

32 Auch bei dem **verteidigten Angeklagten** kommt im Einzelfall eine Wiedereinsetzung in den vorigen Stand in Betracht, wenn er ohne eigenes Verschulden durch **äußere Umstände** oder durch **Maßnahmen des Gerichts** an der rechtzeitigen Begründung seiner Revision gehindert wurde. Dies gilt etwa bei verzögerter Postbeförderung,[81] bei einem Ausfall des Telefaxgeräts des Gerichts[82] oder wenn der Rechtspfleger das für eine zulässige Verfahrensrüge notwendige Vorbringen entgegen dem Begehren des Angeklagten nicht aufnimmt.[83] Ebenso wurde Wiedereinsetzung bewilligt bei unmöglicher, verweigerter, unvollständiger oder verspäteter Akteneinsicht während der Revisionsbegründungsfrist,[84] bei auf äußeren Umständen beruhender Verzögerung des Zugriffs auf die eigenen Akten[85] oder wenn die erhobene fristgerechte Rüge ansonsten völlig ins Leere ginge.[86] Trägt der Beschwerdeführer vor, eine Rüge mangels Akteneinsicht nicht formgerecht formulieren zu können, muss er die Rüge so genau erheben, wie ihm dies ohne Akteneinsicht möglich ist, und zudem darlegen, inwieweit ihn die fehlende Akteneinsicht an einer ordnungsgemäßen Begründung hindert.[87]

33 Auch Fehler aus der Sphäre des **Verteidigers** können einen Antrag des Betroffenen auf Wiedereinsetzung in den vorigen Stand begründen. Dies gilt etwa bei fehlender bzw.

---

75 S. nur BGH 24.10.2018 – 2 StR 578/16, NStZ-RR 2019, 25; 11.4.2019 – 1 StR 91/18, NStZ 2019, 625 (625).

76 BGH 21.2.1951 – 1 StR 5/51, BGHSt 1, 44 (46); 12.5.1976 – 3 StR 100/76, BGHSt 26, 335 (338) = NJW 1976, 1414 (1415); BayObLG 6.2.1984 – RReg. 5 St 6/84, BayObLGSt 1984, 6 (6); Schmitt in Meyer-Goßner/Schmitt Rn. 7; Nachw. zur Gegenmeinung in § 44 Rn. 37 (Fn. 106).

77 BGH 10.7.2012 – 1 StR 301/12, NStZ-RR 2012, 316 (316); 25.9.2012 – 1 StR 361/12, wistra 2013, 34; 18.8.2015 – 5 StR 249/15, NStZ-RR 2015, 345; 24.10.2018 – 2 StR 578/16, NStZ-RR 2019, 25; 11.4.2019 – 1 StR 91/18, NStZ 2019, 625 (625).

78 BGH 6.5.1997 – 4 StR 152/97, NStZ-RR 1997, 302; 27.5.2008 – 3 StR 173/08, NStZ-RR 2008, 282 (283); 27.8.2008 – 2 StR 260/08, NStZ 2009, 173 (174).

79 BayObLG 6.2.1984 – RReg. 5 St 6/84, BayObLGSt 1984, 6 (7).

80 BayObLG 18.9.1959 – RevReg. 1 St 503/59, BayObLGSt 1959, 275 (277).

81 BGH 10.6.1960 – 2 StR 132/60, BGHSt 14, 330 (333) = NJW 1960, 1775 (1776); 28.10.1980 – 1 StR 235/80, NStZ 1981, 110; BayObLG 19.12.1980 – RReg. 4 St 152/80, NJW 1981, 1055.

82 BGH 18.6.2008 – 2 StR 485/07, NStZ 2008, 705 (706); KG 1.11.2005 – 3 Ws (B) 490/05, NStZ-RR 2007, 24.

83 BGH 21.11.1991 – 1 StR 552/90, wistra 1992, 148 (148).

84 BGH 25.4.1984 – 3 StR 121/84, NStZ 1984, 418; 30.5.1985 – 4 StR 214/85, StV 1985, 353; 6.5.1997 – 4 StR 152/97, NStZ-RR 1997, 302; 27.5.2008 – 3 StR 173/08, NStZ-RR 2008, 282 (283); 27.8.2008 – 2 StR 260/08, NStZ 2009, 173 (174); OLG Zweibrücken 28.2.2001 – 1 Ss 296/00, wistra 2001, 277 (278); aA OLG Hamm 17.9.1987 – 4 Ss 999/87, StV 1988, 55.

85 BGH 7.5.2008 – 1 StR 203/08, NStZ 2008, 525.

86 BayObLG 23.1.1978 – 1 Ob OWi 267/77, BayObLGSt 1978, 11 (13).

87 BGH 9.8.1995 – 1 StR 59/95, NStZ-RR 1996, 140; 12.3.1996 – 1 StR 710/95, NStZ 1997, 45 (46); 6.5.1997 – 4 StR 152/97, NStZ-RR 1997, 302; OLG Zweibrücken 28.2.2001 – 1 Ss 296/00, wistra 2001, 277 (278).

unzulässiger Unterzeichnung[88] oder nicht fristgerechter Revisionsbegründung,[89] zB aufgrund von Erkrankung[90] oder der Weigerung des Pflichtverteidigers, mehr als die Sachrüge zu erheben.[91] Formale Mängel der Verfahrensrüge begründen hingegen keinen Anspruch auf Wiedereinsetzung.[92]

Ansonsten bleibt dem in der Hauptverhandlung anwesenden und verteidigten Angeklagten eine Wiedereinsetzung in den vorigen Stand grds. vorenthalten.[93] Beispielsweise hat die Rechtsprechung eine Wiedereinsetzung abgelehnt, wenn dem Verteidiger des Angeklagten die Akten zur Einsicht nicht übersendet wurden,[94] der Verteidiger sich nicht um Akteneinsicht bemühte[95] oder die Erledigung des Akteneinsichtsgesuchs nicht anmahnte[96] oder er nicht die Namhaftmachung eines mitwirkenden Richters und Einsicht in den Geschäftsverteilungsplan verlangte.[97] Gleiches gilt, wenn erst ein nachträglich beauftragter weiterer Verteidiger nach Ablauf der Revisionsbegründungsfrist eine Verfahrensrüge für aussichtsreich erachtet[98] oder nur einer von zwei Verteidigern Verfahrensrügen verfristet erhebt, während der andere die Revision rechtzeitig begründet.[99] 34

Eine Wiedereinsetzung in den vorigen Stand ist ebenso wenig begründet, wenn der Angeklagte trotz entsprechender Belehrung dem **Rechtspfleger** Sätze ins Protokoll diktiert, die keine sachgerechte Begründung enthalten,[100] oder wenn die zu Protokoll abgegebene Revisionsbegründung trotz der Mitwirkung des Rechtspflegers unzulässige Verfahrensrügen enthält.[101] Sind die Verfahrensrügen sogar offensichtlich unzulässig, kann der Rechtspfleger nicht nur, sondern muss er deren Aufnahme zu Protokoll verweigern.[102] Der Revisionsführer darf zudem nur innerhalb der üblichen Dienstzeiten die Revision zu Protokoll der Geschäftsstelle begründen. Lässt sich in dieser Zeit eine umfassende Revisionsbegründung nicht rechtzeitig überprüfen, liegt kein amtliches Verschulden vor, das einen Anspruch auf Wiedereinsetzung nach sich zieht.[103] 35

Stellungnahme: Die hM, die bei nicht fristgerecht eingelegten einzelnen Verfahrensrügen eine Wiedereinsetzung in den vorigen Stand von vornherein ausschließt, vermag nicht zu überzeugen. Denn die „Frist" im Sinne von § 44 S. 1 muss nicht auf die gesamte Revisionsbegründung bezogen werden, da auch ansonsten zwischen den einzelnen Rügen als Prozesshandlungen und dem Rechtsmittel insgesamt unterschieden wird. So steht es der Zulässigkeit einer Revision insgesamt nicht entgegen, dass einzelne Rügen (etwa wegen Verfristung) unzulässig sind. § 44 nicht anzuwenden, wenn nur irgendeine Begründung frist- und formgerecht eingegangen ist, bedeutete zudem eine 36

---

88 BGH 24.11.1982 – 3 StR 116/82, BGHSt 31, 161 (163) = NStZ 1983, 132 (133); 9.7.2003 – 2 StR 146/03, NStZ 2003, 615.

89 BGH 11.3.1987 – 2 StR 84/87, StV 1988, 45; 23.9.1997 – 4 StR 454/97, NStZ-RR 1998, 109; 13.9.2000 – 3 StR 342/00, Becker NStZ-RR 2001, 257 (259) – RsprÜ; OLG Braunschweig 1.7.1963 – Ss 103/63, NJW 1963, 2038 (2039).

90 BGH 14.8.1984 – 1 StR 322/84, StV 1985, 3; 27.2.2014 – 1 StR 367/13, BeckRS 2014, 7979 Rn. 6.

91 BayObLG 19.9.1973 – RReg. 4 St 111/73, BayObLGSt 1973, 143 (145).

92 BGH 28.8.1991 – 4 StR 384/91, wistra 1992, 28; 10.7.2012 – 1 StR 301/12, NStZ-RR 2012, 316 (316); 11.4.2019 – 1 StR 91/18, NStZ 2019, 625 (625).

93 BGH 21.2.1951 – 1 StR 5/51, BGHSt 1, 44 (46); 12.5.1976 – 3 StR 100/76, BGHSt 26, 335 (338) = NJW 1976, 1414 (1415); BayObLG 6.2.1984 – RReg. 5 St 6/84, BayObLGSt 1984, 6 (6); OLG Oldenburg 26.10.1967 – 1 ARs 61/67, NJW 1968, 64; OLG Stuttgart 6.10.1989 – 1 Ss 365/89, MDR 1990, 271 (271); Schmitt in Meyer-Goßner/Schmitt Rn. 7; Ziegler in KMR-StPO Rn. 9.

94 BGH 12.1.1984 – 4 StR 762/83, Pfeiffer/Miebach NStZ 1985, 13 (13) – RsprÜ; BayObLG 13.8.2003 – 5 St RR 214/03, NStZ-RR 2004, 82; krit. Ventzke StV 1997, 227 (229).

95 BGH 6.10.2004 – 2 StR 372/04, Becker NStZ-RR 2006, 1 (2) – RsprÜ.

96 BGH 1.2.2000 – 4 StR 635/99, NStZ 2000, 326.

97 BGH 24.3.2006 – 2 StR 271/05, Becker NStZ-RR 2008, 33 (35) – RsprÜ.

98 BGH 2.2.1999 – 1 StR 698/98, StV 1999, 198; 23.8.2012 – 1 StR 346/12, BeckRS 2012, 19556.

99 BGH 15.9.2004 – 2 StR 232/04, StraFo 2005, 25 (25 f.); 10.7.2008 – 3 StR 239/08, StV 2008, 569 (569).

100 BGH 3.5.2006 – 2 StR 64/06, NStZ 2006, 585.

101 BGH 11.6.2008 – 5 StR 192/08, NStZ-RR 2008, 312.

102 BGH 18.12.2012 – 1 StR 593/12, NStZ-RR 2013, 254.

103 BGH 6.3.1996 – 2 StR 683/95, NStZ 1996, 353; 27.11.2008 – 5 StR 496/08, NStZ-RR 2009, 347.

Privilegierung desjenigen, der unverschuldet völlig an der rechtzeitigen Begründung der Revision gehindert war.[104]

37 Wird gleichwohl der hM gefolgt, müsste konsequenterweise stets eine Wiedereinsetzung in den vorigen Stand verneint und nicht in einer stetig wachsenden und an Unübersichtlichkeit gewinnenden Kasuistik doch gewährt werden.[105] Mit den bemühten Kriterien wie etwa der Verteidigung des Angeklagten werden dagegen materielle Gesichtspunkte herangezogen, die für die formal zu beurteilende Anwendbarkeit von § 44 grds. unerheblich sind. Es verwundert daher nicht, dass die Rechtsprechung bei der Frage, ob ausnahmsweise Wiedereinsetzung in den vorigen Stand zu gewähren ist, im Kern häufig nichts anderes als eine Verschuldensprüfung vornimmt. Demzufolge bleibt den Entscheidungen im Ergebnis auch zumeist zuzustimmen. Allerdings ist ein Antrag gemäß § 44 auf Wiedereinsetzung in den vorigen Stand entgegen der hM durchaus zulässig, um einzelne Verfahrensrügen nachzuholen.[106] Vertiefter Betrachtung bedarf aber jeweils, ob die Frist des § 345 Abs. 1 insoweit unverschuldet versäumt wurde, was sich nach den diesbezüglichen allgemeinen Grundsätzen bestimmt (→ Rn. 40 ff.).

38 **2. Verhindert.** Der Antrag auf Wiedereinsetzung in den vorigen Stand setzt voraus, an der Einhaltung einer Frist verhindert gewesen zu sein. **Verhindert** bedeutet, entgegen seinem Willen eine Frist nicht wahren zu können. Wer hingegen bewusst von der befristeten Prozesshandlung absieht, zB die Rechtsmittelfrist wissentlich und willentlich verstreichen lässt[107] oder ausdrücklich auf Rechtsmittel verzichtet[108] bzw. sie zurücknimmt,[109] kann sich von vornherein nicht auf § 44 berufen.[110]

39 Dass die Motivation hierfür unter Umständen auf einem Irrtum beruht, etwa auf der fehlenden Kenntnis gesetzlicher Bestimmungen oder der höchstrichterlichen Rechtsprechung,[111] der falschen Einschätzung der Erfolgsaussichten des Rechtsmittels[112] oder der irrigen Annahme, durch die Entscheidung nicht beschwert zu sein,[113] bleibt unbeachtlich. Dass jemand aufgrund mangelnder Sprachkenntnisse die Beratung seines Verteidigers, mangels Erfolgsaussicht keine Revision einzulegen, nicht hinreichend versteht, hindert ihn ebenso wenig an der Einlegung eines Rechtsmittels.[114] Für § 44 sind lediglich **Fehlvorstellungen** erheblich, die **Beginn und Lauf einer Frist** betreffen.[115] Ebenso wenig ist verhin-

---

104 Graalmann-Scheerer in Löwe/Rosenberg Rn. 14; Berndt StraFo 2003, 112 (113).

105 Graalmann-Scheerer in Löwe/Rosenberg Rn. 14.

106 Deiters in SK-StPO Rn. 13; Graalmann-Scheerer in Löwe/Rosenberg Rn. 15; Dittmar MDR 1975, 270 (274); Hilger NStZ 1983, 152 (157 f.); Pentz NJW 1962, 1236 (1237); Ventzke StV 1997, 227 (228).

107 BGH 23.9.1997 – 4 StR 454/97, NStZ-RR 1998, 109; 10.8.2000 – 4 StR 304/00, NStZ 2001, 160; 20.8.2013 – 1 StR 305/13, NStZ-RR 2013, 381 (382); BayObLG 14.7.1970 – 1 Ws (B) 5/70, BayObLGSt 1970, 148 (149); 24.11.1977 – RReg. 1 St 395/77, BayObLGSt 1977, 189 (190); OLG Celle 21.6.2016 – 1 Ws 287/16, BeckRS 2016, 15155 Rn. 7; OLG Hamm 9.9.2014 – 5 RVs 67/14, BeckRS 2014, 19503 Rn. 8.

108 BGH 31.5.2005 – 1 StR 158/05, NStZ 2005, 582; OLG Düsseldorf 28.6.1983 – 2 Ws 349/83, MDR 1984, 71; OLG Hamm 18.7.1974 – 5 Ss 422/74, MDR 1974, 1035.

109 BGH 16.12.1994 – 2 StR 461/94, NStZ 1995, 356 (356).

110 BGH 26.11.2015 – 1 StR 135/15, NStZ-RR 2016, 85 (85); Deiters in SK-StPO Rn. 10; Ziegler in KMR-StPO Rn. 15. Zum Verzicht auf vorzeitige Entlassung OLG Bamberg 6.6.2013 – 1 Ws 311/13, NStZ-RR 2013, 283.

111 BGH 27.8.2003 – 1 StR 272/03, NStZ 2004, 162; 31.5.2005 – 1 StR 158/05, NStZ 2005, 582; 1.4.2010 – 4 StR 637/09, NStZ-RR 2010, 244; 21.11.2016 – 1 StR 526/16, NStZ-RR 2017, 48.

112 BGH 10.8.2000 – 4 StR 304/00, NStZ 2001, 160; 19.6.2012 – 3 StR 194/12, NStZ-RR 2012, 285; 31.7.2012 – 4 StR 238/12, NStZ 2012, 652; BayObLG 14.7.1970 – 1 Ws (B) 5/70, BayObLGSt 1970, 148 (149); OLG Düsseldorf 6.5.1982 – 2 Ss 209/82 – 139/82 II – und 2 Ws 327/82, MDR 1982, 866; OLG Hamm 9.9.2014 – 5 RVs 67/14, BeckRS 2014, 19503 Rn. 8; OLG Köln 12.3.1996 – Ss 114/96 (Z) – 69 Z, NStZ-RR 1996, 212 (212).

113 AA OLG Zweibrücken 16.8.2018 – 1 Ws 151/18, BeckRS 2018, 19264 Rn. 9; s. hierzu aber auch OLG Celle 21.6.2016 – 1 Ws 287/16, BeckRS 2016, 15155 Rn. 8 ff.

114 BGH 2.4.2019 – 3 StR 135/19, NStZ-RR 2019, 186 (187).

115 BayObLG 14.7.1970 – 1 Ws (B) 5/70, BayObLGSt 1970, 148 (149); Graalmann-Scheerer in Löwe/Rosenberg Rn. 10, 18 und 25; Ziegler in KMR-StPO Rn. 15 und 28.

dert iSd S. 1, wessen Verteidiger von mehreren möglichen Rechtsmitteln ein unzulässiges wählt[116] oder keine Revision einlegt, weil er den absoluten Revisionsgrund des § 338 Nr. 7 erst nach Ablauf der Revisionsfrist erkennt.[117] Eine Wiedereinsetzung in den vorigen Stand ist hingegen möglich, wenn der Betroffene durch seinen Verteidiger über das Vorliegen einer Säumnis getäuscht wird und daher die Wochenfrist des § 45 verstreichen lässt[118] oder er eine Rechtsmittelfrist wegen des (unzutreffenden) Rats seines Verteidigers versäumt, die Urteilszustellung abzuwarten.[119]

3. Ohne Verschulden. a) Grundlagen. Der Antragsteller muss ohne Verschulden verhindert (→ Rn. 38 f.) gewesen sein, die Frist einzuhalten (→ Rn. 7 ff.). Unerheblich ist, das Hindernis, nach dessen Wegfall gemäß § 45 Abs. 1 S. 1 die Antragsfrist beginnt, schuldhaft herbeizuführen.[120] **Ohne Verschulden** handelt, wer die ihm nach seinen persönlichen Verhältnissen und Eigenschaften unter Berücksichtigung der Umstände des konkreten Einzelfalls mögliche und zumutbare Sorgfalt beachtet.[121] Dabei dürfen im Interesse der materiellen Gerechtigkeit keine allzu hohen Anforderungen an den Säumigen gestellt werden (→ Rn. 1).[122] Wird die Frist für den erstmaligen Zugang zum Gericht versäumt (zB bei einem Einspruch gegen einen Strafbefehl oder einen Bußgeldbescheid), streitet zudem der Anspruch auf rechtliches Gehör zu Gunsten des Antragstellers.[123] Sollten sich außerordentliche Umstände häufen, die den Betroffenen an der Wahrung einer Frist hinderten, kann die Ablehnung eines Antrags auf Wiedereinsetzung auch das Recht auf eine gerichtliche Entscheidung aus Art. 6 Abs. 1 EMRK verletzen.[124] 40

Wann eine Frist schuldhaft versäumt wird, ist Gegenstand einer reichhaltigen und nahezu unüberschaubaren **Kasuistik,** die sich infolge der Konzentration auf die jeweiligen Umstände schwer kategorisieren lässt. Ein maßgebliches Kriterium für die erforderliche Betrachtung des jeweiligen Einzelfalls ist allerdings, in wessen Verantwortungsbereich (Antragsteller, Übermittler oder Empfänger) die Versäumung einer Frist fällt.[125] 41

b) Verantwortungsbereich des Antragstellers. aa) Unbekannter Fristbeginn. Ein möglicher Grund für die Nichteinhaltung einer Frist ist zunächst die fehlende Kenntnis bereits des Fristbeginns. Dem Betroffenen kann dies ua verborgen bleiben, wenn er nicht von der **Zustellung** einer gerichtlichen Entscheidung erfährt. Wer sich nur vorübergehend, dh längstens etwa sechs Wochen (zB im Urlaub auch außerhalb der allgemeinen Ferienzeit),[126] nicht in seiner Wohnung befindet, ist grds. – auch bei Kenntnis eines anhängigen Ermittlungsverfahrens oder nach Vernehmung als Beschuldigter oder Betroffener – nicht zu besonderen Vorkehrungen verpflichtet, rechtzeitig von der etwaigen Zustellung eines 42

[116] AA KG 4.7.1994 – 4 Ws 49/94, NStZ 1994, 603 (604).

[117] Schmitt in Meyer-Goßner/Schmitt Rn. 5; Mertens NJW 1979, 1698 (1698 f.); Stein NJW 1980, 1086 (1086 f.); aA Deiters in SK-StPO Rn. 10; Pahlmann NJW 1979, 98 (98 f.).

[118] OLG Düsseldorf 29.4.1981 – 5 Ws 30/81, NJW 1982, 60 (61).

[119] OLG Frankfurt a. M. 24.12.1982 – 3 Ws 986/82, NJW 1983, 895.

[120] OLG Düsseldorf 13.4.2000 – 1 Ws 265/00, StraFo 2001, 269 (270); OLG Hamburg 20.10.1982 – 1 Ws 382/82, MDR 1983, 152; Ziegler in KMR-StPO Rn. 29.

[121] Vgl. Ziegler in KMR-StPO Rn. 21; Fünfsinn NStZ 1985, 486 (487 ff.).

[122] BVerfG 11.2.1976 – 2 BvR 849/75, BVerfGE 41, 332 (334) = NJW 1976, 1537 (1537); Cirener in BeckOK StPO Rn. 14; Graalmann-Scheerer in Löwe/Rosenberg Rn. 21; Schmitt in Meyer-Goßner/Schmitt Rn. 11; Tsambikakis in Satzger/Schluckebier/Widmaier StPO Rn. 22.

[123] BVerfG 21.1.1969 – 2 BvR 724/67, BVerfGE 25, 158 (166) = NJW 1969, 1103 (1104); 9.7.1969 – 2 BvR 753/68, BVerfGE 26, 315 (318) = NJW 1969, 1531 (1531); 3.6.1975 – 2 BvR 99/74, BVerfGE 40, 42 (44) = NJW 1975, 1405 (1405); 8.8.1990 – 2 BvR 267/90, NJW 1991, 351; VerfG Brandenburg 16.5.2002 – VfGBbg 46/02, NStZ-RR 2002, 239 (240); Graalmann-Scheerer in Löwe/Rosenberg Rn. 21; Ziegler in KMR-StPO Rn. 23.

[124] EGMR 1.9.2016 – 24062/13, NVwZ 2018, 635 (637) – Marc Brauer ./. Deutschland; zur Gewährung von Wiedereinsetzung nach Beanstandung durch den EGMR BGH 22.3.2017 – 4 StR 86/13, NStZ-RR 2017, 148.

[125] Brauer in Gercke/Julius/Temming/Zöller Rn. 17; Deiters in SK-StPO Rn. 16; Tsambikakis in Satzger/Schluckebier/Widmaier StPO Rn. 22.

[126] BVerfG 11.2.1976 – 2 BvR 849/75, BVerfGE 41, 332 (336) = NJW 1976, 1537 (1537).

Bußgeldbescheids oder Strafbefehls zu erfahren.[127] Etwas anderes gilt dann, wenn ein Verfahren bereits anhängig ist und der Betroffene daher mit Zustellungen zu rechnen hat, zB der Ladung zur Berufungsverhandlung,[128] des Verwerfungsurteils nach § 329 Abs. 1[129] oder des Widerrufsbeschlusses.[130]

43 Erlangt der Betroffene von einer **Ersatzzustellung** keine Kenntnis, weil ihm Familienangehörige ohne dahingehende Anhaltspunkte das zugestellte Schriftstück vorenthalten, handelt er idR ohne Verschulden.[131] Schuldhaft handelt hingegen, wer sich in der Bewährungszeit verbirgt, vor allem wenn er trotz richterlicher Weisung nicht seinen Aufenthaltsort angibt und dadurch erst die Notwendigkeit einer öffentlichen Zustellung begründet.[132] Generell ist bei einer wirksamen öffentlichen Zustellung die Unkenntnis hiervon häufig verschuldet.[133]

44 Erfolgt die Zustellung an einen **Zustellungsbevollmächtigten,** insbesondere an den Wahlverteidiger, dessen Vollmacht sich bei den Akten befindet, oder an den Pflichtverteidiger, kann sich der Vertretene nicht darauf berufen, von der Zustellung keine Kenntnis erlangt zu haben.[134] Der Wirksamkeit der Zustellung steht selbst eine Missachtung der Ordnungsvorschrift des § 145a Abs. 3 S. 1 nicht entgegen.[135] Sofern der Vertretene das Gericht nicht daran hindert (zB aufgrund unbekannten Aufenthalts), diese Benachrichtigungspflicht zu erfüllen,[136] kann er sich allerdings darauf berufen, um die Zustellung nicht zu wissen, wenn die Unterrichtung gemäß § 145a Abs. 3 S. 1 unterbleibt und hierauf die Versäumung einer Frist beruht.[137] Zudem stellt sich die Frage, ob dem Betroffenen auch eine etwaige Versäumung der Frist durch den Bevollmächtigten zuzurechnen bleibt (→ Rn. 51 ff.).

45 Möglich ist des Weiteren, dass der Betroffene nicht um den Fristbeginn weiß, weil er etwa vor Erteilung der **Rechtsmittelbelehrung** den Sitzungssaal eigenmächtig verlässt,[138] er diese aufgrund der Erregung über die Entscheidung nicht wahrnimmt oder aus sonstigen Gründen nicht versteht und sich anschließend nicht über den Fristbeginn informiert;[139] zur unterbliebenen oder fehlerhaften Rechtsmittelbelehrung s. § 44 S. 2 (→ Rn. 71 ff.). Wird infolgedessen die Frist versäumt, geschieht dies grds. ebenso schuldhaft, wie wenn die Frist nicht eingehalten wird, weil der Betroffene Zweifeln an der Wirksamkeit seines Rechtsmittelverzichts nicht unverzüglich nachgeht.[140]

---

[127] BVerfG 9.7.1969 – 2 BvR 753/68, BVerfGE 26, 315 (319) = NJW 1969, 1531 (1531); 6.10.1992 – 2 BvR 805/91, NJW 1993, 847; 18.10.2012 – 2 BvR 2776/10, NJW 2013, 592 (593); OLG Naumburg 3.1.2013 – 2 Ws 233/12, BeckRS 2013, 05466; LG Düsseldorf 2.10.2019 – 11 Qs 20/19, StraFo 2020, 64 (65); LG Zweibrücken 17.10.1997 – Qs 123/97, NStZ 1998, 267 (268); Graalmann-Scheerer in Löwe/Rosenberg Rn. 29.

[128] KG 28.3.1994 – 3 Ws 85/94, VRS 87, 129 (130); OLG Celle 12.10.2001 – 3 Ws 397/01, StraFo 2002, 17; OLG Dresden 24.11.2004 – 2 Ws 662/04, NStZ 2005, 398 (399).

[129] BVerfG 11.2.1976 – 2 BvR 849/75, BVerfGE 41, 332 (335 f.) = NJW 1976, 1537 (1537).

[130] OLG Hamm 22.3.1974 – 3 Ws 69/74, NJW 1974, 1477; 17.3.2016 – 4 Ws 79/16, BeckRS 2016, 7547 Rn. 4; s. a. OLG Hamm 3.5.2016 – 4 Ws 103/16, BeckRS 2016, 9439 Rn. 10 f.

[131] OLG Düsseldorf 6.9.1991 – 1 Ws 789/91, NStZ 1992, 99 (99); LG Frankfurt a. M. 8.3.1979 – 5/9 Qs OWi 306/79, MDR 1979, 602 (602); Graalmann-Scheerer in Löwe/Rosenberg Rn. 30; Schmitt in Meyer-Goßner/Schmitt Rn. 14.

[132] BGH 6.5.1975 – 7 BJs 14/69, StB 8/75, BGHSt 26, 127 (128); OLG Düsseldorf 30.8.2002 – 3 Ws 300–301/02, NStZ 2003, 167 (168); OLG Hamm 3.11.2003 – 2 Ws 285/03, NStZ-RR 2004, 46 (47); OLG Köln 29.1.1963 – 2 Ws 558/62, NJW 1963, 875; 30.1.2012 – 2 Ws 76/12, NStZ 2012, 528.

[133] OLG Frankfurt a. M. 16.3.2004 – 3 Ws 312/04, NStZ-RR 2004, 210 (211); Brauer in Gercke/Julius/Temming/Zöller Rn. 25; Cirener in BeckOK StPO Rn. 26.1; Schmitt in Meyer-Goßner/Schmitt Rn. 14.

[134] OLG Hamm 14.4.2016 – 4 Ws 101/16, NStZ-RR 2016, 216.

[135] RG 11.7.1932 – 3 TB 54/32, RGSt 66, 350 (351); BGH 13.1.1977 – 4 StR 679/76, NJW 1977, 640.

[136] S. hierzu KG 22.2.2013 – (4) 161 Ss 38/13 (41/13), BeckRS 2013, 07706.

[137] BGH 31.1.2006 – 4 StR 403/05, NStZ-RR 2006, 211 (212).

[138] OLG Bamberg 1.7.2014 – 3 Ss 84/14, NStZ-RR 2014, 376 (376 f.).

[139] BGH 7.6.2005 – 1 StR 198/05, Becker NStZ-RR 2007, 1 (3) – RsprÜ; OLG Hamm 28.6.2001 – 2 Ss OWi 550/01, NJW 2001, 3279; vgl. auch BGH 24.4.2013 – 4 StR 86/13, NStZ-RR 2013, 254 zum falsch verstandenen Adressaten eines Rechtsmittels.

[140] OLG Jena 17.6.2003 – 1 Ws 206/03, NJW 2003, 3071 (3071); s. aber zur unverschuldet nicht erkannten Unwirksamkeit eines Rechtsmittelverzichts KG 2.5.2012 – 4 Ws 41/12, BeckRS 2012, 18318 (insoweit nicht abgedr. in StV 2013, 11 (12)).

Nicht oder falsch verstandene Rechtsmittelbelehrungen können somit nur ausnahmsweise ein Verschulden des Betroffenen an der Versäumung der Rechtsmittelfrist ausschließen.[141] Ein solcher Fall liegt nicht zuletzt bei dem der deutschen Sprache nicht hinreichend mächtigen Betroffenen vor, dem ein Bußgeldbescheid oder Strafbefehl in deutscher Sprache ohne eine ihm verständliche Rechtsmittelbelehrung zugestellt wird.[142] Gleiches gilt für den unverteidigten Betroffenen, dem nur mündlich und ohne Aushändigung eines Merkblatts eine komplizierte Rechtsmittelbelehrung erteilt wird.[143] Allerdings stehen **unzureichende Sprachkenntnisse** dem Verschulden nicht generell entgegen. Vielmehr hat der Betroffene, dem eine gerichtliche Entscheidung mit einer ihm nicht verständlichen Rechtsmittelbelehrung zugestellt wird, sich selbst innerhalb einer angemessenen Frist Gewissheit über den genauen Inhalt des Schriftstücks zu verschaffen, wenn er es zumindest als mögliches amtliches Schriftstück mit einer belastenden Verfügung identifiziert.[144] Welche Maßnahmen dem Betroffenen innerhalb welcher Zeit zumutbar sind, bestimmt sich nach den konkreten Umständen des jeweiligen Einzelfalls.[145] Diese Grundsätze sind ebenso auf Analphabeten anzuwenden.[146] 46

Die Rechtsmittelbelehrung muss grds. nicht darüber informieren, einen **Antrag auf Wiedereinsetzung in den vorigen Stand** stellen zu können (→ § 35a Rn. 9). Eine solche Belehrung gebietet aber der Grundsatz fairer Verfahrensführung dann, wenn der Grund für die Wiedereinsetzung auf einem Fehler der Justizbehörden beruht.[147] Erst mit Zugang dieser Belehrung beginnt die Wochenfrist des § 45 Abs. 1 S. 1 (→ Rn. 21).[148] 47

bb) Fehlende Fristwahrung. Ob dem Antragsteller ein Verschulden vorzuwerfen bleibt, wird häufig bei nicht fristgerechten Handlungen zu klären sein. Der schuldhaften Versäumung der Frist können etwa Naturereignisse,[149] **plötzlich eintretende Begebenheiten** wie eine Erkrankung[150] oder die Geburt eines Kindes durch die Ehefrau[151] entgegenstehen. Ebenso wurde Wiedereinsetzung nach einem Suizidversuch des Betroffenen gewährt.[152] Bei psychischen Erkrankungen ist die Säumnis in der Regel nur dann unverschuldet, wenn sie mit Verhandlungsunfähigkeit einhergeht.[153] Chronische Erkrankungen und lang andauernde gesundheitliche Einschränkungen schließen ein Verschulden hingegen nicht aus, sofern der Beteiligte sich hierauf einzustellen und fristwahrende Vorkehrungen zu treffen vermag.[154] 48

Schuldhaft handelt idR, wer eine Frist schlicht **vergisst.**[155] Von einem Verschulden ist ebenso auszugehen, wenn sich der Antragsteller nicht um den rechtzeitigen Zugang der 49

141 S. etwa OLG Schleswig 23.9.2008 – 2 Ss 139/08 (110/08), 2 Ws 388/08 (249/08), StV 2010, 62.

142 BVerfG 10.6.1975 – 2 BvR 1074/74, BVerfGE 40, 95 (99) = NJW 1975, 1597; 7.4.1976 – 2 BvR 728/75, BVerfGE 42, 120 (125) = NJW 1976, 1021 (1021).

143 KG 12.12.1991 – 2 Ss 183/91 – 3 Ws (B) 234/91, NZV 1992, 123 (124).

144 BVerfG 7.4.1976 – 2 BvR 728/75, BVerfGE 42, 120 (127) = NJW 1976, 1021 (1022); vgl. auch OLG Köln 4.5.1979 – 1 Ws 8/79, MDR 1979, 864; 27.10.1981 – 1 Ss 802/81 (Z), MDR 1982, 247.

145 BVerfG 23.4.1991 – 2 BvR 150/91, NJW 1991, 2208 (2208); 19.4.1995 – 2 BvR 2295/94, NVwZ-RR 1996, 120 (121); Fünfsinn NStZ 1985, 486 (488).

146 OLG Zweibrücken 24.4.2017 – 1 Ws 118/17, BeckRS 2017, 115887 Rn. 9.

147 BVerfG 21.3.2005 – 2 BvR 975/03, NStZ-RR 2005, 238 (239); 27.9.2005 – 2 BvR 172/04, NJW 2005, 3629 (3629); Graalmann-Scheerer in Löwe/Rosenberg Rn. 42.

148 BVerfG 2.3.2014 – 2 BvR 53/15, BeckRS 2014, 49415 Rn. 10; OLG Jena 10.8.2018 – 1 OLG 161 Ss 53/18, BeckRS 2018, 42958 Rn. 14; Schmitt in Meyer-Goßner/Schmitt Rn. 24.

149 Graalmann-Scheerer in Löwe/Rosenberg Rn. 20; Maul in KK-StPO Rn. 19; Ziegler in KMR-StPO Rn. 27.

150 BayObLG 23.8.1988 – RReg. 3 St 110/88, NStZ 1989, 131 (131); vgl. auch OLG Düsseldorf 29.12.1999 – 1 Ws 1023/99, StraFo 2000, 126 (127); 13.4.2000 – 1 Ws 265/00, StraFo 2001, 269 (270); LG Freiburg 4.3.2013 – 2 Qs 56/12, BeckRS 2013, 17049 für eine schwere Depression in Kombination mit einer gemischten Persönlichkeitsstörung.

151 OLG Celle 8.6.1966 – 1 Ws 20/66, MDR 1966, 949.

152 OLG Hamburg 20.10.1982 – 1 Ws 382/82, MDR 1983, 152.

153 BGH 10.1.2017 – 1 StR 533/16, StV 2019, 79.

154 S. etwa OLG Hamm 25.10.1978 – 3 Ws 557/78, MDR 1979, 424 zu einem alkoholkranken Betroffenen; hierzu auch LG Freiburg 4.3.2013 – 2 Qs 56/12, BeckRS 2013, 17049.

155 OLG Düsseldorf 5.12.1995 – 1 Ws 940/95, NStZ-RR 1996, 169.

selbst vorgenommenen Prozesshandlung kümmert, zB als Gefangener eine Rechtsmittelschrift **erst am letzten Tag der Frist** abgibt.[156] Gleiches gilt, wenn jemand die Übermittlung einer Erklärung per Telefax nicht so rechtzeitig beginnt, dass unter gewöhnlichen Umständen mit deren Abschluss vor 24 Uhr am Tag des Fristablaufs gerechnet werden darf.[157] Zum Verschulden bei Verzögerungen bei der Übermittlung der Erklärung durch einen Dritten → Rn. 51 ff.

50 Nicht vorgehalten werden darf dem Antragsteller jedoch, die jeweilige **Frist** vollständig **ausnutzen** zu wollen und deswegen letztlich versäumt zu haben. Dies ist das Recht jedes Verfahrensbeteiligten,[158] auch wenn dies nur aus taktischen Gründen geschieht.[159]

51 **cc) Einschaltung Dritter, insbesondere von Verteidigern.** Wer einen **Dritten,** der nicht Verteidiger ist, mit der Einlegung eines Rechtsmittels beauftragt, muss sich von dem rechtzeitigen Eingang des Rechtsmittels (insbesondere durch Nachfrage) überzeugen. Ansonsten ist eine daraus resultierende Versäumung der Frist grds. verschuldet.[160] Allenfalls bei einem engen und dauerhaften sowie von gegenseitigem Vertrauen geprägten Verhältnis reduzieren sich mangels entgegenstehender Anhaltspunkte die Überwachungssorgfaltspflichten. Dies gilt zB bei Ehegatten,[161] nicht hingegen bei sonstigen Angehörigen wie Kindern[162] oder Elternteilen.[163]

52 Wer einen **Verteidiger** bemüht, handelt schuldhaft, wenn er ihn nicht,[164] nicht rechtzeitig[165] oder nicht eindeutig[166] beauftragt und daher nicht mit der (fristgerechten) Einlegung oder Begründung des Rechtsmittels rechnen darf. Auch die bloße, selbst ausdrückliche Bitte um Einlegung bzw. Begründung eines Rechtsmittels schließt ein Verschulden nicht aus. Vielmehr muss der Verteidiger zusagen, ein Rechtsmittel einzulegen.[167] Außerdem muss der Beschuldigte für Rücksprachen mit dem Verteidiger erreichbar sein.[168]

53 Nicht schuldhaft handelt hingegen der Angeklagte, dessen durch den Verteidiger vorgenommene Prozesshandlung wegen Zurückweisung aufgrund unzulässiger **Mehrfachverteidigung** nach § 146a unwirksam ist.[169] Ebenso wenig geht eine Säumnis zu Lasten des Beschuldigten, wenn seinem Antrag auf **Bestellung eines neuen Pflichtverteidigers** erst nach Ablauf der Revisionsbegründungsfrist entsprochen wird.[170] Dies gilt nach der

---

[156] BGH 15.7.1992 – 2 StR 305/92, NStZ 1992, 555; 27.7.2005 – 2 StR 312/05, NStZ 2006, 54; KG 30.6.2008 – (4) 1 Ss 249/08 (126/08), NStZ-RR 2009, 19; OLG Frankfurt a. M. 26.10.2007 – 3 Ws 905/07 (StVollz), NStZ-RR 2008, 259 (259 f.).

[157] Vgl. BVerfG 1.8.1996 – 1 BvR 121/95, NJW 1996, 2857 (2858); 19.11.1999 – 2 BvR 565/98, NJW 2000, 574; 20.1.2006 – 1 BvR 2683/05, NJW 2006, 1505 (1506).

[158] BVerfG 3.6.1975 – 2 BvR 99/74, BVerfGE 40, 42 (44) = NJW 1975, 1405 (1405); 3.10.1979 – 1 BvR 726/78, BVerfGE 52, 203 (207) = NJW 1980, 580 (580); 14.5.1985 – 1 BvR 370/84, BVerfGE 69, 381 (385) = NJW 1986, 244 (244); OLG Düsseldorf 6.9.1991 – 1 Ws 789/91, NStZ 1992, 99 (99).

[159] OLG München 28.5.1973 – 2 Ws 258/73, MDR 1973, 868.

[160] BGH 11.1.1979 – 4 StR 720/78, Pfeiffer NStZ 1981, 93 (93) – RsprÜ: Mitgefangener; OLG Hamm 8.1.2009 – 3 Ws 512/08, NStZ-RR 2009, 242: Bewährungshelfer; KG 18.5.1955 – 1 Ord AR 41 und 42/55 – 2 Ws 65 und 76/55, JR 1955, 274: Angestellter; Graalmann-Scheerer in Löwe/Rosenberg Rn. 22.

[161] Deiters in SK-StPO Rn. 26; Graalmann-Scheerer in Löwe/Rosenberg Rn. 22; vgl. auch OLG Frankfurt a. M. 17.10.2000 – 3 Ws 1049/00, NStZ-RR 2001, 85; enger OLG Zweibrücken 16.8.1991 – 1 Ws 222/91, StV 1992, 360.

[162] BGH 13.9.1995 – 3 StR 393/95, NStZ 1996, 50.

[163] LG Mainz 23.5.1975 – 2 Qs 156/75, NJW 1975, 2113 (2114).

[164] BGH 13.7.2017 – 1 StR 283/17, StraFo 2017, 418.

[165] BGH 11.10.1955 – 6 StR 107/55, Dallinger MDR 1956, 9 (11) – RsprÜ; 25.5.1960 – 4 StR 193/60, BGHSt 14, 306 (308) = NJW 1960, 1774 (1775); 10.8.1994 – 3 StR 380/94, BGHR § 44 Verschulden 2.

[166] OLG Düsseldorf 27.1.1999 – 1 Ws 61 und 66/99, VRS 96, 374 (375 f.).

[167] BGH 17.7.2003 – 3 StR 142/03, NStZ 2004, 166; 6.8.2009 – 3 StR 319/08, NStZ-RR 2009, 375 (376).

[168] BGH 13.1.1977 – 4 StR 679/76, NJW 1977, 640; 11.9.1996 – 2 StR 426/96, NStZ 1997, 95; 16.9.1999 – 1 StR 453/99, NStZ-RR 2000, 83.

[169] BGH 12.5.1976 – 3 StR 100/76, BGHSt 26, 335 (338) = NJW 1976, 1414 (1415); 15.3.1983 – 5 StR 51/83, StV 1983, 225; OLG Düsseldorf 20.12.1983 – 1 Ws 1120/83, NStZ 1984, 235 (236).

[170] BayObLG 19.9.1973 – RReg. 4 St 111/73, BayObLGSt 1973, 143 (145); 29.12.1994 – 1 St RR 177/94, NStZ 1995, 300 (301); OLG Braunschweig 20.11.2013 – 1 Ws 366/13, NStZ-RR 2014, 51 (51);

Rechtsprechung indessen dann nicht, wenn der Angeklagte nicht die Gelegenheit der Vorführung vor den Rechtspfleger nach Fristablauf nutzt, eine – bis dahin lediglich formunwirksam eingereichte – Revisionsbegründung zu Protokoll der Geschäftsstelle nachzuholen.[171]

Fristversäumungen, die auf einer **unterlassenen Unterrichtung** des Verteidigers gemäß § 145a Abs. 3 S. 2 beruhen, sind dem Betroffenen jedenfalls dann nicht zuzurechnen, sofern der Verteidiger bereits ein Rechtsmittel eingelegt hat. In diesem Fall darf der Betroffene darauf vertrauen, dass der Verteidiger auch die erforderliche Begründung fristgerecht anfertigt.[172] Etwas anderes soll hingegen bei der Versäumung bereits der Einlegungsfrist gelten. Da hier der Betroffene nicht ohne Weiteres davon ausgehen könne, dass der Verteidiger von sich aus ein Rechtsmittel einlege, müsse er sich mit seinem Verteidiger in Verbindung setzen.[173] Allerdings darf nicht verkannt werden, dass ein solcher Kontakt zu dem Verteidiger auch schon vor dem Beginn der Rechtsmittelfrist durch Zustellung der Entscheidung gesucht werden kann.[174] Es bietet sich daher generell an, anhand der Umstände des Einzelfalls zu beurteilen, ob der Betroffene sich selbst um die Wahrung der Frist kümmern muss.[175] Der Anwendung des § 145a Abs. 3 S. 2 steht nicht entgegen, dass sich der Beschuldigte selbst vertritt.[176] 54

Von dem eigenen Verschulden bei der Auswahl oder der Instruktion Dritter ist das **Verschulden des** eingeschalteten Dritten selbst, insbesondere des **Verteidigers** zu unterscheiden. Anders als **§ 85 Abs. 2 ZPO** enthält die StPO keine Regelung, wonach das Verschulden des Bevollmächtigten dem Verschulden des Vertretenen gleichsteht. Eine solche Verschuldenszurechnung erscheint im Strafverfahren auch unbillig, da anders als bei einer Vertretung im Zivilverfahren der rechtskräftig Verurteilte keinen Haftungsprozess gegen seinen Anwalt anstrengen kann. Weder kann er bei einer Geldstrafe wegen deren punitiver Funktion Schadensersatz verlangen noch den Anwalt an seiner statt eine Freiheitsstrafe verbüßen lassen.[177] 55

Versäumt der Verteidiger schuldhaft die Frist, ist dies dem **Beschuldigten** daher grds. **nicht zuzurechnen,**[178] sofern nicht besondere Anhaltspunkte für die Untätigkeit des Verteidigers vorliegen und somit letztlich dem Beschuldigten ein eigenes Verschulden vorzuwerfen bleibt.[179] Hiervon ist etwa dann auszugehen, wenn dem Beschuldigten die Unzuver- 56

OLG Düsseldorf 29.3.1984 – 1 Ws 179/84, StV 1984, 327; OLG Hamm 4.6.1976 – 3 Ws 201/76, MDR 1976, 1038; OLG Koblenz 2.11.2006 – 1 Ss 225/06, NStZ-RR 2008, 80 (81); einschränkend für den gerichtserfahrenen Angeklagten OLG Frankfurt a. M. 25.2.2003 – 3 Ss 386/02, NStZ-RR 2003, 204 (204).

171 BGH 7.8.2019 – 3 StR 165/19, NStZ-RR 2019, 349 (349 f.).

172 BayObLG 25.11.1975 – 4 Ob OWi 51/75, BayObLGSt 1975, 150 (152); 3.11.1999 – 2 St RR 190/99, NStZ-RR 2000, 110 (111); OLG Hamm 9.9.1965 – 4 Ss 964/65, NJW 1965, 2216 (2217); OLG Köln 29.10.2001 – Ss 437/01 Z, StraFo 2002, 17 (18); OLG München 27.10.2008 – 5 St RR 200/08, NJW 2008, 3797 (3798).

173 BayObLG 15.12.1981 – 1 Ob OWi 501/81, BayObLGSt 1981, 193 (194 f.); 28.7.1992 – 2 Ob OWi 198/92, NStZ 1993, 242 (242); OLG Düsseldorf 27.1.1995 – 1 Ws OWi 63/95 und 5 Ss OWi 487/94 – OWi 10/95 I, VRS 89, 41 (43); OLG München 26.3.2009 – 2 Ws 229/09, StV 2011, 86 (87) mkritAnm Bockemühl; Cirener in BeckOK StPO Rn. 30.2; aA KG 20.11.2001 – 1 AR 1353/01 – 5 Ws 702/01, StV 2003, 343; OLG Celle 16.9.1992 – 2 Ss 283/92, StV 1994, 7.

174 S. OLG Frankfurt a. M. 11.12.1981 – 3 Ws 820/81, NJW 1982, 1297.

175 OLG Frankfurt a. M. 11.12.1981 – 3 Ws 820/81, NJW 1982, 1297; OLG Nürnberg 30.12.1998 – Ws 1400/98, NStZ-RR 1999, 114 (115); vgl. auch OLG Stuttgart 13.7.2009 – 4 Ws 127/09, StV 2011, 85 (86); LG Hildesheim 20.6.2012 – 26 Qs 66/12, BeckRS 2013, 03874; Deiters in SK-StPO Rn. 32.

176 VerfGH Berlin 9.5.2019 – VerfGH 96/18, StV 2019, 690 (692).

177 Graalmann-Scheerer in Löwe/Rosenberg Rn. 61; Dittmar MDR 1975, 270 (271); M. Schmid NJW 1976, 941 (941).

178 BVerfG 20.4.1982 – 2 BvL 26/81, BVerfGE 60, 253 (299) = NJW 1982, 2425 (2429); 8.8.1990 – 2 BvR 267/90, NJW 1991, 351; 13.4.1994 – XI ZR 65/93, NJW 1994, 1856 (1856); BGH 25.5.1960 – 4 StR 193/60, BGHSt 14, 306 (308) = NJW 1960, 1774 (1775); 27.6.2017 – 2 StR 129/17, NStZ-RR 2017, 285 (286); OLG Hamm 20.9.2011 – III-1 RBs 152/11, NZV 2012, 254; zum Verschulden des Verteidigers beim Versand eines Telefax Graalmann-Scheerer FS Nehm, 2006, 277 (285 ff.).

179 BGH 27.2.1973 – 1 StR 14/73, NJW 1973, 1138 (1138); 2.5.1985 – 4 StR 204/85, Pfeiffer/Miebach NStZ 1985, 492 (493) – RsprÜ; 23.2.1989 – 4 StR 67/89, Miebach NStZ 1990, 24 (25) – RsprÜ;

lässigkeit des Verteidigers bei der Behandlung von Fristsachen bekannt ist,[180] er sonstige Zweifel an der Zuverlässigkeit des Verteidigers haben musste[181] oder diesen erst versuchte am Tag des Fristablaufs über einen Dritten zu beauftragen[182] bzw. wenn der Verteidiger ihm erklärt hat, die Frist (zB wegen Urlaubs) nicht einhalten zu können,[183] oder dem Beschuldigten sonst bewusst ist, dass der Verteidiger etwa eine Revision mangels Erfolgsaussichten[184] oder ohne Vorschusszahlung[185] bzw. ohne Begleichung noch bestehender Honorarverbindlichkeiten[186] nicht begründen will.

57 Ansonsten ist der Beschuldigte grds. **nicht** dazu verpflichtet, den Verteidiger zu **überwachen.**[187] So liegt kein Verschulden vor, wenn der Verteidiger das Fristende falsch in den Fristenkalender einträgt[188] oder die Frist unzutreffend berechnet.[189] Versichert der Verteidiger mehrmals die fristgerechte Revisionsbegründung, trifft den Beschuldigten kein Verschulden, falls der Verteidiger diese gleichwohl unterlässt.[190] Auf die Einlegung eines Rechtsmittels kann aber nicht vertrauen, wer von seinem Verteidiger insoweit noch keine definitive Zusage erhalten hat.[191] Der Verteidiger ist auch nicht verpflichtet, vorsorglich Rechtsmittel einzulegen, wenn er den Angeklagten telefonisch nicht rechtzeitig erreichen kann, um die erwogene Einlegung eines Rechtsmittels endgültig zu klären.[192]

58 Selbst schwerwiegende Fehler des Verteidigers sind dem Beschuldigten grds. nicht zuzurechnen. Es bleibt allerdings auch hier bei dem Grundsatz, dass lediglich Irrtümer, die **Beginn und Lauf einer Frist** betreffen, eine Wiedereinsetzung in den vorigen Stand begründen können (→ Rn. 39).[193] Unbeachtlich ist daher wiederum, wenn der Verteidiger infolge einer unzutreffenden Einschätzung der Erfolgsaussichten keine Revision einlegt[194] oder wegen einer fehlerhaften Auffassung über die Dauer der Wirkung einer Pflichtverteidigerbestellung eine eingelegte Revision nicht begründet.[195]

59 **Andere Verfahrensbeteiligte** außer dem Beschuldigten sollen sich nach hM das Verschulden ihres **Bevollmächtigten** hingegen zurechnen lassen müssen.[196] Schließlich sei

OLG Frankfurt a. M. 15.11.1990 – 1 Ss 501/90, NJW 1991, 1191; OLG Köln 12.1.2012 – 2 Ws 21/12, StraFo 2012, 224; Deiters in SK-StPO Rn. 33; Graalmann-Scheerer in Löwe/Rosenberg Rn. 46; Schmitt in Meyer-Goßner/Schmitt Rn. 18; Ziegler in KMR-StPO Rn. 57.

180 BGH 27.2.1973 – 1 StR 14/73, NJW 1973, 1138 (1138); OLG Düsseldorf 14.11.1994 – 1 Ws OWi 887–888/94, NZV 1995, 164; OLG Frankfurt a. M. 5.3.1980 – 1 Ws (B) 44/80 OWiG, NJW 1980, 2144; OLG Köln 29.10.2001 – Ss 437/01 Z, StraFo 2002, 17 (18); Graalmann-Scheerer in Löwe/Rosenberg Rn. 47.

181 BGH 21.2.2017 – 3 StR 551/16, NStZ-RR 2017, 149.

182 OLG Hamm 24.1.2017 – 4 Ws 412/16, NStZ-RR 2017, 149 (149 f.); vgl. auch OLG Hamm 15.2.2018 – 5 Ws 44/18, BeckRS 2018, 3489 Rn. 7.

183 BGH 25.5.1960 – 4 StR 193/60, BGHSt 14, 306 (308) = NJW 1960, 1774 (1775).

184 BGH 2.5.1985 – 4 StR 204/85, Pfeiffer/Miebach NStZ 1985, 492 (493) – RsprÜ; 23.2.1989 – 4 StR 67/89, BGHR § 44 S. 1 Verhinderung 6; 9.10.2014 – 4 StR 374/14, BeckRS 2014, 19863 Rn. 3 zur lediglich „fristwahrend" durch einen Verteidiger eingelegten Revision.

185 BGH 8.4.1997 – 4 StR 117/97, BGHR § 44 S. 1 Verhinderung 15.

186 OLG Hamm 11.9.1974 – 5 Ss 551/74, MDR 1975, 70 (71).

187 BGH 11.1.2016 – 1 StR 435/15, wistra 2016, 163 (164); OLG Köln 21.3.2014 – 1 RVs 37/14, BeckRS 2014, 8903.

188 OLG Düsseldorf 30.9.1998 – 1 Ws 354 und 513/98, StraFo 1999, 22 (23).

189 OLG Köln 12.9.2000 – Ss 345/00 (Z) – 149 (Z), VRS 100, 186 (187).

190 BGH 13.1.1997 – 4 StR 612/96, NJW 1997, 1516; vgl. auch BGH 21.12.1972 – 1 StR 267/72, BGHSt 25, 89 (93 f.) = NJW 1973, 521 (521 f.); 11.1.2016 – 1 StR 435/15, BeckRS 2016, 1087 Rn. 7.

191 BGH 23.9.2015 – 4 StR 364/15, NStZ 2017, 172 (173).

192 BGH 23.9.2015 – 4 StR 364/15, NStZ 2017, 172 (173).

193 Deiters in SK-StPO Rn. 35; Graalmann-Scheerer in Löwe/Rosenberg Rn. 53.

194 BayObLG 14.7.1970 – 1 Ws (B) 5/70, BayObLGSt 1970, 148 (149); Graalmann-Scheerer in Löwe/Rosenberg Rn. 53; Maul in KK-StPO Rn. 30.

195 BGH 11.3.2020 – 4 StR 68/20, BeckRS 2020, 8738 Rn. 6.

196 S. für den Nebenkläger BGH 17.3.2010 – 2 StR 27/10, BeckRS 2010, 09275; 28.8.2013 – 4 StR 336/13, BeckRS 2013, 16133 Rn. 3; aus dem Schrifttum Brauer in Gercke/Julius/Temming/Zöller Rn. 31; Cirener in BeckOK StPO Rn. 32; Maul in KK-StPO Rn. 34; Rappert in Radtke/Hohmann Rn. 28; Schmitt in Meyer-Goßner/Schmitt Rn. 19; Ziegler in KMR-StPO Rn. 60.

§ 85 Abs. 2 ZPO ein allgemeiner Verfahrensgrundsatz zu entnehmen, dass dem Vertretenen die Willenserklärungen seines Vertreters zuzurechnen seien. Außerdem verfolgten Privat- und Nebenkläger sowie andere Verfahrensbeteiligte idR ideelle oder finanzielle Genugtuung und somit ähnliche Interessen wie die Parteien eines Zivilverfahrens.[197]

Das Postulat eines allgemeinen, auch im Strafverfahren zu bemühenden Verfahrensgrundsatzes vermag jedoch nicht zu überzeugen,[198] zumal eine Regelung in der StPO ohne Weiteres möglich gewesen wäre und deren Fehlen nicht einfach ignoriert werden kann. Mangels einer solchen Normierung kann daher bei der fehlenden Zurechnung von Vertreterverschulden gegenüber dem Beschuldigten auch nicht von einer Ausnahme gesprochen werden. Vielmehr handelt es sich hierbei um den Grundsatz, dessen Ausnahmen ihrerseits begründungsbedürftig wären. Ebenso wenig lässt sich § 44 („jemand") eine Differenzierung zwischen dem Beschuldigten einerseits und sonstigen Verfahrensbeteiligten andererseits entnehmen.[199] Daher kann entgegen der hA in Rechtsprechung und Literatur[200] ein **Verschulden des Vertreters** auch **anderen Verfahrensbeteiligten** als dem Beschuldigten **nicht zugerechnet** werden.[201] Dies gilt insbesondere für den Verletzten einer Tat, der als Privat-[202] oder Nebenkläger[203] oder als Antragsteller im Klageerzwingungsverfahren nach § 172 Abs. 2 auftritt,[204] ferner für den Einziehungsbeteiligten[205] oder Nebenbetroffenen.[206] Sie haften nur für ein eigenes Verschulden, das zur Versäumung der Frist führt (→ Rn. 56). 60

Ebenso kann dem **Angeklagten** ein Verschulden seines Verteidigers selbst dann nicht zugerechnet werden, wenn sich die Tätigkeit nicht unmittelbar auf die Schuld- und die Rechtsfolgenfrage bezieht.[207] Ein schuldhaftes Verhalten des Verteidigers steht demnach der Wiedereinsetzung in den vorigen Stand nicht entgegen bei der sofortigen Beschwerde gegen den angeordneten Verfall der zur Aussetzung des Vollzugs des Haftbefehls geleisteten Sicherheit nach § 124 Abs. 2 S. 2,[208] bei der Anhörungsrüge gemäß § 356a,[209] bei der sofortigen Beschwerde gegen die Entscheidung über die Kosten und die notwendigen 61

---

197 Maul in KK-StPO Rn. 34.

198 Graalmann-Scheerer in Löwe/Rosenberg Rn. 61; Scheffler NJW 1964, 993 (998).

199 Graalmann-Scheerer in Löwe/Rosenberg Rn. 60.

200 Cirener in BeckOK StPO Rn. 32; Maul in KK-StPO Rn. 34; Schmitt in Meyer-Goßner/Schmitt Rn. 19.

201 OLG Düsseldorf 8.6.1964 – 2 Ws 105/64, NJW 1964, 1533 (1534); Deiters in SK-StPO Rn. 37; Graalmann-Scheerer in Löwe/Rosenberg Rn. 62; Rutkowsky NJW 1962, 1530 (1531).

202 OLG Düsseldorf 8.6.1964 – 2 Ws 105/64, NJW 1964, 1533 (1534); OLG Hamm 12.7.1951 – 2 Vs 13/51, NJW 1951, 854; Kohlhaas NJW 1967, 191; Schönke JZ 1952, 431; aA KG 25.1.1965 – 1 Ws 512/64, NJW 1965, 1032; OLG Düsseldorf 8.2.1993 – 1 Ws 99–100/93, NJW 1993, 1344 (1344); OLG Hamburg 21.2.1968 – VAs 60/67, NJW 1968, 854.

203 Kohlhaas NJW 1967, 191; aA BGH 11.12.1981 – 2 StR 221/81, BGHSt 30, 309 (311) = NJW 1982, 1544 (1545); 13.8.2002 – 4 StR 263/02, NStZ-RR 2003, 80; 28.4.2016 – 4 StR 474/15, NStZ-RR 2016, 214 (215); 11.7.2018 – 2 StR 467/17, StraFo 2018, 431 (431 f.); BayObLG 16.1.1970 – GSSt 1/70, BayObLGSt 1970, 9 (22); KG 25.1.1965 – 1 Ws 512/64, NJW 1965, 1032; OLG Hamburg 21.2.1968 – VAs 60/67, NJW 1968, 854; OLG Hamm 27.8.2015 – 1 Ws 312/15, BeckRS 2015, 119731 Rn. 7; OLG Karlsruhe 17.12.1996 – 2 Ws 214/96, NStZ-RR 1997, 157 (157).

204 OLG Koblenz 11.1.1962 – 1 Ws 335/61, NJW 1962, 977; aA KG 25.1.1965 – 1 Ws 512/64, NJW 1965, 1032; OLG Braunschweig 29.6.1954 – Ws 74/54, NJW 1954, 1619; OLG Düsseldorf 26.8.1988 – 1 Ws 711–712/88, NStZ 1989, 193 (193) mablAnm Rieß; 26.10.1992 – 1 Ws 827/92, NJW 1993, 341; OLG Hamburg 21.2.1968 – VAs 60/67, NJW 1968, 854; OLG Hamm 5.4.1972 – 4 Ws 82/72, NJW 1972, 1431 (1432); OLG München 23.9.1964 – Ws 580–581/64, NJW 1965, 120; OLG Nürnberg 11.11.1997 – Ws 1078/97, NStZ-RR 1998, 143 (144).

205 AA KG 13.9.1982 – (4) Ss 203/82 (75/82), JR 1983, 127; OLG Düsseldorf 25.5.2000 – 1 Ws 286–287/00, NStZ-RR 2001, 335.

206 AA OLG Hamburg 8.1.2013 – 3 – 48/12 (Rev), NJW 2013, 626 (627 f.) mAnm Meyer-Mews.

207 Graalmann-Scheerer in Löwe/Rosenberg Rn. 62; aA OLG Celle 9.6.1959 – 2 Ss 140/59, NJW 1959, 1932 (1933); Cirener in BeckOK StPO Rn. 33; Maul in KK-StPO Rn. 34; Rappert in Radtke/Hohmann Rn. 28; Schmitt in Meyer-Goßner/Schmitt Rn. 19; Ziegler in KMR-StPO Rn. 59; Saenger JuS 1991, 842 (843).

208 AA OLG Stuttgart 4.2.1980 – 1 Ws 444/79, Justiz 1980, 285 (285).

209 AA BGH 16.5.2013 – 1 StR 633/12, NStZ-RR 2014, 89.

Auslagen gemäß § 464 Abs. 3,[210] bei der Beschwerde gegen die Entscheidung über die Entschädigungspflicht bei Strafverfolgungsmaßnahmen gemäß § 8 Abs. 3, § 9 Abs. 2 StrEG,[211] im Verfahren nach §§ 23 ff. EGGVG[212] sowie in Strafvollzugssachen nach §§ 109 ff. StVollzG.[213]

62 Verteidiger oder sonstige Bevollmächtigte können ihrerseits weitere Personen, namentlich Kanzleimitarbeiter einschalten, die schuldhaft die Versäumung einer Frist herbeiführen können. Ihr Verschulden ist dem Vertretenen grds. nicht zuzurechnen.[214] Beispiele hierfür sind die zu späte Übermittlung eines Schriftstücks per Telefax oder die Eingabe einer falschen Telefaxnummer.[215] Voraussetzung eines solchen **Kanzleiversehens** ist aber, dass die Mitarbeiter sorgfältig ausgewählt und überwacht werden und das Büro derart organisiert ist, dass Fristüberschreitungen verhindert werden.[216] Dem Bevollmächtigten steht es dann frei, in einfach gelagerten Fällen die Feststellung des Fristbeginns und die Berechnung der Frist gut ausgebildeten und sorgfältig überwachten Büroangestellten (zB durch Führen eines Fristenkalenders) zu überlassen.[217] Jedoch darf er das Empfangsbekenntnis über eine Urteilszustellung etwa nur dann unterzeichnen und zurückgeben, wenn durch geeignete organisatorische Vorkehrungen sichergestellt ist, dass in den Handakten die Rechtsmittelfrist festgehalten und vermerkt ist, dass die Frist im Fristenkalender notiert worden ist.[218] Besondere Vorkehrungen sind zudem zu treffen, wenn die Mitarbeiter erkennbar überlastet sind.[219] Trifft den Bevollmächtigten nach diesen Grundsätzen weder ein Auswahl- noch ein Organisationsverschulden, sondern beruht die Versäumung der Frist auf einem Einzelversehen des Personals, ist Wiedereinsetzung in den vorigen Stand zu gewähren.[220]

63 **dd) Verschulden der Staatsanwaltschaft als Antragsteller.** Auch der Staatsanwaltschaft kann auf Antrag oder von Amts wegen[221] Wiedereinsetzung in den vorigen Stand gewährt werden, wenn sie ohne Verschulden eine Frist nicht wahrt. Da sie als Behörde allerdings nur durch ihre Amtsträger handelt, muss sie sich deren schuldhaftes Verhalten zurech-

---

210 AA BGH 6.5.1975 – 5 StR 139/75, BGHSt 26, 126 (127) = NJW 1975, 1332 (1333); 11.12.1981 – 2 StR 221/81, BGHSt 30, 309 (310) = NJW 1982, 1544 (1544); OLG Celle 9.6.1959 – 2 Ss 140/59, NJW 1959, 1932 (1933); 21.6.2016 – 1 Ws 287/16, BeckRS 2016, 15155 Rn. 11; OLG Düsseldorf 9.1.1989 – 2 Ws 1–2/89, NStZ 1989, 242; OLG Zweibrücken 15.2.2017 – 1 Ws 254/16, BeckRS 2017, 107537 Rn. 23.

211 AA KG 16.6.1978 – (2) 2 OJs 3/78 (42/78), JR 1979, 128; 23.5.2007 – 2 AR 57/07 – 1 W+SWs 55/07, NJW 2008, 94; OLG Hamburg 8.1.1990 – 1 BJs 266/83-6, NStZ 1990, 191 (192); OLG Karlsruhe 14.3.1980 – 3 Ws 56/80, MDR 1980, 693.

212 OLG Hamm 26.7.1982 – 7 VAs 27/82, NStZ 1982, 483 (484); OLG Stuttgart 19.5.1988 – 4 VAs 8/88, NStZ 1988, 430; aA KG 5.3.2008 – 1 VAs 6/08, StraFo 2008, 221; OLG Hamburg 21.2.1968 – VAs 60/67, NJW 1968, 854; 29.7.2003 – 2 VAs 3/03, NStZ-RR 2004, 185 (186); OLG Hamm 13.2.2018 – 1 VAs 116/17, BeckRS 2018, 15778 Rn. 6.

213 AA OLG Frankfurt a. M. 8.5.1981 – 3 Ws 63/81, NStZ 1981, 408; 1.4.1982 – 3 Ws 179/82, NStZ 1982, 351 (351); OLG Hamburg 10.4.1989 – 3 Vollz (Ws) 4/89, NStZ 1991, 56; OLG Hamm 17.9.2015 – 276/15, BeckRS 2015, 18295 Rn. 12; OLG Zweibrücken 23.4.2018 – 1 Ws 12/18 (Vollz), BeckRS 2018, 44649 Rn. 4.

214 BGH 10.6.1960 – 2 StR 132/60, BGHSt 14, 330 (332) = NJW 1960, 1775 (1775); Graalmann-Scheerer in Löwe/Rosenberg Rn. 54.

215 Graalmann-Scheerer in Löwe/Rosenberg Rn. 55.

216 BGH 16.5.2013 – 1 StR 633/12, NStZ-RR 2014, 89; 28.8.2013 – 4 StR 336/13, BeckRS 2013, 16133 Rn. 6; 28.4.2016 – 4 StR 474/15, NStZ-RR 2016, 214 (215); 11.7.2018 – 2 StR 467/17, StraFo 2018, 431 (432); OLG Düsseldorf 14.11.1986 – 1 Ws 1019–1020/86, StV 1987, 97; Brauer in Gercke/Julius/Temming/Zöller Rn. 32; Maul in KK-StPO Rn. 35; Rappert in Radtke/Hohmann Rn. 28.

217 BGH 12.2.1965 – IV ZR 231/63, BGHZ 43, 148 (153) = NJW 1965, 1021 (1022); 30.5.2000 – 1 StR 103/00, NStZ 2000, 545; 28.4.2016 – 4 StR 474/15, NStZ-RR 2016, 214 (216).

218 BGH 2.2.2010 – VI ZB 58/09, NJW 2010, 1080 (1080); 28.8.2013 – 4 StR 336/13, BeckRS 2013, 16133 Rn. 6; 28.4.2016 – 4 StR 474/15, NStZ-RR 2016, 214 (216).

219 OLG Düsseldorf 8.2.1993 – 1 Ws 99–100/93, NJW 1993, 1344 (1345).

220 BGH 30.5.2000 – 1 StR 103/00, NStZ 2000, 545.

221 BGH 5.9.2007 – 2 StR 306/07, wistra 2007, 475 (476).

nen lassen. Eine Wiedereinsetzung scheidet daher unabhängig davon aus, ob der leitende Beamte selbst oder ein untergeordneter Bediensteter schuldhaft eine Frist versäumt.[222]

c) Verantwortungsbereich des Übermittlers. Dem Absender einer Erklärung kön- 64
nen nur Verzögerungen vorgeworfen werden, die aus seinem Verantwortungsbereich stammen. Unregelmäßigkeiten außerhalb seines Einflusskreises begründen hingegen kein Verschulden des Betroffenen. Schaltet er etwa einen Kommunikationsmittler wie insbesondere ein **Postunternehmen** ein, um seine Erklärung zu überbringen, muss er lediglich die hierfür herkömmlicherweise benötigte Zeit berücksichtigen. Bei Postsendungen bedeutet dies, die übliche Laufzeit zwischen Aufgabe- und Zustellungsort einzurechnen[223] einschließlich etwaiger Verlängerungen wegen verminderten oder entfallenden Leerungs- und Zustellungsdienstes an Sonn- und Feiertagen.[224] Der Tag der Aufgabe der Sendung wird gewöhnlich durch den Poststempel auf dem Briefumschlag nachgewiesen. Ist dieser den Akten nicht zu entnehmen, darf dies nicht zu Lasten des Absenders gehen.[225] Überbringt der Absender seine Erklärung durch einen privaten **Kurierdienst,** sind ihm Verzögerungen außerhalb des regelmäßigen Betriebsablaufs ebenso wenig vorzuwerfen.[226]

Bei der Deutschen Post AG beträgt die **Postlaufzeit** auch bei größeren Entfernungen 65
im Inland gewöhnlich nur einen Tag, so dass der Absender nach hA keine längere Zeitspanne für die Übermittlung seines Schreibens einkalkulieren muss.[227] Unerheblich ist hierbei, ob die Sendung zu einer Zeit aufgegeben wird, in der die Post besonders stark beansprucht wird (zB vor Feiertagen).[228] Nicht zu berücksichtigen sind ferner Verzögerungen, die bei Schriftstücken von Straf- und Untersuchungsgefangenen infolge interner Postkontrollen entstehen,[229] sowie Zugangsfiktionen wie in § 270 S. 2 ZPO, weil sie nichts darüber besagen, mit welcher Beförderungszeit der Absender wirklich rechnen darf.[230] Bei einem Einwurfeinschreiben kann gleichfalls mit der Zustellung am folgenden Werktag gerechnet werden.[231] Hingegen soll bei sonstigen Einschreiben wegen der besonderen Kontrollen der Sendung von einer längeren Beförderungszeit auszugehen sein.[232]

---

222 BGH 29.3.1988 – 5 StR 135/88, Miebach NStZ 1988, 446 (446) – RsprÜ; BayObLG 7.12.1984 – RReg. 4 St 253/84, BayObLGSt 1984, 129 (130); OLG Frankfurt a. M. 10.12.1996 – 3 Ws 1002/96, NStZ-RR 1997, 176 (176); Cirener in BeckOK StPO Rn. 37; Maul in KK-StPO Rn. 33; Rappert in Radtke/Hohmann Rn. 29; Ziegler in KMR-StPO Rn. 63; enger Deiters in SK-StPO Rn. 38; Graalmann-Scheerer in Löwe/Rosenberg Rn. 63.

223 BVerfG 16.12.1975 – 2 BvR 854/75, BVerfGE 41, 23 (27) = NJW 1976, 513 (513); BGH 17.11.1983 – 4 StR 632/83, Pfeiffer/Miebach NStZ 1984, 209 (209) – RsprÜ.

224 BVerfG 3.6.1975 – 2 BvR 99/74, BVerfGE 40, 42 (45) = NJW 1975, 1405 (1405); Ziegler in KMR-StPO Rn. 54.

225 OLG Schleswig 19.5.1994 – 2 Ws 406/93, NJW 1994, 2841 (2842); LG Flensburg 18.2.1976 – II Qs OWi 28/76, MDR 1976, 599 (599); Graalmann-Scheerer in Löwe/Rosenberg Rn. 36.

226 BVerfG 23.8.1999 – 1 BvR 1138/97, NJW 1999, 3701 (3702); 4.4.2000 – 1 BvR 199/00, NJW 2000, 2657 (2658); Graalmann-Scheerer in Löwe/Rosenberg Rn. 38.

227 BGH 14.9.1993 – 5 StR 567/93, GA 1994, 75; OLG Hamburg 27.7.1973 – 1 Ws 234/73, NJW 1974, 68; OLG Oldenburg 16.9.2013 – 1 Ws 547/13, NStZ-RR 2014, 113; Rappert in Radtke/Hohmann Rn. 21; Ziegler in KMR-StPO Rn. 55; aA OLG Stuttgart 3.8.2009 – 1 Ss 1215/09, NStZ-RR 2010, 15 (16); LG Zweibrücken 7.5.2012 – Qs 48/12, NStZ-RR 2012, 351; Schmitt in Meyer-Goßner/Schmitt Rn. 16: zwei Tage; hiergegen Ziegler in KMR-StPO Rn. 55. Vgl. zur Postlaufzeit bei Rückgriff auf einen privaten Postdienstleister unter weiterer Einschaltung eines Subunternehmers hingegen BFH 14.6.2018 – III R 27/17, NJW 2018, 3606 (3607 f.).

228 BVerfG 27.2.1992 – 1 BvR 1294/91, NJW 1992, 1952.

229 OLG Bremen 22.12.1955 – Ws 227/55, NJW 1956, 233; OLG Düsseldorf 6.9.1989 – 3 Ws 608/89, NStZ 1990, 149 (150); Graalmann-Scheerer in Löwe/Rosenberg Rn. 44.

230 AA OLG Stuttgart 3.8.2009 – 1 Ss 1215/09, NStZ-RR 2010, 15 (16).

231 OLG Frankfurt a. M. 12.1.2016 – 3 Ws 956/15 (StVollz), BeckRS 2016, 4863 Rn. 3; OLG Hamm 17.2.2009 – 3 Ws 37–38/09, NJW 2009, 2230 (2231); aA OLG Stuttgart 3.8.2009 – 1 Ss 1215/09, NStZ-RR 2010, 15 (16); Schmitt in Meyer-Goßner/Schmitt Rn. 16: zwei Tage.

232 KG 10.5.2005 – 3 Ws 186/05, NStZ-RR 2006, 142; OLG Frankfurt a. M. 7.12.2010 – 3 Ws 1142/10, NStZ-RR 2011, 116; LG Berlin 14.12.2004 – 514 Qs 314/04, VRS 108, 109 (109 f.); aA OLG Hamm 16.10.2014 – 3 Ws 357/14, NStZ-RR 2015, 47 (47 f.); Ziegler in KMR-StPO Rn. 56; s. a. OLG Oldenburg 13.4.2011 – 1 Ws 172/11, StraFo 2011, 219; 16.9.2013 – 1 Ws 547/13, NStZ-RR 2014, 113.

66 Sollte die Postbeförderung tatsächlich länger als die übliche Postlaufzeit dauern und daher eine Frist nicht gewahrt werden, geschieht dies demzufolge grds. ohne **Verschulden.** Dies gilt aber nur, soweit die Verzögerung nicht dem Absender zuzurechnen ist, etwa weil er keine oder eine unzutreffende Postleitzahl angegeben[233] oder die Rechtsmittelschrift unzureichend frankiert hat.[234]

67 **d) Verantwortungsbereich des Empfängers.** Informationen von Behörden sind grds. vertrauenswürdig. Es ist daher unzulässig, die Verantwortung für ein **amtliches Verschulden** auf den Bürger abzuwälzen.[235] Versäumt der Betroffene infolge einer unrichtigen Auskunft eine Frist, darf ihm dies daher nicht zum Nachteil gereichen.[236] Gleiches gilt etwa, wenn dem Verteidiger des Angeklagten auf Antrag entgegen § 345 Abs. 1 eine Fristverlängerung zur Begründung der Revision gewährt wird.[237] Ebenso wenig bleibt es dem Betroffenen zuzurechnen, wenn ein unzuständiger Beamter eine Erklärung zu Protokoll nimmt[238] oder die Unzulässigkeit eines Rechtsmittels auf einem Fehler des die Niederschrift aufnehmenden Justizbediensteten[239] bzw. auf der unzureichenden Überprüfung der vom Betroffenen gestellten Anträge beruht.[240]

68 Ebenso wenig bleiben dem Absender **Verzögerungen beim Empfänger** anzulasten, da sie außerhalb seines Machtbereichs liegen. Insbesondere können Unregelmäßigkeiten beim Zugang von Erklärungen bei den Justizbehörden, die zur Nichteinhaltung der Frist führen, dem Absender grds. nicht vorgeworfen werden.[241] Auch die Nichtausführung eines Strafgefangenen, um eine Erklärung nach § 299 zu Protokoll zu geben, begründet kein Verschulden des nicht auf freiem Fuß befindlichen Beschuldigten,[242] sofern es ihm nicht zuzumuten ist, schriftlich fristgemäß Rechtsmittel einzulegen.[243]

69 Bei falsch adressierten **Postsendungen** (zum fristwahrenden Zugang → Rn. 19 ff.) ist es dem Betroffenen nicht anzulasten, wenn die unzuständige Empfangsbehörde versäumt, das Schreiben an die hieraus ohne weiteres erkennbare zuständige Stelle zu übermitteln, obwohl es bei ordnungsgemäßem Geschäftsgang noch rechtzeitig hätte weitergeleitet werden können.[244] Dies gilt nicht zuletzt dann, wenn der Adressat schon zuvor mit der Sache befasst war.[245] Allerdings ist die Empfangsbehörde selbst bei Erkennen des drohenden Frist-

233 OLG Düsseldorf 17.3.1994 – 2 Ws 88/94, NJW 1994, 2841; OLG Frankfurt a. M. 13.11.1996 – 3 Ws 931/96, NStZ-RR 1997, 137 (138); OLG Stuttgart 26.10.2009 – 6 Ss 1248/09, NStZ-RR 2010, 148; Graalmann-Scheerer in Löwe/Rosenberg Rn. 36; Maul in KK-StPO Rn. 24; aA OLG Stuttgart 13.7.1982 – 3 Ws 180/82, NJW 1982, 2832 (2832 f.).

234 LG Köln 16.2.1979 – 35 Qs 1391/78, DAR 1979, 339 (340); Ziegler in KMR-StPO Rn. 45; aA OLG Hamm 19.3.1971 – 4 Ss OWi 233/71, MDR 1971, 947; Brauer in Gercke/Julius/Temming/Zöller § 43 Rn. 18; Graalmann-Scheerer in Löwe/Rosenberg Vor § 42 Rn. 14.

235 BGH 12.11.1970 – 1 StR 263/70, BGHSt 24, 15 (25) = NJW 1971, 389 (392) mwN; OLG Zweibrücken 1.12.1999 – 1 Ws 643/99, NStZ-RR 2000, 111 (111); Cirener in BeckOK StPO Rn. 36; Maul in KK-StPO Rn. 25.

236 BVerfG 21.12.1995 – 2 BvR 2033/95, NJW 1996, 1811 (1811); Graalmann-Scheerer in Löwe/Rosenberg Rn. 39; Ziegler in KMR-StPO Rn. 46.

237 BGH 24.1.2017 – 3 StR 447/16, NStZ-RR 2017, 148.

238 BVerfG 21.3.2005 – 2 BvR 975/03, NStZ-RR 2005, 238 (239); BayObLG 23.1.1978 – 1 Ob OWi 267/77, BayObLGSt 1978, 11 (12); OLG Braunschweig 26.2.2016 – 1 Ss 6/16, BeckRS 2016, 4440 Rn. 13; OLG Dresden 10.7.2015 – 2 OLG 23 Ss 401/15, NStZ 2016, 499 (499); OLG Köln 29.9.2005 – 83 Ss-OWi 37/05, NZV 2006, 47 (47); s. a. OLG Stuttgart 29.1.2019 – 4 Ws 12/19, BeckRS 2019, 2011 Rn. 13, in NStZ 2020, 119 nicht abgedr.

239 BVerfG 27.9.2005 – 2 BvR 172/04, NJW 2005, 3629 (3629); BayObLG 18.9.1959 – RReg. 1 St 503/59, JR 1960, 145 (146).

240 OLG Hamm 28.4.2016 – 1 Vollz (Ws) 137/16, BeckRS 2016, 12990 Rn. 2.

241 BVerfG 4.5.1977 – 2 BvR 616/75, BVerfGE 44, 302 (306) = NJW 1977, 1233; 3.11.1982 – 2 BvR 1145/81, BVerfGE 62, 216 (221) = NJW 1983, 560; 14.5.1985 – 1 BvR 370/84, BVerfGE 69, 381 (386) = NJW 1986, 244 (244); Graalmann-Scheerer in Löwe/Rosenberg Rn. 37.

242 BayObLG 16.3.2000 – 3 Ob OWi 5/200, NStZ-RR 2000, 248.

243 OLG Karlsruhe 27.3.2003 – 2 VAs 32/02, Justiz 2003, 490 (491).

244 OLG Düsseldorf 23.11.1998 – 1 Ws 818–819/98, NStZ-RR 1999, 147; OLG Koblenz 22.3.1973 – 1 Ws 109/73, MDR 1973, 691; Deiters in SK-StPO Rn. 21; Ziegler in KMR-StPO Rn. 50.

245 BVerfG 20.6.1995 – 1 BvR 166/93, BVerfGE 93, 99 (114 f.) = NJW 1995, 3173 (3175); 17.3.2005 – 1 BvR 950/04, NJW 2005, 2137 (2138).

ablaufs nicht zu außerordentlichen Maßnahmen verpflichtet,[246] sei es das Schriftstück unmittelbar per Telefax an das zuständige Gericht zu senden[247] oder telefonisch zu Protokoll eines Geschäftsstellenbeamten des zuständigen Gerichts durchzusagen.[248]

Bei **Telefaxen** sind Störungen des Empfangsgeräts des Gerichts[249] sowie die fehlende Möglichkeit, den Eingang eines nachweislich gesendeten Telefax bei Gericht festzustellen,[250] dem Betroffenen nicht zuzurechnen. 70

e) Fiktion des S. 2. Wird eine Rechtsmittelfrist versäumt, **gilt** dies gemäß S. 2 **als unverschuldet,** wenn die Belehrung nach den § 35a S. 1 und S. 2, § 319 Abs. 2 S. 3 oder nach § 346 Abs. 2 S. 3 unterblieben ist. 71

Auf **sonstige** unterbliebene **Belehrungen** ist die Vorschrift **nicht anwendbar.**[251] Dies betrifft – wie die Ergänzung des S. 2 um „Satz 1 und 2" durch Art. 1 Nr. 3 des Gesetzes zur Regelung der Verständigung im Strafverfahren vom 29.7.2009 (BGBl. I 2353) klarstellt – ua die in § 35a S. 3 vorgesehene qualifizierte Belehrung, trotz vorheriger Verständigung ein Rechtsmittel einlegen zu können (→ § 35a Rn. 34).[252] 72

Unterblieben ist die Belehrung, wenn sie entweder völlig unterlassen wird oder in einem wesentlichen Punkt unvollständig[253] oder unzutreffend[254] bzw. widersprüchlich ist (→ § 35a Rn. 30 ff.). Dies betrifft ua inhaltlich zwar zutreffende Rechtsmittelbelehrungen, die aber gegenüber einem der deutschen Sprache nicht hinreichend mächtigen Betroffenen ergehen, ohne in eine ihm verständliche Sprache übersetzt zu werden (→ § 35a Rn. 22). Bei geringeren Unrichtigkeiten greift die Fiktion des § 44 S. 2 nicht und wird Wiedereinsetzung in den vorigen Stand nur nach S. 1 gewährt.[255] 73

Gemäß § 44 S. 2 gilt lediglich die **Versäumung einer Rechtsmittelfrist** als unverschuldet. Nicht fingiert wird hingegen, dass der Betroffene aufgrund des Belehrungsmangels verhindert war, die Frist einzuhalten. Es bleibt somit eigenständig zu prüfen, ob die Fristversäumung auch auf dem Belehrungsmangel beruht.[256] Dementsprechend ist der notwendige **Kausalzusammenhang** zwischen unterbliebener Belehrung und nicht gewahrter Frist in dem Antrag auf Wiedereinsetzung darzulegen.[257] Abzulehnen bleibt dieser ursächliche Zusammenhang 74

---

246 OLG Hamm 26.11.1996 – 3 Ws 567/96, NJW 1997, 2829 (2830); 24.1.2008 – 3 Ws 34/08, NStZ-RR 2008, 283; Schmitt in Meyer-Goßner/Schmitt Rn. 12c; Ziegler in KMR-StPO Rn. 50; aA OLG Hamm 6.8.2003 – 2 Ws 164/03, NStZ-RR 2004, 81 (81 f.); Tsambikakis in Satzger/Schluckebier/Widmaier StPO Rn. 10.

247 OLG Hamm 26.11.1996 – 3 Ws 567/96, NJW 1997, 2829 (2830); OLG Naumburg 3.8.2000 – 1 Ws 289/00, NStZ-RR 2001, 272 (273); aA Graalmann-Scheerer in Löwe/Rosenberg Rn. 41.

248 OLG Braunschweig 2.3.1988 – Ws 14/88, NStZ 1988, 514 (514); OLG Düsseldorf 10.3.1983 – 4 StO 1–2/83, NStZ 1984, 184 (184); OLG Hamm 27.6.1984 – 6 Ss 1007/84, NStZ 1985, 185; aA OLG Zweibrücken 11.9.1981 – 2 Ws 149/81, NJW 1982, 1008.

249 OLG Brandenburg 26.5.2004 – 1 Ss OWi 88 B/04, NStZ 2005, 711; Ebnet NJW 1992, 2985 (2988); Graalmann-Scheerer FS Nehm, 2006, 277 (285); eing. zur Belegung des Empfangsgeräts Roth NJW 2008, 785.

250 KG 1.11.2005 – 3 Ws (B) 490/05, NStZ-RR 2007, 24; OLG Karlsruhe 21.9.1993 – 3 Ss 100/93, NStZ 1994, 200 (201).

251 S. hierzu auch BGH 9.8.2016 – 1 StR 52/16, NStZ-RR 2016, 318 (319).

252 BT-Drs. 16/12310, 11 unter Verweis auf BGH GrS 3.3.2005 – GSSt 1/04, BGHSt 50, 40 (62 f.) = NJW 2005, 1440 (1446); Cirener in BeckOK StPO Rn. 40; Schmitt in Meyer-Goßner/Schmitt Rn. 23a; Ziegler in KMR-StPO Rn. 67.

253 OLG Hamm 5.2.2013 – III-1 RVs 85/12, BeckRS 2013, 05223.

254 OLG Hamm 7.4.2020 – 4 RBs 136/20, BeckRS 2020, 9057 Rn. 10; Schmitt in Meyer-Goßner/Schmitt Rn. 23.

255 BayObLG 4.10.1994 – 3 ObOWi 79/94, BayObLGSt 1994, 197 (198).

256 BGH 16.8.2000 – 3 StR 339/00, NStZ 2001, 45; OLG Bamberg 1.7.2014 – 3 Ss 84/14, NStZ-RR 2014, 376 (376); OLG Düsseldorf 9.1.1989 – 2 Ws 1–2/89, NStZ 1989, 242; OLG Hamm 8.5.2018 – 4 Ws 75/18, NStZ 2019, 432; OLG Koblenz 26.7.1990 – 1 Ss 202/90, NStZ 1991, 42 (43); OLG Zweibrücken 5.9.1994 – 1 Ws 389/94, VRS 88, 356 (357); Cirener in BeckOK StPO Rn. 42; Deiters in SK-StPO Rn. 40; Graalmann-Scheerer in Löwe/Rosenberg Rn. 64; Maul in KK-StPO Rn. 36; Ziegler in KMR-StPO Rn. 65.

257 BayObLG 18.4.1967 – BWReg. 4a St 35/66, BayObLGSt 1967, 66 (69); OLG Düsseldorf 22.11.1985 – 1 Ws 1028/85, NStZ 1986, 233 (233); 8.2.1993 – 1 Ws 99–100/93, NJW 1993, 1344 (1344); OLG Frankfurt a. M. 12.2.2007 – 3 Ws 159/07, NStZ-RR 2007, 206 (207); OLG Hamm 27.8.2015 – 1 Ws

etwa, wenn der Angeklagte noch vor Erteilung der mündlichen Rechtsmittelbelehrung eigenmächtig den Sitzungssaal verlässt und dadurch deren Erteilung willentlich vereitelt.[258]

75 **4. Verfahren. a) Antrag.** Wiedereinsetzung in den vorigen Stand wird gemäß S. 1 auf **Antrag** gewährt (→ § 45 Rn. 2 ff.). Unter den Voraussetzungen des § 45 Abs. 2 S. 3 kann Wiedereinsetzung auch **von Amts wegen** gewährt werden (→ § 45 Rn. 26 ff.). Wiedereinsetzung gegen den Willen des Antragsberechtigten ist jedoch unzulässig.[259]

76 **Antragsberechtigt** ist grds. jeder Verfahrensbeteiligte („jemand"). Außer dem Beschuldigten kommen etwa die Staatsanwaltschaft, der Privatkläger gemäß § 385 Abs. 1 und der Nebenkläger gemäß § 397 Abs. 1 in Betracht, ferner der Einziehungsbeteiligte (§ 427 Abs. 1, § 435 Abs. 3), der Bürge (§ 123 Abs. 3, § 124 Abs. 2), Zeugen und Sachverständige sowie an der Verhandlung nicht beteiligte Personen, die gegen nach §§ 51, 70 bzw. § 77 oder wegen Ungebühr nach §§ 178, 180 GVG verhängte Ordnungsmittel vorgehen.[260]

77 Für den Beschuldigten kann der **Verteidiger** grds. nur mit Vollmacht Wiedereinsetzung in den vorigen Stand beantragen.[261] Etwas anderes gilt entsprechend § 297 lediglich dann, wenn er die Frist für ein Rechtsmittel versäumt, das er aus eigenem Recht eingelegt hat.[262] Ebenso ist der **gesetzliche Vertreter** antragsberechtigt, der nach § 298 Abs. 1 selbstständig tätig wird.[263] Der **Staatsanwaltschaft** ist es hingegen verwehrt, analog § 296 Abs. 2 zugunsten des Beschuldigten Wiedereinsetzung in den vorigen Stand zu beantragen. Der Antrag kann lediglich als Anregung verstanden werden, von Amts wegen Wiedereinsetzung zu gewähren.[264]

78 **b) Gewährung von Wiedereinsetzung in den vorigen Stand.** Das Gericht entscheidet über den Antrag auf Wiedereinsetzung in den vorigen Stand durch **Beschluss** (→ § 46 Rn. 5). Bei einem erfolgreichen Antrag ist gemäß S. 1 Wiedereinsetzung zu gewähren. Damit wird zugleich die Rechtzeitigkeit der versäumten und gemäß § 45 Abs. 2 S. 2 nachgeholten Handlung festgestellt. Jedenfalls im Ergebnis wird daher das Verfahren nicht in den vorigen Stand (vor Fristversäumung) versetzt, sondern in denjenigen **Zustand,** der **bei rechtzeitig vorgenommener Prozesshandlung** bestanden hätte (→ Rn. 2).[265] So bewirkt zB die Wiedereinsetzung in den vorigen Stand bei unverschuldet versäumter Einlegung der Revision, dass die Frist zur Revisionsbegründung mit Zustellung des Wiedereinsetzung gewährenden Beschlusses beginnt.[266] Dies gilt unabhängig davon, ob schon zuvor eine Revisionsbegründung vorliegt oder nicht.[267]

312/15, BeckRS 2015, 119731 Rn. 7; OLG Karlsruhe 17.12.1996 – 2 Ws 214/96, NStZ-RR 1997, 157 (157 f.); Graalmann-Scheerer in Löwe/Rosenberg Rn. 66; Schmitt in Meyer-Goßner/Schmitt Rn. 22.

258 OLG Bamberg 1.7.2014 – 3 Ss 84/14, NStZ-RR 2014, 376 (376).

259 Schmitt in Meyer-Goßner/Schmitt Rn. 9.

260 Graalmann-Scheerer in Löwe/Rosenberg Rn. 17; Maul in KK-StPO Rn. 3; Schmitt in Meyer-Goßner/Schmitt Rn. 9.

261 Schmitt in Meyer-Goßner/Schmitt Rn. 9.

262 Deiters in SK-StPO Rn. 14; Graalmann-Scheerer in Löwe/Rosenberg Rn. 17; Maul in KK-StPO Rn. 3; Schmitt in Meyer-Goßner/Schmitt Rn. 9.

263 BayObLG 25.5.1954 – BReg. 2 St 30/54, NJW 1954, 1378 (1379); Maul in KK-StPO Rn. 3; Schmitt in Meyer-Goßner/Schmitt Rn. 9; Ziegler in KMR-StPO Rn. 3.

264 RG 26.5.1891 – 417/91, RGSt 22, 31 (32 f.); OLG Bremen 12.7.1956 – Ws 143/56, GA 1957, 87 (87); LG Aachen 11.6.1960 – III Qs 626/59, NJW 1961, 86 (87 f.) mAnm Kleinknecht; Graalmann-Scheerer in Löwe/Rosenberg Rn. 17; Maul in KK-StPO Rn. 3; Schmitt in Meyer-Goßner/Schmitt Rn. 9; Ziegler in KMR-StPO Rn. 3.

265 OLG Hamm 23.5.1972 – 5 Ss OWi 363/72, NJW 1972, 2097 (2098); OLG Köln 25.2.1986 – Ss 2/86 (41), NJW 1987, 80 (80); Cirener in BeckOK StPO Rn. 1; Maul in KK-StPO Rn. 1; Schmitt in Meyer-Goßner/Schmitt Rn. 25; Meyer JR 1978, 431 (432).

266 BGH 8.1.1982 – 2 StR 751/80, BGHSt 30, 335 (338) = NJW 1982, 1110 (1110); BayObLG 4.11.1971 – RReg. 7 St 215/71, NJW 1972, 171 (172); 1.7.1998 – 1 St RR 112/98, BeckRS 1998, 13949 Rn. 28; OLG Celle 23.1.1968 – 4 Ws (B) 42/67, NJW 1968, 809; OLG Köln 16.4.2019 – 1 RBs 137/19, NStZ-RR 2019, 354 (355); Graalmann-Scheerer in Löwe/Rosenberg § 46 Rn. 12; Maul in KK-StPO § 46 Rn. 6; krit. Cirener in BeckOK StPO § 45 Rn. 13.2.

267 BGH 5.2.2002 – 5 StR 617/01, NJW 2002, 1436 (1437); OLG Koblenz 7.3.2017 – 2 OLG 4 Ss 138/16, StV 2020, 685 (685); s. a. KG 21.1.2019 – 3 Ws (B) 25/19, StV 2019, 826 zur Begründung der Rechtsbeschwerde im Ordnungswidrigkeitenverfahren.

Wird Wiedereinsetzung in den vorigen Stand gewährt, wird die infolge der Fristversäumung eingetretene **Rechtskraft** der betreffenden gerichtlichen Entscheidungen ohne weiteres beseitigt.[268] Die Entscheidung muss somit nicht förmlich aufgehoben werden,[269] wenngleich der Wegfall der Rechtskraft in den Gründen des Wiedereinsetzungsbeschlusses festgestellt werden sollte.[270] Ebenso entfällt die Rechtskraft von Entscheidungen, die ein eingelegtes Rechtsmittel aufgrund dessen verspäteter Einlegung als unzulässig verworfen haben.[271] Lediglich Sachentscheidungen des Revisionsgerichts nach § 349 Abs. 2 oder § 349 Abs. 5, nicht hingegen nach § 349 Abs. 1, schließen im Interesse der Rechtssicherheit eine Wiedereinsetzung aus; insoweit kommt nur eine Wiederaufnahme des Verfahrens nach §§ 359 ff. in Betracht.[272] Zur Wirksamkeit von Anordnungen, die mit Eintritt der (durch die gewährte Wiedereinsetzung nunmehr aufgehobenen) Rechtskraft gegenstandslos geworden sind, s. § 47 Abs. 3 (→ § 47 Rn. 7 ff.). **79**

Ein erfolgreicher Antrag auf Wiedereinsetzung in den vorigen Stand vermag bloß die Folgen der Fristversäumung zu beseitigen, **nicht** jedoch **anderweitig eingetretene Hindernisse** zu **beheben.** Dem Säumigen sollen keine Vorteile verschafft werden, die er ohne die Säumnis nicht erhalten hätte.[273] Eine nach (vorübergehend) rechtskräftiger Verurteilung verbüßte Strafhaft wird durch die Gewährung von Wiedereinsetzung nicht rückwirkend zur Untersuchungshaft.[274] Ebenso wenig wird die nach Rechtskraft laufende Vollstreckungsverjährung nachträglich zur Verfolgungsverjährung. Sie beginnt vielmehr mit dem Erlass des Wiedereinsetzungsbeschlusses neu, sofern sie nicht zuvor schon eingetreten war.[275] **80**

§ 45 Anforderungen an einen Wiedereinsetzungsantrag

(1) [1]Der Antrag auf Wiedereinsetzung in den vorigen Stand ist binnen einer Woche nach Wegfall des Hindernisses bei dem Gericht zu stellen, bei dem die Frist wahrzunehmen gewesen wäre. [2]Zur Wahrung der Frist genügt es, wenn der Antrag rechtzeitig bei dem Gericht gestellt wird, das über den Antrag entscheidet.

(2) [1]Die Tatsachen zur Begründung des Antrags sind bei der Antragstellung oder im Verfahren über den Antrag glaubhaft zu machen. [2]Innerhalb der Antragsfrist ist die versäumte Handlung nachzuholen. [3]Ist dies geschehen, so kann Wiedereinsetzung auch ohne Antrag gewährt werden.

Schrifttum: Graalmann-Scheerer, Moderne Kommunikationsformen und Wiedereinsetzung in den vorigen Stand im Strafverfahren, FS Nehm, 2006, 277; Heyland, Zur Auslegung des § 45 Abs. 2 Satz 1 StPO n.F., JR 1977, 402; Lintz, Wiedereinsetzung in den vorigen Stand ohne Antrag (zu Gössel, JR 1986, 385), JR 1987, 94 mit Schlusswort Gössel, JR 1987, 97; Saenger, Die Wiedereinsetzung in den vorigen Stand im Strafverfahren, JuS 1991, 842; Sobota/Loose, Die Wiedereinsetzung in die Revisionsbegründungsfrist, NStZ 2018, 72.

---

268 OLG Hamm 23.5.1972 – 5 Ss OWi 363/72, NJW 1972, 2097 (2098).

269 OLG Karlsruhe 29.12.2014 – 2 Ws 427–430/14, BeckRS 2015, 14 Rn. 19.

270 Graalmann-Scheerer in Löwe/Rosenberg § 46 Rn. 14; Rappert in Radtke/Hohmann Rn. 37; Schmitt in Meyer-Goßner/Schmitt Rn. 25; Ziegler in KMR-StPO § 46 Rn. 7; Wendisch JR 1981, 131 (132).

271 Schmitt in Meyer-Goßner/Schmitt Rn. 25.

272 BGH 17.1.1962 – 4 StR 392/61, BGHSt 17, 94 (96) = NJW 1962, 818 (819); 21.12.1972 – 1 StR 267/72, BGHSt 25, 89 (91); Brauer in Gercke/Julius/Temming/Zöller Rn. 3; Cirener in BeckOK StPO Rn. 2; Maul in KK-StPO Rn. 15; Schmitt in Meyer-Goßner/Schmitt Rn. 1; Rappert in Radtke/Hohmann Rn. 2; aA Graalmann-Scheerer in Löwe/Rosenberg Rn. 16; Schaper NJW 1962, 1357 (1358).

273 BGH 26.6.1987 – 2 StR 255/87, BGHR § 44 Wirkung 1; OLG Hamm 23.5.1972 – 5 Ss OWi 363/72, NJW 1972, 2097 (2098); Ziegler in KMR-StPO § 46 Rn. 8.

274 BGH 7.9.1962 – 4 StR 264/62, BGHSt 18, 34 (36) = NJW 1962, 2359 (2360); OLG Düsseldorf 7.5.2009 – 3 Ws 179/09, NStZ-RR 2010, 29 (30); OLG Hamm 24.11.1955 – 1 Ws 516/55, NJW 1956, 274 (275).

275 BayObLG 7.10.1953 – RevReg. 1 St 333/53, JR 1954, 150 (151); OLG Braunschweig 10.8.1973 – Ss OWi 87/73, NJW 1973, 2119 (2119 f.); OLG Hamm 23.5.1972 – 5 Ss OWi 363/72, NJW 1972, 2097 (2098); Graalmann-Scheerer in Löwe/Rosenberg § 46 Rn. 13; Maul in KK-StPO § 46 Rn. 5; Ziegler in KMR-StPO § 46 Rn. 8.

Übersicht

I. Überblick

1 § 45 regelt das Verfahren der Wiedereinsetzung in den vorigen Stand und die Anforderungen an einen form- und fristgerechten **Antrag** (Abs. 1 und Abs. 2 S. 1 und S. 2; → Rn. 2 ff.). Aus der Vorschrift ergeben sich somit die formellen Zulässigkeitsvoraussetzungen, während § 44 die materiellen Erfordernisse an einen Antrag auf Wiedereinsetzung bestimmt. Gemäß Abs. 2 S. 3 kann Wiedereinsetzung auch **von Amts wegen** (→ Rn. 26 ff.) gewährt werden. Eine Sondervorschrift gegenüber § 45 stellt § 329 Abs. 7 dar.[1]

II. Erläuterung

2 **1. Antrag auf Wiedereinsetzung in den vorigen Stand. a) Form. aa) Antrag und Begründung.** Um den Voraussetzungen des Abs. 2 zu genügen, bedarf der Antrag trotz fehlender gesetzlicher Angaben der **Schriftform.** Außer der schriftlichen Einreichung kann der Antrag auch zu Protokoll der Geschäftsstelle gegeben werden.[2]

3 Nicht zuletzt wegen des fehlenden Devolutiveffekts (→ § 44 Rn. 2) schließen sich der Antrag auf Wiedereinsetzung in den vorigen Stand und **Rechtsmittel** mit demselben Ziel zwar aus.[3] Gleichwohl kann es sich empfehlen, neben dem Antrag auf Wiedereinsetzung auch Rechtsmittel bzw. Rechtsbehelfe einzulegen. Unentbehrlich ist dies, wenn gerade die Rechtsmittelfrist versäumt wurde (vgl. § 45 Abs. 2 S. 2). Häufig wird die verfristete Einlegung eines Rechtsmittels bzw. Rechtsbehelfs ein Gesuch um Wiedereinsetzung beinhalten. Wurde allerdings ein Rechtsmittel bereits wirksam zurückgenommen, ist ein danach angebrachter Antrag auf Wiedereinsetzung ebenso unzulässig wie die erneute Einlegung des Rechtsmittels.[4]

4 Über den Wiedereinsetzungsantrag ist in diesen Fällen zuerst zu entscheiden.[5] Wird Wiedereinsetzung in den vorigen Stand gegen die Versäumung der Frist zur Einlegung eines Rechtsmittels gewährt, beginnt die **Rechtsmittelbegründungsfrist** mit der Zustellung des Wiedereinsetzungsbeschlusses, sofern das Urteil zu diesem Zeitpunkt bereits zugestellt ist (→ § 44 Rn. 78).

5 In die **Begründung** des Antrags sind sämtliche Tatsachen aufzunehmen, aus denen sich die nicht schuldhafte Fristversäumnis des Antragstellers ergibt.[6] Vorzutragen sind im Einzelnen die nichteingehaltene Frist, der Grund für die Säumnis sowie der Zeitpunkt, an dem das Hindernis wegfällt.[7] Vor allem sind diejenigen Umstände aufzuzeigen, die das

[1] OLG Düsseldorf 9.4.2018 – 2 Ws 151/18, BeckRS 2018, 5593 Rn. 8.

[2] Cirener in BeckOK StPO Rn. 1; Deiters in SK-StPO Rn. 1; Maul in KK-StPO Rn. 2; Ziegler in KMR-StPO Rn. 2; aA Tsambikakis in Satzger/Schluckebier/Widmaier StPO Rn. 1.

[3] Maul in KK-StPO § 44 Rn. 2.

[4] BGH 22.9.1993 – 2 StR 367/93, StV 1994, 64; 16.12.1994 – 2 StR 461/94, NStZ 1995, 356 (356); Maul in KK-StPO § 44 Rn. 2.

[5] BGH 21.1.1958 – 1 StR 236/57, BGHSt 11, 152 (154) = NJW 1958, 509 (510); Graalmann-Scheerer in Löwe/Rosenberg Rn. 6; Maul in KK-StPO § 44 Rn. 2.

[6] BGH 12.12.2018 – 3 StR 519/18, BeckRS 2018, 35964 Rn. 4; OLG Frankfurt a. M. 10.10.2001 – 3 Ss 295/01, NStZ-RR 2002, 12 zur verzögerten Postzustellung; OLG Köln 14.3.2000 – Ss 10/00, NStZ-RR 2002, 142 (142); Cirener in BeckOK StPO Rn. 6; Graalmann-Scheerer in Löwe/Rosenberg Rn. 13.

[7] BGH 26.2.1991 – 1 StR 737/90, NStZ 1991, 295; 23.4.1996 – 1 StR 99/96, NStZ-RR 1996, 338; 8.12.2011 – 4 StR 430/11, NStZ 2012, 276 (277); 29.1.2013 – 4 StR 320/12, NStZ 2013, 474; 14.1.2015 – 1 StR 573/14, NStZ-RR 2015, 145 (145): Angabe eines längeren Zeitraums (im konkreten

Verschulden des Betroffenen ausschließen.[8] Sollte die Möglichkeit eines Verschuldens offen gelassen werden, scheidet eine Wiedereinsetzung daher aus.[9] Im Falle einer Erkrankung ist etwa deren Art anzugeben sowie der Umfang der von ihr ausgehenden körperlichen und geistigen Beeinträchtigungen darzulegen.[10] Allgemein oder gerichts-, insbesondere aktenkundige Tatsachen (zB Ersatzzustellung oder unterbliebene Rechtsmittelbelehrung nach § 35a[11]) müssen nicht mitgeteilt werden.[12] Allerdings bleibt etwa darzulegen, dass die Frist infolge der fehlenden Rechtsmittelbelehrung nach § 35a versäumt wurde.[13]

Beruht die Versäumnis auf Vorkommnissen bei der Zustellung (zB bei unvorhersehbarer Verzögerung des Postweges[14] oder Abhandenkommen des eingeworfenen Benachrichtigungsscheins[15]), müssen die betreffenden Umstände der Sendung näher geschildert werden, damit das **Gericht** vor allem das Verschulden des Betroffenen **hinreichend zuverlässig beurteilen** kann.[16] Liegt ein schuldhaftes Verhalten des Verteidigers vor, das sich der Angeklagte nicht zurechnen lassen muss (→ § 44 Rn. 55 ff.), hat der Verteidiger dies selbst in dem für seinen Mandanten gestellten Antrag geltend zu machen.[17] 6

Die Begründung muss innerhalb der Wochenfrist (→ Rn. 20 ff.) erfolgen, stellt folglich eine **Zulässigkeitsvoraussetzung** für den Antrag dar.[18] Im ggf. anschließenden Verfahren kann gemäß Abs. 2 S. 1 nur die Glaubhaftmachung der zur Begründung angeführten Tatsachen (→ Rn. 9 ff.), nicht jedoch die Begründung selbst nachgeholt werden. Zulässig ist lediglich, die bereits vorgetragene Begründung zu erläutern, zu verdeutlichen und zu ergänzen.[19] 7

Der Antrag ist gemäß **Abs. 1 S. 1** bei demjenigen **Gericht** zu stellen, bei dem die versäumte Frist wahrzunehmen gewesen wäre (iudex a quo). Allerdings genügt zur Fristwahrung gemäß Abs. 1 **S. 2,** den Antrag bei demjenigen Gericht zu stellen, das über den Antrag entscheidet (iudex ad quem), dh bei demjenigen Gericht, das bei recht- 8

Fall von einer Woche) anstatt eines Zeitpunkts genügt nicht; OLG Düsseldorf 27.1.1984 – 2 Ws 568/83, NStZ 1984, 330; Deiters in SK-StPO Rn. 7; Maul in KK-StPO Rn. 6; Ziegler in KMR-StPO Rn. 10.

8 BGH 15.11.1995 – 3 StR 353/95, NStZ 1996, 149; KG 3.9.2001 – 3 Ws 431/01, NZV 2002, 47 (48); OLG Düsseldorf 5.12.1995 – 1 Ws 940/95, NStZ-RR 1996, 169; zu den Anforderungen an die Begründung bei einem Kanzleiversehen KG 26.2.2019 – 3 Ws (B) 75/19, BeckRS 2019, 13431 Rn. 4.

9 OLG Köln 21.3.2014 – 1 RVs 37/14, BeckRS 2014, 8903.

10 KG 28.8.2014 – 4 Ws 70/14 – 141 AR 358/14, BeckRS 2014, 19171 Rn. 5; 10.11.2014 – 4 Ws 114/14, NStZ-RR 2015, 221; OLG Braunschweig 8.1.2014 – 1 Ws 380/13, NStZ 2014, 289 (289); OLG Hamm 24.11.2016 – 5 RVs 82/16, BeckRS 2016, 111318 Rn. 10; zu den Anforderungen auch OLG Hamm 30.10.2018 – 5 Ws 449/18, BeckRS 2018, 41466 Rn. 14.

11 OLG Hamm 19.8.1955 – 3 Ws 314/55, NJW 1955, 1850.

12 BVerfG 30.3.1995 – 2 BvR 2119/94, NJW 1995, 2544 (2544); OLG Köln 14.3.2000 – Ss 10/00, NStZ-RR 2002, 142 (143); Deiters in SK-StPO Rn. 7; Graalmann-Scheerer in Löwe/Rosenberg Rn. 14; Maul in KK-StPO Rn. 7; Schmitt in Meyer-Goßner/Schmitt Rn. 5a; Ziegler in KMR-StPO Rn. 10.

13 BGH 1.6.2010 – 4 StR 79/10, NStZ 2010, 584 (585).

14 S. hierzu OLG Frankfurt a. M. 10.10.2001 – 3 Ss 295/01, NStZ-RR 2002, 12; OLG Hamm 17.5.1977 – 1 Ss OWi 550/77, MDR 1977, 948; OLG Jena 10.6.1997 – 1 Ws 63/97, StraFo 1997, 331; 11.5.2006 – 1 Ws 126–127/06, NStZ-RR 2006, 345.

15 S. hierzu BVerfG 14.10.1997 – 2 BvR 1007/97, NStZ-RR 1998, 73 (74).

16 Brauer in Gercke/Julius/Temming/Zöller Rn. 10; Maul in KK-StPO Rn. 7 mit weiteren Beispielen; Rappert in Radtke/Hohmann Rn. 7; Ziegler in KMR-StPO Rn. 12.

17 BGH 13.1.2016 – 4 StR 452/15, NStZ-RR 2016, 86; KG 20.7.2005 – 2 Ss 135/05 – 3 Ws (B) 342/05, NZV 2005, 656; OLG Düsseldorf 23.4.1996 – 1 Ws OWi 344–345/96, StraFo 1997, 77 (77).

18 BGH 23.4.1996 – 1 StR 99/96, NStZ-RR 1996, 338; 14.1.2015 – 1 StR 573/14, NStZ-RR 2015, 145 (145); 27.6.2017 – 2 StR 129/17, NStZ-RR 2017, 285 (285); 18.9.2018 – 3 StR 92/18, NStZ-RR 2019, 24 (24); 7.2.2019 – 3 StR 560/18, StraFo 2019, 280; OLG Düsseldorf 31.1.1990 – 2 Ss OWi 4/90–3/90 III, NZV 1990, 365.

19 BGH 30.4.2015 – 1 StR 135/15, BeckRS 2015, 10414 Rn. 4; 29.11.2016 – 3 StR 444/16, StraFo 2017, 66 (67); 7.2.2019 – 3 StR 560/18, StraFo 2019, 280; KG 28.8.2014 – 4 Ws 70/14 – 141 AR 358/14, BeckRS 2014, 19171 Rn. 9; OLG Düsseldorf 14.4.1993 – 1 Ws 279/93, VRS 85, 342 (343); OLG Nürnberg 8.5.1962 – Ws 107/62, MDR 1963, 699 (699); Deiters in SK-StPO Rn. 8; Graalmann-Scheerer in Löwe/Rosenberg Rn. 13; Ziegler in KMR-StPO Rn. 14; vgl. hierzu auch OLG Hamburg 13.8.2018 – 2 Rev 47/18, BeckRS 2018, 18716 Rn. 9 ff.

zeitiger Handlung zur Entscheidung in der Sache selbst berufen gewesen wäre (§ 46 Abs. 1). Ebenso kann dort die versäumte Handlung nachgeholt (→ Rn. 18 f.), zB die Revision beim Revisionsgericht eingelegt werden.[20] Nicht auf freiem Fuß befindliche Beschuldigte können gemäß § 299 den Antrag zudem bei dem Amtsgericht einreichen, in dessen Bezirk sie verwahrt werden.[21]

9 **bb) Glaubhaftmachung (Abs. 2 S. 1).** Abs. 2 S. 1 verlangt die Glaubhaftmachung (im Einzelnen → § 26 Rn. 12 ff.) der zur Begründung vorgetragenen Tatsachen. Dies soll das Gericht in die Lage versetzen, ohne weitere Ermittlungen über den Antrag zu entscheiden.[22] Das Gericht trifft folglich im Wiedereinsetzungsverfahren keine Aufklärungspflicht.[23] Glaubhaft zu machen sind **sämtliche Umstände,** die für die Entscheidung des Gerichts über Zulässigkeit und Begründetheit des Antrags auf Wiedereinsetzung in den vorigen Stand bedeutsam sind.[24] Unterbleibt die Glaubhaftmachung, die aber auch erst im Verfahren über den Antrag erfolgen darf (→ Rn. 16 f.), oder ist sie unzureichend, ist der Antrag unzulässig.[25] Entbehrlich ist die Glaubhaftmachung lediglich bei allgemein- oder gerichtskundigen, insbesondere aktenkundigen Tatsachen, die bereits nicht dargelegt werden müssen (→ Rn. 5).[26]

10 Die Glaubhaftmachung setzt voraus, die vorgetragenen Tatsachen so weit zu beweisen, dass sie das Gericht in einem nach Lage der Sache vernünftigerweise zur Entscheidung hinreichenden Maß **für wahrscheinlich hält.** Die volle Überzeugung des Gerichts ist nicht erforderlich (→ § 26 Rn. 12).[27] Für die Glaubhaftmachung genügt es aber nicht, lediglich eine nicht zu widerlegende Behauptung aufzustellen.[28] Verbleibende Zweifel an der Wahrheit der vorgetragenen Tatsachen gehen zu Lasten des Antragstellers. Insoweit kann selbst bei dem Gesuch eines Angeklagten nicht auf den Zweifelsgrundsatz verwiesen werden;[29] zu Zweifeln bzgl. der Wahrung der Wochenfrist des § 45 Abs. 1 S. 1 → Rn. 25.

11 **Mittel zur Glaubhaftmachung** sind vor allem schriftliche (auch fremdsprachige[30]) Beweismittel, zB Urkunden wie Fahrscheine, ärztliche Zeugnisse, amtliche Bescheinigungen und eidesstattliche Versicherungen.[31] Die Abgabe einer eidesstattlichen Versicherung

---

20 OLG Hamburg 14.11.1977 – 2 Ss 319/76, JR 1978, 430; Deiters in SK-StPO Rn. 6; Schmitt in Meyer-Goßner/Schmitt Rn. 4; Ziegler in KMR-StPO Rn. 9.

21 Deiters in SK-StPO Rn. 6; Graalmann-Scheerer in Löwe/Rosenberg Rn. 9; Maul in KK-StPO Rn. 5; Ziegler in KMR-StPO Rn. 9.

22 BGH 10.11.1967 – 4 StR 512/66, BGHSt 21, 334 (347) = NJW 1968, 710 (712); KG 2.1.1974 – 3 Ws 207/73, NJW 1974, 657 (657); OLG Düsseldorf 6.5.1985 – 2 Ws 184/85 ua, NJW 1985, 2207 (2207).

23 KG 10.11.2014 – 4 Ws 114/14, BeckRS 2015, 7528 Rn. 3, in NStZ-RR 2015, 221 nicht abgedr.; OLG Braunschweig 8.1.2014 – 1 Ws 380/13, NStZ 2014, 289 (290).

24 Maul in KK-StPO Rn. 10; Schmitt in Meyer-Goßner/Schmitt Rn. 6.

25 BGH 26.2.1991 – 1 StR 737/90, NStZ 1991, 295; 14.1.2015 – 1 StR 573/14, NStZ-RR 2015, 145 (145); 18.9.2018 – 3 StR 92/18, NStZ-RR 2019, 24 (24); Brauer in Gercke/Julius/Temming/Zöller Rn. 13; Deiters in SK-StPO Rn. 11; Graalmann-Scheerer in Löwe/Rosenberg Rn. 25; Maul in KK-StPO Rn. 10; Ziegler in KMR-StPO Rn. 15.

26 OLG Düsseldorf 23.4.1996 – 1 Ws OWi 344–345/96, StraFo 1997, 77 (77); Cirener in BeckOK StPO Rn. 9; Graalmann-Scheerer in Löwe/Rosenberg Rn. 17; Maul in KK-StPO Rn. 10.

27 BGH 10.11.1967 – 4 StR 512/66, BGHSt 21, 334 (350); 30.10.1990 – 5 StR 447/90, NStZ 1991, 144; BayObLG 28.11.1955 – BReg. 3 St 171/55, NJW 1956, 640; OLG Düsseldorf 15.8.1990 – 1 Ws 728/90, wistra 1990, 364; Brauer in Gercke/Julius/Temming/Zöller Rn. 19; Deiters in SK-StPO Rn. 17; Graalmann-Scheerer in Löwe/Rosenberg Rn. 16; Schmitt in Meyer-Goßner/Schmitt Rn. 10; Ziegler in KMR-StPO Rn. 15.

28 BGH 10.11.1967 – 4 StR 512/66, BGHSt 21, 334 (352).

29 BGH 10.11.1967 – 4 StR 512/66, BGHSt 21, 334 (352); 14.1.2015 – 1 StR 573/14, NStZ-RR 2015, 145 (146); KG 28.8.2014 – 4 Ws 70/14 – 141 AR 358/14, BeckRS 2014, 19171 Rn. 5; OLG Düsseldorf 25.7.1984 – 1 Ws 720/84, StV 1985, 223 (224); 15.8.1990 – 1 Ws 728/90, wistra 1990, 364; Deiters in SK-StPO Rn. 17; Graalmann-Scheerer in Löwe/Rosenberg Rn. 16; Ziegler in KMR-StPO Rn. 15.

30 OLG Bamberg 15.12.1988 – Ws 653/88, NStZ 1989, 335 (335).

31 Cirener in BeckOK StPO Rn. 10; Deiters in SK-StPO Rn. 13; Graalmann-Scheerer in Löwe/Rosenberg Rn. 17; Ziegler in KMR-StPO Rn. 20.

bleibt dem Beschuldigten jedoch verwehrt;[32] eine gleichwohl erfolgte Versicherung ist daher nur als schlichte Erklärung zu behandeln (→ Rn. 12 f.).[33] Die bloße **Angabe von Beweismitteln** genügt nicht. Insbesondere reicht es idR nicht aus, einen Zeugen lediglich zu benennen;[34] etwas anderes gilt nur für Amtsträger, die ein amtliches Verschulden bezeugen sollen,[35] sowie für Zeugen, die nach dem glaubhaften Vortrag des Antragstellers eine schriftliche Erklärung verweigern oder nicht unverzüglich erreichbar sind.[36]

Erklärungen des Antragstellers eignen sich grundsätzlich nicht zur Glaubhaftmachung.[37] Dies gilt selbst dann, wenn die Wahrheit der behaupteten Tatsachen besonders nahe liegt oder der Lebenserfahrung entspricht,[38] zB wenn der Antragsteller einen Urlaub in der allgemeinen Ferienzeit behauptet[39] oder ein ausländischer Angeklagter vorträgt, die Rechtsmittelbelehrung nicht verstanden zu haben.[40] Art. 19 Abs. 4 und Art. 103 Abs. 1 GG stehen dem nicht entgegen, da der Betroffene die Glaubhaftmachung noch im Verfahren über den Antrag nachholen kann (→ Rn. 16 f.).[41] 12

Ausnahmsweise genügt eine eigene schlichte Erklärung für die Glaubhaftmachung, wenn der Antragsteller unverschuldet den notwendigen Beweis nicht zu führen vermag.[42] In Betracht kommt dies vor allem dann, wenn der Beweisverlust auf ein Verschulden der am Verfahren beteiligten Behörden zurückzuführen ist.[43] Wiederholt hat die Rechtsprechung dies etwa anerkannt, wenn die Empfängerbehörde den Briefumschlag mit dem Poststempel vernichtet hat, der die rechtzeitige Absendung des Schreibens hätte beweisen können.[44] In diesem Zusammenhang bleibt Nr. 155 RiStBV zu beachten, wonach bei einem vorgetragenen Verschulden anderer Personen wie zB von Urkundsbeamten, Bediensteten der Vollzugsanstalt und Verteidigern bei der Versäumung einer Rechtsmittelfrist eine (dienstliche) Äußerung dieser Personen herbeizuführen ist. 13

Die **Erklärungen eines Verteidigers** sind zur Glaubhaftmachung idR geeignet, wenn er in dem Antrag die Wiedereinsetzungsgründe als eigene Wahrnehmung bestätigt;[45] inso- 14

32 BGH 23.9.2015 – 4 StR 364/15, NStZ 2017, 172 (172); BayObLG 28.10.1953 – RevReg. 1 St 667/53, NJW 1954, 204; OLG Düsseldorf 25.7.1984 – 1 Ws 720/84, StV 1985, 223 (224); OLG Hamm 11.9.1973 – 5 Ss 901/73, NJW 1974, 327 (328); Deiters in SK-StPO Rn. 16; Schmitt in Meyer-Goßner/Schmitt Rn. 8.

33 BGH 21.12.1972 – 1 StR 267/72, BGHSt 25, 89 (92); BayObLG 20.2.1990 – RReg. 4 St 6/90, NStZ 1990, 340; OLG Düsseldorf 6.9.1989 – 3 Ws 608/89, NStZ 1990, 149 (150); 15.8.1990 – 1 Ws 728/90, wistra 1990, 364; Cirener in BeckOK StPO Rn. 11; Graalmann-Scheerer in Löwe/Rosenberg Rn. 23; Maul in KK-StPO Rn. 13; Rappert in Radtke/Hohmann Rn. 11; Ziegler in KMR-StPO Rn. 22.

34 OLG Hamm 12.11.2015 – 3 Ws 379/15, BeckRS 2015, 19700 Rn. 6.

35 BGH 5.8.2010 – 3 StR 269/10, NStZ-RR 2010, 378 (379); BayObLG 28.11.1955 – BReg. 3 St 171/55, NJW 1956, 640.

36 BGH 10.11.1967 – 4 StR 512/66, BGHSt 21, 334 (347) = NJW 1968, 710 (712); 5.8.2010 – 3 StR 269/10, NStZ-RR 2010, 378 (379).

37 BGH 13.9.2005 – 4 StR 399/05, NStZ 2006, 54 (55); 5.8.2010 – 3 StR 269/10, NStZ-RR 2010, 378 (379).

38 BVerfG 11.2.1976 – 2 BvR 849/75, BVerfGE 41, 332 (337) = NJW 1976, 1537 (1538); KG 2.1.1974 – 3 Ws 207/73, NJW 1974, 657 (658); Brauer in Gercke/Julius/Temming/Zöller Rn. 16; Maul in KK-StPO Rn. 12; Rappert in Radtke/Hohmann Rn. 11; Ziegler in KMR-StPO Rn. 25; aA zu § 45 aF noch BVerfG 10.6.1975 – 2 BvR 1018/74, BVerfGE 40, 88 (92 f.) = NJW 1975, 1355 (1355 f.) mwN; Deiters in SK-StPO Rn. 15; Saenger JuS 1991, 842 (844).

39 S. hingegen noch BVerfG 9.7.1969 – 2 BvR 753/68, BVerfGE 26, 315 (320) = NJW 1969, 1531 (1532); 2.7.1974 – 2 BvR 32/74, BVerfGE 38, 35 (39) = NJW 1974, 1902 (1903).

40 OLG Oldenburg 18.1.2008 – 1 Ws 41/08, NStZ-RR 2008, 150 (150).

41 BVerfG 11.2.1976 – 2 BvR 849/75, BVerfGE 41, 332 (339) = NJW 1976, 1537 (1538).

42 OLG Düsseldorf 25.7.1984 – 1 Ws 720/84, StV 1985, 223 (224); 6.9.1989 – 3 Ws 608/89, NStZ 1990, 149 (150); OLG München 21.4.1988 – 2 Ws 191/88, NStZ 1988, 377 (378); Cirener in BeckOK StPO Rn. 11; Deiters in SK-StPO Rn. 15; Maul in KK-StPO Rn. 12; Ziegler in KMR-StPO Rn. 23.

43 BVerfG 4.2.1993 – 2 BvR 389/92, NJW-RR 1994, 316 (316).

44 BVerfG 14.2.1995 – 2 BvR 1950/94, NJW 1995, 2545 (2546); 26.3.1997 – 2 BvR 842/96, NJW 1997, 1770 (1771); OLG Düsseldorf 6.9.1989 – 3 Ws 608/89, NStZ 1990, 149 (150); OLG Schleswig 19.5.1994 – 2 Ws 406/93, NJW 1994, 2841 (2841 f.); Cirener in BeckOK StPO Rn. 11; Graalmann-Scheerer in Löwe/Rosenberg Rn. 21.

45 KG 28.8.2014 – 4 Ws 70/14 – 141 AR 358/14, BeckRS 2014, 19171 Rn. 16.

weit bietet sich aber eine anwaltliche Versicherung an.[46] Hinsichtlich Handlungen, Unterlassungen oder Wahrnehmungen, die nicht in der Person des Rechtsanwalts liegen, scheidet eine Glaubhaftmachung hingegen aus.[47]

15 Bei Erklärungen per **Telefax,** die wegen einer technischen Störung des Empfangsgeräts nicht oder nicht rechtzeitig übermittelt werden, reicht zur Glaubhaftmachung nicht bereits die Vorlage des Sendeprotokolls mit dem „OK"-Vermerk aus (→ § 44 Rn. 29). Hieraus lässt sich nämlich weder der Zugang eines Schreibens beim Empfänger entnehmen noch der Inhalt des gesendeten Dokuments. Es bedarf daher etwa einer diesbezüglichen eidesstattlichen Versicherung des Verteidigers bzw. Rechtsanwalts oder seines Personals.[48] Da der Beschuldigte eine solche eidesstattliche Versicherung nicht abgeben kann (→ Rn. 11), genügt bei von ihm selbst gesendeten Telefaxschreiben der Einzelverbindungsnachweis, um eine Verbindung zum Faxgerät des Empfängers zu belegen.[49]

16 Die Glaubhaftmachung kann gemäß Abs. 2 S. 1 bei der **Antragstellung oder** auch erst **im Verfahren über den Antrag** geschehen.[50] Das Verfahren bleibt daher selbst dann einzuleiten, wenn zunächst ausschließlich die Umstände zur Begründung des Antrags vorgetragen werden. Hingegen ist es nicht erforderlich, sogleich alle Mittel zur Glaubhaftmachung vorzulegen. Häufig wird dies dem Antragsteller ohnehin nicht möglich sein, so dass lediglich ein weiterer Antrag auf Wiedereinsetzung provoziert werden würde.[51] Freilich empfiehlt es sich, den dadurch hervorgerufenen „Schwebezustand" nicht zu lange andauern zu lassen. Dem Gericht obliegt es deshalb, kurze Nachbringungsfristen zu setzen und die Entscheidung nur dann für eine angemessene Zeit aufzuschieben, wenn die Glaubhaftmachung bereits angekündigt oder nach der Sachlage zu erwarten ist.[52]

17 Da zum „Verfahren über den Antrag" auch ein sich ggf. anschließendes **Beschwerdeverfahren** über die abgelehnte Wiedereinsetzung in den vorigen Stand zählt, kann die Glaubhaftmachung sogar noch im Beschwerderechtszug erfolgen.[53] Zulässig ist es ebenso stets, eine bereits erbrachte Glaubhaftmachung nachzubessern oder zu ergänzen.[54] Geschieht die Glaubhaftmachung aber erst in der Beschwerdeinstanz, obwohl sie schon in der ersten Instanz hätte geschehen können, sind die dem Antragsteller erwachsenden notwendigen Auslagen auch bei begründetem Antrag nicht der Staatskasse aufzuerlegen.[55]

18 **cc) Nachholen der versäumten Handlung (Abs. 2 S. 2).** Gemäß Abs. 2 S. 2 ist außerdem die **versäumte Handlung** innerhalb der Antragsfrist des Abs. 1 S. 1 nachzuholen. Versäumt ist auch die zwar rechtzeitig vorgenommene, aber nicht die gesetzlich vorgeschriebene Form wahrende Handlung. Die versäumte Handlung muss vielmehr frist- und formgerecht erfolgen. Ansonsten ist der Antrag auf Wiedereinsetzung in den vorigen Stand

[46] BGH 15.11.1995 – 3 StR 353/95, NStZ 1996, 149; OLG Köln 20.12.1963 – 1 Ws 76/63, NJW 1964, 1038 (1039); Graalmann-Scheerer in Löwe/Rosenberg Rn. 19; Maul in KK-StPO Rn. 11.

[47] BGH 15.11.1995 – 3 StR 353/95, NStZ 1996, 149; OLG Hamm 15.2.2018 – 5 Ws 44/18, BeckRS 2018, 3489 Rn. 6; OLG Köln 20.12.1963 – 1 Ws 76/63, NJW 1964, 1038 (1039).

[48] Graalmann-Scheerer in Löwe/Rosenberg Rn. 22; Schmitt in Meyer-Goßner/Schmitt Rn. 9a; Graalmann-Scheerer FS Nehm, 2006, 277 (282).

[49] Graalmann-Scheerer in Löwe/Rosenberg Rn. 22; Schmitt in Meyer-Goßner/Schmitt Rn. 9a; Graalmann-Scheerer FS Nehm, 2006, 277 (283).

[50] OLG Düsseldorf 9.4.2018 – III-2 Ws 151/18, BeckRS 2018, 5593 Rn. 7.

[51] OLG Braunschweig 6.1.1967 – Ws 152/66, NJW 1967, 1432 (1433); Graalmann-Scheerer in Löwe/Rosenberg Rn. 24.

[52] Schmitt in Meyer-Goßner/Schmitt Rn. 7; Ziegler in KMR-StPO Rn. 18.

[53] BVerfG 11.2.1976 – 2 BvR 849/75, BVerfGE 41, 332 (338) = NJW 1976, 1537 (1538); KG 11.5.1992 – 4 Ws 56/92, JR 1992, 347 (348); OLG München 2.10.1984 – 2 Ws 952/84, MDR 1985, 162 (162); LG Karlsruhe 8.1.1976 – III Qs 230/75, NJW 1976, 1277 (1278); Deiters in SK-StPO Rn. 12; Graalmann-Scheerer in Löwe/Rosenberg Rn. 25; Maul in KK-StPO Rn. 15; Schmitt in Meyer-Goßner/Schmitt Rn. 7; Tsambikakis in Satzger/Schluckebier/Widmaier StPO Rn. 13; Ziegler in KMR-StPO Rn. 17; aA OLG Hamm 24.11.1975 – 4 Ws 487/75, MDR 1976, 509; OLG Stuttgart 13.1.1976 – 3 Ws 352/75, NJW 1976, 1278 (1279); Heyland JR 1977, 402 (403).

[54] OLG Stuttgart 1.2.1972 – 1 Ws 22/72, Justiz 1972, 121 (122); Graalmann-Scheerer in Löwe/Rosenberg Rn. 28; Ziegler in KMR-StPO Rn. 19.

[55] OLG Hamm 18.11.1980 – 1 Ws 215/80, NStZ 1981, 112.

unzulässig.[56] Wurde die Prozesshandlung zwischenzeitlich bereits (verspätet) vorgenommen, genügt es, sich in dem Antrag auf Wiedereinsetzung ausdrücklich oder stillschweigend auf sie zu beziehen.[57]

Bei der nachgeholten **Begründung der Revision** müssen im Antragsverfahren lediglich die Formvorschriften der § 344 Abs. 1, Abs. 2 S. 1 und § 345 Abs. 2 beachtet werden. Die Überprüfung der Anforderungen des § 344 Abs. 2 S. 2 bleibt hingegen dem Revisionsverfahren vorbehalten.[58] Die Revisionsbegründungsfrist verkürzt sich grds. gemäß § 45 Abs. 1 S. 1 auf eine Woche.[59] Ausnahmsweise bleibt es insoweit, dh nur bzgl. der Nachholung, nicht bzgl. des Antrags auf Wiedereinsetzung selbst, bei der Monatsfrist des § 345 Abs. 1.[60] Dies gilt etwa, wenn die Wiedereinsetzung darauf beruht, dass der Verteidiger gemäß § 146a zurückgewiesen wird,[61] der Angeklagte nicht über seine Rechtsmittel belehrt wird,[62] er verspätet Kenntnis von dem schriftlichen Urteil erhält[63] oder wenn der Angeklagte von der – allein auf einem Verschulden der Justiz beruhenden – Unzulässigkeit seiner Revisionsbegründung erst durch die Belehrung über eine insoweit mögliche Wiedereinsetzung in den vorigen Stand erfährt.[64] 19

b) Frist. Die Frist für den Antrag auf Wiedereinsetzung in den vorigen Stand beträgt gemäß Abs. 1 S. 1 **eine Woche.** Dies entspricht der Frist für die Einlegung von Rechtsmitteln in Strafsachen. Die zweiwöchige Einspruchsfrist gegen Strafbefehle gemäß § 410 Abs. 1 S. 1 würde dadurch aber verkürzt.[65] Bei der Frist handelt es sich um keine Ausschlussfrist. Wird sie versäumt, ist daher Wiedereinsetzung in den vorigen Stand möglich (→ § 44 Rn. 3). 20

Die Wochenfrist **beginnt** mit **Wegfall des Hindernisses,** dh desjenigen Umstands, der den Betroffenen von der Wahrung der jeweiligen Frist abhält. Häufig handelt es sich hierbei um die fehlende Kenntnis, trotz Vornahme der erforderlichen Handlungen die Frist versäumt zu haben.[66] Dieses Hindernis fällt weg, wenn der Antragsteller Kenntnis von seiner Säumnis erlangt (s. a. → Rn. 22); bloße Zweifel, etwa an der Rechtzeitigkeit der vorgenommenen Handlung, reichen nicht aus.[67] Die Frist **endet** an demjenigen Wochentag der nächsten Woche, an dem das Hindernis weggefallen ist (§ 43 Abs. 1 Hs. 1). 21

Bei einem **rechtzeitig aufgegebenen,** aber verspätet beim Empfänger angekommenen **Schreiben** fällt das Hindernis weg, sobald der Absender von der Verzögerung erfährt.[68] 22

56 BGH 13.1.1997 – 4 StR 612/96, BGHSt 42, 365 (366) = NJW 1997, 1516; OLG Brandenburg 9.1.2009 – 1 Ss OWi 228 B/08, VRS 116, 271 (272); OLG Düsseldorf 2.4.1993 – 2 Ws 98/93, NStZ 1993, 496; 3.9.1997 – 1 Ws OWi 395–396/97, NJW 1998, 919; Rappert in Radtke/Hohmann Rn. 14; Schmitt in Meyer-Goßner/Schmitt Rn. 11.

57 BayObLG 6.2.1984 – RReg. 5 St 6/84, BayObLGSt 1984, 6 (7); Graalmann-Scheerer in Löwe/Rosenberg Rn. 29; Maul in KK-StPO Rn. 9; Ziegler in KMR-StPO Rn. 26.

58 BGH 13.1.1997 – 4 StR 612/96, BGHSt 42, 365 (366) = NJW 1997, 1516; Ziegler in KMR-StPO Rn. 27.

59 BGH 23.1.1997 – 1 StR 543/96, NStZ-RR 1997, 267; OLG Karlsruhe 10.10.2016 – 2 (7) Ss 518/16, BeckRS 2016, 20011 Rn. 15; krit. Sobota/Loose NStZ 2018, 72 (74 ff.) mit dem Vorschlag einer analogen Anwendung des § 234 Abs. 1 S. 2 ZPO (76 f.).

60 Cirener in BeckOK StPO Rn. 13.1; Graalmann-Scheerer in Löwe/Rosenberg Rn. 29; Ziegler in KMR-StPO Rn. 28.

61 BGH 12.5.1976 – 3 StR 100/76, BGHSt 26, 335 (338 f.) = NJW 1976, 1414 (1415).

62 OLG Koblenz 26.7.1990 – 1 Ss 202/90, NStZ 1991, 42 (43); aA Maul in KK-StPO Rn. 9.

63 BGH 31.1.2006 – 4 StR 403/05, NStZ-RR 2006, 211 (212); OLG Zweibrücken 13.12.1979 – 1 Ss 300/79, MDR 1980, 869 (870).

64 OLG Braunschweig 26.2.2016 – 1 Ss 6/16, BeckRS 2016, 4440 Rn. 15.

65 Diese Verkürzung verstößt indessen nach EuGH 14.5.2020 – C-615/18 (UY), NJW 2020, 1873 (1875) = JR 2020, 672 mkritAnm Kulhanek gegen Art. 6 der Richtlinie 2012/13/EU des Europäischen Parlaments und des Rates vom 22.5.2012 über das Recht auf Belehrung und Unterrichtung in Strafverfahren; s. a. EuGH 15.10.2015 – C-216/14, NJW 2016, 303 – Covaci mAnm Böhm = NStZ 2017, 38 mAnm Zündorf = JR 2016, 207 mAnm Kulhanek; EuGH 22.3.2017 – C-124/16 ua, JR 2017, 488 – Tranca ua mAnm Zündorf = StV 2018, 69 mAnm Brodowski.

66 Schmitt in Meyer-Goßner/Schmitt Rn. 3.

67 Ziegler in KMR-StPO Rn. 3.

68 Maul in KK-StPO Rn. 3.

Dies entspricht bei der Einreichung eines elektronischen Dokuments der Mitteilung gemäß § 32a Abs. 6 S. 1, dass es nicht zur Bearbeitung geeignet sei. Bleibt eine **Zustellung** dem Empfänger unbekannt, wird das Hindernis beseitigt, wenn der Adressat Kenntnis hiervon erlangt und die Gelegenheit erfährt, den Inhalt des zugestellten Schriftstücks zur Kenntnis zu nehmen.[69] Beantragt jemand innerhalb der Frist des § 172 Abs. 2 S. 1 Prozesskostenhilfe für seinen Antrag auf gerichtliche Entscheidung, fällt das Hindernis erst mit der nach Ablauf der Frist erfolgten Zustellung des ablehnenden Beschlusses weg.[70]

23 Führt ein der Justiz zuzurechnender Fehler (zB fehlerhafte Protokollierung einer Rechtsbeschwerde durch den Rechtspfleger) zu einem Wiedereinsetzungsgrund (→ § 44 Rn. 67 ff.), fordert der Grundsatz fairer Verhandlungsführung, den Betroffenen über den möglichen Antrag auf Wiedereinsetzung in den vorigen Stand zu belehren, sofern dieser nicht anderweitig über diese Möglichkeit unterrichtet ist.[71] Erst mit dieser **Rechtsmittelbelehrung** beginnt die Wiedereinsetzungsfrist,[72] falls der Betroffene nicht zuvor auf andere Weise Kenntnis von der Fristgebundenheit des versäumten Rechtsmittels erlangt.[73]

24 Abzustellen ist auf die persönliche **Kenntnis des Angeklagten.**[74] Wann dessen Verteidiger Kenntnis erlangt, sei dies früher[75] oder später[76] als der Betroffene selbst, ist grds. unerheblich.[77] Etwas anderes kann gelten, sofern sich der Säumige das Verschulden seines Vertreters zurechnen lassen muss (→ § 44 Rn. 55 ff.).[78]

25 Umstritten ist, ob bei **Zweifeln an der Rechtzeitigkeit** des Antrags auf Wiedereinsetzung in den vorigen Stand (zB weil sich der Zeitpunkt des Wegfalls des Hindernisses nicht eindeutig bestimmen lässt) die Wochenfrist des § 45 Abs. 1 S. 1 als gewahrt anzusehen bleibt. Da im Zweifel von der Wahrung einer Erklärungsfrist auszugehen ist (→ § 44 Rn. 8), wird vielfach vertreten, in einem solchen Fall auch bei dem Antrag auf Wiedereinsetzung ein rechtzeitiges Gesuch anzunehmen.[79] Allerdings lassen sich diese Überlegungen nicht übertragen, da es beim Wiedereinsetzungsantrag dem Antragsteller obliegt, die Tatsachen zur Begründung seines Antrags glaubhaft zu machen. Demzufolge gehen nicht ausgeräumte Zweifel über die Einhaltung der Wochenfrist des Abs. 1 S. 1 grds. zu Lasten des Antragstellers.[80] Zu seinen Gunsten ist nur dann von der Wahrung der Frist auszugehen, wenn sich Zweifel auf behördliches Verschulden zurückführen lassen (zB Verlust der Akten, defekter Nachtbriefkasten; insoweit → § 44 Rn. 25).[81]

---

[69] OLG Celle 17.7.1973 – 2 Ws 123/73, NJW 1973, 2306 (2307); OLG Karlsruhe 20.1.1993 – 3 Ws 2/93, MDR 1993, 564; Cirener in BeckOK StPO Rn. 2; Graalmann-Scheerer in Löwe/Rosenberg Rn. 7; Ziegler in KMR-StPO Rn. 4.

[70] OLG Celle 26.10.1976 – 2 Ws 155/76, GA 1977, 150; Graalmann-Scheerer in Löwe/Rosenberg Rn. 7.

[71] BVerfG 10.10.2012 – 2 BvR 1095/12, NJW 2013, 446 (447).

[72] BVerfG 10.10.2012 – 2 BvR 1095/12, NJW 2013, 446 (447).

[73] OLG Düsseldorf 11.4.1994 – 1 Ws 177/94, VRS 87, 351 (352); Ziegler in KMR-StPO Rn. 4.

[74] BGH 18.9.2018 – 3 StR 92/18, NStZ-RR 2019, 24 (24); 7.2.2019 – 3 StR 560/18, StraFo 2019, 280; 20.11.2019 – 4 StR 522/19, NStZ-RR 2020, 49 (50).

[75] BayObLG 21.11.1956 – BWReg. 1 St 85/56, NJW 1957, 192 (193); OLG Hamm 9.9.1965 – 4 Ss 964/65, NJW 1965, 2216 (2217).

[76] BayObLG 24.10.1955 – RReg. 1 St 746/55, NJW 1956, 154.

[77] BGH 13.9.2005 – 4 StR 399/05, NStZ 2006, 54 (55); 20.11.2019 – 4 StR 522/19, NStZ-RR 2020, 49 (50); KG 20.7.2005 – 2 Ss 135/05 – 3 Ws (B) 342/05, NZV 2005, 656; OLG Braunschweig 6.1.1967 – Ws 152/66, NJW 1967, 1432 (1433); Deiters in SK-StPO Rn. 4; Graalmann-Scheerer in Löwe/Rosenberg Rn. 8; Schmitt in Meyer-Goßner/Schmitt Rn. 3.

[78] Vgl. OLG Frankfurt a. M. 8.10.2003 – 3 Ws 959/03, NStZ-RR 2003, 369 für den Antragsteller in einem Klageerzwingungsverfahren; Cirener in BeckOK StPO Rn. 3; Ziegler in KMR-StPO Rn. 5.

[79] OLG Hamburg 27.7.1973 – 1 Ws 234/73, NJW 1974, 68; Brauer in Gercke/Julius/Temming/Zöller Rn. 6; Cirener in BeckOK StPO Rn. 4; Graalmann-Scheerer in Löwe/Rosenberg Rn. 5; Maul in KK-StPO Rn. 3; Tsambikakis in Satzger/Schluckebier/Widmaier StPO Rn. 4.

[80] BGH 14.1.2015 – 1 StR 573/14, NStZ-RR 2015, 145 (146); 18.9.2018 – 3 StR 92/18, NStZ-RR 2019, 24 (24); OLG Celle 13.4.1982 – 1 Ss OWi 128/82, MDR 1982, 774 (775); Deiters in SK-StPO Rn. 5; Schmitt in Meyer-Goßner/Schmitt Rn. 3; Ziegler in KMR-StPO Rn. 6.

[81] OLG Celle 13.4.1982 – 1 Ss OWi 128/82, MDR 1982, 774 (775); OLG Hamm 15.9.1998 – 2 Ws 400/98, NStZ 1999, 97; Schmitt in Meyer-Goßner/Schmitt Rn. 3; Ziegler in KMR-StPO Rn. 8.

2. Gewährung von Wiedereinsetzung in den vorigen Stand von Amts wegen (Abs. 2 S. 3). Gemäß Abs. 2 S. 3 kann Wiedereinsetzung in den vorigen Stand auch ohne Antrag, dh von Amts wegen gewährt werden. Möglich ist dies wie bei der beantragten Wiedereinsetzung in den vorigen Stand jedoch nur bei der Nichteinhaltung von **Fristen,** nicht hingegen (auch nicht entsprechend) bei versäumten Terminen wie zB in den Fällen der § 235, § 329, § 412.[82] Wiedereinsetzung kann auch stillschweigend gewährt werden, zB durch die Anberaumung des Verhandlungstermins oder das Verhandeln zur Sache. Dies setzt aber voraus, dass das Gericht die Fristversäumung als solche überhaupt erkannt hat.[83] 26

Die Wiedereinsetzung in den vorigen Stand von Amts wegen setzt voraus, dass abgesehen von dem fehlenden Antrag **sämtliche Anforderungen des § 45** erfüllt sind, insbesondere – so ausdrücklich Abs. 2 S. 3 – die versäumte Handlung innerhalb der Antragsfrist und in der gesetzlich vorgeschriebenen Form nachgeholt wird.[84] Unerheblich ist, ob sich der Betroffene bei der Nachholung der Nichteinhaltung der Frist bewusst war.[85] Einer Nachholung bedarf es nicht, wenn die Prozesshandlung bereits zuvor (verspätet) vorgenommen wurde (→ Rn. 18).[86] Dass der Betroffene ohne Verschulden die Frist versäumt hat, muss offensichtlich oder aktenkundig sein.[87] Außerdem muss der ursächliche Zusammenhang zwischen Versäumnisgrund und Säumnis ohne weiteres erkennbar sein.[88] 27

Darüber hinaus muss auch ohne förmlichen Antrag aus der nachgeholten Prozesshandlung oder deren Zusammenhang ersichtlich werden, dass der **Betroffene Wiedereinsetzung begehrt.**[89] Dies gilt ua bei einem verspäteten Antrag, der gewöhnlich als Anregung auf die Gewährung von Wiedereinsetzung von Amts wegen verstanden werden kann.[90] Ohne oder gegen den Willen des Säumigen ist eine Wiedereinsetzung von Amts wegen hingegen nicht zulässig.[91] 28

Eine Wiedereinsetzung in den vorigen Stand von Amts wegen ist idR geboten, wenn der Grund für die Wiedereinsetzung auf einem Verfahrensfehler des Gerichts beruht,[92] offensichtlich eine nicht vom Betroffenen zu vertretende Verzögerung der Postbeförderung vorliegt[93] oder nicht auszuschließen ist, dass die Nichteinhaltung der Frist auf einer überlan- 29

---

[82] OLG Hamm 15.7.2009 – 3 Ws 231/09, NStZ-RR 2009, 314 (314 f.); Cirener in BeckOK StPO Rn. 15; Graalmann-Scheerer in Löwe/Rosenberg Rn. 32; Schmitt in Meyer-Goßner/Schmitt Rn. 12; aA OLG Düsseldorf 28.3.1979 – 2 Ss OWi 89/79, 13/79 V, NJW 1980, 1704 (1705); OLG Hamburg 3.8.2000 – 1 Ws 168/00, NStZ-RR 2001, 302 (302); LG Siegen 22.7.1976 – Ls 25 Js 20/76 Hw, NJW 1976, 2359.

[83] OLG Frankfurt a. M. 17.6.2016 – 1 Ss 381/15, StV 2017, 658 (659).

[84] OLG Düsseldorf 16.1.1984 – 5 Ss OWi 520/83 – 9/84 I, VRS 67, 53 (53 f.); einschränkend OLG Oldenburg 31.1.2011 – 1 Ss 7/11, NStZ 2012, 51.

[85] BayObLG 2.10.1987 – RReg. 1 St 94/87, BayObLGSt 1987, 102 (103).

[86] OLG Bremen 11.6.1990 – Ws 77/90, StV 1991, 505; Lintz JR 1987, 94 (95); aA Gössel JR 1986, 383 (384); Gössel JR 1987, 97 (98).

[87] OLG Bremen 11.6.1990 – Ws 77/90, StV 1991, 505; OLG Düsseldorf 6.12.1991 – 1 Ws 939/91, 1171–1172/91, wistra 1992, 318 (319); OLG Frankfurt a. M. 5.3.1980 – 1 Ws (B) 44/80 OWiG, VRS 59, 429 (430); OLG Hamm 19.1.2012 – III-3 Ws 9/12, NStZ-RR 2012, 315 (316); OLG Köln 14.3.2000 – Ss 10/00, NStZ-RR 2002, 142 (143); Graalmann-Scheerer in Löwe/Rosenberg Rn. 30; Rappert in Radtke/Hohmann Rn. 16; Schmitt in Meyer-Goßner/Schmitt Rn. 12; Ziegler in KMR-StPO Rn. 30.

[88] OLG Düsseldorf 20.9.2000 – 2 Ws 220/00, StraFo 2000, 412 (413); OLG Köln 14.3.2000 – Ss 10/00, NStZ-RR 2002, 142 (143); OLG Saarbrücken 15.1.1986 – 1 Ws 384/85, NStZ 1986, 470 (472); OLG Zweibrücken 5.9.1994 – 1 Ws 389/94, VRS 88, 356 (357).

[89] BGH 22.1.1988 – 3 StR 533/87, Miebach NStZ 1988, 446 (446) – RsprÜ; Deiters in SK-StPO Rn. 19; Graalmann-Scheerer in Löwe/Rosenberg Rn. 30; Ziegler in KMR-StPO Rn. 30.

[90] OLG Bremen 11.6.1990 – Ws 77/90, StV 1991, 505; Graalmann-Scheerer in Löwe/Rosenberg Rn. 31; Ziegler in KMR-StPO Rn. 31.

[91] BGH 22.1.1988 – 3 StR 533/87, Miesbach NStZ 1988, 446 – RsprÜ; 31.8.2016 – 2 StR 27/16, StraFo 2017, 17.

[92] BVerfG 30.6.1976 – 2 BvR 212/76, BVerfGE 42, 252 (257) = NJW 1976, 1839 (1840); KG 9.1.2014 – 2 Ws 2/14 – 141 AR 692/13, NJOZ 2014, 1496 (1497 f.); OLG Hamm 6.5.1985 – 3 Ws 266/85, NStZ 1985, 568; OLG Köln 29.9.2005 – 83 Ss OWi 37/05, NZV 2006, 47 (47); OLG Oldenburg 31.1.2011 – 1 Ss 7/11, NStZ 2012, 51; s. a. OLG Bremen 7.3.2013 – 2 Ss 81/12, BeckRS 2013, 04380.

[93] BGH 20.1.2010 – 2 StR 513/09, BeckRS 2010, 03526; OLG Hamburg 13.8.1985 – 2 Ss 47/85, NStZ 1985, 568.

gen Postlaufzeit beruht, weil sich etwa der Briefumschlag mit Poststempel nicht mehr bei den Akten befindet (→ Rn. 13).[94]

§ 46 Zuständigkeit; Rechtsmittel

(1) Über den Antrag entscheidet das Gericht, das bei rechtzeitiger Handlung zur Entscheidung in der Sache selbst berufen gewesen wäre.

(2) Die dem Antrag stattgebende Entscheidung unterliegt keiner Anfechtung.

(3) Gegen die den Antrag verwerfende Entscheidung ist sofortige Beschwerde zulässig.

Übersicht

I. Überblick

1 Die Vorschrift des § 46 bestimmt das **zuständige Gericht** für die Entscheidung über den Antrag auf Wiedereinsetzung in den vorigen Stand (Abs. 1; → Rn. 2 ff.) sowie etwaige **Rechtsmittel** gegen die Entscheidung (Abs. 2 und Abs. 3; → Rn. 8 ff.).

II. Erläuterung

2 **1. Zuständiges Gericht.** Über den Antrag auf Wiedereinsetzung in den vorigen Stand gemäß §§ 44 f. entscheidet dasjenige Gericht, das **über die Sache entschieden** hätte, wenn die versäumte Handlung rechtzeitig vorgenommen worden wäre (Abs. 1). Demzufolge ist etwa das Amtsgericht für den Antrag auf Wiedereinsetzung zuständig, wenn die Einspruchsfrist gegen einen Strafbefehl nach § 410 Abs. 1 S. 1 oder gegen einen Bußgeldbescheid nicht eingehalten wird.[1] Wird eine Rechtsmittelfrist versäumt, entscheidet das Rechtsmittelgericht. So ist etwa das Landgericht zuständig, wenn Wiedereinsetzung in den vorigen Stand wegen Versäumung der Berufungsfrist beantragt wird. In diesem Fall hat das Landgericht auch über die Verwerfung der Berufung als unzulässig zu entscheiden und ist das Amtsgericht hierzu nicht mehr gemäß § 319 Abs. 1 befugt.[2] Bei fehlender Bezeichnung des Rechtsmittels liegt die Zuständigkeit beim Land- als Berufungsgericht.[3] Ist ausdrücklich Revision eingelegt und wird sodann die Begründungsfrist versäumt, entscheidet das Revisionsgericht auch dann über den Antrag auf Wiedereinsetzung, wenn der Rechtsmittelführer zugleich den Übergang zur Berufung erklärt.[4]

3 Problematisch ist die Zuständigkeit, wenn **in erster Instanz** ein **Antrag** auf Wiedereinsetzung in den vorigen Stand **übergangen** wurde und der Betroffene gegen die Entscheidung

---

[94] OLG Brandenburg 30.6.2005 – 2 Ws 94/05, NZV 2006, 316; OLG Hamm 26.6.2008 – 2 Ws 179/08, NStZ-RR 2009, 112; LG Münster 10.9.1985 – 7 Qs 627/85 VII, MDR 1986, 162 (163); einschränkend OLG Hamm 19.1.2012 – III-3 Ws 9/12, NStZ-RR 2012, 315 (316).

[1] BGH 31.1.1968 – 3 StR 19/68, BGHSt 22, 52 (57) = NJW 1968, 557 (558); OLG Frankfurt a. M. 28.3.2006 – 3 Ws 321/06, NStZ-RR 2006, 215 (215); Graalmann-Scheerer in Löwe/Rosenberg Rn. 3; Maul in KK-StPO Rn. 1.

[2] OLG Frankfurt a. M. 22.4.2014 – 3 Ws 335 und 339/14, NStZ-RR 2014, 254.

[3] BayObLG 19.7.1962 – RReg. 4 St 103/62, NJW 1962, 1927 (1928); Graalmann-Scheerer in Löwe/Rosenberg Rn. 4; Ziegler in KMR-StPO Rn. 2.

[4] OLG Köln 12.3.1993 – Ss 42/93, NStZ 1994, 199 (200); OLG Schleswig 31.10.1980 – 1 Ws 343/80, MDR 1981, 251; Graalmann-Scheerer in Löwe/Rosenberg Rn. 4; Ziegler in KMR-StPO Rn. 3; aA OLG München 12.3.2010 – 4 St RR 10/10, NStZ-RR 2010, 245; OLG Zweibrücken 28.8.1984 – 1 Ws 201/84, MDR 1985, 517 (518); Brauer in Gercke/Julius/Temming/Zöller Rn. 1; Cirener in BeckOK StPO Rn. 1.

im Hauptverfahren Rechtsmittel einlegt. Dies gilt zB, wenn das Amtsgericht einen Antrag auf Wiedereinsetzung bei versäumter Einspruchsfrist gegen einen Strafbefehl übergeht und der Betroffene gegen die Verwerfung des Einspruchs als unzulässig vorgeht. In diesem Fall ist das Rechtsmittelgericht für die Entscheidung über den Wiedereinsetzungsantrag selbst dann nicht zuständig,[5] wenn dieser erst im Rechtsmittelverfahren gestellt wird.[6] Die gleichen Grundsätze sind anzuwenden, wenn das Landgericht nicht über einen Antrag auf Wiedereinsetzung in den vorigen Stand wegen nichteingehaltener Berufungsfrist entscheidet.[7]

Das Rechtsmittelgericht kann in diesem Fall lediglich die erstinstanzliche Entscheidung aufheben,[8] **nicht** aber **zurückverweisen.**[9] Bei der Verwerfung eines Einspruchs gegen einen Strafbefehl als unzulässig muss das Amtsgericht daher selbst entscheiden, ob Wiedereinsetzung in den vorigen Stand zu gewähren und eine neue Hauptverhandlung anzuberaumen ist.[10] 4

2. Entscheidung. Die Entscheidung über den Antrag auf Wiedereinsetzung in den vorigen Stand ergeht durch **Beschluss.** Ist ein Formerfordernis (→ § 45 Rn. 2 ff.) nicht gewahrt, wird der Antrag als unzulässig verworfen. Sind die Voraussetzungen des § 44 nicht erfüllt, ist der Antrag unbegründet. Bei einem zulässigen und begründeten Antrag wird Wiedereinsetzung in den vorigen Stand gewährt (→ § 44 Rn. 78 ff.); zu den Kosten s. § 473 Abs. 7. 5

Bei einem offenkundigen Mangel der Verteidigung[11] kann die Entscheidung über den Wiedereinsetzungsantrag **zurückgestellt** und die Sache zur Bestellung eines neuen Pflichtverteidigers an das zuständige Gericht zurückgegeben werden.[12] 5a

Das Gericht kann auch **stillschweigend** Wiedereinsetzung in den vorigen Stand gewähren,[13] indem es etwa die Hauptverhandlung anberaumt.[14] Es muss sich allerdings aus den Umständen ergeben, dass das Gericht sich der Nichteinhaltung einer Frist bewusst war und Wiedereinsetzung gewähren wollte.[15] 6

---

[5] BGH 31.1.1968 – 3 StR 19/68, BGHSt 22, 52 (56) = NJW 1968, 557 (558); BayObLG 30.8.1988 – RReg. 2 St 183/88, BayObLGSt 1988, 134 (135); OLG Frankfurt a. M. 28.3.2006 – 3 Ws 321/06, NStZ-RR 2006, 215 (215); OLG Stuttgart 14.1.1976 – 3 Ss 744/75, NJW 1976, 1905 (1905); Cirener in BeckOK StPO Rn. 2; Graalmann-Scheerer in Löwe/Rosenberg Rn. 7; Maul in KK-StPO Rn. 2; Schmitt in Meyer-Goßner/Schmitt Rn. 2; Ziegler in KMR-StPO Rn. 4.

[6] Brauer in Gercke/Julius/Temming/Zöller Rn. 2; Deiters in SK-StPO Rn. 3; Graalmann-Scheerer in Löwe/Rosenberg Rn. 8; Tsambikakis in Satzger/Schluckebier/Widmaier StPO Rn. 2; aA BayObLG 27.2.1963 – RReg. 4 St 371/62, JZ 1964, 385 (385) mablAnm Mayer.

[7] BayObLG 2.10.1987 – RReg. 1 St 94/87, BayObLGSt 1987, 102 (104); 25.10.1995 – 2 St RR 167/95, NStZ-RR 1996, 74 (74); OLG Frankfurt a. M. 17.6.2016 – 1 Ss 381/15, StV 2017, 658 (659); OLG Hamburg 16.3.2006 – III-23/06 – 1 Ss 41/06, StraFo 2006, 294 (295); Schmitt in Meyer-Goßner/Schmitt Rn. 2; vgl. auch OLG Düsseldorf 9.4.2018 – 2 Ws 151/18, BeckRS 2018, 5593 Rn. 13 ff. zum Wiedereinsetzungsantrag gemäß § 329 Abs. 7 bei Versäumung der Berufungshauptverhandlung; aA OLG Hamburg 13.8.1985 – 2 Ss 47/85, NStZ 1985, 568.

[8] BGH 31.1.1968 – 3 StR 19/68, BGHSt 22, 52 (56) = NJW 1968, 557 (558); BayObLG 30.8.1988 – RReg. 2 St 183/88, BayObLGSt 1988, 134 (135); Rappert in Radtke/Hohmann Rn. 2; Schmitt in Meyer-Goßner/Schmitt Rn. 2.

[9] Brauer in Gercke/Julius/Temming/Zöller Rn. 2; Rappert in Radtke/Hohmann Rn. 2; Schmitt in Meyer-Goßner/Schmitt Rn. 2; aA BayObLG 2.10.1987 – RReg. 1 St 94/87, BayObLGSt 1987, 102 (106); OLG Stuttgart 14.1.1976 – 3 Ss 744/75, NJW 1976, 1905 (1905); Deiters in SK-StPO Rn. 3; Wendisch JR 1990, 37 (38 f.).

[10] Vgl. Schmitt in Meyer-Goßner/Schmitt Rn. 2.

[11] S. hierzu etwa Valerius in BeckOK StPO EMRK Art. 6 Rn. 44 mwN; ausf. → EMRK Art. 6 Rn. 225 ff.

[12] BGH 18.1.2018 – 4 StR 610/17, NStZ-RR 2018, 84; 5.6.2018 – 4 StR 138/18, BeckRS 2018, 12856 Rn. 1, in StV 2019, 166 nicht abgedr.; s. auch BGH 28.6.2016 – 2 StR 265/15, BeckRS 2016, 14147 = StV 2016, 770.

[13] OLG Hamm 24.3.1958 – 2 Ss 1829/57, NJW 1958, 880 (880); OLG Oldenburg 14.1.1985 – Ss 6/85, VRS 68, 282; Graalmann-Scheerer in Löwe/Rosenberg Rn. 10; Ziegler in KMR-StPO Rn. 6.

[14] BayObLG 14.12.1979 – RReg. 2 St 318/79, VRS 58, 366 (366); OLG Stuttgart 14.1.1976 – 3 Ss 744/75, NJW 1976, 1905 (1905).

[15] BayObLG 2.10.1987 – RReg. 1 St 94/87, BayObLGSt 1987, 102 (103 f.); OLG Hamburg 16.3.2006 – III-23/06 – 1 Ss 41/06, StraFo 2006, 294 (294); OLG Hamm 2.2.1994 – 2 Ws 46/94, MDR 1994, 715.

7 Vor der Entscheidung ist zum einen der Staatsanwaltschaft Gelegenheit zur Erklärung zu geben (§ 33 Abs. 2). Zum anderen sind Verfahrensbeteiligte **anzuhören,** für welche die Entscheidung von Nachteil wäre (§ 33 Abs. 3), zB der Privatkläger bei einem Wiedereinsetzungsantrag des Angeklagten.[16]

III. Rechtsmittel

8 Wird auf Antrag Wiedereinsetzung in den vorigen Stand **gewährt,** ist der Beschluss gemäß Abs. 2 unanfechtbar. Die Entscheidung kann auch nicht mehr zusammen mit dem Urteil angegriffen werden.[17]

9 Eine Anfechtung des stattgebenden Wiedereinsetzungsbeschlusses kommt selbst dann nicht in Betracht, wenn er von dem **unzuständigen Gericht** (zB bei Versäumung der Rechtsmittelfrist durch den Tatrichter anstatt durch das Rechtsmittelgericht) erlassen wurde[18] oder auf unrichtigen rechtlichen Erwägungen beruht.[19] Nur wenn eine Wiedereinsetzung mangels Einschlägigkeit der §§ 44 f. von vornherein nicht bewilligt hätte werden dürfen, entfällt die Bindung eines gleichwohl erlassenen Beschlusses.[20]

10 Wird der Antrag auf Wiedereinsetzung in den vorigen Stand **verworfen,** ist – mit Ausnahme des § 304 Abs. 4[21] – gegen den Ablehnungsbeschluss sofortige Beschwerde zulässig (Abs. 3). Dies gilt ebenso dann, wenn die Wiedereinsetzung gemäß § 45 Abs. 2 S. 3 von Amts wegen gewährt wurde.[22] Die Staatsanwaltschaft ist beschwerdeberechtigt, auch zugunsten des Betroffenen.[23]

11 Ein Verwerfungsbeschluss durch ein **unzuständiges Gericht** kann ebenfalls durch sofortige Beschwerde gemäß Abs. 3 angefochten werden.[24] Ohne Anfechtung erwächst der Beschluss zwar in Rechtskraft. Die Rechtsmittelgerichte sind aber nach hM nicht an die ablehnende Entscheidung eines unzuständigen Gerichts gebunden.[25] Dies gilt zumindest dann, wenn zugleich ein Antrag nach § 346 Abs. 2 gestellt[26] oder über das eingelegte Rechtsmittel selbst noch nicht entschieden wurde.[27]

12 Die Entscheidung trifft in diesem Fall dasjenige Gericht, das nach Abs. 1 bei rechtzeitiger Handlung zur Entscheidung in der Sache selbst berufen gewesen wäre. Hat anstelle der kleinen Strafkammer als Berufungsgericht das Amts- als Tatgericht über die Wiedereinsetzung in den vorigen Stand beschlossen, befindet demnach die kleine Strafkammer auch über die sofortige Beschwerde, nicht die große Strafkammer.[28] Hat statt des Oberlandesgerichts als Revisionsgericht das Amtsgericht den Antrag auf Wiedereinsetzung in den vorigen

[16] BVerfG 13.2.1962 – 2 BvR 173/60, BVerfGE 14, 8 (10 f.) = NJW 1962, 580.
[17] BVerfG 13.2.1962 – 2 BvR 173/60, BVerfGE 14, 8 (10) = NJW 1962, 580.
[18] OLG Düsseldorf 6.1.1988 – 2 Ws 557/87, NStZ 1988, 238 (238); OLG Hamm 25.2.1983 – 6 Ss OWi 186/83, VRS 65, 33; 18.10.2011 – III-3 RVs 78/11, BeckRS 2011, 29517.
[19] BVerfG 13.2.1962 – 2 BvR 173/60, BVerfGE 14, 8 (10) = NJW 1962, 580; OLG Braunschweig 10.8.1973 – Ss OWi 87/73, NJW 1973, 2119 (2119).
[20] Ziegler in KMR-StPO Rn. 12.
[21] BGH 9.12.1975 – 4 BJs 160/74 – StB 56/75, NJW 1976, 525.
[22] OLG Schleswig 20.10.1982 – 1 Ws 454/82, SchlHA 1983, 107 (108).
[23] Cirener in BeckOK StPO Rn. 6; Deiters in SK-StPO Rn. 11; Graalmann-Scheerer in Löwe/Rosenberg Rn. 16.
[24] BayObLG 23.6.1961 – RReg. 1 St 322/61, NJW 1961, 1982 (1982); vgl. auch OLG Frankfurt a. M. 5.7.2004 – 3 Ws 753–754/04, NStZ-RR 2004, 300.
[25] BGH 2.12.1976 – 4 StR 587/76, Holtz MDR 1977, 281 (284) – RsprÜ; BayObLG 23.5.1980 – 1 Ob OWi 27/80, BayObLGSt 1980, 36 (37); OLG Hamm 6.10.1978 – 6 Ss OWi 2478/78, MDR 1979, 426 (426); Maul in KK-StPO Rn. 10; Ziegler in KMR-StPO Rn. 14; s. auch OLG Celle 12.2.2004 – 2 Ss 6/04, NStZ-RR 2004, 300 (301); aA KG 5.12.1955 – 2 Ws 257/55 (1 Ss 516/55), JR 1956, 111.
[26] RG 4.4.1941 – 4 D 115/41, RGSt 75, 171 (172); BayObLG 23.6.1961 – RReg. 1 St 322/61, NJW 1961, 1982 (1982); OLG Neustadt 27.2.1958 – Ws 25/58, GA 1960, 121 (122); Maul in KK-StPO Rn. 10; Rappert in Radtke/Hohmann Rn. 4; Ziegler in KMR-StPO Rn. 15; aA Graalmann-Scheerer in Löwe/Rosenberg Rn. 21.
[27] BayObLG 4.5.1993 – 3 Ob OWi 37/93, BayObLGSt 1993, 59 (59); Maul in KK-StPO Rn. 10.
[28] OLG Schleswig 8.4.1981 – 2 Ws 105/81, SchlHA 1982, 117 (118); aA KG 2.1.2013 – 4 Ws 126/12 – 141 AR 604/12, BeckRS 2013, 4055.

Stand verworfen, muss ebenso wenig die große Strafkammer, sondern das Oberlandesgericht über die sofortige Beschwerde entscheiden.[29]

§ 47 Keine Vollstreckungshemmung

(1) Durch den Antrag auf Wiedereinsetzung in den vorigen Stand wird die Vollstreckung einer gerichtlichen Entscheidung nicht gehemmt.

(2) Das Gericht kann jedoch einen Aufschub der Vollstreckung anordnen.

(3) [1]Durchbricht die Wiedereinsetzung die Rechtskraft einer gerichtlichen Entscheidung, werden Haft- und Unterbringungsbefehle sowie sonstige Anordnungen, die zum Zeitpunkt des Eintritts der Rechtskraft bestanden haben, wieder wirksam. [2]Bei einem Haft- oder Unterbringungsbefehl ordnet das die Wiedereinsetzung gewährende Gericht dessen Aufhebung an, wenn sich ohne weiteres ergibt, dass dessen Voraussetzungen nicht mehr vorliegen. [3]Anderenfalls hat das nach § 126 Abs. 2 zuständige Gericht unverzüglich eine Haftprüfung durchzuführen.

Schrifttum: Helgerth, Auswirkungen der aktuellen Rechtsprechung des Bundesverfassungsgerichts auf die Strafverfolgung, FS Nehm, 2006, 299; Mosbacher, Freiheit durch Säumnis: Keine Haftfortdauer bei Wiedereinsetzung, NJW 2005, 3110; Wollentin/Breckerfeld, Verfahrensrechtliche Schwierigkeiten bei der Durchsetzung des Fahrverbots, NJW 1966, 632.

I. Überblick

Gemäß Abs. 1 der Vorschrift wird die Vollstreckung einer gerichtlichen Entscheidung durch einen Antrag auf Wiedereinsetzung in den vorigen Stand nicht gehemmt. Der somit **fehlende Suspensiveffekt** soll eine missbräuchliche Einlegung des Rechtsbehelfs gemäß §§ 44, 45 unterbinden.[1] Vollstreckungshemmung tritt grds. nur mit der Gewährung der Wiedereinsetzung ein. Zwar kann das Gericht gemäß Abs. 2 den Aufschub der Vollstreckung anordnen. Da über den Antrag auf Wiedereinsetzung idR zügig entschieden wird, ist diese Regelung aber nur von geringer Bedeutung.[2] 1

Der durch Art. 14 Nr. 1 des Zweiten Gesetzes zur Modernisierung der Justiz (2. Justizmodernisierungsgesetz) vom 22.12.2006[3] eingefügte und zum 31.12.2006 in Kraft getretene Abs. 3 enthält eine Sonderregelung für **Anordnungen,** die durch die zwischenzeitlich eingetretene, durch einen erfolgreichen Antrag auf Wiedereinsetzung in den vorigen Stand wieder beseitigte Rechtskraft einer gerichtlichen Entscheidung **gegenstandslos** geworden sind. Die Regelung wurde notwendig, da das BVerfG mit Beschluss vom 18.8.2005 zu Haftbefehlen gegen die bis dahin hM annahm, dass diese Anordnungen mit Durchbrechung der Rechtskraft der jeweiligen Entscheidung nicht wieder aufleben (→ Rn. 8).[4] 2

II. Erläuterung

1. Hemmung der Vollstreckung durch den Antrag auf Wiedereinsetzung in den vorigen Stand. Gemäß **Abs. 1** hemmt der Antrag auf Wiedereinsetzung in den vorigen Stand nicht die Vollstreckung der gerichtlichen Entscheidung, die aufgrund der nicht eingehaltenen Frist erlassen wurde. Beispielsweise steht der bloße Antrag dem Wirksamwerden eines Fahrverbots (→ Rn. 6) nicht entgegen.[5] 3

29 BayObLG 23.6.1961 – RReg. 1 St 322/61, NJW 1961, 1982 (1982 f.); KG 18.11.1982 – 3 Ws (B) 299/82, JR 1983, 214 (214); Rappert in Radtke/Hohmann Rn. 11; Tsambikakis in Satzger/Schluckebier/Widmaier StPO Rn. 6; vgl. auch OLG Celle 8.8.1997 – 1 Ss 231/97, NZV 1998, 258 (258 f.).

1 OLG Köln 25.2.1986 – Ss 2/86 (41), NJW 1987, 80 (80); Graalmann-Scheerer in Löwe/Rosenberg Rn. 1; Maul in KK-StPO Rn. 1; Schmitt in Meyer-Goßner/Schmitt Rn. 1.

2 Graalmann-Scheerer in Löwe/Rosenberg Rn. 1.

3 BGBl. I 3416.

4 BVerfG 18.8.2005 – 2 BvR 1357/05, NJW 2005, 3131 (3131).

5 OLG Köln 25.2.1986 – Ss 2/86 (41), NJW 1987, 80 (81).

4 **Abs. 2** ermöglicht es jedoch dem Gericht, auf Antrag oder von Amts wegen die Vollstreckung aufzuschieben. Eine solche **Anordnung** setzt voraus, dass der Antrag auf Wiedereinsetzung in den vorigen Stand form- und fristgerecht gestellt wird und in der Sache Aussicht auf Erfolg hat.[6] Die Entscheidung steht im pflichtgemäßen Ermessen des Gerichts.[7]

5 **Zuständig** ist das Gericht, das gemäß § 46 Abs. 1 über den Antrag auf Wiedereinsetzung in den vorigen Stand zu entscheiden hat. Zwar kann auch das Gericht, bei dem der Antrag nach § 45 Abs. 1 S. 1 zu stellen ist, den Aufschub der Vollstreckung anordnen;[8] allerdings muss es die Sache dem nach § 46 Abs. 1 zuständigen Gericht vorlegen, damit es ggf. die Entscheidung abändern kann.[9] Bei einem Kollegialgericht kann die Entscheidung nicht allein durch den Vorsitzenden erfolgen.[10]

6 Angeordnet werden kann lediglich der **Aufschub der Vollstreckung,** nicht hingegen der Aufschub der Wirksamkeit. Bei einem rechtskräftig verhängten Fahrverbot gemäß § 44 StGB hat dies zur Folge, dessen Wirkungen (zB die Strafbarkeit des Führens eines Kraftfahrzeugs gemäß § 21 Abs. 1 Nr. 1 StVG) nicht aussetzen zu können, die auch ohne besondere Vollstreckungshandlungen unmittelbar mit Rechtskraft des Urteils eintreten.[11] Denkbar ist allenfalls in besonders gelagerten Ausnahmefällen eine Aussetzung des Fahrverbots entsprechend § 456c.[12] Ist bereits die Strafvollstreckung eingeleitet, kann deren Unterbrechung angeordnet werden.[13]

7 **2. Rechtsfolgen bei Wiedereinsetzung in den vorigen Stand.** Die Wiedereinsetzung in den vorigen Stand **durchbricht** die infolge der Fristversäumung eingetretene **Rechtskraft** der betreffenden gerichtlichen Entscheidungen (→ § 44 Rn. 79). In diesem Fall werden gemäß **Abs. 3 S. 1** Haft- und Unterbringungsbefehle sowie sonstige Anordnungen wieder wirksam, die zum Zeitpunkt des Eintritts der Rechtskraft bestanden. Für den **Haftbefehl** gilt dies auch, wenn er nach § 116 außer Vollzug gesetzt wurde; etwaige Sicherheitsleistungen sind dann ggf. erneut zu erbringen.[14] **Sonstige Anordnungen** sind ua Beschlagnahmen (§ 94), vorläufige Entziehung der Fahrerlaubnis (§ 111a) und vorläufige Maßnahmen der Sicherstellung (§§ 111b ff.), vorläufiges Berufsverbot (§ 132a) und die Bestellung eines Pflichtverteidigers (§ 141).[15]

8 Dass diese Anordnungen nach Gewährung von Wiedereinsetzung wieder aufleben, entsprach der früher hM. Das BVerfG schloss sich dieser Ansicht jedoch in seiner Entscheidung vom 18.8.2005 zu Haftbefehlen nicht an, weil jede Beschränkung der Freiheit wegen Art. 104 Abs. 1 GG einer materiell-gesetzlichen Grundlage bedürfe. Demnach genüge eine richterliche Rechtsfortbildung nicht, um einen durch Eintritt der Rechtskraft gegenstandslos gewordenen Haftbefehl wieder aufleben zu lassen, wenn die Rechtskraft aufgrund eines erfolgreichen Wiedereinsetzungsantrags beseitigt wurde. Hierfür sei vielmehr eine gesetzliche Regelung erforderlich.[16] Die Entscheidung hatte zur Folge, mangels Rechtsgrundlage für die Freiheitsentziehung den Angeklagten unverzüglich aus der Haft entlassen zu müssen, sofern nicht sogleich ein neuer Haftbefehl erlassen wird. Dies ist indessen schon wegen

---

6 Deiters in SK-StPO Rn. 4; Graalmann-Scheerer in Löwe/Rosenberg Rn. 1; Maul in KK-StPO Rn. 2; Schmitt in Meyer-Goßner/Schmitt Rn. 2; Ziegler in KMR-StPO Rn. 3.

7 Graalmann-Scheerer in Löwe/Rosenberg Rn. 1; Ziegler in KMR-StPO Rn. 3.

8 Graalmann-Scheerer in Löwe/Rosenberg Rn. 3; aA Deiters in SK-StPO Rn. 3; Ziegler in KMR-StPO Rn. 4.

9 Cirener in BeckOK StPO Rn. 2; Maul in KK-StPO Rn. 1; Rappert in Radtke/Hohmann Rn. 2; Schmitt in Meyer-Goßner/Schmitt Rn. 2; Tsambikakis in Satzger/Schluckebier/Widmaier StPO Rn. 4.

10 Graalmann-Scheerer in Löwe/Rosenberg Rn. 5; Rappert in Radtke/Hohmann Rn. 2; Schmitt in Meyer-Goßner/Schmitt Rn. 2; aA Tsambikakis in Satzger/Schluckebier/Widmaier StPO Rn. 4.

11 OLG Köln 25.2.1986 – Ss 2/86 (41), NJW 1987, 80 (80); Wollentin/Breckerfeld NJW 1966, 632 (634).

12 OLG Köln 25.2.1986 – Ss 2/86 (41), NJW 1987, 80 (82).

13 Deiters in SK-StPO Rn. 2; Graalmann-Scheerer in Löwe/Rosenberg Rn. 2; Maul in KK-StPO Rn. 2; Schmitt in Meyer-Goßner/Schmitt Rn. 2.

14 BT-Drs. 16/3038, 46.

15 Brauer in Gercke/Julius/Temming/Zöller Rn. 5; Cirener in BeckOK StPO Rn. 4; Maul in KK-StPO Rn. 3; Rappert in Radtke/Hohmann Rn. 4; Schmitt in Meyer-Goßner/Schmitt Rn. 3.

16 BVerfG 18.8.2005 – 2 BvR 1357/05, NJW 2005, 3131 (3131) mkritBspr Mosbacher NJW 2005, 3110.

mitunter auseinanderfallender Zuständigkeiten für die Gewährung von Wiedereinsetzung und den Erlass des Haftbefehls in der Praxis nicht unproblematisch.[17] Der Gesetzgeber reagierte daher durch das 2. JuMoG (→ Rn. 2), um die vorherige Praxis wiederherzustellen.

Ein **Haft- oder Unterbringungsbefehl** muss deshalb ausdrücklich aufgehoben werden, sofern dessen Voraussetzungen nicht mehr vorliegen. Ist dies offensichtlich der Fall, zB wenn ein bestehender Strafrest schon zur Bewährung ausgesetzt wurde oder die Strafe voll verbüßt ist,[18] ist hierfür gemäß **Abs. 3 S. 2** das Gericht zuständig, das die Wiedereinsetzung in den vorigen Stand gewährt hat. Ansonsten hat gemäß **Abs. 3 S. 3** das nach § 126 Abs. 2 zuständige Gericht unverzüglich eine Haftprüfung gemäß §§ 117 ff. durchzuführen. Bei **sonstigen Anordnungen** müssen die Betroffenen selbst deren Aufhebung bei dem zuständigen Gericht beantragen.[19] 9

III. Beschwerde

Die Entscheidung nach Abs. 2 kann mit der Beschwerde gemäß § 304 Abs. 1 angefochten werden.[20] Der Antragsteller ist hierzu nur im Falle einer ablehnenden Entscheidung befugt, die Staatsanwaltschaft hingegen stets.[21] 10

17 Eing. zu den Folgen der Entscheidung des BVerfG Graalmann-Scheerer in Löwe/Rosenberg Rn. 7 ff.; Helgerth FS Nehm, 2006, 299 (307 f.).
18 Rappert in Radtke/Hohmann Rn. 5; Schmitt in Meyer-Goßner/Schmitt Rn. 4; Ziegler in KMR-StPO Rn. 10.
19 Maul in KK-StPO Rn. 3; Schmitt in Meyer-Goßner/Schmitt Rn. 4; Ziegler in KMR-StPO Rn. 11.
20 StGH Hessen 13.2.2019 – P. St. 2693, NJW 2019, 2378 (2380); Cirener in BeckOK StPO Rn. 2.1; Schmitt in Meyer-Goßner/Schmitt Rn. 2.
21 Deiters in SK-StPO Rn. 5; Ziegler in KMR-StPO Rn. 7.

Sechster Abschnitt. Zeugen

Vobemerkung zu § 48

Schrifttum: Anders, Straftheoretische Anmerkungen zur Verletztenorientierung im Strafverfahren, ZStW 2012, 374; Arntzen, Untere Altersgrenze der Zeugeneignung, DRiZ 1976, 20; Baumhöfener/Daber/Wenske, Die Aktenkenntnis des Verletzten in der Konstellation Aussage-gegen-Aussage, NStZ 2017, 562; Dahs, Ausschließung und Überwachung des Strafverteidigers – Bilanz und Vorschau, NJW 1975, 1385; Dedes, Grenzen der Wahrheitspflicht des Zeugen, JR 1983, 99; Dose, Der Sitzungsvertreter und der Wirtschaftsreferent der Staatsanwaltschaft als Zeuge in der Hauptverhandlung, NJW 1978, 349; Ferber, Stärkung der Opferrechte im Strafverfahren – Das 3. Opferrechtsreformgesetz, NJW 2016, 279; Geppert, Der Zeugenbeweis, Jura 1991, 80; Kelker, Wohin will der BGH beim Zeugenstaatsanwalt?, StV 2008, 381; Kramer, Die Vernehmung von Verfahrensbeteiligten im Strafprozess als Zeugen, Jura 1983, 113; Krehl, Die Erkundigungspflicht des Zeugen bei fehlender oder beeinträchtigter Erinnerung und mögliche Folgen ihrer Verletzung, NStZ 1991, 416; Malmendier, „Konfliktverteidigung" – ein neues Prozesshindernis?, NJW 1997, 227; Michel, Der Richter als Zeuge im Strafprozess, MDR 1992, 1026; Müller-Gabriel, Neue Rechtsprechung des BGH zum Ausschluss des „Zeugen-Staatsanwalts", StV 1991, 235; Pawlik, Der disqualifizierte Staatsanwalt, NStZ 1995, 309; Prittwitz, Der Mitbeschuldigte – ein unverzichtbarer Belastungszeuge? Sachverhaltsaufklärung durch Rollenmanipulation, NStZ 1981, 463; Schneider, Gedanken zur Problematik eines infolge Zeugenvernehmung „befangenen" Staatsanwalts, NStZ 1994, 457; Schünemann, Der deutsche Strafprozess im Spannungsfeld von Zeugenschutz und materieller Wahrheit, StV 1998, 391; Seibert, Der arme Privatkläger, MDR 1952, 278; Thomas, Der Zeugenbeistand im Strafprozess – Zugleich ein Beitrag zu BVerfGE 38, 105, NStZ 1982, 489; Volckart, Opfer in der Strafrechtspflege, JR 2005, 181; Woesner, Der Privatkläger in der Hauptverhandlung, NJW 1959, 704.

Übersicht

I. Allgemeines

1. Begriff des Zeugen. Der Begriff des Zeugen ist im Gesetz nicht geregelt. Zeuge ist nach allgemeiner Auffassung, wer in einem nicht gegen ihn selbst gerichteten Strafverfahren Angaben über von ihm wahrgenommene Tatsachen machen soll.[1] Es kommt also auf die Ladung und nicht darauf an, ob der Zeuge etwas zur Fallaufklärung beitragen kann. Auch der sog Zeuge vom Hörensagen – also der Zeuge, dem von anderen Personen Mitteilungen gemacht worden sind – ist Zeuge und damit ein zulässiges Beweismittel.[2] Wer von den Verfahrensbeteiligten lediglich in Augenschein genommen werden soll, ist nicht Zeuge.[3] 1

Das Ergebnis der Wahrnehmung und ihre Wiedergabe hängen wesentlich vom Auffassungsvermögen, dem Urteil und der Gedächtnisstärke sowie den Fähigkeiten zur Darlegung ab, sind also regelmäßig persönlicher Art. Ein Zeuge kann daher in der Regel nicht durch einen anderen Zeugen und zumeist auch nicht durch ein anderes Beweismittel beliebig ersetzt werden.[4] 2

2. Gegenstand des Zeugenbeweises. a) Tatsachen. Gegenstand des Zeugenbeweises können nur Tatsachen sein, hingegen nicht Rechtsfragen, Erfahrungssätze, allgemeine Eindrücke, Schlussfolgerungen oder Mutmaßungen.[5] Der Begriff der Tatsachen umfasst zunächst alle **äußerlich wahrnehmbaren Tatsachen,** die in der Vergangenheit, namentlich dem Tatgeschehen, oder der Gegenwart liegen. Regelmäßig wird der Zeuge Angaben über in der Vergangenheit liegende Tatsachen machen; aber auch die Vernehmung über gegenwärtige Tatsachen ist möglich und mit Blick auf die Aufklärungspflicht und die Feststellung der für die Rechtsfolgenbemessung notwendigen Tatsachen geboten. Insbesondere sind die Geschädigten einer Straftat regelmäßig dazu zu befragen, ob und unter welchen (Verletzungs-) Folgen der Tat sie aktuell noch leiden.[6] 3

Zu den Tatsachen gehören auch **innere** Tatsachen, sofern es sich um Vorgänge im eigenen Bewusstsein des Zeugen handelt (sog eigenpsychische Tatsachen). So ist es etwa zulässig und ggf. auch geboten, den Zeugen darüber zu befragen, was er sich gedacht hat, worin seine Motivation für sein Handeln lag, an welche Umstände er sich zu einem bestimmten Zeitpunkt erinnerte, wie er in einem bestimmten hypothetischen Fall reagiert hätte[7] oder wie stark sein Interesse an der Sanktionierung des Angeklagten ist. 4

Hingegen scheiden Vorgänge im Inneren eines anderen Menschen (sogenannte fremdpsychische Tatsachen) als Gegenstand des Zeugenbeweises aus.[8] Insoweit kann der Zeuge aber **äußerlich wahrnehmbare Tatsachen** bekunden, die ggf. Schlussfolgerungen auf innere Tatsachen der anderen Person zulassen.[9] Dies hat Auswirkungen auf die Behandlung entsprechender Beweisanträge. 5

Soll aus den Wahrnehmungen des Zeugen auf ein bestimmtes weiteres Geschehen geschlossen werden, sind nur die Wahrnehmungen des Zeugen selbst, nicht aber das weitere Geschehen tauglicher Gegenstand des Zeugenbeweises; es ist Sache des Gerichts, im Rahmen der Beweiswürdigung Schlussfolgerungen aus den Wahrnehmungen des Zeugen zu 6

---

1 Otte in Radtke/Hohmann § 48 Rn. 1; Schmitt in Meyer-Goßner/Schmitt Vor § 48 Rn. 1; Ignor/Bertheau in Löwe/Rosenberg Vor § 48 Rn. 3; Geppert Jura 1991, 80.

2 BGH 16.4.1985 – 5 StR 718/84, BGHSt 33, 178 = NJW 1985, 1798 mwN; Neubeck in KMR-StPO Vor § 48 Rn. 7; Ignor/Bertheau in Löwe/Rosenberg Vor § 48 Rn. 3.

3 Otte in Radtke/Hohmann § 48 Rn. 1; Schmitt in Meyer-Goßner/Schmitt Vor § 48 Rn. 1; Neubeck in KMR-StPO Vor § 48 Rn. 7.

4 BGH 17.10.1983 – GSSt 1/83, NJW 1984, 247 (249) = NStZ 1984, 36.

5 Otte in Radtke/Hohmann § 48 Rn. 2; Schmitt in Meyer-Goßner/Schmitt Vor § 48 Rn. 2; Neubeck in KMR-StPO Vor § 48 Rn. 4; Ignor/Bertheau in Löwe/Rosenberg Vor § 48 Rn. 4 mwN.

6 Ignor/Bertheau in Löwe/Rosenberg Vor § 48 Rn. 5.

7 Otte in Radtke/Hohmann § 48 Rn. 2; Schmitt in Meyer-Goßner/Schmitt Vor § 48 Rn. 2; Neubeck in KMR-StPO Vor § 48 Rn. 4.

8 BGH 11.9.2003 – 4 StR 139/03, NStZ 2004, 690; Otte in Radtke/Hohmann § 48 Rn. 2; Schmitt in Meyer-Goßner/Schmitt Vor § 48 Rn. 2; Neubeck in KMR-StPO Vor § 48 Rn. 4.

9 BGH 8.11.1983 – 5 StR 673/83, StV 1984, 61; OLG Zweibrücken 23.2.1990 – 1 Ss 215/89, StV 1990, 440; Otte in Radtke/Hohmann § 48 Rn. 2; Schmitt in Meyer-Goßner/Schmitt Vor § 48 Rn. 2; Neubeck in KMR-StPO Vor § 48 Rn. 4.

ziehen.[10] Entsprechendes gilt, wenn es um **negative Tatsachen** geht, also um die Frage, ob ein bestimmtes Ereignis nicht stattgefunden hat. Auch hier kann der Zeuge in der Regel nur angegeben, dass er etwas Bestimmtes nicht gesehen oder nicht gehört hat; die Beurteilung, ob das Ereignis tatsächlich stattgefunden hat oder nicht, unterliegt der Wertung des Gerichts.[11]

7 **b) Werturteile.** Meinungen, Schlussfolgerungen oder reine Werturteile können nicht Gegenstand des Zeugenbeweises sein.[12] Zum Gegenstand des Zeugenbeweises kann es daher nicht gemacht werden, dass jemand „unglaubwürdig", „ehrlich", „verhaltensgestört", „süchtig", „geschwätzig", „betrunken" oder „angeheitert" sei, sofern diese Wertungen nicht an konkrete Tatsachen anknüpfen können.[13]

8 **c) Rechtsbegriffe.** Die Verwendung einfacher Rechtsbegriffe durch den Zeugen, wie zB Kauf, Miete, Eigentum, Anstiftung oder Beihilfe, ist zulässig.[14] Komplexe rechtliche Bewertungen, insbesondere zur Frage der Schuldfähigkeit, können dagegen nicht Gegenstand des Zeugenbeweises sein.[15] Darauf abzielende Fragen sind nach §§ 241 Abs. 2, 244 Abs. 3 S. 2 als ungeeignet zurückzuweisen.[16]

II. Zeugnisfähigkeit

9 **1. Allgemeines.** Nachdem es eine allgemeine Zeugnisunfähigkeit nicht gibt, kommt jeder Mensch als Zeuge in Betracht.[17] Als Zeugen vernommen werden können daher auch Kinder sowie Personen mit geistigen oder körperlichen Gebrechen, solange sie zu Wahrnehmungen und deren Wiedergabe vor Gericht in der Lage sind.[18] Zwar gibt es keine festen Altersgrenzen; Kinder unter 4 ½ Jahren werden aber regelmäßig nicht aussagetüchtig sein.[19] Das Gericht hat die Zeugnisfähigkeit ggf. unter Heranziehung eines Sachverständigen zu klären, was auch im **Freibeweisverfahren** erfolgen kann.[20] Bei einer tauben oder stummen Person kann ein Gebärdendolmetscher hinzugezogen werden;[21] unter Umständen kann die Mimik des Zeugen mündliche Aussagen ersetzen.[22] Bei einem schwer behinderten

[10] BGH 6.7.1993 – 5 StR 279/93, BGHSt 39, 251 = NJW 1993, 2881 mAnm Widmaier NStZ 1993, 602 und Hamm StV 1993, 455; Ignor/Bertheau in Löwe/Rosenberg Vor § 48 Rn. 5; Senge in KK-StPO Vor § 48 Rn. 1.

[11] BGH 6.7.1993 – 5 StR 279/93, BGHSt 39, 251 = NJW 1993, 2881 mAnm Widmaier NStZ 1993, 602 und Hamm StV 1993, 455.

[12] RG 12.11.1923 – III 844/23, RGSt 57, 412; Otte in Radtke/Hohmann § 48 Rn. 3; Neubeck in KMR-StPO Vor § 48 Rn. 5; Geppert Jura 1991, 80.

[13] BGH 6.7.1993 – 5 StR 279/93, BGHSt 39, 251 = NJW 1993, 2881 mAnm Widmaier NStZ 1993, 602 und Hamm StV 1993, 455; BGH 29.8.1990 – 3 StR 184/90, BGHSt 37, 162 = NJW 1991, 435 mwN; Schmitt in Meyer-Goßner/Schmitt Vor § 48 Rn. 3; Otte in Radtke/Hohmann § 48 Rn. 3; Neubeck in KMR-StPO Vor § 48 Rn. 5; Ignor/Bertheau in Löwe/Rosenberg Vor § 48 Rn. 6 mwN.

[14] Otte in Radtke/Hohmann § 48 Rn. 4; Schmitt in Meyer-Goßner/Schmitt Vor § 48 Rn. 4; Neubeck in KMR-StPO Vor § 48 Rn. 6.

[15] Otte in Radtke/Hohmann § 48 Rn. 4; Schmitt in Meyer-Goßner/Schmitt Vor § 48 Rn. 4; Neubeck in KMR-StPO Vor § 48 Rn. 6; Ignor/Bertheau in Löwe/Rosenberg Vor § 48 Rn. 6.

[16] Neubeck in KMR-StPO Vor § 48 Rn. 6.

[17] Otte in Radtke/Hohmann § 48 Rn. 16; Schmitt in Meyer-Goßner/Schmitt Vor § 48 Rn. 13; Neubeck in KMR-StPO Vor § 48 Rn. 22.

[18] BGH 1.4.1952 – 2 StR 754/51, BGHSt 2, 269 = NJW 1952, 673; Otte in Radtke/Hohmann § 48 Rn. 16; Schmitt in Meyer-Goßner/Schmitt Vor § 48 Rn. 13; Neubeck in KMR-StPO Vor § 48 Rn. 22; Geppert Jura 1991, 80; vgl. zur Zulässigkeit der Vernehmung Geisteskranker in der Hauptverhandlung auch RG 9.10.1900 – 3479/00, RGSt 33, 393; RG 27.11.1924 – II 836/24, RGSt 58, 396.

[19] Otte in Radtke/Hohmann § 48 Rn. 16; Schmitt in Meyer-Goßner/Schmitt Vor § 48 Rn. 13; Neubeck in KMR-StPO Vor § 48 Rn. 22; Ignor/Bertheau in Löwe/Rosenberg Vor § 48 Rn. 25; Arntzen DRiZ 1976, 20.

[20] Otte in Radtke/Hohmann § 48 Rn. 16; Neubeck in KMR-StPO Vor § 48 Rn. 23.

[21] BGH 24.4.1997 – 4 StR 23/97, BGHSt 43, 62 = NJW 1997, 2335; Neubeck in KMR-StPO Vor § 48 Rn. 22.

[22] Schmitt in Meyer-Goßner/Schmitt Vor § 48 Rn. 13; Ignor/Bertheau in Löwe/Rosenberg Vor § 48 Rn. 25.

Zeugen, mit dem eine unmittelbare mündliche Verständigung nicht möglich ist, kann das Gericht eine dem Zeugen vertraute Person als Hilfsperson beiziehen und nach seinem Ermessen darüber entscheiden, ob diese Person entsprechend einem Dolmetscher zu verpflichten ist.[23]

2. Zeugnisfähigkeit von Verfahrensbeteiligten. a) Richter. Nach § 22 Nr. 5 ist vom Richteramt ausgeschlossen, wer in derselben Sache bereits als Zeuge vernommen worden ist. Für den Ausschluss von der weiteren Mitwirkung ist die bloße Benennung oder Ladung des Richters als Zeuge nicht ausreichend, weil sonst ein Angeklagter jeden ihm nicht genehmen Richter an der Ausübung seines Amtes hindern könnte.[24] Erscheint der Richter aber auf die Ladung in der Hauptverhandlung, ist er von der weiteren Mitwirkung ausgeschlossen, auch wenn er – zB aufgrund eines Verzichts der Verfahrensbeteiligten – nicht vernommen wird.[25] Die teilweise vertretene Auffassung, der Richter sei auch dann ohne weiteres ausgeschlossen, wenn er seine Vernehmung als Zeuge selbst für erforderlich hält,[26] ist abzulehnen, weil hierdurch das von § 30 vorgesehene Verfahren umgangen wird. Der Richter, der seine Vernehmung als Zeuge für erforderlich hält, hat eine Anzeige nach § 30 zu fertigen; vom Richteramt ist er erst ausgeschlossen, wenn der hierfür erforderliche Beschluss, mit dem seine Selbstanzeige für begründet erklärt worden ist, ergangen ist.[27] 10

Wird ein Richter außerhalb der Hauptverhandlung von einem Zeugen in seinem Dienstzimmer aufgesucht und macht der Zeuge gegenüber dem Richter Angaben über den Tathergang, wird der Richter hierdurch nicht zum Zeugen, sofern er das Gespräch unverzüglich abbricht.[28] Die vom Richter bei einem solchen Gespräch gemachten Wahrnehmungen sind dienstlicher Art und können durch eine **dienstliche Äußerung** des Richters in die Hauptverhandlung eingeführt werden; ein Antrag auf Vernehmung des Richters wäre auf eine im Sinne von § 244 Abs. 3 S. 1 unzulässige Beweiserhebung gerichtet.[29] 11

Erklärt ein als Zeuge benannter Richter dienstlich, er könne keine Angaben zur Sache machen, und wird der auf seine Vernehmung gerichtete Beweisantrag trotzdem aufrechterhalten, kann der Beweisantrag unter Mitwirkung des als Zeugen benannten Richters abgelehnt werden.[30] Ein als Zeuge benannter Richter darf an der Entscheidung über Beweisanträge aber auch mitwirken, ohne dass er zuvor dienstlich erklärt hat, er könne zur Beweistatsache keine Angaben machen.[31] Nach Beendigung seiner richterlichen Tätigkeit kann der Richter im selben oder in einem höheren Rechtszug Zeuge sein.[32] 12

b) Urkundsbeamte. Die für Richter dargestellten Grundsätze gelten für Urkundsbeamte der Geschäftsstelle, die das Hauptverhandlungsprotokoll führen, entsprechend. Sie sind 13

---

23 BGH 24.4.1997 – 4 StR 23/97, BGHSt 43, 62 = NJW 1997, 2335.

24 BGH 7.12.1954 – 2 StR 402/54, BGHSt 7, 44 = NJW 1955, 152; 14.11.1959 – 2 StR 421/59, BGHSt 14, 219 = NJW 1960, 301; Otte in Radtke/Hohmann § 48 Rn. 17; Schmitt in Meyer-Goßner/Schmitt Vor § 48 Rn. 15; Neubeck in KMR-StPO Vor § 48 Rn. 25; Geppert Jura 1991, 87; Michel MDR 1992, 1026; Ignor/Bertheau in Löwe/Rosenberg Vor § 48 Rn. 37; Senge in KK-StPO Vor § 48 Rn. 10.

25 BGH 7.12.1954 – 2 StR 402/54, BGHSt 7, 44 = NJW 1955, 152; BGH 10.9.1976 – 5 StR 215/76, MDR 1977, 107; Otte in Radtke/Hohmann § 48 Rn. 17; Neubeck in KMR-StPO Vor § 48 Rn. 25; Ignor/Bertheau in Löwe/Rosenberg Vor § 48 Rn. 37; Senge in KK-StPO Vor § 48 Rn. 10.

26 AG Brandenburg 14.10.2007 – 24 Ds 426 Js 1848/07, StraFo 2007, 501; Schmitt in Meyer-Goßner/Schmitt Vor § 48 Rn. 15; Otte in Radtke/Hohmann § 48 Rn. 17.

27 BGH 10.9.1976 – 5 StR 215/76, MDR 1977, 107; 13.2.1973 – 1 StR 541/72, BGHSt 25, 122 = NJW 1973, 860.

28 BGH 23.6.1993 – 3 StR 89/93, BGHSt 39, 239 = NJW 1993, 2758 = NStZ 1994, 80 mAnm Bottke.

29 BGH 23.6.1993 – 3 StR 89/93, BGHSt 39, 239 = NJW 1993, 2758 = NStZ 1994, 80 mAnm Bottke.

30 Vgl. BGH 24.5.1955 – 2 StR 6/55, BGHSt 7, 330 = NJW 1955, 1239, wo offengelassen wird, ob ein solcher Antrag als zum Zwecke der Prozessverschleppung gestellt anzusehen ist, was nach Schmitt in Meyer-Goßner/Schmitt Vor § 48 Rn. 15 sowie Neubeck in KMR-StPO Vor § 48 Rn. 25 der Fall sein soll; BGH 10.9.1976 – 5 StR 215/76, MDR 1977, 107; Ignor/Bertheau in Löwe/Rosenberg Vor § 48 Rn. 37; Michel MDR 1992, 1026; Geppert Jura 1991, 87.

31 BGH 11.2.1958 – 1 StR 6/58, BGHSt 11, 206 = NJW 1958, 557.

32 Neubeck in KMR-StPO Vor § 48 Rn. 25; Ignor/Bertheau in Löwe/Rosenberg Vor § 48 Rn. 37.

nach §§ 22 Nr. 5, 31 Abs. 1 erst dann von der weiteren Mitwirkung ausgeschlossen, wenn einem Antrag auf ihre Vernehmung stattgegeben wird.[33]

14 **c) Staatsanwälte.** Ein Staatsanwalt kann nach allgemeiner Ansicht wie jede andere Person als Zeuge vernommen werden, wenn er Wahrnehmungen gemacht hat, die das Verfahren betreffen. **Während seiner Vernehmung** hat ein anderer Staatsanwalt die Sitzungsvertretung wahrzunehmen.[34] Nicht anders als beim Richter bewirkt die bloße Benennung oder Ladung des Staatsanwalts als Zeuge nicht seinen Ausschluss von der Teilnahme an der Hauptverhandlung.[35] Zu beachten ist, dass die bloße **Beantwortung einer sachbezogenen Frage** den Staatsanwalt nicht zum Zeugen macht.[36]

15 Soll der Staatsanwalt, der die **Sitzungsvertretung wahrnimmt,** als Zeuge vernommen werden, ist zunächst die Vorschrift des **§ 58 Abs. 1** zu beachten, wonach Zeugen einzeln und in Abwesenheit der später zu hörenden Zeugen zu vernehmen sind.[37] Dem wird man dadurch Rechnung tragen müssen, dass der Staatsanwalt als erstes vernommen wird, damit insbesondere in umfangreichen Wirtschaftsstrafsachen der Sachbearbeiter nicht bis zu seiner Vernehmung als Zeuge an der Wahrnehmung der Sitzungsvertretung gehindert ist. Nachdem es sich bei § 58 Abs. 1 um eine reine Ordnungsvorschrift handelt, auf die die Revision nicht gestützt werden kann, setzt eine erfolgreiche Rüge voraus, dass durch die Vernehmung eines anderen Zeugen in Anwesenheit des später als Zeugen vernommenen Sitzungsvertreters der Staatsanwaltschaft gegen die **Pflicht zur Wahrheitserforschung** verstoßen worden ist; das ist nicht bereits dann der Fall, wenn beide Zeugen zum selben Beweisthema vernommen worden sind, sondern erst, wenn die naheliegende Besorgnis besteht, der später als Zeuge vernommene Staatsanwalt habe seine Aussage nach der des vorher vernommenen Zeugen gerichtet und seine Angaben daher nicht der Wahrheit entsprechen.[38]

16 Die Frage, ob ein bereits **als Zeuge vernommener Staatsanwalt** an der **weiteren Wahrnehmung** der Aufgaben des Sitzungsvertreters und insbesondere am Schlussvortrag gehindert ist, ist in der StPO nicht geregelt und in Rechtsprechung und Literatur umstritten.[39]

17 **aa) Rechtsprechung des BGH.** Nach der Rechtsprechung des BGH kann ein als Zeuge vernommener Staatsanwalt nur noch insoweit seine Aufgaben als Sitzungsvertreter wahrnehmen, als sich seine Tätigkeit inhaltlich von der **Erörterung und Bewertung seiner eigenen Zeugenaussage,** insbesondere im Schlussvortrag, trennen lässt.[40] Zulässig ist es danach, dass der als Zeuge vernommene Staatsanwalt weiter die Aufgaben des Sitzungs-

---

33 Schmitt in Meyer-Goßner/Schmitt Vor § 48 Rn. 16.

34 BGH 26.1.1996 – 2 ARs 441/95, StV 1996, 469; Otte in Radtke/Hohmann § 48 Rn. 19; Ignor/Bertheau in Löwe/Rosenberg Vor § 48 Rn. 39; Schneider NStZ 1994, 457; Geppert Jura 1991, 87; Senge in KK-StPO Vor § 48 Rn. 11.

35 AllgM., vgl. etwa Schneider NStZ 1994, 457; Malmendier NJW 1997, 230; Rogall in SK-StPO Vor § 48 Rn. 47.

36 BGH 25.9.1985 – 3 StR 335/85, NStZ 1986, 133; Schmitt in Meyer-Goßner/Schmitt Vor § 48 Rn. 18; vgl. auch Dose NJW 1978, 350, der zu Recht darauf hinweist, dass eine solche formlose Erklärung nur in Betracht kommt, wenn es nicht um Tatsachen geht, die die Schuld- oder die Straffrage berühren, weil in diesem Fall eine Einführung in die Hauptverhandlung im Wege des Freibeweises nicht möglich ist.

37 BGH 15.4.1987 – 2 StR 697/86, NJW 1987, 3090; Ignor-Bertheau in Löwe/Rosenberg Rn. 39.

38 BGH 15.4.1987 – 2 StR 697/86, NJW 1987, 3090; aA Ignor-Bertheau in Löwe/Rosenberg Rn. 39.

39 Eine Regelung hinsichtlich der Verhinderung des Staatsanwalts an der Ausübung seines Amtes findet sich beispielsweise in § 11 AGGVG BW, die Frage des Ausschlusses des Staatsanwalts nach seiner Vernehmung als Zeuge ist aber auch dort nicht geregelt.

40 BGH 26.1.1996 – 2 ARs 441/95, StV 1996, 469; 13.7.1966 – 2 StR 157/66, BGHSt 21, 85 = NJW 1966, 2321 = JR 1967, 227 mablAnm Hanack; 25.4.1989 – 1 StR 97/89, NStZ 1989, 583; 21.12.1988 – 2 StR 377/88, NStZ 1990, 24; BGH 19.3.1996 – 1 StR 497/95, NJW 1996, 2239; so auch die überwiegende Meinung in der Literatur, vgl. etwa Otte in Radtke/Hohmann § 48 Rn. 20; Schmitt in Meyer-Goßner/Schmitt Vor § 48 Rn. 17 mwN; Pawlik NStZ 1995, 312; vgl. ausführlich zu der Problematik Schneider NStZ 1994, 457 sowie Dose NJW 1978, 349.

vertreters einschließlich des Schlussvortrags wahrnimmt, solange der Teil des Schlussvortrags, der sich mit der Aussage des als Zeugen vernommenen Staatsanwalts befasst, von einem anderen Staatsanwalt gehalten wird.[41] Das soll jedenfalls gelten, wenn die Aussage des Staatsanwalts nur einen **rein technischen,** mit seiner Tätigkeit als Staatsanwalt notwendig verbundenen Vorgang betrifft.[42] Bezieht sich die Aussage des Staatsanwalts nur auf einen von mehreren Angeklagten, kann er die Aufgaben des Sitzungsvertreters einschließlich des Schlussvortrags hinsichtlich der Angeklagten, die von seiner Aussage nicht betroffen sind, ohne weiteres wahrnehmen.[43] Die Hinzuziehung eines weiteren Staatsanwalts soll auch dann entbehrlich sein, wenn es einer Würdigung der Aussage des Sitzungsvertreters im Schlussvortrag erkennbar nicht bedarf.[44] Auch die Vernehmung des Staatsanwalts in einer früheren, ausgesetzten Hauptverhandlung hindert die weitere Mitwirkung des Staatsanwalts nicht.[45]

Als **unzulässige Würdigung der eigenen Aussage** eines Staatsanwalts wurde es aber 18
bereits angesehen, dass sich der als Zeuge vernommene Staatsanwalt in seinem Plädoyer pauschal auf einen Schlussvortrag bezog, den – vor dem Wiedereintritt in die Beweisaufnahme – zunächst einer seiner Kollegen unter Würdigung der Aussage des als Zeugen vernommenen Staatsanwalts gehalten hatte.[46] Will die Revision die weitere Mitwirkung eines als Zeugen vernommen Staatsanwalts beanstanden, muss der **Revisionsvortrag** die Mitteilung enthalten, ob der Staatsanwalt im Schlussvortrag seine eigenen Angaben als Zeuge gewürdigt hat.[47]

Nachdem die weitere Mitwirkung des Staatsanwalts an der Hauptverhandlung im 19
Gesetz nicht geregelt ist, und es dementsprechend keine konkrete Vorschrift gibt, gegen die verstoßen werden könnte, hat der BGH den Verstoß gegen das Verfahrensrecht teils aus der allgemeinen Erwägung hergeleitet, der als Staatsanwalt vernommene Zeuge sei nicht in der Lage, seine eigene Aussage unbefangen zu würdigen,[48] teils angenommen, das Halten des Schlussvortrags mit Würdigung der eigenen Aussage verletze § 22 Nr. 5 analog, § 258 Abs. 1.[49] Die dargestellten Ausnahmen von dem Verbot der weiteren Mitwirkung des als Zeuge vernommenen Staatsanwalts beruhten auf der Überlegung, dass es – insbesondere in umfangreichen (Wirtschafts-) Strafverfahren – der Verfahrensbeschleunigung entgegenstünde, wenn der in die Sache eingearbeitete Staatsanwalt an der weiteren Wahrnehmung der Aufgaben des Sitzungsvertreters gehindert wäre.[50]

---

41 BGH 10.2.2021 – 6 StR 326/20, NStZ-RR 2021, 142 (143 f.); 13.7.1966 – 2 StR 157/66, BGHSt 21, 85 = NJW 1966, 2321 = JR 1967, 227 mit Verweis darauf, dass es sich bei der bisherigen Rechtsprechung des BGH (vgl. die Entscheidung vom 3.5.1960 – 1 StR 155/60, BGHSt 14, 265 = NJW 1960, 1358), wonach ein Staatsanwalt nach seiner Vernehmung als Zeuge für den Rest der Sitzung an der Ausübung der Aufgabe des Sitzungsvertreters gehindert sei, nicht um eine starre Regel handele; Otte in Radtke/Hohmann § 48 Rn. 19; Ignor/Bertheau in Löwe/Rosenberg Vor § 48 Rn. 40.

42 BGH 3.5.1960 – 1 StR 155/60, BGHSt 14, 265 = NJW 1960, 1358; Ignor/Bertheau in Löwe/Rosenberg Vor § 48 Rn. 40; Senge in KK-StPO Vor § 48 Rn. 11.

43 BGH 13.7.1966 – 2 StR 157/66, BGHSt 21, 85 = NJW 1966, 2321 = JR 1967, 227 mablAnm Hanack; Otte in Radtke/Hohmann § 48 Rn. 19; Neubeck in KMR-StPO Vor § 48 Rn. 27.

44 BGH 7.12.2000 – 3 StR 382/00, NStZ-RR 2001, 107; Otte in Radtke/Hohmann § 48 Rn. 19; Neubeck in KMR-StPO Vor § 48 Rn. 27; vgl. auch BGH 3.2.2005 – 5 StR 84/04, NStZ-RR 2006, 257.

45 BGH 7.12.1993 – 5 StR 171/93, NStZ 1994, 194; Schmitt in Meyer-Goßner/Schmitt Vor § 48 Rn. 17; Neubeck in KMR-StPO Vor § 48 Rn. 27.

46 BGH 7.6.1983 – 5 StR 854/82, StV 1983, 497 mAnm Müllerhoff.

47 BGH 30.1.2007 – 5 StR 465/06, NStZ 2007, 419.

48 BGH 3.5.1960 – 1 StR 155/60, BGHSt 14, 265 = NJW 1960, 1358; vgl. zur Zulässigkeit der teilweise geübten Praxis, dass der als Zeuge vernommene Staatsanwalt, dessen Mitwirkung an der Hauptverhandlung nach der bisherigen Rechtsprechung des BGH unzulässige wäre, ohne Robe neben dem nunmehr die Sitzungsvertretung wahrnehmenden Staatsanwalt Platz nimmt und ihn als „Gehilfe" unterstützt Schneider NStZ 1994, 457 mwN.

49 BGH 31.7.2018 – 1 StR 382/17, NStZ 2019, 234.

50 BGH 13.7.1966 – 2 StR 157/66, BGHSt 21, 85 = NJW 1966, 2321; nach Kramer Jura 1983, 117 soll dieser Gefahr durch die restriktiver Erteilung von Aussagegenehmigungen für die als Zeugen benannten Staatsanwälte begegnet werden können.

20 Wurde der Staatsanwalt unter Verstoß gegen die dargestellten Grundsätze in der Sitzung tätig, fällt der darin liegende Verfahrensverstoß nicht unter § 338, sondern unter **§ 337.**[51] Ein Verstoß gegen das Verbot der weiteren Mitwirkung begründet die Revision deshalb nur, wenn die Möglichkeit nicht auszuschließen ist, dass das Urteil auf ihm **beruht.**[52] Dies nimmt die Rspr. dann an, wenn nicht auszuschließen ist, dass die Vernehmung des Staatsanwalts als Zeuge seinen Schlussvortrag in einer Weise beeinflusst hat, dass auch eine **Beeinflussung des Gerichts bei der Urteilsfindung** im Bereich des Möglichen gelegen habe[53] sowie allgemein immer dann, wenn nicht auszuschließen ist, dass die Ausführungen des Staatsanwalts die Überzeugungsbildung des Gerichts beeinflusst haben.[54]

20a An einem **Beruhen kann** es etwa **fehlen,** wenn der Staatsanwalt nur darüber vernommen wurde, wie eine Aussage des Angeklagten im Ermittlungsverfahren zustande gekommen war.[55] Ein Beruhen des Urteils ist auch auszuschließen, wenn der Staatsanwalt nicht über eigene Wahrnehmungen, sondern nur zu seiner dienstlichen Befassung mit dem Verfahren vernommen worden ist, nachdem dies auch im Rahmen einer dienstlichen Stellungnahme des Staatsanwalts – die auf keinen Fall seinen Ausschluss bedingt hätte – in das Verfahren hätte eingeführt werden können.[56] Schließlich ist das Beruhen des Urteils auf einer unzulässigen Mitwirkung des vernommenen Staatsanwalts zu verneinen, wenn ein umfassendes glaubhaftes Geständnis des Angeklagten vorlag, das durch weitere Beweismittel gestützt wurde.[57]

21 **bb) Aktuelle Rechtsprechung.** Die in vereinzelt gebliebenen Entscheidungen[58] geäußerten Zweifel, ob an der Rechtsprechung – mit Blick darauf, dass keine Bestimmung der StPO es verbiete, dass ein als Zeuge vernommener Staatsanwalt weiter die Aufgaben des Sitzungsvertreters wahrnimmt, obwohl es für den Gesetzgeber ein Leichtes gewesen wäre, für Staatsanwälte eine entsprechende Regelung zu schaffen[59] – hat der BGH nicht weiterverfolgt. Vielmehr ergibt sich aus der aktuellen Rspr. eine klare **Zweiteilung.** So betonen neue Entscheidungen, dass nach **stRspr** ein Staatsanwalt, der in der Hauptverhandlung als Zeuge vernommen wurde, insoweit an der weiteren Wahrnehmung der Aufgaben als Sitzungsvertreter gehindert ist, als zwischen dem Gegenstand seiner Zeugenaussage und der nachfolgenden Mitwirkung an der Hauptverhandlung ein unlösbarer Zusammenhang besteht;[60] dieser entsteht bereits bei einer zumindest konkludenten Würdigung der eigenen Aussage. Ein Ausschluss von der weiteren Sitzungsvertretung ist hingegen dort nicht erforderlich, wo sich die Aufgabenwahrnehmung in der Hauptverhandlung inhaltlich von der Erörterung und Bewertung der eigenen Zeugenaussage trennen lässt.[61]

21a Diese beiden Fallgruppen erfahren eine **Einschränkung** unter dem Aspekt des **rechtsmißbräuchlichen Verhaltens der Verteidigung.** Zielen deren Beweisanträge auf Vernehmung des Staatsanwalts allein darauf ab, den von Anfang an mit der Sache befassten und eingearbeiteten Anklagevertreter aus dem Verfahren zu entfernen, wird die weitere Teil-

---

51 BGH 3.5.1960 – 1 StR 155/60, BGHSt 14, 265 = NJW 1960, 1358.

52 BGH 3.5.1960 – 1 StR 155/60, BGHSt 14, 265 = NJW 1960, 1358; 15.4.1987 – 2 StR 697/86, BGHSt 34, 352 = NJW 1987, 3088; 19.10.1982 – 5 StR 408/82, NStZ 1983, 135; 7.6.1983 – 5 StR 854/82, StV 1983, 497 mAnm Müllerhoff; OLG Naumburg 2.11.2006 – 2 Ss 320/06, StraFo 2007, 64.

53 BGH 3.5.1960 – 1 StR 155/60, BGHSt 14, 265 = NJW 1960, 1358; 7.6.1983 – 5 StR 854/82, StV 1983, 497 mAnm Müllerhoff.

54 BGH 31.7.2018 – 1 StR 382/17, NStZ 2019, 234; 19.9.2019 – 1 Str 235/19, NStZ-RR 2020, 180.

55 BGH 3.5.1960 – 1 StR 155/60, BGHSt 14, 265 = NJW 1960, 1358.

56 BGH 24.10.2007 – 1 StR 480/07, NStZ 2008, 353.

57 Vgl. BGH 14.2.2018 – 4 StR 550/17, NStZ 2018, 482.

58 BGH 25.4.1989 – 1 StR 97/89, NStZ 1989, 583 und 24.10.2007 – 1 StR 480/07, NStZ 2008, 353; krit. zu diesen Entscheidungen Kelker StV 2008, 381 sowie Müller-Gabriel StV 1991, 235; vgl. auch Malmendier NJW 1997, 230.

59 Kritisch hierzu Schneider NStZ 1994, 461.

60 BGH 19.9.2019 – 1 StR 235/19, NStZ-RR 2020, 180; 31.7.2018 – 1 StR 382/17, NStZ 2019, 234; jew. mwN; vgl. auch BGH 10.2.2021 – 6 StR 326/20, NStZ-RR 2021, 142 (143 f.).

61 BGH 31.7.2018 – 1 StR 382/17, NStZ 2019, 234.

nahme des als Zeuge vernommenen Staatsanwalts ohne die genannten Einschränkungen zugelassen.[62]

cc) Stellungnahme. Ausgehend von der neueren Rechtsprechung des BGH, wonach eine Ausschließung des Staatsanwalts – entsprechend der Rechtslage bei einem als Zeuge in Betracht kommenden Richter[63] – nicht in Betracht kommt, wenn er sich im Rahmen einer dienstlichen Stellungnahme zu seiner dienstlichen Befassung äußert oder er zwar als Zeuge vernommen wird, die Vernehmung aber nur dienstliche Wahrnehmungen betrifft,[64] wird sich die Frage des Ausschlusses des Staatsanwalts von der weiteren Teilnahme an der Hauptverhandlung nur stellen, wenn er Wahrnehmungen außerhalb seiner dienstlichen Befassung mit dem Verfahren gemacht hat. Abgesehen von dem eher theoretischen Fall, dass der Staatsanwalt selbst Tatzeuge oder gar Opfer der Tat geworden ist[65] oder er sonst private Beobachtungen gemacht hat, die für das Verfahren von Bedeutung sind, kommt das zB in Betracht, wenn ihm gegenüber in Bezug auf das Strafverfahren private Mitteilungen von Bekannten gemacht worden sind und er über diese in der Hauptverhandlung vernommen wird. Aber auch in diesen Fällen ist kein Grund ersichtlich, den Staatsanwalt von der weiteren Tätigkeit in der Hauptverhandlung auszuschließen. Es mag zwar sein, dass der Staatsanwalt seine eigene Aussage nicht unbefangen würdigen kann. Die Situation ist insoweit aber keine andere wie wenn eine mit dem Angeklagten befreundete oder verwandte Person oder eine Person, die aus sonstigen Gründen am Ausgang des Verfahrens interessiert ist, als Zeuge vernommen wird. In allen diesen Fällen hat das Gericht die persönlichen Beziehungen zum Angeklagten sowie ein mögliches Interesse des Zeugen am Ausgang des Verfahrens im Rahmen der Beweiswürdigung zu berücksichtigen. Warum dem Gericht in dem vergleichbaren Fall, dass ein als Staatsanwalt vernommener Zeuge sich im Plädoyer mit seiner eigenen Aussage auseinandersetzt, nicht zugetraut werden soll, dies im Rahmen der Beweiswürdigung zu berücksichtigen, erschließt sich nicht. Daran zeigt sich, dass der Gesetzgeber zu Recht davon abgesehen hat, zu bestimmen, dass ein als Zeuge vernommener Staatsanwalt von der weiteren Mitwirkung an der Hauptverhandlung ausgeschlossen sein soll. Auch ein solcher Staatsanwalt kann deshalb ohne Einschränkungen in der Hauptverhandlung tätig werden. Der Zuziehung eines weiteren Staatsanwalts für den Schlussvortrag bedarf es nicht. 22

d) Verteidiger. Der Verteidiger kann nach allgemeiner Auffassung wie jede andere Person auch Zeuge sein, was durch § 53 Abs. 1 Nr. 2 bestätigt wird.[66] Seine Vernehmung als Zeuge hindert ihn nicht an der weiteren Verteidigung des Angeklagten.[67] Das anwaltliche Standesrecht kann aber die Niederlegung des Mandats gebieten, wenn der Verteidiger als Belastungszeuge benannt ist und er durch seine Aussage in Konflikt mit seiner Rolle als Verteidiger kommen kann.[68] Nachdem die §§ 138a f. die Ausschließung des Verteidigers abschließend regeln, kann der als Zeuge vernommene Verteidiger aber durch das Gericht nicht ausgeschlossen werden.[69] Unzulässig ist es deshalb, den als Zeugen benannten Verteidiger nach § 58 Abs. 1 vor seiner Vernehmung die Anwesenheit in der Hauptverhandlung zu 23

62 Vgl. BGH 14.2.2018 – 4 StR 550/17, NStZ 2018, 482; 31.7.2018 – 1 StR 382/17, NStZ 2019, 234.
63 Vgl. BGH 23.6.1993 – 3 StR 89/93, BGHSt 39, 239 = NJW 1993, 2758 sowie oben a).
64 BGH 24.10.2007 – 1 StR 480/07, NStZ 2008, 353.
65 In einem solchen Fall erscheint es in der Praxis kaum denkbar, dass dieser Staatsanwalt die Sitzungsvertretung übernimmt.
66 Vgl. etwa BGH 19.5.1953 – 2 StR 116/53, NJW 1953, 1600; Ignor/Bertheau in Löwe/Rosenberg Vor § 48 Rn. 44; Kramer Jura 1983, 115; Geppert Jura 1991, 88.
67 Otte in Radtke/Hohmann § 48 Rn. 20; Schmitt in Meyer-Goßner/Schmitt Vor § 48 Rn. 18; Ignor/Bertheau in Löwe/Rosenberg Vor § 48 Rn. 45.
68 BVerfG 11.6.1963 – 1 BvR 156/63, BVerfGE 16, 214 = NJW 1983, 1771; Ignor/Bertheau in Löwe/Rosenberg Vor § 48 Rn. 45; Neubeck in KMR-StPO Vor § 48 Rn. 28.
69 Otte in Radtke/Hohmann § 48 Rn. 20; Schmitt in Meyer-Goßner/Schmitt Vor § 48 Rn. 18; Ignor/Bertheau in Löwe/Rosenberg Vor § 48 Rn. 45; Dahs NJW 1975, 1390; Kramer Jura 1983, 115; Geppert Jura 1991, 88.

versagen oder ihn nach seiner Vernehmung nicht nach § 248 zu entlassen.[70] Um einen Verstoß gegen § 58 Abs. 1 zu vermeiden, kann es angezeigt sein, den Verteidiger bereits frühzeitig als Zeugen zu vernehmen.[71] Liegen die Voraussetzungen des § 140 vor, muss dem Angeklagten während der Vernehmung seines Verteidigers ein anderer Verteidiger beigeordnet werden.[72]

24 **e) Beschuldigte.** Wer in einem Strafverfahren Beschuldigter ist, kann nicht als Zeuge vernommen werden, sondern nur gemäß § 243 Abs. 5 S. 2 Angaben zur Sache machen.[73] Auch für den **Mitbeschuldigten** gilt der **Grundsatz,** dass er weder gegen sich selbst noch gegen andere Mitbeschuldigte als Zeuge auftreten kann.[74] Dies gilt auch im Hinblick auf Taten, die nur seinen Mitbeschuldigten vorgeworfen werden und deren er selbst weder beschuldigt noch verdächtig ist.[75]

25 Eine Person wird erst ab dem Zeitpunkt zum Mitbeschuldigten in diesem Sinne, zu dem das Verfahren gegen sie mit dem Verfahren gegen den anderen Beschuldigten aufgrund einer ausdrücklichen oder stillschweigenden Entscheidung der Staatsanwaltschaft oder des Gerichts verbunden wird; sie bleibt so lange Mitbeschuldigter wie diese Verbindung besteht.[76] Maßgeblich ist damit, ob eine **prozessuale Gemeinsamkeit** besteht.[77] Damit kann ein Mitangeklagter in dem gegen ihn und einen weiteren Angeklagten noch laufenden Verfahren nicht zugleich Zeuge sein. Nachdem sich aus § 60 Nr. 2 ergibt, dass auch Tatbeteiligte als Zeugen vernommen werden können, kann nicht im Sinne einer „materiellen Betrachtungsweise" darauf abgestellt werden, ob mehrere Beschuldigte derselben Tat verdächtig sind.[78] Ob ein Beschuldigter in der Hauptverhandlung gegen einen anderen Beschuldigten Zeuge sein kann, bestimmt sich dabei allein danach, ob gegen ihn selbst das **Hauptverfahren eröffnet** ist.[79] Vor diesem Zeitpunkt kann er als Zeuge vernommen werden, auch wenn gegen ihn selbst bereits ein Ermittlungsverfahren geführt wird.[80]

26 Bei einem **Wegfall der prozessualen Gemeinsamkeit** kann der bisherige Mitbeschuldigte bzw. Mitangeklagte als Zeuge vernommen werden.[81] Von Bedeutung ist das etwa, wenn das Verfahren gegen einen Beschuldigten abgetrennt oder eingestellt wird, einer von mehreren Mitbeschuldigten zwischenzeitlich rechtskräftig freigesprochen ist

[70] Otte in Radtke/Hohmann § 48 Rn. 20; Schmitt in Meyer-Goßner/Schmitt Vor § 48 Rn. 18; Ignor/Bertheau in Löwe/Rosenberg Vor § 48 Rn. 45.

[71] Ignor/Bertheau in Löwe/Rosenberg Vor § 48 Rn. 45.

[72] BGH 26.6.1985 – 3 StR 145/85, NJW 1986, 78; 26.1.1996 – 2 ARs 441/95, StV 1996, 469; Otte in Radtke/Hohmann § 48 Rn. 20; Schmitt in Meyer-Goßner/Schmitt Vor § 48 Rn. 18; Ignor/Bertheau in Löwe/Rosenberg Vor § 48 Rn. 45 mwN; Neubeck in KMR-StPO Vor § 48 Rn. 28; Senge in KK-StPO Vor § 48 Rn. 12.

[73] BGH 18.10.1956 – 4 StR 278/56, BGHSt 10, 8 = NJW 1957, 230; 11.9.1981 – 2 StR 518/81, NStZ 1981, 487; Otte in Radtke/Hohmann § 48 Rn. 21; Schmitt in Meyer-Goßner/Schmitt Vor § 48 Rn. 20; Ignor/Bertheau in Löwe/Rosenberg Vor § 48 Rn. 28; Kramer Jura 1983, 114.

[74] BGH 18.10.1956 – 4 StR 278/56, BGHSt 10, 8 = NJW 1957, 230; Ignor/Bertheau in Löwe/Rosenberg Vor § 48 Rn. 33.

[75] BGH 15.8.1952 – 3 StR 267/52, BGHSt 3, 149 = NJW 1952, 1265; 18.10.1956 – 4 StR 278/56, BGHSt 10, 8 = NJW 1957, 230; 25.2.1964 – 1 StR 13/64, NJW 1964, 1034; Ignor/Bertheau in Löwe/Rosenberg Vor § 48 Rn. 33; Neubeck in KMR-StPO Vor § 48 Rn. 30; Senge in KK-StPO Vor § 48 Rn. 7.

[76] BGH 18.10.1956 – 4 StR 278/56, BGHSt 10, 8 = NJW 1957, 230.

[77] BGH 23.4.1984 – 4 StR 781/83, NJW 1985, 76; Ignor/Bertheau in Löwe/Rosenberg Vor § 48 Rn. 33 mwN.

[78] BGH 23.4.1984 – 4 StR 781/83, NJW 1985, 76 mN zur Gegenauffassung; Otte in Radtke/Hohmann § 48 Rn. 21; Ignor/Bertheau in Löwe/Rosenberg Vor § 48 Rn. 33 mN zur Gegenauffassung; Geppert Jura 1991, 85; Kramer Jura 1983, 114; Neubeck in KMR-StPO Vor § 48 Rn. 30.

[79] BGH 18.10.1956 – 4 StR 278/56, BGHSt 10, 8; Ignor/Bertheau in Löwe/Rosenberg Vor § 48 Rn. 34; Rogall in SK-StPO Vor § 48 Rn. 39.

[80] BGH 18.10.1956 – 4 StR 278/56, BGHSt 10, 8 = NJW 1957, 230; Ignor/Bertheau in Löwe/Rosenberg Vor § 48 Rn. 34; Neubeck in KMR-StPO Vor § 48 Rn. 30.

[81] BGH 23.4.1984 – 4 StR 781/83, NJW 1985, 76; BGH 16.3.1977 – 3 StR 327/76, BGHSt 27, 239 = NJW 1977, 1161; 25.2.1964 – 1 StR 13/64, NJW 1964, 1034; Ignor/Bertheau in Löwe/Rosenberg Vor § 48 Rn. 34; Senge in KK-StPO Vor § 48 Rn. 8.

oder nur einer von mehreren Beschuldigten gegen ein Urteil des Amtsgerichts Berufung eingelegt hat und der bisherige Mitbeschuldigte in der Berufungsverhandlung als Zeuge vernommen werden soll.[82] Ebenso liegt es dann, wenn die Berufung eines Mitangeklagten nach § 329 Abs. 1 verworfen wurde. In den aufgeführten Fällen des **Ausscheidens eines Mitangeklagten** aus dem bislang gemeinsamen Verfahren darf ein auf Vernehmung des früheren Mitangeklagten als Zeuge gerichteter Beweisantrag nicht als unzulässig abgelehnt werden.[83]

Zulässig ist es, das Verfahren gegen einen Mitangeklagten **vorübergehend zu dem Zweck abzutrennen,** ihn als Zeugen zu vernehmen **(Rollentausch).**[84] Das gilt aber nur, wenn der Mitangeklagte zu **selbständigen Anklagepunkten,** an denen er nach dem Eröffnungsbeschluss nicht beteiligt ist, vernommen werden soll.[85] Es muss zudem ausgeschlossen sein, dass der abwesende Angeklagte von der in seiner Abwesenheit durchgeführten Verhandlung sachlich mitbetroffen ist und sich das Ergebnis des betreffenden Verhandlungsteils auf ihn auswirkt.[86] Ob der Richter von der Möglichkeit, das Verfahren abzutrennen und den anderen Angeklagten während der Zeit der Trennung des Verfahrens als Zeugen zu vernehmen, Gebrauch macht, oder ob er von einer Trennung absieht und den Mitangeklagten zu den ausschließlich den anderen Angeklagten betreffenden Taten in seiner Eigenschaft als Mitangeklagter zur Sache vernimmt, steht in seinem **Ermessen.**[87] Bei seiner Entscheidung darf er vor allem die Pflicht zur Aufklärung des Sachverhalts berücksichtigen, insbesondere, ob die Vernehmung als Zeuge eine bessere Gewähr für die Richtigkeit der Angaben als die Äußerung als Mitangeklagter bietet.[88] Die Rechte des (bisherigen) Mitbeschuldigten, gegen den das Verfahren abgetrennt worden ist, werden durch sein Recht, die Auskunft nach § 55 zu verweigern und das Vereidigungsverbot nach § 60 Nr. 2 ausreichend gewahrt.[89] **27**

Bei einer **vorübergehenden Abtrennung** des Verfahrens gegen Mitangeklagte ist zu beachten, dass in der abgetrennten Verhandlung gewonnene Erkenntnisse wegen § 261 nicht gegen den Angeklagten verwertet werden dürfen.[90] Werden Umstände während der vorübergehenden Trennung der Verfahrens erörtert, die auch den Mitbeschuldigten, gegen den das Verfahren abgetrennt worden ist, betreffen oder ist das nicht auszuschließen, liegt ein Verstoß gegen §§ 230 Abs. 1, 338 Nr. 5 vor.[91] Letzteres gilt aber dann nicht, wenn das Gericht zunächst davon ausgegangen war, dass das Verfahren gegen einen der Angeklagten entscheidungsreif ist, dies der Grund für die Verfahrenstrennung war und entgegen dieser Erwartung das Verfahren aufgrund nachträglich eingetretener Umstände wieder verbunden worden ist; in diesem Fall kann nur eine Verletzung des § 261 gerügt werden.[92] Wird das Verfahren gegen einen Mitbeschuldigten abgetrennt, bleibt das an das Zeugnisverweigerungsrecht nach § 53 anknüpfende Beschlagnahmeverbot des § 97 Abs. 1 bestehen.[93] **28**

---

[82] Vgl. BGH 25.2.1964 – 1 StR 13/64, NJW 1964, 1034; OLG Düsseldorf 4.3.1982 – 1 Ws 174/82, NStZ 1982, 257; Ignor-Bertheau in Löwe/Rosenberg Vor § 48 Rn. 34; Rogall in SK-StPO Vor § 48 Rn. 40.

[83] OLG Bamberg 23.2.2015 – 8 Ss 126/14, StraFo 2015, 155 mwN.

[84] BGH 25.2.1964 – 1 StR 13/64, NJW 1964, 1034; Ignor/Bertheau in Löwe/Rosenberg Vor § 48 Rn. 34; krit. hierzu Prittwitz NStZ 1981, 468.

[85] BGH 25.2.1964 – 1 StR 13/64, NJW 1964, 1034; 17.1.1984 – 5 StR 970/83, StV 1984, 186; Senge in KK-StPO Vor § 48 Rn. 9.

[86] BGH 5.10.1983 – 2 StR 298/83, BGHSt 32, 100 = NJW 1984, 501; 1.4.1981 – 2 StR 791/80, BGHSt 30, 74 = NJW 1981, 1568.

[87] BGH 25.2.1964 – 1 StR 13/64, NJW 1964, 1034.

[88] BGH 25.2.1964 – 1 StR 13/64, NJW 1964, 1034.

[89] Ignor/Bertheau in Löwe/Rosenberg Vor § 48 Rn. 34; Neubeck in KMR-StPO Vor § 48 Rn. 32.

[90] BGH 17.1.1984 – 5 StR 970/83, StV 1984, 186; vgl. hierzu auch BGH 25.2.1964 – 1 StR 13/64, NJW 1964, 1034.

[91] BGH 25.10.1971 – 2 StR 238/71, BGHSt 24, 257 = NJW 1972, 545; 5.10.1983 – 2 StR 298/83, BGHSt 32, 100 = NJW 1984, 501; 1.4.1981 – 2 StR 791/80, BGHSt 30, 74 = NJW 1981, 1568; Ignor/Bertheau in Löwe/Rosenberg Vor § 48 Rn. 34.

[92] BGH 15.1.1985 – 1 StR 680/84, BGHSt 33, 119 = NJW 1985, 1175.

[93] BGH 13.11.1997 – 4 StR 404/97, BGHSt 43, 300 = NJW 1998, 840.

29 **f) Andere Verfahrensbeteiligte.** Nebenkläger (§ 397 Abs. 1),[94] Beistände (§ 149 Abs. 1 sowie § 69 Abs. 1 JGG), Erziehungsberechtigte und gesetzliche Vertreter (§ 67 JGG), Antragsteller im Adhäsionsverfahren (§§ 403 ff.), Beistände von Verletzten (§§ 406 ff.), Behördenvertreter[95] und Mitarbeiter der Bewährungshilfe[96] können Zeugen sein.[97]

30 Aus § 74 Abs. 1 S. 2 ergibt sich, dass der **Sachverständige** auch Zeuge sein kann.[98] Nicht selten nimmt der Sachverständige in der Hauptverhandlung eine Doppelstellung ein, der prozessual Rechnung zu tragen ist: Berichtet er neben seinem Gutachten auch über erfahrene Tatsachen, ohne dabei seine besondere Sachkunde einzusetzen oder gebraucht zu haben, so ist er als Zeuge zu behandeln; dies bedeutet, dass er ggf. – neben der Belehrung als Sachverständiger – auch als Zeuge belehrt werden muss und über die Frage seiner Vereidigung nicht nur nach § 79, sondern auch den Vorschriften über die Zeugenvereidigung (§§ 59 ff.) zu entscheiden ist.

31 Auch der **Dolmetscher** kann Zeuge sein und seine eigene Aussage selbst übersetzen.[99] **Privatkläger** können wegen ihrer Parteistellung nicht zugleich Zeuge sein;[100] ihr Anspruch auf rechtliches Gehör gebietet es aber, sie anzuhören und ihre Aussage im Rahmen der Beweiswürdigung zu berücksichtigen.[101] Gleiches gilt für **Einziehungs- und Verfallbeteiligte,** wenn sich das Verfahren gegen sie richtet; in diesem Fall werden sie nach § 433 Abs. 1 einem Angeklagten gleichgestellt.[102]

III. Rechte und Pflichten des Zeugen

32 **1. Zeugenpflichten.** Der Zeuge muss zur Vernehmung erscheinen, wahrheitsgemäß aussagen und seine Angaben auf Verlangen beeiden. Bei diesen Zeugenpflichten handelt es sich um von der StPO vorausgesetzte **staatsbürgerliche Pflichten.** Sie treffen alle deutschen Staatsangehörigen, auch wenn sie sich im Ausland aufhalten. Auch Ausländer und Staatenlose sind nach allgM verpflichtet, vor Gericht zu erscheinen und auszusagen, wenn sie sich im Inland aufhalten[103] oder einen Wohnsitz im Inland unterhalten. Das gilt für Ausländer mit Wohnsitz im Inland auch dann, wenn sie sich zurzeit der Vernehmung im Ausland aufhalten.[104] Die Zeugenpflichten treffen nur diejenigen Ausländer nicht, die sich im Ausland aufhalten; auch für **Exterritoriale** gelten sie nicht.[105] Für Mitglieder konsularischer Verwendungen gelten Sonderregeln.[106] Im Einzelnen gilt:

33 **a) Erscheinen.** Der Zeuge ist nach §§ 48 Abs. 1 S. 1, 161a Abs. 1 S. 1 verpflichtet, zu dem zu seiner Vernehmung bestimmten Termin vor dem **Richter** oder dem **Staatsanwalt** zu erscheinen. Nach einer Gesetzesänderung ist nunmehr die Polizei nicht nur (wie bereits zuvor) berechtigt, Zeugen mündlich oder schriftlich zur Vernehmung vorzuladen. Nach

---

94 Vgl. etwa Kramer Jura 1983, 121 sowie Neubeck in KMR-StPO Vor § 48 Rn. 33.
95 LG Dresden 10.11.1997 – 8 Ns 101 Js 44995/95, NStZ 1999, 313 mAnm Rüping für den nach § 407 Abs. 1 AO teilnahmeberechtigten Vertreter des Finanzamts; Ignor/Bertheau in Löwe/Rosenberg Vor § 48 Rn. 48.
96 Otte in Radtke/Hohmann § 48 Rn. 24.
97 Otte in Radtke/Hohmann § 48 Rn. 24; Schmitt in Meyer-Goßner/Schmitt Vor § 48 Rn. 23; Ignor/Bertheau in Löwe/Rosenberg Vor § 48 Rn. 26 ff.
98 Schmitt in Meyer-Goßner/Schmitt Vor § 48 Rn. 23.
99 Schmitt in Meyer-Goßner/Schmitt Vor § 48 Rn. 23; Ignor/Bertheau in Löwe/Rosenberg Vor § 48 Rn. 30.
100 BayObLG 10.8.1961 – RReg. 4 St 190/61, NJW 1961, 2318; Schmitt in Meyer-Goßner/Schmitt Vor § 48 Rn. 23; Otte in Radtke/Hohmann § 48 Rn. 24; Kramer Jura 1983, 121; aA Ignor/Bertheau in Löwe/Rosenberg Vor § 48 Rn. 36.
101 Kramer Jura 1983, 121; Geppert Jura 1991, 88; Seibert MDR 1952, 278; Woesner NJW 1959, 706.
102 Otte in Radtke/Hohmann § 48 Rn. 24; Schmitt in Meyer-Goßner/Schmitt Rn. 23; Neubeck in KMR-StPO Vor § 48 Rn. 37; vgl. auch BGH 26.6.1956 – 2 StR 322/55, BGHSt 9, 250 = NJW 1956, 1448.
103 Bader in KK-StPO Rn. 2 mwN; Ignor/Bertheau in Löwe/Rosenberg Rn. 3.
104 OLG Frankfurt a. M. NJW 2014, 95.
105 Otte in Radtke/Hohmann § 48 Rn. 5; Schmitt in Meyer-Goßner/Schmitt Vor § 48 Rn. 5; Neubeck in KMR-StPO Vor § 48 Rn. 8; Ignor/Bertheau in Löwe/Rosenberg Vor § 48 Rn. 16; vgl. auch → § 51 Rn. 4, 7 und Barthe in KK-StPO GVG § 18 Rn. 11.
106 Dazu Barte in KK-StPO GVG § 19 Rn. 8.

§ 163 Abs. 3 ist der Zeuge auch zum Erscheinen und zur Aussage bei der **Polizei** verpflichtet, wenn der Ladung ein Auftrag der StA zugrundeliegt. Die Polizei darf aber das Erscheinen des Zeugen nicht erzwingen, insbesondere keinen unmittelbaren Zwang anwenden, kann jedoch die entsprechenden Ermächtigungsgrundlagen in den Polizeigesetzen der Länder heranziehen, um die Identität von Zeugen festzustellen. Weigert sich ein Zeuge, vor der Polizei zu erscheinen oder auszusagen, teilt sie dies der StA mit, die den Zeugen dann selbst vernehmen oder die richterliche Vernehmung beantragen wird.

b) Aussagen. Nach § 48 Abs. 1 S. 2 hat jeder Zeuge die Pflicht, vor dem Richter auszusagen, wenn keine im Gesetz zugelassene Ausnahme vorliegt.[107] Gleiches gilt gemäß § 161a Abs. 1 S. 1 bei einer Vernehmung durch den Staatsanwalt und nach § 163 Abs. 3 bei Vernehmung durch die Polizei, wenn ein Auftrag der StA zugrunde liegt. Der Zeuge ist auch verpflichtet, erforderlichenfalls zur Veranschaulichung eine Skizze zu fertigen, die Körperhaltung eines Beteiligten zu demonstrieren sowie an einem Augenscheinstermin teilzunehmen und dem Gericht die Örtlichkeiten und Gegenstände, auf die sich seine Aussage bezieht, zu zeigen.[108] Des Weiteren besteht eine Pflicht, sich bei Abgabe des Zeugnisses äußerer Hilfsmittel, dh Vernehmungshilfen zur Auffrischung des Gedächtnisses zu bedienen.[109] 34

Die Pflicht zur **wahrheitsgemäßen Aussage** ergibt sich aus den Bestimmungen der §§ 153 ff. StGB und ist prozessual nicht erzwingbar.[110] Eine Pflicht, sich beispielweise durch die Einholung von Auskünften oder das Studium von Akten oder Unterlagen auf die Vernehmung vorzubereiten, besteht – mit Ausnahme von Zeugen, die ihre Wahrnehmung in amtlicher Eigenschaft gemacht haben – nicht.[111] Im öffentlichen Dienst beschäftigte Zeugen sind verpflichtet, sich auf Verlangen schriftlich dienstlich zu äußern.[112] 35

Der Zeuge hat im Rahmen seiner Aussage nicht nur die Fragen zu beantworten, die sich auf seine Wahrnehmungen zum Tatgeschehen beziehen, sondern auch diejenigen, mit denen Umstände abgeklärt werden sollen, die seine Glaubhaftigkeit in der vorliegenden Sache betreffen. Ferner ist der Zeuge verpflichtet, auf Fragen zu seinen Beziehungen zum Beschuldigten oder zum Verletzten zu antworten. Diese sog **Generalfragen** (vgl. § 68a Abs. 2 S. 1) dienen auch dazu, die Voraussetzungen der §§ 52 ff., 55, 61 abzuklären. Entsprechendes gilt für den Fall, dass der Zeuge zu etwaigen Vorstrafen befragt wird (§ 68a Abs. 2 S. 2). 36

c) Schwören. Der Zeuge muss seine Aussage auf Verlangen beeiden. Die Pflicht zur Eidesleistung entfällt nur dort, wo ein Eidesverbot iSd § 60 besteht oder sich der Zeuge auf ein Eidesverweigerungsrecht gemäß § 61 berufen kann.[113] 37

d) Weitere Pflichten. Der Zeuge muss nach § 58 Abs. 2 im Vorverfahren **Gegenüberstellungen** dulden; namentlich ist er verpflichtet, an einer Vernehmungsgegenüberstellung als besondere Form der Vernehmung mitzuwirken. Er ist des Weiteren, ebenfalls aufgrund der Regelung des § 58 Abs. 2, verpflichtet, an einer Identifizierungsgegenüberstellung mitzuwirken.[114] Gleiches gilt im Hauptverfahren, wo das Gericht Gegenüberstellungen nach § 244 Abs. 2 anordnen kann.[115] 38

Ferner besteht die Pflicht, sich in **Augenschein** nehmen zu lassen.[116] Außerdem ist der Zeuge gemäß § 81c unter bestimmten Voraussetzungen verpflichtet, körperliche **Unter-** 39

---

107 Vgl. im Einzelnen die Kommentierung zu → § 48 Rn. 1 ff.
108 Ignor/Bertheau in Löwe/Rosenberg Vor § 48 Rn. 17.
109 Eisenberg BeweisR StPO Rn. 1201.
110 Otte in Radtke/Hohmann § 48 Rn. 6; Neubeck in KMR-StPO Vor § 48 Rn. 9.
111 Otte in Radtke/Hohmann § 48 Rn. 7; Schmitt in Meyer-Goßner/Schmitt Vor § 48 Rn. 7; Ignor/Bertheau in Löwe/Rosenberg Vor § 48 Rn. 17; Neubeck in KMR-StPO Vor § 48 Rn. 11; ausführlich zu dieser Frage Dedes JR 1983, 99 sowie Krehl NStZ 1991, 416.
112 Otte in Radtke/Hohmann § 48 Rn. 7; Schmitt in Meyer-Goßner/Schmitt Vor § 48 Rn. 7.
113 Otte in Radtke/Hohmann § 48 Rn. 6.
114 Otte in Radtke/Hohmann § 48 Rn. 7; Schmitt in Meyer-Goßner/Schmitt Vor § 48 Rn. 6.
115 Vgl. Eisenberg BeweisR StPO Rn. 1188, 1190 mwN.
116 Otte in Radtke/Hohmann § 48 Rn. 7; Schmitt in Meyer-Goßner/Schmitt Vor § 48 Rn. 6; Neubeck in KMR-StPO Vor § 48 Rn. 10.

suchungen und Eingriffe in seine körperliche Integrität zu dulden. Die Beschränkungen des § 81c gelten nicht, falls eine wirksame Einwilligung des Zeugen vorliegt.

40 Schließlich trifft diejenigen Zeugen, die sich berufsmäßig mit Zeugenangaben befassen, vor ihrer Vernehmung eine **Vorbereitungspflicht.** Besonders Polizeibeamte und Ermittlungsrichter müssen dann, wenn ihre Vernehmung ansteht, Vernehmungsniederschriften einsehen, um sich erforderlichenfalls die Einzelheiten ins Gedächtnis zurückzurufen.[117]

41 **2. Zeugenrechte. a) Weigerungsrechte.** Der Zeuge ist nicht zur Aussage verpflichtet, wenn ihm ein Zeugnisverweigerungsrecht (§§ 52–53a) zusteht oder er sich auf das Auskunftsverweigerungsrecht nach § 55 berufen kann. Ebenso wenig braucht er auszusagen, wenn er sich auf das Beratungsgeheimnis (§ 43 DRiG), das Wahlgeheimnis (Art. 38 GG) oder in seiner Eigenschaft als Abgeordneter auf Art. 47 S. 1 GG berufen kann oder wenn die Beantwortung der an ihn gerichteten Frage nicht vom Umfang der ihm erteilten Aussagegenehmigung gedeckt wäre.

42 Ein über die strafprozessualen Voraussetzungen hinausgehendes Zeugnisverweigerungsrecht kann nach der Rechtsprechung des BVerfG „im Einzelfall ausnahmsweise und unter ganz besonders strengen Voraussetzungen" **unmittelbar aus der Verfassung** abgeleitet werden, wenn die Vernehmung des Zeugen in den durch Art. 2 Abs. 1 iVm Art. 1 Abs. 1 GG grundrechtlich geschützten Bereich privater Lebensgestaltung des Einzelnen, insbesondere in seine Intimsphäre eingreifen würde.[118]

43 **b) Recht auf angemessene Behandlung im Verfahren.** Die Pflicht zur Erforschung der Wahrheit muss unter Berücksichtigung der Persönlichkeitsrechte des Zeugen erfolgen. Dieser Grundsatz kommt etwa in § 68a oder in den §§ 171b, 172 GVG zum Ausdruck. Aber auch dann, wenn eine einfachgesetzliche Regelung fehlt, gilt, dass das Gericht aufgrund seiner gegenüber den Zeugen bestehenden Fürsorgepflicht deren Interessen und Belange nicht außer Acht lassen darf. Auch sitzungspolizeiliche Maßnahmen können zum Schutz der Zeugen ergriffen werden.

44 Das Gericht hat im Rahmen seiner vorrangigen Verpflichtung zur Wahrheitsermittlung (ebenso wie auch die Ermittlungsbehörden) auf die Achtung der menschlichen Würde eines Zeugen, wie sie sich letztlich aus dem Rechtsstaatsprinzip ergibt, Bedacht zu nehmen.[119] So ist das Gericht angesichts seiner Fürsorgepflicht etwa bei seiner Entscheidung über den **Umfang einer Beweisaufnahme** verpflichtet, Opferschutzinteressen in seine Erwägungen einzubeziehen. Eine ausufernde Aufklärung ist nicht geboten. Auch deshalb ist das Opfer vor einem **Verteidigungsverhalten** des Angeklagten zu schützen, das durch rechtsstaatliche Verfahrensgrundsätze nicht gedeckt ist.[120] Erörterungen und Beweiserhebungen zum Privat- und insbesondere auch Intimleben eines Zeugen, die zu dem Verfahrensgegenstand in keinem unmittelbaren Zusammenhang stehen, sind nur nach sorgfältiger Prüfung ihrer Unerlässlichkeit statthaft. Dies ist bei der Entscheidung über den Umfang der Beweisaufnahme, der Zulassung von Fragen (§§ 68a, 241 Abs. 2) und der Leitung der Tätigkeit eines Sachverständigen (vgl. § 77) zu berücksichtigen.[121] Der Vorsitzende hat im Rahmen seiner Leitungsbefugnis (§ 238 Abs. 1) die sachgerechte Vernehmung von Zeugen und Sachverständigen zu gewährleisten und insbesondere für eine sachgerechte Ausübung des Fragerechts durch die Verfahrensbeteiligten Sorge zu tragen.[122]

---

[117] BGH 21.3.2012 – 1 StR 43/12, NStZ 2012, 521.

[118] Neubeck in KMR-StPO Vor § 48 Rn. 14; vgl. hierzu im Einzelnen Bader in KK-StPO § 53 Rn. 2; Huber in BeckOK StPO § 53 Rn. 2, 3.

[119] BGH 11.1.2005 – 1 StR 498/04, NJW 2005, 1519 (1520 f.) unter Hinweis auf den Rahmenbeschluss der Europäischen Union über die Stellung des Opfers im Strafverfahren vom 15.3.2001 (ABl. L 82 22.3.2001, 1), in dem „das Recht auf eine Behandlung unter Achtung der Würde des Opfers" und dessen Recht, „in den verschiedenen Phasen des Verfahrens geschützt zu werden" (vor Art. 1, Abschn. 8), betont wird.

[120] BGH 16.6.2005 – 1 StR 152/05, NJW 2005, 2791; 31.8.2006 – 3 StR 237/06, NStZ-RR 2007, 21 mwN.

[121] BGH 11.1.2005 – 1 StR 498/04, NJW 2005, 1519 (1520).

[122] BGH 5.11.2003 – 1 StR 368/03, NStZ 2004, 163 mwN.

Im Übrigen sollte sich das Recht auf angemessene Behandlung schon im **Umgang mit dem Zeugen vor seiner Vernehmung** widerspiegeln. Dies gilt etwa für die Zeugenladung, die Informationen enthalten sollte, die dem Zeugen den Weg zum und die Orientierung im Gerichtsgebäude erleichtern. Auch sollte den Zeugen ein Warteraum zur Verfügung stehen, sodass der Kontakt mit dem Angeklagten vermieden wird. 45

c) Recht auf Beistand. Mit einer grundlegenden Entscheidung hat das BVerfG[123] schon 1974 klargestellt, dass der Zeuge nicht zum bloßen Objekt des Verfahrens gemacht werden darf und dafür zu sorgen ist, dass der Zeuge seine prozessualen Rechte interessengerecht wahrnehmen kann. Mit der Einführung des § 68b hat der Gesetzgeber dem Rechnung getragen und das Recht des **Zeugen** auf anwaltlichen Beistand anerkannt. Es besteht nach § 68b Abs. 1 S. 1 schlechthin und unabhängig von einer bestimmten Verfahrenssituation. Daneben wurden Beistandsregelungen für **Nebenklageberechtigte** (§§ 395 Abs. 2, 397a, 406h) und nicht nebenklageberechtigte **Verletzte** (§ 406f) geschaffen. Überdies wurde als nicht-rechtliche Unterstützung von Verletzten in § 406g die psychosoziale Prozessbegleitung eingeführt. 46

Unabhängig von diesen Regelungen steht jedem Zeugen das Recht zu, sich – auf seine Kosten – eines selbst gewählten Beistands während des gesamten Ermittlungs- und Strafverfahrens, nicht nur bei Vernehmungen zu bedienen; dieses Recht besteht ferner ebenso im Verfahren wegen Ordnungswidrigkeiten, in Disziplinarverfahren und berufsrechtlichen Verfahren.[124] 47

Über das Recht auf Zuziehung eines Rechtsbeistands muss der Zeuge nicht belehrt werden.[125] Zu den **Befugnissen und Funktionen** des Zeugenbeistands → § 68b Rn. 14 ff., zu seinem **Ausschluss** § 68b Rn. 40 ff. 48

aa) Beistand bei Vernehmungen des Zeugen. Bestimmungen für die Bestellung und Einbeziehung eines Beistands bei Vernehmungen enthalten § 68b Abs. 1 S. 2 und § 68b Abs. 2. So ermöglicht § 68b Abs. 2 – unter dem Vorbehalt der Subsidiarität – die Beiordnung eines Beistands für alle Zeugenvernehmungen, sofern der Zeuge nicht in der Lage ist, seine prozessualen Befugnisse selbst wahrzunehmen. Wie § 161a Abs. 1 S. 2 und § 163 Abs. 3 S. 1 zeigen, besteht dieses Recht nicht nur bei richterlichen, sondern auch bei staatsanwaltschaftlichen und polizeilichen Vernehmungen des Zeugen. 49

Der Beistand kann und darf den Zeugen nicht in seiner Aussage vertreten. Er ist lediglich befugt, die **Rechte und Interessen des Zeugen** wahrnehmen. Hierzu gehört namentlich, bloßstellende bzw. nicht mehr von § 68a gedeckte Fragen sowie Fang- oder Suggestivfragen zu beanstanden und ggf. auf deren Nichtzulassung antragen. Bei Gefährdungen des Zeugen kann der Beistand darauf hinwirken, dass das Gericht darauf verzichtet, Angaben zum Wohnort oder zur Identität des Zeugen (vgl. § 68 Abs. 2 und 3) zu erheben. Er kann ferner anregen, dass das Gericht während der Zeugenvernehmung den Angeklagten (§ 247) und/oder die Öffentlichkeit (§§ 171b, 172, 174 GVG) ausschließt, vom Einsatz der Videotechnik nach § 247a Gebrauch macht oder dass bei der Zeugenvernehmung die Regelungen der §§ 69, 241a beachtet werden. 50

bb) Beistand der Nebenkläger. Als zentrale Bestimmung erweist sich hier **§ 397a.** Sie gibt denjenigen Zeugen, die als Nebenkläger auftreten, das Recht, zu beantragen, dass ihnen als Beistand ein Rechtsanwalt bestellt wird. Steht eine der in § 397a Abs. 1 aufgeführten Straftaten im Raum, muss dem Nebenkläger der Beistand auf Kosten der Staatskasse beigeordnet werden. Gemäß § 397a Abs. 2 besteht derselbe Anspruch bei anderen, in § 397a Abs. 1 nicht genannten Delikten dann, wenn der Nebenklageberechtigte zu seiner Interessenwahrnehmung unfähig und zudem wirtschaftlich nicht in der Lage ist, die Kosten eines anwaltlichen Beistands aufzubringen; er muss aber im Rahmen der Antragstellung sein wirtschaftliches Unvermögen belegen (§ 397a Abs. 2 iVm § 117 ZPO). 51

---

123 BVerfG 8.10.1974 – 2 BvR 747/73, BVerfGE 38, 105 = NJW 1973, 105.
124 Ignor/Bertheau in Löwe/Rosenberg Vor § 48 Rn. 20 mwN.
125 Neubeck in KMR-StPO Vor § 48 Rn. 16; aA Thomas NStZ 1982, 489.

52 Zudem berechtigt **§ 406h** Abs. 1. S. 1 nebenklageberechtigte Zeugen, sich eines Beistands zu bedienen oder sich durch einen solchen vertreten zu lassen. Nach § 406h Abs. 4 ist den nebenklageberechtigten Verletzten unter den dort genannten Voraussetzungen einstweilen ein Rechtsanwalt als Beistand zu bestellen.

53 **cc) Nicht nebenklageberechtigte Verletzte.** Für diese Zeugengruppe sieht § 406f Abs. 1 das Recht vor, sich des Beistands eines Rechtsanwalts zu bedienen oder sich durch einen solchen vertreten zu lassen. Ferner sieht § 406f Abs. 2 bei Vernehmungen des Verletzten im Grundsatz ein Anwesenheitsrecht einer Vertrauensperson vor; als solche kommen etwa der Ehegatte, Verwandte oder Bekannte des Verletzten in Betracht.

54 **d) Beanstandungs- und Beschwerderecht, Entschädigung.** Der Zeuge kann gegen ihn betreffende sachleitende Anordnungen des Vorsitzenden nach § 238 Abs. 1 das Gericht anrufen und damit einen Beschluss herbeiführen. An ihn gerichtete Fragen, die er für unzulässig hält, kann er gemäß § 241 beanstanden.[126] Des Weiteren ist er befugt, gegen ihn betreffende gerichtliche Entscheidungen nach § 304 Abs. 2 Beschwerde einzulegen.[127] Der Zeuge kann nach den Bestimmungen des JVEG **Entschädigung** für Verdienstausfall, Fahrkosten und sonstige notwendige Aufwendungen geltend machen.

54a **e) Akteneinsicht, Information und Prozessbegleitung für Verletzte.** Zu den Rechten der Nebenkläger und nicht nebenklageberechtigten Verletzten kommt nach **§ 406e** für den Zeugen mit der Stellung eines **Verletzten** noch hinzu, dass ein Rechtsanwalt – bereits im Vorverfahren – Akteneinsicht nehmen und Beweisstücke besichtigen kann. Wegen der Einzelheiten der differenzierten Regelungen muss auf die Kommentierungen zu dieser Vorschrift verwiesen werden. Nicht aus den Augen verloren werden darf, dass die Aktenkenntnis die Qualität der Aussage deutlich beeinträchtigen und – nicht nur dadurch – die gerichtliche Beweiswürdigung erschweren kann.[128] Nach **§§ 406i, 406j, 406k, 406l** sind Verletzte umfassend über ihre Befugnisse zu informieren. Schließlich haben alle Verletzten nach **§ 406g** das Recht, sich des Beistands eines psychosozialen Prozessbegleiters zu bedienen.

IV. Zeugenschutz

55 **1. Allgemeines.** Jeder Zeuge hat Anspruch auf angemessene Behandlung, Persönlichkeits- und Ehrenschutz, er darf nicht zum bloßen Verfahrensobjekt gemacht werden.[129] Der Schutz der Zeugen im Strafverfahren ist kein Selbstzweck, sondern zum einen erforderlich, um eine wirksame Strafverfolgung, besonders im Bereich der Schwerkriminalität und der organisierten Kriminalität zu gewährleisten, zum anderen notwendig, um den Rechtspositionen und berechtigten Interessen des Zeugen sowie seiner Stellung und Funktion Rechnung zu tragen. Bedeutsame **Zeugenschutzvorschriften** sind nahezu über die gesamte StPO und in anderen Gesetzen (zB GVG, ZSHG, BKAG) verstreut; sie finden sich etwa in den §§ 58a, 68, 68a, 68b, 69, 96, 110b Abs. 3, §§ 168c, 168e, 200 Abs. 1 S. 3, § 241 Abs. 2, §§ 247, 247a, 255a, 397, 397a, 406f, 406g oder in den §§ 171b, 172 GVG.

56 Hinzu kommen **zivilrechtliche Verbesserungen** für die Opfer von Straftaten durch das Gesetz über die Entschädigung für Opfer von Gewalttaten, das Regelungen über die finanzielle Versorgung der Opfer „tätlicher Angriffe" enthält, das Gesetz zur Sicherung der zivilrechtlichen Ansprüche der Opfer von Straftaten[130] sowie das Gesetz zum zivilrechtlichen Schutz vor Gewalttaten und Nachstellungen,[131] das den einstweiligen Rechtsschutz gegen gewalttätige Dritte regelt.

---

[126] Ignor/Bertheau in Löwe/Rosenberg Vor § 48 Rn. 18.
[127] Ignor/Bertheau in Löwe/Rosenberg Vor § 48 Rn. 18.
[128] Dazu Baumhöfener/Daber/Wenske NStZ 2017, 562 (564 ff.) und → Rn. 67 ff.
[129] Schmitt in Meyer-Goßner/Schmitt Vor § 48 Rn. 10 mwN.
[130] Sog. Opferanspruchssicherungsgesetz (OAG).
[131] Sog. Gewaltschutzgesetz (GewSchG).

2. Gesetzgeberische Aktivitäten. Die Strafjustiz ist auf den Zeugen als Beweismittel angewiesen. Schon allein deshalb wird nachvollziehbar, dass seit Jahrzehnten versucht wird, dieses wichtigste und zentrale Beweismittel des Strafprozesses zu schützen und seine **Position im Verfahren zu stärken.** Dabei geht es entweder um die Schaffung neuer bzw. zusätzlicher Zeugenrechte oder um den Ausbau und die Erweiterung bestehender Rechtspositionen. Die – offensichtlich nicht zur Ruhe kommenden – gesetzgeberischen Aktivitäten erstrecken sich auf alle Arten von Zeugen. Teilweise rücken die Vorschriften diejenigen Zeugen, die Verletzte einer Straftat wurden, teilweise diejenigen, die Gefährdungen ausgesetzt sind oder waren, in den Vordergrund; zum Teil erfassen die Schutzvorschriften aber auch sämtliche Zeugen. Insgesamt hat sich ein deutlicher Paradigmenwechsel von der Objektstellung des Zeugen zum Verfahrenssubjekt vollzogen.[132] Wesentliche **Stationen der Gesetzgebung** waren: 57

a) Erstes Gesetz zur Verbesserung der Rechtsstellung des Verletzten im Strafverfahren.[133] Dieses Gesetz beabsichtigte die Anerkennung des Verletzten als selbständiger Verfahrensbeteiligter.[134] Es brachte dazu zunächst die Aufnahme der Bestimmungen des 4. Abschnitts des fünften Buches der StPO. Daneben führte es die Möglichkeit ein, den Angeklagten zum Schutz minderjähriger und erwachsener Zeugen während deren Vernehmung aus dem Sitzungssaal zu entfernen (§ 247 S. 2). Um den Zeugen vor der öffentlichen Erörterung privater Lebensumstände zu schützen, wurden mit § 171b GVG die Möglichkeiten, die Öffentlichkeit auszuschließen, erweitert. Ebenfalls dem Schutz der Privatsphäre des Zeugen soll die in § 68a Abs. 1 geschaffene Einschränkung des Fragerechts dienen. Außerdem wurden Informations- und Akteneinsichtsrechte (§§ 406d, 406e) geschaffen und das Recht auf Beiziehung eines Rechtsanwalts oder einer Vertrauensperson im Ermittlungsverfahren (§ 406f) begründet und zudem bestimmt, dass Verletzte auf ihre Rechte hinzuweisen sind (§ 406h). 58

b) Gesetz zum Schutz von Zeugen bei Vernehmungen im Strafverfahren und zur Verbesserung des Opferschutzes.[135] Mit ihm sollten zum einen ein verbessertes Instrumentarium für den Schutz und die Schonung der Zeugen bei ihren Vernehmungen bereitgestellt und zum anderen den Verletzten für ihre materiellen Ersatzansprüche bessere Zugriffsmöglichkeiten verschafft werden. Im Wesentlichen wurden die Möglichkeiten der Videoaufzeichnung von Vernehmungen und ihre Verwertung (§§ 58a, 255a)[136] sowie einer zeitgleichen Video-Übertragung von Vernehmungen (§ 247a; für Vernehmungen außerhalb der Hauptverhandlung § 168e) eingeführt. Daneben wurden in § 68a Bestimmungen über den Zeugenbeistand, in § 397a und § 406g über den Beistand der nebenklageberechtigten Verletzten geschaffen. Zudem wurde in § 395 Abs. 1 Nr. 1 der Straftatenkatalog, der Zeugen zum Anschluss als Nebenkläger berechtigt, erweitert.[137] 59

c) Gesetz zur Harmonisierung des Schutzes gefährdeter Zeugen (Zeugenschutz-Harmonisierungsgesetz).[138] Es führte Regelungen für Zeugen und deren Angehörige ein, wenn sie – aufgrund der Aussagebereitschaft des Zeugen – einer Gefährdung von Leib, Leben, Gesundheit, Freiheit oder wesentlicher Vermögenswerte ausgesetzt sind und sich für Zeugenschutzmaßnahmen eignen (§ 1 ZSHG). 60

Gemäß § 3 ZSHG entscheiden die bei der Polizei oder den sonst zuständigen Bundes- oder Landesbehörden angesiedelten Zeugenschutzdienststellen unter Berücksichtigung der Tatschwere, des Gefährdungsgrades und der Beschuldigtenrechte über Schutzmaßnahmen; hierzu kann nicht nur der Aufbau einer vorübergehenden Tarnidentität mit entsprechenden 61

132 Vgl. Anders ZStW 2012, 374 (375).
133 Opferschutzgesetz vom 18.12.1986, BGBl. I 2496.
134 BT-Drs. 10/5305, 16.
135 Zeugenschutzgesetz vom 30.4.1998, BGBl. I 820; in Kraft getreten am 1.12.1998.
136 Zum Problem der optisch-akustischen Verfremdung § 68 Rn. 63 ff.
137 Zusammenfassend zu diesen Inhalten Rieß NJW 1998, 3240.
138 ZSHG v. 11.12.2001, BGBl. I 3510.

Tarndokumenten gehören (§ 5 ZSHG), sondern auch Prozessbegleitung, Objekt- und Personenschutz oder das Verschaffen eines neuen Wohnsitzes.[139] Erforderlichenfalls wird der Zeugenschutz bei weiterbestehender Gefährdung auch über das Ende des Strafverfahrens hinaus gewährt.

62 Das ZSHG gewährt den unter Zeugenschutz stehenden Zeugen **im Strafprozess** jedoch **keine zusätzlichen Schweige- oder sonstigen Rechte;** vielmehr verbleibt es nach § 10 Abs. 3 ZSHG im Strafverfahren bei den Regelungen der §§ 68 und 110b Abs. 3. Insbesondere begründet eine Verpflichtung zur Verschwiegenheit kein Auskunftsverweigerungsrecht nach § 55, wenn Verfahrensbeteiligte Fragen zum Zeugenschutz stellen; ein Zeuge erwirbt auch nicht allein deswegen die Stellung einer anderen Person des öffentlichen Dienstes iSv § 54 Abs. 1, weil er in ein Zeugenschutzprogramm aufgenommen und hierbei förmlich zur Verschwiegenheit über ihm bekannt gewordene Erkenntnisse zu Zeugenschutzmaßnahmen verpflichtet wurde. Vielmehr muss das Gericht bei jeder einzelnen den Zeugenschutz betreffenden Frage prüfen, ob sie der Sachaufklärung dient oder als unzulässig oder nicht zur Sache gehörend zurückzuweisen ist.[140]

63 **d) 1. Opferrechtsreformgesetz.**[141] In seinen Motiven wird als Aufgabe eines sozialen Rechtsstaats nicht allein die Aufklärung der Straftat und die Feststellung von Schuld oder Unschuld in einem rechtsstaatlichen Verfahren festgehalten, sondern auch die Wahrung der Belange des Opfers.[142] In dieser Zielrichtung baute das Gesetz den Katalog der Delikte des § 395 aus, führte die Anwesenheitsberechtigung für Nebenklageberechtigte während der gesamten Hauptverhandlung (§ 406g Abs. 1) ein und erweiterte die Unterrichtungspflichten in § 406d Abs. 2. In § 24 Abs. 1 Nr. 3 GVG wurde in Fällen besonderer Schutzbedürftigkeit des Opfers der StA die Möglichkeit eröffnet, zur Vermeidung einer zweiten Tatsacheninstanz beim Landgericht Anklage zu erheben. Außerdem wurde der Anwendungsbereich des § 247a erweitert; die ursprünglich in dieser Bestimmung enthaltene Subsidiaritätsklausel, wonach die Entfernung des Angeklagten oder der Ausschluss der Öffentlichkeit vorrangig sind, ist weggefallen.

64 **e) Gesetz zur Stärkung der Rechte von Verletzten und Zeugen im Strafverfahren (2. Opferrechtsreformgesetz).**[143] Dieses Gesetz brachte eine nochmalige Erweiterung sowie die Neufassung der §§ 395, 397 und 397a; insbesondere wurde das Recht der Nebenklage vollständig vom Recht der Privatklage entkoppelt, um die Bedeutung der Nebenklage als eigenständiges Rechtsinstitut zu bekräftigen und in § 395 Abs. 3 eine Generalklausel für die Berechtigung zur Nebenklage – mit einer nicht abschließenden Liste von Delikten – eingeführt.

65 Gleichzeitig wurde die in verschiedenen Bestimmungen (zB §§ 58a, 247) vorgesehene Schutzaltersgrenze von 16 Jahren auf 18 Jahre angehoben. Das Recht auf einen Zeugenbeistand wurde erweitert. Der Rechtsanwalt bzw. Beistand des Opfers erhielt ein Anwesenheitsrecht auch bei polizeilichen Vernehmungen (§ 406f Abs. 1). Die Hinweise auf die Befugnisse Verletzter wurden erweitert und präzisiert (§ 406h (aF), nunmehr §§ 406i – l).

66 **f) Gesetz zur Stärkung der Rechte von Opfern sexuellen Missbrauchs** (StORMG). Diesem Gesetz vom 26.6.2013[144] ging eine längere rechtspolitische Diskussion voraus. Die **zahlreichen Änderungen** der StPO und des GVG sind am 1.9.2013 in Kraft getreten. Im **GVG** soll eine Ergänzung des § 24 Abs. 1 GVG die grundsätzliche Zuständigkeit der Amtsgerichte einschränken mit dem Ziel, Mehrfachvernehmungen der durch eine Straftat Verletzten einzudämmen. Die Neufassung des § 171b GVG ermächtigt das Gericht

---

139 Kühne StrafprozessR Rn. 842.
140 BGH 15.12.2005 – 3 StR 281/04, NJW 2006, 785 mzustBspr Jahn JuS 2006, 569.
141 1. Opferrechtsreformgesetz vom 24.6.2004, BGBl. I 1354; in Kraft getreten am 1.9.2004.
142 BT-Drs. 15/1976, 7 Abschn. A II vor 1.
143 2. Opferrechtsreformgesetz vom 3.7.2009, BGBl. I 2280; in Kraft getreten am 1.10.2009.
144 BGBl. I 1805.

zu mehreren – nicht anfechtbaren – Entscheidungen, die Öffentlichkeit zum Schutz der Persönlichkeitsrechte der Zeugen und Verfahrensbeteiligter auszuschließen.

Die Gesetzesänderungen der **StPO** betreffen zunächst die §§ 58a, 255a; der Gesetzgeber beabsichtigte, die Möglichkeiten des Herstellens und der Verwertung einer Videovernehmung auszuweiten. Der Katalog des § 397a Abs. 1 wurde – durch das Einfügen der Nr. 4 – abermals erweitert; als Nebenkläger auftretende Verletzte einer Sexualstraftat haben nunmehr nicht nur dann einen Anspruch auf Bestellung eines Rechtsanwalts als Beistand, wenn sie zur Tatzeit minderjährig waren, sondern ggf. auch als zur Tatzeit volljährige Opfer. Wird dem Verletzten nach § 397a oder § 406g Abs. 3, 4 ein Rechtsanwalt beigeordnet, liegt nach dem neuen § 140 Abs. 1 Nr. 9 ein Fall der notwendigen Verteidigung vor. Schließlich ergänzt das StORMG – ohne den für das Gericht entscheidenden Maßstab der Aufklärungspflicht ändern zu wollen – die Bestimmung des § 69 Abs. 2. Hierzu sowie zu den weiteren Änderungen der §§ 141, 142, 153a, 246a, 268, 406d, 453, 454 wird auf die Kommentierungen der entsprechenden Vorschriften verwiesen. 67

Sehr kritisch und ablehnend hat sich die Bundesrechtsanwaltskammer geäußert, die – nicht zu Unrecht – eine akute **Gefahr der Einschränkung strafprozessualer Erkenntnismöglichkeiten zugunsten von Opferschutzbelangen** sieht.[145] Dass die Würdigung einer Zeugenaussage und die Sachverhaltsaufklärung schwieriger und möglicherweise beeinträchtigt werden, wenn eine mehrfache Vernehmung bzw. Befragung des Zeugen ausscheidet und in der Hauptverhandlung allein auf eine Videoaufzeichnung der Vernehmung zurückgegriffen werden kann, ist schon deshalb, weil das Kriterium der Aussagekonstanz nicht mehr oder nur schwerlich überprüfbar wird, nicht von der Hand zu weisen; dies gilt zumal dort, wo die Videovernehmung ohne Mitwirkung des Angeklagten und/oder eines Verteidigers zustande kam oder ein Verteidiger an der Vernehmung zwar teilnehmen konnte, jedoch ohne vorher Akteneinsicht erhalten zu haben. 68

g) Gesetz zur Stärkung der Opferrechte im Strafverfahren (3. Opferrechtsreformgesetz). Dieses Gesetz[146] vom 21.12.2015 (BGBl. I 2525) diente der Umsetzung der EU-Opferschutzrichtlinie und trat mit Ausnahme der Regelung der psychosozialen Prozessbegleitung am 31.12.2015 in Kraft. Es fügte mit § 48 Abs. 3 den Hinweis auf die Prüfungspflicht der besonderen Schutzbedürftigkeit von Verletzten ein, erweiterte in § 406d die Mitteilungspflichten zur **Information Verletzter** über den Verfahrensstand und führte in den §§ 406i, 406j, 406k zahlreiche Unterrichtungspflichten ein, nach denen Verletzte über ihre Befugnisse innerhalb und außerhalb eines Strafverfahrens zu informieren sind; dabei werden durch § 406l auch Angehörige und Erben von Verletzten einbezogen. Mit § 171 S. 3 und § 397 Abs. 3 wurden Regelungen zur **Übersetzung** zur Stärkung der Position nebenklageberechtigter Verletzter bzw. Nebenkläger eingeführt, soweit diese der deutschen Sprache nicht mächtig sind. 69

Als weitere Unterstützung wurde mit § 406g, ergänzt durch § 465 Abs. 2 und § 472 Abs. 1, für Verletzte das Recht eingeführt, sich des Beistands eines **psychosozialen Prozessbegleiters** zu bedienen. Das Gesetz über die psychosoziale Prozessbegleitung im Strafverfahren (PsychPbG) definiert in seinem § 2 die Prozessbegleitung als Form der nichtrechtlichen Begleitung im Strafverfahren für besonders schutzbedürftige Verletzte vor, während und nach der Hauptverhandlung und regelt Näheres zur Qualifikation der Prozessbegleiter und ihrer Vergütung. Diese Bestimmungen traten zum 1.1.2017 in Kraft. § 406g Abs. 3 normiert für bestimmte Verletzte, etwa minderjährige Opfer von Sexualstraftaten, einen Anspruch auf kostenfreie Beiordnung eines Prozessbegleiters. 69a

h) Gesetz zur Modernisierung des Strafverfahrens. Neben prozessualen Reglungen, vor allem zur Befangenheit, zu Besetzungsrügen und zum Beweisantragsrecht, erweiterte dieses Gesetz vom 10.12.2019[147] mit dem Ziel, den Opferschutz weiter auszubauen, 70

145 Vgl. BRAK-Stellungnahme Nr. 35/2011.
146 Einzelheiten bei Ferber NJW 2016, 279.
147 BGBl. I 2021; in Kraft getreten am 13.12.2019.

abermals den Anwendungsbereich des **§ 58a.** Die sachverständigen Stimmen, die sich bei der Anhörung im Rechtsausschuss des Bundestages[148] mit guten Gründen hiergegen aussprachen, fanden kein Gehör. Abgesehen davon, dass der beabsichtigte Effekt der Gesetzesänderung, durch Vernehmungsaufzeichnung den Opferzeugen eine Vernehmung vor Gericht zu ersparen, kaum – auch mit Blick auf § 255a Abs. 2 S. 4 – eintreten wird, führt die mit dem Abspielen einer **vernehmungsersetzenden Videoaufzeichnung** verbundene weitere Durchbrechung des Unmittelbarkeitsgrundsatzes auch zu massiven Erschwernissen der Aussageanalyse und der Beweiswürdigung.[149] Eine weitere Gesetzesänderung, die zur Verfahrensvereinfachung und -beschleunigung beitragen soll, bestand in der Einfügung des **§ 397b,** der dem Gericht die Möglichkeit eröffnet, Nebenklägern mit gleichgelagerten Interessen einen gemeinschaftlichen Rechtsanwalt als Beistand zu bestellen oder beizuordnen. Schließlich wurden in **§ 68 Abs. 3 S. 3** für gefährdete Zeugen Ausnahmen vom Verbot der Gesichtsverhüllung eingeführt.

70a Das am 1.7.2021 in Kraft getretene Gesetz zur Bekämpfung sexualisierter Gewalt gegen Kinder vom 16.6.2021 (BGBl. I S. 1810) führte mit **§ 48a** eine weitere Zeugenschutzvorschrift ein, s. dazu → § 48a Rn. 1 ff.

71 **i) EU-Rechtssetzung.** Nicht nur der nationale Gesetzgeber, sondern auch die **EU-Rechtssetzung** nimmt sich verstärkt dem Thema des Zeugen- bzw. Opferschutzes an. So hatten die Mitgliedstaaten bereits nach dem **Rahmenbeschluss** des Rates über die Stellung des Opfers im Strafverfahren vom 15.3.2001[150] zu gewährleisten, dass das Opfer im Verfahren gehört werden und Beweismaterial liefern kann. Schon der Rahmenbeschluss hob auf den Umfang der Beweisaufnahme ab; nach seinen Art. 2 und 3 hatten sich die Mitgliedstaaten zu bemühen, um zu gewährleisten, dass das Opfer während des Verfahrens mit der gebührenden Achtung seiner persönlichen Würde behandelt wird und die gebotenen Maßnahmen ergriffen werden, damit Opfer nur in dem für das Strafverfahren erforderlichen Umfang befragt werden. Mit der „Richtlinie 2012/29/EU des Europäischen Parlaments und des Rates vom 25.10.2012 über Mindeststandards für die Rechte, die Unterstützung und den Schutz von Opfern von Straftaten sowie zur Ersetzung des Rahmenbeschlusses 2001/220/JI“[151] lag eine **Opferrechts-Richtlinie** vor, die den genannten Rahmenbeschluss ersetzt und die Stellung des Opfers im Strafverfahren, etwa durch Dolmetscherleistungen, Übersetzungen und eine Schulung des Justizpersonals stärker betont hat. Der Gesetzgeber ist seiner Verpflichtung,[152] diese Opferrechts-Richtlinie bis zum 16.11.2015 umzusetzen, durch das 3. ORRG nachgekommen. Zudem wurde in Anlehnung an die Opferschutzrichtlinie in **§ 373b** eine Definition der Verletzten eingeführt.

72 **3. Gefahren.** Es sollte nicht ausgeblendet werden, dass Übergewichtungen des Zeugenschutzes den Zielen des Strafverfahrens abträglich sein können. Einerseits sind Ziele und Motive – zumal vor dem Hintergrund der Bedeutung der Zeugen für den Strafprozess – der Zeugenschutzvorschriften zu begrüßen. Andererseits sind auszumachende Anzeichen für eine unangemessene Ausweitung der Zeugenschutzmaßnahmen dort kritisch zu betrachten, wo sie der **Zielsetzung des Strafprozesses** nicht mehr förderlich erscheinen oder dazu führen können, dass die Aufklärung und Wahrheitsfindung beeinträchtigt wird.

73 Der Zeugenschutz und der Ausbau der Subjektstellung des Zeugen dürfen zum einen nicht solche Ausmaße annehmen, dass die **Tauglichkeit des Zeugen als Beweismittel gefährdet** wird und er nur noch eine bloße **Parteirolle** bekleidet. Zum anderen darf ein wesentlicher Zweck des Strafverfahrens, dem Beschuldigten ein rechtsstaatliches Verfahren und effektive Verteidigungsmöglichkeiten zu gewährleisten, nicht aus den Augen verloren werden; dies wurde schon 1998 angemahnt.[153] Die kritischen Stimmen, die den Aspekt

---

148 Abrufbar unter bundestag.de/ausschüsse/a06-Recht/anhoerungen-archiv/stellungnahmen-665734.
149 Näher § 58a Rn. 1 ff.
150 ABl. 2001 L 82 vom 22.3.2001, 1.
151 ABl. 2012 L 315 vom 14.11.2012, 53 ff.
152 Dazu Anders ZStW 2012, 374 (384); Brodowski ZIS 2011, 940; 2012, 558.
153 Rieß NJW 1998, 3240 (3243).

des Zeugenschutzes als zu Lasten des Beschuldigten bzw. Angeklagten überdehnt einstufen, haben sich seither vermehrt.[154]

74 Der Zeugenschutz darf bei aller Berechtigung nicht dazu führen, dass die **Sachverhaltsaufklärung** und die **Beschuldigtenrechte** beeinträchtigt werden. Außerdem kann es der gebotenen objektiven und neutralen Betrachtung des Verfahrensstoffes durch die StA und das Gericht abträglich sein, wenn schon im Ermittlungsstadium die Positionen von Täter und Opfer festgeschrieben erscheinen. Zu Auswirkungen auf die Beweiswürdigung → Rn. 78 ff.

75 Ferner muss davor gewarnt werden, Anforderungen an das Strafverfahren zu stellen und bei Verletzten eine Erwartungshaltung aufzubauen, die im Prozess nicht erfüllt werden können. Denn auch der bestmögliche Zeugenschutz vermag dem geladenen Zeugen seine – ihn mitunter anstrengende und kräftezehrende – Befragung nicht zu ersparen und seine psychischen Belastungen, entstanden durch die Straftat und/oder die bevorstehende Vernehmung, nicht zu beseitigen. In diesem Zusammenhang ist zu Recht konstatiert worden, dass der Strafprozess keine therapeutische Veranstaltung sein kann.[155]

76 Die Ausgestaltung der Mitwirkungsrechte der Verletzten und ihre Handhabung müssen sich am Ziel des Verfahrens, ein wahres und gerechtes Urteil zu finden, messen lassen. Dies schließt freilich nicht aus, die Berücksichtigung eines Genugtuungsinteresse des Verletzten, das auch ein Sanktionsinteresse enthält, sowie die Wiederherstellung des durch die Straftat zerstörten Normvertrauens als eigenständige Ziele des Strafens anzuerkennen.[156]

77 **4. Auswirkungen des Zeugenschutzes.** Auch der durch eine Straftat Geschädigte sowie der als Neben- oder Adhäsionskläger auftretende Verletzte bleibt in seiner Hauptfunktion Zeuge und Beweismittel. Deshalb erscheint es zu weitgehend, anzunehmen, der Trend gehe dahin, im Wege des Zeugenschutzes die Position der Verteidigung zu schwächen, jede Aussicht auf die Widerlegung einer Belastungsaussage zu zerstören oder davon auszugehen, der Zeuge nehme die Rolle einer Eigeninteressen wahrnehmenden Partei oder eines Zusatzanklägers ein.[157]

78 Freilich können die bestimmten Zeugen eingeräumten Möglichkeiten, besonders Einsichts- und Anwesenheitsrechte, dazu führen, dass der **Beweiswert ihrer Aussage möglicherweise geschmälert** wird; ggf. kann es notwendig werden, dass die gerichtliche Beweiswürdigung diese Umstände mit einbezieht. Denn es ist nicht zu übersehen, dass die Verfahrensrechte, namentlich diejenigen der Nebenkläger, in einem gewissen Spannungsverhältnis zur Wahrheitspflicht des Zeugen stehen[158] und zudem in bestimmten Beweiskonstellationen die gebotene besonders eingehende Aussageanalyse durch **Aktenkenntnisse des Zeugen** deutlich erschwert werden kann. Unproblematisch gestaltet sich die Würdigung der Nebenklägerangaben dort, wo weitere tragfähige Beweismittel vorhanden sind. Es kommt danach auf den Einzelfall an; nach der Rspr. des BGH existiert kein Grundsatz, wonach sich der Tatrichter innerhalb der Beweiswürdigung stets mit der Erteilung der Akteneinsicht an den Nebenkläger auseinandersetzen muss.[159] Hält man sich suggestive Wirkungen und weitere mögliche Beeinflussungen einer Aussage durch Kenntnisse des Akteninhalts vor Augen, überzeugt es nicht, wenn auch die Sondersituation **Aussage gegen Aussage** im Grundsatz keine Erörterungspflichten der Aktenkenntnisse des Belastungszeugen auslösen soll.[160]

79 Auch Zeugenschutzmaßnahmen bleiben regelmäßig nicht ohne **Auswirkungen auf die Beweiswürdigung:**

---

154 ZB Roxin/Schünemann StrafVerfR § 26 Rn. 69 mwN.

155 Volckart JR 2005, 181 (184); vgl. auch Anders ZStW 2012, 374 (407): kein „therapeutisches" Recht des Verletzten auf Gehör.

156 Anders ZStW 2012, 374 (409).

157 So Schünemann StV 1998, 391 (392 f.).

158 Vgl. Anders ZStW 2012, 374 (379).

159 BGH 15.3.2016 – 5 StR 52/16.

160 BGH 5.4.2016 – 5 StR 40/16, NStz 2016, 367.

80 Ist ein Zeuge so stark gefährdet, dass das Innenministerium eine **Sperrerklärung** erlässt, sodass der Zeuge nicht vernommen werden kann, muss das Gericht einerseits beachten, dass eine erhöhte Gefahr der Entstellung oder der Unvollständigkeit besteht; je größer die Zahl der Zwischenglieder wird, desto geringer ist der Beweiswert der Aussage. Eine sorgfältigste Überprüfung ist angezeigt, wenn auch der Gewährsmann des Zeugen vom Hörensagen im Dunkeln bleibt, sodass sich Gericht und Verfahrensbeteiligte vom Beweiswert der Bekundungen kein Bild machen können.[161] Andererseits gehören § 96 sowie § 54 iVm § 39 BRRG zu den Vorschriften, die die gerichtliche Aufklärungspflicht begrenzen. Das Gericht muss aber überprüfen, ob die Behörde ihre Weigerung, den Zeugen freizugeben, ausreichend begründet hat. Der endgültig gesperrte Zeuge ist ein unerreichbares Beweismittel iSv § 244 Abs. 3.[162]

81 Eine Feststellung kann auf **wiedergegebene Aussagen** regelmäßig nur gestützt werden, wenn sie durch andere – nach Überzeugung des Tatrichters – wichtige Beweisanzeichen bestätigt wird. So ist der Beweiswert von – etwa durch einen Vernehmungsbeamten eingeführten – Bekundungen, die auf einen in der Hauptverhandlung nicht vernommenen Gewährsmann zurückgehen, besonders kritisch zu überprüfen. Dessen Angaben genügen regelmäßig nicht, wenn sie nicht durch andere, nach der Überzeugung des Strafgerichts wichtige Gesichtspunkte bestätigt werden; das Gericht muss sich der Grenzen seiner Überzeugungsbildung stets bewusst sein, sie wahren und dies in den Urteilsgründen zum Ausdruck bringen.[163]

82 Auch muss ggf. bedacht werden, dass dort, wo für die Beweisaufnahme nur noch Beweissurrogate zur Verfügung stehen, das **Fragerecht** der Verfahrensbeteiligten Einbußen erleidet.[164] Ob sich das Gericht dieser Anforderungen und Grenzen seiner Überzeugungsbildung bewusst war, wird, ggf. auch verfassungsrechtlich[165] überprüft.[166] Geheimhaltungsinteressen der Exekutive und eine Sperrung von Beweismitteln dürfen sich für einen Angeklagten nicht nachteilig auswirken. Vernimmt das Gericht nur einen mittelbaren Zeugen, obwohl die Vernehmung des unmittelbaren sachnäheren Zeugen möglich wäre, kann dies einen Verstoß gegen die Aufklärungspflicht begründen.[167] Zur mittelbaren Beweisführung auch → Rn. 98 ff.

V. Der Zeuge in der Beweiswürdigung

83 **1. Allgemeine Anforderungen und Maßstäbe.** Der Zeuge ist das zentrale, wichtigste und am häufigsten verwendete Beweismittel im Strafprozess. Dementsprechend wird nachvollziehbar, dass in den letzten Jahrzehnten der Art und Weise der Zeugenbefragung und mehr noch der kritischen **Würdigung der Zeugenaussagen** zunehmend mehr Bedeutung eingeräumt wurde. Damit einhergehend hat die höchstrichterliche Rechtsprechung an die gerichtliche Überzeugungsbildung und deren Darlegung in den Urteilsgründen innerhalb der Beweiswürdigung verschiedene Anforderungen entwickelt, die sich an den Erkenntnissen der **Aussagepsychologie** orientieren. Dies hat dazu geführt, dass sich das Gericht bei der Würdigung von Angaben wesentlich nicht mit der Person des Zeugen, sondern mit den **Inhalten der Aussage** befassen muss.

84 Die **Glaubwürdigkeitsbeurteilung** einer Zeugenaussage obliegt dem Gericht, das hierzu regelmäßig selbst über die erforderliche **Sachkunde,** auch wenn es sich um noch

161 Vgl. hierzu BGH 1.8.1962 – 3 StR 28/62, BGHSt 17, 382 = NJW 1962, 1876; 5.2.1986 – 3 StR 477/85, BGHSt 34, 15 (18) = NJW 1986, 1766.

162 BGH 17.10.1983 – GSSt 1/83, NJW 1984, 247 (248) = NStZ 1984, 36.

163 Vgl. BVerfG 19.7.1995 – 2 BvR 1142/93, NStZ 1995, 600 = NJW 1996, 448 mwN.

164 BGH 25.7.2000 – 1 StR 169/00, BGHSt 46, 93 (105) = NJW 2000, 3505; 10.2.1993 – 5 StR 550/92, BGHSt 39, 141 (145) = NJW 1993, 1214.

165 BVerfG 19.7.1995 – 2 BvR 1142/93, NStZ 1995, 600 = NJW 1996, 448 zur Verletzung des Rechts aus Art. 2 Abs. 1, 20 Abs. 3 GG auf ein faires rechtsstaatliches Verfahren durch fehlerhafte Beweiswürdigung.

166 BGH 16.4.1985 – 5 StR 718/84, BGHSt 33, 178 (181) = NJW 1985, 635; 5.2.1986 – 3 StR 477/85, BGHSt 34, 15 = NJW 1986, 1766.

167 BGH 17.10.1983 – GSSt 1/83, NJW 1984, 247 (248) = NStZ 1984, 36.

kindliche oder jugendliche Zeugen handelt, verfügt. Die Hinzuziehung eines aussagepsychologischen Sachverständigen ist nur ausnahmsweise geboten, namentlich bei **Besonderheiten** in der Person des Zeugen oder in seinem Aussageverhalten, deren Ursachen etwa in psychopathologischen Erkrankungen oder Störungen wurzeln können. Die Einschaltung eines Gutachters kann auch bei besonderen psychischen Dispositionen oder Belastungen, die auch im verfahrensgegenständlichen Geschehen selbst ihre Ursache haben können, notwendig werden, wenn diese Umstände die Zuverlässigkeit der Aussage in Frage stellen könnten.[168] Auch bei Zeugen, die noch nicht fünf Jahre alt sind, wird die Heranziehung eines Glaubwürdigkeitsgutachters geboten sein.

Das Gericht hat zum einen darauf zu achten, dass der Sachverständige die wissenschaftli- 85
chen Anforderungen an ein aussagepsychologisches Glaubwürdigkeitsgutachten,[169] zum anderen, dass eine Glaubwürdigkeitsbeurteilung die richterliche Beweiswürdigung nicht zu ersetzen vermag.[170]

Die Überzeugungsbildung des Gerichts muss sich auf eine tragfähige, **rational nach-** 86
vollziehbare Beweisgrundlage stützen können und für das Revisionsgericht nachprüfbar sein. Die Urteilsgründe müssen erkennen lassen, dass die Entscheidung auf einer tragfähigen, verstandesmäßig einsehbaren Tatsachengrundlage beruht und sich vom Gericht gezogene Schlüsse nicht als bloße Vermutungen erweisen, die letztlich nicht mehr als einen Verdacht begründen können.[171] Denn eine Beweiswürdigung ohne rationalen Unterbau wäre willkürlich und damit fehlerhaft. Dabei geht es nicht um die allgemeine Glaubwürdigkeit eines Zeugen iS einer personalen Eigenschaft, sondern um die Überprüfung, ob die Aussage des Zeugen tatsächlich Erlebtes wiedergibt.

Auch **Aussagen in der Hauptverhandlung nicht vernommener Zeugen** dürfen 87
bei der Urteilsfindung berücksichtigt werden; insoweit besteht kein Beweisverwertungsverbot. Zureichender Beweiswert kommt solchen Bekundungen aber regelmäßig nur dann zu, wenn sie durch andere, nach der Überzeugung des Strafgerichts wichtige Gesichtspunkte und Beweisanzeichen bestätigt werden.[172] Im Rahmen der Prüfung, ob der Anspruch des Beschuldigten auf materielle Beweisteilhabe und damit das Recht auf ein faires Verfahren verletzt wurde, sind auch die Belange eines effektiven Opfer- und Zeugenschutzes zu berücksichtigen.[173]

Welche **Anforderungen an die Überzeugungsbildung** und ihre Darlegung im 88
Urteil bestehen, lässt sich nicht allgemeingültig oder abstrakt festlegen. Entscheidend dafür, welche Anforderungen erfüllt sein müssen, sind die Umstände des Einzelfalls, namentlich das Einlassungsverhalten des Angeklagten sowie Art und Umfang der zur Verfügung stehenden Beweismittel.

Auch wenn durch die stRspr betont wird, dass die Beweiswürdigung Sache des Tatge- 89
richts sei und es ihm allein obliege, das Ergebnis der Hauptverhandlung festzustellen und zu würdigen, darf dies nicht darüber hinwegtäuschen, dass die Beweiswürdigung in der Revisionsinstanz auf Rechtsfehler hin überprüft wird.

Ein **sachlich-rechtlicher Fehler** liegt vor, wenn die Beweiswürdigung widersprüch- 90
lich, unklar oder lückenhaft ist oder gegen die Denkgesetze oder gesicherte Erfahrungssätze verstößt.[174] In den Aspekt der Erfahrungssätze sind namentlich auch die **Erkenntnisse aus der Psychologie der Zeugenaussage**[175] einbezogen. So besteht etwa die Erkenntnis, dass eigene Erlebnisse und Beobachtungen realer Vorgänge zuverlässiger gespeichert werden

---

168 BGH 8.1.2013 – 1 StR 602/12, NStZ 2013, 672.
169 BGH 30.7.1999 – 1 Str 618/98, BGHSt 45, 164 = NStZ 2000, 100 = NJW 1999, 2746.
170 BGH 4.9.2002 – 2 StR 367/02, NStZ 2003, 276.
171 BGH 25.9.2012 – 5 StR 372/12, NStZ-RR 2012, 381 (382) mwN.
172 BVerfG 8.10.2009 – 2 BvR 547/08, NJW 2010, 925.
173 BVerfG 8.10.2009 – 2 BvR 547/08, NJW 2010, 925.
174 St. Rspr., s. aus neuerer Zeit zB BGH 14.12.2011 – 1 StR 501/11, NStZ-RR 2012, 148 f.; 23.8.2012 – 4 StR 305/12, NStZ-RR 2012, 383 mwN.
175 Hierzu etwa BGH 12.9.2012 – 5 StR 401/12, BeckRS 2012, 20644; 23.8.2012 – 4 StR 305/12, NStZ-RR 2012, 383; Arntzen, Psychologie der Zeugenaussage.

als aus dem Allgemeinwissen zusammengesetzte oder von Dritten vorgegebene Inhalte. Inkonstanz in den Bekundungen eines Zeugen kann deshalb einen Hinweis auf mangelnde Glaubhaftigkeit der Angaben insgesamt darstellen, wenn sie nicht mehr mit natürlichen Gedächtnisunsicherheiten erklärt werden kann.[176]

91 Die Tatgerichte müssen daher die Angaben der Zeugen nicht nur an den sog **Realkennzeichen** messen, sondern sich etwa auch mit anderen Elementen und **Auffälligkeiten** der Aussage und ihrer **Entstehungsgeschichte** auseinandersetzen. Dies gilt etwa dann, wenn ein Zeuge in Bezug auf ein wenig vergessensanfälliges Erleben eine unter normalen Bedingungen nicht erklärbare Erinnerungslücke geltend macht, teilweise falsche Anschuldigungen erhebt oder in aufeinanderfolgenden Vernehmungen unterschiedliche Angaben macht, die – wie zB bei der Schilderung von körpernahen Ereignissen – nicht mehr mit natürlichen Gedächtnisunsicherheiten erklärbar sind.[177] Weiter ist etwa zu bedenken, dass eine für die Glaubwürdigkeitsbeurteilung bedeutsame Konstanz sich nur in Bezug auf hinreichend komplexe Sachverhaltsschilderungen ergeben kann.

92 Daneben kann die Beweiswürdigung eine **Lücke iS eines Erörterungsmangels** aufweisen, wenn der Tatrichter bei seiner Würdigung einer Zeugenaussage nicht erkennbar alle Umstände in seine Überlegungen einbezogen hat, die die Entscheidung zu Gunsten oder zu Ungunsten des Angeklagten beeinflussen können. Insbesondere tauchen immer wieder Konstellationen auf, in denen denkbare oder naheliegende Motive für eine Falschaussage untersucht und ausgeschlossen werden müssen. Verfehlt wäre auch eine rein schematische Anwendung der Realkennzeichen.

93 **2. Sonderkonstellationen.** Neben diesen – hier freilich nicht abschließend darstellbaren – allgemeinen Anforderungen verdienen folgende Fallgruppen, die sich immer wieder als besonders fehlerträchtig erwiesen haben, Hervorhebung:

94 **a) Aussage gegen Aussage.** In einem Fall, in dem Aussage gegen Aussage steht oder in dem der Angeklagte schweigt und nur ein einziger Belastungszeuge zur Verfügung steht, mithin die Entscheidung allein davon abhängt, ob diesem Zeugen zu folgen ist, müssen die Urteilsgründe erkennen lassen, dass das Tatgericht alle Umstände, die seine Entscheidung beeinflussen können, erkannt und in seine Überlegungen einbezogen hat, zumal der Angeklagte in solchen Fällen wenig Verteidigungsmöglichkeiten besitzt.[178] Dies gilt erst recht, wenn der einzige, in der Hauptverhandlung die Aussage berechtigt verweigernde Zeuge die zunächst bei der Polizei erhobenen Vorwürfe nicht mehr aufrecht erhält und als erlogen bezeichnet.[179]

95 Das Tatgericht muss in diesen Konstellationen regelmäßig außerhalb der Zeugenaussage liegende gewichtige Gründe anführen, die es ihm ermöglichen, ungeachtet einer teilweisen Lüge der Zeugenaussage im Übrigen dennoch zu glauben.[180] Dabei ist auch zu berücksichtigen, dass im Falle der Aussageverweigerung eine fundierte Glaubhaftigkeitsprüfung auf der Grundlage aussagepsychologischer Methoden nicht durchführbar ist.

96 **b) Belastungsaussagen von Aufklärungsgehilfen.** Erhöhte Anforderungen an die Beweiswürdigung und ihre Darlegung in den Urteilsgründen werden auch dort gestellt, wo die Verurteilung maßgeblich auf Aussagen eines Aufklärungsgehilfen beruht. Hat der den Angeklagten belastende Zeuge durch seine Angaben Vorteile in dem gegen ihn gerichteten Verfahren, namentlich durch die Anwendung des § 46b StGB oder des § 31 BtMG und/oder durch die Gewährung von Zeugenschutzmaßnahmen, erlangt, genügt es regelmäßig nicht, wenn das Tatgericht nur erkennen lässt, dass es sich der Motivationslage des Zeugen

---

176 BGH 23.8.2012 – 4 StR 305/12, NStZ-RR 2012, 383 mwN.

177 Vgl. BGH 23.8.2012 – 4 StR 305/12, NStZ-RR 2012, 383.

178 ZB BGH 17.12.1997 – 2 StR 591/97, StV 1998, 250; 29.7.1998 – 1 StR 94/98, BGHSt 44, 153 (158); BGH 19.10.2000 – 1 StR 439/00, BGHR StPO § 261 Beweiswürdigung 23; 23.8.2012 – 4 StR 305/12 mwN, NStZ-RR 2012, 383.

179 BGH 12.9.2012 – 5 StR 401/12.

180 BGH 29.7.1998 – 1 StR 94/98, BGHSt 44, 153.

bewusst war. Vielmehr erfordert die in diesen Fällen gebotene besonders sorgfältige Würdigung der Aussage auch eine Überprüfung dahin, ob und inwieweit in Betracht kommt, dass die Angaben durch Vorteile im eigenen Verfahren veranlasst gewesen sein könnten. Dies setzt voraus, dass das Gericht die Entstehung und den Inhalt der den Angeklagten belastenden Angaben näher darlegt und bewertet.[181]

c) Wiedererkennen. In der Revisionsinstanz kommt es immer wieder zu Urteilsaufhebungen, weil die Tatgerichte die Anforderungen bei der Bewertung einer Wiedererkennungsleistung eines Zeugen nicht einhalten. So müssen namentlich die Tatumstände auch hinsichtlich der Gegebenheiten während der Beobachtungsmöglichkeiten des Zeugen und die ordnungsgemäße Durchführung einer Gegenüberstellung bzw. einer Lichtbildvorlage geprüft und gewürdigt werden.[182] Daneben ist zu beachten, ob der Beweiswert der Aussage des Zeugen durch etwaige suggestive Einflüsse beeinträchtigt sein kann; dies gilt besonders in Fällen der Identifizierung im Rahmen eines sog wiederholten Wiedererkennens, in denen die Verlässlichkeit der Angaben eines Zeugen durch die Situation des ersten Wiedererkennens und der dadurch bedingten Überlagerung des ursprünglichen Erinnerungsbildes deutlich vermindert sein kann. Schließlich müssen die ursprünglich durch den Zeugen abgegebene Personenbeschreibung und dabei herausgestellte besonders kennzeichnende Merkmale des Täters zur Bewertung der Zuverlässigkeit der Wiedererkennungsleistung herangezogen werden.[183] 97

d) Mittelbare Beweisführung. Besondere Anforderungen bestehen aufgrund erhöhter Fehlerträchtigkeit auch in den Fällen, in denen das Tatgericht auf eine mittelbare Beweisführung angewiesen ist und sich keinen persönlichen Eindruck von der Glaubwürdigkeit des für ihn unerreichbaren Zeugen verschaffen kann. Zu solchen Konstellationen kommt es etwa, wenn polizeiliche Vernehmungsbeamte zu Angaben von **anonym bleibenden V-Personen oder verdeckten Ermittlern**[184] vernommen werden oder ein Ermittlungsrichter zu Aussagen nicht mehr vernehmbarer Zeugen, etwa weil sich diese im Hauptverfahren auf ihr Zeugnisverweigerungsrecht berufen, befragt wird. Dort, wo das Gericht nicht den eigentlichen Wissensträger als Zeugen vernehmen kann, und um so mehr, wenn dieser anonym bleibt, muss es den Beweiswert des benutzten Beweismittels besonders kritisch überprüfen, sich der Grenzen seiner Überzeugungsbildung bewusst sein, sie wahren und dies in den Urteilsgründen zum Ausdruck bringen sowie andere wichtige Anhaltspunkte mit heranziehen.[185] 98

Bei der Einführung und Würdigung der **Angaben von Gewährsleuten** wird differenziert: Hatten die Vernehmungsbeamten oder sonstigen Zeugen, die in der Hauptverhandlung vernommen wurden, einen persönlichen Eindruck von dem im Hintergrund bleibenden Gewährsmann, weil sie ihn entweder selbst vernommen hatten oder ihn aus dienstlicher Zusammenarbeit kannten, ist das Gericht noch eher in der Lage, zu den Grundlagen vorzustoßen, auf die der von ihm vernommene Zeuge seine Bekundungen stützt, und sie damit auf ihre Richtigkeit zu überprüfen. Ist dies nicht mehr der Fall, weil die Zahl der Zwischenglieder in der Beweisführung wächst, gilt das Gebot äußerster Vorsicht bei der Beweiswürdigung in besonderem Maße. So liegt es etwa bei Angaben eines Zeugen über Mitteilungen eines Gewährsmannes eines Nachrichtendienstes, zumal dann, wenn offenbleibt, auf welche eigenen oder fremden Erkenntnisse die Gewährsperson des Nachrichtendienstes ihre Mitteilungen stützt.[186] 99

---

181 ZB BGH 26.9.2012 – 5 StR 402/12 mwN; näher Maier in MüKo StGB § 46b Rn. 82 ff., 85 ff. mwN.

182 S. zu den Anforderungen an eine ordnungsgemäße Wahllichtbildvorlage zB BGH 9.11.2011 – 1 StR 524/11, NJW 2012, 791 mwN und näher die Kommentierung zu § 58 Abs. 2.

183 BGH 28.6.1961 – 2 StR 194/61, BGHSt 16, 204; BGH 25.9.2012 – 5 StR 372/12 mwN, NStZ-RR 2012, 381.

184 S. zu den Auswirkungen des Zeugenschutzes auf die Beweiswürdigung → Rn. 80 ff.

185 BGH 5.2.1986 – 3 StR 477/85, BGHSt 34, 15 = NJW 1986, 1766 mwN.

186 BGH 5.2.1986 – 3 StR 477/85, BGHSt 34, 15 = NJW 1986, 1766 mwN.

100 Wird ein für die Wahrheitsfindung potentiell bedeutsamer **Zeuge der Beweisaufnahme völlig entzogen,** so dass offen bleibt, welches Beweisergebnis durch seine Vernehmung hätte erzielt werden können, muss auch der Grundsatz gelten, dass eine durch Maßnahmen der Exekutive bedingte Verkürzung der Beweisgrundlage dem Angeklagten nicht zum Nachteil gereichen darf und durch entsprechend vorsichtige Beweiswürdigung zu kompensieren ist.[187]

101 **e) Zeugenschutzmaßnahmen.** Zu den möglichen Auswirkungen von Maßnahmen zum Schutz der Zeugen → Rn. 78 ff.

§ 48 Zeugenpflichten; Ladung

(1) [1]Zeugen sind verpflichtet, zu dem zu ihrer Vernehmung bestimmten Termin vor dem Richter zu erscheinen. [2]Sie haben die Pflicht auszusagen, wenn keine im Gesetz zugelassene Ausnahme vorliegt.

(2) Die Ladung der Zeugen geschieht unter Hinweis auf verfahrensrechtliche Bestimmungen, die dem Interesse des Zeugen dienen, auf vorhandene Möglichkeiten der Zeugenbetreuung und auf die gesetzlichen Folgen des Ausbleibens.

Schrifttum: Beck, Ausweitung der Befugnisse der Polizei im Ermittlungsverfahren – Effizienz vor Rechtsschutz?, ZRP 2011, 21; Hettich, Aussagepflicht von ausländischen Zeugen, NStZ 2019, 646; Rose, Die Ladung von Auslandszeugen im Strafprozess, wistra 1998, 11; Schweckendieck, Die ordnungsgemäße Ladung von jugendlichen Angeklagten und minderjährigen Zeugen zur Hauptverhandlung, NStZ 1990, 170; Skupin, Die Folgen beim Ausbleiben eines kindlichen oder eines jugendlichen Zeugen im Strafverfahren, MDR 1965, 865; Soine, Erweiterte Zeugenpflichten gegenüber der Polizei im Ermittlungsverfahren, NStZ 2018, 141; Wenske, Zur Modifikation gerichtlicher Zeugenladungen unter Beachtung der Vorgaben des Opferrechtsreformgesetzes vom 24.6.2004, DRiZ 2005, 293.

Übersicht

I. Allgemeines, Erscheinens- und Aussagepflicht (Abs. 1)

1 Die Vorschrift normiert in dem durch das 2. Opferrechtsreformgesetz zum 1.10.2009 eingeführten Abs. 1 die Pflicht des Zeugen vor **Gericht** zu erscheinen und auszusagen. Der bisherige Inhalt des § 48 wird als Abs. 2 beibehalten. Der frühere Abs. 3 wurde durch das 3. Opferrechtsreformgesetz vom 21.12.2015 (BGBl. I 2525) angefügt und findet sich nunmehr in § 48a Abs. 1. Bereits vor der Einfügung des Abs. 1 in § 48 war anerkannt, dass es sich bei den Pflichten, zu erscheinen und auszusagen, um von der StPO vorausgesetzte allgemeine Staatsbürgerpflichten handelt.[1] Dies stellt § 48 Abs. 1 nunmehr ausdrücklich klar. Diese Pflichten treffen nicht nur deutsche Staatsangehörige, auch im Ausland, wo sie durch die Auslandsvertretungen der Bundesrepublik geladen werden können. Die Zeugenpflichten gelten ebenso für **Ausländer,** die sich im Inland aufhalten (→ Vor § 48 Rn. 32).

187 BGH 4.3.2004 – 3 StR 218/03, BGHSt 49, 112 = NJW 2004, 1259 = NStZ 2004, 343.
1 BVerfG 30.9.2001 – 2 BvR 911/00, NJW 2002, 955.

Nach Abs. 1 S. 2 besteht die Aussagepflicht nicht, wenn eine im Gesetz zugelassene Ausnahme vorliegt. Solche Ausnahmen ergeben sich aus den §§ 52–55.

Da ein Infektionsrisiko zum allgemeinen Lebensrisiko gehört, befreit eine **Pandemielage** den Zeugen grundsätzlich nicht von seiner Pflicht, zu erscheinen und auszusagen. Da jedoch auch bei Zeugenladungen der Grundsatz der **Verhältnismäßigkeit** zu beachten ist, kann es bei Vorwürfen geringeren Gewichts geboten sein, bei besonders gefährdeten Zeugen, die eine langwierige oder gar mit einer Übernachtung verbundene Anreise zum Gerichtsort auf sich nehmen müssten, von einer Ladung abzusehen und die Möglichkeit einer audiovisuellen Vernehmung zu prüfen.[2] 1a

Die Verpflichtung des Zeugen zur Vernehmung vor der **Staatsanwaltschaft** zu erscheinen, folgt aus § 161a Abs. 1 S. 1 bzw. § 161a Abs. 1 S. 2 iVm § 48 Abs. 1. Nach § 163 Abs. 3 besteht nunmehr auch die Pflicht, auf Vorladung der **Polizei** zu erscheinen und auszusagen, wenn der polizeilichen Zeugenladung ein Auftrag der StA zugrunde liegt.[3] Der Auftrag der StA muss sich an eine ihrer Ermittlungspersonen richten; wer darunter fällt, bestimmt § 152 Abs. 2 GVG iVm den Rechtsverordnungen der Länder.[4] Die Verpflichtung des Sachverständigen vor Gericht zu erscheinen ist in § 72 iVm § 48 Abs. 1 geregelt. § 48 ist in allen Verfahrensabschnitten anwendbar.[5] 2

II. Ladung (Abs. 2)

1. Begriff, Form, Frist. Die **Ladung** ist die Aufforderung an den Zeugen, zu einer bestimmten Zeit an einem bestimmten Ort zur Vernehmung als Zeuge zu erscheinen.[6] Die Staatsanwaltschaft und andere beteiligte Behörden erhalten an Stelle der Ladung eine **Terminsnachricht.**[7] Mit Ausnahme der Zustellung der Ladung durch den Gerichtsvollzieher in den Fällen des § 38 schreibt das Gesetz eine bestimmte **Form** der Ladung nicht vor; in allen anderen Fällen liegt die Art und Weise der Ladung im Ermessen des Gerichts.[8] Sie kann schriftlich, mündlich, telefonisch, per Fax oder E-Mail erfolgen.[9] Nach Nr. 64 Abs. 3 S. 1 RiStBV sollen Zeugen durch einfachen Brief, nicht durch Postkarte, geladen werden. Es besteht auch die Möglichkeit, dass das Gericht Personen zur Überbringung der Ladung einsetzt. Gemäß Nr. 117 Abs. 1 S. 1 RiStBV sollen Ladungen zur Hauptverhandlung zugestellt werden, damit sie nachweisbar sind. Das empfiehlt sich auch deshalb, weil die Verhängung von Ungehorsamsfolgen den Nachweis der Zustellung voraussetzt.[10] Sowohl die mündliche[11] als auch die schriftliche[12] Ladung – etwa zu einem Fortsetzungstermin – kann der Vorsitzende selbst vornehmen oder sich hierzu der Polizei oder der Gerichtswachtmeister bedienen. 3

Eine **Ladungsfrist** besteht nicht, weshalb ein Zeuge auch zum sofortigen Erscheinen aufgefordert werden kann.[13] In der Regel setzt eine ordnungsgemäße Ladung aber voraus, dass dem Zeugen eine angemessene Frist zur Vorbereitung auf den Termin eingeräumt 4

---

2 Vgl. BGH 17.11.2020 – 3 ARs 14/20, NStZ-RR 2021, 22 zur Ladung von Zeugen vor einen Untersuchungsausschuss mBespr Mosbacher JuS 2021, 128.

3 Otte in Radtke/Hohmann Rn. 26; Neubeck in KMR-StPO Rn. 8.

4 Näher Soine NStZ 2018, 141, auch zu den Belehrungspflichten.

5 Rogall in SK-StPO Rn. 2; Ignor/Bertheau in Löwe/Rosenberg Rn. 1.

6 Schmitt in Meyer-Goßner/Schmitt Rn. 1b; Otte in Radtke/Hohmann Rn. 25; Rogall in SK-StPO Rn. 3.

7 Otte in Radtke/Hohmann Rn. 25; Neubeck in KMR-StPO Rn. 1; Huber in BeckOK StPO Rn. 2.

8 Neubeck in KMR-StPO Rn. 3; Rogall in SK-StPO Rn. 22; Otte in Radtke/Hohmann Rn. 28 mwN.

9 Schmitt in Meyer-Goßner/Schmitt Rn. 1b; Otte in Radtke/Hohmann Rn. 28; Neubeck in KMR-StPO Rn. 3; Rogall in SK-StPO Rn. 23 mwN.

10 Vgl. hierzu → § 51 Rn. 10.

11 Schmitt in Meyer-Goßner/Schmitt Rn. 1b; Rogall in SK-StPO Rn. 24; vgl. zum Nachweis des Zugangs bei einer mündlichen Ladung zu einem Fortsetzungstermin → § 51 Rn. 12.

12 Neubeck in KMR-StPO Rn. 3.

13 Schmitt in Meyer-Goßner/Schmitt Rn. 1b; Otte in Radtke/Hohmann Rn. 29; Bader in KK-StPO Rn. 6; vgl. auch → § 51 Rn. 11 mwN.

wird.[14] Beauftragt das Gericht einen Beamten damit, den Zeugen aufzusuchen und zum sofortigen Erscheinen aufzufordern, darf ihm weder ein Vorführungsbefehl mitgegeben werden noch darf dem Zeugen die sofortige Vorführung angedroht werden, weil sein Ausbleiben entschuldigt sein kann und es ihm zu überlassen ist, wie er sich zum Gericht begeben will.[15]

5 **2. Inhalt. a) Allgemeines.** Der Inhalt der Ladung richtet sich zunächst nach Art. 64 Abs. 1 RiStBV. Danach muss die Ladung eines Zeugen erkennen lassen, dass er als Zeuge vernommen werden soll. Außerdem ist der **Name des Beschuldigten** anzugeben, wenn der Zweck der Untersuchung das nicht verbietet. Der **Gegenstand der Beschuldigung** ist nur dann anzugeben, wenn dies zur Vorbereitung der Aussage durch den Zeugen erforderlich ist. Insoweit ist im Einzelfall abzuwägen, ob die Unterrichtung des Zeugen einer wahrheitsgemäßen und vollständigen Aussage dienlich ist oder nicht.[16] Ist anzunehmen, dass der Zeuge Schriftstücke oder andere **Beweismittel besitzt,** die für die Untersuchung von Bedeutung sein können, soll er nach Art. 64 Abs. 2 RiStBV in der Ladung aufgefordert werden, sie bei der Vernehmung vorzulegen.[17] **Belehrungen** nach § 52 Abs. 3, § 55 Abs. 2, 57 sind nicht in die Ladung aufzunehmen.[18]

6 **b) Hinweis auf die gesetzlichen Folgen des Ausbleibens.** Der Zeuge ist gemäß § 48 Abs. 2 auf die gesetzlichen Folgen des Ausbleibens hinzuweisen. Diese in § 51 geregelten Folgen – also die Auferlegung der durch das Ausbleiben des Zeugen verursachten Kosten, die Festsetzung von Ordnungsgeld und Ordnungshaft sowie die Möglichkeit der Vorführung – sind in der Ladung vollständig und **im Einzelnen** zu bezeichnen.[19] Ein allgemein gehaltener Hinweis auf die Vorschrift des § 51 oder „die gesetzlichen Folgen des Ausbleibens" genügt nicht.[20] Fehlte der Hinweis ganz oder war er nicht ausreichend klar oder unvollständig, dürfen die in § 51 vorgesehenen Ordnungsmittel nicht verhängt werden.[21] Der Hinweis ist **bei jeder Ladung** des Zeugen erforderlich, auch wenn er in einer ausgesetzten oder unterbrochenen Hauptverhandlung mündlich erneut geladen wird.[22] Befindet sich der Zeuge nicht auf freiem Fuß, tritt an Stelle des Hinweises auf die gesetzlichen Folgen des Ausbleibens die Anordnung des Vorsitzenden, dass der Zeuge vorgeführt werden soll.[23]

7 Nachdem gegen schuldunfähige Zeugen keine Ordnungsmittel verhängt und ihnen auch keine Kosten auferlegt werden dürfen,[24] werden solche Zeugen nur auf die Möglichkeit der Vorführung nach § 51 Abs. 1 S. 3 hingewiesen.[25] Der Hinweis auf Zwangs- und Ordnungsmittel **unterbleibt** auch bei denjenigen Zeugen, gegen die diese nicht angeordnet werden dürfen, zB bei Botschaftern oder Botschaftsangehörigen.

8 **c) Hinweis auf den Interessen des Zeugen dienende verfahrensrechtliche Vorschriften und Möglichkeiten der Zeugenbetreuung.** Der Zeuge ist nach Abs. 2 in der Ladung auch auf **verfahrensrechtliche Bestimmungen,** die seinem Interesse dienen,

---

[14] Neubeck in KMR-StPO Rn. 5; Rogall in SK-StPO Rn. 24; Bader in KK-StPO Rn. 6; Otte in Radtke/Hohmann Rn. 29 mwN; vgl. auch → § 51 Rn. 11.

[15] Rogall in SK-StPO Rn. 24; Bertheau/Ignor in Löwe/Rosenberg Rn. 7.

[16] Otte in Radtke/Hohmann Rn. 31 mwN.

[17] Vgl. zur Frage, inwieweit den Zeugen eine Pflicht zur Vorbereitung auf seine Aussage trifft Rogall in SK-StPO Vor § 48 Rn. 134 mwN sowie Vor → Vor § 48 Rn. 40.

[18] Schmitt in Meyer-Goßner/Schmitt Rn. 2; Otte in Radtke/Hohmann Rn. 32; Huber in BeckOK StPO Rn. 3; Rogall in SK-StPO Rn. 21; aA Ignor/Bertheau in Löwe/Rosenberg Rn. 8.

[19] Otte in Radtke/Hohmann Rn. 32; Rogall in SK-StPO Rn. 18; Bader in KK-StPO Rn. 7.

[20] Huber in BeckOK StPO Rn. 4; Rogall in SK-StPO Rn. 18; Bader in KK-StPO Rn. 7; Ignor/Bertheau in Löwe/Rosenberg Rn. 7.

[21] Bader in KK-StPO Rn. 7.

[22] Schmitt in Meyer-Goßner/Schmitt Rn. 3; Otte in Radtke/Hohmann Rn. 32; Rogall in SK-StPO Rn. 18; vgl. im Einzelnen → § 51 Rn. 10 ff.

[23] Senge in KK-StPO Rn. 6; Ignor/Bertheau in Löwe/Rosenberg Rn. 7; vgl. im Einzelnen → § 51 Rn. 5.

[24] Vgl. im Einzelnen → § 51 Rn. 33.

[25] Schmitt in Meyer-Goßner/Schmitt Rn. 3; Rogall in SK-StPO Rn. 18.

hinzuweisen. Hierdurch soll es dem Zeugen ermöglicht werden, seine Rolle im Strafverfahren aktiv wahrzunehmen.[26] In Betracht kommen insbesondere die in den §§ 58a, 68, 68a, 68b, 247 S. 2 StPO, § 171b Abs. 1, § 172 GVG[27] sowie die in §§ 168e, 241[28] genannten Möglichkeiten. Die Hinweise an den Zeugen sind nicht pauschal und formularmäßig zu erteilen, sondern **im Einzelfall** durch den Richter anzuordnen.[29] Der Gesetzgeber hat bewusst auf eine enumerative Aufzählung von Vorschriften, auf die in der Ladung hinzuweisen ist, verzichtet, damit nicht durch **formularmäßige Belehrungen,** die den Gegebenheiten des Einzelfalls nicht gerecht werden, grundlose Befürchtungen oder unerfüllbare Erwartungen geweckt werden.[30] Diese Gefahr besteht aber bei nahezu jedem Hinweis; daher und angesichts des Zeitaufwands, der die Erteilung einzelfallbezogener Hinweise erfordert, wird in der Lit. Zu Recht bezweifelt, ob die in Abs. 2 vorgesehenen Hinweispflichten überhaupt für die Gerichte praktikabel sind.[31] Auch wenn sich der Mehraufwand in Grenzen hält, nachdem die Erteilung solcher Hinweise nur geboten ist, wenn bereits bei der Ladung aus den Akten ersichtlich ist, dass hierfür ein Bedürfnis bestehen könnte, bleiben die mit der Erteilung entsprechender Hinweise verbundenen Gefahren und Schwierigkeiten (dazu auch → Rn. 9) erhalten. Unabhängig von Abs. 2 kann im Einzelfall die Erteilung eines Hinweises unter dem Gesichtspunkt der Fürsorgepflicht in Frage kommen oder geboten sein.[32] Verfügt das Gericht über **Möglichkeiten der Zeugenbetreuung** wie zB ein Zeugenzimmer, eine Zeugenbetreuungsstelle oder die Möglichkeit der Betreuung mitgebrachter Kinder, ist der Zeuge in der Ladung auch darauf hinzuweisen.

Auch wenn allgemein gehaltene Hinweise nicht ausreichen und dem Zeugen seine 9
Rechte in verständlicher Form aufzuzeigen sind, sollte das Gericht Hinweise nur mit **Zurückhaltung** und nur nach **sorgfältiger Prüfung** erteilen. Denn abgesehen von der Gefahr, durch einen voreiligen Hinweis einen Befangenheitsantrag, mag dieser auch wegen der gesetzlichen Regelung des § 48 Abs. 2 erfolglos bleiben, zu provozieren, steht häufig im Zeitpunkt der Ladung noch nicht fest, ob die Voraussetzungen einer Zeugenschutzvorschrift im Vernehmungszeitpunkt vorliegen. Ferner wird zu bedenken sein, dass ein Hinweis, der beim Zeugen letztlich unberechtigte Erwartungen geweckt hat, zu empfindlichen Störungen des Hauptverhandlungsablaufs führen kann.

3. Verfahren. Zu unterscheiden sind die Anordnung, die Ausführung und der Voll- 10
zug der Ladung.[33] Die **Anordnung** erfolgt durch den Richter (§§ 162, 169; § 223 Abs. 1; § 214 Abs. 1) oder den Staatsanwalt (§ 161a Abs. 1 S. 2, § 214 Abs. 3), der den Zeugen vernehmen will. Auch der Angeklagte (§ 220 Abs. 1) und der Privatkläger (§ 386 Abs. 2) sind zur Ladung berechtigt, wegen des eindeutigen Wortlauts des § 397 Abs. 1 aber nicht der Nebenkläger.[34] Die Ladungen der Gerichte und Staatsanwaltschaften werden nach § 153 Abs. 1 GVG, § 36 Abs. 1 S. 2, § 214 Abs. 1 S. 3 durch die Geschäftsstellen **ausgeführt;** zwingend ist das allerdings nicht.[35] Die übrigen Ladungsberechtigten laden über den Gerichtsvollzieher (§§ 38, 220 Abs. 2).[36] Ein präsentes Beweismittel im Sinne von § 245 Abs. 2 ist der Zeuge daher nur, wenn er über den

[26] BT-Drs. 15/1976, 9.
[27] Schmitt in Meyer-Goßner/Schmitt Rn. 3a; Otte in Radtke/Hohmann Rn. 32; Wenske DRiZ 2005, 293; vgl. auch BT-Drs. 15/1976, 10; vgl. zu weiteren in Betracht kommenden Vorschriften Rogall in SK-StPO Rn. 15.
[28] Wenske DRiZ 2005, 293.
[29] Schmitt in Meyer-Goßner/Schmitt Rn. 3a; Otte in Radtke/Hohmann Rn. 32; Huber in BeckOK StPO Rn. 6; krit. hierzu Wenske DRiZ 2005, 293.
[30] Vgl. BT-Drs. 15/1976, 10.
[31] Schmitt in Meyer-Goßner/Schmitt Rn. 3a; Wenske DRiZ 2005, 293; Bader in KK-StPO Rn. 8; krit. auch Otte in Radtke/Hohmann Rn. 32.
[32] In diesem Sinne auch Rogall in SK-StPO Rn. 12.
[33] Vgl. eingehend hierzu Rogall in SK-StPO Rn. 4 ff.
[34] Ignor/Bertheau in Löwe/Rosenberg Rn. 2; aA Rogall in SK-StPO Rn. 6; Otte in Radtke/Hohmann Rn. 27.
[35] Rogall in SK-StPO Rn. 7.
[36] Ignor/Bertheau in Löwe/Rosenberg Rn. 3.

Gerichtsvollzieher geladen wurde, nicht aber, wenn er lediglich mitgebracht wird.[37] Für den **Vollzug** der Ladung, also den Realakt, durch den der tatsächliche Zugang der Ladung bewirkt wird, bestehen keine besonderen Vorschriften.[38]

11 **4. Mängel der Ladung.** Die nicht durch einen Ladungsberechtigten angeordnete Ladung ist unwirksam.[39] **Inhaltliche Mängel** der Ladung, insbesondere ein fehlender Hinweis auf verfahrensrechtliche Bestimmungen, die dem Interesse des Zeugen dienen, haben keinen Einfluss auf die Wirksamkeit der Ladung und die Verpflichtung des Zeugen zu erscheinen.[40] Gleiches gilt, wenn die tatsächliche Ladungsform von der angeordneten abweicht.[41] Im Übrigen hängt die Zulässigkeit der Vernehmung nicht von der erfolgten Ladung ab.[42] Eine bloß **unverbindliche Aufforderung** von Polizeibeamten an Zeugen, zur Vernehmung zu erscheinen, löst keine Erscheinens- und Aussagepflicht aus.[43]

12 **5. Sonderfälle. Kinder** werden über ihre gesetzlichen Vertreter geladen.[44] **Jugendliche** ab 14 Jahren können persönlich geladen werden, weil bei ihnen davon ausgegangen werden kann, dass sie aufgrund ihres Alters selbst in der Lage sind, die Rechte und Pflichten eines Zeugen wahrzunehmen.[45] Sind Entscheidungen nach § 52 Abs. 2 S. 1 zu treffen oder verfügt der Zeuge nicht über die erforderliche **Verstandesreife,** ist sein gesetzlicher Vertreter zu laden mit der Aufforderung, sich mit dem Zeugen an der Gerichtsstelle einzufinden.[46] Nachdem Ungehorsamsfolgen nur gegen den Zeugen selbst, nicht aber gegen seinen gesetzlichen Vertreter festgesetzt werden können,[47] ist der Hinweis nach § 48 Abs. 2 auf den Zeugen zu beziehen.[48]

13 **Seeleute** können kraft Gewohnheitsrechts nach Seemannsart geladen werden, also durch Vermittlung der Wasserschutzpolizei aufgefordert werden, sich bei der nächsten Liegezeit auf der Geschäftsstelle des zuständigen Amtsgerichts einzufinden.[49] Gleiches gilt für **Binnenschiffer.**[50] **Soldaten** werden wie Zivilpersonen geladen.[51] Die Ladung der in Deutschland stationierten Mitglieder der NATO-Truppen richtet sich nach Art. 37 NTS-ZA.[52]

---

37 BGH 8.12.2011 – 4 StR 430/11, NStZ 2012, 346 mwN; Ignor/Bertheau in Löwe/Rosenberg Rn. 3 mwN.

38 Rogall in SK-StPO Rn. 8.

39 Rogall in SK-StPO Rn. 9; Otte in Radtke/Hohmann Rn. 30; Ignor/Bertheau in Löwe/Rosenberg Rn. 1.

40 Wenske DRiZ 2005, 296; Otte in Radtke/Hohmann Rn. 30; vgl. auch → § 51 Rn. 10; zur Frage, ob Ungehorsamsfolgen trotz fehlenden Hinweises auf diese Bestimmungen verhängt werden dürfen.

41 Huber in BeckOK StPO Rn. 7; Otte in Radtke/Hohmann Rn. 30 mwN.

42 Otte in Radtke/Hohmann Rn. 30; Ignor/Bertheau in Löwe/Rosenberg Rn. 1; Rogall in SK-StPO Rn. 1 mwN.

43 Soiné NStZ 2018, 141 (142).

44 OLG Frankfurt a. M. 6.4.2005 – 3 Ws 281/05, NStZ-RR 2005, 268; OLG Hamm 7.4.1965 – 3 Ws 76/65, NJW 1965, 1613; Schmitt in Meyer-Goßner/Schmitt Rn. 7; Otte in Radtke/Hohmann Rn. 33; Neubeck in KMR-StPO Rn. 8.

45 OLG Frankfurt a. M. 6.4.2005 – 3 Ws 281/05, NStZ-RR 2005, 268; Otte in Radtke/Hohmann Rn. 33; Schmitt in Meyer-Goßner/Schmitt Rn. 7; Schweckendieck NStZ 1990, 170.

46 Schmitt in Meyer-Goßner/Schmitt Rn. 7; Otte in Radtke/Hohmann Rn. 37; Skupin MDR 1965, 866.

47 Vgl. hierzu → § 51 Rn. 3.

48 Schmitt in Meyer-Goßner/Schmitt Rn. 7; Rogall in SK-StPO Rn. 30; Ignor/Bertheau in Löwe/Rosenberg Rn. 13.

49 OLG Bremen 7.10.1964 – Ss 101/64, Rpfleger 1965, 48; AG Bremerhaven 22.3.1967 – 4 Qs 38/67, NJW 1967, 1721; Schmitt in Meyer-Goßner/Schmitt Rn. 8; Otte in Radtke/Hohmann Rn. 36.

50 Schiffahrtsobergericht Hamm 24.2.1965 – 3 Ns 1/6 BiSchi, NJW 1965, 1613; OLG Köln 29.9.1953 – 2 Ns 1/53, NJW 1953, 1932; Schmitt in Meyer-Goßner/Schmitt Rn. 9; Otte in Radtke/Hohmann Rn. 36.

51 Vgl. Nr. 17 ff. des Erlasses des BMVg idF vom 16.3.1982 (VMBl. S. 130), geändert durch den Erlass vom 20.6.1983 (VMBl. S. 182); Schmitt in Meyer-Goßner/Schmitt Rn. 10; Otte in Radtke/Hohmann Rn. 35; Neubeck in KMR-StPO Rn. 10.

52 Schmitt in Meyer-Goßner/Schmitt Rn. 10; Huber in BeckOK StPO Rn. 6; Rogall in SK-StPO Rn. 29.

Im Ausland wohnhafte Zeugen werden über die ausländische Behörde (Nr. 115, 116 RiVASt) oder die deutsche Auslandsvertretung (Nr. 130 RiVASt) geladen.[53] Ladungen in den Mitgliedstaaten des Europarates richten sich nach Art. 7 ff. EuRHÜbk. Die Ladung von **Exterritorialen** erfolgt nach Nr. 196 f. RiStBV. 14

Bei **inhaftierten** Zeugen ist mit der Ladung die Vorführung des Zeugen anzuordnen.[54] Liegen bei **besonders gefährdeten Zeugen** die Voraussetzungen, unter denen die Identität des Zeugen geheim gehalten werden kann (vgl. § 68 Abs. 2 und 3, § 200 Abs. 1 S. 3 und 4), vor, ist der Zeuge über seine Dienststelle, seinen Geschäftsort oder die Zeugenschutzstelle der Kriminalpolizei zu laden.[55] **Nicht sesshafte** Personen können über eine Kontaktperson geladen werden, sofern eine solche bekannt ist.[56] Besondere Vorschriften für die Ladung finden sich außerdem in §§ 49, 50 für die dort genannten Personen. 15

6. Rechtsmittel. Der **Zeuge** kann die Ladung nicht mit der Beschwerde anfechten.[57] Bei der Ablehnung der Ladung eines Zeugen durch das Gericht handelt es sich um eine für den **Angeklagten** nicht mit der Beschwerde anfechtbare Zwischenentscheidung.[58] Die Ablehnung der Ladung eines Zeugen kann aber mit der Revision als Verstoß gegen die Aufklärungspflicht gerügt werden.[59] Eine hierauf gestützte Verfassungsbeschwerde ist erst nach Erschöpfung des Rechtswegs zulässig.[60] **Inhaltliche Mängel** der Ladung, insbesondere einen Verstoß gegen die Hinweispflichten nach § 48 Abs. 2, kann der Angeklagte nicht mit der Revision rügen, weil es sich hierbei um eine bloße Ordnungsvorschrift handelt und der Rechtskreis des Angeklagten durch einen Verstoß nicht berührt wird.[61] 16

§ 48a Besonders schutzbedürftige Zeugen; Beschleunigungsgebot

(1) [1]Ist der Zeuge zugleich der Verletzte, so sind die ihn betreffenden Verhandlungen, Vernehmungen und sonstigen Untersuchungshandlungen stets unter Berücksichtigung seiner besonderen Schutzbedürftigkeit durchzuführen. [2]Insbesondere ist zu prüfen,

1. ob die dringende Gefahr eines schwerwiegenden Nachteils für das Wohl des Zeugen Maßnahmen nach den §§ 168e oder 247a erfordert,

2. ob überwiegende schutzwürdige Interessen des Zeugen den Ausschluss der Öffentlichkeit nach § 171b Absatz 1 des Gerichtsverfassungsgesetzes erfordern und

3. inwieweit auf nicht unerlässliche Fragen zum persönlichen Lebensbereich des Zeugen nach § 68a Absatz 1 verzichtet werden kann.

[3]Dabei sind die persönlichen Verhältnisse des Zeugen sowie Art und Umstände der Straftat zu berücksichtigen.

(2) Bei Taten zum Nachteil eines minderjährigen Verletzten müssen die ihn betreffenden Verhandlungen, Vernehmungen und sonstigen Untersuchungshandlungen besonders beschleunigt durchgeführt werden, soweit dies unter Berücksichtigung der persönlichen Verhältnisse des Zeugen sowie der Art und Umstände der Straftat zu seinem Schutz oder zur Vermeidung von Beweisverlusten geboten ist.

---

[53] Vgl. hierzu Rose wistra 1998, 11.
[54] Otte in Radtke/Hohmann Rn. 37; vgl. im Einzelnen → § 51 Rn. 5.
[55] Otte in Radtke/Hohmann Rn. 37; Ignor/Bertheau in Löwe/Rosenberg Rn. 17.
[56] Ignor/Bertheau in Löwe/Rosenberg Rn. 16.
[57] OLG Köln 8.5.1981 – 2 Ws 187/81, NJW 1981, 2480; OLG Hamm 20.3.1978 – 6 Ws 177/78, MDR 1978, 690; Wenske DRiZ 2005, 296; Otte in Radtke/Hohmann Rn. 38; Rogall in SK-StPO Rn. 10; Huber in BeckOK StPO Rn. 7; Rogall in SK-StPO Rn. 10; aA OLG Hamm 13.3.1979 – 1 Ws 70/79.
[58] Otte in Radtke/Hohmann Rn. 38.
[59] Otte in Radtke/Hohmann Rn. 38.
[60] BVerfG 29.12.1998 – 2 BvQ 37/98.
[61] Wenske DRiZ 2005, 297; Senge in KK-StPO Rn. 9; im Ergebnis auch Huber in BeckOK StPO Rn. 7.

Übersicht

I. Allgemeines

1 Die **Zeugenschutzvorschrift** wurde durch das Gesetz zur Bekämpfung sexualisierter Gewalt gegen Kinder vom 16.6.2021 (BGBl. I 1810) eingeführt. Gleichzeitig wurde der bisherige Abs. 3 des § 48, eingefügt durch das 3. Opferrechtsreformgesetz und am 31.12.2015 in Kraft getreten, aufgehoben. Die in § 48 Abs. 3 aF enthaltenen, zur Umsetzung der EU-Opferschutzrichtlinie eingefügten Pflichten finden sich nunmehr in § 48a Abs. 1. Die am 1.7.2021 in Kraft getretene neue Regelung bündelt wesentliche Schutzpflichten für Zeuginnen und Zeugen, die zugleich Verletzte sind. Sie übernimmt den Wortlaut des bisherigen § 48 Abs. 3 unverändert als neuen Absatz 1 und ergänzt ihn in Absatz 2 um eine Regelung zum Beschleunigungsgebot. Als reine Zeugenschutzvorschrift berührt § 48a den Rechtskreis des Angeklagten nicht; eine Verletzug des § 48a kann daher die Revision nicht begründen.

II. Besondere Schutzbedürftigkeit von Verletzten (Abs. 1)

2 Abs. 1 gilt für alle Verletzten unabhängig von ihrem Alter. Die StPO enthielt bislang keine Definition des Verletzten. Der **Verletztenbegriff** wurde mit dem am 1.7.2021 in Kraft getretenen **§ 373b** nunmehr neu und einheitlich definiert; die dortige Definition gilt nicht nur für § 48a, sondern etwa auch für §§ 374 ff oder bei den §§ 406d ff.

3 Die verschiedenen Pflichten sollen insgesamt die Rücksichtnahme auf die Schutzbedürftigkeit von Zeugen gewährleisten, die zugleich Verletzte sind. Sie richten sich an die Ermittlungsbehörden und Gerichte und gelten deshalb in allen Verfahrensabschnitten. Die Klarstellung zum früheren § 48 Abs. 3 aF, er solle die zentrale Einstiegsnorm für die Feststellung einer besonderen Schutzbedürftigkeit und der daraus folgenden Notwendigkeit besonderer Schutzmaßnahmen zugunsten des Verletzten schaffen,[1] gilt für § 48a Abs. 1 fort. Diese Umschreibung vermag nicht darüber hinwegzutäuschen, dass es sich insgesamt um überflüssige Vorschriften handelt, denen nur **rein deklaratorischer Charakter** zukommt.

4 Die Bestimmungen des Abs. 1 enthalten keine neuen Rechte und begründen keine zusätzlich einzuhaltenden Modalitäten. So weisen die Sätze 1 und 2 lediglich darauf hin, dass gesetzliche Vorschriften zum Zeugenschutz zu beachten sind. Überdies führt Satz 2 Nr. 1–3 diese nicht abschließend auf. Zudem irritiert, dass die dort genannten Maßnahmen für alle Zeugen gelten, gleichviel, ob es sich um Verletzte handelt oder nicht. Abs. 1 S. 3 verweist nur auf zwei der Anwendungsvoraussetzungen der Zeugenschutzbestimmungen und enthält damit ebenfalls eine bloße Selbstverständlichkeit. Deshalb sind **im Einzelfall** allein die gesetzlichen Voraussetzungen und Anwendungserfordernisse der **konkret anzuwendenden Vorschrift** ausschlaggebend. Abs. 1 kann weder diese noch die Aufklärungspflicht und die Rechte des Beschuldigten oder Angeklagten verändern oder schmälern.[2] Da es sich um eine rein deklaratorische Ordnungsvorschrift handelt, fehlt die Beschwerdefähigkeit und kann ihre Verletzung allein die Revision nicht begründen.[3]

[1] BT-Drs. 18/4621.
[2] Schmitt in Meyer-Goßner/Schmitt Rn. 12.
[3] Bader in KK-StPO § 48 Rn. 15.

III. Beschleunigungsgebot bei minderjährigen Verletzten (Abs. 2)

1. Regelungen des Beschleunigungsgebots. § 48a Abs. 2 enthält Hinweise auf die Bedeutung des Beschleunigungsgebots bei minderjährigen Verletzten. Obwohl allgemein anerkannt ist, dass der Beschleunigungsgrundsatz, verfassungsrechtlich im Rechtsstaatsprinzip des Art. 20 Abs. 3 GG sowie einfachgesetzlich in Art. 5 Abs. 3 EMRK und Art. 6 Abs. 1 S. 1 EMRK verankert, für das gesamte Erkenntnisverfahren und nicht nur in Haftsachen gilt, findet sich hierzu in der StPO **keine allgemeine Regelung.** Auf die Umsetzung des Beschleunigungsgebots zielende Vorschriften tauchen vielmehr nur vereinzelt, etwa in §§ 115, 121, 122, 163 Abs. 2 auf; darüber hinaus hält Nr. 221 RiStBV zur Beschleunigung von Verfahren mit kindlichen Opfern an. 5

2. Anwendungsbereiche. Auch § 48a Abs. 2 regelt das Beschleunigungsgebot nicht grundsätzlich, sondern nur unter dem Aspekt des Schutzes **minderjähriger Verletzter,** stellt also eine **Zeugenschutzvorschrift** dar. Die Vorschrift ändert an dem im Strafverfahren ohnehin stets und besonders in Haftsachen zu beachtenden Beschleunigungsgebot nichts. 6

Gegenüber der bisherigen Rechtslage erweist sich der **Regelungsgehalt des Abs. 2 in zweifacher Hinsicht neu:** zum einen besteht nunmehr eine ausdrückliche gesetzliche Regelung über ein Beschleunigungsgebot für solche Strafverfahren, an denen minderjährige Opferzeugen beteiligt sind; zum anderen ist bei diesen Verfahren eine besondere Beschleunigung unabhängig davon geboten, ob sich ein Beschuldigter in Untersuchungshaft befindet oder nicht. 7

Mit dieser ausdrücklichen gesetzlichen Regelung wollte der Gesetzgeber eine konsequente Beachtung der Vorgaben zur besonders beschleunigten Durchführung von Strafverfahren unter Beteiligung minderjähriger Opferzeuginnen und Opferzeugen durch Staatsanwaltschaften und Gerichte sicherstellen, da ein solches Beschleunigungsgebot bislang nur in Nr. 221 RiStBV enthalten war.[4] § 48a Abs. 2 muss damit bei allen Verhandlungen, Vernehmungen und sonstigen Untersuchungshandlungen **im gesamten Strafverfahren beachtet** werden. 8

3. Voraussetzungen besonderer Beschleunigung. a) Allgemeines. Abs. 2 fordert eine besondere Beschleunigung von Verhandlungen und Untersuchungshandlungen, soweit dies zum **Schutz** minderjähriger Zeugen oder zur **Vermeidung von Beweisverlusten** geboten ist. Ob eine solche besondere Beschleunigung notwendig ist, richtet sich nach dem Gesetztestext an einer Berücksichtigung der persönlichen Verhältnisse des Zeugen sowie der Art und Umständen der Straftat aus. Mit seinen pauschalen und im konkreten Einzelfall wenig hilfreichen Formulierungen bringt Abs. 2 – ebenso wie Abs. 1 – letztlich lediglich Selbstverständliches zum Ausdruck. Außerdem darf der Wortlaut des Abs. 2 nicht als abschließend verstanden werden. Auch die Gesetzesbegründung geht davon aus, dass die Frage, welche Verfahren besonders eilbedürftig sind, von zahlreichen Faktoren abhängt und daher stets **auch** die persönlichen Verhältnisse der Zeugin oder des Zeugen sowie die Art und die Umstände der zugrundeliegenden Straftat zu berücksichtigen sind. 9

Die Motive weisen ferner darauf hin, dass die Beachtung der besonderen, unmittelbar aus Art. 2 Abs. 2 GG abgeleiteten Beschleunigungspflicht in Strafverfahren, in denen sich ein Beschuldigter in Untersuchungshaft befindet, unberührt bleibt und unverändert fortbesteht.[5] Insbesondere bei Sexualdelikten zu Lasten Minderjähriger ist eine besondere Verfahrensbeschleunigung häufig bereits aus diesem Grund geboten, da sich in vielen dieser Fälle die Beschuldigten in Untersuchungshaft befinden. 10

b) Schutz minderjähriger Zeugen. Wie dargelegt, sind diese Zeugen stets durch eine besondere Verfahrensbeschleunigung zu schützen; auf vollzogene Untersuchungshaft kommt es nicht an. Nach der Vorstellung des Gesetzgebers können die besonderen Belange 11

---

[4] Dazu BT-Drs. 19/23707, 44.
[5] BT-Drs. 19/23707, 44.

minderjähriger Opferzeugen gerade dadurch gewahrt werden, dass sie den Belastungen eines Strafverfahrens und besonders derjenigen, die durch Vernehmungen entstehen, nicht länger als unbedingt notwendig ausgesetzt sind. Dies gilt ungeachtet der Möglichkeiten der vernehmungsersetzenden Vorführung einer aufgezeichneten Vernehmung und der psychosozialen Prozessbegleitung.

12 **c) Vermeidung von Beweisverlusten.** Die Qualität von Zeugenaussagen nimmt regelmäßig mit fortschreitendem Zeitablauf ab; das Erinnerungsvermögen ist rückläufig, hinzu kommen suggestive Einflüsse. Dies gilt nicht nur für minderjährige Zeugen. Der Gesetzgeber[6] will daher mit der Neuregelung in Abs. 2 gewährleisten, dass diese Strafverfahren stets besonders beschleunigt durchgeführt werden, weil das Erinnerungsvermögen von Kindern, wie auch in Nummer 221 RiStBV festgehalten wird, rasch verblasst und weil sie besonders leicht zu beeinflussen sind.

§ 49 Vernehmung des Bundespräsidenten

[1]Der Bundespräsident ist in seiner Wohnung zu vernehmen. [2]Zur Hauptverhandlung wird er nicht geladen. [3]Das Protokoll über seine gerichtliche Vernehmung ist in der Hauptverhandlung zu verlesen.

I. Allgemeines

1 Die Vorschrift enthält Sonderregelungen für die Vernehmung des Bundespräsidenten als Zeugen, insbesondere hinsichtlich des Vernehmungsorts. Sie lässt die Pflicht des Bundespräsidenten, als Zeuge auszusagen und die Aussage ggf. zu beeiden, unberührt.[1] Auch § 70 ist anwendbar, nicht aber § 51, da die Ladung entfällt.[2] Ein besonderes Zeugnisverweigerungsrecht des Bundespräsidenten besteht gemäß § 54 Abs. 3. Der **Normzweck** des § 49 geht dahin, das Ansehen des Bundespräsidenten im Hinblick auf seine herausgehobene Stellung als Staatsoberhaupt vor Beschädigungen zu bewahren, die sich bei einer Vernehmung in öffentlicher Hauptverhandlung ergeben könnten.[3] Seiner Stellung als Staatsoberhaupt entspricht es nicht, dass er als Zeuge vor Gericht erscheinen muss und dort vernommen wird.[4] Weil das Gesetz dem Bundespräsidenten sein Privileg somit im öffentlichen und nicht in seinem privaten Interesse gewährt, kann er darauf **nicht verzichten.**[5]

II. Anwendungsbereich

2 Das Privileg des Bundespräsidenten besteht nur **während seiner Amtszeit.**[6] Nur so lange besteht die Gefahr, dass sein Ansehen durch die Vernehmung in öffentlicher Hauptverhandlung Schaden nimmt.[7] Weil die Norm die Stellung des Bundespräsidenten im Blick hat, ist sie eng mit seiner Person verbunden und nicht mit der Innehabung der präsidialen Funktion verknüpft, weshalb § 49 nur auf den Bundespräsidenten selbst anwendbar ist, nicht aber auf den Präsidenten des Bundesrats, wenn er den Bundespräsidenten nach Art. 57 GG vertritt.[8] Unerheblich ist, in welchem Stadium sich das Verfahren befindet. § 49 gilt für

[6] BR-Drs. 634/20, 47; BT-Drs. 19/23707, 44.

[1] Bertheau/Ignor in Löwe/Rosenberg Rn. 1; Otte in Radtke/Hohmann Rn. 1; v. Schlieffen in AK-StPO Rn. 1; Rogall in SK-StPO Rn. 1.

[2] Bader in KK-StPO Rn. 4.

[3] Rogall in SK-StPO Rn. 3.

[4] Ignor/Bertheau in Löwe/Rosenberg Rn. 1.

[5] Rogall in SK-StPO Rn. 5; Bertheau/Ignor in Löwe/Rosenberg Rn. 2; aA Otte in Radtke/Hohmann Rn. 1; Schmitt in Meyer-Goßner/Schmitt Rn. 1; Bader in KK-StPO Rn. 1; Huber in BeckOK StPO Rn. 1; v. Schlieffen in AK-StPO Rn. 2.

[6] Rogall in SK-StPO Rn. 3; Bader in KK-StPO Rn. 1; Schmitt in Meyer-Goßner/Schmitt Rn. 2.

[7] Rogall in SK-StPO Rn. 3.

[8] Rogall in SK-StPO Rn. 3; Schmitt in Meyer-Goßner/Schmitt Rn. 1; Bader in KK-StPO Rn. 1; Bertheau/Ignor in Löwe/Rosenberg Rn. 1; Otte in Radtke/Hohmann Rn. 1.

alle Vernehmungen des Bundespräsidenten, insbesondere auch für Vernehmungen im Vor- oder im Zwischenverfahren.[9]

III. Durchführung der Vernehmung

1. Vernehmungsort. Der Bundespräsident ist in seiner Wohnung zu vernehmen. Wohnung in diesem Sinne ist der Ort, an dem sich der Bundespräsident aufhält; darunter fällt insbesondere der Wohn- oder Amtssitz,[10] aber auch ein nur vorübergehender Aufenthalt, etwa aus Anlass eines Staatsbesuchs oder Urlaubs.[11] Folgt man der hier vertretenen Ansicht, wonach das Privileg des Bundespräsidenten unverzichtbar ist (→ Rn. 1), ist eine Vernehmung in der Hauptverhandlung auch im Einverständnis des Bundespräsidenten unzulässig.[12] Der Bundespräsident kann sich allerdings an der Gerichtsstelle vernehmen lassen.[13] Bei einer solchen Vernehmung unter Ausschluss der Öffentlichkeit besteht nicht die Gefahr, dass sein Ansehen beschädigt wird. 3

2. Anwesenheitsrecht der Prozessbeteiligten. Nach überwiegend vertretener Auffassung haben die Prozessbeteiligten weder ein Recht auf Benachrichtigung vom Vernehmungstermin noch ein Recht auf Anwesenheit bei der Vernehmung.[14] Ein Benachrichtigungs- und Anwesenheitsrecht soll aber dann bestehen, wenn sich der Bundespräsident an der Gerichtsstelle vernehmen lässt.[15] Dies überzeugt nicht. Vorzugswürdig erscheint es, die Prozessbeteiligten von jeder Vernehmung des Bundespräsidenten zu benachrichtigen und ihnen zudem ein Anwesenheitsrecht einzuräumen. Jegliche Einschränkung dieser Verfahrensrechte lässt sich bereits mit dem Fragerecht gemäß **Art. 6 Abs. 3d EMRK** nicht vereinbaren.[16] Ferner lassen sich aus § 49 keine Einschränkungen dieser Rechte entnehmen. Zu bedenken ist außerdem, dass nach der Rechtsprechung des BGH der Beweiswert einer Vernehmung, die ohne Befragung der Verfahrensbeteiligten bzw. der Veretidigung oder unter Verletzung des Fragerechts zustande gekommen ist, massiv gemindert sein kann.[17] Die Angaben des Vernehmungsrichters können regelmäßig nur dann Grundlage einer tatrichterlichen Feststellung sein, wenn sie durch andere gewichtige Anhaltspunkte außerhalb der Aussage gestützt werden. Eine rechtsfehlerfreie Überzeugungsbildung des Tatrichters von der Schuld des Angeklagten wäre angesichts dessen insbesondere in Fällen, in denen der Bundespräsident der einzige Belastungszeuge ist, ausgeschlossen. Vor diesem Hintergrund verbietet sich eine dem Gesetzeswortlaut nicht zu entnehmende Einschränkung der Anwesenheits- und Benachrichtigungsrechte der Prozessbeteiligten. Eine solche ist auch nach dem Normzweck nicht geboten. Dass das Ansehen des Bundespräsidenten durch eine in Anwesenheit der Prozessbeteiligten unter Ausschluss der Öffentlichkeit durchgeführte Vernehmung beschädigt werden könnte, ist nicht ersichtlich. 4

3. Vernehmungspersonen. § 49 enthält hinsichtlich der Person des Vernehmenden keine von den allgemeinen Vorschriften abweichenden Regelungen. Deshalb ist auch eine Vernehmung durch die Polizei oder die Staatsanwaltschaft nicht ausgeschlossen.[18] Im Hinblick darauf, dass nach Satz 3 nur das Protokoll über seine richterliche Vernehmung verlesen 5

---

9 Rogall in SK-StPO Rn. 6.

10 Rogall in SK-StPO Rn. 6; Schmitt in Meyer-Goßner/Schmitt Rn. 1; Bader in KK-StPO Rn. 2; Ignor/Bertheau in Löwe/Rosenberg Rn. 2.

11 Ignor/Bertheau in Löwe/Rosenberg Rn. 2; Schmitt in Meyer-Goßner/Schmitt Rn. 1; Bader in KK-StPO Rn. 2.

12 AA Bader in KK-StPO Rn. 5.

13 Bader in KK-StPO Rn. 5; Huber in BeckOK StPO Rn. 1.

14 Rogall in SK-StPO Rn. 9; Schmitt in Meyer-Goßner/Schmitt Rn. 1; Otte in Radtke/Hohmann Rn. 2; Huber in BeckOK StPO Rn. 1; Bader in KK-StPO Rn. 5; aA Bertheau/Ignor in Löwe/Rosenberg Rn. 5; v. Schlieffen in AK-StPO Rn. 3.

15 Bader in KK-StPO Rn. 5; Huber in BeckOK StPO Rn. 1.

16 So bereits v. Schlieffen in AK-StPO Rn. 3.

17 BGH 25.7.2000 – 1 StR 169/00, BGHSt 46, 93 = NJW 2000, 3505.

18 Rogall in SK-StPO Rn. 7; Otte in Radtke/Hohmann Rn. 2; Bader in KK-StPO Rn. 3; aA Schmitt in Meyer-Goßner/Schmitt Rn. 1.

werden kann, wird der Bundespräsident allerdings im Regelfall richterlich zu vernehmen sein.[19] Im Ermittlungsverfahren erfolgt die Vernehmung durch den Ermittlungsrichter, im weiteren Verfahren durch einen beauftragten oder ersuchten Richter.[20] Auch eine Vernehmung durch das gesamte Gericht ist zulässig.[21]

6 Eine Einschränkung dahin, dass nur eine Vernehmung durch den beauftragten oder ersuchten Richter zulässig ist, lässt sich weder dem Wortlaut entnehmen noch mit der herausgehobenen Stellung des Bundespräsidenten begründen. Sofern der Aussage des Bundespräsidenten zentrales Gewicht zukommt, insbesondere wenn er der einzige Belastungszeuge ist, ist eine **Vernehmung durch das gesamte Gericht** einschließlich der Schöffen sogar geboten. Im Anwendungsbereich des § 251 ist insoweit anerkannt, dass die Verlesungsmöglichkeit die Aufklärungspflicht nach § 244 Abs. 2 unberührt lässt.[22] Die Aufklärungspflicht kann das Gericht selbst dann dazu verpflichten, die Vernehmungsperson persönlich zu hören, wenn die Prozessbeteiligten darauf verzichten, insbesondere dann, wenn die Vernehmungsperson das einzige Beweismittel ist.[23] In dieser Konstellation, in der Aussage gegen Aussage steht, kann sich das Gericht nur dann eine rechtlich tragfähige Überzeugung von der Wahrheit der Angaben des Zeugen verschaffen, wenn es diesen selbst vernimmt, um einen persönlichen Eindruck von ihm zu gewinnen. Diese im Bereich des § 251 anerkannten Grundsätze gelten in gleichem Maße für die Vernehmung des Bundespräsidenten und die Möglichkeit der Verlesung des Protokolls über seine Vernehmung. Ist der Bundespräsident der einzige Belastungszeuge oder kommt seiner Aussage aus sonstigen Gründen zentrales Gewicht zu, gebietet die Aufklärungspflicht eine Vernehmung durch das gesamte Gericht. Auch in diesem Fall ist das Protokoll über seine Vernehmung nach Satz 3 in der Hauptverhandlung zu verlesen. Grundlage der Überzeugungsbildung des Gerichts ist dann nicht die im Wege des Urkundsbeweises erfolgte Verlesung des Protokolls, sondern die Aussage des Bundespräsidenten selbst. Die Verlesung des Protokolls in der Hauptverhandlung dient hier lediglich der Information der von der Teilnahme an der Vernehmung des Bundespräsidenten ausgeschlossenen Öffentlichkeit.

IV. Ungehorsamsfolgen

7 Nach allgemeiner Ansicht ist die Verhängung von Ordnungsmitteln nach § 51 gegen den Bundespräsidenten nicht möglich, weil § 51 eine Ladung voraussetzt, die bei der Vernehmung des Bundespräsidenten nach Satz 2 gerade nicht erfolgt.[24] Vielmehr wird der Vernehmungstermin mit dem Bundespräsidenten formlos vereinbart.[25] Ordnungsmittel gemäß § 70 können dagegen auch gegen den Bundespräsidenten verhängt werden, wobei die Vollstreckung gemäß Art. 60 Abs. 4 GG iVm Art. 46 Abs. 3 GG der Genehmigung des Bundestags bedarf.[26]

V. Protokollverlesung

8 Das Protokoll über die Vernehmung des Bundespräsidenten ist nach Satz 3 in der Hauptverhandlung zu verlesen, solange der Bundespräsident im Amt ist.[27] Ist er aus dem Amt ausgeschieden, ist er als Zeuge in der Hauptverhandlung zu vernehmen.[28] Die Verle-

---

19 Otte in Radtke/Hohmann Rn. 2.
20 Bader in KK-StPO Rn. 3.
21 Schmitt in Meyer-Goßner/Schmitt Rn. 1; Bader in KK-StPO Rn. 3; Otte in Radtke/Hohmann Rn. 2; Bertheau/Ignor in Löwe/Rosenberg Rn. 3; aA Rogall in SK-StPO Rn. 8.
22 Vgl. etwa Schmitt in Meyer-Goßner/Schmitt § 251 Rn. 8.
23 Schmitt in Meyer-Goßner/Schmitt § 251 Rn. 8; OLG Düsseldorf 9.4.1999 – 5 Ss 385/98, StV 1991, 294.
24 Vgl. nur Bader in KK-StPO Rn. 4; Bertheau/Ignor in Löwe/Rosenberg Rn. 4.
25 Bertheau/Ignor in Löwe/Rosenberg Rn. 3.
26 Bertheau/Ignor in Löwe/Rosenberg Rn. 4.
27 Otte in Radtke/Hohmann Rn. 3.
28 Bader in KK-StPO Rn. 5, Schmitt in Meyer-Goßner/Schmitt Rn. 2; Ignor/Bertheau in Löwe/Rosenberg Rn. 7; Rogall in SK-StPO Rn. 10.

sung setzt nach allgemeiner Auffassung keinen Gerichtsbeschluss voraus. § 251 Abs. 4 S. 1 und 2 sind nicht anwendbar, § 251 Abs. 4 S. 3 und 4 sind entsprechend anwendbar.[29]

VI. Revision

Ist die Vernehmung unter Verletzung der nach hier vertretener Auffassung bestehenden Benachrichtigungs- und Anwesenheitsrechte erfolgt, kann dies entsprechend den vom BGH (→ Rn. 5 f.) aufgestellten Grundsätzen gerügt werden. Sofern die Verlesung des Vernehmungsprotokolls in der Hauptverhandlung erfolgt ist, obwohl der Bundespräsident nicht mehr im Amt ist, kann das als Verstoß gegen den Unmittelbarkeitsgrundsatz geltend gemacht werden. Als Verletzung der Aufklärungspflicht kann es gerügt werden, wenn die Aussage des Bundespräsidenten lediglich durch Verlesung des Protokolls über seine Vernehmung zum Gegenstand der Hauptverhandlung gemacht worden ist, obwohl seiner Aussage entscheidendes Gewicht zukommt und deshalb eine Vernehmung durch das gesamte Gericht geboten gewesen wäre. 9

§ 50 Vernehmung von Abgeordneten und Mitgliedern einer Regierung

(1) Die Mitglieder des Bundestages, des Bundesrates, eines Landtages oder einer zweiten Kammer sind während ihres Aufenthaltes am Sitz der Versammlung dort zu vernehmen.

(2) Die Mitglieder der Bundesregierung oder einer Landesregierung sind an ihrem Amtssitz oder, wenn sie sich außerhalb ihres Amtssitzes aufhalten, an ihrem Aufenthaltsort zu vernehmen.

(3) Zu einer Abweichung von den vorstehenden Vorschriften bedarf es
für die Mitglieder eines in Absatz 1 genannten Organs der Genehmigung dieses Organs,
für die Mitglieder der Bundesregierung der Genehmigung der Bundesregierung,
für die Mitglieder einer Landesregierung der Genehmigung der Landesregierung.

(4) [1]Die Mitglieder der in Absatz 1 genannten Organe der Gesetzgebung und die Mitglieder der Bundesregierung oder einer Landesregierung werden, wenn sie außerhalb der Hauptverhandlung vernommen worden sind, zu dieser nicht geladen. [2]Das Protokoll über ihre richterliche Vernehmung ist in der Hauptverhandlung zu verlesen.

I. Allgemeines

Die Vorschrift enthält besondere Regelungen über den **Vernehmungsort** von Regierungs- und Parlamentsmitgliedern. Sinn der Regelung ist, Störungen der Regierungs- und Parlamentsarbeit durch Reisen von Abgeordneten und Ministern zu auswärtigen Vernehmungsterminen zu vermeiden.[1] § 50 gilt deshalb für alle Verfahrensabschnitte.[2] Nachdem, wie Abs. 3 verdeutlicht, die jeweilige Institution als solche und nicht das einzelne Parlaments- oder Regierungsmitglied geschützt werden soll, kann der Zeuge auf den hierdurch eingeräumten Schutz **nicht verzichten.**[3] 1

---

[29] AllgM, vgl. etwa Bader in KK-StPO Rn. 5, Schmitt in Meyer-Goßner/Schmitt Rn. 2.

[1] Schmitt in Meyer-Goßner/Schmitt Rn. 1; Otte in Radtke/Hohmann Rn. 1; Bader in KK-StPO Rn. 1; Rogall in SK-StPO Rn. 1.

[2] Schmitt in Meyer-Goßner/Schmitt Rn. 1; Otte in Radtke/Hohmann Rn. 1; Bader in KK-StPO Rn. 1; Rogall in SK-StPO Rn. 1.

[3] Schmitt in Meyer-Goßner/Schmitt Rn. 1; Otte in Radtke/Hohmann Rn. 1; Bader in KK-StPO Rn. 1; Huber in BeckOK StPO Rn. 2; Rogall in SK-StPO Rn. 2; aA Bertheau/Ignor in Löwe/Rosenberg Rn. 10.

II. Vernehmung von Parlamentsmitgliedern (Abs. 1)

2 **1. Personenkreis.** Unter Abs. 1 fallen die Abgeordneten des Bundestags (Art. 38 GG), die Mitglieder des Bundesrats (Art. 51 GG) und die Abgeordneten der Länderparlamente einschließlich der Bürgerschaften in den Stadtstaaten und dem Abgeordnetenhaus in Berlin, nicht aber die Mitglieder der Bundesversammlung (Art. 54 Abs. 3 GG).[4] Mitglieder des Europäischen Parlaments und Mitglieder der Beratenden Versammlung des Europarats sind nicht erfasst.[5] Nachdem durch die Vernehmung außerhalb der Hauptverhandlung der Unmittelbarkeitsgrundsatz eingeschränkt wird,[6] bedarf ihre Einbeziehung einer ausdrücklichen gesetzgeberischen Entscheidung. § 50 ist deshalb auf Mitglieder des Europäischen Parlaments und der Beratenden Versammlung des Europarats auch nicht entsprechend anwendbar.[7]

3 **2. Vernehmungsort.** Die in Abs. 1 genannten Personen sind während ihres Aufenthalts am Sitz der Versammlung dort zu vernehmen. Die Vernehmung erfolgt nicht im Parlamentsgebäude oder in der Wohnung des Abgeordneten, sondern **im Gerichtsgebäude** des Parlamentssitzes.[8] Dorthin hat sich der Zeuge aufgrund der Ladung zu begeben.[9] Aufgrund des Normzwecks (→ Rn. 1) gilt das **nur während der Sitzungswochen,** nicht während der Parlamentsferien.[10] Entsprechendes gilt, wenn sich der Zeuge ohnehin nicht am Parlamentsort aufhält; auch in diesem Fall ist er wie ein gewöhnlicher Zeuge zu laden und zu vernehmen.[11] Hält der Zeuge sich gelegentlich am nicht mit dem Sitz der Versammlung identischen Gerichtsort auf, soll das Gericht nach Auffassung des BGH nach pflichtgemäßem Ermessen unter Berücksichtigung der Arbeitsbelastung des Zeugen entscheiden dürfen, ob der Zeuge in der Hauptverhandlung vernommen wird.[12] Demgegenüber ist nach hier vertretener Auffassung der Zeuge, der sich am Verhandlungstag am Gerichtsort aufhält, grundsätzlich in der Hauptverhandlung zu vernehmen. § 50 findet auf diesen Fall nach seinem Wortlaut, der den Aufenthalt des Zeugen am Sitz der Versammlung voraussetzt, keine Anwendung.[13] Hält der Zeuge sich aber nur deshalb am Hauptverhandlungstag am Gerichtsort auf, weil er dort andere dringende berufliche Termine wahrzunehmen hat und eigens deshalb dort hingereist ist,[14] wird er in der Regel genügend entschuldigt im Sinne von § 51 sein und aus diesem Grunde in der Hauptverhandlung nicht vernommen werden können (vgl. zur Frage, wann ein Zeuge wegen dringender beruflicher Gründe entschuldigt ist, → § 51 Rn. 27).

4 **3. Durchführung der Vernehmung.** Die Vernehmung kann durch den beauftragten oder ersuchten Richter oder durch das gesamte Gericht erfolgen.[15] Abhängig von den Umständen des Einzelfalls, insbesondere wenn es auf den persönlichen Eindruck vom Zeugen ankommt, kann eine Vernehmung durch das gesamte Gericht geboten sein.[16] Wegen Abs. 4 S. 2 wird in der Regel eine richterliche Vernehmung angezeigt sein, eine Verneh-

---

[4] Otte in Radtke/Hohmann Rn. 3; Bader in KK-StPO Rn. 2; Huber in BeckOK StPO Rn. 2.
[5] Neubeck in KMR-StPO Rn. 2; v. Schlieffen in AK-StPO Rn. 2.
[6] Rogall in SK-StPO Rn. 1.
[7] AA Otte in Radtke/Hohmann Rn. 3; Rogall in SK-StPO Rn. 4; Bertheau/Ignor in Löwe/Rosenberg Rn. 2 für deutsche Mitglieder des Europaparlaments.
[8] Otte in Radtke/Hohmann Rn. 3; Senge in KK-StPO Rn. 4.
[9] Rogall in SK-StPO Rn. 5; Ignor/Bertheau in Löwe/Rosenberg Rn. 3.
[10] Otte in Radtke/Hohmann Rn. 3; Rogall in SK-StPO Rn. 3; Ignor/Bertheau in Löwe/Rosenberg Rn. 3; Schmitt in Meyer-Goßner/Schmitt Rn. 3.
[11] Otte in Radtke/Hohmann Rn. 4; Ignor/Bertheau in Löwe/Rosenberg Rn. 3; aA BGH 8.10.1981 – 3 StR 449/80, NStZ 1982, 158; Rogall in SK-StPO Rn. 3, Neubeck in KMR-StPO Rn. 3; Bader in KK-StPO Rn. 3, wonach der Zeuge dann auch an seinem Aufenthaltsort vernommen werden darf.
[12] BGH 8.10.1981 – 3 StR 449/80, NStZ 1982, 158; aA Bertheau/Ignor in Löwe/Rosenberg Rn. 3.
[13] Otte in Radtke/Hohmann Rn. 4; Bertheau/Ignor in Löwe/Rosenberg Rn. 3.
[14] In dem der Entscheidung des BGH 8.10.1981 – 3 StR 449/80, NStZ 1982, 158 zu Grunde liegenden Fall hatte der Zeuge am Gerichtsort als Hochschullehrer eine Vorlesung zu halten.
[15] Schmitt in Meyer-Goßner/Schmitt Rn. 4; Rogall in SK-StPO Rn. 5.
[16] Die Ausführungen zu § 49 III.3. gelten insoweit entsprechend.

mung durch den Staatsanwalt ist aber nicht ausgeschlossen.[17] Das **Anwesenheitsrecht der Prozessbeteiligten** (§§ 168c, 224) besteht uneingeschränkt, sie sind daher von dem Termin zu benachrichtigen.[18]

III. Vernehmung von Regierungsmitgliedern (Abs. 2)

1. Personenkreis. Regierungsmitglieder der Bundesregierung sind der Bundeskanzler und die Minister (Art. 62 GG), nicht aber die beamteten und parlamentarischen Staatssekretäre, auch wenn sie die Bezeichnung Staatsminister führen.[19] Weil die parlamentarischen Staatssekretäre nach § 1 ParlStG Abgeordnete sein müssen, richtet sich ihre Vernehmung nach Abs. 1.[20] Die Mitglieder der Landesregierungen ergeben sich aus den Landesverfassungen.[21] Nur in Bayern gehören die Staatssekretäre der Landesregierung an (Art. 43 Abs. 2 BayVerf.).[22] In Berlin, Hamburg und Bremen gehören zu den Regierungsmitgliedern der Bürgermeister (in Berlin der regierende Bürgermeister) und die Senatoren.[23] 5

2. Vernehmungsort. Die Vernehmung erfolgt am Amtssitz und, wenn sich das Regierungsmitglied nicht dort aufhält, an seinem Aufenthaltsort. Der Zeuge wird an seinem **tatsächlichen Aufenthaltsort** vernommen, auch wenn sich dort kein Gericht befindet.[24] Befindet sich an seinem Aufenthaltsort ein Gericht, ist er in den Räumen des Gerichts zu vernehmen.[25] Sind Gerichtsort und Amtssitz bzw. Aufenthaltsort des Zeugen identisch, erfolgt die Vernehmung in der Hauptverhandlung.[26] Im Übrigen gelten für die Durchführung der Vernehmung, besonders für Benachrichtigung und Anwesenheitsrechte, die Ausführungen zur Vernehmung der Abgeordneten entsprechend (→ Rn. 4). 6

IV. Ausnahmegenehmigungen (Abs. 3)

Von den Vorschriften nach Abs. 1 und 2 darf nur mit Zustimmung des betreffenden Organs abgewichen werden. Fehlt die erforderliche Genehmigung, darf der Zeuge nicht vernommen werden.[27] Die Genehmigung kann von Amts wegen, auf Antrag eines Prozessbeteiligten oder auf Anregung des Zeugen eingeholt werden[28] und muss bei der jeweiligen Regierung oder dem Parlamentspräsidenten beantragt werden.[29] Die Einholung und Erteilung der Genehmigung sind ebenso wie der Nachweis ihres Vorliegens an **keine Form** gebunden.[30] Die Versicherung des Zeugen, ihm sei die Genehmigung erteilt worden, ist ausreichend.[31] Nachdem § 50 Abs. 1 entsprechend seines Normzwecks außerhalb der Sit- 7

[17] Rogall in SK-StPO Rn. 5; Neubeck in KMR-StPO Rn. 4; aA Schmitt in Meyer-Goßner/Schmitt Rn. 4.

[18] Anders als bei der Vernehmung des Bundespräsidenten nach § 49 (vgl. dazu → § 49 Rn. 4) ist das im Rahmen des § 50 unstreitig, vgl. Otte in Radtke/Hohmann Rn. 5; Schmitt in Meyer-Goßner/Schmitt Rn. 4; Huber in BeckOK StPO Rn. 2; Bader in KK-StPO Rn. 4.

[19] Otte in Radtke/Hohmann Rn. 6; Schmitt in Meyer-Goßner/Schmitt Rn. 5; Neubeck in KMR-StPO Rn. 5.

[20] Otte in Radtke/Hohmann Rn. 6; Schmitt in Meyer-Goßner/Schmitt Rn. 5; Neubeck in KMR-StPO Rn. 5.

[21] Otte in Radtke/Hohmann Rn. 6; Schmitt in Meyer-Goßner/Schmitt Rn. 5; Neubeck in KMR-StPO Rn. 6.

[22] Otte in Radtke/Hohmann Rn. 6; Schmitt in Meyer-Goßner/Schmitt Rn. 5; Rogall in SK-StPO Rn. 7.

[23] Neubeck in KMR-StPO Rn. 6; Schmitt in Meyer-Goßner/Schmitt Rn. 5.

[24] Otte in Radtke/Hohmann Rn. 6; Schmitt in Meyer-Goßner/Schmitt Rn. 6; Huber in BeckOK StPO Rn. 3; Neubeck in KMR-StPO Rn. 7.

[25] Neubeck in KMR-StPO Rn. 7; Bader in KK-StPO Rn. 6.

[26] Schmitt in Meyer-Goßner/Schmitt Rn. 7; von Schlieffen in AK-StPO Rn. 3.

[27] Rogall in SK-StPO Rn. 8.

[28] Otte in Radtke/Hohmann Rn. 8; Schmitt in Meyer-Goßner/Schmitt Rn. 8; Neubeck in KMR-StPO Rn. 9; Bader in KK-StPO Rn. 7.

[29] Otte in Radtke/Hohmann Rn. 8; Schmitt in Meyer-Goßner/Schmitt Rn. 8; Rogall in SK-StPO Rn. 8.

[30] Otte in Radtke/Hohmann Rn. 8; Schmitt in Meyer-Goßner/Schmitt Rn. 8; Neubeck in KMR-StPO Rn. 9.

[31] Schmitt in Meyer-Goßner/Schmitt Rn. 8; Neubeck in KMR-StPO Rn. 9; Rogall in SK-StPO Rn. 8.

zungswochen des Parlaments nicht anwendbar ist,[32] bedarf es in dieser Zeit auch keiner Sondergenehmigung.[33] Für Abgeordnete des Bundestags ergibt sich das aus Anlage 6 Abschnitt C S. 3 der Geschäftsordnung des Bundestags. § 50 Abs. 3 darf nicht dadurch umgangen werden, dass der Zeuge sich ohne das Vorliegen einer Sondergenehmigung zum Aufenthalt am Gerichtsort an einem erst noch zu bestimmenden Terminstag bereit erklärt.[34] Hält sich der Zeuge nur deshalb am Gerichtsort auf, weil er einer nicht zulässigen Ladung gefolgt ist, darf er nicht vernommen werden.[35] Die Vernehmung des Zeugen in der Hauptverhandlung ist aber zulässig, wenn ein Vernehmungstermin entsprechend dem vorher beim Zeugen erfragten Aufenthalt bestimmt worden ist.[36]

V. Ladung zur Hauptverhandlung und Protokollverlesung (Abs. 4)

8 Zur Hauptverhandlung wird der Zeuge nur geladen, wenn sie an einem der in Abs. 1 und 2 genannten Orte stattfindet oder wenn eine Sondergenehmigung nach Abs. 3 erteilt worden ist und – wie aus Abs. 4 S. 2 folgt – der Zeuge nicht bereits außerhalb der Hauptverhandlung richterlich vernommen worden ist.[37] Darf der Zeuge danach zur Hauptverhandlung geladen werden, gilt für den Fall seines Nichterscheinens § 51, für Abgeordnete mit den sich aus Art. 46 Abs. 3 GG und den entsprechenden Vorschriften der Landesverfassungen ergebenden Einschränkungen.[38] Wurde der Zeuge bereits außerhalb der Hauptverhandlung vernommen, ist seine Ladung nach Abs. 4 S. 1 unzulässig, weshalb der dennoch geladene Zeuge nicht erscheinen muss und ihn im Fall seines Nichterscheinens keine Ungehorsamsfolgen nach § 51 treffen.[39] Anders ist das nur, wenn seine erneute Vernehmung in der Hauptverhandlung aus Gründen der **Aufklärungspflicht** geboten ist.[40] Ist eine Ladung nach Abs. 4 unzulässig, kann auch eine Ladung durch die Prozessbeteiligten nach § 214 Abs. 3 und § 220 Abs. 1 nicht erfolgen.[41] In diesem Fall darf ein richterliches Protokoll nach Abs. 4 S. 2 verlesen werden. Die Verlesung setzt nicht voraus, dass vorher erfolglos versucht worden ist, eine Genehmigung nach Abs. 3 zu erlangen.[42] Im Übrigen gelten für die Verlesung des Protokolls die Ausführungen zu § 49 entsprechend.

VI. Revision

9 Auf einen Verstoß gegen § 50 Abs. 1–3 kann die Revision nicht gestützt werden, weil diese Vorschriften lediglich den Schutz der Parlamente und Regierungen bezweckt und Verletzungen den Rechtskreis des Angeklagten nicht berühren.[43] Gerügt werden kann, dass die Voraussetzungen für die Verlesung des Vernehmungsprotokolls nach Abs. 4 S. 2 nicht vorgelegen haben.[44]

§ 51 Folgen des Ausbleibens eines Zeugen

(1) [1]Einem ordnungsgemäß geladenen Zeugen, der nicht erscheint, werden die durch das Ausbleiben verursachten Kosten auferlegt. [2]Zugleich wird gegen ihn

---

32 Vgl. → Rn. 3.
33 Huber in BeckOK StPO Rn. 4; Bader in KK-StPO Rn. 7; Ignor/Bertheau in Löwe/Rosenberg Rn. 9.
34 Schmitt in Meyer-Goßner/Schmitt Rn. 8; Neubeck in KMR-StPO Rn. 9.
35 Schmitt in Meyer-Goßner/Schmitt Rn. 6; Neubeck in KMR-StPO Rn. 7; Bader in KK-StPO Rn. 7.
36 Senge in KK-StPO Rn. 7; Neubeck in KMR-StPO Rn. 9; Rogall in SK-StPO Rn. 8.
37 Schmitt in Meyer-Goßner/Schmitt Rn. 9; Rogall in SK-StPO Rn. 9.
38 Otte in Radtke/Hohmann Rn. 9; Bader in KK-StPO Rn. 8.
39 Rogall in SK-StPO Rn. 9; Bader in KK-StPO Rn. 8.
40 Ignor/Bertheau in Löwe/Rosenberg Rn. 11.
41 Otte in Radtke/Hohmann Rn. 9; Schmitt in Meyer-Goßner/Schmitt Rn. 9; Neubeck in KMR-StPO Rn. 10; aA Ignor/Bertheau in Löwe/Rosenberg Rn. 12.
42 Schmitt in Meyer-Goßner/Schmitt Rn. 10; Otte in Radtke/Hohmann Rn. 10; Rogall in SK-StPO Rn. 10.
43 Bader in KK-StPO Rn. 9; Otte in Radtke/Hohmann Rn. 11; Schmitt in Meyer-Goßner/Schmitt Rn. 11; Huber in BeckOK StPO Rn. 6.
44 Otte in Radtke/Hohmann Rn. 11; Schmitt in Meyer-Goßner/Schmitt Rn. 11; Huber in BeckOK StPO Rn. 6; Neubeck in KMR-StPO Rn. 11.

ein Ordnungsgeld und für den Fall, daß dieses nicht beigetrieben werden kann, Ordnungshaft festgesetzt. [3]Auch ist die zwangsweise Vorführung des Zeugen zulässig; § 135 gilt entsprechend. [4]Im Falle wiederholten Ausbleibens kann das Ordnungsmittel noch einmal festgesetzt werden.

(2) [1]Die Auferlegung der Kosten und die Festsetzung eines Ordnungsmittels unterbleiben, wenn das Ausbleiben des Zeugen rechtzeitig genügend entschuldigt wird. [2]Erfolgt die Entschuldigung nach Satz 1 nicht rechtzeitig, so unterbleibt die Auferlegung der Kosten und die Festsetzung eines Ordnungsmittels nur dann, wenn glaubhaft gemacht wird, daß den Zeugen an der Verspätung der Entschuldigung kein Verschulden trifft. [3]Wird der Zeuge nachträglich genügend entschuldigt, so werden die getroffenen Anordnungen unter den Voraussetzungen des Satzes 2 aufgehoben.

(3) Die Befugnis zu diesen Maßregeln steht auch dem Richter im Vorverfahren sowie dem beauftragten und ersuchten Richter zu.

Schrifttum: Beck, Ausweitung der Befugnisse der Polizei im Ermittlungsverfahren – Effizienz vor Rechtsschutz?, ZRP 2011, 21; Gode, Verurteilung in die Verfahrenskosten, wenn ein Teil einem Dritten auferlegt worden ist, NStZ 1989, 255; Grüneberg, Ordnungsmittel gegen einen ausgebliebenen Zeugen?, MDR 1992, 326; Kaiser, Zur Wartepflicht des Gerichts bei Unpünktlichkeit von Beteiligten in Straf- und Bußgeldsachen, NJW 1977, 1955; Lampe, Grenzen des Festhalterechts gegenüber vorgeführten Beschuldigten und Zeugen im Ermittlungsverfahren, MDR 1974, 535; Michel, Der betrunkene Zeuge, MDR 1992, 544; Schmid, Zustellungsvorsorge für Zeugenladungen, NJW 1981, 858; Skupin, Die Folgen beim Ausbleiben eines kindlichen oder eines jugendlichen Zeugen im Strafverfahren, MDR 1965, 865; Vierhaus, Zulässigkeit der Ordnungs- und Zwangsmittel des § 51 StPO gegen Kinder als Zeugen, NStZ 1994, 271; Wenske, Zur Modifikation gerichtlicher Zeugenladungen unter Beachtung der Vorgaben des Opferrechtsreformgesetzes vom 24.6.2004, DRiZ 2005, 293; Werny, Der Beschluss gemäß § 51 StPO nach der Entscheidung in der Hauptsache, NJW 1982, 2170; Wittschier, Unentschuldigtes Ausbleiben eines Dolmetschers im Strafprozess, NJW 1985, 2873.

Übersicht

I. Allgemeines

1 Die Pflicht eines Zeugen, vor Gericht zu erscheinen, ist eine von der StPO vorausgesetzte allgemeine Staatsbürgerpflicht,[1] deren Nichterfüllung in verfassungsrechtlich unbedenklicher Weise[2] nach § 51 sanktioniert werden kann. Der **Zweck der Vorschrift** liegt darin, Verfahrensverzögerungen durch das Ausbleiben von Zeugen zu vermeiden.[3] Flankiert wird die Norm durch § 70, der Zwangsmaßnahmen für den Fall der grundlosen Verweigerung der Aussage oder Eidesleistung des erschienenen Zeugen regelt. Während die Folgen des Ausbleibens im Fall einer gerichtlichen Ladung in § 51 geregelt sind, befasst sich § 161a StPO mit den Folgen des Ausbleibens im Fall einer Ladung durch die Staatsanwaltschaft. Traf nach früherer Rechtslage den Zeugen keine gesetzliche Pflicht, auf Vorladung der **Polizei** zu erscheinen, bestimmt § 163 Abs. 3 nunmehr die Erscheinens- und Aussagepflicht vor der Polizei (genauer: vor Ermittlungspersonen der StA iSv § 152 GVG) dann, wenn der Ladung ein Auftrag der StA zugrundelag. Ist diese Konstellation nicht gegeben, handelt es sich bei der Vorladung durch die Polizei um eine unverbindliche Aufforderung, wobei keine Pflicht besteht, auf die Freiwilligkeit des Erscheinens hinzuweisen.[4]

1a § 51 StPO setzt eine Pflicht zum Erscheinen voraus; besteht eine solche wie zB in den Fällen der §§ 49, 50, 220 Abs. 2 nicht, kann das Nichterscheinen nicht geahndet werden.[5] Der Zeuge ist unbeschadet eines etwaigen **Zeugnisverweigerungsrechts** zum Erscheinen verpflichtet.[6] Das Gericht kann aber im Allgemeinen von der Ladung des Zeugen absehen, wenn dieser **vorab schriftlich erklärt,** er werde von seinem Zeugnisverweigerungsrecht Gebrauch machen; allerdings gebietet die Aufklärungspflicht dem Tatrichter, auf einem Erscheinen des Zeugen zu bestehen, wenn der Zeuge möglicherweise irrig davon ausgeht, kraft der Aussageverweigerung sei auch seine frühere Aussage vor einem Richter unverwertbar geworden.[7]

II. Anwendungsbereich

2 § 51 gilt sowohl für die von Amts wegen als auch für die unmittelbar von der Staatsanwaltschaft oder dem Angeklagten nach § 220 geladenen Zeugen.[8] Im Bußgeldverfahren gilt § 51 gemäß § 46 Abs. 1 OWiG entsprechend.[9] Besonderheiten gelten in den nachfolgend aufgeführten Fällen.

3 **1. Gesetzliche Vertreter.** Die staatsbürgerliche Pflicht vor Gericht zu erscheinen, trifft nur den Zeugen selbst, nicht aber seine gesetzlichen Vertreter. Ausweislich des Wortlauts können die Ungehorsamsfolgen des § 51 nur gegen den Zeugen selbst verhängt werden. Gegen gesetzliche Vertreter, die das Nichterscheinen eines kindlichen oder jugendlichen Zeugen verschulden, insbesondere ihn bewusst vom Erscheinen abhalten, können

[1] BVerfG 30.9.2001 – 2 BvR 911/00, NJW 2002, 955; Neubeck in KMR-StPO Rn. 1; durch das 2. Opferrechtsreformgesetz wurde diese Pflicht zum 1.10.2009 erstmals gesetzlich in § 48 Abs. 1 normiert.
[2] BVerfG 30.9.2001 – 2 BvR 911/00, NJW 2002, 955; 8.1.1996 – 2 BvR 2715/95, BeckRS 1996, 12520.
[3] Otte in Radtke/Hohmann Rn. 1; Rogall in SK-StPO Rn. 1.
[4] Eisenberg BeweisR StPO Rn. 1083.
[5] Otte in Radtke/Hohmann Rn. 2; Rogall in SK-StPO Rn. 1.
[6] Huber in BeckOK StPO Rn. 1; Otte in Radtke/Hohmann Rn. 3; Eisenberg BeweisR StPO Rn. 1055.
[7] BGH 2.2.1966 – 2 StR 471/65, BGHSt 21, 12 = NJW 1966, 742; Rogall in SK-StPO Rn. 1.
[8] Ignor/Bertheau in Löwe/Rosenberg Rn. 1.
[9] Ignor/Bertheau in Löwe/Rosenberg Rn. 1; Otte in Radtke/Hohmann Rn. 2.

mangels gesetzlicher Grundlage keine Ungehorsamsfolgen festgesetzt werden.[10] Hält der gesetzliche Vertreter das Kind oder den Jugendlichen vom Erscheinen ab, so wird das Fernbleiben des Zeugen häufig sanktionslos bleiben. Zwar können gegen Jugendliche Ungehorsamsfolgen festgesetzt werden, wenn sie über die erforderliche Verstandesreife verfügen (vgl. → Rn. 33). In der Regel wird es aber am Verschulden fehlen, wenn der gesetzliche Vertreter sie vom Erscheinen abgehalten hat; in diesem Fall bleibt nur die ein Verschulden nicht voraussetzende Möglichkeit, den Zeugen vorzuführen (vgl. auch → Rn. 33).[11] In Betracht kommen soll, **familiengerichtliche Maßnahmen nach § 1666 BGB** anzuregen, um auf diese Weise auf eine Erfüllung der Zeugenpflichten hinzuwirken.[12] Indes erschließt sich nicht, inwiefern – wie von § 1666 BGB vorausgesetzt – das körperliche, geistige oder seelische Wohl eines kindlichen Zeugen dadurch gefährdet werden könnte, dass er nicht vor Gericht erscheint.

2. Ausländer. Ein in der Bundesrepublik Deutschland lebender Ausländer ist verpflichtet, auf ordnungsgemäße Ladung vor Gericht zu erscheinen, solange er sich tatsächlich im Bundesgebiet aufhält. Befindet er sich im Zeitpunkt der Ladung dauerhaft im Ausland, können gegen ihn im Falle seines Nichterscheinens keine Maßnahmen nach § 51 verhängt werden.[13] Bei der Ladung dürfen ihm in dieser Konstellation auch keine Zwangsmittel angedroht werden;[14] auch Nr. 116 Abs. 1 S. 3 RiVASt enthält ein entsprechendes Verbot. Nach teilweise vertretener Auffassung werden Maßnahmen auf Grundlage des § 51 dann für zulässig erachtet, wenn der Zeuge die Bundesrepublik verlassen hat, um sich seinen Zeugenpflichten zu entziehen.[15] Überzeugender erscheint folgende Differenzierung: Im Fall einer **dauerhaften Ausreise** dürfen keine Maßnahmen nach § 51 festgesetzt werden. Denn dem ausländischen Zeugen steht es frei, sich ins Ausland zu begeben und dort zu bleiben; es gibt keine Möglichkeit, ihn dazu zu zwingen, sich für die Aussage im Inland verfügbar zu halten.[16] Hingegen bleibt im Fall des Ausbleibens aufgrund einer nur **vorübergehenden Abwesenheit,** die dadurch entstand, dass der Zeuge – dessen Wohnsitz weiterhin in Deutschland besteht – zwischen Ladung und Hauptverhandlung das Bundesgebiet verlassen hat, Möglichkeit erhalten, nach § 51 Abs. 1 S. 1 und 2 vorzugehen.[17] Denn an der Zeugenpflicht, die durch die Ladung begründet wurde, ändert das Verlassen des Bundesgebiets nichts, wegen des Territorialprinzips scheidet aber eine Vollstreckung der auf § 51 gestützten Maßnahmen im Ausland aus. Die Einschränkungen der Anwendbarkeit des § 51 auf Ausländer gelten für § 70 ebenso. 4

3. Inhaftierte Personen. § 51 gilt für in **Strafhaft** befindliche Personen nicht, sofern ihnen zur Wahrnehmung des Gerichtstermins nicht Ausgang oder Urlaub gewährt worden 5

[10] OLG Hamm 7.4.1965 – 3 Ws 76/65, NJW 1965, 1613; KG 24.11.1997 – 3 Ws 705/97, StraFo 1998, 49; Schmitt in Meyer-Goßner/Schmitt Rn. 1; Ignor/Bertheau in Löwe/Rosenberg Rn. 3; Otte in Radtke/Hohmann Rn. 3; Neubeck in KMR-StPO Rn. 5; Huber in BeckOK StPO Rn. 1; Rogall in SK-StPO Rn. 4; Skupin MDR 1965, 865.

[11] OLG Hamm 7.4.1965 – 3 Ws 76/65, NJW 1965, 1613; Rogall in SK-StPO Rn. 4; aA Skupin MDR 1965, 865.

[12] Rogall in SK-StPO Rn. 4; Neubeck in KMR-StPO Rn. 5; Eisenberg BeweisR StPO Rn. 1062; Skupin MDR 1965, 865.

[13] OLG Düsseldorf 25.1.1999 – 1 Ws 702/98, NJW 1999, 1647; 29.5.1991 – 2 Ws 148/91, NJW 1991, 2223; OLG Hamburg 31.5.1967 – 2 Ws 236/67, MDR 1967, 686; Ignor/Bertheau in Löwe/Rosenberg Rn. 37; Otte in Radtke/Hohmann Rn. 3; Neubeck in KMR-StPO Rn. 2; Bader in KK-StPO Rn. 24.

[14] OLG Stuttgart 1.6.2011 – 5 – 3 StE 6/10, StraFo 2012, 12.

[15] Ignor/Bertheau in Löwe/Rosenberg Rn. 37, Bader in KK-StPO Rn. 24; Schmitt in Meyer-Goßner/Schmitt Rn. 31; Otte in Radtke/Hohmann Rn. 3; Neubeck in KMR-StPO Rn. 2; von Schlieffen in AK-StPO Rn. 1; Eisenberg BeweisR StPO Rn. 1055; aA Rogall in SK-StPO Rn. 11; entgegen vielfach vertretener Auffassung wurde diese Frage ausdrücklich offen gelassen von OLG Düsseldorf 25.1.1999 – 1 Ws 702/98, NJW 1999, 1647 und OLG Düsseldorf 29.5.1991 – 2 Ws 148/91, NJW 1991, 2223 sowie von OLG Hamburg 31.5.1967 – 2 Ws 236/67, MDR 1967, 686.

[16] Rogall in SK-StPO Rn. 11.

[17] OLG Frankfurt a. M. 30.10.2013 – 2 Ws 58/13, NJW 2014, 95 zur Abwesenheit eines Zeugen wegen eines dreimonatigen Praktikums in der Türkei.

ist.[18] Weil der Zeuge, dem weder Ausgang noch Urlaub gewährt worden ist, die Haftanstalt nicht verlassen kann, obliegt es den zuständigen Behörden, dafür zu sorgen, dass der Zeuge seiner staatsbürgerlichen Pflicht zur Vernehmung zu erscheinen nachkommen kann.[19] Dies geschieht durch das an die JVA gerichtete Ersuchen des Gerichts, den Zeugen zum Termin vorzuführen.[20] Eine Androhung der Folgen des Nichterscheinens in der Ladung hat deshalb zu unterbleiben; an ihre Stelle tritt die Anordnung des Vorsitzenden, dass der Zeuge **vorgeführt** werden soll.[21] Für den in der Vorführung liegenden Eingriff in das Freiheitsrecht des Zeugen aus Art. 104 GG stellt § 36 Abs. 2 S. 2 StVollzG eine ausreichende Rechtsgrundlage dar. Auch für **Untersuchungsgefangene** gilt § 51 nicht. Zwar soll es nach einer älteren Entscheidung des OLG Düsseldorf[22] bei der Anwendung des § 51 bleiben, weshalb für eine ordnungsmäßige Ladung gemäß § 48 nicht erforderlich sei, dass die Vorführung des Zeugen angeordnet worden sei. Begründet wurde diese Auffassung damit, dass es mangels gesetzlicher Regelung an einer ausreichenden Ermächtigungsgrundlage für die Vorführung des Zeugen fehle. Diese Auffassung ist seit Inkrafttreten des SUVollzG überholt. Nach **§ 9 Abs. 1 S. 1 SUVollzG** werden Untersuchungsgefangene auf Ersuchen eines Gerichts oder der Staatsanwaltschaft vorgeführt. Hierin liegt eine ausreichende gesetzliche Ermächtigungsgrundlage für die Vorführung des Zeugen, weshalb auch bei Untersuchungsgefangenen in der Ladung die Vorführung des Zeugen anzuordnen und § 51 ebenso wie bei Strafgefangenen nicht anwendbar ist.

6 **4. Vertreter der Jugendgerichtshilfe.** Aus den Vorschriften des JGG (vgl. insbesondere § 38 Abs. 3 S. 1, § 50 Abs. 3 JGG) ergibt sich nur das Recht, nicht aber die Pflicht des Vertreters der Jugendgerichtshilfe, an der Verhandlung teilzunehmen; die durch sein Nichterscheinen entstandenen Kosten können ihm daher nicht analog § 51 auferlegt werden.[23]

7 **5. Abgeordnete, Exterritoriale, Botschaftsangehörige.** Die Immunität der Abgeordneten des Deutschen Bundestags und der Landtage der Bundesländer gemäß Art. 46 Abs. 2–4 GG und den entsprechenden Bestimmungen der Landesverfassungen steht der Anordnung der in § 51 vorgesehenen Maßnahmen nicht entgegen; lediglich die Vollstreckung der Ordnungshaft und der Vorführung bedürfen nach Art. 46 Abs. 3 GG der Genehmigung des Parlaments.[24] Die Behandlung Deutscher und ausländischer Mitglieder des Europäischen Parlaments ist in RiStBV Nr. 192b geregelt. Zwangsmittel gegen Exterritoriale (§§ 18–20 GVG) sind unzulässig.[25] Für Mitglieder konsularischer Vertretungen gilt Art. 44 WÜK.

8 **6. Dolmetscher, Sachverständige.** Auf nicht erschienene Dolmetscher und Sachverständige ist § 51 nicht analog anwendbar.[26] Das Ausbleiben der Sachverständigen regelt § 77.

9 **7. Verhältnis zu § 178 GVG.** Ungebühr im Sinne von § 178 GVG liegt nicht vor, wenn der Zeuge gar nicht erscheint; die Rechtsfolgen des Nichterscheinens ergeben sich

[18] OLG Koblenz 20.7.1988 – 2 Ws 380/88, NStZ 1989, 93; Otte in Radtke/Hohmann Rn. 3.
[19] OLG Koblenz 20.7.1988 – 2 Ws 380/88, NStZ 1989, 93.
[20] OLG Koblenz 20.7.1988 – 2 Ws 380/88, NStZ 1989, 93; Rogall in SK-StPO Rn. 1; Huber in BeckOK StPO Rn. 2; Otte in Radtke/Hohmann Rn. 2; Neubeck in KMR-StPO Rn. 4; Eisenberg BeweisR StPO Rn. 1061.
[21] OLG Koblenz 20.7.1988 – 2 Ws 380/88, NStZ 1989, 93.
[22] OLG Düsseldorf 14.4.1981 – 2 Ws 111/81, NJW 1981, 2768.
[23] LG Frankfurt a. M. 15.5.1984 – 5/3 Qs 15/84, NStZ 1985, 42 mzustAnm Eisenberg; OLG Karlsruhe 30.9.1991 – 3 Ws 56/91, NStZ 1992, 251 mAnm Schaffstein; Rogall in SK-StPO Rn. 5; aA OLG Köln 24.6.1986 – Ss 236/86, NStZ 1986, 569.
[24] Schmitt in Meyer-Goßner/Schmitt Rn. 31; Ignor/Bertheau in Löwe/Rosenberg Rn. 36; Rogall in SK-StPO Rn. 11; Otte in Radtke/Hohmann Rn. 3.
[25] Neubeck in KMR-StPO Rn. 2.
[26] KG 21.7.2007 – 1 Ws 199/07, StraFo 2008, 89; OLG Karlsruhe 25.3.2002 – 1 Ws 381/02, Justiz 2003, 449; LG Cottbus 11.8.2008 – 24 jug Qs 40/08, BeckRS 2009, 10339; Witschier NJW 1985, 2873; Bader in KK-StPO Rn. 1; Huber in BeckOK StPO Rn. 1.

allein aus § 51.[27] Erscheint der Zeuge, ist er aber infolge von Trunkenheit nicht vernehmungsfähig, sind nur Ordnungsmittel nach § 51 zu ergreifen, die denen nach § 178 GVG vorgehen.[28] Wollte man hierin zugleich eine nach § 178 GVG zu sanktionierende Ungebühr sehen, würde das zu dem unbilligen Ergebnis führen, dass der Zeuge, der betrunken erscheint und damit seine Pflicht zumindest teilweise erfüllt, härter belangt wird, als der Zeuge, der nicht erscheint und seiner Pflicht überhaupt nicht nachkommt.[29]

III. Voraussetzungen

1. Ordnungsgemäße zugegangene Ladung. Der Zeuge muss von einer zur Ladung befugten Person schriftlich oder mündlich unter Angabe von Zeit und Ort der Vernehmung unter Hinweis auf die Folgen des Ausbleibens geladen worden sein.[30] Ein unterbliebener Hinweis auf die Folgen des Ausbleibens steht einer Festsetzung von Ungehorsamsfolgen auch dann entgegen, wenn dem Zeugen die gesetzlichen Folgen des Ausbleibens – etwa aufgrund seiner Eigenschaft als Polizeibeamter – **bekannt** sind.[31] Nicht Voraussetzung für die Verhängung der Ungehorsamsfolgen nach § 51 ist, dass der Zeuge entsprechend der Vorschrift des § 48 Abs. 2 auf **verfahrensrechtliche Bestimmungen,** die dem Interesse des Zeugen dienen, und auf vorhandene Möglichkeiten der Zeugenbetreuung hingewiesen worden ist.[32] Das Erfordernis der ordnungsgemäßen Ladung in § 51 bezweckt, dem Zeugen vor Augen zu führen, dass er erscheinen muss und sein Nichterscheinen sanktioniert werden kann. Dem wird durch den Hinweis auf die gesetzlichen Folgen des Ausbleibens in der Ladung Genüge getan. 10

Eine **förmliche Zustellung** der schriftlichen Ladung ist mit Ausnahme einer Ladung gemäß § 38 StPO zwar nicht vorgeschrieben, empfiehlt sich aber deshalb, weil Ungehorsamsfolgen gegen den Zeugen nur festgesetzt werden dürfen, wenn ihm die Ladung **nachweislich zugegangen** ist[33] und der Zeuge den fehlenden Zugang der Ladung nicht dartun muss, wenn dieser nicht belegt werden kann.[34] Insbesondere kann durch einen Vermerk der Geschäftsstelle des Gerichts, die Ladung sei an den Zeugen übersandt worden, der Zugang nicht nachgewiesen werden,[35] nachdem vom Gericht formlos übersandte Mitteilungen verloren gehen können und deshalb keine Vermutung für den Zugang besteht.[36] Gemäß § 37 StPO gelten für das Verfahren der Zustellung die Vorschriften der §§ 166 ff. ZPO und damit insbesondere die Vorschriften über die Ersatzzustellung nach §§ 178 ff. ZPO entsprechend. Ist die Zustellung danach fehlerhaft erfolgt, dürfen gegen den Zeugen keine Ungehorsamsfolgen verhängt werden. Eine **Ladungsfrist** besteht nicht. Deshalb kann der Zeuge auch zum sofortigen Erscheinen aufgefordert werden, etwa durch einen Telefonanruf des Vorsitzenden. In der Regel wird es zweckmäßig sein, durch den Ladungszeitpunkt dem Zeugen eine angemessene Frist zur Vorbereitung auf den Termin einzuräumen; zwingend notwendig ist dies aber nicht.[37] 11

---

27 Michel MDR 1992, 544.
28 OLG Stuttgart 22.11.1988 – 5 Ws 72/88, MDR 1989, 763; Rogall in SK-StPO Rn. 7; Michel MDR 1992, 544; Ignor/Bertheau in Löwe/Rosenberg Rn. 1.
29 OLG Stuttgart 22.11.1988 – 5 Ws 72/88, MDR 1989, 763; Michel MDR 1992, 544.
30 AllgM, vgl. nur Otte in Radtke/Hohmann Rn. 4; Bertheau/Ignor in Löwe/Rosenberg Rn. 2.
31 KG 15.2.2006 – 3 Ws 552/05, NStZ 2006, 288 = BeckRS 2006, 06194.
32 Ignor/Bertheau in Löwe/Rosenberg Rn. 2; Wenske DRiZ 2005, 296; aA Rogall in SK-StPO Rn. 3, wonach auch der Hinweis auf Bestimmungen, die dem Zeugenschutz dienen, erforderlich sein soll.
33 OLG München 20.4.1991 – 2 Ws 412/91, MDR 1992, 70; KG 21.12.1998 – 1 AR 1461/98 – 3 Ws 692/98, BeckRS 1998, 15132; Schmitt in Meyer-Goßner/Schmitt Rn. 2; Otte in Radtke/Hohmann Rn. 4; v. Schlieffen in AK-StPO Rn. 3; Huber in BeckOK StPO Rn. 2.
34 BVerfG 19.6.2013 – 2 BVR 1960/12, NJW 2013, 2658; OLG München 20.4.1991 – 2 Ws 412/91, MDR 1992, 70; KG 21.12.1998 – 1 AR 1461/98 – 3 Ws 692/98, BeckRS 1998, 15132; Otte in Radtke/Hohmann Rn. 4; Rogall in SK-StPO Rn. 3.
35 KG 21.12.1998 – 1 AR 1461/98 – 3 Ws 692/98, BeckRS 1998, 15132.
36 BVerfG 19.6.2013 – 2 BvR 1960/12, NJW 2013, 2658.
37 Vgl. dazu Eisenberg BeweisR StPO Rn. 1058.

12 Wird die **Hauptverhandlung ausgesetzt oder unterbrochen** und der bereits erschienene Zeuge zu einem Fortsetzungstermin mündlich geladen, muss er erneut auf die Folgen des Ausbleibens hingewiesen werden.[38] Warum die mündliche Ladung einschließlich des Hinweises auf die Folgen des Ausbleibens – anders als bei schriftlichen Ladungen, bei denen ein förmlicher Nachweis des Zugangs unstreitig nicht erforderlich ist, solange die Ladung dem Zeugen nachweislich zugegangen ist – nur durch das Sitzungsprotokoll bewiesen werden können soll,[39] erschließt sich allerdings nicht. Ausreichend ist auch hier, dass der Zeuge tatsächlich unter Hinweis auf die Folgen des Ausbleibens geladen worden ist, was gegebenenfalls im Freibeweisverfahren geklärt werden kann.

13 **2. Nichterscheinen.** Ein Zeuge erscheint nicht, wenn er am in der Ladung bestimmten Ort, der auch außerhalb des Gerichtsorts liegen kann, zu der in der Ladung festgesetzten Zeit ausbleibt.[40] **Geringfügige Verspätungen,** die je nach den Umständen des Falles bis zu 30 Minuten betragen können,[41] sind hinzunehmen. Auch der Zeuge, der zwar körperlich anwesend ist, aber infolge schuldhaft herbeigeführter Verhandlungsunfähigkeit **nicht vernehmungsfähig** ist, wird als nicht erschienen behandelt.[42]

14 **a) Verspätetes Erscheinen.** Erscheint der Zeuge mit einer mehr als geringfügigen Verspätung, aber **bevor der Beschluss nach § 51 erlassen ist,** soll nach teilweise vertretener Auffassung eine Ahndung ausnahmslos unterbleiben.[43] In der Tat wird in dem Fall, dass der Zeuge lediglich verspätet erscheint, in der Regel von der Festsetzung von Ungehorsamsfolgen abgesehen werden können. Das folgt aber nicht bereits daraus, dass die Voraussetzungen des § 51 nicht vorliegen. Denn der Zeuge wird auf einen bestimmten Zeitpunkt geladen; ergibt sich beim Aufruf, dass er zu diesem Zeitpunkt nicht erschienen ist, lässt sich deshalb nur feststellen, dass er nicht erschienen ist.[44] Damit kann es für die Verhängung der Ungehorsamsfolgen nicht auf die Zufälligkeit ankommen, ob der Beschluss nach § 51 zum Zeitpunkt des Erscheinens des Zeugen bereits erlassen worden ist oder nicht.[45] Dem steht auch der Anspruch des Angeklagten darauf, dass dem Zeugen die durch sein Nichterscheinen bedingten Kosten auferlegt werden (vgl. hierzu → Rn. 34 ff.), entgegen. Vielfach wird von der Auferlegung der Kosten aber deshalb abgesehen werden können, weil durch das verspätete Erscheinen keine Kosten entstehen; das ist insbesondere der Fall, wenn der Zeuge nach dem Verhandlungsverlauf ohnehin erst später vernommen werden hätte können oder eine zeitliche Verschiebung seiner Vernehmung problemlos möglich war (→ Rn. 37 f.).[46] Von der Festsetzung von Ordnungsgeld und Ordnungshaft wird in der Regel analog § 153 abgesehen werden können, wenn der Zeuge noch im selben Termin vernommen werden kann (vgl. im Einzelnen → Rn. 45 ff.).

15 **b) Eigenmächtiger Abbruch der Vernehmung.** Dem Nichterscheinen steht es nach hM gleich, wenn sich der Zeuge vor seiner endgültigen Entlassung eigenmächtig entfernt.[47] Überwiegend wird es für zulässig gehalten, dass der Vernehmende **den Zeugen**

---

38 OLG Hamm 28.5.1957 – 3 Ws 178/57, NJW 1957, 1330; Otte in Radtke/Hohmann Rn. 4; Ignor/Bertheau in Löwe/Rosenberg Rn. 2; Eisenberg BeweisR StPO Rn. 1061.

39 So OLG Hamm 28.5.1957 – 3 Ws 178/57, NJW 1957, 1330; Otte in Radtke/Hohmann Rn. 4; Ignor/Bertheau in Löwe/Rosenberg Rn. 4; Neubeck in KMR-StPO Rn. 4.

40 Schmitt in Meyer-Goßner/Schmitt Rn. 3; Rogall in SK-StPO Rn. 6; Huber in BeckOK StPO Rn. 3; Neubeck in KMR-StPO Rn. 6.

41 Rogall in SK-StPO Rn. 6; Kaiser NJW 1977, 1955.

42 So auch BGH 6.10.1970 – 5 StR 199/70, BGHSt 23, 331 = NJW 1970, 2253 für den Anwendungsbereich des § 329; allgM, vgl. etwa Schmitt in Meyer-Goßner/Schmitt Rn. 3; Rogall in SK-StPO Rn. 7; Huber in BeckOK StPO Rn. 3.

43 Schmitt in Meyer-Goßner/Schmitt Rn. 3; Huber in BeckOK StPO Rn. 3; Otte in Radtke/Hohmann Rn. 5; Neubeck in KMR-StPO Rn. 6.

44 Bader in KK-StPO Rn. 3.

45 Bader in KK-StPO Rn. 3; Ignor/Bertheau in Löwe/Rosenberg Rn. 4; Eisenberg BeweisR StPO Rn. 1063.

46 Siehe hierzu Ignor/Bertheau in Löwe/Rosenberg Rn. 4.

47 OLG Koblenz 13.1.1988 – 1 Ws 709/87, NStZ 1988, 192; Huber in BeckOK StPO Rn. 4; Ignor/Bertheau in Löwe/Rosenberg Rn. 6; Bader in KK-StPO Rn. 4; Otte in Radtke/Hohmann Rn. 5;

festhalten lässt, um eine Vorführung zu ersparen, da es sich hierbei um einen geringeren Eingriff als bei der Vorführung des Zeugen zum nächsten Termin handele.[48] Nach hier vertretener Auffassung kann gegen den sich vorzeitig entfernenden Zeugen nur nach § 70 vorgegangen werden.[49] Für das Festhalten des erschienenen Zeugen, der sich wieder entfernen möchte, fehlt es an einer gesetzlichen Ermächtigungsgrundlage.[50] Ein vor dem Richter stehender Zeuge ist zweifellos erschienen, sodass es an der Voraussetzung des § 51, dass der Zeuge nicht erschienen ist, fehlt; entfernt er sich vor Abschluss der Vernehmung, verweigert er die vollständige Aussage, wodurch der Anwendungsbereich des § 70 eröffnet ist.[51]

c) Vorab angekündigter Ungehorsam. Die Festsetzung von Zwangsmitteln setzt nach dem Wortlaut des § 51 einen bereits begonnenen Ungehorsam voraus, **vorbeugende Maßnahmen** sieht das Gesetz nicht vor.[52] Nicht ausreichend für die Verhängung von Ungehorsamsfolgen ist es daher, dass der Zeuge vor dem Termin erklärt, er werde nicht erscheinen.[53] Anders soll es nach teilweise vertretener Ansicht sein, wenn die angekündigte Weigerung bereits eine Terminverlegung ausgelöst hat, weil andernfalls das Gericht gezwungen wäre, sämtliche Prozessbeteiligten unnütz erscheinen zu lassen, nur um eine Ordnungsstrafe gegen den Zeugen aussprechen zu können.[54] Richtigerweise können auch in einem solchen Fall **mangels gesetzlicher Grundlage** keine Ungehorsamsfolgen verhängt werden.[55] Das folgt aus dem eindeutigen Wortlaut des § 51, der die Sanktionen allein an das tatsächliche Nichterscheinen anknüpft, und der Erwägung, dass der Zeuge – insbesondere auf erneuten Hinweis auf die Folgen seines Ausbleibens – seine Meinung bis zu dem Termin wieder ändern oder bei entsprechender Dauer des Termins in vielen Fällen sofort vorgeführt werden kann.[56] 16

3. Keine rechtzeitige genügende Entschuldigung. Die Verhängung der Ungehorsamsfolgen hat nach § 51 Abs. 2 S. 1 zu unterbleiben, wenn das Ausbleiben des Zeugen rechtzeitig genügend entschuldigt wird. 17

a) Mitteilung der Entschuldigung gegenüber dem Gericht. Dass ein Entschuldigungsgrund tatsächlich vorliegt, ist für sich genommen nicht ausreichend. Erforderlich ist ausweislich des Wortlauts, wonach die Verhängung von Ungehorsamsfolgen nicht bereits dann unterbleibt, wenn der Zeuge genügen entschuldigt „ist", sondern nur dann, wenn er rechtzeitig genügend entschuldigt „wird", dass die Entschuldigung dem Gericht vom Zeugen oder einem Dritten bekannt gegeben wird.[57] Mangels rechtzeitiger Entschuldigung sind deshalb Maßnahmen nach § 51 zu ergreifen, wenn sich Hinweise auf die Verhinderung lediglich **aus den Akten** ergeben, der Zeuge die Mitteilung an das Gericht aber unterlassen hat.[58] 18

Neubeck in KMR-StPO Rn. 6; Schmitt in Meyer-Goßner/Schmitt Rn. 4; im Ergebnis auch Rogall in SK-StPO Rn. 8, der im Hinblick auf den Vorbehalt des Gesetzes eine gesetzgeberische Klarstellung empfiehlt; aA Lampe MDR 1974, 535.

48 Huber in BeckOK StPO Rn. 4; Bader in KK-StPO Rn. 4; Ignor/Bertheau in Löwe/Rosenberg Rn. 6; Otte in Radtke/Hohmann Rn. 5; Neubeck in KMR-StPO Rn. 6; Eisenberg BeweisR StPO Rn. 1065; Schmitt in Meyer-Goßner/Schmitt Rn. 4; aA Lampe MDR 1974, 535.

49 So bereits Lampe MDR 1974, 535.

50 Lampe MDR 1974, 535.

51 Lampe MDR 1974, 535.

52 OLG Düsseldorf 14.4.1981 – 2 Ws 111/81, NJW 1981, 2768; Bader in KK-StPO Rn. 5; Ignor/Bertheau in Löwe/Rosenberg Rn. 5; Eisenberg BeweisR StPO Rn. 1064.

53 Ignor/Bertheau in Löwe/Rosenberg Rn. 5; Rogall in SK-StPO Rn. 9; Otte in Radtke/Hohmann Rn. 5; Neubeck in KMR-StPO Rn. 7; v. Schlieffen in AK-StPO Rn. 4.

54 OLG Stuttgart 16.3.1956 – Ws 113/56, NJW 1956, 840 mAnm Reiff NJW 1956, 1083; Huber in BeckOK StPO Rn. 5; Senge in KK-StPO Rn. 5; Schmitt in Meyer-Goßner/Schmitt Rn. 5; aA Rogall in SK-StPO Rn. 9; Ignor/Bertheau in Löwe/Rosenberg Rn. 5.

55 Rogall in SK-StPO Rn. 9; Otte in Radtke/Hohmann Rn. 5.

56 Ignor/Bertheau in Löwe/Rosenberg Rn. 5; Otte in Radtke/Hohmann Rn. 5; Neubeck in KMR-StPO Rn. 7; Eisenberg BeweisR StPO Rn. 1064.

57 Otte in Radtke/Hohmann Rn. 6; Senge in KK-StPO Rn. 15; Neubeck in KMR-StPO Rn. 8; Rogall in SK-StPO Rn. 25.

58 Senge in KK-StPO Rn. 15; Neubeck in KMR-StPO Rn. 8; aA Ignor/Bertheau in Löwe/Rosenberg Rn. 7.

19 **b) Rechtzeitige Entschuldigung.** Das Erfordernis, dass sich der Zeuge rechtzeitig entschuldigt, soll dem Gericht ermöglichen, entweder den Zeugen doch noch zum Erscheinen zu veranlassen oder den Termin aufzuheben und die Beteiligten abzuladen.[59] Rechtzeitig ist eine Entschuldigung deshalb nur, wenn der Zeuge oder ein Dritter dem Gericht die Verhinderung zu einem so frühen Zeitpunkt mitteilt, dass der Termin noch aufgehoben und dies den übrigen Beteiligten **im gewöhnlichen Geschäftsgang** mitgeteilt werden kann.[60]

20 **c) Verspätete Entschuldigung.** Erfolgt die Entschuldigung nicht rechtzeitig, unterbleibt die Auferlegung der Kosten und die Festsetzung eines Ordnungsmittels gemäß § 51 Abs. 2 S. 2 nur dann, wenn der Zeuge glaubhaft macht, dass ihn Zeugen an der Verspätung der Entschuldigung kein Verschulden trifft.[61] Insoweit ist ein Vortrag des Zeugen ausreichend, der es dem Gericht ermöglicht, die behaupteten Tatsachen ohne Beweisaufnahme als wahrscheinlich zu akzeptieren;[62] aus den Darlegungen des Zeugen muss sich ergeben, dass er ohne Verschulden daran gehindert war, sich rechtzeitig zu entschuldigen.

21 **d) Genügende Entschuldigung.** Die Entschuldigung ist genügend, wenn dem Zeugen bei Würdigung und Abwägung aller Umstände das Erscheinen **nicht zugemutet** werden kann.[63] Eine genügende Entschuldigung setzt lediglich voraus, dass das Gericht keinen Anlass sieht, an der Richtigkeit der vorgebrachten Gründe zu zweifeln.[64] Nicht erforderlich ist, dass das Gericht sich darüber hinausgehend die volle Überzeugung vom Vorliegen der Entschuldigungsgründe verschafft,[65] weil der Zeuge in der Regel im persönlichen Bereich liegende Umstände nicht beweisen kann.[66] Das Gericht kann allerdings vom Zeugen **Nachweise** verlangen oder **eigene Ermittlungen** im Freibeweisverfahren anstellen.[67] Missachtet der Zeuge ein nach den Umständen des Falles gerechtfertigtes Verlangen nach Vorlage eines amtsärztlichen Attests zum Nachweis seiner Erkrankung, so ist sein Fernbleiben nicht genügend entschuldigt.[68] Gleiches gilt, wenn der Zeuge ein den Umständen nach gerechtfertigtes Verlangen, einen Beleg für eine von ihm geltend gemachte unaufschiebbare Auslandsreise vorzulegen, missachtet.[69] Legt der Zeuge zum Nachweis einer Erkrankung ein **privatärztliches Attest** vor, liegt darin regelmäßig die Entbindung des Arztes von der Schweigepflicht, sodass das Gericht bei dem Arzt weitere Erkundigungen zu den Auswirkungen der Erkrankung auf die Möglichkeit der Teilnahme des Zeugen an der Verhandlung einholen kann (vgl. zur Erkrankung des Zeugen auch → Rn. 28).[70] Gibt der Zeuge unwahre Entschuldigungsgründe an, ist das nicht strafbar.[71]

22 **aa) Keine Kenntnis von der Zeugenladung.** Hat der Zeuge keine Kenntnis von der ihm nachweislich zugegangenen Ladung, ist er entschuldigt, wenn seine Unkenntnis unver-

[59] Ignor/Bertheau in Löwe/Rosenberg Rn. 7; Otte in Radtke/Hohmann Rn. 6; Senge in KK-StPO Rn. 10.
[60] Ignor/Bertheau in Löwe/Rosenberg Rn. 8; Otte in Radtke/Hohmann Rn. 6; Neubeck in KMR-StPO Rn. 9; Senge in KK-StPO Rn. 10.
[61] KG 7.6.2019 – 3 Ws 198/19, BeckRS 2019, 14511 mwN.
[62] Eisenberg BeweisR StPO Rn. 1066.
[63] Senge in KK-StPO Rn. 11; Otte in Radtke/Hohmann Rn. 8; Neubeck in KMR-StPO Rn. 11.
[64] BGH 29.3.1995 – StB 10/95, BGHR StPO Entschuldigung 1; Eisenberg BeweisR StPO Rn. 1070.
[65] Otte in Radtke/Hohmann Rn. 8, Schmitt in Meyer-Goßner/Schmitt Rn. 10; Huber in BeckOK StPO Rn. 8; Neubeck in KMR-StPO Rn. 10; Rogall in SK-StPO Rn. 26; v. Schlieffen in AK-StPO Rn. 6; aA Senge in KK-StPO Rn. 16.
[66] Ignor/Bertheau in Löwe/Rosenberg Rn. 7; Eisenberg BeweisR StPO Rn. 1070.
[67] Otte in Radtke/Hohmann Rn. 8; Ignor/Bertheau in Löwe/Rosenberg Rn. 7; Huber in BeckOK StPO Rn. 8; Neubeck in KMR-StPO Rn. 10.
[68] BGH 29.3.1995 – StB 10/95, BGHR StPO Entschuldigung 1; Otte in Radtke/Hohmann Rn. 9; Senge in KK-StPO Rn. 11.
[69] OLG Jena 10.7.1997 – 1 Ws 154/97, NStZ-RR 1997, 333.
[70] Huber in BeckOK StPO Rn. 8; Beukelmann in Radtke/Hohmann § 329 Rn. 12 mwN für den Fall des unentschuldigt fehlenden Angeklagten.
[71] Neubeck in KMR-StPO Rn. 10; Rogall in SK-StPO Rn. 26.

schuldet ist.[72] Der Zeuge ist nicht verpflichtet, dafür zu sorgen, dass ihn Ladungen während der Abwesenheit von seiner Wohnung erreichen, es sei denn, er hat **Anlass, mit einer Ladung zu rechnen,** etwa, weil ihm vom Gericht bekannt gegeben worden ist, dass er in Kürze vernommen werden soll.[73] Allerdings wird man von einem Zeugen erst dann besondere Vorkehrungen verlangen können, wenn er sich für einen Zeitraum von **mehr als sechs Wochen** nicht in seiner Wohnung aufhält. In der Rechtsprechung des BVerfG ist für den ähnlich gelagerten Fall, dass sich ein Bürger für einen Zeitraum von längstens etwa sechs Wochen nicht in seiner Wohnung aufhält und er deshalb zunächst keine Kenntnis von einem ihm zugestellten Strafbefehl erhält, anerkannt, dass es ihm nicht als ein die Wiedereinsetzung in die Einspruchsfrist ausschließenden Umstand angerechnet werden kann, wenn er keine besonderen Vorkehrungen wegen der möglichen Zustellung eines Strafbefehls – mit dessen Erlass er aufgrund seiner Vernehmung als Beschuldigter zu rechnen hatte – getroffen hat.[74] Nachdem nicht ersichtlich ist, warum dem Zeugen in diesem Zusammenhang weitergehende Pflichten als einem Beschuldigten aufzuerlegen sein sollten, ist auch ein Zeuge nur dann verpflichtet, besondere Vorkehrungen zu treffen, wenn er sich länger als sechs Wochen nicht in seiner Wohnung aufhält. Anders ist das bei dem Zeugen, der sich nur **selten an seinem Hauptwohnsitz** aufhält.[75] Bei einem solchen Zeugen kann es aber geboten sein, zu überprüfen, ob er an seinem Hauptwohnsitz noch tatsächlich eine Wohnung unterhält, was Voraussetzung für eine ordnungsgemäße Zustellung durch Niederlegung in den Briefkasten nach § 37 StPO, § 180 ZPO ist.[76] In der Regel wird aber allein daraus, dass der Zeuge sich nur noch selten an seinem Hauptwohnsitz aufhält, nicht folgen, dass er dort keine Wohnung mehr unterhält; denn die Aufgabe des Wohnsitzes setzt einen entsprechenden Willensentschluss voraus, der nach außen erkennbaren Ausdruck gefunden haben muss.[77]

Hat der Zeuge infolge **Verschuldens dritter Personen,** die für ihn die Ladung in Empfang genommen, sie aber nicht an ihn weitergeleitet haben, keine Kenntnis von der Ladung erhalten, stellt dies nur dann ein Verschulden des Zeugen dar, wenn die dritte Person die Ladung mit Wissen und Wollen des Zeugen für ihn in Empfang genommen hat und der Zeuge Anlass haben musste, daran zu zweifeln, dass der Dritte die Ladung an ihn weiterleiten würde.[78] So darf sich ein **Ehegatte,** der bisher keinen Anlass hatte, an der Zuverlässigkeit des anderen Ehegatten zu zweifeln, darauf verlassen, dass dieser einen Gerichtstermin zutreffend notiert.[79] Entsprechendes gilt für den als Zeugen geladenen **Rechtsanwalt.** Er darf sich darauf verlassen, dass sein Büropersonal ihm eine an ihn gerichtete Zeugenladung vorlegt, sofern das Personal bisher zuverlässig war. Allerdings ist er verpflichtet, sein Büro so zu organisieren, dass sichergestellt ist, dass ihm dort zugestellte Ladungen tatsächlich vorgelegt werden.[80] 23

bb) Angst des Zeugen vor Verhaftung in anderer Sache. Ob die **Angst** des Zeugen, bei einem Erscheinen zur Vernehmung aufgrund eines in anderer Sache erlassenen Haftbefehls **verhaftet zu werden,** entschuldigt, ist streitig.[81] Für eine Entschuldigung des Zeugen wird ins Feld geführt, Teil der rechtsstaatlichen Ordnung sei der Grundsatz, dass 24

---

72 Ignor/Bertheau in Löwe/Rosenberg Rn. 10; Schmitt in Meyer-Goßner/Schmitt Rn. 11; Huber in BeckOK StPO Rn. 9; Rogall in SK-StPO Rn. 27.

73 Ignor/Bertheau in Löwe/Rosenberg Rn. 10; Huber in BeckOK StPO Rn. 9; Neubeck in KMR-StPO Rn. 12; Schmitt in Meyer-Goßner/Schmitt Rn. 11; Rogall in SK-StPO Rn. 27.

74 BVerfG 18.10.2012 – 2 BvR 2776/10, NJW 2013, 592.

75 OLG Düsseldorf 31.7.1980 – VI 1/79, NJW 1980, 2721; Ignor/Bertheau in Löwe/Rosenberg Rn. 10; Huber in BeckOK StPO Rn. 9; Otte in Radtke/Hohmann Rn. 9; Neubeck in KMR-StPO Rn. 12; Rogall in SK-StPO Rn. 27; aA Schmid NJW 1981, 858.

76 BGH 16.6.2011 – III ZR 342/09, NJW 2011, 2440; OLG Koblenz 19.6.1981 – 1 Ws 330/81, MDR 1981, 1036; Schmid NJW 1981, 858.

77 BGH 16.6.2011 – III ZR 342/09, NJW 2011, 2440.

78 Ähnlich Rogall in SK-StPO Rn. 27.

79 OLG Düsseldorf 28.10.1994 – 1 Ws 836/94, NJW 1995, 472; Bader in KK-StPO Rn. 11.

80 OLG Hamm 30.5.1956 – 3 Ws 189/56, NJW 1956, 1935; Bader in KK-StPO Rn. 13; Ignor/Bertheau in Löwe/Rosenberg Rn. 10; Eisenberg BeweisR StPO Rn. 1068.

81 Bejahend: OLG Bremen 19.2.1963 – Ws 31/63, JR 1963, 232; v. Schlieffen in AK-StPO Rn. 6; verneinend: OLG Jena 24.9.2003 – 1 Ws 302/03, NStZ 2004, 280; Otte in Radtke/Hohmann Rn. 9; Neubeck in KMR-StPO Rn. 13; Rogall in SK-StPO Rn. 30; Schmitt in Meyer-Goßner/Schmitt Rn. 12.

einem Staatsbürger aus der Unterlassung positiver Mitwirkung beim Entzug seiner persönlichen Freiheit keine Rechtsnachteile erwachsen dürften.[82] Teilweise wird danach differenziert, ob es um einen Untersuchungshaftbefehl oder um einen Vollstreckungshaftbefehl geht.[83] Nach hier vertretener Auffassung hängt es von den **Umständen des Einzelfalls** ab, ob der Zeuge genügend entschuldigt ist. Zwar ist es richtig, dass daraus, dass es nicht unter Strafe steht, dass ein Zeuge sich der Vollstreckung eines Haftbefehls entzieht, kein „Recht" des Angeklagten hierauf folgt und seine staatsbürgerlichen Pflichten nicht suspendiert werden.[84] Ob die Entschuldigung des Zeugen genügend ist, beurteilt sich aber danach, ob dem Zeugen bei Würdigung und Abwägung aller Umstände das Erscheinen nicht zugemutet werden kann;[85] wie diese Abwägung ausfällt, ist von den Umständen des Einzelfalls abhängig. Maßgeblich ist insbesondere, welche Dauer der drohende Freiheitsentzug des Zeugen voraussichtlich haben wird, welche Bedeutung die Aussage des Zeugen für das Verfahren hat und welches Gewicht der dem Angeklagten gemachte Vorwurf hat. Wird der Zeuge zB aufgrund eines zur Erzwingung der Abgabe der eidesstattlichen Versicherung ergangenen Haftbefehls gesucht und soll er als zentraler Zeuge in einem Mordprozess aussagen, wird das Interesse des Zeugen, nicht verhaftet zu werden, in der Regel zurückzutreten haben. In einem solchen Fall wird der Zeuge einen Freiheitsentzug von längerer Dauer durch die sofortige Abgabe der eidesstattlichen Versicherung abwenden können, weshalb ihm das Erscheinen zumutbar ist. Anders ist es etwa, wenn der Zeuge in einem Fall der Kleinkriminalität oder wegen einer Verkehrsordnungswidrigkeit als Zeuge zu einem eher unbedeutenden Gesichtspunkt aussagen soll und ihm im Falle einer Verhaftung die Vollstreckung einer mehrjährigen Freiheitsstrafe droht.

25 **cc) Angst des Zeugen vor dem Angeklagten.** Bloße Angst vor dem Angeklagten reicht in der Regel nicht als Entschuldigungsgrund aus.[86] Anders ist es, wenn eine auf konkrete Tatsachen gestützte **Gefahr für Leib oder Leben** des Zeugen besteht.[87] Hier ist es Sache des Gerichts, die Gefahr durch geeignete Maßnahmen so weit zu reduzieren, dass dem Zeugen ein Erscheinen zumutbar ist.[88] Ist zu besorgen, dass der Zeuge im Falle seines Erscheinens in Lebensgefahr gerät und können ausreichende **Schutzvorkehrungen** nicht getroffen werden, dürfen Maßnahmen nach § 70 gegen den Zeugen nicht ergriffen werden.[89] In diesem Fall ist bereits die Vernehmung des Zeugen unzulässig,[90] jedenfalls ist der Zeuge genügend entschuldigt.[91] Entsprechendes gilt, wenn sich Drohungen für Leib, Leben oder Freiheit nicht gegen den Zeugen, sondern gegen Dritte, insbesondere dem Zeuge nahestehende Personen, richten.[92]

26 **dd) Verhinderung des Zeugenbeistands.** Nach der Rechtsprechung des BGH und Teilen der Lit. gewährt das Recht des Zeugen, einen Rechtsanwalt seines Vertrauens als Rechtsbeistand zur Vernehmung hinzuzuziehen, keine Befugnis, dem Vernehmungstermin bei Verhinderung des Rechtsanwalts überhaupt fernzubleiben.[93] Dies erscheint im **Regelfall** – und nicht nur dann, wenn mit der Verlegung des Termins wegen der Überschreitung

[82] OLG Bremen 19.2.1963 – Ws 31/63, JR 1963, 232 für den Fall, dass vor dem Gerichtssaal Beamte warten, um einen gegen den Zeugen zwecks Ableistung der eidesstattlichen Versicherung ergangenen Haftbefehl zu vollstrecken.
[83] Ignor/Bertheau in Löwe/Rosenberg Rn. 13.
[84] OLG Jena 24.9.2003 – 1 Ws 302/03, NStZ 2004, 280.
[85] Vgl. → Rn. 21.
[86] OLG Hamm 3.12.1973 – 2 Ws 232/72, MDR 1974, 330; Otte in Radtke/Hohmann Rn. 9; Schmitt in Meyer-Goßner/Schmitt Rn. 12.
[87] Neubeck in KMR-StPO Rn. 13; Ignor/Bertheau in Löwe/Rosenberg Rn. 13; Rogall in SK-StPO Rn. 31.
[88] Ignor/Bertheau in Löwe/Rosenberg Rn. 13.
[89] BGH 16.6.1983 – 2 StR 4/83, NStZ 1984, 31; Rogall in SK-StPO Rn. 31.
[90] BGH 17.2.1981 – 5 StR 21/81, BGHSt 30, 34 = NJW 1981, 1052; Rogall in SK-StPO Rn. 31.
[91] Rogall in SK-StPO Rn. 31.
[92] Rogall in SK-StPO Rn. 31.
[93] BGH 19.5.1989 – 4 StB 19/89, NStZ 1989, 484 mablAnm Krehl; ebenso Schmitt in Meyer-Goßner/Schmitt Rn. 12; Bader in KK-StPO Rn. 2.

der Fristen nach § 229 eine Aussetzung des Verfahrens verbunden wäre – konsequent und überzeugend. Zum einen bestimmt das Gericht die Termine, nicht der Zeuge oder der Zeugenbeistand. Überdies ist das Gericht dem Beschleunigungsgrundsatz verpflichtet und befindet sich angesichts der erforderlichen Rücksichtnahme auf die zeitlichen Verfügbarkeiten der Schöffen, Verteidiger und Sachverständigen regelmäßig in einem engen Terminkorsett. Zum anderen wird das Recht des Zeugen, einen Rechtsanwalt seines Vertrauens als Beistand zur Vernehmung hinzuzuziehen, keinesfalls ausgehöhlt, da der Zeuge jederzeit auf einen Beistand zugreifen kann, der zur Wahrnehmung des Vernehmungstermins in der Lage ist.[94] Die Frage, ob die Verhinderung des Zeugenbeistands das Ausbleiben des Zeugen entschuldigt, kann auch nicht pauschal von der Schwierigkeit der Rechtslage, abhängig gemacht werden.[95] Denn es wird sich vor einer Vernehmung kaum jemals abschließend beurteilen lassen, ob sich schwierige rechtliche Fragen stellen werden oder dem Zeugen von seinem Aussageverhalten erhebliche Nachteile drohen. Allem nach ist der Zeuge im Regelfall nicht genügend entschuldigt, wenn der Rechtsanwalt, den er als Beistand zugezogen hat, am Vernehmungstermin verhindert ist. Nur **ausnahmsweise** kann dies anzunehmen sein, etwa wenn aufgrund des Beweisthemas der Vernehmung der Zeugenbeistand, um seine Funktion wahrnehmen zu können, über solche Spezialkenntnisse verfügen muss, die es ausschließen, in der zur Verfügung stehenden Zeit einen anderen gleichwertigen Beistand zu finden.

ee) Kollidierende berufliche oder private Pflichten. Private und berufliche Pflich- 27
ten haben gegenüber der staatsbürgerlichen Pflicht, als Zeuge vor Gericht zu erscheinen, grundsätzlich zurückzutreten.[96] Diese genügen nur in besonders gelagerten **Ausnahmefällen** als Entschuldigung, namentlich dann, wenn der Zeuge sonst unverhältnismäßig große, ihm schlechterdings unzumutbare Nachteile – etwa den drohenden Verlust seines Arbeitsplatzes[97] – in Kauf nehmen müsste.[98] Der Zeuge ist daher verpflichtet, der Ladung auch dann zu folgen, wenn dies für ihn Unannehmlichkeiten mit sich bringt oder wenn er zur zeitweisen Umgestaltung seines Organisationskreises gezwungen ist; eine **Geschäfts- oder Urlaubsreise** muss er notfalls verlegen, unterbrechen oder vorzeitig abbrechen.[99] Allerdings kann dem Zeugen auch insoweit im Einzelfall das Erscheinen unzumutbar sein, etwa dann, wenn er einen Urlaub bereits gebucht hat oder er ihn nicht in zumutbarer Weise verlegen oder nachholen kann.[100] Auch eine bereits begonnene, wichtige Geschäftsreise oder eine unaufschiebbare, bedeutende Besprechung kann als Entschuldigung genügen.[101] Im Übrigen gebietet die gerichtliche Fürsorgepflicht, dass sich das Gericht um einen **Ausgleich der widerstreitenden Interessen** bemüht; wenn ein solcher ohne Beeinträchtigung der Verfahrenszwecke gefunden werden kann, ist eine Terminsverlegung ins Auge zu fassen.[102] Aus dem Anspruch des Zeugen auf eine angemessene Behandlung folgt nicht die Pflicht, Termine mit einem Zeugen abzustimmen, der auf eine berufliche Verhinderung hinweist, sich aber lediglich allgemein auf die Notwendigkeit einer terminlichen Abstimmung beruft, ohne im Übrigen dringende berufliche Hinderungsgründe für einen bestimmten Verhandlungstermin geltend zu machen.[103]

---

94 AA LG Hildesheim 4.1.1984 – 13 Qs 247/83, StV 1985, 229; Krehl NStZ 1990, 192.
95 So aber Ignor/Bertheau in Löwe/Rosenberg Rn. 13.
96 OLG Jena 10.7.1997 – 1 Ws 154/97, NStZ-RR 1997, 333; OLG Hamm 3.12.1973 – 2 Ws 232/72, MDR 1974, 330; Otte in Radtke/Hohmann Rn. 8; Neubeck in KMR-StPO Rn. 11; Eisenberg BeweisR StPO Rn. 1067; Rogall in SK-StPO Rn. 29.
97 Neubeck in KMR-StPO Rn. 13; vgl. auch BGH 21.12.1979 – 2 StR 705/79, NJW 1980, 950 zur Frage der Eigenmächtigkeit des Ausbleibens des Angeklagten.
98 OLG Hamm 3.12.1973 – 2 Ws 232/72, MDR 1974, 330; 11.4.2013 – 1 RVs 18/13, BeckRS 2013, 08321; Otte in Radtke/Hohmann Rn. 9; Neubeck in KMR-StPO Rn. 12; Eisenberg BeweisR StPO Rn. 1067; Schmitt in Meyer-Goßner/Schmitt Rn. 12.
99 OLG Jena 10.7.1997 – 1 Ws 154/97, NStZ-RR 1997, 333; OLG Dresden 24.2.2015 – 2 Ws 82/15, BeckRS 2015, 05981; Otte in Radtke/Hohmann Rn. 9; Neubeck in KMR-StPO Rn. 12.
100 Rogall in SK-StPO Rn. 30.
101 Rogall in SK-StPO Rn. 30.
102 Rogall in SK-StPO Rn. 29.
103 BVerfG 30.9.2001 – 2 BvR 911/00, NJW 2002, 955.

28 **ff) Unabsehbare Verhinderungen.** Schwierigkeiten bei der Anreise des Zeugen, insbesondere Stau, Schneefall, Verspätung des vom Zeugen benutzten Zuges, lange Dauer der Parkplatzsuche am Gerichtsort oder eine Autopanne entschuldigen nur, wenn sie **unvorhersehbar** waren.[104] Auf Staus und Verspätungen von gewöhnlicher Länge hat sich der Zeuge einzustellen.[105] Vergessen oder Verschlafen des Termins stellt keine unabsehbare Verhinderung dar und ist stets schuldhaft.[106] Eine unvorhersehbare Verhinderung kann auch vorliegen, wenn der Zeuge **plötzlich erkrankt.**[107] Es muss sich um eine Erkrankung handeln, aufgrund derer der Zeuge nicht in der Lage ist, zum Gericht anzureisen und im Rahmen der Gerichtsverhandlung auszusagen. Legt der Zeuge eine ärztliche Bescheinigung vor, aus der sich ergibt, der Zeuge sei „arbeitsunfähig erkrankt“, ist das als Entschuldigung nicht ausreichend, weil damit noch keine Aussage über die Fähigkeit des Zeugen getroffen ist, an der Verhandlung teilzunehmen und dort auszusagen. In einem solchen Fall kann das Gericht im Wege des Freibeweisverfahrens weitere Ermittlungen zum Gesundheitszustand des Zeugen anstellen und insbesondere bei dem Arzt, der das vom Zeugen vorgelegte Attest ausgestellt hat, telefonisch Erkundigungen einholen (vgl. zur Frage der Entbindung des Arztes von der Schweigepflicht die Nachweise → Rn. 21).

29 **gg) Irrtum des Zeugen über die Pflicht zu erscheinen.** Der Irrtum des Zeugen über seine Pflicht zu erscheinen, entschuldigt den Zeugen nur dann, wenn der Irrtum **unvermeidbar** war.[108] Der Zeuge ist gehalten, in Zweifelsfällen **beim Gericht nachzufragen,** ob er erscheinen muss.[109] Erhält er von dort die Auskunft, dass er erscheinen muss, so kann er sich nicht darauf berufen, er sei trotzdem der Auffassung gewesen, er müsse nicht erscheinen. Ein unvermeidbarer Irrtum ist danach beispielweise gegeben, wenn dem Zeugen auf Nachfrage versehentlich von der Geschäftsstelle des Gerichts mitgeteilt wird, er müsse nicht erscheinen, obwohl der Richter eine solche Anordnung nicht getroffen hat. Einen **Vertrauenstatbestand** schafft das Gericht auch dann, wenn es bereits in der Vergangenheit ein ärztliches Attest als Entschuldigung des Zeugen genügen hat lassen; in diesem Fall darf es den zu einem weiteren Termin nicht erschienenen Zeugen im Falle der Vorlage eines neuen ärztlichen Attests nicht ohne weiteres als unentschuldigt behandeln.[110]

30 Der Zeuge soll nach häufiger vertretener Meinung auch dann entschuldigt sein, **wenn er dem Gericht rechtzeitig die Verhinderung mitgeteilt hat** und vom Gericht nicht darauf hingewiesen worden ist, er habe dennoch zu erscheinen; der Zeuge könne dann regelmäßig davon ausgehen, seine Entschuldigung sei akzeptiert worden und er müsse nicht erscheinen.[111] Diese Auffassung ist abzulehnen. Es will bereits nicht einleuchten, warum der Zeuge davon ausgehen können soll, er brauche nicht zu erscheinen, wenn er vom Gericht nichts Gegenteiliges höre. Verlegt das Gericht den Termin trotz Mitteilung des Zeugen, er könne nicht erscheinen, nicht und lädt es den Zeugen auch nicht ab, muss der Zeuge vielmehr davon ausgehen, dass es – mangels anderslautender Anordnung – dabei bleibt, dass er erscheinen muss. Daraus, dass das Gericht auf ein Schreiben des Zeugen nicht reagiert, darf er nicht den Schluss ziehen, seine Mitteilung werde akzeptiert. Zudem erschließt sich nicht, warum ein Irrtum des Zeugen unvermeidbar sein soll, nachdem der Zeuge ohne weiteres die Möglichkeit hat, sich durch einen Anruf bei Gericht Klarheit darüber zu verschaffen, ob er trotz der von ihm vorgebrachten Entschuldigung zu erscheinen

---

104 AllgM, vgl. nur Ignor/Bertheau in Löwe/Rosenberg Rn. 14; Otte in Radtke/Hohmann Rn. 9.

105 Ignor/Bertheau in Löwe/Rosenberg Rn. 14.

106 Otte in Radtke/Hohmann Rn. 9; Neubeck in KMR-StPO Rn. 13.

107 Huber in BeckOK StPO Rn. 9.

108 Ignor/Bertheau in Löwe/Rosenberg Rn. 11; Eisenberg BeweisR StPO Rn. 1069; Rogall in SK-StPO Rn. 27.

109 OLG Frankfurt a. M. 30.10.2013 – 2 Ws 58/13, NJW 2014, 95; aA Eisenberg BeweisR StPO Rn. 1069.

110 LG Dresden 5.4.2007 – 3 Qs 57/07, juris.

111 Ignor/Bertheau in Löwe/Rosenberg Rn. 12; Bader in KK-StPO Rn. 14; Huber in BeckOK StPO Rn. 11; Otte in Radtke/Hohmann Rn. 9; Neubeck in KMR-StPO Rn. 12; v. Schlieffen in AK-StPO Rn. 6; Eisenberg BeweisR StPO Rn. 1069; Rogall in SK-StPO Rn. 27.

hat.[112] Ein solcher Rückruf stellt eine einfache und damit zumutbare Möglichkeit dar, einen bis dahin etwa bestehenden Irrtum des Zeugen auszuräumen. Macht der Zeuge hiervon keinen Gebrauch, handelt er schuldhaft.

Auch das Vertrauen des Zeugen auf den **Rat eines Rechtsanwalts** entschuldigt nicht.[113] Auch hier kann der Zeuge sich beim Gericht vergewissern. Wird ihm von dort mitgeteilt, dass er erscheinen muss, ist ihm bekannt, dass andere Juristen anderer Meinung als sein Rechtsanwalt sind, sodass er nicht auf die Richtigkeit der Auskunft seines Rechtsanwalts vertrauen darf.[114] Aus demselben Grund entschuldigt auch der **Glaube an das Bestehen eines Zeugnis- oder Auskunftsverweigerungsrechts** in der Regel nicht.[115] 31

Je nach Lage des Falles kommt es aber im Falle eines Irrtums des Zeugen über die Pflicht zu erscheinen in Betracht, von der Verhängung von Ordnungsmitteln analog § 153 abzusehen (→ Rn. 45 ff.). 31a

hh) Wunsch des Zeugen nach Geheimhaltung seiner Entschuldigungsgründe. Immer wieder kommt es vor, dass ein Zeuge zwar bereit ist, gegenüber dem Gericht mitzuteilen, aufgrund welcher Umstände er am Erscheinen gehindert ist und auch bereit ist, dies durch die Vorlage entsprechender Unterlagen, insbesondere ärztlicher Atteste, zu belegen, aber im Gegenzug darauf besteht, dass die von ihm vorgelegten Unterlagen sowie sein Entschuldigungsvorbringen den übrigen Prozessbeteiligten nicht bekannt gegeben werden.[116] Nach Ansicht des OLG München soll es einem Gericht jedenfalls dann, wenn nicht der dauerhafte Verlust des Zeugen als Beweismittel zu befürchten sei, verwehrt sein, die von einem Zeugen vorgelegten ärztlichen Atteste als nicht vorhanden zu behandeln, nur weil der Zeuge auf der Geheimhaltung vor den übrigen Prozessbeteiligten bestehe.[117] Die gebotene Abwägung des **Rechts des Zeugen auf informationelle Selbstbestimmung** mit dem Recht der übrigen Verfahrensbeteiligten auf Gewährung rechtlichen Gehörs führe grundsätzlich dazu, dass das Verlangen des Zeugen nach Geheimhaltung personenbezogener Umstände vorrangig sei. Auch wenn den übrigen Prozessbeteiligten näherer Vortrag zur Frage der Entschuldigung und der damit einhergehenden Frage, ob der Zeuge die durch sein Ausbleiben verursachten Kosten zu tragen habe, mangels Kenntnis der vom Zeugen vorgelegten Unterlagen nicht möglich sei, würden sie hinsichtlich der Kostenentscheidung nicht völlig rechtlos gestellt, weil sie durch eine Beschwerde gegen die Entscheidung des Gerichts, dem Zeugen die Kosten des Rechtsstreits nicht aufzuerlegen, immerhin die Überprüfung durch eine höhere Instanz erreichen könnten. Der Gesundheitszustand eines Zeugen gehe die anderen Prozessbeteiligten grundsätzlich nichts an. Diese Auffassung erscheint bedenklich. Die Frage, ob dem Zeugen die durch das Ausbleiben entstandenen Kosten aufzuerlegen sind, kann für einen Angeklagten – der einen Anspruch darauf hat, dass dem Zeugen im Falle seines unentschuldigten Ausbleibens die dadurch verursachten Kosten auferlegt werden (vgl. hierzu insbesondere → Rn. 34 ff.) – ganz erhebliche wirtschaftliche Bedeutung haben. Insbesondere in umfangreichen Verfahren mit vielen Prozessbeteiligten können erhebliche (Rechtsanwalts-) Kosten entstehen, wenn durch das Ausbleiben des Zeugen ein Termin oder – im Falle des wiederholten Ausbleibens des Zeugen – gar mehrere weitere Termine erforderlich werden, deren Kosten der Angeklagte im Fall einer Verurtei- 32

[112] Dafür, dass der Zeuge selbst aktiv werden muss auch LG Duisburg 15.4.2013 – 32 Qs 925/245 U Js 89/11/8/13, BeckRS 2013, 12046 sowie OLG Frankfurt a. M. 30.10.2013 – 2 Ws 58/13, NJW 2014, 95; OLG Dresden 24.2.2015 – 2 Ws 82/15, BeckRS 2015, 05981.

[113] OLG Jena 24.9.2003 – 1 Ws 302/03, NStZ 2004, 280; Huber in BeckOK StPO Rn. 10; aA Otte in Radtke/Hohmann Rn. 9; Bader in KK-StPO Rn. 14; Rogall in SK-StPO Rn. 27.

[114] OLG Jena 24.9.2003 – 1 Ws 302/03, NStZ 2004, 280.

[115] So im Ergebnis auch Huber in BeckOK StPO Rn. 10, Otte in Radtke/Hohmann Rn. 9; v. Schlieffen in AK-StPO Rn. 6; Bader in KK-StPO Rn. 14; Eisenberg BeweisR StPO Rn. 1069.

[116] Vgl. zu einem Fall aus der zivilgerichtlichen Praxis OLG München 11.1.2000 – 23 W 3208/99, BeckRS 2000, 16913.

[117] OLG München 11.1.2000 – 23 W 3208/99, BeckRS 2000, 16913, entgegen der vorinstanzlichen Entscheidung.

lung zu tragen hat, sofern sie nicht dem Zeugen auferlegt werden.[118] Aus diesem Grund verbietet sich die Annahme, der Gesundheitszustand eines Zeugen gehe die anderen Prozessbeteiligten grundsätzlich nichts an. Die Abwägung des Anspruchs des Angeklagten auf rechtliches Gehör und des Rechts des Zeugen auf informationelle Selbstbestimmung kann daher im Einzelfall durchaus dazu führen, dass der Anspruch des Angeklagten auf rechtliches Gehör vorrangig ist. Das wird insbesondere beim wiederholten Ausbleiben eines Zeugen sowie bei weniger schwerwiegenden Erkrankungen des Zeugen in Betracht kommen. Folge davon ist aber nicht, dass das Entschuldigungsvorbringen des Zeugen bei der Entscheidung des Gerichts über die durch das Ausbleiben verursachten Kosten unberücksichtigt bleiben muss, sondern dass dieses den übrigen Prozessbeteiligten auch **gegen den Willen des Zeugen** bekannt gegeben werden darf.[119] Soweit allerdings dem Zeugen unabhängig davon, ob die von ihm vorgebrachten Entschuldigungsgründe genügend im Sinne von § 51 sind, bereits aus anderen Gründen keine Kosten aufzuerlegen sind[120] und es deshalb nur darum geht, ob gegen den Zeugen Ordnungsmittel zu verhängen sind, sind die Rechte des Angeklagten – insbesondere sein Interesse, nicht unnötig hohe Prozesskosten tragen zu müssen – nicht unmittelbar betroffen. In einem solchen Fall ist das Entschuldigungsvorbringen des Zeugen bei der gerichtlichen Entscheidung ohne weiteres zu berücksichtigen, ohne dass es dem Angeklagten vorher bekanntgegeben werden muss. Kommt das Gericht zu dem Ergebnis, dass das Entschuldigungsvorbringen des Zeugen den übrigen Verfahrensbeteiligten nicht bekannt zu geben ist, dürfen die vom Zeugen vorgelegten Unterlagen nicht in die Hauptakte einblattiert werden; es ist hierfür ein **Sonderheft** anzulegen, welches im Falle eines Akteneinsichtsgesuchs nicht herausgegeben werden darf.

33 **4. Schuldfähigkeit des Zeugen.** Die Ordnungsmaßregeln des § 51 dienen mit Ausnahme der Vorführung, die präventiv die Anwesenheit des Zeugen im Termin sicherstellen soll,[121] der Ahndung einer Rechtsverletzung, weshalb die Schuldfähigkeit des Zeugen Voraussetzung für ihre Verhängung ist.[122] Gegen **Kinder** (§ 19 StGB) und **andere schuldunfähige Personen** dürfen deshalb keine Ordnungsmittel verhängt werden.[123] Ihnen dürfen insbesondere die durch ihr Ausbleiben verursachten Kosten nicht auferlegt werden.[124] Die Vorführung ist aber zulässig, weil es hier nicht um die Ahndung eines Rechtsverstoßes geht, sondern darum, das Erscheinen des Zeugen vor Gericht sicherzustellen.[125] Insoweit ist aber die Verhältnismäßigkeit der Maßnahme besonders sorgfältig zu prüfen.[126] Bei einem **Jugendlichen** dürfen Ordnungsmaßnahmen festgesetzt werden, wenn die Voraussetzungen des analog anwendbaren § 3 JGG vorliegen.[127] Bei **Heranwachsenden** kommt es darauf an, ob die Voraussetzungen der – ebenfalls analog anwendbaren – §§ 3, 105 JGG vorliegen.[128] Die von der Gegenauffassung in Bezug genommene Entscheidung des BayObLG[129]

---

118 Dies veranschaulicht gerade der vom OLG München entschiedene Fall, in dem der Zeuge wiederholt nicht erschienen war und sich jeweils erst kurz vor dem Termin darauf berufen hatte, er könne krankheitsbedingt nicht erscheinen.

119 OLG München 11.1.2000 – 23 W 3208/99, BeckRS 2000, 16913.

120 Etwa, weil der Angeklagte seine Berufung zurückgenommen hat und deshalb kein weiterer Termin nötig ist, vgl. hierzu → Rn. 37 f.

121 Ignor/Bertheau in Löwe/Rosenberg Rn. 15.

122 Rogall in SK-StPO Rn. 10; Otte in Radtke/Hohmann Rn. 3; Bader in KK-StPO Rn. 22.

123 LG Bremen 5.3.1970 – II Qs 105/70, NJW 1970, 1429; Rogall in SK-StPO Rn. 10; Schmitt in Meyer-Goßner/Schmitt Rn. 15; Vierhaus NStZ 1994, 271; Huber in BeckOK StPO Rn. 14; Eisenberg BeweisR StPO Rn. 1072.

124 Rogall in SK-StPO Rn. 10; aA Ignor/Bertheau in Löwe/Rosenberg Rn. 16.

125 Rogall in SK-StPO Rn. 10; Ignor/Bertheau in Löwe/Rosenberg Rn. 16; Bader in KK-StPO Rn. 22; Vierhaus NStZ 1994, 271; aA Skupin MDR 1965, 865.

126 Vierhaus NStZ 1994, 271; ähnlich v. Schlieffen in AK-StPO Rn. 12, Eisenberg BeweisR StPO Rn. 1074 und Schmitt in Meyer-Goßner/Schmitt Rn. 20, wonach die Vorführung von Kindern allerdings regelmäßig unverhältnismäßig sein soll.

127 Rogall in SK-StPO Rn. 10; Ignor/Bertheau in Löwe/Rosenberg Rn. 16; Bader in KK-StPO Rn. 22; v. Schlieffen in AK-StPO Rn. 9.

128 AA Ignor/Bertheau in Löwe/Rosenberg Rn. 16; Rogall in SK-StPO Rn. 10, wonach Heranwachsende wie Erwachsene zu behandeln sein sollen.

129 BayObLG 12.11.1971 – 2 St 618/71 OWi, NJW 1972, 837.

verhält sich nicht zur Frage der Verantwortlichkeit Heranwachsender für ihr Ausbleiben im Fall der Ladung als Zeuge, sondern befasst sich mit der Ahndung von durch Jugendliche und Heranwachsende begangenen Ordnungswidrigkeiten.

IV. Rechtsfolgen

1. Verurteilung zur Kostentragung. a) Allgemeines. Dem nicht erschienenen Zeugen werden die durch sein Ausbleiben verursachten Kosten gemäß § 51 Abs. 1 S. 1 für jeden Fall des Ausbleibens **zwingend** auferlegt.[130] Hierauf hat der Angeklagte einen **Rechtsanspruch,** weil sich dadurch die von ihm im Falle einer Verurteilung zu tragenden Verfahrenskosten vermindern.[131] Die Beschränkung nach § 51 Abs. 1 S. 4, wonach im Falle des wiederholten Ausbleibens das Ordnungsmittel lediglich ein weiteres Mal festgesetzt werden kann, gilt für die Auferlegung der Kosten nicht.[132] 34

Der Kostenausspruch **beziffert die Kosten nicht,** sondern spricht ganz allgemein die Verpflichtung des Zeugen zur Tragung der Kosten aus; die Festsetzung der Kosten erfolgt nach § 464b.[133] Das Gericht hat vor Erlass des Beschlusses auch nicht zu prüfen, ob durch das Ausbleiben des Zeugen überhaupt Kosten entstanden sind. Ist aber bereits bei der Entscheidung des Gerichts ersichtlich, dass es ausgeschlossen ist, dass hierdurch Kosten verursacht worden sind, kann trotz des Wortlauts des § 51 „werden auferlegt" von der Auferlegung der Kosten abgesehen werden, weil ein solcher Beschluss in diesem Fall eine reine Förmelei darstellen würde.[134] Das ist etwa der Fall, wenn der Zeuge nicht erscheint und der Angeklagte noch in der Verhandlung seine Berufung zurücknimmt; in einem solchen Fall ist offensichtlich, dass kein weiterer Termin erforderlich sein wird und daher durch das Ausbleiben des Zeugen keine Kosten entstanden sind (→ Rn. 37 f.). 35

Von der Kostentragungspflicht sind auch die Kosten, die durch die Vollstreckung eines Beschlusses nach § 51 entstanden sind, umfasst.[135] Wird der Angeklagte freigesprochen, kann er nicht darauf verwiesen werden, die ihm durch das Ausbleiben des Zeugen entstandenen Kosten zunächst beim Zeugen geltend zu machen; vielmehr hat er einen **uneingeschränkten Kostenerstattungsanspruch** nach § 467 Abs. 1 gegen die Staatskasse.[136] Umgekehrt muss der Angeklagte nicht befürchten, von der Staatskasse in Anspruch genommen zu werden, wenn die dem Zeugen auferlegten Kosten nicht beigetrieben werden können; eine gesetzliche Vorschrift, die eine dahingehende subsidiäre Haftung des Angeklagten normiert, gibt es nicht.[137] 36

b) Ursächlichkeit des Ausbleibens für den Anfall der Kosten. Zwischen dem Ausbleiben des Zeugen und dem Anfall der Kosten muss ein ursächlicher Zusammenhang bestehen. Kosten, die durch das Ausbleiben eins Zeugen verursacht werden, sind damit nur solche, die **nach** und gerade **infolge** des Ausbleibens entstehen.[138] Die Kosten, die den anderen Prozessbeteiligten dadurch entstanden sind, dass sie den Termin wahrgenommen haben, in dem der Zeuge nicht erschienen ist, sind mangels Ursächlichkeit des Ausbleibens des Zeugen nicht erstattungsfähig, weil sie an diesem Termin auch im Fall des Erscheinens des Zeugen hätten teilnehmen müssen. Erstattungsfähig sind lediglich die Kosten, die aufgrund 37

---

[130] Otte in Radtke/Hohmann Rn. 10; Huber in BeckOK StPO Rn. 13; Neubeck in KMR-StPO Rn. 14; Rogall in SK-StPO Rn. 12; Schmitt in Meyer-Goßner/Schmitt Rn. 14; Bader in KK-StPO Rn. 6.

[131] Otte in Radtke/Hohmann Rn. 10; Huber in BeckOK StPO Rn. 13; Schmitt in Meyer-Goßner/Schmitt Rn. 14; Bader in KK-StPO Rn. 6; Ignor/Bertheau in Löwe/Rosenberg Rn. 17; Neubeck in KMR-StPO Rn. 14; Rogall in SK-StPO Rn. 12.

[132] Ignor/Bertheau in Löwe/Rosenberg Rn. 17.

[133] Otte in Radtke/Hohmann Rn. 10, Schmitt in Meyer-Goßner/Schmitt Rn. 14; Bader in KK-StPO Rn. 6; Huber in BeckOK StPO Rn. 13; Neubeck in KMR-StPO Rn. 14.

[134] Sander NStZ 1995, 509.

[135] Rogall in SK-StPO Rn. 14.

[136] LG Münster 29.4.1974 – 6 Qs 34/74, NJW 1974, 1342; Otte in Radtke/Hohmann Rn. 10; Rogall in SK-StPO Rn. 12; Neubeck in KMR-StPO Rn. 14.

[137] OLG Düsseldorf 19.2.1998 – 5 Ss 26/98, NStZ-RR 1998, 253.

[138] OLG Braunschweig 16.1.1967 – Ws 264/66, NJW 1967, 1381; Rogall in SK-StPO Rn. 14.

der Teilnahme an dem durch das Ausbleiben des Zeugen verursachten **Fortsetzungstermin** entstanden sind. Nimmt der Angeklagte seine Berufung vor Durchführung des infolge des Ausbleibens des Zeugen erforderlichen Fortsetzungstermins zurück und wird dieser Termin deshalb entbehrlich, sind durch das Ausbleiben des Zeugen keine Kosten entstanden.[139]

38 Der Zeuge wird nicht dadurch von der Kostentragungspflicht befreit, dass **auch ein anderer Zeuge** dem Termin unentschuldigt **fernbleibt.**[140] In einem solchen Fall sind beide Zeugen als Gesamtschuldner verpflichtet, die durch ihr Ausbleiben verursachten Kosten zu tragen.[141] Demgegenüber fehlt es an der Ursächlichkeit, wenn außer dem Zeugen auch der Angeklagte nicht erschienen ist und deshalb ohnehin ein Fortsetzungstermin bestimmt werden muss; hier muss der Angeklagte nicht vor unnötigen Kosten geschützt werden.[142]

39 **c) Umfang der Kostentragungspflicht.** Der Zeuge hat die durch sein Ausbleiben verursachten Kosten zu tragen. Unstreitig ist, dass mit dem Begriff der Kosten sowohl die **Gerichtskosten** als auch die notwendigen **Auslagen** des Angeklagten gemeint sind.[143] Die Auslagen des Angeklagten sind nur erstattungsfähig, wenn sie **„notwendig"** waren;[144] das ist insbesondere dann nicht der Fall, wenn der Angeklagte mit seinem Verteidiger eine Honorarvereinbarung getroffen hat, wonach er ein über der gesetzlichen Vergütung liegendes Honorar zu zahlen hat.[145]

40 **d) Verhältnis zur Kostenentscheidung im Urteil.** Es ist nicht erforderlich, den Angeklagten vom dem Teil der Kosten, die durch gesonderten Beschluss dem Zeugen bereits auferlegt worden sind, in der Kostenentscheidung des gegen ihn ergehenden Urteils ausdrücklich freizustellen.[146] Die in dem Gerichtsbeschluss geregelte Kostenfolge tritt neben die Kostenentscheidung des Urteils und ergänzt sie; der Kostenausspruch des Urteils gegen den Angeklagten enthält danach schon die Beschränkung auf die Verfahrenskosten, die nicht durch einen Gerichtsbeschluss dem Zeugen auferlegt worden sind.[147] Einer solchen Freistellung im Urteil bedarf es auch dann nicht, wenn der Beschluss gemäß § 51 bei Erlass des Urteils noch nicht ergangen ist.[148] Es ist auch nicht erforderlich, dass der Beschluss, der dem Zeugen die durch sein Ausbleiben entstandenen Kosten auferlegt, vor oder spätestens zeitgleich mit dem Erlass des Urteils in der Hauptsache gefasst wird;[149] vielmehr können dem Zeugen die durch sein Ausbleiben verursachten Kosten auch dann noch auferlegt werden, wenn das Strafverfahren zwischenzeitlich rechtskräftig abgeschlossen worden ist.[150]

41 **2. Ordnungsgeld.** Das Ordnungsgeld ist gemäß Art. 6 Abs. 1 EGStGB auf 5–1.000 Euro festzusetzen; Zahlungserleichterungen sind in Art. 7 EGStGB geregelt. Die

139 Vgl. OLG Braunschweig 16.1.1967 – Ws 264/66, NJW 1967, 1381.
140 LG Berlin 9.5.2005 – 505 Qs 49/05, NStZ-RR 2005, 288; Ignor/Bertheau in Löwe/Rosenberg Rn. 18.
141 LG Berlin 9.5.2005 – 505 Qs 49/05, NStZ-RR 2005, 288; Ignor/Bertheau in Löwe/Rosenberg Rn. 18; Huber in BeckOK StPO Rn. 13; Schmitt in Meyer-Goßner/Schmitt Rn. 14; Bader in KK-StPO Rn. 6.
142 LG Berlin 28.9.1994 – 552 Qs 70/94, NStZ 1995, 508 mzustAnm Sander; Ignor/Bertheau in Löwe/Rosenberg Rn. 18.
143 Vgl. etwa LG Hamburg 23.11.1973 – 33 Qs 884/73, NJW 1974, 509; Bader in KK-StPO Rn. 6.
144 LG Hamburg 23.11.1973 – 33 Qs 884/73, NJW 1974, 509; OLG Karlsruhe 18.12.1979 – 4 Ws 171/79, NJW 1980, 951; aA (alle Auslagen) OLG Hamm 14.12.1953 – 1 Ws 281/53, NJW 1954, 286; Rogall in SK-StPO Rn. 13; Huber in BeckOK StPO Rn. 13; Otte in Radtke/Hohmann Rn. 10; Ignor/Bertheau in Löwe/Rosenberg Rn. 18; Neubeck in KMR-StPO Rn. 14; Schmitt in Meyer-Goßner/Schmitt Rn. 14.
145 LG Hamburg 23.11.1973 – 33 Qs 884/73, NJW 1974, 509; aA (alle Auslagen) OLG Hamm 14.12.1953 – 1 Ws 281/53, NJW 1954, 286.
146 BGH 16.7.1997 – 2 StR 545/96, BGHSt 43, 146 = NJW 1997, 2963 unter Aufgabe von BGH 3.1.1957 – 4 StR 410/56, BGHSt 10, 126 = NJW 1957, 550; Rogall in SK-StPO Rn. 12; v. Schlieffen in AK-StPO Rn. 8; aA Gode NStZ 1989, 255.
147 BGH 16.7.1997 – 2 StR 545/96, BGHSt 43, 146 = NJW 1997, 2963; KG 15.2.2006 – 1 AR 1296/05 – 3 Ws 552/05, NStZ-RR 2006, 288.
148 OLG Dresden 25.8.1999 – 2 Ws 422/09, NStZ-RR 2000, 30.
149 So aber noch BGH 3.1.1957 – 4 StR 410/56, BGHSt 10, 126 = NJW 1957, 550 und Eisenberg BeweisR StPO Rn. 1075.
150 KG 15.2.2006 – 1 AR 1296/05 – 3 Ws 552/05, NStZ-RR 2006, 288; Otte in Radtke/Hohmann Rn. 15; Bader in KK-StPO Rn. 7; Werny NJW 1982, 2170.

Höhe des Ordnungsgeldes bestimmt das Gericht innerhalb des Rahmens des Art. 6 Abs. 1 EGStGB nach **pflichtgemäßem Ermessen,** wobei insbesondere die Schwere der Pflichtverletzung und die aktuellen wirtschaftlichen Verhältnisse des Zeugen von Bedeutung sind.[151] Beim ersten Ausbleiben ist die Festsetzung zwingend vorgeschrieben, im Wiederholungsfall hat das Gericht ein Ermessen, § 51 Abs. 1 S. 4.

3. Ordnungshaft. Ordnungshaft darf gemäß § 51 Abs. 1 S. 2 nur für den Fall angeordnet werden, dass das Ordnungsgeld nicht beigetrieben werden kann. Die Angabe eines Umrechnungsschlüssels ist nicht erforderlich, aber zulässig.[152] Der Haftrahmen beträgt gemäß Art. 6 Abs. 2 EGStGB einen Tag bis sechs Wochen und wird nach Tagen bemessen. Die Verhängung der Ordnungshaft ist dem Richter vorbehalten, § 161a Abs. 2 S. 2. Gemäß Art. 8 Abs. 1 EGStGB kann die Ordnungshaft nachträglich festgesetzt werden. Die Vollstreckung kann nach Art. 8 Abs. 2 EGStGB unterbleiben, wenn sie eine unbillige Härte darstellen würde. 42

4. Zwangsweise Vorführung. Abs. 1 S. 3 und seine Verweisung auf § 135 gelten für das Vor- und Hauptverfahren. Schon im **Vorverfahren** kann die StA die auf ihrem Auftrag und auf einer wirksamen polizeilichen Ladung beruhende Aussage- und Erscheinenspflicht des Zeugen nach §§ 51, 70 durchsetzen und danach auch eine zwangsweise Vorführung eines Zeugen nach Abs. 1 S. 3 selbst anordnen und vollstrecken. Soll zur Durchsetzung der Vorführung zudem – über die durch Abs. 1 S. 3 eröffnete Annexkompetenz – die Wohnung des Zeugen geöffnet und betreten werden, ist der Ermittlungsrichter zuständig.[153] Auch im **Hauptverfahren** ist eine Vorführung nicht obligatorisch; sie kann auch neben der Festsetzung von Ordnungsmitteln erfolgen und steht im Ermessen des Gerichts.[154] Voraussetzung ist, dass zu befürchten ist, dass der Zeuge beim nächsten Termin erneut nicht erscheinen wird.[155] Die Vorführung kann auch noch angeordnet werden, wenn die Festsetzung von Ordnungsgeld und Ordnungshaft nach § 51 Abs. 1 S. 4 unzulässig wäre.[156] 43

5. Wiederholtes Ausbleiben. Im Falle des wiederholten Ausbleibens kann das Ordnungsmittel gemäß § 51 Abs. 1 S. 4 noch ein weiteres Mal festgesetzt werden. Ausweislich des Wortlauts steht die Festsetzung von Ordnungsmitteln im zweiten Fall des Ausbleibens im Ermessen des Gerichts, in weiteren Fällen des Ausbleibens ist sie unzulässig. Ein Wiederholungsfall liegt aber nur dann vor, wenn es sich um denselben Vernehmungsfall handelt.[157] **Derselbe Vernehmungsfall** liegt nicht vor, wenn gegen den in der Hauptverhandlung ausgebliebene Zeuge bereits im Vorverfahren durch den Richter oder den Staatsanwalt oder in einer ausgesetzten Verhandlung bereits zweimal Ordnungsgeld festgesetzt worden ist.[158] Im Wiederholungsfall gelten die Höchstgrenzen des Art. 6 EGStGB ohne Anrechnung der vorangegangenen Festsetzungen erneut.[159] 44

6. Einstellung des Verfahrens analog § 153. Nach dem Wortlaut des § 51 ist die Verhängung der dort vorgesehenen Rechtsfolgen – von der Vernehmung vor dem beauftragten oder dem ersuchten Richter gemäß § 51 Abs. 3, dem ein Ermessen zusteht,[160] abgese- 45

---

[151] Ignor/Bertheau in Löwe/Rosenberg Rn. 21; Neubeck in KMR-StPO Rn. 16; Rogall in SK-StPO Rn. 15.
[152] Rogall in SK-StPO Rn. 19.
[153] BGH (Ermittlungsrichter) 28.8.2020 – 2 BGs 645/20, BeckRS 2020, 49399.
[154] Huber in BeckOK StPO Rn. 19; Bader in KK-StPO Rn. 9; Schmitt in Meyer-Goßner/Schmitt Rn. 20.
[155] Huber in BeckOK StPO Rn. 19; Ignor/Bertheau in Löwe/Rosenberg Rn. 24; Otte in Radtke/Hohmann Rn. 13; Eisenberg BeweisR StPO Rn. 1074.
[156] Otte in Radtke/Hohmann Rn. 13; Bader in KK-StPO Rn. 9; Rogall in SK-StPO Rn. 21.
[157] Schmitt in Meyer-Goßner/Schmitt Rn. 19; Ignor/Bertheau in Löwe/Rosenberg Rn. 20; Otte in Radtke/Hohmann Rn. 11; Neubeck in KMR-StPO Rn. 15; Rogall in SK-StPO Rn. 15.
[158] Ignor/Bertheau in Löwe/Rosenberg Rn. 20; Neubeck in KMR-StPO Rn. 15; Bader in KK-StPO Rn. 7; Rogall in SK-StPO Rn. 23; Eisenberg BeweisR StPO Rn. 1072 mit Hinweis darauf, dass es wegen des einheitlichen Zusammenhangs ggf. an der Zumutbarkeit fehlen werde.
[159] Schmitt in Meyer-Goßner/Schmitt Rn. 19; Huber in BeckOK StPO Rn. 18; Ignor/Bertheau in Löwe/Rosenberg Rn. 21.
[160] Schmitt in Meyer-Goßner/Schmitt Rn. 16; Huber in BeckOK StPO Rn. 15.

hen – zwingend. Gleichwohl ist anerkannt, dass das gegen einen Zeugen eingeleitete Ordnungsgeldverfahren in entsprechender Anwendung der § 153 StPO, § 47 Abs. 2 OWiG ohne Zustimmung der Staatsanwaltschaft und des Zeugen eingestellt werden kann, wenn das Verschulden des Zeugen im Hinblick auf seine Säumnis gering und eine Ahndung nicht erforderlich erscheint.[161]

46 **a) Anwendungsfälle.** Die Einstellung des Verfahrens analog § 153 StPO, § 47 Abs. 2 OWiG kommt insbesondere in Betracht, wenn der Zeuge mit großer Verspätung erscheint, die Hauptverhandlung dadurch aber nur unwesentlich verzögert wird oder der Zeuge infolge eines zwar unentschuldbaren, aber nicht schwerwiegenden Verschuldens nicht erscheint und seine Vernehmung, zB bei Einstellung des Verfahrens, Rechtsmittelrücknahme oder allseitigem Verzicht, entbehrlich geworden ist oder der Termin aus anderen Gründen ohnehin verlegt werden musste.[162] Sofern es um die Auferlegung der durch das Nichterscheinen verursachten Kosten geht, können diese dem Zeugen in diesen Fällen bereits deshalb nicht auferlegt werden, weil seine Verspätung überhaupt keine weiteren Kosten verursacht hat (→ Rn. 37 f.). Von Bedeutung ist die Einstellung nach § 153 in den genannten Fällen lediglich für die Verhängung des Ordnungsgelds. Eine Einstellung ist auch denkbar, wenn die Ladung bereits lange Zeit zurückliegt und es deshalb nachvollziehbar erscheint, dass der Zeuge sie vergessen hat.[163] Ein geringes Verschulden kann den Zeugen auch dann treffen, wenn er nicht infolge von Gleichgültigkeit, sondern deshalb nicht erscheint, weil er die Fahrzeit zum Gericht falsch eingeschätzt hat.[164]

47 **b) Umfang der Einstellung.** Streitig ist, ob die Einstellung lediglich die Verhängung des Ordnungsmittels oder auch die Entscheidung über die durch das Ausbleiben verursachten Kosten erfasst. In den meisten Fällen, in denen eine Einstellung nach § 153 in Betracht kommt, sind dem Zeugen bereits deshalb die Kosten nicht aufzuerlegen, weil keine weiteren Kosten angefallen sind (→ Rn. 46). Von Bedeutung werden kann dies aber etwa dann, wenn die Ladung lange Zeit zurückliegt oder wenn der Zeuge zwar tatsächlich genügend entschuldigt ist und er infolge eines unentschuldbaren, aber nicht schwerwiegenden Versehens lediglich vergessen hat, dem Gericht die Verhinderung mitzuteilen und deshalb ein weiterer Termin erforderlich wird und dadurch weitere Kosten entstehen.

48 Nach richtiger Auffassung lässt eine Verfahrenseinstellung die Auferlegung der Kosten unberührt.[165] Zwar werden die Rechtsfolgen des § 51 Abs. 1 S. 1 und 2 in der Regel gleichzeitig ausgesprochen. Daraus folgt aber nicht, dass sie eine „untrennbare Einheit" bilden.[166] Vielmehr würde die Einstellung auch in Bezug auf die Kostenfolge einen unzulässigen Eingriff in die Rechte des Angeklagten darstellen, der einen Anspruch darauf hat, dass die durch das Ausbleiben des Zeugen verursachten Kosten dem Zeugen auferlegt werden, wodurch sich die Pflicht des Angeklagten zur Tragung der Verfahrenskosten im Falle einer Verurteilung

161 LG Berlin 28.9.1994 – 552 Qs 70/94, NStZ 1995, 508 mzustAnm Sander; OLG Koblenz 13.1.1988 – 1 Ws 709/87, NStZ 1988, 192; OLG Düsseldorf 22.10.1992 – 1 Ws 940/92, NJW 1993, 546; OLG Köln 7.9.1990 – 2 Ws 347/90, MDR 1991, 275; OLG Düsseldorf 24.8.1995 – 1 Ws 605/96, NJW 1996, 138; Huber in BeckOK StPO Rn. 16; Schmitt in Meyer-Goßner/Schmitt Rn. 17; Otte in Radtke/Hohmann Rn. 11; Neubeck in KMR-StPO Rn. 16; Rogall in SK-StPO Rn. 17; Grüneberg MDR 1992, 326.

162 Ignor/Bertheau in Löwe/Rosenberg Rn. 22.

163 OLG Düsseldorf 24.8.1995 – 1 Ws 605/96, NJW 1996, 138 für den Fall, dass der Zeuge bereits vor 9 Monaten zum Termin geladen worden war.

164 OLG Düsseldorf 22.10.1992 – 1 Ws 940/92, NJW 1993, 546.

165 LG Berlin 28.9.1994 – 552 Qs 70/94, NStZ 1995, 508 mzustAnm Sander; OLG Köln 7.9.1990 – 2 Ws 347/90, MDR 1991, 275; Otte in Radtke/Hohmann Rn. 11; Ignor/Bertheau in Löwe/Rosenberg Rn. 22; Huber in BeckOK StPO Rn. 16; Schmitt in Meyer-Goßner/Schmitt Rn. 17; Eisenberg BeweisR StPO Rn. 1073; Rogall in SK-StPO Rn. 17; aA OLG Düsseldorf 22.10.1992 – 1 Ws 940/92, NJW 1993, 546; OLG Koblenz 13.1.1988 – 1 Ws 709/87, NStZ 1988, 192.

166 LG Berlin 28.9.1994 – 552 Qs 70/94, NStZ 1995, 508 mzustAnm Sander; Eisenberg BeweisR StPO Rn. 1073; aA OLG Düsseldorf 22.10.1992 – 1 Ws 940/92, NJW 1993, 546; OLG Koblenz 13.1.1988 – 1 Ws 709/87, NStZ 1988, 192.

verringert.[167] Die § 153 StPO, § 47 Abs. 2 OWiG ermöglichen ein Absehen von der staatlichen Ahndung eines schuldhaften Fehlverhaltens aus Gründen der Verhältnismäßigkeit, nicht aber die Verkürzung der Rechtsposition eines Verfahrensbeteiligten.[168]

V. Verfahren

1. Zuständigkeit. Zuständig für die Anordnung der Maßnahmen nach § 51 ist das Gericht, nicht der Vorsitzende allein.[169] Auch der Ermittlungsrichter und der beauftragte oder ersuchte Richter können Ordnungsmittel verhängen. Mit Ausnahme der Ersatzordnungshaft (vgl. § 161a Abs. 2) steht diese Befugnis auch dem Staatsanwalt zu. Der Beschluss kann auch außerhalb der Hauptverhandlung ergehen.[170] Nach hM wirken bei einem in der Hauptverhandlung erlassenen Beschluss die **Schöffen** mit.[171] Diese Auffassung ist abzulehnen. Über Haftfragen während laufender Hauptverhandlung ist stets in der Besetzung der Strafkammer außerhalb der Strafverhandlung zu entscheiden.[172] Maßgeblich hierfür ist, dass es sonst von Zufälligkeiten im Hinblick auf den Zeitpunkt der Beschlussfassung abhängen würde, in welcher Besetzung die Strafkammer entscheidet und aufgrund unterschiedlicher Besetzung der Kammer die Gefahr von unterschiedlichen Mehrheitsverhältnissen im Fall einer Beschwerde gegen die zunächst getroffene Anordnung bestünde.[173] Diese die Entscheidung über Haftfragen betreffenden Erwägungen gelten für die Entscheidung über Maßnahmen nach § 51 entsprechend. 49

2. Form, Zeitpunkt der Beschlussfassung. Das Gericht entscheidet auch ohne Antrag von Amts wegen durch einen mit Gründen (§ 34) zu versehenden Beschluss.[174] Es ist nicht erforderlich, dass der Beschluss vor Erlass des Urteils ergeht (→ Rn. 40). Macht der Zeuge geltend, er werde seine Entschuldigungsgründe alsbald näher darlegen, müsse aber zunächst noch Beweismittel beschaffen, ist die Entscheidung nach § 51 zunächst aufzuschieben, um dem Zeugen Gelegenheit zu weiterem Vortrag zu geben.[175] Der Beschluss ergeht gerichtsgebührenfrei.[176] 50

3. Rechtliches Gehör. Eine vorherige Anhörung des Zeugen ist nicht erforderlich; vielmehr folgt aus § 51 Abs. 2 S. 1 und 2, dass sich der Zeuge selbst Gehör verschaffen muss.[177] Eine Anhörung des Zeugen kann aber dort zweckmäßig sein, wo bereits ein Entschuldigungsgrund im Raum steht. Ist die Staatsanwaltschaft bei der Vernehmung anwesend, ist sie zu hören, sonst kann der Beschluss ohne Anhörung der Staatsanwaltschaft ergehen.[178] 51

4. Nachträgliche Änderung oder Aufhebung. Nach § 51 Abs. 2 S. 3 werden die getroffenen Anordnungen aufgehoben, wenn der Zeuge nachträglich genügend entschuldigt 52

---

167 LG Berlin 28.9.1994 – 552 Qs 70/94, NStZ 1995, 508 mzustAnm Sander; Ignor/Bertheau in Löwe/Rosenberg Rn. 22.

168 OLG Köln 7.9.1990 – 2 Ws 347/90, MDR 1991, 275.

169 KG 16.12.1999 – 4 Ws 175/99, NStZ-RR 2000, 145; Huber in BeckOK StPO Rn. 20; Ignor/Bertheau in Löwe/Rosenberg Rn. 25; Bader in KK-StPO Rn. 19; Schmitt in Meyer-Goßner/Schmitt Rn. 22; Otte in Radtke/Hohmann Rn. 14; Rogall in SK-StPO Rn. 36.

170 Schmitt in Meyer-Goßner/Schmitt Rn. 23; Otte in Radtke/Hohmann Rn. 14.

171 Bader in KK-StPO Rn. 19; Neubeck in KMR-StPO Rn. 19; Schmitt in Meyer-Goßner/Schmitt Rn. 22; Rogall in SK-StPO Rn. 36.

172 BGH 11.1.2011 – 1 StR 648/10, NStZ 2011, 356 mAnm Krüger NStZ 2012, 341.

173 BGH 11.1.2011 – 1 StR 648/10, NStZ 2011, 356 mAnm Krüger NStZ 2012, 341.

174 Ignor/Bertheau in Löwe/Rosenberg Rn. 26; Huber in BeckOK StPO Rn. 21; Bader in KK-StPO Rn. 19; Schmitt in Meyer-Goßner/Schmitt Rn. 23; Neubeck in KMR-StPO Rn. 20; Rogall in SK-StPO Rn. 37.

175 Graf/Huber Rn. 7.

176 Rogall in SK-StPO Rn. 37.

177 Schmitt in Meyer-Goßner/Schmitt Rn. 24; Otte in Radtke/Hohmann Rn. 15; Neubeck in KMR-StPO Rn. 21; Rogall in SK-StPO Rn. 37.

178 Huber in BeckOK StPO Rn. 22; Ignor/Bertheau in Löwe/Rosenberg Rn. 26; Bader in KK-StPO Rn. 19; Schmitt in Meyer-Goßner/Schmitt Rn. 24.

und glaubhaft gemacht wird, dass ihn an dem verspäteten Vorbringen der Entschuldigungsgründe kein Verschulden trifft (vgl. zur Abgrenzung zwischen Aufhebungsantrag nach § 51 Abs. 2 S. 3 und Beschwerde → Rn. 57 f.). Fehlt es an der Glaubhaftmachung, wird der Aufhebungsantrag als unzulässig verworfen.[179] Der Antrag auf Aufhebung des Beschlusses kann auch noch nach Abschluss des Verfahrens[180] und nach Beitreibung des Ordnungsgeldes gestellt werden.[181] Über den Aufhebungsantrag wird nach Anhörung der Staatsanwaltschaft durch begründeten Beschluss entschieden.[182] Nach Aufhebung darf eine erneute Anordnung auch dann nicht ergehen, wenn sich der ursprüngliche Beschluss nachträglich als zutreffend erweist.[183] Statt der Aufhebung kommt auch eine Herabsetzung des Ordnungsgeldes in Betracht.[184] Die Staatsanwaltschaft hebt die von ihr angeordneten Maßnahmen selbst auf, wenn die Voraussetzungen des § 51 Abs. 2 S. 3 vorliegen.[185]

VI. Vollstreckung

53 Zuständig für die Vollstreckung des Vorführungsbefehls ist gemäß § 36 Abs. 2 die Staatsanwaltschaft.[186] Sie erfolgt gemäß § 51 Abs. 1 S. 3 Hs. 2 entsprechend § 135. Ordnungsgeld wird gemäß § 1 Abs. 1 Nr. 3 JBeitrO, §§ 1 ff. EBAO beigetrieben.[187] Zuständig ist gemäß § 31 Abs. 2 RPflG der Rechtspfleger.[188] Die Kosten der Vollstreckung hat der Zeuge zu tragen.[189] Die Vollstreckung der Ersatzordnungshaft richtet sich nach § 88 StrVollstrO, §§ 171 ff. StVollzG.[190]

VII. Rechtsmittel

54 **1. Rechtsmittel des Angeklagten.** Hat das Gericht dem Angeklagten im Urteil die Verfahrenskosten insgesamt auferlegt, ohne die von einem unentschuldigt ferngebliebenen Zeugen zu tragenden Kosten hiervon auszunehmen, ist eine hierauf gestützt Revision oder sofortige Beschwerde des Angeklagten unzulässig.[191] Der Angeklagte ist durch die Kostenentscheidung im Urteil nicht beschwert, weil er die durch das Ausbleiben des Zeugen verursachten Kosten auch ohne eine ausdrückliche Einschränkung im Urteil nicht zu tragen hat, sofern diese dem Zeugen mit gesondertem Beschluss gemäß § 51 bereits auferlegt worden sind.[192] Ist eine Entscheidung gemäß § 51 noch nicht ergangen und wendet sich der Angeklagte mit einem als sofortiger Beschwerde oder Revision bezeichnetem Rechtsmittel gegen die Kostenentscheidung im Urteil, wird dies daher in der Regel als Antrag,

---

179 KG 7.6.2019 – 3 Ws 198/19, BeckRS 2019, 14511; 23.8.2000 – 1 AR 911/00, 3 Ws 369/00; Ignor/Bertheau in Löwe/Rosenberg Rn. 27; Huber in BeckOK StPO Rn. 24; Otte in Radtke/Hohmann Rn. 16; Neubeck in KMR-StPO Rn. 22.

180 OLG Hamm 30.5.1956 – 3 Ws 189/56, NJW 1956, 1935.

181 Schmitt in Meyer-Goßner/Schmitt Rn. 25; Huber in BeckOK StPO Rn. 25; Otte in Radtke/Hohmann Rn. 16.

182 Schmitt in Meyer-Goßner/Schmitt Rn. 25; Huber in BeckOK StPO Rn. 26.

183 Schmitt in Meyer-Goßner/Schmitt Rn. 25; Huber in BeckOK StPO Rn. 26; Neubeck in KMR-StPO Rn. 22.

184 Schmitt in Meyer-Goßner/Schmitt Rn. 26; Huber in BeckOK StPO Rn. 26; Neubeck in KMR-StPO Rn. 22.

185 v. Schlieffen in AK-StPO Rn. 14; Schmitt in Meyer-Goßner/Schmitt Rn. 25.

186 Neubeck in KMR-StPO Rn. 23; Schmitt in Meyer-Goßner/Schmitt Rn. 27; Rogall in SK-StPO Rn. 38.

187 Rogall in SK-StPO Rn. 38.

188 Rogall in SK-StPO Rn. 38.

189 Neubeck in KMR-StPO Rn. 23; Schmitt in Meyer-Goßner/Schmitt Rn. 27.

190 Rogall in SK-StPO Rn. 38.

191 BGH 16.7.1997 – 2 StR 545/96, BGHSt 43, 146 = NJW 1997, 2963 unter Aufgabe von BGH 3.1.1957 – 4 StR 410/56, BGHSt 10, 126 = NJW 1957, 550; OLG Dresden 11.2.1999 – 1 Ws 13/99, NStZ-RR 2000, 31; OLG Düsseldorf 19.2.1998 – 5 Ss 26/98, NStZ-RR 1998, 253; aA Gode NStZ 1989, 255.

192 BGH 16.7.1997 – 2 StR 545/96, BGHSt 43, 146 = NJW 1997, 2963 unter Aufgabe von BGH 3.1.1957 – 4 StR 410/56, BGHSt 10, 126 = NJW 1957, 550; OLG Dresden 11.2.1999 – 1 Ws 13/99, NStZ-RR 2000, 31; vgl. → Rn. 40.

die gebotene Entscheidung nach § 51 – die auch noch nach Erlass des Urteils möglich ist (→ Rn. 40) – zu treffen, zu verstehen sein.[193] Lehnt das Gericht es ab, dem Zeugen die Kosten mit Beschluss gemäß § 51 aufzuerlegen, kann der Angeklagte hiergegen Beschwerde einlegen.[194]

Auch die Beschwerde des Angeklagten gegen einen Beschluss, durch den die bereits angeordnete Pflicht des Zeugen, die durch sein Ausbleiben verursachten Kosten zu tragen, wieder aufgehoben wird, ist zulässig.[195] Der Angeklagte hat die Kosten einschließlich der notwendigen Auslagen des Zeugen im Beschwerdeverfahren zu tragen, wenn er sich erfolglos gegen die Aufhebung des Ordnungsmittelbeschlusses beschwert hat.[196] 55

Hat das Gericht einen Zeugen nicht zum Erscheinen gezwungen, kann darin eine mit der Revision zu rügende **Verletzung der Aufklärungspflicht** liegen.[197] Das Gericht kann zwar im Allgemeinen von der Ladung des Zeugen absehen, wenn dieser vorab schriftlich erklärt, er werde von seinem Zeugnisverweigerungsrecht Gebrauch machen; die Aufklärungspflicht gebietet dem Tatrichter aber, auf einem Erscheinen des Zeugen zu bestehen, wenn der Zeuge möglicherweise irrig davon ausging, kraft der Aussageverweigerung sei auch seine frühere Aussage vor einem Richter unverwertbar geworden.[198] 56

2. Rechtsmittel des Zeugen. Wendet sich ein Zeuge gegen den Beschluss, mit dem gegen ihn Ordnungsmittel festgesetzt worden sind, kann das entweder als Beschwerde gemäß § 304 oder als Aufhebungsantrag gemäß § 51 Abs. 2 S. 3 zu verstehen sein. Angesichts dessen, dass § 51 Abs. 2 S. 3 ein nachträgliches Entschuldigungsvorbringen voraussetzt, ist ein Vorbringen des Zeugen nach Erlass des Beschlusses nur dann als Aufhebungsantrag gemäß § 51 Abs. 2 S. 3 zu verstehen, wenn der Zeuge die Gründe für sein Nichterscheinen **erstmals nach Erlass des Beschlusses** gemäß § 51 Abs. 1 darlegt. Hat er dieselben Gründe bereits vor dem Termin, in dem er nicht erschienen ist, dargelegt, hat das Ausgangsgericht diese als ungenügend angesehen und deshalb Ordnungsmittel gegen den Zeugen verhängt und wiederholt der Zeuge nach Erlass des Beschlusses lediglich seine bereits vorher vorgebrachten Gründe, ohne dass er **neue Gründe** für sein Fernbleiben aufzeigt, ist sein Rechtsmittel nicht als Aufhebungsantrag nach § 51 Abs. 2 S. 2, sondern als Beschwerde nach § 304 zu verstehen.[199] Bringt der Zeuge nachträglich neue Einwendungen gegen den Beschluss vor, mit dem gegen ihn Ordnungsmittel festgesetzt worden sind, so hat das Gericht, das den Beschluss erlassen hat, dies als Aufhebungsantrag nach § 51 Abs. 2 S. 3 zu behandeln und diesbezüglich einen – dann erst beschwerdefähigen – Beschluss zu erlassen.[200] Fehlerhaft ist es demgegenüber, ohne eine solche Entscheidung die Akten sofort dem Beschwerdegericht vorzulegen. Das Beschwerdegericht kann eine ihm ohne eine Entscheidung über den Aufhebungsantrag übersandte Akte deshalb an das Erstgericht zur Nachholung dieser Entscheidung zurücksenden.[201] Nach überwiegend vertretener Auffassung soll es auch befugt sein, selbst in der Sache zu entscheiden.[202] Von der zuletzt genannten Möglichkeit 57

193 OLG Dresden 11.2.1999 – 1 Ws 13/99, NStZ-RR 2000, 31.
194 Huber in BeckOK StPO Rn. 28.
195 OLG Braunschweig 16.1.1967 – Ws 264/66, NJW 1967, 1381; Huber in BeckOK StPO Rn. 31; Eisenberg BeweisR StPO Rn. 1076.
196 Neubeck in KMR-StPO Rn. 25; Schmitt in Meyer-Goßner/Schmitt Rn. 28.
197 Huber in BeckOK StPO Rn. 33; Bader in KK-StPO Rn. 25; Schmitt in Meyer-Goßner/Schmitt Rn. 30; Rogall in SK-StPO Rn. 43.
198 BGH 2.2.1966 – 2 StR 471/65, BGHSt 21, 12 = NJW 1966, 742; Rogall in SK-StPO Rn. 1.
199 OLG Köln 22.12.2011 – 2 Ws 796/11, BeckRS 2012, 07652; nach OLG Jena 4.7.2005 – 1 Ws 212/05 sollen Fälle, in denen sich der Zeuge nur gegen die Art und die Höhe des Ordnungsmittels wendet, nicht in den Anwendungsbereich des § 51 Abs. 2 S. 3 fallen und deshalb von vornherein nur die Beschwerde möglich sein.
200 LG Berlin 28.9.1994 – 552 Qs 70/94, NStZ 1995, 508 mzustAnm Sander; Huber in BeckOK StPO Rn. 29; Otte in Radtke/Hohmann Rn. 18; Neubeck in KMR-StPO Rn. 24; Schmitt in Meyer-Goßner/Schmitt Rn. 28; Rogall in SK-StPO Rn. 41.
201 Sander NStZ 1995, 509.
202 LG Berlin 28.9.1994 – 552 Qs 70/94, NStZ 1995, 508 mzustAnm Sander; OLG Köln 26.3.2008 – 2 Ws 134/08, BeckRS 2008, 13505.

sollte aber in der Regel kein Gebrauch gemacht werden. Denn nur dann, wenn zunächst das Ausgangsgericht eine Entscheidung nach § 51 Abs. 2 S. 3 trifft, hat der Zeuge die Möglichkeit, selbst zu entscheiden, ob er trotz ablehnender Aufhebungsentscheidung des Tatrichters und der daraus ersichtlichen inhaltlichen Auseinandersetzung mit seinem Vorbringen das Kostenrisiko eines Beschwerdeverfahrens eingehen will.[203] Hat das Ausgangsgericht sich bereits in Form eines Nichtabhilfe- und Vorlagebeschlusses mit dem nachträglichen Entschuldigungsvorbringen des Zeugen auseinandergesetzt, erscheint es denkbar, dies als Entscheidung nach § 51 Abs. 2 S. 3 zu verstehen; eine Entscheidung des Beschwerdegerichts ist in einem solchen Fall aber solange nicht veranlasst, bis der Zeuge gegen diesen Beschluss Beschwerde eingelegt hat.[204]

58 Der Zeuge kann gegen die Festsetzung von Ungehorsamsfolgen nicht einwenden, die Ladung sei nicht erforderlich gewesen; zur Frage der **Zweckmäßigkeit der Vorladung** steht dem Zeugen kein eigenständiges Prüfungsrecht zu.[205] Die Beschwerde kann – ebenso wie der Aufhebungsantrag nach § 51 Abs. 2 S. 3 – auch noch nach der Vollstreckung des Ordnungsmittels[206] oder der Rechtskraft des Urteils[207] eingelegt werden.[208] Bei der Entscheidung gilt das **Verschlechterungsverbot** nach §§ 331, 358 Abs. 2 entsprechend.[209] Die Beschwerde kann auf die Höhe des Ordnungsgeldes oder der Ersatzordnungshaft beschränkt oder mit dem Ziel der Einstellung des Verfahrens eingelegt werden.[210] Die **weitere Beschwerde** gegen die Ersatzordnungshaft ist – anders als die weitere Beschwerde gegen die Erzwingungshaft gemäß § 70 Abs. 2[211] – unzulässig.[212] Hat die Staatsanwaltschaft das Ordnungsmittel verhängt, kann der Zeuge hiergegen nach § 161a Abs. 3 die gerichtliche Entscheidung beantragen. Ist die Beschwerde des Zeugen erfolgreich, trägt die Staatskasse die Kosten der Beschwerde einschließlich der notwendigen Auslagen des Zeugen.[213]

59 **3. Rechtsmittel der Staatsanwaltschaft.** Der Staatsanwaltschaft steht sowohl gegen den Anordnungs- als auch gegen den Ablehnungsbeschluss ohne weiteres die Beschwerde nach § 304 zu.[214]

§ 52 Zeugnisverweigerungsrecht der Angehörigen des Beschuldigten

(1) Zur Verweigerung des Zeugnisses sind berechtigt
1. der Verlobte des Beschuldigten;
2. der Ehegatte des Beschuldigten, auch wenn die Ehe nicht mehr besteht;
2a. der Lebenspartner des Beschuldigten, auch wenn die Lebenspartnerschaft nicht mehr besteht;
3. wer mit dem Beschuldigten in gerader Linie verwandt oder verschwägert, in der Seitenlinie bis zum dritten Grad verwandt oder bis zum zweiten Grad verschwägert ist oder war.

---

203 OLG Hamm 28.1.2010 – 2 Ws 17/10, BeckRS 2010, 11268, wo außerdem auf den dem Zeugen ansonsten drohenden Verlust einer Instanz abgestellt wird.
204 OLG Hamm 28.1.2010 – 2 Ws 17/10, BeckRS 2010, 11268.
205 Bader in KK-StPO Rn. 20.
206 KG 16.12.1999 – 4 Ws 175/99, NStZ-RR 2000, 145.
207 OLG Hamm 30.5.1956 – 3 Ws 189/56, NJW 1956, 1935.
208 Huber in BeckOK StPO Rn. 30; Neubeck in KMR-StPO Rn. 24; Rogall in SK-StPO Rn. 40.
209 Neubeck in KMR-StPO Rn. 24; Schmitt in Meyer-Goßner/Schmitt Rn. 28; Rogall in SK-StPO Rn. 40.
210 Rogall in SK-StPO Rn. 40.
211 KG 14.2.2008 – 3 Ws 31/08, StraFo 2008, 199; BGH 3.5.1989 – 4 StB 15/89, BGHSt 36, 192 = NJW 1989, 2702 = NStZ 1989, 384.
212 OLG Frankfurt a. M. 9.8.2000 – 2 Ws 102/00, NStZ-RR 2000, 382; BGH 3.5.1989 – 4 StB 15/89, BGHSt 36, 192 = NJW 1989, 2702 = NStZ 1989, 384; Huber in BeckOK StPO Rn. 28; Otte in Radtke/Hohmann Rn. 18; Neubeck in KMR-StPO Rn. 24; Schmitt in Meyer-Goßner/Schmitt Rn. 28; Rogall in SK-StPO Rn. 39.
213 Huber in BeckOK StPO Rn. 31; Neubeck in KMR-StPO Rn. 24.
214 Huber in BeckOK StPO Rn. 28; Neubeck in KMR-StPO Rn. 24; Bader in KK-StPO Rn. 20.

(2) [1]Haben Minderjährige wegen mangelnder Verstandesreife oder haben Minderjährige oder Betreute wegen einer psychischen Krankheit oder einer geistigen oder seelischen Behinderung von der Bedeutung des Zeugnisverweigerungsrechts keine genügende Vorstellung, so dürfen sie nur vernommen werden, wenn sie zur Aussage bereit sind und auch ihr gesetzlicher Vertreter der Vernehmung zustimmt. [2]Ist der gesetzliche Vertreter selbst Beschuldigter, so kann er über die Ausübung des Zeugnisverweigerungsrechts nicht entscheiden; das gleiche gilt für den nicht beschuldigten Elternteil, wenn die gesetzliche Vertretung beiden Eltern zusteht.

(3) [1]Die zur Verweigerung des Zeugnisses berechtigten Personen, in den Fällen des Absatzes 2 auch deren zur Entscheidung über die Ausübung des Zeugnisverweigerungsrechts befugte Vertreter, sind vor jeder Vernehmung über ihr Recht zu belehren. [2]Sie können den Verzicht auf dieses Recht auch während der Vernehmung widerrufen.

Schrifttum: Bruns, Das Verlöbnis des Heiratsschwindlers im Zivil-, Straf- und Prozessrecht, MDR 1953, 458; Dahs/Langkeit, Demontage des Zeugnisverweigerungsrechts?, StV 1992, 492; Dahs, Das Schweigerecht des Beschuldigten und seine Auskunftsverweigerung als „verdächtiger Zeuge", NStZ 1993, 213; Ebner/Müller, Zeugnisverweigerungsrecht gemäß § 52 StPO bei in der Bundesrepublik Deutschland geschlossener „Imam-Ehe", NStZ 2010, 657; Eisenberg/Zötsch, Der Zeugenbeweis im Strafverfahren – Tendenzen in der höchstrichterlichen Rechtsprechung, NJW 2003, 3676; Fezer, Grundfälle zum Verlesungs- und Verwertungsverbot im Strafprozess, JuS 1978, 325; Fischer, Die Fortwirkung von Zeugnisverweigerungsrechten nach Verfahrenstrennung, JZ 1992, 570; Füllkrug, Der Verlobte im Strafprozess, StV 1986, 37; Fürmann, Das Zeugnisverweigerungsrecht der StPO – eine Übersicht, JuS 2004, 303; Geppert, Der Zeugenbeweis, Jura 1991, 132; Gossrau, Unterlassen der Zeugenbelehrung als Revisionsgrund, MDR 1958, 468; Herold, Die Bedeutung der Verlobung aus strafprozessualer Sicht, JA 2014, 374 (Teil 1), 454 (Teil 2); Hoffmann, Zum Zeugnisverweigerungsrecht der Angehörigen eines Verstorbenen, MDR 1990, 111; Kett-Straub, Zeugnisverweigerungsrecht für Kinder auch gegenüber „Nenn-" und Pflegeeltern, ZRP 2005, 46; Kretschmer, Die nichteheliche Lebensgemeinschaft in ihren strafrechtlichen und strafprozessualen Problemen, JR 2008, 51; Kühl, Freie Beweiswürdigung des Schweigens des Angeklagten und der Untersuchungsverweigerung eines angehörigen Zeugen, JuS 1986, 115; Ladiges, Zeugnisverweigerungsrecht und Zwischenrechtsbehelf, JuS 2011, 226; Moldenhauer/Wenske, Aktuelle Entwicklungen der Rechtsprechung zum Recht der Zeugnisverweigerung, JA 2017, 860; Otto, Das Zeugnisverweigerungsrecht des Angehörigen im Verfahren gegen mehrere Beschuldigte, NStZ 1991, 220; Petersohn, Unterbliebene Belehrung im Vorverfahren und Berufung auf das Zeugnisverweigerungsrecht in der Hauptverhandlung, JuS 2004, 379; Prittwitz, Das Zeugnisverweigerungsrecht des Angehörigen und seine Wirkung für Mitbeschuldigte, NStZ 1986, 64; Radtke, Bestandskraft staatsanwaltschaftlicher Einstellungsverfügungen und die Identität des wiederaufgenommenen Verfahrens, NStZ 1999, 481; Rieß, Der Hauptinhalt des Ersten Gesetzes zur Reform des Strafverfahrensrechts, NJW 1975, 81; Rogall, Die Augenscheinseinnahme an zeugnisverweigerungsberechtigten Personen, MDR 1975, 813; Schaub, Zur Strafverfahrensproblematik bei minderjährigen Zeugen und Beschuldigten aus vormundschafsrichterlicher Sicht, FamRZ 1966, 134; Schimansky, Der Ausschluss des nicht beschuldigten Elternteils in § 52 Abs. 2 Satz 2 StPO, Festschrift für Pfeiffer 1988, 297; Schneider, Die strafprozessuale Beweiswürdigung des Schweigens von Beschuldigten und angehörigen Zeugen, Jura 1990, 572; Schöneborn, Die Beweisverbotsproblematik der § 52 Abs. 2, § 55 Abs. 2 StPO im Lichte des § 68 Satz 2 StPO, MDR 1974, 457; Schweckendieck, Eine Gesetzeslücke in § 52 Abs. 2 Satz 2 StPO?, NStZ 2008, 537; Sieg, Protokollformulare und Zeugenbelehrung, StV 1985, 130.

Übersicht

I. Allgemeines

1 **1. Normzweck.** Das Zeugnisverweigerungsrecht der in § 52 abschließend aufgeführten Angehörigen des Beschuldigten beruht auf der Erwägung, dass verwandtschaftliche Beziehungen eines Zeugen zum Beschuldigten den Zeugen, wenn er unbeschränkt aussagen müsste, vielfach in die **Zwangslage** brächten, entweder den mit ihm **verwandten Beschuldigen wahrheitsgemäß zu belasten** und damit zu dessen Verurteilung beizutragen **oder die Unwahrheit zu bekunden.**[1] Grund für das Zeugnisverweigerungsrecht ist auch der **Familienfrieden,** der nicht durch eine den Beschuldigten belastende Aussage des mit ihm verwandten Zeugen gestört werden soll.[2] Der Zeuge soll nicht gezwungen werden, zur Überführung eines Angehörigen beitragen zu müssen.[3] Dem trägt § 52 Rechnung und lässt das Interesse an ungehinderter Strafverfolgung hinter dem Interesse des Zeugen zurücktreten, nicht gegen einen Angehörigen aussagen zu müssen.[4] Außerdem besteht auch ein allgemeines Interesse daran, dass

[1] BVerfG 25.9.2003 – 2 BvR 1337/03, NStZ-RR 2004, 18; BGH 10.2.2021 – 6 StR 326/20, NStZ-RR 2021, 142; 5.1.1968 – 4 StR 425/67, BGHSt 22, 36 = NJW 1968, 559; 28.4.1961 – 4 StR 77/61, NJW 1961, 1484; Bader in KK-StPO Rn. 1; Eschelbach in Satzger/Schluckebier/Widmaier StPO Rn. 1; Neubeck in KMR-StPO Rn. 1; Schmitt in Meyer-Goßner/Schmitt Rn. 1.

[2] BGH 29.10.1991 – 1 StR 334/90, BGHSt 38, 96 = NStZ 1992, 195; 21.1.1958 – GSSt 4/57, BGHSt 11, 213 = NJW 1958, 557; Ignor/Bertheau in Löwe/Rosenberg Rn. 1; Eschelbach in Satzger/Schluckebier/Widmaier StPO Rn. 1.

[3] BGH 1.8.2018 – 1 BGs 324/18, NStZ-RR 2018, 319; Schmitt in Meyer-Goßner/Schmitt Rn. 1.

[4] BVerfG 25.9.2003 – 2 BvR 1337/03, NStZ-RR 2004, 18; BGH 5.1.1968 – 4 StR 425/67, BGHSt 22, 36 = NJW 1968, 559; 28.4.1961 – 4 StR 77/61, NJW 1961, 1484.

der Zeuge ohne seine Zustimmung nicht zu einer Aussage gegen einen Angehörigen gezwungen wird.[5] Das allgemeine Persönlichkeitsrecht des Zeugen schützt nicht nur seine Freiheit, gemäß § 52 die Aussage betreffend einen Angehörigen verweigern zu können, sondern erfasst auch die Möglichkeit, bereits getätigte Aussagen gemäß § 252 dem Strafverfahren zumindest in weitem Umfang wieder zu entziehen; das Zeugnisverweigerungsrecht des § 52 wird **ergänzt durch § 252,** der die weitgehende Unververtbarkeit früherer Aussagen eines Zeugen normiert, sobald dieser zu einem späteren Zeitpunkt in der Hauptverhandlung von seinem Zeugnisverweigerungsrecht Gebrauch macht.[6] Das Zeugnisverweigerungsrecht besteht generell bei Vorliegen des vom Gesetz genannten Angehörigenverhältnisses und ist nicht auf belastende Aussagen beschränkt.[7]

Für das Bestehen des Zeugnisverweigerungsrechts nach § 52 **genügt die äußere potentielle Konfliktlage,** in die die familiären Beziehungen den Zeugen stellen; ob er diesen Widerstreit im konkreten Fall tatsächlich empfindet und ob er sich durch ihn zur Zeugnisverweigerung veranlasst sieht, ist unerheblich.[8] Der zeugnisverweigerungsberechtigte Zeuge darf daher seine Entscheidung, nicht auszusagen, auch auf Gründe stützen, die mit der genannten potentiellen Zwangslage in keinem Zusammenhang stehen.[9] Das Zeugnisverweigerungsrecht ist nach vorherrschender Auffassung **nicht zum Schutz der Wahrheitsfindung bestimmt;** es dient nach überwiegender Meinung daher auch **nicht dem Schutz des Beschuldigten** vor konfliktbehafteten und damit möglicherweise im Beweiswert geminderten Aussagen.[10] Ob der Beschuldigte die Vernehmung des Zeugen beantragt, auf das Zeugnisverweigerungsrecht verzichtet oder der Verwertung einer ohne Belehrung über das Zeugnisverweigerungsrecht erfolgten Zeugenvernehmung zustimmt, ist daher unerheblich.[11] Die Vorschrift stellt keine Ausprägung des nemo-tenetur-Grundsatzes dar, weil das Verbot, jemanden zur Selbstbelastung zu zwingen, nicht ohne Weiteres auf Fremdbelastungen übertragen werden kann.[12] Die ohne ein Zeugnisverweigerungsrecht vorliegende Missachtung des Vertrauensverhältnisses zwischen dem Beschuldigten und seinen Angehörigen stellte aber einen Verstoß gegen das Recht des Beschuldigten auf ein faires Verfahren dar.[13] 2

2. Überblick über Inhalt und Reichweite des Zeugnisverweigerungsrechts. Der Zeuge ist unbeschadet eines ihm zukommenden Zeugnisverweigerungsrechts **zum Erscheinen zur Vernehmung** wie jede andere Beweisperson **verpflichtet** (§ 48 Abs. 1 S. 1, § 161a Abs. 1 S. 1, § 163 Abs. 3 S. 1).[14] Die Erscheinenspflicht wird durch § 52 nicht berührt. Denn 3

[5] BGH 5.1.1968 – 4 StR 425/67, BGHSt 22, 36 = NJW 1968, 559; 28.4.1961 – 4 StR 77/61, NJW 1961, 1484; Bader in KK-StPO Rn. 1.

[6] BVerfG 25.9.2003 – 2 BvR 1337/03, NStZ-RR 2004, 18; Bader in KK-StPO Rn. 43a; Ignor/Bertheau in Löwe/Rosenberg Rn. 1.

[7] BGH 29.10.1991 – 1 StR 334/90, BGHSt 38, 96 = NStZ 1992, 195; Ignor/Bertheau in Löwe/Rosenberg Rn. 1; Neubeck in KMR-StPO Rn. 1; Eisenberg BeweisR StPO Rn. 1212.

[8] BGH 19.8.1981 – 3 StR 226/81, NJW 1981, 2825; 12.3.1960 – 2 StR 44/60, BGHSt 14, 159 = NJW 1962, 1396; Bader in KK-StPO Rn. 1; Gercke in Gercke/Julius/Temming/Zöller Rn. 3; Ignor/Bertheau in Löwe/Rosenberg Rn. 1; Schmitt in Meyer-Goßner/Schmitt Rn. 1; Eisenberg BeweisR StPO Rn. 1212; Fürmann Jus 2004, 303.

[9] BGH 19.8.1981 – 3 StR 226/81, NJW 1981, 2825.

[10] BGH 28.4.1961 – 4 StR 77/61, NJW 1961, 1484; 21.1.1958 – GSSt 4/57, BGHSt 11, 213 = NJW 1958, 557; Bader in KK-StPO Rn. 1; Eschelbach in Satzger/Schluckebier/Widmaier StPO Rn. 1; Neubeck in KMR-StPO Rn. 1; Otte in Radtke/Hohmann Rn. 1; Rogall in SK-StPO Rn. 12; Schmitt in Meyer-Goßner/Schmitt Rn. 1; Eisenberg BeweisR StPO Rn. 1211; Schöneborn MDR 1974, 457. AA BGH 18.10.1957 – 5 StR 383/57, BGHSt 10, 393 = NJW 1957, 1808; Gossrau MDR 1958, 468; Hoffmann MDR 1990, 111; Kett-Straub ZRP, 2005, 46; Kühl JuS 1986, 116.

[11] Gercke in Gercke/Julius/Temming/Zöller Rn. 3; Ignor/Bertheau in Löwe/Rosenberg Rn. 1; Neubeck in KMR-StPO Rn. 1; Schmitt in Meyer-Goßner/Schmitt Rn. 1; Eisenberg BeweisR StPO Rn. 1212.

[12] Gercke in Gercke/Julius/Temming/Zöller Rn. 1; Kühl JuS 1986, 115. AA Rogall in SK-StPO Rn. 8 mwN.

[13] BVerfG 1.3.2000 – 2 BvR 2017 u. 2039/94, NStZ 2000, 490 mAnm Rogall; Gercke in Gercke/Julius/Temming/Zöller Rn. 2.

[14] Bader in KK-StPO Rn. 2; Huber in BeckOK StPO § 51 Rn. 1; Neubeck in KMR-StPO Rn. 2; Otte in Radtke/Hohmann § 51 Rn. 3; Schmitt in Meyer-Goßner/Schmitt Rn. 2; Eisenberg BeweisR StPO Rn. 1055; Geppert JURA 1991, 132.

insofern ist stets die Möglichkeit in Rechnung zu stellen, dass ein zeugnisverweigerungsberechtigter Zeuge sich in der Vernehmungssituation ungeachtet des ihm zukommenden Aussageverweigerungsrechts zu einer Aussage entschließt (vgl. aber → Rn. 6, → Rn. 71 f.).

4 Das Zeugnisverweigerungsrecht besteht **während des gesamten Verfahrens,** also nicht nur bei **Vernehmungen in der Hauptverhandlung,** sondern auch bei Vernehmungen durch die **Polizei** (§ 163 Abs. 3 S. 2), die **Staatsanwaltschaft** (§ 161a Abs. 1 S. 2) oder den **Ermittlungsrichter.**[15]

5 Der zeugnisverweigerungsberechtigte Zeuge ist **nur befugt, Angaben zur Sache zu verweigern;** Angaben zur Person (§ 68) darf er dagegen nicht verweigern.[16] In der Sache allerdings ist das Zeugnisverweigerungsrecht umfassend und **berechtigt** – anders das Auskunftsverweigerungsrecht nach § 55 – dazu, **Bekundungen zur Sache insgesamt** und nicht nur hinsichtlich einzelner Fragen **zu verweigern.**[17] Der Zeuge kann von seinem Recht aber auch nur teilweise Gebrauch machen, etwa, indem er lediglich hinsichtlich bestimmter Lebenssachverhalte oder Themenkomplexe Bekundungen ablehnt, im Übrigen aber aussagt (näher hierzu → Rn. 34, → Rn. 46). Der zeugnisverweigerungsberechtigte Zeuge kann zudem eine unter Verzicht auf sein Aussageverweigerungsrecht begonnene Aussage jederzeit unter Berufung auf sein Zeugnisverweigerungsrecht abbrechen und beenden, also seine **Entscheidung,** ungeachtet des ihm zukommenen Zeugnisverweigerungsrechts **auszusagen, jederzeit revidieren** (näher hierzu → Rn. 35, → Rn. 47). Entscheidet sich der Zeuge auszusagen, unterliegt er aber wie jeder andere Zeuge der **Wahrheitspflicht,** soweit er Angaben macht.[18] Hat er sich zur Aussage entschieden, kann er die **Beeidigung gemäß § 61 verweigern.**[19]

6 Auf Vernehmung eines Zeugen gerichtete **Beweisanträge dürfen nicht schon wegen eines** ihm zukommenden **Zeugnisverweigerungsrechts** (nach § 244 Abs. 3 S. 3 Nr. 4) **abgelehnt werden.** Das gilt auch dann, wenn der Zeuge bereits gegenüber Dritten[20] erklärt hat, er sei nicht zur Aussage bereit.[21] Denn es kann nicht ohne Weiteres davon ausgegangen werden, dass ein Zeuge von einem ihm zukommenden Zeugnisverweigerungsrecht in der konkreten Vernehmungssituation, gegebenenfalls konfrontiert mit den gegen den Beschuldigten erhobenen Tatvorwürfen und bisherigen Ermittlungs- und Beweisergebnissen, tatsächlich Gebrauch macht. Anderes gilt jedoch, wenn der Zeuge seine fehlende Aussagebereitschaft bereits bei einer richterlichen Vernehmung erklärt hat und keine Anhaltspunkte für einen Sinneswandel vorliegen.[22] Abweichendes gilt ferner, wenn ein anwaltlicher Beistand des Zeugen der vernehmenden Stelle mitteilt, der von ihm beratene Zeuge werde im Falle seiner Vorladung von seinem Zeugnisverweigerungsrecht Gebrauch machen, und kein Anlass für die Annahme besteht, der Zeuge werde von dieser Entscheidung wieder abrücken,[23] oder aber der aussageverweigerungsrechtigte Zeuge dem Gericht im unmittelbaren Vorfeld seiner Vernehmung – namentlich in Reaktion auf eine bereits erfolgte Ladung – selbst schriftlich oder telefonisch mitteilt, definitiv von seinem Zeugnisverweigerungsrecht Gebrauch zu machen.[24] Dann kann der Zeuge als **ungeeignetes**

---

15 Bader in KK-StPO Rn. 9; Ignor/Bertheau in Löwe/Rosenberg Rn. 2; Otte in Radtke/Hohmann Rn. 3.

16 Bader in KK-StPO Rn. 2; Ignor/Bertheau in Löwe/Rosenberg Rn. 2; Otte in Radtke/Hohmann Rn. 2; Fürmann JuS 2004, 303; Geppert JURA 1991, 134.

17 BGH 20.6.1979 – 2 StR 63/79, BGHSt 29, 23 = NJW 1980, 67; 21.1.1958 – GSSt 4/57, BGHSt 11, 213 = NJW 1958, 557; OLG München 23.4.2009 – 4 StRR 27/09, BeckRS 2009, 11744; Ignor/Bertheau in Löwe/Rosenberg Rn. 1.

18 Bader in KK-StPO Rn. 2; Otte in Radtke/Hohmann Rn. 2.

19 Bader in KK-StPO Rn. 2.

20 BGH 24.7.1979 – 1 StR 157/79, BeckRS 1979, 298.

21 Bader in KK-StPO Rn. 22; Gercke in Gercke/Julius/Temming/Zöller Rn. 4; Schmitt in Meyer-Goßner/Schmitt Rn. 2, 14.

22 Gercke in Gercke/Julius/Temming/Zöller Rn. 4; Schmitt in Meyer-Goßner/Schmitt Rn. 2.

23 BGH 13.8.2003 – 1 StR 280/03, BeckRS 2003, 07578; 18.7.2007 – 1 StR 296/07, NStZ 2007, 712; Bader in KK-StPO Rn. 22; Schmitt in Meyer-Goßner/Schmitt Rn. 14. Vgl. auch BGH 7.3.1995 – 1 StR 523/95, StV 1996, 81; 16.10.1985 – 2 StR 563/84, NStZ 1986, 181.

24 BGH 18.7.2007 – 1 StR 296/07, NStZ 2007, 712; Bader in KK-StPO Rn. 43; Schmitt in Meyer-Goßner/Schmitt Rn. 31a.

Beweismittel im Sinne von **§ 244 Abs. 3 S. 3 Nr. 4** angesehen werden.[25] In diesen Konstellationen, in denen als gesichert gelten kann, dass der Zeuge sich bei einer Vernehmung auf das ihm zukommende Zeugnisverweigerungsrecht berufen wird, bliebe es ohne jeden Gewinn, ihn gleichwohl zu einem Erscheinen zur Vernehmung zu veranlassen, so dass Beweisanträge auf seine Vernehmung nach § 244 Abs. 3 S. 3 Nr. 4 abgelehnt werden dürfen. Auch die **Amtsaufklärungspflicht** des § 244 Abs. 2 greift in diesen – eng zu fassenden – Fällen nicht (näher hierzu → Rn. 71 f.).

§ 52 wird für **Untersuchungen** und **Beschlagnahmen** durch die § 81c Abs. 3 S. 1 und § 97 Abs. 1 Nr. 1 ergänzt. Außerdem steht die Vorschrift in engem Zusammenhang mit § 252, welcher die Zulässigkeit der Einführung und Verwertung früherer Vernehmungen des in der Hauptverhandlung das Zeugnis verweigernden Zeugen regelt. **7**

II. Zeugnisverweigerungsberechtigte Personen

Das Zeugnisverweigerungsrecht steht den in § 52 genannten Personen nur zu, wenn sie gerade **in ihrer Eigenschaft als Zeuge vernommen** werden.[26] Werden sie als Mitbeschuldigte vernommen, steht ihnen kein Zeugnisverweigerungsrecht zu, weil sie sich nicht in der vom Gesetz vorausgesetzten Zwangslage befinden, nachdem sie als Mitbeschuldigte ohnehin von ihrem Schweigerecht Gebrauch machen können und falsche Aussagen von Mitbeschuldigten nicht strafbar sind.[27] **8**

1. Verlobte. a) Begriff des Verlöbnisses. Der Begriff des Verlöbnisses wird in der Strafprozessordnung nicht näher umschrieben. Im Strafprozessrecht sind die zivilrechtlichen Wirksamkeitsvoraussetzungen des Verlöbnisses für die Anerkennung eines Zeugnisverweigerungsrechts nicht maßgeblich; es gilt ein **selbständiger strafrechtlicher Verlöbnisbegriff.**[28] Das Zeugnisverweigerungsrecht besteht deshalb auch dann, wenn das Verlöbnis zivilrechtlich unwirksam ist, etwa beim Verlöbnis eines Minderjährigen ohne Zustimmung des gesetzlichen Vertreters.[29] Das Verlöbnis ist das **gegenseitige, von beiden Seiten ernstgemeinte und fortgeltende Eheversprechen.**[30] Das **Geschlecht der Partner ist irrelevant;** gleichgeschlechtliche Partner können sich ebenso mit der Folge eines Zeugnisverweigerungsrechts verloben wie verschiedengeschlechtliche Menschen.[31] Fehlt bei einem Partner, etwa einem Heiratsschwindler, die Ernsthaftigkeit des Eheversprechens, liegt unabhängig davon, ob der andere hiervon Kenntnis hat, kein Verlöbnis vor.[32] Gleiches gilt, wenn ein Partner den Heiratswillen nachträglich einseitig aufgibt, und zwar auch dann, wenn der andere Partner davon keine Kenntnis erlangt.[33] Ein Eheversprechen, das an eine Bedingung **9**

[25] BGH 22.12.1981 – 5 StR 662/81, NStZ 1982, 126; 2.2.1966 – 2 StR 471/65, BGHSt 21, 12 = NJW 1966, 742 mAnm Seydel; Eschelbach in Satzger/Schluckebier/Widmaier StPO Rn. 6; Ignor/Bertheau in Löwe/Rosenberg Rn. 38.

[26] Bader in KK-StPO Rn. 3; Otte in Radtke/Hohmann Rn. 4.

[27] BGH 15.8.1952 – 3 StR 267/52, BGHSt 3, 149 = NJW 1952, 1265; Bader in KK-StPO Rn. 3; Otte in Radtke/Hohmann Rn. 4; Eisenberg BeweisR StPO Rn. 1120.

[28] Bader in KK-StPO Rn. 10; Otte in Radtke/Hohmann Rn. 5; Rogall in SK-StPO Rn. 23; Bruns MDR 1953, 458; Geppert JURA 1991, 134.

[29] BayObLG 17.12.1983 – 1 St 272/82, NJW 1983, 831 mkritAnm Strätz JR 1984, 127; Bader in KK-StPO Rn. 10; Ignor/Bertheau in Löwe/Rosenberg Rn. 4; Neubeck in KMR-StPO Rn. 2; Otte in Radtke/Hohmann Rn. 5; Eisenberg BeweisR StPO Rn. 1213.

[30] BGH 2.10.1985 – 2 StR 348/85, NStZ 1986, 84; 30.5.1972 – 4 StR 180/72, NJW 1972, 1334; 21.10.1952 – 1 StR 388/52, BGHSt 3, 215 = NJW 1952, 1422 mAnm Bruns MDR 1953, 458; Bader in KK-StPO Rn. 10; Otte in Radtke/Hohmann Rn. 5; Schmitt in Meyer-Goßner/Schmitt Rn. 4.

[31] Bader in KK-StPO Rn. 10.

[32] BGH 28.5.2003 – 2 StR 445/02, BGHSt 48, 294 = NJW 2003, 2619 mablAnm Eisenberg/Zötsch NJW 2003, 3676 und zustAnm Petersohn JuS 2004, 379; 21.10.1952 – 1 StR 388/52, BGHSt 3, 215 = NJW 1952, 1422; Neubeck in KMR-StPO Rn. 5; Otte in Radtke/Hohmann Rn. 5; Schmitt in Meyer-Goßner/Schmitt Rn. 4; Eisenberg BeweisR StPO Rn. 1213; Geppert JURA 1991, 134.

[33] BGH 21.10.1952 – 1 StR 388/52, BGHSt 3, 215 = NJW 1952, 1422; Bader in KK-StPO Rn. 12; Ignor/Bertheau in Löwe/Rosenberg Rn. 5.

geknüpft ist, stellt kein Verlöbnis dar.[34] Das Verlöbnis ist **an keine Form gebunden;** auch die Bekanntgabe in der Öffentlichkeit ist nicht erforderlich.[35]

10 **Unterschiede zum Verlöbnisbegriff des BGB** ergeben sich damit vor allem im Fall des Verlöbnisses eines Minderjährigen ohne Zustimmung seines gesetzlichen Vertreters sowie dann, wenn ein Verlobter seinen Heiratswillen nachträglich einseitig und ohne Kundgabe dem anderen gegenüber aufgibt. Denn nach dem BGB setzt der Rücktritt vom Verlöbnis eine Willenserklärung gegenüber dem anderen Teil voraus;[36] zudem kann der Minderjährige sich ohne Zustimmung seines gesetzlichen Vertreters nicht wirksam verloben.[37] Auch wenn das mit Blick auf die Einheitlichkeit der Rechtsordnung zunächst befremden mag, findet der vom materiellen Zivilrecht gelöste strafrechtliche Verlöbnisbegriff seine Rechtfertigung im Gesetzeszweck des § 52 Abs. 1, der unter anderem darin liegt, Angehörige des Beschuldigten nicht in schwer lösbare Konfliktlagen zu bringen.[38] Solche können aber unabhängig davon bestehen, ob das Verlöbnis nach dem BGB als wirksam zu behandeln ist oder nicht.[39] **Wertungswidersprüche** zwischen der Zivilprozessordnung und der Strafprozessordnung ergeben sich nicht,[40] wenn man entsprechend der überwiegend vertretenen Auffassung im zivilprozessualen Schrifttum für das Zeugnisverweigerungsrecht des Verlobten nach § 383 Abs. 1 Nr. 1 ZPO – ebenfalls mit Blick auf den Gesetzeszweck – das Vorliegen eines nach den Vorschriften des BGB wirksamen Verlöbnisses nicht für erforderlich hält.[41]

11 **b) Unwirksamkeitsgründe.** Das Verlöbnis ist nach allgemeiner Ansicht bei einem **Verstoß gegen das Gesetz oder die guten Sitten** (auch) in strafprozessualer Hinsicht unwirksam. Das ist zum Beispiel der Fall, wenn einer der Partner noch **anderweitig verlobt** ist.[42] In der Eingehung eines neuen Verlöbnisses kann allerdings die einseitige Aufgabe des Heiratswillens hinsichtlich des bisherigen Verlöbnisses liegen, mit der Folge, dass ein Verstoß gegen die guten Sitten nicht vorliegt und fortan nur das neue Verlöbnis ein Zeugnisverweigerungsrecht zu begründen vermag.[43] Ist einer der Partner noch **anderweitig verheiratet,** verstößt das neu eingegangene Verlöbnis prinzipiell gegen die guten Sitten und vermag daher grundsätzlich kein Zeugnisverweigerungsrecht nach § 52 Abs. 1 Nr. 1 zu begründen.[44] Umstritten und höchstrichterlich noch nicht entschieden ist allerdings, ob das auch dann gilt, wenn der anderweitig verheiratete Partner aktiv das Scheidungsverfahren betreibt[45] oder bereits ein Scheidungsurteil erster Instanz ergangen ist.[46] Nicht ausreichend ist nach der Rechtsprechung des BGH jedenfalls, dass der Zeuge lediglich das Mandat zur Stellung eines Scheidungsantrags erteilt hat.[47] Nach teilweise vertretener Auffassung soll es

---

34 Ignor/Bertheau in Löwe/Rosenberg Rn. 5.

35 BGH 30.5.1972 – 4 StR 180/72, NJW 1972, 1334; Bader in KK-StPO Rn. 10; Ignor/Bertheau in Löwe/Rosenberg Rn. 4; Schmitt in Meyer-Goßner/Schmitt Rn. 4; Eisenberg BeweisR StPO Rn. 1213.

36 Roth in MüKoBGB § 1298 Rn. 2; Füllkrug StV 1986, 37.

37 Roth in MüKoBGB § 1297 Rn. 8; Füllkrug StV 1986, 37.

38 Vgl. zum Normzweck im Einzelnen → Rn. 1.

39 So auch Rogall in SK-StPO Rn. 23 mwN.

40 So aber Bruns MDR 1953, 458, der für das Zeugnisverweigerungsrecht nach der ZPO vom Verlöbnisbegriff des BGB ausgeht.

41 So etwa Berger in Stein/Jonas ZPO § 383 Rn. 26; Damrau in MüKoZPO § 383 Rn. 13.

42 Bader in KK-StPO Rn. 10; Gercke in Gercke/Julius/Temming/Zöller Rn. 5; Neubeck in KMR-StPO Rn. 5; Otte in Radtke/Hohmann Rn. 5; Schmitt in Meyer-Goßner/Schmitt Rn. 4; Eisenberg BeweisR StPO Rn. 1213.

43 Rogall in SK-StPO Rn. 23.

44 BGH 17.5.1983 – 1 StR 160/83, NStZ 1983, 564 mAnm Pelchen.

45 Für diesen Fall ein wirksames neues Verlöbnis bejahend LG Duisburg 28.3.1950 – 4 Ls 3/49, NJW 1950, 714 sowie Ignor/Bertheau in Löwe/Rosenberg Rn. 5.

46 Für diesen Fall ein wirksames neues Verlöbnis verneinend LG Nürnberg-Fürth 19.6.1956 – 6 SH 3/56, MDR 1956, 609. Offen gelassen von BGH 21.10.1993 – 1 StR 635/93, BGHR StPO § 52 Abs. 1 Nr. 1; 16.7.1985 – 1 StR 264/85, NStZ 1986, 206; 27.5.1983 – 3 StR 174/83, NStZ 1984, 15; 17.5.1983 – 1 StR 160/83, NStZ 1983, 564 sowie von OLG Celle 18.8.1983 – 2 Ws 164/83, MDR 1983, 1045. Ein wirksames neues Verlöbnis bejahend Ignor/Bertheau in Löwe/Rosenberg Rn. 5; Rogall in SK-StPO Rn. 26.

47 BGH 21.10.1993 – 1 StR 635/93, BGHR StPO § 52 Abs. 1 Nr. 1 = NStZ 1994, 227.

für ein in strafprozessualer Hinsicht wirksames Verlöbnis genügen, dass der Ehegatte einen Grund zur Scheidung hat und diese bereits gerichtlich eingeleitet ist[48] oder eine mindestens dreijährige Trennungsfrist abgelaufen ist und der Zeuge den Scheidungsantrag gestellt hat.[49] Richtigerweise ist jedoch ein **neues Verlöbnis bis zur rechtskräftigen Scheidung der bisherigen Ehe unwirksam** und führt daher zu keinem Zeugnisverweigerungsrecht.[50] Der Schutz des Art. 6 GG gilt nicht nur für die intakte Ehe, sondern auch für die gescheiterte Ehe, deren Scheidung bereits betrieben wird; auch bei einer solchen Ehe würde die strafprozessuale Anerkennung eines Verlöbnisses mit einem Dritten die nicht auszuschließende Möglichkeit einer Versöhnung der Ehegatten und einer Wiederherstellung der ehelichen Lebensgemeinschaft beeinträchtigen, der Scheidung also in einer mit der Rechtsordnung nicht zu vereinbarenden Weise vorgreifen.[51] Hinzu kommt, dass auch dann, wenn bereits ein Scheidungsurteil erster Instanz vorliegt, nicht absehbar ist, ob dieses im Instanzenzug Bestand haben wird.[52] **Verfassungsrechtlich** ist die Ablehnung eines Zeugnisverweigerungsrechts nach § 52 Abs. 1 Nr. 1 mit der Begründung, wegen der rechtlich noch bestehenden Ehe sei das Verlöbnis unwirksam, unbedenklich.[53]

c) Maßgeblicher Zeitpunkt. Das Verlöbnis muss zum **Zeitpunkt der Aussage** 12
bestehen.[54] Nicht erforderlich ist, dass das Verlöbnis auch schon zum Zeitpunkt der Tat, zu der ausgesagt werden soll, bestanden hat. Anders als bei Ehegatten und Lebenspartnern ist nicht ausreichend, dass früher ein Verlöbnis mit dem Beschuldigten bestand, das mittlerweile aufgelöst worden ist.[55] Wurde der Zeuge bereits vernommen und ist er danach zeugnisverweigerungsberechtigt geworden, richtet sich die Zulässigkeit der Verwertung seiner früheren Aussage nach § 252.

d) Feststellung des Vorliegens eines Verlöbnisses. Die Feststellung, ob ein zur 13
Zeugnisverweigerung berechtigendes Verlöbnis besteht, obliegt – wie generell die Feststellung des Vorliegens eines Zeugnisverweigerungsrechts nach § 52 – in der Hauptverhandlung bei Kollegialgerichten dem **Vorsitzenden** als Maßnahme der Verhandlungsleitung nach § 238 Abs. 1.[56] Insofern gilt, da es sich um eine Verfahrensfrage handelt, die nicht unmittelbar die Schuld- oder Rechtsfolgenfeststellungen betrifft, das **Freibeweisverfahren.**[57]

Weil das Verlöbnis ein allein vom Willen der beiden Partner abhängiges, an keine Form 14
gebundenes Rechtsverhältnis ist, dessen Auflösung in strafprozessualer Hinsicht sogar dann erfolgt, wenn einer der Beteiligten einseitig und ohne Kundgabe an den anderen den Heiratswillen aufgibt (→ Rn. 9),[58] kann die Feststellung, ob ein wirksames Verlöbnis besteht, oft nur aufgrund der Angaben der Personen getroffen werden, die das Verlöbnis geschlossen haben wollen.[59] Diese haben häufig ein erhebliches Interesse, ein tatsächlich nicht bestehendes Verlöbnis vorzuspiegeln, damit nahestehende Personen nicht als Zeugen

---

48 LG Duisburg 28.3.1950 – 4 Ls 3/49, NJW 1950, 714; Gercke in Gercke/Julius/Temming/Zöller Rn. 5.
49 Füllkrug StV 1986, 37.
50 So überzeugend BayObLG 17.12.1983 – 1 St 272/82, NJW 1983, 831 mkritAnm Strätz JR 1984, 127; Bader in KK-StPO Rn. 10; Huber in BeckOK StPO Rn. 3; Neubeck in KMR-StPO Rn. 5; Otte in Radtke/Hohmann Rn. 5; Schmitt in Meyer-Goßner/Schmitt Rn. 4; Eisenberg BeweisR StPO Rn. 1213.
51 BayObLG 17.12.1983 – 1 St 272/82, NJW 1983, 831 mkritAnm Strätz JR 1984, 127; LG Nürnberg-Fürth 19.6.1956 – 6 SH 3/56, MDR 1956, 609.
52 Bader in KK-StPO Rn. 10.
53 BVerfG 21.7.1987 – 2 BvR 744/87, NJW 1987, 2807.
54 BGH 10.6.1969 – 1 StR 85/69, BGHSt 23, 16 = NJW 1969, 1633; Bader in KK-StPO Rn. 12; Otte in Radtke/Hohmann Rn. 5; Rogall in SK-StPO Rn. 21; Schmitt in Meyer-Goßner/Schmitt Rn. 4.
55 BGH 10.6.1969 – 1 StR 85/69, BGHSt 23, 16 = NJW 1969, 1633; Bader in KK-StPO Rn. 12; Gercke in Gercke/Julius/Temming/Zöller Rn. 6; Ignor/Bertheau in Löwe/Rosenberg Rn. 5; Rogall in SK-StPO Rn. 21.
56 BGH 9.3.2010 – 4 StR 606/09, BGHSt 55, 65 = NStZ 2010, 461; Schmitt in Meyer-Goßner/Schmitt Rn. 4a.
57 Mosbacher JuS 2010, 689.
58 BGH 9.3.2010 – 4 StR 606/09, BGHSt 55, 65 = NStZ 2010, 461.
59 Mosbacher JuS 2010, 689.

vernommen werden können. Das Verlöbnis ist deshalb besonders missbrauchsanfällig.[60] Dennoch darf das Gericht der **einfachen Erklärung der Beweisperson,** sie sei mit dem Angeklagten verlobt, ohne Weiteres glauben, solange ihm keine gegenteiligen Anhaltspunkte bekannt sind.[61] Von der Rechtsprechung nicht einheitlich beantwortet wird die Frage, ob der Tatrichter bei Anhaltspunkten gegen das Bestehen eines behaupteten Verlöbnisses eine **Glaubhaftmachung nach § 56,** insbesondere die **eidliche Versicherung des Zeugen,** verlangen muss oder ob ihm insofern ein Ermessen zusteht. Nach einer älteren BGH-Entscheidung soll die eidliche Versicherung im Regelfall geboten sein, wenn der Richter den Angaben des Zeugen, die ein Verlöbnisses nicht schlechthin ausschließen, nicht folgen will und die Richtigkeit der Zeugenerklärung nicht durch völlig eindeutige Tatsachen bereits widerlegt ist.[62] Ob hieran festzuhalten sei, wurde in einer späteren BGH-Entscheidung ausdrücklich offen gelassen; eine eidliche Versicherung sei jedenfalls nicht geboten, wenn sich der Zeuge zwar aus seiner Sicht als verlobt betrachte, andererseits aber feststehe, dass ein beiderseitig ernstgemeintes Eheversprechen nicht bestanden habe.[63] In einer weiteren Entscheidung wurde die eidliche Versicherung der Zeugin aufgrund der besonderen Umstände des Einzelfalls für erforderlich gehalten.[64] Zuletzt hat der BGH ohne ausdrückliche Aufgabe der bisherigen Rechtsprechung entschieden, die Feststellung, ob eine Zeugin Verlobte des Angeklagten sei, unterliege als Maßnahme der Verhandlungsleitung gemäß § 238 Abs. 1 nach Maßgabe der Umstände des Einzelfalls der wertenden Beurteilung des Vorsitzenden, der die relevanten Umstände festzustellen habe und bei Zweifeln am Bestehen des Verlöbnisses nach seinem Ermessen eine Glaubhaftmachung gemäß § 56, insbesondere die eidliche Versicherung des Zeugen, verlangen könne.[65]

15 Die Feststellung des Vorsitzenden, es liege kein Verlöbnis vor, ist – weil es sich insofern um eine wertende Beurteilung handelt, die Entscheidungsspielräume offenlässt – nach **§ 238 Abs. 2** angreifbar; diesen **Zwischenrechtsbehelf** müssen Verfahrensbeteiligte ergreifen, um Rechtsfehler in der Revision rügen zu können (→ Rn. 83).[66]

16 Bei der Entscheidung, ob die ein Verlöbnis begründenden Tatsachen glaubhaft gemacht sind, **gilt der Zweifelssatz nicht.**[67] Kann sich das Gericht nicht davon überzeugen, dass ein Verlöbnis besteht, ist der Zeuge deshalb zu vernehmen; nur ein positiv festgestelltes Verlöbnis begründet das Zeugnisverweigerungsrecht nach § 52 Abs. 1 Nr. 1. Fehlende Erörterungen zum Bestehen eines Verlöbnisses im Urteil sind kein Revisionsgrund; **Urteilsfeststellungen** sind insoweit **nicht vorgeschrieben.**[68]

17 **2. Ehegatten.** Dem Ehegatten des Beschuldigten kommt nach **§ 52 Abs. 1 Nr. 2** ein Zeugnisverweigerungsrecht zu. Irrelevant ist, ob es sich um eine Ehe verschiedengeschlechtlicher oder gleichgeschlechtlicher Partner handelt.[69] Eine im Inland geschlossene **Ehe muss formell wirksam** sein; eine im Ausland geschlossene Ehe muss nach deutschem Recht als gültig anzuerkennen sein.[70] Ein Zeugnisverweigerungsrecht besteht auch dann, wenn **Aufhebungs-**

---

60 Mosbacher JuS 2010, 689.
61 BGH 30.5.1972 – 4 StR 180/72, NJW 1972, 1334; Bader in KK-StPO Rn. 13; Schmitt in Meyer-Goßner/Schmitt Rn. 4a.
62 BGH 30.5.1972 – 4 StR 180/72, NJW 1972, 1334.
63 BGH 2.10.1985 – 2 StR 348/85, NStZ 1986, 84.
64 BGH 24.8.1984 – 5 StR 544/84, NStZ 1985, 205.
65 BGH 9.3.2010 – 4 StR 606/09, BGHSt 55, 65 = NStZ 2010, 461. So auch Mosbacher JuS 2010, 689.
66 BGH 11.2.2014 – 4 StR 437/13, BeckRS 2014, 5431; 9.3.2010 – 4 StR 606/09, BGHSt 55, 65 = NStZ 2010, 461; Bader in KK-StPO Rn. 13; Ladiges JuS 2011, 226; Mosbacher JuS 2010, 689.
67 BGH 27.7.1982 – 1 StR 263/82, NStZ 1983, 354; Bader in KK-StPO Rn. 13; Otte in Radtke/Hohmann Rn. 5; Schmitt in Meyer-Goßner/Schmitt Rn. 4a; Eisenberg BeweisR StPO Rn. 1215.
68 Bader in KK-StPO Rn. 13; Huber in BeckOK StPO Rn. 4; Ignor/Bertheau in Löwe/Rosenberg Rn. 7; Rogall in SK-StPO Rn. 27; Schmitt in Meyer-Goßner/Schmitt Rn. 4a; Eisenberg BeweisR StPO Rn. 1215.
69 Bader in KK-StPO Rn. 14; Rogall in SK-StPO Rn. 29.
70 Huber in BeckOK StPO Rn. 5; Neubeck in KMR-StPO Rn. 9; Otte in Radtke/Hohmann Rn. 6; Schmitt in Meyer-Goßner/Schmitt Rn. 5; Eisenberg BeweisR StPO Rn. 1216.

gründe nach § 1314 Abs. 2 BGB vorliegen[71] oder die Ehe nur zum Schein, also ohne Absicht einer tatsächlichen Lebens- und Schicksalsgemeinschaft **(Scheinehe),** formell wirksam geschlossen wurde.[72] Kein Zeugnisverweigerungsrecht besteht jedoch im Falle einer **Nichtehe,** die vorliegt, wenn sie nicht von einem Standesbeamten geschlossen wurde.[73] Eine lediglich nach islamischem Ritus in Deutschland vor einem Imam geschlossene Ehe („Imam-Ehe"; **„Ehe nach islamischem Ritus"**) begründet **kein Zeugnisverweigerungsrecht.**[74] Generell gilt, dass es bei einer in Deutschland geschlossenen Ehe auf die rechtliche Anerkennung in Deutschland ankommt; ist eine von Ausländern in der Bundesrepublik geschlossene Ehe nach deutschem Recht unwirksam, besteht daher selbst dann kein Zeugnisverweigerungsrecht, wenn die „Ehe" nach dem Heimatrecht der Ausländer wirksam ist (sogenannte „hinkende" Ehe).[75] Liegen die formellen Voraussetzungen einer Ehe nicht vor, ist im Einzelfall zu prüfen, ob eine **Umdeutung in ein Verlöbnis** mit der Folge eines Zeugnisverweigerungsrechts nach § 52 Abs. 1 Nr. 1 in Betracht kommt.[76] Eine solche Umdeutung darf aber nicht vorschnell erfolgen; der Umstand, dass in Deutschland ansässige Ausländer keine Ehe nach deutschem Recht geschlossen haben, sondern sich „lediglich" nach islamischem Ritus vermählt haben, spricht in der Regel gegen die Absicht, sich nach deutschem Recht rechtswirksam zu verheiraten, und damit gegen ein Verlöbnis.[77] Maßgeblich ist – insofern wie beim Verlöbnis – dass das Zeugnisverweigerungsrecht zum Zeitpunkt der Vernehmung besteht; anders als dort besteht jedoch das **Zeugnisverweigerungsrecht nach der Scheidung oder Auflösung der Ehe zeitlich unbegrenzt fort.**[78] Dies gilt auch dann, wenn einer der früheren Ehegatten sich wirksam neu verlobt hat oder eine neue Ehe eingegangen ist. Erforderlich, aber auch genügend für das Bestehen eines Zeugnisverweigerungsrechts nach § 52 Abs. 1 Nr. 2 ist, dass Zeuge und Beschuldigter zum Zeitpunkt der Vernehmung rechtswirksam verheiratet sind oder zu irgendeinem früheren Zeitpunkt waren. Ob die Ehe schon zum Tatzeitpunkt bestand, ist dagegen irrelevant. Das Zeugnisverweigerungsrecht besteht auch, wenn die Ehe erst nach der Tat geschlossen wurde.

3. Lebenspartner. Eine ein Zeugnisverweigerungsrecht begründende **Lebenspartnerschaft** iSd **§ 52 Abs. 1 Nr. 2a** besteht zwischen zwei Personen gleichen Geschlechts, die – vor dem 1.10.2017 – eine Lebenspartnerschaft im Sinne des Lebenspartnerschaftsgesetzes (LPartG) begründet haben.[79] Die für die Ehe dargestellten Grundsätze (→ Rn. 17) 18

[71] BGH 27.1.1956 – 2 StR 446/55, BGHSt 9, 37 = NJW 1956, 679; Huber in BeckOK StPO Rn. 5; Ignor/Bertheau in Löwe/Rosenberg Rn. 8; Schmitt in Meyer-Goßner/Schmitt Rn. 5.

[72] BayObLG 22.9.1989 – 4 St 200/89, NStZ 1990, 188; Huber in BeckOK StPO Rn. 5; Ignor/Bertheau in Löwe/Rosenberg Rn. 8; Otte in Radtke/Hohmann Rn. 6; Schmitt in Meyer-Goßner/Schmitt Rn. 5.

[73] Ignor/Bertheau in Löwe/Rosenberg Rn. 8; Otte in Radtke/Hohmann Rn. 6; Eisenberg BeweisR StPO Rn. 1216. Vgl. auch BVerfG 2.2.1993 – 2 BvR 1491/91, NStZ 1993, 349 zur mangels wirksamer Ehe fehlenden Nebenklagebefugnis bei einer nach „Sinti-Art" geschlossenen Ehe.

[74] BGH 10.10.2017 – 5 StR 379/17, NStZ-RR 2018, 20 = BeckRS 2017, 129180; Bader in KK-StPO Rn. 14; Gercke in Gercke/Julius/Temming/Zöller Rn. 7; Huber in BeckOK StPO Rn. 5; Neubeck in KMR-StPO Rn. 9; Schmitt in Meyer-Goßner/Schmitt Rn. 5. Vgl. auch Ebner/Müller NStZ 2010, 657.

[75] Eschelbach in Satzger/Schluckebier/Widmaier StPO Rn. 11; Schmitt in Meyer-Goßner/Schmitt Rn. 5. AA Ebner/Müller NStZ 2010, 657.

[76] Rogall in SK-StPO Rn. 29; Eisenberg BeweisR StPO Rn. 1216; Ebner/Müller NStZ 2010, 657; Fürmann JuS 2004, 303.

[77] Vgl. BGH 10.10.2017 – 5 StR 379/17, NStZ-RR 2018, 20 = BeckRS 2017, 129180.

[78] Bader in KK-StPO Rn. 14; Huber in BeckOK StPO Rn. 5; Otte in Radtke/Hohmann Rn. 6; Schmitt in Meyer-Goßner/Schmitt Rn. 5.

[79] Nach der bis zum 22.12.2018 geltenden Gesetzesfassung hatte ein Zeugnisverweigerungsrecht (nach § 52 Abs. 1 Nr. 1 aF) auch derjenige, der mit dem Beschuldigten das Versprechen eingegangen war, eine Lebenspartnerschaft zu begründen. Da Lebenspartnerschaften nach dem LPartG jedoch seit dem 1.10.2017 nicht mehr neu geschlossen werden können, weil auch gleichgeschlechtliche Partner mittlerweile eine Ehe eingehen und sich zuvor verloben können, mithin auch das Versprechen einer Lebenspartnerschaft nicht mehr eingegangen werden kann, konnte diese obsolet gewordene Regelung entfallen. Personen, die vor dem 1.10.2017 das Versprechen der Begründung einer Lebenspartnerschaft eingegangen waren, anschließend aber weder – vor dem 1.10.2017 – eine Lebenspartnerschaft noch – zeitlich später – eine Ehe eingegangen sind und sich auch nicht – nach dem 30.9.2017 – verlobt haben, haben – rechtlich unbedenklich – kein Zeugnisverweigerungsrecht mehr; vgl. insofern aber auch Bader in KK-StPO Rn. 13a.

gelten entsprechend. Auch hier gilt – anders als beim Verlöbnis – das Zeugnisverweigerungsrecht nach Aufhebung der Partnerschaft zeitlich unbegrenzt fort, so dass erforderlich, aber auch genügend für das Bestehen eines Zeugnisverweigerungsrechts nach § 52 Abs. 1 Nr. 2a ist, dass Zeuge und Beschuldigter zum Zeitpunkt der Vernehmung rechtswirksam nach dem LPartG verpartnerschaftet sind oder zu irgendeinem früheren Zeitpunkt waren.

19 **4. Verwandte.** Die Verwandtschaft richtet sich gemäß Art. 51 EGBGB nach § 1589 BGB. Danach sind Personen, deren eine von der anderen abstammt, in gerader Linie verwandt; Personen, die nicht in gerader Linie verwandt sind, aber von derselben dritten Person abstammen, sind in der Seitenlinie verwandt. Der Grad der Verwandtschaft bestimmt sich gemäß § 1589 S. 3 BGB nach der Zahl der sie vermittelnden Geburten. **§ 52 Abs. 1 Nr. 3** gewährt Angehörigen des Beschuldigten, die mit ihm in gerader Linie verwandt sind, ohne Rücksicht auf den Grad der Verwandtschaft ein Zeugnisverweigerungsrecht, also etwa den **Eltern, Großeltern, Urgroßeltern, Kindern, Enkeln** und **Urenkeln des Beschuldigten.** Außerdem hat ein Zeugnisverweigerungsrecht, wer mit dem Beschuldigten in der Seitenlinie bis zum dritten Grad verwandt ist. Danach steht das Zeugnisverweigerungsrecht auch voll- oder halbbürtigen **Geschwistern** sowie **Geschwisterkindern gegen die Geschwister ihrer Eltern und umgekehrt** zu (also im Verhältnis **Tante/Onkel zu Nichte/Neffe und umgekehrt**);[80] kein Zeugnisverweigerungsrecht habe dagegen Geschwisterkinder im Verhältnis zueinander, so dass im Verhältnis zwischen Cousins/Cousinen (Basen/Vettern) kein Aussageverweigerungsrecht besteht.[81] Für nichteheliche Kinder gelten insoweit keine Besonderheiten.[82] Ein Zeugnisverweigerungsrecht besteht aber trotz blutsmäßiger Verwandtschaft nicht, wenn die Kindsmutter noch anderweitig verheiratet ist und die tatsächliche Abstammung noch nicht in einem gerichtlichen Verfahren festgestellt worden ist.[83]

20 **5. Verschwägerte.** Die Schwägerschaft bestimmt sich gemäß Art. 51 EGBGB nach § 1590 BGB, wonach die Verwandten eines Ehegatten mit dem anderen Ehegatten verschwägert sind und sich die Linie und der Grad der Schwägerschaft nach der Linie und dem Grad der sie vermittelnden Verwandtschaft bestimmt. Auch insoweit ist erforderlich, aber auch ausreichend, dass die Ehe gültig geschlossen ist; ob Aufhebungsgründe bestehen, ist ohne Bedeutung.[84] Eine entsprechende Regelung für Lebenspartner enthält § 11 Abs. 2 LPartG. **§ 52 Abs. 1 Nr. 3** gewährt Angehörigen des Beschuldigten, die mit ihm in gerader Linie verschwägert sind, ohne Rücksicht auf den Grad der Schwägerschaft ein Zeugnisverweigerungsrecht. Ein **Ehegatte** ist also etwa **hinsichtlich der Eltern, Großeltern, Urgroßeltern, Kinder, Enkel und Urenkel des anderen Ehegatten zur Verweigerung des Zeugnisses berechtigt.** In der Seitenlinie gewährt § 52 Abs. 1 Nr. 3 ein Zeugnisverweigerungsrecht nur bis zum zweiten Grad, also im Verhältnis zu den **Geschwistern des Ehegatten** (Schwager, Schwägerin), nicht aber zu deren Kindern. Ohne Bedeutung ist es, wenn die die Schwägerschaft begründende Ehe zum Zeitpunkt der Vernehmung nicht mehr besteht, was sich bereits aus dem Wortlaut des § 52 Abs. 1 Nr. 3 ergibt. **Kein Zeugnisverweigerungsrecht** besteht im Fall der sogenannten „Schwippschwägerschaft", also **zwischen Verwandten des einen Ehegatten und den Verwandten des anderen Ehegatten,** zum Beispiel zwischen dem Ehemann der Schwester und der Ehefrau des Bruders.[85]

21 **6. Adoption.** Nimmt ein Ehepaar ein Kind an oder nimmt ein Ehegatte das Kind des anderen Ehegatten an, so erlangt das Kind gemäß § 1754 BGB die Stellung eines gemeinschaftlichen Kindes der Ehegatten. Das Kind ist deshalb gegenüber dem oder den

---

80 BGH 27.1.2010 – VIII ZR 159/09, NJW 2010, 1290.

81 BGH 27.11.2012 – 5 StR 554/12, BeckRS 2013, 00524; Bader in KK-StPO Rn. 15; Schmitt in Meyer-Goßner/Schmitt Rn. 6.

82 Bader in KK-StPO Rn. 15; Schmitt in Meyer-Goßner/Schmitt Rn. 6.

83 BVerfG 8.2.1990 – 2 BvR 1796/89; Ignor/Bertheau in Löwe/Rosenberg Rn. 10.

84 Neubeck in KMR-StPO Rn. 12; Schmitt in Meyer-Goßner/Schmitt Rn. 7; Eisenberg BeweisR StPO Rn. 1218. Vgl. auch → Rn. 17 zur entsprechenden Frage bei der Ehe.

85 Gercke in Gercke/Julius/Temming/Zöller Rn. 12; Ignor/Bertheau in Löwe/Rosenberg Rn. 12; Fürmann JuS 2004, 303.

Annehmenden und deren Verwandten zeugnisverweigerungsberechtigt und umgekehrt. Ein volljähriger Adoptierter ist nur hinsichtlich des Annehmenden weigerungsberechtigt und umgekehrt; hinsichtlich der Verwandten des Annehmenden besteht mangels anderweitiger Bestimmung durch das Familiengericht gemäß § 1772 BGB kein Weigerungsrecht (vgl. §§ 1767, 1770 BGB).[86] Auch wenn die bisherigen Verwandtschaftsverhältnisse gemäß § 1755 BGB erlöschen, bleibt das Zeugnisverweigerungsrecht hinsichtlich der früheren Verwandten bestehen, weil § 52 Abs. 1 Nr. 3 ausdrücklich auch die frühere Verwandtschaft genügen lässt.[87] Aus demselben Grund bewirkt die Aufhebung der Adoption und die damit einhergehende Beendigung des Verwandtschaftsverhältnisses des Adoptierten mit den mit ihm aufgrund der Adoption Verwandten (vgl. § 1764 Abs. 2 BGB) kein Erlöschen des Zeugnisverweigerungsrechts.[88]

7. Sonstige dem Beschuldigten nahe stehende Personen. Zur Verweigerung des Zeugnisses **berechtigt** sind **nur die in § 52 genannten Personen.** Diese gesetzliche **Regelung** ist im Interesse der Rechtssicherheit und Rechtsklarheit **abschließend,** weshalb insbesondere Partnern einer **nichtehelichen Lebensgemeinschaft** – verfassungsrechtlich unbedenklich[89] sowie mit der EMRK vereinbar[90] – **kein Zeugnisverweigerungsrecht** zusteht.[91] Auch sonstige dem Beschuldigten rein tatsächlich nahestehende Personen wie zum Beispiel Vormünder,[92] Mündel, Pflegeeltern und Pflegekinder[93] haben kein Zeugnisverweigerungsrecht.[94] Eine analoge Anwendung des Zeugnisverweigerungsrechts auf die vorgenannten Personengruppen scheidet mangels planwidriger Regelungslücke aus, selbst wenn im Einzelfall besonders enge (emotionale) Bindungen zwischen den Betroffenen bestehen.[95] 22

III. Beschuldigter

1. Beschuldigter Angehöriger. Voraussetzung für das Zeugnisverweigerungsrecht ist, dass die Aussage des Zeugen in einem Strafverfahren erfolgen soll, in dem der **Angehörige des Zeugen Beschuldigter ist** oder zumindest war.[96] Der Angehörige des Zeugen muss also der Tatverdächtige sein, gegen den zum Zeitpunkt der Vernehmung wenigstens ein Ermittlungsverfahren anhängig ist oder Maßnahmen eingeleitet werden, die erkennbar darauf abzielen, gegen ihnen wegen einer Straftat vorzugehen.[97] Verwandtschaftliche Beziehungen zu einem Privat- oder Nebenkläger begründen kein Zeugnisverweigerungsrecht, 23

86 Bader in KK-StPO Rn. 18; Gercke in Gercke/Julius/Temming/Zöller Rn. 13.

87 Bader in KK-StPO Rn. 19; Ignor/Bertheau in Löwe/Rosenberg Rn. 13.

88 Bader in KK-StPO Rn. 21.

89 BVerfG 22.1.1999 – 2 BvR 961/94, NStZ 1999, 255 mAnm Wollweber NStZ 1999, 628; Otte in Radtke/Hohmann Rn. 7.

90 EGMR 3.4.2012 – 42857/05, NJW 2014, 39 – van der Heijden ./. Niederlande.

91 OLG Schleswig 6.2.2006 – 2 Ss 173/05, SchlHA 2007, 282; 1.8.2000 – 1 Ws 298/00, SchlHA 2001, 126; Bader in KK-StPO Rn. 11, 14b; Eschelbach in Satzger/Schluckebier/Widmaier StPO Rn. 7; Gercke in Gercke/Julius/Temming/Zöller Rn. 8; Ignor/Bertheau in Löwe/Rosenberg Rn. 16; Huber in BeckOK StPO Rn. 6; Neubeck in KMR-StPO Rn. 9; Otte in Radtke/Hohmann Rn. 6; Rogall in SK-StPO Rn. 20; Schmitt in Meyer-Goßner/Schmitt Rn. 5; Eisenberg BeweisR StPO Rn. 1214; Herold JA 2014, 374; Kett-Straub ZRP 2005, 46. AA Kretschmer JR 2008, 51 (55). Vgl. auch OLG Braunschweig 29.12.1993 – Ss 75/93, NStZ 1994, 344 mAnm Hauf NStZ 1995, 35 zur ähnlich gelagerten Problematik im Rahmen des § 157 StGB.

92 OLG Frankfurt a. M. 15.12.2016 – 2 Ws 119/16, NStZ-RR 2017, 118.

93 Gercke in Gercke/Julius/Temming/Zöller Rn. 15; Ignor/Bertheau in Löwe/Rosenberg Rn. 15; Rogall in SK-StPO Rn. 38; Schmitt in Meyer-Goßner/Schmitt Rn. 9; Fürmann JuS 2004, 303. AA Eisenberg BeweisR StPO Rn. 1219.

94 Bader in KK-StPO Rn. 14b, 15; Rogall in SK-StPO Rn. 20; Schmitt in Meyer-Goßner/Schmitt Rn. 9; Kett-Straub ZRP 2005, 46.

95 Bader in KK-StPO Rn. 14b; Eschelbach in Satzger/Schluckebier/Widmaier StPO Rn. 7; Ignor/Bertheau in Löwe/Rosenberg Rn. 16; Neubeck in KMR-StPO Rn. 9; Rogall in SK-StPO Rn. 20.

96 Vgl. nur Ignor/Bertheau in Löwe/Rosenberg Rn. 17; Otte in Radtke/Hohmann Rn. 11; Schmitt in Meyer-Goßner/Schmitt Rn. 10.

97 Vgl. BGH 28.2.1997 – StB 14/96, NStZ 1997, 398; 31.5.1990 – 4 StR 112/90, NJW 1990, 2633; Bader in KK-StPO Rn. 5; Huber in BeckOK StPO Rn. 11; Otte in Radtke/Hohmann Rn. 11.

es sei denn, der Privatkläger wird durch eine Widerklage zugleich Angeklagter.[98] Das Zeugnisverweigerungsrecht ist für Klage und Widerklage einheitlich zu behandeln.[99] Auch ein Angehörigenverhältnis zum (mutmaßlichen) Opfer der verfahrensgegenständlichen Stafttat führt zu keinem Zeugnisverweigerungsrecht.

24 **2. Mehrere Beschuldigte.** Wird gegen mehrere Beschuldigte ermittelt beziehungsweise ein Strafverfahren betrieben, kann dem Zeugen, der zu einem der Beschuldigten in einem Angehörigenverhältnis iSd § 52 Abs. 1 steht, auch gegenüber weiteren Beschuldigten, zu denen er in keinem Angehörigenverhältnis steht, ein Zeugnisverweigerungsrecht zukommen. Das hängt davon ab, ob wegen eines einheitlichen Lebenssachverhalts oder mehrerer eigenständiger Sachverhalte die Strafverfolgung betrieben wird und ob zu irgendeinem Zeitpunkt eine prozessuale Gemeinsamkeit der Verfahren bestanden hat. Besonderheiten ergeben sich, wenn die prozessuale Gemeinsamkeit nachträglich beendet wird.

25 **a) Prozessuale Gemeinsamkeit.** Richtet sich ein einheitliches Strafverfahren gegen mehrere Beschuldigte, steht der Zeuge aber nur zu einem von ihnen in einem Angehörigkeitsverhältnis der in § 52 Abs. 1 beschriebenen Art, so ist **der Zeuge zur Verweigerung des Zeugnisses bezüglich aller Beschuldigten berechtigt,** sofern der Sachverhalt, zu dem er aussagen soll, auch seinen Angehörigen betrifft.[100] Das Zeugnisverweigerungsrecht ist insofern bei einem einheitlichen strafrechtlichen Vorwurf nicht teilbar.[101]

26 Nicht erforderlich ist aber, dass gerade zum Zeitpunkt der Vernehmung ein einheitliches Verfahren geführt wird; es **reicht grundsätzlich** aus, dass **zu irgendeinem Zeitpunkt des Verfahrens,** und sei es nur im Ermittlungsverfahren, eine **prozessuale Gemeinsamkeit bestanden hat.**[102] Die **bloße Gleichzeitigkeit von Ermittlungen** begründet dagegen noch keine prozessuale Gemeinsamkeit und damit kein Zeugnisverweigerungsrecht.[103] Nicht ausreichend ist auch, dass ein Verfahren bei der Polizei oder der Staatsanwaltschaft faktisch in einem Vorgang geführt wird; eine prozessuale Gemeinsamkeit mehrerer Ermittlungsverfahren kann nur durch eine ausdrückliche oder stillschweigende Entscheidung der Staatsanwaltschaft begründet werden.[104] Eine solche Entscheidung ist beispielsweise darin zu sehen, dass gegen mehrere Beschuldigte unter einem einheitlichen staatsanwaltschaftlichen Aktenzeichen Ermittlungsmaßnahmen – etwa die Erwirkung eines Durchsuchungsbeschlusses[105] oder die Erwirkung von Beschlüssen zur Überwachung des Telekommunikationsverkehrs oder zur Observation von Beschuldigten[106] – ergriffen werden.[107] Eine darüber

98 Bader in KK-StPO Rn. 5; Ignor/Bertheau in Löwe/Rosenberg Rn. 17; Otte in Radtke/Hohmann Rn. 11; Schmitt in Meyer-Goßner/Schmitt Rn. 10. AA Huber in BeckOK StPO Rn. 11.

99 Bader in KK-StPO Rn. 9; Ignor/Bertheau in Löwe/Rosenberg Rn. 20; Otte in Radtke/Hohmann Rn. 3; Schmitt in Meyer-Goßner/Schmitt Rn. 12.

100 BGH 10.2.2021 – 6 StR 326/20, NStZ-RR 2021, 142; 8.12.2011 – 4 StR 500/11, NStZ 2012, 340; 27.5.1998 – 3 StR 31/98, NStZ 1998, 469 = NJW 1998, 3363; 13.5.1998 – 3 StR 566/97, NStZ 1998, 583; 4.11.1986 – 1 StR 498/86, BGHSt 34, 215 = NStZ 1987, 286 mAnm Pelchen; 8.5.1985 – 3 StR 100/85, NStZ 1985, 419; 10.1.1984 – 5 StR 732/83, NStZ 1984, 176; 20.6.1979 – 2 StR 63/79, BGHSt 29, 23 = NJW 1980, 67; 3.2.1955 – 4 StR 582/54, BGHSt 7, 194 = NJW 1955, 721; Bader in KK-StPO Rn. 6; Otte in Radtke/Hohmann Rn. 13; Schmitt in Meyer-Goßner/Schmitt Rn. 11. AA Otto NStZ 1991, 220. Zum Erfordernis einer Identität des Vernehmungsgegenstandes (einheitlicher prozessualer Sachverhalt) → Rn. 31.

101 BGH 3.7.1979 – 1 StR 137/79, MDR 1979, 952; 12.2.1974 – 1 StR 535/73, NJW 1974, 758; Ignor/Bertheau in Löwe/Rosenberg Rn. 19.

102 BGH 8.12.2011 – 4 StR 500/11, NStZ 2012, 340; 4.11.1986 – 1 StR 498/86, BGHSt 34, 215 = NStZ 1987, 286 mAnm Pelchen. AA Prittwitz NStZ 1986, 64. Offengelassen von BGH 14.12.2011 – 5 StR 434/11, NStZ 2012, 221.

103 BGH 8.12.2011 – 4 StR 500/11, NStZ 2012, 340; 8.5.1985 – 3 StR 100/85, NStZ 1985, 419.

104 BGH 8.12.2011 – 4 StR 500/11, NStZ 2012, 340; 4.11.1986 – 1 StR 498/86, BGHSt 34, 215 = NStZ 1987, 286 mAnm Pelchen. AA Fezer JZ 1996, 603.

105 BGH 14.12.2011 – 5 StR 434/11, NStZ 2012, 221.

106 BGH 8.12.2011 – 4 StR 500/11, NStZ 2012, 340 mit Hinweis darauf, dass es unerheblich ist, wenn die Identität des Angeklagten erst im Zuge der weiteren Ermittlungen aufgedeckt worden ist.

107 BGH 13.5.1998 – 3 StR 566/97, NStZ 1998, 583; 23.7.1986 – 3 StR 164/86, BGHSt 34, 138 = NStZ 1987, 83 = NJW 1987, 1955; Hoffmann MDR 1990, 111.

hinausgehende Verbindungsanordnung ist nicht erforderlich.[108] Durch diese formalen Anforderungen wird die erforderliche Rechtsklarheit gewährleistet, weil der Tatrichter anhand der Akten verlässlich feststellen kann, ob ein Zeugnisverweigerungsrecht besteht.[109] Diese Grundsätze gelten auch, wenn der als Zeuge vernommene Angehörige eines früheren Mitbeschuldigten damals ebenfalls Mitbeschuldigter war.[110]

Werden dagegen **mehrere Beschuldigte von Anfang an in getrennten Verfahren** 27
verfolgt, hat der Zeuge auch dann, wenn seine Bekundungen einen Lebenssachverhalt betreffen, der auch seinem Angehörigen zum strafrechtlichen Vorwurf gemacht wird, lediglich in dem gegen seinen Angehörigen geführten Verfahren, nicht aber in dem Verfahren gegen den Beschuldigten, zu dem er in keinem Angehörigenverhältnis steht, ein Zeugnisverweigerungsrecht.[111] Die in dem Verfahren gegen den Nichtangehörigen gemachten Angaben des Zeugen sind in dem Verfahren gegen seinen Angehörigen aber nicht verwertbar, wenn er dort von seinem Zeugnisverweigerungsrecht Gebrauch macht.[112] In dem gegen den nichtangehörigen Angeklagten geführten Verfahren kann der Zeuge allerdings von seinem Auskunftsverweigerungsrecht nach § 55 Gebrauch machen.[113] Entsprechendes gilt, wenn gegen den Angehörigen des Zeugen überhaupt kein Ermittlungsverfahren eingeleitet wird.[114]

b) Wegfall der prozessualen Gemeinsamkeit. Das **Zeugnisverweigerungsrecht** 28
besteht hinsichtlich des Beschuldigten, der nicht Angehöriger des Zeugen ist, **fort, wenn** die ursprüngliche **prozessuale Gemeinsamkeit der Verfahren** gegen den Angehörigen und den weiteren Beschuldigten dadurch **endet,** dass das Verfahren gegen den Angehörigen des Zeugen abgetrennt, nach § 170 Abs. 2 eingestellt oder auf andere Weise abgeschlossen wird, ohne das der Verfahrensabschluss in rechtlicher Hinsicht endgültig ist.[115] Das Zeugnisverweigerungsrecht gilt daher auch bei einer Einstellung nach § 205 fort.[116] Es besteht zudem fort, wenn es zu einer Abtrennung des Verfahrens gegen den Angehörigen des Zeugen gekommen ist und dieses getrennt weitergeführt wird.[117] Der bloße Wegfall einer ursprünglichen prozessualen Gemeinsamkeit eines Verfahrens gegen einen Angehörigen des Zeugen und eines Verfahrens gegen einen weiteren Beschuldigten, also das Ausscheiden des Angehörigen aus einem gemeinsamen Verfahren mit einem weiteren Beschuldigten, führt mithin nicht dazu, dass das Zeugnisverweigerungsrecht im Verfahren gegen den Beschuldigten, der nicht Angehöriger des Zeugen ist, entfiele, sofern der Vernehmungsgegenstand die Tatvorwürfe betrifft, die auch Gegenstand des gegen den Angehörigen geführten Strafverfahrens sind oder waren.[118]

Das **Zeugnisverweigerungsrecht erlischt** aber, wenn das **Verfahren gegen den** 29
Angehörigen des Zeugen durch Verurteilung oder Freispruch **rechtskräftig abge-**

108 Fischer JZ 1992, 570.
109 BGH 4.11.1986 – 1 StR 498/86, BGHSt 34, 215 = NStZ 1987, 286 mAnm Pelchen; 23.7.1986 – 3 StR 164/86, BGHSt 34, 138 = NStZ 1987, 83 = NJW 1987, 1955.
110 BGH 8.12.2011 – 4 StR 500/11, NStZ 2012, 340 mwN.
111 BGH 12.2.1974 – 1 StR 535/73, NJW 1974, 758; Bader in KK-StPO Rn. 7.
112 BGH 27.5.1998 – 3 StR 31/98, NStZ 1998, 469 = NJW 1998, 3363 mablAnm Radtke NStZ 1999, 481; 29.10.1991 – 1 StR 334/90, BGHSt 38, 96 = NJW 1992, 1116 = NStZ 1992, 195.
113 BGH 27.5.1998 – 3 StR 31/98, NStZ 1998, 469 = NJW 1998, 3363 mablAnm Radtke NStZ 1999, 481; Ignor/Bertheau in Löwe/Rosenberg Rn. 20.
114 Ignor/Bertheau in Löwe/Rosenberg Rn. 20.
115 BGH 27.5.1998 – 3 StR 31/98, NStZ 1998, 469 = NJW 1998, 3363; 10.1.1984 – 5 StR 732/83, NStZ 1984, 176. Offengelassen von BGH 14.12.2011 – 5 StR 434/11, NStZ 2012, 221. Im Hinblick auf die zuletzt genannte Entscheidung aus guten Gründen gegen ein Fortbestehen des Zeugnisverweigerungsrechts nach Beendigung der prozessualen Gemeinsamkeit Schmitt in Meyer-Goßner/Schmitt Rn. 11a.
116 BGH 16.3.1977 – 3 StR 327/76, BGHSt 27, 141 = NJW 1977, 1161; Bader in KK-StPO Rn. 6; Otte in Radtke/Hohmann Rn. 13; Schmitt in Meyer-Goßner/Schmitt Rn. 11.
117 BGH 3.3.1987 – 5 StR 596/86, NStZ 1988, 18; Ignor/Bertheau in Löwe/Rosenberg Rn. 19; Otte in Radtke/Hohmann Rn. 13; Schmitt in Meyer-Goßner/Schmitt Rn. 11. AA Fischer JZ 1992, 570.
118 Zum Erfordernis einer Identität des Vernehmungsgegenstandes mit dem Gegenstand des (ursprünglichen) Tatvorwurfs gegen den Angehörigen, das stets vorliegen muss, damit ein Zeugnisverweigerungsrecht betreffend eines weiteren Beschuldigten besteht, der nicht Angehöriger des Zeugen ist, vgl. → Rn. 31.

schlossen wird[119] oder der **Angehörige des Zeugen verstirbt.**[120] Zu einem Erlöschen des Zeugnisverweigerungsrechts kommt es auch, wenn das **Verfahren gegen den Angehörigen nach § 154 Abs. 1 oder Abs. 2 eingestellt** worden ist.[121] Höchstrichterlich noch nicht entschieden ist die Frage, ob Entsprechendes auch dann gilt, wenn der mit dem Zeugen verwandte Beschuldigte nach vorläufiger **Einstellung gemäß § 153a** die Auflage oder Weisung erfüllt hat und keine Anhaltspunkte dafür bestehen, dass die Tat noch als Verbrechen verfolgt werden kann.[122] Richtigerweise kann insoweit nichts Anderes gelten.[123] Dass das Zeugnisverweigerungsrecht nach rechtskräftigem Abschluss des Verfahrens gegen den Angehörigen entfällt, beruht auf den Erwägungen, dass in einem solchen Fall das zwischen dem Zeugen und dem verbleibenden Beschuldigten geknüpfte Band derart schwach geworden ist, dass es den empfindlichen Eingriff in das noch laufende Strafverfahren durch Zuerkennung eines Zeugnisverweigerungsrechts nicht legitimiert, dass die theoretische Möglichkeit, dass es zu einem Wiederaufnahmeverfahren kommen kann, wenig Gewicht hat und dass die Aussage des Zeugen im letztgenannten Fall in der Regel ohnehin nicht verwertbar wäre.[124] Diese Erwägungen lassen sich auf den Fall der endgültigen Einstellung des Verfahrens gemäß § 153a nach Erfüllung der Auflage oder Weisung übertragen.

30 Leitet die Staatsanwaltschaft aus sachlich vertretbaren Gründen gegen einen bereits früher einer Straftat verdächtigen Beschuldigten, dessen früheres Ermittlungsverfahren nach § 170 Abs. 2 eingestellt wurde, aufgrund neuerlichen Tatverdachts und anderer Beweislage ein neues, selbständiges Ermittlungsverfahren ein, liegt hinsichtlich der im früheren Verfahren wegen derselben Tat Mitbeschuldigten keine prozessuale Gemeinsamkeit vor. Einem Zeugen, der Angehöriger des im früheren Verfahren Mitbeschuldigten ist, kommt daher im neu eingeleiteten Verfahren kein Zeugnisverweigerungsrecht zu.[125]

31 **c) Mehrere prozessual selbständige Taten.** Betrifft ein einheitlich gegen mehrere Beschuldigte geführtes Verfahren mehrere prozessual selbständige Taten im Sinne von § 264, so hat ein Zeuge, der Angehöriger eines Beschuldigten ist, ein Zeugnisverweigerungsrecht nur hinsichtlich der Taten, die auch seinem Angehörigen zur Last gelegt werden. **Soweit es um Taten geht, die nur weitere Beschuldigte betreffen,** die keine Angehörigen des Zeugen iSd § 52 Abs. 1 sind, **ist der Zeuge zur Aussage verpflichtet.**[126] Die Begrenzung des Zeugnisverweigerungsrechts auf die (auch) dem eigenen Angehörigen zur Last gelegten Taten ist aber nur möglich, wenn jede Beziehung der andere Taten betreffenden Aussage auf die Taten des Angehörigen ausgeschlossen ist und die Urteilsfindung hinsichtlich der Taten des Angehörigen durch die Aussage bezüglich anderer Taten nicht beeinflusst werden kann.[127]

---

[119] BGH 14.12.2011 – 5 StR 434/11, NStZ 2012, 221; 8.12.2011 – 4 StR 500/11, NStZ 2012, 340; 30.4.2009 – 1 StR 745/08, BGHSt 54, 1 = NJW 2009, 2548 mBspr Mosbacher JuS 2010, 127; 4.5.1993 – 1 StR 921/92, NJW 1993, 2326; 29.10.1991 – 1 StR 334/90, BGHSt 38, 96 = NJW 1992, 1116 = NStZ 1992, 195 mAnm Gollwitzer JR 1993, 213 und Anm. Hassemer JuS 1992, 706. AA Dahs/Langkeit StV 1992, 492.

[120] BGH 8.12.2011 – 4 StR 500/11, NStZ 2012, 340; 30.4.2009 – 1 StR 745/08, BGHSt 54, 1 = NJW 2009, 2548 mBspr Mosbacher JuS 2010, 127; 13.2.1992 – 4 StR 638/91, NJW 1992, 1118. AA Hoffmann MDR 1990, 111. Vgl. auch BGH 14.12.2011 – 5 StR 434/11, NStZ 2012, 221.

[121] BGH 30.4.2009 – 1 StR 745/08, BGHSt 54, 1 = NJW 2009, 2548 mBspr Mosbacher JuS 2010, 127.

[122] Offen gelassen in BGH 30.4.2009 – 1 StR 745/08, BGHSt 54, 1 = NJW 2009, 2548 mBspr Mosbacher JuS 2010, 127 sowie in BGH 13.5.1998 – 3 StR 566/97, NStZ 1998, 583.

[123] So auch Bader in KK-StPO Rn. 6; Ignor/Bertheau in Löwe/Rosenberg Rn. 19; Otte in Radtke/Hohmann Rn. 13; Schmitt in Meyer-Goßner/Schmitt Rn. 11.

[124] BGH 29.10.1991 – 1 StR 334/90, BGHSt 38, 96 = NJW 1992, 1116 = NStZ 1992, 195. Insofern kritisch Ignor/Bertheau in Löwe/Rosenberg Rn. 19.

[125] BGH 27.5.1998 – 3 StR 31/98, NStZ 1998, 469 = NJW 1998, 3363 mablAnm Radtke NStZ 1999, 481.

[126] BGH 13.6.1990 – 3 StR 132/90, BGHR StPO § 52 Abs. 1 Nr. 3 Mitbeschuldigter 5; Bader in KK-StPO Rn. 8; Ignor/Bertheau in Löwe/Rosenberg Rn. 19; Schmitt in Meyer-Goßner/Schmitt Rn. 12.

[127] BGH 30.8.1983 – 5 StR 570/83, NStZ 1983, 564; Ignor/Bertheau in Löwe/Rosenberg Rn. 19; Otte in Radtke/Hohmann Rn. 14; Schmitt in Meyer-Goßner/Schmitt Rn. 12.

Das ist bei Hehlerei, Begünstigung und Strafvereitelung nicht der Fall, wenn zwischen beiden kein längerer Zeitabstand besteht.[128]

IV. Ausübung des Zeugnisverweigerungsrechts

1. Höchstpersönliches Recht des Zeugen. Das Zeugnisverweigerungsrecht ist ein höchstpersönliches Recht, auf dessen Ausübung oder Verzicht die anderen Verfahrensbeteiligten keinen Anspruch haben[129] und das der **Zeuge nur selbst ausüben kann.**[130] Das Gericht muss sich davon überzeugen, dass der Zeuge die Entscheidung selbst getroffen und kundgetan hat, vom Aussageverweigerungsrecht Gebrauch zu machen. Die Erklärung braucht aber nicht zwingend der Zeuge selbst gegenüber der vernehmenden Stelle abzugeben. **Nicht ausreichend** für die Annahme, der Zeuge mache von seinem Zeugnisverweigerungsrecht Gebrauch, ist jedoch die **Mitteilung eines Dritten** gegenüber dem Gericht, der Zeuge sei nicht zur Aussage bereit.[131] Hierfür genügt aber eine vom anwaltlichen Beistand des Zeugen in[132] oder außerhalb[133] der Hauptverhandlung abgegebene Erklärung (vgl. auch → Rn. 6 und → Rn. 71 f.). Der Zeuge kann auch ohne ausdrückliche Belehrung wirksam auf das Zeugnisverweigerungsrecht verzichten und dies dem Gericht in schriftlicher[134] oder mündlicher[135] Form mitteilen. Auch der minderjährige und der psychisch kranke oder behinderte Zeuge übt das Recht selbst aus, auch wenn es einer zusätzlichen Entscheidung des gesetzlichen Vertreters bedarf (→ Rn. 37 ff.).[136] Ob der Zeuge von seinem Aussageverweigerungsrecht Gebrauch macht, kann im **Freibeweisverfahren** geklärt werden.[137] 32

2. Ausdrückliche Erklärung des Zeugen. Die **Zeugnisverweigerung muss ausdrücklich erklärt werden;** der **Zeuge darf wesentliche Tatsachen nicht einfach verschweigen,** nachdem er sich zur Aussage bereit erklärt hat.[138] Zwar steht es dem aussageverweigerungsberechtigten Zeugen frei, von seinem Recht nur teilweise Gebrauch zu machen, also etwa zu bestimmten Sachverhaltskomplexen oder auf einzelne Fragen nicht auszusagen (→ Rn. 34). Der Zeuge darf aber erkennbar zum Thema seiner getätigten Aussage gehörende Umstände nicht einfach verschweigen und nicht einzelne Fragen mit der wahrheitswidrigen Behauptung einer Erinnerungs- oder Wahrnehmungslücke unbeantwortet lassen, sondern muss kundtun, dass er eine Aussage (zu bestimmten Themen oder auf bestimmte Fragen) unter Berufung auf sein Zeugnisverweigerungsrecht verweigert. 33

---

128 BGH 30.8.1983 – 5 StR 570/83, NStZ 1983, 564. Ähnlich Ignor/Bertheau in Löwe/Rosenberg Rn. 19 sowie Otte in Radtke/Hohmann Rn. 14 und Schmitt in Meyer-Goßner/Schmitt Rn. 12, wo jeweils nicht zur Voraussetzung gemacht wird, dass kein längerer Zeitabstand besteht.

129 Bader in KK-StPO Rn. 2; Ignor/Bertheau in Löwe/Rosenberg Rn. 21; Eisenberg BeweisR StPO Rn. 1223; Fürmann Jus 2004, 303.

130 BGH 19.9.1967 – 5 StR 456/67, BGHSt 21, 303 = NJW 1967, 2273.

131 BGH 24.7.1979 – 1 StR 157/79, NStZ 1981, 93; Bader in KK-StPO Rn. 22; Huber in BeckOK StPO Rn. 17; Otte in Radtke/Hohmann Rn. 15; Schmitt in Meyer-Goßner/Schmitt Rn. 14.

132 BGH 13.8.2003 – 1 StR 280/03, BeckRS 2003, 7578.

133 BGH 18.7.2007 – 1 StR 296/07, NStZ 2007, 712; Neubeck in KMR-StPO Rn. 15. AA Ignor/Bertheau in Löwe/Rosenberg Rn. 39.

134 BGH 18.7.2007 – 1 StR 296/07, NStZ 2007, 712.

135 BGH 30.8.2000 – 5 StR 268/00, NStZ 2001, 48.

136 BGH 21.1.1991 – 1 StR 624/90, NJW 1991, 2432; 8.3.1979 – 4 StR 634/78, NJW 1979, 1722; OLG Rostock 6.1.2015 – 20 RR 108/14, NStZ 2015, 359 mAnm Eisenberg NStZ 2016, 11; Bader in KK-StPO Rn. 22; Gercke in Gercke/Julius/Temming/Zöller Rn. 22; Schmitt in Meyer-Goßner/Schmitt Rn. 14.

137 BGH 30.8.2000 – 5 StR 268/00, NStZ 2001, 48; Neubeck in KMR-StPO Rn. 15; Schmitt in Meyer-Goßner/Schmitt Rn. 14.

138 BGH 11.11.1954 – 3 StR 422/54, BGHSt 7, 127 = NJW 1955, 230; 21.12.1951 – 1 StR 505/51, BGHSt 2, 90 = NJW 1952, 353; Ignor/Bertheau in Löwe/Rosenberg Rn. 22; Eschelbach in Satzger/Schluckebier/Widmaier StPO Rn. 24; Neubeck in KMR-StPO Rn. 15; Schmitt in Meyer-Goßner/Schmitt Rn. 15.

34 **3. Teilweise Zeugnisverweigerung.** Dem Zeugen steht es frei, die **gesamte Aussage, bestimmte Teile der Aussage** oder die **Antwort auf einzelne Fragen zu verweigern.**[139] Insofern ist das Aussageverweigerungsrecht teilbar. Ein Zeuge, dem ein Zeugnisverweigerungsrecht nach § 52 Abs. 1 zukommt und der damit berechtigt ist, durchgängig und vollumfänglich die Aussage zu verweigern, kann sich frei entscheiden, lediglich zu einzelnen Sachverhalten oder Sachverhaltsteilen keine Angaben zu machen oder auf einzelne Fragen nicht zu antworten. Er kann sich auch frei entscheiden, lediglich **Fragen bestimmter Verfahrensbeteiligter** – etwa des Verteidigers – **nicht zu beantworten.**

35 **4. Zeitweilige Zeugnisverweigerung.** Dem Zeugen steht es frei, auch noch **während laufender Vernehmung von seinem Zeugnisverweigerungsrecht Gebrauch zu machen.**[140] Es ist dem Zeugen unbenommen, jederzeit seine Vernehmung durch nunmehrige Geltendmachung seines Aussageverweigerungsrechts abzubrechen (§ 52 Abs. 3 S. 2: „Widerruf des Verzichts"; näher hierzu → Rn. 47). Seine in dieser Vernehmung bis dahin gemachten **Angaben bleiben** aber, wenn es sich um eine Vernehmung in der Hauptverhandlung handelt, **verwertbar** (→ Rn. 47).[141] Setzt der Vorsitzende die Befragung des Zeugen trotz einer von anderen Verfahrensbeteiligten als Ausübung des Zeugnisverweigerungsrechts verstandenen Erklärung des Zeugen fort, ist eine Beanstandung nach § 238 Abs. 2 erforderlich.[142] Der Zeuge darf zudem die Aussage auch dann (ganz oder teilweise) verweigern, wenn er bei einer früheren Vernehmung ausgesagt hat (zur weitgehenden Unververtbarkeit der früheren Aussage in einem solchen Fall → § 252 Rn. 41 ff.). Auch an seine einmal getroffene Entscheidung, nicht auszusagen, ist der Zeuge nicht gebunden. Er kann diese Entscheidung jederzeit revidieren (→ Rn. 46).[143]

36 **5. Kein Begründungserfordernis.** Der **Zeuge ist nicht verpflichtet,** die **Gründe** für die Zeugnisverweigerung **zu offenbaren.**[144] Er muss insbesondere nicht angeben, ob er eine Aussage zugunsten oder zulasten des Beschuldigten verweigert.[145] Es ist dem Gericht **untersagt,** die **Motive des Zeugen** für die Verweigerung des Zeugnisses **auszuforschen.**[146] Dies gilt auch dann, wenn Anhaltspunkte dafür bestehen, dass der Zeuge aus Gründen nicht aussagen will, die mit dem Normzweck des Zeugnisverweigerungsrechts nichts zu tun haben. Denn der Zeuge darf auch aus normfremden Gründen sein Zeugnisverweigerungsrecht in Anspruch nehmen, etwa aus Bequemlichkeit.[147] Dem Gericht ist jede **Einwirkung auf die Entschließungsfreiheit des Zeugen untersagt** (näher → Rn. 54). Es darf daher einem Zeugen, der seine mangelnde Aussagebereitschaft damit begründet,

139 Bader in KK-StPO Rn. 40; Eschelbach in Satzger/Schluckebier/Widmaier StPO Rn. 2, 24, 46; Huber in BeckOK StPO Rn. 27; Schmitt in Meyer-Goßner/Schmitt Rn. 15, 21; Eisenberg BeweisR StPO Rn. 1226.

140 BGH 20.5.2015 – 1 StR 429/14, NStZ 2015, 656; 12.4.1984 – 4 StR 229/84, NStZ 1985, 13; Ignor/Bertheau in Löwe/Rosenberg Rn. 34; Eschelbach in Satzger/Schluckebier/Widmaier StPO Rn. 24, 43; Otte in Radtke/Hohmann Rn. 22; Schmitt in Meyer-Goßner/Schmitt Rn. 15, 22.

141 BGH 15.7.2016 – GSSt 1/16, BGHSt 61, 221 = NJW 2017, 94 Rn. 57; 20.5.2015 – 1 StR 429/14, NStZ 2015, 656; 28.1.2004 – 2 StR 452/03, NJW 2004, 1466; 9.9.1987 – 3 StR 307/87, NJW 1988, 716; 15.1.1952 – 1 StR 341/51, BGHSt 2, 99 = NJW 1952, 356; Bader in KK-StPO Rn. 42; Eschelbach in Satzger/Schluckebier/Widmaier StPO Rn. 43; Huber in BeckOK StPO Rn. 27; Neubeck in KMR-StPO Rn. 29; Otte in Radtke/Hohmann Rn. 22. AA Ignor/Bertheau in Löwe/Rosenberg Rn. 35; Eisenberg BeweisR StPO Rn. 1227; Geppert JURA 1991, 134; Rengier NStZ 1998, 47.

142 BGH 9.3.2010 – 4 StR 606/09, BGHSt 55, 65 = NStZ 2010, 461; 26.8.1998 – 3 StR 356/97, NStZ 1999, 95; Eisenberg BeweisR StPO Rn. 1223.

143 BGH 28.4.1961 – 4 StR 77/61, NJW 1961, 1484; Ignor/Bertheau in Löwe/Rosenberg Rn. 37; Schmitt in Meyer-Goßner/Schmitt Rn. 22.

144 BGH 12.7.1979 – 4 StR 291/79, NJW 1980, 794; 29.6.1983 – 2 StR 855/82, NJW 1984, 136; Eschelbach in Satzger/Schluckebier/Widmaier StPO Rn. 25; Schmitt in Meyer-Goßner/Schmitt Rn. 16.

145 Ignor/Bertheau in Löwe/Rosenberg Rn. 23; Neubeck in KMR-StPO Rn. 17; Schmitt in Meyer-Goßner/Schmitt Rn. 16.

146 BGH 6.6.1989 – 5 StR 99/89, NStZ 1989, 440; Neubeck in KMR-StPO Rn. 17; Schmitt in Meyer-Goßner/Schmitt Rn. 16.

147 BGH 19.8.1981 – 3 StR 226/81, NJW 1981, 2825.

die Vorgänge lägen lange zurück, nicht in Aussicht stellen, seine Erinnerung durch Vorhalt seiner bei der Polizei gemachten Angaben aufzufrischen (vgl. aber → Rn. 47).[148] Gibt der Zeuge Gründe für die Zeugnisverweigerung an, die über den bloßen Hinweis auf ein zur Aussageverweigerung berechtigendes Verhältnis hinausgehen, dürfen diese nicht protokolliert und bei der Entscheidung nicht berücksichtigt werden.[149] Fragen eines Prozessbeteiligten nach den Gründen für die Zeugnisverweigerung sind gemäß § 241 Abs. 2 als ungeeignet zurückzuweisen.[150]

V. Zeugen ohne ausreichende Verstandesreife oder Verstandeskraft

1. Notwendige Verstandesreife und Verstandeskraft. Auch wenn § 52 nicht voraussetzt, dass die Beweisperson den Widerstreit empfindet, in den sie durch die familiären Beziehungen zum Beschuldigten einerseits und die Pflicht zur wahrheitsgemäßen Aussage andererseits gestellt wird, muss sie doch fähig sein, diesen Widerstreit verstandesmäßig zu erfassen.[151] Verstandesunreife minderjährige Personen sowie Minderjährige und Betreute, die aufgrund einer psychischen Krankheit oder einer geistigen oder seelischen Behinderung die Bedeutung des ihnen zukommenden Zeugnisverweigerungsrechts nicht hinreichend erfassen können, sollen davor geschützt werden, dass sie aus Mangel an Verständnis aussagen und sich später dadurch belastet fühlen.[152] Deshalb darf ein Zeuge im Fall **fehlender Verstandesreife** sowie im Fall einer **psychischen Erkrankung** oder einer **geistigen oder seelischen Behinderung,** die den Zeugen daran hindert, genügende Vorstellung vom Zeugnisverweigerungsrecht zu haben, nach § 52 Abs. 2 S. 1 nur mit **Zustimmung des gesetzlichen Vertreters** vernommen werden, die **zusätzlich zu der** auch in diesen Fällen erforderlichen **Aussagebereitschaft des Zeugen** selbst vorliegen muss. Ein Zeuge verfügt über die erforderliche Verstandesreife, wenn er zum einen erkennen kann, dass der Angehörige mit dem ihm zu Last gelegten Verhalten etwas Unrechtes getan hat und ihm dafür Strafe droht, und er zum anderen erkennen kann, dass seine – des Zeugen – Aussage zu einer Bestrafung des Angehörigen beitragen kann.[153] 37

Die Prüfung, ob diese Verstandesreife vorliegt, obliegt dem Tatrichter,[154] der sich ggf. sachverständiger Hilfe zu bedienen hat.[155] Maßgeblich ist insoweit der persönliche Eindruck in der Hauptverhandlung.[156] Zulässig sind auch Erhebungen im **Freibeweisverfahren.**[157] Dass die Verstandesreife vorliegt, hat der Tatrichter jedenfalls dann besonders zu begründen, wenn es Anhaltspunkte gibt, die ein fehlendes Verständnis des Zeugen nahelegen.[158] Es gibt insofern **keine festen Altersgrenzen.**[159] Bei einem sieben Jahre alten Kind wird es in der Regel an der Verstandesreife fehlen,[160] ebenso bei einem neun Jahre alten[161] und 38

---

148 BGH 6.6.1989 – 5 StR 99/89, NStZ 1989, 440.

149 BGH 12.1.2016 – 3 StR 462/15, NStZ-RR 2016, 117; 20.3.2014 – 3 StR 353/13, NStZ 2014, 415; 8.4.1954 – 3 StR 725/53, BGHSt 6, 279; Bader in KK-StPO Rn. 45; Ignor/Bertheau in Löwe/Rosenberg Rn. 23; Schmitt in Meyer-Goßner/Schmitt Rn. 16.

150 Neubeck in KMR-StPO Rn. 17; Otte in Radtke/Hohmann Rn. 16.

151 BGH 2.3.1960 – 2 StR 44/60, BGHSt 14, 159 = NJW 1960, 1396; Bader in KK-StPO Rn. 23.

152 BGH 9.8.1963 – 4 StR 188/63, BGHSt 19, 86 = NJW 1963, 2378; 2.3.1960 – 2 StR 44/60, BGHSt 14, 159 = NJW 1960, 1396; Neubeck in KMR-StPO Rn. 18.

153 BGH 2.3.1960 – 2 StR 44/60, BGHSt 14, 159 = NJW 1960, 1396; Bader in KK-StPO Rn. 23; Ignor/Bertheau in Löwe/Rosenberg Rn. 25; Eisenberg BeweisR StPO Rn. 1223.

154 BGH 2.3.1960 – 2 StR 44/60, BGHSt 14, 159 = NJW 1960, 1396; Bader in KK-StPO Rn. 24; Schmitt in Meyer-Goßner/Schmitt Rn. 18.

155 Ignor/Bertheau in Löwe/Rosenberg Rn. 28; Schaub FamRZ 1966, 134.

156 BGH 20.9.1996 – 2 StR 289/96, NStZ 1997, 145.

157 Vgl. BGH 17.4.2012 – 1 StR 146/12, NStZ 2012, 578; Bader in KK-StPO Rn. 24; Schmitt in Meyer-Goßner/Schmitt Rn. 18.

158 BGH 6.12.1966 – 1 StR 561/66, NJW 1967, 360.

159 BayObLG 7.8.1997 – 1 Z BR 146/97, NJW 1998, 614; Ignor/Bertheau in Löwe/Rosenberg Rn. 26; Schmitt in Meyer-Goßner/Schmitt Rn. 18; Eisenberg BeweisR StPO Rn. 1223.

160 BGH 2.3.1960 – 2 StR 44/60, BGHSt 14, 159 = NJW 1960, 1396.

161 OLG Brandenburg 22.10.2015 – 9 WF 209/15, BeckRS 2016, 1666; OLG Hamburg 26.3.2013 – 13 UF 81/12, BeckRS 2013, 8728.

einem zehn Jahre alten Kind.[162] Bei einem 14-jährigen Kind wird die erforderliche Verstandesreife dagegen in der Regel vorliegen;[163] das kann selbst dann der Fall sein, wenn es geistig behindert ist.[164] Bei Jugendlichen im Alter von sechzehn Jahren und normaler Entwicklung kann im Regelfall davon ausgegangen werden, dass sie eine genügende Vorstellung von der Bedeutung des Zeugnisverweigerungsrechts haben.[165] Dabei ist die Aussagetüchtigkeit des Zeugen nicht mit der Fähigkeit zur selbstverantwortlichen Ausübung des Zeugnisverweigerungsrechts gleichzusetzen, weshalb allein die Feststellung in den Urteilsgründen, der Zeuge sei „aussagetüchtig", nicht ausreichend ist.[166] Besonderer Ausführungen im Urteil zur Frage, ob der Zeuge die Bedeutung der Belehrung erfasst hat, bedarf es aber bei einem 14-jährigen Zeugen, auch wenn dieser schwachsinnig ist, nicht; insoweit darf das Gericht in der Regel von dem Erfahrungssatz ausgehen, dass ein aussagetüchtiger Zeuge im Stande ist, ein ihm zustehendes Zeugnisverweigerungsrecht in seiner Bedeutung zu erfassen.[167] **Verbleiben Zweifel** beim Gericht, ob das zeugnisverweigerungsberechtigte Kind die Belehrung richtig verstanden hat, muss es die Entscheidung des gesetzlichen Vertreters einholen; die volle Überzeugung des Gerichts, dass das Kind die Belehrung nicht richtig verstanden hat, ist nicht erforderlich, um die Verpflichtung zur Einholung der Zustimmung des gesetzlichen Vertreters auszulösen.[168] Die Belehrung allein des gesetzlichen Vertreters über das Zeugnisverweigerungsrecht und dessen Zustimmung zur Aussage genügen allerdings dann nicht, wenn das Kind doch genügend verstandesreif ist.[169]

39 **2. Entscheidung des gesetzlichen Vertreters.** Die Zustimmung des gesetzlichen Vertreters ist nach § 52 Abs. 2 S. 1 erforderlich, wenn **Minderjährige** wegen mangelnder Verstandesreife oder wegen einer psychischen Krankheit oder einer geistigen oder seelischen Behinderung von der Bedeutung des Zeugnisverweigerungsrechts keine genügende Vorstellung haben.[170] Bei **erwachsenen Zeugen** ist die Zustimmung des gesetzlichen Vertreters – des Betreuers – nur erforderlich, wenn ihnen wegen einer psychischen Krankheit oder einer geistigen oder seelischen Behinderung **gemäß § 1896 BGB ein Betreuer bestellt** worden ist. Hat ein Erwachsener aufgrund einer psychischen Krankheit oder geistigen oder seelischen Behinderung von der Bedeutung des Zeugnisverweigerungsrechts keine genügende Vorstellung und (noch) keinen gesetzlichen Vertreter, muss ihm gemäß § 1896 BGB zunächst ein Betreuer bestellt werden.[171]

40 Wer **gesetzlicher Vertreter** ist, bestimmt sich nach **bürgerlichem Recht.**[172] Zur Vertretung des Kindes ist gemäß § 1629 Abs. 1 S. 1 BGB berechtigt, wer die elterliche Sorge für das Kind hat. Bei ehelichen Kindern miteinander verheirateter Eltern sind das der Vater und die Mutter des Kindes gemeinsam (§ 1626 Abs. 1, § 1629 Abs. 1 BGB), sofern nicht die elterliche Sorge nach § 1671 BGB einem Elternteil allein übertragen worden ist und die Voraussetzungen der §§ 1678 ff. BGB nicht vorliegen. Nach Scheidung der Ehe ist gesetzlicher Vertreter des Kindes der Elternteil, dem die Personensorge übertragen worden ist. Die elterliche Sorge nichtehelicher Kinder richtet sich nach § 1626a BGB. Ein Betreuter wird gemäß § 1902 BGB von seinem gerichtlich bestellten Betreuer vertreten; auch die Bestellung mehrerer Betreuer ist möglich.

162 OLG Bremen 21.12.2016 – 4 UF 100/16, NJW-RR 2017, 455; OLG Koblenz 22.4.2014 – 13 WF 293/14, BeckRS 2014, 11452.
163 BGH 6.7.1965 – 5 StR 229/65, BGHSt 20, 234 = NJW 1965, 1870.
164 BGH 6.12.1966 – 1 StR 561/66, NJW 1967, 360.
165 BGH 23.1.1985 – 3 StR 496/84, NStZ 1985, 493; 11.11.1959 – 2 StR 471/59, BGHSt 14, 21 = NJW 1960, 586.
166 BGH 2.3.1960 – 2 StR 44/60, BGHSt 14, 159 = NJW 1960, 1396.
167 BGH 6.12.1966 – 1 StR 561/66, NJW 1967, 360.
168 BGH 17.4.2012 – 1 StR 146/12, NStZ 2012, 578; 8.3.1979 – 4 StR 634/78, NJW 1979, 1722; 9.8.1963 – 4 StR 188/63, BGHSt 19, 85 = NJW 1963, 2378; Bader in KK-StPO Rn. 24.
169 BGH 9.8.1963 – 4 StR 188/63, BGHSt 19, 85 = NJW 1963, 2378.
170 Vgl. zu den Begrifflichkeiten im Einzelnen Ignor/Bertheau in Löwe/Rosenberg Rn. 28.
171 Gercke in Gercke/Julius/Temming/Zöller Rn. 28; Huber in BeckOK StPO Rn. 21; Schmitt in Meyer-Goßner/Schmitt Rn. 19; Rieß NJW 1975, 83 (Fn. 41).
172 Ignor/Bertheau in Löwe/Rosenberg Rn. 30; Neubeck in KMR-StPO Rn. 22.

Hat der Zeuge **mehrere gesetzliche Vertreter, muss jeder** von ihnen der Vernehmung des Zeugen **zustimmen.**[173] Ausreichend ist, dass der eine den anderen ermächtigt, die Erklärung für ihn mitabzugeben.[174] Versagt einer der Vertreter die Zustimmung, kann eine **Ersetzung der Zustimmung** nicht nach § 1963 BGB erfolgen, weil ein Fall der Verhinderung nicht vorliegt.[175] Sofern es sich – abhängig von den Umständen des Einzelfalls – bei der Aussage um eine Angelegenheit von erheblicher Bedeutung für das Kind handelt, kann das Familiengericht die Entscheidung gemäß § 1628 BGB auf Antrag eines Elternteils auf einen Elternteil übertragen.[176] In Betracht kommt auch der Ausschluss eines Elternteils nach § 1629 Abs. 2, § 1796 Abs. 2 BGB.[177] 41

Durch die **Verweigerung der Einwilligung** kann der gesetzliche Vertreter die **Aussage** des Zeugen **verhindern.** Mit der Einwillligung kann der gesetzliche Vertreter aber eine **Aussage des Zeugen nicht erzwingen,** weil der Zeuge auch im Fall der Einwilligung des gesetzlichen Vertreters selbst entscheidet, ob er aussagen will.[178] Verweigert der gesetzliche Vertreter die Zustimmung, darf das Verfahren nicht in entsprechender Anwendung von § 205 S. 1 eingestellt werden, bis der Zeuge die nötige Verstandesreife für die eigene Entscheidung über das Zeugnisverweigerungsrecht hat.[179] 42

Die **Zustimmung** des gesetzlichen Vertreters hat in der Regel **vor der Vernehmung** des Zeugen zu erfolgen; sie kann aber **nachgeholt** werden, wenn sich erst während oder nach der Beendigung der Vernehmung des Zeugen Zweifel an seiner Verstandesreife ergeben.[180] Hat ein Kind vor dem Richter ohne die Zustimmung seines gesetzlichen Vertreters ausgesagt, kann diese Zustimmung aber nicht mehr rechtswirksam nachgeholt werden, wenn das Kind nunmehr die Aussage verweigert.[181] Auch in diesem Fall kann der Zeuge trotz nunmehriger Verweigerung der Aussage bei Nachholung der Zustimmung des gesetzlichen Vertreters die Verwertung seiner ohne Zustimmung des gesetzlichen Vertreters gemachten früheren Aussage genehmigen.[182] Zwar kann sich die Belehrung des Zeugen in diesem Fall naturgemäß nicht darauf erstreckt haben, dass er die Aussage verweigern kann, obwohl der gesetzliche Vertreter der Vernehmung des Zeugen vorher zugestimmt hat.[183] Nachdem die Geltendmachung des Zeugnisverweigerungsrechts den Zeugen aber nicht hindert, nach ordnungsgemäßer Belehrung die Verwertung einer bei einer nichtrichterlichen Vernehmung gemachten Aussage zu gestatten,[184] ist nicht ersichtlich, warum es ihm nicht möglich sein sollte, auch die Verwertung 43

[173] Schmitt in Meyer-Goßner/Schmitt Rn. 19; Eisenberg BeweisR StPO Rn. 1225; Schaub FamRZ 1966, 134.

[174] BGH 11.10.1956 – 4 StR 292/56, MDR 1957, 52 für den vergleichbaren Fall der Ermächtigung zur Stellung eines Strafantrags; Bader in KK-StPO Rn. 28; Otte in Radtke/Hohmann Rn. 19; Schmitt in Meyer-Goßner/Schmitt Rn. 19.

[175] Bader in KK-StPO Rn. 28; Neubeck in KMR-StPO Rn. 24; Otte in Radtke/Hohmann Rn. 19.

[176] Bader in KK-StPO Rn. 28; Ignor/Bertheau in Löwe/Rosenberg Rn. 32; Rogall in SK-StPO Rn. 81; Schweckendieck NStZ 2008, 537 mwN zur Gegenauffassung.

[177] Ignor/Bertheau in Löwe/Rosenberg Rn. 31; Götz in Grüneberg BGB § 1796 Rn. 4.

[178] BGH 12.2.2004 – 3 StR 185/03, BGHSt 49, 72 = NJW 2004, 1605; 8.3.1979 – 4 StR 634/78, NJW 1979, 1722; 27.1.1970 – 1 StR 591/69, BGHSt 23, 221 = NJW 1970, 766; 19.9.1967 – 5 StR 456/67, BGHSt 21, 303 = NJW 1967, 2273; 2.3.1960 – 2 StR 44/60, BGHSt 14, 159 = NJW 1960, 1396; Ignor/Bertheau in Löwe/Rosenberg Rn. 25; Schmitt in Meyer-Goßner/Schmitt Rn. 19; Eisenberg BeweisR StPO Rn. 1225.

[179] OLG Stuttgart 12.6.2001 – 1 Ws 101/01, Justiz 2001, 552; Schmitt in Meyer-Goßner/Schmitt Rn. 23.

[180] Ignor/Bertheau in Löwe/Rosenberg Rn. 29; Schmitt in Meyer-Goßner/Schmitt Rn. 19.

[181] BGH 27.1.1970 – 1 StR 591/69, BGHSt 23, 221 = NJW 1970, 766; Otte in Radtke/Hohmann Rn. 19.

[182] Huber in BeckOK StPO Rn. 23; Ignor/Bertheau in Löwe/Rosenberg Rn. 29; Otte in Radtke/Hohmann Rn. 19; Schmitt in Meyer-Goßner/Schmitt Rn. 19. Offengelassen von BGH 27.1.1970 – 1 StR 591/69, BGHSt 23, 221 = NJW 1970, 766.

[183] Vgl. zu diesem Erfordernis BGH 21.1.1991 – 1 StR 624/90, NJW 1991, 2432; 8.3.1979 – 4 StR 634/78, NJW 1979, 1722; 27.1.1970 – 1 StR 591/69, BGHSt 23, 221 = NJW 1970, 766; 19.9.1967 – 5 StR 456/67, BGHSt 21, 303 = NJW 1967, 2273.

[184] Vgl. BGH 23.9.1999 – 4 StR 189/99, BGHSt 45, 203 = NJW 2000, 596. Offengelassen von BGH 12.12.2004 – 3 StR 185/03, BGHSt 49, 72 = NJW 2004, 1605; 24.4.2003 – 3 StR 181/02, NJW 2003, 2692.

der zunächst ohne Zustimmung des gesetzlichen Vertreters gemachten Aussage zu genehmigen.[185]

44 **3. Ausschluss des gesetzlichen Vertreters.** Ist der **gesetzliche Vertreter der Beschuldigte,** ist er gemäß § 52 Abs. 2 S. 2 Hs. 1 **von der Entscheidung** über die Ausübung des Zeugnisverweigerungsrechts **ausgeschlossen.** Gleiches gilt nach § 52 Abs. 2 S. 2 Hs. 2 für den **nicht beschuldigten Elternteil,** wenn die gesetzliche Vertretung beiden Elternteilen zusteht; nicht maßgeblich ist dabei, ob der Zeuge selbst Opfer der Straftat geworden ist.[186] Ist der gesetzliche Vertreter nach § 52 Abs. 2 S. 2 von der Vertretung ausgeschlossen, muss nach § 1909 Abs. 1 BGB auf Antrag der Stelle, die den Zeugen vernehmen will, ein **Ergänzungspfleger** bestellt werden, wobei der Antrag im Fall einer polizeilichen Vernehmung von der Staatsanwaltschaft gestellt wird.[187] Die Anordnung einer Ergänzungspflegschaft setzt nicht voraus, dass die Aussagebereitschaft des Zeugen bereits feststeht, denn die Aussagebereitschaft kann sich im Laufe eines Strafverfahrens ändern.[188] Vor der Anordnung einer Ergänzungspflegschaft muss daher nicht zunächst geklärt werden, ob der Zeuge aussagebereit ist.[189] Das Familiengericht ist an die Auffassung der vernehmenden Stelle zur Frage der fehlenden Verstandesreife des Zeugen gebunden.[190] Auch ist der die Ergänzungspflegschaft anordnende und die Vertretung des Kindes regelnde Beschluss des Familiengerichts für den Tatrichter bindend, selbst wenn es die Voraussetzungen der Pflegschaft zu Unrecht angenommen hat.[191] Der Tatrichter hat aber in eigener Verantwortung zu prüfen, ob der Zeuge zum Zeitpunkt der Hauptverhandlung über die erforderliche Verstandesreife verfügt, weshalb eine Zustimmung des bestellten Ergänzungspflegers zur Vernehmung des Zeugen entbehrlich ist, wenn der Zeuge die erforderliche Verstandesreife zwischenzeitlich erlangt hat.[192] Hat das Familiengericht auf Anregung des Tatrichters einen Ergänzungspfleger bestellt, obwohl die Voraussetzungen des § 52 Abs. 2 S. 2 nicht vorgelegen haben, setzt die Erhebung der Aufklärungsrüge voraus, dass der Inhalt des Beschlusses des Familiengerichts mitgeteilt wird, weil der die Ergänzungspflegschaft anordnende Beschluss dann nicht fehlerhaft ist, wenn er auf der Grundlage der allgemeinen Vorschriften der § 1629 Abs. 2, § 1796 Abs. 2, § 1909 BGB wegen eines erheblichen Interessengegensat-

---

185 Ähnlich Otte in Radtke/Hohmann Rn. 19; Schmitt in Meyer-Goßner/Schmitt Rn. 19.

186 OLG Bremen 21.12.2016 – 4 UF 100/16, NJW-RR 2017, 455; Bader in KK-StPO Rn. 29; Huber in BeckOK StPO Rn. 24.

187 OLG Hamburg 13.8.2019 – 2 WF 102/19, NJW 2020, 624; OLG Bremen 21.12.2016 – 4 UF 100/16, NJW-RR 2017, 455; Huber in BeckOK StPO Rn. 24; Ignor/Bertheau in Löwe/Rosenberg Rn. 32; Neubeck in KMR-StPO Rn. 27; Schmitt in Meyer-Goßner/Schmitt Rn. 20; Schweckendieck NStZ 2008, 537.

188 BVerfG 31.3.2020 – 1 BvR 2392/19, BeckRS 2020, 7398; BGH 22.4.2020 – XII ZB 477/19, BeckRS 2020, 11001; OLG Hamburg 13.8.2019 – 2 WF 102/19, NJW 2020, 624 mwN; Huber in BeckOK StPO Rn. 25. AA OLG Bremen 21.12.2016 – 4 UF 100/16, NJW-RR 2017, 455; OLG Hamm 8.8.2013 – 3 WF 176/12, BeckRS 2013, 7219; OLG Brandenburg 16.9.2011 – 13 UF 166/11, FamRZ 2012, 1068; OLG Saarbrücken 22.3.2011 – 6 UF 34/11, NJW 2011, 2306.

189 BGH 22.4.2020 – XII ZB 477/19, BeckRS 2020, 11001; OLG Hamburg 13.8.2019 – 2 WF 102/19, NJW 2020, 624 mwN. AA OLG Hamm 8.8.2013 – 3 WF 176/12, BeckRS 2013, 7219; OLG Saarbrücken 22.3.2011 – 6 UF 34/11, NJW 2011, 2306; OLG Bremen 22.9.2010 – 4 UF 91/10, NJW-RR 2011, 154. Allerdings kann das Familiengericht die Bestellung eines Ergänzungspflegers für ein Kind ablehnen, wenn dieses bereits definitiv erklärt hat, nicht aussagen zu wollen; vgl. OLG Koblenz 25.5.2020 – 7 WF 257/20, BeckRS 2020, 10861.

190 BGH 22.4.2020 – XII ZB 477/19, BeckRS 2020, 11001; OLG Hamburg 13.8.2019 – 2 WF 102/19, NJW 2020, 624; OLG Schleswig 20.11.2012 – 10 WF 187/12, NJW-RR 2013, 777; OLG Karlsruhe 26.3.2012 – 2 WF 42/12, MDR 2012, 653 = NJW-RR 2012, 839; OLG Nürnberg 15.4.2010 – 9 UF 353/10, NJW 2010, 3041; BayObLG 7.8.1997 – 1 Z BR 146/97, NJW 1998, 614; OLG Stuttgart 26.7.1985 – 8 W 253/85, MDR 1986, 58; Bader in KK-StPO Rn. 29; Neubeck in KMR-StPO Rn. 27; Schmitt in Meyer-Goßner/Schmitt Rn. 20. AA Schaub FamRZ 1966, 134. Nach OLG Hamburg 26.3.2013 – 13 UF 81/12, BeckRS 2013, 8728 soll im Fall einer offensichtlichen Fehleinschätzung der vernehmenden Stelle keine Bindung bestehen.

191 BGH 20.9.1996 – 2 StR 289/96, NStZ 1997, 145; 8.1.1987 – 1 StR 658/86, BGHR StPO § 52 Abs. 2 S. 2 Ergänzungspfleger 1 = MDR 1987, 448.

192 BGH 20.9.1996 – 2 StR 289/96, NStZ 1997, 145.

zes – und nicht infolge fehlerhafter Anwendung des § 52 Abs. 2 S. 2 – ergangen ist.[193] Der zuständigen Strafverfolgungsbehörde steht kein Beschwerderecht gegen die ablehnende Entscheidung des Familiengerichts zu, einen Ergänzungspfleger zu bestellen.[194]

Die Vorschrift des § 52 Abs. 2 S. 2 kann nicht entsprechend auf den Fall angewendet werden, dass der **nicht beschuldigte Elternteil alleinsorgeberechtigt** ist,[195] und zwar unabhängig davon, ob der allein sorgeberechtigte Elternteil Opfer der in Rede stehenden Straftat ist.[196] Für eine entsprechende Anwendung des § 52 Abs. 2 S. 2 ist auch dann kein Raum, wenn der Beschuldigte ein sonstiger naher Angehöriger des vertretungsberechtigten Elternteils ist.[197] Auch wenn die Konfliktlage des nicht beschuldigten Elternteils in diesen Fällen vergleichbar sein mag, wären derart weitgehende Abweichungen von der gesetzlichen Regelung dem Gesetzgeber vorzubehalten.[198] Für eine entsprechende Anwendung besteht auch kein Bedürfnis. Die Lösung dieses in § 52 Abs. 2 S. 2 nicht geregelten Interessenkonflikts kann dadurch erfolgen, dass das Familiengericht dem vertretungsberechtigten Elternteil bei Vorliegen der gesetzlichen Voraussetzungen gemäß § 1629 Abs. 2, § 1796 Abs. 2, § 1795 BGB die elterliche Sorge entzieht und gemäß § 1909 BGB einen Ergänzungspfleger bestellt.[199] Das ist allerdings dann nicht möglich, wenn zu erwarten ist, dass der Sorgerechtsinhaber ohnehin im Interesse des Kindes handeln wird.[200] 45

VI. Verzicht

Wie sich aus § 52 Abs. 3 S. 2 ergibt, kann der Zeuge auf sein Zeugnisverweigerungsrecht verzichten.[201] Das Zeugnisverweigerungsrecht gibt dem Zeugen die Befugnis, die Aussage – ganz oder teilweise – zu verweigern, gibt ihm aber ebenso die **Möglichkeit, von diesem Recht keinen Gebrauch zu machen** und – dann wie jeder Zeuge der Wahrheitspflicht unterliegend – auszusagen. Ein solcher Verzicht kann auch **stillschweigend** erfolgen, indem der Zeuge aussagt.[202] Der Verzicht kann jederzeit erfolgen, unabhängig davon, in welchem Verfahrensabschnitt er erklärt wird.[203] Eine erforderliche Zustimmung eines gesetzlichen Vertreters nach § 52 Abs. 2 S. 1 kann – im Sinne eines Verzichts auf das Zeugnisverweigerungsrecht – auch darin liegen, dass der gesetzliche Vertreter, der in der Hauptverhandlung anwesend ist, die Vernehmung des Zeugen widerspruchslos geschehen lässt.[204] Der Verzicht kann nach allgemeiner Ansicht **auf einzelne Tatkomplexe** 46

193 BGH 8.1.1987 – 1 StR 658/86, BGHR StPO § 52 Abs. 2 S. 2 Ergänzungspfleger 1 = MDR 1987, 448.

194 BGH 8.10.2014 – XII ZB 406/13, NJW 2015, 58; Huber in BeckOK StPO Rn. 25.

195 OLG Karlsruhe 26.3.2012 – 2 WF 42/12, MDR 2012, 653; OLG Brandenburg 16.9.2011 – 13 UF 166/11, FamRZ 2012, 1068; OLG Nürnberg 15.4.2010 – 9 UF 353/10, NJW 2010, 3041; Ignor/Bertheau in Löwe/Rosenberg Rn. 32; Neubeck in KMR-StPO Rn. 26; Schmitt in Meyer-Goßner/Schmitt Rn. 20; Schweckendieck NStZ 2008, 537. AA Bader in KK-StPO Rn. 29; Eisenberg BeweisR StPO Rn. 1225; Rieß NJW 1975, 83 (Fn. 42); Schimansky FS Pfeiffer, 1988, 300. Offengelassen von BGH 23.8.1995 – 3 StR 163/95, NJW 1996, 206; 16.4.1991 – 5 StR 158/91, NStZ 1991, 398; 8.1.1987 – 1 StR 658/86, BGHR StPO § 52 Abs. 2 S. 2 Ergänzungspfleger 1 = MDR 1987, 448.

196 OLG Karlsruhe 26.3.2012 – 2 WF 42/12, NJW-RR 2012, 839 = MDR 2012, 635; Schmitt in Meyer-Goßner/Schmitt Rn. 20.

197 Schweckendieck NStZ 2008, 537; Schimansky FS Pfeiffer, 1988, 300.

198 Ignor/Bertheau in Löwe/Rosenberg Rn. 32; Schmitt in Meyer-Goßner/Schmitt Rn. 20.

199 OLG Düsseldorf 30.4.2001 – 2 Ws 71/01, NStZ-RR 2001, 303; Schweckendieck NStZ 2008, 537. In diesem Sinne wohl auch BGH 8.1.1987 – 1 StR 658/86, BGHR StPO § 52 Abs. 2 S. 2 Ergänzungspfleger 1 = MDR 1987, 448. AA Eisenberg BeweisR StPO Rn. 1225, Fn. 143.

200 OLG Karlsruhe 26.3.2012 – 2 WF 42/12, MDR 2012, 653; 27.3.2003 – 16 UF 25/03, StraFo 2003, 310.

201 BGH 28.4.1961 – 4 StR 77/61, NJW 1961, 1484.

202 Bader in KK-StPO Rn. 40; Neubeck in KMR-StPO Rn. 28; Otte in Radtke/Hohmann Rn. 21; Schmitt in Meyer-Goßner/Schmitt Rn. 21. AA Gercke in Gercke/Julius/Temming/Zöller Rn. 32; Ignor/Bertheau in Löwe/Rosenberg Rn. 33; Rogall in SK-StPO Rn. 60; Eisenberg BeweisR StPO Rn. 1226.

203 BGH 14.11.1991 – 1 StR 622/91, StV 1992, 97; 21.11.1986 – 2 StR 473/86, StV 1987, 188; Otte in Radtke/Hohmann Rn. 21.

204 BGH 20.9.1996 – 2 StR 289/96, NStZ 1997, 145; Bader in KK-StPO Rn. 40; Neubeck in KMR-StPO Rn. 28; Otte in Radtke/Hohmann Rn. 21; Schmitt in Meyer-Goßner/Schmitt Rn. 21.

oder Fragen beschränkt werden (näher → Rn. 34). Steht dem Zeugen sowohl ein Zeugnisverweigerungsrecht nach § 52 als auch ein Auskunftsverweigerungsrecht nach § 55 zu, kann der Erklärung des Zeugen, er mache deshalb keine Angaben, weil er sich nicht selbst belasten wolle, nicht ohne Weiteres entnommen werden, dass er auf sein Zeugnisverweigerungsrecht verzichtet.[205] Der Verzicht ist auch wirksam, wenn der Zeuge irrtümlich davon ausgeht, er belaste den Beschuldigten mit seiner Aussage nicht.[206] Ein Zeuge, der erklärt hat, er verweigere die Aussage gemäß § 52, ist **an die Geltendmachung des Zeugnisverweigerungsrechts nicht gebunden,** sondern kann sich jederzeit entschließen, doch Angaben zu machen.[207]

VII. Widerruf des Verzichts

47 Der **Verzicht auf das Zeugnisverweigerungsrecht kann nach § 52 Abs. 3 S. 2** auch während der Vernehmung **widerrufen werden,** nicht aber nach ihrer Beendigung.[208] Die Vernehmung ist mit der Entscheidung über die Vereidigung beendet; erfolgt die Vereidigung im unmittelbaren Anschluss an die Vernehmung, tritt die Beendigung der Vernehmung erst mit der Eidesleistung ein.[209] Widerruft ein Zeuge während der Vernehmung seinen Verzicht auf das Zeugnisverweigerungsrecht zu ein und demselben Tatgeschehen, darf eine Beeidigung seiner bis zum Widerruf erfolgten Teilaussage nicht erfolgen, weil sich die Eidesleistung nach § 64 auch darauf bezieht, vollständig ausgesagt zu haben, was dann aber nicht der Fall ist.[210] Nach dem Widerruf ist die Vernehmung abzubrechen.[211] Die **bis zum Widerruf des Verzichts** in der betreffenden Vernehmung **gemachten Angaben** des Zeugen **bleiben verwertbar.**[212] Das Verwertungsverbot des § 252 greift insofern, als es um die Geltendmachung des Zeugnisverweigerungsrechts im Verlaufe einer Vernehmung und die Frage der Verwertbarkeit der zuvor im Rahmen dieser Vernehmung gemachten Angaben geht, nicht; § 252 betrifft allein die Frage der Verwertbarkeit von Angaben in zeitlich früheren anderen Vernehmungen.[213] Der Tatrichter hat in Zweifelsfällen darüber zu befinden, ob der Zeuge nunmehr von seinem Zeugnisverweigerungsrecht Gebrauch machen will oder ob er lediglich bei einem grundsätzlich fortbestehenden Aussagewillen **Aussagehemmungen** hat, die seine grundsätzliche Aussagebereitschaft nicht betreffen, sondern mit den Modalitäten und möglichen Folgen der Vernehmung zusammenhängen.[214] Im ersten Fall darf auf die Entschließungsfreiheit des Zeugen nicht eingewirkt werden, im letzteren Fall muss das Gericht versuchen, die Vernehmung im Rahmen der gesetzlichen Möglichkeiten so zu gestalten, dass Hemmungen überwunden werden können.[215] Setzt der

---

205 BGH 29.6.1983 – 2 StR 855/82, NJW 1984, 136.

206 KG 29.3.1967 – 1 Ss 424/66, JR 1967, 347; Ignor/Bertheau in Löwe/Rosenberg Rn. 33; Otte in Radtke/Hohmann Rn. 21; Rogall in SK-StPO Rn. 61.

207 BGH 28.4.1961 – 4 StR 77/61, NJW 1961, 1484; Ignor/Bertheau in Löwe/Rosenberg Rn. 37; Schmitt in Meyer-Goßner/Schmitt Rn. 22.

208 BGH 12.4.1984 – 4 StR 229/84, NStZ 1985, 13; Eschelbach in Satzger/Schluckebier/Widmaier StPO Rn. 24, 43; Ignor/Bertheau in Löwe/Rosenberg Rn. 34; Otte in Radtke/Hohmann Rn. 22; Schmitt in Meyer-Goßner/Schmitt Rn. 15, 22.

209 BGH 24.10.1955 – GSSt 1/55, BGHSt 8, 301 = NJW 1956, 191; Otte in Radtke/Hohmann Rn. 22.

210 BGH 9.9.1987 – 3 StR 307/87, NJW 1988, 716.

211 Eschelbach in Satzger/Schluckebier/Widmaier StPO Rn. 24; Ignor/Bertheau in Löwe/Rosenberg Rn. 35; Otte in Radtke/Hohmann Rn. 22; Schmitt in Meyer-Goßner/Schmitt Rn. 22.

212 BGH 15.7.2016 – GSSt 1/16, BGHSt 61, 221 = NJW 2017, 94 Rn. 57; 20.5.2015 – 1 StR 429/14, NStZ 2015, 656; 28.1.2004 – 2 StR 452/03, NJW 2004, 1466; 9.9.1987 – 3 StR 307/87, NJW 1988, 716; 15.1.1952 – 1 StR 341/51, BGHSt 2, 99 = NJW 1952, 356; Bader in KK-StPO Rn. 42; Eschelbach in Satzger/Schluckebier/Widmaier StPO Rn. 43; Huber in BeckOK StPO Rn. 27; Neubeck in KMR-StPO Rn. 29; Otte in Radtke/Hohmann Rn. 22; Schmitt in Meyer-Goßner/Schmitt Rn. 22. AA Ignor/Bertheau in Löwe/Rosenberg Rn. 35; Eisenberg BeweisR StPO Rn. 1227; Geppert JURA 1991, 134; Rengier NStZ 1998, 47.

213 BGH 20.5.2015 – 1 StR 429/14, NStZ 2015, 656; Schmitt in Meyer-Goßner/Schmitt Rn. 22.

214 BGH 26.8.1998 – 3 StR 256/98, NStZ 1999, 94; Ignor/Bertheau in Löwe/Rosenberg Rn. 33; Eisenberg BeweisR StPO Rn. 1227.

215 BGH 26.8.1998 – 3 StR 256/98, NStZ 1999, 94; Ignor/Bertheau in Löwe/Rosenberg Rn. 33; Schmitt in Meyer-Goßner/Schmitt Rn. 23.

Vorsitzende die Befragung des Zeugen trotz einer von anderen Verfahrensbeteiligten als Ausübung des Zeugnisverweigerungsrechts verstandenen Erklärung des Zeugen fort, ist eine Beanstandung nach § 238 Abs. 2 erforderlich.[216] Diese Grundsätze gelten für die Zustimmung des gesetzlichen Vertreters entsprechend.[217]

VIII. Belehrung

Nach **§ 52 Abs. 3 S. 1** sind der zur Verweigerung des Zeugnisses berechtigte **Zeuge** 48 und in den Fällen des Abs. 2 auch der **gesetzliche Vertreter vor jeder Vernehmung** über das Zeugnisverweigerungsrecht **zu belehren.** Eine Belehrung ist entbehrlich, wenn der Zeuge glaubhaft erklärt, er kenne sein Zeugnisverweigerungsrecht.[218] Sie ist auch unnötig, wenn der gesetzliche Vertreter in den Fällen des § 52 Abs. 2 die Zustimmung bereits verweigert hat, weil dann eine Vernehmung des Zeugen ohnehin nicht statthaft ist.[219]

1. Person des Belehrenden. Die Belehrung obliegt dem **Richter,** in der Verhandlung 49 vor der Strafkammer oder einem erstinstanzlich tätigen OLG-Senat dem **Vorsitzenden** (§ 238 Abs. 1).[220] Bei Vernehmungen durch die Polizei oder die Staatsanwaltschaft erfolgt die Belehrung durch den **vernehmenden Beamten.**[221] Die Belehrung **darf nicht einem Dritten überlassen werden;** insbesondere ist es unzulässig, dass der Richter, der den Zeugen bereits ordnungsgemäß belehrt hat, aber daran zweifelt, ob der Zeuge die Belehrung richtig verstanden hat, die Sitzung unterbricht und dem Zeugen Gelegenheit gibt, sich das Zeugnisverweigerungsrecht von einem Mitarbeiter des Jugendamts erklären zu lassen, sofern noch Unklarheiten bestehen sollten.[222] Die Belehrung kann auch **nicht auf einen Sachverständigen übertragen** werden.[223] Die vom Sachverständigen erteilte Belehrung kann aber dazu führen, dass dem Zeugen sein Weigerungsrecht bekannt geworden ist.[224] Stellt ein Sachverständiger fest, dass die erforderliche Belehrung unterblieben ist, muss er auf die Belehrung durch die zuständige Stelle hinwirken.[225]

2. Zu belehrende Personen. Zu belehren ist gemäß § 52 Abs. 3 S. 1 zunächst in 50 jedem Fall der **Zeuge selbst.** In den Fällen des § 52 Abs. 2 ist zudem der **gesetzliche Vertreter** über das Zeugnisverweigerungsrecht der Beweisperson zu belehren.[226] Gleiches gilt für einen bestellten **Ergänzungspfleger.**[227] Hat der Zeuge mehrere gesetzliche Vertreter, sind alle zu belehren.[228]

3. Zeitpunkt und Wiederholung der Belehrung. Die Belehrung kann vor oder 51 nach der Vernehmung zur Person erfolgen; zweckmäßig wird in der Regel eine Belehrung **nach der Vernehmung zur Person** (§ 68) sein, weil sich möglicherweise erst

216 BGH 9.3.2010 – 4 StR 606/09, BGHSt 55, 65 = NStZ 2010, 461; 26.8.1998 – 3 StR 256/98, NStZ 1999, 94.
217 Otte in Radtke/Hohmann Rn. 22; Schmitt in Meyer-Goßner/Schmitt Rn. 22.
218 Bader in KK-StPO Rn. 33; Ignor/Bertheau in Löwe/Rosenberg Rn. 44; Neubeck in KMR-StPO Rn. 33; Otte in Radtke/Hohmann Rn. 26.
219 Neubeck in KMR-StPO Rn. 30.
220 BGH 3.5.2006 – 4 StR 40/06, NStZ 2006, 647; 1.6.1956 – 2 StR 27/56, BGHSt 9, 195 = NJW 1956, 1288; Bader in KK-StPO Rn. 30; Neubeck in KMR-StPO Rn. 31.
221 Bader in KK-StPO Rn. 30; Otte in Radtke/Hohmann Rn. 24; Schmitt in Meyer-Goßner/Schmitt Rn. 27.
222 BGH 1.6.1956 – 2 StR 27/56, BGHSt 9, 195 = NJW 1956, 1288.
223 BGH 4.12.1996 – 2 StR 430/96, NStZ 1997, 349; 23.8.1995 – 3 StR 163/95, NJW 1996, 206; 22.1.1991 – 1 StR 624/90, NJW 1991, 2432 = NStZ 1991, 295.
224 Rogall in SK-StPO Rn. 98. Vgl. zur Kenntnis des Zeugen vom Zeugnisverweigerungsrecht auch → Rn. 66.
225 BGH 4.12.1996 – 2 StR 430/96, NStZ 1997, 349; Ignor/Bertheau in Löwe/Rosenberg Rn. 46.
226 BGH 27.1.1970 – 1 StR 591/69, BGHSt 23, 221 = NJW 1970, 766; 19.9.1967 – 5 StR 456/67, BGHSt 21, 303 = NJW 1967, 2273; 2.3.1960 – 2 StR 44/60, BGHSt 14, 159 = NJW 1960, 1396; Bader in KK-StPO Rn. 32; Schmitt in Meyer-Goßner/Schmitt Rn. 28.
227 BGH 20.9.1996 – 2 StR 289/96, NStZ 1997, 145.
228 Ignor/Bertheau in Löwe/Rosenberg Rn. 45.

daraus das Bestehen eines Zeugnisverweigerungsrechts, aber auch das Nichtvorliegen eines ursprünglich – etwa aufgrund des Akteninhalts – angenommenen Aussageverweigerungsrechts ergeben kann.[229] Auf jeden Fall aber muss die Belehrung der Vernehmung zur Sache vorausgehen. Der Zeuge ist **vor jeder Vernehmung** zu belehren, unabhängig davon, ob er bereits vor einer früheren Vernehmung belehrt worden ist.[230] Dies gilt auch bei einer erneuten Vernehmung in der Hauptverhandlung, nachdem der Zeuge zwischenzeitlich entlassen worden war.[231] Eine erneute Vernehmung mit der Folge der erneuten Belehrungspflicht liegt aber nicht vor, wenn die Vernehmung – etwa wegen ihres Umfangs – in mehreren Abschnitten erfolgt, ohne dass der Zeuge entlassen wird und sofern die bloße Unterbrechung der Vernehmung dem Zeugen bekannt gegeben wird; in einem solchen Fall ist die **Einheitlichkeit der Vernehmung** für den Zeugen erkennbar.[232] Wird in einem Umfangsverfahren ein Zeuge unterbrochen von längeren Pausen oder sogar an mehreren Tagen vernommen, bedarf es mithin, wenn dem Zeugen die Fortsetzung der Vernehmung am Schluss des vorangegangenen Vernehmungsabschnittes mitgeteilt worden ist, bei der Fortsetzung keiner erneuten Belehrung. Gleiches gilt, wenn der Zeuge nach ununterbrochener Anwesenheit in der Hauptverhandlung wieder hervorgerufen wird und erneut aussagt.[233]

52 Betrachtet das Gericht dagegen die **Vernehmung für den Zeugen erkennbar** als **beendet** und entlässt es ihn, so ist dieser **erneut** über sein Zeugnisverweigerungsrecht **zu belehren,** wenn sich nachträglich die Notwendigkeit einer ergänzenden Vernehmung ergibt.[234] Entscheidend ist damit, ob die zusätzliche Befragung aus Sicht des Zeugen als bloße Fortsetzung der Vernehmung erscheint und er die Gültigkeit der Belehrung auch hierfür eindeutig erkennen kann.[235] Eine neue Vernehmung liegt danach vor, wenn der Zeuge in verschiedenen Verfahrensabschnitten vernommen wird oder eine ausgesetzte oder über die Fristen des § 229 hinaus unterbrochene Verhandlung erneuert werden muss.[236] Wurde der Zeuge bereits früher belehrt, kann allerdings der Verstoß gegen die Pflicht zur erneuten Belehrung unschädlich sein, wenn feststeht, dass der nicht erneut belehrte Zeuge sein Zeugnisverweigerungsrecht kannte und davon auch bei ordnungsgemäßer Belehrung keinen Gebrauch gemacht hätte.[237] Die unterlassene erneute Belehrung macht die frühere Aussage nicht unverwertbar.[238]

53 **4. Art und Weise der Belehrung.** Die Belehrung muss **mündlich** erfolgen; die bloße Überlassung einer schriftlichen Belehrung ist nicht ausreichend.[239] Die Art der Belehrung, insbesondere die Wortwahl, steht im Ermessen des Richters beziehungsweise der sonstigen Vernehmungsperson. Die Belehrung muss aber **so klar** formuliert und inhaltlich **so umfassend** sein, dass **der Zeuge durch die Belehrung erfährt,** dass er **wegen eines Angehörigenverhältnisses zum Beschuldigten nicht auszusagen braucht** und frei ist in seiner von ihm eigenverantwortlich zu treffenden Entscheidung, ob er aussagen will oder nicht

[229] BGH 3.5.2006 – 4 StR 40/06, NStZ 2006, 647; 28.6.1984 – 4 StR 243/84, StV 1984, 405.
[230] BGH 5.8.2021 – 4 StR 143/21, NStZ 2022, 126; 21.4.1986 – 2 StR 731/85, NJW 1986, 2121; 30.3.1984 – 2 StR 132/84, NStZ 1984, 418; 14.10.1959 – 2 StR 249/59, BGHSt 13, 394 = NJW 1960, 584; Bader in KK-StPO Rn. 35; Ignor/Bertheau in Löwe/Rosenberg Rn. 50; Schmitt in Meyer-Goßner/Schmitt Rn. 29.
[231] BGH 9.12.2014 – 3 StR 272/14, StV 2015, 758 = BeckRS 2015, 1911; 30.3.1984 – 2 StR 132/84, NStZ 1984, 418; Bader in KK-StPO Rn. 35; Ignor/Bertheau in Löwe/Rosenberg Rn. 50.
[232] BGH 30.3.1984 – 2 StR 132/84, NStZ 1984, 418; Ignor/Bertheau in Löwe/Rosenberg Rn. 50.
[233] BGH 6.6.1989 – 1 StR 171/89, NStZ 1990, 25; 15.4.1987 – 3 StR 138/87, NStZ 1987, 373.
[234] BGH 30.3.1984 – 2 StR 132/84, NStZ 1984, 418; Bader in KK-StPO Rn. 35; Ignor/Bertheau in Löwe/Rosenberg Rn. 50.
[235] BGH 30.3.1984 – 2 StR 132/84, NStZ 1984, 418.
[236] Bader in KK-StPO Rn. 35; Ignor/Bertheau in Löwe/Rosenberg Rn. 50.
[237] Vgl. hierzu BGH 15.11.1994 – 1 StR 461/94, NJW 1995, 1501; 22.6.1989 – 1 StR 231/89, NStZ 1989, 484; 21.4.1986 – 2 StR 731/85, NJW 1986, 2121.
[238] Bader in KK-StPO Rn. 35.
[239] Bader in KK-StPO Rn. 33; Gercke in Gercke/Julius/Temming/Zöller Rn. 38; Rogall in SK-StPO Rn. 72; Eisenberg BeweisR StPO Rn. 1230.

(näher → Rn. 55).[240] Der Belehrende muss seine Worte so wählen, dass der Zeuge den Belehrungsinhalt erfassen kann. Der Zeuge muss das Für und Wider seiner Entscheidung abwägen können.[241] Nicht genügend ist es, wenn der Zeuge nach Feststellung des Angehörigenverhältnisses lediglich gefragt wird, ob er aussagen wolle.[242] Mangels Verständlichkeit nicht ausreichend ist auch die Belehrung, dem Zeugen stehe ein Weigerungsrecht zu, „wenn eine gültige Ehe vorausgesetzt würde."[243] Der Belehrungspflichtige kann sich der Hilfe einer der Mentalität oder Sprache der zu belehrenden Person mächtigen Person bedienen und gegebenenfalls mit Rücksicht auf das Alter des Zeugen eine kindgerechte Belehrung vornehmen.[244] Ein bestimmter Wortlaut der Belehrung ist auch bei der Belehrung eines verstandesunreifen Kindes, dass es trotz Zustimmung seines gesetzlichen Vertreters nicht aussagen muss, nicht erforderlich; in welcher Form ein Kind zu belehren ist, hängt von den Umständen des Einzelfalls ab.[245] Ein Zeuge darf im Regelfall auch zugleich mit der Belehrung über sein Zeugnisverweigerungsrecht über gegen ihn selbst erhobene Vorwürfe und sein daraus folgendes Aussageverweigerungsrecht nach § 55 belehrt werden, ohne dass zuvor die Entscheidung des Zeugen, ob er von seinem Zeugnisverweigerungsrecht nach § 52 Gebrauch macht, abgewartet werden müsste.[246]

5. Verbot der Einwirkung auf die Entschließungsfreiheit. Das Gericht hat sich 54
jeder Einwirkung auf die Entschließungsfreiheit des Zeugen zu enthalten[247] und darf daher einem Zeugen, der seine mangelnde Aussagebereitschaft damit begründet, die Vorgänge lägen lange zurück, nicht in Aussicht stellen, seine Erinnerung durch Vorhalt seiner bei der Polizei gemachten Angaben aufzufrischen.[248] Unzulässig kann es auch sein, den Zeugen darauf hinzuweisen, seine Aussage könne möglicherweise den Beschuldigten entlastende Erkenntnisse liefern.[249] Zulässig ist aber eine Belehrung über Rechtstatsachen[250] und insbesondere darüber, dass eine frühere Aussage des Zeugen vor dem Ermittlungsrichter trotz der Verweigerung des Zeugnisses in der Hauptverhandlung durch Vernehmung des Ermittlungsrichters verwertet werden kann, um den möglichen Irrtum des Zeugen auszuräumen, er könne allein mit der nunmehrigen Verweigerung des Zeugnisses in der Hauptverhandlung seinen früheren Angaben jede Bedeutung nehmen; ein solcher Hinweis ist aber rechtlich nicht erforderlich (näher hierzu → Rn. 58).[251]

6. Inhalt der Belehrung und Hinweise zur Verwertbarkeit. Der Richter oder 55
sonstige Vernehmungsbeamte, dem die Belehrung obliegt, ist zwar frei in seiner Wortwahl. Doch muss die Belehrung inhaltlich so ausgestaltet sein, dass **der Zeuge durch die Belehrung erfährt, dass er wegen eines** – vom Belehrenden konkret zu benennenden – **Angehörigenverhältnisses zum Beschuldigten nicht auszusagen braucht**

---

240 BGH 15.11.1994 – 1 StR 461/94, NJW 1995, 1501; Bader in KK-StPO Rn. 33; Schmitt in Meyer-Goßner/Schmitt Rn. 28.

241 BGH 3.5.2006 – 4 StR 40/06, NStZ 2006, 647; 28.6.1984 – 4 StR 243/84, StV 1984, 405; 1.6.1956 – 2 StR 27/56, BGHSt 9, 195 = NJW 1956, 1288; Neubeck in KMR-StPO Rn. 33.

242 Bader in KK-StPO Rn. 33; Ignor/Bertheau in Löwe/Rosenberg Rn. 48; Otte in Radtke/Hohmann Rn. 26; Eisenberg BeweisR StPO Rn. 1230.

243 BayObLG 22.9.1989 – RReg. 4 St 200/89, NStZ 1990, 187.

244 BGH 22.1.1991 – 1 StR 624/90, NJW 1991, 2432 = NStZ 1991, 295.

245 BGH 15.11.1994 – 1 StR 461/94, NJW 1995, 1501.

246 BGH 30.6.1988 – 1 StR 150/88, NStZ 1988, 561.

247 BGH 30.6.1988 – 1 StR 150/88, NJW 1988, 561; 2.2.1966 – 2 StR 471/65, BGHSt 21, 12 = NJW 1966, 742; 1.6.1956 – 2 StR 27/56, BGHSt 9, 195 = NJW 1956, 1288; 9.2.1951 – 3 StR 48/50, BGHSt 1, 34 = NJW 1951, 323; Bader in KK-StPO Rn. 34; Otte in Radtke/Hohmann Rn. 26; Schmitt in Meyer-Goßner/Schmitt Rn. 26; Eisenberg BeweisR StPO Rn. 1230.

248 BGH 6.6.1989 – 5 StR 99/89, NJW 1989, 2403 = NStZ 1989, 440; Ignor/Bertheau in Löwe/Rosenberg Rn. 33.

249 Otte in Radtke/Hohmann Rn. 26.

250 BGH 30.6.1988 – 1 StR 150/88, NJW 1988, 561; Otte in Radtke/Hohmann Rn. 26; Eisenberg BeweisR StPO Rn. 1230.

251 BGH 2.2.1966 – 2 StR 471/65, BGHSt 21, 12 = NJW 1966, 742; Ignor/Bertheau in Löwe/Rosenberg Rn. 23.

und frei ist in seiner von ihm eigenverantwortlich zu treffenden Entscheidung, ob er aussagen will oder nicht (Beispiel: „Als Ehefrau des Angeklagten kommt ihnen ein umfassendes Zeugnisverweigerungsrecht zu. Sie können aussagen, brauchen dies aber nicht zu tun. Sie können und müssen eigenverantwortlich selbst entscheiden, ob sie aussagen wollen oder nicht."). Ausnahmsweise kann es zulässig sein, den Zeugen abstrakt dahin zu belehren, dass er für den Fall, dass er mit dem Angeklagten verlobt, verheiratet, verpartnerschaftet, verwandt oder verschwägert sein sollte, ein Zeugnisverweigerungsrecht hat;[252] erklärt der Zeuge dann bewusst wahrheitswidrig, dass das nicht der Fall sei, darf der vernehmende Ermittlungsrichter in der Hauptverhandlung als Zeuge vernommen werden.[253] Eine solche abstrakte Belehrung ist aber nur zulässig, wenn der Zeuge weiß, dass er Angehöriger des Beschuldigten ist.[254] Steht dem Zeugen sowohl ein Zeugnisverweigerungsrecht nach § 52 als **auch ein Aussageverweigerungsrecht nach § 55** zu, ist er **über beide Rechte zu belehren;** die Belehrung über das in der Sache weiterreichende Zeugnisverweigerungsrecht nach § 52 macht eine Belehrung nach § 55 nicht entbehrlich.[255] Ein Zeuge, der gegenüber zwei Beschuldigten je ein selbständiges Zeugnisverweigerungsrecht hat, ist über beide Rechte zu belehren.[256]

56 **Hinweise zu einer späteren Verwertbarkeit** der Aussage sind **nicht erforderlich;** es **bedarf keiner** (prospektiven) **qualifizierten Belehrung** zur späteren Verwertbarkeit einer Aussage, die nach Belehrung über das Zeugnisverweigerungsrecht unter Verzicht auf dieses gemacht wird. Die Belehrung vor einer richterlichen Vernehmung, insbesondere vor einer Vernehmung durch den Ermittlungsrichter im Ermittlungsverfahren, muss daher nicht den Hinweis enthalten, dass die Aussage (durch Vernehmung der richterlichen Verhörsperson als Zeuge) verwertbar bleibt, auch wenn der Zeuge in einer späteren Hauptverhandlung das Zeugnis verweigern sollte, also das Verwertungsverbot des § 252 insofern eine Ausnahme erfährt.[257] Denn ein Zeuge, der bei einer richterlichen Vernehmung vom Richter über sein Zeugnisverweigerungsrecht belehrt worden ist und sich zu einer Aussage entschließt, wird stets davon ausgehen, dass seine Aussage später – auch zum Nachteil seines beschuldigten Angehörigen – verwertet werden kann; es erscheint fernliegend anzunehmen, ein richterlich vernommener Zeuge könne in dem Glauben auf sein Zeugnisverweigerungsrecht verzichten, zu einem späteren Zeitpunkt durch eine dann doch noch erfolgende Geltendmachung seines Aussageverweigerungsrechts seine Angaben gegebenenfalls wieder „aus der Welt schaffen" zu können. Zumindest aber wäre eine solche Fehlvorstellung nicht aufklärungsbedürftig, weil es unter dem Gesichtspunkt des Normzwecks des Zeugnisverweigerungsrechts ausreichend ist, wenn der Zeuge einmal – nach Belehrung – die Gelegenheit hat, sich frei

---

252 BGH 29.6.1983 – 2 StR 150/83, BGHSt 32, 25 = NJW 1984, 621. AA Sieg StV 1985, 130.

253 BGH 29.6.1983 – 2 StR 150/83, BGHSt 32, 25 = NJW 1984, 621.

254 BGH 3.5.2006 – 4 StR 40/06, NStZ 2006, 647.

255 BGH 19.1.2021 – 5 StR 496/20, BeckRS 2021, 5408; 8.10.2019 – 5 StR 291/19, BeckRS 2019, 26774; 22.6.1989 – 1 StR 231/89, NStZ 1989, 484; 30.5.1984 – 2 StR 233/84, NStZ 1984, 464; 10.1.1984 – 5 StR 732/83, NStZ 1984, 176; 20.6.1979 – 2 StR 63/79, BGHSt 29, 23 = NJW 1980, 67; Ignor/Bertheau in Löwe/Rosenberg Rn. 44; Schmitt in Meyer-Goßner/Schmitt Rn. 26. Unter Umständen kann aber bei einer erfolgten Belehrung nach § 55 StPO ausgeschlossen werden, dass ein durchgängig aussagebereiter Zeuge von seinem Zeugnisverweigerungsrecht Gebrauch gemacht hätte, wenn er zusätzlich auch nach § 52 Abs. 3 S. 1 belehrt worden wäre; vgl. BGH 8.10.2019 – 5 StR 291/19, BeckRS 2019, 26774.

256 Bader in KK-StPO Rn. 31; Ignor/Bertheau in Löwe/Rosenberg Rn. 44; Neubeck in KMR-StPO Rn. 33; Eisenberg BeweisR StPO Rn. 1232.

257 BGH 15.7.2016 – GSSt 1/16, BGHSt 61, 221 = NJW 2017, 94 mAnm Brand NJW 2017, 100 und Anm. Schumann JR 2017, 373; 30.8.1984 – 4 StR 475/84, NStZ 1985, 36; 29.6.1983 – 2 StR 150/83, BGHSt 32, 25 = NJW 1984, 621; Bader in KK-StPO Rn. 33, 43a; Gercke in Gercke/Julius/Temming/Zöller Rn. 41; Otte in Radtke/Hohmann Rn. 26; Schmitt in Meyer-Goßner/Schmitt Rn. 26; Moldenhauer/Wenske JA 2017, 860. AA (überholt durch die Entscheidung des Großen Senats für Strafsachen vom 15.7.2016) der Anfragebeschluss BGH 4.6.2014 – 2 StR 656/13, NStZ 2014, 596 sowie die Vorlagebeschlüsse BGH 24.2.2016 – 2 StR 656/13, BeckRS 2016, 137232 und 18.3.2015 – 2 StR 656/13, NStZ 2015, 710.

zu entscheiden, ob er durch eine Aussage für eine Entscheidungsfindung verwertbare Informationen liefern will oder nicht. Insofern spricht Einiges dafür, die Legitimität des aus § 252 abgeleiteten Verwertungsverbots für den Fall, dass der Zeuge bereits bei seiner früheren Aussage ein Zeugnisverweigerungsrecht hatte und über dieses ordnungsgemäß belehrt wurde, generell in Frage zu stellen.

Nicht abschließend geklärt ist der **Umfang der Belehrungs- und Hinweispflicht vor einer erneuten Vernehmung** eines zeugnisverweigerungsberechtigten Zeugen, **wenn der Zeuge bei einer vorangegangenen früheren Vernehmung rechtsfehlerhaft nicht über sein bereits damals bestehendes Zeugnisverweigerungsrecht belehrt wurde,** aber ausgesagt hatte.[258] Denn die Angaben bei der früheren Vernehmung sind wegen der unterbliebenen Belehrung unverwertbar (→ Rn. 63). Es stellt sich die Frage, ob der Zeuge in diesem Fall – im Sinne einer „retrospektiven qualifizierten Belehrung“ – nicht nur über sein Recht zu belehren ist, in der anstehenden Vernehmung die Aussage zu verweigern, sondern er auch darauf hinzuweisen ist, dass seine Angaben bei seiner früheren Vernehmung einem Verwertungsverbot unterliegen. Für das **Erfordernis einer qualifizierten Belehrung über die Unverwertbarkeit der Angaben bei der früheren Vernehmung** spricht, dass der Zeuge möglicherweise irrig davon ausgeht, seine früheren Angaben seien – etwa durch Vernehmung der Verhörsperson – verwertbar, und er sich daraufhin allein deshalb zu einer (erneuten) Aussage entschließt, weil er irrig glaubt, die Beweissituation für seinen angehörigen Beschuldigten durch eine neuerliche Aussage nicht verschlechtern zu können. Insofern ist die Situation vergleichbar mit derjenigen eines Beschuldigten, der vor einer früheren Beschuldigtenvernehmung nicht über sein Schweigerecht belehrt wurde. In diesem Fall verlangt die Rechtsprechung eine qualifizierte Belehrung dahingehend, dass der Beschuldigte vor einer erneuten Vernehmung über die Unverwertbarkeit seiner früheren Einlassung zu informieren ist.[259] Der **BGH hält** gleichwohl eine **qualifizierte Belehrung einer zeugnisverweigerungsberechtigten Person über die Unverwertbarkeit einer früheren Aussage vor einer erneuten Vernehmung des Zeugen nicht für erforderlich.**[260] Die Literatur ist uneinheitlich. Zum Teil wird mit dem BGH ein solcher Hinweis nicht für notwendig gehalten.[261] Zum Teil wird ein solcher Hinweis für empfehlenswert, jedoch nicht rechtlich notwendig erachtet[262] oder vom „Verständnis des Zeugen“ abhängig gemacht.[263] **Richtigerweise** ist eine solche **qualifizierte Belehrung** aus Gründen der Verfahrensfairness jedoch **rechtlich geboten.**[264] Denn nur bei einem Hinweis auf die Unverwertbarkeit der früheren Aussage ist sichergestellt, dass der Zeuge die Folgen seiner Entscheidung, ob er bei der anstehenden neuen Vernehmung von seinem Zeugnisverweigerungsrecht Gebrauch macht oder nicht, hinreichend überblickt. Hielte man ein solches qualifiziertes Belehrungserfordernis nicht für geboten, bestünde die Gefahr, dass der

57

[258] → Rn. 61 zur Frage einer Hinweispflicht, wenn während einer Vernehmung festgestellt wird, dass zu Beginn dieser Vernehmung die erforderliche Belehrung über ein Zeugnisverweigerungsrecht unterblieben ist, und es um die Unverwertbarkeit der bis dahin im Rahmen dieser Vernehmung gemachten Angaben sowie eventueller weiterer Bekundungen im Rahmen dieser Vernehmung und im Anschluss an eine nachgeholte Belehrung geht.

[259] BGH 3.5.2018 – 3 StR 390/17, NStZ 2019, 227; 18.12.2008 – 4 StR 455/08, BGHSt 53, 112 = NJW 2009, 1427; Schmitt in Meyer-Goßner/Schmitt § 136 Rn. 20b; → § 136 Rn. 29.

[260] BGH 30.6.2015 – 5 StR 236/15, NStZ 2015, 656; 28.5.2003 – 2 StR 445/02, BGHSt 48, 294 = NJW 2003, 2619; 15.7.1998 – 1 StR 234/98, NStZ 1999, 91; 6.7.1965 – 5 StR 229/65, BGHSt 20, 234 = NJW 1965, 1870. Vgl. auch BGH 10.2.2015 – 1 StR 20/15, NStZ 2015, 232.

[261] Bader in KK-StPO Rn. 36; Huber in BeckOK StPO Rn. 35.

[262] Schmitt in Meyer-Goßner/Schmitt Rn. 31.

[263] Eisenberg BeweisR StPO Rn. 1230.

[264] So auch Gercke in Gercke/Julius/Temming/Zöller Rn. 42; Ignor/Bertheau in Löwe/Rosenberg Rn. 52; Otte in Radtke/Hohmann Rn. 27; Rogall in SK-StPO Rn. 71. Wünschenswert wäre ein Tätigwerden des Gesetzgebers, sowohl in Bezug auf eine umfassende und in sich stimmige Normierung von Verwertungsverboten im Zusammenhang mit Zeugnisverweigerungsrechten als auch in Bezug auf damit in Zusammenhang stehende Belehrungspflichten; vgl. insofern auch den Appell an den Gesetzgeber in BGH 15.7.2016 – GSSt 1/16, BGHSt 61, 221 = NJW 2017, 94 Rn. 64.

Rechtsfehler der bei der ersten Vernehmung unterbliebenen Belehrung fortwirkt und sich in der neuerlichen Aussage perpetuiert. Aus einem Unterlassen einer solchen qualifizierten Belehrung über die Unverwertbarkeit einer früheren Zeugenaussage resultiert aber noch nicht zwingend ein Verwertungsverbot hinsichtlich der neuen Aussage. Insofern wird man eine Abwägung im Einzelfall für erforderlich und statthaft erachten müssen, bei der es maßgeblich darauf ankommt, ob der Zeuge bei der neuerlichen Aussage von einer Verwertbarkeit seiner früheren Angaben ausgegangen ist.[265]

58 Davon zu unterscheiden ist die weitere, wenngleich ähnlich gelagerte Frage, ob ein zeugnisverweigerungsberechtigter Zeuge vor einer Vernehmung in der Hauptverhandlung **über das Verwertungsverbot des § 252 zu informieren ist,** sofern er bereits im Ermittlungsverfahren oder sonstwie vor der jetzigen Hauptverhandlung vernommen wurde. Konkret geht es darum, ob ein solcher Zeuge vor seiner Vernehmung in der Hauptverhandlung im Sinne einer retrospektiven **qualifizierten Belehrung** darauf hinzuweisen ist, dass seine Angaben bei einer früheren nichtrichterlichen Vernehmung einem Verwertungsverbot unterliegen, sofern er nunmehr in der Hauptverhandlung von seinem Zeugnisverweigerungsrecht Gebrauch macht, dass aber seine Angaben bei einer früheren richterlichen Vernehmung selbst dann verwertbar bleiben und – durch Vernehmung der richterlichen Verhörsperson – zum Gegenstand der Urteilsfindung gemacht werden dürfen, wenn er nunmehr die Aussage verweigert. Eine **solche besondere Hinweispflicht besteht** indes **nicht.**[266] Denn von der Verwertbarkeit seiner Angaben bei einer früheren richterlichen Vernehmung wird der Zeuge ohnehin ausgehen (→ Rn. 56). Und unter dem Gesichtspunkt der Verfahrensfairness erscheint es nicht geboten, einem etwaigen Irrglauben des Zeugen vorzubeugen, eine Aussage bei einer früheren nichtrichterlichen Vernehmung könne auch dann verwertet werden, wenn er nunmehr das Zeugnis verweigert. Denn eine solche Fehlvorstellung hätte ihre Ursache – anders als die Fehlvorstellung über die Verwertbarkeit einer bei unterbliebener Belehrung gemachten Aussage – nicht in einem fehlerhaften Agieren der Strafverfolgungsbehörden.

59 Es ist vor der Vernehmung eines zeugnisverweigerungsberechtigten Zeugen auch **kein Hinweis erforderlich, dass der Zeuge** jederzeit im Laufe der Vernehmung einen zunächst erklärten **Verzicht auf das Zeugnisverweigerungsrecht widerrufen kann,** also seine Entscheidung auszusagen jederzeit revidieren und die Vernehmung abbrechen kann (§ 52 Abs. 3 S. 2).[267] Es ist aber nicht unzulässig und kann im Einzelfall unter dem Gesichtspunkt der Verfahrensfairness sogar angezeigt sein, einen solchen Hinweis auf das Recht zu einem jederzeitigen Widerruf des Verzichts auf das Zeugnisverweigerungsrecht im Laufe einer Vernehmung zu erteilen, wenn erkennbar wird, dass der Zeuge seine früher getroffene Entscheidung zur Aussage revidieren will.[268] Dies gilt etwa dann, wenn dem Zeugen während seiner Vernehmung Fragen gestellt werden, mit denen er erkennbar nicht gerechnet hat, und deutlich wird, dass er Hemmungen hat, diese Fragen zu beantworten, indes möglicherweise glaubt, von seiner erklärten Aussagebereitschaft nicht mehr abrücken zu dürfen.

60 Kann der Zeuge die Bedeutung seines Zeugnisverweigerungsrechts wegen mangelnder Verstandesreife oder aus einem der anderen in **§ 52 Abs. 2 S. 1** aufgeführten Gründe nicht hinreichend erfassen, muss er nicht nur über sein Zeugnisverweigerungsrecht, sondern ergänzend auch darüber belehrt werden, dass er **trotz einer Zustimmung seines gesetzli-**

---

265 Vgl. insofern in Bezug auf eine unterlassene qualifizierte Belehrung bei unterbliebener Belehrung eines Beschuldigten über sein Schweigerecht BGH 3.5.2018 – 3 StR 390/17, NStZ 2019, 227; 18.12.2008 – 4 StR 455/08, BGHSt 53, 112 = NJW 2009, 1427; Schmitt in Meyer-Goßner/Schmitt § 136 Rn. 20b.

266 BGH 30.6.2015 – 5 StR 236/15, NStZ 2015, 656; 10.2.2015 – 1 StR 20/15, NStZ 2015, 232; Bader in KK-StPO Rn. 36, 39, 43a; Huber in BeckOK StPO Rn. 33.

267 BGH 29.6.1983 – 2 StR 150/83, BGHSt 32, 25 = NJW 1984, 621; Bader in KK-StPO Rn. 33; Ignor/Bertheau in Löwe/Rosenberg Rn. 44; Huber in BeckOK StPO Rn. 33; Otte in Radtke/Hohmann Rn. 26; Schmitt in Meyer-Goßner/Schmitt Rn. 26.

268 Vgl. Gercke in Gercke/Julius/Temming/Zöller Rn. 38; Neubeck in KMR-StPO Rn. 33; Eisenberg BeweisR StPO Rn. 1230.

chen Vertreters nicht auszusagen braucht.[269] Soll jemand, der nach § 52 Abs. 1 das Zeugnis verweigern darf, von einem Sachverständigen auf seine Glaubwürdigkeit untersucht werden, so muss er über sein Recht, auch diese Untersuchung zu verweigern, besonders belehrt werden;[270] der auf einem Mangel dieser Belehrung basierende Fehler kann, falls der Zeuge in der Hauptverhandlung die Aussage verweigert, nur korrigiert werden, indem die Angaben des Zeugen gegenüber dem Sachverständigen – für das Revisionsgericht erkennbar – nicht verwertet werden.[271]

7. Nachholung der Belehrung. Die **Belehrung** ist unverzüglich **nachzuholen,** 61
wenn **erst im Verlauf der Vernehmung erkennbar wird, dass dem Zeugen ein Zeugnisverweigerungsrecht zusteht.**[272] Erklärt der Zeuge nach nunmehr erfolgter Belehrung (die nach hier vertretener Auffassung einen Hinweis darauf enthalten muss, dass die bisherigen Angaben nicht verwertbar sind, sofern der Zeuge nunmehr von seinem Aussageverweigerungsrecht Gebrauch macht;[273] siehe auch → Rn. 57), dass er weiterhin aussagebereit ist und seine bisherigen Angaben auch getätigt hätte, wenn er zuvor belehrt worden wäre, ist eine **Wiederholung der bisherigen Vernehmung** des Zeugen **entbehrlich.**[274] Der Zeuge bestätigt durch die Erklärung über seine fortbestehende Aussagebereitschaft die bisherige Aussage und macht diese verwertbar;[275] die Wiederholung der Aussage würde eine bloße Förmelei darstellen. Verweigert der Zeuge aber nach erfolgter Belehrung nunmehr die weitere Aussage, sind seine bisherigen, ohne vorherige Belehrung gemachten Angaben nicht verwertbar (vgl. zur Verwertbarkeit auch → Rn. 63 ff.).[276]

8. Protokollierung der Belehrung. Die **Belehrung** über das Zeugnisverweige- 62
rungsrecht nach § 52 Abs. 3 S. 1 ist als **wesentliche Förmlichkeit** in das Protokoll aufzunehmen; dies gilt auch bei der Vernehmung durch den Ermittlungsrichter.[277] Die Art und Weise der Belehrung muss dagegen nicht protokolliert werden.[278] Einer Niederschrift des Wortlauts der Belehrung bedarf es nicht; vielmehr **genügt die Protokollierung, dass der Zeuge über sein Zeugnisverweigerungsrecht belehrt wurde.** Die auf die Belehrung hin abgegebene **Erklärung des Zeugen,** ob er aussagen möchte oder nicht, ist **ebenfalls zu protokollieren.**[279] Nicht ausreichend ist der bloße Vermerk „zum Zeugnis bereit", weil das nicht erkennen lässt, ob der Zeuge ordnungsgemäß belehrt wurde.[280] Genügend ist aber der einer Auslegung zugängliche Vermerk „Bruder des Nebenklägers, Schwager des Angeklagten, belehrt, aussagebereit".[281] In den Fällen des § 52 Abs. 2 sind auch die **Belehrung des gesetzlichen Vertreters** sowie seine Entscheidung, ob er der Vernehmung

---

[269] BGH 23.8.1995 – 3 StR 163/95, NJW 1996, 206; 15.11.1994 – 1 StR 461/94, NJW 1995, 1501; 22.1.1991 – 1 StR 624/90, NJW 1991, 2432 = NStZ 1991, 295; 8.3.1979 – 4 StR 634/78, NJW 1979, 1722; 19.9.1967 – 5 StR 456/67, BGHSt 21, 303 = NJW 1967, 2273; Bader in KK-StPO Rn. 32; Schmitt in Meyer-Goßner/Schmitt Rn. 28.

[270] BGH 23.8.1995 – 3 StR 163/95, NJW 1996, 206; 15.11.1994 – 1 StR 461/94, NJW 1995, 1501; 14.10.1959 – 2 StR 249/59, BGHSt 13, 394 = NJW 1960, 584.

[271] BGH 6.7.1965 – 5 StR 229/65, BGHSt 20, 234 = NJW 1965, 1870; 14.10.1959 – 2 StR 249/59, BGHSt 13, 394 = NJW 1960, 584.

[272] Ignor/Bertheau in Löwe/Rosenberg Rn. 52; Neubeck in KMR-StPO Rn. 35.

[273] So auch Ignor/Bertheau in Löwe/Rosenberg Rn. 52; Rogall in SK-StPO Rn. 71; Eisenberg BeweisR StPO Rn. 1232a. Vgl. insofern auch Bader in KK-StPO Rn. 46.

[274] Bader in KK-StPO Rn. 36; Eschelbach in Satzger/Schluckebier/Widmaier StPO Rn. 63; Ignor/Bertheau in Löwe/Rosenberg Rn. 52; Neubeck in KMR-StPO Rn. 35; Otte in Radtke/Hohmann Rn. 27; Schmitt in Meyer-Goßner/Schmitt Rn. 31. AA Eisenberg BeweisR StPO Rn. 1232.

[275] Ignor/Bertheau in Löwe/Rosenberg Rn. 52.

[276] BGH 6.7.1965 – 5 StR 229/65, BGHSt 20, 234 = NJW 1965, 1870; 14.10.1959 – 2 StR 249/59, BGHSt 13, 394 = NJW 1960, 584; Bader in KK-StPO Rn. 31; Ignor/Bertheau in Löwe/Rosenberg Rn. 52; Neubeck in KMR-StPO Rn. 35.

[277] BGH 29.6.1983 – 2 StR 150/83, BGHSt 32, 25 = NJW 1984, 621; Bader in KK-StPO Rn. 38.

[278] BGH 28.6.1984 – 4 StR 243/84, StV 1984, 405.

[279] Neubeck in KMR-StPO Rn. 36; Otte in Radtke/Hohmann Rn. 28; Schmitt in Meyer-Goßner/Schmitt Rn. 30.

[280] Bader in KK-StPO Rn. 38; Ignor/Bertheau in Löwe/Rosenberg Rn. 51.

[281] Bader in KK-StPO Rn. 38.

zugestimmt hat oder nicht, zu protokollieren.[282] Im Protokoll zu vermerken ist auch die Belehrung darüber, dass der Zeuge, der trotz Zeugnisverweigerung in der Hauptverhandlung die Verwertung früherer Angaben gestattet hat (→ Rn. 68), zuvor im Sinne der von der Rechtsprechung verlangten **qualifizierten Belehrung** über das ansonsten bestehende (aus § 252 resultierende) Verwertungsverbot seiner früheren Angaben (näher hierzu → § 252 Rn. 41 ff.) belehrt worden ist.[283] Das Protokoll einer Vernehmung durch den Ermittlungsrichter oder den Staatsanwalt hat – anders als das Hauptverhandlungsprotokoll[284] – nicht die **Beweiskraft des § 274,**[285] weshalb in Bezug auf solche Vernehmungen – anders als in Bezug auf Vernehmungen in der Hauptverhandlung – erforderlichenfalls im Freibeweisverfahren geklärt werden kann, ob die Belehrung erfolgt ist.[286] Ist die vorschriftsmäßige Belehrung im Protokoll des Ermittlungsrichters nicht ausreichend dokumentiert, hat der Tatrichter im Wege des Freibeweisverfahrens zu klären, ob die Belehrung erfolgt ist; das Ergebnis der Klärung ist zumindest in Form eines Aktenvermerks zu dokumentieren.[287]

63 **9. Rechtsfolgen der unterbliebenen Belehrung. a) Verwertungsverbot.** Die **entgegen § 52 Abs. 3 S. 1 unterbliebene Belehrung** über das Zeugnisverweigerungsrecht hat regelmäßig ein **Verwertungsverbot zur Folge.** Die Aussage eines nach § 52 StPO zeugnisverweigerungsberechtigten Zeugen darf bei der Entscheidungsfindung nicht berücksichtigt werden, wenn der Zeuge vor der betreffenden Vernehmung nicht ordnungsgemäß belehrt wurde (zu Ausnahmefällen → Rn. 66).[288] Das Verwertungsverbot gilt unabhängig davon, ob der Angeklagte der Verwertung der Zeugenaussage widersprochen hat. Es gilt auch dann, wenn er einer Verwertung ausdrücklich zugestimmt hat.

64 Für die Geltung eines auf Ehe, Lebenspartnerschaft, Verwandtschaft und Schwägerschaft beruhenden Zeugnisverweigerungsrechts und für das Verwertungsverbot bei unterbliebener Belehrung über das aus Ehe, Lebenspartnerschaft, Verwandtschaft und Schwägerschaft resultierende Zeugnisverweigerungsrecht kommt es allein auf die objektive Sach- und Rechtslage an. Entscheidend für ein Verwertungsverbot bei unterbliebener Belehrung ist insofern allein, ob ein solches Zeugnisverweigerungsrecht zum Vernehmungszeitpunkt vorlag oder nicht. Die **Kenntnislage des Zeugen und der Vernehmungsperson** ist dagegen **ohne Bedeutung.** Das Verwertungsverbot gilt auch dann, wenn dem Zeugen und/oder dem Gericht zum Vernehmungszeitpunkt nicht bekannt war, dass eines der vorgenannten Angehörigenverhältnisse bestand und damit ein Zeugnisverweigerungsrecht vorlag. Mithin ist es in Bezug auf ein solches Angehörigenverhältnis ohne rechtliche Bedeutung, wenn der Zeuge sich selbst – und sei es guten Glaubens – als „mit dem Angeklagten nicht verwandt und nicht verschwägert" bezeichnet. Ebenso ist ohne Relevanz, ob das den Zeugen vernehmende beziehungsweise das erkennende Gericht Kenntnis vom Zeugnisverweigerungsrecht hatte oder – vorwerfbar oder nicht – hierüber in Unkenntnis war.[289] Das Verwertungsverbot greift mithin auch dann ein, wenn das Gericht mangels Anhaltspunkten für ein Zeugnisver-

282 Ignor/Bertheau in Löwe/Rosenberg Rn. 51.

283 BGH 11.8.2021 – 6 StR 84/21, BeckRS 2021, 24120; 13.6.2012 – 2 StR 112/12, BGHSt 57, 254 = NJW 2012, 3192; 26.9.2006 – 4 StR 353/06, NStZ 2007, 352. Vgl. zum Erfordernis einer qualifizierten Belehrung auch → Rn. 56 ff.

284 BGH 5.8.2021 – 4 StR 143/21, NStZ 2022, 126; 1.3.2004 – 5 StR 53/04, NStZ-RR 2004, 212; Bader in KK-StPO Rn. 38.

285 BGH 29.6.1983 – 2 StR 150/83, BGHSt 32, 25 = NJW 1984, 621; 17.2.1976 – 1 StR 863/75, BGHSt 26, 281 = NJW 1976, 812; Bader in KK-StPO Rn. 38; Otte in Radtke/Hohmann Rn. 28.

286 BGH 8.3.1979 – 4 StR 634/78, NJW 1979, 1722.

287 BGH 8.3.1979 – 4 StR 634/78, NJW 1979, 1722.

288 BGH 5.8.2021 – 4 StR 143/21, NStZ 2022, 126; 10.2.2021 – 6 StR 326/20, NStZ-RR 2021, 142; 13.7.1990 – 3 StR 228/90, NStZ 1990, 549; 27.1.1970 – 1 StR 591/69, BGHSt 23, 221 = NJW 1970, 766; 12.3.1960 – 2 StR 44/60, BGHSt 14, 159 = NJW 1962, 1396; Bader in KK-StPO Rn. 39; Ignor/Bertheau in Löwe/Rosenberg Rn. 53; Neubeck in KMR-StPO Rn. 37; Otte in Radtke/Hohmann Rn. 29; Rogall in SK-StPO Rn. 85; Schmitt in Meyer-Goßner/Schmitt Rn. 32.

289 BGH 28.5.2003 – 2 StR 445/02, BGHSt 48, 294 = NJW 2003, 2619; 19.7.2000 – 5 StR 274/00, NStZ-RR 2001, 259; Bader in KK-StPO Rn. 39; Ignor/Bertheau in Löwe/Rosenberg Rn. 53; Otte in Radtke/Hohmann Rn. 29; Schmitt in Meyer-Goßner/Schmitt Rn. 34.

weigerungsrecht keinen Anlass für eine Belehrung hatte. Dies kann unter Umständen dazu führen, dass ein Urteil in der Revision auf eine Verfahrensrüge hin, mit der ein Verstoß gegen das Verwertungsverbot geltend gemacht wird, aufgehoben werden muss, obwohl das Tatgericht keinen vermeidbaren Verfahrensfehler gemacht hat.

Ob diese Grundsätze auch für das auf einem Verlöbnis beruhenden Zeugnisverweigerungsrecht gelten, insbesondere, wenn der **Zeuge das Verlöbnis dem Gericht bewusst verschwiegen** hat, hat der BGH offen gelassen.[290] Auf diese Frage kommt es jedenfalls dann nicht an, wenn der Vorsitzende der Strafkammer seine Bewertung, eine Zeugin sei nicht mit dem Angeklagten verlobt, ausdrücklich in die Hauptverhandlung eingeführt hat, weil in diesem Fall die Erhebung einer auf die unterbliebene Belehrung gestützten Verfahrensrüge des Angeklagten voraussetzt, dass er eine Entscheidung des Gerichts nach § 238 Abs. 2 herbeigeführt hat (→ Rn. 83).[291] Die Frage wird sich auch in dem Fall, dass der Zeuge in Kenntnis seines Zeugnisverweigerungsrechts die Frage des Gerichts nach einem Angehörigenverhältnis bewusst wahrheitswidrig verneint, in der Regel nicht stellen, weil das Urteil nicht auf der fehlenden Belehrung beruht, wenn der Zeuge in Kenntnis seines Verweigerungsrechts zur Sache aussagt.[292] Jedenfalls kann aus dem Verschweigen eines Verlöbnisses nicht ohne Weiteres geschlossen werden, dass damit die Aufgabe des Heiratswillens des Zeugen einhergeht, weil das Verschweigen seinen Grund auch darin haben kann, dass sich der Zeuge vom Angeklagten abgrenzen möchte, um seine Aussage glaubhafter erscheinen zu lassen.[293] Lediglich in dem Fall, dass ein Zeuge die Frage nach einem Verlöbnis verneint und ihm – etwa aufgrund einer fehlerhaften rechtlichen Einschätzung – das Zeugnisverweigerungsrecht aufgrund Verlöbnisses nicht bekannt ist, kommt es auf die hier diskutierte Frage an. Nachdem es aber generell ohne Relevanz ist, aus welchen Gründen die Belehrung unterblieben ist, hat es auch in diesem Fall dabei zu bleiben, dass die Aussage des nicht über sein Zeugnisverwertungsrecht belehrten Zeugen nicht verwertet werden darf. 65

b) Ausnahmen vom Verwertungsverbot. Das **Verbot** der Verwertung von Bekundungen eines Zeugen, der nicht über ein ihm nach § 52 Abs. 1 zukommendes Zeugnisverweigerungsrecht belehrt wurde, **entfällt** ausnahmsweise, wenn feststeht, dass der nicht belehrte **Zeuge sein Zeugnisverweigerungsrecht kannte** beziehungsweise davon auch **bei ordnungsgemäßer Belehrung keinen Gebrauch gemacht hätte;** zudem kann in diesen Fällen ausgeschlossen werden kann, dass das Urteil auf der unterbliebenen Belehrung beruht.[294] Solche Umstände können sich insbesondere aus dem bisherigen Prozessverhalten des Zeugen oder seinem ersichtlichen Interesse am Gang des Verfahrens ergeben.[295] Entsprechendes gilt, wenn die gemäß § 52 Abs. 2 erforderliche Zustimmung des gesetzlichen Vertreters unterblieben ist.[296] Auch wenn die Belehrung eines Zeugen nach § 55 die unterbliebene Belehrung nach § 52 Abs. 3 S. 1 grundsätzlich nicht ersetzen kann,[297] kann bei einem nach § 55, nicht aber nach § 52 Abs. 3 S. 1 belehrten Zeugen im Einzelfall ausgeschlossen 66

---

[290] Vgl. BGH 28.5.2003 – 2 StR 445/02, BGHSt 48, 294 = NJW 2003, 2619. Ein Verwertungsverbot verneinend Otte in Radtke/Hohmann Rn. 29; verneinend auch OLG Oldenburg 7.3.1967 – 1 Ss 43/67, NJW 1967, 1872 für den Fall, dass der Zeuge sein Recht kannte. Differenzierend Ignor/Bertheau in Löwe/Rosenberg Rn. 53 und Rogall in SK-StPO Rn. 85, wonach es auf die Kenntnis des Angeklagten vom Zeugnisverweigerungsrecht ankommen soll.

[291] Vgl. hierzu BGH 9.3.2010 – 4 StR 606/09, BGHSt 55, 65 = NStZ 2010, 461.

[292] OLG Oldenburg 7.3.1967 – 1 Ss 43/67, NJW 1967, 1872. Vgl. insofern auch → Rn. 66.

[293] Ignor/Bertheau in Löwe/Rosenberg Rn. 7; Eisenberg/Zötsch NJW 2003, 3676.

[294] BGH 5.8.2021 – 4 StR 143/21, NStZ 2022, 126; 12.1.2011 – 1 StR 672/10, BeckRS 2011, 2208; 3.5.2006 – 4 StR 40/06, NStZ 2006, 647; 1.3.2004 – 5 StR 53/04, NStZ-RR 2004, 212; 13.9.2003 – 1 StR 323/03, NStZ-RR 2004, 18; 19.7.2000 – 5 StR 274/00, NStZ-RR 2001, 259; 13.5.1998 – 3 StR 566/97, NStZ 1998, 583; 15.11.1994 – 1 StR 461/94, NJW 1995, 1501; 22.6.1989 – 1 StR 231/89, NStZ 1989, 484; 21.4.1986 – 2 StR 731/85, NJW 1986, 2121; Ignor/Bertheau in Löwe/Rosenberg Rn. 53; Otte in Radtke/Hohmann Rn. 29; Schmitt in Meyer-Goßner/Schmitt Rn. 32.

[295] BGH 19.7.2000 – 5 StR 274/00, NStZ-RR 2001, 259; 21.4.1986 – 2 StR 731/85, NJW 1986, 2121.

[296] BGH 15.11.1994 – 1 StR 461/94, NJW 1995, 1501; 13.7.1990 – 3 StR 228/90, NStZ 1990, 549.

[297] BGH 21.5.1982 – 2 StR 248/82, NStZ 1982, 389.

sein, dass das Urteil auf der unterbliebenen Belehrung gemäß § 52 Abs. 3 S. 1 beruht.[298] Ob das Urteil auf der rechtsfehlerhaft unterbliebenen Belehrung beruht, darf in der Revision nur anhand der Urteilsurkunde und des bis zur Urteilsverkündung entstandenen Akteninhalts beantwortet werden.[299] Die nachträgliche, insbesondere die auf die Verfahrensrüge hin abgegebene Erklärung des Zeugen, dass er auch nach Belehrung ausgesagt hätte, genügt nicht; erforderlich ist, dass sie innerhalb der Hauptverhandlung erfolgt.[300] Der Umstand, dass ein Zeuge bei der Polizei nach ordnungsgemäßer Belehrung ausgesagt hat, lässt weder den Schluss zu, dass ihm sein Recht zur Verweigerung des Zeugnisses auch in der Hauptverhandlung bekannt war, noch rechtfertigt er die Annahme, dass der Zeuge nach einer Belehrung erneut zur Aussage bereit gewesen wäre.[301]

67 Das **Verwertungsverbot** bei unterbliebener Belehrung über das Zeugnisverweigerungsrecht entfaltet **keine Fernwirkung.** Sonstige Beweismittel, die in Folge und aufgrund der nicht verwertbaren Angaben des Zeugen erlangt wurden, etwa aufgrund der Zeugenaussage aufgefundene Gegenstände, dürfen bei der Entscheidungsfindung berücksichtigt werden.[302]

68 Zudem kann ein **Zeuge auf das Verwertungsverbot verzichten.**[303] So kann ein Zeuge in der Hauptverhandlung erklären, dass er mit einer Verwertung seiner Angaben bei einer früheren Vernehmung, bei der die erforderliche Belehrung unterblieben ist, einverstanden ist. Dann entfällt das Verwertungsverbot. Auch auf das Verwertungsverbot früherer Aussagen bei einer Zeugnisverweigerung in der Hauptverhandlung, das sich aus § 252 ergibt und auch dann eingreift, wenn der Zeuge bei seiner früheren Vernehmung ordnungsgemäß über sein Zeugnisverweigerungsrecht belehrt wurde, kann der in der Hauptverhandlung die Aussage verweigernde Zeuge wirksam verzichten, sofern er vor Abgabe der Verzichtserklärung darauf hingewiesen worden ist, dass die frühere Aussage ohne seine Zustimmung nicht verwertbar ist (qualifizierte Belehrung).[304]

IX. Rechtsfolgen der berechtigten Zeugnisverweigerung

69 **1. Keine Vernehmung als Zeuge.** Verweigert der Zeuge berechtigt die Aussage, darf er nicht vernommen werden. Gegen ihn dürfen **keine Ordnungs- und Zwangsmittel** (§ 70) zur Erzwingung der Aussage verhängt werden.[305] Er verliert aber nicht die Fähigkeit, im Verfahren bei der Beweisaufnahme **in anderer Weise mitzuwirken,** etwa durch Anwesenheit im Sitzungssaal bei der Vernehmung eines anderen Zeugen; er ist jedoch berechtigt, auch diese Mitwirkung abzulehnen, worüber er ebenfalls zu belehren ist.[306] Die Ausübung des Zeugnisverweigerungsrechts schließt es nicht aus, das **äußere Erscheinungsbild** des in der Hauptverhandlung erschienenen Zeugen – etwa durch Abgleich mit einem Observationsfoto, auf dem der Zeuge zu erkennen ist – durch **„Inaugenscheinnahme" des Zeu-**

[298] BGH 19.1.2021 – 5 StR 496/20, BeckRS 2021, 5408; 8.10.2019 – 5 StR 291/19, BeckRS 2019, 26774; 14.12.2011 – 5 StR 434/11, NStZ 2012, 221; 22.6.1989 – 1 StR 231/89, NStZ 1989, 484.
[299] BGH 3.5.2006 – 4 StR 40/06, NStZ 2006, 647; 22.6.1989 – 1 StR 231/89, NStZ 1989, 484; Ignor/Bertheau in Löwe/Rosenberg Rn. 59.
[300] BGH 19.7.2000 – 5 StR 274/00, NStZ-RR 2001, 259; 22.6.1989 – 1 StR 231/89, NStZ 1989, 484.
[301] BGH 1.4.2004 – 3 StR 87/04, StraFo 2004, 238; Gercke in Gercke/Julius/Temming/Zöller Rn. 41; Ignor/Bertheau in Löwe/Rosenberg Rn. 53; Otte in Radtke/Hohmann Rn. 29; Schmitt in Meyer-Goßner/Schmitt Rn. 32.
[302] BGH 27.4.2016 – 4 StR 52/16, NStZ-RR 2016, 216; OLG Köln 10.11.2000 – Ss 462/00, NZV 2001, 137; Bader in KK-StPO Rn. 39; Eschelbach in Satzger/Schluckebier/Widmaier StPO Rn. 68; Huber in BeckOK StPO Rn. 39; Neubeck in KMR-StPO Rn. 37; Schmitt in Meyer-Goßner/Schmitt Rn. 32. AA Rogall in SK-StPO Rn. 88.
[303] BGH 10.2.2021 – 6 StR 326/20, NStZ-RR 2021, 142; 23.9.1999 – 4 StR 189/99, BGHSt 45, 203 = NJW 2000, 596; Eschelbach in Satzger/Schluckebier/Widmaier StPO Rn. 63.
[304] BGH 11.8.2021 – 6 StR 84/21, BeckRS 2021, 24120; 25.8.2020 – 2 StR 202/20; NStZ 2021, 58; 13.6.2012 – 2 StR 112/12, BGHSt 57, 254 = NJW 2012, 3192; 23.9.1999 – 4 StR 189/99, BGHSt 45, 203 = NJW 2000, 596; Schmitt in Meyer-Goßner/Schmitt § 252 Rn. 16a; → § 252 Rn. 57.
[305] Ignor/Bertheau in Löwe/Rosenberg Rn. 38; Huber in BeckOK StPO Rn. 29; Otte in Radtke/Hohmann Rn. 30; Schmitt in Meyer-Goßner/Schmitt Rn. 23.
[306] BGH 12.8.1060 – 4 StR 48/60, NJW 1960, 2156; Neubeck in KMR-StPO Rn. 16.

gen zu erfassen und die so gewonnenen Erkenntnisse für die Urteilsfindung zu verwenden;[307] die Aufklärungspflicht kann das sogar gebieten.[308] Das Verhalten des Zeugen bei der Zeugnisverweigerung (beispielsweise Gestik und Mimik – „Zuzwinkern des Angeklagten") darf dagegen nicht Grundlage der Überzeugungsbildung sein.[309]

2. Aufklärungspflicht und Beweisanträge. Der Zeuge ist unbeschadet eines etwaigen Zeugnisverweigerungsrechts wie jeder andere Zeuge **zum Erscheinen verpflichtet.**[310] Insbesondere wird die Verpflichtung, auf Ladung in der Hauptverhandlung zu erscheinen (§ 48 Abs. 1 S. 1), durch das Zeugnisverweigerungsrecht nicht berührt. In der Regel gebietet es die **Amtsaufklärungspflicht (§ 244 Abs. 2),** nicht schon wegen des Vorliegens eines Zeugnisverweigerungsrechts nach § 52 Abs. 1 auf eine Ladung des Zeugen zur Hauptverhandlung zu verzichten. Denn es kann nicht ohne Weiteres davon ausgegangen werden, dass ein Zeuge von seinem Zeugnisverweigerungsrecht auch Gebrauch macht. 70

Ein **Absehen von der Ladung eines zeugnisverweigerungsberechtigten Zeugen** und damit von dessen Erscheinen in der Hauptverhandlung ist aber dann statthaft, wenn als sicher gelten darf, dass der Zeuge dort von seinem Zeugnisverweigerungsrecht Gebrauch machen wird. Denn in einem solchen Fall bliebe es ohne jeden Gewinn, den Zeugen zu einem Erscheinen in der Hauptverhandlung zu veranlassen. Die Amtsaufklärungspflicht wird in einem solchen Fall nicht verletzt. Eine solche Fallkonstellation liegt vor, wenn der Zeuge bereits bei einer früheren richterlichen Vernehmung von seinem Zeugnisverweigerungsrecht Gebrauch gemacht hat und keine Anhaltspunkte für einen Sinneswandel vorliegen.[311] Auch dann, wenn ein anwaltlicher Beistand des Zeugen dem Gericht mitteilt, der von ihm beratene Zeuge werde im Falle seiner Vorladung von seinem Zeugnisverweigerungsrecht Gebrauch machen, und kein Anlass für die Annahme besteht, der Zeuge werde von dieser Entscheidung wieder abrücken, darf von einer Ladung abgesehen beziehungsweise der bereits geladene Zeuge wieder abgeladen werden.[312] In der Regel wird dies auch dann gelten, wenn der Zeuge selbst gegenüber dem Gericht schriftlich oder mündlich – etwa in einem Telefonat mit dem Vorsitzenden – mit Bestimmtheit und in Kenntnis des ihm zukommenden Zeugnisverweigerungsrechts erklärt, er werde in der Hauptverhandlung nicht aussagen.[313] Allerdings gebietet die Aufklärungspflicht dem Tatrichter, auf einem Erscheinen des Zeugen zu bestehen, wenn der Zeuge möglicherweise irrig davon ausgeht, kraft der Aussageverweigerung sei auch seine frühere Aussage vor einem Richter unverwertbar geworden.[314] Letzteres kommt zum Beispiel bei einer Mitteilung des Zeugen in Betracht, er wolle seine den Angehörigen belastenden Angaben beim Ermittlungsrichter „zurücknehmen".[315] Das Gericht ist auch dann zur Ladung des Zeugen verpflichtet, wenn 71

[307] BGH 18.8.2020 – 5 StR 175/20, BeckRS 2020, 21303; 15.6.2004 – 1 StR 80/04, NStZ-RR 2005, 257; 8.7.1964 – 2 StR 238/64, BeckRS 1964, 105127; OLG Hamm 25.7.1974 – 3 Ss OWi 586/74, MDR 1974, 1036; Bader in KK-StPO Rn. 44; Eschelbach in Satzger/Schluckebier/Widmaier StPO Rn. 51; Gercke in Gercke/Julius/Temming/Zöller Rn. 35; Huber in BeckOK StPO Rn. 30; Otte in Radtke/Hohmann Rn. 30; Schmitt in Meyer-Goßner/Schmitt Rn. 23. AA Ignor/Bertheau in Löwe/Rosenberg Rn. 24; Rogall in SK-StPO Rn. 58; Rogall MDR 1975, 813.

[308] BGH 15.6.2004 – 1 StR 80/04, NStZ-RR 2005, 257; OLG Bamberg 4.1.2011 – 3 Ss OWi 2062/10, DAR 2012, 33.

[309] Eschelbach in Satzger/Schluckebier/Widmaier StPO Rn. 51; Gercke in Gercke/Julius/Temming/Zöller Rn. 35; Ignor/Bertheau in Löwe/Rosenberg Rn. 24; Schmitt in Meyer-Goßner/Schmitt Rn. 23. AA BGH 18.8.2020 – 5 StR 175/20, BeckRS 2020, 21303.

[310] Huber in BeckOK StPO Rn. 1; Otte in Radtke/Hohmann Rn. 3; Schmitt in Meyer-Goßner/Schmitt Rn. 2; Eisenberg BeweisR StPO Rn. 1055.

[311] Gercke in Gercke/Julius/Temming/Zöller Rn. 4; Schmitt in Meyer-Goßner/Schmitt Rn. 2.

[312] BGH 13.8.2003 – 1 StR 280/03, BeckRS 2003, 07578; 18.7.2007 – 1 StR 296/07, NStZ 2007, 712; Bader in KK-StPO Rn. 22; Schmitt in Meyer-Goßner/Schmitt Rn. 14. Vgl. auch BGH 7.3.1995 – 1 StR 523/95, StV 1996, 81; 16.10.1985 – 2 StR 563/84, NStZ 1986, 181.

[313] BGH 18.7.2007 – 1 StR 296/07, NStZ 2007, 712; Bader in KK-StPO Rn. 43; Schmitt in Meyer-Goßner/Schmitt Rn. 31a.

[314] BGH 2.2.1966 – 2 StR 471/65, BGHSt 21, 12 = NJW 1966, 742 mAnm Seydel; Rogall in SK-StPO Rn. 1.

[315] BGH 2.2.1966 – 2 StR 471/65, BGHSt 21, 12 = NJW 1966, 742 mAnm Seydel.

vorgetragen wird, der Zeuge habe seine Meinung geändert und sei nunmehr zur Aussage bereit.[316] Insofern ist allerdings die bloße Behauptung eines Sinneswandels des Zeugen nicht ausreichend; es muss vielmehr konkret dargetan werden, welche Kenntnis der Angeklagte von der nunmehr bestehenden Aussagebereitschaft des Zeugen hat.[317] Der Zeuge ist trotz Berufung auf das Weigerungsrecht auch zu laden, wenn sonstige tatsächliche Anhaltspunkte dafür bestehen, er könnte seine Meinung zwischenzeitlich geändert haben.[318] Solche Anhaltspunkte ergeben sich aber nicht allein daraus, dass der Angeklagte in erster Instanz verurteilt worden ist und es um die Frage der Ladung des Zeugen, der in erster Instanz von seinem Weigerungsrecht Gebrauch gemacht hat, zur Berufungsverhandlung geht.[319] Soweit die Gegenauffassung darauf abstellt, der in erster Instanz das Zeugnis verweigernde Zeuge habe möglicherweise von seinem Zeugnisverweigerungsrecht in der Annahme Gebrauch gemacht, der Angeklagte werde ohnehin freigesprochen, weshalb es denkbar sei, dass er sich nunmehr zur Aussage entschließe, handelt es sich um eine bloß denktheoretische Möglichkeit, die keinen Anlass zur erneuten Ladung des Zeugen geben kann.

72 Wenn in den vorgenannten Fallkonstellationen die Amtsaufklärungspflicht ein Erscheinen des Zeugen, der sich bereits auf sein Zeugnisverweigerungsrecht berufen hat, in der Hauptverhandlung nicht gebietet und keinerlei Anhaltspunkte dafür bestehen, dass der Zeuge, gegebenenfalls konfrontiert mit den gegen den Beschuldigten erhobenen Tatvorwürfen oder den bisherigen Ergebnissen der Beweisaufnahme, seine Entscheidung revidieren könnte, **dürfen** auch **Beweisanträge auf Vernehmung des Zeugen abgelehnt werden,** ohne dass es eines vorgängigen Erscheines des Zeugen in der Hauptverhandlung bedarf. Der Zeuge ist in diesem Fall ein **ungeeignetes Beweismittel iSd § 244 Abs. 3 S. 3 Nr. 4.**[320]

73 Die Aufklärungspflicht gebietet es dem Tatrichter nicht, einen Zeugen, der von seinem Zeugnisverweigerungsrecht Gebrauch macht, zu fragen, ob er – insbesondere unter **Verzicht auf das Beweisverwertungsverbot des § 252** (hierzu → Rn. 68 und → § 252 Rn. 41 ff.) – mit der Verwertung früherer Aussagen einverstanden ist, sofern es keine besonderen Hinweise auf eine solche Bereitschaft gibt.[321]

74 **3. Beweiswürdigung. a) Würdigung der Aussageverweigerung.** Die **berechtigte Zeugnisverweigerung** eines Angehörigen **darf nicht zu Lasten Angeklagten gewertet werden,** weil der Zeuge von seinem Recht sonst nicht unbefangen Gebrauch machen könnte.[322] Müsste der Zeuge mit einer solchen Beurteilung rechnen, würde das Zeugnisver-

---

[316] Ignor/Bertheau in Löwe/Rosenberg Rn. 38; Otte in Radtke/Hohmann Rn. 31; Rogall in SK-StPO Rn. 57; Schmitt in Meyer-Goßner/Schmitt Rn. 24.

[317] Ignor/Bertheau in Löwe/Rosenberg Rn. 38.

[318] BGH 22.12.1981 – 5 StR 662/81, NStZ 1982, 126; BayObLG 23.3.1967 – RReg 1a St 52/67, JR 1967, 346.

[319] AA BayObLG 23.3.1967 – RReg 1a St 52/67, JR 1967, 346; Ignor/Bertheau in Löwe/Rosenberg Rn. 38; Otte in Radtke/Hohmann Rn. 31; Schmitt in Meyer-Goßner/Schmitt Rn. 24.

[320] BGH 22.12.1981 – 5 StR 662/81, NStZ 1982, 126; 2.2.1966 – 2 StR 471/65, BGHSt 21, 12 = NJW 1966, 742 mAnm Seydel; Eschelbach in Satzger/Schluckebier/Widmaier StPO Rn. 6; Ignor/Bertheau in Löwe/Rosenberg Rn. 38. Vgl. auch BGH 16.10.1985 – 2 StR 563/84, NStZ 1986, 181. Nach aA ist in einem solchen Fall der Beweisantrag wegen Unzulässigkeit der Beweiserhebung nach § 244 Abs. 3 S. 2 abzulehnen; so Neubeck in KMR-StPO Rn. 40; Otte in Radtke/Hohmann Rn. 31; Rogall in SK-StPO Rn. 57; Schmitt in Meyer-Goßner/Schmitt Rn. 23.

[321] BGH 24.4.2003 – 3 StR 181/02, NJW 2003, 2692; 23.9.1999 – 4 StR 189/99, BGHSt 45, 203 = NJW 2000, 596; Bader in KK-StPO Rn. 43a; Schmitt in Meyer-Goßner/Schmitt § 252 Rn. 16a.

[322] BGH 23.7.2021 – 3 StR 38/21, BeckRS 2021, 31113; 12.1.2016 – 3 StR 462/15, NStZ-RR 2016, 117; 8.12.2015 – 3 StR 298/15, NStZ 2016, 301; 20.3.2014 – 3 StR 353/13, NStZ 2014, 415; 23.5.2000 – 5 StR 142/00, NStZ 2000, 546; 10.3.1998 – 1 StR 12/98, NStZ-RR 1998, 277; 18.9.1984 – 4 StR 535/84, NStZ 1985, 87; 26.10.1983 – 3 StR 251/83, BGHSt 32, 140 = NJW 1984, 1829 mAnm Kühl JuS 1986, 115; 12.7.1979 – 4 StR 291/79, NJW 1980, 794; 2.4.1968 – 5 StR 153/68, BGHSt 22, 113 = NJW 1968, 1246; OLG München 23.4.2009 – 4 StRR 27/09, BeckRS 2009, 11744; Bader in KK-StPO Rn. 45; Eschelbach in Satzger/Schluckebier/Widmaier StPO Rn. 2; Ignor/Bertheau in Löwe/Rosenberg Rn. 40; Huber in BeckOK StPO Rn. 29; Schneider JURA 1990, 576 mit eingehender Darstellung der unterschiedlichen Konstellationen.

weigerungsrecht entwertet.[323] Der Angehörige, der überhaupt nicht auszusagen braucht, kann auch den Zeitpunkt frei auswählen, zu dem er aussagt; dass das dem Gericht unverständlich erscheint, ist ohne Bedeutung.[324] Das **Verbot,** Schlüsse aus der befugten Zeugnisverweigerung zu ziehen, **gilt daher auch** für den Fall, dass ein Angehöriger **nach anfänglicher Zeugnisverweigerung später doch noch aussagt.**[325] Gleiches gilt, wenn der Zeuge im Ermittlungsverfahren zunächst Angaben gemacht, bei einer weiteren Vernehmung das Zeugnis verweigert und in der Hauptverhandlung erneut Angaben zur Sache gemacht hat.[326] Zum Nachteil des Angeklagten darf nicht gewertet werden, wenn ein Zeuge, der zunächst nicht als solcher in Anspruch genommen worden ist, es vorerst unterlässt, von sich aus Angaben zur Sache zu machen, jedoch zu einem späteren Zeitpunkt aussagt.[327] Auch daraus, dass der Zeuge vor dem Ermittlungsrichter Angaben gemacht hat und in der Hauptverhandlung das Zeugnis verweigert, dürfen keine Schlussfolgerungen gezogen werden.[328] Gleiches gilt, wenn der Zeuge erst in der Berufungsverhandlung von seinem Zeugnisverweigerungsrecht Gebrauch macht.[329] Nicht gewürdigt werden darf auch, wenn der Angehörige nur Angaben macht, die für die Beurteilung der Tatfrage ohne Bedeutung sind, und sich im Übrigen auf sein Zeugnisverweigerungsrecht beruft; ein Verstoß gegen dieses Verbot ist auf die Sachrüge hin zu beachten.[330]

Das Verbot, aus der berechtigten Zeugnisverweigerung Schlüsse zu ziehen, gilt nicht 75
nur bei der Beweiswürdigung, sondern auch bei der **Bescheidung von Beweisanträgen;** ein solcher darf nicht mit der Begründung abgelehnt werden, der Zeuge habe – wie sich aus seiner Verweigerung des Zeugnisses ergebe – keine Erinnerung mehr an in sein Wissen gestellte Vorgänge.[331] Es dürfen auch keine dem Angeklagten nachteiligen Schlüsse gezogen werden, wenn der Zeuge seine Aussage von vornherein auf bestimmte abgrenzbare Themen hätte beschränken können.[332]

Steht dem Zeugen jedoch **kein Zeugnisverweigerungsrecht** zu, **verweigert der** 76
Zeuge aber dennoch – unberechtigt – das Zeugnis, darf dies bei der Beweiswürdigung zum Nachteil des Angeklagten gewertet werden.[333] Insoweit muss der Tatrichter nicht zunächst versuchen, den Zeugen durch Maßnahmen nach § 70 zu einer Aussage zu veranlassen.[334]

b) Würdigung des Aussageverhaltens. Das **Aussageverhalten eines** an sich **zeug-** 77
nisverweigerungsberechtigten Zeugen, der Angaben zur Sache macht, darf bei der Beweiswürdigung **berücksichtigt werden.**[335] Erklärt sich ein Zeuge gegenüber Ermittlungsbeamten bereit, an der Sachaufklärung mitzuwirken, und bringt er hierbei die ihm bereits bekannten, den Angeklagten entlastenden Umstände nicht vor, darf das Gericht

---

323 Ignor/Bertheau in Löwe/Rosenberg Rn. 40; Kühl JuS 1986, 115.
324 BGH 22.5.2000 – 3 StR 130/01, StV 2002, 4; 14.11.1991 – 1 StR 622/91, StV 1992, 97.
325 BGH 23.9.2021 – 3 StR 38/21, BeckRS 2021, 31113; 12.1.2016 – 3 StR 462/15, NStZ-RR 2016, 117; 8.12.2015 – 3 StR 298/15, NStZ 2016, 301; 20.3.2014 – 3 StR 353/13, NStZ 2014, 415; 13.8.2009 – 3 StR 168/09, NStZ 2010, 101; 7.1.2003 – 4 StR 454/02, NStZ 2003, 443; 2.3.1989 – 2 StR 590/88, NStZ 1989, 281; 12.7.1979 – 4 StR 291/79, NJW 1980, 794; Kühl JuS 1986, 115.
326 BGH 18.9.1984 – 4 StR 535/84, NStZ 1985, 87.
327 BGH 23.9.2021 – 3 StR 38/21, BeckRS 2021, 31113; 2.3.1989 – 2 StR 590/88, NStZ 1989, 281; 21.11.1986 – 2 StR 473/86, BGHR StPO § 261 Aussageverhalten 2 = StV 1987, 188.
328 BGH 16.7.1991 – 1 StR 377/91, StV 1991, 450; Ignor/Bertheau in Löwe/Rosenberg Rn. 41.
329 BayObLG 20.9.1968 – RReg 1a St 319/68, NJW 1969, 200; Ignor/Bertheau in Löwe/Rosenberg Rn. 41.
330 BGH 22.10.1980 – 2 StR 612/80, JR 1981, 432 mAnm Hanack; Bader in KK-StPO Rn. 50; Otte in Radtke/Hohmann Rn. 37; Rogall in SK-StPO Rn. 102. Offengelassen von BGH 23.5.2000 – 5 StR 142/00, NStZ 2000, 546.
331 BGH 3.5.1985 – 2 StR 824/84, NStZ 1985, 466.
332 Bader in KK-StPO Rn. 45; Ignor/Bertheau in Löwe/Rosenberg Rn. 40.
333 BGH 26.10.1983 – 3 StR 251/83, BGHSt 32, 140 = NJW 1984, 1829 mAnm Kühl JuS 1986, 115; BGH 9.11.1965 – 1 StR 436/65, NJW 1966, 211; Bader in KK-StPO Rn. 45; Ignor/Bertheau in Löwe/Rosenberg Rn. 43.
334 Ignor/Bertheau in Löwe/Rosenberg Rn. 43.
335 BGH 2.4.1987 – 4 StR 46/87, BGHSt 34, 324 = NJW 1987, 2027.

daraus schließen, dass diese Umstände tatsächlich nicht vorlagen, auch wenn der Zeuge in der Hauptverhandlung Gegenteiliges behauptet.[336] Dementsprechend darf es gewürdigt werden, wenn ein Zeuge zur Sache aussagt, er die Prüfung der Richtigkeit seiner Aussage aber dadurch unmöglich macht, dass er die Entnahme einer Blutprobe unter Berufung auf § 81c Abs. 3 verweigert.[337] Auch in dem Fall, dass der **Zeuge zu demselben Lebensvorgang teilweise Angaben macht und teilweise schweigt,** ist die Weigerung des Zeugen, einzelne Fragen zu beantworten **(Teilschweigen),** bei der Beweiswürdigung nicht nur zum Vorteil, sondern auch zum Nachteil[338] des Angeklagten zu berücksichtigen, weil andernfalls die Gefahr bestünde, dass die Beweiswürdigung einseitig wäre und verfälscht würde.[339] Von Bedeutung kann insoweit sein, in welchem Zusammenhang der Zeuge seinen Verzicht auf das Zeugnisverweigerungsrecht widerruft, etwa, wenn er lediglich eine vorbereitete Erklärung zur Sache abgibt und deren Überprüfung durch weitere Nachfragen verhindert oder er sich nach Vorhalten von Widersprüchen in seiner Aussage in das Zeugnisverweigerungsrecht „flüchtet."[340] Macht der Zeuge dagegen zu einem Lebenssachverhalt umfassend Angaben und beruft er sich auf sein Zeugenverweigerungsrecht allein in Bezug auf ein davon getrenntes anderes Geschehen, darf das so gelagerte Teilschweigen nicht in die Beweiswürdigung einfließen.

78 Beruft sich ein Zeuge in der Hauptverhandlung zunächst auf sein Zeugnisverweigerungsrecht als Verlobter und sagt er später gleichwohl zur Sache aus, um eine frühere richterliche Vernehmung zu entkräften, so macht er die früheren Vernehmungsinhalte zum Gegenstand seiner unter Verzicht auf sein Zeugnisverweigerungsrecht erfolgten Aussage in der Hauptverhandlung; diese sind verwertbar, auch wenn er früher nicht über sein Zeugnisverweigerungsrecht belehrt wurde und es dem Zeugen gerade darum ging, seine frühere Aussage nicht mehr gelten zu lassen, weil andernfalls seine Vernehmung unvollständig und unverständlich wäre.[341] Der Zeuge kann damit nicht über den Umfang der Verwertbarkeit seiner Aussage bestimmen; er hat nur die Möglichkeit, das Zeugnisverweigerungsrecht auszuüben oder darauf zu verzichten.[342]

79 **4. Verwertungsverbot.** Die vollständige Zeugnisverweigerung in der Hauptverhandlung hat regelmäßig ein Verwertungsverbot für Aussagen zur Folge, die der Zeuge vor der Hauptverhandlung gemacht hat.[343] Insoweit wird auf die Kommentierung zu § 252 verwiesen (→ § 252 Rn. 41 ff.). Verweigert der Zeuge während seiner Vernehmung in der Hauptverhandlung die Aussage, nachdem er zunächst Angaben gemacht hat, liegt also ein – nach § 52 Abs. 3 S. 2 ausdrücklich statthafter – Widerruf des Verzichts auf das Zeugnisverweigerungsrecht während der Vernehmung vor, bleibt das bis zum Widerruf in dieser Vernehmung Ausgesagte dagegen verwertbar (näher hierzu → Rn. 35, → Rn. 47).

X. Revision

80 **1. Rechtsfehlerhaft unterlassene Belehrung.** Mit der Revision kann der Angeklagte[344] sowie ein mit dem Zeugen nicht in einem Angehörigenverhältnis stehender Mitangeklagter rügen, dass eine nach § 52 Abs. 3 S. 1 erforderliche Belehrung nicht erteilt worden

336 BGH 2.4.1987 – 4 StR 46/87, BGHSt 34, 324 = NJW 1987, 2027.
337 BGH 26.10.1983 – 3 StR 251/83, BGHSt 32, 140 = NJW 1984, 1829 mAnm Kühl JuS 1986, 115. AA Eisenberg BeweisR StPO Rn. 1229.
338 Insoweit aA Ignor/Bertheau in Löwe/Rosenberg Rn. 42.
339 BGH 20.3.2014 – 3 StR 353/13, NStZ 2014, 415; 26.10.1983 – 3 StR 251/83, BGHSt 32, 140 = NJW 1984, 1829 mAnm Kühl JuS 1986, 115.
340 BGH 22.1.1992 – 2 StR 520/92, NStZ 1992, 347; Bader in KK-StPO Rn. 45. AA Rengier NStZ 1998, 47.
341 BGH 28.5.2003 – 2 StR 445/02, BGHSt 48, 294 = NJW 2003, 2619 mablAnm Eisenberg/Zötsch NJW 2003, 3676 und zustAnm Petersohn JuS 2004, 379.
342 Eisenberg BeweisR StPO Rn. 1226.
343 Näher hierzu im Kontext von § 52 Bader in KK-StPO Rn. 43a.
344 BGH 3.5.2006 – 4 StR 40/06, NStZ 2006, 647.

ist.[345] Gleiches gilt, wenn der Richter irrig das Bestehen eines Zeugnisverweigerungsrechts verneint und der Zeuge daraufhin ausgesagt hat.[346] Der Revisionsführer ist aber gehalten, zu den verwandtschaftlichen Beziehungen konkret vorzutragen.[347] Einer Beanstandung der unterbliebenen Belehrung in der Hauptverhandung nach § 238 Abs. 2 bedarf es zum Erhalt der Revisionsrüge nicht.[348] Der Nebenkläger ist nicht befugt, eine Verletzung der Belehrungspflicht nach § 52 Abs. 3 S. 1 zu rügen.[349] Die Rüge ist begründet, wenn eine erforderliche Belehrung unterblieben ist, der Zeuge ausgesagt hat und das Urteil auf der Aussage beruht.[350] Das Urteil beruht nicht auf dem Fehler, wenn feststeht, dass der Zeuge sein Aussageverweigerungsrecht kannte beziehungsweise auch bei Belehrung ausgesagt hätte (→ Rn. 66). Die Revision hat auch dann keinen Erfolg, wenn der Zeuge sich in der Hauptverhandlung mit einer Verwertung einer früheren Aussage, bei der gegen die Belehrungspflicht verstoßen wurde, einverstanden erklärt hat, weil damit das Verwertungsverbot entfallen ist (→ Rn. 68).

2. Zu Unrecht vorgenommene Belehrung. Wurde ein Zeuge, dem tatsächlich kein Zeugnisverweigerungsrecht zusteht, fehlerhaft darüber belehrt, er sei zur Zeugnisverweigerung berechtigt, und hat der Zeuge darauf die Aussage verweigert, kann das bei präsenten Zeugen als Verletzung von § 245 Abs. 1,[351] sonst als Verletzung der Aufklärungspflicht nach § 244 Abs. 2 oder des Beweisantragsrechts gerügt werden.[352] Das Urteil beruht aber nicht auf dem Fehler, wenn der Zeuge dennoch ausgesagt hat.[353] Auf der fälschlicherweise erteilten Belehrung beruht das Urteil aber, wenn der Zeuge ein Auskunftsverweigerungsrecht hatte und daher nach § 55 hätte belehrt werden müssen.[354] 81

3. Fehlende Zustimmung des gesetzlichen Vertreters. Mit der Revision kann gerügt werden, dass der gesetzliche Vertreter der Vernehmung des Zeugen nicht zugestimmt hat oder er zwar zugestimmt hat, vorher aber nicht über das Zeugnisverweigerungsrecht belehrt worden ist.[355] Zur ordnungsgemäßen Ausführung der Rüge müssen Datum, Präsenz, Ablauf und Einzelumstände der Vernehmung des Zeugen mitgeteilt werden.[356] Ob der Zeuge von der Bedeutung des Zeugnisverweigerungsrechts keine genügende Vorstellung hat, hat der Tatrichter nach pflichtgemäßem Ermessen zu beurteilen; diese auf rein tatsächlichem Gebiet liegende Frage kann das Revisionsgericht nur auf Rechtsfehler überprüfen.[357] Die Rüge, der Vorsitzende habe die Frage, ob der Zeuge über die erforderliche Verstandesreife verfügt, nicht geprüft oder zu Unrecht bejaht, setzt eine Beanstandung der Vorsitzendenentscheidung in der Hauptverhandlung nach § 238 Abs. 2 voraus.[358] 82

---

345 BGH 29.6.1983 – 2 StR 855/82, NJW 1984, 136; 16.3.1977 – 3 StR 327/76, BGHSt 27, 139 = NJW 1977, 1161. Im Hinblick auf die Entscheidung BGH 14.12.2011 – 5 StR 434/11, NStZ 2012, 221 erwägt Schmitt in Meyer-Goßner/Schmitt Rn. 11a, dem nicht angehörigen Mitbeschuldigten ein Rügerecht in der Revision zu versagen.

346 Bader in KK-StPO Rn. 47; Ignor/Bertheau in Löwe/Rosenberg Rn. 59.

347 BGH 6.3.2012 – 1 StR 49/12, BeckRS 2012, 6149.

348 Schmitt in Meyer-Goßner/Schmitt Rn. 34. Vgl. auch BGH 23.9.1999 – 4 StR 189/99, BGHSt 45, 203 = NJW 2000, 596; 7.3.1996 – 4 StR 737/95, BGHSt 42, 73 = NJW 1996, 2435.

349 BGH 24.1.2006 – 1 StR 362/05, NStZ 2006, 349.

350 Vgl. nur Otte in Radtke/Hohmann Rn. 34.

351 BGH 27.11.2012 – 5 StR 554/12, BeckRS 2013, 524; Bader in KK-StPO Rn. 47.

352 BGH 21.12.1992 – 5 StR 523/92, StV 1993, 235; Bader in KK-StPO Rn. 47; Otte in Radtke/Hohmann Rn. 35.

353 BGH 9.5.1979 – 2 StR 86/79, MDR 1979, 806; Otte in Radtke/Hohmann Rn. 35; Schmitt in Meyer-Goßner/Schmitt Rn. 35.

354 BGH 20.8.1982 – 2 StR 231/82, MDR 1983, 92; Schmitt in Meyer-Goßner/Schmitt Rn. 35.

355 BGH 2.3.1960 – 2 StR 44/60, BGHSt 14, 159 = NJW 1960, 1396; Ignor/Bertheau in Löwe/Rosenberg Rn. 60.

356 BGH 4.12.1996 – 20.9.1996 – 2 StR 289/96, NStZ 1997, 145.

357 BGH 17.4.2012 – 1 StR 146/12, NStZ 2012, 578. Vgl. auch BGH 25.10.1968 – 4 StR 412/68, BGHSt 22, 266 betreffend die Vorschrift des § 61 Nr. 1. Siehe ferner Bader in KK-StPO Rn. 48; Ignor/Bertheau in Löwe/Rosenberg Rn. 60; Otte in Radtke/Hohmann Rn. 36; Rogall in SK-StPO Rn. 95; Schmitt in Meyer-Goßner/Schmitt Rn. 18.

358 BGH 12.8.1999 – 3 StR 277/99, StV 2000, 185; Bader in KK-StPO Rn. 48; Ignor/Bertheau in Löwe/Rosenberg Rn. 60; Rogall in SK-StPO Rn. 101.

83 **4. Besonderheiten beim Verlöbnis.** Die in die Hauptverhandlung eingeführte Bewertung des Vorsitzenden der Strafkammer, eine Zeugin sei nicht mit dem Angeklagten verlobt, kann vom Angeklagten nur dann zur Grundlage einer Verfahrensrüge gemacht werden, wenn er in der Hauptverhandlung eine **Entscheidung des Gerichts nach § 238 Abs. 2** herbeigeführt hat.[359] Das Revisionsgericht ist an die tatsächlichen Feststellungen des Tatrichters zu den Voraussetzungen eines Verlöbnisses gebunden.[360] Die Prüfung der Tatsachen, die die Verlobung begründen, kann mit der Revision nicht erreicht werden, insoweit können nur Rechtsfehler gerügt werden.[361] Mangelnde Feststellungen zum Bestehen eines Verlöbnisses sind kein Revisionsgrund; Urteilsfeststellungen sind insoweit nicht vorgeschrieben.[362] Der Angeklagte, der rügt, die Verwertung der Aussage einer Zeugin sei unzulässig, weil diese mit ihm verlobt, aber nicht über ihr Zeugnisverweigerungsrecht belehrt worden sei, muss diejenigen Tatsachen vortragen, die den Rechtsbegriff des Verlöbnisses ausfüllen.[363]

84 **5. Sachrüge.** Fehler des Gerichts bei der Würdigung der Aussage eines mit dem Angeklagten verwandten Zeugen sind – nicht anders als bei mit dem Angeklagten nicht verwandten Zeugen auch – auf die Sachrüge hin zu berücksichtigen.[364] Das gilt auch, wenn die berechtigte Zeugnisverweigerung als solche zum Nachteil des Angeklagten verwertet wird.[365] Letzteres gilt jedenfalls dann, wenn sich der Fehler aus dem Urteil selbst ergibt.[366]

85 **6. Sonstiges.** Als Verletzung der Aufklärungspflicht des § 244 Abs. 2 kann gerügt werden, wenn das Gericht in den Fällen des § 52 Abs. 3 keinen Ergänzungspfleger zur Entscheidung über die Ausübung des Zeugnisverweigerungsrechts bestellt, sondern von der Vernehmung des Zeugen abgesehen hat.[367] Eine inhaltlich unzureichende Belehrung kann ebenfalls als Verstoß gegen § 52 Abs. 3 gerügt werden.[368] Eine unzulässige Einwirkung auf den Zeugen im Zusammenhang mit der Ausübung des Zeugnisverweigerungsrechts kann die Besorgnis der Befangenheit begründen[369] und stellt eine Verletzung von § 52 Abs. 3 dar.[370]

§ 53 Zeugnisverweigerungsrecht der Berufsgeheimnisträger

(1) [1]Zur Verweigerung des Zeugnisses sind ferner berechtigt

1. **Geistliche über das, was ihnen in ihrer Eigenschaft als Seelsorger anvertraut worden oder bekanntgeworden ist;**
2. **Verteidiger des Beschuldigten über das, was ihnen in dieser Eigenschaft anvertraut worden oder bekanntgeworden ist;**
3. **Rechtsanwälte und Kammerrechtsbeistände, Patentanwälte, Notare, Wirtschaftsprüfer, vereidigte Buchprüfer, Steuerberater und Steuerbevollmächtigte, Ärzte, Zahnärzte, Psychotherapeuten, Psychologische Psychotherapeu-**

[359] BGH 9.3.2010 – 4 StR 606/09, BGHSt 55, 65 = NStZ 2010, 461; Ladiges JuS 2011, 226.
[360] BGH 11.2.2014 – 4 StR 437/13, BeckRS 2014, 5431; 9.3.2010 – 4 StR 606/09, BGHSt 55, 65 = NStZ 2010, 461. Offengelassen von BGH 28.5.2003 – 2 StR 445/02, BGHSt 48, 294 = NJW 2003, 2619 mablAnm Eisenberg/Zötsch NJW 2003, 3676 und zustAnm Petersohn JuS 2004, 379.
[361] Schmitt in Meyer-Goßner/Schmitt Rn. 33.
[362] Bader in KK-StPO Rn. 13; Huber in BeckOK StPO Rn. 4; Rogall in SK-StPO Rn. 27; Schmitt in Meyer-Goßner/Schmitt Rn. 4a; Eisenberg BeweisR StPO Rn. 1215.
[363] OLG Frankfurt a. M. 9.5.2007 – 3 Ss 70/07, NStZ-RR 2007, 241.
[364] BGH 23.5.2000 – 5 StR 142/00, NStZ 2000, 546.
[365] BGH 22.10.1980 – 2 StR 612/80, MDR 1981, 157 = JR 1981, 432 mAnm Hanack; Bader in KK-StPO Rn. 50; Gercke in Gercke/Julius/Temming/Zöller Rn. 46; Otte in Radtke/Hohmann Rn. 37; Rogall in SK-StPO Rn. 102. So auch Dahs NStZ 1993, 213 betreffend § 55. Offengelassen von BGH 23.5.2000 – 5 StR 142/00, NStZ 2000, 546.
[366] Ignor/Bertheau in Löwe/Rosenberg Rn. 62.
[367] Ignor/Bertheau in Löwe/Rosenberg Rn. 63.
[368] Ignor/Bertheau in Löwe/Rosenberg Rn. 63.
[369] Ignor/Bertheau in Löwe/Rosenberg Rn. 63.
[370] BGH 6.6.1989 – 5 StR 99/89, NJW 1989, 2403 = NStZ 1989, 440; Ignor/Bertheau in Löwe/Rosenberg Rn. 63.

ten, Kinder- und Jugendlichenpsychotherapeuten, Apotheker und Hebammen über das, was ihnen in dieser Eigenschaft anvertraut worden oder bekanntgeworden ist; für Syndikusrechtsanwälte (§ 46 Absatz 2 der Bundesrechtsanwaltsordnung) und Syndikuspatentanwälte (§ 41a Absatz 2 der Patentanwaltsordnung) gilt dies vorbehaltlich des § 53a nicht hinsichtlich dessen, was ihnen in dieser Eigenschaft anvertraut worden oder bekanntgeworden ist;

3a. Mitglieder oder Beauftragte einer anerkannten Beratungsstelle nach den §§ 3 und 8 des Schwangerschaftskonfliktgesetzes über das, was ihnen in dieser Eigenschaft anvertraut worden oder bekanntgeworden ist;

3b. Berater für Fragen der Betäubungsmittelabhängigkeit in einer Beratungsstelle, die eine Behörde oder eine Körperschaft, Anstalt oder Stiftung des öffentlichen Rechts anerkannt oder bei sich eingerichtet hat, über das, was ihnen in dieser Eigenschaft anvertraut worden oder bekanntgeworden ist;

4. Mitglieder des Deutschen Bundestages, der Bundesversammlung, des Europäischen Parlaments aus der Bundesrepublik Deutschland oder eines Landtages über Personen, die ihnen in ihrer Eigenschaft als Mitglieder dieser Organe oder denen sie in dieser Eigenschaft Tatsachen anvertraut haben, sowie über diese Tatsachen selbst;

5. Personen, die bei der Vorbereitung, Herstellung oder Verbreitung von Druckwerken, Rundfunksendungen, Filmberichten oder der Unterrichtung oder Meinungsbildung dienenden Informations- und Kommunikationsdiensten berufsmäßig mitwirken oder mitgewirkt haben.

[2]Die in Satz 1 Nr. 5 genannten Personen dürfen das Zeugnis verweigern über die Person des Verfassers oder Einsenders von Beiträgen und Unterlagen oder des sonstigen Informanten sowie über die ihnen im Hinblick auf ihre Tätigkeit gemachten Mitteilungen, über deren Inhalt sowie über den Inhalt selbst erarbeiteter Materialien und den Gegenstand berufsbezogener Wahrnehmungen. [3]Dies gilt nur, soweit es sich um Beiträge, Unterlagen, Mitteilungen und Materialien für den redaktionellen Teil oder redaktionell aufbereitete Informations- und Kommunikationsdienste handelt.

(2) [1]Die in Absatz 1 Satz 1 Nr. 2 bis 3b Genannten dürfen das Zeugnis nicht verweigern, wenn sie von der Verpflichtung zur Verschwiegenheit entbunden sind. [2]Die Berechtigung zur Zeugnisverweigerung der in Absatz 1 Satz 1 Nr. 5 Genannten über den Inhalt selbst erarbeiteter Materialien und den Gegenstand entsprechender Wahrnehmungen entfällt, wenn die Aussage zur Aufklärung eines Verbrechens beitragen soll oder wenn Gegenstand der Untersuchung

1. eine Straftat des Friedensverrats und der Gefährdung des demokratischen Rechtsstaats oder des Landesverrats und der Gefährdung der äußeren Sicherheit (§§ 80a, 85, 87, 88, 95, auch in Verbindung mit § 97b, §§ 97a, 98 bis 100a des Strafgesetzbuches),

2. eine Straftat gegen die sexuelle Selbstbestimmung nach den §§ 174 bis 174c, 176a, 176b, 177 Absatz 2 Nummer 1 des Strafgesetzbuches oder

3. eine Geldwäsche nach § 261 des Strafgesetzbuches, deren Vortat mit einer im Mindestmaß erhöhten Freiheitsstrafe bedroht ist,

ist und die Erforschung des Sachverhalts oder die Ermittlung des Aufenthaltsortes des Beschuldigten auf andere Weise aussichtslos oder wesentlich erschwert wäre. [3]Der Zeuge kann jedoch auch in diesen Fällen die Aussage verweigern, soweit sie zur Offenbarung der Person des Verfassers oder Einsenders von Beiträgen und Unterlagen oder des sonstigen Informanten oder der ihm im Hinblick auf seine Tätigkeit nach Absatz 1 Satz 1 Nr. 5 gemachten Mitteilungen oder deren Inhalts führen würde.

Schrifttum: Baier, Verfassungsunmittelbare Zeugnisverweigerungsrechte bestimmter Berufsgruppen als Gebot des Persönlichkeitsschutzes?, JR 1999, 495; Baier, Kein strafprozessuales Zeugnisverweigerungsrecht mehr für Wirtschaftsprüfer?, wistra 2000, 165; Baumann, Et respica finem – Ein Beitrag zum Zeugnisverweigerungsrecht des Geistlichen nach § 53 Abs. 1 Nr. 1 StPO, JuS 1991, 466; Bosbach, Ungeschriebene strafprozessuale Zeugnisverweigerungsrechte im Verhältnis zwischen Strafverteidiger und Mandant nach rechtskräftigem Abschluss des Verfahrens gegen den Mandanten?, NStZ 2009, 177; Bringewat, Zeugnisverweigerungsrecht und Beschlagnahmeprivileg des Verteidigers, NJW 1974, 1740; Buhrow, Zur Tätigkeit des Rechtsbeistandes, NJW 1966, 2150; Dallinger, Gerichtsverfassung und Strafverfahren, JZ 1953, 432; de Wall, Der Schutz des Seelsorgegeheimnisses (nicht nur) im Strafverfahren, NJW 2007, 1856; Ehlers, Durchsuchung, Beschlagnahme, Bankgeheimnis, BB 1978, 1513; Fezer, Grundfälle zum Verlesungs- und Verwertungsverbot im Strafprozess, JuS 1978, 472; Foth, Zur Schweigepflicht der freien Sozialdienste im Strafprozess, JR 1976, 7; Freund, Verurteilung und Freispruch bei Verletzung der Schweigepflicht eines Zeugen, GA 1993, 49; Gärditz, Beschlagnahmeverbote, Zeugnisverweigerungsrechte und Wissenschaftsfreiheit im Strafprozess, StV 2020, 716; Geppert, Der Zeugenbeweis, Jura 1991, 132; Gless, Beweisverbote zum Schutz empirischer Sozialforschung – Zur Beschlagnahmefreiheit von Forschungsdaten, Neue Kriminalpolitik 2020, 275; Göppinger, Die Entbindung von der Schweigepflicht und die Herausgabe oder Beschlagnahme von Krankenblättern, NJW 1958, 241; Greitemann, Das Forschungsgeheimnis im Strafprozess, NStZ 2002, 572; Groß, Die Verfassungsmäßigkeit des Zeugnisverweigerungsrechts der Presse, NJW 1968, 2368; Groß, Neuregelung des journalistischen Zeugnisverweigerungsrechts, NJW 1975, 1763; Groß, Verteidiger, Abgeordnete und Journalisten als verbotene unfreiwillige Medien zur strafprozessualen Aufklärung, StV 1996, 559; Gülzow, Beschlagnahme von Unterlagen der Mandanten bei deren Rechtsanwälten, Wirtschaftsprüfern und Steuerberatern, NJW 1981, 265; Haas, Die Schweigepflicht eines für eine in Konkurs geratene GmbH tätig gewesenen Wirtschaftsprüfers – ein Beitrag zum Beschluss des OLG Schleswig vom 27.5.1980, wistra 1983, 183; Haas, Zeugnisverweigerungsrecht des Geistlichen, NJW 1990, 3253; Haffke, Schweigepflicht, Verfahrensrevision und Beweisverbot, GA 1973, 65; Hamm, Vom Grundrecht der Medien auf das Fischen im Trüben, NJW 2001, 269; Hamm, Compliance vor Recht? Anwälte bei der Bewältigung eines „Datenskandals", NJW 2010, 1332; Hass, Die Grenzen des anwaltlichen Zeugnisverweigerungsrechts gemäß § 53 Abs. 1 Nr. 3 StPO, NJW 1972, 1081; Hassemer, Das Zeugnisverweigerungsrecht des Syndikusanwalts, wistra 1986, 1; Hiendl, Darf bei Alkoholverkehrsdelikten der die Blutprobe entnehmende Arzt vor dem Gericht die Aussage über den klinischen Befund verweigern?, NJW 1958, 2100; Hustus, Der Syndikusanwalt und das Legal Privilege respektive das Anwaltsprivileg – alea iacta est, NStZ 2016, 65; Jakobs, Ermittlungsverfahren wegen Verstoßes gegen das Betäubungsmittelgesetz, JR 1982, 359; Jarass, Konflikte zwischen Polizei und Presse bei Demonstrationen, JZ 1983, 280; Kaiser, Die Verfassungsmäßigkeit des Zeugnisverweigerungsrechts der Presse, NJW 1968, 1260; Keller, Grenzbereiche zwischen Strafrecht und Standesrecht des Notars, DNotZ 1995, 99; Kohlhaas, Zeugnisverweigerung des Arztes nach Entnahme einer Blutprobe?, DRiZ 1959, 246; Kramer, Das gespaltene Zeugnisverweigerungsrecht der Medienangehörigen in der StPO, Kriminalistik 2004, 756; Krause, Befugnis zur Entbindung von der Schweigepflicht bei juristischen Personen nach personellen Wechseln in den Organen, NStZ 2012, 663; Krauß, Schweigepflicht und Schweigerecht des ärztlichen Sachverständigen im Strafprozess, ZStW 97 (1985) 81; Kreicker, Die strafrechtliche Indemnität und Immunität der Mitglieder des Europäischen Parlaments, GA 2004, 643; Kretschmer, Das Bankgeheimnis in der deutschen Rechtsordnung – ein Überblick, wistra 2009, 181; Kreuzer, Zeugnisverweigerungsrecht für Drogenberater, Festschrift für Schüler-Springorum, 1993, 527; Kühne, Zeugnisverweigerungsrecht im Strafprozess – neue Wege für die Anwendung von Grundrechten?, JuS 1973, 685; Kühne, Die begrenzte Aussagepflicht des ärztlichen Sachverständigen vor Gericht nach §§ 53 Abs. 1 Nr. 3 StPO, 203 Abs. 1 Nr. 1 StGB, JZ 1981, 647; Kunert, Das Gesetz über das Zeugnisverweigerungsrecht der Mitarbeiter von Presse und Rundfunk, MDR 1975, 885; Kunert, Erweitertes Zeugnisverweigerungsrecht der Medienmitarbeiter, NStZ 2002, 169; Lenckner, Aussagepflicht, Schweigepflicht und Zeugnisverweigerungsrecht, NJW 1965, 321; Ling, Zum Geistlichenprivileg im Strafrecht, GA 2001, 325; Löffler, Lücken und Mängel im neuen Zeugnisverweigerungs- und Beschlagnahmerecht von Presse und Rundfunk, NJW 1978, 913; Madauß, Entbindung eines Berufsgeheimnisträgers vom Zeugnisverweigerungsrecht durch eine juristische Person, NZWiSt 2013, 262; Meeger, Die Beschlagnahme von Schadensakten der Haftpflichtversicherer unter dem Blickwinkel verfassungsrechtlicher Zulässigkeit – ein Beitrag zur Neuordnung des Zeugnisverweigerungsrechts, VersR 1974, 945; Meyer, Zeugnisverweigerungsrecht analog §§ 53, 53a StPO auch für private Haftpflichtversicherer?, MDR 1973, 812; Meyer, Noch einmal: Zur Frage einer Ausdehnung der §§ 53, 53a StPO auf private Haftpflichtversicherer, MDR 1975, 896; Meyer-Mews, Beweisverwertungsverbote im Strafverfahren, JuS 2004, 126; Michalowski, Schutz der Vertraulichkeit strafrechtlich relevanter Patienteninformationen, ZStW 109 (1997) 519; Molketin, Belehrungspflicht des Gerichts bei einem als Zeuge vernommenen Arzt (§ 53 Abs. 1 Nr. 3 StPO)?, MDR 1982, 99; Moosmayer, Der EuGH und die Syndikusanwälte, NJW 2010, 3548; Mosiek, Zeugnisverweigerungsrecht nach § 53 Abs. 1 S. 1 Nr. 3 StPO zugunsten vollbeendeter juristischer Personen?, NStZ 2018, 505; Offermann-Burckart, Das Gesetz zur Neuordnung des Rechts der Syndikusanwälte, NJW 2016, 113; Paulus, Dogmatik der Verteidigung, NStZ 1992, 305; Passarge, Zur Entbindung der Berufsgeheimnisträger von Zeugnisverweigerungsrechten durch juristische Personen, BB 2010, 591; Peemöller/Weller, Zeugnisverweigerungsrecht gemäß § 53 StPO für freie Berufe – aber nicht für Mitarbeiter genossenschaftlicher Prüfungsverbände?, BB 2001, 2415; Peters, Seelsorge und Strafvollzug, JR 1975, 402; Peters, Das Recht des Zeugen – Verweigerung der Antwort vor einem parlamentarischen Untersuchungsausschuss, NVwZ 2021, 1726; Redeker, Der Syndikusanwalt als Rechtsanwalt,

NJW 2004, 889; Rengier, Die Reichweite des § 53 Abs. 1 Nr. 5 StPO zum Schutze des namentlich preisgegebenen, aber unauffindbaren Informanten, JZ 1979, 797; Rengier, Zum strafprozessualen Zeugnisverweigerungsrecht des Betriebs- und Personalrats, BB 1980, 321; Rogall, Über die Folgen der rechtswidrigen Beschaffung des Zeugenbeweises im Strafprozess, JZ 1996, 944; Roxin, Das Zeugnisverweigerungsrecht eines Syndikusanwalts, NJW 1992, 1129; Roxin, Das Beschlagnahmeprivileg des Syndikusanwalts im Lichte der neuesten Rechtsentwicklung, NJW 1995, 17; Rudolph, Verschlüsselung von Daten in der Anwaltskanzlei, StrafFo 2019, 57; Sachs, Strafprozessuale Beschlagnahme von Unterlagen über Gespräche im Rahmen eines Forschungsprojekts im Lichte der Wissenschaftsfreiheit nach Art. 5 Abs. 3 GG, Neue Kriminalpolitik 2020, 254; Schäfer, Der Konkursverwalter im Strafverfahren, wistra 1985, 209; Scheffler, Strafvereitelung und die Grenzen des Zeugnisverweigerungsrechts des Verteidigers, StV 1992, 299; Schenkel, Keine berufsbezogene Schweigepflicht hauptamtlicher Bewährungshelfer nach § 203 Abs. 1 Nr. 5 StGB, NStZ 1995, 67; Schmidt, Nochmals: Die Beschlagnahme von Schadensakten der Haftpflichtversicherer, VersR 1975, 311; Schmitt, Probleme des Zeugnisverweigerungsrechts (§§ 53 Abs. 1 Nr. 3 StPO, 383 Abs. 1 Nr. 6 ZPO) und des Beschlagnahmeverbots bei Beratern juristischer Personen – zugleich ein Beitrag zu der Entbindungsbefugnis des Konkursverwalters, wistra 1993, 9; Schöch, Zeugnisverweigerungsrecht für Opferhelfer?, DRiZ 2006, 57; Schorn, Mandantenakten in die Cloud – die Neugestaltung der strafrechtlichen Verschwiegenheitspflicht, StraFo 2017, 491; Schwaben, Die Rechtsprechung des BGH zwischen Aufklärungsrüge und Verwertungsverbot, NStZ 2002, 288; Solbach, Kann der Arzt von seiner Schweigepflicht entbunden werden, wenn sein Patient verstorben oder willensunfähig ist?, DRiZ 1978, 204; Sontag, Die prozessuale Stellung des Gerichtshelfers, NJW 1976, 1436; Stromberg, Über das Zeugnisverweigerungsrecht und die Genehmigungsbedürftigkeit von Zeugenaussagen kirchlicher Bediensteter – mit einem Ausblick auf die zu erwartende Erweiterung des § 53 StPO; Stumpf, Gibt es im materiellen Strafrecht ein Verteidigerprivileg?, NStZ 1997, 7; Tsambikakis, Das neue Zeugnisverweigerungsrecht für Medienmitarbeiter, StraFo 2002, 145; Tully/Kirch-Heim, Zur Entbindung von Rechtsbeiständen juristischer Personen von der Verschwiegenheitspflicht gemäß § 53 Abs. 2 Satz 1 StPO, NStZ 2012, 657; Uppenbrink, Das Europäische Mandat – Status der Abgeordneten des Europäischen Parlaments, 2004; Welp, Die Geheimnissphäre des Verteidigers in ihren strafprozessualen Funktionen, Festschrift für Gallas, 1973, 391; Wessing, Zeugnisverweigerungsrechte ausländischer Strafverteidiger, wistra 2007, 171; Wessing, Eine Entscheidung mit Folgen: Der BGH zur Entbindung von der Schweigepflicht im Fall Wirecard – Zugleich Anmerkung zu BGH, Beschl. v. 27.01.2021 – StB 44/20, StV 2021, 392; Widmaier, Zum Zeugnisverweigerungsrecht der Berufsgeheimnisträger, Festschrift für Dahs, 2005, 543; Wohlers, Die Entbindung des Beraters eines Unternehmens von der Pflicht zur Verschwiegenheit. Besprechung von BGH, Beschluss vom 27. Januar 2021 – StB 44/20, JR 2021, 245; Zimmer/Bertheau, Betriebsrat ohne Zeugnisverweigerungsrecht, BB 2019, 2807.

Übersicht

I. Allgemeines

1 **1. Normzweck.** Die Vorschrift schützt das **Vertrauensverhältnis** zwischen bestimmten Berufsgruppen und denen, die ihre Hilfe und Sachkunde in Anspruch nehmen beziehungsweise ihnen Informationen anvertrauen.[1] Die sachgerechte Wahrnehmung der Interessen von Rat- oder Hilfesuchenden setzt in der Regel voraus, dass diese sich den Angehörigen der in § 53 genannten Berufe rückhaltlos anvertrauen. Dieses Vertrauensverhältnis und die Möglichkeit rückhaltloser Offenbarung sollen auch im **öffentlichen Interesse an der Funktionsfähigkeit dieser Berufe** nicht durch die Besorgnis behindert werden, die in § 53 genannten Personen könnten später als Zeugen über die ihnen im Rahmen ihrer Berufsausübung bekannt gewordenen Tatsachen vernommen werden und müssten dann hierzu aussagen.[2] Zudem soll die Vertrauensperson aus der Zwangslage befreit werden, einerseits zur Wahrung des Vertrauens, andererseits zur Mitwirkung an der Aufklärung von Straftaten verpflichtet zu sein.[3] Diesem Gesetzeszweck entspricht es, dass das Zeugnisverweigerungsrecht der Berufsgeheimnisträger nach § 53 – anders als das eines Angehörigen nach § 52 – nicht umfassend ist, sondern sich nur auf Tatsachen bezieht, die dem Berufsgeheimnisträger gerade in seiner beruflichen Eigenschaft bekannt geworden sind, und der Berufsgeheimnisträger nicht mehr zur Verschwiegenheit verpflichtet und der Aussagepflicht unterworfen ist, wenn er – mit Ausnahme der in den Nummern 1, 4 und 5 Genannten – gemäß 53 Abs. 2 S. 1 von einer Verpflichtung zur Verschwiegenheit entbunden worden ist.[4] Ein Zeugnisverweigerungsrecht besteht dementsprechend nicht, wenn der Geheimnisträger mit Tätigkeiten beauftragt wird, die für seine berufliche Qualifikation und Stellung nicht kennzeichnend sind.[5] Es besteht aber selbst dann, wenn derjenige, der zur Entbindung von der Schweigepflicht berechtigt ist, seinerseits als Zeuge uneingeschränkt zur Aussage verpflichtet ist.[6] Der Berufungsgeheimnisträger ist unbeschadet seines Zeugnisverweigerungsrechts verpflichtet, vor Gericht zu erscheinen, weshalb auf Vernehmung des Zeugen gerichtete Beweisanträge nicht ohne Weiteres abgelehnt werden dürfen (zur Frage der **Ablehnung**

---

1 BGH 18.2.2014 – StB 8/13, NJW 2014, 1314 mAnm Roggan = StV 2014, 391 mAnm Scharenberg; 12.1.1956 – 3 StR 195/55, BGHSt 9, 59 = NJW 1956, 599; OLG Frankfurt a. M. 22.8.2001 – 2 AuslS 10/01, NJW 2002, 1135; OLG Schleswig 27.5.1980 – 1 Ws 160/80, NJW 1981, 294; Bader in KK-StPO Rn. 1; Neubeck in KMR-StPO Rn. 1; Schmitt in Meyer-Goßner/Schmitt Rn. 1.

2 OLG Oldenburg 10.6.1982 – 2 Ws 204/82, NJW 1982, 2615; OLG Schleswig 27.5.1980 – 1 Ws 160/80, NJW 1981, 294; Bader in KK-StPO Rn. 1; Ignor/Bertheau in Löwe/Rosenberg Rn. 1; Neubeck in KMR-StPO Rn. 1. Dieser Schutzzweck legitimiert allerdings nicht das Zeugnisverweigerungsrecht von Journalisten in Bezug auf selbstrecherchiertes Material; vgl. Rogall in SK-StPO Rn. 5, 11. Insofern kann das Zeugnisverweigerungsrecht nur mit einem Schutz der Arbeit von Medienvertretern vor staatlicher Beeinträchtigung und damit dem überindividuellen Interesse an unabhängiger Medienarbeit legitimiert werden. Dies rechtfertigt die gesetzlichen Beschränkungen dieses Zeugnisverweigerungsrechts.

3 BGH 12.1.1956 – 3 StR 195/55, BGHSt 9, 59 = NJW 1956, 599; Bader in KK-StPO Rn. 1; Ignor/Bertheau in Löwe/Rosenberg Rn. 1; Neubeck in KMR-StPO Rn. 1.

4 Bader in KK-StPO Rn. 1; Neubeck in KMR-StPO Rn. 1; Otte in Radtke/Hohmann Rn. 1.

5 OLG Frankfurt a. M. 22.8.2001 – 2 AuslS 10/01, NJW 2002, 1135; Bader in KK-StPO Rn. 1.

6 BGH 18.6.1969 – 2 StR 53/69, MDR 1969, 723; Ignor/Bertheau in Löwe/Rosenberg Rn. 1; Schmitt in Meyer-Goßner/Schmitt Rn. 1.

von Beweisanträgen auch → Rn. 69).[7] § 53 wird durch § 53a, § 95 Abs. 2 S. 2, § 97, § 98a Abs. 5, § 100c Abs. 6, § 160a ergänzt.

2 **2. Ausländische Zeugnisverweigerungsberechtigte.** Das Gesetz enthält keine ausdrückliche Aussage darüber, ob das Zeugnisverweigerungsrecht nur besteht, falls die in § 53 genannten Zeugnisverweigerungsberechtigten ihre berufliche Tätigkeit in Deutschland ausüben. Vor allem im Hinblick auf die in den Mitgliedstaaten der EU geltende Niederlassungsfreiheit wird vielfach die Meinung vertreten, das Zeugnisverweigerungsrecht stehe den Mitgliedern der in § 53 genannten Berufsgruppen (nur) zu, wenn sie auf dem Gebiet der EU tätig sind oder bei Rechtsanwälten die Voraussetzungen der §§ 4, 11, 13 EuRAG oder der §§ 206, 207 BRAO vorliegen; anderen ausländischen Berufsgeheimnisträgern soll ein Zeugnisverweigerungsrecht dagegen nicht zukommen.[8] Eine solche Beschränkung, die im Gesetzeswortlaut keinen Rückhalt findet, überzeugt indes nicht. Für die Schutzwürdigkeit der von § 53 erfassten Vertrauensverhältnisse kommt es nicht darauf an, ob die in § 53 genannten Personen ihre Tätigkeit in Deutschland, auf dem Gebiet eines anderen Mitgliedstaates der EU oder im sonstigen Ausland ausüben. Daher ist ein **Zeugnisverweigerungsrecht auch für die außerhalb der Bundesrepublik und außerhalb der EU tätigen Berufsgeheimnisträger,** die in § 53 genannt werden, **zu bejahen,** sofern eine **Vergleichbarkeit der Berufsqualifikationen und Berufsbilder** gegeben ist.[9] Insbesondere bei grenzüberschreitenden Rechtsangelegenheiten wird oft die Zuziehung ausländischer Spezialisten zur sachgerechten Rechtswahrnehmung erforderlich sein; mit dem Recht auf effektiven Rechtsschutz wäre es nicht zu vereinbaren, ausländischen Rechtsanwälten in diesem Zusammenhang ein Zeugnisverweigerungsrecht zu versagen.[10] Die Frage nach dem Bestehen eines Zeugnisverweigerungsrechts des ausländischen Berufsgeheimnisträgers wird sich allerdings in der Regel nur stellen, wenn er sich im Inland aufhält und hier vernommen werden soll. Wird er im Wege der Rechtshilfe im Ausland vernommen, kann er ohnehin von seinen dort geltenden berufsbezogenen Rechten Gebrauch machen.[11]

3 **3. Abschließende Beschränkung auf bestimmte Berufe.** In § 53 sind die zur Zeugnisverweigerung berechtigten Personen erschöpfend aufgezählt; die **Regelung ist abschließend.**[12] Eine Ausdehnung auf andere Berufsgruppen im Wege der entsprechenden Anwendung würde der klaren Entscheidung des Gesetzgebers widersprechen und ist deshalb – auch wegen des öffentlichen Interesses an der vollständigen Wahrheitsermittlung im Strafverfahren – nicht möglich.[13] Ein Zeugnisverweigerungsrecht steht daher insbesondere nicht jedem Berater zu, der berufsmäßig oder ehrenamtlich in schwierigen Situationen Hilfe leistet und dabei besonderes Vertrauen in Anspruch nimmt.[14] Es ist alleinige Aufgabe des Gesetzgebers, die Abwägungsentscheidung zu treffen, welche Berufsgruppen durch ein

---

7 Ignor/Bertheau in Löwe/Rosenberg Rn. 2; Eschelbach in Satzger/Schluckebier/Widmaier StPO Rn. 2; Neubeck in KMR-StPO Rn. 2; Schmitt in Meyer-Goßner/Schmitt Rn. 1; Welp FS Gallas, 1973, 407. Vgl. hierzu die entsprechend auch im Anwendungsbereich des § 53 geltenden Ausführungen → § 52 Rn. 6 und → § 52 Rn. 71 f.

8 Vgl. zu den Rechtsanwälten Otte in Radtke/Hohmann Rn. 16; Schmitt in Meyer-Goßner/Schmitt Rn. 15. Vgl. zu den Ärzten Otte in Radtke/Hohmann Rn. 18; Schmitt in Meyer-Goßner/Schmitt Rn. 17. AA Ignor/Bertheau in Löwe/Rosenberg Rn. 5; Wessing wistra 2007, 171.

9 Vgl. hierzu ausführlich Ignor/Bertheau in Löwe/Rosenberg Rn. 5, 29 sowie speziell zum Rechtsanwalt Gercke in Gercke/Julius/Temming/Zöller Rn. 11, 13 und zum Strafverteidiger Wessing wistra 2007, 171. Siehe auch Schmitt in Meyer-Goßner/Schmitt Rn. 15.

10 Wessing wistra 2007, 171.

11 Ignor/Bertheau in Löwe/Rosenberg Rn. 5.

12 BVerfG 31.5.1988 – 2 BvR 367/88, NJW 1988, 2945; 19.1.1979 – 2 BvR 995/78, NJW 1979, 1286; Bader in KK-StPO Rn. 2; Ignor/Bertheau in Löwe/Rosenberg Rn. 3; Eschelbach in Satzger/Schluckebier/Widmaier StPO Rn. 11; Rogall in SK-StPO Rn. 13, 50; Schmitt in Meyer-Goßner/Schmitt Rn. 2; Eisenberg BeweisR StPO Rn. 1234; Baier JR 1999, 495.

13 BVerfG 15.1.1975 – 2 BvR 65/74, BVerfGE 38, 312 = NJW 1975, 588; BGH 22.3.2012 – 1 StR 359/11, NStZ 2013, 238 mAnm Widmaier; Bader in KK-StPO Rn. 2; Ignor/Bertheau in Löwe/Rosenberg Rn. 3; Neubeck in KMR-StPO Rn. 3; Otte in Radtke/Hohmann Rn. 2; Rogall in SK-StPO Rn. 50.

14 BGH 22.3.2012 – 1 StR 359/11, NStZ 2013, 238 mAnm Widmaier.

Zeugnisverweigerungsrecht besonders geschützt werden sollen und in welchen Fällen damit das Allgemeininteresse an einer effektiven Strafverfolgung zurücktreten soll. Der Gesetzgeber ist dieser Aufgabe in der Vergangenheit immer wieder nachgekommen, indem er den Kreis der von § 53 erfassten Berufsgruppen neu gefasst hat. Aus dem Rechtsstaatsprinzip folgt allerdings, dass es auch dem Gesetzgeber im **Interesse einer funktionierenden Strafrechtspflege** nicht freigestellt ist, den Kreis der aussageverweigerungsberechtigten Berufe beliebig zu erweitern; dieser ist vielmehr auf das unbedingt erforderliche Maß zu begrenzen.[15]

4 Allerdings kann nach der Rechtsprechung des BVerfG „im Einzelfall ausnahmsweise und unter ganz besonders strengen Voraussetzungen" ein über die strafprozessualen Voraussetzungen hinausgehendes **Zeugnisverweigerungsrecht unmittelbar aus der Verfassung** folgen, wenn die Vernehmung des Zeugen in den durch Art. 2 Abs. 1 in Verbindung mit Art. 1 Abs. 1 GG grundrechtlich geschützten Bereich privater Lebensgestaltung des Einzelnen, insbesondere in seine Intimsphäre, eingreifen würde.[16] Eine daraus folgende Einschränkung des Zeugniszwangs setzt eine einzelfallbezogene Abwägung zwischen den Belangen der Strafrechtspflege und den Geheimhaltungsinteressen des Einzelnen unter Beachtung des Grundsatzes der Verhältnismäßigkeit voraus, wobei insbesondere die Art und Schwere der Straftat, die Höhe der Straferwartung, das Vorhandensein anderer Aufklärungsmöglichkeiten und die Intensität des Eingriffs in die Privatsphäre des Betroffenen von Bedeutung sind.[17] Eine verfassungsrechtliche Begrenzung des Zeugniszwangs wird danach nur sehr selten, etwa bei der Verfolgung von Bagatelldelikten oder Ordnungswidrigkeiten, in Betracht zu ziehen sein.[18] Soweit ersichtlich, ist bislang in keiner Entscheidung des BGH oder des BVerfG dem Geheimhaltungsinteresse der Vorrang vor dem Interesse an der Aufklärung von Straftaten eingeräumt worden. Auch in der Rechtsprechung der Instanzgerichte sind derartige Entscheidungen die Ausnahme geblieben.[19]

5 **Kein Zeugnisverweigerungsrecht** haben daher Tierärzte,[20] Bankangestellte,[21] Opferhelfer,[22] Eheberater,[23] Betriebs- und Personalräte,[24] Schiedsmänner,[25] Rechtsbeistände,[26] psychosoziale Prozessbegleiter,[27] Bewährungshelfer,[28] Verfahrenspfleger und

---

[15] BVerfG 19.7.1972 – 2 BvL 7/71, BVerfGE 33, 367 = NJW 1972, 2214 mkritAnm Kühne JuS 1973, 685 und mAnm Würtenberger JZ 1973, 784; OLG Koblenz 10.12.2007 – 2 Ws 618/07, NStZ-RR 2008, 283; Bader in KK-StPO Rn. 2; Schmitt in Meyer-Goßner/Schmitt Rn. 2.

[16] BVerfG 18.1.1996 – 2 BvR 2886/95, NJW 1996, 1587; 31.5.1988 – 2 BvR 367/88, NJW 1988, 2945; 19.7.1972 – 2 BvL 7/71, BVerfGE 33, 367 = NJW 1972, 2214 mkritAnm Kühne JuS 1973, 685 und mAnm Würtenberger JZ 1973, 784; Neubeck in KMR-StPO Rn. 3; Schmitt in Meyer-Goßner/Schmitt Rn. 2; Eisenberg BeweisR StPO Rn. 1234. Krit. Baier JR 1999, 495. Ausführlich Rogall in SK-StPO Rn. 57 ff. mwN zur Kritik an dieser Rspr. Vgl. auch LG Freiburg 7.11.1996 – II Qs 133/96, NJW 1997, 813.

[17] BVerfG 19.7.1972 – 2 BvL 7/71, BVerfGE 33, 367 = NJW 1972, 2214.

[18] BVerfG 19.7.1972 – 2 BvL 7/71, BVerfGE 33, 367 = NJW 1972, 2214.

[19] Die Entscheidung des LG Freiburg 7.11.1996 – II Qs 133/96, NJW 1997, 813, die einer bei einer Anlaufstelle für sexuell missbrauchte Frauen tätigen Diplompsychologin ein Zeugnisverweigerungsrecht unmittelbar aus der Verfassung zugebilligt hat, wird den in der Rechtsprechung des BVerfG aufgestellten Grundsätzen nicht gerecht, nachdem es dort um den Strafvorwurf einer (wenn auch mehrere Jahre zurückliegenden) Vergewaltigung ging; vgl. die Zusammenstellung bei Baier JR 1999, 495 (497).

[20] BVerfG 15.1.1975 – 2 BvR 65/74, BVerfGE 38, 312 = NJW 1975, 588.

[21] LG Frankfurt a. M. 25.11.1953 – 5 Qs 183/53, NJW 1954, 688 mAnm Sichtermann; LG Hamburg 10.1.1978 – 86a Qs 67/77, NJW 1978, 958; Bader in KK-StPO Rn. 2; Schmitt in Meyer-Goßner/Schmitt Rn. 3; Eisenberg BeweisR StPO Rn. 1234; Kretschmer wistra 2009, 180. Vgl. zum „Bankgeheimnis" Ehlers BB 1978, 1513.

[22] Otte in Radtke/Hohmann Rn. 3; Schmitt in Meyer-Goßner/Schmitt Rn. 3; Schöch DRiZ 2006, 57.

[23] BVerfG 19.7.1972 – 2 BvL 7/71, BVerfGE 33, 367 = NJW 1972, 2214.

[24] BVerfG 19.1.1979 – 2 BvR 995/78, NJW 1979, 1286; Schmitt in Meyer-Goßner/Schmitt Rn. 3; Rengier BB 1980, 321; Zimmer/Bertheau BB 2019, 2807.

[25] BVerwG 14.2.1964 – VII C 93.61, BVerwGE 18, 58 = NJW 1964, 1088.

[26] Otte in Radtke/Hohmann Rn. 3; Buhrow NJW 1966, 2150.

[27] Schmitt in Meyer-Goßner/Schmitt Rn. 3.

[28] Otte in Radtke/Hohmann Rn. 3; Schmitt in Meyer-Goßner/Schmitt Rn. 3; Schenkel NStZ 1995, 67.

Vormünder,[29] Sozialpädagogen,[30] Diplompsychologen,[31] Sozialarbeiter,[32] Wissenschaftler im Bereich der empirischen Sozialforschung (→ Rn. 42),[33] Mitarbeiter der Jugendhilfe,[34] Gerichtshelfer,[35] Insolvenzverwalter,[36] Mitarbeiter eines „Kriseninterventionsteams"[37] sowie Mitarbeiter einer sogenannten „Babyklappe".[38] Auch **Mitarbeitern privater Haftpflichtversicherer** steht kein Zeugnisverweigerungsrecht zu; die Grundsätze der „Gemeinschuldnerentscheidung"[39] lassen sich auf diese nicht übertragen.[40] Das Bundesdatenschutzgesetz enthält keine Einschränkung der Zeugnispflicht; das Verbot, geschützte Daten unbefugt preiszugeben, schränkt die Verpflichtung des Zeugen, vor Gericht auszusagen, nicht ein.[41] Aus den **gesellschaftsrechtlichen Geheimhaltungsbestimmungen** der §§ 93, 404 AktG, § 85 GmbH ergibt sich ebenfalls kein Zeugnisverweigerungsrecht, weil die Pflicht des Zeugen zur Aussage aufgrund des öffentlichen Interesses an der Ermittlung der Wahrheit mangels ausdrücklicher Regelung im Prozessrecht privaten Geheimhaltungsinteressen vorgeht.[42] Das gilt auch für ehrenamtliche Mitglieder von Opferschutzorganisationen wie zum Beispiel des „Weißen Rings", die zu Beginn ihrer Tätigkeit Datenschutzerklärungen unterzeichnet haben.[43]

4. Verhältnis zu § 203 StGB und Verwertbarkeit einer unter Verstoß gegen § 203 StGB getätigten Aussage. Die **Schweigepflicht aus § 203 StGB** und das **Zeugnisverweigerungsrecht** nach § 53 **decken sich nicht.** So unterliegen beispielsweise Sozialarbeiter und Tierärzte zwar der Strafdrohung des § 203 StGB, haben aber kein Zeugnisverweigerungsrecht nach § 53; dagegen haben Geistliche, Abgeordnete sowie Presse- und Rundfunkmitarbeiter ein Zeugnisverweigerungsrecht nach § 53, ohne gemäß § 203 StGB strafrechtlich sanktioniert zur Verschwiegenheit verpflichtet zu sein.[44] Strafbedroht ist nach § 203 StGB nur die Offenbarung von Geheimnissen, während § 53 den dort genannten Personen ein Zeugnisverweigerungsrecht unabhängig davon gewährt, ob eine Tatsache geheim ist, solange sie dem Zeugen nur bei seiner Berufsausübung anvertraut oder bekannt geworden ist.[45] 6

Ist der **Zeuge nach § 203 StGB zur Verschwiegenheit verpflichtet und** hat er **kein Zeugnisverweigerungsrecht** nach § 53, ist er zur Aussage als Zeuge verpflichtet; die **Offenbarung eines fremden Geheimnisses** ist in diesem Fall **nicht strafbar,** weil 7

[29] OLG Frankfurt a. M. 15.12.2016 – 2 Ws 119/16, NStZ-RR 2017, 118; Schmitt in Meyer-Goßner/Schmitt Rn. 3.
[30] BVerfG 31.5.1988 – 2 BvR 367/88, NJW 1988, 2945.
[31] BGH 28.4.2006 – 2 StR 62/06, NStZ 2006, 509. Vgl. auch LG Freiburg 7.11.1996 – II Qs 133/96, NJW 1997, 813; Bader in KK-StPO Rn. 2.
[32] BVerfG 19.7.1972 – 2 BvL 7/71, BVerfGE 33, 367 = NJW 1972, 2214.
[33] OLG München 28.7.2020 – 8 St ObWs 5/20, NStZ 2021, 631 mablAnm Gless.
[34] BVerfG 19.7.1972 – 2 BvL 7/71, BVerfGE 33, 367 = NJW 1972, 2214.
[35] Schmitt in Meyer-Goßner/Schmitt Rn. 3; Sontag NJW 1976, 1438.
[36] LG Ulm 15.1.2007 – 2 Qs 2002/07, NJW 2007, 2056 mAnm Schork; Neubeck in KMR-StPO Rn. 4; Schmitt in Meyer-Goßner/Schmitt Rn. 3.
[37] BGH 22.3.2012 – 1 StR 359/11, NStZ 2013, 238 mAnm Widmaier.
[38] LG Köln 9.11.2001 – 102-57/01, NJW 2002, 909.
[39] BVerfG 13.1.1981 – 1 BvR 116/77, NJW 1981, 1431.
[40] BVerfG 7.7.1995 – 2 BvR 1778/94, NStZ 1995, 559; 10.2.1981 – 2 BvR 46/81, ZfS 1982, 13 = BeckRS 2008, 38041; KG 7.7.1994 – 1 Ss 175/93, NStZ 1995, 146; OLG Celle 19.9.1984 – 3 Ss 116/84, NJW 1985, 640; Schmitt in Meyer-Goßner/Schmitt Rn. 3; Dencker NStZ 1982, 459; Meyer MDR 1975, 896; Meyer MDR 1973, 812. AA OLG Celle 16.2.1982 – 1Ss 605/81, NStZ 1982, 393; Meeger VersR 1974, 945; Meyer-Mews JuS 2004, 126; Schmidt VersR 1975, 311.
[41] OLG Köln 29.9.1992 – Ss 423/92, VRS 84, 101; Schmitt in Meyer-Goßner/Schmitt Rn. 2.
[42] BVerfG 1.10.1987 – 2 BvR 1165/86, BVerfGE 76, 363 = NJW 1988, 897; Schmitt in Meyer-Goßner/Schmitt Rn. 2.
[43] Schöch DRiZ 2006, 57.
[44] Bader in KK-StPO Rn. 3; Ignor/Bertheau in Löwe/Rosenberg Rn. 8; Otte in Radtke/Hohmann Rn. 4; Rogall in SK-StPO Rn. 13.
[45] Bader in KK-StPO Rn. 3; Ignor/Bertheau in Löwe/Rosenberg Rn. 8; Otte in Radtke/Hohmann Rn. 4; Rogall in SK-StPO Rn. 14 f.; Schmitt in Meyer-Goßner/Schmitt Rn. 4.

der Zeuge **nicht unbefugt** im Sinne von § 203 StGB handelt.[46] Die ohne ein Zeugnisverweigerungsrecht geltende Aussagepflicht des § 48 Abs. 1 S. 2 stellt eine strafbarkeitsausschließende Befugnis zur Geheimnisoffenbarung iSd § 203 StGB dar. Daher ergibt sich aus einer materiell-rechtlichen Schweigepflicht auch kein Recht zur Zeugnisverweigerung. Das Vorstehende gilt auch für den an sich zeugnisverweigerungsberechtigten Zeugen, der nach § 53 Abs. 2 S. 1 von der Verpflichtung zur Verschwiegenheit entbunden wurde und damit aussagepflichtig geworden ist (näher hierzu → Rn. 69 ff.).[47] Die durch eine Entbindung von der Verschwiegenheitspflicht iSd § 53 Abs. 2 S. 1 begründete Aussagepflicht führt zu seiner strafbefreienden Aussagebefugnis iSd § 203 StGB. Der Zeuge, dem kein Zeugnisverweigerungsrecht zukommt und der sich daher bei einer Aussage nicht nach § 203 StGB strafbar macht, kann durch Maßnahmen nach § 70 StPO zur Aussage gezwungen werden.[48]

8 Trifft den Zeugen eine **Schweigepflicht nach § 203 StGB und** hat er ein **Zeugnisverweigerungsrecht nach § 53,** macht er sich durch seine Aussage nur dann nicht nach § 203 StGB strafbar, wenn er hierfür einen sonstigen **Rechtfertigungsgrund** hat.[49] Ein solcher kann sich insbesondere aus den Grundsätzen über die **Abwägung widerstreitender Pflichten und Interessen** ergeben[50] und besteht etwa in dem Fall, dass ein Rechtsanwalt ohne die Offenbarung anvertrauter Tatsachen nicht in der Lage ist, im Zivilprozess seinen Honoraranspruch durchzusetzen, oder er sich in einem gegen ihn selbst gerichteten Strafverfahren nicht sachgerecht verteidigen kann[51] oder wenn der Rechtsanwalt oder Notar[52] wegen Beratungspflichtverletzungen auf Schadensersatz in Anspruch genommen wird. Ein Rechtsfertigungsgrund kann einem Rechtsanwalt, der ein ihm von seinem Mandanten anvertrautes Geheimnis preisgibt, unter dem Gesichtspunkt der Abwägung widerstreitender Pflichten und Interessen auch zustehen, wenn er nur dadurch einen Unschuldigen vor einer langjährigen Freiheitsstrafe bewahren kann.[53]

9 Der Verstoß gegen § 203 StGB verliert seine Rechtswidrigkeit aber nicht allein dadurch, dass er durch eine Zeugenaussage vor Gericht begangen wird; die aufgrund eines Zeugnisverweigerungsrechts nach § 53 nicht zur Rechtspflicht erstarkte Zeugenaussage und damit einhergehende Geheimnispreisgabe im Strafprozess stellt keinen Rechtfertigungsgrund für eine Nichtbeachtung der Schweigepflicht dar.[54] Die **Entscheidung,** sich – etwa in Folge einer Fehleinschätzung über das Bestehen eines Rechtfertigungsgrunds – der Gefahr einer Strafverfolgung nach § 203 StGB auszusetzen, indem er **trotz Bestehens eines Zeugnisverweigerungsrechts nach § 53 aussagt, liegt** allein **bei dem Zeugen.**[55] Der zeugnis-

---

46 LG Köln 9.11.2001 – 102-57/01, NJW 2002, 909; Bader in KK-StPO Rn. 4; Ignor/Bertheau in Löwe/Rosenberg Rn. 3, 10; Eschelbach in Satzger/Schluckebier/Widmaier StPO Rn. 3; Gercke in Gercke/Julius/Temming/Zöller Rn. 4; Neubeck in KMR-StPO Rn. 6; Otte in Radtke/Hohmann Rn. 5; Rogall in SK-StPO Rn. 16; Eisenberg BeweisR StPO Rn. 1235; Geppert JURA 1991, 136; Lenckner NJW 1965, 321. AA Foth JR 1976, 7.

47 BGH 27.1.2021 – StB 44/20; BGHSt 65, 278 = NJW 2021, 1022; Ignor/Bertheau in Löwe/Rosenberg Rn. 10, 77; Gercke in Gercke/Julius/Temming/Zöller Rn. 4; Otte in Radtke/Hohmann Rn. 5; Neubeck in KMR-StPO Rn. 6; Lenckner NJW 1965, 321.

48 Vgl. BGH 27.1.2021 – StB 44/20, BGHSt 65, 278 = NJW 2021, 1022.

49 Bader in KK-StPO Rn. 4; Ignor/Bertheau in Löwe/Rosenberg Rn. 11; Otte in Radtke/Hohmann Rn. 5; Schmitt in Meyer-Goßner/Schmitt Rn. 5.

50 BGH 20.11.1962 – 5 StR 462/62, BGHSt 18, 146 = NJW 1963, 723; 12.1.1956 – 3 StR 195/55, BGHSt 9, 59 = NJW 1956, 599; 9.10.1951 – 1 StR 159/51, BGHSt 1, 366 = NJW 1952, 151; Bader in KK-StPO Rn. 4; Otte in Radtke/Hohmann Rn. 5; Schmitt in Meyer-Goßner/Schmitt Rn. 5; Lenckner NJW 1965, 321.

51 BGH 9.10.1951 – 1 StR 159/51, BGHSt 1, 366 = NJW 1952, 151.

52 Keller DNotZ 1995, 101.

53 Welp FS Gallas, 1973, 400.

54 Eschelbach in Satzger/Schluckebier/Widmaier StPO Rn. 3; Rogall in SK-StPO Rn. 17; Freund GA 1993, 50; Haffke GA 1973, 68; Welp FS Gallas, 1973, 398 sowie Ignor/Bertheau in Löwe/Rosenberg Rn. 11 mwN zur im älteren Schrifttum vertretenen Gegenauffassung, wonach eine Aussage vor Gericht stets befugt im Sinne von § 203 StGB sei.

55 BGH 16.11.2017 – 3 StR 460/17, NStZ 2018, 362; 28.10.1960 – 4 StR 375/60, BGHSt 15, 200 = NJW 1961, 279; BGH 12.1.1956 – 3 StR 195/55, BGHSt 9, 59 = NJW 1956, 599; Neubeck in KMR-StPO Rn. 6; Schmitt in Meyer-Goßner/Schmitt Rn. 6. AA Michalowski ZStW 109 (1997), 519 (537).

verweigerungsberechtigte Berufsgeheimnisträger kann sich daher auch dann, wenn ihm keine materiell-rechtliche Pflicht zur Verschwiegenheit obliegt oder im Einzelfall ein Rechtfertigungsgrund für deren Nichteinhaltung vorliegt, dazu entschließen, keine Angaben zu machen.[56] Umgekehrt kann sich der zur Zeugnisverweigerung berechtigte Zeuge, insbesondere der nicht nach § 53 Abs. 2 S. 1 StPO von einer Verschwiegenheitspflicht entbundene und damit zugleich materiell-rechtlich zur Verschwiegenheit verpflichtete Zeuge, gleichwohl zu einer Aussage entschließen, und zwar auch, wenn er sich damit nach § 203 StGB strafbar macht.[57] Das Gericht ist deshalb gehalten, den nicht von der Verpflichtung zur Verschwiegenheit entbundenen Zeugen zu befragen, ob er von der **Möglichkeit, dennoch zur Sache auszusagen,** Gebrauch machen will (→ Rn. 69).[58] Diese Frage stellt eine für die Hauptverhandlung wesentliche Förmlichkeit nach § 273 dar.[59] Zudem **dürfen Beweisanträge** auf Vernehmung eines zur Verschwiegenheit verpflichteten Zeugen **nicht ohne Weiteres nach § 244 Abs. 3 S. 2 abgelehnt werden** (näher hierzu → Rn. 69).[60]

Die **Aussage eines Zeugen, der trotz Bestehens eines Zeugnisverweigerungsrechts nach § 53 ausgesagt hat,** ist **verwertbar,** und zwar auch dann, wenn er von einer materiell-rechtlichen Verpflichtung zur Verschwiegenheit nicht entbunden worden war und sich mangels Vorliegens eines Rechtfertigungsgrundes nach § 203 StGB strafbar gemacht hat (zur Verwertbarkeitsfrage auch → Rn. 67; → Rn. 80).[61] Denn § 53 normiert kein Vernehmungsverbot im Fall einer materiell-rechtlichen Verschwiegenheitspflicht des Zeugen, sondern auch für diesen Fall „nur" ein Recht des Zeugen, die Aussage zu verweigern, über dessen Wahrnehmung der Zeuge selbst eigenverantwortlich zu entscheiden hat. Setzt sich der Zeuge in eigenverantwortlicher Entscheidung über die eine ihm materiell-rechtlich obliegende Verschwiegenheitspflicht hinweg, besteht in Ermangelung staatlichen Fehlverhaltens kein Anlass, das Strafverfolgungsinteresse durch Annahme eines Verwertungsverbots zurücktreten zu lassen. 10

II. Umfang des Zeugnisverweigerungsrechts

1. Bei der Berufsausübung erlangtes Wissen. Der Berufsgeheimnisträger darf nur das Zeugnis über Tatsachen verweigern, die ihm gerade in seiner von § 53 erfassten beruflichen Eigenschaft bekannt geworden sind oder mit ihr in unmittelbarem Zusammenhang stehen; nicht vom Zeugnisverweigerungsrecht umfasst sind damit Tatsachen, die er nur **gelegentlich der Berufsausübung** oder gänzlich außerhalb seiner beruflichen Tätigkeit erfahren hat.[62] Der Geheimnisträger muss mit Tätigkeiten beauftragt worden sein, die für seine berufliche Qualifikation und Stellung kennzeichnend sind.[63] Das Zeugnisverweige- 11

---

56 Otte in Radtke/Hohmann Rn. 5; Rogall in SK-StPO Rn. 19; Schmitt in Meyer-Goßner/Schmitt Rn. 5; Bringewat NJW 1974, 1740; Lenckner NJW 1965, 321; Welp FS Gallas, 1973, 400.

57 BGH 16.11.2017 – 3 StR 460/17, NStZ 2018, 362; 28.10.1960 – 4 StR 375/60, BGHSt 15, 200 = NJW 1961, 279.

58 BGH 16.11.2017 – 3 StR 460/17, NStZ 2018, 362; 28.10.1960 – 4 StR 375/60, BGHSt 15, 200 = NJW 1961, 279.

59 BGH 28.10.1960 – 4 StR 375/60, BGHSt 15, 200 = NJW 1961, 279.

60 BGH 16.11.2017 – 3 StR 460/17, NStZ 2018, 362.

61 BGH 16.11.2017 – 3 StR 460/17, NStZ 2018, 362; 7.4.2005 – 1 StR 326/04, BGHSt 50, 64 = NJW 2005, 2406; 12.12.1995 – 1 StR 571/95, BeckRS 1995, 31096013; 28.10.1960 – 4 StR 375/60, BGHSt 15, 200 = NJW 1961, 279; BGH 12.1.1956 – 3 StR 195/55, BGHSt 9, 59 = NJW 1956, 599; Bader in KK-StPO Rn. 9; Gercke in Gercke/Julius/Temming/Zöller Rn. 4; Huber in BeckOK StPO Rn. 5; Neubeck in KMR-StPO Rn. 6; Otte in Radtke/Hohmann Rn. 44; Rogall in SK-StPO Rn. 25 ff., 220 ff.; Schmitt in Meyer-Goßner/Schmitt Rn. 6, 19a. AA Fezer JuS 1978, 472; Haffke GA 1973, 72; Kühne JZ 1981, 647; Lenckner NJW 1965, 321; Michalowski ZStW 109 (1997), 519 (537); Rogall JZ 1996, 952. Differenzierend Ignor/Bertheau in Löwe/Rosenberg Rn. 12 f.; Eschelbach in Satzger/Schluckebier/Widmaier StPO Rn. 4 f. sowie Freund GA 1993, 49.

62 BGH 18.2.2014 – StB 8/13, NJW 2014, 1314 mAnm Roggan = StV 2014, 391 mAnm Scharenberg; Ignor/Bertheau in Löwe/Rosenberg Rn. 14; Neubeck in KMR-StPO Rn. 8; Otte in Radtke/Hohmann Rn. 8; Rogall in SK-StPO Rn. 60; Schmitt in Meyer-Goßner/Schmitt Rn. 7, 9; Eisenberg BeweisR StPO Rn. 1237.

63 OLG Frankfurt a. M. 22.8.2001 – 2 AuslS 10/01, NJW 2002, 1135; Bader in KK-StPO Rn. 1.

rungsrecht bezieht sich auch auf die **Anbahnung eines Beratungs- oder Behandlungsverhältnisses.**[64] Ein **Praxis- oder Kanzleinachfolger** ist in gleichem Umfang zur Verweigerung des Zeugnisses berechtigt wie sein Vorgänger, weil auch er seine Kenntnisse – etwa in Form von papiernen oder elektronischen Karteien, Datenbankeinträgen oder Aktenvermerken – bei der Berufsausübung erlangt hat.[65] Das **Zeugnisverweigerungsrecht** ist hinsichtlich ein- und desselben Vernehmungsgegenstandes **unteilbar** und besteht deshalb **auch in einem Verfahren gegen einen Beschuldigten, der nicht selbst Mandant oder Patient des Berufsgeheimnisträgers ist.**[66]

12 **Eigene Äußerungen des Zeugen** im Rahmen der von § 53 erfassten Vertrauensverhältnisse sind ebenfalls **vom Zeugnisverweigerungsrecht umfasst.**[67] So kommt einem Arzt oder Rechtsanwalt das Zeugnisverweigerungsrecht nicht nur hinsichtlich der Informationen zu, die ihm ein Patient oder Mandant hat zukommen lassen, sondern auch hinsichtlich aller seiner Äußerungen im Rahmen eines Patienten- beziehungsweise Mandantengesprächs. Zwar sind eigene Äußerungen dem Zeugen nicht im Wortsinn anvertraut worden oder bekannt geworden; der Schutz des Vertrauensverhältnisses gebietet aber deren Einbeziehung, weil er ansonsten unvollkommen wäre, da aus den Äußerungen des Zeugen Rückschlüsse auf die Mitteilungen des Patienten oder Mandanten gezogen werden könnten.[68]

13 Über die **Rechtsfrage, ob Tatsachen dem Zeugen im Rahmen der Berufsausübung** oder lediglich bei Gelegenheit der Berufsausübung **zur Kenntnis gelangt** sind, **entscheidet das Gericht.**[69] Da das Strafprozessrecht nicht der Disposition des Berufsgeheimnisträgers und Ratsuchenden untersteht, kann nicht mit der Folge des Entstehens eines Zeugnisverweigerungsrechts vereinbart werden, dass eine an sich berufsfremde Tatsache als Berufsgeheimnis behandelt werden soll.[70]

14 **2. Anvertraute Informationen.** Anvertraut sind Informationen, die unter dem ausdrücklichen oder stillschweigenden **Verlangen der Geheimhaltung** schriftlich oder mündlich mitgeteilt worden sind,[71] sowie solche, die dadurch preisgegeben werden, dass dem Zeugen Gelegenheit zu Untersuchungen oder Beobachtungen gegeben wird.[72] Anvertraut sind Informationen dagegen nicht, wenn es dem Erklärenden gerade darum geht, dass diese an Dritte, etwa die Polizei, weitergegeben werden.[73] Unerheblich ist, ob der Beschul-

[64] BGH 18.2.2014 – StB 8/13, NJW 2014, 1314 mAnm Roggan = StV 2014, 391 mAnm Scharenberg; 22.12.1999 – 3 StR 401/99, BGHSt 45, 363 = NJW 2000, 1426 = JZ 2000, 683 mAnm Kühne; 20.2.1985 – 2 StR 561/84, BGHSt 33, 148 = NStZ 1985, 372 mAnm Rogall = JR 1986, 33 mAnm Hanack; Bader in KK-StPO Rn. 18; Ignor/Bertheau in Löwe/Rosenberg Rn. 14; Neubeck in KMR-StPO Rn. 17; Otte in Radtke/Hohmann Rn. 19; Rogall in SK-StPO Rn. 60; Schmitt in Meyer-Goßner/Schmitt Rn. 18; Peters NVwZ 2021, 1726.

[65] BVerfG 8.3.1972 – 2 BvR 28/71, BVerfGE 32, 373 = NJW 1972, 1123; Bader in KK-StPO Rn. 5; Ignor/Bertheau in Löwe/Rosenberg Rn. 14; Neubeck in KMR-StPO Rn. 8; Otte in Radtke/Hohmann Rn. 8.

[66] BGH 20.2.1985 – 2 StR 561/84, BGHSt 33, 148 = NStZ 1985, 372 mAnm Rogall = JR 1986, 33 mAnm Hanack; Ignor/Bertheau in Löwe/Rosenberg Rn. 14; Otte in Radtke/Hohmann Rn. 8; Rogall in SK-StPO Rn. 61; Schmitt in Meyer-Goßner/Schmitt Rn. 7.

[67] BGH 18.2.2014 – StB 8/13, NJW 2014, 1314 mAnm Roggan = StV 2014, 391 mAnm Scharenberg; 20.12.1977 – 1 StR 287/77, MDR 1978, 281; Bader in KK-StPO Rn. 16; Schmitt in Meyer-Goßner/Schmitt Rn. 7.

[68] BGH 20.12.1977 – 1 StR 287/77, MDR 1978, 281.

[69] Neubeck in KMR-StPO Rn. 8; Otte in Radtke/Hohmann Rn. 8; Rogall in SK-StPO Rn. 61; Schmitt in Meyer-Goßner/Schmitt Rn. 7.

[70] BGH 7.4.2005 – 1 StR 326/04, BGHSt 50, 64 = NJW 2005, 2406; 23.2.1987 – AnwSt (R) 24/86, BGHSt 34, 295 = NJW 1987, 2451; Ignor/Bertheau in Löwe/Rosenberg Rn. 14; Hass NJW 1972, 1081.

[71] OLG Köln 4.7.2000 – Ss 254/00, NJW 2000, 3656; 30.11.1982 – 3 Ss 126/82, NStZ 1983, 412 mAnm Rogall; Ignor/Bertheau in Löwe/Rosenberg Rn. 16; Otte in Radtke/Hohmann Rn. 9; Rogall in SK-StPO Rn. 62; Schmitt in Meyer-Goßner/Schmitt Rn. 8.

[72] BGH 28.10.1992 – 3 StR 367/92, BGHSt 38, 369 = NJW 1993, 803; Ignor/Bertheau in Löwe/Rosenberg Rn. 15; Neubeck in KMR-StPO Rn. 9; Otte in Radtke/Hohmann Rn. 9; Schmitt in Meyer-Goßner/Schmitt Rn. 8.

[73] BGH 20.7.1990 – 2 BJs 64/90 – 4 StB 10/90, BGHSt 37, 138 = NJW 1990, 3283; OLG Hamm 20.1.2009 – 5 Ws 24/09, NStZ 2010, 164.

digte oder ein Dritter die Information dem Berufsgeheimnisträger anvertraut hat und ob sie der Geheimnissphäre des Beschuldigten oder eines anderen angehört.[74]

15 **3. Bekannt gewordene Informationen.** Informationen werden dem Zeugen bekannt, wenn er sie vom Beschuldigten oder einem Dritten erfährt, ohne dass sie ihm anvertraut werden.[75] Es handelt sich um einen weit auszulegenden **Auffangtatbestand.**[76] Von wem, zu welchem Zweck und aus welchem Grund dem Zeugen die Information bekannt geworden ist, ist gleichgültig.[77] Erfasst ist auch zufällig erlangtes sowie durch eigene berufliche Wahrnehmungen erlangtes Wissen, wenn es im Zusammenhang mit dem Vertrauensverhältnis erworben wurde.[78]

16 **4. Zeitliche Dauer.** Das Zeugnisverweigerungsrecht besteht – vorbehaltlich einer Entbindung von der Verschwiegenheitspflicht nach § 53 Abs. 2 S. 1 bei einer in § 53 Abs. 1 S. 1 Nr. 2–3b genannten Person (näher hierzu → Rn. 69 ff.) – **zeitlich unbegrenzt;** es endet insbesondere nicht durch die Beendigung des Auftrags- oder sonstigen geschützten Vertrauensverhältnisses.[79] Das Aussageverweigerungsrecht besteht analog § 203 Abs. 5 StGB auch nach dem Tod desjenigen fort, dessen Vertrauen zu dem Zeugen geschützt wird.[80] Das Zeugnisverweigerungsrecht erlischt nicht dadurch, dass der Berufsgeheimnisträger seinen Beruf aufgibt; § 54 Abs. 4 gilt entsprechend.[81] Umstritten ist, ob ein Zeugnisverweigerungsrecht zu Gunsten einer juristischen Person nach § 53 Abs. 1 S. 1 Nr. 3 fortbesteht, wenn die Gesellschaft vollständig beendet ist.[82]

III. Zeugnisverweigerungsberechtigte Personen

17 **1. Geistliche (Abs. 1 S. 1 Nr. 1). a) Personenkreis.** Der Begriff des Geistlichen wird vom Gesetz nicht näher beschrieben. Bei der Auslegung muss bedacht werden, dass eine uferlose Ausweitung des Zeugnisverweigerungsrechts, die auf Kosten der Wahrheitsermittlung ginge (auch → Rn. 3), zu vermeiden ist.[83] Außerdem sind der Sinn des Zeugnisverweigerungsrechts, der vor allem im Schutz der Menschenwürde des Gesprächspartners des Geistlichen zu sehen ist,[84] und die Verpflichtung des Staates zu religiöser und weltanschaulicher Neutralität[85] zu berücksichtigen.

18 Ein Zeugnisverweigerungsrecht haben unstreitig Geistliche der **christlichen Kirchen,** namentlich der evangelischen Landeskirchen und der katholischen Bistümer, sowie der sonstigen **staatlich anerkannten öffentlich-rechtlichen Religionsgemeinschaften.** Zu den Letzteren gehören beispielweise aufgrund eines Gesetzes vom 24.4.1951

[74] Neubeck in KMR-StPO Rn. 9; Otte in Radtke/Hohmann Rn. 9; Rogall in SK-StPO Rn. 62; Schmitt in Meyer-Goßner/Schmitt Rn. 8; Eisenberg BeweisR StPO Rn. 1237.
[75] BGH 18.2.2014 – StB 8/13, NJW 2014, 1314 mAnm Roggan = StV 2014, 391 mAnm Scharenberg; Neubeck in KMR-StPO Rn. 10; Otte in Radtke/Hohmann Rn. 10; Schmitt in Meyer-Goßner/Schmitt Rn. 9.
[76] OLG Köln 4.7.2000 – Ss 254/00, NJW 2000, 3656; Ignor/Bertheau in Löwe/Rosenberg Rn. 17; Neubeck in KMR-StPO Rn. 10; Rogall in SK-StPO Rn. 63; Schmitt in Meyer-Goßner/Schmitt Rn. 9.
[77] Vgl. auch BGH 16.2.2011 – IV ZB 23/09, NJW 2011, 1077 zu § 383 ZPO; Neubeck in KMR-StPO Rn. 10; Otte in Radtke/Hohmann Rn. 8; Schmitt in Meyer-Goßner/Schmitt Rn. 9.
[78] LG Karlsruhe 22.10.1981 – IV Qs 170/81, StV 1983, 144 mAnm Kreuzer; Otte in Radtke/Hohmann Rn. 8; Schmitt in Meyer-Goßner/Schmitt Rn. 9.
[79] LG Düsseldorf 18.3.1958 – IIIa Qs 107/58, NJW 1958, 1152; Ignor/Bertheau in Löwe/Rosenberg Rn. 18; Rogall in SK-StPO Rn. 64; Schmitt in Meyer-Goßner/Schmitt Rn. 10.
[80] LSG Bayern 6.4.1962 – L 7/S 13/60, NJW 1962, 1789; Ignor/Bertheau in Löwe/Rosenberg Rn. 18; Neubeck in KMR-StPO Rn. 11; Schmitt in Meyer-Goßner/Schmitt Rn. 10; Eisenberg BeweisR StPO Rn. 1238.
[81] Ignor/Bertheau in Löwe/Rosenberg Rn. 18; Neubeck in KMR-StPO Rn. 11; Schmitt in Meyer-Goßner/Schmitt Rn. 10; Eisenberg BeweisR StPO Rn. 1238.
[82] Dies bejahend Mosiek NStZ 2018, 505; insofern kritisch Schmitt in Meyer-Goßner/Schmitt Rn. 10.
[83] BGH 15.4.2010 – 4 StR 650/09, NStZ 2010, 646 mBspr Jahn JuS 2010, 932.
[84] BVerfG 15.1.2007 – 2 BvR 26/07, NJW 2007, 1865.
[85] BGH 15.4.2010 – 4 StR 650/09, NStZ 2010, 646 mBspr Jahn JuS 2010, 932.

Prediger der „Neuapostolischen Kirche" in Nordrhein-Westfalen.[86] Geistlicher iSd § 53 Abs. 1 S. 1 Nr. 1 kann aber auch sein, wer einer Religionsgemeinschaft angehört, die **nicht staatlich anerkannt** ist.[87] Eine Privilegierung bestimmter Bekenntnisse kommt angesichts des Grundsatzes der religiösen und weltanschaulichen Neutralität des Staates nicht in Betracht, weshalb sich eine Beschränkung des Zeugnisverweigerungsrechts auf Geistliche der staatlich anerkannten Religionsgemeinschaften verbietet.[88] Zudem dient das Zeugnisverweigerungsrecht dem Schutz der Menschenwürde des Gesprächspartners des Seelsorgers[89] sowie der Glaubens- Religions- und Berufsfreiheit des Zeugen und ist deshalb **bekenntnisneutral.**[90]

19 Um eine Ausuferung und einen Missbrauch des Zeugnisverweigerungsrechts zu vermeiden, ist Geistlicher iSd § 53 Abs. 1 S. 1 Nr. 1 aber nur, wer eine mit einem seelsorgerischen Amt verbundene **herausgehobene Stellung innerhalb der Religionsgemeinschaft** innehat, also in einem herausgehobenen Amt als zu diesem gehörende Kernaufgabe seelsorgerische Funktionen wahrnimmt.[91] Zudem muss er einem ihm von seiner Religionsgemeinschaft auferlegten **Schweigegebot** unterliegen, denn wenn schon nach dem eigenen Regelwerk der Religionsgemeinschaft keine Schweigepflicht besteht, gibt es keinen Anlass für ein strafprozessuales Zeugnisverweigerungsrecht.[92] Geweihte **Priester,** ordinierte **Pfarrer** und berufene jüdische **Rabbiner** sind danach ihne Zweifel Geistliche iSd § 53 Abs. 1 Nr. 1.[93] Erfasst sind auch ständige **Diakone** der katholischen Kirche und evangelische **Pfarrvikare.**[94] Geistlicher in diesem Sinne ist nach der Rechtsprechung, die eine primär funktions- und nicht statusbezogene Betrachtung vornimmt, zudem **ein Laie,** der zwar **keine kirchliche Weihe** erhalten hat, aber im Auftrag der Kirche hauptamtlich als Anstaltsseelsorger einer Justizvollzugsanstalt selbständig Aufgaben wahrnimmt, die zum unmittelbaren Bereich seelsorgerischer Tätigkeit gehören.[95] Auch bei einem solchen liegt – was wegen des Ausnahmecharakters von Zeugnisverweigerungsrechten Voraussetzung für die Zuerkennung eines Zeugnisverweigerungsrechts ist – nach der Rechtsprechung ein **hinreichend konkretes Berufsbild** vor.[96] Unerheblich ist, ob der Geistliche in den Klerikerstand aufgenommen worden ist.[97]

20 **b) Umfang des Zeugnisverweigerungsrechts.** Umfasst vom Aussageverweigerungsrecht sind **nur Informationen, die dem Geistlichen gerade in seiner Eigenschaft als Seelsorger anvertraut oder bekannt geworden sind.** Geschützt ist damit auch, was der Geistliche in diesem Rahmen durch eigene Beobachtungen wahrnimmt,

---

86 BGH 14.7.1961 – 4 StR 191/61, NJW 1961, 2069; Bader in KK-StPO Rn. 11.

87 BGH 15.4.2010 – 4 StR 650/09, NStZ 2010, 646 mBspr Jahn JuS 2010, 932; Huber in BeckOK StPO Rn. 10; Neubeck in KMR-StPO Rn. 12; Schmitt in Meyer-Goßner/Schmitt Rn. 12; Haas NJW 1990, 3253. In diese Richtung wohl auch Eisenberg BeweisR StPO Rn. 1239a. AA BGH 5.5.1953 – 1 StR 194/53, NJW 1953, 1112 betreffend die (mittlerweile allerdings weitgehend Körperschaftsstatus besitzenden) Zeugen Jehovas; Otte in Radtke/Hohmann Rn. 12; Rogall in SK-StPO Rn. 69 ff.; Ling GA 2001, 325. Vgl. auch Ignor/Bertheau in Löwe/Rosenberg Rn. 21.

88 BGH 15.4.2010 – 4 StR 650/09, NStZ 2010, 646 mBspr Jahn JuS 2010, 932.

89 BVerfG 15.1.2007 – 2 BvR 26/07, NJW 2007, 1865.

90 BGH 15.4.2010 – 4 StR 650/09, NStZ 2010, 646 mBspr Jahn JuS 2010, 932.

91 BGH 15.4.2010 – 4 StR 650/09, NStZ 2010, 646 mBspr Jahn JuS 2010, 932; Bader in KK-StPO Rn. 11. Zu Recht die von der Rpsr. vertretene funktionsbezogene Begriffsdefinition ablehnend Rogall in SK-StPO Rn. 68, 70.

92 BGH 15.4.2010 – 4 StR 650/09, NStZ 2010, 646 mBspr Jahn JuS 2010, 932.

93 Rogall in SK-StPO Rn. 68.

94 Bader in KK-StPO Rn. 11; Rogall in SK-StPO Rn. 68.

95 BGH 15.11.2006 – StB 15/06, BGHSt 51, 140 = NJW 2007, 307 mAnm Bussenius/Dahs NStZ 2007, 275 und Schroeder JR 2007, 171; Bader in KK-StPO Rn. 11; Huber in BeckOK StPO Rn. 10; Otte in Radtke/Hohmann Rn. 12; Schmitt in Meyer-Goßner/Schmitt Rn. 12; de Wall NJW 2007, 1856; Ling GA 01, 325. AA Rogall in SK-StPO Rn. 68.

96 BVerfG 15.1.2007 – 2 BvR 26/07, NJW 2007, 1865; Ignor/Bertheau in Löwe/Rosenberg Rn. 22; de Wall NJW 2007, 1856.

97 BGH 15.11.2006 – StB 15/06, BGHSt 51, 140 = NJW 2007, 307 mAnm Bussenius/Dahs NStZ 2007, 275; de Wall NJW 2007, 1856. AA Rogall in SK-StPO Rn. 68.

ohne dass der andere das weiß (→ Rn. 15).[98] Erfasst ist das **Beichtgeheimnis** einschließlich der Tatsache des Beichtgangs als solcher;[99] der Schutz der Beichte und von Gesprächen mit Beichtcharakter gehört zum verfassungsrechtlichen Menschenwürdegehalt der Religionsausübung.[100] **Seelsorge** ist nur eine von religiösen Motiven und Zielsetzungen getragene Zuwendung, die der Fürsorge für das seelische Wohl des Beistandssuchenden dient.[101] Bereits aus dem Gesetzeswortlaut ergibt sich, dass sich das **Zeugnisverweigerungsrecht nicht auf Tatsachen erstreckt,** die der Geistliche **lediglich bei Gelegenheit der Ausübung der Seelsorge erfahren** hat, nicht aber in seiner Eigenschaft als Seelsorger.[102] Kein Zeugnisverweigerungsrecht besteht in Bezug auf Informationen, die der Geistliche bei lediglich **karitativen, fürsorgerischen, erzieherischen oder verwaltenden Tätigkeiten** erlangt hat.[103] Gleiches gilt, wenn der Geistliche nur als Verbindungsmann eines Straftäters eingeschaltet wird, um einen Taterfolg zu sichern oder zu erreichen oder die Strafverfolgung zu vereiteln.[104] Denkbar soll nach der Rechtsprechung des BGH und des BVerfG auch sein, Gespräche eines Geistlichen in einen seelsorgerischen und einen nicht seelsorgerischen Teil zu trennen.[105] Allerdings werden in vielen Fällen, insbesondere im fürsorgerischen und erzieherischen Bereich, die Übergänge fließend und eine Trennung deshalb ausgeschlossen sein.[106] In solchen Fällen darf der Geistliche das Zeugnis insgesamt verweigern.[107] Ob es sich im Einzelfall **um Seelsorge handelt,** ist eine **objektiv zu bestimmende Rechtsfrage;** deren Beantwortung damit grundsätzlich **Aufgabe des Gerichts.** In Grenz- und Zweifelsfällen ist allerdings unter **Berücksichtigung der Gewissensentscheidung des Geistlichen** zu entscheiden.[108]

Ein **Einverständnis des Gesprächspartners** eines Geistlichen, der diesem im Rahmen der Seelsorge Informationen anvertraut hat, mit einer Zeugenaussage **lässt das Zeugnisverweigerungsrecht nicht entfallen;** § 53 Abs. 2 S. 1 gilt für Geistliche nicht (→ Rn. 69).[109] Der Geistliche kann selbst dann, wenn sein Gesprächspartner eine Zeugenaussage ausdrücklich wünscht, von seinem Zeugnisverweigerungsrecht Gebrauch machen, 21

---

98 BGH 20.7.1990 – 2 BJs 64/90 – 4 StB 10/90, BGHSt 37, 138 = NJW 1990, 3283; Baumann JuS 1991, 466.

99 Ignor/Bertheau in Löwe/Rosenberg Rn. 23; Neubeck in KMR-StPO Rn. 12; Schmitt in Meyer-Goßner/Schmitt Rn. 12.

100 BVerfG 15.1.2007 – 2 BvR 26/07, NJW 2007, 1865; Ignor/Bertheau in Löwe/Rosenberg Rn. 19.

101 BGH 15.11.2006 – StB 15/06, BGHSt 51, 140 = NJW 2007, 307; Ignor/Bertheau in Löwe/Rosenberg Rn. 23; Rogall in SK-StPO Rn. 66.

102 BGH 15.11.2006 – StB 15/06, BGHSt 51, 140 = NJW 2007, 307; 20.7.1990 – 2 BJs 64/90 – 4 StB 10/90, BGHSt 37, 138 = NJW 1990, 3283; 14.7.1961 – 4 StR 191/61, NJW 1961, 2069; Bader in KK-StPO Rn. 12; Neubeck in KMR-StPO Rn. 12; Rogall in SK-StPO Rn. 72.

103 BGH 15.4.2010 – 4 StR 650/09, NStZ 2010, 646 mBspr Jahn JuS 2010, 932; 4.2.2010 – 4 StR 394/09, NStZ-RR 2010, 178; 15.11.2006 – StB 15/06, BGHSt 51, 140 = NJW 2007, 307; 20.7.1990 – 2 BJs 64/90 – 4 StB 10/90, BGHSt 37, 138 = NJW 1990, 3283; Bader in KK-StPO Rn. 12; Neubeck in KMR-StPO Rn. 12; Otte in Radtke/Hohmann Rn. 13; Rogall in SK-StPO Rn. 72; Eisenberg BeweisR StPO Rn. 1239; Dallinger JZ 1953, 432; Hiebl StraFo 1999, 87; Peters JR 1975, 402. Vgl. für den Anwendungsbereich des § 53a auch Stromberg MDR 1974, 892. AA Baumann JuS 1991, 466; Schroeder JZ 2007, 171.

104 BGH 15.11.2006 – StB 15/06, BGHSt 51, 140 = NJW 2007, 307; 20.7.1990 – 2 BJs 64/90 – 4 StB 10/90, BGHSt 37, 138 = NJW 1990, 3283; 14.7.1961 – 4 StR 191/61, NJW 1961, 2069; Bader in KK-StPO Rn. 12; Neubeck in KMR-StPO Rn. 12; Schmitt in Meyer-Goßner/Schmitt Rn. 12; de Wall NJW 2007, 1856.

105 BVerfG 15.1.2007 – 2 BvR 26/07, NJW 2007, 1865 mBspr Jahn JuS 2007, 584; BGH 15.11.2006 – StB 15/06, BGHSt 51, 140 = NJW 2007, 307. Kritisch hierzu de Wall NJW 2007, 1856.

106 Rogall in SK-StPO Rn. 72; Eisenberg BeweisR StPO Rn. 1239.

107 Ignor/Bertheau in Löwe/Rosenberg Rn. 24; Rogall in SK-StPO Rn. 72.

108 BVerfG 15.1.2007 – 2 BvR 26/07, NJW 2007, 1865; BGH 15.4.2010 – 4 StR 650/09, NStZ 2010, 646 mBspr Jahn JuS 2010, 932; 15.11.2006 – StB 15/06, BGHSt 51, 140 = NJW 2007, 307; 20.7.1990 – 2 BJs 64/90 – 4 StB 10/90, BGHSt 37, 138 = NJW 1990, 3283; Bader in KK-StPO Rn. 12; Neubeck in KMR-StPO Rn. 12; Rogall in SK-StPO Rn. 74; Schmitt in Meyer-Goßner/Schmitt Rn. 12; Peters JR 1975, 402.

109 Ignor/Bertheau in Löwe/Rosenberg Rn. 20.

etwa um das allgemeine Vertrauen in seine Verschwiegenheit hinsichtlich im Rahmen der Seelsorge erlangter Informationen nicht zu gefährden.

22 **2. Verteidiger (Abs. 1 S. 1 Nr. 2). a) Personenkreis.** Erfasst sind alle gewählten (§§ 137 f.) und bestellten (etwa §§ 141 ff.) Verteidiger.[110] Bedeutung hat die Vorschrift vor allem für Verteidiger, die nicht bereits als Rechtsanwälte unter § 53 Abs. 1 S. 1 Nr. 3 fallen; gemeint sind damit insbesondere Hochschullehrer (§ 138 Abs. 1), aber auch mit Genehmigung des Gerichts gewählte Personen iSd § 138 Abs. 2 und Referendare (§ 139).[111] Unerheblich ist, ob der Verteidiger den Angeklagten tatsächlich verteidigt hat.[112]

23 **b) Umfang des Zeugnisverweigerungsrechts.** Der Verteidiger hat ein Zeugnisverweigerungsrecht über das, was ihm in dieser Eigenschaft anvertraut worden oder bekannt geworden ist. Bekannt geworden ist dem Verteidiger auch das, was er aufgrund **eigener Recherchen** im Rahmen des Mandatsverhältnisses ermittelt hat.[113] Ist er vor seiner Bestellung Zeuge einer Straftat des Beschuldigten geworden und lässt er sich zum Verteidiger bestellen, damit er nicht gegen den Beschuldigten aussagen muss, steht ihm kein Zeugnisverweigerungsrecht zu, weil er sein Wissen nicht in seiner Eigenschaft als Verteidiger, sondern vor seiner Bestellung zum Verteidiger und damit privat erlangt hat.[114] Vom Zeugnisverweigerungsrecht erfasst ist nicht nur Wissen, das der Verteidiger gerade in der Strafsache erlangt hat, in der er als Verteidiger die Verteidigung übernommen hat, sondern auch solches, das er in einer anderen Strafsache desselben oder eines anderen Beschuldigten erlangt hat.[115] Vom Verteidiger **nur gelegentlich seiner Berufsausübung** oder **privat erlangtes Wissen** wird **nicht vom Zeugnisverweigerungsrecht erfasst.**[116] Das Zeugnisverweigerungsrecht erstreckt sich nicht auf das, was einem Rechtsanwalt dadurch bekannt geworden ist, dass er **selbst eine strafbare Handlung begangen** hat, die ohne jeden sachlichen Zusammenhang mit denkbaren Verteidigungszielen steht;[117] nicht ausreichend ist aber ein bloßer dahin gehender Verdacht, der Richter muss hiervon überzeugt sein.[118] Nachdem der im Verdacht einer Straftat stehende Verteidiger ein Auskunftsverweigerungsrecht nach § 55 hat, ist das vor allem für das Zeugnisverweigerungsrecht des gutgläubigen Mitwirkenden nach § 53a von Bedeutung.[119] Das Zeugnisverweigerungsrecht des Verteidigers besteht mangels inneren Zusammenhangs mit seiner beruflichen Tätigkeit nicht für die Wiedergabe von Äußerungen eines Sachverständigen, die er im Rahmen einer Sitzungspause beim Mittagessen vernommen hat.[120] Entsprechendes gilt, wenn er als wartender Zuhörer einer Gerichtsverhandlung in einer nicht seinen Mandanten betreffenden Sache Kenntnisse erlangt hat.[121] Ein innerer Zusammenhang mit der beruflichen Tätigkeit des Rechtsanwalts besteht aber, wenn in einer Sitzungspause in einer seinen Mandanten betreffenden Strafsache Gespräche über einen

---

110 Bader in KK-StPO Rn. 13; Otte in Radtke/Hohmann Rn. 14; Schmitt in Meyer-Goßner/Schmitt Rn. 13. Vgl. zum Zeugnisverweigerungsrecht des Verteidigers ausführlich Welp FS Gallas, 1973, 391.

111 Bader in KK-StPO Rn. 13; Neubeck in KMR-StPO Rn. 13; Eisenberg BeweisR StPO Rn. 1240.

112 Bader in KK-StPO Rn. 13; Otte in Radtke/Hohmann Rn. 14; Rogall in SK-StPO Rn. 79; Schmitt in Meyer-Goßner/Schmitt Rn. 13.

113 Ignor/Bertheau in Löwe/Rosenberg Rn. 27; Rogall in SK-StPO Rn. 83.

114 Ignor/Bertheau in Löwe/Rosenberg Rn. 27 sowie Scheffler StV 1992, 299 mwN auch zu anderen Lösungsansätzen.

115 Bader in KK-StPO Rn. 14; Otte in Radtke/Hohmann Rn. 15; Rogall in SK-StPO Rn. 77; Schmitt in Meyer-Goßner/Schmitt Rn. 13; Welp FS Gallas, 1973, 398.

116 Bader in KK-StPO Rn. 14; Neubeck in KMR-StPO Rn. 14; Rogall in SK-StPO Rn. 84; Schmitt in Meyer-Goßner/Schmitt Rn. 13.

117 BGH 18.6.1991 – 5 StR 584/90, BGHSt 38, 7 = NJW 1992, 123 mAnm Scheffler StV 1992, 299; Bader in KK-StPO Rn. 14; Ignor/Bertheau in Löwe/Rosenberg Rn. 27; Rogall in SK-StPO Rn. 84; Schmitt in Meyer-Goßner/Schmitt Rn. 13; Paulus NStZ 1992, 305; Stumpf NStZ 1997, 7; Widmaier FS Dahs, 2005, 545.

118 BGH 18.6.1991 – 5 StR 584/90, BGHSt 38, 7 = NJW 1992, 123 mAnm Scheffler StV 1992, 299; Widmaier FS Dahs, 2005, 545.

119 Widmaier FS Dahs, 2005, 547.

120 OLG Bamberg 11.8.1983 – 4 Ws 401/83, StV 1984, 499.

121 BGH 16.2.2011 – IV ZB 23/09, NJW 2011, 1077 zu § 383 ZPO.

möglichen Täter-Opfer-Ausgleich geführt werden.[122] Der Verteidiger wird in seiner Eigenschaft als Berufsgeheimnisträger nur geschützt, soweit es um sein Zeugnisverweigerungsrecht im Verfahren gegen den beschuldigten Mandanten geht, nicht aber soweit er **selbst Beschuldigter** ist.[123] Geht es deshalb um den Vorwurf, der Verteidiger habe sich durch Überschreitung seiner ihm als solchem zustehenden Befugnisse strafbar gemacht, steht dem Mandanten gegen seinen Verteidiger kein Zeugnisverweigerungsrecht zu; der im Schutz des Vertrauensverhältnisses zum Berufsgeheimnisträger liegende Gesetzeszweck des § 53 ist in diesem umgekehrten Fall nicht betroffen.[124] Dasselbe gilt im Anwendungsbereich des § 97 Abs. 1 für eine in einem Strafverfahren gegen den Verteidiger durchgeführte Durchsuchung bei seinem Mandanten.[125]

3. Rechtsanwälte und Gleichgestellte (Abs. 1 S. 1 Nr. 3). a) Personenkreis. 24
Rechtsanwälte sind jedenfalls die nach § 12 BRAO zugelassenen Rechtsanwälte, allgemein bestellte Vertreter (§ 53 BRAO) sowie Abwickler (§ 55 BRAO).[126] Auf die Zugehörigkeit zu einer Rechtsanwaltskammer kommt es jedoch nicht an.[127] **Ausländische Rechtsanwälte** haben unstreitig jedenfalls unter den Voraussetzungen der §§ 206, 207 BRAO ein Zeugnisverweigerungsrecht.[128] Nach hier vertretener Auffassung haben darüber hinaus alle im sonstigen Ausland zugelassenen Rechtsanwälte ein Zeugnisverweigerungsrecht (→ Rn. 2).[129] Den Rechtsanwälten gleichgestellt sind **Kammerrechtsbeistände** (§ 209 BRAO), **Patentanwälte** (§ 18 PatAO), **Notare** (3 BNotO),[130] **Notarassessoren** (§ 7 BNotO), **Wirtschaftsprüfer** (§ 1 Abs. 1 S. 1, § 15 WiPrO),[131] **vereidigte Buchprüfer** (§ 128 WiPrO), **Steuerberater** und **Steuerbevollmächtigte** (§§ 40, 42 StBerG). Kein Zeugnisverweigerungsrecht haben sonstige Rechtsbeistände, Rechtsberater und Prozessagenten.[132]

Syndikusrechtsanwälte – also Rechtsanwälte, die im Rahmen eines Angestelltenver- 25
hältnisses für ein Unternehmen als ständiger Rechtsbeistand anwaltlich tätig sind (§ 46 Abs. 2 BRAO)[133] – sowie **Syndikuspatenanwälte** (§ 41a Abs. 2 PatAO) haben nach einer gesetzlichen Neuregelung des § 53 Abs. 1 S. 1 Nr. 3 aus dem Jahr 2015[134] **kein Zeugnisverweigerungsrecht** hinsichtlich dessen, was ihnen in dieser Eigenschaft anvertraut oder sonstwie bekannt geworden ist, es sei denn, ihre Tätigkeit fällt im Einzelfall unter § 53a StPO (§ 53 Abs. 1 S. 1 Nr. 3 Hs. 2).[135] Die früher umstrittene Frage, ob einem Syndikusrechtsanwalt hinsichtlich seiner Tätigkeit für seinen Arbeitsgeber ein Zeugnisverweigerungsrecht zukommt,[136] hat der Gesetzgeber mithin mit der ausdrücklichen Verneinung eines Aussageverweigerungsrechts[137] geklärt.

---

[122] BGH 16.2.2011 – IV ZB 23/09, NJW 2011, 1077 zu § 383 ZPO.
[123] BGH 27.3.2009 – 2 StR 302/08, NJW 2009, 2690; Schmitt in Meyer-Goßner/Schmitt Rn. 13.
[124] BVerfG 28.1.2008 – 2 BvR 112/08, BeckRS 2008, 31920; OLG Koblenz 10.12.2007 – 2 Ws 618/07, NStZ-RR 2008, 283 mkritAnm Bosbach NStZ 2009, 177; Neubeck in KMR-StPO Rn. 14.
[125] BGH 27.3.2009 – 2 StR 302/08, NJW 2009, 2690.
[126] Bader in KK-StPO Rn. 15; Schmitt in Meyer-Goßner/Schmitt Rn. 15.
[127] Rogall in SK-StPO Rn. 90.
[128] Otte in Radtke/Hohmann Rn. 16; Schmitt in Meyer-Goßner/Schmitt Rn. 15.
[129] So auch Rogall in SK-StPO Rn. 89; Schmitt in Meyer-Goßner/Schmitt Rn. 15 und bereits Wessing wistra 2007, 171.
[130] Zur Verschwiegenheitspflicht des Notars Keller DNotZ 1995, 99.
[131] Vgl. hierzu OLG Köln 7.5.1991 – 2 Ws 149/91, NStZ 1991, 452; LG Bonn 29.10.2001 – 37 Qs 59/01, NJW 2002, 2261; Baier wistra 2000, 165. Zum Zeugnisverweigerungsrecht der bei Genossenschafts-, Giro-, und Sparkassenverbänden angestellten Wirtschaftsprüfer Peemöller/Weller BB 2001, 2415.
[132] Bader in KK-StPO Rn. 15; Neubeck in KMR-StPO Rn. 15; Otte in Radtke/Hohmann Rn. 16.
[133] Vgl. Hassemer wistra 1986, 1; Roxin NJW 1992, 1129.
[134] Gesetz vom 21.12.2015, BGBl. 2015 I 2517.
[135] Bader in KK-StPO Rn. 16; Ignor/Bertheau in Löwe/Rosenberg Rn. 29; Eschelbach in Satzger/Schluckebier/Widmaier StPO Rn. 19; Rogall in SK-StPO Rn. 94; Schmitt in Meyer-Goßner/Schmitt Rn. 15a; Offermann-Burckart NJW 2016, 113. Insofern kritisch Hustus NStZ 2016, 65.
[136] Vgl. insofern Hassemer wistra 1986, 1; Redeker NJW 2004, 889; Roxin NJW 1995, 17; Roxin NJW 1992, 1129. Siehe auch → 1. Auflage Rn. 19.
[137] So bereits LG Bonn 29.9.2005 – 37 Qs 37/05, NStZ 2007, 605. Siehe auch EuGH 14.9.2010 – C 550/07, NJW 2010, 3557 mAnm Moosmayer NJW 2010, 3548.

26 **b) Umfang des Zeugnisverweigerungsrechts.** Der Schutz des Mandatsverhältnisses geht sehr weit; im Zweifel ist davon auszugehen, dass der Mandant sich zur rechtlichen Beratung an den Rechtsanwalt gewendet hat.[138] Vom Zeugnisverweigerungsrecht ist auch umfasst, ob überhaupt ein Mandatsverhältnis (mit dem Angeklagten) begründet worden ist.[139] Ob ein Steuerberater mit der Abgabe von Steuererklärungen beauftragt worden ist, fällt unter das Zeugnisverweigerungsrecht.[140] Ein Zeugnisverweigerungsrecht steht auch dem zu einer notariellen Beurkundung beratend beigezogenen Rechtsanwalt in einem gegen die eine Vertragspartei geführten Betrugsverfahren zu.[141]

27 Im Übrigen gelten hinsichtlich des Umfangs des Zeugnisverweigerungsrechts die allgemeinen Grundsätze (→ Rn. 11 ff.); insbesondere **darf der Zeuge seine Kenntnis nicht nur bei Gelegenheit der Berufsausübung erlangt haben** (hierzu auch → Rn. 11). Zudem müssen die betreffenden Informationen gerade bei der Ausübung der beruflichen Tätigkeit als Rechtsanwalt oder sonstige in § 53 Abs. 1 S. 1 Nr. 3 aufgeführte Person erlangt worden sein; eine Kenntniserlangung im Rahmen einer anderweitigen beruflichen Tätigkeit genügt nicht. Rechtsanwälten oder Steuerberatern steht daher kein Zeugnisverweigerungsrecht hinsichtlich Tatsachen zu, die sie in ihrer Eigenschaft als **Aufsichtsratsmitglied** erlangt haben.[142] Auch der Anwalt, der als **Ombudsperson** für ein Unternehmen tätig ist, hat insofern kein Zeugnisverweigerungsrecht.[143] Mangels Berufsbezogenheit steht einem Rechtsanwalt kein Zeugnisverweigerungsrecht zu, wenn er als Vertrauensperson eines Erpressers mit dem Opfer über das Lösegeld verhandelt.[144] Führt ein Rechtsanwalt dagegen als Vertreter eines Erpressungsopfers Verhandlungen mit dem **Erpresser,** hat er ein Zeugnisverweigerungsrecht.[145] Kein Zeugnisverweigerungsrecht besteht bei einer bloßen Tätigkeit eines Rechtsanwalts als **Treuhänder.**[146]

28 Die anhand der objektiven Sachlage und als Rechtsfrage vom Gericht eigenständig vorzunehmende Einordnung einer Tätigkeit des Rechtsanwalts oder Notars als berufsbezogen kann nicht durch Vereinbarung abbedungen werden.[147] Der Berufsbezogenheit der Tätigkeit eines **Notars** steht nicht entgegen, dass er sich bei Durchführung eines ihm erteilten Auftrags gesetzwidrig verhält oder strafbar macht.[148] Soweit die – unter dem Gesichtspunkt des Rechts auf faires Verfahren gemäß Art. 6 EMRK unbedenkliche[149] – **Anzeigepflicht nach § 11 GwG** reicht, hat der Berufsgeheimnisträger unabhängig davon, ob er der Anzeigepflicht genügt, kein Zeugnisverweigerungsrecht.[150] Die Anzeigepflicht besteht für den Rechtsanwalt gemäß § 11 Abs. 3, § 2 Abs. 1 Nr. 7 GwG nicht, wenn sich der meldepflichtige Sachverhalt auf Informationen bezieht, die er im Rahmen der Prozess-

---

138 LG Dresden 14.6.2007 – 3 AR 5/07, NJW 2007, 2789.

139 LG Dresden 14.6.2007 – 3 AR 5/07, NJW 2007, 2789; Bader in KK-StPO Rn. 16; Otte in Radtke/Hohmann Rn. 17.

140 OLG Schleswig 7.4.1982 – 1 Ws 129/82, StB 1982, 163; Bader in KK-StPO Rn. 16; Neubeck in KMR-StPO Rn. 15a; Otte in Radtke/Hohmann Rn. 17; Schmitt in Meyer-Goßner/Schmitt Rn. 16.

141 Bader in KK-StPO Rn. 16.

142 OLG Celle 13.12.1982 – 1 Ws 380/82, NdsRPfl. 1983, 124; Bader in KK-StPO Rn. 16; Neubeck in KMR-StPO Rn. 15a; Otte in Radtke/Hohmann Rn. 17; Rogall in SK-StPO Rn. 102; Schmitt in Meyer-Goßner/Schmitt Rn. 16; Peters, NVwZ 2021, 1726.

143 Schmitt in Meyer-Goßner/Schmitt Rn. 16. AA Rudolph StrafFo 2019, 57.

144 Bader in KK-StPO Rn. 16; Rogall in SK-StPO Rn. 102; Schmitt in Meyer-Goßner/Schmitt Rn. 16; Hass NJW 1972, 1081.

145 BGH 5.11.1985 – 2 StR 279/85, NJW 1986, 1183; Bader in KK-StPO Rn. 16; Neubeck in KMR-StPO Rn. 15a; Rogall in SK-StPO Rn. 102; Schmitt in Meyer-Goßner/Schmitt Rn. 16.

146 OLG Frankfurt a. M. 22.8.2001 – 2 AuslS 10/01, NJW 2002, 1135; Ignor/Bertheau in Löwe/Rosenberg Rn. 34.

147 BGH 7.4.2005 – 1 StR 326/04, BGHSt 50, 64 = NJW 2005, 2406 mAnm Barton JZ 2005, 1178; BGH 23.2.1987 – AnwSt (R) 24/86, BGHSt 34, 295 = NJW 1987, 2451.

148 BGH 7.4.2005 – 1 StR 326/04, BGHSt 50, 64 = NJW 2005, 2406; Bader in KK-StPO Rn. 16; Eisenberg BeweisR StPO Rn. 1242.

149 EuGH 26.7.2007 – C – 305/05, NJW 2007, 2387; Bader in KK-StPO Rn. 16a.

150 BGH 7.4.2005 – 1 StR 326/04, BGHSt 50, 64 = NJW 2005, 2406 m. insoweit ablAnm Barton JZ 2005, 1178; Bader in KK-StPO Rn. 16a; Ignor/Bertheau in Löwe/Rosenberg Rn. 34; Widmaier FS Dahs, 2005, 548 f.

vertretung oder Rechtsberatung des Mandanten erhalten hat, es sei denn, der Rechtsanwalt weiß, dass der Mandant die Rechtsberatung für Zwecke der Geldwäsche oder der Terrorismusfinanzierung in Anspruch nimmt oder genommen hat. Die Voraussetzungen für eine Anzeigepflicht müssen feststehen; der bloße Verdacht, der Mandant könnte die Rechtsberatung zu Zwecken der Geldwäsche in Anspruch genommen haben, ist nicht ausreichend.[151]

4. Ärzte und Gleichgestellte (Abs. 1 S. 1 Nr. 3). a) Personenkreis. Arzt, Zahnarzt, Apotheker, Psychotherapeut, Psychologischer Psychotherapeut oder **Kinder- und Jugendlichenpsychotherapeut** ist, wer als solcher gemäß §§ 2, 3 BÄO, § 1 ZahnHKG, §§ 1, 2 BApothO, § 1 PsychThG im Inland approbiert oder zur vorübergehenden Berufsausübung berechtigt ist. **Hebamme** ist, wer als solche nach § 2 HebG anerkannt ist. Nach weit verbreiteter Auffassung sollen **ausländische Ärzte** nur dann ein Zeugnisverweigerungsrecht haben, wenn die Voraussetzungen des § 2 Abs. 3 BÄO vorliegen, wenn sie also insbesondere aus EU-Mitgliedstaaten kommen.[152] Nach hier vertretener Auffassung haben jedoch alle ausländischen Ärzte ein Zeugnisverweigerungsrecht (näher hierzu → Rn. 2). Auch Ärzten, die eine Untersuchung nicht auf der Grundlage eines Behandlungsvertrags, sondern auf Grund einer **gesetzlichen Duldungspflicht** vorgenommen haben, kommt ein Zeugnisverweigerungsrecht zu,[153] nachdem sich auch hier ein zu schützendes Vertrauensverhältnis bilden kann.[154] Ein Zeugnisverweigerungsrecht kann deshalb **Amtsärzten** und **Ärzten im Strafvollzug** zustehen.[155] Entsprechendes gilt für **Truppenärzte** und **Polizeiärzte,** sofern es nicht um die Frage der Dienstfähigkeit von Soldaten oder Polizeibeamten geht.[156] 29

b) Umfang des Zeugnisverweigerungsrechts. Das Zeugnisverweigerungsrecht erstreckt sich nicht nur darauf, was dem Zeugen bei der Untersuchung oder Heilbehandlung anvertraut, mitgeteilt oder – etwa durch eigene Wahrnehmungen und Feststellungen bei einer Untersuchung oder Behandlung – bekannt geworden ist, sondern auch auf die **Anbahnung eines Beratungs- oder Behandlungsverhältnisses.**[157] Das Zeugnisverweigerungsrecht besteht damit auch hinsichtlich der **Begleitumstände einer Krankenhausaufnahme** eines Patienten, also zum Beispiel in Bezug auf die Frage nach dem Fahrzeug, mit dem ein Patient eingeliefert wurde, oder die Identität einer Begleitperson.[158] Das Zeugnisverweigerungsrecht umfasst Name und Anschrift des Patienten, aber auch den Umstand seiner Behandlung als solche, weil der Patient ein Interesse daran haben kann, die Tatsache geheim zu halten, überhaupt einen Arzt aufgesucht zu haben.[159] Dies gilt gerade dann, 30

[151] Ignor/Bertheau in Löwe/Rosenberg Rn. 34; Widmaier FS Dahs, 2005, 549.
[152] Otte in Radtke/Hohmann Rn. 18; Schmitt in Meyer-Goßner/Schmitt Rn. 17. Zweifelnd Schubarth ZStW 105 (1993), 365 (367).
[153] BGH 14.11.1963 – III ZR 19/63, BGHZ 40, 288 = NJW 1964, 449; Otte in Radtke/Hohmann Rn. 18; Schmitt in Meyer-Goßner/Schmitt Rn. 19. Vgl. zu den Besonderheiten bei der Bestellung eines Arztes zum Sachverständigen in einem gerichtlichen Verfahren → Rn. 31.
[154] Bundesdisziplinarhof 16.8.1962 – WB 12/60, NJW 1963, 409.
[155] Ignor/Bertheau in Löwe/Rosenberg Rn. 37; Otte in Radtke/Hohmann Rn. 18. Vgl. zum Zeugnisverweigerungsrecht des Amtsarztes sowie von Mitgliedern des Gesundheitsamts gegenüber den Strafverfolgungsbehörden Jakobs JR 1982, 359 (361).
[156] Bundesdisziplinarhof 16.8.1962 – WB 12/60, NJW 1963, 409; Ignor/Bertheau in Löwe/Rosenberg Rn. 37.
[157] BGH 22.12.1999 – 3 StR 401/99, BGHSt 45, 363 = NJW 2000, 1426 = JZ 2000, 683 mAnm Kühne; 20.2.1985 – 2 StR 561/84, BGHSt 33, 148 = NStZ 1985, 372 mAnm Rogall = JR 1986, 33 mAnm Hanack; OLG Köln 19.12.2016 – 2 Ws 772/16, StV 2017, 805 = BeckRS 2016, 124652; Bader in KK-StPO Rn. 18; Neubeck in KMR-StPO Rn. 17; Otte in Radtke/Hohmann Rn. 19; Rogall in SK-StPO Rn. 115; Schmitt in Meyer-Goßner/Schmitt Rn. 18; Michalowski ZStW 109 (1997) 519.
[158] BGH 20.2.1985 – 2 StR 561/84, BGHSt 33, 148 = NStZ 1985, 372 mAnm Rogall = JR 1986, 33 mAnm Hanack; Bader in KK-StPO Rn. 18; Rogall in SK-StPO Rn. 115.
[159] BGH 22.12.1999 – 3 StR 401/99, BGHSt 45, 363 = NJW 2000, 1426 = JZ 2000, 683 mAnm Kühne; BGH 20.2.1985 – 2 StR 561/84, BGHSt 33, 148 = NStZ 1985, 372 mAnm Rogall = JR 1986, 33 mAnm Hanack; OLG Köln 19.12.2016 – 2 Ws 772/16, StV 2017, 805 = BeckRS 2016, 124652; OLG Oldenburg 10.6.1982 – 2 Ws 204/82, NJW 1982, 2615; LG Köln 2.4.1959 – 34 Qs 76/59, NJW 1959, 1598; Bader in KK-StPO Rn. 18; Neubeck in KMR-StPO Rn. 17; Rogall in SK-StPO Rn. 115; Schmitt in Meyer-Goßner/Schmitt Rn. 18.

wenn ärztliche Hilfe bei einer Verletzung in Anspruch genommen wird, die schon aus sich selbst auf eine vorangegangene strafbare Handlung schließen lässt.[160] Erfasst sind alle Tatsachen, die der Arzt aus Anlass einer Untersuchung oder Behandlung selbst erkannt oder ermittelt hat, unabhängig davon, ob diese Tatsachen dem Patienten bekannt sind, und damit auch Feststellungen, die der Arzt an einem bewusstlosen Patienten getroffen hat.[161] Unerheblich ist, ob der Arzt gerufen oder ungerufen Hilfe leistet und ob er unmittelbar vom Patienten oder erst durch einen anderen Arzt mit der Behandlung betraut worden ist.[162] **Kein Zeugnisverweigerungsrecht** besteht jedoch, wenn der **ärztliche Vertrauensbereich zu strafbaren Handlungen missbraucht** wird, etwa wenn ein Patient im Wartezimmer des Arztes einen anderen Patienten bestiehlt.[163] Erlangt der Arzt durch eine von dem Behandlungsverhältnis unabhängige Mitteilung eines Dritten Informationen über den Patienten, hat er insoweit kein Zeugnisverweigerungsrecht.[164]

31 **c) Ärzte als Sachverständige.** Besonderheiten gelten, wenn ein Arzt oder eine gleichgestellte Person als von der Staatsanwaltschaft oder **gerichtlich bestellter Sachverständiger** Untersuchungen vorgenommen beziehungsweise Wahrnehmungen gemacht hat. War der Untersuchte mit der Untersuchung einverstanden oder musste er die Maßnahme in einem gerichtlichen Verfahren aufgrund gesetzlicher Vorschriften – etwa §§ 81 ff. oder § 126a – dulden, hat der Arzt **in dem konkreten Verfahren,** in dem der amtliche Auftrag oder das Einverständnis des Untersuchten mit einer sachverständigen Begutachtung erklärt worden ist, **kein Zeugnisverweigerungsrecht.**[165] Dabei kommt es nicht darauf an, ob der Arzt privat praktiziert oder als Amtsarzt, Gerichtsarzt beziehungsweise in einem öffentlichen Krankenhaus tätig ist.[166] Unerheblich ist, ob es um **Befund- oder Zusatztatsachen** geht; in beiden Fällen geht das staatliche Interesse an der Aufklärung des Sachverhalts vor.[167] Wird der Betroffene von einem Sachverständigen im Auftrag der Justiz untersucht, weiß er, dass die Tatsachen zur Weitergabe an das Gericht bestimmt sind, weshalb er sie dem Sachverständigen nicht im Sinne von § 53 anvertraut, also mit dem Verlangen nach Geheimhaltung mitteilt.[168] Eine Rechtspflicht des Sachverständigen, den Untersuchten auf die beabsichtigte Weitergabe der von ihm erhobenen Tatsachen an das Gericht hinzuweisen, besteht angesichts dessen, dass dies offenkundig ist, nicht.[169] Es empfiehlt sich aber gleichwohl insbesondere bei psychiatrischen Explorati-

[160] LG Köln 2.4.1959 – 34 Qs 76/59, NJW 1959, 1598.

[161] Bader in KK-StPO Rn. 18; Ignor/Bertheau in Löwe/Rosenberg Rn. 37; Neubeck in KMR-StPO Rn. 17; Otte in Radtke/Hohmann Rn. 19; Rogall in SK-StPO Rn. 115; Schmitt in Meyer-Goßner/Schmitt Rn. 18.

[162] Bader in KK-StPO Rn. 18.

[163] LG Köln 2.4.1959 – 34 Qs 76/59, NJW 1959, 1598; Bader in KK-StPO Rn. 18; Ignor/Bertheau in Löwe/Rosenberg Rn. 37. AA Rogall in SK-StPO Rn. 115. Anders ist es bei Straftaten, die ein suchtkranker Patient während der stationären Behandlung begangen hat, vgl. LG Karlsruhe 22.10.1981 – IV Qs 170/81, StV 1983, 144 mzustAnm Kreuzer.

[164] Bader in KK-StPO Rn. 18.

[165] BGH 16.12.2001 – 1 StR 468/01, NStZ 2002, 214 mAnm Bosch StV 2002, 633; 21.10.2008 – 1 StR 536/08, NStZ-RR 2009, 15; 28.10.1992 – 3 StR 367/92, BGHSt 38, 369 = NJW 1993, 803; 14.11.1963 – III ZR 19/63, BGHZ 40, 288 = NJW 1964, 449; Bader in KK-StPO Rn. 19; Ignor/Bertheau in Löwe/Rosenberg Rn. 38; Neubeck in KMR-StPO Rn. 18; Schmitt in Meyer-Goßner/Schmitt Rn. 20. Kritisch Krauß ZStW 97 (1985) 81. Ansonsten aber kommt Ärzten, wenn sie als Gutachter tätig werden, ein Zeugnisverweigerungsrecht zu; vgl. BVerfG 12.1.2016 – 1 BvL 6/13, NJW 2016, 700 (704 f.).

[166] Ignor/Bertheau in Löwe/Rosenberg Rn. 38; Schmitt in Meyer-Goßner/Schmitt Rn. 20; Kohlhaas DRiZ 59, 246. AA für den „Landarzt" Hiendl NJW 1958, 2100.

[167] Bader in KK-StPO Rn. 19; Otte in Radtke/Hohmann Rn. 20. AA bezüglich Zusatztatsachen Ignor/Bertheau in Löwe/Rosenberg Rn. 38; Krauß ZStW 97 (1985), 81 (103). Vgl. zur Unterscheidung zwischen Befundtatsachen und Zusatztatsachen BGH 29.10.1962 – 4 StR 318/62, BGHSt 18, 107 = NJW 1963, 401.

[168] Bader in KK-StPO Rn. 19; Neubeck in KMR-StPO Rn. 18. So auch Jakobs JR 1982, 159 (161) betreffend Amtsärzte und Mitarbeiter des Gesundheitsamts. AA Krauß ZStW 97 (1985), 81 (84); Kühne JZ 1981, 647.

[169] AA Ignor/Bertheau in Löwe/Rosenberg Rn. 39.

onsgesprächen mit Beschuldigten, dass der Sachverständige den Beschuldigten vor Beginn von Gesprächen beziehungsweise Untersuchungen darauf hinweist, dass sämtliche Gesprächsinhalte und festgestellten Befunde nicht der ärztlichen Schweigepflicht unterfallen, sondern im Rahmen des Sachverständigenauftrags an die Staatsanwaltschaft oder das Gericht als Auftraggeber übermittelt werden, und jedwede Mitwirkung des Beschuldigten freiwillig ist. Damit können spätere Auseinandersetzungen über die Verwertbarkeit von Informationen, die der Beschuldigte dem Sachverständigen gegeben oder deren Erlangung er durch Kooperation ermöglicht hat, vermieden werden.

Tatsachen, die der Zeuge als Sachverständiger **in einem anderen Verfahren erfahren** hat, muss er dagegen nicht offenbaren; **insofern greift das Zeugnisverweigerungsrecht.**[170] Wenn der Arzt, der für ein anderes Verfahren ein Gutachten erstattet hat, nunmehr von seinem Zeugnisverweigerungsrecht Gebrauch macht, steht das Zeugnisverweigerungsrecht allerdings einer Verwertung des im anderen Verfahren vorgelegten schriftlichen Gutachtens im Wege des **Urkundenbeweises** nicht entgegen (möglicherweise aber der Unmittelbarkeitsgrundsatz des § 250 StPO).[171] Das Zeugnisverweigerungsrecht erfasst auch Tatsachen, die der Arzt ohne Zusammenhang mit dem gerichtlichen Gutachtenauftrag oder aus Anlass einer **früheren Behandlung** erfahren hat.[172] Hier wird in der Regel ein zu schützendes Vertrauensverhältnis zu dem Arzt entstehen, weil der Untersuchte davon ausgeht, dass der Arzt diese Tatsachen für sich behalten wird.[173] Dem die Leichenschau vornehmenden Arzt steht kein Zeugnisverweigerungsrecht zu.[174] 32

5. Schwangerschaftskonfliktberater (Abs. 1 S. 1 Nr. 3a). Ein Zeugnisverweigerungsrecht steht Mitgliedern und Beauftragten der in Abs. 1 S. 1 Nr. 3a genannten **Schwangerschaftskonfliktberatungsstellen** nach §§ 3, 8 des Schwangerschaftskonfliktgesetzes (SchKG) dem zu. **Mitglieder** sind der Leiter und alle sonstigen in einem Dienstverhältnis zu der Stelle stehenden Ärzte, Psychologen und Sozialarbeiter.[175] **Beauftragte** sind sonstige Personen, die damit betraut sind, im Auftrag einer Beratungsstelle deren Aufgaben wahrzunehmen, ohne in einem Dienstverhältnis zu stehen.[176] Hinsichtlich des Umfangs des Weigerungsrechts gelten die Ausführungen zu den in § 53 Abs. 1 S. 1 Nr. 1–3 genannten Zeugnisverweigerungsberechtigten entsprechend. Insbesondere umfasst das Zeugnisverweigerungsrecht nicht nur die Tatsache der Schwangerschaft, sondern auch alle sonstigen für die Beratung bedeutsamen Lebensumstände der Schwangeren.[177] Auf Vorgänge im Anschluss an die Schwangerschaft ist Nr. 3a nicht mehr anwendbar, weshalb Betreuer einer sogenannten **Babyklappe** nicht unter die Vorschriften der §§ 53, 53a fallen.[178] 33

6. Drogenberater (Abs. 1 S. 1 Nr. 3b). Zur Verweigerung des Zeugnisses berechtigt sind nur Berater einer solchen **Beratungsstelle für Fragen der Betäubungsmittelabhängigkeit,** die von einer Behörde, einer Körperschaft, Anstalt oder Stiftung des öffentlichen 34

[170] BGH 28.10.1992 – 3 StR 367/92, BGHSt 38, 369 = NJW 1993, 803; 14.11.1963 – III ZR 19/63, BGHZ 40, 288 = NJW 1964, 449; Bader in KK-StPO Rn. 19; Otte in Radtke/Hohmann Rn. 20; Schmitt in Meyer-Goßner/Schmitt Rn. 20.

[171] BGH 28.10.1992 – 3 StR 367/92, BGHSt 38, 369 = NJW 1993, 803. AA Cramer NStZ 1996, 209.

[172] Bader in KK-StPO Rn. 19; Ignor/Bertheau in Löwe/Rosenberg Rn. 38; Otte in Radtke/Hohmann Rn. 20; Schmitt in Meyer-Goßner/Schmitt Rn. 20.

[173] Bader in KK-StPO Rn. 19.

[174] LG Berlin 28.9.1998 – 534 Qs 103/98, NStZ 1999, 86; Ignor/Bertheau in Löwe/Rosenberg Rn. 37.

[175] Neubeck in KMR-StPO Rn. 19; Otte in Radtke/Hohmann Rn. 21; Schmitt in Meyer-Goßner/Schmitt Rn. 21.

[176] Neubeck in KMR-StPO Rn. 19; Otte in Radtke/Hohmann Rn. 21; Schmitt in Meyer-Goßner/Schmitt Rn. 21.

[177] Bader in KK-StPO Rn. 21; Neubeck in KMR-StPO Rn. 19; Otte in Radtke/Hohmann Rn. 21; Schmitt in Meyer-Goßner/Schmitt Rn. 21.

[178] LG Köln 9.11.2001 – 102 – 57/01, NJW 2002, 909 = JR 2002, 171 mzustAnmNeuheuser; Bader in KK-StPO Rn. 21; Neubeck in KMR-StPO Rn. 19; Otte in Radtke/Hohmann Rn. 21; Rogall in SK-StPO Rn. 135 mwN auch zur Gegenauffassung. Zweifelnd Schmitt in Meyer-Goßner/Schmitt Rn. 21 mwN.

Rechts eingerichtet oder anerkannt worden ist; das Zeugnisverweigerungsrecht gilt – verfassungsrechtlich unbedenklich[179] – nicht für ehrenamtlich tätige Berater in Selbsthilfegruppen.[180] Das Aussageverweigerungsrecht bezieht sich nur auf die Beratung der im BtMG erfassten Suchtformen und Suchtgefahren.[181] Beratern im Bereich anderer Störungen – etwa Spielsucht – kommt kein Zeugnisverweigerungsrecht zu. Erfasst vom Aussageverweigerungsrecht werden sämtliche im Zusammenhang mit der Betäubungsmittelsuchtberatung stehenden Erkenntnisse einschließlich solcher, die aus Gesprächen mit Familienangehörigen oder Freunden des Ratsuchenden erlangt worden sind.[182] Auch Gespräche, die außerhalb der Räumlichkeiten der Beratungsstelle, zum Beispiel in einem als Anlaufstelle dienenden „Kontaktcafé" gemacht worden sind, sind geschützt.[183] Gerichts- und Bewährungshelfer, Strafvollzugsbedienstete und Sozialarbeiter haben kein Zeugnisverweigerungsrecht, auch wenn sie zu Fragen einer Betäubungsmittelabhängigkeit beraten haben.[184]

35 **7. Abgeordnete (Abs. 1 S. 1 Nr. 4). a) Personenkreis.** Das Zeugnisverweigerungsrecht der Abgeordneten von **Bundestag, Bundesversammlung** und den **Landtagen** der Bundesländer sowie der in Deutschland gewählten Mitglieder des **Europäischen Parlaments** dient dem Schutz der **Funktionsfähigkeit der Parlamente**[185] und soll einen **vertraulichen Informationsaustausch** zwischen Abgeordneten und ihren Informanten sicherstellen.[186] Nachdem Bundestagsabgeordneten bereits aus **Art. 47 S. 1 GG** ein Zeugnisverweigerungsrecht zusteht, hat § 53 Abs. 1 S. 1 Nr. 4 für diese nur deklaratorische Bedeutung.[187] Für die Abgeordneten der Länderparlamente vereinheitlicht die Vorschrift die entsprechenden Bestimmungen der Länderverfassungen.[188] Mitglieder des **Bundesrats** sind keine Abgeordneten, sondern Vertreter der Landesregierungen, weshalb sie sich nicht auf § 53 Abs. 1 S. 1 Nr. 4 berufen können.[189]

36 Ein Zeugnisverweigerungsrecht für die in Deutschland gewählten **Mitglieder des Europäischen Parlaments** ergibt sich auch aus **§ 6 EuAbgG.**[190] Mitglieder des Europäischen Parlaments aus anderen EU-Staaten haben in Deutschland dagegen kein Zeugnisverweigerungsrecht.[191] Denn § 6 EuAbgG gilt nach § 1 EuAbgG nur für die in Deutschland gewählten Abgeordneten des Europäischen Parlaments und auch § 53 Abs. 1 S. 1 Nr. 4 beschränkt das Zeugnisverweigerungsrecht ausdrücklich auf Mitglieder des Europäischen Parlaments aus der Bundesrepublik Deutschland. Zudem ist – was weithin als unbefriedigend empfunden wird – im EU-Recht, namentlich im Protokoll über die Vorrechte und Befreiungen der Europäischen Union, kein Zeugnisverweigerungsrecht normiert.

---

179 BVerfG 18.1.1996 – 2 BvR 2886/95, NJW 1996, 1587; Bader in KK-StPO Rn. 21b. Vgl. zur Rechtslage vor Einführung des § 53a Abs. 1 Satz Nr. 3b) BVerfG 31.5.1988 – 2 BvR 367/88, NStZ 1988, 418; 24.5.1977 – 2 BvR 988/75, BVerfGE 44, 353 = NJW 1977, 1489.

180 LG Freiburg 6.11.1998 – II Qs 129/98, NStZ-RR 1999, 366; Neubeck in KMR-StPO Rn. 20; Otte in Radtke/Hohmann Rn. 22; Rogall in SK-StPO Rn. 134; Schmitt in Meyer-Goßner/Schmitt Rn. 22; Eisenberg BeweisR StPO Rn. 1245.

181 Bader in KK-StPO Rn. 21a; Ignor/Bertheau in Löwe/Rosenberg Rn. 42; Huber in BeckOK StPO Rn. 20; Schmitt in Meyer-Goßner/Schmitt Rn. 22.

182 Bader in KK-StPO Rn. 21c; Ignor/Bertheau in Löwe/Rosenberg Rn. 42; Huber in BeckOK StPO Rn. 20; Otte in Radtke/Hohmann Rn. 23; Schmitt in Meyer-Goßner/Schmitt Rn. 22; Kreuzer FS Schüler-Springorum, 1993, 537.

183 LG Kiel 16.6.2009 – 10 KLs 24/08, StV 2010, 127 = BeckRS 2010, 514.

184 Huber in BeckOK StPO Rn. 20; Schmitt in Meyer-Goßner/Schmitt Rn. 22.

185 BVerfG 3.3.2004 – 1 BvR 2378/98 und 1084/99, BVerfGE 109, 279 = NJW 2004, 999; Ignor/Bertheau in Löwe/Rosenberg Rn. 44.

186 Ignor/Bertheau in Löwe/Rosenberg Rn. 44. Vgl. aber auch Rogall in SK-StPO Rn. 140.

187 Bader in KK-StPO Rn. 22; Otte in Radtke/Hohmann Rn. 24.

188 Ignor/Bertheau in Löwe/Rosenberg Rn. 44; Neubeck in KMR-StPO Rn. 22; Rogall in SK-StPO Rn. 138; Dallinger JZ 1953, 436.

189 Ignor/Bertheau in Löwe/Rosenberg Rn. 44; Rogall in SK-StPO Rn. 143.

190 Hölscheidt in Grabitz/Hilf/Nettesheim AEUV Art. 223 Rn. 81; Huber in Streinz AEUV Art. 223 Rn. 21; Kreicker GA 2004, 643 (648).

191 Hölscheidt in Grabitz/Hilf/Nettesheim AEUV Art. 223 Rn. 80 f.; Huber in Streinz AEUV Art. 223 Rn. 21; Uppenbrink S. 73 f.

b) Umfang des Zeugnisverweigerungsrechts. Das Zeugnisverweigerungsrecht bezieht sich auf alle Tatsachen, die einem Abgeordneten **im Zusammenhang mit seiner Tätigkeit** als Abgeordneter anvertraut worden sind oder die er in seiner Abgeordneteneigenschaft einem anderen anvertraut hat.[192] Als anvertraut anzusehen sind mündliche oder schriftliche Mitteilungen sowie die Gewährung der Gelegenheit zu Wahrnehmungen und Beobachtungen, sofern eine **Geheimhaltung verlangt oder stillschweigend erwartet wird.**[193] Eine Tatsache bleibt anvertraut, auch wenn sie zwischenzeitlich auf andere Weise öffentlich bekannt geworden ist.[194] Erfasst sind alle Informationen, die dem Abgeordneten von einem anderen Abgeordneten, einem Regierungsvertreter oder einer Privatperson anvertraut worden sind einschließlich der Person seines Gewährsmanns.[195] Das Zeugnisverweigerungsrecht kann sich auch auf die Umstände erstrecken, unter denen eine Mitteilung gemacht worden ist, sofern sie einen Hinweis auf den Informanten geben könnten.[196] Hat der Abgeordnete dagegen etwas als Privatperson ohne Zusammenhang mit seiner Tätigkeit als Abgeordneter erfahren, ist er zur Aussage verpflichtet.[197] 37

Das Zeugnisverweigerungsrecht der Abgeordneten bezieht sich im Gegensatz zu dem der anderen von § 53 erfassten Berufsgeheimnisträger nur auf Tatsachen, die ihm anvertraut worden sind, aber **nicht auf ihm lediglich bekannt gewordene Tatsachen.** Eine Erstreckung des Zeugnisverweigerungsrechts auf alles, was Abgeordneten in ihrer Funktion als Mandatsträger bekannt geworden ist, wäre zu weitgehend und würde zu einer uferlosen Ausdehnung des Zeugnisverweigerungsrechts führen, für die kein Bedürfnis besteht.[198] Daher kommt auch eine entsprechende Anwendung des Zeugnisverweigerungsrechts der Abgeordneten auf Tatsachen und Angaben zu Gesprächspartnern nicht in Betracht, wenn es um Tatsachen oder Personalien geht, die der Abgeordnete ohne eine Aufforderung zur oder Zusage der vertraulichen Behandlung in Erfahrung gebracht hat. 38

Der **Gesprächspartner** des Abgeordneten hat **kein Zeugnisverweigerungsrecht.**[199] Nach Beendigung des Mandats dauert das Aussageverweigerungsrecht **zeitlich unbegrenzt** fort;[200] das gilt auch, wenn die Partei vom Bundesverfassungsgericht für verfassungswidrig erklärt worden ist.[201] Das Zeugnisverweigerungsrecht erstreckt sich aber nur auf das, was der Abgeordnete während der Zeit des Mandats erfahren hat.[202] 39

c) Entscheidung des Abgeordneten. Abgeordnete entscheiden selbst **nach ihrem freiem Ermessen,** ob sie von ihrem Zeugnisverweigerungsrecht Gebrauch machen.[203] Weisungen durch das Parlament können Abgeordneten nicht erteilt werden; § 54 findet keine Anwendung.[204] Aus dem Umkehrschluss zu § 53 Abs. 2 S. 1 folgt, dass ein Abgeordneter nicht mit der Wirkung eines Entfallens des Zeugnisverweigerungsrechts von einer – 40

---

192 Neubeck in KMR-StPO Rn. 23; Otte in Radtke/Hohmann Rn. 25; Schmitt in Meyer-Goßner/Schmitt Rn. 24.

193 Bader in KK-StPO Rn. 24.

194 Ignor/Bertheau in Löwe/Rosenberg Rn. 46.

195 Ignor/Bertheau in Löwe/Rosenberg Rn. 46; Schmitt in Meyer-Goßner/Schmitt Rn. 24.

196 Bader in KK-StPO Rn. 23.

197 Bader in KK-StPO Rn. 23; Ignor/Bertheau in Löwe/Rosenberg Rn. 46; Rogall in SK-StPO Rn. 147.

198 Bader in KK-StPO Rn. 24; Ignor/Bertheau in Löwe/Rosenberg Rn. 46; Rogall in SK-StPO Rn. 147. AA Neubeck in KMR-StPO Rn. 22; Otte in Radtke/Hohmann Rn. 25; Schmitt in Meyer-Goßner/Schmitt Rn. 24.

199 Bader in KK-StPO Rn. 23.

200 Ignor/Bertheau in Löwe/Rosenberg Rn. 46; Neubeck in KMR-StPO Rn. 22; Rogall in SK-StPO Rn. 147; Schmitt in Meyer-Goßner/Schmitt Rn. 24a.

201 Rogall in SK-StPO Rn. 147 mwN.

202 Ignor/Bertheau in Löwe/Rosenberg Rn. 46; Neubeck in KMR-StPO Rn. 22; Schmitt in Meyer-Goßner/Schmitt Rn. 24a.

203 Neubeck in KMR-StPO Rn. 23; Otte in Radtke/Hohmann Rn. 24; Schmitt in Meyer-Goßner/Schmitt Rn. 24.

204 Bader in KK-StPO Rn. 25; Ignor/Bertheau in Löwe/Rosenberg Rn. 45; Otte in Radtke/Hohmann Rn. 24; Schmitt in Meyer-Goßner/Schmitt Rn. 24.

ihm rechtlich nicht obliegenden – „Schweigepflicht" entbunden werden kann.[205] Ein **Einverständnis des Gesprächspartners** eines Abgeordneten mit einer Zeugenaussage **lässt das Zeugnisverweigerungsrecht nicht entfallen** (→ Rn. 69). Der Abgeordnete kann in einem solchen Fall gleichwohl – etwa zur Wahrung des allgemeinen Vertrauens in seine Verschwiegenheit – von seinem Zeugnisverweigerungsrecht Gebrauch machen. Andererseits kann ein Einverständnis seines Gesprächspartners ihn im Rahmen seiner freien Entscheidungsfindung veranlassen, als Zeuge auszusagen. Abgeordnete bedürfen aber unter den Voraussetzungen des § 44d AbgG beziehungsweise der entsprechenden landesrechtlichen Bestimmungen einer **Aussagegenehmigung.**[206]

41 **8. Mitarbeiter von Presse und Rundfunk sowie Informations- und Kommunikationsdiensten (Abs. 1 S. 1 Nr. 5). a) Allgemeines.** Das Zeugnisverweigerungsrecht der Mitarbeiter von Presse und Rundfunk sowie von der Unterrichtung oder Meinungsbildung dienenden Informations- und Kommunikationsdiensten („Medienmitarbeiter") dient primär dem **Schutz des Vertrauensverhältnisses zwischen Journalisten und Informanten.**[207] Der Schutz dieses Vertrauensverhältnisses ist Teil der verfassungsrechtlich von Art. 5 Abs. 1 S. 2 GG verbürgten **Pressefreiheit.**[208] Die Funktionsfähigkeit der Presse (und anderer geschützter Medien) erfordert es, dass ein Informant auf die Wahrung des Redaktionsgeheimnisses vertrauen kann; andernfalls bestünde die Gefahr, dass die Medien kaum noch Informationen erhielten, die sie zur Ausübung ihrer Kontrollaufgabe und meinungsbildenden Funktion benötigen.[209] Maßgebliches Anliegen des Zeugnisverweigerungsrechts ist danach der **Informantenschutz.**[210] § 53 Abs. 1 Nr. 5 ist medienfreundlich auszulegen; im Zweifel ist zu Gunsten der Pressefreiheit zu entscheiden und damit ein Zeugnisverweigerungsrecht zu bejahen.[211]

42 Die Pressefreiheit und der Schutz des Vertrauensverhältnisses zwischen den Medien und ihren Informanten stehen jedoch in einem **Spannungsverhältnis zu den Belangen einer funktionierenden Strafrechtspflege,** weil jede Zubilligung eines Zeugnisverweigerungsrechts zwangsläufig zu einer Einschränkung der Erkenntnismöglichkeiten führt und zu einer Beschränkung der Verteidigungsmöglichkeiten des Beschuldigten führen kann.[212] Das gebietet es, das Zeugnisverweigerungsrecht nicht über das für den Schutz der Pressefreiheit erforderliche Maß hinaus auszudehnen und widerstreitet einer extensiven Auslegung des Aussageverweigerungsrechts von Medienmitarbeitern. Zu bedenken ist bei der Bestimmmung der Reichweite des Zeugnisverweigerungsrechts insbesondere, dass § 53 Abs. 1 S. 1 Nr. 5 kein privates Vertrauensverhältnis und insbesondere nicht den Informanten als Person und um seiner selbst willen, sondern die Medien in ihrer verfassungsrechtlich abgesicherten Funktionsfähigkeit schützen will. **Wissenschaftliche Publikationen** werden von § 53 Abs. 1 S. 1 Nr. 5 **nicht erfasst.**[213] Sie sind keine Druckwerke und keine der Unterrichtung oder Meinungsbildung dienende

[205] Bader in KK-StPO Rn. 25; Ignor/Bertheau in Löwe/Rosenberg Rn. 45; Otte in Radtke/Hohmann Rn. 24; Schmitt in Meyer-Goßner/Schmitt Rn. 24.

[206] Rogall in SK-StPO Rn. 141; → § 54 Rn. 21.

[207] BGH 28.12.1978 – StB 235/78, BGHSt 28, 240 = NJW 1979, 1212; KG 17.3.1983 – ER 9/83, NJW 1984, 1133; Neubeck in KMR-StPO Rn. 24; Rogall in SK-StPO Rn. 154.

[208] BVerfG 28.11.1973 – 2 BvL 42/71, BVerfGE 36, 193 = NJW 1974, 356; OLG Bremen 21.12.1976 – Ss 118/76, JZ 1977, 442; Ignor/Bertheau in Löwe/Rosenberg Rn. 48; Schmitt in Meyer-Goßner/Schmitt Rn. 26; Eisenberg BeweisR StPO Rn. 1246.

[209] BVerfG 1.10.1987 – 2 BvR 1434/86, BVerfGE 77, 65 = NJW 1988, 329; 12.3.1982 – 2 BvR 1112/81, NStZ 1982, 253; 28.11.1973 – 2 BvL 42/71, BVerfGE 36, 193 = NJW 1974, 356; 5.8.1966 – 1 BvR 586/62, 610/63, 512/64, BVerfGE 20, 160 = NJW 1966, 1603; BGH 13.1.1999 – StB 14/98, NJW 1999, 2051; KG 17.3.1983 – ER 9/83, NJW 1984, 1133; Ignor/Bertheau in Löwe/Rosenberg Rn. 48.

[210] BGH 20.11.1989 – II BGs 355/89, BGHSt 36, 298 = NJW 1990, 525.

[211] BGH 28.12.1978 – StB 235/78, BGHSt 28, 240 = NJW 1979, 1212; KG 17.3.1983 – ER 9/83, NJW 1984, 1133.

[212] Vgl. etwa BVerfG 1.10.1987 – 2 BvR 1434/86, BVerfGE 77, 65 = NJW 1988, 329; Bader in KK-StPO Rn. 27.

[213] OLG München 28.7.2020 – 8 St ObWs 5/20, NStZ 2021, 631 mablAnm Gless; Gärditz, StV 2020, 716. AA Schmitt in Meyer-Goßner/Schmitt Rn. 28; Gless Neue Kriminalpolitik 2020, 275; Greitemann NStZ 2002, 572; Sachs Neue Kriminalpolitik 2020, 257. Siehe auch Ignor/Bertheau in Löwe/Rosenberg Rn. 50.

Informations- und Kommunikationsdienste im Sinne dieser Norm, an denen Wissenschaftler durch ihre Forschungstätigkeit in Form der Vorbereitung der Veröffentlichung beteiligt sein könnten. Daher haben **Wissenschaftler kein Zeugnisverweigerungsrecht** hinsichtlich ihrer Forschungen, namentlich in Bezug auf die Person von Probanden oder sonstigen Beteiligten an wissenschaftlichen Untersuchungen – etwa Interviewpartnern im Bereich der empirischen Sozialforschung – sowie in Bezug auf Quellenmaterial und Forschungsergebnisse, und gibt es **kein** hieraus abgeleitetes **Beschlagnahmeverbot** (§ 97 Abs. 5); § 53 Abs. 1 S. 1 Nr. 5 bedarf insofern einer **teleologischen Begrenzung.**[214] Denn Zweck des dort normierten Zeugnisverweigerungsrechts ist es, Journalisten bei ihrer für das demokratische Gemeinwesen essentiellen Tätigkeit zu schützen und damit die Pressefreiheit zu gewährleisten. Der Bereich der wissenschaftlichen Forschungstätigkeit soll dagegen nach dem Willen des Gesetzgebers dem strafprozessualen Zugriff nicht entzogen sein; die Strafprozessordnung kennt **kein „Forschungsgeheimnis".** Ein Zeugnisverweigerungsrecht (und daraus folgendes Beschlagnahmeverbot) für Wissenschaftler ist auch vor dem Hintergrund der grundgesetzlich gewährleisteten **Wissenschaftsfreiheit** (Art. 5 Abs. 3 GG) nicht unbedingt geboten und ergibt sich daher auch nicht unmittelbar aus dem Grundgesetz (→ Rn. 4).[215] Denn wissenschaftliche Forschungstätigkeit ist angelegt auf die Erlangung von Erkenntnissen, die einschließlich der Erkenntnisquellen öffentlich zugänglich gemacht werden.[216] Zudem bedarf es – anders als bei Patienten von Ärzten oder Mandanten von Rechtsanwälten – keines strafprozessualen Schutzes von Personen, die an wissenschaftlichen Untersuchungen als Probanden oder Informationsgeber mitwirken, weil diese nicht um Hilfe oder Rat nachsuchen. Die allgemeine Aussagepflicht des § 48 Abs. 1 S. 2 StPO in Verbindung mit dem aus dem Rechtsstaatsprinzip (Art. 20 Abs. 3 GG) folgenden Gebot effektiver Strafrechtspflege (→ Rn. 3) rechtfertigt daher den mit einer Zeugenvernehmung verbundenen Eingriff in die Wissenschaftsfreiheit.[217] Es obliegt als politische Entscheidung dem Gesetzgeber, ein (begrenztes) Zeugnisverweigerungsrecht für Wissenschaftler zu normieren, etwa bezogen auf die Person von Informanten im Bereich der empirischen Sozialforschung (→ Rn. 3).[218]

Der auf journalistische Medien als solche und ihre Funktionsfähigkeit bezogene Schutzzweck wird unter anderem daran deutlich, dass eine **Befreiung von einer Vertraulichkeitsabrede** durch den Informanten gemäß § 53 Abs. 2 S. 1 das **Zeugnisverweigerungsrecht nicht entfallen lässt** (→ Rn. 69) und dieses sogar dann besteht, wenn der Informant eine Aussage ausdrücklich wünscht.[219] Der Informant hat indes keinen Anspruch darauf, dass der Zeuge von seinem Aussageverweigerungsrecht Gebrauch macht.[220] Das **Vertrauensverhältnis** zwischen Informanten und Medienmitarbeitern wird **strafrechtlich,** insbesondere durch § 203 StGB, **nicht geschützt.** Der **Zeuge entscheidet über die Geltendmachung des Zeugnisverweigerungsrechts** eigenständig **nach freiem Ermessen.**[221] Standesrechtlich ist er allerdings grundsätzlich dazu gehalten, vom Zeugnisverweigerungsrecht Gebrauch zu machen.[222] Nach **Ziffer 5 des Pressekodex** („Richtlinien für die publi- 43

[214] OLG München 28.7.2020 – 8 St ObWs 5/20, NStZ 2021, 631 mablAnm Gless; Gärditz, StV 2020, 716. AA Gless Neue Kriminalpolitik 2020, 275; Greitemann NStZ 2002, 572; Sachs Neue Kriminalpolitik 2020, 257.

[215] Für ein unmittelbar aus Art. 5 Abs. 3 GG resultierendes Zeugnisverweigerungsrecht und Beschlagnahmeverbot aber Gärditz, StV 2020, 716. Zur Vereinbarkeit der Beschlagnahme von Forschungsdaten mit der EMRK vgl. EGMR 3.4.2012 – 41723/06 (Gilberg ./. Schweden).

[216] OLG München 28.7.2020 – 8 St ObWs 5/20, NStZ 2021, 631 mablAnm Gless. Siehe auch EGMR 3.4.2012 – 41723/06 (Gilberg ./. Schweden).

[217] AA Gärditz, StV 2020, 716.

[218] Hierfür Gärditz, StV 2020, 716; Gless Neue Kriminalpolitik 2020, 275 mwN.

[219] BVerfG 12.3.1982 – 2 BvR 1112/81, NStZ 1982, 253; Schmitt in Meyer-Goßner/Schmitt Rn. 26.

[220] BVerfG 12.3.1982 – 2 BvR 1112/81, NStZ 1982, 253; Ignor/Bertheau in Löwe/Rosenberg Rn. 48; Neubeck in KMR-StPO Rn. 26; Otte in Radtke/Hohmann Rn. 27; Schmitt in Meyer-Goßner/Schmitt Rn. 26.

[221] BVerfG 12.3.1982 – 2 BvR 1112/81, NStZ 1982, 253; OLG Bremen 21.12.1976 – Ss 118/76, JZ 1977, 442.

[222] Neubeck in KMR-StPO Rn. 26; Schmitt in Meyer-Goßner/Schmitt Rn. 26; Tsambikakis StraFo 2002, 145.

zistische Arbeit nach den Empfehlungen des Deutschen Presserats"), der – im Sinne einer freiwilligen journalistischen Selbstverpflichtung – Leitlinien für berufsethisch korrektes journalistisches Arbeiten formuliert, „wahrt (die Presse) das Berufsgeheimnis, macht vom Zeugnisverweigerungsrecht Gebrauch und gibt Informanten ohne deren ausdrückliche Zustimmung nicht preis".[223]

44 Der Bundesgesetzgeber hat von der ihm nach Art. 74 Nr. 1 GG zustehenden Gesetzgebungskompetenz für das strafprozessuale Zeugnisverweigerungsrecht von Medienmitarbeitern vollständig Gebrauch gemacht, weshalb § 53 Abs. 1 S. 1 Nr. 5 gegenüber den Bundesländern Sperrwirkung hat.[224] Nach der Rechtsprechung des BVerfG zu § 53 Abs. 1 S. 1 Nr. 5 aF war das Zeugnisverweigerungsrecht dort nicht erschöpfend geregelt; nach fallbezogener Abwägung der widerstreitenden Interessen sollte sich ein solches auch unmittelbar aus Art. 5 Abs. 1 S. 2 GG ergeben können.[225] Der BGH dagegen hält § 53 Abs. 1 S. 1 Nr. 5 zutreffend für eine **abschließende Regelung,** die es grundsätzlich nicht zulässt, ein darüber hinausgehendes Zeugnisverweigerungsrecht unmittelbar aus der Verfassung abzuleiten.[226] Offen gelassen worden ist vom BGH aber, ob sich in besonderen Einzelfällen aufgrund einer Abwägung zwischen dem Geheimhaltungsinteresse der Presse und den Belangen der Strafrechtspflege ausnahmsweise doch über § 53 hinaus ein Aussageverweigerungsrecht ergeben könne.[227] Nachdem aber durch Gesetz vom 15.2.2002[228] das Zeugnisverweigerungsrecht auf selbst recherchiertes Material sowie auf nicht periodisch erscheinende Druckwerke ausgeweitet worden ist (→ Rn. 60 f.) und auch an der Herstellung von Filmberichten Mitwirkenden sowie Mitarbeitern von Kommunikations- und Informationsdiensten ein Zeugnisverweigerungsrecht gewährt worden ist, erscheinen allerdings insoweit – abgesehen von dem auch von der Neufassung nicht erfassten Anzeigenteil[229] – kaum Anwendungsfälle denkbar.[230]

45 **b) Geltungsbereich.** Das Zeugnisverweigerungsrecht steht Personen zu, die bei der Vorbereitung, Herstellung oder Verbreitung (→ Rn. 51) von Druckwerken (→ Rn. 46), Rundfunksendungen (→ Rn. 47), Filmberichten (→ Rn. 47) oder der Unterrichtung oder Meinungsbildung dienenden Informations- und Kommunikationsdiensten (→ Rn. 48) berufsmäßig (→ Rn. 49 f.) mitwirken oder mitgewirkt haben.

46 **aa) Druckwerke.** Erfasst sind alle Arten von Druckwerken, auch nicht periodisch erscheinende.[231] Darunter fallen insbesondere **Bücher, Zeitungen, Zeitschriften,** Familien- und Vereinszeitungen, Kurszettel, Lotterielisten, Preisverzeichnisse, Wetterberichte

[223] Abrufbar unter <www.presserat.de/pressekodex.html>. Präzisierend heißt es in „Richtlinie 5.1." des Pressekodex: „Hat der Informant die Verwertung seiner Mitteilung davon abhängig gemacht, dass er als Quelle unerkennbar oder ungefährdet bleibt, so ist diese Bedingung zu respektieren. Vertraulichkeit kann nur dann nicht bindend sein, wenn die Information ein Verbrechen betrifft und die Pflicht zur Anzeige besteht. Vertraulichkeit muss nicht gewahrt werden, wenn bei sorgfältiger Güter- und Interessenabwägung gewichtige staatspolitische Gründe überwiegen, insbesondere wenn die verfassungsmäßige Ordnung berührt oder gefährdet ist. Über als geheim bezeichnete Vorgänge und Vorhaben darf berichtet werden, wenn nach sorgfältiger Abwägung festgestellt wird, dass das Informationsbedürfnis der Öffentlichkeit höher rangiert als die für die Geheimhaltung angeführten Gründe."

[224] BVerfG 28.11.1973 – 2 BvL 42/71, BVerfGE 36, 193 = NJW 1974, 356. AA Groß NJW 1968, 2368; Kaiser NJW 1968, 1260.

[225] BVerfG 10.5.1983 – 1 BvR 385/82, BVerfGE 64, 108 = NJW 1984, 1101 mAnm Fezer JZ 1983, 796; BVerfG 28.11.1973 – 2 BvL 42/71, BVerfGE 36, 193 = NJW 1974, 356; 11.3.1969 – 1 BvR 665/62, BVerfGE 25, 296 = NJW 1969, 1019. Vgl. auch Rengier JZ 1979, 797.

[226] BGH 28.12.1978 – StB 235/78, BGHSt 28, 240 = NJW 1979, 1212. So auch Neubeck in KMR-StPO Rn. 25.

[227] BGH 28.12.1978 – StB 235/78, BGHSt 28, 240 = NJW 1979, 1212.

[228] BGBl. 2002 I 682. Vgl. zur geschichtlichen Entwicklung des § 53 Ignor/Bertheau in Löwe/Rosenberg Rn. 47.

[229] Vgl. hierzu BVerfG 10.5.1983 – 1 BvR 385/82, BVerfGE 64, 108 = NJW 1984, 1101 sowie → Rn. 53.

[230] Für eine restriktive Handhabung auch Ignor/Bertheau in Löwe/Rosenberg Rn. 48.

[231] Ignor/Bertheau in Löwe/Rosenberg Rn. 50; Neubeck in KMR-StPO Rn. 27; Rogall in SK-StPO Rn. 164; Schmitt in Meyer-Goßner/Schmitt Rn. 29; Eisenberg BeweisR StPO Rn. 1248; Kramer Kriminalistik 2004, 758; Tsambikakis StraFo 2002, 145.

und ähnliche Produkte[232] sowie **Flugblätter.**[233] Es kommt nicht darauf an, ob die Druckwerke von vornherein geplant nur einmalig oder für eine begrenzte Zeit erscheinen, ob sie – wie Loseblattsammlungen – nicht abgeschlossen sind oder ob sie, wie Taschenbuchreihen, gleichartig sind.[234] Auch **Plakate** fallen unter den Begriff des Druckwerks.[235]

bb) Rundfunksendungen und Filmberichte. Rundfunksendungen sind Sendungen des **Hörfunks** und des **Fernsehens.**[236] Auf die Organisationsform des Rundfunksenders kommt es nicht an; Sendungen privater Rundfunkanbieter sind ebenso erfasst wie solche öffentlich-rechtlicher Rundfunkanstalten. Auch Mitarbeiter an Fernsehsendungen haben ein Zeugnisverweigerungsrecht.[237] Filmberichte sind nebem dem (Fernseh-)Rundfunk gesondert aufgeführt, um auch Filme zu erfassen, die nicht über das Medium Fernsehen verbreitet werden, sondern zum Beispiel über das Internet (Streaming-Portale, Mediatheken, Videoplattformen) abrufbar sind oder in Kinos vorgeführt werden. Ein Filmbericht muss aber einen gewissen der Unterrichtung oder Meinungsbildung dienenden Informationsgehalt haben; reine Spielfilme sind – wie schon der Begriff „Filmbericht" deutlich macht – nicht erfasst.[238] 47

cc) Informations- und Kommunikationsdienste. Informations- und Kommunikationsdienste (Mediendienste) sind an jedermann gerichtete Angebote in Text, Ton oder Bild, die **elektronisch,** insbesondere über das **Internet,** verbreitet werden.[239] Erfasst sind namentlich über das Internet zugängliche **Online-Ausgaben von Fernsehnachrichten, Tageszeitungen und Magazinen, Internet-Nachrichtenportale** von Rundfunk- und Fernehsendern sowie von Zeitungs- und Magazinverlagen, aber auch juristische Datenbanken.[240] An dem Erfordernis, dass die Mediendienste **der Unterrichtung oder Meinungsbildung dienen** müssen, fehlt es etwa beim Onlinebanking.[241] Mediendienste mit reinem Unterhaltungsinhalt sind nicht geschützt.[242] Dienste, bei denen nur Leistungen des Betreibers oder Dritter angeboten werden (etwa Vermittlungsportale für Mitfahr- oder Übernachtungsgelegenheiten, Datingportale, Internetportale für Hotel- oder Reisebuchungen, Online-Handelsplattformen), sind – vergleichbar dem Anzeigenteil einer Zeitung (→ Rn. 53) – ebenfalls nicht erfasst.[243] Abhängig von den Umständen des Einzelfalls kann auch eine private „Homepage" der Unterrichtung und Meinungsbildung dienen; hier wird es aber in der Regel an der berufsmäßigen Mitwirkung des beteiligten Zeugen fehlen.[244] 48

dd) Berufsmäßige Mitwirkung. Das Zeugnisverweigerungsrecht kommt allen Personen zugute, die berufsmäßig an der Vorbereitung, Herstellung oder Verbreitung der genannten Erzeugnisse mitwirken. Darunter fallen Angehörige des **redaktionellen, kaufmännischen** und **technischen Personals** von Medieninstitutionen, die aufgrund ihrer beruflichen Stellung von der Person des Erfassers, Einsenders oder Gewährsmanns oder von dem Inhalt einer Mitteilung Kenntnis erlangen können. Ein Zeugnisverweisgerungsrecht haben damit insbesondere **Journalisten,** auch wenn sie als **freie Mitarbeiter** tätig werden,[245] Intendanten, Sendeleiter, **Volontäre, Archivare** und Justitiare,[246] aber auch unter- 49

232 Bader in KK-StPO Rn. 28.
233 Löffler NJW 1978, 913.
234 Bader in KK-StPO Rn. 28.
235 Bader in KK-StPO Rn. 28.
236 Neubeck in KMR-StPO Rn. 27; Otte in Radtke/Hohmann Rn. 28; Schmitt in Meyer-Goßner/Schmitt Rn. 30.
237 Bader in KK-StPO Rn. 29; Ignor/Bertheau in Löwe/Rosenberg Rn. 51.
238 Bader in KK-StPO Rn. 29; Otte in Radtke/Hohmann Rn. 28; Kramer Kriminalistik 2004, 758.
239 Bader in KK-StPO Rn. 30; Rogall in SK-StPO Rn. 168; Kramer Kriminalistik 2004, 758.
240 Bader in KK-StPO Rn. 30.
241 Bader in KK-StPO Rn. 30; Kunert NStZ 2002, 169.
242 Ignor/Bertheau in Löwe/Rosenberg Rn. 52.
243 Ignor/Bertheau in Löwe/Rosenberg Rn. 52.
244 Ignor/Bertheau in Löwe/Rosenberg Rn. 52.
245 Vgl. hierzu BGH 13.1.1999 – StB 14/98, NJW 1999, 2051; Ignor/Bertheau in Löwe/Rosenberg Rn. 54; Neubeck in KMR-StPO Rn. 27; Schmitt in Meyer-Goßner/Schmitt Rn. 31.
246 LG Hamburg 28.5.1984 – Qs 6/84, AfP 1984, 172.

stützendes Personal wie zum Beispiel **Mediengestalter** und **Schreibkräfte.**[247] Bereits aus dem Gesetzeswortlaut „mitgewirkt haben" ergibt sich, dass das Zeugnisverweigerungsrecht auch nach Beendigung der Tätigkeit oder dem Ausscheiden aus dem Beruf fortbesteht; es gilt mithin **zeitlich unbegrenzt.**[248]

50 Stets ist Voraussetzung für ein Zeugnisverweigerungsrecht, dass die betreffende Person **beruflich tätig** geworden ist. **Nebenberuflich** Mitwirkende handeln nur berufsmäßig, wenn sie vorhaben, dauerhaft oder zumindest wiederkehrend tätig zu werden, wobei die Absicht der Gewinnerzielung nicht erforderlich ist.[249] Dazu kann die Mitwirkung in einem Einzelfall ausreichen, sofern diese mit dem Willen erfolgt ist, in Zukunft wiederkehrend tätig zu werden.[250] An der berufsmäßigen Mitarbeit fehlt es bei Personen, die nur gelegentlich journalistisch tätig sind,[251] was etwa bei einem sich aus besonderem Anlass in der Presse äußernden Politiker oder Beamten der Fall sein kann.[252] Deshalb kommt auch einem **Informanten,** der nur im Einzelfall eine Information weitergibt, **kein Zeugnisverweigerungsrecht** zu; dieser kann sich nicht darauf berufen, er habe durch seine Informationsweitergabe selbst an der Vorbereitung einer Medienveröffentlichung mitgewirkt.[253]

51 **ee) Vorbereitung, Herstellung, Verbreitung.** Die Mitwirkung muss bei der Vorbereitung, Herstellung oder Verbreitung erfolgen. Die Vorbereitung betrifft die **Informationsbeschaffung** beziehungsweise die **Recherche.**[254] Herstellung sind alle Tätigkeiten, die sich auf die **inhaltliche, sprachliche** oder **technische Gestaltung** einer Publikation beziehen.[255] Verbreitung ist jede Handlung, durch die ein Druckwerk, eine Sendung oder ein sonstiger Medienbeitrag veröffentlicht wird.[256] Hierfür kann der Versand an einen bestimmten Personenkreis wie zum Beispiel an Vereinsmitglieder genügen; ein öffentliches Verbreiten ist nicht erforderlich.[257] Mitwirkende bei der Verbreitung sind auch der Zeitungsausträger sowie Inhaber von Lesezirkeln oder sonstigen Vertriebsstellen.[258] Das bloße wörtliche Vorlesen einer Publikation ist jedoch kein Verbreiten.[259]

52 **ff) Bestimmung für den redaktionellen Teil.** Gemäß **§ 53 Abs. 1 S. 3** besteht ein **Zeugnisverweigerungsrecht nur,** soweit es sich um Beiträge, Unterlagen, Mitteilungen und Materialien **für den redaktionellen Teil** des Druckwerks, der Rundfunksendung oder des Filmberichts beziehungsweise für **redaktionell aufbereitete** Informations- und Kommunikationsdienste handelt. Beiträge gehören entweder dem redaktionellen Teil oder dem **Anzeigenteil** eines Druckwerks an; eine andere Kategorie von Beiträgen gibt es nicht.[260] Unabhängig von ihrem Inhalt gehören zum Anzeigenteil alle Beiträge, für die der Verleger oder sonst Verantwortliche ein **Entgelt** erhalten oder sich versprechen lassen hat.[261]

---

247 Vgl. Neubeck in KMR-StPO Rn. 27; Schmitt in Meyer-Goßner/Schmitt Rn. 31.
248 Bader in KK-StPO Rn. 32.
249 Bader in KK-StPO Rn. 31; Ignor/Bertheau in Löwe/Rosenberg Rn. 55; Rogall in SK-StPO Rn. 158; Schmitt in Meyer-Goßner/Schmitt Rn. 31; Kunert MDR 1975, 885.
250 BGH 16.12.1954 – 3 StR 385/54, BGHSt 7, 129 = NJW 1954, 471; Bader in KK-StPO Rn. 31; Schmitt in Meyer-Goßner/Schmitt Rn. 31; Löffler NJW 1978, 913.
251 Bader in KK-StPO Rn. 31; Otte in Radtke/Hohmann Rn. 29; Rogall in SK-StPO Rn. 158; Schmitt in Meyer-Goßner/Schmitt Rn. 31; Kunert MDR 1975, 885.
252 Greitemann NStZ 2002, 572. Kritisch Löffler NJW 1978, 913.
253 Ignor/Bertheau in Löwe/Rosenberg Rn. 55.
254 OLG Bremen 21.12.1976 – Ss 118/76, JZ 1977, 442; Neubeck in KMR-StPO Rn. 28; Otte in Radtke/Hohmann Rn. 30; Schmitt in Meyer-Goßner/Schmitt Rn. 32.
255 Neubeck in KMR-StPO Rn. 28; Otte in Radtke/Hohmann Rn. 30; Schmitt in Meyer-Goßner/Schmitt Rn. 32.
256 Bader in KK-StPO Rn. 33; Neubeck in KMR-StPO Rn. 28; Otte in Radtke/Hohmann Rn. 30; Schmitt in Meyer-Goßner/Schmitt Rn. 32.
257 Bader in KK-StPO Rn. 33; Otte in Radtke/Hohmann Rn. 30; Rogall in SK-StPO Rn. 163; Schmitt in Meyer-Goßner/Schmitt Rn. 32.
258 Ignor/Bertheau in Löwe/Rosenberg Rn. 54, 58; Eisenberg BeweisR StPO Rn. 1250.
259 BGH 3.10.1962 – 3 StR 35/62, BGHSt 18, 63 = NJW 1963, 60.
260 KG 17.3.1983 – ER 9/83, NJW 1984, 1133.
261 KG 17.3.1983 – ER 9/83, NJW 1984, 1133.

Leserbriefe und **Nutzerkommentare** gehören zum redaktionellen Teil, und zwar auch solche, bei denen der Name des Verfassers nicht wiedergegeben ist (vgl. insofern aber auch → Rn. 57).[262]

Das **Zeugnisverweigerungsrecht gilt nicht für den Anzeigeteil** eines Printmediums, weil das zur Sicherung der Pressefreiheit nicht erforderlich ist.[263] Grund für die Beschränkung auf den redaktionellen Teil ist die Annahme, dass die Aufgaben der Presse – die öffentliche Kontrolle der Staatsgewalt und das Leisten eines Beitrags zur politischen Meinungsbildung – im Wesentlichen durch den redaktionellen Teil wahrgenommen werden kann, während der Inseratenteil beziehungsweise Werbeteil hauptsächlich wirtschaftlichen Interessen dient.[264] Aus den gleichen Gründen gilt das Zeugnisverweigerungsrecht **nicht für Radiowerbung,** das **Werbefernsehen** und **Werbungen im Internet.**[265] Lediglich in Ausnahmefällen besteht ein unmittelbar aus Art. 5 Abs. 1 S. 2 GG abgeleitetes Zeugnisverweigerungsrecht für den Anzeigenteil; das ist der Fall, wenn dem Anzeigenteil eine Kontroll- und meinungsbildende Funktion zukommt.[266] 53

Stellen Mediendienste lediglich fremde Texte unverändert auf Internetseiten ein, fehlt es an der für ein Zeugnisverweigerungsrecht nach § 53 Abs. 1 S. 3 erforderlichen **redaktionellen Aufbereitung.**[267] Das ist zum Beispiel der Fall, wenn jeder Nutzer eines Diskussionsforums jederzeit einen von ihm verfassten Artikel oder sonstigen Text in einem frei zugänglichen **Internetforum** platziert kann und er dabei keinerlei Kontrolle durch den Betreiber der Internetplattform unterliegt.[268] Der Plattformbetreiber hat dann kein Zeugnisverweigerungsrecht. Letzteres ist insbesondere von Bedeutung, wenn ein Nutzer eines Internetforums dort strafbare Inhalte platzieren und Mitarbeiter des Mediendienstes von den Strafverfolgungsbehörden zu näheren Angaben zu dem Urheber des Beitrags aufgefordert werden.[269] 54

c) Umfang des Zeugnisverweigerungsrechts. Das Zeugnis darf nach § 53 Abs. 1 S. 2 zum einen verweigert werden über die Person des Verfassers oder Einsenders von Beiträgen und Unterlagen oder des sonstigen Informanten (→ Rn. 56 ff.). Zum anderen darf das Zeugnis verweigert werden über die dem Zeugen im Hinblick auf seine Tätigkeit gemachten Mitteilungen, über deren Inhalt sowie über den Inhalt selbst erarbeiteter Materialien und den Gegenstand berufsbezogener Wahrnehmungen (→ Rn. 59 ff.). Hinsichtlich des Inhalts selbst erarbeiteter Materialien und des Gegenstands berufsbezogener Wahrnehmungen enthalten § 53 Abs. 2 S. 2 und S. 3 Sonderregelungen, die das Zeugnisverweigerungsrecht einschränken (→ Rn. 62 ff.). 55

aa) Person des Verfassers, Einsenders oder sonstigen Informanten. Zur Person eines Verfassers oder Einsenders von Beiträgen und Unterlagen und zur Person eines sonstigen Informanten gehören der **Name** sowie alle sonstigen **Umstände, die** (mittelbar) **zu einer Identifizierung** der betreffenden Person **führen könnten.**[270] Verweigert werden 56

---

262 KG 17.3.1983 – ER 9/83, NJW 1984, 1133.

263 KG 17.3.1983 – ER 9/83, NJW 1984, 1133; Bader in KK-StPO Rn. 34; Kunert MDR 1975, 887. Kritisch hierzu Löffler NJW 1978, 9153.

264 Kunert MDR 1975, 885. So im Ergebnis auch Jarass JZ 1983, 280.

265 Neubeck in KMR-StPO Rn. 32; Otte in Radtke/Hohmann Rn. 35; Schmitt in Meyer-Goßner/Schmitt Rn. 40; Eisenberg BeweisR StPO Rn. 1246a. Kritisch Löffler NJW 1978, 913.

266 BVerfG 10.5.1983 – 1 BvR 385/82, BVerfGE 64, 108 = NJW 1984, 1101 mAnm Fezer JZ 1983, 797; Neubeck in KMR-StPO Rn. 32; Rogall in SK-StPO Rn. 185 mwN. Offen gelassen von BGH 28.12.1978 – StB 235/78, BGHSt 28, 240 = NJW 1979, 1212.

267 Bader in KK-StPO Rn. 34.

268 LG Augsburg 19.3.2013 – X Qs 151/13, NStZ 2013, 480; LG Duisburg 6.11.2012 – 32 Qs 49/12, 32 Qs-245 UJS 89/11, NStZ-RR 2013, 215; LG Oldenburg 22.9.2010 – 3 Qs 263/10, NStZ 2011, 655; Bader in KK-StPO Rn. 34; Schmitt in Meyer-Goßner/Schmitt Rn. 40.

269 Vgl. LG Duisburg 15.4.2013 – 32 Qs 925 / 245 UJs 89/11 – 8/13, BeckRS 2013, 12046 sowie 6.11.2012 – 32 Qs 49/12, 32 Qs – 245 UJs 89/11 – 49/12, NStZ-RR 2013, 215.

270 BGH 20.11.1989 – II BGs 355/89, BGHSt 36, 298 = NJW 1990, 525; Bader in KK-StPO Rn. 35; Neubeck in KMR-StPO Rn. 29; Otte in Radtke/Hohmann Rn. 32; Rogall in SK-StPO Rn. 175; Schmitt in Meyer-Goßner/Schmitt Rn. 34; Groß StV 1996, 559.

dürfen nicht nur Angaben zu den Personalien, sondern auch Auskünfte über den Aufenthaltsort, das Aussehen, die berufliche Tätigkeit und die Verfassung der Person sowie Fragen danach, in welcher Sprache ein Interview geführt wurde.[271] Die Frage, ob und gegebenenfalls in welcher Höhe ein Informant ein **Honorar** für eine Mitteilung erhalten hat, ist dagegen nicht vom Zeugnisverweigerungsrecht umfasst, sofern hieraus keine Erkenntnisse über den Aufenthalt der Person oder für den Informanten betreffende Fahndungsmaßnahmen hergeleitet werden können.[272] Das Zeugnisverweigerungsrecht gilt auch in Bezug auf **anonym gemachte Mitteilungen.**[273] Es ist zulässig, Beiträge eines ungenannten Verfassers in Funk und Fernsehen zu senden; seine Person ist auch dann vom Zeugnisverweigerungsrecht erfasst.[274]

57 Kein Zeugnisverweigerungsrecht besteht, wenn ein Informant von sich aus die Informationsquelle offenbart sowie Einblick in das gefertigte Material gibt und deshalb ein zu schützendes Vertrauensverhältnis nicht vorhanden ist, was insbesondere bei an die Presse übermittelten, zur Veröffentlichung bestimmten **Bekennerschreiben** zu schweren Straftaten der Fall ist.[275] Ein Zeugnisverweigerungsrecht über Umstände, die dem Auffinden eines Informanten dienen könnten (etwa den Wohn- oder Aufenthaltsort), besteht zudem dann nicht, wenn die Presse selbst dessen **Identität preisgegeben** hat, also die Person namentlich bekannt gemacht hat.[276] Das gilt vor allem dann, wenn die Identität des Informanten in einer Medienveröffentlichung öffentlich gemacht wird und der Informationsinhalt im Übrigen bekannt ist.[277] Aus diesem Grund besteht etwa hinsichtlich des **Einsenders eines Leserbriefs** oder **Verfassers eines Nutzerkommentars** zu einer Nachrichtenveröffentlichung im Internet **kein Zeugnisverweigerungsrecht,** wenn dessen **Name in der Zeitung abgedruckt oder auf der Internetseite angegeben** ist.[278] Deckt das Presseorgan die Identität des Verfassers selbst auf und macht sie öffentlich bekannt, dürfen nur noch Fragen nach dem Inhalt der gemachten Mitteilungen verschwiegen werden; das Auffinden eines den Strafverfolgungsbehörden bekannten Informanten kann nicht unter Berufung auf das Zeugnisverweigerungsrecht verhindert werden.[279] Eine Ausnahme kommt insoweit nur in Betracht, wenn das Bedürfnis nach Veröffentlichung das Bedürfnis nach Durchsetzung eines Strafanspruchs von geringem Gewicht deutlich übersteigt oder in seltenen Ausnahmefällen eines ganz besonderen, außergewöhnlichen Publizitätsinteresses.[280]

58 **Verfasser** ist der geistige Urheber eines Beitrags, gleichgültig, ob er ihn selbst schriftlich niedergelegt oder diktiert hat und ob der Beitrag unverändert oder redigiert in eine Publikation übernommen worden ist.[281] Kein Verfasser ist, wer einen Beitrag nur nach Diktat oder auf Weisung eines anderen schriftlich niederlegt.[282] Mehrere Urheber sind Mitverfasser;

---

[271] BGH 28.12.1978 – StB 235/78, BGHSt 28, 240 = NJW 1979, 1212.

[272] BGH 28.12.1978 – StB 235/78, BGHSt 28, 240 = NJW 1979, 1212; Bader in KK-StPO Rn. 44; Neubeck in KMR-StPO Rn. 29; Otte in Radtke/Hohmann Rn. 32.

[273] BVerfG 12.3.1982 – 2 BvR 1112/81, NStZ 1982, 253.

[274] Vgl. KG 17.3.1983 – ER 9/83, NJW 1984, 1133; Ignor/Bertheau in Löwe/Rosenberg Rn. 61.

[275] BVerfG 12.3.1982 – 2 BvR 1112/81, NStZ 1982, 253; Schmitt in Meyer-Goßner/Schmitt Rn. 33; Eisenberg BeweisR StPO Rn. 1251. AA Rogall in SK-StPO Rn. 177.

[276] BGH 28.12.1978 – StB 235/78, BGHSt 28, 240 = NJW 1979, 1212; BVerfG 11.3.1969 – 1 BvR 665/62, BVerfGE 25, 296 = NJW 1969, 1019; KG 17.3.1983 – ER 9/83, NJW 1984, 1133; Bader in KK-StPO Rn. 35; Neubeck in KMR-StPO Rn. 29; Otte in Radtke/Hohmann Rn. 32; Schmitt in Meyer-Goßner/Schmitt Rn. 34; Kramer Kriminalistik 2004, 759. AA Ignor/Bertheau in Löwe/Rosenberg Rn. 61; Rogall in SK-StPO Rn. 177; Groß StV 1996, 559; Rengier JZ 1979, 797.

[277] BVerfG 12.3.1982 – 2 BvR 1112/81, NStZ 1982, 253; BGH 13.1.1999 – StB 14/98, NJW 1999, 2051.

[278] Vgl. KG 17.3.1983 – ER 9/83, NJW 1984, 1133.

[279] BGH 28.12.1978 – StB 235/78, BGHSt 28, 240 = NJW 1979, 1212. AA Rengier JZ 1979, 797.

[280] BGH 28.12.1978 – StB 235/78, BGHSt 28, 240 = NJW 1979, 1212; Bader in KK-StPO Rn. 35; Neubeck in KMR-StPO Rn. 29. AA Schmitt in Meyer-Goßner/Schmitt Rn. 34; Rengier JZ 1979, 797.

[281] Neubeck in KMR-StPO Rn. 30; Otte in Radtke/Hohmann Rn. 33; Schmitt in Meyer-Goßner/Schmitt Rn. 35.

[282] Bader in KK-StPO Rn. 37; Eisenberg BeweisR StPO Rn. 1247.

Mitverfasser kann auch ein Redakteur oder anderer Mitarbeiter des Medienorgans sein.[283] Auch die Person, die einen Beitrag selbst im Rundfunk oder Fernsehen spricht, darf verschwiegen werden.[284] **Einsender** ist, wer nicht von ihm selbst, sondern von Dritten verfasste Äußerungen, insbesondere Schriftstücke beziehungsweise Bild- oder Tonaufzeichnungen, an Medienmitarbeiter zur alsbaldigen oder späteren Veröffentlichung oder für Archivzwecke übersendet oder übergibt.[285] **Sonstiger Informant** ist, wer, ohne Verfasser oder Einsender zu sein, Anregungen, Hinweise, Informationen oder Material (Bilder, Ton- oder Filmaufzeichnungen, Schriftstücke) liefert.[286]

bb) Gemachte Mitteilungen. Zu den gemachten Mitteilungen und deren Inhalt gehört alles, was einem Medienorgan im Zusammenhang mit einer etwaigen Veröffentlichung im redaktionellen Teil einer Publikation von Dritten mitgeteilt wird.[287] Unerheblich ist, ob die Mitteilung auf Eigeninitiative des Informanten gemacht wird oder erst auf „bohrende Nachfrage" erfolgt.[288] Erfasst ist auch **Hintergrundmaterial,** dessen Veröffentlichung als solches nicht beabsichtigt ist.[289] Das Zeugnis darf auch darüber verweigert werden, ob überhaupt eine Mitteilung gemacht worden ist.[290] Erfasst ist auch die persönliche Meinung des Informanten, ob eine Quelle zuverlässig ist.[291] Geschützt sind alle Informationen, die ein Zeuge im Zusammenhang mit der Durchführung eines Interviews infolge der Bereitschaft des Informanten zur Mitwirkung erhalten hat, insbesondere auch die Art und Weise des Zustandekommens des Interviews.[292] Was der Zeuge **selbst recherchiert** hat, ist keine an ihn von einem Informanten gemachte Mitteilung; zur Mitteilung wird solches Material auch nicht dadurch, dass ein Außendienstmitarbeiter es an die zentrale Redaktion weiterleitet.[293] Gleiches gilt für eigene Wahrnehmungen und Handlungen des Medienmitarbeiters.[294] Ermöglicht ein Informant aber gezielt bestimmte Beobachtungen in einer Art und Weise, dass sie als Inhalt von Mitteilungen gelten können, etwa, indem er dem Zeugen ermöglicht, seinen Körper auf Verletzungen zu untersuchen oder eine nicht frei zugängliche Örtlichkeit zu besichtigen, ist darin die Mitteilung der erkennbaren Umstände zu sehen.[295] 59

cc) Selbst recherchierte Materialien und eigene berufsbezogene Wahrnehmungen. Das Zeugnisverweigerungsrecht umfasst auch den **Inhalt selbst erarbeiteter Materialien** des Zeugen.[296] Diese durch Gesetz vom 15.2.2002[297] eingeführte Erweiterung des Aussageverweigerungsrechts war nicht durch Art. 5 Abs. 1 S. 2 GG verfassungsrechtlich 60

---

283 LG Hamburg 28.5.1984 – Qs 6/84, AfP 1984, 172; Bader in KK-StPORn. 37; Neubeck in KMR-StPO Rn. 30; Otte in Radtke/Hohmann Rn. 33; Schmitt in Meyer-Goßner/Schmitt Rn. 35.

284 Bader in KK-StPO Rn. 36; Otte in Radtke/Hohmann Rn. 33; Schmitt in Meyer-Goßner/Schmitt Rn. 35; Groß NJW 1975, 1763.

285 Bader in KK-StPO Rn. 38; Otte in Radtke/Hohmann Rn. 33; Schmitt in Meyer-Goßner/Schmitt Rn. 36.

286 Bader in KK-StPO Rn. 39; Ignor/Bertheau in Löwe/Rosenberg Rn. 65; Neubeck in KMR-StPO Rn. 30; Otte in Radtke/Hohmann Rn. 33; Schmitt in Meyer-Goßner/Schmitt Rn. 36.

287 BGH 28.12.1978 – StB 235/78, BGHSt 28, 240 = NJW 1979, 1212; Bader in KK-StPO Rn. 40.

288 BGH 28.12.1978 – StB 235/78, BGHSt 28, 240 = NJW 1979, 1212; Bader in KK-StPO Rn. 41; Rogall in SK-StPO Rn. 179.

289 BGH 28.12.1978 – StB 235/78, BGHSt 28, 240 = NJW 1979, 1212; OLG Bremen 21.12.1976 – Ss 118/76, JZ 1977, 442; Bader in KK-StPO Rn. 43; Neubeck in KMR-StPO Rn. 31; Otte in Radtke/Hohmann Rn. 34; Eisenberg BeweisR StPO Rn. 1252; Groß NJW 1975, 1763.

290 BGH 28.12.1978 – StB 235/78, BGHSt 28, 240 = NJW 1979, 1212; Ignor/Bertheau in Löwe/Rosenberg Rn. 66; Otte in Radtke/Hohmann Rn. 34; Schmitt in Meyer-Goßner/Schmitt Rn. 38.

291 BGH 28.12.1978 – StB 235/78, BGHSt 28, 240 = NJW 1979, 1212; Bader in KK-StPO Rn. 41.

292 BGH 20.11.1989 – II BGs 355/89, BGHSt 36, 298 = NJW 1990, 525.

293 BGH 28.12.1978 – StB 235/78, BGHSt 28, 240 = NJW 1979, 1212; Bader in KK-StPO Rn. 42.

294 BGH 28.12.1978 – StB 235/78, BGHSt 28, 240 = NJW 1979, 1212.

295 Vgl. BGH 20.11.1989 – II BGs 355/89, BGHSt 36, 298 = NJW 1990, 525; 28.12.1978 – StB 235/78, BGHSt 28, 240 = NJW 1979, 1212; Neubeck in KMR-StPO Rn. 31; Otte in Radtke/Hohmann Rn. 34; Schmitt in Meyer-Goßner/Schmitt Rn. 38.

296 Vgl. zum früher geltenden Recht Jarass JZ 1981, 280.

297 BGBl. 2002 I 682. Kritisch hierzu Kunert NStZ 2002, 171.

geboten.[298] Da hier kein Informant vorhanden ist, gibt es jedenfalls kein zu schützendes Vertrauensverhältnis zwischen dem Zeugen und einem Informanten, das den Grund für das Zeugnisverweigerungsrecht darstellen könnte.[299] Man wird den gesetzgeberischen Grund für die Ausdehnung des Zeugnisverweigerungsrechts auf selbst recherchierte Materialien daher in dem – ebenfalls Art. 5 Abs. 1 S. 2 GG unterfallenden[300] – **Schutz der Vertraulichkeit der Redaktionsarbeit und der Informationsbeschaffung insgesamt** sehen müssen.[301] Zu den selbst erarbeiteten Materialien gehören selbst gefertigte schriftliche Aufzeichnungen, Filmaufnahmen oder Fotos einschließlich der Datenträger, insbesondere vom Zeugen anlässlich von Großveranstaltungen wie zum Beispiel Demonstrationen oder Sportveranstaltungen angefertigte Foto- oder Filmaufnahmen, auf denen strafbare Handlungen dokumentiert sind.[302] Das führt aber nicht dazu, dass ein Medienmitarbeiter allein dadurch, dass er von ihm zufällig und ohne beruflichen Bezug gemachte Beobachtungen niederschreibt oder auf einen Tonträger spricht, um sie später berufsbezogen zu verarbeiten, ein Zeugnisverweigerungsrecht entstehen lassen kann.[303] Dem Zeugnisverweigerungsrecht unterliegt nur die Aussage über das angefertigte Material, nicht aber über die ursprünglich außerberuflich gemachte Wahrnehmung, deren privater Charakter von der späteren schriftlichen Fixierung unberührt bleibt.[304]

61 Erfasst als **Gegenstand eigener berufsbezogener Wahrnehmungen** sind alle Wahrnehmungen, die im Zusammenhang mit der beruflichen Tätigkeit als Mitarbeiter der Presse, des Rundfunks oder einer sonstigen von § 53 erfassten Institution gemacht worden sind.[305] Nachdem die Behauptung eines Medienmitarbeiters, er habe eine relevante Beobachtung in einem solchen Zusammenhang gemacht, in der Regel nicht zu widerlegen sein wird, hängt es häufig von der Erklärung des Medienmitarbeiters ab, ob er hinsichtlich eigener Wahrnehmungen zur Aussage verpflichtet ist oder nicht.[306] Vor diesem Hintergrund und weil es hier nicht um den Schutz der Vertraulichkeit von Informanten und deren Mitteilungen geht, ist die Erstreckung des Zeugnisverweigerungsrechts auch auf eigene journalistische Wahrnehmungen im Hinblick auf die Bedürfnisse einer wirksamen Strafverfolgung sowie auf die unter Umständen eingeschränkten Verteidigungsmöglichkeiten des Beschuldigten[307] nicht frei von Bedenken. Der Gesetzgeber hat deshalb in § 53 Abs. 2 S. 2 für Verfahren wegen Verbrechen und bestimmer weiterer Straftaten eine Ausnahme vom Zeugnisverweigerungsrecht festgelegt, soweit es um selbst recherchierte Materialien und eigene Wahrnehmungen von Journalisten und anderen von § 53 Abs. 1 S. 1 Nr. 5 erfassten Personen geht (→ Rn. 62 ff.).

62 **dd) Ausnahmen hinsichtlich selbst recherchierter Materialien und eigener berufsbezogener Wahrnehmungen.** Das Zeugnisverweigerungsrecht hinsichtlich des Inhalts selbst erarbeiteter Materialien und des Gegenstands berufsbezogener Wahrnehmungen erfährt nach § 53 Abs. 2 S. 2 eine Ausnahme, gilt also nicht, wenn die Aussage zur **Aufklärung eines Verbrechens** (§ 12 Abs. 1 StGB) beitragen soll oder wenn Gegenstand der Untersuchung eines der **abschließend aufgezählten Vergehen** ist und die **Erfor-**

[298] BVerfG 1.10.1987 – 2 BvR 1434/86, BVerfGE 77, 65 = NJW 1988, 329; 4.3.1981 – 2 BvR 195/81, BVerfGE 56, 247 = NJW 1981, 97; Bader in KK-StPO Rn. 27. Kritisch zur Erweiterung des Zeugnisverweigerungsrechts Kramer Kriminalistik 2004, 756; Kunert NStZ 2002, 169.
[299] Bader in KK-StPO Rn. 27; Kunert NStZ 2002, 169; Kunert MDR 1975, 885.
[300] BVerfG 1.10.1987 – 2 BvR 1434/86, BVerfGE 77, 65 = NJW 1988, 329; Bader in KK-StPO Rn. 27.
[301] Vgl. Bader in KK-StPO Rn. 27; Rogall in SK-StPO Rn. 1559; Kunert NStZ 2002, 169.
[302] BVerfG 1.10.1987 – 2 BvR 1434/86, BVerfGE 77, 65 = NJW 1988, 329; 4.3.1981 – 2 BvR 195/81, BVerfGE 56, 247 = NJW 1981, 97; Neubeck in KMR-StPO Rn. 31; Hamm NJW 2001, 269.
[303] Kramer Kriminalistik 2004, 759. AA Bader in KK-StPO Rn. 44a; Kunert NStZ 2002, 171. In diesem Sinne wohl auch Tsambikakis StraFo 2002, 145.
[304] Kramer Kriminalistik 2004, 759.
[305] Bader in KK-StPO Rn. 44a; Otte in Radtke/Hohmann Rn. 36.
[306] Bader in KK-StPO Rn. 44a; Ignor/Bertheau in Löwe/Rosenberg Rn. 67; Rogall in SK-StPO Rn. 183; Kunert NStZ 2002, 169.
[307] Vgl. zu diesen Gesichtspunkten bereits BVerfG 1.10.1987 – 2 BvR 1434/86, BVerfGE 77, 65 = NJW 1988, 329.

schung des Sachverhalts oder die **Ermittlung des Aufenthaltsorts** des Beschuldigten **auf andere Weise aussichtslos oder wesentlich erschwert wäre.**[308]

Nach verbreiteter Auffassung soll angesichts des Wortlauts des § 53 Abs. 2 S. 2 zweifelhaft sein, ob sich die Wendung „und die Erforschung des Sachverhalts oder die Ermittlung des Aufenthaltsorts des Beschuldigten auf andere Weise aussichtslos oder wesentlich erschwert wäre" sowohl auf Verbrechen als auch auf die in § 53 Abs. 2 S. 2 aufgezählten Vergehen oder nur auf die genannten Vergehen bezieht; vielfach wird der letztgenannten Interpretation der Vorzug gegeben.[309] Da tragfähige sachliche Gründe, warum diese **Subsidiaritätsklausel** lediglich bei den aufgezählten Vergehen, nicht aber bei Verbrechen anwendbar sein sollte, nicht erkennbar sind, wird man sie – vom Wortlaut gedeckt! – im Interesse des Schutzes journalistischer Informationsbeschaffung vor staatlicher Beeinträchtigung dahin verstehen müssen, dass sie **auch für Verbrechen gilt.**[310] Ausreichend für die Ausnahme vom Zeugnisverweigerungsrecht ist ein **Anfangsverdacht** hinsichtlich eines Verbrechens beziehungsweise eines der genannten Vergehen zum Zeitpunkt der Vernehmung.[311] Ob die **Voraussetzungen der Subsidiaritätsklausel gegeben** sind, **entscheidet das Gericht** und nicht der Zeuge; insofern gilt nichts anderes als hinsichtlich aller anderen Voraussetzungen für das Vorliegen eines Zeugnisverweigerungsrechts. Der Zeuge, der den Ermittlungsstand und die Akte in der Regel nicht kennt und daher kaum beurteilen kann, ob die tatsächlichen Voraussetzungen für das Eingreifen der Subsidiaritätsklausel vorliegen und sein Zeugnisverweigerungsrecht deshalb eingeschränkt ist, setzt sich daher der Gefahr aus, bei einer Verweigerung einer von ihm verlangten Aussage unter Berufung auf ein (vermeintliches) Nichteingreifen der Ausnahmeregelung des § 53 Abs. 2 S. 2 mit Maßnahmen nach § 70 belegt zu werden.[312] 63

Das Zeugnisverweigerungsrecht bleibt aber auch in den in § 53 Abs. 2 S. 2 genannten Fällen gemäß der in **§ 53 Abs. 2 S. 3** normierten **Gegenausnahme** bestehen, soweit die Aussage zur Offenbarung der Person des Verfassers oder Einsenders von Beiträgen und Unterlagen oder des sonstigen Informanten oder der dem Zeugen im Hinblick auf seine Tätigkeit gemachten Mitteilungen oder deren Inhalts führen würde. Weil eine dahingehende Behauptung des Zeugen in der Regel nicht überprüft oder gar widerlegt werden kann, wird das (auch wenn die Beurteilung des Vorliegens der Voraussetzungen für die Gegenausnahme dem Gericht und nicht dem Zeugen obliegt) in vielen Fällen dazu führen, dass der Zeuge aufgrund der Gegenausnahme doch zur Verweigerung des Zeugnisses berechtigt ist.[313] Aus der Formulierung „soweit" ergibt sich, dass der Zeuge die Aussage nicht insgesamt verweigern darf, sondern nur insoweit keine Angaben zu machen braucht, als seine Bekundungen zu einer Offenbarung der Person eines Informanten oder der Offenlegung des Inhalts von Dritten erlangter Mitteilungen führen würde.[314] 64

ee) Abgrenzungsfragen. Im Einzelfall kann die **Abgrenzung** zwischen **Mitteilungen eines Informanten** und dem **Inhalt selbst erarbeiteter Materialien** des Zeugnisverweigerungsberechtigten problematisch sein. Da gemäß § 53 Abs. 1 S. 2 auch selbst recherchiertes Material vom Zeugnisverweigerungsrecht umfasst ist, spielt die Abgrenzung für das 65

308 Insofern kritisch Hamm NJW 2001, 269; Kramer Kriminalistik 2004, 756. Vgl. zur Legitimation dieser Beschränkung des Zeugnisverweigerungsrechts Fn. 2. Zu Recht kritisch in Bezug auf die Praktikabilität der Subsidiaritätsklausel Bader in KK-StPO Rn. 44b; Rogall in SK-StPO Rn. 190.

309 Nach Neubeck in KMR-StPO Rn. 33; Rogall in SK-StPO Rn. 188; Schmitt in Meyer-Goßner/Schmitt Rn. 39a soll sich die Klausel schon dem Wortlaut nach nur auf die genannten Vergehen beziehen, weshalb sie bei Verbrechen nicht gelte. So im Ergebnis auch Bader in KK-StPO Rn. 44b; Huber in BeckOK StPO Rn. 33; Otte in Radtke/Hohmann Rn. 37.

310 Gercke in Gercke/Julius/Temming/Zöller Rn. 35; Kramer Kriminalistik 2004, 760. Im Ergebnis auch Kunert NStZ 2002, 169 sowie Tsambikakis StraFo 2002, 145.

311 Ignor/Bertheau in Löwe/Rosenberg Rn. 568; Rogall in SK-StPO Rn. 187.

312 Bader in KK-StPO Rn. 44b; Kramer Kriminalistik 2004, 760; Kunert NStZ 2002, 169; Tsambikakis StraFo 2002, 145.

313 Bader in KK-StPO Rn. 44c; Otte in Radtke/Hohmann Rn. 37; Schmitt in Meyer-Goßner/Schmitt Rn. 39c; Kunert NStZ 2002, 169.

314 Ignor/Bertheau in Löwe/Rosenberg Rn. 69.

Bestehen des Zeugnisverweigerungsrechts als solchem zunächst keine Rolle. Relevant wird die Frage erst im Anwendungsbereich von § 53 Abs. 2 S. 2, weil das Zeugnisverweigerungsrecht bei Vorliegen der dort genannten Voraussetzungen entfällt, sofern es sich um selbst recherchiertes Material handelt, nicht aber, wenn es um an den zeugnisverweigerungsberechtigten Zeugen von einem Dritten gemachte Mitteilungen geht.[315] **Leitgedanke für die Abgrenzung** muss insofern, wie auch § 53 Abs. 2 S. 3 deutlich macht, sein, dass der **Informant vor einer Enttarnung zu schützen** ist. Es kommt deshalb nicht darauf an, ob ein Informant an den Journalisten herangetreten ist oder umgekehrt.[316] Kommt es zu einer **Gemengelage** zwischen selbst erarbeitetem Material und dem Zeugen gemachten Mitteilungen, ist auch das selbst erarbeitete Material vom Zeugnisverweigerungsrecht umfasst, wenn ein **untrennbarer Zusammenhang** besteht, was insbesondere der Fall sein kann, wenn der Journalist erst durch eigene Recherchen einen Informanten ausfindig gemacht hat, der ihm sodann weitere Informationen verschafft hat.[317]

IV. Keine Belehrung über das Zeugnisverweigerungsrecht

66 Das Gesetz sieht **keine Verpflichtung** vor, den Zeugen über sein Aussageverweigerungsrecht **zu belehren.** Es geht vielmehr – zu Recht – von einer allgemeinen Kenntnis der Berufsgeheimnisträger von ihrem Zeugnisverweigerungsrecht aus.[318] Das gilt auch für einen Geistlichen eines fremden Landes; zumindest dann, wenn er sich dauerhaft in Deutschland aufhält und hier eine Gemeinde betreut.[319] Lediglich im Fall eines offensichtlichen Irrtums des Zeugen kann es die gerichtliche **Fürsorgepflicht** ausnahmsweise gebieten, den Zeugen über sein Recht zu informieren.[320] Ansonsten ist eine Belehrung zwar rechtlich unschädlich, sollte aber gleichwohl unterbleiben, damit das Gericht nicht Gefahr läuft, sich dem Vorwurf ausgesetzt zu sehen, einen Zeugen zur Aussageverweigerung gedrängt zu haben.

V. Ausübung des Zeugnisverweigerungsrechts und Verzicht

67 Für die Ausübung des Zeugnisverweigerungsrechts, einen Verzicht auf dieses Recht und einen späteren Widerruf eines Verzichts gelten die Ausführungen zu § 52 entsprechend.[321] Der zur Aussageverweigerung berechtigte Zeuge kann von seinem Recht **ganz oder teilweise Gebrauch machen** oder auf dieses **vollständig verzichten.**[322] Er kann eine einmal erklärte **Aussagebereitschaft jederzeit revidieren** und erst im Verlauf einer Vernehmung oder bei einer späteren neuerlichen Vernehmung von seinem Zeugnisverweigerungsrecht Gebrauch machen.[323] Entscheidet sich der Zeuge im Verlaufe einer Vernehmung in der Hauptverhandlung nach anfänglich erfolgter Aussage zur Zeugnisverweigerung, ist die Vernehmung abzubrechen und scheidet eine Vereidigung des Zeugen aus (insofern auch → § 52 Rn. 47),[324] jedoch bleibt das, was er im Rahmen dieser Vernehmung bis

[315] Bader in KK-StPO Rn. 40; Kunert NStZ 2002, 169.
[316] BGH 20.11.1989 – II BGs 355/89, BGHSt 36, 298 = NJW 1990, 525.
[317] BGH 20.11.1989 – II BGs 355/89, BGHSt 36, 298 = NJW 1990, 525.
[318] BGH 7.3.1996 – 4 StR 737/95, BGHSt 42, 73 = NJW 1996, 2435; 9.3.1993 – 5 StR 1/93, NStZ 1993, 340; 19.3.1991 – 5 StR 516/90, BGHSt 37, 340 = NJW 1991, 2844; OLG Dresden 16.4.1997 – 1 Ws 97/97, NStZ-RR 1997, 238; Bader in KK-StPO Rn. 46; Huber in BeckOK StPO Rn. 38; Neubeck in KMR-StPO Rn. 7; Rogall in SK-StPO Rn. 31; Schmitt in Meyer-Goßner/Schmitt Rn. 44; Fezer JuS 1978, 472; Freund GA 1993, 50; Welp JR 1997, 36.
[319] BGH 4.2.2010 – 4 StR 394/09, NStZ-RR 2010, 178.
[320] BGH 7.3.1996 – 4 StR 737/95, BGHSt 42, 73 = NJW 1996, 2435; 20.5.1980 – 1 StR 177/80, MDR 1980, 815; OLG Dresden 16.4.1997 – 1 Ws 97/97, NStZ-RR 1997, 238; Ignor/Bertheau in Löwe/Rosenberg Rn. 76; Neubeck in KMR-StPO Rn. 7; Otte in Radtke/Hohmann Rn. 7; Rogall in SK-StPO Rn. 31; Schmitt in Meyer-Goßner/Schmitt Rn. 44; Molketin MDR 1982, 98.
[321] Daher → § 52 Rn. 32 ff.; → § 52 Rn. 46; → § 52 Rn. 47.
[322] Ignor/Bertheau in Löwe/Rosenberg Rn. 72; Rogall in SK-StPO Rn. 193; Eisenberg BeweisR StPO Rn. 1254.
[323] Rogall in SK-StPO Rn. 196.
[324] Bader in KK-StPO Rn. 8; Huber in BeckOK StPO Rn. 37; Rogall in SK-StPO Rn. 196.

dahin bekundet hat, verwertbar.[325] Verweigert ein Zeuge, der bei einer früheren Vernehmung ausgesagt hat, bei einer späteren Vernehmung in der Hauptverhandlung die Aussage, gilt für die **Verwertbarkeit der Bekundungen** bei der früheren Vernehmung **§ 252** (insofern → § 252 Rn. 11 ff., aber auch hier → Rn. 79 zur Nichtgeltung des **Verwertungsverbots des § 252,** wenn der Zeuge bei einer früheren Vernehmung aufgrund einer Entbindung von der Schweigepflicht nach § 53 Abs. 2 S. 1 aussagepflichtig war). Es obliegt allein der **eigenverantwortlichen Entscheidung des Zeugen,** ob er sich nach Abwägung der widerstreitenden Interessen zur Aussage entschließt und gegebenenfalls das Risiko einer Bestrafung nach § 203 StGB in Kauf nimmt (insofern auch → Rn. 9).[326] Der **Beschuldigte** hat strafprozessual **keinen Rechtsanspruch** darauf, dass der Zeuge von seinem Aussageverweigerungsrecht Gebrauch macht.[327] Dementsprechend besteht auch **kein Verwertungsverbot** für Bekundungen eines Zeugen, der auf sein Zeugnisverweigerungsrecht nach § 53 verzichtet hat, und zwar auch dann nicht, wenn er damit gegen eine nach § 203 StGB strafbewerte Verschwiegenheitspflicht verstoßen hat (insofern → Rn. 10, → Rn. 80). Auch derjenige, um dessen Vertrauensverhältnis zum Berufsgeheimnisträger es im konkreten Fall geht – das muss nicht der Beschuldigte sein – hat keinen strafprozessualen Anspruch darauf, dass der Zeuge sich auf sein Zeugnisverweigerungsrecht beruft. Allerdings hat der Patient aus dem mit dem Arzt geschlossenen Behandlungsvertrag zivilrechtlich einen Anspruch auf Geheimhaltung, den er bei Vorliegen der Voraussetzungen der §§ 929, 935 ZPO im Wege des einstweiligen Rechtsschutzes durchsetzen kann.[328]

Der **Zeuge muss seine Entscheidung nicht begründen;** insbesondere für eine Aussageverweigerung muss der Zeuge keine Motive benennen.[329] Es genügt, wenn der Zeuge die Umstände, aus denen sich das Zeugnisverweigerungsrecht ergibt, benennt und erforderlichenfalls nach § 56 glaubhaft macht. Jedwede **Motivausforschung** ist dem Gericht **untersagt.** Dem Gericht ist es zudem untersagt, auf die Entscheidung des Zeugen Einfluss zu nehmen, sofern nicht ersichtlich ist, dass sich der Zeuge in einem Irrtum befindet.[330] Eine unzutreffende Mitteilung des Gerichts an den Zeugen, er sei von der Verpflichtung zur Verschwiegenheit entbunden worden, stellt eine unzulässige Beeinträchtigung der Entschließungsfreiheit des Zeugen dar, auch wenn ihm das Zeugnisverweigerungsrecht durch das Gericht nicht ausdrücklich abgesprochen wird.[331] Der Angeklagte muss die Entscheidung des Zeugen, auszusagen, auch dann hinnehmen, wenn sie auf einem im Verantwortungsbereich des Zeugen liegenden Irrtum beruht, nicht aber, wenn der **Irrtum** durch das Gericht verursacht worden ist.[332] Für Erklärungen des Zeugen im Zusammenhang mit der Entbindung von der Schweigepflicht ist nicht auf den mutmaßlichen, sondern auf den zweifelsfrei erklärten Willen abzustellen.[333] Hat das Gericht Zweifel an der Berechtigung der Zeugnisverweigerung, kann es nach **§ 56** eine **eidliche Versicherung** verlangen.[334] 68

---

[325] Bader in KK-StPO Rn. 8; Eschelbach in Satzger/Schluckebier/Widmaier StPO Rn. 41; Huber in BeckOK StPO Rn. 37; Neubeck in KMR-StPO Rn. 35; Rogall in SK-StPO Rn. 196; Schmitt in Meyer-Goßner/Schmitt Rn. 42. AA Ignor/Bertheau in Löwe/Rosenberg Rn. 73.

[326] BGH 16.11.2017 – 3 StR 460/17, NStZ 2018, 362; 7.3.1996 – 4 StR 737/95, BGHSt 42, 73 = NJW 1996, 2435; 12.1.1956 – 3 StR 195/55, BGHSt 9, 59 = NJW 1956, 599; OLG Hamm 7.12.1967 – 2 Ss 1610/67, NJW 1968, 1202; Bader in KK-StPO Rn. 7.

[327] BVerfG 12.3.1982 – 2 BvR 1112/81, NStZ 1982, 253; BGH 16.11.2017 – 3 StR 460/17, NStZ 2018, 362; 7.3.1996 – 4 StR 737/95, BGHSt 42, 73 = NJW 1996, 2435; 12.1.1956 – 3 StR 195/55, BGHSt 9, 59 = NJW 1956, 599; Ignor/Bertheau in Löwe/Rosenberg Rn. 7, 71; Neubeck in KMR-StPO Rn. 35; Otte in Radtke/Hohmann Rn. 38; Schmitt in Meyer-Goßner/Schmitt Rn. 19a.

[328] Welp JR 1997, 36.

[329] Neubeck in KMR-StPO Rn. 35; Otte in Radtke/Hohmann Rn. 38; Rogall in SK-StPO Rn. 192; Schmitt in Meyer-Goßner/Schmitt Rn. 41.

[330] BGH 7.3.1996 – 4 StR 737/95, BGHSt 42, 73 = NJW 1996, 2435; Bader in KK-StPO Rn. 6.

[331] BGH 7.3.1996 – 4 StR 737/95, BGHSt 42, 73 = NJW 1996, 2435; Fezer JuS 1978, 472.

[332] BGH 7.3.1996 – 4 StR 737/95, BGHSt 42, 73 = NJW 1996, 2435.

[333] BGH 7.3.1996 – 4 StR 737/95, BGHSt 42, 73 = NJW 1996, 2435.

[334] Neubeck in KMR-StPO Rn. 35; Otte in Radtke/Hohmann Rn. 18; Schmitt in Meyer-Goßner/Schmitt Rn. 41.

VI. Entbindung von der Schweigepflicht

69 **1. Allgemeines.** Wurde der Zeuge von einer ihm gesetzlich obliegenden – etwa aus § 203 StGB resultierenden – Verpflichtung zur Verschwiegenheit entbunden, ist er gemäß **§ 53 Abs. 2 S. 1** in den Fällen des § 53 Abs. 1 S. 1 Nr. 2 bis Nr. 3b ohne Einschränkung **zur Aussage verpflichtet.**[335] Insbesondere **Verteidiger, Rechtsanwälte** und **Ärzte** haben mithin **kein Zeugnisverweigerungsrecht, wenn** der Mandant oder Patient, um den es bei einer Aussage geht, den Zeugen **von der Verpflichtung zur Verschwiegenheit entbunden** hat. Ein Arzt muss dann auch Angaben über Erkrankungen des Patienten machen, die er bislang seinem Patienten noch nicht mitgeteilt hat, etwa, dass dieser an einer schweren Erkrankung leidet.[336] Gleiches gilt, wenn der Angeklagte seinen Verteidiger von der Verpflichtung zur Verschwiegenheit befreit; einen „Kernbereich" der Verteidigung, der trotz Entbindung von der Verschwiegenheitspflicht nicht zum Gegenstand einer Beweisaufnahme gemacht werden kann, gibt es nicht.[337] In den Fällen des § 53 Abs. 1 S. 1 Nr. 1, 4 und 5 – also in Bezug auf **Geistliche, Abgeordnete** und **Medienvertreter** – hat eine **Entbindung von einer Vertraulichkeitsabrede keine rechtliche Wirkung** (→ Rn. 21; → Rn. 40; → Rn. 43); sie lässt das Zeugnisverweigerungsrecht nicht entfallen und kann allenfalls für den Zeugen bei seiner eigenverantwortlichen Entscheidung, ob er von seinem Zeugnisverweigerungsrecht Gebrauch macht, ein Entscheidungskriterium sein.[338] Das Gericht ist nicht verpflichtet, einen zur Entbindung des Zeugen von dessen Schweigepflicht berechtigten Angeklagten zu fragen, ob er eine solche Erklärung abgeben möchte.[339] Allerdings darf das Gericht einen zur Hauptverhandlung erschienenen Zeugen, dem eine rechtliche Schweigepflicht obliegt und der nicht von der Schweigepflicht entbunden worden ist, nicht ohne Weiteres unvernommen entlassen; es muss den Zeugen vielmehr fragen, ob er von der Möglichkeit Gebrauch machen will, dennoch zur Sache auszusagen (→ Rn. 9, 80).[340] Diese Frage ist als für die Hauptverhandlung wesentliche Förmlichkeit zu protokollieren.[341] Auch **darf das Gericht einen Beweisantrag** auf Vernehmung eines Zeugen, dem ein Zeugnisverweigerungsrecht nach § 53 Abs. 1 S. 1 zukommt und der nicht nach § 53 Abs. 2 S. 1 von einer ihm obliegenden Verschwiegenheitspflicht entbunden worden ist, **nicht schon wegen des Zeugnisverweigerungsrechts und einer dem Zeugen materiell-rechtlich obliegenden Verschwiegenheitspflicht nach § 244 Abs. 3 S. 2** mit dem Argument einer Unzulässigkeit der Beweiserhebung **ablehnen.** Denn insofern ist die Möglichkeit in Rechnung zu stellen, dass der Zeuge – wozu er strafprozessual befugt ist und was nicht zur Unverwertbarkeit der Aussage führt (→ Rn. 10) – gleichwohl von seinem Zeugnisverweigerungsrecht keinen Gebrauch macht (→ Rn. 9).[342] Die Ablehnung eines Beweisantrages kommt in einem solchen Fall nur in Betracht, wenn der Zeuge zweifelsfrei erklärt hat, dass er von

[335] BGH 20.11.1962 – 5 StR 426/62, BGHSt 18, 146 = NJW 1963, 723; Bader in KK-StPO Rn. 45; Ignor/Bertheau in Löwe/Rosenberg Rn. 7, 77; Otte in Radtke/Hohmann Rn. 39; Rogall in SK-StPO Rn. 195, 199; Schmitt in Meyer-Goßner/Schmitt Rn. 45; Lenckner NJW 1965, 321 sowie Bringewat NJW 1974, 1740 betreffend den Verteidiger.

[336] OLG Hamburg 29.12.1961 – Ws 756/61, NJW 1962, 689; Bader in KK-StPO Rn. 51; Ignor/Bertheau in Löwe/Rosenberg Rn. 82; Göppinger NJW 1958, 241.

[337] BGH 24.11.2009 – 1 StR 520/09, StV 2010, 287 = BeckRS 2010, 2093; Otte in Radtke/Hohmann Rn. 39. AA BGH 12.9.2007 – 5 StR 257/07, NStZ 2008, 115. Vgl. zum unmittelbar aus Art. 12 Abs. 1 GG resultierenden Zeugnisverweigerungsrecht bei höchstpersönlichen Wahrnehmungen des Rechtsanwalts BGH 30.11.1989 – III ZR 112/88, NJW 1990, 510 sowie Bader in KK-StPO Rn. 45.

[338] Bader in KK-StPO Rn. 45; Ignor/Bertheau in Löwe/Rosenberg Rn. 77; Neubeck in KMR-StPO Rn. 36; Otte in Radtke/Hohmann Rn. 39; Rogall in SK-StPO Rn. 199; Schmitt in Meyer-Goßner/Schmitt Rn. 45.

[339] Otte in Radtke/Hohmann Rn. 39; Rogall in SK-StPO Rn. 31; Schmitt in Meyer-Goßner/Schmitt Rn. 45.

[340] BGH 16.11.2017 – 3 StR 460/17, NStZ 2018, 362; 28.10.1960 – 4 StR 375/60, BGHSt 15, 200 = NJW 1961, 279; Schmitt in Meyer-Goßner/Schmitt Rn. 45; Fezer JuS 1978, 472.

[341] BGH 28.10.1960 – 4 StR 375/60, BGHSt 15, 200 = NJW 1961, 279.

[342] BGH 16.11.2017 – 3 StR 460/17, NStZ 2018, 362.

seinem Zeugnisverweigerungsrecht Gebrauch machen wird; das kann auch freibeweilich außerhalb der Hauptverhandlung in Erfahrung gebracht werden (insofern auch → § 52 Rn. 6 und → § 52 Rn. 71 f.)

Die **Entbindung von der Schweigepflicht kann auf bestimmte Tatsachenkomplexe,** nicht aber auf einzelne Tatsachen, **beschränkt werden.**[343] Eine Beschränkung ist daher nicht möglich, wenn sie dazu führen würde, dass die Aussage zu einem bestimmten Tatsachenkomplex unvollständig und damit unwahr wäre.[344] 70

Eine Schweigepflichtsentbindungserklärung wirkt nur in dem Verfahren, in dem sie abgegeben wurde, dort aber gilt sie **für alle Verfahrensabschnitte.**[345] Eine einmal erklärte Entbindung wirkt mithin für das gesamte betreffende Verfahren fort, solange sie nicht – mit Wirkung ausschließlich für die Zukunft – widerrufen wird (→ Rn. 79). 71

Es ist nicht nicht erforderlich, dass der Berechtigte für eine wirksame Schweigepflichtsentbindung geschäftsfähig ist, vielmehr reicht für eine solche das Vorliegen einer natürlichen Willensfähigkeit und eine hinreichende Vorstellung von der Bedeutung des Zeugnisverweigerungsrechts. Damit können grundsätzlich auch **Minderjährige und geistig Behinderte** einen Zeugen wirksam von der Schweigepflicht entbinden.[346] 72

2. Zur Schweigepflichtsentbindung Berechtigte. Die Befreiung von einer rechtlichen Verschwiegenheitspflicht muss **durch alle Berechtigten** erfolgen.[347] Zur Entbindung berechtigt ist derjenige, zu dessen Gunsten die Verschwiegenheitspflicht besteht,[348] unabhängig davon, wer einen zu Grunde liegenden Auftrag erteilt oder sonst das eine gesetzliche Schweigepflicht auslösende Rechtsverhältnis begründet hat.[349] Die Person, die dem Zeugen ein Geheimnis anvertraut hat, und der Geschützte brauchen daher nicht identisch zu sein.[350] Allein auf die Erklärung des letztgenannten kommt es an. Hat ein Arzt ein Geheimnis einer dritten, nicht bei ihm in Behandlung befindlichen Person in seiner Funktion als Arzt erfahren, ist deren Entbindungserklärung erforderlich, aber auch ausreichend; hat ihm etwa sein Patient eine Krankheit seiner Ehefrau mitgeteilt, muss die Ehefrau des Patienten die Entbindungserklärung abgeben.[351] 73

Nunmehr höchstrichterlich entschieden ist auch die frühere Streitfrage, wer die Befreiung von der Verpflichtung zur Verschwiegenheit erklären muss, wenn bei einer **juristischen Person** ein Wechsel in der Person des vertretungsberechtigten Organs – insbesondere infolge der Bestellung eines Insolvenzverwalters – erfolgt ist, was vor allem beim Zeugnisverweigerungs- 74

---

343 OLG Hamburg 29.12.1961 – Ws 756/61, NJW 1962, 689; Bader in KK-StPO Rn. 52; Neubeck in KMR-StPO Rn. 40; Otte in Radtke/Hohmann Rn. 43; Eisenberg BeweisR StPO Rn. 1257.

344 Bader in KK-StPO Rn. 52; Schmitt in Meyer-Goßner/Schmitt Rn. 49.

345 Bader in KK-StPO Rn. 53; Ignor/Bertheau in Löwe/Rosenberg Rn. 80; Neubeck in KMR-StPO Rn. 38; Rogall in SK-StPO Rn. 210; Schmitt in Meyer-Goßner/Schmitt Rn. 47.

346 Bader in KK-StPO Rn. 48; Otte in Radtke/Hohmann Rn. 41; Rogall in SK-StPO Rn. 201 (der aber für Tatsachen, die vermögensrechtliche Angelegenheiten betreffen, insbesondere bei Geschäftsgeheimnissen, das Vorliegen von Geschäftsfähigkeit für erforderlich hält); Eisenberg BeweisR StPO Rn. 1255; Göppinger NJW 1958, 241; Welp JR 1997, 35.

347 OLG Koblenz 22.2.1985 – 2 VAs 21/84, NStZ 1985, 426; AG Bonn 12.3.2010 – 51 Gs 557/10, NJW 2010, 1390 mAnm Hamm NJW 2010, 1332; Ignor/Bertheau in Löwe/Rosenberg Rn. 78; Neubeck in KMR-StPO Rn. 37; Schmitt in Meyer-Goßner/Schmitt Rn. 46.

348 BGH 27.1.2021 – StB 44/20, BGHSt 65, 278 = NJW 2021, 1022; OLG Koblenz 22.2.1985 – 2 VAs 21/84, NStZ 1985, 426; OLG Köln 1.9.2015 – 2 Ws 544/15, NZWiSt 2016, 285 = StV 2016, 8 mAnm Gatzweiler/Wölky; OLG Schleswig 27.5.1980 – 1 Ws 160/80, NJW 1981, 294; Otte in Radtke/Hohmann Rn. 40; Rogall in SK-StPO Rn. 202; Schmitt in Meyer-Goßner/Schmitt Rn. 46; Peters, NVwZ 2021, 1726.

349 OLG Nürnberg 18.6.2009 – 1 Ws 289/09, NJW 2010, 690; Otte in Radtke/Hohmann Rn. 41; Passarge BB 2010, 591.

350 OLG Hamburg 29.12.1961 – Ws 756/61, NJW 1962, 689; Neubeck in KMR-StPO Rn. 37; Rogall in SK-StPO Rn. 203; Schmitt in Meyer-Goßner/Schmitt Rn. 46; Peters, NVwZ 2021, 1726.

351 OLG Hamburg 29.12.1961 – Ws 756/61, NJW 1962, 689; Bader in KK-StPO Rn. 46; Ignor/Bertheau in Löwe/Rosenberg Rn. 79; Otte in Radtke/Hohmann Rn. 40; Rogall in SK-StPO Rn. 204; Göppinger NJW 1958, 241. AA OLG Karlsruhe 23.5.1960 – 2 Ws 24/60, NJW 1960, 1392; OLG Köln 30.11.1982 – 3 Ss 126/82, NStZ 1983, 412 mAnm Rogall. Differenzierend Schmitt in Meyer-Goßner/Schmitt Rn. 46.

recht des Wirtschaftsprüfers und des Rechtsanwalts im Zusammenhang mit Insolvenzstraftaten relevant wird.[352] Danach bedarf es, sofern es um Informationen geht, die die juristische Person betreffen und bei denen daher die juristische Person Berechtigter ist, einer Erklärung des aktuell vertretungsberechtigten Organs, und zwar nur dieses.[353] Bei **Bestellung eines Insolvenzverwalters** kommt es daher allein auf dessen Zustimmung an; einer Zustimmung auch der Vorstandsmitglieder bei einer insolventen AG und der Geschäftsführer bei einer insolventen GmbH, insbesondere früherer Vorstandsmitglieder oder Geschäftsführer, die den Zeugen beauftragt hatten;, bedarf es dagegen nicht.[354] Denn auch wenn sich eine juristische Person bei der Preisgabe von Informationen notwendigerweise der Mitwirkung ihrer Organe bedient, so geht es doch um Informationen der Gesellschaft und nicht ihrer Organwalter persönlich. Zwar kann es sein, dass solche Informationen auch für die Beurteilung einer individuellen strafrechtlichen Verantwortlichkeit der Organwalter von Relevanz sein können, doch dient der durch ein Zeugnisverweigerungsrecht abgesicherte Schutz von Geheimnissen einer juristischen Person nicht dem Schutz ihrer (ehemaligen) Organwalter vor individueller strafrechtlicher Verfolgung. Daher ist auch keine Zustimmung des bisherigen Organs einer juristischen Person nach ihrem Ausscheiden aus der Gesellschaft erforderlich.[355] In der Sondersituation eines „Doppelmandats“, also des Falls einer Mandatierung eines Zeugnisverweigerungsberechtigten sowohl durch eine juristische Person als auch durch einen Organwalter persönlich, ist, wenn die relevante Information die Sphären beider betrifft, dagegen kumuliert die Zustimmung sowohl des (auch ehemaligen) Organwalters persönlich als auch des aktuellen vertretungsberechtigen Organs der juristischen Person erforderlich.[356]

75 **Nach dem Tod des Berechtigten** können weder seine Erben noch seine nächsten Angehörigen den Zeugen von der Schweigepflicht entbinden.[357] Das Recht, einen Arzt von der Schweigepflicht zu entbinden, ist höchstpersönlich und nicht vererblich,[358] auch eine **Vertre-**

[352] Vgl. hierzu eingehend Tully/Kirch-Heim NStZ 2012, 657.

[353] BGH 27.1.2021 – StB 44/20, BGHSt 65, 278 = NJW 2021, 1022. So auch OLG Hamm 27.2.2018 – 4 Ws 9/18, NZI 2018, 499 = BeckRS 2018, 5248; OLG Köln 1.9.2015 – 2 Ws 544/15, NZWiSt 2016, 285 = StV 2016, 8 mAnm Gatzweiler/Wölky; OLG Nürnberg 18.6.2009 – 1 Ws 289/09, NJW 2010, 690; Huber in BeckOK StPO Rn. 40; Rogall in SK-StPO Rn. 205 mwN; Schmitt in Meyer-Goßner/Schmitt Rn. 46a; Tully/Kirch-Heim NStZ 2012, 657. Siehe auch EGMR 19.11.2020 – 24173/18 – Müller ./. Deutschland, NJW 2021, 3647. AA Eschelbach in Satzger/Schluckebier/Widmaier StPO Rn. 46; Gercke in Gercke/Julius/Temming/Zöller Rn. 39.

[354] BGH 27.1.2021 – StB 44/20, BGHSt 65, 278 = NJW 2021, 1022. So auch OLG Hamm 17.8.2017 – 4 Ws 130/17, NStZ 2018, 421; OLG Köln 1.9.2015 – 2 Ws 544/15, NZWiSt 2016, 285 mAnm Kirsch/Wick = StV 2016, 8 mAnm Gatzweiler/Wölky; OLG Nürnberg 18.6.2009 – 1 Ws 289/09, NJW 2010, 690; OLG Oldenburg 28.5.2004 – 1 Ws 242/04, NJW 2004, 2176; LG Bonn 13.2.2012 – 27 Qs 21/11, NStZ 2012, 712; LG Hamburg 6.8.2001 – 616 Qs 41/01, NStZ-RR 2002, 12; LG Lübeck 7.6.1977 – 4 Qs 171/77, NJW 1978, 1014; Bader in KK-StPO Rn. 47; Schmitt in Meyer-Goßner/Schmitt Rn. 46b mwN; Haas wistra 1983, 183; Madauß NZWiSt 2013, 262; Passarge BB 2010, 591; Peemöller/Weller BB 2001, 2415; Schäfer wistra 1985, 210; Tully/Kirch-Heim NStZ 2012, 657; Wohlers, JR 2021, 245; AA OLG Düsseldorf 14.12.1992 – 1 Ws 1155/92, wistra 1993, 120; OLG Koblenz 22.2.1985 – 2 VAs 21/84, NStZ 1985, 426; OLG Schleswig 27.5.1980 – 1 Ws 160/80, NJW 1981, 294; OLG Zweibrücken 8.12.2016 – 1 Ws 334/16, NJW 2017, 902 mAnm Raschke NZWiSt 2017, 227; LG Düsseldorf 18.3.1958 – IIIa Qs 107/58, NJW 1958, 1152; AG Bonn 12.3.2010 – 51 Gs 557/10, NJW 2010, 1390 mAnm Hamm NJW 2010, 1332; Ignor/Bertheau in Löwe/Rosenberg Rn. 78; Eschelbach in Satzger/Schluckebier/Widmaier StPO Rn. 44; Gercke in Gercke/Julius/Temming/Zöller Rn. 39; Neubeck in KMR-StPO Rn. 37; Otte in Radtke/Hohmann Rn. 40; Rogall in SK-StPO Rn. 207; Eisenberg BeweisR StPO Rn. 1256; Gülzow NJW 1981, 265; Krause NStZ 2012, 663; Schmitt wistra 1993, 14 und → 1. Auflage Rn. 57.

[355] Vgl. OLG Hamm 17.8.2017 – 4 Ws 130/17, NStZ 2018, 421; Schmitt in Meyer-Goßner/Schmitt Rn. 46c mwN; Tully/Kirch-Heim NStZ 2012, 657; Wessing, StV 2021, 392; Wohlers JR 2021, 245.

[356] Rogall in SK-StPO Rn. 205 mwN. AA Schmitt wistra 1993, 14 und → 1. Aufl. Rn. 57.

[357] LSG Bayern 6.4.1962 – L 7/S 13/60, NJW 1962, 1789; Bader in KK-StPO Rn. 49; Otte in Radtke/Hohmann Rn. 41; Schmitt in Meyer-Goßner/Schmitt Rn. 48. AA LG Hildesheim 29.10.1981 – 12 Qs 192/81, NStZ 1982, 394; Solbach DRiZ 1978, 204. Rogall in SK-StPO Rn. 208 differenziert danach, ob es sich um wirtschaftliche Geheimnisse oder Geheimnisse aus dem persönlichen Lebensbereich handelt.

[358] LSG Bayern 6.4.1962 – L 7/S 13/60, NJW 1962, 1789; Bader in KK-StPO Rn. 48; Neubeck in KMR-StPO Rn. 39.

tung des Berechtigten **durch einen Bevollmächtigten** zu Lebzeiten **ist ausgeschlossen.**[359] Ein Arzt muss mithin nur dann aussagen, wenn der Berechtigte ihn zu Lebzeiten oder durch Verfügung von Todes wegen von der Verpflichtung zur Verschwiegenheit entbunden hat oder wenn er aufgrund besonderer gesetzlicher Vorschriften – etwa solcher zum Infektionsschutz – hierzu berechtigt ist.[360] Der Wille des Verstorbenen ist auch maßgebend, wenn er ihn zu Lebzeiten gegenüber Dritten geäußert oder in einem Brief niedergelegt hat.[361] Liegen solche Willensbekundungen des Verstorbenen nicht vor, hat der Berufsgeheimnisträger unter Abwägung der widerstreitenden Interessen – und gegebenenfalls nach Einholung einer Auskunft seiner Berufsvertretung – selbst zu entscheiden, ob er aussagen möchte oder nicht.[362] Dabei soll ein Arzt sich nicht „aus grundsätzlichen Erwägungen" auf die ärztliche Schweigepflicht berufen dürfen, sondern im Einzelnen darzulegen haben, auf welche Belange des Verstorbenen er seine Weigerung stützt.[363] Eine Darlegung, die zumindest mittelbar den Schluss auf geheim zu haltende Tatsachen zulässt, darf vom Arzt aber nicht verlangt werden, weil das Zeugnisverweigerungsrecht sonst leer liefe.[364] Die Verwertbarkeit von ärztlichen Unterlagen nach dem Tod des Patienten richtet sich nach § 160a Abs. 2.[365]

Für **Notare** gilt die Sonderregelung des **§ 18 Abs. 2 und Abs. 3 BNotO,** wonach der Notar in Zweifelsfällen sowie dann, wenn ein Beteiligter verstorben oder eine Erklärung von ihm nur mit unverhältnismäßigen Schwierigkeiten zu erlangen ist, die Entscheidung der Aufsichtsbehörde (vgl. § 92 BNotO) einholen kann. 76

3. Ausdrückliche und konkludente Entbindungserklärung. Die Entbindung von der Verpflichtung zur Verschwiegenheit muss **nicht zwingend ausdrücklich** erklärt werden; sie kann vielmehr **auch konkludent** erfolgen.[366] Letzteres ist der Fall, wenn der Angeklagte der alleinige Berechtigte ist und den Aussageverweigerungsberechtigten als Zeugen benennt oder ein **ärztliches Attest** des zeugnisverweigerungsberechtigten Arztes vorlegt.[367] Ein Angeklagter, der ein Attest eines ihn behandelnden Arztes zur Verwendung im Strafverfahren vorlegt, entbindet damit zugleich konkludent den Arzt in Bezug auf den Gegenstand des Attests von seiner Schweigepflicht, so dass der Arzt bei einer Vernehmung als Zeuge kein Zeugnisverweigerungsrecht nach § 53 hat. 77

Dagegen ist es in Bezug auf eine Entbindung von der Verschwiegenheitspflicht **unzulässig, auf einen** – wie auch immer festzustellenden – **mutmaßlichen Willen abzustellen;** stets ist eine tatsächliche Erklärung oder zumindest tatsächliche Handlung mit Erklärungswert des Berechtigten erforderlich.[368] 78

4. Widerruf der Entbindung von der Schweigepflicht. Der Berechtigte, namentlich der Mandant eines Verteidigers oder Rechtsanwalts und der Patient eines Arztes, kann die von ihm erklärte die Entbindung von der Schweigepflicht **jederzeit widerrufen,** und 79

[359] Bader in KK-StPO Rn. 48; Otte in Radtke/Hohmann Rn. 41; Schmitt in Meyer-Goßner/Schmitt Rn. 48. AA Rogall in SK-StPO Rn. 201; Solbach DRiZ 1978, 204, wonach die Entscheidung bei fehlender Einsichts- oder Willensfähigkeit analog § 52 Abs. 2 dem gesetzlichen Vertreter zustehen soll.

[360] LSG Bayern 6.4.1962 – L 7/S 13/60, NJW 1962, 1789; Neubeck in KMR-StPO Rn. 38; Otte in Radtke/Hohmann Rn. 42; Schmitt in Meyer-Goßner/Schmitt Rn. 47.

[361] BGH 4.7.1984 – IVa ZB 18/83, BGHZ 91, 391 = NJW 1984, 2893; Solbach DRiZ 1978, 204.

[362] BGH 4.7.1984 – IVa ZB 18/83, BGHZ 91, 391 = NJW 1984, 2893; LSG Bayern 6.4.1962 – L 7/S 13/60, NJW 1962, 1789; OLG Hamburg 29.12.1961 – Ws 756/61, NJW 1962, 689; Bader in KK-StPO Rn. 49; Otte in Radtke/Hohmann Rn. 41; Schmitt in Meyer-Goßner/Schmitt Rn. 48.

[363] BGH 4.7.1984 – IVa ZB 18/83, BGHZ 91, 391 = NJW 1984, 2893.

[364] Ignor/Bertheau in Löwe/Rosenberg Rn. 14.

[365] Vgl. BGH 22.3.2012 – 1 StR 359/11, NStZ 2013, 238 mAnm Widmaier.

[366] Bader in KK-StPO Rn. 50; Neubeck in KMR-StPO Rn. 38; Otte in Radtke/Hohmann Rn. 42; Rogall in SK-StPO Rn. 209; Schmitt in Meyer-Goßner/Schmitt Rn. 47; Welp JR 1997, 35.

[367] OLG Karlsruhe 28.10.1993 – 3 Ws 154/93, NStZ 1994, 141; OLG Nürnberg 19.1.2009 – 2 St OLG Ss 259/08, NJW 2009, 1761; Bader in KK-StPO Rn. 50; Ignor/Bertheau in Löwe/Rosenberg Rn. 80; Neubeck in KMR-StPO Rn. 38; Otte in Radtke/Hohmann Rn. 42; Rogall in SK-StPO Rn. 209.

[368] BGH 7.3.1996 – 4 StR 737/95, BGHSt 42, 73 = NJW 1996, 2435; Bader in KK-StPO Rn. 50; Neubeck in KMR-StPO Rn. 38; Otte in Radtke/Hohmann Rn. 42; Schmitt in Meyer-Goßner/Schmitt Rn. 47; Eisenberg BeweisR StPO Rn. 1255.

zwar nicht nur gegenüber dem Gericht, sondern auch gegenüber dem Zeugen. Ob ein solcher Widerruf der Schweigepflichtsentbindung erfolgt ist, hat das Gericht erforderlichenfalls – freibeweislich – aufzuklären, gegebenenfalls durch Nachfrage beim Berechtigten. Der Widerruf hat zur Folge, dass der Berufsgeheimnisträger wieder zur Verweigerung des Zeugnisses berechtigt ist.[369] **Bekundungen** des Zeugen, die dieser **vor dem Widerruf** gemacht hat, bleiben aber **uneingeschränkt verwertbar.** Dies gilt auch für Bekundungen, die der von der Verschwiegenheitspflicht entbundene Zeuge vor der Hauptverhandlung gemacht hat und wenn der Zeuge in der Hauptverhandlung nach erfolgtem Widerruf von dem ihm nun wieder zukommenden Zeugnisverweigerungsrecht Gebrauch macht. Das **Verwertungsverbot des § 252 gilt** nach der höchstrichterlichen Rechtsprechung in dieser Konstellation **nicht** (→ § 252 Rn. 12).[370] In einem solchen Fall darf mithin die frühere Verhörsperson – auch wenn es sich um einen Polizeibeamten oder eine sonstige nichtrichterliche Verhörsperson handelt – als Zeuge vernommen werden; unter den Voraussetzungen des § 251 kommt auch eine Verlesung der Niederschrift über die frühere Vernehmung in Betracht.

VII. Revision

80 Einen Verstoß gegen § 53 kann auch derjenige Angeklagte geltend machen, der durch das Zeugnisverweigerungsrecht nicht unmittelbar geschützt ist.[371] Mit der Revision gerügt werden kann, dass dem Zeugen das **Zeugnisverweigerungsrecht zu Unrecht abgesprochen** und er zur Aussage veranlasst worden ist.[372] Auch der **unzutreffende Hinweis** des Gerichts, der Zeuge sei **von der Verpflichtung zur Verschwiegenheit entbunden,** führt zu einem Verwertungsverbot, das ohne vorherige Beanstandung nach § 238 Abs. 2 geltend gemacht werden kann.[373] Verweigert der Zeuge aufgrund einer unrichtigen Belehrung über ein tatsächlich nicht vorliegendes Zeugnisverweigerungsrecht die Aussage, ist bei präsenten Zeugen § 245 Abs. 1, sonst § 244 Abs. 2 beziehungsweise – bei Vorliegen eines Beweisantrages – § 244 Abs. 3 verletzt.[374] Gleiches gilt, wenn das Gericht ein vom Zeugen nur unsubstanziiert behauptetes Zeugnisverweigerungsrecht zu Unrecht anerkennt.[375] Beanstandet werden kann, dass das Gericht einen zur Hauptverhandlung erschienenen Zeugen, der nicht von der Schweigepflicht entbunden worden ist, entlassen hat, ohne ihn vorher zu fragen, ob er von der Möglichkeit Gebrauch machen will, dennoch zur Sache auszusagen (→ Rn. 69).[376] Diese Frage stellt eine für die Hauptverhandlung wesentliche Förmlichkeit

---

369 BGH 7.3.1996 – 4 StR 737/95, BGHSt 42, 73 = NJW 1996, 2435; Bader in KK-StPO Rn. 54; Rogall in SK-StPO Rn. 211.

370 BGH 20.12.2011 – 1 StR 547/11, NStZ 2012, 281; 20.11.1962 – 5 StR 426/62, BGHSt 18, 146 = NJW 1963, 723; Bader in KK-StPO Rn. 9, 54; Ignor/Bertheau in Löwe/Rosenberg Rn. 83; Eschelbach in Satzger/Schluckebier/Widmaier StPO Rn. 50; Huber in BeckOK StPO Rn. 43; Neubeck in KMR-StPO Rn. 41; Otte in Radtke/Hohmann Rn. 43; Rogall in SK-StPO Rn. 216 mwN auch zur Gegenauffassung; Schmitt in Meyer-Goßner/Schmitt Rn. 49; Eisenberg BeweisR StPO Rn. 1257. AA OLG Hamburg 29.12.1961 – Ws 756/61, NJW 1962, 689. Auch → § 252 Rn. 13.

371 BGH 7.4.2005 – 1 StR 326/04, BGHSt 50, 64 = NJW 2005, 2406 mAnm Barton JZ 2005, 1178; BGH 20.2.1985 – 2 StR 561/84, BGHSt 33, 148 = NStZ 1985, 372 mAnm Rogall = JR 1986, 33 mAnm Hanack; Bader in KK-StPO Rn. 59; Neubeck in KMR-StPO Rn. 42; Schmitt in Meyer-Goßner/Schmitt Rn. 50; Haffke GA 1973, 75.

372 BGH 7.4.2005 – 1 StR 326/04, BGHSt 50, 64 = NJW 2005, 2406 mAnm Barton JZ 2005, 1178; Bader in KK-StPO Rn. 56; Neubeck in KMR-StPO Rn. 42; Rogall in SK-StPO Rn. 219, 229.

373 BGH 7.3.1996 – 4 StR 737/95, BGHSt 42, 73 = NJW 1996, 2435 mAnm Schwaben NStZ 2002, 295; Bader in KK-StPO Rn. 9, 56; Ignor/Bertheau in Löwe/Rosenberg Rn. 84; Rogall in SK-StPO Rn. 229; Schmitt in Meyer-Goßner/Schmitt Rn. 50; Eisenberg BeweisR StPO Rn. 1238a; Fezer JuS 1978, 472. Offen gelassen von BGH 12.1.1956 – 3 StR 195/55, BGHSt 9, 59 = NJW 1956, 599.

374 BGH 20.10.1993 – 5 StR 635/92, NStZ 1994, 94; Bader in KK-StPO Rn. 57; Ignor/Bertheau in Löwe/Rosenberg Rn. 84; Neubeck in KMR-StPO Rn. 42; Otte in Radtke/Hohmann Rn. 44; Rogall in SK-StPO Rn. 229.

375 Ignor/Bertheau in Löwe/Rosenberg Rn. 84.

376 BGH 16.11.2017 – 3 StR 460/17, NStZ 2018, 362; 28.10.1960 – 4 StR 375/60, BGHSt 15, 200 = NJW 1961, 279; Bader in KK-StPO Rn. 57; Ignor/Bertheau in Löwe/Rosenberg Rn. 74; Neubeck in KMR-StPO Rn. 42; Otte in Radtke/Hohmann Rn. 44; Schmitt in Meyer-Goßner/Schmitt Rn. 45.

nach § 273 dar.[377] Im Übrigen muss der Nachweis einer falschen Belehrung im Wege des Freibeweisverfahrens geführt werden.[378] **Nicht gerügt werden kann,** ein **Zeuge habe sachwidrig vom Zeugnisverweigerungsrecht Gebrauch gemacht oder darauf verzichtet,** weil der Angeklagte keinen Anspruch darauf hat, dass der Zeuge auf sein Aussageverweigerungsrecht verzichtet oder von diesem Gebrauch macht. Die trotz Bestehens eines Zeugnisverweigerungsrechts erfolgte Aussage darf auch dann verwertet werden, wenn der Zeuge materiell-rechtlich zur Verschwiegenheit verpflichtet war und sich nach § 203 StGB strafbar gemacht hat (→ Rn. 10, → Rn. 67).[379]

Wenn ein **umfassend schweigender Angeklagter** die **Entbindung** eines zeugnisverweigerungsberechtigten Zeugen von dessen Verschwiegenheitspflicht **ablehnt,** darf dies **nicht zu seinem Nachteil verwertet werden;** Verstöße hiergegen können mit der Revision geltend gemacht werden.[380] Anders ist es, wenn sich der Angeklagte zur Sache einlässt und er die Beantwortung einer von ihm aufgeworfenen Beweisfrage dadurch vereitelt, dass er den Zeugnisverweigerungsberechtigten nicht von der Verpflichtung zur Verschwiegenheit entbindet.[381] Verweigert der Zeuge in der Hauptverhandlung das Zeugnis, darf der Ermittlungsrichter oder Polizeibeamte, vor dem der Zeuge Angaben gemacht hat, dann vernommen werden, wenn der Zeuge bei seiner früheren Aussage von einer gesetzlichen Verpflichtung zur Verschwiegenheit entbunden war; § 252 gilt dann nicht (→ Rn. 79 sowie → § 252 Rn. 12). Hat der Zeugnisverweigerungsberechtigte dagegen in einem gegen ihn selbst gerichteten Strafverfahren als Beschuldigter Angaben gemacht und verweigert er in dem Verfahren gegen den Patienten oder Mandanten das Zeugnis, unterliegen seine früheren Angaben dem Beweisverwertungsverbot des § 252.[382] 81

§ 53a Zeugnisverweigerungsrecht der mitwirkenden Personen

(1) [1]Den Berufsgeheimnisträgern nach § 53 Absatz 1 Satz 1 Nummer 1 bis 4 stehen die Personen gleich, die im Rahmen

1. eines Vertragsverhältnisses einschließlich der gemeinschaftlichen Berufsausübung,
2. einer berufsvorbereitenden Tätigkeit oder
3. einer sonstigen Hilfstätigkeit

an deren beruflicher Tätigkeit mitwirken. [2]Über die Ausübung des Rechts dieser Personen, das Zeugnis zu verweigern, entscheiden die Berufsgeheimnisträger, es sei denn, dass diese Entscheidung in absehbarer Zeit nicht herbeigeführt werden kann.

(2) Die Entbindung von der Verpflichtung zur Verschwiegenheit (§ 53 Absatz 2 Satz 1) gilt auch für die nach Absatz 1 mitwirkenden Personen.

Schrifttum: Dallinger, Gerichtsverfassung und Strafverfahren, JZ 1953, 432; Jungfer, Strafverteidiger und Detektiv, StV 1989, 495; Kargl, Die Verletzung von Mandatsgeheimnissen bei der Mitwirkung Dritter, StV

377 BGH 28.10.1960 – 4 StR 375/60, BGHSt 15, 200 = NJW 1961, 279; Bader in KK-StPO Rn. 58; Ignor/Bertheau in Löwe/Rosenberg Rn. 74.

378 Bader in KK-StPO Rn. 58.

379 BGH 16.11.2017 – 3 StR 460/17, NStZ 2018, 362; 7.4.2005 – 1 StR 326/04, BGHSt 50, 64 = NJW 2005, 2406; 12.12.1995 – 1 StR 571/95, BeckRS 1995, 31096013; 28.10.1960 – 4 StR 375/60, BGHSt 15, 200 = NJW 1961, 279; 12.1.1956 – 3 StR 195/55, BGHSt 9, 59 = NJW 1956, 599; Bader in KK-StPO Rn. 9; Neubeck in KMR-StPO Rn. 6; Rogall in SK-StPO Rn. 25 ff., 220 ff.; Otte in Radtke/Hohmann Rn. 44; Schmitt in Meyer-Goßner/Schmitt Rn. 6, 19a. AA Fezer JuS 1978, 472; Kühne JZ 1981, 647; Lenckner NJW 1965, 321; Michalowski ZStW 109 (1997) 519 (537); Rogall JZ 1996, 952. Differenzierend Ignor/Bertheau in Löwe/Rosenberg Rn. 12 f.; Freund GA 1993, 49.

380 BGH 5.10.2010 – 3 StR 370/10, NStZ 2011, 357 mBspr Jahn JuS 2011, 276; 22.12.1999 – 3 StR 401/99, BGHSt 45, 363 = NJW 2000, 1426 = JZ 2000, 683 mAnm Kühne; Bader in KK-StPO Rn. 45; Ignor/Bertheau in Löwe/Rosenberg Rn. 77; Otte in Radtke/Hohmann Rn. 39.

381 BGH 3.12.1965 – 4 StR 573/65, BGHSt 20, 298 = NJW 1966, 209; Ignor/Bertheau in Löwe/Rosenberg Rn. 77.

382 BGH 18.6.1991 – 5 StR 584/90, BGHSt 38, 7 = NJW 1992, 123; Bader in KK-StPO Rn. 10.

2017, 482; Kleinwefers/Wilts, Die Schweigepflicht der Krankenhausleitung, NJW 1964, 428; Kohlhaas, Rotes Kreuz und Schweigepflicht?, NJW 1967, 666; Kohlhaas, Die Schweigepflicht der in der Medizin technisch tätigen Personen, NJW 1972, 1502; Krause, Der „Gehilfe" der Verteidigung und sein Schweigerecht, StraFo 1998, 1; Krekeler/Schonrad, Der Berufshelfer im Sinne des § 53a StPO, wistra 1998, 137; Kreuzer, Die Schweigepflicht von Krankenhausärzten gegenüber Aufsichtsbehörden, NJW 1975, 2232; Lenckner, Aussagepflicht, Schweigepflicht und Zeugnisverweigerungsrecht, NJW 1965, 321; Peters, Seelsorge und Strafvollzug, JR 1975, 402; Schliwienski, Das Zeugnisverweigerungsrecht des Berufshelfers und seine Bedeutung im Rahmen des § 203 StGB, NJW 1988, 1507; Stromberg, Über das Zeugnisverweigerungsrecht und die Genehmigungsbedürftigkeit von Zeugen Aussagen kirchlicher Bediensteter – mit einem Ausblick auf die zu erwartende Erweiterung des § 53 StPO, MDR 1974, 892; Thielen, Die Entscheidung der Berufsgeheimnisträger nach § 53a Abs. 1 S. 2 StPO, StraFo 2000, 121. Siehe auch die Nachweise bei § 53.

Übersicht

I. Normzweck

1 Durch § 53a **soll eine Umgehung des Zeugnisverweigerungsrechts der Berufsgeheimnisträger** nach § 53 Abs. 1 Nr. 1 bis Nr. 4 durch eine Vernehmung von Personen, die diese als Mitarbeiter oder als sonst an deren beruflicher Tätigkeit Mitwirkende unterstützen („mitwirkende Personen") und die typischerweise in vergleichbarer Weise wie der (Haupt-)Berufsgeheimnisträger Geheimnisse erfahren, **verhindert werden.**[1] Die Schwierigkeit bei der Bestimmung des Anwendungsbereichs der Vorschrift besteht vor allem darin, einerseits eine Aushöhlung des Zeugnisverweigerungsrechts der Berufsgeheimnisträger iSd § 53 zu verhindern, andererseits – im Interesse der Wahrheitsfindung – eine uferlose Ausdehnung des Zeugnisverweigerungsrechts zu vermeiden.[2] Nicht unter § 53a fallen Personen, denen ohnehin ein eigenes Zeugnisverweigerungsrecht nach § 53 zusteht wie etwa der Sozius eines Rechtsanwalts oder der zu einer Behandlung unterstützend hinzugezogene weitere Arzt.[3] Für die Erstreckung des § 53a auf Personen, die an der Tätigkeit der in § 53 Abs. 1 S. 1 Nr. 5 genannten, in Presse und Rundfunk tätigen Berufsgeheimnisträger mitwirken, bestand kein Anlass, weil diesen bereits von § 53 Abs. 1 S. 1 Nr. 5 ein eigenständiges Zeugnisverweigerungsrecht eingeräumt wird.[4] § 53a wird im Hinblick auf Beschlagnahmen durch § 97 Abs. 3 und Abs. 4 ergänzt. Die Strafbarkeit der unbefugten Preisgabe von Geheimnissen durch mitwirkende Personen richtet sich nach § 203 Abs. 4 S. 1 StGB.

[1] OLG Oldenburg 10.6.1982 – 2 Ws 204/82, NJW 1982, 2615 = NStZ 1983, 39 mablAnm Pelchen; Bader in KK-StPO Rn. 1; Ignor/Bertheau in Löwe/Rosenberg Rn. 1; Otte in Radtke/Hohmann Rn. 1; Rogall in SK-StPO Rn. 1; Krekeler/Schonrad wistra 1998, 137.

[2] Vgl. hierzu Krekeler/Schonrad wistra 1998, 137.

[3] Bader in KK-StPO Rn. 1, 2a; Ignor/Bertheau in Löwe/Rosenberg Rn. 1; Neubeck in KMR-StPO Rn. 1; Rogall in SK-StPO Rn. 17 mwN; Schmitt in Meyer-Goßner/Schmitt Rn. 1.

[4] Bader in KK-StPO Rn. 1; Rogall in SK-StPO Rn. 6.

II. Mitwirkende Personen

1. Allgemeines. Mitwirkende Personen sind solche, die von § 53 Abs. 1 S. 1 Nr. 1 bis Nr. 4 erfasste **Berufsgeheimnisträger bei ihrer beruflichen Tätigkeit unterstützen** und daher in das zwischen diesen und Dritten bestehende **Vertrauensverhältnis einbezogen** sind.[5] Das können alle Personen sein, die **im Rahmen eines Vertragsverhältnisses** (§ 53a Abs. 1 Nr. 1), namentlich eines Arbeitsvertrages, eines Vertrages zur gemeinschaftlichen Berufsausübung[6] oder eines Auftragsverhältnisses, **im Rahmen einer berufsvorbreitenden Tätigkeit** (§ 53a Abs. 1 Nr. 2), etwa als Auszubildender oder Praktikant, oder **im Rahmen einer sonstigen Hilfstätigkeit** (§ 53a Abs. 1 Nr. 3) für den Berufsgeheimnisträger tätig werden. Da nicht nur Personen erfasst sind, die im Rahmen eines Arbeitsvertrages, eines Dienst-, Werk- oder Geschäftsbesorgungsvertrages oder als Auszubildende oder Praktikanten für einen Berufsgeheimnisträger tätig werden, sondern auch solche, die im Rahmen einer sonstigen (Hilfs-)Tätigkeit einen Berufsgeheimnisträger unterstützen, kommt es im Ergebnis nur darauf an, ob die betreffende Person dergestalt – als interner oder als externer Unterstützer – an der Berufstätigkeit des Berufsgeheimnisträgers mitwirkt, dass sie typischerweise Kenntnis erlangen kann von vertraulichen Informationen. Erforderlich ist weder ein soziales Abhängigkeitsverhältnis noch eine berufsmäßige Tätigkeit; von § 53a sind auch nur gelegentlich oder einmalig, gefälligkeitshalber und ohne Dienstverpflichtung mithelfende Personen – etwa Freunde oder Familienmitglieder – erfasst, solange ihre unterstützende Tätigkeit einen **unmittelbaren Bezug zur Tätigkeit des Berufsgeheimnisträgers** aufweist.[7] Daran fehlt es in der Regel bei einfachem Hauspersonal (Haushaltshilfen, Fahrer, Reinigungspersonal), sofern dieses nicht mit sensiblen Informationen befasst wird, indem es zum Beispiel Telefonanrufe entgegennimmt oder Mandanten empfängt.[8] Da es wesentlich auf die tatsächliche Einbeziehung der mitwirkenden Personen in das von § 53 geschütze Vertrauensverhältnis zwischen einem Berufsgeheimnisträger und dessen Gesprächspartnern, Mandanten oder Patienten ankommt (tätigkeitsbezogene Betrachtungsweise), können auch solche Personen Mitwirkende iSd § 53a sein, die – wie beispielsweise Sachverständige, Detektive oder Zahntechniker – zugleich **selbständige Gewerbetreibende** sind. Soweit das früher umstritten war, hat der Gesetzgeber durch die pauschale Erfassung von Personen, die Berufsgeheimnisträgern im Rahmen von Vertragsverhältnissen zuarbeiten, für Klarheit dahingehend gesorgt, dass auch **externe Dienstleister,** die auf der Basis von Werk- oder Geschäftsbesorgungsverträgen und ohne Eingliederung in die Sphäre des Berufsgeheimnisträgers tätig werden, von § 53a erfasst werden.[9] Denn der Schutz des Vertrauensverhältnisses kann nicht von der oftmals durch Zufälligkeiten bedingten Stellung eines für den Berufsgeheimnisträger unterstützend Tätigen abhängig gemacht werden.[10] 2

---

[5] BGH 7.4.2005 – 1 StR 326/04, BGHSt 50, 64 = NJW 2005, 2406; Bader in KK-StPO Rn. 2; Krekeler/Schonrad wistra 1998, 137.

[6] Mit Wirkung zum 1.8.2022 ist § 53a Abs. 1 Nr. 1 um die Worte „einschließlich der gemeinschaftlichen Berufsausübung," ergänzt worden (BGBl. 2021 I 2363, 2430). Damit wird klargestellt, dass auch Gesellschafter von Berufsausübungsgesellschaften, sofern sie im Einzelfall die Tätigkeit eines anderen, von § 53 Abs. 1 Nr. 3 erfassten Gesellschafters – etwa eines Rechtsanwalts in einer interprofessionellen Berufsausübungsgesellschaft – unterstützen, Mitwirkende iSd § 53a StPO sind; vgl. BT-Drs. 19/27670, 318.

[7] BGH 7.4.2005 – 1 StR 326/04, BGHSt 50, 64 = NJW 2005, 2406; Bader in KK-StPO Rn. 2, 4; Ignor/Bertheau in Löwe/Rosenberg Rn. 2; Huber in BeckOK StPO Rn. 2; Neubeck in KMR-StPO Rn. 1; Otte in Radtke/Hohmann Rn. 2; Rogall in SK-StPO Rn. 8 ff.; Schmitt in Meyer-Goßner/Schmitt Rn. 2 f., 10; Dallinger JZ 1953, 432; Krekeler/Schonrad wistra 1998, 137.

[8] Bader in KK-StPO Rn. 4; Neubeck in KMR-StPO Rn. 1; Schmitt in Meyer-Goßner/Schmitt Rn. 2; Krekeler/Schonrad wistra 1998, 137. Insofern kritisch Ignor/Bertheau in Löwe/Rosenberg Rn. 3.

[9] Vgl. BT-Drs. 18/12940, 10 f.; Bader in KK-StPO Rn. 2 f.; Ignor/Bertheau in Löwe/Rosenberg Rn. 2, 4; Eschelbach in Satzger/Schluckebier/Widmaier StPO Rn. 4; Gercke in Gercke/Julius/Temming/Zöller Rn. 2; Huber in BeckOK StPO Rn. 3; Neubeck in KMR-StPO Rn. 1 ff.; Otte in Radtke/Hohmann Rn. 3; Rogall in SK-StPO Rn. 6; Schmitt in Meyer-Goßner/Schmitt Rn. 3 f.; Schorn StraFo 2017, 491 (495 f.).

[10] In diesem Sinne schon Oster StraFo 1996, 92.

3 **2. Mitwirkende von Geistlichen.** Von § 53a erfasste Hilfspersonen von Geistlichen sind nur selbst **in der Seelsorge tätige Personen,** nicht aber solche, die nur mit nicht unmittelbar die Seelsorge betreffenden Tätigkeiten betraut sind.[11] Kein Zeugnisverweigerungsrecht haben deshalb etwa Messdiener, Kirchenälteste oder Pfarrgemeinderäte.[12]

4 **3. Mitwirkende von Rechtsanwälten.** Von § 53a erfasste Hilfspersonen von Rechtsanwälten einschließlich Verteidigern sind alle nicht selbst als Rechtsanwalt zugelassenen juristischen Mitarbeiter wie zum Beispiel nicht zugelassene Volljuristen, **Referendare** und Studierende, das **Büropersonal**[13] sowie zu Beratungsgesprächen zugezogene **Dolmetscher.**[14] Auch ein vom Rechtsanwalt eines Beschuldigten beauftragter **Detektiv** ist Mitwirkender im Sinne von § 53a.[15] Ein vom Rechtsanwalt eingeschalteter **Sachverständiger** ist im Rahmen seiner beauftragten Tätigkeit gleichfalls Mitwirkender iSd § 53a.[16] Denn ohne die Zuziehung eines Sachverständigen und eine damit notwendige Partizipation des Sachverständigen an vertraulich erlangten Informationen des Rechtsanwalts könnte der Rechtsanwalt seine Aufgabe unter Umständen nicht sachgerecht wahrnehmen, wenn es um technische Sachverhalte geht.[17] Auch die Mitarbeiter eines vom Rechtsanwalt mit der Speicherung und Verarbeitung von Daten über Mandanten und Verfahren beauftragten externen **IT-Dienstleisters** zählen zu den Mitwirkenden iSd § 53a.[18] Soweit in der älteren Literatur **selbständig tätigen Gewerbetreibenden** oder **Freiberuflern** wie Detektiven, Sachverständigen und **externen Verwaltungsdienstleistern** ein Zeugnisverweigerungsrecht nach § 53a abgesprochen wurde, ist diese Auffassung mit der aktuellen Gesetzesfassung, die ausdrücklich auch vertragliche Beziehungen zwischen dem Berufsgeheimnisträger und dem Mitwirkenden erfasst, nicht vereinbar; sie ist unabhängig davon, dass sie schon nach früherem Recht fehlging, überholt.[19]

5 **4. Mitwirkende von Ärzten. a) Niedergelassene Ärzte.** Zu den von § 53a erfassten ärztlichen Gehilfen gehören **medizinisch-technische Assistenten, medizinische Fachangestellte („Sprechstundenhilfe"),** Sekretäre und Buchhalter sowie bei einer engen Anbindung an einen Arzt, die ihre Tätigkeiten im Einzelfall als Hilfstätigkeiten für diesen (und nicht als selbständiges Agieren lediglich aufgrund ärztlicher Verordnung) erscheinen lässt,[20] auch Physiotherapeuten, Masseure und medizinische Bademeister.[21] Zu den erfassten

---

11 Otte in Radtke/Hohmann Rn. 4; Rogall in SK-StPO Rn. 28; Schmitt in Meyer-Goßner/Schmitt Rn. 8; Peters JR 1975, 402; Stromberg MDR 1974, 892.

12 Bader in KK-StPO Rn. 5; Huber in BeckOK StPO Rn. 4; Schmitt in Meyer-Goßner/Schmitt Rn. 8.

13 LG Dresden 14.6.2007 – 3 AR 5/07, NJW 2007, 2789; Bader in KK-StPO Rn. 4; Ignor/Bertheau in Löwe/Rosenberg Rn. 6; Schmitt in Meyer-Goßner/Schmitt Rn. 5.

14 Bader in KK-StPO Rn. 4; Ignor/Bertheau in Löwe/Rosenberg Rn. 6; Eschelbach in Satzger/Schluckebier/Widmaier StPO Rn. 7; Huber in BeckOK StPO Rn. 6; Neubeck in KMR-StPO Rn. 2; Otte in Radtke/Hohmann Rn. 4; Rogall in SK-StPO Rn. 29; Schmitt in Meyer-Goßner/Schmitt Rn. 5. Vgl. zum Dolmetscher auch LG Verden 6.3.1996 – 1 Qs 57/96, StV 1996, 371.

15 Bader in KK-StPO Rn. 2a; Ignor/Bertheau in Löwe/Rosenberg Rn. 6; Neubeck in KMR-StPO Rn. 2; Rogall in SK-StPO Rn. 29; Schmitt in Meyer-Goßner/Schmitt Rn. 5; Jungfer StV 1989, 495; Münchhalffen StraFo 2001, 168; Oster StraFo 1996, 92. Nach LG Frankfurt a. M. 7.11.1958 – 5/9 Qs 202/58, NJW 1959, 589 soll der Detektiv Mitwirkender sein, wenn „die besonderen Umstände des Einzelfalls eine besonders enge Beziehung des Detektivs zur berufsmäßigen Tätigkeit des Verteidigers erkennen lassen".

16 LG Hannover 14.2.2001 – 33a 10/00, StraFo 2001, 167 mzustAnm Münchhalffen für einen vom Angeklagten eingeschalteten Umweltberater; Bader in KK-StPO Rn. 2a; Ignor/Bertheau in Löwe/Rosenberg Rn. 2, 6; Eschelbach in Satzger/Schluckebier/Widmaier StPO Rn. 7; Neubeck in KMR-StPO Rn. 2; Rogall in SK-StPO Rn. 29; Schmitt in Meyer-Goßner/Schmitt Rn. 5; Krause StraFo 1998, 1.

17 Krekeler/Schonrad wistra 1998, 137.

18 Bader in KK-StPO Rn. 2a; Schmitt in Meyer-Goßner/Schmitt Rn. 5; Schorn StraFo 2017, 491 (495 f.). Vgl. insofern auch Kargl StV 2017, 482.

19 Bader in KK-StPO Rn. 2; Rogall in SK-StPO Rn. 29.

20 Zu dieser gebotenen Einschränkung vgl. Rogall in SK-StPO Rn. 11, 34.

21 Vgl. Ignor/Bertheau in Löwe/Rosenberg Rn. 7; Neubeck in KMR-StPO Rn. 2; Otte in Radtke/Hohmann Rn. 4; Rogall in SK-StPO Rn. 33; Schmitt in Meyer-Goßner/Schmitt Rn. 6.

Personen zählen weiter vom Arzt zugezogene Psychologen, sofern sie nicht ohnehin als Psychotherapeuten oder psychologische Psychotherapeuten unter § 53 Abs. 1 S. 1 Nr. 3 fallen,[22] und sonstige zur Behandlungsunterstützung hinzugezogene Spezialisten.[23] Auch der über Patientendaten und medizinische Befunde verfügende und vom Arzt mit einer Transportleistung betraute selbständige **Krankentransportfahrer**[24] sowie ein vom Zahnarzt eingeschalteter **Zahntechniker**[25] können Gehilfe eines Arztes sein. Gleiches gilt, soweit sie Einblick in ärztliche Diagnosen und Therapien haben, für Mitarbeiter von **privatärztlichen Verrechnungsstellen.**[26] An dem erforderlichen engen Bezug zur Tätigkeit des Berufsgeheimnisträgers (→ Rn. 2) fehlt es dagegen bei Mitarbeitern von Krankenkassen und kassenärztlichen Vereinigungen, weshalb diese nicht Mitwirkende im Sinne von § 53a sind.[27]

b) Krankenhäuser und Rettungsdienste. Angesichts der Vielzahl unterschiedlicher Tätigkeitsfelder in einem Krankenhaus kann im Einzelfall zweifelhaft sein, wer dort zum ärztlichen Unterstützungspersonal iSd § 53a gehört. Ausgangspunkt ist auch hier, dass das Zeugnisverweigerungsrecht des Arztes nicht durch die Vernehmung von Hilfspersonen umgangen werden soll und daher die Tätigkeit der Mitwirkenden iSd § 53a in unmittelbarem Zusammenhang mit der Tätigkeit des Arztes stehen muss.[28] Im Krankenhaus direkt in der Krankenpflege tätige **Krankenpfleger, Krankenschwestern,**[29] **Physiotherapeuten,** Masseure und medizinische Bademeister gehören daher zu den von § 53a erfassten Personen. Das Gleiche gilt für **Notfallsanitäter** und **Rettungsassistenten,** soweit sie an einem Notarzteinsatz beteiligt sind, nicht aber, wenn sie ohne ärztliche Mitwirkung im **Rettungsdienst** oder **Krankentransport** tätig sind.[30] Pförtner, Reinigungskräfte, Küchenpersonal und andere patientenfern tätige Krankenhausmitarbeiter sind dagegen nicht erfasst, weil ihre Tätigkeit nicht in einem unmittelbaren Zusammenhangs mit der Tätigkeit der Ärzte steht, auch wenn sie im Einzelfall Kenntnis von vertraulichen Informationen erlangen können.[31] Der erforderliche unmittelbare Zusammenhang mit ärztlicher Tätigkeit liegt aber bei einem **Verwaltungsdirektor** vor, der die – vor allem zu Abrechnungszwecken – erforderlichen Daten von Patienten verarbeitet, weil ohne diese Arbeitsteilung der Arzt selbst diese Tätigkeit miterledigen müsste.[32] Als an der ärztlichen Tätigkeit Mitwirkende iSd § 53a sind auch die sonstigen **Beschäftigten der Krankenhausverwaltung** anzusehen, die eine im unmittelbaren Zusammenhang mit der ärztlichen Behandlung stehende Tätigkeit entfalten.[33] Insoweit 6

[22] Huber in BeckOK StPO Rn. 7; Rogall in SK-StPO Rn. 34; Schmitt in Meyer-Goßner/Schmitt Rn. 6.

[23] Huber in BeckOK StPO Rn. 7; Otte in Radtke/Hohmann Rn. 4; Rogall in SK-StPO Rn. 34; Schmitt in Meyer-Goßner/Schmitt Rn. 6; Kohlhaas NJW 1972, 1502.

[24] Bader in KK-StPO Rn. 2a; Ignor/Bertheau in Löwe/Rosenberg Rn. 4; Schmitt in Meyer-Goßner/Schmitt Rn. 6; Kohlhaas NJW 1967, 666. AA Otte in Radtke/Hohmann Rn. 2. Differenzierend Rogall in SK-StPO Rn. 34.

[25] Landesberufsgericht für Zahnärzte Stuttgart 14.6.1975 – LQs 1/75, NJW 1975, 2255; Bader in KK-StPO Rn. 2a; Ignor/Bertheau in Löwe/Rosenberg Rn. 4; Rogall in SK-StPO Rn. 36; Schmitt in Meyer-Goßner/Schmitt Rn. 6.

[26] Bader in KK-StPO Rn. 2a; Rogall in SK-StPO Rn. 33. AA Huber in BeckOK StPO Rn. 2; Neubeck in KMR-StPO Rn. 1; Schmitt in Meyer-Goßner/Schmitt Rn. 2.

[27] Ignor/Bertheau in Löwe/Rosenberg Rn. 4; Huber in BeckOK StPO Rn. 2; Neubeck in KMR-StPO Rn. 1; Otte in Radtke/Hohmann Rn. 3; Schmitt in Meyer-Goßner/Schmitt Rn. 2. Zweifelnd Bader in KK-StPO Rn. 2a. AA für Krankenkassen Rogall in SK-StPO Rn. 33.

[28] OLG Oldenburg 10.6.1982 – 2 Ws 204/82, NJW 1982, 2615 = NStZ 1983, 39 mAnm Pelchen.

[29] Vgl. OLG Hamm 20.1.2009 – 5 Ws 24/09, NStZ 2010, 164.

[30] Rogall in SK-StPO Rn. 34.

[31] Pelchen NStZ 1983, 39. AA wohl Kohlhaas NJW 1972, 1502, wonach Hilfskräfte alle Personen sein sollen, die „viel sehen und hören können".

[32] OLG Oldenburg 10.6.1982 – 2 Ws 204/82, NJW 1982, 2615 = NStZ 1983, 39; Ignor/Bertheau in Löwe/Rosenberg Rn. 7; Huber in BeckOK StPO Rn. 7; Neubeck in KMR-StPO Rn. 2; Otte in Radtke/Hohmann Rn. 4; Schmitt in Meyer-Goßner/Schmitt Rn. 6. AA Kreuzer NJW 1975, 2232; Pelchen NStZ 1983, 39.

[33] OLG Oldenburg 10.6.1982 – 2 Ws 204/82, NJW 1982, 2615 = NStZ 1983, 39 mablAnm Pelchen. AA Kreuzer NJW 1975, 2235. Vgl. zur Schweigepflicht der Krankenhausleitung ausführlich Kleinewefers/Wilts NJW 1964, 430.

kommen Mitarbeiter der Dokumentations- und Abrechnungsstellen in Betracht, sofern sie Krankenunterlagen auswerten.[34]

7 **5. Mitwirkende von Parlamentsabgeordneten.** Mitwirkende von Abgeordneten iSd § 53a sind diejenigen Mitarbeiter, die die Abgeordneten bei ihrer mandatsbezogenen Tätigkeit unterstützen und damit typischerweise Kenntnis von Informationen erlangen können, die einem Abgeordneten in dieser Eigenschaft von Dritten anvertraut worden sind. Dabei kommt es nicht darauf an, ob die betreffende Person parlamentarische Tätigkeiten unterstützt oder an politischen Aktivitäten des Abgeordneten mitwirkt, die dieser in seiner Abgeordnetenfunktion im heimatlichen Wahlkreis ausübt. Erfasst sind namentlich **Assistenten** und **Sekretariatsmitarbeiter,** nicht aber Fahrer, Sicherheitskräfte oder in die Mandatsausübung nicht eingebundene Wahlhelfer.[35]

III. Abgeleitetes Zeugnisverweigerungsrecht

8 **1. Sachlicher Umfang des Zeugnisverweigerungsrechts.** Das Zeugnisverweigerungsrecht der Mitwirkenden ist von dem der Berufsgeheimnisträger iSd § 53 Abs. 1 S. 1 Nr. 1 bis Nr. 4 abgeleitet.[36] Den Mitwirkenden kommt nur insofern ein Zeugnisverweigerungsrecht zu, als auch der betreffende Berufsgeheimnisträger, den sie unterstützen, zur Zeugnisverweigerung berechtigt ist. Der **sachliche Umfang des Zeugnisverweigerungsrechts** der Mitwirkenden ist **deckungsgleich mit dem des unterstützten (Haupt-)Berufsgeheimnisträgers.** So haben Mitarbeiter von Parlamentsabgeordneten – ebenso wie die Abgeordneten selbst – nur in Bezug auf vertraulich mitgeteilte Informationen ein Zeugnisverweigerungsrecht. Der Mitarbeiter eines Geistlichen darf nur das Zeugnis über Informationen verweigern, die im Rahmen seelsorgerischer Tätigkeiten erlangt worden sind. Das Zeugnisverweigerungsrecht der Mitwirkenden beschränkt sich aber nicht auf Informationen, die der von ihnen unterstützte Berufsgeheimnisträger selbst erlangt und anschließend an den Mitwirkenden weitergegeben hat. Auch Informationen, die der Mitwirkende im Rahmen seiner den Berufsgeheimnisträger unterstützenden Tätigkeit unmittelbar von Dritten mitgeteilt bekommt beziehungsweise sonstwie selbst in Erfahrung bringt, werden vom Zeugnisverweigerungsrecht erfasst.

9 Das **Zeugnisverweigerungsrecht** von Mitwirkenden **entfällt** gemäß § 53a Abs. 2 im selben Umfang wie das des Berufsgeheimnisträgers **bei einer Entbindung von einer Verpflichtung zur Verschwiegenheit nach § 53 Abs. 2 S. 1 StPO** (auch → Rn. 19), wobei es insofern allein auf eine Entbindung durch denjenigen ankommt, in dessen Interesse eine gesetzliche Schweigepflicht besteht, namentlich durch den Berechtigten iSd § 203 StGB.

10 Es bedarf **keiner Belehrung** der Mitwirkenden über ihr Zeugnisverweigerungsrecht nach § 53a.[37] Dies gilt ungeachtet des Umstandes, dass bei ihnen häufig nicht im selben Umfang wie bei den Berufsgeheimnisträgern davon ausgegangen werden kann, dass sie über ihr Recht zur Zeugnisverweigerung informiert sind. Da aber gleichwohl § 53a für die Reichweite des Zeugnisverweigerungsrechts mit der Gleichstellung von Mitwirkenden und Berufsgeheimnisträgern die Bestimmungen des § 53 für anwendbar erklärt und für Berufsgeheimnisträger keine Belehrungspflicht normiert ist, ist für die Annahme einer Belehrungspflicht in Bezug auf Mitwirkende kein Raum. Allerdings kann es bei Mitwirkenden deutlich eher als bei Berufsgeheimnisträgern (hierzu → § 53 Rn. 66) angezeigt sein, diese **aus Für-**

---

[34] Ignor/Bertheau in Löwe/Rosenberg Rn. 7; Schmitt in Meyer-Goßner/Schmitt Rn. 6.

[35] Bader in KK-StPO Rn. 5; Ignor/Bertheau in Löwe/Rosenberg Rn. 8; Huber in BeckOK StPO Rn. 5; Otte in Radtke/Hohmann Rn. 4; Rogall in SK-StPO Rn. 6; Schmitt in Meyer-Goßner/Schmitt Rn. 7. Hinsichtlich der Wahlhelfer zutreffend nach der konkreten Art der Tätigkeit differenzierend Rogall in SK-StPO Rn. 39.

[36] Bader in KK-StPO Rn. 6; Otte in Radtke/Hohmann Rn. 5; Schmitt in Meyer-Goßner/Schmitt Rn. 11; Krekeler/Schonrad wistra 1998, 137.

[37] Schmitt in Meyer-Goßner/Schmitt Rn. 11. AA Ignor/Bertheau in Löwe/Rosenberg Rn. 10; Eschelbach in Satzger/Schluckebier/Widmaier StPO Rn. 11. Differenzierend Rogall in SK-StPO Rn. 40: Belehrung „aus Gründen der Fürsorgepflicht häufig nicht zu entbehren".

sorgegesichtspunkten im Hinblick auf eine mögliche Strafbarkeit nach § 203 StGB **über die Rechtslage aufzuklären.** Eine solche Aufklärung eines erkennbar nicht rechtskundigen Mitwirkenden stellt – zumal vor dem Hintergrund der Verpflichtung des Gerichts, die Entscheidung des Hauptberufsgeheimnisträgers über die Wahrnehmung eines Zeugnisverweigerungsrechts in Erfahrung zu bringen (→ Rn. 14) – weder eine unzulässige Einflussnahme auf den Zeugen dar noch vermag sie eine Besorgnis der Befangenheit zu begründen.

2. Entscheidungskompetenz des Berufsgeheimnisträgers. Über die **Ausübung des Zeugnisverweigerungsrechts entscheidet** gemäß § 53a Abs. 1 S. 2 eigenverantwortlich der **Berufsgeheimnisträger** mit bindender Wirkung für den Mitwirkenden.[38] Der Gesetzgeber geht davon aus, dass allein dieser die Tragweite einer Aussage aufgrund seiner Vorbildung, seiner Berufserfahrung und seiner Standesauffassung beurteilen kann.[39] Hat der Berufsgeheimnisträger entschieden, dass sein Mitwirkender sich nicht auf das diesem grundsätzlich zukommende Zeugnisverweigerungsrecht berufen soll, entfällt das Zeugnisverweigerungsrecht. Der Mitwirkende ist dann zur Aussage verpflichtet und kann hierzu mit Maßnahmen nach § 70 angehalten werden.[40] Eine etwaige Strafbarkeit des Mitwirkenden nach § 203 Abs. 4 S. 1 StGB entfällt dann aufgrund der Aussagepflicht als Zeuge nach § 48 Abs. 1 S. 2.[41] 11

Hat der Berufsgeheimnisträger dagegen entschieden, dass sein Mitarbeiter vom Zeugnisverweigerungsrecht Gebrauch machen soll, ist dieser an die Entscheidung gebunden und muss bei einer Zeugenvernehmung unter Berufung auf sein Zeugnisverweigerungsrecht die Aussage verweigern. Sagt er gleichwohl aus, macht er sich unter Umständen nach § 203 Abs. 4 S. 1 StGB strafbar.[42] Die **Aussage** des Mitwirkenden bleibt aber **verwertbar.**[43] Denn zum einen ändert die Nichtbeachtung der Vorgabe des Berufsgeheimnisträgers nichts an dem Charakter des Zeugnisverweigerungsrechts als eine Befugnis, von der im Verhältnis zu den Strafverfolgungsbehörden Gebrauch gemacht werden kann, aber nicht muss. Zum anderen kann ein pflichtwidriges Verhalten des Mitwirkenden nicht den Strafverfolgungsbehörden als deren Fehlverhalten zugerechnet werden. Da sich der Berufsgeheimnisträger auch gegen eine Geltendmachung des Zeugnisverweigerungsrechts durch seinen Mitwirkenden hätte entscheiden dürfen, ist der Beschuldigte zudem nicht schutzwürdig, wenn sich der Mitwirkende nicht an die Vorgabe des Berufsgeheimnisträgers hält. 12

Die **Entscheidung** des Berufsgeheimnisträgers **muss nicht einheitlich** sein; er kann selbst das Zeugnis verweigern und zugleich einem Mitarbeiter die Berufung auf das Zeugnisverweigerungsrecht versagen oder umgekehrt selbst aussagen und den Mitwirkenden anhalten, vom Zeugnisverweigerungsrecht Gebrauch zu machen.[44] Er kann auch mehreren Hilfspersonen unterschiedliche Weisungen erteilen.[45] 13

---

[38] BGH 7.4.2005 – 1 StR 326/04, BGHSt 50, 64 = NJW 2005, 2406; Bader in KK-StPO Rn. 6; Ignor/Bertheau in Löwe/Rosenberg Rn. 9; Rogall in SK-StPO Rn. 40 f.; Schmitt in Meyer-Goßner/Schmitt Rn. 11.

[39] Vgl. hierzu Rogall in SK-StPO Rn. 41 mwN.

[40] Bader in KK-StPO Rn. 6; Ignor/Bertheau in Löwe/Rosenberg Rn. 9; Neubeck in KMR-StPO Rn. 3; Rogall in SK-StPO Rn. 42, 50.

[41] Ignor/Bertheau in Löwe/Rosenberg Rn. 1; Fischer StGB § 203 Rn. 71; Rogall in SK-StPO Rn. 2, 50; Lenckner NJW 1965, 321. AA wohl BGH 12.1.1956 – 3 StR 195/55, BGHSt 9, 59 = NJW 1956, 599. In einem solchen Fall kann sich aber der Berufsgeheimnisträger wegen Verletzung von Privatgeheimnissen in mittelbarer Täterschaft (§ 203 Abs. 1 iVm § 25 Abs. 1 Alt. 2 StGB) strafbar machen; vgl. Rogall in SK-StPO Rn. 41, 49 f.

[42] Rogall in SK-StPO Rn. 42.

[43] BGH 7.4.2005 – 1 StR 326/04, BGHSt 50, 64 = NJW 2005, 2406; 12.1.1956 – 3 StR 195/55, BGHSt 9, 59 = NJW 1956, 599; Bader in KK-StPO Rn. 8; Gercke in Gercke/Julius/Temming/Zöller Rn. 5; Huber in BeckOK StPO Rn. 10; Otte in Radtke/Hohmann Rn. 5; Schmitt in Meyer-Goßner/Schmitt Rn. 11. AA Ignor/Bertheau in Löwe/Rosenberg Rn. 10; Eschelbach in Satzger/Schluckebier/Widmaier StPO Rn. 15; Neubeck in KMR-StPO Rn. 2 f.; Rogall in SK-StPO Rn. 52 f.

[44] Bader in KK-StPO Rn. 7; Ignor/Bertheau in Löwe/Rosenberg Rn. 11; Neubeck in KMR-StPO Rn. 5; Otte in Radtke/Hohmann Rn. 6; Rogall in SK-StPO Rn. 43; Schmitt in Meyer-Goßner/Schmitt Rn. 12. AA LG Köln 2.4.1959 – 34 Qs 76/59, NJW 1959, 1598.

[45] Ignor/Bertheau in Löwe/Rosenberg Rn. 11; Otte in Radtke/Hohmann Rn. 6; Rogall in SK-StPO Rn. 43; Schmitt in Meyer-Goßner/Schmitt Rn. 12.

14 Vor einer Vernehmung eines Mitwirkenden hat das Gericht oder die sonstige vernehmende Stelle (Staatsanwaltschaft, Polizei) **von Amts wegen (freibeweislich)** die erforderliche **Entscheidung des Berufsgeheimnisträgers in Erfahrung zu bringen.** Das Gericht darf insofern zwar im Allgemeinen einer Erklärung des Zeugen über die getroffene Entscheidung „ihres" Berufsgeheimnisträgers vertrauen und sich mit einer solchen begnügen. Der Berufsgeheimnisträger muss aber die Gelegenheit erhalten, von seiner Entscheidungskompetenz Gebrauch zu machen. Hiervon muss sich das Gericht (freibeweislich) überzeugen, gegebenenfalls durch Nachfrage beim Zeugen. Wenn allerdings der Zeuge ungeachtet einer Entscheidung des Berufsgeheimnisträgers, dass er vom Zeugnisverweigerungsrecht Gebrauch zu machen hat, aussagen will, sich also über die Entscheidung des Berufsgeheimnisträgers hinwegsetzen will, darf und muss er vernommen werden; seine Aussage ist dann verwertbar (→ Rn. 12).

15 Eine **eigene Entscheidung** des Mitwirkenden ist nach § 53a Abs. 1 S. 2 nur möglich, wenn die Entscheidung des Berufsgeheimnisträgers in absehbarer Zeit, etwa wegen Tod, Krankheit oder längerer Abwesenheit, nicht herbeigeführt werden kann.[46]

16 **3. Entscheidungskompetenz bei gemeinschaftlicher Berufsausübung mehrerer Berufsgeheimnisträger.** Vom Gesetz nicht geregelt ist die Frage, wer über die Ausübung des Zeugnisverweigerungsrechts entscheidet, wenn sich **mehrere** Berufsgeheimnisträger **zu gemeinsamer Berufsausübung verbunden** haben. Haben sich mehrere Ärzte zu einer Praxisgemeinschaft oder Gemeinschaftspraxis beziehungsweise mehrere Rechtsanwälte zu einer in der Rechtsform der GbR betriebenen Sozietät oder Partnerschaftsgesellschaft verbunden oder hat der Mandant eine Rechtsanwalts-GmbH beauftragt, erscheint zweifelhaft, ob nur der Arzt oder Rechtsanwalt, der intern für den Patienten oder Mandanten als Sachbearbeiter zuständig ist, über die Ausübung des Zeugnisverweigerungsrechts entscheidet oder ob jeder Berufsgeheimnisträger einzeln, alle gemeinsam oder nur der nach dem Gesellschaftsvertrag vertretungsberechtigte Partner über die Ausübung des Zeugnisverweigerungsrechts des Mitwirkenden, etwa einer Sprechstundenhelferin einer ärztlichen Gemeinschaftspraxis oder einer Kanzleiangestellten einer Rechtsanwaltssozietät, entscheiden kann.[47]

17 Von der zivilrechtlichen Rechtslage ausgehend, wonach sowohl bei der GbR als auch bei der GmbH Vertragspartner des Mandanten oder Patienten die GbR beziehungsweise die GmbH selbst ist, wäre es zwar an sich konsequent, für die Entscheidung über die Ausübung des Zeugnisverweigerungsrechts von Mitwirkenden die GbR beziehungsweise GmbH selbst – vertreten durch den oder die nach dem Gesellschaftsvertrag zur Vertretung Berechtigten – für zuständig zu halten. Dies hätte die missliche Folge, dass das Gericht sich nicht auf die Mitteilung über die Ausübung des Zeugnisverweigerungsrechts eines Mitwirkenden durch irgendeinen Rechtsanwalt oder Arzt der beauftragten Sozietät oder Gemeinschaftspraxis verlassen dürfte, sondern in jedem Einzelfall die interne Vertretungsregelung aufklären müsste. Wollte man alle Gesellschafter nur gemeinschaftlich zur Entscheidung für zuständig halten, müsste der sachbearbeitende Rechtsanwalt oder konkret behandelnde Arzt stets die Zustimmung aller anderen Gesellschafter einholen, was ebenfalls zu einem unverhältnismäßigen Aufwand führen würde. Praktikabel und zugleich vor dem Hintergrund des Schutzzwecks des abgeleiteten Zeugnisverweigerungsrechts der Mitwirkenden ausreichend erscheint daher nur, denjenigen Rechtsanwalt oder Arzt für alleine zuständig zu halten, der den Mandanten oder Patienten, um den es im konkreten Fall geht, (hauptsächlich) betreut. Nach hier vertretener Auffassung ist deshalb sowohl bei einer in der Rechtsform der GbR betriebenen Rechtsanwaltssozietät oder Arztpraxis als auch bei einer Rechtsanwalts-GmbH jeder Rechtsanwalt oder Arzt auch ohne Zustimmung der anderen Gesellschafter oder des vertretungsberechtigten Gesellschafters zur Entscheidung

46 Bader in KK-StPO Rn. 6; Ignor/Bertheau in Löwe/Rosenberg Rn. 9; Rogall in SK-StPO Rn. 40, 45; Schmitt in Meyer-Goßner/Schmitt Rn. 11.

47 Vgl. für Rechtsanwälte ausführlich Thielen StraFo 2000, 121.

über die Ausübung des Zeugnisverweigerungsrechts eines Mitwirkenden in Bezug auf „seine" Mandanten und Patienten befugt.[48]

4. Zeugnisverweigerungsrecht eines Mitwirkenden in einem Verfahren gegen den Berufsgeheimnisträger. Umstritten ist, ob und in welchem Umfang einem Mitwirkenden iSd § 53a in einem Verfahren gegen den Berufsgeheimnisträger, dem er zuarbeitet, ein Zeugnisverweigerungsrecht nach § 53a zusteht. Die Auffassung, wonach dem Mitwirkenden in einem solchen Fall kein Zeugnisverweigerungsrecht zustehen soll, sofern nicht ein Dritter, dem gegenüber der beschuldigte Berufsgeheimnisträger zum Schweigen verpflichtet ist, Mitbeschuldigter ist und sich die Aussage zumindest auch auf ihn beziehen soll,[49] ist zu eng und vernachlässigt das Schutzbedürfnis desjenigen, der dem Beschuldigten oder Mitwirkenden Informationen anvertraut hat. Mitwirkenden steht ein Zeugnisverweigerungsrecht vielmehr bereits dann zu, wenn ihre Aussage Geheimnisse der durch § 203 StGB, §§ 53, 53a StPO geschützten Personen offenbaren würde.[50] Denn das Zeugnisverweigerungsrecht soll dem Schutz der Vertraulichkeit von Informationen dienen, der bereits dann tangiert ist, wenn vertrauliche Informationen ohne Zustimmung des Berechtigten öffentlich erörtert oder bekannt werden, unabhängig davon, ob dieser am Verfahren beteiligt ist oder nicht. Die Gegenauffassung beruft sich zu Unrecht auf eine Entscheidung des Landesberufsgerichts für Zahnärzte Baden-Württemberg;[51] in dieser Entscheidung wird entsprechend der hier vertretenen Auffassung vielmehr darauf hingewiesen, dass das Zeugnisverweigerungsrecht eines Mitwirkenden in einem Verfahren gegen den Berufsgeheimnisträger besteht, wenn Geheimnisse eines Patienten berührt werden, ohne dass zur weiteren Voraussetzung gemacht wird, dass der Patient Mitbeschuldigter ist.[52] Über die Ausübung des Zeugnisverweigerungsrechts entscheidet der Berufsgeheimnisträger (→ Rn. 11) auch dann, wenn er in dem betreffenden Verfahren selbst Beschuldigter ist. Für eine teleologische Reduktion des § 53a Abs. 1 S. 2 ist angesichts des klaren Wortlauts der Norm kein Raum. 18

IV. Entbindung von der Schweigepflicht

Die Entbindung des Berufsgeheimnisträgers von der Verpflichtung zur Verschwiegenheit nach § 53 Abs. 2 S. 1 gilt nach § 53a Abs. 2 auch für dessen mitwirkende Personen (auch → Rn. 9) und ist unteilbar.[53] Beide können nur gemeinsam von der Verpflichtung zur Verschwiegenheit entbunden oder nicht entbunden werden.[54] 19

V. Rechtsmittel

Werden Maßnahmen nach § 70 gegen mitwirkende Personen wegen (vermeintlich) unberechtigter Zeugnisverweigerung ergriffen, steht auch dem Berufsgeheimnisträger, für den der Zeuge unterstützend tätig gteworden ist, das Recht zur Beschwerde zu.[55] Für die Revision gelten die Ausführungen zu § 53 entsprechend (→ § 53 Rn. 80 f.). 20

[48] So im Ergebnis auch Bader in KK-StPO Rn. 6; Rogall in SK-StPO Rn. 41. Hiervon scheint auch der Gesetzgeber auszugehen, wenn er in Bezug auf Berufsausübungsgesellschaften davon spricht, dass die Entscheidung über die Ausübung des Zeugnisverweigerungsrechts dem Berufsgeheimnisträger vorbehalten ist, der „mit der Sache befasst ist"; vgl. BT-Drs. 19/27670, 318.

[49] Bader in KK-StPO Rn. 9; Huber in BeckOK StPO Rn. 11; Neubeck in KMR-StPO Rn. 5; Otte in Radtke/Hohmann Rn. 6 f.; Schmitt in Meyer-Goßner/Schmitt Rn. 13.

[50] Landesberufsgericht für Zahnärzte Stuttgart 14.6.1975 – LQs 1/75, NJW 1975, 2255; Berufsgericht für Heilberufe Münster 2.9.2015 – 16 T 1399/14.T, BeckRS 2015, 129787; Ignor/Bertheau in Löwe/Rosenberg Rn. 13; Rogall in SK-StPO Rn. 46; Schliwienski NJW 1988, 1507.

[51] Landesberufsgericht für Zahnärzte Stuttgart 14.6.1975 – LQs 1/75, NJW 1975, 2255.

[52] Ähnlich Schliwienski NJW 1988, 1507.

[53] Bader in KK-StPO Rn. 10; Ignor/Bertheau in Löwe/Rosenberg Rn. 14; Huber in BeckOK StPO Rn. 12; Otte in Radtke/Hohmann Rn. 7; Rogall in SK-StPO Rn. 47; Schmitt in Meyer-Goßner/Schmitt Rn. 14; Dallinger JZ 1953, 432.

[54] Otte in Radtke/Hohmann Rn. 7; Rogall in SK-StPO Rn. 47; Schmitt in Meyer-Goßner/Schmitt Rn. 14.

[55] OLG Köln 1.3.1991 – 2 Ws 100/91, StV 1991, 506 mAnm Münchhalffen = BeckRS 2008, 9832; Ignor/Bertheau in Löwe/Rosenberg Rn. 9; Otte in Radtke/Hohmann Rn. 8; Rogall in SK-StPO Rn. 54; Schmitt in Meyer-Goßner/Schmitt Rn. 11.

§ 54 Aussagegenehmigung für Angehörige des öffentlichen Dienstes

(1) Für die Vernehmung von Richtern, Beamten und anderen Personen des öffentlichen Dienstes als Zeugen über Umstände, auf die sich ihre Pflicht zur Amtsverschwiegenheit bezieht, und für die Genehmigung zur Aussage gelten die besonderen beamtenrechtlichen Vorschriften.

(2) Für die Mitglieder des Bundestages, eines Landtages, der Bundes- oder einer Landesregierung sowie für die Angestellten einer Fraktion des Bundestages und eines Landtages gelten die für sie maßgebenden besonderen Vorschriften.

(3) Der Bundespräsident kann das Zeugnis verweigern, wenn die Ablegung des Zeugnisses dem Wohl des Bundes oder eines deutschen Landes Nachteile bereiten würde.

(4) Diese Vorschriften gelten auch, wenn die vorgenannten Personen nicht mehr im öffentlichen Dienst oder Angestellte einer Fraktion sind oder ihre Mandate beendet sind, soweit es sich um Tatsachen handelt, die sich während ihrer Dienst-, Beschäftigungs- oder Mandatszeit ereignet haben oder ihnen während ihrer Dienst-, Beschäftigungs- oder Mandatszeit zur Kenntnis gelangt sind.

Schrifttum: Barrot/Faeser, Zeugenvernehmungen von V-Leuten in parlamentarischen Untersuchungsausschüssen, NVwZ 2016, 1205; Böhm, Zum Erfordernis einer Genehmigung des Dienstherrn für Zeugenaussagen eines Polizeibeamten, NStZ 1983, 158; Bohnert, Der beschuldigte Amtsträger zwischen Aussagefreiheit und Verschwiegenheitspflicht, NStZ 2004, 301; Eisenberg, Beschlagnahme von Akten der Jugendgerichtshilfe durch das Jugendgericht, NStZ 1986, 308; Ellbogen, Anfechtung der behördlichen Verweigerung einer Aussagegenehmigung durch die Staatsanwaltschaft?, NStZ 2007, 310; Feller, Persönliche und gegenständliche Reichweite der Vorschriften über die Verpflichtung zur Aussagegenehmigung, JZ 1961, 628; Fezer, Grundfälle zum Verlesungs- und Verwertungsverbot im Strafprozess, JuS 1978, 472; Fezer, Anfechtung einer Sperrerklärung des Innenministers und Aussetzung der Hauptverhandlung, JuS 1987, 358; Geppert, Die höchstrichterliche Rechtsprechung zu beweisrechtlichen Fragen bei behördlich geheimgehaltenem V-Mann, Jura 1992, 244; Gercke, Gesetzliche Regelung des Einsatzes von V-Leuten im Rahmen der Strafverfolgung? Von Verfassungs wegen geboten, StV 2017, 615; Gribbohm, Der Gewährsmann als Zeuge im Strafprozess – Wege der neueren Rechtsprechung zur V-Mann-Problematik, NJW 1981, 305; Herdegen, Bemerkungen zum Beweisantragsrecht, NStZ 1984, 97; Hilger, Zum Rechtsweg gegen Sperrerklärung und Verweigern der Aussagegenehmigung in V-Mann-Prozessen, NStZ 1984, 145; Kleinknecht, Die Beweisverbote im Strafprozess, NJW 1966, 1537; Kraushaar, Behördenangehörige als V-Personen, Kriminalistik 1995, 186; Kube/Leineweber, Polizeibeamte als Zeugen und Sachverständige, 1980; Laue, Der staatliche Strafanspruch in Abhängigkeit von verwaltungsrechtlicher Aufgabenerfüllung?, ZStW 120 (2008), 260; Lorenz, Die Zulässigkeit der Vertraulichkeitszusage gegenüber Vertrauenspersonen und Informanten sowie deren Auswirkung auf das Strafverfahren, StraFo 2016, 316; Meyer, Zur prozessrechtlichen Problematik des V-Mannes, ZStW 95 (1983), 835; Ostendorf, Die Informationsrechte der Strafverfolgungsbehörden gegenüber anderen staatlichen Behörden im Widerstreit mit deren strafrechtlichen Geheimhaltungspflichten, DRiZ 1981, 4; Reinecke/Hilger, Rechtliche Bedeutung von Schweigepflichten ehemaliger Bediensteter der ehemaligen Staatsverwaltung in der DDR, DtZ 1993, 261; Rudolphi, Die Revisibilität von Verfahrensmängeln im Strafprozess, MDR 1970, 93; Schäfer, Der Amtsträger als Beschuldigter – Eine Untersuchung zur Rechtfertigung des Bruchs der Verschwiegenheitspflicht als Mittel der Verteidigung im Strafverfahren, 2018; Schmid, Die Aussagegenehmigung für Beamte im Strafprozess, JR 1978, 8; Soiné, Der Einsatz von V-Personen im Ermittlungsverfahren – Plädoyer für die Schaffung einer normenklaren Regelung in der StPO, ZRP 2021, 47; Staats, Deutsches Richtergesetz, 2012; Stromberg, Über das Zeugnisverweigerungsrecht und die Genehmigungsbedürftigkeit von Zeugenaussagen kirchlicher Bediensteter – mit einem Ausblick auf die zu erwartende Erweiterung des § 53 StPO, MDR 1974, 892; Zezschwitz, Verfassungsrechtliche Problematik administrativer Aussagebeschränkungen im Strafprozess, NJW 1972, 796.

Übersicht

I. Allgemeines

1 Die Vorschrift regelt den potentiellen Konflikt zwischen einer dienstrechtlichen Verschwiegenheitspflicht von Angehörigen des öffentlichen Dienstes und der Pflicht von Zeugen zur Aussage nach § 48 Abs. 1 S. 2. Eine Verschwiegenheitspflicht von Angehörigen des öffentlichen Dienstes kann sich aus gesetzlichen Bestimmungen, Anstellungsverträgen oder Regelungen in einem Tarifvertrag ergeben. Eine danach bestehende Pflicht zur Verschwiegenheit überträgt § 54 Abs. 1 und Abs. 2 durch eine Bezugnahme auf die außerstrafrechtlichen Rechtsgrundlagen der Verschwiegenheitsanordnung unverändert in das Strafverfahrensrecht.[1] Eine **dienstrechtliche Verschwiegenheitspflicht** gilt danach auch im Strafprozess; sie **entbindet den Zeugen von seiner Aussagepflicht** nach § 48 Abs. 1 S. 2 und begründet zugleich ein Verbot der Vernehmung und Befragung des Zeugen zu Umständen, auf die sich die Verschwiegenheitspflicht erstreckt. Soweit die Verschwiegenheitspflicht reicht, besteht mithin ein von Amts wegen zu beachtendes **Vernehmungsverbot,** das erst mit der Erteilung einer Aussagegenehmigung entfällt.[2] Bis zur Erteilung einer Aussagegenehmigung ist der Zeuge weder verpflichtet noch befugt, zu Umständen auszusagen, die seiner Verschwiegenheitspflicht unterfallen,[3] weshalb Maßnahmen nach § 70 gegen ihn nicht ergriffen werden dürfen, sofern keine Aussagegenehmigung vorliegt.[4] Eine **ohne erforderliche Genehmigung** – etwa in Verkennung der Reichweite einer Pflicht zur Amtsverschwiegenheit oder des Umfanges einer Aussagegenehmigung – **gemachte Aussage darf** aber **verwertet werden.**[5] Die Vorschrift dient dem **Schutz öffentlicher Geheimhaltungsinteressen**[6] und gilt weder für amtlich bekannt gewordene Privatgeheimnisse noch für das Steuer-, Sozial-, Post- und Fernmeldegeheimnis; die Pflicht zur Wahrung dieser Geheimnisse folgt unmittelbar aus den entsprechenden Vorschriften.[7] Auch auf die Pflicht zur Wahrung des gerichtlichen Beratungsgeheimnisses (§ 43

---

1 Ignor/Bertheau in Löwe/Rosenberg Rn. 1; Otte in Radtke/Hohmann Rn. 1; Schmitt in Meyer-Goßner/Schmitt Rn. 1.

2 Bader in KK-StPO Rn. 1; Eschelbach in Satzger/Schluckebier/Widmaier StPO Rn. 1; Ignor/Bertheau in Löwe/Rosenberg Rn. 1, 26; Otte in Radtke/Hohmann Rn. 3; Rogall in SK-StPO Rn. 2; Schmitt in Meyer-Goßner/Schmitt Rn. 2. Siehe auch → Rn. 45.

3 BVerfG 26.5.1981 – 2 BvR 215/81, BVerfGE 57, 250 = NJW 1981, 1719; BGH 10.7.1952 – 3 StR 796/51, MDR 1952, 659; OLG Hamburg 22.10.1993 – 1b Ws 271/93, NStZ 1994, 98; Gercke in Gercke/Julius/Temming/Zöller Rn. 1; Ignor/Bertheau in Löwe/Rosenberg Rn. 1; Otte in Radtke/Hohmann Rn. 3; Rogall in SK-StPO Rn. 2; Schmitt in Meyer-Goßner/Schmitt Rn. 2.

4 OLG Hamburg 22.10.1993 – 1b Ws 271/93, NStZ 1994, 98. Siehe auch → Rn. 45.

5 Bader in KK-StPO Rn. 12; Schmitt in Meyer-Goßner/Schmitt Rn. 2, 15; Eisenberg BeweisR StPO Rn. 1266. Bedenken äußerst Eschelbach in Satzger/Schluckebier/Widmaier StPO Rn. 5. Vgl. auch → Rn. 24; → Rn. 45 und → Rn. 55.

6 Gercke in Gercke/Julius/Temming/Zöller Rn. 1; Otte in Radtke/Hohmann Rn. 1; Schmitt in Meyer-Goßner/Schmitt Rn. 1.

7 Neubeck in KMR-StPO Rn. 1; Otte in Radtke/Hohmann Rn. 2; Schmitt in Meyer-Goßner/Schmitt Rn. 1; Eisenberg BeweisR StPO Rn. 1259. AA bezüglich amtlich bekannt gewordener Privatgeheimnisse Ignor/Bertheau in Löwe/Rosenberg Rn. 1.

DRiG) ist § 54 nicht anwendbar.[8] Es ist **keine Belehrung** eines Zeugen über seine dienstrechtliche Verschwiegenheitspflicht und das Erfordernis einer Aussagegenehmigung erforderlich;[9] eine solche kommt allenfalls in Ausnahmefällen unter dem Gesichtspunkt der Fürsorgepflicht in Betracht.[10]

II. Anwendungsbereich

2 Die Vorschrift regelt nur die **Vernehmung** von Zeugen. Ein zur Amtsverschwiegenheit verpflichteter Zeuge ist, zumal das Vernehmungs- und Aussageverbot nicht umfassend gilt, sondern auf die Umstände beschränkt ist, die der Verschwiegenheitspflicht unterliegen, unabhängig von der Erteilung einer Aussagegenehmigung **verpflichtet,** gemäß § 48 Abs. 1 S. 1 auf eine Ladung als Zeuge vor Gericht **zu erscheinen.**[11] Er kann sich nicht darauf berufen, dass nicht er, sondern die Behörde, der er angehört, zur Erteilung einer Auskunft verpflichtet ist.[12] § 54 gilt für **alle Zeugenvernehmungen,** also für **richterliche Vernehmungen** ebenso wie für solche durch die **Staatsanwaltschaft** (§ 161a Abs. 1 S. 2) oder die **Polizei** (§ 163 Abs. 3 S. 2).[13] Der zeitliche Anwendungsbereich ergibt sich aus § 54 Abs. 4; insbesondere erstreckt sich die Vorschrift auch auf **ehemalige Angehörige des öffentlichen Dienstes,** denn die Pflicht zur Amtsverschwiegenheit endet nicht mit der Tätigkeit im öffentlichen Dienst, sondern **gilt zeitlich unbegrenzt.**

3 Von § 54 wird nur die Konstellation erfasst, dass eine konkrete Person als Zeuge vernommen werden soll; die Vorschrift gilt dagegen nicht, wenn **von einer Behörde als solche amtliche Auskünfte verlangt werden,** etwa über die Identität einer Gewährsperson (eines Informanten oder einer Vertrauensperson). Für die Frage, ob und inwieweit solche Auskunftsverlangen von einer Behörde negativ beschieden werden dürfen, ist **§ 96 analog anwendbar.**[14]

4 § 54 betrifft nur die Verschwiegenheitspflicht von Zeugen, nicht die Pflicht zur Amtsverschwiegenheit von **Beschuldigten,** die dem öffentlichen Dienst angehören oder angehörten.[15] Allerdings benötigen auch Beschuldigte, die Angehörige des öffentlichen Dienstes sind oder waren, eine Aussagegenehmigung, um im eigenen Strafverfahren über Umstände aussagen zu dürfen, auf die sich die Pflicht zur Amtsverschwiegenheit erstreckt (Nr. 44 Abs. 3 S. 1 RiStBV). Dass ein Beschuldigter Angehöriger des öffentlichen Dienstes ist oder war, enthebt mithin nicht von der Verpflichtung, eine Aussagegenehmigung einzuholen, wenn seine Einlassung andernfalls gegen die Verschwiegenheitspflicht verstoßen würde.[16] Der Beschuldigte, der sich im Strafverfahren einlassen möchte, muss sich selbst um die Einholung einer erforderlichen Aussagegenehmigung kümmern (Nr. 44 Abs. 3 S. 2 RiStBV).[17] Einem Beschuldigten darf die

---

8 Neubeck in KMR-StPO Rn. 1; Otte in Radtke/Hohmann Rn. 2; Rogall in SK-StPO Rn. 17.

9 Ignor/Bertheau in Löwe/Rosenberg Rn. 14; Neubeck in KMR-StPO Rn. 2; Otte in Radtke/Hohmann Rn. 3 mwN.; Rogall in SK-StPO Rn. 9; Schmitt in Meyer-Goßner/Schmitt Rn. 2; Eisenberg BeweisR StPO Rn. 1259.

10 Ignor/Bertheau in Löwe/Rosenberg Rn. 1; Eschelbach in Satzger/Schluckebier/Widmaier StPO Rn. 4.

11 Bader in KK-StPO Rn. 1; Eschelbach in Satzger/Schluckebier/Widmaier StPO Rn. 4; Ignor/Bertheau in Löwe/Rosenberg Rn. 2; Schmitt in Meyer-Goßner/Schmitt Rn. 25.

12 Bader in KK-StPO Rn. 1; Ignor/Bertheau in Löwe/Rosenberg Rn. 2.

13 Bader in KK-StPO Rn. 2; Eschelbach in Satzger/Schluckebier/Widmaier StPO Rn. 1; Ignor/Bertheau in Löwe/Rosenberg Rn. 3; Schmitt in Meyer-Goßner/Schmitt Rn. 2; Eisenberg BeweisR StPO Rn. 1259.

14 BGH 16.4.1985 – 5 StR 718/84, BGHSt 33, 178 = NJW 1985, 1789; 17.10.1983 – GSSt 1/83, BGHSt 32, 115 = NJW 1984, 247 = NStZ 1984, 36 mAnm Frenzel; Eisenberg BeweisR StPO Rn. 1267 mwN; Hilger NStZ 1984, 145. Siehe zur Problematik der polizeibehördlichen „Sperrung" einer Vertrauensperson (V-Person) oder eines Informanten auch Rn. 49 f. sowie → § 96 Rn. 8 ff.

15 Bader in KK-StPO Rn. 2; Ignor/Bertheau in Löwe/Rosenberg Rn. 3; Otte in Radtke/Hohmann Rn. 2; Schmitt in Meyer-Goßner/Schmitt Rn. 2. Vgl. eingehend zum Erfordernis einer Aussagegenehmigung für beschuldigte Amtsträger Schäfer, Der Amtsträger als Beschuldigter, S. 118 ff.; Bohnert NStZ 2004, 301; Laue ZStW 120, 246.

16 Bader in KK-StPO Rn. 2; Ignor/Bertheau in Löwe/Rosenberg Rn. 3; Otte in Radtke/Hohmann Rn. 2.

17 Bader in KK-StPO Rn. 2; Ignor/Bertheau in Löwe/Rosenberg Rn. 3; Otte in Radtke/Hohmann Rn. 2; Schmitt in Meyer-Goßner/Schmitt Rn. 2. AA Rogall in SK-StPO Rn. 6 und wohl auch BGH 5.6.2007 – 5 StR 383/06, NJW 2007, 3010.

Aussagegenehmigung aber nur unter den besonders engen Voraussetzungen der §§ 68 Abs. 2 BBG, 37 Abs. 5 BeamtStG versagt werden.[18] Durch die Versagung oder Beschränkung einer Aussagegenehmigung für einen Beschuldigten kann dessen **Recht auf umfassende Verteidigung** beeinträchtigt werden. Ein Strafverfahren darf deshalb nicht durchgeführt werden, wenn gewichtige Geheimhaltungsinteressen nur dadurch gewahrt werden können, dass Verteidigungsrechte des Beschuldigten beschnitten werden.[19] Das Verteidigungsrecht des Beschuldigten darf aber eingeschränkt werden, wenn es nur in Randbereichen betroffen ist und durch eine uneingeschränkte Aussagebefugnis des Beschuldigten gewichtige verfassungsrechtlich legitimierte Aufgaben beeinträchtigt würden.[20]

III. Personenkreis und Umfang der Verschwiegenheitspflicht

1. Richter. Nach § 46 DRiG in Verbindung mit § 67 BBG (→ Rn. 9) sowie nach 5
den entsprechenden Vorschriften der Richtergesetze der Länder und § 71 DRiG, diese jeweils in Verbindung mit § 37 BeamtStG (→ Rn. 10), sind die **Berufsrichter** aller Gerichtszweige zur Amtsverschwiegenheit verpflichtet.[21] Diese Verschwiegenheitspflicht gilt auch für Umstände, die in einer öffentlichen Hauptverhandlung wahrgenommen werden. Daher bedarf ein Richter einer Aussagegenehmigung, wenn er in einem Strafverfahren als Zeuge aussagen soll über Beweiserhebungen, die er in einem von ihm geführten anderen Verfahren in öffentlicher Hauptverhandlung vorgenommen hat. Ein **Ermittlungsrichter** benötigt auch dann eine Aussagegenehmigung, wenn er in dem Verfahren, in dem er selbst tätig war, über seine Tätigkeit aussagen soll.[22] **Schöffen** und sonstige ehrenamtliche Richter sind zur Wahrung des Beratungsgeheimnisses (§§ 43, 45 Abs. 1 S. 2 DRiG) verpflichtet, unterliegen aber mit Ausnahme der Beisitzer in Landwirtschaftssachen[23] nicht der Pflicht zur Amtsverschwiegenheit.[24]

Im Zusammenhang mit der Erteilung einer Aussagegenehmigung für Richter ist zu 6
bedenken, dass ein Richter **nach § 22 Nr. 5 von der Ausübung des Richteramtes ausgeschlossen** ist, wenn er „in der Sache" – und sei es in einem anderen Verfahren – **als Zeuge vernommen** ist. Sobald ein Richter in einem anderen Strafverfahren als Zeuge über Wahrnehmungen aussagt, die er in einem eigenen noch laufenden Verfahren, etwa in einer eigenen Hauptverhandlung, gemacht hat, darf er in seinem eigenen Verfahren nicht mehr tätig werden (→ § 22 Rn. 28 ff.).[25] Dieser Ausschluss gilt bis zum endgültigen Abschluss des eigenen Verfahrens, so dass ein Richter im Falle einer Zeugenvernehmung über Wahrnehmungen in seinem Verfahren auch von der Mitwirkung an der Urteilsabsetzung und der Führung von Bewährungsaufsicht ausgeschlossen ist.[26] Das rechtfertigt es

---

[18] Nach Feller JR 1978, 8 soll das auch für den Privatkläger und den Nebenkläger gelten.

[19] BGH 5.6.2007 – 5 StR 383/06, NJW 2007, 3010 = NStZ 2007, 649 mAnm Niehaus NStZ 2008, 354 = JR 2008, 124 mAnm Wohlers; 9.12.1988 – 2 StR 279/88, BGHSt 36, 44 = NJW 1989, 1228.

[20] Vgl. im Einzelnen zu der insoweit erforderlichen Abwägung BGH 5.6.2007 – 5 StR 383/06, NJW 2007, 3010; 9.12.1988 – 2 StR 279/88, BGHSt 36, 44 = NJW 1989, 1228.

[21] Bader in KK-StPO Rn. 4; Eschelbach in Satzger/Schluckebier/Widmaier StPO Rn. 6; Ignor/Bertheau in Löwe/Rosenberg Rn. 5; Rogall in SK-StPO Rn. 14; Staats DRiG § 46 Rn. 8.

[22] Bader in KK-StPO Rn. 4; Ignor/Bertheau in Löwe/Rosenberg Rn. 5 (mN zu der vor allem in der älteren Literatur vertretenen Gegenauffassung); Otte in Radtke/Hohmann Rn. 4; Rogall in SK-StPO Rn. 14; Schmitt in Meyer-Goßner/Schmitt Rn. 8; Eisenberg BeweisR StPO Rn. 1261.

[23] Vgl. § 5 S. 2 des Gesetzes über das gerichtliche Verfahren in Landwirtschaftssachen 21.7.1953 (BGBl. 1953 I 667) idF des Gesetzes vom 27.8.2017 (BGBl. 2017 I 3295).

[24] Bader in KK-StPO Rn. 4; Ignor/Bertheau in Löwe/Rosenberg Rn. 5; Neubeck in KMR-StPO Rn. 4; Otte in Radtke/Hohmann Rn. 4; Schmitt in Meyer-Goßner/Schmitt Rn. 8. AA für den Fall, dass ein Schöffe Aktenkenntnis erlangt hat, Eschelbach in Satzger/Schluckebier/Widmaier StPO Rn. 6.

[25] BGH 13.10.2021 – 2 StR 418/19, BeckRS 2021, 53326; 11.11.2020 – 2 StR 241/20, NStZ 2021, 751; 22.5.2014 – 4 StR 430/13, BeckRS 2014, 12108; 22.1.2008 – 4 StR 507/07, StV 2008, 283 = BeckRS 2008, 3946; 22.5.2007 – 5 StR 530/06, NStZ 2007, 711; 29.4.1983 – 2 StR 709/82, BGHSt 31, 358 = NJW 1983, 2711; Scheuten in KK-StPO § 22 Rn. 15; Schmitt in Meyer-Goßner/Schmitt § 22 Rn. 19.

[26] BGH 13.10.2021 – 2 StR 418/19, BeckRS 2001, 53326; 11.11.2020 – 2 StR 241/20, NStZ 2021, 751; 22.5.2014 – 4 StR 430/13, BeckRS 2014, 12108; Schmitt in Meyer-Goßner/Schmitt § 22 Rn. 4.

regelmäßig, einem erkennenden Richter keine Aussagegenehmigung über Wahrnehmungen in einem eigenen Verfahren – etwa über den Inhalt von Bekundungen von Zeugen in einer unter seiner Mitwirkung durchgeführten Hauptverhandlung – zu erteilen, solange dieses eigene Verfahren noch nicht endgültig erledigt ist.[27]

7 Streitig ist, ob **Richter des Bundesverfassungsgerichts** einer Aussagegenehmigung bedürfen und wer diese zu erteilen hat. Teilweise wird darauf abgestellt, mangels gesetzlicher Regelung müsse der jeweilige Bundesverfassungsrichter selbst entscheiden, ob er aussagen wolle.[28] Gegen diese Auffassung spricht, dass das Gesetz bei Entscheidungen über die Erteilung einer Aussagegenehmigung von einer hierarchischen Ordnung ausgeht, die den einzelnen Funktionsträger von einer Selbsteinschätzung ausschließt.[29] Nach anderen Auffassungen soll das Plenum oder der betreffende Senat zuständig sein.[30] Nach hier vertretener Auffassung ergibt sich aus § 9 GO-BVerfG eine Zuständigkeit des Präsidenten des Bundesverfassungsgerichts für die Erteilung der Aussagegenehmigung.[31]

8 **2. Beamte.** Beamter ist nach der auch im Rahmen des § 54 maßgeblichen staatsrechtlichen Begriffsbestimmung, wer unter Berufung in das Beamtenverhältnis in einem öffentlich-rechtlichen Dienst- und Treueverhältnis zur Bundesrepublik, einem ihrer Länder, einer Gemeinde oder einem Gemeindeverband oder einer Körperschaft, Anstalt oder Stiftung des öffentlichen Rechts steht (§ 4 BBG, § 3 Abs. 1 BeamtStG).[32] Die Begründung und die Beendigung des Beamtenverhältnisses richten sich nach den beamtenrechtlichen Vorschriften der §§ 12 Abs. 2 BBG, 8 Abs. 2 BeamtStG beziehungsweise §§ 30 ff. BBG, §§ 21 ff. BeamtStG. Auch Ehrenbeamte (§§ 6 Abs. 5, 133 BBG, § 5 BeamtStG) sind Beamte im Sinne von § 54.[33] Beamter kann auch sein, wer keine hoheitlichen Tätigkeiten ausübt.[34] Die zeitlich unbegrenzte, also auch nach Ausscheiden aus dem aktiven Dienst oder dem Beamtenverhältnis fortgeltende **Verschwiegenheitspflicht** der Beamten gehört zu den hergebrachten Grundsätzen des Berufsbeamtentums;[35] sie ergibt sich für **Bundesbeamte** aus **§§ 67, 68 BBG** und für **Beamte in den Ländern** (unmittelbare Landesbeamte, Kommunalbeamte, Körperschaftsbeamte) aus **§ 37 BeamtStG.**[36]

9 **§ 67 BBG** formuliert die Verschwiegenheitspflicht und ihre Reichweite für Bundesbeamte wie folgt:

(1) Beamtinnen und Beamte haben über die ihnen bei oder bei Gelegenheit ihrer amtlichen Tätigkeit bekannt gewordenen dienstlichen Angelegenheiten Verschwiegenheit zu bewahren. Dies gilt auch über den Bereich eines Dienstherrn hinaus sowie nach Beendigung des Beamtenverhältnisses.

(2) Absatz 1 gilt nicht, soweit
1. Mitteilungen im dienstlichen Verkehr geboten sind,
2. Tatsachen mitgeteilt werden, die offenkundig sind oder ihrer Bedeutung nach keiner Geheimhaltung bedürfen, oder
3. gegenüber der zuständigen obersten Dienstbehörde, einer Strafverfolgungsbehörde oder einer von der obersten Dienstbehörde bestimmten weiteren Behörde oder außerdienstli-

---

27 Vgl. BGH 13.10.2021 – 2 StR 418/19, BeckRS 2001, 53326; 11.11.2020 – 2 StR 241/20, NStZ 2021, 751; 22.1.2008 – 4 StR 507/07, StV 2008, 283 = BeckRS 2008, 3946; 22.5.2007 – 5 StR 530/06, NStZ 2007, 711. Das gilt aber nicht entsprechend für Staatsanwälte; vgl. VG Berlin 1.6.2018 – 28 L 267/18, BeckRS 2018, 10177; VG Düsseldorf 29.6.2015 – 13 L 1133/15, StV 2015, 685 = BeckRS 2015, 49302 sowie → Rn. 36.

28 Ignor/Bertheau in Löwe/Rosenberg Rn. 5; Otte in Radtke/Hohmann Rn. 4.

29 Rogall in SK-StPO Rn. 15.

30 Bader in KK-StPO Rn. 5; Gercke in Gercke/Julius/Temming/Zöller Rn. 13.

31 So auch Rogall in SK-StPO Rn. 15.

32 Bader in KK-StPO Rn. 6; Ignor/Bertheau in Löwe/Rosenberg Rn. 6; Otte in Radtke/Hohmann Rn. 5.

33 Bader in KK-StPO Rn. 6; Otte in Radtke/Hohmann Rn. 5; Schmitt in Meyer-Goßner/Schmitt Rn. 4; Feller JZ 1961, 628.

34 Bader in KK-StPO Rn. 6; Otte in Radtke/Hohmann Rn. 5.

35 BVerwG 24.6.1982 – 2 C 91/81, BVerwGE 66, 39 = NJW 1983, 638.

36 Zu den Bestimmungen über die Erteilung einer Aussagegenehmigung siehe → Rn. 23 ff.

chen Stelle ein durch Tatsachen begründeter Verdacht einer Korruptionsstraftat nach den §§ 331 bis 337 des Strafgesetzbuches angezeigt wird.

Im Übrigen bleiben die gesetzlich begründeten Pflichten, geplante Straftaten anzuzeigen und für die Erhaltung der freiheitlichen demokratischen Grundordnung einzutreten, von Absatz 1 unberührt.

(3) Beamtinnen und Beamte dürfen ohne Genehmigung über Angelegenheiten nach Absatz 1 weder vor Gericht noch außergerichtlich aussagen oder Erklärungen abgeben. (...).

Für Beamte in den Ländern enthält **§ 37 Abs. 1 bis Abs. 3 BeamtStG** eine mit § 67 BBG in der Sache identische und nahezu wortgleich formulierte Verschwiegenheitsregelung, so dass der Umfang der Verschwiegenheitspflicht für Bundesbeamte und für Beamte in den Ländern gleich ist. 10

3. Andere Personen des öffentlichen Dienstes. a) Angestellte des öffentlichen Dienstes. Andere Personen des öffentlichen Dienstes sind zunächst die (nicht verbeamteten) **Angestellten** im öffentlichen Dienst.[37] Ihre Pflicht zur Verschwiegenheit ergibt sich allerdings entgegen dem Wortlaut des § 54 Abs. 1 nicht aus beamtenrechtlichen Vorschriften, sondern aus dem Anstellungsvertrag und aus **tarifvertraglichen Regelungen,** insbesondere aus § 3 Abs. 1 des Tarifvertrags für den öffentlichen Dienst (TVöD) und aus § 3 Abs. 2 TV-L.[38] Gleichwohl gilt § 54 auch für die Angestellten im öffentlichen Dienst. Die beamtenrechtlichen Vorschriften der §§ 68 BBG, 37 Abs. 4 BeamtStG für die Erteilung und die Versagung einer Aussagegenehmigung werden auf die Angestellten im öffentlichen Dienst entsprechend angewandt.[39] 11

b) Sonstige Personen des öffentlichen Dienstes. Auch Personen, die weder Beamte noch Angestellte im öffentlichen Dienst sind, können andere Personen des öffentlichen Dienstes im Sinne von § 54 sein. Der Begriff des öffentlichen Dienstes ist weit auszulegen und beschränkt sich nicht auf den Bereich staatlicher und kommunaler Verwaltung.[40] Die Festlegung, ob ein Zeuge eine andere Person des öffentlichen Dienstes ist, die nur bei Vorliegen einer Aussagegenehmigung über Umstände vernommen werden darf, auf die sich eine ihr obliegende Verschwiegenheitspflicht bezieht, hat sich an dem **Zweck, öffentliche Geheimhaltungsinteressen zu wahren,** zu orientieren. Bei der danach gebotenen **funktionalen Betrachtungsweise**[41] kommt es maßgeblich darauf an, ob eine Person Aufgaben des öffentlichen Dienstes – also solche, die unmittelbar dem Gemeinwohl dienen und die an sich Sache des Staates oder der politischen Gemeinde wären[42] – wahrnimmt, ob sie hierbei mit geheimhaltungsbedürftigen Tatsachen in Kontakt kommt und ob sie aufgrund eingegangener Verpflichtung insoweit zur Verschwiegenheit verpflichtet ist.[43] Andere Personen des öffentlichen Dienstes sind daher beispielsweise **Referendare** sowie **Praktikanten,** die nach dem Verpflichtungsgesetz[44] förmlich zur Verschwiegenheit verpflichtet worden sind. Keine Personen des öffentlichen Dienstes sind dagegen solche, die lediglich handwerkliche oder untergeordnete Tätigkeiten, etwa im Rahmen einer Gebäudeunterhaltung und Gebäudereinigung, ausüben.[45] 12

---

37 Bader in KK-StPO Rn. 7; Ignor/Bertheau in Löwe/Rosenberg Rn. 8; Rogall in SK-StPO Rn. 23.

38 Die Verschwiegenheitspflicht ist in § 3 Abs. 1 TVöD und § 3 Abs. 2 TV-L jeweils wie folgt formuliert: „Die Beschäftigten haben über Angelegenheiten, deren Geheimhaltung durch gesetzliche Vorschriften vorgesehen oder vom Arbeitgeber angeordnet ist, Verschwiegenheit zu wahren; dies gilt auch über die Beendigung des Arbeitsverhältnisses hinaus."

39 Bader in KK-StPO Rn. 7; Ignor/Bertheau in Löwe/Rosenberg Rn. 8; Rogall in SK-StPO Rn. 23; Schmitt in Meyer-Goßner/Schmitt Rn. 9.

40 OLG Köln 14.4.1998 – 2 Ws 62/98, StraFo 1999, 90 = BeckRS 1998, 16402; Neubeck in KMR-StPO Rn. 6; Hiebl StraFo 1999, 86; Stromberg MDR 1974, 892.

41 In diesem Sinne auch BGH 15.12.2005 – 3 StR 281/04, BGHSt 50, 318 = NJW 2006, 785; Ignor/Bertheau in Löwe/Rosenberg Rn. 9; Rogall in SK-StPO Rn. 22 mwN.

42 OLG Köln 14.4.1998 – 2 Ws 62/98, StraFo 1999, 90 = BeckRS 1998, 16402.

43 BGH 15.12.2005 – 3 StR 281/04, BGHSt 50, 318 = NJW 2006, 785; Gercke in Gercke/Julius/Temming/Zöller Rn. 6.

44 Gesetz über die förmliche Verpflichtung nichtbeamteter Personen vom 2.3.1974 (BGBl. 1974 I 547).

45 Bader in KK-StPO Rn. 8; Otte in Radtke/Hohmann Rn. 10; Eisenberg BeweisR StPO Rn. 1262a; Hiebl StraFo 1999, 86; Stromberg MDR 1974, 892.

13 Ein Zeuge wird nicht allein deshalb zu einer anderen Person des öffentlichen Dienstes, weil er in ein **Zeugenschutzprogramm** aufgenommen und hierbei nach § 3 S. 2 ZSHG[46] in Verbindung mit dem Verpflichtungsgesetz (§ 2 Abs. 2 Nr. 2 VerpflG) förmlich zur Verschwiegenheit über ihm bekannt gewordene Erkenntnisse zu Zeugenschutzmaßnahmen verpflichtet worden ist; für die Vernehmung eines solchen Zeugen **bedarf es** mithin **keiner Aussagegenehmigung.**[47] Der Zeuge ist ungeachtet seiner Verschwiegenheitspflicht nach § 3 ZSHG in Verbindung mit einer Verpflichtung nach dem Verpflichtungsgesetz zur Aussage im Strafverfahren verpflichtet, denn § 10 Abs. 3 ZSHG durchbricht nach Auffassung des BGH für Aussagen in Strafverfahren die Verschwiegenheitspflicht nach § 3 S. 1 ZSHG. Damit rechtfertigt § 10 Abs. 3 ZSHG in Verbindung mit der allgemeinen Pflicht, als Zeuge vor Gericht auszusagen (§ 48 Abs. 1 S. 2), die Nichtbeachtung der grundsätzlichen Verschwiegenheitspflicht; die Bekundungen des Zeugen erfolgen nicht „unbefugt" im Sinne von § 3 S. 1 ZSHG.[48]

14 **Vertrauenspersonen (V-Personen),** die – wie üblich – weder Beamte noch öffentliche Angestellte mit festen Bezügen sind,[49] sind nur zur Verschwiegenheit verpflichtet und andere Personen des öffentlichen Dienstes im Sinne des § 54 Abs. 1, wenn eine wirksame förmliche Verpflichtung nach dem Verpflichtungsgesetz erfolgt ist.[50] Sofern das jedoch der Fall ist, bedarf es für ihre strafprozessuale Vernehmung über Umstände, die der Verschwiegenheitspflicht unterfallen, einer Aussagegenehmigung der die Vertrauensperson führenden Polizeibehörde.

15 Ob und unter welchen Voraussetzungen **kirchliche Bedienstete,** die **einer als Körperschaft des öffentlichen Rechts organisierten Religionsgemeinschaft** angehören, andere Personen des öffentlichen Dienstes im Sinne von § 54 sind, ist in Rechtsprechung und Literatur nicht abschließend geklärt.[51] Nach weit verbreiteter Auffassung soll das bei kirchlichen Bediensteten in Betracht kommen, die mit **Fürsorge- und Verwaltungstätigkeiten** betraut sind.[52] Ausgehend von der gebotenen funktionalen Betrachtungsweise[53] kann es jedenfalls nicht darauf ankommen, dass es sich bei der betreffenden Kirche um eine Körperschaft des öffentlichen Rechts handelt.[54] Vielmehr ist auch hier maßgeblich, ob öffentliche Geheimhaltungsinteressen in Rede stehen,[55] insbesondere, ob der Zeuge Aufgaben des öffentlichen Dienstes wahrnimmt, er hierbei mit geheimhaltungsbedürftigen Tatsachen in Kontakt kommt und er aufgrund eingegangener Verpflichtung insoweit zur Verschwiegenheit verpflichtet ist. Damit hängt es von den Umständen des Einzelfalls ab, ob ein kirchlicher Bediensteter einer öffentlich-rechtlichen Religionsgemeinschaft eine andere Person des öffentlichen Dienstes im Sinne von § 54 ist. Allein die Wahrnehmung von

---

46 Gesetz zur Harmonisierung des Schutzes gefährdeter Zeugen vom 11.12.2001 (BGBl. 2001 I 3510) idF des Gesetzes vom 10.12.2019 (BGBl. 2019 I 2121).

47 BGH 15.12.2005 – 3 StR 281/04, BGHSt 50, 318 = NJW 2006, 785 mAnm Eisenberg/Reuter JR 2006, 346; Bader in KK-StPO Rn. 9; Gercke in Gercke/Julius/Temming/Zöller Rn. 8; Ignor/Bertheau in Löwe/Rosenberg Rn. 9.

48 BGH 15.12.2005 – 3 StR 281/04, BGHSt 50, 318 = NJW 2006, 785.

49 In diesem Fall ist § 54 anwendbar; vgl. Ignor/Bertheau in Löwe/Rosenberg Rn. 9; Schmitt in Meyer-Goßner/Schmitt Rn. 11.

50 BGH 16.6.1983 – 2 StR 4/83, NStZ 1984, 31; 5.11.1982 – 2 StR 250/82, BGHSt 31, 148 = NJW 1983, 1005; 11.9.1980 – 4 StR 16/80, NStZ 1981, 70; OLG Hamburg 22.10.1993 – 1b Ws 271/93, NStZ 1994, 98; OLG Celle 9.9.1983 – 3 VAs 9/83, NStZ 1983, 570; Bader in KK-StPO Rn. 9; Ignor/Bertheau in Löwe/Rosenberg Rn. 9; Neubeck in KMR-StPO Rn. 7; Rogall in SK-StPO Rn. 27; Schmitt in Meyer-Goßner/Schmitt Rn. 11; Kraushaar Kriminalistik 1995, 186. AA Barrot/Faeser NVwZ 2016, 1205; Hilger NStZ 1984, 145; Meyer ZStW 95 (1983), 834 (846). Offen gelassen von BGH 15.12.2005 – 3 StR 281/04, BGHSt 50, 318 = NJW 2006, 785.

51 Offen gelassen von BGH 15.7.1998 – 2 StR 173/98, NStZ 1999, 46 = StraFo 1999, 95 mAnm Hiebl. Vgl. ausführlich hierzu Stromberg MDR 1974, 892. Ohne Weiteres bejaht wird diese Frage von Feller JZ 1961, 629.

52 OLG Köln 14.4.1998 – 2 Ws 62/98, StraFo 1999, 90 = BeckRS 1998, 16402; Bader in KK-StPO Rn. 8; Neubeck in KMR-StPO Rn. 6; Otte in Radtke/Hohmann Rn. 13; Rogall in SK-StPO Rn. 26; Hiebl StraFo 1999, 86; Stromberg MDR 1974, 892.

53 Vgl. BGH 15.12.2005 – 3 StR 281/04, BGHSt 50, 318 = NJW 2006, 785.

54 So bereits Ignor/Bertheau in Löwe/Rosenberg Rn. 9. In diesem Sinne auch Hiebl StraFo 1999, 86.

55 Hiebl StraFo 1999, 86.

Fürsorge- und Verwaltungstätigkeiten reicht danach nicht aus, um einen kirchlichen Bediensteten als Person des öffentlichen Dienstes einzustufen. Zwar wird es sich hierbei in vielen Fällen um öffentliche Aufgaben handeln, die unmittelbar dem Gemeinwohl dienen und an sich Sache des Staates oder der politischen Gemeinde wären;[56] eine Verpflichtung zur Verschwiegenheit wird sich in der Regel aus dem Anstellungsvertrag ergeben.[57] Aber zudem ist erforderlich, dass öffentliche Geheimhaltungsinteressen in Rede stehen. Das ist zu bejahen, sofern der Zeuge im Bereich der **Ehe-, Familien-, Jugend-, oder Suchtberatung** tätig ist.[58] Wie Geheimhaltungsinteressen aber etwa durch die Aussage eines kirchlichen Mitarbeiters eines als Treff für Jugendliche dienenden Cafés, der Angaben zu einer dort von ihm beobachteten Schlägerei machen soll, verletzt werden könnten, ist nicht ersichtlich, zumal es sich bei aus Anlass eines Besuchs in einem solchen Café begangenen Straftaten ohne Zweifel nicht um geheimhaltungsbedürftige Tatsachen handelt.[59]

Angehörige **öffentlich-rechtlicher Kreditinstitute** fallen nicht unter § 54, weil hier keine öffentlichen, sondern private Geheimhaltungsinteressen betroffen sind.[60] Zu den Personen des öffentlichen Dienstes können aber Gemeinderäte,[61] Schiedsmänner,[62] Personalratsmitglieder einer Behörde,[63] der Geschäftsführer einer Kreishandwerkerschaft[64] und die Datenschutzbeauftragten des Bundes und der Länder[65] gehören. 16

c) Soldaten. Soldaten sind keine Personen des öffentlichen Dienstes.[66] Aber auch sie unterliegen einer **Verschwiegenheitspflicht;** diese ergibt sich aus **§ 14 Soldatengesetz.**[67] Auf Soldaten ist daher § 54 entsprechend anwendbar.[68] 17

---

56 Wie beispielsweise bei einer Beratungsstelle, die sich mit sexuellem Missbrauch befasst; vgl. hierzu OLG Köln 14.4.1998 – 2 Ws 62/98, StraFo 1999, 90 = BeckRS 1998, 16402.

57 Vgl. hierzu Stromberg MDR 1974, 892.

58 So auch Hiebl StraFo 1999, 86.

59 AA Stromberg MDR 1974, 892. Anders wohl auch OLG Köln 14.4.1998 – 2 Ws 62/98, StraFo 1999, 90 = BeckRS 1998, 16402.

60 Neubeck in KMR-StPO Rn. 6; Otte in Radtke/Hohmann Rn. 13; Rogall in SK-StPO Rn. 25; Schmitt in Meyer-Goßner/Schmitt Rn. 10. AA Gercke in Gercke/Julius/Temming/Zöller Rn. 7; Eisenberg BeweisR StPO Rn. 1262. Nach den im Einzelfall wahrgenommenen Aufgaben differenzierend Ignor/Bertheau in Löwe/Rosenberg Rn. 9.

61 OVG Münster 8.9.1954 – III A 1207/53, MDR 1955, 61; Bader in KK-StPO Rn. 8; Neubeck in KMR-StPO Rn. 6; Rogall in SK-StPO Rn. 25; Eisenberg BeweisR StPO Rn. 1262a.

62 BVerwG 14.2.1964 – VII C 93.61, BVerwGE 18, 58 = NJW 1964, 1088; OLG Hamm 18.3.1968 – 1 VAs 21/68, NJW 1968, 1440; AG Werne 18.9.1964 – 5 Bs 11/64, MDR 1965, 599; Bader in KK-StPO Rn. 8; Ignor/Bertheau in Löwe/Rosenberg Rn. 9; Neubeck in KMR-StPO Rn. 6; Eisenberg BeweisR StPO Rn. 1262a.

63 Bader in KK-StPO Rn. 8; Gercke in Gercke/Julius/Temming/Zöller Rn. 7; Otte in Radtke/Hohmann Rn. 13; Rogall in SK-StPO Rn. 25.

64 LG Aachen 18.5.1954 – I Qs 124/53, NJW 1954, 1213; Bader in KK-StPO Rn. 8; Gercke in Gercke/Julius/Temming/Zöller Rn. 7; Ignor/Bertheau in Löwe/Rosenberg Rn. 9; Neubeck in KMR-StPO Rn. 6.

65 Ignor/Bertheau in Löwe/Rosenberg Rn. 10; Otte in Radtke/Hohmann Rn. 13.

66 Bader in KK-StPO Rn. 10; Otte in Radtke/Hohmann Rn. 12; Schmitt in Meyer-Goßner/Schmitt Rn. 12.

67 § 14 SG lautet:
„(1) Der Soldat hat, auch nach seinem Ausscheiden aus dem Wehrdienst, über die ihm bei oder bei Gelegenheit seiner dienstlichen Tätigkeit bekannt gewordenen Angelegenheiten Verschwiegenheit zu bewahren. Dies gilt nicht, soweit 1. Mitteilungen im dienstlichen Verkehr geboten sind, 2. Tatsachen mitgeteilt werden, die offenkundig sind oder ihrer Bedeutung nach keiner Geheimhaltung bedürfen, oder 3. gegenüber der zuständigen obersten Dienstbehörde, einer Strafverfolgungsbehörde oder einer von der obersten Dienstbehörde bestimmten weiteren Behörde oder außerdienstlichen Stelle ein durch Tatsachen begründeter Verdacht einer Korruptionsstraftat nach den §§ 331 bis 337 des Strafgesetzbuches angezeigt wird. Im Übrigen bleiben die gesetzlich begründeten Pflichten, geplante Straftaten anzuzeigen und für die Erhaltung der freiheitlichen demokratischen Grundordnung einzutreten, von Satz 1 unberührt.
(2) Der Soldat darf ohne Genehmigung über solche Angelegenheiten weder vor Gericht noch außergerichtlich aussagen oder Erklärungen abgeben. Die Genehmigung erteilt der Disziplinarvorgesetzte, nach dem Ausscheiden aus dem Wehrdienst der letzte Disziplinarvorgesetzte. Die §§ 68 und 69 des Bundesbeamtengesetzes gelten entsprechend. (…)".

68 Bader in KK-StPO Rn. 10; Ignor/Bertheau in Löwe/Rosenberg Rn. 11; Otte in Radtke/Hohmann Rn. 12; Schmitt in Meyer-Goßner/Schmitt Rn. 12.

18 **d) Ehemalige Staatsbedienstete der DDR.** Auf ehemalige Staatsbedienstete der DDR ist **§ 54 nicht anwendbar,** weil deren Verschwiegenheitspflicht mit dem Untergang der DDR als Staat infolge der Wiedervereinigung entfallen ist.[69]

19 **e) Bedienstete der EU und Funktionsträger fremder Staaten.** Die Verschwiegenheitspflicht von **Bediensteten der EU** richtet sich nach Art. 19 des Statuts der Beamten und Art. 11 der Beschäftigungsbedingungen für sonstige Bedienstete (Verordnung Nr. 31 EWG und Nr. 11 EAG vom 18.12.1961).[70] Danach dürfen Bedienstete der EU über Tatsachen, die ihnen bei ihrer dienstlichen Tätigkeit bekannt geworden sind, nur mit Zustimmung ihrer Anstellungsbehörde aussagen; die Zustimmung darf nur versagt werden, wenn die Interessen der Union es erfordern und die Versagung für den Beamten keine strafrechtlichen Folgen haben kann.[71] Diese Regelungen sind im Rahmen von § 54 unmittelbar zu beachten, so dass für Bedienstete der EU in Bezug auf das Erfordernis einer Aussagegenehmigung letztlich Vergleichbares gilt wie für deutsche Beamte und öffentliche Angestellte.

20 Für **Funktionsträger fremder Staaten** hat § 54 keine Bedeutung. Deren Zeugenpflichten werden, sofern sie in Deutschland vernommen werden, nicht durch ihnen durch das Dienstrecht ihres Heimatstaates auferlegte Verschwiegenheitspflichten beschränkt. Allerdings kommen Mitgliedern diplomatischer Missionen und konsularischer Vertretungen ausländischer Staaten in Deutschland besondere Zeugnisverweigerungsrechte zu (Art. 31 Abs. 2 WÜD; Art. 44 WÜK).

21 **4. Abgeordnete, Regierungsmitglieder und Fraktionsangestellte (Abs. 2).** Die Pflicht der Abgeordneten des Deutschen Bundestages zur Amtsverschwiegenheit und die Erteilung einer Aussagegenehmigung für **Bundestagsabgeordnete** sind in **§ 44d AbgG** geregelt. Danach dürfen die Abgeordneten, auch nach Beendigung ihres Mandats, ohne Genehmigung weder vor Gericht noch außergerichtlich Aussagen oder Erklärungen abgeben über Angelegenheiten, die auf Grund eines Gesetzes oder nach den Bestimmungen der Geschäftsordnung des Deutschen Bundestages der Verschwiegenheit unterliegen (§ 44d Abs. 1 AbgG). Die Genehmigung erteilt der Präsident des Deutschen Bundestages (§ 44d Abs. 2 S. 1 AbgG); sie darf nur versagt werden, wenn die Aussage oder Erklärung dem Wohl des Bundes oder eines Landes Nachteile bereiten oder die Erfüllung öffentlicher Aufgaben ernstlich gefährden oder erheblich erschweren würde (§ 44d Abs. 3 AbgG). Für die **Mitglieder der Bundesregierung** sind die **§§ 6, 7 BMinG** maßgeblich, die gemäß § 7 ParlStG auch für die parlamentarischen Staatssekretäre gelten. Ihr Regelungsgehalt entspricht im Wesentlichen § 67 BBG. Die Verschwiegenheitspflicht der Mitglieder der Landtage und der Landesregierungen richtet sich nach den entsprechenden landesrechtlichen Vorschriften. Besondere Regelungen betreffend **Fraktionsangestellte** finden sich in **§ 49 AbgG** und den entsprechenden landesrechtlichen Bestimmungen. Hinsichtlich der Vernehmung von Abgeordneten und Regierungsmitgliedern ist zudem **§ 50 zu beachten.** Danach sind diese grundsätzlich am Parlamentssitz beziehungsweise Amtssitz zu vernehmen und bedarf es neben einer gegebenenfalls erforderlichen Aussagegenehmigung einer gesonderten (weiteren) Genehmigung, um diese in einer anderenorts stattfindenden Hauptverhandlung vernehmen zu dürfen (näher hierzu → § 50 Rn. 1 ff.).

22 **5. Bundespräsident (Abs. 3).** Nach § 54 Abs. 3 darf der Bundespräsident das **Zeugnis verweigern,** wenn die Ablegung des Zeugnisses dem Wohl des Bundes oder eines deutschen Landes Nachteile bereiten würde. Die eigenständig durch den Bundespräsidenten selbst zu treffende Entscheidung, ob diese Voraussetzungen gegeben sind, ist gerichtlich

[69] KG 26.4.1993 – 4 Ws 3/93, NStZ 1993, 450; Bader in KK-StPO Rn. 8; Ignor/Bertheau in Löwe/Rosenberg Rn. 13; Neubeck in KMR-StPO Rn. 10; Otte in Radtke/Hohmann Rn. 13; Schmitt in Meyer-Goßner/Schmitt Rn. 14a; Reinecke/Hilger DtZ 1993, 261. Vgl. auch BGH 16.6.1992 – 2 BGs 232/92, NStZ 1993, 91 mAnm Reiter sowie BGH 6.3.1992 – StB 3/92, BGHR StPO § 70 Weigerungsgrund 6 = BeckRS 1992, 7984.

[70] BGBl. 1962 II 953 (959, 997).

[71] Vgl. Schmitt in Meyer-Goßner/Schmitt Rn. 14.

nicht nachprüfbar.[72] Eine Begründung oder eine Glaubhaftmachung nach § 56 darf nicht von ihm verlangt werden.[73] Entsprechendes gilt für den Präsidenten des Bundesrats, wenn er nach Art. 57 GG Aufgaben des Bundespräsidenten wahrgenommen hat.[74] Sofern der Bundespräsident kein Zeugnisverweigerungsrecht nach § 54 Abs. 3 für sich in Anspruch nimmt, sind die Restriktionen für die Durchführung einer Zeugenvernehmung zu beachten, die § 49 normiert. Danach wird der Bundespräsident nur außerhalb der Hauptverhandlung und in seiner Wohnung (richterlich) vernommen. Seine Aussage wird durch Verlesung des Protokolls über seine richterliche Vernehmung in eine Hauptverhandlung eingeführt (näher hierzu → § 49 Rn. 1 ff.).

IV. Aussagegenehmigung

1. Erforderlichkeit. Eine Aussagegenehmigung ist bei einer Vernehmung der in § 54 genannten Personen nicht schlechthin, sondern **nur erforderlich,** wenn die **Vernehmung Umstände betrifft, auf die sich die Pflicht des Zeugen zur Amtsverschwiegenheit bezieht.** Diese bezieht sich für Beamte zum einen nach § 67 Abs. 1 BBG, § 37 Abs. 1 BeamtStG nur auf **dienstliche Angelegenheiten,** zum anderen nach § 67 Abs. 2 BBG, § 37 Abs. 2 BeamtStG nicht auf Mitteilungen im dienstlichen Verkehr[75] und auch nicht auf Tatsachen, die offenkundig – also allgemein bekannt oder allgemein zugänglich[76] – oder ihrer Bedeutung nach nicht geheimhaltungsbedürftig sind (zum Wortlaut von § 67 BBG → Rn. 9). Die **Pflicht zur Amtsverschwiegenheit erstreckt sich** insbesondere **nicht auf Umstände,** die **mit der amtlichen Tätigkeit des Beamten in keinem inneren Zusammenhang stehen,** also keine dienstlichen Angelegenheiten betreffen, und die der Beamte nur **in privater Funktion** oder **bei Gelegenheit der Amtsausübung erfahren** hat.[77] Ob das Beweisthema Umstände betrifft, auf die sich die Pflicht zur Amtsverschwiegenheit bezieht, hat im Zweifelsfall zunächst der Zeuge selbst zu beurteilen.[78] Kommt er zu dem Ergebnis, er sei zur Verschwiegenheit verpflichtet, oder hält er das zumindest für möglich, ist er – sofern seine Einschätzung nicht offensichtlich unhaltbar ist – jedenfalls zunächst zur Verweigerung der Aussage berechtigt und verpflichtet.[79] Es obliegt dann der vernehmenden Stelle zu klären, ob ein Umstand einer Verschwiegenheitspflicht unterfällt oder nicht, und bejahendenfalls eine Aussagegenehmigung einzuholen, sofern das nicht – wie im Regelfall üblich und geboten – bereits im Vorfeld der Zeugenvernehmung von Amts wegen geschehen ist.[80] Bestehen Zweifel, ob Umstände, auf die sich die Vernehmung erstrecken kann, einer Verschwiegenheitspflicht unterfallen, hat die vernehmende Stelle nach Nr. 66 Abs. 1 S. 2 RiStBV eine Klärung durch Anfrage bei dem Dienstvorgesetzten des Zeugen herbeizuführen. Letztlich aber entscheidet die Frage, weil es sich um eine Rechtsfrage handelt, das vernehmende Gericht in richterlicher Unabhängigkeit. 23

Wenn ersichtlich ist, dass die Vernehmung Umstände betrifft, auf die sich die Pflicht zur Amtsverschwiegenheit erstreckt, darf das Gericht auch einen aussagebereiten Zeugen nicht vernehmen, solange diesem keine Aussagegenehmigung erteilt worden ist.[81] Insoweit 24

[72] Bader in KK-StPO Rn. 23; Ignor/Bertheau in Löwe/Rosenberg Rn. 33; Otte in Radtke/Hohmann Rn. 25; Schmitt in Meyer-Goßner/Schmitt Rn. 31.

[73] Bader in KK-StPO Rn. 23; Ignor/Bertheau in Löwe/Rosenberg Rn. 33; Otte in Radtke/Hohmann Rn. 25; Schmitt in Meyer-Goßner/Schmitt Rn. 31.

[74] Bader in KK-StPO Rn. 23; Ignor/Bertheau in Löwe/Rosenberg Rn. 33; Otte in Radtke/Hohmann Rn. 25; Schmitt in Meyer-Goßner/Schmitt Rn. 31.

[75] Vgl. hierzu ausführlich Rogall in SK-StPO Rn. 42.

[76] Schmitt in Meyer-Goßner/Schmitt Rn. 15.

[77] Rogall in SK-StPO Rn. 37; Feller JZ 1961, 630.

[78] Bader in KK-StPO Rn. 12; Ignor/Bertheau in Löwe/Rosenberg Rn. 14; Neubeck in KMR-StPO Rn. 11; Otte in Radtke/Hohmann Rn. 15; Schmitt in Meyer-Goßner/Schmitt Rn. 15.

[79] Bader in KK-StPO Rn. 12; Ignor/Bertheau in Löwe/Rosenberg Rn. 14; Otte in Radtke/Hohmann Rn. 15; Schmitt in Meyer-Goßner/Schmitt Rn. 15.

[80] Ignor/Bertheau in Löwe/Rosenberg Rn. 15.

[81] Bader in KK-StPO Rn. 12; Ignor/Bertheau in Löwe/Rosenberg Rn. 14; Otte in Radtke/Hohmann Rn. 15; Schmitt in Meyer-Goßner/Schmitt Rn. 15.

besteht ein von Amts wegen zu beachtendes **Beweiserhebungsverbot,** das aber im Falle eines Verstoßes **kein Beweisverwertungsverbot** zur Folge hat.[82]

25 Sollen **Polizeibeamte,** sonstige **Ermittlungspersonen der Staatsanwaltschaft** (§ 152 GVG) oder **Mitarbeiter der Gerichts- oder Jugendgerichtshilfe** als Zeugen vernommen werden, ist die vernehmende Stelle nicht stets gehalten, vor jeder Vernehmung eine gesonderte individuelle Aussagegenehmigung einzuholen. Da die Vernehmung dieser Personen in einer Vielzahl der von ihnen bearbeiteten Fälle erforderlich ist, verfügen diese im Sinne einer Verfahrensvereinfachung häufig über eine **allgemeine Genehmigung zur Aussage** vor Gericht oder der Staatsanwaltschaft. So ist beispielsweise den Polizeibeamten in Niedersachsen durch **Erlass des Innenministeriums** eine allgemeine Aussagegenehmigung erteilt worden, die lediglich bestimmte Bekundungen von der generell erteilten Aussagebefugnis ausnimmt, etwa Angaben zu innerdienstlichen Angelegenheiten wie Personal- und Einsatzstärken oder Angaben zur Identität von V-Personen und Informanten.[83] Vergleichbare Erlasse gibt es in anderen Bundesländern, etwa in Bayern,[84] in Hessen[85] und in Nordrhein-Westfalen.[86] Zu weit geht allerdings die Ansicht, vom Vorliegen einer solchen allgemeinen Aussagegenehmigung könne im Regelfall ausgegangen werden.[87] Denn eine uniforme Praxis gibt es insofern nicht; insbesondere sind die Grenzen allgemeiner Aussagegenehmigungen in den einzelnen Bundesländern – wie schon die hier exemplarisch angeführten Erlasse zeigen – durchaus unterschiedlich.

26 **2. Zuständigkeit für die Einholung und Antragsrecht.** Eine erforderliche Aussagegenehmigung ist – wie auch Nr. 66 Abs. 1 S. 1 RiStBV bestimmt – von der Stelle von Amts wegen einzuholen, die einen Zeugen über Umstände vernehmen will, die der Pflicht zur Amtsverschwiegenheit unterliegen. Zuständig für die Einholung einer Aussagegenehmigung ist also die vernehmende **Polizei** oder **Staatsanwaltschaft**[88] beziehungsweise **das Gericht, das den Zeugen vernehmen möchte.** Dem Zeugen darf nicht auferlegt werden, sich selbst um die Erteilung der Aussagegenehmigung zu kümmern.[89] Statthaft ist es aber, den Zeugen darum zu bitten, dies freiwillig zu tun und die Aussagegenehmigung zur Vernehmung mitzubringen. Das kann zur Vereinfachung angezeigt sein, wenn die Erteilung einer Aussagegenehmigung reine Formsache ist, weil Versagungsgründe offensichtlich nicht vorliegen. Bei Kollegialgerichten ist es Aufgabe des Vorsitzenden, sich um eine gebotene Aussagegenehmigung zu kümmern, und zwar in dem normalerweise gegebenen Fall, dass

82 Bader in KK-StPO Rn. 12; Schmitt in Meyer-Goßner/Schmitt Rn. 2, 15; Eisenberg BeweisR StPO Rn. 1266. Bedenken gegen eine Verwertbarkeit Eschelbach in Satzger/Schluckebier/Widmaier StPO Rn. 5. Siehe auch → Rn. 45 und → Rn. 55.

83 RdErl. d. MI v. 16.4.2015 „Erteilung von Aussagegenehmigungen an Beamtinnen und Beamte sowie Beschäftigte der Polizei Niedersachsen", 25.2a-03011/37 B, Nds. Rpfl. 2015, 173 u. Nds. Rpfl. 2020, 377.

84 Erlass des Bayerischen Staatsministeriums des Innern, für Sport und Integration vom 3.5.2021 (C3-0333.0-0) „Aussagegenehmigung für Beschäftigte (als Zeugen, Sachverständige, Partei oder Beschuldigte) der Bayerischen Polizei in gerichtlichen Verfahren, strafrechtlichen Ermittlungsverfahren und Ordnungswidrigkeitenverfahren".

85 Erlass des Ministeriums des Innern und für Sport vom 16.8.2017 – LPP 33 HB-08b01-01-15/014 „Richtlinien über die Erteilung von Aussagegenehmigungen in der hessischen Polizei", StAnz 2017, 910.

86 RdErl. d. Ministeriums für Inneres und Kommunales – 43-57.01.26 – vom 15.7.2011 „Polizeibeamtinnen und Polizeibeamte als Zeuginnen/Zeugen in Straf- und Ordnungswidrigkeitenverfahren", MBl. NRW 2011, 402.

87 So aber Eschelbach in Satzger/Schluckebier/Widmaier StPO Rn. 14; Ignor/Bertheau in Löwe/Rosenberg Rn. 14 mN zur Gegenauffassung; Neubeck in KMR-StPO Rn. 11; Otte in Radtke/Hohmann Rn. 15; Rogall in SK-StPO Rn. 42; Schmitt in Meyer-Goßner/Schmitt Rn. 15; Eisenberg BeweisR StPO Rn. 1266; Böhm NStZ 1983, 158 (betreffend Polizeibeamte); Eisenberg NStZ 1986, 308 (betreffend Mitarbeiter der Jugendgerichtshilfe). AA für Polizeibeamte Kube/Leineweber, Polizeibeamte als Zeugen und Sachverständige, 1977, S. 116.

88 Vgl. zur Berechtigung der Staatsanwaltschaft, einen solchen Antrag zu stellen, BGH 7.3.1995 – 1 StR 803/94, BGHR StPO § 244 Abs. 2 Aussagegenehmigung 1 = BeckRS 1995, 31095821.

89 Bader in KK-StPO Rn. 13; Ignor/Bertheau in Löwe/Rosenberg Rn. 15; Otte in Radtke/Hohmann Rn. 16; Rogall in SK-StPO Rn. 45; Schmitt in Meyer-Goßner/Schmitt Rn. 17.

die Notwendigkeit einer Aussagegenehmigung bereits im Vorfeld der Zeugenvernehmung ersichtlich ist, rechtzeitig vor der beabsichtigten Zeugenvernehmung. Das **Ersuchen** um Erteilung einer Aussagegenehmigung **ist an den unmittelbaren Dienstvorgesetzten des Zeugen zu richten,** weil dieser für die Erteilung einer Aussagegenehmigung zuständig ist (→ Rn. 30). Hält dieser, weil die (teilweise) Versagung einer Aussagegenehmigung in Betracht kommt, sich für unzuständig und die Entscheidungszuständigkeit der obersten Dienstbehörde für gegeben (näher hierzu → Rn. 33), ist es seine Aufgabe, das Ersuchen verwaltungsintern an die zuständige oberste Dienstbehörde weiterzuleiten.

Das Ersuchen um Erteilung einer Aussagegenehmigung muss – wie auch Nr. 66 Abs. 3 **27** RiStBV bestimmt – die Vorgänge, zu denen der Zeuge vernommen werden soll, kurz aber erschöpfend angeben, damit der Dienstvorgesetzte beurteilen kann, wofür und in welchem Umfang eine Aussagegenehmigung erstrebt wird und ob Versagungsgründe vorliegen. Eine solche **präzise Benennung und Eingrenzung des beabsichtigten Aussagegegenstandes** ist auch deshalb unabdingbar, weil insbesondere angesichts differenzierter Zuständigkeitsregelungen für Bundesbeamte sowie für Landesbeamte der meisten Bundesländer zwischen der Erteilung einer auf den beabsichtigten Vernehmungsgegenstand beschränkten Aussagegenehmigung (durch den Dienstvorgesetzten, → Rn. 30) einerseits und einer Teilversagung einer erstrebten Aussagegenehmigung (durch die oberste Dienstbehörde, → Rn. 33) andererseits zu differenzieren ist (→ Rn. 52 f.).

Derjenige, der sich auf das Zeugnis einer Person des öffentlichen Dienstes berufen hat, **28** hat ein eigenes **Antragsrecht** auf Erteilung der Aussagegenehmigung.[90] Ein Antragsrecht kann damit insbesondere dem **Angeklagten**[91] und dem **Nebenkläger**[92] zustehen. Das erforderliche Rechtsschutzinteresse für einen solchen Antrag besteht, wenn die Vernehmung des Zeugen mit hinreichender Wahrscheinlichkeit zu erwarten ist; es fehlt aber, wenn absehbar ist, dass das Gericht den Zeugen – sei es auch aus unzutreffenden Erwägungen – nicht vernehmen wird.[93] Will der Angeklagte den Zeugen nach § 220 Abs. 1 unmittelbar laden und liegen die Voraussetzungen des § 245 Abs. 2 S. 2 und 3, unter denen ein Antrag auf Vernehmung eines vom Angeklagten geladenen und erschienenen Zeugen abgelehnt werden kann, nicht vor, kann der Angeklagte die Vernehmung des Zeugen erzwingen; in diesem Fall darf ein vom Angeklagten gestellter Antrag auf Erteilung einer Aussagegenehmigung nicht wegen fehlenden Rechtsschutzinteresses abgelehnt werden.[94]

Dagegen fehlt im Privatklageverfahren einem Antrag auf Erteilung der Aussagegeneh- **29** migung das Rechtsschutzinteresse, wenn das Gericht die Ladung des Zeugen bereits abgelehnt hat. Denn hier bestimmt das Gericht den Umfang der Beweisaufnahme und ist es nur durch die Aufklärungspflicht nach § 244 Abs. 2 gebunden, weshalb der **Privatkläger** – anders als der Angeklagte – die Vernehmung eines Zeugen gegen den Willen des Gerichts nicht durchsetzen kann.[95] Soweit demgegenüber ein Antragsrecht des Privatklägers insgesamt und ohne Einschränkungen abgelehnt wird,[96] lässt sich das der in Bezug genommenen Entscheidung des BVerwG[97] nicht entnehmen.

3. Zuständigkeit für die Erteilung. Nach § 67 Abs. 3 S. 2 BBG (betreffend Bundes- **30** beamte) und § 37 Abs. 3 S. 2 BeamtStG in Verbindung mit dem Beamtengesetz des jeweili-

---

90 BVerwG 2.12.1969 – VI C 138/67, BVerwGE 34, 252 = NJW 1971, 160; VGH München 30.7.1979 – Nr. 3712/78, NJW 1980, 198; Gercke in Gercke/Julius/Temming/Zöller Rn. 11.

91 BVerwG 2.12.1969 – VI C 138/67, BVerwGE 34, 252 = NJW 1971, 160; Otte in Radtke/Hohmann Rn. 16.

92 Bader in KK-StPO Rn. 13; Otte in Radtke/Hohmann Rn. 16; Schmitt in Meyer-Goßner/Schmitt Rn. 17.

93 BVerwG 2.12.1969 – VI C 138/67, BVerwGE 34, 252 = NJW 1971, 160.

94 BVerwG 2.12.1969 – VI C 138/67, BVerwGE 34, 252 = NJW 1971, 160; Bader in KK-StPO Rn. 13.

95 BVerwG 2.12.1969 – VI C 138/67, BVerwGE 34, 252 = NJW 1971, 160; Bader in KK-StPO Rn. 13.

96 Ignor/Bertheau in Löwe/Rosenberg Rn. 15; Neubeck in KMR-StPO Rn. 13; Otte in Radtke/Hohmann Rn. 16; Schmitt in Meyer-Goßner/Schmitt Rn. 17. Ein Antragsrecht ohne Weiteres bejahend Neubeck in KMR-StPO Rn. 19 sowie Eisenberg BeweisR StPO Rn. 1267.

97 BVerwG 2.12.1969 – VI C 138/67, BVerwGE 34, 252= NJW 1971, 160.

gen Bundeslandes (betreffend Landesbeamte) ist für die Erteilung der Aussagegenehmigung für einen Beamten der **gegenwärtige Dienstvorgesetzte** und nach Beendigung einer Tätigkeit im öffentlichen Dienst – § 54 Abs. 4 – der **letzte Dienstvorgesetzte** zuständig.[98] Hat sich der Vorgang, zu dem ein Zeuge Angaben machen soll, bei einem früheren Dienstherrn ereignet (Fall des **Dienstherrenwechsels**), ist zwar ebenfalls der gegenwärtige Dienstvorgesetzte für die Erteilung der Aussagegenehmigung zuständig. Dieser darf die Genehmigung gemäß § 67 Abs. 3 S. 3 BBG, § 37 Abs. 3 S. 3 BeamtStG aber nur mit der **Zustimmung des früheren Dienstherrn** erteilen. Im Falle eines Dienstherrenwechsels hat die vernehmende Stelle (Polizei, Staatsanwaltschaft, Gericht) mithin zwar den gegenwärtigen Dienstvorgesetzen um die Erteilung einer Aussagegenehmigung zu ersuchen, dieser ist aber gehalten, seinerseits vor Erteilung der Aussagegenehmigung verwaltungsintern die Zustimmung des früheren Dienstherrn einzuholen und seine Entscheidung von dessen Zustimmung abhängig zu machen. Gibt es den früheren Dienstherrn nicht mehr, entscheidet der gegenwärtige Dienstvorgesetzte nach pflichtgemäßem Ermessen.[99] Bei Ermittlungspersonen der Staatsanwaltschaft (§ 152 GVG) ist der polizeiliche Dienstvorgesetzte und nicht der Leiter der Staatsanwaltschaft zuständig.[100] Untersteht der Zeuge mehreren Behörden, ist der Disziplinarvorgesetzte zuständig.[101] Für Soldaten ist § 14 Abs. 2 S. 2 Soldatengesetz maßgeblich (→ Rn. 17). Die Aussagegenehmigung für Angestellte und sonstige Personen des öffentlichen Dienstes erteilt der Arbeitgeber.[102]

31 **4. Form der Erteilung.** Eine Aussagegenehmigung wird **in der Regel schriftlich** erteilt, schon um Auseinandersetzungen um deren Reichweite zu vermeiden. Weil aber für die Aussagegenehmigung **keine besondere Form vorgeschrieben** ist, kann sie – insbesondere in Eilfällen – auch **mündlich** oder **telefonisch** erteilt werden.[103] Das kann insbesondere relevant werden, wenn sich erst während einer Vernehmung herausstellt, dass der Zeuge zu Umständen aussagen soll, zu denen er nur mit einer Aussagegenehmigung aussagen darf. Dann ist es statthaft, die Vernehmung kurz zu unterbrechen und telefonisch mit dem Dienstvorgesetzten des Zeugen zu klären, ob der Zeuge die Genehmigung zur Aussage über diese Umstände erhält. Sofern der Zeuge hierzu freiwillig bereit ist, darf er darum gebeten werden, selbst mit seinem Dienstvorgesetzten insofern telefonisch Rücksprache zu halten.

32 **5. Versagung der Aussagegenehmigung. a) Allgemeines.** Nach § 68 Abs. 1 BBG, § 37 Abs. 4 S. 1 BeamtStG, § 14 Abs. 2 S. 3 Soldatengesetz darf eine Aussagegenehmigung nur versagt werden, wenn die Aussage dem **Wohle des Bundes oder eines deutschen Landes Nachteile bereiten** oder die **Erfüllung öffentlicher Aufgaben ernstlich gefährden oder erheblich erschweren würde.** Bei der Prüfung dieser tatbestandlichen Voraussetzungen hat die zuständige Behörde **keinen Beurteilungsspielraum.**[104] Kommt sie zu dem Ergebnis, dass diese Versagungsgründe nicht vorliegen, ist sie zur Erteilung einer Aussagegenehmigung verpflichtet.[105] Lediglich im umgekehrten Fall, also wenn Versagungs-

[98] Zwischen der Erteilung einer beantragten Aussagegenehmigung, für die der Dienstvorgesetzte zuständig ist, und der (teilweisen) Versagung einer Aussagegenehmigung ist zu differenzieren. Denn für eine – auch nur teilweise – Versagung einer Aussagegenehmigung ist zumeist nicht der Dienstvorgesetzte, sondern die oberste Dienstbehörde des Beamten zuständig; näher → Rn. 33; → Rn. 52 f.

[99] Bader in KK-StPO Rn. 14; Ignor/Bertheau in Löwe/Rosenberg Rn. 17.

[100] Bader in KK-StPO Rn. 14; Ignor/Bertheau in Löwe/Rosenberg Rn. 17; Otte in Radtke/Hohmann Rn. 17; Rogall in SK-StPO Rn. 49; Schmitt in Meyer-Goßner/Schmitt Rn. 19.

[101] Otte in Radtke/Hohmann Rn. 17.

[102] Gercke in Gercke/Julius/Temming/Zöller Rn. 13; Neubeck in KMR-StPO Rn. 14; Otte in Radtke/Hohmann Rn. 17; Rogall in SK-StPO Rn. 49.

[103] Ignor/Bertheau in Löwe/Rosenberg Rn. 18; Otte in Radtke/Hohmann Rn. 17; Schmitt in Meyer-Goßner/Schmitt Rn. 19.

[104] BVerwG 24.6.1982 – 2 C 91/81, BVerwGE 66, 39 = NJW 1983, 638; Otte in Radtke/Hohmann Rn. 18; Rogall in SK-StPO Rn. 43.

[105] BVerwG 24.6.1982 – 2 C 91/81, BVerwGE 66, 39 = NJW 1983, 638; VGH München 30.7.1979 – Nr. 3712 VII/78, NJW 1980, 198; Ignor/Bertheau in Löwe/Rosenberg Rn. 24; Otte in Radtke/Hohmann Rn. 18; Rogall in SK-StPO Rn. 43; Schmitt in Meyer-Goßner/Schmitt Rn. 20; Eisenberg BeweisR StPO Rn. 1269.

gründe gegeben sind, hat die Behörde ein Ermessen, ob sie die Genehmigung dennoch erteilt.[106] Dieses Ermessen ist der Nachprüfung durch den Strafrichter entzogen.[107]

33 **b) Zuständigkeit für die Versagung.** Nach § 68 Abs. 3 S. 1 BBG und entsprechenden Regelungen in den meisten Landesbeamtengesetzen[108] entscheidet über die Versagung der Genehmigung die **oberste Dienstbehörde** des Zeugen. Diese darf aber die **Entscheidungsbefugnis auf nachgeordnete Behörden übertragen.** Anders als für die Erteilung einer Aussagegenehmigung (→ Rn. 30) ist für deren (auch nur teilweise) Versagung mithin bei Bundesbeamten und zumeist auch bei Landesbeamten nicht der unmittelbare Dienstvorgesetzte, sondern die oberste Dienstbehörde des Zeugen – das ist in der Regel das Ministerium, in dessen Dienstbereich der Zeuge tätig ist – oder eine von dieser speziell ermächtigte Behörde zuständig. Einer persönlichen Entscheidung des jeweiligen Ministers oder dessen Stellvertreters bedarf es dagegen nicht; es genügt die Entscheidung eines zur Außenvertretung des Ministeriums befugten Ministerialbeamten.[109] Mit dieser differenzierten Zuständigkeitsregelung soll der Besorgnis Rechnung getragen werden, dass die jeweiligen Beschäftigungsdienststellen aufgrund eines engeren Aufgabenbereiches und gegebenenfalls eingeschränkter rechtlicher Expertise unter Umständen nicht zutreffend beurteilen können, in welches Verhältnis die widerstreitenden Interessen zu setzen sind, und nicht sachgerechte Versagungsentscheidungen treffen.[110] Rechtsstaatlich unbedenklich ist, wenn die oberste Dienstbehörde für häufig vorkommende und im Wesentlichen gleich gelagerte Fälle im Voraus Leitlinien für eine Entscheidung festlegt und eine **nachgeordnete Behörde ermächtigt,** in deren Rahmen eigenständig über die Versagung einer Aussagegenehmigung zu befinden.[111] Wird eine Aussagegenehmigung (ganz oder teilweise) versagt und ist die Versagungsentscheidung nicht von der obersten Dienstbehörde getroffen worden, hat das Gericht zu klären, ob die Stelle, die entschieden hat, im konkreten Fall zur ablehnenden Entscheidung befugt war.[112]

34 Allerdings bedarf es im Fall der **polizeibehördlichen „Sperrung" einer Vertrauensperson,** für die § 96 entsprechend gilt (→ Rn. 49), auch insofern, als die „Sperrung" durch Versagung einer Aussagegenehmigung für Polizeibeamte hinsichtlich Bekundungen zur Identität einer V-Person erfolgt, stets einer Entscheidung durch die oberste Dienstbehörde selbst, und zwar durch den Innenminister, dessen nachgeordnete Polizei die V-Person eingesetzt hat.[113]

---

106 BVerwG 24.6.1982 – 2 C 91/81, BVerwGE 66, 39 = NJW 1983, 638; VGH München 30.7.1979 – Nr. 3712 VII/78, NJW 1980, 198; Bader in KK-StPO Rn. 16; Otte in Radtke/Hohmann Rn. 18; Rogall in SK-StPO Rn. 43; Schmitt in Meyer-Goßner/Schmitt Rn. 20; Eisenberg BeweisR StPO Rn. 1269; Fezer JuS 1978, 474, Fn. 35.

107 Bader in KK-StPO Rn. 16; Otte in Radtke/Hohmann Rn. 18.

108 Eine Versagungszuständigkeit der obersten Dienstbehörde besteht in Baden-Württemberg (§ 4 Abs. 4 BwLBG); Bayern (Art. 6 Abs. 3 S. 3 BayBG); Berlin (§ 50 Abs. 2 BlnLBG); Brandenburg (§ 56 Abs. 1 S. 2 BbgLBG); Hessen (§ 46 HBG); Nordrhein-Westfalen (§ 2 Abs. 2 bis 4 LBG NRW); Rheinland-Pfalz; Saarland (§ 59 Abs. 2 SBG); Sachsen-Anhalt (§ 51 Abs. 2 LBG LSA) sowie in Thüringen (§ 35 Abs. 2 S. 1 ThürBG). Keine besondere Zuständigkeit für die Versagung einer Aussagegenehmigung ist dagegen normiert in Bremen (§ 46 Abs. 1 BremBG); Hamburg (§ 46 Abs. 1 HmbBG); Mecklenburg-Vorpommern (§ 47 Abs. 1 LBG M-V); Niedersachsen (§ 3 Abs. 5 NBG); Sachsen (§ 2 Abs. 2 S. 1, § 68 SächsBG) und Schleswig-Holstein (§ 46 Abs. 2 LBG SH). Umstritten ist, ob sich eine Versagungszuständigkeit der obersten Dienstbehörde unmittelbar aus Verfassungsrecht ergibt; so VGH BW 21.3.2006 – 4 S 280/05, BeckRS 2006, 22822 unter Berufung auf BVerfG 26.5.1981 – 2 BvR 215/81, BVerfGE 57, 250 = NJW 1981, 1719.

109 BGH 3.11.1987 – 5 StR 579/87, BGHSt 35, 32 = NJW 1988, 2187; Rogall in SK-StPO Rn. 50.

110 Vgl. insofern BVerfG 26.5.1981 – 2 BvR 215/81, BVerfGE 57, 250 = NJW 1981, 1719.

111 BVerfG 26.5.1981 – 2 BvR 215/81, BVerfGE 57, 250 = NJW 1981, 1719. Vgl. auch BGH 2.7.1996 – 1 StR 314/96, BGHSt 42, 175 = NJW 1996, 2738.

112 BGH 26.6.2001 – 1 StR 197/01, NStZ 2001, 656. Einschränkend wohl Rogall in SK-StPO Rn. 67: Überprüfung auf „offensichtliche Fehler".

113 Vgl. BVerfG 26.5.1981 – 2 BvR 215/81, BVerfGE 57, 250 = NJW 1981, 1719; BGH 2.7.1996 – 1 StR 314/96, BGHSt 42, 175 = NJW 1996, 2738; 16.2.1995 – 4 StR 733/94, BGHSt 41, 36 = NJW 1995, 2569; 31.3.1989 – 2 StR 706/88, BGHSt 36, 159 = NJW 1989, 3291; Rogall in SK-StPO Rn. 49, 51 sowie → § 96 Rn. 12. Kritisch zur Zuständigkeit des Innenministers bei einem repressiven Einsatz einer V-Person Eschelbach in Satzger/Schluckebier/Widmaier StPO Rn. 17.

35 Hält das Gericht die Versagungsentscheidung einer nachgeordneten Behörde für nicht ausreichend begründet oder für im Ergebnis sachwidrig oder bestehen Zweifel an deren Entscheidungsbefugnis, hat das Gericht die **Entscheidung der obersten Dienstbehörde einzuholen.**[114] Erachtet das Gericht eine Versagungsentscheidung der zuständigen obersten Dienstbehörde – in der Regel des zuständigen Ministeriums – für rechtsfehlerhaft, insbesondere, weil relevante Umstände nicht erkennbar bedacht oder nicht beziehungsweise nicht mit dem gebotenen Gewicht in die zu treffende Abwägung der widerstreitenden Interessen eingestellt worden sind, hat das Gericht **Gegenvorstellung bei der obersten Dienstbehörde** zu erheben (→ Rn. 41 f.). Zuständig dafür ist bei Kollegialgerichten jeweils der Vorsitzende. Im Extremfall einer klar erkennbar sachwidrigen Versagungsentscheidung durch die oberste Dienstbehörde – namentlich im Kontext einer „Sperrung" einer Vertrauensperson durch das Innenministerium in Form der Versagung einer Aussagegenehmigung für Polizeibeamte zu Fragen der Identität einer V-Person – hat das Gericht, sofern eine Gegenvorstellung bei der obersten Dienstbehörde ohne Erfolg geblieben ist, das zuständige **Justizministerium einzuschalten** mit dem Ziel, von dort an das betreffende (Innen-)Ministerium eine Gegenvorstellung zu richten und gegebenenfalls sogar einen **Kabinettsbeschluss** herbeizuführen.[115] Wird die Aussagegenehmigung ersichtlich von einer unzuständigen Stelle versagt beziehungsweise stammt die Versagungsentscheidung entgegen den gesetzlichen Vorgaben nicht von der obersten, sondern einer nachrangigen Dienstbehörde und bestehen konkrete Zweifel an deren Ermächtigung zur Entscheidung durch die oberste Dienstbehörde, verletzt das Gericht die Aufklärungspflicht nach § 244 Abs. 2, wenn es die Versagungsentscheidung hinnimmt, obwohl die Aussage des Zeugen für das Verfahren von Bedeutung ist.[116]

36 **c) Entscheidungskriterien.** Bei ihrer Entscheidung über die Erteilung oder Versagung einer Aussagegenehmigung muss sich die Verwaltungsbehörde am Gebot einer rechtsstaatlichen Verfahrensgestaltung orientieren und darf sie nicht lediglich die von ihr wahrzunehmenden Aufgaben in den Blick nehmen. Sie hat vielmehr auch das staatliche Strafverfolgungsinteresse, die Bedeutung der gerichtlichen Wahrheitsfindung, die Verteidigungsinteressen des Beschuldigten sowie dessen Freiheitsanspruch zu berücksichtigen und mit hinreichendem Gewicht erkennbar in die zu treffende **Abwägungsentscheidung** einzustellen.[117] Aus der – regelmäßig schriftlich ergehenden und einzelfallbezogen zu begründenden – Versagungsentscheidung muss hervorgehen, dass die Behörde alle relevanten Umstände erkannt und abgewogen hat (→ Rn. 38). Ob die Versagung einer Aussagegenehmigung rechtsstaatlich unbedenklich ist, hängt von den Umständen des Einzelfalls, insbesondere von der Schwere der verfahrensgegenständlichen Straftat, dem Ausmaß der dem Angeklagten durch eine Genehmigungsversagung drohenden Nachteile, dem Gewicht der einer bestmöglichen Aufklärung entgegenstehenden Umstände sowie dem Stellenwert des Zeugen und seiner etwaigen Aussage ab.[118] Zu berücksichtigen ist bei der Entscheidung, ob nicht bereits bestimmte **verfahrensrechtliche Vorkehrungen** – etwa die Vernehmung eines gefährdeten oder aus sonstigen Gründen schutzwürdigen Zeugen wie namentlich eines Verdeckten Ermittlers oder einer polizeilichen Vertrauensperson unter Ausschluss der

---

114 BGH 2.7.1996 – 1 StR 314/96, BGHSt 42, 175 = NJW 1996, 2738; 31.3.1989 – 2 StR 706/88, BGHSt 36, 159 = NJW 1989, 3291; Rogall in SK-StPO Rn. 50.

115 Vgl. BGH 5.6.2007 – 5 StR 383/06, NJW 2007, 3010 betreffend die Verweigerung der Aussagegenehmigung für einen beschuldigten Amtsträger.

116 BGH 26.6.2001 – 1 StR 197/01, NStZ 2001, 656.

117 BVerfG 26.5.1981 – 2 BvR 215/81, BVerfGE 57, 250 = NJW 1981, 1719; BGH 17.10.1983 – GSSt 1/83, BGHSt 32, 115 = NJW 1984, 247 = NStZ 1984, 36 mAnm Frenzel; BVerwG 24.6.1982 – 2 C 91/81, BVerwGE 66, 39 = NJW 1983, 638; Gercke in Gercke/Julius/Temming/Zöller Rn. 17; Ignor/Bertheau in Löwe/Rosenberg Rn. 21; Neubeck in KMR-StPO Rn. 15; Otte in Radtke/Hohmann Rn. 18.

118 BVerfG 26.5.1981 – 2 BvR 215/81, BVerfGE 57, 250 = NJW 1981, 1719; BVerwG 24.6.1982 – 2 C 91/81, BVerwGE 66, 39 = NJW 1983, 638; OLG Stuttgart 23.7.1990 – 4 VAs 21/90, NJW 1991, 1071 mAnm Arloth NStZ 1992, 96.

Öffentlichkeit (§ 172 Nr. 1a GVG), die Gestattung, dass der Zeuge keine Angaben zu seiner Identität oder seinem Wohnort macht (§ 68 Abs. 2 und Abs. 3), die Entfernung des Angeklagten (§ 247) oder die audiovisuelle Vernehmung des Zeugen nach § 247a unter akustischer und optischer Verfremdung – zur Wahrung der gegen eine Aussagegenehmigung sprechenden Belange der Behörde ausreichen.[119] In diesem Fall ist es statthaft und geboten, die Aussagegenehmigung unter der einschränkenden Bedingung zu erteilen, dass solche strafprozessual statthaften Schutzmaßnahmen, gegebenenfalls kumulativ, vom Gericht ergriffen werden. Die Erteilung einer **Aussagegenehmigung für einen Richter** kann versagt werden, wenn dessen Vernehmung seinen Ausschluss aus einem Strafverfahren nach § 22 Nr. 5 zur Folge hätte (→ Rn. 6). Einem **Staatsanwalt** ist dagegen unter Umständen auch dann eine Aussagegenehmigung zu erteilen, wenn er in einer Hauptverhandlung aussagen soll, in der er selbst als Sitzungsvertreter tätig ist.[120]

Insbesondere im Kontext der **Versagung einer Aussagegenehmigung für Polizeibeamte hinsichtlich der Identität polizeilicher Vertrauenspersonen (V-Personen)**[121] gilt zudem: Zulässig kann es im Einzelfall sein, dem Interesse, eine drohende **Gefahr für das Leben oder die Freiheit** einer Person abzuwenden, indem deren Identität geheim gehalten wird, Vorrang vor dem Interesse an einer umfassenden Aufklärung des verfahrensgegenständlichen Sachverhalts einzuräumen.[122] Gleiches gilt für das Interesse einer Polizeibehörde an der **Möglichkeit einer weiteren Verwendung einer Vertrauensperson;** ein solches Interesse ist angesichts des Gebots einer Aufklärung von schweren Straftaten legitim und kann es rechtfertigen, die Identität einer V-Person durch Versagung beziehungsweise Beschränkung einer Aussagegenehmigung geheim zu halten und damit deren zur Enttarnung führende Vernehmung durch ein Gericht zu verhindern.[123] Auch das Interesse der Polizei, die einer V-Person oder einem Informanten zum Schutz vor Lebens- oder Leibesgefahren erteilte **Vertraulichkeitszusage** einzuhalten, kann die (Teil-)Versagung einer Aussagegenehmigung legitimieren, um so die Identität einer V-Person oder eines Informanten geheim zu halten.[124] Insofern ist aber zu berücksichtigen, dass eine – im Bereich des Einsatzes von V-Personen übliche und regelmäßig für die erfolgreiche Gewinnung von V-Personen unabdingbare – Vertraulichkeitszusage nur bedeutet, dass die V-Person vor einem Bekanntwerden ihrer wahren Identität geschützt wird; sie beinhaltet nicht die Zusage an die V-Person, nicht vor Gericht aussagen zu müssen. Sofern eine Aussage der V-Person vor Gericht – etwa durch die oben (→ Rn. 36) geschilderten verfahrensrechtlichen Vorkehrungen – so gestaltet werden kann, dass ein Bekanntwerden ihrer wahren Identität nicht zu 37

---

119 Vgl. BGH 7.3.2007 – 1 StR 646/06, BGHSt 51, 232 = NJW 2007, 1475; 19.7.2006 – 1 StR 87/06, NStZ 2006, 648; 17.8.2004 – 1 StR 315/04, NStZ 2005, 43; 11.9.2003 – 3 StR 316/02, NStZ 2004, 345; 26.9.2002 – 1 StR 111/02, NJW 2003, 74; VGH Kassel 29.5.2013 – 8 B 1005/13, NJW 2014, 240. Siehe zu den in Betracht kommenden Maßnahmen auch Bader in KK-StPO Vor § 48 Rn. 67 ff.; Gercke in Gercke/Julius/Temming/Zöller Rn. 17; Rogall in SK-StPO Rn. 55; Gribbohm NJW 1981, 305.

120 VG Düsseldorf 29.6.2015 – 13 L 1133/15, StV 2015, 685 = BeckRS 2015, 49302. Siehe auch VG Berlin 1.6.2018 – 28 L 267/18, BeckRS 2018, 10177. Zum Ausschluss eines als Zeugen vernommenen Staatsanwalts von einer weiteren Mitwirkung in dem Verfahren als Sitzungsvertreter siehe BGH 19.9.2019 – 1 StR 235/19, NStZ 2020, 180 mwN.; Scheuten in KK-StPO Vor § 22 Rn. 3 sowie → § 22 Rn. 4 ff.

121 Näher zur polizeibehördlichen „Sperrung" von Vertrauenspersonen durch Verweigerung von Auskunft über deren Identität, auch in Form der Versagung einer Aussagegenehmigung für Polizeibeamte zu Umständen, die die Identität einer V-Person betreffen oder deren Feststellung ermöglichen, → Rn. 49 f. und → § 96 Rn. 8 ff.

122 BVerfG 8.10.2009 – 2 BvR 547/08, NJW 2010, 925; 26.5.1981 – 2 BvR 215/81, BVerfGE 57, 250 = NJW 1981, 1719; BGH 31.3.1989 – 2 StR 706/88, BGHSt 36, 159 = NJW 1989, 3291; 3.5.1985 – 2 StR 824/84, NStZ 1985, 466; 16.4.1985 – 5 StR 718/84, BGHSt 33, 178 = NJW 1985, 1789; 10.10.1979 – 3 StR 281/79, BGHSt 29, 109 = NJW 1980, 464; Schmitt in Meyer-Goßner/Schmitt Rn. 20; Geppert Jura 1992, 250.

123 BGH 24.10.2006 – 1 StR 442/06, StraFo 2007, 25 = BeckRS 2011, 15378; OLG Stuttgart 23.7.1990 – 4 VAs 21/90, NJW 1991, 1071 mAnm Arloth NStZ 1992, 96.

124 BVerfG 8.10.2009 – 2 BvR 547/08, NJW 2010, 925.

besorgen ist, ist das zuständige Innenministerium gehalten, die V-Person nicht vollständig zu „sperren", sondern deren Vernehmung durch das Gericht mit solchen „Schutzmaßnahmen" zu ermöglichen; eine uneingeschränkte Vertraulichkeitszusage ist nicht zulässig.[125] Zudem entfällt eine Vertraulichkeitszusage unter bestimmten Voraussetzungen, etwa wenn die V-Person falsche Informationen liefert, sich absprachewidrig verhält oder im Einsatz Straftaten begeht.[126]

38 **d) Begründungsanforderungen.** Die Behörde hat die Versagung einer Aussagegenehmigung so zu begründen, dass dem Gericht die Überprüfung zumindest auf offensichtliche Fehler ermöglicht wird, soweit nicht durch die Begründung ihrerseits geheimhaltungsbedürftige Umstände offenbart werden.[127] Lässt das Geheimhaltungsinteresse nur eine unvollständige Begründung zu, ist die Behörde dennoch gehalten, ihre Weigerung verständlich zu machen, um dem Gericht zu ermöglichen, auf die Beseitigung etwaiger Hindernisse hinzuwirken und auf die Bereitstellung des bestmöglichen Beweises zu dringen.[128] Die Behörde darf sich nicht auf allgemein gehaltene Begründungen zurückziehen, sondern hat – soweit die Geheimhaltungsinteressen das zulassen – **einzelfallbezogene Erwägungen** mitzuteilen.[129] Die Begründung muss insbesondere erkennen lassen, dass die Behörde alle relevanten Umstände bedacht und bei der zu treffenden Entscheidung unter Abwägung der widerstreitenden Interessen berücksichtigt hat.

39 **e) Bindungswirkung.** Hat die zuständige Behörde eine Aussagegenehmigung erteilt oder versagt, ist das Gericht grundsätzlich daran gebunden.[130] Es muss einen Zeugen, dem eine Aussagegenehmigung erteilt worden ist, daher auch dann vernehmen, wenn nach seiner Auffassung die Genehmigung zu Unrecht erteilt worden ist, weil einer Aussage des Zeugen überwiegende Geheimhaltungsinteressen entgegenstehen.[131] Auch die (endgültige) **Versagung einer Aussagegenehmigung** ist **für das Gericht bindend,** selbst wenn es

[125] BVerfG 8.10.2009 – 2 BvR 547/08, NJW 2010, 925; 26.5.1981 – 2 BvR 215/81, BVerfGE 57, 250 = NJW 1981, 1719; BGH 31.3.1989 – 2 StR 706/88, BGHSt 36, 159 = NJW 1989, 3291; 5.12.1984 – 2 StR 526/84, BGHSt 33, 83 = NJW 1985, 984; VGH Kassel 29.5.2013 – 8 B 1005/13, NJW 2014, 240; OVG Lüneburg 4.1.2012 – 14 PS 3/11, NJW 2012, 2372; Geppert Jura 1992, 250. Vgl. zur Vertraulichkeitszusage ausführlich Meyer ZStW 95 (1983), 839.

[126] Vgl. insofern Nummer I.4 der „Gemeinsamen Richtlinien der Justizminister/-senatoren und der Innenminister/-senatoren der Länder über die Inanspruchnahme von Informanten sowie über den Einsatz von Vertrauenspersonen (V-Personen) und Verdeckten Ermittlern im Rahmen der Strafverfolgung", Anlage D zur RiStBV. Eine Vertraulichkeitszusage bindet nur Polizei und Staatsanwaltschaft. Für das Gericht ist sie ohne Belang. Sofern die Identität einer V-Person dem Gericht anderweitig bekannt wird (etwa durch die Mitteilung eines Dritten), darf deren Vernehmung nicht mit dem Verweis auf eine Vertraulichkeitszusage abgelehnt werden. Denn die Vertraulichkeitszusage beinhaltet nur die Zusage, dass die Polizei (und ggf. die Staatsanwaltschaft) die Identität einer V-Person geheim hält. Vgl. insofern BGH 26.7.2011 – 1 StR 297/11, StV 2012, 5 = BeckRS 2011, 21644; 6.2.2003 – 4 StR 423/02, NStZ 2003, 610; 3.11.1987 – 5 StR 579/87, BGHSt 35, 32 = NJW 1988, 2187; Bader in KK-StPO Rn. 19.

[127] BVerfG 26.5.1981 – 2 BvR 215/81, BVerfGE 57, 250 = NJW 1981, 1719; BGH 17.10.1983 – GSSt 1/83, BGHSt 32, 115 = NJW 1984, 247 = NStZ 1984, 36 mAnm Frenzel; Neubeck in KMR-StPO Rn. 16; Otte in Radtke/Hohmann Rn. 18; Rogall in SK-StPO Rn. 64; Laue ZStW 120, 261.

[128] BVerfG 26.5.1981 – 2 BvR 215/81, BVerfGE 57, 250 = NJW 1981, 1719; BGH 31.3.1989 – 2 StR 706/88, BGHSt 36, 159 = NJW 1989, 3291; 17.10.1983 – GSSt 1/83, BGHSt 32, 115 = NJW 1984, 247 = NStZ 1984, 36 mAnm Frenzel; 10.10.1979 – 3 StR 281/79, BGHSt 29, 109 = NJW 1980, 464; Gercke in Gercke/Julius/Temming/Zöller Rn. 19; Neubeck in KMR-StPO Rn. 16; Otte in Radtke/Hohmann Rn. 18; Rogall in SK-StPO Rn. 64; Schmitt in Meyer-Goßner/Schmitt Rn. 21.

[129] BGH 21.3.1989 – 5 StR 57/89, NStZ 1989, 282; 16.4.1985 – 5 StR 718/84, BGHSt 33, 178 = NJW 1985, 1789; Geppert Jura 1992, 250.

[130] BVerfG 26.5.1981 – 2 BvR 215/81, BVerfGE 57, 250 = NJW 1981, 1719; BGH 16.4.1985 – 5 StR 718/84, BGHSt 33, 178 = NJW 1985, 1789; OLG Hamburg 22.10.1993 – 1b Ws 271/93, NStZ 1994, 98; Bader in KK-StPO Rn. 19; Ignor/Bertheau in Löwe/Rosenberg Rn. 19; Neubeck in KMR-StPO Rn. 20; Otte in Radtke/Hohmann Rn. 21; Rogall in SK-StPO Rn. 65; Schmitt in Meyer-Goßner/Schmitt Rn. 24; Fezer JuS 1978, 474. Anders ist es lediglich bei der Vernehmung von Zeugen in Verfahren vor dem Bundesverfassungsgericht; vgl. § 28 Abs. 2 S. 2 BVerfGG.

[131] Bader in KK-StPO Rn. 18; Ignor/Bertheau in Löwe/Rosenberg Rn. 19; Otte in Radtke/Hohmann Rn. 21; Rogall in SK-StPO Rn. 65; Schmitt in Meyer-Goßner/Schmitt Rn. 24.

diese für rechtswidrig hält.[132] Allerdings kann für das Gericht die Pflicht bestehen, eine Überprüfung der Entscheidung einer nachgeordneten Behörde durch die oberste Dienstbehörde zu verlangen (→ Rn. 35) oder nach den nachfolgend dargestellten Grundsätzen eine Gegenvorstellung zu erheben (→ Rn. 41 f.).

f) Anfechtung der Versagung. Versagt die zuständige Behörde die Aussagegenehmigung ganz oder teilweise, kommt die Erhebung einer Gegenvorstellung (→ Rn. 41 f.) sowie die gerichtliche Anfechtung der Versagung (→ Rn. 43 f.) in Betracht. 40

aa) Gegenvorstellung. Das Gericht ist grundsätzlich an die Entscheidung der Verwaltungsbehörde gebunden (→ Rn. 39). Es darf sich mit der Versagung einer Aussagegenehmigung aber nicht stets ohne Weiteres abfinden, sondern muss unter Umständen durch **Einschaltung der obersten Dienstbehörde** (→ Rn. 35) oder die Erhebung einer **Gegenvorstellung** bei dieser versuchen, die Verwaltung zu einer Revision ihrer Entscheidung zu bewegen. Eine Pflicht zur Gegenvorstellung besteht aber nur, wenn die Genehmigungsversagung durch die oberste Dienstbehörde rechtsfehlerhaft erscheint, nicht jedoch, wenn keine Anhaltspunkte dafür vorliegen, dass die Beschränkung oder Versagung der Aussagegenehmigung rechtsfehlerhaft ist.[133] 41

Das Gericht ist (nur dann) verpflichtet, bei der obersten Dienstbehörde, die die Aussagegenehmigung verweigert oder lediglich eingeschränkt erteilt beziehungsweise die Versagungsentscheidung einer nachgeordneten Dienststelle bestätigt hat, Gegenvorstellung zu erheben, wenn die Entscheidung der Behörde **nicht oder nicht zutreffend begründet** ist, sie **wesentliche Aspekte nicht berücksichtigt** oder eine **fehlerhafte Abwägung** der widerstreitenden Interessen erkennen lässt und das Gericht zudem Anhaltspunkte dafür hat, dass die Behörde ihre **Entscheidung möglicherweise ändern wird** und die zunächst versagte Aussagegenehmigung doch noch erteilen wird.[134] Für eine Gegenvorstellung besteht vor allem dann Anlass, wenn die Begründung der Behörde sich lediglich auf allgemeine und nicht auf einzelfallbezogene Erwägungen stützt.[135] Auch dann, wenn das Gericht von der Behörde angeführte Sicherheitsbedenken für nicht tragfähig erachtet und diese meint ausräumen zu können, etwa durch besondere Zeugenschutzmaßnahmen bei einer Vernehmung (hierzu → Rn. 36), ist eine Gegenvorstellung veranlasst.[136] Eine Pflicht zur Erhebung einer Gegenvorstellung kann auch bestehen, wenn die Versagung zum Zeitpunkt der behördlichen Entscheidung rechtmäßig war, sich aber zwischenzeitlich die **Sachlage erheblich geändert** hat und deshalb konkrete Anhaltspunkte dafür bestehen, dass die zuständige Behörde im Fall einer erneuten Befassung zu einer anderen Entscheidung gelangen wird.[137] Das kommt in Betracht, wenn ein zunächst verdeckt ermittelnder Beamter zwischenzeitlich den Aufgabenbereich gewechselt hat und deshalb ein Bedürfnis, seine 42

---

132 Ignor/Bertheau in Löwe/Rosenberg Rn. 19, 26; Neubeck in KMR-StPO Rn. 16; Otte in Radtke/Hohmann Rn. 20; Rogall in SK-StPO Rn. 65; Schmitt in Meyer-Goßner/Schmitt Rn. 24.

133 BGH 3.5.1985 – 2 StR 824/84, NStZ 1985, 466; 16.4.1985 – 5 StR 718/84, BGHSt 33, 178 = NJW 1985, 1789; 17.10.1983 – GSSt 1/83, BGHSt 32, 115 = NJW 1984, 247 = NStZ 1984, 36 mAnm Frenzel; 11.12.1980 – 4 StR 588/80, NJW 1981, 770; Otte in Radtke/Hohmann Rn. 20; Schmitt in Meyer-Goßner/Schmitt Rn. 27.

134 BGH 7.3.1995 – 1 StR 803/94, BGHR StPO § 244 Abs. 2 Aussagegenehmigung 1 = BeckRS 1995, 31095821; 31.3.1989 – 2 StR 706/88, BGHSt 36, 159 = NJW 1989, 3291; OLG Nürnberg 16.2.2015 – 1 OLG 8 Ss 295/14, NStZ-RR 2015, 251; Bader in KK-StPO Rn. 19. So auch – allerdings ohne die zuletzt genannte Einschränkung – BGH 2.7.1996 – 1 StR 314/96, BGHSt 42, 175 = NJW 1996, 2738 mAnm Geerds NStZ 1996, 609 sowie BGH 16.4.1985 – 5 StR 718/84, BGHSt 33, 178 = NJW 1985, 1789. Vgl. auch BGH 9.12.1988 – 2 StR 279/88, BGHSt 36, 44 = NJW 1989, 1228; 3.5.1985 – 2 StR 824/84, NStZ 1985, 466; 17.10.1983 – GSSt 1/83, BGHSt 32, 115 = NJW 1984, 247 = NStZ 1984, 36 mAnm Frenzel; 9.11.1980 – 4 StR 16/80, NStZ 1981, 70.

135 BGH 16.4.1985 – 5 StR 718/84, BGHSt 33, 178 = NJW 1985, 1789.

136 BGH 29.10.1980 – 3 StR 335/80, BGHSt 29, 390 = NJW 1981, 355. Ausführlich zu dieser Problematik Gribbohm NJW 1981, 305.

137 Offen gelassen von BGH 7.3.1995 – 1 StR 803/94, BGHR StPO § 244 Abs. 2 Aussagegenehmigung 1 = BeckRS 1995, 31095821.

Identität geheim zu halten, nicht mehr besteht.[138] Das Gericht darf von einer Gegenvorstellung nicht aus pauschalen Erwägungen absehen, etwa mit dem Argument, die Polizei erteile erfahrungsgemäß keine Auskunft über ihre Gewährsleute, weshalb etwaige Bemühungen von vornherein aussichtslos seien.[139] Insbesondere dann, wenn der Zeuge, dessen Identität die Behörde nicht preisgeben will, bereits über einen längeren Zeitraum mit dem Angeklagten in Kontakt stand und diesem daher zumindest sein Aussehen ohnehin bekannt ist, kann im Einzelfall Anlass bestehen, die Behörde zum Überdenken ihrer Entscheidung zu bewegen.[140]

43 **bb) Gerichtliche Anfechtung. (1) Anfechtungsberechtigte.** Der **Angeklagte** und der **Nebenkläger** können die Versagung oder nur eingeschränkte Erteilung (Teilversagung) einer Aussagegenehmigung gerichtlich anfechten, sofern sie ein rechtliches Interesse an der Aussage des gesperrten Zeugen haben.[141] **Privatkläger** können nur unter eingeschränkten Voraussetzungen hiergegen vorgehen. Insoweit gelten die Ausführungen bei → Rn. 29 entsprechend. Das **Gericht** ist für eine Klage vor den Verwaltungsgerichten nicht klagebefugt, weil es nicht in seinen Rechten verletzt ist (§ 42 Abs. 2 VwGO).[142] Gleiches gilt für die **Staatsanwaltschaft.**[143] Der betroffene **Zeuge** kann gegen die Erteilung der Aussagegenehmigung nicht vorgehen, auch wenn er der Auffassung ist, sich durch die Aussage einer Gefahr auszusetzen.[144] Das folgt daraus, dass die Verschwiegenheitspflicht nicht den Zeugen, sondern öffentliche Geheimhaltungsinteressen schützen soll.[145]

44 **(2) Verwaltungsrechtsweg.** Für eine Klage gegen die Versagung einer Aussagegenehmigung ist der Verwaltungsrechtsweg eröffnet, weil die begehrte Aussagegenehmigung ein **Verwaltungsakt** ist und es daher um eine **öffentlich-rechtliche Streitigkeit** nach § 40 Abs. 1 VwGO geht.[146] Auch für die Anfechtung der Versagung der Aussagegenehmigung für einen Richter oder einen Justizangestellten ist der Verwaltungsrechtsweg eröffnet, weil die Versagung kein Justizverwaltungsakt nach § 23 EGGVG ist.[147] Die **Versagung der Aussagegenehmigung** ist **verwaltungsgerichtlich voll nachprüfbar,** denn wenn die

[138] Vgl. hierzu BGH 29.10.1980 – 3 StR 335/80, BGHSt 29, 390 = NJW 1981, 355.

[139] BGH 29.10.1980 – 3 StR 335/80, BGHSt 29, 390 = NJW 1981, 355; Eisenberg BeweisR StPO Rn. 1267.

[140] Vgl. zu diesem Gesichtspunkt BGH 2.7.1996 – 1 StR 314/96, BGHSt 42, 175 = NJW 1996, 2738.

[141] BVerwG 2.12.1969 – VI C 138, 67, BVerwGE 34, 254 = NJW 1971, 160; BVerwG 14.2.1964 – VII C 93.61, BVerwGE 18, 58 = NJW 1964, 1088; Otte in Radtke/Hohmann Rn. 20; Schmitt in Meyer-Goßner/Schmitt Rn. 28; Schmid JR 1978, 8.

[142] Bader in KK-StPO Rn. 20; Huber in BeckOK StPO Rn. 26; Ignor/Bertheau in Löwe/Rosenberg Rn. 19, 24; Otte in Radtke/Hohmann Rn. 20; Rogall in SK-StPO Rn. 67, 71; Schmitt in Meyer-Goßner/Schmitt Rn. 28; Geppert Jura 1992, 251; Meyer ZStW 95 (1983), 842; Schmid JR 1978, 8. Offengelassen von BGH 5.6.2007 – 5 StR 383/06, NJW 2007, 3010. Siehe auch BGH 3.5.2017 – 3 StR 498/16, BeckRS 2017, 118228.

[143] Bader in KK-StPO Rn. 20; Gercke in Gercke/Julius/Temming/Zöller Rn. 23; Huber in BeckOK StPO Rn. 26; Neubeck in KMR-StPO Rn. 19; Otte in Radtke/Hohmann Rn. 20; Schmitt in Meyer-Goßner/Schmitt Rn. 28; Fezer JuS 1978, 474; Geppert Jura 1992, 251; Laue ZStW 120 (2008), 260; Meyer ZStW 95 (1983), 842; Schmid JR 1978, 8. AA Ostendorf DRiZ 1981, 4, 10 sowie Ellbogen NStZ 2007, 310 unter Verweis auf die eigenständige Stellung der Staatsanwaltschaft und auf ihre Verpflichtung, für ein insgesamt rechtsstaatliches Verfahren zu sorgen. Offen gelassen von BGH 5.6.2007 – 5 StR 383/06, NJW 2007, 3010. Siehe auch BGH 3.5.2017 – 3 StR 498/16, BeckRS 2017, 118228.

[144] Otte in Radtke/Hohmann Rn. 20; Schmitt in Meyer-Goßner/Schmitt Rn. 28; Ostendorf DRiZ 1981, 9. AA Laue ZStW 120, 259; Schmid JR 1978, 8.

[145] Eisenberg BeweisR StPO Rn. 1272a.

[146] BVerwG 24.6.1982 – 2 C 91/81, BVerwGE 66, 39 = NJW 1983, 638; BVerwG 2.12.1969 – VI C 138, 67, BVerwGE 34, 254 = NJW 1971, 160; Bader in KK-StPO Rn. 20; Ignor/Bertheau in Löwe/Rosenberg Rn. 24; Schmitt in Meyer-Goßner/Schmitt Rn. 28. Kritisch Hilger NStZ 1984, 145. Siehe in Bezug auf eine Sperrerklärung für eine Vertrauensperson auch BGH 24.6.1998 – 5 AR (VS) 1/98, BGHSt 44, 107 = NJW 1998, 3577.

[147] OLG Hamm 18.3.1968 – 1 VAs 21/68, NJW 1968, 1440; Bader in KK-StPO Rn. 20; Gercke in Gercke/Julius/Temming/Zöller Rn. 23; Huber in BeckOK StPO Rn. 26; Neubeck in KMR-StPO Rn. 19; Otte in Radtke/Hohmann Rn. 20; Schmitt in Meyer-Goßner/Schmitt Rn. 28.

tatbestandlichen Voraussetzungen für eine Genehmigungsversagung nicht gegeben sind, steht der Verwaltungsbehörde kein Ermessen zu und ist sie zur Erteilung einer Aussagegenehmigung verpflichtet.[148] Die Behörde ist im Verwaltungsrechtsstreit nicht verpflichtet, die Gründe für die Versagung in vollem Umfang zu offenbaren, weil dies dem Zweck der Geheimhaltung entgegen laufen würde; sie muss aber das Gericht durch ihre Darlegung in die Lage versetzen zu prüfen, ob die Voraussetzungen für eine Versagung der Aussagegenehmigung vorliegen.[149]

g) Rechtsfolgen der Versagung. aa) Keine Vernehmung und Befragung des 45 **Zeugen.** Ist die Versagung einer Aussagegenehmigung nicht zu beanstanden und eine Gegenvorstellung daher nicht veranlasst (→ Rn. 41) oder aber bleibt die oberste Dienstbehörde trotz Gegenvorstellung (→ Rn. 42) bei ihrer Weigerung, dem Zeugen eine Aussagegenehmigung zu erteilen, beziehungsweise bleibt im Falle der Entscheidung durch eine nachgeordnete Behörde auch die Einschaltung der obersten Dienstbehörde (→ Rn. 35) ohne Erfolg, ist eine Vernehmung des Zeugen insoweit, als seine Verschwiegenheitspflicht reicht, untersagt; es besteht insofern ein von Amts wegen zu beachtendes **Vernehmungsverbot.**[150] Der Zeuge ist dann weder verpflichtet noch befugt, zu Umständen auszusagen, die seiner Verschwiegenheitspflicht unterfallen,[151] weshalb Maßnahmen nach § 70 gegen ihn nicht ergriffen werden dürfen.[152] Gleichwohl – etwa in Verkennung der Reichweite der Amtsverschwiegenheit – gemachte Angaben des Zeugen dürfen aber verwertet werden; es besteht **kein Verwertungsverbot** für Angaben, die der Zeuge in Verkennung oder bewusster Missachtung der Grenzen seiner Verschwiegenheitspflicht gemacht hat.[153]

Fragen von Verfahrensbeteiligten an einen zur Amtsverschwiegenheit verpflich- 46 teten Zeugen, die nicht von einer Aussagegenehmigung gedeckt sind – was insbesondere im Fall einer gegenständlich beschränkten Aussagegenehmigung (→ Rn. 52 f.) der Fall sein kann –, sind vom Vorsitzenden des Gerichts **nach § 241 Abs. 2 als unzulässig zurückzuweisen;** sie sind aus Rechtsgründen ungeeignet im Sinne des § 241 Abs. 2.[154] Wenn der Zeuge von sich aus erklärt, die Frage eines Verfahrensbeteiligten wegen Nichtvorliegens einer die Beantwortung der Frage umfassenden Aussagegenehmigung nicht beantworten zu dürfen, und die Einschätzung des Zeugen zutreffend ist, bedarf es zwar keiner Zurückweisung der Frage mehr; in einer solchen Konstellation häufig in der Annahme oder jedenfalls mit der Behauptung, die Bewertung des Zeugen sei falsch, gestellte Anträge von Fragestellern, das Gericht möge den Zeugen, notfalls mit Zwangsmitteln, zu einer Beantwortung der gestellten Frage anhalten, sind aber vom Vorsitzenden abzulehnen. Gegen eine solche Entscheidung des Vorsitzenden sowie eine Fragezurückweisung nach § 241 Abs. 2 kann der Fragesteller um **Gerichtsbeschluss nach § 238 Abs. 2** ersuchen; die Herbeiführung eines solchen Gerichtsbeschlusses ist erfor-

148 BVerwG 24.6.1982 – 2 C 91/81, BVerwGE 66, 39 = NJW 1983, 638; VGH München 30.7.1979 – Nr. 3712 VII/78, NJW 1980, 198; Ignor/Bertheau in Löwe/Rosenberg Rn. 24; Eisenberg BeweisR StPO Rn. 1269. Vgl. hierzu auch → Rn. 32.

149 BVerwG 24.6.1982 – 2 C 91/81, BVerwGE 66, 39 = NJW 1983, 638. Vgl. hierzu bereits oben → Rn. 38.

150 Bader in KK-StPO Rn. 1; Eschelbach in Satzger/Schluckebier/Widmaier StPO Rn. 1; Ignor/Bertheau in Löwe/Rosenberg Rn. 1, 26; Otte in Radtke/Hohmann Rn. 3; Rogall in SK-StPO Rn. 2; Schmitt in Meyer-Goßner/Schmitt Rn. 2.

151 BVerfG 26.5.1981 – 2 BvR 215/81, BVerfGE 57, 250 = NJW 1981, 1719; BGH 10.7.1952 – 3 StR 796/51, MDR 1952, 659; OLG Hamburg 22.10.1993 – 1b Ws 271/93, NStZ 1994, 98; Gercke in Gercke/Julius/Temming/Zöller Rn. 1; Ignor/Bertheau in Löwe/Rosenberg Rn. 1; Otte in Radtke/Hohmann Rn. 3; Rogall in SK-StPO Rn. 2; Schmitt in Meyer-Goßner/Schmitt Rn. 2.

152 OLG Hamburg 22.10.1993 – 1b Ws 271/93, NStZ 1994, 98.

153 Bader in KK-StPO Rn. 12; Schmitt in Meyer-Goßner/Schmitt Rn. 2, 15; Eisenberg BeweisR StPO Rn. 1266. Insofern kritisch Eschelbach in Satzger/Schluckebier/Widmaier StPO Rn. 5.

154 BGH 15.12.2005 – 3 StR 281/04, BGHSt 50, 318 = NJW 2006, 785; Neubeck in KMR-StPO Rn. 20; Rogall in SK-StPO Rn. 68; Schmitt in Meyer-Goßner/Schmitt Rn. 25; Schneider in KK-StPO § 241 Rn. 8; Eisenberg BeweisR StPO Rn. 1271; Fezer JuS 1978, 474; → § 241 Rn. 16.

derlich, um die Vorsitzendenentscheidung gegebenenfalls später in der Revision mit einer Verfahrensrüge anfechten zu können.[155]

47 **bb) Ablehnung von Beweisanträgen.** Beweisanträge auf Vernehmung eines Zeugen dürfen ohne Erscheinen des Zeugen in der Hauptverhandlung wegen **Unzulässigkeit der Beweiserhebung nach § 244 Abs. 3 S. 2** beziehungsweise § 245 Abs. 2 S. 2 abgelehnt werden, wenn das gesamte Beweisthema, zu dem der Zeuge aussagen soll, einer Pflicht zur Amtsverschwiegenheit unterfällt und die zuständige Behörde es (endgültig) abgelehnt hat, dem Zeugen eine – und sei es nur beschränkte – Aussagegenehmigung zu erteilen.[156] In einem solchen Fall wäre es sinnlos, den Zeugen gleichwohl zur Hauptverhandlung zu laden, weil er dort nicht vernommen werden dürfte. Irrelevant ist insofern, dass die Aussage eines Zeugen, der ohne erforderliche Aussagegenehmigung aussagt, verwertbar ist (→ Rn. 45). Denn die Verwertbarkeit berührt das für das Gericht geltende Vernehmungsverbot (→ Rn. 45) nicht.

48 **cc) Folgen für die Beweiswürdigung.** Kann ein bedeutsamer Zeuge wegen der Versagung einer Aussagegenehmigung nicht in der Hauptverhandlung vernommen werden, ist den hierdurch eingeschränkten Aufklärungsmöglichkeiten des Gerichts und Verteidigungsmöglichkeiten des Angeklagten durch eine **besonders vorsichtige Beweiswürdigung** und gegebenenfalls eine Anwendung des **Zweifelssatzes** Rechnung zu tragen (siehe zur Konstellation der „Sperrung" einer V-Person → Rn. 50).[157] Unzulässig wäre es jedoch, ein Entlastungsvorbringen des Angeklagten als wahr zu unterstellen, nur weil die zuständige Behörde einem Zeugen, der dies bestätigen soll, die Aussagegenehmigung versagt.[158] Im Rahmen der Beweiswürdigung darf berücksichtigt werden, dass die zuständige Behörde eine Aussagegenehmigung zu Unrecht verweigert hat.[159]

49 **dd) Besonderheiten im Zusammenhang mit polizeilichen Vertrauenspersonen.** Die Versagung einer Aussagegenehmigung wird in der forensischen Praxis regelmäßig insofern relevant, als Polizeibeamten, die eine polizeiliche Vertrauensperson (**V-Person, VP**) betreut haben (VP-Führer), durch das zuständige Innenministerium (→ Rn. 34) keine Genehmigung zur Aussage über die Identität der V-Person oder über Umstände, die zur Feststellung der wahren Identität der V-Person führen können, erteilt wird, um die V-Person zu schützen, deren weiteren Einsatz zu ermöglichen und eine der V-Person erteilte Vertraulichkeitszusage zu wahren.[160] Eine solche **„Sperrerklärung"** des zuständigen Innenministeriums, die regelmäßig auch und sogar primär die Versagung einer behördlichen Auskunft über die Identität der V-Person umfasst und eine Vernehmung der V-Person durch das Gericht verhindert, ist nach gefestigter höchstrichterlicher Rechtsprechung in analoger

155 Schmitt in Meyer-Goßner/Schmitt § 241 Rn. 20, 23; Schneider in KK-StPO § 241 Rn. 19, 22; → § 241 Rn. 36, 41.

156 BGH 6.2.2003 – 4 StR 423/02, NStZ 2003, 610; 17.2.1981 – 5 StR 21/81, BGHSt 30, 34 = NJW 1981, 1052; Eschelbach in Satzger/Schluckebier/Widmaier StPO Rn. 26; Otte in Radtke/Hohmann Rn. 22; Rogall in SK-StPO Rn. 68; Schmitt in Meyer-Goßner/Schmitt Rn. 25, § 244 Rn. 49a, 66; Eisenberg BeweisR StPO Rn. 1271. Zur Ablehnung von Beweisanträgen auf Vernehmung gesperrter V-Personen → Rn. 49 aE.

157 BGH 4.3.2004 – 3 StR 218/03, BGHSt 49, 112 = NJW 2004, 1259; Ignor/Bertheau in Löwe/Rosenberg Rn. 28; Otte in Radtke/Hohmann Rn. 23; Rogall in SK-StPO Rn. 69. Zur Anwendung des Zweifelssatzes in solchen Fällen bereits BGH 11.9.1980 – 4 StR 16/80, NJW 1981, 70. Vgl. zum Erfordernis einer besonders vorsichtigen Beweiswürdigung auch BVerfG 26.5.1981 – 2 BvR 215/81, BVerfGE 57, 250 = NJW 1981, 1719; BGH 10.10.1979 – 3 StR 281/79, NJW 1980, 464. Kritisch in Bezug auf die „Beweiswürdigungslösung" Eschelbach in Satzger/Schluckebier/Widmaier StPO Rn. 28 ff.

158 BGH 4.3.2004 – 3 StR 218/03, BGHSt 49, 112 = NJW 2004, 1259; Ignor/Bertheau in Löwe/Rosenberg Rn. 28; Otte in Radtke/Hohmann Rn. 23; Rogall in SK-StPO Rn. 69; Schmitt in Meyer-Goßner/Schmitt Rn. 26.

159 BGH 21.3.1989 – 5 StR 57/89, NStZ 1989, 282; Bader in KK-StPO Rn. 22; Ignor/Bertheau in Löwe/Rosenberg Rn. 28; Otte in Radtke/Hohmann Rn. 23; Schmitt in Meyer-Goßner/Schmitt Rn. 26. AA Rogall in SK-StPO Rn. 69.

160 Näher zu den statthaften Kriterien für eine „Sperrung" einer V-Person → Rn. 37.

Anwendung des § 96 unter den dort aufgeführten Voraussetzungen statthaft.[161] Wenn eine solche Sperrerklärung nicht zu beanstanden ist oder aber eine gebotene Gegenvorstellung des Gerichts (→ Rn. 41 f.) erfolglos geblieben ist, hat das Gericht die „Sperrung" der V-Person hinzunehmen; eine Vernehmung der V-Person als Zeuge kommt dann schon rein tatsächlich nicht in Betracht, weil das Gericht deren Identität nicht erfährt. Das Gericht hat sich dann darauf zu beschränken, die Erkenntnisse der V-Person anderweitig in die Hauptverhandlung einzuführen, und ist hierzu auch regelmäßig aufgrund der richterlichen Aufklärungspflicht des § 244 Abs. 2 verpflichtet. In Betracht kommt insofern eine **Vernehmung der VP-Führer als Zeugen** zu den Angaben, die die V-Person ihnen gegenüber im Rahmen polizeilicher Befragungen und Vernehmungen über ihre Erkenntnisse gemacht hat;[162] den VP-Führern ist hierzu in aller Regel die erforderliche Aussagegenehmigung zu erteilen. Zudem kann die V-Person im Falle einer endgültigen behördlichen „Sperrung" „aus einem anderen Grunde" im Sinne von § 251 Abs. 1 Nr. 3 nicht vernommen werden, so dass vorliegende **Protokolle über polizeiliche oder richterliche Vernehmungen** der Vertrauensperson oder von ihr stammende schriftliche Erklärungen nach entsprechendem Gerichtsbeschluss (§ 251 Abs. 4 S. 1) **vernehmungsersetzend** im **Urkundenbeweis verlesen** werden dürfen (näher hierzu → § 251 Rn. 56).[163] Anträge von Verfahrensbeteiligten auf Vernehmung der V-Person können, soweit es sich um Beweisanträge handelt, nach § 244 Abs. 3 S. 3 Nr. 5 wegen **Unerreichbarkeit des Beweismittels** abgelehnt werden.[164] Wenn die Identität einer V-Person dem Gericht anderweitig bekannt wird (etwa durch die Mitteilung eines Dritten), ist deren Vernehmung nicht untersagt, sondern im Gegenteil aufgrund der Aufklärungspflicht regelmäßig geboten. Für das Gericht ist eine etwaige Vertraulichkeitszusage irrelevant, denn diese beinhaltet nur die Zusage, dass die Polizei (und ggf. die Staatsanwaltschaft) die Identität einer V-Person geheim hält.[165]

Wenn eine V-Person in der Hauptverhandlung nicht vernommen werden kann, sondern **50**
ihre Erkenntnisse nur mittelbar durch Vernehmung ihrer VP-Führer oder Verlesung von Vernehmungsprotokollen in das Verfahren eingeführt werden können, sind die Verteidigungsrechte des Angeklagten beschränkt; insbesondere ist dann das Recht des Angeklagten

---

[161] BVerfG 8.10.2009 – 2 BvR 547/08, NJW 2010, 925; 19.7.1995 – 2 BvR 1142/93, NJW 1996, 448; 26.5.1981 – 2 BvR 215/81, BVerfGE 57, 250 = NJW 1981, 1719; BGH 31.3.1989 – 2 StR 706/88, BGHSt 36, 159 = NJW 1989, 3291; 16.4.1985 – 5 StR 718/84, BGHSt 33, 178 = NJW 1985, 1789; 17.10.1983 – GSSt 1/83, BGHSt 32, 115 = NJW 1984, 247 = NStZ 1984, 36 mAnm Frenzel; BGH 1.8.1962 – 3 StR 28/62, BGHSt 17, 382 = NJW 1962, 1876. Zur Frage der Fernhaltung von Identitätsangaben von V-Personen aus den Akten vgl. Lorenz StraFo 2016, 316. Siehe zum Umgang mit polizeibehördlich gesperrten V-Personen auch → § 96 Rn. 8 ff. und → § 163 Rn. 20 ff. Zu Recht kritisieren Eschelbach in Satzger/Schluckebier/Widmaier StPO Rn. 31; Gercke StV 2017, 615 und Soiné ZRP 2021, 47, dass der repressiv-polizeiliche Einsatz von V-Personen und Informanten derzeit – wenn auch durch höchstrichterliche Rechtsprechung abgesichert – ohne spezialgesetzliche Ermächtigung und bereichsspezifische Regelung in der Strafprozessordnung erfolgt.

[162] BVerfG 20.12.2000 – 2 BvR 591/00, NJW 2001, 2245; 19.7.1995 – 2 BvR 1142/93, NJW 1996, 448; 26.5.1981 – 2 BvR 215/81, BVerfGE 57, 250 = NJW 1981, 1719; BGH 31.3.1989 – 2 StR 706/88, BGHSt 36, 159 = NJW 1989, 3291; 16.4.1985 – 5 StR 718/84, BGHSt 33, 178 = NJW 1985, 1789; → § 250 Rn. 47.

[163] BVerfG 26.5.1981 – 2 BvR 215/81, BVerfGE 57, 250 = NJW 1981, 1719; BGH 5.12.1984 – 2 StR 526/84, BGHSt 33, 83 = NJW 1985, 984; 14.11.1984 – 3 StR 418/84, BGHSt 33, 70 = NJW 1985, 986; 17.10.1983 – GSSt 1/83, BGHSt 32, 115 = NJW 1984, 247 = NStZ 1984, 36 mAnm Frenzel. Hierzu eingehend Geppert Jura 1992, 246. Vgl. auch Herdegen NStZ 1984, 100 und → § 251 Rn. 56.

[164] BGH 3.11.1987 – 5 StR 579/87, BGHSt 35, 32 = NJW 1988, 2187; 17.10.1983 – GSSt 1/83, BGHSt 32, 115 = NJW 1984, 247 = NStZ 1984, 36 mAnm Frenzel; BGH 26.7.2011 – 1 StR 297/11, StV 2012, 5 = BeckRS 2011, 21644; Bader in KK-StPO Rn. 20; Ignor/Bertheau in Löwe/Rosenberg Rn. 26; Schmitt in Meyer-Goßner/Schmitt § 244 Rn. 66; Geppert Jura 1992, 246. Nach anderer Ansicht ist die Beweiserhebung unzulässig im Sinne von § 244 Abs. 3 S. 2; vgl. Neubeck in KMR-StPO Rn. 20; Otte in Radtke/Hohmann Rn. 22; Rogall in SK-StPO Rn. 68. Siehe aber auch → Rn. 47 für die Konstellation der Versagung einer Aussagegenehmigung für einen den Strafverfolgungsbehörden bekannten Zeugen.

[165] Vgl. insofern BGH 26.7.2011 – 1 StR 297/11, StV 2012, 5 = BeckRS 2011, 21644; 6.2.2003 – 4 StR 423/02, NStZ 2003, 610; 3.11.1987 – 5 StR 579/87, BGHSt 35, 32 = NJW 1988, 2187; Bader in KK-StPO Rn. 19.

auf eigene Befragung von Zeugen (**Konfrontationsrecht;** Art. 6 Abs. 3 lit. d) EMRK) nicht gewährleistet. Zudem sind die Möglichkeiten des zur Wahrheitsermittlung von Amts wegen verpflichteten Gerichts zur umfassenden Sachverhaltsaufklärung eingeschränkt. Dies steht nach gefestigter Rechtsprechung zwar einer Verwertung der nur mittelbar in das Verfahren eingeführten Erkenntnisse einer V-Person nicht entgegen,[166] gebietet aber eine **besonders vorsichtige und kritische Würdigung der Angaben der V-Person,** die **in den Urteilsgründen zum Ausdruck zu bringen** ist.[167] Auf diese kann eine Verurteilung des Angeklagten regelmäßig nur gestützt werden, wenn die Auskünfte der V-Person durch andere Beweismittel gestützt werden.[168] Die Verwertung eines sachferneren anstelle des sachnäheren Beweismittels zuungunsten des Angeklagten kann zudem gegen den **Grundsatz des fairen Verfahrens** verstoßen, wenn die Behörde dem Gericht das sachnähere Beweismittel willkürlich, offensichtlich rechtsfehlerhaft oder ohne Angabe von Gründen vorenthält.[169]

51 **ee) Unterbrechung und Aussetzung des Strafverfahrens.** Nach Maßgabe der Aufklärungspflicht (§ 244 Abs. 2) kann es im Einzelfall geboten sein, das Strafverfahren zu unterbrechen, um die Entscheidung der Verwaltungsbehörde über eine erhobene **Gegenvorstellung abzuwarten,** oder auszusetzen, um dem **Angeklagten zu ermöglichen, im Verwaltungsrechtsweg gegen die Versagung der Aussagegenehmigung vorzugehen.**[170] Insoweit hat das Gericht die Belange der Wahrheitsfindung und der Verfahrensbeschleunigung, die potentielle Bedeutung der Aussage des Zeugen sowie die voraussichtliche Dauer bis zur Entscheidung über eine Gegenvorstellung und eines verwaltungsgerichtlichen Verfahrens gegeneinander abzuwägen.[171] Bei der Abwägung wird vor allem in Haftsachen dem Beschleunigungsgebot aus Art. 6 Abs. 1 S. 1 EMRK besondere Bedeutung zukommen.[172] Die **Abwägung** wird regelmäßig dazu führen, dass zwar die Entscheidung über eine gerichtliche Gegenvorstellung abzuwarten ist, dagegen eine Aussetzung des Verfahrens bis zu einer vom Angeklagten angestrengten verwaltungsgerichtlichen Entscheidung über die Rechtmäßigkeit der Versagung einer Aussagegenehmigung nicht angezeigt ist. Eine Aussetzung ist insbesondere nicht geboten, wenn das Gericht die Versagung einer Aussagegenehmigung für rechtsfehlerfrei hält und halten darf und einem beabsichtigten verwaltungs-

[166] Aus Sicht der EMRK: EGMR 15.12.2015 – 9154/10 – Schatschaschwili ./. Deutschland, StV 2017, 213 = BeckRS 2015, 114495; EGMR 18.12.2014 – 14212/10 – Scholer ./. Deutschland, EuGRZ 2015, 454 = BeckRS 2015, 81215; 17.11.2005 – 73047/01 – Haas ./. Deutschland, NJW 2006, 2753.

[167] BVerfG 8.10.2009 – 2 BvR 547/08, NJW 2010, 925; 20.12.2000 – 2 BvR 591/00, NJW 2001, 2245; 19.7.1995 – 2 BvR 1142/93, NJW 1996, 448; 26.5.1981 – 2 BvR 215/81, BVerfGE 57, 250 = NJW 1981, 1719; BGH 4.5.2017 – 3 StR 323/16, NStZ 2018, 51; 26.4.2017 – 1 StR 32/17, NStZ 2017, 602; 4.3.2004 – 3 StR 218/03, BGHSt 49, 112 = NJW 2004, 1259; 16.4.1985 – 5 StR 718/84, BGHSt 33, 178 = NJW 1985, 1789; 10.10.1979 – 3 StR 281/79, NJW 1980, 464; OLG Nürnberg 16.2.2015 – 1 OLG 8 Ss 295/14, NStZ-RR 2015, 251; Ignor/Bertheau in Löwe/Rosenberg Rn. 27 f.; Otte in Radtke/Hohmann Rn. 23. Diese „Beweiswürdigungslösung" ablehnend und für ein Verbot der Verwertung von Angaben polizeibehördlich gesperrter Zeugen (V-Personen) plädierend Eschelbach in Satzger/Schluckebier/Widmaier StPO Rn. 28 ff.

[168] BVerfG 8.10.2009 – 2 BvR 547/08, NJW 2010, 925; 20.12.2000 – 2 BvR 591/00, NJW 2001, 2245; 19.7.1995 – 2 BvR 1142/93, NJW 1996, 448; BGH 26.4.2017 – 1 StR 32/17, NStZ 2017, 602; 4.3.2004 – 3 StR 218/03, BGHSt 49, 112 = NJW 2004, 1259; 12.1.1996 – 5 StR 756/94, BGHSt 42, 15 = NJW 1996, 1547; 16.4.1985 – 5 StR 718/84, BGHSt 33, 178 = NJW 1985, 1789; Ignor/Bertheau in Löwe/Rosenberg Rn. 27. Weniger streng BGH 4.5.2017 – 3 StR 323/16, NStZ 2018, 51.

[169] BVerfG 26.5.1981 – 2 BvR 215/81, BVerfGE 57, 250 = NJW 1981, 1719; BGH 10.10.1979 – 3 StR 281/79, BGHSt 29, 109 = NJW 1980, 464; Geppert Jura 1992, 251; Gribbohm NJW 1981, 305. In diese Richtung auch BGH 31.3.1989 – 2 StR 706/88, BGHSt 36, 159 = NJW 1989, 3291.

[170] BGH 5.6.2007 – 5 StR 383/06, NJW 2007, 3010; 24.10.2006 – 1 StR 442/06, BeckRS 2011, 15378; 3.5.1985 – 2 StR 824/84, NStZ 1985, 466; Bader in KK-StPO Rn. 21; Ignor/Bertheau in Löwe/Rosenberg Rn. 15, 25; Otte in Radtke/Hohmann Rn. 20; Schmitt in Meyer-Goßner/Schmitt Rn. 29; Fezer JuS 1978, 474, der aber in JuS 1987, 362 eine Aussetzungsverpflichtung aus Art. 19 Abs. 4 GG herleitet; ähnlich Schmid JR 1978, 8.

[171] BGH 24.10.2006 – 1 StR 442/06, StraFo 2007, 25 = BeckRS 2011, 15378; 20.4.2006 – 3 StR 284/05, NStZ-RR 2008, 65; 3.5.1985 – 2 StR 824/84, NStZ 1985, 466.

[172] Bader in KK-StPO Rn. 21.

gerichtliche Verfahren daher keine ernsthaften Erfolgsaussichten beimessen muss.[173] Ein vom Angeklagten angestrengtes verwaltungsgerichtliches Verfahren steht der Durchführung eines Revisionsverfahrens nicht entgegen.[174] Obsiegt der Angeklagte in einem von ihm angestrengten verwaltungsgerichtlichen Verfahren, bleibt ihm die Möglichkeit, gegebenenfalls im Wege eines **Wiederaufnahmeverfahrens** den nunmehr aussagepflichtigen Zeugen als neues Beweismittel im Sinne von § 359 Nr. 5 zu benennen.[175]

6. Beschränkung und Teilversagung der Aussagegenehmigung. Eine Aussagegenehmigung kann und muss gegenständlich beschränkt und damit teilweise versagt werden, wenn die Voraussetzungen für die Ablehnung einer Aussagegenehmigung nur hinsichtlich einzelner Umstände vorliegen, auf die sich eine Zeugenaussage erstrecken soll; in einem solchen Fall wäre eine vollständige Genehmigungsversagung rechtswidrig.[176] Insbesondere kann einem Polizeizeugen die Genehmigung versagt werden, Angaben über die Person eines Anzeigeerstatters, eines Verdeckten Ermittlers oder einer Vertrauensperson der Polizei zu machen, während ihm im Übrigen – insbesondere um über ihn eine Einführung der Angaben der „gesperrten" Person in die Hauptverhandlung zu ermöglichen – eine Aussagegenehmigung erteilt wird.[177] Üblicherweise wird Polizeibeamten eine Aussagegenehmigung mit der Beschränkung erteilt, dass sie keine Angaben über polizeiliche Einsatzmittel, Einsatzstärken und Organisationsstrukturen machen dürfen. Auch die Beschränkung einer Aussagegenehmigung auf **einzelne Tatkomplexe** oder sogar **bestimmte Fragen** ist zulässig.[178] Zwar hat es die Verwaltungsbehörde damit theoretisch in der Hand, durch eingeschränkte Aussagegenehmigungen (Teilversagungen) dem Gericht entlastende Umstände vorzuenthalten, belastende dagegen darzubieten.[179] Weil aber die Verwaltung an Recht und Gesetz gebunden ist, verbietet sich in der Regel die Annahme, die Behörde wolle mit einer Teilversagung einer Aussagegenehmigung auf den Verfahrensausgang Einfluss nehmen.[180] Den aus einer Teilversagung einer Aussagegenehmigung resultierenden Beschränkung der gerichtlichen Aufklärungsmöglichkeiten kann zudem in der Regel – ebenso wie bei einer vollständigen Versagung einer Aussagegenehmigung – durch eine besonders vorsichtige Beweiswürdigung oder die Anwendung des Grundsatzes „in dubio pro reo" begegnet werden.[181] 52

Angesichts der gesetzlichen Regelung, wonach für die Erteilung einer Aussagegenehmigung der unmittelbare Dienstvorgesetzte des Zeugen zuständig ist (→ Rn. 30), die – vollständige oder teilweise – Versagung aber (jedenfalls bei Bundesbeamten und den Beamten in den meisten Bundesländern) durch die oberste Dienstbehörde zu erfolgen hat und nur mit deren Ermächtigung von einer nachgeordneten Behörde ausgesprochen werden darf (→ Rn. 33), kann es im Einzelfall geboten sein, **zwischen einer nicht vollumfassend, aber im beantragten Umfang erteilten Aussagegenehmigung** und einer **teilweisen Versagung einer Aussagegenehmigung zu differenzieren.** Wenn eine Staatsanwalt- 53

173 BGH 24.10.2006 – 1 StR 442/06, StraFo 2007, 25 = BeckRS 2011, 15378; 3.5.1985 – 2 StR 824/84, NStZ 1985, 466 mAnm *Fezer* JuS 1987, 358; 11.12.1980 – 4 StR 588/80, NJW 1981, 770; Otte in Radtke/Hohmann Rn. 20; Rogall in SK-StPO Rn. 73; Schmitt in Meyer-Goßner/Schmitt Rn. 29.

174 BGH 19.11.2019 – 1 StR 503/19, NStZ 2021, 63.

175 BGH 19.11.2019 – 1 StR 503/19, NStZ 2021, 63; Ellbogen NStZ 2007, 311. Schmid JR 1978, 9 hält diese Möglichkeit zur Wahrung der Rechte des Angeklagten für nicht ausreichend.

176 BGH 10.7.1952 – 3 StR 796/51, MDR 1952, 659; OLG Hamburg 22.10.1993 – 1b Ws 271/93, NStZ 1994, 98; Bader in KK-StPO Rn. 17; Rogall in SK-StPO Rn. 54; Schmitt in Meyer-Goßner/Schmitt Rn. 22; Eisenberg BeweisR StPO Rn. 1270. AA Zezschwitz NJW 1972, 796.

177 Vgl. BGH 1.8.1962 – 3 StR 28/62, BGHSt 17, 382 = NJW 1962, 1876; Bader in KK-StPO Rn. 17; Gercke in Gercke/Julius/Temming/Zöller Rn. 18; Ignor/Bertheau in Löwe/Rosenberg Rn. 29; Otte in Radtke/Hohmann Rn. 19; Schmitt in Meyer-Goßner/Schmitt Rn. 22. AA BGH 9.7.1968 – 5 StR 317/68, JR 1969, 305 mAnm Koffka.

178 Gercke in Gercke/Julius/Temming/Zöller Rn. 18; Neubeck in KMR-StPO Rn. 17; Rogall in SK-StPO Rn. 54; Eisenberg BeweisR StPO Rn. 1270; Fezer JuS 1978, 474. AA Zezschwitz NJW 1972, 796.

179 Vgl. hierzu Zezschwitz NJW 1972, 796.

180 Rogall in SK-StPO Rn. 5.

181 So auch Rogall in SK-StPO Rn. 54, 69. AA Zezschwitz NJW 1972, 796.

schaft oder ein Gericht um eine Aussagegenehmigung hinsichtlich bestimmter Tätigkeiten eines Zeugen – etwa einzelner Ermittlungstätigkeiten eines Polizeibeamten in einem konkreten Fall – ersucht, dann liegt bei Erteilung einer Aussagegenehmigung (nur) für Bekundungen zu diesen Umständen keine Teilversagung vor, die zumeist nur von der obersten Dienstbehörde ausgesprochen werden darf. Dies gilt selbst dann, wenn die Aussagegenehmigung zugleich vorsorglich andere Umstände benennt, zu denen der Zeuge nicht aussagen darf. Denn in diesem Fall wird dem Ersuchen in vollem Umfang entsprochen. Eine solche „beschränkte" Aussagegenehmigung erteilt mithin der Dienstvorgesetzte. Dagegen liegt eine Teilversagung vor, wenn die Aussagegenehmigung inhaltlich hinter dem Umfang, in dem um eine Aussagegenehmigung ersucht worden ist, zurückbleibt.

54 **7. Widerruf der Aussagegenehmigung.** Eine einmal erteilte Aussagegenehmigung **kann jederzeit widerrufen werden.**[182] Aussagen, die der Zeuge vor dem Widerruf in der Hauptverhandlung gemacht hat, bleiben verwertbar.[183] Bekundungen des Zeugen im Vorverfahren sollen dagegen nach vielfach vertretener Auffassung wegen § 252 nach einem Widerruf (sowie dann, wenn der Zeuge im Vorverfahren in der irrigen Annahme ausgesagt hat, er sei nicht zum Schweigen verpflichtet) nicht – durch Vernehmung der damaligen Verhörsperson – in die Hauptverhandlung eingeführt werden dürfen.[184] Überzeugend ist das nicht; für ein solches Beweisverwertungsverbot besteht weder Anlass noch gebietet § 252, der ein Zeugnisverweigerungsrecht voraussetzt, diese Rechtsauffassung.[185]

V. Revision

55 Weil die Vorschrift nur öffentliche Geheimhaltungsinteressen und nicht den Angeklagten schützt, kann eine **Verletzung von § 54** – also die Vernehmung eines Zeugen ohne Vorliegen einer erforderlichen Aussagegenehmigung – kein Verwertungsverbot auslösen und daher auch eine **Revision des Angeklagten nicht begründen.**[186] Entsprechendes gilt für eine Revision der Staatsanwaltschaft, weil eine Vernehmung ohne Aussagegenehmigung die Aufklärung nicht beeinträchtigt.[187] Auch der Privat- und der Nebenkläger können Verstöße gegen § 54 nicht mit Erfolg rügen.[188] Weil ein Zeuge nicht über das Erfordernis einer Aussagegenehmigung zu belehren ist, stellt das Unterlassen eines Hinweises des Gerichts an einen Zeugen, dass er nach § 54 einer Aussagegenehmigung bedarf, eine solche aber nicht vorliegt, bereits keinen Verfahrensfehler dar, so dass eine Revision auch hierauf nicht gestützt werden kann.[189]

56 Der Angeklagte kann mit der **Aufklärungsrüge** geltend machen, das Gericht habe die Voraussetzungen für eine rechtmäßige Versagung der Aussagegenehmigung nicht hinreichend aufgeklärt.[190] Mit der Aufklärungsrüge kann auch gerügt werden, das

---

182 Bader in KK-StPO Rn. 18; Ignor/Bertheau in Löwe/Rosenberg Rn. 20; Otte in Radtke/Hohmann Rn. 19; Rogall in SK-StPO Rn. 56; Schmitt in Meyer-Goßner/Schmitt Rn. 23.

183 Bader in KK-StPO Rn. 18; Ignor/Bertheau in Löwe/Rosenberg Rn. 20; Otte in Radtke/Hohmann Rn. 19 Rogall in SK-StPO Rn. 56.

184 OLG Celle 19.12.1958 – 2 Ws 63/58, MDR 1959, 414; Bader in KK-StPO Rn. 18; Ignor/Bertheau in Löwe/Rosenberg Rn. 20; Otte in Radtke/Hohmann Rn. 19; Rogall in SK-StPO Rn. 8, 56; Schmitt in Meyer-Goßner/Schmitt Rn. 25, § 252 Rn. 4.

185 Ablehnend auch Diemer in KK-StPO § 252 Rn. 8; Sander/Cirener in Löwe/Rosenberg § 252 Rn. 5 sowie → § 252 Rn. 4, 15.

186 BGH 12.10.1951 – 2 StR 393/51, NJW 1952, 151; Bader in KK-StPO Rn. 26; Gercke in Gercke/Julius/Temming/Zöller Rn. 27; Neubeck in KMR-StPO Rn. 22 (mwN zur Gegenauffassung); Otte in Radtke/Hohmann Rn. 26; Rogall in SK-StPO Rn. 79 f.; Schmitt in Meyer-Goßner/Schmitt Rn. 32; Kleinknecht NJW 1966, 1539. AA Ignor/Bertheau in Löwe/Rosenberg Rn. 34; Rudolphi MDR 1970, 98. Vgl. auch Fezer JuS 1978, 474 mwN.

187 Ignor/Bertheau in Löwe/Rosenberg Rn. 34; Neubeck in KMR-StPO Rn. 24; Rogall in SK-StPO Rn. 80; Schmitt in Meyer-Goßner/Schmitt Rn. 32.

188 Neubeck in KMR-StPO Rn. 24; Otte in Radtke/Hohmann Rn. 26.

189 Rogall in SK-StPO Rn. 79.

190 BGH 11.9.1980 – 4 StR 16/80, NStZ 1981, 70; Gercke in Gercke/Julius/Temming/Zöller Rn. 27; Otte in Radtke/Hohmann Rn. 26.

Gericht habe sich – etwa wegen des **Unterlassens einer Gegenvorstellung** (→ Rn. 41 f.) oder **Unterlassens der Herbeiführung einer Entscheidung durch die oberste Dienstbehörde** (→ Rn. 35) – nicht ausreichend um die Erteilung einer Aussagegenehmigung bemüht, obgleich die Rechtmäßigkeit der Versagung der Aussagegenehmigung zweifelhaft war, namentlich die Entscheidung der Behörde nicht oder nicht zutreffend begründet ist oder sonst eine fehlerhafte Ermessenausübung erkennen lässt.[191] Insofern ist aber zu bedenken, dass das Gericht zu einer Gegenvorstellung gegen die Versagung einer Aussagegenehmigung nur verpflichtet ist, wenn es konkrete Anhaltspunkte dafür hat, dass die Behörde ihre Entscheidung ändern und die zunächst versagte Aussagegenehmigung doch noch erteilen wird. Dass eine solche Aussicht auf Abänderung der Verwaltungsentscheidung bestand, hat der Revisionsführer im Einzelnen darzulegen.[192] Wurde die Aussagegenehmigung von einer unzuständigen Behörde – insbesondere nicht von der obersten Dienstbehörde – versagt (→ Rn. 33) und hat das Gericht dies hingenommen, obwohl die Aussage für das Verfahren von Bedeutung war, ist die Aufklärungspflicht nach § 244 Abs. 2 verletzt.[193]

Kann ein zentrales Beweismittel – namentlich eine V-Person – wegen einer Sperrerklä- 57
rung und damit Verweigerung einer Aussagegenehmigung über ihre Identität nicht in der Hauptverhandlung vernommen werden, ist dies – wie dargetan (→ Rn. 50) – durch eine besonders kritische und vorsichtige Beweiswürdigung zu kompensieren. Mit der **Sachrüge** kann geltend gemacht werden, dass die Beweiswürdigung diesen Anforderungen nicht genügt und daher lückenhaft ist.[194]

§ 55 Auskunftsverweigerungsrecht

(1) Jeder Zeuge kann die Auskunft auf solche Fragen verweigern, deren Beantwortung ihm selbst oder einem der in § 52 Abs. 1 bezeichneten Angehörigen die Gefahr zuziehen würde, wegen einer Straftat oder einer Ordnungswidrigkeit verfolgt zu werden.

(2) Der Zeuge ist über sein Recht zur Verweigerung der Auskunft zu belehren.

Schrifttum: Dahs, Das Auskunftsverweigerungsrecht des § 55 StPO – immer wieder ein Problem, NStZ 1999, 386; Dahs/Langkeit, Das Schweigerecht des Beschuldigten und seine Auskunftsverweigerung als „verdächtiger" Zeuge, NStZ 1993, 213; Dölling, Verlesbarkeit schriftlicher Erklärungen und Auskunftsverweigerung nach § 55 StPO, NStZ 1988, 6; Gillmeister, Beistand für den Zeugen – ein Mandat ohne Schutz?, NStZ 2018, 561; Hammerstein, Der Anwalt als Beistand „gefährdeter" Zeugen, NStZ 1981, 125; Kehr, Dilemma des Zeugen bei wahrer, aber unglaubhafter Aussage, NStZ 1997, 160; Langkeit/Cramer, Vorrang des Personalbeweises bei gemäß § 55 StPO schweigenden Zeugen, StV 1996, 230; Meyer, Die Zulässigkeit der Ersetzung einer Aussage des nach § 55 StPO die Aussage verweigernden Zeugen durch Verlesung eines nichtrichterlichen Protokolls gemäß § 251 Abs. 2 StPO, MDR 1977, 543; Mitsch, Protokollverlesung nach berechtigter Auskunftsverweigerung (§ 55 StPO) in der Hauptverhandlung, JZ 1992, 174; Odenthal, Auskunftsverweigerungsrecht nach § 55 StPO bei Gefahr ausländischer Strafverfolgung, NStZ 1985, 117; Rengier, Das Zeugnisverweigerungsrecht im geltenden und künftigen Strafverfahren, 1979; Richter, Auskunft über die Verweigerung, StV 1996, 457; Rinio, Das Auskunftsverweigerungsrecht des § 55 StPO, JuS 2008, 600; Schmidt, Die Verletzung der Belehrungspflicht gemäß § 55 II StPO als Revisionsgrund, JZ 1958, 596; Schöneborn, Die Beweisverbotsproblematik der §§ 52 Abs. 2, 55 Abs. 2 StPO im Lichte des § 68 Satz 2 StPO, MDR 1974, 457; Thomas, Der Zeugenbeistand im Strafprozess, NStZ 1982, 489.

191 BGH 7.3.1995 – 1 StR 803/94, BGHR StPO § 244 Abs. 2 Aussagegenehmigung 1 = BeckRS 1995, 31095821; BGH 1.8.1962 – 3 StR 28/62, BGHSt 17, 382 = NJW 1962, 1876; Gercke in Gercke/Julius/Temming/Zöller Rn. 27; Otte in Radtke/Hohmann Rn. 26; Schmitt in Meyer-Goßner/Schmitt Rn. 32.

192 BGH 7.3.1995 – 1 StR 803/94, BGHR StPO § 244 Abs. 2 Aussagegenehmigung 1 = BeckRS 1995, 31095821; OLG Nürnberg 16.2.2015 – 1 OLG 8 Ss 295/14, NStZ-RR 2015, 251; Bader in KK-StPO Rn. 26; Gercke in Gercke/Julius/Temming/Zöller Rn. 27 mwN; Rogall in SK-StPO Rn. 80.

193 BGH 26.6.2001 – 1 StR 197/01, NStZ 2001, 656.

194 BGH 4.3.2004 – 3 StR 218/03, BGHSt 49, 112 = NJW 2004, 1259.

Übersicht

A. Überblick

I. Normzweck

1 Die Vorschrift will die verfassungsrechtlich verankerte **Selbstbelastungsfreiheit** umsetzen. Nach diesem durch Art. 2 Abs. 1 GG iVm Art. 1 Abs. 1 GG gewährleisteten

und zu den anerkannten Prinzipien des deutschen Strafverfahrens gehörenden Grundsatz darf niemand gezwungen werden, sich selbst zu belasten (nemo tenetur se ipsum accusare).[1] Das Recht aus § 55 ist ein Persönlichkeitsrecht, durch das der Staat die Achtung der menschlichen Würde zum Ausdruck bringt. Denn ein Zwang zur Selbstbezichtigung ist unzumutbar und mit der Menschenwürde unvereinbar.[2]

Ohne § 55 befände sich der Zeuge in einem unlösbaren **Konflikt zwischen Aussage- und Wahrheitspflicht.** Die Vorschrift soll dem Zeugen die seelische Zwangslage ersparen, die dadurch entstünde, dass er vollständig und wahrheitsgemäß aussagen und dadurch gleichzeitig sich selbst oder einen seiner Angehörigen, der nicht Beschuldigter ist, belasten müsste.[3] Daneben löst die Vorschrift den Konflikt zwischen dem formellen Beschuldigtenbegriff der StPO und dem Schutz des Verdächtigen in der Zeugenrolle.[4] 2

Mit dem Auskunftsverweigerungsrecht will der Gesetzgeber den **Zeugen und seine Angehörigen schützen.** Aus diesem Normzweck ergibt sich eine völlig andere Schutzrichtung, als sie bei den §§ 52–53a gegeben ist. §§ 52–53a stehen selbstständig und unabhängig neben § 55, ohne dass sich die Schutzbereiche dieser Normen überschneiden. 3

Anders als § 52 dient § 55 dient nicht dem Schutz des Beschuldigten bzw. Angeklagten.[5] Es geht bei § 55 nicht um den Rechtskreis des Angeklagten oder um Beziehungen des Zeugen zu diesem. Das Auskunftsverweigerungsrecht bezweckt auch weder den Schutz der Wahrheitsfindung[6] noch die Vermeidung falscher Zeugenaussagen.[7] Der Angeklagte kann jedoch im Wege der Aufklärungsrüge geltend machen, das Gericht habe ein Auskunftsverweigerungsrecht zu Unrecht bejaht (→ Rn. 114 ff.). Die Belehrung nach § 55 kann eine erforderliche Belehrung als Beschuldigter nicht ersetzen; → Rn. 109a. 4

II. Anwendungsbereiche

1. Sämtliche Vernehmungen. § 55 gilt in allen Abschnitten des Ermittlungs- und Strafverfahrens sowie gemäß § 46 Abs. 1 OWiG in Verfahren wegen Ordnungswidrigkeiten. Die Vorschrift erfasst alle Vernehmungen eines Zeugen. Auf die Verhörsperson kommt es nicht an; das Auskunftsverweigerungsrecht besteht nicht nur bei richterlichen, sondern gemäß § 163 Abs. 3 S. 1 StPO auch bei polizeilichen und gemäß § 161a Abs. 1 S. 2 StPO bei staatsanwaltschaftlichen Vernehmungen. Dabei ist unerheblich, ob und welche Angaben der Zeuge bereits gemacht hat, ob er zum wiederholten Male vernommen wird oder ob er bereits im Rahmen einer früheren Vernehmung über sein Recht aus § 55 belehrt wurde. 5

2. Entsprechende Anwendung des § 55. a) Strafverfahren. Nach zutreffender Auffassung ist § 55 im Strafverfahren entsprechend anzuwenden, wenn dem Zeugen bei wahrheitsgemäßer Beantwortung der an ihn gerichteten Frage die **Gefahr einer disziplinarrechtlichen oder berufsgerichtlichen Verfolgung** droht.[8] Die Gegenauffassung[9] höhlt das Prinzip der Selbstbelastungsfreiheit zu stark aus. Sie berücksichtigt ferner nicht, dass disziplinar- oder berufsrechtliche Konsequenzen weitaus einschneidendere Folgen haben können als die Gefahr, wegen einer Straftat oder Ordnungswidrigkeit verfolgt zu werden. Es überzeugt auch nicht, allein danach zu differenzieren, ob eine einfachgesetzliche Regelung, die eine entsprechende Anwendung des § 55 anordnet, vorhanden ist oder 6

---

1 BVerfG 21.4.2010 – 2 BvR 1193/08, wistra 2010, 299 mwN; BVerfG 6.2.2002 – 2 BvR 1249/01, NJW 2002, 1411.

2 BVerfG 8.10.1974 – 2 BvR 747/73, NJW 1975, 103 (104) mwN aus der Rspr.; 16.11.1998 – 2 BvR 510/96, NJW 1999, 779; Dahs/Langkeit NStZ 1993, 213 (214).

3 BGH 21.1.1958 – GSSt 4/57, BGHSt 11, 213 = NJW 1958, 537 unter Hinweis auf die Motive.

4 Näher hierzu BGH 26.5.1992 – 5 StR 122/92, NStZ 1992, 448 (449).

5 BGH 27.2.1992 – 5 StR 190/91, BGHSt 38, 214 (220) = NStZ 1992, 294.

6 BGH 21.1.1958 – GSSt 4/57, BGHSt 11, 213 (215) = NJW 1958, 537.

7 OLG Zweibrücken 16.8.1994 – 1 Ss 84/94, NJW 1995, 1301 (1302) mwN.

8 OLG Köln 9.10.1987 – Ss 236/87, NJW 1988, 2485 (2487); Ignor/Bertheau in Löwe/Rosenberg Rn. 2.

9 OLG Hamburg 21.11.1983 – 2 Ws 532/83, MDR 1984, 335; Schmitt in Meyer-Goßner/Schmitt Rn. 5; Bader in KK-StPO Rn. 7.

nicht,[10] weil dies die verfassungsrechtliche Verankerung der Selbstbelastungsfreiheit außer Acht lässt. Die Rspr. billigt dem Zeugen über den Inhalt der Beratungsgespräche mit seinem **anwaltlichen Beistand** ein Auskunftsverweigerungsrecht zu.[11]

7 **b) Andere Verfahrensordnungen.** Das Prinzip der Selbstbelastungsfreiheit gilt umfassend. Das Auskunftsverweigerungsrecht gilt deshalb nicht nur im Strafprozess, sondern auch in **Disziplinar- und Aufsichtsverfahren** (§§ 25 Abs. 1 S. 2, Abs. 2 S. 1 BDG). Auch die **berufsgerichtlichen Verfahrensordnungen** (s. etwa § 116 S. 2 BRAO) bestimmen die entsprechende Anwendung des § 55. Die Vorschrift ist auch bei einer Präsidentenanklage, einer Richteranklage sowie bei einer Abgeordneten- oder Ministeranklage anwendbar, ferner bei der Gefahr der Verwirkung von Grundrechten im Verfahren nach Art. 18 S. 2 GG iVm §§ 36 ff. BVerfGG.[12]

8 Auch vor **parlamentarischen Untersuchungsausschüssen** des Bundestags und der Länderparlamente kann niemand gezwungen werden, gegen sich selbst auszusagen. Für Zeugen, die von einem Untersuchungsausschuss des Bundestages vernommen werden, gilt Art. 44 Abs. 2 S. 1 GG iVm § 22 Abs. 2 PUAG. Für die Untersuchungsausschüsse der Länderparlamente gelten die Regelungen des jeweiligen Bundeslandes.[13]

III. Verhältnis des § 55 zu §§ 52 ff.

9 Die Vorschriften des § 55 und der §§ 52 ff. regeln unterschiedliche Sachverhalte. Es handelt sich bei § 55 nicht um ein Zeugnisverweigerungsrecht iSd §§ 52–53a.[14] Bereits die amtlichen Überschriften der Normen unterscheiden zwischen Zeugnis- und Auskunftsverweigerungsrecht; §§ 52 ff. gehen schon nach ihrem Wortlaut vom „Zeugnis" und damit der gesamten Vernehmung, § 55 hingegen von Einzelfragen aus (→ Rn. 51 ff.). Auch dann, wenn der Zeuge unter Berufung auf § 55 die Aussage auf sämtliche Fragen verweigern darf, rechtfertigt dies die Gleichstellung des § 55 mit §§ 52 ff. nicht.[15]

10 Ist ein **Zeuge Angehöriger des Beschuldigten,** bestehen die Zeugnisverweigerungsrechte und das Auskunftsverweigerungsrecht nach § 55 nebeneinander und unabhängig voneinander.[16] Einleuchtende Gründe, nur § 52 für anwendbar zu halten,[17] bestehen nicht. Vielmehr überzeugt es mit Blick auf die sich wesentlich voneinander unterscheidenden Zwecke, die der Gesetzgeber mit den §§ 52 ff. einerseits und § 55 andererseits verfolgte, anzunehmen, dass der Zeuge, dessen Angehöriger Beschuldigter ist, selbst entscheiden und wählen kann, in welchem Verfahrensabschnitt und zu welchem Zeitpunkt er sich auf welche der Vorschriften berufen will. So kann etwa der – nach § 52 und § 55 belehrte – Zeuge, der nach beiden Vorschriften berechtigt ist, zu schweigen, sich in einer Vernehmung selbst belasten, aber die Antwort auf Fragen, die die Tatbeteiligung seiner Ehefrau betreffen, verweigern.[18]

11 Von der Selbständigkeit der §§ 52 ff. und des § 55 zu unterscheiden ist die Frage, ob das Urteil auf einem Verstoß gegen die Belehrungspflicht nach § 52 Abs. 3 beruhen kann, wenn der Zeuge nach § 55 belehrt wurde und dennoch ausgesagt hat. Ist nicht ersichtlich, inwiefern eine weitere Belehrung zu einem anderen Aussageverhalten oder einem anderen Beweisergebnis hätte führen können, scheidet ein Beruhen aus.[19]

---

10 So wohl Bader in KK-StPO Rn. 7.

11 OLG Düsseldorf 29.1.1991 – V 21/88, NStZ 1991, 504; LG Lübeck 28.10.1992 – 3 KLS 14/92, StV 1993, 516.

12 Ignor/Bertheau in Löwe/Rosenberg Rn. 9; Bader in KK-StPO Rn. 6 mwN.

13 S. zB OLG Düsseldorf 14.1.2010 – III – 4 OGs 1/09.

14 AA Rengier ZeugnisverwR S. 53.

15 BGH 13.4.1962 – 3 StR 6/62, BGHSt 17, 245.

16 Im Grundsatz offengelassen, jedoch zum gleichen Ergebnis kommend BayObLG 10.1.1984 – RReg. 5 St 126/83, NJW 1984, 1246 (1247).

17 So Joecks StPO Rn. 1 mwN.

18 BGH 29.6.1983 – 2 StR 855/82, NJW 1984, 136; Senge in KK-StPO Rn. 11; aA ohne Angabe von Gründen Huber in BeckOK StPO Rn. 1.

19 Hierzu BGH 14.12.2011 – 5 StR 434/11, NStZ 2012, 221 mBspr Kudlich JA 2012, 233.

B. Erläuterung

I. Voraussetzungen der Auskunftsverweigerung

1. Fragen. a) Weite Auslegung. Der Begriff der Frage ist sehr weit auszulegen und allgemein iS einer Befragung zu verstehen, wobei auch Vorhalte und andere Vernehmungsbehelfe erfasst werden. Denn auch ohne ausdrücklich gestellte Einzelfrage muss der Zeuge alle Umstände offenbaren, die ihm im Zusammenhang mit der Straftat bekannt sind. Es kommt daher nicht darauf an, ob sich der Zeuge bereits in seinem zusammenhängenden Bericht iSd § 69 Abs. 1, durch die Antwort auf eine bestimmte Frage oder durch die Reaktion auf einen Vorhalt der Gefahr einer Verfolgung aussetzt. 12

b) Zweck der Frage. Ebenso wenig kommt es auf den Zweck der Frage an. Denn bei der Prüfung, ob das Auskunftsverweigerungsrecht besteht, müssen sowohl die Verneinung als auch die Bejahung der Frage einkalkuliert werden, wobei es genügt, wenn nur eine der beiden Möglichkeiten zur Verfolgungsgefahr führt.[20] Die Gegenauffassung,[21] die lediglich auf die Folgen einer wahrheitsgemäßen Auskunft auf die Frage abstellt, überzeugt nicht. Mit Recht wurde darauf hingewiesen, dass der Zeuge mit jeder Auskunftsverweigerung automatisch einen Verdachtsgrund gegen sich oder den Angehörigen erzeugte, ließe man das Weigerungsrecht nur bei Fragen zu, deren wahrheitsgemäße Beantwortung eine Verfolgungsgefahr mit sich brächte.[22] 13

2. Verfolgungsgefahr. a) Begriff. Die Gefahr einer Strafverfolgung iSd § 55 setzt voraus, dass der Zeuge Tatsachen bekunden müsste, die – nach der Beurteilung durch das Gericht – geeignet sind, unmittelbar oder mittelbar den **Anfangsverdacht** einer von ihm selbst oder von einem Angehörigen (§ 52 Abs. 1) begangenen Straftat oder Ordnungswidrigkeit zu begründen oder einen bereits bestehenden Verdacht zu bestärken.[23] Deshalb reichen zureichende tatsächliche Anhaltspunkte iSd § 152 Abs. 2 für eine Verfolgungsgefahr aus. 14

Dem Zeugen muss die Verfolgung **konkret** drohen. Dabei kommt es nicht darauf an, ob ein Strafverfahren gegen den Zeugen voraussichtlich abgeschlossen werden kann; es genügt bereits die **Möglichkeit der Einleitung** eines Verfahrens.[24] Schon etwaige Kenntnisse des Zeugen über ein geplantes Delikt können mit Blick auf § 138 StGB eine Verfolgungsgefahr begründen.[25] Nicht ausreichend für die Annahme einer konkreten Verfolgungsgefahr ist etwa die Bekundung anderer, der Zeuge sei „groß im Rauschgiftgeschäft" tätig gewesen.[26] 15

Zwar reichen einerseits bloße **Vermutungen ohne Tatsachengrundlage** oder rein **denktheoretische Möglichkeiten** nicht aus, eine Verfolgungsgefahr zu bejahen.[27] Andererseits ist es nicht erforderlich, dass sich der Zeuge direkt belasten müsste. Eine Verfolgungsgefahr iSd § 55 liegt schon weit im Vorfeld einer solchen Belastung, wenn es sich um Fälle handelt, in denen nicht auszuschließen ist, dass die Angaben des Zeugen Rückschlüsse auf eine Tat zulassen und im Rahmen einer **mosaikartigen Beweisführung** für die Begrün- 16

---

[20] Schmitt in Meyer-Goßner/Schmitt Rn. 2; Bader in KK-StPO Rn. 8.

[21] RG 5.3.1907 – II 134/07, RGSt 40, 46 (48); OLG Celle 7.11.1957 – 2 Ws 366/57, NJW 1958, 72 (74).

[22] Ignor/Bertheau in Löwe/Rosenberg Rn. 7.

[23] StRspr, zB BGH 4.9.2009 – StB 44/09, NStZ 2010, 287 (288) mwN; 4.3.2010 – StB 46/09 Rn. 10, NStZ-RR 2010, 246 (247) mwN.

[24] BGH 16.10.1985 – 2 StR 563/84, NStZ 1986, 181 zu einem drohenden Verfahren, dass wegen bevorstehender Verjährung möglicherweise nicht zu Ende geführt werden kann; 13.11.1998 – StB 12/98, NJW 1999, 1413; 4.3.2010 – StB 46/09 Rn. 10, NStZ-RR 2010, 246 (247) mwN.

[25] Vgl. BGH 7.5.1987 – 1 BJs 46/86, StV 1987, 328.

[26] BGH 19.12.2006 – 1 StR 326/06, NStZ 2007, 278.

[27] BGH 30.6.2011 – StB 8/11 und 9/11, NStZ-RR 2011, 316 mwN; 4.9.2009 – StB 44/09, NStZ 2010, 287 (288); 18.12.2012 – StB 16/12, NStZ 2013, 241 mwN.

dung oder Erhärtung eines Tatverdachts bedeutsam werden können.[28] So kann etwa – bei entsprechendem Ermittlungsgegenstand – die Frage nach den finanziellen Verhältnissen des Zeugen bereits die Gefahr einer Selbstbelastung enthalten, weil hohe Vermögenswerte auf illegale Einkünfte und finanzielle Engpässe auf einen Anreiz zur Erschließung strafrechtlich relevanter Einnahmequellen hindeuten können.[29]

17 **b) Nicht ausreichende Umstände. aa) Rückbelastungsgefahr.** Die Gefahr einer „Rückbelastung" des Zeugen durch einen Angeklagten, in dessen Verfahren der Zeuge gehört werden soll, begründet kein Auskunftsverweigerungsrecht, weil sich die Gefahr einer möglichen Strafverfolgung nicht aus der Aussage des Zeugen selbst ergeben würde.[30]

18 **bb) Verfolgungsgefahr bei unglaubhaften Angaben.** Die Gefahr, im Falle der Bekundung wahrer, aber unglaubhaften Angaben wegen Falschaussage verfolgt zu werden, begründet kein Auskunftsverweigerungsrecht; sie stellt ein jeden Zeugen treffendes Risiko dar. Es fehlt bereits die für § 55 erforderliche Vortat. Zudem wäre, ließe man eine solche Gefahr genügen, ein unkontrollierbarer Missbrauch des § 55 zu befürchten.[31]

19 **cc) Nachteile.** Ebenfalls nicht ausreichend ist es, wenn die Gefahr besteht, dass dem Zeugen oder einem Angehörigen durch die Aussage **wirtschaftliche Nachteile** drohen oder entstehen oder die Aussage ihnen zur **Unehre**[32] gereicht. Ebenso wenig genügt die Möglichkeit, dass der Verlust von Kunst-, Geschäfts- oder Betriebsgeheimnissen eintreten könnte.[33] Ggf. kann in einem solchen Fall den Interessen des Zeugen durch einen Ausschluss der Öffentlichkeit nach § 172 Nr. 2 GVG Rechnung getragen werden.

20 **c) Verdachtsgrad.** Dass sich der Zeuge oder sein Angehöriger einer Straftat oder Ordnungswidrigkeit schuldig gemacht hat, muss – selbst bei einer wahrheitsgemäßen Aussage des Zeugen – nicht auf der Hand liegen. Weil bereits ein **Anfangsverdacht** genügt, darf der Zeuge die Antwort auf eine Frage unter Berufung auf § 55 schon dann verweigern, wenn er **Ermittlungsansätze** gegen sich selbst liefern müsste.[34] Das kann in Fällen, in denen die Beantwortung von Fragen zu Teilstücken in einem mosaikartigen Beweisgebäude gegen ihn werden können, schon weit im Vorfeld einer direkten Belastung der Fall sein (→ Rn. 16).

21 **d) Angehöriger.** Wer Angehöriger ist, richtet sich nach § 52 Abs. 1 (→ § 52 Rn. 5 ff.). Das Recht aus § 55 besteht auch, wenn der Angehörige, zu dessen Vorteil die Auskunft verweigert wird, in dem Verfahren, in dem der Zeuge vernommen wird, nicht Beschuldigter ist.[35]

22 **e) Tat vor der Aussage; einzelne Delikte.** § 55 Abs. 1 betrifft nach stRspr nur den Fall, dass sich der Zeuge durch eine wahrheitsgemäße Aussage der Gefahr aussetzen würde, wegen einer Straftat oder Ordnungswidrigkeit, die er bereits **vor** seiner **Zeugenaussage begangen** hat, verfolgt zu werden.[36] Die Vorschrift ist deshalb grundsätzlich nicht anwendbar, wenn sich der Zeuge erst durch die Beantwortung der an ihn gerichteten Frage strafbar

[28] BVerfG 6.2.2002 – 2 BvR 1249/01, NJW 2002, 1411 (1412); 21.4.2010 – 2 BvR 504/08, wistra 2010, 299; 28.4.2006 – StB 1/06, NStZ-RR 2006, 239; 4.8.2009 – StB 37/09, NStZ 2010, 463 (464); 30.6.2011 – StB 8/11 und 9/11, NStZ-RR 2011, 316 Rn. 24.

[29] Vgl. OLG Düsseldorf 14.1.2010 – III-4 Ogs 1/09.

[30] BVerfG 30.4.2003 – 2 BvR 289/03, NStZ 2003, 666 mwN zu einem den Ermittlungsbehörden bereits bekannten Rauschgiftlieferanten; KG 9.2.2011 – 3 Ws 31/11, NStZ 2011, 652 mwN; Rinio JuS 2008, 600 (601).

[31] Kehr NStZ 1997, 160 (163).

[32] Ggf. kommt eine Zurückweisung der entsprechenden Frage in Betracht, weil sie gemäß § 68a Abs. 1 nicht gestellt werden soll; s. dazu die Erläuterungen zu § 68a.

[33] Schmitt in Meyer-Goßner/Schmitt Rn. 5.

[34] BGH 2.6.2005 – StB 8/05, NJW 2005, 2166.

[35] So schon RG 5.3.1907 – II 134/07, RGSt 40, 46 (47); Ignor/Bertheau in Löwe/Rosenberg Rn. 3.

[36] BGH 29.10.1957 – 5 StR 388/57, MDR 1958, 14; 15.6.2005 – 3 StR 281/04, NJW 2006, 785 (786) mwN; 22.3.2012 – 1 StR 359/11, NStZ 2013, 238 Rn. 17 mwN.

machen kann. Dieser Grundsatz erweist sich regelmäßig als unproblematisch. Es leuchtet ein, dass ein Zeuge nicht allein deshalb die Beantwortung einer Frage verweigern kann, weil er unwahre Angaben machen möchte.

aa) Aussagedelikte. Vor diesem Hintergrund reicht die bloße Gefahr, bei einer unwahren Antwort wegen des Verdachts einer **Falschaussage** verfolgt zu werden, nicht aus, um ein Auskunftsverweigerungsrecht anzunehmen. Anders liegt es dann, wenn sich der Zeuge mit seiner Antwort der Verfolgungsgefahr wegen einer früheren Falschaussage oder wegen einer vor der Aussage begangenen, auf seinen falschen Angaben beruhenden Straftat, etwa wegen falscher Verdächtigung nach § 164 StGB oder Vortäuschens einer Straftat nach § 145d StGB, aussetzen würde.[37] Auch hier reichen bloße Vermutungen aus dem Bereich rein theoretischer Möglichkeiten nicht aus, ein Auskunftsverweigerungsrecht zu begründen.[38] 23

bb) Strafvereitelung. Ebenso wenig genügt für die Annahme eines Auskunftsverweigerungsrechts der Umstand, dass sich der Zeuge mit der Falschaussage **tateinheitlich** einer **versuchten oder vollendeten Strafvereitelung** strafbar macht. Die Herstellung eines schriftlichen Textes, den der Zeuge anlässlich seiner Aussage im Rahmen seiner ohnehin vorgesehenen Vernehmung verlesen will, stellt überdies noch keine versuchte Strafvereitelung, sondern eine straflose Vorbereitungshandlung hierzu dar.[39] Anders liegt es, wenn der Zeuge schriftliche Falscherklärungen anfertigt und diese zu den Akten gibt, um seine Benennung als (Entlastungs-)zeuge erst noch zu erreichen.[40] 24

cc) Weitere Delikte. Zeugen, die sich im Zeugenschutzprogramm befinden, können sich bei Fragen nach dessen Umständen nicht auf § 55 mit der Begründung berufen, ihnen drohe Strafbarkeit nach § 353b Abs. 2 Nr. 2 StGB.[41] Darüberhinaus bestehen bei weiteren Delikten bzw. Deliktsgruppen Besonderheiten, die bei der Feststellung der Verfolgungsgefahr, ihrem Ausschluss und bei der Bestimmung des Umfangs des Auskunftsverweigerungsrechts zu beachten sind. Zu den Organisationsdelikten → Rn. 40, 58, 62; zu § 164 StGB → Rn. 23, 41; zu Betäubungsmitteldelikten → Rn. 60, 61; zur Beteiligung und zu Serientaten → Rn. 56, 57. 25

f) In- und ausländische Tat. Umstritten ist die Beantwortung der Frage, ob § 55 anwendbar ist, wenn dem Zeugen die Verfolgung wegen Verstoßes gegen ausländische Strafvorschriften droht. Ein Teil der Rspr. und der Lit. bejahen sie mit Recht.[42] Denn Wortlaut, Motive und Schutzrichtung des § 55 bieten **keine Hinweise für eine Beschränkung der Vorschrift auf die Gefahr inländischer Strafverfolgung.** Es macht für den Zeugen keinen Unterschied, ob seine Aussage dazu führen kann, im In- oder Ausland strafrechtlich verfolgt zu werden, sofern er nur tatsächlich seine Verfolgung befürchten muss. 26

Dennoch darf das Recht aus § 55 nicht vorschnell pauschal angenommen werden. Das Gericht muss in jedem Einzelfall zum einen prüfen, ob durch **Maßnahmen,** etwa nach § 247 oder § 172 GVG die **Verfolgungsgefahr ausgeschlossen** werden kann, zum anderen, ob überhaupt eine konkrete Verfolgungsgefahr besteht; diese kann etwa zu verneinen sein, wenn der Zeuge nicht ins Ausland zurückzukehren beabsichtigt.[43] Die Gegenauffassung[44] überzeugt schon vor dem Hintergrund des Schutzzwecks des § 55 nicht. Sie schwächt 26a

[37] Vgl. BGH 23.4.1953 – 5 StR 69/53, MDR 1953, 402.
[38] OLG Köln 4.3.2013 – 2 Ws 120/13.
[39] BGH 22.3.2012 – 1 StR 359/11, NStZ 2013, 238 Rn. 17, 19.
[40] OLG Karlsruhe 25.11.1992 – 2 Ss 195/92, MDR 1993, 368.
[41] Dazu und zum Fragerecht beim Zeugenschutzprogramm BGH 15.12.2005 – 3 StR 281/04, NJW 2006, 785 sowie → Rn. 67 ff.
[42] LG Freiburg 16.12.1985 – IV Qs 101/85, NJW 1986, 3036; Ignor/Bertheau in Löwe/Rosenberg Rn. 13; Odenthal NStZ 1985, 117; Odenthal NStZ 1993, 52.
[43] Überzeugend Odenthal NStZ 1985, 117 (117 f.).
[44] LG Stuttgart 24.4.1992 – 11 ARs 1/92, NStZ 1992, 454 mablAnm Odenthal NStZ 1993, 52; Senge in KK-StPO Rn. 9.

zudem die ohnehin kaum vorhandene Aussagebereitschaft im Ausland wohnender Zeugen weiter.

27 **g) Unerheblichkeit der drohenden Sanktion.** Darauf, ob und zu welcher Sanktion oder Rechtsfolge die Verfolgung bei dem Zeugen führen kann, kommt es nicht an. In Frage kommen nicht nur Geld- und Freiheitsstrafen oder Bußgelder; es genügt für die Anwendbarkeit des § 55 auch, wenn dem Zeugen die Festsetzung von Erziehungsmaßregeln nach § 9 JGG oder die Verhängung von Zuchtmitteln oder Jugendarrest drohen.[45]

28 **3. Feststellung der Verfolgungsgefahr. a) Ermessensentscheidung.** Die Verhörsperson muss zunächst prüfen, ob eine Verfolgung rechtlich noch möglich ist, sodann, ob die Gefahr einer Verfolgung tatsächlich noch besteht. Im laufenden Strafverfahren ist die Beurteilung der Verfolgungsgefahr eine **Ermessensentscheidung des Tatgerichts.** Sie wird vom Revisionsgericht nur darauf überprüft, ob dem Tatrichter Rechtsfehler unterlaufen sind.[46]

29 Erforderlich ist eine **Tatsachengrundlage,** die die Annahme rechtfertigt, die Beantwortung einer Frage könnte Rückschlüsse auf strafbares Verhalten des Zeugen zulassen.[47] Bloße Vermutungen genügen nicht. Als **Erkenntnisquellen** hat der Vernehmende Ermittlungsergebnisse, rechtskräftige Urteilsfeststellungen und die Bekundungen des Zeugen heranzuziehen.[48] Auch Angaben des Zeugen in früheren Vernehmungen als Zeuge oder Beschuldigter können relevante Aufschlüsse liefern; diese dürfen nicht, besonders im Fall einer früheren Beschuldigtenvernehmung, ohne nähere Prüfung von vornherein als zutreffend zugrunde gelegt werden.[49] Vom Zeugen darf zwar nicht verlangt werden, die Gefahr seiner Selbstbelastung so darzulegen, dass die Funktion des § 55 – Schutz vor dem Zwang zur Selbstbelastung – leer liefe. Um jedoch eine uferlose Anwendung des § 55 zu verhindern, ist am Erfordernis **tatsächlicher Anhaltspunkte** für ein etwaiges strafbares Verhalten des Zeugen festzuhalten. Deshalb setzt die Berufung auf das Auskunftsverweigerungsrecht in den Fällen, in denen sich ein Zeuge nicht in der Lage sieht, die Umstände zu benennen, die die Gefahr seiner Selbstbelastung begründen (sollen), voraus, dass in den **Akten oder im laufenden Verfahren** Anhaltspunkte für eine solche Gefahr zu Tage getreten sind.[50]

30 Bei seiner Beurteilung muss der Vernehmende die Möglichkeit einer **Bejahung** und einer **Verneinung** der an den Zeugen gerichteten Frage in gleicher Weise in Betracht ziehen.[51] Falls nur eine dieser Möglichkeiten zu einer Verfolgungsgefahr führt, ist dem Zeugen das Weigerungsrecht zuzubilligen.[52] Gleiches gilt, wenn nach Ausschöpfung der vorhandenen Erkenntnisse zweifelhaft bleibt, ob ein Auskunftsverweigerungsrecht besteht.[53] Nicht entscheidend kann ins Gewicht fallen, ob die Bejahung oder Verneinung der Frage der Wahrheit entspricht. Dies gilt besonders dort, wo der Zeuge gefragt wird, ob er eine strafbare Handlung begangen habe, weil er kein Belastungsmaterial gegen sich selbst schaffen muss.[54] Bei alleinigem Abstellen auf eine wahrheitsgemäße Antwort[55] wird das Schweigerecht des Zeugen entgegen dem Normzweck zu stark ausgehöhlt.

---

45 Bader in KK-StPO Rn. 5a; zu drohendem Jugendarrest BGH 24.1.1956 – 1 StR 568/55, NJW 1956, 680.

46 BGH 27.6.2002 – 4 StR 28/02, NStZ-RR 2002, 272 Rn. 8 mwN.

47 Vgl. BGH 27.6.2002 – 4 StR 28/02, NStZ-RR 2002, 272 zu einem in korruptive Verflechtungen eingebundenen Zeugen und sichergestellten Belegen über Bewirtungen von Amtsträgern; Senge in KK-StPO Rn. 4.

48 Dahs NStZ 1999, 386.

49 Hierzu BVerfG 16.11.1998 – 2 BvR 510/96, NJW 1999, 779.

50 Vgl. OLG Köln 4.3.2013 – 2 Ws 120/13, BeckRS 2013, 8021.

51 BGH 13.11.1998 – StB 12/98, NJW 1999, 1413; 4.2.1993 – 1 StR 917/92, BeckRS 1993, 08269 mwN; hierzu näher mit Fallbeispielen Richter StV 1996, 457 (458 f.).

52 Ignor/Bertheau in Löwe/Rosenberg Rn. 20 mwN; Senge in KK-StPO Rn. 8.

53 Dahs NStZ 1999, 386.

54 RG 24.2.1903 – IV, RGSt 36, 114 (116 f.); zustimmend Richter StV 1996, 457 (459), auch unter Hinweis auf die zur Parallelvorschrift des § 384 Nr. 2 ZPO ergangenen Entscheidungen.

55 So BGH 24.1.1956 – 1 StR 568/55, NJW 1956, 680; OLG Celle 7.11.1957 – 2 Ws 366/57, NJW 1958, 72 (74).

b) Entscheidungen nach § 238. In der **Hauptverhandlung** entscheidet zunächst der Vorsitzende. Seine Entscheidung, dass der Zeuge die Antwort verweigern darf, stellt eine **verhandlungsleitende Maßnahme** nach § 238 Abs. 1 dar, ebenso die Entlassung des Zeugen nach der Auskunftsverweigerung. Auf **vom Zeugen gestellte Bedingungen** für seine Aussage, etwa den Austausch des Sitzungsvertreters der StA, braucht der Vorsitzende nicht einzugehen. § 55 gibt dem Zeugen kein Recht, zu bestimmen, wie die Hauptverhandlung abzulaufen und wer daran teilzunehmen hat. Der Zeuge kann die Umstände seiner Aussage nicht durch einen Hinweis auf die ansonsten erfolgende Berufung auf § 55 erzwingen; daran ändert auch die Aufklärungspflicht nichts.[56] 31

Hält ein Verfahrensbeteiligter die Entscheidung des Vorsitzenden für fehlerhaft, kann er hiergegen den gesamten **Spruchkörper gemäß § 238 Abs. 2** anrufen, der im Beschlusswege über die Beanstandung zu entscheiden hat. Ihm steht dabei ein weiter **Beurteilungsspielraum** zu.[57] Beachtet werden muss jedoch, dass eine Verfolgungsgefahr nicht erst vorliegt, wenn sich der Zeuge direkt belasten würde, sondern schon weit im Vorfeld einer solchen Belastung, besonders in Fällen mosaikartiger Beweisführung, gegeben sein kann.[58] Ferner liegt es im Ermessen des Gerichts, ob es eine Glaubhaftmachung der Tatsachen, auf die der Zeuge seine Auskunftsverweigerung stützt, verlangt (§ 56). 32

Die Zulässigkeit einer Rüge, mit der die fehlerhafte Zubilligung des Rechts aus § 55 beanstandet werden soll, setzt nach der Rspr. voraus, dass der Angeklagte eine Entscheidung des Gerichts nach § 238 Abs. 2 beantragt hat.[59] 33

4. Ausschluss der Verfolgungsgefahr. Eine Verfolgungsgefahr entfällt nur dann, wenn eine Strafverfolgung des Zeugen wegen des Lebenssachverhalts, zu dem er befragt werden soll, **zweifelsfrei ausgeschlossen** ist.[60] Schon die Möglichkeit der Einleitung eines (neuen) Verfahrens gegen den Zeugen lässt das Auskunftsverweigerungsrecht bestehen.[61] Keine Verfolgungsgefahr besteht dort, wo die Antwort auf eine gestellte Frage auch ohne die Aussage des Zeugen klar auf der Hand liegt. So kann etwa der Zeuge auf die Frage, ob er ein bestimmtes Gutachten erstellt habe, nicht unter Berufung auf § 55 die Auskunft verweigern, wenn dieses Gutachten dem Gericht bereits vorliegt.[62] 34

Der sichere Ausschluss der Verfolgungsgefahr kann aus rechtlichen Gründen oder wegen tatsächlicher Gegebenheiten anzunehmen sein. Schon aus Rechtsgründen ist die Verfolgungsgefahr ausgeschlossen, wenn der Täter **strafunmündig** ist, wenn **Rechtfertigungs- oder Entschuldigungsgründe** vorliegen oder wenn nicht behebbare **Verfahrenshindernisse** wie Verjährung,[63] Amnestie[64] oder Fristablauf bei Antragsdelikten gegeben sind. 35

Der Umstand, dass das **Strafverfahren abgeschlossen** ist, besagt allein noch nichts darüber, ob die Möglichkeit einer (weiteren) Strafverfolgung besteht, wie folgende Fallgruppen zeigen: 36

a) Rechtskräftige Verurteilung, Wiederaufnahmemöglichkeit. aa) Allgemeines. Wurde der Zeuge wegen seiner Beteiligung an der angeklagten Tat bereits rechtskräftig und in zum Strafklageverbrauch führenden Umfang verurteilt, kann im **Grundsatz** davon ausgegangen werden, dass ihm **kein Auskunftsverweigerungsrecht** mehr zusteht. Der Zeuge kann regelmäßig auch nicht geltend machen, dass er sich aufgrund seiner Aussage 37

[56] BGH 14.4.2020 – 5 StR 14/20, NStZ 2020, 431 (432).
[57] BGH 6.8.2002 – 5 StR mwN.
[58] Rinio JuS 2008, 600 (601); bereits → Rn. 16.
[59] BGH 4.3.1998 – 1 StR 18/98, BGHR StPO § 55 Abs. 2 Belehrung 1; 16.11.2006 – 3 StR 139/06, NStZ 2007, 230 mAnm Widmaier, der mit gewichtigen Argumenten die Zulässigkeit der Aufklärungsrüge nicht von einer Beanstandung abhängig machen will.
[60] S. zB BGH 25.2.1998 – 3 StE 7/94 – 1(2) StB 2/98, NStZ 1998, 365; 2.6.2005 – StB 8/05, NJW 2005, 2166; 4.8.2009 – StB 37/09, NStZ 2010, 463; 30.6.2011 – StB 8/11 und 9/11, NStZ-RR 2011, 316.
[61] BGH 16.10.1985 – 2 StR 563/84, NStZ 1986, 181.
[62] BVerfG 21.4.2010 – 2 BvR 504/08, wistra 2010, 299.
[63] BGH 14.1.1958 – 5 StR 503/57, MDR 1958, 141; 9.8.1988 – 4 StR 326/88, StV 1989, 140.
[64] BGH 24.1.1956 – 1 StR 568/55, BGHSt 9, 34 (35) = NJW 1956, 680.

der Gefahr aussetze, verdächtigt zu werden, früher unzutreffend ausgesagt zu haben, wenn er diese früheren Angaben als Angeklagter in dem gegen ihn gerichteten Verfahren gemacht hat.[65]

38 Anderes kann zunächst dann gelten, wenn der Zeuge als damaliger Angeklagter **andere belastet** hat (→ Rn. 41). Trotz rechtskräftiger Verurteilung kann sich der Zeuge überdies dann auf § 55 berufen, wenn seine Befragung zur Gewinnung neuer Beweismittel führen könnte, aus denen sich direkt oder in Verbindung mit weiteren Beweismitteln oder Indizien ein Anfangsverdacht einer noch verfolgbaren Tat ergeben könnte. Eine Verfolgungsgefahr kann schließlich trotz eines vorhandenen rechtskräftigen Urteils vorliegen, wenn eine **Wiederaufnahme des Verfahrens** zugunsten des freigesprochenen oder verurteilten Zeugen in Betracht kommt.[66] Im Fall eines freigesprochenen Zeugen greift § 55 insbesondere dann ein, wenn wahrheitsgemäße Antworten des Zeugen ein glaubhaftes Geständnis iSv § 362 Nr. 4 darstellen könnten. Ist gegen den Zeugen ein Strafbefehl ergangen, ist die nach § 373a erweiterte Möglichkeit einer Wiederaufnahme zu beachten und anhand der Aktenlage zu beurteilen, ob neue Tatsachen oder Beweismittel vorliegen.[67] Zum Fall eines **rechtskräftigen Schuldspruchs** → Rn. 45.

39 **bb) Strafklageverbrauch.** Das Recht aus § 55 kann nur in dem Umfang greifen, in dem die Befragung sich auf Vorgänge richtet, die im Verhältnis zum abgeurteilten Geschehen andere Taten im verfahrensrechtlichen Sinn des § 264 Abs. 1 darstellen würden.[68] Damit schließt das rechtskräftig gewordene Urteil die Verfolgungsgefahr nur dann aus, wenn es einen **Verbrauch der Strafklage** zur Folge hat; dabei kommt es auf den prozessualen Tatbegriff iSd § 264 an.[69] Wenn und solange die Frage des Strafklageverbrauchs mit vertretbaren Argumenten verneint werden kann, steht dem Zeugen das Recht aus § 55 zu.[70] Beschränkte Rechtskraftwirkung entfalten auch die Gerichtsbeschlüsse, mit denen – etwa im Zusammenhang mit einer verfahrensbeendenden Absprache – Anklagevorwürfe nach §§ 153 Abs. 2, 154 Abs. 2, 154a Abs. 2 eingestellt bzw. ausgeschieden werden.[71]

40 **cc) Verurteilungen wegen Organisationsdelikten.** Bei diesen Verurteilungen sind gewichtige **Einschränkungen** zu beachten: Zunächst erfasste die Rechtskraft eines allein wegen Beteiligung an der Vereinigung ergangenen Urteils nicht die im Vergleich zu §§ 129–129b StGB schwereren Straftaten, die mit der mitgliedschaftlichen Beteiligung in Tateinheit stehen, wenn sie in dem früheren Verfahren tatsächlich nicht – auch nicht als mitgliedschaftlicher Beteiligungsakt – Gegenstand der Anklage und der Urteilsfindung waren.[72] **Strafklageverbrauch** trat nach bisheriger Rspr. vielmehr nur wegen des Organisationsdelikts und tateinheitlich mit diesem zusammentreffender nicht schwerer wiegender Taten ein.[73] Nach **neuer Rspr. des BGH** besteht zwischen den für die Vereinigung oder in deren Interesse begangenen Straftaten keine tateinheitliche Verknüpfung mehr; vielmehr stehen solche Taten – unabhängig von ihrer Schwere – untereinander in Tatmehrheit und zu §§ 129, 129a, b StGB jeweils in Tateinheit.[74] Diese konkurrenzrechtliche Konstruktion führt nicht zu einer Ausweitung des Strafklageverbrauchs; es kommt nach ihr darauf an, ob sich materi-

---

65 KG 9.2.2011 – 3 Ws 31/11, NStZ 2011, 652.
66 BGH 7.7.2005 – StB 12/05, NStZ-RR 2005, 316; OLG Karlsruhe 14.12.2015 – 3 Ws 465/15, Die Justiz 2018, 414.
67 Dazu OLG Karlsruhe 14.12.2015 – 3 Ws 465/15, Die Justiz 2018, 414.
68 BGH 19.12.2006 – 1 StR 326/06, NStZ 2007, 278; Rinio JuS 2008, 600 (601).
69 BGH 13.11.1998 – StB 12/98, NJW 1999, 1413 (1414); 4.9.2009 – StB 44/09, NStZ 2010, 287 (288).
70 BGH 30.6.2011 – StB 8/11 und 9/11, NStZ-RR 2011, 316 Rn. 11.
71 BGH 4.3.2010 – StB 46/09, NStZ-RR 2010, 246 (247); zum Rechtskraftumfang → Rn. 48, 49 und Diemer in KK-StPO § 153 Rn. 41, 42, § 154 Rn. 27a und § 154a Rn. 14.
72 StRspr; BGH 11.6.1980 – 3 StR 9/80, BGHSt 29, 288 (292 ff.); 4.9.2009 – StB 44/09, NStZ 2010, 287 (288) zu Fragen an einen verurteilten PKK-Leiter; BGH 30.6.2011 – StB 8/11 und 9/11, NStZ-RR 2011, 316 Rn. 12, 19 ff. zu Beschaffungstaten einer kriminellen Vereinigung.
73 BGH 4.8.2009 – StB 37/09, NStZ 2010, 463 mwN; 18.12.2012 – StB 16/12, NStZ 2013, 241.
74 BGH 9.7.2015 – 3 StR 537/14, BGHSt 60, 308 = NJW 2016, 657 mkritBspr van Lessen NStZ 2016, 446.

elle Tat und prozessuale Tat decken. Zudem kann sich eine Verfolgungsgefahr aus einem bestehenden engen **Zusammenhang** zwischen der abgeurteilten Tat und möglicher noch verfolgbarer Taten ergeben; ein solcher Zusammenhang kann aufgrund der Dauer der Einbindung und/oder der Position des verurteilten Mitglieds in der terroristischen Vereinigung gegeben sein. Ein Verdacht weiterer Taten, der die Berufung auf § 55 rechtfertigt, kann besonders wegen der herausgehobenen Stellung des verurteilten Zeugen innerhalb der Vereinigung anzunehmen sein;[75] dazu auch → Rn. 62.

dd) Verfolgungsgefahr wegen § 164 StGB. Trotz rechtskräftiger Verurteilung kann der Fall eintreten, dass sich der Zeuge bei wahrheitsgemäßer Antwort auf eine Frage der Gefahr aussetzt, wegen falscher Verdächtigung nach § 164 StGB oder Vortäuschens einer Straftat nach § 145d StGB verfolgt zu werden.[76] Das kann etwa der Fall sein, wenn der Zeuge in dem gegen ihn gerichteten Verfahren Mitangeklagte oder Dritte der Beteiligung an der angeklagten Tat oder sonstiger Delikte bezichtigt hat und aufgrund dieser früheren Angaben nun Anhaltspunkte für einen Verdacht nach § 164 StGB oder § 145d StGB bestehen; darauf, ob dem Zeugen in dem gegen ihn gerichteten Verfahren § 46b StGB oder § 31 BtMG zugutekam, kommt es nicht an. 41

ee) Hinweise auf weitere nicht abgeurteilte Delikte. Eine rechtskräftige Verurteilung des Zeugen schließt ferner nicht aus, dass sich seiner Aussage Hinweise oder zu Ermittlungen Anlass gebende Anhaltspunkte auf weitere noch nicht abgeurteilte Delikte entnehmen lassen. So kann etwa – trotz rechtskräftiger Verurteilung wegen Handeltreibens mir Betäubungsmitteln – die Frage nach dem Lieferanten des Rauschgifts bei zutreffender Antwort die Gefahr in sich bergen, dass weitere Drogengeschäfte des Zeugen offenbar werden[77] oder der Zeuge, etwa mit der Preisgabe seines Lieferanten, Ermittlungsansätze gegen sich selbst liefern müsste. Dies gilt aber nicht in jedem Fall einer Verurteilung des Zeugen wegen Betäubungsmitteldelikten. 42

Das Gericht muss bei seiner Prüfung, ob eine solche Konstellation vorliegen kann, die **Einzelfallumstände** in den Blick nehmen. Verfehlt wäre es, die Annahme eines Auskunftsverweigerungsrechts allein auf abstrakt-theoretische Möglichkeiten zu stützen. Entscheidend sind vielmehr die Gegebenheiten des abgeurteilten Sachverhalts, wie sie sich aus den Urteilsgründen oder aus der zugehörigen Verfahrensakte ergeben. So kann etwa der Umstand, dass sich der Zeuge nach seiner Verurteilung aus dem Drogenmilieu gelöst hat und die abgeurteilten Fälle ersichtlich eine umgrenzte Serie komplett erfassen, dazu führen, dem Zeugen ein Auskunftsverweigerungsrecht zu versagen.[78] 43

b) Rechtskräftiger Freispruch. Auch hier ist maßgeblich, welche prozessuale Tat das rechtskräftige Urteil erfasst. Betrifft die Befragung andere Taten iSv § 264 StPO als die im Urteil behandelten, besteht das Recht aus § 55 trotz des Freispruchs. Ein rechtskräftiger Freispruch beseitigt die Gefahr erneuter Verfolgung auch dann nicht – wie dies erforderlich ist – zweifelsfrei, wenn die Möglichkeit einer Wiederaufnahme des Verfahrens zuungunsten des Angeklagten besteht.[79] Dies gilt besonders dort, wo die Antwort des Zeugen ein glaubhaftes Geständnis iSd § 362 Nr. 4 darstellen könnte. 44

c) Rechtskräftiger Schuldspruch. Hat das Revisionsgericht den Schuldspruch bestätigt und nur den Strafausspruch aufgehoben, besteht das Auskunftsverweigerungsrecht lediglich noch, soweit der Zeuge durch Beantwortung der an ihn gerichteten Fragen strafzumessungsrelevante oder für den sonstigen Rechtsfolgenausspruch bedeutsame Umstände offenbaren müsste, die zu seinem Nachteil berücksichtigt werden könnten. Dabei ist zu beachten, dass die doppelrelevanten Tatsachen durch die Rechtskraft des Schuldspruchs 45

---

75 BGH 18.12.2012 – StB 16/12, NStZ 2013, 241 (241 f.).

76 OLG Koblenz 6.7.1995 – 2 Ws 390/95, StV 1996, 474.

77 BVerfG 6.2.2002 – 2 BvR 1249/01, NJW 2002, 1411 (1412); BGH 19.12.2006 – 1 StR 326/06, NStZ 2007, 278.

78 LG Ravensburg 19.11.2007 – 2 Qs 194/07, NStZ-RR 2008, 177.

79 BGH 7.7.2005 – StB 12/05, NStZ-RR 2005, 316.

sowie die nicht aufgehobenen Urteilsfeststellungen bindend geworden sind, sodass insoweit kein Auskunftsverweigerungsrecht besteht.[80]

46 **d) Rechtskräftige Ablehnung der Eröffnung des Hauptverfahrens.** Auch sie genügt nicht, eine Verfolgungsgefahr auszuschließen, weil die Sperrwirkung für eine neue Strafverfolgung nicht absolut, sondern gemäß § 211 nur beschränkt ist, sodass neue Tatsachen oder Beweismittel die Erhebung einer neuen Anklage ermöglichen.

47 **e) Entscheidungen nach JGG.** Einstellungsentscheidungen der StA nach § 45 Abs. 1 und Abs. 2 JGG kommt keine beschränkte Rechtskraftwirkung zu, beseitigen die Verfolgungsgefahr also nicht. Hingegen begründen Entscheidungen gemäß § 45 Abs. 3 JGG ein Verfahrenshindernis in dem in § 47 Abs. 3 JGG vorgesehenen Umfang (vgl. § 45 Abs. 3 S. 4 JGG). Einsstellungsentscheidungen des Jugendrichters nach § 47 JGG lösen eine beschränkte Rechtskraftwirkung gemäß § 47 Abs. 3 JGG aus.

48 **f) Verfahrenseinstellungen. aa) Einstellungen durch die StA.** Auf die §§ 153 ff. oder auf § 170 Abs. 2 gestützte Einstellungen beseitigen die Verfolgungsgefahr nicht, wenn und solange die Möglichkeit besteht, dass das Verfahren wieder aufgenommen wird. Gleiches gilt für das Absehen der Verfolgung nach § 45 Abs. 1 und 2 JGG. Auch in den Fällen des § 45 Abs. 3 JGG ist die Wiederaufnahme der Strafverfolgung möglich, wenn der Jugendliche erteilten Auflagen oder Weisungen nicht nachkommt, im Fall des § 45 Abs. 3 S. 4 JGG bei neuen Tatsachen oder Beweismitteln.[81] Die **Möglichkeit einer Wiederaufnahme** ist anhand der Umstände des **Einzelfalls** zu beurteilen. Dabei wird zum einen zu bedenken sein, dass den Einstellungen der StA entweder keine oder nur eine beschränkte Rechtskraftwirkung zukommt, zum anderen, dass eine nur denktheoretische Möglichkeit einer Wiederaufnahme der Ermittlungen bzw. Fortsetzung des Verfahrens ohne jede dafürsprechende konkrete Grundlage nicht genügt, eine Verfolgungsgefahr anzunehmen.

49 **bb) Einstellungen durch das Gericht.** In den Fällen einer Einstellung gemäß § 153a Abs. 2 tritt ein beschränkter Strafklageverbrauch nach Maßgabe der §§ 153a Abs. 1 S. 5, Abs. 2 S. 2 ein. Dies gilt aus Gründen des Vertrauensschutzes auch im Falle der Einstellung gemäß § 153 Abs. 2.[82] Bei einer Einstellung nach § 154 Abs. 2 regeln den beschränkten Strafklageverbrauch § 154 Abs. 3 und 4. Zu Einstellungen nach § 47 JGG → Rn. 47.

50 **g) Tod des Angehörigen.** Schließlich scheidet eine Verfolgungsgefahr aus, wenn der tatverdächtige Angehörige des Zeugen verstorben ist.

II. Umfang des Auskunftsverweigerungsrechts

51 **1. Allgemeines, Normalfall.** Das Auskunftsverweigerungsrecht kann grundsätzlich nur punktuell im Rahmen einer Vernehmung ausgeübt werden. Es berechtigt, wie bereits der Wortlaut des Abs. 1 zeigt, den Zeugen regelmäßig nur, die Auskunft auf **einzelne Fragen** zu verweigern, deren Beantwortung ihn oder einen der in § 52 Abs. 1 genannten Angehörigen der Gefahr aussetzen würde, wegen einer Straftat oder Ordnungswidrigkeit verfolgt zu werden.[83]

52 Ob der Zeuge den Beschuldigten bzw. Angeklagten, sich selbst oder einen Angehörigen bei wahrheitsgemäßer Antwort **be- oder entlasten** würde oder ob die Verhörsperson die Frage stellt, weil sie mit einer Be- oder Entlastung des Beschuldigten rechnet, ist unerheblich.[84]

53 In welchem Umfang § 55 einen Zeugen zur Auskunftsverweigerung berechtigt, lässt sich nicht abstrakt erfassen, sondern muss in jedem **Einzelfall** neu geklärt werden. Allgemein lässt sich sagen: Je mehr Zusammenhänge – diese können sachlicher, persönlicher

80 Näher BGH 2.6.2005 – StB 8/05, NJW 2005, 2166.
81 Näher Eisenberg BeweisR StPO § 45 Rn. 31 ff.
82 Rinio JuS 2008, 600 (602) mwN.
83 BGH 2.6.2005 – StB 8/05, NJW 2005, 2166.
84 Ignor/Bertheau in Löwe/Rosenberg Rn. 7.

oder zeitlicher Art sein – die dem Angeklagten vorgeworfene Straftat mit dem Zeugen aufweist, desto größer wird die Gefahr, dass sich der Zeuge mit seinen Antworten der Gefahr der Strafverfolgung aussetzen muss.

Damit wird deutlich, dass es zum einen auf den Vorwurf der Anklage, zum anderen darauf ankommt, in welcher Beziehung der Zeuge zum Angeklagten und der Tat steht. In einem Fall, in dem der Tatsachverhalt aus einem gut überschaubaren und klar umgrenzten Einzelvorgang besteht, der keinerlei Verbindung zum Zeugen aufweist sowie dort, wo der Zeuge zum Opfer der dem Angeklagten vorgeworfenen Tat wurde, wird die Frage, ob ein Auskunftsverweigerungsrecht besteht, leicht zu beantworten und regelmäßig zu verneinen sein. Anders liegt es in den nachstehend erörterten Fallgruppen (→ Rn. 56 ff.). **54**

2. Ausnahmefälle. In Ausnahmefällen, in denen jede Beantwortung der an den Zeugen gerichteten Fragen die Gefahr einer Strafverfolgung für ihn in sich birgt, gilt das Auskunftsverweigerungsrecht umfassend. Der Zeuge braucht dann überhaupt **keine Frage zu beantworten,** wenn die gesamte in Betracht kommende Aussage des Zeugen mit einem möglicherweise strafbaren oder ordnungswidrigen Verhalten in einem so engen Zusammenhang steht, dass im Umfang der vorgesehenen Vernehmungsgegenstände nichts übrigbleibt, wozu der Zeuge ohne die Gefahr der Verfolgung einer Ordnungswidrigkeit wahrheitsgemäß aussagen könnte.[85] **55**

Zwar führen solche Konstellationen dazu, dass das Auskunftsverweigerungsrecht in seiner äußeren und praktischen Wirkung nicht mehr von den umfassenden Aussageverweigerungsrechten zu unterscheiden ist. Dennoch bleiben sie ein Fall des § 55 und führen nicht zu einer Gleichstellung mit Fällen der §§ 52, 53, 53a.[86] Folgende **Fallgruppen** sind zu nennen: **55a**

a) Beteiligung. Die Annahme eines umfassenden Auskunftsverweigerungsrechts liegt zunächst nahe, wenn der Zeuge als **Mittäter oder Teilnehmer** an der angeklagten Straftat beteiligt war und noch nicht rechtskräftig verurteilt wurde. **56**

b) Serientaten. Ein umfassendes Auskunftsverweigerungsrecht kann auch dort bestehen, wo dem Angeklagten eine **Tatserie** vorgeworfen wird und der Zeuge an einer Einzeltat oder einem Abschnitt von Taten beteiligt war. Dies gilt besonders, wenn der exakte Umfang, der Anfang oder das Ende der Tatserie noch nicht sicher feststeht, weil dann nahezu jede weitere Antwort auf Fragen hierzu neue Ermittlungsansätze liefern könnte. **57**

c) Organisationsdelikte. Auch bei Organisationsdelikten, bei denen Art, Inhalt oder Intensität der Beziehung von Personen zueinander tatbestandserhebliche Bedeutung zukommt, kann die Beantwortung von Fragen über Kenntnisse solcher Umstände oder zum Aufenthaltsort von Personen dazu führen, dass jeder Antwort Indizwirkung für etwaige eigene Beziehungen des Zeugen zu der in Rede stehenden Vereinigung zukommt und sich damit für den Zeugen selbstbelastend auswirkt.[87] Schon die Aufdeckung der Zusammenhänge des Sichkennens einzelner Vereinigungsmitglieder kann Rückschlüsse über deren Beteiligung zulassen.[88] Zum **Verbrauch der Strafklage** bei Verurteilungen wegen Organisationsdeliken → Rn. 40, 62. **58**

Verfehlt wäre es jedoch, schon aus dem Umstand, dass Ermittlungen wegen eines Organisationsdeliktes geführt werden, ein Recht zur Verweigerung jeglicher Auskünfte anzunehmen. Ein Zeuge hat in diesen Fällen auch keinen Anspruch auf Aushändigung **59**

85 BGH 11.6.2002 – 6 StB 12/02, NStZ 2002, 607; 2.6.2005 – StB 8/05, NJW 2005, 2166; 4.3.2010 – StB 46/09, NStZ-RR 2011, 316 mwN; 15.1.1957 – 5 StR 390/56, BGHSt 10, 104 (105).

86 BGH 13.4.1962 – 3 StR 6/62, BGHSt 17, 245 (247); Bader in KK-StPO Rn. 2.

87 Vgl. BGH 3.5.1989 – 1 BJs 72/87 – StB 15/89, BGHSt 36, 192 (insoweit in NStZ 1989, 384 nicht abgedruckt) zu Fragen an den Zeugen über sein Wissen über Beziehungen oder den Aufenthaltstort von Vereinigungsmitgliedern.

88 BGH 4.8.2009 – StB 37/09, NStZ 2010, 463 (464).

eines Fragenkatalogs. Vielmehr muss er jede einzelne der an ihn gestellten Fragen darauf prüfen, ob die Antwort eine Verfolgungsgefahr für ihn birgt.[89]

60 **d) Betäubungsmittelstraftaten.** Im Bereich der Betäubungsmittelkriminalität erfassen die abgeurteilten Sachverhalte sehr häufig nur einen Ausschnitt der tatsächlich begangenen Taten. Deshalb darf aus dem Umstand, dass der Zeuge rechtskräftig wegen bestimmter Rauschgiftdelikte verurteilt wurde, nicht automatisch abgeleitet werden, dass ihm dann, wenn er zu den abgeurteilten Taten befragt werden soll, kein Auskunftsverweigerungsrecht mehr zusteht. Vielmehr wird die Annahme einer Verfolgungsgefahr besonders bei Rauschgifthändlern, die über einen beträchtlichen Zeitraum hinweg, an verschiedenen Orten, mit unterschiedlichen Drogen, bandenmäßig tätig wurden oder die ihre Geschäfte unter Ausnutzung umfangreicher Verbindungen abwickelten, nahe liegen. Ebenso liegt es bei langjährigen in die Rauschgiftszene involvierten Konsumenten. Wird der Verurteilte nunmehr als Zeuge befragt, so kann die Preisgabe des Lieferanten oder eines Abnehmers dazu führen, dass weitere Lieferungen an den Zeugen oder weitere Verkäufe offenbar werden, die von seiner Aburteilung nicht erfasst sind. Denn die Benannten können ihrerseits solche Taten des Zeugen aufdecken. Eine solche Gefahr wird sich vielfach auch aus dem bereits vorhandenen Ermittlungsstand ergeben.

61 Im Einzelfall kann es aber darauf ankommen, ob dem Zeugen die erstmalige Preisgabe eines noch unbekannten Rauschgiftlieferanten abverlangt wird oder ob er – was gegen eine Verfolgungsgefahr spricht – diesen seit Jahren bekannten Lieferanten früher bereits selbst benannt hat.[90] Ferner können die Umstände so liegen, dass sich das Beweisthema der beabsichtigten Befragung vollständig mit dem von der Verurteilung erfassten Sachverhalt deckt und nichts darauf hindeutet, dass der Zeuge außer den abgeurteilten noch weitere Taten begangen haben könnte.[91]

62 **e) Untrennbarkeit von Strafbarkeit und Aussage.** Steht die Aussage des Zeugen mit seinem etwaigen strafbaren eigenen Verhalten in so engem Zusammenhang, dass eine Trennung nicht möglich ist, kann er die Auskunft insgesamt verweigern.[92] So kann es etwa bei einem bereits rechtskräftig verurteilten Mitglied einer terroristischen Vereinigung liegen, wenn es, etwa aufgrund herausgehobener Stellung, so in die Strukturen der Vereinigung eingebunden war, dass es schon deswegen weiterer, aus der Vereinigung heraus begangener Taten verdächtig ist, für die kein Strafklageverbrauch eingetreten ist.

63 **f) Im Ausland ansässiger Zeuge.** Droht einem im Ausland ansässigen Zeugen die Strafverfolgung, weil er bei wahrheitsgemäßer Beantwortung der Frage seine **Geheimhaltungspflicht,** etwa das Bankgeheimnis, verletzen müsste, befindet sich der Zeuge in derjenigen Konfliktlage, vor der ihn § 55 gerade schützen will. Ihm ist deshalb das Auskunftsverweigerungsrecht zuzubilligen.[93] Darauf, dass ihm die Verfolgung nur im Ausland droht, kommt es nicht an (→ Rn. 25).

64 **3. Unanwendbarkeit des § 55 zu Zeugenschutzzwecken.** In Ausnahmefällen kann ein Konflikt zwischen dem nemo-tenetur-Grundsatz und den Anliegen des Zeugenschutzes einerseits sowie der Aufklärungspflicht und dem Fragerecht der Verfahrensbeteiligten andererseits entstehen. Dies ist namentlich dann der Fall, wenn es sich um einen Zeugen handelt, der „im Lager" der Ermittlungsbehörden steht. Eine Lösung der genannten Konfliktlage ist nicht über § 55 möglich. Hervorzuheben sind folgende Fallgruppen:

[89] BGH 28.2.1997 – StB 15/96, BGHR StPO § 70 Ordnungsgeld 2; 16.12.1988 – StB 43/88, BGHR StPO § 70 Weigerungsgrund 4.
[90] BGH 19.12.2006 – 1 StR 326/06, NStZ 2007, 278.
[91] S. hierzu LG Ravensburg 19.11.2007 – 2 Qs 194/07, NStZ-RR 2008, 177 (178).
[92] BGH 27.6.2002 – 4 StR 28/02, NStZ-RR 2002, 272 (273); 4.8.2009 – StB 37/09, NStZ 2010, 463 mwN; 18.12.2012 – StB 16/12, NStZ 2013, 241 mwN.
[93] Odenthal NStZ 1985, 117; Odenthal NStZ 1993, 52; Ignor/Bertheau in Löwe/Rosenberg Rn. 13; aA LG Stuttgart 24.4.1992 – 11 ARs 1/92, NStZ 1992, 454.

a) Vertrauenspersonen. Für die **V-Leute der Polizei** gilt § 54, wenn sie hauptberuflich mit festen Bezügen angestellt sind und/oder nach dem Verpflichtungsgesetz v. 2.3.1974 (BGBl. I 469 (547)) besonders zur Verschwiegenheit wurden.[94] Entscheidend sind danach die Grenzen der Aussagegenehmigung. Dass einer Person durch die StA Geheimhaltung bzw. **Vertraulichkeit zugesichert** wurde, bindet zwar – mit Einschränkungen – die StA und die Polizei, hat aber für das gerichtliche Verfahren keine Bedeutung.[95] Der Umstand, dass die Ermittlungsbehörden die Identität eines Informanten geheim halten wollen, berechtigt daher diesen weder zur Berufung auf § 55 noch das Gericht, eine gebotene Beweiserhebung abzulehnen. 65

Werden **andere V-Leute oder Hinweisgeber** vernommen, können sie sich zwar auf § 55 berufen; darüber hinaus gehende Weigerungsrechte bestehen jedoch nicht, sodass Fragen zu Anweisungen oder Vergütungen durch die Ermittlungsbehörde beantwortet werden müssen, soweit sie zur Sache gehören und nicht vom Vorsitzenden als unzulässig iSd § 241 Abs. 2 zurückgewiesen werden.[96] Meist wird wegen einer Gefährdungslage eine auf § 96 gestützte Sperrerklärung des Innenministeriums vorliegen. 66

b) Zeugen im Zeugenschutzprogramm. Zeugen, die in ein Zeugenschutzprogramm aufgenommen und zusätzlich gemäß § 3 ZSHG zur Verschwiegenheit verpflichtet wurden, fallen nach Auffassung des BGH nicht unter die anderen Personen des öffentlichen Dienstes iSd § 54 Abs. 1.[97] Weil sich die Verfolgungsgefahr iSd § 55 auf eine Tat vor der Aussage beziehen muss, besteht damit für den Zeugen dann, wenn die Beantwortung der Frage eine Straftat gemäß § 353b StGB (Verletzung des Dienstgeheimnisses oder einer besonderen Geheimhaltungspflicht) darstellen würde, keine Möglichkeit, sich insoweit auf § 55 zu berufen. Auch für – zulässige, dh nicht gemäß § 241 Abs. 2 zurückzuweisende – Fragen, die auf die Klärung der Umstände des Zeugenschutzes abzielen, besteht **kein Auskunftsverweigerungsrecht.** 67

Diese unbefriedigende Situation ist der klaren gesetzlichen Regelung des **§ 10 Abs. 3 ZSHG** geschuldet, der bestimmt, dass es für diese Zeugen im Strafverfahren bei den Vorschriften der §§ 68, 110b Abs. 3 verbleibt. Dies bedeutet, dass der Aufklärungspflicht und dem – auch konventionsrechtlich gemäß Art. 6 Abs. 3d EMRK gewährten – Fragerecht der Verfahrensbeteiligten Vorrang eingeräumt wird und die Tatgerichte im Einzelfall entscheiden müssen, ob die Beantwortung gestellter Fragen zu einer Gefahr iSv § 68 Abs. 2, 3 führt. Fragen zu Umständen des Zeugenschutzes sind damit nicht von vornherein unzulässig.[98] Vielmehr hat der Tatrichter am Maßstab der Aufklärungspflicht **bei jeder Frage** zu befinden, ob die Beantwortung zur **Erforschung der Wahrheit** erforderlich ist bzw. ob die Frage einen Bezug zum Schuld- oder Rechtsfolgenausspruch aufweist; dabei sind Bedeutung und **Beweiswert** der Frage vor dem Hintergrund des Beweisaufnahmeergebnisses einerseits und die Geheimhaltungsbedürftigkeit der erfragten Umstände im Hinblick auf die **Effektivität des Zeugenschutzes** andererseits miteinander abzuwägen.[99] 68

Eine Lösung zur Stärkung des Zeugenschutzes dahin, auch die sich in einem Zeugenschutzprogramm befindenden Zeugen als andere Personen des öffentlichen Dienstes iSd § 54 Abs. 1 anzusehen, führte zu einer zu starken Einschränkung der Aufklärungsmöglichkeiten und der Möglichkeiten, die Aussage einer umfassenden Glaubhaftigkeitsprüfung zu unterziehen, da die zuständigen Behörden aus Sicherheitsgründen regelmäßig keine Aussagegenehmigung erteilen werden. Der Aspekt des Zeugenschutzes kann deshalb nur dadurch zum Tragen kommen, dass eine Strafbarkeit des Zeugen nach § 353b StGB schon auf 69

---

[94] BGH 11.9.1980 – 4 StR 16/80, NStZ 1981, 70; OLG Hamburg 22.10.1993 – 1 b Ws 271/93, NStZ 1994, 98; Schmitt in Meyer-Goßner/Schmitt § 54 Rn. 11.

[95] BGH 26.7.2011 – 1 StR 297/11, BeckRS 2011, 21644.

[96] BGH 5.11.1982 – 2 StR 250/82, NStZ 1983, 228 (230).

[97] BGH 15.12.2005 – 3 StR 281/04, BGHSt 50, 318 = NJW 2006, 785.

[98] BGH 15.12.2005 – 3 StR 281/04, BGHSt 50, 318 = NJW 2006, 785 (787).

[99] BGH 15.12.2005 – 3 StR 281/04, BGHSt 50, 318 = NJW 2006, 785 (789).

Tatbestandsebene – mangels unbefugter Offenbarung – abzulehnen ist; zumindest ist mit Blick auf die Aussagepflicht eine Rechtfertigung des Zeugen anzunehmen.

III. Die Erklärung der Verweigerung

70 **1. Ausdrückliche Erklärung.** Der Zeuge muss seine Weigerung ausdrücklich **erklären** bzw. es **ablehnen,** die ihm gefährlich erscheinenden Fragen zu beantworten. Er darf die ihn oder einen Angehörigen belastende Umstände nicht einfach verschweigen.[100] Das gilt auch dann, wenn sich eine Verfolgungsgefahr schon im Rahmen des zusammenhängenden Berichts des Zeugen nach § 69 Abs. 1 ergibt.[101]

71 Weil die Ausübung des Auskunftsverweigerungsrechts ausdrücklich erklärt werden muss, kann das Gericht das **bloße Nichterscheinen** eines geladenen Zeugen regelmäßig nicht als Ausübung dieses Rechts werten.[102] Deshalb ist es auch fehlerhaft, von der Vorführung eines nicht erschienenen Zeugen mit der Begründung, dieser werde aller Voraussicht nach von seinem Recht aus § 55 Gebrauch machen, abzusehen.[103]

72 **2. Erläuterung der Weigerung.** Der Zeuge braucht, solange er nicht zur Glaubhaftmachung nach § 56 aufgefordert wird, seine Entscheidung, von seinem Recht aus § 55 Gebrauch zu machen, nicht zu begründen.[104] Dem Zeugen ist zunächst Gelegenheit zu geben, ohne Angabe von Gründen zu entscheiden, ob er von seinem Recht aus § 55 Gebrauch machen will. **Fragen nach den Motiven für eine Auskunftsverweigerung** können bedenklich sein, weil entsprechende Antworten zu einer Selbstbelastung und damit dazu führen können, dass der Schutz des § 55 ausgehöhlt wird.[105]

73 Es genügt etwa seine allgemeine Erklärung, nicht aussagen oder im Übrigen nicht aussagen zu wollen; er braucht nicht von sich aus auf Belastendes hinweisen.[106] Nicht ausreichend ist es hingegen, wenn der Zeuge die Beantwortung von Fragen ablehnt und auf Nachfrage, ob er sich auf § 55 berufen wolle, erklärt, er wolle hierzu nichts sagen oder den Grund für seine Verweigerung nicht nennt.[107] Anzugeben hat der Zeuge die tasächlichen Grundlagen, auf die er seine Auskunftsverweigerung stützt, soweit er sich nicht auf ein Schweigerecht berufen kann.[108]

74 **3. Entscheidungsbefugnis, Recht auf Beistand.** Die Entscheidung, ob sich ein Zeuge auf § 55 beruft, steht allein ihm zu. Das Gericht darf jedoch eine Glaubhaftmachung verlangen, § 56. Fehlt dem Zeugen die erforderliche Verstandesreife für eine Berufung auf § 55, gilt § 52 Abs. 2 entsprechend.[109]

75 Die **Fürsorgepflicht** des Gerichts kann gebieten, dem Zeugen einen Rechtsanwalt als **Beistand** zu bestellen.[110] Das kommt etwa in Betracht, wenn ein im Grundsatz aussagebereiter Zeuge in größerem Umfang Aufklärungshilfe iSd § 31 BtMG oder des § 46b StGB geleistet hat, selbst aber noch nicht rechtskräftig verurteilt ist oder sich aufgrund seiner Angaben in der JVA Repressalien ausgesetzt sieht. Gibt der Zeuge hingegen an, nicht aussagebereit zu sein bzw. von dem ihm zustehenden umfassenden Auskunftsverweigerungsrecht Gebrauch machen zu wollen, erscheint die Bestellung eines Beistands nicht erforderlich, zumal bei vollständiger Auskunftsverweigerung keine Abgrenzungsfragen, ob § 55 bei einzelnen Fragen eingreift oder nicht, auftreten können.

---

[100] BGH 11.11.1954 – 3 StR 422/54, BGHSt 7, 127; BVerfG 10.3.2010 – 2 BvR 941/10.
[101] Bader in KK-StPO Rn. 3, 12.
[102] BGH 10.1.2012 – 3 StR 400/11 Rn. 28 mwN; 9.8.1988 – 4 StR 326/88, StV 1989, 140.
[103] BGH 9.8.1988 – 4 StR 326/88, StV 1989, 140.
[104] Vgl. BGH 23.1.2002 – 5 StR 130/01, BGHSt 47, 220, insoweit in NStZ 2002, 608 nicht abgedruckt; s. auch BGH 11.11.1954 – 3 StR 422/54, BGHSt 7, 127 (128) = NJW 1955, 230 (231).
[105] Vgl. BGH 29.6.1983 – 2 StR 855/82, NJW 1984, 136.
[106] Vgl. BGH 11.11.1954 – 3 StR 422/54, NJW 1955, 230 (231).
[107] BGH 4.3.1988 – 1 BJs 280/87 – StB 8/88, BGHR StPO § 70 Weigerungsgrund 1; Gillmeister NStZ 2018, 561.
[108] Gillmeister NStZ 2018, 561 (561, 563).
[109] Ignor/Bertheau in Löwe/Rosenberg Rn. 18 mwN.
[110] LG Zweibrücken 23.9.1999 – 1 Qs 123/99, NJW 1999, 3792.

Der Zeuge ist grundsätzlich berechtigt, einen **Rechtsbeistand zur Vernehmung** hinzuzuziehen (vgl. § 68b Abs. 1 S. 1 und 2), wenn er dies für notwendig hält, um von seinem Auskunftsverweigerungsrecht oder anderen prozessualen Befugnissen selbständig und seinen Interessen entsprechend sachgerecht Gebrauch zu machen.[111] Zu den Gründen für das Hinzuziehen des Beistands braucht er keine Angaben zu machen, wenn ihn dies der Gefahr aussetzt, solche Angaben zu machen, vor deren Offenbarung im Rahmen der Vernehmung ihn § 55 gerade schützen will. 76

Erscheint der Zeuge zu seiner Vernehmung in Begleitung seines anwaltlichen Beistands, weil er im Hinblick auf § 55 Unterstützung benötigt oder wünscht, kommt ein **Ausschluss des Beistands** von der Vernehmung – auch angesichts des Umstands, dass eine Rechtsgrundlage für den Ausschluss fehlt – nur ausnahmsweise unter engen Voraussetzungen in Betracht; s. dazu § 68b Abs. 1 S. 3 und 4. Das BVerfG verlangt eine Abwägung zwischen dem Anspruch des Zeugen auf ein faires Verfahren und dem öffentlichen Interesse an der Effizienz des Strafprozesses, die die Gerichte unter Beachtung aller persönlichen und tatsächlichen Umstände des Einzelfalles vorzunehmen haben.[112] Danach kann eine Zurückweisung des Beistands zur Aufrechterhaltung einer funktionsfähigen, wirksamen Rechtspflege erforderlich sein, etwa wenn Anhaltspunkte dafür bestehen, dass der Anwalt seine Teilnahme dazu missbraucht, eine geordnete und effektive Beweiserhebung zu erschweren oder zu verhindern und damit die Entscheidungsfindung beeinträchtigt. 77

Der anwaltliche Zeugenbeistand hat kein eigenes Recht auf Akteneinsicht. Da er keine weitergehenden Befugnisse als der Zeuge selbst hat, besteht ein Akteneinsichtsrecht nur gemäß § 475.[113] 78

4. Zeitpunkt der Weigerung. Der Umstand, dass dem Zeugen ein Auskunftsverweigerungsrecht, sei es auch umfassend, zusteht, berechtigt ihn nicht, seine Zeugenladung zu ignorieren. Er muss vielmehr zu seiner Vernehmung (vor Gericht oder StA) erscheinen und abwarten, welche Fragen an ihn gestellt werden, um feststellen zu können, ob die Beantwortung eine Strafverfolgungsgefahr begründet. Dies schließt es nicht aus, dass der Zeuge auf seine – nachvollziehbare – Mitteilung hin, sich umfassend auf § 55 zu berufen, wieder abgeladen wird (aber auch → Rn. 71). 79

Die Auskunftsverweigerung kann **bis zum Schluss der Vernehmung** erklärt werden.[114] In einem solchen Fall ist zu prüfen, ob in der Berufung auf § 55 nicht gleichzeitig ein **Widerruf bisheriger (falscher) Aussagen** liegt; dies wird immer dort anzunehmen sein, wo der Zeuge klar macht, dass er seine der Auskunftsverweigerung vorangegangenen Aussagen nicht aufrechterhalten, sondern sich stattdessen auf § 55 berufen will.[115] 80

5. Widerruf und Verzicht auf das Weigerungsrecht. Der Zeuge, der sich zunächst auf sein Recht aus § 55 berufen hat, kann diese Entscheidung jederzeit widerrufen mit der Folge, dass Beweiserhebungen über frühere Aussagen zulässig sind.[116] Ebenso kann der Entschluss, auf das Auskunftsverweigerungsrecht zu verzichten, widerrufen werden.[117] Die Ausführungen zu → § 52 Rn. gelten hier ebenso. 81

IV. Folgen der Auskunftsverweigerung

1. Berechtigte Auskunftsverweigerung. a) Allgemeines. Beruft sich der Zeuge zu Recht in einem Punkt seiner Vernehmung auf § 55, darf er hierzu nicht befragt werden. Deshalb sind dennoch gestellte Fragen unzulässig iSv § 241 Abs. 2; entsprechende Beweisan- 82

---

111 BVerfG 10.3.2010 – 2 BvR 941/09, StraFo 2010, 243 ff.; zu Konfliktlagen und beistandsrelevanten Konstellationen Thomas NStZ 1982, 489 (491 f.); zur anwaltlichen Beratung gefährdeter Zeugen Hammerstein NStZ 1981, 125.

112 BVerfG 10.3.2010 – 2 BvR 941/09, StraFo 2010, 243 ff.

113 BGH 4.3.2010 – StB 46/09, NStZ-RR 2010, 253.

114 Vgl. den Sachverhalt in BGH 28.6.1982 – 2 StR 234/82, NStZ 1982, 431.

115 BGH 28.6.1982 – 2 StR 234/82, NStZ 1982, 431; RG 5.7.1910 – II 420/10, RGSt 44, 44.

116 BGH 23.9.1999 – 4 StR 189/99, NJW 2000, 596 mwN.

117 Ignor/Bertheau in Löwe/Rosenberg Rn. 19; Huber in BeckOK StPO Rn. 9.

träge sind wegen Ungeeignetheit des Beweismittels abzulehnen (→ Rn. 102). Die Angaben des Zeugen, die er bis zur Berufung auf § 55 gemacht hat, bleiben ohne weiteres verwertbar.

83 Hat der Zeuge trotz seines Rechts, sich auf § 55 zu berufen, dennoch ausgesagt, ist er verpflichtet, seine Angaben zu beeiden.[118] Hat sich der Zeuge auf § 55 berufen, wird dies aber regelmäßig Anlass sein, zu prüfen, ob ein Verdacht der Beteiligung bzw. ein Fall des § 60 Nr. 2 vorliegt.

84 **b) Beweiswürdigung.** Das Gericht kann – anders als bei § 52 – den Umstand, dass sich ein Zeuge auf § 55 berufen hat, für seine Überzeugungsbildung verwerten. Möglich ist eine Berücksichtigung zu Gunsten oder zu Lasten des Angeklagten.[119] Die Angaben eines Zeugen, der die Beantwortung einzelner Fragen nach § 55 berechtigterweise verweigert, **bleiben verwertbar.** Das gilt auch dann, wenn aufgrund der umfassenden Berufung des Zeugen auf § 55 die Verfahrensbeteiligten ihr Konfrontationsrecht (Art. 6 Abs. 3d EMRK) nicht mehr ausüben können; solange das Verfahren insgesamt als fair eingestuft werden kann, bleiben frühere Angaben des Zeugen verwertbar. BGH 16.4.2014 – 1 StR 638/13, NStZ-RR 2014, 246 (248); BGH 26.4.2017 – 1 StR 32/17, NStZ 2017, 602. Geboten ist in diesen Konstellationen allerdings eine **kritische Würdigung** des Aussageverhaltens. Gleiches gilt dann, wenn der Zeuge die Auskunft nur auf Fragen eines bestimmten Verfahrensbeteiligten verweigert.[120] Zu weiteren Fällen erhöhter Anforderungen an die Beweiswürdigung → Rn. 120.

85 Hingegen ist es **unzulässig,** dem Angeklagten in dem gegen ihn geführten Verfahren nachteilige Schlüsse daraus zu ziehen, dass sich dieser, als er zuvor als Zeuge in dem den gleichen Tatkomplex betreffenden Verfahren vernommen wurde, umfassend auf § 55 berufen und deshalb keine Aussage gemacht hat. Dies gilt jedenfalls dann, wenn der Angeklagte sich bis dahin nicht – über ein generelles Bestreiten des Tatvorwurfs hinaus – zur Sache geäußert hatte.[121] Diese Rechtsprechung erscheint vor dem Hintergrund des dem Beschuldigten bzw. Angeklagten zustehenden Schweigerechts dann einleuchtend, wenn sich der früher als Zeuge vernommene Angeklagte damals umfassend auf § 55 berufen und deshalb keine Aussage gemacht hat und auch in seinem eigenen Verfahren schweigt. Denn in dieser Konstellation liegen weder Angaben im damaligen noch im aktuellen Verfahren vor. Anders liegt es jedoch dann, wenn der jetzige Angeklagte zum Sachverhalt Angaben als Zeuge gemacht und sich nur punktuell auf § 55 berufen oder/und in seinem eigenen Verfahren sich zur Sache teilweise eingelassen hat, da seine Angaben in der früheren Vernehmung auf der Zeugenpflicht zur Aussage beruhen.[122]

86 Die Weigerung kann aber dazu führen, dass gegen ihn ein Ermittlungsverfahren eingeleitet wird.[123] Auch wenn sich ein Zeuge auf § 55 beruft, schließt dies nicht aus, dass er auf andere Weise zur Aufklärung beitragen kann oder will.[124]

87 **c) Verwertbarkeit früherer Angaben.** Hat der Zeuge, bevor er sich auf sein Recht aus § 55 beruft, bereits in einer früheren Vernehmung umfassend ausgesagt, sind diese Angaben uneingeschränkt verwertbar.[125] Bei der Frage, wie diese Angaben in das Hauptverfahren eingeführt werden können, ist zwischen der Vernehmung der Verhörsperson als Zeuge und der Verwertbarkeit des Vernehmungsprotokolls als Urkunde zu unterscheiden. Zur Verwertbarkeit in einem späteren Verfahren gegen den Zeugen → Rn. 112, 113.

---

118 BGH 19.10.1954 – 2 StR 651/53, BGHSt 6, 382 (383); RG 10.11.1916 – IV 579/16, RGSt 50, 163 (166).

119 BGH 23.1.2002 – 5 StR 130/01, BGHSt 47, 220 (223 ff.) = NStZ 2002, 608; Bader in KK-StPO Rn. 16; Ignor/Bertheau in Löwe/Rosenberg Rn. 27.

120 BGH 23.1.2002 – 5 StR 130/01, BGHSt 47, 220 (223 f.) = NStZ 2002, 608.

121 BGH 26.5.1992 – 5 StR 122/92, BGHSt 38, 302 = NStZ 1992, 448; zust. Dahs/Langkeit NStZ 1993, 213.

122 AA Dahs/Langkeit NStZ 1993, 213 (215).

123 OLG Stuttgart Die Justiz 1972, 122; Ignor/Bertheau in Löwe/Rosenberg Rn. 28 halten dies für unzulässig.

124 Vgl. BGH 12.8.1960 – 4 StR 48/60, NJW 1960, 2156.

125 BGH 13.4.1962 – 3 StR 6/62, BGHSt 17, 245 (247); 20.9.1972 – 3 StR 175/72, MDR 1973, 19.

aa) Vernehmung der Verhörsperson. Das Gericht darf die Verhörsperson als Zeugen, der die Vernehmungsinhalte bekundet, hören; vielfach wird diese Vernehmung sogar ein Gebot der Aufklärungspflicht sein. Ein Verwertungsverbot gemäß § 252 besteht nicht, weil diese Vorschrift an die den Rechtskreis des Angeklagten betreffenden, anders strukturierten Schweigerechte des Beschuldigten und die umfassenden Zeugnisverweigerungsrechte der §§ 52–53a anknüpft.[126] An der uneingeschränkten Verwertbarkeit früherer Angaben im Verfahren gegen den Angeklagten ändert sich auch dann nichts, wenn der Zeuge nicht über sein Recht nach § 55 belehrt wurde.[127] 88

bb) Verwertbarkeit früherer Vernehmungsprotokolle und schriftlicher Erklärungen. Für einen **Urkundenbeweis über frühere Angaben** des Zeugen kommen seine Aussage in einem Vernehmungsprotokoll sowie von ihm stammende schriftliche Erklärungen in Betracht. Dabei ist danach zu unterscheiden, ob sich der Zeuge umfassend oder nur partiell auf § 55 beruft. Die Verlesung eines polizeilichen oder richterlichen **Vernehmungsprotokolls** nach § 251 ist aber in den Fällen, in denen der Zeuge in der Hauptverhandlung erscheint und dort unter Berufung auf sein umfassendes Auskunftsverweigerungsrecht nicht zur Sache aussagt, nicht möglich. Eine Verlesung scheidet selbstdann aus, wenn dasEinverständnis der Verfahrensbeteiligten iSv § 251 Abs. 1 Nr. 1 bzw. Abs. 2 Nr. 3 vorliegt.[128] Gleiches gilt für eine vom Zeugen stammende schriftliche Erklärung, die durch § 251 Abs. 1 den Vernehmungsniederschriften gleichgestellt wird. Möglich ist aber die Vernehmung der Verhörsperson, die mit Blick auf die Aufklärungspflicht häufig geboten sein wird. 89

Beruft sich der Zeuge auf ein umfassendes Auskunftsverweigerungsrecht, scheiden eine **Verlesung der Niederschrift** über seine frühere Vernehmung oder die Verlesung von ihm stammender früherer schriftlicher Erklärungen auch nach **§ 251 Abs. 1 Nr. 3 und Abs. 2 Nr. 1** zur Ersetzung seiner Vernehmung aus. Dasselbe gilt, wenn der Zeuge nicht erscheint und seine umfassende Berufung auf § 55 schon vor der Hauptverhandlung angekündigt hat. Denn zum einen erfasst § 251 Abs. 1 Nr. 3 neben Tod oder Krankheit des Zeugen nur die Fälle seiner Unerreichbarkeit, also Vernehmungshindernisse tatsächlicher Art, nicht aber rechtliche Hindernisse. Zum anderen ist eine Vernehmung auch dann möglich, wenn der Zeuge von seinem Recht aus § 55 Gebrauch macht.[129] Vereinzelte, die Verlesbarkeit bejahende, nicht überzeugende Gegenstimmen konnten sich nicht durchsetzen.[130] Im Übrigen zeigen, was die Auslegung des **§ 251 Abs. 1 Nr. 2** anbelangt, die Strafsenate des BGH keine einheitliche Linie. Dies gilt etwa für den Begriff der schriftlichen Erklärung. Unklar bleibt, weshalb der 5. Strafsenat verlangt, sie müsse in demselben Verfahren abgegeben worden sein.[131] Diese Einschränkung überzeugt, auch vor dem Hintergrund der Aufklärungspflicht, nicht. 90

Stets zulässig bleibt aber die **Vernehmung der Verhörsperson** bzw. im Falle der Nichtverlesbarkeit einer vom Zeugen stammenden schriftlichen Erklärung die Vernehmung ihres Empfängers als Zeuge;[132] dies verletzt den Grundsatz der Unmittelbarkeit nicht. Der Verhörsperson können die Protokolle auch vorgehalten werden. § 252 gilt nicht. Ferner ist es zulässig, ein Vernehmungsprotokoll – **ergänzend** neben der Vernehmung des Vernehmungsbeamten – zu **verlesen,** wenn die Verlesung lediglich dazu dient, die Glaubhaftigkeit des gehörten Zeugen bzw. zu überprüfen, inwieweit die Angaben des Zeugen inhaltlich 91

---

126 BGH 26.5.1992 – 5 StR 122/92, NStZ 1992, 448; 13.4.1962 – 3 StR 6/62, BGHSt 17, 245 (246); s. auch BayObLG 10.1.1984 – RReg. 5 St 126/83, NJW 1984, 1246 (1247).

127 BGH 13.4.1962 – 3 StR 6/62, BGHSt 17, 245.

128 BGH 27.9.1995 – 4 StR 488/95, NStZ 1996, 96 mwN.

129 BGH 29.6.1983 – 2 StR 855/82, NJW 1984, 136 mwN; 27.4.2007 – 2 StR 490/06, BGHSt 51, 325 (330) = NJW 2007, 2195 (2196); s. auch BGH 27.9.1995 – 4 StR 488/95, NStZ 196, 96; Dölling NStZ 1988, 6 (9); zusammenfassend Mitsch JZ 1992, 174 (177).

130 Meyer MDR 1977, 543 (544), der aber nicht zwischen tatsächlichen und rechtlichen Vernehmungshindernissen unterscheidet; Mitsch JZ 1992, 174 (177).

131 Näher zu den Unterschieden Dölling NStZ 1988, 6 f. mwN.

132 BGH 27.9.1995 – 4 StR 488/95, NStZ 196, 96 mwN; Bader in KK-StPO Rn. 15 mwN; Dölling NStZ 1988, 6 (9 f.); Langkeit/Cramer StV 1996, 230 (231).

mit dem von ihm erstellten Protokoll übereinstimmen.[133] Schließlich ist es **zulässig,** dem Angeklagten die frühere Aussage des Zeugen **vorzuhalten.**[134]

92 Anders als in der in → Rn. 89, 90 behandelten Konstellation liegt es dann, wenn der Zeuge teilweise Angaben macht und sich **nur partiell** auf sein Recht aus § 55 beruft. In diesem Fall ist die **Zulässigkeit der Verlesung** anzunehmen, weil es sich dann nicht um eine nach § 250 S. 2 unzulässige ersetzende, sondern nur um eine **ergänzende Verlesung** handelt.[135] Auf diese Weise ergänzend verlesen werden kann nicht nur ein Vernehmungsprotokoll, sondern auch eine schriftliche Erklärung des Zeugen.[136] Ferner ist die Verlesung des Vernehmungsprotokolls möglich, wenn sich ein im Ausland ansässiger Zeuge auf § 55 beruft und sich gleichzeitig weigert, nach Deutschland zu kommen.[137]

92a **d) Verwertbarkeit der äußeren Erscheinung.** Beruft sich der Zeuge zu Recht auf sein Zeugnis- oder Auskunftsverweigerungsrecht, darf das Gericht dennoch sein äußeres Erscheinungsbild, die Mimik, Gestik und den vom Zeugen gewonnenen Eindruck **zur Überzeugungsbildung** mit heranziehen.[138] Dabei handelt es sich nach der Rspr. des BGH nicht um eine Inaugenscheinnahme;[139] eines Hinweises über die Verwertung von für jeden Verfahrensbeteiligten sichtbaren visuellen Eindrücken bedarf es nicht.

93 **2. Unberechtigte Auskunftsverweigerung.** § 70 ermöglicht es dem Gericht, dem Zeugen die durch seine Weigerung verursachten Kosten aufzuerlegen sowie gegen ihn Maßnahmen – Ordnungsgeld, Ordnungshaft und Erzwingungshaft – anzuordnen. Der Zeuge verweigert seine Zeugnispflicht bereits dann, wenn er nur einzelne Fragen nicht beantwortet.

94 Darüber hinaus kann sich der Zeuge bei unberechtigter Verweigerung der Aussage wegen versuchter oder vollendeter **Strafvereitelung** (§ 258 StGB) strafbar machen. Ob ein solches Verhalten als aktives Tun oder als Unterlassen einzustufen ist, ist Tatfrage und davon abhängig, wie der Zeuge in seiner Vernehmung agiert. Auch das Unterlassen ist strafbar, weil die strafprozessuale Zeugnispflicht eine Garantenstellung iSd § 13 StGB begründet.[140] Die Gegenauffassung[141] sieht die Gefahr einer unzulässigen Doppelverfolgung, berücksichtigt aber nicht, dass das Verbot der zweifachen Bestrafung (Art. 103 Abs. 3 GG) nur für echte Kriminalstrafen, nicht jedoch bei Ordnungsstrafen, gilt. Ferner fehlen Anhaltspunkte dafür, dass § 70 eine Strafbarkeit des Zeugen nach materiellem Recht ausschließen will.

V. Die Belehrung nach § 55 Abs. 2

95 Abs. 2 schreibt die Belehrung des Zeugen **zwingend** vor.[142] Dies gilt auch für polizeiliche (§ 163a Abs. 5) und staatsanwaltschaftliche (§ 161a Abs. 1 S. 2) Vernehmungen. Die Wahl des Zeitpunkts bleibt der Verhörsperson bzw. dem Gericht überlassen. Es kann den Zeugen zu Beginn der Vernehmung über sein Auskunftsverweigerungsrecht oder erst im Verlauf der Vernehmung dann aufklären, wenn Anhaltspunkte für das Vorliegen der Voraussetzungen des § 55 zu Tage getreten sind.

96 Nur **ausnahmsweise** kann die Aufklärungspflicht gebieten, bei gleichzeitigem Bestehen der Rechte aus § 52 und § 55 die Belehrung zunächst auf § 52 zu beschränken und

---

[133] BGH 24.1.2012 – 4 StR 493/11, BeckRS 2012, 4733.
[134] Bader in KK-StPO Rn. 15.
[135] BGH 27.4.2007 – 2 StR 490/06, BGHSt 51, 325 (330) = NJW 2007, 2195 (2196).
[136] BGH 23.12.1986 – 1 StR 514/86, NStZ 1988, 36 erachtet die Verlesung eines von dem Zeugen verfassten Geständnisses, das er in dem gegen ihn – getrennt – geführten Verfahren vorlegen ließ, nach § 249 – im Zusammenhang mit der Vernehmung des Zeugen – als zulässig; zustimmend Dölling NStZ 1988, 6; aA in nichttragenden Erwägungen BGH 11.11.2015 – 2 StR 180/15, NStZ 2016, 428.
[137] BGH 2.3.2010 – 4 StR 619/09, NStZ 2010, 446.
[138] BGH 18.8.2020 – 5 StR 175/20, BeckRS 2020, 21303 mwN; 8.7.1964 – 2 StR 238/64, BeckRS 1964, 105127.
[139] AA Schmitt in Meyer-Goßner/Schmitt § 86 Rn. 14.
[140] OLG Köln 11.12.2009 – 2 Ws 588/09, NStZ-RR 2010, 146; LG Ravensburg 19.11.2007 – 2 Qs 194/07, NStZ-RR 2008, 177.
[141] Ignor/Bertheau in Löwe/Rosenberg Rn. 30.
[142] Bader in KK-StPO Rn. 17 mwN.

die **Belehrung nach § 55 zurückzustellen,** bis sich der Zeuge über die Ausübung seines Zeugnisverweigerungsrechts entschieden hat.[143]

Die **Art und Weise der Belehrung** liegt im Ermessen des Vernehmenden. Er kann die Belehrung abstrakt halten oder dem Zeugen konkret erläutern, in welchem Bereich er nicht auskunftspflichtig ist. Dabei ist es nicht zu beanstanden, wenn ein Richter den Zeugen über Umstände, zB einen gegen den Zeugen geäußerte Verdächtigung eines Verfahrensbeteiligten, unterrichtet, die für die vom Zeugen zu treffende Entscheidung von Bedeutung sein können, solange nicht in unzulässiger Weise auf die Entschließung über die Ausübung des Weigerungsrechts eingewirkt wird.[144] 97

Der Vorsitzende muss für seine Belehrung des Zeugen gemäß § 55 Abs. 2 **keine Begründung** geben, ebenso wenig für die Zubilligung der Auskunftsverweigerung. 98

Zu den **revisionsrechtlichen Folgen** von Verstößen gegen § 55 Abs. 2 → Rn. 105 ff. 99

VI. Verfahrensrechtliches

1. Zurückweisung von Fragen. Erklärt der Zeuge auf eine Frage mit Recht, er werde die Beantwortung gemäß § 55 Abs. 1 verweigern, ist diese Frage ungeeignet iSv § 241 Abs. 2. Sie kann daher zurückgewiesen werden. Eine Zurückweisung scheidet indes aus, solange der Zeuge sich nicht auf sein Recht aus § 55 berufen hat.[145] 100

2. Ablehnung von Beweisanträgen. Es ist regelmäßig erforderlich, einen Zeugen, auch wenn ihm ein Auskunftsverweigerungsrecht zusteht, zur Hauptverhandlung zu laden und ihn dort zu befragen, um klären zu können, ob er nur zu einzelnen oder zu allen Fragen die Auskunft verweigern will.[146] 101

Der Zeuge, der sich zu Recht auf ein umfassendes Auskunftsverweigerungsrecht beruft und dies dem Gericht gegenüber mitgeteilt hat, ist ein iSv § 244 Abs. 3 S. 2 **ungeeignetes Beweismittel.** Mit dieser Begründung darf ein auf die Vernehmung des Zeugen abzielender Beweisantrag abgelehnt werden.[147] Dies setzt aber zweierlei voraus: zum einen darf die entsprechende Mitteilung des Zeugen nicht durch einen Irrtum über die rechtliche Tragweite seiner Weigerung beeinflusst sein und nicht die Möglichkeit bestehen, dass der Zeuge bei Aufklärung seines Irrtums doch noch aussagebereit ist, zum anderen muss die mit der Beweisbehauptung vorgetragene Verstrickung des Zeugen in Straftaten so deutlich sein, dass ein umfassendes Auskunftsverweigerungsrecht klar zu Tage liegt.[148] 102

Danach scheidet umgekehrt eine Ablehnung des Beweisantrags aus, solange der Zeuge noch nie vernommen wurde oder wenn bereits eine Vernehmung vorliegt, der Zeuge dabei aber nicht erklärte, von seinem Recht zur Auskunftsverweigerung Gebrauch zu machen.[149] 102a

Hat das Gericht einen Zeugen in der Hauptverhandlung vernommen, der zur Sache ausgesagt und teilweise von seinem Auskunftsverweigerungsrecht aus § 55 Gebrauch gemacht hat, kann es einen Beweisantrag auf seine **erneute Vernehmung** wegen völliger Ungeeignetheit des Beweismittels ablehnen, wenn das benannte Beweisthema vom Auskunftsverweigerungsrecht des Zeugen gedeckt war und dieser sich mehrfach hierauf berufen hatte. 103

VII. Revision

Auch wenn § 55 den Rechtskreis des Angeklagten nicht berührt, kann sich eine fehlerhafte Behandlung der Vorschrift durch das Tatgericht in der Revisionsinstanz auswirken. 104

143 BGH 30.6.1988 – 1 StR 150/88, BGHR StPO § 52 Abs. 3 S. 1 Belehrung 2.

144 BGH 12.11.2009 – 4 StR 275/09, NStZ 2010, 342; 30.6.1988 – 1 StR 150/88, BGHR StPO § 52 Abs. 3 S. 1 Belehrung 2.

145 RG 17.1.1884 – 3066/83, RGSt 9, 426 (429).

146 BGH 16.10.1985 – 2 StR 563/84, NStZ 1986, 181.

147 BGH 2.2.1966 – 2 StR 471/65, BGHSt 21, 12 (13) = NJW 1966, 742; BGH 29.6.1983 – 2 StR 855/82, NJW 1984, 136.

148 BGH 16.10.1985 – 2 StR 563/84, NStZ 1986, 181.

149 Vgl. BGH 15.11.1977 – 5 StR 519/77, MDR 1978, 281.

So können mit einer **Verfahrensrüge** Verletzungen der Aufklärungspflicht (→ Rn. 114 ff.), Fehler bei der Behandlung von Beweisanträgen (→ Rn. 101 ff.) oder die Nichtbeachtung eines Verwertungsverbots (→ Rn. 112, 113) geltend gemacht werden. Ist der Angeklagte verteidigt, setzt eine Verfahrensrüge voraus, dass die Entscheidung des Vorsitzenden, ob und in welchem Umfang dem Zeugen ein Auskunftsverweigerungsrecht zugebilligt wird, die **Beanstandung** dieser Entscheidung in der Hauptverhandlung gemäß § 238 Abs. 2 voraus.[150] Zudem hat der Revisionsführer den Anforderungen des § 344 Abs. 2 S. 2 zu entsprechen; dies setzt nicht nur den Vortrag des rechtzeitigen Widerspruchs voraus, sondern auch eine Darlegung, die das Revisionsgericht in die Lage versetzt, die Schlüssigkeit der Rüge zu beurteilen.[151]

105 **1. Unzutreffende Beurteilung der Verfolgungsgefahr.** Die Beurteilung der Verfolgungsgefahr in tatsächlicher Hinsicht ist – als vom Beurteilungsspielraum des Tatgerichts getragene Entscheidung – grundsätzlich nicht revisibel.[152] Das Revisionsgericht ist an die Einschätzung, dass eine Verfolgungsgefahr vorhanden war, gebunden und kann die Entscheidung des Tatgerichts nur rechtlich, etwa auf die Frage eines Strafklageverbrauchs, des Umfangs des Auskunftsverweigerungsrechts oder der Verjährung, prüfen.[153] Die Rüge, die Verfolgungsgefahr sei falsch beurteilt werden, kann danach nur Erfolg haben, wenn die Verfolgungsgefahr zweifellos ausgeschlossen war[154] oder das Tatgericht dem Zeugen ein Auskunftsverweigerungsrecht ohne jede Tatsachengrundlage zugebilligt hat;[155] maßgeblich ist der Kenntnisstand des Vernehmenden zum Zeitpunkt der Befragung des Zeugen.[156] Die Zulässigkeit einer Rüge setzt die Beanstandung der Entscheidung des Vorsitzenden und die Herbeiführung eines Gerichtsbeschlusses voraus.[157]

106 **2. Belehrungsfehler. a) Allgemeines.** Die allgemeine **Belehrung** eines Zeugen, er dürfe die Antwort auf solche Fragen verweigern, mit deren Beantwortung er sich die Gefahr strafrechtlicher Verfolgung zuziehen würde, kann niemals einen Verfahrensverstoß begründen. Ebenso wenig kann erfolgreich gerügt werden, dass der Vorsitzende seine Belehrung erläutert hat.[158]

107 Anders liegt es nur in dem seltenen Ausnahmefall, in dem die Belehrung von abwegigen oder willkürlich erscheinenden Ausführungen des Vorsitzenden begleitet wird, die die **Besorgnis der Befangenheit** begründen, das Tatgericht aber einen entsprechenden Ablehnungsantrag zurückgewiesen hat.[159]

108 **b) Unrichtige Belehrungen.** Auf einer unrichtigen Belehrung als solcher kann das Urteil niemals beruhen, sondern nur auf dem sich daraus im weiteren Verfahrensverlauf ergebenden Verstoß gegen die gerichtliche Aufklärungspflicht.[160] Eine unrichtige Belehrung vermag dort die Besorgnis der Befangenheit zu begründen, wo geäußerte Rechtsauffassungen abwegig sind oder sogar den Anschein von Willkür erwecken.[161]

109 Wird der **Zeuge grundlos gemäß § 55 belehrt** und verweigert deshalb Angaben, kann dies zur Verletzung der §§ 244 Abs. 2, 245 führen (→ Rn. 114). Der BGH verlangt für die Zulässigkeit einer entsprechenden Rüge, dass die falsche Belehrung beanstandet und

150 BGH 16.11.2006 – 3 StR 139/06, NStZ 2007, 230.
151 Vgl. etwa BGH 19.11.2002 – 3 StR 354/02, StraFo 2003, 132.
152 BGH 22.9.2016 – 2 StR 27/16, BeckRS 2016, 19297; Bader in KK-StPO Rn. 21 mwN.
153 BGH 15.1.1957 – 5 StR 390/56, BGHSt 10, 104 (105); 28.11.1997 – 3 StR 114/97, BGHSt 43, 321 (325) = NJW 1998, 1723; 27.6.2002 – 4 StR 28/02, NStZ-RR 2002, 272 Rn. 8, 9; 22.9.2016 – 2 StR 27/16, BeckRS 2016, 19297.
154 BGH 24.1.1956 – 1 StR 568/55, BGHSt 9, 34 (35).
155 BGH 27.6.2002 – 4 StR 28/02, NStZ-RR 2002, 272.
156 Dahs NStZ 1999, 386 (387).
157 BGH 16.11.2006 – 3 StR 139/06, NStZ 2007, 230 mkritAnm Widmaier; s. auch BGH 6.8.2002 – 5 StR.
158 BGH 23.4.1953 – 5 StR 69/53, MDR 1953, 402.
159 Vgl. BGH 12.11.2009 – 4 StR 275/09, NStZ 2010, 342 mBspr Hahn JuS 2010, 270.
160 BGH 23.4.1953 – 5 StR 69/53, MDR 1953, 402.
161 Vgl. BGH 12.11.2009 – 4 StR 275/09, NStZ 2010, 342 mBspr Hahn JuS 2010, 270.

ein Gerichtsbeschluss nach § 238 Abs. 2 herbeigeführt wurde.[162] Die Beanstandung kann auch dadurch erfolgen, dass ein Antrag auf Anordnung von Maßregeln nach § 70 gestellt wird. Die Vortragspflicht (§ 344 Abs. 2 S. 2) umfasst auch Darlegungen zum bisherigen und erwartbaren Aussageverhalten des Zeugen.[163] Zur **unzulässigen Beschränkung des Fragerechts** durch grundlose Zubilligung des Auskunftsverweigerungsrechts → Rn. 119.

Eine Belehrung über die Rechte aus § 55 kann eine notwendige **Belehrung als Beschuldigter nicht ersetzen.** Da § 55 nur bei Vernehmungen von Zeugen gilt, reicht eine entsprechende Belehrung nicht mehr aus, wenn der Vernehmende verkannt hat, dass eine Belehrung als Beschuldigter hätte erfolgen müssen. Zwar besteht für den Vernehmenden ein **Beurteilungsspielraum,** wann er von der Zeugen- zur Beschuldigtenvernehmung übergehen muss. Dennoch unterliegen Angaben, die ein Tatverdächtiger als Zeuge macht, obwohl er als Beschuldigter hätte vernommen und daher nach § 136 Abs. 1 S. 2 hätte belehrt werden müssen, dann einem **Verwertungsverbot,** wenn es sich als sachlich unvertretbar erweist, einen die Belehrungspflicht nach § 136 Abs. 1 S. 2 auslösenden starken Tatverdacht zu verneinen, sodass die Überschreitung der Grenzen des Beurteilungsspielraums als objektiv willkürlich einzuordnen ist.[164] Die Rolle als Beschuldigter kann einer Person auch konkludent und ohne förmliche Verfahrenseröffnung zugewiesen werden.[165] 109a

c) Unterlassene Belehrung. Hat das Gericht oder eine Verhörsperson, die den Zeugen vor der Hauptverhandlung vernommen hat, entgegen § 55 Abs. 2 nicht belehrt, kann der Angeklagte seine Revision nicht auf die unterlassene Belehrung stützen. Dies folgt im Wesentlichen daraus, dass § 55 Abs. 2 weder den Rechtskreis des Angeklagten berührt noch mit der Einführung der Belehrungspflicht die Rechte des Angeklagten im Revisionsrechtszug erweitert werden sollten.[166] 110

d) Verwertbarkeit trotz unterlassener Belehrung. Die Verwertung einer ohne die nach § 55 Abs. 2 vorgeschriebene Belehrung zustande gekommenen Aussage ist **im Verfahren gegen den Angeklagten** uneingeschränkt möglich. Dies gilt sowohl dann, wenn der Zeuge im Hauptverfahren vernommen als auch wenn das Protokoll über seine Vernehmung verlesen wurde.[167] 111

Bei der Frage nach der Verwertbarkeit von Angaben des nicht nach § 55 Abs. 2 belehrten Zeugen in einem **späteren Verfahren gegen den Zeugen** ist zu unterscheiden: Ein **Verwertungsverbot** ist grundsätzlich insoweit zu bejahen, als der unzutreffend nicht nach § 55 Abs. 2 belehrte Zeuge sich selbst belastet hat und diese Aussage nun in einem gegen ihn geführten Verfahren zur Beweisführung wegen **Straftaten außerhalb der Aussage** herangezogen werden soll. Denn eine Verwertung bedeutete, dass der Beschuldigte zum Beweismittel gegen sich selbst würde und verstieße gegen den Grundsatz, dass sich kein Verfahrensbeteiligter selbst belasten muss.[168] Der Verwertung der Aussage muss in der Hauptverhandlung bis zu dem in § 257 genannten Zeitpunkt widersprochen werden; die Revision muss den rechtzeitigen Widerspruch vortragen.[169] 112

Die **Verwertbarkeit** ist jedoch ausnahmsweise dort zu bejahen, wo gegen den Zeugen ein **Verfahren wegen eines Aussagedelikts** geführt wird. Denn die Missachtung der Belehrungspflicht ändert nichts an der Wahrheitspflicht des Zeugen. Die Konstellation des nicht gemäß § 55 Abs. 2 belehrten Zeugen ist – im Fall der späteren Verfolgung eines Aussagedelikts – nicht mit der eines nicht belehrten Beschuldigten vergleichbar; der 113

---

162 BGH 16.11.2006 – 3 StR 139/06, NStZ 2007, 230 mkritAnm Widmaier.
163 Offengelassen von BGH 6.8.2002 – 5 StR 314/02.
164 Näher BGH 6.6.2019 – StB 14/19, NJW 2019, 2627 (2630); 30.12.2014 – 2 StR 439/13, NStZ 2015, 291.
165 BGH 30.12.2014 – 2 StR 439/13, BeckRS 2015, 02134 mBspr von Heintschel-Heinegg JA 2015, 393.
166 BGH 21.1.1958 – GSSt 4/57, BGHSt 11, 213 = NJW 1958, 557; aA Schmidt JZ 1958, 596 (599, 601).
167 BGH 21.1.1958 – GSSt 4/57, BGHSt 11, 213 = NJW 1958, 557.
168 OLG Celle 7.2.2001 – 32 Ss 101/00, NStZ 2002, 386; BayObLG 10.1.1984 – RReg. 5 St 126/83, NJW 1984, 1246 (1247) hebt zusätzlich auf den auch in Art. 6 EMRK normierten Grundsatz des fairen Verfahrens ab; Schmitt in Meyer-Goßner/Schmitt Rn. 17.
169 BayObLG 16.5.2001 – 2 StRR 48/01, BeckRS 2001, 30180762.

Beschuldigte wird, ohne der Wahrheitspflicht zu unterliegen, zu einer in der Vergangenheit liegenden Tat befragt, beim Zeugen liegt die Tat hingegen in der Aussage selbst. Der unterbliebenen Belehrung kommt damit lediglich die Bedeutung eines **Strafmilderungsgrundes** zu, der bei der Ahndung des Aussagedelikts zu berücksichtigen ist. Dabei genügt es, wenn das Auskunftsverweigerungsrecht objektiv gegeben war; auf die Kenntnis des vernehmenden Richters kommt es nicht an.[170] Dieser Strafmilderungsgrund besteht unabhängig von und neben § 157 StGB, sodass die Annahme eines Aussagenotstands die strafmildernde Bedeutung des Belehrungsverstoßes nicht mit abdeckt.[171]

114 **3. Aufklärungspflichtverletzungen. a) Unrichtige Belehrung.** Mit der **Aufklärungsrüge** kann geltend gemacht werden, dass eine **unrichtige grundlose Belehrung** zu einer unbegründeten Aussageverweigerung geführt hat.[172] In solchen Fällen wird das Beruhen kaum auszuschließen sein. Ebenso fehlerhaft und ein Verstoß gegen die Aufklärungspflicht ist es, wenn das Gericht allein aus dem Umstand, dass der geladene Zeuge nicht erscheint, schließt, er werde umfassend vom Auskunftsverweigerungsrecht Gebrauch machen.[173]

115 **b) Verzicht auf weitere Beweismittel.** Beruft sich ein Zeuge, der früher wichtige oder gar für die Anklageerhebung ausschlaggebende Angaben zum Tatgeschehen gemacht hatte, in der Hauptverhandlung auf § 55, wird es regelmäßig einen Verstoß gegen die Aufklärungspflicht darstellen, wenn das Gericht davon absieht, diejenigen Personen zu hören, die den Zeugen im Ermittlungsverfahren vernommen hatten. Mit dem **Verzicht auf die Vernehmung dieser Verhörspersonen** wird eine Möglichkeit zur Sachverhaltsaufklärung nicht genutzt.[174]

116 Die Aufklärungspflicht gebietet außerdem, Zeugenaussagen, die aufgrund der Berufung des Zeugen auf § 55 bei bestimmten Fragen lückenhaft geblieben sind, in der Hauptverhandlung zu ergänzen. Hierzu kann das Gericht nicht nur auf die **Verlesung schriftlicher Erklärungen** des Zeugen, sondern auch auf die Vernehmung der Verhörsperson des Zeugen oder auf die **Verlesung von Niederschriften** über frühere Vernehmungen des Zeugen zurückgreifen.[175] Eine Verlesung verletzt weder den Unmittelbarkeitsgrundsatz noch den – im Fall des § 55 unanwendbaren – § 252.

117 Das Gericht verletzt seine Aufklärungspflicht nicht, wenn es auf die Ladung eines Zeugen verzichtet, weil dieser vorab nachvollziehbar darlegen konnte, sich berechtigterweise auf ein umfassendes Auskunftsverweigerungsrecht berufen zu können.[176] So wird es etwa meist bei gesondert verfolgten Tatbeteiligten liegen. Zur **Ablehnung von Beweisanträgen** → Rn. 101 ff.

118 **c) Abtrennung einzelner Fälle; Aussetzung.** Ob das Gericht ein Verfahren hinsichtlich eines oder bestimmter Einzelfälle abzutrennen hat, bis weitere Beweismittel vorhanden sind, entscheidet sich nach den Grundsätzen des § 244 Abs. 2 StPO. Auch wenn zu erwarten ist, dass das Auskunftsverweigerungsrecht eines Zeugen in der Zukunft erlischt, zB wenn das gegen ihn betriebene Strafverfahren nach Erfüllung der ihm nach § 153a erteilten Auflagen endgültig eingestellt werden wird, drängt sich eine Abtrennung von Verfahrensteilen bzw. eine Aussetzung des Verfahrens dort nicht auf, wo von einer erneuten Vernehmung dieses Zeugen keine entscheidungserheblichen Aussagen zu erwarten sind.[177]

170 BGH 13.2.2004 – 2 StR 408/03, NStZ 2005, 33 (34) mwN; OLG Jena 9.2.2011 – 1 Ss 113/10, NStZ-RR 2011, 279.

171 BGH 18.10.1983 – 1 StR 449/83, NStZ 1984, 134.

172 BGH 14.9.1973 – 5 StR 318/73, MDR 1974, 16; OLG Zweibrücken 16.8.1994 – 1 Ss 84/94, NJW 1995, 1301 (1302) mwN.

173 BGH 9.8.1988 – 4 StR 326/88, StV 1989, 140.

174 BGH 20.9.1972 – 3 StR 175/72, MDR 1973, 19.

175 BGH 29.8.2001 – 2 StR 266/01, NStZ 2002, 217; 4.4.2007 – 4 StR 345/06, NStZ 2008, 50 (51 f.) auch mit Nachweisen zu nicht überzeugenden Entscheidungen des 5. Strafsenats des BGH, die die Möglichkeit einer Verlesung verneinen.

176 BGH 16.10.1985 – 2 StR 563/84, NStZ 1986, 181.

177 BGH 24.7.1990 – 5 StR 221/89, NJW 1990, 50 (52).

d) Ablehnung vom Zeugen gestellter Bedingungen. Da § 55 dem Zeugen kein Recht gibt, zu bestimmen, wie die Hauptverhandlung abzulaufen und wer daran teilzunehmen hat, brauchen der Vorsitzende bzw. das Gericht auf vom Zeugen gestellte Bedingungen nicht einzugehen und gestellten „Forderungen", etwa auf Austausch des Sitzungsvertreters der StA, nicht nachzukommen. Die Ablehnung solcher Bedingungen vermag keine Verletzung der Aufklärungspflicht zu begründen.[178] 119

4. Unzulässige Beschränkung des Fragerechts. Billigt das Gericht einem Zeugen grundlos das Auskunftsverweigerungsrecht zu, stellt dies eine unzulässige Beschränkung des Fragerechts dar. Hierin kann der absolute Revisionsgrund des **§ 338 Nr. 8** liegen, wenn sich ein konkret-kausaler Zusammenhang zwischen der unzulässigen Beschränkung der Verteidigung oder der StA und dem Urteil feststellen lässt.[179] Ebenso denkbar ist eine Verletzung des in Art. 6 Abs. 3d EMRK normierten Rechts, weil der Beschwerdeführer sein Fragerecht grundlos nicht ausüben konnte und dies der Justiz zuzurechnen ist.[180] Hingegen scheidet eine solche Verletzung aus, wenn sich ein Mitangeklagter weigert, Fragen des Angeklagten zu beantworten.[181] 120

5. Beweiswürdigung, Fehlen konfrontativer Befragung. Hat sich ein Zeuge partiell oder umfassend auf § 55 berufen, stand er für Fragen der Verfahrensbeteiligten deshalb nicht zur Verfügung oder hat er von seinem Auskunftsverweigerungsrecht im Lauf des Verfahrens in unterschiedlichem Umfang Gebrauch gemacht, so kann dies den Beweiswert seiner Angaben erheblich beeinflussen. Daher erhöhen sich in diesen Konstellationen regelmäßig die Anforderungen an die Beweiswürdigung. Das Tatgericht ist in solchen Fällen gehalten, das Aussageverhalten des Zeugen im Rahmen der Beweiswürdigung einer **vorsichtigen und kritischen Würdigung** zu unterziehen und dies in den Urteilsgründen erkennbar darzulegen.[182] Dazu auch → Rn. 84, 85. Trotz umfassender Aussageverweigerung darf das Gericht die vom Zeugen gewonnenen äußeren Eindrücke verwerten; → Rn. 92a. 121

Macht ein Zeuge umfassend von § 55 Gebrauch, können seine früheren Angaben zwar durch Vernehmung der Verhörspersonen eingeführt werden, jedoch können Gericht und Verfahrensbeteiligte ihr Fragerecht nicht mehr ausüben. Dies schließt eine Verwertung der Angaben nicht aus; das Gericht hat aber die **Einschränkung des Fragerechts** im Rahmen der Beweiswürdigung ausreichend, besonders durch eine vorsichtige kritische Würdigung und – regelmäßig – die Heranziehung weiterer, die Angaben des Zeugen vom Hörensagen stützender Beweismittel zu berücksichtigen, sodass das Verfahren insgesamt als fair eingestuft werden kann.[183] 122

§ 56 Glaubhaftmachung des Verweigerungsgrundes

[1]Die Tatsache, auf die der Zeuge die Verweigerung des Zeugnisses in den Fällen der §§ 52, 53 und 55 stützt, ist auf Verlangen glaubhaft zu machen. [2]Es genügt die eidliche Versicherung des Zeugen.

Übersicht

[178] BGH 14.4.2020 – 5 StR 14/20, NStZ 2020, 431 (432) für den Fall eines dem Zeugen zurecht zugebilligten umfassenden Auskunftsverweigerungsrechts.
[179] BGH 15.12.2005 – 3 StR 281/04, NJW 2006, 785 (786) mwN.
[180] Offengelassen von BGH 22.3.2012 – 1 StR 359/11, NStZ 2013, 238 (239 Rn. 20) mAnm Widmaier.
[181] BGH 23.3.2017 – 5 StR 495/16, BeckRS 2017, 105968.
[182] StRspr, zB BGH 1.3.2005 – 5 StR 499/04, NStZ-RR 2005, 177; 15.12.2015 – 1 StR 236/15, BeckRS 2016, 1086; 12.5.2020 – 5 StR 139/20, NStZ-RR 2020, 286.
[183] BVerfG 5.7.2006 – 2 BvR 1317/05, NJW 2007, 204; BGH 16.4.2014 – 1 StR 638/13, NStZ-RR 2014, 246 (248); 26.4.2017 – 1 StR 32/17, NStZ 2017, 602; 13.1.2022 – 3 StR 341/21 BeckRS 2022, 2095.

I. Allgemeines

1 **1. Normzweck.** § 56 will der Gefahr einer grundlosen bzw. unberechtigten Zeugnis- oder Auskunftsverweigerung entgegenwirken. Außerdem soll die Vorschrift die Gefahr eines Missbrauchs der Rechte aus §§ 52, 53, 53a und 55 verhindern, die dadurch droht, dass allein der Zeuge die Voraussetzungen seines Weigerungsrechts beurteilt.[1] Ferner will § 56 durch den Verzicht auf das Erfordernis einer förmlichen Beweisaufnahme Verfahrensverzögerungen vermeiden.[2]

2 **2. Anwendungsbereich.** Die Vorschrift gilt uneingeschränkt bei allen richterlichen Vernehmungen. Gemäß § 161a Abs. 1 S. 2 gilt § 56 S. 1 auch bei Vernehmungen durch die StA, die vom Zeugen eine Glaubhaftmachung, aber keine eidesstattliche Versicherung verlangen kann. § 56 gilt nicht nur in den Fällen der §§ 52, 53 und 55, sondern auch für den nicht genannten § 53a.[3]

3 § 56 S. 1 gilt nach Einfügung des § 163 Abs. 3 S. 1 durch das Gesetz vom 17.8.2017 (BGBl. I 3202) nunmehr auch für polizeiliche Vernehmungen, wenn der Zeugenladung ein Auftrag der StA zugrunde lag. Wie die StA kann die Polizei nach § 163 Abs. 3 S. 2 und 3 eine Glaubhaftmachung, aber keine eidliche Versicherung verlangen. Für § 54 hat § 56 keine Bedeutung, weil der Umfang der Verschwiegenheitspflicht dort anhand der beamtenrechtlichen Vorschriften und der Aussagegenehmigung zu beurteilen ist.

II. Erläuterung

4 **1. Tatsachen.** Diese sind der Gegenstand der Glaubhaftmachung. Gemeint sind diejenigen Umstände, auf die der Zeuge sein Zeugnis- bzw. Auskunftsverweigerungsrecht stützt und die dem Gericht nicht ohnehin bereits – etwa aus dem Akteninhalt oder aufgrund von Beweisaufnahmeergebnissen – bekannt sind.[4] Je nachdem, welches Weigerungsrecht in Rede steht, ist zu unterscheiden:

5 **a) Fälle des § 52.** Bei einem auf § 52 gestützten Zeugnisverweigerungsrecht geht es um die Tatsachen, die das Angehörigen- bzw. Verwandtschaftsverhältnis begründen. Schwierigkeiten in der Praxis bereitet vor allem die Behauptungen des Zeugen, er sei mit dem Beschuldigten verlobt oder habe ein Versprechen eingegangen, mit dem Beschuldigten eine Lebenspartnerschaft zu begründen (vgl. die beiden Alternativen des § 52 Abs. 1 Nr. 1), weil regelmäßig keine objektiven Anhaltspunkte vorhanden sind, die ein beiderseitig **ernstgemeintes Ehe- bzw. Lebenspartnerschaftsversprechen** nahe legen oder gar belegen. Ist die Richtigkeit der Zeugenerklärung nicht bereits durch eindeutige Tatsachen widerlegt, bedarf es einer **Gesamtbeweiswürdigung,** in die der vom Gesetz (§ 56 S. 2) grundsätzlich als genügend angesehene Beweiswert der eidlichen Versicherung des Zeugen sowie weitere Umstände, etwa ein eheähnliches Zusammenleben oder Misshandlungen des Zeugen durch den Beschuldigten, einzubeziehen sind.[5]

---

1 Otte in Radtke/Hohmann Rn. 1 mwN.
2 BGH 10.11.1967 – 4 StR 512/66, NJW 1968, 710 (712).
3 Bader in KK-StPO Rn. 1; Otte in Radtke/Hohmann Rn. 1.
4 Ignor/Bertheau in Löwe/Rosenberg Rn. 1.
5 BGH 30.5.1972 – 4 StR 180/72, NJW 1972, 1334.

Die Frage, ob **Eheschließung, Verwandtschaft, Schwägerschaft und Adoption** vorliegen, lässt sich unproblematisch mittels Urkunden klären. Gehört die Frage nach einem solchen Verhältnis zur Vernehmung zur Sache, darf vom Zeugen nicht verlangt werden, es näher glaubhaft zu machen.[6] 6

b) Fälle der §§ 53, 53a. Tatsachen iSd § 56 sind hier diejenigen Erkenntnisse, die dem Zeugen im Rahmen seiner Berufsausübung anvertraut oder bekannt wurden. Kann das Gericht auf die Zuverlässigkeit und Gewissenhaftigkeit des Berufsträgers vertrauen, wird das Verlangen nach Glaubhaftmachung regelmäßig überflüssig sein.[7] 7

c) Fälle des § 55. Der Zeuge muss die Gründe angeben, die seiner Auffassung nach dafür sprechen, dass die Voraussetzungen dieses Schutzrechts und damit eine Ausnahme von der allgemeinen Zeugnispflicht vorliegen.[8] Angaben über den Sachverhalt, der die vermeintliche Verfolgungsgefahr begründen soll, dürfen aber nicht verlangt werden. Denn solche sind nahezu unmöglich, ohne dass sich der Zeuge selbst belastet; in diesen Fällen erstreckt sich die Glaubhaftmachung nur auf die Annahme des Zeugen, dass die Verfolgungsgefahr vorliegt.[9] Inhaltlich reicht dann eine Erklärung des Zeugen dahin aus, dass er nach bestem Wissen und Gewissen annehme, dass die Beantwortung der Frage ihn oder einen Angehörigen in Gefahr straf- oder bußgeldrechtlicher Verfolgung bringe.[10] 8

2. Glaubhaftmachung. a) Begriff. Der Begriff der Glaubhaftmachung ist hier ebenso wie in § 26 Abs. 2, § 26a Abs. 1 Nr. 2 oder § 45 Abs. 2 zu verstehen. Es genügt, dass dem Gericht die Wahrscheinlichkeit der Richtigkeit der behaupteten Tatsache dargetan wird. Das setzt ein nach den Umständen hinreichendes Maß an **Wahrscheinlichkeit** voraus. Eine Tatsache ist dann glaubhaft gemacht, wenn das Gericht diese Wahrscheinlichkeit als gegeben erachtet. Für die Glaubhaftmachung bedarf es nicht der vollen Überzeugung des Gerichts von der Richtigkeit der behaupteten Tatsachen.[11] Im Falle einer Urteilsaufhebung ist der **Zeitpunkt** der neuen Hauptverhandlung maßgeblich.[12] 9

Die Glaubhaftmachung erfordert **keine förmliche Beweiserhebung;** sie soll vielmehr vermieden werden. Die Überprüfung des Gerichts, ob eine ausreichende Wahrscheinlichkeit bejaht werden kann, erfolgt im Freibeweisverfahren; dabei gilt der Zweifelssatz nicht.[13] 10

b) Mittel der Glaubhaftmachung. Welche Mittel in Betracht kommen und was erforderlich ist, um von einer Glaubhaftmachung ausgehen zu können, bestimmt das Gesetz nicht. Nach dem Normzweck ist davon auszugehen, dass eine (förmliche) Beweisaufnahme über diesen Zwischenpunkt, der die Hauptsache verzögern kann, nach Möglichkeit vermieden werden und es letztlich dem verständigen **Ermessen des Gerichts** überlassen bleiben soll, ob und wann es im Einzelfall die der Berufung auf das Weigerungsrecht zugrunde gelegten Tatsachen für wahrscheinlich halten will. Ihm muss deshalb auch die Wahl der Mittel überlassen bleiben, durch die es sich die Kenntnis von dem Bestehen oder Nichtbestehen der behaupteten Tatsachen verschaffen will. 11

Daraus folgt, dass grundsätzlich **alle Beweismittel** verwendet werden dürfen.[14] Geht es um ein Zeugnisverweigerungsrecht, können etwa Geburts-, Heirats- oder Abstammungsurkunden verwendet werden. Zur Glaubhaftmachung eines Auskunftsverweigerungsrechts lassen sich neben der eidlichen Versicherung auch Protokolle über Beschuldigtenvernehmungen oder andere Auszüge aus Gerichts- oder Ermittlungsakten heranziehen. 12

---

6 Bader in KK-StPO Rn. 4; Ignor/Bertheau in Löwe/Rosenberg Rn. 4.
7 Vgl. RG 3.11.1919 – I 418/19, RGSt 54, 39 (40) für das Zeugnisverweigerungsrecht eines Geistlichen.
8 BGH 4.3.1988 – StB 8/88, BGHR StPO § 70 Weigerungsgrund 1.
9 BGH 7.5.1987 – 1 BJs 46/86, StV 1987, 328; LG Hamburg 28.12.1987 – 33 Qs 1088/87, VRS 74 (1988), 442.
10 LG Hamburg 28.12.1987 – 33 Qs 1088/87, VRS 74 (1988), 442.
11 BGH 30.10.1990 – 5 StR 447/90, NStZ 1991, 144.
12 BGH 30.5.1972 – 4 StR 180/72, NJW 1972, 1334 (1335).
13 Pfeiffer/Miebach NStZ 1983, 354 – RsprÜ; Ignor/Bertheau in Löwe/Rosenberg Rn. 6.
14 Vgl. BGH 10.11.1967 – 4 StR 512/66, NJW 1968, 710 (712).

13 § 56 S. 2 nennt als ein mögliches Mittel der Glaubhaftmachung die **eidliche Versicherung.** Hierunter ist die Ablegung des Eides nach §§ 64–66, nicht die eidesstattliche Versicherung iSv § 156 StGB zu verstehen.[15] Das Verlangen der eidlichen Versicherung ist im Fall des § 60 Nr. 1 ausgeschlossen; das Eidesverbot gemäß § 60 Nr. 2 gilt nicht, weil die Glaubhaftmachung im Fall des § 55 sonst praktisch unmöglich wäre.[16] So kann im Fall des § 55 von dem Zeugen etwa die eidliche Versicherung verlangt werden, er nehme nach bestem Wissen und Gewissen an, dass die Beantwortung dieser Frage ihn oder einen Angehörigen in die Gefahr straf- oder bußgeldrechtlicher Verfolgung bringe.[17] Die bloße eigene Erklärung des Zeugen genügt nicht.

14 **c) Glaubhaftmachung durch den Zeugen.** Hat das Gericht dem Zeugen die Mittel der Glaubhaftmachung überlassen, muss der Zeuge das Gericht in die Lage versetzen, ohne den Fortgang des Verfahrens verzögernde weitere Ermittlungen zu entscheiden. Danach kann die bloße Bezeichnung eines Beweismittels, wie etwa die Benennung eines Zeugen, zur Glaubhaftmachung nicht ausreichen und es notwendig sein, dass der Zeuge mindestens eine schriftliche Erklärung des Benannten beibringt. Erweisen sich die benannten Mittel als zu dürftig, besteht für das Gericht keine Verpflichtung, von Amts wegen auf weitere Glaubhaftmachung hinzuwirken.[18]

15 **3. Verlangen der Glaubhaftmachung. a) Ermessensentscheidung.** Vom Zeugen zu verlangen, die Tatsachen, auf die er sein Weigerungsrecht stützt, glaubhaft zu machen, steht **grundsätzlich im Ermessen** des Gerichts.[19] Es kann die Darlegungen eines Zeugen über die Tatsachen, auf die er sein Zeugnis- oder Auskunftsverweigerungsrecht stützt, ohne weiteres glauben und demgemäß auf eine besondere Glaubhaftmachung verzichten oder – nach seinem Ermessen – vom Zeugen verlangen, die entsprechenden Tatsachen glaubhaft zu machen. Die Ermessensausübung hat sich auch daran auszurichten, dass § 56 nicht dazu dient, in den Zeugen einzudringen und dadurch seine Berechtigung, sich auf ein Weigerungsrecht zu berufen, zu beeinträchtigen.[20]

16 Nur **ausnahmsweise** ist das Gericht **verpflichtet,** vom Zeugen eine **Glaubhaftmachung zu verlangen.** Ob das Ermessen des Gerichts schon dann reduziert ist und eine Glaubhaftmachung in der Regel geboten ist, wenn es den Angaben des Zeugen über die Gründe der Weigerung nicht folgen will,[21] ist in der Rspr. noch nicht abschließend geklärt.[22] Die Glaubhaftmachung erscheint jedenfalls nicht nur dort entbehrlich, wo die Voraussetzungen des Weigerungsrechts klar zu Tage liegen. Sie kann auch dann überflüssig sein, wenn sich aus den Erkenntnissen der Beweisaufnahme zweifelsfrei ergibt, dass das Weigerungsrecht nicht besteht und diese Überzeugungsbildung mit Mitteln der Glaubhaftmachung nicht mehr erschüttert werden könnte.[23]

17 Damit verbleiben als Anwendungsbereich einer **Ermessensreduzierung auf Null** bzw. der Pflicht, eine Glaubhaftmachung zu verlangen, nur solche Konstellationen, in denen das Gericht das Vorliegen der Voraussetzungen eines Weigerungsgrundes bezweifelt, sodass die Glaubhaftmachung dazu dienen kann, diese **offene Frage zu klären** oder zumindest ermöglicht, eine Antwort in der einen oder anderen Richtung als wahrscheinlich annehmen zu können. Das gilt besonders dann, wenn das Recht zur Zeugnisverweigerung mit dem **Bestehen eines Verlöbnisses** oder dem Versprechen des Eingehens einer Lebenspartner-

[15] Ignor/Bertheau in Löwe/Rosenberg Rn. 7; Bader in KK-StPO Rn. 6.
[16] Ignor/Bertheau in Löwe/Rosenberg Rn. 9; Bader in KK-StPO Rn. 6.
[17] LG Hamburg 28.12.1987 – 33 Qs 1088/87, VRS 74 (1988), 442.
[18] Vgl. BGH 10.11.1967 – 4 StR 512/66, NJW 1968, 710 (712).
[19] BGH 4.12.1970 – 1 StR 34/70, MDR 1971, 188; RG 3.11.1919 – I 418/19, RGSt 54, 39 (40).
[20] RG 3.11.1919 – I 418/19, RGSt 54, 39 (40).
[21] So BGH 30.5.1972 – 4 StR 180/72, NJW 1972, 1334.
[22] BGH 2.10.1985 – 2 StR 348/85, NStZ 1986, 84 lässt offen, ob er sich der Entscheidung des 4. Strafsenats v. 30.5.1972 – 4 StR 180/72, NJW 1972, 1334 anschließt.
[23] Vgl. den Sachverhalt der Entscheidung BGH 2.10.1985 – 2 StR 348/85, NStZ 1986, 84, indem das LG aufgrund verschiedener Beweismittel und Indizien zutreffend feststellte, dass der Angeklagte zu keiner Zeit gewillt war, die Zeugin zu heiraten.

schaft begründet wird, weil es dabei entscheidend auf die innere Willensrichtung und die Ernsthaftigkeit des Versprechens ankommt. Diese Vorbringen lassen sich sicherer beurteilen, wenn der Zeuge bereit ist, die Richtigkeit seiner Darlegungen durch eine eidliche Versicherung zu bestätigen.[24] Zur dabei erforderlichen Gesamtbeweiswürdigung → Rn. 5; zum fehlerhaft unterlassenen Verlangen einer Glaubhaftmachung → Rn. 22.

b) Verbot des Verlangens nach Glaubhaftmachung. Ein solches Verbot ist in den Fällen des § 52 dort anzunehmen, wo das Angehörigenverhältnis zur Vernehmung zur Sache gehört, im Übrigen stets dort, wo sich der Zeuge schon allein durch die Angabe entsprechender Tatsachen einer Verfolgungsgefahr aussetzen kann.[25] **18**

c) Zuständigkeit. Nur das Gericht kann vom Zeugen eine eidliche Versicherung fordern; die Glaubhaftmachung können Richter, Staatsanwalt und der vernehmende Polizeibeamte unter den Voraussetzungen des § 163 Abs. 3 verlangen. Bei Gericht entscheidet zunächst der Vorsitzende als Maßnahme der Sachleitung nach § 238 Abs. 1; bei Beanstandungen ist der Erlass eines Gerichtsbeschlusses gemäß § 238 Abs. 2 notwendig.[26] **19**

4. Anträge auf Glaubhaftmachung. StA, Verteidigung und andere Verfahrensbeteiligte können zwar jederzeit anregen oder beantragen, vom Zeugen eine Glaubhaftmachung zu verlangen, haben aber selbst hierauf keinen Anspruch.[27] **20**

Liegt kein Fall der Ermessensreduzierung auf Null vor (→ Rn. 16, 17), kann das Gericht Anträge, mit denen Verfahrensbeteiligte verlangen, vom Zeugen eine Glaubhaftmachung zu verlangen, allein mit dem Hinweis auf das ihm eingeräumte Ermessen ablehnen; da in einem solchen Begehren kein Beweisantrag liegt, bedarf eine Ablehnung keiner weiteren Begründung.[28] **21**

5. Revision. Mangels Beschwer ist das Verlangen des Gerichts nach Glaubhaftmachung nicht angreifbar.[29] Die Zulässigkeit einer Rüge, mit der der Revisionsführer das Absehen von der Glaubhaftmachung beanstandet, setzt voraus, dass ein Gerichtsbeschluss nach § 238 Abs. 2 herbeigeführt wurde.[30] Mit Erfolg gerügt werden kann nur ein Rechtsirrtum des Gerichts, nicht die Ermessensausübung als solche.[31] **22**

Lagen hingegen Umstände vor, die die Annahme des Tatrichters, es bestehe kein Zeugnisverweigerungsrecht, zweifelhaft erscheinen lassen, darf das Gericht nicht davon absehen, den Zeugen die Richtigkeit seiner Erklärung über die ein Zeugnisverweigerungsrecht begründenden Umstände eidlich versichern zu lassen. Denn dies kann dazu führen, dass das Tatgericht ein Zeugnisverweigerungsrecht zu Unrecht verneint und deshalb entgegen § 252 eine unverwertbare Aussage zur Urteilsfindung heranzieht.[32] Zur Ablehnung von Anträgen auf Glaubhaftmachung → Rn. 21. **23**

§ 57 Belehrung

[1]Vor der Vernehmung werden die Zeugen zur Wahrheit ermahnt und über die strafrechtlichen Folgen einer unrichtigen oder unvollständigen Aussage belehrt. [2]Auf die Möglichkeit der Vereidigung werden sie hingewiesen. [1]Im Fall der Vereidigung sind sie über die Bedeutung des Eides und darüber zu belehren, dass der Eid mit oder ohne religiöse Beteuerung geleistet werden kann.

[24] BGH 30.5.1972 – 4 StR 180/72, NJW 1972, 1334.
[25] BGH 21.8.1985 – 1 BJs 280/81-4-3 – StB 15/85, StV 1986, 282; 7.5.1987 – 1 BJs 46/86, StV 1987, 328.
[26] BGH 4.12.1970 – 1 StR 34/70, MDR 1971, 188; Ignor/Bertheau in Löwe/Rosenberg Rn. 3; Otte in Radtke/Hohmann Rn. 4.
[27] Ignor/Bertheau in Löwe/Rosenberg Rn. 3; Bader in KK-StPO Rn. 4.
[28] AA Ignor/Bertheau in Löwe/Rosenberg Rn. 3.
[29] Bader in KK-StPO Rn. 7; Otte in Radtke/Hohmann Rn. 5.
[30] RG 3.11.1919 – I 418/19, RGSt 54, 39 (40 f.). Bader in KK-StPO Rn. 7 mwN.
[31] BGH 4.12.1970 – 1 StR 34/70, MDR 1971, 188; 2.10.1985 – 2 StR 348/85, NStZ 1986, 84.
[32] BGH 24.8.1984 – 5 StR 544/84, StV 1984, 450.

Übersicht

I. Überblick

1 **1. Normzweck.** Der Zweck der Bestimmung ist umstritten. Die Vorschrift dient nicht nur dem **Schutz des Zeugen,** sondern auch der **Wahrheitsfindung** und damit dem Interesse des Angeklagten.[1] Die Gegenauffassung[2] und die Rechtsprechung[3] sehen hingegen in § 57 eine nur den Zeugeninteressen dienende, bloße Ordnungsvorschrift, die den Rechtskreis des Angeklagten nicht berührt. Damit wird die Bedeutung der Vorschrift, auch für das Revisionsverfahren, massiv herabgestuft. Dies vermag vor dem Hintergrund der bedeutenden Stellung der Zeugen im Strafverfahren und den regelmäßig prozessentscheidenden Inhalten ihrer Aussagen nicht zu überzeugen.

2 Den Regelungen des § 57 kann eine **wahrheitsschützende Funktion** schwerlich abgesprochen werden. Denn bei der Bestimmung des Normzwecks ist nicht nur zu berücksichtigen, dass die Zeugen regelmäßig das zentrale Beweismittel im Strafverfahren darstellen, sondern auch, dass das Gericht für die Urteilsfindung und die eine Verurteilung oder einen Freispruch tragenden Feststellungen fast ausnahmslos auf wahrheitsgemäße Zeugenaussagen angewiesen ist. In aller Regel bilden die Zeugenaussagen die **entscheidende Grundlage der richterlichen Überzeugungsbildung** und damit des Urteils und wirken sich unmittelbar auf den Angeklagten aus.

3 **2. Anwendungsbereiche. a) Richterliche Zeugenvernehmungen.** Die Vorschrift gilt zunächst für alle richterlichen Vernehmungen von Zeugen im Ermittlungs-, Zwischen- und Hauptverfahren. **Satz 1 und 2** der Vorschrift weisen dem Vorsitzenden **drei Elemente der Zeugenbelehrung** zu: die **Ermahnung** des Zeugen zur Wahrheit, den **Hinweis** auf die Möglichkeit seiner Vereidigung und die **Belehrung** über die Strafbarkeit falscher bzw. unvollständiger Angaben. Satz 2 gilt nur für den Fall der Vereidigung des Zeugen.

4 Ggf. kommen zu der Belehrung nach § 57 **weitere Belehrungspflichten** (§ 52 Abs. 3, § 55 Abs. 2, § 61) hinzu; soweit in diesem Zusammenhang auch § 53 angeführt wird,[4] ist dies missverständlich, da § 53 keine Belehrungspflicht des Zeugen vorsieht; es soll allein Sache des Berufsträgers sein, ob er sich zur Aussage entschließt.[5] Ob der Richter den Zeugen dann, wenn der Verdacht einer Falschaussage aufkommt, in seine Belehrung über

1 Ignor/Bertheau in Löwe/Rosenberg Rn. 9; Eisenberg BeweisR StPO Rn. 1355.
2 Bader in KK-StPO Rn. 8; Otte in Radtke/Hohmann Rn. 6.
3 Jeweils ohne Begründung BGH 27.11.1961 – 4 StR 408/61, VRS 24, 144 (147); 11.10.1968 – 4 StR 244/68, VRS 36, 23 (23 f.); BGH 18.12.1975 – 4 StR 472/75, insoweit in NJW 1976, 525 nicht abgedruckt; BGH 7.7.1997 – 5 StR 17/97, NStZ 1998, 158 (159); 19.12.2002 – 3 StR 427/01, BeckRS 2002, 673.
4 Ignor/Bertheau in Löwe/Rosenberg Rn. 1.
5 Joecks StPO Rn. 4 mwN.

die Strafdrohungen der §§ 153, 154, 163 StGB weitere Delikte wie §§ 145d, 164, 257, 258 StGB einbezieht, ist vom Einzelfall abhängig.

b) Staatsanwaltschaftliche Zeugenvernehmungen. § 161a Abs. 1 S. 2 ordnet die entsprechende Geltung des § 57 S. 1 für **Zeugenvernehmungen durch die StA** an; § 57 S. 2 hat, da die eidliche Vernehmung nach § 161a Abs. 1 S. 3 dem Richter vorbehalten ist und Falschaussagen vor der StA nicht gemäß § 153 StGB strafbar sind, für staatsanwaltschaftliche Vernehmungen keine Bedeutung. Dies bedeutet jedoch nicht, dass es der Staatsanwalt bei der Ermahnung zur Wahrheit nach Satz 1 belassen muss. Vielmehr darf er den Zeugen darauf hinweisen, dass ihm bei unzutreffenden oder unvollständigen Angaben eine Strafbarkeit nach §§ 145d, 164, 257, 258 StGB droht. Um eine Verunsicherung des Zeugen zu vermeiden, sollte der Staatsanwalt solche Hinweise auf den Zeugen treffende Strafdrohungen jedoch nicht stets bzw. zu Beginn der Vernehmung, sondern nur bei konkreten Anhaltspunkten erteilen. 5

c) Polizeiliche Zeugenvernehmungen. Für die polizeiliche Vernehmung des Zeugen bestimmt § 163 Abs. 3 S. 2 die entsprechende Anwendung des § 57 S. 1. Daneben gelten aufgrund der Verweisung des § 163 Abs. 3 S. 2 auch für die polizeiliche Vernehmung die Belehrungspflichten nach § 52 Abs. 3, § 55 Abs. 2. Ferner darf der vernehmende Polizeibeamte – ebenso wie Richter und Staatsanwalt – dort, wo es sachdienlich ist, den Zeugen auf eine mögliche Strafbarkeit nach §§ 145d, 164, 257, 258 StGB hinweisen.[6] Eine Pflicht der Zeugen, zur polizeilichen Vernehmung zu erscheinen, besteht unter den Voraussetzungen des § 163 Abs. 3 S. 1. 6

d) Sachverständige. Gemäß § 72 ist § 57 bei der Vernehmung von Sachverständigen entsprechend anzuwenden.[7] 7

II. Erläuterung

1. Zeitpunkt der Ermahnung und Belehrung. a) Vor der Vernehmung. Ermahnung, Hinweis und Belehrung nach § 57 S. 1 müssen **vor der Vernehmung** erfolgen. Die Vernehmung muss sich nicht unmittelbar an Ermahnung und Belehrung anschließen. Eine **gemeinsame Belehrung** der erschienenen Zeugen ist zulässig. 8

Soweit eine gemeinsame Zeugenbelehrung als zweckmäßig erachtet wird,[8] kann dem nur für diejenigen Beweisaufnahmen beigepflichtet werden, in denen die jeweilige Zeugenbefragung nur wenige Minuten dauert, sodass die Zeugen in rascher Aufeinanderfolge vernommen werden können und ihnen im Zeitpunkt ihrer Vernehmung die Belehrung noch eindrücklich vor Augen steht. Vergeht hingegen bis zum Aufruf der Zeugen geraume Zeit, wird bei manchen Zeugen kann kaum noch von einer „wirkungsvollen" Belehrung, wie sie Nr. 130 RiStBV im Idealfall vorsieht, gesprochen werden können. In diesen Fällen ist es vorzugswürdig, die **Zeugen gestaffelt zu laden und separat zu belehren.** Denn so lassen sich unzumutbare Wartezeiten und ein längeres, mit der Gefahr von Absprachen verbundenes Zusammentreffen mehrerer Zeugen vor dem Sitzungssaal vermeiden. Diese Vorgehensweise bietet zudem den Vorteil, dass der Zeuge bei seiner Befragung die Belehrung frisch im Gedächtnis hat. Sie hat sich in der Praxis mittlerweile durchgesetzt.[9] 9

b) Wiederholung der Ermahnung und Belehrung. Eine Wiederholung im Lauf der Vernehmung ist zulässig und ggf. geboten. Das Recht und die Pflicht des Vorsitzenden hierzu ergeben sich aus seiner Stellung als Leiter der Verhandlung und aus der Aufklärungspflicht. Die Wiederholung der Ermahnung und Belehrung darf, um einer Falschaussage des Zeugen entgegenzuwirken, auch mit **eindringlichen Vorhaltungen** und einer **Unter-** 10

[6] Bader in KK-StPO Rn. 4 mwN.
[7] BGH 7.7.1997 – 5 StR 17/97, NStZ 1998, 158 (159).
[8] Otte in Radtke/Hohmann Rn. 3 mwN.
[9] AA Ignor/Bertheau in Löwe/Rosenberg Rn. 3.

brechung der Hauptverhandlung verbunden werden, um dem Zeugen Gelegenheit zum Überdenken seiner Aussage zu geben.[10]

11 **Mehrfache Ermahnungen und Belehrungen** kommen namentlich in Betracht, wenn Verdachtsmomente für eine unzutreffende oder unvollständige Aussage auftauchen, wenn die Aussage des Zeugen deutlich von seinen früheren Angaben oder von Aussagen anderer Zeugen abweicht oder im Widerspruch zu den bisherigen Beweisaufnahmeergebnissen steht oder wenn Anhaltspunkte für eine Beeinflussung des Zeugen durch Dritte bestehen.

12 Darüber hinaus darf der Vorsitzende – bei Anhaltspunkten für eine Falschaussage des Zeugen – gemäß § 273 Abs. 3 die **Protokollierung** der Aussage oder von Aussageteilen in das Hauptverhandlungsprotokoll anordnen und dies mit dem Hinweis verbinden, dass die Protokollierung zur Grundlage eines Ermittlungsverfahrens gegen den Zeugen wegen Falschaussage gemacht werden kann.[11] Schließlich kann der Vorsitzende demjenigen Zeugen, der die Antwort auf Fragen grundlos verweigert, mit den in **§ 70** vorgesehenen Maßnahmen drohen.

13 **c) Vernehmung ohne Belehrung.** Die Vernehmung eines Zeugen ohne die nach § 57 vorgeschriebene Ermahnung und Belehrung oder seine informatorische Befragung ist unzulässig, wenn es um die Feststellung der für den Schuld- und Rechtsfolgenausspruch relevanten Tatsachen geht.[12]

14 **Freibeweisliche Erhebungen,** zu denen auch eine formlose Befragung eines Zeugen ohne Belehrung zählt, sind hingegen dann möglich, wenn die Verfahrensvoraussetzungen oder sonstige Verfahrensfragen geklärt werden müssen. Im Übrigen kommt eine kurze Befragung des Zeugen – vorab ohne seine Belehrung – nur ausnahmsweise in Frage. Sie kann zur **Vorbereitung der Entscheidung über einen Beweisantrag** oder eine Beweisanregung dann zweckdienlich sein, wenn es darum geht, allgemein abzuklären, ob der Zeuge überhaupt etwas zu dem in Rede stehenden Sachverhalt weiß.[13] Bei einem derartigen formlosen Einholen einer kurzen Information, die in einem Vermerk festgehalten werden sollte, muss aber jede Befragung des Zeugen zum Verfahrensgegenstand ausscheiden. Eine solche knappe Nachfrage kann etwa erfolgen, wenn bislang im Verfahrensstoff bzw. der ersten Instanz nicht auftauchende Zeugen benannt oder präsentiert werden oder wenn es darum geht, festzustellen, ob der Antrag auf Vernehmung des Zeugen bloß aufs Geratewohl gestellt wurde oder ob die Voraussetzung der Konnexität und damit ein echter Beweisantrag vorliegt. Werden Auslandszeugen benannt, darf das Gericht durch formlose Befragung die Aussagebereitschaft feststellen.[14]

15 **2. Inhalt der Ermahnung und Belehrung. a) Ermahnung zur Wahrheit.** Die Ermahnung soll – ebenso wie die Belehrung über die Folgen einer falschen Aussage – nach Nr. 130 RiStBV in angemessener und wirkungsvoller Form geschehen. Zu vermeiden ist ein monotones, unbeteiligt wirkendes Herunterhaspeln der Ermahnung. Dem Vorsitzenden kommt bei der Ausgestaltung der Ermahnung ein **weites Ermessen** zu. Klarzustellen ist, dass sich die Wahrheitspflicht nicht nur auf die Aussage zur Sache, sondern auch auf die Angaben zur Person nach § 68 Abs. 1 bezieht.[15]

16 Der erforderliche **Umfang** und die Ausgestaltung der Ermahnung hängen vom **Einzelfall** ab. So können der Verfahrensgegenstand, Zahl und Inhalte bereits vorhandener Aussagen oder Rechtskenntnisse des Zeugen die Ausgestaltung und Ausführlichkeit der Ermahnung zur Wahrheit beeinflussen. Um den Zeugen nicht einzuschüchtern oder zu verunsichern,

---

[10] BGH 23.9.1952 – 1 StR 750/51, BGHSt 3, 199 = NJW 1953, 192.

[11] Ignor/Bertheau in Löwe/Rosenberg Rn. 7 mwN; Otte in Radtke/Hohmann Rn. 4 mwN.

[12] RG 13.7.1933 – III 679/33, RGSt 67, 267 (268); KG 8.5.2000 – (4) 1 Ss 24/01, BeckRS 2000, 15982 mwN.

[13] Vgl. BayObLG 8.7.1953 – RevReg 1 St 199/52, NJW 1953, 1524.

[14] Schmitt in Meyer-Goßner/Schmitt § 244 Rn. 63.

[15] Vgl. RG 28.10.1926 – II 884/26, zur Erstreckung des Eides auf die Angaben des Zeugen zu seinen persönlichen Verhältnissen.

kann zum einen ein Hinweis dahin empfehlenswert sein, die Ermahnung und Belehrung erfolge nicht aus Misstrauen ihm gegenüber, sondern weil das Gesetz sie vorschreibe,[16] zum anderen sollte der Vernehmende im Normalfall den Schwerpunkt nicht auf die Strafandrohungen legen.[17]

Bei der **Vernehmung rechtskundiger Zeugen** wie Juristen und Polizeibeamten können Ermahnung und Belehrung knapp gehalten werden; idR wird ein kurzer Hinweis auf die Wahrheitspflicht und die Strafbewehrung von Falschaussagen ausreichen. Ausreichend kann auch sein, wenn sich das Gericht auf die Feststellung beschränkt, dass dem Zeugen die Wahrheitspflicht und die Folgen einer Falschaussage von Berufs wegen bestens bekannt sind. Mit Blick auf den Wortlaut des § 57 und die Bedeutung von Zeugenaussagen im Strafverfahren ist die Auffassung, die bei bestimmten Zeugen jede Ermahnung und Belehrung nach § 57 S. 1 für vollständig entbehrlich hält, abzulehnen.[18] 17

b) Belehrung über die strafrechtlichen Folgen einer falschen Aussage. Die Belehrung soll nach Nr. 130 RiStBV in angemessener und wirkungsvoller Form erfolgen. Sie hat sich grundsätzlich auf die mögliche Strafbarkeit des Zeugen nach den §§ 153, 154 StGB sowie § 161 StGB zu erstrecken. So kann eine kurze Belehrung etwa zunächst dahin lauten, dass derjenige, der falsch aussagt, mit Freiheitsstrafe bestraft werden kann, unabhängig davon, ob er vereidigt wird oder nicht; sie kann im weiteren Verlauf der Vernehmung wiederholt und präzisiert werden. Eine detaillierte Belehrung über die §§ 154, 161 StGB wird regelmäßig nicht zweckmäßig sein; im Vordergrund sollte die Strafnorm des § 153 StGB stehen, da die Nichtvereidigung des Zeugen nach der Neuregelung des § 59 den gesetzlichen Regelfall darstellt. In Ausnahmefällen, in denen entsprechende Anhaltspunkte auftauchen, kann zusätzlich ein Hinweis auf die mögliche Strafbarkeit nach den §§ 145d, 164, 257, 258 StGB angezeigt sein. Zur Belehrung Rechtskundiger → Rn. 17. 18

c) Hinweis auf die Möglichkeit der Vereidigung. Nach § 57 S. 2 werden die Zeugen auf die Möglichkeit einer Vereidigung hingewiesen. Steht hingegen von vornherein fest, dass § 60 einer Vereidigung des Zeugen entgegensteht, ist der in Satz 2 vorgesehene Hinweis auf die Möglichkeit, vereidigt zu werden, entbehrlich; gleiches gilt im Vorverfahren, wenn nach § 62 eine Vereidigung ausgeschlossen ist.[19] In diesen Fällen bleibt es bei der Ermahnung zur Wahrheit und den Hinweis auf die Strafbarkeit nach § 153 StGB. 19

3. Form der Ermahnung und Belehrung. a) Mündlichkeit. Die Ermahnung und Belehrung des Zeugen haben mündlich zu erfolgen. Schriftliche Hinweise in der Ladung des Zeugen können unter Umständen zweckmäßig sein, machen seine mündliche Belehrung unmittelbar vor der Vernehmung aber nicht entbehrlich.[20] 20

b) Protokollierung. Die Einhaltung des § 57 wird in das **Hauptverhandlungsprotokoll** aufgenommen (Nr. 130 RiStBV). Nach wohl hM handelt es sich trotz der Bedeutung der Vorschrift für die Wahrheitsfindung nicht um eine wesentliche Förmlichkeit iSd § 273 Abs. 1.[21] Dies überzeugt nicht. Ermahnung und Belehrung der Zeugen sind gesetzlich zwingend vorgeschrieben. Beide stellen – für die Wahrheitsfindung wichtige – Vorgänge dar, die für die Gesetzmäßigkeit des Verfahrens von Bedeutung sein können und erfüllen damit die Anforderungen, die an die wesentlichen Förmlichkeiten iSv § 273 Abs. 1 S. 1 gestellt werden.[22] Die Rspr. hat sich mit dieser Frage in den letzten Jahrzehnten nicht mehr näher befasst. Soweit eine wesentliche Förmlichkeit und die Beweiskraft des Protokolls 21

16 Ignor/Bertheau in Löwe/Rosenberg Rn. 6.
17 Eisenberg BeweisR StPO Rn. 1297.
18 AA ohne Begründung Otte in Radtke/Hohmann Rn. 2.
19 Bader in KK-StPO Rn. 4.
20 Bader in KK-StPO Rn. 3 mwN; Otte in Radtke/Hohmann Rn. 3 mwN.
21 Schmitt in Meyer-Goßner/Schmitt Rn. 7; Huber in BeckOK StPO Rn. 3; Otte in Radtke/Hohmann Rn. 5 mwN; Bader in KK-StPO Rn. 7 mwN.
22 Vgl. Schmitt in Meyer-Goßner/Schmitt § 273 Rn. 7, der als Beispiel für wesentliche Förmlichkeiten gesetzlich vorgeschriebene Hinweise und Belehrungen anführt.

verneint wurden, bezog sich dies auf den Hinweis über die Bedeutung des Eides.[23] Vor dem Hintergrund des Wortlauts und des Zwecks des § 273 Abs. 1 sowie der Bedeutung des § 57 für die Wahrheitsfindung im Strafverfahren erscheint es überzeugender, von einer wesentlichen Förmlichkeit auszugehen.[24]

22 Die Streitfrage hat kaum noch Bedeutung. In der Praxis sind Ermahnung und Belehrung nach § 57 regelmäßig in den Protokollen der Hauptverhandlung zu finden, zumal die heute gängigen für die Erstellung der Niederschrift verwendeten Vordrucke bzw. Computerprogramme entsprechende Passagen enthalten, die vom Urkundsbeamten nur noch angekreuzt werden müssen.

23 **4. Revision. a) Verstöße gegen § 57.** Legt man den Standpunkt der **Rspr.** zugrunde, wonach § 57 nur dem Zeugeninteresse dienende bloße **Ordnungsvorschrift** darstellt, hat die Bestimmung in der Revisionsinstanz keine Bedeutung; eine Verletzung des § 57 kann aus dieser Sichtweise heraus die Revision nicht begründen.[25] Da die nach § 57 vorgeschriebene Ermahnung bzw. Belehrung nach dieser Auffassung auch keine wesentlichen Förmlichkeiten darstellen, gilt die Beweiskraft des Hauptverhandlungsprotokolls (§ 274 StPO) nicht.[26] Obgleich das RG[27] nicht über die Ermahnung zur Wahrheit, sondern nur über die Belehrung über die Bedeutung des Eides als Ordnungsvorschrift entschieden hat, werden diese Entscheidungen als Beleg zur Einstufung des gesamten § 57 als Ordnungsvorschrift herangezogen.[28] Wurde der Zeuge unbelehrt gehört, scheidet das Beruhen des Urteils auf dem Verstoß gegen § 57 aus, wenn sich das Gericht auf ein Geständnis oder andere Beweismittel stützen konnte.[29] Ein Verwertungsverbot aufgrund nicht ordnungsgemäßer Belehrung scheidet aus.[30]

24 **b) Aufklärungsrüge.** Ein Teil der Lit. geht – unter Berufung auf Entscheidungen des BGH – zudem davon aus, dass § 57 auch nicht der Wahrheitsfindung dient und schließt auch eine Aufklärungsrüge aus.[31] Dies erscheint zu weitgehend. Dass ein Angeklagter trotz der gewichtigen Stellung und der oben (→ Rn. 2) kurz umrissenen Bedeutung der Zeugen und ihrer Aussagen im Strafprozess weder einen Verstoß gegen die Vorschrift als solche noch bei Verletzung des § 57 einen Verstoß gegen die Aufklärungspflicht erfolgreich beanstanden können soll,[32] vermag nicht zu überzeugen. Denn selbst wenn man davon ausgeht, dass Verstöße gegen die Pflicht zur Ermahnung und Belehrung als solche die Revision nicht begründen können, bedeutet dies nicht zwingend, dass eine Aufklärungsrüge von vornherein unbegründet sein muss. Die Möglichkeit, eine Verletzung des § 244 Abs. 2 durch den Verstoß gegen eine Ordnungsvorschrift geltend zu machen, wird etwa im Falle des § 58 Abs. 1 zu Recht anerkannt.[33]

25 Daher sollte eine Aufklärungsrüge dann Erfolg haben, wenn der Angeklagte darlegen kann, dass ein Zeuge **entgegen § 57** nicht ermahnt bzw. belehrt wurde, dieses Unterlassen eine **Aufklärungspflichtverletzung** beinhaltet und deshalb eine **Beeinträchtigung der Wahrheitsfindung** nicht ausgeschlossen werden kann.[34] Einzuräumen ist, dass sich die

[23] RG 6.5.1921 – II 241/21, RGSt 56, 66 (67); BGH 9.5.1957 – 4 StR 136/57, DAR 1958, 99.
[24] So auch Ignor/Bertheau Rn. 8.
[25] BGH 27.11.1961 – 4 StR 408/61, VRS 24, 144 (147); 11.10.1968 – 4 StR 244/68, VRS 36, 23 f.; 18.12.1975 – 4 StR 472/75; 19.12.2002 – 3 StR 427/01; 7.7.1997 – 5 StR 17/97, NStZ 1998, 158 (159); BGH 15.9.1982 – 2 StR 233/82 = Pfeiffer/Miebach NStZ 1983, 354 – RsprÜ mwN.
[26] BGH 9.5.1957 – 4 StR 136/57, DAR 1958, 99.
[27] RG 8.5.1882 – Rep. 976/82, RGSt 6, 267 und 7.5.1907 – II 104/07, RGSt 40, 157 (158); 6.5.1921 – II 241/21, RGSt 56, 66 (67).
[28] S. etwa die Berufung auf RGSt 56, 66 in BGH 27.11.1961 – 4 StR 408/61, VRS 24, 144 (147) und BGH 11.10.1968 – 4 StR 244/68, VRS 36, 23 f.
[29] RG 13.7.1933 – III 679/33, RGSt 67, 267 (268).
[30] BGH 7.12.2021 – 5 StR 329/21, NStZ-RR 2022, 40.
[31] Schmitt in Meyer-Goßner/Schmitt Rn. 7; Senge in KK-StPO, 7. Aufl., Rn. 7.
[32] Otte in Radtke/Hohmann Rn. 6.
[33] BGH 15.4.1987 – 2 StR 697/86, NJW 1987, 3088 (3090).
[34] Ignor/Bertheau in Löwe/Rosenberg Rn. 9; vgl. auch Eisenberg BeweisR StPO Rn. 1355.

Zulassung einer entsprechenden Rüge in der Praxis nicht nennenswert auswirken wird, weil der Vorsitzende, sollte er die Ermahnung bzw. Belehrung nach § 57 vergessen, hierauf vom Urkundsbeamten oder von Verfahrensbeteiligten aufmerksam gemacht werden und sein Versäumnis korrigieren wird.

c) Nicht als Zeuge belehrter Sachverständiger. Hat ein nicht nach § 57 belehrter Sachverständiger Tatsachen als Zeuge bekundet, kann ein Beruhen des Urteils auf der **26**
unterlassenen Zeugenbelehrung verneint werden, wenn ausgeschlossen werden kann, dass der Sachverständige, wäre er zugleich als Zeuge behandelt worden, andere Angaben gemacht hätte und dass dann die Beweiswürdigung für den Angeklagten günstiger ausgefallen wäre.[35]

§ 58 Vernehmung; Gegenüberstellung

(1) Die Zeugen sind einzeln und in Abwesenheit der später zu hörenden Zeugen zu vernehmen.

(2) [1]Eine Gegenüberstellung mit anderen Zeugen oder mit dem Beschuldigten im Vorverfahren ist zulässig, wenn es für das weitere Verfahren geboten erscheint. [2]Bei einer Gegenüberstellung mit dem Beschuldigten ist dem Verteidiger die Anwesenheit gestattet. Von dem Termin ist der Verteidiger vorher zu benachrichtigen. Auf die Verlegung eines Termins wegen Verhinderung hat er keinen Anspruch. Hat der Beschuldigte keinen Verteidiger, so ist er darauf hinzuweisen, dass er in den Fällen des § 140 die Bestellung eines Pflichtverteidigers nach Maßgabe des § 141 Absatz 1 und des § 142 Absatz 1 beantragen kann.

Schrifttum: Bohlander, Die Gegenüberstellung im Ermittlungsverfahren, StV 1992, 441; Grünwald, Probleme der Gegenüberstellung zum Zwecke der Wiedererkennung, JZ 1981, 423; Nöldeke, Zur Wiedererkennung des Tatverdächtigen bei Gegenüberstellung und Bildvorlagen, NStZ 1982, 193; Odenthal, Die Gegenüberstellung zum Zweck des Wiedererkennens, NStZ 1985, 433; Schweling, Das Wiedererkennen des Täters, Beweiswert und Revisibilität, MDR 1969, 177; Wiegmann, Identifizierung aufgrund von Lichtbildvorlagen, StV 1996, 179.

Übersicht

[35] BGH 26.1.2010 – 5 StR 528/09, BeckRS 2010, 03533; 8.11.1984 – 1 StR 608/84, NStZ 1985, 135.

A. Überblick

I. Normzweck

1 Beide Absätze der Vorschrift wollen die Sachverhaltsaufklärung und die Wahrheitsfindung erleichtern. **§ 58 Abs. 1** will den Grundsatz der **Einzelvernehmung** absichern, damit der Zeuge, ohne zu wissen, was andere Zeugen bekundet haben, unbefangen aussagt.[1] Denn die von anderen Zeugenaussagen unbeeinflussten Angaben eines Zeugen bieten eine höhere Gewähr für die Wahrheitsfindung.[2] Dieser Zweck rechtfertigt eine gewisse Einschränkung des Öffentlichkeitsgrundsatzes; § 58 Abs. 1 erweitert damit die in §§ 170 ff. GVG vorgesehenen Möglichkeiten für einen Ausschluss der Öffentlichkeit.[3]

2 **§ 58 Abs. 2** bildet eine Ermächtigungsgrundlage zur besonderen Vernehmungsart der **Gegenüberstellung** und dient damit wie Abs. 1 der Wahrheitsfindung und Aufklärung. Die Vorschrift lässt die Gegenüberstellung von Zeugen oder eines Zeugen mit dem Beschuldigten bzw. Angeklagten zu. Ihre Reichweite als Ermächtigungsgrundlage ist umstritten (im Einzelnen → Rn. 40 ff.).

II. Anwendungsbereich

3 § 58 gilt für Vernehmungen im Ermittlungs- und Zwischenverfahren, gleichviel, ob es sich um richterliche, staatsanwaltschaftliche (§ 161a Abs. 1 S. 2) und polizeiliche (§ 163 Abs. 3 S. 2) Zeugenvernehmungen handelt. § 58 gilt auch in der Hauptverhandlung, in der die Vorschrift durch § 243 Abs. 2 ergänzt wird.

B. Erläuterung

I. § 58 Abs. 1

4 **1. Zeugen iSd § 58 Abs. 1 S. 1.** Die Bestimmung erfasst grundsätzlich alle als Zeugen geladene Personen, gilt darüber hinaus auch für einige Verfahrensbeteiligte sowie diejenigen Zuhörer, die noch als Zeuge aussagen sollen. Zu den – durch den Gesetzgeber immer mehr erweiterten – Ausnahmefällen, in denen Zeugen und Verfahrensbeteiligte nicht unter Abs. 1 S. 1 fallen, → Rn. 16.

5 **a) Sachverständiger Zeuge.** Er steht gemäß § 85 dem Zeugen gleich; der Grundsatz der Einzelvernehmung gilt deshalb auch für ihn.[4] Zum Sachverständigen → Rn. 17.

---

1 BGH 7.11.2000 – 5 StR 150/00, NStZ 2001, 163; 21.2.2001 – 3 StR 244/00, NJW 2001, 2732; Otte in Radtke/Hohmann Rn. 1.

2 BGH 20.1.1953 – 1 StR 626/52, BGHSt 3, 386 (388) = NJW 1953, 712; 7.11.2000 – 5 StR 150/00, NStZ 2001, 163; 21.2.2001 – 3 StR 244/00, NJW 2001, 2732.

3 Vgl. BGH 21.2.2001 – 3 StR 244/00, NJW 2001, 2732; 9.9.2003 – 4 StR 173/03, NStZ 2004, 453.

4 Bader in KK-StPO Rn. 2; Otte in Radtke/Hohmann Rn. 2.

b) Beistand. § 58 Abs. 1 gilt auch für den Ehegatten, Lebenspartner und gesetzlichen Vertreter eines Angeklagten, der nach § 149 als Beistand zugelassen wurde und als Zeuge vernommen werden soll.[5] 6

c) Staatsanwalt. Auch der Staatsanwalt ist von der Anordnung des § 58 Abs. 1 nicht ausgenommen; die gerichtliche Zulassung seiner Anwesenheit während der Vernehmung des Angeklagten und anderer Zeugen stellt einen Verstoß gegen § 58 Abs. 1 dar, der eine Verletzung der Aufklärungspflicht zur Folge haben kann.[6] 7

d) Verteidiger. Kommt eine Vernehmung des Verteidigers in Frage, gilt § 58 Abs. 1 auch für ihn. In Fällen notwendiger Verteidigung ist dem Angeklagten für die Dauer der Abwesenheit des Verteidigers ein Pflichtverteidiger beizuordnen; anderenfalls liegt der Revisionsgrund des § 338 Nr. 5 vor. 8

e) Zuhörer. Zuhörer, die möglicherweise als Zeugen in Betracht kommen, kann der Vorsitzende zum Verlassen des Sitzungssaals auffordern. Die Befugnis hierzu folgt aus § 238 Abs. 1 iVm § 58 Abs. 1.[7] Dabei kommt es nicht darauf an, ob der Betreffende bereits als Zeuge geladen wurde. Um dem Sinn und Zweck des § 58 Abs. 1 Rechnung zu tragen, ist eine solche Aufforderung erforderlich, sobald einer der Verfahrensbeteiligten ankündigt, er beabsichtige, sich auf einen bestimmten Zuhörer als Zeugen zu berufen. Gleiches gilt, wenn der Zuhörer selbst Beschuldigter in demselben Verfahren ist.[8] 9

Bei der Beantwortung der Frage, ob ein Zuhörer als Zeuge in Betracht kommt, steht dem Vorsitzenden ein **Beurteilungsspielraum** zu. Daher ist es grundsätzlich unerheblich, ob die des Sitzungssaals verwiesene Person später als Zeuge gehört wird oder ein entsprechender Antrag vorliegt. Erforderlich sind jedoch – schon deshalb, weil der Ausschluss eines Zuhörers die Öffentlichkeit tangiert – **tatsächliche Anhaltspunkte** dafür, dass der des Saales Verwiesene Sachdienliches zur Aufklärung beitragen kann und deshalb als **potentieller Zeuge** in Betracht kommt; um dies abzuklären, kommt eine informelle Befragung der Verfahrensbeteiligten und des bzw. der betroffenen Zuhörer in Frage.[9] 10

Die **Öffentlichkeit** wird durch den Ausschluss dieses Zuhörers nicht verletzt.[10] Ein Verstoß gegen § 169 S. 1 GVG liegt jedoch dann vor, wenn der Zuhörer aufgrund sachwidriger Erwägungen ausgeschlossen wurde.[11] Gleiches gilt, wenn das Gericht eine Gruppe von Zuhörern aufgrund eines lediglich pauschalen Merkmals wie etwa Geschlecht, Volkszugehörigkeit, Wohnsitz, Größe, Haarfarbe oder Beruf ausschließt, ohne sich zuvor zu vergewissern, welcher Zuhörer ernsthaft als Zeuge in Betracht kommt.[12] 11

Wurde übersehen, einen Zuhörer vor seiner Vernehmung in Abstand zu verweisen, schließt dies seine Vernehmung als Zeuge nicht aus. Der Zeuge wird durch seine Anwesenheit während eines Teils der Beweisaufnahme nicht zum unzulässigen oder ungeeigneten Beweismittel. Das Gericht wird sich aber im Rahmen seiner **Beweiswürdigung** regelmäßig mit der Frage befassen müssen, ob die der Vernehmung des Zeugen vorausgegangene Anwesenheit den Beweiswert seiner Angaben mindert. 12

f) Anwaltlicher Zeugenbeistand, Prozessbegleiter. Der Rechtsanwalt, der einem Zeugen als **Beistand nach § 68b** beigeordnet wurde, hat unstreitig für die Dauer der Zeugenvernehmung ein Anwesenheitsrecht; dies gilt ebenso gemäß § 406f für einen Verletztenbeistand und gemäß § 406g Abs. 1 S. 2 für den psychosozialen Prozessbegleiter. 13

Umstritten ist, ob dem **Zeugenbeistand** darüber hinaus ein **Anwesenheitsrecht** im gesamten Verfahren zusteht. Die Streitfrage wirkt sich im Ergebnis nur bei nichtöffentlichen 14

---

5 BGH 8.5.1953 – 2 StR 690/52, BGHSt 4, 205 (206); Laufhütte in KK-StPO § 149 Rn. 3.
6 BGH 15.4.1987 – 2 StR 697/88, NJW 1987, 3088 (3090).
7 BGH 21.2.2001 – 3 StR 244/00, NJW 2001, 2732.
8 BGH 20.1.1953 – 1 StR 62652, BGHSt 3, 386 (389 ff.).
9 BGH 9.9.2003 – 4 StR 173/03, NStZ 2004, 453 (454).
10 BGH 20.1.1953 – 1 StR 62652, BGHSt 3, 386 (388).
11 BGH 7.11.2000 – 5 StR 150/00, NStZ 2001, 163; 21.2.2001 – 3 StR 244/00, NJW 2001, 2732.
12 BGH 9.9.2003 – 4 StR 173/03, NStZ 2004, 453 (454).

Hauptverhandlungen aus; sie ist zumindest dann uneingeschränkt zu bejahen, wenn dem Beistand die Akteneinsicht versagt wird. Denn der Beistand muss seinen Mandanten bei der Ausübung prozessualer Befugnisse sachkundig beraten können.[13] Dies ist ohne Akteneinsicht[14] nur möglich, wenn er sich persönlich über den Verfahrensablauf und die Beweisaufnahmeergebnisse durch Anwesenheit in der Verhandlung informieren kann. Bei öffentlichen Hauptverfahren kann dem Beistand der Zutritt als Zuhörer der Verhandlung ohnehin nicht verwehrt werden. Nicht übersehen werden darf jedoch, dass der Beweiswert der Angaben des Zeugen geschmälert sein kann, wenn er über seinen Beistand Kenntnisse über das Verfahren oder andere Zeugenaussagen erlangt hat und er deshalb nicht mehr unbefangen aussagen kann. Dies kann ebenso dann der Fall sein, wenn der **psychosoziale Prozessbegleiter** von seinem Anwesenheitsrecht während der Hauptverhandlung aus § 406g Abs. 1 S. 2 Gebrauch gemacht hat.

15 **2. Abwesenheit vor und Anwesenheit nach der Vernehmung.** Der Zeuge muss vor seiner Vernehmung den Sitzungssaal verlassen (vgl. auch § 243 Abs. 2 S. 1). Nach seiner Vernehmung ist ihm die Anwesenheit regelmäßig zu gestatten. Anders kann es liegen, wenn der Zeuge noch nicht entlassen und/oder noch einmal vernommen werden soll oder wenn zu besorgen ist, ein anderer Zeuge werde in seiner Gegenwart nicht wahrheitsgemäß aussagen.[15]

16 **3. Keine Zeugen iSd § 58 Abs. 1.** Folgende Verfahrensbeteiligte haben – abweichend von § 58 Abs. 1 S. 1 und auch, wenn sie als Zeugen gehört werden sollen – ein **Anwesenheitsrecht** während der gesamten Hauptverhandlung: gemäß § 404 Abs. 3 S. 2 der **Antragsteller im Adhäsionsverfahren,** gemäß § 397 Abs. 1 S. 1 der zugelassene **Nebenkläger,** gemäß § 58 Abs. 1 S. 2 iVm § 406g Abs. 1 der **Nebenklageberechtigte,** der noch nicht als Nebenkläger zugelassen ist sowie gemäß § 433 Abs. 1 der **Einziehungsbeteiligte.** Hinzu kommt, dass § 406g Abs. 1 S. 2 den **Verletzten**[16] berechtigt, gemeinsam mit seinem psychosozialen Prozessbegleiter während der Hauptverhandlung anwesend zu sein.

17 Für den **Sachverständigen** gilt § 80 Abs. 2. Der Umfang seiner Anwesenheit in der Hauptverhandlung richtet sich nach dem Einzelfall. Fehlt eine gerichtliche Gestattung oder Weisung, entscheidet der Sachverständige selbst, welche Hauptverhandlungsteile er verfolgt.

18 Im Jugendstrafverfahren sind nach § 67 Abs. 1 JGG die **gesetzlichen Vertreter und Erziehungsberechtigten** eines jugendlichen Angeklagten anwesenheitsberechtigt; ihr Ausschluss richtet sich nach § 67 Abs. 4, § 51 Abs. 2 JGG.

19 **4. Vernehmungsreihenfolge.** Die Reihenfolge, in der die Zeugen vernommen werden, steht im pflichtgemäßen **Ermessen** des Vorsitzenden. Er hat dabei die Interessen der Zeugen und der Verfahrensbeteiligten zu berücksichtigen.[17] Die **Fürsorge- und Aufklärungspflicht** des Gerichts kann eine bestimmte Reihenfolge erforderlich machen.[18]

20 Stehen Zeugen die **Weigerungsrechte** aus §§ 52–53a zu, dürfen ihre Verhörspersonen erst vernommen werden, nachdem feststeht, ob und in welchem Umfang sich die Zeugen auf ihre Weigerungsrechte berufen haben.[19] Eine Ausnahme gilt, wenn der Zeuge unerreichbar ist.[20] Beim Bestehen eines Auskunftsverweigerungsrechts nach § 55 sollte ebenso

[13] So Ignor/Bertheau in Löwe/Rosenberg Rn. 3; aA Bader in KK-StPO Rn. 2.

[14] Ein über § 475 hinausgehendes Recht des Beistands auf Akteneinsicht lehnen etwa OLG Hamburg 3.1.2002 – 2 Ws 258/01, NJW 2002, 1590 und OLG Düsseldorf 21.5.2002 – VI 9/01, NJW 2002, 2806 ab. Zum Akteneinsichtsrecht des Beistands → § 68b Rn. 30 ff.

[15] Bader in KK-StPO Rn. 5 mwN.

[16] Die StPO enthält bislang keine Definition des Verletzten. Ein Referentenentwurf des Bundesjustizministeriums sieht eine Definition vor, wonach es sich um eine Person handelt, die durch die Tat, ihre Begehung unterstellt oder rechtskräftig festgestellt, in ihren Rechtsgütern unmittelbar beeinträchtigt wurde oder unmittelbar einen Schaden erlitten hat.

[17] BGH 8.5.1953 – 2 StR 690/52, BGHSt 4, 205 (206 f.).

[18] Ignor/Bertheau in Löwe/Rosenberg Rn. 8; Bader in KK-StPO Rn. 3.

[19] BGH 22.1.1952 – 1 StR 800/51, BGHSt 2, 110; 11.4.1973 – 2 StR 42/73, BGHSt 25, 176 (177) = NJW 1973, 1139.

[20] BGH 11.4.1973 – 2 StR 42/73, BGHSt 25, 176 (177) = NJW 1973, 1139.

verfahren werden. Ebenfalls vorzuziehen ist die Vernehmung von **Kindern.**[21] Schließlich sollten diejenigen Zeugen, denen aufgrund ihrer Stellung ein dauerhaftes **Anwesenheitsrecht** in der Hauptverhandlung zusteht, möglichst frühzeitig vernommen werden; hierauf besteht aber kein Anspruch.[22]

5. Pflicht zur Vorbereitung. Dass der Zeuge unbefangen aussagen soll, schließt nicht aus, dass er sich auf seine Aussage vorbereitet. Zeugen, die Wahrnehmungen in amtlicher Eigenschaft gemacht haben, sind zur Vorbereitung verpflichtet. So trifft etwa einen Ermittlungsrichter die Pflicht, sich intensiv zu bemühen, den Aussageinhalt einer von ihm durchgeführten Vernehmung einzuprägen und dann, wenn seine Vernehmung ansteht, die Vernehmungsniederschrift einzusehen, um sich erforderlichenfalls die Einzelheiten ins Gedächtnis zurückzurufen.[23] **21**

6. Revision. a) Verfahrensrüge. § 58 Abs. 1 stellt eine **Ordnungsvorschrift** dar, auf deren Verletzung allein die Revision nicht gestützt werden kann. Die Revision kann jedoch dadurch begründet sein, dass mit einer ermessensfehlerhaften Anwendung der Bestimmung zugleich andere Verfahrensvorschriften, besonders die Pflicht zur **Wahrheitserforschung** (§ 244 Abs. 2), verletzt werden. Dazu genügt nicht allein, dass mehrere Zeugen nicht einzeln zum selben Beweisthema vernommen werden; hinzukommen muss die Besorgnis, dass sich ein Zeuge an den von ihm mitverfolgten Aussagen anderer ausrichtet und seine Angaben deshalb nicht mehr der Wahrheit entsprechen.[24] **22**

Die **Zulässigkeit** einer Rüge setzt voraus, dass die Maßnahme des Vorsitzenden, etwa dem später als Zuhörer vernommenen Zeugen weiterhin die Anwesenheit im Sitzungssaal gestattet zu haben, beanstandet und ein Gerichtsbeschluss nach § 238 Abs. 2 herbeigeführt wurde.[25] **23**

Ein **Beweisantrag** auf Vernehmung eines Zeugen, der entgegen § 58 Abs. 1 bei der Vernehmung anderer Zeugen oder des Angeklagten anwesend war, kann nicht unter Hinweis auf seine vorangegangene Anwesenheit abgelehnt werden. Diese schließt seine Vernehmung weder als unzulässig aus noch wird er durch sie zum ungeeigneten Beweismittel.[26] **24**

Der Revisionsgrund des **§ 338 Nr. 6** liegt vor, wenn das Gericht die Öffentlichkeit dadurch verletzt hat, dass es Zuhörer von der Verhandlung ausgeschlossen und des Saals verwiesen hat, ohne tatsächliche Anhaltspunkte gehabt zu haben, dass diese Personen ernsthaft als Zeugen in Betracht kommen.[27] **25**

b) Sachrüge. Die auf die Sachrüge hin auf Rechtsfehler zu prüfende **Beweiswürdigung** kann fehlerhaft bzw. lückenhaft sein, wenn das Gericht unbeachtet lässt, dass eine Verletzung des § 58 Abs. 1 eine Erörterungspflicht auslösen kann. Verstöße gegen den Grundsatz der Einzelvernehmung wirken sich möglicherweise im Rahmen der Überzeugungsbildung aus; in den Urteilsgründen ist darzulegen, ob der Beweiswert und die Glaubhaftigkeit einer Zeugenaussage durch das **Mithören der Angaben anderer Zeugen** beeinträchtigt worden sein können. **26**

II. § 58 Abs. 2

1. Geltungsbereiche, Arten der Gegenüberstellung. a) Vorverfahren. § 58 Abs. 2 gilt nach seinem Wortlaut nur für das Vorverfahren; Gegenüberstellungen können dort der Richter, die StA (§ 161a Abs. 1 S. 2) und die Polizei immer dann vornehmen, wenn dies zur Aufklärung des Sachverhalts geboten erscheint. **27**

---

21 Bader in KK-StPO Rn. 3 mwN; RiStBV Nr. 135.
22 BGH 8.5.1953 – 2 StR 690/52, BGHSt 4, 205 (206 f.).
23 BGH 21.3.2012 – 1 StR 43/12, NStZ 2012, 521 (523).
24 BGH 15.4.1987 – 2 StR 697/88, NJW 1987, 3088 (3090); vgl. auch BGH 7.11.2000 – 5 StR 150/00, NStZ 2001, 163.
25 BGH 21.2.2001 – 3 StR 244/00, NJW 2001, 2732; offengelassen von BGH 7.11.2000 – 5 StR 150/00, NStZ 2001, 163.
26 Ignor/Bertheau in Löwe/Rosenberg Rn. 6 mwN.
27 BGH 9.9.2003 – 4 StR 173/03, NStZ 2004, 453 (454).

28 **b) Hauptverfahren.** In der Hauptverhandlung können solche Gegenüberstellungen mit anderen Zeugen bzw. dem Angeklagten aufgrund der Aufklärungsplicht geboten sein; einer besonderen Ermächtigungsgrundlage bedarf es hierzu nicht.[28] Der Angeklagte muss in der Hauptverhandlung angeordnete Gegenüberstellungen dulden.

29 **c) Arten.** Die Vorschrift lässt die Gegenüberstellung eines Zeugen mit anderen Zeugen oder eines Zeugen mit dem Beschuldigten zu. Diese Gegenüberstellungen können als Vernehmungs- und Identifizierungsgegenüberstellung durchgeführt werden (zur Vernehmungsgegenüberstellung → Rn. 30 ff.; zur Identifizierungsgegenüberstellung → Rn. 38 ff.).

30 **2. Vernehmungsgegenüberstellung. a) Zweck.** Sie dient dazu, die Gründe, weshalb sich verschiedene Zeugenaussagen oder die Angaben des Angeklagten und eines Zeugen widersprechen, aufzuklären. Durch Fragen und Vorhalte bei direkter Konfrontation der Zeugen miteinander können lückenhafte, beschönigende oder sonst falsche Aussagen leichter entlarvt und damit der zutreffende Sachverhalt besser ermittelt werden.

31 **b) Ermessen.** Der Tatrichter hat nach pflichtgemäßem **Ermessen** zu prüfen, ob das Beweismittel Zeuge im Einzelfall durch seine Vernehmung in einer für die Sachaufklärung hinreichenden Weise schon ausgeschöpft worden ist oder nicht und danach zu entscheiden, ob eine Gegenüberstellung noch notwendig ist oder einen Aufklärungsgewinn verspricht.

32 Die in der Literatur[29] und der Rechtsprechung[30] mehrfach anzutreffende Aussage, ein Angeklagter habe **keinen Anspruch** darauf, dass das Gericht eine Gegenüberstellung anordnet oder in einer bestimmten Weise durchführt, erscheint irritierend. Sie muss vor dem Hintergrund gesehen werden, dass das Ergebnis einer Gegenüberstellung im Einzelfall einerseits erhebliche Auswirkungen auf die gerichtliche Überzeugungsbildung und damit den Ausgang des Verfahrens haben, andererseits nach den bereits erzielten Beweisaufnahmeergebnissen überflüssig sein kann. Dies bedeutet, dass sich das **Ermessen des Gerichts in bestimmten Beweislagen auf Null** in dem Sinne reduzieren kann, dass die Gegenüberstellung zu Aufklärungszwecken vorgenommen werden muss und ein Unterlassen des Gerichts die Aufklärungsrüge begründen kann (→ Rn. 74 ff.).

33 Zwar ist die Anregung bzw. der Antrag eines Verfahrensbeteiligten, eine Gegenüberstellung durchzuführen, **nicht als Beweisantrag einzuordnen.**[31] Auch dies darf jedoch nicht darüber hinwegtäuschen, dass die Ablehnung einer angeregten Gegenüberstellung die Aufklärungspflicht verletzen und damit die Revision begründen kann. Ferner kann in der Ablehnung einer angeregten Gegenüberstellung eine **unzulässige Beschränkung der Verteidigung** iSv § 338 Nr. 8 liegen (zur Revision → Rn. 75.).

34 **c) Vernehmung. aa) Belehrung des Zeugen, Zeugenrechte.** Für den Zeugen stellt die sog. Vernehmungsgegenüberstellung regelmäßig eine besondere Art der **Vernehmung** dar, auch wenn er bei ihr nicht befragt wird.[32] Der nach §§ 52, 53 weigerungsberechtigte Zeuge kann seine Mitwirkung an einer solchen Gegenüberstellung deshalb verweigern. Ein Zeugenbeistand hat Anwesenheitsrecht.

35 Zu beachten ist: Da der Zeuge mit seiner Verweigerung der Aussage nur die Fähigkeit verliert, im Verfahren als Zeuge vernommen, nicht dagegen die, **in anderer Weise bei der Beweisaufnahme verwendet** zu werden, ist er zum einen über seine Befugnis zur Verweigerung der Mitwirkung **gesondert zu belehren.** Zum anderen darf aus der Berufung des Zeugen auf sein Aussageverweigerungsrecht nicht automatisch geschlossen werden, er lehne damit **jede** Mitwirkung bei der Beweisaufnahme, namentlich auch eine Gegenüberstellung ab. Denn ein Zeuge, der zwar im Verfahren nichts bekunden möchte, kann

[28] Schmitt in Meyer-Goßner/Schmitt Rn. 8.
[29] ZB Otte in Radtke/Hohmann Rn. 6; Schmitt in Meyer-Goßner/Schmitt Rn. 8; Bader in KK-StPO Rn. 6.
[30] BGH 23.4.1974 – 5 StR 41/74, MDR 1974, 724; 2.9.1975 – 1 StR 380/75, MDR 1976, 17.
[31] BGH 12.8.1960 – 4 StR 48/60, NJW 1960, 2156.
[32] Bader in KK-StPO Rn. 7 mwN.

dennoch bereit sein, sich für die Ermittlung der Wahrheit in anderer Weise zur Verfügung zu stellen.[33]

Hingegen stellt eine Gegenüberstellung dann **keine Vernehmung** dar, wenn der Zeuge nur stumm bei dem – zulässigen – Versuch mitwirken soll, ob ein anderer Zeuge in seiner Gegenwart seine früheren Angaben aufrechterhält. Dennoch ist derjenige Zeuge, der seine Aussage nach § 52 StPO verweigern darf, berechtigt, auch diese Mitwirkung bei der Beweisaufnahme abzulehnen.[34] Für die in diesem Fall notwendige separate Belehrung des Zeugen gelten die vorherigen Ausführungen ebenso. 36

bb) Pflicht zum Erscheinen. Der Zeuge ist verpflichtet, auch bei der Polizei zu einer Gegenüberstellung zu erscheinen, wenn sie der Richter angeordnet hat.[35] 37

3. Identifizierungsgegenüberstellung. Bei dieser Form der Gegenüberstellung wird im Regelfall die zu identifizierende Person in Augenschein genommen und nur der andere Teil hierzu als Zeuge vernommen.[36] Dabei kann die Einnahme des Augenscheins **visuell oder** – bei der Identifizierung einer Stimme – **akustisch** erfolgen. Die Identifizierungsgegenüberstellung kann auch mit einer Vernehmungsgegenüberstellung (→ Rn. 30 ff.) verbunden sein. 38

Da die Identifizierungsgegenüberstellung ausschließlich dazu dient, einem Zeugen die **Betrachtung und Identifizierung** des Beschuldigten zu ermöglichen, liegt nur eine Vernehmung des Zeugen, jedoch **keine Vernehmung des Beschuldigten** bzw. Angeklagten vor. Dies hat mehrere Konsequenzen: 39

a) Duldungs- und Mitwirkungspflicht des Beschuldigten. aa) Visuelle Gegenüberstellung. Zwar fehlt eine ausdrückliche Rechtsgrundlage. Jedoch trifft den Beschuldigten, soweit ersichtlich, nach allen Auffassungen zu Recht eine Duldungs- und Mitwirkungspflicht bei der visuellen Gegenüberstellung; er ist **passiv feststellungspflichtig.** Teils wird diese Pflicht – was die bloße Duldung anbelangt überzeugend – aus Sinn und Zweck des § 58 Abs. 2 selbst,[37] teils – soweit es um Eingriffe geht – aus § 81a[38] oder einer Analogie zu §§ 81a, b[39] abgeleitet. 40

Die Pflicht des Beschuldigten, zu einer Gegenüberstellung bei der StA zu erscheinen, folgt aus § 163a Abs. 3 S. 1. Unter Hinweis auf die Gesetzesbegründung zu dieser Vorschrift sieht der BGH in ihr auch die gesetzliche Grundlage der Duldungs- und Mitwirkungspflicht des Beschuldigten.[40] 41

Die Mitwirkungspflicht gilt nur bei einer **visuellen Gegenüberstellung** (zum Stimmvergleich → Rn. 44, 60). Sie beinhaltet zunächst die Pflicht des Beschuldigten, zu einer Identifizierungsgegenüberstellung auch vor der Polizei zu **erscheinen.** Sein Schweigerecht berechtigt ihn nur dazu, entscheiden zu können, ob er aussagen will oder nicht. Hingegen hat er kein Recht, sich dem Augenscheinsbeweis zu entziehen. Er kann also zur Mitwirkung an der Gegenüberstellung mit einem Zeugen gezwungen werden, auch wenn er keine Angaben macht.[41] Dieses Ergebnis – Zulässigkeit einer **passiven Mitwirkung** – leuchtet schon deshalb ein, weil das Strafverfahrensrecht dem Beschuldigten kein auf die Gegenüberstellung bezogenes Verweigerungsrecht einräumt. Der Grundsatz der Selbstbelastungsfreiheit wird nicht tangiert. Der Beschuldigte wird im Rahmen einer Identifizierungsgegenüberstellung auch nicht dazu gezwungen, aktiv an der Aufklärung mitzuwirken. Schließlich berührt 42

---

33 BGH 12.8.1960 – 4 StR 48/60, NJW 1960, 2156.
34 Bader in KK-StPO Rn. 7 mwN.
35 LG Hamburg 27.9.1984 – 33 Qs 1106/84, MDR 1985, 72.
36 Joecks StPO Rn. 6; Schmitt in Meyer-Goßner/Schmitt Rn. 9.
37 KG 2.4.1979 – 4 Ws 52/79; aA Bohlander StV 1992, 441 (444).
38 BVerfG 14.2.1978 – 2 BvR 406/77, BVerfGE 47, 239 = NJW 1978, 1149; Ignor/Bertheau in Löwe/Rosenberg Rn. 12; Bader in KK-StPO Rn. 8.
39 LG Hamburg 27.9.1984 – 33 Qs 1106/84, MDR 1985, 72.
40 BGH 4.1.1993 – StB 27/92, BGHSt 39, 96 = NStZ 1993, 246.
41 KG 4.5.1979 – 1 StE 2/77, NJW 1979, 1668 (1669).

eine bloß passive Mitwirkung an einer Gegenüberstellung keine Grundrechte des Beschuldigten.[42]

43 Die Gegenüberstellung des Beschuldigten mit Zeugen darf auch gefilmt und der Film zum Zwecke der Täteridentifizierung weiteren Zeugen vorgespielt werden; auch insoweit wird der Beschuldigte nicht zu aktiver Mitwirkung gezwungen, sondern liegt nur eine passive Feststellungspflicht vor.[43]

44 **bb) Auditive Gegenüberstellung.** Bei einem **Stimmenvergleich** besteht wegen des Verbots des Selbstbelastungszwangs – anders als bei der visuellen Gegenüberstellung – **keine Mitwirkungspflicht** des Beschuldigten; von ihm kann nicht verlangt werden, sich aktiv durch Sprechen am Vergleich von Stimmen zu beteiligen.[44] Ebenso wenig dürfen heimlich und ohne Deckung durch § 100a Tonbandaufnahmen gefertigt und für eine späteren Stimmenvergleich verwertet werden.[45] Ferner ist das Verwertungsverbot nach § 100a Abs. 4 S. 2 zu beachten.

45 **b) Veränderungen und Eingriffe beim Beschuldigten.** Sie können – aufgrund einer richterlichen Anordnung – auch zwangsweise vorgenommen werden und sind – bis hin zu Eingriffen in die Substanz der Haar- und Barttracht – zulässig, wenn sie dazu dienen sollen, eine ordnungsgemäße Identifizierung des Beschuldigten als Täter oder als Person zu ermöglichen und dem Beschuldigten ein Aussehen gegeben werden soll, das nach dem Ermittlungsstand demjenigen entspricht, das er zu einem früheren Zeitpunkt frei gewählt hatte.

46 **§ 81a** ermächtigt den Ermittlungsrichter – oder im Zwischen- und Hauptverfahren das Gericht – notwendige Veränderungen im Beschlusswege anzuordnen; in Frage kommen etwa das Auf- und Absetzen einer Brille oder Perücke, das Frisieren oder das Entfernen entstellender Schminke. Auch Veränderungen an der **Kleidung** sowie an der **Haar- oder Barttracht** sind nach überwiegender und überzeugender Auffassung zulässig. Da die Vorschrift des § 81a auch erheblich einschneidendere Maßnahmen als die hier in Rede stehenden Veränderungen bzw. sogar körperliche Eingriffe gestattet, bildet sie eine ausreichende Rechtsgrundlage für den mit den Veränderungen verbundenen – nur vorübergehenden, vergleichsweise geringfügigen und gesundheitlich unbeachtlichen – Eingriff in die Grundrechte der persönlichen Freiheit und der körperlichen Unversehrtheit aus Art. 2 Abs. 1 und 2 GG, die der Beschuldigte im Interesse der überwiegenden Belange des Gemeinwohls hinnehmen muss.[46]

47 Will der Beschuldigte den Sinn der Gegenüberstellung durch das Schließen der Augen, Absenken des Kopfes oder das Schneiden entstellender Grimassen vereiteln, kann gegen ihn – nach vereinzelt gebliebenen Entscheidungen des KG – gegen ihn **Zwang zur Unterbindung** solchen Verhaltens, bis hin zum Einsatz von Knebelketten, eingesetzt werden.[47] Hiergegen ist zu Recht eingewandt worden, dass eine Rechtsgrundlage zur Brechung des Willens mittels der Zufügung von Schmerzen fehlt.[48] Selbst wenn man davon ausgehen sollte, dass es sich nicht um Zwang zur Annahme eines bestimmten, sondern nur des normalen Gesichtsausdrucks handeln sollte, erweist sich ein solches Vorgehen regelmäßig als unverhältnismäßig, denn ein Wiedererkennen unter erzwungenem Verhalten ist beweismäßig selbst dann wertlos, wenn andere Vergleichspersonen den Widerstand nachspielen, weil der Unterschied zwischen echtem und gespieltem Widerstand erkennbar bleibt.[49]

---

42 AA Ignor/Bertheau in Löwe/Rosenberg Rn. 9.
43 BGH 9.4.1986 – 3 StR 551/85, BGHSt 34, 39 (49) mwN.
44 Eisenberg BeweisR StPO Rn. 1193.
45 BGH 9.4.1986 – 3 StR 551/85, BGHSt 34, 39.
46 BVerfG 14.2.1978 – 2 BvR 406/77, BVerfGE 47, 239 = NJW 1978, 1149; aA Grünwald JZ 1981, 423.
47 KG 4.5.1979 – 1 StE 2/77, NJW 1979, 1669; 2.4.1979 – 4 Ws 42/79, JR 1979, 347; aA Odenthal NStZ 1985, 433 (435); Grünwald JZ 1981, 423 (428).
48 Grünwald JZ 1981, 423 (428).
49 Odenthal NStZ 1985, 433 (435).

c) Fertigung von Vergleichsaufnahmen. Nach § 81b können Vergleichsaufnahmen des Beschuldigten mit der Raumüberwachungskamera am Tatort, notfalls auch gegen seinen Willen, gefertigt werden; die Vorschrift ermächtigt auch zu vorbereitenden Maßnahmen wie dem Überziehen einer Maskierung oder die Aufstellung des Beschuldigten in bestimmten Positionen.[50] 48

d) Anwesenheitsrecht der Verteidigung und des Zeugenbeistands. Durch das Gesetz vom 27.7.2017 (BGBl. I 3295) wurde Abs. 2 um die Sätze 2–4 erweitert. Die dort geregelte Pflicht, die Verteidigung vom Termin zu benachrichtigen und das Anwesenheitsrecht der Verteidigung gelten nach dem Wortlaut des Abs. 2 S. 2 nur bei Gegenüberstellungen mit dem Beschuldigten. Im Ergebnis ist in der Zusammenschau mit weiteren Vorschriften und mit Blick auf die nicht eindeutigen Motive[51] ein Anwesenheitsrecht bei **allen Gegenüberstellungen** zu bejahen. Führt der Richter die Gegenüberstellung durch, ist die Verteidigung bereits nach § 168c Abs. 2 zur Anwesenheit berechtigt. Bei einer Gegenüberstellung vor der StA hatte die Verteidigung auch nach alter Rechtslage ein Anwesenheitsrecht, wenn die Gegenüberstellung in einem Zusammenhang mit der Beschuldigtenvernehmung stand (§ 163a Abs. 3 S. 2 iVm § 168c Abs. 2). Für die häufigen **Gegenüberstellungen bei der Polizei** war vor Inkrafttreten der Neuregelung ein Anwesenheitsrecht der Verteidigung aus dem allgemeinen Prozessgrundsatz, wonach der Verteidiger einen Anspruch auf Teilnahme an solchen Untersuchungshandlungen hat, die außerhalb der Hauptverhandlung einen Teil der Beweisaufnahme vorwegnehmen[52] oder aus dem Grundsatz des fairen Verfahrens[53] abzuleiten. 49

Auch der **Zeugenbeistand** hat bei Gegenüberstellungen ein Anwesenheitsrecht.[54] Gleiches gilt nach § 406g Abs. 1 S. 2 für einen psychosozialen **Prozessbegleiter.** 50

Der Vorsitzende kann die Polizei **während einer laufenden Hauptverhandlung** bitten oder beauftragen, eine Gegenüberstellung durchzuführen. Hierüber müssen die Verfahrensbeteiligten informiert und ihnen auch die insoweit angefallenen Aktenteile zur Einsicht zur Verfügung gestellt werden. Ob darüber hinaus an einer solchen **polizeilichen, aus der Hauptverhandlung „ausgelagerten" Gegenüberstellung** ein Anwesenheitsrecht der Verteidigung (oder der StA) besteht, ist gesetzlich nicht geregelt. Der BGH[55] hat hierbei zwar kein Anwesenheitsrecht der Verteidigung, jedoch eine Rechtspflicht des Gerichts dahin angenommen, darauf hinzuwirken, dass der Verteidigung die Teilnahme an einer solchen polizeilichen Gegenüberstellung ermöglicht wird. Die in → Rn. 49 dargelegten Gründe sprechen dafür, ein Anwesenheitsrecht zu bejahen. Zudem hat der 5. Strafsenat zu Recht darauf hingewiesen, dass es der Struktur des Strafverfahrens grundlegend widerstreitet, wenn das Gericht während laufender Hauptverhandlung wesentliche, ihrer Natur nach nicht geheimhaltungsbedürftige, ergänzende polizeiliche Ermittlungen – wie etwa die Durchführung einer Wahlgegenüberstellung –, deren Ergebnis dann in der Hauptverhandlung möglicherweise maßgeblich verwertet werden soll, in Auftrag gibt, ohne die Verteidigung hierüber zuvor ausreichend zu informieren und ohne den Versuch zu unternehmen, eine **effektive Teilhabe der Verteidigung** an den vorgesehenen Ermittlungen zu gewährleisten.[56] 51

e) Hinweis auf Pflichtverteidiger. Nach Abs. 2 S. 5 – eingefügt durch das Gesetz zur Neuregelung des Rechts der notwendigen Verteidigung (BGBl. I S. 2128) – ist der nicht verteidigte Beschuldigte in allen Fällen der notwendigen Verteidigung (§ 140) vor der Gegenüberstellung darüber zu belehren, dass und bei welcher zuständigen Stelle er die Beiordnung eines Pflichtverteidigers nach Maßgabe der §§ 141 Abs. 1, 142 Abs. 1 beantra- 52

50 BGH 16.9.1992 – 3 StR 413/92, NStZ 1993, 47; aA Odenthal NStZ 1985, 433 (434).
51 Hierzu Bader in KK-StPO Rn. 6a.
52 Odenthal NStZ 1985, 433 (435).
53 Ignor/Bertheau in Löwe/Rosenberg Rn. 14.
54 Wessing/Ahlbrecht Zeugenbeistand Rn. 36.
55 BGH 21.7.2009 – 5 StR 235/09, NStZ 2010, 53 mit insoweit ablAnm Schneider NStZ 2010, 54.
56 BGH 21.7.2009 – 5 StR 235/09, NStZ 2010, 53 (54).

gen kann. Nach § 168a Abs. 1 ist die Belehrung bei richterlichen, nach § 168b Abs. 3 bei nichtrichterlichen Gegenüberstellungen in den Akten zu dokumentieren.

53 **4. Durchführung einer Identifizierungsgegenüberstellung bzw. Wahllichtbildvorlage. a) Mehrere Vergleichspersonen.** Die nachstehend aufgeführten Anforderungen (→ Rn. 54 ff.) gelten nicht nur dann, wenn einem Zeugen Personen gegenübergestellt, sondern ebenso, wenn ihm zu Identifizierungszwecken Lichtbilder vorgelegt werden.

54 Für die Gegenüberstellung zum Zwecke der Identifizierung eines Tatverdächtigen durch einen **Augenzeugen** ist allgemein anerkannt, dass dem Zeugen nicht nur der Beschuldigte, sondern eine Reihe **weiterer, dem Beschuldigten ähnelnde Personen** gegenüberzustellen sind.[57] Dies sieht auch die Regelung in RiStBV Nr. 18 S. 1 vor. Dass der Zeuge den Verdächtigen schon vor der Gegenüberstellung in einer auffallenden Weise, etwa in Begleitung eines Polizeibeamten oder in Handschellen, sehen kann, ist zu verhindern.[58] Eine Einzelgegenüberstellung hat regelmäßig nur geringen Beweiswert (→ Rn. 57 ff.).

55 Die **Vergleichspersonen** sollten nicht nur gleichen Geschlechts, ähnlichen Alters und ähnlichen Erscheinungsbildes sein,[59] sondern dem Beschuldigten auch hinsichtlich der vom Zeugen beschriebenen besonderen Merkmale ähneln.[60] Dies gilt etwa für die Kleidung; eine Gegenüberstellung ist ungeeignet, wenn der Beschuldigte als einziger solche Kleidungsstücke trägt, wie sie von dem Zeugen, dem mehrere Personen gegenübergestellt werden, beschrieben wurden.[61] Empfehlenswert sind **mindestens acht** Vergleichspersonen; diese Zahl ist auch bei Wahllichtbildvorlagen sachgerecht. Auch wenn der Zeuge angibt, eine Person als den Täter erkannt zu haben, sollten ihm weitere Vergleichspersonen gezeigt werden, denn zum einen kann der Zeuge dadurch etwaige Unsicherheiten in seiner Beurteilung erkennen, zum anderen wird der Beweiswert einer Wiedererkennung gesteigert.[62]

56 **b) Sequentielle Vorlage; Vermeidung von Erkennungssignalen.** Vorzugswürdig ist es, wenn dem Zeugen die Lichtbilder nicht gleichzeitig, sondern nacheinander (sequentiell) vorgelegt werden.[63] Das gilt auch bei der Gegenüberstellung von Vergleichspersonen. Üblich sind zwei Durchgänge mit geänderter Aufstellung; ebenso möglich ist es, zwei Personengruppen zusammenzustellen, wobei sich der Beschuldigte nur in einer der Gruppen befinden darf.[64] Es ist zulässig, dass der Zeuge diese durch einen venezianischen Spiegel betrachtet.[65] Bei einer Gegenüberstellung in der Hauptverhandlung sollte der Angeklagte zur Vermeidung von Erkennungssignalen nicht neben dem Verteidiger sitzen.[66] Lichtbilder können dem Zeugen entweder vorgelegt oder mittels Videotechnik vorgespielt werden.

57 **c) Einzelgegenüberstellung.** Wegen der suggestiven Wirkung, die von dem Wissen ausgeht, dass der zu Identifizierende als Täter verdächtigt wird, ist eine Einzelgegenüberstellung zur Wiedererkennung regelmäßig ungeeignet.[67]

58 Der BGH hat schon früh die **Einzelgegenüberstellung** als fehlerhaft bezeichnet.[68] Weil nur dem ersten Wiedererkennen ein Beweiswert zuerkannt werden kann, lassen sich kriminalistische Fehler bei der ersten Gegenüberstellung nicht mehr durch spätere einwandfreie Gegenüberstellungen ausbessern.[69] Wohl aber kann durch eine wiederholte Gegen-

---

[57] BGH 24.2.1994 – 4 StR 317/93, NJW 1994, 1807; OLG Köln 3.10.1985 – Ss 220/85, StV 1986, 12; Schweling MDR 1969, 177.
[58] Schweling MDR 1969, 177.
[59] BGH 24.2.1994 – 4 StR 317/93, NJW 1994, 1807 mwN.
[60] Ignor/Bertheau in Löwe/Rosenberg Rn. 13 mwN; Odenthal NStZ 1985, 433.
[61] BGH 18.8.1993 – 5 StR 477/93, StV 1993, 627.
[62] BGH 9.11.2011 – 1 StR 524/11, NStZ 2012, 283 mwN.
[63] BGH 9.11.2011 – 1 StR 524/11, NStZ 2012, 283 mwN; 12.3.2020 – 4 StR 544/19, NStZ 2020, 499.
[64] Odenthal NStZ 1985, 433 (434).
[65] AA Grünwald JZ 1981, 423 (426).
[66] Eisenberg BeweisR StPO Rn. 1189.
[67] Odenthal NStZ 1985, 433 mwN.
[68] BGH 17.3.1982 – 2 StR 793/81, NStZ 1982, 342.
[69] OLG Karlsruhe 17.3.1983 – 3 HEs 77/83, NStZ 1983, 377; Odenthal NStZ 1985, 433.

überstellung der Beweiswert der ersten erschüttert werden, so etwa, wenn weitere Verdächtige hinzugekommen sind und sich der Zeuge bei einer erneuten Gegenüberstellung unsicher wird.[70]

59 Das Ergebnis einer Einzelgegenüberstellung ist zwar nicht unverwertbar. Ihm kommt aber **regelmäßig ein wesentlich geringerer Beweiswert** zu als dem einer die oben genannten Anforderungen erfüllenden Wahlgegenüberstellung. Ebenso liegt es bei einer Einzellichtbildvorlage.[71] Das Gericht muss deshalb im Falle einer Verurteilung in den Urteilsgründen erkennen lassen, dass es sich etwaiger Mängel der Gegenüberstellung und der durch sie bedingten Beeinträchtigung des Beweiswertes bewusst ist.[72] Ausnahmsweise kann auch der Einzelgegenüberstellung ein höherer Beweiswert beigemessen werden, so etwa, wenn der Zeuge den Beschuldigten schon lange kannte oder mit ihm wiederholt zusammentraf.[73]

60 **d) Stimmenvergleich.** Für die Identifizierung eines Tatverdächtigen aufgrund eines Stimmenvergleichs gelten diese Grundsätze entsprechend. Danach muss der Zeuge die Stimme des Verdächtigen nicht isoliert, sondern neben anderen Stimmen hören, wobei die Vergleichsstimmen eine gewisse Klangähnlichkeit aufweisen und sich ggf. innerhalb des gleichen Dialekts oder fremdländischen Akzents bewegen müssen. Wird diesem Maßstab nicht genügt, verliert die Identifizierung einer Stimme durch den Zeugen zwar nicht jeden Beweiswert; wie bei der fehlerhaften visuellen Gegenüberstellung muss sich der Tatrichter aber des besonderen Risikos einer Falschidentifizierung – erkennbar – bewusst sein.[74]

61 **e) Dokumentation.** Angesichts der hohen Beweisbedeutung einer Gegenüberstellung sind die für die Beurteilung des Wiedererkennungsaktes maßgeblichen Umstände möglichst umfassend festzuhalten. Dies gilt namentlich für den **Hergang** der Gegenüberstellung, die **Reaktionen** und **Bekundungen** des Augenzeugen. Vorgelegte Lichtbilder sind den Akten beizufügen; die Anzahl der dem Zeugen vorgelegten Bilder darf nicht unklar bleiben.[75] Auch Nr. 18 S. 2 RiStBV verlangt, die Einzelheiten der Gegenüberstellung aktenkundig zu machen.

62 Die Bekundungen des Zeugen, anhand welcher Merkmale er die Person(en) erkannt hat, sind in einem **Vernehmungsprotokoll** festzuhalten. Dabei empfiehlt es sich, die Angaben zu folgenden Merkmalen zu dokumentieren: Geschlecht, Alter, Gestalt, Größe, Haarfarbe, Augenfarbe, Stimme, Erscheinung, Mundart, Sprachkenntnisse, körperliche Merkmale, Tätowierungen, Besonderheiten.

63 **5. Überzeugungsbildung des Gerichts.** Das Gericht muss die im Ermittlungsverfahren durchgeführte Identifizierungsgegenüberstellung in der Hauptverhandlung in ihren wesentlichen Punkten nachvollziehen, um den Beweiswert der Aussage bemessen und sich eine Überzeugung von der Glaubhaftigkeit der Zeugenangaben bilden zu können. Es muss nachvollziehbar werden, ob und ggf. mit welcher Begründung der Zeuge den Angeklagten bei der ersten Gegenüberstellung wiedererkannt hat.[76]

64 **a) Aufklärung/Rekonstruktion des Wiedererkennens.** Hierzu müssen zunächst die Verhältnisse bzw. die **konkrete Wahrnehmungssituation** überprüft werden, unter denen der Zeuge seine Personenbeobachtung gemacht hat sowie die **Wahrnehmungs-**

---

70 Nöldeke NStZ 1982, 193 (194).

71 OLG Koblenz 28.9.2000 – 2 Ss 216/00, NStZ-RR 2001, 110.

72 BGH 17.3.1982 – 2 StR 793/81, NStZ 1982, 342; 24.2.1994 – 4 StR 317/93, NJW 1994, 1807 (1808) mwN; 18.8.1993 – 5 StR 477/93, insoweit in StV 1993, 627 nicht abgedruckt.

73 Näher Nöldeke NStZ 1982, 193.

74 BGH 24.2.1994 – 4 StR 317/93, NJW 1994, 1807 (1808) mwN mit zur Verwertbarkeit ablAnmAchenbach/Perschke StV 1994, 577.

75 BGH 12.3.2020 – 4 StR 544/19, NStZ 2020, 499 mBspr Eisenberg BeweisR StPO NStZ 2020, 500; OLG Karlsruhe 17.3.1983 – 3 HEs 77/83, NStZ 1983, 377 (378); OLG Köln 3.10.1985 – Ss 220/85, StV 1986, 12.

76 Zusf. BGH 3.3.2021 – 2 StR 11/21, BeckRS 2021, 9642; vgl. auch Eisenberg BeweisR StPO Rn. 1190; Schweling MDR 1969, 177.

möglichkeiten und -fähigkeiten des Zeugen untersucht werden. Waren die Beobachtungsbedingungen, etwa wegen der Lichtverhältnisse oder der Entfernung des Zeugen, sehr ungünstig, gebietet die Aufklärungspflicht regelmäßig die Einnahme eines Augenscheins.[77] Auch die psychische Verfassung des Zeugen zur Zeit der Tat ist zu berücksichtigen,[78] ebenso die Dauer der dem Zeugen zur Verfügung stehenden Beobachtungszeit.[79]

65 Des Weiteren sind **Beeinflussungen oder Verfälschungen der Erinnerung** bzw. eine mögliche Überlagerung der ursprünglichen Wahrnehmung des Zeugen, etwa durch die Verarbeitung nachträglich aufgenommener Informationen oder durch Veröffentlichungen in der Presse, zu berücksichtigen.

66 Schließlich ist der **Ablauf** der ersten **Gegenüberstellung zu rekonstruieren.**[80] Hierzu können etwa die an der Gegenüberstellung beteiligten Polizeibeamten befragt, gefertigte Lichtbilder in Augenschein genommen und Vernehmungsprotokolle in die Verhandlung eingeführt werden. Das gilt entsprechend für Bildvorlagen; so ist etwa im Urteil darzulegen, ob die Wahllichtbildvorlage vorschriftsgemäß durchgeführt wurde[81] oder ob das erste Wiedererkennen auf einer Einzel- oder Wahllichtbildvorlage beruht.[82]

67 **b) Wiedererkennen in der Hauptverhandlung, wiederholtes Wiedererkennen.** Das erneute Wiedererkennen in der Hauptverhandlung hat nach einer Gegenüberstellung im Vorverfahren regelmäßig **allenfalls geringen Beweiswert.**[83] Nur das erste Wiedererkennen erbringt unverfälscht das Ergebnis des vom Zeugen angestellten Vergleichs zwischen seiner Erinnerung über die Wahrnehmung bei der Tat und seiner Wahrnehmung bei der Gegenüberstellung.

68 Jedes folgende Wiedererkennen wird durch die erste Gegenüberstellung beeinflusst. Der Einfluss kann so stark sein, dass das **ursprüngliche Erinnerungsbild überlagert** wird und das zweite Wiedererkennen nur die Erinnerung an das erste widerspiegelt; dies gilt erst recht bei einem dritten Wiedererkennen.[84] Die **Gefahr einer Fehlbeurteilung** ist ebenso groß, wenn das erste Wiedererkennen im Rahmen einer Lichtbildvorlage und die zweite Identifizierung bei einer Gegenüberstellung erfolgt; auch hier wird der Zeuge zumindest unbewusst den Gegenübergestellten mit dem aus der Fotografie gewonnenen Eindruck vergleichen.[85] Der Tatrichter muss diese Erfahrungssätze bei seiner Beweiswürdigung beachten sowie im schriftlichen Urteil erkennbar berücksichtigen.

69 Zu weitgehend erscheint es, wenn dem wiederholten Wiedererkennen an sich und stets jeder Beweiswert abgesprochen wird.[86] Es kommt auf die **Beweislage im Einzelfall** an; an Beweisregeln ist der Tatrichter nicht gebunden. Entscheidender Beweiswert kann einem wiederholten Wiedererkennen jedoch dort nicht beigemessen werden, wo weitere wesentliche Beweismittel nicht zur Verfügung stehen oder wo das wiederholte Wiedererkennen dazu herangezogen wird, Zweifel aufgrund der ersten Identifizierung auszuräumen oder zu überwinden.

70 **c) Sonstige Beweiswürdigung.** Zu beachten ist, dass ein **Wiedererkennen trotz unzutreffender Täterbeschreibung** richtig sein kann. Während die Übereinstimmung in einigen auffallenden Merkmalen ein Wiedererkennen überzeugend absichern kann, spre-

[77] Odenthal NStZ 1985, 433 (436) mwN.
[78] Schweling MDR 1969, 177.
[79] OLG Düsseldorf 20.11.2000 – 2a Ss 328/00 – 82/00 II, NStZ-RR 2001, 109; OLG Koblenz 28.9.2000 – 2 Ss 216/00, NStZ-RR 2001, 110.
[80] Odenthal NStZ 1985, 433 (436) mwN.
[81] BGH 15.1.2019 – 4 StR 470/18, NStZ-RR 2019, 137 (138).
[82] BGH 29.11.2016 – 2 StR 472/16, NStZ-RR 2017, 90.
[83] BGH 29.11.2016 – 2 StR 472/16, NStZ-RR 2017, 90; aA Wiegmann StV 1996, 179: kein Beweiswert; OLG Köln 3.10.1985 – Ss 220/85, StV 1986, 12 geht von einem nur eingeschränkten Beweiswert aus.
[84] BGH 28.6.1961 – 2 StR 194/61, BGHSt 16, 204 (205 f.) = NJW 1961, 2070; Schweling MDR 1969, 177 (179).
[85] BGH 28.6.1961 – 2 StR 194/61, BGHSt 16, 204 (206) = NJW 1961, 2070; Odenthal NStZ 1985, 433 (437) mwN; Wiegmann StV 1996, 179 (180) mwN.
[86] Schweling MDR 1969, 177.

chen unüberbrückbare Widersprüche zwischen Personenbeschreibung und den Merkmalen der als wiedererkannt geglaubten Person gegen die Richtigkeit des Wiedererkennens.

Das Gericht darf nicht auf das **Aussehen des Angeklagten** zum Zeitpunkt der Hauptverhandlung abstellen, wenn Anhaltspunkte für ein anderes Aussehen zum Tatzeitpunkt vorliegen. Eine auf den Angeklagten zutreffende Beschreibung darf nicht berücksichtigt werden, wenn das Nichterkennen des Angeklagten durch den Zeugen mit der Dunkelheit, die ein genaues Beobachten des Täters verhinderte, erklärt wird.[87] Ist es nach den Gegebenheiten des Einzelfalls erforderlich, muss sich das Gericht bei seiner Beweiswürdigung auch mit widersprüchlichen Zeugenaussagen über das Aussehen des Täters, mit einer ungewöhnlich langen Zeitspanne zwischen Tat und der ersten Gegenüberstellung, mit einer möglichen Beeinflussung des Zeugen durch veröffentliche Fahndungsbilder, mit der mangelhaften Qualität der für eine Lichtbildvorlage verwendeten Fotos sowie anderen **möglichen Fehlerquellen** befassen und hieraus folgenden Minderungen des Beweiswerts einer Belastungsaussage auseinandersetzen.[88] 71

Die **subjektive Gewissheit des Zeugen,** mit der er seine Aussage, die Person wiederzuerkennen, unterstreicht, ist kein Indiz für die Richtigkeit des Erkennens. Auch Bekräftigungen des Zeugen, er habe den Angeklagten mit Sicherheit wiedererkannt, sind nahezu wertlos, weil diese subjektive Einschätzung des Zeugen kein Indiz für die Richtigkeit einer Personenerkennung darstellt.[89] Zum geminderten Beweiswert einer Einzelgegenüberstellung → Rn. 59. Hat der **Zeuge selbst Zweifel** hinsichtlich seines Erkennens oder Wiedererkennens benannt, darf sich das Tatgericht darüber nicht ohne weiteres hinwegsetzen. Liegen nicht objektivierbare **Unsicherheiten** vor, so etwa bei einer Einschätzung des Zeugen, er sei sich hinsichtlich seiner Identifizierung zu 80 % sicher, kann das Gericht die Wiedererkennungsleistung nicht als zuverlässig einstufen. Solche Unsicherheiten lassen sich auch nicht mit einer Personenbeschreibung des Zeugen ausgleichen, wenn diese gerade keine besonders kennzeichnenden Merkmale enthält und auf eine große Anzahl von Personen, insbesondere aus dem Umfeld des Angeklagten, zutreffen kann.[90] 72

6. Revision. a) Grundsätzliche Zulässigkeit einer Gegenüberstellung. Sie folgt für die Hauptverhandlung bereits aus § 244 Abs. 2. Danach kann allein der Umstand, dass das Gericht eine Gegenüberstellung durchgeführt, nicht beanstandet werden, wenn es hierbei Weigerungsrechte beachtet und hierüber belehrt hat. 73

b) Unterlassene Gegenüberstellung. Anders liegt es, wenn das Gericht von einer **Gegenüberstellung absieht** bzw. den **Antrag eines Verfahrensbeteiligten** ablehnt, eine Gegenüberstellung durchzuführen. Zwar stellt der Antrag auf Durchführung einer Gegenüberstellung **keinen Beweisantrag** dar, weil nicht verlangt wird, über bestimmte Tatsachen mittels bestimmter Beweismittel Beweis zu erheben; er braucht deshalb nicht gemäß § 244 Abs. 3–6 beschieden zu werden. Vielmehr handelt es sich um die Anregung, zur Sachaufklärung ein Beweismittel in bestimmter Weise auszuschöpfen.[91] 74

Davon ausgehend kann die Ablehnung einer beantragten Gegenüberstellung sowohl einen **Verstoß gegen die Aufklärungspflicht** begründen als auch eine **unzulässige Beschränkung der Verteidigung** darstellen.[92] Wird etwa beantragt, einen Zeugen so lange im Saal zu belassen, bis der Angekl. einem anderen Zeugen noch einige Vorhalte gemacht habe, mit dem Zweck, hierdurch festzustellen, ob der eine Zeuge auch in Gegenwart des anderen bei seinen früheren Aussagen verbleibt, kann eine Ablehnung des Antrags die Aufklärungspflicht verletzen, weil der Tatrichter grundsätzlich alle – zumutbaren – Mittel, die nach der jeweiligen Verfahrenslage zur Erforschung der Wahrheit erforderlich sind, heranziehen muss. Dem Grundsatz der freien Beweiswürdigung (§ 261 StPO) entspricht die grundsätzliche Freiheit des Tatrichters 75

87 Odenthal NStZ 1985, 433 (437).
88 Vgl. hierzu KG 13.10.1980 – 1 StE 2/77, NStZ 1982, 215 (216).
89 Odenthal NStZ 1985, 433 (435 f.) mwN; s. auch OLG Koblenz 28.9.2000 – 2 Ss 216/00, NStZ-RR 2001, 110.
90 BGH 25.9.2012 – 5 StR 372/12, NStZ-RR 2012, 381 (382).
91 BGH 19.5.1988 – 2 StR 22/88, NStZ 1988, 420 (421).
92 BGH 12.8.1960 – 4 StR 48/60, NJW 1960, 2156 (2157).

in der Wahl der Mittel, deren Gebrauch die Wahrheit fördern kann. In diesem Sinne kann auch die Anhörung eines Zeugen in Gegenwart eines Dritten, zB einer ihm nahestehenden Autoritätsperson eine der Wahrheitserforschung dienliche Verfahrensmaßnahme sein. daneben kann eine fehlerhafte Ablehnung eine unzulässige Beschränkung der Verteidigung iSd § 338 Nr. 8 bedeuten. Insbesondere darf die Gegenüberstellung nicht mit dem Hinweis auf die Berufung des Zeugen auf sein Aussageverweigerungsrecht abgelehnt werden.

76 Wie bei der Beanstandung der Verletzung des Abs. 1 setzt auch die **Zulässigkeit** einer entsprechenden **Aufklärungsrüge** voraus, dass die Anordnung des Vorsitzenden beanstandet und ein Gerichtsbeschluss gemäß § 238 Abs. 2 herbeigeführt wurde.[93]

77 **c) Fehlerhafte Beweiswürdigung.** Das Gericht muss die **Beweisqualität der Wiedererkennung** nachprüfen. Auch angesichts der Fehleranfälligkeit von Wahlgegenüberstellungen und Wahllichtbildvorlagen werden an die Überzeugungsbildung und die Darlegung der Beweiswürdigung in den Urteilsgründen hohe Anforderungen gestellt; dies gilt besonders, wenn die Überzeugungsbildung des Gerichts allein oder im Wesentlichen auf der Aussage und dem Wiedererkennen einer einzelnen Beweisperson beruht.

78 Den Urteilsgründen muss eine **sichere Tatsachengrundlage** für die Überzeugung zu entnehmen sein.[94] Die Zuverlässigkeit der Wiedererkennungsleistung muss in den Urteilsgründen **nachvollziehbar** dargestellt werden. So muss das Gericht, stellt es auf die Wiedererkennungsleistung eines Zeugen ab, darlegen, anhand welcher **Merkmale** er den Angeklagten wiedererkannt hat und die **Täterbeschreibung** durch den Zeugen vor der Gegenüberstellung mitteilen; dies gilt erst recht, wenn der Zeuge den Angeklagten bei einer früheren Lichtbildvorlage oder Gegenüberstellung nicht als Täter erkannt hatte.[95] Ferner kann ein Darlegungsmangel anzunehmen sein, wenn das Gericht die Wiedererkennungsleistung über Polizeibeamte eingeführt hat und sich nicht dazu verhält, ob der Zeuge den Angeklagten **in der Hauptverhandlung wiedererkannt** hat.[96] Schließlich können Mängel im **Aussageverhalten** erörterungspflichtig sein, wenn diese Auswirkungen auf die Zuverlässigkeit der Wiedererkennungsleistung gehabt haben könnten.[97]

79 **aa) Fehlerhafte Gegenüberstellung.** Genügen die Gegenüberstellung oder die Wahllichtbildvorlage nicht den allgemein anerkannten, auch in Nr. 18 RiStBV niedergelegten Anforderungen, führt dies zu einem erheblich geminderten **Beweiswert.** Diese Konsequenz muss das Gericht innerhalb seiner Beweiswürdigung in den Urteilsgründen erkennbar erörtern.[98] Das bloße Erkennen der Fehlerhaftigkeit der Gegenüberstellung bzw. der Fehlerquelle für die Aussage des Zeugen genügt nicht, wenn – entgegen kriminalistischer Erfahrung – Auswirkungen auf das Aussageverhalten ohne nähere Begründung verneint werden.

80 Ferner darf das Gericht nicht übersehen, dass eine in einer ersten polizeilichen Vernehmung abgegebene „detaillierte Täterbeschreibung" den Beweiswert der fehlerhaften Gegenüberstellung nicht verstärken kann, wenn der Zeuge dem Täter, den er später wiedererkannt haben will, wesentliche Merkmale wie etwa eine bestimmte Größe oder Sprache zugeordnet hat, die der Angeklagte gerade nicht aufweist.[99]

81 **bb) Erörterungspflichten beim wiederholten Wiedererkennen.** Der Tatrichter muss sich der Fragwürdigkeit und hohen **Fehleranfälligkeit** des wiederholten Wiedererkennens bewusst sein und dies im Urteil erkennbar berücksichtigen.[100] Werden die hierzu bekannten Erfahrungssätze, namentlich die suggestive Wirkung früherer Wahrnehmungen

[93] BGH 21.2.2001 – 3 StR 244/00, NJW 2001, 2732.
[94] BGH 21.7.2009 – 5 StR 235/09, NStZ 2010, 53 (54) mit insoweit zustAnm Schneider NStZ 2010, 54.
[95] BGH 1.10.2008 – 5 StR 439/08, NStZ 2009, 283.
[96] BGH 1.10.2008 – 5 StR 439/08, NStZ 2009, 283 (284).
[97] BGH 1.10.2008 – 5 StR 439/08, NStZ 2009, 283 (284).
[98] AA Bohlander StV 1992, 441 (444), der bei Verstößen gegen die bei der Gegenüberstellung zu beachtenden Regeln für ein Verwertungsverbot plädiert; näher zu den einzuhaltenden Anforderungen → Rn. 54 ff.
[99] BGH 17.3.1982 – 2 StR 793/81, NStZ 1982, 342.
[100] BGH 28.6.1961 – 2 StR 194/61, BGHSt 16, 204 (206) = NJW 1961, 2070; BGH 19.3.2013 – 5 StR 79/13, BeckRS 2013, 05860.

auf das jeweils spätere Wiedererkennen, nicht oder nicht ausreichend beachtet, liegt regelmäßig ein Darlegungsmangel vor.[101]

82 Die vorstehend dargelegten Anforderungen gelten besonders dann, wenn dem wiederholten Wiedererkennen auf in der Hauptverhandlung vorgelegten Lichtbildern wesentliche Bedeutung für die Überführung beigemessen wurde, wenn das Gericht Zweifel an der Verlässlichkeit der Identifizierung hatte, die erst ausgeräumt waren, als die Zeugen, denen zuvor Lichtbilder gezeigt wurden, den Angeklagten in der Hauptverhandlung wiedererkennen, wenn der Zeuge, der den Angeklagten auf dem vorgelegten Lichtbild nicht erkannt hatte, ihn in der Hauptverhandlung wiedererkennt, das Erkennen als Täter also möglicherweise auf dem Betrachten des Bildes im Ermittlungsverfahren beruht, wenn die Diskrepanz zwischen der Beschreibung des Täters und dem Aussehen des Angeklagten vorliegt oder wenn der Zeuge zuvor eine andere Täterbeschreibung abgab.[102]

83 **cc) Weitere Erörterungspflichten.** Wird im Urteil nichts zur **Rekonstruktion des Wiedererkennens** ausgeführt, liegt regelmäßig ein Darlegungsmangel vor.[103] Regelmäßig darzulegen sind die Bekundungen des Zeugen, auf denen dessen Wertung beruht, dass er den Angeklagten als Täter wiedererkenne; sodann sind die Täterbeschreibung des Zeugen zum Äußeren und zum Erscheinungsbild des Angeklagten in Beziehung zu setzen und die Gesichtspunkte darzustellen, auf denen die Folgerung des Gerichts beruht, dass tatsächlich eine Übereinstimmung besteht.[104] Erörterungsbedürftig ist auch der Umstand, dass die **Zeugengegenüberstellung oder Wahllichtbildvorlage abgebrochen** wurde, weil der Zeuge erklärt, eine Person wiedererkannt zu haben. Denn ein vorzeitiger Abbruch kann zu einer Minderung des Beweiswerts führen.[105]

84 Darlegungspflichtig sind auch die **Wahrnehmungssituation,** deren Umstände und Dauer sowie Hinweise darauf, dass sich der Zeuge bei seiner Einschätzung unsicher sein könnte.[106] Das Urteil ist ferner lückenhaft, wenn es nicht mitteilt, ob zwischen einer zeitnah nach der Tat abgegebene Täterbeschreibung durch einen Zeugen und dem damaligen äußeren **Erscheinungsbild** des Angeklagten überhaupt eine **Ähnlichkeit** bestanden hat.[107] Besonders dann, wenn gewichtige weitere Beweismittel fehlen, muss das Tatgericht darlegen, welche Einzelheiten der Täterphysiognomie sich der Zeuge anlässlich des Tatgeschehens einprägen konnte und aufgrund welcher konkreten Übereinstimmungen er in der Lage war, den Angeklagten im Rahmen einer Lichtbildvorlage zu identifizieren.[108]

85 Das Urteil sollte sich auch dazu verhalten, ob der Zeuge den Angeklagten in der Hauptverhandlung wiedererkannt hat, da ein **eventuelles Nichtwiedererkennen** des Angeklagten, sofern er sein Erscheinungsbild inzwischen nicht erheblich verändert haben sollte, gegen die Zuverlässigkeit der früheren Identifizierung sprechen könnte.[109]

86 Schließlich muss sich das Tatgericht in den Urteilsgründen mit Zweifeln des Zeugen und **Unsicherheiten** bei der Wiedererkennungsleistung[110] sowie mit den in → Rn. 64 ff. dargelegten Konstellationen befassen.

---

[101] BGH 30.3.2016 – 4 StR 102/16, NStZ-RR 2016, 223; 29.11.2016 – 2 StR 472/16, NStZ-RR 2017, 90.
[102] BGH 4.3.1997 – 1 StR 778/96, NStZ 1997, 355 mwN.
[103] Schweling MDR 1969, 177 (179).
[104] BGH 29.11.2016 – 2 StR 472/16, NStZ-RR 2017, 90.
[105] BGH 9.11.2011 – 1 StR 524/11, NStZ 2012, 172.
[106] Vgl. BGH 9.4.2013 – 5 StR 58/13, StraFo 2013, 250; KG 13.10.1980 – 1 StE 2/77, NStZ 1982, 215 (216) zur kurzen Wahrnehmung des Täters durch einen Türspalt; OLG Düsseldorf 20.11.2000 – 2a Ss 328/00 – 82/00 II, NStZ-RR 2001, 109 zu einem Zeugen, der dem Täter aus einer Entfernung von ca. 8 Metern für ein bis zwei Sekunden in die Augen gesehen hatte.
[107] BGH 27.11.1996 – 3 StR 423/96, StV 1997, 454.
[108] OLG Düsseldorf 20.11.2000 – 2a Ss 328/00 – 82/00 II, NStZ-RR 2001, 109.
[109] BGH 27.11.1996 – 3 StR 423/96, StV 1997, 454; OLG Koblenz 28.9.2000 – 2 Ss 216/00, NStZ-RR 2001, 110 (111) mwN.
[110] BGH 25.9.2012 – 5 StR 372/12, NStZ-RR 2012, 381.

§ 58a Aufzeichnung der Vernehmung in Bild und Ton

(1) [1]Die Vernehmung eines Zeugen kann in Bild und Ton aufgezeichnet werden. [2]Sie soll nach Würdigung der dafür jeweils maßgeblichen Umstände aufgezeichnet werden und als richterliche Vernehmung erfolgen, wenn

1. damit die schutzwürdigen Interessen von Personen unter 18 Jahren sowie von Personen, die als Kinder oder Jugendliche durch eine der in § 255a Absatz 2 genannten Straftaten verletzt worden sind, besser gewahrt werden können oder

2. zu besorgen ist, dass der Zeuge in der Hauptverhandlung nicht vernommen werden kann und die Aufzeichnung zur Erforschung der Wahrheit erforderlich ist.

[3]Die Vernehmung muss nach Würdigung der dafür jeweils maßgeblichen Umstände aufgezeichnet werden und als richterliche Vernehmung erfolgen, wenn damit die schutzwürdigen Interessen von Personen, die durch Straftaten gegen die sexuelle Selbstbestimmung (§§ 174–184j des Strafgesetzbuches) verletzt worden sind, besser gewahrt werden können und der Zeuge der Bild-Ton-Aufzeichnung vor der Vernehmung zugestimmt hat.

(2) [1]Die Verwendung der Bild-Ton-Aufzeichnung ist nur für Zwecke der Strafverfolgung und nur insoweit zulässig, als dies zur Erforschung der Wahrheit erforderlich ist. [2]§ 101 Abs. 8 gilt entsprechend. [3]Die §§ 147, 406e sind entsprechend anzuwenden, mit der Maßgabe, dass den zur Akteneinsicht Berechtigten Kopien der Aufzeichnung überlassen werden können. [4]Die Kopien dürfen weder vervielfältigt noch weitergegeben werden. [5]Sie sind an die Staatsanwaltschaft herauszugeben, sobald kein berechtigtes Interesse an der weiteren Verwendung besteht. [6]Die Überlassung der Aufzeichnung oder die Herausgabe von Kopien an andere als die vorbezeichneten Stellen bedarf der Einwilligung des Zeugen.

(3) [1]Widerspricht der Zeuge der Überlassung einer Kopie der Aufzeichnung seiner Vernehmung nach Absatz 2 Satz 3, so tritt an deren Stelle die Überlassung des Protokolls an die zur Akteneinsicht Berechtigten nach Maßgabe der §§ 147, 406e. [2]Das Recht zur Besichtigung der Aufzeichnung nach Maßgabe der §§ 147, 406e bleibt unberührt. [3]Der Zeuge ist auf sein Widerspruchsrecht nach Satz 1 hinzuweisen.

Schrifttum: Caesar, Noch stärkerer Schutz für Zeugen und andere nicht beschuldigte Personen im Strafprozess?, NJW 1998, 2313; Claus, Zur Modernisierung des Strafverfahrens, NStZ 2020, 57; Diemer, Der Einsatz der Videotechnologie in der Hauptverhandlung, NJW 1999, 1667; Diemer, Zur Bedeutung der Videoaufzeichnung im Revisionsverfahren, NStZ 2002, 16; Eisenberg/Zötsch, Der Zeugenbeweis im Strafverfahren, NJW 2003, 3676; Griesbaum, Der gefährdete Zeuge. Überlegungen zur aktuellen Lage des Zeugenschutzes im Strafverfahren, NStZ 1998, 433; Kretschmer, Einige Eckpunkte in der Entwicklung der Videoaufzeichnung von strafprozessualen Zeugenvernehmungen, JR 2006, 453; Laubenthal, Schutz sexuell missbrauchter Kinder durch Einsatz der Videotechnologie im Strafverfahren, JZ 1996, 335; Leipold, Die Videovernehmung, NJW-Spezial 2005, 471; Mitsch, Videoaufzeichnung als Vernehmungssurrogat in der Hauptverhandlung, JuS 2005, 102; Nack/Park/Brauneisen, Gesetzesvorschlag der Bundesrechtsanwaltskammer zur Verbesserung der Wahrheitsfindung im Strafverfahren durch den verstärkten Einsatz von Bild- und Tontechnik, NStZ 2011, 310; Rieß, Zeugenschutz bei Vernehmungen im Strafverfahren, NJW 1998, 3240; Rieß, Das neue Zeugenschutzgesetz, insbesondere Videoaufzeichnungen von Aussagen im Ermittlungsverfahren und in der Hauptverhandlung, StraFo 1999, 1; Schlothauer, Video-Vernehmung und Zeugenschutz, StV 1999, 47; Trück, Herausgabe von Bändern einer Videovernehmung an den Verteidiger im Wege der Akteneinsicht?, NStZ 2004, 129; Walter, Vermummte Gesichter, verzerrte Stimmen – audiovisuell verfremdete Aussagen von V-Leuten?, StraFo 2004, 224; Weider/Staechelin, Das Zeugenschutzgesetz und der gesperrte V-Mann, StV 1999, 51; Zschockelt/Wegner, Opferschutz und Wahrheitsfindung bei Vernehmung von Kindern in Verfahren wegen sexuellen Missbrauchs, NStZ 1996, 305.

Übersicht

A. Überblick

I. Normzweck

1 Die Vorschrift wurde durch das Gesetz zum Schutz von Zeugen bei Vernehmungen im Strafverfahren und zur Verbesserung des Zeugenschutzes v. 30.4.1998[1] **(ZeugenschutzG),** gemeinsam mit den §§ 168e, 247a, 255a, 397a Abs. 1, neu eingeführt. Dieses am 1.12.1998 in Kraft getretene Gesetz bildet den Ausgangspunkt einer ganzen Reihe von Gesetzesänderungen, die vorrangig das Ziel verfolgen, die Belange und Interessen der (Opfer-)zeugen besser zu vertreten und zu schützen und ihre Stellung im Strafprozess zu stärken.[2] Gleichzeitig sollte die gesetzliche Grundlage für den Einsatz der Videotechnik bei Vernehmungen von Zeugen im Strafverfahren geschaffen werden.[3]

2 § 58a dient – gemeinsam mit den oben genannten Vorschriften – aber nicht nur dem **Zeugenschutz,** sondern auch der **Beweissicherung** und der **Wahrheitsfindung.** Die Bestimmungen des § 58a gelten nur für Zeugen; auf Beschuldigte sind sie nicht anwendbar.[4] Die Bedeutung und die Folgen ihrer Anwendung erschließen sich erst in der **Zusammenschau mit § 255a;** dieser regelt die Vorführung der Bild-Ton-Aufzeichnung einer Zeugenvernehmung in der Hauptverhandlung und die Fälle, in denen die Ersetzung der Zeugenvernehmung durch die Vorführung der Aufzeichnung einer richterlichen Vernehmung möglich ist.

3 Der Gesetzgeber hat den **Anwendungsbereich** des § 58a **wiederholt erweitert.** Zunächst beseitigte das **OpferRRG** vom 24.6.2004[5] die Subsidiarität der Videovernehmung und stärkte Anwesenheitsrechte der Verfahrensbeteiligten. Aufgrund des **2. OpferRRG** v. 29.7.2009[6] wurden mit Wirkung vom 1.10.2009 in Abs. 1 Nr. 1 Opferzeugen unter 18 Jahren einbezogen; die Altersgrenze lag zuvor bei 16 Jahren. Dennoch tauchten kaum Entscheidungen auf, in denen die Bestimmung thematisiert wird. Das Gesetz zur Stärkung der Rechte von Opfern sexuellen Missbrauchs v. 26.6.2013 **(StORMG),** in Kraft getreten am 1.9.2009, hat den Anwendungsbereich des § 58a Abs. 1 S. 2 Nr. 1 abermals ausgedehnt. Gleichzeitig wurden die Möglichkeiten, in der Hauptverhandlung die **Vernehmung** des Zeugen **durch die Vorführung** der Bild-Ton-Aufzeichnung seiner früheren – richterlichen – Vernehmung **zu ersetzen,** durch die in § 255a Abs. 2 neu eingefügten Sätze 2 und 3 erweitert. Das am 13.12.2019 in Kraft getretene **Gesetz zur Modernisierung des Strafverfahrens,** das Abs. 1 aus Gründen des Opferschutzgründen um die zwingende Regelung des S. 3 ergänzt hat (dazu → Rn. 65 ff.), führt nochmals zu einer beträchtlichen Erweiterung des Anwendungsbereichs.

4 **1. Zeugenschutz.** § 58a Abs. 1 will dem Zeugenschutz bereits im Ermittlungsverfahren Rechnung tragen. Durch das Festhalten der Aussagen in Bild und Ton sollen – die die Opfer häufig belastenden – Mehrfachvernehmungen vermieden oder zumindest die **Anzahl der Vernehmungen verringert** werden.[7] Ferner wird der Zeuge vor Bedrohungen, Repressalien oder anderen Beeinflussungen besser geschützt, wenn seine persönliche Vernehmung in der Hauptverhandlung entbehrlich ist, weil eine verwertbare Bild-Ton-Aufzeichnung vorliegt.[8] So kommt etwa in einer **Gefährdungssituation** für einen Zeugen ein Vorgehen nach § 58a in Betracht, bevor diesem deshalb ein ohnehin nur in eng begrenzten Ausnahmefällen denkbares aus § 34 StGB abgeleitetes außergesetzliches Zeugnisverweigerungsrecht zugebilligt wird.[9]

---

1 BGBl. I 820.
2 Zur kontroversen Entstehungsgeschichte des § 58a Rieß StraFo 1999, 1 f. Zu wesentlichen Stationen der Opferschutzgesetzgebung → Vor § 48 Rn. 57 ff.
3 Zur Entwicklung Kretschmer JR 2006, 453.
4 Otte in Radtke/Hohmann Rn. 2 mwN.
5 BGBl. I 1354.
6 BGBl. I 2280.
7 BGH 3.8.2004 – 1 StR 288/04, NStZ-RR 2004, 336 (dort nur red. Ls.).
8 Schmitt in Meyer-Goßner/Schmitt Rn. 1.
9 Vgl. BGH 8.6.2017 – 4 StR 19/17, BeckRS 2017, 127907 Rn. 24.

Besonders bei **kindlichen oder noch jungen Opferzeugen** besteht die Gefahr zusätzlicher Schädigung durch eine sekundäre Traumatisierung; je nach individueller Disposition können die mit Mehrfachvernehmungen verbundenen Belastungen Angst-, Schlaf-, Konzentrationsstörungen oder Stimmungsveränderungen hervorrufen.[10] Insoweit kann die Videovernehmung entlastend wirken, weil sich dadurch wiederholte Befragungen des Zeugen im Ermittlungsverfahren und/oder eine erneute Vernehmung in der Hauptverhandlung unter Umständen vermeiden lassen.[11] Dementsprechend sieht Nr. 19 Abs. 1 RiStBV vor, dass die mehrfache Vernehmung von Kindern und Jugendlichen vor der Hauptverhandlung nach Möglichkeit zu vermeiden ist. Mit der Neufassung und Erweiterung des § 58a Abs. 1 S. 2 Nr. 1 verfolgt der Gesetzgeber das Ziel, in mehr Fällen als bisher die Möglichkeit zu eröffnen, die Vernehmung des Zeugen in der Hauptverhandlung durch die Vorführung der Aufzeichnung seiner früheren richterlichen Vernehmung zu ersetzen. 5

2. Beweissicherung. § 58a Abs. 1 S. 1 und 2 ermöglichen – unabhängig von der Schutzbedürftigkeit des Zeugen – die Aufzeichnung der Vernehmung zu Zwecken der Beweissicherung. Dieser Aspekt gewinnt besonders bei Sexualstraftaten Bedeutung. Hier kommt der Erstaussage des Opfers regelmäßig besondere Bedeutung zu; dies gilt namentlich dort, wo – wie nicht selten – lange Zeiträume zwischen den Vorwürfen und der Anzeigeerstattung liegen.[12] In solchen Fällen ist es grundsätzlich empfehlenswert, die Angaben im Rahmen der Erstvernehmung nicht nur schriftlich, sondern auch auf Videoband zu sichern. Diese Form der Beweissicherung führt zudem gleichzeitig zum Schutz des Zeugen, dessen Aussage für weitere Ermittlungen und besonders für eine Begutachtung durch Sachverständige zur Verfügung steht, ohne dass es erneuter Vernehmungen bedürfte. Insofern können sich die Anwendungsbereiche der beiden Nummern des Abs. 1 überschneiden. 6

3. Wahrheitsfindung. Die Möglichkeit, aufgezeichnete Vernehmungen im Ermittlungsverfahren auszuwerten und in die spätere Hauptverhandlung einzuführen, eröffnet den Ermittlungsbehörden neue und ggf. überlegenere Nachweismöglichkeiten und dem Gericht eine bessere Erkenntnisgrundlage sowie zusätzliche Bausteine für seine Überzeugungsbildung. Durch die Videoaufzeichnungen wird eine fundierte Aussageanalyse unterstützt und erleichtert, besonders was die Merkmale der Aussagekonstanz und der emotionalen Angemessenheit des Zeugenverhaltens anbelangt, denn die Aufzeichnung gibt neben den Gedankeninhalten auch die Gebärden und andere körperliche Reaktionen des Zeugen wieder. Insoweit dient der Opferschutz auch der Wahrheitsfindung und steht ihr nicht entgegen.[13] 7

Zudem lassen sich durch die Videovernehmung Übertragungsfehler, wie sie beim schriftlichen Protokoll entstehen können, ausschließen. Schließlich werden Auseinandersetzungen über den Inhalt und die Authentizität von Protokollinhalten sowie aufkommende Fragen nach der Art und Weise der Vernehmung oder der Einhaltung von Belehrungsvorschriften leichter aufklärbar.[14] Die Aufzeichnung erscheint dadurch einerseits dem schriftlichen Vernehmungsprotokoll überlegen.[15] Andererseits können beim Zeugen durch die ungewohnte Situation, sich vor der Kamera äußern zu müssen, Hemmungen entstehen.[16] 8

II. Allgemeines

1. Zusammenhänge mit anderen Vorschriften. Funktion, Bedeutung und Auswirkungen des § 58a erschließen sich erst in einer Gesamtbetrachtung mit weiteren, zeitgleich eingeführten Vorschriften: § 168e regelt die von den Anwesenheitsberechtigten getrennte Vernehmung des Zeugen und deren zeitgleiche Übertragung, wobei § 58a nach § 168e 9

---

[10] Laubenthal JZ 1996, 335 (338).
[11] Zu dieser Zielsetzung durch Erweiterung des § 58a Abs. 1 S. 2 BT-Drs. 17/6261, 10.
[12] BGH 17.2.1994 – 1 StR 723/93, NStZ 1994, 297.
[13] Zschockelt/Wegner NStZ 1996, 305.
[14] Nack/Park/Brauneisen NStZ 2011, 310.
[15] Griesbaum NStZ 1998, 433 (438).
[16] Diemer NJW 1999, 1667 (1671).

S. 4 anzuwenden ist. § 247a enthält § 58a Abs. 1 verdrängende Spezialregelungen für die Hauptverhandlung; § 58a Abs. 2 gilt auch in den Fällen des § 247a. § 255a normiert die Verwertung der nach § 58a oder § 247a entstandenen Videoaufzeichnungen in der Hauptverhandlung.[17]

10 Trotz der gemäß § 255a Abs. 2 vorgesehenen Möglichkeit, die Zeugenvernehmung in der Hauptverhandlung durch die Vorführung der Bild-Ton-Aufzeichnung zu ersetzen, wenn Angeklagter und Verteidigung Gelegenheit hatten, an ihr mitzuwirken, führt die nach § 58a erstellte Aufzeichnung der richterlichen Vernehmung des Zeugen nicht automatisch dazu, dass dem Zeugen ein Auftreten und eine **Vernehmung in der Hauptverhandlung** erspart bleibt. Seine ergänzende Vernehmung kann unter Aufklärungsgesichtspunkten geboten sein, besonders, wenn weitere, mit den Zeugenangaben nicht in Einklang stehende Beweisaufnahmeergebnisse angefallen sind.[18]

11 **2. Regelungsinhalte. § 58a Abs. 1** regelt die Möglichkeit der Video-Dokumentation von Vernehmungsinhalten neben den herkömmlichen Protokollierungs- und Verwertungsmöglichkeiten. Abs. 1 S. 1 und Abs. 1 S. 2 Nr. 2 gelten für alle Zeugen, Abs. 1 S. 2 Nr. 1 für im Vernehmungszeitpunkt minderjährige Zeugen sowie für diejenigen Zeugen, die als Minderjährige durch eine der in § 255a Abs. 2 genannten Straftaten verletzt wurden. Hinzu tritt – unabhängig vom Alter des Zeugen – nach Abs. 1 S. 3 eine Mussvorschrift für Verletzte eines Sexualdelikts. Die Vorschriften der §§ 168 ff. bleiben durch § 58a unberührt. Deshalb ist auch im Falle der Videoaufzeichnung einer Vernehmung ein **schriftliches Vernehmungsprotokoll** anzufertigen; die Videoaufzeichnung ersetzt das Protokoll nicht.[19] § 255a regelt die Verwertung der Videoaufzeichnung in der Hauptverhandlung.

12 **§ 58a Abs. 2 und 3,** durch das OpferRRG v. 24.6.2004 wesentlich erweitert, wollen die Persönlichkeitsrechte der Zeugen stärken und missbräuchliche Verwendungen der Videoaufzeichnung oder von Kopien der Aufzeichnung verhindern. Abs. 2 regelt die Verwendung der Aufzeichnung, die Einsichtsrechte sowie die Herstellung von und den Umgang mit Kopien der Vernehmungsaufzeichnung und die Vernichtung der Aufzeichnung, Abs. 3 den Widerspruch des Zeugen gegen die Überlassung von Kopien.

13 **3. Erfordernis des Ausgleichs.** Der **Zeugenschutz** sollte nicht nur nach der Intention des Gesetzgebers, sondern auch im Alltag der Gerichtspraxis stets als wichtiges und berechtigtes Anliegen präsent sein. Dennoch darf der Aspekt des Zeugenschutzes von den Ermittlungsbehörden und den Tatgerichten **nicht einseitig überbetont** werden. Vielmehr gilt es, bei der Anwendung der Vorschriften über die Videovernehmung ebenso wie bei der Zulassung anderer Schutzmaßnahmen zugunsten gefährdeter oder minderjähriger Zeugen (vgl. etwa §§ 68, 68a, 68b, 168c, 241a, 406f, 406g) die Belange des Zeugenschutzes, die gerichtliche Aufklärungspflicht und die Rechte der Verfahrensbeteiligten in einen **angemessenen Ausgleich** zu bringen. Dabei muss auch dem Frage- und Konfrontationsrecht des Beschuldigten bzw. Angeklagten (vgl. Art. 6 Abs. 3d EMRK) Rechnung getragen werden; dies gilt besonders, wenn durch Maßnahmen im Ermittlungsverfahren wie die richterliche Vernehmung eines wichtigen Zeugen und deren Aufzeichnung ein Teil der Beweisaufnahme der Hauptverhandlung gleichsam als vorweggenommen erscheint.

14 **4. Gefahren und Auswirkungen der Aufzeichnung auf Beweiswürdigung und Aufklärungspflicht.** Die in der Aufzeichnung der Vernehmung angelegte Durchbrechung des Unmittelbarkeitsgrundsatzes **erschwert die Beweiswürdigung** deutlich. Dadurch, dass die unmittelbare Aussage des Zeugen durch das Verwenden einer Vernehmungsaufzeichnung ersetzt wird, wird es für das Gericht entweder unmöglich oder zumindest erheblich schwieriger, die für die Überzeugungsbildung oft bedeutsamen Glaubhaftigkeitskriterien der Aussagekonstanz und der Aussageentwicklung anzulegen. Dies kann im Einzelfall den

[17] Näher Mitsch JuS 2005, 102.
[18] BGH 15.4.2003 – 1 StR 64/03, NStZ 2003, 613.
[19] Otte in Radtke/Hohmann Rn. 8.

Beweiswert der Aussage schmälern. Denn dort, wo das Gericht seine Überzeugung im Wesentlichen oder ausschließlich auf die Aussage des Belastungszeugen stützt, bedarf es einer genauen Aussageanalyse und besonders sorgfältiger Prüfung der Zeugenangaben. Die gebotene **besondere Glaubhaftigkeitsprüfung** erfasst alle Fälle, in denen Aussage gegen Aussage steht und damit vor allem eine Vielzahl von Verfahren, in denen einem Angeklagten Sexualdelikte zur Last gelegt werden und sich dieser durch Schweigen oder Bestreiten des Vorwurfs verteidigt.[20] Existiert nur eine Vernehung des Zeugen bzw. wird dieser in der Hauptverhandlung nicht mehr befragt, ist das Gericht zu einem Vergelich zwischen früheren und aktuellen Angaben nicht mehr in der Lage. Ebenso wenig kann es seiner Verpflichtung nachkommen, die Aussageentwicklung anhand von Angaben des Opferzeugen im Urteil darzulegen,[21] Auch wenn jede Aussage eines Zeugen mit einer gewissen, individuell unterschiedlich empfundenen Belastung verbunden ist, darf nicht ausgebelndet werden, dass sich ein Opferzeuge durch Informations- und Teilhaberechte einen Wissensvorsprung verschaffen kann und die Herausnahme seiner persönlichen Vernehmung aus der Hauptverhandlung im Ergebnis – namentlich dort, wo eine geständige Einlassung oder andere gewichtige Beweismittel fehlen – die **Wahrheitsfindung erschwert.** Damit verstärkt § 58a den **Konflikt zwischen Opferschutz und Wahrheitsfindung.**[22]

Die verschiedenen Varianten des § 58a berühren die **Aufklärungspflicht** nicht. Das Tatgericht muss auch in den Fällen, in denen das Vorhaben, die Vernehmung eines Zeugen in der Hauptverhandlung durch die Vorführung der Bild-Ton-Aufzeichnung seiner früheren richterlichen Vernehmung zu ersetzen, realisiert wird, den Anforderungen der Aufklärungspflicht uneingeschränkt genügen. 15

Auch dann, wenn eine Vernehmungsaufzeichnung vorhanden ist, kann das Gericht im Ergebnis die mit einem **höheren Beweiswert verbundene persönliche Vernehmung des Zeugen** für erforderlich halten, die Aufzeichnung zu Zwecken des Vorhalts verwenden und sie zur Beurteilung des wichtigen Glaubhaftigkeitskriteriums der Aussagekonstanz zusätzlich in Augenschein nehmen. Außerdem kann sich, besonders bei Einführung länger zurückliegender Vernehmungsaufzeichnungen, eine – in § 255a Abs. 2 S. 4 ausdrücklich vorgesehene – **ergänzende Befragung** des Geschädigten als notwendig erweisen. Dies wird etwa der Fall sein, wenn nach der Videovernehmung neue Umstände aufgetreten sind, zu denen der Zeuge befragt werden muss[23] oder wenn trotz der eingeführten Vernehmungsaufzeichnung das aktuelle Ausmaß der Tatfolgen, die den Verletzten getroffen haben, offen geblieben ist. Denn hierbei kann es sich um für die Schuld- und besonders für die Straffrage entscheidungserhebliche oder zumindest bedeutsame Aspekte handeln, zu denen im Wege des Strengbeweises Feststellungen in der Hauptverhandlung getroffen werden müssen. 16

Namentlich bei Sexualstraftaten wird die Konstellation, in der an den oftmals einzigen Belastungszeugen und Geschädigten keine Fragen mehr zu stellen sind, nur selten eintreten. Denn in einer während des Ermittlungsverfahrens aufgezeichneten (Erst-)vernehmung des Zeugen wird es kaum möglich sein, alle Fragen und aufzuklärenden Punkte abzuhandeln, die im Hauptverfahren relevant sind und/oder im weiteren Verfahrensverlauf nach der Aufzeichnung aufgrund hinzugekommener Ermittlungsergebnisse und Erkenntnisse aufklärungspflichtig werden. Um einer falschen Erwartungshaltung vorzubeugen, sollte der vernehmende Richter den Zeugen darüber informieren, dass die Anfertigung einer Aufzeichnung keine automatische Garantie dafür bieten kann, dass keine weitere Vernehmung notwendig wird. 17

20 Zu den Anforderungen zB BGH 25.4.2018 – 2 StR 194/17, NStZ 2019, 42; 7.2.2018 – 2 StR 447/17, NStZ-RR 2018, 220; 7.7.2014 – 2 StR 94/14, NStZ 2014, 667.

21 Vgl. BGH 12.12.2012 – 5 StR 544/12, NStZ-RR 2013, 119; 25.4.2018 – 2 StR 94/17, NStZ 2018, 667.

22 So aber die Strafverteidigervereinigungen in ihrer Stellungnahme vom 1.3.2011 zum Referentenentwurf des Bundesministeriums der Justiz für ein Gesetz zur Stärkung der Rechte von Opfern sexuellen Missbrauchs.

23 Vgl. Schlothauer StV 1999, 47 (49).

B. Erläuterung

I. Anwendungsbereiche

18 **1. Ermittlungsverfahren. a) Polizeiliche Zeugenvernehmungen.** Der durch das 2. OpferRRG mit Wirkung vom 1.10.2009 eingeführte § 163 Abs. 3 ordnet nunmehr ausdrücklich die entsprechende Anwendung des § 58a bei polizeilichen Zeugenvernehmungen an. Durch diese Vorschrift ist die früher angesichts der in § 163a Abs. 5 aF fehlenden Verweisung strittig diskutierte Frage, ob § 58a Abs. 1 die Polizei zu Videovernehmungen befugt, gegenstandslos geworden.[24]

19 **b) Staatsanwaltschaftliche Zeugenvernehmungen.** Für diese Zeugenvernehmungen bestimmt § 161a Abs. 1 S. 2 die Anwendbarkeit des § 58a. Im Allgemeinen, insbesondere aber, wenn wegen Straftaten gegen die sexuelle Selbstbestimmung (§§ 174 ff. StGB), gegen das Leben (§§ 212 ff. StGB) oder wegen Delikten nach §§ 225, 232–232a StGB ermittelt wird, empfiehlt sich, namentlich bei Zeugen unter 18 Jahren, wegen der erleichterten Verwertbarkeit in einer späteren Hauptverhandlung die richterliche Videovernehmung. Denn nach § 255a Abs. 2 kann die Vernehmung minderjähriger Zeugen durch die Vorführung der richterlichen Videovernehmung ersetzt werden, wenn für den Angeklagten und seinen Verteidiger eine Mitwirkungsmöglichkeit bestand.

20 **c) Richterliche Zeugenvernehmungen.** § 58a ist bei allen richterlichen Vernehmungen von Zeugen anwendbar, gleichviel, ob der Richter als Ermittlungsrichter, beauftragter Richter oder im Rahmen einer kommissarischen Vernehmung[25] tätig wird. Die richterliche Videovernehmung des Zeugen erscheint **in der Praxis vorzugswürdig,** weil § 255a Abs. 1 durch seine Verweisung auf §§ 251 ff. die Vorführung und Verwertung der Aufzeichnung in einer späteren Hauptverhandlung erleichtert und § 255a Abs. 2 in bestimmten Fällen die Ersetzung der Vernehmung durch die richterliche Videovernehmung gestattet. Dementsprechend regelt § 58a Abs. 1 S. 2, dass in den dort bestimmten Fällen eine richterliche Videovernehmung erfolgen soll.

21 Führt der Ermittlungsrichter die Videovernehmung durch, bietet ihm **§ 168e** die Möglichkeit einer **von den Anwesenheitsberechtigten getrennte Vernehmung** des Zeugen. Hierdurch kann der Schutz gefährdeter Zeugen wesentlich verbessert werden. Die getrennte Vernehmung setzt nicht nur die dringende Gefahr eines schwerwiegenden Nachteils für den Zeugen voraus. Sie ist zudem gegenüber anderen Schutzmaßnahmen (§ 168c Abs. 3 und Abs. 5, §§ 68, 68a, 68b, 241a, 406f, 406g) subsidiär und kommt danach nur ausnahmsweise in Betracht.

22 **2. Hauptverfahren.** In der Hauptverhandlung ist **§ 58a Abs. 1 nicht anwendbar.** § 247a trifft, wie schon die Stellung dieser Norm in der StPO zeigt, in seinen Sätzen 1–4 die für die Hauptverhandlung gegenüber § 58a Abs. 1 spezielleren Regelungen,[26] obwohl § 247a nach seinem Wortlaut nur den Fall einer zeitgleichen Video-Übertragung betrifft.[27] Jedoch gelten nach § 247a S. 5 für die Hauptverhandlung die Vorschriften des § 58a Abs. 2. § 58a ist auch im **Wiederaufnahmeverfahren** anwendbar.[28]

23 Die Videoaufzeichnungen sind den Vernehmungsniederschriften gleichgestellt. In den Fällen des § 255a Abs. 2 kann die Vorführung der Aufzeichnung die Vernehmung des Zeugen ersetzen. Die Anordnung, die Videoaufzeichnung vorzuführen, erfolgt durch Anordnung des Vorsitzenden im Rahmen seiner Verhandlungsleitung nach § 238 Abs. 1.[29]

---

[24] Zum damaligen Streitstand Otte in Radtke/Hohmann Rn. 2 mwN.

[25] Vgl. Diemer NJW 1999, 1667 (1668).

[26] Bader in KK-StPO Rn. 3; Ignor/Bertheau in Löwe/Rosenberg Rn. 6; Schmitt in Meyer-Goßner/Schmitt Rn. 2a.

[27] Rieß StraFo 1999, 1 (3).

[28] Ignor/Bertheau in Löwe/Rosenberg Rn. 27.

[29] BGH 26.8.2011 – 1 StR 327/11, NJW 2011, 3382 mablAnm Eisenberg StraFo 2011, 397.

II. § 58a Abs. 1 S. 1

1. Geltungsbereich. Nach dieser Vorschrift dürfen Zeugenvernehmungen generell auf Bild-Tonträger aufgezeichnet werden. Sie gilt – im Gegensatz zu Satz 2 – für **alle Zeugen.** Auf das Alter, eine besondere Schutzbedürftigkeit des Zeugen oder den in Rede stehenden Vorwurf kommt es nicht an. Dieser vom Wortlaut des Abs. 1 S. 1 her sehr weite Geltungsbereich ist jedoch unter dem Blickwinkel der Normzwecke bzw. im Rahmen der Ermessensausübung des Vernehmenden einzuschränken (→ Rn. 25 ff.). 24

2. Ermessen. a) Kriterien zur Ermessensausübung. Abs. 1 S. 1 ermächtigt den Vernehmenden, nach seinem **Ermessen** die Video-Aufzeichnung der Vernehmung anzuordnen. Kriterien für die Ermessensausübung nennt das Gesetz nicht. Das Ermessen kann – anders als in den Fällen des Abs. 1 S. 2 – uneingeschränkt ausgeübt werden. Dennoch sollte aus mehreren Gründen von der Ermächtigung des Abs. 1 S. 1 nur sehr **zurückhaltend Gebrauch** gemacht werden.[30] Es geht dabei nicht nur um den technischen Aufwand, der mit der Durchführung einer Videovernehmung, besonders dort, wo eine fest installierte Aufzeichnungseinrichtung fehlt, verbunden ist.[31] Gesehen werden muss zunächst, dass das Betrachten auch einer qualitativ hochwertigen Aufzeichnung einer Vernehmung die persönliche Begegnung mit dem Zeugen und seine Befragung in der Verhandlung nicht uneingeschränkt zu ersetzen vermag. Hinzu kommt, dass die Anordnung, eine Videovernehmung durchzuführen, regelmäßig dazu führen wird, dass der Zeuge in der Hauptverhandlung nicht mehr persönlich gehört wird und damit eine Durchbrechung des Unmittelbarkeitsgrundsatzes nach sich zieht.[32] Schließlich ist mit der Aufzeichnung ein Eingriff in die Persönlichkeitsrechte des Vernommenen verbunden.[33] 25

Die Anordnung einer Videovernehmung sollte sich deshalb – ausgehend von den gesetzgeberischen Intentionen – streng an den **Erfordernissen des Zeugenschutzes (dazu → Rn. 4, 5) und der Beweissicherung (dazu → Rn. 6)** orientieren. Demgegenüber erscheinen der Umfang, die Bedeutung oder der Wahrheitsgehalt der erwarteten Aussage keine geeigneten Kriterien,[34] ebenso wenig die Entscheidungserheblichkeit der Bekundungen des Zeugen.[35] Denn anderenfalls unterfiele nahezu jeder Hauptbelastungszeuge eines Strafverfahrens der Regelung des Abs. 1 S. 1. 26

b) Beispiele. Ausgehend von den vorstehenden Erwägungen kommt die Aufzeichnung der Vernehmung etwa bei Zeugen in Betracht, die besonders schutzbedürftig sind, weil sie sich in einer **Gefährdungslage** befinden (ausführlich → Rn. 43 ff.). Diese kann namentlich im Zusammenhang mit der **Bekämpfung organisierter Kriminalität** oder deshalb entstehen, weil sich der Zeuge aus der kriminellen Szene gelöst hat; hingegen reichen Unannehmlichkeiten oder Nachteile im zwischenmenschlichen Bereich nicht aus, eine Gefährdungslage zu bejahen.[36] 27

Die Videovernehmung kommt auch dann in Frage, wenn der Zeuge bzw. Opferzeuge die Altersgrenze der beiden Alternativen des Satzes 2 Nr. 1 nur geringfügig überschritten hat oder von seinem **Entwicklungsstand** noch einem Minderjährigen gleichzustellen ist oder wenn zu befürchten ist, dass der Zeuge für eine **Hauptverhandlung nicht zur Verfügung** stehen wird, zB wegen einer schweren oder lebensbedrohlichen Erkrankung, bei absehbaren längeren Auslandsaufenthalten, eines Zeugen oder wenn die gesetzlichen Vertreter eines Kindes dessen Vernehmung in einer Hauptverhandlung nicht gestatten wollen.[37] 28

---

30 Ebenfalls für eine einschränkende Handhabung Ignor/Bertheau in Löwe/Rosenberg Rn. 11.
31 Hierin sehen Bader in KK-StPO Rn. 3 und Joecks StPO Rn. 2 einen Hinderungsgrund.
32 Huber in BeckOK StPO Rn. 6; dazu Laubenthal JZ 1996, 335 (342).
33 Ignor/Bertheau in Löwe/Rosenberg Rn. 12.
34 AA Ignor/Bertheau in Löwe/Rosenberg Rn. 12.
35 AA Huber in BeckOK StPORn. 6.
36 Griesbaum NStZ 1998, 433 f.
37 Bader in KK-StPO Rn. 3.

29 Für eine Videovernehmung auf der Grundlage des Abs. 1 S. 1 kommen nicht nur die häufig angeführten **Opfer** gravierender Sexualstraftaten, sondern auch diejenigen Zeugen in Frage, die durch schwere Raub- oder Erpressungstaten, aufgrund einer Entführung oder Geiselnahme, durch versuchte Tötungsdelikte oder durch eine schwerwiegende Tat nach §§ 224 ff. StGB verletzt wurden.

30 Auch bei **alten, kranken oder gebrechlichen Zeugen** können die mit wiederholten Befragungen verbundenen Belastungen gesundheitliche Störungen unterschiedlicher Art verursachen. Die Mehrfachvernehmung dieser Zeugen- durch Polizei, Ermittlungsrichter, Sachverständige und das erkennende Gericht – ist deshalb nach Möglichkeit zu vermeiden. Dies gilt in besonderem Maße, wenn sie Opfer einer **gravierenden Straftat** geworden sind und/oder der Verdacht schwerwiegender Gewalt- oder Sexualstraftaten im Raume steht.[38] In diesen Fällen sollen bei dem genannten Personenkreisen durch die Anordnung der Aufzeichnung Mehrfachvernehmungen zu immer demselben psychisch belastenden Thema sowie die Gefahr von Folgeschäden durch die Strafverfolgung[39] vermieden werden.[40]

31 **c) Entbehrlichkeit einer Videovernehmung.** Der weite Wortlaut des Abs. 1 S. 1 verlangt, namentlich unter dem Gesichtspunkt der **Verhältnismäßigkeit,** eine **einschränkende Handhabung** der Vorschrift. Dabei sind in die Prüfung, ob von der Ermächtigung Gebrauch gemacht wird, zunächst die in → Rn. 22 genannten Aspekte einzustellen. Um eine uferlose Ausdehnung nicht erforderlicher Videovernehmungen zu vermeiden, wird man Taten der Kleinkriminalität, Alltagsfälle,[41] aber auch mittelschwere Delikte regelmäßig ausscheiden müssen. Selbst wenn gravierende Straftaten im Raum stehen, kann sich eine Videovernehmung des Zeugen als entbehrlich erweisen. Dies wird regelmäßig dort der Fall sein, wo ein umfassendes Geständnis oder sonst eine stabile und gesicherte Beweissituation vorliegen.

32 Das Kriterium einer **untergeordneten Bedeutung der Aussage** des Verletzten scheint für eine Einschränkung des Anwendungsbereichs wenig geeignet,[42] da im Strafprozess regelmäßig auf die Angaben des Geschädigten nicht verzichtet werden kann. Dies gilt selbst im Falle eines Geständnisses des Täters, weil die verschuldeten Folgen der Tat und die **aktuelle physische und psychische Verfassung des Opfers** zum Zeitpunkt der Urteilsfällung einschließlich evtl. erstmals im Rahmen der Vernehmung bekanntwerdender Spätschäden bedeutsame Strafzumessungsfaktoren darstellen. Die Aufzeichnung wird sich freilich dort regelmäßig als nicht erforderlich erweisen, wo ein Zeuge oder ein Geschädigter ausschließlich zu den Tatfolgen vernommen werden muss.

33 **3. Duldungspflicht des Zeugen.** Die Anordnung des Vernehmenden, eine Video-Vernehmung durchzuführen, ersetzt das Einverständnis des Zeugen hierzu. Der Zeuge ist, soweit er sich nicht auf ein Zeugnisverweigerungsrecht berufen kann, in den Fällen des Abs. 1 S. 2 Nr. 1 und Nr. 2 verpflichtet, diese Art der Vernehmung zu dulden; sie ist Bestandteil seiner Zeugenpflicht, sodass es keiner Einwilligung des Zeugen hierzu bedarf.[43] Anders liegt es im Fall des Abs. 1 S. 3 (→ Rn. 72 ff.).

34 Deshalb und weil es sich bei einer Videovernehmung nur um eine besondere Vernehmungsform handelt, sind die **Zwangsmittel des § 70** gegen den Zeugen anwendbar.[44] Hinweise dafür, dass der Gesetzgeber § 70 auf die Fälle des § 58a nicht angewendet wissen wollte, fehlen, sodass die Zeugenpflicht, sich im Rahmen der Videovernehmung zu äußern, mit den Zwangsmitteln des § 70 durchgesetzt werden kann. Freilich wird eine uneinge-

[38] Leipold NJW-Spezial 2005, 471.
[39] Hierzu Bader in KK-StPO Rn. 6.
[40] BGH 8.7.2004 – 1 StR 273/04; 3.8.2004 – 1 StR 288/04, BeckRS 2004, 7878.
[41] Joecks StPO Rn. 3 nennt als Beispiel das Opfer eines Verkehrsunfalls.
[42] AA Ignor/Bertheau in Löwe/Rosenberg Rn. 17.
[43] Huber in BeckOK StPO Rn. 11; Ignor/Bertheau in Löwe/Rosenberg Rn. 13; Otte in Radtke/Hohmann Rn. 7; Bader in KK-StPO Rn. 8.
[44] Ignor/Bertheau in Löwe/Rosenberg Rn. 14 mwN.

schränkt brauchbare Aussage nur im Falle eines kooperationsbereiten Zeugen zustande kommen.[45] Fehlt das Einverständnis des Zeugen, wird der Vernehmende zu bedenken haben, dass eine herkömmliche Vernehmung regelmäßig den besseren Beweiswert erbringen wird als eine Videovernehmung, zu der der Zeuge gezwungen werden muss. Vor diesem Hintergrund muten die Vorschläge, von § 70 nur zurückhaltend Gebrauch zu machen[46] oder aus Gründen der Verhältnismäßigkeit von der Anordnung und Vollstreckung von Zwangsmitteln abzusehen,[47] rein theoretisch an.

4. Zeugnisverweigerungsberechtigte Zeugen. Die Anordnung einer Videovernehmung ist auch bei Zeugen, denen ein Zeugnisverweigerungsrecht zusteht, möglich. Der Beginn der Aufzeichnung ist jedoch erst zulässig, nachdem der Zeuge über sein Weigerungsrecht **belehrt** wurde und er erklärt hat, dennoch **aussagebereit** zu sein. Denn anderenfalls bestünde die Möglichkeit, dass ein Augenscheinsobjekt entsteht, das als Beweismittel zum Nachteil des Beschuldigten verwertbar bleibt, auch wenn sich der Zeuge auf sein Zeugnisverweigerungsrecht berufen sollte.[48] Hat sich der Zeuge vor der Videovernehmung aussagebereit erklärt, verweigert er aber in der Hauptverhandlung das Zeugnis, darf die Aufzeichnung in der Verhandlung nicht abgespielt werden (§ 255a Abs. 1 iVm § 252); möglich bleibt allein die Vernehmung des vernehmenden Richters.[49] 35

III. § 58a Abs. 1 S. 2 Nr. 1

1. Allgemeines. Satz 2 enthält nach der Neufassung durch das StORMG drei voneinander unabhängige Alternativen. Die Regelungen erfassen schutzbedürftige minderjährige Zeugen (Nr. 1 Alt. 1). Unter die Nr. 1 Alt. 2 fallen diejenigen Zeugen, die als Kinder oder Jugendliche durch eine der in § 255a Abs. 2 S. 1 aufgeführten Straftaten verletzt wurden. Abs. 1 S. 2 Nr. 2 erfasst – besonders unter dem Aspekt der Beweissicherung und Sachverhaltsaufklärung – alle Zeugen unabhängig von ihrem Alter. Da die Regelung der Nr. 2 auch dem Zeugenschutz dient, können sich die Anwendungsbereiche der Alternativen überschneiden. 36

Anders als bei Satz 1 besteht in den Konstellationen des Satzes 2 kein uneingeschränktes Ermessen des Vernehmenden. Die **Sollvorschrift** des Abs. 1 S. 2 geht vielmehr davon aus, dass dann, wenn die Voraussetzungen der Nr. 1 oder der Nr. 2 vorliegen, regelmäßig die Video-Aufzeichnung der – richterlichen – Zeugenvernehmung anzuordnen ist und hiervon nur ausnahmsweise abgesehen werden darf. Auch wenn Satz 2 lediglich in der 2. Alt. der Nr. 1 eine Beschränkung auf bestimmte Straftaten enthält, liegt nach dem Wortlaut des Gesetzes eine grundsätzliche Verpflichtung des Vernehmenden vor.[50] 37

Für die **Duldungspflicht** des Zeugen und zum Vorgehen bei Zeugen, denen ein Zeugnisverweigerungsrecht zusteht, gilt das oben Gesagte (→ Rn. 33, 34) ebenso. 38

2. § 58a Abs. 1 S. 2 Nr. 1 Alt. 1. a) Altersgrenze. Die 1. Alt. des Abs. 1 S. 2 Nr. 1 regelt die Voraussetzungen der Anordnung einer Video-Vernehmung bei minderjährigen Zeugen. Ob die mit Wirkung vom 1.10.2009 von 16 auf 18 Jahre erhöhte Altersgrenze erreicht ist, bestimmt sich nicht nach dem Zeitpunkt der Straftat, sondern demjenigen, in dem die Vernehmung stattfinden soll. 39

b) Minderjährige Zeugen. Die **1. Alt.** des Abs. 1 S. 2 Nr. 1 ist bei allen Zeugen unter 18 Jahren anwendbar. Auch wenn kindliche und jugendliche Opferzeugen oft besonders schutzbedürftig sind, kommt es darauf, ob der Zeuge Verletzter, dh Opfer einer Straftat geworden ist, hier – anders als bei der 2. Alt. – nicht entscheidend an. Das Gesetz führt in 40

45 BT-Drs. 13/7165, 6; Huber in BeckOK StPO Rn. 11.
46 Schmitt in Meyer-Goßner/Schmitt Rn. 7a.
47 Ignor/Bertheau in Löwe/Rosenberg Rn. 14.
48 Bader in KK-StPO Rn. 8 mit dem zutreffenden Beispiel eines Zeugen mit sichtbaren Verletzungsfolgen der in Rede stehenden Tat.
49 Bader in KK-StPO Rn. 8.
50 Vgl. bereits BGH 3.8.2004 – 1 StR 288/04, NStZ-RR 2004, 336 (red. Ls.).

der 1. Alt. lediglich allgemein „Personen unter 18 Jahren“ an, ohne diese – wie in Abs. 1 S. 3 – als Verletzte einzustufen.[51]

41 **c) Schutzwürdige Interessen.** Die Videovernehmung muss erforderlich sein, um die schutzwürdigen Interessen des minderjährigen Zeugen besser wahren zu können. Ob dies zutrifft, lässt sich nicht abstrakt bestimmen, sondern ist von den Umständen und der Beweislage im **Einzelfall** abhängig. Der Vernehmende muss davon ausgehen, dass – besonders bei Kindern und jungen Jugendlichen – die mit wiederholten Befragungen verbundenen Belastungen grundsätzlich zu gesundheitlichen Störungen unterschiedlicher Art führen können. Ihre **Mehrfachvernehmung** – durch Polizei, Ermittlungsrichter, Sachverständige und das erkennende Gericht – soll deshalb nach Möglichkeit vermieden werden.[52] Nicht übersehen werden darf aber, dass Mehrfachvernehmungen nicht generell entbehrlich sind; so wird häufig eine polizeiliche Befragung des Zeugen schon deshalb notwendig sein, um beurteilen zu können, ob die Voraussetzungen für eine richterliche Vernehmung und deren Aufzeichnung vorliegen.

42 Gesehen werden muss auch, dass das in der früheren Fassung des § 58a enthaltene Erfordernis, dass die Videovernehmung zur Wahrung der Interessen geboten sein muss, entfallen ist; es genügt nunmehr, dass die Interessen „besser gewahrt“ werden können. Des Weiteren gelten die in → Rn. 42 dargelegten Erwägungen hier entsprechend.

43 **d) Eingeschränktes Ermessen.** Die Sollvorschrift des Abs. 1 S. 2 schränkt das Ermessen ein. Eine Bild-Ton-Aufzeichnung soll bei der Vernehmung von Zeugen unter 18 Jahren – ebenso wie bei den in der Vorschrift aufgeführten Verletzten – im Grundsatz bereits dann erfolgen, wenn damit deren schutzbedürftige Interessen besser gewahrt werden können. Der Gesetzgeber ging bei der Ausweitung der Nr. 1 des Abs. 1 zwar einerseits davon aus, dass angesichts des mit der Aufzeichnung verbundenen erheblichen Eingriffs in das Persönlichkeitsrecht des Zeugen sowie der angestrebten Durchbrechung des Unmittelbarkeitsgrundsatzes der Anordnung einer Videovernehmung eine **sorgfältige Verhältnismäßigkeitsprüfung vorauszugehen** hat. Er wollte andererseits keine zu strengen Anforderungen an den opferschonenden Mehrwert einer Bild-Ton-Aufzeichnung gestellt wissen.[53] Schon zur früheren Fassung des § 58b nahm die Rechtsprechung bei **schwerwiegenden Sexualstraftaten zum Nachteil Minderjähriger** eine grundsätzliche Verpflichtung an, die Aussage in Bild und Ton festzuhalten, um dadurch die Anzahl der Vernehmungen zu verringern.[54]

44 **3. § 58a Abs. 1 S. 2 Nr. 1 Alt. 2. a) Altersgrenze.** Diese am 1.9.2013 in Kraft getretene Variante erfasst **minderjährige Opfer** im Wege der Verweisung auf § 255a Abs. 2 dann, wenn sie Verletzte eines Sexualdelikts (§§ 174–184g StGB), einer Straftat gegen das Leben (§§ 211–222 StGB), einer Misshandlung von Schutzbefohlenen (§ 225 StGB) oder einer Straftat gegen die persönliche Freiheit (§§ 232–233a StGB) geworden sind. Entscheidend ist, dass der Zeuge zum Zeitpunkt der Tat noch nicht 18 Jahre alt war; sein Alter im Vernehmungszeitpunkt ist unerheblich.

45 **b) Verletzte.** Die Verletzteneigenschaft setzt voraus, dass der Zeuge durch die Tat **unmittelbar und direkt betroffen** ist.[55] Mittelbare Auswirkungen, etwa Vermögensnachteile aufgrund der Tötung eines Unterhaltspflichtigen, reichen nicht aus. Auch bei der Zeugengruppe der Verletzten geht es unter dem Aspekt des Zeugenschutzes wesentlich darum, durch die Anordnung der Aufzeichnung Mehrfachvernehmungen zu psychisch

---

51 AA wohl Schmitt in Meyer-Goßner/Schmitt Rn. 6.

52 Vgl. BGH 3.8.2004 – 1 StR 288/04, NStZ-RR 2004, 336 (red. Ls.) zu einem Fall, in dem das 15jährige Opfer im Ermittlungsverfahren von der Polizei, dem Ermittlungsrichter und einem Sachverständigen insgesamt achtmal vernommen wurde.

53 BT-Drs. 17/6261, 10.

54 BGH 3.8.2004 – 1 StR 288/04, NStZ-RR 2004, 336 (red. Ls.) mwN.

55 Huber in BeckOK StPO Rn. 8.

belastenden Themen sowie die Gefahr von Folgeschäden durch die Strafverfolgung zu vermeiden.[56]

c) Schutzwürdige Interessen des Verletzten. Die Vorschrift will die Belastungen des Verletzten, namentlich die Anzahl seiner Vernehmungen reduzieren. Deshalb können schutzwürdige Interessen des Verletzten nicht nur dann bejaht werden, wenn die Durchführung einer richterlichen Videovernehmung eine erneute **Vernehmung in der Hauptverhandlung vermeidet.** Sie können schon dann vorliegen, wenn die Bild-Ton-Aufzeichnung dazu beiträgt, dass sich die **Anzahl der Vernehmungen im Ermittlungsverfahren reduziert.** Im Rahmen der gebotenen Prüfung dürfen auch die Aspekte einer **möglicherweise erhöhten Geständnisbereitschaft** und der **Beweissicherung** berücksichtigt werden. Schließlich darf nicht ausgeblendet werden, dass die Aufzeichnung selbst eine besondere Belastung für den Zeugen mit sich bringen kann.[57] Im Übrigen gelten die Ausführungen → Rn. 39 hier ebenso. 46

d) Eingeschränktes Ermessen. Für die Auslegung der Sollvorschrift in der 2. Alternative des Abs. 1 S. 2 Nr. 1 gelten die Ausführungen → Rn. 40. Auch dann, wenn eines der in § 255a Abs. 2 aufgeführten Delikte in Rede steht, kann sich eine Videovernehmung des Opfers dort, wo ein umfassendes Geständnis oder sonst eine stabile Beweissituation vorliegt, als entbehrlich erweisen. Zu Zeugenaussagen von untergeordneter Bedeutung → Rn. 29. 47

IV. § 58a Abs. 1 S. 2 Nr. 2

Diese Bestimmung bezweckt vor allem die Beweissicherung, hat aber auch Zeugenschutzfunktion. Sie verlangt kumulativ die Besorgnis, dass der Zeuge in der Hauptverhandlung nicht vernommen werden kann sowie, dass die Aufzeichnung zur Erforschung der Wahrheit erforderlich ist. Beide Voraussetzungen verlangen eine Prognose des Vernehmenden. 48

1. Besorgnis. Der Begriff der Besorgnis zeigt, dass die bloß abstrakte Gefahr, der Zeuge könnte für eine Hauptverhandlung nicht zur Verfügung stehen, nicht genügt. Vielmehr sind für eine solche Einschätzung **konkrete Anhaltspunkte** erforderlich.[58] Die entsprechende Befürchtung eines drohenden Beweisverlusts muss auf **tatsächlichen Umständen** beruhen. 49

a) Ladungsprobleme. Ein drohender Beweisverlust kann sich zunächst daraus ergeben, dass der Zeuge voraussichtlich schwer zu laden sein bzw. einer erhaltenen Ladung keine Folge leisten wird. Diese Besorgnis lässt sich etwa aus dem **Milieu, aus dem der Zeuge stammt,** ableiten; die kriminalistische Erfahrung zeigt, dass sich beispielsweise Zeugen, die im Rotlichtmilieu verwurzelt oder in den Rauschgift- oder Menschenhandel verstrickt sind, kaum unter ihrer Meldeanschrift aufhalten, sodass Zeugenladungen regelmäßig ins Leere gehen. Ebenso liegt es bei abgelehnten bzw. nur geduldeten Asylbewerbern, denen Plätze in Sammelunterkünften zugewiesen sind, wobei hinzukommt, dass diese Personen die Residenzpflicht oft unbeachtet lassen. 50

b) Gesundheitsprobleme. Anlass für die Befürchtung, der Zeuge könne im Hauptverfahren nicht vernommen werden, kann auch sein **Gesundheitszustand** geben; danach wird die Anordnung der Aufzeichnung bei schwer oder lebensbedrohlich erkrankten Zeugen oder geistig gebrechlichen Zeugen, namentlich dann, wenn bei ihnen massive Gedächtniseinbußen zu befürchten sind, geboten sein. 51

---

56 Vgl. BGH 3.8.2004 – 1 StR 288/04, NStZ-RR 2004, 336 (red. Ls.).
57 BT-Drs. 17/6261, 10.
58 Ignor/Bertheau in Löwe/Rosenberg Rn. 19; Bader in KK-StPO Rn. 7.

52 **c) Auslandsbezüge.** Die Anordnung der Aufzeichnung kommt auch bei absehbaren längeren Auslandsaufenthalten eines Zeugen in Frage oder dann, wenn seine Ausweisung bzw. Abschiebung bevorsteht.

53 **d) Vernehmungshindernisse.** Gleiches gilt, wenn zu befürchten ist, dass die **gesetzlichen Vertreter eines Kindes** oder ein zu bestellender Ergänzungspfleger dessen Vernehmung zwar grundsätzlich gestatten wollen, ihre Zustimmung zu einer Zeugenvernehmung in einer öffentlichen Hauptverhandlung aber verweigern werden.[59] Das – berechtigte – Fernhalten des Kindes von der Hauptverhandlung begründet ein tatsächliches, die Vernehmung ausschließendes Hindernis iSv § 251 Abs. 1 Nr. 2, Abs. 2 Nr. 1.[60]

54 **e) Gefährdete Zeugen.** Die Kombination der Gesetzeszwecke Beweissicherung und Zeugenschutz wird besonders im Bereich der **gefährdeten Zeugen** deutlich.

55 **aa) Gesperrte Zeugen.** Bei **nach § 96 gesperrten Zeugen** muss die Herstellung einer „normalen" Videoaufzeichnung der Vernehmung regelmäßig ausscheiden.[61] Denn die Gefahr der Identifizierung und der damit verbundenen Gefährdung des Zeugen wird durch eine Videovernehmung weder beseitigt noch nennenswert gemindert.[62] Unter dem Gesichtspunkt des bestmöglichen Beweismittels kommt jedoch die Aufzeichnung der Vernehmung mit **akustischer und optischer Verzerrung** in Frage, sofern eine solche Vorgehensweise die sichere Gewähr dafür bietet, dass Rückschlüsse auf die Person des Zeugen ausgeschlossen sind.[63] Der BGH hat bereits wiederholt daran erinnert, dass die audiovisuelle Vernehmung einer Gewährsperson in Verbindung mit deren optischer und akustischer Verfremdung sowohl unter dem Gesichtspunkt der Wahrheitsfindung als auch unter dem der Verteidigungsmöglichkeiten das bessere Beweismittel darstellen kann, weil eine solche audiovisuelle Vernehmung als gangbare Alternative zur völligen Sperrung des Zeugen zu einer sinnvollen Konkordanz zwischen Wahrheitsermittlung, Verteidigungsinteressen und Zeugenschutz führt.[64] Die Gewährleistungen der EMRK stehen einer optisch und akustisch verfremdeten Vernehmung nicht entgegen.[65]

56 Der Vernehmende hat bei seiner Prüfung, ob eine Videovernehmung des gefährdeten Zeugen in Betracht kommt, zu beachten, dass sich die **Gefährdungslage** und die **Gefahr der Aufdeckung** der Identität bei Vertrauenspersonen und verdeckten Ermittlern unterscheiden können: Bei einer **privaten Vertrauensperson** oder einem **privaten Hinweisgeber** werden Identität und Funktion als Informant der Ermittlungsbehörden den Beteiligten zumeist nicht bekannt sein. Deshalb können die Befragung, aber auch Sprachduktus, Mimik und Gestik – selbst bei einer optisch-akustischen Verfremdung oder einer vollen Abschirmung – zur Aufdeckung seiner Identität führen; dies gilt besonders, wenn es sich um eine Person aus dem Nahbereich der Angeklagten handelt.[66]

57 Hingegen wird einem Angeklagten zumeist bekannt geworden sein, dass die Erkenntnisse auf Grund des Einsatzes eines **Verdeckten Ermittlers** gewonnen wurden, ebenso, welche der beteiligten Personen der Verdeckte Ermittler war und welche Aktivitäten dieser im Zusammenhang mit den Ermittlungen entfaltet hat. Geheimhaltungsbedürftig ist in einem solchen Fall primär die wahre Identität des Verdeckten Ermittlers, die kriminaltaktische Vorgehensweise bei der Legendierung und der Bereich seines weiteren Einsatzes. Konkrete Umstände der Tat – insbesondere Fragen der Tatprovokation – kann der Verdeckte

[59] Ignor/Bertheau in Löwe/Rosenberg Rn. 19; Schmitt in Meyer-Goßner/Schmitt Rn. 7.
[60] OLG Saarbrücken 28.2.1974 – Ss 78/73, NJW 1974, 1959 (1960); Laubenthal JZ 1996, 335 (342).
[61] AA Huber in BeckOK StPO Rn. 9; Schmitt in Meyer-Goßner/Schmitt Rn. 1a; Griesbaum NStZ 1998, 433 (439) sieht in den für die Hauptverhandlung gesperrten Zeugen einen bedeutsamen Anwendungsbereich des § 58a.
[62] Zutreffend Ignor/Bertheau in Löwe/Rosenberg Rn. 19.
[63] Zusammenfassend Diemer NJW 1999, 1667 (1670); Walter StraFo 2004, 224.
[64] BGH 7.3.2007 – 1 StR 646/06, BGHSt 51, 232 = NStZ 2007, 477; vgl. auch Weider/Staechelin StV 1999, 51 (53).
[65] Im Einzelnen hierzu Walter StraFo 2004, 224 (226 ff.).
[66] BGH 17.8.2004 – 1 StR 315/04, NStZ 2005, 43.

Ermittler somit möglicherweise auch bei einer abgeschirmten oder verfremdeten Videovernehmung bekunden, ohne dass – anders als bei einer Vertrauensperson – schon dadurch eine mit der Identitätsaufdeckung verbundene Gefährdung (seiner Person und seines weiteren Einsatzes) verbunden sein muss. Zudem können die oberste Dienstbehörde Fragen, die zur Gefährdung der Person des Verdeckten Ermittlers und seines weiteren Einsatzes führen können, generell sperren und der Führungsbeamte des Verdeckten Ermittlers darauf achten, dass solche Fragen nicht beantwortet werden. Ferner darf das Gericht einzelne Fragen auf entsprechenden Hinweis des Führungsbeamten oder des Verdeckten Ermittlers nicht zulassen. Auch wird der Verdeckte Ermittler so ausgebildet sein, dass er sich durch entsprechende Fragen nicht gefährdet.[67] Zusätzlicher Schutz kann dem Zeugen durch die Anwendung der §§ 68, 247a geboten werden.[68]

Von einer Videovernehmung wird daher etwa dort nicht mehr abgesehen werden können, wo das zuständige Ministerium eine Vernehmung des Verdeckten Ermittlers anbietet, bei der Bild und Ton so verfremdet werden, dass eine **Identifikation** über die Gesichtszüge, über sonstige Elemente des Aussehens oder über die Stimme und Sprechweise **sicher ausgeschlossen** werden kann.[69] 58

bb) Zeugen im Zeugenschutzprogram. Entsprechendes gilt für Zeugen, die in ein **Zeugenschutzprogramm** aufgenommen werden sollen oder wurden, zumal es nach § 10 Abs. 3 ZSHG für diese im Strafverfahren bei den §§ 68, 110b verbleibt. 59

f) Beweisverlust aus rechtlichen Gründen. Regelmäßig **nicht ausreichend** ist es, dass sich die Besorgnis eines Beweisverlusts auf **rechtliche Gründe** stützt. Bestehen Hinweise dafür, dass der Zeuge in der Hauptverhandlung von dem ihm zustehenden **Zeugnisverweigerungsrecht** Gebrauch machen wird, rechtfertigt dies keine Anordnung einer Videovernehmung. Denn diese unterfällt bei Ausübung des Zeugnisverweigerungsrechts dem Verwertungsverbot gemäß § 252 iVm § 255a Abs. 1. Zwar bleibt die Vernehmung des Vernehmungsrichters möglich; in diesem Fall reicht jedoch das schriftliche Protokoll aus, um Vorhalte machen zu können.[70] 60

Ebenfalls meist nicht ausreichend ist die Befürchtung, es werde bei der Vernehmung des Zeugen im Hauptverfahren die Protokollverlesung zur Gedächtnisunterstützung gemäß § 253 notwendig. Zum einen handelt es sich bei der Verlesung nach § 253 um einen echten Urkundenbeweis, sodass es am Merkmal des Beweisverlusts fehlt, zum anderen ist Abs. 1 Nr. 2 nicht erfüllt, weil der Zeuge in der Hauptverhandlung vernommen werden kann.[71] Anders liegt es aber dann, wenn bei dem Zeugen mit einem massiven oder gar totalen Gedächtnisverlust gerechnet werden muss. 61

Bei der Annahme, der Zeuge könnte sich im Hauptverfahren auf ein **Auskunftsverweigerungsrecht** berufen, ist zu unterscheiden: Kommt nur eine punktuelle Berufung des Zeugen auf § 55 in Frage, ermächtigt dies nicht zur Anordnung einer Videovernehmung; denn der Zeuge kann vernommen werden. Anders liegt es vor dem Hintergrund des Normzwecks, wenn von einem so umfassenden Recht aus § 55 auszugehen ist, dass der Zeuge zu keinerlei Angaben verpflichtet ist.[72] 62

2. Erforderlichkeit zur Wahrheitserforschung. Mit dieser Umschreibung will das Gesetz – ebenso wie mit der wortgleichen Einschränkung in § 247a S. 1 – verdeutlichen, dass die Anordnung einer audiovisuellen Vernehmung unter Aufklärungsgesichtspunkten entbehrlich sein kann. Dies ist dann zu bejahen, wenn von einer Videovernehmung keine **weitergehende oder bessere Aufklärung** zu erwarten ist als bei einer herkömmlichen 63

[67] BGH 17.8.2004 – 1 StR 315/04, NStZ 2005, 43.
[68] Diemer NJW 1999, 1667 (1670).
[69] BGH 7.3.2007 – 1 StR 646/06, BGHSt 51, 232 = NStZ 2007, 477 mwN; 19.7.2006 – 1 StR 87/06, NStZ 2006, 648.
[70] Ignor/Bertheau in Löwe/Rosenberg Rn. 20.
[71] Ignor/Bertheau in Löwe/Rosenberg Rn. 20.
[72] Rieß in Löwe/Rosenberg § 58a Nachtrag 20; aA Ignor/Bertheau in Löwe/Rosenberg Rn. 20.

Vernehmung des Zeugen. Bei der Beurteilung, ob dies der Fall ist, steht den Ermittlungsbehörden ebenso wie dem Ermittlungsrichter, der gemäß § 168e S. 4 verfährt, ein weiter **Ermessensspielraum** zu.[73]

64 Entscheidend ist danach die **Beweislage** im Einzelfall,[74] nach der die Fertigung eines verles- und verwertbaren Vernehmungsprotokolls iVm anderen Beweismitteln ausreichen kann.[75] Als nicht erforderlich wird sich eine Videovernehmung auch dort erweisen, wo bereits ein umfassendes Geständnis des Beschuldigten vorliegt, sodass sich in der Hauptverhandlung eine Befragung des Opfers zum Tathergang erübrigt und sich die Vernehmung lediglich auf Fragen zur Feststellung der Tatfolgen beschränken kann. Vor diesem Hintergrund kann die gesetzliche Einschränkung schwerlich als überflüssig bezeichnet werden.[76]

V. § 58a Abs. 1 S. 3

65 **1. Geltungsbereich. a) Opfer eines Sexualdelikts.** Abs. 1 S. 3 ist im Grundsatz auf alle Opferzeugen anwendbar, die Verletzte einer Sexualstraftat (§§ 174–184j StGB) geworden sind und die der Aufzeichnung vor der Vernehmung zugestimmt haben. Auf das Alter des Zeugen zum Zeitpunkt der Tat oder der Vernehmung kommt es nicht an. Dennoch werden **nicht sämtliche Opfer einer Sexualstraftat** erfasst. Denn in wenig präziser und auf nähere Maßstäbe verzichtender Umschreibung erklärt Abs. 1 S. 3 die Aufzeichnung nur dort für zwingend, wo eine „Würdigung der dafür jeweils maßgeblichen Umstände" ergibt, dass damit die schutzwürdigen Interessen des Opferzeugen besser gewahrt werden können.

66 Danach ist die Frage, ob eine Aufzeichnung geboten ist, am **konkreten Einzelfall** auszurichten. Soweit der Gesetzgeber davon ausging, dass bei der Ermittlung von Sexualstraftaten von der Aufzeichnung umfassend Gebrauch zu machen ist,[77] hat dies im Wortlaut des Abs. 1 S. 3 keinen klaren Niederschlag gefunden. Es wird abzustellen sein auf Intensität, Gewicht und Folgen der Tat bzw. des Tatvorwurfs sowie namentlich auf die tatbedingte körperliche und psychische Verfassung des Zeugen, deren Verschlechterung es durch unnötige Mehrfachvernehmungen zu vermeiden gilt.

67 Vor diesem Hintergrund wird eine Aufzeichnung in **Bagatellfällen** sowie dort auszuscheiden haben, wo keine oder nur geringfügige **tatbedingte Beeinträchtigungen** oder Folgeschäden beim Zeugen feststellbar sind. Eine Aufzeichnung ist darüberhinaus auch in den in der Praxis nicht seltenen Fällen entbehrlich, in denen das Opfer bekundet oder sogar besonderen Wert darauf legt, den schweigenden oder bestreitenden Angeklagten in der Hauptverhandlung mit einer Zeugenaussage und Angaben zum Tatgeschehen konfrontieren zu wollen.

68 **b) Abgrenzung zu Abs. 1 S. 1 Nr. 1.** Während nach Abs. 1 S. 1 Nr. 1 bei minderjährigen Verletzten einer in § 255a Abs. 2 genannten Tat – also bei Sexualdelikten und Taten nach §§ 211–222, 225 StGB – eine Aufzeichnung erfolgen soll, sieht Abs. 1 S. 3 bei Sexualdelikten die Aufzeichnung bei Vorliegen der Voraussetzungen zwingend vor. Angesichts dieses Widerspruchs wird man annehmen müssen, dass in Abs. 1 S. 3 die umfassendere und im Grundsatz für sämtliche Verletzte einer Sexualtat geltende Regelung geschaffen werden sollte, die bei diesen Taten der Regelung des Abs. 1 S. 1 Nr. 1 vorgeht und letztere nunmehr noch die Fälle der §§ 211–222, 225 StGB erfasst.

69 **2. Voraussetzungen. a) Bessere Wahrnehmung schutzwürdiger Interessen.** Diese Voraussetzung für die Aufzeichnung wird – ausgehend von der Gesetzesintention, einem Verletzten belastende Mehrfachvernehmungen zu ersparen – immer dann vorliegen, wenn der Zeuge aufgrund der Tat gravierende körperliche und/oder psychische Beeinträch-

---

[73] Bader in KK-StPO Rn. 7 mwN; Otte in Radtke/Hohmann Rn. 6.
[74] Schmitt in Meyer-Goßner/Schmitt § 247a Rn. 6.
[75] Vgl. hierzu auch Diemer NJW 1999, 1667 (1670), der das identische Merkmal in § 247a unter dem Aspekt weiterer Aufklärungsmöglichkeiten in der Hauptverhandlung beleuchtet.
[76] AA Seitz JR 1998, 309 (312).
[77] BT-Drs. 532/19.

tigungen erlitten hat, die im Vernehmungszeitpunkt nach wie vor vorhanden sind und deren Fortbestehen absehbar ist. Indem die weitgefasste Formulierung des Gesetzes allein auf die Interessen des Zeugen abhebt, zielt die Regelung nicht auf die objektive Tatschwere, sondern vor allem auf Sexualdelikte mit gravierenden **Auswirkungen für den Verletzten** ab. Zur Bestimmung des Begriffs der Interessen gilt → Rn. 46, zum Begriff des Verletzten → Rn. 45.

Hinzu kommen diejenigen Fälle, in denen sich zum Vernehmungszeitpunkt bereits abzeichnet, dass infolge der Aufzeichnung eine Opfervernehmung in der Hauptverhandlung entbehrlich wird; hierzu zählen Fälle, die eine klare, gesicherte Beweislage aufweisen oder in denen bereits ein Geständnis des Beschuldigten vorliegt. 70

Danach sowie mit Blick auf sonst ausscheidende Fälle (dazu → Rn. 67) erscheint zweifelhaft, ob die Aufzeichnung der Vernehmung bei Sexualdelikten den Regelfall[78] bilden wird. Ferner sollte der Zeuge dahin aufgeklärt werden, dass die Aufzeichnung seiner Vernehmung nicht zwingend jede weitere Vernehmung bzw. seine Vernehmung in der Hauptverhandlung ausschließt. 71

b) Zustimmung des Zeugen. Die Anfertigung einer Bild-Ton-Aufzeichnung ist nur zulässig, wenn der Zeuge vor der Vernehmung seine Zustimmung erteilt. Nach der gesetzgeberischen Vorstellung soll auf diese Weise ein Eingriff in das Persönlichkeitsrecht des Zeugen vermieden werden. Dadurch räumt Abs. 1 S. 3 dem Zeugen systemwidrig ein Mitbestimmungsrecht über eine Ermittlungshandlung ein, denn die Duldung der Aufzeichnung ist Teil der allgemeinen Zeugenpflicht.[79] 72

Die Zustimmung des Zeugen vor der Vernehmung bezieht sich nur auf die **Vorführung** der Aufzeichnung in der Hauptverhandlung, nicht auf die Verwertbarkeit der Aufzeichnung oder der Aussage insgesamt. Hierauf sollte der vernehmende Richter den Zeugen hinweisen. Die Gesetzesentwurfsbegründung empfiehlt zudem, dem Zeugen zu verdeutlichen, dass es von seiner Zustimmung abhängt, ob seine persönliche Einvernahme in der Hauptverhandlung durch die Vorführung der Aufzeichnung ersetzt werden kann. 73

c) Widerspruchsrecht des Zeugen. Zum Erfordernis der Zustimmung kommt hinzu, dass § 255a Abs. 2 den Zeugen dazu berechtigt, der vernehmungsersetzenden Vorführung „unmittelbar nach der aufgezeichneten Vernehmung" zu **widersprechen.** Bei einem fehlenden oder verspäteten Widerspruch bleibt es bei der erklärten Zustimmung. Dies führt zu dem befremdlichen Ergebnis, dass es in Fällen des Abs. 1 S. 3 bei rechtzeitigem Widerspruch im Belieben des Zeugen[80] steht, in welcher Weise ein vorhandenes Beweismittel verwendet wird. Der Zeuge muss im Falle seines Widerspruchs, den er gegenüber dem vernehmenden Richter erklären muss, in der Hauptverhandlung persönlich vernommen werden. Zwar schließt der Widerspruch die vernehmungsersetzende Vorführung der Videoaufzeichnung aus; möglich bleibt aber eine Vorführung in Ergänzung der persönlichen Vernehmung sowie zum Zweck des Vorhalts.[81] 74

d) Richterliche Hinweise, genügende Verstandesreife des Zeugen. Der vernehmende Richter hat den Zeugen auf das Zustimmungserfordernis und die Widerspruchsmöglichkeit hinzuweisen.[82] Auch deshalb muss der Zeuge über eine ausreichende Vorstellung von der Bedeutung der Zustimmung und des Widerspruchs verfügen. Fehlt sie, was bei Kindern und unter Betreuung stehenden Erwachsenen der Fall sein kann, wird die Entscheidung des gesetzlichen Vertreters erforderlich. Ist der gesetzliche Vertreter Beschuldigter, ist, wie aus dem auch hier heranzuziehenden § 52 Abs. 2 S. 2 folgt, ein Ergänzungspfleger zu bestellen.[83] 75

78 Schmitt in Meyer-Goßner/Schmitt Rn. 8b.
79 Schmitt in Meyer-Goßner/Schmitt Rn. 8c; Claus NStZ 2020, 63.
80 Auf dieses Belieben hebt BT-Drs. 532/19, 36 sogar ausdrücklich ab.
81 Schmitt in Meyer-Goßner/Schmitt § 255a Rn. 8d.
82 Schmitt in Meyer-Goßner/Schmitt Rn. 8h.
83 Schmitt in Meyer-Goßner/Schmitt Rn. 8g.

VI. Anordnung und Durchführung der Videoaufzeichnung, Zuständigkeiten

76 **1. Funktionelle Zuständigkeit.** Zuständig für die Anordnung der Videoaufzeichnung ist stets der Vernehmende.[84] Die Polizei kann die Zeugenvernehmung aufgrund eigener Initiative oder auf Weisung der StA aufzeichnen. Soll eine richterliche Vernehmung durchgeführt werden, hat die StA einen entsprechenden Antrag zu stellen; in Eilfällen reicht ein mündlicher Antrag aus. Der Richter ist an den Antrag nicht gebunden; er hat die Zulässigkeit der Videoaufzeichnung eigenverantwortlich zu überprüfen.

77 **2. Örtliche Zuständigkeit.** Die örtliche Zuständigkeit des Ermittlungsrichters richtet sich nach den allgemeinen Vorschriften. Danach besteht durch die am 1.1.2008 in Kraft getretene Gesetzesänderung[85] eine **zweifache Zuständigkeit:** Zunächst ist im Sinne der Zuständigkeitskonzentration nach § 162 Abs. 1 S. 1 das Amtsgericht zuständig, in dessen Bezirk die StA ihren Sitz hat. Daneben besteht nach § 162 Abs. 1 S. 3 – sofern dies zur Verfahrensbeschleunigung oder angezeigt ist, Belastungen des Zeugen, etwa durch lange Anfahrtswege, zu vermeiden – die Zuständigkeit desjenigen Amtsgerichts, in dessen Bezirk die Vernehmung vorzunehmen ist; dies richtet sich nach dem Wohn- oder Aufenthaltsort der zu vernehmenden Person.

78 Bei welchem Gericht die Vernehmung beantragt wird, liegt im **Ermessen der StA.** Das von ihr angerufene Gericht kann die Vernehmung des Zeugen nicht ablehnen, wenn die Auswahl nicht ausnahmsweise auf sachfremden oder willkürlichen Erwägungen beruht.[86] Nicht maßgeblich sind von der StA vorgeschlagene Vernehmungsorte, die durch § 162 Abs. 1 nicht abgedeckt sind oder der Ort, an dem sich das Video-Vernehmungszimmer befindet.[87]

79 **3. Durchführung.** Die Beschuldigtenrechte aus § 168c und die Zeugenrechte aus § 406g sind zu beachten. Der Ablauf der Videovernehmung entspricht der einer herkömmlichen Vernehmung, sodass der Zeuge zunächst seine Personalien anzugeben hat (§ 68 Abs. 1) und sodann Gelegenheit haben muss, zum Vernehmungsgegenstand zusammenhängend in eigenen Worten zu berichten, bevor Einzelfragen an ihn gerichtet werden (§ 69).

80 Anhaltspunkte zur **technischen Umsetzung** und Hinweise zum adäquaten Auftreten des Vernehmenden liefern Nr. 19 Abs. 2, 19a RiStBV. Bei der Aufzeichnung sollte die Kameraeinstellung stets den Vernehmenden, den Zeugen und den ggf. anwesenden Sachverständigen zeitgleich erfassen. Mit aufzunehmen sind die Belehrung des Zeugen, ggf. seine Vereidigung und die Verhandlung hierüber.[88] Daneben sollten auch Vorgespräche mit dem Zeugen aufgezeichnet werden.[89]

81 **4. Teilaufzeichnung.** Eine nur **teilweise Aufzeichnung** der Vernehmung sieht das Gesetz nicht vor. Sie muss vor dem Hintergrund des Gesetzeszwecks, den Aussageinhalt verlässlich und verwertbar festzuhalten, grundsätzlich ausscheiden.[90] Eine Teilaufzeichnung ist aber ausnahmsweise dort zulässig, wo der Zeuge zu unterschiedlichen Tatsachverhalten vernommen werden soll, die Voraussetzungen des § 58a indes nur hinsichtlich eines dieser Komplexe vorliegen. Denn in einem solchen Fall könnten auch zwei separate Vernehmungen des Zeugen durchgeführt werden.

82 **5. Protokollierung.** §§ 168–168b gelten ebenso wie bei einer herkömmlichen Zeugenvernehmung. Das bedeutet, dass die komplette Videovernehmung zu protokollieren ist.[91] Dies folgt auch aus § 58a Abs. 3 S. 1.

[84] Schmitt in Meyer-Goßner/Schmitt Rn. 9; Otte in Radtke/Hohmann Rn. 8.
[85] Gesetz zur Neuregelung der Telekommunikationsüberwachung und anderer verdeckter Ermittlungsmaßnahmen sowie zur Umsetzung der Richtlinie 2006/24/EG v. 21.12.2007, BGBl. I 3198.
[86] Patzak in BeckOK StPO § 162 Rn. 10; Köhler in Meyer-Goßner/Schmitt § 162 Rn. 11.
[87] Insoweit ist die Entscheidung des OLG München 17.12.2003 – 2 Ws 1217/03, NStZ 2004, 642 nach wie vor aktuell.
[88] Ignor/Bertheau in Löwe/Rosenberg Rn. 24.
[89] Leipold NJW-Spezial 2005, 471.
[90] Rieß StraFo 1999, 1 (3); Rieß NJW 1998, 3240 (3241).
[91] Ignor/Bertheau in Löwe/Rosenberg Rn. 29; Bader in KK-StPO Rn. 9.

VII. Die Verwendung der Aufzeichnung (§ 58a Abs. 2 S. 1)

1. Zwecke der Strafverfolgung. Nach Abs. 2 S. 1 darf die Aufzeichnung nur für Zwecke der Strafverfolgung verwendet werden. Hierin liegt keine Beschränkung auf ein bestimmtes Verfahren, sodass die Aufzeichnung **auch in anderen Strafverfahren** oder in einem Verfahren gegen den Zeugen, etwa zum Nachweis einer Falschaussage, verwertet werden kann. Diese anderen Verfahren müssen zum Zeitpunkt der Aufzeichnung noch gar nicht anhängig gewesen sein.[92] Nach der Verweisungsnorm des § 46 OWiG kommt auch ein Einsatz der Aufzeichnung im Verfahren wegen **Ordnungswidrigkeiten** in Frage.[93] 83

Mit der **Zustimmung des Zeugen** darf die Aufzeichnung auch **außerhalb des Strafverfahrens,** etwa in einem gegen den Angeklagten oder Verurteilten geführten Schadensersatzprozess oder in einem familiengerichtlichen Verfahren verwendet werden.[94] 84

2. Verwendung zur Erforschung der Wahrheit. Die Notwendigkeit der Verwendung zur Wahrheitserforschung beurteilt sich hier ab dem Zeitpunkt, ab dem die Aufzeichnung vorhanden ist. Diese Einschränkung setzt lediglich voraus, dass die Aufzeichnung den Stellenwert eines im weiteren Verfahren verwertbaren und zum Tatnachweis notwendigen Beweismittels besitzt. Den Maßstab für die nach Ermessen zu treffende Prognose bildet die Aufklärungspflicht. 85

VIII. Akteneinsicht

1. Einsicht bei Teilnahme an der Videovernehmung. Nimmt die Verteidigung an einer ermittlungsrichterlichen Videovernehmung teil, kann das – auch gemäß Art. 6 Abs. 3d MRK gewährleistete – Fragerecht nur sinnvoll ausgeübt werden, wenn zuvor Einsicht in die bis zum Vernehmungszeitpunkt angefallenen Aktenteile gewährt wird. Anderenfalls besteht die Gefahr, dass die erneute bzw. ergänzende Vernehmung des Zeugen beantragt wird und es dadurch zu Mehrfachvernehmungen kommt, die mittels der Videovernehmung gerade vermieden werden sollen.[95] Dies erscheint erst recht überzeugend, wenn bedacht wird, dass durch die Neufassungen der §§ 58a, 255a ein zentraler Teil der Beweisaufnahme aus der Hauptverhandlung in die richterliche Zeugenvernehmung außerhalb des Hauptverfahrens verlagert werden kann. 86

Auch der BGH hat darauf hingewiesen, dass es sich aus verfahrenspraktischen Erwägungen und zur Vermeidung einer sog. sekundären Viktimisierung zumeist als sinnvoll erweisen wird, dem Verteidiger vor seiner Mitwirkung an der aufzuzeichnenden Vernehmung möglichst weitgehend Akteneinsicht zu gewähren. Er sieht aber bislang die Gelegenheit zur Mitwirkung iSv § 255a Abs. 2. S. auch ohne vorherige Akteneinsicht gewahrt; das Fragerecht sei auch gewährleistet, wenn es nicht auf der Grundlage der Kenntnis des aktuellen Stands der Ermittlungen ausgeübt werde. Danach erfordere die vernehmungsersetzende Vorführung der Bild-Ton-Aufzeichnung einer früheren richterlichen Vernehmung in der Hauptverhandlung nach § 255a Abs. 2 nicht, dass der Verteidiger vor seiner Mitwirkung an jener früheren Vernehmung teilweise oder vollständige Akteneinsicht nehmen konnte.[96] 87

2. Aufzeichnung als Aktenbestandteil. Nach überwiegender Auffassung ist die Videoaufzeichnung ein **Bestandteil der Sachakten.**[97] Die Gegenansicht,[98] die die Aufzeichnung als Beweismittel behandelt, konnte sich nicht durchsetzen. Sie stützt sich wesentlich auf eine Missbrauchsgefahr, die auf einer möglichen Weitergabe des Bandes bzw. einer 88

92 Ignor/Bertheau in Löwe/Rosenberg Rn. 31; Bader in KK-StPO Rn. 10.
93 Offengelassen von Ignor/Bertheau in Löwe/Rosenberg Rn. 31; aA Bader in KK-StPO Rn. 10.
94 Ignor/Bertheau in Löwe/Rosenberg Rn. 30; Bader in KK-StPO Rn. 11.
95 Eisenberg/Zötsch NJW 2003, 3676 (3677 f.); Schlothauer StV 1999, 47 (49).
96 BGH 15.4.2003 – 1 StR 64/03, NJW 2003, 2761.
97 Bader in KK-StPO Rn. 9; Huber in BeckOK StPO Rn. 18; Joecks StPO Rn. 7; Diemer NStZ 2002, 16 (17); Leipold NJW-Spezial 2005, 472; Rieß NJW 1998, 3240 (3241); für die Kopie der Aufzeichnung OLG Stuttgart 12.11.2002 – 4 Ws 267/02, NJW 2003, 767.
98 Trück NStZ 2004, 129; Ignor/Bertheau in Löwe/Rosenberg Rn. 35.

Kopie der Aufzeichnung vom Verteidiger an seinen Mandanten beruhe sowie auf die Unterschiede zwischen Videoaufzeichnung und Vernehmungsprotokoll und nimmt deshalb an, dass die Aufzeichnung nicht mit den Akten an den Verteidiger herausgegeben werden darf, sondern sie sich dieser am Verwahrort – beim Gericht oder bei der StA – vorspielen lassen kann.[99]

89 Die **Gefahr eines Missbrauchs** ist indes nie auszuschließen. Vor allem aber wurde mit dem OpferRRG vom 24.6.2004 zum einen in § 58a Abs. 2 S. 3 klargestellt, dass den Akteneinsichtsberechtigten auf Wunsch eine Kopie des Videobandes zu überlassen ist, sofern der Zeuge einer solchen Überlassung nicht widerspricht; zum anderen wurde in Abs. 2 S. 4 ein **Vervielfältigungsverbot** sowie ein **Verbot der Weitergabe** von Kopien festgelegt. Zwar handelt es sich dabei nicht um ein strafbewehrtes, sondern nur um ein deklaratorisches Verbot; § 201 Abs. 1 StGB greift nicht ein. Dennoch liegt – geht man wie hier davon aus, dass das Original der Aufzeichnung nicht und eine Kopie nicht im Fall des Widerspruchs des Zeugen herausgegeben werden darf – insgesamt eine Regelung, die zwischen dem Informationsbedürfnis und den Interessen einer sachgerechten Verteidigung sowie den Belangen des Zeugen einen angemessenen Ausgleich herstellt.

90 Die Möglichkeiten, Einsicht zu nehmen oder eine **Kopie** der Videoaufzeichnung zu erhalten, richten sich danach, ob der vernommene Zeuge von seinem **Widerspruchsrecht,** über das er zu belehren ist (Abs. 3 S. 3), Gebrauch macht. Widerspricht er der Überlassung, sind die Einsichtsberechtigten nur berechtigt, die Aufzeichnung an deren Verwahrort anzusehen (Abs. 3 S. 3); daneben haben sie Anspruch auf Überlassung eines gemäß Abs. 3 S. 2 zu erstellenden Aufzeichnungsprotokolls. Weil der den Widerspruch des Zeugen regelnde Abs. 3 S. 1 ausdrücklich auf Abs. 2 S. 3 Bezug nimmt, überzeugt es nicht, anzunehmen, die Überlassung einer Aufzeichnungskopie bedürfe nur im Fall des Abs. 2 S. 6 der Zustimmung des Zeugen. Überlassene Kopien sind nach Abs. 2 S. 5 **an die StA herauszugeben,** sobald kein Interesse an ihrer Verwendung mehr besteht. Liegt kein Widerspruch des Zeugen vor, hat der Verteidiger aufgrund der Verweisung des Abs. 2 S. 3 auf § 147 ein Recht auf Übersendung der Kopie in seine Kanzlei.[100]

91 Stets **unzulässig** ist es, den Einsichtsberechtigten das **Aufzeichnungsoriginal** mitzugeben; dies folgt aus Abs. 2 S. 3.[101]

92 **3. Akteneinsichtsberechtigte.** Zur Akteneinsicht unter den oben dargelegten Voraussetzungen und Einschränkungen sind neben dem Verteidiger (§ 147 Abs. 1) auch der anwaltliche Vertreter des Nebenklägers (§ 397) sowie der Verletztenanwalt nach den Maßgaben des § 406e berechtigt.

93 **4. Überlassung und Herausgabe an andere Stellen.** Abs. 2 S. 6 macht die Überlassung und die Herausgabe von Aufzeichnungskopien an nicht zur Akteneinsicht Berechtigte von der Einwilligung des Zeugen abhängig. Da die Regelungen der Absätze 2 und 3 einen möglichst umfassenden Persönlichkeitsschutz für den Zeugen beabsichtigen, ist eine einschränkende Auslegung geboten. Auch angesichts der notwendigen Sicherstellung der Löschungsverpflichtung kommt außerhalb des Strafverfahrens nur eine zeitweise Herausgabe einer Kopie oder die Besichtigung der Aufzeichnung an ihrem Verwahrort in Frage.[102]

IX. Rückgabe und Löschung der Aufzeichnung

94 Überlassene Aufzeichnungskopien sind nach Abs. 2 S. 5 **an die StA herauszugeben,** sobald kein berechtigtes Interesse an ihrer weiteren Verwendung mehr besteht.

95 Für die **Löschung** bzw. Vernichtung gilt nach Abs. 2 S. 2 nicht mehr § 100b Abs. 6 aF, sondern die Regelung des § 101 Abs. 8 entsprechend. Danach sind die Aufzeichnung und gefertigte Kopien unverzüglich zu löschen, wenn sie zur Strafverfolgung und zur

[99] Trück NStZ 2004, 129 (130 ff.).
[100] OLG Stuttgart 12.11.2002 – 4 Ws 267/02, NJW 2003, 767.
[101] Ignor/Bertheau in Löwe/Rosenberg Rn. 36.
[102] Ignor/Bertheau in Löwe/Rosenberg Rn. 40 mwN.

gerichtlichen Überprüfung der Aufzeichnungsanordnung nicht mehr benötigt wird (§ 108 Abs. 8 S. 1). Das ist nicht ohne weiteres bei Eintritt der Rechtskraft des Urteils der Fall. Die Aufzeichnung muss etwa weiterhin aufbewahrt werden, wenn mit der Erhebung einer weiteren Anklage zu rechnen ist, weil das erste Verfahren nicht alle sich aus der Vernehmung ergebenden Taten erfasst hat, wenn eine Wiederaufnahme des Verfahrens im Raum steht oder Mittäter noch flüchtig sind.[103]

Die bloß theoretische Möglichkeit, dass die Aufzeichnung noch gebraucht werden 96
könnte, rechtfertigt ihre weitere Aufbewahrung nicht. Das Löschungsgebot gilt nicht für das erstellte schriftliche Vernehmungsprotokoll.[104] Nach Abs. 2 S. 2 iVm § 101 Abs. 8 S. 2 ist die Löschung **aktenkundig** zu machen.

X. Rechtsmittel

1. Beschwerde des Zeugen. Die Anordnung des Vernehmenden, die Aussage des 97
Zeugen in Bild und Ton aufzuzeichnen, ist beschwerdefähig. Da der Zeuge betroffen ist, kann er die richterliche Anordnung nach § 304 Abs. 2 anfechten, gegen diejenige des Staatsanwalts entsprechend § 98 Abs. 2 S. 2 die gerichtliche Entscheidung beantragen. Die Auffassung, die § 161a Abs. 3 für anwendbar hält,[105] obwohl diese Vorschrift nur auf §§ 51, 70 verweist, kommt zum selben Ergebnis.

2. Beschwerde der StA. Die Ablehnung des Antrags, die Vernehmung aufzuzeichnen, 98
stellt eine richterliche Verfügung des Richters im Vorverfahren iSv § 304 Abs. 1 dar; die StA kann diese mit der Beschwerde anfechten.

3. Beschwerde des Angeklagten. Die Verweigerung der Einsicht in die Videover- 99
nehmung kann den Verfahrensausgang beeinflussen. Wegen dieses inneren Zusammenhangs mit der Urteilsfällung scheidet eine Beschwerde nach § 305 S. 1 aus. In Frage kommt eine Rüge nach § 338 Nr. 8.[106]

4. Revision. a) Verletzungen des § 58a. Verstöße, die allein § 58a betreffen, berüh- 100
ren den Rechtskreis des Angeklagten nicht. Für die Hauptverhandlung gelten §§ 247a, 255a; zu revisiblen Verletzungen dieser Normen s. dortige Erläuterungen.

b) Sachrüge. Eine **Verweisung** der Urteilsgründe auf ein Videoband oder eine CD, 101
auf der die Vernehmung aufgezeichnet wurde, stellt keine wirksame Bezugnahme iSd § 267 Abs. 1 S. 3 dar; die Aufzeichnung wird durch die Verweisung nicht Bestandteil der Urteilsgründe.[107] Legt das Gericht den Aussageinhalt nicht dar oder setzt sich mit diesem nicht auseinander, kann dies zu einer auf die Sachrüge zu berücksichtigenden **Beweiswürdigungslücke** führen.

Ein mit der Sachrüge angreifbarer **Erörterungsmangel** kann vorliegen, wenn das 102
Gericht die Videovernehmung zwar zum Gegenstand der Beweisaufnahme gemacht hat, die Erkenntnisse im Rahmen der Beweiswürdigung aber nicht verwertet. Das Tatgericht muss sich auch mit einem wegen der Nichtgewährleistung des Fragerechts möglicherweise geminderten Beweiswert der Zeugenaussage befassen.[108]

c) Verfahrensrügen. aa) § 255a. Die **Verwertbarkeit** einer in die Hauptverhandlung 103
eingeführten Vernehmungsaufzeichnung richtet sich nach § 255a.

---

[103] Bader in KK-StPO Rn. 12.
[104] Ignor/Bertheau in Löwe/Rosenberg Rn. 41.
[105] Ignor/Bertheau in Löwe/Rosenberg Rn. 43.
[106] OLG Koblenz 10.7.2003 – 1 Ws 425/03, StV 2003, 608 zur verweigerten Überlassung einer Videoaufnahme; zur versagten Akteneinsicht allgemein BGH 16.10.1984 – 5 StR 643/84, NStZ 1985, 87; OLG Frankfurt a. M. 27.2.2003 – 3 Ws 234/03, NStZ-RR 2003, 177.
[107] BGH 2.11.2011 – 2 StR 332/11, NJW 2012, 244; s. auch Schmitt in Meyer-Goßner/Schmitt § 267 Rn. 10.
[108] BGH 12.12.2012 – 5 StR 578/12.

104 **bb) Aufklärungsrüge.** Sie kann erfolgreich sein, wenn es das Gericht unterlassen hat, eine vorhandene Videovernehmung in die Hauptverhandlung einzuführen und sich mit der Verlesung des Vernehmungsprotokolls begnügt hat. Denkbar ist auch eine Aufklärungsrüge, die beanstandet, dass die abgespielte Aufzeichnung technisch so mangelhaft war, dass – was sich im Wege des Freibeweises feststellen lässt – die Bekundungen des Zeugen nur teilweise oder nur unzulänglich wahrnehmbar waren.[109]

105 **cc) § 261.** Eine **Verfahrensrüge** nach § 261, die die **Unvereinbarkeit der Urteilsgründe mit dem Aufzeichnungsinhalt der audiovisuellen Vernehmung** beanstandet, wird wegen des Verbotes der Rekonstruktion der Beweisaufnahme in der Revisionsinstanz dann erfolglos bleiben, wenn das Gericht von der Möglichkeit Gebrauch gemacht hat, den Zeugen ergänzend zu vernehmen (§ 255a Abs. 2 S. 4). Denn im Rahmen einer solchen Befragung kann es durch den Zeugen zu Berichtigungen, Klarstellungen oder sonstigen Ergänzungen seiner aufgezeichneten Aussage gekommen sein.

106 Wurde hingegen **nur die Aufzeichnung vorgeführt,** steht einer entsprechenden Rüge das Rekonstruktionsverbot nicht entgegen; es gilt nur, soweit das im Urteil festzustellende Ergebnis der Beweisaufnahme nicht – wie etwa der Wortlaut von Urkunden – der unmittelbaren Kenntnisnahme durch das Revisionsgericht offensteht.[110] Daher hat die Rspr. etwa in Fällen verlesener Vernehmungsprotokolle, sonstiger Urkunden oder bei gemäß § 273 Abs. 3 protokollierten Aussagen auf entsprechende Rüge der Verletzung des § 261 überprüft, ob sich das Tatgericht mit diesen Beweiserhebungen befasst hat. Bei nach § 267 Abs. 1 S. 3 in Bezug genommenen Lichtbildern kann das Revisionsgericht die bei den Akten befindliche Abbildung aus eigener Anschauung würdigen.[111]

107 Für die Videoaufzeichnung gelten im Ergebnis dieselben Grundsätze wie für den Rückgriff auf bei den Akten befindlichen Urkunden oder Lichtbildern. Auch die Videoaufzeichnung stellt – ebenso wie Urkunden und Abbildungen – eine **bei den Akten befindliche objektive Grundlage** dar, mit der sich der geltend gemachte Rechtsfehler ohne weiteres mit den Mitteln des Revisionsrechts feststellen lässt.[112] Der Inhalt der Aussage, der Fragen und Vorhalte steht dem Revisionsgericht danach zur Verfügung, ebenso das auf der Aufzeichnung festgehaltene körperliche Aussageverhalten. Diese **Inhalte** kann das Revisionsgericht auf eine entsprechende Rüge hin **prüfen,** um etwa Lücken oder Widersprüche festzustellen. Bewertungen des Tatgerichts, die auf subjektiven Eindrücken und den Umständen der Hauptverhandlung beruhen, darf es jedoch nicht durch eigene ersetzen.[113]

108 Der Revisionsführer genügt den **Anforderungen des § 344 Abs. 2 S. 2** nicht mit einem Verweis auf die Videoaufzeichnung; er muss die maßgebliche Stelle der Vernehmung im Wortlaut oder ihrem wesentlichen Inhalt nach wiedergeben.[114]

109 **dd) § 338 Nr. 8.** Hat das Gericht das Recht des Angeklagten auf Akteneinsicht bzw. auf Besichtigung der Aufzeichnung in laufender Hauptverhandlung abgelehnt, kann dies eine Beschränkung der Verteidigung iSd **§ 338 Nr. 8** bedeuten.[115]

110 **ee) Beweisanträge.** Die Vorführung der Bild-Ton-Aufzeichnung der Vernehmung des Zeugen nach § 255a Abs. 2 ersetzt seine Vernehmung in der Hauptverhandlung. Dennoch können Beweisanträge auf Vernehmung oder ergänzende Vernehmung des Zeugen nicht pauschal mit dem Hinweis auf die bereits erfolgte Einführung der Videoaufzeichnung abgelehnt werden. Ein Antrag auf ergänzende Vernehmung in der Hauptverhandlung ist vielmehr nach den Grundsätzen des **Beweisantragsrechts** zu behandeln, die für einen in der Hauptverhandlung bereits vernommenen Zeugen gelten. Wird der Zeuge zum Beweis

[109] Vgl. Diemer NJW 1999, 1667 (1672).
[110] BGH 29.11.2011 – 3 StR 281/11, NStZ 2012, 344.
[111] BGH 15.12.1999 – 2 StR 365/99, NStZ 2000, 307 (309 f.).
[112] Vgl. Gericke in KK-StPO § 337 Rn. 26a mwN; befürwortend auch Diemer NStZ 2002, 16 (19 f.); Leipold NJW-Spezial 2005, 472 f.
[113] Überzeugend Diemer NStZ 2002, 16 (19 f.).
[114] Schmitt in Meyer-Goßner/Schmitt § 344 Rn. 21.
[115] Ignor/Bertheau in Löwe/Rosenberg Rn. 42, 45.

einer **neuen Beweistatsache** benannt, zu der er bei der aufgezeichneten und vorgeführten Vernehmung noch nicht gehört werden konnte, gelten § 244 Abs. 3 und 6, denn die Beweisbehauptung zielt dann nicht lediglich auf eine Wiederholung der Beweisaufnahme ab.[116]

XI. Reformvorhaben

Ein Gesetzesvorschlag der Bundesrechtsanwaltskammer zur Verbesserung der Wahrheitsfindung im Strafverfahren durch den verstärkten Einsatz von Bild- und Tontechnik sieht wesentliche Erweiterungen des Anwendungsbereichs des § 58a vor. So soll eine grundsätzliche Aufzeichnungspflicht in Fällen notwendiger Verteidigung, einer ausschlaggebenden Bedeutung der Aussage sowie die Möglichkeit der Aufzeichnung von Beschuldigtenvernehmungen eingeführt werden.[117] **111**

Der Vorschlag für eine „Richtlinie des Europäischen Parlamentes und des Rates über Mindeststandards für die Rechte und den Schutz von Opfern sowie für die Opferhilfe" (2011/0129) enthält zahlreiche Maßnahmen, die in Deutschland längst gesetzlich geregelt sind. Einige Punkte sehen jedoch den weiteren Ausbau der Videotechnologie im Strafverfahren vor. So sollen die Mitgliedsstaaten zB während der Gerichtsverhandlung „unter anderem durch die Verwendung von Kommunikationstechnologien" Maßnahmen zur Verhinderung des Blickkontakts zwischen Opfer und Angeklagtem zur Verfügung stellen. **112**

§ 58b Vernehmung im Wege der Bild- und Tonübertragung

Die Vernehmung eines Zeugen außerhalb der Hauptverhandlung kann in der Weise erfolgen, dass dieser sich an einem anderen Ort als die vernehmende Person aufhält und die Vernehmung zeitgleich in Bild und Ton an den Ort, an dem sich der Zeuge aufhält, und in das Vernehmungszimmer übertragen wird.

Übersicht

I. Allgemeines

1. Neues Gesetz zur Videokonferenztechnik. Die Vorschrift wurde durch das Gesetz zur Intensivierung des Einsatzes von Videokonferenztechnik in gerichtlichen und staatsanwaltschaftlichen Verfahren (VidVerfG) vom 25.4.2013[1] in die Strafprozessordnung eingefügt. Dieses Gesetz hat weitere Vorschriften geändert, erweitert und neu eingefügt (§ 118a Abs. 2, § 138d Abs. 4, § 163 Abs. 3 S. 1, § 163a Abs. 1, § 233 Abs. 2, § 247a, § 462 Abs. 2 sowie § 185 Abs. 1a GVG). **1**

[116] BGH 15.4.2003 – 1 StR 64/03, BGHSt 48, 268 = NStZ 2003, 613; OLG Karlsruhe 22.12.2009 – 3 Ss 182/09, StraFo 2010, 71.
[117] Näher hierzu Nack/Park/Brauneisen NStZ 2011, 310 (310 ff).
[1] BGBl. I 935.

2 Nach den Neuregelungen besteht nunmehr nicht nur im Ermittlungsverfahren, sondern auch im Hauptverfahren – außerhalb der Hauptverhandlung – sowie im Vollstreckungsverfahren die **Möglichkeit,** einen Zeugen im Wege der zeitgleichen Bild-Ton-Übertragung **(Videokonferenz)** zu vernehmen.

3 Das bis zum 31.10.2013 geltende Recht sieht den Einsatz der Videokonferenztechnik nur bei richterlichen Vernehmungen in den Fällen der §§ 168e, 247a vor. Wegen des **Grundsatzes der Unmittelbarkeit der Beweisaufnahme** kann die Videokonferenztechnik auch nach der Ausgestaltung der Neuregelungen **in der Hauptverhandlung** selbst **nur im bisherigen Umfang** verwendet werden. Die Neuregelung führt aber insoweit zu einer möglichen weiteren Durchbrechung des Unmittelbarkeitsgrundsatzes, als richterliche Vernehmungen auf der Grundlage des § 58b über das erstellte Protokoll nach § 251 Abs. 2 in die Hauptverhandlung eingeführt werden können.

4 **2. Inkrafttreten.** § 58b ist am 1.11.2013 in Kraft getreten.[2] Art. 9 VidVerfG ermächtigt die **Landesregierungen** jedoch, durch Rechtsverordnungen zu bestimmen, dass die mit diesem Gesetz verbundenen Änderungen der StPO und des GVG – ganz oder teilweise – bis längstens 31.12.2017 keine Anwendung finden.[3]

II. Normzweck

5 **1. Ausweitung der Videokonferenztechnik.** Der Gesetzgeber wollte die Möglichkeiten, von der Videokonferenztechnik Gebrauch zu machen, in allen Verfahrensordnungen erheblich ausweiten. Die Technik der zeitgleichen Bild-Ton-Übertragung soll außer dem Richter auch der StA und der Polizei zur Verfügung stehen und nunmehr nicht nur bei Vernehmungen, sondern auch bei Anhörungen – stets unabhängig vom Einverständnis der Beteiligten – zum Einsatz gelangen. Nach der Einschätzung des Gesetzgebers hat sich diese Technik bislang ua wegen der fehlenden Ausstattung der Gerichte, Justizbehörden und Anwaltskanzleien nicht durchgesetzt; dies werde ihrer fortschreitenden Entwicklung und den Möglichkeiten webbasierender Bild- und Tonübertragung mit kostengünstigen Kameras und der IT-technischen Bürostandardausstattung nicht mehr gerecht.[4]

6 **2. Befugnisnorm.** § 58b ist – ebenso wie bereits im bisherigen Recht und wie die weiteren neuen Vorschriften über den Einsatz der Videokonferenztechnik – als Befugnisnorm zu verstehen. Aus der Bestimmung lässt sich über den von der Rspr. entwickelten eng umgrenzten Ausstattungsanspruch[5] kein allgemeiner Anspruch des Gerichts oder eines Verfahrensbeteiligten auf eine bestimmte technische Ausstattung der Gerichte und Justizbehörden ableiten.[6]

7 **3. Effizienzeffekt.** Der Gesetzgeber verspricht sich durch die neuen Vorschriften einen effizienteren Verfahrensablauf sowie eine Kostenersparnis. Er führt an, dass sich der zeitliche Aufwand für alle Beteiligten und die Reisekosten, vor allem diejenigen der Anwaltschaft, reduzierten.[7] Auch ließen sich durch den Einsatz der Videokonferenztechnik zeitraubende Vernehmungsersuchen vermeiden.[8] Zudem werde die Terminierung erleichtert und dadurch das Verfahren beschleunigt.

III. Überblick

8 § 58b selbst gilt zwar nur für die Vernehmung von **Zeugen.** Die weiteren neuen Bestimmungen ermächtigen das Gericht aber auch bei weiteren Verfahrensbeteiligten –

[2] Art. 10 Abs. 1 VidVerfG.
[3] Das Land Baden-Württemberg macht von der Ermächtigung keinen Gebrauch.
[4] BT-Drs. 17/17/1224, 10.
[5] BGH 7.3.2007 – 1 StR 646/06, NJW 2007, 1475 (1476) = NStZ 2007, 1475 zur Verpflichtung des Justizministeriums, das Gericht so auszustatten, dass eine mögliche audiovisuelle Vernehmung eines gesperrten Zeugen durchgeführt werden kann.
[6] BT-Drs. 17/12418, 21.
[7] BT-Drs. 17/1224, 10 und 17/12418, 21.
[8] BT-Drs. 17/1224, 13.

jeweils nach seinem **Ermessen** – verschiedene **Vernehmungen und Anhörungen** im Wege einer Videokonferenz durchzuführen.

Die Möglichkeit einer Videokonferenz besteht nach den Neuregelungen nunmehr: 9

- bei der richterlichen Vernehmung eines **Zeugen** außerhalb der Hauptverhandlung (§ 58b)
- bei der Vernehmung von Zeugen durch die Staatsanwaltschaft (§ 163a Abs. 3 S. 1 iVm § 58b)
- bei der Vernehmung von Zeugen durch die Polizei (§ 163 Abs. 3 S. 2 iVm § 58b)
- bei der Vernehmung des **Beschuldigten** (§ 163a Abs. 1 iVm § 58b) sowie in der Verhandlung über die Haftprüfung (§ 118a Abs. 2),
- bei der Vernehmung eines vom Erscheinen entbundenen **Angeklagten** durch den beauftragten oder ersuchten Richter (§ 233 Abs. 2),
- bei der mündlichen Anhörung des **Verurteilten** vor einer nachträglichen Gesamtstrafenbildung (§ 462 Abs. 2 S. 2),
- bei der Vernehmung eines **Sachverständigen** (§ 72), wenn kein Fall des § 246a vorliegt (§ 247a Abs. 2)
- bei der Anhörung bzw. Vernehmung des Vorstands der Rechtsanwaltskammer (§ 138d Abs. 4 S. 2) und
- bei der Anhörung eines Gefangenen (§ 115 Abs. 1a StVollzG).
- Zudem können **Dolmetscher** bei Verhandlungen, Anhörungen und Vernehmungen – auch im staatsanwaltschaftlichen Ermittlungsverfahren – mittels Videokonferenztechnik zugeschaltet werden (§ 185 Abs. 1a GVG).

IV. Voraussetzungen, Anwendungsbereiche

1. Zeugenvernehmung. § 58b selbst erfasst nur **Zeugen,** deren Vernehmung unter **Verzicht auf ihre persönliche Anwesenheit** erfolgen kann. Vernehmungsperson kann nicht nur der Richter sein. Nach § 163a Abs. 1 S. 2 hat auch der Staatsanwalt die Möglichkeit, eine Zeugenvernehmung per Videokonferenz durchzuführen. Gleiches gilt, wie die Aufnahme des § 58b in die Verweisung des § 163 Abs. 3 S. 1 zeigt, auch bei Zeugenvernehmungen durch die Polizei. 10

2. Vernehmung außerhalb der Hauptverhandlung. § 58b ist nur bei Vernehmungen außerhalb der Hauptverhandlung anwendbar. Nach dem Willen des Gesetzgebers sollte der Grundsatz der Unmittelbarkeit der Beweisaufnahme in der Hauptverhandlung gewahrt bleiben.[9] In Frage kommt der Einsatz der Videokonferenztechnik danach bei Zeugenvernehmungen im Ermittlungs- und im Zwischenverfahren sowie bei Vernehmungen, die zwischen den Terminen einer laufenden Hauptverhandlung stattfinden. 11

Die **Aufenthaltsorte** des Vernehmenden und des Zeugen müssen auseinander fallen. Dabei kommt es jedoch nicht auf Entfernungen an. Entscheidend ist vielmehr, ob die Vernehmung unter Einsatz der Videokonferenztechnik der Wahrheitsfindung, dem Zeugenschutz oder der Verfahrensbeschleunigung dienen kann (näher → Rn. 15 ff.). Unerheblich ist, ob der Zeuge und die Verfahrensbeteiligten mit der Anordnung, die Vernehmung mittels der Videokonferenztechnik durchzuführen, **einverstanden** sind oder nicht. 12

3. Prüfung von Amts wegen, Anwendungsbereiche. Ob bei einer Zeugenvernehmung die Videokonferenztechnik gemäß § 58b zum Einsatz kommt, hat die Vernehmungsperson von Amts wegen zu prüfen. Anlass hierzu können vor allem bestimmte Verfahrens- oder Beweiskonstellationen sein; denkbar ist auch ein entsprechender Antrag eines Zeugen oder die Anregung eines Verfahrensbeteiligten. 13

Der Gesetzgeber hatte im Wesentlichen drei Aspekte vor Augen, unter denen von § 58b Gebrauch gemacht werden kann; die Anwendungsfelder können sich untereinander sowie mit den Regelungen des § 58a überschneiden. 14

---

9 BT-Drs. 17/12418, 1.

15 **a) Zeugenschutz.** Eine Vernehmung im Wege einer Videokonferenz kann im Interesse des Zeugen liegen oder zum Schutz seiner berechtigten Interessen gerechtfertigt sein. Der Gesichtspunkt des Zeugenschutzes kann etwa ausschlaggebend sein, wenn der Zeuge zugleich Verletzter der in Rede stehenden Straftat ist. Eine Vernehmung nach § 58b kann auch in den Fällen angezeigt sein, in denen der Einsatz der Videokonferenztechnik zum Schutz gefährdeter Zeugen beitragen kann. Nach § 168e ist dies nur unter sehr engen Voraussetzungen und nur bei einer Vernehmung durch den Ermittlungsrichter möglich.

16 **b) Drohender Beweismittelverlust.** Die Zeugenvernehmung im Wege der Videokonferenz kann angezeigt sein, um die Gefahr eines Beweismittelverlusts – durch frühzeitige Sicherung der Zeugenaussage – abzuwenden. So kann es etwa bei kranken oder gebrechlichen Zeugen liegen, denen die Anreise zum Vernehmungsort nicht möglich ist oder wenn damit zu rechnen ist, dass ihre spätere erneute Aussage voraussichtlich nicht mehr zu erlangen ist.

17 **c) Verfahrensbeschleunigung.** Ferner kann durch die Vernehmung eines Zeugen mittels Videokonferenztechnik Zeit eingespart und dadurch eine Verfahrensbeschleunigung erreicht werden. Besonders bei der Gewichtung dieses allgemeinen Aspekts dürfen die Anforderungen der Aufklärungspflicht und des Unmittelbarkeitsgrundsatzes sowie die Interessen der Verfahrensbeteiligten nicht aus dem Blick verloren werden. Der Aspekt der Verfahrensbeschleunigung kommt etwa zum Tragen, wenn die mit einem zeitraubenden Versand von Verfahrensakten an weit entfernte Gerichte oder Polizeidienststellen verbundenen **Vernehmungsersuchen vermieden werden können.** Dies kann nicht nur zu einer Verfahrensverkürzung, sondern auch zu einer gegenüber einem Ersuchen erhöhten Vernehmungsqualität führen, weil die Befragung des Zeugen eine in den Fall eingearbeitete Vernehmungsperson durchführen kann.[10]

18 **4. Ermessen.** Bei der Ausübung des in § 58b eingeräumten Ermessens ist zunächst zu berücksichtigen, dass die Vorschrift die **Aufklärungspflicht** unberührt lässt. Für die Wahrheitsfindung wird es häufig auf den **unmittelbaren persönlichen Eindruck** des Vernehmenden oder Anhörenden bzw. der weiteren Verfahrensbeteiligten von der Person des Vernommenen bzw. Angehörten ankommen. Denn auch wenn die Bild-Ton-Übertragung so gestaltet wird, dass sämtliche Umstände der Vernehmung und ihres Ablaufs einschließlich der Reaktionen des Zeugen erfasst werden, wird der Erkenntniswert häufig hinter dem einer persönlichen Zeugenvernehmung zurückbleiben.[11] Auch unter diesem Gesichtspunkt bedarf die Entscheidung, die Videokonferenztechnik einzusetzen, stets einer – am Einzelfall ausgerichteten – Berücksichtigung des Unmittelbarkeitsgrundsatzes.[12]

19 Danach wird eine persönliche Befragung der Auskunftsperson dem Einsatz der Videotechnik nicht selten vorzuziehen sein. Dies gilt besonders dann, wenn die Befragung der Aufklärung gravierender schwerwiegender Straftaten dienen soll. Auch in den Fällen, in denen dem Zeugen eine Anreise zum Vernehmungsort ohne weiteres zumutbar erscheint, drängt sich der Einsatz der Videokonferenztechnik nicht auf. Anders kann es dort liegen, wo es weniger oder nicht auf den unmittelbaren persönlichen Eindruck eines Zeugen ankommt, etwa weil sich seine Angaben nur auf bereits schriftlich festgehaltene bzw. objektiv nachvollziehbare Vorgänge, wie etwa auf Zahlungen, Rechnungsstellungen oder Vertragsunterlagen beziehen oder in der Vernehmung nur Randaspekte des Verfahrens behandelt werden sollen.

V. Verhältnis des § 58b zu anderen Vorschriften

20 Die in der StPO enthaltenen weiteren Vorschriften, die bei jeder Vernehmung zu beachten sind, gelten auch im Falle der Anwendung des § 58b. Insbesondere verbleibt es

[10] BT-Drs. 17/1224, 13.
[11] So zutreffend die Bundesrechtsanwaltskammer in ihrer Stellungnahme Nr. 30/2010 zum Entwurf eines Gesetzes zur Intensivierung des Einsatzes von Videokonferenztechnik in gerichtlichen und staatsanwaltschaftlichen Verfahren.
[12] BT-Drs. 17/1224, 17.

im Falle des Einsatzes der Videokonferenztechnik bei den Bestimmungen über die **Benachrichtigungspflichten,** den **Anwesenheitsrechten** (§§ 168c, 224) sowie den Belehrungs- und Protokollierungsvorschriften.

Da der Einsatz der Videokonferenztechnik zum Schutz gefährdeter Zeugen beitragen kann, stellt § 58b eine **Erweiterung des § 168e** dar. Die dort aufgestellten hohen Anforderungen sowie die Notwendigkeit einer ermittlungsrichterlichen Vernehmung gelten für § 58b nicht. Ein gewisser Wertungswiderspruch besteht im Verhältnis des § 58b zu **§ 247a.** Denn die Niederschrift der nach § 58b durchgeführten Vernehmung kann als richterliches Protokoll, dem erhöhter Beweiswert zugemessen wird, gemäß § 251 Abs. 2 verlesen werden, obgleich der Richter dem Zeugen physisch nie begegnet ist, während der Zeuge in der Hauptverhandlung unter Zuhilfenahme der Bild-Ton-Übertragung nur unter den Voraussetzungen des § 247a hätte vernommen werden können.[13] 21

VI. Rechtsmittel

Eine von § 58b Gebrauch machende Anordnung ist nicht anfechtbar. Die Entscheidung kann auch die Revision nicht begründen, da das Urteil auf der Anordnung oder ihrem Unterbleiben nicht beruhen kann. 22

§ 59 Vereidigung

(1) [1]Zeugen werden nur vereidigt, wenn es das Gericht wegen der ausschlaggebenden Bedeutung der Aussage oder zur Herbeiführung einer wahren Aussage nach seinem Ermessen für notwendig hält. [2]Der Grund dafür, dass der Zeuge vereidigt wird, braucht im Protokoll nicht angegeben zu werden, es sei denn, der Zeuge wird außerhalb der Hauptverhandlung vernommen.

(2) [1]Die Vereidigung der Zeugen erfolgt einzeln und nach ihrer Vernehmung. [2]Soweit nichts anderes bestimmt ist, findet sie in der Hauptverhandlung statt.

Schrifttum: Diehm, Die Entscheidung über die (Nicht-)Vereidigung im Strafprozess, StV 2007, 444; Feser, Die Zeugenvereidigung im Strafprozess, § 59 I StPO, JuS 2008, 229; Huber, Erstes Gesetz zur Modernisierung der Justiz-Änderungen der Strafprozessordnung, JuS 2004, 970; Klemke, Das Vereidigungsrecht nach dem sog. „Justizmodernisierungsgesetz" – eine Herausforderung für die Verteidigung, StV 2006, 158; Knauer/Wolf, Zivilprozessuale und strafprozessuale Änderungen durch das Erste Justizmodernisierungsgesetz – Teil 2: Änderungen der StPO, NJW 2004, 2932; Peglau/Wilke, Änderungen im strafprozessualen Vereidigungsrecht durch das Justizmodernisierungsgesetz, NStZ 2005, 186.

Übersicht

[13] Bundesrechtsanwaltskammer in ihrer Stellungnahme Nr. 30/2010.

A. Allgemeines

I. Normzweck und Entstehungsgeschichte

1 Die derzeitige Fassung der Vorschrift geht auf das 1. Justizmodernisierungsgesetz (JuMoG) vom 24.8.2004, in Kraft getreten am 1.9.2004,[1] zurück. Der Gesetzgeber wollte mit der Neuregelung des § 59 nicht nur die Gesetzeslage der Rechtswirklichkeit anpassen, sondern auch mittels einer Ermessensregelung den Gerichten die fehlerfreie Anwendung der Vereidigungsregelungen erleichtern[2] sowie das Verfahren vereinfachen, effektiver und flexibler gestalten, ohne rechtsstaatliche Standards zu beeinträchtigen.[3]

2 Für das Verständnis und die Auslegung der Neufassung des § 59 ist der Vergleich mit der früheren Rechtslage bedeutsam. Die vor dem Inkrafttreten des JuMoG geltenden Vorschriften gingen nach ihrer Konstruktion davon aus, dass die Zeugen regelmäßig vereidigt werden. Dennoch hat die gerichtliche Praxis in den letzten Jahrzehnten nur äußerst selten von dieser Möglichkeit Gebrauch gemacht; regelmäßig wurde von der Zeugenvereidigung – meist nach den Ausnahmevorschriften des § 61 Nr. 5 aF (allseitiger Verzicht auf Vereidigung) und des § 61 Nr. 2 aF (Zeuge als durch die Tat Verletzter) – abgesehen. Seit den einschneidenden Änderungen des JuMoG stellt nunmehr auch nach der Gesetzeslage die **Nichtvereidigung** des Zeugen den **Regelfall** dar. Der Grundsatz der Vereidigung in § 59 aF und § 61 aF, der Ausnahmen von der Regelvereidigung vorsah, wurde abgeschafft. Ebenfalls aufgehoben wurde § 48 aF OWiG, der dem heutigen § 59 weitgehend entsprach.

3 Der Gesetzgeber ging davon aus, dass die **Rechtsprechung zu § 48 aF OWiG** bei der Auslegung des neuen § 59 herangezogen werden kann.[4] Ebenso bleiben die **Entscheidungen zu § 62 aF,** der dieselben beiden Ausnahmetatbestände wie der derzeitige § 59 enthielt, verwertbar.[5]

4 Zu Recht hat der Gesetzgeber Vorschläge, den Eid abzuschaffen, nicht aufgegriffen. Die Neuregelung hat aber – ebenso wie die zu § 59 nF ergangene Rechtsprechung – die

[1] BGBl. I 2198.
[2] BT-Drs. 15/3482, 21; vgl. auch Diehm StV 2007, 444; Huber Jus 2004, 970.
[3] BT-Drs. 15/1508, 1.
[4] BT-Drs. 1508, 23; Ignor/Bertheau in Löwe/Rosenberg Rn. 1 mwN.
[5] Grundlegend BGH 3.6.1961 – 1 StR 155/61, BGHSt 16, 99 = NJW 1961, 1485; damit ist OLG Neustadt 12.11.1958 – Ss 128/58, NJW 1959, 783 überholt.

Bedeutung der Vereidigung weiter geschmälert.[6] Dies folgt zum einen schon aus dem Umstand, dass die nach altem Recht bestehenden Möglichkeiten, den Verzicht auf die Vereidigung zu versagen und dadurch den gesetzlichen Regelfall auszulösen oder zu erreichen, dass das Gericht eine andere Ausnahme begründen musste, weggefallen sind, zum anderen führt die Neuregelung dazu, dass Verfahrensfehler nicht mehr im früheren Umfang der Revision zugänglich sind (→ Rn. 64 ff.).[7]

II. Bedeutung des Eides für die Wahrheitsfindung und die Beweiswürdigung

Der Gesetzgeber betrachtet den Eid als Mittel der Wahrheitsfindung.[8] Dadurch wird ihm eine zu große Bedeutung beigemessen. Zwar kann die **Überzeugungsbildung** des Gerichts durch den Umstand, dass ein Zeuge seine Aussage beeidigt hat, beeinflusst werden. Dies ist jedoch keineswegs zwingend. Es darf auch nicht angenommen werden, einer vereidigten Aussage komme grundsätzlich ein höherer Beweiswert zu als einer unvereidigten. 5

Das Gericht ist im Rahmen seiner Würdigung der Beweisaufnahmeergebnisse frei und nicht gehindert, dem unvereidigt gebliebenen Zeugen Glauben zu schenken, dem vereidigten hingegen nicht. Ausschlaggebend bei der Würdigung der Zeugenaussagen ist nicht der Umstand der Vereidigung oder Nichtvereidigung, sondern eine **Analyse der Zeugenangaben** unter Verwendung der von der Aussagepsychologie entwickelten Realitätskriterien.[9] Schließlich löst eine Vereidigung keinen Rechtsschein dahin aus, dass das Gericht die Angaben des vereidigten Zeugen als glaubhaft bewertet.[10] 6

Die Bedeutung des Eides liegt heute zunächst in einer **Warnfunktion** gegenüber dem Zeugen; diese darf aber unter mehreren Gesichtspunkten nicht überschätzt werden. Zwar kommt die Bedeutung der Vereidigung in der gegenüber § 153 StGB wesentlich erhöhten **Strafdrohung** des § 154 StGB zum Ausdruck. Hinzu kommt, dass § 359 Nr. 2 nur den fahrlässigen Falscheid, nicht hingegen eine uneidliche Falschaussage als **Wiederaufnahmegrund** zulässt.[11] Jedoch zeigt sich in der Praxis immer wieder, dass ein zur Falschaussage fest entschlossener Zeuge sich trotz der erhöhten Strafdrohung des § 154 StGB und eindringlichen Belehrungen hierüber häufig nicht von seinem Vorhaben abbringen lässt.[12] 7

B. Erläuterung

I. Anwendungsbereiche

§ 59 Abs. 1 S. 1 regelt die Vereidigungsvoraussetzungen bei allen richterlichen **Zeugenvernehmungen** im Strafverfahren gegen Erwachsene. Ergänzt wird die Vorschrift durch § 62 für das Ermittlungsverfahren. § 59 Abs. 1 S. 2 regelt die Begründungspflichten im Fall einer angeordneten Vereidigung, Abs. 2 den Nacheid. Im Jugendstrafverfahren gilt § 59 nach § 2 JGG ebenso. In Verfahren wegen Ordnungswidrigkeiten ist § 59 gemäß § 46 Abs. 1 OWiG anwendbar. 8

Berichtet ein **Sachverständiger** im Rahmen seiner gutachterlichen Ausführungen über **Zusatztatsachen,** gelten für ihn die Zeugenvorschriften und damit auch § 59 zusätzlich neben § 79. Dies kann etwa bei Bekundungen des Sachverständigen über ein vom Angeklagten im Rahmen der Exploration abgegebenes Geständnis oder über dessen Einlassungen zur Sache der Fall sein. Hingegen handelt es sich bei Bekundungen über Kenntnisse aus früherer Sachverständigentätigkeit oder aus einer zwischenzeitlich privaten Behandlung 9

[6] Hierzu Ignor/Bertheau in Löwe/Rosenberg Rn. 4 mwN.
[7] Verschiedene Konstellationen bei Müller JR 2005, 79.
[8] BT-Drs. 15/1508, 23.
[9] Vgl. hierzu etwa BGH 14.12.2011 – 1 StR 501/11, NStZ-RR 2012, 148; 10.1.2012 – 5 StR 508/11, NStZ 2012, 344.
[10] BGH 15.10.1985 – 1 StR 338/85, NStZ 1986, 130; 1.12.1993 – 2 StR 443/93, NStZ 1994, 227.
[11] Huber JR 2005, 79 mwN; Knauer/Wolf NJW 2004, 2932 (2932 f.).
[12] AA Ignor/Bertheau in Löwe/Rosenberg Rn. 4 mwN.

des Angeklagten sowie beim Rückgriff des Sachverständigen auf fremde Gutachten oder Krankenunterlagen um Befundtatsachen.[13]

II. Voraussetzungen einer Vereidigung

10 **1. Allgemeines.** Nach der Neufassung des § 59 stellt die Nichtvereidigung des Zeugen den Regelfall dar. Eine Vereidigung kommt nur noch in den beiden **Ausnahmefällen** in Betracht, in denen das Gericht der Aussage ausschlaggebende Bedeutung beimisst oder in denen es die Vereidigung zur Herbeiführung einer wahren Aussage für notwendig erachtet. § 59 eröffnet dem Tatrichter für die Entscheidung über die Vereidigung also einen **Beurteilungsspielraum** und kombiniert diesen mit einer **Ermessensbefugnis.**[14] Dies bedeutet, dass die Vereidigung auch beim Vorliegen einer Aussage von ausschlaggebender Bedeutung oder dann, wenn sich die Vereidigung als notwendiges Mittel zur Herbeiführung einer wahren Aussage als notwendig erweisen sollte, keineswegs zwingend vorzunehmen ist. Die beiden Ausnahmetatbestände bilden keine Gegensätze.

11 **2. Ausschlaggebende Bedeutung der Aussage (Abs. 1 S. 1 Alt. 1).** Ob der Aussage eines Zeugen ausschlaggebende Bedeutung zukommt, lässt sich nicht allgemein begrifflich, sondern nur im Einzelfall vor dem Hintergrund der jeweiligen Sach- und Beweislage entscheiden. Ausschlaggebend sind der **Inhalt** der Aussage und eine **vorläufige Würdigung,** in die das Gericht die bereits erhobenen Beweise und die – abgeschlossene – Aussage des Zeugen einbeziehen muss.[15] Eine ausschlaggebende Bedeutung fehlt der Aussage, wenn die vom Zeugen bekundeten Tatsachen auch durch **andere Beweismittel** belegt wurden.[16]

12 Wird der **Zeuge mehrfach vernommen,** kann regelmäßig erst nach Abschluss der gesamten Aussage beurteilt werden, ob den Angaben des Zeugen ausschlaggebende Bedeutung zukommt. Einer kompletten antizipierten Beweiswürdigung bedarf es aber nicht. Zur mehrfachen Vernehmung → Rn. 50 ff.

13 Darauf, ob es sich um be- oder entlastende Angaben handelt, kommt es nicht an. Stützt der Aussageinhalt die Würdigung der Beweisergebnisse gleichsam als Zünglein an der Waage und damit das Urteil im Ergebnis in einer Weise, dass die **Entscheidung ohne die Aussage anders ausfiele,** liegt eine ausschlaggebende Bedeutung vor. Ob dies auch stets der Fall ist, wenn für eine entscheidungserhebliche Tatsache die Angaben des Zeugen das **alleinige Beweismittel** sind,[17] erscheint zweifelhaft, da im Falle eines Geständnisses des Angeklagten der einzige Belastungszeuge zwar alleiniges Beweismittel ist, aber dennoch – besonders bei umfassenden detaillierten Geständnissen – nur zur Abrundung der Überzeugungsbildung oder zur Aufklärung einiger Sachverhaltsdetails befragt werden kann. Eine Vereidigung kommt auch in Frage, wenn die Aussage des Zeugen die Angaben eines zuvor vernommenen Zeugen **erschüttern** kann oder wenn das Gericht nunmehr diese Aussage für ausschlaggebend hält.[18]

14 Hingegen scheidet eine Vereidigung bei inhaltlich **unbedeutenden Aussagen** eines Zeugen aus. Zeugenaussagen, die das Gericht als **unwahr** einstuft, können ebenfalls nicht ausschlaggebend sein.[19] Auch allein die bloße **Widersprüchlichkeit** zu einer bislang als ausschlaggebend angesehenen Aussage genügt regelmäßig nicht, weil nur eine der Aussagen wahr und damit ausschlaggebend sein kann;[20] anders liegt es, wenn die Entscheidung des Gerichts, welcher der widersprüchlichen Aussagen es folgt, gleichzeitig eine Weichenstellung zwischen Freispruch und Verurteilung beinhaltet. Im Übrigen kann die Konstellation der Widersprüchlichkeit dem Gericht Anlass zur Prüfung des Abs. 1 S. 2 Alt. 2 geben.

---

[13] BGH 17.11.1987 – 5 StR 547/87; 28.9.1994 – 3 StR 332/94, NStZ 1995, 44.
[14] BGH 11.12.2008 – 3 StR 429/08, NStZ 2009, 343; aA Klemke StV 2006, 158.
[15] Vgl. BGH 3.6.1961 – 1 StR 155/61, BGHSt 16, 99 (103) = NJW 1961, 1485 (1486).
[16] BGH 4.8.2015 – 3 StR 196/15.
[17] So Schmitt in Meyer-Goßner/Schmitt Rn. 3.
[18] Eisenberg BeweisR StPO Rn. 1134 mwN.
[19] OLG Hamm 22.3.1973 – 2 Vs 4/72, NJW 1973, 1939 (1940) mwN.
[20] BeweisR StPO Rn. 1134; aA Slawik in KK-StPO Rn. 1b.

3. Herbeiführung einer wahren Aussage (Abs. 1 S. 1 Alt. 2). Für diesen Ausnahmefall genügt es nicht, dass das Gericht nach seiner vorläufigen Würdigung von der Unwahrheit bzw. Unvollständigkeit der Aussage ausgeht. Zusätzlich ist erforderlich, dass der Tatrichter zur Überzeugung gelangt, dass der Zeuge unter dem Eideszwang erhebliche Tatsachen wahrheitsgemäß bekundet, die er bisher verschwiegen oder unzutreffend dargestellt hat.[21] Denn die Vorschriften über die Vereidigung haben nicht den Sinn, dass das Gericht ohne erwartbaren Aufklärungsgewinn sehenden Auges Meineide produziert. 15

4. Richterliches Ermessen. Die Gesetzesformulierung „nach seinem Ermessen für notwendig hält" weist auf ein sehr **weitgehendes richterliches Ermessen** und einen **subjektiven Bewertungsmaßstab** hin. Der weite Ermessensspielraum ist auch deshalb notwendig, weil dem Tatrichter in beiden Ausnahmefällen eine **Prognose,** ausgehend vom jeweiligen Verfahrensstand und der Beweislage im Zeitpunkt des Abschlusses der Aussage abverlangt wird. So kann eine zunächst als weniger bedeutend angesehene Aussage später entscheidendes Gewicht zukommen; auch der umgekehrte Fall ist denkbar. 16

Der Tatrichter kann trotz der entscheidenden Bedeutung der Aussage von einer Vereidigung absehen,[22] etwa wenn gegen deren Wahrheitsgehalt keine Bedenken bestehen und er dem Zeugen auch ohne Eid glauben will.[23] Liegt der zweite Beeidigungsgrund vor, wird eine Vereidigung noch seltener angeordnet werden, weil bereits die uneidliche Falschaussage gemäß § 153 StGB strafbewehrt und der Zeuge hierüber belehrt worden ist.[24] Der Angeklagte hat keinen Anspruch darauf, dass das Gericht einem Entlastungszeugen entweder glaubt oder ihn vereidigt. Deshalb muss die Rüge, das Tatgericht habe nur Belastungszeugen vereidigt, hingegen Entlastungszeugen zu Unrecht unvereidigt gelassen, regelmäßig erfolglos bleiben.[25] 17

Bei altersbedingten oder aus anderen Gründen unreifen Zeugen, bei Verletzten, bei Angehörigen des Beschuldigten sowie bei Zeugen, die bereits wegen eines Aussagedelikts verurteilt wurden, obliegt dem Gericht bei der Ausübung seines Ermessens eine besondere Prüfungspflicht.[26] 18

III. Entscheidung des Vorsitzenden und des Gerichts

1. Entscheidungspflicht. Der Vorsitzende oder das Gericht müssen – ohne vorherige Anhörung der Beteiligten – eine Entscheidung darüber treffen, ob der Zeuge zu vereidigen ist oder nicht. Auch nach der Neuregelung ist diese Entscheidung nicht entbehrlich. Das Unterbleiben der Entscheidung – belegt durch die negative Beweiskraft des Protokolls – begründet, wie die Rechtsprechung zu § 48 OWiG aF zeigt, zwar einen **revisiblen Verfahrensfehler,**[27] jedoch wird das Urteil hierauf nur selten beruhen; dazu näher → Rn. 64 ff. 19

2. Zuständigkeiten. Die Entscheidung, ob der Zeuge vereidigt wird oder unvereidigt bleibt, ergeht von Amts wegen und – sofern kein Fall der §§ 62, 63 vorliegt – **in der Hauptverhandlung.** Über die Frage der Vereidigung kann zunächst der **Vorsitzende** im Rahmen seiner Sachleitungsbefugnis nach § 238 Abs. 1 allein entscheiden; hieran hat die Neufassung des § 59 nichts geändert.[28] Auch wenn der Vorsitzende die Entscheidung – zulässigerweise – im Einvernehmen mit den Mitgliedern des Spruchkörpers trifft, liegt 20

---

21 Schmitt in Meyer-Goßner/Schmitt Rn. 4 mwN; Ignor/Bertheau in Löwe/Rosenberg Rn. 8 mwN.
22 Schmitt in Meyer-Goßner/Schmitt Rn. 8.
23 BGH 3.6.1961 – 1 StR 155/61, BGHSt 16, 99 (104) = NJW 1961, 1485 (1486).
24 BGH 3.6.1961 – 1 StR 155/61, BGHSt 16, 99 (103) = NJW 1961, 1485 (1486).
25 BGH 3.6.1961 – 1 StR 155/61, BGHSt 16, 99 (105) = NJW 1961, 1485 (1486); BayObLG 4.9.1957 – RReg. 1 St 591/57.
26 Huber in BeckOK StPO Rn. 2.
27 OLG Düsseldorf 29.5.1989 – 2 Ss 145/89, NStE Nr. 1 zu § 48 OWiG mwN; OLG Oldenburg 18.4.1989 – Ss 154/89, DAR 1989, 313.
28 BGH 30.3.2005 – 1 StR 67/05, NStZ-RR 2005, 208 mwN; 11.12.2008 – 3 StR 429/08, NStZ 2009, 343; 20.1.2005 – 3 StR 455/04, NStZ 2005, 340; Schmitt in Meyer-Goßner/Schmitt Rn. 10; Ignor/Bertheau in Löwe/Rosenberg Rn. 21.

zunächst nur eine Verfügung nach § 238 Abs. 1 vor. Wird seine Entscheidung beanstandet, muss das Gericht im Wege eines Beschlusses gemäß § 238 Abs. 2 über die Vereidigungsfrage entscheiden. Zulässig ist es auch, dass sogleich eine Entscheidung des **Kollegialgerichts** ergeht.[29]

21 **3. Entscheidungszeitpunkt.** Die Entscheidung über die Vereidigung ist nach dem Abschluss der Zeugenvernehmung, spätestens bis zum Schluss der Beweisaufnahme zu treffen.[30] Wird die fehlende Entscheidung vor Urteilserlass bemerkt, muss die Beweisaufnahme wiedereröffnet und die Entscheidung **nachgeholt** werden.

22 **4. Ausdrückliche oder konkludente Entscheidung.** Bei der Frage, wann ausdrücklich über die Vereidigung zu entscheiden ist und in welchen Fällen eine konkludente Entscheidung genügt, sind **drei Fallgruppen** zu unterscheiden: Vorliegen eines Antrags eines Verfahrensbeteiligten, Vereidigung des Zeugen und Nichtvereidigung des Zeugen.

23 **a) Antrag eines Verfahrensbeteiligten.** Wird die Vereidigung eines Zeugen beantragt, hat das Gericht den Antrag im Wege einer **ausdrücklichen Entscheidung** zu bescheiden und diese Entscheidung zu protokollieren.[31]

24 **b) Vereidigung des Zeugen.** Will der Vorsitzende den Zeugen vereidigen, wird er dies regelmäßig ausdrücklich anordnen. Möglich ist aber auch eine konkludente Entscheidung durch entsprechende Belehrungen des Zeugen und die Abnahme des Eides. In beiden Fällen liegt eine ins Hauptverhandlungsprotokoll aufzunehmende wesentliche Förmlichkeit vor.

25 **c) Nichtvereidigung des Zeugen. aa) Ausreichen einer konkludenten Entscheidung.** Der Klarheit halber empfiehlt sich im Falle der Nichtvereidigung eine ausdrückliche Entscheidung des Vorsitzenden; als Verfügung bietet sich etwa an: „der Zeuge wird unvereidigt entlassen." Dennoch ist eine solche ausdrückliche Entscheidung nicht zwingend erforderlich; es genügt eine **konkludente Entscheidung.**

26 Die Rechtsprechung des BGH ging zunächst davon aus, der Vorsitzende habe – eine als wesentliche Förmlichkeit zu protokollierende – Entscheidung über die Vereidigung eines Zeugen zu treffen.[32] Der 1. und 2. Strafsenat nehmen nunmehr vor dem Hintergrund, dass nach § 59 Abs. 1 die Nichtvereidigung die Regel darstellt, an, dass einer **Entlassungsverfügung des Vorsitzenden** konkludent zu entnehmen ist, er habe die Voraussetzungen, vom regelmäßigen Verfahrensgang abzuweichen, nicht als gegeben angesehen.[33] Der 4. Strafsenat hat offen gelassen, ob darin, dass eine ausdrückliche Entscheidung über die Vereidigung (und Entlassung) des Zeugen nicht ergeht, ein Verfahrensfehler liegt.[34]

27 Als **Mindestvoraussetzung** für die Annahme einer konkludenten Entscheidung muss das Protokoll eine ausdrückliche **Verfügung des Vorsitzenden** zur Frage der Entlassung ausweisen; wenigstens auf diese Weise muss durch das Protokoll erkennbar werden, dass das Tatgericht das ihm zustehende **Ermessen überhaupt ausgeübt** hat.[35]

28 Die Mitteilung, der Zeuge habe den Saal zu einer bestimmten Uhrzeit verlassen, genügt dafür nicht; auch die Formulierung, der Zeuge sei im allseitigen Einverständnis entlassen worden, dürfte ohne den Zusatz, dass eine entsprechende Verfügung des Vorsitzenden vorlag, nicht ausreichen.[36] Auch kann einer **Entlassungsanordnung** dann keine konkludente

[29] BGH 8.4.1987 – 3 StR 7/87, NStZ 1987, 374; 30.3.2005 – 1 StR 67/05, NStZ-RR 2005, 208; Joecks StPO Rn. 4.
[30] BGH 2.10.1951 – 1 StR 434/51, BGHSt 1, 346 (348) = NJW 1952, 192.
[31] BGH 16.11.2005 – 2 StR 457/05, BGHSt 50, 282 = NJW 2006, 388 = NStZ 2006, 234.
[32] BGH 15.2.2005 – 1 StR 584/04, BeckRS 2005, 03108; 20.1.2005 – 3 StR 455/04, NStZ 2005, 340.
[33] BGH 16.11.2005 – 2 StR 457/05, BGHSt 50, 282 = NJW 2006, 388 = NStZ 2006, 234; 7.7.2009 – 1 StR 268/09, NStZ 2009, 647 in einem Hinweis.
[34] BGH 31.7.2013 – 4 StR 276/13, BeckRS 2013, 14343.
[35] Vgl. hierzu BGH 3.2.1987 – 1 StR 730/86, BeckRS 1987, 31087925; OLG Celle 29.9.2005 – 22 Ss 65/05, StraFo 2005, 506.
[36] Vgl. hierzu den der Entscheidung BGH 17.7.2003 – 4 StR 194/03, NStZ 2004, 97 zugrundeliegenden Verfahrensgang.

Entscheidung der Nichtvereidigung entnommen werden, wenn sie bei einem Zeugen fehlt, bei anderen Zeugen hingegen im Wege einer ausdrücklichen Anordnung über die Frage der Vereidigung befunden wurde[37] oder wenn nach dem Verfahrensgang nicht auszuschließen ist, dass sich der Vorsitzende der Notwendigkeit einer Entscheidung über die Vereidigung nicht bewusst war.[38] Schließlich muss von einer unterlassenen Entscheidung über die Vereidigung ausgegangen werden, wenn ein Zeuge mehrfach vernommen wurde, das Hauptverhandlungsprotokoll aber nur bei seiner ersten Entlassung eine Vereidigungsentscheidung enthält.[39]

Die Kritik an dieser Rechtsprechung[40] übersieht, dass die Verfahrensbeteiligten stets die Möglichkeit haben, die Vereidigung des Zeugen zu beantragen und damit eine ausdrückliche Entscheidung herbeizuführen; zudem können sie gleichzeitig die Entlassungsanordnung des Vorsitzenden beanstanden und die Entscheidung des Gerichts verlangen. Sie berücksichtigt ferner nicht, dass die Neuregelung das frühere Regel-Ausnahme-Verhältnis umgekehrt hat und eine ausdrückliche Entscheidung nur dort erforderlich wird, wo von einer gesetzlichen Regel abgewichen wird. Es trifft auch nicht zu, dass die Verfahrensbeteiligten nur bei einer ausdrücklichen Entscheidung des Vorsitzenden dessen Absicht klar erkennen können, denn mit der Entlassungsanordnung ohne vorausgehende Anordnung einer Vereidigung wird für alle offensichtlich, dass der Zeuge unvereidigt bleiben soll. Schließlich folgt aus den Motiven nicht zwingend anderes, weil der Fall der Nichtvereidigung dort nicht ausdrücklich erwähnt wird.[41] 29

bb) Unterlassene Entscheidung. Von der konkludenten Entscheidung über die Nichtvereidigung ist der Fall zu unterscheiden, in dem der Vorsitzende bzw. das Gericht überhaupt keine Entscheidung über die Vereidigung oder Nichtvereidigung eines Zeugen getroffen hat. Die unterbliebene Entscheidung ergibt sich dann eindeutig aus dem Schweigen der Sitzungsniederschrift, wenn das Hauptverhandlungsprotokoll bei anderen Zeugen eine Entscheidung zur Frage der Vereidigung ausweist.[42] Wurde nur ein Zeuge vernommen und fehlt im Protokoll sowohl eine ausdrückliche als auch eine Entscheidung über die Frage der Entlassung des Zeugen, ist ebenfalls aufgrund der negativen Beweiskraft der Niederschrift davon auszugehen, dass die Entscheidung fehlerhaft unterblieb. 30

5. Begründung. a) Nichtvereidigung in der Hauptverhandlung. Es handelt sich bei der Nichtvereidigung um den gesetzlichen Regelfall, sodass ein Vorgehen des Gerichts nach dieser Regel keiner Begründung bedarf. Der **BGH** hält schon nach der Regelung in § 59 Abs. 1 eine Begründung für **entbehrlich.**[43] Auch mehrere Stimmen in der **Literatur** verneinen eine Begründungsplicht.[44] 31

Die Auffassung, die eine Begründungspflicht annimmt,[45] überzeugt nicht. Gegen das Erfordernis einer Begründung spricht zunächst der Wortlaut des § 59 Abs. 1 S. 2, der eine Begründung nur für eine Vereidigung außerhalb der Hauptverhandlung fordert. Auch die Motive der Neuregelung gehen nicht davon aus, dass die Entscheidung einer Begründung bedarf.[46] Es ergibt keinen Sinn, den Wortlaut des Abs. 1 S. 2 dahin auszulegen, dass nur 32

---

37 BGH 4.11.1980 – 5 StR 508/80, NStZ 1981, 71 mwN; 29.3.1984 – 4 StR 154/84, NStZ 1984, 371 (372); OLG Frankfurt a. M. 29.7.1999 – 3 Ss 192/99, NStZ-RR 1999, 336 mwN.

38 OLG Hamm 29.2.1972 – 5 Ss 1271/71, NJW 1972, 1531 (1532).

39 BGH 13.12.1988 – 5 StR 550/88, NStZ 1989, 128.

40 Ignor/Bertheau in Löwe/Rosenberg Rn. 18, 24.

41 S. BT-Drs. 15/1508, 23.

42 BGH 24.4.1997 – 1 StR 152/97, NStZ-RR 1997, 302; 6.7.2004 – 4 StR 193/04, BeckRS 2004, 08131.

43 BGH 15.2.2005 – 1 StR 584/04, StraFo 2005, 244; 11.7.2006 – 3 StR 216/06, NJW 2006, 2934 = NStZ 2006, 715; 20.1.2005 – 3 StR 455/04, NStZ 2005, 340 unter Hinweis auf die Motive.

44 Joecks StPO Rn. 4; Huber in BeckOK StPO Rn. 8; Schmitt in Meyer-Goßner/Schmitt Rn. 11; Feser JuS 2008, 229 (230); Huber JuS 2004, 970; Knauer/Wolf NJW 2004, 2932 (2933); Müller JR 2005, 80; Eisenberg BeweisR StPO Rn. 1139.

45 Ignor/Bertheau in Löwe/Rosenberg Rn. 26; Neuhaus StV 2005, 47 (49); Schlothauer StV 2005, 200.

46 BT-Drs. 15/1508, 23.

die Protokollierung der Begründung, nicht aber die Begründung selbst entbehrlich ist.[47] Es bringt für die Verfahrensbeteiligten auch keinen Erkenntnisgewinn, wenn das Gericht ihnen – bei Nichtvereidigung – mitteilt, es bestehe kein Anlass für eine Vereidigung des Zeugen oder – im Falle der Vereidigung des Zeugen – den Wortlaut eine der Alternativen des Abs. 1 S. 1 zitiert; solche vorgeschlagenen als ausreichend erachteten „Begründungen"[48] werden bereits aus der bloßen Entscheidung deutlich. Zudem lässt die Annahme einer Begründungspflicht den Gesetzeszweck, das Verfahren zu vereinfachen, außer acht.[49] Schließlich bestünde bei näheren Ausführungen zur Begründung der Entscheidung die Gefahr, dass sich das Gericht Befangenheitsanträgen aussetzt; diese wären zwar, da es sich nur um eine rein vorläufige Würdigung handeln kann, unbegründet, belasteten aber den Verfahrensfortgang.

33 **b) Vereidigung in der Hauptverhandlung.** Auch die Anordnung der Vereidigung des Zeugen muss das Gericht nicht begründen. Dies folgt bereits aus Abs. 1 S. 2.[50] Im Übrigen gelten die Ausführungen → Rn. 32 entsprechend. Eine Begründung der Vereidigung brächte für die Verfahrensbeteiligten auch keinen Erkenntnisgewinn. Schon die Tatsache, dass das Gericht einen Zeugen vereidigt, zeigt, dass es die Voraussetzungen eines der beiden eng umgrenzten Ausnahmefälle des Abs. 1 S. 1 annimmt; der Verlauf der Vernehmung wird zudem erkennen lassen, ob das Gericht von der 2. Alternative des Abs. 1 S. 1 ausgeht.

34 **c) Vereidigung außerhalb der Hauptverhandlung.** Bei richterlichen Zeugenvernehmungen außerhalb der Hauptverhandlung ist eine Begründung für den Fall, dass der Zeuge vereidigt wird, gemäß **Abs. 1 S. 2** gesetzlich vorgeschrieben. In Frage kommen ermittlungsrichterliche und kommissarische Vernehmungen sowie Vernehmungen durch den beauftragten oder im Rechtshilfeweg ersuchten Richter.

35 Die Zulässigkeit einer Vereidigung im **vorbereitenden Verfahren** richtet sich nach § 62. Der Ermittlungsrichter entscheidet nach eigenem Ermessen und muss einem Antrag der StA nicht entsprechen.[51] Bei der **kommissarischen Vernehmung** entscheidet der Richter nach seinem Ermessen über die Vereidigung, sofern kein Vereidigungsauftrag vorliegt (§ 63).[52] Bei Verlesung des richterlichen Protokolls ist festzustellen, ob der Vernommene vereidigt wurde (§ 251 Abs. 4 S. 3). Nach Maßgabe des § 251 Abs. 4 S. 4 kann die Vereidigung nachgeholt werden.

36 **d) Behandlung gestellter Anträge. aa) Ablehnung eines Vereidigungsantrags.** Die Übertragung der in → Rn. 31 ff. genannten Gesichtspunkte ergibt, dass Vereidigungsanträge ohne Begründung zurückgewiesen werden können.[53] Angesichts des dem Gericht eingeräumten Ermessens fiele eine Begründung für den Antragsteller auch wenig ergiebig aus.

37 **bb) Gerichtsbeschluss nach § 238 Abs. 2.** Beanstandet ein Verfahrensbeteiligter die Anordnung des Vorsitzenden, den Zeugen zu vereidigen oder unvereidigt zu entlassen, muss das Gericht nach § 238 Abs. 2 hierüber einen Beschluss erlassen. Wird die Entscheidung des Vorsitzenden bestätigt, kommt dies einer Zurückweisung eines Antrags gleich, sodass der Beschluss mit Blick auf § 34 zu begründen ist.[54] Es gibt keinen Hinweis dafür, dass der Gesetzgeber mit der Neuregelung auch die Handhabung der §§ 34, 238 verändern wollte

[47] So aber Ignor/Bertheau in Löwe/Rosenberg Rn. 26.
[48] Ignor/Bertheau in Löwe/Rosenberg Rn. 27.
[49] So auch Feser JuS 2008, 229 (230).
[50] BGH 20.1.2005 – 3 StR 455/04, NStZ 2005, 340; 15.2.2005 – 1 StR 584/04, StraFo 2005, 244; die Frage der Begründungspflicht offenlassend BGH 24.1.2006 – 3 StR 460/05, NStZ 2006, 463.
[51] Eisenberg BeweisR StPO Rn. 1167.
[52] Eisenberg BeweisR StPO Rn. 1169.
[53] So im Ergebnis auch Huber in BeckOK StPO Rn. 8; Schmitt in Meyer-Goßner/Schmitt Rn. 11; Joecks StPO Rn. 4.
[54] Ignor/Bertheau in Löwe/Rosenberg Rn. 28; Peglau/Wilke NStZ 2005, 189; aA Müller JR 2005, 80.

oder dass § 59 dem § 34 vorgeht.[55] Wird der Zeuge auf die Beanstandung hin doch vereidigt, ist eine Begründung entbehrlich.

6. Wiederholung der Entscheidung. Da sich eine Vereidigung bzw. die Entscheidung über die Vereidigungsfrage nur auf die davor liegende Zeugenaussage beziehen kann, müssen der Vorsitzende oder das Gericht, wenn ein Zeuge erneut vernommen wird, wiederum über die Vereidigung befinden.[56] 38

7. Protokollierung. a) Allgemeines. Bei der Anordnung einer Vereidigung oder Nichtvereidigung des Zeugen handelt es sich um eine **wesentliche Förmlichkeit;** diese ist im Sitzungsprotokoll festzuhalten.[57] Gleiches gilt für die Entlassungsverfügung, weil sie – wie oben dargelegt – die Anordnung der Nichtvereidigung des Zeugen beinhalten kann. Bei Vereidigung mehrerer Zeugen ist jede Vereidigung einzeln zu beurkunden.[58] 39

Soweit für den Fall der **Nichtvereidigung** an der Protokollierungspflicht Zweifel angemeldet werden[59] oder diese auf den Fall eines gestellten Antrags auf Vereidigung beschränkt werden soll,[60] vermag dies nicht zu überzeugen. Zum einen nimmt Abs. 1 S. 2 nur den Grund für eine Vereidigung von der Protokollierungspflicht aus, zum anderen ging auch der Gesetzgeber davon aus, dass die Vereidigung oder Nichtvereidigung eines Zeugen in das Protokoll aufzunehmen ist.[61] Im Fall einer **Teilvereidigung** muss das Protokoll erkennen lassen, auf welchen Teil der Aussage sich der Eid bezieht. 40

b) Schweigen des Protokolls. Enthält die Sitzungsniederschrift weder eine Entscheidung über die Vereidigung noch eine Entlassungsverfügung, ist davon auszugehen, dass nicht einmal eine konkludente, sondern – fehlerhaft – gar keine Entscheidung zur Frage der Vereidigung getroffen wurde. 41

c) Beanstandung, Beschluss. Will ein Verfahrensbeteiligter eine sich gegen die Nichtvereidigung richtende Verfahrensrüge erheben, muss er die entsprechende Verfügung des Vorsitzenden in der Hauptverhandlung beanstanden und gemäß § 238 Abs. 2 einen Beschluss des Gerichts herbeiführen. Insoweit hat sich durch die Neufassung des § 59 nichts geändert.[62] Anderes gilt für die Beruhensfrage (→ Rn. 65 ff.). Beanstandung und Beschluss sind ebenfalls als wesentliche Förmlichkeit ins Protokoll aufzunehmen. Zur nicht erforderlichen Beanstandung bei unterlassener Entscheidung → Rn. 59. 42

8. Verhandlung über die Vereidigung. a) Absehen von der Vereidigung nach § 59. Die Umkehrung des Regel-Ausnahme-Verhältnisses durch das neue Vereidigungsrecht führt zu einer Neubewertung bei der Bestimmung, welche Hauptverhandlungsteile als wesentlicher Verfahrensabschnitt anzusehen sind. Ordnet der Vorsitzende die Nichtvereidigung des Zeugen an, bleibt es also beim gesetzlichen Regelfall, stellt dieser Teil der Hauptverhandlung dann, wenn die Vereidigungsfrage weder kontrovers erörtert noch zum Gegenstand einer Entscheidung gemäß § 238 Abs. 2 gemacht wird, **keinen wesentlichen Verfahrensteil** dar. In einem solchen Fall begründet die Abwesenheit des Angeklagten in diesem Verhandlungsabschnitt nach Auffassung des 3. Strafsenats deshalb nicht den Revisionsgrund des § 338 Nr. 5.[63] Dies überzeugt; dem Angeklagten entstehen keine Nachteile, weil er über die Nichtvereidigung bei der Unterrichtung nach § 247 S. 4 informiert wird 43

55 AA Schmitt in Meyer-Goßner/Schmitt Rn. 11.
56 BGH 2.10.1951 – 1 StR 434/51, BGHSt 1, 346 = NJW 1952, 192; 8.4.1987 – 3 StR 7/87, NStZ 1987, 374; OLG Frankfurt a. M. 10.7.1996 – 3 Ss 86/96, NStZ-RR 1996, 363; Huber JuS 2004, 970.
57 BGH 20.1.2005 – 3 StR 455/04, NStZ 2005, 340; 15.2.2005 – 1 StR 584/04, StraFo 2005, 244; s. auch 11.7.2006 – 3 StR 216/06, NStZ 2006, 715.
58 Eisenberg BeweisR StPO Rn. 1140 mwN.
59 BGH 17.8.2005 – 2 StR 284/05, NStZ 2006, 114 in nicht entscheidungstragenden Ausführungen.
60 BGH 16.11.2005 – 2 StR 457/05, NStZ 2006, 234.
61 Referentenentwurf für das JuMoG S.; BT-Drs. 15/1508, 23.
62 BGH 20.1.2005 – 3 StR 455/04, NStZ 2005, 340; 30.3.2005 – 1 StR 67/05, wistra 2005, 310.
63 BGH 11.7.2006 – 3 StR 216/06, NJW 2006, 2934 = NStZ 2006, 715 (716); in einem obiter dictum BGH 23.9.2004 – 3 StR 255/04, JR 2005, 78 mAnm Müller.

und danach die Möglichkeit hat, entweder durch Gegenvorstellung eine neue Entscheidung des Vorsitzenden oder durch eine Beanstandung einen Gerichtsbeschluss nach § 238 Abs. 2 herbeizuführen und so auf die Vereidigung hinzuwirken.[64]

44 Zum gleichen Ergebnis – **Verneinung des § 338 Nr. 5** – kommt der 4. Strafsenat[65] – obgleich er im Grundsatz an der früheren Auffassung festhält, die in der Abwesenheit des Angeklagten regelmäßig einen absoluten Revisionsgrund nach § 338 Nr. 5 sah – für die Verhandlung und Entscheidung über die Zeugenvereidigung in einem Fall, in dem der Angeklagte die Videoübertragung der Vernehmung des Zeugen und die Anordnung des Vorsitzenden, den Zeugen unvereidigt zu entlassen, mitverfolgt und auf eine weitere Befragung des Zeugen verzichtet hat. Spricht nichts dafür, dass das Gericht bei Abwesenheit des Angeklagten den Zeugen ausnahmsweise vereidigt hätte – dies wird wegen des gesetzlichen Regelfalls der Nichtvereidigung nahezu stets der Fall sein –, kann ein Beruhen des Urteils auf der Abwesenheit des Angeklagten und während der Entscheidung über die Vereidigung und Entlassung des Zeugen denkgesetzlich ausgeschlossen werden.

45 War der Angeklagte verfahrensfehlerhaft bei der Verhandlung und Entscheidung über die Vereidigung des Zeugen nicht anwesend, wird dieser **Fehler geheilt,** wenn die Verhandlung und Entscheidung über die Vereidigung desselben Zeugen nach einer erneuten Vernehmung in Anwesenheit des Angeklagten stattfindet.[66] Vor der Verhandlung über die Vereidigung ist die Verhandlung über die Entlassung eines in Abwesenheit des Angeklagten vernommenen Zeugen – die nicht mehr zu seiner Vernehmung iSv § 247 gehört – zu unterscheiden; der ausgeschlossene Angeklagte ist zur Verhandlung über die Entlassung wieder zuzulassen.[67]

46 **b) Absehen von der Vereidigung nach § 60.** Ob gleiches gilt, wenn der Vorsitzende an sich die Vereidigung für geboten erachtet, aber hiervon absieht, weil er ein Vereidigungsverbot nach § 60 annimmt, hat die Rechtsprechung bisher nicht geklärt.

IV. Zeitpunkt und Umfang der Vereidigung

47 **1. Nacheid, Entscheidungszeitpunkt.** Die Zeugen sind einzeln und nach ihrer Vernehmung zu vereidigen (Abs. 2 S. 1). Beschwören kann der Zeuge nur das, was er bereits ausgesagt hat, dh, dass Aussage und Vernehmung vor der Beeidigung stets abgeschlossen sein müssen.[68] Über die Vereidigung hat das Gericht in der Hauptverhandlung von Amts wegen zu entscheiden. Es kann die Entscheidung sogleich im Anschluss an die Vernehmung des Zeugen oder zu einem späteren Zeitpunkt, spätestens bis zum Schluss der Beweisaufnahme, treffen.[69] Stellt das Gericht nach Abschluss der Beweisaufnahme fest, dass es vergessen hat, über die Vereidigung zu befinden, kann es das Versäumnis bis zum Erlass des Urteils heilen, indem es die Beweisaufnahme wiedereröffnet und die Entscheidung nachholt.

48 **2. Reichweite einer Vereidigung. a) Angaben.** Sie umfasst alle Angaben des Zeugen zur Person und zur Sache, unabhängig davon, ob sie für die Entscheidung bedeutsam waren oder ob es sich um Antworten auf Generalfragen nach § 68 handelte. Erforderlich ist aber, dass der Zeuge die Angaben im Rahmen einer **Vernehmung** macht. Daran fehlt es, wenn der Zeuge im Wege einer informatorischen Anhörung befragt wird. Bei Angaben, die dem Bereich des Freibeweises angehören, ist zu unterscheiden: Liegt eine Vernehmung vor und macht der Zeuge Angaben, werden diese vom Eid auch dann umfasst, wenn sie das Gericht auch freibeweislich hätte erheben können. Anders liegt es, wenn der Zeuge nur informatorisch Auskunft erteilt.[70]

---

64 Vgl. Feser JuS 2008, 229 (231) mwN; aA Ignor/Bertheau in Löwe/Rosenberg Rn. 20.
65 BGH 11.5.2006 – 4 StR 131/06, NStZ 2006, 713 (714).
66 BGH 20.2.2003 – 3 StR 222/02, NStZ 2003, 559.
67 BGH 18.1.2011 – 3 StR 504/10, NStZ-RR 2011, 151.
68 BGH 24.10.1955 – GSSt 1/55, BGHSt 8, 301 (310) = NJW 1956, 191.
69 Ignor/Bertheau in Löwe/Rosenberg Rn. 19.
70 Ignor/Bertheau in Löwe/Rosenberg Rn. 12.

Hat der Zeuge die **Aussage teilweise verweigert,** erstreckt sich der Eid nicht automatisch auf seine Erläuterungen zur Begründung und zum Umfang seines Auskunfts- bzw. Zeugnisverweigerungsrechts. 49

b) Mehrfache Vernehmung. Wird der Zeuge vereidigt und danach innerhalb der Beweisaufnahme nochmals vernommen, bedarf es einer neuen Entscheidung über die Vereidigung.[71] Daran hat die Neufassung der Vereidigungsregeln nichts geändert. Denn das Gericht verfügt erst dann, wenn die gesamte Aussage vorliegt, über die erforderliche umfassende Grundlage für seine Ermessensausübung. 50

Das Gericht ist bei der **neuen Entscheidung** an eine frühere Entscheidung über die Vereidigung nicht gebunden.[72] Der zunächst unvereidigt gebliebene Zeuge kann nach erneuter Vernehmung wiederum unvereidigt bleiben oder vereidigt werden.[73] 51

Maßgeblich ist die zuletzt getroffene Entscheidung des Tatrichters. Führt diese zur Vereidigung des Zeugen, umfasst der Eid die gesamten Angaben. Wurde der Zeuge nur nach seiner ersten Vernehmung vereidigt, nach seiner zweiten hingegen nicht, sind seine Aussagen insgesamt als uneidlich zu werten.[74] 52

3. Teilvereidigung. Sie ist möglich und kommt in Frage, wenn der Zeuge zu verschiedenen Verfahrensgegenständen ausgesagt hat, die Vereidigungsvoraussetzungen aber nur hinsichtlich seiner Angaben zu bestimmten prozessualen Taten vorliegen. Eine Teilvereidigung muss hingegen ausscheiden, wenn die Aussage Taten betrifft, die in einem inneren Zusammenhang miteinander stehen, insbesondere ein nicht oder nur schwer trennbares Gesamtgeschehen bilden. Der Eid kann auch nicht auf einzelne Bekundungen oder auf zeitlich getrennte Abschnitte eines Tatsachenkomplexes beschränkt werden.[75] 53

V. Revision

1. Rügemöglichkeiten. Die vom Gericht getroffene Entscheidung über die Vereidigung oder Nichtvereidigung eines Zeugen ist **revisibel.**[76] Mit der Revision kann eine Verletzung des Abs. 1 S. 1 dahin geltend gemacht werden, der Tatrichter habe den ihm zustehenden Beurteilungsspielraum überschritten oder sein Ermessen rechtsfehlerhaft ausgeübt.[77] 54

Die Gegenauffassung,[78] die nur den Fall der unterbliebenen Entscheidung für revisibel hält, vermag nicht zu überzeugen. Sie führt zu dem nicht einleuchtenden Ergebnis, dass nur eine unterlassene, nicht aber eine fehlerhafte Entscheidung über die Vereidigungsfrage beanstandet werden kann. Zuzugeben ist ihr allerdings, dass das Beruhen bei Fehlern im Rahmen der Handhabung des Beurteilungsspielraums und des Ermessens schwer belegbar sein dürfte und es auch dann, wenn ein solcher Fehler feststeht, dennoch an einem Beruhen des Urteils hierauf fehlen kann. 55

Außerdem kann gerügt werden, dass eine Entscheidung über die Vereidigung unterblieb,[79] dass eine Vereidigung unter Verstoß gegen § 60 angeordnet wurde, ebenso, dass das Gericht im Urteil eine uneidliche Aussage als eidliche oder umgekehrt bewertet hat. 56

---

71 BGH 2.10.1951 – 1 StR 434/51, BGHSt 1, 346 (348 f.) = NJW 1952, 192; 20.2.2003 – 3 StR 222/02, NStZ 2003, 559 (560).

72 BGH 20.7.2010 – 3 StR 193/10, StV 2011, 454 mwN; OLG Frankfurt a. M. 10.7.1996 – 3 Ss 86/96, NStZ-RR 1996, 363.

73 BGH 20.2.2003 – 3 StR 222/02, NStZ 2003, 559 (560 f.).

74 BGH 20.7.2010 – 3 StR 193/10, StV 2011, 454; 20.2.2003 – 3 StR 222/02, NStZ 2003, 559.

75 BGH 20.2.2003 – 3 StR 222/02, BGHSt 48, 221 (232) = NStZ 2003, 559 mAnm Maier NStZ 2003, 674.

76 BGH 12.3.2009 – 3 StR 568/08, NStZ 2009, 397; 11.12.2008 – 3 StR 429/08, NStZ 2009, 343; aA unter Hinweis auf das Ermessen des Gerichts Schmitt in Meyer-Goßner/Schmitt Rn. 13.

77 BGH 11.12.2008 – 3 StR 429/08, NStZ 2009, 343.

78 OLG Dresden 19.1.2007 – 2 Ss 596/06; Schmitt in Meyer-Goßner/Schmitt Rn. 13; Huber in BeckOK StPO Rn. 10; unklar Knauer/Wolf NJW 2004, 2932 (2933), die von einer „faktischen Unanfechtbarkeit" ausgehen.

79 ZB BGH 8.4.1987 – 3 StR 7/87, NStZ 1987, 374.

57 **2. Abwesenheit des Angeklagten.** Die Rechtsprechung, die den absoluten Revisionsgrund des § 338 Nr. 5 bejahte, wenn der nach § 247 ausgeschlossene Angeklagte nicht nur bei der Vernehmung eines Zeugen, sondern auch während der **Verhandlung und Entscheidung über die Vereidigung des Zeugen** abwesend war, ist seit der Änderung des § 59 durch das 1. JuMoG überholt. Denn die Nichtvereidigung stellt den gesetzlichen Regelfall dar und bedarf keiner Begründung. Vor diesem Hintergrund kann dieser Verfahrensvorgang zumindest dann nicht mehr als wesentlicher Teil der Hauptverhandlung angesehen werden, wenn die Frage der Vereidigung weder kontrovers erörtert noch zum Gegenstand einer gerichtlichen Entscheidung nach § 238 Abs. 2 gemacht wird. Denn nach den gesetzlichen Vereidigungsvoraussetzungen kann die Entscheidung des Vorsitzenden, den Zeugen nicht zu vereidigen, keine Auswirkung auf den Urteilsspruch erlangen und mangels Begründung gibt sie dem Angekl. auch keinen Aufschluss über die Erwägungen, die den Vorsitzenden zu seiner Entscheidung veranlasst haben, so dass der Angekl. hieraus keine Folgerungen für sein weiteres Prozessverhalten ziehen kann. Er erleidet daher durch seine Abwesenheit keinen Nachteil in seiner Verfahrensstellung.[80] Die Gegenauffassung[81] überzeugt auch deshalb nicht, weil der Angeklagte im Rahmen der Unterrichtung nach § 247 S. 4 über die Nichtvereidigung informiert wird und dadurch die Möglichkeit erhält, entweder durch Gegenvorstellung eine neue Entscheidung des Vorsitzenden oder durch einen Antrag nach § 238 Abs. 2 einen Gerichtsbeschluss herbeizuführen und so auf die Vereidigung des Zeugen hinzuwirken.

58 **3. Zulässigkeit einer Verfahrensrüge. a) Grundsatz.** Die Zulässigkeit setzt **grundsätzlich** voraus, dass der Angeklagte oder sein Verteidiger die Entscheidung über die Vereidigung oder Nichtvereidigung des Zeugen beanstanden und ein ausdrücklicher **Gerichtsbeschluss nach § 238 Abs. 2** herbeigeführt wurde;[82] hieran hat das JuMoG nichts geändert. Dies gilt nicht nur in Fällen, in denen der Vorsitzende die entsprechende Entscheidung ausdrücklich getroffen hat, sondern auch dann, wenn eine konkludente Entscheidung über die Nichtvereidigung oder Vereidigung des Zeugen vorliegt. Geht man davon aus, dass in der Entlassungsverfügung die konkludente Entscheidung der Nichtvereidigung liegt, muss es konsequenterweise für die Zulässigkeit einer Verfahrensrüge ausreichen, wenn diese Entscheidung beanstandet und ein Gerichtsbeschluss herbeigeführt wurde.[83] Dass sie eine Entscheidung des Gerichts nach § 238 Abs. 2 beantragt hat, muss die Revision vortragen.[84] Die in der Lit. teilweise gegen die Beanstandungspflicht vorgetragenen Bedenken überzeugen im Ergebnis nicht.[85]

59 **b) Ausnahmen. aa) Unterlassene Entscheidung.** Ausnahmsweise bedarf es keiner Herbeiführung eines Beschlusses nach § 238 Abs. 2. Dies ist zunächst dann der Fall, wenn in der Hauptverhandlung **keine Entscheidung** des Vorsitzenden zur Vereidigung oder Nichtvereidigung erging.[86] Es besteht kein Grund, diese ständige Rechtsprechung in Frage zu stellen und für die Zulässigkeit der Rüge zu verlangen, dass der Revident in der Hauptverhandlung einen entsprechenden Antrag gestellt hat.[87] Denn die Umkehrung des Regel-

80 BGH 11.7.2006 – 3 StR 216/06, NJW 2006, 2934 = NStZ 2006, 715.
81 Peglau/Wilke NStZ 2005, 188; Schuster StV 2005, 628 (631).
82 BGH 6.7.2004 – 4 StR 193/04, BeckRS 2004, 08131; 30.3.2005 – 1 StR 67/05, NStZ-RR 2005, 208 mwN; 15.5.2008 – 3 StR 98/08, BeckRS 2008, 10168; 7.7.2009 – 1 StR 268/09, NStZ 2009, 647.
83 AA in nicht entscheidungstragenden Ausführungen BGH 16.11.2005 – 2 StR 457/05, BGHSt 50, 282 = NStZ 2006, 234 (235).
84 BGH 11.12.2008 – 3 StR 429/08, NStZ 2008, 343.
85 Hierzu umfassend und überzeugend Becker in Löwe/Rosenberg § 238 Rn. 43 ff.
86 BGH 4.11.1980 – 5 StR 508/80, NStZ 1981, 71; 8.4.1987 – 3 StR 7/87, NStZ 1987, 374 mwN; 24.4.1997 – 1 StR 152/97, NStZ-RR 1997, 302; 17.7.2003 – 4 StR 194/03, NStZ 2004, 97 mwN; 6.7.2004 – 4 StR 193/04, BeckRS 2004, 08131; OLG Frankfurt a. M. 29.7.1999 – 3 Ss 192/99, NStZ-RR 1999, 336 mwN; OLG Celle 29.9.2005 – 22 Ss 65/05, StraFo 2005, 506.
87 Zu dieser Ansicht neigt aber BGH 16.11.2005 – 2 StR 457/05, NStZ 2006, 234 (235). Hingegen hält BGH 12.3.2009 – 3 StR 568/08, NStZ 2009, 317 eine Pflicht zur Antragstellung bei fehlender Entscheidung über die Entlassung des Zeugen für fernliegend.

Ausnahme-Verhältnisses durch den neuen § 59 ändert nichts am System des Zwischenrechtsbehelfs gemäß § 238 oder daran, dass eine gebotene Entscheidung unterlassen wurde und damit eine beanstandungsfähige Anordnung nicht existiert. Vielmehr ist allgemein anerkannt, dass der Revisionsführer das Unterlassen unverzichtbarer Maßnahmen auch dann rügen kann, wenn er in der Hauptverhandlung nicht nach § 238 Abs. 2 vorgegangen ist;[88] schließlich ist keine Konstellation denkbar, in der die Verfahrensbeteiligten auf eine gerichtliche Anordnung zur Vereidigungsfrage verzichten könnten.[89]

bb) Urteilsinhalt. Die Herbeiführung eines Gerichtsbeschlusses gemäß § 238 Abs. 2 ist auch dann entbehrlich, wenn das Gericht von der Vereidigung abgesehen hat, sich die tatbestandlichen Voraussetzungen des § 59 Abs. 1 S. 1 aus den **Urteilsgründen** ergeben.[90] 60

c) Unzulässige Protokollrüge. Die Beanstandung, das Protokoll enthalte nichts über die Vereidigung oder Nichtvereidigung des vernommenen Zeugen, stellt nur eine unzulässige Protokollrüge dar, da lediglich behauptet wird, die Niederschrift sei mangelhaft. Der Beschwerdeführer muss vielmehr behaupten, das Gericht habe keine Entscheidung über die Vereidigung oder Nichtvereidigung eines bestimmten Zeugen getroffen.[91] 61

4. Beruhen. a) Fehlerhafte Anordnung der Nichtvereidigung. Wurde die Rüge, ein Zeuge sei fehlerhaft nicht vereidigt worden, zu Recht erhoben, wird das Beruhen des Urteils auf diesem Verfahrensverstoß **regelmäßig nicht auszuschließen** sein. Dies gilt zunächst in den Fällen, in denen das Gericht den Bekundungen des Zeugen für die Überführung des Angeklagten wesentliche Bedeutung beigemessen hat.[92] 62

Im Übrigen muss sehr häufig offen bleiben, ob sich das Gericht für die Vereidigung des Zeugen entschieden hätte und dieser im Falle seiner Vereidigung andere oder zusätzliche Angaben gemacht hätte;[93] dies gilt besonders dann, wenn der Zeuge unmittelbar in das Tatgeschehen involviert war.[94] Meist wird das Revisionsgericht auch nicht ausschließen können, dass sich eine möglicherweise andere Aussage des Zeugen auf die Beweiswürdigung, etwa auf die Beurteilung der Glaubwürdigkeit der Aussage oder die anderer Zeugenangaben, ausgewirkt hätte. 63

Nur in **Ausnahmefällen** lässt sich das Beruhen ausschließen, so etwa, wenn der Angeklagte geständig oder weitgehend geständig war oder wenn weitere Zeugen die Angaben des Zeugen bestätigten,[95] wenn das übrige Beweisergebnis bereits eindeutig ist, wenn sich der Zeuge nur zu einer wenig bedeutsamen Beweisfrage oder zu einem Nebenpunkt geäußert hat[96] oder wenn das Tatgericht der Aussage erkennbar keinerlei oder jedenfalls keine auschlaggebende Bedeutung zugemessen hat.[97] Auch mit Blick auf die Persönlichkeit des Zeugen im Zusammenhang mit seinem Bezug zu der von ihm bekundeten Tatsache kann das Beruhen auszuschließen sein; so liegt es, wenn das Tatgericht bereits der unbeeidigten Aussage geglaubt hat oder wenn auszuschließen ist, dass eine Vereidigung zu einer anderen Aussage geführt hätte.[98] Berichtet ein Sachverständiger als Zeuge über ein bei ihm vom Angeklagten abgelegtes Geständnis, wird aber fehlerhaft nicht als Zeuge behandelt, ist eine 64

---

88 BGH 25.10.2011 – 3 StR 315/11, NStZ 2012, 585 (586) Rn. 12 mwN.

89 Zur Entbehrlichkeit des Zwischenrechtsbehelfs in einem solchen Fall BGH 14.12.2010 – 1 StR 422/10, NStZ 2011, 300.

90 Eisenberg BeweisR StPO Rn. 1141; offengelassen in BGH 11.12.2008 – 3 StR 429/08, NStZ 2009, 343.

91 OLG Koblenz 14.11.1984 – 1 Ss 431/84, VRS 68, 223 (224).

92 BGH 8.4.1987 – 3 StR 7/87, NStZ 1987, 374.

93 OLG Celle 29.9.2005 – 22 Ss 65/05, StraFo 2005, 506.

94 Vgl. OLG Frankfurt a. M. 29.7.1999 – 3 Ss 192/99, NStZ-RR 1999, 336 mwN.

95 BGH 24.1.2006 – 3 StR 460/05, NStZ 2006, 463.

96 BGH 24.4.1997 – 1 StR 152/97, NStZ-RR 1997, 302 mwN; 6.7.2004 – 4 StR 193/04, BeckRS 2004, 08131; s. auch BGH 12.3.2009 – 3 StR 568/08, NStZ 2009, 397.

97 BGH 3.7.1986 – 4 StR 182/86, BeckRS 1986, 31108412; 4.8.2015 – 3 StR 196/15, BeckRS 2015, 14856.

98 Vgl. BGH 4.12.1985 – 2 StR 848/94, zu einem Polizeibeamten; 20.2.1986 – 4 StR 709/85, NStZ 1986, 323 zu einem als sachverständigen Zeugen gehörten Sachverständigen.

unterbliebene Entscheidung in jedem Fall unschädlich, wenn der Angeklagte die Abgabe des Geständnisses eingeräumt hat.[99]

65 Eine **fehlerhafte Begründung** für die Nichtvereidigung gefährdet den Bestand des Urteils nicht, wenn der Zeuge aus anderen Gründen nicht hätte vereidigt werden dürfen und auszuschließen ist, dass das Urteil auf der fehlerhaften Begründung beruht.[100]

66 **b) Unterbliebene Entscheidung über eine Vereidigung.** In dieser Fallgruppe führt die Änderung der Vereidigungsvorschriften durch das 1. JuMoG zu einer veränderten Sichtweise. Denn da nach früherer Rechtslage die Vereidigung der gesetzliche Regelfall war, beruhte das Urteil bei unterbliebener Entscheidung über die Vereidigung nur dann nicht auf diesem Verfahrensfehler, wenn ein Vereidigungsverbot bestand oder sich ausschließen ließ, dass der Zeuge im Falle seiner Vereidigung andere Angaben gemacht hätte und dass ggf. eine andere Zeugenaussage zu einer für den Angeklagten günstigeren Entscheidung geführt hätte.[101]

67 Da die Vereidigung nach der Neuregelung nunmehr nicht mehr den Regelfall, sondern die Ausnahme darstellt, führt der Verfahrensfehler der unterlassenen Entscheidung über die Frage der Vereidigung zu einer deutlichen **Einschränkung der Erfolgsaussichten** einer entsprechenden Rüge. Das Urteil kann auf diesem Fehler nur beruhen, wenn es bei einer ordnungsgemäßen Entscheidung zu einer Vereidigung des Zeugen gekommen wäre und wenn dann nicht auszuschließen wäre, dass der Zeuge in diesem Falle andere, wesentliche Angaben gemacht hätte.[102] Ergeben sich weder aus dem Protokoll noch aus dem Urteil Anhaltspunkte dafür, dass das Gericht die Vereidigung wegen der ausschlaggebenden Bedeutung der Aussage oder zur Herbeiführung einer wahrheitsgemäßen Aussage für notwendig gehalten haben könnte, bleibt die Rüge erfolglos.[103] Gleiches gilt, wenn zwar keine Vereidigungsentscheidung getroffen wurde, eine Vereidigung des Zeugen im Ergebnis aber zu Recht unterblieb, weil ihr ein vom Tatgericht nicht erkanntes Vereidigungsverbot nach § 60 entgegenstand.[104]

68 Regelmäßig wird das Beruhen auch zu verneinen sein, wenn Fälle vorliegen, wie sie in → Rn. 14 angeführt worden sind.[105]

69 **c) Fehlerhafte Anordnung der Vereidigung.** Auf der Vereidigung des Zeugen kann das Urteil regelmäßig nicht beruhen. Anders kann es liegen, wenn ein Vereidigungsverbot vorlag oder die Belehrung über das Eidesverweigerungsrecht unterlassen wurde oder das Gericht in seiner Beweiswürdigung von einer unvereidigten Aussage ausgeht.

70 Die Vereidigung eines Zeugen löst **keinen Vertrauenstatbestand** dahin aus, das Gericht werde seiner Aussage glauben. Das Gericht muss die Verfahrensbeteiligten auch nicht darauf hinweisen, dass es die unter Eid gemachten Angaben eines Zeugen seinem Urteil nicht als glaubhaft zugrunde legen will.[106]

71 **d) Wertung unvereidigter Aussage als eidliche.** Bei einem solchen Fehler ist das Beruhen auszuschließen, wenn die Aussage nur zugunsten des Angeklagten verwertet wurde.[107]

72 **5. Sachrüge.** Wird ein Zeuge wegen eines Falschaussagedelikts verurteilt, kommen **Verfahrensfehler,** die dem Gericht bei der Vereidigung unterlaufen sind, als **Strafmilderungsgründe** in Betracht.[108] Vorrangig ist zu prüfen, ob diese die Annahme eines minder

99 BGH 6.8.1987 – 4 StR 333/87, NJW 1988, 1223 (1224).
100 OLG Hamm 22.3.1973 – 2 Vs 4/72, NJW 1973, 1939.
101 Vgl. BGH 17.8.2005 – 2 StR 284/05, NStZ 2006, 114.
102 BGH 31.7.2013 – 4 StR 276/13 mwN.
103 BGH 17.8.2005 – 2 StR 284/05, NStZ 2006, 114 mwN.
104 BGH 17.7.2003 – 4 StR 194/03, NStZ 2004, 97; 17.8.2005 – 2 StR 284/05, NStZ 2006, 114.
105 Vgl. für eine Zeugenaussage zu einem Nebenpunkt BGH 12.3.2009 – 3 StR 568/08, NStZ 2009, 397.
106 BGH 15.10.1985 – 1 StR 338/85, NStZ 1986, 130.
107 OLG Hamm 29.2.1972 – 5 Ss 1271/71, NJW 1972, 1531 (1532).
108 BGH 2.7.1969 – 2 StR 198/69, NJW 1969, 2154 mwN.

schweren Falles iSv § 154 Abs. 2 StGB rechtfertigen; lagen schon die Voraussetzungen für eine Vereidigung nicht vor, weil nach den Urteilsfeststellungen absehbar war, dass der Aussage keine ausschlaggebende Bedeutung zukommt und wird nicht erkennbar, dass eine Vereidigung zur Herbeiführung einer wahren Aussage notwendig gewesen wäre, begründet die objektiv verfahrensfehlerhafte Vereidigung einen gewichtigen Strafmilderungsgrund, der bei der Prüfung des Strafrahmens zu berücksichtigen ist.[109]

§ 60 Vereidigungsverbote

Von der Vereidigung ist abzusehen

1. bei Personen, die zur Zeit der Vernehmung das 18. Lebensjahr noch nicht vollendet haben oder die wegen mangelnder Verstandesreife oder wegen einer psychischen Krankheit oder einer geistigen oder seelischen Behinderung vom Wesen und der Bedeutung des Eides keine genügende Vorstellung haben;

2. bei Personen, die der Tat, welche den Gegenstand der Untersuchung bildet, oder der Beteiligung an ihr oder der Datenhehlerei, Begünstigung, Strafvereitelung oder Hehlerei verdächtig oder deswegen bereits verurteilt sind.

Schrifttum: Eckert, Vereidigung eines in der Hauptverhandlung offensichtlich falsch aussagenden Zeugen?, NJW 1963, 846; Lenckner, Begünstigung, Strafvereitelung und Vereidigungsverbot nach § 60 Nr. 2 StPO, NStZ 1982, 401; Park, Die Vereidigung von Zeugen im Strafprozess, JuS 1998, 1039; Seibert, Verdächtige Zeugen (§ 60 Nr. 3 StPO), NJW 1963, 142; Theuerkauf, Darf der in der Hauptverhandlung offensichtlich falsch aussagende Zeuge unvereidigt bleiben?, MDR 1964, 204.

Übersicht

[109] BGH 4.7.2012 – 5 StR 219/12, NStZ 2012, 567 mwN.

A. Allgemeines

I. Normzweck

1 Die Vorschrift blieb im Zuge der Änderungen des Vereidigungsrechts durch das 1. JuMoG[1] unverändert. Sie enthält **zwingende Vereidigungsverbote** für Zeugen, die eidesunmündig, eidesunfähig oder tat- oder teilnahmeverdächtig sind. Dabei unterscheidet **Nr. 1** drei Konstellationen, die in der Person des Zeugen begründet sind (nicht erreichte Altersgrenze, mangelnde Verstandesreife, krankheitsbedingt ungenügende Vorstellung über den Eid), während **Nr. 2** Fallgruppen enthält, die das Verhältnis des Zeugen zur Tat wegen seines möglichen eigenen strafbaren Verhaltens betreffen, namentlich den Verdacht der Tatbegehung oder -beteiligung. In allen Varianten der Nummern 1 und 2 muss das Gericht von der Vereidigung des vernommenen Zeugen absehen.

2 Die Verbote sollen zum einen den Zeugen vor der Gefahr bewahren, sich wegen Meineids strafbar zu machen.[2] Zum anderen und vor allem stellen sie eine **Mahnung an das Gericht** dar, den Beweiswert der Aussage besonders sorgfältig zu prüfen. Dies gilt in besonderem Maße für die Fallgruppen der Nr. 2. Denn ein unter dem Verdacht der Tatbeteiligung stehender Zeuge wird nicht so unbefangen aussagen können, wie es eine einwandfreie Aussage voraussetzt.[3]

3 Die Überprüfung und Beachtung der Beeidigungsverbote durch den Vernehmenden liefert wichtige **Bewertungsgrundlagen für die Beweiswürdigung** der Aussage des betreffenden Zeugen.[4] Da jede Verstrickung eines Zeugen in den verfahrensgegenständlichen Vorwurf eine Gefahr für die Wahrheitsfindung birgt, hielt es der Gesetzgeber für geboten, die Vereidigung zu untersagen, weil sie die Glaubwürdigkeit der Aussage eines verdächtigen Zeugen in der Regel nicht erhöhen kann. Der Eideszwang würde die Zwangslage, in der sich der Zeuge wegen seiner Beteiligung befindet, nicht beseitigen, sondern nur verschärfen, den Zeugen aber nicht von seiner Befangenheit befreien.[5]

II. Anwendungsbereich

4 § 60 gilt bei **richterlichen Vernehmungen,** gleichviel, ob sie in oder außerhalb der Hauptverhandlung stattfinden. Die Vorschrift ist also auch bei allen ermittlungsrichterlichen

---

[1] 1. Justizmodernisierungsgesetz vom 24.8.2004, BGBl. I 2198, in Kraft getreten am 1.9.2004.

[2] BGH 2.7.1969 – 2 StR 198/69, BGHSt 23, 30 (32); OLG Stuttgart 19.12.1977 – 3 Ss 606/77, NJW 1978, 711 (713).

[3] Vgl. bereits RG 3.12.1918 – II 500/18, RGSt 53, 169.

[4] BGH 19.2.1960 – 1 StR 609/59, BGHSt 17, 128 (134 f.) = NJW 1960, 1960 (1961).

[5] BGH 24.9.1953 – 3 StR 228/53, BGHSt 4, 368 (371) = NJW 1953, 1925; 9.1.1957 – 4 StR 523/56, BGHSt 10, 65 (67) unter Hinweis auf die Motive; BGH 20.8.1999 – 1 StR 317/99, NStZ 2000, 45 (46); vgl. auch Seibert NJW 1963, 142 (143).

und kommissarischen Vernehmungen[6] anzuwenden. Sie gilt ebenso bei Rechtshilfevernehmungen im Ausland, wenn dort der Zeuge von einem deutschen Richter nach deutschem Recht vernommen wird; anders liegt es, wenn die Zeugenvernehmung nach ausländischem Recht durchgeführt wird.[7] Nach § 46 Abs. 1 OWiG gelten die Vereidigungsverbote auch im **Bußgeldverfahren.**[8]

Zwar hat die Bestimmung dadurch, dass seit dem 1.9.2004 die Nichtvereidigung der Zeugen den gesetzlichen Regelfall darstellt, an Bedeutung verloren; an der Funktion der Nr. 2, das Gericht an den Einfluss einer etwaigen Beteiligung des Zeugen auf seine Aussage zu erinnern und es in diesen Fällen zu einer vorsichtigen sorgfältigen Beweiswürdigung anzuhalten, hat jedoch die Abschaffung der Regelvereidigung nichts geändert. 5

III. Freie tatrichterliche Beweiswürdigung

Die Vereidigungsverbote berühren die freie Beweiswürdigung des Gerichts nicht. Der Umstand der Vereidigung oder Nichtvereidigung eines Zeugen ist regelmäßig für die Aussageanalyse und die Überzeugungsbildung des Gerichts nicht mehr ausschlaggebend. Das Gericht kann dem nicht vereidigten Zeugen Glauben schenken, dem vereidigten hingegen nicht. Da es keine Beweisregeln gibt, kann auch die Aussage eines teilnahmeverdächtigen Zeugen als glaubhaft erachtet werden;[9] im Rahmen der Beweiswürdigung ist aber zu prüfen, ob der Aussage solcher Zeugen ein geringerer Beweiswert zukommt, was häufig der Fall sein wird.[10] 6

B. Erläuterungen

I. Eidesunmündige Zeugen (Nr. 1 erste Alternative)

1. Alter. Nach § 60 Nr. 1 besteht zunächst ein Vereidigungsverbot bei allen Personen unter 18 Jahren; diese sind nicht eidesmündig. Für die Berechnung des Lebensalters gilt § 187 Abs. 2 BGB: Danach entfällt die Eidesunmündigkeit mit dem Beginn des Tages, an dem der Zeuge 18 Jahre alt wird; der Abgleich der Tatzeit mit der genauen Geburtszeit ist nicht erforderlich.[11] 7

2. Maßgeblicher Zeitpunkt. Maßgeblich für die Feststellung der Altersgrenze ist der Tag, an dem der Zeuge vernommen und vereidigt wird. Wird über die Vereidigung nicht am Vernehmungstag, sondern erst später entschieden, ist nach allgM dieser spätere Zeitpunkt maßgeblich. 8

3. Nachholung der Vereidigung. Erreicht der Zeuge das Alter der Eidesmündigkeit zwischen dem Schluss der Beweisaufnahme und der Urteilsverkündung, bleibt dies unberücksichtigt.[12] Wird der Zeuge jedoch noch vor dem Abschluss der Beweisaufnahme eidesmündig, muss das Gericht über die Vereidigungsfrage nochmals befinden und ggf. die Vereidigung nachholen.[13] 9

Gleiches – ggf. Nachholung der Vereidigung – gilt dann, wenn ein **Vernehmungsprotokoll** über die Zeugenaussage eines Eidesunmündigen verlesen wird zu einem Zeitpunkt, in dem die Eidesmündigkeit des Zeugen gegeben und seine Vereidigung noch möglich ist.[14] 10

---

6 BGH 24.7.1995 – 3 StR 609/95, NStZ 1996, 609 (610) mwN.
7 BGH 24.7.1995 – 3 StR 609/95, NStZ 1996, 609.
8 BayObLG 30.7.1996 – 3 StRR 90/96, BeckRS 1996, 11630.
9 BGH 9.1.1957 – 4 StR 523/56, BGHSt 10, 65 (70); 2.11.1982 – 5 StR 308/82 = Pfeiffer/Miebach NStZ 1983, 354 – RsprÜ mwN.
10 BGH 19.2.1960 – 1 StR 609/59, BGHSt 17, 128 (134) = NJW 1960, 1960 (1961).
11 RG 16.12.1901 – 4045/01, RGSt 35, 37 (41); Ignor/Bertheau in Löwe/Rosenberg Rn. 2.
12 Otte in Radtke/Hohmann Rn. 2 mwN.
13 Slawik in KK-StPO Rn. 4.
14 Ignor/Bertheau in Löwe/Rosenberg Rn. 3 mwN; Slawik in KK-StPO Rn. 4 mwN.

II. Mangelnde Verstandesreife, krankheitsbedingt ungenügende Vorstellung über den Eid (Nr. 1 zweite und dritte Alternative)

11 **1. Allgemeines.** Das Betreuungsgesetz v. 12.9.1990 hat den früheren Begriff der „Verstandesschwäche" durch die Alternativen „psychische Krankheit" oder „geistige oder seelische Behinderung" ersetzt. In der Sache haben die neuen Begriffe, die **dauerhafte Zustände** erfassen wollen, keine Veränderung gebracht. Die Übergänge sind fließend. Eine entsprechende Anwendung der Vorschrift auf andere Beeinträchtigungen scheidet aus.[15]

12 **2. Voraussetzungen.** Die zweite und dritte Alternative der Nr. 1 erfordern, dass jeweils **zwei – separat zu prüfende – Voraussetzungen** erfüllt sind: Zur mangelnden Verstandesreife bzw. der psychischen Krankheit oder geistigen bzw. seelischen Behinderung muss die ungenügende Vorstellung über die Bedeutung des Eides hinzukommen. Dies hat das Gericht nach pflichtgemäßem Ermessen zu entscheiden und kann auch im Wege des Freibeweises festgestellt werden.[16]

13 Zunächst muss das Tatgericht in jedem Einzelfall mit entsprechenden Anhaltspunkten prüfen, ob mangelnde Verstandesreife bzw. eine in Nr. 1 genannte Krankheit oder Behinderung bei dem Zeugen vorliegt. Ist dies der Fall, ist zu entscheiden, ob deshalb die Vereidigung zu unterbleiben hat. Dies kann nur angenommen werden, wenn der Zeuge verstandes- oder krankheitsbedingt keine genügende Vorstellung über die Bedeutung des Eides hat. Ein automatischer Rückschluss aus bestimmten Umständen, etwa, dass der Zeuge an einer Krankheit, an geistigen Mängeln oder Gebrechen leide oder dass ihm wegen solcher Umstände ein Betreuer bestellt wurde, darauf, dass dem Zeugen die genügende Vorstellung von der Bedeutung des Eides fehlt, ist unzulässig.[17]

14 Ob bei der Feststellung einer Alternative der Nr. 1 der **Zweifelssatz anzuwenden** ist, ist umstritten. Ein Teil der Lit. verneint dies.[18] Für die Gegenauffassung[19] spricht der Normzweck. Zudem kann mit einer Vereidigung des Zeugen keine Erhöhung des Beweiswerts seiner Aussage erreicht werden, wenn zweifelhaft erscheint und damit offenbleiben muss, ob er die Bedeutung des Eides überhaupt zu erfassen in der Lage ist. Zur Anwendung des Zweifelssatzes → Rn. 47.

15 **3. Andere Beeinträchtigungen. a) Allgemeines.** Beeinträchtigungen, die ihrem Gewicht nach unterhalb der Schwelle der Nr. 1 anzusiedeln sind, rechtfertigen das Absehen von der Vereidigung nicht. Dies gilt etwa für Unwissenheit, intellektuelle Mängel, Unglauben oder Gedächtnisschwäche eines Zeugen.[20]

16 **b) Vorübergehende Beeinträchtigungen.** Auch sie rechtfertigen eine Nichtvereidigung nicht. Ist die Geistestätigkeit des Zeugen nur vorübergehend, etwa aufgrund eines Alkohol- oder Drogenrausches gestört, ist seine Vereidigung bis zum Abklingen der Beeinträchtigung zu verschieben;[21] meist wird in einem solchen Fall schon die Vernehmungsfähigkeit nicht gegeben sein.[22]

III. Verdacht der Begehung der Tat (Nr. 2 erste Alt.)

17 **1. Allgemeines.** Der Gewissenszwiespalt, in dem sich der einem Beteiligungsverdacht ausgesetzte Zeuge befindet, ändert zwar nichts an seiner Zeugenstellung als solcher; der

[15] RG 10.6.1901 – 1925/01, RGSt 34, 283 (284).
[16] RG v. RGSt 56, 102 (103).
[17] BGH 25.10.1968 – 4 StR 412/68, BGHSt 22, 266 mwN; RG 9.10.1900 – II 3479/00, RGSt 33, 393 (394).
[18] Schmitt in Meyer-Goßner/Schmitt Rn. 1; Otte in Radtke/Hohmann Rn. 1 mwN; Slawik in KK-StPO Rn. 3.
[19] Dahs in Löwe/Rosenberg, 25. Aufl., Rn. 5; Lemke in Gercke/Julius/Temming/Zöller Rn. 7.
[20] RG 29.10.1918 – IV 654/18, RGSt 53, 136 f.; Ignor/Bertheau in Löwe/Rosenberg Rn. 4.
[21] RG 10.6.1901 – 1925/01, RGSt 34, 283 (285); Otte in Radtke/Hohmann Rn. 3 mwN; Slawik in KK-StPO Rn. 5.
[22] Ignor/Bertheau in Löwe/Rosenberg Rn. 5 mwN.

Zeuge soll aber wenigstens nicht dem Eideszwang ausgesetzt sein. Der Verdacht, der Zeuge könnte die Tat begangen haben oder an ihr beteiligt gewesen sein, hindert den Zeugen an unvoreingenommenen neutralen Angaben und birgt damit die **Gefahr einer Falschaussage.**[23] In diesen Fällen vermag die Beeidigung der Angaben die Glaubwürdigkeit des verdächtigten Zeugen nicht zu steigern. So zeigt auch die Regelung des § 157 StGB, dass die – förmliche – Zeugenaussage in der sachlichen Bewertung derjenigen eines Beschuldigten weitgehend angenähert ist.[24]

Das Gericht darf bei der **Würdigung** der Aussage des unter Tat- oder Teilnahmever- 18
dacht stehenden Zeugen nicht übersehen, dass er häufig die nötige Unbefangenheit für seine Aussage nicht aufzubringen in der Lage und deshalb ein für die Wahrheitserforschung weniger geeignetes Mittel als ein unbeteiligter Zeuge ist.[25]

2. Tatbegriff. a) Allgemeines. Entscheidend ist der prozessuale Tatbegriff iSv § 264, 19
der hier mit Blick auf den Normzweck nach stRspr[26] und allgM in der Lit.[27] im weitesten Sinne zu verstehen ist. Dabei wird der Verfahrensgegenstand nicht durch die Anklage oder den Eröffnungsbeschluss, sondern durch das **Ergebnis der Hauptverhandlung** bestimmt.[28] Umfasst wird der gesamte geschichtliche Vorgang einschließlich aller damit zusammenhängenden Vorkommnisse und Umstände, innerhalb dessen der Straftatbestand verwirklicht wurde und der nach der Lebensauffassung eine natürliche Einheit bildet.[29] Auf die materiellrechtlichen Konkurrenzverhältnisse kommt es nicht an. Der weite Tatbegriff erfasst auch Vortaten (→ Rn. 21) und zieht einen entsprechend weiten Kreis von Beteiligten nach sich.

b) Beispiele. Wird einem Beschuldigten Anstiftung oder Beihilfe zur Last gelegt, ist 20
auch die **Haupttat,** auf die sich die Teilnahmehandlung bezieht, Gegenstand des Verfahrens.[30] Denn eine Teilnahme setzt zwingend eine Haupttat voraus. Die Beteiligung muss nicht den Zeitraum der gesamten Tat erfassen. Entschließt sich der Zeuge nach anfänglicher Tatbeteiligung die Polizei über die noch nicht beendete Straftat zu informieren, ändert dieses Umdenken am Vereidigungsverbot nichts.[31]

Auch **Vortaten** zählen zum Verfahrensgegenstand. Die „Vortat" muss kein gesetzliches 21
Tatbestandsmerkmal darstellen. Schon ein Zusammenhang zwischen zwei Straftaten kann das Vereidigungsverbot auslösen. Im Verfahren gegen den Dieb ist die Vereidigung des Hehlers nach Nr. 2 ausdrücklich untersagt. Folgerichtig ist anerkannt, dass im Verfahren gegen den **Hehler** der Tatbegriff auch die Diebstahlsvortat umfasst.[32] Die Vortat muss nicht erwiesen sein; auch insoweit reicht angesichts des Sinns und Zwecks der Nr. 2 ein nur entfernter Verdacht aus.[33]

Im Verfahren wegen **Begünstigung oder Strafvereitelung** (§§ 257, 258 StGB) gilt 22
die zugrundeliegende Straftat als Vortat und ist damit Verfahrensgegenstand.[34] Ebenso liegt es beim Vorwurf einer eidlichen oder uneidlichen **Falschaussage** (§§ 153, 154 StGB); die Straftat, auf die sich die Aussage bezog, gehört zum Verfahrensgegenstand, weil diese frühere

---

23 BGH 2.7.1969 – 2 StR 198/69, BGHSt 23, 30 (32).
24 BGH 19.2.1960 – 1 StR 609/59, BGHSt 17, 128 (133 f.).
25 Vgl. BGH 9.1.1957 – 4 StR 523/56, BGHSt 10, 65 (69) für einen an einem Verkehrsunfall beteiligten Zeugen; BGH 24.9.1953 – 3 StR 228/53, BGHSt 4, 368 (371).
26 BGH 15.5.1953 – 5 StR 17/53, BGHSt 4, 255 (256); 19.10.1954 – 2 StR 651/53, BGHSt 6, 382 (383); 23.9.1966 – 5 StR 360/66, BGHSt 21, 147 (148).
27 S. zB Joecks StPO Rn. 4; Otte in Radtke/Hohmann Rn. 6; Slawik in KK-StPO Rn. 9 ff.
28 BGH 3.11.1959 – 1 StR 425/99, BGHSt 13, 320 (321) = NJW 1960, 110.
29 StRspr; BGH 7.6.1951 – 3 StR 299/51, BGHSt 1, 360 (364); 15.5.1953 – 5 StR 17/53, BGHSt 4, 255 (256); 19.10.1954 – 2 StR 651/53, BGHSt 6, 382 (383); 3.11.1959 – 1 StR 425/99, BGHSt 13, 320 (321) mwN = NJW 1960, 110.
30 BGH 23.9.1966 – 5 StR 360/66, BGHSt 21, 147 (148).
31 BGH 12.6.1992 – 1 StR 275/92, StV 1993, 57.
32 BGH 7.6.1951 – 3 StR 299/51, BGHSt 1, 360 (363 f.).
33 OLG Celle 27.1.1966 – 1 Ss 376/65, MDR 1966, 605.
34 BGH 24.9.1953 – 3 StR 228/53, BGHSt 4, 368 (371).

Tat aufgeklärt werden muss, um im Verfahren wegen Falschaussage über die Schuldfrage entscheiden zu können.[35] Auch eine Straftat und deren **unterlassene Anzeige** gemäß § 138 StGB bilden regelmäßig denselben Verfahrensgegenstand.[36]

23 Bei **Betäubungsmittelgeschäften** bilden alle Durchführungsstadien der Tat den Verfahrensgegenstand. Dementsprechend weit wird der Kreis der Beteiligten gefasst. So ist der „Geschäftspartner" Tatbeteiligter, denn das strafbare Verhalten der Beteiligten geht in die gleiche Richtung. Davon ausgehend besteht etwa im Verfahren gegen den Veräußerer oder den Abgebenden für den Erwerber bzw. Abnehmer des Rauschgifts ein Vereidigungsverbot.[37] Auch der Kurier, der das Rauschgift für den Handeltreibenden transportiert oder einführt, ist Tatbeteiligter.[38]

24 Eine nur **zeitweise Beteiligung** des Zeugen an der Tat reicht aus, so etwa, wenn der Zeuge zusagt, sich nach Abnehmern umsehen zu wollen. Nur wenn der Zeuge von vornherein die Absicht gehabt hatte, die Polizei über das geplante Rauschgiftgeschäft des Angeklagten zu informieren, entfällt eine Beteiligung. Dies kann etwa bei einem **V-Mann** der Fall sein.[39]

25 **3. Tatverdacht.** Der untersuchten Tat verdächtig ist ein Zeuge dann, wenn Anhaltspunkte dafür vorliegen, dass er die Tat, die dem Beschuldigten bzw. Angeklagten vorgeworfen wird, selbst begangen hat, wenn also eine **Täterschaft des Zeugen die des Angeklagten ausschließt.**[40] Es kommt darauf an, ob sich der in Rede stehende Tatvorgang einmal ereignet hat. Dass die Tat rechtlich, hätte sie der Zeuge begangen, anders als im Falle der Täterschaft des Angeklagten einzuordnen ist, ist unerheblich.

26 Ein Tatverdacht iSd Nr. 2 darf jedoch nicht bejaht werden, wenn es sich um **rechtlich und tatsächlich selbständige Taten,** zB zwei Abtreibungshandlungen gegen dieselbe Leibesfrucht[41] oder zwei verschiedene, nicht wechselseitige Beleidigungen innerhalb eines Gesprächs[42] handelt, von denen eine der Zeuge und die andere der Beschuldigte begangen haben soll; gleiches gilt für Taten, die rechtlich und tatsächlich einen völlig verschiedenen Inhalt hatten und sich deshalb gegenseitig ausschließen. Zum Beteiligungsverdacht → Rn. 28 ff.

IV. Verdacht der Tatbeteiligung (Nr. 2 zweite Alt.)

27 **1. Begriff der Tat.** Auch hier bestimmt sich der Tatbegriff nach den Grundsätzen der – weit auszulegenden – prozessualen Tat. Die Erläuterungen → Rn. 19 ff. gelten hier ebenso.

28 **2. Begriff der Beteiligung. a) Weite Auslegung.** Der Begriff der Beteiligung iSd Nr. 2 ist angesichts des Sinnes und Zwecks der Norm – ebenso wie der Tatbegriff – sehr weit auszulegen. Er erfasst zunächst alle Teilnahmeformen der §§ 25 ff. StGB,[43] geht aber noch darüber hinaus und erstreckt sich auf jeden, der bei dem abzuurteilenden Vorgang **in strafbarer Weise und in derselben Richtung wie der Angeklagte mitwirkt;** unerheblich ist, ob der Zeuge dabei bewusst und gewollt mit dem Angeklagten zusammengewirkt hat.[44]

---

[35] BGH 19.10.1954 – 2 StR 651/53, BGHSt 6, 382 (383 f.).

[36] RG 3.12.1918 – II 500/18, RGSt 53, 169; BGH 19.10.1954 – 2 StR 651/53, BGHSt 6, 382 (384).

[37] BayObLG 7.12.1982 – RReg 4 St 250/82, MDR 1983, 778; OLG Düsseldorf 17.8.2000 – 2b Ss 161/00, StraFo 2001, 413.

[38] BGH 27.7.2011 – 4 StR 316/11, BeckRS 2011, 21280 mwN; 24.7.1995 – 3 StR 609/95, NStZ 1996, 609.

[39] BGH 12.6.1992 – 1 StR 275/92, StV 1993, 57 (58).

[40] BGH MDR 1961, 1031; Ignor/Bertheau in Löwe/Rosenberg Rn. 9 mwN.

[41] RG 2.4.1925 – II 150/25, RGSt 59, 166.

[42] RG 5.1.1923 – IV 559/22, RGSt 57, 186.

[43] BGH 26.7.1990 – 5 StR 269/90, NStZ 1991, 27.

[44] BGH 15.5.1953 – 5 StR 17/53, BGHSt 4, 255 (256); 9.1.1957 – 4 StR 523/56, BGHSt 10, 65 (67); 2.8.1983 – 5 StR 484/83, NStZ 1983, 516 mwN; OLG Düsseldorf 17.8.2000 – 2b Ss 161/00, StraFo 2001, 413.

Der **verfahrensrechtliche Zweck** des § 60 Nr. 2 gebietet eine von sachlich-rechtlichen Erwägungen unabhängige Auslegung des Begriffs der Beteiligung. Mit einer Beschränkung auf die Teilnahme iSd §§ 25 ff. StGB könnten einerseits die Fälle, in denen der Zeuge nicht unbefangen aussagt, nicht vollständig erfasst werden, denn auch der im weiteren Sinne an der Straftat beteiligte Zeuge ist noch befangen, sodass der Beweiswert seiner Aussage gemindert sein kann.[45] Andererseits führt eine Auslegung nach dem verfahrensrechtlichen Zweck der Vorschrift zu einer Einschränkung gegenüber sachlich-rechtlichen Gesichtspunkten. Das Erfordernis, dass der Zeuge an der den Gegenstand der Untersuchung bildenden Tat in derselben Richtung wie der Beschuldigte mitgewirkt haben muss, bedeutet, dass es entscheidend nicht auf den äußeren Vorgang, sondern auf die **Vorstellungen des Zeugen** über die Tat des Beschuldigten ankommt. Nach diesen Vorstellungen bestimmt sich, ob der Zeuge in derselben Richtung mitgewirkt hat. Es genügt deshalb nicht, dass sich die Tat des Zeugen in dem allgemeinen Rahmen desselben geschichtlichen Vorkommnisses abgespielt hat.[46] Auch der Umstand allein, dass das Verhalten des Zeugen in einem äußeren oder inneren, sogar engen Zusammenhang mit der Tat des Angeklagten steht, reicht für die Anwendung der Nr. 2 nicht aus.[47] Ein bewusstes und gewolltes Zusammenwirken ist jedoch nicht erforderlich. Besondere Bedeutung gewinnen diese Gesichtspunkte bei der Begünstigung (→ Rn. 49 ff.). 29

So kann etwa schon der Verdacht, der Zeuge könnte dem Angeklagten bei der Vorbereitung der Tat behilflich gewesen sein, das Vereidigungsverbot begründen, wenn diese Tätigkeit eine Beihilfe zur späteren Tat darstellen kann.[48] Ob die Handlungen des Angeklagten und des Zeugen die gleichen Tatbestandsmerkmale erfüllen, ist unerheblich; die jeweils einschlägigen Strafgesetze können verschieden sein. Stets muss sich es sich um ein strafbares Verhalten des Zeugen handeln; auf die Einstellung des gegen den Zeugen gerichteten Verfahrens kommt es nicht an (→ Rn. 36 ff.). 30

Nicht ausreichend für eine gleichgerichtete Beteiligung ist es hingegen, wenn der Zeuge unabhängig vom Beschuldigten eine gleichartige Tat gegen denselben Verletzten oder wenn er nur gelegentlich der Tat des Beschuldigten eine andere Tat begeht.[49] Wechselseitige Beleidigungen oder Körperverletzungen sowie die Aussage des Zeugen über eine Erpressung des Beschuldigten wegen eines durch den Zeugen begangenen Diebstahls begründen demnach kein Vereidigungsverbot.[50] 31

b) Beispiele. Der weite Beteiligungsbegriff wird an nachfolgenden Beispielen deutlich: An der Tat beteiligt sind nicht nur Mittäter, Anstifter und Gehilfen. Im Verfahren gegen einen Begünstiger sind der **Begünstigte** und dessen Mittäter und Gehilfen beteiligt,[51] im Verfahren gegen den Bestechenden der **Bestochene** und umgekehrt. Eine Beteiligung iSv Nr. 2 liegt auch im Verhältnis zwischen **Brandstifter** und Versicherungsbetrüger, der die Brandstiftung veranlasst hat, vor;[52] ebenso zwischen Fahrer und Halter in einem Verfahren wegen Zulassen des Fahrens ohne Fahrerlaubnis. Ein Beamter, der sich durch Vernachlässigung seiner Dienstaufsicht der **Untreue** strafbar macht, ist an der Untreue eines Untergebenen beteiligt. 32

Eine Beteiligung in derselben Richtung liegt weiter vor, wem Beschuldigter und Zeuge in einem sich überlappenden Zeitraum beide Mitglied einer **kriminellen oder terroristischen Vereinigung** waren; anders liegt es, wenn der Zeuge vor der Beteiligung des Beschuldigten bereits ausgeschieden war. Nr. 2 ist auch anzuwenden, wenn sich Beschuldigter und Zeuge an derselben **Schlägerei,** selbst auf verschiedenen Seiten, beteiligt hatten.[53] 33

---

45 BGH 24.9.1953 – 3 StR 228/53, BGHSt 4, 368 (371) = NJW 1953, 1925.
46 BGH 24.9.1953 – 3 StR 228/53, BGHSt 4, 368 (371) = NJW 1953, 1925 mwN.
47 BGH 19.10.1954 – 2 StR 651/53, NJW 1955, 31 (32).
48 BGH 17.12.1982 – 2 StR 459/82, NStZ 1983, 354.
49 Otte in Radtke/Hohmann Rn. 13 mwN.
50 Slawik in KK-StPO Rn. 21 mwN; Otte in Radtke/Hohmann Rn. 15 mwN.
51 RG 12.9.1930 – I 950/30, RGSt 64, 296 (298).
52 RG 7.1.1911 – II 950/10, RGSt 44, 254.
53 Slawik in KK-StPO Rn. 22 mwN; Otte in Radtke/Hohmann Rn. 15 mwN.

34 Eine **unterlassene Hilfeleistung** kann in Bezug auf eine durch sie nicht verhinderte Straftat eine Beteiligung darstellen; dass der Angeklagte aus Gründen der Gesetzeskonkurrenz nicht auch nach § 323c StGB verurteilt werden kann, ist unerheblich.[54]

35 Richtet sich gegen den Zeugen der Verdacht der Nichtanzeige geplanter Straftaten nach **§ 138 StGB,** stellt auch dies einen Verdacht der Beteiligung an der Tat des Angeklagten dar.[55] Im Falle des Verwandtenbeischlafs nach **§ 173 StGB** kann das Tatopfer Beteiligter sein.[56] Im Strafverfahren wegen **§ 348 StGB** kommt eine Beteiligung nach Teilnahmegrundsätzen oder § 271 StGB in Frage.[57] Zur Beteiligung des Zeugen an **Vortaten** und **Betäubungsmitteldelikten** → Rn. ff.

36 **c) Strafbares Verhalten.** Erforderlich ist ein tatbestandsmäßiges, rechtswidriges, schuldhaftes und deswegen an sich strafbares Verhalten des Beteiligten.[58] Auf die Verfolgbarkeit kommt es hingegen nicht an. Hieraus folgt:

37 **aa) Verfahrenshindernisse.** Verfahrenshindernisse wie etwa die Verjährung der Strafverfolgung,[59] ein fehlender Strafantrag,[60] das Eingreifen eines Straffreiheitsgesetzes oder das Fehlen der deutschen Gerichtsbarkeit, etwa weil die im Ausland ansässigen Zeugen keine Strafverfolgung zu besorgen haben[61] sind für die Anwendung des § 60 **unbeachtlich.**[62]

38 **bb) Einstellungen.** Auch Einstellungen des gegen den Zeugen wegen seiner Beteiligung geführten Strafverfahrens nach §§ 153 ff.[63] oder § 170 oder § 37 BtMG[64] ändern am Vereidigungsverbot nichts.

39 **cc) Fehlen von Vorsatz, Rechtswidrigkeit, Schuld.** Hingegen fehlt es in Fällen **vorsatzlosen Verhaltens** des Zeugen an der Strafbarkeit selbst dann, wenn sein Verhalten objektiv zur Tat beigetragen hat. So liegt etwa keine strafbare Beteiligung vor, wenn der Zeuge ohne Gehilfenvorsatz gefördert hat[65] oder wenn er an der Tat als sog. Lockspitzel mitgewirkt hat.[66] Auch wenn sich der Zeuge auf **Rechtfertigungsgründe** wie Notwehr gemäß § 32 StGB,[67] eine wirksame Einwilligung oder auf die Erfüllung öffentlich-rechtlicher Dienstpflichten[68] berufen oder **Schuldausschließungsgründe** (§§ 20, 33 StGB) in Anspruch nehmen kann, entfällt eine Strafbarkeit und scheidet die Anwendung des § 60 aus.[69]

40 **dd) Strafaufhebungs- oder Strafausschließungsgründe.** Ein persönlicher Strafaufhebungs- oder Strafausschließungsgrund lässt dagegen Rechtswidrigkeit und Schuld unberührt und ändert deshalb am Vereidigungsverbot, da die grundsätzliche Strafbarkeit nur im Einzelfall entfällt, nichts.[70] So ist etwa bei einem strafbefreienden Rücktritt vom Versuch

[54] BGH 22.2.1992 – 2 StR 207/92, StV 1992, 547: Sowohl der Angeklagte als auch der Zeuge hatten durch das gemeinsame Unterlassen von Hilfeleistung den späteren Tod des Opfers verursacht.
[55] BGH 19.3.1996 – 1 StR 497/95, NStZ 1996, 595 (596) mwN; 17.5.2000 – 2 StR 460/99, NStZ 2000, 494 mwN; 19.7.2000 – 5 StR 258/00, NStZ-RR 2001, 18 mwN.
[56] BGH 13.4.1999 – 1 StR 111/99, NStZ 1999, 470.
[57] Vgl. BGH 13.2.2004 – 2 StR 408/03, NStZ 2005, 33.
[58] BGH 13.4.1999 – 1 StR 111/99, NStZ 1999, 470.
[59] BGH 12.8.1952 – 4 StR 219/52, NJW 1952, 1146.
[60] BGH 5.7.1968 – 5 StR 327/68, MDR 1968, 895 (896).
[61] RG 18.11.1913 – II 651/13, RGSt 48, 84 (86).
[62] Ignor/Bertheau in Löwe/Rosenberg Rn. 11 mwN.
[63] Hierzu BGH 22.6.1994 – 2 StR 216/94, MDR 1994, 1072; OLG Köln 8.9.2000 – Ss 350/00, StV 2001, 224.
[64] Hierzu OLG Schleswig 22.1.1999 – 1 Ss 285/98, BeckRS 1999, 17369.
[65] BGH 5.3.1980 – 2 StR 657/79, MDR 1980, 630 (631).
[66] BGH 6.2.1981 – 2 StR 370/80, NJW 1981, 1626 (1627).
[67] RG 24.6.1898 – 2149/98, RGSt 31, 219.
[68] RG 28.6.1904 – 742/04, RGSt 37, 218 (219).
[69] Slawik in KK-StPO Rn. 18 mwN; Otte in Radtke/Hohmann Rn. 10 mwN.
[70] BGH 22.12.1955 – 1 StR 381/55, BGHSt 9, 71 (73 f.); zum Rücktritt BGH 18.9.1990 – 5 StR 396/90, StV 1991, 197; zum Rücktritt vom Versuch der Strafvereitelung BGH 13.10.1981 – 5 StR 433/81, NStZ 1982, 78; Otte in Radtke/Hohmann Rn. 11.

des Zeugen,[71] beim Absehen von seiner Bestrafung nach § 46b StGB oder § 31 BtMG[72] oder beim Eingreifen des § 258 Abs. 6 StGB[73] von der Vereidigung abzusehen.

ee) Fahrlässiges Verhalten. Eine Beteiligung iSd Nr. 2 kann auch bei fahrlässig begangenen Straftaten gegeben sein. Angesichts des weiten Beteiligungsbegriffs genügt jedes vorwerfbare Verhalten, das zur Herbeiführung des rechtsverletzenden Erfolgs beigetragen hat; auf die Art des Verursachungsbeitrags und die Beteiligung des einzelnen Mitwirkenden kommt es nicht an.[74] 41

ff) Unterlassen. Bei einer Handlung durch Unterlassen greift Nr. 2 nur, wenn der Zeuge rechtlich zum Handeln bzw. zur Verhinderung der Tat verpflichtet war. Das bloße Geschehenlassen eines Sachverhalts genügt nicht.[75] 42

3. Verdacht. a) Verdachtsgrad. Ein Verdacht besteht bereits dann, wenn die Möglichkeit einer strafbaren Beteiligung des Zeugen nicht auszuschließen ist. Es ist weder ein dringender noch ein hinreichender Verdacht notwendig. Schon ein nur entfernter Verdacht genügt, um das Vereidigungsverbot auszulösen.[76] 43

b) Verdachtsfeststellung. Ob aus tatsächlichen Gründen ein sich gegen den Zeugen richtender Verdacht vorhanden ist, hat allein der Tatrichter im Wege der Beweiswürdigung nach seinem **pflichtgemäßen Ermessen** zu entscheiden. Diese Beweiswürdigung ist als solche mit der Revision nicht angreifbar.[77] 44

Das Tatgericht kann sich an den Ermittlungs- und Beweisaufnahmeergebnissen sowie der Aktenlage orientieren, Vernehmungen durchführen und Auskünfte einholen. Es ist dabei – ebenso wie bei der Feststellung der Voraussetzungen der Nr. 1 – weder an den Strengbeweis noch an Verfahrensvorschriften für förmliche Beweiserhebungen gebunden und kann freibeweisliche Feststellungen treffen.[78] Auch die notwendig werdende Belehrung eines Zeugen nach § 55 kann für das Gericht ein Anlass sein, die Frage eines Vereidigungsverbots zu prüfen. 45

Liegt bereits ein Urteil oder ein erlassener Strafbefehl gegen den Zeugen vor, kann ein entsprechender Verdacht hierauf gestützt werden; auf die Rechtskraft der Entscheidung kommt es nicht an. Ebenso ist unerheblich, ob dem Zeugen die Strafe bereits erlassen wurde oder Strafvollstreckungsverjährung eingetreten ist.[79] Dem Zeugen ist keine Möglichkeit einzuräumen, den Verdacht dadurch auszuräumen, dass er unter Eid seine Unschuld versichert.[80] Das Gericht kann den Verdacht verneinen, obwohl gegen den Zeugen ein Ermittlungsverfahren anhängig ist. Auch wenn der Zeuge sich selbst einer Beteiligung bezichtigt, braucht es keinen Verdacht zu bejahen.[81] 46

Ob der **Zweifelssatz** gilt, ist umstritten. Dies wird zum Teil verneint. Nach dieser Auffassung ist dann, wenn die Voraussetzungen eines Vereidigungsverbots nicht aufgeklärt 47

[71] BGH 13.10.1981 – 5 StR 433/81, NStZ 1982, 78; 18.9.1990 – 5 StR 396/90, NStZ 1991, 227 mwN; zu einem strafbefreienden Rücktritt von einer versuchten Strafvereitelung BGH 18.3.1998 – 5 StR 710/97, NStZ-RR 1998, 335.

[72] BGH 2.8.1983 – 5 StR 484/83, NStZ 1983, 516.

[73] BGH 22.12.1955 – 1 StR 381/55, NJW 1956, 879 (880); OLG Stuttgart 19.12.1977 – 3 Ss 606/77, NJW 1978, 711 (713).

[74] BGH 9.1.1957 – 4 StR 523/56, BGHSt 10, 65 (68 f.).

[75] Vgl. BGH 30.1.1951 – 3 StR 29/50, NJW 1951, 324 zu einem unerwarteten nicht verhinderbaren Geschehen; BGH 17.5.2000 – 2 StR 460/99, NStZ 2000, 494 mwN zu dem Fall des Verdachts einer vom Zeugen unterlassenen Strafanzeige nach § 138 StGB; Huber in BeckOK StPO Rn. 8.

[76] BGH 6.10.1982 – 2 StR 205/82, NStZ 1983, 516 mwN; 18.9.1990 – 5 StR 396/90, StV 1991, 197; 19.4.1993 – 5 StR 602/92, BGHSt 39, 199 = NStZ 1993, 445; OLG Frankfurt a. M. 22.11.2002 – 3 Ss 356/02, NStZ-RR 2003, 141 mwN.

[77] BGH 24.9.1953 – 3 StR 228/53, BGHSt 4, 368 (369); 22.12.1955 – 1 StR 381/55, BGHSt 9, 71 (72); zur Revision → Rn. 82 ff.

[78] RG 30.5.1921 – I 697/21, RGSt 56, 102 (103); Slawik in KK-StPO Rn. 3 mwN.

[79] Huber in BeckOK StPO Rn. 18.

[80] Huber in BeckOK StPO Rn. 17 mwN.

[81] Otte in Radtke/Hohmann Rn. 21 mwN.

werden können, nach § 59 zu verfahren.[82] Dies erscheint in den Fällen der Nr. 2 nicht einleuchtend. Denn immer dann, wenn beim Gericht Zweifel aufkommen, ob möglicherweise eine Tatbeteiligung des Zeugen vorliegen könnte, wird gleichzeitig ein entsprechender ausreichender entfernter Verdacht bestehen. Hinzu kommt, dass die Argumentation des Reichsgerichts[83] – Zweifel reichen nicht aus, weil Ausnahmen von einem gesetzlichen Regelfall positiv festzustellen sind – infolge der Änderung des § 59 bzw. den Wegfall der Regelvereidigung keine Gültigkeit mehr beanspruchen kann. Ferner erscheint eine Differenzierung danach, ob das Gericht einen – entfernten – Verdacht tatsächlich hat oder einen solchen nur für möglich hält, praktisch nahezu unmöglich.

48 **c) Entfallen des Verdachts.** Da es entscheidend auf den Zeitpunkt der Urteilsfindung ankommt, ist dann, wenn der Verdacht einer Tatbeteiligung im späteren Verlauf des Verfahrens entfällt, nach § 59 zu verfahren (→ Rn. 73 ff.). Eine nachträgliche Einstellung der dem Angeklagten vorgeworfenen Tat, an der der Zeuge beteiligt gewesen sein kann, ändert nichts daran, dass § 60 Nr. 2 weiterhin gilt; es besteht kein Anlass, die Nichtvereidigungsentscheidung zu korrigieren.[84] Auch dann, wenn der **Angeklagte freigesprochen** wurde oder das Verfahren gegen ihn **eingestellt** wurde, kann der Verdacht gegen den Zeugen weiterhin bestehen.[85] Entsprechendes gilt umgekehrt für einen **Freispruch des Zeugen** oder eine Einstellung des gegen ihn gerichteten Verfahrens.

V. Verdacht der Datenhehlerei, Begünstigung, Strafvereitelung oder Hehlerei (Nr. 2 dritte – sechste Alt.)

49 Das Gesetz stellt einen sich gegen den Zeugen richtenden Verdacht einer Begünstigung, Strafvereitelung oder Hehlerei dem Beteiligungsverdacht gleich. Dabei ist es in allen Varianten erforderlich, dass sich der Verdacht auf eine Strafbarkeit des Zeugen außerhalb der Hauptverhandlung bezieht.

50 **1. Begünstigung. a) Begriff.** Der Begriff der Begünstigung deckt sich nicht mit demjenigen des § 257 StGB. Der Zweck des § 60 Nr. 2 verlangt eine verfahrensrechtlich orientierte Bestimmung. Erforderlich ist ein Verdacht dahin, dass der Zeuge an der den Verfahrensgegenstand bildenden Tat **in derselben Richtung mitgewirkt** habe wie der Beschuldigte. In einem Verfahren wegen Begünstigung oder Strafvereitelung (§§ 257, 258 StGB) gilt die zugrundeliegende Straftat als Vortat und ist damit Verfahrensgegenstand

51 **b) Voraussetzungen.** Liegen alle Merkmale des § 257 StGB vor, kann hieraus nicht auf das Vorliegen eines Vereidigungsverbots geschlossen werden. Denn während es für die materiellrechtliche Tat der Begünstigung unerheblich ist, ob der Begünstiger die Art der Vortat kennt oder sich über die Art der Vortat im Irrtum befindet, kommt es bei der Begünstigung iSd § 60 Nr. 2 ausschlaggebend auf die **Vorstellungen des Zeugen** über die Tat des Beschuldigten bzw. Angeklagten an.

52 Der Zeuge muss die Tat wenigstens in ihrem **wesentlichen Unrechtsgehalt** gekannt haben, denn nur eine in dieser Kenntnis gewährte Begünstigung führt zu der Befangenheit des Zeugen, die das Vereidigungsverbot rechtfertigt. Hat sich hingegen der Zeuge eine Vortat vorgestellt, die einen völlig anderen Wesensgehalt als die wirkliche Tat aufweist, fehlt eine Mitwirkung in derselben Richtung und damit eine Begünstigung iSd § 60 Nr. 2.[86] Zur Falschaussage und deren Verabredung bzw. Zusage → Rn. 57.

---

82 So ohne Begründung Schmitt in Meyer-Goßner/Schmitt Rn. 1; Otte in Radtke/Hohmann Rn. 1; Slawik in KK-StPO Rn. 3; BayObLG 25.6.1985 – RReg. 4 St 60/85, NJW 1986, 202.

83 RG 21.8.1913 – III 836/13, RGSt 47, 297.

84 BGH 20.8.1999 – 1 StR 317/99, NStZ 2000, 45.

85 Huber in BeckOK StPO Rn. 17.

86 BGH 24.9.1953 – 3 StR 228/53, BGHSt 4, 368 (371 f.) = NJW 1953, 1925: Zutreffende Verneinung des § 60 Nr. 2 mangels Begünstigung bei tatsächlicher Raubtat, während sich der Zeuge einen Erwerb aus dem Schwarzhandel vorgestellt hatte.

53 **c) Falschaussagen. aa) Aussagen in der Hauptverhandlung.** Begünstigung und Strafvereitelung iSv § 60 Nr. 2 können grundsätzlich nicht durch Falschaussagen in der Hauptverhandlung begangen werden. Das heißt, dass kein Vereidigungsverbot besteht, wenn die zu vereidigende Aussage selbst die Begünstigungs- oder Strafvereitelungshandlung darstellt.[87]

54 **bb) Mehrere Aussagen.** Anders liegt es jedoch, wenn eine versuchte oder vollendete Strafvereitelung oder Begünstigung in einem **früheren Termin derselben Hauptverhandlung** begangen wurde, sofern der Zeuge nach seiner ersten Aussage abschließend vernommen und nach Entscheidung über seine Vereidigung entlassen wurde. Wird der Zeuge nach seiner abgeschlossenen Aussage erneut vernommen und besteht der Verdacht, dass in der ersten Aussage eine versuchte oder vollendete Strafvereitelung oder Begünstigung liegt, löst die **zweite Aussage** das Vereidigungsverbot nach Nr. 2 aus.[88]

55 Auf den **Inhalt der zweiten Aussage** kommt es nicht an. § 60 Nr. 2 gilt nicht nur dann, wenn der Zeuge wiederum falsch zur Entlastung des Angeklagten aussagt, um dessen Bestrafung zu vereiteln, sondern auch, wenn die zweite Aussage dem Gericht glaubhaft erscheint, der Zeuge seine erste Aussage berichtigt[89] oder den Angeklagten nunmehr belastet.[90] Denn auch ein freiwilliger Rücktritt von der versuchten Strafvereitelung lässt das Vereidigungsverbot nach Nr. 2 nicht entfallen; dies gilt auch dann, wenn der Zeuge seine falschen Angaben noch vor der Hauptverhandlung, in der er vereidigt wird, richtigstellt.[91] Denn nach dem Sinn des Gesetzes hat ein der Falschaussage verdächtiger Zeuge als unzuverlässig zu gelten, auch wenn er seine Aussage in einer späteren Vernehmung zum Nachteil des Angeklagten ändert.[92]

56 Auch dann, wenn der Zeuge – vor Abschluss seiner Vernehmung in der Hauptverhandlung – außerhalb dieser als Beschuldigter vernommen wird, begründet eine in der Beschuldigtenvernehmung begangene versuchte Strafvereitelung die Anwendung der Nr. 2.[93]

57 **cc) Abreden und Zusagen vor der Hauptverhandlung.** Die Möglichkeit, dass § 60 Nr. 2 dann eingreift, wenn dem Angeklagten eine ihn begünstigende Falschaussage im Rahmen einer Abrede versprochen wurde oder der Zeuge dem Angeklagten eine Zusage gegeben hat, zu seinen Gunsten falsch auszusagen,[94] besteht nur noch stark eingeschränkt. Denn bei einer solchen Konstellation müssen die Änderungen, die die Neufassung der §§ 257, 258 StGB mit sich brachte, beachtet werden. Für einen Verdacht der Begünstigung nach § 257 aF StGB reichte es aus, wenn der Zeuge im Verdacht steht, dem Angeklagten die falsche Aussage schon vor der Hauptverhandlung zugesagt zu haben. Diese Rechtsprechung[95] ist überholt.[96] Zusage und Verabredung einer Falschaussage liegen grundsätzlich noch im straflosen Vorfeld eines unmittelbaren Hilfeleistens iSd § 257 StGB.[97] Anders liegt es nur dann, wenn mit der Zusage der Falschaussage durch den Zeugen eine sachliche

---

87 AllgM, vgl. nur BGH 25.4.1989 – 1 StR 97/89, NStZ 1989, 583 (584) mwN; 18.3.1982 – 4 StR 565/81, NStZ 1982, 430; BayObLG 25.6.1985 – RReg. 4 St 60/85, NJW 1986, 202; Slawik in KK-StPO Rn. 24 mwN; Ignor/Bertheau in Löwe/Rosenberg Rn. 23 mwN; Schmitt in Meyer-Goßner/Schmitt Rn. 20 mwN; zusammenfassend Eckert NJW 1963, 846 (847).

88 BGH 17.7.2003 – 4 StR 194/03, NStZ 2004, 97 (98) mwN; s. auch BGH 25.4.1989 – 1 StR 97/89, NStZ 1989, 583.

89 BGH 13.10.1981 – 5 StR 433/81, NStZ 1982, 78 mwN.

90 Ignor/Bertheau in Löwe/Rosenberg Rn. 23 mwN.

91 BGH 18.3.1998 – 5 StR 710/97, NStZ-RR 1998, 335 mwN.

92 BGH 4.2.1970 – 2 StR 535/69, MDR 1970, 383.

93 BGH 25.4.1989 – 1 StR 97/89, NStZ 1989, 583 (584).

94 BGH 11.10.1978 – 3 StR 296/78, MDR 1979, 108 mwN; 6.10.1982 – 2 StR 205/82, NStZ 1983, 354.

95 BGH 11.10.1978 – 3 StR 296/78, MDR 1979, 108; 26.3.1981 – 4 StR 76/81, NStZ 1981, 268.

96 S. dazu BayObLG 25.6.1985 – RReg. 4 St 60/85, NJW 1986, 202; KG 19.2.1981 – 4 Ss 220/80, NStZ 1981, 449; Lenckner NStZ 1982, 401 (402 f.); wohl aA Huber in BeckOK StPO Rn. 14; Otte in Radtke/Hohmann Rn. 18.

97 Hecker in Schönke/Schröder StGB § 257 Rn. 14 mwN.

Begünstigung des Beschuldigten bzw. Angeklagten verbunden ist.[98] Zur Rechtslage bei der Strafvereitelung → Rn. 58 ff.

58 **2. Strafvereitelung. a) Allgemeines.** Die Erläuterungen zur Begünstigung gelten hier entsprechend. Dass ein Zeuge nach § 258 Abs. 6 StGB straffrei bleibt, ist unbeachtlich, da persönliche Strafausschließungsgründe das Vereidigungsverbot nach § 60 Nr. 2 grundsätzlich unberührt lassen.[99]

59 **b) Abrede vor der Hauptverhandlung.** Soll das Vereidigungsverbot auf den Verdacht der Strafvereitelung in Form der Abrede einer Falschaussage mit dem Angeklagten gestützt werden, muss ein Verdacht dahin bestehen, dass der Zeuge sich durch seine Zusage nicht lediglich nach §§ 30 Abs. 2, 154 StGB, sondern zugleich **nach §§ 258, 22 StGB strafbar** gemacht hat, denn die Zusicherung einer eidlichen Falschaussage bzw. die Strafbarkeit nach § 30 Abs. 2, § 154 StGB bringt den Zeugen bei seiner Vernehmung nicht in eine Zwangslage, die der eines Beschuldigten nahe kommt und vor der er durch das Vereidigungsverbot bewahrt werden soll; vielmehr wird der Zeuge durch Bekundung der Wahrheit nach § 31 Abs. 1 Nr. 2 StGB straffrei:[100] Denn er kann sämtliche Fragen an ihn zur Straftat des Vortäters wahrheitsgemäß beantworten, ohne befürchten zu müssen, dass dabei eigenes strafbares Verhalten zur Sprache kommt. Sogar die Frage, ob er eine wahrheitswidrige Aussage zu Gunsten des Täters versprochen habe, kann er wahrheitsgemäß beantworten. ohne sich einer Verfolgungsgefahr auszusetzen. Denn er wird nicht bestraft, wenn er durch eine wahrheitsgemäße Aussage als Zeuge sein Vorhaben, einen Meineid zu begehen, freiwillig aufgibt. Im Gegensatz zu einem Beschuldigten verschafft dem Zeugen daher die Bekundung der Wahrheit Straffreiheit, nicht die falsche Aussage.[101] Eine analoge Anwendung des § 60 Nr. 2 aufgrund der Strafbarkeit des Zeugen wegen Zusicherung eines Meineides nach § 30 Abs. 2, § 154 StGB scheidet aus.[102]

60 Die Bejahung einer Strafbarkeit nach §§ 258, 22 StGB erfordert indes eine sorgfältige Prüfung der Frage des Versuchsbeginns. Namentlich bei einer **Verabredung** der falschen Zeugenaussage längere Zeit vor der Hauptverhandlung wird grundsätzlich eine **straflose Vorbereitungshandlung** anzunehmen und das unmittelbare Ansetzen zur Strafvereitelung erst in dem Beginn der Falschaussage in der Hauptverhandlung zu sehen sein.[103] Gleiches gilt dann, wenn der Zeuge dem Angeklagten vor der Hauptverhandlung eine inhaltlich falsche schriftliche Erklärung aushändigt, von der der Angeklagte keinen Gebrauch macht; in der bloßen Aushändigung liegt noch keine versuchte Strafvereitelung. Denn die Möglichkeit der Vereitelung des staatlichen Strafanspruchs ist erst mit der Kenntnisnahme der Ermittlungsbehörden oder des Gerichts vom Inhalt der Erklärung eröffnet.[104] Anders liegt es, wenn der Zeuge zur Entlastung des Angeklagten vor der Hauptverhandlung schon bei der Polizei falsch ausgesagt hat und die Angaben vor Gericht wiederholt; hier kann in der polizeilichen Falschaussage schon ein Versuch der Strafvereitelung liegen.[105] Auch dort, wo zur Abrede der Falschaussage weitere Handlungen hinzutreten, etwa die Benennung eines angeblichen Entlastungszeugen, kann Versuchsbeginn schon vor dem Beginn der Falschaussage in der Hauptverhandlung liegen.[106]

---

98 Slawik in KK-StPO Rn. 25.

99 BGH 17.7.2003 – 4 StR 194/03, NStZ 2004, 97 (98).

100 BGH 5.1.1982 – 5 StR 267/81, NStZ 1983, 85; Lenckner NStZ 1982, 401 (403).

101 BGH 5.1.1982 – 5 StR 267/81, BGHSt 30, 332 = NJW 1982, 947 (948); KG 19.2.1981 – 4 Ss 220/80, NStZ 1981, 449.

102 BGH 5.1.1982 – 5 StR 267/81, BGHSt 30, 332 = NJW 1982, 947. Diese Entscheidung erging auf Vorlagebeschluss des KG 19.2.1981 – 4 Ss 220/80, NStZ 1981, 449; der Auffassung des OLG Hamburg (NJW 1981, 771), § 60 Nr. 2 müsse über den Wortlaut hinaus Anwendung finden, ist der BGH nicht gefolgt.

103 BGH 18.3.1982 – 4 StR 565/81, NStZ 1982, 430; 17.3.1982 – 2 StR 314/81, NStZ 1982, 329 mAnm Beulke NStZ 1982, 330; 13.11.1991 – 3 StR 117/91, NJW 1992, 1635 (1636) mwN; Lenckner NStZ 1982, 401 (403).

104 BGH 13.11.1991 – 3 StR 117/91, NJW 1992, 1635 (1636).

105 BGH 15.10.1985 – 1 StR 338/85, NStZ 1986, 130.

106 Vgl. BGH 8.5.1981 – 3 StR 163/81, NStZ 1981, 309.

3. Hehlerei, Datenhehlerei. Ausreichend für das Vereidigungsverbot ist – neben dem Verdacht einer vollendeten Hehlerei – auch der Verdacht des Versuchs, der Beihilfe oder Anstiftung zur Hehlerei, sofern ein Zusammenhang zur verfahrensrelevanten Tat besteht.[107] Auf die Begehungsvariante kommt es nicht an. Gleiches gilt für die Datenhehlerei. 61

Es genügt etwa, dass der Zeuge verdächtig ist, die Sache vom Angeklagten oder einem Zwischenhehler erworben zu haben oder – im Verfahren gegen einen weiteren Hehler – die gehehlte Sache an diesen abgesetzt zu haben.[108] Der Dieb darf im Verfahren gegen den Hehler ebenso wenig vereidigt werden wie der Hehler im Verfahren gegen den Dieb. Da eine gemeinsame Vortat ausreicht, scheidet auch die Vereidigung des Hehlers in dem Verfahren gegen denjenigen aus, der angeklagt ist, den Vortäter begünstigt zu haben.[109] Beteiligt iSd Nr. 2 an der Tat des Zweithehlers sind sowohl der Dieb als auch der Zwischen- bzw. Ersthehler.[110] 62

VI. Die Entscheidung des Gerichts

1. Zuständigkeit. Die Entscheidung, den Zeugen nicht zu vereidigen, trifft zunächst der Vorsitzende. Eine Entscheidung des Spruchkörpers muss ergehen, wenn sie von einem Gerichtsmitglied oder einem Verfahrensbeteiligten verlangt wird[111] bzw. die Entscheidung des Vorsitzenden beanstandet wird (§ 238 Abs. 2). 63

2. Begründung. a) Allgemeines. Regelmäßig ist in allen Fällen eines Vereidigungsverbots nach Nr. 1 und Nr. 2 eine **Begründung erforderlich.** Steht ein Vereidigungsverbot im Raum, bejaht das Revisionsgericht ohne Begründung für die Nichtanwendung des § 60 einen Verstoß gegen diese Vorschrift.[112] Nur ausnahmsweise – dann, wenn der Grund der Nichtvereidigung für alle Verfahrensbeteiligten offensichtlich ist – wird eine Begründung entbehrlich; so kann es etwa liegen, wenn der Zeuge bereits als Tatbeteiligter verurteilt wurde oder wenn eine Teilnahme des Zeugen an der angeklagten Tat aufgrund seiner eigenen Angaben und der Einlassung des Angeklagten klar zu Tage liegt.[113] 64

Die **Neufassung** der Vereidigungsvorschriften hat am im Regelfall bestehenden Erfordernis einer Begründung nichts geändert. Zwar hat der Gesetzgeber die Nichtvereidigung der Zeugen zum Regelfall erhoben und verlangt nach § 59 Abs. 1 S. 2 dafür keine Begründung; § 64 aF, der eine Begründung für die Nichtvereidigung vorschrieb, ist ersatzlos weggefallen. Diese Änderungen sind jedoch vor dem Hintergrund zu sehen, dass das Gericht in den Fällen des § 59 nach seinem freien Ermessen von der Vereidigung absehen kann. § 60 enthält indes durchweg zwingende Regelungen und blieb im Zuge der Änderung des Vereidigungsrechts unverändert. Zudem lässt sich keine der Konstellationen des § 60 als gesetzlich vorgesehener Regelfall einordnen. Vielmehr hält der Vernehmende die Vereidigung des Zeugen im Grundsatz für geboten, sieht aber die Voraussetzungen eines Vereidigungsverbots für gegeben an. Davon abgesehen kann es für die Verfahrensbeteiligten und ihre Überlegungen zum weiteren Vorgehen relevant werden, ob und warum das Gericht von einem bestimmten Vereidigungsverbot ausgeht. Ferner ließe sich mit einem bloßen Hinweis auf die Vorschrift des § 60 Nr. 1 oder Nr. 2 im Revisionsverfahren nicht überprüfen, ob das Tatgericht die in § 60 verwendeten Rechtsbegriffe verkannt hat.[114] Der völlige Verzicht auf eine Begründung wäre schließlich mit der Warnfunktion der Vorschrift kaum vereinbar. 65

---

[107] BGH 26.7.1990 – 5 StR 264/90, NStZ 1991, 27; Ignor/Bertheau in Löwe/Rosenberg Rn. 26.
[108] Slawik in KK-StPO Rn. 29.
[109] RG 14.11.1924 – I 629/24, RGSt 58, 373; Ignor/Bertheau in Löwe/Rosenberg Rn. 26; Schmitt in Meyer-Goßner/Schmitt Rn. 22.
[110] BGH 26.7.1990 – 5 StR 264/90, NStZ 1991, 27.
[111] Ignor/Bertheau in Löwe/Rosenberg Rn. 31.
[112] BGH 17.5.2000 – 2 StR 460/99, NStZ 2000, 494.
[113] BGH 16.12.1952 – 1 StR 575/52, NJW 1953, 231 (232); Seibert NJW 1963, 142 (143).
[114] Vgl. BGH 11.12.1951 – 1 StR 493/51, NJW 1952, 273 mwN.

66 Danach ist eine **Begründung notwendig,** wenn der Zeuge vereidigt wird, aber ein Vereidigungsverbot im Raum steht sowie dann, wenn das Gericht nicht nach § 59, sondern nach § 60 von der Vereidigung absieht, da es sich nicht um den gesetzlichen Regelfall handelt.[115] Vor diesem Hintergrund erscheint es überzeugend, dass der BGH eine Begründung der gerichtlichen Entscheidung zur Frage der Vereidigung dann für entbehrlich erachtet, wenn es *in Anwendung des § 59* bei der Nichtvereidigung des Zeugen bleibt.[116]

67 **b) Begründungsanforderungen.** Davon ausgehend ergeben sich für das Gericht folgende Mindestanforderungen an die Begründung: Entscheidet vorab der Vorsitzende im Rahmen seiner Sachleitung durch **Verfügung,** reicht ein Hinweis auf die der Entscheidung zugrundeliegende Alternative der Nr. 1 oder 2 aus. Wird die Verfügung des Vorsitzenden beanstandet, gilt für den daraufhin nach § 238 Abs. 2 zu fassenden **Beschluss:**

68 Im Falle angenommener **Eidesunmündigkeit** (Nr. 1. erste Alt.) genügt zur Begründung der Nichtvereidigung das Zitat der Gesetzesstelle, denn der Zeuge gibt sein Alter im Rahmen der Befragung zu den Personalien an.[117]

69 Bei Anhaltspunkten für einen Fall der **Eidesunfähigkeit** (Nr. 1 zweite und dritte Alt.) des Zeugen, namentlich bei unter Betreuung stehenden oder unter Anwendung des § 20 StGB freigesprochenen Zeugen, muss das Gericht angeben, ob es von mangelnder Verstandesreife, einer psychischen Krankheit oder einer geistigen bzw. seelischen Behinderung ausgeht. Es genügt nicht, allgemein auf den Gesundheitszustand oder darauf zu verweisen, der Zeuge habe keine genügende Vorstellung von der Bedeutung des Eides.[118] Die Begründung muss im Revisionsverfahren die Prüfung ermöglichen, ob das Gericht die angewandte Alternative ohne Rechtsirrtum bzw. ohne Verkennung des das Vereidigungsverbot festlegenden Rechtsbegriffs angenommen hat.

70 In Fällen der **Nr. 2** muss die Begründung erkennen lassen, welcher Art das Verhältnis des Zeugen zu der verfahrensgegenständlichen Tat ist. Hierfür kann zwar die Angabe genügen, es sei der Verdacht der Teilnahme gegeben.[119] Eine solche Begründung wird jedoch die Verfahrensbeteiligten meist im Unklaren lassen, sodass das Gericht angeben muss, ob es den Verdacht der Täterschaft, der Teilnahme, der Begünstigung, der Strafvereitelung oder der Hehlerei annimmt. Hingegen braucht es die tatsächlichen Grundlagen, auf denen sein Verdacht beruht, nicht anzugeben,[120] auch nicht in den Urteilsgründen.

71 Auch in den Fällen der Nr. 2 reicht die Begründung bereits dann aus, wenn das Revisionsgericht überprüfen kann, ob das Tatgericht die im Gesetz verwendeten Rechtsbegriffe verkannt hat. Die Begründung darf sich nicht mit den Urteilsgründen in Widerspruch setzen.[121] Sie muss sich am Zeitpunkt der Urteilsfindung orientieren (→ Rn. 73 ff.).

72 **c) Protokollierung.** Die Tatsache der Vereidigung oder Nichtvereidigung eines Zeugen ist eine wesentliche Förmlichkeit und damit im Hauptverhandlungsprotokoll festzuhalten. Für die Begründung gilt dies nur im Fall der Vereidigung des Zeugen (§ 59 Abs. 1 S. 2).

73 **3. Entscheidungszeitpunkt, Nachholung der Vereidigung.** Für die Frage, ob der Zeuge endgültig unvereidigt zu bleiben hat, ist nicht der Zeitpunkt der Beschlussfassung über die Vereidigung maßgeblich, sondern derjenige der **Urteilsfindung.**

74 Blieb der Zeuge nach Nr. 2 unvereidigt, gibt aber der Tatrichter im weiteren Verlauf des Verfahrens seine frühere Einschätzung zur Frage eines Beteiligungsverdachts auf, muss nach § 59 über die Vereidigung des Zeugen neu entschieden und die **Vereidigung ggf. nachgeholt** werden. Ist der Zeuge verstorben oder nicht mehr auffindbar, ist die nicht

---

115 Im Ergebnis ebenso Ignor/Bertheau in Löwe/Rosenberg Rn. 32; Schmitt in Meyer-Goßner/Schmitt Rn. 28; Huber in BeckOK StPO Rn. 20; Otte in Radtke/Hohmann Rn. 25.

116 BGH 11.7.2006 – 3 StR 216/06, NStZ 2006, 715.

117 Ignor/Bertheau in Löwe/Rosenberg Rn. 34; Schmitt in Meyer-Goßner/Schmitt Rn. 3 mwN.

118 Ignor/Bertheau in Löwe/Rosenberg Rn. 34; Slawik in KK-StPO Rn. 7.

119 BGH 11.12.1951 – 1 StR 493/51, NJW 1952, 273.

120 BGH 11.12.1951 – 1 StR 493/51, NJW 1952, 273; Schmitt in Meyer-Goßner/Schmitt Rn. 28.

121 Mittelbach MDR 1954, 122; Dahs NStZ 1987, 517.

mehr mögliche Nachholung bei der Beweiswürdigung zu berücksichtigen.[122] Der Hinweis, nach dem gegenwärtigen Stand der Beweisaufnahme sei ein Beteiligungsverdacht nicht ausgeschlossen, stellt für die Anwendung der Nr. 2 keine ausreichende Begründung dar, wenn dieser Verdacht später – was sich etwa aus den Urteilsgründen ergeben kann – weggefallen ist.[123]

Die Frage, ob die **Verfahrensbeteiligten** darüber **informiert** werden müssen, dass das Gericht nicht mehr von Nr. 2 ausgeht, sondern es bei der Nichtvereidigung des Zeugen nach seinem durch § 59 eingeräumten Ermessen belässt, ist im Vereidigungsrecht nicht geregelt und soweit ersichtlich, auch in der Rspr. bisher nicht behandelt worden. Zwar bleibt es in beiden Konstellationen – Annahme eines Vereidigungsverbots und Absehen von der Vereidigung nach § 59 – für die Verfahrensbeteiligten erkennbar bei der Nichtvereidigung des Zeugen. Nicht ersichtlich wird aber, dass der Aussage des Zeugen durch einen Austausch der Rechtsgrundlage der Entscheidung bzw. den Wegfall des Beteiligungsverdachts möglicherweise ein erheblich höherer Beweiswert beigemessen wird. Dies und die Sichtweise, die der Hinweispflicht bei einer Verwertung einer vereidigten Aussage als uneidlich zugrunde liegt, sprechen dafür, eine Verpflichtung zu einem entsprechenden Hinweis anzunehmen. 75

VII. Vereidigungsverbot, Teilvereidigung

1. Nr. 1. Liegt eine der Alternativen der Nr. 1 vor, muss zwingend von der Vereidigung des Zeugen abgesehen werden. 76

2. Nr. 2. a) Aussage zu einer Tat. Im Fall der Nr. 2 muss unterschieden werden. Das Vereidigungsverbot besteht automatisch und umfassend, wenn dem Angeklagten eine einzige Tat zur Last gelegt wird und der Zeuge, der hierzu ausgesagt hat, an der Tat in strafbarer Weise beteiligt war bzw. ein entsprechender Verdacht besteht. In dieser Konstellation ist jede Vereidigung des Zeugen ausgeschlossen; das gilt auch dann, wenn sich seine Aussage auf einen Teil seiner Beteiligung bezieht, der für sich gesehen straflos ist.[124] 77

b) Aussage zu mehreren Taten. Werden dem Angeklagten hingegen **mehrere rechtlich selbständige Taten** vorgeworfen, und hat der Zeuge zu mehreren Taten ausgesagt, kommt eine **Teilvereidigung** in Betracht. Das Gericht muss in diesen Fällen prüfen, ob sich gegen den Zeugen in allen Fällen der Anklage ein Beteiligungsverdacht richtet. Ist dies nicht der Fall, besteht für seine Aussage zu denjenigen Taten, hinsichtlich derer er nicht beteiligungsverdächtig ist, grundsätzlich kein Vereidigungsverbot. Dies hat zur Folge, dass insoweit § 59 gilt und das Gericht nach dieser Vorschrift entscheiden muss, ob der Zeuge insgesamt unvereidigt bleibt oder den nicht von § 60 betroffenen Teil seiner Aussage zu beeiden hat.[125] 78

Eine **Teilvereidigung scheidet auch bei einer Aussage zu mehreren Taten aus,** wenn die Taten, hinsichtlich derer die Frage des Beteiligungsverdachts unterschiedlich zu beantworten ist, eine einheitliche prozessuale **Tat iSv § 264** bilden; auf das materiellrechtliche Konkurrenzverhältnis kommt es dabei nicht an. Ebenso hat eine Teilvereidigung zu unterbleiben, wenn die Taten sonst in einem inneren **Zusammenhang** miteinander stehen, insbesondere ein nicht oder nur schwer trennbares Gesamtgeschehen bilden.[126] Zudem ist zu beachten, dass sich ein Eid nicht auf einzelne Bekundungen oder auf zeitlich getrennte Abschnitte eines Tatsachenkomplexes beschränken lässt.[127] 79

---

[122] Huber in BeckOK StPO Rn. 21.
[123] BGH 12.12.1980 – 2 StR 714/80, MDR 1981, 268.
[124] BGH 2.8.1988 – 1 StR 246/88, BGHR StPO § 60 Nr. 2 Teilvereidigung 2 = StV 1988, 419.
[125] BGH 14.11.1986 – 2 StR 577/86, NStZ 1987, 516; 17.9.1963 – 1 StR 300/63, BGHSt 19, 107 (108 f.) mwN.
[126] BGH 28.6.1983 – 1 StR 44/83, StV 1983, 401; 14.11.1986 – 2 StR 577/86, NStZ 1987, 516; 20.7.2010 – 3 StR 193/10 mwN, BGHR StPO § 60 Nr. 2 Teilvereidigung 6 mwN.
[127] BGH 20.2.2003 – 3 StR 222/02, BGHSt 48, 221 (232) = NStZ 2003, 559; BGH 20.7.2010 – 3 StR 193/10, BGHR StPO § 60 Nr. 2 Teilvereidigung 6 mwN.

80 Als Prüfkriterium lässt sich – ausgehend vom Normzweck – fragen, ob die Aussage des Zeugen aufspaltbar ist bzw. ob Teile der Aussage separat gewürdigt werden können oder ob die gesamten Angaben des Zeugen vor dem Hintergrund des Verfahrensgegenstands nicht mehr als unbefangen angesehen werden können. So ist ein umfassendes Vereidigungsverbot anzunehmen, wenn sich der Aussageteil zu einer Tat ohne Beteiligungsverdacht auf die auf eine andere Tat mit Beteiligungsverdacht auswirken würde.[128] Gleiches gilt, wenn das Verfahren wegen der Fälle, in denen Teilnahmeverdacht besteht, gegen den Zeugen nach §§ 153 ff. oder § 170 eingestellt wurde oder wenn insoweit ein Verfahrenshindernis besteht.[129]

81 **c) Maßgebliche Entscheidung.** Wird ein Zeuge in der Hauptverhandlung mehrmals vernommen und zunächst vereidigt, nach seiner **letzten Vernehmung** jedoch unvereidigt entlassen, bezieht sich die Nichtvereidigung auf die gesamte Aussage. Denn der Tatrichter kann frühestens nach Abschluss der gesamten Aussage sämtliche Umstände überblicken, die für die Ausübung seines Ermessens bedeutsam sein können; dabei bindet ihn seine frühere Entscheidung über die Vereidigung nicht.[130] Zur ggf. erforderlichen Nachholung der Vereidigung → Rn. 73 ff.

VIII. Revision

82 **1. Verfahrensrügen. a) Zulässigkeit der Rüge.** Die fehlerhafte Anwendung des § 60, dh die **Nichtvereidigung** aufgrund dieser Vorschrift, kann regelmäßig nur gerügt werden, wenn der Beschwerdeführer die entsprechende Verfügung des Vorsitzenden beanstandet und einen **Gerichtsbeschluss gemäß § 238 Abs. 2** herbeigeführt hat.[131] Die Gegenauffassung[132] hat sich nicht durchgesetzt.

83 Nur ausnahmsweise bedarf es keines gerichtlichen Beschlusses. So setzt die Rüge, der Zeuge sei vereidigt und damit § 60 wegen unzutreffender Ablehnung der Vorschrift verletzt worden, keinen Gerichtsbeschluss voraus.[133] Bei einer **Vereidigung** des Zeugen nach einem sicher feststehenden Verstoß gegen § 60 folgt die Gesetzesverletzung schon daraus, dass die Aussage als eidliche im Urteil verwertet wird. Die Herbeiführung eines gerichtlichen Beschlusses ist auch dort entbehrlich, wo ein Vorsitzender überhaupt keine Entscheidung zur Frage der Vereidigung des Zeugen getroffen hat (→ § 59 Rn. 59).[134]

84 Eine **zulässige Rüge** muss die Aussage bzw. das Aussageverhalten des Zeugen so vollständig und genau wiedergeben, dass das Revisionsgericht allein aufgrund der **Begründungsschrift** prüfen kann, ob ein Verstoß gegen § 60 vorliegt, wenn die behaupteten Tatsachen bewiesen werden.[135] Es kann deshalb erforderlich werden, nicht nur die gerichtliche Aussage eines Zeugen, sondern auch seine Angaben vor der Polizei darzulegen. Begründender Vortrag ist dort entbehrlich, wo sich der Verstoß gegen § 60 bereits aus den Urteilsgründen ergibt. Liegt etwa nach den Gesamtumständen ein Beteiligungsverdacht nahe, kann aus dem Fehlen jeglicher Begründung geschlossen werden, dass der Tatrichter die Frage eines Vereidigungsverbots übersehen bzw. die Voraussetzungen des § 60 verkannt hat.[136]

85 **b) Verletzungen des § 60 Nr. 1. aa) 1. Alternative.** Mit der Revision können nur rechtlich unzutreffende Erwägungen, insbesondere die Verkennung von Rechtsbegriffen

[128] Dahs NStZ 1987, 517.
[129] Dahs NStZ 1987, 517.
[130] BGH 20.2.2003 – 3 StR 222/02, BGHSt 48, 221 (232) mwN = NStZ 2003, 559; BGH 20.7.2010 – 3 StR 193/10, StV 2011, 454.
[131] BGH 21.5.1996 – 1 StR 154/96, NJW 1996, 2242 (2243) mwN; Schmitt in Meyer-Goßner/Schmitt Rn. 31 mwN; Huber in BeckOK StPO Rn. 23.
[132] Widmaier NStZ 1992, 522.
[133] BGH 24.11.1964 – 1 StR 439/64, BGHSt 20, 98 für den Fall der Eidesunfähigkeit des Zeugen.
[134] BGH 21.5.1996 – 1 StR 154/96, NJW 1996, 2242 (2243).
[135] OLG Hamm 6.10.2003 – 2 Ss 481/03, StV 2004, 309.
[136] Vgl. BGH 12.6.1992 – 1 StR 275/92, StV 1993, 57 (58); OLG Köln 23.12.2003 – Ss 546/03, StV 2004, 308.

geltend gemacht werden. So kann etwa bei angenommener Eidesunmündigkeit ein Berechnungsfehler bei Bestimmung der Altersgrenze gerügt werden. Die Revision kann auch begründet sein, wenn das Gericht den Zeugen in Unkenntnis seines wahren Alters vereidigt hat.[137]

bb) 2. Alternative. Auch hier können nur rechtlich unzutreffende Erwägungen, insbesondere die Verkennung von Rechtsbegriffen geltend gemacht werden. Hat das Gericht die Eidesfähigkeit geprüft und den Zeugen für eidestauglich befunden, ist das Revisionsgericht an diese auf rein tatsächlichem Gebiet liegende Feststellung gebunden. 86

Hingegen ist es rechtsfehlerhaft, eine entsprechende Prüfung der Eidestauglichkeit trotz vorhandener Anhaltspunkte zu unterlassen und dadurch gar keine Entscheidung zur Frage des Vereidigungsverbots zu treffen. Darauf, ob dem Tatgericht die Umstände, die es zu einer Prüfung der Eidestauglichkeit des Zeugen hätten drängen müssen, bekannt waren oder hätten sein können, kommt es nicht an.[138] Eine unzureichende Begründung führt nur zum Beruhen, wenn nicht ausgeschlossen werden kann, dass das Gericht andere als die in Nr. 1 genannten Umstände für ausreichend gehalten hat, die ungenügende Vorstellung vom Wesen des Eides zu begründen. 87

c) Verletzungen des § 60 Nr. 2. aa) Annahme eines Verdachts. Das Revisionsgericht kann die Beweiswürdigung des Tatrichters nicht durch seine eigene ersetzen. Die allein dem Tatgericht obliegende Entscheidung, nach seinem pflichtgemäßen Ermessen einen Verdacht iSd § 60 Nr. 2 zu bejahen, ist nur auf **Rechtsverstöße** überprüfbar.[139] 88

Ein Verfahrensfehler liegt vor, wenn die Entscheidung auf rechtsirrigen Erwägungen, besonders auf eine Verkennung der Begriffe der Teilnahme, Hehlerei oder Begünstigung beruht.[140] Auch beim Begriff des Verdachts handelt es sich um einen in der Revision überprüfbaren Rechtsbegriff. Mit der Revision kann ebenso geltend gemacht werden, dass das Gericht die Nichtvereidigung nicht geprüft hat, obgleich sich aus dem Urteil Anhaltspunkte für einen Tat- oder Teilnahmeverdacht des Zeugen ergeben oder aufdrängen.[141] 89

bb) Begründung, fehlende Begründung. Der Rechtsirrtum kann sich aus der Begründung des Beschlusses zur Anwendung bzw. Nichtanwendung des § 60, aber auch aus den Urteilsgründen ergeben.[142] Allein der Umstand, dass weder das Hauptverhandlungsprotokoll noch die Urteilsgründe erkennen lassen, weshalb das Gericht § 60 Nr. 2 verneint hat, begründet noch keinen Rechtsfehler. Steht aber den Gesamtumständen nach gegen einen vereidigten Zeugen ein Beteiligungsverdacht im Raum, ergibt sich aus dem **Fehlen jeglicher Begründung** regelmäßig, dass das Gericht den Begriff des Verdachts und/oder der Tatbeteiligung verkannt bzw. zu eng ausgelegt hat.[143] 90

d) Abwesenheit des Angeklagten. Der BGH sieht seit der Neuregelung des Vereidigungsrechts den absoluten Revisionsgrund des § 338 Nr. 5 dann nicht mehr als gegeben an, wenn der nach § 247 ausgeschlossene Angeklagte bei der Verhandlung und Entscheidung über die Vereidigung des Zeugen nicht anwesend war und es beim gesetzlichen Regelfall, der Nichtvereidigung des Zeugen nach § 59 blieb (→ § 59 Rn. 56).[144] Ausdrücklich offen- 91

137 Schmitt in Meyer-Goßner/Schmitt Rn. 32 mwN.

138 BGH 25.10.1968 – 4 StR 412/68, BGHSt 22, 266 (267); 24.11.1964 – 1 StR 439/64, BGHSt 20, 98 (99).

139 ZB BGH 5.3.1980 – 2 StR 657/79, MDR 1980, 630.

140 BGH 24.9.1953 – 3 StR 228/53, BGHSt 4, 368 (369); 22.12.1955 – 1 StR 381/55, BGHSt 9, 71 (72); BayObLG 5.8.1953 – RReg. 1 St 65/53, MDR 1954, 121.

141 BGH 19.4.1993 – 5 StR 602/92., BGHSt 39, 199 (200) = NJW 1993, 445; 19.3.1991 – 5 StR 516/90, NJW 1991, 2844; 5.3.1980 – 2 StR 657/79, MDR 1980, 630.

142 BayObLG 5.8.1953 – RReg. 1 St 65/53, MDR 1954, 121 mwN.

143 BGH 17.12.1982 – 2 StR 459/82, BeckRS 1982, 31107660; BGH 9.3.1982 – 5 StR 81/82 = Pfeiffer/Miebach NStZ 1983, 354 – RsprÜ mwN; BGH 19.3.1991 – 5 StR 516/90, NJW 1991, 2844; 17.5.2000 – 2 StR 460/99, NStZ 2000, 494; BayObLG 25.6.1985 – RReg. 4 St 60/85, NJW 1986, 202.

144 BGH 11.7.2006 – 3 StR 216/06, NJW 2006, 2934.

gelassen hat er, ob dies auch für den Fall gilt, dass der Vorsitzende die Vereidigung des Zeugen an sich für geboten erachtet, hiervon jedoch absieht, weil er eines der Vereidigungsverbote für gegeben hält. Kein wesentlicher Teil der Hauptverhandlung wird in den Fällen vorliegen, in denen der Zeuge die Altersgrenze der Nr. 1 Alt. 1 nicht erreicht; der Grund der Nichtvereidigung ist offensichtlich und einer näheren Erörterung regelmäßig nicht zugänglich. Im Übrigen erscheinen die Erwägungen, die eine Abwesenheit des Angeklagten während eines nicht wesentlichen Hauptverhandlungsteils im Fall der Nichtvereidigung nach § 59 begründen, auf die anderen Alternativen des § 60 nicht übertragbar. Insbesondere kann die Annahme eines Vereidigungsverbots Auswirkungen auf die Beweiswürdigung und damit den Urteilsspruch erlangen; ferner bedarf die Nichtvereidigung nach § 60 regelmäßig einer Begründung, aus der der Angeklagte Konsequenzen für sein weiteres Prozessverhalten ableiten kann. Die fehlerhafte Abwesenheit kann aber durch Wiederholung der Verhandlung und Entscheidung über die Vereidigung in Anwesenheit des Angeklagten geheilt werden.

92 **2. Heilung.** Ein Verstoß gegen § 60 kann geheilt werden. Dies setzt nicht nur voraus, dass das Gericht die **Zeugenaussage im Urteil als unvereidigt** behandelt, sondern auch, dass es diese Absicht noch in der Hauptverhandlung bekanntgibt, damit die Verfahrensbeteiligten Gelegenheit haben, sich auf die so entstandene neue Beweislage einzustellen und ggf. weitere Anträge stellen können.[145] Der entsprechende **Hinweis** ist protokollierungspflichtig.[146]

93 Ein solcher ausdrücklicher **Hinweis** des Gerichts ist nur dann ausnahmsweise **entbehrlich,** wenn es zum einen bei einer weiteren Vernehmung des Zeugen unter Hinweis auf Nr. 2 von dessen Vereidigung absieht und für alle Verfahrensbeteiligten klar wird, dass sich die Nichtvereidigung – angesichts der Angaben des Zeugen zu einem zusammenhängenden Komplex – auf die gesamte Aussage beziehen soll sowie zum anderen im Urteil bei der Würdigung der Aussage nicht auf die Vereidigung der ersten Aussage abstellt.[147]

94 Allein der Umstand, dass das Gericht die fehlerhafte Zeugenvereidigung in den Urteilsgründen nicht erwähnt, reicht für eine Heilung nicht aus.[148]

95 **3. Beruhen. a) Allgemeines.** Allgemein gilt für die Frage, ob das Urteil auf einer fehlerhaften Vereidigungsentscheidung beruhen kann, dass entscheidend ist, ob ein unter Einhaltung der Verfahrensvorschriften durchgeführtes Verfahren zu demselben Ergebnis geführt hätte. So liegt es auch bei Verstößen gegen § 60.[149]

96 Zunächst muss das Beruhen dann bejaht werden, wenn das Tatgericht sich maßgeblich auf die Bekundungen des Zeugen gestützt und/oder im Rahmen der Auseinandersetzung mit der Glaubhaftigkeit der Bekundungen des Zeugen unter anderem auch auf den Umstand der Vereidigung abgestellt hat.[150] Ein Beruhen ist auch dann anzunehmen, wenn das Revisionsgericht – was häufig der Fall sein wird – **nicht ausschließen** kann, dass der der Tatrichter einem vereidigten Zeugen eine **größere Glaubwürdigkeit** beigemessen hat.[151] Jedoch können die Einzelfallumstände eine andere Beurteilung rechtfertigen (→ Rn. 101 ff.).

97 **b) Einrichten auf die Beweislage.** Auch wenn das Gericht **dem fehlerhaft vereidigten Zeugen nicht geglaubt** hat, wird das Beruhen regelmäßig zu bejahen sein. Denn die Ablehnung der Vereidigung nach Nr. 2 soll es dem Angeklagten ermöglichen, sich auf

145 BGH 11.10.1978 – 3 StR 296/78, MDR 1979, 108 mwN; BGH 29.8.1995 – 1 StR 404/95, BGHR StPO § 60 Nr. 2 Vereidigung 4; OLG Frankfurt a. M. 22.11.2002 – 3 Ss 356/02, NStZ-RR 2003, 141 mwN.

146 OLG Frankfurt a. M. 22.11.2002 – 3 Ss 356/02, NStZ-RR 2003, 141 mwN.

147 BGH 29.8.1995 – 1 StR 404/95, BGHR StPO § 60 Nr. 2 Vereidigung 4.

148 OLG Köln 8.9.2000 – Ss 350/00, StV 2001, 224.

149 BGH 11.2.2000 – 3 StR 377/99, NStZ 2000, 265 (267) mwN; 19.12.2001 – 3 StR 427/01, BeckRS 2001, 30228316 mwN.

150 Vgl. BGH 27.7.2011 – 4 StR 316/11, BeckRS 2011, 21280; 18.9.1990 – 5 StR 396/90, StV 1991, 197; 18.3.1998 – 5 StR 710/97, NStZ-RR 1998, 335.

151 BGH 11.2.2000 – 3 StR 377/99, NStZ 2000, 265 (267); 17.5.2000 – 2 StR 460/99, NStZ 2000, 494; vgl. auch OLG Köln 23.12.2003 – Ss 546/03, StV 2004, 308 mwN.

die Beweislage einzurichten und ggf. weitere Anträge zu stellen. Daher muss das Revisionsgericht, auch mit Blick auf das Verbot, die Beweisaufnahme zu rekonstruieren, regelmäßig davon ausgehen, dass der Verstoß gegen Nr. 2 den Angeklagten davon abgehalten hat, weitere Anträge zu stellen, die das Urteil noch zu seinen Gunsten hätten beeinflussen können.[152]

Eine Ausnahme hiervon gilt nur dann, wenn es nach dem Verlauf der Hauptverhandlung **ausgeschlossen** werden kann, dass die Verfahrensbeteiligten **über die Beweissituation falsche Vorstellungen** hatten und ein Beschluss nach Nr. 2 noch mehr Klarheit hätte bewirken und zu weiteren Anträgen hätte führen können, so etwa, wenn offensichtlich war, dass das Gericht die Aussage des Zeugen für falsch hielt.[153] 98

c) Unterlassener Hinweis, fehlende Heilung. Gleiches wie unter b) dargelegt gilt nach der in der Rechtsprechung herrschenden Tendenz bei einem unterlassenen Hinweis des Gerichts, die vereidigte Aussage als uneidlich zu werten; auch hier ist im Regelfall davon auszugehen bzw. nicht auszuschließen, dass der Angeklagte aufgrund des unterbliebenen Hinweises von Anträgen, die das Urteil noch zu seinen Gunsten hätten beeinflussen können, abgehalten wurde.[154] Demgegenüber ist zu Recht darauf hingewiesen worden, dass der unterlassene Hinweis lediglich das Fortbestehen des Verstoßes zur Folge hat und die Frage des Beruhens von der Möglichkeit der Heilung des Verstoßes zu trennen ist.[155] 99

So kann in Ausnahmefällen trotz unterlassenen Hinweises ein **Beruhen verneint** werden. So kann das Beruhen auszuschließen sein, wenn das Gericht zum einen an keiner Stelle in den Urteilsgründen auf den Umstand der Vereidigung des Zeugen abstellt und wenn sich zum anderen ergibt, dass weder das Aussageverhalten des Zeugen noch die – in allen Einzelheiten umfassend dargelegte – Überzeugungsbildung des Tatgerichts durch die Vereidigung beeinflusst war.[156] Ebenso liegt es, wenn für die Verfahrensbeteiligten offensichtlich war, dass das Gericht den Angaben des Zeugen nicht folgen wird.[157] 100

d) Ausschluss des Beruhens. Hat das Gericht seine Überzeugungsbildung nicht (auch) auf den Umstand der Vereidigung des Zeugen, sondern nach einer Aussageanalyse auf die Aussageinhalte, das Aussageverhalten und andere die Angaben des Zeugen bestätigende Beweismittel gestützt, kann das Beruhen ausgeschlossen werden.[158] Das setzt aber voraus, dass der Überzeugungsbildung des Gerichts über die Zuverlässigkeit der Bekundungen nur eine Aussageanalyse zugrunde liegt und es nicht zusätzlich der Tatsache der Vereidigung Gewicht beigemessen hat.[159] 101

In jedem Fall ist das Beruhen zu verneinen, wenn offensichtlich war, dass das Gericht die Aussage des zu Unrecht vereidigten Zeugen für falsch hielt bzw. die Verfahrensbeteiligten nicht darauf vertrauen konnten, das Gericht werde der Aussage des vereidigten Zeugen folgen oder die Glaubwürdigkeit des Belastungszeugen sei durch die Angaben des vereidigten Zeugen erschüttert worden[160] und deshalb ihr Prozessverhalten entsprechend einrichten konnten. So können die Verfahrensbeteiligten etwa dem Umstand, dass die wörtliche Protokollierung einer Zeugenaussage nach § 273 Abs. 3 angeordnet wird, entnehmen, dass das 102

---

152 BGH 18.3.1982 – 4 StR 565/81, NStZ 1982, 430 (431) mwN.
153 BGH 18.3.1982 – 4 StR 565/81, NStZ 1982, 430 (431) mwN.
154 OLG Frankfurt a. M. 22.11.2002 – 3 Ss 356/02, NStZ-RR 2003, 141 mwN.
155 BGH 15.10.1985 – 1 StR 338/85, NStZ 1986, 130; OLG Schleswig 2.11.2001 – 2 Ss 195/01, BeckRS 2001, 17751.
156 BGH 11.2.2000 – 3 StR 377/99, NStZ 2000, 265 (267); s. auch BGH 19.7.2000 – 5 StR 258/00, NStZ-RR 2001, 18.
157 OLG Schleswig 2.11.2001 – 2 Ss 195/01, BeckRS 2001, 17751.
158 BGH 19.7.2000 – 5 StR 258/00, NStZ-RR 2001, 18; 11.2.2000 – 3 StR 377/99, NStZ 2000, 265 (267); 16.5.2002 – 1 StR 553/01, NStZ-RR 2003, 97 (98).
159 BGH 16.5.2002 – 1 StR 553/01, NStZ-RR 2003, 97 (98); vgl. zum ausschlaggebenden Beweiswert einer Zeugenaussage aufgrund der tatrichterlichen Würdigung und nicht des Umstands der Vereidigung auch Theuerkauf MDR 1964, 204 (205).
160 BGH 15.10.1985 – 1 StR 338/85, NStZ 1986, 130; s. auch BGH 17.7.2003 – 4 StR 194/03, NStZ 2004, 97.

Gericht den Bekundungen dieses Zeugen keinen Glauben schenkt.[161] Ebenso kann es liegen, wenn das Gericht dem Zeugen eindringliche Vorhalte macht und/oder ihn wiederholt und mit Nachdruck an seine Wahrheitspflicht erinnert. In diesen Fällen bedarf es keines Hinweises des Gerichts darauf, dass es die geschehene Vereidigung für unzulässig hält.[162] Im Übrigen ist bei der Beruhensprüfung zu beachten, dass das Gericht durch eine Vereidigung nicht schon den Rechtsschein erweckt, der Aussage werde ohne Vorbehalt geglaubt werden.[163]

103 Auch dann, wenn das Gericht § 60 fehlerhaft bejaht hat, sich aber aus dem Urteil ergibt, dass die Aussage des Zeugen auch im Falle seiner Beeidigung nicht anders gewürdigt worden wäre, kann das Beruhen ausgeschlossen werden.[164] Schließlich ist durchweg auszuschließen, dass das Tatgericht eine als unglaubhaft erachtete Aussage eines Zeugen anders bewertet hätte, wenn dieser unvereidigt geblieben wäre.[165]

104 **4. Strafzumessungsfehler.** Nach stRspr kommen Fehler, die dem Gericht bei der Vereidigung von Zeugen unterlaufen sind, als Strafmilderungsgründe in Betracht. Schon der objektiv gegebene **Verstoß gegen § 60,** die Vereidigung eines Zeugen trotz Vereidigungsverbots, stellt **regelmäßig einen Strafmilderungsgrund** dar, der grundsätzlich unabhängig von der subjektiven Einstellung des Täters zu gewähren ist[166] und die Annahme eines minder schweren Falles iSd § 154 Abs. 2 StGB nahe legt oder begründen kann.[167]

105 Der Milderungsgrund des Verstoßes gegen § 60 und des sog. Aussagenotstandes nach § 157 Abs. 1 StGB sind nicht gleichzusetzen und daher nebeneinander zu berücksichtigen.[168] Ebenso sind die Verletzung des § 60 und der Verstoß gegen eine der in §§ 52–55 vorgesehenen Belehrungspflichten als **kumulative Strafmilderungsgründe** zu berücksichtigen; dem steht auch eine Milderung des Strafrahmens gemäß §§ 157, 49 StGB nicht entgegen.[169]

106 Eine Strafmilderung bei Vereidigung des Zeugen trotz Beteiligungsverdachts setzt nicht voraus, dass sich das Tatgericht eine sichere Überzeugung von einer Beteiligung des Angeklagten bilden konnte; entscheidend ist allein der Verdacht der Beteiligung.[170] Auch darauf, ob das Gericht, das den Eid unter Verstoß gegen Nr. 2 abgenommen hat, die tatsächlichen Umstände, die das Vereidigungshindernis begründeten, kannte oder überhaupt kennen konnte, kommt es nicht an.[171]

107 Die Strafmilderung ist auch zu gewähren, wenn der Verdacht, der Zeuge könnte an der Tat beteiligt gewesen sein, erst im gegen ihn gerichteten Verfahren wegen Meineids aufgetaucht ist. Das Motiv des Zeugen für das Beschwören der Unwahrheit ist unerheblich, weil der Meineid unabhängig von Überlegungen des Schwörenden durch den Verstoß gegen da Vereidigungsverbot mindestens mitverursacht wurde.[172] Beschwört der Zeuge die Unwahrheit, um sich der gerichtlichen Bestrafung zu entziehen, greift § 157 StGB ein.

§ 61 Recht zur Eidesverweigerung

Die in § 52 Abs. 1 bezeichneten Angehörigen des Beschuldigten haben das Recht, die Beeidigung des Zeugnisses zu verweigern; darüber sind sie zu belehren.

---

161 BGH 17.7.2003 – 4 StR 194/03, NStZ 2004, 97.
162 AA Schlothauer StV 1986, 90 in seiner Anm. zu BGH 15.10.1985 – 1 StR 338/85, NStZ 1986, 130.
163 BGH 1.12.1993 – 2 StR 443/93, BeckRS 1993, 31090596; 11.9.2018 – 5 StR 318/18, BeckRS 2018, 23216.
164 BGH 11.2.2000 – 3 StR 377/99, NStZ 2000, 265 (267); 16.5.2002 – 1 StR 553/01, NStZ-RR 2003, 97.
165 BGH 11.9.2018 – 5 StR 318/18, BeckRS 2018, 23216.
166 BGH 13.2.1991 – 3 StR 342/90, NStZ 1991, 280.
167 BGH 8.5.1981 – 3 StR 163/81, NStZ 1981, 309; KG 19.2.1981 – 4 Ss 220/80, NStZ 1981, 449; OLG Frankfurt a. M. 6.6.2001 – 2 Ss 123/01, NStZ-RR 2001, 299.
168 BGH 13.2.1991 – 3 StR 342/90, NStZ 1991, 280.
169 Vgl. BGH 13.2.2004 – 2 StR 408/03, NStZ 2005, 33 (34).
170 BGH 2.7.1969 – 2 StR 198/69, BGHSt 23, 30 (33) = NJW 1969, 2154.
171 BGH 26.3.1981 – 4 StR 76/81, NStZ 1981, 268.
172 BGH 2.7.1969 – 2 StR 198/69, BGHSt 23, 30 (32 f.) = NJW 1969, 2154.

Übersicht

I. Allgemeines

1. Normzweck. Die mit § 63 aF deckungsgleiche Vorschrift **ergänzt § 52.** Sie will diejenigen Zeugen, die sich entschließen, trotz des ihnen gemäß § 52 Abs. 1 zustehenden Zeugnisverweigerungsrechts Angaben zu machen, von dem Zwang befreien, ihre Aussage beeiden zu müssen. Die Bestimmung betrifft den Rechtskreis des Zeugen und des Angeklagten. Die Belehrungspflicht besteht nicht nur zugunsten des Angeklagten, sondern bezweckt auch allgemein eine ordnungsmäßige Verhandlungsführung.[1] 1

2. Anwendungsbereich. Die Vorschrift gilt nur für die in § 52 Abs. 1 genannten Angehörigen des Beschuldigten bzw. Angeklagten, hingegen nicht für Angehörige des durch die Straftat Verletzten.[2] Zum Begriff des Angehörigen → § 52 Rn. 4 ff. 2

Die Bestimmung ist bei **jeder richterlichen Zeugenvernehmung** im Ermittlungs- und Hauptverfahren zu beachten und gilt selbst bei der **wiederholten Vernehmung** des Zeugen innerhalb derselben Hauptverhandlung sowie auch dann, wenn der Zeuge schon im Anschluss an eine frühere Vernehmung nach entsprechender Belehrung den Eid geleistet hat. Dennoch ist der Anwendungsbereich der Vorschrift äußerst schmal, da – wie schon im Jahr 1912 trotz der damals geltenden Regelvereidigung – festgestellt wurde – eine Beeidigung der unter § 52 Abs. 1 fallenden Zeugen in der Regel nicht für angemessen erachtet wird.[3] 3

II. Erläuterung

1. Recht zur Eidesverweigerung. a) Allgemeines. Das Recht des Zeugen, den Eid zu verweigern, korrespondiert persönlich wie sachlich mit dem Umfang seines Zeugnisverweigerungsrechts.[4] Besteht ein Recht zur umfassenden Zeugnisverweigerung, gilt dies auch für das Eidesverweigerungsrecht. 4

Muss der Zeuge hingegen zu einer bestimmten Tat Angaben machen, besteht insoweit kein Recht zur Eidesverweigerung. In diesen Fällen kommt eine **Teilvereidigung** in Betracht. Dies gilt jedoch nur, soweit die Voraussetzungen einer Teilvereidigung erfüllt sind (→ § 59 Rn. 53). Der Umfang des geleisteten Eides ist im Hauptverhandlungprotokoll festzuhalten.[5] In den Urteilsgründen muss das Tatgericht danach unterscheiden, welche Angaben der Zeuge unter Eid oder unbeeidigt gemacht hat sowie darlegen, welche Bedeutung es den unter Eid abgegebenen Erklärungen beigemessen hat.[6] 5

1 BGH 12.7.2001 – 4 StR 173/01, NStZ 2001, 604; OLG Düsseldorf 25.8.1983 – 5 Ss 358/82, NStZ 1984, 182 mwN.
2 Slawik in KK-StPO Rn. 1.
3 RG 7.6.1912 – II 399/12, RGSt 46, 114 (117).
4 RG 24.6.1887 – 817/87, RGSt 16, 154 (156); Otte in Radtke/Hohmann Rn. 1 mwN.
5 Ignor/Bertheau in Löwe/Rosenberg Rn. 1.
6 BGH 7.5.1991 – 5 StR 172/91, StV 1991, 498.

6 Richtet sich das Verfahren gegen mehrere Beschuldigte bzw. Angeklagte, von denen nicht alle Angehörige des Zeugen sind, richtet sich die Berechtigung zur Verweigerung des Eides nach den für das Zeugnisverweigerungsrecht geltenden Regeln (→ § 52 Rn. 18 ff.).

7 **b) Voraussetzungen.** Ob einem Zeugen ein Eidesverweigerungsrecht zusteht, wird nur dann relevant, wenn kein Vereidigungsverbot nach § 60 besteht und das Gericht die Vereidigung des Zeugen, nachdem es die Voraussetzungen des § 59 bejaht hat, für erforderlich hält.

8 **c) Erklärung des Zeugen, Widerruf.** Eine einfache Erklärung des Zeugen, er wolle von seinem Eidesverweigerungsrecht Gebrauch machen, genügt. Die Erklärung braucht nicht begründet zu werden. Sie kann zurückgenommen werden. Möglich ist auch, den Verzicht auf das Weigerungsrecht zu widerrufen.[7]

9 **d) Folgen.** Erklärt der Zeuge die Eidesverweigerung, schließt dies seine Vereidigung aus. Eine Beschlussfassung ist dann regelmäßig überflüssig[8] und nur dort erforderlich, wo ein Verfahrensbeteiligter die Vereidigung des Zeugen beantragt hatte.[9]

10 **2. Protokollierung.** Die Eidesverweigerung und der Verzicht des Zeugen auf das Recht, den Eid zu verweigern, sind im Hauptverhandlungsprotokoll zu beurkunden.[10] Gleiches gilt für einen Belehrungsverzicht, die Begründung der Nichtvereidigung sowie die Tatsache der Vereidigung; im Falle einer Teilvereidigung muss deren Umfang protokolliert werden.[11]

11 **3. Verwertbarkeit in der Beweiswürdigung.** Ob das Gericht im Rahmen seiner Beweiswürdigung dem Angeklagten nachteilige Schlüsse ziehen darf, ist umstritten. Zum Teil wird dies verneint.[12] Die Rechtsprechung[13] und ein Teil der Literatur[14] halten es hingegen – anders als bei der Zeugnisverweigerung – für zulässig, aus der Eidesverweigerung dem Angeklagten nachteilige Schlüsse zu ziehen. Dies erscheint gerechtfertigt, denn zum einen ist die prozessuale Situation, dass der Zeuge sich auf sein Zeugnisverweigerungsrecht beruft und damit schweigt, nicht damit vergleichbar, dass Angaben gemacht werden. Zum anderen liegt dann, wenn der Zeuge Angaben gemacht hat, ein Beweisaufnahmeergebnis vor, das einer Würdigung unterzogen werden muss; dabei kann der Umstand, dass der Zeuge es und ggf. mit welcher Begründung ablehnt, seine Aussage zu beschwören, durchaus von Bedeutung sein.

12 **4. Belehrung. a) Allgemeines, Zeitpunkt.** Die dem Zeugen zu erteilende Belehrung ist zwingend. Der Zeuge ist **anlässlich jeder Vernehmung** zu belehren. Dies gilt auch, wenn der Zeuge innerhalb derselben Hauptverhandlung nach abgeschlossener Vernehmung erneut gehört werden soll, wenn er in einer früheren Vernehmung nach Belehrung den Eid geleistet hat[15] oder wenn nach bereits abgeschlossener Vernehmung der Eid durch die Versicherung nach § 67 ersetzt werden soll.[16]

13 Die Belehrung braucht nicht im Zusammenhang mit derjenigen über das Zeugnisverweigerungsrecht zu erfolgen; sie ist – spätestens – zu erteilen, wenn das Gericht anordnet, den Zeugen zu vereidigen.[17] Denn erst dann, wenn das Gericht den Eid verlangt, entsteht das Recht des Zeugen, ihn zu verweigern; eine zeitlich frühere Belehrung und damit die

[7] Schmitt in Meyer-Goßner/Schmitt Rn. 1 mwN.
[8] Schmitt in Meyer-Goßner/Schmitt Rn. 1; Ignor/Bertheau in Löwe/Rosenberg Rn. 3 mwN.
[9] Neubeck in KMR-StPO Rn. 3.
[10] Schmitt in Meyer-Goßner/Schmitt Rn. 1; Slawik in KK-StPO Rn. 2 mwN.
[11] Otte in Radtke/Hohmann Rn. 5.
[12] So (ohne Begründung) Schmitt in Meyer-Goßner/Schmitt Rn. 1; Ignor/Bertheau in Löwe/Rosenberg Rn. 3.
[13] BGH 7.8.1991 – 2 StR 193/91, BGHR StPO § 63 Verletzung 2.
[14] Slawik in KK-StPO Rn. 4; Neubeck in KMR-StPO Rn. 1.
[15] Slawik in KK-StPO Rn. 6 mwN.
[16] Ignor/Bertheau in Löwe/Rosenberg Rn. 7 mwN.
[17] BGH 11.10.1968 – 1 StR 367/68, MDR 1969, 194 mwN.

Aufklärung über ein nicht bestehendes Recht ist nicht notwendig.[18] Zweckmäßig erscheint es, den Zeugen schon dann zu belehren, wenn das Gericht seine Vereidigung erwägt. Erklärt der Zeuge hierauf, eidesbereit zu sein, steht seine Vereidigung nach § 59 Abs. 1 im Ermessen des Gerichts.

14 **b) Umfang.** Allein die Belehrung gemäß § 52 Abs. 3 darüber, dass dem Zeugen ein Zeugnisverweigerungsrecht zusteht, genügt nicht. Darüber hinaus ist auch über die Befugnis zur Eidesverweigerung zu belehren.[19] Die Belehrung ist auch nicht entbehrlich, weil sich der Zeuge zur Eidesleistung bereit erklärt hat. Sie darf nur dann unterbleiben, wenn der Zeuge erklärt, das Eidesverweigerungsrecht sei ihm bekannt und dass er dennoch den Eid leisten wolle.[20]

15 **c) Heilung.** Der Umstand, dass eine Belehrung fehlerhaft unterblieb, kann dadurch geheilt werden, dass das Gericht die Belehrung nachholt und der Zeuge erklärt, er hätte den Eid auch nach seiner Belehrung geleistet.[21] Die Heilung kann auch in der Weise erfolgen, dass das Gericht die Aussage des vereidigten Zeugen als uneidliche wertet und die Verfahrensbeteiligten hierüber zuvor informiert.[22]

16 **d) Protokollierung.** Die Belehrung muss in das Vernehmungsprotokoll (§ 168a Abs. 1) sowie in das Hauptverhandlungsprotokoll (§ 273 Abs. 1) aufgenommen werden; dort gilt für eine Beurkundung die formelle Beweiskraft des § 274.[23]

17 **5. Revision. a) Rügeberechtigte.** Die Verletzung des § 61 betrifft auch den **Rechtskreis des Angeklagten,** nicht nur den des Zeugen.[24] Deshalb kann der Angeklagte einen Verstoß geltend machen, bei Tatgleichheit in demselben Verfahren auch jeder Mitangeklagte.[25] Vor diesem Hintergrund wird gegenüber der Verteidigung die Empfehlung ausgesprochen, auf einer Vereidigung der als Zeugen auftretenden Angehörigen zu bestehen.[26] Auch die Staatsanwaltschaft und der Nebenkläger sind rügeberechtigt.[27]

18 **b) Unterlassene Belehrung.** Wurde der Zeuge entgegen § 61 nicht belehrt, begründet dies die Revision, wenn das Urteil auf der Aussage des vereidigten Zeugen beruht. Das ist zunächst dann der Fall, wenn das Tatgericht die Aussage als eidliche Angaben verwertet und gewürdigt sowie zur Feststellung der Schuld des Angeklagten herangezogen hat.[28] Im Übrigen sind **mögliche Einflüsse auf die Beweiswürdigung** des Tatgerichts entscheidend. Deshalb genügt es bereits, wenn sich aus der Sicht des Revisionsgerichts nicht ausschließen lässt, dass das Gericht die Glaubwürdigkeit des Zeugen anders beurteilt hätte, wenn dieser – unterstellt, die vorgeschriebene Belehrung wäre ihm erteilt worden – erklärt hätte, seine Aussage nicht beschwören zu wollen.[29] Denn die Erklärung eines Zeugen, seine Angaben nicht zu beeiden, kann einen überraschenden Unsicherheitsfaktor für die Beurteilung des Aussageverhaltens und die Würdigung der Angaben schaffen. Dies gilt in

---

18 RG 7.6.1912 – II 399/12, RGSt 46, 114 (116).
19 BGH 28.5.1953 – 4 StR 148/53, BGHSt, 4, 217 = NJW 1953, 1193; 11.10.1968 – 1 StR 367/68, MDR 1969, 194; OLG Düsseldorf 25.8.1983 – 5 Ss 358/82, NStZ 1984, 182 mwN mzustAnm Krekeler.
20 Ignor/Bertheau in Löwe/Rosenberg Rn. 5.
21 Huber in BeckOK StPO Rn. 2.
22 Schmitt in Meyer-Goßner/Schmitt Rn. 2.
23 Slawik in KK-StPO Rn. 8.
24 BGH 28.5.1953 – 4 StR 148/53, BGHSt, 4, 217 (218) = NJW 1953, 1193 OLG Düsseldorf 25.8.1983 – 5 Ss 358/82, NStZ 1984, 182 mzustAnm Krekeler.
25 BGH 28.5.1953 – 4 StR 148/53, BGHSt, 4, 217 (218) = NJW 1953, 1193.
26 Ahlbrecht StV 2002, 465.
27 BGH 12.7.2001 – 4 StR 173/01, NStZ 2001, 604; OLG Düsseldorf 25.8.1983 – 5 Ss 358/82, NStZ 1984, 182 mwN.
28 BGH 28.5.1953 – 4 StR 148/53, BGHSt, 4, 217 (218) = NJW 1953, 1193.
29 StRspr, BGH 5.12.2007 – 5 StR 331/07, NStZ 2008, 171; 7.11.2000 – 4 StR 398/00, NStZ-RR 2001, 259 mzustAnm Ahlbrecht StV 2002, 465; BGH 12.7.2001 – 4 StR 173/01, NStZ 2001, 604; 20.10.1987 – 5 StR 550/87, StV 1987, 513.

besonderem Maße, wenn das Gericht die Vereidigung eines Belastungszeugen angeordnet hat.[30]

19 Das Beruhen wird sich im **Fall der Teilvereidigung** des Zeugen regelmäßig nicht ausschließen lassen, wenn das Urteil nicht danach differenziert, welche der herangezogenen Aussagen des Zeugen von ihm beeidigt wurden und welche unbeeidigt geblieben sind.[31]

20 **c) Ausschluss des Beruhens.** Blieb der Zeuge hingegen unvereidigt, so ist das Unterbleiben der Belehrung unschädlich.[32] Wurde der Zeuge vereidigt, kann das Beruhen dann verneint werden, wenn mit Sicherheit davon auszugehen ist, dass der Zeuge auch nach Belehrung über sein Eidesverweigerungsrecht den Eid geleistet hätte; dies kann sich aus der Kenntnis des Zeugen über sein Weigerungsrecht, einer früheren Belehrung, seinem vorausgegangenen Prozessverhalten oder seinem ersichtlichen Interesses am ergeben; dabei kann das Revisionsgericht auf den Urteils- und den Akteninhalt zurückgreifen.[33] Am Beruhen fehlt es ebenso, wenn ausgeschlossen werden kann, dass die Beweiswürdigung anders ausgefallen wäre, wenn der Zeuge nach Belehrung erklärt hätte, er wolle seine Aussage nicht beschwören.[34] Schließlich fehlt es bei einer Revision der Nebenklage am Beruhen, wenn ausgeschlossen werden kann, dass der Tatrichter aus einer Eidesverweigerung Schlüsse zu Lasten des Angeklagten gezogen hätte.[35]

21 **d) Fehlerhafte Belehrung.** Hält das Gericht nach § 59 die Vereidigung des Zeugen an sich für notwendig, belehrt ihn aber grundlos über ein ihm angeblich zustehendes Eidesverweigerungsrecht, kann dies im Fall der Eidesverweigerung des Zeugen einen Verstoß gegen § 244 Abs. 2 begründen, weil das Gericht die in der Vereidigung liegende Möglichkeit der Wahrheitserforschung nicht ausgeschöpft hat.[36]

22 **e) Strafzumessungsfehler.** Ist die nach § 61 vorgeschriebene Belehrung unterblieben, stellt dies in dem gegen den Zeugen gerichteten Verfahren wegen Meineids einen Strafmilderungsgrund dar.

§ 62 Vereidigung im vorbereitenden Verfahren

Im vorbereitenden Verfahren ist die Vereidigung zulässig, wenn
1. Gefahr im Verzug ist oder
2. der Zeuge voraussichtlich am Erscheinen in der Hauptverhandlung verhindert sein wird
und die Voraussetzungen des § 59 Abs. 1 vorliegen.

Schrifttum: Busch, Die unzulässige Vereidigung außerhalb der Hauptverhandlung, MDR 1963, 894; Bayreuther, Das Vereidigungsverbot im strafprozessualen Vorverfahren, NJW 1996, 1455.

Übersicht

[30] BGH 5.12.2007 – 5 StR 331/07, NStZ 2008, 171.
[31] BGH 7.5.1991 – 5 StR 172/91, StV 1991, 498.
[32] BGH 11.10.1968 – 1 StR 367/68, MDR 1969, 194.
[33] BGH 5.12.2007 – 5 StR 331/07, NStZ 2008, 171 (172); ablehnend Ignor/Bertheau in Löwe/Rosenberg Rn. 10.
[34] BGH 7.8.1991 – 2 StR 193/91, NStZ 1992, 224.
[35] Slawik in KK-StPO Rn. 9 mwN.
[36] Ignor/Bertheau in Löwe/Rosenberg Rn. 11.

I. Normzweck

Die Vorschrift will die Vereidigung von Zeugen im Ermittlungsverfahren zurückdrängen und auf wenige **Ausnahmefälle** beschränken. Da im Vorverfahren nur eine vorläufige Aufklärung, aber noch keine eigentliche Beweiserhebung erfolgen soll, will § 62 die mit einer Vereidigung verbundene frühzeitige Festlegung des Zeugen vermeiden.[1] Diese Zielrichtung erfährt durch die Neuregelung des Vereidigungsrechts noch eine deutliche Verstärkung, weil die Vereidigung nach § 59 Abs. 1 nur unter engen Voraussetzungen in Betracht kommt, die im Ermittlungsverfahren zu denen des § 62 hinzutreten müssen. Daneben dient Nr. 2 der Beschleunigung der Verfahren.[2] 1

II. Anwendungsbereich vorbereitendes Verfahren

Zum vorbereitenden Verfahren zählen das Ermittlungs- und das Zwischenverfahren; § 62 gilt dort für alle ermittlungsrichterlichen Vernehmungen. Weiter werden von § 62 das Klageerzwingungsverfahren und damit die richterlichen Handlungen nach § 173 Abs. 3 erfasst. Ferner ist die Bestimmung bei denjenigen Vernehmungen zu beachten, bei denen es sich um weitere Aufklärungsmaßnahmen iSv § 202 und um Beweissicherungsmaßnahmen iSv § 205 S. 2 handelt.[3] 2

III. Voraussetzungen der Vereidigung im Ermittlungsverfahren

1. Allgemeines. § 62 führt zur Zulässigkeit der Vereidigung im vorbereitenden Verfahren zwei Alternativen auf: Gefahr im Verzug und die voraussichtliche Verhinderung des Zeugen. Zusätzlich müssen die Voraussetzungen des § 59 vorliegen. Auch darf kein Eidesverbot iSv § 60 bestehen. Schließlich ist erforderlich, dass sich der Zeuge nicht auf das ihm ggf. gemäß § 61 zustehende Eidesverweigerungsrecht beruft. Der Vorschlag, einen Ausschluss der Vereidigung nach § 60 Nr. 2 wegen einer möglicher Strafbarkeit nach §§ 258, 22 StGB des Zeugen aufgrund falscher Angaben in einer vorangegangenen Vernehmung nicht zuzulassen,[4] hat sich nicht durchgesetzt. Er steht im Widerspruch zu Zweck und System der Vereidigungsvorschriften; es überzeugt ferner nicht, die Voraussetzungen eines Eidesverbots in Abhängigkeit vom jeweiligen Verfahrensabschnitt oder der Art der Strafsache[5] zu bestimmen. Zudem bieten die eröffneten Strafrahmen der §§ 258, 153 StGB genügend Spielraum, um auch auf schwerwiegende Fälle angemessen reagieren zu können. 3

2. Gefahr im Verzug (Nr. 1). Sie ist zu bejahen, wenn die Gefahr besteht, dass eine unter Eid geleistete und so zu verwertende Aussage nicht mehr zu erlangen sein wird und ohne die Vereidigung der Verlust des Beweismittels oder das Scheitern der weiteren Fallaufklärung zu befürchten ist.[6] So kann es liegen, wenn mit dem baldigen Tod des Zeugen oder damit zu rechnen ist, dass er später nicht mehr auffindbar sein könnte. 4

1 Otte in Radtke/Hohmann Rn. 1 unter Hinweis auf BT-Drs. 7/551, 62.
2 Ignor/Bertheau in Löwe/Rosenberg Rn. 4.
3 Slawik in KK-StPO Rn. 1 mwN.
4 Bayreuther NJW 1996, 1455 (1456).
5 Bayreuther NJW 1996, 1455 stellt auf Fälle der Wirtschaftskriminalität ab, in denen firmenangehörige Zeugen unter dem Druck des Arbeitsverhältnisses bzw. der Furcht vor beruflichen Nachteilen stünden, wenn Ermittlungserfolge den Fortbestand des Betriebs gefährden könnten.
6 Schmitt in Meyer-Goßner/Schmitt Rn. 4 mwN; Otte in Radtke/Hohmann Rn. 2.

5 **3. Voraussichtliche Verhinderung des Zeugen (Nr. 2).** Auch hier wird eine Prognose des Vernehmenden verlangt. Eine voraussichtliche Verhinderung am Erscheinen in der Hauptverhandlung kann zB wegen Krankheit, Gebrechlichkeit oder hohen Alters anzunehmen sein, ebenso, wenn der Zeuge nach seiner Vernehmung eine längere Auslandsreise antreten will, mit seiner Ausweisung zu rechnen ist oder bereits eine Ausweisungsverfügung gegen ihn vorliegt, erst recht, wenn er, etwa wegen illegalen Aufenthalts in Deutschland, untergetaucht ist bzw. kurz vor seiner Abschiebung steht.[7] **Nicht ausreichend** für Nr. 2 ist es hingegen, dass dem Zeugen sein Erscheinen in der Hauptverhandlung wegen großer Entfernung voraussichtlich nicht zugemutet werden kann.[8]

6 Die Vereidigung des Zeugen im Vorverfahren nach Nr. 2 macht die eidliche kommissarische Vernehmung während der Hauptverhandlung überflüssig und vermeidet die damit verbundenen Verzögerungen.

IV. Gerichtliche Entscheidung, Protokollierung

7 **1. Entscheidung über das Vorliegen eines Vereidigungsgrundes.** Diese Entscheidung trifft das den Zeugen vernehmende Gericht von Amts wegen nach pflichtgemäßem Ermessen. Hat die StA die eidliche Vernehmung des Zeugen beantragt, muss der Richter dem entsprechen, falls kein Vereidigungsverbot besteht. Die Vereidigung ist auch ohne einen entsprechenden Antrag zulässig, wenn der Richter eine der Alternativen des § 62 für gegeben erachtet.[9]

8 **2. Protokollierung.** In dem Vernehmungsprotokoll ist – da die **Vereidigung** eine wesentliche Förmlichkeit darstellt – festzuhalten, ob der Zeuge vereidigt worden ist (§ 168a Abs. 1). Da der Zeuge im vorbereitenden Verfahren und damit außerhalb der Hauptverhandlung vereidigt wird, ist nach § 59 Abs. 1 S. 2 der Grund der Vereidigung anzugeben. Dabei genügt der Hinweis, auf welcher Alternative des § 62 die Vereidigung beruht.[10]

9 Bleibt der **Zeuge unvereidigt,** ist dies als Regelfall wie die Nichtvereidigung in der Hauptverhandlung nicht begründungspflichtig; der Grund der Nichtvereidigung braucht auch im Protokoll nicht zu erscheinen (dazu → § 59 Rn. 39 ff.).[11]

V. Verwertbarkeit des Vernehmungsprotokolls, Verfahrensfortgang

10 **1. Verlesung.** Für die Einführung eines Vernehmungsprotokolls über die eidliche Vernehmung nach Nr. 1 gelten die Alternativen des § 251 Abs. 2. Das Protokoll, das auf der Grundlage der Nr. 2 erstellt wurde, kann in der Hauptverhandlung nach § 251 Abs. 2 Nr. 1 oder Nr. 3 verlesen werden. In allen Fällen der Verlesung ist nach § 251 Abs. 4 S. 3 festzustellen, dass der Zeuge vereidigt wurde.

11 **2. Aufklärungspflicht.** Dass eine nach § 62 vereidigte Vernehmung vorliegt besagt allein noch nichts darüber, ob im weiteren Verfahren die erneute Vernehmung des Zeugen in oder während der Hauptverhandlung erforderlich ist. Hierfür entscheidend ist die Aufklärungspflicht. Kommt es zu einer nochmaligen Vernehmung, ist auch eine erneute Entscheidung über die Vereidigung des Zeugen zu treffen.[12]

VI. Revision

12 Die Revision kann nicht darauf gestützt werden, dass der Zeuge unter Verstoß gegen § 62 vereidigt worden sei.[13] Anders als bei einem Verstoß gegen §§ 59, 60, 61, kann die

[7] Vgl. Otte in Radtke/Hohmann Rn. 2 und den Sachverhalt der Entscheidung BGH 4.7.2012 – 5 StR 219/12, NStZ 2012, 567.
[8] Ignor/Bertheau in Löwe/Rosenberg Rn. 4; Otte in Radtke/Hohmann Rn. 2.
[9] Slawik in KK-StPO Rn. 4 mwN.
[10] Schmitt in Meyer-Goßner/Schmitt Rn. 6.
[11] AA Ignor/Bertheau in Löwe/Rosenberg Rn. 6.
[12] Ignor/Bertheau in Löwe/Rosenberg Rn. 7; Busch MDR 1963, 894 (895).
[13] Otte in Radtke/Hohmann Rn. 4 mwN; Slawik in KK-StPO Rn. 5 mwN.

Revision nicht geltend machen, § 62 sei verletzt worden; denn ein Verstoß gegen die Zulässigkeitsvoraussetzungen der Nr. 1 oder der Nr. 2 ist für das weitere Verfahren und das Urteil unschädlich,[14] zumal es in einem späteren Verfahrensabschnitt nicht möglich ist, die von der jeweiligen Verfahrenssituation abhängige Prognoseentscheidung des vereidigenden Richters noch zu überprüfen.[15] Ebenso wenig kann ein Verstoß gegen die Protokollierungspflicht gerügt werden.[16]

§ 63 Vereidigung bei Vernehmung durch den beauftragten oder ersuchten Richter

Wird ein Zeuge durch einen beauftragten oder ersuchten Richter vernommen, muss die Vereidigung, soweit sie zulässig ist, erfolgen, wenn es in dem Auftrag oder in dem Ersuchen des Gerichts verlangt wird.

I. Allgemeines

1. Normzweck. Die Vorschrift regelt die Zuständigkeiten für die Entscheidung über eine Vereidigung des Zeugen bei kommissarischen Vernehmungen. Sie bestimmt nicht, wann eine Vereidigung zulässig ist – bei Vernehmungen außerhalb der Hauptverhandlung richtet sich dies nach den § 59 Abs. 2 S. 2 und § 62 – sondern nur, wer entscheidet, ob der Zeuge vereidigt werden soll.[1] 1

2. Anwendungsbereiche. Die Vorschrift gilt zunächst für alle **kommissarischen Zeugenvernehmungen** nach § 223. Dabei handelt es sich um Vernehmungen, die – außerhalb der Hauptverhandlung – entweder von einem beauftragten Richter, dh von einem mit der Vernehmung beauftragten Mitglied des erkennenden Gerichts, oder von einem ersuchten Richter, dh einem Richter, an den sich das Gericht im Wege der Rechtshilfe nach § 157 GVG wendet, durchgeführt werden. Gleichgültig ist, in welchem Verfahrensabschnitt der beauftragte oder ersuchte Richter tätig wird. 2

Ferner ist § 63 bei den Vernehmungen anzuwenden, die nach § 173 Abs. 3, § 202 S. 1 oder § 205 S. 2 iVm § 223 stattfinden.[2] 3

II. Vernehmungsersuchen

1. Ersuchen um eidliche Vernehmung. Zwar steht grundsätzlich sowohl dem beauftragenden bzw. ersuchenden Gericht als auch dem vernehmenden Richter, der die kommissarische Vernehmung durchführt, das Ermessen zu, über eine Vereidigung des Zeugen zu entscheiden. § 63 schließt das Ermessen des beauftragten und ersuchten Richters jedoch dort aus, wo das beauftragende bzw. das ersuchende Gericht die Vereidigung des Zeugen verlangt, weil es die Voraussetzungen der §§ 59, 62 für gegeben erachtet. 4

Dennoch hat der die Vernehmung durchführende Richter unabhängig von dem Inhalt des Auftrags bzw. Ersuchens stets von Amts wegen das Eidesverbot nach § 60 und das Eidesverweigerungsrecht nach § 61 zu beachten. Danach muss der ersuchte oder beauftragte Richter den Zeugen dann vereidigen, wenn dies zulässig ist und das ersuchende oder beauftragende Gericht es verlangt.[3] 5

2. Ersuchen um uneidliche Vernehmung. In diesen Fällen ist der die Vernehmung durchführende Richter an das Ersuchen nicht gebunden, da sich das Bedürfnis, den Zeugen zu vereidigen, erst im Verlauf der Vernehmung ergeben kann.[4] 6

14 Ignor/Bertheau in Löwe/Rosenberg Rn. 8 mwN.
15 Vgl. Busch MDR 1963, 894 (896), der sich gleichwohl für eine rechtliche Überprüfung ausspricht.
16 Schmitt in Meyer-Goßner/Schmitt Rn. 8.
1 Ignor/Bertheau in Löwe/Rosenberg Rn. 3.
2 Ignor/Bertheau in Löwe/Rosenberg Rn. 1.
3 Knauer/Wolf NJW 2004, 2933.
4 Schmitt in Meyer-Goßner/Schmitt Rn. 4.

7 **3. Ersuchen ohne Anordnung über die Vereidigung.** Enthält das Vernehmungsersuchen nichts darüber, ob der Zeuge vereidigt werden soll, entscheidet der vernehmende Richter über die Vereidigung nach § 59 Abs. 1 S. 1.[5]

8 **4. Verwertung.** Für die Verlesung des Protokolls über die kommissarische Vernehmung eines Zeugen gilt § 251 Abs. 2. Nach § 251 Abs. 4 S. 3 ist im Falle der Verlesung auch festzustellen, ob der Vernommene vereidigt worden ist.

9 Wurde der Zeuge nicht vereidigt, muss das Gericht eine notwendige und noch durchführbare Vereidigung nach § 251 Abs. 4 S. 4 nachholen. Ob es der Vereidigung bedarf, richtet sich nach §§ 59–61. Über die Nachholung ist von Amts wegen durch Beschluss zu entscheiden. Hat der ersuchte Richter vor der Vereidigung abgesehen, bedarf es eines Gerichtsbeschlusses in der Hauptverhandlung nur, wenn ein Verfahrensbeteiligter die Nichtvereidigung beanstandet.[6]

III. Revision

10 Ein Verstoß gegen § 63 kann für sich allein die Revision nicht begründen. Soll gerügt werden, dass in der Hauptverhandlung kein Gerichtsbeschluss über die Vereidigung eines durch den beauftragten oder ersuchten Richter unvereidigt vernommenen Zeugen gefasst worden, muss die Nichtvereidigung beanstandet und ein Beschluss nach § 238 Abs. 2 herbeigeführt werden.[7]

§ 64 Eidesformel

(1) Der Eid mit religiöser Beteuerung wird in der Weise geleistet, dass der Richter an den Zeugen der Worte richtet:
„Sie schwören bei Gott dem Allmächtigen und Allwissenden, dass Sie nach bestem Wissen die reine Wahrheit gesagt und nichts verschwiegen haben"
und der Zeuge hierauf die Worte spricht:
„Ich schwöre es, so wahr mir Gott helfe".

(2) Der Eid ohne religiöse Beteuerung wird in der Weise geleistet, dass der Richter an den Zeugen die Worte richtet:
„Sie schwören, dass Sie nach bestem Wissen die reine Wahrheit gesagt und nichts verschwiegen haben"
und der Zeuge hierauf die Worte spricht:
„Ich schwöre es"

(3) Gibt ein Zeuge an, dass er als Mitglied einer Religions- oder Bekenntnisgemeinschaft eine Beteuerungsformel dieser Gemeinschaft verwenden wolle, so kann er diese dem Eid anfügen.

(4) Der Schwörende soll bei der Eidesleistung die rechte Hand erheben.

Schrifttum: Jünemann, Probleme bei der Leistung des Eides, MDR 1970, 725; Knoche, Religiöse Beteuerungsformeln und Wahrheitsfindung, ZRP 1970, 119; Leisten, Probleme bei der Beeidigung von Mohammedanern, MDR 1980, 636.

Übersicht

[5] Schmitt in Meyer-Goßner/Schmitt Rn. 2.
[6] BGH 7.2.1989 – 5 StR 26/89, NStZ 1990, 230 Rn. 23.
[7] BGH 7.2.1989 – 5 StR 26/89, BeckRS 1989, 31106787; Schmitt in Meyer-Goßner/Schmitt § 251 Rn. 44; Otte in Radtke/Hohmann Rn. 3 mwN.

I. Normzweck

Die an die Stelle des § 66c aF getretene Vorschrift regelt die Form und den Inhalt der Eidesleistung und gewährleistet die Glaubensfreiheit der Zeugen. Sie stellt klar, dass der Zeuge nicht zu einer Eidesleistung mit religiöser Beteuerung[1] gezwungen werden darf und dass Eidesleistungen mit und ohne religiöse Beteuerung gleichwertig sind. 1

II. Belehrung des Zeugen

§ 57 S. 2 bestimmt, dass das Gericht den Zeugen vor der Vereidigung darüber zu belehren hat, dass er den Eid mit oder ohne religiöse Beteuerung leisten kann. Die Möglichkeiten, nach § 65 zu verfahren oder eine Beteuerungsformel iSv Abs. 3 zu verwenden, werden von der Belehrungspflicht hingegen nicht umfasst. Eine entsprechende Belehrung kann aber unter dem Gesichtspunkt der gerichtlichen Fürsorgepflicht geboten sein.[2] 2

III. Eidesleistung

1. Eidesleistung mit religiöser Beteuerung. Abs. 1 regelt die Eidesleistung mit religiöser Beteuerung des Zeugen in der Weise, dass der Zeuge seine Aussage „bei Gott dem Allmächtigen und Allwissenden" beschwört. Mohammedaner können den Eid „bei Allah" leisten. Da jede Eidesleistung mit religiöser Beteuerung auf Gott Bezug nimmt, kann ein Schwur „beim Propheten" nicht zugelassen werden.[3] 3

Kommt es bei der Verwendung der religiösen Beteuerung zu einem **Fehler,** ist dies schon deshalb regelmäßig unschädlich, weil dann immer noch eine Eidesleistung ohne religiöse Beteuerung iSv Abs. 2 vorliegen wird.[4] So ist bei einer Vereidigung moslemischer Zeugen gemäß Abs. 1 – selbst wenn man davon ausgeht, dass der Schwur auf den christlichen Gott einen Mohammedaner, der „bei Allah, dem Allmächtigen schwört", nicht bindet, der Schwur auf den für den Zeugen „falschen" Gott in seiner Wirkung einem Eid gem. Abs. 2 gleichzusetzen. Auch wegen der **Gleichwertigkeit** zwischen dem Eid mit oder ohne religiöse Beteuerung ist dem Gesetz Rechnung getragen, wenn der über die Folgen eines Meineids belehrte Zeuge seine Aussage mit den Worten „ich schwöre es" beschwört.[5] 4

2. Eidesleistung ohne religiöse Beteuerung. Abs. 2 regelt die Eidesleistung ohne religiöse Beteuerung des Zeugen. 5

3. Ausführung der Eidesleistung. a) Vor- und Nachsprechen. Sowohl bei der Eidesleistung nach Abs. 1 als auch bei einer Vereidigung nach Abs. 2 spricht der Richter dem Zeugen die Eidesnorm („Sie schwören …") vor. Hierauf spricht der Zeuge die Eides- 6

1 Zu Besonderheiten verschiedener Kulturkreise und Glaubensgemeinschaften Jünemann MDR 1970, 725.

2 Ignor/Bertheau in Löwe/Rosenberg Rn. 2; Otte in Radtke/Hohmann Rn. 1 mwN; Leisten MDR 1980, 636 (637).

3 Vgl. Leisten MDR 1980, 636 (637); Jünemann MDR 1970, 725 (727).

4 BGH 30.4.1999 – 3 StR 215/98, NStZ 1999, 396 (399).

5 AA Ignor/Bertheau in Löwe/Rosenberg Rn. 9, die jedoch nicht berücksichtigen, dass der Zeuge den Eid abgelegt hat.

formel („Ich schwöre es"), ggf. mit der religiösen Beteuerungsformel nach Abs. 1 („Ich schwöre es, so wahr mir Gott helfe").

7 Ist der Zeuge der deutschen Sprache nicht mächtig, übersetzt der **Dolmetscher** die vom Richter gesprochene Eidesnorm; der Zeuge spricht die Eidesformel in der ihm geläufigen Sprache, die ebenfalls vom Dolmetscher übersetzt wird.[6]

8 **b) Erheben der rechten Hand.** Abs. 4 sieht vor, dass der Zeuge beim Schwur die rechte Hand erheben soll. Es handelt sich dabei nicht um einen essentiellen oder wesentlichen Bestandteil der Eidesleistung, der nicht erzwungen werden kann.[7]

9 **c) Verwendung von Beteuerungsformeln.** Abs. 3 gestattet dem Zeugen, die Beteuerungsformel derjenigen Religions- oder Bekenntnisgemeinschaft der Eidesleistung anzufügen, deren Mitglied er ist. Diese Beteuerungsformeln können jedoch, da es sich nur um Zusätze handelt, die eigentliche Eidesleistung nicht ersetzen.[8]

10 Unzulässig sind solche Beteuerungsformeln, die dem Sinn des Eides widersprechen oder ihn aufheben.[9] Die Angaben des Zeugen über die Zugehörigkeit zu einer solchen Gemeinschaft und die Üblichkeit der Formel sind aber vom Gericht nicht zu überprüfen.[10]

11 **d) Andere symbolische Handlungen.** Abs. 4 schließt andere symbolische Handlungen des Zeugen beim Schwur nicht aus. Das Gericht kann dem Zeugen etwa gestatten, niederzuknien oder die Hand auf die Bibel oder den Koran aufzulegen. Vor dem Hintergrund, dass es sich bei diesen Handlungen nur um Begleitelemente der Vereidigung handeln kann und die Zeugenaussage sowie die eigentliche Eidesleistung im Vordergrund stehen sollten, erscheint es nicht mehr angemessen, den Gerichtssaal als Bühne für religiöse Praktiken zur Verfügung zu stellen. Danach überzeugt der Vorschlag, rituelle, ca. 10 Minuten andauernde Waschungen zuzulassen, nicht. Das Zulassen derartiger Handlungen mutet auch nicht erforderlich an, um einem Zeugen die Bedeutung und Tragweite der Eidesleistung vor Augen zu halten.[11] Denn diese ergeben sich bereits aus der Tatsache der Vereidigung selbst sowie aus der im Gesetz vorgesehenen erhöhten Strafdrohung des § 154 StGB, über die der Zeuge vor seiner Vereidigung durch das Gericht gemäß § 57 belehrt wird.

12 **e) Eidesgleiche Bekräftigung.** Dem Eid gleichgestellt ist die eidesgleiche Bekräftigung gemäß § 65.

13 **4. Protokollierung.** Als wesentliche Förmlichkeit ist lediglich die Tatsache der Vereidigung zu protokollieren, nicht aber, welche religiöse Beteuerungsformelverwendet worden ist.[12]

IV. Auswirkungen der Vereidigung

14 **1. Umfang der vom Eid erfassten Aussage.** Liegt kein Fall einer Teilvereidigung vor, umfasst der Eid die gesamten Angaben des Zeugen, auch die zur Person und zu den Generalfragen nach § 68a. Wird der Zeuge während einer Hauptverhandlung wiederholt vernommen, erfasst der Eid alle Aussagen, auch wenn das Gericht den Zeugen nur nach seiner letzten Aussage vereidigt hat.

15 **2. Auswirkungen der Vereidigung auf die Beweiswürdigung.** Die richterliche Überzeugungsbildung ist frei und folgt keinen Beweisregeln. Entscheidend ist der Aussageinhalt, nicht die Tatsache der Vereidigung. Zwar kann der Beweiswert einer Aussage durch die Vereidigung erhöht werden, das Gericht ist jedoch nicht gehindert, einem Zeugen, der

6 Otte in Radtke/Hohmann Rn. 2 mwN.
7 Schmitt in Meyer-Goßner/Schmitt Rn. 4; Joecks StPO Rn. 2.
8 OLG Köln 14.1.1969 – Ss 563/68, MDR 1969, 501.
9 Ignor/Bertheau in Löwe/Rosenberg Rn. 5; Schmitt in Meyer-Goßner/Schmitt Rn. 3 mwN.
10 BGH 30.4.1999 – 3 StR 215/98, NStZ 1999, 396 (399).
11 So aber Leisten MDR 1980, 636 (637).
12 BGH 30.4.1999 – 3 StR 215/98, NStZ 1999, 396 (399).

seine Aussage beschworen hat, nicht zu glauben. Zudem gebietet die Aufklärungspflicht, die Beweisaufnahme – soweit möglich – weiter zu führen, auch wenn bereits eine beeidete Zeugenaussage vorliegt, an deren Richtigkeit aber Zweifel bestehen. Vor diesem Hintergrund erscheint die Kritik, die Vereidigung eines Zeugen behindere oder beende die Wahrheitssuche bzw. verhindere eine weitere Prüfung der Aussage,[13] nicht nachvollziehbar.

V. Revision

1. Formelle Fehler. Sie machen den Eid nicht unwirksam.[14] Gleiches gilt bei Fehlern oder Versehen bei der **Formulierung der Eidesnorm oder -formel.** Das Urteil kann auf dem Mangel nicht beruhen, wenn das Gericht von einer wirksamen Vereidigung ausging und die Aussage als eidliche gewürdigt hat. Ferner wird regelmäßig auszuschließen sein, dass der Zeuge bei korrekter Einhaltung der Eidesnorm oder -formel anders ausgesagt oder die Eidesleistung verweigert hätte. 16

2. Mängel der religiösen Beteuerung. Solche Mängel tangieren die Prozessordnungsmäßigkeit einer Vereidigung nicht. Zwar mag bei einem gläubigen Zeugen der Wert der Aussage durch einen ihn bindende religiöse Beteuerung erhöht werden. Das Gesetz verlangt aber weder eine Belehrung über die Möglichkeiten einer abweichenden religiösen Beteuerung noch gar ein Hinwirken auf eine solche.[15] Auch die Rüge, der vereidigte Zeuge hätte eine bestimmte Beteuerungsformel verwenden müssen, bleibt erfolglos.[16] Zu Fehlern bei der Verwendung der religiösen Beteuerung → Rn. 4. 17

§ 65 Eidesgleiche Bekräftigung der Wahrheit von Aussagen

(1) [1]Gibt ein Zeuge an, dass er aus Glaubens- oder Gewissensgründen keinen Eid leisten wolle, so hat er die Wahrheit der Aussage zu bekräftigen. [2]Die Bekräftigung steht dem Eid gleich; hierauf ist der Zeuge hinzuweisen.

(2) Die Wahrheit der Aussage wird in der Weise bekräftigt, dass der Richter an den Zeugen die Worte richtet:
„Sie bekräftigen im Bewusstsein Ihrer Verantwortung vor Gericht, dass Sie nach bestem Wissen die reine Wahrheit gesagt und nichts verschwiegen haben"
und der Zeuge hierauf spricht:
„Ja".

(3) § 64 Abs. 3 gilt entsprechend.

I. Normzweck, Anwendungsbereich

Die Vorschrift gewährleistet die Glaubensfreiheit aus Art. 4 Abs. 1 GG.[1] Denn dieses Grundrecht schützt auch solche Glaubensüberzeugungen, die auch den ohne Anrufung Gottes geleisteten Zeugeneid aus religiösen Gründen ablehnen. Die Bekräftigung der Wahrheit einer Zeugenaussage muss nicht notwendig in der Form des Eides und unter Verwendung des Wortes „schwören" erfolgen. Daher gestattet § 65 dem Zeugen, den Eid durch die Bekräftigung der Wahrheit der Aussage zu ersetzen. Dabei hält Abs. 1 S. 2 ausdrücklich fest, dass die Bekräftigung nach § 65 dem Eid gleichgestellt ist; dies gilt auch für die strafrechtlichen Folgen; der Strafrahmen für eine falsche eidesgleiche Bekräftigung entspricht dem eines Meineides (§ 155 Nr. 1 StGB). § 65 schließt das sog. Sektenprivileg des § 66e aF mit ein.[2] 1

---

13 So Knoche ZRP 1970, 119.
14 Vgl. BGH 2.12.1952 – 1 StR 437/52, BGHSt 3, 309 (312) = NJW 1953, 151.
15 BGH 30.4.1999 – 3 StR 215/98, NStZ 1999, 396 (399).
16 BGH 9.9.1971 – 1 StR 317/71, MDR 1972, 18.
1 BVerfG 11.4.1972 – 2 BvR 75/71, NJW 1972, 1183.
2 Hierzu BVerfG 11.4.1972 – 2 BvR 75/71, NJW 1972, 1183 (1185).

2 Der Anwendungsbereich des § 65 ist bereits mit der Erklärung des Zeugen, aus Glaubens- oder Gewissensgründen keinen Eid leisten zu wollen, eröffnet. Ist dies der Fall, scheidet die Anwendung des § 70 Abs. 1 wegen Verweigerung der Eidesleistung aus. Da die Tragweite des Grundrechts des Zeugen aus Art. 4 Abs. 1 GG stets zu berücksichtigen ist, kommen Sanktionen nach § 70 nur dort in Betracht, wo die Eidesleistung ohne glaubensmäßige Motivierung verweigert wird.[3]

II. Belehrung des Zeugen

3 Über die Möglichkeit, den Eid durch die Bekräftigung zu ersetzen, ist der Zeuge nicht von vornherein, sondern erst dann zu belehren, wenn er die Eidesleistung in den nach § 64 vorgesehenen Formen abgelehnt hat.[4]

4 Hat sich der Zeuge für die Bekräftigung nach § 65 entschieden, ist er über die Gleichstellung von Eid und Bekräftigung zu belehren (Abs. 1 S. 2); ggf. auch über die Anwendungsmöglichkeit der §§ 67, 70.

III. Erklärungen des Zeugen

5 **1. Keine Nachprüfung der Erklärung nach Abs. 1 S. 1.** Hat der Zeuge erklärt, dass er aus Glaubens- oder Gewissensgründen keinen Eid leisten will, so nimmt das Gericht dies hin; die Erklärung des Zeugen wird nicht überprüft.[5] Eine Glaubhaftmachung durch den Zeugen ist nicht erforderlich.[6] Andere Gründe als Glaubens- oder Gewissensgründe berechtigen den Zeugen nicht, den Eid zu verweigern und die Bekräftigung nach § 65 zu wählen.[7]

6 **2. Ausführung der eidesgleichen Bekräftigung.** Wie der Zeuge die eidesgleiche Bekräftigung abzulegen hat, regelt Abs. 2 in Anlehnung an § 64. Der Richter spricht die Bekräftigungsformel vor, der Zeuge antwortet mit „Ja".

7 Durch den Verweis des Abs. 3 auf § 64 Abs. 3 wird klargestellt, dass der Zeuge **Beteuerungsformeln** einer Religions- oder Bekenntnisgemeinschaft der Bekräftigung anfügen kann (die Erläuterungen → § 64 Rn. 9, 10 gelten entsprechend). Zulässig sind auch **symbolische Handlungen,** etwa die Bekräftigung durch Handschlag (die Erläuterung zu → § 64 Rn. 1 ff. gilt entsprechend). Die Wirksamkeit der eidesgleichen Bekräftigung wird von Beteuerungsformeln nicht berührt.[8]

IV. Revision

8 Verletzungen des § 65 können die Revision regelmäßig nicht begründen. Zwar kann beanstandet werden, dass das Gericht nach § 65 vorgegangen ist, obwohl der Zeuge selbst keine Erklärung iSv Abs. 1 S. 1 abgegeben hat. Ein Beruhen des Urteils auf diesem Fehler muss jedoch ausscheiden, wenn sowohl der Zeuge als auch das Gericht von einer wirksamen Vereidigung bzw. eidesgleichen Bekräftigung ausgegangen sind und die Aussage im Urteil als eidlich gewürdigt wird;[9] ebenso fehlt es am Beruhen, wenn das Gericht ohne entsprechende Zeugenerklärung § 65 angewandt hat, der Zeuge aber tatsächlich Glaubens- oder Gewissensgründe iSv Abs. 1 S. 1 hatte und das Gericht davon ausgegangen ist.[10] Schließlich besteht für Mitglieder einer religiösen Gruppe keine Verpflichtung, nach deren Regeln vorzugehen, sodass nicht erfolgreich beanstandet werden kann, der Zeuge sei vereidigt worden, obgleich der Anwendungsbereich des § 65 eröffnet gewesen wäre, weil der Zeuge aus Glaubens- oder

---

[3] BVerfG 11.4.1972 – 2 BvR 75/71, NJW 1972, 1183 (1185).
[4] Schmitt in Meyer-Goßner/Schmitt Rn. 1.
[5] Ignor/Bertheau in Löwe/Rosenberg Rn. 2.
[6] Huber in BeckOK StPO Rn. 1.
[7] Slawik in KK-StPO Rn. 2 mwN.
[8] Huber in BeckOK StPO Rn. 3.
[9] Schmitt in Meyer-Goßner/Schmitt Rn. 4; Huber in BeckOK StPO Rn. 4.
[10] Slawik in KK-StPO Rn. 5.

Gewissensgründen hätte angeben müssen, keinen Eid leisten zu wollen.[11] Zu Formmängeln → § 64 Rn. 16.

§ 66 Eidesleistung bei Hör- oder Sprachbehinderung

(1) [1]Eine hör- oder sprachbehinderte Person leistet den Eid nach ihrer Wahl mittels Nachsprechens der Eidesformel, mittels Abschreibens und Unterschreibens der Eidesformel oder mit Hilfe einer die Verständigung ermöglichenden Person, die vom Gericht hinzuzuziehen ist. [2]Das Gericht hat die geeigneten technischen Hilfsmittel bereitzustellen. [3]Die hör- oder sprachbehinderte Person ist auf ihr Wahlrecht hinzuweisen.

(2) Das Gericht kann eine schriftliche Eidesleistung verlangen oder die Hinzuziehung einer die Verständigung ermöglichenden Person anordnen, wenn die hör- oder sprachbehinderte Person von ihrem Wahlrecht nach Absatz 1 keinen Gebrauch gemacht hat oder eine Eidesleistung in der nach Absatz 1 gewählten Form nicht oder nur mit unverhältnismäßigem Aufwand möglich ist.

(3) Die §§ 64 und 65 gelten entsprechend.

Übersicht

I. Allgemeines

1. Normzweck. Die Vorschrift dient der **Rechtspflege und Wahrheitsfindung** sowie der Integration körperlich behinderter Menschen,[1] denen vor Gericht die gleichberechtigte Teilhabe ermöglicht werden soll. Dazu stellt § 66 verschiedene Arten von Eidesmöglichkeiten zur Verfügung; nach Abs. 3 gelten zudem §§ 64, 65 entsprechend. Damit werden durch § 66 Vorschriften des **GVG ergänzt,** namentlich § 186 GVG, der die Verständigung mit hör- und sprachbehinderten Menschen in der Verhandlung generell regelt, sowie § 191a GVG, der den Zugang von Blinden und Sehbehinderten zu Schriftstücken behandelt; ferner ist für hör- oder sprachbehinderte Nebenklageberechtigte ein Dolmetscher oder Übersetzer hinzuzuziehen (§ 187 Abs. 2 GVG). 1

2. Anwendungsbereich. Die Vorschrift gilt für diejenigen Zeugen, die aufgrund einer körperlichen Behinderung nicht in der Lage sind, die Eidesformel nachzusprechen. Hierunter fallen hörbehinderte, sprachbehinderte sowie hör- und sprachbehinderte Zeugen. Der Anwendungsbereich umfasst auch gänzlich sprachlose, taubstumme und gehörlose Personen. Unerheblich ist, ob die Behinderung für immer oder nur zeitweilig besteht.[2] 2

Nicht anwendbar ist § 67 auf Personen, die sprachfähig sind und deshalb die Eidesformel nachsprechen können. Ebenso wenig fallen geistig behinderte Personen oder Zeugen mit psychiatrischen oder psychischen Krankheiten in den Anwendungsbereich des § 67;[3] für diese gelten die allgemeinen Vereidigungsvorschriften, wobei zu prüfen ist, ob § 60 Nr. 1 einer Vereidigung entgegensteht. Ferner erscheint es zu weitgehend, § 66 bereits dann 3

[11] Vgl. BGH 9.9.1971 – 1 StR 317/71, MDR 1972, 18.
[1] Huber in BeckOK StPO Rn. 1.
[2] Vgl. BGH 21.12.1959 – 2 StR 519/59, NJW 1960, 584.
[3] Ignor/Bertheau in Löwe/Rosenberg Rn. 4; Otte in Radtke/Hohmann Rn. 1 mwN.

für anwendbar zu halten, wenn ein Vorgehen nach dieser Vorschrift eine Erleichterung für den behinderten Zeugen mit sich bringt.[4]

4 **3. Feststellung der Behinderung.** Das Gericht kann bei auftretenden Zweifeln auch im Wege des Freibeweises feststellen, ob bei dem Zeugen eine Behinderung iSv § 66 vorliegt.[5]

II. Wahlmöglichkeiten des Zeugen, Pflichten des Gerichts

5 **1. Wahlrecht, Belehrung.** Der Zeuge hat nach Abs. 1 S. 1 das Recht, aus den für die Art und Weise der Eidesleistung zur Verfügung gestellten Möglichkeiten auszuwählen. Er ist über sein Wahlrecht gemäß Abs. 1 S. 3 zu belehren. Zudem hat das Gericht nach Abs. 1 S. 2 die erforderlichen technischen Hilfsmittel bereitzustellen.

6 Das Wahlrecht des Zeugen ist nach Abs. 2 dahin eingeschränkt, dass der Zeuge keine Eidesleistung verlangen darf, die in der gewählten Form nicht oder nur mit unverhältnismäßigem Aufwand möglich ist. Das Gericht darf diese Ausnahmen nicht allein deshalb annehmen, weil es notwendig wird, Dritte hinzuzuziehen oder technische Mittel einzusetzen.[6]

7 Der hör- und/oder sprachbehinderte Zeuge hat folgende **Möglichkeiten:** Er kann die Eidesformel nachsprechen (Abs. 1 iVm § 64), eine eidesgleiche Bekräftigung abgeben (Abs. 3 iVm § 65), die Eidesformel abschreiben und unterschreiben oder den Eid mit Hilfe einer vom Gericht zugezogenen Person leisten.

8 **2. Sprachmittler.** Bei der **hinzuzuziehenden Person** iSv Abs. 1 S. 1, Abs. 2 handelt es sich um einen Sprachmittler, der die Verständigung zwischen Zeugen und Gericht herstellt; in Betracht kommen Gebärden-, Schrift- oder Sprachdolmetscher sowie Personen, die dem behinderten Zeugen vertraut sind.[7] Die Heranziehung eines solchen Sprachmittlers als Maßnahme zur sachgemäßen Verständigung zwischen dem Gericht und dem Zeugen ist ein Gebot der Aufklärungspflicht.[8]

9 Der Sprachmittler darf nur solche Behinderungen des Zeugen ausgleichen, die auf rein organischen Beeinträchtigungen beruhen; anderenfalls entstünden nicht zu überwindende Abgrenzungsschwierigkeiten zwischen der Leistung des Zeugen und derjenigen des Sprachmittlers.[9] Überschreitet der Sprachmittler den Bereich der bloßen Hilfestellung bei der Verständigung, liegt eine unzulässige „Gemeinschaftsaussage" des Zeugen und des Sprachmittlers vor. Der Sprachmittler selbst ist auch nicht Zeuge; er hat vielmehr eine dolmetscherähnliche Stellung inne.[10]

10 Die **Vereidigung des Sprachmittlers** ist nicht zwingend, da § 189 GVG nur auf Dolmetscher iSd §§ 185, 186 GVG anwendbar ist; seine Vereidigung steht danach im – vom Revisionsgericht nur beschränkt überprüfbaren – Ermessen des Gerichts.[11]

III. Entscheidung des Gerichts

11 Macht der Zeuge von seinem Wahlrecht keinen Gebrauch, muss das Gericht entscheiden, in welcher Form der Zeuge den Eid zu leisten hat; gleiches gilt, wenn der Eid in der gewählten Form nicht oder nur mit unverhältnismäßigem Aufwand geleistet werden könnte. In diesen Ausnahmefällen muss das Gericht die schriftliche Eidesleistung oder die Hinzuziehung eines Sprachmittlers anordnen.[12]

---

4 AA Ignor/Bertheau in Löwe/Rosenberg Rn. 1.
5 AllgM, s. zB Schmitt in Meyer-Goßner/Schmitt Rn. 1; Ignor/Bertheau in Löwe/Rosenberg Rn. 1.
6 Huber in BeckOK StPO Rn. 3.
7 BGH 24.4.1997 – 4 StR 23/97, NJW 1997, 2335; Otte in Radtke/Hohmann Rn. 2.
8 BGH 24.4.1997 – 4 StR 23/97, NJW 1997, 2335 (2336).
9 Überzeugend Ignor/Bertheau in Löwe/Rosenberg Rn. 4.
10 BGH 24.4.1997 – 4 StR 23/97, NJW 1997, 2335 (2336).
11 BGH 24.4.1997 – 4 StR 23/97, NJW 1997, 2335.
12 Ignor/Bertheau in Löwe/Rosenberg Rn. 3; Otte in Radtke/Hohmann Rn. 3.

IV. Revision

Eine Verletzung des Abs. 1 S. 3 wegen einer unterbliebenen oder unzureichenden Belehrung des Zeugen kann mit der Revision nicht gerügt werden. Für den Angeklagten gilt dies schon deshalb, weil die Hinweispflicht nicht seinem Schutz dient.[13] Denkbar ist eine Verletzung der Aufklärungspflicht, wenn das Gericht allein wegen der mit der Behinderung des Zeugen verbundenen Schwierigkeiten von dessen Vereidigung oder gar der Vernehmung insgesamt absieht.[14] 12

§§ 66a–66e *[aufgehoben]*

§ 67 Berufung auf einen früheren Eid

Wird der Zeuge, nachdem er eidlich vernommen worden ist, in demselben Vorverfahren oder in demselben Hauptverfahren nochmals vernommen, so kann der Richter statt der nochmaligen Vereidigung den Zeugen die Richtigkeit seiner Aussage unter Berufung auf den früher geleisteten Eid versichern lassen.

Schrifttum: von Schowingen, Zur Berufung auf den früher geleisteten Eid, JZ 1955, 267.

Übersicht

I. Anwendungsbereich

Die Vorschrift gilt zunächst für **Zeugen.** Sie ist anwendbar, wenn es zu einer nochmaligen Vernehmung eines bereits befragten und vereidigten Zeugen innerhalb desselben Ermittlungs- oder Hauptverfahrens kommt. Bei der Anwendung des § 67 auf **Sachverständige** ist zu beachten, dass der Umfang des Sachverständigeneides sich nicht mit demjenigen des Zeugeneides deckt; ein Sachverständiger kann sich deshalb nicht auf einen früher geleisteten Zeugeneid berufen; ebenso liegt es umgekehrt.[1] 1

Eine Berufung auf den früheren Eid ist **nur in demselben Vor- oder Hauptverfahren** möglich. Unzulässig ist es, die Vereidigung in der Hauptverhandlung durch die Bezugnahme auf einen im Ermittlungsverfahren geleisteten Eid zu ersetzen.[2] Auch wenn die Vernehmung des Zeugen im Zwischenverfahren erfolgt, ist im Hauptverfahren eine Berufung auf einen zuvor geleisteten Eid nicht möglich.[3] 2

13 Otte in Radtke/Hohmann Rn. 4 mwN.
14 Ignor/Bertheau in Löwe/Rosenberg Rn. 7.
1 OLG Köln 2.11.1954 – Ss 442/54, MDR 1955, 183.
2 BGH 27.8.1953 – 3 StR 147/53, MDR 1953, 722; krit. zum Ausschluss des Beruhens Dallinger MDR 1953, 723.
3 Schmitt in Meyer-Goßner/Schmitt Rn. 4; Joecks StPO Rn. 2.

II. Voraussetzungen der Berufung auf einen früheren Eid

3 **1. Nochmalige Vernehmung.** Eine nochmalige Vernehmung liegt nur dann vor, wenn die vorangegangene eidliche Vernehmung des Zeugen **abgeschlossen** ist und er **erneut zur Sache** befragt wird. Dabei sind nicht die Zeitabstände entscheidend, die zwischen den Befragungen des Zeugen liegen; auch darauf, ob er bereits vorläufig entlassen war, kommt es nicht an. Ein Zeuge kann auch am selben Tag und vor seiner Entlassung erneut vernommen werden.[4] § 67 setzt nur voraus, dass die erste Vernehmung abgeschlossen ist und der Zeuge seine Aussage beeidet hat.

4 Eine Berufung auf den früheren Eid ist unabhängig von den **Inhalten der ersten und zweiten Aussage.** Es kommt damit nicht darauf an, ob der Zeuge seine früheren Angaben bestätigt, wiederholt, erläutert, erweitert, von ihnen abweicht oder zu einem weiteren, bisher nicht behandelten Beweisthema Aussagen macht.[5]

5 **2. Im selben Verfahren. a) Derselbe Beschuldigte.** Das Verfahren muss sich zunächst gegen denselben Beschuldigten richten. Wird das Verfahren nach der Eidesleistung des Zeugen mit einem Verfahren gegen einen weiteren Beschuldigten verbunden, ist § 67 nicht mehr anwendbar, wenn die zweite Vernehmung des Zeugen auch den nunmehr Mitbeschuldigten bzw. Mitangeklagten betrifft, denn in einem solchen Fall gibt es im Verfahren gegen den neuen Beschuldigten noch keine Eidesleistung, auf die sich der Zeuge berufen könnte.[6] Wird das Verfahren gegen einen Mitbeschuldigten bzw. Mitangeklagten abgetrennt, gilt § 67 für jedes der getrennten Verfahren.

6 **b) Dasselbe Vorverfahren.** Zum Vorverfahren gehört das gesamte Ermittlungsverfahren bis zur Erhebung der öffentlichen Klage durch Erhebung einer Anklage oder Beantragung eines Strafbefehls. Das Zwischenverfahren zählt nach allgM nicht zum Vorverfahren iSv § 67.[7]

7 **c) Dasselbe Hauptverfahren.** Der Begriff Hauptverfahren darf nicht mit der Hauptverhandlung gleichgesetzt werden. Das Hauptverfahren iSd § 67 beginnt mit dem Erlass des Eröffnungsbeschlusses[8] und endet mit der Rechtskraft des Urteils. Da damit der Instanzenzug eingeschlossen ist, kann dasselbe Hauptverfahren **mehrere Hauptverhandlungen** umfassen. Die Berufungshauptverhandlung[9] oder die neue Hauptverhandlung nach der Aufhebung und Zurückverweisung der Sache durch das Revisionsgericht an einen neuen Tatrichter[10] gehören zu demselben Hauptverfahren iSv § 67, denn in diesen Konstellationen ist nur die Hauptverhandlung eine neue, das Verfahren aber dasselbe.

8 Dasselbe Hauptverfahren liegt auch vor, wenn eine neue Hauptverhandlung nach Aussetzung des Verfahrens oder nach Unterbrechung über die Frist des § 229 hinaus oder nach Verweisung an ein Gericht höherer Ordnung nach § 270 Abs. 1 stattfindet.[11] Zum Hauptverfahren gehört auch eine kommissarische Vernehmung nach § 223.[12]

9 Das **Wiederaufnahmeverfahren** stellt ein neues Hauptverfahren dar; eine Berufung des Zeugen nach § 67 auf einen im früheren Verfahren oder bei der Vernehmung nach § 369 geleisteten Eid ist nicht möglich, weil das frühere Verfahren rechtskräftig abgeschlossen ist.[13]

---

4 Huber in BeckOK StPO Rn. 1; BGH 30.4.1953 – 3 StR 15/53, BGHSt 4, 140 (142) = NJW 1953, 996.

5 Otte in Radtke/Hohmann Rn. 1 mwN; Ignor/Bertheau in Löwe/Rosenberg Rn. 2 mwN.

6 RG 12.5.1915 – I 205/15, RGSt 49, 251.

7 S. zB Joecks StPO Rn. 2; Huber in BeckOK StPO Rn. 4.

8 Vgl. RG 27.7.1881 – 1933/81, RGSt 4, 437 (438).

9 BGH 18.6.1970 – 4 StR 141/70, BGHSt 23, 283 (285) = NJW 1970, 1614 mwN.

10 RG 17.9.1880 – 1766/80, RGSt 2, 234 (235).

11 Otte in Radtke/Hohmann Rn. 4 mwN.

12 RG 27.7.1881 – 1933/81, RGSt 4, 437 (439).

13 RG 3.1.1889 – 2960/88, RGSt 18, 417 (418).

10 **3. Frühere Vereidigung des Zeugen.** Der Zeuge muss früher eidlich vernommen worden sein. Dabei kann es sich um eine Vereidigung nach einer der Varianten des § 64 handeln oder um eine dem Eid gleichstehende Bekräftigung nach § 65.[14]

III. Entscheidung des Gerichts, Versicherung des Zeugen

11 **1. Ermessen.** Das Gericht kann nach seinem **Ermessen** wählen, ob es den Zeugen nach seiner zweiten Vernehmung erneut vereidigt oder ihn die Richtigkeit seiner Aussage unter Berufung auf den früher geleisteten Eid versichern lässt. Die Berufung auf den früheren Eid darf das Gericht wie den Eid selbst erst **nach der Vernehmung** des Zeugen entgegennehmen.[15]

12 Dem Zeugen selbst steht kein Wahlrecht zu. Das Gericht darf auch dann nach § 67 vorgehen, wenn sich der Zeuge nicht mehr an seine frühere Vereidigung erinnert.[16] Diese Möglichkeit erscheint jedoch schon mit Blick auf die später vorzunehmende Würdigung der Aussage nicht sinnvoll. Vielmehr erscheint es zweckmäßig und angemessen, bei langen Zeitabständen zwischen erster und zweiter Vernehmung, erheblichem Erinnerungsschwund des Zeugen oder inhaltlich neuen Angaben nicht nach § 67 zu verfahren.[17]

13 **2. Belehrungen.** Der Zeuge ist gemäß § 57 S. 2 über die Bedeutung der Versicherung nach § 67 sowie gemäß § 61 über ein ggf. vorhandenes Eidesverweigerungsrecht zu belehren. Der bloße Hinweis des Richters an den Zeugen, er stehe noch unter dem früher geleisteten Eid, genügt nicht.[18]

14 **3. Versicherung.** Die Versicherung des Zeugen erfolgt **nach** der Vernehmung durch seine Erklärung dahin, er versichere die Richtigkeit seiner Aussage und berufe sich dabei auf den früher geleisteten Eid. Allein darin, dass der Richter den Zeugen lediglich auf den früher geleisteten Eid hinweist, liegt keine vorschriftsmäßige Vereidigung.[19] Ebenso wenig genügt eine bloße Bezugnahme des Zeugen auf den geleisteten Eid.[20] Der Wortlaut des § 67 muss bei der Erklärung aber nicht eingehalten werden.[21] Eine Berufung auf einen tatsächlich nicht geleisteten Eid hat keine rechtliche Wirkung.[22] Die Aussage ist dann als unvereidigt zu behandeln.

IV. Protokollierung

15 Die Abgabe der Versicherung der Richtigkeit der Aussage unter Berufung auf den früheren Eid stellt eine **wesentliche Förmlichkeit** des Verfahrens iSv § 273 Abs. 1 dar und ist im Hauptverhandlungsprotokoll zu beurkunden.[23] Gleiches gilt für ermittlungsrichterliche Protokolle (§ 168a Abs. 1). Nicht festgehalten zu werden braucht, wann und wo der Zeuge den früheren Eid geleistet hat.[24] Ausreichend sind etwa Formulierungen dahin, dass der Zeuge unter Bezugnahme auf den bereits geleisteten Eid ausgesagt[25] oder die Richtigkeit seiner Aussage versichert hat.[26]

14 Ignor/Bertheau in Löwe/Rosenberg Rn. 8.
15 BGH 2.11.1971 – 1 StR 377/71, MDR 1972, 198.
16 BGH 29.8.1961 – 5 StR 282/61.
17 Vgl. von Schowingen JZ 1955, 267.
18 BGH 30.4.1953 – 3 StR 15/53, BGHSt 4, 140 (141) = NJW 1953, 996.
19 BGH 30.4.1953 – 3 StR 15/53, BGHSt 4, 140 = NJW 1953, 996; v. Schowingen JZ 1955, 267.
20 BGH 2.11.1971 – 1 StR 377/71, MDR 1972, 198.
21 BGH 30.4.1953 – 3 StR 15/53, BGHSt 4, 140 (142) = NJW 1953, 996.
22 RG 20.10.1930 – III 263/30, RGSt 64, 379 (380); OLG Köln 2.7.1963 – Ss 118/63, NJW 1963, 2333.
23 Vgl. BGH 1.4.1952 – 1 StR 867/51, BGHSt 2, 223.
24 Huber in BeckOK StPO Rn. 9.
25 BGH 2.11.1971 – 1 StR 377/71, MDR 1972, 198.
26 BGH 30.4.1953 – 3 StR 15/53, BGHSt 4, 140 (142) = NJW 1953, 996.

V. Revision

16 **1. Ermessensausübung.** Die gerichtliche Ausübung des Ermessens, nach § 67 vorzugehen oder nicht, ist mit der Revision nicht angreifbar.[27] Insbesondere kann nicht gerügt werden, dass die erneute Vereidigung der Anwendung des § 67 vorzuziehen gewesen wäre.[28]

17 **2. Verletzungen des § 67.** Beanstandet werden können aber Verletzungen des § 67. Dabei setzt die **Zulässigkeit** einer entsprechenden Rüge nicht voraus, dass die Entscheidung des Vorsitzenden beanstandet und ein Gerichtsbeschluss herbeigeführt wurde, wenn sich der Fehler des Gerichts bei der Urteilsfindung dadurch fortgesetzt hat, dass die Gesamtaussage des Zeugen als eidlich verwertet wird.[29]

18 Eine unzulässige bzw. gegen § 67 verstoßende Versicherung des Zeugen liegt etwa vor, wenn sie vor der Vernehmung abgegeben wurde oder wenn der Zeugen den früheren Eid, auf den er sich beruft, nicht in demselben Verfahren geleistet hat.[30] Es fehlt jedoch am **Beruhen** des Urteils auf einem solchen Verstoß, wenn sowohl der Zeuge als auch das Gericht von einer wirksamen Versicherung ausgegangen sind.[31] Denn dann kann davon ausgegangen werden, dass der Zeuge sein Gewissen und sein Erinnerungsvermögen angespannt und das Gericht die Aussage als eidliche gewürdigt hat.

19 Auch wenn das Gericht den Zeugen für unglaubwürdig befunden und seine Aussage deshalb nicht verwertet hat, kann sich ein Fehler bei Abnahme der Versicherung nach § 67 nicht auf das Urteil ausgewirkt haben. Erfolgt die Versicherung nicht in der gesetzlich vorgesehenen Form, ist ein Beruhen des Urteils auf dem Fehler dann auszuschließen, wenn die zweite Aussage der ersten beeideten im wesentlichen entspricht, das Gericht die Aussage in ihrer Gesamtheit als eidlich und glaubwürdig gewürdigt hat und anzunehmen ist, dass der Zeuge bei Abnahme einer gesetzesgemäßen Versicherung gleichlautend ausgesagt hätte.[32] Bei einer Bezugnahme auf einen tatsächlich nicht geleisteten Eid ist ein Beruhen hingegen zu bejahen, wenn sich nicht ausschließen lässt, dass der Zeuge unter Eid anders ausgesagt hätte. Das Beruhen kann auch dann vorliegen, wenn die Urteilsgründe sich nicht dazu verhalten, ob das Gericht die Angaben des Zeugen verwertet hat.[33]

§ 68 Vernehmung zur Person; Beschränkung von Angaben, Zeugenschutz

(1) [1]Die Vernehmung beginnt damit, dass der Zeuge über Vornamen, Nachnamen, Geburtsnamen, Alter, Beruf und vollständige Anschrift befragt wird. [2]In richterlichen Vernehmungen in Anwesenheit des Beschuldigten und in der Hauptverhandlung wird außer bei Zweifeln über die Identität des Zeugen nicht die vollständige Anschrift, sondern nur dessen Wohn- oder Aufenthaltsort abgefragt. [3]Ein Zeuge, der Wahrnehmungen in amtlicher Eigenschaft gemacht hat, kann statt der vollständigen Anschrift den Dienstort angeben.

(2) [1]Einem Zeugen soll zudem gestattet werden, statt der vollständigen Anschrift seinen Geschäfts- oder Dienstort oder eine andere ladungsfähige Anschrift anzugeben, wenn ein begründeter Anlass zu der Besorgnis besteht, dass durch die Angabe der vollständigen Anschrift Rechtsgüter des Zeugen oder einer anderen Person gefährdet werden oder dass auf Zeugen oder eine andere Person in unlauterer Weise eingewirkt werden wird. [2]In richterlichen Vernehmungen in Anwesenheit des Beschuldigten und in der Hauptverhandlung soll dem Zeugen gestattet werden, seinen Wohn- oder Aufenthaltsort nicht anzugeben, wenn die Voraussetzungen des Satzes 1 bei dessen Angabe vorliegen.

[27] Otte in Radtke/Hohmann Rn. 9 mwN.
[28] Schmitt in Meyer-Goßner/Schmitt Rn. 9.
[29] Vgl. BGH 2.11.1971 – 1 StR 377/71, MDR 1972, 198 (199).
[30] Otte in Radtke/Hohmann Rn. 9.
[31] BGH 27.8.1953 – 3 StR 147/53, MDR 1953, 722; 17.1.1984 – 5 StR 755/83, NStZ 1984, 328.
[32] BGH 1.4.1952 – 1 StR 867/51, BGHSt 2, 223; Huber in BeckOK StPO Rn. 10.
[33] OLG Köln 2.7.1963 – Ss 118/63, NJW 1963, 2333.

(3) [1]Besteht ein begründeter Anlass zu der Besorgnis, dass durch die Offenbarung der Identität oder des Wohn- oder Aufenthaltsortes des Zeugen Leben, Leib oder Freiheit des Zeugen oder einer anderen Person gefährdet wird, so kann ihm gestattet werden, Angaben zur Person nicht oder nur über eine frühere Identität zu machen. [2]Er hat jedoch in der Hauptverhandlung auf Befragen anzugeben, in welcher Eigenschaft ihm die Tatsachen, die er bekundet, bekannt geworden sind. [3]Ist dem Zeugen unter den Voraussetzungen des Satzes 1 gestattet worden, Angaben zur Person nicht oder nur über eine frühere Identität zu machen, darf er sein Gesicht entgegen § 176 Absatz 2 Satz 1 des Gerichtsverfassungsgesetzes ganz oder teilweise verhüllen.

(4) [1]Liegen Anhaltspunkte dafür vor, dass die Voraussetzungen der Absätze 2 oder 3 vorliegen, ist der Zeuge auf die dort vorgesehenen Befugnisse hinzuweisen. [2]Im Fall des Absatzes 2 soll der Zeuge bei der Benennung einer ladungsfähigen Anschrift unterstützt werden. [3]Die Unterlagen, die die Feststellung des Wohn- oder Aufenthaltsortes, der vollständigen Anschrift oder der Identität des Zeugen gewährleisten, werden bei der Staatsanwaltschaft verwahrt. [4]Zu den Akten sind sie erst zu nehmen, wenn die Besorgnis der Gefährdung entfällt. [5]Wurde dem Zeugen eine Beschränkung seiner Angaben nach Absatz 2 Satz 1 gestattet, veranlasst die Staatsanwaltschaft von Amts wegen bei der Meldebehörde eine Auskunftssperre nach § 51 Absatz 1 des Bundesmeldegesetzes, wenn der Zeuge zustimmt.

(5) [1]Die Absätze 2 bis 4 gelten auch nach Abschluss der Zeugenvernehmung. [2]Soweit dem Zeugen gestattet wurde, Daten nicht anzugeben, ist bei Auskünften aus und Einsichtnahmen in Akten sicherzustellen, dass diese Daten anderen Personen nicht bekannt werden, es sei denn, dass eine Gefährdung im Sinne der Absätze 2 und 3 ausgeschlossen erscheint.

Schrifttum: Diemer, Der Einsatz der Videotechnik in der Hauptverhandlung, NJW 1999, 1667; Eisenberg, Straf(verfahrens-)rechtliche Maßnahmen gegenüber „Organisiertem Verbrechen", NJW 1993, 1033; Griesbaum, Der gefährdete Zeuge, NStZ 1998, 433; Herdegen, Bemerkungen zum Beweisantragsrecht, NStZ 1984, 200; Hilger, Neues Strafverfahrensrecht durch das OrgKG, NStZ 1992, 457; Leineweber, Die Entbindung von der Wohnortangabe bei der Vernehmung eines Zeugen gemäß § 68 Satz 2 StPO, MDR 1985, 635; Leineweber, Verweigerung der Wohnortangabe durch Kriminalbeamte, MDR 1990, 109; Rebmann/Schnarr, Der Schutz des gefährdeten Zeugen im Strafverfahren, NJW 1989, 1185; Schlund, Was bedeutet Wohnortangabe im Sinne von § 68 StPO, NJW 1972, 1035; Schweckendieck, Zeugenadresse in der Anklageschrift – muss das sein?, NStZ 2002, 408; Soine/Engelke, Das Gesetz zur Harmonisierung des Schutzes gefährdeter Zeugen (Zeugenschutz-Harmonisierungsgesetz – ZSHG, NJW 2002, 470; Walter, Vermummte Gesichter, verzerrte Stimmen – audiovisuell verfremdete Aussagen von V-Leuten?, StraFo 2004, 224.

Übersicht

A. Allgemeines

I. Normzweck

1 **1. Zeugenschutz.** Die in § 68 enthaltenen Ordnungsvorschriften behandeln in den Abs. 1–3 die **Vernehmung des Zeugen zur Person.** Abs. 4 regelt Hinweispflichten und Aktenführung, Abs. 5 die Fortdauer des Zeugenschutzes. §§ 68a, 69 bestimmen die Inhalte der Zeugenvernehmung.

2 Mit der **Neufassung** des § 68[1] durch das OrgKG vom 15.7.1992 (BGBl. I 1302) sowie der Änderung der Vorschrift durch das 2. ORRG vom 29.7.2009 (BGBl. I 2280) bezweckte der Gesetzgeber eine **Verbesserung des Schutzes gefährdeter Zeugen;** gleichzeitig wurde der Kreis der zu schützenden Personen erweitert. Deshalb lassen § 68 Abs. 1 S. 2, Abs. 2 und Abs. 3 aus Gründen des Zeugenschutzes – je nach Gefährdungslage abgestufte – Einschränkungen bei der Erhebung der Personalien zu. Eine **weitere Änderung** der Vorschrift durch das Gesetz zur Fortentwicklung der StPO[2] bezweckte die Verstärkung des Zeugenschutzes und eine eindeutigere Fassung der Bestimmungen des § 68. Flankiert wird dies durch die Neufassung des § 200 Abs. 1 S. 3.

3 Mittels dieses **Identitätsschutzes** sollen die Einschüchterung der Auskunftspersonen und die damit einhergehenden Auswirkungen auf ihr Anzeige- und Aussageverhalten (Unterlassen von Strafanzeigen, Abschwächung oder Widerruf von Angaben, Falschaussagen, Vortäuschen von Nichtwissen oder Erinnerungsverlust, Verweigerung der Aussage

[1] Zur Entstehungsgeschichte Schweckendieck NStZ 2002, 408 (409 f.).
[2] Gesetz vom 25.6.2021, BGBl. I 2021 (2099); in Kraft getreten am 1.7.2021.

unter Verweisung auf die Gefährdung) unterbunden werden.[3] Zum Schutz Verdeckter Ermittler → Rn. 13.

Abs. 4 will dem vorgesehenen Zeugenschutz in der Praxis zur Durchsetzung verhelfen. 4
Gefährdete Zeugen sind über ihre Befugnisse erforderlichenfalls aufzuklären und bei der Wahrnehmung ihrer Rechte zu unterstützen (→ Rn. 69 ff.).[4] Da der Regelungsgehalt des heutigen Abs. 2 S. 2 demjenigen des § 68 S. 2 aF entspricht, kann die zu § 68 aF ergangene Rechtsprechung nach wie vor herangezogen werden.

Die Neuregelungen des § 68 zeigen, dass der Zeugenschutz gegenüber der vollen Indi- 5
vidualisierbarkeit des zu vernehmenden Zeugen, auch im Interesse wirksamer Kriminalitätsbekämpfung, Vorrang erhalten hat.[5] Die an anderer Stelle (→ § 58a Rn. 13 f. und → Vor § 48 Rn. 72 ff.) geäußerten Bedenken gegenüber einer einseitigen Überbetonung des Zeugenschutzes zu Lasten der Aufklärung und den Interessen der Verfahrensbeteiligten gewinnen hier regelmäßig keine Bedeutung, da die Anwendung der in § 68 vorgesehenen Instrumente des Zeugenschutzes keine Beeinträchtigungen der Wahrheitsfindung, der Verteidigungsmöglichkeiten oder Einschränkungen des Unmittelbarkeitsgrundsatzes mit sich bringen.

2. Keine abschließende Regelung; weitergehende Maßnahmen. Im Einzelfall 6
können Anordnungen nach § 68 keinen wirksamen oder nicht ausreichenden Schutz für den gefährdeten Zeugen bieten. Der Vernehmende bzw. das Gericht müssen dann **andere bzw. weitergehende Maßnahmen** prüfen, denn die Zeugenschutzbestimmungen des § 68 stellen keine abschließende Regelung dar.

Neben den durch §§ 58a, 247, 255a und §§ 171b, 172 GVG eröffneten Möglichkeiten 7
des Zeugenschutzes, zu denen auf die jeweiligen Kommentierungen verwiesen wird, sowie Beschränkungen der Akteneinsicht oder Präventivmaßnahmen kommen zum Zweck der Geheimhaltung der Identität gefährdeter Zeugen auch eine Kombination des § 68 mit einer ggf. verfremdeten und/oder abgeschirmten (Video-)Vernehmung (→ Rn. 64 ff.), Vertraulichkeitszusagen oder – auf der Grundlage einer rechtmäßigen Sperrerklärung – die vollständige Sperrung des Zeugen in Betracht.

Droht etwa einem Zeugen, dem von den Strafverfolgungsbehörden Vertraulichkeit 8
zugesichert wurde, bei Offenbarung seiner Identität, die bereits allein durch die Präsenz des Zeugen im Sitzungssaal befürchtet werden müsste, **Gefahr für Leib oder Leben,** die sich weder durch Maßnahmen nach § 68 noch durch eine abgeschirmte und/oder verfremdete audiovisuelle Vernehmung[6] beseitigen lässt, kann auch eine **vollständige Sperrung** des Zeugen in entsprechender Anwendung des § 96 gerechtfertigt sein.[7] Dies gilt namentlich, wenn die Möglichkeit besteht, dass der Angeklagte oder sein Umfeld an dem Zeugen Rache nehmen wird oder wenn die Nichteinhaltung der Vertraulichkeitszusage das Vertrauen in Zusagen der Strafverfolgungsbehörden insgesamt erschüttern würde.

Dabei darf aber nicht übersehen werden, dass eine **Vertraulichkeitszusage** allein 9
zwar – mit Einschränkungen – die StA und die Polizei bindet, jedoch für das gerichtliche Verfahren keine Bedeutung hat. Eine gebotene Beweiserhebung kann deshalb nicht mit der Begründung, dass Polizei oder StA die Identität des Zeugen geheim halten wollen bzw. die Geheimhaltung zugesichert wurde, abgelehnt werden. So dürfen etwa ein Informant oder ein Gewährsmann der Polizei nicht als unerreichbares Beweismittel behandelt werden, solange keine Sperrerklärung der obersten Dienstbehörde vorliegt.[8]

II. Anwendungsbereiche

1. Zeugen- und Sachverständigenvernehmung. § 68 gilt – unabhängig von der 10
Verhörsperson – im Ermittlungs- und im Hauptverfahren bei allen richterlichen, staatsan-

[3] BT-Drs. 12/989, 34.
[4] BT-Drs. 16/12098, 13; Monka in BeckOK StPO vor Rn. 1.
[5] BGH 26.9.2002 – 1 StR 111/02, NStZ 2003, 274 (275).
[6] Vgl. hierzu Walter StraFo 2004, 224 (224 ff.).
[7] Vgl. BVerfG 8.10.2009 – 2 BvR 547/08, NJW 2010, 925 (927).
[8] BGH 26.7.2011 – 1 StR 297/11, BeckRS 2011, 21644.

waltschaftlichen (§ 161a Abs. 1 S. 2) und polizeilichen (§ 163 Abs. 3 S. 1 und 2) Zeugenvernehmungen, ebenso bei der kommissarischen Vernehmung eines Zeugen.[9] Gemäß § 72 gilt § 68 auch bei der Vernehmung von Sachverständigen.

11 Eine **Vernehmung** liegt dann vor, wenn der der Vernehmende dem Zeugen in amtlicher Funktion gegenübertritt und in dieser Eigenschaft von ihm Auskunft verlangt.[10] Die Abgrenzung der Vernehmung von informatorischen Befragungen oder Informationsbeschaffungen ist nicht nur für die Frage, ob eine Belehrungspflicht bestand, relevant, sondern auch für die Anwendbarkeit des § 68. Dabei kommt es auf die inhaltliche Ausgestaltung der Befragung an; nicht entscheidend ist, ob der Vernehmende die Befragung protokolliert oder nur formlos, etwa per Telefon, durchführt.

12 An einer **Vernehmung fehlt** es etwa, wenn ein Zeuge eine Strafanzeige erstattet und in diesem Zusammenhang Angaben macht, bei Äußerungen des Zeugen im Rahmen seiner Bitte um polizeiliche Hilfe oder bei der Mitteilung von Informationen, die ein V-Mann dem von ihm herbeigerufenen Polizeibeamten gibt.[11]

13 **2. Verdeckte Ermittler.** Die Regelung des § 110b Abs. 3 S. 3, nach der die Identität eines als verdeckten Ermittlers eingesetzten Beamten im Strafverfahren weiterhin nach Maßgabe des § 96 geheim gehalten werden kann, ist nicht abschließend zu verstehen. Neben der Sperrerklärung sind auch bei Vernehmung eines verdeckten Ermittlers Zeugenschutzmaßnahmen nach § 68 möglich.[12] Die Regelungen des § 68 Abs. 3 S. 2 und 3 gelten auch für die Vernehmung von Verdeckten Ermittlern.

14 **3. Zeugen im Zeugenschutzprogramm.** § 68 gilt auch für Zeugen, die sich in einem Zeugenschutzprogramm befinden.[13] Ein Zeuge erwirbt nicht allein deswegen die Stellung einer anderen Person des öffentlichen Dienstes iSv § 54 Abs. 1, weil er in ein Zeugenschutzprogramm aufgenommen und hierbei förmlich zur Verschwiegenheit über die ihm bekanntwerdenden Erkenntnisse zu Zeugenschutzmaßnahmen verpflichtet wurde. Vielmehr verbleibt es bei den für den Zeugen geltenden Regelungen der StPO.

15 Der Gesetzgeber hat im Interesse der Wahrheitsfindung und einer fairen Verfahrensgestaltung für den Strafprozess den **Vorrang der Sachaufklärung** vor dem Interesse an der Geheimhaltung staatlicher Zeugenschutzmaßnahmen normiert. Denn die in § 3 ZSHG[14] bestimmte Verschwiegenheitspflicht und das Recht des Zeugen, nur Angaben über seine frühere Identität zu machen, werden für das Strafverfahren – anders als in anderen Gerichtsverfahren und den Verfahren vor parlamentarischen Untersuchungsausschüssen – durch **§ 10 Abs. 3 ZSHG** durchbrochen. Nach dieser Vorschrift verbleibt es bei Zeugenvernehmungen im Strafverfahren bei den Bestimmungen der §§ 68, 110b Abs. 3; weitere Einschränkungen müssen die Verfahrensbeteiligten nicht hinnehmen.[15] Fragen, durch deren Beantwortung der Zeuge Erkenntnisse über Zeugenschutzmaßnahmen offenbaren müsste, begründen für den zur Verschwiegenheit verpflichteten Zeugen weder ein Auskunftsverweigerungsrecht nach § 55 noch sind sie von vornherein ungeeignet oder nicht zur Sache gehörend iSv § 241 Abs. 2. Das Gericht kann solche Fragen jedoch dann zurückweisen, wenn von ihrer Beantwortung kein Aufklärungsgewinn zu erwarten ist.[16] Hinzu kommen die durch das Gesetz zur Modernisierung des Strafverfahrens eingefügten **Neuregelungen** des § 68 Abs. 3 S. 3 und des § 10 Abs. 1 S. 3 ZSHG, nach denen iSv § 68 Abs. 3 S. 1 gefährdete Zeugen sowie Zeugen im Zeugenschutzprogramm entgegen § 176 Abs. 2 S. 1 GVG ihr Gesicht ganz oder teilweise verhüllen dürfen.

---

9 BGH 17.10.1983 – GSSt 1/83, BGHSt 32, 115 = NJW 1984, 247 = NStZ 1984, 36; Slawik in KK-StPO Rn. 1.

10 Ignor/Bertheau in Löwe/Rosenberg Rn. 1 mwN.

11 Vgl. Schmitt in Meyer-Goßner/Schmitt § 252 Rn. 8 mwN.

12 Bruns in KK-StPO § 110b Rn. 18.

13 BGH 15.12.2005 – 3 StR 281/04, NJW 2006, 785 (787).

14 Gesetz zur Harmonisierung des Schutzes gefährdeter Zeugen v. 11.12.2001, BGBl. I 3510.

15 Soine/Engelke NJW 2002, 470 (473).

16 BGH 15.12.2005 – 3 StR 281/04, NJW 2006, 785.

B. Erläuterung

I. Personalienfeststellung (Abs. 1)

1. Allgemeines. a) Zweck. Die Feststellung der Personalien steht am Anfang jeder Vernehmung eines Zeugen. Sie stellt einen wesentlichen Bestandteil jeder Vernehmung dar. Die Erhebung der Personalien dient nicht nur dazu, Personenverwechslungen zu vermeiden, sondern soll auch eine Grundlage für die Beurteilung der Glaubwürdigkeit des Zeugen schaffen und es den Verfahrensbeteiligten ermöglichen, Erkundigungen einzuholen.[17] Dies zeigt auch die Vorschrift des § 222 Abs. 1 S. 1, die verlangt, dass das Gericht der StA und dem Angeklagten geladene Zeugen und Sachverständige unter Angabe des Wohn- oder Aufenthaltsortes so rechtzeitig namhaft macht, dass die Beteiligten noch die Möglichkeit haben, Erkundigungen einzuziehen.[18] 16

b) Grundsätzliche Aussagepflicht. Der Zeuge muss im Rahmen seiner Vernehmung zur Person **grundsätzlich Angaben machen.** Es genügt nicht, wenn er seine Papiere dem Gericht vorzeigt und die anderen Verfahrensbeteiligten hiervon ausgeschlossen sind.[19] Mit Blick auf die Zwecke, die mit der Feststellung der Personalien verfolgt werden (→ Rn. 16), dürfen diese grundsätzlich vor dem Angeklagten und dem Verteidiger nicht geheim gehalten werden.[20] Zu möglichen Ausnahmen → Rn. 19 ff. 17

Zeugnis- und Auskunftsverweigerungsrechte berechtigen einen Zeugen nicht dazu, die Angaben zu den Personalien zu verweigern.[21] Zur Streitfrage, ob bei nicht berechtigtem Verschweigen der Personalien allein § 111 OWiG anwendbar ist oder ob § 70 gilt und damit die Möglichkeit besteht, Zwangsmittel anzuwenden, → § 70 Rn. 14. 18

c) Ausnahmen von der Aussagepflicht. In Ausnahmefällen kann auf die Feststellung der Personalien verzichtet werden. So kann die Festhaltung des Namens entbehrlich sein, wenn der Zeuge allen Verfahrensbeteiligten bekannt und eine Personenverwechslung nach Lage des Falles ausgeschlossen ist oder auf die genaue Altersfeststellung verzichtet werden, wenn die Eidesmündigkeit des Zeugen außer Frage steht.[22] 19

Einschränkungen bei der Feststellung der Personalien sind auch dann zugelassen, wenn eine **Gefährdungslage** iSv Abs. 2 oder Abs. 3 vorliegt. Dies zeigt, dass die Kenntnis der bzw. aller Personalien eines Zeugen für die Prüfung seiner Glaubwürdigkeit von Rechts wegen nicht unverzichtbar ist und damit auch eine Zeugenvernehmung unter optisch-akustischer Abschirmung nicht mehr schlechthin als unzulässig eingestuft werden kann (→ Rn. 64 ff.).[23] 20

Die nach Abs. 1 S. 2, 3, Abs. 2 und Abs. 3 möglichen **Einschränkungen** bei der Identitätsfeststellung bzw. Schutzmaßnahmen beeinträchtigen die Wahrheitsfindung und die Interessen der Verfahrensbeteiligten nicht; denn die Einziehung von Erkundigungen über die Glaubwürdigkeit eines Zeugen mittels des Wohnortes ist heute in der Praxis ohne Bedeutung.[24] Es kommt nicht auf den Wohnort, sondern auf den Inhalt der Aussage selbst sowie auf das Aussageverhalten des Zeugen an. Der Wahrheitsermittlung dient es am besten, wenn der Zeuge seine Aussage ohne Angst vor Gefährdungen oder Einwirkungen machen kann.[25] 21

d) Aussagegenehmigung. Im Zusammenhang mit der Feststellung der Personalien ist auch zu klären, ob eine ggf. erforderliche Aussagegenehmigung vorliegt. Sie ist zweckmä- 22

---

17 BGH 4.12.1985 – 2 StR 848/84, NJW 1986, 1999 (2000) mwN; 17.10.1983 – GSSt 1/83, BGHSt 32, 115 (128) = NJW 1984, 247 = NStZ 1984, 36.
18 Vgl. Schmitt in Meyer-Goßner/Schmitt § 222 Rn. 7.
19 BGH 14.4.1970 – 5 StR 627/69, BGHSt 23, 244 = NJW 1970, 1197.
20 BGH 14.4.1970 – 5 StR 627/69, BGHSt 23, 244 = NJW 1970, 1197.
21 Vgl. dazu BGH 1.2.1966 – 5 StR 374/65, MDR 1966, 383; Otte in Radtke/Hohmann Rn. 1.
22 Vgl. RG 7.5.1907 – II 104/07, RGSt 40, 157 (158).
23 Diemer NJW 1999, 1667 (1670).
24 BT-Drs. 12/989, 35.
25 BT-Drs. 16/12098, 13.

ßigerweise schon vor der Zeugenvernehmung einzuholen. Die Aussagegenehmigung berührt den Rechtskreis des Angeklagten nicht, braucht nicht verlesen zu werden und kann auch mündlich eingeholt werden; der Zeuge kann zu ihrem Vorliegen befragt werden. Für die Urteilsfindung wird nur die Aussage selbst, nicht die Aussagegenehmigung, verwertet.[26]

23 **e) Protokollierung.** Im Hauptverhandlungsprotokoll ist die Vernehmung zur Person als wesentliche Förmlichkeit mit der Beweiskraft des § 274 zu beurkunden.[27] Für Vernehmungen im Ermittlungsverfahren gelten § 168a Abs. 1 und § 168b Abs. 2.

24 **2. Vor- und Nachname.** Der Zeuge hat grundsätzlich seinen Ruf- und Familiennamen anzugeben. Auf Nachfrage sind auch weitere Vornamen und der Familienname anzugeben. Soweit zur Identifizierung erforderlich, gilt dies auch für einen Künstlernamen; allein den Künstlernamen anzugeben, genügt nicht.[28] Ebenso wenig reicht es aus, nur einen Decknamen anzugeben.[29] Entbehrlich ist die Frage nach dem Namen des Zeugen dann, wenn der Name dem Gericht und allen Prozessbeteiligten bekannt ist.[30] Bei Polizeibeamten genügt es regelmäßig, den Dienstgrad und den Nachnamen zu erheben.

25 **3. Alter.** Der Zeuge kann sein Alter in Jahren angeben oder sein Geburtsdatum nennen. Darauf, ob die Altersangabe für das Verfahren erheblich ist, kommt es nicht an.[31] Bei jüngeren Zeugen ist die Angabe des genauen Alters bedeutsam, weil dieses darüber entscheidet, ob eine Strafbarkeit wegen Falschaussagedelikten in Betracht kommt, Eidesfähigkeit vorliegt und Zwangsmittel angewendet werden können. Entsprechend wird der Vorsitzende die Belehrung des Zeugen inhaltlich ausrichten. Das genaue Alter eines Zeugen kann zudem bei der Aufklärung von Sexualstraftaten oder der Klärung von Verjährungsfragen bedeutsam werden.

26 **4. Beruf.** Der Begriff des Berufs ist an die Stelle der früheren Bezeichnung „Stand oder Gewerbe" getreten. Die berufliche Position ist möglichst **konkret** und nicht nur mit einem Oberbegriff oder einer Berufsgruppe anzugeben.[32] Da die Angabe einer Berufsbezeichnung oder die Zugehörigkeit zu einer Berufsgruppe (zB Beamter, Handwerker) nicht immer aussagekräftig ist und es offen lassen kann, ob und welche Tätigkeit der Zeuge aktuell ausübt, darf das Gericht Angaben zur derzeitigen beruflichen Stellung und zur Art der Beschäftigung bzw. des Erwerbs verlangen.[33]

27 Nicht mehr zur Feststellung der Personalien gehört die Nachfrage nach **früheren Berufstätigkeiten.**[34] Diese Frage kann aber im Rahmen der Vernehmung zur Sache relevant werden.

28 **5. Vollständige Anschrift. a) Begriff.** Das Gesetz versteht unter dem in der alten Fassung des Abs. 1 verwendeten Begriff des Wohnortes, wie Abs. 2 S. 1 mit der Wendung „oder eine andere ladungsfähige Anschrift" zeigt, einen Unterfall der ladungsfähigen Anschrift eines Zeugen, dh nicht nur eine bloße Ortsangabe, sondern die **volle postalische Adresse.**[35] Die am 1.7.2021 in Kraft getretene Neufassung hat dies klargestellt, indem sie das Wort „Wohnort" durch den Begriff der vollständigen Anschrift ersetzt hat. Die Gegenauffassung[36] berücksichtigt den Wortlaut des Abs. 2 S. 1 nicht und ist zudem mit der

[26] BGH 21.3.2012 – 1 StR 34/12, NStZ-RR 2014, 381.
[27] Slawik in KK-StPO Rn. 12; Schmitt in Meyer-Goßner/Schmitt Rn. 22.
[28] Slawik in KK-StPO Rn. 2 mwN.
[29] BGH 14.4.1970 – 5 StR 627/69, BGHSt 23, 244 = NJW 1970, 1197.
[30] Ignor/Bertheau in Löwe/Rosenberg Rn. 3.
[31] Schmitt in Meyer-Goßner/Schmitt Rn. 6.
[32] Otte in Radtke/Hohmann Rn. 4 mwN.
[33] BT-Drs. 16/12098, 13.
[34] BGH 1.2.1966 – 5 StR 374/65, MDR 1966, 383.
[35] OLG Stuttgart 3.12.1990 – 1 Ws 252/90, NStZ 1991, 297 (298); Ignor/Bertheau in Löwe/Rosenberg Rn. 6; Schmitt in Meyer-Goßner/Schmitt Rn. 8 mwN; Otte in Radtke/Hohmann Rn. 5 mwN; Eisenberg BeweisR StPO Rn. 1090.
[36] Slawik in KK-StPO Rn. 5, der die Angabe des Wohnorts „regelmäßig" als ausreichend ansieht; Rebmann/Schnarr NJW 1989, 1185 (1188).

sich aus den Materialien[37] ergebenden Intention des Gesetzgebers, der von der vollständigen Anschrift ausging, nicht vereinbar. Ohne Angabe der genauen Adresse ist es ferner regelmäßig unmöglich, Personenverwechslungen auszuschließen.[38]

Fehlt es an einem festen Wohnsitz bzw. einer Anschrift muss der Zeuge nach allgM seinen **Aufenthaltsort** angeben.[39] Heimbewohner und Untergebrachte müssen die Anschrift der **Einrichtung,** etwa des Asyl- oder Übergangswohnheims, der Wohngemeinschaft oder der Klinik angeben, in der sie sich aufhalten. 29

b) Neuregelung für richterliche Vernehmungen und Hauptverhandlung (Abs. 1 S. 2). Diese Neuregelung macht die Angabe der vollständigen Anschrift häufig entbehrlich: Steht die Identität des Zeugen außer Zweifel, hat der Richter nach Abs. 1 S. 2 sowohl in der Hauptverhandlung als auch bei Vernehmungen in Anwesenheit des Beschuldigten (vgl. zu dessen Anwesenheitsrecht § 168c Abs. 2) **nur den Wohn- oder Aufenthaltsort** des Zeugen zu erfragen. Hierdurch soll dem Zeugen die Angst vor möglichen Nachteilen oder Repressalien genommen werden, die mit dem Angeben der vollen Anschrift verbunden sein können und so seine unbefangene Aussagebereitschaft erhalten bzw. gefördert werden.[40] 29a

Abs. 1 S. 2 setzt **keine Gefährdung** des Zeugen voraus, sondern gilt stets und unabhängig von den Regelungen der Abs. 2 und 3. Damit ist die Erhebung der vollständigen Anschrift – in der Hauptverhandlung und bei richterlichen Vernehmungen in Anwesenheit des Beschuldigten – nur noch in **Ausnahmefällen** geboten, etwa dann, wenn Verwechslungsgefahr besteht oder ein bisher unbekannter bzw. in den Akten nicht auftauchender Zeuge auftritt. Liegt eine Gefährdungslage vor, so gilt Abs. 2 S. 2. 29b

Die neu eingefügte, am 1.7.2021 in Kraft getretene Bestimmung des Abs. 1 S. 2 korrespondiert mit § 200 Abs. 1 S. 3. Sie verdeutlicht gleichzeitig, dass im Grundsatz bei Vernehmungen im Ermittlungsverfahren die vollständige Anschrift des Zeugen zu erheben und festzuhalten ist.[41] 29c

c) Alternative zur Angabe der vollständigen Anschrift (Abs. 1 S. 3). Zeugen, die Wahrnehmungen in amtlicher Eigenschaft – etwa als Richter, Staatsanwälte, Polizei- und Zollbeamte, Steuerfahnder oder Beamte im Strafvollzug – gemacht haben, sind berechtigt, statt ihrer vollständigen Anschrift ihren **Dienstort,** dh die genaue Adresse der Dienstbehörde, anzugeben. Der Dienstort ist der Ort, an der die Behörde, der der Zeuge angehört, ihren Sitz hat.[42] Eine **Außenstelle** wie etwa der Grenzposten eines Zollbeamten, an der sich der Zeuge nur zeitweise aufhält, fällt nicht hierunter.[43] 30

Wahrnehmungen in amtlicher Eigenschaft liegen vor, wenn der Zeuge sein Wissen im Zusammenhang mit einer Diensthandlung oder in sonstiger Weise dienstlich erlangt hat. Insoweit ist eine Aussagegenehmigung erforderlich. Wahrnehmungen geschäftlicher Art oder nur gelegentlich des Dienstes reichen für die Anwendung des Abs. 1 S. 2 nicht aus.[44] 31

Zwar wird mit der Regelung des Abs. 1 S. 3 der **Schutz der Zeugen** vor möglichen gefährdenden oder belästigenden Angriffen bezweckt.[45] Das Recht der Zeugen, den Dienstort anzugeben, besteht jedoch, wie der Wortlaut des Abs. 1 S. 3 und ein Vergleich dieser Bestimmung mit den Regelungen in Abs. 2 und 3 zeigen, als gleichrangige Alternative und **unabhängig von einer zu besorgenden Gefährdung;** es bedarf nicht einmal der Gefahr einer Belästigung.[46] Denn die Identität der Zeugen lässt sich über den Dienstort ebenso 32

---

37 BR-Drs. 178/09, 19.
38 Leineweber MDR 1985, 635 (636); MDR 1990, 109.
39 Eisenberg BeweisR StPO Rn. 1090.
40 BT-Drs. 19/27654, 59.
41 BT-Drs. 19/27654, 59.
42 Ignor/Bertheau in Löwe/Rosenberg Rn. 7; Senge in KK-StPO Rn. 6.
43 Slawik in KK-StPO Rn. 6.
44 Ignor/Bertheau in Löwe/Rosenberg Rn. 7 mwN.
45 Hilger NStZ 1992, 457 (458); Ignor/Bertheau in Löwe/Rosenberg Rn. 7.
46 Eisenberg BeweisR StPO Rn. 1090; aA (zu § 68 aF) OLG Celle 13.10.1987 – 3 Ws 399/87, NJW 1988, 2751.

sicher und schnell wie im Falle der Angabe des Wohnortes feststellen. Zudem ist der Wohnort eines Polizeibeamten für die Fallbearbeitung belanglos.[47]

33 **6. Religion, Herkunft.** Nach seiner Religionszugehörigkeit darf der Zeuge im Rahmen der Feststellung seiner Personalien nicht gefragt werden (Art. 140 GG iVm Art. 136 Abs. 3 WRV). Die Religion kann aber bei der Sachbefragung erhoben werden, etwa wenn dies für den Tatvorwurf und/oder die Würdigung der Aussage bedeutsam sein kann.[48] Entsprechendes gilt für Fragen nach der Herkunft oder der Abstammung des Zeugen.[49]

II. Geheimhaltung der Anschrift und des Wohnorts (Abs. 2)

34 **1. Anwendungsbereiche.** Abs. 2 S. 1 sieht die Möglichkeit vor, dass der Zeuge – bei einer für ihn oder einen Dritten zu besorgenden **Gefährdungslage** oder bei Besorgnis einer unlauteren Einwirkung auf den Zeugen oder eine andere Person – anstelle seine vollständigen Anschrift den Dienst- oder Geschäftsort oder eine andere ladungsfähige Anschrift angibt. Zugelassen ist nur der Ersatz für die Angabe des Wohnortes; die Regelung des Abs. 2 kann **nicht entsprechend** auf andere Angaben zu den Personalien angewendet werden; dh, dass der Zeuge von der Verpflichtung zur Angabe des Namens in den unter Abs. 2 fallenden Konstellationen nicht freigestellt werden kann.[50]

35 Abs. 2 S. 1 ist bereits bei Erstellung der Anklageschrift (vgl. § 200 Abs. 1 S. 4) zu berücksichtigen und gilt bei jeder Vernehmung. Abs. 2 S. 2 erstreckt den entsprechenden Zeugenschutz auch auf die Hauptverhandlung; darauf, ob die **Verhandlung öffentlich oder nichtöffentlich** ist, kommt es nicht an. Das Recht des Zeugen, keine Angaben zu seiner Anschrift zu machen, gilt für die gesamte Hauptverhandlung und beschränkt insoweit das Fragerecht der Verfahrensbeteiligten.[51] Mit der am 1.7.2021 in Kraft getretenen Neufassung des Abs. 2 S. 2 will der Gesetzgeber – bei Vernehmungen in der Hauptverhandlung und bei richterlichen Vernehmungen in Anwesenheit des Beschuldigten – einen effektiven Zeugenschutz dadurch gewährleisten, dass der Zeuge – im Falle einer Gefährdungslage iSv Abs. 1 2 S. 1 – auch seinen Wohn- oder Aufenthaltsort nicht anzugeben braucht. Auf diese Weise soll die Gefahr beseitigt werden, dass der Zeuge ausfindig gemacht, aufgesucht und beeinflusst bzw. eingeschüchtert wird.[52]

36 Liegen die Voraussetzungen des Abs. 2 vor, so ist bei einer **Verlesung** der Zeugenaussage in der Hauptverhandlung die Anschrift auszusparen.[53] Der Schutz des Zeugen durch die Möglichkeit, die Öffentlichkeit nach **§ 172 GVG** auszuschließen, besteht unabhängig von und neben § 68. Zur **Fortdauer des Schutzes** der Zeugen → Rn. 67.

37 **2. Gefährdungslage. a) Geschützter Personenkreis.** In den Schutz des Abs. 2 einbezogen sind neben dem Zeugen auch andere Personen. In Frage kommen etwa Angehörige, Freunde, Bekannte oder Berufskollegen des Zeugen oder Personen, über die der Wohnort des Zeugen in Erfahrung gebracht werden kann.[54]

38 **b) Rechtsgüter.** Abs. 2 setzt lediglich die Besorgnis voraus, dass Rechtsgüter des Zeugen oder eines Dritten im Falle der Angabe des Wohnortes gefährdet sein könnten. Als solche kommen Leib, Leben, Freiheit, Eigentum, Vermögen, Besitz und der Hausfrieden in Betracht.[55] Anders als Abs. 3 enthält Abs. 2 keine Beschränkung auf bestimmte Rechtsgüter.

47 Leineweber MDR 1985, 635 (638).
48 Schmitt in Meyer-Goßner/Schmitt Rn. 9; Otte in Radtke/Hohmann Rn. 7 mwN.
49 Eisenberg BeweisR StPO Rn. 1093a.
50 BGH 17.10.1983 – GSSt 1/83, BGHSt 32, 115 (128) = NJW 1984, 247 (249), wo jedoch bereits eine Ausnahme für den Fall der Identitätsänderung anerkannt wird und dem Zeugen in einem solchen Fall gestattet werden darf, nur seinen früheren Namen anzugeben; hierzu Herdegen NStZ 1984, 200 (201).
51 Otte in Radtke/Hohmann Rn. 11; Ignor/Bertheau in Löwe/Rosenberg Rn. 12; Leineweber MDR 1985, 635 (637).
52 BT-Drs. 19/27654, 60.
53 Schmitt in Meyer-Goßner/Schmitt Rn. 10; Otte in Radtke/Hohmann Rn. 11.
54 Schmitt in Meyer-Goßner/Schmitt Rn. 12.
55 Schmitt in Meyer-Goßner/Schmitt Rn. 12; Monka in BeckOK StPO Rn. 4.

Unklar bleibt, weshalb teilweise[56] gefordert wird, dass es sich um verfassungsrechtlich geschützte Rechtsgüter handeln müsse; Wortlaut und Schutzzeck der Norm bieten keinen Anhalt dafür, einfachgesetzlich geschützte Rechtsgüter nicht genügen zu lassen.

c) Besorgnis einer Gefährdung. aa) Gefahrprognose. Erforderlich ist eine Gefahrprognose. Da der Zeuge nicht zum bloßen Objekt des Verfahrens gemacht werden darf und auch er Anspruch auf ein faires Verfahren hat, kann er Schutz und jede Schonung verlangen, die mit dem Zweck des Strafverfahrens zu vereinbaren ist.[57] Davon ausgehend ist bei der Beurteilung der Frage, ob eine Gefährdung zu bejahen ist, ein **großzügiger Maßstab** anzulegen. 39

Dies gilt allgemein dort, wo – was regelmäßig der Fall sein wird – weder die Aufklärungspflicht noch Interessen der Verfahrensbeteiligten darauf hindeuten könnten, dass eine Notwendigkeit für die Offenbarung des Wohnortes besteht. Die Anwendung des Abs. 2 kommt danach auch bei der Vernehmung Angehöriger der Ermittlungs- und Sicherheitsbehörden, die aufgrund ihrer Tätigkeit potentiell häufigeren und intensiveren Gefährdungen ausgesetzt sind als andere Zeugen, in Betracht.[58] 40

Es genügt, wenn sich der begründete Anlass zur Besorgnis einer Rechtsgutgefährdung aus einem Zusammenhang mit der Tätigkeit oder den Bekundungen des Zeugen in dem Strafverfahren ergibt, in dem er nunmehr aussagen soll. Eine erhebliche Gefährdung kann nicht verlangt werden. Abs. 2 erfordert auch weder eine konkrete oder akute Gefährdungslage noch eine unmittelbar bevorstehende Rechtsgutverletzung.[59] Derartige Einschränkungen fordern weder Wortlaut noch Sinn und Zweck der Norm.[60] Ausreichend ist eine **Gefährdungswahrscheinlichkeit.**[61] 41

Eine zu enge Auslegung liefe schließlich dem vom Gesetzgeber beabsichtigten Zeugenschutz zuwider. Die Bandbreite denkbarer Pressionen ist groß; die Mittel der Druckausübung reichen von symbolischen Gesten (zB der Zusendung von Tierkadavern oder Warnschüssen) über Telefonterror, Drohungen und Sachbeschädigungen, etwa dem Zerstechen der Reifen oder der Demolierung der Wohnung bis hin zu Tätlichkeiten, Entführungen und versuchten oder vollendeten Tötungen.[62] 42

bb) Begründung der Besorgnis. Ebenso ist die Anwendung eines großzügigen Maßstabs angezeigt, wenn es um die Klärung der Frage geht, wann bzw. unter welchen Umständen begründeter Anlass für die Annahme der Besorgnis einer Gefährdung besteht. Die entsprechende Besorgnis lässt sich nicht nur aus früher **erfolgten oder angedrohten Anschlägen** auf die Person oder ein Rechtsgut des Zeugen oder eines Dritten ableiten, sondern auch aus schon erfolgten **Bedrohungen** des Zeugen oder aus Versuchen, auf Angehörige dahin einzuwirken, dass der Zeuge seine belastende Aussage zurücknehmen solle.[63] Ferner ist es ausreichend, die Gefährdung aus kriminalistischen Anhaltspunkten, kriminologischen Erfahrungen oder der **Lebenserfahrung** herzuleiten.[64] 43

Ebenso ist es zulässig, namentlich in bestimmten **Kriminalitätsfeldern,** Erfahrungstatsachen zu berücksichtigen. In Strafverfahren, die die Bereiche der organisierten Kriminalität, der kriminellen oder terroristischen Vereinigungen oder der Rauschgiftkriminalität[65] betref- 44

---

[56] Leineweber MDR 1985, 635 (637).

[57] OLG Celle 13.10.1987 – 3 Ws 399/87, NJW 1988, 2751 (2752).

[58] Leineweber MDR 1985, 635 (637).

[59] OLG Koblenz 18.6.1991 – Ws 279/91, NStZ 1992, 95 mwN; LG Stuttgart 12.12.1988 – 7 Qs 78/88, Justiz 1989, 203; Ignor/Bertheau in Löwe/Rosenberg Rn. 10; Hilger NStZ 1992, 457 (459).

[60] AA Griesbaum NStZ 1998, 433 (436), der allerdings die Erheblichkeit der Gefährdung in Abgrenzung zur bloßen Belästigung verlangt. Otte in Radtke/Hohmann Rn. 8 verlangt eine „nicht unerhebliche" Gefährdung.

[61] Griesbaum NStZ 1998, 433 (436) mwN.

[62] BT-Drs. 12/989, 33.

[63] Vgl. BGH 10.1.1989 – 1 StR 669/88, NJW 1989, 1230 = NStZ 1989, 237.

[64] OLG Koblenz 18.6.1991 – Ws 279/91, NStZ 1992, 95; Leineweber MDR 1985, 635 (637).

[65] OLG Stuttgart 3.12.1990 – 1 Ws 252/90, NStZ 1991, 297 (298) zu ständig mit in der städtischen Rauschgiftszene ansässigen BtM-Verdächtigen befassten Polizeibeamten; s. auch LG Stuttgart 12.12.1988 – 7 Qs 78/88, Justiz 1989, 203.

fen, darf als **Erfahrungstatsache** berücksichtigt werden, dass als Zeugen auftretende Richter, Staatsanwälte, Polizeibeamte sowie Belastungszeugen regelmäßig einer Gefährdung durch andere Gruppenmitglieder oder Sympathisanten, namentlich wegen drohender Vergeltungsaktionen, ausgesetzt sind.[66] Der Gesetzgeber ging davon aus, dass im Bereich organisierter Kriminalität gerade die – angesichts häufig unzureichender Sachbeweise besonders wichtigen – Zeugen, die wegen ihrer persönlichen Nähe zur Tatplanung und Tatausführung Aussagen machen können, die zur Überführung von Hintermännern und Nutznießern der Tat beitragen können, besonders gefährdet sind.[67]

45 Gleiches gilt, wenn die Umstände den Schluss nahelegen, dass der Angeklagte Kontakte zu Personen aus dem Milieu der (organisierten) Gewalt- und Rauschgiftkriminalität unterhält oder Bemühungen krimineller Kreise bekannt werden, die Adresse eines Belastungszeugen in Erfahrung zu bringen.[68]

46 Die Annahme einer für § 68 ausreichenden Gefährdungslage kann ebenso bei offen im Rockermilieu ermittelnden Polizeibeamten naheliegen.[69] Entsprechendes wird bei **Belastungszeugen** gelten, die in erheblichem Umfang Aufklärungs- oder Präventionshilfe geleistet haben, besonders wenn ihnen § 46b StGB oder § 31 BtMG zugutekam, sowie bei allen Zeugen, die mit den Ermittlungsbehörden intensiv zusammengearbeitet haben. Für eine Gefährdungssituation spricht es ferner, wenn der Dienstherr bereits von Amts wegen Sicherungsmaßnahmen zum Schutz bestimmter Polizeibeamter veranlasst hat.[70]

47 Des weiteren kann eine Rolle spielen, ob in der Hauptverhandlung **Zuhörer** anwesend sind, bei denen davon ausgegangen werden kann, dass sie Dritte unterrichten bzw. zum Vorgehen gegen den Zeugen mobilisieren oder selbst zu bedrohenden Handlungen gegenüber dem Zeugen bereit sein könnten.[71] Auch insoweit ist die Anwendung eines großzügigen Maßstabs angezeigt, da eine generelle Überprüfung der Zuhörer auf ihre Zuverlässigkeit weder für das Gericht noch den Zeugen durchführbar ist.[72] Ferner wird zu Recht darauf hingewiesen, dass dem Zeugen feindlich gesonnene Zuhörer noch während der Feststellungen der Personalien den Sitzungssaal betreten oder die Zeugenanschrift bei anderen Zuhörern erfragen können.[73] Schließlich kann bei der Bejahung einer Gefährdung auf den Umstand abgestellt werden, dass der Angeklagte bei einem Teil der **Öffentlichkeit,** der gegenüber den Strafverfolgungsbehörden feindlich eingestellt ist, Sympathie findet.[74]

48 **cc) Abgrenzung zur Belästigung.** Mit Blick auf Sinn und Zweck der Regelung darf das Feld der nicht ausreichenden bloßen **Belästigungen** nicht zu weit abgesteckt werden. Unannehmlichkeiten genügen nicht. Ob drohende oder bereits eingetretene „Belästigungen" schon die Schwelle zu einer Rechtsgutgefährdung bzw. -verletzung erreichen oder überschritten haben, ist **Tatfrage.** So beinhaltet etwa die Gefahr, dass es zu Schmierereien am Haus, Gartenzaun oder Garagentor des Zeugen oder zu wiederholten Behelligungen durch Telefonanrufe kommt, bereits eine Gefährdung.[75] Dass Massensendungen oder fingierte Warenbestellungen stets als nicht ausreichende Belästigungen eingeordnet werden,[76] vermag angesichts der damit möglicherweise verbundenen Vermögensgefährdung des Betroffenen nicht zu überzeugen.

[66] Ignor/Bertheau in Löwe/Rosenberg Rn. 10 mwN; vgl. auch Leineweber MDR 1990, 111, der überzeugend bei in hochsensiblen Deliktsbereichen tätigen Kriminalbeamten regelmäßig eine potentielle Gefährdungssituation bejaht.
[67] BT-Drs. 12/989, 33.
[68] OLG Koblenz 18.6.1991 – Ws 279/91, NStZ 1992, 95.
[69] Vgl. BGH 26.10.2011 – 5 StR 292/11, NStZ 2012, 168.
[70] Leineweber MDR 1990, 109 (111).
[71] Vgl. BGH 10.1.1989 – 1 StR 669/88, NStZ 1989, 237 (238); OLG Celle 13.10.1987 – 3 Ws 399/87, NJW 1988, 2751 zum Verfahrensgegenstand politisch motivierter Sprengstoffanschläge und zu sympathisierenden Zuhörern.
[72] Vgl. Hund NStZ 1992, 96; Leineweber MDR 1990, 109 (111).
[73] Leineweber MDR 1990, 109 (111).
[74] OLG Celle 13.10.1987 – 3 Ws 399/87, NJW 1988, 2751 (2752).
[75] OLG Celle 13.10.1987 – 3 Ws 399/87, NJW 1988, 2751 (2752).
[76] Ignor/Bertheau in Löwe/Rosenberg Rn. 10; Schmitt in Meyer-Goßner/Schmitt Rn. 12; Otte in Radtke/Hohmann Rn. 8.

Auch **Telefonanrufe**[77] können im Einzelfall psychische Beeinträchtigungen hervorrufen und dadurch zu einer Willensbeeinflussung führen, die die Unbefangenheit der Aussage beeinträchtigt und damit vom Schutzzweck der Norm erfasst werden. Noch als bloße Belästigung können sie eingeordnet werden, wenn sie nur vereinzelt und ohne jede Drohung erfolgen.[78] 49

3. Einwirkungen in unlauterer Weise. Das Gesetz stellt in Abs. 2 S. 1 die Besorgnis, dass auf den Zeugen oder eine andere Person in unlauterer Weise eingewirkt wird, der Besorgnis einer Gefährdung gleich. Bei der Auslegung des Begriffs der unlauteren Einwirkung kann auf diejenige der gleichlautenden Begriffe in § 112 Abs. 2 Nr. 3b zurückgegriffen werden; es darf aber nicht übersehen werden, dass es keiner bestimmten Tatsachen bedarf, die einen dringenden Verdacht begründen. 50

Darauf, wer und mit welchen Mitteln den Zeugen unzulässig beeinflussen könnte, kommt es nicht an. Erfasst werden unmittelbare und mittelbare Beeinflussungen, wobei sich die **Unlauterkeit** aus dem Ziel der Einwirkung – dem Herbeiführen einer Falschaussage – oder dem Mittel der Einwirkung – Drohungen, Täuschungen, Stalking oder andere vom Gesetz nicht gebilligte Störungen – ergeben kann.[79] 51

4. Angabe von Wohnortalternativen. a) Geschäftsort, Dienstort. Geschäftsort ist der Ort, an dem eine wirtschaftliche Tätigkeit ausgeübt wird. Der Zeuge kann etwa die Anschrift einer Firma oder Niederlassung, von Verkaufsräumen oder eines Ateliers angeben. Dass die wirtschaftliche Tätigkeit auch nach außen erkennbar sein muss,[80] erscheint nicht erforderlich, da es entscheidend auf die Erreichbarkeit bzw. den Aufenthaltsort des Zeugen ankommt. Der Begriff **Dienstort** ist ebenso wie in Abs. 1 S. 2 zu verstehen; → Rn. 30. 52

b) Ladungsfähige Anschrift. Hierunter fällt jede Adresse, an der sich der Zeuge nicht oder nicht dauernd aufhält, die Ladung ihn aber erreicht. Dies kann etwa die Anschrift des Zeugenbeistands, des Neben- oder Adhäsionsklagevertreters, einer Zeugenschutzstelle der Polizei oder des LKA, einer amtlichen Vertrauensperson oder eines Zustellungsbevollmächtigten sein. 53

5. Entscheidung über Gefährdung. Die Entscheidung über das Vorliegen einer Gefährdungslage trifft der Vorsitzende (näher → Rn. 72–78) von Amts wegen, auf Antrag eines Prozessbeteiligten oder auf Antrag des Zeugen selbst. Der Zeuge ist berechtigt, eine gerichtliche Entscheidung nach § 238 Abs. 2 herbeizuführen. Die Behandlung der Identitätsunterlagen durch die StA regelt Abs. 4 S. 3 u. S. 4. Erst nach Wegfall der Gefährdung sind sie zu den Akten zu nehmen; danach besteht auch insoweit das Akteneinsichtsrecht nach § 147.[81] 53a

III. Geheimhaltung der Personalien, Gesichtsverhüllung (Abs. 3)

1. Allgemeines. Abs. 3 bietet einen – gegenüber Abs. 2 erweiterten und durch § 200 Abs. 1 S. 5 ergänzten – Schutz für besonders gefährdete Zeugen; er ermächtigt – wie Wortlaut und Materialien[82] zeigen – dazu, dem Zeugen zu gestatten, **keinerlei Angaben zu seiner Identität** zu machen **oder,** sofern ihm eine neue Identität verliehen wurde, lediglich Angaben über seine **frühere Identität** zu machen. Denn besonders in Verfahren der Betäubungsmittel- oder sonstigen Organisierten Kriminalität reicht die Geheimhaltung des Wohnortes von an Leib, Leben oder Freiheit gefährdeten Zeugen zu deren Schutz meist nicht aus.[83] 54

77 Nach Otte in Radtke/Hohmann Rn. 8 eine bloße Belästigung.
78 Vgl. Leineweber MDR 1985, 635 (637).
79 Vgl. Krauß in BeckOK StPO § 112 Rn. 24 mwN.
80 So Ignor/Bertheau in Löwe/Rosenberg Rn. 11; Slawik in KK-StPO Rn. 7.
81 Monka in BeckOK StPO Rn. 5, 6.
82 BT-Drs. 12/989, 35.
83 BT-Drs. 12/989, 35.

54a Abs. 3 erlaubt es ferner, als **Minus** gegenüber der vollständigen Geheimhaltung der Identität eine **polizeiliche Kennnummer**[84] oder einen **„Arbeitsnamen"** anzugeben. Zudem gestattet der neu eingefügte Abs. 3 S. 3 dem gefährdeten Zeugen eine **Gesichtsverhüllung;** er darf sein Gesicht ganz oder teilweise verhüllen, wenn ihm erlaubt wurde, nach Abs. 3 S. 1 keine Identität oder nur die frühere Identität anzugeben. Entsprechende Entscheidungen trifft zunächst der Vorsitzende (→ Rn. 72 ff.). Wie Abs. 3 S. 1 gilt auch Abs. 3 S. 3 für Vernehmungen in und außerhalb der Hauptverhandlung.[85]

55 Abs. 3 ist nach hM erst **anwendbar,** wenn Maßnahmen nach Abs. 1 oder 2 nicht ausreichen, den Zeugen oder die betroffene andere Person und die jeweils genannten Rechtsgüter zu schützen.[86] Die Anwendbarkeit des Abs. 3 S. 1 ist – anders als diejenige des Abs. 3 S. 2 – nicht auf die Hauptverhandlung beschränkt. Schon vor dem Inkrafttreten des Abs. 3 hat es der BGH[87] unter dem Gesichtspunkt des bestmöglichen Beweismittels für zulässig erachtet, dass das Gericht davon absieht, die aktuelle Identität eines Zeugen zu erheben. Diese Entscheidung hat in die Neufassung des § 68 Eingang gefunden.

56 **2. Gefährdungslage. a) Geschützter Personenkreis; Rechtsgüter.** Wie Abs. 2 schützt Abs. 3 Zeugen und Dritte (→ Rn. 37). Abs. 3 beschränkt den Schutz jedoch – anders als Abs. 2 – auf die Rechtsgüter Leib, Leben oder Freiheit der betroffenen Personen. Ebenfalls anders als Abs. 2 ist es nach Abs. 3 dem Zeugen nicht nur möglich, den Wohnort, sondern auch seinen Aufenthaltsort und – sollte dies zur Beseitigung der Gefährdung erforderlich sein – seine gesamte Identität nicht zu offenbaren. In den geschützten Personenkreis können nicht nur Informanten und V-Personen der Polizei sowie Kronzeugen mit besonders umfangreich geleisteter Aufklärungshilfe, sondern zB auch die Mitarbeiter des Bundeskriminalamts, eines Landeskriminalamts, des Bundesamts für Verfassungsschutz oder der Landesverfassungsschutzämter fallen, die mit Ermittlungen im Bereich der organisierten Kriminalität oder der Staatsschutzdelikte befasst sind. Weiterhin können Polizeibeamte der Regelung unterfallen, wenn sie mit Ermittlungen in einem gewaltgereiten Milieu befasst waren.[88] Im Übrigen gelten zum geschützten Zeugenkreis → Rn. 43–46 entsprechend.

57 **b) Besorgnis.** Erforderlich ist auch hier eine Gefahrprognose; dabei ist wie im Falle des Abs. 2 ein großzügiger Maßstab anzulegen, da es ebenfalls keiner konkreten oder unmittelbar bevorstehenden Gefährdungslage bedarf. Die Ausführungen → Rn. 39 ff. gelten hier ebenso.

58 **3. Geheimhaltung der Identität.** Der Begriff der Identität umfasst die gegenwärtige und die frühere Identität eines Zeugen.[89] Ob eine Gefährdungslage nur beseitigt werden kann, wenn der Zeuge beide Identitäten verschweigen darf, ist vom Einzelfall abhängig. Hat er eine neue Identität erhalten, kann es ausreichen, nur diese geheim zu halten.[90]

59 Obgleich es sich bei der Geheimhaltung der Identität um eine gesetzlich ausdrücklich vorgesehene Möglichkeit handelt, werden hiergegen Bedenken erhoben, weil es dem Angeklagten durch das Verschweigen der Identität nicht mehr möglich sei, zur Überprüfung der Glaubwürdigkeit Erkundigungen einzuholen.[91] Diese **Bedenken** erscheinen im Ergebnis **nicht gerechtfertigt.** Zunächst geht im Regelfall mit der Geheimhaltung der Identität eines Zeugen weder eine Beeinträchtigung der Verteidigungsmöglichkeiten noch der Sachaufklärung einher; gleiches gilt dort, wo der Zeuge anstelle der Personalien einen sog. „Arbeitsnamen" oder eine Kennnummer angibt.

---

84 BGH 26.10.2011 – 5 StR 292/11, NStZ 2012, 168 zu gefährdeten Polizeibeamten.
85 Schmitt in Meyer-Goßner/Schmitt Rn. 17a.
86 Griesbaum NStZ 1998, 433 (436); Ignor/Bertheau in Löwe/Rosenberg Rn. 14; Otte in Radtke/Hohmann Rn. 13.
87 BGH 10.10.1979 – 3 StR 281/79, BGHSt 29, 109 = NJW 1980, 464.
88 BGH 26.10.2011 – 5 StR 292/11, NStZ 2012, 168.
89 Griesbaum NStZ 1998, 433 (436); Hilger NStZ 1992, 457 (459); Schmitt in Meyer-Goßner/Schmitt Rn. 15.
90 Ignor/Bertheau in Löwe/Rosenberg Rn. 15; Otte in Radtke/Hohmann Rn. 13.
91 Eisenberg NJW 1993, 1033 (1036).

Außerdem ist dem ersichtlich auf sog. Vertrauenspersonen abzielenden Einwand entgegenzuhalten, dass eine Gefährdung der Wahrheitsfindung oder Beeinträchtigung der Verteidigungsinteressen schon mit Blick auf die hohen Anforderungen, die die Revisionsrechtsprechung an die **Beweiswürdigung** der Tatgerichte und die Darlegung der Überzeugungsbildung in den Urteilsgründen stellt,[92] nicht zu besorgen ist. So bedarf es, wenn Feststellungen (auch) auf die Aussage eines Zeugen vom Hörensagen gestützt werden, der seinerseits Angaben einer gesperrten Vertrauensperson der Polizei in die Beweisaufnahme einführt, regelmäßig der Bestätigung dieser Angaben durch andere wichtige Beweisanzeichen.[93] Ferner handelt es sich, wie die zu § 68 ergangenen Entscheidungen zeigen, bei den geschützten Zeugen meist nicht um strafrechtlich vorbelastete Personen, die mittels einer Aussage die Gelegenheit nutzen wollen, sich Vorteile verschiedener Art zu verschaffen oder nach der Erwartungshaltung ihrer Auftraggeber unzutreffendes Belastungsmaterial liefern wollen, sondern um gefährdete Polizeibeamte oder Privatpersonen. Auch der Gesetzgeber ging davon aus, der Umstand, dass die Grundlage für die Beurteilung der Glaubwürdigkeit durch die Anwendung des § 68 weniger verlässlich werden sollte, lasse sich im Rahmen der Beweiswürdigung ausgleichen.[94] Zu **anderen Maßnahmen** zur Geheimhaltung der Identität → Rn. 63 ff. 60

4. Befragung nach Abs. 3 S. 2. Auch wenn der Zeuge seine Identität nach Abs. 3 S. 1 verschweigen darf, sind die Verfahrensbeteiligten zu einer zusätzlichen Befragung nach Abs. 3 S. 2 berechtigt. Diese Befragung kommt im Wesentlichen **bei Verdeckten Ermittlern und V-Leuten** in Betracht.[95] Werden sie als Zeugen vernommen, müssen sie – sofern eine entsprechende Aussagegenehmigung nach § 54 vorliegt[96] – auf Nachfrage angeben, in welcher Eigenschaft ihnen die von ihnen bekundeten Tatsachen bekannt wurden; danach müssen diese Zeugen in der Hauptverhandlung offenbaren, dass sie ihre Beobachtungen als Verdeckter Ermittler bzw. als eingesetzte Vertrauensperson gemacht haben.[97] 61

Diese Offenbarungspflicht gilt aber nur für Tatsachen, die ein Zeuge im Zusammenhang mit seinem **Einsatz** erfahren hat, nicht für Zufallsbeobachtungen oder andere Erkenntnisse ohne Bezug zu seiner Einsatzaufgabe.[98] Um eine Enttarnung des Verdeckten Ermittlers zu vermeiden,[99] gilt Abs. 3 S. 2 nur in der Hauptverhandlung. 62

5. Geheimhaltung der Identität durch andere Maßnahmen. Neben der nunmehr durch § 68 Abs. 3 S. 3 gestatteten **Gesichtsverhüllung** kommt als weitere Maßnahme zur geheimhaltung der Identität gefährdeter Zeugen eine Vernehmung unter optischer und akustischer Abschirmung bzw. Verzerrung in Betracht. Die jetzige gesetzliche Regelung spricht deutlich dafür, die abgeschirmte **Vernehmung eines Zeugen unter optischer und akustischer Abschirmung,** auch unter den Aspekten der Aufklärungspflicht, der Berücksichtigung der Verteidigungsinteressen und der Einführung des bestmöglichen und sachnäheren Beweismittels in das Verfahren, für zulässig zu erachten.[100] 63

Im Jahr 1983 sah sich der BGH[101] noch veranlasst, klarzustellen, dass eine Zeugenvernehmung unter optischer und akustischer Abschirmung rechtlich nicht vorgesehen sei und die Beurteilung der Glaubwürdigkeit die volle Individualisierung des Zeugen erfordere. 64

---

92 S. etwa BGH 20.2.2002 – 1 StR 545/01, NStZ 2002, 368; 21.3.2001 – 3 StR 81/01, BeckRS 2001, 30169091.

93 BGH 20.2.2002 – 1 StR 545/01, NStZ 2002, 368 mwN.

94 BT-Drs. 12/989, 36.

95 Hilger NStZ 1992, 457 (459).

96 Ignor/Bertheau in Löwe/Rosenberg Rn. 16.

97 Hilger NStZ 1992, 457 (459).

98 Otte in Radtke/Hohmann Rn. 14; Hilger NStZ 1992, 457 (459).

99 Schmitt in Meyer-Goßner/Schmitt Rn. 16.

100 BGH 26.9.2002 – 1 StR 111/02, NJW 2003, 74; Diemer NJW 1999, 1667 (1670); Walter StraFo 2004, 224 (226).

101 BGH 27.10.1983 – GSSt BGHSt 32, 115 (124 f.) = NStZ 1984, 36.

Wie der 1. Strafsenat des BGH[102] in einem Anfragebeschluss[103] – anhand eines Falles, in dem das Innenministerium ohne optisch-akustische Abschirmung der Zeugen an seiner Sperrerklärung für eine Vertrauensperson und Verdeckte Ermittler festgehalten hätte – dargelegt hat, wird dem noch unter der Geltung des § 68 aF vorgebrachten Argument, die uneingeschränkte Feststellung der Personalien bzw. der Identität eines Zeugen sei für die Glaubwürdigkeitsprüfung der Aussage unverzichtbar, ist durch § 68 Abs. 3 nF der Boden entzogen. Die **Vorteile einer Vernehmung unter Abschirmung** bzw. verfremdenden Maßnahmen bestehen hauptsächlich darin, dass auf Beweissurrogate verzichtet werden kann, weil das sachnähere Beweismittel zur Verfügung steht, was gleichzeitig die uneingeschränkte Ausübung des – auch in Art. 6 Abs. 3d EMRK festgehaltenen – Fragerechts gegenüber Belastungszeugen gewährleistet. Dies führt dazu, dass eine Zeugenvernehmung mit optisch-akustischen Verfremdungsmaßnahmen sich im Einzelfall nicht nur als rechtlich zulässig, sondern – besonders unter Berücksichtigung der Aufklärungspflicht und des Fragerechts der Beteiligten – als rechtlich geboten erweisen kann.[104]

65 Bei alldem darf aber nicht übersehen werden, dass sich in der Praxis nur ein **beschränkter Anwendungsbereich** für eine Zeugenvernehmung mit optischer und akustischer Verzerrung ergeben wird. Zwar lässt sich dadurch Aussehen und Stimme des Zeugen unkenntlich machen. Dem Zeugen kann jedoch kein Schutz dagegen geboten werden, dass durch **Fragen zur Sache,** insbesondere zur Herkunft der Kenntnisse, die **Geheimhaltung seiner Identität gefährdet** wird, zumal sich der Zeuge insoweit nicht auf ein Auskunftsverweigerungsrecht berufen und das Fragerecht der Verfahrensbeteiligten nicht eingeschränkt werden kann.[105] Ebenso wird durch die den Verfahrensbeteiligten nicht zu verwehrenden Generalfragen iSd § 68a Abs. 2, nicht selten die **Aufdeckung der Identität der zu schützenden Zeugen drohen,** sodass etwa die Behörde eine Vertrauensperson trotz des „Angebots" des Gerichts, eine verfremdete Vernehmung durchzuführen, vollständig sperren wird. Dies gilt besonders in den nicht seltenen Fällen, in denen die Vertrauensperson dem Täterumfeld entstammt, sodass Befragungen zur Herkunft ihres Wissens indirekt zur Offenlegung ihrer Identität führen können. Der Vorschlag, Generalfragen von der Aussagegenehmigung auszunehmen,[106] kann hieran nur etwas in den Fällen ändern, in denen die Anwendbarkeit des § 54 eröffnet ist. Vor diesem Hintergrund wird es, auch wenn das Anliegen des 1. Strafsenats zu begrüßen ist, häufig bei der vollständigen Sperrung des Zeugen verbleiben müssen.

66 Die Möglichkeit einer audiovisuellen Vernehmung unter optischer und akustischer Abschirmung des Zeugen hat auch dort, wo sie letztlich ausscheiden muss, **Auswirkungen** dahin, dass in den Fällen, in denen selbst diese Art und Weise der Vernehmung die Gefährdung eines Zeugen an Leib oder Leben oder die Gefährdung seiner weiteren Verwendung nicht verhindern könnte, an die Sperrerklärung besonders strenge Anforderungen zu stellen sind.[107]

IV. Fortdauer des Schutzes

67 Bei weiter andauernder Gefährdung des Zeugen gilt der **Schutz** der Absätze 2 und 3 gemäß Abs. 5 S. 1 **über den Abschluss der Zeugenvernehmung hinaus.** Dies bedeutet zum einen, dass der Zeuge eine ihm erst nach seiner Vernehmung bekannt gewordene Gefährdung noch geltend machen kann und ihm nachträglich zu gestatten ist, eine andere Anschrift anzugeben. Zum anderen sind – wie auch aus den gemäß Abs. 5 S. 1 weiterhin geltenden Hinweis- und Unterstützungspflichten folgt – die Strafverfolgungsbehörden ab dem Zeitpunkt, in dem ihnen Anhaltspunkte bekannt werden, die eine Gefährdung des Zeugen besorgen lassen, verpflichtet, mit dem Zeugen Kontakt aufzunehmen.[108]

102 BGH 26.9.2002 – 1 StR 111/02, NStZ 2003, 274; ebenso BGH 17.8.2004 – 1 StR 315/04, NStZ 2005, 43.
103 Das Anfrageverfahren hat sich durch Revisionsrücknahme erledigt.
104 BGH 17.8.2004 – 1 StR 315/04, NStZ 2005, 43.
105 BGH 11.9.2003 – 3 StR 316/02, NStZ 2004, 345 (346 f.).
106 Walter StraFo 2004, 224 (226).
107 BGH 17.8.2004 – 1 StR 315/04, NStZ 2005, 43.
108 BT-Drs. 16/12098, 14; Otte in Radtke/Hohmann Rn. 17.

68 Da nach Abs. 5 S. 2 bei Auskünften aus und Einsichtnahme in die Akten sicherzustellen ist, dass die Daten, dh je nach Fall der Wohnort oder die gesamten Personalien des Zeugen, nicht bekannt werden, solange dessen Gefährdung fortbesteht, empfiehlt sich ein entsprechender gut sichtbarer Hinweis auf dem Aktendeckel oder einem Vorblatt oder – nach rechtskräftigem Verfahrensabschluss – die Schwärzung der relevanten Daten.

V. Verfahrensrechtliches

69 **1. Hinweispflicht (Abs. 4 S. 1).** Die in Abs. 4 S. 1 normierte Hinweispflicht soll die Position des Zeugen stärken. **Zuständig** für die Erfüllung der Hinweispflicht ist nicht nur das Gericht, sondern bereits die Polizei.

70 Nach der Regelung des Abs. 4 ist der Zeuge auf seine **Befugnisse aus Abs. 2 oder Abs. 3** schon dann hinzuweisen, wenn Anhaltspunkte dafür vorliegen, dass die Voraussetzungen dieser Vorschriften gegeben sein könnten. Die zwingende Pflicht zu einem entsprechenden Hinweis besteht also bereits auch dann, wenn noch nicht sicher feststeht, ob eine Gefährdungslage anzunehmen ist. Auf diese Weise erhält der Zeuge Gelegenheit, noch nicht bekannte Umstände vorzubringen oder bekannte Sachverhalte zu ergänzen, sodass der Verhörsperson bzw. dem Gericht die Abklärung, ob eine Gefährdung vorliegt oder nicht, erleichtert wird.

71 **2. Unterstützungspflicht (Abs. 4 S. 2).** In Fällen des **Abs. 2** ist der Zeuge bei der Benennung einer ladungsfähigen Anschrift zu unterstützen. Die Gesetzesbegründung nennt als Beispiele eine polizeiliche Zeugenschutzstelle und eine zustellungsbevollmächtigte Opferhilfeeinrichtung.[109] In Betracht kommen ferner auch nach § 68b bestellte zustellungsbevollmächtigte Zeugenbeistände oder Beistände und Vertreter gemäß §§ 406f, 406g.

72 **3. Entscheidung des Gerichts. a) Anlass, Zuständigkeit.** Die Entscheidung über die Anwendung des Abs. 2 und des Abs. 3 in der Hauptverhandlung und bei richterlichen Vernehmungen ergeht von Amts wegen oder auf Antrag eines Verfahrensbeteiligten. Auch der Zeuge kann den Antrag stellen, nach Abs. 2 oder Abs. 3 zu verfahren.[110]

73 Zuständig ist der Vorsitzende im Rahmen seiner Sachleitungsbefugnis (§ 238 Abs. 1). Seine Anordnung kann beanstandet und ein Gerichtsbeschluss nach § 238 Abs. 2 herbeigeführt werden. Bei ihrer Entscheidung müssen der Vorsitzende bzw. das Gericht ggf. auch prüfen, ob sich die Gefährdungslage seit einer früheren Vernehmung des Zeugen geändert hat.[111] Auch der **Zeuge** ist berechtigt, einen gerichtlichen Beschluss zu beantragen.[112] Überdies steht ihm das Recht zu, gegen den ergangenen Beschluss **Beschwerde** einzulegen (§ 304 Abs. 2).

74 **b) Ermessen.** Sowohl Abs. 2 als auch Abs. 3 räumen dem Gericht bei seiner Entscheidung Ermessen ein. Nach der Sollvorschrift des **Abs. 2** ist das Ermessen des Vernehmenden außerhalb der Hauptverhandlung als auch des Vorsitzenden in der Hauptverhandlung (Abs. 2 S. 2) dahin reduziert, dass dem Zeugen grundsätzlich zu gestatten ist, seinen Wohnort nicht anzugeben, wenn nicht besondere Gründe dessen Angabe erfordern.[113]

75 Im Übrigen gilt, dass der Vorsitzende bzw. das Gericht bei ihrer Ermessenshaben im Rahmen ihrer prozessualen Fürsorgepflicht in jedem Einzelfall die Aufklärungspflicht, die ggf. berechtigten Interessen der Verfahrensbeteiligten und der Schutz des Persönlichkeitsbereichs des Zeugen in einen gerechten Ausgleich zu bringen haben. Auch der Umfang der

---

109 BT-Drs. 16/12098, 21.
110 Leineweber MDR 1985, 635 (638).
111 Ignor/Bertheau in Löwe/Rosenberg Rn. 13.
112 Slawik in KK-StPO Rn. 9; Otte in Radtke/Hohmann Rn. 12 mwN; Leineweber MDR 1985, 636 (638).
113 BT-Drs. 16/12098, 14.

möglichen Gefahren ist zu berücksichtigen.[114] Das Ermessen wird durch das stets einzuhaltende **Übermaßverbot** begrenzt.

76 **c) Kriterien für die Ermessensausübung.** Zu berücksichtigen ist zunächst, dass sich die **Kenntnis des Wohnortes** bzw. der **Adresse** eines Zeugen regelmäßig als **unerheblich** erweist. Die Annahme, diese Kenntnis sei für die Verteidigung von wesentlicher Bedeutung, darf nicht automatisch unterstellt werden; vielmehr bedarf es dafür **besonderer Gründe,** etwa weil Zweifel an der Zuverlässigkeit des Zeugen aufgetreten sind, die Nachforschungen nach beweiserheblichen, namentlich für die Glaubwürdigkeit eines Zeugen beachtlichen Umständen an dessen Wohnort bzw. Adresse nahelegen.[115] Das wird nur selten der Fall sein, weil es bei der Prüfung einer Zeugenaussage auf ihren Wahrheitsgehalt auf die Kenntnis des Wohnortes als Grundlage weiterer Ermittlungen im Allgemeinen nicht ankommen wird.[116]

77 Ferner ist zu bedenken, dass die Bekanntgabe des Wohnortes bzw. der Adresse einen **Eingriff** in den durch Art. 2 Abs. 1 GG iVm Art. 1 Abs. 1 GG geschützten **Persönlichkeitsbereich des Zeugen** oder Sachverständigen darstellt, der nur im überwiegenden Allgemeininteresse, etwa zur Wahrheitsfindung im Strafprozess, im Rahmen der Verhältnismäßigkeit hinzunehmen ist. Eingriffe ohne wichtigen Grund müssen ausscheiden.[117]

78 Schließlich ist auch der **Verfahrensgegenstand** mit zu berücksichtigen. So ist dem Schutzbedürfnis des Zeugen bei Verfahren wegen bestimmter Arten von Strafverfahren (vgl. hierzu die in → Rn. 44 aufgeführten Kriminalitätsbereiche) besondere Aufmerksamkeit zu schenken.[118]

79 **4. Aktenführung, Beschränkung des Akteneinsichtsrechts (Abs. 4 S. 3 und 4).** Abs. 4 S. 3 und 4 wollen den Zeugenschutz durch eine bestimmte Aktenführung absichern. Nach Abs. 4 S. 3 sind Aktenteile, die – im Falle des Abs. 2 – die Feststellung des Wohnortes oder – im Falle des Abs. 3 – die Identität des Zeugen ermöglichen, bei der StA zu verwahren, also nicht zum Bestandteil der Verfahrensakten zu machen. Diese Aktenteile sind erst zu den Akten zu nehmen, wenn die Besorgnis einer Gefährdung weggefallen ist (Abs. 4 S. 4).

79a **5. Veranlassung einer Auskunftssperre (Abs. 4 S. 5).** Diese in Abs. 4 eingefügte, am 1.7.2021 in Kraft getretene neue Bestimmung dient ebenfalls dem Zeugenschutz. Die Vorschrift ermächtigt die StA, die Eintragung einer Auskunftssperre bei denjenigen Zeugen zu beantragen, die ihre Angaben zur Person nach Abs. 2 S. 1 beschränken durften. In diesen Fällen trägt Abs. 4 S. 5 dem Umstand Rechnung, dass die Anschrift der **unter Abs. 2 S. 1 fallenden Zeugen** zwar im weiteren Verfahren bis zum Wegfall der Besorgnis einer Gefährdung geheim bleibt, aber ohne Auskunftssperre die Wohnanschrift des Zeugen über eine Einwohnermeldeauskunft erfragt werden kann. Nach der Eintragung einer Auskunftssperre ist eine Melderegisterauskunft unzulässig.[119]

79b Der Zeuge muss dem Antrag der StA **zustimmen.** Er kann den Antrag auf Eintragung der Auskunftssperre auch selbst stellen. Die Meldebehörde entscheidet über die Eintragung nach eigener Prüfung der in § 51 BMG genannten Voraussetzungen; eine Bindung an Anträge besteht nicht. Nach Eintragung der Auskunftssperre übersendet die Meldebehörde bei ihr eingegangene Auskunftsersuchen an die StA, die ebenfalls zu den gesondert zu verwahrenden Unterlagen gehören.

80 **6. Weitere Auswirkungen des § 68. a) Vernehmungen.** Durch die Verweisungen in § 161a Abs. 1 S. 2 und § 163 Abs. 3 gilt § 68 auch bei Zeugenvernehmungen durch die

---

114 BGH 15.12.2005 – 3 StR 281/04, NJW 2006, 785 (787); OLG Koblenz 18.6.1991 – Ws 279/91, NStZ 1992, 95.

115 BGH 5.4.1990 – 1 StR 68/90, NStZ 1990, 352.

116 BGH 5.4.1990 – 1 StR 68/90, NStZ 1990, 352; s. auch BGH 26.1.1990 – 3 StR 428/89, NJW 1990, 1125.

117 BGH 5.4.1990 – 1 StR 68/90, NStZ 1990, 352; OLG Stuttgart 3.12.1990 – 1 Ws 252/90, NStZ 1991, 297 (298).

118 BGH 5.4.1990 – 1 StR 68/90, NStZ 1990, 352 (353).

119 BT-Drs. 19/27654, 60.

Staatsanwaltschaft und die Polizei. Bei staatsanwaltschaftlichen Vernehmungen entscheidet allein der Staatsanwalt über die Anwendung des § 68; ein Antrag auf gerichtliche Entscheidung ist, wie sich aus § 161a Abs. 3 S. 2 ergibt, nicht möglich. Für polizeiliche Vernehmungen gilt § 163 Abs. 3 S. 2; danach entscheidet der Staatsanwalt nur über die Gestattung gemäß Abs. 3 S. 1, der polizeiliche Vernehmungsbeamte über die übrigen Möglichkeiten des Abs. 1 S. 2 und des Abs. 2 S. 1.[120] Die Angaben eines Zeugen zur Person sind, soweit er sie machen muss, protokollierungspflichtig (§ 168a Abs. 1).

b) Anklageschrift. Die StA muss schon bei der Anklageerhebung prüfen, ob und wie gefährdete Zeugen als Beweismittel zur Verfügung stehen. Zunächst hält § 200 Abs. 1 S. 3 ausdrücklich fest, dass es bei der Benennung von Zeugen in der Anklageschrift ausreicht, den Wohn- oder Aufenthaltsort anzugeben, es also der vollständigen Anschrift nicht bedarf. 81

Ist ein Zeuge berechtigt, nach § 68 Abs. 1 S. 3 den Dienstort anzugeben oder nach § 68 Abs. 2 aF den Wohnort bzw. nach § 68 Abs. 2 nF die vollständige Anschrift zu verschweigen, genügt es seit der ab 1.10.2009 geltenden Gesetzeslage gemäß § 200 Abs. 1 S. 4, wenn die StA in ihrer Anklageschrift nur den Namen des Zeugen aufführt. § 200 Abs. 1 S. 5 schreibt vor, dass die StA anzugeben hat, wenn die Identität eines Zeugen ganz oder teilweise nicht offenbart werden soll oder wenn sein Wohn- oder Aufenthaltsort geheim gehalten werden soll. 82

c) Gerichtliche Namhaftmachung. Durch die Verweisung des **§ 222 Abs. 1 S. 3** auf § 200 Abs. 1 S. 3–5 wird sichergestellt, dass der den Zeugen schon im Ermittlungsverfahren gewährte Identitätsschutz nicht im Rahmen ihrer gerichtlichen Namhaftmachung gegenüber dem Angeklagten und der StA ausgehöhlt wird. 83

VI. Revision

1. Ordnungsvorschrift. Da die Rechtsprechung § 68 Abs. 1 nur als sog. **Ordnungsvorschrift**[121] einstuft, deren Befolgung nach Lage des Falles unterlassen werden kann, kann allein ein Verstoß gegen diese Bestimmung die Revision nicht begründen.[122] Hinzu kommt, dass es sich bei Abs. 2 und 3 um Zeugenschutzvorschriften handelt, die den Rechtskreis des Angeklagten nicht berühren.[123] 84

2. Weitergehende Rechtsverletzungen. Ein Verstoß oder die Nichtbeachtung der Vorschriften des § 68 kann jedoch in den Fällen die Revision begründen, in denen ein solcher Rechtsfehler weitere Rechtsverletzungen nach sich zieht. Die **Zulässigkeit einer Rüge** setzt neben der Einhaltung der Erfordernisse des § 344 Abs. 2 S. 2 voraus, dass auf § 68 gestützte Anordnungen des Vorsitzenden beanstandet und ein Gerichtsbeschluss nach § 238 Abs. 2 herbeigeführt wurde. 85

a) Beschränkung der Verteidigung. Die Revision kann etwa dann begründet sein, wenn das Gericht beschließt, die Personalien eines Zeugen vor dem Angeklagten bzw. der Verteidigung geheim zu halten. Denn ein solcher Beschluss kann eine **unzulässige Beschränkung** der Verteidigung in einem wesentlichen Punkt iSv **§ 338 Nr. 8** beinhalten.[124] 86

Gleiches gilt, wenn die Umstände des Einzelfalls eine Unterrichtungspflicht aus § 246 Abs. 2 ergeben, die das Gericht verletzt und einen Aussetzungsantrag fehlerhaft abgelehnt hat, weil verkannt wurde, dass sich aus dieser Vorschrift iVm der gerichtlichen Fürsorgepflicht und dem Beschleunigungsgrundsatz eine Pflicht zur Mitteilung der Wohnanschrift des Zeugen ergeben kann.[125] 87

---

120 Monka in BeckOK StPO Rn. 6a.
121 So RG 7.5.1907 – II 104/07, RGSt 40, 157 (158); ebenso Griesbaum NStZ 1998, 433 (436).
122 BGH 26.10.2011 – 5 StR 292/11, NStZ 2012, 168; RG 4.6.1920 – V 22/20, RGSt 55, 22 (23).
123 Griesbaum NStZ 1998, 433 (436); Otte in Radtke/Hohmann Rn. 20 mwN.
124 BGH 14.4.1970 – 5 StR 627/69, BGHSt 23, 244 = NJW 1970, 1197; s. auch BGH 10.1.1989 – 1 StR 669/88, NJW 1989, 1230.
125 BGH 26.1.1990 – 3 StR 428/89, NJW 1990, 1125 (1126).

88 Zu beachten ist ferner: Schon die Bezugnahme auf eine Erklärung der StA zur Gefährdungslage, in der sich ein Zeuge befindet, kann eine ausreichende Begründung eines entsprechenden Beschlusses darstellen.[126] Verweigert das Gericht der Verteidigung das **Fragerecht** insoweit im Voraus, geht das Rügerecht nicht dadurch verloren, dass die Verteidigung den Zeugen nicht selbst nach den Personalien befragt.

89 **b) Aufklärungsrüge.** Rechtsverletzungen im Zusammenhang des § 68 können auch zu einer **Verletzung der Aufklärungspflicht** führen. Das kann etwa der Fall sein, wenn der Zeuge, dessen Vernehmung beabsichtigt war, unvernommen bleibt, weil das Gericht aufgrund der versäumten Feststellung der Personalien bzw. einer Personenverwechslung einen anderen Zeugen vernommen hat.[127] Wird die Verletzung des § 68 Abs. 3 im Wege einer Aufklärungsrüge geltend gemacht, muss die Revision mitteilen, welche Beweisergebnisse die Kenntnis der Identität erbracht und welche Ermittlungsschritte betreffend die Glaubwürdigkeit des Zeugen sie ermöglicht hätte.[128]

90 **c) Ermessensfehler.** Die nach § 238 Abs. 2 ergangene gerichtliche Entscheidung wird auch auf Ermessensfehler überprüft, besonders daraufhin, ob die Gestattung, den Wohnort bzw. die Personalien zu verschweigen, zur Abwehr einer Gefährdung des Zeugen erforderlich und geeignet war.[129]

91 **d) Vereidigung.** Denkbar ist auch, dass Verletzungen des § 68 **Folgewirkungen für die Vereidigung** haben. Die fehlende oder unzutreffende Feststellung des Alters eines Zeugen hat aber keine zwingenden Auswirkungen, da die Eidesmündigkeit allein vom tatsächlichen, nicht vom angegebenen Alter eines Zeugen abhängt.

92 **e) Verstoß bei kommissarischer Vernehmung.** Ein Verstoß gegen § 68 bei einer kommissarischen Vernehmung führt nicht zur Unverwertbarkeit der dort gemachten Angaben. Der beauftragte Richter kann als Zeuge darüber vernommen werden, was der Zeuge unter Verschweigung seiner wahren Personalien bekundet hatte. Dies gilt jedenfalls dann, wenn zu dem Zeitpunkt, in dem der beauftragte Richter vernommen wurde, die Personalien des Zeugen bekannt waren und dessen Identität damit feststand.[130] Ist dies nicht der Fall, ist eine Verwertung ebenfalls möglich, der Fehler – Verstoß gegen § 68 – jedoch bei der Bestimmung des Beweiswerts der Zeugenangaben und im Rahmen der Beweiswürdigung zu berücksichtigen.[131]

93 **3. Verwertbarkeit, Beweiswürdigung.** Da § 68 die Möglichkeit eröffnet, die Identität eines Zeugen ganz oder teilweise anonym zu halten, sind die unter Anwendung der Vorschrift gewonnenen Erkenntnisse aus Vernehmungen der Zeugen ohne weiteres **verwertbar;** denn auch ein Zeuge, dessen Identität ganz oder teilweise geheim bleibt, ist ein taugliches Beweismittel. Auch Niederschriften über Vernehmungen, bei denen § 68 angewandt wurde und die deshalb keine oder nur fragmentarische Angaben zur Person des Zeugen enthalten, sind **verlesbar.** Dies gilt selbst dann, wenn die Voraussetzungen des § 68 nicht vorlagen.[132]

94 In solchen Fällen sowie allgemein bei der Bewertung des Beweiswerts anonymer Bekundungen kommt der freien Beweiswürdigung eine Ausgleichsfunktion zu. An die Beweiswürdigung sind **strenge Maßstäbe** anzulegen und es bedarf regelmäßig anderer wichtiger, die Bekundungen des anonym gebliebenen Zeugen bestätigender Anhaltspunkte.[133] Die Gegenmeinung,[134] die praktisch zur Unverwertbarkeit anonym gebliebener

---

[126] BGH 10.1.1989 – 1 StR 669/88, NJW 1989, 1230.
[127] Hierzu RG 4.6.1920 – V 22/20, RGSt 55, 22 (23).
[128] BGH 26.10.2011 – 5 StR 292/11, NStZ 2012, 168.
[129] BGH 10.1.1989 – 1 StR 669/88, NStZ 1989, 237 (238).
[130] BGH 4.12.1985 – 2 StR 848/84, NJW 1986, 1999 (2000).
[131] Offen gelassen von BGH 4.12.1985 – 2 StR 848/84, NJW 1986, 1999 (2000).
[132] Vgl. BGH 5.12.1984 – 2 StR 526/84, NStZ 1985, 278 zur Verlesung der Niederschrift über die polizeiliche Vernehmung eines V-Mannes mzustAnm. Arloth NStZ 1985, 280.
[133] BGH 5.12.1984 – 2 StR 526/84, NStZ 1985, 278 mzustAnm Arloth NStZ 1985, 280; 20.6.1994 – 5 StR 283/94, NStZ 1994, 502 mwN.
[134] Frenzel NStZ 1984, 39 (41); gegen ihn überzeugend Herdegen NStZ 1984, 200 (202).

Beweismittel gelangt, konnte sich zu Recht nicht durchsetzen. Sie lässt nicht nur das Aufklärungsgebot, sondern ebenso den anerkannten Beweiswürdigungsgrundsatz unberücksichtigt, dass zwar ein einzelnes Beweisanzeichen nicht für sich allein, wohl aber im Zusammenhang mit anderen Beweisergebnissen ausreichend aussagekräftig sein und zu einer Überzeugungsbildung des Gerichts beitragen kann.

Schließlich erschwert eine teilweise und insbesondere die komplette **Gesichtsverhüllung** die Beweiswürdigung erheblich. Die Schwierigkeiten oder ggf. die Unmöglichkeit, sich einen Eindruck von dem Zeugen, seiner Mimik und seinen Reaktionen zu verschaffen, sind in die Würdigung des Beweiswerts der Aussage einzustellen. 95

§ 68a Beschränkung des Fragerechts aus Gründen des Persönlichkeitsschutzes

(1) Fragen nach Tatsachen, die dem Zeugen oder einer Person, die im Sinne des § 52 Abs. 1 sein Angehöriger ist, zur Unehre gereichen können oder deren persönlichen Lebensbereich betreffen, sollen nur gestellt werden, wenn es unerläßlich ist.

(2) [1]Fragen nach Umständen, die die Glaubwürdigkeit des Zeugen in der vorliegenden Sache betreffen, insbesondere nach seinen Beziehungen zu dem Beschuldigten oder der verletzten Person, sind zu stellen, soweit dies erforderlich ist. [2]Der Zeuge soll nach Vorstrafen nur gefragt werden, wenn ihre Feststellung notwendig ist, um über das Vorliegen der Voraussetzungen des § 60 Nr. 2 zu entscheiden oder um seine Glaubwürdigkeit zu beurteilen.

Schrifttum: Dähn, Der Schutz des Zeugen im Strafprozeß vor bloßstellenden Fragen, JR 1979, 138; Helmken, Zur Zulässigkeit von Fragen zur sexuellen Vergangenheit von Vergewaltigungsopfern, StV 1983, 81; Rieß/Hilger, Das neue Strafverfahrensrecht, NStZ 1987, 145; Wulf, Opferschutz im Strafprozess, DRiZ 1981, 374.

Übersicht

I. Allgemeines

1. Normzweck. Der als Ordnungsvorschrift einzustufende § 68a bezweckt den Schutz des verfassungsrechtlich (Art. 1 Abs. 1, 2 Abs. 1 GG) gewährleisteten allgemeinen Persönlichkeitsrechts der Zeugen; hierzu zählen der Anspruch auf **angemessene Behandlung** und **Ehrenschutz.**[1] In diesen Schutz sind diejenigen Angehörigen des Zeugen, die unter § 52 Abs. 1 fallen, einbezogen. 1

2. Vorrang der Sachaufklärung. § 68a erscheint nicht als reine Zeugenschutzbestimmung; er will einen **Ausgleich** zwischen dem Anspruch des Zeugen auf eine – bereits aufgrund der gerichtlichen Fürsorgepflicht gebotene – **faire Behandlung** und einen möglichst schonenden Umgang im Ermittlungs- und Strafverfahren einerseits und den Erforder- 2

[1] Schmitt in Meyer-Goßner/Schmitt Rn. 1; Otte in Radtke/Hohmann Rn. 1.

nissen der **Aufklärungspflicht** andererseits, die mitunter die Privat- oder Intimsphäre des Zeugen betreffende Fragen verlangen, schaffen. Dabei ist einerseits zu beachten, dass die Pflicht zur Erforschung der Wahrheit den Interessen des Zeugen vorgeht.[2] Andererseits hat das Gericht auch im Rahmen seiner vorrangigen Verpflichtung zur Wahrheitsermittlung auf die Achtung der menschlichen Würde eines Zeugen Bedacht zu nehmen.[3] Verhindert werden soll der Missbrauch des Fragerechts im Sinne eines grundlosen Eindringens in die Intimsphäre des Zeugen;[4] der Zeuge soll nicht ohne zwingenden Grund bloßgestellt werden.[5]

3 Die Sollvorschrift **begrenzt** nicht nur das **Fragerecht** des Vorsitzenden, sondern auch das der übrigen Prozessbeteiligten; Fragen, die zur Aufklärung nicht notwendig sind und nach § 68a nicht gestellt werden sollen, können nach § 241 Abs. 2 zurückgewiesen werden.[6]

4 Das 2. ORRG vom 29.7.2009[7] hat den Regelungsgehalt des § 68 Abs. 4 aF in § 68a Abs. 2 überführt. Der Gesetzgeber wollte damit verdeutlichen, dass die Pflicht zur Erforschung der Wahrheit unter Berücksichtigung der Persönlichkeitsrechte der Zeugen zu erfolgen hat;[8] insofern hat § 68a appellativen Charakter.[9] Einschränkungen der Aufklärungspflicht waren mit der Neuregelung ebenso wenig beabsichtigt wie eine Beschneidung des Rechts der Beteiligten, Zeugen in dem Umfang zu befragen, wie dies zur Aufklärung der Sache und Bewertung und Würdigung der Zeugenangaben notwendig ist; auch die Rechte des Beschuldigten sollten nicht tangiert werden.[10]

5 Als **Ergänzung** zu § 68a sieht **§ 171b GVG** die Möglichkeit vor, auf Antrag oder von Amts wegen die Öffentlichkeit zum Schutz der Privatsphäre des Zeugen auszuschließen, wenn die öffentliche Vernehmung dessen schutzwürdige Interessen verletzen würde. Der Ausschluss der Öffentlichkeit gewinnt dort besondere Bedeutung, wo Fragen zur Privatsphäre des Zeugen unvermeidbar sind, weil sie sich aus dem Aufklärungsgebot ergeben. Denn die **Sachaufklärung hat Vorrang**[11] vor den Interessen des Zeugen; ihm kann in diesen Fällen nur durch den Ausschluss der Öffentlichkeit ein gewisser Schutz geboten werden.

6 **3. Anwendungsbereich.** § 68a gilt nicht nur bei richterlichen **Zeugenvernehmungen,** sondern gemäß § 161a Abs. 1 S. 2 auch für Vernehmungen des Staatsanwalts sowie gemäß § 163 Abs. 3 für Vernehmungen durch Polizeibeamte. Auf **Sachverständige** ist die Vorschrift ebenfalls anwendbar (§ 72).

II. Erläuterung

7 **1. Fragen iSv § 68a Abs. 1. a) Fragen nach zur Unehre gereichenden Tatsachen.** Entehrend ist eine Tatsache, wenn sie die sittlich-moralische Bewertung des Zeugen oder seiner Angehörigen in der Umwelt nachteilig beeinflussen kann, also den guten Ruf gefährdet.[12] Dabei kommt es nicht auf die Einschätzung des betroffenen Zeugen, sondern auf eine Beurteilung nach objektiven Maßstäben an.[13]

---

2 BGH 17.4.1990 – 2 StR 149/90, NStZ 1990, 400; 10.11.1967 – 4 StR 512/66, BGHSt 21, 334 (360).
3 BGH 11.1.2005 – 1 StR 498/04, NJW 2005, 1519 (1520).
4 Rieß/Hilger NStZ 1987, 145 (150); Wulf DRiZ 1981, 374 (379).
5 BGH 29.9.1959 – 1 StR 375/59, BGHSt 13, 252 (254) = NJW 1959, 2075.
6 BGH 29.9.1959 – 1 StR 375/59, BGHSt 13, 252 (254) = NJW 1959, 2075; 14.1.1982 – 1 StR 809/81, NStZ 1982, 170.
7 BGBl. 2009 I 2280.
8 Monka in BeckOK StPO Rn. 4a.1.
9 Ignor/Bertheau in Löwe/Rosenberg Rn. 3.
10 BT-Drs. 16/12098, 15.
11 BGH 17.4.1990 – 2 StR 149/90, NStZ 1990, 400; OLG Hamm 24.6.1965 – 2 Ws 243/65, NJW 1965, 1495.
12 BGH 29.9.1959 – 1 StR 375/59, BGHSt 13, 252 (254) = NJW 1959, 2075; Ignor/Bertheau in Löwe/Rosenberg Rn. 4.
13 Otte in Radtke/Hohmann Rn. 2 mwN.

b) Fragen nach den persönlichen Lebensbereich betreffenden Tatsachen. Diese Alternative des Abs. 1 will solche Fragen einschränken, mit denen der Fragesteller in den rein privaten Bereich des Zeugen vordringen will. Geschützt werden die Intimsphäre sowie derjenige Privatbereich, der jedermann zur Entfaltung seiner Persönlichkeit gewährleistet werden muss. Dazu gehören insbesondere private Eigenschaften und Neigungen des Zeugen, sein Gesundheitszustand, politische und religiöse Überzeugungen sowie Tatsachen aus dem Familien- oder Sexualleben.[14] Fragen zu diesen Bereichen fallen aber nur dann unter Abs. 1, wenn die erfragten Umstände keinerlei Zusammenhang mit dem Strafverfahren, in dem der Zeuge gehört wird, aufweisen. Es ist deshalb fehlerhaft, allein aus dem Umstand, dass die an den Zeugen gestellte Frage seinen Intimbereich berührt, auf die Unzulässigkeit der Frage zu schließen. 8

Besondere Bedeutung gewinnt die Vorschrift in **Verfahren wegen Sexualstraftaten.** Der Gesetzgeber wollte verhindern, dass sich die Opfer von Sexualdelikten Befragungen über ihr Sexualleben aussetzen müssen, die keinen Zusammenhang mit dem Anklagevorwurf erkennen lassen.[15] Dieses Ziel muss allerdings vor dem Hintergrund und den Erfordernissen der Aufklärungspflicht gesehen werden; es kann deshalb erhebliche **Einschränkungen** erfahren. So kann es im Rahmen der Beweiswürdigung, aber auch für die Rechtsfolgenbestimmung, etwa bei der Klärung der Voraussetzungen eines minder schweren Falles iSv § 177 Abs. 5 StGB oder der Frage, ob an Stelle des Strafrahmens des besonders schweren Falls nach § 177 Abs. 2 StGB derjenige des § 177 Abs. 1 StGB heranzuziehen ist, durchaus entscheidungserheblich und damit unvermeidlich sein, festzustellen, wie sich das Opfer gegenüber dem Angeklagten oder Dritten in sexueller Hinsicht vor und nach der Tat verhalten hat. Dem Verhalten des Opfers vor und nach der Tat sowie allgemein in früheren Partnerschaften kann Indizwert zukommen und dann der Aufklärung bedürfen; entsprechend liegt es nicht selten dann, wenn der Angeklagte geltend macht, es habe sich um einen einvernehmlichen Sexualkontakt gehandelt und/oder die Belastungszeugin habe ihn „verführt".[16] Gleiches gilt schließlich, wenn aufzuklären ist, welche Tatfolgen beim Opfer zu verzeichnen sind und wie ihr Schweregrad zu beurteilen ist. 9

c) Unerlässlichkeit. Abs. 1 schließt die dort genannten Fragen nicht schlechthin aus, sondern stellt sie unter den Vorbehalt der Unerlässlichkeit. Diese bemisst sich nach der Zielsetzung des Strafprozesses. Die Befragung ist unerlässlich, wenn sonst die Wahrheit nicht aufgeklärt werden kann.[17] Dies bedeutet auch, dass diejenigen Fragen, die eine sachgerechte Verteidigung erfordert, zulässig sind; Abs. 1 will nur den Missbrauch des Fragerechts unterbinden.[18] 10

Auf die Bedeutung der Strafsache kommt es dabei nicht an, weil die **Sachaufklärung** im Strafprozess stets **Vorrang** hat.[19] Ebenso ist unerheblich, ob die Fragen unmittelbar erhebliche Tatsachen berühren oder nur Hilfstatsachen, die etwa die **Glaubwürdigkeit des Zeugen** betreffen.[20] So ist es etwa zur Wahrheitsfindung notwendig, einen Zeugen, der als Informant für die Polizei tätig ist, danach zu befragen, ob er für seine Bekundungen Geldzuwendungen erhalten hat, weil es auf der Hand liegt, dass Geldzuwendungen das Aussageverhalten eines Zeugen beeinflussen können; dies gilt umso mehr, wenn es sich bei einem solchen Zeugen um das zentrale Beweismittel handelt und der Frage seiner Glaubwürdigkeit deshalb besondere Bedeutung zukommt. 11

Auch Fragen, die der **Überprüfung einer früheren Aussage** dienen und/oder die durch eine allgemeine Aussage noch nicht beantwortete Einzelheiten betreffen, sind zulässig 12

---

14 Schmitt in Meyer-Goßner/Schmitt Rn. 4.

15 BGH 1.11.2005 – 1 StR 498/04, NJW 2005, 1519; 5.11.2003 – 1 StR 368/03, NJW 2004, 239; BT-Drs. 10/5305, 10.

16 Hierzu BGH 17.4.1990 – 2 StR 149/90, NStZ 1990, 400.

17 BGH 29.9.1959 – 1 StR 375/59, BGHSt 13, 252 (254) = NJW 1959, 2075; 10.11.1967 – 4 StR 512/66, BGHSt 21, 334 (360).

18 Vgl. Wulf DRiZ 1981, 374 (379).

19 Schmitt in Meyer-Goßner/Schmitt Rn. 5 mwN; Otte in Radtke/Hohmann Rn. 4 mwN.

20 BGH 14.1.1982 – 1 StR 809/81, NStZ 1982, 170; Otte in Radtke/Hohmann Rn. 4 mwN.

und dürfen nicht als ungeeignet iSv § 241 Abs. 2 zurückgewiesen werden.[21] Zur Beurteilung der Unerlässlichkeit einer Frage im Verfahren wegen einer **Sexualstraftat** → Rn. 9. Bei alldem darf nicht übersehen werden, dass eine intensive Beweiserhebung über das Privat- und Intimleben des Zeugen, die mit dem Verfahrensgegenstand in keinem unmittelbaren Zusammenhang steht, nur nach sorgfältiger Prüfung der Unerlässlichkeit statthaft ist; dies gilt erst recht, wenn ein Zusammenhang zwischen früherem Verhalten und den Angaben, die der Zeuge im in Rede stehenden Verfahren macht, ausgeschlossen erscheint.[22]

13 Fragen, die für die **Strafzumessung** bedeutsam sind, können nicht als ungeeignet abgelehnt werden. Die Auffassung, dies sei bei Fragen, die nur von „untergeordneter Bedeutung" sein können, möglich,[23] vermag nicht zu überzeugen. Zum einen sind die für den Rechtsfolgenausspruch maßgeblichen Faktoren von Amts wegen zu ermitteln und festzustellen, zum anderen ergäben sich kaum zu überwindende Abgrenzungsschwierigkeiten. Zuzugeben ist aber, dass der Strafauspruch auf einer rechtsfehlerhaft abgelehnten Frage, die lediglich einen unmaßgeblichen Strafzumessungsumstand betrifft, kaum beruhen wird.

14 Eine **Zurückweisung von Fragen** als ungeeignet iSv § 241 Abs. 2 ist nur möglich, wenn sie für die Entscheidung über den Anklagevorwurf bedeutungslos sind. Das ist nicht der Fall bei Fragen, deren Beantwortung Aufschluss über die Glaubwürdigkeit eines Zeugen geben kann.[24] Vor diesem Hintergrund und unter Berücksichtigung des Umstands, dass die unzulässige Beschränkung des Fragerechts einen zur Urteilsaufhebung führenden Fehler begründen kann, empfiehlt es sich, von der Möglichkeit der Zurückweisung von Fragen nur behutsam Gebrauch zu machen. Die Anforderungen an die **Begründung** eines die Frage zurückweisenden Gerichtsbeschlusses entsprechen denen, die für die Ablehnung von Beweisanträgen gelten.[25]

15 **2. Fragen iSv § 68a Abs. 2.** Die Vorschriften des Abs. 2 wollen zwar verdeutlichen, dass der Zeuge im Strafverfahren als Subjekt anerkannt ist und die Pflicht zur Wahrheitserforschung unter Berücksichtigung der Persönlichkeitsrechte des Zeugen erfolgen muss. Dennoch hat der Gesetzgeber mit der Bestimmung eine Einschränkung des Fragerechts und der Fragepflicht sowie eine Beschränkung der Rechte des Beschuldigten nicht beabsichtigt.[26] Fragen iSv Abs. 2 gehören zur Vernehmung des Zeugen zur Sache und sind damit nicht protokollierungspflichtig.[27] Der Zeuge ist verpflichtet, die Fragen zu beantworten, soweit er sich nicht auf ein Weigerungsrecht nach §§ 52 ff., 55 berufen kann.[28]

16 **a) Generalfragen (Abs. 2 S. 1).** Aus Abs. 2 S. 1 folgt zunächst, dass der Zeuge verpflichtet ist, Fragen zu beantworten, die die **Prüfung seiner Glaubwürdigkeit** in dieser Sache oder allgemein betreffen. Denn die Zeugnispflicht schließt ein, dass der Zeuge die Prüfung seiner Glaubwürdigkeit dulden muss.[29] Da der Zeugenbeweis im Strafprozess häufig das zentrale Beweismittel darstellt, kommen der Aussageanalyse und einer fundierten Beurteilung der Glaubwürdigkeit des Zeugen entscheidende Bedeutung zu. Diese Beurteilung und die notwendige Überzeugungsbildung können erfordern, dass sich das Gericht zB über das Vorleben des Zeugen, seine körperlichen und geistigen Fähigkeiten und Eigenschaften, etwa seine Gedächtnisstärke, seine Wahrnehmungsfähigkeit oder sein Auffassungsvermögen, ein Bild verschafft und die hierzu notwendigen Fragen an den Zeugen richtet.

17 Abs. 2 S. 1 hebt die Fragen nach den **Beziehungen des Zeugen** zum Beschuldigten oder zum Verletzten[30] als Beispiel besonders heraus. Bei entsprechenden Anhaltspunkten

---

21 BGH 14.11.1980 – 5 StR 206/80, NStZ 1981, 71.
22 Vgl. hierzu BGH 11.1.2005 – 1 StR 498/04, NJW 2005, 1519 (1520).
23 OLG Hamm 24.6.1965 – 2 Ws 243/65, NJW 1965, 1495.
24 Vgl. BGH 14.1.1982 – 1 StR 809/81, NStZ 1982, 170; 14.10.1980 – 5 StR 206/80, NStZ 1981, 71.
25 BGH 29.9.1959 – 1 StR 375/59, BGHSt 13, 252 (255) = NJW 1959, 2075.
26 BT-Drs. 16/12098, 15; Monka in BeckOK StPO Rn. 4a.1.
27 Otte in Radtke/Hohmann Rn. 9 mwN.
28 Dähn JR 1979, 138 (141).
29 BGH 13.5.1969 – 2 StR 618/68, BGHSt 23, 1 (2).
30 Für den Begriff des Verletzten gilt § 373b.

sind diese Fragen üblich und regelmäßig erforderlich, um weiteres Material für die **Beurteilung der Glaubhaftigkeit** der Angaben des Zeugen zu gewinnen. Sie erweisen sich ferner als notwendig, um die **Voraussetzungen der Weigerungsrechte** nach §§ 52 ff., 55 und des Vereidigungsverbots nach § 61 aufklären zu können.

Hört das Gericht einen **Sachverständigen,** kann die Aufklärungspflicht Fragen nach dessen Ausbildung, Werdegang oder bisheriger forensischer Erfahrung erfordern, wenn dies zur Begutachtung der Sachkunde des Sachverständigen und der Würdigung seiner gutachterlichen Ausführungen notwendig erscheint oder eine Überzeugungsbildung des Gerichts stützen kann. 18

Fragen iSv Abs. 2 S. 1 sind nur dann **unzulässig,** wenn ihre Beantwortung darauf hinausliefe, dass der dem Zeugen nach § 68 gewährte Identitätsschutz unterlaufen wird.[31] 19

b) Fragen nach Vorstrafen (Abs. 2 S. 2). Nach seinen Vorstrafen soll der Zeuge nur gefragt werden, wenn es darum geht, die Voraussetzungen eines **Vereidigungsverbotes nach § 60 Nr. 2** zu klären oder wenn die Kenntnis über etwaige Vorstrafen notwendig ist, um die **Glaubwürdigkeit** zu beurteilen. Letzteres wird selten erforderlich sein, da sich die Überzeugungsbildung des Gerichts vom Wahrheitsgehalt der Bekundungen des Zeugen regelmäßig und zuvörderst am Aussageinhalt, der Aussageentstehung, dem Aussageverhalten und anderen Realkriterien sowie daran zu orientieren hat, ob und wie sich die Aussage in das durch die weiteren Beweisaufnahmeergebnisse gezeichnete Bild einpasst. All dies gilt auch für diejenigen Zeugen, die als früherer Tatbeteiligter oder als Angeklagter in dem gegen sie gerichteten Verfahren Aufklärungshilfe iSd § 46b StGB, § 31 BtMG geleistet haben oder die als V-Mann oder Hinweisgeber der Ermittlungsbehörden im kriminellen Milieu verstrickt sind oder waren. 20

Vor dem Hintergrund der Anforderungen an die **Beweiswürdigung** und der Notwendigkeit, den Wahrheitsgehalt von Zeugenangaben im Wege einer Aussageanalyse zu beurteilen, wäre ein automatischer Rückschluss von Vorstrafen des Zeugen auf die Unglaubhaftigkeit seiner Aussage fehlerhaft. Dennoch darf das Gericht einen Bundeszentralregisterauszug für den Zeugen anfordern, verlesen und verwerte. Denn die Beweiswürdigung kann, namentlich dort, wo belastende Angaben eines Zeugen Zweifel wecken, durch Erkenntnisse über Vorstrafen des Zeugen beeinflusst werden. Dies gilt besonders dann, wenn der Zeuge bereits wegen Aussagedelikten (§§ 153 ff. StGB) oder einer der Straftaten nach §§ 145d, 164, 257, 258, 263 StGB verurteilt werden musste. 21

Darüber hinaus sind Fragen nach Vorstrafen zulässig, wenn sie zur **Aufklärung** des Sachverhalts erforderlich sind oder im Interesse des Zeugen liegen, etwa weil es zu klären gilt, ob der Angeklagte den Zeugen wegen seiner Vorstrafe erpresst hat.[32] 22

Fragen nach **getilgten oder tilgungsreifen Vorstrafen** sind unzulässig. Solche Vorstrafen dürfen auch bei der Beweiswürdigung nicht verwertet werden (§ 51 Abs. 1 BZRG). Der Zeuge darf sich, auch wenn solche Vorstrafen bekannt werden, als nicht vorbestraft bezeichnen. Hingegen ist es zulässig, den Zeugen nach noch **nicht rechtskräftigen Verurteilungen** zu fragen.[33] Die Offenbarungspflicht hinsichtlich der Eintragungen im Erziehungsregister bestimmt sich nach § 64 BZRG. 23

c) Erforderlichkeit, Notwendigkeit, Ermessen. Sowohl die Stellung der Generalfragen nach Abs. 2 S. 1 als auch die Frage nach Vorstrafen des Zeugen nach Abs. 2 S. 2 steht im – eingeschränkten – Ermessen des Gerichts bzw. des Vernehmenden. Die Kriterien für die Ausübung des Ermessens unterscheiden sich trotz der unterschiedlichen Formulierungen in Abs. 2 – „sind zu stellen soweit erforderlich" (S. 1) und „soll gefragt werden, wenn notwendig" (S. 2) – nicht. Maßgeblich ist die **Aufklärungspflicht** im Einzelfall. Die 24

31 Hilger NStZ 1992, 457 (459); Schmitt in Meyer-Goßner/Schmitt Rn. 6a; Otte in Radtke/Hohmann Rn. 5 mwN.
32 Schmitt in Meyer-Goßner/Schmitt Rn. 7.
33 Dähn JR 1979, 138 (141); Ignor/Bertheau in Löwe/Rosenberg Rn. 7 mwN.

Erläuterungen zur Unerlässlichkeit iSv Abs. 1 (→ Rn. 10 ff.) gelten deshalb sinngemäß auch für Abs. 2.

25 **3. Entscheidung des Gerichts.** Zunächst entscheidet der Vorsitzende im Rahmen der Sachleitung (§ 238 Abs. 1), ob eine Frage unerlässlich iSv Abs. 1 bzw. notwendig iSv Abs. 2 ist. Wird seine Entscheidung beanstandet, ergeht ein Gerichtsbeschluss (§ 238 Abs. 2). Beanstandungs- und antragsberechtigt sind alle Verfahrensbeteiligten und der Zeuge, dessen Recht auch sein Beistand ausüben kann.[34] Der Zeuge hat gegen die ergangene gerichtliche Entscheidung ein **Beschwerderecht** (§ 305 S. 2); die Beschwerdeentscheidung ist für das erkennende Gericht und den Zeugen verbindlich.[35]

26 **4. Revision.** Zwar wird § 68a als Ordnungsvorschrift eingestuft, sodass ein bloßer Verstoß allein gegen eine Vorschrift des § 68a nicht revisibel ist.[36] Anders liegt es aber, wenn die Verletzung des § 68a zu weitergehenden Rechtsverletzungen geführt hat.

27 **a) § 68a Abs. 1.** Unter Hinweis auf § 68a zu Unrecht zurückgewiesene bzw. nicht gestellte Fragen an einen Zeugen können einen Verstoß gegen die **Aufklärungspflicht** oder den Revisionsgrund des **§ 338 Nr. 8** begründen. Denn wird – auch nach entsprechender Beanstandung – eine Frage durch Gerichtsbeschluss nach § 238 Abs. 2 nicht zugelassen, kann dies, namentlich wenn die tatrichterliche Würdigung der Zeugenaussage von der fehlerhaften Zurückweisung der Frage beeinflusst sein kann, eine **unzulässige Beschränkung der Verteidigung** iSv § 338 Nr. 8 darstellen.[37] Das Zulassen einer unzulässigen Frage kann die Revision nicht begründen, da dadurch die Wahrheitsermittlung nicht berührt wird.[38]

28 **b) § 68a Abs. 2.** Die vorstehenden Ausführungen zu Abs. 1 gelten hier ebenso. Denkbar ist etwa ein Verstoß gegen die Aufklärungspflicht durch ein Absehen von der Frage nach Vorstrafen des Zeugen.[39] Das **Unterlassen der Generalfragen** kann die Aufklärungsrüge nicht begründen, da die Rüge regelmäßig nicht darauf gestützt werden kann, dass das Gericht ein genutztes Beweismittel nicht voll ausgeschöpft hat, zumal dann nicht, wenn der Revident die Frage nicht selbst gestellt hat.[40]

§ 68b Zeugenbeistand

(1) [1]Zeugen können sich eines anwaltlichen Beistands bedienen. [2]Einem zur Vernehmung des Zeugen erschienenen anwaltlichen Beistand ist die Anwesenheit gestattet. [3]Er kann von der Vernehmung ausgeschlossen werden, wenn bestimmte Tatsachen die Annahme rechtfertigen, dass seine Anwesenheit die geordnete Beweiserhebung nicht nur unwesentlich beeinträchtigen würde. [4]Dies wird in der Regel der Fall sein, wenn aufgrund bestimmter Tatsachen anzunehmen ist, dass

1. der Beistand an der zu untersuchenden Tat oder an einer mit ihr im Zusammenhang stehenden Begünstigung, Strafvereitelung oder Hehlerei beteiligt ist,

2. das Aussageverhalten des Zeugen dadurch beeinflusst wird, dass der Beistand nicht nur den Interessen des Zeugen verpflichtet erscheint, oder

3. der Beistand die bei der Vernehmung erlangten Erkenntnisse für Verdunkelungshandlungen im Sinne des § 112 Absatz 2 Nummer 3 nutzt oder in einer den Untersuchungszweck gefährdenden Weise weitergibt.

---

[34] Slawik in KK-StPO Rn. 5 mwN.
[35] Ignor/Bertheau in Löwe/Rosenberg Rn. 11.
[36] Monka in BeckOK StPO Rn. 6; Schmitt in Meyer-Goßner/Schmitt Rn. 9.
[37] BGH 14.1.1982 – 1 StR 809/81, NStZ 1982, 170; 17.4.1990 – 2 StR 149/90, NStZ 1990, 400.
[38] Otte in Radtke/Hohmann Rn. 10 mwN.
[39] Otte in Radtke/Hohmann Rn. 10 mwN.
[40] Ignor/Bertheau in Löwe/Rosenberg § 68 Rn. 23.

(2) [1]Einem Zeugen, der bei seiner Vernehmung keinen anwaltlichen Beistand hat und dessen schutzwürdigen Interessen nicht auf andere Weise Rechnung getragen werden kann, ist für deren Dauer ein solcher beizuordnen, wenn besondere Umstände vorliegen, aus denen sich ergibt, dass der Zeuge seine Befugnisse bei seiner Vernehmung nicht selbst wahrnehmen kann. [2]§ 142 Absatz 5 Satz 1 und 3 gilt entsprechend.

(3) [1]Entscheidungen nach Absatz 1 Satz 3 und Absatz 2 Satz 1 sind unanfechtbar. [2]Ihre Gründe sind aktenkundig zu machen, soweit dies den Untersuchungszweck nicht gefährdet.

Schrifttum: Bittmann, Perspektiven zum Opferschutz-Reform der Reform, ZRP 2009, 212; Bittmann, Das 2. Opferrechtsreformgesetz, Jus 2010, 219; Dahs, „Informationelle Vorbereitung" von Zeugenaussagen durch den anwaltlichen Rechtsbeistand, NStZ 2011, 200; Gillmeister, Beistand für den Zeugen – ein Mandat ohne Schutz?, NStZ 2018, 561; Hammerstein, Der Anwalt als Beistand gefährdeter Zeugen, NStZ 1981, 125; Klengel/Müller, Der anwaltliche Zeugenbeistand im Strafverfahren, NJW 2011, 23; Rieß, Zeugenschutz bei Vernehmungen im Strafverfahren, NJW 1998, 3240; Rieß, Das neue Zeugenschutzgesetz, insbesondere Video-Aufzeichnungen von Aussagen im Ermittlungsverfahren und in der Hauptverhandlung, StraFo 1999, 1; Thomas, Der Zeugenbeistand im Strafprozess, NStZ 1982, 489; Wessing/Ahlbrecht, Der Zeugenbeistand.

Übersicht

A. Allgemeines

I. Normzweck

1 Der 1998 eingefügte § 68b stärkt die Position des Zeugen; darauf, ob er sich in der Rolle des Verletzten befindet, kommt es nicht an. § 68b zielt, gemeinsam mit anderen Vorschriften, auf eine **Verbesserung des Zeugen- und Opferschutzes** im Ermittlungs- und Strafverfahren. Durch die Mitwirkung eines anwaltlichen Beistands soll der Zeuge zum einen in die Lage versetzt werden, Rechte und Möglichkeiten mit der erforderlichen Sachkunde selbständig wahrzunehmen und zum anderen auf seine Vernehmung Einfluss zu nehmen.[1] Den Zeugen soll besonders die Geltendmachung ihrer Schutz- und Abwehrrechte ermöglicht bzw. erleichtert werden.[2]

2 Das 2. ORRG v. 29.7.2009,[3] in Kraft getreten am 1.10.2009 hat die Bestimmung wesentlich umgestaltet und erweitert. Die heutige Fassung schafft den vom Gesetzgeber beabsichtigten Gleichklang mit den Regelungen für den Beistand des Verletzten (§ 406f) und den Beistand des Nebenklagebefugten (§ 406g).[4] Schon lange vor Inkrafttreten des § 68b hat das BVerfG[5] – unter Heranziehung der Gesichtspunkte des Rechts auf ein faires Verfahren und der Subjektstellung des Zeugen im Verfahren – klargestellt, dass der Zeuge sich von einem Rechtsanwalt unterstützen lassen darf; dieses Recht erkennt Abs. 1 S. 1 nunmehr ausdrücklich an.[6] Die Verbesserung der Position der Zeugen bringt aber auch einen erweiterten Aufwand und Verkomplizierungen mit sich.[7]

3 Die Stärkung der (Opfer-)Zeugen im Strafprozess und ihre Ausstattung mit Informations- und Teilhaberechten bringt **nicht nur Vorteile** mit sich. So droht zum einen – jedenfalls aus Sicht der Verteidigung – eine zu frühzeitige Festschreibung der Rollen von Täter und Opfer, die dem Abschluss des gerichtlichen Erkenntnisverfahrens vorbehalten bleiben sollte, zum anderen kann eine umfangreiche Wahrnehmung der Informations- und Teilhaberechts unter Umständen zu einer Abschwächung der Beweisqualität der Zeugenaussage führen. Solche Gefahren sind ggf. im Rahmen der Beweiswürdigung und gerichtlichen Überzeugungsbildung zu berücksichtigen.[8]

II. Anwendungsbereiche

4 § 68b ist nicht nur im Straf-, sondern auch im Ordnungswidrigkeitenverfahren, in berufsrechtlichen Verfahren sowie vor parlamentarischen Untersuchungsausschüssen anwendbar.[9] Die Vorschrift gilt zudem nicht nur bei richterlichen, sondern für **sämtliche Vernehmungen** eines Zeugen in allen Verfahrensabschnitten. Für staatsanwaltschaftliche Vernehmungen folgt dies aus § 161a Abs. 1 S. 2. Für polizeiliche Vernehmungen bestimmt § 163 Abs. 3 S. 1 nunmehr die Anwendbarkeit des § 68b; in § 163a Abs. 5 aF fehlte eine entsprechende Verweisung noch. Da die polizeiliche Zeugenvernehmung den Regelfall darstellt, schien dem Gesetzgeber die Anwendbarkeit des § 68b auch hier erforderlich.[10] Gleiches gilt für den Verletztenbeistand nach §§ 406 f.

---

1 BVerfG 8.10.1974 – 2 BvR 747/73 ua, BVerfGE 38, 105 (112, 115) = NJW 1975, 103 (103 f.); Thomas NStZ 1982, 489 f.

2 Otte in Radtke/Hohmann Rn. 1.

3 BGBl. 2009 I 2280; hierzu Bittmann Jus 2010, 219.

4 BT-Drs. 16/12098, 15.

5 BVerfG 8.10.1974 – 2 BvR 747/73 ua, BVerfGE 38, 105 = NJW 1975, 103; hierzu ausführlich Thomas NStZ 1982, 489, (489 f.); Wessing/Ahlbrecht Zeugenbeistand Rn. 7 ff.

6 Zur kontroversen Entstehungsgeschichte Ignor/Bertheau in Löwe/Rosenberg Rn. 2.

7 Bittmann ZRP 2009, 212.

8 Wegen der angeblichen Gefahr von Fehlurteilen noch deutlich kritischer die Stellungnahme der Strafverteidigervereinigungen vom 11.5.2009 zum Entwurf eines Gesetzes zur Stärkung der Rechte von Verletzten und Zeugen im Strafverfahren (2. Opferrechtsreformgesetz).

9 Gillmeister NStZ 2018, 562.

10 BT-Drs. 16/12098, 15.

III. Überblick

Abs. 1 regelt das **Recht** des Zeugen auf Hinzuziehung eines anwaltlichen Beistands (Abs. 1 S. 1), dessen grundsätzliches Anwesenheitsrecht bei Vernehmungen (Abs. 1 S. 2) sowie die Voraussetzungen für einen **Ausschluss** des Beistands von der Vernehmung (Abs. 1 S. 3 und 4). 5

Abs. 2 regelt für Vernehmungen die **Beiordnung** eines Zeugenanwalts für Zeugen, die keinen Beistand haben. Dabei sind jedoch gewichtige Einschränkungen zu beachten: zum einen steht die Beiordnung unter dem Vorbehalt, dass den schutzwürdigen Interessen des Zeugen nicht anders Rechnung getragen werden kann, zum anderen muss der Zeuge aufgrund besonderer Umstände nicht fähig sein, seine Befugnisse bei seiner Vernehmung selbst wahrzunehmen. 6

B. Erläuterung

I. Zuziehung eines Beistands (Abs. 1 S. 1 und 2)

1. Recht auf Zuziehung eines Beistands. a) Zweck. Das in Abs. 1 S. 1 festgehaltene Recht folgt als sog. Zeugengrundrecht aus dem Gebot einer fairen Verfahrensgestaltung und dem durch Art. 2 Abs. 1 iVm Art. 1 Abs. 1 GG geschützten Persönlichkeitsrecht des Zeugen.[11] Das Recht, sich eines selbst gewählten anwaltlichen Beistands zu bedienen, steht dem Zeugen während des gesamten Ermittlungs- und Strafverfahrens, nicht nur bei Vernehmungen, zu. 7

Das Recht aus Abs. 1 S. 1 will sicherstellen, dass der Zeuge von seinen prozessualen Befugnissen selbständig und seinen Interessen entsprechend sachgerecht Gebrauch machen kann. Dieser Aspekt gewinnt besondere Bedeutung, wenn sich der Zeuge in einem Konflikt zwischen der Aussage- und Wahrheitspflicht mit den sie sichernden Zwangsmitteln und Strafandrohungen und der Gefahr eigener Verfolgung befindet. 8

b) Prozessuale Rechte des Zeugen. Als Rechte, bei deren Wahrnehmung der Zeuge die Beratung, Unterstützung oder Mitwirkung durch einen Beistand für erforderlich halten kann, kommen vor allem in Betracht: die **Zeugnisverweigerungsrechte** nach §§ 52 ff., das **Auskunftsverweigerungsrecht** nach § 55 und das **Beanstandungsrecht** bei Fragen, die unter § 68a fallen oder nach § 241 Abs. 2 zurückgewiesen werden können. Ein Beistand kann den Zeugen auch unterstützen, wenn es zu beanstanden gilt, dass der Zeuge in seinem Recht auf Abgabe eines zusammenhängenden Berichts iSv § 69 Abs. 1 S. 1 gestört wird oder **Anträge,** etwa auf Ausschließung des Angeklagten nach § 247 oder auf Ausschluss der Öffentlichkeit zum Schutz der Privatsphäre des Zeugen, von Geheimnissen oder bei Gefährdungen (§§ 171b, 172 GVG) gestellt werden sollen. Ferner kann der Beistand den Zeugen beraten, bevor dieser eine wörtliche Protokollierung genehmigt. 9

Vom Zeugen kann nicht verlangt werden, zu begründen, warum er in Begleitung eines Rechtsbeistands zur Vernehmung erscheint. Denn dies würde ihn der Gefahr aussetzen, solche Angaben zu machen, vor deren Offenbarung ihn § 55 gerade schützen will.[12] 10

c) Keine Zulassung, kein obligatorischer Hinweis, Kosten. Der Zeuge kann selbst entscheiden, ob und wann er es für geboten hält, einen Rechtsbeistand hinzuzuziehen. Der vom Zeugen hinzugezogene Beistand bedarf keiner Zulassung. Strafverfolgungsbehörden und Gerichte sind nicht verpflichtet, den Zeugen auf die Möglichkeit der Zuziehung eines Beistands hinzuweisen. Werden Verletzte als Zeugen geladen, ist es – obgleich der Gesetzgeber formularmäßige Belehrungen vermeiden wollte – vielfach üblich geworden, 11

[11] BVerfG 8.10.1974 – 2 BvR 747/73 ua, BVerfGE 38, 105 = NJW 1975, 103 (104); BVerfG 10.3.2010 – 2 BvR 941/09, StraFo 2010, 243; Kurzwiedergabe in NJW-Spezial 2010, 280.

[12] BVerfG 10.3.2010 – 2 BvR 941/09, StraFo 2010, 243.

im Ladungsformular auf diese Option und/oder Opferschutzorganisationen hinzuweisen. Zieht der Zeuge selbst einen Beistand hinzu, trägt er für diesen die Kosten.

12 **2. Rechtsstellung des Beistands.** Der Beistand ist **kein Verfahrensbeteiligter.** Seine Rechtsstellung leitet sich aus der des Zeugen ab. Da der Beistand ausschließlich im Interesse des Zeugen und zur Wahrung von dessen Rechten tätig wird, hat er keine weitergehenden Befugnisse als der Zeuge selbst.[13]

13 Die Funktion des Beistands nach Abs. 1 und 2 kann ein **Rechtsanwalt** oder eine diesem nach **§ 138 Abs. 1 und 2** gleichgestellte Person übernehmen. § 138 Abs. 3 hält die Befugnis des Zeugen, als Beistand einen Rechtsanwalt, einen Rechtslehrer an einer deutschen Hochschule oder – mit Genehmigung des Gerichts – eine andere natürliche Person auszuwählen, ausdrücklich fest; mit dem durch das 2. ORRG eingefügten § 138 Abs. 3 sollten die Befugnisse der Opfer von Straftaten bei der Wahl eines Beistands an die der Beschuldigten bei der Wahl des Verteidigers angeglichen werden.[14] Vor diesem Hintergrund überzeugt die Auffassung, die ausschließlich Rechtsanwälte als Beistand zulassen will,[15] nicht.

14 **3. Befugnisse und Funktionen des Beistands.** Zwar gewährt Abs. 1 S. 2 nach seinem Wortlaut dem Beistand nur ein **Anwesenheitsrecht.** Sinn und Zweck des Rechts auf einen Beistand erfordern es jedoch, dem anwesenden Beistand **Mitwirkungsbefugnisse** und **Antrags- und weitere Rechte** zuzugestehen, denn die bloße Anwesenheit bietet dem Zeugen noch keine Unterstützung bei der Handhabung seiner Rechte.

15 **a) Anwesenheitsrecht (Abs. 1 S. 2).** Wie der Wortlaut des Abs. 1 S. 2 zeigt, besteht das Recht zur Anwesenheit bei der Vernehmung unabhängig davon, ob der Zeuge in öffentlicher oder nichtöffentlicher Hauptverhandlung vernommen wird.

16 Im Übrigen ist der **Umfang des Anwesenheitsrechts** umstritten. Zum Teil wird angenommen, das Anwesenheitsrecht beschränke sich ausschließlich auf die Zeit während der Vernehmung; davor und danach sei der Beistand nicht zur Anwesenheit berechtigt.[16] Dies vermag nicht zu überzeugen; den Vorzug verdient die Gegenansicht.[17] Zunächst berücksichtigt die erstgenannte Auffassung nicht, dass der Ausschluss eines Zuhörers bereits einem Verstoß gegen den Öffentlichkeitsgrundsatz gleichkäme. Hinzu kommt für den Zeitraum nach der Vernehmung der Aspekt der Gleichsetzung der Rechte des Beistands mit denjenigen des Zeugen; einem Zeugen ist aber regelmäßig die Anwesenheit im Sitzungssaal zu gestatten, sobald seine Vernehmung beendet ist (zu Ausnahmen → § 58 Rn. 15). Schließlich erscheint ohne Anwesenheitsrecht und ohne Akteneinsichtsrecht (→ Rn. 30 ff.) eine Vorbereitung und Beratung des Zeugen für den Beistand regelmäßig nahezu unmöglich.

17 Zwar kann der Beweiswert einer Zeugenaussage gemindert sein, wenn er vor seiner Vernehmung bereits Informationen über den Verfahrensstand oder über die Inhalte anderer Zeugenaussagen erhalten hat. Dies rechtfertigt es jedoch nicht, den Beistand anders als jeden am Verfahren interessierten Zuhörer zu behandeln. Ferner fehlt jeder Hinweis dafür, dass mit § 68b eine Möglichkeit zur Einschränkung der Öffentlichkeit geschaffen werden sollte.[18] Zudem widersprechen Sinn und Zweck der Norm einer Beschränkung des Anwesenheitsrechts. Denn käme zu dem dem Beistand nur in geringem Umfang zugestandenen Akteneinsichtsrecht noch der Ausschluss von der Verhandlung hinzu, wäre häufig eine fundierte und sachgerechte Beratung und Unterstützung des Zeugen nicht mehr möglich.

---

[13] BGH 4.3.2010 – StB 46/09, NStZ-RR 2010, 246; s. auch BT-Drs. 13/7165, 9.
[14] BT-Drs. 16/2098; Wessing in BeckOK StPO § 138 Rn. 18a.
[15] Otte in Radtke/Hohmann Rn. 3 mwN.
[16] Schmitt in Meyer-Goßner/Schmitt Rn. 5.
[17] Vgl. LG Heilbronn 3.2.2003 – 3 Ks 17 Js 23416/01, NStZ 2004, 100; Klengel/Müller NJW 2011, 2; s. auch Ignor/Bertheau in Löwe/Rosenberg Rn. 19, 20.
[18] Überzeugend LG Heilbronn 3.2.2003 – 3 Ks 17 Js 23416/01, NStZ 2004, 100 (101) mablAnm Wagner.

18 Abgesehen von der Möglichkeit der Anwesenheit in der Verhandlung kann sich der Beistand auch auf andere Art und Weise **Informationen verschaffen.** Denkbar ist etwa die Kontaktaufnahme zu anderen Verfahrensbeteiligten. Auch der Zeuge kann sich bei Zuhörern der bereits abgelaufenen Hauptverhandlung oder Verfahrensbeteiligten informieren. Beide Varianten sind zwar rechtlich nicht sanktioniert, sollten aber **nur mit äußerster Vorsicht und Zurückhaltung** praktiziert werden.

19 Denn eine informationelle Vorbereitung der Aussage hat nicht nur regelmäßig – ebenso wie die dem Zeugen durch seinen Beistand vorab bekannt gegebenen Erkenntnisse – negative Einflüsse auf die Überzeugungskraft der Aussage.[19] Sie birgt für den Zeugen, für den Beistand sowie für den Informanten zudem die Gefahr, die Grenze zur Begehung von Straftaten zu überschreiten. So steht beim Zeugen die Strafbarkeit wegen Aussagedelikten (§§ 153 ff. StGB) und Strafvereitelung (§ 258 StGB) im Raum, beim Beistand wegen möglicher Anstiftung oder Beihilfe hierzu. Dem Verteidiger droht bei Weitergabe von Aktenteilen oder Informationen die Strafbarkeit wegen Verletzung der Schweigepflicht (§ 203 Abs. 1 Nr. 3 StGB).[20]

20 **b) Beratung. aa) Während der Vernehmung.** Der Beistand darf den Zeugen zunächst während der Vernehmung beraten. Die hierfür erforderliche **Zeit** muss das Gericht dem Beistand einräumen und, falls der Beistand anders nicht sinnvoll tätig werden kann, notfalls die Hauptverhandlung unterbrechen.[21]

21 Die Beratungsfunktion des Beistands betrifft besonders die sachgerechte Wahrnehmung der dem Zeugen aus **§§ 52 ff., 55** zustehenden Weigerungsrechte. Hier kann der Beistand dem Zeugen die Konsequenzen darlegen, die sich für ihn selbst bzw. einen Angehörigen ergeben können, je nachdem, ob, wann und in welchem Umfang der Zeuge sich auf ein ihm zustehendes Zeugnis- oder Auskunftsverweigerungsrecht beruft. Auch der Umstand, dass die Gefahr strafgerichtlicher Verfolgung durch eine Berufung des Zeugen auf § 55 erst begründet oder noch gesteigert wird, wird häufig Beratungsgegenstand sein, ebenso, welche Umstände im Rahmen einer verlangten Glaubhaftmachung gemäß § 56 offenbart werden können, ohne dadurch in den Bereich der Verfolgungsgefahr zu gelangen.[22] Schließlich kann der Beistand den Zeugen bei der Verteidigung gegen drohende oder verhängte Ordnungsmittel unterstützen.[23]

22 **bb) Vor der Vernehmung.** Der Zeuge kann sich schon vor der Vernehmung mit seinem Beistand beraten. Seitens des Beistands ist dieses Gespräch **vertraulich.** Der Zeuge hingegen muss die zur Sache gehörenden Fragen beantworten; hierzu kann auch der Inhalt der Vorberatung mit dem Beistand gehören, sofern keine Weigerungsrechte nach §§ 52 ff., 55 eingreifen. Dem Zeugen kann, was die Mandatsbeziehung zu seinem Beistand anbelangt, **kein generelles Zeugnisverweigerungsrecht** zuerkannt werden;[24] der Gesetzgeber hat ein solches – trotz wiederholter Befassung mit § 68b – nicht eingeführt. Es könnte die Sachaufklärung beeinträchtigen und die Bemessung des Beweiswerts der Aussage erschweren. Anzuerkennen ist ausnahmsweise ein punktuelles Zeugnisverweigerungsrecht, soweit die an den Zeugen gerichtete Frage – was sehr selten der Fall sein wird – in den unantastbaren Bereich privater Lebensgestaltung vordringt; regelmäßig müssen die Persönlichkeitsrechte des Zeugen hingegen hinter dem staatlichen Aufklärungsinteresse zurücktreten.[25] Schließlich lässt sich das Zeugnisverweigerungsrecht der Rechtsanwälte aus § 53 Abs. 1 Nr. 3 nicht auf den normalen Zeugen übertragen. Vor diesem Gesamthintergrund vermag es nicht zu überzeugen, den Umfang eines Weigerungsrechts des Zeugen vom Mandatsge-

---

19 Vgl. Dahs NStZ 2011, 200 (201).
20 Dahs NStZ 2011, 200 (202).
21 Rieß StraFo 1999, 1 (7).
22 Hierzu Hammerstein NStZ 1981, 125.
23 KG 20.12.2007 – 2 BJs 58/06, StV 2010, 298.
24 AA Thomas NStZ 1982, 489 (493).
25 BVerfG 19.7.1972 – 2 BvL 7/71, NJW 1972, 2214; BayObLG 8.11.1978 – RReg 3 St 267/78, NJW 1979, 2624 (2625).

genstand her zu bestimmen und dem Zeugen ein mandatsbezogenes Auskunftsverweigerungsrecht zuzubilligen.[26]

23 **c) Unterstützung beeinträchtigter Zeugen.** Außerdem können Zeugen durch den Beistand stabilisiert und menschlich-psychisch unterstützt werden. Dies gilt besonders bei Zeugen, die in ihrer Aussagefähigkeit beeinträchtigt oder in ihrer **Aussagebereitschaft gehemmt** sind; Umstände, die etwa häufig bei schwer geschädigten Opfern, besonders, wenn sie noch jung sind oder sich in hohem Lebensalter befinden, vorliegen werden.

24 Der Beistand kann auch dazu beitragen, durch die Aussage hervorgerufene Mehrdeutigkeiten oder Missverständnisse zwischen dem Zeugen und Verfahrensbeteiligten zu vermeiden und **Aussagefehler** zu verhindern. Dies gilt besonders bei ängstlichen oder ungeschickten Zeugen oder solchen, die aus anderen Gründen in ihrer Aussagefähigkeit oder -bereitschaft beeinträchtigt sind.[27]

25 **d) Beratung bei Protokollierung.** Zu Unterstützungszwecken kann ein Zeugenbeistand auch Hilfestellung und Unterstützung bei der **wörtlichen Protokollierung von Aussagen** geben. Er darf den Zeugen auf möglicherweise notwendige Korrekturen hinweisen und vor der Genehmigung des Wortprotokolls (§ 273 Abs. 3 S. 3) beraten. Letztlich muss der Zeuge selbst entscheiden, welchen Inhalt seine Aussage haben soll. Vor diesem Hintergrund erscheint es zu weitgehend, von einer Einflussnahme bei der Protokollierung zu sprechen.[28]

26 **e) Beanstandungsrecht, Rederecht, Beschwerderecht, Hinweis auf Fürsorgepflicht.** Der Beistand kann für den Zeugen unzulässige, dh ungeeignete oder nicht zur Sache gehörende **Fragen** (vgl. § 241 Abs. 2) beanstanden. Um eine effektive und überzeugende Beanstandung zu ermöglichen und die Argumente bzw. Sichtweise des Zeugen vorbringen zu können, ist dem Beistand auch ein **Rederecht**[29] einzuräumen. Weist der Vorsitzende die Frage auf die Beanstandung hin zurück, braucht sie der Zeuge nicht zu beantworten.

27 Kommt der Vorsitzende dem Ansinnen bzw. einer Beanstandung des Beistands nicht nach, kann dieser auch den Erlass eines Gerichtsbeschlusses nach **§ 238 Abs. 2** beantragen. Anders als der Angeklagte kann der Zeuge diesen Beschluss mit der **Beschwerde** anfechten; denn er ist eine „dritte Person" iSv § 305 S. 2. Auch hierbei kann der Beistand beratend und unterstützend tätig werden.[30] Entsprechendes gilt, wenn das Gericht gegen den Zeugen Ordnungsmittel verhängt.

28 Ferner sollte der Beistand versuchen, das Gericht dort zum Einschreiten zu bewegen, wo die Befragung des Zeugen Dimensionen annimmt, die in keinem Verhältnis zum Beweisthema mehr stehen und die Art und Weise oder der Umfang der Vernehmung mit der gerichtlichen **Fürsorgepflicht** gegenüber einem Zeugen nicht mehr vereinbar erscheint. Denn das Gericht ist verpflichtet, bei seiner Entscheidung über den Umfang der Beweisaufnahme **Opferschutzinteressen** in seine Erwägungen einzubeziehen. Das bedeutet auch, das Opfer vor einer rechtsstaatswidrigen Verteidigung des Angeklagten zu schützen und Befragungen zu seinem Privat- oder Intimleben, wenn dieses keinen unmittelbaren Zusammenhang zum Verfahrensgegenstand aufweist, nur nach sorgfältiger Prüfung ihrer Unerlässlichkeit zuzulassen, zumal unnötige exzessive Beweiserhebungen auch die Wahrheitsermittlung gefährden können.[31]

---

26 So Gillmeister NStZ 2018, 565 (565 f.).
27 Thomas NStZ 1982, 489 (491).
28 BVerfG 10.3.2010 – 2 BvR 941/09, StraFo 2010, 243; Schmitt in Meyer-Goßner/Schmitt Rn. 4.
29 Thomas NStZ 1982, 489 (494).
30 Thomas NStZ 1982, 489 (494).
31 Vgl. zu einer mehrtägigen Befragung des Geschädigten durch die Verteidigung trotz eines gut überschaubaren Tatsachverhalts BGH 31.8.2006 – 3 StR 237/06, NStZ-RR 2007, 21; s. auch BGH 11.1.2005 – 1 StR 498/04, NJW 2005, 1519 (1520 f.).

f) Antrags- und Erklärungsrecht. Der Beistand kann für den Zeugen Anträge stellen und Erklärungen anbringen.[32] Die Beantwortung der Frage bleibt aber stets Aufgabe des Zeugen. Der Beistand kann den Zeugen nicht bei der Beantwortung vertreten. 29

g) Akteneinsichtsrecht. aa) Umfang der Akteneinsicht. Die Frage, in welchem Umfang der Beistand zur Akteneinsicht berechtigt ist, ist umstritten. Die Auffassung, die ihm unabhängig davon, ob der Zeuge Verletzter ist, ein (nahezu) uneingeschränktes Akteneinsichtsrecht zugesteht,[33] überzeugt schon deshalb nicht, weil sie die Regelungen der §§ 147, 406e, 474 ff. außer Acht lässt. Anders als für den Verteidiger ist § 147 auf den Zeugenbeistand nicht anwendbar. Auch darf der Beistand den Zeugen nicht in der Aussage vertreten oder auf den Aussageinhalt Einfluss nehmen; dies ließe sich indes schwer ausschließen, wenn der Beistand mit dem Zeugen anhand der durch die Akteneinsicht gewonnen Kenntnisse inhaltliche Fragen erörterte.[34] Schließlich lässt sich mit dem Hinweis auf Polizeibeamte, die im Rahmen ihrer Aussagevorbereitung Akten(-teile) einsehen können, ein allgemeines Akteneinsichtsrecht für den Zeugenbeistand nicht überzeugend begründen.[35] Denn bei diesen Akten handelt es sich nicht um die vollständigen Gerichtsakten, sondern um bei der Dienststelle des Polizeibeamten anläßlich seiner Berufsausübung angefallene Aktenteile. 30

Da sich die Rechtsstellung des Beistands aus der des Zeugen ableitet, gilt: Der Zeuge hat, sofern er **nicht Verletzter**[36] ist, ein Akteneinsichtsrecht nur als „Privatperson" iSv **§ 475;** darüber hinaus ist auch sein Beistand nicht zur Akteneinsicht berechtigt.[37] Allein der Umstand, dass das Gericht einen anwaltlichen Beistand bestellt hat, genügt nicht, um ein berechtigtes Interesse iSv § 475 Abs. 1 anzunehmen. Anderenfalls wäre der Grundsatz, dass Zeugen unbefangen und ohne Kenntnis anderer Zeugenangaben und der Einlassung des Angeklagten aussagen sollen (vgl. §§ 58 Abs. 1, 243 Abs. 2), ausgehebelt sowie Qualität und Beweiswert der Zeugenaussage deutlich gemindert, was wiederum die Wahrheitsfindung beeinträchtigte. All dies führt dazu, dass in diesen Fällen regelmäßig die in § 477 Abs. 2 S. 1 angeführten **Zwecke des Strafverfahrens der Akteneinsicht entgegenstehen,** denen der Gesetzgeber gegenüber dem Einsichtsbegehren eines Zeugen, der nicht Verletzter ist, den Vorrang eingeräumt hat.[38] 31

Mit Blick auf diese Regelungen muss grundsätzlich eine großzügigere Handhabung des Akteneinsichtsrechts ausscheiden. Es kann besonders nicht schon dann pauschal bejaht werden, wenn der Zeuge aus Gründen der Gefahr einer Selbstbelastung bzw. beim Vorliegen der Voraussetzungen des § 55 eines Beistands bedarf.[39] Diese Ansicht berücksichtigt nicht, dass das Gericht den Zeugen über sein Auskunftsverweigerungsrecht belehren muss und dem Zeugen, jedenfalls auf dessen Nachfrage hin, sein Weigerungsrecht noch zusätzlich erläutern wird. 32

Um die Schutz- und Beratungsfunktion des Beistands zu gewährleisten, erscheint es **ausnahmsweise** dann, wenn es sich um komplizierte, schwer erfassbare und verästelte Sachverhalte handelt, jedoch vertretbar und angemessen, dem Beistand das **Beweisthema** vorab mitzuteilen. Daneben kann in solchen Fällen – jedoch nur in sehr engen Grenzen – **auszugsweise Akteneinsicht** gewährt oder dem Beistand der Anklagesatz übermittelt werden, anhand derer er mit dem Zeugen Risiken und Gefahren einer möglichen Selbstbelastung besprechen kann.[40] Dabei ist besonders darauf zu achten, dass die Aktenteile nicht 33

---

32 Schmitt in Meyer-Goßner/Schmitt Rn. 4.
33 Slawik in KK-StPO Rn. 8.
34 Ebenso KG 14.8.2015 – 3 Ws 397/15, NJW 2015, 3255 (3257).
35 AA Wessing/Ahlbrecht Zeugenbeistand Rn. 51.
36 S. zum Akteneinsichtsrecht des Zeugen, der gleichzeitig Verletzter ist § 406e und → Rn. 34.
37 BGH 4.3.2010 – StB 46/09, NStZ-RR 2010, 246 (247) mwN; KG 20.12.2007 – 2 BJs 58/06, StV 2010, 298 mwN; KG 14.8.2015 – 3 Ws 397/15, NJW 2015, 3255; OLG Hamburg 3.1.2002 – 2 Ws 258/01, NJW 2002, 1590; Dahs NStZ 2011, 200.
38 KG 7.2.2008 – (1) 2 BJs 58/06, NStZ 2008, 587; 20.12.2007 – 2 BJs 58/06, StV 2010, 298 mwN.
39 So aber Klengel/Müller NJW 2011, 23 (25); ähnlich Koch StV 2010, 299.
40 Vgl. KG 20.12.2007 – 2 BJs 58/06, StV 2010, 298.

die Aussagen anderer Zeugen und die Angaben des Angeklagten enthalten, damit die Aussage des Zeugen möglichst unbeeinflusst bleibt. Dies gilt besonders in Fällen, in denen der Beistand beigeordnet wurde, weil der Zeuge zur zutreffenden Beurteilung der Sach- und Rechtslage gerade nicht in der Lage und deshalb schutzbedürftig ist, denn in diesen Konstellationen wird der Beistand die für eine wirksame Ausübung seiner Funktion erforderlichen Informationen kaum allein vom Zeugen erlangen können[41] sowie in den Fällen, in denen eine Gefährdung des Zeugen zu besorgen ist.[42] In den genannten Konstellationen ist der Beistand gefordert, gegenüber dem Gericht die für eine partielle Akteneinsicht sprechenden Umstände konkret vorzutragen.[43]

34 Wurde der Beistand hingegen einem Zeugen beigeordnet, der **Verletzter** ist, gilt **§ 406e.** Damit wird das Akteneinsichtsrecht gegenüber einem „normalen" Zeugen wesentlich erweitert, denn in allen in § 395 aufgelisteten Fällen braucht kein berechtigtes Interesse an der Einsicht dargelegt werden.

35 **bb) Zuständigkeit.** Während der gerichtlichen Anhängigkeit des Verfahrens entscheidet der Vorsitzende über die begehrte Akteneinsicht, während des Ermittlungsverfahrens die StA (§ 478 Abs. 1, § 406e Abs. 4).

36 **cc) Antrag auf gerichtliche Entscheidung.** Hat die StA das Akteneinsichtsgesuch abschlägig beschieden, kann hiergegen die gerichtliche Entscheidung beantragt werden. Über einen Antrag gegen die Versagung der Akteneinsicht für den Zeugenbeistand durch die Bundesanwaltschaft im Ermittlungsverfahren hat gemäß § 478 Abs. 3 iVm § 161a Abs. 3 S. 2–4, § 73 Abs. 1, § 120 Abs. 3 GVG nicht der Vorsitzende, sondern der Senat zu entscheiden.[44] Dementsprechend ist bei einem Antrag des Zeugenbeistands auf gerichtliche Entscheidung gegen die Versagung der Akteneinsicht durch die StA der gesamte Spruchkörper zuständig.[45]

37 **h) Terminsnachricht.** Der Beistand ist von allen Vernehmungsterminen formlos zu **benachrichtigen.** Für die Hauptverhandlung folgt dies bereits aus § 397 Abs. 2 S. 3, für andere Vernehmungstermine, zumindest dann, wenn der Beistand durch das Gericht bestellt wurde, aus dem Grundsatz des fairen Verfahrens.[46]

38 **i) Terminierung.** Nach dem Willen des Gesetzgebers sind die Strafverfolgungsbehörden gehalten, die Vernehmungen nach Möglichkeit so zu terminieren, dass der Zeuge von der von ihm gewünschten Begleitung durch einen Beistand Gebrauch machen kann.[47] Ein Anspruch auf einen bestimmten Vernehmungstermin lässt sich hieraus nicht ableiten. Die **Verhinderung des hinzugezogenen Beistands** gibt dem Zeugen nicht das Recht, der Vernehmung fernzubleiben.[48] Denn die Vernehmung kann mit einem anderen Beistand stattfinden; die Lage ist nicht mit der Verhinderung eines notwendigen Verteidigers vergleichbar.

39 Macht der Zeugenbeistand seine Verhinderung geltend, kann zwar, besonders im Ermittlungsverfahren oder bei kommissarischen Vernehmungen eine Verlegung des Vernehmungstermins erwogen werden. Der Beistand hat aber **keinen Anspruch auf Terminsverlegung.** Die Gerichte sind nicht verpflichtet, einen Vernehmungstermin wegen der Verhinderung des Beistands zu verlegen.[49] Hiergegen spricht bereits der verfassungsrechtlich verankerte Beschleunigungsgrundsatz, aber auch der Umstand, dass sich die Tatgerichte

[41] Senge jurisPR-Strafrecht 13/2008 Anm. 4.
[42] Vgl. Bittmann JuS 2010, 219 (220).
[43] Vgl. Wessing/Ahlbrecht Zeugenbeistand Rn. 49.
[44] KG 7.2.2008 – (1) 2 BJs 58/06, NStZ 2008, 587.
[45] KG 20.12.2007 – 2 BJs 58/06, StV 2010, 298.
[46] AA Schmitt in Meyer-Goßner/Schmitt Rn. 5.
[47] Otte in Radtke/Hohmann Rn. 4.
[48] BGH 19.5.1989 – StB 19/89, NStZ 1989, 484 mablAnm Krehl NStZ 1990, 192, der einen Verstoß gegen das recht des Zeugen auf ein faires Verfahren sieht; Schmitt in Meyer-Goßner/Schmitt Rn. 4.
[49] AA Wessing/Ahlbrecht Zeugenbeistand Rn. 28 ff.

regelmäßig in einem engen Terminkorsett befinden und eine Verlegung Auswirkungen auf den gesamten Verfahrensfortgang nach sich ziehen kann. Im Verhinderungsfall muss sich der Zeuge ggf. einen anderen Beistand suchen. In jedem Fall ist eine sofortige Mandatsanzeige durch den Beistand sinnvoll, um das Gericht frühzeitig zu informieren. Im Übrigen kann das Gericht den Interessen des Zeugen dadurch Rechnung tragen, dass es ihm einen Beistand bestellt, der zur Wahrnehmung des vorgesehenen Termins in der Lage ist.[50]

II. Ausschluss des Beistands (Abs. 1 S. 3 und 4)

1. Voraussetzungen einer Verweigerung der Zuziehung eines Beistands. a) Beeinträchtigung der Beweiserhebung. Der Beistand des Zeugen kann nach Abs. 1 S. 3 dort ausgeschlossen werden, wo seine Anwesenheit die **Beweiserhebung nicht nur unwesentlich beeinträchtigen** würde. Dies ist dann der Fall, wenn die Teilnahme eines Beistands dazu missbraucht wird, eine geordnete und effektive Beweiserhebung zu erschweren oder zu verhindern und damit das Auffinden einer materiell richtigen und gerechten Entscheidung zu beeinträchtigen.[51] 40

Das Recht auf Zuziehung eines Beistands besteht nicht schrankenlos; die Verhörsperson braucht die Mitwirkung des Beistands nicht ausnahmslos zu dulden. **Vorrang** hat die Aufrechterhaltung einer **funktionsfähigen Rechtspflege.**[52] Denn das Gesetz lässt den Ausschluss auch noch unterhalb der Schwelle einer Verhinderung oder Erschwerung der Beweiserhebung zu, wie die Wendung „nicht nur unwesentlich" belegt. 41

b) Nicht ausreichende Umstände. Tätigkeiten zur Wahrnehmung der Zeugenrechte, etwa der Rat, vom Zeugnis- oder Auskunftsverweigerungsrecht Gebrauch zu machen oder eine Frage zu beanstanden, genügen für einen Ausschluss des Beistands freilich nicht, auch dann nicht, wenn dadurch die Sachverhaltsaufklärung erschwert wird.[53] Ebenso wenig rechtfertigt sich ein Ausschluss, wenn der Verhörsperson unter Berufung auf § 55 keine Auskunft über die Gründe der Hinzuziehung eines Beistands erteilt wird, weil anderenfalls der Schutz des § 55 ins Leere liefe. Auch die bloße Überschreitung der Rechte des Zeugenbeistands im Einzelfall reicht nicht aus.[54] 42

c) Verdachtsgrad. Dass Abs. 1 S. 3 **bestimmte Tatsachen** für die Annahme der Beeinträchtigung der Beweiserhebung verlangt, kann nicht mit dem Erfordernis eines dringenden Verdachts gleichgesetzt werden.[55] Ausreichend ist ein hinreichender Verdacht. Der Gesetzgeber wollte nur Spekulationen und vage Verdachtsmomente ausschließen.[56] 43

Eine zu enge Handhabung der Ausschlussgründe berücksichtigt nicht, dass § 68b nicht die Interessen des anwaltlichen Beistands, sondern den Schutz und die Unterstützung des Zeugen im Auge hat. Dass ein Ausschluss bei einem dringenden Verdacht möglich ist, bedeutet nicht, dass er bei einem unterhalb dieser Schwelle liegenden Verdacht ausscheiden muss. Im Fall des Ausschlusses kann der Zeuge ohne besondere Mühe auf einen anderen Beistand zurückgreifen. 44

2. Regelbeispiele. Abs. 1 S. 4 enthält drei Regelbeispiele, in denen die Gefährdung einer geordneten Beweiserhebung in der Regel anzunehmen sein soll; in diesen Konstellationen ist – wie vom BVerfG gefordert – der **Ausschluss des Beistands** typischerweise gerechtfertigt.[57] Zu verkürzt erscheint es, anzunehmen, die Regelung ziele auf „Szeneanwälte" in Verfahren gruppenbezogener Straftaten.[58] 45

---

50 Ignor/Bertheau in Löwe/Rosenberg Rn. 23.
51 BVerfG 10.3.2010 – 2 BvR 941/09, StraFo 2010, 243.
52 Monka in BeckOK StPO Rn. 1.
53 Otte in Radtke/Hohmann Rn. 14.
54 Klengel/Müller NJW 2011, 23 (26).
55 AA Klengel/Müller NJW 2011, 23 (26), die einen dringenden Tatverdacht in verfassungskonformer Auslegung verlangen, weil der Gesetzgeber die verfassungsrechtlichen Vorgaben verkannt habe.
56 BT-Drs. 16/12098, 16.
57 Monka in BeckOK StPO Rn. 4; auch insoweit nehmen Klengel/Müller NJW 2011, 23 (26) an, die gesetzliche Regelung genüge den Anforderungen des BVerfG nicht.
58 Bittmann ZRP 2009, 212 (213).

46 **a) Abs. 1 S. 4 Nr. 1.** Diese Regelung betrifft Fälle, in denen auf den Beistand ein **Teilnahmeverdacht** fällt oder sich gegen den Beistand der Verdacht einer Begünstigung, Strafvereitelung oder Hehlerei richtet. Die Regelung orientiert sich an § 138a Abs. 1 Nr. 1 und Nr. 3.

47 Ausreichend sind alle Formen der Täterschaft und Teilnahme; auch der Versuch der Tatbeteiligung bzw. der Versuch einer Tat nach den §§ 257–259 StGB genügt. Die Gesetzesformulierung „im Zusammenhang" weist auf einen weiten Anwendungsbereich; die **weite Auslegung** ist notwendig, um die Neutralität des Beistands zu wahren und damit auch Interessenkollisionen zu verhindern. Danach ist nicht nur bei direkten, sondern auch entfernteren Zusammenhängen zwischen der im Verfahren anhängigen Straftat und der Person des Beistands der Ausschluss angezeigt. In all diesen Fällen erscheint der Beistand ungeeignet, den Zeugen objektiv zu beraten.[59]

48 **b) Abs. 1 S. 4 Nr. 2.** Die Bestimmung betrifft eine mögliche **Kollision der Interessen** des Beistands mit denjenigen des Zeugen. Bei einer solchen Kollision ist die Beeinflussung des Aussageverhaltens des Zeugen durch den Beistand niemals auszuschließen. Die Interessen des Zeugen haben Vorrang.

49 Die Regelung will die freie Willensentscheidung des Zeugen, etwa bei der Ausübung seiner Weigerungsrechte, sicherstellen; deshalb genügt bereits die **Gefahr einer indirekten Einflussnahme auf das Aussageverhalten.**[60] Sie ist immer dann zu bejahen, wenn der Beistand auch für andere Personen tätig ist, die ein Interesse an einer bestimmten Aussage des Zeugen haben, etwa wenn der Beistand den im Verfahren Beschuldigten oder einen gesondert verfolgten Beteiligten vertritt oder wenn der Zeuge derjenigen Gruppierung angehört, gegen die ermittelt wird und die Anführer der Gruppe den Beistand ebenfalls beauftragt haben.[61] Der Anwendungsbereich dieses Regelbeispiels kann sich ferner mit Abs. 1 S. 4 Nr. 1 überschneiden, denn auch bei einem sich gegen den Beistand richtenden Teilnahmeverdacht wird dieser eher seine Interessen, nicht die des Zeugen im Blick haben.

50 Der Gesetzeszweck verbietet es, dass sich die Tätigkeitsbereiche des Zeugenbeistands und des Beschuldigtenvertreters, und sei es auch nur marginal oder in Randbereichen des Verfahrens, überlappen. Das Regelbeispiel dahin auszulegen, dass es nur die Konstellation erfasse, in der ein Beistand die Zeugeninteressen nicht überwiegend vertritt oder zur Begehung von Straftaten missbraucht,[62] geht am Wortlaut des Gesetzes vorbei, führt zu Unsicherheiten und wird weder der Interessenlage des Zeugen noch dem Grundsatz der Verfahrenseffektivität gerecht.

51 **c) Abs. 1 S. 4 Nr. 3.** Dieses Regelbeispiel betrifft die Gefahr, dass der Beistand bei der Vernehmung erlangte Erkenntnisse zu **Verdunkelungshandlungen** nutzen oder in einer den Untersuchungszweck gefährdenden Weise weitergeben könnte. Unerheblich ist, ob dies im eigenen Interesse des Beistands oder im Fremdinteresse geschehen könnte. In Frage kommt etwa die Gefahr, dass der Beistand gesuchte Personen warnen oder Beweismittel vernichten könnte.[63] Eine dringende Gefahr ist nicht erforderlich; die Ausführungen → Rn. 43, 44 gelten entsprechend.

52 **3. Feststellung der Ausschlussgründe.** Im Rahmen der Prüfung der Ausschlussgründe des Abs. 1 S. 3, 4 ist die Verhörsperson befugt, die Umstände der Hinzuziehung eines Zeugenbeistands aufzuklären und hierzu den Zeugen und dessen Beistand zu befragen. Vom Zeugen kann aber dann nicht verlangt werden, hierzu Angaben zu machen, wenn er sich dadurch selbst oder einen Angehörigen einer Verfolgungsgefahr aussetzen würde.[64]

[59] Otte in Radtke/Hohmann Rn. 6 unter Hinweis auf BT-Drs. 16/12098, 16.
[60] Klengel/Müller NJW 2011, 23 (26).
[61] Otte in Radtke/Hohmann Rn. 7.
[62] So Klengel/Müller NJW 2011, 23 (27).
[63] BT-Drs. 16/12098, 17; Monka in BeckOK StPO Rn. 4.
[64] Vgl. BVerfG 10.3.2010 – 2 BvR 941/09, StraFo 2010, 243.

4. Entscheidung über den Ausschluss. a) Ermessen. Das Gesetz räumt der Verhörsperson bei ihrer Entscheidung über den Ausschluss des Beistands Ermessen ein. Bei der Ermessensausübung sind die Belange des Zeugen einerseits und diejenigen des Strafverfahrens andererseits zu berücksichtigen. Der Grundsatz der Verhältnismäßigkeit erfordert eine **Abwägung** zwischen dem Recht des Zeugen auf Hinzuziehung eines Beistands und dem öffentlichen Interesse an der Effizienz des Strafprozesses, bzw. dem Grad der Gefährdung einer geordneten Beweiserhebung[65] die die Ermittlungsbehörden bzw. die Gerichte unter Beachtung der persönlichen und tatsächlichen Einzelfallumstände vorzunehmen haben. Diese Abwägung ist nicht entbehrlich, weil der Zeuge keine Begründung für die Hinzuziehung des Beistands liefert und/oder sich pauschal auf § 55 beruft.[66] 53

b) Begründung (Abs. 3 S. 2). Der Ausschluss des Beistands erfordert nach Abs. 3 S. 2 **grundsätzlich** eine **Begründung.** Denn nicht die Hinzuziehung, sondern der Ausschluss des Zeugenbeistands bedarf der Rechtfertigung.[67] Wird der Ausschluss begründet, so sind die Gründe **aktenkundig** zu machen. Dies ist bei Entscheidungen der Polizei und der StA schon regelmäßig deshalb notwendig, um im Falle eines Antrags auf gerichtliche Entscheidung die Überprüfung des Ausschlusses zu ermöglichen. 54

Von der Begründung der Entscheidung ist abzusehen, wenn dies den Untersuchungszweck gefährden würde. Hier gelten die zu § 147 Abs. 5 S. 3 entwickelten Maßstäbe ebenso.[68] 55

c) Zuständigkeiten. Für den Ausschluss des Zeugenbeistands ist nicht nur der Richter zuständig. Nach § 163 Abs. 3 S. 2 können diese Entscheidung auch StA und Polizei treffen, wenn sie die Vernehmung des Zeugen durchführen. Dies stellt eine ausreichende gesetzliche Grundlage dar.[69] 56

d) Unanfechtbarkeit (Abs. 3 S. 1), Rechtsmittel. Die richterliche Entscheidung, den Beistand auszuschließen, ist nach Abs. 3 S. 1 unanfechtbar. Haben den Ausschluss des Beistands hingegen der vernehmende Staatsanwalt oder der die Vernehmung führende Polizeibeamter angeordnet, sehen § 163 Abs. 3 S. 3, § 161a Abs. 3 S. 2 die Möglichkeit vor, hiergegen Antrag auf gerichtliche Entscheidung zu stellen. Dieser Antrag hemmt den Vollzug der Ausschlussentscheidung jedoch nicht (§ 161a Abs. 3 S. 3 iVm § 307 Abs. 1). Die auf den Antrag hin ergehende gerichtliche Entscheidung ist unanfechtbar. 57

5. Folgen des Ausschlusses. Der Grundsatz des fairen Verfahrens gebietet es regelmäßig, dem Zeugen nach dem angeordneten Ausschluss des Beistands die Möglichkeit zu geben, einen **neuen Beistand** zu wählen. Sind im Einzelfall ausnahmsweise andere Verfahrensgrundsätze, namentlich die Aufklärungspflicht und der Beschleunigungsgrundsatz, höher als das Interesse des Zeugen, einen Beistand beizuziehen, zu bewerten, kann die Vernehmung auch ohne Beistand fortgeführt werden. Dies kann etwa der Fall sein, wenn bei laufender Untersuchungshaft ein für die Sachverhaltsaufklärung entscheidender oder wichtiger Zeuge, zB wegen eines unmittelbar bevorstehenden langen Auslandsaufenthalts, nur noch kurzfristig für eine Vernehmung greifbar ist. 58

Zu weitgehend erscheint es, für die Angaben des Zeugen, die dieser ohne Beistand gemacht hat, ein umfassendes **Verwertungsverbot** anzunehmen.[70] Eine entsprechende gesetzliche Regelung fehlt; es ist auch nicht ersichtlich, weshalb hier – sofern überhaupt ein Verstoß gegen § 68b bejaht werden kann – die von der Rspr. entwickelte Abwägungslösung nicht ausreichen sollte. Ferner hat das Gericht im Rahmen seiner Beweiswürdigung die Möglichkeit, den Umstand mit zu würdigen, dass der Zeuge die Angaben in Abwesenheit eines Beistands gemacht hat. 59

65 Wessing/Ahlbrecht Zeugenbeistand Rn. 87 mwN.
66 BVerfG 10.3.2010 – 2 BvR 941/09, StraFo 2010, 243; Kurzwiedergabe in NJW-Spezial 2010, 280.
67 BVerfG 10.3.2010 – 2 BvR 941/09, StraFo 2010, 243; Klengel/Müller NJW 2011, 23 (26).
68 Otte in Radtke/Hohmann Rn. 17.
69 AA Klengel/Müller NJW 2011, 23 (27).
70 So aber Klengel/Müller NJW 2011, 23 (27).

III. Beiordnung eines Beistands (Abs. 2)

60 **1. Anwendbarkeit bei allen Zeugen.** Abs. 2 – eine eng auszulegende Ausnahmevorschrift (→ Rn. 64 ff.) – ermöglicht die Beiordnung eines Beistands für alle Zeugenvernehmungen. Die Beiordnung ist nicht auf bestimmte Zeugen beschränkt. Sie kommt allgemein dann in Betracht, wenn sich ein Zeuge in einer rechtlich und/oder tatsächlich schwierigen Situation befindet und dadurch die Gefahr besteht, dass er seine prozessualen Rechte nicht oder nicht sachgerecht wahrnehmen kann.[71]

61 Davon ausgehend werden das Gericht bzw. die StA die Beiordnung eines Beistands zunächst bei kindlichen, minderjährigen oder gebrechlichen Zeugen, die Opfer einer gewichtigen Tat geworden sind, in Erwägung zu ziehen haben. Eine Beiordnung kann auch bei schwer geschädigten oder – etwa aufgrund geleisteter Aufklärungshilfe – erheblich gefährdeten Zeugen in Betracht kommen. Die Beiordnung kann auch bei Zeugen, die sich in einem Zeugenschutzprogramm befinden oder als Hinweisgeber für die Strafverfolgungsbehörden tätig sind oder waren, geboten sein. Ob der Zeuge finanziell selbst in der Lage ist, einen Beistand hinzuzuziehen, spielt keine Rolle.[72]

62 **2. Beiordnung für Vernehmungsdauer.** Die Beiordnung beschränkt sich nach Abs. 2 S. 1 auf die Dauer der Vernehmung des Zeugen. Eine Handhabung unter Berücksichtigung von Sinn und Zweck des Opferschutzes verlangt, von der Beiordnung aber auch alle Vorgänge als mit umfasst anzusehen, die **mit der Vernehmung in enger Verbindung** stehen oder sich aus ihr ergeben, ebenso ein Beratungsgespräch vor der Vernehmung.[73] Abs. 2 S. 1 gestattet keine Beistandsbestellung allein für eine Tätigkeit des Beistands im Vorfeld einer Zeugenvernehmung.[74] Es ist ferner unzulässig, den Beistand nur unter der Bedingung beizuordnen, dass der Zeuge sein Auskunftsverweigerungsrecht nicht wahrnimmt, da der nach § 68b Abs. 2 beigeordnete Beistand den Zeugen gerade hierzu beraten soll.[75]

63 Eine Beiordnung für die Dauer der Vernehmung erstreckt sich nicht auf die Einlegung eines Rechtsmittels für den Zeugen, etwa einer Beschwerde gegen die Anordnung der Beugehaft. Anders kann es liegen, wenn die Beiordnung auch über den Beistand während der Vernehmung hinausgehende Unterstützungshandlungen umfasst.[76] Soll ein **entlassener Zeuge** nochmals vernommen werden, lebt die Beiordnung nicht wieder auf. Vielmehr bedarf es einer erneuten Entscheidung nach § 68b.[77]

64 **3. Voraussetzungen der Beiordnung. a) Unfähigkeit zur Wahrnehmung prozessualer Befugnisse wegen besonderer Umstände.** Einem Zeugen ist nur dann ein Beistand beizuordnen, wenn sich aufgrund besonderer Umstände ergibt, dass er seine Befugnisse bei seiner Vernehmung nicht selbst wahrnehmen kann. Zu den Befugnissen gehören die Weigerungsrechte nach §§ 52–53a und § 55, das Recht, Fragen zu beanstanden und zu beantragen, den Angeklagten oder die Öffentlichkeit für die Dauer der Vernehmung auszuschließen.[78]

65 Der Gesetzeswortlaut weist, auch durch die zusätzliche Notwendigkeit „besonderer Umstände", auf das Erfordernis einer **restriktiven Auslegung** des Abs. 2 S. 1 hin. Die Beiordnung eines Zeugenbeistands soll die **Ausnahme bleiben.**[79] Die Schutzbedürftigkeit des Zeugen muss deshalb auf konkreten Gesichtspunkten beruhen; diese müssen ohne weitere Beweiserhebung objektiv erkennbar sein.[80] Die allgemeine abstrakte Gefahr, der

---

71 Klengel/Müller NJW 2011, 23 (27).
72 Schmitt in Meyer-Goßner/Schmitt Rn. 11.
73 Otte in Radtke/Hohmann Rn. 10 mwN; LG Dortmund 31.1.2006 – 14 Qs 80/05, NStZ 2007, 240.
74 OLG Celle 21.5.2019 – 4 StE 1/17, JurBüro 2019, 357.
75 BGH 4.12.2015 – 2 StR 475/15, NStZ-RR 2016, 174.
76 KG 7.5.2009 – 1 Ws 47/09, NStZ-RR 2009, 327.
77 Slawik in KK-StPO Rn. 5 mwN.
78 Otte in Radtke/Hohmann Rn. 11 mwN.
79 BT-Drs. 16/12098, 17.
80 Schmitt in Meyer-Goßner/Schmitt Rn. 10.

Zeuge könnte mit seiner Verfahrensrolle überfordert sein, reicht nicht aus. Zudem ist grundsätzlich davon auszugehen, dass ein sachgerecht belehrter Zeuge in der Lage ist, seine Befugnisse eigenverantwortlich wahrzunehmen.[81]

b) Subsidiarität. Die Beiordnung eines Zeugenbeistands ist nur zulässig, wenn er noch keinen Beistand hat und den Interessen des Zeugen nicht auf andere Weise Rechnung getragen werden kann. Mit diesen Einschränkungen demonstriert die Regelung des Abs. 2 S. 1 erneut, dass eine Beiordnung nach der Konzeption des Gesetzgebers nur im Ausnahmefall und dort zudem **nur in außergewöhnlichen Situationen** vorgesehen ist. 66

So darf vor einer Beiordnung nicht ausgeblendet werden, dass die **Gerichte** durchaus in der Lage sind, Zeugen ordnungsgemäß zu **belehren,** ihnen Erläuterungen und Hinweise zu geben und über ihre Rechte **aufzuklären.** Allein der Umstand, dass einem Zeugen ein Auskunfts- oder Zeugnisverweigerungsrecht zusteht, genügt regelmäßig noch nicht, ihm auf Kosten des Staates einen Beistand zu bestellen. Auch die Tatsache, dass die Vernehmungssituation für nahezu jeden Zeugen eine gewisse emotionale Belastung mit sich bringt, rechtfertigt keine Beiordnung. Auch der Umstand, dass das Gericht zum Ergebnis kommt, einem Zeugen stünden keine Weigerungsrechte zu, kann gegen das Erfordernis einer Beiordnung sprechen, weil das Gericht die Rechtslage dem Zeugen regelmäßig verständlich erläutern kann.[82] 67

Vor der Bestellung eines Beistands ist auch zu prüfen, ob den Belangen des Zeugen nicht durch **andere Maßnahmen** in ausreichender Weise Rechnung getragen werden kann. Neben Belehrungen und Hinweisen sind Ausschließungen (§ 168c Abs. 3, § 247), das Unterlassen von Benachrichtigungen (§ 168c Abs. 5, § 224 Abs. 1 S. 2) oder der Einsatz der Videotechnologie (§ 247a) von Amts wegen in Erwägung zu ziehen.[83] 68

4. Beiordnung von Amts wegen. a) Kein Antrag. Die Beiordnung des Beistands setzt keinen entsprechenden Antrag des Zeugen voraus.[84] Sie hat, sobald das Gericht oder die StA die Voraussetzungen dafür erkennen, von Amts wegen zu erfolgen. Anlass zur Prüfung besteht dann, wenn sich der Zeuge erkennbar in einer tatsächlichen und/oder rechtlich schwierigen Situation befindet, bei der die Gefahr besteht, dass er seine prozessualen Rechte bei der Vernehmung nicht sachgerecht ausüben kann.[85] Die Zustimmung der StA ist für eine gerichtliche Beiordnung nicht erforderlich.[86] Neben dem Zeugen kann auch die StA den Antrag auf Beiordnung eines Beistands stellen. 69

b) Zuständigkeiten. Für die Beiordnung ist bei richterlichen Vernehmungen das mit der Vernehmung befasste Gericht zuständig. Nach der ausdrücklichen Regelung des § 163 Abs. 3 S. 2 kann bei einer staatsanwaltschaftlichen Vernehmung auch der Staatsanwalt dem Zeugen einen Beistand bestellen; damit ist die frühere Unklarheit über die Anordnungskompetenz[87] beseitigt. Die Polizei kann keinen Beistand bestellen, ihn aber von der Vernehmung ausschließen (§ 163 Abs. 3 S. 3). 70

c) Auswahl des Beistands. Für die Auswahl des Beistands gilt nach Abs. 2 S. 2 die Regelung des § 142 Abs. 1 entsprechend. Danach ist dem Zeugen Bedenkzeit zur Auswahl eines Rechtsanwalts zu geben; der gewählte Anwalt ist als Beistand zu bestellen, sofern kein wichtiger Grund entgegensteht. 71

d) Zeitpunkt der Beiordnung. Über die Beiordnung des Zeugenbeistands ist, besonders wenn ein Opferzeuge hierauf einen Antrag gestellt hat, so **rechtzeitig** zu entscheiden, dass ein vorbereitendes Gespräch des Beistands mit dem Zeugen noch möglich ist.[88] Eine 72

[81] Slawik in KK-StPO Rn. 6.
[82] Vgl. AG Saarbrücken 27.5.2009 – 118 Ls 130/09, juris.
[83] Schmitt in Meyer-Goßner/Schmitt Rn. 11.
[84] Rieß StraFo 1999, 1 (8).
[85] Wessing/Ahlbrecht Zeugenbeistand Rn. 20.
[86] Anders noch § 68b aF.
[87] Hierzu Rieß StraFo 1999, 1 (8).
[88] Vgl. LG Dortmund 31.1.2006 – 14 Qs 66/05, NStZ-RR 2006, 142.

rückwirkende Bestellung ist grundsätzlich unzulässig und wäre unwirksam. Sie könnte den Zweck der Beiordnung – Beistand in einem bestimmten Verfahrensabschnitt – nicht mehr erfüllen und würde allein dazu dienen, dem Beistand einen Vergütungsanspruch gegen die Staatskasse zu verschaffen.[89] Entsprechend den Regelungen für die Verteidigung wird eine Ausnahme dann zuzulassen sein, wenn der Beistand bei der Vernehmung anwesend war und ein rechtzeitiger begründeter Antrag auf Bestellung vorlag, der allein aus dem Gericht zuzurechnenden Gründen nicht beschieden wurde.

73 **e) Begründung.** Für die nach Abs. 3 S. 2 im Normalfall vorgeschriebene **Begründung** und das Absehen von einer Begründung im Falle der Gefährdung des Untersuchungszwecks gelten die Ausführungen → Rn. 54, 55 entsprechend.

74 **5. Rechte des Beistands.** Die Rechte eines vom Gericht bestellten Beistands unterscheiden sich nicht von denen, die einem vom Zeugen hinzugezogenen Beistand zukommen. Deshalb kann auf die Erläuterungen in → Rn. 14–39 verwiesen werden.

75 **6. Unanfechtbarkeit der Entscheidung, Revision.** Die Entscheidung, dem Zeugen einen Beistand beizuordnen, ist nach Abs. 3 S. 1 unanfechtbar. Ob dies **auch im Falle einer Ablehnung** der Beiordnung gilt, ist umstritten. Bereits der Wortlaut spricht dafür, eine Unanfechtbarkeit auch dann anzunehmen, wenn die Beiordnung eines Beistands abgelehnt wird.[90] Die Regelung des Abs. 3 enthält zudem keine differenzierte Anfechtbarkeit, wie sie der Gesetzgeber in anderen Vorschriften, etwa in den §§ 28, 46, 138d Abs. 6 vorgesehen hat, wenn er zum Ausdruck bringen will, dass nur eine Entscheidung bestimmten Inhalts anfechtbar sein soll. Hinzu kommt der Gesetzeszweck; aus Gründen der Verfahrensbeschleunigung und im Interesse einer raschen Klärung der Rechtslage erschien es dem Gesetzgeber zweckmäßig, die Unanfechtbarkeit der Entscheidung zu bestimmen.[91]

76 Da die Beiordnung bzw. die Ablehnung der Beistandsbestellung unanfechtbar sind und der Ausschluss eines Beistands nur in bestimmten Fällen mittels eines Antrags auf gerichtliche Entscheidung überprüfbar ist, sind diese Entscheidungen der **Revision nach § 336 S. 2 entzogen.** Dennoch kann sich eine fehlerhafte Handhabung des § 68b in der Revisionsinstanz auswirken, wenn der Rechtsfehler das Aussageverhalten des Zeugen beeinflusst und das Gericht die Angaben für den Angeklagten nachteilig vewertet hat.[92] Deutlich zu weitgehend erscheint es, ein Verwertungsverbot für solche Angaben anzunehmen, die ein Zeuge in Abwesenheit eines von ihm verlangten Beistands gemacht hat.[93] Ein Beweisverwertungsverbot zugunsten des Angeklagten scheidet aus, wenn der Beistand fehlerhaft unter der Bedingung, dass der Zeuge sein Recht aus § 55 nicht ausübt, beigeordnet wurde, die Angaben des Zeugen aber nicht zum Nachteil des Angeklagten verwendet wurden.[94]

IV. Die Vergütung des Zeugenbeistands

77 Dem einem Zeugen für die Dauer seiner Vernehmung beigeordneten Rechtsanwalt steht nach stRspr als gesetzliche Gebühr eine **Verfahrensgebühr für eine Einzeltätigkeit** nach Nr. 4301 Ziffer 4 RVG-VV zu.[95] Die Auffassung, die Tätigkeit sei wie diejenige eines Verteidigers zu vergüten, ist überholt.[96]

89 KG 25.2.2008 – (1) BJs 58/06-2, NStZ-RR 2008, 248; ebenso OLG Celle 21.5.2019 – 4 StE 1/17, JurBüro 2019, 357.

90 So überzeugend OLG Hamm 7.12.1999 – 3 Ws 727/88, NStZ 2000, 220 zu § 68b aF; ebenso OLG Hamburg 9.3.2000 – 1 Ws 57/00, NStZ-RR 2000, 335 mwN; OLG Bremen 20.6.2008 – Ws 69/08, NStZ 2008, 648 mwN; ebenso Wessing/Ahlbrecht Zeugenbeistand Rn. 146.

91 Vgl. bereits BT-Drs. 13/7165, 9 zu § 68b aF.

92 Bertheau/Ignor in Löwe/Rosenberg Rn. 28.

93 So aber Klengel/Müller NJW 2011, 27.

94 BGH 4.12.2015 – 2 StR 475/15, NStZ-RR 2016, 174.

95 OLG Stuttgart 15.8.2011 – 6-2 StE 2/10, Justiz 2011, 367 mwN; OLG Brandenburg 21.2.2011 – 1 Ws 123/10, BeckRS 2011, 07494; OLG Hamburg 5.5.2010 – 2 Ws 34/10, NStZ-RR 2010, 327; OLG Braunschweig 26.9.2016 – 1 Ws 145/16, BeckRS 2016, 18622.

96 OLG Braunschweig 6.7.2010 – Ws 163/10, BeckRS 2010, 22393 mwN; s. auch die Nachweise bei Klengel/Müller NJW 2011, 23 (28).

Nach der engen gesetzlichen Fassung des Abs. 2 („für die Dauer der Vernehmung") stellt sich die zu erbringende Beistandsleistung als Einzeltätigkeit dar. Hiervon ging auch der Gesetzgeber aus, der für die Gebühren des anwaltlichen Zeugenbeistands § 91 BRAGO – die in Nr. 4301 Ziffer 4 VV RVG übernommene Vergütungsregelung für den Vernehmungsbeistand des Beschuldigten – angewendet wissen wollte.[97] Unter den Voraussetzungen des § 51 RVG steht dem beigeordneten Beistand eine Pauschgebühr zu. Bei Beistandsleistungen in mehreren Terminen kann die Verfahrensgebühr auch mehrfach entstehen.[98] 78

§ 69 Vernehmung zur Sache

(1) [1]Der Zeuge ist zu veranlassen, das, was ihm von dem Gegenstand seiner Vernehmung bekannt ist, im Zusammenhang anzugeben. [2]Vor seiner Vernehmung ist dem Zeugen der Gegenstand der Untersuchung und die Person des Beschuldigten, sofern ein solcher vorhanden ist, zu bezeichnen.

(2) [1]Zur Aufklärung und zur Vervollständigung der Aussage sowie zur Erforschung des Grundes, auf dem das Wissen des Zeugen beruht, sind nötigenfalls weitere Fragen zu stellen. [2]Zeugen, die durch die Straftat verletzt sind, ist insbesondere Gelegenheit zu geben, sich zu den Auswirkungen, die die Tat auf sie hatte, zu äußern.

(3) Die Vorschrift des § 136a gilt für die Vernehmung des Zeugen entsprechend.

Schrifttum: Kassebohm, Zeugen richtig befragen, NJW 2009, 200; Krehl, Die Erkundigungspflicht des Zeugen bei fehlender oder beeinträchtigter Erinnerung und mögliche Folgen ihrer Verletzung, NStZ 1991, 416; Prüfer, Der Zeugenbericht (§ 69 Abs. 1 Satz 1 StPO), DRiZ 1975, 334; Schünemann, „Dienstliche Äußerungen" von Polizeibeamten im Strafverfahren, DRiZ 1979, 101.

Übersicht

A. Überblick

I. Normzweck

Die Vorschrift regelt den **Ablauf der Zeugenvernehmung zur Sache.** Sie dient der Wahrheitsfindung. Im Sinne bestmöglicher Wahrheitsermittlung ist der Zeuge zu veranlassen, zunächst selbst im Zusammenhang anzugeben, was ihm über den Gegenstand seiner Vernehmung bekannt ist. Diese Regelung des **Abs. 1 S. 1,** die eine zunächst von Fragen und Vorhalten unbeeinflusste Aussage des Zeugen sichern will, stellt eine **wesentliche** 1

[97] BT-Drs. 13/7165, 5, 9.
[98] OLG Stuttgart 15.8.2011 – 6-2 StE 2/10, Justiz 2011, 367 mwN.

Verfahrensvorschrift, keine bloße Ordnungsregel, dar.[1] An den Bericht des Zeugen anschließend ist er unter Aufklärungsgesichtspunkten zu vernehmen (Abs. 2). Die nach § 136a verbotenen Vernehmungsmethoden sind auch bei der Zeugenvernehmung untersagt (Abs. 3).

2 Das Gesetz zur Stärkung der Rechte von Opfern sexuellen Missbrauchs[2] hat die Bestimmung des **Abs. 2 ergänzt,** indem der jetzige Satz 2 angefügt wurde. Diese Änderung des § 69 ist am 1.9.2013 in Kraft getreten.[3] Sie verpflichtet das Gericht, denjenigen Personen, die durch die verfahrensgegenständliche Tat geschädigt wurden, Gelegenheit zu geben, sich zu äußern. Damit bezweckt die neue Vorschrift eine Verbesserung der Position aller, die Opfer einer Straftat wurden. Zum Anwendungsbereich des Abs. 2 S. 2 → Rn. 25.

II. Anwendungsbereiche

3 § 69 gilt für alle **richterlichen Zeugenvernehmungen** in und außerhalb der Hauptverhandlung, ebenso für Vernehmungen durch den beauftragten oder ersuchten Richter.[4] Für die Zeugenvernehmungen durch den **Staatsanwalt** bestimmt § 161a Abs. 1 S. 2, für diejenigen der **Polizei** § 163 Abs. 5 die entsprechende Anwendung des § 69. Die Vorschrift gilt ferner dann, wenn der Vorsitzende die Befragung den Verfahrensbeteiligten überlässt sowie für das Kreuzverhör.[5] Bei auf Fragenkatalogen basierenden Vernehmungen eines Zeugen durch ausländische Gerichte und Konsulate ist § 69 unanwendbar.[6]

B. Erläuterung

I. Vernehmung zur Sache

4 **1. Mündlichkeit.** Der Zeuge ist mündlich zu vernehmen. Eine Ausnahme gilt im Fall des § 186 GVG. Für eine mündliche Vernehmung zur Sache genügt es nicht, wenn der Zeuge nur eine Erklärung verliest oder auf ein von ihm oder seinem Beistand verfasstes Schriftstück verweist. Er darf sich aber bei seiner Vernehmung auf schriftliche Unterlagen stützen. Zulässig ist es auch, den Zeugen aufzufordern, zur Vernehmung bestimmte Urkunden mitzubringen.[7]

5 Im Fall einer wiederholten Vernehmung reicht es nicht aus, wenn dem Zeugen das Protokoll über seine frühere Vernehmung vorgelesen wird, er hierauf Bezug nimmt und von jeder Befragung abgesehen wird.[8] Mit dieser Vorgehensweise können aber die Angaben des Zeugen im Rahmen der neuen Vernehmung ergänzt werden; zur Protokollierung → Rn. 24. § 69 gilt mangels Vernehmung nicht, wenn der Zeuge in einem Termin nicht befragt, sondern nur seine Vereidigung nachgeholt wird.[9]

6 **2. Unterrichtung des Zeugen (Abs. 1 S. 2).** Die Vernehmung zur Sache beginnt nach Abs. 1 S. 2 mit der Unterrichtung des Zeugen über den **Untersuchungsgegenstand** und die Person des Beschuldigten. Mit der Unterrichtung soll der Zeuge erfahren, worüber er vernommen werden soll. Die Unterrichtung kann in der Hauptverhandlung knapp gehalten werden oder entfallen, wenn der Zeuge bereits vorher zu der angeklagten Tat vernommen wurde oder/und, namentlich als Geschädigter, über den Verfahrensgegenstand informiert ist.

---

1 BGH 21.10.1952 – 1 StR 287/52, NJW 1953, 35; ebenso bereits RG 30.4.1928 – II 1144/27, RGSt 62, 147 (148).
2 StORMG v. 26.6.2013, BGBl. 2013 I 1805; vgl. zum Gesetzentwurf BR-Drs. 213/11.
3 Art. 6 Abs. 1 des StORMG.
4 BGH 16.12.1952 – 1 StR 575/52, NJW 1953, 231.
5 Ignor/Bertheau in Löwe/Rosenberg Rn. 2.
6 BGH 1.7.1970 – 1 StR 362/70, MDR 1971, 897.
7 Vgl. Ignor/Bertheau in Löwe/Rosenberg Rn. 4, 5 mwN.
8 BGH 21.10.1952 – 1 StR 287/52, NJW 1953, 35; 17.3.1981 – 1 StR 113/81, MDR 1981, 632.
9 BGH 16.12.1952 – 1 StR 575/52, NJW 1953, 231.

Dem Zeugen ist des Weiteren vor der Befragung die **Person des Beschuldigten** bekannt zu geben. Auch hiervon kann abgesehen werden, wenn sie ihm bereits bekannt ist. Die namentliche Unterrichtung kann ferner unterbleiben, wenn nur ein Anfangsverdacht gegen eine Person besteht oder gegen eine Personengruppe ermittelt wird.[10] **7**

3. Bericht des Zeugen (Abs. 1 S. 1). a) Grundsatz: Trennung von Bericht und Verhör. Im Normalfall ist dem Zeugen, bevor Fragen an ihn gerichtet werden, Gelegenheit zu geben, sein Wissen selbst im Zusammenhang zu berichten (Abs. 1 S. 1). Die Gelegenheit zur eigenen Sachdarstellung ist dem Zeugen auch dann einzuräumen, wenn er bereits vernommen wurde.[11] Der Zeuge soll seine Aussage zunächst unbeeinflusst von Fragen und Vorhalten machen. Auch deshalb (→ Rn. 11) ist es unzulässig, die Vernehmung nur in Frage-Antwort-Form durchzuführen.[12] **8**

b) Einschränkungen/Ausnahmen. Der Grundsatz der Trennung von Bericht und Verhör bezieht sich nur auf das einzelne Beweisthema. Wird der Zeuge zu mehreren Taten im prozessualen oder materiellrechtlichen Sinne vernommen, liegen **verschiedene Beweisthemen** vor. In einem solchen Fall ist es regelmäßig geboten, die Vernehmung in – sich an den jeweiligen Beweisthemen orientierenden – Abschnitte zu gliedern, damit der Zeuge sein Wissen zu jedem einzelnen Beweisthema vortragen kann.[13] Im Anschluss daran können Verhör und die Befragung durch die Verfahrensbeteiligten folgen, sodass sukzessive Beweisthema um Beweisthema abgearbeitet wird.[14] **9**

Auch über diese „Punktesachen" hinaus ist ein zusammenhängender Bericht des Zeugen nicht zwingend. Ist dem Zeugen wegen Altersschwäche, mangelnder Intelligenz oder Befangenheit eine **zusammenhängende Aussage unmöglich,** genügt der Versuch, ihn zu einem Bericht zu veranlassen.[15] **10**

c) Zweck des Berichts. Der Zeuge ist zu einem zusammenhängenden Bericht nicht nur verpflichtet; er hat auch einen Anspruch darauf, sein Wissen im Zusammenhang darzulegen.[16] Ggf. muss der Vorsitzende Unterbrechungen durch Zwischenfragen unterbinden bzw. zurückweisen, besonders dann, wenn der Zeuge damit verunsichert oder aus dem Konzept gebracht werden soll. Hingegen darf er lenkend einzugreifen, wenn der Zeuge nichts zur Sache berichtet, zu weit abschweift oder offensichtlich unwahre Angaben macht.[17] Dabei sollte er aber nicht sofort reagieren, weil auch Berichte über Nebensächlichkeiten oder die Art und Weise der Bekundungen Aufschlüsse über die Glaubhaftigkeit der Aussage liefern können; dies gilt besonders dann, wenn der Aussage des Zeugen im Beweisgefüge erhebliche Bedeutung zukommt oder wenn die Angaben des Zeugen in zweifelhaftem Licht erscheinen.[18] **11**

Der zusammenhängende Bericht dient nicht nur zur Feststellung, was der Zeuge aus dem Gedächtnis zu reproduzieren in der Lage ist und was er erst nach Hilfe durch das Gericht bekunden kann. Er erst ermöglicht es dem Gericht, bei der Würdigung der Aussage, die im Rahmen der Aussagepsychologie entwickelten Realitätskriterien sinnvoll anzulegen bzw. Lügensignale wahrzunehmen. Dem Bericht kommt mithin für eine gründliche und zutreffende **Bemessung des Beweiswerts** der Aussage maßgebliche Bedeutung zu.[19] **12**

Denn ob der Zeuge aus eigener bildhafter Erinnerung heraus aussagt, lässt sich regelmäßig nur bei einer längeren zusammenhängenden Bekundung, hingegen nur schwer bei **13**

---

[10] Ignor/Bertheau in Löwe/Rosenberg Rn. 3.
[11] RG 30.4.1928 – II 1144/27, RGSt 62, 147 (149).
[12] Ignor/Bertheau in Löwe/Rosenberg Rn. 7.
[13] BGH 8.2.2011 – 5 StR 501/10, NStZ 2011, 422 mwN.
[14] Vgl. BGH 30.7.1965 – 4 StR 343/65, MDR 1966, 25.
[15] BGH 30.7.1965 – 4 StR 343/65, MDR 1966, 25; Schmitt in Meyer-Goßner/Schmitt Rn. 5.
[16] BVerfG 8.10.1974 – 2 BvR 747/73, NJW 1975, 103 (104); Otte in Radtke/Hohmann Rn. 4.
[17] Vgl. BGH 30.7.1965 – 4 StR 343/65, MDR 1966, 25; Schmitt in Meyer-Goßner/Schmitt Rn. 5; aA Ignor/Bertheau in Löwe/Rosenberg Rn. 7.
[18] Vgl. Prüfer DRiZ 1975, 334.
[19] Zutreffend Kassebohm NJW 2009, 200; zu den Einzelheiten der Glaubhaftigkeitsbeurteilung Bender/Nack/Treuer Tatsachenfeststellung Rn. 294 ff.; Eisenberg BeweisR StPO Rn. 1426 ff., 1470 ff.

knappen Antworten auf einzelne Fragen feststellen. Überdies besteht bei sofortigem Vorhalten früherer Aussagen die Gefahr, dass sich der Zeuge an seine frühere Darstellung gebunden fühlt und seine Unbefangenheit verliert; auch dadurch können Beweiswürdigung und Wahrheitsfindung merklich beeinträchtigt werden. Der Vorsitzende sollte den Zeugen daher dann, wenn sein Bericht ins Stocken gerät, nicht sogleich mit dem Verhör nach Abs. 2 beginnen, sondern ihn mit allgemeinen, offen gehaltenen und den Redefluss anregenden Fragen zur Fortsetzung seiner Darlegung anhalten.[20]

14 Die **Verteidigung** kann im Rahmen ihrer Befragung des Zeugen den zusammenhängenden Bericht nicht mehr sinnvoll nachholen, wenn der Zeuge sich bereits auf Einzelfragen des Gerichts festgelegt hat. Sie sollte daher auf die Einhaltung des Abs. 1 drängen und notfalls die Vernehmungsweise des Vorsitzenden beanstanden und einen Beschluss nach § 238 Abs. 2 herbeiführen.[21]

15 **d) Vorbereitungspflicht des Zeugen.** Dass der Zeuge seine Erinnerungen unbeeinflusst schildern soll, schließt nicht aus, dass er sich durch vorheriges Aktenstudium oder durch Einsichtnahme schriftlicher Unterlagen auf die **Vernehmung vorbereitet.** Zur Vorbereitung verpflichtet sind nur berufsmäßige bzw. solche Zeugen, die über in amtlicher Eigenschaft gemachte Wahrnehmungen aussagen sollen. Die Vorbereitung geschieht meist durch Einsicht in die Akten; der Zeuge kann sich dadurch Einzelheiten ins Gedächtnis zurückrufen, aber auch die Gefahr einer Strafbarkeit nach § 163 StGB ausschließen.[22] Eine Vorbereitungspflicht muss zumindest dort gelten, wo der Zeuge mit einer Vielzahl gleichartiger Vorgänge befasst ist oder das Beweisthema sehr lange zurückliegende Vorgänge betrifft; denn anderenfalls ist eine sinnvolle Aussage nicht möglich. Die Ablehnung einer Vorbereitungspflicht[23] zöge also die Beeinträchtigung der strafprozessualen Wahrheitsfindung nach sich.[24] Für andere Zeugen besteht vor der Vernehmung keine Nachforschungs- oder Vergewisserungspflicht.[25] Zu zulässigen Vernehmungshilfen bei der Vernehmung → Rn. 24.

16 **4. Verhör des Zeugen (Abs. 2). a) Allgemeines, Aufklärungspflicht.** Das an den Bericht des Zeugen anschließende Verhör dient der Vertiefung und Ergänzung der Aussage, der Beseitigung von Unklarheiten oder Widersprüchen, aber auch ihrer Überprüfung. Zudem ist aufzuklären, auf welche Weise der Zeuge sein Wissen erlangt hat. Denn zum einen ist es für die Glaubhaftigkeitsprüfung und die Beweiswürdigung wesentlich, zu wissen, ob es sich um eigene Kenntnisse des Zeugen handelt oder ob er diese von Dritten erfahren hat, zum anderen gilt es, festzustellen, was der Zeuge selbst wahrgenommen hat und welche seiner Bekundungen nur auf von ihm gezogenen Schlüssen beruht.[26]

17 Neben diesen Gesichtspunkten verlangt die **Aufklärungspflicht** in den Fällen, in denen die verfahrensgegenständlichen Straftaten zu Verletzten geführt haben, dass das Gericht – regelmäßig durch Vernehmung der Geschädigten als Zeuge – Art und Ausmaß der **bei den Opfern eingetretenen Folgen** feststellt und überprüft, ob es sich bei diesen um verschuldete bzw. dem Angeklagten vorwerfbare Auswirkungen handelt. Hierzu gehört auch, abzuklären, ob und ggf. in welchem Umfang der Angeklagte Zahlungen zur Schadenswiedergutmachung oder als Schmerzensgeld geleistet hat; bei entsprechenden Anhaltspunkten muss das Gericht feststellen, ob die Voraussetzungen eines Täter-Opfer-Ausgleichs iSv § 46a StGB vorliegen. All diesen Umständen kommt im Falle einer Verurteilung für die Urteilsfeststellungen zum Gesamttatbild und zur Persönlichkeit des Angeklagten sowie namentlich für den Strafausspruch erhebliche Bedeutung zu, weil sie die Strafrahmenwahl sowie die Strafzumessung im engeren Sinne maßgeblich beeinflussen können.

---

[20] Vgl. Prüfer DRiZ 1975, 334 (335).
[21] Kassebohm NJW 2009, 200.
[22] BGH 28.11.1950 – 2 StR 50/50, BGHSt 1, 4 (5, 8); Schmitt in Meyer-Goßner/Schmitt Rn. 8.
[23] So Krehl NStZ 1991, 416, der eine mit den Mitteln des § 70 durchsetzbare Nachforschungspflicht erst nach Beginn der Aussage anerkennt.
[24] Monka in BeckOK StPO Rn. 1.
[25] Ignor/Bertheau in Löwe/Rosenberg Rn. 8.
[26] Ignor/Bertheau in Löwe/Rosenberg Rn. 8; Senge in KK-StPO Rn. 5.

Angesichts dessen hat das Tatgericht zunächst die **unmittelbaren Tatfolgen** aufzuklären. Bei Gewaltdelikten sind etwa Art und Schwere der durch die Tat entstandenen körperlichen Verletzungen und/oder psychischen Beeinträchtigungen, deren Folgen und die Behandlungs- und Heilungsdauer festzustellen, bei Eigentums- und Vermögensdelikten kommt es ua auf den Beutewert und die Höhe der eingetretenen Vermögensschäden an. Entsprechendes gilt für diejenigen für den Täter vorhersehbaren **außertatbestandlichen Folgen,** die vom Schutzbereich der Norm erfasst sind. Schließlich wird es für die Rechtsfolgenbestimmung relevant sein, ob die Tatauswirkungen vom Verletzten mitverursacht oder Tat bzw. Tatfolgen durch ein Mitverschulden des Opfers beeinflusst wurden.[27] 18

Vor diesem Gesamthintergrund wird deutlich, dass die **Befragung des Opfers als Zeuge** regelmäßig unabdingbar ist. Daran ändert selbst ein Geständnis des Täters grundsätzlich nichts, da sich dieses sich im Normalfall nicht zu den Tatfolgen und deren Einzelheiten verhalten wird bzw. kann. 19

b) Fragen, Vorhalte. Um all diese Zwecke erfüllen zu können, sind dem Zeugen entsprechende **Fragen** zu stellen; es gelten §§ 239–242. In der Praxis wird findet die Befragung üblicherweise in der Reihenfolge statt: Vorsitzender, Berichterstatter, weitere Mitglieder des Spruchkörpers, Staatsanwalt, Nebenkläger, Sachverständiger, Verteidiger, Angeklagter. 20

Auch **Vorhalte** und andere **Vernehmungsbehelfe** (zu diesen → Rn. 24) sind zugelassen. Die **Zulässigkeit des Vorhalts** ändert nichts daran, dass das Gericht erst feststellen muss, was der Zeuge ohne diese Erinnerungshilfe bekunden kann.[28] Der Vorhalt darf auch nicht dazu dienen, einen unzulässigen Urkundenbeweis zu ersetzen oder zu umgehen, sondern hat nur den Zweck einer Gedächtnisstütze. Die Zulässigkeit des Vorhalts ist nicht davon abhängig, dass der Zeuge erklärt, er könne sich ohne Stütze nicht erinnern. 21

Das Gericht und die Verfahrensbeteiligten dürfen dem Zeugen **als Vernehmungsbehelf** eigenes Wissen, frühere Aussagen des Zeugen, dienstliche Äußerungen, die Bekundungen anderer Zeugen bzw. Sachverständigen, Urkunden oder Beweisaufnahmeergebnisse vorhalten. Einer Vernehmungsperson kann auch das von ihr aufgenommene Protokoll vorgehalten werden; dies kann durch Vorhalt des Inhalts, Vorlegung zum Durchlesen oder wörtliche Verlesung geschehen.[29] Zum Zwecke des Vorhalts können schließlich im Rahmen der Befragung auch Lichtbilder, Skizzen und Zeichnungen verwendet[30] sowie Tonbänder[31] oder Filme, etwa die Aufzeichnung einer Überwachungskamera, abgespielt werden. 22

Verwertbar ist in diesen Fällen jeweils nur die Antwort auf den Vorhalt.[32] Soweit es sich, etwa bei der Verwendung von Lichtbildern oder Skizzen, nicht gleichzeitig um die förmliche Einnahme eines Augenscheins handelt, darf der Vernehmungsbehelf selbst nicht für die Urteilsfindung verwertet werden.[33] Bekundet die Vernehmungsperson lediglich, sie habe getreulich protokolliert, erinnere sich aber trotz Vorhalts nicht mehr an die Darstellung des Vernommenen, darf der Protokollinhalt nicht verwertet werden.[34] Ferner gilt: Erst dann, wenn die Vorhalte beim Zeugen nicht zu einer Rückkehr der Erinnerung führen, kann das Gericht auf den Urkundenbeweis nach § 253 zurückgreifen.[35] Unzulässige Vernehmungsmethoden sind nach Abs. 3 ausdrücklich verboten; durch diese Methoden erlangte Aussagen unterliegen nach § 136a Abs. 3 S. 2 einem Verwertungsverbot. 23

c) Vernehmungsbehelfe. Der Zeuge kann eigenes schriftliches Material, etwa selbst erstellte Ermittlungsberichte oder Vermerke über Ermittlungshandlungen **als Erinnerungsstütze** benützen, ebenso dienstliche Äußerungen. Dies gilt insbesondere bei länger 24

---

[27] Näher hierzu Miebach in MüKo StPO § 46 Rn. 93 ff.
[28] BGH v. 11.1952 – 1 StR 465/52, BGHSt 3, 281 (284).
[29] BGH 11.11.1952 – 1 StR 465/52, BGHSt 3, 281 (283) = NJW 1953, 115; 21.3.2012 – 1 StR 43/12, NStZ 2012, 521.
[30] BGH 28.9.1962 – 4 StR 301/62, BGHSt 18, 51 (53 f.).
[31] BGH 14.6.1960 – 1 StR 73/60, BGHSt 14, 339 (340) = NJW 1960, 1582.
[32] BGH 31.5.1960 – 5 StR 168/60, BGHSt 14, 310 (312).
[33] Vgl. BGH 28.9.1962 – 4 StR 301/62, BGHSt 18, 51 (54).
[34] BGH 31.5.1960 – 5 StR 168/60, BGHSt 14, 310.
[35] BGH 8.2.2011 – 5 StR 501/10, NStZ 2011, 422 mwN.

zurückliegenden und/oder komplexen Sachverhalten. Die insoweit geforderten Beschränkungen[36] sind mit der Aufklärungspflicht nicht vereinbar und demonstrieren dem als Zeugen gehörten Polizeibeamten gegenüber ein nicht gerechtfertigtes Misstrauen. So ist es auch zulässig und zur Auffrischung des Gedächtnisses ggf. geboten, dass Zeugen vor ihrer Vernehmung **Akten** bei ihrer Behörde **einsehen** oder sich im Falle einer Versetzung hierzu an ihre frühere Behörde wenden. Zudem kann das Gericht dem Zeugen Akteninhalte nicht nur vorhalten, sondern auch zur Einsicht vorlegen. Der Zeuge darf solche Unterlagen auch zur Vernehmung mitbringen und **während seiner Befragung** einsehen; das Gegenteil bedeutete eine durch nichts zu rechtfertigende Beschränkung der Aufklärungspflicht und machte sinnvolle Aussagen in komplexen oder lange zurückliegenden Sachverhalten oft nahezu unmöglich. Das Gericht sollte den Zeugen dennoch anhalten, zunächst frei aus der Erinnerung zu berichten; ggf. kann die Verwendung von Erinnerungsstützen im Rahmen der Beweiswürdigung berücksichtigt werden.

25 **d) Äußerungsgelegenheit für Verletzte. aa) Vernehmung des Verletzten.** Abs. 2 S. 2, eingefügt durch das Gesetz zur Stärkung der Rechte von Opfern sexuellen Missbrauchs (StORMG; → Rn. 2), sieht eine Ergänzung dahin vor, dass den Zeugen, die durch die Straftat verletzt sind, Gelegenheit zu geben ist, sich zu den **Auswirkungen der Tat** zu äußern. Der Anwendungsbereich des Abs. 2 S. 2 ist nicht auf die Opfer einer Sexualstraftat beschränkt. Hiervon ging auch der Gesetzgeber aus, der annahm, es sei insbesondere für Opfer sexuellen Missbrauchs von besonderer Bedeutung, im Strafverfahren gehört zu werden.[37] Nunmehr gilt für den Verletzten § 373b.

26 Nach dem Wortlaut des Abs. 2 S. 2 liegt eine zwingende Regelung vor. Die Vorschrift gilt danach zwar für **alle Verletzten,** jedoch nur dann, wenn sie **als Zeuge** – sei es bei der Polizei, der StA oder vor Gericht – **vernommen** werden. Ohnehin ist eine Vernehmung der Geschädigten regelmäßig unentbehrlich; im Ermittlungsverfahren zur Erforschung des Sachverhalts, im Hauptverfahren, um den Anforderungen der Aufklärungspflicht zu entsprechen (vgl. → Rn. 17 ff.).

27 **bb) Klarstellungsfunktion des Abs. 2 S. 2.** Aus der Tatsache, dass der Gesetzgeber § 244 Abs. 1 und Abs. 2 nicht geändert hat, lässt sich entnehmen, dass er nicht beabsichtigte, eine Pflicht des Gerichts, Verletzte in jedem Fall und unabhängig von der Aufklärungspflicht und den Bedürfnissen der Sachaufklärung zu vernehmen, einzuführen. Die Gesetzesänderung erscheint damit überflüssig,[38] weil dieses Äußerungsrecht für alle geladenen Zeugen, die bei Gericht, der Staatsanwaltschaft oder der Polizei vernommen werden, bereits nach § 69 Abs. 1 besteht. Überdies ist das Gericht ohnehin – wie oben in → Rn. 17 ff. dargelegt – im Rahmen der **Aufklärungspflicht** von Amts wegen gehalten, die – für den Strafausspruch stets relevanten – Auswirkungen der Tat aufzuklären. Zudem erweitert die Neuregelung – auch nach Auffassung des Gesetzgebers[39] – weder den Untersuchungszweck noch den Umfang der Sachaufklärung; sie kann daher nur als ergänzende **Klarstellung** aufgefasst werden.

28 Die Regelung des Abs. 2 S. 2 kann aber dazu beitragen, die in der gerichtlichen Praxis teilweise schon bisher vorgenommene **Zweiteilung der Vernehmung des Verletzten** als Zeuge weiter zu verbreiten. Denn es erweist sich durchweg als zweckmäßig, den Zeugen nach seinem Bericht zunächst über seine Wahrnehmungen bzw. zum **Tatablauf** zu befragen sowie das Fragerecht hierzu bei den Verfahrensbeteiligten umlaufen zu lassen und den Verletzten erst danach aufzufordern, über die durch die Tat eingetretenen **materiellen und immateriellen Schäden** zu berichten; abschließend sind erforderlichenfalls zu diesem Komplex Ergänzungsfragen zu stellen.

---

36 Schünemann DRiZ 1979, 101 (106) hält auch den Vorhalt dienstlicher Äußerungen für unzulässig.

37 BT-Drs. 17/6261, 11.

38 Ablehnend auch die Stellungnahme der Bundesrechtsanwaltskammer (BRAK-Stellungnahme-Nr. 35/2011) und die – ebenfalls im Internet aufrufbare – Stellungnahme der Strafverteidigervereinigungen v. 1.3.2011.

39 BT-Drs. 17/6261, 11.

cc) Verzicht. Den entscheidenden Maßstab dafür, welche Zeugen vor Gericht vernommen werden, bildet die Aufklärungspflicht. Gegen eine Auslegung des Abs. 2 S. 2 dahin, dass das Gericht selbst in den Fällen, in denen ein überzeugendes detailliertes Geständnis vorliegt und sich die Tatauswirkungen ausnahmsweise auch ohne Vernehmung des Opferzeugen, etwa durch andere Beweismittel wie die Vernehmung Angehöriger des Verletzten oder ihm Nahestehender, feststellen lassen, den Geschädigten dennoch laden muss, sprechen nicht nur die bereits dargelegten Gesichtspunkte. Die Annahme einer Vernehmungspflicht liefe in diesen Fällen der Interessenlage eines Verletzten sogar manchmal zuwider. Denn aus der Aktenlage kann sich etwa ergeben, dass der Verletzte an einer Strafverfolgung keinerlei Interesse (mehr) hat, oder – was bei minderjährigen oder kindlichen Zeugen nicht selten vorkommt – ausdrücklich darum bittet, nicht als Zeuge erscheinen zu müssen. In solchen Konstellationen kann das Gericht – sofern die Aufklärungspflicht nicht entgegensteht – auf die Vernehmung des Zeugen verzichten. 29

Auch in solchen Fällen, in denen das Gericht die Vernehmung des Verletzten auch vor dem Hintergrund der Pflicht zur Sachaufklärung als nicht geboten ansieht, kann es den **Verletzten auf sein Äußerungsrecht hinweisen.** Diesen Hinweis kann es mit der Mitteilung verbinden, dass seine Vernehmung nach vorläufiger Bewertung nicht notwendig erscheint und er die Möglichkeit hat, dem Gericht einen Verzicht auf sein Recht zur Äußerung schriftlich mitzuteilen. Den Verzicht kann das Gericht in der Hauptverhandlung bekanntgeben. Auf diesem Wege kann eine vom Verletzten nicht gewünschte Konfrontation mit dem Angeklagten oder dem Gericht vermieden und der Zeuge von dem Druck, im Hauptverfahren aussagen zu müssen, befreit werden. 30

e) Zeugenschutz. aa) Abs. 3. Zunächst untersagt **Abs. 3** die nach § 136a verbotenen Vernehmungsmethoden. Versehentliche Belehrungsfehler oder sonst fahrlässige Fehlleistungen genügen nicht, ein Verwertungsverbot auszulösen.[40] 31

bb) § 68a. Fürsorgepflicht. Über Abs. 3 hinaus bieten die Regelungen des **§ 68a** dem Zeugen durch Beschränkungen des Fragerechts bei seiner Vernehmung Schutz vor Bloßstellung und wollen dem Anspruch jedes Zeugen auf angemessene Behandlung und Ehrenschutz sicherstellen. 31a

Aufgrund der **Fürsorgepflicht** des Gerichts gegenüber dem Zeugen müssen in die Entscheidung über den Umfang und die Gestaltung der Beweisaufnahme auch Opferschutzinteressen einbezogen werden. Der Opferzeuge ist vor einem rechtsstaatswidrigen **Verteidigungsverhalten** des Angeklagten zu schützen.[41] So braucht bei einem einfach gelagerten Tatgeschehen bzw. dann, wenn das Gericht die Befragung in wenigen Stunden abzuschließen in der Lage ist, eine daran sich anschließende mehrtägige Vernehmung mit einer weit abschweifenden bzw. keinen Sachbezug zu den Beweisfragen aufweisenden Befragung des Zeugen nicht hingenommen werden; notfalls sind Fragen zurückzuweisen.[42] 32

Der Zeugenschutz gebietet es ferner dann, wenn sich der Zeuge auf das Verpflichtungsgesetz oder im Falle einer Aussage auf eine massive Gefährdung beruft, vor einer weiteren Befragung die geltend gemachten Umstände aufzuklären.[43] 33

II. Protokoll

Die Aussage des Zeugen ist im **Ermittlungsverfahren** im Fall einer richterlichen Vernehmung nach § 168a, im Fall der staatsanwaltschaftlichen Vernehmung nach § 168b Abs. 2 ebenso zu protokollieren. Die Niederschrift muss Bericht und Verhör enthalten. In der **Hauptverhandlung** vor dem Strafrichter und dem Schöffengericht sind nach § 273 Abs. 2 die wesentlichen Vernehmungsergebnisse in die Sitzungsniederschrift aufzunehmen; im Ausnahmefall des § 273 Abs. 3 wird der genaue Wortlaut der Aussage protokolliert. 34

---

40 BGH 10.2.2021 – 6 StR 326/20. NStZ-RR 2021, 142 (143).
41 BGH 16.6.2005 – 1 StR 152/05, NStZ 2005, 579; 31.8.2006 – 3 StR 237/06, NStZ-RR 2007, 21.
42 Vgl. BGH 31.8.2006 – 3 StR 237/06, NStZ-RR 2007, 21.
43 Vgl. BGH 16.6.1983 – 2 StR 4/83, NStZ 1984, 31.

35 **Bezugnahmen** auf frühere Aussagen sind möglich. Im Fall einer wiederholten Vernehmung genügt es aber nicht, wenn dem Zeugen das Protokoll über seine frühere Vernehmung vorgelesen wird, er hierauf Bezug nimmt und von jeder Befragung abgesehen wird.[44] Diese Vorgehensweise ist nur möglich, um die Angaben des Zeugen im Rahmen der neuen Vernehmung zu ergänzen; um den Aussageinhalt feststellen zu können, sind die verlesenen Protokollteile exakt festzuhalten, ebenso die eindeutige Erklärung des Zeugen, dass er diese Angaben auch zum Gegenstand seiner neuen Vernehmung machen will.

III. Revision

36 Ein **Verstoß gegen Abs. 1 S. 1** kann gerügt werden. Gleichzeitig muss bei Verletzung dieser zwingenden Vorschrift die Aufklärungsrüge erhoben werden.[45] Die Gegenauffassung[46] lässt unberücksichtigt, dass sich ein „isolierter" Verstoß gegen Abs. 1 S. 1 allein anhand des Hauptverhandlungsprotokolls nicht wird nachweisen lassen. Ein Revisionsgrund liegt vor, wenn nicht ausgeschlossen werden kann, dass durch die unzulässige Art der Zeugenvernehmung die Wahrheitsermittlung zuungunsten des Revisionsführers beeinträchtigt worden ist.

37 Wurde bei der Vernehmung eines Zeugen gegen Abs. 1 S. 1 verstoßen, steht dies der **Verlesbarkeit** des Vernehmungsprotokolls entgegen.[47]

38 Umstritten ist, ob eine **Verletzung des Abs. 1 S. 2** erfolgreich gerügt werden kann. Das ist zu verneinen, da es sich um eine bloße **Ordnungsvorschrift** handelt.[48] Anders liegt es nur, wenn gleichzeitig ein Verstoß gegen die Aufklärungspflicht geltend gemacht werden kann. Die Streitfrage hat keine praktische Bedeutung, da ein Fall, in dem das Urteil auf einem Verstoß gegen Abs. 1 S. 2 beruhen könnte, kaum denkbar ist.

39 **Verstöße gegen Abs. 2** können als solche wegen des Verbots der Rekonstruktion der Beweisaufnahme nicht geltend gemacht werden. Es kommt auch hier darauf an, ob eine Verletzung der Aufklärungspflicht vorliegt. Der Revisionsführer muss vortragen, dass er die notwendigen Fragen nicht stellen konnte.[49]

40 Will die Revision bei umfangreichen Anklagevorwürfen oder sog. Punktesachen geltend machen, dass das Gericht vor Ausschöpfung der Vernehmungsmöglichkeiten verfrüht auf den Urkundenbeweis nach **§ 253** zurückgegriffen hat, muss sie mitteilen, ob und in welcher Weise die Vernehmung durch den Tatrichter gegliedert wurde.[50] Zu den nach Abs. 3 verbotenen Vernehmungsmethoden s. § 136a.

§ 70 Folgen unberechtigter Zeugnis- oder Eidesverweigerung

(1) [1]Wird das Zeugnis oder die Eidesleistung ohne gesetzlichen Grund verweigert, so werden dem Zeugen die durch die Weigerung verursachten Kosten auferlegt. [2]Zugleich wird gegen ihn ein Ordnungsgeld und für den Fall, daß dieses nicht beigetrieben werden kann, Ordnungshaft festgesetzt.

(2) Auch kann zur Erzwingung des Zeugnisses die Haft angeordnet werden, jedoch nicht über die Zeit der Beendigung des Verfahrens in dem Rechtszug, auch nicht über die Zeit von sechs Monaten hinaus.

(3) Die Befugnis zu diesen Maßregeln steht auch dem Richter im Vorverfahren sowie dem beauftragten und ersuchten Richter zu.

(4) Sind die Maßregeln erschöpft, so können sie in demselben oder in einem anderen Verfahren, das dieselbe Tat zum Gegenstand hat, nicht wiederholt werden.

---

44 BGH 21.10.1952 – 1 StR 287/52, NJW 1953, 35; 17.3.1981 – 1 StR 113/81, MDR 1981, 632 mwN.
45 BGH 21.6.1951 – 3 StR 88/51, MDR 1951, 658; Schmitt in Meyer-Goßner/Schmitt Rn. 13.
46 Slawik in KK-StPO Rn. 8.
47 BGH 17.3.1981 – 1 StR 113/81, NStZ 1983, 212; 21.10.1952 – 1 StR 287/52, NJW 1953, 35; RG 8.1.1940 – 2 D 844/39, RGSt 74, 35.
48 Schmitt in Meyer-Goßner/Schmitt Rn. 14; aA Ignor/Bertheau in Löwe/Rosenberg Rn. 17.
49 Slawik in KK-StPO Rn. 10.
50 BGH 8.2.2011 – 5 StR 501/10, NStZ 2011, 422.

Schrifttum: Klein, Die Aussageerzwingung bei rechtskräftig verurteilten Straftätern – Strafrechtspflege im Spannungsfeld von Verfolgungsgebot und Rechtsstaatlichkeit, StV 2006, 338; Krehl, Die Erkundigungspflicht des Zeugen bei fehlender oder beeinträchtigter Erinnerung und mögliche Folgen ihrer Verletzung, NStZ 1991, 416; Michel, Zweifelsfragen bei Beendigung der Beugehaft, MDR 1995, 784; Rinio, Das Auskunftsverweigerungsrecht des tatbeteiligten Zeugen, JuS 2008, 600; Sommermeyer, Bereitschaftserklärung als Beendigungsgrund für die Beugehaft, NStZ 1992, 222; Winter, Zum Zweck der Ordnungsmittel, NStZ 1990, 373.

Übersicht

A. Überblick

I. Normzweck

1 Die Vorschrift ermächtigt dazu, als Ordnungsmittel bezeichnete Maßnahmen gegen diejenigen Zeugen zu ergreifen, die ihren Zeugenpflichten nicht nachkommen. Abs. 1 sieht Ordnungsgeld und Ordnungshaft, Abs. 2 Beugehaft vor. § 70 dient nur dazu, die **Erfüllung der Zeugnis- und Eidespflicht** als solche zu erzwingen, hingegen nicht wahrheitsgemäße Aussagen.[1] Auch dort, wo es allein um die Korrektur einer bereits gemachten Aussage geht, die das Gericht für unzutreffend hält, ist § 70 unanwendbar.[2]

[1] BGH 27.9.1956 – 3 StR 217/56, BGHSt 9, 362 (363); 28.12.2011 – 2 StR 195/11, NStZ 2012, 532.
[2] BGH 28.12.2011 – 2 StR 195/11, NStZ 2012, 532.

2 Die Bestimmung soll ferner die Umsetzung des Beschleunigungsgebots und des Konzentrationsgrundsatzes der Hauptverhandlung unterstützen.[3] Ordnungsgeld und Ordnungshaft sind als repressive, spezial- und generalpräventive Zwecke verfolgende Rechtsfolgen für einen vorangegangenen Verstoß,[4] die Beugehaft als Zwangsmittel zur Erzwingung der Aussage bzw. zur Brechung des Ungehorsams des Zeugen einzuordnen.

3 § 70 **ergänzt § 51.** Während § 51 die Folgen des unentschuldigten Ausbleibens eines Zeugen regelt, erfasst § 70 die Ahndung von Verletzungen der Zeugnis- und Eidespflicht der vor Gericht erschienenen Zeugen. Beide Vorschriften stehen selbständig nebeneinander. Eine Anrechnung nach § 51 verhängter Ordnungsmittel findet nicht statt, auch dann nicht, wenn der Zeuge wegen seiner vermeintlichen Berechtigung zum Schweigen nicht erschienen war.[5]

II. Anwendungsbereiche

4 **1. Zeugenvernehmungen.** § 70 gilt für alle **richterlichen Zeugenvernehmungen** im Haupt- und im Vorverfahren (Abs. 3). Nach § 161a Abs. 2 ist § 70 teilweise auch bei **staatsanwaltschaftlichen Vernehmungen** bei unberechtigten Weigerungen eines Zeugen oder Sachverständigen anwendbar; jedoch bleibt die Festsetzung der Haft dem nach § 162 Abs. 1 und 3 zuständigen Richter bzw. Gericht vorbehalten. Für **Sachverständige** gilt § 70 nicht, sondern die Sonderregelung des § 77.

5 **2. Anordnung im Vorverfahren und bei kommissarischer Vernehmung.** Nach Abs. 3 können die Ordnungsmittel des Abs. 1 und 2 auch durch den **Ermittlungsrichter,** den beauftragten und den ersuchten Richter festgesetzt werden. Da die StA Herrin des Ermittlungsverfahrens ist, muss sie der Ermittlungsrichter im Falle der Zeugnisverweigerung vor einer Anordnung nach § 70 hören, zumal sie den Antrag auf Vernehmung jederzeit zurücknehmen kann.[6] Anders liegt es jedoch im Fall der Eidesverweigerung, da der Ermittlungsrichter selbst über die Vereidigung zu entscheiden hat.[7]

6 Der **ersuchte und beauftragte Richter** kann selbst über Maßnahmen nach § 70 entscheiden; seine Anordnung bleibt aber vorläufig und steht unter dem Vorbehalt der endgültigen Entscheidung des ersuchenden Gerichts.[8] Er darf die Entscheidung ebenso dem ersuchenden bzw. beauftragenden Gericht überlassen.

7 **3. Untersuchungsausschüsse.** Gegen einen Zeugen, der die Aussage vor einem Untersuchungsausschuss des Bundestages ohne Grund verweigert, kann ebenfalls Ordnungsgeld oder Erzwingungshaft verhängt werden; insoweit gilt die Spezialregelung des § 27 UAG.[9] Gegen Abgeordnete dürfen Ordnungs- und Beugehaft zwar angeordnet, aber nur mit Genehmigung des betreffenden Parlaments vollzogen werden.[10]

B. Erläuterung

I. Voraussetzungen der Ordnungsmittel

8 **1. Zeugenstellung.** Gegen den Vernommenen darf nur gemäß § 70 reagiert werden, wenn er die Stellung eines Zeugen hat. Die Zeugenstellung fehlt nicht nur, wenn der Vernehmende die Auskunftsperson ausdrücklich einer Tat bezichtigt hat, ein förmliches

3 Sommermeyer NStZ 1992, 222 (223).
4 Winter NStZ 1990, 373.
5 Ignor/Bertheau in Löwe/Rosenberg Rn. 1; Slawik in KK-StPO Rn. 1.
6 Slawik in KK-StPO Rn. 10.
7 Ignor/Bertheau in Löwe/Rosenberg Rn. 25.
8 OLG Karlsruhe 5.9.1978 – 3 Ws 187/78, Justiz 1979, 68; Slawik in KK-StPO Rn. 11.
9 Nach § 27 Untersuchungsausschussgesetz (UAG) kann das Ordnungsgeld bis 10.000 Euro betragen; Erzwingungshaft kann der Ermittlungsrichter des BGH auf Antrag des Ausschusses oder von einem Viertel seiner Mitglieder anordnen. Eine Zeugenvereidigung sieht das UAG nicht vor.
10 Otte in Radtke/Hohmann Rn. 2.

Ermittlungsverfahren eingeleitet oder der Verfolgungswillen mit einer Eingriffsmaßnahme demonstriert wurde, die erkennbar darauf abzielt, gegen diese Person wegen einer möglichen Straftat vorzugehen.[11] Der Beschuldigtenstatus entsteht auch, sobald ein Strafverfolgungsorgan die Vernehmung so gestaltet, dass sie – aus der Sicht des Vernommenen – auf seine Überführung wegen einer Straftat abzielt; dies kann sich aus der Gestaltung oder den Begleitumständen der Vernehmung ergeben. Vernimmt die Polizei oder die StA einen solchen **Beschuldigten als Zeugen,** steht diesem nach §§ 136, 163a das Schweigerecht zu, sodass die StA keine Maßnahme nach § 70 anordnen darf.[12]

Gegen bestimmte Personengruppen dürfen Ordnungsmittel wegen Nichterscheinens nicht oder nur eingeschränkt verhängt werden (dazu → § 51 Rn. 3, 4, 7.); diese Einschränkungen gelten für § 70 entsprechend.[13] 9

2. Erscheinen, Schuldfähigkeit. Der Zeuge muss erschienen sein und schuldhaft gegen die Zeugenpflichten verstoßen haben.[14] Gegen Kinder und Schuldunfähige iSv § 20 StGB dürfen weder Ordnungsmittel noch Beugehaft angeordnet werden. Die Aussageverweigerung von Kindern berechtigt auch nicht zum Ergreifen von Ordnungsmitteln gegen die Eltern bzw. einen gesetzlichen Vertreter.[15] 10

Die Schuldfähigkeit wird durch einen **Rechtsirrtum des Zeugen,** der sich irrig für berechtigt hält, die Aussage zu verweigern, nicht berührt. Es gelten vielmehr die Grundsätze des Verbotsirrtums gemäß § 17 StGB. Ergeht an den Zeugen ein gerichtlicher Hinweis dahin, dass für ihn kein Weigerungsrecht besteht, ist von einer Vermeidbarkeit des Irrtums auszugehen.[16] Anders liegt es dann, wenn sich der Betroffene in einem unvermeidbarem Irrtum über die Rechtsstreitigkeit seines Verhaltens befindet, etwa wenn er nach sorgfältiger Prüfung durch einen anwaltlichen Beistand auf dessen Rat die Aussage mit vertretbarer Begründung verweigert.[17] 11

3. Verweigerung des Zeugnisses ohne gesetzlichen Grund. a) Verweigerung von Sachangaben. Zeugen sind grundsätzlich verpflichtet, wahrheitsgemäß auszusagen (§ 48 Abs. 1 iVm §§ 153 ff. StGB). Eine Verweigerung der Aussage liegt nicht nur vor, wenn der Zeuge insgesamt keine Angaben macht, sondern auch im Falle einer **Teilverweigerung,** dh wenn der Zeuge die Antwort auf einzelne Fragen verweigert. Dies kann ausdrücklich oder konkludent geschehen.[18] Das Tatgericht muss sich, bevor es Maßnahmen nach § 70 ergreift, davon überzeugen, dass eine **ernsthafte und endgültige Verweigerung** vorliegt. Davon ist etwa auszugehen, wenn ein Zeuge, gegen den bereits ein Ordnungsgeld verhängt wurde, definitiv erklärt, auch im Fall eines noch höheren Ordnungsgeldes nichts auszusagen.[19] Unerheblich ist, ob der Vorsitzende oder ein Verfahrensbeteiligter die Frage gestellt hat. Auch die Weigerung, sich dargebotener Hilfsmittel wie Lichtbilder, Protokolle, Skizzen oder Unterlagen zu bedienen oder als Gedächtnisstütze heranzuziehen, kann Maßnahmen nach § 70 auslösen.[20] 12

Die Verweigerung der Beantwortung einer oder einzelner Fragen ist von lückenhaften Antworten abzugrenzen. Eine Frage ist nicht nur bei bloßem Schweigen, sondern auch dann **nicht beantwortet,** wenn aus der Bekundung des Zeugen oder seinem Verhalten sein Wille deutlich wird, überhaupt nicht auszusagen;[21] so liegt es, wenn er offensichtlich 13

---

[11] BGH 3.7.2007 – 1 StR 3/07, BGHSt 51, 367 = NStZ 2007, 653 (654).
[12] BVerfG 21.8.2000 – 2 BvR 1372/00, NJW 2000, 3775 (3776) = NStZ 2001, 103 (104); BGH 28.2.1997 – StB 94/96, NStZ 1997, 398 m. großteils zustAnm Rogall; s. zu dem den Strafverfolgungsbehörden zustehenden Beurteilungsspielraum BGH 19.10.2011 – 1 StR 476/11, NStZ-RR 2012, 49.
[13] Slawik in KK-StPO Rn. 1.
[14] BGH 28.12.1978 – StB 235/78, BGHSt 28, 240 (259).
[15] Schmitt in Meyer-Goßner/Schmitt Rn. 3.
[16] Schmitt in Meyer-Goßner/Schmitt Rn. 4.
[17] BGH 27.1.2021 – StB 43/20. BeckRS 2021, 2075.
[18] BGH 27.9.1956 – 3 StR 217/56, BGHSt 9, 362 (363); zusammenfassend Krehl NStZ 1991, 416 (417).
[19] BGH 28.2.2019 – 1 StR 604/17, BeckRS 2019, 5258 (Rn. 45 ff.).
[20] Otte in Radtke/Hohmann Rn. 4 mwN.
[21] BGH 27.9.1956 – 3 StR 217/56, BGHSt 9, 362 (364).

wahrheitswidrig erklärt, von dem in Rede stehenden Sachverhalt nichts zu wissen, wenn er eine fehlende Erinnerung nur vortäuscht oder auf die Frage nur nonverbal, etwa mit Achselzucken oder Abwinken, reagiert. Bei einer **bewusst lückenhaften Beantwortung** einer Frage liegt hingegen keine Verweigerung, sondern eine Falschaussage vor.

14 **b) Verweigerung von Angaben zur Person.** Umstritten ist, ob bei Verweigerung der Angaben zur Person allein § 111 OWiG gilt[22] oder ob diese mit den Mitteln des § 70 erzwingbar sind.[23] Die pauschale Ablehnung der Anwendbarkeit des § 70 überzeugt nicht. Der Zeuge ist verpflichtet, zur Person und zur Sache auszusagen. Selbst die Weigerungsrechte der §§ 52 ff. berechtigten ihn nicht dazu, die Angaben zur Person zu verschweigen. Gegen eine Beschränkung auf § 111 OWiG spricht zudem, dass Angaben zur Person zugleich für die Sache von Bedeutung sein können, so etwa das Alter des Zeugen bei bestimmten Sexualstraftaten, sodass durch die Aussageverweigerung gerade die Situation entsteht, die der Normzweck des § 70 verhindern will. Die Anwendung des § 70 ist danach nur dort auszuschließen, wo die Identität des Zeugen zweifelsfrei feststeht und keine Besonderheiten vorliegen, die eine Aufklärung der Angaben zur Person erfordern.[24]

15 **c) Ohne gesetzlichen Grund. aa) Weigerungsrechte.** Der Zeuge verweigert die Aussage ohne gesetzlichen Grund, wenn er von Gesetzes wegen zur Aussage verpflichtet ist, dieser Pflicht aber nicht nachkommt. Die Aussagepflicht besteht, falls dem Zeugen nicht ausnahmsweise ein Weigerungsrecht zusteht. Weigerungsrechte können sich zunächst aus den **§§ 52 ff.** ergeben. So kann der Zeuge wegen eines Zeugnisverweigerungsrechts nach den §§ 52–53a, einer nur mit Einschränkungen erteilten Aussagegenehmigung oder aufgrund eines Auskunftsverweigerungsrechts nach § 55 berechtigt sein, keine Angaben zu machen.

16 Bei ernst zu nehmenden akuten Gefahren für Leib oder Leben des Zeugen oder anderer Personen wie zB Geiseln kann bei fehlenden Schutzmöglichkeiten ein **Notstand iSv § 34 StGB** vorliegen, der ein Aussageverweigerungsrecht begründet.[25] Gleiches kann gelten, wenn der Zeuge zwar rechtskräftig verurteilt ist, aber durch zu befürchtende Racheakte verratener Komplizen konkret und massiv gefährdet ist.[26] Für den Zeugen unzumutbar ist die Aussage auch dann, wenn er mit einer Antwort gegen eine ausdrückliche Weisung seines obersten Dienstherrn bzw. eine Sperrerklärung verstoßen müsste.[27] Der Zeuge kann auch wegen eines Verstoßes gegen § 169 S. 2 GVG oder aufgrund nicht durch § 168a Abs. 2 gedeckter Tonbandaufnahmen berechtigt sein, zu schweigen.[28] Schließlich kann sich nach Auffassung des BVerfG[29] nach fallbezogener Abwägung ausnahmsweise aus Art. 5 Abs. 1 S. 2 GG ein Zeugnisverweigerungsrecht – über § 53 Abs. 1 Nr. 5 hinaus – ergeben, wenn der Anzeige eine Kontroll- und meinungsbildende Funktion zukommt.

17 **bb) Fehlende Berufung auf das Weigerungsrecht.** Der Zeuge muss sich auf sein Weigerungsrecht **berufen.** Es genügt nicht, wenn er die Aussage verweigert und sich auch nach einer Belehrung (§ 52 Abs. 3, § 55 Abs. 2) nicht auf ein bestimmtes Weigerungsrecht stützt, sondern eine Aussage generell ablehnt.[30]

---

22 So Schmitt in Meyer-Goßner/Schmitt Rn. 1; Otte in Radtke/Hohmann Rn. 2; Slawik in KK-StPO Rn. 3.
23 So OLG Düsseldorf 13.4.1992 – V 21/88, NStE Nr. 7 zu § 70 StPO; LG Stuttgart 12.12.1988 – 7 Qs 78/80, Justiz 1989, 203; vgl. auch OLG Celle 13.10.1987 – 3 Ws 399/87, StV 1988, 373.
24 OLG Hamburg 8.2.2002 – 2 Ws 32/02, NStZ 2002, 386; Ignor/Bertheau in Löwe/Rosenberg Rn. 3.
25 BGH 16.6.1983 – 2 StR 4/83, NStZ 1984, 31; vgl. auch BGH 5.12.1984 – 2 StR 526/84, BGHSt 33, 83 (91).
26 Vgl. Klein StV 2006, 338.
27 OLG Düsseldorf 13.4.1992 – V 21/88, NStE Nr. 7 zu § 70 StPO.
28 Schmitt in Meyer-Goßner/Schmitt Rn. 6; Otte in Radtke/Hohmann Rn. 5.
29 BVerfG 10.5.1983 – 1 BvR 385/82, BVerfGE 64, 108 = NStZ 1983, 515; aA Senge in KK-StPO Rn. 2.
30 BGH 3.5.1989 – 1 BJs 72/87 – 4 StB 15/89, NStZ 1989, 384.

4. Verweigerung der Eidesleistung ohne gesetzlichen Grund. Unter den Begriff der Eidesleistung fällt sowohl die Vereidigung nach § 64 als auch die Bekräftigung nach § 65. Gesetzliche Gründe, die zur Eidesverweigerung berechtigen, sind die in § 60 geregelten Vereidigungsverbote und das Weigerungsrecht gemäß § 61. 18

Hat der Zeuge ausgesagt, verweigert aber die Eidesleistung, ist § 70 Abs. 1 nach dessen Wortlaut ohne weiteres anwendbar, nach allgM auch Abs. 2.[31] Zwar erfasst der Wortlaut des Abs. 2 nicht die Eidesleistung, jedoch handelt es sich nach allgM um ein Fassungsversehen des Gesetzgebers.[32] Das überzeugt angesichts der mit der Beugehaft verbundenen Schwere des untersuchungshaftähnlichen Eingriffs in Grundrechtspositionen des Zeugen kaum; der Gesetzgeber hätte die Frage längst klarstellen können. 19

II. Ordnungsgeld mit Ordnungshaft

1. Allgemeines. Das Gesetz räumt dem Gericht bei den Entscheidungen nach **Abs. 1** S. 1 und S. 2 **kein Ermessen** zu. Die durch die Verweigerung des Zeugen verursachten Kosten müssen ihm auferlegt werden. Ebenfalls zwingend vorgeschrieben ist die Festsetzung eines Ordnungsgelds. Hingegen liegt nach **Abs. 2** die Verhängung von Beugehaft im Ermessen des Gerichts. Ordnungsgeld darf nur einmal verhängt werden. Hingegen darf das Gericht Beugehaft mehrfach gegen den Zeugen anordnen, solange nicht die Höchstgrenze von sechs Monaten erreicht ist (→ Rn. 50).[33] 20

Die Anwendung des § 70 hat keinen Einfluss auf die Kostenentscheidung in der Hauptsache nach § 467 Abs. 1. Sind die Kosten dem Zeugen nicht auferlegt, werden sie nach § 21 GKG auch vom Angeklagten nicht erhoben.[34] 21

2. Höhe des Ordnungsgelds. Festgesetzt werden darf nach Art. 6 Abs. 1 EGStGB ein Ordnungsgeld zwischen fünf und 1.000 Euro. Die **Höhe** des Ordnungsgeldes orientiert sich zum einen am Einkommen und den finanziellen Verhältnissen des Zeugen, zum anderen an der Schwere des Tatvorwurfs, der Bedeutung der Aussage für die Beweisführung, den Folgen der Verweigerung für den Verfahrensfortgang und das Ausmaß des den Zeugen treffenden Verschuldens.[35] 22

3. Gleichzeitige Ordnungshaftanordnung. Gleichzeitig mit der Festsetzung des Ordnungsgeldes muss das Gericht für den Fall, dass dieses nicht beigetrieben werden kann, Ordnungshaft anordnen. Die Ordnungshaft ist also **kein selbständiges Zwangsmittel,** sondern **Annex des Ordnungsgeldes.** Die festzusetzende Haftdauer richtet sich an der Höhe des Ordnungsgelds aus. Art. 6 Abs. 2 S. 1 EGStGB sieht eine Ordnungshaftdauer von 1–42 Tagen vor. 23

4. Verbot wiederholter Ordnungsgeldanordnung. Das **Wiederholungsverbot des Abs. 4** bezieht sich nicht auf die dem Zeugen nach Abs. 1 S. 1 aufzuerlegenden Kosten, sondern auf die Festsetzung eines Ordnungsgelds. Unerheblich ist, ob das Gericht oder die StA das Ordnungsgeld verhängt haben, ebenso, ob diese Anordnung den zulässigen Höchstbetrag ausgeschöpft hat.[36] 24

Ordnungsgeld darf – wie sich aus dem Vergleich mit § 51 Abs. 1 ergibt, der die Möglichkeit mehrfacher Ordnungsgeldfestsetzung vorsieht – trotz wiederholter Aussageverweigerung nur einmal festgesetzt werden, wenn sich die Weigerung auf dieselbe prozessuale **Tat iSv § 264** bezieht.[37] Handelt es sich um eine solche Tat, kommt es nicht darauf an, ob getrennte Verfahren gegen mehrere Angeklagte vorliegen, weil die Zulässigkeit von Maßnahmen nach § 70 nicht davon abhängt, ob Tatbeteiligte in einem oder in verschiede- 25

31 Schmitt in Meyer-Goßner/Schmitt Rn. 12; Senge in KK-StPO Rn. 5.
32 Ignor/Bertheau in Löwe/Rosenberg Rn. 6 mwN.
33 OLG Köln 30.3.2007 – 2 Ws 169/07, NStZ-RR 2007, 242..
34 Schmitt in Meyer-Goßner/Schmitt Rn. 7.
35 Rinio JuS 2008, 600 (603).
36 OLG Köln 30.3.2007 – 2 Ws 169 und 179/07, NStZ-RR 2007, 242.
37 OLG Köln 30.3.2007 – 2 Ws 169 und 179/07, NStZ-RR 2007, 242.

nen Verfahren verfolgt werden. Daher vermag die Trennung oder Verbindung von Verfahren das Wiederholungsverbot nicht zu beeinflussen.[38]

III. Beugehaft

26 **1. Allgemeines.** Die Beugehaft stellt zwar keine Strafe für die Verletzung der Zeugenpflicht, aber vor dem Hintergrund ihres auf die Erzwingung normgemäßen Verhaltens gerichteten Zwecks eine rechtliche und soziale Missbilligung dar.[39] Da die Intensität des **Eingriffs in das Freiheitsrecht** des Zeugen durch vollstreckte Beugehaft derjenigen bei **vollzogener Untersuchungshaft vergleichbar** ist, können bei der Beurteilung der Rechtmäßigkeit einer Beugehaftanordnung, besonders bei der Verhältnismäßigkeitsprüfung, auch diejenigen Kriterien, anhand derer die Verhältnismäßigkeit iSd § 120 beurteilt wird, herangezogen werden. Dies gilt aber nicht für vollstreckte Ordnungshaft, da diese einen bloßen Annex der das Ordnungsgeld betreffenden Entscheidung darstellt.[40]

27 **2. Separate Prüfung von Anordnung und Vollziehung.** Will das Gericht gegen einen Zeugen Beugehaft verhängen, so muss es die Rechtmäßigkeit der **Anordnung** der Beugehaft und diejenige ihrer **Vollziehung** separat prüfen; die Rechtmäßigkeit der Verhängung von Ordnungsgeld braucht kein Präjudiz für die Rechtmäßigkeit der Beugehaftanordnung zu sein. Steht ein gewichtiger Tatvorwurf im Raum und betrifft die Aussage ein zentrales oder bedeutsames Beweisthema und/oder ist ihr für die Beweiswürdigung ein erheblicher Stellenwert beizumessen, ist das Tatgericht regelmäßig gehalten, Erzwingungsmaßregeln nicht nur zu verhängen, sondern auch zu vollstrecken.[41] Das Gericht muss die Voraussetzungen der Anordnung und der Vollziehung der Beugehaft **von Amts wegen** überprüfen und seine Entscheidung **begründen** (zur Begründungspflicht → Rn. 52).[42]

28 **3. Verhältnis zum Ordnungsgeld. Vor oder gleichzeitig** mit der Anordnung der Beugehaft ist grundsätzlich ein **Ordnungsgeld** nach Abs. 1 S. 2 zu verhängen, weil dem sich zu Unrecht weigernden Zeugen durch das weniger belastende Mittel des Ordnungsgelds nochmals Gelegenheit gegeben werden soll, seine Haltung zu überdenken.

29 Die Anordnung von Beugehaft erfordert nicht, die Beitreibung des Ordnungsgelds oder den Vollzug der Ordnungshaft abzuwarten. Da schon allein die Verhängung des Ordnungsgelds eine **Mahn- und Warnfunktion** entfaltet, braucht mit der Beugehaftanordnung nicht zugewartet werden, bis über die Anfechtung des Ordnungsgelds entschieden ist.[43] Auch ist der Umstand, dass Ordnungshaft angeordnet und bereits vollstreckt wurde, für die Beurteilung der Frage, ob Beugehaft zu verhängen ist, bedeutungslos.[44]

30 Die Festsetzung des Ordnungsgeldes ist allerdings dann **ausnahmsweise entbehrlich,** wenn damit bei einem sich beharrlich weigernden Zeugen offensichtlich keine Warn- oder Mahnfunktion erzielt werden kann.[45]

31 **4. Ermessen.** Zwar räumt Abs. 2 – anders als Abs. 1 – dem Gericht Ermessen ein, das sowohl für die **Anordnung** der Beugehaft als auch für die Bestimmung ihrer **Dauer** gilt. Dieses wird aber durch mehrere Faktoren, besonders durch den Verhältnismäßigkeitsgrundsatz, stark eingeschränkt. Daher berechtigt allein der Umstand, dass der Zeuge ohne gesetzlichen Grund das Zeugnis verweigert, regelmäßig noch nicht zur Anordnung der Beugehaft. Vielmehr sind vor einer Anordnung folgende – sich teilweise überschneidende – **Gesichtspunkte** von Amts wegen zu beachten:

---

[38] Slawik in KK-StPO Rn. 14.

[39] BVerfG 9.9.2005 – 2 BvR 431/02, NJW 2006, 40 (41); 10.1.2012 – StB 20/11, NStZ-RR 2012, 114 (115).

[40] BGH 3.5.1989 – 1 BJs 72/87 – 4 StB 15/89, NStZ 1989, 384.

[41] Vgl. BGH 28.2.2019 – 1 StR 604/17, BeckRS 2019, 5258 Rn. 47.

[42] BVerfG 21.8.2000 – 2 BvR 1372/00, NStZ 2001, 103 = NJW 2000, 3775.

[43] BVerfG 1.10.1987 – 2 BvR 1165/86, NJW 1988, 897 (900); Sommermeyer NStZ 1992, 222 (223).

[44] Slawik in KK-StPO Rn. 6 mwN.

[45] OLG Koblenz 6.7.1995 – 2 Ws 390/95, StV 1996, 474 (475) mwN mabl, aber nicht überzeugender Anm. Gatzweiler.

a) Verhältnismäßigkeit. Dem Verhältnismäßigkeitsgrundsatz kommt bei der Anwendung des § 70 Abs. 2 besondere Bedeutung zu, weil die Bestimmung keine speziellen materiellen Voraussetzungen zum Schutz des Freiheitsgrundrechts des Zeugen vorsieht. 32

Die Beugehaft muss nach den Umständen des Falles **unerlässlich** sein und darf zur Bedeutung der Strafsache und der Aussage für den Ausgang des Verfahrens nicht außer Verhältnis stehen.[46] Entscheidend sind das Gewicht der jeweiligen Straftat und die **Beweislage** im Einzelfall. Beugehaft kommt danach etwa in Betracht, wenn eine oder mehrere erhebliche Straftaten aufzuklären sind und der Aussage des Zeugen für die Beweisführung hohe Bedeutung zukommt und/oder ein bereits verhängtes Ordnungsgeld wirkungslos blieb. 33

Eine **Ermessensreduzierung** auf Null in dem Sinne, dass Beugehaft angeordnet werden muss, wird dort anzunehmen sein, wo der Zeuge zentrales Beweismittel ist und seine Angaben, gleichviel, ob sie be- oder entlastend wirken, entscheidende Bedeutung für den Ausgang des Verfahrens gewinnen können.[47] Denn die Aufklärungspflicht gebietet es, Anstrengungen zu unternehmen, den Zeugen zu einer Auskunft zu bewegen, wenn seiner Aussage für die Überzeugungsbildung des Gerichts erhebliche Bedeutung zukommt.[48] 34

Die im Falle einer Verurteilung zu erwartende **Sanktionshöhe** muss nicht ausschlaggebend sein; so kann sich die Beugehaftanordnung bei mehreren Verbrechensvorwürfen auch dann als verhältnismäßig erweisen, wenn maximal zwei Jahre Jugendstrafe im Raum stehen. 35

Hingegen wird die Anordnung der Beugehaft bei den Zeugen **ausscheiden** müssen, die lediglich zu **Randdetails** vernommen werden sollen. Gleiches gilt, wenn der Angeklagte geständig war oder andere Beweisaufnahmeergebnisse den **Anklagevorwurf bereits bestätigt** haben. Auch in Fällen, in denen der Zeuge sich zwar zunächst auf § 55 beruft, aber gleichzeitig erklärt, aussagen zu wollen, falls das Beschwerdegericht zum Ergebnis komme, ihm stehe kein Aussageverweigerungsrecht zu, wird die Beugehaftanordnung regelmäßig unverhältnismäßig sein.[49] Schließlich darf durch Beugehaft nicht die Beantwortung einer Frage erzwungen werden, die nach der Beurteilung des Gerichts den Ausgang des Strafverfahrens nicht mehr beeinflussen kann.[50] 36

b) Grundrechte des Zeugen. Die Anordnung der Beugehaft tangiert zunächst das – besonders hochrangige – **Freiheitsgrundrecht** des Zeugen aus Art. 2 Abs. 2 S. 2, Art. 104 Abs. 2 S. 1 GG. Der verfassungsrechtliche Maßstab, nach dem die Gerichte dem Freiheitsgrundrecht auf allen Verfahrensstufen angemessen Rechnung tragen müssen, ist auch im Verfahren gemäß § 70 Abs. 2 zu beachten.[51] 37

Im Einzelfall können **weitere Grundrechte** des Zeugen betroffen sein. Das Recht auf Leben und körperliche Unversehrtheit aus Art. 2 Abs. 2 S. 1 GG kann bei schwer oder lebensbedrohlich erkrankten Zeugen zur Unverhältnismäßigkeit der Anordnung und/oder der Vollziehung von Beugehaft führen, wenn eine Abwägung ergibt, dass die dem Eingriff entgegenstehenden Interessen des Zeugen deutlich schwerer wiegen als diejenigen Belange, deren Wahrung die Anordnung der Beugehaft dienen soll.[52] 38

Ob betroffene Grundrechte des Zeugen schon der Anordnung der Beugehaft oder ihrer Vollziehung entgegenstehen, lässt sich nicht allgemeingültig bestimmen; dies ist von den Einzelfallumständen abhängig. Die **Haftfähigkeit** als solche ist – entsprechend den bei anderen Haftarten anerkannten Grundsätzen – regelmäßig erst bei der Vollziehung der Beugehaft von Belang. Jedoch kann in Ausnahmefällen schon die Anordnung der Beugehaft 39

---

46 BVerfG 25.1.2007 – 2 BvR 26/07, NJW 2007, 1865 (1868); 9.9.2005 – 2 BvR 431/02, NJW 2006, 40 (41); BGH 4.8.2009 – StB 32/09, NStZ 2010, 44; KG 9.2.2011 – 3 Ws 31/11, NStZ 2011, 652.

47 BGH 7.7.2005 – StB 12/05, NStZ-RR 2005, 316 (317); 28.12.2011 – 2 StR 195/11, NStZ 2012, 523.

48 BGH 28.12.2011 – 2 StR 195/11, NStZ 2012, 523.

49 KG 9.2.2011 – 3 Ws 31/11, NStZ 2011, 652.

50 BGH 4.8.2009 – StB 32/09, BGHR StPO § 70 Erzwingungshaft 7.

51 BVerfG 21.8.2000 – 2 BvR 1372/00, NJW 2000, 3775 (3776) mwN; BGH 10.1.2012 – StB 20/11, NStZ-RR 2012, 114.

52 BGH 10.1.2012 – StB 20/11, NStZ-RR 2012, 114 (115).

gegenüber einem lebensgefährlich oder sehr schwer erkrankten Zeugen so erheblich negative Einflüsse auf das Befinden haben, dass nicht nur der Vollzug mangels Haftfähigkeit des Zeugen ausscheiden muss, sondern der Gesundheitszustand bereits der Anordnung der Beugehaft entgegensteht.[53]

40 In jedem Fall sollte das Gericht mit Blick auf die Aufklärungspflicht vom Zeugen vorgelegte Unterlagen bzw. Atteste von Amts wegen kritisch prüfen und ggf. zur Abklärung einen Sachverständigen einschalten; dies gilt besonders dann, wenn ein Zeuge gesundheitliche Einschränkungen bzw. seine Haftunfähigkeit geltend macht, obgleich im Verfahren nach Aktenlage oder nach den Beweisaufnahmeergebnissen keine greifbaren Anhaltspunkte für solche Beeinträchtigungen bestehen. Vor diesem Hintergrund überrascht es, dass eine neue Entscheidung[54] die Aufhebung einer Beugehaftanordnung maßgeblich auf eine durch den Zeugen vorgelegte fachärztliche Stellungnahme stützt.

41 **c) Aufklärungspflicht.** Ob die Verhängung der Beugehaft unter Aufklärungsgesichtspunkten notwendig ist, bestimmt sich nach der Beweislage im Einzelfall. Da die Beweisaufnahme auf alle Tatsachen und tauglichen Beweismittel, die für die Entscheidung von Bedeutung sind, zu erstrecken ist, kann einerseits auch gegen Zeugen, die den Tathergang nicht wahrgenommen und nur als Zeugen vom Hörensagen einzuordnen sind, Beugehaft verhängt und vollstreckt werden.[55] Andererseits wird bei gesicherter Beweislage oder einem umfassenden Geständnis des Angeklagten, auch aus Verhältnismäßigkeitsgründen, von einer Beugehaftanordnung abzusehen sein; ebenso kann es liegen, wenn nicht mehr zu erwarten ist, dass es zu einer Aussage kommt, weil eine eindeutige und endgültige Weigerung, die selbst durch Beugehaft nicht zu beeinflussen ist, vorliegt.[56] Zur Ermessensreduzierung auf Null → Rn. 34.

42 **d) Fürsorgepflicht.** Die gerichtliche Fürsorgepflicht gegenüber dem Zeugen gebietet nicht nur, ihm rechtliches Gehör zu gewähren und ihn auf die Grundlosigkeit seiner Weigerung und deren Folgen **aufzuklären.**[57] Sie kann es auch notwendig machen, auf die Aussage oder die Fortführung der Vernehmung zu verzichten.[58] Denn auch in Fällen schwerer und schwerster Kriminalität darf die Wahrheit nicht um jeden Preis erforscht werden.[59] Die Anordnung von Beugehaft erweist sich etwa als unangemessen, wenn dem Zeugen oder ihm nahestehenden Personen im Fall der Beantwortung der Beweisfrage konkrete Gefahren für Leib oder Leben drohen.[60]

43 Die Fürsorgepflicht kann es ferner erfordern, dass das Gericht vor seiner Entscheidung dem Zeugen gestattet, einen **Rechtsanwalt** zu kontaktieren, wenn gegen den Zeugen ein Strafverfahren läuft, deshalb das Recht, sich auf § 55 zu berufen im Raum steht sowie der Zeuge erklärt, sich ohne seinen Anwalt nicht äußern zu wollen.[61] Zum Vorgehen gegen **schwer erkrankte Zeugen** und zur Berücksichtigung der Haftfähigkeit → Rn. 39.

44 **5. Dauer der Beugehaft.** Die Beugehaft darf maximal sechs Monate dauern (Abs. 2); dass das Verfahren in dem Rechtszug, in dem die Beugehaft verhängt wurde, länger anhängig ist, ändert daran nichts. Ist umgekehrt der Rechtszug, in dem die Beugehaftanordnung erging, beendet, darf sie nicht länger vollstreckt werden.

45 Wegen dieser gesetzlichen Zeitgrenzen kann das Gericht in seiner Anordnung die **Dauer offenlassen;** um die Druckwirkung auf den Zeugen zu erhöhen, wird es oft zweck-

---

53 BGH 10.1.2012 – StB 20/11, NStZ-RR 2012, 114.
54 BGH 10.1.2012 – StB 20/11, NStZ-RR 2012, 114 (115).
55 BGH 15.7.1998 – 2 StR 173/98, NStZ 1999, 46.
56 BGH 15.7.1998 – 2 StR 173/98, NStZ 1999, 46 (47).
57 BGH 10.1.2012 – StB 20/11, NStZ-RR 2012, 114.
58 BGH 16.6.1983 – 2 StR 4/83, NStZ 1984, 31 (32) zu einem V-Mann, auf den bereits ein Bombenanschlag verübt wurde.
59 Vgl. BGH 10.1.2012 – StB 20/11, NStZ-RR 2012, 114 (116) zu terroristisch motivierten Tötungsdelikten.
60 BGH 28.12.2011 – 2 StR 195/11, NStZ 2012, 523.
61 LG Zweibrücken 23.9.1999 – 1 Qs 123/99, NJW 1999, 3792.

mäßig sein, nur die Höchstgrenzen anzugeben.[62] Besonders in Fällen, in denen der Aussage des Zeugen für den Ausgang des Strafverfahrens entscheidende Bedeutung zukommt, sollte das Gericht dieses Höchstmaß ausschöpfen, um den Zeugen dazu zu bewegen, seine Zeugenpflichten zu erfüllen.

Ordnet das Gericht eine bestimmte Dauer an, steht ihm auch insoweit **Ermessen** zu. 46
Kriterien für dessen Ausübung bilden die Schwere des Tatvorwurfs, die Bedeutung der Aussage für die Beweisführung, die Folgen der Verweigerung für den Verfahrensfortgang und das Ausmaß des den Zeugen treffenden Verschuldens. Vollstreckte Ordnungshaft nach Abs. 1 wird auf das Höchstmaß der Beugehaft nicht angerechnet.[63]

6. Aufhebung der Beugehaft. Hat der Zeuge seine **Aussagepflicht erfüllt,** erweist 47
sich die Weigerung nachträglich als berechtigt oder entsteht während des Vollzugs der Beugehaft ein **Weigerungsrecht,** kommt es auf die Aussage nicht mehr an oder wird der Zeuge in der Sache zum Beschuldigten oder steht die Vollzugsdauer nicht mehr im angemessenen Verhältnis zur Bedeutung der Sache, ist die Beugehaft von Amts wegen aufzuheben.

Die Aufhebung der Beugehaft ist weiter geboten, wenn das **Verfahren beendet** wird, 48
sei es durch Urteil, Einstellung des Verfahrens, Ablehnung der Eröffnung des Hauptverfahrens oder im Wiederaufnahmeverfahren durch Verwerfungsbeschlüsse nach § 368 Abs. 1, § 370 Abs. 1.[64] Die Beugehaft ist auch dann aufzuheben, wenn der Zeuge in der Haft zeugnisunfähig wird oder die Aussage aus anderen Gründen unmöglich wird.[65]

Ob schon die **bloße Bereitschaftserklärung** des Zeugen oder erst seine Aussage selbst 49
zur Aufhebung der Beugehaft führen muss, hängt davon ab, ob ein bloßes Lippenbekenntnis vorliegt oder der Zeuge ernsthaft seine Aussagebereitschaft bekundet. Im letzten Fall hat die Haftanordnung ihren Zweck erfüllt, weil der ursprüngliche Wille des Zeugen überwunden wurde; sie ist deshalb aufzuheben. Anderenfalls wäre die Haftdauer von nicht kalkulierbaren Zufällen, etwa dem nächsten zur Vernehmung des Zeugen anstehenden Termin, abhängig.[66] Bestehen hingegen begründete **Zweifel an der bekundeten Aussagebereitschaft,** hat die Haft bis zur Vernehmung fortzudauern; so kann es bei einem Zeugen liegen, der bereits wiederholt unberechtigt die Aussage verweigert hat.[67]

7. Wiederholte Beugehaftanordnung. Beugehaft kann nach allgM mehrmals ver- 50
hängt werden, etwa, wenn der Zeuge in mehreren Terminen die Aussage zu Unrecht verweigert. Eine Anordnung scheidet erst aus, wenn die bereits verhängte Beugehaft insgesamt die Dauer von sechs Monaten erreicht hat.

IV. Verfahren

1. Vorherige Belehrung des Zeugen. Vor der Anordnung der Maßnahmen muss 51
das Gericht den Zeugen über die Folgen seiner Aussageverweigerung aufklären.[68] Ordnungsmittel nach § 70 Abs. 1 und 2 dürfen nur verhängt werden, wenn der Vorsitzende den Zeugen zuvor umfassend und verständlich über seine Zeugnis-, Auskunfts- und Eidesverweigerungsrechte belehrt hat.[69]

2. Begründung. Schon wegen der verfassungsrechtlichen besonderen Absicherung 52
der persönlichen Bewegungsfreiheit in Art. 2 Abs. 2, Art. 104 Abs. 1 GG muss das Gericht die Beugehaftanordnung begründen. Erhöhte Begründungsanforderungen bestehen dann,

62 Slawik in KK-StPO Rn. 7.
63 Slawik in KK-StPO Rn. 7 mwN.
64 Slawik in KK-StPO Rn. 8, 9.
65 Sommermeyer NStZ 1992, 222 (223).
66 Sommermeyer NStZ 1992, 222 (224).
67 Michel MDR 1995, 784.
68 BGH 28.12.1978 – 1 BJs 92/75 – StB 235/78, BGHSt 28, 240 (259) = NJW 1979, 1212; LG Zweibrücken 23.9.1999 – 1 Qs 123/99, NJW 1999, 3792.
69 OLG Düsseldorf 28.8.1995 – 3 Ws 486/95, NStZ-RR 1996, 169.

wenn das über die Haftfrage entscheidende Gericht die einzige fachgerichtliche Instanz ist oder wenn im Rahmen eines zweigliedrigen Instanzenzugs die vorangegangene Entscheidung die Voraussetzungen des § 70 Abs. 2 verneint hatte.[70] Danach ist es regelmäßig erforderlich, dass das Beugehaft anordnende Gericht darlegt, weshalb dem Zeugen kein Weigerungsrecht zusteht.

53 **3. Vollstreckung der Ordnungsmittel. a) Ordnungsgeld.** Das Ordnungsgeld vollstreckt nach § 36 Abs. 2 S. 1 der StA, ebenso die Ersatzhaft; zuständig ist der Rechtspfleger (§ 31 Abs. 3 RPflG).

54 **b) Beugehaft.** Die Beugehaftvollstreckung obliegt nach § 36 Abs. 2 S. 2 dem Gericht.[71] Wie die Straf- und Untersuchungshaft setzt die Vollstreckung der Beugehaft die **Haftfähigkeit** des Zeugen voraus. Ersatzhaft ist vor der Beugehaft zu vollstrecken. Die **Überwachung** des Besuchs und des Schriftverkehrs obliegt nicht dem Richter, sondern dem Leiter der Justizvollzugsanstalt.[72]

55 **4. Rechtsmittel. a) Beschwerde.** Der betroffene Zeuge und die **StA** können die gerichtliche Beugehaftanordnung mit der Beschwerde anfechten; die StA ferner, wenn das Gericht entgegen ihrem Antrag von Beugehaft absieht. Der **Angeklagte** ist nur beschwert und beschwerdeberechtigt, wenn das Gericht dem Zeugen entgegen Abs. 1 S. 1 die Kosten nicht auferlegt. Zur weiteren Beschwerde → Rn. 57. Eine Aufhebung der Beugehaft nach Abschluss der Hauptverhandlung oder deren Beendigung aus anderem Grund macht das Rechtsmittel nicht unzulässig; deshalb scheidet eine Erledigterklärung aus. Das fortbestehende Interesse an einer gerichtlichen Überprüfung wird ua aus der Schwere des Grundrechtseingriffs und dem Rehabilitationsinteresse des Beschwerdeführers abgeleitet.[73]

56 Gegen einen Beugehaft anordnenden **Beschluss des Ermittlungsrichters** des Bundesgerichtshofs oder eines Oberlandesgerichts ist Beschwerde zulässig, denn die Anordnung nach § 70 Abs. 2 betrifft eine Verhaftung iSd § 304 Abs. 5.[74] Hingegen scheidet eine Beschwerde gegen die Ersatzordnungshaft und gegen die Ablehnung der Beugehaft aus.[75] Trotz der Unzulässigkeit einer Beschwerde, die sich allein gegen ein vom OLG angeordnetes Ordnungsgeld mit Ersatzordnungshaft richtet, kann eine solche Anordnung der Aufhebung unterliegen. Dies ist dann der Fall, wenn das OLG im angefochtenen Beschluss neben Beugehaft auch Ordnungsgeld mit Ersatzordnungshaft angeordnet hat, die gegen die Beugehaft gerichtete Beschwerde begründet ist, Ordnungsgeld sowie Ersatzordnungshaft auf der Aussageverweigerung des Zeugen beruhen und in untrennbarem Zusammenhang mit der Beugehaft stehen.[76]

57 **b) Weitere Beschwerde.** Beugehaftanordnungen sind mit der weiteren Beschwerde nach § 310 anfechtbar, hingegen nicht die Festsetzung von Ordnungshaft, da sie bloße Folge der Nichtbeitreibbarkeit des Ordnungsgeldes ist.[77]

58 **c) Antrag auf gerichtliche Entscheidung.** Verhängt die StA Ordnungsmittel gegen den Zeugen, kann dieser die gerichtliche Entscheidung beantragen (§ 161a Abs. 3).

59 **5. Strafbarkeit wegen unberechtigter Aussageverweigerung.** Der Zeuge, in dieser Eigenschaft Garant für die staatliche Strafrechtspflege, kann sich durch seine grundlose Weigerung, Fragen zu beantworten, wegen Strafvereitelung nach § 258 StGB, ggf. durch

70 BVerfG 21.8.2000 – 2 BvR 1372/00, NJW 2000, 3775 = NStZ 2001, 103.
71 Joecks StPO Rn. 9; Schmitt in Meyer-Goßner/SchmittRn. 19.
72 BVerfG 28.9.1998 – 2 BvR 1897/95, NJW 2000, 273.
73 BVerfG 9.9.2005 – 2 BvR 431/02, NJW 2006, 40.
74 BGH 3.5.1989 – 1 BJs 72/87 – 4 StB 15/89, NStZ 1989, 384 unter Aufgabe der früheren entgegenstehenden Rechtsprechung in BGHSt 30, 52.
75 BGH 13.10.2016 – StB 31/16, BeckRS 2016, 19591; 9.10.1997 – StB 9/97, NJW 1998, 467 mwN.
76 Vgl. zu dieser Konstellation BGH 18.12.2012 – StB 16/12, NStZ 2013, 241; 30.6.2011 – StB 8/11, NStZ-RR 2011, 316.
77 Vgl. BGH 22.12.1993 – StB 21/93, NStZ 1994, 198.

Unterlassen strafbar machen.[78] Die erforderliche Garantenstellung folgt aus mehreren gesetzlichen Regelungen über die mit Zwangsmitteln durchsetzbare Zeugenpflicht, wahrheitsgemäß auszusagen (§ 48 Abs. 1 S. 2, § 70 StPO sowie §§ 153 ff., 145d, 164, 138 StGB); diesem – jüngst durch die Aussagepflicht vor der Polizei gemäß § 163 Abs. 3 noch erweiterten – Regelungsgefüge lässt sich nicht nur die bedeutende Stellung und Funktion des Zeugen in und für die Strafrechtspflege, sondern auch eine Verantwortlichkeit für den zutreffenden Ausgang des Strafverfahrens entnehmen.[79] Die Ordnungsmittel des § 70 stellen, auch weil sie auf die Herbeiführung der ohne Grund verweigerten Aussage zielen, keine als abschließend zu verstehende Rechtsfolge für das Verhalten des Zeugen dar.[80] Der Zeugenbeistand hat den Zeugen auf das Strafbarkeitsrisiko hinzuweisen.

V. Revision

1. Sachrüge. Die Beweiswürdigung ist nicht angreifbar, wenn sich das Gericht auf eine unberechtigte Aussageverweigerung stützt. Der Tatrichter muss nicht versuchen, den Zeugen unter Anwendung des § 70 doch noch zu einer Aussage zu bewegen. Er darf die unberechtigte Weigerung für seine Überzeugungsbildung verwerten.[81] 60

2. Verfahrensrügen. Es greift zu kurz, darauf abzuheben, dass Verstöße gegen § 70 den Rechtskreis des Angeklagten nicht berühren und damit die Revision nicht begründen können.[82] Obwohl der Angeklagte von gegen den Zeugen festgesetzten Ordnungsmitteln nicht betroffen wird, können die pflichtwidrig unterlassene Anwendung sowie die unzutreffende Annahme der Voraussetzungen des § 70 dennoch revisible Rechtsfehler darstellen. 61

Zu Unrecht angeordnete Beugehaft kann zu den Angeklagten belastenden Aussagen führen, auf die das Gericht Tatsachenfeststellungen stützt. Darauf beruht das Urteil, wenn nicht sicher feststellbar ist, wie die Aussage ausgefallen und vom Tatrichter gewürdigt worden wäre, wenn Maßnahmen nach § 70 unterblieben wären.[83] 62

Der Angeklagte kann mit der **Aufklärungsrüge** geltend machen, dass das Gericht nicht von den Möglichkeiten des § 70 Gebrauch gemacht hat.[84] Ein Beruhen des Urteils hierauf scheidet jedoch aus, wenn der Zeuge unter keinen Umständen bereit war, auszusagen, sodass sich der Tatrichter von Zwangsmaßnahmen keinen Erfolg zu versprechen brauchte. Ferner kommen Verfahrensrügen in Betracht, mit denen die Ablehnung eines Antrags auf Vernehmung eines Zeugen gerügt wird. Das Gericht kann den benannten Zeugen rechtsfehlerfrei als ungeeignetes Beweismittel iSv § 244 Abs. 3 S. 3 Nr. 4 einstufen, wenn es darlegt, sich anhand der Einzelfallumstände und Tatsachen die Überzeugung verschafft zu haben, dass der Zeuge nicht bzw. nicht mehr zu sachdienlichen angaben bereit sein wird.[85] 63

Sind gegen einen Zeugen trotz dessen berechtigter Weigerung Maßnahmen nach § 70 verhängt worden, liegt eine **verbotene Vernehmungsmethode** vor; hat der Zeuge hierauf ausgesagt, unterliegen seine Angaben dem Verwertungsverbot des § 136a Abs. 3. War die Aussage belastend, wird eine entsprechende Rüge des Angeklagten Erfolg haben, war sie entlastend, diejenige der StA.[86] 64

---

78 OLG Hamm 9.11.2017 – 4 RVs 127/17, BeckRS 2017, 132877 mzustBespr Jahn JuS 2018, 296; LG Ravensburg 19.11.2007 – 2 Qs 194/07, NStZ-RR 2008, 177 mwN.

79 AA, aber nicht überzeugend Lenk NStZ 2019, 638.

80 LG Ravensburg 19.11.2007 – 2 Qs 194/07, NStZ-RR 2008, 177 mwN; OLG Köln 11.12.2009 – 2 Ws 588/09, NStZ-RR 2010, 146.

81 BGH 9.11.1965 – 1 StR 436/65, NJW 1966, 211.

82 Otte in Radtke/Hohmann Rn. 18.

83 BGH 27.9.1956 – 3 StR 217/56, BGHSt 9, 362 (364) = NJW 1956, 1807.

84 BGH 15.7.1998 – 2 StR 173/98, NStZ 1999, 46 (47).

85 BGH 28.2.2019 – 1 StR 604/17, BeckRS 2019, 5258 Rn. 42 ff.; dort auch zu den Vortragsanforderungen für die Zulässigkeit einer Rüge.

86 Schmitt in Meyer-Goßner/Schmitt Rn. 21 mwN.

§ 71 Zeugenentschädigung

Der Zeuge wird nach dem Justizvergütungs- und -entschädigungsgesetz entschädigt.

Übersicht

I. Verweisung auf das JVEG

1 Die Vorschrift verweist für die **Entschädigung von Zeugen** auf das Justizvergütungs- und Entschädigungsgesetz (JVEG). Das JVEG ist zum 1.7.2004 in Kraft getreten und hat das bis dahin geltende Gesetz über die Entschädigung von Zeugen und Sachverständigen (ZSEG) abgelöst.

II. Anwendungsbereich des JVEG

2 **1. Zeugen.** Das JVEG regelt **Art und Umfang der Entschädigung** von Zeugen, die vom Gericht, der StA oder der Finanzbehörde in den Fällen, in denen diese das Ermittlungsverfahren selbständig führt, herangezogen bzw. geladen wurden, des weiteren für Zeugen, die die Polizei oder eine andere Strafverfolgungsbehörde – im Auftrag oder mit vorheriger Billigung der StA bzw. der Finanzbehörde – herangezogen hat. Ob die Beweisperson in der Ladung als Zeuge oder Sachverständiger bezeichnet wird, ist unerheblich; entscheidend ist die **rechtliche Einordnung** als Zeuge bzw. als Sachverständiger.[1]

3 Auch außerhalb des Anwendungsbereiches des JVEG richtet sich die Zeugenentschädigung nach diesem Gesetz. Denn die **Polizeigesetze** der Länder bzw. **§ 405 AO** verweisen jeweils auf das JVEG.[2]

4 **2. Vom Angeklagten geladene Zeugen.** Die Entschädigung derjenigen Zeugen, die vom Angeklagten unmittelbar geladen wurden, richtet sich nach den Bestimmungen des § 220 Abs. 2 und 3. Mit der Verweisung auf die „gesetzliche Entschädigung" in § 220 Abs. 2 wird auch für diese Fälle die Anwendbarkeit des JVEG klargestellt.

5 Einen **Antrag** auf Entschädigung nach § 220 Abs. 3 können nicht nur der Angeklagte und die StA, sondern auch der Zeuge selbst stellen;[3] dieser muss die Dreimonatsfrist des § 2 Abs. 1 S. 1 JVEG einhalten. § 220 Abs. 3 gilt ebenso für diejenigen Beweispersonen, die in die Hauptverhandlung gestellt wurden. Die Entschädigung aus der Staatskasse wird gewährt, wenn die Vernehmung des Zeugen nach objektiven Maßstäben das Verfahren gefördert hat. Der Antragsteller hat im Falle der Ablehnung seines Antrags ein Beschwerderecht.

6 **3. Mittellose Zeugen.** Sie haben gemäß § 3 JVEG die Möglichkeit, einen Antrag auf **Gewährung eines Vorschusses** zu stellen. Ergeben sich anhand der Aktenlage Anhaltspunkte dafür, dass die Voraussetzungen hierfür vorliegen, empfiehlt sich in der Ladung ein deutlicher **Hinweis** auf diese Möglichkeit. Dies kann dazu beitragen, ein Nichterscheinen mit der vorgebrachten Entschuldigung der Mittellosigkeit und damit einhergehende Verfahrensverzögerungen zu vermeiden. Ferner erscheint es angesichts des Umstands, dass die Zeugenentschädigungsstellen der Gerichte regelmäßig nicht mehr über Bargeldbestände

[1] Eisenberg BeweisR StPO Rn. 1204.
[2] Ignor/Bertheau in Löwe/Rosenberg Rn. 1.
[3] Ritscher in BeckOK StPO § 220 Rn. 11.

verfügen, angemessen, den Zeugen in der Ladung darauf hinzuweisen, dass die Auszahlung seiner Entschädigung nicht in bar erfolgen kann. Die Festsetzung des Vorschusses geschieht durch richterlichen **Beschluss** (§ 4 JVEG).

4. Weigerungsberechtigte Zeugen. Wer sich als Zeuge berechtigt auf ein Zeugnis- oder Auskunftsverweigerungsrecht berufen kann, verliert den Anspruch auf Entschädigung nicht. Anderes gilt bei einer unberechtigten Verweigerung der Aussage.[4] 7

III. Regelungsbereiche des JVEG

Innerhalb der Entschädigung der Zeugen ist zwischen dem Fahrtkostenersatz (§ 5 JVEG), der Aufwandsentschädigung (§ 6 JVEG), dem Ersatz für sonstige Aufwendungen (§ 7 JVEG), der Entschädigung für Zeitversäumnis (§ 20 JVEG), dem Ersatz für Nachteile bei der Haushaltsführung (§ 21 JVEG) und der Verdienstausfallentschädigung (§ 22 JVEG) zu unterscheiden. 8

Die Entschädigung für **zu Unrecht erlittene Erzwingungshaft** regelt das JVEG nicht. Auch eine entsprechende Anwendung scheidet aus, weil die Vorschriften des JVEG nur die Entschädigung für rechtmäßig entstandenen Aufwand und Ausfall regeln.[5] 9

IV. Verlangen des Zeugen, Festsetzung

Entschädigungen nach dem JVEG werden nur bezahlt, wenn der Zeuge sie verlangt (§ 2 JVEG). Der Zeuge kann die Entschädigung formlos mündlich oder schriftlich beim Gericht, der StA oder der Anweisungsstelle – binnen drei Monaten – geltend machen. Erklärt der Zeuge, auf seine Entschädigung zu verzichten, wird dies in der Sitzungsniederschrift vermerkt. 10

Die Entschädigung wird durch richterlichen **Beschluss** festgesetzt (§ 4 JVEG). Meist hält das Gericht den Zeitpunkt der Entlassung des Zeugen im direkten Anschluss an seine Vernehmung auf der Zeugenladung fest; dieser Vermerk dient zur Berechnung der Entschädigung. 11

---

4 Eisenberg BeweisR StPO Rn. 1204.

5 Vgl. BGH 23.8.1989 – 1 BJs 72/87 – 4 StB 29/89, NStZ 1989, 535 zum StrEG.

Siebter Abschnitt. Sachverständige und Augenschein

§ 72 Anwendung der Vorschriften über Zeugen auf Sachverständige

Auf Sachverständige ist der sechste Abschnitt über Zeugen entsprechend anzuwenden, soweit nicht in den nachfolgenden Paragraphen abweichende Vorschriften getroffen sind.

Schrifttum: Artkämper, Der Sachverständige im Strafverfahren, BA 2001, 7; Brüning, Privatisierungstendezen im Strafprozess – Chancen und Risiken der Mitwirkung sachverständiger Privatpersonen im strafrechtlichen Ermittlungsverfhren, StV 2008, 100; Cabanis, Glaubwürdigkeitsuntersuchungen, NJW 1978, 2329; Detter, Der Sachverständige im Strafverfahren – eine Bestandsaufnahme –, NStZ 1998, 57; Dölp, Der Sachverständige im Strafprozess – Gedanken über eine nachhaltige strukturelle Veränderung im Verfahrensrecht, ZRP 2004, 235; Erb, Die Abhängigkeit des Richters vom Sachverständigen, ZStW 121 (2009), 882; Fischer, Glaubwürdigkeitsbeurteilung und Beweiswürdigung, NStZ 1994, 1; Focken/Pfeiffer, Thesen zur Zusammenarbeit des Jugendrichters mit dem jugendpsychiatrisch-psychologischen Sachverständigen, DRiZ 1980, 20; Foth/Karcher, Überlegungen zur Behandlung des Sachbeweises im Strafverfahren, NStZ 1989, 166; Geppert, Das Beweisverbot des § 252 StPO, Jura 1988, 305 und 363; Geppert, Der Zeugenbeweis (I), Jura 1991, 80; Geppert, Der Sachverständigenbeweis, Jura 1993, 249; Gerson, Ablehnung eines ausschließlich im Ermittlungsverfahren tätig gewordenen Sachverständigen wegen Besorgnis der Befangenheit, HRRS 2019, 235; Gössel, Behörden und Behördenangehörige als Sachverständige vor Gericht, DRiZ 1980, 363; Hamm/Hassemer/Pauly, Beweisantragsrecht; Hanack, Die Rechtsprechung des Bundesgerichtshofs zum Strafverfahrensrecht, JZ 1971, 126; Huber, Grundwissen – Strafprozessrecht: Beweismittel in der Hauptverhandlung, JuS 2010, 1056; Kaufmann, Das Problem der Abhängigkeit des Strafrichters vom medizinischen Sachverständigen, JZ 1985, 1065; Kohlhaas, Änderungen des Sachverständigenbeweises im Strafprozess?, NJW 1962, 1329; Kotsoglou/Biedermann/Vuille, DNA und Beweiswürdigung – Der statistische Rubikon und die Dogmatik der Indentitätsfeststellung, ZStW 2020, 891; Lehmann, Der Anspruch auf Einsicht in die Unterlagen des Sachverständigen, GA 2005, 639; Müller-Gugenberger/Bieneck, Wirtschaftsstrafrecht; Nedopil, Verständnisschwierigkeiten zwischen dem Juristen und dem psychiatrischen Sachverständigen, NStZ 1999, 433; Russ, Tatsachenbekundungen des Sachverständigen im Strafprozess, NJW 1963, 385; Senge, Auswertung von Abrechnungsunterlagen im staatsanwaltschaftlichen Ermittlungsverfahren, jurisPR-StrafR 6/2008 Anm. 2; Tondorf/Waider, Der Sachverständige, ein „Gehilfe" auch des Strafverteidigers, StV 1997, 493; Venzlaff/Foerster, Psychiatrische Begutachtung; Wackernagel/Graßie, Die Bauftragung von IT-Forensikern im Ermittlungsverfahren: Zulässige Sachverständigenbeauftragung oder unzulässiges Outsourcing originärer Ermittlungstätigkeit?, NStZ 2021, 12; Wenzel, Rechtliche Grundlagen der IT-Forensik, NZWiSt 2016, 85.

Übersicht

A. Normzweck

1 Die Verweisung gerade auf den sechsten Abschnitt, der den Zeugen betrifft, kennzeichnet den Sachverständigen als das zweite **persönliche Beweismittel**[1] der StPO. Die dortigen Vorschriften werden allerdings nur für entsprechend anwendbar erklärt. Damit kommt im Wortlaut und der Gesetzessystematik klar zum Ausdruck, dass der Sachverständige als eigen-

[1] Monka in BeckOK StPO Rn. 1; Neubeck in KMR-StPO Vor § 72 Rn. 2; Huber JuS 2010, 1056.

ständige Beweisperson angesehen wird, die einer Abgrenzung vom Zeugen bedarf. Zugleich wird die Notwendigkeit einer Unterscheidung von den sachlichen Beweismitteln vorgegeben. Die Zusammenfassung mit dem Augenscheinsbeweis im siebten Abschnitt rechtfertigt keine andere Wertung. Sie ist in erster Linie rechtshistorisch begründet.[2]

B. Erläuterung

I. Der Sachverständige

1. Begriff und Aufgabe des Sachverständigen. Obwohl für die nach § 72 zu treffende Abgrenzung von anderen Beweismitteln von grundlegender Bedeutung, definiert das Gesetz weder dort, noch sonst in der StPO den **Begriff des Sachverständigen,** sondern setzt ihn vielmehr voraus. Die Rspr. nimmt die Bestimmung nach dem Wesen des Sachverständigenbeweises vor.[3] Hierbei werden seine spezifische Funktion und die Erforderlichkeit spezieller Kenntnisse herangezogen. Sachverständiger ist demnach, wer über Sachkunde auf besonderen Gebieten des Wissens und der menschlichen Tätigkeit verfügt.[4] Er vermittelt auf Grundlage seiner fachlichen Qualifikation dem Gericht das „wissenschaftliche Rüstzeug“[5] für die und unterstützt es bei der Feststellung von Tatsachen, die nur vermöge des Sonderwissens erschöpfend wahrgenommen, verstanden und beurteilt werden können.[6] Ob hierbei die vor allem in der älteren Rspr. gebräuchliche Bezeichnung als Gehilfe des Richters[7] überflüssig oder irreführend ist,[8] mag dahinstehen. Sie darf auf jeden Fall nicht zu einer Überbewertung seiner Stellung führen. Dem Sachverständigen kommt kein Vorrang vor anderen Beweismitteln zu.[9] Das Gericht muss anhand des Gutachtens im Wege freier Beweiswürdigung zu einer eigenständigen Überzeugungsbildung gelangen.[10] In diesem Sinne ist es auch zu verstehen, wenn der Sachverständige als „Wahrnehmungsorgan des Gerichts“[11] bezeichnet wird. Damit die Strafverfolgungsbehörden ihrer ureigensten Aufgabe der Sachverhaltsfeststellung und Rechtsfindung gerecht werden, dürfen sie nicht aus dem Auge verlieren, dass dem Sachverständigen, vor allem dem psychiatrischen und psychologischen, eine zunehmende Bedeutung für Verlauf und Ausgang des Strafverfahrens 2

---

2 Schmidt StPO II Vor § 72 Rn. 1; Krause in Löwe/Rosenberg Vor § 72 Rn. 1.

3 BGH 24.6.1952 – 1 StR 130/52, BGHSt 3, 27 (28).

4 BGH 24.6.1952 – 1 StR 130/52, BGHSt 3, 27 (28); RG 19.12.1922 – IV 457/22, RGSt 57, 158.

5 BGH 8.3.1995 – 5 StR 49/55, BGHSt 7, 238 (239).

6 BGH 7.6.1956 – 3 StR 136/56, BGHSt 9, 292 (293).

7 So auch BGH 2.10.1952 – 3 StR 83/52, BGHSt 3, 187 (188); 26.4.1955 – 5 StR 86/55, BGHSt 8, 113 (118); 13.2.1959 – 4 StR 470/58, BGHSt 13, 1 (4); 14.5.1975 – 3 StR 113/75, juris Rn. 8; RG 2.3.1918 – V 948/17, RGSt 52, 161; 1.12.1922 – IV 457/22, RGSt 57, 158; 4.2.1930 – 1 D 1323/29, JW 1930, 1006; 29.1.1935 – 4 D 22/35, RGSt 69, 97 (98); OLG Koblenz 13.1.1977 – 1 Ws 9/77, juris Rn. 8; OLG Hamm 12.12.2017 – 1 Ws 557/17, BeckRS 2017, 149918; in jüngeren Entscheidungen wird etwas vorsichtiger formuliert, das Gericht treffe seine Feststellungen „mit sachverständiger Hilfe“ wie bspw. in BGH 7.7.1999 – 1 StR 207/99, NStZ 1999, 630 (631); 28.1.2003 – 5 StR 310/02, NStZ-RR 2003, 147 (148); Brauer in Gercke/Julius/Temming/Zöller Rn. 7; Senge jurisPR-StrafR 6/2008 Anm. 2. Zum rechtshistorischen Bedeutungswandel des Begriffs Erb ZStW 121 (2009), 882 (885).

8 Geppert JURA 1993, 249; Peters JR 1969, 232; Tondorf/Waider StV 1997, 493 (495).

9 Neubeck in KMR-StPO Rn. 3; Krause in Löwe/Rosenberg Vor § 72 Rn. 3; Schmitt in Meyer-Goßner/Schmitt Vor § 72 Rn. 8; Dallmeyer in Alsberg Beweisantrag Rn. 367.

10 BGH 26.4.1955 – 5 StR 86/55, BGHSt 8, 113 (117 ff.); 14.5.1975 – 3 StR 113/75, juris Rn. 8; BGH 7.7.1999 – 1 StR 207/99, NStZ 1999, 630 (631); 25.5.2011 – 2 StR 585/10, StV 2011, 709; KG 8.6.2009 – (3) 1 Ss 74/09 (51/09), VRS 120 (2011), 89 (92). Wobei sich diese nach BGH 8.3.1955 – 5 StR 49/55, BGHSt 7, 238 (239); 3.5.2012 – 3 StR 46/12, NStZ 2013, 177 (178) in Ausnahmefällen auf die Prüfung reduzieren kann, ob der Sachverständige ein erprobter und zuverlässiger Vertreter seines Fachs ist. Für Prognosegutachten im Vollstreckungsverfahren OLG Koblenz 13.1.1977 – 1 Ws 9/77, juris Rn. 8; Geppert JURA 1993, 249 (254); Kotsoglou ua ZStW 2020, 891 (897).

11 BGH 7.6.1956 – 3 StR 136/56, BGHSt 9, 292 (296).

zukommt.[12] Vor übertriebenen, leider oft von Schlagworten geprägten Darstellungen, bis hin zu einer „Entmachtung des Richters" durch den Sachverständigen,[13] ist allerdings zu warnen. Sowohl Sachverständige als auch Gerichte und Staatsanwaltschaften zeigen sich in der Praxis durchaus in der Lage ihre jeweiligen Aufgaben eigenverantwortlich wahrzunehmen.[14] Einen „Schulterschluss" zwischen den Strafverfolgungsbehörden und deren „Haussachverständigen" als flächendeckendes Problem zu postulieren (auch → § 73 Rn. 7),[15] wäre vorschnell und ohne empirisch belastbare Grundlage.

3 Die Tätigkeit des Sachverständigen lässt sich vor diesem Hintergrund in **drei Aufgabenbereiche** einteilen.[16] Er kann einerseits dazu beauftragt werden, dem Gericht die Kenntnis von Erfahrungssätzen zu vermitteln. Ferner kann es seine Aufgabe sein, Tatsachen selbst festzustellen. Schließlich wird er heranzuziehen sein, um Bewertungen vorzunehmen und Schlussfolgerungen zu ziehen. Diese Unterscheidung ist indes rechtssystematischer Natur. Bei der praktischen Umsetzung kann es naturgemäß zu Überschneidungen kommen. Nicht selten wird die Bestellung eine kombinierte Vorgehensweise notwendig machen. Immer aber ist Voraussetzung, um die Tätigkeit als die eines Sachverständigen auszuweisen, die Anwendung gerade einer besonderen Sachkunde.[17]

4 Nicht in jedem Fall muss der Sachverständige sein Sonderwissen praktisch anwenden, indem er auf dessen Grundlage Feststellungen trifft oder Schlussfolgerungen zieht. Mitunter, vor allem im Revisionsverfahren,[18] wird sich seine Aufgabe darauf beschränken, dem Gericht das **Grundlagenwissen** für die Beweiswürdigung zu **vermitteln,** indem er über Forschungsergebnisse, Erfahrungssätze und praktische Regeln seines Wissensgebietes berichtet sowie Fachausdrücke erläutert.[19] So liegt es, wenn er über Handelsbräuche und Buchführungsgrundsätze,[20] die Funktionsweise einer technischen Anlage,[21] die Wirkungsweise bestimmter Medikamente,[22] ausländisches Recht oder inländisches Gewohnheitsrecht, natürlich nicht inländisches gesetzliches Recht,[23] Auskunft gibt oder ausländische Urkunden übersetzt.[24]

5 Dem Sachverständigen kann die **Feststellung von Tatsachen** obliegen, das heißt bloße Wahrnehmungen bestimmter Art zu machen, sofern es hierfür spezifischer Fachkenntnisse bedarf.[25] Hierunter fallen die Leichenschau,[26] die toxikologische Untersuchung einer Lei-

[12] So die Bestandaufnahmen von Schreiber in AK-StPO Vor § 72 Rn. 8 ff.; Krause in Löwe/Rosenberg Vor § 72 Rn. 4; Artkämper BA 2001, 7; Detter NStZ 1998, 57; Dölp ZRP 2004, 235 mit Reformvorschlägen; Erb ZStW 121 (2009), 882 (882 f.); Fischer NStZ 1994, 1 (1 f.); Kaufmann JZ 1985, 1065 (1065 f.).

[13] Kotsoglou ua ZStW 2020, 891 (897); Krauß ZStW 85 (1973), 320 (334); ähnlich Tondorf/Waider StV 1997, 493 „Hilfssheriffs".

[14] Vgl. Cabanis NJW 1978, 2329 (2331); Kohlhaas NJW 1962, 1329 (1330); Nedopil NStZ 1999, 433 (439).

[15] So aber wohl Lehmann GA 2005, 639 (639–641).

[16] Zusammenfassend hierzu BGH 18.5.1951 – 1 StR 149/51, NJW 1951, 771; Roxin/Schünemann StrafVerfR § 27 Rn. 1; Senge jurisPR-StrafR 6/2008 Anm. 2.

[17] OLG Hamm 3.5.1954 – (3) 2 a Ss 55/54, NJW 1954, 1820; OLG Zweibrücken 8.10.2003 – 1 Ws 353/03, NStZ-RR 2004, 298.

[18] Krause in Löwe/Rosenberg Vor § 72 Rn. 6 (mwN); s. aber auch BGH 25.4.2012 – 5 StR 444/11, NStZ 2012, 2212 (2213) zur Einholung eines DNA-Gutachtens.

[19] Dallmeyer in Alsberg Beweisantrag Rn. 371; Foth/Karcher NStZ 1989, 166 (170); Geppert JURA 1993, 249 (250).

[20] Schmitt in Meyer-Goßner/Schmitt Vor § 72 Rn. 6.

[21] Hamm/Hassemer/Pauly Beweisantragsrecht, Rn. 86.

[22] Dallmeyer in Alsberg Beweisantrag Rn. 371.

[23] Hadamitzky in KK-StPO Vor § 72 Rn. 1; Neubeck in KMR-StPO Rn. 7; Eisenberg BeweisR StPO Rn. 1501.

[24] BGH 9.11.2011 – 1 StR 302/11, NStZ 2012, 523 (525); Diemer in KK-StPO § 249 Rn. 16; Hamm/Hassemer/Pauly, Beweisantragsrecht, Rn. 86.

[25] BGH 2.3.2011 – 2 StR 275/10, BeckRS 2011, 7268 Rn. 4; OLG Rostock 17.11.2015 – 21 Ss OWi 158/15, ZD 2016, 139 (139 f.); LG Hamburg 7.8.2019 – 631 Qs 27/19, BeckRS 2019, 23499 Rn. 10; Neubeck in KMR-StPO Vor § 72 Rn. 6.

[26] OLG Hamm 3.5.1954 – (3) 2 a Ss 55/54, NJW 1954, 1820.

che oder von Leichenteilen,[27] die Auswertung von Röntgenbildern, die Bestimmung der Blutalkoholkonzentration,[28] die Erhebung von Daten mittels spezieller Software.[29] In diesem Zusammenhang sind **Verrichtungen** zu sehen,[30] die der Sachverständige für die eigenen (weitergehenden) Feststellungen oder diejenigen anderer Personen ausführt. Hierzu sind bspw. die Vornahme ärztlicher Untersuchungen,[31] körperlicher Eingriffe, vor allem Blutprobenentnahmen (§ 81a Abs. 1 S. 2, § 81c Abs. 2 S. 1), die Fertigung von Röntgenaufnahmen zu rechnen[32] und die Auswertung von Datenbeständen und Wiederherstellung gelöschter Bereiche mit spezieller Technik.[33] In diesem Zusammenhang ist von besonderer praktischer Relevanz die Abgrenzung gegenüber dem Emrittlungshelfer (→ Rn. 23).

Die praktisch häufigste und wichtigste Aufgabe eines Sachverständigen besteht in der 6
Vornahme von Wertungen bei der **Erstattung von Gutachten.** Er wendet dann sein Fachwissen auf Tatsachen an, die ihm im Rahmen der Leitungsbefugnis des Gerichts nach § 78 mitgeteilt oder die nach § 80 ermittelt werden oder die er selbst feststellt, bewertet diese und zieht Schlussfolgerungen.[34] In dieser Form werden tätig der medizinische oder psychiatrische Sachverständige bei der Begutachtung des Geisteszustandes des Beschuldigten,[35] der Kinder- und Jugendpsychiater bei der psychologisch-psychiatrischen Persönlichkeitsbeurteilung des jugendlichen oder heranwachsenden Beschuldigten,[36] der Rechtsmediziner, der sich nach seiner Untersuchung zur Todesursache oder der Art der Entstehung von Verletzungen äußert,[37] der Psychiater oder Psychologe bei der aussagepsychologischen Bewertung des Vernehmungsmaterials,[38] der Wirtschaftsprüfer, der sich anhand beschlagnahmter Unterlagen zu Zeitpunkt des Eintritts von Zahlungsunfähigkeit oder Überschuldung äußert,[39] der technische Sachverständige, der den Unfallhergang rekonstruiert.[40]

2. Abgrenzung der Tätigkeit des Sachverständigen vom Zeugenbeweis. Da der 7
Sachverständige dem Gericht nicht nur Erfahrungssätze und Wertungen erläutert, sondern daneben Wahrnehmungen über Tatsachen vermittelt, ergeben sich **Überschneidungen zum Zeugenbeweis.** In § 74 Abs. 1 S. 2 wird zudem vorausgesetzt, dass die Funktion als Sachverständiger und als Zeuge in ein und demselben Verfahren personell vereinbar sind.[41] Andererseits ist die Abgrenzung vor allem deswegen notwendig, da nur der Sachverständige nach § 74 abgelehnt werden kann,[42] nur für ihn die Vorschrift über das Gutachtenverweigerungsrecht nach § 76 greift[43] und sich die Vorschriften über den Ungehorsam in § 77, die Vereidigung in § 79 und die Entschädigung nach § 84 von denjenigen für den Zeugen

---

27 Neubeck in KMR-StPO Vor § 72 Rn. 6; Dallmeyer in Alsberg Beweisantrag Rn. 370.
28 Schmitt in Meyer-Goßner/Schmitt Vor § 72 Rn. 5; Gössel DRiZ 1980, 363 (364).
29 OLG Rostock 17.11.2015 – 21 Ss OWi 158/15, ZD 2016, 139 (139 f.) für Geschwindigkeitsmessung; LG Hamburg 7.8.2019 – 631 Qs 27/19, BeckRS 2019, 23499 Rn. 14 ff. für kinderpornographisches Bildmaterial.
30 Neubeck in KMR-StPO Vor § 72 Rn. 5; Krause in Löwe/Rosenberg Vor § 72 Rn. 7; Dallmeyer in Alsberg Beweisantrag Rn. 369 sehen dies als eigenständige Tätigkeit.
31 RG 11.6.1886 – Rep. 1492/86, RGSt 14, 189 (191).
32 Schmitt in Meyer-Goßner/Schmitt Vor § 72 Rn. 4; Geppert JURA 1993, 249 (250).
33 BGH 11.4.2013 – 2 StR 504/12, NStZ 2013, 536 (537) für E-Mails auf PC; LG Hamburg 7.8.2019 – 631 Qs 27/19, BeckRS 2019, 23499 Rn. 13 ff. für kinderpornographisches Bildmaterial; anders dagegen BGH 2.3.2011 – 2 StR 275/10, BeckRS 2011, 7268 für technische Unterstützung der Polizei bei Wiederherstellung von Daten.
34 Dallmeyer in Alsberg Beweisantrag Rn. 372; Krause in Löwe/Rosenberg Vor § 72 Rn. 10; Schmitt in Meyer-Goßner/Schmitt Vor § 72 Rn. 7; vgl. auch BGH 9.10.2002 – 5 StR 42/02, NJW 2003, 150 (151), insoweit nicht abgedruckt in BGHSt 48, 34.
35 Kaufmann JZ 1985, 1065 (1066 f.).
36 Focken/Pfeiffer DRiZ 1980, 20 (22 f.).
37 Vgl. Gössel DRiZ 1980, 363 (364).
38 Krause in Löwe/Rosenberg Vor § 72 Rn. 10.
39 Siehe das Beispiel bei Niemeyer/Grube in Müller-Gugenberger WirtschaftsstrafR-HdB Rn. 12.28.
40 Dallmeyer in Alsberg Beweisantrag Rn. 372.
41 Hamm/Hassemer/Pauly, Beweisantragsrecht Rn. 87.
42 Geppert JURA 1993, 249 (255).
43 BGH 23.7.1996 – 4 StR 292/96, Tolksdorf DAR 1997, 169 (181) – RsprÜ.

unterscheiden. Ferner sind die Ausführungen des Sachverständigen nicht als in sich geschlossene Einheit anzusehen.[44] Innerhalb des Gutachtens ist zu differenzieren, ob wissenschaftliche Grundlagen vermittelt, Wertungen vorgenommen und Schlussfolgerungen gezogen werden, der Tatsachen betreffende Teil seine Grundlage in der Anwendung besonderer Sachkunde findet oder ob die Ausführungen des Sachverständigen die bloße Wiedergabe von Tatsachenwissen enthalten, zu dessen Erlangung prinzipiell jede nicht sachkundige Person gleichfalls in der Lage gewesen wäre. Hiernach richtet sich vor allem, inwieweit der Sachverständige (zusätzlich) als Zeuge zu vereidigen ist (→ § 79 Rn. 21–24), das Fragerecht der Verfahrensbeteiligten, ob die Einführung von Verfahrensstoff alleine über das Gutachten einen Verstoß gegen § 261[45] oder (auch) einen sachlich-rechtlichen Mangel[46] darstellt, die Anwendung des § 136a (→ § 85 Rn. 13), die Ablehnung von Beweisanträgen (→ Rn. 9, 12 und 14), die Unmittelbarkeit der Beweisaufnahme und die Auswirkung von Zeugnisverweigerungsrechten nach § 252 (→ § 81c Rn. 57), die Unterbrechung der Verjährung (→ § 85 Rn. 14). Inhaltlich hat die Unterscheidung anhand der oben aufgeführten Kriterien zur Bestimmung des Begriffs und der Aufgabe des Sachverständigen zu erfolgen. Zur Systematisierung wird dazu im Folgenden zunächst der im Gutachten verwendete Tatsachenstoff strukturiert, um darauf aufbauend die von Rechtsprechung und Literatur angewandten Abgrenzungskriterien darzustellen.

8 **a) Unterteilung des Tatsachenstoffs. aa) Anknüpfungstatsachen.** Der Sachverständige benötigt, um sein Fachwissen anzuwenden, eine **Tatsachenbasis,** auf deren Grundlage er die Schlussfolgerungen ziehen kann, die gegebenenfalls Zweck seines Auftrages sind. Es handelt sich hierbei um die Anknüpfungstatsachen.[47] Einerseits werden sie im Rahmen der Leitungsfunktion nach § 78 vom Gericht mitgeteilt.[48] Für diesen Fall gehören sie selbstredend nicht zur spezifischen Tätigkeit des Sachverständigen.[49] Dies entbindet ihn indes nicht von der Aufgabe, die vom Auftraggeber vermittelten Anknüpfungstatsachen einer eigenständigen Würdigung zu unterziehen und erforderlichenfalls um Ergänzung oder Klarstellung nachzusuchen (→ § 78 Rn. 8). Andererseits kann der Sachverständige eigenständige Feststellungen treffen, die er zur Tatsachengrundlage seines Gutachtens macht.[50] Alleine hierdurch wird ihre Qualifikation jedoch nicht festgelegt. Es kann sich diesbezüglich, je nach Art und Weise der Feststellung um Befund- oder Zusatztatsachen handeln.[51]

9 **bb) Befundtatsachen.** Sofern die Feststellungen nur aufgrund der **besonderen Sachkunde** getroffen werden können, handelt es sich um Befundtatsachen. Zu deren Feststellung ist das Gericht mit den ihm zur Verfügung stehenden Erkenntnismöglichkeiten nicht in der Lage.[52] Hierzu gehören bspw. naturwissenschaftliche Wahrnehmungen an Körper und Verhalten einer Person – insbesondere die Feststellungen des medizinischen Sachverständigen auf Grund ärztlicher Untersuchungen oder Eingriffe[53] –, am Tatort, in Bezug auf andere äußere Umstände, der fachliche Inhalt von Krankengeschichten und ärztlichen Gutachten sowie Schlüsse auf das Verhalten einer Person aus ihrer körperlich-seelischen Beschaf-

[44] Geppert JURA 1991, 80 (82).
[45] OLG Koblenz 7.5.2014 – 2 SsBs 22/14, BeckRS 2014, 17870 Rn. 7; Geppert JURA 1991, 80 (82).
[46] BGH 24.10.2019 – 4 StR 528/19, NStZ-RR 2020, 29.
[47] BGH 24.10.2019 – 4 StR 528/19, NStZ-RR 2020, 29; OLG Hamm 5.3.1965 – 3 Ss 1585/64, VRS 29 (1965), 202.
[48] BGH 26.10.1962 – 4 StR 318/62, BGHSt 18, 107 (108); Hadamitzky in KK-StPO Vor § 72 Rn. 3.
[49] BGH 26.10.1962 – 4 StR 318/62, BGHSt 18, 107 (108).
[50] Brauer in Gercke/Julius/Temming/Zöller Vor § 72 Rn. 4; Neubeck in KMR-StPO Rn. 8; Hadamitzky in KK-StPO Vor § 72 Rn. 3; Krause in Löwe/Rosenberg Vor § 72 Rn. 11.
[51] BGH 24.10.2019 – 4 StR 528/19, NStZ-RR 2020, 29; Huber JuS 2010, 1056 (1057); Russ NJW 1963, 385.
[52] BGH 13.2.1959 – 4 StR 470/58, BGHSt 13, 1 (2); 26.10.1962 – 4 StR 318/62, BGHSt 18, 107 (108); 30.10.1968 – 4 StR 281/68, BGHSt 22, 268 (271); 28.9.1994 – 3 StR 332/94, NStZ 1995, 44 (45); 24.10.2019 – 4 StR 528/19, NStZ-RR 2020, 29; Geppert JURA 1988, 363 (364); Jahn JuS 2007, 485 (486).
[53] BGH 24.10.2019 – 4 StR 528/19, NStZ-RR 2020, 29; OLG Hamm 24.5.2011 – 2 RVs 20/11, NStZ 2012, 53 (54); Mosbacher JuS 2012, 134 (135).

fenheit, insbesondere der Alkoholisierung,[54] aber auch Erfahrungswissen eines Mitarbeiters des Amtes für Verfassungsschutz.[55] Als Teil des Sachverständigengutachtens unterliegen Befundtatsachen den diesbezüglichen Regelungen und werden mit diesem in das Verfahren eingeführt.[56] Ein dahingehender Beweisantrag kann unabhängig von der Bezeichnung der Beweisperson als (sachverständiger) Zeuge auf die Ablehnungsgründe des § 244 Abs. 4 gestützt werden.[57] Unzulässig ist aber eine Vernehmung (auch) als sachverständiger Zeuge zu den Befundtatsachen nicht.[58]

cc) Zusatztatsachen. Diejenigen Tatsachen, die das **Gericht** mit den ihm zur Verfügung stehenden Erkenntnis- und Beweismitteln **selbst festzustellen in der Lage** wäre, werden Zusatztatsachen genannt.[59] Sie werden regelmäßig anlässlich der Begutachtung festgestellt, sind aber, da es hierfür nicht auf die besondere Sachkunde ankommt, nicht Gegenstand des Sachverständigenbeweises.[60] Einen Bestandteil des Gutachtens stellen sie deswegen nicht dar. 10

Systematisch als Unterfall sind hier **Zufallsbeobachtungen** (→ § 79 Rn. 24) einzuordnen. Auch deren Wahrnehmung und Wiedergabe wäre prinzipiell durch jede nichtsachkundige Person möglich. Inhaltlich weisen sie das Merkmal auf, dass sie in keiner unmittelbaren Beziehung zu dem Gegenstand des Gutachtens stehen. Als Beispiele sind das, was der Sachverständige zufällig erfährt,[61] zufällige Beobachtungen der Tat oder sein eigenes Verhalten vor der Bestellung zu nennen.[62] 11

Für Zusatztatsachen gelten **Besonderheiten.** Sie können nicht ohne weiteres über die Vernehmung des Sachverständigen im Rahmen der Gutachtenerstattung in das Verfahren eingeführt werden. Soweit sie nicht offenkundig sind, entbindet deren Erhebung durch den Gutachter das Gericht grundsätzlich nicht davon, sie auf dem originären Weg des Strengbeweisverfahrens über Zeugen-, Augenscheins- oder Urkundenbeweis in das Verfahren einzuführen.[63] In der Hauptverhandlung sind dabei die Grundsätze der Unmittelbarkeit und der Parteiöffentlichkeit des Beweisverfahrens gemäß §§ 250, 257, 261 zu beachten. Das Gericht ist entsprechend gehalten, Erkenntnisse, die der Sachverständige durch Befragung Dritter erlangt hat, durch deren Vernehmung als Beweis zu erheben. Gegebenenfalls kann auch der Sachverständige hierzu als Zeuge vom Hörensagen vernommen werden.[64] Macht ein Zeuge von seinem Zeugnisverweigerungsrecht Gebrauch, so sperrt das Verwertungsver- 12

[54] BGH 7.6.1956 – 2 StR 136/56, BGHSt 9, 292 (293 f.); OLG Bremen 3.5.1977 – Ss (B) 5/77, VRS 54 (1978), 65 (67); OLG Köln 9.1.2001 – Ss 477/00, VRS 100 (2001), 123 (128).

[55] BGH 16.2.1965 – 3 StR 50/64, BGHSt 20, 164 (165).

[56] BGH 7.6.1956 – 3 StR 136/56, BGHSt 9, 292 (293 f.); 18.9.1959 – 4 StR 208/59, BGHSt 13, 250 (252); 16.2.1965 – 3 StR 50/64, BGHSt 20, 164 (166); 28.9.1994 – 3 StR 332/94, NStZ 1995, 44 (45); 24.10.2019 – 4 StR 528/19, NStZ-RR 2020, 29; OLG Hamm 5.3.1965 – 3 Ss 1585/64, VRS 29 (1965), 202; 12.4.1973 – 2 Ss 100/73, NJW 1973, 1427; OLG Köln 9.1.2001 – Ss 477/00, VRS 100 (2001), 123 (128); OLG Koblenz 7.5.2014 – 2 SsBs 22/14, BeckRS 2014, 17870 Rn. 7; Geppert JURA 1991, 80 (82).

[57] BGH 2.4.2008 – 2 StR 621/07, BeckRS 2008, 07343 Rn. 8; s. aber auch BGH 11.4.2013 – 2 StR 504/12, NStZ 2013, 536 (537) zur Problematik der eigenen Sachkunde.

[58] OLG Hamm 25.10.1968 – 3 Ss 1054/68, NJW 1969, 567.

[59] BGH 26.10.1962 – 4 StR 318/62, BGHSt 18, 107 (108); 20.3.1990 – 1 StR 693/89, BGHSt 36, 384 (386); 23.9.1999 – 4 StR 189/99, BGHSt 45, 203 (205); 8.11.1984 – 1 StR 608/84, NStZ 1985, 135; 15.8.2001 – 3 StR 225/01, NStZ 2002, 44 (45); OLG Düsseldorf 18.2.1970 – 2 Ss 654/69, VRS 39 (1970), 277 (277 f.); OLG Köln 9.1.2001 – Ss 477/00, VRS 100 (2001), 123 (128).

[60] BGH 24.10.2019 – 4 StR 528/19, NStZ-RR 2020, 29; Schmidt StPO/GVG Nachtrag Vor § 72 Rn. 15; Geppert JURA 1988, 363 (364); Huber JuS 2010, 1056 (1057); Russ NJW 1963, 385.

[61] Vgl. BGH 1.12.1992 – 1 StR 633/92, NStZ 1993, 245 (246).

[62] Krause in Löwe/Rosenberg § 79 Rn. 17; Schmitt in Meyer-Goßner/Schmitt § 79 Rn. 12; Dallmeyer in Alsberg Beweisantrag Rn. 331.

[63] BGH 24.10.2019 – 4 StR 528/19, NStZ-RR 2020, 29; OLG Koblenz 7.5.2014 – 2 SsBs 22/14, BeckRS 2014, 17870 Rn. 7; Geppert JURA 1988, 363 (364); Geppert JURA 1991, 80 (82).

[64] BGH 7.6.1956 – 3 StR 136/56, BGHSt 9, 292 (294–296); 13.2.1959 – 4 StR 470/58, BGHSt 13, 1 (2–5); 18.9.1959 – 4 StR 208/59, BGHSt 13, 250 (251); 26.10.1962 – 4 StR 318/62, BGHSt 18, 107 (108 f.); 16.2.1965 – 3 StR 50/64, BGHSt 20, 164 (166); 30.10.1968 – 4 StR 281/68, BGHSt 22, 268 (271); 24.10.2019 – 4 StR 528/19, NStZ-RR 2020, 29 (29 f.).

bot des § 252 auch die Verwertung der früheren Angaben gegenüber dem Sachverständigen, wenn sie als Zusatztatsachen einzustufen sind (→ § 81c Rn. 59).[65] Genauso kann es geboten sein, dass das Gericht Augenscheinsobjekte, deren Besichtigung nicht schon die besondere Sachkunde erfordern, selbst förmlich in Augenschein nimmt.[66] Ein Beweisantrag kann nicht auf die Ablehnungsgründe des § 244 Abs. 4 gestützt werden, sondern lediglich auf § 244 Abs. 3, sofern er sich nicht ausschließlich auf Befundtatsachen bezieht.[67] Zu beachten sind zudem Unterschiede bei Vereidigung und Fragerecht (→ Rn. 7).

13 **b) Abgrenzungskriterien. aa) Systematik.** Bei der Frage, ob die Ausführungen oder Teile der Ausführungen des Sachverständigen zur Erstattung des Gutachtens gehören oder ob sie dem Zeugenbeweis unterfallen, ist es sinnvoll eine **Prüfungsreihenfolge** einzuhalten. (1.) Zunächst ist festzustellen, ob es sich bei den Äußerungen um die Vermittlung von Erfahrungssätzen oder die Vornahme von Wertungen handelt, denn diese unterfallen unzweifelhaft dem Sachverständigenbeweis. Eine Überschneidung mit der Zeugenrolle kann nur dort gegeben sein, wo es um die Bekundung vom Sachverständigen wahrgenommener Tatsachen geht.[68] (2.) Sodann ist zu erwägen, inwieweit Zusatztatsachen gegeben sind. Auf solche sind die Regelungen des Sachverständigenbeweises nicht anwendbar. (3.) Innerhalb der Befundtatsachen ist zu unterscheiden, ob deren Kundgabe (noch) von der Gutachtenerstattung erfasst wird oder ob diesbezüglich eine Aussage als sachverständiger Zeuge erfolgt. Letzteren Falls finden dann wiederum, wie sich aus § 85 ergibt, die den Zeugenbeweis betreffenden strafprozessualen Vorschriften Anwendung.

14 **bb) Abgrenzung zwischen der Vermittlung von Wertungen und Tatsachen.** Schon die Differenzierung zwischen **Wertungen und Schlussfolgerungen** einerseits und Befundtatsachen andererseits, mit der sich die Rspr. Insbesondere in Zusammenhang mit der Ablehnung von Beweisanträgen auseinandersetzte, kann im Einzelfall schwierig zu treffen sein. In einem Fall beanstandete der BGH einen Ablehnungsbeschluss mit der Begründung einer fehlenden Notwendigkeit weiterer Begutachtung. Die benannten Beweispersonen hätten als behandelnde Ärzte dazu aussagen sollen, ob der Angeklagte während des Aufenthalts in den von ihnen geleiteten Einrichtungen „therapeutische Fortschritte gemacht und sich in seiner Persönlichkeit positiv verändert habe". Dies wurde offensichtlich als Befundtatsache gewertet, weswegen die Vernehmung der betreffenden Ärzte als sachverständige Zeugen nur aus den Gründen des § 244 Abs. 3 hätte abgelehnt werden dürfen.[69] Es erscheint aber durchaus fraglich, ob der (Teil-)Erfolg einer Behandlung und die damit gegebenenfalls einhergehende günstige Persönlichkeitsentwicklung des Angeklagten noch als Tatsache eingeordnet werden kann, die, wenn auch mit der erforderlichen Sachkunde, der bloßen Wahrnehmung zugänglich ist. Es hätte durchaus nahegelegen, dies als eine diagnostische Beurteilung anzusehen. In gleicher Weise problematisch ist die Einordnung eines Anstaltsarztes als sachverständiger Zeuge, der zur Heroinabhängigkeit des Angeklagten gehört werden soll, die er bereits in einem Attest bestätigt hatte.[70] Sogar innerhalb eines Beweisantrages auf Beiziehung einer einzigen Person kann eine Differenzierung des Beweisthemas – und damit einhergehend der Ablehnungsgründe des § 244 – durchzuführen sein. Sofern eine behandelnde Ärztin dafür benannt wurde, der Angeklagte sei zur Tatzeit hochgradig zuckerkrank

[65] BGH 10.10.1957 – 4 StR 393/57, BGHSt 11, 97 (99 f.); 20.3.1990 – 1 StR 693/89, BGHSt 36, 384 (386); 23.9.1999 – 4 StR 189/99, BGHSt 45, 203 (205 f.); 3.11.2000 – 2 StR 354/00, BGHSt 46, 189 (193); 27.10.2006 – 2 StR 234/06, NStZ 2007, 353 (354); Mosbacher JuS 2012, 134 (136).

[66] OLG Hamm 3.9.1984 – 3 Ss 248/84, StV 1984, 457; KG 16.9.1993 – (4) 1 Ss 86/93, StV 1993, 628 (629) jeweils für Schriftproben als Grundlage für sachverständige Schriftvergleichung; aA Dallmeyer in Alsberg Beweisantrag Rn. 415; OLG Düsseldorf 18.2.1970 – 2 Ss 654/69, VRS 39, 277 (277 f.) für Fahrtenschreiberdiagramm, hierzu aber → § 86 Rn. 19.

[67] BGH 29.5.1990 – 5 StR 186/90, StV 1990, 438; der Sache nach auch schon RG 5.7.1928 – 2 D 656/28, JW 1928, 2721 (2722); s. hierzu auch BGH 11.4.2013 – 2 StR 504/12, NStZ 2013, 536 (536 f.).

[68] BGH 9.10.2002 – 5 StR 42/02, NJW 2003, 150 (151).

[69] BGH 29.5.1990 – 5 StR 186/90, StV 1990, 438.

[70] BGH 21.2.1985 – 1 StR 812/84, NStZ 1985, 376, ebenfalls zu § 244 Abs. 3 und 4 StPO.

gewesen, sah der BGH darin eine Befundtatsache. Die weitergehende Behauptung, er sei hierdurch in seiner strafrechtlichen Verantwortlichkeit erheblich vermindert gewesen, ist dagegen ein sachverständiges Urteil.[71] Vorsicht ist jedoch selbst dann geboten, wenn die Beweisperson eindeutig wertende Angaben macht. Wurde sie seitens des Gerichts ausdrücklich als sachverständiger Zeuge in das Verfahren eingeführt, so wird sie alleine durch gutachtliche Äußerungen, die bei Gelegenheit der Zeugenaussage erfolgen, nicht zum Sachverständigen. Die Ablehnungsgründe des § 244 Abs. 4 stehen dann für einen Beweisantrag nicht zur Verfügung. Diese wären nur zulässig, wenn das Gericht die Bekundungen für alle Verfahrensbeteiligten eindeutig erkennbar (auch) als solche eines Sachverständigen behandelt.[72] Bezieht sich ein Beweisantrag dagegen auf ein Thema, das „auf Grund meteorologischer Fachkenntnisse" zu behandeln ist, ist er nach den Grundsätzen des Sachverständigenbeweises zu bescheiden.[73]

Bei diesen Entscheidungen mag die von der Literatur teilweise für maßgeblich gehaltene Unterscheidung eine Rolle gespielt haben, ob die Wahrnehmungen der Beweisperson (noch) **auftragslos** erfolgten.[74] Dieser Gesichtspunkt wurde aber einerseits nicht stringent durchgehalten, andererseits zeigt sich gerade an vorliegenden Beispielsfällen, dass eine klare Abgrenzung nicht mehr möglich ist, wenn Schlussfolgerungen gezogen werden, in die Tätigkeiten vor Beauftragung durch das Gericht mit einfließen. Im Hinblick auf die Vereidigungsentscheidung kann daher nur empfohlen werden, diese beim Sachverständigen in zweifelhaften Fällen vorsorglich auch unter dem Gesichtspunkt des Zeugen zu treffen. Bei der Ablehnung von Beweisanträgen sieht sich die Praxis indes vor der nur schwer einzuschätzenden Gefahr, sich auf einen nachträglich für unzutreffend erachteten Ablehnungsgrund zu stützen. 15

cc) Abgrenzung zwischen Zusatz- und Befundtatsachen. Die Abgrenzung zwischen Zusatz- und Befundtatsachen kann im Einzelfall mit erheblichen Schwierigkeiten verbunden sein.[75] Als **Grundsatz** ist festzuhalten, dass das maßgebliche Kriterium allgemein von der oben angeführten jeweiligen Definition hergeleitet wird. Danach ist der Inhalt der Angaben selbst entscheidend.[76] Zusatztatsachen sind solche, die ihrem Gehalt nach jeder beliebige Zeuge,[77] mithin „jeder Laie",[78] hätte feststellen können. Letztlich soll mit der Unterscheidung die Grenze der richterlichen Aufklärungsmöglichkeiten gegenüber den speziellen Fähigkeiten des Sachverständigen gezogen werden.[79] Nur wenn alleine schon zur sachgerechten Wahrnehmung eines Umstandes Sachkunde erforderlich ist, wird dieser als Befundtatsache eingeordnet.[80] Nach einem Teil der Rechtsprechung sind dann aber zu Recht alle Wahrnehmungen erfasst, die in einem unmittelbaren, unauflöslichen Zusammenhang mit den vom Sachverständigen auftragsgemäß zu erhebenden Befundtatsachen stehen.[81] Der hiergegen gerichteten Ansicht, die ausschließlich auf die Art der Feststellung 16

71 BGH 28.4.1970 – 4 StR 71/70, VRS 39 (1970) 95 (95 f.).
72 BGH 11.2.1954 – 4 StR 677/53, JR 1954, 271 (272).
73 BGH 30.11.1993 – 1 StR 637/93, JurionRS 1993, 18350.
74 Rogall in SK-StPO § 85 Rn. 29; vgl. auch BGH 8.2.2011 – 4 StR 583/10, NStZ 2011, 356 (357) zum Verfasser eines Arztbriefs.
75 Dies wird auch eingeräumt in BGH 1.12.1992 – 1 StR 633/92, NStZ 1993, 245 (246); Eisenberg BeweisR StPO Rn. 1612; Hanack JZ 1971, 126 (127).
76 BGH 20.11.1984 – 1 StR 639/84, NStZ 1985, 182; 30.11.1993 – 1 StR 637/93, JurionRS 1993, 18350; 2.4.2008 – 2 StR 621/07, BeckRS 2008, 07343 Rn. 8.
77 BGH 15.8.2001 – 3 StR 225/01, NStZ 2002, 44 (45).
78 So die prägnante Formulierung in BGH 1.12.1992 – 1 StR 633/92, NStZ 1993, 245 (246).
79 Hanack JZ 1971, 126 (127 f.).
80 BGH 11.4.2013 – 2 StR 504/12, NStZ 2013, 536 (537); 24.10.2019 – 4 StR 528/19, NStZ-RR 2020, 29; LG Hamburg 7.8.2019 – 631 Qs 27/19, BeckRS 2019, 23499 Rn. 10.
81 BGH 17.11.1987 – 5 StR 547/87, BGHR StPO § 59 S. 1 Sachverständigenfrage 1; 1.12.1992 – 1 StR 633/92, NStZ 1993, 245 (246); 28.9.1994 – 3 StR 332/94, NStZ 1995, 44 (45); 10.11.1998 – 5 StR 505/98, BGHR StPO § 59 S. 1 Sachverständigenfrage 3; so der Sache nach auch BGH 19.10.1976 – 5 StR 494/76, Holtz MDR 1977, 105 (108) – RsprÜ; BayObLG 14.2.1951 – II 114/50, BayObLGSt 1951, 304 (305) „inniger Zusammenhang".

abhebt,[82] ist nicht zu folgen. Sie führt vor allem im Bereich der aussagepsychologischen Begutachtung von Zeugen und der psychiatrischen des Beschuldigten zu unsachgemäßen Ergebnissen. Die dazu erforderliche Exploration stellt die zentrale Untersuchungsmethode dar, bei der zu einer tragfähigen Beurteilungsgrundlage die Einbeziehung des Tatgeschehens selbst gehört (→ § 80 Rn. 9 f.).[83] Selbst wenn diese durch das Gericht mit den ihm zur Verfügung stehenden Mitteln ebenfalls festgestellt werden könnte – was ohnehin oftmals fraglich ist –, ändert das nichts daran, dass es sich hierbei um den wesentlichen Befund des Gutachtens handelt. Die Frage der Abgrenzung ist daher nicht von den prozessualen Möglichkeiten und tatsächlichen Fähigkeiten her zu stellen, die das Gericht zur Beweiserhebung hat, sondern vom Gegenstand des Gutachtens aus. Es würde auf einen systematischen Bruch hinauslaufen, einen inhaltlich geschlossenen Bewertungs- und Beweiskomplex auseinanderzureißen und ihn dadurch, insbesondere durch jeweilige Vereidigungsentscheidungen, verfahrensrechtlich doppelt zu erfassen (→ § 79 Rn. 27).[84] Die weitere Frage, ob sich das Gericht mit der Vernehmung des Sachverständigen begnügen kann, darf hiermit nicht vermengt werden. Hier gelten wie beim Zeugen vom Hörensagen die Maßstäbe der § 244 Abs. 2, § 261 (→ § 79 Rn. 27). Allerdings verlief die Rspr. nicht immer einheitlich und schwankte vor allem in diesem Bereich bei der Einordnung.

17 Im Verlaufe der Entwicklung der Rechtsprechung nahm zunächst das RG im vorgenannten Sinn einen betont **funktionalen Standpunkt** ein. Als Teil des Gutachtens wurden alle Feststellungen angenommen, die dessen „untrennbaren (organischen) Bestandteil" bilden.[85] Als solche wurden Äußerungen des Geschädigten zum Tathergang bei einer ärztlichen Behandlung[86] und des Angeklagten über sein geschlechtliches Verhalten[87] angesehen, wenn sie mit diesem dergestalt in einem inneren Verhältnis stehen, dass sie die wesentliche Grundlage der Begründung darstellen. Genauso wurden Feststellungen zu Diagnose und Therapie bei der ärztlichen Behandlung des Verletzten gewürdigt.[88] Für unerheblich wurde dabei gehalten, ob der Sachverständige zum Zeitpunkt der Feststellung bereits beauftragt war oder – jedenfalls, was die ihm gegenüber erfolgten Äußerungen anbelangt – seine besondere Sachkunde in Anspruch nahm. Dem steht die vom RG ebenfalls getroffene Annahme nicht entgegen, unter Umständen könne eine Beweisperson als sachverständiger Zeuge zu behandeln sein, die ohne gerichtliche Bestellung auf Grundlage ihrer Sachkunde Tatsachenfeststellungen traf. Insoweit lag der Sonderfall der Ablehnung eines Beweisantrags vor, der sich ausdrücklich nur auf die Vernehmung als sachverständiger Zeuge zu den entsprechenden Wahrnehmungen bezog.[89]

18 Der BGH nahm sich der Thematik ebenfalls in erster Linie im Zusammenhang mit **Äußerungen von Auskunftspersonen** unterschiedlicher Art an. Dabei weichte er durch systematisch nicht immer konsequente Entscheidungen zur Vereidigung des Sachverständigen (hierzu → § 79 Rn. 21–24) und zur Verwertbarkeit bei diesem gemachter Angaben (hierzu → § 81c Rn. 59) im Rahmen psychiatrischer Begutachtung des Beschuldigten und ausgabepsychologischer Begutachtung von Zeugen die vorstehend ausgeführten Grundsätze weitgehend auf. Hierdurch schränkte er den Begriff der Befundtatsachen

---

[82] Krause in Löwe/Rosenberg § 79 Rn. 21; Rogall in SK-StPO § 85 Rn. 30 f.

[83] Für Begutachtung des Beschuldigten ausdrücklich Schreiber/Rosenau in Venzlaff/Foerster/Dreßing/Habermeyer Psychiatrische Begutachtung-HdB S. 126 (133); vgl. auch Nedopil NStZ 1999, 433 (435); für Aussagepsychologie Cabanis NJW 1978, 2329 (2331); Volbert/Steller in Venzlaff/Foerster/Dreßing/Habermeyer Psychiatrische Begutachtung-HdB S. 718 (722).

[84] In diesem Sinne ausführlich RG 24.6.1910 – V 437/10, St 44, 11 (12–15) zur Abgrenzung des Sachverständigen zum sachverständigen Zeugen.

[85] RG 24.6.1910 – V 437/10, RGSt 44, 11 (13).

[86] RG 10.6.1910 – II 377/10, RGSt 43, 437 (438 f.).

[87] RG 29.1.1935 – 4 D 22/35, RGSt 69, 97 (98); so auch BayObLG 14.2.1951 – II 114/50, BayObLGSt 1951, 304 (305) zu Äußerungen der Angeklagten zur Tat anlässlich psychiatrischer Begutachtung; anders aber BGH 12.9.2007 – 1 StR 407/07, BeckRS 2007, 17488 = juris Rn. 12 insoweit nicht abgedruckt in NStZ 2008, 229.

[88] RG 24.6.1910 – V 437/10, RGSt 44, 11 (12 f.).

[89] RG 23.12.1926 – II 1040/26, RGSt 61, 114 (114 f.); aA Krause in Löwe/Rosenberg § 79 Rn. 20.

teilweise unangemessen ein und verlagerte die Prüfung der Unterscheidung in Verfahrensvorschriften, bei denen sie nicht selten gekünstelt erscheint. Neben den bei §§ 79, 81c dargestellten Einzelfällen wurden als Zusatztatsachen bspw. gewertet die Angaben, die die Mutter der aussagepsychologisch zu begutachtenden Geschädigten gegenüber dem Sachverständigen machte. Der BGH rügte deren Einführung über das Gutachten als fehlerhaft, da der Sachverständige in diesem Fall das ohne besondere Sachkunde erhobene „ungeprüfte Wissen oder vermeintliche Wissen beliebiger Auskunftspersonen" nutze.[90] In gleicher Weise wurden die Anhörung sonstiger zeugnisverweigerungsberechtigter Dritter[91] oder eines Lehrers der zu Begutachtenden durch den Sachverständigen[92] gewürdigt. In entsprechendem Zusammenhang wurde die „Besonderheit" des Sachverständigenbeweises wegen dessen „Wesensverschiedenheit" gegenüber dem Zeugenbeweis hervorgehoben. Demnach kann der Gutachter über Zusatztatsachen, die gerade dann anzunehmen sind, wenn er auf seine bloße Befragung Dritter zurückgreift, nur als Zeuge (vom Hörensagen) vernommen werden.[93] Stützt sich der Sachverständige bei der psychiatrischen Begutachtung des Beschuldigten nicht auf seine eigenen Untersuchungen, sondern auf Angaben von Auskunftspersonen oder in seiner Gegenwart vernommener Zeugen zu dessen Zustand und Verhalten, so liegen insoweit Zusatztatsachen vor. Lässt sich dem Uteil nicht entnehmen, auf welchem Weg diese in die Hauptverhandlung eingeführt wurden, kann das sogar zu einem sachlich-rechtlichen Mangel führen.[94] Bezieht er dagegen sachkundige Äußerungen anderer Personen in sein eigenes Gutachten ein und würdigt sie kritisch, nehmen diese die Funktion von Befundtatsachen an.[95] In diesem Sinne wurden andererseits Ergebnisse einer Blutalkoholbestimmung, die nicht vom psychiatrischen Sachverständigen selbst oder unter seiner Verantwortung vorgenommen wurde, lediglich als Zusatztatsachen eingestuft, wenn er sie, ohne sie selbst nachzuprüfen, seinem Gutachten zu Grunde legt.[96] Genauso stellt es einen Verstoß gegen § 261 dar, wenn ein Rechtsmediziner zu dem Ergebnis einer Blutalkoholbestimmung, die ein anderer desselben Instituts vorgenommen hatte, nicht als Zeuge über Zusatztatsachen vernommen wird.[97]

dd) Abgrenzung des Sachverständigen vom sachverständigen Zeugen. Innerhalb der **Befundtatsachen** ist eine weitere Abschichtung notwendig. Die besondere Sachkunde, die zu deren Wahrnehmung erforderlich ist, genügt für sich gesehen, wie sich aus § 85 ergibt, gerade nicht um die Anwendung der Sondervorschriften für den Sachverständigen zur Anwendung zu bringen (→ § 85 Rn. 1).[98] Auch gibt es keinen generellen Primat des Sachverständigengutachtens gegenüber der Zeugenaussage.[99] Demgemäß ist die Abgrenzung des Sachverständigen vom sachverständigen Zeugen selbst hinsichtlich solcher Umstände erforderlich zu deren Wahrnehmung erst das spezifische Fachwissen befähigt. Wegen dieser Übereinstimmung beim Gegenstand des zu vermittelnden Tatsachenstoffes 19

90 BGH 7.6.1956 – 2 StR 136/56, BGHSt 9, 292 (294–296) noch als Verstoß gegen § 250; so auch noch OLG Celle 2.12.1963 – 2 Ss 421/63, NJW 1964, 463 für die Übernahme der Befunde eines anderen Sachverständigen als „Sachverständiger vom Hörensagen".

91 BGH 13.2.1959 – 4 StR 470/58, BGHSt 13, 1 (3–5); 26.10.1962 – 4 StR 318/62, BGHSt 18, 107 (108 f.), wo erstmals explizit der Begriff „Zusatztatsachen" verwendet wird; BGH 23.9.1999 – 4 StR 189/99, BGHSt 45, 203 (205 f.); 3.11.2000 – 2 StR 354/00, BGHSt 46, 189 (192 f.).

92 BGH 18.5.1951 – 1 StR 149/51, NJW 1951, 771.

93 BGH 30.10.1968 – 4 StR 281/68, BGHSt 22, 269 (270 f.); dem folgend BGH 1.12.1992 – 1 StR 633/92, NStZ 1993, 245 (246); 28.9.1994 – 3 StR 1994, NStZ 1995, 44 (45).

94 BGH 24.10.2019 – 4 StR 528/19, NStZ-RR 2020, 29 (29 f.); s. auch Arnoldi NStZ 2016, 691 (693) zu § 261.

95 BGH 30.10.1968 – 4 StR 281/68, BGHSt 22, 269 (272–274); 19.10.1976 – 5 StR 494/76, Holtz MDR 1977, 105 (108) – RsprÜ; vgl. auch BGH 11.3.2014 – 4 StR 19/14, BeckRS 2014, 7295 zu „Arztbriefen", die der medizinische Sachverständige referiert, unter dem Gesichtspunkt des § 250 S. 2.

96 OLG Köln 9.1.2001 – Ss 477/00, VRS 100 (2001), 123 (128); vgl. auch BGH 23.8.1966 – 5 StR 383/66, NJW 1967, 299 zu § 256; OLG Celle 2.12.1963 – 2 Ss 421/63, NJW 1964, 462 zu § 250.

97 OLG Köln 7.7.1964 – Ss 181/64, NJW 1964, 2218.

98 OLG Düsseldorf 7.1.2014 – 1 Ws 430/13, BeckRS 2014, 1692.

99 BGH 21.2.1985 – 1 StR 812/84, NStZ 1985, 376.

kann hierzu ein inhaltliches Kriterium nicht vorherrschend sein.[100] Es bleibt in erster Linie nur der Weg über **formale Gesichtspunkte.** Solche werden vielfältig diskutiert, ohne dass bislang ein vollständiger Konsens erreicht werden konnte.

20 Rechtsprechung und Literatur setzten sich vielfach mit dem Problem auseinander und führten dabei auch **schwache Kriterien** an. Dies gilt auch für die zu Recht beanstandeten[101] Unterscheidungen nach der Schwierigkeit der Denkoperation oder nach Urteilen, die nur der Sachverständige vornehmen soll, wogegen der Zeuge bloßes Tatsachenwissen mitteile, ohne Schlüsse zu ziehen und Prognosen abzugeben.[102] Ältere Entscheidungen führen dies zwar an, ohne darin aber ein für sich gesehen zuverlässiges Unterscheidungsmerkmal zu sehen. Vielmehr gehen diese davon aus, dass das Zeugnis eben nicht auf die einfache Wiedergabe von Tatsachenwissen ohne jegliche urteilende Tätigkeit beschränkt ist. Der Zeugenbeweis wird erst dann verlassen, wenn der bewertende Teil und die Vornahme geistiger Denkoperationen in den Vordergrund tritt.[103] Teilweise liegt darin sogar die Meinung, ein allzu enges Verständnis der Aufgabe des Zeugen könne den Blick verstellen.[104] Auch der Gesichtspunkt, ein Zeuge berichte über Ereignisse in der Vergangenheit und sei nicht austauschbar,[105] der Sachverständige sei indes austauschbar[106] wurde nicht uneingeschränkt aufrechterhalten. Recht früh wurde bereits davon ausgegangen, diese Unterschiede würden nur „in der Regel" zutreffen.[107] Später wurde dann ausdrücklich klargestellt, dass Zeitpunkt und Anlass einer Wahrnehmung gerade nicht ausschlaggebend dafür sind, ob die Wiedergabe als Teil des Gutachtens oder als Zeugenaussage anzusehen ist.[108] Dies ist auch zutreffend. Gegenstand des sachverständigen Beweises können durchaus in der Vergangenheit abgeschlossene Sachverhalte sein, wie zum Beispiel die bei einer Leichenöffnung festgestellten Befundtatsachen. Diese werden auch von der Rechtsprechung als Teil des Gutachtens angesehen.[109] Zudem sind auch Zeugen austauschbar, wenn beispielsweise mehrere dasselbe Ereignis beobachteten.[110] Schließlich sind auch die Art der Entschädigung, die Bezeichnung in der Ladung[111] und in den Urteilsgründen nicht maßgeblich.[112] Eine ursprünglich als Sachverständiger beauftragte Beweisperson kann in den Grenzen der Aufklärungspflicht durchaus im Rahmen der Hauptverhandlung lediglich als (sachverständiger) Zeuge vernommen werden.[113]

21 Angesichts dieser Unsicherheiten bietet sich als entscheidendes Merkmal an, wenn die Beweisperson über Wahrnehmungen berichtet, die sie **mit besonderer Sachkunde**

---

[100] Krause in Löwe/Rosenberg § 85 Rn. 7.
[101] OLG Frankfurt a. M. 12.3.1952 – 1 Ws 13/52, NJW 1952, 717; Dallmeyer in Alsberg Beweisantrag Rn. 383; Krause in Löwe/Rosenberg § 85 Rn. 7 f.
[102] Huber JuS 2010, 1056 (1057).
[103] RG 31.1.1895 – Rep 4689/94, RGSt 27, 95 (96 f.).
[104] RG 28.1.1905 – Rep 3446/04, RGSt 37, 371 (372).
[105] RG 23.12.1926 – II 1040/26, RGSt 61, 114 f.; OLG Hamm 25.10.1968 – 3 Ss 1054/68, NJW 1969, 567; Geppert JURA 1993, 249 (250); Schmidt JZ 1957, 229.
[106] Hadamitzky in KK-StPO Vor § 72 Rn. 7 „grundsätzlich"; Geppert JURA 1991, 80 (81 f.) „jedenfalls prinzipiell"; so auch Huber JuS 2010, 1056 (1057), zumindest für den Fall, dass ein anderer eine vergleichbare Sachkunde besitze.
[107] RG 18.3.1913 – V 738/12, RGSt 47, 100 (104 f. und 107 f.); 1.12.1922 – IV 457/22, RGSt 57, 158; OLG Hamm 3.5.1954 – (3) 2 a Ss 55/54, NJW 1954, 1820; vgl. auch BayObLG 14.2.1951 – II 114/50, BayObLGSt 1951, 304 (305) „Wahrnehmungen bei der Untersuchung, die übrigens in der Regel wiederholbar sind".
[108] RG 24.6.1910 – V 437/10, RGSt 44, 11 (12); 29.1.1935 – 4 D 22/35, RGSt 69, 97 (98); BGH 17.11.1987 – 5 StR 547/87, BGHR StPO § 59 S. 1 Sachverständigenfrage 1; wenngleich in BGH 28.4.1970 – 4 StR 71/970, VRS 39 (1970), 95 (96); OLG Hamm 3.5.1954 – (3) 2a Ss 55/54, NJW 1954, 1820 dieses Kriterium wieder herangezogen wird; vgl. auch OLG Hamm 12.9.1967 – 3 Ss 890/67, VRS 34 (1968) 61 zum Augenscheinsgehilfen.
[109] BGH 12.1.1956 – 3 StR 420/55, JurionRS 1956, 12263; 24.2.1967 – 4 StR 23/67, VRS 32 (1967), 433 (434 f.); 2.4.2008 – 2 StR 621/07, BeckRS 2008, 07343; aA Rogall in SK-StPO § 85 Rn. 30.
[110] Dallmeyer in Alsberg Beweisantrag Rn. 382.
[111] BGH 24.9.1975 – 3 StR 267/75, GA 1976, 78 (79).
[112] BGH 26.6.1984 – 5 StR 93/84, NStZ 1984, 465.
[113] BGH 9.10.2002 – 5 StR 42/02, NJW 2003, 150 (151).

aufgrund behördlichen Auftrags gemacht hat.[114] Das Erfordernis der Nutzung fachlicher Spezialkenntnisse ermöglicht die Unterscheidung zum Zeugen, der nicht sachverständiger Zeuge ist. Der gerichtliche Auftrag schafft im Vergleich zu Letzterem die notwendige Transparenz für die Verfahrensbeteiligten, dass eine Tätigkeit als Sachverständiger entfaltet wird.[115] Erfasst werden dann auch solche Umstände, die die wesentliche Grundlage des Gutachtens darstellen und dessen grundlegender Bestandteil sind, unabhängig davon, ob die Beweisperson zum Zeitpunkt von deren Wahrnehmung schon den Auftrag als Sachverständiger erhalten hatte oder nicht.[116] Die hiergegen gerichtete Kritik, Wahrnehmungen des Sachverständigen vor seiner Bestellung seien immer als Zeugenaussage zu behandeln,[117] überzeugt nicht. Es ist Ausfluss der Auswahl- und Leitungsbefugnis des Gerichts nach §§ 73, 78 und über § 161a Abs. 1 S. 2 der Staatsanwaltschaft, den Sachverständigen zu bestimmen. Insofern ist es auch durchaus naheliegend, sachkundige Personen mit der Begutachtung zu beauftragen, die bereits in anderem Zusammenhang sachdienliche Feststellungen getroffen haben.[118] Würde dies aber dazu führen, dass schon früher erhobene Befundtatsachen nicht Bestandteil des Gutachtens werden, so wäre eine unnatürliche Aufspaltung der Tätigkeit des Sachverständigen die Folge.[119] Es ist auch durchaus inkonsequent, in diesem Zusammenhang davon auszugehen, vom Angeklagten, der Verteidigung oder der Nebenklage beauftragte sachkundige Auskunftspersonen seien Sachverständige.[120] Diesen steht, da sie nicht zur Neutralität verpflichtet sind und ihre Aufgabe vorrangig Interessenvertretung ist, kein originäres Recht zur Auswahl und Zuziehung des Sachverständigen zu (→ § 73 Rn. 9).[121] Der nach der StPO maßgebliche Auftrag kann dann erst darin gesehen werden, wenn die Beweisperson nach § 73 von Gericht oder Staatsanwaltschaft hinzugezogen wird.[122] Feststellungen die davor getroffen wurden, könnten dann im Sinne der Strafprozessordnung konsequenter Weise auch nur über den Zeugenbeweis Eingang in das Verfahren gewinnen.

Das so gewählte kombinierte Abgrenzungskriterium wird in der überwiegenden Zahl der Fälle zu sachgerechten Ergebnissen führen. Dies gilt auch für die Differenzierung gegenüber dem Augenscheinsgehilfen (→ Rn. 24),[123] sofern es dieser Rechtsfigur überhaupt bedarf. Sollte sich im Einzelfall gleichwohl anhand dieses Kriteriums keine klare Grenzziehung durchführen lassen, so ist es angezeigt, die Bestimmung anhand einer **Gesamtwürdigung** unter Einbeziehung sämtlicher oben erwähnter Gesichtspunkte (→ Rn. 20) vorzunehmen,[124] einschließlich des Gesichtspunktes, wo das Schwergewicht der Aussage liegt (→ § 85 Rn. 5). 22

114 BGH 19.1.1956 – 4 StR 484/55, VRS 10 (1956), 287 (288); 24.9.1975 – 3 StR 267/75, GA 1976, 78 (79); OLG Düsseldorf 7.1.2014 – 1 Ws 430/13, BeckRS 2014, 1692; in diesem Sinne auch Goers in BeckOK StPO§ 85 Rn. 3; Brauer in Gercke/Julius/Temming/Zöller § 85 Rn. 4; Neubeck in KMR-StPO § 85 Rn. 2 Schmitt in Meyer-Goßner/Schmitt § 85 Rn. 3; Beukelmann in Radtke/Hohmann § 85 Rn. 2; Rogall in SK-StPO § 85 Rn. 11–13; Eisenberg BeweisR StPO Rn. 1510; Gössel DRiZ 1980, 363 (365); Fezer JuS 1978, 765 (766).

115 BGH 11.2.1954 – 4 StR 677/53, JR 1954, 271 (272); Geppert JURA 1991, 80 (82); 1993, 249 (250); aA Foth/Karcher NStZ 1989, 166 (169), die den Auftrag für unmaßgeblich halten.

116 RG 24.6.1910 – V 437/10, RGSt 44, 11 (12 f.); 29.1.1935 – 4 D 22/35, RGSt 69, 97 (98); BGH 17.11.1987 – 5 StR 547/87, BGHR StPO § 59 S. 1 Sachverständigenfrage 1; vgl. auch BGH 28.9.1994 – 3 StR 332/92, NStZ 1995, 44 (45); aA RG 5.7.1928 – 2 D 656/28, JW 1928, 2721 (2722); OLG Hamm 3.5.1954 – (3) 2 a Ss 55/54, NJW 1954, 1820.

117 OLG Hamm 3.5.1954 – (3) 2 a Ss 55/54, NJW 1954, 1820; Krause in Löwe/Rosenberg § 79 Rn. 20; Rogall in SK-StPO § 85 Rn. 29; so wohl auch Roxin/Schünemann StrafVerfR § 27 Rn. 5.

118 Wie bspw. die behandelnden Ärzte in dem Fall RG 24.6.1910 – V 437/10, RGSt 44, 11.

119 AA nunmehr Dallmeyer in Alsberg Beweisantrag Rn. 333 und 389 im Gegensatz zu der zutreffenden Ansicht 5. Aufl. S. 188.

120 Krause in Löwe/Rosenberg § 85 Rn. 11.

121 Vgl. LG Zweibrücken 26.10.2010 – Qs 66/10, VRS 120 (2011), 29 (30) im Zusammenhang mit § 464a.

122 Rogall in SK-StPO § 85 Rn. 13.

123 AA Krause in Löwe/Rosenberg § 85 Rn. 10.

124 Vgl. Dallmeyer in Alsberg Beweisantrag Rn. 388; Hamm/Hassemer/Pauly, Beweisantragsrecht Rn. 88; Roxin/Schünemann StrafVerfR§ 28 Rn. 4 f.

23 **3. Abgrenzung des Sachverständigen gegenüber dem Ermittlungshelfer.** Neben polizeilichen Ermittlungsbeamten werden bisweilen **private Dritte** zur Unterstützung herangezogen. Insbesondere im Bereich der Strafverfahren wegen Wirtschaftsstraftaten und Kinderpronographie stehen die Ermittlungsbehörden bei Durchsuchungen mit zunehmender Digitalisierung regelmäßig vor dem Problem immer größere Datenmengen auf ihre Ermittlungsrelevanz hin sichten und diese danach auswerten zu müssen. In diesem Zusammenhang hat sich der Begriff des „IT-Forensikers" ausgeprägt. Als Sachverständiger (zu Fragen der Befangenheit → § 74 Rn. 9; zur Verjährungsunterbrechung → § 85 Rn. 14) wird dieser indes nur tätig, wenn er gerade aufgrund besonderer Sachkunde Tatsachen feststellt und bewertet.[125] Das ist vor allem dann anzunehmen, wenn aufgrund spezieller, nicht jedermann zur Verfügung stehender technischer Möglichkeiten und Kenntnisse verborgene oder gelöschte Daten aufgesucht, wiederhergestellt und sichtbar gemacht oder Erhalt und Weiterleitung bestimmter Dateien nachvollzogen werden.[126] Beschränkt sich die Tätigkeit dagegen auf die technische Durchsicht, Sichtbarmachung und Vorsortierung von Datenmaterial mittels am Markt erhältlicher Software, so ist eine bloße unterstützende Tätigkeit gegeben.[127] Ermittlungshelfer in diesem Sinne ist auch derjenige, der den Ermittlungsbehörden nur technische Unterstützung bei der Sichtbarmachung vermutlich gelöschter Daten leistet.[128] Liegen Abrechnungs- und Buchhaltungsunterlagen in Papierform vor, sind private Dritte in gleicher Weise nur dann als Sachverständige anzusehen, wenn sie diese nicht lediglich im Sinne einer reinen Dienstleistung sichten und vorsortieren, sondern auf deren Grundlage selbständig und eigenverantwortlich eine gutachtliche Bewertung vornehmen.[129] Auch wenn in der Lit. Bedenken gegen eine teilweise Verlagerung originärer Ermittlungstätigkeit auf private Dienstleister geäußert werden,[130] hält die Rspr. diese für grundsätzlich zulässig, sofern die Sachleitungsbefugnis der Staatsanwaltschaft und das Gebot neutraler Ermittlungen gewahrt bleiben.[131]

24 **4. Abgrenzung des Sachverständigen gegenüber dem Augenscheinsbeweis.** Überscheidungen kann es zwischen dem Sachverständigenbeweis und dem Augenschein geben. So ist es dem Gericht häufig auch unter Berücksichtigung der Aufklärungspflicht nicht verwehrt, die Einnahme eines Augenscheins durch andere Beweismittel zu ersetzen (→ § 86 Rn. 10). Mitunter wird es sich wegen der Besonderheit der in Betracht kommenden Beobachtungen sogar aufdrängen, so zu verfahren.[132] Hier kommt der Einsatz eines **Beweismittlers**[133] in Frage, bei dem es sich um einen Sachverständigen oder Zeugen handeln kann, der dann als **Augenscheinsgehilfe**[134] bezeichnet wird. Da der Tätigkeit in beiden Fällen ein Auftrag des Gerichts zu Grunde liegt, ist dieser als (alleiniges) Abgren-

---

125 BGH 2.3.2011 – 2 StR 275/10, wistra 2011, 228; LG Hamburg 7.8.2019 – 631 Qs 27/19, BeckRS 2019, 23499 Rn. 10; Wackernagel/Graßie NStZ 2021, 12 (14).

126 OLG Saarbrücken 20.9.2018 – 1 Ws 104/18, BeckRS 2018, 23869 Rn. 9; LG Berlin 24.7.2017 – 511 Qs 50/17; LG Saarbrücken 14.3.2018 – 1 Qs 27/18, BeckRS 2018, 23870 Rn. 11; LG Hamburg 7.8.2019 – 631 Qs 27/19, BeckRS 2019, 23499 Rn. 13 jeweils auch zu den Folgen für Entschädigung und Verfahrenskosten; vgl. auch BGH 11.4.2013 – 2 StR 504/12, NStZ 2013, 536 (537): Suche nach Spuren gelöschter E-Mails erfordert spezifisches Fachwissen.

127 OLG Zweibrücken 8.10.2003 – 1 Ws 353/03, NStZ-RR 2004, 248; OLG Schleswig 10.1.2017 – 2 Ws 441/16, NStZ-RR 2017, 127 (128); Wackernagel/Graßie NStZ 2021, 12 (15 f.).

128 BGH 2.3.2011 – 2 StR 275/10, wistra 2011, 228.

129 KG 23.12.2008 – 1 Ws 1/07, NStZ-RR 2009, 190 (191) für Wirtschaftsreferent; OLG Koblenz 16.7.2010 – 1 Ws 189/10, NStZ-RR 2010, 359 für Arzthelferin.

130 Wackernagel/Graßie NStZ 2021, 12 (16 ff.); Wenzel NZWiSt 2016, 85 (85 f.).

131 OLG Schleswig 10.1.2017 – 2 Ws 441/16, NStZ-RR 2017, 127 (128); LG Kiel 22.6.2006 – 37 Qs 54/06, JR 2007, 81 mAnm Wehnert; Brüning StV 2008, 100 (103 f.).

132 RG 18.3.1913 – V 738/12, RGSt 47, 100 (106).

133 BGH 3.3.1977 – 2 StR 390/76, BGHSt 27, 135 (136) dürfte dahingehend zu verstehen sein, dass dieser Begriff für jede Form der Ersetzung des Augenscheins durch den Personalbeweis Verwendung findet.

134 So die gebräuchliche Benennung in der Literatur Dallmeyer in Alsberg Beweisantrag Rn. 402; Krause in Löwe/Rosenberg § 86 Rn. 4; Schmitt in Meyer-Goßner/Schmitt § 86 Rn. 5; Dähn JZ 1978, 640 (641). Nach Alsberg JW 1930, 714; JW 1931, 1608 (1609) „gerufener oder gezogener Zeuge".

zungskriterium ungeeignet.[135] Wegen der Einzelheiten wird auf die Kommentierung bei § 86 verwiesen (→ § 86 Rn. 12–15).

5. Abgrenzung des Sachverständigen gegenüber dem Dolmetscher. In der Regel ist die Abgrenzung klar zu treffen. Der Dolmetscher ist als Verhandlungsdolmetscher üblicherweise damit betraut, die Verständigung zwischen den Verfahrensbeteiligten zu ermöglichen. Mitunter wird er indes auch in der Hauptverhandlung zugleich oder außerhalb derselben als **Sprachsachverständiger** herangezogen, um den Inhalt außerhalb der Hauptverhandlung verfasster Schriftstücke oder abgegebener Äußerungen zu übertragen. In diesem Fall ist er Übersetzer und entfaltet eine Tätigkeit als Sachverständiger nach den diesbezüglichen Regelungen,[136] was insbesondere neben der Notwendigkeit entsprechender Belehrung und Vereidigungsentscheidung (→ § 79 Rn. 26)[137] auf die Ungehorsamsfolgen Einfluss hat (→ § 77 Rn. 4).[138] Für die Ablehnung gilt dann § 74, ohne dass es eines Rückgriffs auf § 191 S. 1 GVG bedarf,[139] wobei in der Sache jeweils dieselben Grundsätze gelten.[140] Über das in der Hauptverhandlung mündlich erstattete Gutachten wird zugleich eine fremdsprachige Urkunde iSd § 249 verlesen.[141] 25

II. Anwendung der Vorschriften über Zeugen

Ist die Beweisperson als Sachverständiger anzusehen, so beschränkt § 72 den **Umfang der Verweisung** zunächst auf den sechsten Abschnitt des ersten Buches der StPO. Zeugenvorschriften außerhalb dieses Bereichs, wie bspw. § 243 Abs. 2 S. 1, § 247 S. 1 und 2, § 247a Abs. 1, § 252 (hierzu → § 76 Rn. 10), gelten für den Sachverständigenbeweis nicht.[142] § 247 S. 3 ist dagegen einer direkten Anwendung zugänglich.[143] § 247a Abs. 2 bezieht sich ausdrücklich auf den Sachverständigen. Wegen der Wesensverschiedenheit von Sachverständigen und Zeugen kommen die §§ 48–71 auch nur ergänzend und sinngemäß zur Anwendung,[144] wobei für die Auslegung zu beachten ist, dass sich die wesentlichen Regelungsgehalte aus den §§ 73 ff. ergeben.[145] 26

Uneingeschränkt anwendbar sind: 27

– §§ 49, 50, wenngleich ohne praktische Relevanz.[146]
– §§ 52–53a, 55 und 56 (→ § 76 Rn. 6.). Zur Verpflichtung, die Belehrung aktenkundig zu machen siehe Nr. 70 Abs. 5 iVm Nr. 65 RiStBV.
– § 57,[147] wobei die entsprechende Belehrung bei häufig vor Gericht stehenden Sachverständigen als zwecklose Förmlichkeit überflüssig erscheint.[148] Wegen des Charakters als

---

135 Dallmeyer in Alsberg Beweisantrag Rn. 387; Kern JW 1931, 2815 f.; vgl. auch OLG Hamm 12.9.1967 – 3 Ss 890/67, VRS 34 (1968), 61; aA Schmidt StPO II Vor § 72 Rn. 21, der wegen der gerichtlichen Auftragserteilung immer von Sachverständigentätigkeit ausgeht.

136 BGH 13.2.2019 – 2 StR 485/18, NJW 2019, 1391 (1392); Gerson HRRS 2019, 235 (237).

137 BGH 28.11.1950 – 2 StR 50/50, BGHSt 1, 4 (7); 22.12.1964 – 1 StR 509/64, NJW 1965, 643; 29.5.1985 – 2 StR 804/84, NStZ 1985, 466; 7.7.1997 – 5 StR 17/97, NStZ 1998, 158 (159); Jessnitzer Rpfleger 1982, 365 (366 und 367).

138 KG 21.11.2007 – 1 AR 1087/07 – 1 Ws 199/07, StraFo 2008, 89; OLG Karlsruhe 25.3.2003 – 1 Ws 381/02, Justiz 2003, 449 (450) = BeckRS 2004, 9838.

139 BGH 13.2.2019 – 2 StR 485/18, NJW 2019, 1391 (1392); wohingegen in BGH 28.8.2007 – 1 StR 331/07, NStZ 2008, 50 noch § 191 GVG angeführt wird.

140 Krause in Löwe/Rosenberg § 74 Rn. 15; Gerson HRRS 2019, 235 (237).

141 BGH 28.11.1950 – 2 StR 50/50, BGHSt 1, 4 (7).

142 Monka in BeckOK StPO Rn. 2; Brauer in Gercke/Julius/Temming/Zöller Rn. 1; Bosch in KMR-StPO Rn. 1; Krause in Löwe/Rosenberg Rn. 2; Schmitt in Meyer-Goßner/Schmitt Rn. 1; aA Hadamitzky in KK-StPO Rn. 1 für § 247.

143 Rogall in SK-StPO Rn. 5.

144 Bosch in KMR-StPO Rn. 1.

145 Krause in Löwe/Rosenberg Rn. 1.

146 Krause in Löwe/Rosenberg Rn. 4 f.; Rogall in SK-StPO Rn. 8.

147 BGH 27.11.1961 – 4 StR 408/61, VRS 22 (1962), 144 (147); 7.7.1997 – 5 StR 17/97, NStZ 1998, 158 (159).

148 RG 6.5.1921 – II 241/21, RGSt 56, 66 (67); Bosch in KMR-StPO Rn. 2; Krause in Löwe/Rosenberg Rn. 11; Schmitt in Meyer-Goßner/Schmitt Rn. 1; aA Rogall in SK-StPO Rn. 10.

einer reinen Ordnungsvorschrift, die alleine dem Schutz der Beweisperson dient, kann die Revision auf einen Verstoß nicht gestützt werden.[149] Da die Zeugenvereidigung nach § 59 Abs. 1 S. 1 nunmehr genauso wie diejenige des Sachverständigen die Ausnahme darstellt, gelten auch hinsichtlich § 57 S. 2 keine Besonderheiten.[150]
– § 58b,[151] was sich aus der Gesetzessystemtik ergibt. Wenn § 247a Abs. 2 die getrennte Vernehmung des Sachverständigen sogar für die Hauptverhandlung ausdrücklich ermöglicht, muss dies außerhalb derselben erst recht gelten. Im Hinblick auf § 82 dürfte das Erfordernis aber eher gering sein.
– §§ 60–63, 66–68a.[152]
– § 69, bei dem für Vorhalte und Bezugnahmen an die Stelle früherer Vernehmungsprotokolle das zu den Akten gereichte vorbereitende schriftliche Gutachten tritt.[153]

28 Mit **Modifikationen** kommen über § 72 zur Anwendung:
– § 48 mit der Maßgabe, dass der Hinweis auf Zeugenrechte und Zeugenschutzvorschriften unterbleibt.
– §§ 51, 70, soweit nicht durch § 77 die Ungehorsamsfolgen der § 51 Abs. 1, § 70 Abs. 1 ersetzt und die Anordnung der Beugehaft nach § 70 Abs. 2 ausgeschlossen werden (→ § 77 Rn. 5).[154]
– § 58. Da § 80 vorrangig ist, kommt Abs. 1 nicht zur Anwendung. Es ist daher zulässig in Gegenwart des Sachverständigen Zeugen[155] oder andere Sachverständige[156] zu vernehmen. Kommt der Sachverständige zugleich als Zeuge in Betracht, entscheidet der Vorsitzende nach pflichtgemäßem Ermessen über den Umfang der Anwesenheit.[157] Die Durchführung einer Gegenüberstellung richtet sich dagegen uneingeschränkt nach § 58 Abs. 2.[158]
– § 58a, wobei der Ansicht die Vorschrift sei gänzlich unawendbar[159] nicht uneingeschränkt zuzustimmen ist. Zwar fehlt es beim Sachverständigen regelmäßig an einer für die Fixierung der Aussage vergleichbaren Interessenlagen im Hinblick auf die Schutzbedürftigkeit iSd Abs. 1 S. 2 Nr. 1.[160] Die Beweissicherungsfunktion des Abs. 1 S. 2 Nr. 2 (→ § 58a Rn. 45)[161] kann aber im Einzelfall greifen, wenn die Ersetzbarkeit des Sachverständigen bspw. wegen der Einmaligkeit oder Besonderheit der Befunderhebung ausnahmsweise nicht gegeben ist oder die Zeit für eine schriftliche Abfassung des Gutachtens nach § 82 nicht gegeben ist. Im Gegensatz zu § 58a Abs. 1 S. 2 Nr. 1 und S. 3 sind § 58a Abs. 1 S. 1 und S. 2 Nr. 2 auch nicht speziell auf besonders schutzbedürftige Zeugen zugeschnitten.
– § 59, wobei an die Stelle von Abs. 1 S. 1 § 79 Abs. 1 tritt.[162] § 59 Abs. 1 S. 2 ist hingegen über § 72 auch auf die Entscheidung über die Vereidigung des Sachverständigen zur

---

149 BGH 27.11.1961 – 4 StR 408/61, VRS 22 (1962), 144 (147); 11.10.1968 – 4 StR 244/68, VRS 36 (1969), 23; 7.7.1997 – 5 StR 17/97, NStZ 1998, 158 (159); RG 6.5.1921 – II 241/21, RGSt 56, 66 (67); Hadamitzky in KK-StPO Rn. 3.

150 AA wohl noch im Hinblick auf § 59 aF Hadamitzky in KK-StPO Rn. 3; Krause in Löwe/Rosenberg Rn. 11; Rogall in SK-StPO Rn. 15: Erst vor Vereidigung.

151 AA Brauer in Gercke/Julius/Temming/Zöller Rn. 3, der die Vorschrift für unawendbar hält.

152 Monka in BeckOK StPO Rn. 2; Lemke in Gercke/Julius/Temming/Zöller Rn. 2; Krause in Löwe/Rosenberg Rn. 15 f. und Rn. 19–21; nach Senge in KK-StPO Rn. 3 soll § 67 nur für nicht allgemein vereidigten Sachverständigen gelten; nach Rogall in SK-StPO Rn. 25 soll § 68 Abs. 3 nicht anwendbar sein.

153 Hadamitzky in KK-StPO Rn. 3; Bosch in KMR-StPO Rn. 2; Krause in Löwe/Rosenberg Rn. 23.

154 Hadamitzky in KK-StPO Rn. 2; Krause in Löwe/Rosenberg Rn. 6 und 24; Schmitt in Meyer-Goßner/Schmitt Rn. 1; Rogall in SK-StPO Rn. 7 und 27.

155 RG 25.3.1891 – Rep 656/92, RGSt 22, 434 (434 f.); 2.3.1918 – V 948/17, RGSt 52, 161 (161 f.).

156 RG 8.5.1880 – Rep 1099/80, RGSt 2, 153 (158).

157 RG 25.3.1891 – Rep 656/92, RGSt 22, 434 (434 f.).

158 Monka in BeckOK StPO Rn. 2; Brauer in Gercke/Julius/Temming/Zöller Rn. 2; Bosch in KMR-StPO Rn. 2; Krause in Löwe/Rosenberg Rn. 12; Schmitt in Meyer-Goßner/Schmitt Rn. 1; Rogall in SK-StPO Rn. 11.

159 Brauer in Gercke/Julius/Temming/Zöller Rn. 3; Krause in Löwe/Rosenberg Rn. 13; Rogall in SK-StPO Rn. 22.

160 Krause in Löwe/Rosenberg Rn. 13; Rogall in SK-StPO Rn. 22.

161 Schmitt in Meyer-Goßner/Schmitt § 58a Rn. 1b und 7.

162 Hadamitzky in KK-StPO Rn. 2; Krause in Löwe/Rosenberg Rn. 14.

Anwendung zu bringen. § 79 Abs. 1 ist lediglich als Sonderregelung dahingehend zu verstehen, dass die einschränkenden Voraussetzungen des § 59 Abs. 1 S. 1 für eine Vereidigung des Sachverständigen keine Anwendung finden. Über den Ausschluss einer entsprechenden Anwendung des § 59 Abs. 1 S. 2 wird hierbei nichts ausgesagt.[163] Für den im Übrigen gültigen § 59 Abs. 2 stellt § 79 Abs. 2 Hs. 1 klar, dass es hinsichtlich des Zeitpunkts der Vereidigung auf die Erstattung des Gutachtens ankommt (→ § 79 Rn. 9).
– §§ 64, 65, indem § 79 Abs. 2 und 3 an die Stelle der Eidesformel treten (→ § 79 Rn. 10).

Nicht anwendbar sind: 29
– § 54 wegen § 76 Abs. 2 (→ § 76 Rn. 6).
– § 68b,[164] bei dem es sich um eine Vorschrift handelt, mit deren Einfügung der Gesetzgeber das Ziel verfolgte, Zeugen, insbesondere Geschädigte, zu schützen (zu diesem Normzweck → § 68b Rn. 1). Mangels vergleichbarer Interessenlage ist eine entsprechende Anwendung nach § 72 nicht geboten.
– § 71 wegen § 84.[165]

C. Revision

Die Revision kann **nicht allein** auf eine **Verletzung des § 72** gestützt werden. Erfolgen keine Ausführungen zu der Vorschrift, die von der Verweisungsnorm im konkreten Fall in Bezug genommen wird, und zu den diesbezüglichen Verfahrenstatsachen, so genügt der Revisionsvortrag schon nicht den Anforderungen des § 344 Abs. 2 S. 2. Das ist bspw. der Fall, wenn sich der Revisionsführer auf die Mitteilung beschränkt, der Sachverständige sei „gemäß § 72" unrichtig belehrt worden.[166] 30

§ 73 Auswahl des Sachverständigen

(1) [1]Die Auswahl der zuzuziehenden Sachverständigen und die Bestimmung ihrer Anzahl erfolgt durch den Richter. [2]Er soll mit diesen eine Absprache treffen, innerhalb welcher Frist die Gutachten erstattet werden können.

(2) Sind für gewisse Arten von Gutachten Sachverständige öffentlich bestellt, so sollen andere Personen nur dann gewählt werden, wenn besondere Umstände es erfordern.

Schrifttum: Achenbach, Aus der 2011/2012 veröffentlichten Rechtsprechung zum Wirtschaftsrecht, NStZ 2012, 682; Alex/Felter/Kundlack, Qualitätssicherung von Prognosegutachten, StV 2013, 259; Arndt, 1. Der Fall Rohrbach als Mahnung. – 2. Fragen des rechtlichen Gehörs, NJW 1962, 25; Artkämper, Der Sachverständige im Strafverfahren, BA 2001, 7; Artkämper/Artkämper, Kriminaltechnische und rechtsmedizinische Untersuchungen, Kriminalistik 2018, 384; Aymans, Rolle und Bedeutung des präsenten aussagepsychologischen Sachverständigen, StraFo 2007, 364; Basdorf, Gebotene psychiatrische Begutachtung in Fällen auffälliger Besonderheiten in der Tat und/oder bei dem Täter, HRRS 2008, 275; Bellmann, Täteridentifikation anhand eines Lichtbildes, HRRS 2011, 419; HRRS 2011, 463; HRRS 2012, 18; Birkhoff, Probleme des Strafverteidigers mit Prognosegutachten, StraFo 2001, 401; K. Bleutge, Immobilienberwertung in der Zwangsversteigerung – Qualifizierte Sachverständige sind unverzichtbar, ZfIR 2017, 52; P. Bleutge, Der öffentlich bestellte und vereidigte Sachverständige, BB 1973, 1416; P. Bleutge, Der öffentlich bestellte Sachverständige, DRiZ 1977, 170; Boetticher/Nedopil/Bosinski/Saß, Mindestanforderungen für Schuldfähigkeitsgutachten, NStZ 2005, 57; Boehm/Boetticher, Unzureichende Begutachtung gefährlicher Gewalt- und Sexualstraftäter im Strafverfahren, ZRP 2009, 134; Brammsen, Der abgelehnte vorbefasste Privatgutachter – zweierlei Maß im Strafprozess?, ZStW 119 (2007), 93; Brause, Glaubhaftigkeitsprüfung und -bewertung einer Aussage im Spiegel der höchstrichterlichen Recht-

[163] AA wohl Diehm StV 2007, 444 (446).
[164] Krause in Löwe/Rosenberg Rn. 22; Rogall in SK-StPO Rn. 26.
[165] Monka in BeckOK StPO Rn. 3; Brauer in Gercke/Julius/Temming/Zöller Rn. 3; Hadamitzky in KK-StPO Rn. 2; Bosch in KMR-StPO Rn. 3; Krause in Löwe/Rosenberg Rn. 25; Schmitt in Meyer-Goßner/Schmitt Rn. 1.
[166] BGH 10.7.1996 – 3 StR 50/96, NJW 1997, 66 (67).

sprechung, NStZ 2013, 129; Brüning, Privatisierungstendenzen im Strafprozess – Chancen und Risiken der Mitwirkung sachverständiger Privatpersonen im strafrechtlichen Ermittlungsverfahren, StV 2008, 100; Buhmann u. a. – „Arbeitsgruppe für die anthropologische Identifikation lebender Personen auf Grund von Bilddokumenten", Standards für die anthropologische Identifikation lebender Personen auf Grund von Bilddokumenten, NStZ 1999, 230; Cabanis, Glaubwürdigkeitsuntersuchungen, NJW 1978, 2329; Detter, Der Sachverständige im Strafverfahren – eine Bestandsaufnahme –, NStZ 1998, 57; Detter, Der von der Verteidigung geladene psychiatrische Sachverständige, FS Meyer-Goßner 2001, 431; Dettmeyer, Die Rolle des medizinischen Sachverständigen – gesetzliche Vorgaben und Entscheidungen der Rechtsprechung, Rechtsmedizin 2016, 444; Dierlamm, Das rechtliche Gehör vor der Auswahl eines Sachverständigen im Ermittlungsverfahren, FS Müller 2008, 117; Dressing/Maul-Backer/Gass, Forensich-Psychiatrische Begutachtung bei Stalking, NStZ 2007, 253; Eisenberg, Dysfunktionales Verhältnis zwischen Sachverständigem und (Jugend-)Strafjustiz, HRRS 2012, 466; Erb, Die Abhängigkeit des Richter vom Sachverständigen, ZStW 121 (2009), 882; Fischer, Glaubwürdigkeitsbeurteilung und Beweiswürdigung, NStZ 1994, 1; Fischer, Aussagewahrheit und Glaubhaftigkeitsbegutachtung, FS Widmaier 2008, 191; Friedrichs, Sachverständigengruppe und ihr Leiter – Fortentwicklung des Sachverständigenrechts, JZ 1974, 257; Fromm, Privatgutachten und Selbstladeverfahren im Straf- und Bußgeldverfahren, DAR 2019, 110; Gabriel/Huckenbeck/Kürpiers, Über die Fragwürdigkeit der Berechnung einer Identitätswahrscheinlichkeit in anthropologischen Gutachten, NZV 2014, 346; Glatzel, Erinnerungsstörungen aus forensich-psychiatrischer Sicht, StV 2003, 189; Gasch, Psychotherapie vor Abschluss der Beweisaufnahme im Strafverfahren?, Kriminalistik 2018, 734; Gerhold, Der Einsatz von Lügendetektorsoftware im Strafprozess – aufgrund des technischen Fortschritts in Zukunft doch rechtmäßig, ZIS 2020, 431; Gössel, Behörden und Behördenangehörige als Sachverständige vor Gericht, DRiZ 1980, 363; Gundelach, Beweiswürdigung von Sachverständigengutachten zur Altersfeststellung, ZJJ 2018, 139; Hagedorn, Die Bestellung des Sachverständigen im Strafverfahren wegen Wirtschaftskriminalität, StV 2004, 217; Hamm, Monokeltests und Menschenwürde, NJW 1999, 922; Hanack, Zum Problem der persönlichen Gutachterpflicht, insbesondere in Kliniken, NJW 1962, 2041; Hefendehl, Die Feststellung des Vermögensschadens – auf dem Weg zum Sachverständigenstrafrecht?, wistra 2012, 325; Heghmanns/Scheffler, Handbuch zum Strafverfahren, 1. Aufl. 2008; Hohoff, Aktuelle Fragen der aussagepsychologischen Begutachtung von Opferzeugen in Strafverfahren, NStZ 2020, 387; Hölemann, Das Gutachten des Brandsachverständigen Forschung – Methode – Qualitätsanforderungen, StraFo 2005, 487; Huckenbeck/Krumm, Täteridentifizierung durch Lichtbilder in der verkehrsrechtlichen Praxis, NZV 2017, 453; Hülle, Zu den Strafverfahren wegen Sittlichkeitsverbrechen an Kindern, JZ 1955, 8; Immel, Die Einholung und Verwertung von Prognosegutachten gemäß § 454 II StPO, JR 2007, 183; Jansen, Überprüfung aussagepsychologischer Gutachten, StV 2000, 224; Kargl/Kirsch, Zur Zulässigkeit eines untauglichen Beweismittels im Strafverfahren, JuS 2000, 537; Karpinski, Der Sachverständige im Strafprozeß, NJW 1968, 1173; Kett-Straub, Die Glaubwürdigkeitsbegutachtung minderjähriger Zeugen, ZStW 117 (2006), 354; Kohlhaas, Die Glaubwürdigkeit der Kinderaussage und ihre Überprüfung durch Sachverständige, NJW 1951, 903; Kohlhaas, Änderungen des Sachverständigenbeweises im Strafprozess?, NJW 1962, 1329; Krauß, Richter und Sachverständiger im Strafverfahren, ZStW 85 (1973), 320; Krekeler, Der Sachverständige im Strafverfahren, insbesondere im Wirtschaftsstrafverfahren, wistra 1989, 52; Kruse, Die Sachverständigenauswahl für die Schuldfähigkeitsbegutachtung, NJW 2014, 509; Kulisch, Psychiater oder Psychologe?, StraFo 2001, 337; Kulkanek, Bilanzrechtsorientierung und Quotenschaden als Beispiele einer modernen Schadensdogmatik, NZWiSt 2013, 246; Lemme, Zur Ablehnung des Wirtschaftsreferenten der Staatsanwaltschaft gem. § 74 StPO, wistra 2002, 281; Madea/Banaschak, Tödliche Kindesmisshandlung, Körperverletzung mit Todesfolge oder akzidenteller Sturz?, ArchKrim 2015, 11; Maisch/Schorsch, Zur Problematik der Kompetenz-Abgrenzung von psychologischen und psychiatrischen Sachverständigen bei Schuldfähigkeitsfragen, StV 1983, 32; Meyer-Mews, Die „in dubio contra reo"-Rechtsprechungspraxis bei Aussage-gegen-Aussage-Delikten, NJW 2000, 916; Müller-Gugenberger/Bieneck, Wirtschaftsstrafrecht 5. Aufl.; Nack, Der Zeugenbeweis aus aussagepsychologischer und juristischer Sicht, StraFo 2001, 1; Nack, Die Abhängigkeit des Richters vom Sachverständigen, GA 2009, 201; Nestler, „Wer einmal lügt, dem glaubt man nicht…" – Falschaussage, Glaubhaftigkeit, Lügendetektor, JA 2017, 10; Niemitz, Altersschätzung von Kindern einer außereuropäischen Ethnie anhand von Bildmaterial, Kriminalistik 2018, 157; Parzeller/Bratzke, Gutachterauswahl und Gutachterkompetenz, Rechtsmedizin 13 (2003), 301; Putzke/Scheinfeld/Klein/Undeutsch, Polygraphische Untersuchungen im Strafprozess, ZStW 121 (2009), 607; Rasch, Die Auswahl des richtigen Psycho-Sachverständigen im Strafverfahren, Rauch, Auswahl und Leitung des Sachverständigen im Strafprozess, NJW 1968, 1173; Rennicke, Einführung in die Aussagepsycholgie im Strafverfahren, JuS 2020, 1118; Rieß, Der Hauptinhalt des Ersten Gesetzes zur Reform des Strafverfahrens (1. StrVRG), NJW 1975, 81; Rode/Legnaro, Der Straftäter und sein Gutachter – Subjektive Aspekte der psychiatrischen Begutachtung, StV 1995, 496; Rose, Qualitätsstandards der Begutachtung bei Sexualstraftätern, StV 2003, 101; Rodenbeck, Lübendetektor 2.0 – Der Einsatz von Künstlicher Intelligenz zur Aufdeckung bewusst unwahrer Aussagen im Strafverfahren, StV 2020, 479; Rösing/Quarch/Danner, Zur Wahrscheinlichkeitsaussage im morphologischen Identitätsgutachten, NStZ 2012, 548; Rudolph, Das Zusammenwirken des Richters und des Sachverständigen, Justiz 1969, 24 und 49; Sarstedt, Auswahl und Leitung des Sachverständigen im Strafprozeß (§§ 73, 78 StPO), NJW 1968, 177; Schilling, Begutachtung von strafrechtlicher Verantwortlichkeit und Schuldfähigkeit aus der Sicht eines Jugendpsychologen, NStZ 1997, 261; Schmeling/Grundmann/Fuhrmann/Kaatsch/Knell/Ramsthaler/Reisinger/Riepert/Ritz-Timme/Rösing/Rötzscher/Geserich – Arbeitsgemeinschaft für Forensische Alterdiagnostik der Deutschen Gesellschaft für Rechtsmedizin, Aktualisierte Empfehlungen für Altersschätzungen bei Lebenden im

Strafverfahren, www.dgrm.de/forensische-altersdiagnostik/empfehlungen; Eb. Schmidt, § 261 StPO in der neueren höchstrichterlichen Rechtsprechung, JZ 1970, 337; J. Schmidt, Zur Begutachtung von ausländischen oder fremdsprachigen Beschuldigten im Strafverfahren, StV 2006, 51; Schmitt, Bemerkungen zur Bestellung des psychiatrischen Sachverständigen im Strafverfahren, FS Geerds 1995, 541; Scholz, Schuldfähigkeitsbegutachtung durch Diplom-Psychologen, ZStW 116 (2004), 618; Schoreit, Einsatz von Psychologen und Glaubhaftigkeits-Gutachten psychologischer Sachverständiger im Strafprozess, StV 2004, 284; Schott, Identitätsgutachten im Rahmen vor Verkehrsdelikten, NZV 2011, 169; Schott, Das menschliche Ohr – Ein besonderer Merkmalskomplex zur Identitätsprüfung im Rahmen der Erstellung von anthropologischen Vergleichsgutachten bei Verkehrsdelikten, NZV 2014, 393; Schumacher, Die psychiatrische Bewertung der Aussagetüchtigkeit bei aussagepsychologischen Glaubhaftigkeitsgutachten, StV 2003, 641; Schüssler, Das endgültige Aus oder neue Hoffnung für den „Lügendetektor"?, JR 2003, 188; Seiterle, Zur Frage der „völligen Ungeeignetheit" (§ 2443 Abs. 3 Satz 2 Var. 4 StPO) einer polygraphischen Untersuchun („Lügendetektor") StraFo 2014, 58; Senge, Auswertung von Abrechnungsunterlagen im staatsanwaltschaftlichen Ermittlungsverfahren, jurisPR-StrafR 6/2008 Anm. 2; Seyler, Das Behördengutachten im Strafprozess, GA 1989; Steinke, Der Beweiswert forensischer Gutachten, NStZ 1994, 16; Steller, Stand und Herausforderungen der Aussagepsychologie, FPPK 2020, 188; Stern, Persönliche Gutachterpflicht eines Klinikleiters, NJW 1969, 2259; Stübinger, Lügendetektor ante portas, ZIS 2008, 538; Teßmer, Plausibilisierung – Eine Betrachtung aus juristischer Sicht, PTB-Mitteilungen 2/2019, 99; Theune, Auswirkungen der Drogenabhängigkeit auf die Schuldfähigkeit und die Zumessung von Strafe und Maßregeln, NStZ 1997, 57; Tondorf/Waider, Der Sachverständige, ein „Gehilfe" auch des Strafverteidigers, StV 1997, 493; Tröndle, Der Sachverständigenbeweis, JZ 1969, 374; Trück, Die Rechtsprechung des BGH zur Ablehnung von Beweisanträgen auf Vernehmung von Sachverständigen, NStZ 2007, 377; Venzlaff/Foerster, Psychiatrische Begutachtung; Winkler, Heranziehung von Sachverständigen zur Schuldfähigkeit in Kapitalstrafsachen, jurisPR-StrafR 14/2008 Anm. 4; Wolff, Gutachterliche Kompetenz bei der Klärung der Schuldunfähigkeit oder: der Streit zwischen Psychiatrie und Psychologie, NStZ 1983, 537; Zentrale Ethikkommission bei der Bundesärztekammer, Medizinische Altersschätzung bei unbegleiteten jungen Flüchtlingen, DÄBl. 2016, A1.

Übersicht

A. Überblick

I. Normzweck

1 Durch § 73 wird eine **neutrale Sachaufklärung** gesichert, die sich alleine an der Wahrheitsermittlung orientiert.[1] Daher überträgt die Vorschrift die Auswahl des Sachverständigen ausschließlich dem zur Unparteilichkeit verpflichteten Gericht und über § 161a Abs. 1 S. 2 der Staatsanwaltschaft. Auf diese Weise wird die Verlagerung der von Amts wegen durchzuführenden Aufklärung des Sachverhalts auf interessenorientierte Verfahrensbeteiligte, wie Angeklagten, Verteidiger,[2] Nebenkläger oder Nebenklägervertreter vermieden, deren Beweisanträge die Auswahlbefugnis entsprechend nicht einschränken.[3]

[1] Brammsen ZStW 119 (2007), 93 (105).
[2] BGH 12.2.1998 – 1 StR 588/97, BGHSt 44, 26 (31).
[3] BGH 21.4.1987 – 1 StR 77/87, BGHSt 34, 355 (357).

2 Die Rechtsprechung hebt ferner die Bedeutung von Abs. 1 S. 1 und 2 der Vorschrift für die Einhaltung des **Beschleunigungsgebotes** zunehmend hervor, was der gesetzgeberischen Intention entspricht.[4] Gericht und Staatsanwaltschaft haben durch die Auswahl eines Sachverständigen, der aufgrund seiner fachlichen Qualifikation und Arbeitsauslastung in der Lage ist, das Gutachten zeitnah zu erstellen, und durch Fristabsprachen einen zügigen Abschluss des Verfahrens zu gewährleisten. Dies gilt in besonderer Weise für Verfahren, in denen sich der Beschuldigte in Untersuchungshaft[5] und einstweiliger Unterbringung[6] befindet, und bei solchen, die ein Prognosegutachten bei der strafvollstreckungsrechtlichen Prüfung erfordern, ob die Reststrafe zur Bewährung ausgesetzt werden kann.[7]

3 Abs. 2 dient schließlich der **Qualitätssicherung** des Sachverständigenbeweises.[8] Die öffentliche Bestellung erfordert allgemein den Nachweis besonderer persönlicher Zuverlässigkeit, Sachkunde und praktischer Erfahrung, gerade auch im forensischen Bereich.[9] Sie gilt daher im strafprozessualen Rahmen als Anzeichen für die persönliche und fachliche Eignung der in Frage kommenden Beweispersonen.[10] Deswegen wird deren Beauftragung als gesetzlich vorrangig bestimmt.[11]

II. Anwendungsbereich

4 § 73 gilt nur für den **kraft behördlichen Auftrags** durch das Gericht – auch für das Vollstreckungsverfahren[12] – oder über §§ 161a, 163 durch die Ermittlungsbehörden während des Ermittlungsverfahrens zu bestellenden Sachverständigen. Nicht erfasst wird dagegen der vom Beschuldigten oder Verteidiger beauftrage Privatgutachter, auch wenn dieser unmittelbar zur Hauptverhandlung geladen wird und dort erscheint.[13] Zum Sachverständigen mit den aus §§ 72 ff. sich ergebenden Rechten und Pflichten wird er erst durch den gerichtlichen Beschluss, mit dem das Gericht einem Beweisantrag nach § 245 Abs. 2 stattgibt, oder, da ein solcher regelmäßig nicht erforderlich ist (→ § 245 Rn. 51; → § 244 Rn. 178), durch die auf Anordnung des Vorsitzenden nach § 238 Abs. 1 hin erfolgende Vernehmung in der Hauptverhandlung.[14] Dies gilt genauso für einen Sachverständigen, den die Staatsanwaltschaft in die Sitzung stellt, was insbesondere dann in Betracht kommt, wenn das Gericht den von ihr im Ermittlungsverfahren beauftragten nicht für das Hauptverfahren heranzieht.[15] Lädt das Gericht allerdings die von der Staatsanwaltschaft oder einem anderen Verfahrensbeteiligten ausgewählte Beweisperson schon auf deren Ankündigung hin selbst, liegt bereits darin eine konkludente Bestellung gem. § 73 Abs. 1 S. 1.[16]

---

4 Rieß NJW 1975, 81 (84) zur Einfügung von S. 2.

5 BVerfG 1.12.2020 – 2 BvR 1853/20, NStZ-RR 2021, 50 (52); OLG Bremen 25.10.1996 – BL 200/96, StV 1997, 143 (143 f.); OLG Düsseldorf 1.7.2009 – 1 Ws 337/09, BeckRS 2009, 20236; OLG Jena 20.7.2010 – 1 Ws 279/10, juris Rn. 23 = BeckRS 2010, 144425.

6 KG 15.9.2009 – (4) 1 HEs 34/09 (25/09), StV 2010, 372 (373) OLG Stuttgart 22.2.2010 – 2 HEs 16/10, BeckRS 2010, 143920; OLG Stuttgart 16.1.2015 – 4 HEs 119/14. Vgl. auch OLG Karlsruhe 18.1.2010 – 2 Ws 451/09, Justiz 2011, 71 (73) für verspätete Beauftragung.

7 BVerfG 13.9.2010 – 2 BvR 449/10, BeckRS 2010, 53175 = juris Rn. 38 insoweit nicht abgedruckt in StV 2011, 40; BVerfG 9.10.2014 – 2 BvR 2874/10, StV 2016, 375 (376).

8 Hagedorn StV 2004, 217 (218).

9 VG Osnabrück 18.1.2018 – 2 A 80/17, GewArch 2018, 197 (198); Bleutge ZfIR 2017, 52 (56).

10 Krause in Löwe/Rosenberg Rn. 35; Rogall in SK-StPO Rn. 53; Eisenberg BeweisR StPO Rn. 1530; Bleutge BB 1973, 1416 (1417); Bleutge DRiZ 1977, 170 (171); Brüning StV 2008, 100 (101 Fn. 11); Hagedorn StV 2004, 217 (218); zweifelnd Steinke NStZ 1994, 16 (20 f.); vgl. BGH 3.9.2019 – 3 StR 291/19, NStZ 2020, 94 (95) zur allgemeinen Vereidigung im Zusammenhang mit § 256 Abs. 1 Nr. 1b.

11 BVerfG 25.3.1992 – 1 BvR 298/86, NJW 1992, 2621; Bleutge ZfIR 2017, 52 (57).

12 BGH 7.4.1993 – 1 StE 1/75 – StB 7/93, NJW 1993, 2449 mAnm Rasch NStZ 1993, 509.

13 Schmidt StPO II Rn. 4; Gössel DRiZ 1980, 363 (365).

14 OLG Hamm 13.11.2014 – 1 Ws 467/14, NStZ-RR 2015, 160; Teßmer PTB-Mitteilungen 2/2019, 99 (100).

15 BGH 12.2.1998 – 1 StR 588/97, BGHSt 44, 26 (32); vgl. auch BGH 6.7.2011 – 2 StR 124/11, StV 2011, 711 (712).

16 Neubeck in KMR-StPO Rn. 5a; Rogall in SK-StPO Rn. 14.

B. Erläuterung

I. Auswahl des Sachverständigen nach Abs. 1 S. 1

1. Zuständigkeit. a) Gericht. § 73 Abs. 1 S. 1 stellt klar, dass im gerichtlichen Verfahren die Auswahl des Sachverständigen ausschließlich durch den Richter erfolgt. Welcher **Spruchkörper** zuständig ist, hängt dabei vom jeweiligen Verfahrensstadium ab. Im Ermittlungsverfahren ist das der Ermittlungsrichter nach § 162 Abs. 1. Wegen § 161a Abs. 1 S. 2, § 165 darf er aber, von praktisch bedeutungslosen Eilfällen abgesehen, nur auf Antrag der Staatsanwaltschaft tätig werden.[17] Ein solcher kann trotz deren eigener Entscheidungsbefugnis (→ Rn. 6) ausnahmsweise wegen besonderer Bedeutung der Sache in Betracht kommen.[18] Eine eigenständige Auswahlbefugnis steht dem Ermittlungsrichter nach § 162 Abs. 2 aber nur dann zu, wenn sie ihm ausdrücklich überlassen wurde.[19] Im Zwischenverfahren entscheidet gem. § 202 das Gericht, bei dem die Anklage erhoben wurde, und nach Eröffnung des Hauptverfahrens das erkennende Gericht.[20] An die im Ermittlungsverfahren durch die Staatsanwaltschaft getroffene Auswahl ist es nicht gebunden, wenngleich die Übernahme des bereits mit dem Verfahren vertrauten Sachverständigen unbedenklich und sinnvoll ist, sofern seine Tätigkeit nicht unter inhaltlichen Mängeln leidet[21] (→ Rn. 12). In der Praxis erfolgt dessen Bestellung zum gerichtlichen Sachverständigen, da sie formlos (→ Rn. 11), mithin durch schlüssige Handlung möglich ist,[22] überwiegend mit der Ladung zum Hauptverhandlungstermin.[23] Eine weitergehende Bezeichnung des Auftrags iSd § 78 empfiehlt sich, wenn diejenige durch die Ermittlungsbehörde nicht ausreichend erscheint. Die ganz hM geht davon aus, der Richter der nach § 223 mit der Vernehmung beauftragt oder um diese ersucht wird, dürfe den Sachverständigen auch selbst auswählen.[24] Insbesondere die größere Orts- und Sachnähe können dafür sprechen, die Auswahl dem Richter der kommissarischen Vernehmung zu übertragen.[25] Wurde sie allerdings vorab getroffen, bindet sie ihn.[26] Diese Problematik dürfte sich in der Praxis zumindest für die Fälle des § 223 Abs. 2 dadurch entschärft haben, dass § 247a Abs. 2 zwischenzeitlich die Möglichkeit bietet, einen Sachverständigen, der sich an einem anderen Ort befindet, audiovisuell zu vernehmen. 5

b) Staatsanwaltschaft. Im **Ermittlungsverfahren** ist über § 161a Abs. 1 S. 2 – als verfassungsrechtlich ausreichende Ermächtigungsgrundlage[27] – die Staatsanwaltschaft für die Auswahl des Sachverständigen zuständig.[28] Folgt das Gericht nach Anklageerhebung einem Vorschlag nicht oder lädt es einen anderen als den bereits im Ermittlungsverfahren herangezogenen, so hat die Staatsanwaltschaft die Möglichkeit der Selbstladung nach § 214 Abs. 3 mit der Folge des § 245 Abs. 2 (→ Rn. 4).[29] 6

[17] Neubeck in KMR-StPO Rn. 2a; Rogall in SK-StPO Rn. 10.
[18] Vgl. OLG Schleswig 16.4.1999 – 2 Ws 117/99, StV 2000, 543.
[19] Krause in Löwe/Rosenberg Rn. 3; Schmitt in Meyer-Goßner/Schmitt Rn. 1a; Eisenberg BeweisR StPO Rn. 1526; Tröndle JZ 1969, 374 (375); Wagner StV 2000, 544 (545).
[20] Brauer in Gercke/Julius/Temming/Zöller Rn. 1; Hadamitzky in KK-StPO Rn. 1; Neubeck in KMR-StPO Rn. 3 f.
[21] Tröndle JZ 1969, 374 (375).
[22] Rogall in SK-StPO Rn. 42.
[23] Neubeck in KMR-StPO Rn. 5a.
[24] Monka in BeckOK StPO Rn. 1; Brauer in Gercke/Julius/Temming/Zöller Rn. 1; Neubeck in KMR-StPO Rn. 3a; Schmitt in Meyer-Goßner/Schmitt Rn. 1a; Krause in Löwe/Rosenberg Rn. 5; aA Schmidt StPO/GVG Nachtrag Rn. 1; Rogall in SK-StPO Rn. 10.
[25] Krause in Löwe/Rosenberg Rn. 5.
[26] Hadamitzky in KK-StPO Rn. 1.
[27] BVerfG 31.8.2007 – 2 BvR 1681/07, BeckRS 2007, 26565.
[28] OLG Schleswig 16.4.1999 – 2 Ws 117/99, StV 2000, 543; LG Trier 3.11.1986 – 1 Qs 265/89, NJW 1987, 722 (723); LG Hamburg 7.8.2019 – 631 Qs 27/19, BeckRS 2019, 23499 Rn. 21; Brauer in Gercke/Julius/Temming/Zöller Rn. 1; Neubeck in KMR-StPO Rn. 2a; Schmitt in Meyer-Goßner/Schmitt Rn. 1; Gössel DRiZ 1980, 363 (366); Senge jurisPR-StrafR 6/2008 Anm. 2; Tröndle JZ 1969, 374 (375); Wagner StV 2000, 544 (545); was nach BGH 24.10.2019 – III ZR 141/18, MDR 2020, 221 die analoge Anwendbarkeit des § 839a BGB zur Folge hat.
[29] Rogall in SK-StPO Rn. 14.

7 In kaum einem anderen Punkt pflegt die rechtswissenschaftliche Literatur allerdings eine Diskussion, die derart von **plakativen Vorurteilen** geprägt ist (→ Rn. 27).[30] Sie findet ihren Ausgang in der schon formelhaften und pauschalen Behauptung, die Staatsanwaltschaft verbinde mit der Gestaltung des Ermittlungsverfahrens bestimmte – vor allem dem Beschuldigten nachteilige – Ergebniserwartungen oder Interessen.[31] Folglich wird schon alleine aus dem Umstand der Auftragserteilung die Besorgnis hergeleitet, die Anklagebehörde determiniere den Verfahrensausgang, da die vom Sachverständigen vertretene Auffassung bis zu einem gewissen grad vorhersagbar sei und sich der von ihr bestellte einseitig mit dem Strafverfolgungsinteresse identifiziere.[32] Unbeschadet des Fehlens empirischer Belege,[33] verfängt dies schon deswegen nicht, weil eine nicht nur auf die Sicht des Angeklagten fokussierte Perspektive erkennen lässt, dass gerade im Bereich der §§ 20, 21 StGB deutlich eher die Tendenz besteht, eine nicht gerechtfertigte Milderung anzunehmen, und die Staatsanwaltschaft dies häufig auf sich beruhen lässt.[34] Zudem wird die Frage gar nicht erst gestellt, was denn im Hinblick auf die Sachaufklärung gewonnen sein soll, wenn ein bestimmendes Mitwirkungsrecht bei der Auswahl ausgerechnet derjenigen Seite eingeräumt werden soll, die ein ureigenstes Interesse am möglichst einseitigen Ausgang des Verfahrens hat. Nicht unerheblicher Einfluss auf das Ergebnis nimmt die Verteidigung ohnehin durch die Vorbereitung des Mandanten auf das Explorationsgespräch.[35] Schließlich wird – durchaus nicht unzutreffend,[36] aber im Hinblick auf das Verdikt gegen den von Staatsanwaltschaft ausgewählten Gutachter gleichwohl widersprüchlich – immer wieder die Neutralität auch eines von der Verteidigung beauftragten Sachkundigen ausdrücklich betont,[37] obwohl hier der Auftraggeber zwar Organ der Rechtspflege ist, aber eben Interessenvertreter. Auch der Behauptung eines Verstoßes gegen die „Waffengleichheit"[38] liegt ein Verständnis der systematischen Stellung der Staatsanwaltschaft zugrunde, das strafprozessual verfehlt ist. Im Gegensatz zum Verteidiger, dessen Aufgabe naturgemäß in der Wahrung der Rechts- und Interessensphäre des Beschuldigten besteht, ist die Staatsanwaltschaft ein dem Gericht gleichgeordnetes Organ der Strafrechtspflege,[39] das gerade nicht Partei ist, sondern der Objektivität und Unparteilichkeit verpflichtet (§ 160 Abs. 2).[40] Ihr obliegt neben dem Gericht die Wahrung eines rechtsstaatlichen Verfahrens.[41] Dies außer Acht lassende Verkürzungen der staatsanwaltschaftlichen Verfahrensrolle oder pauschale Behauptungen, sie werde nicht wahr-

30 Erb ZStW 121 (2009), 882 (896) empfindet die Bestellung des Sachverständigen „ausgerechnet von der Staatsanwaltschaft" als „besonders anstößig".
31 Scheffler in Heghmanns/Scheffler StrafVerf-HdB VII Rn. 656; Schwenn StV 2010, 705 (707); vgl. auch Eisenberg BeweisR StPO Rn. 1602; Brüning StV 2008, 100 (104); Detter NStZ 1998, 57 (59).
32 Erb ZStW 121 (2009), 882 (894); Krauß ZStW 85 (1973), 320 (325); Tondorf/Waider StV 1997, 493 f.; vorsichtiger Birkhoff StraFo 2001, 401; Brüning StV 2008, 100 (104); Lürken NJW 1968, 1161 (1162); eine subjektive Einschätzung aus richterlicher Sicht findet sich bei Schmitt FS Geerds, 1995, 541 (556 f.).
33 Cabanis NJW 1978, 2329 (2330); Rode/Legnaro StV 1995, 496 verweisen indes auf eine von ihnen gefertigte Studie, die die weitgehende Vorhersagbarkeit zu §§ 20, 21 StGB belegen soll. Die psychiatrischen Sachverständigen teilen sie dabei in zwei Gruppen ein. Bemerkenswert ist, dass sie diese als „Traditionelle" und die Nicht-Traditionellen als „Aufgeschlossene" benennen (498 f.). Schon aus dieser Wortwahl könnte sich eine Präferenz der Verfasser zu erkennen geben, die durchaus in die Bewertungen einfließen mag.
34 Nack GA 2009, 201 (207) unter Hinweis auf Nr. 147 RiStBV. Das bleibt auch bei der ansonsten eher neutralen Stellungnahme von Detter NStZ 1998, 57 (59) unberücksichtigt.
35 S. hierzu Birkhoff StraFo 2001, 401 (401 f.).
36 Vgl. bspw. aus sachverständiger Sicht die Ausführungen von Aymans StraFo 2007, 364.
37 Hamm/Hassemer/Pauly Beweisantragsrecht Rn. 441; Detter FS Meyer-Goßner, 2001, 431 (440); vgl. auch Eisenberg BeweisR StPO Rn. 1527a.
38 Scheffler in Heghmanns/Scheffler StrafVerf-HdB VII Rn. 657; Dierlamm FS Müller, 2008, 117 (121); Duttge NStZ 2003, 375 (376); Erb ZStW 121 (2009), 882 (894 f.); Krauß ZStW 85 (1973), 320 (331 Fn. 25); Lürken NJW 1968, 1161 (1162 f.); Sarstedt NJW 1968, 177.
39 BGH 14.7.1971 – 3 StR 73/71, BGHSt 24, 170 (171).
40 BVerfG 31.8.2007 – 2 BvR 1681/07, BeckRS 2007, 26565; 19.3.2013 – 2 BvR 2628/10, 2883/10, 2155/11, NJW 2013, 1058 (1060); BGH 15.8.2007 – 1 StR 341/07, NStZ 2008, 231; verfehlt daher Scheffler in Heghmanns/Scheffler StrafVerf-HdBVII Rn. 657.
41 BGH 12.7.2011 – 1 StR 274/11, StV 2011, 645 (646); Kohlhaas NJW 1962, 1329 (1331).

genommen,[42] liegen auch den Forderungen zugrunde, diese solle vor der Auswahl des Sachverständigen mit dem künftig zuständigen Gericht der Hauptsache, sofern dies überhaupt schon beurteilt werden kann, Kontakt aufnehmen oder beim Ermittlungsrichter die Bestellung des Sachverständigen beantragen.[43] Mit dem Grundsatz der freien Gestaltung des Ermittlungsverfahrens durch die Staatsanwaltschaft[44] lässt sich diese Ansicht nicht vereinbaren.[45] Sie ist vor allem gegenüber dem Ermittlungsrichter autonom, der insoweit keine inhaltliche Gestaltungsbefugnis hat.[46] Zudem ist die Staatsanwaltschaft ihrer Funktion nach zwar auch Anklagebehörde, ein Großteil der Verfahren findet jedoch bereits durch Einstellung im Stand des Ermittlungsverfahrens ein Ende,[47] was bei der Diskussion regelmäßig völlig außer Betracht bleibt. Es kann nicht Aufgabe der Gerichte sein, der Staatsanwaltschaft vorzuschreiben, mit welchem Sachverständigen sie entsprechende – für den Beschuldigten denkbar vorteilhafte – Abschlussverfügungen zu treffen hat. Schließlich ist nicht selten in einem sehr frühen Stadium der Ermittlungen ein Sachverständiger hinzuzuziehen, beispielsweise um Feststellungen vor Ort an einer Unfallstelle oder in Brandsachen[48] zu treffen. Die sachlich fundierte und zeitnahe Auswahl wird in diesen Fällen in erster Linie die sachnähere Ermittlungsbehörde treffen können.[49]

8 **c) Ermittlungspersonen.** Die **Polizei** kann während des Ermittlungsverfahrens ebenfalls einen Sachverständigen beauftragen.[50] Dies folgt aus § 163 Abs. 1 S. 2, Abs. 6 S. 1. Wegen deren Leitungskompetenz sollte eine so weitreichende Entscheidung jedoch nur in eindeutigen Fällen oder Routineangelegenheiten ohne Rücksprache mit der Staatsanwaltschaft getroffen werden.[51]

9 **d) Sonstige Verfahrensbeteiligte.** Der **Beschuldigte, Verteidiger, Nebenkläger** und **Nebenklägervertreter** haben kein eigenes Auswahlrecht, da § 73 auf einen von ihnen herangezogenen Privatgutachter keine Anwendung findet (→ Rn. 3; auch → Rn. 27). Diese Einschränkung ist für die Wahrheitsermittlung als Ziel des Strafprozesses unverzichtbar. Eine eigene Befugnis zur Bestimmung des Sachverständigen würde die der Staatsanwaltschaft und dem Gericht als ureigenste Aufgabe obliegende Pflicht zur neutralen Aufklärung des Sachverhalts unterlaufen.[52] § 73 kommt damit insoweit gerade auch eine gesetzliche Klarstellungsfunktion zu, vor allem gegenüber der Verteidigung, die einer Neutralitätspflicht schon von Rechts wegen nicht unterliegt. Auf diese Weise wird gewährleistet, dass sich die Justizbehörden auf denjenigen Sachverständigen stützen können, dem sie die beste Sachkunde zutrauen[53] und nicht auf denjenigen, der ihnen möglicherweise aus Gründen der Interessenvertretung aufgedrängt wird.

42 Bspw. Gaede StV 2012, 51 (51 und 53) auch für „notorische Überschätzung der objektiven richterlichen Aufklärungsleistung" in einem vor Strafverteidigern gehaltenen Vortrag; aA Detter NStZ 1998, 57 (58) „sachgerechte Beurteilung" für Auswahl maßgeblich.
43 Eisenberg BeweisR StPO Rn. 1526; Scheffler in Heghmanns/Scheffler StrafVerf-HdB VII Rn. 665; Duttge NStZ 2003, 375 (376); Lürken NJW 1968, 1161 (1163); Sarstedt NJW 1968, 177 (178 f.); vorschlagsweise auch in diesem Sinne BGH 12.2.1998 – 1 StR 588/97, BGHSt 44, 26 (31 f.); Detter NStZ 1998, 57 (59); dagegen – wie hier – zu Recht Rogall in SK-StPO Rn. 11 f.
44 OLG Schleswig 16.4.1999 – 2 Ws 117/99, StV 2000, 543.
45 Gössel DRiZ 1980, 363 (366); Wagner StV 2000, 544 (545).
46 Jahn in Heghmanns/Scheffler StrafVerf-HdB I Rn. 41; Karpinski NJW 1968, 1173; Tröndle JZ 1969, 374 (375); befremdlich Sarstedt NJW 1968, 177 (179): „Es müsste dem Staatsanwalt angenehm sein, sich insoweit die Verantwortung … vom Richter abnehmen zu lassen".
47 Jahn in Heghmanns/Scheffler StrafVerf-HdB I Rn. 38.
48 S. hierzu Hölemann StraFo 2005, 487 (490 f.).
49 Gössel DRiZ 1980, 363 (366); Tröndle NJW 1968, 1161 (1163).
50 Brauer in Gercke/Julius/Temming/Zöller Rn. 1; Neubeck in KMR-StPO Rn. 2a; Schmitt in Meyer-Goßner/Schmitt Rn. 1; Gössel DRiZ 1980, 363 (366); Senge jurisPR-StrafR 6/2008 Anm. 2.
51 Vgl. Krause in Löwe/Rosenberg Rn. 2; Rogall in SK-StPO Rn. 15; Eisenberg BeweisR StPO Rn. 1526; Karpinski NJW 1968, 1173.
52 BGH 12.2.1998 – 1 StR 588/97, BGHSt 44, 26 (31).
53 Schmidt StPO II Rn. 2.

10 Einen Einfluss auf die Person des zu hörenden Sachverständigen können der Angeklagte und Verteidiger aber über das Recht zur **Selbstladung** und Stellung eines Beweisantrags nach §§ 220, 245 erreichen.[54] Bemerkenswerter Weise wird dieses dem Nebenkläger allerdings in § 397 Abs. 1 noch nicht einmal ausdrücklich zuerkannt,[55] was schon für sich gesehen eine bedenkliche Ungleichbehandlung gleichermaßen berechtigter Interessen besorgen lässt. In jedem Fall gilt es in diesem Zusammenhang eine mögliche Verschiebung des Aufklärungsgleichgewichts im Auge zu behalten. Sieht man die Gefahr, dass von der Person des Sachverständigen das Ergebnis eines Verfahrens abhängen kann,[56] so bestehen Bedenken hinsichtlich der Wahrheitsfindung nicht bei der Auswahlentscheidung durch zur Neutralität verpflichtete Justiz- und Ermittlungsbehörden,[57] sondern hinsichtlich der in keiner Weise transparenten Möglichkeit zur Selbstladung. Ersterenfalls sind die Auswahlentscheidungen anhand der Ermittlungs- und Sachakten nachvollziehbar. Erscheinen sie nicht nur von dem Gebot der Sachaufklärung geleitet, können sie überprüft und beanstandet werden. Vor der Selbstladung und Stellung eines entsprechenden Beweisantrags haben der Angeklagte und der Verteidiger indessen die faktische Möglichkeit einen Sachverständigen sozusagen auszuprobieren, um ihn nur dann zu benennen, wenn er das am ehesten genehme Ergebnis liefert.[58] Entsprechende Verfahrensweisen sind auch hinsichtlich Zeugen in der Praxis immer wieder zu beobachten, die zuerst in den Kanzleiräumen befragt und dann in die Sitzung gestellt werden – oder eben nicht –, ohne die Vorbefragung und deren Inhalt kenntlich machen zu müssen. Was in diesem Zusammenhang von der Ansicht, die sich auf den Beschuldigtenschutz beruft,[59] immer wieder unerwähnt bleibt ist, dass eine Entscheidung, die den Angeklagten begünstigt ebenso der neutralen Wahrheitsfindung zuwider läuft und – was bedauerlicher Weise gar keine Rolle in der Diskussion spielt – den Interessen des Geschädigten, der ein Recht darauf hat, die Verletzung seiner Rechtsgüter angemessen gewürdigt und bewertet zu wissen.

11 **2. Unvertretbarkeit der formlosen Entscheidung.** Bei der Auswahl des Sachverständigen muss das dafür zuständige Justizorgan eine **persönliche Entscheidung** treffen,[60] die indes an **keine bestimmte Form** gebunden ist[61] und mithin auch konkludent durch Ladung zum oder Vernehmung im Termin erfolgen kann[62] (→ Rn. 4). Es genügt nicht, lediglich eine Institution zu bezeichnen, aus deren Reihen der Sachverständige stammen soll.[63] Eine Übertragung auf andere Personen ist auch nicht in der Form zulässig, dass bei Zweifeln über das in Frage kommende Fachgebiet ein „Auswahlgutachter" bestellt wird, der dann seinerseits den in Frage kommenden Kundigen benennt.[64] Eine Ausnahme vom Delegationsverbot[65] kann entweder dadurch zugelassen werden, dass der Auftraggeber die Fachrichtung festlegt und sodann einem namentlich bezeichneten Sachverständigen der Institution, Klinik- oder Institutsleiter ausdrücklich die Erstellung des Gutachtens durch

54 Detter NStZ 1998, 57 (58 und 61); Detter FS Meyer-Goßner, 2001, 431 (442); ausführlich Fromm DAR 2019, 110 (111 f.); Kertai MMR 2011, 716 (718); Kohlhaas NJW 1962, 1329 (1333): was den solventen Angeklagten jedoch bevorteilt.

55 Brammsen ZStW 119 (2007), 93 (109) „merkwürdig"; deshalb auch str., vgl. einerseits bejahend Schmitt in Meyer-Goßner/Schmitt § 397 Rn. 5; Beukelmann in Radtke/Hohmann Rn. 2; andererseits verneinend Rogall in SK-StPO Rn. 16; Eisenberg BeweisR StPO Rn. 1527a.

56 Neubeck in KMR-StPO Rn. 6; Krause in Löwe/Rosenberg Rn. 26; Artkämper BA 2001, 7; Detter NStZ 1998, 57; Rauch NJW 1968, 1173 (1174); Wagner StV 2000, 544.

57 So aber einseitig Duttge NStZ 2003, 375 (376).

58 Vgl. Tondorf/Waider StV 1997, 493 (494) mit der Empfehlung auch mit Auskünften „vorsichtig und zurückhaltend" zu sein; zu entsprechenden Bedenken s. auch Foerster/Venzlaff in Venzlaff/Foerster/Dreßing/Habermeyer Psychiatrische Begutachtung-HdB S. 9, 12.

59 Dezidiert Duttge NStZ 2003, 375 (376).

60 Rogall in SK-StPO Rn. 17.

61 Neubeck in KMR-StPO Rn. 5a; Rogall in SK-StPO Rn. 42.

62 OLG Köln 21.8.1979 – 1 Ws 18/79, VRS 58 (1980), 72 (73).

63 Vgl. OLG München 22.9.1967 – 8 U 707/67, NJW 1968, 202 (203) zu § 404 ZPO „schriftliches Gutachten der Universitätsklinik M".

64 OLG Koblenz 23.4.1968 – 2 Ss 41/68, VRS 36 (1969), 17 (18); Friedrichs NJW 1973, 2259 (2260).

65 BGH 25.5.2011 – 2 StR 585/10, StV 2011, 709.

einen von diesem ausgewählten Mitarbeiter mit gleicher Qualifikation gestattet,[66] oder durch Sonderregelungen wie zB § 83 Abs. 3, § 87 Abs. 2 S. 2. Unschädlich ist es auch, vor der eigentlichen Auswahlentscheidung durch Kontaktaufnahme mit verschiedenen Sachverständigen zu klären, welcher zur sachgerechten Aufklärung der Beweisfrage in Betracht kommen kann.[67] Genauso bietet es sich an, Berufsorganisationen oder Behörden in deren Geschäftsbereich um Vorschläge zu ersuchen (Nr. 70 Abs. 2 RiStBV) oder sich anhand von Verzeichnissen bewährter Sachverständiger zu informieren (Nr. 70 Abs. 3 RiStBV), wie sie von der Justizverwaltung regelmäßig geführt werden. Beratung bei der Auswahl kann auch von den Industrie- und Handelskammern erlangt werden, die Verzeichnisse öffentlich bestellter und vereidigter Sachverständiger führen, und, insbesondere für die Suche nach EDV-Sachverständigen oder bei Auslandsbezug, vom Deutschen Industrie- und Handelskammertag.[68]

Unbedenklich ist es, wenn das **Gericht des Hauptverfahrens** den bereits im Ermitt- 12
lungsverfahren von der Polizei oder insbesondere der Staatsanwaltschaft beauftragten Sachverständigen für die (weitere) Begutachtung heranzieht. Die Wahrung der Neutralität, wie sie vor allem in § 160 Abs. 2 zum Ausdruck kommt, führt schon für sich gesehen zum Anschein sorgfältiger Auswahl,[69] was die dagegen üblicherweise ohne valide empirische Grundlage[70] erhobenen Einwände (→ Rn. 7) ignorieren. Eine Bindung besteht indes nicht.[71] Unsinnig und der Sachaufklärung abträglich – da sich die Staatsanwaltschaft den qualifizierten Sachverständigen für das Hauptsacheverfahren aufsparen müsste[72] – wäre es allerdings, alleine deswegen zu fordern,[73] das Tatgericht müsse generell einen neuen Sachverständigen benennen.[74] Dies wird nur ausnahmeweise dann angebracht sein, wenn die Tätigkeit des bisherigen erkennbar unzureichend ist. Eine entsprechende Prüfung durch den Tatrichter ist durch die StPO zudem vorgegeben. Bevor das Gericht nach §§ 203, 204 über die Eröffnung des Hauptverfahrens beschließt, hat es die Wertigkeit der Beweise zu prüfen,[75] mithin auch die Qualität und Überzeugungskraft der (bisherigen) Tätigkeit des Sachverständigen. Eine Zulassung der Anklage kommt danach nur in Betracht, wenn es diesen als Beweismittel für (vorläufig) überzeugend hält.[76] Von der mitunter behaupteten selbstverständlichen und kritiklosen Übernahme des von der Staatsanwaltschaft schon im Ermittlungsverfahren beauftragten Sachverständigen[77] kann keine Rede sein.

Unberührt bleibt die Auswahlentscheidung nach § 73 Abs. 1 S. 1 durch die Einschal- 13
tung von **Hilfskräften** (Laboranten, Techniker, wissenschaftliche Mitarbeiter, Assistenzärzte)[78] oder von **Hilfssachverständigen.**[79] Vor allem Letzteres ist jedoch nur in engen

[66] BGH 6.5.1992 – 2 StR 21/92, LG Hamburg 7.8.2019 – 631 Qs 27/19, BeckRS 2019, 23499 Rn. 21; Kusch NStZ 1993, 27 (31); Schmidt StPO Nachtrag Rn. 3a; Hanack NJW 1961, 2041 (2042 f.); aA Brauer in Gercke/Julius/Temming/Zöller Rn. 12; Neubeck in KMR-StPO Rn. 14; Hadamitzky in KK-StPO Rn. 6; Schmitt in Meyer-Goßner/Schmitt Rn. 10; kritisch zur praktischen Umsetzung im Klinikalltag Stern NJW 1969, 2259 (2260 f.).

[67] Rudolph Justiz 1969, 24 (27).

[68] Dannecker/Hagemeier in Dannecker/Knierim InsStrafR Rn. 270 f.

[69] Vgl. BGH 20.11.1996 – 2 StR 323/96, juris Rn. 12 insoweit nicht abgedruckt in NStZ 1997, 189.

[70] Kohlhaas NJW 1962, 1329 (1331) dagegen zum ureigensten Interesse der Staatsanwaltschaft von Anfang an einen neutralen und qualifizierten Sachverständigen hinzuzuziehen.

[71] BGH 12.2.1998 – 1 StR 588/97, BGHSt 44, 26 (31).

[72] Krause in Löwe/Rosenberg Rn. 2; Rudolph Justiz 1969, 24 (26).

[73] So wohl Arndt NJW 1962, 25 (26).

[74] Rogall in SK-StPO Rn. 10 f.; Tröndle JZ 1969, 374 (375).

[75] Ritscher in BeckOK StPO § 203 Rn. 4.

[76] Karpinski NJW 1968, 1173.

[77] So aber Arndt NJW 1962, 25 (26); Erb ZStW 121 (2009), 882 (894).

[78] OLG Nürnberg 18.6.2007 – 2 Ws 301/07, StV 2007, 596; Monka in BeckOK StPO Rn. 2; Brauer in Gercke/Julius/Temming/Zöller Rn. 3; Neubeck in KMR-StPO Rn. 5; Schmitt in Meyer-Goßner/Schmitt Rn. 2; Rogall in SK-StPO Rn. 39; Krause in Löwe/Rosenberg Rn. 6; vgl. auch OLG Frankfurt a. M. 18.5.1983 – 17 U 29/82, MDR 1983, 849 zu §§ 404, 407 ZPO.

[79] LG Duisburg 13.3.2009 – 36 Ns 198/06, juris Rn. 11) = JR 2009, 343; aA Schmitt in Meyer-Goßner/Schmitt Rn. 3; Rogall in SK-StPO Rn. 40; Krause in Löwe/Rosenberg Rn. 7; Friedrichs NJW 1973, 2259 (2260).

Grenzen möglich, sofern der vom Gericht ernannte Hauptsachverständige den anderweitig gewonnenen Befund in sein Gutachten sachkundig einbezieht, kritisch auswertet, für das Gesamtergebnis die alleinige Verantwortung übernimmt und keine Meinungsverschiedenheiten eine weitere Aufklärung erfordern.[80] Deshalb kann die zentrale Untersuchungsmethode in Form der Exploration der zu begutachtenden Person nicht auf einen anderen übertragen werden.[81] Ungenügend ist ebenfalls die bloße Unterschrift mit dem Hinweis „inhaltlich einverstanden".[82] Andererseits darf der bestellte Sachverständige Hilfsgutachten selbst verwerten, die Vorfragen und Teilaspekte betreffen, die er überblicken kann.[83] Das ist der Fall bei verwandten Wissenszweigen,[84] wie zB bei (test-)psychologischen Vorfragen für die Psychiatrie.[85] Nur unter Beachtung dieser Einschränkungen ist zudem die Bildung einer **Sachverständigengruppe** unter Leitung des ernannten Sachverständigen möglich,[86] so etwa für die Erstellung eines erbbiologischen Gutachtens.[87]

14 **3. Inhaltliche Vorgaben. a) Grundsätze.** Die Notwendigkeit der Auftragserteilung an den Sachverständigen wird in § 73 nicht ausdrücklich angesprochen, sondern bereits vorausgesetzt. Das Gericht oder die den Auftrag erteilende Ermittlungsbehörde haben zur Beantwortung dieser Vorfrage im Einzelfall nach Maßgabe der ihnen obliegenden **Aufklärungspflicht** zu entscheiden, ob es der Inanspruchnahme speziellen Fachwissens bedarf.[88] Die StPO geht dabei prinzipiell davon aus, dass sie selbst über die erforderliche Sachkunde verfügen.[89] Die Rechtsprechung der Revisionsgerichte hat diesen Grundsatz jedoch zunehmend eingeschränkt. So wird unter Berufung auf das „verfassungsrechtlich verankerte Gebot rational begründeter und tatsachengestützter Beweisführung" die Einführung wissenschaftlicher Erkenntnisse gefordert, wie sie sich aus Erfahrungsregeln kriminalistischer, forensischer und aussagepsychologischer Untersuchungen ergeben,[90] was ohne die Inanspruchnahme entsprechenden speziellen Fachwissens kaum noch zu leisten sein dürfte.[91] In jüngster Zeit tritt zudem im Gefolge der Rspr. des BVerfG[92] zur konkreten Bezifferung der schadensgleichen Vermögensgefährdung bei Betrug und Untreue die Notwendigkeit hervor, Sachverständige zur Schadensbewertung nach kaufmännischen oder bilanziellen Bewertungsregeln heranzuziehen.[93] Zudem wird die Heranziehung eines Sachverständigen durch bestimmte Vorschriften zwingend vorgeschrieben, wie bspw. in § 80a (→ § 80a Rn. 4), § 81 Abs. 1 S. 1, § 81f Abs. 1 S. 1, § 87 Abs. 2 S. 1, §§ 91, 92, 231a Abs. 3 S. 1, § 246a S. 1

[80] BGH 30.10.1968 – 4 StR 281/68, BGHSt 22, 268 (272 f.); OLG Hamm 12.4.1973 – 2 Ss 100/73, NJW 1973, 1427 f.; Monka in BeckOK StPO Rn. 2; Brauer in Gercke/Julius/Temming/Zöller Rn. 3; Hadamitzky in KK-StPO Rn. 4; Beukelmann in Radtke/Hohmann Rn. 5; Schmidt JZ 1970, 337 (343); sehr weitgehend aber Hanack NJW 1961, 2041 (2045).

[81] BGH 25.5.2011 – 2 StR 585/10, NStZ 2012, 103.

[82] OLG Nürnberg 18.6.2007 – 2 Ws 301/07, StV 2007, 596.

[83] OLG Frankfurt a. M. 18.5.1983 – 17 U 29/82, MDR 1983, 849 zu §§ 404, 407 ZPO.

[84] Kritisch hierzu Friedrichs JZ 1974, 257 (258).

[85] BGH 30.10.1968 – 4 StR 281/68, BGHSt 22, 268 (274); 22.7.1997 – 1 StR 334/97, NStZ 1997, 610; aA Maisch/Schorsch StV 1983, 32 (37).

[86] BGH 30.10.1968 – 4 StR 281/68, BGHSt 22, 268 (273); Monka in BeckOK StPO Rn. 2; aA Rogall in SK-StPO Rn. 41.

[87] OLG Hamm 12.4.1973 – 2 Ss 100/73, NJW 1973, 1427 f.; Brauer in Gercke/Julius/Temming/Zöller Rn. 4; Hadamitzky in KK-StPO Rn. 4; aA Krause in Löwe/Rosenberg Rn. 8.

[88] BGH 21.4.1987 – 1 StR 77/87, BGHSt 34, 355 (358); Schmidt StPO II Rn. 1; Rogall in SK-StPO Rn. 2, 19 und 21.

[89] Eisenberg BeweisR StPO Rn. 1518.

[90] BGH 18.9.2008 – 5 StR 224/08, NStZ 2009, 401 (402 f.); Brause NStZ 2013, 129 (131).

[91] Siehe die Aufzählung möglicher kriminaltechnischer Untersuchungsmöglichkeiten bei Artkämper BA 2001, 7 (8–10).

[92] BVerfG 23.6.2010 – 2 BvR 2559/08 ua, NJW 2010, 3209 (3220); 7.12.2011 – 2 BvR 2500/09 ua, NJW 2012, 907 (916).

[93] BGH 14.4.2011 – 2 StR 616/10, NJW 2011, 2675 (2676) mAnm Leppert ZWH 2011, 70 zu betrügerischer Kapitalerhöhung; BGH 20.12.2012 – 4 StR 55/12, ZWH 2013, 141 (144) zum Sportwettenbetrug; BGH 19.5.2021 – 1 StR 528/20, wistra 2022, 34 (36) zu Rückzahlungsansprüchen aus Aktienveräußerungen; Achenbach NStZ 2012, 682 (684) mwN; Hefendehl wistra 2012, 325 (330); Kulhanek NZWiST 2013, 246 (248).

und 2, § 275a Abs. 4, § 415 Abs. 2 S. 1 und Abs. 5 S. 1, § 454 Abs. 2 S. 1,[94] § 463 Abs. 3 S. 3 und 4,[95] oder die Möglichkeit hiervon abzusehen wie in § 87 Abs. 1 S. 2, § 414 Abs. 3, § 454 Abs. 4 S. 1,[96] § 463 Abs. 4 S. 2,[97] zumindest stark eingeschränkt.[98]

Die Beauftragung ist allerdings nur geboten, sofern – wenn auch nur wenige[99] – **ausreichende Anknüpfungstatsachen** gegeben sind[100] oder der Sachverständige diese aufgrund seiner Sachkunde selbst zu ermitteln vermag.[101] In zweifelhaften Fällen kann das im Wege des Freibeweises, insbesondere durch (telefonische) Befragung des in Betracht kommenden Sachverständigen, vorab geklärt werden.[102] Das kommt bspw. bei Bildern von Überwachungskameras in Betracht.[103] Sind diese nicht von ausreichender Qualität, können sie nämlich keine Grundlage für ein anthropologisches Identitätsgutachten bilden.[104] In Bezug auf biostatistische Methoden zur Berechnung einer Identitätswahrscheinlichkeit in anthropologischen Gutachten[105] und die Rückrechnung einer THC-Konznetration[106] ist zumindest zweifelhaft, ob bislang zuverlässige Methoden hierfür existieren, die eine sachverständige Begutachtung ermöglichen würden. 15

Untersuchungen mittels **Polygraph bzw. Lügendetektor**[107] bieten generell keine entsprechend genügende Grundlage für die Gutachtenerstattung wegen der weiterhin bestehenden Einwände gegen die wissenschaftliche Zuverlässigkeit[108] sowohl des Kontrollfragen-[109] als auch des Tatwissenstests,[110] nicht zuletzt wegen Möglichkeiten der Manipulation durch den Probanden sowie Fehlleitung und -interpretation durch den Gutachter.[111] Soweit vereinzelt gebliebende Entscheidungen von der Validität psychologsicher Sachverständigengutachten auf Grundlage eines Polypraphentests ausgehen,[112] ist dem schon aus den in der 16

---

94 Für die „Erwägung" verbleibt nur geringer Spielraum, vgl. nur OLG Celle 20.9.2011 – 2 Ws 242/11, NStZ-RR 2012, 29; OLG Karlsruhe 7.4.2016 – 1 Ws 13/16 L, NStZ-RR 2016, 189 (190); ferner Immel JR 2007, 183 (185 f.) mwN zur nicht einheitlichen Rspr.

95 OLG Karlsruhe 30.11.2005 – 2 Ws 125/05, NStZ-RR 2006, 90 (91).

96 S. hierzu BT-Drs. 17/12735, 22.

97 S. hierzu BT-Drs. 18/7244, 42.

98 Rogall in SK-StPO Rn. 20; Detter NStZ 1998, 57 (58).

99 BGH 14.6.2006 – 2 StR 65/06, NStZ 2006, 686 (687) zu § 244 Abs. 3 S. 2.

100 BGH 23.3.1976 – 1 StR 580/75, juris Rn. 16; 4.12.1979 – 1 StR 581/79, juris Rn. 10; 14.6.2006 – 2 StR 65/06, NStZ 2006, 686 (687); OLG Stuttgart 6.4.2017 – 4 Ss 623/16, Justiz 2017, 332 (334) jeweils zu § 244 Abs. 3 S. 2; BGH 6.7.2011 – 2 StR 124/11, StV 2011, 711 zu § 245 Abs. 2.

101 BGH 30.9.2014 – 3 StR 351/14, StV 2015, 206 zu § 244 Abs. 3 S. 3 Nr. 4.

102 BGH 1.12.2011 – 3 StR 284/11, NStZ 2012, 345; 30.1.2013 – 4 StR 380/12, NStZ-RR 2013, 186 jeweils zu § 244 Abs. 3; vgl. auch BGH 16.5.2002 – 1 StR 40/02, NStZ 2002, 656 (658 f.) zur aussagepsychologischen Begutachtung.

103 BGH 31.7.2013 – 4 StR 270/13, NStZ-RR 2014, 115 (116); Huckenbeck/Krumm NZV 2017, 453 (457); Schott NZV 2014, 393 (394).

104 BGH 15.2.2005 – 1 StR 91/04, NStZ 2005, 458 (459); s. Huckenbeck/Krumm NZV 2017, 453 (457) und Bellmann StRR 2011, 463 ff. zu Qualitätsanforderungen an das Bildmaterial.

105 Gabriel/Huckenbeck/Kürpiers NZV 2014, 346.

106 KG 9.7.2014 – 3 Ws (B) 364/14, VRS 127 (2014), 86 (89).

107 Zusammenfassend zur Funktionsweise und zur Akzeptanz in anderen Staaten Putzke ua ZStW 121 (2009), 607 (612–616); Stübinger ZIS 2008, 538 (541–544).

108 BVerfG 18.8.1981 – 2 BvR 166/81, NJW 1982, 375; Eisenberg BeweisR StPO Rn. 694; Schoreit StV 2004, 284 (284 f.); Sieterle StraFo 2014, 58 allerdings mit Kritik an der daraus gefolgerten „völligen Ungeeignetheit"; kritisch hierzu Schüssler JR 2003, 188 (190 f.).

109 BGH 14.10.1998 – 3 StR 236/98, NJW 1999, 662 (663); 30.11.2010 – 1 StR 509/10, NStZ 2011, 474 (475) jeweils mwN; vgl. auch BVerfG 7.4.1998 – 2 BvR 1827/97, NJW 1998, 1938 (1939); Kargl/Kirsch JuS 2000, 537 (539).

110 BGH 17.12.1998 – 1 StR 156/98, BGHSt 44, 308 (319–328); 10.2.1999 – 3 StR 460/98, Kusch NStZ-RR 2000, 33 (35) – RsprÜ.

111 BVerfG 7.4.1998 – 2 BvR 1827/97, NJW 1998, 1938 (1939) sieht die entsprechende Rspr. zumindest nicht als auf „auf sachfremden und damit willkürlichen Erwägungen" beruhend an; Eisenberg BeweisR StPO Rn. 694; Drohsel StV 2018, 827 (829 f.) mit dem Hinweis auf besondere Probleme bei Sexualstraftaten; Hamm NJW 1999, 922 (923); Rennicke JuS 2020, 1118 (1122); einschränkend Putzke ua ZStW 121 (2009), 607 (619–621).

112 AG Bautzen 26.3.2013 – 40 Ls 330 Js 6351/12, BeckRS 2013, 08655; AG Bautzen 26.10.2017 – 42 Ds 610 Js 411/15 jug, BeckRS 2017, 138202 = RUP 2018, 184 und NJW-Spezial 2018, 90; AG Bautzen 17.12.2018 – 40 Ls 640 Js 31646/16, BeckRS 2018, 42301. Bei allen Entscheidungen fällt auf, dass

Rspr. des BGH angeführten Gründen zu widersprechen.[113] Zudem ist die dortige Lösung, ein solches Gutachten nur dann zuzulassen, wenn der Beschuldigte zustimmt und es lediglich zu seiner Entlastung verwertet werden darf, grundsätzlichen Bedenken ausgesetzt. Zum einen bleibt unerörtert, ob und wie sich die hieraus entstehende positive Erwartungshaltung überhaupt erfassen und im Testergebnis kontrollieren lässt.[114] Zum anderen wird ohne tragfähige Begründung aus § 136a heraus eine einseitig zu gunsten des Beschuldigten wirkende Beweisregel postuliert.[115] Eine solche „Rosinentheorie" ist allerdings mit dem Grundsatz der freien Beweiswürdigung des § 261, auf den sich die Begründung gerade auch stützt, nicht vereinbar. Die gegen den Polygraphentest bestehenden Einwände werden (zumindest derzeit) für computergesteuerte bildgebende Verfahren genauso gelten, wobei insbesondere zu beachten ist, dass deren Suggestivkraft zu einer Verfälschung des Entscheidungsprozesses führen kann,[116] wie für KI-gestützte Lügendetektion.[117] Das BVerfG und der BGH haben gut daran getan, die Lügendetektion nicht als Beweismittel zuzulassen. Ist diese Büchse der Pandora erst geöffnet, wird es mit unabsehbaren Schwierigkeiten verbunden sein, mit dem bisherigen strafprozessualen System der Beweismittel vereinbare Grenzen zu ziehen. Es geht eben nicht nur darum, dem Beschuldigten Verteidigungsmöglichkeiten vorzuenthalten, sondern ihn vor einem Einwilligungsdruck zu bewahren.[118] Vor allem aber wird seitens der Verteidigerschaft die Forderung erhoben werden, die Technik auf Zeugen ebenfalls anzuwenden.[119] Der Verweis auf die Freiwilligkeit kann dabei nicht verfangen, da hier der Einwilligungsdruck ungleich größer sein wird, will sich der Zeuge nicht dem Einwand ausgesetzt sehen, er habe etwas zu verbergen.[120] Der oftmals herangezogene Vergleich zur aussagepsychologischen Begutachtung[121] ist in diesem Zusammenhang neben der Sache. Denn diese kommt nur dann in Betracht, wenn in Ausnahmefällen die richterliche Sachkunde nicht mehr ausreicht (→ Rn. 21). Die Lügendetektion betrifft dagegen die eigentliche dem Tatrichter überantwortete Beweiswürdigung und würde damit den gesamten Personalbeweis einer schleichenden „Automatisierung" aussetzen.[122] Angesichts der oftmals naiven Technikgläubigkeit des „modernen" Menschen ist der bisherigen wehret-den-Anfängen-Rspr. deshalb uneingeschränkt zuzustimmen, solange für diese strukturellen Aushöhlungsgefahren für die richterliche Beweiswürdigung keine befriedigenden Lösungen gefunden sind. Ggf. wird wieder auf die ursprünglich betonten verfassungsrechtlichen Schranken zurückzugreifen sein (→ § 136a Rn. 51).[123]

17 Die Auswahlentscheidung trifft das Gericht oder die Strafverfolgungsbehörde unter Beachtung von Abs. 2[124] eigenverantwortlich nach **pflichtgemäßem Ermessen,**[125]

---

nach den Darlegungen in der Beweiswürdigung die Verfahren auch ohne den Polygraphentest freispruchreif gewesen wären. Wohl deswegen dürfte es nicht zu einem Rechtsmittel der Staatsanwaltschaft und einer Überprüfung der – als nicht entscheidungserheblich anzusehenden – Argumentation in den Rechtsmittelinstanzen gekommen sein.

[113] Drohsel StV 2018, 827 (829 f.); kritisch zur dortigen Argumentation Seiterle StraFo 2014, 58.

[114] BGH 14.10.1998 – 3 StR 236/98, NJW 1999, 662 (663); aA Putzke/Scheinfeld StraFo 2010, 58.

[115] AG Bautzen 17.12.2018 – 40 Ls 640 Js 31646/16, BeckRS 2018, 42301 Rn. 26; wortgleich schon AG Bautzen 26.3.2013 – 40 Ls 330 Js 6351/12, BeckRS 2013, 08655; AG Bautzen 26.10.2017 – 42 Ds 610 Js 411/15 jug, BeckRS 2017, 138202 = juris Rn. 43; so auch AG Demmin 7.9.1998 – 94 Ls 182/98, juris (Leitsatz); vgl. auch Meyer-Mews NJW 2000, 916 (917).

[116] Hierzu und zu verschiedenen Techniken Stübinger ZIS 2008, 538 (548–550).

[117] Rodenbeck StV 2020, 469 (482 f.); aA Gerhold ZIS 2020, 431 (438).

[118] Eisenberg BeweisR StPO Rn. 699.

[119] Vgl. schon Gerhold ZIS 2020, 431 (438); Meyer-Mews NJW 2000, 916 (917 und 919).

[120] Vgl. Nestler JA 2017, 10 (16).

[121] Meyer-Mews NJW 2000, 916 (917).

[122] Rodenbeck StV 2020, 479 (483).

[123] Drohsel StV 2018, 827 (830); Nestler JA 2017, 10 (16).

[124] Hadamitzky in KK-StPO Rn. 6.

[125] BGH 25.3.1960 – 4 StR 72/60, LNR 1960, 11423; 27.11.1991 – 3 StR 451/91, BGHR StPO § 244 Abs. 6 Entscheidung 1; 8.2.2006 – 1 StR 523/05, BeckRS 2006, 02824 Rn. 9, insoweit nicht abgedruckt in NStZ 2006, 501; RG 18.3.1913 – V 738/12, RGSt 47, 100 (108); 10.3.1916 – IV 102/16, RGSt 49, 435 (437); 7.1.1920 – IV 944/19, RGSt 54, 209; OLG Rostock 16.1.2017 – 20 Ws 173/16, NStZ-RR 2017, 95.

grundsätzlich auch wenn es um die Frage geht, ob ein weiteres Sachverständigengutachten einzuholen ist.[126] Maßgebliche Kriterien hierfür sind die Sachkunde auf dem für die Entscheidung relevanten Fachgebiet[127] und die persönliche Eignung.[128] Gesetzliche Vorgaben hinsichtlich der Person, wie in § 81f Abs. 1 S. 1, § 87 Abs. 2 S. 2 und 3, § 91 Abs. 1, § 92 Abs. 1 S. 1, § 275a Abs. 4 S. 3, § 463 Abs. 4 S. 3–5,[129] oder der Zahl, wie in § 87 Abs. 2 S. 1, § 275a Abs. 4 S. 2, sind zu berücksichtigen.[130] Die Benennung eines bestimmten Sachverständigen in einem Beweisantrag stellt lediglich einen für dessen Wirksamkeit entbehrlichen[131] Vorschlag dar, der das Auswahlermessen auch hinsichtlich der Person des Sachverständigen nicht einschränkt.[132] Durch Verweigerung der Untersuchung kann der Angeklagte wegen der deswegen zu besorgenden Verlagerung der Aufklärung des Sachverhalts[133] regelmäßig nicht die Bestellung eines ihm genehmen (weiteren) Sachverständigen erzwingen,[134] was damit aber durchaus nicht selten bezweckt wird.[135] Er riskiert dann, dass der Sachverständige ohne Exploration nach Aktenlage und ggf. nach den Erkenntnissen aus der Hauptverhandlung oder einer mündlichen Anhörung entscheidet.[136] Das gilt grundsätzlich auch für die aussagepsychologische Begutachtung des Geschädigten (→ § 81c Rn. 61).[137] Hier kann die Aufklärungspflicht allerdings ausnahmsweise wegen einer besonderen Schutzbedürftigkeit der zu untersuchenden Person im Hinblick auf den im Raum stehenden Tatvorwurf die Bestellung eines anderen Sachverständigen gebieten, wenn begründete Einwände gegen den bisherigen geltend gemacht werden.[138]

b) Fachgebiet. Der Sachverständige muss über die erforderliche Sachkunde verfügen, 18
um sie dem Auftraggeber zu vermitteln. Um welche es sich handelt richtet sich danach, was von ihm zu verlangen ist.[139] Für die diesbezügliche Auswahlentscheidung eröffnet § 73 Abs. 1 S. 1 dem Gericht oder der Ermittlungsbehörde unter Berücksichtigung der Aufklärungspflicht, gerade auch bei Überschneidungen verschiedener wissenschaftlicher Disziplinen, die freie Auswahl auf die **gleichermaßen** oder **am ehesten geeignete Fach-**

126 BGH 10.9.2002 – 1 StR 169/02, BGHSt 48, 4 (8); RG 4.2.1930 – 1 D 1323/29, JW 1930, 1006 (1007) mit Hinweis auf mögliche Einschränkung bei besonders schwieriger Beweisfrage; OLG Düsseldorf 8.9.1993 – 3 Ws 493–494/93, wistra 1994, 78; OLG Schleswig 16.4.1999 – 2 Ws 117/99, StV 2000, 543 für Staatsanwaltschaft.

127 BGH 30.11.1993 – 1 StR 637/93, JurionRS 1993, 18350; 8.2.2006 – 1 StR 523/05, BeckRS 2006, 02824 Rn. 9, insoweit nicht abgedruckt in NStZ 2006, 501.

128 Monka in BeckOK StPO Rn. 3; Neubeck in KMR-StPO Rn. 6; Schmitt in Meyer-Goßner/Schmitt Rn. 3; Rogall in SK-StPO Rn. 23.

129 S. hierzu OLG Rostock 16.1.2017 – 20 Ws 173/16, NStZ-RR 2017, 95 (95 f.).

130 Rogall in SK-StPO Rn. 20 und 45; Roxin/Schünemann StrafVerfR § 27 Rn. 11.

131 Trück NStZ 2007, 377 (378).

132 BGH 25.3.1960 – 4 StR 72/60, LNR 1960, 11423; 13.7.1984 – 1 StR 351/84, StV 1984, 495; 21.4.1987 – 1 StR 77/87, BGHSt 34, 355 (357); 27.11.1991 – 3 StR 451/91, BGHR StPO § 244 Abs. 6 Entscheidung 1; BGH 14.1.2003 – 1 StR 357/02, BeckRS 2003, 01568; 14.8.2009 – 3 StR 522/08, wistra 2011, 335 (339); s. auch OLG Hamm 12.12.2017 – 1 Ws 557/17, BeckRS 2017, 149918 zum Strafvollstreckungsverfahren.

133 BGH 12.2.1998 – 1 StR 588/97, BGHSt 44, 26 (31).

134 BGH 17.7.2008 – 3 StR 250/08, Cierniak/Zimmermann NStZ-RR 2011, 97 (100) – RsprÜ; OLG Karlsruhe 30.11.2005 – 2 Ws 125/05, NStZ-RR 2006, 90 (91) zu § 67d Abs. 3 StGB, § 463 Abs. 3 S. 4; s. hierzu aber auch den Ausnahmefall OLG Rostock 2.12.2011 – I Ws 372/11, BeckRS 2012, 2356 = juris Rn. 17–19; Immel JR 2007, 183 (188 f.) zu § 454 Abs. 2; vorsichtig einschränkend, aber nicht entscheidungstragend OLG Karlsruhe 24.11.2017 – 2 Ws 333/17, juris Rn. 9 zu Fortdauer der Sicherungsverwahrung (§ 67d Abs. 3 StGB).

135 Artkämper BA 2001, 7 (12). Siehe nur die Ausführungen von Scheffler in Heghmanns/Scheffler StrafVerf-HdB VII Rn. 661–664.

136 Boetticher ua NStZ 2019, 553 (555); Immel JR 2007, 183 (188) zu § 454 Abs. 2; OLG Karlsruhe 14.7.2017 – 2 Ws 182/16, BeckRS 2017, 116955 Rn. 7 ff. zu § 463 Abs. 3 S. 3, § 454 Abs. 2.

137 Düring/Eisenberg StV 1997, 456 (458).

138 Vgl. BGH 16.9.2008 – 3 StR 302/08, BeckRS 2008, 21822 Rn. 6 = Cierniak/Zimmermann NStZ-RR 2011, 97 (100) – RsprÜ; KG 20.5.1996 – 1 AR 217/96, NJW 1997, 69 (69 f.) für Tatvorwurf des Sexualdelikts gegenüber Minderjährigen.

139 BGH 25.2.2016 – 3 StR 142/15, ZIP 2016, 1334 (1336); Rasch NStZ 1992, 257.

richtung.[140] Da der Auftraggeber diese nicht delegieren darf (→ Rn. 11) ist hierfür zumindest eine gewisse Sachkunde erforderlich.[141] Angesichts fortschreitender Spezialisierung der Wissenschaftszweige und auch teilweise bestehender Streitigkeiten über die Kompetenzabgrenzung unter deren Vertretern, bestehen allerdings mitunter nicht unerhebliche Schwierigkeiten den richtigen Experten zu benennen.[142] Notfalls müssen daher weitere Gutachter anderer Fachrichtungen herangezogen werden, wenn sich die ursprüngliche Wahl als unzureichend erweist und diese zusätzliche Erkenntnisse vermitteln können.[143] Im Einzelfall kann es sich anbieten, vor der endgültigen Auswahlentscheidung mit verschiedenen Sachverständigen (telefonisch) Kontakt aufzunehmen, um zu klären, welcher die erforderliche Sachkenntnis besitzt.[144]

19 **c) Persönliche Eignung.** Die Auswahl der Person des Sachverständigen hat nach pflichtgemäßem Ermessen (→ Rn. 14) im Hinblick auf eine **ordnungsgemäße Gutachtenerstattung** zu erfolgen. Demnach scheidet eine Beweisperson aus, deren persönliche Unzuverlässigkeit bekannt oder zumindest abzusehen ist.[145] Ungeeignet ist entsprechend ein Sachverständiger, der wegen Überlastung oder aus sonstigen Gründen nicht in der Lage ist, sein Untersuchungsergebnis in angemessener Zeit vorzulegen.[146] Auch ist darauf zu achten, dass seine Person Gewähr für ein unparteiliches Herangehen bietet, was beispielsweise bei erkennbarem emotionalem Engagement[147] fraglich sein kann sowie bei Mitarbeitern eines Verbandes oder Privatunternehmens, das wirtschaftliche Interessen mit dem Gegenstand des Ermittlungsverfahrens verbindet.[148] Die Bestellung des Nebenklägers ist zwar zulässig, wegen des naheliegenden Interessenkonfliktes jedoch nicht empfehlenswert.[149] In ähnlicher Weise wird beim behandelnden Arzt oder Therapeut nicht immer die notwendige Distanz gegeben sein.[150] Alleine die Zugehörigkeit zu einer Dienststelle schließt die Sachverständigentätigkeit nicht aus, was jedenfalls dann gilt, wenn organisatorisch gewährleistet ist, dass die Beweisperson ihr Gutachten eigenverantwortlich und frei von jeder Beeinflussung erstatten kann. Dies wird angenommen für Wirtschaftsreferenten der Staatsanwaltschaft,[151] polizeiliche Sachbearbeiter für Buchprüfung,[152] Angehörige der kriminalwissenschaftlichen Abteilung des Bundeskriminalamts[153] und Angehörige von Verfassungsschutzämtern,[154] sofern sie ihre sachverständige Bewertung hinreichend losgelöst von

140 BGH 22.7.1959 – 4 StR 250/59, NJW 1959, 2315 (2316); 21.4.1987 – 1 StR 77/87, BGHSt 34, 355 (356 f.); 27.11.1991 – 3 StR 451/91, BGHR StPO § 244 Abs. 6 Entscheidung 1; 24.11.1992 – 5 StR 500/92, BGHSt 39, 49 (52); 5.7.2007 – 5 StR 170/07, HRRS 2007, 737; Trück NStZ 2007, 377 (382 f.).

141 Brauer in Gercke/Julius/Temming/Zöller Rn. 5.

142 Krause in Löwe/Rosenberg Rn. 9.

143 BGH 21.4.1987 – 1 StR 77/87, BGHSt 34, 355 (357); OLG Koblenz 23.4.1968 – 2 Ss 41/68, VRS 36 (1969), 17 (18).

144 Rudolph Justiz 1969, 24 (27).

145 Vgl. BGH 14.6.1960 – 1 StR 73/60, BGHSt 14, 339 (342) zu § 243 Abs. 3 S. 2.

146 Rogall in SK-StPO Rn. 35; Rudolph Justiz 1969, 24 (28).

147 BGH 15.9.1994 – 1 StR 424/94, JurionRS 1994, 17820, insoweit nicht abgedruckt in NStZ 1995, 45.

148 LG Kiel 14.8.2006 – 37 Qs 54/06, NJW 2006, 3224 (3224 f.) mAnm Wehnert JR 2007, 82 für Organisation von Unternehmen der Film- und Software-Entertainmentbranche mit Ziel, Produktpiraterie zu verfolgen; Brüning StV 2008, 100 (101 f.); Rudolph Justiz 1969, 24 (28).

149 Rogall in SK-StPO Rn. 33; Eisenberg BeweisR StPO Rn. 1537.

150 BGH 27.11.1995 – 1 StR 614/95, BeckRS 1996, 00087 = juris Rn. 4 = StV 1996, 130; BGH 11.9.2002 – 1 StR 171/02, StV 2002, 637 (638 f.); Artkämper BA 2001, 7 (12 und 17); so auch der in § 87 Abs. 2 S. 3, § 275a Abs. 4 S. 3, § 463 Abs. 4 S. 2 zum Ausdruck kommende Rechtsgedanke.

151 BGH 10.4.1979 – 4 StR 127/79, BGHSt 28, 381 (384); 2.7.1986 – 3 StR 87/86, wistra 1986, 257 (258); Niemeyer/Grube in Müller-Gugenberger WirtschaftsstrafR-HdB Rn. 12.29; Lemme wistra 2002, 281 (285 f.); offengelassen in BGH 8.9.1981 – 1 StR 200/81, Pfeiffer/Miebach NStZ 1983, 208 – RsprÜ.

152 BGH 12.7.1955 – 5 StR 109/55, LNR 1955, 11761; Niemeyer/Grube in Müller-Gugenberger WirtschaftsstrafR-HdB Rn. 12.29.

153 BGH 11.1.1963 – 3 StR 52/62, BGHSt 18, 214 (216).

154 BGH 4.6.1964 – 3 StR 13/64, NJW 1964, 1681 (1682).

der eigentlichen Ermittlungstätigkeit erbringen.[155] Im Einzelfall kann ihnen wegen der besonderen Sachkunde sogar Vorzug vor einem „privaten Sachverständigen" zu geben sein (→ § 74 Rn. 6).[156] Ein Ablehnungsgrund nach § 74 darf nicht vorliegen.[157] Sind ausländische Personen zu begutachten, ist es nicht notwendig, einen Sachverständigen zu beauftragen, der deren Sprache spricht und ihrem Kulturkreis entstammt.[158] Indes kann dies bei gleicher fachlicher Qualifikation durchaus von Vorteil sein, wobei andererseits die sorgfältige Auswahl des Dolmetschers sprachliche Defizite ausgleichen kann. Gerade hier steht die Praxis jedoch angesichts sich ausweitender Migration immer häufiger vor erheblichen Problemen, wenn es um ausgefallene Sprachen oder Dialekte geht, für die nicht selten qulifizierte Dolmetscher kaum zu finden sind.[159] Sie tauchen selbstredend nicht nur für die Exploration des Beschudligten auf, sondern mindestens in gleicher Schärfe für die aussagepsychologische Begutachtung von Opferzeugen, wenn es um die Übersetzung spezieller Begrifflichkeiten oder kulturell bedingter Hemmnisse bei der Darstellung von Einzelheiten geht.[160] Bei der Untersuchung besonders schutzbedürftiger Personen kann das Geschlecht des Gutachters eine Rolle bei der Bestimmung spielen.[161] Schließlich muss die Beweisperson über ausreichende fachliche Qualifikation verfügen und Methoden anwenden, die in den entsprechenden Fachkreisen allgemein anerkannt sind.[162]

d) Anzahl. Nach § 73 Abs. 1 S. 1 bestimmt das Gericht auch die Anzahl der hinzuzuziehenden Sachverständigen nach seinem **freien Ermessen,** sofern durch abweichende Bestimmungen nichts anderweitiges vorgeschrieben ist (→ Rn. 14).[163] Dabei hat es die Entscheidung am Maßstab der Aufklärungspflicht zu orientieren.[164] Das Gericht ist deshalb bei einer besonders schwierig zu klärenden Frage trotz eines bereits vorliegenden Gutachtens nicht gehindert, eine weitere gutachterliche Stellungnahme einzuholen, um eine zuverlässigere Entscheidungsgrundlage zu gewinnen.[165] Unter Umständen kann dies bei entsprechender Beweislage nach § 244 Abs. 2 sogar geboten sein, besonders wenn dem Gutachten zusätzlich die allein entscheidende Bedeutung für die Beweisfrage zukommt (zu Schriftgutachten → § 93 Rn. 3).[166] Die Auswahlbefugnis wird insoweit durch § 83 Abs. 1 nicht auf die dort genannten Fälle beschränkt.[167] Regelmäßig wird allerdings die Anhörung eines Sachverständigen genügen, wenngleich nach § 214 Abs. 3, § 220 durch 20

[155] BGH 20.12.1983 – 5 StR 763/82, NStZ 1984, 215; 2.7.1986 – 3 StR 87/86, wistra 1986, 257 (258); vgl. auch BGH 4.6.1964 – 3 StR 13/64, NJW 1964, 1681 (1682) zu § 74.

[156] BGH 19.11.1956 – 2 StR 493/56, BGHSt 10, 116 (118 f.); BGH 7.2.2008 – 4 StR 502/07, Cierniak/Zimmermann NStZ-RR 2011, 161 (163) – RsprÜ.

[157] OLG Karlsruhe 14.7.2017 – 2 Ws 182/16, BeckRS 2017, 116955 Rn. 8; LG Kiel 14.8.2006 – 37 Qs 54/06, NJW 2006, 3224 mAnm Wehnert JR 2007, 82; Neubeck in KMR-StPO Rn. 14; Schmitt in Meyer-Goßner/Schmitt Rn. 9; Eisenberg BeweisR StPO Rn. 1537; Brüning StV 2008, 100 (103) für „privates sachverständiges Unternehmen, das im Auftrag der Geschädigten tätig ist".

[158] BGH 12.9.1972 – 5 StR 350/72, Dallinger MDR 1973, 16 (19).

[159] Das übersieht Schumacher StV 2006, 51 (51 f.) bei seiner Kritik, dieser Problematik würde „in der Praxis häufig nicht die notwendige Aufmerksamkeit" gewidmet.

[160] Vgl. Schumacher StV 2006, 51 (53 f.), allerdings nur aus Sicht des Verteidigers.

[161] BGH 2.10.1952 – 5 StR 617/52, JurionRS 1952/11326 für aussagepsychologische Begutachtung eines elfjährigen Mädchens wegen Sexualdelikts; BGH 16.9.2008 – 3 StR 302/08, Cierniak/Zimmermann NStZ-RR 2011, 97 (100) – RsprÜ. Vgl. auch Foerster/Winckler in Venzlaff/Foerster/Dreßing/Habermeyer Psychiatrische Begutachtung-HdB S. 17, 22 zum Dolmetscher bei Exploration.

[162] Krause in Löwe/Rosenberg Rn. 23 f.

[163] OLG Düsseldorf 8.9.1993 – 3 Ws 493–494/93, wistra 1994, 78; Krause in Löwe/Rosenberg Rn. 28; Schmitt in Meyer-Goßner/Schmitt Rn. 11.

[164] Rogall in SK-StPO Rn. 44.

[165] RG 4.2.1930 – 1 D 1323/29, JW 1930, 1006; OLG Düsseldorf 8.9.1993 – 3 Ws 493–494/93, wistra 1994, 78; Rudolph Justiz 1969, 49 (52).

[166] BGH 19.11.1956 – 2 StR 493/56, BGHSt 10, 116 (118 f.); BGH 7.2.2008 – 4 StR 502/07, Cierniak/Zimmermann NStZ-RR 2011, 161 (163) – RsprÜ jeweils auch zur Frage des Vorrangs eines Behördengutachters vor einem „privaten Sachverständigen".

[167] BayObLG 23.12.1995 – 3 St 187/55, NJW 1956, 1001; Krause in Löwe/Rosenberg Rn. 28; Eisenberg BeweisR StPO Rn. 1541; aA Duttge NStZ 2003, 375 (376).

Verfahrensbeteiligte geladene Gutachter unter den Voraussetzungen des § 245 Abs. 2 zusätzlich zu hören sind.[168]

21 **e) Fallgruppen.** Die **aussagepsychologische Begutachtung** kommt in Betracht,[169] wenn die aussagende Person oder der zur Aburteilung stehende Sachverhalt Besonderheiten aufweist.[170] Grundsätzlich verfügt aber der Tatrichter[171] über ausreichende eigene Sachkunde bei der Würdigung von Zeugenaussagen, und zwar auch dann, wenn es um die Aussagen von Jugendlichen und Kindern geht,[172] selbst wenn die Tat erst spät zur Anzeige kommt und deswegen zwischen dieser und dem Urteil ein sehr langer Zeitraum liegt.[173] Unbeschadet dessen gebietet es die Aufklärungspflicht, sich nicht nur mit den Ausführungen zur Aussagetüchtigkeit, sondern ebenfalls mit der kriteriengestützten Aussageanalyse eines aussagepsychologischen Sachvertsändigen auseinanderzusetzen, auch wenn sich Letztere in dem Gebiet der Beweiswürdigung bewegt, das der ureigenste Bereich des Tatrichters ist.[174] Diese Grunsätze gelten gleichfalls uneingeschränkt für Sexualdelikte,[175] weswegen die gängige Praxis in diesem Bereich fast schon regelhaft einen Sachverständigen einzuschalten oder dessen Beiziehung zu beantragen von der Aufklärungspflicht nicht geboten ist[176] und Zeugen zudem unnötigen (weiteren) Belastungen aussetzt.[177] Bemerkenswert ist aber, dass bei den erstinstanzlichen landgerichtlichen Urteilen in Sexualstrafsachen, gegen die Revision eingelegt wird, die Zahl derjenigen ganz deutlich überwiegt, bei denen keine aussagepsychologische Begutachtung durchgeführt wurde.[178] Ob sich dies mit der Rate von erteilten Aufträgen aller Verfahren deckt oder hieraus eine größere Akzeptanz nach einer solchen Untersuchung zu ersehen ist, bleibt offen. Zu weitgehend sind aber die vor allem diesen Deliktsbereich betreffenden, aber vereinzelt gebliebenen Entscheidungen, eine besonders schwierige Beweislage rechtfertige die Beauftragung eines Sachverständigen.[179] Andererseits kann dies im Hinblick auf die überlegenen Erkenntnismittel des psychologisch Geschulten bei Kindern von der Aufklärungspflicht gefordert sein, da sie unter dem Druck der Hauptverhandlung zu einer Aussage nicht oder nur sehr eingeschränkt in der Lage sein können.[180] Allgemein gebietet es die Aufklärungspflicht des § 244 Abs. 2, dass das Gericht einen (weite-

[168] Krause in Löwe/Rosenberg Rn. 28; Schmitt in Meyer-Goßner/Schmitt Rn. 11; Rogall in SK-StPO Rn. 45; Eisenberg BeweisR StPO Rn. 1541.

[169] Es sei darauf hingewiesen, dass sich die nachfolgend zu dieser Thematik zitierte Rspr. im Wesentlichen auf die Ablehnung von Beweisanträgen auf die Anhörung eines (weiteren) Sachverständigen bezieht.

[170] BGH 24.6.1952 – 1 StR 130/52, BGHSt 3, 27 (28–30); 3.5.2019 – 3 StR 462/18, BeckRS 2019, 19081 Rn. 6; kritisch hierzu Fischer NStZ 1994, 1 (3).

[171] Zur Vermittlung von Fachwissen innerhalb eines Spruchköpers bei Kollegialgerichten Trück NStZ 2007, 377 (380 f.).

[172] BGH 13.6.1952 – 2 StR 259/52, BGHSt 3, 52 (53 f.); 8.1.2013 – 1 StR 602/12, NStZ 2013, 672; 12.7.2017 – 1 StR 408/16, BeckRS 2017, 121242 Rn. 15; OLG Zweibrücken 17.9.1999 – 1 Ss 201/99, NStZ-RR 2000, 47; OLG Stuttgart 28.8.2014 – 4 HEs 73/14, S. 8; Hülle JZ 1955, 8 (9); einschränkend für länger zurückliegende Taten BGH 12.12.2012 – 5 StR 544/12, NStZ-RR 2013, 119 (120).

[173] BGH 4.10.2017 – 2 StR 219/15, NStZ-RR 2018, 71; Nack StraFo 2001, 1 (5).

[174] BGH 3.5.2019 – 3 StR 462/18, BeckRS 2019, 19081 Rn. 6.

[175] BGH 8.1.2013 – 1 StR 602/12, BeckRS 2013, 2638 = juris, insoweit nicht abgedruckt in NStZ 2013, 672; BGH 12.7.2017 – 1 StR 408/16, BeckRS 2017, 121242 Rn. 16; OLG Stuttgart 28.8.2014 – 4 HEs 73/14, S. 8.

[176] Fischer NStZ 1994, 1 (4 f.); Fischer FS Widmaier, 2008, 191 (217 f.); Kett-Straub ZStW 117 (2006), 354 (356); Trück NStZ 2010, 586 (588 f.).

[177] Siehe hierzu BGH 11.1.2005 – 1 StR 498/04, NJW 2005, 1519 (1521); Hülle JZ 1955, 8 (9).

[178] Nack GA 2009, 201 (203).

[179] BGH 5.7.1955 – 1 StR 195/55, BGHSt 8, 130 (131); 18.8.1977 – 4 StR 176/77, Spiegel DAR 1978, 146 (155) – RsprÜ; BGH 14.1.1982 – 1 StR 640/81, NStZ 1982, 170; kritisch zu Recht Rennike JuS 2020, 1118 (1120), wonach die Bestellung des aussagepsychologischen Sachverständigen vom Grundsatz her der Ausnahmefall sein muss.

[180] BGH 14.12.1954 – 5 StR 416/54, BGHSt 7, 82 (83–85); 1.11.1955 – 5 StR 329/55, BGHSt 8, 226 (236 f.); Brause NStZ 2013, 129 (131 und 133); Hülle JZ 1955, 8 (10); Nack StraFo 2001, 1 (6); Nack GA 2009, 201 (208); Tröndle JZ 1969, 374 (375 f.); s. auch die sehr anschauliche Fallschilderung bei BGH 8.11.1995 – 2 StR 531/95, NStZ-RR 1996, 106; zur schwierigen Situation junger Zeugen in der Hauptverhandlung s. auch OLG Stuttgart 29.9.2014 – 1 Ws 124/14, Justiz 2015, 298 (299).

ren) aussagepsychologischen Sachverständigen hören muss, sobald sich auch nur geringe Zweifel an der eigenen Sachkunde auftun.[181] Gerade bei der Beurteilung von Aussagen noch sehr junger Zeugen ist zu erwägen, dessen Mitwirkung möglichst frühzeitig in die Wege zu leiten (Nr. 222 Abs. 1 S. 2 RiStBV). Anlass für eine sachverständige Untersuchung der Beweisperson besteht in der Praxis erfahrungsgemäß am häufigsten,[182] wenn die Erinnerungsfähigkeit aus psychodiagnostisch erfassbaren Gründen eingeschränkt ist,[183] wenn tatzeitnahe Selbstverletzungen, Suizidalität, Unterbringungen zur Behandlung oder sonstige Umstände insbesondere auf eine Persönlichkeitsstörung hindeuten,[184] bei Magersucht,[185] bei Asperger-Syndrom/Autismus;[186] nicht schon dagegen bei einer Anpassungsstörung in Form einer längeren depressiven Reaktion nach ICD 10 „F 43.21“[187] oder bei einem allgemeinen Hinweis auf „Burnout“;[188] bei Anzeichen für Alkohol-, Drogen- und Medikamentenmissbrauch und/oder sich daraus ergebenden Folgeerkrankungen;[189] bei Anzeichen für suggestive Vorbefragungen und innerfamiliäre Beeinflussungen, insbesondere im Zusammenhang mit familienrechtlichen Streitigkeiten;[190] bei autosuggestiven Prozessen mit der Ausbildung von Pseudoerinnerungen;[191] bei Anhaltspunkten auf eine Übertragung von Parallelerlebnissen.[192] Zumindest problematisch ist die eigene Sachkunde, bezieht sich der Zeuge auf Erinnerungslücken („Verdrängung“)[193] oder bei Anhaltspunkten für Erinnerungsverfälschungen[194] sowie bei Fällen der „Wiedererinnerung“ nach psychotherapeutischer Behandlung, da bei Letzteren die Ausbildung von Pseudoerinnerungen ebenfalls nicht fern liegen kann.[195] Genrell kann ein solcher Effekt durch das wiederholte Erörtern im Rahmen einer Psycho-/Traumatherapie auftreten.[196] Wird die Aussage durch andere erheb-

---

181 BGH 21.5.1969 – 4 StR 446/68, BGHSt 23, 8 (12) „in Grenzfällen wird er daher eher ein Zuviel als ein Zuwenig tun müssen“; vgl. BGH 18.11.1994 – 2 StR 458/94, StV 1995, 115 (116) zu Abweichung in Aussagekonstanz bei noch sehr jungem Kind; BGH 16.5.2002 – 1 StR 40/02, NStZ 2002, 656 (658 f.) für den Fall, dass die Zeugin nach Suizid nicht mehr zur Verfügung steht; OLG Brandenburg 25.1.1999 – 2 Ss 72/98, StV 1999, 481 zu „Gesundheits- und Verhaltensstörungen“ einer Jugendlichen; entgegen Meyer-Mews NJW 2000, 916 ist mit dem Auftrag selbstverständlich keinerlei „Unwerturteil“ verbunden.

182 Siehe auch Alex ua StV 2013, 259 (262); Kett-Straub ZStW 117 (2006), 354 (361–363); Nack StraFo 2001, 1 (4 f.); Trück NStZ 2007, 377 (380 ff.) jeweils mwN.

183 BGH 14.3.1991 – 4 StR 16/91, StV 1991, 245 für Epilepsie; BGH 11.5.1993 – 1 StR 896/92, NJW 1993, 2252 (2252 f.) für „schiziophrenen Schub“; BGH 6.6.2000 – 5 StR 199/00, BeckRS 2000, 5734 „Halluzinationen“; BGH 26.4.2006 – 2 StR 445/05, NStZ-RR 2006, 241; 8.1.2013 – 1 StR 602/12, NStZ 2013, 672.

184 BGH 22.10.1992 – 4 StR 502/92, StV 1993, 567; 11.9.2002 – 1 StR 171/02, StV 2002, 637 (638); 28.10.2009 – 5 StR 419/09, NStZ 2010, 290 (291); 23.5.2012 – 5 StR 174/12, NStZ-RR 2012, 353 (354); 9.10.2012 – 5 StR 428/12, StraFo 2013, 26; 5.3.2013 – 5 StR 39/13, StV 2013, 483; s. hierzu auch Brause NStZ 2013, 129 (135 f.).

185 BGH 24.6.1993 – 4 StR 329/93, BeckRS 2009, 88620.

186 OLG Karlsruhe 20.7.2015 – 3 (5) Ss 724/14, JR 2016, 387 (387 f.) mAnm Ernst.

187 BGH 5.7.2007 – 4 StR 540/06, BeckRS 2007, 12401 Rn. 6.

188 Vgl. BGH 7.4.2020 – 3 StR 44/20, BeckRS 2020, 10184 Rn. 6.

189 BGH 25.9.1990 – 5 StR 401/90, NStZ 1991, 47 mAnm Blau StV 1991, 406; BGH 5.9.1996 – 1 StR 416/96, NStZ 1997, 199; 28.10.2008 – 3 StR 364/08, NStZ 2009, 346 (347); 5.3.2014 – 2 StR 503/13, NStZ 2015, 49; 15.5.2018 – 3 StR 18/18, NStZ 2019, 41 (42); s. aber auch andererseits BGH 18.8.2009 – 1 StR 155/09, NStZ 2010, 51 (52); Miebach NStZ-RR 2018, 36.

190 BGH 22.6.2000 – 5 StR 209/00, NStZ 2001, 105; 25.4.2006 – 1 StR 579/05, NStZ-RR 2006, 242 (243); vgl. auch BGH 25.4.2018 – 2 StR 194/17, NStZ 2019, 42 (43) und Steller FPPK 2020, 188 (189 f.).

191 BGH 29.9.2016 – 2 StR 63/16, NStZ-RR 2017, 88 (89 f.).

192 BGH 14.5.2002 – 1 StR 46/02, juris Rn. 8 f. = BeckRS 2002, 5106; BGH 27.3.2012 – 3 StR 47/12, BeckRS 2012, 10161 Rn. 13 = NStZ-RR 2012, 255 (Leitsatz).

193 Vgl. hierzu auch BGH 4.9.2002 – 2 StR 307/02, NStZ 2003, 276 (277); Steller FPPK 2020, 188 (190 f.).

194 Ausführlich hierzu Glatzel StV 2003, 189 (189 ff.).

195 Vgl. BGH 20.5.2015 – 2 StR 455/14, NStZ 2016, 122 (123); 4.4.2017 – 2 StR 409/16, StV 2018, 193 (194) zu „Präventologin“; Gasch Kriminalistik 2018, 736 (737); Hohoff NStZ 2020, 387 (389); Steller FPPK 2020, 188 (190 f.).

196 Gasch Kriminalistik 2018, 736 (736 f.) auch zum Problem der Simulation einer Posttraumatischen Belastungsstörung; Hohoff NStZ 2020, 387 (389); Steller FPPK 2020, 188 (190 f.).

liche Umstände gestützt, kann aber auch bei solchen Besonderheiten in der Person des Zeugen die Sachkunde des Gerichts genügen.[197]

22 Geht es um die Bewertung normalpsychologischer Vorgänge, bleibt es dem Ermessen des Auftraggebers überlassen, ob er einen **Psychologen oder Psychiater** heranzieht.[198] Bestehen indes Anzeichen für psychopathologische Ursachen, die die Aussagetüchtigkeit einschränken können, so kommt nur der Psychiater[199] in Betracht.[200] Da in der Rspr. des BGH für die Abgrenzug dieselbe Begrifflichkeit der „geistigen Erkrankung" Verwendung findet[201] wie bei der Schuldfähigkeitsprüfung wird dies im Grundsatz gleichfalls dahingehend zu verstehen sein, dass der Sache nach krankhafte seelische Störungen iSd § 20 StGB gemeint sind, mithin psychische Auffälligkeiten mit einer körperlichen Ursache (→ Rn. 23)[202] wie bspw. Epilepsie,[203] ein „schizophrener Schub",[204] ein Schädel-Hirn-Trauma,[205] eine Hirnhautentzündung im Kleinkindalter mit monatelangem Krankenhausaufenthalt,[206] eine „leichte zerebrale Störung" mit Intelligenzminderung,[207] eine Psychose aus dem Formenkreis der Schizophrenie mit Halluzinationen.[208] Gleichwohl finden sich Entscheidungen, die ausdrücklich betonen, dass es durchaus Unterschiede geben kann, sofern es nicht um aktuelle psychopathologische Fragestellungen geht. Sind im Tatzeitraum und zum Zeitpunkt der Hauptverhandlung keine Auswirkungen der körperlichen Ursache mehr zu gewärtigen, war deren Einfluss also in zurückliegender Zeit abgeschlossen, genügt die psychologische Sachkunde.[209] Mit beachtlichen Argumenten wird zudem weitergehend die Ansicht vertreten, der spezifisch medizinischen Sachkunde des Psychiaters bedürfe es ohnehin nur in den seltenen Fällen, in denen der Zeuge an einer exogenen Psychose leidet, da nur dann eine eindeutig körperliche Ursache gegeben ist.[210] Ein „klinisch erfahrener" Psychologe kann bei einer Begutachtung im diesbezüglichen Grenzbereich beurteilen, ob ausgeschlossen werden kann, dass sein Kompetenzbereich überschritten ist. Sofern sich das Gericht von dieser Qualifikation überzeugt, ist es nicht gehalten zusätzlich einen Psychiater zu beauftragen.[211] Ein Psychiater deckt die Sachkunde des aussagepsychologischen Sachverständigen im Regefall mit ab, so dass es dessen zusätzlicher Inanspruchnahme nicht bedarf.[212] Räumt er mit seinem Gutachten Zweifel an der Aussagetüchtigkeit aus, kann sich das Gericht hinsichtlich der Würdigung der Zeugenaussage wiederum auf seine eigene Sach-

---

[197] BGH 22.1.1998 – 4 StR 100/97, NStZ 1998, 366 (368); 5.7.2007 – 4 StR 540/06, BeckRS 2007, 12401 Rn. 8; 17.2.2016 – 5 StR 602/15, BeckRS 2016, 5086; OLG Stuttgart 28.8.2014 – 4 HEs 73/14, S. 8; bei BGH 5.3.2014 – 2 StR 503/13, NStZ 2015, 49; 15.5.2018 – 3 StR 18/18, NStZ 2019, 41 (42) jeweils zu § 244 Abs. 4 S. 1 kommen derartige Erwägungen erst bei der Beruhensprüfung nach § 337 Abs. 1 zum Tragen.

[198] BGH 21.5.1969 – 4 StR 446/68, BGHSt 23, 8 (12); Trück NStZ 2007, 377 (383); wobei Rasch NStZ 1992, 257 (264) dann eher zum Psychologen rät; s. hierzu auch Kohlhaas NJW 1951, 903 (904 f.).

[199] Hierzu Schumacher StV 2003, 641.

[200] BGH 21.5.1969 – 4 StR 446/68, BGHSt 23, 8 (13); 11.5.1993 – 1 StR 896/92, NJW 1993, 2252 (2253); 22.1.1998 – 4 StR 100/97, NStZ 1998, 366 (367); 19.2.2002 – 1 StR 5/02, NJW 2002, 1813; 5.10.2004 – 1 StR 284/04, BeckRS 2004, 09886; 11.1.2005 – 1 StR 498/04, NJW 2005, 1519 (1521).

[201] Grundlegend BGH 21.5.1969 – 4 StR 446/68, BGHSt 23, 8 (12 f.).

[202] So der Sache nach BGH 5.9.1996 – 1 StR 416/96, NStZ 1997, 199 mit ausdrücklicher Bezugnahme auf § 20 StGB.

[203] BGH 14.3.1991 – 4 StR 16/91, StV 1991, 245.

[204] BGH 11.5.1993 – 1 StR 896/92, NJW 1993, 2252 (2252 f.).

[205] BGH 6.6.1994 – 5 StR 204/94, StV 1994, 634 (635).

[206] BGH 29.10.1996 – 4 StR 508/96, StV 1997, 60 (61).

[207] BGH 13.12.1996 – 3 StR 543/96, NStZ-RR 1997, 171 (172).

[208] BGH 6.6.2000 – 5 StR 199/00, BeckRS 2000, 5734.

[209] BGH 19.2.2002 – 1 StR 5/02, NJW 2002, 1813 zu einer Hirnblutung bei der Geburt die zu einer „Begabungsschwäche" ohne weiteren aktuellen hirnorganischen Prozess führte; s. aber andererseits BGH 5.9.1996 – 1 StR 416/96, NStZ 1997, 199 zu einem „Alkoholkind".

[210] Kruse NJW 2014, 509 (513).

[211] BGH 21.5.1969 – 4 StR 446/68, BGHSt 23, 8 (15).

[212] BGH 22.1.1998 – 4 StR 100/97, NStZ 1998, 366 (367); 8.1.2013 – 1 StR 602/12, BeckRS 2013, 2638 = juris, insoweit nicht abgedruckt in NStZ 2013, 672.

kunde berufen, sofern keine besonderen Umstände dem entegegenstehen.[213] Der Gutachter hat sich an die wissenschaftlichen Anforderungen für die aussagepsychologische Begutachtung zu halten,[214] wenngleich er hierdurch nicht auf eine bestimmte Prüfstrategie oder einen einheitlichen Gutachtenaufbau festgelegt ist.[215] Ein bloßer Pädagoge ist dagegen generell nicht geeignet.[216] Er kommt aber als Zeuge im Rahmen der Fehlerquellen- und Kompetenzanalyse[217] bei kindlichen und jugendlichen Opferzeugen in Betracht (Nr. 222 Abs. 1 S. 1, Nr. 19 Abs. 4 S. 2 RiStBV).[218] Der behandelnde Psychiater oder Psychologe ist wegen des naturgemäß therapeutischen Blickwinkels – auch als sachverständiger Zeuge – meist nur eingeschränkt tauglich, um die Validität der Angaben eines Zeugen zu bewerten.[219]

Die Begutachtung der **Schuldfähigkeit** ist in Betracht zu ziehen, wenn Anhaltspunkte für eine psychische Störung gegeben sind, die die sachverständige Vermittlung der medizinisch-psychiatrischen Anknüpfungstatsachen nahe legt.[220] Wegen der Vielgestaltigkeit psychischer Störungen und der Schwierigkeit die Beurteilung durch das Rechtsmittelgericht vorwegzunehmen, neigt die tatrichterliche Praxis nachvollziehbarer Weise dazu, die ausreichende eigene Sachkunde eher zu verneinen und schon bei kleinen Zweifeln einen Auftrag an einen Gutachter zu erteilen.[221] Allgemein gilt dabei, dass nach der Rspr. des BGH für die Beurteilung „nicht krankhafter Zustände" das Gericht nach seinem Ermessen entscheidet, ob es einen Psychiater oder Psychologen[222] heranzieht.[223] Diese Auswahlmöglichkeit besteht mithin für die Zuordnung zu den Eingangsmerkmalen der tiefgreifenden Bewußtseinsstörung, der Intelligenzminderung oder der schweren anderen seelischen Störung iSd § 20 StGB.[224] Zu beachten ist dabei, dass die Diagnosen nach den heutzutage in der forensischen Psychiatrie gebräuchlichen und für die Begutachtung maßgeblichen Klassifikationssystemen ICD-10 und DSM-V-TR[225] nicht mit den Eingangsmerkmalen des § 20 StGB übereinstimmen.[226] Vor diesem Hintergrund wird in der Literatur die Ansicht vertreten auch die Begutachtung zu einem Störungsbild, das rechtlich unter die krankhafte seelische Störung zu subsumieren sei, könne meist zumindest durch einen klinisch-forensisch erfahrenen[227] Psychologen zuverlässig vorgenommen werden. Die Fachkompetenz des psychiatrischen Sachverständigen sei vielmehr nur bei dem Ver- 23

---

213 BGH 22.1.1998 – 4 StR 100/97, NStZ 1998, 366 (367); 8.1.2013 – 1 StR 602/12, BeckRS 2013, 2638 = juris, insoweit nicht abgedruckt in NStZ 2013, 672; vgl. auch BGH 14.5.2002 – 1 StR 46/02, juris Rn. 9 f = BeckRS 2002, 5106.

214 Hierzu BGH 30.7.1999 – 1 StR 618/98, BGHSt 45, 164 (164 ff.); Jansen StV 2000, 224 (224 ff.); Schoreit StV 2004, 284 (285 f.).

215 BGH 30.5.2000 – 1 StR 582/99, NStZ 2001, 45 (45 f.).

216 BGH 29.2.1952 – 1 StR 631/51, BGHSt 2, 163 (166); 14.12.1954 – 5 StR 416/54, BGHSt 7, 82 (85).

217 Grundlegend hierzu BGH 30.7.1999 – 1 StR 618/98, BGHSt 45, 164 (173 ff.).

218 BGH 3.5.1967 – 2 StR 159/67, GA 1967, 343.

219 BGH 11.9.2002 – 1 StR 171/02, StV 2002, 637 (638 f.); vgl. auch BGH 16.5.2002 – 1 StR 40/02, NStZ 2002, 656 (658).

220 BGH 17.4.2012 – 1 StR 15/12, NStZ 2013, 53 (54); 22.8.2012 – 4 StR 308/12, Pfister NStZ-RR 2013, 161 (165) – RsprÜ; KG 12.3.2012 – (4) 121 Ss 27/12, StV 2013, 10 (11).

221 Schmitt FS Geerds, 1995, 541 (547 f.) aA Böhm/Boetticher ZRP 2009, 134 (135) unter Hinweis auf Fallstudien.

222 Ausführlich hierzu Scholz ZStW 116 (2004), 618 (618 ff.); wo es um die Diagnostik mittels Testverfahren geht, hält Wolff NStZ 1983, 537 (540) den Psychologen für überlegen; dagegen sehr kritisch zu den dortigen Ausführungen Rasch NStZ 1992, 259.

223 BGH 22.7.1959 – 4 StR 250/59, NJW 1959, 2315 (2316); 25.3.1960 – 4 StR 72/60, LNR 1960, 11423; 13.7.1984 – 1 StR 351/84, StV 1984, 495; 21.4.1987 – 1 StR 77/87, BGHSt 34, 355 (357 f.); 8.11.1988 – 5 StR 499/88, StV 1989, 102; 13.11.1979 – 1 StR 526/79, BeckRS 1979, 00346 = juris Rn. 6 f. zu § 244 Abs. 4.

224 Kruse NJW 2014, 509 (510).

225 Rose StV 2003, 101 (103) speziell zur Begutachtung von Sexualstraftätern; kritisch zu deren uneingeschränkter Anwendung bei „kulurspezifischen Störungen" Schumacher StV 2006, 51 (52).

226 Boetticher/Nedopil/Bodinski/Saß NStZ 2005, 57 (58).

227 S. Alex/Fleltes/Kudlacek StV 2013, 259 (261); Kruse NJW 2014, 509 (513) jeweils zum Fachpsychologen für Rechtspsychologie und zum Facharzt für Forensische Psychiatrie.

dacht endogener oder exogener Psychosen unerlässlich.[228] Noch weitergehend wird vertreten, alleine für die Beurteilung Letzterer sei wegen der wissenschaftlich gesicherten somatischen Ursache spezifisch medizinisches Fachwissen gefragt, über das alleine der Psychiater verfüge.[229] Für die Praxis bietet sich die „Faustregel" an, einen Psychiater heranzuziehen, falls die Diagnostik einer Psychose oder einer hirnorganischen Erkrankung im Raum steht, aber eher den Psychologen für eine differenzierte Persönlichkeitsdiagnostik und prognostische Erwägungen bei nicht psychisch Kranken.[230] Hat sich das Gericht für eine psychiatrische Begutachtung entschieden, wird es meist nicht erforderlich sein, zusätzlich einen Psychologen zu Rate zu ziehen, da dessen Sachkunde regelmäßig durch Ersteren mitabgedeckt ist,[231] was dessen eigener Einschätzung überlassen werden kann.[232] Ferner stellt sich ein „Psychoanalytiker"[233] gegenüber dem Psychiater nicht als Vertreter einer anderen Fachrichtung dar.[234] Bei Ersttätern im vorgerückten Alter,[235] insbesondere im Bereich der Gewalt- und Sexualdelikte kommt ein psychiatrischer Sachverständiger,[236] vorzugsweise mit besonderer Erfahrung auf dem Gebiet des Altersabbaus[237] oder der Alterskriminalität,[238] in Betracht, die ein Facharzt für Psychiatrie aber regelmäßig vorzuweisen hat.[239] In außergewöhnlichen Einzelfällen kann die Beurteilung durch einen Sexualpathologen geboten sein.[240] Unabhängig von fallspezifischen Besonderheiten geht die Rspr. davon aus, dass statt eines Facharztes für Psychiatrie ein Landgerichts-[241] oder Gefängnisarzt[242] genügen, bei denen die entsprechende Erfahrung auf diesem Gebiet anzunehmen ist. Ein (rechts-)medizinischer Sachverständiger kann Fragen der Alkohol- und Drogenintoxikation bewerten und ist insbesondere bei sehr hohen BAK-Werten und sonstigen Besonderheiten zu Rate zu ziehen (auch → Rn. 25).[243] Für die Einschätzung wie sich eine Mischintoxikation auf den geistigen Zustand auswirkt, kann jedoch im Einzelfall neben einem Toxikologen und rechtsmedizinischen Untersuchungen ein Psychiater heranzuziehen sein.[244] Die Auswahlmöglichkeit zwischen Psychiater und Psychologe besteht dagegen, um die Auswirkungen einer Drogenabhängigkeit auf die Verantwortlichkeit zu beurteilen.[245] Bei Anhaltspunkten für eine Hirnschädigung kann es auf die besondere Sachkunde eines Neurologen ankommen.[246] Dies gilt indes nur für außer-

228 Maisch/Schorsch StV 1983, 32 (37) mit weiteren Beispielen für die ausreichnede Kompetenz des Psychologen.

229 Kruse NJW 2014, 509 (512).

230 Rasch NStZ 1992, 257 (264); sich dem anschließend Kulisch StraFo 2001, 337 (338).

231 BGH 8.11.1988 – 5 StR 499/88, StV 1989, 102; vgl. auch BGH 22.7.1997 – 1 StR 334/97, NStZ 1997, 610 zu § 244 Abs. 4; 22.1.1998 – 4 StR 100/97, NStZ 1998, 366 (367) zur aussagepsychologischen Begutachtung; kritsch Rasch NStZ 1992, 257 (260); aA Wolff NStZ 1983, 537 (539 f.).

232 BGH 22.7.1997 – 1 StR 334/97, NStZ 1997, 610.

233 S. hierzu Rasch NStZ 1992, 257 (262 ff.).

234 BGH 7.7.1999 – 1 StR 207/99, NStZ 1999, 630 (631).

235 Nach BGH 11.8.1998 – 1 StR 338/98, NStZ 1999, 297 (298) mAnm Kröber regelmäßig nicht „wesentlich vor dem 60. Lebensjahr"; hierzu Trück NStZ 2007, 377 (379).

236 BGH 15.1.2008 – 4 StR 500/07, StV 2008, 245.

237 BGH 8.11.1988 – 5 StR 499/88, StV 1989, 102; 13.10.2005 – 5 StR 347/05, NStZ-RR 2006, 38.

238 BGH 24.8.1993 – 4 StR 452/93, Kusch NStZ-RR 1994, 227.

239 BGH 23.10.1990 – 1 StR 414/90, NStZ 1991, 80 (81).

240 BGH 21.11.1969 – 3 StR 249/68, BGHSt 23, 176 (193) – Fall Bartsch.

241 BGH 16.6.1970 – 1 StR 27/70, BGHSt 23, 311 (312 f.).

242 BGH 12.1.1968 – 4 StR 549/67, VRS 34 (1968), 344 (345).

243 OLG Koblenz 22.4.1975 – 1 Ss 48/75, VRS 49 (1975), 433 (434); OLG Düsseldorf 29.10.1998 – 5 Ss 369/98 – 90/98 I, StraFo 1999, 98 (99); Parzeller/Bratzke Rechtsmedizin 13 (2003), 301 (303 f.).

244 BGH 12.12.2018 – 5 StR 385/18, StV 2019, 226 (227).

245 Eisenberg BeweisR StPO Rn. 1535; Theune NStZ 1997, 57 (61).

246 BGH 28.2.1952 – 5 StR 46/52, NJW 1952, 633 „Hirnfacharzt"; s. aber auch BGH 1.10.1957 – 5 StR 203/57, WKRS 1957, 13216 und BGH 22.4.1969 – 1 StR 90/69, NJW 1969, 1578, wonach die fehlende Bezeichnung „Hirnfacharzt" bei einem Neurologen mangels einheitlich anerkannter Facharztgruppe für sich gesehen nichts besagt; BGH 13.8.1969 – 4 StR 170/69, VRS 37 (1969), 430 „für die Beurteilung von Hirnschädigungen besonders vorgebildeten Facharzt"; BGH 30.11.1976 – 1 StR 692/76, Holtz MDR 1977, 281 – RsprÜ; BGH 21.11.1969 – 3 StR 249/68, BGHSt 23, 176 (188) „Triebanomalie, die in dieser Form fast einmalig ist".

gewöhnliche Fälle. Steht der neurologische Befund dagegen fest, so kann dessen psychologische Auswirkungen auf den Zustand bei Begehung der Tat auch ein Psychiater einschätzen.[247] Brandstiftungsdelikte, sofern die Tat keinen planvollen Charakter trägt, wie bspw. bei Racheakten oder Vorbereitungen für einen Versicherungsbetrug, werden häufig Anlass für die Beauftragung eines psychiatrischen Sachverständigen geben.[248] Gleiches gilt für Kapitalstrafsachen, insbesondere bei spontanen und in affektiver Erregung begangenen Taten oder im Bereich des Jugendstrafrechts.[249] Es besteht aber kein Grundsatz, dass bei Tötungsdelikten obligatorisch die Einholung forensisch-psychiatrischer Gutachten erforderlich wäre,[250] wenngleich in der Praxis gerade in diesem Bereich im Hinblick auf die diffizilen Vorgaben der revisionsgerichtlichen Rspr. und die Antragspraxis der Verteidigung die Tandenz besteht schon rein vorsorglich einen Sachverständigen heranzuziehen.[251] Hiervon ist auch für die gerade in diesem Zusammenhang häufig geltend gemachten Erinnerungslücken und „Verdrängungsprozesse" auszugehen, die zwar im Einzelfall bei Hinzutreten besonderer Umstände, insbesondere in der Persönlichkeit des Täters, der Tatsituatiuon oder der Beziehungskonstellation zum Tatopfer, Anlass für eine Begutachtung geben können, aber ansonsten als Einlassungsverhalten durchaus der richterlichen Sachkunde zugänglich sind.[252] Geht es um die Beurteilung eines Täters bei Stalking im weiteren Sinn, so richtet sich die Auswahl zwischen Psychater und Psychologe danach, welcher Typologie, und damit welchem Eingangsmerkmal des § 20 StGB, er zugeordnet werden kann.[253]

Die Beauftragung eines Sachverständigen ist häufig erforderlich, um die bestimmenden Umstände für eine **Gefährlichkeits- und Legalprognose** zu ermitteln.[254] Eine solche kann einerseits im Erkenntnisverfahren zu treffen sein, insbesondere in Zusammenhang mit der Anordnung einer Unterbringung nach §§ 63 ff. StGB. Insoweit finden sich Vorgaben in § 80a, weswegen auf die dortigen Ausführungen verwiesen wird (→ § 80a Rn. 5). Andererseits besteht ein weiterer ebenfalls besonders praxisrelevanter Bereich für Kriminalprognosen im Strafvollstreckungsverfahren, und zwar zu den Fragen ob ein Strafrest oder eine Maßregel der Besserung und Sicherung nach §§ 63 ff. StGB zur Bewährung ausgesetzt werden kann oder Letztere für erledigt zu erklären ist. Dazu schränkt das Gesetz teilweise das Entschließungsermessen dazu ein, ob ein Gutachter zu beauftragen ist, wie in § 454 Abs. 2, Abs. 4 S. 1, § 463 Abs. 3 S. 3, Abs. 4 S. 2 (→ Rn. 14). Die Entscheidung welche fachliche Qualifikation dieser aufzuweisen hat, trifft der Auftraggeber dagegen in eigener Verantwortung.[255] Wegen der vergleichbaren Zielrichtung kann auch hierzu auf das zu § 80a ausgeführte verwiesen werden (→ § 80a Rn. 5). Der Forderung verstärkt Kriminologen auszuwählen,[256] ist ebenfalls aus den dort genannten Gründen jedenfalls dann mit Vorsicht 24

[247] BGH 23.10.1990 – 1 StR 414/90, NStZ 1991, 80 (81).

[248] BGH 15.4.2008 – 5 StR 44/08, BGHR StPO § 244 Abs. 2 Sachverständiger 21; Basdorf HRRS 2008, 275 (277).

[249] BGH 30.8.2007 – 5 StR 193/07, NStZ 2008, 644 (645); 30.8.2007 – 5 StR 197/07, BeckRS 2007, 15279 Rn. 9; 6.7.2011 – 5 StR 230/11, BeckRS 2011, 19471 Rn. 10; noch weitergehend BGH 29.11.2006 – 5 StR 329/06, NStZ-RR 2007, 83 (84): „auch zielstrebiges und folgerichtiges Verhalten steht der Annahme einer erheblichen Verminderung des Hemmungsvermögens nicht unbedingt entgegen"; Basdorf HRRS 2008, 275 (278 f.); Winkler jurisPR-StrafR 14/2008 Anm. 4.

[250] BGH 9.5.2007 – 1 StR 32/07, BGHSt 51, 333 (342 Rn. 30); 5.3.2008 – 1 StR 648/07, NJW 2008, 1329; kritisch dazu Böhm/Boetticher ZRP 2009, 134 (135); vorsichtig einschränkend BGH 15.4.2008 – 5 StR 44/08, BGHR StPO § 244 Abs. 2 Sachverständiger 21.

[251] Schmitt FS Geerds, 1995, 541 (550); aA Böhm/Boetticher ZRP 2009, 134 (135).

[252] Ausführlich Glatzel StV 2003, 189 (189 ff.).

[253] S. hierzu Dressing/Maul-Backer/Gass NStZ 2007, 253 (254).

[254] Boetticher ua NStZ 2019, 553; speziell zu Sexualstraftätern s. Rose StV 2003, 101 (101 ff.).

[255] OLG Rostock 16.1.2017 – 20 Ws 173/16, NStZ-RR 2017, 95; zur Fortdauer der Unterbringung nach § 63 StGB s. BVerfG 26.8.2013 – 2 BvR 371/12, NJW 2013, 3228 (3229): „erfahrener Sachverständiger"; Alex/Fleltes/Kudlacek StV 2013, 259 (263) „nicht zwangsläufig Facharzt mit psychiatrischer Ausbildung" zu den Problemen, den Behandler zum Sachverständigen zu bestellen s. Birkhoff StraFo 2001, 401 (402 f.); Tondorf StV 2000, 171.

[256] Alex/Fleltes/Kudlacek StV 2013, 259 (266).

zu begegnen, wenn diese in erster Linie über eine juristische Ausbildung und Praxis verfügen. Gerade wenn es darum geht zu berwerten welchen Einfluss der Vollzug entfaltet hat, erfordert es der praktischen Erfahrung zur eingehenden Exploration und Beurteilung der Persönlichkeitsentwicklung, über die vor allem der Psychiater regelmäßig verfügt. Daher ist nach hier verteretener Ansicht Letzterem auch dann der Vorzug zu geben, wenn das Gericht den Probanden nicht für psychisch krank hält.[257] Selbst bei Anwendung des § 463 Abs. 4 S. 5 muss er nicht als forensischer Psychiater zertifiziert sein, sofern das Gericht zu dem Ergebnis kommt, dass er über ausreichende Sachkunde auf forensisch-psychiatrischem Gebiet verfügt.[258] Vergleichbare Voraussetzungen hat auch ein forensisch erfahrener Psychologe aufzuweisen, sofern nicht wegen krankhafter Zustände spezifisch medizinische Sachkunde vonnöten ist.[259]

25 Die Fachrichtung des Sachverständigen ist in weiteren **Einzelfällen** durch Art und Gegenstand der Untersuchung, teilweise weitgehend, vorgegeben. Es kommen in Betracht für: die Beurteilung der tatsächlichen Voraussetzungen der Widerstandsunfähigkeit iSd § 179 Abs. 1 Nr. 1 StGB aF, numehr der eingeschränkten oder ausgeschlossenen Fähigkeit zur Willensbildung iSd § 177 Abs. 2 Nr. 1 und 2, Abs. 4 StGB[260] und der, insbesondere bei alkohol- oder rauschmittelbedingter Intoxikation, damit regelmäßig einhergehenden Notwendigkeit die Aussagetüchtigkeit zu überprüfen,[261] ein Psychiater; die Verantwortlichkeit und den Entwicklungsstand von Jugendlichen und Heranwachsenden ein Jugendpsychologe oder -psychiater,[262] wobei sich das Gericht idR eigene Sachkunde zutrauen darf;[263] die Blutalkoholbestimmung Gesundheitsämter,[264] ein Chemiker[265] oder anderer mit den einschlägigen Untersuchungsmethoden vertrauter Sachverständiger,[266] wobei sich der Richter die Rückrechnung beim Normalfall selbst zutrauen kann, jedoch nur ein (rechts-)medizinischer Sachverständiger, wenn besondere Umstände wie bspw. Nachtrunk, nicht abgeschlossene Resorption,[267] Übermüdung,[268] zusätzliche Medikamenteneinnahme[269] hinzutreten oder zur Rückrechnung lediglich Trinkmengenangaben zur Verfügung stehen[270] und ein Neurologe, wenn Kopfverletzungen mit zu berücksichtigen sind;[271] die Ermittlung der Todesursache und die Rekonstruktion der Entstehung von Verletzungen ein Rechtsmediziner;[272] den Ausschluss einer

---

257 BGH 7.4.1993 – 1 StE 1/75 – StB 7/93, NJW 1993, 2449 (2450); Schüler-Springorum StV 1994, 255; zu diesbezüglichen „Minimalbedingungen prognostischer Erwägungen" und für „interdisziplinär zusammengesetztes Gremium" Rasch NStZ 1993, 509 (510).

258 OLG Rostock 16.1.2017 – 20 Ws 173/16, NStZ-RR 2017, 95.

259 Kruse NJW 2014, 509 (513); vgl. BVerfG 13.11.2005 – 2 BvR 792/05, StV 2006, 426 zu § 67d Abs. 2 StGB; einschränkend für „ausgeprägte Persönlichkeitsauffälligkeiten" OLG Karlsruhe 25.11.2005 – 2 Ws 76/05, StV 2006, 426 (437) zu § 67d Abs. 3 StGB.

260 BGH 23.11.2010 – 3 StR 410/10, NStZ 2011, 210; nach Steller FPPK 2020, 188 (194) kommt auch eine „retrospektive Psychodiagnostik" durch einen Aussagepsychologen in Betracht.

261 BGH 23.11.2010 – 3 StR 386/10, NStZ 2011, 473 (474).

262 Neubeck in KMR-StPO Rn. 7a; Krause in Löwe/Rosenberg Rn. 15; Rogall in SK-StPO Rn. 28; Eisenberg HRRS 2012, 466 (467); Schilling NStZ 1997, 261.

263 BGH 29.5.2002 – 2 StR 2/02, BeckRS 2002, 5109 = juris Rn. 8 = BGHR JGG § 105 Abs. 1 Nr. 1 Entwicklungsstand 8.

264 Artkämper BA 2001, 7 (10).

265 OLG Hamm 10.9.1968 – 3 Ss 714/69, VRS 36 (1969), 434 (435); 21.10.1968 – 4 Ss 661/68, VRS 36 (1969), 290 (291).

266 Brauer in Gercke/Julius/Temming/Zöller Rn. 6; Krause in Löwe/Rosenberg Rn. 20; Schmitt in Meyer-Goßner/Schmitt Rn. 6.

267 BGH 28.5.1965 – 4 StR 257/65, VRS 29 (1965), 185 (186).

268 BGH 27.10.1967 – 4 StR 427/67, VRS 34 (1968), 211 (211 f.); OLG Frankfurt a. M. 21.12.1960 – 1 Ss 987/60, NJW 1961, 283.

269 Brauer in Gercke/Julius/Temming/Zöller Rn. 6; Krause in Löwe/Rosenberg Rn. 20; Schmitt in Meyer-Goßner/Schmitt Rn. 6.

270 BGH 11.6.1970 – 4 StR 151/70, Martin DAR 1971, 113 (116) – RsprÜ; BGH 28.3.2012 – 5 StR 49/12, BeckRS 2012, 08870 Rn. 5 f.

271 BayObLG 23.7.1968 – 2 a St 113/68, VRS 36 (1969), 170 (171 f.).

272 Artkämper BA 2001, 7 (10); s. Madea/Banaschak ArchKrim 2015, 11 zur Behauptung eines Sturzes bei tödlichen Verletzungen eines Kindes.

Person als Verursacher einer Blutspur ein Blutgruppen-, DNA- oder biostatistischer Sachverständiger (→ § 81f Rn. 15); daktyloskopische und kriminaltechnische Gutachten das Bundeskriminalamt oder die Landeskriminalämter (§ 83 Abs. 3) oder ein dortiger Kriminaltechniker;[273] anthropologische Identitätsgutachten, bspw. zum Vergleich des Beschuldigten mit einem Messfoto oder Aufnahmen einer Überwachungskamera,[274] ein amtlicher Kriminalist[275] oder ein Anthropologe, vornehmlich aus dem Fachgebiet der Biologie[276] oder Medizin;[277] Abstammungsgutachten ein Arzt[278] oder Biologe[279] mit fundierten humangenetischen Kenntnissen;[280] die Altersfeststellung beim Beschuldigten ein Rechtsmediziner und Fachradiologe,[281] wobei der aus teilweise geäußerten Zweifeln[282] an der wissenschafltichen Absicherung solcher Gutachten gezogene Schluss, diese könnten nicht Grundlage für die Beweiswürdigung sein,[283] weder valide, noch mit dem Grundsatz freier Beweiswürdigung des § 261 vereinbar ist;[284] die Altersfeststellung bei Dritten anhand von Bildern insbesondere in Fällen des sexuellen Missbrauchs von Kindern und der Verbreitung kinderpornographischer Schriften ein Humanbiologe;[285] die Rekonstruktion eines Unfallverlaufs ein technischer Sachverständiger;[286] die Ermittlung einer Brandursache und von Organisationsverschulden, bspw. durch brandschutztechnische Mängel oder unzureichende Einweisung in Sicherheitsmaßnahmen ein Brandsachverständiger;[287] die Bereiche des Wirtschaftsstrafrechts und der Vermögensdelikte, insbesondere Erstellung eines Überschuldungsstatus, eines Liquiditätsstatus zur Feststellung der tatsächlichen oder drohenden Zahlungsunfähigkeit,[288] Bewertung von Forderungen,[289] Vermittlung oder Überprüfung der Grundsätze geordneter Buchführung und von Handelsbräuchen, Wirtschaftsreferenten (→ § 74 Rn. 6)[290] oder, falls solche bei der Ermittlungsbehörde nicht angesiedelt sind, Vertreter der wirtschaftsprüfenden und steuerberatenden Berufe;[291] das Auffinden und die Wiederherstellung gelöschter Dateien mit kinderpornographischem Inhalt ein IT-Forensiker.[292]

---

273 Gössel DRiZ 1980, 363 (366); Seyler GA 1989, 546 (552–555).

274 BGH 31.7.2013 – 4 StR 270/13, NStZ-RR 2014, 115 (116); zum Ohr als besonderem Merkmalskomplex bei Teilverdeckung des Gesichtes s. Schott NZV 2014, 393 (394 f.) und zu Streckfaltenmuster und Venenzeichnungen der Hand s. Artkämper/Artkämper Kriminalistik 2018, 384 (389); Huckenbeck/Krumm NZV 2017, 453 (458).

275 Vgl. BGH 15.2.2005 – 1 StR 91/04, NStZ 2005, 458 (459), dort auch grundlegend zum (begrenzten) Beweiswert.

276 Schott NZV 2011, 169 (171).

277 Buhmann ua NStZ 1999, 230 (232); Bellmann StRR 2011, 419 (420); Rösing ua NStZ 2012, 548 (553); hierzu auch OLG Braunschweig 5.7.2006 – Ss 81/05, NStZ-RR 2007, 180 (182); aA Schott NZV 2011, 169 (171).

278 Bundesärztekammer DÄBl. 2002, 665 (667), Ritter DAVorm 1999, 663 (667).

279 Ritter DAVorm 1999, 663 (667).

280 Huckenbeck/Krumm NZV 2017, 453 (458).

281 BGH 2.4.2020 – 1 StR 28/20, BeckRS 2020, 12208; ausführlich LG Flensburg 5.2.2019 – I Ks 3/18, BeckRS 2019, 35982 Rn. 15–24; s. hierzu Artkämper/Artkämper Kriminalistik 2018, 384 (388 f.); Schmeling ua www.dgrm.de/forensische-altersdiagnostik/empfehlungen mwN.

282 Zentrale Ethikkommission der Bundesärztekammer, DÄBl 2016, A1 (A3) zur Altersfeststellung im Asyl- und Sozialrecht; dagegen aber die Erwiderung der Deutschen Gesellschaft für Rechtsmedizin https://www.medizin.uni-muenster.de/fileadmin/einrichtung/agfad/dgrm.pdf; ein kurzer Überblick findet sich bei Niemitz Kriminalistik 2018, 157 (157 f.) mwN.

283 Gundlach ZJJ 2018, 139 (141 ff.).

284 Ausführlich LG Flensburg 5.2.2019 – I Ks 3/18, BeckRS 2019, 35982 Rn. 26–32.

285 S. hierzu die Falldarstellung unter Heranziehung von „Rätern" bei Niemitz Kriminalistik 2018, 157 (158 ff.).

286 Fromm DAR 2019, 110.

287 Hölemann StraFo 2005, 487 (488 f.).

288 Vgl. BGH 29.4.2010 – 3 StR 314/09, NJW 2010, 2894 (2898 Rn. 49).

289 BGH 29.1.2013 – 2 StR 422/12, NStZ 2013, 711 (712) zu Darlehensbetrug; BGH 19.2.2014 – 5 StR 510/13, NStZ 2014, 318 (320); BGH 19.5.2021 – 1 StR 528/20, wistra 2022, 34 (36) jeweils zu Kapitalanlagebetrug.

290 Zum Begriff Niemeyer/Grube in Müller-Gugenberger WirtschaftsstrafR-HdB Rn. 11.4 und 11.8.

291 Krekeler wistra 1989, 52 (52 f.).

292 LG Hamburg 7.8.2019 – 631 Qs 27/19, BeckRS 2019, 23499 Rn. 13 ff.

26 **4. Anhörung der Verfahrensbeteiligten.** Vor der Bestellung des Sachverständigen empfiehlt sich die gesetzlich nicht vorgeschriebene **Anhörung der Verfahrensbeteiligten.**[293] Ausdrücklich sieht dies indes nur Nr. 70 Abs. 1 RiStBV[294] zugunsten des Verteidigers vor.[295] Andererseits können aber auch Nebenkläger und Nebenklägervertreter ein berechtigtes Interesse an einer entsprechenden Stellungnahme haben, zumal wenn sie ganz persönlich betroffen sind, wie beispielsweise im Fall aussagepsychologischer Begutachtung. Zu einem Verwertungsverbot führt ein entsprechendes Unterlassen nicht.[296]

27 Beschuldigter und Verteidiger haben über die Anhörung und das Selbstladungsverfahren[297] hinaus **keinen Einfluss** auf die Auswahl des Gutachters.[298] Vor allem von Seiten der verteidigungsorientierten Literatur wird indes das Anhörungsrecht stark betont und auch eine Ausweitung gefordert (hierzu auch → Rn. 7 und 10). Zur Begründung wird darauf abgestellt, auf diese Weise solle die Bestellung willfähriger „Haussachverständiger" auf Seiten von Gericht und Staatsanwaltschaft verhindert werden. Zur Untermauerung werden von subjektiver Einfärbung nicht gänzlich freie Beispiele[299] aus der eigenen Praxis angeführt.[300] Diese Darstellungen werden von der Wissenschaft, die sich traditionell vorwiegend beschuldigtenfreundlich und justizkritisch sieht, unbesehen übernommen und zu allgemeinen Missständen umgedeutet,[301] denen durch weitergehende Beteiligungsrechte des Angeklagten und des Verteidigers zu begegnen sei.[302] Dem ist zu entgegnen, dass bei Bestellung eines Sachverständigen sicherlich das Augenmerk darauf zu richten ist, den Sachverständigen nach seiner erwiesenen Qualifikation auszuwählen sowie dessen Objektivität zu wahren und zu betonen. Die Reichweite seiner Sachkunde, seine Vorgehensweisen und Ergebnisse sind stets kritisch zu hinterfragen, selbst wenn er sich bei der Erfüllung anderer Aufträge als zuverlässig und gewissenhaft erwiesen hat.[303] Andererseits bleibt aber anzumerken, dass es den kritischen Stimmen, die nicht zuletzt ihre Grundlage in der Interessenvertretung finden, in der Praxis nicht immer und ausschließlich darum geht, einen besonders qualifizierten Sachverständigen zu erlangen.[304] Vielmehr ist nicht selten das Gegenteil der Fall, da gerade die Bestellung eines unsicheren und schwachen Sachverständigen wesentlich günstigere Angriffsmöglichkeiten für die Verteidigung bietet, um ein günstiges Ergebnis zu erlangen.[305] Eine der materiellen Gerechtigkeit widersprechende Entscheidung ist aber nicht nur dann gegeben, wenn der Angeklagte benachteiligt wird, sondern auch dann, wenn ihm ungerechtfertigte Milderungen und Vergünstigungen zukommen. Dies beschneidet nicht zuletzt den Geschädigten in seinem Anspruch auf angemessenen Ausdruck der erlittenen Rechtsgutsverletzung. Im Vordergrund darf deswegen nicht der Wunsch des Angeklagten stehen, sondern ausschließlich das objektive Aufklärungsinteresse,[306] das

[293] OLG Jena 7.11.2003 – 1 Ws 344/03, Jurion RS 2003, 25317; LG Duisburg 13.3.2009 – 36 Ns 198/06, juris Rn. 6 = JR 2009, 343; Hadamitzky in KK-StPO Rn. 2; Düring/Eisenberg StV 1997, 456 (458).

[294] Dort auch zu Ausnahmen.

[295] BGH 12.2.1998 – 1 StR 588/97, BGHSt 44, 26 (31); 10.9.2002 – 1 StR 169/02, BGHSt 48, 4 (11).

[296] Schmitt in Meyer-Goßner/Schmitt Rn. 1.

[297] Fromm DAR 2019, 110 (112).

[298] Eisenberg BeweisR StPO Rn. 1527; Detter NStZ 1998, 57 (58); Wagner StV 2000, 544 (545).

[299] Über entsprechend unsachliche Anfeindungen aus Sicht eines Sachverständigen Parzeller/Bratzke Rechtsmedizin 13 (2003), 301.

[300] S. hierzu Tondorf/Waider StV 1997, 493 (493 f.); ferner allgemeiner gehalten Dierlamm FS Müller, 2008, 117 (118 ff.); Kulisch StraFo 2001, 337 (339 f.); kritisch zur Hypothese der Voreingenommenheit Cabanis NJW 1978, 2329 (2330).

[301] Krauß ZStW 85 (1973), 320 (325 und 331).

[302] Besonders deutlich bei Erb ZStW 121 (2009), 882 (883).

[303] Artkämper BA 2001, 7 (10 f.); Detter NStZ 1998, 57 (61); Rasch NStZ 1992, 257 (264).

[304] So aber Tondorf/Waider StV 1997, 493 (493 f.).

[305] Das berücksichtigt Detter FS Meyer-Goßner, 2001, 431 (443 f.) nicht ausreichend.

[306] Rogall in SK-StPO Rn. 38. Insoweit ist der Ermahnung zur verantwortungsvollen Auswahl des Sachverständigen von Schmitt FS Geerds, 1995, 541 (557) bezupflichten. Zu weitgehend aber Krause in Löwe/Rosenberg Rn. 1.

von einseitiger Einflussnahme freizuhalten ist.[307] Naturgemäß gilt Letzteres genauso für den Nebenkläger.[308]

II. Fristabsprache nach Abs. 1 S. 2

28 Das Gericht, die Staatsanwaltschaft (§ 161a Abs. 1 S. 2)[309] und die Polizei[310] haben mit dem Sachverständigen eine **angemessene Frist** abzusprechen, innerhalb derer er das Gutachten zu erstellen hat. Für die Bestimmung der Angemessenheit kommt es insbesondere auf die Eilbedürftigkeit der Sache, was gerade bei Haft- und Unterbringungssachen von entscheidendem Gewicht ist (→ Rn. 2), sowie genaue Festlegung, die Schwierigkeit und den Umfang des Beweisthemas an.[311] Um dies zu klären, ist regelmäßig eine (telefonische) Kontaktaufnahme mit dem Sachverständigen notwendig.[312] Eine bestimmte Form ist nicht erforderlich. Gleichwohl sollte die Fristabsprache zumindest in Form eines Vermerkes[313] aktenkundig gemacht werden,[314] gerade um in Haftsachen die Einhaltung des Beschleunigungsgebotes zu dokumentieren.[315] Eine Fristverlängerung kommt nur bei Glaubhaftmachung erheblicher Gründe in Betracht.[316] Vor allem für die Staatsanwaltschaft empfiehlt es sich in Haft- und Unterbringungssachen, in denen umfangreiche und zeitaufwändige Gutachten einzuholen sind, mit dem Sachverständigen zu vereinbaren, dass er, sobald das Ergebnis absehbar ist, innerhalb kürzerer Frist mündlich oder schriftlich vorab eine Stellungnahme abgibt, auf deren Grundlage die Abschlussverfügung getroffen werden kann.[317]

29 Auch wenn es sich um eine **Sollvorschrift** handelt, kann auf die Fristvorgabe nur ganz ausnahmsweise verzichtet werden, wenn dem Auftraggeber die zügige Arbeitsweise des Sachverständigen bekannt ist[318] und auch im konkreten Fall hiervon auszugehen ist. Stellt er von sich aus die Fertigstellung des Gutachtens innerhalb eines für ausreichend erachteten Zeitraums in Aussicht, kann die ausdrückliche Fristsetzung ebenfalls entbehrlich sein. Die Einhaltung der Vorgaben ist dann durch entsprechende Wiedervorlagen sorgfältig zu überwachen.[319] Gegenüber großzügiger Handhabung ist hier jedoch Zurückhaltung geboten, denn die allgemein angenommene verfahrensrechtliche Folgenlosigkeit der Vorschrift[320] gilt nur für die revisionsrechtliche Überprüfung (→ Rn. 33). Im Rahmen der Haftprüfung nach §§ 121, 122, 126a Abs. 2 S. 2 kann es wegen eines damit verbundenen Verstoßes gegen das Beschleunigungsgebot zu einer Aufhebung des Haft-[321] oder Unterbringungsbefehls[322] führen, bei der Aussetzung einer Reststrafe zur Bewärung nach § 454 Abs. 2 zur Feststellung eines Verstoßes gegen das Beschleunigungsgebot,[323] wenn der Auftraggeber die zeitliche Begrenzung und Kontrolle sachverständiger Tätigkeit nicht in ausreichender Weise umsetzt.

---

307 Detter NStZ 1998, 57 (61).

308 Düring/Eisenberg StV 1997, 456 (458) zur diesbezüglich identischen Problematik.

309 Rieß NJW 1975, 81 (84 Fn. 53).

310 Schmitt in Meyer-Goßner/Schmitt Rn. 15; Rogall in SK-StPO Rn. 48.

311 Rogall in SK-StPO Rn. 50.

312 Krause in Löwe/Rosenberg Rn. 30.

313 Krause in Löwe/Rosenberg Rn. 32; Eisenberg BeweisR StPO Rn. 1545 (Fn. 64) empfehlen weitergehend schriftliche Bestätigung gegenüber dem Sachverständigen.

314 OLG Stuttgart 13.10.2017 – H 4 Ws 389/17, S. 8; Brauer in Gercke/Julius/Temming/Zöller Rn. 15; Neubeck in KMR-StPO Rn. 16; Hadamitzky in KK-StPO Rn. 7.

315 Vgl. OLG Bremen 25.10.1996 – BL 200/96, StV 1997, 143 (143 f.); OLG Düsseldorf 1.7.2009 – 1 Ws 337/09, BeckRS 2009, 20236.

316 Brauer in Gercke/Julius/Temming/Zöller Rn. 15; Neubeck in KMR-StPO Rn. 17 „analog § 224 Abs. 2 ZPO".

317 Krause in Löwe/Rosenberg Rn. 33; Schmitt in Meyer-Goßner/Schmitt Rn. 15; Rogall in SK-StPO Rn. 48.

318 Neubeck in KMR-StPO Rn. 16; Schmitt in Meyer-Goßner/Schmitt Rn. 12; Rogall in SK-StPO Rn. 47.

319 OLG Hamm 4.4.2019 – 4 Ws 77/19, BeckRS 2019, 9227 Rn. 21–23, 26.

320 Hadamitzky in KK-StPO Rn. 7; Krause in Löwe/Rosenberg Rn. 31; Schmitt in Meyer-Goßner/Schmitt Rn. 12.

321 OLG Bremen 25.10.1996 – BL 200/96, StV 1997, 143 (144).

322 KG 15.9.2009 – (4) 1 HEs 34/09 (25/09), StV 2010, 372 (373).

323 BVerfG 9.10.2014 – 2 BvR 2874/10, StV 2016, 375 (377).

III. Öffentlich bestellte Sachverständige nach Abs. 2

30 Die öffentliche Bestellung als Sachverständiger erfolgt durch **Verwaltungsakt** für ein bestimmtes Sachgebiet[324] auf Grundlage **öffentlich-rechtlicher Vorschriften.**[325] Einschlägig sind teils bundesrechtliche Regelungen, wie beispielsweise §§ 36, 36a GewO,[326] 91 Abs. 1 Nr. 8 HandwO,[327] teils landesrechtliche,[328] insbesondere die Landesarchitekten- sowie Ingenieurgesetze,[329] wobei sich die Bestellung sowohl auf Einzelpersonen als auch auf Behörden beziehen kann.[330] Sie ist nicht gleichbedeutend mit der allgemeinen Vereidigung iSd § 79 Abs. 3,[331] beides fällt allerdings häufig zusammen.[332] Zu den öffentlich bestellten Sachverständigen gehören vor allem Gerichtsärzte, einschließlich der bayerischen Landgerichtsärzte, die Ärzte staatlicher Untersuchungsämter und die Leiter rechtsmedizinischer Universitätsinstitute.[333] Handelt es sich bei dem vom Beschuldigten beauftragten Privatgutachter um einen Sachverständigen iSd § 73 Abs. 2 kann eine Kostenübernahme durch die Rechtsschutzversicherung erreicht werden.[334] Zu Verzeichnissen der öffentliche bestellten Sachverständigen → Rn. 11.

31 Vor dem Hintergrund des Normzwecks des § 73 Abs. 2 (→ Rn. 3) erfordert die Beauftragung eines Sachverständigen, der nicht öffentlich bestellt ist, das Vorliegen **besonderer Umstände,** die ein Abweichen von der gesetzlichen Regel rechtfertigen.[335] Entsprechende Umstände können unter dem Gesichtspunkt der Aufklärungspflicht[336] gegeben sein, wenn es auf noch größere oder speziellere Sachkunde ankommt.[337] Auch der Beschleunigungsgrundsatz[338] kann eine anderweitige Beauftragung rechtfertigen, wenn der öffentlich bestellte Sachverständige verhindert oder überlastet ist.[339] Immer zu berücksichtigen ist indes, dass das Gutachten des öffentlich bestellten Sachverständigen, der zugleich allgemein vereidigt ist – was regelmäßig der Fall sein dürfte –, in die Hauptverhandlung dann unter Umständen über die Verlesung nach § 256 Abs. 1 Nr. 1b erleichtert eingeführt werden kann.[340]

C. Rechtsmittel

32 Die nach §§ 73, 161a Abs. 1 S. 2 getroffene **Auswahlentscheidung** der Staatsanwaltschaft im Ermittlungsverfahren ist als solche **unanfechtbar,**[341] genauso wie diejenige der

---

324 VG Osnabrück 18.1.2018 – 2 A 80/17, GewArch 2018, 197 (198); Schmidt StPO II Rn. 6; Neubeck in KMR-StPO Rn. 15; Hadamitzky in KK-StPO Rn. 8.
325 Schmitt in Meyer-Goßner/Schmitt Rn. 16.
326 VG Osnabrück 18.1.2018 – 2 A 80/17, GewArch 2018, 197 (198); Bleutge BB 1973, 1416 (1417); Bleutge ZfIR 2017, 52 (55).
327 Bleutge DRiZ 1977, 170.
328 Rogall in SK-StPO Rn. 55.
329 Bleutge ZfIR 2017, 52 (55).
330 Krause in Löwe/Rosenberg Rn. 34.
331 Schmidt StPO II Rn. 6; Krause in Löwe/Rosenberg Rn. 34.
332 Rogall in SK-StPO Rn. 54.
333 Schmitt in Meyer-Goßner/Schmitt Rn. 16; Krause in Löwe/Rosenberg Rn. 34; Rogall in SK-StPO Rn. 56; Eisenberg BeweisR StPO Rn. 1530.
334 Fromm DAR 2019, 110 (112).
335 RG 28.10.1881 – Rep. 2119/81, RGSt 5, 78 (85).
336 Rogall in SK-StPO Rn. 59.
337 Brauer in Gercke/Julius/Temming/Zöller Rn. 16; Neubeck in KMR-StPO Rn. 15; Krause in Löwe/Rosenberg Rn. 35; Schmitt in Meyer-Goßner/Schmitt Rn. 17.
338 Rogall in SK-StPO Rn. 59.
339 Brauer in Gercke/Julius/Temming/Zöller Rn. 16; Krause in Löwe/Rosenberg Rn. 35; Schmitt in Meyer-Goßner/Schmitt Rn. 17.
340 Vgl. BGH 3.9.2019 – 3 StR 291/19, NStZ 2020, 94 (95).
341 OLG Schleswig 1.9.1981 – 1 Ws 302/81, juris (Leitsatz); OLG Schleswig 16.4.1999 – 2 Ws 117/99, StV 2000, 543; LG Hamburg 7.8.2019 – 631 Qs 27/19, BeckRS 2019, 23499 Rn. 21; aA Eisenberg BeweisR StPO Rn. 1548; Eisenberg HRRS 2012, 466 (474); Wagner StV 2000, 544 (546).

Polizei.[342] Diesbezügliche Bedenken können allerdings wegen deren Leitungsfunktion gegenüber der Staatsanwaltschaft geltend gemacht werden.[343] Bestellt das Gericht den Sachverständigen, kommt eine Beschwerde gegen die Auswahl als solche ebenfalls nicht in Betracht.[344] Aufgrund ausdrücklicher gesetzlicher Regelungen ergibt sich die Unstatthaftigkeit der Beschwerde im Zwischenverfahren aus § 202 S. 2,[345] im Hauptverfahren aus § 305 S. 1[346] und im Verfahren vor der Strafvollstreckungskammer aus einer entsprechenden Anwendung des § 305.[347] Die Belange der Verfahrensbeteiligten sind durch § 74 und die Möglichkeit, eine Gegenvorstellung zu erheben, ausreichend gewahrt.[348]

Auf eine Verfahrensrüge der Verletzung des § 73 alleine kann die **Revision** nicht 33
gestützt werden. Die Fristabsprache des Abs. 1 S. 2 dient der Verfahrensbeschleunigung, so dass das Urteil auf einem entsprechenden Rechtsfehler nicht beruhen kann.[349] Bei Abs. 2 handelt es sich um eine Sollvorschrift, die kein Verwertungsverbot zur Folge hat.[350] Eine fehlerhafte Auswahl iSd Abs. 1 S. 1 wirkt sich schließlich nur über eine Verletzung der Aufklärungspflicht aus, weswegen die Aufklärungsrüge zu erheben ist.[351] Wird ein entsprechender Beweisantrag gestellt, kann eine Verletzung des § 244 Abs. 4 in Betracht kommen.[352] Ergeben sich Zweifel an der Sachkunde des Gutachters aus dem Urteil selbst, kann die **Sachrüge** erhoben werden, weil die Darlegungen oder die Beweiswürdigung Lücken, Widersprüche oder Verstöße gegen Denkgesetze oder Erfahrungssätze aufweisen.[353]

§ 74 Ablehnung des Sachverständigen

(1) [1]Ein Sachverständiger kann aus denselben Gründen, die zur Ablehnung eines Richters berechtigen, abgelehnt werden. [2]Ein Ablehnungsgrund kann jedoch nicht daraus entnommen werden, daß der Sachverständige als Zeuge vernommen worden ist.

(2) [1]Das Ablehnungsrecht steht der Staatsanwaltschaft, dem Privatkläger und dem Beschuldigten zu. [2]Die ernannten Sachverständigen sind den zur Ablehnung Berechtigten namhaft zu machen, wenn nicht besondere Umstände entgegenstehen.

(3) Der Ablehnungsgrund ist glaubhaft zu machen; der Eid ist als Mittel der Glaubhaftmachung ausgeschlossen.

---

342 Rogall in SK-StPO Rn. 62.
343 Schmitt in Meyer-Goßner/Schmitt Rn. 18.
344 OLG Hamburg 9.10.1972 – 2 Ws 411/72, MDR 1972, 1048.
345 OLG Düsseldorf 19.11.1990 – 1 Ws 1032/90, VRS 80 (1991), 353 (354); OLG Hamm 5.10.1993 – 1 Ws 435/93, MDR 1994, 83; OLG Jena 7.11.2003 – 1 Ws 344/03, JurionRS 2003, 25317; vgl. auch OLG Hamburg 9.10.1972 – 2 Ws 411/72, MDR 1972, 1048.
346 OLG Celle 27.7.1966 – 4 Ws 252/66, NJW 1966, 1881; OLG Hamm 8.6.1970 – 1 Ws 191/70, NJW 1970, 1985.
347 OLG Düsseldorf 15.8.1985 – 1 Ws 647–648/85, MDR 1986, 256 (257); nach KG 6.5.2013 – 2 Ws 232/12 – 141 AR 234/13, NStZ 2014, 423 (424) kommt § 305 S. 1 unmittelbar zur Anwendung; vgl. auch OLG Hamm 12.12.2017 – 1 Ws 557/17, BeckRS 2017, 149918.
348 OLG Jena 7.11.2003 – 1 Ws 344/03, JurionRS 2003, 25317; OLG Karlsruhe 2.1.2013 – 2 Ws 1/13, BeckRS 2013, 658 = juris Rn. 2; LG Hamburg 7.8.2019 – 631 Qs 27/19, BeckRS 2019, 23499 Rn. 21; vgl. auch BVerfG 12.11.2002 – 2 BvR 1696/02, BeckRS 2002, 30293010.
349 Rogall in SK-StPO Rn. 69.
350 BGH 9.5.2007 – 1 StR 32/07, BeckRS 2007, 10121 Rn. 50 = Cierniak/Zimmermann NStZ-RR 2010, 65 (67) – RsprÜ; RG 28.10.1881 – Rep. 2119/81, RGSt 5, 78 (85).
351 Schmitt in Meyer-Goßner/Schmitt Rn. 19; vgl. BGH 8.2.2006 – 1 StR 523/05, BeckRS 2006, 02824 Rn. 9, insoweit nicht abgedruckt in NStZ 2006, 501.
352 Neubeck in KMR-StPO Rn. 19; Rogall in SK-StPO Rn. 63; ausführlich Trück NStZ 2007, 377 (379–385).
353 Neubeck in KMR-StPO Rn. 19; Hadamitzky in KK-StPO Rn. 9; Krause in Löwe/Rosenberg Rn. 37; Rogall in SK-StPO Rn. 65.

Schrifttum: Artkämper/Artkämper, Kriminaltechnische und rechtsmedizinische Untersuchungen, Kriminalistik 2018, 384; Bittmann, Praxishandbuch Insolvenzstrafrecht; Bittmann, Rechtsfragen um den Einsatz des Wirtschaftsreferenten, wistra 2011, 47; Brammsen, Der abgelehnte vorbefasste Privatgutachter – zweierlei Maß im Strafprozess?, ZStW 119 (2007), 93; Cabanis, Glaubwürdigkeitsuntersuchungen, NJW 1978, 2329; Detter, Der von der Verteidigung geladene psychiatrische Sachverständige, FS Meyer-Goßner 2001, 431; Dettmeyer, Die Rolle des medizinischen Sachverständigen – gesetzliche Vorgaben und Entscheidungen der Rechtsprechung, Rechtsmedizin 2016, 444; Dose, Der Sitzungsvertreter und der Wirtschaftsreferent der Staatsanwaltschaft als Zeuge in der Hauptverhandlung, NJW 1978, 349; Eisenberg, Zur Ablehnung des Sachverständigen im Strafverfahren wegen Besorgnis der Befangenheit, NStZ 2006, 368; Eisenberg, Keine Glaubhaftigkeitsuntersuchung zeugnisverweigernder, als nicht verstandesreif beurteilter Kinder gegen deren Willen, NStZ 2016, 11; Etter, Der polizeiliche EDV-Sachverständige im Strafverfahren, CR 1986, 166; Fezer, Die Folgen der Sachverständigenablehnung für die Verwertung seiner Wahrnehmungen, JR 1990, 397; Foth/Karcher, Überlegungen zur Behandlung des Sachbeweises im Strafverfahren, NStZ 1989, 166; Geppert, Die Stellung des Sachverständigen im Verkehrsstrafprozess, DAR 1980, 315; Gerson, Ablehnung eines ausschließlich im Ermittlungsverfahren tätig gewordenen Sachverständigen wegen Besorgnis der Befangenheit, HRRS 2019, 235; Gössel, Behörden und Behördenangehörige als Sachverständige vor Gericht, DRiZ 1980, 363; Kohlhaas, Änderung des Sachverständigenbeweises im Strafprozess ?, NJW 1962, 1329; Lemme, Zur Ablehnung des Wirtschaftsreferenten der Staatsanwaltschaft gemäß § 74 StPO, wistra 2002, 281; Momsen/Rackow/Schwarze, Dolmetscher und Sprachsachverständige als Ermittlungshelfer, NStZ 2018, 625; Müller-Gugenberger/Bieneck, Wirtschaftsstrafrecht; Neuhaus, Kriminaltechnik für den Strafverteidiger – Eine Einführung in die Grundlagen, StraFo 2001, 8; Senge, Auswertung von Abrechungsunterlagen im staatsanwaltschaftlichen Ermittlungsverfahren, jurisPR-StrafR 6/2008 Anm. 2; Wiegmann, Ablehnung von Mitarbeitern der Strafverfolgungsbehörden als Sachverständige (§ 74 StPO), StV 1996, 570; Wolf, Der Sachverständige im Wirtschaftsstrafverfahren, ZWH 2012, 125.

Übersicht

I. Überblick

1 **1. Normzweck.** Das **Legalitätsprinzip** stellt nicht nur an die Anklagebehörde, sondern auch an die Personen, die sie zur Hilfe heranzieht, hohe Anforderungen an deren Unparteilichkeit. Für die Tätigkeit des Sachverständigen ist daher unerlässlich, dass er sein Gutachten unparteiisch erstattet und keine Zweifel an seiner Objektivität entstehen können.[1] Gleiches gilt naturgemäß auf Grund der **Aufklärungspflicht** des § 244 Abs. 2 für den vom Gericht beauftragten Sachverständigen. Um die vorurteilsfreie Wissensvermittlung in diesem Sinne als Grundlage für die zu treffende Entscheidung zu gewährleisten, räumt § 74 den Verfahrensbeteiligten das Recht ein, Gründe namhaft zu machen, die gegen die Neutralität des Sachverständigen sprechen, und deswegen dessen Auswechslung zu beantragen.[2] Der Gesetzgeber hat diese Möglichkeit geschaffen, da der Sachverständige im Gegensatz zum Zeugen regelmäßig austauschbar ist.[3] Die Vorschrift gilt allerdings auch dann, wenn der Sachverständige aus tatsächlichen Gründen nicht ersetzbar ist oder wenn er als einziger die erforderliche Sachkunde besitzt.[4]

1 BVerfG 31.8.2007 – 2 BvR 1681/07, BeckRS 2007, 26565.

2 BGH 2.8.1995 – 2 StR 221/94, BGHSt 41, 206 (211); Schmidt StPO II Rn. 3; Rogall in SK-StPO Rn. 4; Gössel DRiZ 1980, 363 (370).

3 OLG Koblenz 4.6.2008 – 1 Ws 276/08, RuP 2009, 57; Brauer in Gercke/Julius/Temming/Zöller Rn. 1; Krause in Löwe/Rosenberg Rn. 1; Schmitt in Meyer-Goßner/Schmitt Rn. 1.

4 Brauer in Gercke/Julius/Temming/Zöller Rn. 1; Hadamitzky in KK-StPO Rn. 1; Schmitt in Meyer-Goßner/Schmitt Rn. 1; Krause in Löwe/Rosenberg Rn. 1; Eisenberg BeweisR StPO Rn. 1549.

2. Anwendungsbereich. Für den vom **Gericht** beauftragten Sachverständigen gilt § 74 in jedem Verfahrensstadium, also auch im Ermittlungsverfahren, wenn die Bestellung auf Antrag der Staatsanwaltschaft hin durch den Ermittlungsrichter erfolgte (§ 162 Abs. 1).[5] Dabei erstreckt sich die Ablehnungsmöglichkeit nicht nur auf die Tätigkeit im Strengbeweisverfahren zur Schuld- und Rechtsfolgenfrage, sondern auch auf den Sachverständigen, der im Wege des Freibeweises zu Verfahrensfragen, beispielsweise der Verhandlungsfähigkeit des Beschuldigten, gehört wird.[6] Inwieweit § 74 auf diejenige Person Anwendung findet, die das Gutachten einer Fachbehörde in der Hauptverhandlung vertritt, ist streitig (s. hierzu die Nachweise bei → § 83 Rn. 7). Nicht erfasst sind in jedem Fall die im Maßregelvollzug tätigen Ärzte und Psychologen, die im Überprüfungsverfahren nach § 67e StGB eine Stellungnahme abgeben. Sie sind – im Gegensatz zu den in § 463 Abs. 3 S. 3, Abs. 4 S. 2, § 454 Abs. 2 Genannten – keine Sachverständigen.[7] 2

Auf den von der **Staatsanwaltschaft**[8] oder **Polizei** im Ermittlungsverfahren herangezogenen Sachverständigen ist die Vorschrift nicht anwendbar (auch → Rn. 19). Er kann erst abgelehnt werden, wenn er vom Gericht ernannt wurde.[9] Die Zulässigkeit, den von der Staatsanwaltschaft beauftragten Gutachter bereits im Ermittlungsverfahren abzulehnen, kann auch nicht aus § 161a Abs. 1 S. 2 hergeleitet werden.[10] Hierdurch wird nur die „entsprechende" Geltung der Vorschriften des 7. Abschnittes unter dem Vorbehalt angeordnet, dass „nichts anderes bestimmt ist". Mithin ist die Verweisung nicht umfassend,[11] sondern es muss mit den Besonderheiten und der Struktur des Ermittlungsverfahrens vereinbar sein, die jeweilige Bestimmung heranzuziehen.[12] Da dies nicht der Fall ist, sind die Vertreter der gegenteiligen Ansicht zu – unter Einnahme des dortrigen Standpunkts – systemwidrigen Ausnahmen gezwungen, wie bspw. für den kriminaltechnischen Sachverständigen, falls bei dessen Ablehnung ein Beweismittelverlust drohe.[13] Zudem zeigt § 74 Abs. 2 S. 1, dass der Regelungskomplex einer sinngemäßer Anwendung nicht zugänglich ist, ohne sich in Widersprüche zu verstricken. Wie diese Norm belegt, gehört die Staatsanwaltschaft zu denjenigen Verfahrensbeteiligten, die Ablehnungsgründe zur Überprüfung des Auftraggebers stellen können und der gegenüber die Namhaftmachung nach § 74 Abs. 2 S. 2 zu erfolgen hat. Es würde diesem Gesetzeszweck widersprechen, sie selbst abschließend darüber entscheiden zu lassen.[14] Allerdings enthebt dies die Ermittlungsbehörde nicht, bereits bei der Auswahl des Sachverständigen (§ 161a Abs. 1 S. 2, § 73 Abs. 1 S. 1) Gründe zu berücksichtigen, die einem späteren Ablehnungsgesuch Erfolg versprechen würden, oder unter diesen Voraussetzungen den Sachverständigen nach § 161a Abs. 1 S. 2, § 76 Abs. 1 S. 2 auszuwechseln. Vor dem Hintergrund der Gebote neutraler Sachaufklärung und größtmöglicher Beschleunigung des Verfahrens kann sie sich nicht sehenden Auges auf einen Sachverständigen stützen, der aller Voraussicht nach vom Gericht von seiner Tätigkeit zu entbinden ist.[15] Die Verfahrensbeteiligten haben durch die Erhebung von Gegenvorstellungen die Möglichkeit, hierauf hinzuwirken.[16] Allerdings darf derartigen Begehren auch nicht vorschnell nachgegeben werden. Mit entsprechenden Anträgen oder der Weigerung zur Mit- 3

[5] Rogall in SK-StPO Rn. 6; Gössel DRiZ 1980, 363 (376 Fn. 120).
[6] Krause in Löwe/Rosenberg Rn. 3; Rogall in SK-StPO Rn. 7.
[7] OLG Koblenz 4.6.2008 – 1 Ws 276/08, RuP 2009, 57.
[8] OLG Düsseldorf 15.6.1983 – 1 Ws 506/83, MDR 1984, 71 (72).
[9] BGH 13.2.2019 – 2 StR 485/18, NJW 2019, 1391 (1392); OLG Düsseldorf 15.6.1983 – 1 Ws 506/83, MDR 1984, 71 (72); Hadamitzky in KK-StPO Rn. 7; im Gegensatz zu Senge jurisPR-StrafR 6/2008 Anm. 2; Schmitt in Meyer-Goßner/Schmitt Rn. 12; Rogall in SK-StPO Rn. 6; aA Krause in Löwe/Rosenberg Rn. 21; Eisenberg NStZ 2006, 368 (373 f.); Gössel DRiZ 1980, 363 (376 Fn. 120); Gundlach HRRS 2019, 235 (242 ff.).
[10] So aber Eisenberg NStZ 2006, 368 (373).
[11] So aber Gundlach HRRS 2019, 235 (242).
[12] Brauer in Gercke/Julius/Temming/Zöller Rn. 7.
[13] Krause in Löwe/Rosenberg Rn. 21; Eisenberg NStZ 2006, 368 (374).
[14] Rogall in SK-StPO Rn. 6.
[15] LG Kiel 14.8.2006 – 37 Qs 54/06, NJW 2006, 3224; mAnm Wehnert JR 2007, 82 (83).
[16] BGH 13.2.2019 – 2 StR 485/18, NJW 2019, 1391 (1392); Rogall in SK-StPO Rn. 6.

wirkung darf nicht die Verlagerung der Aufklärungspflicht auf die anderen Verfahrensbeteiligten erzwungen werden. Die Entscheidung hinsichtlich der Person des Sachverständigen ist vielmehr stets am objektiven Aufklärungsinteresse auszurichten. Werden Einwände gegen die Neutralität des Sachverständigen vorgebracht, ist es entsprechend erforderlich, dass sich das Tatgericht von dessen Zuverlässigkeit überzeugt, bevor es dessen Ausführungen, insbesondere durch Verlesung, der Beweiswürdigung zu Grunde legt, aber auch auch ausreichend.[17]

4 Die allgemein vertretene Ansicht, § 74 erfasse auch die nach **§ 214 Abs. 2, § 220 Abs. 1** unmittelbar geladenen Sachverständigen[18] kann nicht uneingeschränkt überzeugen. Zum Sachverständigen im Sinne der §§ 73 ff. wird diese Beweisperson erst dadurch, dass sie auch vom Gericht als Sachverständiger ernannt oder als solcher vernommen wird (→ § 73 Rn. 4 und 11).[19] Entsprechend besteht auch erst ab diesem Zeitpunkt Veranlassung, über ein bereits zuvor gestelltes Ablehnungsgesuch zu entscheiden.[20]

II. Erläuterung

5 **1. Ablehnungsgründe nach Abs. 1. a) Zwingende Ablehnungsgründe.** Als **Grundsatz** stellt Abs. 1 S. 1 klar, dass über den Verweis auf § 24 Abs. 1 prinzipiell auch die gesetzlichen Ausschließungsgründe für eine Tätigkeit als Richter auf den Sachverständigen anzuwenden sind. Abgesehen von der zwingenden Sonderregelung des § 87 Abs. 2 S. 3[21] (→ § 87 Rn. 26); ist er bei deren Vorliegen allerdings für die Sache nur relativ unfähig,[22] da im Gegensatz zur dortigen Regelung der Ausschluss nicht von Amts wegen zu beachten ist, sondern den Antrag eines Verfahrensbeteiligten voraussetzt.[23] Liegt ein solcher Ablehnungsgrund vor, ist dem Gesuch indes zwingend stattzugeben und der Sachverständige ohne weiteres als befangen anzusehen.[24]

6 Uneingeschränkt gilt dies bei den Ablehnungsgründen des **§ 22 Nr. 1–4.** Hierunter fällt es, wenn der Sachverständige durch die Straftat selbst verletzt ist (§ 22 Nr. 1) oder in einem der in § 22 Nr. 2 und 3 bezeichneten Näheverhältnisse zum Beschuldigten oder Verletzten steht.[25] Von besonderer praktischer Bedeutung bei der Anwendung des § 22 Nr. 4 ist die Frage, ob der Sachverständige in derselben Sache zuvor als **Polizeibeamter** tätig war. Inwieweit eine Tätigkeit iSd § 22 Nr. 4 gegeben ist, richtet sich nach der Funktion, in der die Beweisperson im Ermittlungsverfahren herangezogen wurde.[26] Erfasst ist nicht schon die allgemeine Zugehörigkeit zum öffentlichen Dienst oder zu einer Polizeibehörde, was sich schon aus § 76 Abs. 2 ergibt,[27] sondern die Entfaltung einer konkreten Ermittlungstätigkeit zur Aufklärung der Straftat.[28] Das kann sich daraus ergeben, dass sie unmittelbar

---

[17] BGH 13.2.2019 – 2 StR 485/18, NJW 2019, 1391 (1392); aA Gundlach HRRS 2019, 235 (242 ff.); s. hierzu auch Momsen/Rackow/Schwarze NStZ 2018, 625 (629).

[18] Brauer in Gercke/Julius/Temming/Zöller Rn. 2; Hadamitzky in KK-StPO Rn. 1; Neubeck in KMR-StPO Rn. 1; Krause in Löwe/Rosenberg Rn. 3; Schmitt in Meyer-Goßner/Schmitt Rn. 1; Rogall in SK-StPO Rn. 4.

[19] BGH 24.7.1997 – 1 StR 214/97, BGHSt 43, 171 (175).

[20] BGH 9.4.1965 – 4 StR 143/65, VRS 29 (1965), 26; ungenau insoweit OLG Hamm 3.9.1963 – 4 Ss 686/63, VRS 26 (1964), 365.

[21] BGH 27.11.1995 – 1 StR 614/95, StV 1996, 130.

[22] RG 30.4.1888 – Rep. 777/88, RGSt 17, 415 (425).

[23] BGH 12.7.1955 – 5 StR 109/55, JurionRS 1955, 11761; 27.11.1995 – 1 StR 614/95, BeckRS 1996, 00087 = juris Rn. 4 = StV 1996, 130; Schmidt StPO II Rn. 4; Brauer in Gercke/Julius/Temming/Zöller Rn. 3; Hadamitzky in KK-StPO Rn. 2; Krause in Löwe/Rosenberg Rn. 4; Schmitt in Meyer-Goßner/Schmitt Rn. 3; Rogall in SK-StPO Rn. 11.

[24] BGH 11.1.1963 – 3 StR 52/62, BGHSt 18, 214.

[25] Monka in BeckOK StPO Rn. 1; Brauer in Gercke/Julius/Temming/Zöller Rn. 3; Krause in Löwe/Rosenberg Rn. 5; Schmitt in Meyer-Goßner/Schmitt Rn. 3, Rogall in SK-StPO Rn. 13 f.; Wiegmann StV 1996, 570 (571).

[26] Rogall in SK-StPO Rn. 19.

[27] LG Stuttgart 10.6.1997 – 10 Qs 36/97, NStZ-RR 1998, 54 (55).

[28] BGH 11.1.1963 – 3 StR 52/62, BGHSt 18, 214; RG 30.4.1888 – Rep. 777/88, RGSt 17, 415 (424); 8.7.1902 – Rep. 811/02, 319 (320); Foth/Karcher NStZ 1989, 166 (168); Wiegmann StV 1996, 570 (572) mit Aufzählung von Beispielen.

kraft Gesetzes nach § 163 dazu berufen oder von der Staatsanwaltschaft nach § 152 Abs. 1 GVG, § 161 Abs. 1 S. 2 hiermit beauftragt wurde.[29] Demgemäß besteht nicht per se ein zwingender Ablehnungsgrund gegen einen Beamten, der einer Polizeibehörde angehört, wenn es sich um eine organisatorisch selbständige Einheit handelt, wie beispielsweise kriminaltechnische Sachverständige und Schriftgutachter des Bundeskriminalamtes,[30] eines Landeskriminalamtes[31] und die dortigen EDV-Sachverständigen,[32] Sachverständige eines technischen[33] oder chemischen[34] Untersuchungsamtes, der Sicherungsgruppe des Bundeskriminalamtes,[35] sowie des Bundesamtes und der Landesämter für Verfassungsschutz.[36] Dieselben Grundsätze gelten für **Wirtschaftsreferenten** bzw. Sachverständige für Buchprüfung, bei denen es sich in der Regel um Bilanzbuchhalter, Betriebs- oder Volkswirte handelt, die einer Staatsanwaltschaft zugeordnet sind.[37] Diese scheiden entgegen teilweise vertretener Ansicht[38] nicht von vornherein aus dem Anwendungsbereich des § 22 Nr. 4 aus, da sie ab einer bestimmten Besoldungsgruppe Hilfsbeamte der Staatsanwaltschaft sein und als solche in Anspruch genommen werden können.[39] Auch bei ihnen ist die bloße Zugehörigkeit zu einer Strafverfolgungsbehörde kein zwingender Ausschließungsgrund.[40] Gleichfalls ist im Einzelfall zu entscheiden, ob sie selbst an Ermittlungshandlungen mitwirken[41] oder aufgrund der organisatorischen Gegebenheiten und der Art ihrer Heranziehung in der Lage sind, ihr Gutachten eigenverantwortlich, frei von Beeinflussung und losgelöst von der eigentlichen Ermittlungstätigkeit zu erstatten.[42] Entsprechend kann ein Steuerfahnder in einem Ermittlungsverfahren, das ausschließlich Nicht-Steuerdelikte zum Gegenstand hat, als Sachverständiger für Buchhaltungsfragen hinzugezogen werden.[43] Durch § 74 Abs. 1 S. 1, § 22 Nr. 4 sind allerdings selbst für diese Fallkonstellation Grenzen gesetzt, da er nicht „in der Sache" als Ermittlungsbeamter tätig gewesen sein darf. Dieser Begriff ist weit zu verstehen. Er setzt eine Verfahrenidentität nicht zwingend voraus und auch das Vorliegen mehrerer selbständiger Taten iSd § 264 steht nicht entgegen, solange bei mehreren für eine einheitliche Behandlung in Betracht zu ziehenden Verfahren zumindest ein enger und für die zu treffende Entscheidung bedeutsamer Sachzusammenhang besteht.[44] Hat das staatsanwaltschaftliche Ermittlungsverfahren, zu dem der Steuerfahnder als Sachverständiger hinzugezogen wird, ausschließlich den Tatvorwurf der Bestechlichkeit zum Gegenstand, so kann er

29 BGH 24.6.1958 – 1 StR 267/58, BeckRS 1958, 31194984 = MDR 1958, 785 = NJW 1958, 1308 (Leitsatz); Krause in Löwe/Rosenberg Rn. 7; Rogall in SK-StPO Rn. 20; Gössel DRiZ 1980, 363 (371).

30 Wiegmann StV 1996, 570 (573); BGH 11.1.1963 – 3 StR 52/62, BGHSt 18, 214 (216) zur Befangenheit.

31 BGH 24.6.1958 – 1 StR 267/58, BeckRS 1958, 31194984 = MDR 1958, 785 = NJW 1958, 1308 (nur Leitsatz).

32 Etter CR 1986, 166 (173); Paul CR 1986, 173 (174 f.).

33 KG 11.7.1963 (2) 1 Ss 106/63, VRS 25 (1963), 272 (273 f.) zur Befangenheit.

34 RG 8.7.1902 – Rep. 811/02, RGSt 35, 319 (320); BayObLG 25.4.1951 – RevReg. Nr. II 81/51, BayObLGSt 1949–51, 390 (391); vgl. auch BGH 11.1.1963 – 3 StR 52/62, BGHSt 18, 214 (215) für Chemiker, Weinprüfer und Schriftsachverständige.

35 BGH 11.1.1963 – 3 StR 52/62, BGHSt 18, 214 (216 f.) mit Abgrenzung zur Frage der Befangenheit.

36 BGH 11.1.1963 – 3 StR 52/62, BGHSt 18, 214 (218); 4.6.1964 – 3 StR 13/64, NJW 1964, 1681.

37 OLG Koblenz 4.12.1997 – 1 Ws 719/97, NStZ-RR 1998, 127 (127 f.); Niemyer/Grube in Müller-Gugenberger WirtschaftsstrafR-HdB Rn. 11.4; Bittmann wistra 2011, 47 (48); s. auch RG 28.11.1930 – 1 D 423/30, JW 1931, 2026 (2027) für Buch- und Betriebsprüfer des Finanzamts.

38 Gössel DRiZ 1980, 363 (371).

39 Niemeyer/Grube in Müller-Gugenberger WirtschaftsstrafR-HdB Rn. 11.8; Lemme wistra 2002, 281 (282).

40 BGH 12.7.1955 – 5 StR 109/55, JurionRS 1955, 11761.

41 Bittmann wistra 2011, 47 (51–53); Dose NJW 1978, 349 (354); Wiegmann StV 1996, 570 (574).

42 Neubeck in KMR-StPO Rn. 8; Rogall in SK-StPO Rn. 24; Niemeyer/Grube in Müller-Gugenberger WirtschaftsstrafR-HdB Rn. 12.29; Lemme wistra 2002, 281 (284–288); Wolf ZWH 2012, 125 (127 f.); vgl. auch BGH 10.4.1979 – 4 StR 127/79, BGHSt 28, 381 (384) zur Verjährungsunterbrechung und OLG Koblenz 4.12.1997 – 1 Ws 719/97, NStZ-RR 1998, 127 (128) zu § 464a.

43 LG Stuttgart 10.6.1997 – 10 Qs 36/97, NStZ-RR 1998, 54 (55).

44 BGH 18.9.2018 – 1 StR 454/18, NStZ 2019, 353 (353); 16.1.1979 – 1 StR 575/78, BGHSt 28, 262 (263 ff.) jeweils zu § 22 Nr. 4.

dennoch als befangen anzusehen sein, falls er in einem Steuerstrafverfahren, das den Zufluss der Bestechungsgelder als steuerpflichtige Einnahmen und Umsätze zum Gegenstand hat, Ermittlungshandlungen vornahm.[45]

7 Der Ablehnungsgrund des **§ 22 Nr. 5** wird durch § 74 Abs. 1 S. 2 sowohl hinsichtlich einer früheren Vernehmung als Zeuge, als auch als Sachverständiger ausgeschlossen.[46] Für Letzteres folgt dies zwar nicht schon aus dem Wortlaut des § 74 Abs. 1 S. 2, jedoch aus dem Sinn und Zweck des § 22 Nr. 5. Dieser sieht eine unwiderlegbare Befangenheitsvermutung – im Gegensatz zu § 23, der die Verrichtung derselben prozessualen Tätigkeit erfasst – in der Ausübung einer anderen prozessualen Funktion in derselben Rechtssache. Genau das ist aber beim Sachverständigen als Beweisperson nicht der Fall.[47] Diese Erwägungen zur prozessualen Rolle führen dazu, dass letztlich auch eine sinngemäße Anwendung des **§ 23** nicht in Betracht kommt.[48] Die Vorschrift schließt von bestimmten Fällen der Vorbefassung auf den nicht zu widerlegenden Anschein der Befangenheit des Richters, nämlich dann, wenn er bei der Beurteilung über eine den Rechtszug oder das Verfahren abschließende Entscheidung zum Richter in eigener Sache würde. Diese Situation ist beim Sachverständigen, der durchgehend als Beweisperson tätig ist und daher lediglich die Entscheidungsgrundlage für das Gericht liefert, nicht gegeben. Ein Rückgriff auf § 23 käme demnach nur in Betracht, wenn der Sachverständige vorhergehend als Richter mitwirkte,[49] was aber kaum praxisrelevant sein dürfte.[50]

8 **b) Besorgnis der Befangenheit.** Nach § 74 Abs. 1 S. 1, § 24 Abs. 1 und 2 kann ein Sachverständiger wegen Besorgnis der Befangenheit abgelehnt werden. Diese ist vom **Grundsatz** her gegeben, wenn der Antragsteller vernünftige Gründe vorbringt, die bei verständiger Würdigung auch jedem unbeteiligten Dritten Anlass geben könnten, an der Unvoreingenommenheit und Unparteilichkeit des Sachverständigen zu zweifeln.[51] Hierbei kommt es nicht auf den Standpunkt des Gerichts an, sondern auf denjenigen des Ablehnenden.[52] Auch bei Beurteilung der Ablehnungsgründe, die ein Beschuldigter vorbringt, der an einer psychischen Erkrankung leidet, ist allerdings auf die Vorstellung eines geistig gesunden, bei voller Vernunft befindlichen Antragstellers abzustellen.[53] Mehrere Gründe sind in ihrer Gesamtheit zu würdigen,[54] auch wenn sie zu unterschiedlichen Zeitpunkten, teilweise schon im Zwischenverfahren, vorgebracht werden.[55] Alleine deren Anzahl legt allerdings noch keine Befangenheiten nahe.[56] Nicht notwendig ist, dass die abgelehnte Person tatsäch-

---

45 FG Köln 22.9.2016 – 13 K 66/13, EFG 2017, 101 Rn. 59–64.

46 Brauer in Gercke/Julius/Temming/Zöller Rn. 4; Hadamitzky in KK-StPO Rn. 3; Krause in Löwe/Rosenberg Rn. 9; Schmitt in Meyer-Goßner/Schmitt Rn. 3; Rogall in SK-StPO Rn. 27 f.

47 RG 6.3.1900 – Rep. 220/00, RGSt 33, 198 (200).

48 Monka in BeckOK StPO Rn. 2; Brauer in Gercke/Julius/Temming/Zöller Rn. 4; Hadamitzky in KK-StPO Rn. 3.

49 Hadamitzky in KK-StPO Rn. 3; Krause in Löwe/Rosenberg Rn. 10.

50 Rogall in SK-StPO Rn. 26; Wiegmann StV 1996, 570 (571).

51 BGH 12.7.1955 – 5 StR 109/55, JurionRS 1955, 11761; 11.1.1963 – 3 StR 52/62, BGHSt 18, 214 (215); 20.7.1965 – 5 StR 241/65, NJW 1965, 2017 (2018) insoweit nicht abgedruckt in BGHSt 20, 245; BGH 10.4.1990 – 1 StR 75/90, StV 1990, 389 (390); 6.4.2011 – 2 StR 73/11, StV 2011, 709 (710); OLG Düsseldorf 8.9.1993 – 3 Ws 493–494/93, wistra 1994, 78; LG Leipzig 15.8.2017 – 1 Ks 100 Js 40760/16, MMR 2018, 486 (487); besonders strenger Maßstab, wenn persönliche Einschätzungen des Sachverständigen ausschlaggebend nach BGH 14.8.2009 – 3 StR 522/08, wistra 2011, 335 (338).

52 BGH 8.7.1955 – 5 StR 233/55, BGHSt 8, 144 (145); 1.11.1955 – 5 StR 329/55, BGHSt 8, 226 (233); 14.4.2011 – 1 StR 458/10, StV 2011, 728 (731); KG 11.7.1963 – (2) 1 Ss 106/63, VRS 25 (1963), 272 (273); OLG Hamm 24.3.1966 – 2 Ss 35/66, NJW 1966, 1880 (1881); OLG Düsseldorf 8.9.1993 – 3 Ws 493–494/93, wistra 1994, 78.

53 BGH 6.9.1968 – 4 StR 339/68, NJW 1968, 2297 (2298); LG Duisburg 13.3.2009 – 36 Ns 198/06, juris Rn. 3 = JR 2009, 343; iErg zustimmend, aber mit praktisch kaum umsetzbarer Differenzierung hinsichtlich Art und Ausmaß der psychischen Störung Peters JZ 1969, 438 (440); aA Eisenberg JR 2014, 441 (443).

54 BGH 1.11.1955 – 5 StR 329/55, BGHSt 8, 226 (235); OLG Düsseldorf 8.9.1993 – 3 Ws 493–494/93, wistra 1994, 78 (78 f.).

55 RG 24.6.1913 – IV 501/13, RGSt 47, 239 (241).

56 Hadamitzky in KK-StPO Rn. 4.

lich eine innere Haltung aufweist, die zu ihrer Befangenheit führt. Es genügt der diesbezügliche begründete Anschein,[57] wobei auch schon Verhaltensweisen im Vorfeld der mündlichen Gutachtenerstattung zu berücksichtigen sind.[58] Eine Stellungnahme des Sachverständigen kann die Besorgnis ausräumen,[59] umso mehr wenn der Sachverständige schon von sich aus etwaige Umstände offen legt, die eine solche begründen könnten.[60]

Die **Teilnahme an Ermittlungshandlungen** (zur Abgrenzung gegenüber dem Ermittungshelfer → § 72 Rn. 23) bewirkt nicht schon per se die Befangenheit des Sachverständigen, was sich in systematischer Hinsicht schon aus § 80 ergibt.[61] Vielmehr hat das Gericht dies nach seinem Ermessen nach Art und Umfang der Ermittlungen zu beurteilen.[62] Das gilt auch für die Hinzuziehung des Sachverständigen zu einer Durchsuchung (ausführlich hierzu → § 105 Rn. 35),[63] sofern sich die Aufgabenstellung auf eine beratende Tätigkeit beschränkt,[64] beispielsweise um nicht zuletzt aus Gründen der Verhältnismäßigkeit die Auswahl sicherzustellender Unterlagen, Datenbestände und EDV-Anlagen einzugrenzen.[65] Etwas anderes gilt dann, wenn der hinzugezogene Experte für die Staatsanwaltschaft oder Polizei die Ermittlungshandlungen selbst vornimmt, beispielsweise den Ablauf der Durchsuchungsmaßnahme bestimmt, Durchsuchungshandlungen selbst tätigt und Rechner vor Ort selbständig prüft.[66] Eine vergleichbare Situation ist bei dem Sachverständigen gegeben, der – unbeschadet einer mit dem Gutachtenauftrag zwingend verbundenen Exploration der Beweisperson[67] – über informatorische Befragungen hinaus ohne Berücksichtigung der Grundsätze des § 80 Zeugen vernimmt und deren Angaben verwertet.[68] In der Praxis häufig anzutreffen ist zudem diejenige Fallkonstellation, dass im Rahmen einer TKÜ für die Auswertung von Gesprächen in fremder Sprache Übersetzer in Anspruch genommen werden müssen. Dabei führt alleine die Heranziehung durch und die Zusammenarbeit mit den Ermittlungsbehörden selbstverständlich nicht zur Besorgnis von deren Befangenheit.[69] Etwas anderes kann sich jedoch daraus ergeben, dass der sachverständige Übersetzer seine Übertragungen mit Anmerkungen versieht, die eine eigene und einseitige Interpretation erkennen lassen,[70] und er durch seine Vorauswahl die Richtung der Ermittlungen bestimmt.[71] Verbleibt allerdings die Interpretationshoheit beim Auftraggeber und sind die Kommentare, die bei der Übersetzung zur besseren Verständlichkeit angebracht werden, als seine mögliche Deutung kenntlich gemacht, ist seine Neutralität nicht in Frage gestellt.[72] 9

---

57 OLG Köln 23.2.2011 – 2 Ws 87/11, NStZ-RR 2011, 315; LG Leipzig 15.8.2017 – 1 Ks 100 Js 40760/16, MMR 2018, 486 (487).
58 BGH 13.10.2021 – 2 StR 324/21, wistra 2022, 120.
59 BGH 12.9.2007 – 1 StR 407/07, NStZ 2008, 229 (230).
60 So die Empfehlung von Dettmeyer Rechtsmedizin 2016, 444 (446).
61 Bittmann wistra 2011, 47 (51); Foth/Karcher NStZ 1989, 166 (169) zu §§ 74, 22 Nr. 4.
62 RG 15.5.1931 – 2 D 450/31, JW 1931, 2504 mAnm Alsberg.
63 Vgl. BVerfG 31.8.2007 – 2 BvR 1681/07, BeckRS 2007, 26565; Trück in Bittmann InsStrafR-HdB § 1 Rn. 121; Wolf ZWH 2012, 125 (130 f.).
64 Trück in Bittmann InsStrafR-HdB § 1 Rn. 121; Niemeyer/Grube in Müller-Gugenberger WirtschaftsstrafR-HdB Rn. 12.29 für Wirtschaftsreferent; Foth/Karcher NStZ 1989, 166 (168 f.); Senge jurisPR-StrafR 6/2008 Anm. 2.
65 Etter CR 1986, 168 f. für EDV-Sachverständigen; Lemme wistra 2002, 281 (286) für Wirtschaftsreferent; vgl. auch LG Stuttgart 10.6.1997 – 10 Qs 36/97, NStZ-RR 1998, 54 (55) für Steuerfahnder als Sachverständiger für Buchhaltungsfragen bei Nicht-Steuerdelikten.
66 LG Kiel 14.8.2006 – 37 Qs 54/06, NJW 2006, 3224 mAnm Wehnert JR 2007, 82; Wiegmann StV 1996, 570 (573); aA für Buchprüfer, der nach § 88 Abs. 2 AO zur Neutralität verspflichtet ist, OLG Bremen 23.10.1998 – VAs 1/98, wistra 1999, 74 (75).
67 BGH 6.4.2011 – 2 StR 73/11, BeckRS 2011, 14038 Rn. 8.
68 LG Essen 1.3.2006 – 5 KLs 38/05, StV 2006, 521.
69 BGH 28.8.2007 – 1 StR 331/07, NStZ 2008, 50.
70 LG Darmstadt 23.1.1990 – 1 KLs 19 Js 23700/88, StV 1990, 258; 22.3.1995 – 3 KLs 19 Js 5735/94, StV 1995, 239, allerdings jeweils unter der Bezeichnung als „Dolmetscher", obwohl die Übersetzung abgeschlossener Kommunikation eine Tätigkeit als Sachverständiger ist (→ § 72 Rn. 24) und daher § 74 direkt zur Anwendung kommt ohne Rückgriff auf § 191 GVG; s. hierzu auch Gundlach HRRS 2019, 235 (237 Fn. 17).
71 Momsen/Rackow/Schwarze NStZ 2018, 625 (626 und 629).
72 BGH 28.8.2007 – 1 StR 331/07, NStZ 2008, 50; 13.2.2019 – 2 StR 485/18, NJW 2019, 1391 (1392).

Unbeschadet dessen ist in diesem Zusammenhang die bloße Zugehörigkeit als Beamter zu einer Staatsanwaltschaft oder einer Dienststelle, die (auch) polizeiliche Aufgaben wahrnimmt, nicht schon für sich ein Befangenheitsgrund, wie der Umkehrschluss aus § 22 Nr. 4 ergibt, der eine Tätigkeit „als" entsprechender Beamter fordert.[73] Es kommt vielmehr im Einzelfall darauf an, ob sich die abgelehnte Person konkret auch „wie" ein Polizeibeamter für die Erforschung und Aufklärung der in Frage stehenden Tat einsetzte.[74] Die Abgrenzung zur direkten Anwendung der § 74 Abs. 1 S. 1, § 22 Nr. 4 ist, soweit es sich nicht wie bei den Ämtern für Verfassungsschutz[75] oder der BaFIN[76] um selbständige Behörden ohne gesetzlichen Auftrag zur Strafverfolgung handelt, schwierig und fließend und hängt mitunter nicht zuletzt davon ab, ob sich die Revision mit ausreichendem Vortrag überhaupt auf § 22 Abs. 1 Nr. 4 beruft.[77] Unter Berücksichtigung dessen hängt wie oben (→ Rn. 6) der Ausschluss einer Befangenheit bei Polizeibeamten von der Zugehörigkeit zu einer organisatorisch selbständigen Abteilung und – wie beim Wirtschaftsreferenten – der Vornahme einer weisungsfreien lediglich auswertenden Tätigkeit ab oder ob vor allem Aufgaben der Ermittlungstätigkeit wahrgenommen wurden.[78] Dies gilt in verlgeichbarer Weise für Mitarbeiter der BaFIN, für die sich schon aus § 122 Abs. 1 S. 2 WpHG erschließt, dass die grundsätzliche Weisungsgebundenheit bei der Erfüllung der Dienstpflichten nicht genügt, um eine Besorgnis der Befangenheit zu begründen.[79] Ein Buch- und Betriebsprüfer des Finanzamts ist auch im Steuerstrafverfahren als unbefangen anzusehen, vorausgesetzt er war nicht in die Ermittlungen eingebunden.[80]

10 Bei **Auftragserteilung durch Verfahrensbeteiligte** führt naturgemäß diejenige durch Staatsanwaltschaft oder Polizei wegen deren Verpflichtung zu neutraler Ermittlung nicht zur Befangenheit des Sachverständigen,[81] selbst wenn dies eine Beteiligung schon im Ermittlungsverfahren zur Folge hat,[82] sofern die unter → Rn. 9 aufgezeigten Grenzen eingehalten werden. Entsprechend bietet der auf geschäftsmäßige Dinge beschränkte Kontakt zur Staatsanwaltschaft keinen Anlass für Zweifel an der Unparteilichkeit der Beweisperson.[83] Eine andere Beurteilung ergibt sich für den Fall, dass der Sachverständige gegenüber der zeugnis- und untersuchungsverweigerungsberechtigten Person, die er zu untersuchen hat, die Auftragserteilung durch die Staatsanwaltschaft verschweigt, da er davon ausgeht, andernfalls keine Angaben zu erlangen.[84] Auch das auf Veranlassung des Beschuldigten oder des Verteidigers eingeholte Gutachten soll sich in seiner Beweismittelqualität nicht von dem infolge behördlichen Auftrags erstellten unterscheiden, weswegen alleine deswegen nicht

---

73 RG 30.4.1888 – Rep. 777/88, RGSt 17, 415 (425); BGH 12.7.1955 – 5 StR 109/55, JurionRS 1955, 11761 zu Buchprüfer der Kriminalpolizei.

74 BGH 4.6.1964 – 3 StR 13/64, NJW 1964, 1681 (1682); RG 28.11.1930 – 1 D 423/30, JW 1931, 2026 (2027) für Buch- und Betriebsprüfer des Finanzamts; Etter CR 1986, 166 (167 ff.) und Paul CR 1986, 173 (174 f.) jeweils für EDV-Sachverständige von BKA und LKA.

75 BGH 11.1.1963 – 3 StR 52/62, BGHSt 18, 214 (218); 4.6.1964 – 3 StR 13/64, NJW 1964, 1681.

76 S. hierzu BGH 25.2.2016 – 3 StR 142/15, ZIP 2016, 1334 (1335).

77 BGH 11.1.1963 – 3 StR 52/62, BGHSt 18, 214; KG 11.7.1963 – (2) 1 Ss 106/63, VRS 25 (1963), 272; Foth/Karcher NStZ 1989, 166 (169); was indes keine analoge Anwendung des § 22 Nr. 4 erfordert wie von Momsen/Rackow/Schwarze NStZ 2018, 625 (629) angedacht.

78 BGH 12.7.1955 – 5 StR 109/55, JurionRS 1955, 11761; 11.1.1963 – 3 StR 52/62, BGHSt 18, 214 (216 f.); KG 11.7.1963 – (2) 1 Ss 106/63, VRS 25 (1963), 272 (273 f.); OLG Zweibrücken 9.10.1978 – Ws 397/78, NJW 1979, 1995 für Verjährungsunterbrechung durch Auftrag an Wirtschaftsreferenten.

79 BGH 25.2.2016 – 3 StR 142/15, ZIP 2016, 1334 (1335) noch zur Vorgängervorschrift § 40a Abs. 1 S. 2 WpHG aF.

80 RG 28.11.1930 – 1 D 423/30, JW 1931, 2026 (2027) mAnm Mannheim.

81 BGH 11.1.1963 – 3 StR 52/62, BGHSt 18, 214 (215); 23.11.1995 – 1 StR 296/95, NJW 1996, 1355 (1357); OLG Hamm 4.12.1957 – 3 Ss 1494/56, DAR 1957, 131; BayObLG 25.4.1951 – RevReg. Nr. II 81/51, BayObLGSt 1949–51, 390 (391); Artkämper/Artkämper Kriminalistik 2018, 384 (387); Kohlhaas NJW 1962, 1329 (1331).

82 BGH 12.7.1955 – 5 StR 109/55, JurionRS 1955, 11761.

83 BGH 20.11.1996 – 2 StR 323/96, wistra 1997, 147 (148) insoweit nicht abgedruckt in NStZ 1997, 189.

84 BGH 4.12.1996 – 2 StR 430/96, NStZ 1997, 349 (350).

von einer Voreingenommenheit ausgegangen wird.[85] Da aber hier der Privatgutachter aus der Interessenvertretung heraus seine Aufgabe entgegen nimmt,[86] erscheint es allerdings unschlüssig und ist nur mit der strukturellen (Über-)Betonung der Beschuldigtenrechte zu erklären,[87] wenn andererseits schon alleine die Tätigkeit für den Geschädigten[88] oder den Nebenkläger[89] als solche Grund zur Befangenheit geben soll.[90] Dies kann folgerichtig dann auch nur gelten, wenn über die reine Entlohnung durch den Auftraggeber hinaus zusätzliche, insbesondere fiskalische, Gründe hinzutreten, wie beispielsweise die berufliche Tätigkeit mit Gewinnbeteiligung für das Geschädigte Unternehmen[91] oder diejenige für einen Verband oder eine Gesellschaft, die die gewerblichen Interessen ihrer Mitglieder vertritt.[92] Zweifelhaft ist es indessen, bereits die Vorbefassung mit dem Vorgang auf Veranlassung eines Versicherungsunternehmens[93] ausreichen zu lassen. Wird dagegen aus der Stellung als öffentlich bestellter und vereidigter Sachverständiger ein Argument für die Neutralität selbst bei Beauftragung und Bezahlung durch den Beschuldigten hergeleitet,[94] ist nicht erkennbar, warum dies nicht bei einer solchen durch andere Verfahrensbeteiligte oder Dritte gleichfalls gelten soll.[95]

Bei der **Untersuchung von Personen** entscheidet der Sachverständige in eigener 11
Verantwortung, welche Unterlagen er benötigt, welche Untersuchungsmethoden er anwendet und ob für die Bearbeitung eine stationäre Beobachtung, eine ambulante Untersuchung oder die Beobachtung in der Hauptverhandlung ausreichend ist (→ § 78 Rn. 4), weswegen alleine aus der diesbezüglichen Entscheidung keine Befangenheit hergeleitet werden kann.[96] Das gilt selbst dann, wenn sich die Methodenauswahl als fehlerhaft erweisen sollte.[97] Da es sich bei der Exploration im Bereich psychiatrischer Begutachtung um die zentrale Untersuchungsmethode handelt (→ § 80 Rn. 9), kann die Staatsanwaltschaft aus deren ausführlicher Vornahme keine Voreingenommenheit herleiten, selbst wenn sich dabei zwangsläufig eine therapeutisch wirksame Beziehung des Sachverständigen zum Beschuldigten entwickelt, sofern dies den Prozessbeteiligten offengelegt und bei der Bewertung berücksichtigt wird.[98] Hierzu darf er auf Mitteilungen der Verteidigung, beispielsweise zur Einnahme von Medikamenten, zurückgreifen. Selbst wenn er die diesbezüglichen Angaben ungeprüft übernimmt und nicht von sich aus offen legt, folgt hieraus nicht die Befangenheit, solange der Gutachter keine bewusst falschen oder unvollständigen Angaben macht.[99] Umgekehrt kann sich der

85 Hadamitzky in KK-StPO Rn. 5; Krause in Löwe/Rosenberg Rn. 14; Schmitt in Meyer-Goßner/Schmitt Rn. 7; Rogall in SK-StPO Rn. 35; Eisenberg BeweisR StPO Rn. 1527a; Hamm/Hassemer/Pauly Beweisantragsrecht Rn. 441; Detter FS Meyer-Goßner, 2001, 431 (438); Neuhaus StraFo 2001, 8 (11); vgl. auch OLG Hamm 13.11.2014 – 1 Ws 467/14, NStZ-RR 2015, 160 zu § 220 Abs. 3; aA OLG Frankfurt a. M. 2.4.1976 – 2 Ws 100/76, VRS 51 (1976), 212.

86 Konsequent OLG Frankfurt a. M. 2.4.1976 – 2 Ws 100/76, VRS 51 (1976), 212.

87 Brammsen ZStW 119 (2007), 93 (103, 107 und 109).

88 BGH 20.7.1965 – 5 StR 241/65, BGHSt 20, 245 (246).

89 OLG Hamm 3.9.1963 – 4 Ss 686/63, VRS 26 (1964), 365; aA Dallmeyer in Alsberg Beweisantrag Rn. 364.

90 So aber Monka in BeckOK StPO Rn. 4; Brauer in Gercke/Julius/Temming/Zöller Rn. 7; Hadamitzky in KK-StPO Rn. 6; Krause in Löwe/Rosenberg Rn. 13; Schmitt in Meyer-Goßner/Schmitt Rn. 6; Rogall in SK-StPO Rn. 35; Eisenberg BeweisR StPO Rn. 1552.

91 RG 8.7.1924 – I 309/24, RGSt 58, 262.

92 LG Kiel 14.8.2006 – 37 Qs 54/06, NJW 2006, 3224 mAnm Wehnert JR 2007, 82 (82 f.) für Verfolgung von Fällen der Produktpiraterie; Senge jurisPR-StrafR 6/2008 Anm. 2 „wie auch immer geartetes eigenes Interesse an Verlauf und Ausgang des Verfahrens".

93 BGH 9.11.2001 – 3 StR 216/01, NStZ 2002, 215; RG 16.6.1938 – 2 D 172/38, RGSt 72, 250 (251); vgl. auch BGH 15.8.2001 – 3 StR 225/01, NStZ 2002, 44 (45); aA OLG Hamm 4.12.1957 – 3 Ss 1494/56, DAR 1957, 131.

94 OLG Koblenz 23.5.1986 – 1 Ss 143/86, VRS 71 (1986), 200 (201); vgl. auch Detter FS Meyer-Goßner, 2001, 431 (439).

95 Brammsen ZStW 119 (2007), 93 (113).

96 BGH 22.5.1991 – 2 StR 453/90, Kusch NStZ 1992, 27 – RsprÜ.

97 BGH 23.2.2016 – 3 StR 481/15, BeckRS 2016, 5428.

98 BGH 8.5.1991 – 3 StR 467/90, NJW 1991, 2357 (2357 f.); kritisch Krause in Löwe/Rosenberg Rn. 13.

99 Sehr weitgehend insoweit BGH 6.4.2011 – 2 StR 73/11, BeckRS 2011, 14038, auszugsweise wiedergegeben bei Cierniak/Zimmermann NStZ-RR 2014, 97 (98) – RsprÜ.

Beschuldigte ohne Anhaltspunkte für eine erkennbar einseitige Belastungstendenz nicht auf das Begehren einer Nachexploration berufen.[100] In gleicher Weise unerheblich ist es, wenn der Sachverständige Äußerungen des Beschuldigten entgegen nimmt, ohne ihn über sein Schweigerecht belehrt zu haben[101] und ohne dass der Verteidiger anwesend ist.[102] Auch darf er seine Sicht darlegen, warum er ein bestimmtes Verteidigungsvorbringen für aussichtslos hält und dessen Abänderung empfehlen,[103] oder als manipulativ bezeichnen, wenn er dies als Beleg für die Risikobewertung kennzeichnet.[104] Des Zwanges oder sonstiger unzulässiger Mittel iSd § 136a darf er sich jedoch nicht bedienen.[105] Ist der Gutachter Mitarbeiter der Klinik, in der der Beschuldigte einstweilig untergerbracht ist, führt dies nicht zwingend zu dessen Befangenheit.[106] Zweifel an der Unparteilichkeit des Sachverständigen kann der Beschuldigte aus der unangekündigten Exploration vor Studenten,[107] der Vornahme körperlicher Eingriffe ohne richterliche Anordnung oder Einwilligung des Beschuldigten sowie aus unzureichender Rückfrage bei unklarer Anordnung herleiten,[108] nicht aber aus dem bloßen Angebot einer medizinisch indizierten Behandlung.[109] Geht es um die Untersuchung eines Zeugen, insbesondere die aussagepsychologische Begutachtung des Verletzten auf Grundlage einer Exploration, so kann alleine aus der irrtümlich unterbliebenen (Herbeiführung einer) Belehrung über ein Zeugnis- oder Untersuchungsverweigerungsrecht[110] und der Benutzung der Bezeichnungen von „Opfer" und „Tat"[111] oder „Peiniger"[112] nichts für eine Voreingenommenheit im Hinblick auf die inhaltliche Bewertung gefolgert werden. Ein Ausdruck mangelnder Neutralität kann aber darin zu sehen sein, dass sich der Sachverständige über ein Zeugnis- und Untersuchungsverweigerungsrecht hinwegsetzt, indem er den ursprünglich nicht aussagebereiten Zeugen durch verbale oder sonstige Einflussnahme umzustimmen versucht.[113] Unschädlich ist dagegen für sich betrachtet die aussagepsychologische Begutachtung des Belastungszeugen bereits in einem früheren Strafverfahren selbst bei ungünstigem Ergebnis für den Beschuldigten.[114] Im Einzelfall ist zu entscheiden, welchen Einfluss eine vorhergehende therapeutische Beziehung entfaltet.[115] Wegen des hieraus möglicherweise resultierenden Näheverhältnisses ist allerdings Vorsicht geboten.[116] Die Exploration selbst sollte an einem neutralen Ort durchgeführt werden, was aussagepsychologische Sachverständige in der forensischen Praxis regelmäßig durch Anhörung in den Praxis- oder Institutsräumen gewährleisten. Aus einer abweichenden Vorgehensweise kann bei verständiger Würdigung noch nicht ohne weiteres ein Mangel an Neutralität hergeleitet werden.[117] Es ist vielmehr im Einzelfall konkret abzuwägen, ob es hierfür einen nachvollziehbaren

[100] BGH 3.9.2008 – 2 StR 305/08, BeckRS 2008, 20648 Rn. 38 = Cierniak/Zimmermann NStZ-RR 2011, 97 (101) – RsprÜ.
[101] Hadamitzky in KK-StPO Rn. 5 unter Hinweis auf BGH 1 StR 546/79.
[102] BGH 12.9.2007 – 1 StR 407/07, NStZ 2008, 229 (230) mit dem Hinweis, dass ein Anwesenheitsrecht des Verteidigers bei der Exploration nicht besteht.
[103] BGH 12.9.2007 – 1 StR 407/07, NStZ 2008, 229 (230).
[104] BGH 13.10.2021 – 2 StR 324/21, wistra 2022, 120.
[105] BGH 6.9.1968 – 4 StR 339/68, NJW 1968, 2297 (2298).
[106] BGH 9.10.2013 – 5 StR 381/13, BeckRS 2013, 18622 mablAnm Eisenberg JR 2014, 441.
[107] BGH 23.1.1980 – 2 StR 387/79, Holtz MDR 1980, 453 (456) – RsprÜ.
[108] BGH 8.7.1955 – 5 StR 233/55, BGHSt 8, 144 (146–148); 10.4.1990 – 1 StR 75/90, BGHR StPO § 74 Ablehnungsgrund 2 jedoch mit der Einschränkung, dass in dem ablehnenden Beschluss keine weitergehenden oder ausreichenden Darlegungen enthalten waren.
[109] BGH 6.9.1968 – 4 StR 339/68, NJW 1968, 2297 (2298).
[110] BGH 4.12.1996 – 1 StR 430/96, NStZ 1997, 349 (350).
[111] Krause in Löwe/Rosenberg Rn. 14; Schmitt in Meyer-Goßner/Schmitt Rn. 7; einschränkend dagegen Eisenberg BeweisR StPO Rn. 1551a (Fn. 84).
[112] BGH 14.2.2001 – 1 StR 8/01, BGHR StPO § 74 Ablehnungsgrund 6.
[113] OLG Rostock 6.1.2015 – 20 RR 108/14, NStZ 2015, 359 (360) mzustAnm Aymans NZFam 2015, 216 (217).
[114] BGH 2.3.1971 – 5 StR 44/71, Dallinger MDR 1972, 16 (18) – RsprÜ. Nach BGH 1.11.1955 – 5 StR 329/55, BGHSt 8, 226 (235) selbst dann, wenn in dem früheren Verfahren trotzdem Freispruch erfolgte.
[115] BGH 27.11.1995 – 1 StR 614/95, StV 1996, 130.
[116] Krause in Löwe/Rosenberg Rn. 14; Rogall in SK-StPO Rn. 34.
[117] Viel zu weitgehend insoweit Eisenberg BeweisR StPO Rn. 1552 und 1864; Eisenberg NStZ 2006, 368 (369 Fn. 6); Eisenberg JR 2009, 343 (343 ff.).

sachlichen Grund gibt.[118] Gerade bei stark traumatisierten kindlichen und jugendlichen Zeugen kann unter Umständen auf anderem Wege eine verwertbare Aussage gar nicht gewonnen werden, was der Aufklärungspflicht widerspräche.[119] Eine ausführliche Befragung Dritter, insbesondere Verwandter der zu begutachtenden Person, unter Außerachtlassung der Grundsätze des § 80 kann jedenfalls bei Hinzutreten weiterer Umstände und bedenklicher Äußerungen des Sachverständigen Zweifel an seiner Unparteilichkeit aufkommen lassen.[120]

Weitere **Einzelfälle** sind häufig durch Verhaltensweisen oder Eigenschaften des Sachverständigen geprägt, wobei sich wegen § 78 von vornherein keine Befangenheit aus der **Kontaktaufnahme** mit dem Gericht im Rahmen von dessen Leitungsbefunis ergibt.[121] Anders kann eine eigenmächtige Rücksprache mit dem Nebenkläger oder für diesen arbeitenden Personen zu werten sein.[122] 12

Keine Besorgnis einer Voreingenommenheit folgt aus der mangelnden Sachkunde;[123] aus unprofessionellem Verhalten in Form von Lektüre sachfremder Akten während laufender Hauptverhandlung, wenn dadurch die Aufmerksamkeit auf das für die Begutachtung Wesentliche nicht beeinträchtigt wird;[124] aus der Zugehörigkeit zu einem bestimmten Universitätsinstitut, das eine bestimmte wissenschaftliche Fachrichtung vertritt;[125] wenn sein Gutachten überhaupt erst zur Einleitung des Verfahrens führte;[126] aus Äußerungen bei Lehrveranstaltungen, bei Fachtagungen, in Publikationen,[127] sofern sie nicht aufgrund ihrer Absolutheit und Verallgemeinerung ausnahmsweise den Eindruck erwecken können, es liege eine vorgefasste und feststehende Meinung vor;[128] aus Verhaltensweisen oder Vorkommnissen in anderen Verfahren, soweit keine diesbezüglich durchgängige Praxis erkennbar ist;[129] aus der Besichtigung des Untersuchungsobjekts ohne Teilnahme des Verteidigers;[130] sofern keine einseitige Tendenz erkennbar ist, aus der Vornahme ergänzender Nachforschungen[131] oder der Überschreitung des Gutachtenauftrages.[132] 13

Anhaltspunkte für eine Voreingenommenheit können sich dagegen gewinnen lassen aus Äußerungen des Sachverständigen im konkreten Verfahren,[133] insbesondere wenn sie ein Verfolgungsinteresse zu erkennen geben,[134] wie bspw. ob der Angeklagte in Absprache mit seinem Verteidiger auf „einem bestimmten Paragraphen reisen" wolle, obwohl bei hochgradiger Alkoholisierung und Erregung bei der Tat eine Schuldunfähig- 14

---

118 LG Duisburg 13.3.2009 – 36 Ns 198/06, juris Rn. 18 f. = JR 2009, 343 zu Gründen der Verfahrensbeschleunigung.
119 Cabanis NJW 1978, 2329 (2330).
120 AG Euskirchen 15.5.2006 – 6 Ls 70 Js 515/03, StraFo 2006, 493.
121 BGH 8.1.2020 – 5 StR 366/19, BeckRS 2020, 393 Rn. 43.
122 Artkämper/Artkämper Kriminalistik 2018, 384 (387).
123 BGH 20.11.2001 – 1 StR 470/01, NStZ-RR 2001, 110; 1.12.2006 – 2 StR 436/06, BeckRS 2007, 00056 = Cierniak NStZ-RR 2009, 1 (4) – RsprÜ; BGH 23.2.2016 – 3 StR 481/15, BeckRS 2016, 5428; Peters JZ 1969, 438 (440); der Sache nach auch BGH 16.5.2000 – 1 StR 666/99, NStZ 2000, 544 (545); sehr weitgehend in diese Richtung andererseits LG Berlin 23.5.2002 – (518) 70 Js 1087/97 Ls Ns 10/02, StV 2002, 476 (476 f.).
124 LG Stuttgart 21.10.2013 – 3 KLs 115 Js 35416/13, StraFo 2014, 69 (70).
125 BGH 14.8.2009 – 3 StR 522/08, wistra 2011, 335 (337); OLG Hamm 24.3.1966 – 2 Ss 35/66, NJW 1966, 1880 (1881).
126 BGH 12.7.1955 – 5 StR 109/55, JurionRS 1955, 11761; BayObLG 25.4.1951 – RevReg. Nr. II 81/51, BayObLGSt 1949–51, 390 (391); OLG Bremen 23.10.1998 – VAs 1/98, wistra 1999, 74 (75); Kohlhaas NJW 1962, 1329 (1331).
127 BGH 2.8.1995 – 2 StR 221/94, BGHSt 41, 206 (211); 14.6.2011 – 1 StR 458/10, StV 2011, 728 (731); OLG Düsseldorf 8.9.1993 – 3 Ws 493–494/93, wistra 1994, 78 (79); aA LG Köln 20.8.1981 – 109-1/81, StV 1981, 540 (541) für Aussagen, die „als allgemeingültig verstanden werden können".
128 LG Köln 20.8.1981 – 109-1/81, StV 1981, 540 (541): alle Wirtschaftsstraftäter, die Haft- oder Verhandlungsunfähigkeit geltend machen, seien Simulanten.
129 BGH 18.8.1999 – 1 StR 186/99, NStZ 1999, 632 (633).
130 BGH 26.7.1968 – 4 StR 100/68, VRS 35 (1968), 428.
131 BGH 23.11.1995 – 1 StR 296/95, NJW 1996, 1355 (1357).
132 BGH 20.12.2012 – 3 StR 117/12, StV 2013, 427 Rn. 44 f. insoweit nicht abgedruckt in BGSt 58, 84.
133 BGH 14.4.2011 – 1 StR 458/10, StV 2011, 728 (730 f.); AG Euskirchen 15.5.2006 – 6 Ls 70 Js 515/03, StraFo 2006, 493; vgl. auch die Beispiele bei Dettmeyer Rechtsmedizin 2016, 444 (450).
134 BGH 2.8.1995 – 2 StR 221/94, BGHSt 41, 206 (211 f.).

keit nicht gänzlich fern lag[135] oder er hoffe nicht, dass eine zur Bewährung aussetzbare Freiheitsstrafe verhängt werde,[136] aber auch sofern er zugunsten des Beschuldigten in einem Gutachten zur strafrechtlichen Verantwortlichkeit die Glaughaftigkeit der Angaben eines Belastungszeugen in Zweifel zieht oder aus der Geltendmachung von Opferrechten in Form eines Adhäsionsantrags auf Rachemotive spekuliert[137] oder wenn sie bewusst falsche Angaben über seine Ermittlungen im Zusammenhang mit der Erstellung des Gutachtens enthalten,[138] falls sie nach Erstattung des Gutachtens getätigt werden allerdings nur, sofern sie den Schluss auf eine bereits zuvor bestehende Befangenheit zulassen;[139] aus Äußerungen auf seiner Homepage[140] oder in sozialen Medien selbst ohne konkreten Bezug zu einem bestimmten Verfahren jedenfalls für den Fall, dass das Profil öffentlich zugänglich ist und Hinweise auf die berufliche Tätigkeit enthält,[141] aus der Kontaktaufnahme mit einem Zweitgutachter, um sein Befremden über die Einholung eines weiteren Gutachtens zum Ausdruck zu bringen und über mögliche Kritikpunkte an seinen Ausführungen zu diskutieren;[142] aus der einseitigen oder verfälschenden Heranziehung des Beweismaterials;[143] aus der einseitigen Würdigung der Beweismittel, vor allem solcher, die noch nicht formell ordnungsgemäß erhoben wurden;[144] wenn er Fangfragen an einen Entlastungszeugen richtet;[145] aus der selektiven und methodisch unzureichenden Auseinandersetzung mit Fachliteratur;[146] aus Kompetenzüberschreitungen durch Stellungnahme zu Rechtsfragen;[147] wenn er während der Beweisaufnahme durch mehrminütige Beschäftigung mit Mobiltelefon, Laptop und der Terminplanung für verfahrensfremde Zwecke den Eindruck von Unprofessionalität und Desinteresse erweckt;[148] wenn er bei einem nach § 81 untergebrachten Beschuldigten Briefe eigenmächtig anhält und vernichtet;[149] wenn er grundlegende Verfahrensrechte von Verfahrensbeteiligten objektiv willkürlich missachtet.[150]

15 Der Beschuldigte seinerseits kann dagegen aus eigenem **Verhalten** keinen Befangenheitsgrund herleiten,[151] da er es sonst in der Hand hätte, nach Gutdünken die Auswechslung des Sachverständigen herbeizuführen. Deswegen bleibt es dem Sachverständigen auch unbenommen, gegen eine beleidigende Äußerung zur Geltendmachung seiner Rechte Strafanzeige zu erstatten.[152] Gleichfalls führen nachvollziehbare Emotionen oder auch Empörung als Reaktion auf grob unangemessenes Verhalten des Verteidigers nicht zur Besorgnis der Befangenheit. Auf sachlich begründete Nachfragen und Einwendungen sowie Aufforderungen zur Ergänzung des Gutachtens darf hingegen nicht mit persönlichen Angriffen reagiert werden.[153]

---

135 BGH 5.7.1997 – 5 StR 364/77, Holtz MDR 1977, 982 (983) – RsprÜ.
136 BGH 6.11.1980 – 4 StR 156/80, StV 1981, 55 (56).
137 LG Tübingen 6.11.2017 – 2 KLs 47 Js 15564/15.
138 BGH 23.3.1994 – 2 StR 67/94, NStZ 1994, 388.
139 BGH 25.10.2017 – 5 StR 72/17, BeckRS 2017, 132361 Rn. 7; vgl. auch Dettmeyer Rechtsmedizin 2016, 444 (448) zur Homepage.
140 Artkämper/Artkämper Kriminalistik 2018, 384 (387 f.).
141 LG Leipzig 15.8.2017 – 1 Ks 100 Js 40760/16, MMR 2018, 486 (487).
142 AG Euskirchen 15.5.2006 – 6 Ls 70 Js 515/03, StraFo 2006, 493.
143 BGH 18.8.1991 – 1 StR 186/99, NStZ 1999, 632 (633).
144 BGH 1.11.1955 – 5 StR 329/55, BGHSt 8, 226 (235).
145 OLG Hamburg 23.1.1986 – 1 Ss 137/86, StV 1987, 142 (143).
146 Vgl. OLG Hamm 13.11.2014 – 1 Ws 467/14, NStZ-RR 2015, 160 zu § 220 Abs. 3.
147 OLG Frankfurt a. M. 2.4.1976 – 2 Ws 100/76, VRS 51 (1976), 212.
148 LG Stuttgart 21.10.2013 – 3 KLs 115 Js 35416/13, StraFo 2014, 69 (71).
149 BGH 14.7.1961 – 4 StR 191/61, NJW 1961, 2069.
150 BGH 6.4.2011 – 2 StR 73/11, BeckRS 2011, 14038; 20.12.2012 – 3 StR 117/12, StV 2013, 427 (432 Rn. 44 f.). insoweit nicht abgedruckt in BGHSt 58, 84 zur Mitteilung eines Beinahetreffers bei § 81h; OLG Köln 23.2.2011 – 2 Ws 87/11, NStZ-RR 2011, 315; OLG Stuttgart 18.7.2012 – 2 Ws 273/11, BeckRS 2012, 15707.
151 BGH 2.3.1971 – 5 StR 44/71, Dallinger MDR 1972, 16 (18) – RsprÜ.
152 OLG München 27.10.1970 – 1 U 1212/70, NJW 1971, 384 (385) für die Richterablehnung im Zivilverfahren.
153 AG Backnang 14.1.2014 – 2 Ls 113 Js 112185/12, juris Rn. 9 ff.

2. Ablehnungsantrag. Die **Ablehnungsberechtigung** steht neben den in § 74 Abs. 2 S. 1 genannten Verfahrensbeteiligten auch dem Nebenkläger (§ 397 Abs. 1 S. 2), dem Verfalls- und Einziehungsbeteiligten (§ 427 Abs. 1 S. 1), dem gesetzlichen Vertreter und Erziehungsberechtigten (§ 67 JGG) und dem Antragsteller im Adhäsionsverfahren (§§ 403 ff.) zu.[154] Der Verteidiger hat kein eigenes Ablehnungsrecht. Er kann dies nur im Namen des Beschuldigten ausüben.[155] Ein Selbstablehnungsrecht des Sachverständigen besteht nicht, da § 30 nicht zur Anwendung kommt. Insoweit ist nach § 76 Abs. 1 S. 2 zu verfahren.[156] Der Verletzte ist bei Einstellung des Ermittlungsverfahrens durch die Staatsanwaltschaft ausschließlich auf das Klagerzwingungsverfahren nach § 172 verwiesen.[157] 16

Die **Namhaftmachung** nach § 74 Abs. 2 S. 2, zu der Staatsanwaltschaft und Polizei nicht verpflichtet sind,[158] soll den Ablehnungsberechtigten ermöglichen, Einwendungen gegen die Person des Sachverständigen vorzubringen.[159] Sie hat daher unmittelbar nach Ernennung des Sachverständigen zu erfolgen.[160] Vor diesem Hintergrund ist das Gericht bei Vernehmung eines sachverständigen Zeugen verpflichtet, den Verfahrensbeteiligten darüber Klarheit zu verschaffen, sofern es diesen (auch) als Sachverständigen hören will.[161] Besondere Umstände, die ein Absehen von der Namhaftmachung ermöglichen, sind Gefahr des Beweismittelverlustes und Abwesenheit des Beschuldigten.[162] 17

Das an keine bestimmte Form gebundene (vgl. aber § 257a)[163] Ablehnungsgesuch, muss, ohne dass dies in § 74 Abs. 3 ausdrücklich erwähnt wird, **alle Tatsachen** enthalten, auf die die Ablehnung gestützt wird.[164] Es gelten dieselben Grundsätze wie bei der Richterablehnung und dem Antrag auf Wiedereinsetzung in den vorigen Stand.[165] Das Gericht ist nicht zur Ermittlung von Umständen gehalten, die Befangenheitsgründe bieten könnten.[166] Die Notwendigkeit weiterer Ermittlungen führt daher schon zur Unzulässigkeit des Ablehnungsgesuchs.[167] Hinsichtlich der vorgetragenen Tatsachen ist kein voller Beweis zu erbringen. Das Gericht muss diese für hinreichend wahrscheinlich halten.[168] Für die Glaubhaftmachung iSd Abs. 3 genügt die bloße Benennung von Zeugen nicht,[169] jedoch die Vorlage von deren eidesstattlicher Versicherungen.[170] Auf das uneidliche Zeugnis des Abgelehnten kann der Antragsteller verweisen,[171] allerdings nicht auf die eigene eidesstattliche Versicherung.[172] Sind die Tatsachen gerichtsbekannt, insbesondere weil sich das Ablehnungsgesuch 18

---

154 Monka in BeckOK StPO Rn. 6; Brauer in Gercke/Julius/Temming/Zöller Rn. 9; Hadamitzky in KK-StPO Rn. 10; Neubeck in KMR-StPO Rn. 16; Krause in Löwe/Rosenberg Rn. 14; Schmitt in Meyer-Goßner/Schmitt Rn. 9; Rogall in SK-StPO Rn. 43–48; aA allerdings für Antragsteller im Adhäsionsverfahren Schmitt in Meyer-Goßner/Schmitt Rn. 9; Rogall in SK-StPO Rn. 48; Eisenberg BeweisR StPO Rn. 1555.

155 Vgl. OLG Hamm 9.7.1951 – 2 Ws 110/51, NJW 1951, 731 für Richterablehnung durch Privatkläger.

156 Brauer in Gercke/Julius/Temming/Zöller Rn. 1; Hadamitzky in KK-StPO Rn. 1; Krause in Löwe/Rosenberg Rn. 3; Schmitt in Meyer-Goßner/Schmitt Rn. 1; Rogall in SK-StPO Rn. 4.

157 RG 23.10.1918 – DRA. TB. 79/18, RGSt 52, 291 (292).

158 Hadamitzky in KK-StPO Rn. 11; Neubeck in KMR-StPO Rn. 17; Krause in Löwe/Rosenberg Rn. 19; Schmitt in Meyer-Goßner/Schmitt Rn. 10.

159 Krause in Löwe/Rosenberg Rn. 18; Rogall in SK-StPO Rn. 49.

160 Monka in BeckOK StPO Rn. 7; Schmitt in Meyer-Goßner/Schmitt Rn. 10.

161 BGH 11.2.1954 – 4 StR 677/53, JR 1954, 271 (272).

162 Brauer in Gercke/Julius/Temming/Zöller Rn. 10; Neubeck in KMR-StPO Rn. 17; Krause in Löwe/Rosenberg Rn. 18; Rogall in SK-StPO Rn. 51.

163 Krause in Löwe/Rosenberg Rn. 20; Rogall in SK-StPO Rn. 54.

164 Schmitt in Meyer-Goßner/Schmitt Rn. 13.

165 Hadamitzky in KK-StPO Rn. 8.

166 BGH 25.2.2016 – 3 StR 142/15, ZIP 2016, 1334 (1335).

167 BGH 10.11.1967 – 4 StR 512/66, BGHSt 21, 334 (347).

168 BGH 25.2.2016 – 3 StR 142/15, ZIP 2016, 1334 (1335); RG 29.10.1895 – Rep 2975/95, RGSt 28, 8 (10).

169 BGH 10.11.1967 – 4 StR 512/66, BGHSt 21, 334 (347).

170 RG 29.10.1895 – Rep. 2975/95, RGSt 28, 8 (10).

171 BGH 28.1.1964 – 5 StR 585/63, JurionRS 1964, 13298; Brauer in Gercke/Julius/Temming/Zöller Rn. 14; Hadamitzky in KK-StPO Rn. 8; Neubeck in KMR-StPO Rn. 12; Schmitt in Meyer-Goßner/Schmitt Rn. 13.

172 BGH 21.12.1972 – 1 StR 267/22, BGHSt 25, 89 (92) zu §§ 44, 45.

auf Äußerungen des Sachverständigen in der Hauptverhandlung beruft, bedarf es keiner weitergehenden Glaubhaftmachung.[173]

19 Die Ablehnung des Sachverständigen ist ein in der Hautpverhandlung zu stellender[174] (auch → Rn. 3) **Antrag zur Beweisaufnahme,**[175] und daher zu behandeln wie andere derartige Anträge.[176] Es gelten mithin die Grundsätze des Beweisantragsrechts.[177] Ein bereits zu einem früheren Zeitpunkt gestelltes Befangenheitsgesuch ist demnach in der Hauptverhandlung zu wiederholen,[178] wobei dann aber auch die nur früher vorgebrachten Gründe mitberücksichtigt werden müssen.[179] Als Prozesshandlung ist der Antrag bedingungsfeindlich,[180] kann, selbst nachdem er für begründet erklärt worden ist, zurückgenommen werden,[181] und es kann auf die Bescheidung verzichtet werden, selbst konkludent indem ein vor der Hauptverhandlung gestelltes Ablehnungsgesuch in derselben nicht erneut vorgebracht wird.[182] Wie sich aus § 83 Abs. 2 ergibt, kann es auch noch nach Erstattung des Gutachtens angebracht werden.[183] Das Unverzüglichkeitsgebot des § 25 Abs. 2 S. 1 Nr. 2 gilt nicht.[184] Demnach geht das Antragsrecht nicht alleine dadurch verloren, dass der Ablehnenede in Kenntnis des Ablehnungsgrundes zunächst das Gutachten entgegennimmt.[185] Jedoch kann es im Einzelfall als Verzicht auf die Ablehnung anzusehen sein, falls der Antragsteller durch sein Prozessverhalten den Eindruck erweckt, er nehme das Gutachten hin, um dann im Schlussvortrag auf die Befangenheit des Sachverständigen abzustellen.[186] Letztmöglicher Zeitpunkt für die Stellung des Antrags ist der Zeitraum nach Schluss der Beweisaufnahme bis zur Urteilsverkündung.[187] Erst nach deren Beginn muss er nicht mehr entgegengenommen werden.[188]

20 **3. Ablehnungsverfahren.** Auf das Verfahren kommen die für die Ablehnung eines Richters geltenden **Vorschriften** nicht zur Anwendung, da § 74 Abs. 1 S. 1 nur hinsichtlich der Gründe hierauf verweist.[189] Deshalb ist der Ablehnende nicht an das Unverzüglichkeitsgebot des § 25 Abs. 2 S. 1 Nr. 2 StPO gebunden (→ Rn. 19).[190] Mangels Anwendbarkeit des § 26 Abs. 3 ist auch die Anhörung des Sachverständigen vor der Entscheidung nicht zwingend, aber oftmals zweckmäßig.[191] Wird ihm Gelegenheit gegeben, sich zu den vorgebrachten Ablehnungsgründen zu äußern, kann dies allerdings – nach Bekanntgabe an die

173 OLG Bamberg 18.10.2018 – 2 Ss OWi 1419/18, BeckRS 2018, 28063.
174 BGH 20.4.1982 – 1 StR 50/82, BeckRS 9998, 84605 = juris Rn. 4, insoweit nicht abgedruckt in NStZ 1982, 328.
175 BGH 20.11.2011 – 1 StR 470/01, NStZ-RR 2002, 110; OLG Oldenburg 8.1.1960 – 1 Ws 173/59, JZ 1960, 291 mAnm Peters.
176 RG 13.10.1924 – II 702/24, RGSt 58, 301.
177 BGH 20.11.2011 – 1 StR 470/01, NStZ-RR 2002, 110; Schmitt in Meyer-Goßner/Schmitt Rn. 11.
178 BGH 25.11.2003 – 1 StR 182/03, NStZ-RR 2004, 118 (119); Monka in BeckOK StPO Rn. 8; Brauer in Gercke/Julius/Temming/Zöller Rn. 15; Hadamitzky in KK-StPO Rn. 9; Krause in Löwe/Rosenberg Rn. 21; Schmitt in Meyer-Goßner/Schmitt Rn. 14.
179 RG 24.6.1913 – IV 501/13, RGSt 47, 239 (241).
180 BGH 3.5.2011 – 1 StR 699/10, BeckRS 2011, 12902; OLG Stuttgart 18.9.1970 – 4 W 31/70, NJW 1971, 1090.
181 Brauer in Gercke/Julius/Temming/Zöller Rn. 16; Hadamitzky in KK-StPO Rn. 9; Krause in Löwe/Rosenberg Rn. 28; Schmitt in Meyer-Goßner/Schmitt Rn. 15; Rogall in SK-StPO Rn. 58.
182 RG 18.10.1924 – II 702/24, RGSt 58, 301.
183 RG 18.10.1924 – II 702/24, RGSt 58, 301.
184 BGH 10.1.2018 – 1 StR 437/17, NJW 2018, 1030 (1031).
185 Eisenberg BeweisR StPO Rn. 1556a.
186 OLG Stuttgart 23.8.1957 – 2 Ss 477/56, NJW 1957, 1646; s. auch BGH 28.8.2007 – 1 StR 331/07, NStZ 2008, 50 zum Gedanken des „Rechtmissbrauchs" bei mehrmonatigem Zuwarten.
187 Eisenberg BeweisR StPO Rn. 1556a.
188 Brauer in Gercke/Julius/Temming/Zöller Rn. 12; Hadamitzky in KK-StPO Rn. 7; Krause in Löwe/Rosenberg Rn. 23.
189 RG 10.5.1894 – Rep. 1438/94, RGSt 25, 361 (362); 24.6.1913 – IV 501/13, RGSt 47, 239 (240).
190 BGH 10.1.2018 – 1 StR 437/17, NJW 2018, 1030 (1031); OLG Bamberg 18.10.2018 – 2 Ss OWi 1419/18, BeckRS 2018, 28063.
191 BGH 28.8.2007 – 1 StR 331/07, NStZ 2008, 50; 14.8.2009 – 3 StR 522/08, wistra 2011, 335 (337); RG 10.5.1894 – Rep. 1438/94, RGSt 25, 361 (362); OLG Frankfurt a. M. 11.8.1964 – 1 Ws 157–159/64, NJW 1965, 314 (315).

Verfahrensbeteiligten[192] – berücksichtigt werden.[193] Überwiegend wird jedoch vertreten die Ablehnung sei bei Verschleppung und bei Verfolgung verfahrensfremder Zwecke entsprechend § 26a Abs. 1 Nr. 3 unzulässig.[194] Dem ist zu folgen. Die Norm ist Ausdruck des allgemeinen Rechtsgedankens, dass rechtsmssbräuchliches Verhalten zur Unzulässigkeit von Prozesshandlungen führt.[195] Entsprechend wird allgemein zu Recht davon ausgegangen, dass die bloße Wiederholung eines bereits in der Hauptverhandlung gestellten und abschlägig beschiedenen Antrags mit in der Sache gleich bleibender Begründung unzulässig ist.[196] Auch ein unangemessen langes Zuwarten mit der Antragstellung kann sich als Rechtsmissbrauch darstellen (→ Rn. 19).[197] Wegen Unanwendbarkeit von § 30 ist gegebenenfalls nach § 76 Abs. 1 S. 2 StPO zu verfahren (→ Rn. 16).

Zuständig ist das mit der Sache befasste Gericht,[198] das heißt in der Hauptverhandlung das erkennende Gericht unter Mitwirkung der Schöffen.[199] Der beauftragte oder ersuchte Richter führt, gegebenenfalls nach Vernehmung des abgelehnten Sachverständigen, die Entscheidung des auftraggebenden Gerichts herbei.[200] 21

Die Entscheidung ergeht durch **Gerichtsbeschluss.**[201] Dieser ist nach vorheriger Anhörung der Verfahrensbeteiligten gemäß § 33 – auch wenn dem Ablehnungsantrag stattgegeben wird[202] – mit einer Begründung zu versehen (§ 34),[203] die sich mit den wesentlichen Ablehnungsgründen auseinanderzusetzen hat[204] und mit der das Gericht darlegt, von welchen Tatsachen es ausgeht;[205] das Revisionsgericht muss prüfen können, ob die anzuwendenden Rechtsbegriffe zutreffend erkannt wurden und die Verfahrensbeteiligten müssen in die Lage versetzt werden ihr weiteres Prozuessverhalten darauf einzurichten.[206] Nur bei anderweitiger Evidenz ist deren Fehlen unschädlich ist.[207] Wurde der Ablehnungsantrag bereits vor der Hauptverhandlung inhaltsgleich angebracht und beschieden, so genügt bei der – grundsätzlich erforderlichen (→ Rn. 19) – nochmaligen Stellung in der Hauptverhandlung eine bloße Bezugnahme auf die früheren Entscheidungsgründe.[208] Da das Unverzüglichkeitsgebot des § 25 Abs. 2 S. 1 Nr. 2 StPO keine Anwendung findet (→ Rn. 20), kann der Antrag nicht unter Berufung hierauf als unzulässig abgelehnt werden, ohne sich zu den Gründen für die Ablehnung zu verhalten.[209] Auf eine Stellngnahme des Sachverständigen (→ Rn. 20) ist in den Entscheidungsgründen einzugehen.[210] Der Beschluss erwächst nicht in Rechtskraft und kann folglich jederzeit, sei es von Amts wegen oder auf eine Gegenvorstellung hin, aufgehoben oder geändert werden.[211] 22

[192] Monka in BeckOK StPO Rn. 10.
[193] BGH 12.9.2007 – 1 StR 407/07, NStZ 2008, 229 (230).
[194] Brauer in Gercke/Julius/Temming/Zöller Rn. 1; Hadamitzky in KK-StPO Rn. 1; Krause in Löwe/Rosenberg Rn. 2; Neubeck in KMR-StPO Rn. 20; Schmitt in Meyer-Goßner/Schmitt Rn. 1.
[195] S. hierzu Schmitt in Meyer-Goßner/Schmitt Einl. Rn. 111.
[196] Monka in BeckOK StPO Rn. 9; Brauer in Gercke/Julius/Temming/Zöller Rn. 15; Hadamitzky in KK-StPO Rn. 9; Krause in Löwe/Rosenberg Rn. 27; Schmitt in Meyer-Goßner/Schmitt Rn. 14.
[197] BGH 28.8.2007 – 1 StR 331/07, NStZ 2008, 50.
[198] Monka in BeckOK StPO Rn. 10; Brauer in Gercke/Julius/Temming/Zöller Rn. 17; Schmitt in Meyer-Goßner/Schmitt Rn. 16.
[199] BGH 20.11.1996 – 2 StR 323/96, wistra 1997, 147 (148) insoweit nicht abgedruckt in NStZ 1997, 189.
[200] Monka in BeckOK StPO Rn. 10; Neubeck in KMR-StPO Rn. 21; Schmitt in Meyer-Goßner/Schmitt Rn. 16.
[201] OLG Hamm 24.3.1966 – 2 Ss 35/66, NJW 1966, 1880; Hadamitzky in KK-StPO Rn. 13; Neubeck in KMR-StPO Rn. 22; Schmitt in Meyer-Goßner/Schmitt Rn. 17.
[202] RG 15.5.1931 – 2 D 450/31, JW 1931, 2504 mAnmAlsberg.
[203] Monka in BeckOK StPO Rn. 10; Rogall in SK-StPO Rn. 62.
[204] BGH 8.1.2020 – 5 StR 366/19, BeckRS 2020, 393 Rn. 43.
[205] BGH 23.3.1994 – 2 StR 67/94, NStZ 1994, 388; 25.2.2016 – 3 StR 142/15, ZIP 2016, 1334 (1335).
[206] BGH 22.7.2014 – 3 StR 302/14, NStZ 2014, 663 (664).
[207] OLG Hamburg 3.11.1978 – 2 Ss 58/78, VRS 56 (1979), 457 (458).
[208] BGH 25.11.2003 – 1 StR 182/03, NStZ-RR 2004, 118 (119).
[209] BGH 10.1.2018 – 1 StR 437/17, NJW 2018, 1030 (1031); OLG Bamberg 18.10.2018 – 2 Ss OWi 1419/18, BeckRS 2018, 28063.
[210] Vgl. BGH 12.9.2007 – 1 StR 407/07, NStZ 2008, 229 (230).
[211] Brauer in Gercke/Julius/Temming/Zöller Rn. 18.

23 **4. Rechtsfolgen der Ablehnung.** Die **erfolgreiche** Ablehnung hat die Wirkung, dass der Sachverständige nicht weiter vernommen werden darf. Hinsichtlich des bereits erstatteten Gutachtens besteht ein Beweisverwertungsverbot.[212] Das Gutachten darf deswegen von keinem anderen Sachverständigen an seiner Stelle – auch nicht vor Entscheidung über das Ablehnungsgesuch – vorgetragen werden,[213] genauso wenig wie das Gericht nunmehr seine Sachkunde aus den bisherigen Ausführungen herleiten darf.[214] Gegebenenfalls ist die Begutachtung durch einen anderen Sachverständigen herbeizuführen (§ 83 Abs. 2; → § 83 Rn. 5). Zulässig ist es dagegen, den Sachverständigen zu seinen Wahrnehmungen als (sachverständigen) Zeugen zu hören, und zwar sowohl zu den Befund-[215] als auch den Zusatztatsachen.[216] Die Befangenheitsgründe sind bei der Beweiswürdigung dann zu berücksichtigen,[217] besonders dann wenn er sich über ein Zeugnis- und Untersuchungsverweigerungsrecht hinweggesetzt hat.[218]

III. Rechtsmittel

24 Da sich die Verweisung in § 74 Abs. 1 S. 1 nur auf die Ablehnungsgründe, nicht auch das diesbezügliche Verfahren bezieht, gilt § 28 StPO nicht.[219] Für das **Beschwerdeverfahren** kommen deshalb die allgemeinen Vorschriften der §§ 304 ff. zur Anwendung.[220] Für sämtliche Antragsberechtigte, nicht jedoch den Sachverständigen selbst,[221] ist daher sowohl gegen die ablehnende, als auch die stattgebende Entscheidung die einfache Beschwerde statthaft,[222] allerdings nur soweit es sich nicht um eine Entscheidung des erkennenden Gerichts handelt (§ 305 S. 1).[223] Das Beschwerdegericht prüft in tatsächlicher und rechtlicher Hinsicht vollumfänglich und trifft seine Entscheidung nach eigenem Ermessen.[224]

25 Die **Revision** kann nicht auf die bloße Geltendmachung gestützt werden, ein befangener Sachverständiger habe an der Hauptverhandlung mitgewirkt, ohne dass ein Ablehnungsantrag gestellt wurde.[225] Ansonsten kann mit der Verletzung des § 74 sowohl die ablehnende

---

[212] BGH 16.12.2004 – 1 StR 420/03, NJW 2005, 445 (447); OLG Düsseldorf 15.6.1983 – 1 Ws 506/83, MDR 1984, 71 (72).

[213] OLG Celle 2.12.1963 – 2 Ss 421/63, NJW 1964, 462.

[214] Brauer in Gercke/Julius/Temming/Zöller Rn. 19; Hadamitzky in KK-StPO Rn. 13; Krause in Löwe/Rosenberg Rn. 34; Fezer JR 1990, 397 (399).

[215] AA Krause in Löwe/Rosenberg Rn. 36; Eisenberg BeweisR StPO Rn. 1561; Eisenberg NStZ 2016, 11 (15) Geppert DAR 1980, 315 (321).

[216] BGH 7.5.1965 – 2 StR 92/65, BGHSt 20, 222 (223 f.); 15.8.2001 – 3 StR 225/01, NStZ 2002, 44 (45); 6.12.2001 – 1 StR 468/01, NStZ 2002, 215; 9.10.2002 – 5 StR 42/02, NJW 2003, 150 (151); 16.12.2004 – 1 StR 420/03, NJW 2005, 445 (447); 18.3.2010 – 3 StR 426/09, BeckRS 2010, 08150 = NStZ-RR 2010, 210 (Leitsatz); RG 28.11.1930 – 1 D 423/30, JW 1931, 2026 (2027); OLG Rostock 6.1.2015 – 20 RR 108/14, NStZ 2015, 359 (360); Monka in BeckOK StPO Rn. 11; Brauer in Gercke/Julius/Temming/Zöller Rn. 20; Hadamitzky in KK-StPO Rn. 15; Neubeck in KMR-StPO Rn. 23; Schmitt in Meyer-Goßner/Schmitt Rn. 20; Rogall in SK-StPO Rn. 65; Fezer JR 1990, 397 (400); Foth/Karcher NStZ 1989, 166 (169); Gössel DRiZ 1980, 363 (372); Wolf ZWH 2012, 125 (128); aA auch hinsichtlich Zusatztatsachen Eisenberg NStZ 2016, 11 (15).

[217] BGH 7.5.1965 – 2 StR 92/65, BGHSt 20, 222 (224); Fezer JR 1990, 397 (399).

[218] OLG Rostock 6.1.2015 – 20 RR 108/14, NStZ 2015, 359 (360).

[219] RG 10.5.1894 – Rep. 1438/94, RGSt 25, 361 (362); 24.6.1913 – IV 501/13, RGSt 47, 239 (240); OLG Koblenz 23.5.1986 – 1 Ss 143/86, VRS 71 (1986), 200 (201); OLG Köln 15.11.2010 – 2 Ws 738 + 739/10, BeckRS 2011, 1275.

[220] OLG Celle 6.10.1965 – 5 Ws 292/65, NJW 1966, 415; OLG Hamburg 1.8.1967 – 1 Ws 381/67, NJW 1967, 2274 (2275).

[221] Krause in Löwe/Rosenberg Rn. 38; Schmitt in Meyer-Goßner/Schmitt Rn. 20.

[222] OLG Frankfurt a. M. 11.8.1964 – 1 Ws 157–159/64, NJW 1965, 314.

[223] OLG Oldenburg 8.1.1960 – 1 Ws 173/59, JZ 1960, 291 mAnm Peters; OLG Celle 6.10.1965 – 5 Ws 292/65, NJW 1966, 415; OLG Düsseldorf 18.10.1966 – 3 Ws 153/66, NJW 1967, 692; OLG Hamburg 1.8.1967 – 1 Ws 381/67, NJW 1967, 2274 (2275); OLG Köln 15.11.2010 – 2 Ws 738 + 739/10, BeckRS 2011, 1275.

[224] Brauer in Gercke/Julius/Temming/Zöller Rn. 21; Hadamitzky in KK-StPO Rn. 16; Neubeck in KMR-StPO Rn. 27; Krause in Löwe/Rosenberg Rn. 40; Schmitt in Meyer-Goßner/Schmitt Rn. 20; Rogall in SK-StPO Rn. 69.

[225] BGH 27.11.1995 – 1 StR 614/95, StV 1996, 130.

als auch die stattgebende Entscheidung als rechtsfehlerhaft gerügt werden.[226] Ein vor der Hauptverhandlung gestelltes Ablehnungsgesuch ist indes keine ausreichende Grundlage, wenn es in der Hauptverhandlung nicht wiederholt wurde.[227] Die tatrichterliche Entscheidung prüft das Revisionsgericht nicht nach den Grundsätzen der Beschwerde, sondern nach denjenigen der Revision nur auf Rechtsfehler hin.[228] Es entscheidet daher unter Bindung an die vom Tatrichter zugrunde gelegten Tatsachen,[229] ohne eigene Ermittlungen durchzuführen und eigene Feststellungen zu treffen.[230] Entsprechend kann ein Rechtsfehler schon in einer unzureichenden[231] oder gänzlich fehlenden[232] Begründung des Beschlusses liegen, sofern die Gründe nicht klar ersichtlich sind,[233] sowie im gänzlichen Unterlassen einer gerichtlichen Entscheidung.[234] Um den Anforderungen des § 344 Abs. 2 S. 2 zu genügen, hat der Beschwerdeführer sämtliche rügebegründenden Tatsachen zum Gegenstand seines Vortrags zu machen.[235] Dazu sind insbesondere Ausführungen zu Ablehnungsgesuch und Gerichtsbeschluss erforderlich,[236] regelmäßig aber auch genügend.[237] Darüber hinausgehend ist ein Beweisantritt durch Mitteilung des Hauptverhandlungsprotokolls nicht notwendig.[238] Das Urteil beruht regelmäßig nicht auf einer fehlerhaften Anwendung des § 74, wenn das vorschriftswidrig besetzte Gericht auch bei ordnungsgemäßer Besetzung des Spruchkörpers nicht anders hätte entscheiden können;[239] wenn dem Ablehnungsantrag zu Unrecht stattgegeben, aber ein anderer gleichermaßen qualifizierter Sachverständiger vernommen wurde;[240] wenn die Namhaftmachung nach Abs. 2 S. 2 unterblieb.[241]

§ 75 Pflicht des Sachverständigen zur Erstattung des Gutachtens

(1) Der zum Sachverständigen Ernannte hat der Ernennung Folge zu leisten, wenn er zur Erstattung von Gutachten der erforderten Art öffentlich bestellt ist oder wenn er die Wissenschaft, die Kunst oder das Gewerbe, deren Kenntnis Voraussetzung der Begutachtung ist, öffentlich zum Erwerb ausübt oder wenn er zu ihrer Ausübung öffentlich bestellt oder ermächtigt ist.

---

[226] Brauer in Gercke/Julius/Temming/Zöller Rn. 22; Hadamitzky in KK-StPO Rn. 17; Krause in Löwe/Rosenberg Rn. 43; Schmitt in Meyer-Goßner/Schmitt Rn. 21; Rogall in SK-StPO Rn. 70.

[227] BGH 20.11.2001 – 1 StR 470/01, NStZ-RR 2002, 110.

[228] BGH 1.11.1955 – 5 StR 329/55, BGHSt 8, 226 (232); 2.8.1995 – 2 StR 221/94, BGHSt 41, 206 (212); 31.1.2017 – 4 StR 531/16, BeckRS 2017, 102001; vgl. auch BGH 8.1.2020 – 5 StR 366/19, BeckRS 2020, 393 Rn. 43.

[229] BGH 1.11.1955 – 5 StR 329/55, BGHSt 8, 226 (234); 28.8.2007 – 1 StR 331/07, NStZ 2008, 50; 12.9.2007 – 1 StR 407/07, NStZ 2008, 229 (230); 25.2.2016 – 3 StR 142/15, ZIP 2016, 1334 (1335).

[230] BGH 18.8.1999 – 1 StR 186/99, NStZ 1999, 632 (633); 6.4.2011 – 2 StR 73/11, BeckRS 2011, 14038 Rn. 7; 14.4.2011 – 1 StR 458/10, StV 2011, 728 (731); 22.7.2014 – 3 StR 302/14, NStZ 2014, 663 (664); 10.1.2018 – 1 StR 437/17, NJW 2018, 1030 (1031).

[231] BGH 6.11.1980 – 4 StR 156/80, StV 1981, 55 (56); 10.4.1990 – 1 StR 75/90, BeckRS 1990, 31084448 = juris Rn. 6 = StV 1990, 389; 23.3.1994 – 2 StR 67/94, NStZ 1994, 388; 22.7.2014 – 3 StR 302/14, NStZ 2014, 663 (664); 10.1.2018 – 1 StR 437/17, NJW 2018, 1030 (1031); OLG Bamberg 18.10.2018 – 2 Ss OWi 1419/18, BeckRS 2018, 28063.

[232] RG 24.6.1913 – IV 501/13, RGSt 47, 239 (241).

[233] OLG Hamburg 3.11.1978 – 2 Ss 58/78, VRS 56 (1979), 457 (458).

[234] OLG Hamm 24.3.1966 – 2 Ss 35/66, NJW 1966, 1880 auch mit Ausführungen zum gleichwohl fehlenden Beruhen.

[235] BGH 26.5.2009 – 5 StR 57/09, Cirener NStZ-RR 2010, 133 (135) – RsprÜ.

[236] BGH 26.7.1968 – 4 StR 100/68, VRS 35 (1968), 428; 25.11.2003 – 1 StR 182/03, NStZ-RR 2004, 118 (119).

[237] BGH 31.1.2017 – 4 StR 531/16, BeckRS 2017, 102001; 10.1.2018 – 1 StR 437/17, NJW 2018, 1030 (1031); OLG Bamberg 18.10.2018 – 2 Ss OWi 1419/18, BeckRS 2018, 28063.

[238] BGH 18.3.2010 – 3 StR 426/09, BeckRS 2010, 08150 = NStZ-RR 2010, 210 (Leitsatz).

[239] BGH 20.11.1996 – 2 StR 323/96, wistra 1997, 147 (148), insoweit nicht abgedruckt in NStZ 1997, 189.

[240] Hadamitzky in KK-StPO Rn. 17; Krause in Löwe/Rosenberg Rn. 43; Schmitt in Meyer-Goßner/Schmitt Rn. 21; Rogall in SK-StPO Rn. 72.

[241] Krause in Löwe/Rosenberg Rn. 41; Schmitt in Meyer-Goßner/Schmitt Rn. 22; Rogall in SK-StPO Rn. 49 und 76.

(2) Zur Erstattung des Gutachtens ist auch der verpflichtet, welcher sich hierzu vor Gericht bereiterklärt hat.

Schrifttum: Blank, Verpflichtung des Arztes zur Blutentnahme nach § 81a StPO?, BA 1992, 81; Detter, der von der Verteidigung geladene psychiatrische Sachverständige, FS Meyer-Goßner 2001, 431; Kohlhaas, Verfahrensfragen bei der Blutprobenentnahme, DAR 1956, 201.

I. Normzweck

1 § 75 begründet eine der Zeugenpflicht vergleichbare **staatsbürgerliche Pflicht,** unter den dort genannten persönlichen Voraussetzungen der Beweisperson ein Gutachten zu erstatten.[1] Sie ergänzt die in § 73 geregelte Auswahlbefugnis hinsichtlich des Sachverständigen um eine für diesen daran sich anknüpfende Verpflichtung zur Erstattung des Gutachtens. Sie dient damit der Verwirklichung der Aufklärungspflicht.

II. Erläuterung

2 **1. Entstehung der Begutachtungspflicht nach Abs. 1.** Die Begutachtungspflicht entsteht nach Abs. 1, sofern eine **Ernennung zum Sachverständigen** vorliegt und der betreffenden Person kein Gutachtenverweigerungsrecht nach § 76 zusteht.[2] Die Vorschrift knüpft daher, wie der Wortlaut und die systematische Stellung zeigen, an die Auswahlbefugnis nach § 73 und die Durchsetzung im Falle des Ungehorsams nach § 77 an. Entsprechend gilt sie, wenn der Sachverständige nach § 73 durch das Gericht bestellt wurde.[3] Genauso ist sie anwendbar auf diejenige Beweisperson, die bereits im Ermittlungsverfahren durch die Staatsanwaltschaft als Sachverständiger zugezogen wird. Dies folgt aus § 161a Abs. 1 S. 1 und S. 2, der auch die Auswahlbefugnis nach § 73 auf die Staatsanwaltschaft überträgt, sowie aus § 161a Abs. 2 S. 1, der entsprechendes für die Ungehorsamsfolgen nach § 77 regelt.[4] In Ansehung dieses Regelungszusammenhangs gilt § 75 Abs. 1 nicht gegenüber der Polizei.[5] Letztere kann zwar, wie sich auch aus § 163 Abs. 6 S. 1 und 2 ergibt, kraft behördlichen Auftrags einen Sachverständigen bestimmen.[6] Insoweit gelten jedoch nur eingeschränkte Befugnisse, da eine umfassende Verweisungsnorm auf die Vorschriften des 7. Abschnitts des ersten Buches der StPO nicht besteht. Eine Verpflichtung zur Tätigkeit kann daher nur über vertragliche Bindung oder eine Amtshilfepflicht zustande kommen.[7] Entgegen allgemeiner Ansicht[8] besteht aus denselben Gründen keine aus § 75 herzuleitende Pflicht zur Erstattung des Gutachtens für den nach 220 Abs. 1 durch einen Prozessbeteiligten[9] unmittelbar geladenen Privatgutachter. Dieser unterliegt nur der aus der ordnungsgemäßen Ladung folgenden Pflicht zum Erscheinen nach § 220 Abs. 2. Sachverständiger wird er erst, wenn er durch das Gericht als Sachverständiger geladen (→ § 73 Rn. 4 und 11) oder vernommen wird. Erst hierin kann der behördliche Auftrag gesehen werden, der neben der besonde-

1 Schmidt StPO II Rn. 2; weitergehend Rogall in SK-StPO Rn. 2 „materiell-staatsrechtliche" Pflicht.

2 Brauer in Gercke/Julius/Temming/Zöller Rn. 1; Neubeck in KMR-StPO Rn. 1; Hadamitzky in KK-StPO Rn. 1.

3 Kohlhaas DAR 1956, 201; Neubeck in KMR-StPO Rn. 1; Krause in Löwe/Rosenberg Rn. 1.

4 BGH 6.3.2014 – III ZR 320/12, NJW 2014, 1665 (1666); LG Trier 3.11.1986 – 1 Qs 265/86, NJW 1987, 722.

5 Brauer in Gercke/Julius/Temming/Zöller Rn. 1; Hadamitzky in KK-StPO Rn. 1; Neubeck in KMR-StPO Rn. 1; Schmitt in Meyer-Goßner/Schmitt Rn. 1; Rogall in SK-StPO Rn. 4; Kohlhaas DAR 1956, 201 (201 f.), allerdings für die Rechtslage vor Einfügung des § 161a auch noch für Staatsanwaltschaft.

6 Schmitt in Meyer-Goßner/Schmitt § 163 Rn. 28.

7 Krause in Löwe/Rosenberg Rn. 1; Blank BA 1992, 81 zur Pflicht des Arztes zur Blutprobenentnahme.

8 Monka in BeckOK StPO Rn. 1; Brauer in Gercke/Julius/Temming/Zöller Rn. 1; Hadamitzky in KK-StPO Rn. 1; Neubeck in KMR-StPO Rn. 1; Schmitt in Meyer-Goßner/Schmitt Rn. 1; Rogall in SK-StPO Rn. 4 dazu in Widerspruch aber → § 85 Rn. 13; Eisenberg BeweisR StPO Rn. 1566 Detter FS Meyer-Goßner, 2001, 431 (435).

9 Zum Nebenkläger s. Weiner in BeckOK StPO § 397 Rn. 17; Schmitt in Meyer-Goßner/Schmitt § 397 Rn. 5.

ren Sachkunde das maßgebliche Kriterium darstellt, das die Beweisperson vom sachverständigen Zeugen unterscheidet (→ § 72 Rn. 21).[10] Für Dolmetscher gilt die Regelung ebenfalls nicht.[11]

Eine generelle Pflicht zur Erstattung von Gutachten besteht nur für den in Abs. 1 genannten **Personenkreis.** Die öffentliche Bestellung (→ § 73 Rn. 30) muss sich dabei gerade auf diejenige Art von Gutachten beziehen, die für die Auswahlentscheidung nach § 73 maßgeblich war.[12] Bei den genannten Erwerbstätigkeiten ist der Begriff des Gewerbes weit und derjenige der Öffentlichkeit in tatsächlicher, nicht rechtlicher Art zu verstehen.[13] Unter erstgenannte Voraussetzung fällt daher jede Art von Erwerbstätigkeit in Industrie, Handel, Gewerbe oder freiem Beruf, die eine laufende Einnahmequelle bietet.[14] Letztgenanntes Kriterium ist erfüllt, wenn sich die Tätigkeit auf einen zahlenmäßig unbestimmten Personenkreis richtet. Es fällt demnach jeder Arzt, Apotheker, Schriftsteller, Künstler und Handwerker darunter, sofern er überhaupt faktisch berufstätig ist[15] und seine Kenntnisse nicht nur als Hobby und Liebhaberei erworben hat und einsetzt.[16] Öffentlich zur Ausübung der Tätigkeitsbereiche bestellt sind Beamten, insbesondere Universitätsprofessoren,[17] nach hM zudem Wirtschaftsprüfer, vereidigte Buchprüfer und Gerichtsärzte.[18] Unter die entsprechende öffentliche Ermächtigung fällt die Erteilung einer Lehrbefugnis oder der ärztlichen Approbation,[19] unabhängig von der tatsächlichen Ausübung. Auch ein nicht (mehr) praktizierender Arzt ist erfasst.[20] 3

2. Bereiterklärung nach Abs. 2. Eine **einzelfallbezogene Begutachtungspflicht** entsteht, wenn sich eine Beweisperson in einer bestimmten Strafsache zur Übernahme eines Auftrages bereit erklärt. Hierin liegt der praktische Hauptanwendungsfall der durch die Gerichte oder Strafverfolgungsbehörden erteilten Gutachtenaufträge. Für eine sachgerechte Aufklärung sind ungleich bessere Voraussetzungen gegeben, wenn in einem Vorgespräch geklärt wird, ob der für geeignet befundene Sachverständige zur Übernahme des Auftrags willens und in der Lage ist. Die Übernahmebereitschaft muss dabei nicht in Form eines persönlichen Erscheinens vor Gericht geäußert werden. Vielmehr kann dies auch fernmündlich, schriftlich oder stillschweigend, beispielsweise durch widerspruchslose Annahme des Gutachtensauftrags und mit dem Beginn der Tätigkeit erfolgen.[21] Eine generelle Erklärung, ohne konkreten Bezug auf ein bestimmtes Strafverfahren, genügt dagegen nicht.[22] Wegen des Verweises in § 161a Abs. 1 S. 2 findet die Vorschrift auch auf eine gegenüber der Staatsanwaltschaft im Ermittlungsverfahren abgegebene Erklärung Anwendung.[23] Dagegen können sich sonstige Prozessbeteiligte nicht auf § 75 Abs. 2 stützen, wie sich schon aus dem Wortlaut ergibt. Diese können allenfalls die Erscheinungspflicht nach § 220 Abs. 2 zur Entstehung bringen.[24] 4

---

10 Schmitt in Meyer-Goßner/Schmitt § 85 Rn. 3. Vgl. auch BGH 24.7.1997 – 1 StR 214/97, BGHSt 43, 171 (175), wo zwischen vom Gericht beauftragten Sachverständigen, für die „die in den § 73 ff. StPO zum Ausdruck kommenden Grundsätze" gelten, und den „privaten Sachverständigen" nach §§ 220, 245 unterschieden wird; so auch BGH 12.2.1998 – 1 StR 588/97, BGHSt 44, 26 (32).

11 Hadamitzky in KK-StPO Rn. 1; Neubeck in KMR-StPO Rn. 1; Rogall in SK-StPO Rn. 3.

12 Hadamitzky in KK-StPO Rn. 2; Krause in Löwe/Rosenberg Rn. 2.

13 Krause in Löwe/Rosenberg Rn. 3.

14 Brauer in Gercke/Julius/Temming/Zöller Rn. 3; Rogall in SK-StPO Rn. 20.

15 Hadamitzky in KK-StPO Rn. 3.

16 Brauer in Gercke/Julius/Temming/Zöller Rn. 3; Krause in Löwe/Rosenberg Rn. 3.

17 BayObLG 15.3.1978 – RReg. 2 St 212/77, JZ 1978, 482; Brauer in Gercke/Julius/Temming/Zöller Rn. 4; Krause in Löwe/Rosenberg Rn. 4.

18 Hadamitzky in KK-StPO Rn. 2; Krause in Löwe/Rosenberg Rn. 2; Eisenberg BeweisR StPO Rn. 1567; aA Rogall in SK-StPO Rn. 18 „lediglich gleichgestellt".

19 LG Trier 3.11.1986 – 1 Qs 265/86, NJW 1987, 722 (723).

20 Hadamitzky in KK-StPO Rn. 4; Neubeck in KMR-StPO Rn. 1; Rogall in SK-StPO Rn. 22.

21 Krause in Löwe/Rosenberg Rn. 6; Eisenberg BeweisR StPO Rn. 1568.

22 Hadamitzky in KK-StPO Rn. 5; Neubeck in KMR-StPO Rn. 2; Rogall in SK-StPO Rn. 24.

23 Monka in BeckOK StPO Rn. 3.

24 AA Krause in Löwe/Rosenberg Rn. 6; Schmitt in Meyer-Goßner/Schmitt Rn. 2.

5 **3. Zumutbarkeit.** Die Pflicht zur Erstattung des Gutachtens steht unter der **stillschweigenden Voraussetzung** der Zumutbarkeit.[25] Der Sachverständige kann daher wegen Krankheit, beruflicher Überlastung oder hohen Alters von der Erfüllung entbunden sein.[26] Es handelt sich insoweit allerdings vorwiegend um Gesichtspunkte, die im Rahmen der generellen Verpflichtung nach Abs. 1 Bedeutsamkeit erlangen. Im Rahmen der persönlichen Übernahme nach Abs. 2 werden entsprechende Hinderungsgründe bereits vor endgültiger Erteilung des Auftrags abzuklären sein. Falls sich die Unzumutbarkeit erst nach Bestellung ergibt, so ist § 76 Abs. 1 S. 2 einschlägig.[27]

6 **4. Umfang der Sachverständigenpflicht.** Der Sachverständige hat, neben seinen Ausführungen im Termin, auch die **notwendigen Vorarbeiten** zu erbringen.[28] Hierzu gehören beispielsweise Aktenstudium, Erledigung von Forschungsarbeiten, Vornahme von Untersuchungen – einschließlich der Exploration(en) der Untersuchungsperson(en) – und, auf Verlangen, Ausarbeitung eines schriftlichen Vorgutachtens.[29] Diese hat er persönlich abzuleisten und darf sie nicht auf Ersatzpersonen übertragen.[30] Entgegen der ansonsten vertretenen Ansicht[31] gilt dies nicht für den nach § 220 Abs. 1 von sonstigen Prozessbeteiligten geladenen Sachverständigen. Im Gegensatz zu dieser Auffassung wird im Zusammenhang mit der Frage nach Umfang und Inhalt der aus § 220 Abs. 2 folgenden Pflicht zu Recht davon ausgegangen, diese beschränke sich alleine auf das Erscheinen und nicht auf eventuelle Vorarbeiten.[32] Dies entspricht aus oben genannten Gründen (→ Rn. 2 und 4) der Systematik des Gesetzes. Etwas anderes gilt nur für den von der Staatsanwaltschaft nach § 214 Abs. 3 vorgeladenen Sachverständigen wegen § 161a Abs. 1 S. 1 und 2, Abs. 2 S. 1.

§ 76 Gutachtenverweigerungsrecht des Sachverständigen

(1) [1]Dieselben Gründe, die einen Zeugen berechtigen, das Zeugnis zu verweigern, berechtigen einen Sachverständigen zur Verweigerung des Gutachtens. [2]Auch aus anderen Gründen kann ein Sachverständiger von der Verpflichtung zur Erstattung des Gutachtens entbunden werden.

(2) [1]Für die Vernehmung von Richtern, Beamten und anderen Personen des öffentlichen Dienstes als Sachverständige gelten die besonderen beamtenrechtlichen Vorschriften. [2]Für die Mitglieder der Bundes- oder einer Landesregierung gelten die für sie maßgebenden besonderen Vorschriften.

Schrifttum: Bleutge, Der öffentlich bestellte Sachverständige, DRiZ 1977, 170; Cramer, Anmerkung zu § 81f II 3 StPO – Geheimhaltungsschutz und Gutachtenverweigerung, NStZ 1998, 498; Detter, Der von der Verteidigung geladene psychiatrische Sachverständige, FS Meyer-Goßner 2001, 431; Kangarani, Die Grenzen der ärztlichen Schweigepflicht im Rahmen der einstweiligen Unterbringung nach § 126a StPO, StraFo 2014, 101; Kühne, Die begrenzte Aussagepflicht des ärztlichen Sachverständigen vor Gericht nach §§ 53 I Nr. 3 StPO, 203 I Nr. 1 StGB, JZ 1981, 647; Parzeller/Wicker/Rabenau/Zehner/Kettner/Verhoff, Leichenschau und Leichenöffnung in den Zeiten von Ebola, Rechtsmedizin 2015, 46.

---

25 Schmitt in Meyer-Goßner/Schmitt Rn. 1.

26 Neubeck in KMR-StPO Rn. 3; Krause in Löwe/Rosenberg Rn. 7; Rogall in SK-StPO Rn. 15.

27 Neubeck in KMR-StPO Rn. 3.

28 Monka in BeckOK StPO Rn. 4.

29 Brauer in Gercke/Julius/Temming/Zöller Rn. 7; Krause in Löwe/Rosenberg Rn. 8; Schmitt in Meyer-Goßner/Schmitt Rn. 3; Rogall in SK-StPO Rn. 11.

30 OLG Köln 21.8.1979 – 1 Ws 18/79, VRS 58 (1980), 72 (73).

31 Monka in BeckOK StPO Rn. 4; Brauer in Gercke/Julius/Temming/Zöller Rn. 1; Hadamitzky in KK-StPO Rn. 1; Krause in Löwe/Rosenberg Rn. 8; Schmitt in Meyer-Goßner/Schmitt Rn. 3; Eisenberg BeweisR StPO Rn. 1566.

32 Ritscher in BeckOK StPO § 220 Rn. 9; Jäger in Löwe/Rosenberg § 220 Rn. 2; Schmitt in Meyer-Goßner/Schmitt § 220 Rn. 7.

Übersicht

I. Überblick

1. Normzweck. Die Vorschrift dient zunächst dazu, die in den persönlichen Verhältnissen einer Beweisperson begründeten Umstände, die sie berechtigen würden, das Zeugnis zu verweigern, auch auf den Sachverständigen zu übertragen. Durch § 76 Abs. 1 S. 1 wird demnach der **Zwangslage** Rechnung getragen, die sich aus einerseits der Pflicht zur gewissenhaften Erstattung des Gutachtens und andererseits der Befürchtung, dadurch einem Angehörigen zu schaden, ergibt sowie dem Schutz von Vertrauensverhältnissen zwischen bestimmten Berufsangehörigen und denen, die deren Hilfe und Sachkunde in Anspruch nehmen.[1] Darüber hinaus statuiert § 76 Abs. 1 S. 2 eine **generalklauselartige Erweiterung** zur Berücksichtigung sonstiger Umstände seitens des Gerichts, die die Heranziehung des konkret verpflichteten Sachverständigen als ungeeignet oder untunlich erscheinen lassen. Dies findet seine Berechtigung darin, dass der Sachverständige im Gegensatz zum Zeugen in der Regel austauschbar ist.[2] § 76 Abs. 2 erfasst ferner **öffentliche Geheimhaltungsinteressen.** 1

2. Anwendungsbereich. a) Bestehen einer Gutachterpflicht. § 76 gilt nur für den Sachverständigen, der zur Erstattung des Gutachtens **nach § 75 verpflichtet** ist.[3] Dies folgt schon aus dem systematischen Zusammenhang der §§ 73, 75, 76 und 77. Die Vorschrift kommt demnach nur auf den von Gericht oder Staatsanwaltschaft ausgewählten Sachverständigen zur Anwendung. Der von der Polizei hinzugezogene Sachverständige oder der von einem sonstigen Prozessbeteiligten beauftragte Privatgutachter fällt dagegen nicht unter § 76, da er auch dann nicht nach § 75 zur Erstattung des Gutachtens verpflichtet ist, wenn er nach § 220 Abs. 1 unmittelbar geladen wurde (→ § 75 Rn. 2). Insofern bedarf es eines Rückgriffs auf § 76 nicht, denn andere als die nach § 75 verpflichteten Beweispersonen können einen Gutachtenauftrag ohnehin stets ablehnen. Wurde der Sachverständige zugleich als Zeuge vernommen, so finden insoweit die Vorschriften über die Verweigerung des Zeugnisses unmittelbare Anwendung.[4] 2

b) Abhängigkeit des Abs. 1 S. 2 vom Verfahrensstadium. Ob ein Sachverständiger nach § 76 Abs. 1 S. 2 von der Verpflichtung zur Erstattung des Gutachtens entbunden werden kann, hängt vom Verfahrensstadium ab. Der systematische Zusammenhang mit dem Gutachtenverweigerungsrecht nach Abs. 1 S. 1 zeigt, dass eine Entpflichtung **nach Erstattung des Gutachtens nicht mehr** in Betracht kommt. Es gilt dann ausschließlich die Regelung des § 83 Abs. 1 (→ § 83 Rn. 2).[5] Will ein Verfahrensbeteiligter auf eine Entpflichtung hinwirken, hat er den entsprechenden Antrag also vor Entlassung des Sachverständigen zu stellen.[6] 3

[1] Zusammenfassend zu den Zwecken der Zeugnisverweigerungsrechte der §§ 52–54 BGH 3.7.1962 – 3 StR 22/61, BGHSt 17, 337 (348).
[2] BGH 16.1.2003 – 1 StR 512/02, BeckRS 2003, 02850 = juris Rn. 9 = StraFo 2003, 198; Schmidt StPO II Rn. 3.
[3] Schmitt in Meyer-Goßner/Schmitt Rn. 1; Eisenberg BeweisR StPO Rn. 1585.
[4] Neubeck in KMR-StPO Rn. 1.
[5] BGH 16.1.2003 – 1 StR 512/02, bei Becker NStZ-RR 2004, 33 (34) – RsprÜ.
[6] Ahmed StV 2014, 132 (133).

4 Auf Beweispersonen, die von der Staatsanwaltschaft nach § 214 Abs. 3 oder von sonstigen Prozessbeteiligten nach § 220 Abs. 1 **unmittelbar geladen** wurden ist § 76 Abs. 1 S. 2 generell nicht anwendbar.[7] Einer Einschränkung dahingehend, dass die Entbindung seitens des Gerichts in diesen Fällen nur auf Antrag zulässig sei,[8] bedarf es daher nicht. Für den von der Staatsanwaltschaft beigezogenen Sachverständigen folgt dies aus deren Auswahlrecht und der korrespondierenden Pflicht des Sachverständigen vor der Staatsanwaltschaft auszusagen nach § 161a Abs. 1 S. 1 und 2, §§ 73, 75. Dementsprechend steht auch das Entbindungsrecht (zunächst) über § 161a Abs. 1 S. 2, § 76 Abs. 1 S. 2 der Staatsanwaltschaft zu. Der von einem anderen Prozessbeteiligten beauftragte Sachverständige fällt dagegen von vornherein nicht unter § 75. Seine Verpflichtung beschränkt sich nach ordnungsgemäßer Ladung iSd § 220 Abs. 1 auf das Erscheinen nach § 220 Abs. 2 (→ § 75 Rn. 2). Mit dem Ladungsrecht korrespondiert die Regelung des § 245 Abs. 2, die die Möglichkeiten des Gerichts einschränkt, einen auf Vernehmung der Beweisperson gerichteten Antrag abzulehnen. Erst wenn das Gericht diese als Sachverständigen vernimmt, geht das Entbindungsrecht nach § 76 Abs. 1 S. 2 auf das Gericht über oder wird der Privatgutachter überhaupt erst zum Sachverständigen, auf den die §§ 73 ff. zur Anwendung kommen. Mithin ist es auch erst ab diesem Zeitpunkt für das Gericht statthaft, über eine Entbindung nach § 76 Abs. 1 S. 2 zu befinden.

5 Dagegen wird die grundsätzliche Berechtigung zur Entbindung hinsichtlich der durch das Gericht ausgewählten, zur Hauptverhandlung geladenen und auch erschienen Sachverständigen **durch § 245 Abs. 1 S. 1 eingeschränkt.**[9] Dies legt schon der Wortlaut der letztgenannten Norm nahe, wonach die Beweisaufnahme auf dieses Beweismittel „zu erstrecken ist", soweit nicht seitens der Staatsanwaltschaft, des Verteidigers und des Angeklagten nach § 245 Abs. 1 S. 2 verzichtet wird. Hierfür spricht auch der Zweck des gegenüber § 245 Abs. 2 weitergehenden Abs. 1. Dieser soll das Vertrauen der Verfahrensbeteiligten schützen, die im Hinblick auf die Ladung durch das Gericht, mit der es zugleich seine (vorläufige) Auffassung des notwendigen Umfangs der Beweisaufnahme zu erkennen gegeben hat, auf eigene Initiativen zu deren Ergänzung verzichtet haben könnten.[10] In diesem Verfahrensstadium kann folglich eine Entbindung des Sachverständigen nach § 76 Abs. 1 S. 2 nur noch mit dem Einverständnis aller Prozessbeteiligter erfolgen,[11] also bei Vorliegen eines Verzichts nach § 245 Abs. 1 S. 2.[12]

II. Erläuterung

6 **1. Gutachtenverweigerungsrecht nach Abs. 1 S. 1.** Abs. 1 S. 1 bezieht sich auf die Zeugnisverweigerungsrechte der **§§ 52–53a** und überträgt diese auf den Sachverständigen; § 54 wird dagegen durch § 76 Abs. 2 ersetzt.[13] Über § 72 kommen entsprechend zur Anwendung das Auskunftsverweigerungsrecht nach § 55,[14] die Belehrungspflichten nach § 52 Abs. 3 S. 1, § 55 Abs. 2 und die Pflicht zur Glaubhaftmachung der Tatsachen, auf die der Sachverständige sein Zeugnis- oder Auskunftsverweigerungsrecht stützt.[15] Als Beispiel für § 55 wird der Fall genannt, dass der Sachverständige darlegen soll, das dem Beschuldigten

---

7 AA Hadamitzky in KK-StPO Rn. 4; Rogall in SK-StPO Rn. 7 mit der ganz hM.

8 So aber die hM Brauer in Gercke/Julius/Temming/Zöller Rn. 3; Neubeck in KMR-StPO Rn. 3; Krause in Löwe/Rosenberg Rn. 5; Schmitt in Meyer-Goßner/Schmitt Rn. 3; Rogall in SK-StPO Rn. 15; Eisenberg BeweisR StPO Rn. 1586.

9 AA Hadamitzky in KK-StPO Rn. 4, der einen generellen Vorgang des § 76 Abs. 1 S. 2 vor § 245 annimmt.

10 Becker in Löwe/Rosenberg § 245 Rn. 1 und 4; offen gelassen in BGH 16.1.2003 – 1 StR 512/02, Becker NStZ-RR 2004, 33 (34) – RsprÜ.

11 Neubeck in KMR-StPO Rn. 3; Krause in Löwe/Rosenberg Rn. 6.

12 Rogall in SK-StPO Rn. 15.

13 Monka in BeckOK StPO Rn. 1; Brauer in Gercke/Julius/Temming/Zöller Rn. 1; Hadamitzky in KK-StPO Rn. 2; Neubeck in KMR-StPO Rn. 2; Krause in Löwe/Rosenberg Rn. 1.

14 AA Rogall in SK-StPO Rn. 55; Eisenberg BeweisR StPO Rn. 1585, wonach § 55 über Abs. 1 S. 1 unmittelbar anwendbar sein soll.

15 Schmitt in Meyer-Goßner/Schmitt Rn. 1.

zur Last gelegte Verhalten sei allgemein üblich und auch von ihm selbst für erlaubt gehalten und geduldet worden.[16]

7 Speziell für den **ärztlichen Sachverständigen** bedarf es eines Rückgriffs auf § 76 Abs. 1 S. 1 nicht, soweit dieser über Zusatztatsachen (zur Abgrenzung → § 72 Rn. 10–12 und → § 79 Rn. 23 f.) als Zeuge vernommen wird. Insoweit kommen die Vorschriften über das Zeugnisverweigerungsrecht unmittelbar zur Anwendung.[17] Die entsprechende Anwendung über Abs. 1 S. 1 bezieht sich daher nur auf Befundtatsachen.[18] Im Zusammenhang mit dem ärztlichen Schweigerecht ist dabei von besonderer Bedeutung, dass gerade diese Befundtatsachen, die der Sachverständige aufgrund seiner Sachkunde feststellt, nicht vom Gutachtenverweigerungsrecht der § 76 Abs. 1 S. 1, § 53 Abs. 1 Nr. 3 erfasst werden, selbst wenn das Gericht eine Beweisperson als Sachverständigen hört, die zunächst vom Angeklagten selbst als Privatgutachter beauftragt wurde.[19] Dies gilt jedoch nur in dem anhängigen Verfahren, da wegen der gerichtlichen Beauftragung in einer für die zu untersuchende Person ersichtlichen Weise kein Vertrauensverhältnis zustande kommt, das die Grundlage des § 53 Abs. 1 Nr. 3 bildet.[20] Unerheblich ist, ob die Untersuchung zwangsweise durchgeführt wird, wegen der mit §§ 81 ff. oder § 126a verbundenen Duldungspflicht,[21] oder ob der Untersuchte die Maßnahme freiwillig – ggf. unter Verzicht auf ein Zeugnis- und Untersuchungsverweigerungsrecht – hinnimmt.[22] Eine Ausnahme ist dann zu machen, wenn und soweit der Sachverständige von der untersuchten Person freiwillige Mitteilungen erlangt, die in keinem Zusammenhang mit dem Gutachten stehen,[23] wobei es sich diesbezüglich aber ohnehin um Zusatztatsachen, iSv Zufallstatsachen, handeln wird. Wurde der Arzt in einem anderen Verfahren als Sachverständiger tätig, und soll er im anhängigen Verfahren hierzu als sachverständiger Zeuge gehört werden, so bedarf es dagegen einer Entbindung von dem dann bestehenden Schweigerecht nach § 53 Abs. 1 Nr. 3. Macht er andernfalls von seinem Zeugnisverweigerungsrecht Gebrauch, so ist damit nur er selbst als Beweismittel ausgeschlossen, nicht jedoch der Zugriff auf das Beweisthema selbst. Daher kann ein im Zusammenhang mit dem anderen Verfahren gefertigtes schriftliches Gutachten in das anhängige Verfahren durch Verlesung eingeführt werden,[24] falls dies strafprozessual zulässig ist (→ Rn. 10).

8 **2. Entbindung nach Abs. 1 S. 2.** Unabhängig vom Bestehen eines Verweigerungsrechts kann der Sachverständige gemäß Abs. 1 S. 2 nach **Ermessen** von der Verpflichtung zur Erstattung des Gutachtens entbunden werden.[25] Dies kommt wegen Unzumutbarkeit der Gutachtenerstattung in Betracht, weil diese für den Sachverständigen eine besondere Härte bedeuten würde, insbesondere wegen hohen Alters, Krankheit und Überlastung[26] sowie wegen erwiesener Ungeeignetheit, mangelnder Sachkunde, erkennbarer Befangenheit, auch wenn kein dahingehender Antrag gemäß § 74 gestellt wird, sowie Unfähigkeit oder Unwillig-

16 Krause in Löwe/Rosenberg Rn. 1.

17 Neubeck in KMR-StPO Rn. 1; Kühne JZ 1981, 647.

18 Krause in Löwe/Rosenberg Rn. 2.

19 BVerfG 12.11.2002 – 2 BvR 1696/02, BeckRS 2002, 30293010; BGH 23.7.1996 – 4 StR 292/96, Tolksdorf DAR 1997, 169 (181) – RsprÜ; Rogall in SK-StPO Rn. 9; Detter FS Meyer-Goßner, 2001, 431 (437); so der Sache nach auch BGH 6.12.2001 – 1 StR 468/01, NStZ 2002, 214 (214 f.) für einen im Rahmen der einstweiligen Unterbringung nach § 126a als Sachverständigen beauftragten Stationsarzt, allerdings ohne Bezugnahme auf § 76; bemerkenswert in diesem Zusammenhang RG 17.10.1927 – II 806/27, RGSt 61, 384 (385), wo hierzu noch die Tatschilderung der Zeugin im Rahmen der Begutachtung auf Aussagetüchtigkeit und Glaubhaftigkeit gerechnet wurde.

20 RG 26.4.1932 – I 272/32, RGSt 66, 273 (274 f.); Krause in Löwe/Rosenberg Rn. 2 f.; enger Kühne JZ 1981, 647 (648 f.) nur im Rahmen der §§ 81, 81a.

21 BGH 14.11.1963 – III ZR 19/63, NJW 1964, 449 (451); 28.10.1992 – 3 StR 367/92, BGHSt 38, 369 (371); 6.12.2001 – 1 StR 468/01, NStZ 2002, 214 (215); s. hierzu Kangarani StraFo 2014, 101.

22 BGH 14.11.1963 – III ZR 19/63, NJW 1964, 449 (451); 21.10.2008 – 1 StR 536/08, NStZ-RR 2009, 15; RG 26.4.1932 – I 272/32, RGSt 66, 273 (275).

23 RG 17.10.1927 – II 806/27, RGSt 61, 384 (385); in diesem Sinne wohl auch OLG Hamm 7.12.1967 – 2 Ss 1610/67, NJW 1968, 1202 (1203).

24 BGH 28.10.1992 – 3 StR 367/92, BGHSt 38, 369 (370 f.).

25 Krause in Löwe/Rosenberg Rn. 4; Rogall in SK-StPO Rn. 14.

26 Bleutge DRiZ 1977, 170 (172).

keit das Gutachten zeitnah zu erstatten.[27] Besonders Letzteres kann es in Haftsachen erfordern, zur Einhaltung des Beschleunigungsgebotes frühzeitig zu prüfen, ob durch einen anderen, gleichermaßen geeigneten Sachverständigen eine zeitnähere Gutachtenerstellung erreichbar ist.[28] Unzumutbarkeit kann für einen Obduzenten (§ 87 Abs. 2) gegeben sein, wenn der Verstorbene an einer hochinfektiösen Krankheit litt und keine Möglichkeit besteht, eine Ansteckungsgefahr durch geeignete Schutzmaßnahmen zu verhindern.[29]

9 **3. Angehörige des öffentlichen Dienstes und Regierungsmitglieder nach Abs. 2.** Für die in Abs. 2 genannten Personen gelten die Sondervorschriften der **Beamten- und Ministergesetze** des Bundes und der Länder.[30] In Frage kommen vor allem §§ 61, 62 BBG, bei genehmigungsbedürftigen Tätigkeiten auch § 65 BBG[31] sowie die entsprechenden Regelungen der Landesbeamtengesetze. § 54 wird durch die unmittelbare Verweisung zwar verdrängt,[32] die hierzu entwickelten Grundsätze gelten für Angehörige des öffentlichen Dienstes aber entsprechend.[33] Einer Aussagegenehmigung bedarf der Beamte, wenn sich das Gutachten mit Angelegenheiten befasst, auf die sich seine Pflicht zur Amtsverschwiegenheit bezieht.[34]

10 **4. Rechtsfolgen des Gutachtenverweigerungsrechts und der fehlenden Genehmigung.** Macht der Sachverständige von seinem Gutachtenverweigerungsrecht nach Abs. 1 S. 1 Gebrauch oder ist eine Genehmigung nach Abs. 2 nicht zu erlangen, so besteht ein **Beweismittelverbot.** Der Sachverständige darf nicht vernommen werden, gegen ihn dürfen keine Ordnungs- oder Zwangsmittel verhängt werden und auf seine Vernehmung gerichtete Beweisanträge sind nach § 244 Abs. 3 S. 1, § 245 Abs. 2 S. 2 unzulässig.[35] Umstritten ist indes die Frage, ob § 252 zur Anwendung kommt. Dies wird einerseits von einem Teil der Literatur bejaht,[36] andererseits aber zu Recht verneint.[37] Über § 72 kann die Vorschrift keine Geltung erlangen, da dieser hinsichtlich der für den Zeugen geltenden Vorschriften nur auf den 6. Abschnitt des ersten Buches verweist (→ § 72 Rn. 26). Eine direkte Anwendung scheidet schon vom Wortlaut her aus. § 252 knüpft daran an, dass der Beweisperson eine Zeugenstellung in der Hauptverhandlung zukommt.[38] Da es sich um eine Sonderregelung handelt,[39] ist sie einer analogen oder erweiternden Anwendung nicht zugänglich.[40] Macht der Sachverständige von seinem Gutachtenverweigerungsrecht Gebrauch, so ist damit nur er selbst als Beweismittel ausgeschlossen, nicht jedoch der Zugriff

---

27 LG Augsburg 16.7.2012 – Jug KLs 401 Js 107041/02, StV 2014, 131 mAnm Ahmed; Monka in BeckOK StPO Rn. 2; Brauer in Gercke/Julius/Temming/Zöller Rn. 3; Neubeck in KMR-StPO Rn. 4; Krause in Löwe/Rosenberg Rn. 4; Rogall in SK-StPO Rn. 17; s. auch BVerfG 12.11.2002 – 2 BvR 1696/02, BeckRS 2002, 30293010 zu möglicherweise bestehendem Ablehnungsgrund.

28 OLG Jena 17.11.2004 – 1 HEs 39/04, juris Rn. 17 f.; OLG Koblenz 29.9.2006 – (1) 4420 BL-III-23/06, StV 2007, 256 (257).

29 Parzeller ua Rechtsmedizin 2015, 46 (55).

30 Monka in BeckOK StPO Rn. 3.

31 Krause in Löwe/Rosenberg Rn. 7.

32 Krause in Löwe/Rosenberg Rn. 7.

33 Hadamitzky in KK-StPO Rn. 4; Schmitt in Meyer-Goßner/Schmitt Rn. 4.

34 BGH 24.2.1966 – 1 StR 504/65, BeckRS 1966, 117 = juris Rn. 11; Neubeck in KMR-StPO Rn. 4.

35 Becker in Löwe/Rosenberg § 244 Rn. 189 und § 247 Rn. 27 und 56; vgl. auch Bachler in BeckOK StPO § 244 Rn. 63 zum Zeugen.

36 Schmitt in Meyer-Goßner/Schmitt § 252 Rn. 6; Güntge in Alsberg Beweisantrag Rn. 874; → § 252 Rn. 19 und Cramer NStZ 1998, 498 (499 f.), allerdings wiederum mit der „teleologischen Reduktion", dass vorab erstellte schriftliche Gutachten in Fällen „automatisierter bzw. standardisierter Untersuchungsmethoden", beispielsweise DNA-Analyse, gleichwohl verlesen werden dürfen.

37 Hadamitzky in KK-StPO § 72 Rn. 1; Neubeck in KMR-StPO § 72 Rn. 1; Rogall in SK-StPO Rn. 11.

38 Ganter in BeckOK StPO § 252 Rn. 9.

39 Unbeschadet dessen, dass Sander/Cirener in Löwe/Rosenberg § 252 Rn. 1 sie an systematisch unpassender Stelle eingefügt sehen.

40 Vgl. allgemein zur nach BGH 1.3.1955 – 5 StR 53/55, BGHSt 7, 256 (258) – zu § 232 aF StGB – fehlenden oder nach BGH 9.5.2006 – 1 StR 57/06, BGHSt 51, 34 Rn. 25 – zu § 357 – allenfalls eingeschränkten Analogiefähigkeit von Ausnahmeregelungen; Rogall in SK-StPO Rn. 11 stellt auf unterschiedliche Struktur gegenüber Zeugenbeweis ab.

auf das Beweisthema selbst. Ein im Zusammenhang mit einem anderen Verfahren gefertigtes schriftliches Gutachten kann daher grundsätzlich durch Verlesung in das anhängige Verfahren eingeführt werden.[41] Gleiches gilt für ein Gutachten, das der Sachverständige noch vor Ausübung des Verweigerungsrechts erstellt und vorgelegt hat. Bei der Verlesung ist allerdings zu beachten, dass das schriftliche Sachverständigengutachten unter das Verlesungsverbot des § 250 S. 2 fällt[42] und daher nur bei Vorliegen einer Ausnahmereglung in dieser Form eingeführt werden darf.

III. Rechtsmittel

Die Entbindung des Sachverständigen nach Abs. 1 S. 2 oder die Ablehnung eines Entbindungsantrags können die Prozessbeteiligten außerhalb der Hauptverhandlung (§ 305 S. 1) mit der **Beschwerde** anfechten. Der Sachverständige selbst ist durch seine Entbindung nicht beschwert, kann sich allerdings gegen die Ablehnung seines entsprechenden Antrags nach § 304 Abs. 2 jederzeit (§ 305 S. 2) mit der Beschwerde wenden. Die weitere Beschwerde ist nach § 310 ausgeschlossen.[43] 11

Die **Revision** kann auf die Verletzung der § 76 Abs. 1 S. 2, §§ 52 oder 53 mit der Begründung gestützt werden, dem Sachverständigen sei zu Unrecht kein Gutachtenverweigerungsrecht zuerkannt worden.[44] Die fehlerhafte Zuerkennung eines Gutachtenverweigerungsrechts kann dagegen nur als Verstoß gegen § 244 Abs. 2 mit der Aufklärungsrüge beanstandet werden.[45] Soll die Entbindung oder Nichtentbindung des Sachverständigen nach Abs. 1 S. 2 mit der Revision zur Überprüfung gestellt werden, bedarf es eines rechtsfehlerhaften Ermessensgebrauchs durch das Gericht.[46] Ein Verstoß gegen die in Abs. 2 in Bezug genommenen Vorschriften berührt dagegen den Rechtskreis des Beschwerdeführers nicht.[47] 12

§ 77 Ausbleiben oder unberechtigte Gutachtenverweigerung des Sachverständigen

(1) [1]Im Falle des Nichterscheinens oder der Weigerung eines zur Erstattung des Gutachtens verpflichteten Sachverständigen wird diesem auferlegt, die dadurch verursachten Kosten zu ersetzen. [2]Zugleich wird gegen ihn ein Ordnungsgeld festgesetzt. [3]Im Falle wiederholten Ungehorsams kann neben der Auferlegung der Kosten das Ordnungsgeld noch einmal festgesetzt werden.

(2) [1]Weigert sich ein zur Erstattung des Gutachtens verpflichteter Sachverständiger, nach § 73 Abs. 1 Satz 2 eine angemessene Frist abzusprechen, oder versäumt er die abgesprochene Frist, so kann gegen ihn ein Ordnungsgeld festgesetzt werden. [2]Der Festsetzung des Ordnungsgeldes muß eine Androhung unter Setzung einer Nachfrist vorausgehen. [3]Im Falle wiederholter Fristversäumnis kann das Ordnungsgeld noch einmal festgesetzt werden.

Schrifttum: Herbst, Öffentlichkeit der Hauptverhandlung, Arztgeheimnis und Schutz der Menschenwürde, NJW 1969, 546; Kaiser, Betrunkene Beschuldigte und Zeugen im Strafverfahren, NJW 1968, 185; Nack/Park/Brauneisen, Gesetzesvorschlag der Bundesrechtsanwaltskammer zur Verbesserung der Wahrheitsfindung

[41] BGH 28.10.1992 – 3 StR 367/92, BGHSt 38, 369 (371) zu § 53 Abs. 1 Nr. 3.

[42] BGH 28.11.1950 – 2 StR 50/50, BGHSt 1, 4 (7); 30.10.1968 – 4 StR 281/68, BGHSt 22, 268 (270); RG 14.1.1937 – 3 D 681/36, RGSt 71, 10 f.

[43] Hadamitzky in KK-StPO Rn. 5; Neubeck in KMR-StPO Rn. 5; Krause in Löwe/Rosenberg Rn. 8; Schmitt in Meyer-Goßner/Schmitt Rn. 6; Rogall in SK-StPO Rn. 26 f.

[44] Vgl. BGH 23.7.1996 – 4 StR 292/96, Tolksdorf DAR 1997, 169 (181) – RsprÜ; RG 26.4.1932 – I 272/32, RGSt 66, 273 (274 f.); einschränkend Rogall in SK-StPO Rn. 31.

[45] Schmitt in Meyer-Goßner/Schmitt Rn. 7; Rogall in SK-StPO Rn. 32.

[46] Neubeck in KMR-StPO Rn. 6; Krause in Löwe/Rosenberg Rn. 9.

[47] Hadamitzky in KK-StPO Rn. 6; Neubeck in KMR-StPO Rn. 6; Krause in Löwe/Rosenberg Rn. 9; Schmitt in Meyer-Goßner/Schmitt Rn. 7.

im Strafverfahren durch den verstärkten Einsatz von Bild- und Tontechnik, NStZ 2011, 310; Praml, Zur Zulässigkeit von Tonbandaufnahmen in der Hauptverhandlung, MDR 1977, 14; Rieß, Der Hauptinhalt des Ersten Gesetzes zur Reform des Strafverfahrens (1. StrVRG), NJW 1975, 81; Wittschier, Unentschuldigtes Ausbleiben eines Dolmetschers im Strafprozess, NJW 1985, 2873.

Übersicht

I. Überblick

1 **1. Normzweck.** § 77 ermöglicht es, die dem Sachverständigen obliegende staatsbürgerliche Pflicht, sein Gutachten zu erstatten, innerhalb gewisser Grenzen zwangsweise durchzusetzen. Das Gericht kann und soll sich dieser Befugnisse zur **Verwirklichung seiner Aufklärungspflicht** bedienen, um dafür Sorge zu tragen, dass zur Aufklärung der angeklagten Straftat dienliche und für erforderlich gehaltene sachverständige Bewertungen nicht verloren gehen.[1] Allerdings trägt die Vorschrift dabei dem Umstand Rechnung, dass der Sachverständige regelmäßig ersetzbar ist. Daher sind die Ungehorsamsfolgen nicht so weitgehend ausgestaltet wie diejenigen, mit denen sich der Zeuge nach §§ 51, 70 konfrontiert sieht.[2]

2 Daneben werden die Zwangsmaßnahmen, die § 77 zur Verfügung stellt, von der Rechtsprechung als Instrumentarium angesehen, das es dem Gericht oder der Staatsanwaltschaft ermöglicht, das **Beschleunigungsgebot**[3] in Haftsachen[4] oder bei einstweiliger Unterbringung[5] einzuhalten. Sind Gutachten einzuholen, so ist durch verbindliche Absprache von Fristen sowie Androhung und Festsetzung der Ordnungsmittel auf deren zeitnahe Erstellung hinzuwirken, oder frühzeitig die Entscheidungsgrundlage für die Beauftragung eines anderen Sachverständigen zu schaffen. Andernfalls kann es insbesondere in Zusammenhang mit der Haftprüfung nach §§ 121, 122 an einem wichtigen Grund iSd § 121 Abs. 1 fehlen, der die Fortdauer der Untersuchungshaft oder der einstweiligen Unterbringung rechtfertigt.[6] Auch unabhängig von der Sechs-Monats-Frist des § 121 Abs. 1 kann der mangelhafte Einsatz der Zwangsmittel des § 77 zur Unverhältnismäßigkeit des weiteren Vollzugs der Untersuchungshaft führen.[7]

[1] Vgl. RG 11.6.1925 – II 253/25, RGSt 59, 248 (249) zur vergleichbaren Funktion des § 70.
[2] Krause in Löwe/Rosenberg Rn. 1; Eisenberg BeweisR StPO Rn. 1569, Rn. 239).
[3] Rieß NJW 1975, 81 (84) zur entsprechenden gesetzgeberischen Intention bei Gestaltung von Abs. 2.
[4] BVerfG 1.12.2020 – 2 BvR 1853/20, NStZ-RR 2021, 50 (52); OLG Düsseldorf 31.5.1996 – 2 Ws 194/96, NJW 1996, 2588; OLG Jena 17.11.2004 – 1 HEs 39/04, juris Rn. 17 f.
[5] KG 15.9.2009 – (4) 1 HEs 34/09 (25/09), StV 2010, 372 (373); OLG Stuttgart 22.2.2010 – 2 HEs 16/10, BeckRS 2010, 143920 Rn. 12 f.; OLG Stuttgart 16.1.2015 – 4 HEs 119/14.
[6] BVerfG 1.12.2020 – 2 BVerfG 1852/20, NStZ 2021, 50 (52); OLG Zweibrücken 29.11.1993 – 1 BL 117/93, NStZ 1994, 202; OLG Düsseldorf 31.5.1996 – 2 Ws 194/96, NJW 1996, 2588; OLG Jena 19.6.1997 – 1 HEs 50/97, StraFo 1997, 318; OLG Koblenz 29.9.2006 – (1) 4420 BL-III-23/06, StV 2007, 256 (257); OLG Düsseldorf 1.7.2009 – 1 Ws 337/09, NStZ-RR 2010, 19 (Leitsatz) = BeckRS 2009, 20236.
[7] Hierzu Schmitt in Meyer-Goßner/Schmitt § 120 Rn. 3.

2. Anwendungsbereich. a) Bestehen einer Pflicht zur Erstattung des Gutachtens nach § 75. § 77 kommt in vollem Umfang nur auf denjenigen Sachverständigen zur Anwendung, der von **Gericht oder Staatsanwaltschaft**[8] bestellt wurde, und der damit nach § 75 der Gutachterpflicht unterfällt. Mangels einer § 161a Abs. 2 S. 1 entsprechenden Regelung stehen die Zwangsmittel nicht gegen den von der Polizei hinzugezogenen Sachverständigen zu.[9] Nicht uneingeschränkt gefolgt werden kann zudem der Ansicht, § 77 sei ohne weiteres auf den von anderen Verfahrensbeteiligten, insbesondere dem Angeklagten, nach § 220 Abs. 1 unmittelbar geladenen Privatgutachter anwendbar.[10] Durch die ordnungsgemäße Ladung entsteht zunächst nur die Pflicht zum Erscheinen iSd § 220 Abs. 2. Lediglich im Hinblick auf diese kommt § 77 bei unentschuldigtem Ausbleiben des Privatgutachters zur Anwendung.[11] Erst wenn das Gericht ihn auf die Ladung hin als Sachverständigen benennt oder bei seinem Erscheinen als Sachverständigen vernimmt, kann ein eventuelles Fehlverhalten unter den Voraussetzungen der Sachverständigenpflichten nach §§ 75, 76 mit dem vollen Instrumentarium des § 77 geahndet werden. Bis dahin sind sonstige Verfahrensbeteiligte darauf verwiesen, ihre Rechte gegenüber dem Sachverständigen nach den dafür maßgeblichen privatrechtlichen Beziehungen geltend zu machen. Dies darf nicht durch Anwendung der allein hoheitliches Handeln betreffenden Regelungen der §§ 75–77 umgangen werden. Gleiches gilt für einen von der Polizei beauftragten Sachverständigen, soweit für diesen eine vertragliche oder aus Amtshilfe resultierende Verpflichtung zur Vornahme der Tätigkeit besteht.[12] Andererseits hat das Gericht selbst bei Nichterscheinen eines unmittelbar geladenen Privatgutachters von der Verhängung von Zwangsmaßnahmen nach § 77 abzusehen, wenn dieser dem Gericht gegenüber zur Erstattung eines Gutachtens nach § 75 nicht verpflichtet wäre oder ein Gutachtenverweigerungsrecht nach § 76 besteht.[13] 3

b) Keine Anwendung auf Dolmetscher und Jugendgerichtshilfe. Auch im Wege der Analogie ist § 77 **nicht anwendbar** auf den Dolmetscher[14] oder den Träger der Jugendgerichtshilfe.[15] Erscheint Ersterer nicht, kann die Kostentragung nach Abs. 1 schon deswegen nicht eingreifen, weil es an einer dem § 75 entsprechenden Übernahmepflicht fehlt.[16] Für den beim Termin ausgebliebenen Vertreter der Jugendgerichtshilfe kann sich zwar das Mitwirkungsrecht zu einer Teilnahmepflicht verdichtet haben, wenn das Gericht die Mitwirkung der Jugendgerichtshilfe zur Aufklärung für geboten hält; gleichwohl scheidet die Anwendung des § 77 Abs. 1 aus, da es sich um eine nicht analogiefähige Ausnahmevorschrift von der generellen Kostentragungspflicht des verurteilten Angeklagten handelt.[17] 4

---

8 LG Trier 3.11.1986 – 1 Qs 265/86, NJW 1987, 722; Rogall in SK-StPO Rn. 3 und 29.

9 Brauer in Gercke/Julius/Temming/Zöller Rn. 1; Schmitt in Meyer-Goßner/Schmitt Rn. 1; Rogall in SK-StPO Rn. 3; Eisenberg BeweisR StPO Rn. 1569.

10 So aber Monka in BeckOK StPO Rn. 1; Hadamitzky in KK-StPO Rn. 1; Krause in Löwe/Rosenberg Rn. 2; Schmitt in Meyer-Goßner/Schmitt Rn. 1; Beukelmann in Radtke/Hohmann Rn. 1.

11 Ritscher in BeckOK StPO § 220 Rn. 9 f.; Jäger in Löwe/Rosenberg § 220 Rn. 12; Schmitt in Meyer-Goßner/Schmitt Rn. 8.

12 Vgl. Krause in Löwe/Rosenberg Rn. 2.

13 Jäger in Löwe/Rosenberg § 220 Rn. 9.

14 KG 21.11.2007 – 1 AR 2087/07 – 1 Ws 199/07, StraFo 2008, 89; OLG Karlsruhe 25.3.2003 – 1 Ws 381/02, Justiz 2003, 449 (450) = BeckRS 2004, 09838; LG Cottbus 11.8.2008 – 24 jug Qs 40/08, BeckRS 2009, 10339; LG Nürnberg-Fürth 2.12.1997 – 7 Qs 218/77, MDR 1978, 508 f. = NJW 1978, 1119 (Leitsatz); Rogall in SK-StPO Rn. 3; Wittschier NJW 1985, 2873 (2874 f.); aA OLG Koblenz 13.5.1974 – 1 Ws 202/74, VRS 47 (1974) 353 (354).

15 OLG Karlsruhe 30.9.1991 – 3 Ws 56/91, NStZ 1992, 251 (252); aA OLG Köln 24.6.1986 – Ss 236/86, NStZ 1986, 569 (570); LG Hamburg 19.8.1987 – (34) Qs 37/87, NStE Nr. 1 zu § 51 StPO; Schaffstein NStZ 1992, 252 (252 f.).

16 KG 21.11.2007 – 1 AR 2087/07 – 1 Ws 199/07, StraFo 2008, 89; OLG Karlsruhe 25.3.2003 – 1 Ws 381/02, Justiz 2003, 449 (450) = BeckRS 2004, 09838; LG Cottbus 11.8.2008 – 24 jug Qs 40/08, juris Rn. 14 = BeckRS 2009, 10339; Wittschier NJW 1985, 2873 (2874).

17 OLG Karlsruhe 30.9.1991 – 3 Ws 56/91, NStZ 1992, 251 (252); aA Schaffstein NStZ 1992, 252 (253), der darin den Ausdruck eines allgemeinen Prinzips sieht, das die Kosten pflichtwidrigen Nichterscheinens ausnimmt.

Die Verhängung von Ordnungsgeld verbietet das Analogieverbot des Art. 103 Abs. 2 GG aufgrund des strafähnlichen Charakters.[18]

5 **c) Umfang der Zwangsbefugnisse.** Die Vorschrift enthält eine **Teilregelung der Sanktionen,** die im Falle des Ungehorsams auf den Sachverständigen anwendbar sind. Von den für den Zeugen geltenden entsprechenden Regelungen werden nur die § 51 Abs. 1, § 70 Abs. 1 und 2 ausgeschlossen. Über § 72 sind dagegen § 51 Abs. 2 und 3, § 70 Abs. 3 und 4 heranzuziehen (→ § 72 Rn. 28).[19] Die Anordnung von Haft ist in jedem Fall unzulässig.[20]

II. Erläuterung

6 **1. Tatbestandsvoraussetzungen. a) Verpflichtung zur Erstattung des Gutachtens.** Sowohl Abs. 1, als auch Abs. 2 setzen voraus, dass der Sachverständige nach **§§ 75, 76** zur Erstattung des Gutachtens verpflichtet ist, ohne dass dem ein Gutachtenverweigerungsrecht entgegensteht.[21] Die Bestellung des Sachverständigen muss daher nach § 73 durch das Gericht oder die Staatsanwaltschaft (§ 161a Abs. 1 und 2) erfolgt sein. Die Beiziehung durch die Polizei ist nicht ausreichend, diejenige durch andere Verfahrensbeteiligte nur eingeschränkt (→ Rn. 2).

7 **b) Nichterscheinen nach Abs. 1 S. 1.** Abs. 1 greift nach der ersten Alternative des S. 1 bei **Nichterscheinen** des Sachverständigen. Dem muss eine ordnungsgemäße Ladung unter Hinweis auf die gesetzlichen Folgen des Ausbleibens nach §§ 72, 48 vorausgehen. Das Weigerungsrecht des § 76 Abs. 1 S. 1 entbindet ihn allerdings bereits von der Pflicht zur Erstattung des Gutachtens[22] und damit auch von derjenigen zu erscheinen.[23] Das verspätete Eintreffen noch vor Erlass des Ordnungsgeldbeschlusses fällt nicht unter Abs. 1 S. 1.[24] Wie ein nicht erschienener Sachverständiger ist demgegenüber derjenige zu behandeln, der sich in einen Zustand der Vernehmungsunfähigkeit versetzt hat[25] oder der sich vor seiner Entlassung nach § 248 (vorübergehend) entfernt, ohne durch das Gericht (zweitweise) von der Anwesenheit entbunden zu sein.[26] Zwar kommt die Verhängung eines Ordnungsgeldes grundsätzlich nicht als vorbeugende Maßnahme in Betracht, sondern setzt einen bereits begangenen Ungehorsam voraus; gleichzusetzen ist jedoch der Fall, wenn der Sachverständige ohne Berufung auf ein Verweigerungsrecht unmissverständlich zu erkennen gibt, dass er zu dem festgesetzten Termin nicht kommen werde und dieser daher verlegt werden muss.[27] Hier wäre es reiner Formalismus und dem Gericht und den weiteren Verfahrensbeteiligten nicht zumutbar, einen von vornherein unnützen Termin abzuhalten, bei dem nicht ordnungsgemäß zur Sache verhandelt werden kann.[28]

8 Die Ungehorsamsfolgen treten nicht ein, wenn der Sachverständige sein Ausbleiben iSd §§ 72, 51 Abs. 2 S. 1 und 2 rechtzeitig und genügend **entschuldigt.**[29] Nicht ausreichend ist das Gegebensein eines Entschuldigungsgrundes. Dieser muss vielmehr wegen §§ 72, 51

[18] KG 21.11.2007 – 1 AR 2087/07 – 1 Ws 199/07, StraFo 2008, 89; OLG Karlsruhe 25.3.2003 – 1 Ws 381/02, Justiz 2003, 449 (450) = BeckRS 2004, 09838; LG Cottbus 11.8.2008 – 24 jug Qs 40/08, juris Rn. 11 = BeckRS 2009, 10339; LG Nürnberg-Fürth 2.12.1997 – 7 Qs 218/77, MDR 1978, 508 = NJW 1978, 1119 (Leitsatz); Wittschier NJW 1985, 2873 (2875).

[19] Krause in Löwe/Rosenberg Rn. 1.

[20] Rogall in SK-StPO Rn. 1; Eisenberg BeweisR StPO Rn. 1569 (Fn. 239).

[21] Monka in BeckOK StPO Rn. 1; Hadamitzky in KK-StPO Rn. 1; Krause in Löwe/Rosenberg Rn. 3; Schmitt in Meyer-Goßner/Schmitt Rn. 1.

[22] Krause in Löwe/Rosenberg Rn. 3.

[23] Brauer in Gercke/Julius/Temming/Zöller Rn. 2; Hadamitzky in KK-StPO Rn. 2; Schmitt in Meyer-Goßner/Schmitt Rn. 3; Rogall in SK-StPO Rn. 8.

[24] Krause in Löwe/Rosenberg Rn. 4.

[25] Kaiser NJW 1968, 185 (188).

[26] Brauer in Gercke/Julius/Temming/Zöller Rn. 3; Krause in Löwe/Rosenberg Rn. 4.

[27] Brauer in Gercke/Julius/Temming/Zöller Rn. 2; Hadamitzky in KK-StPO Rn. 2; aA Krause in Löwe/Rosenberg Rn. 4; Rogall in SK-StPO Rn. 9.

[28] OLG Stuttgart 16.3.1956 – Ws 113/56, NJW 1956, 840 f. zu § 51.

[29] Monka in BeckOK StPO Rn. 2; Schmitt in Meyer-Goßner/Schmitt Rn. 3.

Abs. 2 S. 2 auch rechtzeitig zur Kenntnis des Gerichts gebracht werden.[30] Ebenso entschuldigt die bloß irrige Annahme des Sachverständigen nicht, ihm stehe ein ausreichender Grund zu, den Termin nicht wahrnehmen zu müssen.[31]

c) Gutachtenverweigerung nach Abs. 1 S. 1. Die **Weigerung** iSd 2. Alternative des Abs. 1 S. 1 betrifft angesichts des offenen Wortlautes nicht nur das vollständige Unterlassen, sondern bezieht sich auch auf die Teilaspekte der Gutachtenerstellung.[32] Dazu gehört die Verweigerung, die notwendigen Vorbereitungsarbeiten – wie bspw. eine Untersuchung[33] – zu erledigen, sich der Leitung des Gerichts (§ 78) zu unterwerfen, den Eid nach § 79 zu leisten,[34] aber auch, einzelne Fragen ohne gesetzlichen Grund nicht zu beantworten.[35] Selbst ohne vorherige Vereinbarung einer Frist nach § 77 Abs. 2 S. 1 kann Abs. 1 S. 1 Alternative 2 erfüllt sein, wenn der Sachverständige ein schriftliches Gutachten nicht abliefert. Erforderlich ist hierfür aber, dass trotz Mahnung eine angemessene Frist nicht eingehalten wird.[36] Teilweise wird auch in sinngemäßer Anwendung des Abs. 2 gefordert, dass die Mahnung mit Setzung einer Frist und Androhung eines Ordnungsgeldes verbunden wird.[37] Wird das Gutachten für mangelhaft erachtet und ist der Sachverständige nicht bereit, entsprechende Änderungen vorzunehmen, so kann dieses Verhalten nicht als Verweigerung angesehen werden.[38] Genauso wie bei Zeugen der Eid dazu dient, eine wahrheitsgemäße Aussage herbeizuführen und nicht die Zwangsmittel,[39] ist über § 77 die tatsächliche Vornahme der Tätigkeit herbeizuführen und nicht mangelnde Gewissenhaftigkeit zu ahnden (vgl. § 79 Abs. 2). 9

Allgemein wird angenommen, der Sachverständige sei bei Vorliegen der **Unzumutbarkeit** entschuldigt,[40] wobei in diesem Fall bereits die Pflicht zur Erstattung des Gutachtens in Wegfall gerät (→ § 75 Rn. 5). Dies kann vorliegen bei Krankheit oder überraschend eingetretener Arbeitsüberlastung (→ § 75 Rn. 5).[41] Gerade im Hinblick auf den letztgenannten Gesichtspunkt obliegt es dem Sachverständigen indes, diesbezüglich rechtzeitig Mitteilung zu machen[42] oder spätere Aufträge abzulehnen. Keine Entschuldigung stellt es dar, wenn der Sachverständige nicht damit einverstanden ist, dass seine Aussage im Rahmen der Hauptverhandlung auf Tonträger aufgenommen wird,[43] auch wenn dies in der derzeitigen Prozesspraxis eher selten vorkommen dürfte.[44] Gleiches gilt für die Ansicht des Sachverständigen, sein Gutachten dürfe er nur nach Ausschluss der Öffentlichkeit vortragen.[45] Die diesbezügliche prozessrechtliche Entscheidung trifft das Gericht und nicht der Sachverständige.[46] 10

d) Verweigerung der Fristabsprache nach Abs. 2 S. 1. Die erste Alternative des § 77 Abs. 2 S. 1 knüpft die Ungehorsamsfolgen daran, dass der Sachverständige nicht dazu bereit ist, eine **angemessene Frist abzusprechen.** Sie findet außer bei völligem Fehlen 11

---

[30] Krause in Löwe/Rosenberg Rn. 5.
[31] Brauer in Gercke/Julius/Temming/Zöller Rn. 2; Hadamitzky in KK-StPO Rn. 2; Eisenberg BeweisR StPO Rn. 1570.
[32] Rogall in SK-StPO Rn. 10; Eisenberg BeweisR StPO Rn. 1570.
[33] LG Trier 3.11.1986 – 1 Qs 265/86, NJW 1987, 722.
[34] Brauer in Gercke/Julius/Temming/Zöller Rn. 3; Hadamitzky in KK-StPO Rn. 3; Krause in Löwe/Rosenberg Rn. 6; Schmitt in Meyer-Goßner/Schmitt Rn. 4; Rogall in SK-StPO Rn. 11 f.
[35] RG 15.12.1938 – 3 D 550/38, RGSt 73, 31 (33) zu § 70 StPO.
[36] Brauer in Gercke/Julius/Temming/Zöller Rn. 3; Hadamitzky in KK-StPO Rn. 3; Schmitt in Meyer-Goßner/Schmitt Rn. 4.
[37] Krause in Löwe/Rosenberg Rn. 6.
[38] Krause in Löwe/Rosenberg Rn. 6.
[39] RG 15.12.1938 – 3 D 550/38, RGSt 73, 31 (33).
[40] Krause in Löwe/Rosenberg Rn. 7; Schmitt in Meyer-Goßner/Schmitt Rn. 4.
[41] Eisenberg BeweisR StPO Rn. 1569.
[42] Vgl. hierzu OLG Celle 28.4.1972 – 5 W 7/72, NJW 1972, 1524.
[43] Praml MDR 1977, 14 (16); Schmitt in Meyer-Goßner/Schmitt Rn. 4.
[44] Vgl. aber zu entsprechenden Bestrebungen Nack/Park/Brauneisen NStZ 2011, 310 (313 f.).
[45] Rogall in SK-StPO Rn. 14; aA Herbst NJW 1969, 546 (548).
[46] Krause in Löwe/Rosenberg Rn. 7; Schmitt in Meyer-Goßner/Schmitt Rn. 4.

der Bereitschaft dann ebenfalls Anwendung, wenn der Sachverständige sich lediglich auf eine von vornherein unangemessene Frist einlässt.[47] Die Länge der Frist hat sich an der Dauer zu orientieren, die bei Einhaltung einer angemessenen Vorbereitungszeit für Gutachten der in Rede stehenden Art regelmäßig veranschlagt werden kann.[48] Dazu ist, wie schon die ausdrückliche Bezugnahme auf § 73 Abs. 1 S. 2 zeigt, mit dem Sachverständigen Kontakt aufzunehmen, um mit diesem den zeitlichen Rahmen zu erörtern. Aus diesem Erfordernis einer Absprache den Schluss zu ziehen, Abs. 2 S. 1 Alt. 1 könne nur dann zur Anwendung kommen, wenn die Unangemessenheit der vom Sachverständigen angebotenen Frist ganz evident sei,[49] erscheint indes zu weitgehend. Auch dessen Tätigkeit hat sich am Gebot der beschleunigten Behandlung von Strafsachen zu orientieren, das er in seine Erwägungen miteinzubeziehen hat.

12 Besondere Bedeutung kommt der Fristabsprache bei **Haftsachen** zu. In diesem Fall hat sich die Bestimmung der Dauer, die die Erstellung des Gutachtens in Anspruch nehmen darf, an dem in diesen Fällen besonders hervorgehobenen Beschleunigungsgebot zu orientieren.[50]

13 Verweigert der Sachverständige die Fristabsprache, ist **keine Nachfristsetzung** erforderlich. Das Ordnungsgeld kann ohne weiteres festgesetzt werden, da sich Abs. 2 S. 2 nur auf die 2. Alternative des Abs. 2 S. 1 bezieht.[51] Die **Unzumutbarkeit** der Gutachtenerstattung wird als entschuldigend angesehen,[52] wobei für diesen Fall bereits die Gutachtenerstattungspflicht nach § 75 wegfällt (→ § 75 Rn. 5).

14 **e) Fristversäumung nach Abs. 2 S. 1 und 2.** Ungehorsamsfolgen sind nach Abs. 2 S. 1 Alternative 2 auch dann vorgesehen, wenn der Sachverständige die abgesprochene Frist **schuldhaft nicht einhält.**[53] Diesbezüglich ist in systematischer Hinsicht ebenfalls davon auszugehen, dass die für die Unzumutbarkeit in Betracht kommenden Gründe schon die Pflichtigkeit nach § 75 und damit zugleich die Pflicht zur Gutachtenerstattung entfallen lassen (→ § 75 Rn. 5). Eigenständige Bedeutung erlangt dieser Gesichtspunkt daher erst, falls in der Person des Sachverständigen zwar entsprechende Gründe gegeben sind, er diese jedoch nicht oder nicht rechtzeitig zur Kenntnis des Gerichts bringt. In diesem Fall kann er sich zur Abwendung der Ungehorsamsfolgen vor allem nicht mehr auf die Arbeitsüberlastung berufen, weil dem Gericht durch die verspätete Mitteilung die Möglichkeit genommen wurde, im Interesse einer zügigen Verfahrenserledigung hierauf zu reagieren, bspw. durch Entbindung des Sachverständigen nach § 76 Abs. 1 S. 2 und Bestellung eines anderen Gutachters.[54]

15 Der Festsetzung des Ordnungsgeldes muss im Fall der Säumnis nach Abs. 2 S. 2 dessen **Androhung** vorausgehen, die mit der Setzung einer Nachfrist zu verbinden ist. Diese muss so bemessen sein, dass sie zumindest in Verbindung mit der ersten Frist genügt, um die Erstellung des Gutachtens zu ermöglichen.[55] S. 3 eröffnet dem Gericht die Möglichkeit, bei Versäumen der Nachfrist ein weiteres Mal ein Ordnungsgeld verbunden mit einer (zweiten) Nachfrist anzudrohen.[56] Das Gericht kann aber stattdessen den Sachverständigen nach § 76 Abs. 1 S. 2 entbinden. Dies wird sich vor allem dann anbieten, wenn eine im

---

47 Brauer in Gercke/Julius/Temming/Zöller Rn. 4; Hadamitzky in KK-StPO Rn. 4; Krause in Löwe/Rosenberg Rn. 8; Schmitt in Meyer-Goßner/Schmitt Rn. 5.
48 Krause in Löwe/Rosenberg Rn. 8.
49 Rieß NJW 1975, 81 (84).
50 OLG Jena 17.11.2004 – 1 HEs 39/04, juris Rn. 17; OLG Koblenz 29.9.2006 – (1) 4420 BL-III-23/06, StV 2007, 256 (257); OLG Düsseldorf 1.7.2009 – 1 Ws 337/09, NStZ-RR 2010, 19 (Leitsatz) = BeckRS 2009, 20236.
51 Hadamitzky in KK-StPO Rn. 4; Krause in Löwe/Rosenberg Rn. 8; Rogall in SK-StPO Rn. 25.
52 Krause in Löwe/Rosenberg Rn. 8.
53 Brauer in Gercke/Julius/Temming/Zöller Rn. 5; Hadamitzky in KK-StPO Rn. 5; Krause in Löwe/Rosenberg Rn. 9; Schmitt in Meyer-Goßner/Schmitt Rn. 6.
54 Vgl. OLG Celle 28.4.1972 – 5 W 7/72, NJW 1972, 1524 zur vergleichbaren Sach- und Rechtslage bei §§ 409, 411 ZPO.
55 Brauer in Gercke/Julius/Temming/Zöller Rn. 6; Krause in Löwe/Rosenberg Rn. 10.
56 Hadamitzky in KK-StPO Rn. 5.

Interesse der Wahrheitsfindung gedeihliche Zusammenarbeit mit dem Gutachter nicht mehr zu erwarten ist, was dann regelmäßig naheliegt.[57]

2. Anordnungsbefugnis. Die **Zuständigkeit** für die Anordnung richtet sich nach dem Verfahrensstadium. Im Ermittlungsverfahren ist die Staatsanwaltschaft nach § 161a Abs. 2 S. 1 befugt, die Zwangsmittel des § 77 auf den von ihr beauftragten Sachverständigen zur Anwendung zu bringen.[58] Ansonsten ist dasjenige Gericht zuständig, vor dem sich der Sachverständige gutachtlich äußern soll, wobei § 51 Abs. 3, § 70 Abs. 3 entsprechend zur Anwendung kommen.[59] Das Gericht entscheidet durch Beschluss, der nach § 34 mit Gründen zu versehen ist.[60] Die Vollstreckung obliegt nach § 36 Abs. 2 S. 2 der Staatsanwaltschaft.[61] Für den durch die Polizei zugezogenen Sachverständigen gilt § 77 nicht.[62] 16

Abs. 1 sieht für die dort genannten Ungehorsamsfälle die Auferlegung der Kosten ohne Rücksicht auf die Anzahl für jeden einzelnen Fall zwingend vor.[63] Die Verhängung des Ordnungsgeldes ist dagegen nur für den ersten Ungehorsamsfall obligatorisch.[64] 17

Die Verhängung der Maßnahme nach **Abs. 2** steht im Ermessen des Gerichts oder im Ermittlungsverfahren nach § 161a Abs. 2 S. 1 der Staatsanwaltschaft, soweit diese den Sachverständigen benannt hat.[65] Bei der Ausübung des Ermessens ist zu berücksichtigen, dass Zwangsmaßnahmen die Zusammenarbeit mit dem Sachverständigen erheblich belasten können, was der Wahrheitsfindung mitunter nicht dienlich ist.[66] Andererseits kann sich das Ermessen zum Einsatz der Zwangsmaßnahmen vor allem in Fällen verdichten, in denen sich der Beschuldigte in **Untersuchungshaft** befindet. Hier kann es wegen des in besonderer Weise zu beachtenden Beschleunigungsgebotes notwendig sein, frühzeitig und konsequent auf die Ordnungsmittel des § 77 zurückzugreifen, um von vornherein die Vereinbarung einer angemessenen Frist oder die Einhaltung derselben im Sinne einer zeitnäheren Gutachtenerstellung zu bewirken.[67] Zeichnet sich indes die weitere Unzuverlässigkeit ab, so kann es dem Gericht oder der Staatsanwaltschaft obliegen, bereits frühzeitig von § 76 Abs. 1 S. 2 Gebrauch zu machen und einen neuen Gutachter zu bestellen.[68] Bei der Entscheidung kann allerdings auch Berücksichtigung finden, dass zur Behandlung einer schwierigen Problematik ein als besonders kompetent bekannter bestimmter Sachverständiger den Auftrag erhält und behält.[69] 18

3. Ungehorsamsfolgen. Die **Kostenauferlegung** ist nur für Abs. 1, nicht jedoch nach Abs. 2 vorgesehen.[70] Sie umfasst die Kosten iSd § 464a Abs. 1 S. 1 und die dort in Abs. 2 genannten notwendigen Auslagen.[71] Wegen der Einzelheiten zu Art und Höhe der Kosten wird auf die Kommentierung zu § 51 verwiesen. 19

---

57 Krause in Löwe/Rosenberg Rn. 11.
58 Neubeck in KMR-StPO Rn. 1; Rogall in SK-StPO Rn. 29; Sackreuther in BeckOK StPO § 161a Rn. 13 f.
59 Krause in Löwe/Rosenberg Rn. 17; Rogall in SK-StPO Rn. 28.
60 Brauer in Gercke/Julius/Temming/Zöller Rn. 11; Hadamitzky in KK-StPO Rn. 9.
61 Krause in Löwe/Rosenberg Rn. 20.
62 Neubeck in KMR-StPO Rn. 1.
63 Monka in BeckOK StPO Rn. 3; Hadamitzky in KK-StPO Rn. 6; Neubeck in KMR-StPO Rn. 10; Schmitt in Meyer-Goßner/Schmitt Rn. 8; Rogall in SK-StPO Rn. 19.
64 Brauer in Gercke/Julius/Temming/Zöller Rn. 9; Krause in Löwe/Rosenberg Rn. 14; Rogall in SK-StPO Rn. 15 und 20.
65 § 161a Abs. 2 S. 2 entfaltet in diesem Zusammenhang keine Bedeutung, da die Festsetzung der Haft ohnehin unzulässig ist.
66 Krause in Löwe/Rosenberg Rn. 11; Eisenberg BeweisR StPO Rn. 1569.
67 OLG Zweibrücken 29.11.1993 – 1 BL 117/93, NStZ 1994, 202; OLG Düsseldorf 31.5.1996 – 2 Ws 194/96, NJW 1996, 2588; OLG Jena 19.6.1997 – 1 HEs 50/97, StraFo 1997, 318; OLG Düsseldorf 1.7.2009 – 1 Ws 337/09, NStZ-RR 2010, 19 (Leitsatz) = BeckRS 2009, 20236.
68 OLG Koblenz 29.9.2006 – (1) 4420 BL-III-23/06, StV 2007, 256 (257); Monka in BeckOK StPO Rn. 6.
69 OLG Jena 17.11.2004 – 1 HEs 39/04, juris 17 f.
70 Monka in BeckOK StPO Rn. 3; Neubeck in KMR-StPO Rn. 10; Schmitt in Meyer-Goßner/Schmitt Rn. 8.
71 Brauer in Gercke/Julius/Temming/Zöller Rn. 8; Hadamitzky in KK-StPO Rn. 6; Krause in Löwe/Rosenberg Rn. 13.

20 Das **Ordnungsgeld** darf nach Abs. 1 S. 3 und Abs. 2 S. 3 für sämtliche in § 77 geregelten Ungehorsamsfälle in demselben Verfahren nur einmal wiederholt festgesetzt werden.[72] Die Höhe richtet sich nach Art. 6 Abs. 1 EGStGB (5–1.000 EUR).[73] Die ersatzweise Festsetzung von **Ordnungshaft** ist generell unzulässig.[74]

III. Rechtsmittel

21 Gegen den gerichtlichen Beschluss stehen der Staatsanwaltschaft und dem Beschuldigten nach § 304 Abs. 1 sowie dem Sachverständigen nach § 304 Abs. 2 die einfache **Beschwerde** zu. Für den Beschuldigten gilt dies allerdings nur, wenn er durch die Entscheidung beschwert ist, mit der das Gericht die Auferlegung der Kosten ablehnt oder aufhebt.[75] Wegen § 305 S. 2 sind auch Entscheidungen des erkennenden Gerichts erfasst.[76] Die Anordnung der Staatsanwaltschaft kann nach § 161a Abs. 3 S. 1 mit dem **Antrag auf gerichtliche Entscheidung** angefochten werden.[77]

22 Als **Revisionsgrund** kommt allenfalls die Verletzung der Aufklärungspflicht in Betracht, sofern das Gericht es in einer entscheidungserheblichen Frage unterlassen hat, den ungehorsamen Sachverständigen zur Gutachtenerstattung zu zwingen oder stattdessen einen anderen zu beauftragen. Auf den bloßen Einwand, ein Ordnungsgeld sei nicht festgesetzt oder die Eidesleistung nicht herbeigeführt worden, kann die Revision dagegen nicht gestützt werden.[78]

§ 78 Richterliche Leitung der Tätigkeit des Sachverständigen

Der Richter hat, soweit ihm dies erforderlich erscheint, die Tätigkeit der Sachverständigen zu leiten.

Schrifttum: Artkämper, Der Sachverständige im Strafverfahren, BA 2001, 7; Boetticher/Koller/Böhm/Brettel/Dölling/Höffler/Müller-Metz/Pfister/Schneider/Schöch/Wolf, Empfehlungen für Prognosegutachten, NStZ 2019, 553; Boetticher/Kröber/Müller-Isberner/Böhm/Müller-Metz/Wolf, Mindestanforderungen an Prognosegutachten, NStZ 2006, 537; Boetticher/Nedopil/Bosinski/Saß, Mindestanforderungen für Schuldfähigkeitsgutachten, NStZ 2005, 57; Foth/Karcher, Überlegungen zur Behandlung des Sachverständigenbeweises im Strafverfahren, NStZ 1989, 166; Groß/Fünfsinn, Datenweitergabe im strafrechtlichen Ermittlungsverfahren, NStZ 1992, 105; Gundelach, Beweiswürdigung von Sachverständigengutachten zur Altersfeststellung, ZJJ 2018, 139 Haddenbrock, Das Sachverständigendilemma im deutschen Strafprozess ohne Tat- oder Schuldinterlokut, NJW 1981, 1302; Hefendehl, Die Feststellung des Vermögensschadens – auf dem Weg zum Sachverständigenstrafrecht, wistra 2012, 325; Jansen, Überprüfung aussagepsychologischer Gutachten, StV 2000, 224; Karpinski, Der Sachverständige im Strafprozess, NJW 1968, 1173; Krauß, Richter und Sachverständiger im Strafverfahren, ZStW 85 (1973), 320; Lürken, Auswahl und Leitung des Sachverständigen im Strafprozess (§§ 73, 78 StPO), NJW 1968, 1161; Nack, Die Abhängigkeit des Richters vom Sachverständigen, GA 2009, 201; Rauch, Auswahl und Leitung des Sachverständigen im Strafprozess, NJW 1968, 1173; Rudolph, Das Zusammenwirken des Richters und des Sachverständigen, Justiz 1969, 24; Sarstedt, Auswahl und Leitung des Sachverständigen im Strafprozess (§§ 73, 78 StPO), NJW 1968, 177; Schewe, Verantwortung, Leitung und Fehlleitung des Sachverständigen, BA 1986, 356; Schoreit, Einsatz vom Polygraphen und Glaubhaftigkeits-Gutachten psychologischer Sachverständiger im Strafprozess, StV 2004, 284; Tröndle, Der Sachverständigenbeweis, JZ 1969, 374; Wolf, Der Sachverständige im Wirtschaftsstrafverfahren, ZWH 2012, 125; Zilkens, Zum Sachverständigenbeweis im Strafverfahren, BA 1986, 239.

---

72 Monka in BeckOK StPO Rn. 4; Brauer in Gercke/Julius/Temming/Zöller Rn. 9; Neubeck in KMR-StPO Rn. 7 f.
73 Hadamitzky in KK-StPO Rn. 8; Schmitt in Meyer-Goßner/Schmitt Rn. 9.
74 Monka in BeckOK StPO Rn. 4; Brauer in Gercke/Julius/Temming/Zöller Rn. 10; Hadamitzky in KK-StPO Rn. 8; Neubeck in KMR-StPO Rn. 9; Schmitt in Meyer-Goßner/Schmitt Rn. 9.
75 Hadamitzky in KK-StPO Rn. 10; Krause in Löwe/Rosenberg Rn. 21.
76 Brauer in Gercke/Julius/Temming/Zöller Rn. 12; Krause in Löwe/Rosenberg Rn. 21.
77 Rogall in SK-StPO Rn. 37.
78 Brauer in Gercke/Julius/Temming/Zöller Rn. 13; Hadamitzky in KK-StPO Rn. 11; Krause in Löwe/Rosenberg Rn. 25; Eisenberg BeweisR StPO Rn. 1579.

Übersicht

I. Überblick

1. Normzweck. Die Vorschrift wird als eine der wichtigsten Bestimmungen des Sachverständigenbeweises bezeichnet.[1] Sie stellt die **Aufgabenverteilung zwischen Richter und Sachverständigem** klar. Bisweilen wird der Sachverständige auch als Gehilfe des Richters bezeichnet. Dadurch wird hervorgehoben, dass es Letzterer ist, der die Verantwortung für die Feststellung des Sachverhalts,[2] die rechtliche Bewertung des Tatsachenstoffes und die Einhaltung der prozessualen Vorschriften zu tragen hat.[3] Das rechtliche Verhältnis ist daher dasjenige eines Auftraggebers zum Beauftragten.[4] Gleichwohl darf dies nicht dahingehend missverstanden werden, dass dem Sachverständigen jede eigenverantwortliche Tätigkeit abgesprochen wird. Wie der Wortlaut schon klarstellt, greift die Leitungsfunktion nur ein, „soweit dies erforderlich erscheint". Als Ausfluss der fachlichen Seite der Begutachtung entscheidet daher der Sachverständige nach pflichtgemäßem Ermessen, mit welcher Methode und aufgrund welcher Unterlagen er sein Gutachten erarbeitet, soweit er die wissenschaftlichen Mindeststandards einhält.[5] 1

§ 78 dient, wenn die Begutachtung von Zeugen erforderlich ist, auch dazu, **Belange des Opferschutzes** zu realisieren, und stellt damit ein Instrument des Gerichts und der Ermittlungsbehörden dar, der Fürsorgepflicht gegenüber dem Geschädigten nachzukommen. Der Auftraggeber hat die Grenzen der Aufklärung durch den Sachverständigen klar zu bestimmen und diesen erforderlichenfalls an deren Einhaltung zu erinnern, um einer allgemeinen Ausforschung, insbesondere zum Privat- und Intimleben der zu begutachtenden Person, entgegenzuwirken, sofern kein unmittelbarer Zusammenhang mit dem Verfahrensgegenstand gegeben ist.[6] Dies ist umso bedeutsamer, als vor allem im Bereich der Sexualdelikte von Verteidigung und Angeklagtem nicht selten der Versuch unternommen wird, über das Gericht und den Sachverständigen das gesamte Vorleben eines Opferzeugen zum Gegenstand des Verfahrens und scheinbar notwendiger Aufklärung zu machen, selbst wenn tragfähige konkrete Anhaltspunkte hierfür nicht gegeben sind.[7] Da die Rechtsprechung andererseits die Grenzen zulässigen Verteidigungsverhaltens sehr weit zieht,[8] darf nicht versäumt werden, gerade bei aussagepsychologischen Begutachtungen, frühzeitig eine klare Weichenstellung vorzunehmen. 2

2. Anwendungsbereich. Von § 78 wird die **Vorbereitung des Gutachtens** erfasst. Für die Hauptverhandlung greift die Sachleitungsbefugnis des Vorsitzenden nach § 238 3

[1] Sarstedt NJW 1968, 177 (180); Schmidt JZ 1957, 229 (230).
[2] OLG Hamm 22.1.2019 – 3 Ws 524/18, juris Rn. 26.
[3] Schmidt JZ 1957, 229 (230); Rogall in SK-StPO Rn. 1 f.
[4] Brauer in Gercke/Julius/Temming/Zöller Rn. 1; Krause in Löwe/Rosenberg Rn. 1.
[5] Hadamitzky in KK-StPO Rn. 1; Krause in Löwe/Rosenberg Rn. 1; Boetticher NStZ 2005, 57 (58).
[6] BGH 11.1.2005 – 1 StR 498/04, NJW 2005, 1519 (1521), wobei es sich bei der dortigen Bezugnahme auf § 77 um einen offensichtlichen Druckfehler handelt; vgl. auch BGH 16.6.2005 – 1 StR 152/05, NJW 2005, 2791.
[7] Offensichtlich praxisfremd sieht Krauß ZStW 85 (1973), 320 (328–330) die Initiative hierzu auf Seiten der Justizbehörden und des Sachverständigen.
[8] Vgl. hierzu BGH 14.12.2004 – 4 StR 237/04, juris Rn. 12 = BeckRS 2005, 1982; 6.7.2010 – 3 StR 219/10, NStZ 2010, 692.

Abs. 1.[9] Im Ermittlungsverfahren obliegt die Leitungsfunktion der Staatsanwaltschaft[10] oder der hinzuziehenden Polizeibehörde.[11] Für Erstere ergibt sich dies aus § 161a Abs. 1 S. 2. Für Letztere kann dies aus § 163 Abs. 6 S. 1 geschlossen werden.

II. Erläuterung

4 **1. Erforderlichkeit der Leitung. a) Fachliche Durchführung der Untersuchung.** § 78 sieht keine uneingeschränkte Leitung der Tätigkeit des Sachverständigen durch das Gericht vor, sondern nur soweit dies erforderlich erscheint. Demgemäß obliegt die originäre Aufgabe, nämlich die fachliche Durchführung und Auswertung der Untersuchungen, dem **pflichtgemäßen Ermessen des Sachverständigen.**[12] Der Sachverständige befindet daher selbst darüber, ob er die für sein Gutachten ausreichenden Grundlagen gewonnen hatte,[13] auf welche Weise er sich die erforderlichen Anknüpfungstatsachen verschafft,[14] welche Unterlagen er für die Erstattung des Gutachtens benötigt[15] und welche Untersuchungsmethoden er anwendet.[16] Dazu gehören insbesondere die Entscheidungen, ob eine stationäre Beobachtung notwendig ist oder eine ambulante Untersuchung[17] in Verbindung mit Beobachtungen in der Hauptverhandlung,[18] oder ob die bloße Beobachtung in der Hauptverhandlung[19] oder bei der Anhörung im Strafvollstreckungsverfahren[20] ohne persönliche Exploration – ggf. unter Heranziehung sonstiger schriftlicher und mündlicher Äußerungen – genügt. Er entscheidet welche Zeitdauer er für eine Anhörung benötigt[21] und ob er die im gerichtlichen Beschluss nach § 81 Abs. 5 angeordnete Höchstdauer ausschöpft,[22] welche Testverfahren er für notwendig erachtet,[23] und ob er die Einholung von Hilfsgutachten, wie beispielsweise psychologischen Zusatzgutachten, für erforderlich hält.[24] Bei einer aussagepsychologischen Begutachtung einer anders sprachigen Untersuchungsperson kann er selbständig beurteilen, ob die Hinzuziehung eines Dolmetschers ausreichend ist, ohne dass es der Begutachtung durch einen Sachverständigen bedarf, der

---

9 Monka in BeckOK StPO Rn. 1; Brauer in Gercke/Julius/Temming/Zöller Rn. 1; Hadamitzky in KK-StPO Rn. 2; Neubeck in KMR-StPO Rn. 5; Krause in Löwe/Rosenberg Rn. 2; Schmitt in Meyer-Goßner/Schmitt Rn. 1.

10 BGH 31.5.2005 – 1 StR 290/04, NStZ-RR 2005, 264 (265); OLG Rostock 17.11.2015 – 21 Ss OWi 158/15, BeckRS 2015, 19582 Rn. 12.

11 Monka in BeckOK StPO Überblick; Brauer in Gercke/Julius/Temming/Zöller Rn. 1; Krause in Löwe/Rosenberg Rn. 3; Schmitt in Meyer-Goßner/Schmitt Rn. 2; Rogall in SK-StPO Rn. 3.

12 BGH 12.2.1998 – 1 StR 588/97, BGHSt 44, 26 (33); Monka in BeckOK StPO Rn. 4; Brauer in Gercke/Julius/Temming/Zöller Rn. 4; Krause in Löwe/Rosenberg Rn. 1; Schmitt in Meyer-Goßner/Schmitt Rn. 6; Boetticher/Nedopil/Bosinski/Saß NStZ 2005, 57 (58); Boetticher ua NStZ 2006, 537 (539); Wolf ZWH 2012, 125 (126).

13 BGH 22.3.1977 – 1 StR 858/76, JurionRS 1977, 12546 = Spiegel DAR 1978, 146 (158) – RsprÜ.

14 BGH 6.7.2011 – 2 StR 124/11, StV 2011, 711 (712).

15 BGH 18.5.1971 – 4 StR 100/71, juris Rn. 6 insoweit nicht abgedruckt in BGHSt 24, 153; 30.4.1974 – 1 StR 579/73, juris Rn. 9 = BeckRS 1974, 107 = Dallinger MDR 1974, 721 (725) – RsprÜ; 5.1.1978 – 2 StR 425/77, juris Rn. 13 insoweit nicht abgedruckt in NJW 1978, 1815; 22.7.1997 – 1 StR 334/97, NStZ 1997, 610; 12.2.1998 – 1 StR 588/97, BGHSt 44, 26 (33); 7.7.1999 – 1 StR 207/99, NStZ 1999, 630 (632); RG 11.6.1934 – 3 D 525/34, RGSt 68, 198 (200).

16 BGH 6.5.1980 – 5 StR 142/80, JurionRS 1980, 14295; 22.7.1997 – 1 StR 334/97, NStZ 1997, 610; 12.2.1998 – 1 StR 588/97, BGHSt 44, 26 (33); 7.7.1999 – 1 StR 207/99, NStZ 1999, 630 (632).

17 BGH 30.4.1974 – 1 StR 579/73, juris Rn. 8 = BeckRS 1974, 107 = Dallinger MDR 1974, 721 (724) – RsprÜ.

18 BGH 25.3.1960 – 4 StR 72/60, LNR 1960, 11423; 6.9.1968 – 4 StR 339/68, NJW 1968, 2297 (2298); 22.5.1991 – 2 StR 453/90, bei Kusch NStZ 1992, 27 – RsprÜ.

19 BGH 12.2.1998 – 1 StR 588/97, BGHSt 44, 26 (33).

20 BGH 7.4.1993 – 1 StE 1/75 – StB 7/93, NJW 1993, 2449 (2450).

21 BGH 18.5.1971 – 4 StR 100/71, juris Rn. 6 insoweit nicht abgedruckt in BGHSt 24, 153.

22 BGH 30.4.1974 – 1 StR 579/73, juris Rn. 8 f. = BeckRS 1974, 107 = Dallinger MDR 1974, 721 (725) – RsprÜ.

23 BGH 10.2.1977 – 4 StR 623/76, bei Spiegel DAR 1978, 146 (155) – RsprÜ.

24 BGH 5.1.1978 – 2 StR 425/77, juris Rn. 13) insoweit nicht abgedruckt in NJW 1978, 1815; BGH 22.7.1997 – 1 StR 334/97, NStZ 1997, 610.

der Sprache der Untersuchungsperson selbst mächtig ist.[25] Schließlich ist der Gutachter nicht gehalten, ein Explorationsgespräch[26] oder die Besichtigung des zu begutachtenden Objektes[27] in Anwesenheit des Verteidigers vorzunehmen. Im Einzelfall kann der Auftraggeber vor dem Hintergrund der Aufklärungspflicht bei erkennbarem Anlass gleichwohl verpflichtet sein, dafür Sorge zu tragen, dass die für das Fachgebiet gültigen wissenschaftlichen Mindeststandards eingehalten[28] oder neue, vor allem überlegene iSd § 244 Abs. 4 S. 2 Hs. 2, anerkannte und zulässige Untersuchungsmethoden zur Anwendung kommen.[29] Sieht der Gutachter von einer Stellungnahme ab, da sich der Beschuldigte einer Untersuchung nicht zur Verfügung stellt, kann es geboten sein, ihn auf das Erfordernis einer Beurteilung nach Aktenlage und Beobachtung in der Hauptverhandlung hinzuweisen.[30]

b) Rechtliche Vorgaben für die Untersuchung. Erforderlich und mit besonderer Sorgfalt wahrzunehmen ist die Verantwortung für die Leitung des Sachverständigen in Bezug auf die Beurteilung von Rechtsfragen. Hier ist zunächst das **materielle Strafrecht** zu nennen.[31] Rechtsbegriffe sind dazu im Hinblick auf die vom Gutachter festzustellenden Tatsachen zu umschreiben und zu erläutern.[32] In der Praxis besonders bedeutsam ist dies für die vom Sachverständigen festzustellenden tatsächlichen Voraussetzungen der §§ 20, 21 StGB[33] oder der Gefährlichkeitsprognose für die Anordnung einer Maßregel der Besserung und Sicherung – vor allem in Abgrenzung zu zulässigem Verteidigungsverhalten des Angeklagten[34] –, deren Überprüfung im Strafvollstreckungsverfahren und für die Aussetzung einer Reststrafe zur Bewährung.[35] 5

Der Sachverständige ist zudem über **verfahrensrechtliche Vorschriften** in Kenntnis zu setzen. Deren Beachtung muss der Auftraggeber überwachen.[36] Hierzu ist auf die Einhaltung der sich aus § 80 ergebenden Befugnisse zu achten. Der Sachverständige darf zwar innerhalb der dort genannten Grenzen den Sachverhalt weiter aufklären, soweit sich dies im Rahmen des zur Gutachtenerstattung Erforderlichen hält. Dazu darf er auch auf Angaben der zu untersuchenden Person im Rahmen des Explorationsgesprächs zurückgreifen.[37] Andererseits ist er dazu anzuhalten, bei der ergänzenden Befragung vor allem zeugnisverweigerungsberechtigter weiterer Auskunftspersonen den verfahrensrechtlich korrekten Weg des § 80 über den Auftraggeber zu wählen und diese nicht eigenmächtig selbst zu befragen (→ § 80 Rn. 8 und 10).[38] Ferner ist der Sachverständige daran zu erinnern, die Frist für die Unterbringung nach § 81 nicht zu überschreiten, Untersuchungen des Beschuldigten ohne dessen Einwilligung nur nach Anordnung gemäß § 81a vorzunehmen[39] oder bei 6

---

[25] BGH 6.8.1969 – 4 StR 126/69, NJW 1970, 1242 (1243); was von Krause in Löwe/Rosenberg Rn. 1 (Fn. 6); Rogall in SK-StPO Rn. 5 ohne nähere Begründung als „wohl zu weitgehend" aufgefasst wird.

[26] BGH 8.8.2002 – 3 StR 239/02, NStZ 2003, 101 mkritAnm Barton; 12.9.2007 – 1 StR 407/07, NStZ 2008, 229 (230).

[27] BGH 26.7.1968 – 4 StR 100/68, VRS 35 (1968), 428 Unfallfahrzeug.

[28] BGH 30.7.1999 – 1 StR 618/98, BGHSt 45, 164 (182); 23.10.2002 – 1 StR 274/02, NStZ 2002, 165 (166); OLG Rostock 17.11.2015 – 21 Ss OWi 158/15, ZD 2016, 139 (140); Hadamitzky in KK-StPO Rn. 1.

[29] Brauer in Gercke/Julius/Temming/Zöller Rn. 4; Rogall in SK-StPO Rn. 5.

[30] BGH 22.7.2003 – 4 StR 265/03, NStZ 2004, 263 (264) zu § 246a.

[31] Monka in BeckOK StPO Rn. 3; Rogall in SK-StPO Rn. 12.

[32] Rudolph Justiz 1969, 24 (28); Tröndle JZ 1969, 374 (378).

[33] Hinz JR 2019, 98 (104).

[34] BGH 16.1.2003 – 1 StR 512/02, juris Rn. 17 = StraFo 2003, 198.

[35] Boetticher ua NStZ 2019, 553 (555).

[36] Brauer in Gercke/Julius/Temming/Zöller Rn. 6; Hadamitzky in KK-StPO Rn. 3; Krause in Löwe/Rosenberg Rn. 5.

[37] BGH 21.7.1965 – 2 StR 229/65, JurionRS 1965, 12761 = Dallinger MDR 1966, 381 (383) – RsprÜ zur Exploration des Geschädigten; BGH 6.4.2011 – 2 StR 73/11, StV 2011, 709 (710) zum Angeklagten; ausführlich → § 80 Rn. 9 f.

[38] BGH 21.7.1965 – 2 StR 229/65, JurionRS 1965, 12761 = Dallinger MDR 1966, 381 (383) – RsprÜ; 7.5.1968 – 5 StR 83/68, JurionRS 1968, 14341; AG Euskirchen 15.5.2006 – 6 Ls 70 Js 515/03, juris Rn. 41 = BeckRS 2006, 16854; Sarstedt NJW 1968, 177 (180).

[39] BGH 6.9.1968 – 4 StR 339/68, NJW 1968, 2297 f.; Sarstedt NJW 1968, 177 (181).

anderen Personen nur, wenn diese nach § 81c hierzu verpflichtet wurden.[40] Andererseits kann es geboten sein, auf die Durchführung von Untersuchungen hinzuwirken, wenn diese, wie beispielsweise nach § 246a, vorgeschrieben sind.[41] Schließlich gebietet die prozessuale Fürsorgepflicht gegenüber dem Geschädigten, die Ausweitung der Erhebungen des Sachverständigen auf Fragen zu Privat- und Intimleben eines Zeugen zu unterbinden, sofern deren Aufklärung für die Beweisfrage nicht unerlässlich ist.[42] Auch zum Schutz des Beschuldigten ist die Leitungsfunktion einzusetzen. Zur Einhaltung des besonderen Beschleunigungsgebotes in Haftsachen muss das Gericht die zeitnahe Erstellung des Gutachtens überwachen (s. auch die Rspr.-Zitate bei → § 77 Rn. 2 und 18).[43]

7 **2. Art und Weise der Leitung.** Zwingendes Erfordernis der Leitung der Sachverständigentätigkeit ist eine **eindeutige Auftragsbeschreibung.**[44] Vom Auftraggeber wird nach § 78 eine präzise Bezeichnung des Beweisthemas erwartet, damit für den Sachverständigen klar erkennbar ist, auf welche für wesentlich gehaltenen Punkte er seine Arbeit konzentrieren muss.[45] Dies sollte mit einer möglichst kurzen und prägnanten Formulierung geschehen,[46] die unbedingt ergebnisoffen zu gestalten ist, um dem Gutachter nicht schon eine bestimmte Richtung vorzugeben.[47] Dafür ist allerdings insbesondere bei Wirtschaftsstraftaten und Vermögensdelikten der bloße Hinweis auf die Sichtung oder Auswertung von Unterlagen nicht ausreichend.[48] Geanusowenig genügt in Straßenverkehrssachen der bloße Hinweis auf die Klärung des „Unfallhergangs" oder der „Unfallursachen".[49] Vielmehr ist auf ein konkret in Betracht kommendes Fehlverhalten abzustellen, das im Falle des Gegebenseins einen Straftatbestand erfüllen würde.[50] Bei standardisierten Messverfahren ist zu unterscheiden, ob eine mögliche Fehlerquelle bei der Durchführung der Messung, eine technische Störung im konkreten Messgerät oder eine fehlerhafte Messtechnik als solche zu überprüfen ist.[51] Ist ein Prognosegutachten zu erstellen, gilt es die mit sachverständiger Hilfe aufzuklärenden tatsächlichen gesetzlichen Vorgaben von den allein der Bewertung durch das Gericht unterliegenden normativen zu trennen und in entsprechende Tatsachenfragen zu kleiden.[52] Als besonders problematisch erweist sich in diesem Zusammenhang regelmäßig der Auftrag an einen psychiatrischen Sachverständigen zur Feststellung der medizinischen Voraussetzungen der §§ 20, 21 StGB. Die häufig vorzufindende Bemängelung eines Auftrags an den Sachverständigen, er möge den Beschuldigten „auf seine Schuldfähigkeit" untersu-

[40] Rudolph Justiz 1969, 24 (32).
[41] BGH 17.11.1999 – 3 StR 305/99, NStZ 2000, 215; 1.12.1955 – 3 StR 419/55, BGHSt 9, 1 (3). RG 11.6.1934 – 3 D 525/34, RGSt 68, 198 (199 f.); 11.12.1934 – 1 D 1326/34, RGSt 69, 129 (132 f.).
[42] BGH 11.1.2005 – 1 StR 498/04, NJW 2005, 1519 (1521); vgl. auch BGH 16.6.2005 – 1 StR 152/05, NJW 2005, 2791.
[43] OLG Hamm 4.4.2019 – 4 Ws 77/19, BeckRS 2019, 9227 Rn. 26; Rudolph Justiz 1969, 24 (31).
[44] OLG Frankfurt a. M. 4.12.2014 – 2 Ss OWi 1041/14, NJOZ 2015, 1568 (1569); Monka in BeckOK StPO Rn. 3; Brauer in Gercke/Julius/Temming/Zöller Rn. 3; Hadamitzky in KK-StPO Rn. 2; Neubeck in KMR-StPO Rn. 2; Schmitt in Meyer-Goßner/Schmitt Rn. 3; insbesondere zum aussagepsychologischen Sachverständigengutachten BGH 30.7.1999 – 1 StR 618/98, BGHSt 45, 164 (182); Jansen StV 2000, 224 mit Formulierungsvorschlag; Schoreit StV 2004, 284 (287); zum Auftrag in Wirtschaftsstrafsachen Wolf ZWH 2012, 125 (129).
[45] Artkämper BA 2001, 7 (11); Boetticher ua NStZ 2006, 537 (539); Wolf ZWH 2012, 125 (129); Zilkens BA 1986, 239 (243); sehr weitergehend Hefendehl wistra 2012, 325 (330) für Vorgabe der bilanziellen Bewertungsmethode für Bestimmung eines Vermögensschadens.
[46] Tröndle JZ 1969, 374 (376).
[47] OLG Naumburg 24.10.2012 – 1 Ws 442/12, NStZ 2013, 183 zum Überprüfungsverfahren nach §§ 67d, 67e StGB.
[48] Krause in Löwe/Rosenberg Rn. 4; Wolf ZWH 2012, 125 (129); vgl. auch BGH 10.4.1979 – 4 StR 127/79, BGHSt 28, 381 (382 ff.) zu § 78c Abs. 1 S. 1 Nr. 3 StGB; s. auch BGH 19.2.2014 – 5 StR 510/13, ZWH 2015, 19 (22) zu entsprechenden Vorgaben.
[49] Rudolph Justiz 1969, 24 (28).
[50] Tröndle JZ 1969, 374 (377) mit Formulierungsbeispielen.
[51] OLG Frankfurt a. M. 4.12.2014 – 2 Ss OWi 1041/14, NJOZ 2015, 1568 (1569).
[52] S. hierzu die beispielhafte Formulierung von Grundfragen bei Boetticher ua NStZ 2019, 553 (555).

chen,[53] mag zwar ihre Berechtigung haben. Schließlich hat der Sachverständige die tatsächlichen Grundlagen einer rechtlichen Wertung zu klären, weswegen die Beweisfrage nicht in die Form einer Rechtsfrage gekleidet werden sollte (→ Rn. 5). Andererseits ist die Bandbreite in Betracht kommender psychiatrischer Befunde oder Verhaltensauffälligkeiten so vielfältig, dass sie für den psychiatrischen Laien – auch denjenigen mit langjähriger juristisch-forensischer Praxis – nicht überschaubar ist.[54] Im Zeitpunkt der Auftragserteilung, die möglichst frühzeitig erfolgen sollte,[55] ist aus diesem Grund oftmals nicht erkennbar, was für die Beurteilung des psychischen Zustandes überhaupt von Bedeutung ist.[56] Mitunter wird es daher kaum vermeidbar sein, zunächst auf eine derartige Formulierung zurückzugreifen, um nicht von vornherein eine missverständliche oder gar untaugliche Auftragsbeschreibung auf den Weg zu bringen. Umso wichtiger ist es aber dann, für Rückfragen forensisch weniger erfahrener Sachverständiger stets offen zu sein und die Vorgehensweise mit diesen im Folgenden zu erörtern. Eine solche Verständigung zwischen Juristen und Psychowissenschaftlern ist zudem auch bei aussagepsychologischen Gutachten notwendig.[57] Bei komplexen Fragestellungen kann dem Sachverständigen im Rahmen der Auftragserteilung aufgegeben werden, zur Vorbereitung der Hauptverhandlung ein vorbereitendes schriftliches Gutachten vorzulegen (→ § 82 Rn. 2).[58]

Das Gericht teilt, wenn möglich schon zum Zeitpunkt der Auftragserteilung,[59] die 8
Anknüpfungstatsachen mit, von denen der Sachverständige bei der Erstattung seines Gutachtens auszugehen hat,[60] sofern nicht schon zu deren Feststellung die besondere Sachkunde erforderlich ist.[61] Der Sachverständige seinerseits hat diese kritisch zu würdigen und ggf. im Rahmen des § 80 auf deren Ergänzung hinzuwirken oder sich die weitergehende Aufklärung selbst zu erarbeiten.[62] Trifft er im Rahmen seiner Tätigkeit Feststellungen, die dem bislang bekannten Sachverhalt nicht entsprechen, muss er den Auftraggeber hierauf hinweisen,[63] denn letztlich ist es Aufgabe des Tatgerichts, den Sachverhalt festzustellen, der die Grundlage für seine Bewertung bildet,[64] und er ist an dessen Vorgaben gebunden.[65] Die teilweise vertretene Ansicht, die Information des Gutachters solle in erster Linie durch Übersendung eines vom Auftraggeber gefertigten Sachberichts erfolgen,[66] überzeugt schon deswegen nicht, weil hierbei immer die Gefahr eines Vorwurfs besteht, die Auswahl des Tatsachenstoffs sei einseitig oder voreingenommen erfolgt. Vielmehr ist im Einzelfall zu entscheiden,[67] wobei Fallgruppen[68] gebildet

---

53 Krause in Löwe/Rosenberg Rn. 4; Sarstedt NJW 1968, 177 (181); vgl. auch Schewe BA 1986, 356.

54 Vgl. nur die vage Formulierung in BGH 29.9.1994 – 4 StR 494/94, NStZ 1995, 282, nach der sich aufgrund des außergewöhnlichen Sachverhalts eine Störung des sexuellen Trieb- und Gefühlslebens aufdrängen sollte.

55 Haddenbrock NJW 1981, 1302 (1305).

56 Rauch NJW 1968, 1173 (1175).

57 Schoreit StV 2004, 284 (287).

58 BGH 14.10.2009 – 2 StR 205/09, BGHSt 54, 177 (178 Rn. 5).

59 BGH 15.3.2007 – 4 StR 66/07, NStZ 2007, 476 (477); Schmitt in Meyer-Goßner/Schmitt Rn. 4; Jansen StV 2000, 224 Nack GA 2009, 201 (206); Wolf ZWH 2012, 125 (129).

60 BGH 29.9.1994 – 4 StR 494/94, NStZ 1995, 282; 30.7.1999 – 1 StR 618/98, BGHSt 45, 164 (182); 19.2.2014 – 5 StR 510/13, ZWH 2015, 19 (22); OLG Frankfurt a. M. 4.12.2014 – 2 Ss OWi 1041/14, NJOZ 2015, 1568 (1569); OLG Hamm 22.1.2019 – 3 Ws 524/18, juris Rn. 26.

61 Vgl. OLG Rostock 17.11.2015 – 21 Ss OWi 158/15, BeckRS 2015, 19582 Rn. 11; Boetticher ua NStZ 2019, 553 (555).

62 Eisenberg BeweisR StPO Rn. 1581; Foth/Karcher NStZ 1989, 166 (169); Zilkens BA 1986, 239 (244).

63 BGH 31.5.2005 – 1 StR 290/04, NStZ-RR 2005, 264 (265).

64 OLG Hamm 22.1.2019 – 3 Ws 524/18, juris Rn. 26.

65 BGH 23.2.2016 – 3 StR 481/15, BeckRS 2016, 5428.

66 Rudolph Justiz 1969, 24 (30); Sarstedt NJW 1968, 177 (180); in diese Richtung wohl auch Monka in BeckOK StPO Rn. 3; Schmitt in Meyer-Goßner/Schmitt Rn. 4.

67 Monka in BeckOK StPO § 80 Rn. 4; Rogall in SK-StPO § 80 Rn. 10; Lürken NJW 1968, 1161 (1164), allerdings mit einseitigen, auf die Sicht der Interessen des Angeklagten und der Verteidigung beschränkten Schlussfolgerungen.

68 Vgl. auch Eisenberg BeweisR StPO Rn. 1591 „das jeweilige Beweisthema des Gutachtens" ist ausschlaggebend.

werden können. Kommen standardisierte technische Verfahren, vor allem im Zusammenhang mit Probenauswertungen, wie bei der Blutalkoholanalyse oder der DNA-Analyse, zur Anwendung, so genügt die Vorlegung der Beweisfrage. § 81f Abs. 2 S. 2–4 steht weitergehenden Informationen sogar entgegen. Von der vollständigen Überlassung der Akten sollte im konkreten Fall auch abgesehen werden, wenn deren zu frühzeitige Kenntnis die Gefahr falscher Schlüsse des Sachverständigen hervorrufen könnte,[69] was bei Schriftgutachten im Auge zu behalten ist (→ § 93 Rn. 4). Bei technischen Fragen, wie sie beispielsweise der Kfz-Sachverständige zu beantworten hat, bedarf es der Übersendung personenbezogener Ermittlungsergebnisse zum Beschuldigten, vor allem von Auszügen aus dem Bundeszentralregister, für gewöhnlich nicht.[70] Anderes gilt jedoch, sofern Geschehensabläufe oder (psychische) Zustände von Personen aufzuklären sind. So sind zur Altersfeststellung alle bekannten persönlichen Umstände mitzuteilen, da sie neben Untersuchungen zusätzlichen Aufschluss über das tatsächliche Alter geben können.[71] Gerade bei psychiatrischen Begutachtungen ist regelmäßig nicht von vornherein absehbar, welche Umstände für die Beurteilung durch den Sachverständigen von Bedeutung sind. Daher besteht regelmäßig Anlass, ihm das gesamte Aktenmaterial zur Verfügung zu stellen.[72] Allerdings genügt es auch in diesem Fall nicht, die Akten kommentarlos und ohne nähere Bezeichnung dem Sachverständigen zu übersenden. Vielmehr ist in diesem Fall seiner Tätigkeit genauso durch Vorgabe der möglichst präzisen Beweisfrage eine Richtung zu geben.[73] Das Gericht muss zudem sorgfältig darauf achten, ob das Ergebnis der Beweisaufnahme vom Akteninhalt abweicht und den Sachverständigen ggf. hierauf hinweisen.[74] Ein solcher Hinweis kann ferner bei einem die Tatbegehung bestreitenden Angeklagten geboten sein, wenn der Gutachter sich deswegen auf die Mitteilung beschränkt, er könne keine sichere Erkenntnisrundlage gewinnen.[75] Lässt er den eventuellen Einfluss derart leugnenden Verteidigungsverhaltens auf die Zuverlässigkeit dessen unberücksichtigt, was der Beschuldigte bei der Befragung ansonsten äußert, gilt dies gleichfalls.[76]

9 Bei **nicht eindeutiger Beweisgrundlage** leitet das Gericht die Tätigkeit des Sachverständigen, indem es diesem vorgibt, von welchem Sachverhalt er auszugehen hat. Hierzu kann es sich auf Grundlage einer Zwischenberatung über die Ergebnisse der bis dahin erfolgten Beweisaufnahme[77] eine vorläufige Bewertungsgrundlage schaffen, um diese dem Sachverständigen und den weiteren Verfahrensbeteiligten zu eröffnen.[78] Kommt das Gericht zu einer Tatsachengrundlage, die von den Anknüpfungstatsachen abweicht, die der Sachverständige seiner (bisherigen) Bewertung zugrunde gelegt hat, bedarf es eines entsprechenden Hinweises, damit dieser sich hiermit auseinandersetzen und die für ihn neuen Umstände in seine Begutachtung einbeziehen kann.[79] Umgekehrt muss auch der Sachverständige das Gericht über Feststellungen informieren, die den bisher vorgegebenen widersprechen.[80]

---

[69] Eisenberg BeweisR StPO Rn. 1591.
[70] Groß/Fünfsinn NStZ 1992, 105 (110).
[71] Gundelach ZJJ 2018, 139 (141) mit allerdings allzu weitgehenden Schlussfolgerungen zum (angeblich fehlenden) Beweiswert rechtsmedizinischer Gutachten zur Altersfeststellung.
[72] Schreiber/Rosenau in Venzlaff/Foerster/Dreßing/Habermeyer Psychiatrische Begutachtung-HdB S. 125, 132; Artkämper BA 2001, 7 (13); Groß/Fünfsinn NStZ 1992, 105 (110); Karpinski NJW 1968, 1173; Rauch NJW 1968, 1173 (1175).
[73] OLG Brandenburg 17.4.1996 – 2 Ws 50/96, NStZ 1996, 405 (406).
[74] Krause in Löwe/Rosenberg Rn. 9.
[75] BGH 29.9.1994 – 4 StR 494/94, NStZ 1995, 282.
[76] BGH 10.1.2000 – 5 StR 640/99, Pfister NStZ-RR 2000, 353 (361) – RsprÜ, allerdings sehr weitgehend.
[77] Hierzu BGH 3.7.1962 – 3 StR 22/61, BGHSt 17, 337 (339 f.).
[78] Krause in Löwe/Rosenberg Rn. 9; Eisenberg BeweisR StPO Rn. 1602.
[79] BGH 23.1.1985 – 1 StR 692/84, JurionRS 1985, 16107; 13.3.1985 – 3 StR 8/85, NStZ 1985, 421; 29.9.1994 – 4 StR 494/94, NStZ 1995, 282; 27.10.1994 – 1 StR 597/94, NStZ 1995, 201; OLG Zweibrücken 17.9.1999 – 1 Ss 201/99, NStZ-RR 2000, 47; OLG Hamm 2.6.1999 – 2 Ss 1002/98, StV 2001, 221 (222) für divergierende Sachverständigengutachten.
[80] BGH 31.5.2005 – 1 StR 290/04, NStZ-RR 2005, 264 (265); BGH 12.9.2007 – 1 StR 407/07, juris Rn. 12 = BeckRS 2007, 17488 insoweit nicht abgedruckt in NStZ 2008, 229.

Für den Fall, dass der Sachverständige erst nach vollständigem oder teilweisem Abschluss der Beweisaufnahme zugezogen wird, fordert § 78 gleichfalls eine entsprechende Belehrung.[81] Der Richter kann indes auch den Weg wählen, dem Sachverständigen verschiedene Sachverhaltsvarianten vorzugeben, die zunächst in Betracht kommen können, um jede für sich sachverständig zu beurteilen.[82] Eine Festlegung erfolgt dann erst im Rahmen der abschließenden Beratung. Schließlich kann das Gericht bei zweifelhafter Täterschaft des Angeklagten, beispielsweise im Hinblick auf standesethische Bedenken des psychiatrischen Sachverständigen, gehalten sein, diesem die Gutachtenerstattung auf der Grundlage hypothetischer Täterschaft ausdrücklich vorzugeben.[83]

3. Form der Leitung. § 78 sieht **keine bestimmte Form** vor, in der die Leitung des Sachverständigen zu erfolgen hat. Es steht daher im Ermessen des Auftraggebers, ob er die Anweisungen schriftlich oder mündlich erteilt.[84] In Wirtschaftsstrafsachen sollte gleichwohl eine schriftliche Dokumentation erfolgen, da gerade in diesem Bereich unter Anderem die Frage der Verjährungsunterbrechung (§ 78c Abs. 1 S. 1 Nr. 3 StGB) davon abhängen kann.[85] Die Unterrichtung kann sowohl in der Hauptverhandlung als auch außerhalb erfolgen.[86] Der Gegenwart des Angeklagten und des Verteidigers bedarf es dabei nicht.[87] Allerdings sollte diese dann aktenkundig gemacht und die Verfahrensbeteiligten sollten zur Gewährung rechtlichen Gehörs hierüber informiert werden.[88] Die ununterbrochene Anwesenheit des Sachverständigen während der Hauptverhandlung (→ § 80 Rn. 14) ist genauso wenig erforderlich wie diejenige des Richters bei den Untersuchungshandlungen des Sachverständigen, sofern die unmittelbare Leitung nicht durch die §§ 87–90 ausdrücklich vorgeschrieben ist.[89] 10

III. Revision

Bei § 78 handelt es sich um eine **Ordnungsvorschrift,** deren Verletzung als solche nicht revisibel ist.[90] Allerdings kann die mangelhafte Leitung der sachverständigen Tätigkeit zu rechtlich fehlerhaften Erwägungen führen, auf denen das Gutachten beruht. Wirken diese im Urteil weiter, kann dies mit der Sachrüge angegriffen werden,[91] vor allem in Zusammenhang mit Fragen der Schuldfähigkeit nach §§ 20, 21 StGB.[92] Bei unzureichender Information über die dem Gutachten zugrunde zu legenden Anknüpfungstatsachen kann ferner die Verfahrensrüge auf die Verletzung der Aufklärungspflicht nach § 244 Abs. 2 gestützt werden.[93] Auch kommen, soweit nicht ausreichend über einzuhaltende Verfahrensvorschriften unterrichtet wird, als Folgefehler Verletzungen der §§ 136a, 252, 261 in Betracht.[94] Hier ist im Rahmen des Revisionsvortrags nach § 344 Abs. 2 S. 2 Sorgfalt geboten, damit die Angriffsrichtung des Rechtsmittels[95] hinreichend deutlich zum Ausdruck kommt. 11

---

81 Hadamitzky in KK-StPO Rn. 2a; Krause in Löwe/Rosenberg Rn. 9.
82 Neubeck in KMR-StPO Rn. 2; Eisenberg BeweisR StPO Rn. 1605; Boetticher ua NStZ 2019, 553 (555 f.); Sarstedt NJW 1968, 177 (181).
83 Haddenbrock NJW 1981, 1302 (1305).
84 Hadamitzky in KK-StPO Rn. 4; Krause in Löwe/Rosenberg Rn. 10.
85 BGH 10.4.1979 – 4 StR 127/79, BGHSt 28, 381 (382 ff.); 2.7.1986 – 3 StR 87/86, BGHR StGB § 78c Abs. 1 Nr. 3 Sachverständiger 1; Wolf ZWH 2012, 125 (129).
86 BGH 8.12.1959 – 1 StR 577/59, JurionRS 1959, 13366.
87 BGH 4.12.1951 – 1 StR 530/51, BGHSt 2, 25 (28).
88 Brauer in Gercke/Julius/Temming/Zöller Rn. 8; Krause in Löwe/Rosenberg Rn. 10.
89 Brauer in Gercke/Julius/Temming/Zöller Rn. 8; Hadamitzky in KK-StPO Rn. 4.
90 Monka in BeckOK StPO Rn. 6; Rogall in SK-StPO Rn. 15.
91 BGH 16.1.2003 – 1 StR 512/02, juris Rn. 17 = BeckRS 2003, 02850 insoweit nicht abgedruckt in StraFo 2003, 198.
92 BGH 10.1.2000 – 5 StR 640/99, Pfister NStZ-RR 2000, 353 (361) – RsprÜ.
93 BGH 13.3.1985 – 3 StR 8/85, NStZ 1985, 421; 29.9.1994 – 4 StR 494/94, NStZ 1995, 282; OLG Zweibrücken 17.9.1999 – 1 Ss 201/99, NStZ-RR 2000, 47.
94 Monka in BeckOK StPO Rn. 6; Krause in Löwe/Rosenberg Rn. 11; Schmitt in Meyer-Goßner/Schmitt Rn. 7.
95 Schmitt in Meyer-Goßner/Schmitt § 344 Rn. 24.

§ 79 Vereidigung des Sachverständigen

(1) Der Sachverständige kann nach dem Ermessen des Gerichts vereidigt werden.

(2) Der Eid ist nach Erstattung des Gutachtens zu leisten; er geht dahin, daß der Sachverständige das Gutachten unparteiisch und nach bestem Wissen und Gewissen erstattet habe.

(3) Ist der Sachverständige für die Erstattung von Gutachten der betreffenden Art im allgemeinen vereidigt, so genügt die Berufung auf den geleisteten Eid.

Schrifttum: K. Bleutge, Immobilienberwertung in der Zwangsversteigerung – Qualifizierte Sachverständige sind unverzichtbar, ZfIR 2017, 52; P. Bleutge, Der öffentlich bestellte Sachverständige, DRiZ 1977, 170; Dahs, Der Eid – noch ein zeitgemäßes Instrument zur Wahrheitsermittlung im Strafprozess?, FS Rebmann 1989, 161; Diehm, Die Entscheidung über die (Nicht-)Vereidigung im Strafprozess, StV 2007, 444; Fleindl, Das Erste Justizmodernisierungsgesetz (1. JustizModG) – Änderungen der StPO, JA 2005, 371; Fuhrmann, Das Beanstandungsrecht des § 238 Abs. 2 StPO, GA 1963, 65; Fuhrmann, Verwirkung des Rügerechts bei nicht beanstandeten Verfahrensverletzungen des Vorsitzenden (§ 283 Abs. 2 StPO), NJW 1963, 1230; Heimann-Trosien, Zur Beibehaltung und Fassung des Eides, JZ 1973, 609; Momsen/Rackow/Schwarze, Dolmetscher und Sprachsachverständige als Ermittlungshelfer?; NStZ 2018, 625; Neuhaus, Die Änderungen der StPO durch das Erste Justizmodernisierungsgesetz vom 24.8.2004, StV 2005, 47; Prüfer, Sachverhaltsermittlung durch Spurenauswertung und Zeugenbefragung am Beispiel des Schwurgerichtsprozesses – Chancen, Fehler und Versäumnisse der Verteidigung, StV 1993, 602; Schellenberg, Zum Regeleid der Zeugen im Strafverfahren, NStZ 1993, 372; Schuster, Das neue Vereidigungsrecht nach dem Justizmodernisierungsgesetz aus revisionsrechtlicher Sicht, StV 2005, 628; Woesner, Der Gerichtseid als Fremdkörper in der verfassungsmäßigen Ordnung, NJW 1973, 169.

Übersicht

I. Überblick

1 **1. Normzweck.** Der Eid wird als **Mittel der Wahrheitsfindung** angesehen.[1] Diese Vorstellung von der Funktion der Vereidigung einer Beweisperson oder der dementsprechenden Bekräftigung fand zuletzt ausdrücklich Eingang in die Begründung zum JuMoG.[2] Dem liegt der Gedanke zugrunde, die Wahrheitsfindung durch das Gericht werde erleichtert, indem einer Beweisperson und deren Angaben wegen der Vereidigung größeres Gewicht beigemessen werden könne.[3] Dieser Gedanke kommt im Endeffekt auch bei § 79 Abs. 3 zum Tragen. Die Vorschrift wird als partielles Eidesverweigerungerecht angesehen.[4]

[1] BVerfG 11.4.1972 – 2 BvR 75/71, NJW 1972, 1183 (1185); RG 9.7.1935 – 4 D 631/35, RGSt 69, 263 (264 f.); 15.12.1938 – 3 D 550/38, RGSt 73, 31 (33).

[2] BT-Drs. 15/1508, 23.

[3] Heimann-Trosien JZ 1973, 609. Entsprechend zum Zeugenbeweis: BGH 15.5.1953 – 5 StR 17/53, BGHSt 4, 255 (257); 3.6.1961 – 1 StR 155/61, BGHSt 16, 99 (103); 9.2.1994 – 2 StR 21/94, StV 1994, 225 (225 f.); 19.7.2000 – 5 StR 258/00, NStZ-RR 2001, 18; 26.11.2001 – 5 StR 54/01, NStZ-RR 2002, 77.

[4] Monka in BeckOK StPO Rn. 5; s. auch Brauer in Gercke/Julius/Temming/Zöller Rn. 4; Neubeck in KMR-StPO Rn. 8; Krause in Löwe/Rosenberg Rn. 15; Schmitt in Meyer-Goßner/Schmitt Rn. 5; Eisenberg BeweisR StPO Rn. 1599.

Sie dient der Vermeidung von überflüssigem Formalismus, der nichts zur Sachaufklärung beitragen würde. Die Sachverständigen werden bei der öffentlichen Bestellung ohnehin darauf vereidigt, die Sachverständigenaufgaben unabhängig, weisungsfrei, persönlich, gewissenhaft und unparteiisch zu erfüllen und ihre Gutachten entsprechend zu erstatten (vgl. § 36 Abs. 1 S. 2 GewO). Ihre für die Bestellung nachzuweisende Eignung wird in regelmäßigen Abständen überprüft[5] Eine anlassbezogene Wiederholung vor Gericht verspricht keinen weitergehenden Effekt für den Erkenntnisgewinn. Die Eidesformel des § 79 Abs. 2 legt zudem die gesetzlichen Pflichten des Sachverständigen fest, wonach er sein Gutachten unvoreingenommen zu erstatten und sich dabei mit den Beweisfragen umfassend und lege artis auseinanderzusetzen hat.[6] Nur dann bietet es eine zuverlässige Grundlage für die Beweiswürdigung.

2. Anwendungsbereich. § 79 bezieht sich nur auf die im **Strengbeweis** festzustellen- 2
den Tatsachen, die für die Entscheidung über die Schuld- und Rechtsfolgenfrage maßgeblich sind. Verfahrensrechtliche Fragen und Prozessvoraussetzungen, wie beispielsweise die Frage der Verhandlungsfähigkeit des Angeklagten, sind dagegen nach den Regeln des Freibeweises zu klären. Nimmt der Sachverständige hierzu Stellung, was durchaus zulässig ist, so ist er nicht nach § 79 zu vereidigen.[7] Inwieweit er bei seinen Ausführungen die gesetzlichen Pflichten des § 79 Abs. 2 beachtet, kann ferner für die Frage der Entschädigung nach § 220 Abs. 3 StPO ausschlagggebend sein.[8]

3. Entstehungsgeschichte. Nach der ursprünglichen Fassung des § 79 musste der 3
Sachverständige stets in Form des Voreides oder unter Berufung auf den allgemein geleisteten Eid, die ebenfalls im voraus zu erfolgen hatte, vereidigt werden.[9] Durch Artikel II Nr. 2 des Gesetzes zur Einschränkung der Eide im Strafverfahren vom 24.11.1933[10] erhielt die Vorschrift ihre heutige Form. Von der Regelvereidigung wurde auf eine solche nach dem Ermessen des Gerichts übergegangen. Zunächst enthielt § 79 Abs. 1 jedoch noch einen Satz 2, der wie folgt lautete: „Auf Antrag der Staatsanwaltschaft, des Angeklagten oder des Verteidigers ist er zu vereidigen“.[11] Durch das **Erste Gesetz zur Modernisierung der Justiz (JuMoG)**[12] wurde § 79 Abs. 1 S. 2 gestrichen. Nach der Begründung zum Entwurf des JuMoG sollten hierdurch Spannungen zu den zugleich eingeführten neuen Vorschriften über die Vereidigung von Zeugen vermieden werden.[13] Dies war auch rechtssystematisch sinnvoll, da mit der Neufassung des § 59 zugleich auch beim Zeugen von der Regelvereidigung Abstand genommen wurde.

II. Erläuterung

1. Grundlage der Vereidigung nach Abs. 1. Das Gericht entscheidet über die Ver- 4
eidigung des Sachverständigen nach seinem **freien Ermessen.**[14] Die einschränkenden Voraussetzungen des § 59 Abs. 1 S. 1 gelten nach der insoweit eindeutig abweichenden Formulierung des § 79 Abs. 1 nicht.[15] Schon der Wortlaut der Vorschrift legt dabei ein Regel-Ausnahme-Verhältnis nahe, wonach der Sachverständige üblicherweise nicht verei-

[5] VG Osnabrück 18.1.2018 – 2 A 80/17, GewArch 2018, 197 (198); Bleutge ZfIR 2017, 52 (55 f.).
[6] OLG Hamm 13.11.2014 – 1 Ws 467/14, NStZ-RR 2015, 160.
[7] RG 30.4.1929 – 1 D 361/29, JW 1931, 214 (215) mAnm Oetker; Krause in Löwe/Rosenberg Rn. 1; Hadamitzky in KK-StPO Rn. 1; Neubeck in KMR-StPO Rn. 6; Eisenberg BeweisR StPO Rn. 1595.
[8] OLG Hamm 13.11.2014 – 1 Ws 467/14, NStZ-RR 2015, 160.
[9] Krause in Löwe/Rosenberg Entstehungsgeschichte. Vgl. auch RG 4.6.1883 – Rep 1009/83, RGSt 8, 359 (360 f.).
[10] RGBl. 1933 I 1008.
[11] Krause in Löwe/Rosenberg Entstehungsgeschichte; Eisenberg BeweisR StPO Rn. 1595 (Fn. 299).
[12] BGBl. 2004 I 2198.
[13] BT-Drs. 15/1508, 24.
[14] BGH 27.11.1961 – 4 StR 408/61, VRS 22 (1962), 144 (147); Dahs FS Rebmann, 1989, 161 (165).
[15] Diehm StV 2007, 444 (446); Fleindl JA 2005, 371 (372); Schlothauer StV 2005, 200.

digt wird.[16] Außerdem spricht hierfür, dass das Gutachten objektiv nachprüfbar ist und der Sachverständige eine neutrale Stellung einnimmt.[17] Hingewiesen wird zudem auf die Abnutzung der Appellfunktion und Entwertung der Bedeutung des Eides, die mit unreflektierter Anwendung verbunden wäre.[18]

5 Die Vereidigung wird dann erfolgen, wenn **besondere Umstände** gegeben sind, die sie zweckmäßig erscheinen lassen.[19] Da weder das Gesetz, noch die Rechtsprechung hierzu weitere Einzelheiten nennen, wird als Orientierungspunkt die Aufklärungspflicht genannt.[20] Das entspricht der Vorstellung des Gesetzgebers, der im Eid ein Mittel zur Wahrheitsfindung sieht. Ein echter Erkenntnisgewinn für die Umsetzung der Norm in der Praxis ist damit gleichwohl nicht verbunden. Soweit ersichtlich hat sich die Rechtsprechung bislang lediglich mit dem Fall auseinandergesetzt, dass dem Gutachten des Sachverständigen eine ausschlaggebende Bedeutung für die Entscheidung zukommt. Eine Einschränkung des Ermessens erfolgt aber alleine dadurch nicht.[21] Mit einer Anlehnung an das entsprechende Kriterium des § 59 Abs. 1 S. 1 ist auch durchaus Zurückhaltung geboten. Ein Sachverständigengutachten wird selten in Auftrag gegeben werden, ohne maßgeblichen Einfluss auf die Urteilsfindung zu entfalten. Das vorgegebene Regel-Ausnahme-Verhältnis darf mithin auf diesem Weg nicht umgangen werden. Als weitere Konstellation kommt diejenige in Betracht, bei der die Darlegungen des Sachverständigen einer näheren Überprüfung durch das Gericht nicht zugänglich sind.[22] Hier vermag die Vereidigung dem Sachverständigen seine Pflichten nochmals deutlich vor Augen führen und dem Gericht zumindest als psychische Entscheidungsstütze dienen.[23] Wenig überzeugend ist indes der in der Literatur vorzufindende Vorschlag, die Vereidigung könne naheliegen oder gar geboten sein, wenn Sachkunde und Gewissenhaftigkeit des Sachverständigen zweifelhaft erscheinen oder seine Ausführungen durch ihre innere Logik nicht überzeugen.[24] Dies sind Kriterien, die im systematischen Zusammenhang mit der Aufklärungspflicht des Gerichts bereits anderweitig erfasst sind. So werden entsprechende Mängel des Gutachtens oder der Person des Sachverständigen für das Gericht nach § 83 Abs. 1, § 244 Abs. 2 Anlass gegeben, das Gutachten nachbessern zu lassen oder einen weiteren Sachverständigen zu beauftragen. Dahingehende Beweisanträge des Angeklagten können wegen der Sondervorschrift des § 244 Abs. 4 S. 2 Hs. 2 unter den genannten Umständen gerade nicht abgelehnt werden. Einer Behelfslösung über die Vereidigung bedarf es daher nicht. Die Vorgaben dieser Vorschriften, die die entsprechende Prozesssituation spezifisch erfassen, sind vorrangig zu beachten. Schließlich wird noch angeführt, in besonders gelagerten Ausnahmefällen könne sich das Ermessen des Gerichts auf Null reduzieren und zu einer Pflicht verdichten, den Sachverständigen zu vereidigen.[25] Ob

---

16 BGH 9.9.1971 – 1 StR 317/71, LNR 1971, 11739; Monka in BeckOK StPO Rn. 1; Brauer in Gercke/Julius/Temming/Zöller Rn. 2; Hadamitzky in KK-StPO Rn. 2; Schmitt in Meyer-Goßner/Schmitt Rn. 2.

17 BGH 22.2.1967 – 2 StR 2/67, BGHSt 21, 227 (228) allerdings noch mit der auf der vorhergehenden Gesetzesfassung beruhenden Erwägung, dass der Angeklagte gegen eine Benachteiligung durch die Nichtvereidigung durch sein (früheres) Antragsrecht geschützt war.

18 Heimann-Trosien JZ 1973, 609 (610 und 613), der in diesem Zusammenhang die Grundlage des Eides „mindestens auch im Irrationalen" sieht; Schellenberg NStZ 1993, 372 (373 f.).

19 BGH 22.2.1967 – 2 StR 2/67, BGHSt 21, 227 (228) ohne weitere Differenzierung.

20 Beukelmann in Radtke/Hohmann Rn. 1. So auch Rieß NJW 1975, 81 (84); Peglau/Wilke NStZ 2005, 186 (188) für die Vereidigung des Zeugen.

21 BGH 21.6.1955 – 5 StR 55/55, Herlan MDR 1955, 649 (651) – RsprÜ; BGH 24.6.1955 – 5 StR 55/55, LNR 1955, 12271; 5.6.1956 – 5 StR 116/56, LNR 1956, 12525; Krause in Löwe/Rosenberg Rn. 2; Hadamitzky in KK-StPO Rn. 1; Schmitt in Meyer-Goßner/Schmitt Rn. 1; Eisenberg BeweisR StPO Rn. 1595.

22 Monka in BeckOK StPO Rn. 1; Neubeck in KMR-StPO Rn. 1; Krause in Löwe/Rosenberg Rn. 2; Schmitt in Meyer-Goßner/Schmitt Rn. 1; Rogall in SK-StPO Rn. 7; Eisenberg BeweisR StPO Rn. 1595.

23 Siehe hierzu Heimann-Trosien JZ 1973, 609 (610).

24 Krause in Löwe/Rosenberg Rn. 2; Schmitt in Meyer-Goßner/Schmitt Rn. 1; Beukelmann in Radtke/Hohmann Rn. 1; Eisenberg BeweisR StPO Rn. 1595; vgl. auch Neuhaus StV 2005, 47 (49).

25 Krause in Löwe/Rosenberg Rn. 2; Rogall in SK-StPO Rn. 7.

derartige Ausnahmefälle gegeben sein können und gegebenenfalls unter welchen Voraussetzungen, erscheint indes fraglich. Dagegen spricht, dass der Gesetzgeber in § 79 Abs. 1 im Gegensatz zu § 59 Abs. 1 S. 1 gerade keine inhaltlichen Vorgaben für die Ausübung des Ermessens macht.

6 Die **Vereidigungsentscheidung** trifft der Vorsitzende des Gerichts im Rahmen seiner Sachleitungsbefugnis nach § 238 Abs. 1.[26] Die Auffassung, die, nachdem die Möglichkeit zur Erzwingung einer Vereidigung durch die Verfahrensbeteiligten weggefallen ist, fordert, er müsse diesen zur Gewährung effektiven rechtlichen Gehörs, zuvor Gelegenheit zur Stellungnahme geben,[27] geht zu weit. Durch die Streichung des § 79 Abs. 1 S. 2 aF entfiel die Möglichkeit der Verfahrensbeteiligten, eine Vereidigung auf ihren Antrag hin zu erzwingen. Weiterhin haben sie aber die Befugnis, über die entsprechende Antragstellung, eine solche anzuregen.[28] Mithin ist nicht das Antragsrecht als solches entfallen, sondern es wurde lediglich ein weitergehender Freiraum zu dessen Bescheidung eingeräumt. Die Struktur des Verfahrensablaufs ist demnach unverändert, weswegen es nach wie vor keiner Anhörung der Beteiligten bedarf.[29] Gegen die Entscheidung des Vorsitzenden können die Verfahrensbeteiligten zudem den Zwischenrechtsbehelf des § 238 Abs. 2 in Anspruch nehmen, um eine Beschlussfassung des gesamten Spruchkörpers herbeizuführen.[30] Dagegen wird eingewandt, es liege von vornherein keine Maßnahme der Verhandlungsleitung vor, sondern der Vorsitzende entscheide lediglich ohne ausdrückliche Ermächtigung anstelle der an sich erforderlichen gerichtlichen Beschlussfassung.[31] Dem ist nicht zuzustimmen. Der Wortlaut des § 79 Abs. 1, wonach das „Gericht" zu befinden hat,[32] ist insoweit unergiebig. Auch dessen Ermessensausübung kann im Rahmen der Verhandlungsleitung vorläufig durch den Vorsitzenden erfolgen.[33] Im Zusammenhang mit der unter vergleichbaren Voraussetzungen zu treffenden Entscheidung über die Vereidigung eines Zeugen nach § 59 Abs. 1 S. 1 könnte nach Wegfall des § 79 Abs. 1 S. 2 aF nur ins Feld geführt werden, es handele sich um eine Entscheidung, die an wertungsbedürftige Voraussetzungen geknüpft sei und die eng in Verbindung mit der Entscheidung in der Hauptsache stehe. Die Letztere obliege indes in der Folge dem gesamten Spruchkörper.[34] Dabei bleibt jedoch unberücksichtigt, dass ein entsprechender Sachzusammenhang auch dann besteht, wenn das Gericht über die Ablehnung eines Beweisantrages oder die vernehmungsersetzende Verlesung einer Urkunde zu befinden hat. Für diese Fälle sieht das Gesetz in § 244 Abs. 6, § 251 Abs. 4 S. 1 ausdrücklich die Form des Gerichtsbeschlusses vor. Mangels einer vergleichbaren Regelung in § 79 Abs. 1 kann hieraus im Umkehrschluss gefolgert werden, dass es eines solchen im vorliegenden Zusammenhang nicht sogleich bedarf.

7 Naturgemäß stellt sich nur für den Fall der **Nichtvereidigung** die Frage, ob es einer ausdrücklichen Entscheidung des Gerichts bedarf. Nach derzeitiger Rspr. des BGH[35] ist

[26] BGH 31.8.1951 – 4 StR 427/51, NJW 1952, 233 (233 f.), Hadamitzky in KK-StPO Rn. 3; Neubeck in KMR-StPO Rn. 3; Brauer in Gercke/Julius/Temming/Zöller Rn. 2; Schmitt in Meyer-Goßner/Schmitt Rn. 2. S. auch BGH 8.5.1951 – 1 StR 113/51, BGHSt 1, 216 (218) zur Vereidigung des Zeugen.

[27] Krause in Löwe/Rosenberg Rn. 4; Rogall in SK-StPO Rn. 18.

[28] Brauer in Gercke/Julius/Temming/Zöller Rn. 2.

[29] Hadamitzky in KK-StPO Rn. 3; Neubeck in KMR-StPO Rn. 14; Brauer in Gercke/Julius/Temming/Zöller Rn. 2; sowie OLG Hamm 5.2.1971 – 3 Ss 741/70, VRS 41 (1971), 123 (124) zur Vereidigung eines Zeugen.

[30] BGH 31.8.1951 – 4 StR 427/51, NJW 1952, 233 (233 f.), Hadamitzky in KK-StPO Rn. 3; Schmitt in Meyer-Goßner/Schmitt Rn. 2; s. auch BGH 8.5.1951 – 1 StR 113/51, BGHSt 1, 216 (218) zur Vereidigung des Zeugen.

[31] Fuhrmann GA 1963, 65 (78); Fuhrmann NJW 1963, 1230 (1235 f.); Krause in Löwe/Rosenberg Rn. 4; Rogall in SK-StPO Rn. 18; so auch im Hinblick auf das frühere Antragsrecht des § 79 Abs. 1 S. 2 StPO aF Schmidt StPO/GVG Rn. 5; Eisenberg BeweisR StPO Rn. 1596 (Fn. 132).

[32] Vgl. Ignor/Bertheau in Löwe/Rosenberg § 59 Rn. 21.

[33] BGH 8.5.1951 – 1 StR 113/51, BGHSt 1, 216 (218) zur Vereidigung des Zeugen; vgl. auch → § 59 Rn. 20.

[34] Fuhrmann GA 1963, 65 (79); Peglau/Wilke NStZ 2005, 186 (189).

[35] BGH 22.2.1967 – 2 StR 2/67, BGHSt 21, 227 (228); 9.9.1971 – 1 StR 317/71, LNR 1971, 11739; zustimmend Hanack JZ 1971, 126 (128); so jetzt auch zur neuen Rechtslage OLG Hamm 19.9.2017 – 4 RBs 349/17, BeckRS 2017, 128102 Rn. 2.

eine solche nicht notwendig. Sie wurde zwar anfangs gefordert, damit die Ausübung des richterlichen Ermessens hinreichend zum Ausdruck komme.[36] Diese Rechtsprechung gab der BGH in der Folge auf, wobei er jedoch speziell auf die frühere Rechtslage abstellte. Er sah die Verfahrensbeteiligten durch § 79 Abs. 1 S. 2 aF wirksam geschützt, da der dahingehende Antrag eine Pflicht zur Vereidigung nach sich zog.[37] Nach Angleichung an die Ermessensentscheidung über die Vereidigung eines Zeugen (→ Rn. 3) ist dieses Argument für sich gesehen nicht mehr tragfähig. Vielmehr erscheint es nahe liegend, die Grundsätze zu § 59 Abs. 1 auf § 79 Abs. 1 sinngemäß zu übertragen.[38] Hierzu ist die Rechtsprechung des BGH allerdings bislang nicht einheitlich. Ein Teil der Senate, geht davon aus, die Nichtvereidigung eines Zeugen sei der gesetzliche Regelfall und bedürfe daher keiner ausdrücklichen Entscheidung, wobei der Entlassverfügung entnommen werden könne, dass das Gericht bzw. dessen Vorsitzender konkludent die Beibehaltung des regelmäßigen Verfahrensgangs zugrunde gelegt habe.[39] Ein anderer Teil fordert hingegen eine solche (→ § 59 Rn. 25–27).[40] Im Hinblick darauf empfiehlt es sich derzeit, auch über die Nichtvereidigung ausdrücklich zu befinden. Gleichwohl hat die bisherige Rechtsprechung zu § 79 Abs. 1 weiterhin die tragfähigeren Argumente auf ihrer Seite. Die Nichtvereidigung des Sachverständigen ist der gesetzlich vorgesehene Regelfall.[41] Es kann folglich davon ausgegangen werden, dass mit der Entlassung zum Ausdruck gebracht wird, es bestehe kein Anlass von diesem abzuweichen.[42] Eine ausdrückliche oder auch nur stillschweigende Entscheidung hierüber zu verlangen wäre bloße Förmelei. Etwas anderes kann nur dann gelten, wenn einer der Verfahrensbeteiligten explizit die Vereidigung beantragt.[43]

8 Dies zu Grunde gelegt, bedarf die Nichtvereidigung des Sachverständigen auch keiner **Begründung.**[44] Einer „transparenten Verfahrensführung"[45] ist ohnehin Genüge getan. Dies ergibt sich schon daraus, dass die Nichtvereidigung der gesetzliche Regelfall ist. Soll von diesem nicht abgewichen werden, handelt es sich um eine prozessuale Selbstverständlichkeit, die keiner Erläuterung bedarf. In Anlehnung an die Rechtslage zur Nichtvereidigung des Zeugen nach § 59 Abs. 1 S. 1 gilt dies auch für den Gerichtsbeschluss nach § 238 Abs. 2 (s. aber auch → § 59 Rn. 37).[46] Da die Ermessensentscheidung nach § 79 Abs. 1 noch weitergehend an keinerlei einschränkende Voraussetzungen geknüpft ist, wäre sie ohnehin jeglicher Nachprüfung entzogen.[47] Wird die Vereidigung vorgenommen, ist die Begründung im Hinblick auf §§ 72, 59 Abs. 1 S. 2 entbehrlich (zur Anwendbarkeit des § 59 Abs. 1 S. 2 → § 72 Rn. 27).[48]

9 **2. Form und Inhalt der Vereidigung nach Abs. 2.** Der Sachverständigeneid ist im Anschluss an die Erstattung des Gutachtens als **Nacheid** zu leisten. Werden mehrere

---

[36] BGH 31.8.1951 – 4 StR 427/51, NJW 1952, 233; 22.12.1964 – 1 StR 509/64, NJW 1965, 643; so auch Krause in Löwe/Rosenberg Rn. 3.

[37] BGH 22.2.1967 – 2 StR 2/67, BGHSt 21, 227 (228).

[38] So nunmehr OLG Hamm 19.9.2017 – 4 RBs 349/17, BeckRS 2017, 128102 Rn. 2.

[39] BGH 16.11.2005 – 2 StR 457/05, BGHSt 50, 282 (283 f.); 7.7.2009 – 1 StR 268/09, NStZ 2009, 647 (647 f.) unter ausdrücklicher Aufgabe von BGH 15.2.2005 – 1 StR 584/04, StraFo 2005, 244; offen gelassen in BGH 11.7.2006 – 3 StR 216/06, BGHSt 51, 81 (83), jedoch kein wesentlicher Teil der Hauptverhandlung iSd § 247 StPO und BGH 31.7.2013 – 4 StR 276/13, BeckRS 2013, 14343 = NStZ-RR 2013, 348 (Leitsatz).

[40] BGH 20.1.2005 – 3 StR 455/04, NStZ 2005, 340 (341) allerdings nicht entscheidungstragend; s. auch BT-Drs. 15/1508, 23; Gercke in Gercke/Julius/Temming/Zöller Rn. 6.

[41] BGH 22.2.1967 – 2 StR 2/67, BGHSt 21, 227 (228); 9.9.1971 – 1 StR 317/71, LNR 1971, 11739; Neubeck in KMR-StPO Rn. 2; Diehm StV 2007, 444 (446).

[42] OLG Hamm 19.9.2017 – 4 RBs 349/17, BeckRS 2017, 128102 Rn. 2.

[43] OLG Hamm 19.9.2017 – 4 RBs 349/17, BeckRS 2017, 128102 Rn. 2; vgl. auch BGH 16.11.2005 – 2 StR 457/05, BGHSt 50, 282 (283) zu § 59.

[44] OLG Hamm 19.9.2017 – 4 RBs 349/17, BeckRS 2017, 128102 Rn. 2; Hadamitzky in KK-StPO Rn. 3; Fleindl JA 2005, 371 (372).

[45] Vgl. Ignor/Bertheau in Löwe/Rosenberg § 59 Rn. 22 und 27.

[46] Hadamitzky in KK-StPO Rn. 3; Peglau/Wilke NStZ 2005, 186 (189) zu § 59 StPO.

[47] Vgl. BGH 22.2.1967 – 2 StR 2/67, BGHSt 21, 227 (228).

[48] Vgl. Huber in BeckOK StPO § 59 Rn. 8.

Sachverständige vernommen, so ist gemäß §§ 72, 59 Abs. 2 S. 1 jeder von ihnen einzeln zu vereidigen.[49] Sofern die entsprechenden Voraussetzungen gegeben sind, kann die Vereidigung ausnahmsweise bereits im vorbereitenden Verfahren nach §§ 72, 62 oder durch den beauftragten oder ersuchten Richter nach §§ 72, 63 erfolgen.[50] Ansonsten ist sie in der Hauptverhandlung vorzunehmen. Selbst wenn der Sachverständige im Vorverfahren den Eid leistete, ist die bloße Berufung in der Hauptverhandlung hierauf nicht ausreichend. Es besteht vielmehr die Notwendigkeit erneuter Beeidigung.[51] Erfolgen aber mehrere Vernehmungen innerhalb desselben Hauptverfahrens, so genügt nach §§ 72, 67 die Berufung auf eine bereits zu einem früheren Zeitpunkt erfolgte Vereidigung.[52]

Die **Eidesleistung** kann nach § 79 Abs. 2 Hs. 2 iVm §§ 72, 64 Abs. 1 mit oder nach § 79 Abs. 2 Hs. 2 iVm §§ 72, 64 Abs. 2 – in ansonsten entsprechender Form – ohne religiöse Beteuerung erfolgen. Der Vorsitzende des Gerichts wendet sich dazu zunächst mit folgendem Wortlaut[53] der Eidesnorm an den Sachverständigen: „Sie schwören (bei Gott dem Allmächtigen und Allwissenden), dass Sie das Gutachten unparteiisch und nach bestem Wissen und Gewissen erstattet haben". Hierauf wiederholt der Sachverständige die vom Vorsitzeden des Gerichts vorgesprochene Eidesformel: „Ich schwöre es (so wahr mir Gott helfe)".[54] Will er dagegen aus Glaubens- und Gewissensgründen keinen Eid leisten, so muss er die Wahrheit der Aussage nach §§ 72, 65 Abs. 1 S. 2 bekräftigen. Die Eidesnorm lautet dann nach § 79 Abs. 2 Hs. 2 iVm §§ 72, 65 Abs. 2: „Sie bekräftigen im Bewusstsein Ihrer Verantwortung vor Gericht, dass Sie das Gutachten unparteiisch und nach bestem Wissen und Gewissen erstattet haben". Hierauf spricht der Sachverständige ein schlichtes „Ja". Gemäß §§ 72, 65 Abs. 1 S. 2 ist der ausdrückliche Hinweis erforderlich, dass diese Bekräftigung dem Eid gleichsteht. 10

Im Einzelfall kann es erforderlich sein, den Sachverständigen zugleich als **Zeugen** zu vernehmen und zu vereidigen. Dies gilt insbesondere dann, wenn er Wahrnehmungen über Zusatztatsachen oder Zufallsbeobachtungen bekundet. In diesen Fällen ist eine Vereinigung der Formeln für den Sachverständigen- und Zeugeneid zulässig, sofern die Ableistung beider hinreichend deutlich wird.[55] Hierfür bietet sich folgender Wortlaut an: „Sie schwören (bei Gott dem Allmächtigen und Allwissenden), dass Sie nach bestem Wissen die reine Wahrheit gesagt und nichts verschwiegen sowie dass Sie das Gutachten unparteiisch und nach bestem Wissen und Gewissen erstattet haben".[56] 11

3. Berufung auf die allgemeine Vereidigung nach Abs. 3. § 79 Abs. 3 setzt die Möglichkeit der allgemeinen Vereidigung voraus (auch → Rn. 1). Er regelt nicht, welche **Institution** zur Abnahme des allgemeinen Eides ermächtigt ist und in welcher Form sie dies vorzunehmen hat.[57] Es ist demnach nicht erforderlich, dass die allgemeine Vereidigung durch eine Justizbehörde erfolgt.[58] Die Vorschriften, nach denen sie erfolgt, befinden sich einerseits im Bundes-, andererseits im Landesrecht.[59] In der Regel erfolgt mit der öffentlichen Bestellung eines Sachverständigen auch dessen allgemeine Vereidigung.[60] So sieht § 36 GewO Abs. 1 und Abs. 2 neben der öffentlichen Bestellung auf den Gebieten der Wirtschaft in § 36 Abs. 1 S. 2 GewO auch deren Vereidigung vor, wobei die Ausführung durch den 12

[49] RG 8.5.1880 – Rep 1099/80, RGSt 2, 153 (158); Monka in BeckOK StPO Rn. 4; Schmitt in Meyer-Goßner/Schmitt Rn. 4.
[50] Krause in Löwe/Rosenberg Rn. 7.
[51] RG 4.6.1883 – Rep 1009/83, RGSt 8, 359 (360).
[52] Hadamitzky in KK-StPO Rn. 4.
[53] Zum Wortlaut der Eidesformeln Krause in Löwe/Rosenberg Rn. 8.
[54] Zum Ablauf des Vereidigungsverfahrens Ignor/Bertheau in Löwe/Rosenberg § 64 Rn. 3.
[55] Schmidt StPO II § 85 Rn. 3; Neubeck in KMR-StPO Rn. 5.
[56] Vgl. Krause in Löwe/Rosenberg Rn. 16.
[57] RG 15.6.1883 – Rep 1099/83, RGSt 8, 357 (358).
[58] RG 15.12.1911 – III 662/11, RGSt 45, 373 (374).
[59] Brauer in Gercke/Julius/Temming/Zöller Rn. 5; Neubeck in KMR-StPO Rn. 8; Rogall in SK-StPO Rn. 16.
[60] Bleutge ZfIR 2017, 52 (55 und 57).

Landesgesetzgeber geregelt wird.[61] Die entsprechende Zuständigkeit wurde auf die Industrie- und Handelskammern übertragen.[62] Für die Bereiche des Handwerks erfolgt die Bestellung und Vereidigung nach § 91 Abs. 1 Nr. 8 HandwO durch die Handwerkskammern.[63] Die früher anzutreffende allgemeine Vereidigung durch (Amts-)Gerichte dürfte heute, wenn überhaupt, nur noch vereinzelt anzutreffen sein. Regelmäßig wird sie sich aber nur auf den entsprechenden örtlichen Zuständigkeitsbereich beschränken und die dort abgegebenen Gutachten abdecken.[64] In gleicher Weise ist die Berufung auf den allgemein geleisteten Eid nur für den Bezirk der diesen abnehmenden Industrie- und Handelskammer oder Handwerkskammer zulässig[65] und wenn sich der Sachverständige innerhalb des betreffenden Fachgebiets hält.[66] Sobald der Sachverständige das ihm durch die gerichtliche Bestellung verliehene Amt niederlegt, kann er sich nicht mehr auf den allgemein geleisteten Eid berufen.[67]

13 Die Berufung auf den **Diensteid**[68] erfüllt die Voraussetzungen des § 79 Abs. 3, sofern die Erstattung von Gutachten der entsprechenden Art zum Amtskreis des Beamten gehört.[69] Handelt es sich um einen Landesbeamten, kann er sich vor jedem Gericht auf den Diensteid berufen, das sich innerhalb des Bundeslandes befindet, zu dem sein Amt gehört.[70]

14 Der Sachverständigen- und der **Dolmetschereid** unterscheiden sich inhaltlich und hinsichtlich der Anordnungsvoraussetzungen.[71] Wird ein Dolmetscher (zugleich) als Sachverständiger gehört, ist daher die Berufung auf den allgemein geleisteten Dolmetschereid nicht ausreichend.[72]

15 Das Gericht nimmt die **Feststellung** der allgemeinen Vereidigung im Freibeweis vor.[73] Hierzu kann es sich der Versicherung des Sachverständigen selbst bedienen.[74] Ausreichend ist es ebenfalls, wenn dies gerichtsbekannt ist.[75] Sofern die Frage mit den zur Verfügung stehenden Mitteln in der vorgegebenen Zeit nicht geklärt werden kann, hat im Zweifel die Vereidigung zu erfolgen.[76]

16 Die **Wirksamkeit** der Berufung nach Abs. 3 hängt davon ab, dass der Sachverständige selbst die betreffende Erklärung abgibt.[77] Hierzu ist zwar der bloße Hinweis des Gerichts auf den allgemeinen Eid nicht ausreichend.[78] Allerdings genügt es, wenn der Sachverständige die Frage des Vorsitzenden bejaht, ob er sich auf den allgemein geleisteten Eid berufen wolle.[79] Erfolgen mehrere Vernehmungen im Verlaufe desselben Verfahrens, so ist jeweils

[61] RG 18.12.1911 – 45, 373 (374 f.); zum Inhalt des Eides Bleutge DRiZ 1977, 170 (172 f.); Bleutge ZflR 2017, 52 (57).
[62] Vgl. § 7 IHKG-BW vom 27.1.1958 (GBl. 77).
[63] Krause in Löwe/Rosenberg Rn. 10; Eisenberg BeweisR StPO Rn. 1599; Bleutge DRiZ 1977, 170.
[64] S. hierzu RG 15.12.1904 – Rep 6168/04, RGSt 37, 364.
[65] RG 18.12.1911 – III 662/11, RGSt 45, 373 (374); Krause in Löwe/Rosenberg Rn. 10.
[66] RG 2.2.1929 – 2 D 385/29, JW 1931, 889 mAnm Alsberg; RG 2.12.1929 – 2 D 385/29, JW 1931, 889; Schmitt in Meyer-Goßner/Schmitt Rn. 8.
[67] Krause in Löwe/Rosenberg Rn. 10; Schmitt in Meyer-Goßner/Schmitt Rn. 8; Rogall in SK-StPO Rn. 16; Eisenberg BeweisR StPO Rn. 1599.
[68] § 58 Abs. 1 BBG oder die entsprechenden landesrechtlichen Vorschriften.
[69] RG 8.1.1881 – Rep 3207/80, RGSt 3, 321 f.; 13.7.1881 – Rep 1448/81, RGSt 4, 388 (390); 15.6.1883 – Rep 1299/83, RGSt 8, 357 (358 f.); 12.12.1895 – Rep 3947/95, RGSt 28, 41 f.; 18.6.1909 – V 386/09, RGSt 42, 369 f.
[70] RG 22.12.1909 – III 973/09, RGSt 43, 158 (159).
[71] Liemersdorf NStZ 1981, 69.
[72] BGH 22.12.1964 – 1 StR 509, NJW 1965, 643; 7.7.1997 – 5 StR 17/97, NStZ 1998, 158 (159).
[73] BGH 25.3.1960 – 4 StR 72/60, LNR 1960, 11423.
[74] RG 8.5.1882 – Rep. 976/82, RGSt 6, 276 (278); Monka in BeckOK StPO Rn. 5; Bergmann MDR 1976, 888 (890).
[75] Krause in Löwe/Rosenberg Rn. 12; Hadamitzky in KK-StPO Rn. 5; Schmitt in Meyer-Goßner/Schmitt Rn. 6; Beukelmann in Radtke/Hohmann Rn. 2; Eisenberg BeweisR StPO Rn. 1599.
[76] Krause in Löwe/Rosenberg Rn. 12; Hadamitzky in KK-StPO Rn. 5; Neubeck in KMR-StPO; Schmitt in Meyer-Goßner/Schmitt Rn. 6.
[77] Schmidt StPO II Rn. 11; Hadamitzky in KK-StPO Rn. 5.
[78] RG 10.12.1880 – Rep. 2959/80, RGSt 3, 100 (102); 29.1.1881 – Rep. 3450/80, RGSt 3, 326.
[79] Schmitt in Meyer-Goßner/Schmitt Rn. 5; Krause in Löwe/Rosenberg Rn. 13; Rogall in SK-StPO Rn. 15.

die neuerliche Berufung des Sachverständigen notwendig.[80] Der Eid wird durch die Erklärung iSd § 79 Abs. 3 ersetzt. Das Gericht darf den Sachverständigen darüber hinaus im Einzelfall nicht vereidigen.[81]

4. Protokollierung. Die **Vereidigung** des Sachverständigen stellt die Ausnahme vom Regelfall der Nichtvereidigung dar. Sie ist daher eine wesentliche Förmlichkeit, die gemäß § 273 Abs. 1 S. 1 in das Hauptverhandlungsprotokoll aufzunehmen ist. Gleiches gilt für die eidesgleiche Bekräftigung. Der Protokollvermerk sollte den Wortlaut haben: „Der Sachverständige leistete den Sachverständigeneid" oder „der Sachverständige bekräftigte die Richtigkeit seines Gutachtens".[82] Werden mehrere Sachverständige vereidigt, so ist aufzunehmen, dass dies einzeln geschah.[83] 17

Der BGH nahm zuletzt keine Pflicht zur Protokollierung der Entscheidung des Gerichts über die **Nichtvereidigung** an.[84] Dies war jedoch noch vor Neufassung der §§ 59, 79. Mit § 59 Abs. 1 S. 2 wurde eine Regelung geschaffen, die im Hinblick auf die Vereidigung des Zeugen, wenn eine solche erfolgt, lediglich von der Angabe der Begründung ausdrücklich entbindet. Hieraus wird teilweise der Umkehrschluss gezogen, die Entscheidung über die Vereidigung oder Nichtvereidigung selbst sei demnach zu protokollieren.[85] Unter den BGH-Senaten wird diese Frage, was die vergleichbare Situation im Hinblick auf den Zeugen betrifft, bislang im gleichen Sinne uneinheitlich beantwortet wie diejenige, ob überhaupt eine Entscheidung zu treffen ist (→ Rn. 7).[86] Es erscheint aber naheliegend, § 59 Abs. 1 S. 2 über § 72 – mit den entsprechenden Implikationen – auch auf die Entscheidung über die Vereidigung des Sachverständigen zur Anwendung zu bringen (→ § 72 Rn. 27). Zur Vermeidung von Unsicherheiten ist daher in der Praxis die Aufnahme in das Hauptverhandlungsprotokoll vorzuziehen. Es empfiehlt sich die Formulierung: „Der Sachverständige bleibt unvereidigt".[87] Zwingend ist dies gleichwohl nicht. Schon die Entscheidung selbst ist nicht ausdrücklich zu treffen und zu begründen. Eine wesentliche Förmlichkeit iSd § 273 Abs. 1 S. 1 kann sie folglich nicht darstellen (s. aber auch → § 59 Rn. 40).[88] 18

Die **Berufung** auf die allgemeine Eidesleistung nach Abs. 3 ist eine wesentliche Förmlichkeit iSd § 273 Abs. 1 S. 1.[89] Als Wortlaut empfiehlt sich die Formulierung: „Der Sachverständige beruft sich auf den allgemein geleisteten Eid".[90] Ob und wie die Feststellung der allgemeinen Vereidigung durch das Gericht vorgenommen wurde, bedarf dagegen nicht der Erwähnung in der Sitzungsniederschrift.[91] 19

5. Umfang des Eides. Der Eid bezieht sich nicht auf **Fragen zur Person** nach §§ 72, 68.[92] Dies gilt auch, soweit eine entsprechende Aufklärung zur Entscheidung des Gerichts dient, ob der Sachverständige über die nötige Sachkunde zur Erledigung des Auftrags ver- 20

[80] Hadamitzky in KK-StPO Rn. 5; Krause in Löwe/Rosenberg Rn. 14.
[81] Monka in BeckOK StPO Rn. 5 wertet dies als „eine Art partielles Eidesverweigerungsrecht"; Krause in Löwe/Rosenberg Rn. 15; Schmitt in Meyer-Goßner/Schmitt Rn. 5; Neubeck in KMR-StPO Rn. 8; aA Schmidt StPO II Rn. 11; Hadamitzky in KK-StPO Rn. 6.
[82] Eisenberg BeweisR StPO Rn. 1598; Monka in BeckOK StPO Rn. 4; Brauer in Gercke/Julius/Temming/Zöller Rn. 3; Krause in Löwe/Rosenberg Rn. 9; Schmitt in Meyer-Goßner/Schmitt Rn. 4.
[83] RG 8.5.1880 – Rep 1099/80, RGSt 2, 153 (158).
[84] BGH 22.2.1967 – 2 StR 2/67, BGHSt 21, 227 (227 f.); 9.9.1971 – 1 StR 317/71, LNR 1971, 11739.
[85] Ignor/Bertheau in Löwe/Rosenberg § 59 Rn. 27; Peglau/Wilke NStZ 2005, 186 (190).
[86] BGH 16.11.2005 – 2 StR 457/05, BGHSt 50, 282 (283 f.); 7.7.2009 – 1 StR 268/09, NStZ 2009, 647 (647 f.) einerseits; andererseits BGH 20.1.2005 – 3 StR 455/04, NStZ 2005, 340 (341) allerdings nicht entscheidungstragend; offen gelassen in BGH 11.7.2006 – 3 StR 216/06, BGHSt 51, 81 (83). Siehe hierzu auch Diehm StV 2007, 444 (445).
[87] Fleindl JA 2005, 371 (372).
[88] BGH 16.11.2005 – 2 StR 457/04, BGHSt 50, 282 (283) zu § 59.
[89] Hadamitzky in KK-StPO Rn. 5; Neubeck in KMR-StPO Rn. 10; Monka in BeckOK StPO Rn. 5.
[90] Krause in Löwe/Rosenberg Rn. 13; Eisenberg BeweisR StPO Rn. 1599.
[91] Schmitt in Meyer-Goßner/Schmitt Rn. 7; Monka in BeckOK StPO Rn. 5; Krause in Löwe/Rosenberg Rn. 13.
[92] RG 17.2.1890 – Rep. 143/90, RGSt 20, 235; Schmidt L StPO/GVG Nachtrag Rn. 6; Monka in BeckOK StPO Rn. 3; Schmitt in Meyer-Goßner/Schmitt Rn. 9.

fügt. Geschieht dies im Vorfeld, um abzuklären, ob der Sachverständige überhaupt zugezogen werden soll, gilt insoweit das Freibeweisverfahren.[93] Besteht im Rahmen der Gutachtenerstattung selbst Anlass zu diesbezüglichen Angaben, so ist der Sachverständige hierzu als Zeuge zu vernehmen und zu vereidigen.[94] Die entsprechende Überprüfung der Sachkunde und Zuverlässigkeit des Sachverständigen wird sich auch dann anbieten, wenn dem Gericht wegen des besonderen Gegenstandes des Gutachtens eine inhaltliche Überprüfung nur eingeschränkt möglich ist.[95]

21 Wie sich schon aus der Eidesformel des § 79 Abs. 2 ergibt, erstreckt sich der Eid des Sachverständigen auf das **Gutachten.** Hierzu gehören selbstredend diejenigen Darlegungen, die der Sachverständige in Ausübung der für ihn spezifischen Tätigkeit macht. Das sind in erster Linie die von ihm vorgenommenen Wertungen und Schlussfolgerungen sowie die Erläuterung besonderen Fachwissens (→ § 72 Rn. 6). Nicht in gleicher Weise einheitlich ist hingegen die Zuordnung der Anknüpfungstatsachen, auf die der Sachverständige sein Gutachten stützt (→ § 72 Rn. 16).[96] Handelt es sich um Tatsachen, die der Sachverständige nur unter Anwendung seiner speziellen Sachkunde erkennen und feststellen kann, so liegen Befundtatsachen vor, die als Teil des Gutachtens in die Hauptverhandlung eingeführt und vom Sachverständigeneid erfasst werden.[97] Zusatztatsachen sind dagegen solche, die das Gericht mit den ihm zur Verfügung stehenden Mitteln auch selbst – ohne Heranziehung der besonderen Sachkunde des Gutachters – hätte feststellen können. Diese gehören nicht mehr zum Gutachten. Der Sachverständige ist diesbezüglich als Zeuge zu vernehmen und zu vereidigen.[98] Die Abgrenzung kann im Einzelfall mit erheblichen Schwierigkeiten verbunden sein, zumal auch die Einzelfallrechtsprechung hierzu nicht durchgehend einheitlich ist. Auf die zusammenfassende Darstellung dieser Problematik bei § 72 (→ § 72 Rn. 16–18) wird verwiesen. Wird der Sachverständige indes als Zeuge vereidigt, so erfasst dies zugleich seine gutachtlichen Äußerungen.[99]

22 **Befundtatsachen** wurden von der Rechtsprechung teilweise auch in Zusammenhang mit Äußerungen angenommen, die gegenüber dem Sachverständigen erfolgten, wobei besonders hierbei die Abgrenzung große Schwierigkeiten bereitet. Angaben des Angeklagten gegenüber dem Sachverständigen im Rahmen der Exploration wurden hier eingeordnet, wenn gerade das besondere Fachwissen, vor allem Fragetechnik und Beobachtungsgabe notwendig waren, um die entsprechenden Angaben zu erlangen.[100] Dies wurde auch dahingehend formuliert, dass die spezielle Sachkunde schon Voraussetzung für die systematische, sinnvoll ordnende Beobachtung und Feststellung von Äußerungen und Verhaltensweisen des Angeklagten war, mithin ein unmittelbarer und unauflöslicher Zusammenhang mit dem Gegenstand des Gutachtens bestand.[101] In diesem Sinne

---

93 Dallmeyer in Alsberg Beweisantrag Rn. 261.

94 RG 31.3.1885 – Rep. 650/85, RGSt 12, 128 (129); 17.2.1890 – Rep. 143/90, RGSt 20, 235; Krause in Löwe/Rosenberg Rn. 16; Dallmeyer in Alsberg Beweisantrag Rn. 261; Eisenberg BeweisR StPO Rn. 1600.

95 Siehe hierzu BGH 8.3.1955 – 5 StR 49/55, BGHSt 7, 238 (239).

96 Siehe hierzu Russ NJW 1963, 385.

97 BGH 18.9.1959 – 4 StR 208/59, BGHSt 13, 250 (252); 24.2.1967 – 4 StR 23/67, VRS 32 (1967), 433 (434 f.); 1.12.1992 – 1 StR 633/92, NStZ 1993, 245 (246); 23.11.1995 – 1 StR 296/95, NJW 1996, 1355 (1358); 10.11.1998 – 5 StR 505/98, BGHR StPO § 59 S. 1 Sachverständigenfrage 3; 15.8.2001 – 3 StR 225/01, NStZ 2002, 44 (45).

98 BGH 18.9.1959 – 4 StR 208/59, BGHSt 13, 240 (251); 6.8.1987 – 4 StR 433/87, NJW 1988, 1223 (1224), insoweit nicht abgedruckt in BGHSt 35, 32; BGH 2.3.1982 – 1 StR 55/82, NStZ 1982, 256 (257); 8.11.1984 – 1 StR 608/84, NStZ 1985, 135; 1.12.1992 – 1 StR 633/92, NStZ 1993, 245 (246); 15.8.2001 – 3 StR 225/01, NStZ 2002, 44 (45).

99 RG 17.12.1920 – IV 1687/20, RGSt 55, 183 (184); BGH 11.2.1954 – 4 StR 677/53, JR 1954, 271 (272); 24.9.1975 – 3 StR 267/75, GA 1976, 78 (79); 26.4.1988 – 1 StR 52/88, BGHR StPO § 79 Abs. 1 Vereidigung 1; OLG Hamm 25.10.1968 – 3 Ss 1054/68, NJW 1969, 567; aA Rogall in SK-StPO Rn. 14.

100 BGH 10.11.1998 – 5 StR 505/98, BGHR StPO § 59 S. 1 Sachverständigenfrage 3.

101 BGH 1.12.1992 – 1 StR 633/92, NStZ 1993, 245 (246).

sind ebenfalls Feststellungen zu sehen, die ein psychiatrischer Sachverständiger bei einer früheren Begutachtung in einem vorhergehenden Verfahren gegen den Angeklagten machte, wie dessen eigene Beschreibungen zu seinen allgemeinen Befindlichkeiten[102] und entsprechende Beobachtungen.[103] Diese Gesichtspunkte waren auch leitend in den Fällen, in denen Schilderungen der Geschädigten zum Tatgeschehen anlässlich der Exploration bei einer aussagepsychologischen Begutachtung ausnahmsweise als Befundtatsachen gewertet wurden. Das war der Fall, wenn Aussagen von Kleinkindern dem Gericht überhaupt erst kraft Sachkunde des Gutachters vermittelbar waren[104] oder sie zur Konstanzprüfung im Vergleich mit anderen Aussagen herangezogen wurden.[105] In gleicher Weise sind zu behandeln Wahrnehmungen, die der Sachverständige als behandelnder Arzt, zu einem Zeitpunkt als ihm noch kein Gutachterauftrag erteilt war, bei Behandlung des Geschädigten machte,[106] auch wenn er (zusätzlich) auf ein fremdes Gutachten und den fachlichen Inhalt von Krankengeschichten zurückgreift.[107] Ebenfalls als Befundtatsachen wurden gewertet Feststellungen bei einer Leichenöffnung,[108] Erkennen der Herkunft von aufgefundenen Trümmerteilen,[109] Feststellungen an der Unfallstelle[110] oder bei Untersuchung verunglückter Fahrzeuge an der Unfallstelle.[111]

Andererseits wurden vom BGH Tatsachen, die dem Sachverständigen im Zusammenhang mit Exploration und Untersuchung bekannt wurden auch als **Zusatztatsachen** eingeordnet, so beispielsweise bei Angaben des Angeklagten zum Tatgeschehen,[112] einschließlich eines Geständnisses[113] sowie Beobachtungen zu seinen Verhaltensweisen und Äußerungen anlässlich einer längerfristigen Beobachtung, die dem Sachverständigen von Dritten (Mitpatienten und Pflegepersonal) berichtet wurden.[114] Ebenfalls nicht vom Sachverständigeneid gedeckt sollen Schilderungen des Verletzten sein, die dieser gegenüber dem medizinischen Sachverständigen anlässlich der körperlichen Untersuchung[115] oder bei der aussagepsychologischen Begutachtung[116] zum Tatgeschehen machte. Letzteres kann indes nur dann gelten, wenn nicht ersichtlich ist, dass für deren Erhebung eine besondere Befragungstechnik oder sonstige Sachkunde erforderlich war (→ Rn. 22). Zu Recht äußerte aber der BGH an anderer Stelle grundsätzliche Zweifel an dieser Auffassung, da die Angaben im Rahmen der Exploration generell unerlässliche Grundlage für die Bewertung der Glaubhaftigkeit sind (vgl. hierzu auch → § 81c Rn. 59).[117] Auch das RG sah die Beschreibung des Tatherganges, die der Geschädigte gegenüber seinem Arzt abgab, selbst wenn er zu diesem Zeitpunkt noch nicht als Sachverständiger bestellt war, noch als Befundtatsachen.[118] Anders hingegen, wenn der Sachverständige zu Äußerungen 23

[102] RG 29.1.1935 – 4 D 22/35, RGSt 69, 97 f.: er habe bei der „außerhalb des gegenwärtigen Strafverfahrens vorgenommenen Untersuchung eingestanden, dass er geschlechtlich sehr erregbar sei und häufig unfreiwillige Samenergüsse habe".

[103] BGH 28.9.1994 – 3 StR 332/94, NStZ 1995, 44 (45); aA Krause in Löwe/Rosenberg Rn. 20; Beukelmann in Radtke/Hohmann Rn. 3.

[104] BGH 6.7.1994 – 3 StR 141/94, LNR 1994, 12176.

[105] BGH 18.9.1959 – 4 StR 208/59, BGHSt 13, 250 (252); BGH 4.10.1988 – 5 StR 167/88, Miebach NStZ 1989, 217 (218) – RsprÜ.

[106] RG 24.6.1910 – V 437/10, RGSt 44, 11 (11 f.); anders noch RG 11.5.1909 – 292/09, JW 1909, 520.

[107] BGH 17.11.1987 – 5 StR 547/87, BGHR StPO § 59 S. 1 Sachverständigenfrage 1.

[108] BGH 24.2.1967 – 4 StR 23/67, VRS 32 (1967), 433 (434 f.).

[109] BGH 23.11.1995 – 1 StR 296/95, NJW 1996, 1355 (1358).

[110] BGH 19.1.1956 – 4 StR 484/55, VRS 10 (1956), 287 (288).

[111] BGH 21.4.1983 – 4 StR 90/83, VRS 85 (1983), 140.

[112] BGH 2.3.1982 – 1 StR 55/82, NStZ 1982, 256 (257); BGH 23.7.1985 – 5 StR 125/85, juris Rn. 5 insoweit nicht abgedruckt in NStZ 1986, 27; BGH 20.7.1995 – 1 StR 338/95, NJW 1998, 838 (839).

[113] BGH 6.8.1987 – 4 StR 333/87, NJW 1988, 1223 (1224) Insoweit nicht abgedruckt in BGHSt 35, 32.

[114] BGH 1.12.1992 – 1 StR 633/92, NStZ 1993, 245 (246).

[115] BGH 20.11.1984 – 1 StR 639/84, NStZ 1985, 182.

[116] BGH 8.11.1984 – 1 StR 608/84, NStZ 1985, 135.

[117] BGH 20.11.1984 – 1 StR 639/84, NStZ 1985, 182.

[118] RG 10.6.1910 – II 377/10, RGSt 43, 437 f.; Schmidt StPO/GVG Nachtrag Rn. 8 sah daher die RG-Rechtsprechung als durch den BGH überholt an.

vernommen wird, die er selbst noch vor seiner Bestellung gegenüber der Geschädigten im Rahmen einer ärztlichen Behandlung gemacht haben soll.[119] Schließlich sind hier Feststellungen zu nennen, die der Brandsachverständige zum Aufbau des zerstörten Objektes auf Grundlage der Beschreibungen eines Dritten traf.[120]

24 Bei **Zufallsbeobachtungen,** einem von der Literatur geprägten Begriff, handelt es sich um solche Wahrnehmungen des Sachverständigen, die in keinem unmittelbaren Zusammenhang mit seinem Gutachten stehen. Sie werden daher vom Sachverständigeneid nicht umfasst.[121] Als Beispiele werden hierfür regelmäßig genannt: das eigene Verhalten des Sachverständigen vor der Bestellung, die zufällige Beobachtung der Tat und Wahrnehmungen während der Ausführung seines Auftrages, die mit diesem aber nicht in inhaltlichem Zusammenhang stehen, wie beispielsweise dass er von Angehörigen des Beschuldigten unter Druck gesetzt oder diesem während der Tatortbesichtigung ein Kassiber zugesteckt wird.[122] Der BGH hat – nicht entscheidungstragend – hierzu lediglich erwähnt, das Gericht müsse den Sachverständigen auch zu dem als Zeugen vernehmen und vereidigen, was er zufällig erfahre und nicht gezielt erhebe. Er subsumiert dies indes ebenfalls unter den Begriff der Zusatztatsachen.[123] Dadurch ist auch die vereinzelt gebliebene Ansicht des OLG Hamm überholt, das in erster Linie auf den Zeitpunkt der Auftragserteilung an den Sachverständigen abstellt. Diejenigen Wahrnehmungen, die der Sachverständige zuvor gemacht habe, seien verfahrensmäßig gesehen zufällig und der Sachverständige sei insoweit nicht, wie sonst regelmäßig, ersetzbar, ablehnbar und frei wählbar.[124] Gerade das in der Entscheidung herangezogene Gegenbeispiel der Leichenschau oder des behandelnden Arztes zeigt indes deren Widersprüchlichkeit. In beiden Fällen ist die Beweisperson, die die entsprechenden Wahrnehmungen machte, nicht austauschbar, unabhängig davon, ob sie zu diesem Zeitpunkt schon formell beauftragt war oder nicht. Es hinge dann auch von Zufälligkeiten ab, ob unter gleichen fachlichen Voraussetzungen getroffene Feststellungen als Teil des Gutachtens vermittelt werden könnten oder nicht.[125] Daher ist es zutreffend, wenn sich der BGH für die Unterscheidung am inhaltlichen Kriterium des unmittelbaren, unauflöslichen Zusammenhangs orientiert.[126]

25 **6. Die Bedeutung des Sachverständigeneides für die Beweiswürdigung.** Vor allem in Zusammenhang mit der Zeugenaussage wird der **Beweiswert** des Eides weitgehend negiert. Es wird bezweifelt, dass er dazu geeignet sei, die Wahrhaftigkeit und Glaubhaftigkeit einer Aussage zu fördern (→ § 59 Rn. 5–7).[127] Empirische Belege für eine solche Wirkung sind bislang nicht vorhanden[128] und dürften sich angesichts der mit einem entsprechenden Nachweis verbundenen Schwierigkeiten kaum finden lassen. Eine entsprechende Tendenz ist auch in der neueren Rechtsprechung des BGH zu erkennen, die zwischen der Glaubwürdigkeit als aussageübergreifender personaler Eigenschaft und der Glaubhaftigkeit der konkreten Aussage unterscheidet. Maßgebliches

---

119 RG 11.5.1909 – 292/09, JW 1909, 520.

120 BGH 15.8.2001 – 3 StR 225/01, NStZ 2002, 44 (45).

121 Brauer in Gercke/Julius/Temming/Zöller Rn. 9; Krause in Löwe/Rosenberg Rn. 17; Schmitt in Meyer-Goßner/Schmitt Rn. 12; Beukelmann in Radtke/Hohmann Rn. 4; Rogall in SK-StPO Rn. 13; Dallmeyer in Alsberg Beweisantrag Rn. 331.

122 Krause in Löwe/Rosenberg Rn. 17; Schmitt in Meyer-Goßner/Schmitt Rn. 12; Dallmeyer in Alsberg Beweisantrag Rn. 331.

123 BGH 1.12.1992 – 1 StR 633/92, NStZ 1993, 245 (246).

124 OLG Hamm 3.5.1954 – (3) 2 a Ss 55/54, NJW 1954, 1820; in diesem Sinne auch Krause in Löwe/Rosenberg Rn. 20 (im Gegensatz zu Rn. 17); ähnlich schon RG 23.12.1936 – II 1040/26, RGSt 61, 114 (114 f.).

125 AA nunmehr Dallmeyer in Alsberg Beweisantrag Rn. 389 entgegen der zutreffenden Ansicht der 5. Aufl., S. 188 und 215.

126 BGH 1.12.1992 – 1 StR 633/92, NStZ 1993, 245 (246).

127 Dahs FS Rebmann, 1989, 161 (167–171) auch zum Sachverständigeneid; Knauer/Wolf NJW 2004, 2932; Schellenberg NStZ 1993, 372 (374); Woesner NJW 1973, 169 (171); in diese Richtung auch Prüfer StV 1993, 602 (606).

128 Eisenberg BeweisR StPO Rn. 1133 (Fn. 101) zu § 59.

Gewicht wird dabei der Letzteren beigemessen.[129] Daher wird auch für den Fall der Abnahme eines Eides die sorgfältige Analyse der Aussage im Vordergrund stehen.[130] Entsprechend sollten sich auch die Verfahrensbeteiligten bei der Würdigung des Sachverständigengutachtens in erster Linie auf die inhaltliche Bewertung stützen. Wird die Abfassung der Urteilsgründe hieran orientiert, besteht für das Revisionsgericht zudem die Möglichkeit, ein Beruhen des Urteils auf einer möglicherweise fehlerhaften Entscheidung über die Vereidigung auszuschließen. Gleichwohl kommt auch die neuere Rechtsprechung bei Zeugen der Sache nach nicht gänzlich ohne das Kriterium von dessen Glaubwürdigkeit aus. So wird eine besonders sorgfältige Würdigung und, bei bewusst falschem Vortrag, die Bestätigung durch äußere Beweisanzeichen in den verbleibenden Aussageteilen gefordert, wenn sich Angaben in einem Punkt als unrichtig erwiesen haben.[131] Vor diesem Hintergrund mag die feierliche Berufung des Sachverständigen auf den Eid auch ein subjektiv stützendes Moment für die Wahrheitsfindung darstellen. Dies kann vor allem in Fällen gelten, die schwierige Fachfragen betreffen, welche für die nicht sachkundigen Verfahrensbeteiligten nur schwer zu erfassen sind. Stets ist hierbei jedoch Vorsicht geboten, damit nicht die subjektiv-emotionale Überzeugung über die Notwendigkeit objektiver Analysearbeit hinwegtäuscht.

III. Revision

Die **Ermessensentscheidung** nach § 79 Abs. 1 entzieht sich der Überprüfung durch das Revisionsgericht.[132] Das gilt für die Nichtvereidigung, da es sich um den gesetzlichen Regelfall handelt, unabhängig davon, ob überhaupt eine Entscheidung getroffen wurde oder sich im Sitzungsprotokoll hierzu ein Eintrag findet,[133] und für den Fall der Vereidigung.[134] Ist sich das Gericht überhaupt nicht bewusst gewesen, die Beweisperson als Sachverständigen vernommen zu haben, weil der Urkundenübersetzer als Dolmetscher angesehen wurde, beruht das Urteil wegen der Vergleichbarkeit von Dolmetscher- und Sachverständigeneid regelmäßig[135] nicht auf dem Verstoß gegen § 79 Abs. 1.[136] Entsprechendes gilt, sofern der Sachverständige nur als Zeuge vernommen und vereidigt wurde. Die Rüge der Verletzung des § 79 Abs. 1 scheitert dann daran, dass der Zeugeneid zugleich das im Rahmen der Vernehmung erstattete Gutachten umfasst.[137] Liegt seitens der Verfahrensbeteiligten ein ausdrücklicher Verzicht auf die Vereidigung als Zeuge vor, so kann das Urteil nicht darauf beruhen, wenn das Gericht nicht gesondert über eine solche nach § 79 Abs. 1 entscheidet.[138] Dies wird nach der jetzigen Fassung der § 59 Abs. 1 S. 1, § 79 Abs. 1 auch für den Fall zu gelten haben, dass eine Vereidigung als Zeuge nicht für erforderlich gehalten wird.[139] Nach Wegfall der Vereidigungspflicht auf Antrag nach § 79 Abs. 1 S. 2 aF kann die Verfahrensrüge, wenn 26

[129] BGH 30.7.1999 – 1 StR 618/98, BGHSt 45, 164 (167 f.); 16.5.2002 – 1 StR 553/01, BeckRS 2002, 05107; 11.1.2005 – 1 StR 498/04, NJW 2005, 1519 (1521).

[130] Schellenberg NStZ 1993, 372 (375).

[131] BGH 29.7.1998 – 1 StR 94/98, BGHSt 44, 153 (158 f.); 17.11.1998 – 1 StR 450/98, BGHSt 44, 256 (257); 24.10.2002 – 1 StR 314/02, NStZ 2003, 164 (165).

[132] BGH 22.2.1967 – 2 StR 2/67, BGHSt 21, 227 (228).

[133] BGH 22.2.1967 – 2 StR 2/67, BGHSt 21, 227 (228); 24.6.1955 – 5 StR 55/55, LNR 1955, 12271; 5.6.1956 – 5 StR 116/56, LNR 1956, 12525; 9.9.1971 – 1 StR 317/71, LNR 1971, 1173; iErg auch Krause in Löwe/Rosenberg Rn. 3; Rogall in SK-StPO Rn. 21; Eisenberg BeweisR StPO Rn. 1601; Diehm StV 2007, 444 (446).

[134] Hadamitzky in KK-StPO Rn. 7; Krause in Löwe/Rosenberg Rn. 22.

[135] Einen Ausnahmefall halten Momsen/Rakcow/Schwarze NStZ 2018, 625 (630) für denkbar, wenn von Verfahrensbeteiligten wiederholt massive Bedenken gegen die Übersetzungstätigkeit vorgebracht wurden.

[136] BGH 7.7.1997 – 5 StR 17/97, NStZ 1998, 158 (159). Zur Vergleichbarkeit von Sachverständigen- und Dolmetschereid siehe auch BGH 9.4.1953 – 5 StR 824/52, BGHSt 4, 154.

[137] BGH 24.9.1975 – 3 StR 267/75, GA 1976, 78 (79); so aber im Gegensatz zu späteren Entscheidungen auch schon RG 11.5.1909 – 292/09, JW 1909, 520; aA Rogall in SK-StPO Rn. 14.

[138] BGH 26.4.1988 – 1 StR 52/88, BGHR StPO § 79 Abs. 1 Vereidigung 1 noch zu § 61 Nr. 5 aF.

[139] Ähnlich Rogall in SK-StPO Rn. 22.

überhaupt, wie beim Zeugen nur noch nach Inanspruchnahme des Zwischenrechtsbehelfs nach § 238 Abs. 2 erhoben werden.[140] Etwas anderes ergibt sich auch nicht aus einer früheren Entscheidung des BGH, da diese einen Fall betraf, in dem der Vorsitzende trotz ausdrücklichen Antrags der Verteidigung nach § 79 Abs. 1 S. 2 aF von der Vereidigung absah.[141]

27 Anders ist nach der bisherigen Rspr. die Verfahrenssituation zu bewerten, bei der im Rahmen der Gutachtenerstattung zugleich eine **Zeugenvernehmung** des Sachverständigen erfolgt, insbesondere über Zusatztatsachen. Hier ist mit der Vereidigungsentscheidung nach § 79 Abs. 1 zugleich eine solche nach § 59 Abs. 1 S. 1 zu treffen. Geschieht dies nicht, so kann die Verfahrensrüge auf die Verletzung der letztgenannten Vorschrift gestützt werden.[142] Nicht in jedem Fall wird aber das Urteil gemäß § 337 Abs. 1 auf einem derartigen Mangel beruhen. Das kann ausgeschlossen werden, wenn Anhaltspunkte fehlen, der Sachverständige hätte als Zeuge unter Eid etwas anderes bekundet als bei seiner Sachverständigenanhörung.[143] Bei aussagepsychologischen Begutachtungen wird Anderes allerdings kaum denkbar sein, da inzwischen die Aufzeichnung des Explorationsgesprächs und Verschriftung der wesentlichen Teile in ein Wortprotokoll zum Standard gehört.[144] In jedem Fall sollte die Revisionsbegründung einen Vortrag zum Beruhen enthalten.[145] Die betreffenden Entscheidungen berücksichtigen zudem noch nicht, dass zwischenzeitlich auch beim Zeugen nach Änderung des § 59 Abs. 1 von der Regelvereidigung Abstand genommen wurde. Nunmehr kann die Beruhensfrage nur noch bejaht werden, wenn zusätzlich zu der Frage, ob sich die Angaben geändert hätten, davon auszugehen ist, dass es bei ordnungsgemäßer Entscheidung zu einer Vereidigung als Zeuge gekommen wäre.[146] Davon ist regelmäßig nicht mehr auszugehen. Die Vereidigungsentscheidung nach § 79 Abs. 1 ist an geringere Voraussetzungen gebunden als diejenige des § 59 Abs. 1 S. 1, da sie nicht unter den dortigen einschränkenden Voraussetzungen steht (→ Rn. 4).[147] Es ist mithin auszuschließen, dass das Gericht eine Vereidigung, die es nach dem für einschlägig erachteten § 79 Abs. 1 schon nicht vornahm, nach § 59 Abs. 1 S. 1 vorgenommen hätte. Ohnehin ist schon vom Grundsatz her nicht nachvollziehbar, warum der Zeugeneid den Sachverständigeneid umfassen soll, umgekehrt aber nicht. Zu Recht wies noch das RG darauf hin, dass sich der Sachverständigeneid, wie sich schon aus dem Wortlaut des § 79 Abs. 2 Hs. 2 ergibt, darauf bezieht, dass der Sachverständige „das Gutachten unparteiisch nach bestem Wissen und Gewissen" zu erstatten habe. Inhaltlich unterscheidet sich der auf die Zuverlässigkeit der Angaben bezogene Teil der Eidesformel nicht von derjenigen für den Zeugen, der die Wahrheit ebenfalls „nach bestem Wissen" zu beteuern hat (§ 64).[148] Von der Beteuerung des Sachverständigen könnten daher allenfalls Aussageteile ausgenommen sein, die sich gänzlich außerhalb des Gutachtenauftrags bewegen. Die Einordnung des vorliegenden Problems unter die

---

140 Vgl. BGH 20.1.2005 – 3 StR 455/04, NStZ 2005, 340 (341); 16.11.2005 – 2 StR 457/05, BGHSt 50, 282 (284); 7.7.2009 – 1 StR 268/09, NStZ 2009, 647 (648) jeweils zu § 59 Abs. 1, wobei die diesbezüglich in BGH 11.12.2008 – 3 StR 429/08, NStZ 2009, 343 erfolgte Einschränkung wegen des ungebundenen Ermessens auf § 79 Abs. 1 StPO nicht übertragbar ist; Fleindl JA 2005, 371 (372); Huber JuS 2004, 970; aA Ignor/Bertheau in Löwe/Rosenberg § 59 Rn. 23; Krause in Löwe/Rosenberg Rn. 22; Rogall in SK-StPO Rn. 21; Fuhrmann NJW 1963, 1230 (1235 f.).

141 BGH 30.5.1995 – 1 StR 23/95, StV 1996, 2.

142 BGH 8.11.1984 – 1 StR 608/84, NStZ 1985, 135; 1.12.1992 – 1 StR 633/92, NStZ 1993, 245 (246); RG 11.5.1909 – 292/09, JW 1909, 520.

143 BGH 8.11.1984 – 1 StR 608/84, NStZ 1985, 135; 20.2.1986 – 4 StR 709/85, NStZ 1986, 323; 6.8.1987 – 4 StR 333/87, NJW 1988, 1223 (1224) insoweit nicht abgedruckt im BGHSt 35, 32.

144 Vgl. BGH 30.7.1999 – 1 StR 618/98, BGHSt 45, 164 (181); Kühne/Kluck FamRZ 1995, 981 (986).

145 Vgl. BGH 5.6.1996 – 3 StR 534/95 I; Tolksdorf DAR 1997, 169 (181) insoweit nicht abgedruckt in NStZ 1996, 492.

146 BGH 17.8.2005 – 2 StR 284/05, NStZ 2006, 114; 31.7.2013 – 4 StR 276/13, BeckRS 2013, 14343 = NStZ-RR 2013, 348 (Leitsatz); weitergehend Schuster StV 2005, 628 (629) „geradezu abwegig".

147 Diehm StV 2007, 444 (446).

148 RG 8.5.1880 – Rep 1099/80, RGSt 2, 153 (157); 24.6.1910 – V 437/10, RGSt 44, 11 (12); 29.1.1935 – 4 D 22/35, RGSt 69, 97 (98); vgl. auch RG 10.6.1910 – II 377/10, RGSt 43, 437 (438 f.); aA Rogall in SK-StPO § 85 Rn. 25.

§§ 59, 79 erscheint daher eher als ein revisionsrechtlicher Kunstgriff, denn in der Sache begründet, zumal schon die üblicherweise vorgenommene Aufspaltung in Befund- und Zusatztatsachen fragwürdig ist (→ § 72 Rn. 16). Der richtige Weg wäre es, die Grundsätze über den Sachverständigen bzw. Zeugen vom Hörensagen zur Anwendung zu bringen[149] und das Problem bei § 244 Abs. 2, § 261 zu verorten.[150]

Ein Verstoß gegen § 79 Abs. 3 liegt vor, wenn der Sachverständige sich auf die **allgemeine Vereidigung** beruft, eine solche jedoch nicht gegeben war. Gleiches gilt, wenn deren Umfang den Gegenstand des erstatteten Gutachtens nicht mit abdeckt.[151] Sollte das Gericht indes vom Gegenteil ausgegangen sein, so wird das Urteil regelmäßig nicht auf der Gesetzesverletzung beruhen.[152] Zur ordnungsgemäßen Erhebung der Verfahrensrüge gehört der bestimmte Vortrag, dass der Sachverständige den allgemeinen Eid nicht geleistet habe.[153] Das Hauptverhandlungsprotokoll entfaltet insoweit keine Beweiskraft, da die Frage der allgemeinen Vereidigung als solche und deren Feststellung keine wesentliche Förmlichkeit iSd § 273 Abs. 1 S. 1, § 274 Abs. 1 S. 1 ist (→ Rn. 19).[154] 28

Ein Verstoß gegen die **Einzelvereidigung** mehrerer Sachverständiger verletzt §§ 72, 59 Abs. 2 S. 1. Es sind allerdings kaum Fälle denkbar, in denen das Urteil auf dieser Gesetzesverletzung beruhen könnte.[155] 29

§ 80 Vorbereitung des Gutachtens durch weitere Aufklärung

(1) Dem Sachverständigen kann auf sein Verlangen zur Vorbereitung des Gutachtens durch Vernehmung von Zeugen oder des Beschuldigten weitere Aufklärung verschafft werden.

(2) Zu demselben Zweck kann ihm gestattet werden, die Akten einzusehen, der Vernehmung von Zeugen oder des Beschuldigten beizuwohnen und an sie unmittelbar Fragen zu stellen.

Schrifttum: Bittmann, Rechtsfragen um den Einsatz des Wirtschaftsreferenten, wistra 2011, 47; Boetticher/Koller/Böhm/Brettel/Dölling/Höffler/Müller-Metz/Pfister/Schneider/Schöch/Wolf, Empfehlungen für Prognosegutachten, NStZ 2019, 553; Boetticher/Kröber/Müller-Isberner/Böhm/Müller-Metz/Wolf, Mindestanforderungen an Prognosegutachten; NStZ 2006, 537; Brause, Glaubhaftigkeitsprüfung und -bewertung einer Aussage im Spiegel der höchstrichterlichen Rechtsprechung, NStZ 2013, 129; Cabanis, Glaubwürdigkeitsuntersuchungen, NJW 1978, 2329; Foth/Karcher, Überlegungen zur Behandlung des Sachverständigenbeweises im Strafverfahren, NStZ 1989, 166; Gebhardt/Eckhardt/Reckewell, Optimierung der Ermittlungsverfahren wegen sexueller Gewalt gegen Kinder bei der Staatsanwaltschaft, FuR 1995, 124; Groß/Fünfsinn, Datenweitergabe im strafrechtlichen Ermittlungsverfahren, NStZ 1992, 105; Jansen, Überprüfung aussagepsychologischer Gutachten, StV 2000, 224; Krauß, Richter und Sachverständiger im Strafverfahren, ZStW 85 (1973), 320; Kröber/Brettel/Rettenberger/Stübner, Empfehlungen für Prognosegutachten, NStZ 2019, 574; Kühne/Kluck, Sexueller Missbrauch – forensisch-psychologische und psychodiagnostische Aspekte, FamRZ 1995, 981; Nedopil, Verständnisschwierigkeiten zwischen dem Juristen und dem psychiatrischen Sachverständigen, NStZ 1999, 433; Roesen, Der psychologische Sachverständige im Sittlichkeitsprozess, NJW 1964, 442; Rohmann, Glaubhaftigkeitsbegutachtung bei nicht erfolgter Vernehmung, StraFo 2006, 401; Rose, Qualitätsstandards der Begutachtung bei Sexualstraftätern, StV 2003, 101; Tröndle, Der Sachverständigenbe-

---

149 BGH 16.2.1965 – 3 StR 50/64, BGHSt 20, 164 (166); 1.12.1992 – 1 StR 633/92, NStZ 1993, 245 (246) finden sich zumindest andeutungsweise Erwägungen in diese Richtung; s. hierzu auch BGH 24.10.2007 – 5 StR 468/07, StV 2008, 236 (237).

150 Grundlegend für Zeuge vom Hörensagen BGH 1.8.1962 – 3 StR 28/62, BGHSt 17, 382 (384 f.).

151 RG 13.7.1881 – Rep 1448/81, RGSt 4, 388 (390).

152 RG 20.12.1928 – 3 D 1017/28, JW 1929, 1047 (1048); Brauer in Gercke/Julius/Temming/Zöller Rn. 10; Hadamitzky in KK-StPO Rn. 7; Neubeck in KMR-StPO Rn. 14; Krause in Löwe/Rosenberg Rn. 23; Schmitt in Meyer-Goßner/Schmitt Rn. 13; Rogall in SK-StPO Rn. 24; Eisenberg BeweisR StPO Rn. 1601; Alsberg JW 1931, 889.

153 Vgl. BGH 25.3.1960 – 4 StR 72/60, LNR 1960, 11423.

154 RG 13.7.1881 – Rep 1448/81, RGSt 4, 388 (389).

155 RG 8.5.1880 – Rep 1099/80, RGSt 2, 153 (158); Hadamitzky in KK-StPO Rn. 4; Krause in Löwe/Rosenberg Rn. 9.

weis, JZ 1969, 374; Venzlaff/Foerster, Psychiatrische Begutachtung; Volbert/Steller, Handbuch der Rechtspsychologie; Wolf, Der Sachverständige im Wirtschaftsstrafverfahren, ZWH 2012, 125.

Übersicht

I. Überblick

1 **1. Normzweck.** § 80 setzt eine **beschränkte eigene Aufklärungspflicht** des Sachverständigen[1] voraus und begrenzt diese zugleich. Da er weitere Aufklärung verlangen kann, hat er die ihm vom Gericht mitgeteilten Anknüpfungstatsachen kritisch zu würdigen und, soweit sie nicht ausreichend sind, unter Anwendung seiner Sachkunde selbständig zu ergänzen oder auf deren Vervollständigung hinzuwirken (→ § 78 Rn. 8).[2] Das Gericht muss dem Verlangen indessen nicht uneingeschränkt nachkommen. Vielmehr verbleibt die Pflicht zur erschöpfenden Sachaufklärung iSd § 244 Abs. 2 beim Auftraggeber, dem insoweit ein Ermessen zusteht. Dieser selbst hat letztlich in dem hierdurch gesteckten Rahmen zu entscheiden, in welchem Umfang und auf welche Art und Weise er dem Sachverständigen eine weitere Tatsachengewinnung eröffnet.[3] Eine eigene Ermittlungstätigkeit zur Aufklärung des Tatgeschehens selbst ist dem Sachverständigen nicht gestattet, soweit es nicht um die Beantwortung der Gutachtenfrage auf Grundlage seiner besonderen Sachkunde geht.[4] Daher bleibt die Ausschöpfung der von der StPO vorgesehenen Erkenntnisquellen, insbesondere die Vernehmung von Zeugen oder Beschuldigten, wie die Vorschrift klarstellt, regelmäßig dem Gericht oder der Ermittlungsbehörde vorbehalten.[5] Etwas anderes kann sich ergeben, wenn gerade hierfür die besondere Sachkunde notwendig ist.

2 **2. Anwendungsbereich.** Die Befugnisse nach § 80 hat nur der vom Gericht **nach § 73 bestellte** Sachverständige.[6] Im Ermittlungsverfahren greift die Norm über § 161a Abs. 1 S. 2 auch für die Staatsanwaltschaft als Auftraggeber. Im Übrigen unterliegt der von der Staatsanwaltschaft hinzugezogene Sachverständige oder der vom Angeklagten beauftragte Privatgutachter den Rechten und Pflichten des § 80 erst, wenn er durch Beschluss gemäß § 245 Abs. 2 zugelassen ist, und auch dann nur unter den Beschränkungen seiner Stellung als präsentes Beweismittel.[7] Allerdings hat das Gericht dafür Sorge zu tragen, dass das aus §§ 220, 245 Abs. 2 folgende Selbstladungsrecht wirksam ausgeübt werden kann. Hierzu muss dem von einem anderen Verfahrensbeteiligten hinzugezogenen Gutachter im Einzelfall die Möglichkeit eingeräumt werden, sich auf seine Begutachtung vorzubereiten, beispielsweise durch Ermöglichung einer Exploration des Beschuldigten.[8] Die weitergehende Ansicht, ein Verfahrensbeteiligter sei nicht gehindert, dem von ihm hinzugezogenen (Privat-)Gutachter selbst aus den Akten Abschriften oder Ablichtungen zur Verfügung zu stellen,[9] würde allerdings zu einer Umgehung der Befugnisse des Gerichts aus §§ 78, 80

1 Vgl. auch BGH 6.4.2011 – 2 StR 73/11, BeckRS 2011, 14038 Rn. 8; Hadamitzky in KK-StPO Rn. 1.
2 Brauer in Gercke/Julius/Temming/Zöller Rn. 1; Krause in Löwe/Rosenberg Rn. 1; Schmitt in Meyer-Goßner/Schmitt Rn. 1.
3 BGH 14.11.1961 – 5 StR 445/61, JR 1962, 111; Rogall in SK-StPO Rn. 2.
4 OLG Köln 28.10.2011 – 2 Ws 669/11, StraFo 2011, 504; Brauer in Gercke/Julius/Temming/Zöller Rn. 2; Krause in Löwe/Rosenberg Rn. 2; Foth/Karcher NStZ 1989, 166 (169).
5 Hadamitzky in KK-StPO Rn. 2; Bittmann wistra 2011, 47 (51).
6 BGH 12.2.1998 – 1 StR 588/97, BGHSt 44, 26 (32).
7 BGH 12.2.1998 – 1 StR 588/97, BGHSt 44, 26 (32).
8 BGH 24.7.1997 – 1 StR 214/97, BGHSt 43, 171 (172–176).
9 Krause in Löwe/Rosenberg Rn. 4; Eisenberg BeweisR StPO Rn. 1591.

führen. Im Übrigen unterliegt sie erheblichen Bedenken im Hinblick auf den Persönlichkeitsschutz weiterer Personen, die von dem Verfahren betroffen sind, insbesondere von Zeugen. Gerade über das Akteneinsichtsrecht der Verteidigung gelangen auf diese Weise in der Praxis sensible Daten über Opferzeugen an außenstehende Personen, ohne dass dies durch das Gericht kontrolliert werden könnte oder mitunter nicht einmal zu dessen Kenntnis gelangt, wenn die Verteidigung die von ihr angestrengten Ermittlungen für nicht zielführend hält. Für das vom Freibeweis geprägte Strafvollstreckungsvefahren in Zusammenhang mit Prognosegutachten nach § 463 gelten die Einschränkungen des § 80 nicht.[10]

II. Erläuterung

1. Regelungsbereich. Nach allgemeiner Meinung enthält § 80 **keine abschließende Regelung.** Über die dort genannten hinaus sind sonstige und weitergehende Beweiserhebungen zulässig, die der Sachverständige zur Vorbereitung seines Gutachtens benötigt, und die er deswegen anregt.[11] Die Befugnis des Sachverständigen, den Auftraggeber um weitere Aufklärung zu ersuchen, erstreckt sich auch auf die in § 80 nicht ausdrücklich erwähnten Beweismittel und Beweismöglichkeiten. Ihm dürfen daher Urkunden und Augenscheinsobjekte vorgelegt werden,[12] wobei er anregen kann, die von ihm benötigten Gegenstände zu beschlagnahmen.[13] Bei einer Durchsuchung darf er teilnehmen, diese jedoch nicht maßgeblich selbst ausführen.[14] Er ist befugt, den Untersuchungsgegenstand, beispielsweise ein Unfallfahrzeug, selbständig und ohne Benachrichtigung des Verteidigers zu besichtigen,[15] und damit in Augenschein zu nehmen. Krankengeschichten und ärztliche Gutachten kann er selbst erheben[16] und zum Gegenstand seines Gutachtens machen, soweit deren rein fachlicher Inhalt betroffen ist.[17] In gleicher Weise ist es zulässig, wenn er an der Befragung anderer Sachverständiger teilnimmt[18] oder sich zur Vertiefung seiner Sachkunde unmittelbar mit anderen Sachverständigen in Verbindung setzt.[19] Schließlich ist es dem psychiatrischen Sachverständigen nicht verwehrt, einen psychologischen (Hilfs-)Sachverständigen mit einem testpsychologischen Zusatzgutachten zu betrauen, wenn er dies für erforderlich hält und dessen Befunde in seinem eigenen Gutachten sachkundig und kritisch auswertet.[20] 3

Für diese der Sache nach zutreffende Ansicht fehlt es bislang – soweit ersichtlich – an der **dogmatischen Begründung.** Der regelmäßig zu findende bloße Hinweis, sonstige Beweiserhebungen seien über den Wortlaut der Vorschrift hinaus zulässig,[21] vermag nicht zu überzeugen, zumal er in dieser pauschalen Form nicht zwingend ist. Zwar nennt § 80 an Aufklärungsmöglichkeiten, die dem Sachverständigen zur Verfügung gestellt werden können, ausdrücklich nur die Vernehmung von Zeugen und des Beschuldigten sowie die Gewährung von Akteneinsicht; zur Annahme einer abschließenden Regelung führt dies gleichwohl nicht. Denn sowohl in Abs. 1, als auch in Abs. 2 ist vorgesehen, dass weitere 4

---

10 OLG Hamm 10.7.2018 – 3 Ws 272/18, BeckRS 2018, 33849 Rn. 32.

11 Monka in BeckOK StPO Rn. 1; Brauer in Gercke/Julius/Temming/Zöller Rn. 4; Hadamitzky in KK-StPO Rn. 2; Krause in Löwe/Rosenberg Rn. 10; Schmitt in Meyer-Goßner/Schmitt Rn. 4; Beukelmann in Radtke/Hohmann Rn. 2; Rogall in SK-StPO Rn. 4 und 15; Eisenberg BeweisR StPO Rn. 1592.

12 OLG Karlsruhe 10.10.1962 – 1 Ws 81 und 158/62, Justiz 1963, 36 (37).

13 Brauer in Gercke/Julius/Temming/Zöller Rn. 4; Hadamitzky in KK-StPO Rn. 2; Neubeck in KMR-StPO Rn. 2.

14 LG Kiel 14.8.2006 – 37 Qs 54/06, NJW 2006, 3224 vor allem auch zur bedenklichen „Privatisierung des Ermittlungsverfahrens" (3225) bei Beauftragung Sachverständiger, die privatrechtlichen Organisationen zur Bekämpfung der Produktpiraterie angehören.

15 BGH 26.7.1968 – 4 StR 100/68, VRS 35 (1968), 428.

16 Schmitt in Meyer-Goßner/Schmitt Rn. 4.

17 BGH 7.6.1956 – 3 StR 136/56, BGHSt 9, 292 (293 f.).

18 RG 8.5.1880 – Rep 1099/80, RGSt 2, 153 (158); 2.3.1918 – V 948/17, RGSt 52, 161 (162).

19 Krause in Löwe/Rosenberg Rn. 10 unter Bezunahme auf BGH 11.7.1960 – III ZR 144/59, VersR 1960, 998 sogar zur Erlangung seiner Sachkunde.

20 BGH 30.10.1968 – 4 StR 28/68, BGHSt 22, 268 (272 f.); 5.1.1978 – 2 StR 425/77, juris Rn. 13 insoweit nicht abgedruckt in NJW 1978, 1815; 22.7.1997 – 1 StR 334/97, NStZ 1997, 610.

21 So beispielsweise Brauer in Gercke/Julius/Temming/Zöller Rn. 4; Hadamitzky in KK-StPO Rn. 2.

Aufklärung verschafft werden „kann". Hieraus ergibt sich einerseits ein Entschließungsermessen dahingehend, ob der Auftraggeber unter Berücksichtigung der ihm nach § 244 Abs. 2 obliegenden Aufklärungspflicht dem Verlangen des Sachverständigen nach weiterer Aufklärung überhaupt stattgibt und in welchem Umfang.[22] Darüber hinaus räumt § 80 aber zugleich ein Auswahlermessen ein, in dem Sinne, dass der Auftraggeber entscheidet, auf welchem Wege er der Anregung des Gutachters nachkommt. Die Aufzählungen in Abs. 1 und Abs. 2 sind vor diesem Hintergrund nur beispielshaft und heben Fallkonstellationen hervor, bei denen eine sorgfältige Prüfung hinsichtlich der Vorgehensweise notwendig ist. Dies gilt für die Vernehmung von Zeugen oder des Beschuldigten. Hier sind Aussage- und Auskunftsverweigerungsrechte mit den entsprechenden Belehrungen zu beachten. Es bedarf daher besonders sorgfältiger Abwägung, durch wen diese Vernehmungen vorzunehmen sind. Eine vergleichbare Sach- und Rechtslage besteht bei Überlassung der Akten. Für diesen Fall ist es angezeigt, dem Auftraggeber seine Leitungsfunktion insofern vor Augen zu führen, ob und in welchem Umfang eine Überlassung der Akten dem Beweisergebnis dienlich ist oder nicht (→ § 78 Rn. 8). Über die in § 80 genannten ausdrücklichen Vorgaben hinaus, kann der Auftraggeber dem Sachverständigen aber weitere Beweisquellen zugänglich machen.

5 **2. Vernehmungen nach Abs. 1.** Weitere Aufklärung nach § 80 Abs. 1 kann in erster Linie durch die beispielhaft genannte Vernehmung von Zeugen oder des Beschuldigten gewährt werden. Diese Wendung bezieht sich auf Vernehmungen durch das Gericht, die Staatsanwaltschaft oder die Polizei,[23] das heißt den **behördlichen Auftraggeber** selbst oder die mit der Ausführung beauftragte Ermittlungsbehörde.[24] Die unmittelbare Vernehmung ausschließlich durch den Sachverständigen wird hingegen durch § 80 Abs. 1 nicht gestattet.[25]

6 Wenn Zwangsmaßnahmen gegen **Zeugen** notwendig sind, empfiehlt sich eine richterliche Vernehmung.[26] Sie kommt auch in Betracht, falls der Zeuge, wozu er berechtigt ist, in die Exploration durch den Sachverständigen bei einer aussagepsychologischen Begutachtung nicht einwilligt. Er kann seine Beurteilungsgrundlage dadurch gewinnen, dass er an der Vernehmung teilnimmt und selbst ergänzende Fragen stellt (→ § 81c Rn. 46, 61).

7 Eine Vernehmung des **Beschuldigten** ist praktisch besonders relevant für Schuldfähigkeits- und Prognosebegutachtungen, ggf. im Rahmen des § 80a; oder für die Frage, ob eine Unterbringung nach § 81 in Betracht kommt. Erscheint der Beschuldigte nicht bei dem Sachverständigen, so kann Letzterer einen Antrag bei Gericht oder Staatsanwaltschaft nach § 80 Abs. 1 stellen. Diese Vorgehensweise ist insbesondere für die in § 81 Abs. 1 geforderte Anhörung des Sachverständigen zu wählen, die regelmäßig die Verschaffung eines persönlichen Eindrucks voraussetzt (→ § 81 Rn. 6). Die Justizorgane haben dann die dem Sachverständigen nicht zustehende Befugnis, den Beschuldigten nach § 133 Abs. 2, §§ 134, 163a Abs. 3 S. 2 vorführen zu lassen, um nach § 80 Abs. 2 die Vernehmung in dessen Anwesenheit durchzuführen und ihm das Stellen von Fragen einzuräumen. Wegen der unterschiedlichen Zuständigkeiten ist im Stadium des Ermittlungsverfahrens sorgfältig zu unterschieden, ob es um eine von vornherein (zunächst) ambulante Untersuchung, bspw. zur Vorbereitung eines Schuldfähigkeits- oder Prognosegutachtens, geht oder um diejenige im Rahmen des § 81 Abs. 1. Bei der erstgenannten Variante sind für den Fall der Erteilung des Gutachtensauftrags durch die Staatsanwaltschaft auch die Vernehmung und die Zwangsmaßnahme durch diese anzuordnen (§ 163a Abs. 3 S. 1 und 2) oder auf entsprechenden Antrag durch den Ermittlungsrichter (§ 162 Abs. 1).[27] Die Zuständigkeit für die zweite Variante richtet

22 BGH 14.11.1961 – 5 StR 445/61, JR 1962, 111; Rogall in SK-StPO Rn. 2.
23 Schmitt in Meyer-Goßner/Schmitt Rn. 2.
24 Hadamitzky in KK-StPO Rn. 2.
25 OLG Köln 28.10.2011 – 2 Ws 669/11, StraFo 2011, 504; KG 22.1.2016 – 3 Ws 654/15, wistra 2016, 286 (287).
26 Krause in Löwe/Rosenberg Rn. 5.
27 LG Gera 29.8.1995 – 320 Js 8075/94-5 AR 37/05, StV 1995, 631.

sich dagegen einheitlich nach § 81 Abs. 3 (→ § 81 Rn. 6). Zu beachten ist dabei, dass bereits die Anordnung der Vernehmung als vorbereitende Maßnahme unzulässig ist, wenn eine Unterbringung nach § 81 wegen des im Raum stehenden Tatvorwurfes von vornherein unverhältnismäßig wäre.[28]

Die Rechtsprechung versteht die Vorschrift dahingehend, dass eine ausführliche **Befragung von Auskunftspersonen,** insbesondere solcher, die dem näheren Umfeld der zu untersuchenden Person entstammen, durch den Sachverständigen selbst zumindest bedenklich ist. Dies gilt vor allem für umfassende Vernehmungen zeugnisverweigerungsberechtigter Angehöriger des psychiatrisch zu begutachtenden Angeklagten[29] oder des aussagepsychologisch zu begutachtenden Geschädigten,[30] aber auch von sonstigen Personen, die verfahrensrelevante Angaben zum Beschuldigten[31] oder der sonstigen zu begutachtenden Person[32] machen können.[33] Grund ist, dass auf diese Weise das Fragerecht der Verfahrensbeteiligten und Zeugnisverweigerungsrechte nicht hinreichend zur Berücksichtigung kommen und ungesicherte Erkenntnisse in das Verfahren eingeführt werden können.[34] In Betracht kommt nur eine vorbereitende Befragung durch den Sachverständigen, inwieweit entsprechende Zeugen überhaupt Sachdienliches zum Vorgang berichten können und wollen.[35] Nimmt der Sachverständige gleichwohl entsprechende Befragungen vor, so können diese (zunächst) verfahrensrechtlich unverwertbar sein.[36] Das Gericht darf in der Hauptverhandlung auf die entsprechenden Erkenntnisse, sofern der Angeklagte nicht geständig ist oder sie offenkundig oder anderweitig als erwiesen anzusehen sind, erst zurückgreifen, wenn es sie ordnungsgemäß einführt, insbesondere durch Vernhmung der jeweiligen Zeugen[37] oder des Sachverständigen hierzu als Zeuge.[38] Das kann allerdings ausgeschlossen sein, falls der Zeuge sich zwischenzeitlich auf ein ihm zustehendes Zeugnisverweiterungsrecht beruft.[39] 8

Die Rechtsprechung sieht andererseits die **Exploration** des Beschuldigten anlässlich der psychiatrischen Begutachtung[40] und des zu untersuchenden Zeugen bei der aussagepsychologischen Begutachtung[41] zumindest der Sache nach als nicht durch § 80 Abs. 1 ausge- 9

---

[28] OLG Karlsruhe 4.6.1996 – 1 Ws 133/96, Justiz 1997, 141.

[29] BGH 14.11.1961 – 5 StR 445/61, JR 1962, 111.

[30] BGH 13.2.1959 – 4 StR 470/58, BGHSt 13, 1 (2 f.); 21.7.1965 – 2 StR 269/65, JurionRS 1965, 12761 = Dallinger MDR 1966, 381 (383) – RsprÜ; BGH 30.7.1999 – 1 StR 618/98, BGHSt 45, 164 (173 f.).

[31] BGH 14.11.1961 – 5 StR 445/61, JR 1962, 111.

[32] BGH 18.5.1951 – 1 StR 149/51, NJW 1951, 771; 13.2.1959 – 4 StR 470/58, BGHSt 13, 1 (2 f.); 30.7.1999 – 1 StR 618/98, BGHSt 45, 164 (173 f.); AG Euskirchen 15.5.2006 – 6 Ls 70 Js 515/03, StraFo 2006, 493.

[33] Vgl. aber auch zur Notwendigkeit aus sachverständiger Sicht Cabanis NJW 1978, 2329 (2331).

[34] S. hierzu vor allem BGH 7.6.1956 – 3 StR 136/56, BGHSt 9, 292 (294); 14.11.1961 – 5 StR 445/61, JR 1962, 111.

[35] BGH 7.6.1956 – 3 StR 136/56, BGHSt 9, 292 (296); 14.12.2021 – 1 StR 234/21, StV 2022, 369 (370 f.); Boetticher ua NStZ 2006, 537 (539 f.); NStZ 2019, 553 (556); Jansen StV 2002, 224 (228) mit Forderung der Dokumentation; ausdrücklich offen gelassen hingegen in BGH 30.7.1999 – 1 StR 618/98, BGHSt 45, 164 (174); aA Nagler StV 2006, 521.

[36] OLG Köln 28.10.2011 – 2 Ws 669/11, StraFo 2011, 504; vgl. auch OLG Hamm 10.7.2018 – 3 Ws 272/18, BeckRS 2018, 33849 Rn. 32.

[37] BGH 7.6.1956 – 3 StR 136/56, BGHSt 9, 292 (294 f.).

[38] BGH 24.10.2019 – 4 StR 528/19, NStZ-RR 2020, 29.

[39] BGH 13.2.1959 – 4 StR 470/58, BGHSt 13, 1 (4).

[40] BGH 6.9.1968 – 4 StR 339/68, NJW 1968, 2297 (2298); 23.7.1985 – 5 StR 125/85, insoweit nicht abgedruckt in NStZ 1986, 27; BGH 8.5.1991 – 3 StR 467/90, NJW 1991, 2357 (2357 f.); 29.9.1993 – 2 StR 355/93, NStZ 1994, 95 (96); 20.7.1995 – 1 StR 338/95, NJW 1998, 838 (839); 24.7.1997 – 1 StR 214/97, BGHSt 43, 171 (173); 21.4.2005 – 2 StR 124/05, RuP 2006, 101; 14.6.2006 – 2 StR 65/06, NStZ 2006, 686 (687); 25.5.2011 – 2 StR 585/10, StV 2011, 709; 20.9.2011 – 4 StR 434/11, NStZ 2012, 463 (464); 27.8.2013 – 4 StR 311/13, BeckRS 2013, 17638 Rn. 7.

[41] BGH 14.12.1954 – 5 StR 416/54, BGHSt 7, 82 (83–86); 13.2.1959 – 4 StR 470/58, BGHSt 13, 1 (3); 23.8.1995 – 3 StR 163/95, NJW 1996, 206; 30.7.1999 – 1 StR 618/98, BGHSt 45, 164 (170); 6.7.2011 – 2 StR 124/11, StV 2011, 711 (712); 23.8.2012 – 4 StR 305/12, NStZ-RR 2012, 383 (384); 2.12.2014 – 4 StR 381/14, StV 2015, 675 (677); 29.9.2016 – 2 StR 63/16, NStZ-RR 2017, 88 (89 f.); 14.12.2021 – 1 StR 234/21, StV 2022, 369 (371); OLG Stuttgart 29.9.2014 – 1 Ws 124/14, Justiz 2015, 298 (299).

schlossen an. Dabei ist es auch zulässig, die zu untersuchende Person zum Tatgeschehen selbst zu befragen.[42] In Beziehung auf den Beschuldigten wird darauf abgestellt, dass es sich bei der Exploration des Probanden durch den Sachverständigen um die zentrale Untersuchungsmethode handelt, durch die er sich eine umfassende Beurteilungsgrundlage verschafft.[43] Bei der Beurteilung der Erlebnisbegründetheit einer Schilderung des Zeugen stützt sich die als wesentlicher methodischer Schritt unerlässliche Inhaltsanalyse der Aussage maßgeblich auf die beim Explorationsgespräch gemachten Angaben.[44] Insbesondere bei Zeugen kindlichen Alters, zog die Rechtsprechung zudem bereits sehr früh das strafprozessuale Erfordernis einer umfassenden Sachaufklärung heran. Gerade bei psychisch besonders anfälligen Zeugen wirkt die erdrückende Situation in der förmlichen strafprozessualen Vernehmung stark belastend. Hinzu kommt die Problematik, dass die lediglich juristisch geschulte Vernehmungsperson häufig nicht ausreichend in der Lage ist, die Befragung für eine umfassende und unbefangene Schilderung des Zeugen sachgerecht durchzuführen. Auf diese Weise kann es zu ungünstigen Beeinflussungen des Beweisergebnisses, sowohl zu Gunsten, als auch zu Lasten des Beschuldigten kommen. Insoweit bietet die Befragung durch den psychologischen oder psychiatrischen Sachverständigen weit größeren Gewinn für die Wahrheitserforschung unter Berücksichtigung des § 244 Abs. 2.[45] Die Einhaltung der Grenzen des § 80 ist dabei allerdings zu beachten, der es schon vom Wortlaut her nur gestattet „weitere Aufklärung" zu verschaffen. Deshalb kann es zwar durchaus zulässig und sinnvoll sein, bereits zur ersten Vernehmung des Zeugen einen aussagepsychologischen Sachverständigen hinzuzuziehen (vgl. Nr. 222 Abs. 1 S. 2 RiStBV), der dann selbst in der Folge noch eine eigene Exploration durchführt.[46] Dagegen darf dieser nicht von vornherein mit der Erstbefragung, und damit der originären Sachaufklärung, beauftragt werden.[47] Unabhängig davon können die Angaben des zu untersuchenden Zeugen beim Sachverständigen nicht in die Hauptverhandlung eingeführt werden, wenn dieser zu einem späteren Zeitpunkt von seinem Zeugnisverweigerungsrecht Gebrauch macht[48] oder insoweit noch Unsicherheit besteht.[49] Eine Pflicht über Aussageverweigerungsrechte zu belehren besteht für den Sachverständigen weder gegenüber dem Beschuldigten mangels Anwendbarkeit der § 136 Abs. 1 S. 2, § 163a Abs. 3 und 4 S. 2,[50] noch gegenüber dem Zeugen.[51] Sie wird sich aber schon im Hinblick auf ein nach außen hin erkennbar neutrales Vorgehen des Sachverständigen empfehlen.[52]

---

[42] BGH 6.9.1968 – 4 StR 339/68, NJW 1968, 2297 (2298); 23.7.1985 – 5 StR 125/85, juris Rn. 5 insoweit nicht abgedruckt in NStZ 1986, 27; BGH 20.7.1995 – 1 StR 338/95, 838 (839) jeweils zum Beschuldigten; BGH 13.2.1959 – 4 StR 470/58, BGHSt 13, 1 (2 f.); 18.9.1959 – 4 StR 208/59, BGHSt 13, 250 (252); 6.7.2011 – 2 StR 124/11, StV 2011, 711 (712) jeweils zum Zeugen.

[43] BGH 25.5.2011 – 2 StR 585/10, NStZ 2012, 103; Foerster/Winckler, in Venzlaff/Foerster/Dreßing/Habermeyer Psychiatrische Begutachtung-HdB S. 17, 21; vgl. auch Boetticher ua NStZ 2006, 537 (542); Kröber ua NStZ 2019, 574 (575 f.) jeweils für Prognosegutachten; Rose StV 2003, 101 (102 f.) speziell für die Begutachgung von Sexualstraftätern.

[44] BGH 30.7.1999 – 1 StR 618/98, BGHSt 45, 164 (170); Volbert/Steller in Venzlaff/Foerster/Dreßing/Habermeyer Psychiatrische Begutachtung-HdB S. 718, 722; Cabanis NJW 1978, 2329 (2331).

[45] BGH 14.12.1954 – 5 StR 416/54, BGHSt 7, 82 (83–86); 1.11.1955 – 5 StR 329/55, BGHSt 8, 226 (236 f.).

[46] Für eine Trennung von „vernehmungspsychologischer" und „aussagepsychologischer" Sachverständigentätigkeit dagegen Rohmann StraFo 2005, 401 (403).

[47] S. hierzu die bei Gebhardt/Eckhardt/Reckewell FuR 1995, 124 (127) und Rohmann StraFo 2005, 401 (403) genannten Beispiele aus der Praxis.

[48] BGH 13.2.1954 – 4 StR 470/58, BGHSt 13, 1 (4).

[49] BGH 23.8.1995 – 3 StR 163/95, NJW 1996, 206.

[50] BGH 6.9.1968 – 4 StR 339/68, NJW 1968, 2297; 20.7.1995 – 1 StR 338/95, NJW 1998, 838 (839); aA LG Oldenburg 6.7.1994 – SG 7/94, StV 1994, 646 (647) allerdings für den Fall, dass der Sachverständige von weiteren Hinweisen „bewusst absieht, um das Arzt-Patientenverhältnis nicht zu belasten"; Monka in BeckOK StPO Rn. 3; Arzt JZ 1969, 438 (438 f.).

[51] OLG Köln 28.10.2011 – 2 Ws 669/11, BeckRS 2011, 26108 Senge in KK-StPO Rn. 2; Neubeck in KMR-StPO Rn. 3; vgl. auch BGH 14.11.1961 – 5 StR 445/61, JR 1962, 111.

[52] Aymans NZFam 2015, 216; Boetticher ua NStZ 2019, 553 (556); Foerster/Venzlaff in Venzlaff/Foerster/Dreßing/Habermeyer Psychiatrische Begutachtung-HdB S. 11; weitergehend Krause in Löwe/Rosenberg Rn. 5, der Belehrungspflicht annimmt.

Eine **kritische Würdigung** der Rechtsprechung ergibt, dass diese, wenn auch ohne eingehende dogmatische Begründung, von zutreffenden Grundsätzen ausgeht. Die dagegen vertretene Ansicht, § 80 schließe auch eine Befragung der zu untersuchenden Person mit Eingehen auf das Tatgeschehen im Rahmen der Exploration durch den Sachverständigen aus und fordere insoweit eine Vernehmung durch das Gericht oder die Ermittlungsbehörde,[53] überzeugt demgegenüber nicht. Sicherlich ist insofern zuzustimmen, dass sich die Vorgaben des § 80 nicht im Wege definitorischer Umgehung aushebeln lassen, indem das Explorationsgespräch nicht als „Vernehmung"[54] bezeichnet wird.[55] Die Frage wird zudem nicht über die Unterscheidung in Befund- und Zusatztatsachen zu klären sein.[56] Eine fundierte Exploration kann nicht ohne Befragung zum eigentlichen Tatgeschehen auskommen. Die dabei erhobenen Angaben werden nach derzeit gängigem Verständnis aber regelmäßig gerade nicht zu den Befundtatsachen gerechnet (zur Kritik hieran → § 72 Rn. 16). Ausschlaggebend kann daher nur der systematische Gehalt des § 80 selbst sein. Der bislang üblichen Interpretation liegt eine zu enge und vor allem widersprüchliche Auffassung vom Regelungsgehalt der Vorschrift zugrunde. Bemerkenswerter Weise wird, wenn nicht Vernehmungen zu thematisieren sind, auf der anderen Seite ganz selbstverständlich davon ausgegangen, sonstige Aufklärungsmöglichkeiten, wie Urkundenbeiziehung, Augenschein und Befragung weiterer Sachverständiger seien zulässig (→ Rn. 3). Nach dem entsprechenden Wortlautverständnis wäre hierfür gleichfalls keine Grundlage gegeben. Bei schlüssiger Auslegung eröffnet § 80 dagegen ein Auswahlermessen dahingehend, dass das Gericht durch die genannten Vernehmungen als Varianten unter anderen Aufklärung verschaffen kann (→ Rn. 4). Deswegen ist es nicht ausgeschlossen, dem Sachverständigen zusätzlich die Möglichkeit zu bieten, selbst die Beweisperson zu befragen. Eine umfassende Beurteilungsgrundlage kann er – wenn die zu untersuchende Person bereit ist, sich ihm gegenüber zu äußern – durch bloße Teilnahme an einer vom Auftraggeber vorgenommenen Vernehmung auch nicht optimal erlangen. Über die eigentliche Befragung hinaus stützt sich der Sachverständige auf die Verhaltensbeobachtung des Probanden sowie ergänzende Untersuchungen und Testverfahren,[57] weswegen nicht zuletzt die Kritik an der Rechtsprechung nicht überzeugt, die aussagepsychologische Begutachtung stünde der Vernehmung näher als der körperlichen Untersuchung nach § 81c.[58] Entsprechend ergibt sich durch die eigene Exploration seitens des Gutachters ein weit größerer Gewinn für die Sachaufklärung iSd Gutachterfrage. Der Einwand, es komme dadurch zu einer Verlagerung des Verfahrens auf den Sachverständigen, bei der nicht gewährleistet sei, dass die für die Wahrheitsfindung erforderlichen verfahrensrechtlichen Garantien eingehalten würden,[59] ist einseitig und führt zu einer formalistischen Überbetonung der Interessen des Beschuldigten. Sie leidet nicht 10

---

53 Lemke in Gercke/Julius/Temming/Zöller Rn. 2; Neubeck in KMR-StPO Rn. 3; Krause in Löwe/Rosenberg Rn. 5 und 8, der dann aber andererseits „Unterhaltungen" für zulässig hält; Schmit in Meyer-Goßner/Schmitt Rn. 2; Beukelmann in Radtke/Hohmann Rn. 2; Krauß ZStW 85 (1973), 320 (323); Roesen NJW 1964, 442 (443); s. auch Eisenberg BeweisR StPO Rn. 1868 speziell zur aussagepsychologischen Begutachtung.

54 So aber BGH 8.8.2002 – 3 StR 239/02, NStZ 2003, 101 zum Beschuldigten und OLG Köln 28.10.2011 – 2 Ws 669/11, BeckRS 2011, 26108 zum Zeugen; Monka in BeckOK StPO Rn. 2; Rohmann StraFo 2006, 401 (402 f.).

55 Insofern zutreffend Weigend JZ 1990, 48 (49). Bei OLG Rostock 6.1.2015 – 20 RR 108/14, NStZ 2015, 359 (359 f.) wird die Exploration im Hinblick auf § 52 StPO zumindest der Sache nach wie eine Vernehmung behandelt.

56 So der Ansatz von Rogall in SK-StPO Rn. 17.

57 Boetticher ua NStZ 2006, 537 (542); Foerster/Winckler in Venzlaff/Foerster/Dreßing/Habermeyer Psychiatrische Begutachtung-HdB S. 17, 23–25 zur psychiatrischen Begutachtung des Beschuldigten und Volbert/Steller in Venzlaff/Foerster/Dreßing/Habermeyer Psychiatrische Begutachtung-HdB S. 718, 722; Steller in Volbert/Steller Handbuch der Rechtspsychologie S. 300 (303); Blau StV 1991, 406 (407 f.); Nedopil NStZ 1999, 433 (435); Kühne/Kluck FamRZ 1995, 981 (983 f.) zur aussagepsychologischen Begutachtung.

58 So aber Eisenberg StV 1995, 625 (626); Weigend JZ 1990, 48.

59 Krause in Löwe/Rosenberg Rn. 5; in diese Richtung wohl auch Hadamitzky in KK-StPO Rn. 2; Weigend JZ 1990, 48 (49).

zuletzt unter der praxisfremden Unterstellung einer „permanenten Gesprächssituation" und „Kommunikationsstruktur" in der Hauptverhandlung.[60] Dies zeigt sich besonders deutlich für den Fall der Gewalt- und Sexualstraftaten zum Nachteil von Kindern. Sie sind im Rahmen ausschließlich justizförmiger Befragung regelmäßig gar nicht in der Lage, umfassend zu berichten,[61] ganz zu schweigen von den damit verbundenen Zumutungen und Belastungen. Die Aufklärungspflicht des § 244 Abs. 2 gebietet deswegen im Interesse der Geschädigten ebenso eine vorbehaltlose und vollständige Aufklärung unter Nutzung der dem Sachverständigen zur Verfügung stehenden weiteren Erkenntnismittel.[62] Erst recht an den praktischen Gegebenheiten vorbei geht die in diesem Zusammenhang mitunter zu findende Erwägung einer Gefahr zu früher Festlegungen, die mit Befragungen durch den Sachverständigen verbunden sei.[63] Gerade das Gegenteil ist der Fall. Es sind die Befragungen durch die Juristen, die mangels entsprechender Schulung und Kenntnisse sowie wegen des für den Zeugen oft einschüchternden Rahmens eine Verzerrung des Beweisergebnisses bewirken können.[64] Im Hinblick auf die enorme Bedeutung von Explorationen von Beschuldigten und Zeugen sollte der **Gesetzgeber** diese Streitfragen klären und dem psychiatrischen und psychologischen Sachveständigen durch Änderung des § 80 ausdrücklich die Berechtigung zu eigenständiger Exploration zuerkennen.[65]

11 Diese Erwägungen gelten dagegen nicht für die **Befragung Dritter,** vor allem wenn sie zur Aufklärung der Persönlichkeit des Beschuldigten oder von Zeugen und zur Aussageentstehung beitragen können. Hier steht nicht die notwendige Sachkunde bei der Befragung im Vordergrund, sondern die Ermittlung des Umfeldes und die Berücksichtigung eventueller Auskunfts- und Zeugnisverweigerungsrechte.[66] Es handelt sich insoweit ohnehin um originäre Ermittlungsaufgaben der Staatsanwaltschaft und Polizeibehörden, die möglichst frühzeitig im Ermittlungsverfahren vorzunehmen sind.[67] Daher greift insoweit der von § 80 Abs. 1 ausdrücklich hervorgehobene Fall der vorrangigen Vernehmung durch den Auftraggeber.

12 **3. Fragerecht und Akteneinsicht nach Abs. 2.** Abs. 2 regelt dem Grundsatz nach ein eigenständiges **Akteneinsichtsrecht** des Sachverständigen. Ob und in welchem Umfang einem diesbezüglichen Verlangen entsprochen wird, steht im Ermessen des Auftraggebers und ist Gegenstand der Leitungsbefugnis nach § 78.[68] Nach dieser richtet sich auch, inwieweit schon ohne entsprechendes Verlangen des Sachverständigen, insbesondere in Zusammenhang mit der Auftragserteilung, die Akte oder Teile davon zugänglich gemacht werden.[69] Auf die diesbezüglichen Ausführungen bei § 78 wird verwiesen (→ § 78 Rn. 8). Erfasst werden nicht nur die Verfahrensakten, sondern auch beigezogene oder beizuziehende Akten wie bspw. Gefangenenpersonalakten und offenbarungspflichtige Daten aus gesondert geführten Behandlungs- und Therapieakten des Strafvoll-

---

60 So Krauß ZStW 85 (1973), 320 (333 f. und 344–347, s. aber dagegen 357 f.); wenigstens konsequent dagegen Roesen NJW 1964, 442 (443) „Seelenleben eines Kindes tritt zurück!".

61 S. dazu vor allem die einfühlsamen und vor allem nicht von der – leider oft zu beobachtenden – Selbstüberschätzung der juristischen Fachrichtung getragenen Ausführungen in BGH 14.12.1954 – 5 StR 416/54, BGHSt 7, 82 (83–86) und bei Brause NStZ 2013, 129 (131) allgemein zu Sexualdelikten.

62 Tröndle JZ 1969, 374 (375); vgl. auch Cabanis NJW 1978, 2329 (2331); Schoreit StV 2004, 284.

63 Krauß ZStW 85 (1973); 320 (332); Weigend JZ 1990, 48 (49); Roesen NJW 1964, 442 (443) Letzterer allerdings unter weitgehender Verkennung der beweismäßigen Funktion eines aussagepsychologischen Gutachtens.

64 Vgl. Brause NStZ 2013, 129 (131); Tröndle JZ 1969, 374 (376).

65 So schon Gebhardt/Eckhardt/Reckewell FuR 1995, 124 (129); Rohmann StraFo 2005, 401 (402) für aussagepsychologische Sachverständige.

66 Eisenberg BeweisR StPO Rn. 1873.

67 BGH 30.7.1999 – 1 StR 618/98, BGHSt 45, 164 (174) unter Hinweis auf Nr. 19 Abs. 2 RiStBV zur aussagepsychologischen Begutachtung; vgl. auch BGH 14.11.1961 – 5 StR 445/61, JR 1962, 111 zur Aufklärung der für die psychiatrische Begutachtung relevanten persönlichen Entwicklung des Beschuldigten; Rogall in SK-StPO Rn. 19.

68 Groß/Fünfsinn NStZ 1992, 105 (110 Fn. 50).

69 Schmitt in Meyer-Goßner/Schmitt Rn. 3.

zugs für Prognosegutachten.[70] Das Gericht hat in jedem Fall dafür Sorge zu tragen, dass der Sachverständige sich nicht auf Tatsachen stützt, die er über die Akteneinsicht erfahren hat, welche aber nicht zum Gegenstand der Hauptverhandlung gemacht wurden oder gemacht werden konnten.[71]

Soweit dem Sachverständigen ein Anwesenheitsrecht bei **Vernehmungen** nach Abs. 2 eingeräumt wird, regelt die Vorschrift eine Selbstverständlichkeit. Die Umsetzung eines Aufklärungsverlangens nach Abs. 1 könnte unter dem Gesichtspunkt umfassender Sachaufklärung oftmals nur unzureichend erfolgen, wenn dem Sachverständigen nicht zugleich die Teilhabe gestattet werden würde. Bei der Gestattung von Fragen ist das Gericht an keine Reihenfolge gebunden. Es steht in seinem pflichtgemäßen Ermessen, inwieweit dem Sachverständigen das Fragerecht eingeräumt wird[72] und ob ihm das Fragerecht vor oder nach der Verteidigung zugestanden wird.[73] In jedem Fall soll ihm aber die Vernehmung des Beschuldigten oder Zeugen nicht vollständig überlassen werden.[74] 13

Für die **Hauptverhandlung** gilt, dass der Sachverständige nicht zu den Personen gehört, deren ununterbrochene Anwesenheit erforderlich ist.[75] Inwieweit er der Beweisaufnahme beiwohnt, entscheidet im Rahmen der Aufklärungspflicht zunächst der Vorsitzende, dessen Entscheidung ggf. gem. § 238 Abs. 2 StPO zu beanstanden ist.[76] Im übrigen beurteilt der Sachverständige mit seiner Sachkunde nach seinem pflichtgemäßen Ermessen selbst, ob er eine ausreichende Basis für das Gutachten gefunden hat.[77] Die erforderlichen Informationen kann ihm das Gericht auch außerhalb der Hauptverhandlung zukommen lassen (→ § 78 Rn. 10).[78] Im Einzelfall kann es nach § 244 Abs. 2 allerdings geboten sein, dass der Sachverständige an der gesamten Beweisaufnahme oder an bestimmten Beweiserhebungen teilnimmt.[79] Von besonderer Bedeutung ist dabei, inwieweit er selbst seine Anwesenheit für notwendig hält und ggf. sogar anregt.[80] §§ 72, 58 stehen dem nicht entgegen, da § 80 insoweit eine Ausnahmevorschrift ist, die auch für die Anwesenheit in der Hauptverhandlung gilt.[81] 14

III. Rechtsmittel

Dient die Vernehmung des Beschuldigten der Vorbereitung einer Unterbringungsentscheidung nach § 81, so kann eine Terminsbestimmung nach § 80 gesondert mit der **Beschwerde** angefochten werden. § 305 S. 1 steht in diesem Fall nicht entgegen, da sich die Anfechtungsbefugnis nach § 81 Abs. 4 bereits auf die vorbereitende Maßnahme erstreckt.[82] 15

[70] Boetticher ua NStZ 2019, 553 (556); s. auch Rose StV 2003, 101 (101 f.) speziell zur Begutachtung von Sexualstraftätern.
[71] Hadamitzky in KK-StPO Rn. 3.
[72] BGH 8.12.1959 – 1 StR 577/59, JurionRS 1959, 13366.
[73] BGH 12.11.1968 – 1 StR 358/68, NJW 1969, 437 (438).
[74] Lemke in Gercke/Julius/Temming/Zöller Rn. 2; Hadamitzky in KK-StPO Rn. 5; Krause in Löwe/Rosenberg Rn. 6; Schmitt in Meyer-Goßner/Schmitt Rn. 2; Rogall in SK-StPO Rn. 8 und 14; Bittmann wistra 2011, 47 (51); Wolf ZWH 2012, 125 (131); OLG Köln 28.10.2011 – 2 Ws 669/11, BeckRS 2011, 26108 zu polizeilicher Vernehmung.
[75] BGH 8.12.1959 – 1 StR 577/59, JurionRS 1959, 13366; BGH 30.4.1976 – 5 StR 481/75, Spiegel DAR 1977, 169 (175) – RsprÜ, insoweit nicht abgedruckt in NJW 1976, 1950; BGH 9.1.1979 – 5 StR 683/78, Pfeiffer NStZ 1981, 93 (94) – RsprÜ; BGH 17.2.1982 – 2 StR 661/81, Spiegel DAR 1983, 187 (205) – RsprÜ; Neubeck in KMR-StPO Rn. 6; Rogall in SK-StPO Rn. 12.
[76] BGH 13.1.1976 – 1 StR 527/75, BeckRS 1976, 00248; vgl. auch BGH 29.11.1977 – 1 StR 419/77, BeckRS 1977, 00238.
[77] BGH 9.1.1979 – 5 StR 683/78, Pfeiffer NStZ 1981, 93 (94) – RsprÜ; BGH 13.11.1979 – 1 StR 526/79, BeckRS 1979, 00346 Rn. 8.
[78] BGH 4.12.1951 – 1 StR 530/51, BGHSt 2, 25 (27 f.); 8.12.1959 – 1 StR 577/59, JurionRS 1959, 13366.
[79] Vgl. OLG Zweibrücken 31.5.2021 – 1 Ws 132/21, BeckRS 2021, 13580 Rn. 22 zu § 66 StGB.
[80] BGH 22.7.1964 – 2 StR 247/64, BGHSt 19, 367 (368–370) zur aussagepsychologischen Begutachtung.
[81] RG 25.3.1891 – Rep 656/92, RGSt 22, 434 (434 f.); 2.3.1918 – V 948/17, RGSt 52, 161 (161 f.).
[82] OLG Karlsruhe 4.6.1996 – 1 Ws 133/96, Justiz 1997, 141.

16 Eine Verletzung des Abs. 1 kann mit der **Revision** nur (mittelbar) gerügt werden, wenn sie in einer Verletzung der Aufklärungspflicht nach § 244 Abs. 2 fortwirkt, die dazu geführt hat, dass der Sachverständige von unrichtigen Erwägungen ausgegangen ist.[83] Bei **Abs. 2** handelt es sich um eine Ordnungsvorschrift, deren Einhaltung im Wege der Revision nicht überprüft werden kann.[84]

§ 80a Vorbereitung des Gutachtens im Vorverfahren

Ist damit zu rechnen, daß die Unterbringung des Beschuldigten in einem psychiatrischen Krankenhaus, einer Entziehungsanstalt oder in der Sicherungsverwahrung angeordnet werden wird, so soll schon im Vorverfahren einem Sachverständigen Gelegenheit zur Vorbereitung des in der Hauptverhandlung zu erstattenden Gutachtens gegeben werden.

Schrifttum: Alex/Feltes/Kudlacek, Qualitätssicherung von Prognosegutachten, StV 2013, 259; Basdorf, Gebotene psychiatrische Begutachtung in Fällen auffälliger Besonderheiten in der Tat und/oder bei dem Täter, HRRS 2008, 275; Boetticher/Koller/Böhm/Brettel/Dölling/Höffler/Müller-Metz/Pfister/Schneider/Schöch/Wolf, Empfehlungen für Prognosegutachten, NStZ 2019, 553; Boetticher/Kröber/Müller-Isberner/Böhm/Müller-Metz/Wolf, Mindestanforderungen an Prognosegutachten; NStZ 2006, 537; Deckers/Schöch/Nedopil/Dittmann/Müller/Nowara/Saimeh/Boetticher/Wolf, Pflicht zur Einholung eines vorläufigen schriftlichen Gutachtens eines Psychiaters bei Anordnung einer Maßregel nach den §§ 63, 66, 66a StGB, NStZ 2011, 69; Feltes, Rückfallprognose und Sicherungsverwahrung: Die Rolle des Sachverständigen, StV 2000, 281; Kangarani, Die Grenzen der ärztlichen Schweigepflicht im Rahmen einstweiliger Unterbringung nach § 126a StPO, StraFo 2014, 101; Kruse, Die Sachverständigenauswahl für die Schuldfähigkeitsbegutachtung, NJW 2014, 509; Müller-Dietz, Rechtsfragen der Unterbringung nach § 63 StGB, NStZ 1983, 203; Rose, Qualitätsstandards bei der Begutachtung bei Sexualstraftätern, StV 2003, 101; Schneider, Die Reform des Maßregelrechts, NStZ 2008, 68; Spiess, Das Gesetz zur Sicherung der Unterbringung in einem psychiatrischen Krankenhaus und in einer Entziehungsanstalt, StV 2008, 160; Trück, Die Rechtsprechung des BGH zur Ablehnung von Beweisanträgen auf Vernehmung eines Sachverständigen, NStZ 2007, 377; Wulf, Zu den Änderungen des Verfahrens- und Jugendrechts und den Übergangsvorschriften im 1. StrRG, JZ 1970, 160.

I. Überblick

1 **1. Normzweck.** Die Vorschrift dient sowohl dem **Beschuldigten,** als auch dem **Anstalts-**[1] und **Allgemeininteresse.** Für Ersteren soll durch Untersuchung des psychischen und körperlichen Zustandes die medizinische und pädagogisch angemessene Behandlung[2] sowie durch die frühzeitige Einschaltung die Gründlichkeit und Vollständigkeit des Gutachtens[3] gesichert werden. Von den Anstalten gilt es ungeeignete Personen fernzuhalten.[4] Schließlich stellt es ein überragendes Gemeinwohlinteresse dar, bedeutende Individualrechtsgüter vor Straftätern zu schützen, von denen mit hoher Wahrscheinlichkeit weitere erhebliche Straftaten zu erwarten sind.[5] Durch frühzeitige und umfassende Aufklärung soll deswegen bei gefährlichen Tätern die für diese am geeignetsten erscheinende Form der Unterbringungseinrichtung gefunden werden. § 80a ergänzt dabei § 246a Abs. 3, der die

[83] OLG Zweibrücken 31.5.2021 – 1 Ws 132/21, BeckRS 2021, 13580 Rn. 22; Monka in BeckOK StPO Rn. 6; Lemke in Gercke/Julius/Temming/Zöller Rn. 6; Hadamitzky in KK-StPO Rn. 6 unter Hinweis auf BGH 4 StR 229/77; Neubeck in KMR-StPO Rn. 7; Krause in Löwe/Rosenberg Rn. 13; Rogall in SK-StPO Rn. 22.

[84] Neubeck in KMR-StPO Rn. 7; Schmitt in Meyer-Goßner/Schmitt Rn. 6; aA Rogall in SK-StPO Rn. 22.

[1] Brauer in Gercke/Julius/Temming/Zöller Rn. 1; Krause in Löwe/Rosenberg Rn. 1; nach Eisenberg BeweisR StPO Rn. 1824 sei „empirisch wenig geklärt", welches Interesse die Vorschrift vornehmlich verwirklicht.

[2] Monka in BeckOK StPO Rn. 1; Brauer in Gercke/Julius/Temming/Zöller Rn. 1; Krause in Löwe/Rosenberg Rn. 1; Schmitt in Meyer-Goßner/Schmitt Rn. 2.

[3] Rogall in SK-StPO Rn. 1.

[4] Brauer in Gercke/Julius/Temming/Zöller Rn. 1; Krause in Löwe/Rosenberg Rn. 1; vgl. auch BGH 6.3.2013 – 597/12, NStZ 2013, 334 (336) zu § 64 StGB.

[5] Becker in Löwe/Rosenberg § 246a Rn. 1.

Untersuchung vor oder während der Hauptverhandlung vorsieht.[6] Einen Anspruch der Verfahrensbeteiligten auf Vorlage eines vorbereitenden schriftlichen Gutachtens begründet die Vorschrift nicht.[7]

2. Anwendungsbereich. § 80a gilt durch die Bezugnahme auf das Vorverfahren für das **staatsanwaltschaftliche Ermittlungsverfahren,**[8] auch soweit die Ermittlungshandlungen selbst im Rahmen der §§ 161, 163 durch die Polizei durchgeführt werden.[9] Wurde die Vorschrift nicht beachtet, so hat nach Anklageerhebung das Gericht, ggf. bereits im Zwischenverfahren nach § 202 S. 1,[10] einen Sachverständigen zu beauftragen.[11] Im Hauptverfahren kommt die zwingende Regelung des § 246a zur Anwendung.[12] Im Sicherungsverfahren greift § 414 Abs. 3, der darüber hinaus auch die in § 80a nicht aufgeführten Maßregeln der Besserung und Sicherung iSd §§ 61 ff. StGB erfasst.[13] In seinem sachlichen Anwendungsbereich ist § 80a indes vorrangig, insbesondere wenn es um die Frage geht, ob das Sicherungsvefahren überhaupt gem. § 413 zulässig oder ob im subjektiven Verfahren zu eröffnen ist.[14] 2

II. Erläuterung

Trotz des gegenüber § 246a Abs. 1 S. 1 unterschiedlichen Wortlauts des § 80a („ist damit zu rechnen") besteht kein sachlicher Unterschied. Bereits im Ermittlungsverfahren ist sachkundige Unterstützung geboten, wenn die Anordnung **freiheitsentziehender Maßregeln in Betracht kommt.** In § 246a fand sich vor dessen Änderung durch das Gesetz zur Sicherung der Unterbringung in einem psychiatrischen Krankenhaus und in einer Entziehungsanstalt[15] zunächst ebenfalls die in § 80a immer noch anzutreffende Formulierung.[16] Durch dessen Änderung wurde keine inhaltliche Modifizierung vorgenommen, sondern lediglich der Wortlaut an die Vorgaben der Rspr. angepasst.[17] Diese hatte die ursprüngliche Wendung des § 246a ohnehin schon in dem Sinne ausgelegt, dass eine der genannten Maßnahmen in Betracht kommt.[18] Der Unterschied in den Fassungen ist damit rein redaktioneller Natur. Maßgeblich ist für § 80a mithin genauso alleine die Möglichkeit einer Maßregelanordnung.[19] Eine Entsprechung zu § 246a Abs. 2[20] für den Fall einer in Betracht kommenden Therapieweisung findet sich dagegen nicht. Insoweit ist vor Eröffnung oder außerhalb des Hauptverfahrens § 153a Abs. 1 S. 8 einschlägig,[21] weswegen auf die dortige Kommentierung verwiesen wird. 3

Entgegen dem missverständlichen Wortlaut („soll") räumt § 80a **kein Ermessen** ein.[22] Ein Sachverständiger ist daher vom Gericht oder möglichst schon von der Staatsanwalt- 4

---

6 Vgl. BGH 1.12.1955 – 3 StR 419/55, BGHSt 9, 1.

7 BGH 14.10.2009 – 2 StR 205/09, BGHSt 54, 177 (178); ausführlich hierzu die Kommentierung bei § 82.

8 Hadamitzky in KK-StPO Rn. 1.

9 Brauer in Gercke/Julius/Temming/Zöller Rn. 2; Krause in Löwe/Rosenberg Rn. 2.

10 Allerdings dort noch nicht zwingend nach BGH 15.11.1983 – 1 StR 553/83, NStZ 1984, 134 (135).

11 Krause in Löwe/Rosenberg Rn. 2.

12 Monka in BeckOK StPO Rn. 1; Hadamitzky in KK-StPO Rn. 1; Schmitt in Meyer-Goßner/Schmitt Rn. 1.

13 Eisenberg BeweisR StPO Rn. 1710.

14 OLG Düsseldorf 3.2.2014 – III-2 Ws 614/13, BeckRS 2016, 18956.

15 BGBl. 2007 I 1327.

16 S. hierzu Becker in Löwe/Rosenberg § 246a Entstehungsgeschichte; Spiess StV 2008, 160 (164).

17 Becker in Löwe/Rosenberg § 246a Rn. 8; Schneider NStZ 2008, 68 (70); Spiess StV 2008, 160 (164); vgl. auch BGH 20.9.2011 – 4 StR 434/11, NStZ 2012, 463 (464).

18 BGH 15.6.1999 – 4 StR 231/99, Kusch NStZ-RR 2000, 33 (36) – RsprÜ = BeckRS 1999, 30062516.

19 BGH 29.9.1993 – 2 StR 355/93, NStZ 1994, 95 (96) zu § 246a.

20 Eingefügt durch Art. 1 Nr. 7 StORMG v. 26.6.2013, BGBl. 2013 I 1805.

21 BT-Drs. 17/12735 (16).

22 OLG Düsseldorf 3.2.2014 – III-2 Ws 614/13, BeckRS 2016, 18956; OLG Karlsruhe 27.3.2017 – HEs 2 Ws 63/17, BeckRS 2017, 105172 Rn. 25; BGH 1.12.1955 – 3 StR 419/55, BGHSt 9, 1 (3) zu § 246a unter Bezugnahme auf § 80a (1); Krause in Löwe/Rosenberg Rn. 3; Eisenberg BeweisR StPO Rn. 1824; vgl. auch BVerfG 16.6.1995 – 1 BvR 1414/94, NJW 1995, 3047; BGH 17.11.1999 – 3 StR 305/99, NStZ 2000, 215 jeweils zu § 246a; aA Hadamitzky in KK-StPO Rn. 1.

schaft[23] (§ 73 Abs. 1, § 161a Abs. 1 S. 2; → § 73 Rn. 6–8)[24] in einem frühen Stadium des Ermittlungsverfahrens heranzuziehen, sofern eine freiheitsentziehende Maßregel der Besserung und Sicherung nach §§ 63–66 StGB in Betracht kommt.[25] Obwohl im Gegensatz zu § 246a Abs. 1 S. 1 nicht ausdrücklich erwähnt, wird ein entsprechender Auftrag auch für den Fall des zu gewärtigenden Vorbehalts der Unterbringung in der Sicherungsverwahrung nach § 66a StGB zu erteilen sein. Ohnehin kann die Differenzierung, ob § 66 oder nur § 66a in Frage kommt, im Ermittlungsverfahren häufig noch nicht getroffen werden. Ebensowenig wird die Staatsanwaltschaft im Ermittlungsverfahren die Entscheidung des Tatgerichts vorwegnehmen können, dass es unabhängig von sachverständigen Feststellungen die Maßregelanordnung nach § 64 StGB in Ausübung seines eng begrenzten Ermessens nicht treffen will und sie deshalb iSd § 246a Abs. 1 S. 2 StPO nicht „erwägt".[26] Eine Ausnahme vom Erfordernis, den Sachverständigen beizuziehen, kann allenfalls dann angenommen werden, wenn der seelische Zustand des Beschuldigten und seine Gefährlichkeit offensichtlich sind.[27] In der Praxis dürfte dies kaum vorkommen,[28] außer es hat erst kurze Zeit zuvor in einem anderen Verfahren eine entsprechende Begutachtung stattgefunden, die die erneute überflüssig erscheinen lässt.[29] Zu beachten ist aber schon im Ermittlungsverfahren selbst dann stets, dass Änderungen in den Verhaltensweisen des Beschuldigten eine zeitnahe Untersuchung erforderlich machen[30] und sich das Gericht im Rahmen der Hauptverhandlung nicht auf eine in anderen Verfahren erworbene eigene Sachkunde berufen darf.[31]

5 Im Hinblick auf die **Fachrichtung des Sachverständigen** oder besondere Qualitätsanforderungen werden in § 80a – anders als in § 463 Abs. 4 S. 5 – keine ausdrücklichen Vorgaben gemacht, weswegen das nach § 73 bauftragende Justizorgan die fachliche Qualifikation eigenverantwortlich zu prüfen hat.[32] Grundsätzlich kann die Auswahl daher aus dem Kreis der Psychiater, Psychologen, Sexualmediziner, Kriminologen und Sozialpädagogen, ggf. auch anderer Mediziner, Psychotherapeuten oder Suchttherapeuten getroffen werden (→ § 73 Rn. 24).[33] Sie muss dabei, wie bei § 246a, maßnahmespezifisch nach den zur Begutachtung erforderlichen Fachkenntnissen erfolgen.[34] In Betracht kommt daher bei den in § 80a genannten Maßregeln in erster Linie ein Arzt,[35] vor allem ein Psychiater,[36] wobei, soweit nicht wegen einer Erkrankung sprezifisch medizinische Sachkunde gefragt ist, ein forensisch erfahrener Psychologe gleichermaßen geeignet sein kann.[37] Die Hinzuziehung

23 BGH 7.5.1963 – 1 StR 70/63, BGHSt 18, 374 (374 f.).

24 Zur Möglichkeit unmittelbarer Ladung durch die Staatsanwaltschaft s. auch Brauer in Gercke/Julius/Temming/Zöller Rn. 2; Krause in Löwe/Rosenberg Rn. 2.

25 OLG Karlsruhe 27.3.2017 – HEs 2 Ws 63/17, BeckRS 2017, 105172 Rn. 25; Monka in BeckOK StPO Rn. 1; Deckers ua NStZ 2011, 69 (71).

26 Hierzu BGH 20.9.2011 – 4 StR 434/11, NStZ 2012, 463 (464); 17.7.2013 – 2 StR 255/13, NJW 2013, 3318 (3319).

27 OLG Düsseldorf 3.2.2014 – III-2 Ws 614/13, BeckRS 2016, 18956; Hadamitzky in KK-StPO Rn. 2; Rogall in SK-StPO Rn. 6; offen gelassen in BGH 1.12.1955 – 3 StR 419/55, BGHSt 9, 1 (3).

28 Beukelmann in Radtke/Hohmann Rn. 2.

29 Brauer in Gercke/Julius/Temming/Zöller Rn. 4; Krause in Löwe/Rosenberg Rn. 3; Eisenberg BeweisR StPO Rn. 1824 (Fn. 790); vgl. auch BVerfG 16.6.1995 – 1 BvR 1414/94, NJW 1995, 3047 zu § 246a.

30 BGH 7.5.1963 – 1 StR 70/63, BGHSt 18, 374 (375 f.).

31 BGH 15.6.1999 – 4 StR 231/99, bei Kusch NStZ-RR 2000, 33 (36) – RsprÜ = BeckRS 1999, 30062516; Trück NStZ 2007, 377 (384).

32 OLG Rostock 16.1.2017 – 20 Ws 173/16, NStZ-RR 2017, 95 (95 f.).

33 Boetticher ua NStZ 2019, 553 (555).

34 BVerfG 16.6.1995 – 1 BvR 1414/94, NJW 1995, 3047; BGH 15.6.1999 – 4 StR 231/99, bei Kusch NStZ-RR 2000, 33 (36) – RsprÜ = BeckRS 1999, 30062516; BGH 17.11.1999 – 3 StR 305/99, NStZ 2000, 215; OLG Stuttgart 19.7.2016 – 4 Ss 450/16, S. 3 f. jeweils zu § 246a; Boetticher ua NStZ 2019, 553 (555).

35 BGH 1.12.1955 – 3 StR 419/55, BGHSt 9, 1 (3); BGH 23.7.1975 – 2 StR 331/75, Dallinger MDR 1976, 13 (17) – RsprÜ; vgl. aber auch die Aufzählung bei Boetticher ua NStZ 2019, 553 (555).

36 Brauer in Gercke/Julius/Temming/Zöller Rn. 4; Neubeck in KMR-StPO Rn. 2 und § 73 Rn. 8; Hadamitzky in KK-StPO Rn. 2; Krause in Löwe/Rosenberg Rn. 3; Schmitt in Meyer-Goßner/Schmitt Rn. 2; Rogall in SK-StPO Rn. 6; Wulf JZ 1970, 160; Müller-Dietz NStZ 1983, 203 (204) zu § 63 StGB; vgl. auch BGH 17.11.1999 – 3 StR 305/99, NStZ 2000, 215.

37 Kruse NJW 2014, 509 (513).

eines Kriminologen, wie dies mitunter zumindest für die Anordnung der Unterbringung in der Sicherungsverwahrung vertreten wird,[38] ist vor allem dann nicht zu empfehlen, wenn sich seine diesbezügliche Erfahrung auf eine (vorwiegend) juristische Ausbildung und Tätigkeit stützt. Bei der Begutachtung im Hinblick auf §§ 66, 66a StGB steht die differenzierte Persönlichkeitsdiagnostik im Vordergrund, die zu erbringen der medizinisch-psychiatrisch nicht ausgebildete Gutachter zumindest nicht in gleicher Weise sachkundig in der Lage sein dürfte.[39] Soweit es um Umstände geht, die für die Beurteilung der Gefährlichkeit des Beschuldigten ausschlaggebend sind, wie bspw. Rückfallprognostik, sind entsprechende statistische Werte oder die Anwendung von standardisierten Prognoseinstrumenten immer konkret auf den Beschuldigten und dessen Persönlichkeitsstruktur zu beziehen.[40] In besonders schwierigen Fällen kann es sich empfehlen, ergänzend einen Psychologen, Soziologen oder Kriminologen zu Rate zu ziehen,[41] wobei es sich – gerade bei Letzteren – um im Strafvollzug und den dortigen Vollzugsplankonferenzen erfahrene Personen handeln sollte. Auch wenn der Sachverständige Arzt ist, steht ihm kein Zeugnisverweigerungsrecht zu.[42]

Eine bloße sachverständige Beurteilung nach Aktenlage oder die Beobachtung in der Hauptverhandlung genügen nicht für die regelmäßig erforderliche **Untersuchung** (vgl. § 246 Abs. 3).[43] Andererseits begründet die Anordnung nach § 80a keine Pflicht zu deren Duldung oder zur Mitwirkung bei einer Exploration.[44] Bei Untersuchungsverweigerung ist der Beschuldigte daher, notfalls nach Vorführung, durch die Staatsanwaltschaft (§ 163a Abs. 3) oder das Gericht (§ 133) gemäß § 80 in Gegenwart des Sachverständigen zu vernehmen (→ § 80 Rn. 7).[45] Zudem können zum Zwecke der Untersuchung eine Unterbringung nach § 81[46] oder eine Anordnung nach § 81a erforderlich sein.[47] Nur Ausnahmsweise darf von der verweigerten Untersuchung Abstand genommen werden, wenn sie ihrer Art nach die freiwillige Mitwirkung des Beschuldigten voraussetzt und bei zwangsweiser Vornahme gegen dessen Willen kein verwertbares Ergebnis erbringen kann.[48] 6

III. Rechtsmittel

Bei § 80a handelt es sich um eine Ordnungsvorschrift.[49] Gegen die Auftragserteilung an den Sachverständigen als solche ist die **Beschwerde** daher nicht statthaft (→ § 73 Rn. 32).[50] Einer Anfechtung zugänglich sind erst die Anordnung körperlicher Untersu- 7

[38] Eisenberg BeweisR StPO Rn. 1825; Feltes StV 2000, 281 (282 f.); generell für Prognosegutachten Feltes ua StV 2013, 259 (266 f.).

[39] Vgl. BGH 7.4.1993 – 1 StE 1/75 – StB 7/93, NJW 1993, 2449 (2450) zu § 57a StGB, § 454 Abs. 2; in diesem Sinne auch Basdorf HRRS 2008, 275 (277) für die vergleichbare Sachlage bei der Beurteilung der Schuldfähigkeit.

[40] BGH 13.11.2007 – 3 StR 341/07, BeckRS 2008, 01435 Rn. 13, insoweit nicht abgedruckt in NStZ-RR 2008, 304; BGH 23.10.2008 – 3 StR 350/08, NStZ-RR 2009, 75; Boetticher ua NStZ 2006, 537 (543 f.); Boetticher ua NStZ 2019, 553 (558); Rose StV 2003, 101 (103 ff.) speziell zur Begutachtung von Sexualstraftätern.

[41] Krause in Löwe/Rosenberg § 73 Rn. 11; vgl. auch Feltes ua StV 2013, 259 (266); Rasch NStZ 1993, 509 (510) zu § 57a StGB.

[42] Kangarani StraFo 2014, 101 auch zu den verschiedenen Fallkonstellationen in Zusammenhang mit §§ 81, 126a.

[43] OLG Düsseldorf 3.2.2014 – III-2 Ws 614/13, BeckRS 2016, 18956.

[44] Kangarani StraFo 2014, 101.

[45] OLG Düsseldorf 3.2.2014 – III-2 Ws 614/13, BeckRS 2016, 18956; Monka in BeckOK StPO Rn. 2; Brauer in Gercke/Julius/Temming/Zöller Rn. 5; Hadamitzky in KK-StPO Rn. 3; Neubeck in KMR-StPO Rn. 3; Krause in Löwe/Rosenberg Rn. 4; Schmitt in Meyer-Goßner/Schmitt Rn. 3; Eisenberg BeweisR StPO Rn. 1824.

[46] OLG Düsseldorf 3.2.2014 – III-2 Ws 614/13, BeckRS 2016, 18956; OLG Stuttgart 19.7.2016 – 4 Ss 450/16, S. 5 zu § 246a.

[47] BGH 28.10.1971 – 4 StR 432/71, NJW 1972, 348; 22.7.2003 – 4 StR 265/03, NStZ 2004, 263 (264); OLG Stuttgart 19.7.2016 – 4 Ss 450/16, S. 5 jeweils zu § 246a; Rogall in SK-StPO Rn. 8.

[48] BGH 29.9.1993 – 2 StR 355/93, NStZ 1994, 95 (96); 31.1.1997 – 2 StR 668/96, NStZ-RR 1997, 166 (167) jeweils zu § 246a.

[49] Bohnert NStZ 1982, 5.

[50] Monka in BeckOK StPO Rn. 3; Lemke in Gercke/Julius/Temming/Zöller Rn. 6.

chung nach § 81a oder der Unterbringung zur Beobachtung nach § 81[51] sowie ggf. der Vernehmung nach § 80 (→ § 80 Rn. 15).

8 Aufgrund des Charakters als Ordnungsvorschrift ist die Verletzung des § 80a auch **nicht revisibel.**[52] Über einen Aussetzungsantrag in der Hauptverhandlung kann die Einhaltung des § 80a nicht erzwungen werden. Nur mit der Verletzung des § 246a im Rahmen der Hauptverhandlung lässt sich die Revision begründen.[53] Genauso wenig können §§ 80a, 246a Grundlage für eine Rüge sein, das Gericht hätte zur Vorbereitung der Hauptverhandlung die Vorlage schriftlicher vorbereitender Gutachten verlangen und den Verfahrensbeteiligten zur Verfügung stellen müssen.[54]

§ 81 Unterbringung des Beschuldigten zur Vorbereitung eines Gutachtens

(1) Zur Vorbereitung eines Gutachtens über den psychischen Zustand des Beschuldigten kann das Gericht nach Anhörung eines Sachverständigen und des Verteidigers anordnen, daß der Beschuldigte in ein öffentliches psychiatrisches Krankenhaus gebracht und dort beobachtet wird.

(2) [1]Das Gericht trifft die Anordnung nach Absatz 1 nur, wenn der Beschuldigte der Tat dringend verdächtig ist. [2]Das Gericht darf diese Anordnung nicht treffen, wenn sie zu der Bedeutung der Sache und der zu erwartenden Strafe oder Maßregel der Besserung und Sicherung außer Verhältnis steht.

(3) Im vorbereitenden Verfahren entscheidet das Gericht, das für die Eröffnung des Hauptverfahrens zuständig wäre.

(4) [1]Gegen den Beschluß ist sofortige Beschwerde zulässig. [2]Sie hat aufschiebende Wirkung.

(5) Die Unterbringung in einem psychiatrischen Krankenhaus nach Absatz 1 darf die Dauer von insgesamt sechs Wochen nicht überschreiten.

Schrifttum: Altenhain, Die strafgerichtliche Rechtsprechung zum Rechtsschutz gegen Justizverwaltungsakte, JZ 1965, 756; Eisenberg, Zum Verfahren der Unterbringung zur Beobachtung (§ 81 StPO) betreffend die Frage der Verhandlungsfähigkeit im Stadium der Hauptverhandlung, NStZ 2015, 433; Immel, Die Einholung und Verwertung von Prognosegutachten gemäß § 454 II stopp, JR 2007, 183; Kangarani, Die Grenzen der ärztlichen Schweigepflicht im Rahmen der einstweiligen Unterbringung nach § 126a StPO, StraFo 2014, 101; Koch, Auswertung der Briefe untergebrachter (verwahrter) Beschuldigter durch den Anstaltssachverständigen?, NJW 1969, 176; Löffler, Voraussetzungen für die Anwendbarkeit der §§ 81, 81a StPO, NJW 1951, 821; Schroeder, Eine funktionelle Analyse der strafprozessualen Zwangsmittel, JZ 1985, 1028; Strate, Die forensische Psychiatrie und das lästige Verfassungsgericht, StV 2015, 661.

Übersicht

[51] Krause in Löwe/Rosenberg Rn. 5; Schmitt in Meyer-Goßner/Schmitt Rn. 4.
[52] Monka in BeckOK StPO Rn. 3; Brauer in Gercke/Julius/Temming/Zöller Rn. 6; Hadamitzky in KK-StPO Rn. 4; Krause in Löwe/Rosenberg Rn. 6; Schmitt in Meyer-Goßner/Schmitt Rn. 5; Rogall in SK-StPO Rn. 10.
[53] BGH 15.11.1983 – 1 StR 553/83, NStZ 1984, 134 (135).
[54] BGH 14.10.2009 – 2 StR 205/09, BGHSt 54, 177 (178); ausführlich bei § 82.

I. Überblick

1. Normzweck. § 81 dient dem Schutz der **Freiheit der Person** (Art. 2 Abs. 2 S. 2 GG) und stellt zugleich die Ermächtigungsgrundlage für einen diesbezüglichen Eingriff dar (Art. 2 Abs. 2 S. 3, 104 Abs. 1 S. 1 GG).[1] Zudem wahrt sie das **allgemeine Persönlichkeitsrecht** (Art. 2 Abs. 1 GG iVm Art. 1 Abs. 1 GG), das durch die Erhebung und Weitergabe von Befunden über den Gesundheitszustand, die seelische Verfassung und den Charakter eines Menschen betroffen ist.[2] Wegen der Schwere des Eingriffs in diese Grundrechte und die verfassungsrechtlichen Vorgaben unterliegt die Unterbringung zur Beobachtung engen sachlichen und förmlichen Voraussetzungen, einer zeitlichen Begrenzung und dem Richtervorbehalt.[3] 1

2. Anwendungsbereich. § 81 ist im **Erkenntnisverfahren** anwendbar, und zwar von der Einleitung des Ermittlungsverfahrens bis zur rechtskräftigen gerichtlichen Entscheidung.[4] Erfasst ist demnach auch der Fall, wenn sich der Beschuldigte mit seiner Revision lediglich gegen die neben der Strafe angeordnete Unterbringung nach § 63 StGB richtet. Da sich die daraufhin angeordnete Unterbringung zur Beobachtung auf dieselbe Strafsache bezieht, ist die Dauer des Aufenthalts in die Strafzeit einzurechnen.[5] Nicht erfasst ist dagegen das Strafvollstreckungsverfahren.[6] Die systematische Stellung der Vorschrift und die Verwendung des Begriffs des Beschuldigten, der als Oberbegriff für die in § 157 aufgeführten Verfahrensstadien zu verstehen ist,[7] belegen die Beschränkung auf den Zeitraum bis zum rechtskräftigen Abschluss des Hauptverfahrens.[8] Dagegen ist die Unterbringung nach § 81 im Sicherungsverfahren nach §§ 413 ff. statthaft (vgl. § 414 Abs. 1), genauso wie bei der Beweisaufnahme des Wiederaufnahmeverfahrens nach § 369, ausgeschlossen dagegen im Ordnungswidrigkeitenverfahren wegen § 46 Abs. 3 S. 1 OWiG und im Privatklageverfahren wegen § 81 Abs. 2 S. 2.[9] Im Jugendstrafverfahren sind die Sondervorschriften der §§ 73, 104 Nr. 12, § 109 Abs. 1 S. 1, § 112 JGG zu beachten, die als möglichen Unterbringungszweck die Vorbereitung eines Gutachtens über den Entwicklungsstand des Beschuldigten vorsehen.[10] Gilt es zusätzlich Feststellungen über den psychischen Zustand zu treffen, kann die Unterbringung nach § 81 zugleich[11] mit derjenigen nach § 73 JGG erfolgen, nach der hM insgesamt bis zur Höchstfrist von sechs Wochen.[12] Teilweise wird darüber hinausgehend angenommen, die Beobachtungen könnten auch nacheinander unter Ausschöpfung der jeweiligen Höchstfrist angeordnet werden.[13] 2

---

1 BVerfG 7.3.1995 – 2 BvR 1509/94, NStZ-RR 1996, 38; BGH 8.7.1955 – 5 StR 233/55, BGHSt 8, 144 (147); RG 1.5.1890 – Rep. 901/90, RGSt 20, 378 (379).

2 BVerfG 9.10.2001 – 2 BvR 1523/01, NJW 2002, 283 (284); OLG Nürnberg 2.6.2009 – 1 Ws 292/09, StV 2010, 510 (511).

3 Schmidt StPO II Rn. 4–6; Krause in Löwe/Rosenberg Rn. 1.

4 Krause in Löwe/Rosenberg Rn. 2; Schmitt in Meyer-Goßner/Schmitt Rn. 1; Rogall in SK-StPO Rn. 3.

5 OLG Celle 1.3.1961 – 3 Bs 120/61, NJW 1961, 981.

6 OLG Hamm 17.1.1974 – 4 Ws 350/73, NJW 1974, 914 (915); OLG Düsseldorf 10.4.1985 – 1 Ws 258 – 259/85, NStZ 1985, 575 (Leitsatz); OLG Karlsruhe 14.7.2017 – 2 Ws 182/16, BeckRS 2017, 116955 Rn. 7; Immel JR 2007, 183 (188); offen gelassen von OLG Nürnberg 2.6.2009 – 1 Ws 292/09, StV 2010, 510 (511) für das Verfahren nach § 275a.

7 Schmitt in Meyer-Goßner/Schmitt § 157 Rn. 4.

8 OLG Hamm 17.1.1974 – 4 Ws 350/73, NJW 1974, 914 (915); OLG Düsseldorf 10.4.1985 – 1 Ws 258–259/85, StV 1985, 377 (378).

9 Krause in Löwe/Rosenberg Rn. 2; Schmitt in Meyer-Goßner/Schmitt Rn. 7; Rogall in SK-StPO Rn. 3.

10 Rogall in SK-StPO Rn. 3 und 16.

11 Blessing/Weik in HK-JGG § 73 Rn. 4: In einem Beschluss; vgl. aber auch LG Flensburg 7.9.2020 – II Qs 33/20, BeckRS 2020, 25131 zu § 81, wenn es nur um Diagnosesicherung für §§ 63, 64 StGB geht.

12 Diemer in Diemer/Schatz/Sonnen § 73 Rn. 3 und 14; Eisenberg/Kölbel JGG § 73 Rn. 6; Krause in Löwe/Rosenberg Rn. 11; Schmitt in Meyer-Goßner/Schmitt Rn. 17; Sommerfeld in NK-JGG § 73 Rn. 4.

13 Brunner/Dölling JGG § 73 Rn. 3, 4 unter besonderem Hinweis auf Verhältnismäßigkeit.

3 Nach der Rspr. und der hM[14] ist § 81 einschließlich der zeitlichen Begrenzung nach Abs. 5 nicht einschlägig, falls sich der Beschuldigte in **Untersuchungshaft,**[15] in **einstweiliger Unterbringung** nach § 126a[16] oder in anderer Sache in **Strafhaft**[17] befindet. Die hiergegen vorgebrachten Argumente liegen neben der Sache. Natürlich ist der Beschuldigte nicht zur aktiven Mitwirkung an der Begutachtung verpflichtet.[18] Das ist er aber nach Anordnung einer Maßnahme genauso wenig, denn auch diese gewährt dem Sachverständigen kein „Recht" auf eine Exploration.[19] Von daher ist kein Unterschied erkennbar. Ganz im Gegenteil dürfte entgegen anders lautender Meinung[20] die zusätzliche Anordnung nach § 81 – sofern dies für den (idR nicht juristisch gebildeten!) Beschuldigten überhaupt noch durchschaubar ist – eher dazu Anlass geben, nunmehr einen weitergehenden Druck zur Kooperation auszumachen. Ferner hängt die „Objektivität der Beobachtung" nicht ausschließlich von der Durchführung in einer der in § 81 Abs. 1 genannten Einrichtungen ab.[21] Sonst hätte der Gesetzgeber die Vorgabe treffen müssen, jede Schuldfähigkeitsbegutachtung in entsprechenden Institutionen vorzunehmen. Vielmehr würde für den in einer freiheitsentziehenden Maßnahme befindlichen Beschuldigten der Unterschied zwischen einer Schuldfähigkeitsuntersuchung als Gegenstand der normalen Beweiserhebung und derjenigen im Rahmen des § 81 als ultima ratio völlig verwischt. Die Berufung auf die Umgehung von Verteidigungsrechten nach § 140 Abs. 1 Nr. 6[22] ist schließlich durch Einführung des § 140 Abs. 1 Nr. 4 hinfällig und wird auch bei anderweitiger Strafhaft wegen § 140 Abs. 1 Nr. 5 kaum zum Tragen kommen. Für den Fall der Untersuchungshaft genügt demnach die Verlegung in die psychiatrische Abteilung derselben oder einer anderen Strafanstalt.[23] Die Verlegungsanordnung trifft grundsätzlich das mit der Sache befasste Gericht,[24] im Ermittlungsverfahren der Haftrichter,[25] je nach Landesrecht im Benehmen mit der Anstaltsleitung[26] (vgl. bspw. § 3, 5 Abs. 1 und § 2 JVollzGB II BW). Während des Vollzugs der Strafhaft ist dagegen der Leiter der Vollzugsanstalt hierum zu ersuchen (vgl. § 8 StVollzG).[27] Trotz einstweiliger Unterbringung kann allerdings die Verlegung in ein öffentliches psychiatrisches Krankenhaus in Betracht zu ziehen sein, da nur für diesen Fall – im Gegensatz zur Maßnahme nach § 126a – dem Gericht die Auswahl einer bestimmten Anstalt zusteht.[28] Gleiches gilt für den Fall, dass aus besonderen Gründen die Untersuchung in

---

[14] Monka in BeckOK StPO Rn. 10; Brauer in Gercke/Julius/Temming/Zöller Rn. 3; Hadamitzky in KK-StPO Rn. 2; Krause in Löwe/Rosenberg Rn. 4 f.; Schmitt in Meyer-Goßner/Schmitt Rn. 2; Rogall in SK-StPO Rn. 34; aA Bosch in KMR-StPO Rn. 5; Eisenberg BeweisR StPO Rn. 1694; Bosch StV 2002, 633 (634); Duttge NStZ 2003, 375 (377); Wohlers NStZ 1992, 348 (349).

[15] BGH 30.8.1994 – 1 StR 271/94, Kusch NStZ 1994, 218 (219) – RsprÜ; RG 2.7.1901 – Rep. 2064/01, RGSt 34, 306 (308 f.); OLG Stuttgart 10.8.1961 – 1 Ws 329/61, NJW 1961, 2077; 29.3.1973 – 3 Ws 94/73, NJW 1973, 1426; OLG Celle 18.6.1991 – 3 Ws 131/90 (I), NStZ 1991, 598 (599); OLG Düsseldorf 13.4.2000 – 1 Ws 263 – 264/00, BeckRS 2000, 30107578; Dagegen setzt sich OLG Düsseldorf 9.1.1998 – 2 Ws 3/98, StV 1998, 638 (639) nicht mit dieser Frage auseinander, da es schon an der für § 81 trotz Untersuchungshaft erforderlich persönlichen Anhörung des Sachverständigen fehlte.

[16] BGH 6.12.2001 – 1 StR 468/01, NStZ 2002, 214 (215); da diese Grundsatzfrage dort nicht entscheidungserheblich war, verhält sich OLG Hamburg 9.10.1972 – 2 Ws 411/72, MDR 1972, 1048 hierzu nicht.

[17] OLG Celle 18.6.1991 – 3 Ws 131/90 (I), NStZ 1991, 598 (599).

[18] So das Argument von Wohlers NStZ 1992, 347 (348) allerdings undifferenziert auch auf §§ 81a, 81b bezogen.

[19] Rogall in SK-StPO Rn. 37.

[20] Bosch in KMR-StPO Rn. 5.

[21] In diesem Sinne Duttge NStZ 2003, 375 (377).

[22] Bosch in KMR-StPO Rn. 5; Bosch StV 2002, 633 (634).

[23] OLG Stuttgart 10.8.1961 – 1 Ws 329/61, NJW 1961, 2077; 29.3.1973 – 3 Ws 94/73, NJW 1973, 1426.

[24] OLG Stuttgart 29.3.1973 – 3 Ws 94/73, NJW 1973, 1426.

[25] Monka in BeckOK StPO Rn. 10; Schmitt in Meyer-Goßner/Schmitt Rn. 2.

[26] Brauer in Gercke/Julius/Temming/Zöller Rn. 3.

[27] OLG Celle 18.6.1991 – 3 Ws 131/90 (I), NStZ 1991, 598 (599); Monka in BeckOK StPO Rn. 10; Brauer in Gercke/Julius/Temming/Zöller Rn. 3.

[28] OLG Hamburg 9.10.1972 – 2 Ws 411/72, MDR 1972, 1048.

der psychiatrischen Abteilung einer Strafanstalt nicht durchgeführt werden kann.[29] Die Vollstreckung der Unterbringung nach § 81 ist dann vorrangig (§ 116b S. 2 StPO; → § 116b Rn. 6).[30] Wegen der weiterhin bestehenden Verwahrsituation wird die Haftprüfungsfrist des § 121 Abs. 1 jedoch nicht unterbrochen.[31]

§ 81 bietet keine gesetzliche Grundlage für die zwangsweise Vorführung des Beschuldigten zu **ambulanter Beobachtung.**[32] Für eine solche bieten §§ 80, 133 Abs. 2 eine ausreichende Grundlage (→ Rn. 6). Der Sachverständige kann aber die Untersuchung im Rahmen der gem. § 81 gerichtlich angeordneten Unterbringung nach seinem pflichtgemäßen Ermessen bei einem kooperativen Beschuldigten auf lediglich ambulanter Basis durchführen, sofern er hierbei eine ausreichende Beobachtungsmöglichkeit gewinnt.[33] 4

II. Erläuterung

1. Anordnungsvoraussetzungen. Der **psychische Zustand** des Beschuldigten muss Gegenstand des vorzubereitenden Gutachtens sein. Hierunter fällt in erster Linie die Frage der Schuldfähigkeit nach §§ 20, 21 StGB,[34] aber auch diejenige der Gefährlichkeit, wenn über die Anordnung einer Maßregel nach §§ 63 ff. StGB zu entscheiden ist,[35] und diejenige des Vorliegens eines Hanges.[36] Unzulässig ist die Unterbringung dagegen, wenn nicht der Geisteszustand als solcher von Bedeutung für das Verfahren ist, sondern lediglich dessen Auswirkungen auf die Glaubwürdigkeit des Beschuldigten.[37] Angesichts des insoweit offenen Wortlautes ist es unmaßgeblich, ob der psychische Zustand zum Zeitpunkt der Tat oder der aktuelle zu beurteilen ist.[38] Selbst für den Fall, dass der Beschuldigte zum Zeitpunkt der Anordnung erkennbar gesund ist, darf daher eine Unterbringung nach § 81 angeordnet werden, um Rückschlüsse auf seinen Zustand zur Tatzeit zu ziehen.[39] Entsprechend kommt auch die Überprüfung der Verhandlungsfähigkeit in Betracht.[40] Fraglich ist indes, inwieweit dies erlaubt ist, um die Verhandlungsfähigkeit bei einem früher abgelegten Geständnis zu bewerten,[41] da dies auf eine unzulässige Prüfung der Glaubwürdigkeit hinauslaufen würde.[42] War die Bewusstseinsstörung zum Zeitpunkt der Tat ersichtlich nur vorübergehender Natur, wie bei einer Drogen- oder Medikamentenintoxikation scheidet die Unterbringung zur Durchführung von Experimenten, insbesondere Trinkversuchen aus.[43] Der Grund liegt hier in erster Linie darin, dass Eingriffe notwendig sind, die von § 81 nicht gedeckt werden, und zudem Mitwirkungshandlungen des Beschuldigten, die über die strafprozessual allein maßgebliche Duldungspflicht hinausgehen. 5

---

[29] OLG Stuttgart 10.8.1961 – 1 Ws 329/61, NJW 1961, 2077; 29.3.1973 – 3 Ws 94/73, NJW 1973, 1426; vgl. auch BGH 5.10.2018 – StB 9/18, BeckRS 2018, 37619 Rn. 2–6, 13.

[30] Brauer in Gercke/Julius/Temming/Zöller Rn. 3; Schmitt in Meyer-Goßner/Schmitt Rn. 2.

[31] KG 30.10.1996 – (4) 1 HEs 158/96 112/96, NStZ 1996, 148 (149); OLG Dresden 19.10.2001 – 1 AK 132/01, NStZ-RR 2001, 60.

[32] OLG Celle 15.2.1989 – 3 Ws 31/89, NJW 1989, 2339 (2340); KG 22.1.2016 – 3 Ws 654/15, wistra 2016, 286 (287); LG Gera 29.8.1995 – 320 Js 8075/94-5 AR 37/95, StV 1995, 631; Krause in Löwe/Rosenberg Rn. 3; aA OLG Bamberg 1.3.1983 – Ws 614/82, MDR 1984, 602.

[33] BGH 30.4.1974 – 1 StR 579/73, juris Rn. 8 = BeckRS 1974, 107 = Dallinger MDR 1974, 721 (724) – RsprÜ.

[34] RG 8.7.1895 – Rep. 2359/95, RGSt 27, 343 (348); OLG Hamm 30.11.2000 – 2 Ws 313/00, juris Rn. 5 = StraFo 2002, 164; Hadamitzky in KK-StPO Rn. 1; Krause in Löwe/Rosenberg Rn. 8; Schmitt in Meyer-Goßner/Schmitt Rn. 5; Schroeder JZ 1985, 1028 (1030).

[35] BGH 28.10.1971 – 4 StR 432/71, NJW 1972, 348 zur Sicherungsverwahrung; Hadamitzky in KK-StPO Rn. 1; Bosch in KMR-StPO Rn. 10; Krause in Löwe/Rosenberg Rn. 9; Schmitt in Meyer-Goßner/Schmitt Rn. 5; Arzt JZ 1969, 438 (439).

[36] BGH 22.7.2003 – 4 StR 265/03, NStZ 2004, 263 (264); Krause in Löwe/Rosenberg Rn. 9.

[37] BGH 5.7.1955 – 5 StR 52/55, JR 1955, 472; OLG Celle 4.3.1987 – OJs 28/86, StV 1987, 518.

[38] RGSt 1.5.1890 – Rep. 901/90, RGSt 20, 378 (379); Schmidt StPO II Rn. 7; Löffler NJW 1951, 821.

[39] RG 1.5.1890 – Rep. 901/90, RGSt 20, 378 (379); Krause in Löwe/Rosenberg Rn. 8.

[40] BVerfG 7.3.1995 – 2 BvR 1509/94, NStZ-RR 1996, 38; OLG Schleswig 15.9.1981 – 1 Ws 344/81, NStZ 1982, 81; wohl einschränkend Eisenberg NStZ 2015, 433 (435).

[41] So Krause in Löwe/Rosenberg Rn. 10; Rogall in SK-StPO Rn. 14.

[42] Schroeder JZ 1985, 1028 (1030).

[43] BGH 22.6.1965 – 1 StR 159/65, Dallinger MDR 1966, 381 (383).

6 Die **Anhörung eines Sachverständigen** ist zwingend vorgeschrieben.[44] Er muss Psychiater oder Neurologe sein,[45] und möglichst der Arzt, der auch die Beobachtung durchführen soll.[46] In der Praxis üblich und durchaus sinnvoll ist es für den Fall, dass eine Unterbringung nach §§ 63 f. StGB im Raum steht, bereits für die Anhörung nach § 81 denjenigen Arzt auszuwählen, der auch für die spätere Unterbringung zuständig wäre. Dieser kann sich ein umfassendes Bild, gerade auch im Hinblick auf die von der Maßnahme umfasste Gefährlichkeit oder den Hang, verschaffen und die prognoserelevanten Einwirkungsmöglichkeiten im stationären Rahmen angemessen beurteilen. Alleine hieraus Zweifel an der Unbefangenheit und Neutralität des Sachverständigen herzuleiten[47] ist wenig naheliegend. Wegen der gerichtlichen Bestellung zum Sachverständigen unterliegt auch ein Arzt nicht der Schweigepflicht.[48] In jedem Fall hat sich der Sachverständige wegen des mit der Maßnahme verbundenen gravierenden Eingriffs einen persönlichen Eindruck von dem Unterzubringenden zu verschaffen,[49] was auch für den in Untersuchungshaft Befindlichen gilt[50] und was durch eine lediglich telefonische Kontaktaufnahme nicht ersetzt werden kann.[51] Weigert sich der Beschuldigte, vor dem Sachverständigen zu erscheinen, ist eine unmittelbare Vorführung in dessen Räumen und Vernehmung durch diesen selbst unzulässig.[52] Es besteht nur die Möglichkeit, einer richterlichen Vernehmung in Anwesenheit des Sachverständigen nach § 80, gegebenenfalls mittels Vorführung nach §§ 133 f. (auch → § 80 Rn. 7).[53] Die Zuständigkeit hierfür ergibt sich während des Ermittlungsverfahrens gleichfalls aus § 81 Abs. 3,[54] denn über § 80 wird lediglich die Art und Weise festgelegt, wie das für die Maßnahme nach § 81 zuständige Gericht die in Abs. 1 vorgeschriebene Anhörung durch den Sachverständigen zu gewährleisten hat. Der möglicherweise abweichenden Ansicht, für die Anhörung nach § 80 sei die Staatsanwaltschaft oder auf deren Antrag hin der Ermittlungsrichter nach § 162 Abs. 1 zuständig, kann allenfalls für den Fall gefolgt werden, dass sich nach dem (vorläufigen) Ermittlungsergebnis keinerlei Anhaltspunkte für eventuelle Einschränkungen der Schuldfähigkeit ergeben.[55] Dann würde die Vorgehensweise nach § 81 Abs. 1, § 80 aber schon an der von vornherein erkennbar fehlenden Unerlässlichkeit der Unterbringung scheitern[56] (→ Rn. 11). Das anordnende

[44] Hadamitzky in KK-StPO Rn. 7; Schmitt in Meyer-Goßner/Schmitt Rn. 10.
[45] BVerfG 9.10.2001 – 2 BvR 1523/01, NJW 2002, 283 (284); OLG Frankfurt a. M. 24.11.1966 – 3 Ws 558/66, NJW 1967, 689 (690).
[46] OLG Hamm 7.5.1957 – 2 Ws 155/57, NJW 1957, 1290 (1291); LG Aschaffenburg 3.6.2003 – Qs 189/02, StV 2004, 583 (584); Brauer in Gercke/Julius/Temming/Zöller Rn. 13; nach Kangarani StraFo 2014, 101 zwingend.
[47] Bosch in KMR-StPO Rn. 22; Krause in Löwe/Rosenberg Rn. 16; Eisenberg BeweisR StPO Rn. 1699; Eisenberg NStZ 2015, 433 (436)).
[48] Ausführlich Kangarani StraFo 2014, 101 auch zu problematischen Fallkonstellationen in Zusammenhang mit § 126a.
[49] OLG Oldenburg 1.3.1961 – 1 Ws 58/61, NJW 1961, 981 (982); OLG Karlsruhe 24.10.1972 – 2 Ws 194/72, NJW 1973, 573; 26.4.1983 – 2 Ws 85/83, MDR 1984, 72; 15.5.1984 – 4 Ws 89/84, StV 1984, 369; OLG Celle 18.6.1991 – 3 Ws 131/90 (I), NStZ 1991, 598 (599); KG 30.12.2012 – 4 Ws 117/12, BeckRS 2013, 04054 = NStZ-RR 2013, 182 (Leitsatz); OLG Rostock 2.1.2014 – Ws 388/13, StV 2015, 619; LG Zweibrücken 15.8.1996 – 1 Qs 104/96, NJW 1997, 70; LG Aschaffenburg 3.6.2003 – Qs 189/02, StV 2004, 583 (583 f.).
[50] OLG Düsseldorf 9.1.1998 – 2 Ws 3/98, StV 1998, 638 (639).
[51] OLG Düsseldorf 18.5.1993 – 1 Ws 446/93, StV 1993, 571; OLG Köln 28.1.2010 – 2 Ws 29–30/09, BeckRS 2010, 25270 = NStZ-RR 2011, 18 (Leitsatz).
[52] KG 22.1.2016 – 3 Ws 654/15, wistra 2016, 286 (286 f.).
[53] OLG Celle 15.2.1989 – 3 Ws 31/89, NJW 1989, 2339 (2340); OLG Düsseldorf 18.4.1993 – 2 Ws 99/93, StV 1993, 571; OLG Stuttgart 30.6.2003 – 5 Ws 26/03, StV 2004, 482; OLG Jena 9.5.2007 – 1 Ws 180/07, RuP 2008, 58; OLG Köln 28.1.2010 – 2 Ws 29–30/09, BeckRS 2010, 25270 = NStZ-RR 2011, 18 (Leitsatz); OLG Rostock 2.1.2014 – Ws 388/13, StV 2015, 619; LG Aschaffenburg 3.6.2003 – Qs 189/02, StV 2004, 583 (584); LG Zweibrücken 11.12.2003 – Qs 133/03, VRS 106 (2004), 385 (386).
[54] Schmitt in Meyer-Goßner/Schmitt Rn. 11.
[55] Nicht ganz eindeutig insoweit LG Gera 29.8.1995 – 320 Js 8075/94-5 AR 37/95, StV 1995, 631 (631 f.) inwieweit die dortigen Ausführungen alleine auf den Fall einer durch die Staatsanwaltschaft in Auftrag gegebenen ambulanten Untersuchung bezogen sind.
[56] OLG Karlsruhe 4.6.1996 – 1 Ws 133/96, Justiz 1997, 141.

Gericht wird in derartigen Fällen allerdings eine Gratwanderung vornehmen müssen. Einerseits darf eine Unterbringung zur Beobachtung nicht erfolgen, wenn der Beschuldigte jede Mitwirkung verweigert (→ Rn. 11). Andererseits gebietet die Sachaufklärungspflicht, nicht jede Weigerungshaltung unbesehen hinzunehmen. Vor allem gilt dies, sofern auf diese Weise die Heranziehung eines nicht genehmen Sachverständigen unterwandert werden soll (→ § 73 Rn. 17). Eine bloße Beurteilung aufgrund der Aktenlage ist nur in seltenen Ausnahmefällen zulässig, wobei ein solcher in der Stellungnahme des Sachverständigen dargelegt werden muss.[57] Entsprechende Ausnahmesituationen kommen bei Beschuldigten in Betracht, die sich kurze Zeit zuvor anderweitig in einer Unterbringung oder einem stationären Krankenhausaufenthalt befanden, und bei denen der Sachverständige nach Rücksprache mit den sie dort behandelnden Ärzten die Unterbringung nach § 81 zur Vorbereitung des Gutachtens unzweifelhaft für notwendig erachtet.[58] Genauso hat sich der Sachverständige in seiner Stellungnahme, die gegenüber dem Gericht nicht lediglich telefonisch, sondern zwingend schriftlich abzugeben ist,[59] dazu zu äußern, ob die Anstaltsbeobachtung zur Vorbereitung des Gutachtens geeignet und erforderlich ist[60] und zur voraussichtlich erforderlichen Dauer.[61] Hieran ist das Gericht nicht gebunden. Es kann mithin die Maßnahme auch für erforderlich halten, wenn der Sachverständige zu einem anderen Ergebnis kommt. Im Hinblick auf die einschneidende Wirkung der Unterbringung wird dies jedoch regelmäßig nicht ohne die Anhörung eines weiteren Sachverständigen möglich sein.[62] Schließlich muss sich die gutachterliche Stellungnahme zu dem konkreten Untersuchungskonzept äußern und auch dazu, dass dieses geeignet ist, Erkenntnisse über die konkret im Raum stehende psychische Erkrankung zu erlangen.[63]

Die **Anhörung des Verteidigers** ist weitere zwingende Voraussetzung der Unterbringung,[64] auch wenn es auf sein Einverständnis mit der Maßnahme nicht ankommt.[65] Die Bestellung eines Pflichtverteidigers ist nach § 140 Abs. 1 Nr. 6 vorgeschrieben und hat schon bei einem ernst gemeinten und mit sachlichen Gründen versehenen Antrag auf Unterbringung seitens des Beschuldigten zu erfolgen.[66] Legitimiert sich daneben ein Wahlverteidiger, ist auch dessen Anhörung notwendig.[67] Wie sich aus dem Zweck der Gewährung rechtlichen Gehörs ergibt, das sich auf alle konkreten Umstände zu erstrecken hat, die bei der Entscheidung verwendet werden sollen,[68] muss die Untersuchung durch den Sachverständigen bereits stattgefunden und sich dieser zur Notwendigkeit und Dauer der 7

---

[57] OLG Karlsruhe 26.4.1983 – 2 Ws 85/83, MDR 1984, 72; 15.5.1984 – 4 Ws 89/84, StV 1984, 369; OLG Hamburg 3.2.1964 – 1 Ws 48/64, MDR 1964, 434; OLG Jena 9.5.2007 – 1 Ws 180/07, RuP 2008, 58; Hadamitzky in KK-StPO Rn. 7; aA OLG Düsseldorf 18.4.1993 – 2 Ws 99/93, StV 1993, 571; OLG Köln 28.1.2010 – 2 Ws 29–30/09, BeckRS 2010, 25270 = NStZ-RR 2011, 18 (Leitsatz); LG Zweibrücken 11.12.2003 – Qs 133/03, VRs 106 (2004), 385; Hadamitzky in KK-StPO Rn. 7; Krause in Löwe/Rosenberg Rn. 17.

[58] OLG Celle 15.2.1989 – 3 Ws 31/89, NJW 1989, 2339 (2340).

[59] OLG Karlsruhe 26.4.1983 – 2 Ws 85/83, MDR 1984, 72; OLG Stuttgart 30.6.2003 – 5 Ws 26/03, StV 2004, 582; OLG Köln 28.1.2010 – 2 Ws 29–30/09, BeckRS 2010, 25270 = NStZ-RR 2011, 18 (Leitsatz).

[60] OLG Hamm 7.5.1957 – 2 Ws 155/57, NJW 1957, 1290; OLG Frankfurt a. M. 18.7.1985 – 3 Ws 597/85, StV 1986, 51; KG 10.10.2002 – 5 Ws 530/02; 30.10.2012 – 4 Ws 117/12, BeckRS 2013, 04054 = NStZ-RR 2013, 182 (Leitsatz).

[61] OLG Karlsruhe 24.10.1972 – 2 Ws 194/72, NJW 1973, 573; OLG Düsseldorf 18.5.1993 – 1 Ws 446/93, StV 1993, 571; OLG Hamm 30.11.2000 – 2 Ws 313/00, StraFo 2002, 164 f.; OLG Stuttgart 30.6.2003 – 5 Ws 26/03, StV 2004, 582; OLG Jena 9.5.2007 – 1 Ws 180/07, RuP 2008, 58; LG Aschaffenburg 3.6.2003 – Qs 189/02, StV 2004, 583 (584).

[62] OLG Hamm 7.5.1957 – 2 Ws 155/57, NJW 1957, 1290 (1291); OLG Hamm 30.11.2000 – 2 Ws 313/00, juris Rn. 6 = StraFo 2002, 164.

[63] BVerfG 9.10.2001 – 2 BvR 1523/01, NJW 2002, 283 (284); KG 30.12.2012 – 4 Ws 117/12, BeckRS 2013, 04054 = NStZ-RR 2013, 182 (Leitsatz).

[64] Hadamitzky in KK-StPO Rn. 7.

[65] Brauer in Gercke/Julius/Temming/Zöller Rn. 16; Krause in Löwe/Rosenberg Rn. 22; Schmitt in Meyer-Goßner/Schmitt Rn. 14.

[66] BGH 17.4.1952 – 5 StR 349/52, NJW 1952, 797.

[67] OLG München 16.11.2006 – 3 Ws 866/06, StV 2008, 127 (127 f.) = NStZ-RR 2008, 251 (nur Leitsatz).

[68] OLG Karlsruhe 15.3.1972 – 2 Ws 47/72, NJW 1972, 1584.

Unterbringung geäußert haben.[69] Die schriftliche Stellungnahme ist dem Verteidiger zuzuleiten.[70] Er muss zudem Gelegenheit erhalten, mit dem Beschuldigten persönlichen Kontakt aufzunehmen und die Voraussetzungen der Anordnung zu überprüfen.[71] Eine teilweise geforderte „Vorabanhörung" vor Einleitung des Verfahrens[72] ist in § 80 nicht vorgesehen und auch nicht geboten.[73] Eine zusätzliche vorherige Gelegenheit zur Stellungnahme kommt allenfalls im Hinblick auf die Auswahl des Sachverständigen unter den Voraussetzungen des Nr. 70 Abs. 1 RiStBV in Betracht.[74]

8 **Weitere Anhörungen** sind zwar in § 81 nicht ausdrücklich vorgesehen. Im Hinblick auf den Grundsatz rechtlichen Gehörs (Art. 103 Abs. 1 GG) sollte aber dem Beschuldigten selbst und ggf. seinem gesetzlichen Vertreter Gelegenheit zur Stellungnahme gegeben werden.[75] Die Notwendigkeit einer Anhörung der Staatsanwaltschaft ergibt sich schon aus § 33 Abs. 2.[76]

9 Bei der Unterbringungseinrichtung, in die der Beschuldigte verbracht werden soll, muss es sich um ein **öffentliches psychiatrisches Krankenhaus** handeln. Diese Voraussetzung erfüllt nur eine solche Anstalt, deren Träger der Staat, eine Gemeinde, ein Gemeindeverband oder ein anderer Hoheitsträger ist.[77] Nicht genügend ist demgegenüber eine Privatklinik oder ein öffentliches Krankenhaus, das lediglich eine Station für Psychiatrie und Neurologie unterhält, bei dem es sich ansonsten aber nicht um eine Spezialklinik handelt.[78]

10 Ob ein **dringender Tatverdacht**[79] iSd Abs. 2 S. 1 gegeben ist, richtet sich nach den gleichen Maßstäben wie beim Haftbefehl gemäß § 112 Abs. 1 S. 1.[80] Die Entscheidung ist daher regelmäßig nach Aktenlage zu treffen,[81] sofern sich die Frage, ob eine Anordnung nach § 81 zu treffen ist, nicht erst in der Hauptverhandlung stellt.[82] Maßgeblich ist in erster Linie der äußere Tatbestand. Zur inneren Tatseite muss der Beschuldigte nicht eigens vor der Anstaltsbeobachtung vernommen werden.[83]

11 Bei der Unterbringung zur Beobachtung handelt es sich um einen schwerwiegenden Eingriff, bei dessen Anordnung das **Verhältnismäßigkeitsprinzip** strikt zu beachten ist.[84] § 81 Abs. 2 S. 2 hebt hiervon einen Aspekt ausdrücklich hervor und regelt mithin eine Selbstverständlichkeit. Unzulässig ist die Maßnahme dementsprechend im Privatklageverfah-

---

69 OLG Karlsruhe 26.4.1983 – 2 Ws 85/83, MDR 1984, 72; OLG Köln 28.1.2010 – 2 Ws 29–30/09, BeckRS 2010, 25270 = NStZ-RR 2011, 18 (nur Leitsatz).

70 OLG Karlsruhe 26.4.1983 – 2 Ws 85/83, MDR 1984, 72; LG Zweibrücken 11.12.2003 – Qs 133/03, VRS 106 (2004), 385 (386).

71 OLG Frankfurt a. M. 24.11.1966 – 3 Ws 558/66, NJW 1967, 689 (689 f.); OLG Köln 28.1.2010 – 2 Ws 29–30/09, BeckRS 2010, 25270 = NStZ-RR 2011, 18 (nur Leitsatz).

72 Eisenberg NStZ 2014, 433 (436 f.).

73 Monka in BeckOK StPO Rn. 5; Brauer in Gercke/Julius/Temming/Zöller Rn. 16; Hadamitzky in KK-StPO Rn. 7; Schmitt in Meyer-Goßner/Schmitt Rn. 14.

74 In diesem Sinne wohl Krause in Löwe/Rosenberg Rn. 22.

75 So die wohl hM Brauer in Gercke/Julius/Temming/Zöller Rn. 17; Bosch in KMR-StPO Rn. 27; Krause in Löwe/Rosenberg Rn. 23; Schmitt in Meyer-Goßner/Schmitt Rn. 14; Eisenberg NStZ 2015, 433 (436); für zumindest „sinnvoll und zweckmäßig" hält dies OLG Karlsruhe 15.3.1972 – 2 Ws 47/72, NJW 1972, 1584; aA Monka in BeckOK StPO Rn. 5; Schmidt StPO II Rn. 13; Hadamitzky in KK-StPO Rn. 7; Löffler NJW 1951, 821 sowie die 1. Auflage.

76 Krause in Löwe/Rosenberg Rn. 24; Schmitt in Meyer-Goßner/Schmitt Rn. 15.

77 OLG Frankfurt a. M. 24.11.1966 – 3 Ws 558/66, NJW 1967, 689 (690).

78 Krause in Löwe/Rosenberg Rn. 30.

79 Der noch von OLG Oldenburg 1.3.1961 – 1 Ws 58/61, NJW 1961, 981 (982) für ausreichend erachtete hinreichende Tatverdacht ist durch die heutige Gesetzesfassung überholt.

80 LG Zweibrücken 22.1.1996 – 1 AR 33/95, VRS 91 (1996), 288.

81 Bosch in KMR-StPO Rn. 19; Schmitt in Meyer-Goßner/Schmitt Rn. 6.

82 Krause in Löwe/Rosenberg Rn. 13; kritisch hierzu Rogall in SK-StPO Rn. 11.

83 Hadamitzky in KK-StPO Rn. 4; Krause in Löwe/Rosenberg Rn. 13; Schmitt in Meyer-Goßner/Schmitt Rn. 6; Löffler NJW 1951, 821; einschränkend Bosch in KMR-StPO Rn. 10; Rogall in SK-StPO Rn. 11; zweifelnd Eisenberg BeweisR StPO Rn. 1697.

84 BVerfG 7.3.1995 – 2 BvR 1509/94, NStZ-RR 1996, 38; 9.10.2001 – 2 BvR 1523/01, NJW 2002, 283 (284); OLG Oldenburg 1.3.1961 – 1 Ws 58/61, NJW 1961, 981 (982); OLG Nürnberg 2.6.2009 – 1 Ws 292/09, StV 2010, 510 (511).

ren[85] sowie im Bereich der Bagatellkriminalität,[86] was sich aus der Art des Deliktes, wie beispielsweise Beleidigung und übler Nachrede[87] oder der im Raum stehenden, lediglich geringfügigen Sanktion[88] ergeben kann, vor allem sofern lediglich die Verhängung einer Geldstrafe in Betracht kommt[89] oder wenn die Maßnahme der Vorbereitung einer Unterbringung nach § 63 StGB dienen soll, deren Anordnung nicht zu erwarten ist.[90] Die Beobachtung nach § 81 muss darüber hinaus in dem Sinne unerlässlich sein, dass ohne sie die Schuldfähigkeit nicht beurteilt werden kann.[91] Dementsprechend müssen sich aus dem Akteninhalt und dem bisherigen Verfahrensverlauf überhaupt Anhaltspunkte ergeben, die die Annahme rechtfertigen, es bestünden Bedenken gegen die strafrechtliche Verantwortlichkeit des Beschuldigten,[92] die nicht durch Hinzuziehung eines Sachverständigen zur Hauptverhandlung geklärt werden könnten.[93] Vorrangig sind andere Erkenntnisquellen,[94] bspw. die Erhebung von Informationen bei Ärzten, die den Beschuldigten früher behandelt haben und die er von der Schweigepflicht entbunden hat,[95] sowie ambulante Untersuchungsmöglichkeiten[96] auszuschöpfen, mit denen sich der Sachverständige ein genügend sicheres Bild vom psychischen Zustand des Beschuldigten verschaffen kann. Hierzu kommt, falls er nicht freiwillig erscheint,[97] eine Vorgehensweise nach § 80 mit Vorführung in Betracht (zu den hierbei zu beachtenden Regelungen über die Zuständigkeit → § 80 Rn. 7).[98] Befindet sich der Beschuldigte bereits in Untersuchungshaft, ist diese bei dort ausreichenden Untersuchungsmöglichkeiten weniger einschneidend als die Überstellung in ein psychiatrisches Krankenhaus.[99] Andererseits stellt die Unterbringung ein ungeeignetes Mittel dar, wenn die notwendige Untersuchung in Form einer Exploration die Mitwirkung des Beschuldigten erfordert, zu der er erkennbar in keiner Weise bereit ist,[100] und die nicht

85 Hadamitzky in KK-StPO Rn. 5; Schmitt in Meyer-Goßner/Schmitt Rn. 7; Krause in Löwe/Rosenberg Rn. 14; Rogall in SK-StPO Rn. 20.

86 OLG Düsseldorf 18.4.1993 – 2 Ws 99/93, StV 1993, 571; LG Hannover 7.5.1987 – 55 c 1/86, juris (Leitsatz).

87 OLG Karlsruhe 4.6.1996 – 1 Ws 133/96, Justiz 1997, 141.

88 OLG Düsseldorf 18.4.1993 – 2 Ws 99/93, StV 1993, 571; LG Krefeld 19.1.1972 – 8 Qs 491/71, MDR 1972, 533; LG Zweibrücken 22.1.1996 – 1 AR 33/95, VRS 91 (1997), 288 (289) selbst bei gefährlicher Körperverletzung.

89 LG Zweibrücken 18.12.2002 – Qs 159/02, VRS 104 (2003), 363 (364) = NStZ 2003, 448 (Leitsatz).

90 OLG Köln 6.7.2016 – 2 Ws 405/16, BeckRS 2016, 118528 Rn. 9 ff.

91 BVerfG 9.10.2001 – 2 BvR 1523/01, NJW 2002, 283 (284).

92 BVerfG 7.3.1995 – 2 BvR 1509/94, NStZ-RR 1996, 38; vgl. auch LG Gera 29.8.1995 – 320 Js 8075/94-5 AR 37/05, StV 1995, 631 (632).

93 OLG Düsseldorf 18.4.1993 – 2 Ws 99/93, StV 1993, 571 (571 f.); LG Zweibrücken 15.8.1996 – 1 Qs 104/96, NJW 1997, 70.

94 OLG Oldenburg 3.1.2006 – 1 Ws 1/06, StV 2008, 128 = NStZ-RR 2006, 111 (Leitsatz); LG Berlin 17.5.1960 – 514 Qs 34/60, NJW 1960, 2256 (2257); LG Zweibrücken 11.12.2003 – Qs 133/03, VRS 106 (2004), 385 (386) jeweils für Gutachten aus anderen (Straf-, Betreuungs- oder sonstigen) Verfahren; OLG Köln 19.10.1956 – Ws 501/56, MDR 1957, 117 (Leitsatz).

95 OLG Düsseldorf 3.3.2005 – III-3 Ws 76 – 78/05, StV 2005, 490 (491); vgl. auch OLG Köln 8.8.2014 – 2 Ws 458/14, juris Rn. 16 = BeckRS 2015, 1030.

96 BGH 10.9.2002 – 1 StR 169/02, BGHSt 48, 4 (11); OLG Karlsruhe 24.10.1972 – 2 Ws 194/72, NJW 1972, 573; OLG Frankfurt a. M. 18.7.1985 – 3 Ws 597/85, StV 1985, 51; OLG Düsseldorf 18.5.1993 – 1 Ws 446/93, StV 1993, 571; OLG Hamm 30.11.2000 – 2 Ws 313/00, juris Rn. 8 = StraFo 2002, 164; OLG Köln 8.8.2014 – 2 Ws 458/14, juris Rn. 16 = BeckRS 2015, 1030.

97 S. LG Hof 24.6.2015 – 4 Qs 172/14, juris Rn. 4 und 8 f. zu einem Fall, bei dem der Beschuldigte während des Beschwerdeverfahrens doch noch beim Sachverständigen erscheint.

98 OLG Düsseldorf 18.5.1993 – 1 Ws 446/93, StV 1993, 571; LG Gera 29.8.1995 – 320 Js 8075/94-5 AR 37/05, StV 1995, 631; Schmitt in Meyer-Goßner/Schmitt Rn. 8.

99 OLG Düsseldorf 13.4.2000 – 1 Ws 263-264/00, VRS 99 (2000), 123 (124).

100 BGH 10.9.2002 – 1 StR 169/02, BGHSt 48, 4 (11 f.); OLG Celle 21.3.1985 – 1 Ws 69/85, StV 1985, 224; OLG Stuttgart 30.6.2003 – 5 Ws 26/03, StV 2004, 582 (583); OLG Düsseldorf 3.3.2005 – III-3 Ws 76 – 78/05, StV 2005, 490 (490 f.); OLG Oldenburg 3.1.2006 – 1 Ws 1/06, StV 2008, 128 = NStZ-RR 2006, 111 (Leitsatz); OLG Nürnberg 2.6.2009 – 1 Ws 292/09, StV 2010, 510 (511); KG 30.12.2012 – 4 Ws 117/13, BeckRS 2013, 04054 = NStZ-RR 2013, 182 (Leitsatz); OLG Rostock 2.1.2014 – Ws 388/13, StV 2015, 619 (620); LG Hagen 11.2.2008 – 44 Qs 25/07, juris Rn. 4 = StraFo 2008, 157; LG Flensburg 7.9.2020 – II Qs 33/20, BeckRS 2020, 25131 Rn. 13; Duttge NStZ 2003, 375 (377); Eisenberg NStZ 2016, 433 (437) fordert in einem solchen Fall eine „Vorabanhörung".

durch Anwendung verbotener Vernehmungsmethoden iSd § 136a oder sonstige Einflussnahmen auf die Aussagefreiheit erzwungen oder erschlichen werden darf.[101] Deswegen darf eine „Totalbeobachtung" nicht Ziel der Maßnahme sein.[102] Dabei ist aber andererseits zu berücksichtigen, dass nicht jede Weigerungshaltung von vornherein akzeptiert werden muss.[103] Alleine eine telefonisch erklärte Weigerung beispielsweise gebietet zunächst nicht, von weiteren Maßnahmen abzusehen.[104] Wie überhaupt in Erwägung zu ziehen ist, dass der Beschuldigte seine Verweigerungshaltung in der Maßnahme ändern kann,[105] wofür allerdings eine nicht auf tatasächliche Anhaltspunkte gestützte vage Möglichkeit nicht genügt.[106] Nicht zu folgen ist der Ansicht, die Unterbringung nach § 81 scheide bereits dann aus, wenn der Beschuldigte sich freiwillig in eine Privatklinik begebe, deren Ärzte als Sachverständige geeignet seien, und sich dort untersuchen lasse.[107] Eine solche Maßnahme widerspräche dem Sinn und Zweck des § 81 Abs. 1, der für die Beurteilung des Geisteszustandes besonders qualifizierte Fachkliniken vorsieht, die nicht ohne weiteres durch private Anstalten zu ersetzen sind. Auch darf auf diesem Wege nicht die Sachaufklärungspflicht des Gerichts umgangen werden. Es wählt den Sachverständigen im Hinblick auf das objektive Aufklärungsinteresse alleine nach seiner Qualifikation aus und nicht nach den Wünschen des Angeklagten. Diesen ist besonders dann keine Folge zu leisten, wenn auf diese Weise die Auswahlbefugnis des Gerichts umgangen werden soll (→ § 73 Rn. 10 und 27).

12 Die **zulässige Höchstdauer** von sechs Wochen nach Abs. 5 darf auch bei Einverständnis des Beschuldigten nicht überschritten werden.[108] Demnach darf die Unterbringung nicht angeordnet werden, wenn von vornherein feststeht, dass dieser Zeitraum für die Beurteilung des Geisteszustandes nicht ausreicht,[109] was bei einer drogeninduzierten Psychose in Betracht kommen kann.[110] Ergibt die gemäß Abs. 1 erfolgte Anhörung des Sachverständigen, dass eine kürzere Zeitdauer genügt, so ist die Einweisung hierauf zu begrenzen.[111] Stellt sich die bestimmte Frist als zu kurz heraus, so kann sie, nach entsprechender Stellungnahme des Sachverständigen, der hM zufolge verlängert werden (aber → Rn. 18).[112] Der Beschuldigte ist umgekehrt bei Abschluss der Begutachtung sofort zu entlassen, obwohl die gerichtlich angeordnete Dauer noch nicht abgelaufen ist, worüber der Sachverständige belehrt werden sollte (Nr. 62 Abs. 1 RiStBV).[113] Ohne Überschreitung der in Abs. 5 genannten Höchstdauer darf die Unterbringung in demselben Verfahren – aufgrund jeweils neuer Beschlussfassung[114] – auch mehrfach angeordnet werden.[115] Dies ergibt sich aus dem Wortlaut der heutigen Gesetzesfassung („insge-

---

101 BVerfG 9.10.2001 – 2 BvR 1523/01, NJW 2002, 283 (284); OLG Frankfurt a. M. 18.7.1985 – 3 Ws 597/85, StV 1986, 51; OLG Rostock 2.1.2014 – Ws 388/13, StV 2015, 619 (620).

102 BVerfG 9.10.2001 – 2 BvR 1523/01, NJW 2002, 283 (284); KG 30.12.2012 – 4 Ws 117/13, BeckRS 2013, 04054 = NStZ-RR 2013, 182 (Leitsatz); Strate StV 2015, 661 (663 f.); LG Flensburg 7.9.2020 – II Qs 33/20, BeckRS 2020, 25131 Rn. 13.

103 BGH 10.9.2002 – 1 StR 169/02, BGHSt 48, 4 (11).

104 OLG Köln 28.1.2010 – 2 Ws 29–30/09, BeckRS 2010, 25270 = NStZ-RR 2011, 18 (Leitsatz).

105 OLG Oldenburg 3.1.2006 – 1 Ws 1/06, StV 2008, 128 = NStZ-RR 2006, 111 (Leitsatz); Duttge NStZ 2003, 375 (377); vgl. allgemein zur Exploration OLG Nürnberg 16.6.1997 – Ws 612/97, NStZ-RR 1998, 242 (243); zweifelnd Bosch in KMR-StPO Rn. 14.

106 OLG Rostock 2.1.2014 – Ws 388/13, StV 2015, 619 (620).

107 Bosch in KMR-StPO Rn. 15; Krause in Löwe/Rosenberg Rn. 15; Schmitt in Meyer-Goßner/Schmitt Rn. 8; Rogall in SK-StPO Rn. 19.

108 Hadamitzky in KK-StPO Rn. 6; Krause in Löwe/Rosenberg Rn. 25; Schmitt in Meyer-Goßner/Schmitt Rn. 17.

109 Bosch in KMR-StPO Rn. 14; Krause in Löwe/Rosenberg Rn. 15.

110 LG Flensburg 7.9.2020 – II Qs 33/20, BeckRS 2020, 25131 Rn. 11.

111 OLG Oldenburg 1.3.1961 – 1 Ws 58/61, NJW 1961, 981 (982).

112 Krause in Löwe/Rosenberg Rn. 26; Schmitt in Meyer-Goßner/Schmitt Rn. 17.

113 Hadamitzky in KK-StPO Rn. 6; Krause in Löwe/Rosenberg Rn. 25; Schmitt in Meyer-Goßner/Schmitt Rn. 17.

114 Hadamitzky in KK-StPO Rn. 6; Rogall in SK-StPO Rn. 41.

115 BGH 6.9.1968 – 4 StR 339/68, NJW 1968, 2297 (2298); OLG Hamm 30.3.1953 – 2 Ws 95/53, NJW 1953, 1237; OLG Schleswig 23.12.1958 – Ws 436/58, MDR 1959, 415; so im Ergebnis auch schon RG 13.7.1892 – Rep. 1924/92, RGSt 23, 209 (210–212).

samt"),[116] durch den die in der früheren Rechtsprechung teilweise vertretene abweichende Ansicht[117] überholt ist.

Von Amts wegen ergeht die Entscheidung nach Maßgabe der Sachaufklärungspflicht gemäß § 244 Abs. 2.[118] Entsprechende Begehren der Staatsanwaltschaft entsprechen Anträgen auf sonstige Ermittlungshandlungen,[119] die der richterlichen Anordnung bedürfen (vgl. § 162 Abs. 1 S. 1). Sie sind daher entsprechend konkret zu fassen und zu begründen.[120] Ggf. können sich Ausführungen empfehlen, warum überhaupt Zweifel an der strafrechtlichen Verantwortlichkeit bestehen.[121] Anträge des Verteidigers stellen bloße Beweisanregungen dar.[122] Darüber hinaus werden Anträge auf eine Maßnahme nach § 81 teilweise als echte Beweisanträge angesehen,[123] sofern sie in der Hauptverhandlung (erneut) gestellt werden.[124] Sie sind nach dieser Ansicht auf Vernehmung eines weiteren Sachverständigen iSd § 244 Abs. 4 S. 2 gerichtet, wenn bereits ein Gutachten zu entsprechenden Fragen des psychischen Zustandes des Beschuldigten in der Hauptverhandlung erstattet wurde.[125] Dem ist indes nicht zuzustimmen. Das Beweisbegehren richtet sich in diesem Fall nicht auf bestimmte Beweistatsachen, sondern auf die Art und Weise der Untersuchung. Mithin handelt es sich um bloße Beweisanregungen.[126] Unbeschadet dessen stellt die stationäre Beobachtung kein überlegenes Forschungsmittel nach § 244 Abs. 4 S. 2 Hs. 2 dar.[127] 13

2. Unterbringungsanordnung. Hinsichtlich der **Zuständigkeit** enthält § 81 Abs. 3 für das Ermittlungsverfahren eine Ausnahmeregelung zu § 162 Abs. 1, weswegen auch die Einschränkung der Prüfungskompetenz in § 162 Abs. 2 nicht zum Tragen kommt. Sie greift wegen des Sachzusammenhangs ebenfalls, wenn zugleich Anordnungen nach § 81a zu treffen sind[128] (→ Rn. 20). Bei mehreren in Betracht kommenden Gerichten ist die Prognose der Staatsanwaltschaft maßgeblich, vor welchem sie voraussichtlich die Anklage erheben wird.[129] Das Landgericht kann aber die Entscheidung in entsprechender Anwendung des § 209 Abs. 1 auf das Amtsgericht übertragen.[130] Seit der Neuregelung des Rechts der notwendigen Verteidigung[131] ist ein Gleichlauf mit der Zuständigkeit für die Bestellung des Pflichtverteidigers nicht mehr gegeben. Denn nach § 140 Abs. 1 Nr. 6, § 142 Abs. 3 Nr. 1 entscheidet in diesem Verfahrensstadium hierüber stets das Amtsgericht. Die Staatsanwaltschaft hat daher beim unverteidigten Beschuldigten den Antrag auf Unterbringung gerennt von demjenigen auf Bestellung eines Pflichtverteidigers zu stellen. Nach Anklageer- 14

[116] Krause in Löwe/Rosenberg Rn. 28; Schmitt in Meyer-Goßner/Schmitt Rn. 18.
[117] BGH 26.4.1955 – 5 StR 86/55, BGHSt 8, 113 (121 f.).
[118] RG 24.9.1937 – 4 D 657/37, JW 1937, 3101; Krause in Löwe/Rosenberg Rn. 6; Schmitt in Meyer-Goßner/Schmitt Rn. 3; vgl. auch BGH 5.7.1955 – 2 StR 159/55, BGHSt 8, 76 (77); RG 1.5.1890 – Rep. 901/90, RGSt 20, 378 (379), BGH 8.7.1955 – 2 StR 144/55, BGHSt 8, 76 (77) jeweils „pflichtgemäßes Ermessen des Gerichtes"; RG 1.5.1890 – Rep. 901/90, RGSt 20, 378 (379) „nach Ermessen des Gerichtes".
[119] Vgl. BGH 17.4.1952 – 5 StR 349/52, NJW 1952, 797.
[120] LG Zweibrücken 22.1.1996 – 1 AR 33/95, VRS 91 (1997), 288; aA Rogall in SK-StPO Rn. 9.
[121] Vgl. LG Gera 29.8.1995 – 320 Js 8075/94-5 AR 37/95, StV 1995, 631 (632).
[122] RG 1.5.1890 – Rep. 901/90, RGSt 20, 378 (379 f.) noch zur aF, die einen ausdrücklichen Antrag des Sachverständigen forderte, hierzu Krause in Löwe/Rosenberg Rn. 7.
[123] Schmidt StPO II Rn. 10; Hadamitzky in KK-StPO Rn. 3.
[124] RG 8.7.1895 – Rep. 2359/95, RGSt 27, 343 (349).
[125] BGH 5.7.1955 – 5 StR 52/55, JR 1955, 472; OLG Koblenz 5.9.1974 – 1 Ss 182/74, VRS 48 (1975), 182 (184).
[126] Monka in BeckOK StPO Rn. 11; Brauer in Gercke/Julius/Temming/Zöller Rn. 5; Bosch in KMR-StPO Rn. 6; Krause in Löwe/Rosenberg Rn. 7; Schmitt in Meyer-Goßner/Schmitt Rn. 3; vgl. auch RG 26.2.1907 – II 127/07, RGSt 40, 48 (50 f.), wonach der Angeklagte kein Recht auf eine bestimmte Art der Untersuchung hat.
[127] BGH 5.7.1955 – 2 StR 159/55, BGHSt 8, 78 (77); 5.7.1955 – 5 StR 52/55, JR 1955, 472; OLG Koblenz 5.9.1974 – 1 Ss 182/74, VRS 48 (1975), 182 (184).
[128] OLG Karlsruhe 19.11.1971 – 1 Ws 377/71, Justiz 1972, 18 (19).
[129] Bosch in KMR-StPO Rn. 21; Krause in Löwe/Rosenberg Rn. 35.
[130] Brauer in Gercke/Julius/Temming/Zöller Rn. 21.
[131] Zuletzt und grundlegend durch das Gesetz zur Neuregelung des Rechts der notwendigen Verteidigung vom 10.12.2019, BGBl. 2019 I 2128.

hebung entscheidet über die Unterbringung das mit der Sache befasste Gericht,[132] das Revisionsgericht zur Prüfung der Verhandlungsfähigkeit.[133] Für die Anordnung gilt wegen der Schwere des Eingriffs und wegen Art. 104 Abs. 2 GG ein absoluter Richtervorbehalt.[134] Entgegen § 161a Abs. 1 S. 2 kann die Staatsanwaltschaft daher die Anordnung nicht vornehmen, selbst bei Gefahr im Verzug nicht.

15 Im **Tenor** des Beschlusses sind diejenigen Anordnungsvoraussetzungen genau zu bezeichnen, die für die Vollstreckung maßgeblich sind. Neben dem Ausspruch der Unterbringung als solcher, nebst der Verbringung dorthin, muss das Gericht die Unterbringungseinrichtung bestimmen, deren Auswahl nicht der Staatsanwaltschaft oder dem Sachverständigen überlassen werden darf.[135] Dagegen muss der Arzt, der die sachverständige Beobachtung vornehmen soll,[136] und die Art der Unterbringung, insbesondere ob in geschlossener oder offener Abteilung,[137] nicht vorgegeben werden. Unerlässlich ist es, die Zeit der Einweisung zu bestimmen. Dabei darf nicht formularmäßig von der zulässigen Höchstdauer des Abs. 5 ausgegangen werden.[138] Lässt sich aufgrund der vorbereitenden Stellungnahme des Sachverständigen zuverlässig ersehen, dass auch eine kürzere Zeitdauer ausreichend sein wird (→ Rn. 12), hat das Gericht die Zeitdauer der Unterbringung von vornherein entsprechend zu begrenzen.[139] Andernfalls ist zumindest die gesetzlich vorgeschriebene Höchstdauer der Verwahrung ausdrücklich auszusprechen.[140] Hierbei empfiehlt es sich in Anlehnung an den Wortlaut des Abs. 5 anzuordnen, dass die Unterbringung „die Dauer von insgesamt sechs Wochen nicht überschreiten darf".[141]

16 Der Gerichtsbeschluss ist schon wegen seiner Anfechtbarkeit nach § 34 mit einer **Begründung** zu versehen.[142] In dieser muss zum Vorliegen eines dringenden Tatverdachts Stellung genommen werden.[143] Während laufender Hauptverhandlung sind dabei nicht alle bislang erhobenen Beweise umfassend darzustellen und unter Vorwegnahme der Urteilsgründe zu würdigen. Vielmehr genügt eine Begründungstiefe, die ggf. das Beschwerdegericht in die Lage versetzt, seine Entscheidung auf einer hinreichend tragfähigen tatsächlichen Grundlage zu treffen (→ § 309 Rn. 19).[144] Die Darlegungen müssen sich ferner dazu verhalten, welche Zweifel an der Schuldfähigkeit des Beschuldigten bestehen und warum diese nur durch die Beobachtung in einer Klinik geklärt werden können.[145] Sie haben sich mit der erforderlichen Dauer zu befassen.[146] Die Anhörung des Sachverständigen und deren Ergebnis müssen sich gleichfalls aus dem Beschluss ergeben.[147] Schließlich muss er Ausführungen zum konkreten Untersuchungskonzept des Sachverständigen enthalten und zu des-

---

132 Schmitt in Meyer-Goßner/Schmitt Rn. 23.
133 Krause in Löwe/Rosenberg Rn. 35.
134 Schmidt StPO II Rn. 4.
135 OLG Stuttgart 10.8.1961 – 1 Ws 329/61, NJW 1961, 2077; OLG Frankfurt a. M. 24.11.1966 – 3 Ws 558/66, NJW 1967, 689 (690).
136 Hadamitzky in KK-StPO Rn. 6; Bosch in KMR-StPO Rn. 32; Krause in Löwe/Rosenberg Rn. 29; Schmitt in Meyer-Goßner/Schmitt Rn. 19.
137 OLG Hamm 21.5.1953 – 1 Ws 112/53, NJW 1953, 1237.
138 OLG Hamm 30.11.2000 – 2 Ws 313/00, juris Rn. 9 = BeckRS 2001, 150441 (Leitsatz) = StraFo 2002, 164.
139 OLG Oldenburg 1.3.1961 – 1 Ws 58/61, NJW 1961, 981 (982).
140 OLG Stuttgart 10.8.1961 – 1 Ws 329/61, NJW 1961, 2077.
141 Schmitt in Meyer-Goßner/Schmitt Rn. 17; nach Bosch in KMR-StPO Rn. 30 und Krause in Löwe/Rosenberg Rn. 26 „bis zu sechs Wochen" oder „höchstens sechs Wochen".
142 OLG Frankfurt a. M. 24.11.1966 – 3 Ws 558/66, NJW 1967, 689 (690); OLG Oldenburg 15.1.1971 – 2 Ws 19/71, NJW 1971, 1098; OLG Karlsruhe 15.3.1972 – 2 Ws 47/72, NJW 1972, 1584; 24.10.1972 – 2 Ws 194/72, NJW 1973, 573; LG Zweibrücken 15.8.1996 – 1 Qs 104/96, NJW 1997, 70; 11.12.2003 – Qs 133/03, VRS 106 (2004), 385.
143 OLG Oldenburg 1.3.1961 – 1 Ws 58/61, NJW 1961, 981 (982).
144 Eisenberg NStZ 2015, 433 (435); vgl. auch BGH 8.10.2012 – StB 9/12, NStZ-RR 2013, 16 (17) zur Haftfortdauer.
145 OLG Frankfurt a. M. 18.7.1985 – 3 Ws 597/85, StV 1986, 51; OLG Zweibrücken 15.8.1996 – 1 Qs 104/96, NJW 1997, 70.
146 OLG Oldenburg 1.3.1961 – 1 Ws 58/61, NJW 1961, 981 (982).
147 Krause in Löwe/Rosenberg Rn. 36.

sen Geeignetheit, Erkenntnisse über die konkret im Raum stehende psychische Erkrankung des Beschuldigen zu erlangen.[148]

Die **Bekanntmachung** der gerichtlichen Entscheidung richtet sich nach den allgemeinen Vorschriften. Sie erfolgt in der Hauptverhandlung durch Verkündung nach § 35 Abs. 1 und außerhalb derselben für den Fall der Anordnung wegen der Frist für die sofortige Beschwerde gemäß § 81 Abs. 4 S. 1, § 311 Abs. 2 durch Zustellung nach § 35 Abs. 2 S. 1.[149] Für die Zustellung an den Verteidiger gilt § 145a Abs. 1.[150] Die ablehnende Entscheidung, insbesondere auf einen Antrag der Staatsanwaltschaft hin, kann nach § 35 Abs. 2 S. 2 formlos mitgeteilt werden. 17

Eine **Abänderung** des Gerichtsbeschlusses ist nach Eintritt der Rechtskraft nicht zulässig. Vielmehr bedarf es einer neuen Entscheidung, die ihrerseits, unabhängig von der vorhergehenden, anfechtbar ist.[151] Dies soll nach teilweise vertretener Ansicht indes nicht für die ursprünglich festgesetzte Unterbringungsdauer gelten, die sich kürzer als die Höchstfrist nach § 81 Abs. 5 bemisst. Hier soll eine nachträgliche Verlängerung möglich sein.[152] Dies erscheint allerdings bedenklich. Zwar sieht Abs. 5 lediglich einen Rahmen vor, der nicht überschritten werden darf. Andererseits fordert der Grundsatz der Verhältnismäßigkeit, eine kürzere Zeitdauer anzusetzen, wenn dies ausreichend erscheint (→ Rn. 12). Ist eine solche Bestimmung erfolgt, wurde ein Vertrauenstatbestand geschaffen, der, da der Beschuldigte möglicherweise wegen einer verhältnismäßig kurzen Unterbringungsdauer kein Rechtsmittel einlegt, an der Rechtskraft teilnimmt. Daher erscheint es angemessen, auch für diesen Fall auf Grundlage neuer sachverständiger Bewertung einen neuen Beschluss zu fassen. 18

3. Vollstreckung und Durchführung. Die **Vollstreckung** des Gerichtsbeschlusses erfolgt nach § 36 Abs. 2 S. 1 durch die Staatsanwaltschaft.[153] Nach Nr. 61 Abs. 1 RiStBV ist auch hierbei der Grundsatz der Verhältnismäßigkeit zu beachten und der Beschuldigte regelmäßig erst nach fruchtlosem Ablauf einer Ladungsfrist zwangsweise in die Einrichtung zu verbringen (Nr. 61 Abs. 2 RiStBV). Die Staatsanwaltschaft kann hierzu einen Vorführungsbefehl erlassen, der nach ganz hM nach § 23 EGGVG anfechtbar sein soll.[154] Dieser Ansicht ist indes nicht zu folgen. Diese Anfechtungsmöglichkeit erfasst lediglich Justizverwaltungsakte, nicht jedoch Prozesshandlungen der Staatsanwaltschaft, dh solche, die auf Gestaltung des Verfahrens gerichtet sind. Um eine solche handelt es sich indes bei dem Vorführungsbefehl der Staatsanwaltschaft zur Durchsetzung eines gemäß § 81 erlassenen gerichtlichen Beschlusses.[155] Das ergibt sich schon daraus, dass § 81 Abs. 1 als Rechtsfolge neben der Beobachtung in der Einrichtung ausdrücklich die Verbringung nach dorthin vorsieht. Die Staatsanwaltschaft führt in diesem Fall demnach lediglich die gerichtliche Entscheidung aus, die die notfalls zwangsweise Umsetzung schon enthält. Insoweit führt auch der Vergleich mit dem Vollstreckungshaftbefehl nach § 457[156] zu keinem anderen Ergebnis. Entgegen der diesbezüglichen Regelung für die Vollstreckung von Strafurteilen sieht § 81 eine solche gesonderte Eingriffsmöglichkeit mit vergleichbar weitgehenden Rechten nicht ausdrücklich vor. Auch kann die Befugnis der Staatsanwaltschaft, den Beschuldigten nach § 163a Abs. 3 S. 2, §§ 133, 134 vorführen zu lassen nicht herangezogen werden, 19

148 BVerfG 9.10.2001 – 2 BvR 1523/01, NJW 2002, 283 (284); KG 30.12.2012 – 4 Ws 117/12, BeckRS 2013, 04054 = NStZ-RR 2013, 182 (Leitsatz).
149 Hadamitzky in KK-StPO Rn. 10; Rogall in SK-StPO Rn. 47.
150 Krause in Löwe/Rosenberg Rn. 38; Schmitt in Meyer-Goßner/Schmitt Rn. 26.
151 Monka in BeckOK StPO Rn. 8; Bosch in KMR-StPO Rn. 34; Krause in Löwe/Rosenberg Rn. 27; Schmitt in Meyer-Goßner/Schmitt Rn. 35.
152 Krause in Löwe/Rosenberg Rn. 26; Schmitt in Meyer-Goßner/Schmitt Rn. 17.
153 Hadamitzky in KK-StPO Rn. 10; Bosch in KMR-StPO Rn. 36; Krause in Löwe/Rosenberg Rn. 39; Schmitt in Meyer-Goßner/Schmitt Rn. 27; Rogall in SK-StPO Rn. 48.
154 Brauer in Gercke/Julius/Temming/Zöller Rn. 24 sowie Hadamitzky in KK-StPO Rn. 10; Bosch in KMR-StPO Rn. 36; Rogall in SK-StPO Rn. 48; Schmitt in Meyer-Goßner/Schmitt Rn. 27; Altenhain JZ 1965, 756 (758) jeweils unter Bezugnahme auf OLG Koblenz JVBl. 1961, 237.
155 OLG Hamm 3.2.1966 – 1 VAs 10/66, NJW 1966, 684 (685).
156 Altenhain JZ 1965, 756 (758).

da diese nur zum Zwecke der Durchführung einer Beschuldigtenvernehmung erlaubt ist, um die es im gegebenen Zusammenhang offensichtlich nicht geht. Mithin ist die Zwangsmaßnahme bloße Ausführungshandlung einer gerichtlichen Anordnung, die als solche keiner gesonderten Anfechtungsmöglichkeit unterliegt.

20 Hinsichtlich der **Durchführung** der Unterbringung zur Beobachtung erlaubt § 81 Abs. 1 neben der Verbringung in das psychiatrische Krankenhaus nur das dortige Festhalten und die beobachtende Untersuchung des Beschuldigten.[157] Blutprobenentnahmen und andere Eingriffe in die körperliche Unversehrtheit bedürfen dagegen ausdrücklicher und gesonderter richterlicher Anordnung nach § 81a (zur Zuständigkeit → Rn. 14), sollen sie gegen den Willen des Beschuldigten vorgenommen werden.[158] Auch werden Heilbehandlungen und allgemeine körperliche Untersuchungen für unzulässig gehalten.[159] Teilweise werden übliche und ungefährliche Untersuchungen ohne körperliche Belastung wie Blutdruckmessungen und Elektrokardiogramme, die ohne ein Mitwirken des Beschuldigten vorgenommen werden können, ohne gesonderte Anordnung als erlaubt angesehen.[160] Zur Briefkontrolle ist der Anstaltsarzt generell nicht befugt,[161] der Richter nur, wenn sich der Beschuldigte zugleich in Untersuchungshaft oder einstweiliger Unterbringung befindet.[162]

III. Beschwerde

21 Gemäß § 81 Abs. 4 S. 1 – bei erstinstanzlicher Verhandlung vor dem Oberlandesgericht gem. § 304 Abs. 4 S. 2 Hs. 2 Nr. 1,[163] trotz der restriktiv auszulegenden Sondervorschrift des § 304 Abs. 5 auch schon im Vorverfahren (→ § 304 Rn. 68) – ist gegen den Beschluss, mit dem die Unterbringung zur Beobachtung angeordnet wird, die **sofortige Beschwerde** nach § 311 statthaft. Dies gilt auch für Entscheidungen des erkennenden Gerichts, da es sich hierbei um eine Ausnahmeregelung handelt, die der Sondervorschrift für das Zwischenverfahren in § 202 S. 2[164] und der allgemeinen Vorschrift des § 305 S. 1 vorgeht,[165] und zwar selbst dann, wenn sich der Angeklagte in Untersuchungshaft befindet und von dort in ein psychiatrisches Krankenhaus zur Beobachtung überstellt werden soll.[166] Neben dem Beschuldigten wird dem Verteidiger allgemein ein von dessen Willen unabhängiges Beschwerderecht zuerkannt. Soweit dies allerdings auf die allgemeine Aussage gestützt wird, § 297 finde keine Anwendung, weil die Verhandlungsfähigkeit des Beschuldigten zweifelhaft sei,[167] kann dem in dieser Allgemeinheit nicht gefolgt werden. Weder aus § 81 selbst, noch aus § 297 lässt sich derartiges entnehmen. Vielmehr ist, wie in § 297 vorgesehen, im Einzelfall zu prüfen, ob der Beschuldigte einen entsprechenden Willen bilden kann oder nicht. Letzteres liegt, wie auch die Frage, ob er einen wirksamen Rechtsmittelverzicht erklären kann, durchaus nahe, wenn die Unterbringung der Überprüfung der Verhandlungsfähigkeit

---

157 Rogall in SK-StPO Rn. 35.

158 BGH 8.7.1955 – 5 StR 233/55, BGHSt 8, 144 (147 f.); 6.9.1968 – 4 StR 339/68, NJW 1968, 2297 (2298).

159 BGH 6.9.1968 – 4 StR 339/68, NJW 1968, 2297 (2298); Hadamitzky in KK-StPO Rn. 8; Krause in Löwe/Rosenberg Rn. 31 unter Hinweis auf eine mögliche Ausnahme nach § 34 StGB; Schmitt in Meyer-Goßner/Schmitt Rn. 20; Arzt JZ 1969, 438 (440).

160 OLG Schleswig 15.9.1981 – 1 Ws 344/81, NStZ 1982, 81; Peters JR 1969, 232 (233).

161 BGH 14.7.1961 – 4 StR 191/61, NJW 1961, 2069; aA Koch NJW 1969, 176 (177).

162 Hadamitzky in KK-StPO Rn. 8; Krause in Löwe/Rosenberg Rn. 32; Schmitt in Meyer-Goßner/Schmitt Rn. 20.

163 BGH 5.10.2018 – StB 9/18, BeckRS 2018, 37619 Rn. 13.

164 OLG Rostock 2.1.2014 – Ws 388/13, BeckRS 2014, 907, insoweit nicht abgedruckt in StV 2015, 619.

165 OLG Köln 30.1.1951 – Ws 8/51, MDR 1951, 373 (374); OLG Stuttgart 10.8.1961 – 1 Ws 329/61, NJW 1961, 2077; OLG Düsseldorf 3.3.2005 – II-3 Ws 76 – 78/05, juris Rn. 7 = StV 2005, 490; LG Zweibrücken 15.8.1996 – 1 Qs 104/96, NJW 1997, 70; § 305 S. 2 erfasst nur die einstweilige Unterbringung, nicht diejenige nach § 81.

166 BGH 5.10.2018 – StB 9/18, BeckRS 2018, 37619 Rn. 13; OLG Stuttgart 10.8.1961 – 1 Ws 329/61, NJW 1961, 2077; OLG Düsseldorf 13.4.2000 – 1 Ws 263 – 264/00, VRS 99 (2000), 123 (124) unter Hinweis auf § 305 S. 2.

167 Hadamitzky in KK-StPO Rn. 11; Bosch in KMR-StPO Rn. 38; Krause in Löwe/Rosenberg Rn. 40; Schmitt in Meyer-Goßner/Schmitt Rn. 28; Rogall in SK-StPO Rn. 53.

oder Schuldfähigkeit dienen soll.[168] Anderes kann indes gelten, wenn die Maßnahme nach § 81 der Feststellung der Gefährlichkeit oder eines Hanges dient. Auch dem lediglich vermindert Schuldfähigen darf ein Rechtsmittel des Verteidigers nicht aufgezwungen werden, wenn er zu einer ordnungsgemäßen Willensbildung in der Lage ist. Mangels Betroffenheit iSd § 304 Abs. 2 hat der Sachverständige kein eigenes Beschwerderecht.[169] Erklärt die Staatsanwaltschaft vor Umsetzung des Unterbringungsbeschlusses einen Vollstreckungsverzicht, bspw. weil die Begutachtung anderweitig schon durchgeführt werden konnte, wird das Rechtsmittel mangels Beschwer unzulässig. Da der tatsächlich nicht vollzogene Beschluss als solcher keinen tiefgreifenden Grundrechtseingriff darstellt, fehlt es für diesen Fall an einem Fortsetzungsfeststellungsinteresse.[170] § 81 Abs. 2 S. 2 sieht als Ausnahme von § 307 Abs. 1 die aufschiebende Wirkung der Beschwerde vor. Die weitere Beschwerde ist nach § 310 Abs. 2 ausgeschlossen, da es sich bei § 310 Abs. 1 Nr. 1 und 2 um eng auszulegende Sondervorschriften handelt, die keine erweiternde Auslegung zulassen (→ § 310 Rn. 7 f. und 12).[171]

Vom **Prüfungsumfang** des Beschwerdegerichts wird bei einer Entscheidung im Ermittlungsverfahren auch die Zweckmäßigkeit der Unterbringungsanordnung erfasst.[172] Dies erscheint angemessen, da wegen der besonderen Zuständigkeitsregelung in § 81 Abs. 3 bereits für den Erstrichter nicht die lediglich eingeschränkte Prüfungskompetenz des § 162 Abs. 2 gilt (→ Rn. 14). Zudem entscheidet er in diesem Verfahrensstadium gleichfalls anhand der Akte ohne weitergehende Erkenntnisse aus der Hauptverhandlung. Bei einer Anordnung des erkennenden Gerichts[173] ist dagegen streitig, ob sich die Beschwerdeinstanz in einer Rechtmäßigkeitsprüfung erschröpft[174] oder darüber hinaus auch die Zweckmäßigkeit der Maßnahme erfasst.[175] In jedem Fall sollte es dem Tatrichter überlassen bleiben, was er zur Aufklärung des Sachverhaltes für erforderlich hält, sofern sich seine Ansicht in vertretbarem Rahmen bewegt.[176] Daher sollte das Beschwerdegericht in jedem Fall nicht sein Ermessen an die Stelle des tatrichterlichen Ermessens setzen.[177] Fehlt dem Unterbringungsbeschluss eine nachvollziehbare Begründung[178] oder unterlag das Verfahren gewichtigen Mängeln[179] kann das Beschwerdegericht entgegen § 309 Abs. 2 von einer eigenen Sachentscheidung absehen und die Sache in entsprechender Anwendung des § 328 Abs. 2 an die Vorinstanz zurückverweisen. Nach allgemeinen Grundsätzen kann auch der Beschwerdeführer durch Teilanfechtung den Prüfungsumfang des Beschwerdegerichts eingrenzen (→ § 304 Rn. 15). Daher wird es teilweise für zulässig gehalten, die Beschwerde auf die Auswahl des Sachverständigen oder des Krankenhauses zu beschränken.[180] Eine 22

[168] Vgl. OLG Frankfurt a. M. 24.11.1966 – 3 Ws 558/66, NJW 1967, 689 (690).

[169] Krause in Löwe/Rosenberg Rn. 40; Rogall in SK-StPO Rn. 53; Eisenberg BeweisR StPO Rn. 1705.

[170] BGH 5.10.2018 – StB 9/18, BeckRS 2018, 37619 Rn. 8 ff.

[171] OLG Hamm 5.1.1984 – 3 Ws 3/84, MDR 1984, 602 (602 f.); Hadamitzky in KK-StPO Rn. 11; Bosch in KMR-StPO Rn. 42; Krause in Löwe/Rosenberg Rn. 40; Schmitt in Meyer-Goßner/Schmitt Rn. 28 aA Brauer in Gercke/Julius/Temming/Zöller Rn. 25.

[172] OLG Hamm 28.12.1949 – I Ws 187/49, MDR 1950, 373 (374).

[173] Nach OLG Celle 27.7.1966 – 4 Ws 252/66, NJW 1966, 1881 beginnt dessen Tätigkeit mit dem Eröffnungsbeschluss.

[174] OLG Hamm 21.5.1953 – 1 Ws 112/53, NJW 1953, 1237.

[175] OLG Köln 30.1.1951 – Ws 8/51, MDR 1951, 373 (374); OLG Schleswig 23.12.1958 – Ws 436/58, MDR 1959, 415; OLG Hamburg 9.10.1972 – 2 Ws 411/72, MDR 1972, 1048.

[176] In diesem Sinne OLG Hamm 21.5.1953 – 1 Ws 112/53, NJW 1953, 1237.

[177] Brauer in Gercke/Julius/Temming/Zöller Rn. 26; Bosch in KMR-StPO Rn. 40; Krause in Löwe/Rosenberg Rn. 42; Schmitt in Meyer-Goßner/Schmitt Rn. 29; Rogall in SK-StPO Rn. 56.

[178] OLG Oldenburg 25.1.1971 – 2 Ws 19/71, NJW 1971, 1098 (1098 f.); OLG Karlsruhe 15.3.1972 – 2 Ws 47/72, NJW 1972, 1584 (1584 f.).

[179] OLG Oldenburg 1.3.1961 – 1 Ws 58/61, NJW 1961, 981 (982); OLG Karlsruhe 24.10.1972 – 2 Ws 194/72, NJW 1973, 573; 4.6.1996 – 1 Ws 133/96, Justiz 1997, 141; LG Aschaffenburg 3.6.2003 – Qs 189/02, StV 2004, 583 (584).

[180] Monka in BeckOK StPO Rn. 13; Krause in Löwe/Rosenberg Rn. 40 zumindest für das Ermittlungsverfahren, anders Rn. 41 für den Beschluss des erkennenden Gerichts; Schmitt in Meyer-Goßner/Schmitt Rn. 28; Eisenberg NStZ 2015, 433 (437); aA Brauer in Gercke/Julius/Temming/Zöller Rn. 28; Hadamitzky in KK-StPO Rn. 11.

solche Beschränkung ist indes nur wirksam, wenn der angefochtene Teil der Entscheidung gegenüber dem nicht angefochtenen derart selbständig ist, dass er eine isolierte Nachprüfung erlaubt.[181] Daran fehlt es hierbei. Der Beschuldigte hat auch in Zusammenhang mit der Anordnung nach § 81 keinen Anspruch auf Untersuchung durch einen bestimmten Arzt, wodurch die Auswahlentscheidung hinsichtlich des Sachverständigen einer Anfechtung entzogen ist. Bei einer solchen des erkennenden Gerichts folgt das schon aus § 305 S. 1.[182] Dies gilt aber in gleicher Weise für das Ermittlungs- und Zwischenverfahren (→ § 73 Rn. 32 mwN). Die Auswahl des Krankenhauses stellt ihrerseits einen essentiellen Teil der Gesamtwürdigung des anordnenden Gerichts dar, inwieweit von der Beobachtung Erkenntnisse zum psychischen Zustand des Beschuldigten zu erwarten sind (→ Rn. 11). Sie kann mithin nicht losgelöst hiervon betrachtet werden und lässt sich damit nicht von der Unterbringunganordnung als solcher separieren. Die Fragestellung kann vor diesem Hintergrund nur dahingehend lauten, ob sich der Beschwerdeführer tatsächlich nur gegen die Auswahlentscheidung des Gerichts wendet, was das Rechtsmittel zumindest insoweit unzulässig macht,[183] oder ob die Unwirksamkeit der Beschränkung anzunehmen ist, die zur Nachprüfung des Einweisungsbeschlusses in vollem Umfang führt.[184]

23 Mit **einfacher Beschwerde** kann die ablehnende gerichtliche Entscheidung durch die Staatsanwaltschaft[185] und den Beschuldigten[186] angefochten werden.[187] Die ablehnende Ansicht[188] findet im Gesetz keine Stütze. Durch § 81 Abs. 4 werden die allgemeinen Regelungen des Beschwerderechts nicht tangiert, sondern nur für die Anordnung wegen der damit verbundenen einschneidenden Wirkung eine der Rechtskraft fähige Ausnahmeregelung getroffen.[189] Naturgemäß gilt dies wegen § 305 S. 1 nur für das Ermittlungsverfahren.[190] Gerade hier bedarf es aber der Anfechtungsmöglichkeit, die der Staatsanwaltschaft nach allgemeinen Vorschriften zusteht, wenn ihre Anträge auf die Anordnung oder Vornahme richterlicher Ermittlungsmaßnahmen abgelehnt werden.[191] Ebenfalls das Rechtsmittel der einfachen Beschwerde ist für den Beschuldgten statthaft, wenn das Gericht seine Vorführung anordnet, damit sich der Sachverständige für seine Anhörung nach § 81 Abs. 1 einen persönlichen Eindruck verschaffen kann (→ Rn. 6).[192]

IV. Revision

24 Die **Anordnung der Unterbringung** kann wegen der in § 81 Abs. 4 vorgesehenen Beschwerdemöglichkeit schon nach § 336 S. 2 nicht mit der Revision gerügt werden.[193]

---

[181] S. hierzu OLG Frankfurt a. M. 23.4.1980 – 3 Ws 226/80, NJW 1980, 2535 (2536); OLG Koblenz 7.1.1985 – 1 Ws 862/84 – 1 Ws 862/84, NStZ 1987, 24 (25).
[182] OLG Celle 27.7.1966 – 4 Ws 252/66, NJW 1966, 1881; OLG Hamburg 9.10.1972 – 2 Ws 411/72, MDR 1972, 1048; OLG Düsseldorf 13.4.2000 – 1 Ws 263-263/00, VRS 99 (2000), 123 (124).
[183] OLG Celle 27.7.1966 – 4 Ws 252/66, NJW 1966, 1881; OLG Hamburg 9.10.1972 – 2 Ws 411/72, MDR 1972, 1048; OLG Düsseldorf 13.4.2000 – 1 Ws 263-263/00, VRS 99 (2000), 123 (123).
[184] OLG Stuttgart 10.8.1961 – 1 Ws 329/61, NJW 1961, 2077; allgmein zu den entsprechenden Folgen einer unwirksamen Beschränkung der Beschwerde LG Stralsund 24.10.2007 – 23 Qs 52/07, NStZ-RR 2008, 58 (59).
[185] OLG Braunschweig 1.7.1955 – Ws 66/55, NJW 1955, 1492; OLG Stuttgart 25.7.1972 – 2 Ws 127/72, Justiz 1972, 321; OLG Köln 6.7.2016 – 2 Ws 405/16, BeckRS 2016, 118528 Rn. 5 und 7; LG Köln 22.12.1995 – 107 Qs 396/95, NStZ-RR 1996, 267.
[186] OLG Nürnberg 15.7.1965 – Ws 248/65, MDR 1966, 347 (348).
[187] LG Köln 22.12.1995 – 107 Qs 396/95, NStZ-RR 1996, 267.
[188] OLG Karlsruhe 19.11.1971 – 1 Ws 377/71, Justiz 1972, 18; Schmidt StPO II Rn. 19; Hadamitzky in KK-StPO Rn. 12.
[189] OLG Braunschweig 1.7.1955 – Ws 66/55, NJW 1955, 1492; LG Köln 22.12.1995 – 107 Qs 396/95, MDR 1996, 409; Krause in Löwe/Rosenberg Rn. 44; Rogall in SK-StPO Rn. 58.
[190] Hadamitzky in KK-StPO Rn. 12; Krause in Löwe/Rosenberg Rn. 44; Rogall in SK-StPO Rn. 58.
[191] Vgl. OLG Stuttgart 25.7.1972 – 2 Ws 127/72, Justiz 1972, 321 „prozessuale Weichenstellung".
[192] KG 22.1.2016 – 3 Ws 654/15, wistra 2016, 286.
[193] Hadamitzky in KK-StPO Rn. 13; Bosch in KMR-StPO Rn. 43; Krause in Löwe/Rosenberg Rn. 45; Schmitt in Meyer-Goßner/Schmitt Rn. 32; Rogall in SK-StPO Rn. 62.

Deren **Unterlassung** ist mit der Aufklärungsrüge (§ 244 Abs. 2) zu beanstanden,[194] die Erfolg haben kann, wenn das Gericht die Maßnahme trotz ausdrücklicher Anregung durch den Sachverständigen nicht anordnet.[195] Schöpft der Sachverständige dagegen die ausgesprochene Höchstfrist nicht aus und führt die Untersuchung im ambulanten Rahmen durch (→ Rn. 4), liegt alleine darin noch kein Verfahrensfehler.[196] Sieht man in dem entsprechenden Beweisbegehren einen echten Beweisantrag (→ Rn. 13), kann die Rüge fehlerhafter Ablehnung auf § 244 Abs. 3 und 4 gestützt werden.[197] Insoweit ist das Revisionsgericht allerdings auf die Prüfung beschränkt, dass dem Tatrichter ein Rechtsfehler bei Ausübung des Ermessens nach § 81 unterlief.[198]

V. Immunität

Für die Unterbringung von Abgeordneten sind Nr. 191–192a RiStBV zu beachten. **25**

§ 81a Körperliche Untersuchung des Beschuldigten; Zulässigkeit körperlicher Eingriffe

(1) [1]Eine körperliche Untersuchung des Beschuldigten darf zur Feststellung von Tatsachen angeordnet werden, die für das Verfahren von Bedeutung sind. [2]Zu diesem Zweck sind Entnahmen von Blutproben und andere körperliche Eingriffe, die von einem Arzt nach den Regeln der ärztlichen Kunst zu Untersuchungszwecken vorgenommen werden, ohne Einwilligung des Beschuldigten zulässig, wenn kein Nachteil für seine Gesundheit zu befürchten ist.

(2) [1]Die Anordnung steht dem Richter, bei Gefährdung des Untersuchungserfolges durch Verzögerung auch der Staatsanwaltschaft und ihren Ermittlungspersonen (§ 152 des Gerichtsverfassungsgesetzes) zu. [2]Die Entnahme einer Blutprobe bedarf abweichend von Satz 1 keiner richterlichen Anordnung, wenn bestimmte Tatsachen den Verdacht begründen, dass eine Straftat nach § 315a Absatz 1 Nummer 1, Absatz 2 und 3, § 315c Absatz 1 Nummer 1 Buchstabe a, Absatz 2 und 3 oder § 316 des Strafgesetzbuchs begangen worden ist.

(3) Dem Beschuldigten entnommene Blutproben oder sonstige Körperzellen dürfen nur für Zwecke des der Entnahme zugrundeliegenden oder eines anderen anhängigen Strafverfahrens verwendet werden; sie sind unverzüglich zu vernichten, sobald sie hierfür nicht mehr erforderlich sind.

Schrifttum: Amelung, Probleme der Einwilligung in strafprozessuale Grundrechtsbeeinträchtigungen, StV 1985, 257; Benfer, Anwendung unmittelbaren Zwangs zur Durchsetzung strafprozessualer Rechtseingriffe, NJW 2002, 2688; Binder/Seemann, Die zwangsweise Verabreichung von Brechmitteln zur Beweissicherung, NStZ 2002, 234; Blum, Der Richtervorbehalt bei der Entnahme einer Blutprobe, SVR 2008, 441; Blum, Neue Fragen zum Richtervorbehalt bei der Entnahme einer Blutprobe, SVR 2009, 171; Bosch, Die körperliche Untersuchung des Beschuldigten (§ 81a StPO), Jura 2014, 50; Brocke/Herb, Richtervorbehalt und Gefahr im Verzug bei Blutprobenentnahmen gemäß § 81a StPO, NStZ 2009, 671; Brocke/Herb, Strafverfolgung nach Dienstschluss – Justiz im Dauereinsatz?, StraFo 2009, 46; Busch, Richtervorbehalt bei der Blutprobe, ZRP 2012, 79; Cierniak/Herb, Pflicht zur Belehrung über die Freiwilligkeit der Teilnahme an einer Atemalkoholmessung?, NZV 2012, 409; Claus, Neue Gesetze in letzter Minute: Die künftigen Regelungen zum Fahrverbot und zur Anordnungskompetenz bei der Entnahme von Blutproben, NZV 2017, 449; Conrad, Fortgescshrittenenklausur – Strafrecht: Strafverfahrensrecht – Das leidige Kokain, JuS 2018, 451; Dallmeyer, Verletzt der zwangsweisen Brechmitteleinsatz gegen Beschuldigte deren Persönlichkeitsrechte?, StV 1997, 606;

194 Brauer in Gercke/Julius/Temming/Zöller Rn. 29; Bosch in KMR-StPO Rn. 43; Schmitt in Meyer-Goßner/Schmitt Rn. 32; Rogall in SK-StPO Rn. 62.

195 RG 24.9.1937 – 4 D 657/37, JW 1937, 3101.

196 BGH 30.4.1974 – 1 StR 579/73, juris Rn. 9 = BeckRS 1974, 107 = Dallinger MDR 1974, 721 (724) – RsprÜ.

197 Hadamitzky in KK-StPO Rn. 13.

198 BGH 5.7.1955 – 2 StR 159/55, BGHSt 8, 76 (78).

Dencker, Blutentnahme ohne richterliche Anordnung – ein Zwischenfazit, DAR 2009, 257; El-Ghazi, Die Einwilligung in strafprozessuale Zwangsmaßnahmen nach Umsetzung der Richtlinie (EU) 2016/680 – das Ende der freiwilligen Atemalkoholkontrolle!, ZIS 2019, 110; Fickenscher/Dingelstadt, Der Richtervorbehalt nach § 81a Abs. 2 StPO bei Trunkenheitsfahrten, NStZ 2009, 124; Fickenscher/Dingelstadt, Richterlicher Bereitschaftsdienst „Rund um die Uhr"?, NJW 2009, 3473; Focken/Püschel/Iwersen-Bergmann, Medikamente, Krankheit – Autofahren?, SVR 2015, 201; Gaede, Deutscher Brechmitteleinsatz menschenrechtswidrig: Begründungsansatz und Konsequenzen der Grundsatzentscheidung des EGMR im Fall Jalloh, HRRS 2006, 241; Geerds, Körperliche Untersuchung, Jura 1988, 1; Geppert, Die Stellung des medizinischen Sachverständigen im Verkehrsstrafprozess, DAR 1980, 315; Geppert, Zur Belehrungspflicht über die Freiwilligkeit der Mitwirkung an einer Atemalkoholmessung und zu den Folgen ihrer Verletzung, NStZ 2014, 481; Goldkamp, Wahllichtbildvorlage und Wahlgegenüberstellung im Verkehrrecht, NZV 2019, 217; Heinrich, Kein Richtervorbehalt nach § 81a Abs. 2 StPO bei Blutprobenentnahmen zwischen 21.00 Uhr und 6.00 Uhr, NZV 2010, 278; Herbst/Theurer, § 81a StPO – Kompetenznorm im Spannungsfeld zwischen effektiver Strafverfolgung bei Trunkenheitsfahrten, Richtervorbehalt und Grundrechten des Beschuldigten, NZV 2010, 544; Hilger, Über Vernichtungsregelungen in der StPO, NStZ 1997, 371; Kargl/Kirsch, Zur Zulässigkeit eines untauglichen Beweismittels im Strafverfahren – BGHSt 44, 308, JuS 2000, 537; Kleinknecht, Die Anwendung unmittelbaren Zwangs bei der Blutprobenentnahme nach § 81a StPO, NJW 1964, 2181; Koehl, Die Blutentnahme im Verkehrsstrafrecht, SVR 2016, 1; Kohlhaas, Verfahrensfragen bei der Blutprobenentnahme, DAR 1956, 201; Kohlhaas, Eine Lücke im Verfahren der körperlichen Untersuchung nach §§ 81a und 81c StPO, DAR 1960, 254; Kohlhaas, Zweifelsfragen zu § 81a StPO aus ärztlicher Sicht, NJW 1968, 2277; Kraft, Die Blutentnahme nach § 81a StPO, JuS 2011, 591; König/Seitz, Aktuelle obergerichtliche Rechtsprechung zum Verkehrsstraf- und -ordnungswidrigkeitenrecht, DAR 2012, 361; Krey/Windgätter, Vom unhaltbaren Zustand der Strafrechts, FS Achenbach 2011, 233; Krüger/Kroke, Brechmitteleinsatz in den Fängen von Straf-, Strafprozess- und Medizinrecht, Jura 2011, 289; Krumm, Richtervorbehalt bei der Blutprobe: Weg damit!, ZRP 2009, 71; Kudlich, Wie weit reicht die Widerspruchslösung?, HRRS 2011, 114; Laschewski, Zur Eilanordnung einer Blutprobenentnahme durch die Strafverfolgungsbehörden, BA 2008, 232; Löffler, Voraussetzungen für die Anwendbarkeit der §§ 81, 81a StPO, NJW 1951, 821; Mayer, Die Entnahme einer Blutprobe nach §§ 81a, 81c StPO zum Zecke der Feststellung einer AIDS-Infizierung, JR 1990, 358; Metz, Rangverhältnis der Staatsanwaltschaft zu ihren Ermittlungspersonen bei Gefahr im Verzug, NStZ 2012, 242; Metz, Neuere Rechtsprechung zur Anordnung der Blutentnahme (§ 81a StPO), NStZ-RR 214, 329; Moldenhauer/Wenske, Aktuelle Entwicklungen der Rechtsprechung zur Gefahr in Verzug, JA 2017, 206; Mosbacher, Aktuelles Strafprozessrecht, JuS 2009, 124; JuS 2010, 127; JuS 2015, 129; JuS 2016, 127; Müller/Trurnit, Eilzuständigkeiten der Staatsanwaltschaft und des Polizeivollzugsdienstes in der StPO, StraFo 2008, 144; Nehm/Gerhardt, Blut statt Puste – „Anordnung der Blutprobe gehört in die Hand der Polizei", ZRP 2016, 92; Peglau, Richtervorbehalt bei Blutprobenentnahme – Anforderungen des BVerfG, NJW 2010, 2850; Penning/Spann, Der „AIDS-Test" im Rahmen gerichtlicher Leichenöffnungen und bei körperlichen Untersuchungen nach §§ 81a, 81c StPO, MedR 1987, 171; Peters, § 81a StPO – Ermächtigungsgrundlage für längerfristige freiheitsentziehende Maßnahmen?, StRR 2010, 213; Pichon, Unendliche Geschichte: Neues zum Richtervorbehalt bei Blutentnahmen (§ 81a Abs. 2 StPO), HRRS 2011, 472; Priemer/Gutt/Krumm, Vollkommen betrunken – Blutprobe aber freiwillig?, DAR 2016, 169; Prittwitz, Richtervorbehalt, Beweisverwertungsverbot und Widerspruchslösung bei Blutentnahmen gemäß § 81a Abs. 2 StPO, StV 2008, 486; Putzke/Scheinfeld/Klein/Undeutsch, Polygraphische Untersuchungen im Strafprozess, ZStW 121 (2009), 607; Rath/Brinkmann, Strafverfahrensänderungsgesetz – DNA-Analyse („Genetischer Fingerabdruck") und DNA-Identitätsfeststellungsgesetz aus fachwissenschaftlicher Sicht, NJW 1999, 2697; Rebler, Die Bedeutung des § 81a II StPO im Fahrerlaubnisrecht, JA 2017, 59; Rebler, Notwendige Verteidigung im Falle von ohne richterliche Anordnung gewonnenen Blutproben vor und nach der Reform des § 81a II StPO, NZV 2017, 419; Ring, Vereinfachung und Beschleunigung von Zivil- und Strafverfahren, ZRP 2017, 24; Rochholz/Kaatsch, Gefahr im Verzug! Notwendigkeit einer zeitnahen Blutentnahme bei Straßenverkehrsdelikten, BA 2011, 129; Sandherr, „Moderne Messmethoden" und Blutentnahme im Verkehrsstrafrecht, NZV 2016, 6; Schäler, Atemalkoholanalyse im standardisierten Messverfahren – Anwendungsvoraussetzungen und Verfahrensdurchführung, NZV 2017, 422; Eb. Schmidt, Zur Lehre von den strafprozessualen Zwangsmaßnahmen, NJW 1962, 664; Eb. Schmidt, Ärztliche Mitwirkung bei Untersuchungen und Eingriffen nach StPO §§ 81a und 81c, MDR 1970, 461; Schuhmann, „Brechmitteleinsatz ist Folter"?, StV 2006, 661; Schuhr, Brechmitteleinsatz als unmenschliche und erniedrigende Behandlung, NJW 2006, 3538; Schüssler, Das endgültige Aus oder neue Hoffnung für den „Lügendetektor"?, JR 2003, 188; Senge, Strafverfahrensänderungsgesetz – DNA-Analyse, NJW 1997, 2409; Soiné, Selbstbelastungsfreiheit und Beweisverwertung bei Verkehrsstraftraten und -ordnungswidrigkeiten, NZV 2016, 411; Stübinger, Lügendetektor ante portas, ZIS 2008, 538; Stam, Die partielle Abschaffung des Richtervorbehalts bei Blutprobenentnahmen nach § 81a II 2 StPO – Abschied von einem prozessualen Stolperstein, NZV 2018, 155; Stam, Kein Rückwirkungsverbot bezüglich des neugefassten § 81a II 2 StPO, NZV 2018, 196; Trück, Mündliche Entscheidung des Ermittlungsrichters ohne Akten? – Überlegungen zu Zweck und Tragweite des strafprozessualen Richtervorbehalts am Beispiel von Durchsuchung und Blutprobenentnahme, JZ 2010, 1106; Trück, Die revisionsrechtliche Einordnung der Rüge rechtsfehlerhafter Anwendung des Richtervorbehalts bei Durchsuchung und Blutprobenentnahme, NStZ 2011, 202; Wagner, Polizeirecht – präventive Blutentnahme bei HIV-Verdächtigen, VR 2019, 378; Weidig, Atem- und Blutalkoholmessung auf dem Prüfstand, BA 2009, 170; Welp, Wahlgegenüberstellung eines Beschuldigten, JR 1994, 37; Wiesneth, Der amtsgerichtliche Bereitschaftsdienst – Neuerungen, DRiZ 2010, 46; Wohlers, Die Nichtbeachtung des Richtervorbehalts, StV 2008, 434; Ziemann, Strafprozessualer Grundrechtseingriff und Gesetzesbindung – Ein Beitrag zur Lehre von der Annexkompetenz im Strafverfahrensrecht, ZStW 2018, 762.

Übersicht

I. Überblick

1. Normzweck. Die vorrangige Funktion des § 81a besteht in der Legitimation von Eingriffen in das Grundrecht des Beschuldigten auf **körperliche Unversehrtheit**[1] und auf **freie Entfaltung der Persönlichkeit**[2] gemäß Art. 2 Abs. 2 S. 1 GG. Zugleich dient die verfassungsrechtlich unbedenkliche Vorschrift insoweit der Begrenzung entsprechender Maßnahmen, was bei deren Anwendung dadurch zu Gewährleisten ist, dass der Verhältnismäßigkeitsgrundsatz besondere Beachtung findet.[3] Darüber hinaus berechtigt § 81a aber zur zwangsweisen Durchsetzung der Untersuchungshandlung. Von daher wird zusätzlich das Grundrecht der **persönlichen Freiheit** eingeschränkt.[4] Die rechtmäßige Anordnung stellt materiellrechtlich einen **Rechtfertigungsgrund** für eine mit dem Eingriff verbundene Verletzung der körperlichen Integrität dar.[5] Schließlich trifft die Verwendungs- und Vernichtungsregelung in § 81a Abs. 3 Schutzvorkehrungen, um das **Recht auf informationelle Selbstbestimmung** des Betroffenen zu wahren.[6] 1

2. Anwendungsbereich. Die Untersuchungsmaßnahmen dürfen nur gegen **Beschuldigte** angeordnet werden. Da es sich hierbei nach § 157 um den Oberbegriff für alle Verfahrensstadien von der Einleitung des Ermittlungsverfahrens bis zum rechtskräftigen Abschluss handelt,[7] wird hiervon auch das Zwischen- und Hauptsacheverfahren erfasst. Die für die Begründung des Beschuldigtenstatus notwendige Einleitung eines Ermittlungsverfahrens kann auch (konkludent) durch Anordnung der Untersuchungshandlung erfolgen.[8] Teilweise wird darüber hinaus angenommen, § 81a sei auch im Strafvollstreckungsverfahren 2

1 BGH 8.7.1955 – 5 StR 233/55, BGHSt 8, 144 (147); Schmidt NJW 1962, 664.
2 BVerfG 14.2.1978 – 2 BvR 406/77, NJW 1978, 1149 (1150).
3 BVerfG 10.6.1963 – 1 BvR 790/58, NJW 1963, 1597 (1597 f.); 25.7.1963 – 1 BvR 542/62, NJW 1963, 2368 (2369 f.); 14.11.1969 – 1 BvR 253/68, NJW 1970, 505 (506).
4 OLG Schleswig 22.4.1964 – 1 Ss 93/64, NJW 1964, 2215 (2216); OLG Bremen 12.1.1966 – Ss 79/65, NJW 1966, 743 (744).
5 BVerfG 29.5.2019 – 2 BvR 2630/18, BeckRS 2019, 12856 Rn. 23; OLG Bamberg 19.11.2018 – 3 Ws 51/18, BeckRS 2018, 36952 Rn. 3 f. zu § 340 StGB.
6 BT-Drs. 13/667, 5.
7 Schmitt in Meyer-Goßner/Schmitt Rn. 2.
8 BVerfG 2.8.1996 – 2 BvR 1511/96, NJW 1996, 3071 (3072); Geerds JURA 1988, 1 (2).

auf den Verurteilten anwendbar.[9] Hiergegen spricht allerdings schon die Stellung des § 81a innerhalb der Strafprozessordnung.[10] Ferner stellt das Strafvollstreckungsverfahren nach §§ 449 ff. einen eigenständigen Verfahrensabschnitt dar, für den besondere Regelungen gelten. Die beispielsweise in § 453c Abs. 1, § 457 Abs. 3 ggf. iVm § 463 Abs. 1 befindlichen Verweise auf eine Anwendung der Vorschriften des Ermittlungsverfahrens würden bei einer direkten Anwendung des § 81a umgangen. Aus systematischen Gründen kann dies daher nur unter den dort genannten Voraussetzungen erfolgen. Gegen Strafunmündige kann sich die Maßnahme ebenfalls nicht richten.[11] Im Ordnungswidrigkeitenverfahren findet § 81a über § 46 Abs. 4 S. 1 OWiG nur eingeschränkt Anwendung.[12] § 46 Abs. 4 S. 2 OWiG enthält eine § 81a Abs. 2 S. 2 vergleichbare Sonderregelung für OWien, die unter Alkohol- und Drogeneinfluss begangen werden. Für die DNA-analytische Untersuchung des entnommenen Probenmaterials sind §§ 81e, 81f zu beachten und im Bereich der OWien das Verwendungsverbot des § 46 Abs. 4 S. 4 OWiG. Die Vorschrift ist schließlich neben § 81h anwendbar, wobei allerdings sorgfältig zu prüfen ist, ob die bestehende Verdachtslage ausreichend ist, um die Beschuldigteneigenschaft zu begründen (→ § 81h Rn. 2 f.).

3 **Abgeordnete** des Deutschen Bundestages dürfen, wenn sie auf frischer Tat betroffen werden, einer Maßnahme nach § 81a Abs. 1 unterzogen und hierzu festgehalten werden (Nr. 191 Abs. 3h iVm Abs. 3a RiStBV). Es handelt sich dann um eine Festnahme iSd Art. 46 Abs. 2 GG, die, unbeschadet der Möglichkeit eines Aussetzungsverlangens nach Art. 46 Abs. 4 GG, auch die Weiterführung des gesamten Strafverfahrens ohne Genehmigung des Bundestags zulässig macht.[13] Eine Freiheitsentziehung iSd Nr. 192, 192a Abs. 2c liegt unter diesen Voraussetzungen nicht vor.[14] Gleiches gilt grundsätzlich für die den Immunitätsregelungen der Landesverfassungen unterfallenden Abgeordneten der Landtage.[15]

4 Gegen **Exterritoriale,** die den §§ 18, 20 GVG unterfallen, sind Anordnungen nach § 81a unzulässig (vgl. Nr. 193, 195 RiStBV). Anderes wird dagegen für Konsularbeamte iSd § 19 GVG und Personen, die dem Nato-Truppenstatut unterfallen, allgemein angenommen.[16]

5 **3. Entstehungsgeschichte der Norm.** § 81a wurde durch das Ausführungsgesetz zu dem Gesetz gegen gefährliche Gewohnheitsverbrecher und über Maßregeln der Besserung und Sicherung vom 24.11.1933 in die StPO eingefügt und umfasste zunächst auch den Regelungsbereich des § 81c.[17] Eine Trennung der Maßnahmen gegen Beschuldigte und Tatunverdächtige Personen erfolgte durch das Vereinheitlichungsgesetz vom 12.9.1950 (→ § 81c Rn. 3). Nach Erstreckung des Arztvorbehaltes auch auf Blutprobenentnahmen in Abs. 1 S. 2 durch das dritte StRÄndG[18] wurde in Folge des Strafverfahrensänderungsgesetzes – DNA-Analyse („genetischer Fingerabdruck") – (StVÄG) vom 17.3.1997 (→ § 81e Rn. 5) Abs. 3 angefügt. Schließlich wurde der Richtervorbehalt für einen Teil der Verkehrsdelikte abgeschafft, indem der Gesetzgeber § 81a Abs. 2 durch Art. 3 Nr. 5 des Gesetzes zur effektiveren und praxistauglicheren Ausgestaltung des Strafverfahrens um S. 2 ergänzte.[19]

---

9 Goers in BeckOK StPO Rn. 1; Brauer in Gercke/Julius/Temming/Zöller Rn. 2; Hadamitzky in KK-StPO Rn. 2; Krause in Löwe/Rosenberg Rn. 6; Schmitt in Meyer-Goßner/Schmitt Rn. 2; aA OLG Hamm 17.1.1974 – 4 Ws 350/73, NJW 1974, 914 (915); Neuhaus in HK-GS Rn. 2; Bosch in KMR-StPO Rn. 18; Rogall in SK-StPO Rn. 9.

10 OLG Hamm 17.1.1974 – 4 Ws 350/73, NJW 1974, 914 (915).

11 Krause in Löwe/Rosenberg Rn. 7.

12 Göhler OWiG § 46 Rn. 21; Rogall in SK-StPO Rn. 3.

13 OLG Bremen 12.1.1966 – Ss 79/65, NJW 1966, 743 (744 f.); OLG Oldenburg 7.6.1966 – 1 Ss 103/66, NJW 1966, 1764 (1765) jeweils für Blutprobenentnahme.

14 Goers in BeckOK StPO Rn. 2; Hadamitzky in KK-StPO Rn. 11; Bosch in KMR-StPO Rn. 19; Schmitt in Meyer-Goßner/Schmitt Rn. 35; Rogall in SK-StPO Rn. 113.

15 Bosch in KMR-StPO Rn. 19; Krause in Löwe/Rosenberg Rn. 103; Rogall in SK-StPO Rn. 113.

16 Goers in BeckOK StPO Rn. 2; Hadamitzky in KK-StPO Rn. 12; Bosch in KMR-StPO Rn. 20; Schmitt in Meyer-Goßner/Schmitt Rn. 35a; Krause in Löwe/Rosenberg Rn. 104; Rogall in SK-StPO Rn. 114.

17 Zum damaligen Gesetzestext s. Krause in Löwe/Rosenberg Entstehungsgeschichte.

18 BGBl. 1953 I 735.

19 BGBl. 2017 I 3202 (3203).

II. Erläuterung

1. Anordnungsvoraussetzungen nach Abs. 1. a) Verdachtslage. In § 81a wird kein bestimmter Grad von Tatverdacht gefordert.[20] Daher genügt für die Anordnung das Vorliegen eines **Anfangsverdachts** iSd § 152 Abs. 2.[21] Daraus folgt einerseits, dass der von der Maßnahme Betroffene nicht missbräuchlich in die Beschuldigtenposition gedrängt werden darf, um über die Durchführung der Maßnahme überhaupt erst Anhaltspunkte für eine Tatbegehung aufzuspüren.[22] Andererseits ist es ausreichend, wenn tatsächliche Umstände gegeben sind, die einen genügenden Tatverdacht begründen, sofern der insoweit gezogene Schluss nicht auf sachfremden Erwägungen beruht oder sonst willkürlich ist.[23] Besonderes Augenmerk ist auf die Abgrenzung zu der verdachtsunabhängigen Maßnahme nach § 81h zu legen (→ § 81h Rn. 2 f.). Verdachtsunabhängige Zwangsmaßnahmen sind im Übrigen nur unter den Voraussetzungen des § 81c zulässig. 6

b) Untersuchungshandlungen. aa) Einfache körperliche Untersuchung nach Abs. 1 S. 1. Uneinheitlich werden die Fragen nach dem **Begriff** der körperlichen Untersuchung iSd Abs. 1 S. 1 und der auf dieser Grundlage erfolgenden **Abgrenzung** zu anderen Ermittlungshandlungen, insbesondere der Vornahme eines körperlichen Eingriffs nach Abs. 1 S. 2 (→ Rn. 11) und der Durchsuchung nach §§ 102 ff. beantwortet. Ausgangspunkt ist die Definition des BGH, der unter der körperlichen Untersuchung die Feststellung der körperlichen Beschaffenheit des Beschuldigten versteht, die sich auf die äußere und innere Seinsweise des Körpers einschließlich der in diesen geratener Fremdkörper, sowie unter Umständen auch das körperliche Verhalten gegenüber äußeren Einflüssen, wie beispielsweise Alkohol bezieht.[24] Daraus ergibt sich zunächst, dass sich die Unterscheidung zur Durchsuchung der Person in Bezug auf Gegenstände, die sich in den natürlichen Körperöffnungen befinden, nicht danach richtet, ob für die Suche der Einsatz medizinischer Mittel erforderlich ist.[25] Derartige Maßnahmen sind stets von § 81a erfasst[26] und sind mithin allenfalls gegenüber dem Eingriff iSd § 81a Abs. 1 S. 2 zu differenzieren (→ Rn. 11).[27] Im Übrigen ist die Unterscheidung im Hinblick auf den in § 102 genannten Zweck der Durchsuchung vorzunehmen. Letztere dient der Auffindung von Beweis- oder Einziehungsgegenständen (§§ 102, 111b Abs. 1 und 4), die sich über oder unter der Kleidung am Körper des Beschuldigten befinden.[28] Abs. 1 S. 1 bezieht sich dagegen auf die äußere Beschaffenheit des in bestimmter Beziehung interessierenden Körpers, die durch äußere Wahrnehmung festgestellt werden kann.[29] Soweit darüber hinaus davon ausgegangen wird, die Untersuchung erstrecke sich auch auf den psychischen Zustand des Beschuldigten,[30] ist dies zumindest missverständlich. Wegen der eindeutigen 7

---

20 BVerfG 10.6.1963 – 1 BvR 790/58, NJW 1963, 1597.

21 Krause in Löwe/Rosenberg Rn. 8; Rogall in SK-StPO Rn. 6.

22 Brauer in Gercke/Julius/Temming/Zöller Rn. 2; Bosch in KMR-StPO Rn. 18; Krause in Löwe/Rosenberg Rn. 8; Rogall in SK-StPO Rn. 6.

23 BVerfG 2.8.1996 – 2 BvR 1511/96, NJW 1996, 3071 (3072).

24 BGH 16.2.1954 – 1 StR 578/53, BGHSt 5, 332 (336).

25 In diesem Sinne aber OLG Celle 5.11.1996 – 3 Ss 140/96, NJW 1997, 2463 (2464) für Inspektion der Mundhöhle; nach Brauer in Gercke/Julius/Temming/Zöller Rn. 6; Roxin/Schünemann StrafVerfR § 33 Rn. 6 immer Durchsuchung; nicht ganz eindeutig Benfer Rechtseingriffe Rn. 379 f. und 946.

26 VGH München 16.7.1998 – 24 ZB 98.850, NVwZ-RR 1999, 310; Goers in BeckOK StPO Rn. 5; Bosch in KMR-StPO Rn. 4; Hadamitzky in KK-StPO Rn. 5; Rogall in SK-StPO Rn. 26; Benfer Rechtseingriffe Rn. 379; Eisenberg BeweisR StPO Rn. 1631; Conrad JuS 2018, 451 (454); Geerds JURA 1988, 1 (6); aA Neuhaus in HK-GS Rn. 6; Krause in Löwe/Rosenberg Rn. 19; Schmitt in Meyer-Goßner/Schmitt Rn. 9: Suche nach Beweisgegenständen auch dann Durchsuchung.

27 LG Trier 3.11.1986 – 1 Qs 265/86, NJW 1987, 722; Bosch JURA 2014, 50 (51).

28 Neuhaus in HK-GS Rn. 6; Brauer in Gercke/Julius/Temming/Zöller Rn. 6; Bosch in KMR-StPO Rn. 4; Krause in Löwe/Rosenberg Rn. 19; Schmitt in Meyer-Goßner/Schmitt Rn. 9; Rogall in SK-StPO Rn. 26; Roxin/Schünemann StrafVerfR § 33 Rn. 6, aber auch für Gegenstände in den Körperöffnungen; nach Eisenberg BeweisR StPO Rn. 1630 soll auch das Mittel der Durchführung als zusätzliches Abgrenzungskriterium in Betracht kommen.

29 Schmidt NJW 1962, 664.

30 KG 22.1.2016 – 3 Ws 654/15, wistra 2016, 286; Brauer in Gercke/Julius/Temming/Zöller Rn. 6; Hadamitzky in KK-StPO Rn. 5.

Beschränkung des Wortlauts auf die Körperlichkeit der Untersuchung kann sie sich auf psychische Zustände oder Funktionszusammenhänge nur insoweit beziehen, als diese körperlich bedingt sind oder sich in körperlichen Reaktionen äußern,[31] was beispielsweise bei der Feststellung der Arbeitsweise, der Leistungsfähigkeit und sonstiger Funktionen des Gehirns als eines Körperorgans der Fall ist.[32] Was die Abgrenzung der einfachen körperlichen Untersuchung zur Durchsuchung anbelangt, wird sie aber in den seltensten Fällen von erheblicher praktischer Bedeutung sein, da sich die Anordnungsvoraussetzungen weitgehend decken.[33]

8 Eine Abgrenzung gegenüber der **Augenscheinseinnahme** als solcher kommt dagegen schon aus rechtlichen Gründen nicht in Betracht. Der teilweise vertretenen Ansicht, eine Untersuchung nach Abs. 1 S. 1 liege nur dann vor, wenn die Wahrnehmung der körperlichen Merkmale sachverständiger Beurteilung bedürfe,[34] ist nicht zu folgen. Die körperliche Untersuchung erfordert stets die Einnahme eines Augenscheins. Ihr Zweck besteht geradezu darin, den Körper des Beschuldigten zum Augenscheinsobjekt zu machen.[35] Die entscheidende Frage ist daher, ob die Besichtigung durch formlose Beweiserhebung im Wege des Augenscheins erfolgen kann, weil sich das Bezugsobjekt offen darbietet (→ § 86 Rn. 23), oder ob sie, weil dies nicht der Fall ist, eine Intensität erreicht, die weiter gehend die Anordnung einer Zwangsmaßnahme unter Berücksichtigung des § 81a Abs. 2 notwendig macht.[36] Gleichfalls von der rechtlichen Qualifikation der Maßnahme zu trennen ist die beweisrechtliche Behandlung, inwieweit das Gericht den entsprechenden Augenschein selbst vornehmen muss oder als Befundtatsache über ein Sachverständigengutachten einführen kann.

9 **Einzelfälle** einfacher körperlicher Untersuchungen sind die äußere Besichtigung des Körpers zur Auffindung bestimmter Körpermerkmale, wie Warzen, Leberflecke, Muttermale, Tätowierungen, Narben, oder Tatspuren, vor allem Verletzungen und Wunden;[37] die allgemeine körperliche Untersuchung durch einen Arzt anlässlich der Exploration;[38] die Abnahme einer Speichelprobe;[39] Blutdruckmessungen und Elektrokardiogramme (EKG) ohne körperliche Belastung;[40] die Elektroenzephalographie (EEG);[41] die Untersuchung auf die Erektionsfähigkeit sowohl in Form der Ultraschall-, als auch der Nachtschlafuntersuchung.[42] Ob die (Wahl-)Gegenüberstellung des Beschuldigten ebenfalls, zumindest ensprechend, unter § 81a fällt,[43] ist streitig. Als weitere Rechtsgrundlagen werden § 81b (analog)[44] oder § 58 Abs. 2[45] genannt. Da es sich hierbei um eine bloße Inaugenscheinnahme des Beschuldigten anlässlich einer Zeugenvernehmung handelt, liegt es nahe, letztere Vorschrift anzuwenden und die Verpflichtung des Beschuldigten zum Erscheinen auf § 163a Abs. 3 S. 1 zu stützen (s. auch → § 58 Rn. 40 ff.).[46] Soll die biometrische Verschlüsselung eines

---

31 Krause in Löwe/Rosenberg Rn. 18; Rogall in SK-StPO Rn. 26; Eisenberg BeweisR StPO Rn. 1629.
32 OLG Hamm 10.1.1974 – 5 Ws 1/74, NJW 1974, 713.
33 Krause in Löwe/Rosenberg Rn. 21; Einschränkend Benfer Rechtseingriffe Rn. 378.
34 Rogall in SK-StPO Rn. 24 und 26.
35 Hadamitzky in KK-StPO Rn. 1; Bosch JURA 2014, 50; Schmidt NJW 1962, 664.
36 In diesem Sinne auch Krause in Löwe/Rosenberg Rn. 19.
37 Krause in Löwe/Rosenberg Rn. 19; Geerds JURA 1988, 1 (5).
38 OLG Nürnberg v. 16.61997 – Ws 612/97, NStZ-RR 1998, 242 (242 f.).
39 Krause in Löwe/Rosenberg Rn. 60.
40 OLG Schleswig 15.9.1981 – 1 Ws 344/81, NStZ 1982, 81.
41 Krause in Löwe/Rosenberg Rn. 43; Rogall in SK-StPO Rn. 28; Eisenberg BeweisR StPO Rn. 1639; Geerds JURA 1988, 1 (7); offengelassen, ob Eingriff in BVerfG 25.7.1963 – 1 BvR 542/62, NJW 1963, 2368 (2369), aber jedenfalls zumutbar; von BGH 8.7.1955 – 5 StR 233/55, BGHSt 8, 144 (148) dagegen als „körperlicher Eingriff" bezeichnet.
42 BVerfG 21.5.2004 – 2 BvR 715/04, NJW 2004, 3697 (3698); OLG Köln 9.3.2004 – 2 Ws 32/04, juris Rn. 7–11 = BeckRS 2004, 18368.
43 So LG Hamburg 27.9.1984 – 33 Qs 1106/84, MDR 1985, 72; Hadamitzky in KK-StPO § 58 Rn. 8; Krause in Löwe/Rosenberg Rn. 44; Odenthal NStZ 1985, 433 (434) zumindest entsprechend; BVerfG 14.2.1978 – 2 BvR 406/77, NJW 1978, 1149 jedenfalls für den Fall, dass sie durch zwangsweise Veränderung der Haar- und Barttracht vorbereitet wird.
44 So ebenfalls LG Hamburg 27.9.1984 – 33 Qs 1106/84, MDR 1985, 72.
45 KG 2.4.1979 – 4 Ws 42/79, JR 1979, 348; Schmitt in Meyer-Goßner/Schmitt § 58 Rn. 9.
46 BGH 4.1.1993 – StB 27/92, 1 BJs 193/84 – 5 – StB 27/92, NJW 1995, 868 (868 f.); Goldkamp NZV 2019, 217 (218); aA Bosch JURA 2014, 50 (53); Welp JR 1994, 37: generell unzulässig.

Endgerätes dadurch aufgehoben werden, dass der Kontakt mit dem Körper des Beschuldigten zwansweise hergestellt wird, greift § 81a nicht, da nicht die Feststellung der Beschaffenheit von dessen Körper im Raum steht.[47] Die Zulässigkeit dieser Maßnahme richtet sich vielmehr nach § 81b (→ § 81b Rn. 8). Beim Polygraphen- bzw. Lügendetektor-Test werden körperliche Reaktionen des Beschuldigten gemessen und graphisch dargestellt,[48] weswegen es sich bei seiner Anwendung um eine einfache körperliche Untersuchung handelt.[49] Die Untersuchung mittels des Gerätes selbst dient zunächst der Feststellung und Dokumentation der psychologisch bedingten Reaktionen des Beschuldigten, an die sich erst eine sachverständige Auswertung anschließt.[50] Dazu muss der Beschuldigte allerdings bei den in Betracht kommenden Kontrollfragen- und Tatwissensverfahren verschiedene Fragen des Untersuchenden beantworten.[51] Weil dies mithin die Mitwirkung des Beschuldigten erfordert, ist eine zwangsweise Anordnung unzulässig (→ Rn. 22 f.). Die Untersuchungsmethode ist indes ohnehin wegen weiterhin bestehender wissenschaftlicher Zweifel an der Zulässigkeit als untaugliches Beweismittel einzuordnen (→ § 73 Rn. 16).

bb) Körperliche Eingriffe nach Abs. 1 S. 2. Als Hauptanwendungsfall des körperlichen Eingriffs nennt Abs. 2 S. 1 die **Blutprobenentnahme.**[52] Es handelt sich hierbei um einen ungefährlichen und geringfügigen Eingriff,[53] wie sich schon aus § 46 Abs. 4 S. 1 OWiG ergibt.[54] Deren Anordnung erstreckt sich zugleich auf die Auswertung des gewonnenen Materials.[55] Der praktisch häufigste Anwendungsfall ist dabei die Feststellung des Blutalkoholgehaltes,[56] vor allem um Tatbestandsvoraussetzungen von Verkehrsstraftaten im Zusammenhang mit Alkoholisierung (§§ 315c, 316 StGB) oder alkoholbedingte Verminderungen der Schuldfähigkeit (§§ 20, 21 StGB) nachzuweisen.[57] Sofern im Entnahmezeitpunkt die Voraussetzungen des § 81a Abs. 1 S. 2 vorgelegen haben, ist aber gleichfalls die Auswertung einer Blutprobe zulässig, die aus medizinischen Gründen entnommen wurde. Es würde dem Grundsatz der Verhältnismäßigkeit widersprechen, hier nur aus formalen Gesichtspunkten eine weitere Blutprobenentnahme auf Grundlage einer förmlichen Anordnung nach § 81a zu verlangen. Des Rückgriffs auf die Sicherstellung oder Beschlagnahme nach §§ 94 ff. bedarf es nicht und das Beschlagnahmeverbot des § 97 Abs. 1 Nr. 3 kommt deswegen nicht zum Tragen.[58] Auch liegt in Fällen, in denen der Beschuldigte mit Verletzungen einer sofortigen Behandlung unterzogen wird – sofern nicht ohnehin § 81a Abs. 2 S. 2 einschlägig ist – die Annahme von Gefahr im Verzug nahe, da eine Verfälschung des Untersuchungsergebnisses durch die zu erwartenden Medikamentengaben zu besorgen ist.[59] Im Hinblick auf diese Umstände wird ggf. eine Abwägung nach § 160a Abs. 2 nicht entgegenstehen. Die Durchführung der Blutprobenentnahme steht nicht unter der Voraussetzung 10

[47] Bäumerich NJW 2017, 2718 (2720).
[48] S. hierzu BGH 17.12.1998 – 1 StR 156/98, BGHSt 44, 308 (313–315); Eisenberg BeweisR StPO Rn. 693.
[49] aA BGH 16.2.1954 – 1 StR 578/53, BGHSt 5, 332 (336); Krause in Löwe/Rosenberg Rn. 58, da Glaubhaftigkeitsprüfung schon nicht vom Untersuchungszweck des § 81a umfasst.
[50] Eisenberg BeweisR StPO Rn. 693; Putzke ua ZStW 121 (2009), 607 (611); Schüssler JR 2003, 188.
[51] Hierzu BGH 17.12.1998 – 1 StR 156/98, BGHSt 44, 308 (313–315).
[52] Bosch in KMR-StPO Rn. 8.
[53] VerfG Brandenburg 20.9.2013 – 75/12, juris Rn. 15. OLG Köln 17.12.1985 – 1 Ss 318/85, NStZ 1986, 234 (235); Penning/Spann MedR 1987, 171 (173).
[54] Göhler OWiG § 46 Rn. 23; Benfer Rechtseingriffe Rn. 951.
[55] BVerfG 18.9.1995 – 2 BvR 103/92, NJW 1996, 771 (772); BGH 21.8.1990 – 5 StR 145/90, NJW 1990, 2944 (2945), jeweils noch zur DNA-Analyse vor Einfügung des § 81e; Mayer JR 1990, 358 (359).
[56] Schmitt in Meyer-Goßner/Schmitt Rn. 13.
[57] Rogall in SK-StPO Rn. 41; Benfer Rechtseingriffe Rn. 951.
[58] OLG Celle 14.3.1989 – 1 Ss 41/89, NStZ 1989, 385 (385 f.); OLG Zweibrücken 14.5.1993 – 1 Ss 58/93, NJW 1994, 810; OLG Frankfurt a. M. 23.3.1999 – 2 Ss 35–99, NStZ-RR 1999, 246; nach KG 21.9.2011 – (3) 1 Ss 127/11 (91/11), juris §§ 94, 97 Abs. 1 Nr. 3, jedoch Verwertbarkeit über Abwägung nach § 160a Abs. 2, ohne indes § 160a Abs. 5 zu thematisieren; aA Krause in Löwe/Rosenberg Rn. 40; Mayer JZ 1989, 908; Wohlers NStZ 1990, 254.
[59] OVG Magdeburg 15.6.2017 – 3 M 100/17, BeckRS 2017, 116090 Rn. 8.

eines vorhergehenden Atemalkoholtests.[60] Für die Auswertung von Blutproben zur DNA-Analyse, teilweise auch für die Entnahme, bestehen Sonderregelungen in §§ 81e ff. Zu beachten ist, dass nach Ansicht des BGH wegen § 81a Abs. 3 die Nutzung einer Blutprobe für eine Auswerung auf Grundlage des § 81g nicht zulässig ist (→ Rn. 40).[61] Zum AIDS-Test → Rn. 21.

11 Abs. 1 S. 2 erfasst neben der Blutprobenentnahme andere **körperliche Eingriffe.** Deren Abgrenzung von der einfachen körperlichen Untersuchung nach Abs. 1 S. 1 ist schon deswegen von Bedeutung, weil nur für die erstgenannten die Vornahme durch einen Arzt zwingend vorgeschrieben ist.[62] Über den Begriff des körperlichen Eingriffs herrscht dabei weitgehend Einigkeit. Ein solcher liegt vor, wenn unter Zufügung auch nur geringfügiger Verletzungen in das haut- und muskelumschlossene Innere des Körpers eingedrungen wird, um Körperbestandteile, insbesondere Körperzellen, Blut, Liquor, Samen, Harn, Speichel, Sekret zu entnehmen oder dem Körper Stoffe zuzuführen.[63] Kein zuverlässiges Abgrenzungskriterium findet sich anhand dieser Definition allerdings für die Fälle der Inspektion natürlicher Körperöffnungen. Teilweise wird hierzu die Ansicht vertreten, ein Eindringen in diese stelle in jedem Fall einen körperlichen Eingriff dar.[64] Dem ist insoweit beizupflichten, als der Wortsinn des „Ein-Griffs" eine solche Auslegung durchaus nahe legt. Andererseits sieht Abs. 1 S. 2 die ausdrücklich genannte Blutprobe als Regelfall der körperlichen Eingriffe vor. Ein systematisch zutreffendes Verständnis hat sich mithin an dieser zu orientieren. Von daher ist es gerechtfertigt, die Beifügung einer – wenn auch nur geringfügigen – Läsion zu fordern.[65] In Anbetracht dessen verdient diejenige Meinung den Vorzug, die das Eindringen in natürliche Körperöffnungen vom Grundsatz her als einfache körperliche Untersuchung wertet.[66] Selbst dieses Verständnis stößt indes unter Berücksichtigung des Normzwecks an Grenzen. Denn prinzipiell wäre damit jedes noch so weite Eindringen in das Körperinnere, bspw. mit einer Sonde, von der Beurteilung als Eingriff ausgenommen, sofern es nur nicht zu einer konkreten Schädigung der Körpersubstanz führt. In diesen Fällen sind als weitere Abgrenzungskriterien die Verletzungsgefahr, die gegebenenfalls nur durch sachkundige Vornahme vermieden werden kann,[67] und das Erfordernis der Verwendung technischer Hilfsmittel, vor allem ärztlicher Instrumente,[68] heran zu ziehen.

12 Der körperliche Eingriff darf nur durch einen **Arzt** vorgenommen werden, was bei der Anordnung zu berücksichtigen ist. Dies gilt auch für die Blutprobenentnahme.[69] Arzt in diesem Sinne ist nur, wer die Approbation nach §§ 2, 2a, 3 BÄO erhalten hat, nicht jedoch der Medizinalassistent.[70] Genauso wenig sind Sanitäter, Krankenschwestern oder

---

[60] OLG Köln 17.12.1985 – 1 Ss 318/85, NStZ 1986, 234 (235 f.) zu dem von den Bundesländern vereinbarten „Gemeinsamen Erlass über die Feststellung von Alkohol im Blut bei Straftaten und Ordnungswidrigkeiten"; Schmitt in Meyer-Goßner/Schmitt Rn. 13; Krause in Löwe/Rosenberg Rn. 41; aA Bosch in KMR-StPO Rn. 8.

[61] BGH 20.5.2015 – 4 StR 555/14, NJW 2015, 2594 (2595).

[62] OLG Hamm 25.10.1968 – 3 Ss 1054/68, NJW 1969, 567.

[63] Goers in BeckOK StPO Rn. 8; Brauer in Gercke/Julius/Temming/Zöller Rn. 9; Hadamitzky in KK-StPO Rn. 6; Bosch in KMR-StPO Rn. 7; Krause in Löwe/Rosenberg Rn. 27; Schmitt in Meyer-Goßner/Schmitt Rn. 15; Rogall in SK-StPO Rn. 35; Eisenberg BeweisR StPO Rn. 1632; Benfer Rechtseingriffe Rn. 948.

[64] Bosch in KMR-StPO Rn. 7; Schmidt StPO II Rn. 3; Bosch JURA 2014, 50 (51); ähnlich Rogall in SK-StPO Rn. 37.

[65] LG Trier 3.11.1986 – 1 Qs 265/86, NJW 1987, 722; Neuhaus in HK-GS Rn. 8; Eisenberg BeweisR StPO Rn. 1632; Conrad JuS 2018, 451 (454).

[66] VGH München 16.7.1998 – 24 ZB 98.850, NVwZ-RR 1999, 310; Goers in BeckOK StPO Rn. 7; Hadamitzky in KK-StPO Rn. 6; Schmitt in Meyer-Goßner/Schmitt Rn. 15.

[67] LG Trier 3.11.1986 – 1 Qs 265/86, NJW 1987, 722; Eisenberg BeweisR StPO Rn. 1632.

[68] Brauer in Gercke/Julius/Temming/Zöller Rn. 9; Bosch in KMR-StPO Rn. 7; Benfer Rechtseingriffe Rn. 1949; keine eindeutige Festlegung für Bronchoskopie bei OLG Hamburg 6.11.2015 – 1 Ws 148/15, StV 2016, 419 (420 f.).

[69] Hadamitzky in KK-StPO Rn. 7; Krause in Löwe/Rosenberg Rn. 35.

[70] BGH 17.3.1971 – 3 StR 189/70, BGHSt 24, 125 (127); OLG Hamm 24.7.1970 – 1 Ss 271/70, NJW 1970, 1986.

sonstige Pflegekräfte hierzu befugt.[71] Etwas anderes kann allenfalls für die Blutprobenentnahme angenommen werden, wenn sie unter Anleitung, Aufsicht und Verantwortung eines Arztes erfolgt.[72] Für besonders gefährliche Eingriffe wird teilweise die Vornahme durch einen Facharzt gefordert,[73] was allerdings aufgrund des Wortlautes nicht zwingend ist. Schon im Hinblick auf die Fürsorgepflicht und die Verhältnismäßigkeit einer solchen Maßnahme kann dies aber gleichwohl geboten sein. Der Arzt ist Sachverständiger, selbst wenn er nur bei einer Blutprobenentnahme tätig ist.[74]

Der körperliche Eingriff darf nur angeordnet werden, sofern er nach den **Regeln der ärztlichen Kunst** vorgenommen werden kann.[75] Es müssen sich also für das in Rede stehende Untersuchungsverfahren bereits allgemein anerkannte Regeln herausgebildet haben. Der Beschuldigte kann nicht dazu verpflichtet werden, gegen seinen Willen die Erprobung neuartiger Untersuchungsverfahren zu dulden.[76] Bestehen diesbezügliche Zweifel hat das Gericht vor Anordnung dies selbständig, gegebenenfalls unter Heranziehung eines Sachverständigen, zu klären.[77] 13

Als Ausfluss des Verhältnismäßigkeitsprinzips[78] fordert Abs. 1 S. 2, dass kein **Gesundheitsnachteil** zu befürchten ist. Danach ist nicht schon jede Form von Schmerzen oder vorübergehenden Unannehmlichkeiten ausgeschlossen. Der Begriff des Nachteils setzt darüber hinausgehend eine dauernde, mindestens erheblich über die Untersuchungshandlung hinaus wirkende gesundheitsschädigende Folge voraus, die mit einer gewissen Wahrscheinlichkeit eintreten wird.[79] Hierzu ist, erforderlichenfalls genauso unter Heranziehung sachverständiger Beratung, vor Anordnung eine prognostische Entscheidung anhand der Umstände des Einzelfalls zu treffen, die insbesondere die persönliche Disposition des Beschuldigten berücksichtigt.[80] 14

Unzulässig sind, da mit der Menschenwürde nicht vereinbar die Phallographie[81] und die Entnahme von Samen;[82] wegen der Gefährlichkeit des Eingriffs die Angiografie;[83] die Ballondilatation;[84] wegen Verstoßes gegen § 136a Hypnose, Elektroschock und Narkoanalyse zur Herbeiführung von Aussagen.[85] **Allenfalls eingeschränkt zulässig** zur Aufklärung schwerer Straftaten sind die Entnahme von Gehirn- und Rückenmarkflüssigkeit (Liquor) 15

---

71 Hadamitzky in KK-StPO Rn. 7; Krause in Löwe/Rosenberg Rn. 35; Rogall in SK-StPO Rn. 53; Schmidt MDR 1970, 461 (462).

72 BGH 17.3.1971 – 3 StR 189/70, BGHSt 24, 125 (127); BayObLG 16.12.1964 – 1 a St 663/64, NJW 1965, 1088 (1089); OLG Köln 19.11.1965 – Ss 375/65, NJW 1966, 416 (417); OLG Hamm 24.7.1970 – 1 Ss 271/70, NJW 1970, 1986 jeweils für Medizinalassistent; Bosch in KMR-StPO Rn. 39; Krause in Löwe/Rosenberg Rn. 35; Schmitt in Meyer-Goßner/Schmitt Rn. 19; Rogall in SK-StPO Rn. 53; aA Brauer in Gercke/Julius/Temming/Zöller Rn. 15.

73 Goers in BeckOK StPO Rn. 11; Hadamitzky in KK-StPO Rn. 7.

74 OLG Schleswig 10.1.2017 – 2 Ws 441/16, NStZ-RR 2017, 127 (128); Krause in Löwe/Rosenberg Rn. 37.

75 BayObLG 1.8.1956 – BReg. 1 St 109/56, NJW 1957, 272 (274).

76 BGH 8.7.1955 – 5 StR 233/55, BGHSt 8, 144 (148).

77 BGH 8.7.1955 – 5 StR 233/55, BGHSt 8, 144 (148); BayObLG 1.8.1956 – BReg. 1 St 109/56, NJW 1957, 272 (274); OLG Hamm 6.1.2004 – 4 Ws 724/03, StraFo 2004, 92 (92 f.).

78 Bosch in KMR-StPO Rn. 24.

79 Löffler NJW 1951, 821 (822); Brauer in Gercke/Julius/Temming/Zöller Rn. 16; nach OLG Hamm 6.1.2004 – 4 Ws 724/03, StraFo 2004, 92 (93); Goers in BeckOK StPO Rn. 13; Bosch in KMR-StPO Rn. 24; Schmitt in Meyer-Goßner/Schmitt Rn. 17; Eisenberg BeweisR StPO Rn. 1635 mit an Sicherheit grenzender Wahrscheinlichkeit ausgeshlossen.

80 OLG Hamm 6.1.2004 – 4 Ws 724/03, StraFo 2004, 92 (92 f.).

81 OLG Köln 9.3.2004 – 2 Ws 32/04, juris Rn. 3 = BeckRS 2004, 18628; zum ohnehin eingeschränkten Beweiswert OLG Düsseldorf 5.4.1973 – 3 Ws 35/73, NJW 1973, 2255 (2256); Eisenberg BeweisR StPO Rn. 703.

82 Bosch in KMR-StPO Rn. 10; Rogall in SK-StPO Rn. 45; aA Krause in Löwe/Rosenberg Rn. 64.

83 Krause in Löwe/Rosenberg Rn. 38; Schmitt in Meyer-Goßner/Schmitt Rn. 21; Rogall in SK-StPO Rn. 47.

84 Krause in Löwe/Rosenberg Rn. 39; vgl. BVerfG 22.9.1993 – 2 BvR 1732/93, NJW 1994, 1590 (1591) zu §§ 231, 231a.

85 Schmidt StPO II Rn. 5; Senge in KK-StPO Rn. 6.

durch Lumbal- oder Okzipitalpunktion;[86] die Luftfüllung der Hirnkammer (Luft-Enzephalographie).[87] Allerdings dürften derartige medizinische Eingriffe in der heutigen Prozesspraxis ohnehin nicht mehr zur Anwendung kommen und spielen von daher kaum noch eine praktische Rolle.

16 Mit einer **Strahlenbelastung** verbundene Untersuchungsmethoden sind den Eingriffen zuzurechnen. Hierzu gehören die röntgenologische Untersuchung,[88] die Kernspintomographie[89] und die Computertomographie.[90] Hierbei ist in erster Linie zu berücksichtigen, ob aufgrund der bisherigen Strahlenbelastung des Beschuldigten eine Schädigung nicht ausgeschlossen werden kann.[91] In diesem Zusammenhang ist auch die Szintigraphie zu nennen, bei der es sich um ein nuklearmedizinisches, bildgebendes Verfahren handelt, das vor allem zur Lokalisierung von Gehirntumoren eingesetzt wird. Wegen der Notwendigkeit, Radionukleide oder Radiopharmaka einzuspritzen, liegt auch hier ein Eingriff vor. Das Verfahren ist allerdings wenig belastend, weitgehend ungefährlich und von hohem diagnostischem Wert, weswegen gegen die Anordnung regelmäßig keine Bedenken bestehen.[92]

17 Die Verabreichung von **Vomitiv-(Brech-)** und **Abführmitteln** wird nach der hM zumindest zur Aufklärung schwerer Straftaten für zulässig gehalten.[93] Die Gegenmeinung wies dagegen auf die sowohl mit der Zuführung von Ipecacuanha-Sirup, als auch Apomorphin verbundenen Gesundheitsgefahren, vor allem bei vorgeschädigten Personen hin, und hielt deswegen die Maßnahme für unzulässig.[94] In diesem Sinne wertete der EGMR das zwangsweise Verabreichen von Brechmitteln in einem konkret entschiedenen Fall als unmenschliche und erniedrigende Behandlung, die Art. 3 EMRK verletze.[95] Nachdem zwischenzeitlich auch der BGH die deutsche Rechtsprechung als hierdurch „geläutert" betrachtet,[96] wird man nunmehr allenfalls noch von einer sehr eingeschränkten Zulässigkeit der Maßnahme ausgehen können.[97] Bemerkenswert ist in diesem Zusammenhang, dass den Mitgliedsstaaten des Europarats anempfohlen wird, „einfach das Ausscheiden der Droge auf natürlichem Wege ab(zu)warten"[98] oder dass sogar ein Haftbefehl wegen Verdunkelungsgefahr als milderes Mittel angesehen wird.[99] Dieselben Einschränkungen dürften auf die vergleichbare **Magenausheberung** anzuwenden sein, die ohnehin als kriminalistisch bedeutungsloser Eingriff eingestuft wird.[100] Unter dem Gesichtspunkt der in der Praxis oft bestehenden kurzfristigen Entschei-

---

86 BVerfG 10.6.1963 – 1 BvR 790/58, NJW 1963, 1597 (1598); OLG Hamm 29.6.1971 – 1 Ws 361/70, NJW 1971, 1903 (1904).

87 BVerfG 25.7.1963 – 1 BvR 542/62, NJW 1963, 2368 (2370).

88 OLG Schleswig 15.9.1981 – 1 Ws 344/81, NStZ 1982, 81; OLG Jena 13.7.2006 – 1 Ws 235/06, StV 2007, 24; nicht ganz eindeutig OLG Karlsruhe 7.5.2004 – 2 Ws 77/04, NStZ 2005, 399 (399 f.).

89 OLG Hamm 6.1.2004 – 4 Ws 724/03, StraFo 2004, 92.

90 Benfer Rechtseingriffe Rn. 962.

91 OLG Schleswig 15.9.1981 – 1 Ws 344/81, NStZ 1982, 81.

92 Hadamitzky in KK-StPO Rn. 6a; Bosch in KMR-StPO Rn. 11; Krause in Löwe/Rosenberg Rn. 61; Schmitt in Meyer-Goßner/Schmitt Rn. 20; Rogall in SK-StPO Rn. 51.

93 Goers in BeckOK StPO Rn. 14.2; Brauer in Gercke/Julius/Temming/Zöller Rn. 18; Hadamitzky in KK-StPO Rn. 6; Krause in Löwe/Rosenberg Rn. 52; Schmitt in Meyer-Goßner/Schmitt Rn. 22; weitergehend Rogall in SK-StPO Rn. 48; OLG Bremen 19.1.2000 – Ws 168/99, NStZ-RR 2000, 270; KG 28.3.2000 – 1 Ss 87/98 (74/98), NStZ-RR 2001, 204; 8.5.2001 – (4) 1 Ss 180/99, StV 2002, 122 (123–124); OLG Karlsruhe 7.5.2004 – 2 Ws 77/04, NStZ 2005, 399 (400) mAnm Dallmeyer StV 2005, 378 und wohl auch BVerfG 15.9.1999 – 2 BvR 2360/95, NStZ 2000, 96 mAnm Rixen NStZ 2000, 381.

94 OLG Frankfurt a. M. 11.10.1996 – 1 Ss 28/96, StV 1996, 651 (652 f.) mablAnm Zaczyk für geringfügige Straftat; Binder/Seemann NStZ 2002, 234 (236); Dallmeyer StV 1997, 606 (608–610).

95 EGMR 11.7.2006 – 54810/00, NJW 2006, 3117 (3121 und 3124) – Jalloh ./. Deutschland.

96 BGH 29.4.2010 – 5 StR 18/10, BGHSt 55, 121 Rn. 23.

97 Ausführlich Goers in BeckOK StPO Rn. 14.2; Bosch in KMR-StPO Rn. 13 mit zutreffendem Hinweis auf die Abwegigkeit der Ausführungen des EGMR zum Verstoß gegen die Selbstbelastungsfreiheit; Conrad JuS 2018, 451 (455); Schuhr NJW 2006, 3538 (3539 f.); Schumann StV 2006, 661 (665); Unzulässig nach Eisenberg BeweisR StPO Rn. 1638; Gaede HRRS 2006, 241 (247 f.).

98 EGMR 11.7.2006 – 54810/00, NJW 2006, 3117 (3121) – Jalloh ./. Deutschland.

99 Krause in Löwe/Rosenberg Rn. 52; so Binder/Seemann NStZ 2002, 234 (236 f.); aA OLG Bremen 19.1.2000 – Ws 168/99, NStZ-RR 2000, 270.

100 Krause in Löwe/Rosenberg Rn. 51.

dungssituation, in der die ins Gewicht fallenden Umstände von Gefährdungslage und Schwere der Straftat oftmals noch gar nicht ausreichend abgeschätzt werden können, wird sich daher regelmäßig eine pragmatische Vorgehensweise empfehlen. Hierzu sollte der Beschuldigte darauf hingewiesen werden, dass er auf freiwilliger Basis entweder die natürliche Ausscheidung abwarten oder, was dann regelmäßig nicht mit einer Gesundheitsgefährdung verbunden ist,[101] freiwillig ein Brech- oder Abführmittel einnehmen kann.

Eine Reihe weiterer **Einzelfälle** ist von praktischer Bedeutung. Hierzu gehört die Veränderung der Haar- und Barttracht. In ihr wird größtenteils trotz des mit einer Kürzung oder Entfernung verbundenen Substanzverlustes kein Eingriff nach § 81a Abs. 1 S. 2 gesehen.[102] Sie wird vor diesem Hintergrund nach überwiegender Ansicht als vorbereitende Maßnahme für eine Untersuchungshandlung nach § 81a Abs. 1, beispielsweise zur Freilegung unter den Haaren liegender Körperregionen, für zulässig gehalten sowie im Rahmen des § 81b zur Vorbereitung erkennungsdienstlicher Behandlung,[103] wobei jedoch zum Teil wegen der damit verbundenen selbständigen Beschwer eine gesonderte Anordnung zurecht für notwendig erachtet wird.[104] Das BVerfG sieht in dieser Maßnahme, wenn sie mit einer Substanzverletzung verbunden ist, einen, wenn auch geringfügigen, Eingriff iSd § 81a, hält ihn indes von dieser Vorschrift auch dann für gedeckt, wenn er der Gegenüberstellung mit einem Zeugen zum Zwecke der Identifizierung oder einer Maßnahme nach § 81b dient.[105] Angesichts des Zwecks des Arztvorbehaltes nach § 81a Abs. 1 S. 2 wird man aber für diesen Fall die Vornahme durch eine medizinisch geschulte Person nicht fordern müssen.[106] Die Abnahme einer Urinprobe wird aufgrund der mit ihr verbundenen Infektionsgefahr und Schmerzhaftigkeit teilweise als prinzipiell unzulässig angesehen.[107] Dem ist schon deswegen nicht zu folgen, da das BVerfG in anderem Zusammenhang die zwangsweise Entnahme von Urin als Eingriff von verhältnismäßig geringer Intensität ansah.[108] Zudem ist eine Gesundheitsgefährdung für gesunde Probanden bei steriler Durchführung nicht zu befürchten.[109] Eine solche ist aber deswegen schon im Rahmen der Anordnung nach Abs. 1 S. 2 wegen der dortigen Voraussetzungen zu gewährleisten. Bei Straftaten, die sich nicht lediglich im Bagatellbereich bewegen, ist sie folglich zulässig und zumutbar, insbesondere wenn bestimmte Untersuchungen auf Betäubungsmittel- oder Medikamentenkonsum auf andere Weise nicht zuverlässig durchführbar sind.[110] Leidet der Betroffene an einer hochansteckenden Infektionskrankheit, darf eine Bronchoskopie durchgeführt werden, um seine Verhandlungsfähigkeit zu überprüfen und die sichere Durchführung der Hauptverhandlung zu gewährleisten.[111] 18

c) Verhältnismäßigkeitsgrundsatz. Wegen der Weite des Wortlauts ist der Verhältnismäßigkeitsgrundsatz als **Schranke** der Eingriffsmöglichkeiten nach § 81a besonders zu beachten.[112] Das bedeutet, dass die konkret angeordnete Untersuchungshandlung zur Erreichung des angestrebten Zwecks geeignet und erforderlich sein muss und dass der damit 19

101 KG 28.3.2000 – 1 Ss 87/98 (74/98), NStZ-RR 2001, 204 (204 f.); 8.5.2001 – (4) 1 Ss 180/99, StV 2002, 122 (124).

102 AA Bosch in KMR-StPO Rn. 3 allerdings mit teleologischer Reduktion des Arztvorbehalts.

103 Hadamitzky in KK-StPO Rn. 6; Bosch in KMR-StPO Rn. 3, trotz Qualifizierung als Eingriff; Krause in Löwe/Rosenberg Rn. 46 f.; Schmitt in Meyer-Goßner/Schmitt Rn. 23; Rogall in SK-StPO Rn. 30.

104 Goers in BeckOK StPO Rn. 14.1; Brauer in Gercke/Julius/Temming/Zöller Rn. 14; Krause in Löwe/Rosenberg Rn. 47; Goldkamp NZV 2019, 217 (218).

105 BVerfG 14.2.1978 – 2 BvR 406/77, NJW 1978, 1149 (1149 f.); vgl. auch OLG – 5 Ss (OWi) 421/09 – (OWi) 168/09 I, DAR 1991, 191 zum Abgleich mit einem Messfoto.

106 Bosch in KMR-StPO Rn. 3; der Sache nach auch Krause in Löwe/Rosenberg Rn. 48, der Vornahme durch einen Frisör für ausreichend hält.

107 Neuhaus in HK-GS Rn. 10; Brauer in Gercke/Julius/Temming/Zöller Rn. 17; Krause in Löwe/Rosenberg Rn. 63; Schmitt in Meyer-Goßner/Schmitt Rn. 21; Eisenberg BeweisR StPO Rn. 1639; Kohlhaas NJW 1968, 2277.

108 BVerfG 21.4.1993 – 2 BvR 930/92, NStZ 1993, 482 im Zusammenhang mit Bewährungsauflagen.

109 Rogall in SK-StPO Rn. 44.

110 Rogall in SK-StPO Rn. 44; Bosch in KMR-StPO Rn. 10 und Benfer Rechtseingriffe Rn. 956 jeweils für besonders schwere Straftaten.

111 OLG Hamburg 6.11.2015 – 1 Ws 148/15, StV 2016, 419 (420 f.).

112 BVerfG 10.6.1963 – 1 BvR 790/58, NJW 1963, 1597 (1598).

verbundene Eingriff nicht außer Verhältnis zur Bedeutung der Sache und zur Stärke des bestehenden Tatverdachts stehen darf.[113] Letzteres ist als ungeschriebenes Tatbestandsmerkmal bei der Auslegung der Norm zu berücksichtigen. Die Geeignetheit und Erforderlichkeit fand dagegen im Normtext Ausdruck, indem die Untersuchung und der Eingriff nur zur Feststellung von Tatsachen angeordnet werden darf, die für das Verfahren von Bedeutung sind. Insoweit bringt diese Limitierung auf den Verfahrenszweck tatsächlich lediglich eine Selbstverständlichkeit zum Ausdruck.[114] Eine besondere Ausprägung des Verhältnismäßigkeitsgrundsatzes findet sich für körperliche Eingriffe in Abs. 1 S. 2, der gesundheitsgefährdende Eingriffe explizit ausschließt.[115]

20 Die **Verfahrenserheblichkeit** ist bei allen Tatsachen gegeben, die unmittelbar oder mittelbar für die Entscheidung über Täterschaft, Schuld- und Rechtsfolgenfrage, einschließlich der Gefährlichkeit und des Hanges iSd §§ 63 ff. StGB, von Bedeutung sein können.[116] Hierzu können neben der Beschaffenheit des Körpers und seiner Bestandteile, beispielsweise des Blutes[117] und des Magensaftes,[118] auch in diesen geratene Fremdkörper gehören.[119] Eine Blutprobe kann entnommen werden, um zum Tatnachweis eine Abstammungsuntersuchung durchzuführen.[120] Weiterhin kommen aber auch prozessual erhebliche Tatsachen in Betracht,[121] insbesondere die Verhandlungsfähigkeit[122] oder Reisefähigkeit[123] des Beschuldigten sowie die Abklärung von Sicherungsmaßnahmen für die Hauptverhandlung bei einem hochansteckenden Angeklagten.[124]

21 Die Verhältnismäßigkeit ieS erfordert eine **Abwägung** zwischen den in Betracht kommenden Maßnahmen und zwischen Anlass und Auswirkungen des angeordneten Eingriffs.[125] Maßgebliche Faktoren sind danach das Gewicht der zu ahndenden Tat, die Schwere des Eingriffs und die Stärke des Tatverdachts, die in eine angemessene Relation zu setzen sind.[126] Je schwerer die Tat und je stärker der Verdacht, desto eher ist die Maßnahme zulässig; umgekehrt wird zunehmendes Gewicht und Gefährlichkeit des Eingriffes einer Anordnung entgegenstehen.[127] Zu beachten sind auch die Folgen der Mitteilung des Untersuchungsergebnisses, insbesondere beim AIDS-Test,[128] der aber zur Aufklärung eines Gewalt- oder Sexualdeliktes deshalb nicht ausgeschlossen ist.[129] In jedem Fall besteht eine absolute Grenze, die zu einer Überschreitung des Wesensgehaltes des Grundrechts auf körperliche Unversehrtheit führen würde.[130] Ob diese im Hinblick auf das ausdrückliche Verbot

---

[113] BVerfG 2.8.1996 – 2 BvR 1511/96, NJW 1996, 3071 (3072); 21.5.2004 – 2 BvR 715/04, NJW 2004, 3697 (3698); OLG Hamburg 6.11.2015 – 1 Ws 148/15, StV 2016, 419 (420).
[114] Rogall in SK-StPO Rn. 11.
[115] Bosch in KMR-StPO Rn. 24.
[116] OLG Karlsruhe 19.1.2015 – 2 (5) SsBs 720/14 – AK 177/14, NJOZ 2016, 15; OLG Hamm 19.7.2016 – 5 Ws 249/16, BeckRS 2016, 14582 Rn. 19; LG Aurich 30.7.2012 – 12 Qs 97/12, StV 2013, 143 (144); vgl. auch LG Bayreuth 24.4.2015 – 1 Qs 46/15 jug, BeckRS 2015, 16289.
[117] OLG Karlsruhe 19.1.2015 – 2 (5) SsBs 720/14 – AK 177/14, NJOZ 2016, 15 zu THC-Abbauprodukten.
[118] OLG Hamburg 6.11.2015 – 1 Ws 148/15, StV 2016, 419 (420).
[119] BGH 16.2.1954 – 1 StR 578/53, BGHSt 5, 332 (336).
[120] LG Oldenburg 11.9.2017 – 1 Qs 313/17, BeckRS 2017, 150518 Rn. 7 ff.
[121] Bosch in KMR-StPO Rn. 22; Rogall in SK-StPO Rn. 11.
[122] BVerfG 14.11.1969 – 1 BvR 253/68, NJW 1970, 505 (506); BGH 24.10.2018 – 2 StR 299/18, BeckRS 2018, 33370 Rn. 9; BayObLG 1.8.1956 – BReg. 1 St 109/56, NJW 1957, 272 (274); OLG Celle 12.11.1970 – 3 Ws 434/70, NJW 1971, 256 (257); OLG Schleswig 15.9.1981 – 1 Ws 344/81, NStZ 1982, 81; OLG Düsseldorf 26.5.1988 – 1 Ws 459/88, JZ 1988, 984; OLG Celle 13.12.2011 – 2 Ws 341/11, StV 2012, 524 (525); OLG Hamburg 6.11.2015 – 1 Ws 148/15, StV 2016, 419 (420).
[123] LG Zweibrücken 28.3.2000 – Qs 8/00, VRS 99 (2000), 54, vgl. BGH 5.4.2018 – 2 StE 21/16-5 (StB 2/18), StV 2020, 836.
[124] OLG Hamburg 6.11.2015 – 1 Ws 148/15, StV 2016, 419 (420).
[125] BVerfG 2.8.1996 – 2 BvR 1511/96, NJW 1996, 3071 (3072).
[126] BVerfG 10.6.1963 – 1 BvR 790/58, NJW 1963, 1597 (1598); 25.7.1963 – 1 BvR 542/62, NJW 1963, 2368 (2370).
[127] Rogall in SK-StPO Rn. 12.
[128] S. LG Aurich 30.7.2012 – 12 Qs 97/12, StV 2013, 143 (144 f.) zur Unverhältnismäßigkeit bei fahrlässiger Körperverletzung, bei der „Tatverdacht kaum erhärtet".
[129] Mayer JR 1990, 358 (361); Penning/Spann MedR 1987, 171 (174).
[130] BVerfG 10.6.1963 – 1 BvR 790/58, NJW 1963, 1597 (1598).

für die Gesundheit nachteiliger Eingriffe nach Abs. 1 S. 2 eigenständige Bedeutung entfaltet, ist allerdings kaum denkbar. Hinsichtlich des Tatverdachtes enthält § 81a Abs. 1 zwar keine erhöhte Eingriffsschwelle (→ Rn. 6), das Gewicht des Eingriffs kann aber unter Verhältnismäßigkeitsgesichtspunkten eine Verdichtung der Verdachtslage fordern.[131] Der Verdachtsgrad ist dabei selbständig gerade im Hinblick auf die beabsichtigte Anordnung zu prüfen.[132] Generell muss die Maßnahme unerlässlich sein,[133] weswegen ein körperlicher Eingriff erst dann erlaubt ist, falls die Beweisfrage auf andere Weise, vor allem durch einfache körperliche Untersuchung,[134] nicht zu klären ist.[135]

d) Duldungspflicht. Die Anordnung einer einfachen körperlichen Untersuchung oder eines Eingriffs nach § 81a Abs. 1 lässt die **Mitwirkungsfreiheit** des Beschuldigten unberührt. Er ist zu aktivem Verhalten, das die Durchführung der Maßnahme ermöglicht oder fördert, nicht verpflichtet.[136] Dies wird größtenteils gleichgesetzt mit der Vorgabe, für ihn bestünde eine bloße Duldungspflicht.[137] Insofern ist es allerdings klarer, die dem Grundsatz der Mitwirkungsfreiheit zugrunde liegende Parallelität zur Aussagefreiheit deutlicher hervorzuheben. Ausschlaggebend ist nicht die Einordnung des Verhaltens als aktiv oder passiv; entscheidend ist dagegen, dass vom Beschuldigten keine Reaktion mit eigenständigem Beweiswert erzwungen werden darf, was einer unzulässigen zwangsweisen Selbstbelastung gleich käme.[138] Demgemäß ist es nicht unzulässig solche Vorbereitungshandlungen zwangsweise herbeizuführen, die die Vornahme der Maßnahme überhaupt erst ermöglichen, selbst wenn sie ein aktives Verhalten des Beschuldigten verlangen.[139] Hierzu gehört beispielsweise das Mitgehen zur Wache, Aufkrempeln der Ärmel, Anheben des Armes zur Entnahme einer Blutprobe,[140] oder eine bestimmte Körperhaltung einzunehmen.[141] 22

Andererseits besteht **keine Verpflichtung** des Beschuldigten, Fragen zu beantworten;[142] sich Prüfungen zu unterziehen,[143] insbesondere einen Trinkversuch vorzunehmen,[144] einen Hirnleistungstest zu absolvieren[145] oder in ein Messgerät für die Atemalkoholkonzentration zu blasen;[146] Urin-, Gehproben abzugeben, Kniebeugen und Armausstre- 23

---

131 Krause in Löwe/Rosenberg Rn. 32.

132 BVerfG 25.7.1963 – 1 BvR 542/62, NJW 1963, 2368 (2370).

133 BVerfG 25.7.1963 – 1 BvR 542/62, NJW 1963, 2368 (2370); 21.5.2004 – 2 BvR 715/04, NJW 2004, 3697 (3698).

134 OLG Hamm 3.2.1960 – 1 Ws 480/59, NJW 1960, 1400 (1402); Bosch in KMR-StPO Rn. 25; Schmitt in Meyer-Goßner/Schmitt Rn. 18.

135 OLG Hamm 29.6.1971 – 1 Ws 361/70, NJW 1971, 1903 (1904).

136 BVerfG 14.2.1978 – 2 BvR 406/77, NJW 1978, 1149 (1150); OLG Hamm 10.1.1974 – 5 Ws 1/74, NJW 1974, 713; OLG Düsseldorf 26.5.1988 – 1 Ws 459/88, JZ 1988, 984; OLG Köln 9.3.2004 – 2 Ws 32/04, juris Rn. 6 = BeckRS 2004, 18368; KG 22.1.2016 – 3 Ws 654/15 – 141 AR 614/15, wistra 2016, 286; So auch allgemein zum Beschuldigten als Objekt des Augenscheins- oder Sachverständigenbeweises BGH 9.4.1986 – 3 StR 551/85, BGHSt 34, 39 (45 f.); Kleinknecht NJW 1964, 2181 (2187).

137 KG 22.1.2016 – 3 Ws 654/15 – 141 AR 614/15, wistra 2016, 286; Neuhaus in HK-GS Rn. 7; Brauer in Gercke/Julius/Temming/Zöller Rn. 7; Hadamitzky in KK-StPO Rn. 4; Krause in Löwe/Rosenberg Rn. 22; Eisenberg BeweisR StPO Rn. 1627; Geerds JURA 1988, 1 (4).

138 OLG Brandenburg 16.4.2013 – (2 B) 53 Ss-OWi 58/13 (55/13), NStZ 2014, 524 (525); Bosch in KMR-StPO Rn. 6; Geppert NStZ 2014, 481 (483); Bosch JURA 2014, 50 (54); Neubert NStZ 2019, 113 (120); der Sache nach auch schon BGH 9.4.1986 – 3 StR 551/85, BGHSt 34, 39 (46).

139 Geppert DAR 1980, 315 (318); Geppert NStZ 2014, 481 (483).

140 LG Düsseldorf 11.7.1973 – 11 a S 28/73, NJW 1973, 1930 (1931).

141 Krause in Löwe/Rosenberg Rn. 22; Eisenberg BeweisR StPO Rn. 1627.

142 OLG Hamm 10.1.1974 – 5 Ws 1/74, NJW 1974, 713; OLG Köln 9.3.2004 – 2 Ws 32/04, juris Rn. 6 = BeckRS 2004, 18368; Kleinknecht NJW 1964, 2181 (2187).

143 Hdamitzky in KK-StPO Rn. 4; Krause in Löwe/Rosenberg Rn. 24; Schmitt in Meyer-Goßner/Schmitt Rn. 11.

144 BGH 2.7.1965 – 4 StR 284/65, VRS 29 (1965), 203; LG Bremen 6.10.1967 – II Qs 529/67, NJW 1968, 208.

145 OLG Hamm 10.1.1974 – 5 Ws 1/74, NJW 1974, 713.

146 BGH 25.6.1970 – 4 StR 109/70, VRS 39 (1970), 184 (185); BayObLG 16.1.1963 – RReg. St 674/62, NJW 1963, 772; OLG Schleswig 1.9.1965 – VRS 30 (1966), 344 (345) OLG Brandenburg 16.4.2013 – (2 B) 53 Ss-OWi 58/13 (55/13), NStZ 2014, 524 (525); Schäler NZV 2017, 422.

cken vorzunehmen;[147] sich zur Feststellung des Drehnachnystagmus herumzudrehen.[148] Das kann nur auf Basis der Freiwilligkeit erfolgen, falls der Beschuldigte hierüber belehrt wurde (→ Rn. 26).[149] Unschädlich ist das Fehlen einer Belehrung, wenn es sich – vor allem in Zusammenhang mit der Blutprobenentnahme – um Tests handelt, zu denen ein Arzt seine Patienten üblicherweise aufzufordern berechtigt ist[150] und deren Freiwilligkeit allgemein bekannt ist.[151]

24 **2. Einwilligung oder Anordnung nach Abs. 2. a) Einwilligung in die Untersuchungshandlung. Rechtsfolge** einer Einwilligung des Beschuldigten in eine Untersuchungshandlung ist, dass die Notwendigkeit einer Anordnung nach Abs. 2 entfällt.[152] Ferner dürfen auch Untersuchungen und Eingriffe vorgenommen werden, die nach § 81a unzulässig sind,[153] beispielsweise solche, die seine Mitwirkung in Form der Beantwortung von Fragen oder Ausführung von Testübungen erfordern.[154] Der Beschuldigte kann auf freiwilliger Basis auch die Entnahme einer Blutprobe durch einen Nichtarzt gestatten,[155] insbesondere einen Medizinalassistenten[156] oder eine Krankenschwester.[157] Allgemein wird allerdings angenommen bei schwerwiegenden Eingriffen bedürfe es selbst bei Vorliegen einer Einwilligung des Beschuldigten einer richterlichen Anordnung.[158] In jedem Fall unzulässig sind Maßnahmen, die, insbesondere wegen einer damit verbundenen Gesundheitsgefahr, als sittenwidrig und unverhältnismäßig einzustufen sind.[159]

25 Die **Wirksamkeit** der Einwilligung setzt eine freiwillige, ernstliche und in Kenntnis der Sachlage und des Weigerungsrechts erteilte ausdrückliche Zustimmung des Beschuldigten voraus.[160] Dazu bedarf es keiner Geschäftsfähigkeit des Beschuldigten. Ausreichend ist, dass er nach seiner natürlichen Verstandesreife den Sinn und die Tragweite der Erklärung erkennt.[161] Zumindest bei der Blutprobenentnahme genugt hierfür schon die Fähigkeit, den mit der Maßnahme verbundenen körperlichen Eingriff und dessen Risiken zu überblicken; auf die strafrechtlichen Folgen der Blutalkoholmessung muss sich diese nicht erstrecken.[162] Schriftform ist nicht erforderlich.[163] Das ergibt schon ein Umkehrschluss aus § 81f Abs. 1 S. 1. An einer wirksamen Einwilligung kann es aber fehlen bei

---

147 OLG Hamm 9.2.1967 – 2 Ss 1562/66, NJW 1967, 1524.

148 Brauer in Gercke/Julius/Temming/Zöller Rn. 7; Krause in Löwe/Rosenberg Rn. 25; Schmitt in Meyer-Goßner/Schmitt Rn. 11.

149 Brauer in Gercke/Julius/Temming/Zöller Rn. 8; Krause in Löwe/Rosenberg Rn. 26; Schmitt in Meyer-Goßner/Schmitt Rn. 12; Eisenberg BeweisR StPO Rn. 1628.

150 OLG Köln 17.10.1961 – 1 Ss 318/61, NJW 1962, 692 (692 f.).

151 OLG Hamm 9.2.1967 – 2 Ss 1562/66, NJW 1967, 1524; 7.12.1967 – 2 Ss 1610/67, NJW 1968, 1202 (1203).

152 OLG Bremen 14.8.1968 – Ss 55/68, VRS 36 (1969), 180 (182); OLG Hamburg 4.2.2008 – 2-81/07 (REV), NJW 2008, 2597 (2599); OLG Celle 16.7.2008 – 311 SsBs 43/08, NJW 2008, 3079; OLG Hamm 25.8.2008 – 3 Ss 318/08, NJW 2009, 242; 2.11.2010 – 3 RVs 93/10, BeckRS 2010, 29288; OVG Münster 13.6.2017 – 16 A 365/14, juris Rn. 2.

153 Krause in Löwe/Rosenberg Rn. 12; Eisenberg BeweisR StPO Rn. 1626.

154 Schmidt NJW 1962, 664 (664 f.).

155 Kohlhaas DAR 1956, 201 (203), Schmidt MDR 1970, 461 (465).

156 BayObLG 16.12.1964 – RevReg. 1 a St 663/64, NJW 1965, 1088 (1089).

157 OLG Oldenburg 30.11.1954 – Ss 368/54, NJW 1955, 683.

158 Brauer in Gercke/Julius/Temming/Zöller Rn. 3; Hadamitzky in KK-StPO Rn. 3; Bosch in KMR-StPO Rn. 14; Krause in Löwe/Rosenberg Rn. 12; Schmitt in Meyer-Goßner/Schmitt Rn. 3; Eisenberg BeweisR StPO Rn. 1626.

159 Rogall in SK-StPO Rn. 17; Amelung StV 1985, 257 (259); Löffler NJW 1951, 821 (822).

160 OLG Karlsruhe 7.5.2004 – 2 Ws 77/04, NStZ 2005, 399 (400); OLG Bamberg 19.3.2009 – 2 Ss 15/09, NJW 2009, 2146; OLG Hamm 28.4.2009 – 2 Ss 117/09, juris Rn. 15; allgemein BGH 2.12.1963 – III ZR 222/62, NJW 1964, 1177.

161 OLG Bamberg 19.3.2009 – 2 Ss 15/09, NJW 2009, 2146; OLG Hamm 28.4.2009 – 2 Ss 117/09, juris Rn. 15); Krause in Löwe/Rosenberg Rn. 14; Rogall in SK-StPO Rn. 19; Kraft JuS 2011, 591.

162 OLG Schleswig 13.3.2013 – 2 Ss 3/13 (5/13), juris Rn. 10 = BeckRS 2013, 16592; KG 9.10.2014 – 3 Ws (B) 507/12 – 122 Ss 147/14, NStZ-RR 2014, 25 (25 f.); König/Seitz DAR 2012, 361 (368); Rebler JA 2017, 59 (60).

163 KG 9.10.2014 – 3 Ws (B) 507/12 – 122 Ss 147/14, NStZ-RR 2014, 25 (26).

Täuschung oder Zwang,[164] oder bei einer Einschränkung der Einwilligungsfähigkeit durch Alkoholisierung[165] oder Betäubungmittelkonsum.[166] Die bloße Hinnahme der Untersuchungshandlung genügt allerdings nicht, sofern ihr kein Erklärungswert im Hinblick auf eine schlüssige Einwilligung zu entnehmen ist.[167] Die Einwilligung kann vom Beschuldigten jederzeit widerrufen werden,[168] was dazu führt, dass nur die bis zu diesem Zeitpunkt gewonnenen Ermittlungsergebnisse verwertet werden dürfen.[169] Auch kann der Widerruf einer zunächst erklärten Einwilligung in Anbetracht der verstrichenen Zeit die Voraussetzungen für die Annahme der Eilentscheidungsbefugnis nach § 81a Abs. 2 begründen.[170] Soweit über § 500 Abs. 1 für anwendbar gehalten,[171] sind die Voraussetzungen des § 51 BDSG zu beachten.[172]

Die für die Einwilligung erforderliche Freiwilligkeit kann nur nach ordnungsgemäßer **Belehrung** durch das Gericht oder die Strafverfolgungsbehörde angenommen werden. Dazu gehört, dass der Beschuldigte über das grundsätzliche Bestehen des Weigerungsrechts informiert wird,[173] genauso wie über die mit dem Eingriff verbundenen typischen Gefahren,[174] was dokumentiert werden sollte.[175] Es kann die Einräumung einer Überlegungsfrist notwendig sein.[176] Einer zusätzlichen ausdrücklichen Belehrung über das Weigerungsrecht im Rahmen des § 81a bedarf es nicht, sofern eine Belehrung nach den § 163a Abs. 4, § 136 Abs. 1 S. 2 erfolgt.[177] Dem ausführenden Arzt darf die Belehrung allerdings nicht überlassen werden.[178] 26

Teilsweise wird in der Rspr. die Ansicht vertreten, der Beschuldigte müsse nicht darüber belehrt werden, dass die Mitwirkung an einer **Atemalkoholmessung** nicht erzwungen werden darf und nur auf freiwilliger Basis zu leisten ist.[179] Dem ist in dieser Allgemeinheit nicht zu folgen. Der Umkehrschluss aus der gesetzlich geregelten Belehrungspflicht über die Freiwil- 27

---

164 BGH 2.7.1965 – 4 StR 284/65, VRS 29 (1965), 203 (204); OLG Bremen 14.8.1968 – Ss 55/68, VRS 36 (1969), 180 (182) KG 30.7.2014 – 3 Ws (B) 356/14 – 122 Ss 106/14, NStZ 2015, 42; Hadamitzky in KK-StPO Rn. 3; Amelung StV 1985, 257 (261).

165 OLG Hamm 25.8.2008 – 3 Ss 318/08, NJW 2009, 242; 20.2.2011 – II-3 RVs 104/10, BeckRS 2011, 05837 = NStZ-RR 2011, 186 (Leitsatz); OLG Hamm 2.11.2010 – 3 RVs 93/10, BeckRS 2010, 29288; LG Bad Kreuznach 11.11.2014 – 2 Qs 130/14, BeckRS 2014, 119431 alle jeweils Grenze bei etwa 2,0 ‰ für nähere Prüfung; s. auch LG Dessau-Roßlau 10.4.2015 – 2 O 294/14, juris Rn. 2 und 17 = BeckRS 2015, 8118 zu 1,97 ‰; Eisenberg BeweisR StPO Rn. 1626; Blum SVR 2009, 171 (172); Pichon HRRS 2011, 472 (474); Schmidt NJW 1962, 664 (665); s. aber OLG Jena 6.10.2011 – 1 Ss 82/11, juris Rn. 12 und 26 = BeckRS 2011, 28891, wo bei 4,02 ‰ deren Annahme durch Polizei nicht beanstandet wurde; dem folgend König/Seitz DAR 2012, 361 (368); zu psychodiagnostischen Kriterien für die Beurteilung der Einwilligungsfähigkeit s. Priemer ua DAR 2016, 169 (172 f.).

166 OVG Münster 13.6.2017 – 16 A 365/14, juris Rn. 2 allerdings im konkreten Fall verneinend.

167 OLG Hamm 12.3.2009 – 3 Ss 31/09, BeckRS 2009, 10370 = NStZ-RR 2009, 243 (Leitsatz); OLG Bamberg 19.3.2009 – 2 Ss 15/09, NJW 2009, 2146; OLG Hamm 28.4.2009 – 2 Ss 117/09, juris Rn. 15; OLG Celle 16.6.2009 – 311 SsBs 49/09, NZV 2009, 463; Bosch in KMR-StPO Rn. 17; Krause in Löwe/Rosenberg Rn. 14.

168 Amelung StV 1985, 257 (258).

169 Hadamitzky in KK-StPO Rn. 3; Bosch in KMR-StPO Rn. 17; Krause in Löwe/Rosenberg Rn. 14; Schmitt in Meyer-Goßner/Schmitt Rn. 5; Eisenberg BeweisR StPO Rn. 1626.

170 OLG Bamberg 26.6.2013 – 2 Ss OWi 1505/12, juris Rn. 31 = BeckRS 2013, 201698 unter Aufhebung AG Kempten 12.7.2012 – 25 OWi 144 Js 4384/12, DAR 2012, 593 (594).

171 Stief StV 2017, 470 (474); aA Köhler in Meyer-Goßner/Schmitt § 500 Rn. 2.

172 Singelnstein NStZ 2020, 639 (640).

173 OLG Karlsruhe 7.5.2004 – 2 Ws 77/04, NStZ 2005, 399 (400); LG Kassel 20.1.2010 – 3 (6) Qs 253/09, juris Rn. 6; Blum SVR 2009, 171 (172); Heinrich NZV 2010, 278 (281).

174 Kohlhaas NJW 1968, 2277; vgl. auch OLG Jena 6.10.2011 – 1 Ss 82/11, VRS 122 (2012), 114 (116).

175 Brocke/Herb StraFo 2009, 46 (47).

176 BGH 2.7.1965 – 4 StR 284/65, VRS 29 (1965), 203.

177 LG Saarbrücken 13.11.2008 – 2 Qs 53/08, NStZ-RR 2009, 55; aA Geppert DAR 1980, 315 (318 f.).

178 Bosch in KMR-StPO Rn. 17.

179 OLG Brandenburg 16.4.2013 – (2 B) 53 Ss-OWi 58/13 (55/13), NStZ 2014, 524 (524 f.); KG 30.7.2014 – 3 Ws (B) 356/14 – 122 Ss 106/14, NStZ 2015, 42; OLG Brandenburg 8.7.2019 – (1 B) 53 Ss-OWi 285/19 (169/19), BeckRS 2019, 16612 Rn. 9 f.; aA LG Freiburg 21.9.2009 – 9 Ns 550 Js 11375/09 – AK 92/09, NZV 2009, 614 (615); AG Frankfurt a. M. 18.1.2010 – 998 OWi 2022-955 Js/OWi 20697/09, BeckRS 2010, 12332.

ligkeit aus § 81h Abs. 4 S. 1[180] vermag nicht zu überzeugen. Diese betrifft den in der StPO einzigartigen Sonderfall, dass der Betroffene trotz einer richterlichen Anordnung nicht zur Vornahme verpflichtet ist. Ein Wille des Gesetzgebers im Hinblick auf § 81a auch nur konkludent eine Aussage zu treffen, lässt sich diesem speziellen Regelungskomplex nicht entnehmen.[181] Andererseits kann angesichts solch ausdrücklicher Regelungen der Belehrungspflicht aber auch schwerlich eine Regelungslücke angenommen werden, die eine analoge Anwendung von §§ 136, 163a zuließe[182] oder die Maßnahme im Hinblick auf § 500 Abs. 1, § 51 BDSG für gänzlich unzulässig gehalten werden.[183] Der maßgebliche Ansatzpunkt findet sich vielmehr in § 81f Abs. 1, der für molekulargenetische Untersuchungen über § 81e Abs. 1 S. 1 einen Regelungszusammenhang mit § 81a hat. Die dortige Vorschrift zur Belehrung in Abs. 1 S. 2 hat nach dem expliziten Willen des Gesetzgebers nur ergänzende Funktion. Die allgemeinen Anforderungen an die für eine wirksame Einwilligung notwendigen Belehrungen bleiben davon unberührt.[184] Daraus lässt sich auch für § 81a schließen, dass sich diese regelmäßig auf die Weigerungsmöglichkeit beziehen muss.[185] In Anwendung dieser allgemeinen Grundsätze ist aber, sofern der Betroffene nicht ersichtlich von falschen Voraussetzungen ausgeht, die Belehrung über das Schweigerecht als ausreichend anzusehen, vor allem dann, wenn der Polizeibeamte vor Ort die Blutprobenentnahme selbst nach § 81a Abs. 2 S. 1 anordnen könnte.[186]

28 **b) Richterliche Anordnung nach § 81a Abs. 2 S. 1.** § 81a Abs. 2 S. 1 enthält einen einfach gesetzlichen Richtervorbehalt,[187] für alle nicht in Abs. 2 S. 2 genannten Straftaten, der nicht zum rechtsstaatlichen Mindeststandard zu rechnen ist.[188] Die gerichtliche **Zuständigkeit** richtet sich dabei nach den allgemeinen Vorschriften. Im Ermittlungsverfahren entscheidet folglich der nach § 162 Abs. 1 S. 1 zuständige Ermittlungsrichter.[189] Ist die Anordnung neben einer solchen auf Unterbringung zur Beobachtung zu treffen, so greift wegen des Sachzusammenhangs § 81 Abs. 3 (→ § 81 Rn. 14 und 20). Mit Anklageerhebung geht die Zuständigkeit auf das für die Eröffnung des Hauptverfahrens berufene Gericht über, nach Eröffnung des Hauptverfahrens auf das erkennende Gericht.[190] In der Hauptverhandlung wirken gegebenenfalls die Schöffen mit (§ 30 Abs. 1, § 77 Abs. 1 GVG).[191]

29 Der **Inhalt** der richterlichen Entscheidung hat sich an den Vorgaben des Abs. 1 zu orientieren. Im Tenor ist die Art des körperlichen Eingriffs bestimmt zu bezeichnen[192] sowie, falls nicht schon hiermit zum Ausdruck gebracht, die festzustellenden Tatsachen.[193]

---

180 OLG Brandenburg 16.4.2013 – (2 B) 53 Ss-OWi 58/13 (55/13), NStZ 2014, 524 (524 f.); 8.7.2019 – (1 B) 53 Ss-OWi 285/19 (169/19), BeckRS 2019, 16612 Rn. 9 f.; Cierniak/Herb NZV 2012, 409 (412).

181 Im Ergebnis auch Geppert NStZ 2014, 481 (485); Mosbacher NStZ 2015, 42 (43).

182 So aber Geppert NStZ 2014, 481 (485 f.); Mosbacher JuS 2015, 129 (133); Mosbacher NStZ 2015, 42 (43); Soiné NZV 2016, 411 (413); Jäger JA 2014, 314 (314 f.) greift unmittelbar auf das Rechtsstaatsprinzip in Form des Gebots eines fairen Verfahrens zurück.

183 So aber El-Ghazi ZIS 2019, 110 (118); aA Köhler in Meyer-Goßner/Schmitt § 500 Rn. 2.

184 BT-Drs. 15/5674, 11 unter ausdrücklicher Bezugnahme auf LG Düsseldorf 14.2.2003 – X Qs 8/02, NJW 2003, 1883 (1884).

185 Vgl. LG Düsseldorf 14.2.2003 – X Qs 8/02, NJW 2003, 1883 (1884).

186 LG Saarbrücken 13.11.2008 – 2 Qs 53/08, NStZ-RR 2009, 55; Bosch JURA 2014, 50 (55); Cierniak/Herb NZV 2012, 409 (411).

187 BVerfG 12.2.2007 – 2 BvR 273/06, NJW 2007, 1345 (1346).

188 BVerfG 28.7.2008 – 2 BvR 784/08, NJW 2008, 3053 (3054); 24.2.2011 – 2 BvR 1596 und 2346/10, BA 2011, 170 (172).

189 BGH 8.7.1955 – 5 StR 233/55, BGHSt 8, 144 (146); 23.12.1999 – 2 ARs 487/99 – 2 AR 227/99, NStZ 2000, 212.

190 Brauer in Gercke/Julius/Temming/Zöller Rn. 19; Hadamitzky in KK-StPO Rn. 8.

191 Neuhaus in HK-GS Rn. 12; Bosch in KMR-StPO Rn. 26.

192 BayObLG 1.8.1956 – BReg. 1 St 109/56, NJW 1957, 272 (274); OLG Hamm 8.6.1970 – 1 Ws 191/70, NJW 1970, 1985 (1986); OLG Düsseldorf 3.3.2005 – III – 3 Ws 76–78/05, StV 2005, 490 (491); OLG Jena 13.7.2006 – 1 Ws 235/06, StV 2007, 24; OLG Köln 27.11.2013 – 2 Ws 656/13, BeckRS 2014, 236.

193 Goers in BeckOK StPO Rn. 27; Schmitt in Meyer-Goßner/Schmitt Rn. 25d.

Da die Prüfung, ob von der Maßnahme ein Nachteil für die Gesundheit ausgeht, dem Richter obliegt, darf deren Auswahl nicht dem Sachverständigen überlassen werden. Allgemeine Formulierungen mit denen lediglich eine „körperliche Untersuchung" oder ein „körperlicher Eingriff" angeordnet werden, genügen daher nicht.[194] Unschädlich kann dies nur im Einzelfall sein, wenn sich aus dem Gesamtzusammenhang von Beschlusstenor und -gründen eine bestimmte Vornahme mit hinreichender Genauigkeit entnehmen lässt.[195] Besteht die Möglichkeit, dass die angeordnete Untersuchung oder deren Ergebnis zur Feststellung der verfahrenserheblichen Tatsache nicht ausreichend sind, kann dem Sachverständigen aufgegeben werden, sich zunächst zur Erforderlichkeit und den gesundheitlichen Auswirkungen von Wiederholungs- oder Zusatzuntersuchungen gegenüber dem Gericht zu äußern.[196] In den Beschlussgründen ist neben einer knappen Schilderung des Tatvorwurfs[197] und – bei zweifelhaften Fällen – der Verdachtslage im Hinblick auf gewichtigere körperliche Eingriffe deren Notwendigkeit und Unerlässlichkeit darzustellen.[198] Sind diese Voraussetzungen erfüllt, bleibt dem Arzt die Art und Weise der fachlichen Durchführung überlassen. Auch die Entnahme einer zweiten Blutprobe wird, selbst wenn dies nicht ausdrücklich angeordnet sein sollte, für zulässig erachtet.[199]

Für den Beschluss,[200] durch den die gerichtliche Anordnung der Maßnahme erfolgt, 30
ist im Gegensatz zu anderen Eingriffsmaßnahmen, wie beispielsweise § 81f Abs. 2 S. 1, § 81g Abs. 3 S. 5, § 100e Abs. 3 S. 1, § 114 Abs. 1, keine bestimmte **Form** vorgeschrieben. Gleichwohl ist er „in der Regel" schriftlich abzufassen[201] und nach § 34 mit einer Begründung zu versehen.[202] Für Ausnahmefälle lässt das BVerfG aber auch eine lediglich mündliche Anordnung durch den Richter zu.[203] In einer weiteren Entscheidung zur Durchsuchungsanordnung, auf die in diesem Zusammenhang ausdrücklich verwiesen wird, beschränkt das BVerfG diese Ausnahme aber ihrerseits auf Eilfälle. Gefordert wird dann neben der Dokumentation der Anordnung selbst zusätzlich eine solche, aus der sich ergibt, dass wegen Eilbedürftigkeit eine schriftliche Abfassung des gerichtlichen Beschlusses nicht möglich war.[204] Eine solche Vorgehensweise erscheint im Hinblick auf die Bekanntmachung der Entscheidung nach § 35 Abs. 2 S. 2 und deren „Übergabe" an die Staatsanwaltschaft zur Vollstreckung nach § 36 Abs. 2 S. 1 nicht unbedenklich. Zudem wird systematisch wenig konsequent mit dem Verweis auf eine mündliche richterliche Entscheidung, die nur in Eilfällen zulässig ist, vor Inanspruchnahme der Eilentscheidungsbefugnis der Ermittlungsbehörden der Sache nach eine Gefahr im Verzug vor der Gefahr im Verzug geschaffen.[205] Gleichwohl wird sich die Praxis an diese Vorgaben zu halten haben. Das Bedürfnis für ein solches mündliches Verfahren mit lediglich aktenmäßiger Dokumentation hat allerdings in der Praxis weitgehend an Bedeutung verloren, nachdem mit § 81a Abs. 2 S. 2 eine Sonderreglung geschaffen wurde, die die Straßenverhekrsdelikte erfasst, bei denen die ent-

---

194 BayObLG 1.8.1956 – Breg. 1 St 109/56, NJW 1957, 272 (274); OLG Düsseldorf 3.3.2005 – III – 3 Ws 76-78/05, StV 2005, 490 (491); 30.8.2011 – III – 4 Ws 488/11, StraFo 2011, 505.

195 OLG Hamm 21.4.2020 – 4 Ws 64/20, BeckRS 2020, 9104 Rn. 11.

196 Siehe hierzu OLG Hamm 6.1.2004 – 4 Ws 724/03, juris (Tenor mit Rn. 11).

197 LG Bayreuth 24.4.2015 – 1 Qs 46/15 jug, BeckRS 2015, 16289.

198 Brauer in Gercke/Julius/Temming/Zöller Rn. 23; Rogall in SK-StPO Rn. 86.

199 Bosch in KMR-StPO Rn. 30; Krause in Löwe/Rosenberg Rn. 69; Eisenberg BeweisR StPO Rn. 1643.

200 Brauer in Gercke/Julius/Temming/Zöller Rn. 23; Schmitt in Meyer-Goßner/Schmitt Rn. 25c; Rogall in SK-StPO Rn. 86.

201 So die Entscheidung BVerfG 20.2.2001 – 2 BvR 144/00, NJW 2001, 1121 (1122 f.) zur Durchsuchungsanordnung, auf die in der Entscheidung BVerfG 12.2.2007 – 2 BvR 273/06, NJW 2007, 1345 (1346) zur Blutprobenentnahme ausdrücklich verwiesen wird.

202 Bosch in KMR-StPO Rn. 29; Krause in Löwe/Rosenberg Rn. 68.

203 BVerfG 11.6.2010 – 2 BvR 1046/08, NJW 2010, 2864 (2865 Rn. 30).

204 So BVerfG 23.7.2007 – 2 BvR 2267/06, BeckRS 2007, 25604, worauf in BVerfG 11.6.2010 – 2 BvR 1046/08, NJW 2010, 2864 (2865 Rn. 30) ausdrücklich verwiesen wird.

205 OLG Hamm 10.9.2009 – 4 Ss 316/09, StraFo 2009, 509; LG Limburg 4.8.2009 – 2 Qs 30/09, NStZ-RR 2010, 80 (82); Rabe v. Kühlwein JR 2007, 517 (519 f.); ausführlich Trück JZ 2010, 1106 (1111 ff.); Wiesneth DRiZ 2010, 46 (51); kritisch zur mündlichen Entscheidungspraxis auch Rogall in SK-StPO Rn. 59 f. und 88, Moldenhauer/Wenske JA 2017, 206 (210).

sprechende Problematik überwiegend zum Tragen kam. Vor der gerichtlichen Entscheidung ist der Beschuldigte zu hören, sofern nicht die Voraussetzungen des § 33 Abs. 4 S. 1 gegeben sind.[206]

31 **c) Eilanordnungskompetenz der Ermittlungsbehörden nach § 81a Abs. 2 S. 1.** Die Staatsanwaltschaft und ihre Ermittlungspersonen sind nach § 81a Abs. 2 S. 1 bei **Gefahr im Verzug** berechtigt, die Anordnung zu treffen. Abs. 2 S. 1 enthält die Legaldefinition dieses Rechtsbegriffs unter Bezugnahme auf das zeitliche Moment der Verzögerung. Vor diesem Hintergrund ist Gefahr im Verzug immer dann anzunehmen, wenn schon der vorherige Versuch, eine richterliche Anordnung einzuholen, wegen des damit verbundenen Zeitverlusts den Erfolg der Ermittlungsmaßnahme gefährden würde.[207] Bei schwerwiegenden Eingriffen kommt dies von vornherein nicht in Betracht,[208] da in diesen Fällen die Maßnahme ohnehin erst, gegebenenfalls unter sachverständiger Beratung, auf ihre Erforderlichkeit und Angemessenheit zu überprüfen ist (→ Rn. 14). Wie schon der Wortlaut des Abs. 2 ergibt, ist ausschließlich auf den drohenden Beweismittelverlust abzustellen. Eine Gesundheitsgefahr, beispielsweise als Anlass für die Exkorporation von „Bodypacks", ist mithin kein geeignetes Kriterium.[209] Generell ist, da auch der einfach gesetzliche Richtervorbehalt auf eine vorbeugende Kontrolle der Maßnahme durch eine unabhängige und neutrale Instanz abzielt,[210] der Begriff der „Gefahr im Verzug" eng auszulegen.[211] Daher müssen die Strafverfolgungsbehörden nach der Rechtsprechung des BVerfG zur Blutprobenentnahme, sofern nicht bereits dadurch eine Einschränkung des Beweisergebnisses zu besorgen ist, vor Inanspruchnahme der Eilkompetenz versuchen, eine Anordnung des zuständigen Richters zu erlangen.[212] Damit dürfen sie nicht so lange zuwarten, bis tatsächlich eine Eilbedürftigkeit eingetreten ist.[213] Zu berücksichtigen ist bei der prognostischen Beurteilung der hierdurch sich ergebenden zeitlichen Verzögerung, dass das Gericht in Ausnahmefällen auch berechtigt ist, ohne schriftliche Antragsunterlagen, auf Grund mündlicher Information, eine mündliche Anordnung zu treffen.[214] Bei Bestehen eines gerichtlichen, mit Mobilfunktelefonen ausgestatteten Bereitschaftsdienstes, kann dies auch fernmündlich geschehen.[215] Dies entbindet allerdings nicht von der Prüfung, ob im Einzelfall nicht gleichwohl die Zeit verbleibt, einen kurzen Beschluss zu verfassen und zu übermitteln.[216] Die frühere Streitfrage in Rspr. und Lit., ob die Notkompetenz der Staatsanwaltschaft und der Ermittlungspersonen (wieder) greift, wenn sich der Richter weigert oder außer Stande sieht, ohne Vorlage von Akten auf telefonischen Antrag hin mündlich zu entscheiden,[217] ist durch die Rspr. des BVerfG für die

---

[206] Bosch in KMR-StPO Rn. 28; Krause in Löwe/Rosenberg Rn. 67; Rogall in SK-StPO Rn. 105.

[207] OLG Bamberg 19.3.2009 – 2 Ss 15/09, NJW 2009, 2146; BVerfG 20.2.2001 – 2 BvR 1444/00, NJW 2001, 1121 (1123) zur Durchsuchungsanordnung; BGH 12.2.1962 – III ZR 204/60, JZ 1962, 609 (610) zur Beschlagnahmeanordnung; Rogall in SK-StPO Rn. 106; Benfer Rechtseingriffe Rn. 62.

[208] BVerfG 10.6.1963 – 1 BvR 790/58, NJW 1963, 1597 (1598).

[209] OLG Karlsruhe 7.5.2004 – 2 Ws 77/04, NStZ 2005, 399 (400); Bosch in KMR-StPO Rn. 27; Conrad JuS 2018, 451 (454); Dallmeyer StV 2005, 378; Krüger/Kroke JURA 2011, 289 (293).

[210] BVerfG 12.2.2007 – 2 BvR 273/06, NJW 2007, 1345 (1346).

[211] So die Entscheidung BVerfG 20.2.2001 – 2 BvR 1444/00, NJW 2001, 1221 (1222) zur Durchsuchungsanordnung, auf die BVerfG 12.2.2007 – 2 BvR 273/06, NJW 2007, 1345 (1346) zur Blutprobenentnahme ausdrücklich verweist.

[212] BVerfG 12.2.2007 – 2 BvR 273/06, NJW 2007, 1345 (1346).

[213] LG Limburg 9.4.2018 – 1 Qs 21/18, 1 Qs 38/18, NStZ 2018, 622 (623).

[214] BVerfG 11.6.2010 – 2 BvR 1046/08, NJW 2010, 2864 (2865).

[215] OLG Karlsruhe 2.6.2009 – 1 Ss 183/08, BeckRS 2009, 24334; Fickenscher/Dingelstadt NJW 2009, 3473 (3475).

[216] BVerfG 11.6.2010 – 2 BvR 1046/08, NJW 2010, 2846 (2865).

[217] Bejahend: LG Hamburg 12.11.2007 – 603 Qs 470/07, NZV 2008, 213 (215) mzustAnm Laschewski; LG Braunschweig 4.1.2008 – 9 Qs 381/07, BeckRS 2008, 06204; LG Limburg 4.8.2009 – 2 Qs 30/09, NStZ-RR 2010, 80 (82); Rogall in SK-StPO Rn. 69 f.; ausführlich Trück JZ 2010, 1106 (1112–1115) mwN; Wiesneth DRiZ 2010, 46 (51); verneinend: OLG Schleswig 13.3.2013 – 2 Ss 3/13 (5/13), juris Rn. 14; LG Berlin 30.11.2009 – 522 a – 2/09, NStZ 2010, 415; Hofmann NStZ 2010, 416; Kraft JuS 2011, 591 (592); Mosbacher JuS 2009, 124 (125); Mosbacher JuS 2010, 127 (131).

Praxis hinfällig. Die Eilentscheidungsbefugnis besteht nur, sofern bereits der bloße – auch fernmündliche – Versuch, eine richterliche Entscheidung herbeizuführen zu einer Gefährdung des Untersuchungserfolges führen würde. Ist das nicht der Fall geht mit der Befassung[218] des Ermittlungsrichters die Zuständigkeit für die Entscheidung auf diesen über und er hat in eigener Zuständigkeit zu entscheiden, ob und wann er auf Grundlage ausreichender Information eine Entscheidung treffen kann. Die Ermittlungsbehörden können sich nur dann wieder iS „überholender Kausalität" auf ihre Notkompetenz berufen, wenn neue, dem Ermittlungsrichter noch nicht vorgetragene Umstände eintreten, die ihrerseits die Anforderungen an die Annahme von Gerfahr im Verzug rechtfertigen würden.[219] Angesichts dessen werden in der Praxis fast ausschließlich diejenigen Situationen in Betracht kommen, in denen der Ermittlungsrichter nicht erreichbar ist, wobei von einem Kontaktversuch nicht lediglich auf Grundlage des pauschalen Hinweises abgesehen werden darf, zur maßgeblichen Zeit sei üblicherweise eine richterliche Entscheidung nicht zu erlangen.[220] Die darüber hinausgehende, sehr ausdifferenzierte Rspr., die sich im Hinblick auf die besonderen Gegebenheiten und die Bedeutung von Grenzwerten bei Verkehrsdelikten im Anschluss an die Rspr. des BVerfG zur Blutprobenentnahme entwickelt hat,[221] wird nach Einfügung des S. 2 in § 81a Abs. 2 für die verbleibenden Konstellationen nur noch sehr eingeschränkte Relevanz behalten. Sofern das Überschreiten von Grenzwerten im Raum steht, werden nur noch sehr hohe Alkoholisierungsgrade Anlass geben, die Inanspruchnahme der Eilkompetenz zu erwägen, weil die Schuldunfähigkeit zum Tatzeitpunkt[222] oder eine Beeinflussung durch Medikamente zu prüfen ist.[223] Dabei darf aber Gefahr im Verzug nicht ohne Berücksichtigung der Umstände des Einzelfalls bei Straftaten unter Drogen- oder Alkoholeinfluss alleine mit den durch den körpereigenen Abbau möglicherweise verbundenen Nachweisschwierigkeiten begründet werden.[224] Hinzu kommt, dass das Ausmaß der Intoxikation nur ein Kriterium neben der psychodiatnostischen Bewertung ist. Will sich der Beschuldigte dem Vollzug der Untersuchungshandlung entziehen und besteht kein sonstiges Festhalterecht, liegt dagegen die Eilbedürftigkeit der Anordung nahe. Denn das Verbringungs- und Festhalterecht entsteht als Annexkompetenz (→ Rn. 37) denknotwendig erst nach Anordnung der eigentlichen Maßnahme nach § 81a.[225] Sind die Voraussetzungen der Eilentscheidungsbefugnis gege-

---

[218] Zu den mit diesem Begriff verbundenen Zweifelsfragen Moldenhauer/Wenske JA 2017, 206 (209 f.).

[219] BVerfG 16.6.2015 – 2 BvR 2718/10, 2 BvR 1849/11, 2 BvR 2808/11, NJW 2015, 2787 (2790 ff.) zu § 105; dem folgend BGH 6.10.2015 – 2 StR 46/15, BGHSt 61, 266 (Rn. 20 ff.).

[220] BVerfG 16.6.2015 – 2 BvR 2718/10, 2 BvR 1849/11, 2 BvR 2808/11, NJW 2015, 2787 (2790 f. Rn. 70 und 83).

[221] S. hierzu noch die → 1. Auflage Rn. 32; Metz NStZ-RR 2010, 232 (232 ff.); 271 (271 ff.); 2014, 329 (329 ff.); Trück JZ 2010, 1106.

[222] OLG Jena 6.10.2011 – 1 Ss 82/11, VRS 122 (2011), 114 (117).

[223] OLG Jena 7.11.2011 – 1 Ss 90/11, VRS 122 (2012), 119 (121); LG Itzehoe 3.4.2008 – 2 Qs 60/08, NStZ-RR 2008, 249 (250).

[224] OLG Hamburg 4.2.2008 – 2-81/07 (REV), NJW 2008, 2597 (2598); OLG Dresden 11.5.2009 – 1 Ss 90/09, NJW 2009, 2149 (2150); OLG Schleswig 26.10.2009 – 1 Ss OWi 92/09, NStZ-RR 2010, 82; OLG Nürnberg 7.12.2009 – 1 St OLG Ss 232/09, StraFo 2010, 148; KG 30.12.2009 – 3 Ws (B) 543/09, NStZ 2010, 468 (469); aA LG Hamburg 12.11.2007 – 603 Qs 470/07, NZV 2008, 213 (215) mzustAnm Laschewski; LG Braunschweig 4.1.2008 – 9 Qs 381/07, BeckRS 2008, 06204; LG Freiburg 18.2.2008 – 3 Qs 15/08, juris Rn. 6; LG Berlin 24.10.2008 – 501 Qs 166/08, NZV 2009, 203; Laschewski NZV 2007, 582 (583) und NZV 2008, 638; Laschewski BA 2008, 232 (234 f.); Weidig BA 2009, 170 (174); „häufig gegeben" nach OLG Hamm 25.8.2008 – 3 Ss 318/08, NJW 2009, 242 (243).

[225] OLG Bamberg 22.3.2011 – 3 Ss 14/11, BeckRS 2011, 12936 = NStZ-RR 2011, 378 (Leitsatz); LG Berlin 24.10.2008 – 501 Qs 166/08, NZV 2009, 203 (204); LG Hamburg 6.5.2010 – 603 Qs 165/10, juris Rn. 10 = BeckRS 2010, 12815; LG Dessau-Roßlau 10.4.2015 – 2 O 294/14, juris Rn. 18 = BeckRS 2015, 8118; Brocke/Herb NStZ 2009, 671 (672 f.); Götz NStZ 2008, 239 (240); Herbst/Theurer NZV 2010, 544 (545); Weidig BA 2009, 170 (175–177); aA OLG Hamm 25.8.2008 – 3 Ss 318/08, NJW 2009, 242 (244) mAnm Zopfs; OLG Hamm 12.3.2009 – 3 Ss 31/09, BeckRS 2009, 10370 = NStZ-RR 2009, 243 (Leitsatz); OLG Karlsruhe 2.6.2009 – 1 Ss 183/08, BeckRS 2009, 24334 = StV 2009, 516; OLG Nürnberg 7.12.2009 – 1 St OLG Ss 232/09, StraFo 2010, 148; Blum SVR 2008, 441 (442); Fickenscher/Dingelstadt NStZ 2009, 124 (126 f.).

ben, so steht diese der Staatsanwaltschaft oder deren Ermittlungspersonen gleichrangig zu.[226] Soweit zurückgehend auf das BVerfG die Formulierung Eingang in die Rechtsprechung und Literatur fand, die Anordnungskompetenz der Ermittlungspersonen sei gegenüber derjenigen der Staatsanwaltschaft nachrangig,[227] ist hieraus nichts anderes herzuleiten. Ein solches Rangverhältnis besteht lediglich insoweit, dass sich die Polizei nicht in Widerspruch zu Weisungen des bereits mit der Sache vorbefassten Staatsanwalts setzen darf.[228] Für dieses Ergebnis spricht in systematischer Hinsicht auch der Wortlaut des Abs. 2, der eine Differenzierung, wie sie sich bspw. in § 105 Abs. 1 S. 1 und Abs. 2 Hs. 2 findet, gerade nicht enthält.[229]

32 Eine bestimmte **Form** ist für die Anordnung der Strafverfolgungsbehörden nicht vorgesehen. Für die staatsanwaltschaftliche Entscheidung gelten die §§ 34, 35 lediglich sinngemäß (→ § 34 Rn. 3 und → § 35 Rn. 2 „nicht erfasst").[230] Aus Gründen der Klarstellung ist die Maßnahme gegenüber dem Beschuldigten jedoch ausdrücklich bekannt zu geben und zu bezeichnen.[231] Im Einzelfall kann als schlüssige Erklärung die Aufforderung an den Beschuldigten genügen, zur Polizeidienststelle zu folgen, wenn für ihn aufgrund der Umstände erkennbar ist, dass dort eine Blutprobenentnahme erfolgt.[232] Etwas anderes gilt allerdings, wenn er zuvor einen Atemalkoholtest verweigerte und er nicht darüber informiert wird, dass nunmehr die zwangsweise Entnahme einer Blutprobe erfolgen soll.[233] Ferner besteht wegen des Gebotes effektiven Rechtsschutzes hinsichtlich der Voraussetzungen der Gefahr im Verzug eine Dokumentations- und Begründungspflicht der anordnenden Stelle. Sofern die Dringlichkeit nicht evident ist, muss die Gefährdung des Untersuchungserfolgs mit Tatsachen begründet werden, die auf den Einzelfall zu beziehen und in den Ermittlungsakten zu dokumentieren sind.[234] Diese Dokumentation hat in engem zeitlichem Zusammenhang mit der Anordnung der Maßnahme zu erfolgen und kann – zumindest was die Überprüfung der Entscheidung im Wege des § 98 Abs. 2 S. 2 analog anbelangt – nicht durch eine nachträglich zu den Akten gereichte ersetzt werden.[235]

33 **d) Anordnung bei Verkehrsdelikten nach § 81a Abs. 2 S. 2.** Für die in § 81a Abs. 2 S. 2 aufgeführten Verkehrsstraftaten besteht nunmehr eine unmittelbare **Anordnungskompetenz für Staatsanwaltschaft und Polizei.** Da eine von der Gesetzesbegründung eventuell in den Raum gestellte vorrangige Entscheidungsbefugnis der Staatsanwaltschaft, im Gesetzestext keinen Niederschlag gefunden hat,[236] sind die Beamten des Polizeidienstes nach dem

[226] OLG Karlsruhe 29.5.2008 – 1 Ss 151/07, BeckRS 2008, 42001; OLG Jena 25.11.2008 – 1 Ss 230/08, VRS 116 (2009), 105 (106 f.); OLG Brandenburg 16.12.2008 – 2 Ss 69/08, BeckRS 2009, 05947; OLG Nürnberg 19.7.2017 – 2 OLG 8 Ss 95/17, NStZ-RR 2017, 286; ausführlich Rogall in SK-StPO Rn. 64; Metz NStZ 2012, 242 (243–245).

[227] BVerfG 12.2.2007 – 2 BvR 273/06, NJW 2007, 1345 (1346); 28.7.2008 – 2 BvR 784/08, NJW 2008, 3053 (3054); 11.6.2010 – 2 BvR 1046/08, NJW 2010, 2864 (2865); nunmehr aber offen gelassen im Hinblick auf den Wortlaut des § 81a Abs. 2 von BVerfG 24.2.2011 – 2 BvR 1596 und 2346/10, BA 2011, 170 (172); Müller/Trurnit StraFo 2008, 144 (147); Peglau NJW 2010, 2850 (2851).

[228] OLG Jena 25.11.2008 – 1 Ss 230/08, VRS 116 (2009), 105 (106 f.); OLG Brandenburg 16.12.2008 – 2 Ss 69/08, BeckRS 2009, 05947; Kulhanek NStZ-RR 2017, 287; nach Metz NStZ 2012, 242 (246) auch, wenn die Staatsanwaltschaft die Leitungskompetenz „würde ausüben wollen".

[229] Fickenscher/Dingelstadt NStZ 2009, 124 (128); aA trotz gleichen Wortlautverständnisses Herbst/Theurer NZV 2010, 544.

[230] Graalmann-Scheerer in Löwe/Rosenberg § 34 Rn. 5 und § 35 Rn. 19; Trück JZ 2010, 1106 (1115 f.).

[231] Goers in BeckOK StPO Rn. 28; Brauer in Gercke/Julius/Temming/Zöller Rn. 23; Krause in Löwe/Rosenberg Rn. 68; Rogall in SK-StPO Rn. 89.

[232] OLG Neustadt 17.1.1962 – Ss 172/61, MDR 1962, 593 (594); vgl. auch OLG Bamberg 22.3.2011 – 3 Ss 14/11, BeckRS 2011, 12936 = NStZ-RR 2011, 378 (Leitsatz); offen gelassen in BGH 25.6.1970 – 4 StR 109/70, VRS 39 (1970), 184 (185).

[233] BayObLG 16.1.1963 – RReg. 1 Sd 674/62, NJW 1963, 772 (772 f.).

[234] BVerfG 12.2.2007 – 2 BvR 273/06, NJW 2007, 1345 (1346); 31.10.2007 – 2 BvR 1346/07, BeckRS 2007, 28256; 28.7.2008 – 2 BvR 784/08, NJW 2008, 3053 (3054); 11.6.2010 – 2 BvR 1046/08, NJW 2010, 2864.

[235] BVerfG 13.10.2007 – 2 BvR 1346/07, BeckRS 2007, 28256.

[236] BT-Drs. 18/11272, 34; dem folgend Krause in Löwe/Rosenberg Rn. 70; Schmitt in Meyer-Goßner/Schmitt Rn. 26.

Grundsatz des § 163 Abs. 1, vorbehaltlich anderweitiger Weisungen, gleichrangig zur Entscheidung berufen.[237] Bei den genannten Straftaten erstreckt sich die Eingriffsbefugnis nicht nur auf den Nachweis berauschender Substanzen im Blut, soweit strafbarkeitsbegründende Tatbestandsmerkmale betroffen sind, sondern auch hinsichtlich der Schuldfähigkeit. Wegen ausdrücklicher Bezugnahme auf die Vorschrift in der Gesetzesbegründung gilt dies mithin gleichfalls sofern die Verkehrssstraftat als Rauschtat iSd § 323a StGB in Betracht kommt.[238] Ausreichend, aber auch erforderlich ist der Anfangsverdacht einer einschlägigen Verkehrsstraftat unter Alkohol- oder Drogeneinfluss.[239] Ein solcher ergibt sich bspw. aus Alkoholgeruch, körperlichen Auffälligkeiten, wie geröteten Augen, erweiterten Pupillen,[240] motorischen Unsicherheiten, Verhaltensauffälligkeiten[241] oder aus einer auffälligen Fahrweise und Sicherheitsverstößen.[242] Dem Wortlaut der Vorschrift lässt sich keine Beschränkung dahingehend entnehmen, dass die Anordnungsbefugnis nicht greift, wenn bei der Tat zugleich sonstige Straftatbestände verwirklicht werden.[243] Dafür spricht zudem der Zweck des Gestzes, der darin besteht, der beschleunigten Beweissicherung für strafbarkeitsbegründende Grenzwerte im Blut des Beschuldigten Sorge zu tragen.[244] Dieser tritt bei Verwirklichung weiterer Straftatbestände nicht zurück. Für Ordnungswidrigkeiten nach §§ 24a, 24c StVG trifft § 46 Abs. 4 S. 2 OWiG eine vergleichbare Regelung, bei der gem. § 46 Abs. 2 OWiG die Anordnungskompetenz bei der Verwaltungsbehörde liegt.[245]

Hinsichtlich der **Form** der Anordnung gelten dieselben Grundsätze wie bei Inanspruchnahme der Eilentscheidungsbefugnis nach § 81a Abs. 2 S. 1. Hier sollte sie ebenfalls ausdrücklich bekannt gegeben und bezeichnet werden, kann sich aber im Einzelfall aus der Aufforderung auf die Polizeidienstelle oder zu einem Arzt mitzukommen schlüssig ergeben. Die Gestzesbegründung geht davon aus, dass der Betroffene auch ohne Richtervorbehalt nicht rechtsschutzlos gestellt ist und verweist insbesondere auf die Möglichkeit nachträglicher gerichtlicher Überprüfung entsprechend § 98 Abs. 2 S. 2.[246] Eine zeitnahe Begründung und Dokumentation ist mtihn wegen des Gebots effektiven Rechtsschutzes erforderlich (→ Rn. 32). 34

Obwohl das BVerfG ausdrücklich mehrfach darauf hingewiesen hat, dass der Richtervorbehalt für die Blutprobenentnahme nicht zum rechtsstaatlichen Mindeststandard zählt,[247] hat sich der Gesetzgeber zu einer halbherzigen Lösung entschieden. Die Folge sind **rechtssystematische Friktionen.** So führt die Regelung dazu, dass die richterliche Anordnung anlässlich des Nachweises strafbarkeitsbegründender Tatbestandmerkmale bei Vekehrsstraftaten nicht gefordert wird, bei anderen Delikten dagagen schon, wenn es um die Beurteilung eingeschränkter Schuldfähigkeit nach § 21 StGB geht. Letzteres gilt wiederum nicht bei Zusammentreffen mit einer Verkehrsstraftat, da diese die Anordnungkompetenz auch für 35

---

[237] OLG Rostock 3.11.2017 – 20 RR 85/17, NStZ-RR 2018, 114; so auch zutreffend die in BT-Drs. 18/11272, 44 wiedergegebene Stellungnahme des BRates und die Gegenäußerung der Bundesregierung auf S. 48 sowie Beschlussempfehlung und Bericht des Ausschusses für Recht und Verbraucherschutz BT-Drs. 18/12785, 46; Goers in BeckOK StPO Rn. 25; Brauer in Gercke/Julius/Temming/Zöller Rn. 20; Rogall in SK-StPO Rn. 87; Claus NZV 2017, 449 (452 f.); Kuhlanek NStZ 2017, 287.

[238] BT-Drs. 18/11272, 34; so auch Schmitt in Meyer-Goßner/Schmitt Rn. 27; aA Rogall in SK-StPO Rn. 86.

[239] OLG Rostock 3.11.2017 – 20 RR 85/17, NStZ-RR 2018, 114; OVG Saarlouis 4.12.2018 – 1 D 317/18, ZfS 2019, 118 (120); OVG Magdeburg 23.8.2019 – 3 M 181/19, BeckRS 2019, 22657 Rn. 8–10; Goers in BeckOK StPO Rn. 18a; vgl. auch BVerfG 29.5.2019 – 2 BvR 2630/18, BeckRS 2019, 12856 Rn. 23 f. zu § 46 Abs. 4 OWiG.

[240] OVG Saarlouis 4.12.2018 – 1 D 317/18, ZfS 2019, 118 (120).

[241] OLG Rostock 3.11.2017 – 20 RR 85/17, NStZ-RR 2018, 114.

[242] Vgl. Soiné NZV 2016, 411 (412) nwN; s. auch Focken ua SVR 2015, 201 (205 f.) zu Beeinflussung durch Medikamente.

[243] So im Ergebnis auch Krause in Löwe/Rosenberg Rn. 70.

[244] BT-Drs. 18/11272, 34; Goers in BeckOK StPO Rn. 23.

[245] BT-Drs. 18/11272, 36 f.

[246] BT-Drs. 18/11272, 22.

[247] S. die in BT-Drs. 18/11272, 21 zitierten Entscheidungen; gegen die auch teilweise Abschaffung des richtervorbehalts aber Mansdörfer GSZ 2018, 45 (50 f.); Stam NZV 2018, 155 (156 ff.).

die Prüfung eröffnet, ob die Intoxikation einen Einfluss auf die Schuldfähigkeit hat. Ohnehin ist die Differenzierung – jedenfalls aus Sicht der Gesetzesbegründung – fragwürdig, nachdem die Eilbedürftigkeit, die Grund für die Ausnahmeregelung war, ausdrücklich auch für die Beurteilung der §§ 20, 21 StGB angenommen wurde. Letztlich unausgesprochen maßgeblich kann daher nur das Gewicht der Anlasstat gewesen sein, was aber keinen Unterschied im Hinblick auf die Eingriffstiefe macht. Konsequent wäre es daher gewesen, den Richtervorbehalt für die Blutprobenentnahme im Hinblick auf die Geringfügigkeit des Eingriffs und die Problematik des mündlichen Verfahrens bei der ermittlungsrichterlichen Entscheidung gänzlich abzuschaffen.[248]

36 **3. Durchsetzung der Maßnahme.** Die **Vollstreckung** einer nach § 81a angeordneten Maßnahme erfolgt nach § 36 Abs. 2 S. 1 durch die Staatsanwaltschaft.[249] Hierzu lädt sie den Beschuldigten zur Untersuchung oder zur Vornahme des Eingriffs durch den Arzt.[250] Erscheint der Beschuldigte nicht, so kann die Staatsanwaltschaft selbst einen Vorführungsbefehl erlassen und dessen Ausführung durch die Polizei in die Wege leiten. Die richterliche Anordnung nach § 81a bildet hierfür die unmittelbare Grundlage.[251]

37 Die Anordnung nach § 81a, auch diejenige der Staatsanwaltschaft und der Ermittlungspersonen wegen Gefahr im Verzug,[252] berechtigt zur Vornahme von **Zwangsmaßnahmen.** § 81a selbst bildet konkludent im Wege der Annexkompetenz[253] die Rechtsgrundlage für die zwangsweise Durchsetzung der auf seiner Grundlage angeordneten Eingriffe und die damit einhergehenden Vorbereitungs- und Vollziehungsmaßnahmen, soweit sie notwendig und nach dem Grundsatz der Verhältnismäßigkeit zwischen Mittel und Zweck angemessen sind.[254] Dazu rechnen die mit der Anordnung verbundenen Einschränkungen der persönlichen Freiheit auf eine gewisse Zeit.[255] § 81a stellt insoweit das förmliche Gesetz zur Beschränkung der Freiheit nach Art. 2 Abs. 2 S. 3 GG[256] und nach Art. 104 Abs. 1 S. 1 GG[257] dar. Entsprechend darf der Beschuldigte auch ohne Vorliegen der Voraussetzungen des § 127 festgehalten,[258] zu einem zur Blutentnahme bereiten Arzt[259] oder in ein Krankenhaus[260] verbracht werden.[261] Er

[248] Brauer in Gercke/Julius/Temming/Zöller Rn. 20; Bosch JURA 2014, 50 (55 f.); Busch ZRP 2012, 79 (81); Claus NZV 2017, 449 (452); Moldenhauer/Wenske JA 2017, 206 (210); zumindest für den Bereich Bereich des Straßenverkehrs schon vor Anfügung des § 81a Abs. 2 S. 2: Focken ua SVR 2015, 201 (206 f.); Nehm/Gerhardt ZRP 2016, 92 (92 f.); Ring ZRP 2017, 24 (26); kritisch dagegen Koehl SVR 2016, 1 (4); Sandherr SVR 2016, 6 (9 f.).

[249] VerfGH Bayern 24.10.1968 – Vf. 78-IV-68, NJW 1969, 229; OLG Hamm 10.1.1974 – 5 Ws 1/74, NJW 1974, 713.

[250] Kleinknecht NJW 1964, 2181 (2183).

[251] OLG Hamm 10.1.1974 – 5 Ws 1/74, NJW 1974, 713; Neuhaus in HK-GS Rn. 16; Krause in Löwe/Rosenberg Rn. 70; Rogall in SK-StPO Rn. 92; aA Eisenberg BeweisR StPO Rn. 1645 richterlicher Vorführungsbefehl erforderlich.

[252] OLG Koblenz 23.11.1977 – 2 Ss 574/77, VRS 54 (1978), 375 (359); OLG Köln 17.12.1985 – 1 Ss 318/85, NStZ 1986, 234 (236); Brauer in Gercke/Julius/Temming/Zöller Rn. 26.

[253] Rogall in SK-StPO Rn. 96; Ziemann ZStW 2018, 762 (766).

[254] OLG Schleswig 22.4.1964 – 1 Ss 93/64, NJW 1964, 2215; 1.9.1965 – 1 Ss 304/65, VRS 30 (1966), 344 (345); OLG Bremen 12.1.1966 – Ss 79/65, NJW 1966, 743 (744); OLG Dresden 1.8.2001 – 3 Ss 25/01, NJW 2001, 3643 (3644); KG 22.1.2016 – 3 Ws 654/15 – 141 AR 614/15, wistra 2016, 286; Brauer in Gercke/Julius/Temming/Zöller Rn. 25; Bosch JURA 2014, 50 (58 f.); Wagner VR 2019, 378 (384 f.); aA Benfer NJW 2002, 2688 (2689); Geerds JURA 1988, 1 (11).

[255] BayObLG 1.8.1956 – BReg. 1 St 109/56, NJW 1957, 272 (273); OLG Köln 17.12.1985 – 1 Ss 318/85, NStZ 1986, 234 (236); Rogall in SK-StPO Rn. 96; offen gelassen von BVerfG 21.5.2004 – 2 BvR 715/04, NJW 2004, 3697 (3698); kritisch hierzu Peters StRR 2010, 213 (214 f.).

[256] OLG Schleswig 22.4.1964 – 1 Ss 93/64, NJW 1964, 2215 (2216).

[257] OLG Bremen 12.1.1966 – Ss 79/65, NJW 1966, 743 (744).

[258] BayObLG 16.1.1963 – RReg. 1 St 674/62, NJW 1963, 772; LG Dessau-Roßlau 10.4.2015 – 2 O 294/14, juris Rn. 18 = BeckRS 2015, 8118.

[259] OLG Schleswig 1.9.1965 – 1 Ss 304/65, VRS 30 (1966), 344 (345).

[260] OLG Köln 17.12.1985 – 1 Ss 318/85, NStZ 1986, 234 (235 f.).

[261] OLG Karlsruhe 2.6.2009 – 1 Ss 183/08, StV 2009, 516 (517); OLG Celle 15.9.2009 – 322 SsBs 197/09, NZV 2010, 417 (419); Kleinknecht NJW 1964, 2181 (2183); einschränkend Ziemann ZStW 2018, 762 (795 f.): nur sofern nicht lege artis und ohne Gesundheitsgefahren vor Ort möglich.

darf auch zur Polizeiwache transportiert und dort festgehalten werden bis der Arzt erscheint.[262] Zudem darf der Eingriff selbst ohne vorherige Androhung eines Zwangsmittels[263] unter Anwendung unmittelbaren Zwangs durchgesetzt werden, beispielsweise durch Festhalten zur Ermöglichung einer Blutprobenentnahme.[264] Durchsuchungsmaßnahmen bedürfen dagegen der selbständigen Anordnung nach §§ 102 ff. Dies gilt sowohl für die Durchsuchung der Person,[265] als auch der Räumlichkeiten, in denen sich der Beschuldigte befindet.[266] Der nach erfolgter Anordnung mit deren Ausführung betraute Polizeibeamte muss seinerseits nicht Hilfsbeamter der Staatsanwaltschaft sein.[267]

Der **Arzt** hat den körperlichen Eingriff gem. Abs. 1 S. 2 nach den Regeln ärztlicher Kunst auszuführen und die wesentlichen beruflichen Sorgfaltspflichten zu beachten.[268] Auf polizeiliche Anordnung hin ist der Privatarzt nicht zum Tätigwerden verpflichtet.[269] Erfolgt hingegen eine verpflichtende Bestellung nach §§ 73, 75, 161a Abs. 1 durch das Gericht oder die Staatsanwaltschaft, so kann und muss er die Ausführung ablehnen, wenn für den Beschuldigten gesundheitliche Nachteile drohen.[270] Einen sich widersetzenden Beschuldigten muss er über die Risiken der Zwangsmaßnahme aufklären, um diesem die Möglichkeit zu einer schonenderen Gestaltung des Ablaufs zu eröffnen.[271] In rechtlicher Hinsicht obliegt dem Arzt keine Prüfungspflicht. An einer erkennbar willkürlich angeordneten Zwangsmaßnahme darf er indes nicht mitwirken.[272] 38

4. Verwendungs- und Vernichtungsregelung nach Abs. 3. § 81a Abs. 3 wurde zum Schutz des Rechts auf informationelle Selbstbestimmung (→ Rn. 1) zugleich mit § 81e in die StPO eingefügt (→ Rn. 5). Damit sollte vor allem verhindert werden, dass Untersuchungsmaterial in missbräuchlicher Weise molekulargenetisch untersucht werden kann.[273] Nach dem eindeutigen Wortlaut und der systematischen Verortung erfasst die Vorschrift jedoch **Körperzellen aller Art** und nicht nur DNA-fähiges Material (→ § 81e Rn. 18 ff.).[274] 39

Hs. 1 beschränkt die **Verwendung** entnommenen Probenmaterials zu Beweiszwecken auf das Ausgangsverfahren oder ein anderes anhängiges Strafverfahren. Die Verwendungsmöglichkeit bezüglich des Ersteren erfasst sämtliche prozessuale Taten iSd § 264 und nicht nur das für die Anordnung ausschlaggebende Tatgeschehen und Delikt[275] sowie den Tatnachweis gegen Mittäter.[276] Letzteres muss sich nicht gegen den Beschuldigten richten.[277] Es kann auch gegen einen anderen Beschuldigten oder gegen Unbekannt geführt werden.[278] Ein Bußgeldverfahren kommt nur dann in Betracht, sofern die Voraussetzungen des § 46 Abs. 4 S. 1 oder 2 OWiG gegeben sind.[279] Dort ist allerdings gem. § 46 Abs. 4 S. 4 eine DNA-Analyse nach § 81e auf Grundlage des Probenmaterials in 40

262 OLG Köln 14.12.1965 – Ss 308/65, NJW 1966, 417.
263 OLG Koblenz 23.11.1977 – 2 Ss 574/77, VRS 54, 357 (358 f.).
264 OLG Schleswig 22.4.1964 – 1 Ss 93/64, NJW 1964, 2215 (2217).
265 LG Berlin 14.12.1970 – 52 S 220/70, NJW 1971, 620 (621).
266 Krause in Löwe/Rosenberg Rn. 75.
267 Bosch in KMR-StPO Rn. 31; Krause in Löwe/Rosenberg Rn. 71; Kleinknecht NJW 1964, 2181 (2186); Kohlhaas DAR 1960, 254.
268 BGH 29.4.2010 – 5 StR 18/10, BGHSt 55, 121 (130 f. Rn. 24 und 133 f. Rn. 31).
269 BayObLG 30.10.1963 – RReg. 1 St 451/63, NJW 1964, 459 (460) mAnm Dünnebier JR 1964, 149; Geppert DAR 1980, 315 (318); Kohlhaas DAR 1956, 201; Kohlhaas NJW 1968, 2277.
270 Kohlhaas NJW 1968, 2277 (2278); Krüger/Kroke JURA 2011, 289 (294).
271 BGH 29.4.2010 – 5 StR 18/10, BGHSt 55, 121 (131 f. Rn. 27); aA Krüger/Kroke JURA 2011, 289 (294 f.).
272 BGH 29.4.2010 – 5 StR 18/10, BGHSt 55, 121 (130 Rn. 25 f.); vgl. auch Krumm ZRP 2009, 71 (73).
273 BGH 20.5.2015 – 4 StR 555/14, NJW 2015, 2594 (2595).
274 BT-Drs. 13/667, 5; speziell zur DNA-Analyse.
275 BT-Drs. 13/667, 6.
276 Rogall in SK-StPO Rn. 126; Senge NJW 1997, 2409 (2410).
277 Hadamitzky in KK-StPO Rn. 9a.
278 BGH 20.5.2015 – 4 StR 555/14, NJW 2015, 2594 (2596) mAnm Magnus; LG Berlin 21.6.2006 – 515 Qs 60/06, NJW 2006, 2713 (2714); Goers in BeckOK StPO Rn. 35.
279 Bosch in KMR-StPO Rn. 40; Schmitt in Meyer-Goßner/Schmitt Rn. 39.

keinem Fall zulässig.[280] Das andere Strafverfahren muss spätestens zu dem Zeitpunkt anhängig sein, in dem die Untersuchung der Körperzellen angeordnet wird.[281] Der BGH fordert zudem, dass ein Zusammenhang zum Ausgangsverfahren erkennbar sein muss.[282] Was mit diesem sich aus dem Wortlaut und der Gesetzesbegründung nicht unmittelbar ergebenden Erfordernis gemeint ist, wird indes nicht näher begründet. Man wird dies wohl dahingehend zu verstehen haben, dass die Köperzellen nicht aufgrund bloßer Mutmaßungen, mithin willkürlich, einem anderen Verfahren zugeführt und dort verwendet werden dürfen. Vielmehr werden tatsachenbegründete Anahltspunkte für eine Täterschaft auch in dem anderen Verfahren gegeben sein müssen. Vor diesem Hintergrund ist eine Auswertung selbst auf Grundlage richterlicher Anordnung nach § 81g Abs. 1, Abs. 3 S. 2 unzulässig. Denn über die Erstellung eines DNA-Identifizierungsmusters und dessen Abgleich über die DNA-Analysedatei soll nach dieser Vorschrift ohne konkrete Anhaltpunkte eine mögliche Täterschaft in einem anderen Ermittlungsverfahren, das jedoch ebenfalls bereist anhängig sein kann, ermittelt werden.[283] In jedem Fall unerlaubt ist die ohne Einwilligung des Beschuldigten erfolgende Verwendung, die sich nicht auf strafrechtliche Zwecke erstreckt, sondern der Gefahrenabwehr, der Beweisführung in einem Zivilverfahren oder Forschungszwecken dient.[284]

41 Der **Vernichtung** unterliegt das vollständige erhobene Körpermaterial, auch soweit es noch nicht untersucht wurde oder aufbereitet ist, einschließlich der entstandenen Zwischenprodukte.[285] Ausgenommen ist sichergestelltes, beschlagnahmtes oder aufgefundenes Spurenmaterial.[286] Das Vernichtungsgebot des § 81a Abs. 3 Hs. 2 gilt grundsätzlich erst ab Rechtskraft des Anlassverfahrens[287] oder des anderen anhängigen Verfahrens, in dem es Verwendung findet.[288] Für den Einzelfall wird eine auch schon frühere Vernichtung gefordert, wofür die Gesetzesbegründung als Beispiel „Bedeutungslosigkeit" nennt.[289] Auch der BGH ging davon aus, eine Speichelprobe sei noch während des laufenden Verfahrens zu vernichten gewesen, nachdem sie – trotz Schweigen des Beschuldigten – in diesem „nicht benötigt" worden sei, ohne dies indes zu den Umständen näher auszuführen.[290] Dies erscheint allerdings fragwürdig. Auch geständige Beschuldigte widerrufen bisweilen ihre Einlassungen. Selbst wenn die Staatsanwaltschaft bis hin zur Ankalgeerhebung davon ausgeht, eine Auswerung von Probenmaterial sei nicht notwendig, kann das Gericht im Rahmen seiner Aufklärungspflicht zu einer anderen Einschätzung kommen. Und sogar wenn dies nicht der Fall sein sollte, kann nicht ausgeschlossen werden, dass die Verteidigung im Rahmen der Hauptverhandlung nicht doch noch einen Beweisantrag auf Abgleich von Spurenmaterial stellt, der aus formalen Gründen nicht abgelehnt werden kann (insbesondere zur DNA-Analyse → § 81e Rn. 39). Angesichts dieser Prognoseschwierigkeiten erscheint die Forderung einer Vernichtung des Materials vor Rechtskraft nicht sinnvoll und von § 81a Abs. 3 Hs. 2 auch

---

280 Vgl. LG Osnabrück 14.6.2007 – 15 Qs 55/07, NZV 2007, 536 zu § 24a Abs. 2 und 3 StVG.

281 Mosbacher JuS 2016, 127 (129); Senge NJW 1997, 2409 (2410); offengelassen, ob auch schon zum Zeitpunkt der Entnahme von LG Berlin 21.6.2006 – 515 Qs 60/06, NJW 2006, 2713 (2714).

282 BGH 20.5.2015 – 4 StR 555/14, NJW 2015, 2594 (2595); aA Krause in Löwe/Rosenberg Rn. 80; zweifelnd Mosbacher JuS 2016, 127 (130).

283 Ungenau insoweit BGH 20.5.2015 – 4 StR 555/14, NJW 2015, 2594 (2595), wo § 81g auf „künftige Strafverfahren" bezogen wird, was nicht dem Wortlaut der Vorschrift entspricht und auch beim konkret entschieden Fall nicht zutraf; hierzu auch → § 81g Rn. 13 und 21.

284 Brauer in Gercke/Julius/Temming/Zöller Rn. 28; Bosch in KMR-StPO Rn. 40; Senge NJW 1997, 2409 (2410).

285 BT-Drs. 13/667, 6; Rath/Brinkmann NJW 1999, 2697 (2699).

286 Bosch in KMR-StPO Rn. 41; Krause in Löwe/Rosenberg Rn. 81; Rath/Brinkmann NJW 1999, 2697.

287 So ausdrücklich BT-Drs. 13/667, 6; auch BVerfG 11.6.2010 – 2 BvR 1046/08, NJW 2010, 2864 (2866) äußerte hiergegen keine Bedenken.

288 LG Berlin 21.6.2006 – 515 Qs 60/06, NJW 2006, 2713 (2714); vgl. auch BVerfG 11.6.2010 – 2 BvR 1046/08, NJW 2010, 2864 (2866 Rn. 36).

289 BT-Drs. 13/667, 6.

290 BGH 20.5.2015 – 4 StR 555/14, NJW 2015, 2594 (2595).

nicht geboten.[291] Etwas anderes mag für den Fall gelten, dass es sich als unbrauchbar erweist.[292] Im Einzelfall kann andererseits eine längere Aufbewahrung geboten sein, beispielsweise bei Erwartung einer Wideraufnahme des Verfahrens oder einer Wiedereinsetzung in den vorigen Stand, insbesondere nach Versäumung der Einspruchsfrist gegen einen Strafbefehl.[293] Die auf Anordnung der hierfür zuständigen Staatsanwaltschaft[294] erfolgende Vernichtung sollte aktenmäßig dokumentiert werden, auch wenn diesbezüglich keine gesetzliche Verpflichtung besteht.[295]

Das Verwendungverbot und das Vernichtungsgebot betreffen jedoch nur das Probenmaterial selbst. Die auf dessen Grundlage gewonnenen **Untersuchungsergebnisse,** einschließlich der dazu erstellten Gutachten, werden Aktenbestandteil. Sie können daher durch Beiziehung der Akten auf Grundlage entsprechender Vorschriften in anderen Verfahren verwendet werden.[296] Unter den Voraussetzungen des § 81g Abs. 5 S. 2 Nr. 1 können sie als DNA-Identifizierungsmuster in die DNA-Identifizierungsdatei eingestellt werden (→ § 81e Rn. 20 f.; → § 81g Rn. 36). 42

III. Rechtsmittel

1. Beschwerde. Gegen **richterliche Anordnungen** ist die einfache Beschwerde nach § 304 Abs. 1 das statthafte Rechtsmittel.[297] Einschränkungen können sich allerdings für Entscheidungen ergeben, die das Gericht im Zwischen- und Hauptverfahren trifft. § 202 S. 2 sieht einen Ausschluss der Anfechtungsmöglichkeit für Beweisanordnungen vor, die das Gericht nach § 202 S. 1 trifft. Dieser Ausschluss gilt jedoch nicht, wenn das Gericht in diesem Zusammenhang eine Beweiserhebung beabsichtigt, die generell gesetzlich unstatthaft ist, beispielsweise weil sie den Zwang zu einer aktiven Mitwirkung impliziert,[298] oder weil in unzulässiger Weise in die Grundrechte des Beschuldigten eingegriffen wird, was bei einer Maßnahme der Fall ist, die gegen die Menschenwürde verstößt.[299] Darüber hinaus sind auch Entscheidungen des erkennenden Gerichts durch § 305 S. 1 nicht generell einer Anfechtung entzogen. Die in der Rechtsprechung teilweise vertretene abweichende Ansicht[300] ist zwischenzeitlich überholt, indem nunmehr darauf abgestellt wird, ob die angeordnete Maßnahme einem der in § 305 S. 2 bezeichneten Zwangseingriffe gleich kommt.[301] Dies ist der Fall, soweit die Untersuchungshandlung mit einer Freiheitsbeschränkung verbunden ist oder einen Eingriff in die körperliche Unversehrtheit betrifft.[302] Auf die Intensität des Eingriffs kann es 43

[291] Mosbacher JuS 2016, 127 (129); vgl. auch BVerfG 11.6.2010 – 2 BvR 1046/08, NJW 2010, 2864 (2866), wo keine Bedenken gegen eine Aufbewarung bis zum Abschluss des Strafverfahrens geäußert wurden; aA Krause in Löwe/Rosenberg Rn. 82 mit entsprechenden Beispielen.

[292] Rogall in SK-StPO Rn. 152.

[293] BT-Drs. 13/667, 6; Krause in Löwe/Rosenberg Rn. 82; Schmitt in Meyer-Goßner/Schmitt Rn. 39.

[294] BT-Drs. 13/667, 6.

[295] Senge in KK-StPO Rn. 9c; Senge NJW 1997, 2409 (2410).

[296] BT-Drs. 13/667, 6; Hilger NStZ 1997, 371 (372).

[297] BayObLG 1.8.1956 – BReg. 1 St 109/56, NJW 1957, 272 (273); OLG Schleswig 15.9.1981 – 1 Ws 344/81, NStZ 1982, 81.

[298] OLG Hamm 10.1.1974 – 5 Ws 1/74, NJW 1974, 713.

[299] OLG Köln 9.3.2004 – 2 Ws 32/04, juris Rn. 3 = BeckRS 2004, 18368; OLG Hamm 21.4.2020 – 4 Ws 64/20, BeckRS 2020, 9104 Rn. 11.

[300] OLG Hamm 20.11.1958 – 2 Ws 407/58, NJW 1959, 447 (448); OLG Frankfurt a. M. 22.2.1957 – 1 Ws 70/57, NJW 1957, 839.

[301] OLG Koblenz 26.11.1993 – 1 Ws 672/93, NStZ 1994, 355 (356); OLG Düsseldorf 3.3.2005 – III – 3 Ws 76 bis 78/05, juris Rn. 7 = StV 2005, 490; OLG Jena 13.7.2006 – 1 Ws 235/06, juris Rn. 9 = StV 2007, 24; OLG Köln 27.11.2013 – 2 Ws 656/13, BeckRS 2014, 236.

[302] OLG Stuttgart 24.7.1967 – 4 Ws 54/67, Justiz 1967, 245; OLG Celle 12.11.1970 – 3 Ws 434/70, NJW 1971, 256 (257); OLG Hamm 8.6.1970 – 1 Ws 191/70, NJW 1970, 1985; 29.6.1971 – 1 Ws 361/70, NJW 1971, 1903; OLG Schleswig 15.9.1981 – 1 Ws 344/81, NStZ 1982, 81; OLG Zweibrücken 28.7.1989 – 1 Ws 360/89, MDR 1990, 75; OLG Nürnberg 16.6.1997 – Ws 612/97, NStZ-RR 1998, 242; OLG Celle 13.12.2011 – 2 Ws 341/11, StV 2012, 524 (525); entgegen vielfacher Verweise besagt auch BayObLG 1.8.1956 – BReg. 1 St 109/56, NJW 1957, 272 (273) nichts anderes, da die Entscheidung einen entsprechenden Fall betraf.

dabei nach zutreffender Ansicht nicht ankommen.[303] Ansonsten würde die Zulässigkeitsprüfung mit der Klärung von Fragen überfrachtet, die in erster Linie die Begründetheit, nämlich insbesondere die Verhältnismäßigkeit, der Maßnahme betreffen. Das Beschwerdegericht überprüft die Anordnung auf deren Rechtmäßigkeit und Zweckmäßigkeit. Bei Anordnungen des erkennenden Gerichts ist dabei insoweit Zurückhaltung geboten, als dem Tatrichter die für notwendig gehaltene Sachaufklärung nicht verwehrt werden darf.[304] Enthält der gerichtliche Beschluss keine tragfähige Begründung oder fehlt diese ganz, so kann trotz § 309 Abs. 2 zur erneuten Entscheidung zurückverwiesen werden.[305] Ein Rechtsschutzinteresse an der Überprüfung der Rechtmäßigkeit der Maßnahme kann auch nach deren Vollziehung noch bestehen.[306] Nach § 310 Abs. 2 ist die weitere Beschwerde unstatthaft.[307] Die Entscheidung des OLG ist einschließlich der Annexmaßnahmen zu deren Durchsetzung regelmäßig einer Anfechtung gem. § 304 Abs. 4 S. 2 Hs. 1 entzogen. Die eng auszulegende Sondervorschrift des § 304 Abs. 4 S. 2 Hs. 2 greift nicht und ist nur bei besonderer Eingriffstiefe einer analogen oder erweiternden Auslegung zugänglich.[308] Gleiches gilt für eine Anordnung des Ermittlungsrichters des BGH nach § 304 Abs. 4 S. 1, da auch eine sinngemäße Anwendung des § 304 Abs. 5 ausscheidet.[309]

44 Anordnungen der **Ermittlungsbehörden** im Wege der Eilentscheidungsbefugnis können, auch wenn sie bereits vollzogen sind, nach nunmehr wohl einhelliger Meinung mit dem Antrag auf gerichtliche Entscheidung entsprechend § 98 Abs. 2 S. 2 angefochten werden.[310] Das gilt gleichermaßen für die Entscheidung nach § 81a Abs. 2 S. 2.[311] Gegen den daraufhin ergehenden Beschluss ist die Beschwerde gem. 304 Abs. 1 statthaft.[312] Nach der Rechtsprechung des BVerfG darf dabei eine nachträgliche Stellungnahme des anordnenden Staatsanwalts oder der Polizeibehörde nicht berücksichtigt werden, falls es an einer zeitnahen Dokumentation der Voraussetzungen für die Annahme von Gefahr im Verzug fehlt.[313] Hierin liegt ein Systembruch mit strafprozessualen Verfahrensgrundsätzen. Auch im Freibeweisverfahren, in dem vorliegend die entsprechenden Voraussetzungen im Rahmen des Beschwerdeverfahrens zu prüfen sind, gelten die Aufklärungspflicht und der Grundsatz der freien Beweiswürdigung. Diese dürfen nicht durch in der StPO nicht verankerte, gleichwohl im Wege der Rechtsfortbildung zwingend vorgegebene Beweisgrundsätze ausgehebelt werden. Daher wäre es sachgerecht, eine nachgeschobene Fixierung der Dringlichkeitsgründe mit der gebotenen Vorsicht und unter besonderer Berücksichtigung aller dagegensprechenden Umstände in die Beweiswürdigung einzustellen.[314] Verfassungsrechtlich ist eine Hinderung des Beschwerdegerichts an umfassender Sachaufklärung zudem nicht geboten. Bei einer Beweiswürdi-

303 OLG Hamburg 12.8.1998 – 1 Ws 157/98, NStZ-RR 1998, 337 (338); OLG Bremen 28.9.2009 – Ws 123/09, StV 2010, 122; aA OLG Koblenz 26.11.1993 – 1 Ws 672/93, NStZ 1994, 355 (356).

304 Bosch in KMR-StPO Rn. 47; Krause in Löwe/Rosenberg Rn. 88; Schmitt in Meyer-Goßner/Schmitt Rn. 30; vgl. auch OLG Stuttgart 24.7.1967 – 4 Ws 54/67, Justiz 1967, 245.

305 OLG Hamm 29.6.1971 – 1 Ws 361/70, NJW 1971, 1903 (1904).

306 LG Zweibrücken 28.3.2000 – Qs 8/00, VRS 99 (2000) 54.

307 Krause in Löwe/Rosenberg Rn. 88.

308 BGH 5.4.2018 – 2 StE 21/16-5 (StB 2/18), StV 2020, 836 (837).

309 BGH 20.12.2007 – StB 12/07, BeckRS 2008, 232 Rn. 45; 17.6.2020 – StB 16/20, BeckRS 2020, 14004 Rn. 4 f.

310 BVerfG 12.12.2007 – 2 BvR 273/06, NJW 2007, 1345 (1345 f.); 28.7.2008 – 2 BvR 784/08, NJW 2008, 3053 (3054); allgemein zu Zwangsmaßnahmen, die mit Eingriffen in Grundrechte verbunden sind BGH 26.6.1990 – 5 AR (VS) 8/90, BGHSt 37, 79 (82); Hadamitzky in KK-StPO Rn. 13; Bosch in KMR-StPO Rn. 44; Krause in Löwe/Rosenberg Rn. 90; Schmitt in Meyer-Goßner/Schmitt Rn. 31; Rogall in SK-StPO Rn. 154 mwN zur abweichenden Ansicht in der früheren Rspr.; Brocke/Herb StraFo 2009, 46 (51); Rabe v. Kühlwein JR 2007, 517 (518); zur Abgreunzung bei doppelfunktionalen Maßnahmen s. Wagner VR 2019, 378 (381 f.).

311 BT-Drs. 18/11272, 22.

312 LG Limburg 9.4.2018 – 1 Qs 21/18, 1 Qs 38/18, NStZ 2018, 622.

313 BVerfG 31.10.2007 – 2 BvR 1346/07, BeckRS 2007, 28256; 28.7.2008 – 2 BvR 784/08, NJW 2008, 3053 (3054).

314 Trück JZ 2010, 1106 (1116 f.).

gungslösung würden die Belange des Beschuldigten angemessen berücksichtig und sein Rechtsschutzinteresse entgegen der nicht näher begründeten Auffassung des BVerfG[315] nicht leerlaufen. Das lässt aber erkennen, dass es sich der Sache nach um eine an die Ermittlungsbehörden gerichtete Erziehungsmaßnahme handelt, die unter Inkaufnahme strafverfahrensrechtlicher Systembrüche zu einer einseitigen Bevorzugung des Beschuldigten führt. Nach Änderung der Rechtsprechung ist der Antrag in analoger Anwendung des § 98 Abs. 2 S. 2 nunmehr auch für Einwendungen gegen die Art und Weise des Vollzugs der Maßnahme nach § 81a durch die Staatsanwaltschaft oder ihre Ermittlungspersonen statthaft.[316] Teilweise wird darüber hinaus ein Antrag nach § 23 EGGVG gegen einen Vorführungsbefehl der Staatsanwaltschaft bei Vollzug einer richterlichen Anordnung für zulässig gehalten.[317] Dem ist nicht zu folgen. Es handelt sich insoweit lediglich um eine unselbständige Vollzugsmaßnahme auf Grundlage der gerichtlichen Anordnung. Der Anfechtung unterliegt daher allein die Letztere (hierzu auch → § 81 Rn. 19).

2. Revision. a) Verfahrensrüge. Grundsätzlich ist bei der Verfahrensrüge einer Verletzung des § 81a zu beachten, dass – wie bei anderen Erhebungsvorschriften auch – nicht jeder Verstoß gegen die Beweiserhebungsvorschriften des Abs. 1–3 zu einem Verwertungsverbot führt.[318] Vielmehr ist nach den Umständen des jeweiligen Einzelfalles insbesondere die Art und das Gewicht des Verfahrensverstoßes sowie die Bedeutung der im Einzelfall betroffenen Rechtsgüter des Beschuldigten gegen die Verpflichtung des Gerichts zur Wahrheitserforschung (§ 244 Abs. 2), bei der es sich um ein wesentliches Prinzip des Strafverfahrensrechts handelt, abzuwägen. Gerade unter Berücksichtigung des letztgenannten Gesichtspunktes wird die Annahme eines Verwertungsverbotes eher die Ausnahme als den Regelfall darstellen.[319] Ein Revisionsgrund iSd § 337 Abs. 1 liegt vor diesem Hintergrund erst dann vor, wenn bei dieser Abwägung die Interessen des Beschuldigten ausnahmsweise überwiegen, das auf Grundlage der Maßnahme gewonnene Untersuchungsergebnis aber trotz seiner dann gegebenen Unverwertbarkeit im Urteil berücksichtigt wurde.[320] Darüber hinaus muss der Beschwerdeführer der Verwertung des Beweismittels in der Hauptverhandlung bis zu dem durch § 257 bestimmten Zeitpunkt widersprechen[321] und im Rahmen des § 344 Abs. 2 S. 2 auch hierzu ausdrücklich vortragen.[322] Da nach der zwischenzeitlich sehr ausdifferenzierten Rechtsprechung zu § 81a verschiedenartige 45

[315] BVerfG 31.10.2007 – 2 BvR 1346/07, BeckRS 2007, 28256; 28.7.2008 – 2 BvR 784/08, NJW 2008, 3053 (3054).

[316] BGH 7.12.1998 – 5 AR (VS) 2/98, NJW 1999, 730 (731 f.) zur Durchsuchungsanordnung; Hadamitzky in KK-StPO Rn. 14; Bosch in KMR-StPO Rn. 44; Krause in Löwe/Rosenberg Rn. 92 mwN zur früheren abweichenden Rspr.; Rogall in SK-StPO Rn. 154.

[317] Bosch in KMR-StPO Rn. 44; Krause in Löwe/Rosenberg Rn. 91; Rogall in SK-StPO Rn. 155.

[318] OLG Karlsruhe 29.5.2008 – 1 Ss 151/07, BeckRS 2008, 42001; OLG Düsseldorf 28.2.2011 – III – 4 Ws 33/11, NZV 2011, 456 (457); Kleinknecht NJW 1964, 2181 (2184); Müller/Trurnit StraFo 2008, 144 (148 f.); Trück NStZ 2011, 202 (208); aA Prittwitz StV 2008, 486 (493 f.); Wohlers StV 2008, 434 (440); grundlegend hierzu → Einl. Rn. 454 ff.; zum großzügigeren Maßstab der Verwertbarkeit von unter Verstoß gegen § 81a gewonnen Blutproben im Faherlaubnisrecht s. OVG Jena 25.6.2014 – 2 EO 124/14, VRS 128 (2015), 101 (103); OVG Magdeburg 6.9.2017 – 3 M 171/17, BeckRS 2017, 131958 Rn. 16 f.; OVG Bautzen 12.12.2017 – 3 B 282/17, BeckRS 2017, 142031 Rn. 9; VGH München 5.2.2018 – 11 ZB 17.2069, BeckRS 2018, 1336 Rn. 12 f.; Rebler JA 2017, 59 (61 f.); und zu diesbezüglichen Bedenken BVerfG 28.6.2014 – 1 BvR 1837/12, NJW 2015, 1005 (1006).

[319] BVerfG 28.7.2008 – 2 BvR 784/08, NJW 2008, 3053 (3054); 24.2.2011 – 2 BvR 1596 und 2346/10, BA 2001, 170 (172); BGH 17.3.1971 – 3 StR 189/70, BGHSt 24, 125 (130 f.); 20.5.2015 – 4 StR 555/14, NJW 2015, 2594 (2596); OLG Bamberg 26.6.2013 – 2 Ss OWi 1505/12, juris Rn. 35 = BeckRS 2013, 201698 „Abwägungslehre"; Bosch in KMR-StPO Rn. 48; Rogall in SK-StPO Rn. 128; Weidig BA 2009, 170 (177).

[320] Goers in BeckOK StPO Rn. 46; Brauer in Gercke/Julius/Temming/Zöller Rn. 37; Hdamitzky in KK-StPO Rn. 15; Krause in Löwe/Rosenberg Rn. 101; Schmitt in Meyer-Goßner/Schmitt Rn. 34; Conrad JuS 2018, 451 (454 f.).

[321] BGH 15.10.2009 – 5 StR 373/09, NStZ 2010, 157 (158); OLG Hamm 25.8.2008 – 3 Ss 318/08, NJW 2009, 242; OLG Jena 30.5.2011 – 1 SsBs 23/11, VRS 121 (2011), 42 (43); Pichon HRRS 2011, 472 (473 f.).

[322] OLG Dresden 13.10.2008 – 3 Ss 490/08, StV 2009, 571.

Verstöße gegen diese Vorschrift in Betracht kommen, muss der Widerspruch begründet werden und seine Angriffsrichtung erkennen lassen.[323] Erfolgt der Widerspruch nicht schon erstinstanzlich rechtzeitig, kann er im Berufungsverfahren nicht nachgeholt werden,[324] selbst dann nicht, wenn jenes mit einem Freispruch endete.[325] Die entsprechende Erklärung im Ermittlungsverfahren wirkt nicht fort, sofern sie nicht in der Hauptverhandlung wiederholt wird.[326] Das Revisionsgericht prüft das Vorliegen eines Rechtsfehlers seinerseits eigenständig im Wege des Freibeweises, ohne an diesbezügliche Urteilsfeststellungen gebunden zu sein, die bei wirksam erhobener Sachrüge allenfalls ergänzend herangezogen werden können.[327] Der Tatrichter sollte im Hinblick darauf die schriftlichen Urteilsgründe nicht mit Ausführungen zur Frage der Verwertbarkeit von Beweismitteln überfrachten.[328]

46 Im Zusammenhang mit den rechtlichen **Voraussetzungen der Untersuchungshandlung** nach Abs. 1 führt es grundsätzlich nicht zu einem Verwertungsverbot, wenn die Blutentnahme nicht durch einen Arzt vorgenommen (→ Einl. Rn. 471),[329] der Beschuldigte über die Freiwilligkeit der Mitwirkung nicht belehrt[330] oder der Verhältnismäßigkeitsgrundsatz nicht beachtet wurde.[331] Anderes wird im Einzelfall bei einem Missbrauch staatlicher Zwangsbefugnisse angenommen, bspw. wenn dem Anordnenden bekannt ist, dass es sich bei der den Eingriff vornehmenden Person um einen Nichtarzt handelt,[332] er in diesem Sinne berechtigten Einwänden des Beschuldigten nicht nachgeht,[333] er bewusst vortäuscht, es handle sich um einen Arzt (→ Einl. Rn. 471),[334] er einen Irrtum über die Freiwilligkeit der Mitwirkung durch Täuschung herbeiführt,[335] eine bestehende Fehlvorstellung gezielt ausnutzt[336] oder sich über objektive Anhaltspunkte für eine rauschbedingte Aufhebung oder relevante Einschränkung der Einwilligungsfähigkeit bewusst hinwegsetzt,[337] wobei allerdings eine analoge Anwendung von § 136a nach der hM nicht in Betracht kommt.[338] Wird vor einer Atemalkoholmessung nicht über die Freiwilligkeit der Teilnahme belehrt, verneint der überwiegende Teil der

---

323 OLG Hamm 26.2.2009 – 3 Ss 7/09, juris Rn. 18; OLG Hamm 24.3.2009 – 3 Ss 53/09, NStZ-RR 2009, 386 (386 f.); OLG Düsseldorf 21.1.2010 – III-1 RVs 1/10, NZV 2010, 306; OLG Hamm 24.8.2010 – 3 RBs 223/10, NJW 2011, 468 (469); OLG Frankfurt a. M. 29.5.2015 – 1 Ss 137/15, BeckRS 2015, 12624 Rn. 5.

324 OLG Hamburg 4.2.2008 – 2-81/07 (REV), NJW 2008, 2597 (2600); OLG Frankfurt a. M. 26.8.2010 – 3 Ss 147/10, NStZ-RR 2011, 45; OLG Koblenz 1.9.2010 – 2 Ss 148/10, BeckRS 2011, 01617; OLG Hamm 25.10.2010 – 3 RVs 85/10, NJW 2011, 469 (470); OLG Frankfurt a. M. 8.11.2010 – 3 Ss 285/10, NStZ-RR 2011, 46 (48).

325 OLG Frankfurt a. M. 8.11.2010 – 3 Ss 285/10, NStZ-RR 2011, 46 (48); kritisch hierzu → Einl. Rn. 478; Kudlich HRRS 2011, 114 (117 f.).

326 OLG Hamm 22.12.2009 – 3 Ss 497/09, NStZ-RR 2010, 148 (149); OLG Frankfurt a. M. 8.11.2010 – 3 Ss 285/10, NStZ-RR 2011, 46 (48).

327 OLG Hamm 4.2.2008 – 2-81/07 (REV), NJW 2008, 2597 (2598); OLG Jena 3.6.2014 – 1 SsRs 129/13, BeckRS 2015, 5573 Rn. 5; Trück NStZ 2011, 202 (206).

328 BGH 7.3.2006 – 1 StR 316/05, BGHSt 51, 1 (5); 8.5.2007 – 1 StR 202/07, NStZ-RR 2007, 244; 27.5.2009 – 1 StR 99/09, NJW 2009, 2612 (2613); 13.1.2005 – 1 StR 531/04, NJW 2005, 1060 (1061).

329 BGH 17.3.1971 – 3 StR 189/70, BGHSt 24, 125 (130 f.); OLG Celle 14.10.1968 – 2 Ss 411/68, NJW 1969, 567 (568); 14.3.1989 – 1 Ss 41/89, NStZ 1989, 385 (386).

330 OLG Hamm 9.2.1967 – 2 Ss 1562/66, NJW 1967, 1524; aA Rogall in SK-StPO Rn. 133.

331 Hadamitzky in KK-StPO Rn. 13; Krause in Löwe/Rosenberg Rn. 94; Schmitt in Meyer-Goßner/Schmitt Rn. 32b; aA Bosch in KMR-StPO Rn. 52.

332 BGH 17.3.1971 – 3 StR 189/70, BGHSt 24, 125 (131); OLG Hamm 8.4.1965 – 2 Ss 1610/64, NJW 1965, 1089 (1090).

333 OLG Hamm 24.7.1970 – 1 Ss 271/70, NJW 1970, 1986 (1986 f.).

334 OLG Hamm 21.8.1969 – 2 Ss 656/69, NJW 1970, 528 (529); Kraft JuS 2011, 591 (594).

335 Senge in KK-StPO Rn. 13; Bosch in KMR-StPO Rn. 53; Krause in Löwe/Rosenberg Rn. 95.

336 OLG Hamm 9.2.1967 – 2 Ss 1562/66, NJW 1967, 1524.

337 Priemer ua DAR 2016, 169 (173).

338 OLG Hamm 8.4.1965 – 2 Ss 1610/64, NJW 1965, 1089 (1090); 21.8.1969 – 2 Ss 656/69, NJW 1970, 528 (529); Hadamitzky in KK-StPO Rn. 13; Bosch in KMR-StPO Rn. 53; Schmitt in Meyer-Goßner/Schmitt Rn. 33; Rogall in SK-StPO Rn. 129; ausführlich Kleinknecht NJW 1964, 2181 (2185 f.); aA OLG Celle 14.10.1968 – 2 Ss 411/68, NJW 1969, 567 (568); Krause in Löwe/Rosenberg Rn. 95.

Rspr., sofern keiner der vorgenannten Sonderfälle vorliegt, schon eine Belehrungspflicht und damit ein Beweiserhebungsverbot.[339] Unter dem Gesichtspunkt des hypothtisch rechtmäßigen Ermittlungsverlaufs wird aber auf jeden Fall im Hinblick auf die originäre Anordnungskompetenz des Ermittlungsbeamten für den intensiveren Eingriff der Blutprobenentnahme nach § 81a Abs. 2 S. 2 – oder nach § 46 Abs. 4 S. 2 OWiG – bei Vekehrsstraftaten in der Regel nicht von einem Beweisverwertungsverbot auszugehen sein, sofern Anhaltspunkte für eine Intoxikation vorliegen.[340] Zudem liegt angesichts der ungeklärten Rechtslage willkürliches Verhalten eher fern. Fehler bei Durchführung der Untersuchung oder Auswertung von Blutproben sind dagegen im Rahmen der Beweiswürdigung zu berücksichtigen.[341] Bei der zwangsweisen Vergabe von Brechmitteln (→ Rn. 17) wird bislang noch danach differenziert, ob die Durchführung des Eingriffs geeignet ist, bei dem Betroffenen Angst, Furcht und ein Gefühl der Unterlegenheit hervorzurufen und er hierdurch gedemütigt und entwürdigt wird.[342]

Hinsichtlich der **Anordnungsbefugnis** nach Abs. 2 wird davon ausgegangen, dass es 47
unschädlich ist, wenn die Anordnung durch den unzuständigen Richter ergeht.[343] Gleiches gilt bei gänzlichem Fehlen einer Anordnung für den Fall, dass eine Blutprobe, die zu anderen Zwecken, insbesondere im Rahmen einer ärztlichen Behandlung, erhoben wurde, für die Untersuchung verwendet wird, sofern die Voraussetzungen des § 81a gegeben waren (→ Rn. 10).[344]

Fehler bei der Annahme von **Gefahr im Verzug iSd § 81a Abs. 2 S. 1** beschäftigten 48
die Praxis in erster Linie bei Blutprobenentnahmen. Ein Großteil der diesbezüglichen in Rspr. und Lit. sehr ausdiffereinziert erörterten Problemkreise war allerdings den Besonderheiten des strafbarkeitsbegründenden Nachweises von Intoxikationsgrenzwerten bei Verkehrsdelikten geschuldet, die eine möglichst zeitnahe Feststellung erforderten. Sie haben durch Einfügung des § 81a Abs. 2 S. 2 weitgehend an Relevanz verloren.[345] Entsprechende Fragen werden sich in erster Linie noch bei der eine allerdings andere Ausganglage betreffenden Verabreichung von Brech- oder Abführmitteln zur Exkorporation von „Bodypacks" stellen, die die Rspr. bislang vergleichsweise selten beschäftig haben.[346] Die früheren zur Blutprobenentnahme aufgestellten Grundsätze dürften dagegen nur noch im Hiblick auf §§ 20, 21 StGB außerhalb der in § 81a Abs. 2 S. 2 genannten Straftaten eine Rolle spielen.[347] Dort haben die Grenzwerte von im Blut enthaltener Substanzen allerdings keine vergleichbare Bedeutung, da sie keinen absoluten Charakter haben und daneben psychodiagnostische Kriterien maßgeblich ins Gewicht fallen.[348] Somit wird, inbesondere wenn es nicht wie bei „Bodypacks" um den Tatnachweis als solchen geht, einerseits die Beruhensfrage von größerer Bedeutung sein. Andererseits werden Fälle, in denen nicht zumindest der Versuch unternommen werden kann einen Richter zu erreichen, kaum noch angenommen werden

339 OLG Brandenburg 16.4.2013 – (2 B) 53 Ss-OWi 58/13 (55/13), NStZ 2014, 524 (524 f.); KG 30.7.2014 – 3 Ws (B) 356/14 – 122 Ss 106/14, NStZ 2015, 42; OLG Brandenburg 8.7.2019 – (1 B) 53 Ss-OWi 285/19 (169/19), BeckRS 2019, 16612 Rn. 9 f.; Schäler NZV 2017, 422 (423); aA LG Freiburg 21.9.2009 – 9 Ns 550 Js 11375/09 – AK 92/09, NZV 2009, 614 (615); AG Frankfurt a. M. 18.1.2010 – 998 OWi 2022-955 Js/OWi 20697/09, BeckRS 2010, 12332.

340 So zutreffend schon noch zur Rechtlage vor Einfügung von § 81a Abs. 2 S. 2: Bosch JURA 2014, 50 (55); Cierniak/Herb NZV 2012, 409 (413); Mosbacher JuS 2015, 129 (133); Mosbacher NStZ 2015, 42 (42); vorsichtiger Geppert NStZ 2014, 481 (486); aA Jäger JA 2015, 314 (315).

341 OLG Stuttgart 3.4.1984 – 3 Ss (25) 189/85, DAR 1984, 294; Goers in BeckOK StPO Rn. 26; aA Neubert NStZ 2019, 113 (120 f.): Unverwertbakeit.

342 Hadamitzky in KK-StPO Rn. 15; Conrad JuS 2018, 451 (455); Schuhr NJW 2006, 3538 (3540); vgl. auch Gaede HRRS 2006, 241 (248).

343 Hadamitzky in KK-StPO Rn. 13; Bosch in KMR-StPO Rn. 49; Rogall in SK-StPO Rn. 136.

344 OLG Celle 14.3.1989 – 1 Ss 41/89, NStZ 1989, 385 (385 f.); OLG Zweibrücken 14.5.1993 – 1 Ss 58/93, NJW 1994, 810 (811); OLG Frankfurt a. M. 23.3.1999 – 2 Ss 35/99, NStZ-RR 1999, 246.

345 S. hierzu insbesondere die Darstellung in BT-Drs. 18/11272, 22 mit Nachweisen zur Rspr.; ferner die → 1. Auflage Rn. 43.

346 Vgl. hierzu BGH 29.4.2010 – 5 StR 18/10, BGHSt 55, 121 Rn. 25 f.; OLG Karlsruhe 7.5.2004 – 2 Ws 77/04, NStZ 2005, 399 (400).

347 So auch die Einschätzung von Schmitt in Meyer-Goßner/Schmitt Rn. 32a.

348 Statt vieler Fischer StGB § 20 Rn. 17 ff. mwN. Zur BAK.

können.[349] Es gilt im Übrigen, dass die fehlerhafte Inanspruchnahme der Eilanordnungskompetenz im Rahmen des erforderlichen Abwägungsvorgangs regelmäßig nicht zu einem Verwertungsverbot führt. Von Bedeutung ist dabei, ob nach dem hypothetischen rechtmäßigen Ermittlungsverlauf eine richterliche Anordnung hätte erlangt werden können, wobei zu berücksichtigen ist, dass sich die gerichtliche Prüfungskompetenz nach § 162 Abs. 2 ohnehin nicht auf Zweckmäßigkeitsgesichtspunkte erstreckt. Ein Verwertungsverbot wird daher nur bei willkürlicher Annahme von Gefahr im Verzug und bewusster Verkennung des Richtervorbehalts anzunehmen sein,[350] inbesondere dann, wenn der Ermittlungsbeamte sich keinerlei Gedanken macht und gar nicht erst versucht, eine gerichtliche Entscheidung herbeizuführen oder diese nicht abwartet.[351] Entscheidungen der Erittlungsbehörden über Blutprobenentnahmen, die noch vor Inkrafttreten des § 81a Abs. 2 S. 2 getroffen wurden, sind indes nunmehr nach den Anforderungen der aktuellen Rechtslage zu beurteilen.[352] Ein Verstoß gegen die Dokumentations- und Begründungspflicht der anordnenden Stelle begründet für sich gesehen noch kein Verwertungsverbot, kann aber im Rahmen der Abwägung als ein hierfür sprechender Gesichtspunkt zu berücksichtigen sein.[353] Andererseits kann eine selbst unzureichende Dokumentation einen Anhaltspunkt dafür geben, dass der Polizeibeamte nicht vorschnell und willkürlich handelte.[354] Das Fehlen eines richterlichen Bereitschaftsdienstes während der Nachtzeit begründet gleichfalls kein Verwertungsverbot, weil § 81a Abs. 2 nicht zum rechtsstaatlichen Mindeststandard gehört.[355] Ist dagegen außerhalb der in § 104 Abs. 3 definierten Tatzeit ein Ermittlungsrichter nicht ansprechbar, so wird teilweise auch außerhalb der Werktage ein Beweisverwertungsverbot zumindest für möglich gehalten.[356] Mit Befassung des Ermittlungsrichters kann die Eilentscheidungsbefugnis nur noch bei iherseits eilbedürftigen neu auftretenden Umstände in Anspruch genommen werden.[357] Die bloße Weigerung oder zeitliche Verschleppung des Ermittlungsrichters

349 Grundlegend zur Blutprobenentnahme BVerfG 12.2.2007 – 2 BvR 273/06, NJW 2007, 1345; zur möglichen Eilbedürftigkeit wegen Verdachts auf Drogenbeeinflussung s. aber OLG Köln 26.9.2008 – 83 Ss 69/08, NStZ 2009, 406 (407); KG 29.12.2008 – 3 Ws (B) 467/08, NStZ-RR 2009, 243; 30.12.2009 – 3 Ws (B) 543/09, NStZ 2010, 468 (470); OLG Düsseldorf 28.2.2011 – III – 4 Ws 33/11, NZV 2011, 456 (457); OLG Jena 3.6.2014 – 1 SsRs 129/13, VRS 128 (2015), 126 (128); Rochholz/Kaatsch BA 2011, 129 (131–135); Rabe v. Kühlwein JR 2007, 517 (518); Rebler JA 2017, 59 (60).

350 BVerfG 28.7.2008 – 2 BvR 784/08, NJW 2008, 3053 (3054); OLG Hamburg 4.2.2008 – 2-81/07 (REV), NJW 2008, 2597 (2600); OLG Köln 26.9.2008 – 83 Ss 69/08, NStZ 2009, 406 (407); OLG Bamberg 19.3.2009 – 2 Ss 15/09, NJW 2009, 2146 (2148 f.); OLG Celle 16.6.2009 – 311 SsBs 49/09, NZV 2009, 463 (464); OLG Düsseldorf 28.2.2011 – III – 4 Ws 33/11, NZV 2011, 456 (457 f.); Heinrich NZV 2010, 278 (281); Herbst/Theurer NZV 2010, 544; Mosbacher JuS 2009, 124 (126).

351 OLG Hamm 12.3.2009 – 3 Ss 31/09, StV 2009, 459 (461 f.); OLG Naumburg 5.11.2015 – 2 Ws 201/15, NStZ-RR 2016, 121.

352 OLG Rostock 3.11.2017 – 20 RR 85/17, NStZ-RR 2018, 114; vgl. OLG Bamberg 26.10.2018 – 3 Ss OWi 1410/18, DAR 2019, 388 zu § 46 Abs. 4 S. 2 OWiG; aA Stam NZV 2018, 196.

353 BVerfG 28.7.2008 – 2 BvR 784/08, NJW 2008, 3053 (3054); 24.2.2011 – 2 BvR 1596 und 2346/10, BA 2011, 170 (172); OLG Dresden 13.10.2008 – 3 Ss 490/08, StV 2009, 571; OLG Brandenburg 16.6.2010 – (1) 53 Ss 68/10 (34/10), juris Rn. 19 = BeckRs 2010, 15187; OLG Frankfurt a. M. 8.11.2010 – 3 Ss 285/10, NStZ-RR 2011, 46 (48) KG 9.10.2014 – 3 Ws (B) 507/12 – 122 Ss 147/14, NStZ-RR 2015, 25 (26); AG Zeitz 3.8.2015 – 13 OWi 723 Js 204201/15, BeckRS 2015, 19038.

354 OLG München 21.2.2011 – 4 StRR 0018/11, VRS 122, 2012, 129 (136).

355 BVerfG 24.2.2011 – 2 BvR 1596 und 2346/10, BA 2011, 170 (172); VerfGH Saarland 15.4.2010 – Lv 5/09, NJW 2010, 2037 (2039 f.); OLG Köln 15.1.2010 – 83 Ss 100/09, juris Rn. 22–24 = NStZ-RR 2010, 281 (Leitsatz); OLG Celle 25.1.2010 – 322 SsBs 315/09, NZV 2010, 362 (362 f.); 15.7.2010 – 322 SsBs 159/10, NZV 2011, 46 (47 f.); OLG Hamm 10.9.2009 – 4 Ss 316/09, StraFo 2009, 509; OLG Oldenburg 15.4.2010 – 2 SsBs 59/10, VRS 2010, 40 (42 f.); OLG Brandenburg 16.6.2010 – (1) 53 Ss 68/10 (34/10), juris Rn. 25–28 = BeckRs 2010, 15187; LG Düsseldorf 10.2.2011 – 29 Ns 19/11, NZV 2011, 458 (459); Krey/Windgätter FS Achenbach, 2011, 233 (244, mit Fn. 38) halten bereits die Fragestellung für „fast schon abwegig"; Pichon HRRS 2011, 472 (474 f.); Koehl SVR 2016, 1 (3); aA OLG Hamm 30.3.2010 – III – 3 RVs 7/10, BeckRS 2010, 11106; OLG Brandenburg 25.3.2009 – 1 Ss 15/09, juris Rn. 19, insoweit nicht abgedruckt in NStZ-RR 2009, 247.

356 OLG Celle 11.8.2010 – 32 Ss 101/10, NZV 2011, 48 (49); LG Schwerin 9.2.2009 – 33 Qs 9/09, juris Rn. 5 = BA 2009, 346; aA Rogall in SK-StPO Rn. 139.

357 BVerfG 16.6.2015 – 2 BvR 2718/10, 2 BvR 1849/11, 2 BvR 2808/11, NJW 2015, 2787 (2790 ff.) zu § 105; dem folgend BGH 6.10.2015 – 2 StR 46/15, BGHSt 61, 266 Rn. 20 ff.

eine, ggf. auch mündliche, Entscheidung zu treffen genügt hierür nicht, ist daher grob fehlerhaft und begründet zugleich für die Anordnung des Ermittlungsbeamten ein Beweisverwertungsverbot.[358] Selbst wenn eine vorrangige Zuständigkeit der Staatsanwaltschaft bei der Eilentscheidung nach § 81a Abs. 2 angenommen werden sollte, kann die Revision auf deren Nichtbeachtung durch die Polizei nicht gestützt werden.[359] Zum notwendigen Vortrag der Revision nach § 344 Abs. 2 S. 2 gehört neben dem Widerspruch (hierzu → Rn. 45) die Darlegung der näheren Umstände der Blutprobenentnahme und derjenigen, aus denen sich das Verwertungsverbot ergeben soll.[360]

Da die Tatbesandsvoraussetzungen des **§ 81a Abs. 2 S. 2,** vergleichbar wie die Gefahr im Verzug, eine Ausnahmeregelung zum Richtervorbehalt des § 81a Abs. 2 S. 1 darstellen, kommt ein Verwertungsverbot hier ebenfalls nach vorstehenden Grundsätzen in Betracht, sofern die Grenzen dieser Eingriffsermächtigung bewusst und willkürlich umgangen werden. Hinsichtlich des Tatverdachts einer Verkehrsstraftat unter Alkohol- oder Drogeneinfluss ist dem Ermittlungsbeamten mithin ein Beurteilungsspielraum eingeräumt und seine Entscheidung nur revisionsrechtlich zu beanstanden, wenn sie nicht mehr vertretbar ist.[361] Gleichfalls unverwertbar ist das Ermittlungsergebnis, das gewonnen wird, indem unter willkürlicher Überschreigung der Befugnis eine andere Maßnahme als eine Blutprobenentnahme durchgeführt wird.[362] 49

Teilweise wird in der **Verwendungs- und Vernichtungsregelung des § 81a Abs. 3** ein gesetzliches Verwertungsverbot gesehen.[363] Es handelt sich indes um eine Verwendungsbeschränkung, deren Verletzung lediglich einen, wenngleich geichtigen, Äbwägungsgesichtspunkt im Rahmen der Prüfung eines unselbständigen Verwertungsverbotes bildet.[364] 50

Angesichts der ausufernden Rspr. wird angommen, sobald bei einer Blutprobenentnahme die Voraussetzungen der Gefahr im Verzug zu prüfen wären, läge eine **notwendige Verteidigung** gem. § 140 Abs. 2 S. 1 wegen Schwierigkeit der Sach- und Rechtlage vor.[365] Findet die Hauptverhandlung in einem solchen Fall gegen einen unverteidigten Angeklagten statt, kommt der absolute Revisionsgrund des § 338 Nr. 5 in Betracht.[366] Nach Einfügung des § 81a Abs. 2 S. 2 ist dem jedoch weitgehend die Grundlage entzogen.[367] 51

b) Sachrüge. Vereinzelt wird es für zulässig gehalten, das Vorliegen eines aus einem Beweiserhebungsverbot folgenden Beweisverwertungsverbotes im Wege der Sachrüge zu überprüfen, sofern sich die Einzelheiten hierzu aus dem Urteil ergeben.[368] Hierdurch wer- 52

[358] OLG Hamm 25.10.2010 – 3 RVs 85/10, NJW 2011, 469 (471) unter Bezugnahme auf BVerfG 11.6.2010 – 2 BvR 1046/08, NJW 2010, 2864 (2865); OLG Oldenburg 20.6.2016 – 2 Ss OWi 152/16, NStZ 2016, 747 (748 f.); Peglau NJW 2010, 2850 (2851); mit gewichtigen Argumenten einschränkend allerdings Moldenhauer/Wenske JA 2017, 206 (208 f.); aA noch OLG Schleswig 13.3.2013 – 2 Ss 3/13 (5/13), NStZ 2014, 55 (56).

[359] BVerfG 24.2.2011 – 2 BvR 1596 und 2346/10, BA 2011, 170 (172); OLG Köln 21.12.2010 – III-1 RVs 220/10, BeckRS 2011, 00933 = NZV 2011, 513 (Leitsatz); OLG Rostock 3.11.2017 – 20 RR 85/17, NStZ-RR 2018, 114; Koehl SVR 2016, 1 (3).

[360] OLG Celle 16.6.2010 – 311 SsBs 49/09, NZV 2009, 463; OLG Hamm 25.10.2010 – 3 RVs 85/10, NJW 2011, 469 (470); Trück NStZ 2011, 202 (206–208); zum Vortrag hinsichtlich des Widerspruchs s. OLG Jena 30.5.2011 – 1 SsBs 23/11, VRS 121 (2011), 42 (43).

[361] Vgl. BGH 16.2.1995 – 4 StR 729/94, BGHSt 41, 30 (34); Rogall in SK-StPO Rn. 130.

[362] Krause in Löwe/Rosenberg Rn. 94.

[363] Krause in Löwe/Rosenberg Rn. 100; Rogall in SK-StPO Rn. 146 f.

[364] BGH 20.5.2015 – 4 StR 555/14, NJW 2015, 2594 (2596); Goers in BeckOK StPO Rn. 40; Schmitt in Meyer-Goßner/Schmitt Rn. 32; Magnus NJW 2015, 2597; Mosbacher JuS 2016, 127 (130).

[365] OLG Brandenburg 26.1.2009 – 1 Ws 7/09, NJW 2009, 1287; OLG Bremen 14.7.2009 – SsBs 15/09, StV 83 (Leitsatz); OLG Köln 27.10.2011 – III-1 Rbs 253/11, StV 2012, 455; LG Münster 10.1.2012 – 3 Qs 72 Js 6994/11, StV 2012, 525 (Leitsatz); LG Gera 5.8.2015 – 9 Qs 313/15, BeckRS 2015, 14762; Kraft JuS 2011, 591 (594).

[366] OLG Köln 27.10.2011 – III-1 Rbs 253/11, StV 2012, 455; Rogall in SK-StPO Rn. 164.

[367] Rebler NZV 2017, 419 (422).

[368] OLG Koblenz 2.12.2010 – 2 SsBs 140/10, BeckRS 2011, 01272 = NStZ-RR 2011, 148 (Leitsatz); BGH 18.4.2007 – 5 StR 546/06, BGHSt 51, 285 (287 f. Rn. 13) zur Durchsuchungsanordnung; offen gelassen von OLG Bamberg 26.6.2013 – 2 Ss OWi 1505/12, juris Rn. 8; Goers in BeckOK StPO Rn. 46; Rogall in SK-StPO Rn. 160.

den allerdings die Grenzen zur Verfahrensrüge verwischt. Ein Verstoß gegen § 81a Abs. 1 oder Abs. 2 ist deswegen mit der Verfahrensrüge geltend zu machen.[369]

§ 81b Erkennungsdienstliche Maßnahmen bei dem Beschuldigten

Soweit es für die Zwecke der Durchführung des Strafverfahrens oder für die Zwecke des Erkennungsdienstes notwendig ist, dürfen Lichtbilder und Fingerabdrücke des Beschuldigten auch gegen seinen Willen aufgenommen und Messungen und ähnliche Maßnahmen an ihm vorgenommen werden.

Schrifttum: Apel/Eisenhardt, Erkennungsdienstliche Behandlung von Kindern – Gefahrenabwehr oder Strafverfolgung?, StV 2006, 490; Bäumerich, Verschlüsselte Smartphones als Herausforderung für die Strafverfolgung, NJW 2017, 2718; Buchholz/Kersig, Aus der Praxis: Erkennungsdienstliche Behandlungen – Strafprozessrecht im Verwaltungsprozess, JuS 2019, 351; Danne, Doppelfunktionale Maßnahmen in der öffentlich-rechtlichen Klausur, JuS 2018, 434; Dreier, Erkennungsdienstliche Maßnahmen im Spannungsfeld von Gefahrenabwehr und Strafverfolgung, JZ 1987, 1009; Frister, Erkennungsdienstliche Maßnahmen – Überlegungen zu einer Reform der §§ 81b 2. Alt., 81g StPO, FS Amelung, 2009, S. 603; Fugmann, Erkennungsdienstliche Maßnahmen zu präventiv-polizeilichen Zwecken, NJW 1981, 2227; Grzesiek/Zühlke, Die Entschlüsselung von Smartphones gegen den Willen der Beschuldigten zum Zwecke der Durchführung des Strafverfahrens, StV 2021, 117; Goldkamp, Wahllichtbildvorlage und Wahlgegenüberstellung im Verkehrsrecht, NZV 2019, 217; Graulich, Strafverfolgungsvorsorge – Gegenstand und rechtliche Verortung, NVwZ 2014, 685; Haack/Hoheisel-Gruler, Bodycams als polizeiliches Führungs- und Einsatzmittel im Kontext der Grundrechte, Kriminalistik 2019, 331; Harnisch/Urbanek, Die Bedeutung der Beschuldgiteneigenschaft in § 81b Alt. 2 StPO im Widerspruchsverfahren, DÖV 2018, 229; Horn, Biometrische Sicherungen mobiler Endgeräte – Brauchen wir neue Ermächtigungsgrundlagen, Kriminalistik 2019, 641; Keller, Umwidmung der Ergebnisse erkennungsdienstlicher Maßnahmen, jurisPR-ITR 23/2018 Anm. 4; Klein/Gammon, Erkennungsdienstliche Behandlung nach § 81b 2. Alt StPO – Möglichkeiten der Verfahrensbeschleunigung, Kriminalistik 2019, 169; Krach, Einheitlicher Rechtsschutz gegen die erkennungsdienstliche Behandlung des Beschuldigten, JR 2003, 140; Kramer, Grundfragen der Erkennungsdienstlichen Behandlung, JR 1994, 224; Momsen, Entsperrung biometrischer Sicherungen im Strafverfahren, DRiZ 2018, 140; Müller, Eine Argumentationsskizze zu § 81b 2. Alt. StPO, GA 2013, 510; Nadeborn/Albrecht, Ermittlungen nach dem Baukastenprinzip – können neue technisch mögliche Ermittlungsmaßnahmen durch Kombination bestehender Ermächtigungsgrundlagen legitimiert werden?, NZWiSt 2021, 420; Nadeborn/Irscheid, Erzwingung von Zugangsdaten im Strafverfahren, StraFo 2019, 274; Neuhaus, Die Auswertung von Smartphones im Ermittlungsverfahren, StV 2020, 489; Neumann Rechtsweg gegen Anfertigung erkennungsdienstlicher Unterlagen, jurisPR-BVerwG 19/2011 Anm. 5; Odenthal, Sequenzielle Video-Wiedererkennungsverfahren, NStZ 2001, 580; Pahlke, Erkennungsdienstliche Behandlungen zur Strafverfolgungsvorsorge aufgrund von Bundes- und Landesrecht?, LKRZ 2009, 446; Rottmeier/Eckel, Die Entschlüsselung biometrisch gesicherter Daten im Strafverfahren, NStZ 2020, 193; Schenke, Die Rechtsnatur einer erkennungsdienstlichen Maßnahme gem. § 81b Alt. 2 StPO, JZ 2006, 707; Schenke, Rechtsschutz gegen doppelfunktionale Maßnahmen der Polizei, NJW 2011, 2838; Waszczynski, Rechtsschutzmöglichkeiten gegen erkennungsdienstliche Maßnahmen unter besonderer Berücksichtigung der Rechtsnatur des § 81b Alt. 2 StPO, JA 2013, 60; Zöller, Der Austausch von Strafverfolgungsdaten zwischen den Mitgliedstaaten der Europäischen Union, ZIS 2011, 64.

Übersicht

[369] Ausführlich hierzu Trück NStZ 2011, 202 (202 ff.); so nunmehr BGH 8.8.2018 – 2 StR 131/18, NStZ 2019, 107 (108) zur Wohnungsdurchsuchung.

I. Überblick

1 **1. Normzweck.** Die 1. Alt. der Norm bezweckt **Tatnachweis und Identifizierung** in einem anhängigen Strafverfahren.[1] Sie dient daher der Strafverfolgung, indem mittels der für zulässig erklärten Maßnahmen der Nachweis von Schuld und Unschuld des Täters geführt werden soll.[2] Die dabei gewonnenen Unterlagen werden demgemäß auch Bestandteil der Strafakten.[3]

2 Demgegenüber stellt die erkennungsdienstliche Behandlung nach der 2. Alt. eine Maßnahme der **Strafverfolgungsvorsorge**[4] dar. Erreicht werden soll die Anfertigung, Aufbewahrung und systematische Zusammenstellung erkennungsdienstlicher Unterlagen in kriminalpolizeilichen Sammlungen. Diese haben nach ihrer gesetzlichen Zweckbestimmung ohne unmittelbaren Bezug zu einem konkreten Strafverfahren zum Ziel, die Kriminalpolizei bei der Erforschung und Aufklärung von Straftaten nach § 163 durch vorsorgende Bereitstellung von sächlichen Hilfsmitteln für die sachgerechte Wahrnehmung ihrer Aufgaben zu unterstützen.[5] Die so erlangten Unterlagen gelangen folglich nicht zu den Vorgängen der Staatsanwaltschaft, sondern werden bei der kriminalpolizeilichen Personalakte des Beschuldigten verwahrt.[6]

3 **2. Anwendungsbereich.** Bei **Alt. 1** handelt es sich um originäres **Strafprozessrecht.**[7] Die Vorschrift greift daher nur für personenbezogene Maßnahmen in Zusammenhang mit einem bereits eingeleiteten Straf- oder Bußgeldverfahren.[8] Der Begriff des Beschuldigten ist in diesem Zusammenhang, wie sich aus § 157 ergibt, der Oberbegriff für alle Verfahrensstadien.[9] § 81b gilt daher bis hin zum Abschluss durch rechtskräftiges Urteil,[10] nicht jedoch im Strafvollstreckungsverfahren.[11] Dort sind die Regelungen über strafprozessuale Zwangsmaßnahmen und sonstige Ermittlungshandlungen nicht direkt anwendbar, sondern nur über die besonderen Vorschriften der §§ 449 ff.[12] Das ergibt sich schon daraus, dass ansonsten die Einschränkungen der allgemeinen Ermittlungsbefugnisse durch § 453c Abs. 1, § 457 Abs. 1 und 3 leer laufen würden. Die strafprozessuale Maßnahme nach § 81b Alt. 1 käme mithin in erster Linie über § 453c Abs. 1, § 457 Abs. 3 iVm Abs. 2, ggf. iVm § 463 Abs. 1 in Betracht. Da den dortigen Eingriffsbefugnissen keine beweissichernde Funktion zukommt,[13] verbleibt – wenn überhaupt – praktisch nur ein geringer Anwendungsbereich. Für den Strafvollzug findet sich in § 86 StVollzG eine abschließende Sonderregelung[14] mit erschöpfender Aufzählung der zulässigen Maßnahmen.[15]

---

1 Bosch in KMR-StPO Rn. 1.

2 OLG Düsseldorf 8.7.1959 – 2 Ws 88/59, NJW 1959, 1790.

3 OVG Hamburg 13.5.1976 – Bf II 17/76, MDR 1977, 80 (81); OLG Koblenz 12.10.1993 – 11 E 11692/93. OVG, NJW 1994, 2108 (2109); VGH Kassel 16.12.2004 – 11 UE 2982/02, NJW 2005, 2727 (2728); Dreier JZ 1987, 1009 (1010).

4 BVerwG 27.6.2018 – 6 C 39/16, NJW 2018, 3194; OVG Schleswig 22.12.2011 – 4036/11, juris Rn. 12; kritisch zu diesem Begriff Bosch in KMR-StPO Rn. 3.

5 BVerwG 19.10.1982 – 1 C 29/79, NJW 1983, 772 (772 f.); 23.11.2005 – 6 C 2/05, NJW 2006, 1225 (1226); OVG Lüneburg 30.1.2013 – 11 LB 115/12, BeckRS 2013, 46936.

6 BVerwG 19.10.1982 – 1 C 111/79, NJW 1983, 1338 (1338 f.); VGH Mannheim 13.7.2011 – 1 Ss 350/11, juris Rn. 28; OLG Düsseldorf 8.7.1959 – 2 Ws 88/59, NJW 1959, 1790; Klein/Gammon Kriminalistik 2019, 169.

7 Brauer in Gercke/Julius/Temming/Zöller Rn. 2; Hadamitzky in KK-StPO Rn. 1; Krause in Löwe/Rosenberg Rn. 2; Schmitt in Meyer-Goßner/Schmitt Rn. 2; Schenke JZ 2006, 707.

8 VGH München 6.12.2011 – 10 ZB 11.365, BeckRS 2012, 52691 Rn. 7; OVG Münster 9.1.2012 – 5 E 251/11, juris Rn. 30 = BeckRS 2012, 45958; LG Landshut 31.8.2011 – 6 Qs 93/11, juris Rn. 13 f. = BeckRS 2012, 16281; Bosch in KMR-StPO Rn. 1.

9 Schmitt in Meyer-Goßner/Schmitt § 157 Rn. 4.

10 Brauer in Gercke/Julius/Temming/Zöller Rn. 5; Rogall in SK-StPO Rn. 27.

11 Bosch in KMR-StPO Rn. 7; Rogall in SK-StPO Rn. 27 jeweils auch unter Bezugnahme auf § 86 StVollzG, der allerdings nur den Strafvollzug als solchen betrifft und nicht die Strafvollstreckung im Ganzen; aA Brauer in Gercke/Julius/Temming/Zöller Rn. 5; Krause in Löwe/Rosenberg Rn. 8; Schmitt in Meyer-Goßner/Schmitt Rn. 6.

12 OLG Celle 12.5.2009 – 2 Ws 103/09, NStZ 2010, 107 zu § 100a; Nack in KK-StPO Vor § 94 Rn. 4.

13 OLG Celle 12.5.2009 – 2 Ws 103/09, NStZ 2010, 107.

14 KG 6.11.1980 – 2 Vollz (Ws) 171, 173–184, 191, 198, 200–202, 279/80, NStZ 1981, 77.

15 Hadamitzky in KK-StPO Rn. 4.

4 Die erkennungsdienstliche Behandlung nach **Alt. 2** ist dagegen nach hM wegen ihrer gefahrenabwehrrechtlichen Natur als **materielles Polizeirecht** anzusehen.[16] Sie ermächtigt als Strafverfolgungsvorsorge zur Durchführung präventiv-polizeilicher Maßnahmen für die künftige Täterermittlung.[17] Die Maßnahme hat daher, außer dass sie aus Anlass eines konkreten Strafverfahrens durchgeführt wird, keinen unmittelbaren Bezug zu einem solchen. Sie kommt dabei auch zur Anwendung, wenn ursprünglich nach Alt. 1 erlangtes Material noch während des Verfahrens für Zwecke des Erkennungsdienstes umgewidmet werden soll.[18] Zulässig ist sie, um die Polizei bei der Strafverfolgung im Hinblick auf mögliche spätere oder später bekannt werdende Straftaten zu unterstützen.[19] Wegen Art. 31, 72 Abs. 1, Art. 74 Nr. 1 GG können die Parallelvorschriften in den Polizeigesetzen der Länder[20] nur außerhalb des Geltungsbereichs von § 81b Alt. 2 zur Anwendung kommen.[21] Soweit die Norm inzident zur zwangsweisen Durchsetzung ermächtigt (→ Rn. 20), ist ebenso nicht auf die polizeirechtlichen Bestimmungen des Verwaltungszwanges zurückzugreifen.[22] Weitere Sonderregelungen auf bundesrechtlicher Ebene finden sich in § 15 Abs. 2 Nr. 7 AsylVfG, §§ 49, 89 AufenthG, § 24 BGSG, § 20e BKAG, § 24 BPolG, § 6 Abs. 3 S. 2 PassG.[23]

5 Finger- und Handflächenabdücke können in digitalisierter Form für Zwecke des Erkennungsdienstes in das beim Bundeskriminalamt betriebene Automatisierte Fingerabdruckidentifizierungssystem (AFIS) eingstellt werden.[24] Nachdem der Vertrag und Ratsbeschluss

---

[16] BVerwG 25.10.1960 – BVerwG I C 63/59, NJW 1961, 571 (572); 9.2.1967 – I C 57/66, NJW 1967, 1192; 20.2.1990 – 1 C 30.86, JZ 1991, 471 (473); 23.11.2005 – 6 C 2/05, NJW 2006, 1225 (1226); OLG Düsseldorf 8.7.1959 – 2 Ws 88/59, NJW 1959, 1790; OLG Hamm 12.9.2018 – 15 W 229/18, BeckRS 2018, 34519 Rn. 7; OVG Berlin 24.6.2004 – 1 S 76.03, juris Rn. 4 = BeckRS 2004, 18778; OVG Lüneburg 13.11.2009 – 11 ME 440/09, BeckRS 2009, 41613; OVG München 27.12.2010 – 10 ZB 10.2847, juris Rn. 8 = BeckRS 2010, 36796; VG Saarbrücken 5.3.2010 – 6 K 691/09, juris Rn. 26; OVG Greifswald 25.11.2015 – 3 L 146/13, BeckRS 2016, 42877 Rn. 41; aA OVG Schleswig 5.5.1998 – 4 L 1-98, NJW 1999, 1418; VGH Kassel 8.12.2010 – 8 E 1698/10, StV 2011, 395 (396 f.); so auch VG Berlin 27.10.2004 – 1 A 164.04, juris Rn. 14–31 = BeckRS 2005, 22564; VG Berlin 28.3.2006 – 1 A 152.05, juris Rn. 5–22 jeweils mit ausführlicher Darstellung des Meinungsstandes in Lit. und Rspr.; Goers in BeckOK StPO Vor Rn. 1; Hadamitzky in KK-StPO Rn. 1; Krause in Löwe/Rosenberg Rn. 3; Schmitt in Meyer-Goßner/Schmitt Rn. 1; Burhoff/Kotz StrafR-Nachsorge-HdB Teil D Rn. 69; Danne JuS 2018, 434 (437); Harnisch/Urbanek DÖV 2018, 229; Schenke JZ 2006, 707 (708); aA Rogall in SK-StPO Rn. 10; Dreier JZ 1987, 1009 (1016); Eisenberg/Puschke JZ 2006, 729 (730); Frister FS Amelung, 2009, 603 (614); Keller jurisPR-ITR 23/2018 Anm. 4; Kramer JR 1994, 224 (229); Müller GA 2013, 510 (512 f.).

[17] OVG Münster 26.4.1972 – IV A 292/71, NJW 1972, 2147; OVG Greifswald 25.11.2015 – 3 L 146/13, BeckRS 2016, 42877 Rn. 41.

[18] OVG Koblenz 20.8.2018 – 7 B 10607/18, BeckRS 2018, 20898 Rn. 7 ff.

[19] BVerwG 19.10.1982 – 1 C 29/79, NJW 1983, 772 (772 f.); 6.7.1988 – 1 B 61/88, NJW 1989, 2640; 23.11.2005 – 6 C 2/05, NJW 2006, 1225 (1226).

[20] Eine Aufzählung befindet sich bei Krause in Löwe/Rosenberg Rn. 5 Fn. 15; dagegen halten Eisenberg/Puschke JZ 2006, 729 (730 f.); Frister FS Amelung, 2009, 603 (607); Fugmann NJW 1981, 2227 (2229); Pahlke LKRZ 2009, 446 (448 ff.) diese generell für verfassungswidrig, weil § 81b Alt. 2 eine abschließende Regelung des Erkennungsdienstes darstelle; aA aber OVG Greifswald 25.11.2015 – 3 L 146/13, BeckRS 2016, 42877 Rn. 44; Harnisch/Urbanek DÖV 2018, 229 (234); Schenke JZ 2006, 707 (708 ff.).

[21] VGH München 27.9.1983 – 21 B 82 A 2261, NJW 1984, 2235 (2236 f.); OVG Münster 13.1.1999 – 5 B 2562/98, NJW 1999, 2689 (2690); OVG Bautzen 10.10.2000 – 3 BS 53/00, NVwZ-RR 2001, 238 (239); OVG Koblenz 17.11.2000 – 11 B 11859/00, NVwZ-RR 2001, 238; OVG Saarlouis 13.3.2009 – 3 B 34/09, BeckRS 2009, 32373; OVG Hamburg 11.4.2013 – 4 Bf 141/11, NordÖR 2014, 36 (39 ff.); OVG Saarlouis 7.8.2013 – 3 A 295/13, juris Rn. 21 ff. = BeckRS 2013, 54186; VGH München 2.4.2015 – 10 C 15.304, BeckRS 2015, 44398 Rn. 6; OVG Lüneburg 22.4.2015 – 11 ME 58/15, BeckRS 2015, 44635; OLG Naumburg 6.12.2005 – 10 Wx 14/05, NStZ-RR 2006, 179; VG Neustadt a.d. Weinstraße 28.4.2015 – 5 K 1056/14, BeckRS 2015, 49948; zu einem Austausch der Rechtsgrundlage im gerichtlichen Verfahren s. VGH Mannheim 5.4.2016 – 1 S 275/16, BeckRS 2016, 45327 Rn. 6; Harnisch/Urbanek DÖV 2018, 229 (234).

[22] OLG Hamm 12.9.2018 – 15 W 229/18, BeckRS 2018, 34519 Rn. 6.

[23] Brauer in Gercke/Julius/Temming/Zöller Rn. 4; Bosch in KMR-StPO Rn. 5; Krause in Löwe/Rosenberg Rn. 6; Schmitt in Meyer-Goßner/Schmitt Rn. 4; Rogall in SK-StPO Rn. 20–22.

[24] S. hierzu auch EGMR 11.6.2020 – 74440/17 (PN/Deutschland), NJW 2021, 3379 (3381).

von Prüm durch § 1 PrümVtrAG[25] für anwendbar erklärt wurde, sind die **EU-Mitgliedstaaten** berechtigt, über ihre nationalen Kontaktstellen im Einzelfall auf dortige anonymisierte „Fundstellendatensätze" zu Fingerabdrücken unmitelbar zuzugreifen.[26] Das weitere Vorgehen für die Übermittlung der Personendaten im Trefferfall richtet sich dann nach den nationalen Rechthilfevorschriften.[27] Für die Schengen-Mitgliedstaaten ist die Anbindung an SIS AFIS seit 28.12.2020 verpflichtend.[28]

II. Erläuterung

1. Anordnungsvoraussetzungen. a) Strafprozessuale Maßnahmen nach Alt. 1. Beschuldigter iSd strafprozessualen Maßnahme ist derjenige, gegen den auf Grund zureichender tatsächlicher Anhaltspunkte das Strafverfahren betrieben wird.[29] Es muss mithin ein Tatverdacht gegeben sein.[30] Das ist bei Bestehen eines lediglich vagen Verdachtes noch nicht der Fall.[31] In diesem Fall greift § 163b Abs. 1 S. 3.[32] Die Abgrenzung kann im Einzelfall schwierig sein, da schon die Existenz von § 163b Abs. 1 S. 3 und Abs. 2 S. 2 Hs. 2 erkennen lässt, dass alleine in der Vornahme der Maßnahmen für sich gesehen kein Willensakt der Strafverfolgungsbehörde gefunden werden kann, durch den der Beschuldigtenstatus begründet wird.[33] Unbeschadet des Umstandes, dass die Erhebung in den Beschuldigtenstatus mit den daraus resultierenden Verfahrensrechten nicht gezielt umgangen werden darf,[34] ist die Anwendung des § 163b Abs. 1 S. 3 nicht allzu engherzig vorzunehmen. Diese Vorschrift trägt der schwierigen Situation Rechnung, in der sich ein Polizeibeamter in einem sehr frühen Stadium der Verdachtslage befindet, besonders vor Ort unmittelbar nach einem Ereignis. Hier kann es geboten sein, frühzeitig Maßnahmen zur Identitätsfeststellung potenziell tatbeteiligter Personen zu treffen, obwohl noch eine sehr unvollständig ermittelte Verdachtslage gegeben ist,[35] aber dann eben auch nur solche.[36] Zudem kann es wegen der schon mit der Einleitung eines Ermittlungsverfahrens möglicherweise verbundenen nachteiligen Konsequenzen schützende Funktion haben, einen Tatverdächtigen nicht zu früh in die Beschuldigtenposition mit den weiter gehenden Eingriffsbefugnissen des § 81b zu drängen.[37] Der anweichenden Ansicht, die die Abgrenzung nach dem Zeck der Maßnahme vornehmen will – § 163b Abs. 1 zur Identitätsfeststellung, § 81b Alt. 1 zur Feststellung von hinterlassenen Spuren – ist zuzugestehen, dass die Unterscheidung nach dem Verdachtsgrad schwer messbar ist.[38] Allerdings ist sie durch den zwischen Verdächtigem und Beschuldigtem unterscheidenden Wortlaut der Normen vorgegeben,[39] mögen diese auch systematisch nur unzureichend aufeinander abgestimmt sein. Der Begriff des Beschuldigten beschränkt die Maßnahme im Übrigen nicht auf das Ermittlungsverfahren, sondern ist, wie bei anderen Ermittlungsmaßnahmen auch, der Stellung des § 81b im Gesetz geschuldet. 6

[25] BGBl. 2006 I 1458; BGBl. 2009 I 2507.
[26] Goers in BeckOK StPO Rn. 19; Aden in Lisken/Denninger PolR-HdB Rn. 227.
[27] Goers in BeckOK StPO Rn. 19; Aden in Lisken/Denninger PolR-HdB Rn. 227; Zöller ZIS 2011, 64 (66).
[28] BT-Drs. 19/25941, 6; Grieshaber-Heib Kriminalistik 2020, 401 (402).
[29] LG Amberg 27.7.1990 – 2 Qs 23/90, StV 1990, 541 (543); Hadamitzky in KK-StPO Rn. 2; Krause in Löwe/Rosenberg Rn. 8.
[30] LG Arnsberg 20.10.2016 – 2 Qs 46/16, BeckRS 2016, 110476; AG Bremen 25.7.2019 – 92a Gs 456/19, StV 2020, 166.
[31] AG Kiel 25.11.2005 – 43 Gs 2775/05, NStZ-RR 2006, 181.
[32] Krause in Löwe/Rosenberg Rn. 8; Schmitt in Meyer-Goßner/Schmitt Rn. 6.
[33] Rogall in SK-StPO Rn. 13; vgl. auch BGH 3.7.2007 – 1 StR 3/07, BGHSt 51, 367 Rn. 17; 18.7.2007 – 1 StR 280/07, NStZ 2008, 48 jeweils zu § 136.
[34] BGH 18.7.2007 – 1 StR 280/07, NStZ 2008, 48 zu § 136.
[35] Rogall in SK-StPO Rn. 13.
[36] AG Bremen 27.11.2019 – 92a Gs 708/19, StV 2020, 167 (Leitsatz).
[37] BGH 19.10.2011 – 1 StR 476/11, NStZ-RR 2012, 49 (50); vgl. auch AG Dannenberg 9.11.1993 – 11 Gs 261/93, StV 1994, 69 die „Strafverfolgungsbehörde darf nicht jemanden willkürlich in die Rolle eines Beschuldigten drängen".
[38] Brauer in Gercke/Julius/Temming/Zöller Rn. 6.
[39] Vgl. auch Fugmann NJW 1981, 2227 (2228).

Er bezieht sich auf alle Stadien des Strafverfahrens vom Ermittlungsverfahren bis hin zum rechtskräftigen Abschluss (→ Rn. 3). Schuldunfähige werden zumindest dann erfasst, wenn ein Sicherungsverfahren nach §§ 413 ff. gegen sie betrieben werden kann, nicht jedoch Strafunmündige,[40] gegen die nur Maßnahmen nach § 163b Abs. 2 zulässig sind.[41]

7 Die **Notwendigkeit** iSd Alt. 1 bestimmt sich nach der Sachaufklärungspflicht des § 244 Abs. 2,[42] auch hinsichtlich des Umfangs („soweit"). Der Tatverdacht muss sich daher hinsichtlich derjenigen Straftat ergeben, deren Aufklärung die Maßnahme dienen soll, und sie muss hierzu geeignet und erforderlich sein,[43] indem die damit zu gewinnenden Erkenntnisse für die zu führenden Ermittlungen förderlich sind.[44] Beispielsweise können Messungen und Fotographien zum Nachweis der Täterschaft in Betracht kommen, indem sie als Grundlage für ein anthropologisches Sachverständigengutachten dienen.[45] Letztere können gefertigt werden, um mittels Wahllichtbildvorlage den Beschuldigten als Täter zu identifizieren,[46] oder auch Fingerabdrücke zur Feststellung, ob er mit Gegenständen in Kontakt kam, die bei der Tat Verwendung fanden.[47] Der Grundsatz der Verhältnismäßigkeit ist zu beachten.[48] Bei Bagatellsachen ist § 81b Alt. 1 deswegen nicht anwendbar.[49] Allerdings ist die Schwelle nicht zu hoch anzusetzen. Auch eine Ordnungswidrigkeit kann ausreichend sein, wenn eine nicht unerhebliche Geldbuße und ein Fahrverbot als Rechtsfolge drohen.[50] Soll im Bußgeldverfahren ein Vergleichslichtbild für ein anthroplogisches Sachverständigengutachten zur Fahreridentifizierung gefertigt werden, ist indes zu berücksichtigen, dass die Herstellung eines solchen im Rahmen der Hauptverhandlung ein geringfügigerer Eingriff sein kann.[51] Auch eine Vorratshaltung ist unzulässig.[52] Mit Einstellungsreife des Ermittlungsverfahrens entfällt die Notwendigkeit.[53] Für Lichtbilder in unbekleidetem Zustand gelten erhöhte Anforderungen.[54]

8 Um die auf einem Endgerät gespeicherten Daten zu erheben, aus denen sich Anhaltspunkte für Tatbeteiligung und Tatablauf herleiten lassen, insbesondere Anruflisten, Chatverläufe, E-Mails, Positionsdaten, kann es erforderlich sein, zunächst eine **biometrische Verschlüsselung** aufzuheben.[55] Je nach Gerät und Einstellung kann dazu bspw. ein Fingerabdruck-, Iris-, Gesichts- oder Venen-Scan des Nutzers erforderlich sein.[56] Nach zutreffender Ansicht[57] müssen hierzu sowohl das Gerät als auch die darauf gespeicherten Daten nach §§ 94 ff. sichergestellt werden, da als „Gegenstände" iSd §§ 94, 95 auch nach Abschluss des Telekommunikationsvorgangs angefallene Daten erfasst werden (→ § 94

---

40 Hadamitzky in KK-StPO Rn. 2; Bosch in KMR-StPO Rn. 7; Rogall in SK-StPO Rn. 28.

41 Brauer in Gercke/Julius/Temming/Zöller Rn. 5; Krause in Löwe/Rosenberg Rn. 8; Schmitt in Meyer-Goßner/Schmitt Rn. 6.

42 Krause in Löwe/Rosenberg Rn. 11; Schmitt in Meyer-Goßner/Schmitt Rn. 12.

43 AG Bremen 25.7.2019 – 92a Gs 456/19, StV 2020, 166; vgl. auch BGH 11.10.2018 – 5 BGs 48/18, StV 2020, 145 (146).

44 LG Wuppertal 12.1.2021 – 24 Qs 10/20 (324 Js 991/20), BeckRS 2021, 861 Rn. 4.

45 BGH 1.12.2011 – 3 StR 284/11, NStZ 2012, 345; OLG Stuttgart 26.8.2014 – 4 Ss 225/14, NJW 2014, 3590 (3591).

46 LG Arnsberg 20.10.2016 – 2 Qs 46/16, BeckRS 2016, 110476.

47 LG Landshut 31.8.2011 – 6 Qs 93/11, juris Rn. 25 = BeckRS 2012, 16281.

48 LG Berlin 26.6.1989 – 522 Qs 49/89, NStZ 1989, 488.

49 AG Kiel 25.11.2005 – 43 Gs 2775/05, NStZ-RR 2006, 181.

50 LG Zweibrücken 31.5.2012 – Qs 55/12, VRS 123 (2012), 95.

51 OLG Stuttgart 26.8.2014 – 4 Ss 225/14, NJW 2014, 3590 (3591) mAnm Fickenscher.

52 LG Wuppertal 12.1.2021 – 24 Qs 10/20 (324 Js 991/20), BeckRS 2021, 861 Rn. 5 ff.

53 Bosch in KMR-StPO Rn. 16.

54 LG Wuppertal 12.1.2021 – 24 Qs 10/20 (324 Js 991/20), BeckRS 2021, 861 Rn. 6 f.

55 Zur technischen Seite s. Bäumerich NJW 2017, 2718 (2718 f.) und Horn Kriminalistik 2019, 641.

56 Rottmeier/Eckel NStZ 2020, 193 (194).

57 Rottmeier/Eckel NStZ 2020, 193 (194) mit „Zugangsentschlüsselung (1. Stufe)" und Datenzugriff als „2. Stufe", als logischer, aber wohl nicht zeitlicher Reihenfolge der Anordnung; so auch Neuhaus StV 2020, 489 (490 ff.): „nachgelagerte Maßnahme" des Datenzugriffs; aA Grzesiek/Zühlke StV 2021, 117 (119); generell gegen eine Kombination von Eingriffsermächtigungen Nadeborn/Albrecht NZWiSt 2021, 420 (421 ff.).

Rn. 13).[58] Soll das Gerät dann ausgelesen werden und wird dabei eine biometrische Sicherung festgestellt, so kann die hierzu notwendige Verbindung des Geräts mit dem Körpermerkmal des Beschuldigten auf Grundlage einer Anordnung nach § 81b Alt. 1 hergestellt werden (s. auch → § 81a Rn. 9).[59] Dem kann nicht entgegengehalten werden, das Ziel der Maßnahme, nämlich die Gewinnung digitaler Daten, sei von der Vorschrift nicht mehr gedeckt, da sie alleine den Erkennungsdienst zulasse und nur die gewonnenen biometrischen Merkmale selbst als Beweismittel verwendet werden dürften.[60] Eine solche Einschränkung ergibt sich aus dem Wortlaut gerade nicht.[61] Im Gegensatz zur 2. Alt., die durch die Zwecksetzung für Erkennungsdienste auf Identitätsfeststellung ausgerichtet ist, findet sich für die 1. Alt. eine solche enge Begrenzung nicht. Vielmehr wird der wesentlich weitere Begriff der „Durchführung des Strafverfahrens" verwendet, der für jegliche Maßnahmen zur Ermittlung und Feststellung des entscheidungserheblichen Sachverhaltes[62] offen ist. Im Übrigen geht es der Sache nach tatsächlich um eine Identifizierung, und zwar diejenige des Nutzers anhand seiner Körperbeschaffenheit durch das Gerät.[63] Anders gewendet werden Spuren, die der Beschuldigte in der Umwelt verursacht und hinterlassen hat,[64] festgestellt und abgeglichen. § 81b Alt. 1 ist aber nicht zugleich ausreichende Ermächtigungsgrundlage für den Zugriff auf die auf dem Endgerät befindlichen Daten.[65] Denn unabhängig vom Sicherungssystem muss der Datenbestand nach § 94 Abs. 2 beschlagnahmt werden, falls der Beschuldigte hierzu nicht freiwillig den Zugang verschafft. Die Überwindung der Sicherung aber als bloße hiervon mitumfasste typische Vorbereitungsmaßnahme anzusehen,[66] vermag nicht zu überzeugen. Anders als der Zugriff mittels PIN, die, falls sie aufzufinden oder technisch zu ermitteln ist, als Annex eingesetzt werden kann,[67] bezieht sich die Maßnahme bei einer biometrischen Sicherung auf die Erfassung der körperlichen Beschaffenheit des Beschuldigten, mithin dessen Persönlichkeitsrecht, und damit auf ein anderes Rechtsgut. Sie bedarf daher auch einer darauf ausgerichteten Eingriffsermächtigung. Eine spezielle gesetzliche Regelung ist angesichts dieser Rechtslage nicht geboten (→ Rn. 24).

b) Polizeirechtliche Maßnahmen nach Alt. 2. aa) Beschuldigter. Beschuldigter 9
iSd Alt. 2 ist jeder **Tatverdächtige, gegen den die Strafverfolgungsbehörde ein Verfahren betreibt,** weil er einer Straftat beschuldigt wird.[68] Da es sich um eine präventivpolizeiliche Maßnahme handelt, wird mit dieser Anknüpfung an ein konkretes Ermittlungsverfahren allerdings nur zum Ausdruck gebracht, dass die Anordnung nach Alt. 2 nicht an beliebige Tatsachen anknüpfen und zu einem beliebigen Zeitpunkt ergehen kann.[69] In

---

58 BVerfG 12.4.2005 – 2 BvR 1027/02, NJW 2005, 1917 (1920); 16.6.2009 – 2 BvR 902/06, NJW 2009, 2431 (2434); Trück in Bittmann InsStrafR-HdB § 1 Rn. 137; zu Sonderkonstellationen, die wegen nicht offener Vorgehensweise Anordnungen nach §§ 100a, 100b, 110b erforderlich machen können s. Rottmeier/Eckel NStZ 2020, 193 (198).

59 LG Baden-Baden 26.11.2019 – 2 Qs 147/19; AG Baden-Baden 13.11.2019 – 9 Gs 982/19; aA AG Verden 27.6.2017 – 9a Gs 800 Js 15636/17 (zitiert bei Momsen DRiZ 2018, 140 (141 Fn. 11)) und AG Wuppertal – 9 Gs 648-650/17 (zitiert bei Horn Kriminalistik 2019, 641 (642 Fn. 20)): jeweils § 81a.

60 Grzesiek/Zühlke StV 2021, 117 (119); Horn Kriminalistik 2019, 641 (642); Momsen DRiZ 2018, 140 (141); Nadeborn/Irscheid StraFo 2019, 274 (275).

61 LG Baden-Baden 26.11.2019 – 2 Qs 147/19; AG Baden-Baden 13.11.2019 – 9 Gs 982/19; Bäumerich NJW 2017, 2718 (2721); Neuhaus StV 2020, 489 (490); Rottmeier/Eckel NStZ 2020, 193 (195).

62 Vgl. BVerwG 27.6.2018 – 6 C 39/16, NJW 2018, 3194.

63 Rottmeier/Eckel NStZ 2020, 193 (195).

64 So Brauer in Gercke/Julius/Temming/Zöller Rn. 6 zum Zweck der Maßnahmen nach § 81b Alt. 1.

65 So aber LG Baden-Baden 26.11.2019 – 2 Qs 147/19; AG Baden-Baden 13.11.2019 – 9 Gs 982/19, „jedenfalls analog"; Bäumerich NJW 2017, 2718 (2721 ff.).

66 So Horn Kriminalistik 2019, 641 (642 f.) und vom Grundsatz her auch Rottmeier/Eckel NStZ 2020, 193 (196).

67 Bäumerich NJW 2017, 2718 (2720).

68 OVG Bautzen 10.10.2000 – 3 BS 53/00, NVwZ-RR 2001, 238 (239).

69 BVerwG 19.10.1982 – 1 C 29/79, NJW 1983, 772 (773); 19.10.1982 – 1 C 114/79, NJW 1983, 1338 (1339); 6.7.1988 – 1 B 61/88, NJW 1989, 2640; 23.11.2005 – 6 C 2/05, NJW 2006, 1225 (1226); gleichwohl soll nach OVG Magdeburg 9.10.2012 – 30576/12, juris Rn. 6 f. beim Jugendlichen § 67 Abs. 1 JGG zur Anwendung kommen.

sachlicher Hinsicht grenzt dies den Kreis der von der Maßnahme betroffenen Personen dahingehen ein, als sich die gesetzlich geforderte Notwendigkeit der erkennungsdienstlichen Behandlung zumindest auch aus den Ergebnissen des anhängigen Ermittlungsverfahrens herleiten muss, dieses also – bei zumindest bestehendem Anfangsverdacht (§ 152 Abs. 2)[70] – einen entsprechenden Anlass für die Durchführung der Maßnahme bieten muss.[71] Wurde keine ordnungsgemäße Beschuldigtenbelehrung vorgenommen, ist dies in diesem Zusammenhang unerheblich, da die Beschuldigteneigenschaft als solche hierdurch nicht entfällt.[72] In zeitlicher Hinsicht besteht der erforderliche Zusammenhang nur, wenn im Zeitpunkt des Erlasses der ursprünglichen Anordnung ein Ermittlungsverfahren anhängig ist[73] oder – da der Beschuldigtenbegriff des § 157 gilt – das Zwischen- oder Hauptverfahren.[74] Unmaßgeblich ist dagegen hierfür (zur weiterhin erforderlichen Notwendigkeit → Rn. 11), ob das Verfahren durch Einstellung, Verurteilung oder Freispruch endet[75] oder der Abschluss noch nicht absehbar ist.[76] Uneinheitlich wurde in der Rspr. bislang die Frage beantwortet, ob die Beschuldigteneigenschaft für derartige Fälle im Zeitpunkt des Widerspruchsbescheides noch gegeben sein muss[77] oder nicht, wobei Letzteres teilweise selbst dann angenommen wird, wenn die erkennungsdienstliche Anordnung ihren maßgeblichen Inhalt erst mit der Widerspruchsentscheidung erhält.[78] Das BVerwG hat iSd letztgenannten Variante entschieden, da es für die Strafverfolgungsvorsorge an einer finalen Verknüpfung mit dem Anlassverfahren fehlt. Sie dient im Gegensatz zur 1. Alt. eben nicht dessen Förderung und ist deswegen in ihrer Rechtmäßigkeit nicht von dessen Fortdauer abhängig.[79] Gleichermaßen kontrovers wird es gewertet, ob § 81b Alt. 2 gegenüber Strafunmündigen,[80] Schuldunfähigen[81] oder bereits rechtskräftig Verurteilten[82] greift. Schon wegen der Verankerung in der StPO und der Anknüpfung

---

70 OVG Lüneburg 31.8.2010 – 11 ME 288/10, StV 2010, 676; OVG Koblenz 20.8.2018 – 7 B 10607/18, BeckRS 2018, 20898 Rn. 13.

71 BVerwG 19.10.1982 – 1 C 29/79, NJW 1983, 772 (773); 19.10.1982 – 1 C 114/79, NJW 1983, 1338 (1339); 23.11.2005 – 6 C 2/05, NJW 2006, 1225 (1226).

72 VGH München 6.12.2011 – 10 ZB 11.365, BeckRS 2012, 52691 Rn. 3; 2.4.2015 – 10 C 15.304, BeckRS 2015, 44398 Rn. 6.

73 OVG Lüneburg 16.9.2009 – 11 ME 402/09, NVwZ 2010, 69 (70); VGH München 30.7.2013 – 10 CS 12.637, juris Rn. 4 = BeckRS 2013, 54619; VG Braunschweig 23.5.2007 – 5 A 14/06, NVwZ-RR 2008, 30 (31); VG Minden 30.6.2008 – 11 K 1153/08, BeckRS 2008, 37545; VG Braunschweig 25.9.2009 – 7 A 1325/09, BeckRS 2009, 39894; VG Regensburg 38.6.2011 – RO 4 K 11.233, StV 1012, 8 (9).

74 BVerwG 27.6.2018 – 6 C 39/16, NJW 2018, 3194 (3194 f.); Buchholz/Kersig JuS 2019, 351 (352); s. auch schon BVerwG 14.7.2014 – 6 B 2/14, NVwZ-RR 2014, 848 (849): „Straf- oder Ermittlungsverfahren".

75 BVerwG 19.10.1982 – 1 C 29/79, NJW 1983, 772 (773); 19.10.1982 – 1 C 114/79, NJW 1983, 1338 (1339); 6.7.1988 – 1 B 61/88, NJW 1989, 2640; 23.11.2005 – 6 C 2/05, NJW 2006, 1225 (1226); OVG Greifswald 25.11.2015 – 3 L 146/13, BeckRS 2016, 42877 Rn. 27 ff.; VGH München 6.12.2011 – 10 ZB 11.365, BeckRS 2012, 52691 Rn. 3 für strafprozessuales Verwertungsverbot.

76 VG Aachen 21.11.2011 – 6 K 29/10, juris Rn. 10 und 30–32 = BeckRS 2011, 56586.

77 VGH München 9.2.2004 – 24 B 03.695, BeckRS 2004, 30060 Rn. 15; VGH Mannheim 7.3.2007 – 1 S 1170/05, BeckRS 2008, 39409; 29.5.2008 – 1 S 1503/07, NJW 2008, 3082; 13.7.2011 – 1 S 350/11, BeckRS 2011, 5316; OVG Hamburg 11.4.2013 – 4 Bf 141/11, NordÖR 2014, 36 (37 ff.); VGH Mannheim 5.4.2016 – 1 S 275/16, BeckRS 2016, 45327 Rn. 2; Harnisch/Urbanek DÖV 2018, 229 (233).

78 OVG Bautzen 10.10.2000 – 3 BS 53/00, NVwZ-RR 2001, 238 (239); OVG Greifswald 25.11.2015 – 3 L 146/13, BeckRS 2016, 42877 Rn. 33 ff.; OVG Bautzen 20.4.2016 – 3 A 187/15, BeckRS 2016, 45642 Rn. 19; 19.4.2018 – 3 A 215/17, BeckRS 2018, 7292 Rn. 20; OVG Magdeburg 8.3.2019 – 3 L 238/17, NJW 2019, 1827 (1828 f.); Buchholz/Kersig JuS 2019, 351 (353).

79 BVerwG 27.6.2018 – 6 C 39/16, NJW 2018, 3194 (3196).

80 VG Freiburg 3.4.1979 – VS IV 1054/78, NJW 1980, 901; Hadamitzky in KK-StPO Rn. 2; aA Brauer in Gercke/Julius/Temming/Zöller Rn. 7; Bosch in KMR-StPO Rn. 9; Krause in Löwe/Rosenberg Rn. 9; Schmitt in Meyer-Goßner/Schmitt Rn. 7; Rogall in SK-StPO Rn. 28; Apel/Eisenhardt StV 2006, 490 (491).

81 Brauer in Gercke/Julius/Temming/Zöller Rn. 7; Hadamitzky in KK-StPO Rn. 2; Schmitt in Meyer-Goßner/Schmitt Rn. 7; aA Bosch in KMR-StPO Rn. 9 f.; Krause in Löwe/Rosenberg Rn. 9.

82 Hadamitzky in KK-StPO Rn. 2; aA OVG Hamburg 11.4.2013 – 4 Bf 141/11, juris Rn. 34 = DÖV 2013, 695 (Leitsatz); Krause in Löwe/Rosenberg Rn. 9; Bosch in KMR-StPO Rn. 9 f.; Schmitt in Meyer-Goßner/Schmitt Rn. 7; Rogall in SK-StPO Rn. 27.

an ein konkretes Strafverfahren ist es aus systematischen Gründen allerdings vorzugswürdig, innerhalb der Norm einen einheitlichen Beschuldigtenbegriff mit den oben dargelegten Grundsätzen (→ Rn. 3 und 6) zur Anwendung zu bringen.[83] Demgemäß ist § 81b Alt. 2 selbst dann nicht anwendbar, wenn sich erst nachträglich herausstellt, dass der Beschuldigte bei Tatbegehung strafunmündig war.[84] Nicht ausgeschlossen wird dadurch die Möglichkeit, die weitere – polizeirechtlich zu bestimmende – Notwendigkeit einer ursprünglich gegen einen Beschuldigten erfolgten Anordnung maßnahmespezifisch an der Gefahrenabwehr auszurichten, falls die Beschuldigteneigenschaft später wegfällt.[85] Der Sache nach verfährt die Rspr. in diesem Sinne, wenn auch weitgehend unter der rechtlichen Kategorie des Beschuldigtenbegriffs. Zudem greifen außerhalb des Anwendungsbereichs des § 81b entsprechende Regelungen der Polizeigesetze der Länder[86] (→ Rn. 4).

bb) Notwendigkeit. In dem Tatbestandsmerkmal der Notwendigkeit erkennungsdienstlicher Behandlung nach der 2. Alt. hat das Verhältnismäßigkeitsprinzip seinen einfachgesetzlichen Niederschlag gefunden.[87] Es setzt als **Grundsatz,** bezogen auf den Zeitpunkt der tatsächlichen Vornahme der Maßnahme,[88] neben einem (weiterhin bestehenden) Tatverdacht (→ Rn. 11) und einer Wiederholungsgefahr (→ Rn. 12) die Verhältnismäßigkeit der Maßnahme (→ Rn. 13) voraus.[89] Das gilt gleichermaßen für die Umwidmung des nach Alt. 1 erhobenen Materials noch während des Verfahrens[90] und die Aufbewahrung der gewonnenen Unterlagen,[91] was sich, wie deren elektronische Erfassung und Speicherung,[92] hinsichtlich der Zulässigkeitsvoraussetzungen ebenfalls nach § 81b Alt. 2 richtet.[93] 10

Die Anordnung ist nur zulässig, sofern **Verdachtsmomente** gegen den Betroffenen gegeben sind.[94] Kommt es nicht zu einer rechtskräftigen Verurteilung, bei der grundsätzlich kein Anlass zu eigenen erneuten Feststellungen zum Tatgeschehen besteht,[95] so genügt hinsichtlich der Anlasstat ein dem Anfangsverdacht nach § 152 Abs. 2 entsprechender[96] 11

[83] OVG Hamburg 11.4.2013 – 4 Bf 141/11, juris Rn. 34 = DÖV 2013, 695 (Leitsatz); Bosch in KMR-StPO Rn. 10; Rogall in SK-StPO Rn. 25; Schenke JZ 2006, 707 (708).

[84] VG München 27.3.2019 – 7 K 17.4047, BeckRS 2019, 10033 Rn. 22 f. mit dem Hinweis, dass erkennungsdienstliche Maßnahmen nach Polizeirecht dann eingreifen können.

[85] Ähnlich Bosch in KMR-StPO Rn. 10.

[86] Harnisch/Urbanek DÖV 2018, 229 (234) auch zu einem Austausch der Ermächtigungsgrundlage.

[87] BVerwG 27.6.2018 – 6 C 39/16, NJW 2018, 3194 (3195).

[88] BVerwG 19.10.1982 – 1 C 29/79, NJW 1983, 772 (773); 14.7.2014 – 6 B 2/14, NVwZ-RR 2014, 848 (849); OVG Berlin-Brandenburg 13.6.2016 – OVG 1 S 71.15, StV 2017, 665.

[89] OVG Lüneburg 17.12.2004 – 11 ME 264/04, BeckRS 2005, 20016; OVG Magdeburg 18.8.2010 – 3 L 372/09, StV 2011, 391 (392); OVG München 27.12.2010 – 10 ZB 10.2847, juris Rn. 11 = BeckRS 2010, 36796; OVG München 23.3.2011 – 10 CS 10.3068, juris Rn. 23 = BeckRS 2011, 30501; VG Aachen 21.11.2011 – 6 K 29/10, juris Rn. 34 = BeckRS 2011, 56586.

[90] OVG Koblenz 20.8.2018 – 7 B 10607/18, BeckRS 2018, 20898 Rn. 10 f.

[91] BVerfG 16.5.2002 – 1 BvR 2257/01, NJW 2002, 3231 (3232); BVerwG 25.10.1960 – BVerwG I C 63/59, NJW 1961, 571 (572); 9.2.1967 – I C 57/66, NJW 1967, 1192; 6.7.1988 – 1 B 61/88, NJW 1989, 2640; 12.7.1989 – 1 B 85/89, NJW 1990, 136 (Leitsatz); VG Trier 16.11.2010 – 1 K 178/10.TR, BeckRS 2011, 51478; VG Gelsenkirchen 14.3.2016 – 17 K 3859/12, BeckRS 2016, 44828 VG Hannover 22.9.2016 – 10 A 3392/12, BeckRS 2016, 124649 Rn. 23.

[92] VG Dresden 18.3.2008 – 6 L 122/08, juris Rn. 18 = BeckRS 2008, 42730; VG Saarlouis 5.3.2010 – 6 K 691/09, juris Rn. 62 f. = BeckRS 2010, 47638.

[93] BVerwG 19.10.1982 – 1 C 114/79, NJW 1983, 1338; VGH Mannheim 13.2.1973 – I 807/72, NJW 1973, 1663 (1664); OVG Münster 26.4.1972 – IV A 292/71, NJW 1972, 2147 (2148); OVG Koblenz 20.8.2018 – 7 B 10607/18, BeckRS 2018, 20898 Rn. 7–10; s. zur Umwidmung auch Klein/Gammon Kriminalistik 2019, 169 (170 f.).

[94] BVerwG 23.11.2005 – 6 C 2/05, NJW 2006, 1225 (1226); OVG Münster 26.4.1972 – IV A 292/71, NJW 1972, 2147 (2148); OVG Magdeburg 18.8.2010 – 3 L 372/09, StV 2011, 391 (392); OVG Lüneburg 31.8.2010 – 11 ME 288/10, StV 2010, 676 (676 f.).

[95] VGH München 5.1.2017 – 10 ZB 14.2603, BeckRS 2017, 100320 Rn. 20; 27.10.2020 – 10 ZB 20.1974, BeckRS 2020, 30377 Rn. 9.

[96] OVG Koblenz 24.9.2018 – 7 A 10256/18, BeckRS 2018, 27234 Rn. 43; VGH München 8.9.2020 – 10 CS 20.1850 Rn. 5; VG München 20.4.2016 – M 7 K 15.4332, BeckRS 2016, 51681.

Restverdacht,[97] der auch dann noch gegeben sein kann, wenn die Beschuldigteneigenschaft wegfällt,[98] sei es durch Einstellung nach § 170 Abs. 2,[99] nach §§ 153 ff.,[100] nach § 45 JGG,[101] nach § 31a BtMG,[102] durch Ablehnung der Eröffnung des Hauptverfahrens[103] oder durch Freispruch.[104] Dem stehen weder die Unschuldsvermutung als besondere Ausprägung des Rechtsstaatsprinzips, noch Art. 6 Abs. 2 EMRK entgegen.[105] Maßgeblich ist dabei, dass durch die verfahrensbeendende Entscheidung die Verdachtsmomente nicht vollständig ausgeräumt sind.[106] Dies ist mit einer eigenständigen Beurteilung im Rahmen einer eingehenden Würdigung aller relevanten Umstände des Einzelfalls unter Berücksichtigung der Gründe für die Einstellung des Verfahrens festzustellen,[107] wobei auch Aussagen zeugnisverweigerungsberechtigter Zeugen berücksichtigt werden dürfen, die aus rein strafprozessualer Sicht einem Beweisverwertungsverbot nach § 252 unterliegen würden,[108] Erkenntnisse aus einer gegen einen Dritten zu Recht angeordneten TKÜ nach § 100a dagegen nur unter den Voraussetzungen des § 479 Abs. 2 S. 2.[109] Der Restverdacht muss sich wegen des notwendigen Bezugs zu dem Verfahren, in dem die Anordnung getroffen wurde, zumindest auch aus der Anlasstat herleiten. Weitere Strafverfahren können ausschließlich ergänzend zur Begründung einer Wiederholungsgefahr herangezogen werden.[110]

12 **Wiederholungsgefahr** ist anzunehmen, wenn begründete Anhaltspunkte dafür bestehen, dass der Betroffene künftig oder „anderwärts gegenwärtig" in ähnlicher oder anderer Weise[111] strafrechtlich in Erscheinung treten wird.[112] Die letztgenannte Formu-

[97] VGH Kassel 16.12.2004 – 11 UE 2982/02, NJW 2005, 2727 (2729); OVG Lüneburg 31.8.2010 – 11 ME 288/10, StV 2010, 676 (677); VGH Mannheim 13.7.2011 – 1 S 350/11, BeckRS 2011, 53016; OVG Greifswald 25.11.2015 – 3 L 146/13, BeckRS 2016, 42877 Rn. 45; VG Köln 28.1.2010 – 20 K 7887/08, BeckRS 2010, 47663; VG Stade 9.3.2010 – 1 B 1530/09, BeckRS 2010, 47449; kritisch zu diesem Begriff Bosch in KMR-StPO Rn. 10.

[98] BVerwG 6.7.1988 – 1 B 61/88, NJW 1989, 2640; 23.11.2005 – 6 C 2/05, NJW 2006, 1225; aA Goers in BeckOK StPO Rn. 2.

[99] OVG Greifswald 4.3.2003 – 3 M 30/03, juris Rn. 20 = BeckRS 2003, 11815; OVG Berlin 24.6.2004 – 1 S 76.03, juris Rn. 9 = BeckRS 2004, 18778; VGH Kassel 16.12.2004 – 11 UE 2982/02, NJW 2005, 2727 (2729); VGH Mannheim 17.7.2011 – 1 S 350/11, BeckRS 2011, 53016; VG Saarbrücken 5.3.2010 – 6 K 691/09, juris Rn. 36; VG Regensburg 28.6.2011 – RO 4 K 11.233, StV 2012, 8 (9).

[100] BVerfG 16.5.2002 – 1 BvR 2257/01, NJW 2002, 3231; OVG Münster 14.4.2010 – 5 A 479/09, BeckRS 2010, 49130; OVG München 23.3.2011 – 10 CS 10.3068, juris Rn. 2 und 19 = BeckRS 2011, 30501; OVG Bautzen 19.4.2018 – 3 A 215/17, BeckRS 2018, 7292 Rn. 22 jeweils zu § 153a; OVG Münster 26.4.1972 – IV A 292/71, NJW 1972, 2147 (2148); 30.11.2015 – 5 E 484/15, BeckRS 2015, 55819 Rn. 9; VGH München 5.1.2017 – 10 ZB 14.2603, BeckRS 2017, 100320 Rn. 12 f. jeweils zu § 153; VGH München 16.11.2015 – 10 CS 15.1564, BeckRS 2015, 56376 Rn. 20; VG Aachen 24.8.2015 – 6 K 297/14, BeckRS 2015, 54580 jeweils zu § 154; OVG Magdeburg 25.10.2012 – 3 L 40/12, juris Rn. 9 = BeckRS 2012, 59629; VG Minden 30.6.2008 – 11 K 1153/08, BeckRS 2008, 37545; VG Greifswald 15.10.2008 – 3 L 491/04, BeckRS 2009, 35201.

[101] OVG Magdeburg 2.10.2012 – 3 O 25/12, juris Rn. 9 = BeckRS 2012, 59633; OVG Magdeburg 22.4.2020 – 3 O 27/20, BeckRS 2020, 8014 Rn. 4 f.

[102] OVG Lüneburg 13.11.2009 – 11 ME 440/09, BeckRS 2009, 41613.

[103] OVG Bautzen 16.11.2009 – 3 B 355/08, BeckRS 2009, 42479.

[104] OVG Greifswald 25.11.2015 – 3 L 146/13, BeckRS 2016, 42877 Rn. 45 ff.; VGH München 8.9.2020 – 10 CS 20.1850, BeckRS 2020, 24606 Rn. 6.

[105] BVerwG 25.3.2019 – 6 B 163.18, BeckRS 2019, 8543 Rn. 8 f.; 25.3.2019 – 6 B 163.18, BeckRS 2019, 8543 Rn. 8 f.; Frister FS Amelung, 2009, 603 (611 f.).

[106] BVerfG 16.5.2002 – 1 BvR 2257/01, NJW 2002, 3231; OVG Bautzen 16.11.2009 – 3 B 255/08, BeckRS 2009, 42479; OVG Bautzen 31.1.2013 – 3 A 565/11, juris Rn. 7; OVG Koblenz 24.9.2018 – 7 A 10256/18, BeckRS 2018, 27234 Rn. 35.

[107] BVerfG 1.6.2006 – 1 BvR 2293/03, BeckRS 2009, 35816; BVerwG 27.6.2018 – 6 C 39/16, NJW 2018, 3194 (3196); 25.3.2019 – 6 B 163.18, BeckRS 2019, 8543 Rn. 10; OVG Berlin-Brandenburg 13.6.2016 – OVG 1 S 71.15, StV 2017, 665 (666); OVG Greifswald 25.11.2015 – 3 L 146/13, BeckRS 2016, 42877 Rn. 47; VGH Kassel 1.2.2017 – 8 B 1411/16, BeckRS 2017, 103544 Rn. 27.

[108] VGH Mannheim 13.7.2011 – 1 S 350/11, BeckRS 2011, 5306.

[109] OVG Lüneburg 20.11.2014 – 11 LC 232/13, NVwZ-RR 2015, 336 (337 f.) zu § 477 Abs. 2 S. 3 aF.

[110] OVG Magdeburg 22.4.2020 – 3 O 27/20, BeckRS 2020, 8014 Rn. 10 und 17.

[111] OVG Lüneburg 29.6.2016 – 11 ME 100/16, BeckRS 2016, 48052 Rn. 13; OVG Magdeburg 28.3.2018 – 3 O 73/18, BeckRS 2018, 13107 Rn. 12.

lierung bezieht sich auf Straftaten, die bereits begangen sind, aber dem Beschuldigten noch nicht zugeordnet werden können.[113] Hierzu muss anhand der Wahrscheinlichkeit eines erneuten Schadenseintritts das künftige Verhalten des Betroffenen prognostiziert werden, wobei die Anforderungen umso geringer sind, je höherwetig das gefährdete Rechtsgut ist.[114] Wiederholungsgefahr ist insbesondere anzunehmen bei einem Tatbild, das nicht einem spontanen und zufälligen, sondern einer planvollen und auf seienmäßige Begehung angelegten Verhalten entspricht,[115] bei Rückfalltätern,[116] und bei gewohnheits- oder gewerbsmäßiger Begehung.[117] Sie kann unter Umständen jedoch schon bei erstmaliger Begehung eines Delikts vorliegen,[118] was gerade bei Taten aus dem Umfeld kriminogener Gruppierungen[119] und bei Risikodelikten wie §§ 176, 176a, 177 StGB,[120] aber auch §§ 174c,[121] 183,[122] 184b, 184c StGB[123] gilt. Uneinheitlich beantwortet die Rspr. allerdings die Frage, ob alleine aus §§ 184b, 184c StGB die Gefahr hergeleitet werden kann, der Beschuldigte werde zukünftig über den Umgang mit Bildmaterial hinaus als Täter sexuellen Missbrauchs von Kindern in Erscheinung treten. Unter Bezugnahme auf die gesetzgeberischen Erwägungen zum Schutzgut dieser Vorschriften wird dies einerseits bejaht,[124] andererseits jedoch mit dem Hinweis auf fehlende empirische Belege verneint.[125] Anders als Sexual-, Körperverletzungs- und Betäubungsmitteldelikte, die einer entsprechenden Neigung des Täters entspringen,[126] ist dies bspw. bei Betrugsstraftaten regelmäßig nicht der Fall, so dass bei diesen von einer einmaligen Begehung nicht ohne weiteres[127] auf eine Wiederholungsgefahr geschlossen werden kann.[128] Ver-

---

[112] BVerwG 19.10.1982 – 1 C 29/79, NJW 1983, 772 (774); OVG Lüneburg 13.11.2009 – 11 ME 440/09, BeckRS 2009, 41613 unter Hinweis auf Rückfallwahrscheinlichkeit bei Drogenkriminalität.

[113] Rogall in SK-StPO § 81g Rn. 30.

[114] OVG Koblenz 24.9.2018 – 7 A 10084/18.OVG, BeckRS 2018, 27128 Rn. 27 auch zur nur eingeschränkten gerichtlichen Überprüfbarkeit; VG Gelsenkirchen 14.3.2016 – 17 K 3859/12, BeckRS 2016, 44828; vgl. auch BVerwG 7.3.2012 – 6 B 40/11, NVwZ-RR 2012, 342 (344) für illegalen Besitz von Schusswaffen.

[115] OVG Koblenz 20.8.2018 – 7 B 10607/18, BeckRS 2018, 20898 Rn. 14.

[116] OVG Münster 10.3.2016 – 5 E 808/15, BeckRS 2016, 54147 Rn. 10; OVG Magdeburg 28.3.2018 – 3 O 73/18, BeckRS 2018, 13107 Rn. 13.

[117] VG München 20.4.2016 – M 7 K 15.4332, BeckRS 2016, 51681; Göers in BeckOK StPO Rn. 7; Krause in Löwe/Rosenberg Rn. 9; Waszczynski JA 2013, 60 (63).

[118] Vgl. OVG Lüneburg 24.10.2007 – 11 ME 309/07, BeckRS 2007, 27538.

[119] VGH München 5.2.2020 – 10 ZB 19.2459, BeckRS 2020, 2713 Rn. 7 zu „Reichsbürgerbewegung"; VGH München 27.10.2020 – 10 ZB 20.1974, BeckRS 2020, 30377 Rn. 10 f. zu „Rockerclubs"; vgl. auch VGH München 16.11.2015 – 10 CS 15.1564, BeckRS 2015, 56376 Rn. 26 und VG Ansbach 25.6.2015 – AN 5 S 15.00126, BeckRS 2015, 48475 zu „gewaltbereiter Fußballszene".

[120] OVG Bautzen 26.10.2015 – 3 A 407/15, BeckRS 2016, 42672 Rn. 9 ff.; OVG Koblenz 24.9.2018 – 7 A 10256/18, BeckRS 2018, 27234 Rn. 55.

[121] VG Aachen 21.11.2011 – 6 K 29/10, juris Rn. 48 und 55–57 = BeckRS 2011, 56586.

[122] VG Köln 28.1.2010 – 20 K 7887/08, BeckRS 2010, 47663; VG Köln 2.5.2013 – 20 K 3268/12, juris Rn. 26 f. = BeckRS 2013, 51899.

[123] VG Braunschweig 23.5.2007 – 5 A 14/06, NVwZ-RR 2008, 30 (31); VG Ansbach 5.12.2012 – AN 1 S 12.01657, juris Rn. 74 = BeckRS 2012, 60698; VG Stuttgart 16.7.2020 – 1 K 4103/19, BeckRS 2020 28393 Rn. 26 f.

[124] VGH Mannheim 29.5.2008 – 1 S 1503/07, NJW 2008, 3082 (3083 f.); OVG Bautzen 8.7.2015 – 3 D 33/15, BeckRS 2015, 51246 Rn. 13; 19.4.2018 – 3 A 215/17, BeckRS 2018, 7292 Rn. 29; VG Gelsenkirchen 14.3.2016 – 17 K 3859/12, BeckRS 2016, 44828; nach VGH München 7.1.2014 – 10 ZB 13.925, BeckRS 2014, 46396 Rn. 7 jedenfalls bei Hinzutreten weiterer Umstände wie Art und großer Anzahl der Bilder.

[125] OVG Magdeburg 8.3.2019 – 3 L 238/17, NJW 2019, 1827 (1830 f.); aA OVG Bautzen 19.4.2018 – 3 A 215/17, BeckRS 2018, 7292 Rn. 27 f.

[126] S. hierzu OVG Saarlouis 13.3.2009 – 3 B 34/09, BeckRS 2009, 32373; OVG Koblenz 24.9.2018 – 7 A 10084/18.OVG, BeckRS 2018, 27128 Rn. 35; VG Cottbus 14.2.2018 – 3 L 95/18, juris Rn. 13 = BeckRS 2018, 1457 jeweils mwN.

[127] S. aber VG Schleswig 13.9.2016 – 3 A 94/14, BeckRS 2016, 53105 bei hohem Schaden und gezielter Auswahl älterer Menschen als Opfer.

[128] VG Braunschweig 27.9.2006 – 5 A 53/06, BeckRS 2006, 26363; s. aber auch OVG Münster 10.3.2016 – 5 E 808/15, BeckRS 2016, 54147 Rn. 6 und 10.10.2016 – 5 E 85/16, BeckRS 2016, 54148 Rn. 9 jeweils zu Wiederholungstäter.

gleichbar lassen Gewaltsstraftaten im familiären Bereich für sich gesehen und ohne Berücksichtigung der konkreten Umstände nicht die Prognose auf eine entsprechende Delinquenz im öffentlichen Raum zu.[129] Eine negative Prognose wird wegen der unterschiedlichen Zwecke und Rechtmäßigkeitsmaßstäbe aber nicht dadurch ausgeschlossen, dass die gegen den Betroffenen im Strafverfahren verhängte Freiheitsstrafe zur Bewährung ausgesetzt wurde,[130] und zwar grundsätzlich auch noch nach Straferlass.[131] Je länger frühere Taten zurückliegen, desto mehr verlieren sie an Indizwirkung,[132] insbesondere wenn ihnen jugendtypisches Fehlverhalten zugrunde lag und eine Lösung aus dem szenetypischen Umfeld ersichtlich ist.[133] Bei Verurteilungen dienen die Tilgungsfristen des BZRG als Orientierung.[134]

13 Die **Verhältnismäßigkeit** der Maßnahme ist gegeben, wenn sie zur Erreichung des angestrebten Zwecks geeignet und erforderlich ist und der mit ihr verbundene Eingriff in das Persönlichkeitsrecht nicht außer Verhältnis zur Bedeutung der Sache und zur Stärke des Tatverdachts steht.[135] Die Anordnung muss hierzu konkrete und auf den Einzelfall bezogene Ausführungen enthalten.[136] Unter dem Gesichtspunkt der Geeignetheit zur Aufklärung künftiger Straftaten setzt die Anordung nicht voraus, dass der Betroffene bereits unter fremdem Namen aufgetreten ist, sonst seine Identität verschleiert[137] oder die Tatbegehung bestritten hat.[138] Lediglich wenn mit Gewissheit die Tatbeteiligung bei zukünftig zu erwartenden Straftaten nicht in Frage steht,[139] was bspw. bei Unterhaltspflichtverletzung der Fall ist[140] und bei Gewaltstraftaten im familiären Bereich in Betracht kommen kann,[141] fehlt es an der Notwendigkeit. Ferner muss die Anlasstat zwar kein hohes Maß an Gemeinschädlichkeit aufweisen.[142] Keine genügende Grundlage für die Anordnung bieten aber häufig Bagatellde-

---

[129] VGH München 11.3.2004 – 24 CS 03.3324, BeckRS 2004, 34229; ausführlich OVG Koblenz 24.9.2018 – 7 A 10084/18.OVG, BeckRS 2018, 27128 Rn. 31 ff. zu § 224 Abs. 1 Nr. 5 StGB durch Schütteln eines Kleinkindes; s. aber andererseits Buchholz/Kersig JuS 2019, 351 (354).

[130] BVerwG 19.10.1982 – 1 C 29/79, NJW 1983, 772 (774); VGH Mannheim 29.5.2008 – 1 S 1503/07, NJW 2008, 3082 (3083); VGH München 6.12.2011 – 10 ZB 11.365, BeckRS 2012, 52691 Rn. 5; OVG Bautzen 20.11.2017 – 3 D 37/17, BeckRS 2017, 142014 Rn. 6; OVG Magdeburg 28.3.2018 – 3 O 73/18, BeckRS 2018, 13107 Rn. 11; VG Saarlouis 15.2.2012 – 6 K 115/10, BeckRS 2012, 49016 = wistra 2012, 244 (Leitsatz).

[131] Ausführlich OVG Magdeburg 8.3.2019 – 3 L 238/17, NJW 2019, 1827 (1831 f.).

[132] VG Braunschweig 27.9.2006 – 5 A 53/06, BeckRS 2006, 26363; VG Gelsenkirchen 14.3.2016 – 17 K 3859/12, BeckRS 2016, 44828; Nach OVG Bautzen 6.2.2017 – 3 A 862/16, BeckRS 2017, 115676 Rn. 12 nicht jedoch schon zweieinhalbjährige Straflosikeit „ohne Anzeichen für eine Änderung der maßgeblichen Lebensverhältnisse".

[133] VG Potsdam 30.7.2021 – 3 K 3110/19, BeckRS 2021 22605 Rn. 23 ff.

[134] OVG Magdeburg 8.3.2019 – 3 L 238/17, NJW 2019, 1827 (1832); VGH München 27.10.2020 – 10 ZB 20.1974, BeckRS 2020, 30377 Rn. 10; aber keine analoge Anwendung des § 51 BZRG auf Verfahrenseinstellungen nach VGH München 16.11.2015 – 10 CS 15.1564, BeckRS 2015, 56376 Rn. 24.

[135] OVG Lüneburg 17.12.2004 – 11 ME 264/04, BeckRS 2005, 20016.

[136] OVG Magdeburg 18.8.2010 – 3 L 372/09, StV 2011, 391 (392).

[137] OVG Magdeburg 2.10.2012 – 3025/12, juris Rn. 14; OVG Magdeburg 4.10.2012 – 3026/12, juris Rn. 12.

[138] VGH München 8.5.2017 – 10 ZB 17.663, BeckRS 2017, 111553 Rn. 9.

[139] OVG Bautzen 4.11.2015 – 3 A 455/15, BeckRS 2016, 43204 Rn. 11; 21.12.2017 – 3 D 68/17, BeckRS 2017, 142309 Rn. 11; ähnlich OVG Lüneburg 29.6.2016 – 11 ME 100/16, BeckRS 2016, 48052 Rn. 14.

[140] OVG Bautzen 31.1.2013 – 3 A 565/11, juris Rn. 10.

[141] OVG Koblenz 19.3.2001 – 11 B 10285/01, BeckRS 2001, 161438 Rn. 2 f.; VGH München 11.3.2004 – 24 CS 03.3324, BeckRS 2004, 34229; OVG Koblenz 24.9.2018 – 7 A 10084/18.OVG, BeckRS 2018, 27128 Rn. 29; VG München 27.3.2019 – 7 K 17.4047, BeckRS 2019, 10033 Rn. 28 f.; stark einschränkend für Sexualdelikte jeweils OVG Bautzen 27.9.2021 – 6a 425/20, BeckRS 2021, 31989 Rn. 6. OVG Koblenz 24.9.2018 – 7 A 10256/18, BeckRS 2018, 27234 Rn. 57.

[142] BVerwG 27.6.2018 – 6 C 39/16, NJW 2018, 3194 (3195); OVG München 27.12.2010 – 10 ZB 10.2847, juris Rn. 11 = BeckRS 2010, 36796: „liegt auf der Hand" bei Körperverletzungsdelikten; vergleichbar OVG Bautzen 16.6.2020 – 3 A 346/20, BeckRS 2020, 12812 Rn. 10 sowie zu Tankbetrug, BtMG, § 21 StVG; ausreichend nach VGH München 5.2.2020 – 10 ZB 19.2459, BeckRS 2020, 2713 Rn. 8 auch Geldstrafe von 30 Tagessätzen wegen Unterschlagung aus „Reichsbürgerbewegung" heraus.

likte,[143] insbesondere Antragsdelikte[144] oder Privatklagedelikte,[145] sofern nicht das öffentliche Interesse an der Strafverfolgung bejaht werden kann[146] oder es sich um Wiederholungstaten handelt.[147]

cc) Ermessensausübung. § 81b („dürfen") räumt hinsichtlich des „Ob" der Anordnung ein **Entschließungsermessen** ein,[148] dessen Ausübung sich grundsätzlich aus der Begründung der Anordnung ersehen lassen muss.[149] Hierzu ist neben dem Zeitpunkt des Erlasses auch auf denjenigen der tatsächlichen Vornahme abzustellen.[150] Auch wenn die bejahte Notwendigkeit der Maßnahme deren Anordnung regelmäßig weitgehend determiniert,[151] kann ausnahmsweise abweichend zu entscheiden sein, sofern der Beschuldigte bereits zuvor erkennungsdienstlich behandelt wurde.[152] Dann müssen für eine neuerliche Anordnung greifbare Anhaltspunkte für eine seitherige Veränderung des Aussehens vorliegen, die außer in einem hinreichend langen zeitlichen Abstand[153] bspw. in einer Veränderung des äußeren Erscheinungsbildes durch eine Geschlechtsumwandlung[154] oder starke Gewichtsabnahme[155] zu sehen sein können. Die Auswirkung der Maßnahme auf die Persönlichkeitsentwicklung ist bei Betroffenen jugendlichen Alters zu erwägen.[156] Keine fehlerhafte Ermessensausübung kann indessen allein daraus hergeleitet werden, dass die Begründung (versehentlich) nicht auf das im Strafverfahren vorgeworfene Delikt gestützt wurde, sondern auf ein anderes, sofern Ersteres gleichermaßen geeignet war.[157] Die abschreckende Wirkung einer Anordnung ist kein zulässiger Gesichtspunkt im Rahmen der Abwägung.[158] 14

Die Anordnung der erkennungsdienstlichen Behandlung und die Aufbewahrung der Unterlagen erfordert zudem bezüglich des „Wie", also ihres Umfangs nach, eine Ausübung 15

[143] VG Saarlouis 26.2.2013 – 6 K 53/12, juris Rn. 34 = BeckRS 2013, 51355; s. auch OVG Lüneburg 24.10.2007 – 11 ME 309/07, BeckRS 2007, 27538 zu Ordnungswidrigkeiten.

[144] OVG Greifswald 4.3.2003 – 3 M 30/03, juris Rn. 17 = BeckRS 2003, 11815; aA OVG München 20.1.2011 – 10 CS 10.2725, juris Rn. 2 und 11 für Beleidigung auf sexueller Grundlage eines wegen Mordes Vorverurteilten.

[145] VG Dresden 18.3.2008 – 6 L 122/08, juris Rn. 21 f. = BeckRS 2008, 42730 für Verweisung auf Privatklageweg.

[146] OVG Bautzen 7.12.2010 – 3 A 452/10, BeckRS 2011, 45233 bei Geldstrafe von 50 Tagessätzen wegen fahrlässiger Körperverletzung im Straßenverkehr.

[147] OVG Magdeburg 28.3.2018 – 3 O 73/18, BeckRS 2018, 13107 Rn. 8 und 13; VG Würzburg 16.8.2016 – W 5 S 16.1017, BeckRS 2016, 53728.

[148] BVerwG 27.6.2018 – 6 C 39/16, NJW 2018, 3194 (3196); VGH München 16.11.2015 – 10 CS 15.1564, BeckRS 2015, 56376 Rn. 27; OVG Magdeburg 8.3.2019 – 3 L 238/17, NJW 2019, 1827 (1832).

[149] OVG Magdeburg 18.8.2010 – 3 L 372/09, StV 2011, 391 (392).

[150] Vgl. BVerwG 19.10.1982 – 1 C 29/79, NJW 1983, 772 (773); 14.7.2014 – 6 B 2/14, NVwZ-RR 2014, 848 (849) jeweils zur Notwendigkeit.

[151] OVG Lüneburg 29.6.2016 – 11 ME 100/16, BeckRS 2016, 48052 Rn. 17: „intendiertes Ermessen"; OVG Koblenz 20.8.2018 – 7 B 10607/18, BeckRS 2018, 20898 Rn. 18.

[152] BVerwG 27.6.2018 – 6 C 39/16, NJW 2018, 3194 (3196); so auch VG München 27.3.2019 – 7 K 17.4047, BeckRS 2019, 10033 Rn. 30 für frühere erkennungsdienstliche Behandlung im Asylverfahren.

[153] OVG Magdeburg 18.8.2010 – 3 L 372/09, StV 2011, 391 (395); OVG Lüneburg 29.6.2016 – 11 ME 100/16, BeckRS 2016, 48052 Rn. 15; VG Aachen 24.8.2015 – 6 K 297/14, BeckRS 2015, 54580 „nach einen Zeitablauf von fünf Jahren"; OVG Münster 9.1.2015 – 5 E 184/14, BeckRS 2016, 51095 Rn. 9 und OVG Münster 18.8.2016 – 5 A 2212/15, BeckRS 2016, 51093 Rn. 5 jeweils „jedenfalls nach Ablauf von circa sechs Jahren"; OVG Magdeburg 28.3.2018 – 3 O 73/18, BeckRS 2018, 13107 Rn. 16 mwN „jedenfalls nach fünf Jahren; VG Göttingen 21.10.2009 – 1 A 180/09, BeckRS 2009, 41336 bei Jugendlichen nach einem Jahr; VG Saarlouis 5.3.2010 – 6 K 691/09, juris Rn. 51–53 = BeckRS 2010, 47638; VG Düsseldorf 13.9.2012 – 18 K 7552/11, juris Rn. 36 = BeckRS 2012, 58213 nach 10 Jahren anzunehmen.

[154] VG München 20.4.2016 – M 7 K 15.4332, BeckRS 2016, 51681.

[155] VG Aachen 24.8.2015 – 6 K 297/14, BeckRS 2015, 54580.

[156] OVG Berlin-Brandenburg 3.12.2013 – OVG 1 S 234.13, BeckRS 2013, 59231; VG München 15.10.2014 – M 7 K 14.1249, BeckRS 2014, 119202.

[157] OVG Magdeburg 8.3.2019 – 3 L 238/17, NJW 2019, 1827 (1832): § 184b Abs. 1 StGB aF, statt § 184b Abs. 4, § 184c Abs. 4 StGB aF.

[158] Vgl. OVG Koblenz 24.9.2018 – 7 A 10084/18.OVG, BeckRS 2018, 27128 Rn. 29 zur „Notwendigkeitsbeurteilung"; vgl. auch OVG Bautzen 7.3.2017 – 3 A 853/16, BeckRS 2017, 116497 Rn. 14.

des **Auswahlermessens,**[159] die in einer einzelfallbezogenen Begründung zum Ausruck zu bringen ist.[160] Deshalb müssen die gewonnenen Unterlagen gerade für die Aufklärung solcher Straftaten geeignet und erforderlich sein, für die eine Wiederholungsgefahr prognostiziert werden kann („soweit").[161] Insoweit bestehen Überschneidungen mit dem Tatbestandsmerkmal der Notwendigkeit der Maßnahme, weswegen in der Rspr. die entsprechenden Gesichtspunkte teilweise auch schon bei der diesbezüglichen Prüfung eingeordnet werden.[162] Bei Sexualdelikten ist auch in diesem Zusammenhang zu berücksichtigen, dass sie regelmäßig von einer besonderen Veranlagung oder Neigungen des Täters geprägt sind.[163] Die angeordneten Maßnahmen dürfen dabei nicht als „Gesamtpaket" angesehen werden. Vielmehr ist jede verfügte Maßnahme als gesonderter Eingriff zu bewerten.[164] Eine solche Differenzierung stößt allerdings innerhalb der standardmäßigen erkennungsdienstlichen Maßnahmen (Detailbild, Dreiseitenbild, Ganzkörperbild, Personenbeschreibung sowie Zehnfinger- und Handflächenabdruck) an ihre Grenzen.[165] Andererseits kommt bspw. die Messung von Körpergewicht und Schuhgröße bei §§ 184b, 184c StGB nicht in Betracht, sofern davon ausgegangen wird, dass diesen Delikten kein Indizcharakter für die Begehung von Missbrauchshandlungen beizumessen ist (→ Rn. 12).[166] Fiel der Betroffene dagegen durch Übersendung von Nacktaufnahmen auf, so kann eine Abbildung seines Geschlechtsteils erfolgen.[167] Sollen bei Personen, die aus religiösen Gründen ein Kopftuch tragen, Lichtbilder in gänzlich unverschleiertem Zustand angefertigt werden, ist der damit verbundene Eingriff in die Religionsfreiheit in die Erwägungen miteinzubeziehen.[168] Einschränkungen für die Erhebung der Daten können sich ferner ergeben, falls Polizeigesetze der Länder deren Speicherung, Veränderung und Nutzung nur unter bestimmten Bedingungen zulassen.[169]

16 **2. Zulässige Maßnahmen.** Die Aufzählung in § 81b ist lediglich beispielhaft. Die Vorschrift ist in verfassungsmäßig nicht zu beanstandender Weise[170] im Wortlaut offen gestaltet, um den Entwicklungen der Kriminaltechnik nicht einschränkend vorzugreifen.[171] Neben den ausdrücklich aufgezählten Maßnahmen sind alle Identifizierungsmöglichkeiten zulässig, die –

[159] BVerwG 27.6.2018 – 6 C 39/16, NJW 2018, 3194 (3196); VGH München 16.11.2015 – 10 CS 15.1564, BeckRS 2015, 56376 Rn. 27; OVG Magdeburg 8.3.2019 – 3 L 238/17, NJW 2019, 1827 (1832); VG München 20.4.2016 – M 7 K 15.4332, BeckRS 2016, 51681; VG Aachen 24.8.2015 – 6 K 297/14, BeckRS 2015, 54580.

[160] OVG Magdeburg 18.8.2010 – 3 L 372/09, StV 2011, 391 (392).

[161] BVerwG 7.3.2012 – 6 B 40/11, NVwZ-RR 2012, 342 (343) bejahend für Waffendelikte; VGH Mannheim 18.12.2003 – 1 S 2211/02, NVwZ-RR 2004, 572 (573); OVG Lüneburg 17.12.2004 – 11 ME 264/04, BeckRS 2005, 20016; OVG Bautzen 3.12.2010 – 3 A 601/10, BeckRS 2011, 45234; VGH Mannheim 13.7.2011 – 1 S 350/11, BeckRS 2011, 53016; VGH München 5.11.2012 – 10 CS 12.1855, juris Rn. 9 = BeckRS 2012, 59258 zu § 184b StGB; VG Braunschweig 27.9.2006 – 5 A 53/06, BeckRS 2006, 26363; VG Leipzig 19.7.2007 – 3 K 1162/06, juris Rn. 18 f. = BeckRS 2009, 32398 = StV 2009, 124; VG Saarlouis 5.3.2010 – 6 K 691/09, juris Rn. 48, aber Rn. 59 = BeckRS 2010, 47638; VG Regensburg 28.6.2011 – RO 4 K 11.233, StV 2012, 8 (9); VG Saarlouis 15.2.2012 – 6 K 115/10, BeckRS 2012, 49016 = wistra 2012, 244 (Leitsatz) für Insolvenzstraftaten durch „Firmenbestatter"; VG Aachen 24.8.2015 – 6 K 297/14, BeckRS 2015, 54580 für BtMG; VG Stuttgart 16.7.2020 – 1 K 4103/19, BeckRS 2020, 28393 Rn. 29 ff.

[162] Vgl. OVG Bautzen 27.9.2021 – 6a 425/20, BeckRS 2021, 31989 Rn. 6 zu § 184b StGB; VG München 27.1.2021 – M23 520.3112, BeckRS 2021, 2215 Rn. 29 zu Urkundsdelikten.

[163] VG Aachen 21.11.2011 – 6 K 29/10, juris Rn. 55–57 = BeckRS 2011, 56586.

[164] BVerwG 27.6.2018 – 6 C 39/16, NJW 2018, 3194 (3196); Buchholz/Kersig JuS 2019, 351 (354); vgl. hierzu auch VGH München 16.11.2015 – 10 CS 15.1564, BeckRS 2015, 56376 Rn. 28.

[165] OVG Bautzen 20.4.2016 – 3 A 187/15, BeckRS 2016, 45642 Rn. 25.

[166] OVG Magdeburg 8.3.2019 – 3 L 238/17, NJW 2019, 1827 (1833); s. aber auch VG Stuttgart 16.7.2020 – 1K 4103/19, BeckRS 2020, 28393 Rn. 30 ff. den Standardmaßnahmen.

[167] VG Cottbus 14.2.2018 – 3 L 95/18, juris Rn. 17 = BeckRS 2018, 1457.

[168] VG Würzburg 16.8.2016 – W 5 S 16.1017, BeckRS 2016, 53728.

[169] VG Braunschweig 23.5.2007 – 5 A 14/06, NVwZ-RR 2008, 30 (31) zu § 39 Abs. 3 NdsSOG; vorausgesetzt wird dies auch von OVG Greifswald 4.3.2003 – 3 M 30/03, juris Rn. 24 = BeckRS 2003, 11815 zu §§ 36, 37 SOG MV.

[170] BVerfG 14.2.1978 – 2 BvR 406/77, NJW 1978, 1149 (1150); 27.9.1982 – 2 BvR 1199/82, NStZ 1983, 84.

[171] Kramer JR 1994, 224 zugleich mit Kritik an dieser Regelungstechnik.

ohne dass es einer körperlichen Untersuchung iSd § 81a Abs. 1 bedarf – der **Feststellung der körperlichen Beschaffenheit** dienen. Finger- und Handflächenabdrücke können digitalisiert und in AFIS eingesstellt werden (→ Rn. 6). Für Fußsohlenabdrücke besteht diese Möglichkeit noch nicht. Es dürfen das Aussehen, auch von Körperteilen und -merkmalen, wie des Geschlechtsteils[172] oder Tätowierungen und Narben,[173] sowie sonstige für die Individualität einer Person signifikante dauerhafte[174] Persönlichkeitsgegebenheiten fotografiert, vermessen oder in anderer Weise, bspw. durch Röntgenaufnahmen,[175] registriert werden.[176] Erlaubt ist es demnach, vom Beschuldigten Vergleichsfotografien mit einer Raumüberwachungskamera,[177] für eine Wahllichtbildvorlage[178] oder einen Videofilm[179] zu fertigen, wobei auch die Gegenüberstellung mit Zeugen aufgenommen werden kann.[180] Es ist zulässig, die Maßnahmen bereits unmittelbar nach der Tat, noch am Tatort durchzuführen, bspw. den Beschuldigten bei der Festnahme durch einen Polizeibeamten anlässlich einer Demonstration zu fotografieren[181] oder während eines Einsatzes mittels Bodycam aufzunehmen.[182] Die Aufnahme eines Demonstrationszuges als solchem, um unbekannte Täter früherer Straftaten zu entdecken, wird dagegen nicht von § 81b erfasst,[183] genauso wenig wie die Anfertigung von Bildaufnahmen zur Verfolgung von Ordnungswidrigkeiten im Straßenverkehr. Für Letztere findet sich die Rechtsgrundlage in § 100h Abs. 1 S. 1 Nr. 1 iVm § 46 Abs. 1 OWiG.[184] § 81b gestattet aber nicht nur die visuelle Erfassung der Körpermerkmale. In Betracht kommt bspw. auch die Abnahme von Geruchsspuren, um diese mittels Diensthundeeinsatz insbesondere mit solchen am Tatort oder an Beweismitteln abzugleichen.[185] Zu beachten ist, dass durch den Rückgriff auf die Vorschrift die besonderen Anordnungsvoraussetzungen anderer Zwangsmaßnahmen, insbesondere Richtervorbehalte, und das Fehlen einer Verpflichtung, an einer Untersuchungshandlung aktiv mitzuwirken, nicht umgangen werden.[186] Sprech- und Stimmproben, insbesondere zur Erstellung eines Sonagramms für die Durchführung von Stimmenanalysen und Stimmenvergleichen,[187] sind demnach nur verwertbar, wenn sie mit Zustimmung des Beschuldigten oder auf Grundlage einer ordnungsgemäßen richterlichen Anordnung,[188] beispielsweise nach §§ 100a–100f erlangt wurden, nicht jedoch durch ausdrückliche oder konkludente Täuschung.[189] Gleiches gilt für heimlich gefertigte Bildaufnahmen, die den Maßgaben des § 100h entsprechen müssen.[190] Die Entnahme einer Speichelprobe zum Zweck der DNA-Analyse ist nur nach Maßgabe der §§ 81a, 81e, 81g möglich,[191] und zwar auch dann, wenn sie ausweislich der weitere Maßnahmen unfassenden Anordnung nach § 81b Alt. insoweit nur mit Einwilligung des Betroffenen

---

172 VG Cottbus 14.2.2018 – 3 L 95/18, juris Rn. 16 = BeckRS 2018, 1457 bei Versendung von Nacktfotos.
173 OVG Lüneburg 17.12.2004 – 11 ME 264/04, BeckRS 2005, 20016.
174 Kramer JR 1994, 224 (225).
175 Neuhaus in HK-GS Rn. 5.
176 BGH 9.4.1986 – 3 StR 551/85, BGHSt 34, 39 (45); OVG Magdeburg 8.3.2019 – 3 L 238/17, NJW 2019, 1827 (1832).
177 BGH 16.9.1992 – 3 StR 413/92, NStZ 1993, 47.
178 Goldkamp NZV 2019, 217 (218); Odenthal NStZ 2001, 580 (581).
179 LG Berlin 26.6.1989 – 522 Qs 49/89, NStZ 1989, 488.
180 BVerfG 27.9.1982 – 2 BvR 1199/82, NStZ 1983, 84.
181 OLG Köln 26.8.1975 – Ss 149/75, MDR 1976, 67 (68).
182 Haack/Hoheisel-Gruler Kriminalistik 2019, 331 (332).
183 Nach BGH 12.8.1975 – 1 StR 42/75, NJW 75, 2075 (2076); Krause in Löwe/Rosenberg Rn. 14 greift § 163; BGH 23.8.1977 – 1 StR 159/77, JZ 78, 762 nennt keine Vorschrift; nach Schmitt in Meyer-Goßner/Schmitt Rn. 9; Rogall in SK-StPO Rn. 46 gilt § 100h Abs. 1 S. 1 Nr. 1.
184 So nunmehr BVerfG 5.7.2010 – 2 BvR 759/10, NJW 2010, 271 (2717 f.) mwN zur teilweise differierenden Rspr. der OLGe.
185 Maciejewski NStZ 1995, 482 (483 f.).
186 BGH 9.4.1986 – 3 StR 551/85, BGHSt 34, 39 (45–47).
187 Hierzu BGH 9.4.1986 – 3 StR 551/85, BGHSt 34, 39 (47 f.); Krause in Löwe/Rosenberg Rn. 17 f.
188 BGH 8.7.1985 – 3 StR 69/85, BeckRS 1985, 21037 = BeckRS 1985, 31099150.
189 BGH 9.4.1986 – 3 StR 551/85, BGHSt 34, 39 (46).
190 Schmitt in Meyer-Goßner/Schmitt Rn. 8.
191 OVG Schleswig 22.12.2011 – 4036/11, juris Rn. 10; VG Aachen 6.4.2006 – 6 L 63/06, juris Rn. 10–12 = BeckRS 2006, 22966; VG Braunschweig 23.5.2007 – 5 A 14/06, NJW 2008, 30 (31); VG Neustadt 21.5.2013 – 5 K 969/12 NW, juris Rn. 45 = BeckRS 2013, 54995.

erfolgen soll.[192] Schriftproben werden generell nicht von § 81b erfasst. Sie erfordern eine aktive Mitwirkung des Beschuldigten und sind somit nur freiwillig abzugeben (→ § 93 Rn. 2).[193] Für diesen Fall greift § 81b aber schon vom Wortlaut her nicht,[194] wie auch nicht für die Aufnahme personenbezogener Hinweise wie „gewalttätig", „geisteskrank" oder „Ausbrecher" in die Akte.[195] Zulässige Maßnahmen nach § 81b umfassen zugleich die notwendigen Vorbereitungshandlungen und ggf. deren zwangsweise Durchsetzung (→ Rn. 20).

17 **3. Anordnung der Maßnahme.** Für die Anordnung der Maßnahmen nach **Alt. 1** ist während des Ermittlungsverfahrens die Zuständigkeit der Staatsanwaltschaft und der Beamten des Polizeidienstes gegeben.[196] Es muss sich dabei nicht um Ermittlungspersonen der Staatsanwaltschaft handeln.[197] Nach Anklageerhebung entscheidet das mit der Sache befasste Gericht.[198]

18 Für **Alt. 2** gilt die Zuständigkeit der Polizei nach den landesrechtlichen Regelungen.[199] Es handelt sich um einen Verwaltungsakt,[200] der, wenn er in schriftlicher Form ergeht, gem. § 39 Abs. 1 S. 1 VwVfG mit einer Begründung zu versehen ist, die Ausführungen auch zu dem in der Vorschrift eingeräumten Ermessen enthalten muss.[201] Diese muss hinreichend bestimmt sein, so dass der Betroffene ohne zusätzliche Konkrtisierung erkennen kann, welche Maßnahmen vorgesehen sind.[202] Auf die der Anordnung zu Grunde liegende Wiederholungsgefahr kann regelmäßig der Ausspruch der sofortigen Vollziehung gestützt werden.[203] Ein entsprechender Verweis genügt allerdings nur dann dem Begründungserfordernis des § 80 Abs. 3 S. 1 VwGO, falls die Gefahrprognose ihrerseits nicht nur formelhaft und pauschal gehalten ist.[204] Im Regelfall ist eine Anhörung nach § 28 Abs. 1 VwVfG durchzuführen.[205]

19 **4. Durchführung der Maßnahme.** Die Durchführung erfolgt für beide Alternativen des § 81b durch die **Polizei,**[206] bei richterlicher Anordnung über § 36 Abs. 2.[207] Die zwangsweise Vorführung ist auch bei Alt. 2 mit umfasst, ohne dass es einer gerichtlichen Anordnung bedarf.[208]

20 Aus § 81b folgt bei rechtmäßiger Anordnung[209] für beide Alternativen gleichermaßen neben der Befugnis, die Maßnahme anzuordnen, inzident die **Ermächtigung zu deren**

[192] OVG Münster 30.11.2015 – 5 E 484/15, BeckRS 2015, 55819 Rn. 3 f.
[193] BGH 9.4.1986 – 3 StR 551/85, BGHSt 34, 39 (46).
[194] Bosch in KMR-StPO Rn. 13; Rogall in SK-StPO Rn. 52; aA Krause in Löwe/Rosenberg Rn. 17.
[195] BVerwG 20.2.1990 – 1 C 30.86, JZ 1991, 471 (473).
[196] BGH 9.4.1986 – 3 StR 551/85, BGHSt 34, 39 (44); Graulich NVwZ 2014, 685 (688).
[197] Goers in BeckOK StPO Rn. 11.
[198] Brauer in Gercke/Julius/Temming/Zöller Rn. 14; Hadamitzky in KK-StPO Rn. 5; Krause in Löwe/Rosenberg Rn. 22; Schmitt in Meyer-Goßner/Schmitt Rn. 13.
[199] BVerwG 23.11.2005 – 6 C 2/05, NJW 2006, 1225 (1226); OLG Naumburg 6.12.2005 – 10 Wx 14/05, NStZ-RR 2006, 179 (180); OLG Hamm 13.4.2012 – 15 W 131/12, BeckRS 2012, 10003 = NStZ-RR 2012, 254 (Leitsatz); OVG Münster 26.4.1972 – IV A 292/71, NJW 1972, 2147; VGH Mannheim 18.12.2003 – 1 S 2211/02, NVwZ-RR 2004, 572; VG Saarlouis 5.3.2010 – 6 K 691/09, juris Rn. 21 = BeckRS 2010, 47638; VG Ansbach 25.6.2015 – AN 5 S 15.00126, BeckRS 2015, 48475; VG München 20.4.2016 – M 7 K 15.4332, BeckRS 2016, 51681; Graulich NVwZ 2014, 685 (688); Schenke JZ 2006, 707 (709 ff.); kritisch Frister FS Amelung, 2009, 603 (613); aA Eisenberg/Puschke JZ 2006, 729 (731).
[200] BVerwG 14.7.2014 – 6 B 2/14, NVwZ-RR 2014, 848 (849).
[201] OVG Magdeburg 18.8.2010 – 3 L 372/09, StV 2011, 391 (392); VG Köln 28.1.2010 – 20 K 7887/08, BeckRS 2010, 47663 auch zur Nachholung.
[202] OVG Koblenz 20.8.2018 – 7 B 10607/18, BeckRS 2018, 20898 Rn. 6.
[203] OVG Saarlouis 13.3.2009 – 3 B 34/09, BeckRS 2009, 32373; OVG Lüneburg 29.6.2016 – 11 ME 100/16, BeckRS 2016, 48052 Rn. 7 f. und 21; VG Berlin 21.6.2018 – 1 L 147/18, BeckRS 2018, 15478 Rn. 20.
[204] VG Berlin 21.6.2018 – 1 L 147/18, BeckRS 2018, 15478 Rn. 2 und 11 f.
[205] VG Cottbus 14.2.2018 – 3 L 95/18, juris Rn. 7 = BeckRS 2018, 1457; VG Neustadt 4.2.2019 – 5 K 718/18.NW, juris Rn. 22 = BeckRS 2019, 12338; Klein/Gammon Kriminalistik 2019, 169 (170 und 172).
[206] Schmitt in Meyer-Goßner/Schmitt Rn. 14; offen gelassen in BGH 14.3.2019 – 4 StR 444/18, BeckRS 2019, 9748 Rn. 25, ob auch Anfertigung von Vergleichsaufnahmen durch einen Sachverständigen zulässig ist.
[207] Bosch in KMR-StPO Rn. 18.
[208] OLG Hamm 13.4.2012 – 15 W 131/12, BeckRS 2012, 10003 = NStZ-RR 2012, 254 (Leitsatz).
[209] BGH 11.10.2018 – 5 BGs 48/18, StV 2020, 145 (146); AG Bremen 25.7.2019 – 92a Gs 456/19, StV 2020, 166 (167).

Durchsetzung, notfalls unter Anwendung unmittelbaren Zwanges,[210] bei Alt. 2 ggf. nach den polizeirechtlichen Vorschriften der Länder.[211] Die Polizei kann daher die zwangsweise Vornahme ankündigen.[212] Sie muss dies aber nicht tun,[213] sofern es nicht unverhältnismäßig wäre, keine Gelegenheit zu freiwilliger Mitwirkung einzuräumen.[214] Ist eine Maßnahme nach § 81b Alt. 2 unabbhängig vom konkreten Ermittlungsverfahren durchzuführen, wird es allerdings erforderlich sein, dem Betroffenen zunächst insbesondere durch Vorladung das freiwillige Erscheinen zu ermöglichen.[215] Zur aktiven Mitwirkung er aber nicht verpflichtet, sondern nur zur Duldung.[216] Auf Grundlage des § 81b darf der Beschuldigte ergriffen, zu einer Dienststelle verbracht und im Sinne einer Freiheitsbeschränkung solange festhalten werden bis die erkennungsdienstliche Behandlung durchgeführt worden ist.[217] Bei entsprechendem Widerstand ist es zulässig, ihn hierzu zu fesseln und auf einem Stuhl zu fixieren.[218] Als vorläufige Festnahme iSd § 127 Abs. 2 ist eine solche Vorgehensweise bei der 1. Alt. nicht zu werten.[219] Stützt sich die Maßnahme auf die 2. Alt., ist keine zusätzliche richterliche Vorführanordnung nach den Landespolizeigesetzen erforderlich. § 81b bildet auch hierfür die vorrangige Ermächtigungsgrundlage (→ Rn. 4).[220] Ein stundenlanges Festhalten und Einschließen in eine Gewahrsamszelle ist allerdings nicht mehr von § 81b gedeckt, da es sich dabei um eine durch ein Gericht anzuordnende Freiheitsentziehung handelt.[221] Eine solche ist bei einer nicht nur kurzfristigen Dauer der Verwahrung anzunehmen. Als Richtwert für eine noch zulässige Freiheitsbeschränkung wird man eine Aufhebung der Fortbewegungsfreiheit anzusehen haben, die absehbar die Dauer von ungefähr einer halben Stunde unterschreitet.[222] Im Einzelnen können dem Betroffenen auch unter Anwendung von Gewalt Handschuhe ausgezogen, Arme und Finger für die Abnahme eines Handflächenabdruckes gestreckt[223] eine Strumpfmaske übergezogen und er darf für eine Vergleichsaufnahme an den Tatort und in eine bestimmte Position gebracht werden.[224] Sind zwangsweise Veränderungen der Bart- oder Haartracht in Form von Kürzen oder Entfernen notwendig, um das Erscheinungsbild bei der Tat herzustellen, so ist hinsichtlich dieses Eingriffs in die körperliche Integrität (zusätzlich) eine Anordnung nach § 81a einzuholen.[225] Geht es dagegen nur darum, eine Brille abzunehmen und die Haare aus der Stirn zu nehmen, ist nicht von einer derartigen Substanzverletzung auszugehen, weswegen § 81b als Ermächtigungsgrundlage genügt.[226] Ist

[210] BGH 9.4.1986 – 3 StR 551/85, BGHSt 34, 39 (45); OLG Hamm 12.9.2018 – 15 W 229/18, BeckRS 2018, 34519 Rn. 8 f.; LG Zweibrücken 31.5.2012 – Qs 55/12, VRS 123 (2012), 95 für Alt. 1; OLG Naumburg 6.12.2005 – 10 Wx 14/05, NStZ-RR 2006, 179 (180) für Alt. 2.

[211] VG München 13.1.2016 – 7 K 14.4966, BeckRS 2016, 51674.

[212] BGH 16.9.1992 – 3 StR 413/92, NStZ 1993, 47 ohne Verstoß gegen § 136a Abs. 1.

[213] OLG Naumburg 6.12.2005 – 10 Wx 14/05, NStZ-RR 2006, 179 (180); LG Zweibrücken 23.9.1999 – 1 Qs 126/99, NZV 2000, 100 (101).

[214] AG Kiel 25.11.2005 – 43 Gs 2775/05, NStZ-RR 2006, 181 für geringfügige Delikte.

[215] VG München 13.1.2016 – 7 K 14.4966, BeckRS 2016, 51674.

[216] BGH 9.4.1986 – 3 StR 551/85, BGHSt 34, 39 (45 f.).

[217] BVerfG 8.3.2011 – 1 BvR 47/05, NStZ 2011, 529 (530); 8.3.2011 – 1 BvR 142/05, juris Rn. 20 = DVBl 2011, 623; OLG Stuttgart 11.6.1997 – 4 VAs 24/87, juris Rn. 6; OLG Naumburg 6.12.2005 – 10 Wx 14/05, NStZ-RR 2006, 179 (180); OLG Hamm 12.9.2018 – 15 W 229/18, BeckRS 2018, 34519 Rn. 8 f.; LG Zweibrücken 23.9.1999 – 1 Qs 126/99, NZV 2000, 100 (101).

[218] VG München 13.1.2016 – 7 K 14.4966, BeckRS 2016, 51674.

[219] KG 21.7.1978 – (2) 2 OJs 24/77 (41/78), GA 1979, 225.

[220] OLG Hamm 12.9.2018 – 15 W 229/18, BeckRS 2018, 34519 Rn. 6 und 9.

[221] BVerfG 8.3.2011 – 1 BvR 47/05, NStZ 2011, 529 (530 f.); 8.3.2011 – 1 BvR 142/05, juris Rn. 22–24 = DVBl 2011, 623; LG Bremen 8.11.2011 – 9 QS 401/11, StraFo 2011, 506 für Demonstrationsteilnehmer, dessen Identität vor Ort zweifelsfrei geklärt werden konnte.

[222] Vgl. BVerfG 24.7.2018 – 2 BvR 309/15, 502/16, NJW 2018, 2619 (2621) zur 5-Punkt- oder 7-Punkt-Fixierung.

[223] BGH 9.4.1986 – 3 StR 551/85, BGHSt 34, 39 (45).

[224] BGH 16.9.1992 – 3 StR 413/92, NStZ 1993, 47 (47 f.).

[225] BVerfG 14.2.1978 – 2 BvR 406/77, NJW 1978, 1149 (1149 f.); Bosch in KMR-StPO Rn. 14; Rogall in SK-StPO Rn. 33; Goldkamp NZV 2019, 217 (218); aA Hadamitzky in KK-StPO Rn. 3 Krause in Löwe/Rosenberg Rn. 21; Schmitt in Meyer-Goßner/Schmitt Rn. 10.

[226] Goers in BeckOK StPO Rn. 5.1; aA OLG Düsseldorf – 5 Ss (OWi) 421/09 – (OWi) 168/09 I, DAR 1991, 191: „§§ 46 OWiG, 81a StPO".

die Durchsuchung der Wohnung notwendig, so muss diese für Alt. 1 nach §§ 102 ff.[227] und für Alt. 2 nach polizeirechtlichen Vorschriften angeordnet werden.[228] Sie kann unverhältnismäßig sein, wenn nicht ein Versuch der Vorladung des Beschuldigten vorausging[229] oder die Vollstreckungsmaßnahme bereits einmal daran gescheitert ist oder vorraussichtlich daran scheitern wird, dass sich der Betroffene in seiner Wohnung verborgen hält.[230]

21 **5. Aufbewahrung, Speicherung, Veränderung und Nutzung des Datenmaterials.** Die Aufbewahrung und Verwendung des nach § 81b erlangten Datenmaterials ist in **§§ 474 ff.** geregelt. Die von der früheren Rechtsprechung aufgestellten Grundsätze über den Umgang mit entsprechenden Unterlagen, insbesondere in Zusammenhang mit erkennungsdienstlichen Maßnahmen, sind mithin durch Einfügung dieser Vorschriften hinfällig.[231]

22 Für Unterlagen, die im Rahmen einer Maßnahme nach **Alt. 1** entstanden sind, ergibt sich allerdings schon durch die Bezugnahme auf die Zwecke der Durchführung des Strafverfahrens aus dem Wortlaut, dass diese Bestandteile der Strafakten (→ Rn. 1) und bis zu deren Ausscheidung aufbewahrt werden.[232] Die Digitalisierung, Speicherung und Umwidmung, auch für Zwecke zukünftiger Strafverfahren, richtet sich in erster Linie nach § 483 Abs. 1 und 2, § 484, wobei § 483 Abs. 2 wegen des systematischen Zusammenhangs erkennbar auch auf Aktenmaterial anwendbar ist.[233]

23 Erkennungsdienstliche Unterlagen nach **Alt. 2,** die Bestandteil der polizeilichen Akten werden (→ Rn. 2), dürfen von der Polizei nach Maßgabe der jeweiligen polizeirechtlichen Regelungen auch für Zwecke zukünftiger Strafverfahren gemäß § 481 Abs. 1 S. 1, § 484 Abs. 4 verwendet und digitalisiert werden.[234] Dabei müssen, wie für die Aufbewahrung der Unterlagen, die Voraussetzungen des § 81b Alt. 2 weiterhin gegeben sein (→ Rn. 10).[235] § 481 Abs. 1 S. 2 lässt darüber hinaus die Verwendung nach Alt. 1 gewonnenen Datenmaterials im Rahmen der Polizeigesetze zu.[236] Für präventive Zwecke ist das nur möglich, wenn zugleich die Voraussetzungen der Alt. 2 erfüllt sind.[237] Die Löschung des Datenmaterials richtet sich nach § 489[238] und bei erkennungsdienstlichen Daten nach § 481 Abs. 1, § 484 Abs. 4 iVm den polizeirechtlichen Bestimmungen.[239] Diese Regelungen stellen eine ausreichende Rechtfertigung nach Art. 8 Abs. 2 MRK für den mit der Maßnahme verbundenen Eingriff in das Recht auf Achtung des Privatlebens iSd Art. 8 Abs. 1 EMRK dar.[240]

---

227 LG Limburg 19.7.2017 – 1 Qs 93/17, BeckRS 2017, 118940 Rn. 13.

228 OLG Naumburg 6.12.2005 – 10 Wx 14/05, NStZ-RR 2006, 179 (181).

229 LG Bremen 30.3.2005 – 27 Qs 33/05, StV 2005, 494.

230 OLG Hamm 13.4.2012 – 15 W 131/12, BeckRS 2012, 10003 = NStZ-RR 2012, 254 (Leitsatz); nach OLG Düsseldorf 12.3.2019 – I-3 Wx 183/18, BeckRS 2019, 11156 Rn. 12 f. sind wohl Ausbleiben bei Vorladung und ein entsprechend gescheiterter Vollstreckungsversuch erforderlich.

231 VGH Kassel 16.12.2004 – 11 UE 2982/02, NJW 2005, 2727 (2728); Rogall in SK-StPO Rn. 56 (mwN zur früheren Rechtsprechung).

232 Brauer in Gercke/Julius/Temming/Zöller Rn. 17; Hadamitzky in KK-StPO Rn. 7; Schmitt in Meyer-Goßner/Schmitt Rn. 17; Rogall in SK-StPO Rn. 57.

233 Krause in Löwe/Rosenberg Rn. 26; Rogall in SK-StPO Rn. 57.

234 VGH Kassel 16.12.2004 – 11 UE 2982/02, NJW 2005, 2727 (2728); OVG Münster 14.4.2010 – 5 A 479/09, BeckRS 2010, 49130; VGH München 3.4.2013 – 10 C 11.1967, BeckRS 2013, 50639 Rn. 4; VG Braunschweig 27.9.2006 – 5 A 53/06, BeckRS 2006, 26363; 23.5.2007 – 5 A 14/06, NVwZ-RR 2008, 30 (31); Graulich NVwZ 2014, 685 (687); Harnisch/Urbanek DÖV 2018, 229 (231).

235 Ausführlich hierzu Krause in Löwe/Rosenberg Rn. 29.

236 VGH Kassel 16.12.2004 – 11 UE 2982/02, NJW 2005, 2727 (2728); Rogall in SK-StPO Rn. 59; Keller jurisPR-ITR 23/2018 Anm. 4.

237 VG Dresden 18.3.2008 – 6 L 122/08, juris Rn. 18 = BeckRS 2008, 42730.

238 Brauer in Gercke/Julius/Temming/Zöller Rn. 17; Schmitt in Meyer-Goßner/Schmitt Rn. 19; ausführlich Rogall in SK-StPO Rn. 62; Burhoff/Kotz StrafR-Nachsorge-HdB Teil D Rn. 70; Waszczynski JA 2013, 60 (63).

239 VG Karlsruhe 12.3.2019 – 2 K 8203/18, BeckRS 2019, 5082 Rn. 14 ff.

240 EGMR 11.6.2020 – 74440/17 (PN/Deutschland), NJW 2021, 3379 (3383 f.); Hembach K & R 2021, 145 (149 f.).

III. Reformbedarf und Reformvorhaben

Für Maßnahmen zur Entsperrung von Endgeräten, die durch **biometrische Verschlüsselung** gesichert sind, wird teilweise die Schaffung einer ausdrücklichen Ermächtigungsgrundlage gefordert.[241] Auf den heutzutage gebräuchlichen und schnellen Ruf nach dem Gesetzgeber sollte jedoch mit Bedacht reagiert werden. Mit §§ 81b, 94 ff. stehen gesetzliche Vorgaben zur Verfügung, die durchaus geeignet sind, die Probelmatik zu erfassen (→ Rn. 8). Der historische Gesetzgeber hat diese Regelungen prägnant, aber auch mit Sorgfalt und Weitsicht formuliert, so dass die Normanwender in die Lage versetzt werden, mit ihnen auch neuartige Sachverhaltskonstellationen zu erfassen, die noch gar nicht absehbar waren. Demgegenüber zeigt sich bei der „modernen Kleinbuchstabenparagraphengesetzgebung", dass zunehmend ausufernde Regelungskomplexe geschaffen werden, die bei Inkrafttreten der technischen Weiterentwicklung meist schon wieder hinerherhinken. Vor allem die dabei um sich greifenden Straftatenkataloge muten mitunter eher zufällig zusammengestellt an, wobei sie noch nicht einmal systematisch aufeinander abgestimmt sind. Sie stellen in der Sache nichts anderes als eine vorweggenommene Verhältnismäßigkeitsprüfung dar, die allerdings mit dem Nachteil der Unflexibilität behaftet ist, und daher in der praktischen Anwendung nicht selten zu willkürlich anmutenden Ungleichbedandlungen ähnlich gelagerter Sachverhalte führt. Häufig ist dem eine sorgfältige Verhältnismäßigkeitsprüfung im Einzelfall überlegen. 24

Vom Bundeskabinett wurde am 27.1.2021 der Enwurf der Bundesregierung für ein „Gesetz zur Durchführung der Verordnung (EU) 2019/816 sowie zur Änderung weiterer Vorschriften" beschlossen. Dieser sieht vor, **§ 81b um drei Absätze zu erweitern.** § 81b Abs. 2 StPO-E soll bei Drittsaatsangehörigen und Staatenlosen dazu ermächtigen, noch nach rechtskräftigem Abschluss des Verfahrens oder bei Fluchtgefahr auch früher Fingerabdrücke abzunehmen, wenn dies im laufenden Verfahren noch nicht erfolgt ist und die Person zu einer Freiheits- oder Jugenstrafe verurteilt oder eine freiheitsentziehende Maßregel der Besserung und Sicherung angeordnet wurde. Diese sind nach § 81b Abs. 3 StPO-E an das BKA zur Erstellung eines Datensatzes zu übermitteln. Mit § 81b Abs. 4 StPO-E schließt sich eine Regelung für die Verarbeitung der Daten an. Vorgesehener Zweck ist es, diese der Identifizierung dienenden Daten neben Strafregisterinformationen in ein zentrales Informationssystem ECRIS-TCN („European Criminal Record Information System for Third Country Nationals") einzuspeisen. Ergänzt wird das Vorhaben durch umfangreiche Änderungen des BZRG. 25

IV. Rechtsbehelfe

1. § 81b Alt. 1. Gegen die Anordnung strafprozessualer Maßnahmen der Polizei oder Staatsanwaltschaft kann in entsprechender Anwendung des **§ 98 Abs. 2** die amtsgerichtliche Entscheidung auch noch nach deren Vollzug herbeigeführt werden.[242] Diese ist,[243] genauso wie die richterliche Anordnung nach § 81b Alt. 1, mit der nach § 304 Abs. 1 statthaften 26

[241] Bäumerich NJW 2017, 2718 (2722); Grzesiek/Zühlke StV 2021, 117 (124); Horn Kriminalistik 2019, 641 (645); Neuhaus StV 2020, 489 (492); Rottmeier/Eckel NStZ 2020, 193 (200).

[242] OLG Hamburg 31.10.1975 – VAs 48/75, MDR 1977, 68 (Leitsatz); OLG Stuttgart 1.4.1986 – 4 VAs 8/86, MDR 1986, 689 (690); OLG Stuttgart 11.6.1987 – 4 VAs 24/87, juris Rn. 6 = BeckRS 2007, 8390; OLG Oldenburg 26.4.1990 – 1 VAs 4/90, VRS 79 (1990), 371 (372); 14.5.1990 – 1 VAs 3/90, NStZ 1990, 504; OLG Braunschweig 14.5.1991 – VAs 1/91, NStZ 1991, 551; OLG Koblenz 8.11.2001 – 2 VAs 25/01, StV 2002, 127 (128); LG Amberg 27.7.1990 – 2 Qs 23/90, StV 1990, 541; LG Landshut 31.8.2011 – 6 Qs 93/11, juris Rn. 17 = BeckRS 2012, 16281; AG Dannenberg 9.11.1993 – 11 Gs 261/93, StV 1994, 69; AG Kiel 25.11.2005 – 43 Gs 2775/05, NStZ-RR 2006, 181. OVG Berlin-Brandenburg 20.10.2016 – OVG 1 L 42.16, BeckRS 2016, 54054 Rn. 2; VG München 13.1.2016 – 7 K 16.144, BeckRS 2016, 52049; LG Bayreuth 23.11.2020 – B 1 S 20.1238, BeckRS 2020, 40879 Rn. 19; Graulich NVwZ 2014, 685 (689); die noch in BVerwG 3.12.1974 – I C 11/73, NJW 1975, 893 (894) erfolgte, im Hinblick auf § 81b nicht tragende, Verweisung auf § 23 EGGVG ist überholt; offener formuliert in BVerwG 18.5.2011 – 6 B 1/11, NVwZ-RR 2011, 710 f.; aA Schenke NJW 2011, 238 (238 ff.): §§ 23, 25 EGGVG.

[243] LG Berlin 26.6.1989 – 522 Qs 49/89, NStZ 1989, 488; LG Arnsberg 20.10.2016 – 2 Qs 46/16, BeckRS 2016, 110476.

Beschwerde anzufechten.[244] Der Verwaltungsrechtsweg ist selbst dann nicht eröffnet, wenn die Anordnung mit einer Rechtsbehelfsbelehrung versehen wird, die fälschlich hierauf verweist.[245] Soll die weitere Aufbewahrung der bei den Ermittlungsakten befindlichen Unterlagen beanstandet werden, greift der Antrag auf gerichtliche Entscheidung nach § 23 EGGVG.[246]

27 Mit der **Revision** kann im Wege der Verfahrensrüge nach Widerspruch in der Hauptverhandlung ein Verstoß gegen § 81b Alt. 1 geltend gemacht werden. Ob ein Verwertungsverbot anzunehmen ist entscheidet sich nach der Abwägungslehre.[247] Teilweise wurde in der Rspr. angenommen, die Frage eines Verwertungsverbotes könne auch auf die Sachrüge hin überprüft werden, sofern die Urteilsgründe sich hiermit auseinandersetzen.[248] Dem ist indes nicht zu folgen, nachdem der BGH ausschließlich die Verfahrensrüge für zulässig hält, will sich der Beschwerdeführer gegen die Verwertbarkeit von Beweismitteln wenden.[249]

28 **2. § 81b Alt. 2.** Gegen erkennungsdienstliche Maßnahmen nach § 81b Alt. 2 ist nach überwiegender Rspr. nicht die Rechtswegregelung in § 23 Abs. 1 EGGVG einschlägig,[250] sondern der **Verwaltungsrechtsweg** eröffnet.[251] Die Anordnung selbst ist mit der Anfechtungsklage zu beanstanden,[252] die für den Fall des Ausspruchs der sofortigen Vollziehung mit einem Antrag auf Wiederherstellung der aufschiebenden Wirkung des Rechtsbehelfs verbunden werden kann.[253] Liegt alleine ein Begründungsmangel iSd § 80 Abs. 3 S. 1 VwGO vor, kann die Anordnung der sofortigen Vollziehung isoliert aufgehoben werden.[254] Wurde die Maßnahme bereits vollzogen ist ein Fortsetzungsfeststellungsantrag statthaft,[255] mit dem der Betroffene auch die Feststellung begehren kann, dass die Maßnahmen zur

---

244 LG Berlin 26.6.1989 – 522 Qs 49/89, NStZ 1989, 488; LG Wuppertal 12.1.2021 – 24 Qs 10/20 (324 Jr 991/20), BeckRS 2021, 861 Rn. 1–3; Brauer in Gercke/Julius/Temming/Zöller Rn. 18; Hadamitzky in KK-StPO Rn. 8; Schmitt in Meyer-Goßner/Schmitt Rn. 21.

245 OVG Berlin-Brandenburg 20.10.2016 – OVG 1 L 42.16, BeckRS 2016, 54054 Rn. 5.

246 OLG Koblenz 12.10.1993 – 11 E 11692/93. OVG, NJW 1994, 2108 (2109).

247 BGH 9.4.1986 – 3 StR 551/85, BGHSt 34, 39 (52 f.); OLG Stuttgart 26.8.2014 – 4 Ss 225/14, NJW 2014, 3590 (3591 f.).

248 OLG Stuttgart 26.8.2014 – 4 Ss 225/14, NJW 2014, 3590 (3591).

249 BGH 8.8.2018 – 2 StR 131/18, NStZ 2019, 107 (108) zur Wohnungsdurchsuchung.

250 So aber VGH Kassel 8.12.2010 – 8 E 1698/10, StV 2011, 395 (396 f.), aufgehoben durch BVerwG 18.5.2011 – 6 B 1/11, NVwZ-RR 2011, 710; Keller jurisPR-ITR 23/2018 Anm. 4; Klein/Gammon Kriminalistik 2019, 169 (171); Eisenberg/Puschke JZ 2006, 729 (732); Schenke JZ 2006, 707 (711 f.); VG Berlin 28.3.2006 – 1 A 152.05, juris Rn. 23; anders VG Berlin 27.10.2004 – 1 A 164.04, juris Rn. 12 f. = BeckRS 2005, 22564 für den Fall, dass die Anordnung in Form eines Verwaltungsaktes ergeht; aA OLG Hamburg 31.10.1975 – VAs 48/75, MDR 1977, 68 (Leitsatz).

251 BVerwG 25.10.1960 – BVerwG I C 63/59, NJW 1961, 571 (572) unter ausrücklicher Aufgabe von BVerwG 3.11.1955 – BVerwG I C 176/53, NJW 1956, 234 (235); 9.2.1967 – I C 57/66, NJW 1967, 1192; 19.10.1982 – 1 C 29/79, NJW 1983, 772; 18.5.2011 – 6 B 1/11, NVwZ-RR 2011, 710 (711) mAnm Neumann jurisPR-BVerwG 19/2011 Anm. 5; VGH Mannheim 13.7.2011 – 1 S 350/11, BeckRS 2011, 53016; OVG Berlin 24.6.2004 – 1 S 76.03, juris Rn. 1–4 = BeckRS 2004, 18778; OLG Celle 16.4.2012 – 2 VAs 2/12, NStZ-RR 2012, 254; OLG Düsseldorf 18.1.2017 – 3 Wx 237/16, BeckRS 2017, 101587 Rn. 21; 12.3.2019 – I-3 Wx 183/18, BeckRS 2019, 11156 Rn. 8; AG München 21.5.1999 – ER I Gs 1546/99, NStZ 1999, 528 (529); Buchholz/Kersig JuS 2019, 351 (352); Graulich NVwZ 2014, 685 (686); aA und für die Anwendung von § 98 Abs. 2 S. 2: Neuhaus in HK-GS Rn. 10; Krach JR 2003, 140 (144); Frister FS Amelung, 2009, 603 (614 f.); für die Anwendung von §§ 23, 25 EGGVG: Kramer JR 1994, 224 (230); Schenke JZ 2006, 707 (711 f.).

252 OVG Hamburg 13.5.1976 – Bf II 17/76, MDR 1977, 80 (81); VG Leipzig 19.7.2007 – 3 K 1162/06, juris Rn. 16 und 23 = BeckRS 2009, 32398 = StV 2009, 124 schon für Vorladung; Buchholz/Kersig JuS 2019, 351 (352).

253 OVG Greifswald 4.3.2003 – 3 M 30/03, juris Rn. 5 und 15 f. = BeckRS 2003, 11815; OVG Berlin-Brandenburg 13.6.2016 – OVG 1 S 71.15, StV 2017, 665; OVG Lüneburg 31.8.2010 – 11 ME 288/10, StV 2010, 676; VG Dresden 18.3.2008 – 6 L 122/08, juris Rn. 17 = BeckRS 2008, 42730; VG Ansbach 25.6.2015 – AN 5 S 15.00126, BeckRS 2015, 48475; Waszczynski JA 2013, 60 (62).

254 VG Berlin 21.6.2018 – 1 L 147/18, BeckRS 2018, 15478 Rn. 21.

255 VGH Mannheim 18.12.2003 – 1 S 2211/02, NVwZ-RR 2004, 572; VG Saarlouis 5.3.2010 – 6 K 691/09, juris Rn. 17 = BeckRS 2010, 47638; VG Ansbach 12.3.2012 – AN 1 K 12.01658, juris Rn. 58; einschränkend OVG Lüneburg 31.10.2012 – 11 LA 255/12, BeckRS 2012, 58853; Waszczynski JA 2013, 60 (62).

zwangsweisen Durchsetzung des Eingriffs rechtswidrig gewesen seien.[256] Will sich der Beschuldigte gegen die weitere Aufbewahrung der erkennungsdienstlichen Unterlagen wenden und die Löschung der personenbezogenen Daten verlangen, so hat er deren Vernichtung ebenfalls auf dem Verwaltungsrechtsweg[257] mit der Verpflichtungsklage[258] zu verfolgen oder, falls die Löschung bereits erfolgte, mit einem Fortsetzungsfeststellungsantrag.[259]

Wurde zum Vollzug der Maßnahme eine Durchsuchung nach Polizeirecht angeordnet (→ Rn. 20), gegen die sich der Betroffene wendet, so handelt es sich wegen der Verweise in den Polizeigesetzen der Länder um eine Angelegenheit der **freiwilligen Gerichtsbarkeit.**[260] Insoweit ist der ordentliche Rechtsweg eröffnet und statthaftes Rechtsmittel die Beschwerde nach §§ 58 ff. FamFG.[261] 29

3. Doppelfunktionale Maßnahmen und Maßnahmenbündel. Wegen der **Doppelfunktion der Polizei** ist bei deren Anordnungen für die Abgrenzung des Rechtswegs maßgeblich, ob sich die begehrte Überprüfung im konkreten Fall auf repressives Handeln zur Strafverfolgung nach § 81b Alt. 1 bezieht oder ob mit einer erkennungsdienstlichen Maßnahme nach § 81b Alt. 2 Gefahrenabwehr iSd Verhinderung zukünftiger Straftaten oder Beseitigung einer bereits eingetrenen Störung der öffentlichen Sicherheit und Ordnung bezweckt wurde. Für den erstgenannten Fall ist über § 23 Abs. 1 S. 1 EGGVG der Rechtsweg zur ordentlichen Gerichtsbarkeit (→ Rn. 26) und für den zweitgenannten nach § 40 Abs. 1 S. 1 VwGO derjenige zu den Verwaltungsgerichten eröffnet (→ Rn. 28).[262] Ausgangspunkt ist dabei zunächst welchen Grund die Polizei, ggf. auf Verlangen des Betroffenen, für ihr Einschreiten angibt.[263] Für eine ausdrücklich auf § 81b Alt. 1 gestützte Anordnung bleibt selbst dann der ordentliche Rechtsweg gegeben, wenn sie fälschlich mit einer Rechtsmittelbelehrung versehen wurde, die auf den Verwaltungsrechtsweg zu verweisen scheint.[264] Ansonsten ist nach dem Gesamteindruck entscheidend, ob sich der konkrete Lebenssachverhalt einem verständigen Bürger bei natürlicher Betrachtungsweise als Strafverfolgung oder Gefahrenabwehr darstellt.[265] 30

In Bezug auf **doppelfunktionale Maßnahmen,** dh solche die sowohl auf die repressive als auch auf die präventive Eingriffsbefugnis gestützt sein könnten, kommt es nach der überwiegenden Rspr. darauf an, wo der Schwerpunkt des polizeilichen Handelns zu finden ist.[266] Lässt 31

---

256 VG München 13.1.2016 – 7 K 14.4966, BeckRS 2016, 51674.

257 OLG Düsseldorf 8.7.1959 – 2 Ws 88/59, NJW 1959, 1790; VGH Mannheim 13.2.1973 – I 807/72, NJW 1973, 1663 (1664).

258 OVG Münster 14.4.2010 – 5 A 479/09, BeckRS 2010, 49130; VGH Kassel 29.12.2011 – 1 Ss 213/11, NJW 2005, 2727 (2728); VG Saarlouis 15.2.2012 – 6 K 115/10, BeckRS 2012, 49016 = wistra 2012, 244 (Leitsatz); VG Karlsruhe 12.3.2019 – 2 K 8203/18, BeckRS 2019, 5082 Rn. 12; Goers in BeckOK StPO Rn. 17; noch offen gelassen von OVG Münster 26.4.1972 – IV A 292/71, NJW 1972, 2147 (2148), ob stattdessen allgemeine Leistungsklage.

259 OVG Saarlouis 5.10.2012 – 3 A 72/12, juris Rn. 36 = BeckRS 2012, 58861.

260 S. bspw. § 31 Abs. 5 S. 2 PolG BW.

261 OLG Düsseldorf 18.1.2017 – 3 Wx 237/16, BeckRS 2017, 101587 Rn. 12; 12.3.2019 – I-3 Wx 183/18, BeckRS 2019, 11156 Rn. 6.

262 BVerwG 3.12.1974 – I C 11/73, NJW 1975, 893 (894 f.); OVG Lüneburg 8.11.2013 – 11 OB 263/13, NVwZ-RR 2014, 327; VG München 13.1.2016 – 7 K 16.144, BeckRS 2016, 52049.

263 BVerwG 3.12.1974 – I C 11/73, NJW 1975, 893 (895); der Sache nach OVG Schleswig 15.3.2007 – 4 MB 5/07, NVwZ-RR 2007, 817 (818); VG Bayreuth 23.11.2020 – B 1 S 20.1238 BeckRS 2020, 40879 Rn. 17; LG Wuppertal 12.1.2021 – 24 Qs 10/20 (324 Jr 991/20), BeckRS 2021, 861 Rn. 7; AG München 21.5.1999 – ER I Gs 1546/99, NStZ 1999, 528 (529); Graulich NVwZ 2014, 685 (690) hält die Zielsetzung durch die Polizei für alleine maßgeblich; vgl. aber auch BGH 26.4.2017 – 2 StR 247/16, NJW 2017, 3173 (3175), wo der Polizei ausdrücklich ein Wahlrecht eingeräumt wird.

264 OVG Berlin-Brandenburg 20.10.2016 – OVG 1 L 42/16, BeckRS 2016, 54054 Rn. 5.

265 BVerwG 3.12.1974 – I C 11/73, NJW 1975, 893 (895).

266 OVG Lüneburg 8.11.2013 – 11 OB 263/13, NVwZ-RR 2014, 327; VG Bayreuth 23.11.2020 – B 1 S 20.1238, BeckRS, 40879 Rn. 14. der Sache nach VG München 13.1.2016 – 7 K 16.144, BeckRS 2016, 52049; Goers in BeckOK StPO Rn. 18; s. auch VGH Mannheim 14.12.2010 – 1 S 338/10, NVwZ-RR 2011, 231 (232) zu § 26 PolG BW; vgl. auch BGH 26.4.2017 – 2 StR 247/16, NJW 2017, 3173 (3175) zur strafprozessualen Rechtmäßigkeit doppelfunktionaler Maßnahmen.

sich dieser nicht eindeutig bestimmen, so ist nach der hM in der Rspr. jedenfalls[267] der Verwaltungsrechtsweg eröffnet, in dem der Streitgegenstand dann auch unter den grundsätzlich rechtswegfremden Gesichtspunkten zu entscheiden ist.[268] Abweichend wurde allerdings auch entschieden, der Verwaltungsrechtsweg könne beschritten werden, sobald eine öffentlichrechtliche Rechtsgrundlage nicht von vornherein offensichtlich ausgeschlossen werden kann.[269] Schließlich wird vertreten, selbst bei einer zusammengefassten Verfügung nach § 81b Alt. 1 und Alt. 2 läge kein einheitlicher Streitgegenstand iSd § 17 Abs. 2 S. 1 GVG vor, weswegen der repressive und der präventive Teil der Verfügung kumulativ auf dem ordentlichen und verwaltungsgerichtlichen Rechtsweg angefochten werden müssten.[270]

32 Führt die Polizei in Form eines **Maßnahmenbündels** strafprozessauale Maßnahmen nach § 81 Alt. 1 in Zusammenhang mit anderen präventiv-polizeilichen durch oder erkennunsdienstliche nach § 81b Alt. 2 in Zusammenhang mit anderen strafprozessualen, kann es erforderlich sein, diese auf unterschiedlichen Rechtswegen zu beanstanden.[271]

§ 81c Untersuchung anderer Personen

(1) Andere Personen als Beschuldigte dürfen, wenn sie als Zeugen in Betracht kommen, ohne ihre Einwilligung nur untersucht werden, soweit zur Erforschung der Wahrheit festgestellt werden muß, ob sich an ihrem Körper eine bestimmte Spur oder Folge einer Straftat befindet.

(2) [1]Bei anderen Personen als Beschuldigten sind Untersuchungen zur Feststellung der Abstammung und die Entnahme von Blutproben ohne Einwilligung des zu Untersuchenden zulässig, wenn kein Nachteil für seine Gesundheit zu befürchten und die Maßnahme zur Erforschung der Wahrheit unerläßlich ist. [2]Die Untersuchungen und die Entnahme von Blutproben dürfen stets nur von einem Arzt vorgenommen werden.

(3) [1]Untersuchungen oder Entnahmen von Blutproben können aus den gleichen Gründen wie das Zeugnis verweigert werden. [2]Haben Minderjährige wegen mangelnder Verstandesreife oder haben Minderjährige oder Betreute wegen einer psychischen Krankheit oder einer geistigen oder seelischen Behinderung von der Bedeutung ihres Weigerungsrechts keine genügende Vorstellung, so entscheidet der gesetzliche Vertreter; § 52 Abs. 2 Satz 2 und Abs. 3 gilt entsprechend. [3]Ist der gesetzliche Vertreter von der Entscheidung ausgeschlossen (§ 52 Abs. 2 Satz 2) oder aus sonstigen Gründen an einer rechtzeitigen Entscheidung gehindert und erscheint die sofortige Untersuchung oder Entnahme von Blutproben zur Beweissicherung erforderlich, so sind diese Maßnahmen nur auf besondere Anordnung des Gerichts und, wenn dieses nicht rechtzeitig erreichbar ist, der Staatsanwaltschaft zulässig. [4]Der die Maßnahmen anordnende Beschluß ist unanfechtbar. [5]Die nach Satz 3 erhobenen Beweise dürfen im weiteren Verfahren nur mit Einwilligung des hierzu befugten gesetzlichen Vertreters verwertet werden.

(4) Maßnahmen nach den Absätzen 1 und 2 sind unzulässig, wenn sie dem Betroffenen bei Würdigung aller Umstände nicht zugemutet werden können.

---

[267] Offen gelassen von OVG Münster 9.1.2012 – 5 E 251/11, BeckRS 2012, 45958, ob darüber hinausgehend ein Wahlrecht des Betroffenen für den Rechtsweg besteht.

[268] OVG Lüneburg 8.11.2013 – 11 OB 263/13, NVwZ-RR 2014, 327 (328).

[269] OVG Münster 7.7.2006 – 5 E 585/06, BeckRS 2012, 46699; iS eines Wahlrechts auch Danne JuS 2018, 434 (437).

[270] OVG Schleswig 15.3.2007 – 4 MB 5/07, NVwZ-RR 2007, 817 (818); Graulich NVwZ 2014, 685 (690); Schenke NJW 2011, 2838 (2841 ff.).

[271] S. hierzu die Fälle OVG Münster 9.1.2012 – 5 E 251/11, BeckRS 2012, 45958 einerseits und AG München 21.5.1999 – ER I Gs 1546/99, NStZ 1999, 528 andererseits; vgl. auch Danne JuS 2018, 434 (437); kritisch zu dieser Rechtswegspaltung Krach JR 2003, 140 (144).

(5) [1]Die Anordnung steht dem Gericht, bei Gefährdung des Untersuchungserfolges durch Verzögerung auch der Staatsanwaltschaft und ihren Ermittlungspersonen (§ 152 des Gerichtsverfassungsgesetzes) zu; Absatz 3 Satz 3 bleibt unberührt. [2]§ 81a Abs. 3 gilt entsprechend.

(6) [1]Bei Weigerung des Betroffenen gilt die Vorschrift des § 70 entsprechend. [2]Unmittelbarer Zwang darf nur auf besondere Anordnung des Richters angewandt werden. [3]Die Anordnung setzt voraus, daß der Betroffene trotz Festsetzung eines Ordnungsgeldes bei der Weigerung beharrt oder daß Gefahr im Verzuge ist.

Schrifttum: Achenbach, Zwangsbefugnisse der Staatsanwaltschaft bei Untersuchungsverweigerung Nichtbeschuldigter, NJW 1977; Anslinger/Peschel, Abstammungsbegutachtung, FS Eisenmenger, 2009, 423; BMJ, Bundeseinheitliche Handreichung zum Schutz kindlicher (Opfer-) Zeugen im Strafverfahren; Bundesärztekammer, Richtlinien für die Erstattung von Abstammungsgutachten, DÄBl. 2002, 665; Busch, Zulässigkeit molekulargenetischer Reihenuntersuchungen, NJW 2001, 1335; Dettmeyer/Zedler/Bratzke/Flaig/Parzeller, Ausgewählte verfahrensrechtliche Aspekte bei Gewalt gegen Minderjährige, Rechtsmedizin 20 (2010), 200; Dünnebier, Zweifelsfragen zu § 81c StPO, GA 1953, 65; Eisenberg, Keine Glaubhaftigkeitsuntersuchung zeugnisverweigernder, als nicht verstandesreif beurteilter Kinder gegen deren Willen, NStZ 2016, 11; Fezer, Grundfälle zum Verlesungs- und Verwertungsverbot im Strafprozess, JuS 1978, 765; Fischer, Die Fortwirkung von Zeugnisverweigerungsrechten nach Verfahrenstrennung, JZ 1992, 570; Geppert, Das Beweisverbot des § 252 StPO, Jura 1988, 305 und 363; Geppert, Der Sachverständigenbeweis, Jura 1993, 249; Göppinger, Die Entbindung von der Schweigepflicht und die Herausgabe oder Beschlagnahme von Krankenblättern, NJW 1958, 241; Graalmann-Scherer, Molekulargenetische Untersuchung im Strafverfahren, ZRP 2002, 72; Herrmann, Sexuelle Gewalt gegen Kinder und Frauen, StRR 2010, 250; Hilger, Über Vernichtungsregelungen in der StPO, NStZ 1997, 371; Hilegert, Aussagepsychologische Gutachten im Strafprozess, NJW 2016, 985; Janetzke, Die Beweiserhebung über die Glaubwürdigkeit des Zeugen, NJW 1958, 534; Kett-Straub, Die Glaubwürdigkeitsbegutachtung minderjähriger Zeugen, ZStW 117 (2006), 354; Kohlhaas, Die Glaubwürdigkeit der Kinderaussage und ihre Überprüfung durch Sachverständige, NJW 1951, 903; Kohlhaas, Die prozessualen Schwierigkeiten der Aufklärung von Kindesmißhandlungen, JR 1974, 89; Krause, Alte Fragen zum neuen § 81c StPO, JZ 1976, 124; Kretschmer, Das Verhältnis von verweigerter Reihenuntersuchung nach § 81h StPO zur molekulargenetischen Untersuchung gem. der §§ 81c, 81e StPO, HRRS 2012, 185; Kühne/Kluch, Sexueller Missbrauch – forensisch-psychologische und psychodiagnostische Aspekte, FamRZ 1995, 981; Matschke/Herrmann/Sperhake/Körber/Bajanowski/Glatzel, Das Schütteltrauma-Syndrom, DÄBl 2009, 211; Mayer, Die Entnahme einer Blutprobe nach §§ 81a, 81c StPO zum Zwecke der Feststellung einer AIDS-Infizierung, JR 1990, 358; Meier, Zwischen Opferschutz und Wahrheitssuche, JZ 1991, 638; Müller, Aufgaben der Polizei bei Vernachlässigung, Misshandlung oder sexuellem Missbrauch von Kindern und Jugendlichen, FPR 2009, 561; Nestler, „Wer einmal lügt, dem glaubt man nicht…" – Falschaussage, Glaubhaftigkeit, Lügendetektor, JA 2017, 10; Oberlies, Genetischer Fingerabdruck und Opferrechte, StV 1990, 469; Penning/Spann, Der „AIDS-Test" im Rahmen gerichtlicher Leichenöffnungen und bei körperlichen Untersuchungen nach §§ 81a, 81c StPO, MedR 1987, 171; Rieß, Der Hauptinhalt des Ersten Gesetzes zur Reform des Strafverfahrensrechts (1. StVRG); NJW 1975, 81; Rieß, Entwicklungstendenzen in der deutschen Strafprozessgesetzgebung seit 1950, ZIS 2009, 466; Ritter, Die humangenetische Abstammungsbegutachtung, FamRZ 1991, 646; Ritter, Die humangenetische Abstammungsbegutachtung, DAVorm 1997, 664; Rogall, Über die Folgen der rechtswidrigen Beschaffung des Zeugenbeweises im Strafprozess, JZ 1996, 944; Satzger, DNA-Massentests – kriminalistische Wunderwaffe oder ungesetzliche Ermittlungsmethode, JZ 2001, 639; Eb. Schmidt, Zur Lehre von den strafprozessualen Zwangsmaßnahmen, NJW 1962, 664; Schoene, Das Zeugnisverweigerungsrecht des Kindes und das gesetzliche Vertretungsrecht der Eltern, NJW 1972, 930; Schweckendieck, Eine Gesetzeslücke in § 52 II 2 StPO, NStZ 2008, 537; Schiemann, Profiling und Operative Fallanalyse im Strafverfahren, NStZ 2007, 684; Senge, Strafverfahrensänderungsgesetz – DNA-Analyse, NJW 1997, 2409; Solbach, Kann der Arzt von seiner Schweigepflicht entbunden werden, wenn sein Patient verstorben oder willensunfähig ist?, DRiZ 1978, 204; Steller, Stand und Herausforderungen der Aussagepsychologie, FPPK 2020, 188; Volk, DNA-Identitätsfeststellungsgesetz – Kein Ende der Begehrlichkeiten, NStZ 2002, 561; Woesner, Fragen ärztlicher Geheimhaltungspflicht, NJW 1957, 692; Zinka, Sexualdelikte an Kindern, FS Eisenmenger 2009, 81.

Übersicht

I. Überblick

1 **1. Normzweck.** Durch Einfügung des § 81a, der ursprünglich den Regelungsgehalt des § 81c mitumfasste, sollte **Rechtsklarheit** geschaffen werden.[1] Das RG rechnete die Pflicht, eine körperliche Untersuchung zu dulden, nicht zur Zeugenpflicht.[2] Es ging vielmehr davon aus, es handele sich hierbei um die Einnahme eines (richterlichen) Augenscheins, der nur dann zulässig sei, wenn die Voraussetzungen für die Anordnung einer Durchsuchung von Personen nach Spuren einer Straftat gegeben seien.[3] Entsprechend wandte es die Vorschriften über das Zeugnisverweigerungsrecht auf die Pflicht zur Hinnahme des Augenscheins nicht an.[4] Die zwangsweise Vornahme von Eingriffen in die körperliche Unversehrtheit, insbesondere Blutprobenentnahmen, erachtete das RG dagegen für unzulässig. Da die StPO hierfür keine ausdrückliche Regelung vorsah, durften diese nur mit Einwilligung der tatunverdächtigen Person oder von deren Vertreter vorgenommen werden.[5] Diese Auffassung fand in der Literatur teils Zustimmung,[6] teilweise aber auch Ablehnung, da sie mit der staatlichen Aufgabe der Wahrheitsfindung im Strafprozess nicht zu vereinbaren sei.[7] Diese unklare und unbefriedigende Rechtslage wollte der Gesetzgeber beseitigen. Die Anwendung der, auf diese Materie nur wenig passenden, Vorschriften über die Durchsuchung wurde durch eine Vorschrift ersetzt, die Art und Umfang der Eingriffsbefugnisse ausdrücklich regelte.

2 § 81c dient zudem dem **Schutz der Freiheitsrechte** von Personen, gegen die sich kein Tatverdacht richtet.[8] Diese sollen vor hoheitlichen Eingriffen in Form körperlich wirkender Zwangsmaßnahmen weitgehend geschützt werden. Aus diesem Grunde löste der Gesetzgeber die ursprünglich in § 81a mitenthaltenen Duldungspflichten nicht beschuldigter Personen aus dieser Norm heraus und versah sie mit einer eigenständigen Vorschrift, die die Maßnahmen nur in geringerem Umfang zulässt als gegenüber dem Beschuldigten.[9] Diesem Zweck diente vor allem auch die Annäherung an die Zeugenpflichten und insbesondere das Zeugnisverweigerungsrecht.[10]

1 Sarstedt in Löwe/Rosenberg, 22. Aufl., § 81a Rn. 1; Dünnebier JZ 1952, 426 (428).
2 RG 11.6.1886 – Rep 1492/86, RGSt 14, 189 (191).
3 RG 11.6.1986 – Rep 1492/86, RGSt 14, 189 (193–195); 20.9.1909 – III 344/09, RGSt 42, 440.
4 RG 8.7.1889 – Rep 1580/89, RGSt 19, 364 (366 f.).
5 RG 16.5.1930 – I 1266/29, RGSt 64, 160 (162); 26.4.1932 – I 272/32, RGSt 66, 273 (274).
6 Hellwig JW 1930, 1556 (1558); Wachinger JW 1932, 3041 (3044).
7 Alsberg JW 1931, 69 (70).
8 Sarstedt in Löwe/Rosenberg, 22. Aufl., Anm. 2.
9 Schmidt StPO/GVG Rn. 1; Sarstedt in Löwe/Rosenberg, 22. Aufl., Anm. 2.
10 Kritisch hierzu Dünnebier JZ 1952, 427 (429); Geerds JURA 1988, 1 (10).

2. Entstehungsgeschichte der Norm. Die Untersuchung von sowie die Vornahme körperlicher Eingriffe bei Personen, die einer Tat nicht verdächtig sind, war ursprünglich gemeinsam mit den entsprechenden Maßnahmen gegen den Beschuldigten geregelt. Zur Lösung der diesbezüglichen Streitfragen (→ Rn. 1) fügte der Gesetzgeber mit dem Ausführungsgesetz zu dem Gesetz gegen gefährliche Gewohnheitsverbrecher und über Maßregeln der Sicherung und Besserung vom 24.11.1933[11] § 81a ein, der beide Bereiche enthielt.[12] Durch das Vereinheitlichungsgesetz vom 12.9.1950[13] wurden die Maßnahmen jedoch getrennt (→ Rn. 2). Über die Fassung des Normtextes herrschte im Verlaufe des Gesetzgebungsverfahrens allerdings erhebliche Streitigkeit. Die Fassung des Entwurfes unterlag mehreren Änderungen, da der Wille betont werden sollte, gegenüber tatunverdächtigen Personen möglichst wenig an strafprozessualen Eingriffsmaßnahmen zuzulassen. Erst in der dritten Lesung fand daraufhin auf Vorschlag eines Abgeordneten der heute noch in Abs. 1 befindliche **Zeugengrundsatz** Eingang in die Vorlage.[14] Hieraus ergab sich als einzig zulässige Eingriffsvoraussetzung der damalige Abs. 1 S. 1, der dem heutigen Abs. 1 entsprach. § 81c Abs. 2 beschränkte im Gegensatz zur heutigen Rechtslage, die Entnahme von Blutproben auf den „in Abs. 1 bezeichneten Zweck". 3

Der BGH stellte in der Folgezeit klar, dass sich durch diese Fassung des § 81c jedoch für bestimmte Fälle keine Änderung gegenüber der früheren Rechtslage[15] ergab. Wurde nämlich in einem Meineidsverfahren dem Beschuldigten vorgeworfen, im zivilrechtlichen Unterhaltsrechtsstreit falsch ausgesagt zu haben, so konnte beispielsweise zum Nachweis der Abstammung dem gezeugten Kind keine Blutprobe entnommen werden. Es kam als Zeuge der Straftat gerade nicht in Betracht. Eine Spur der Straftat, in diesem Fall des Meineides, war bei ihm nicht zu finden.[16] Hierauf reagierte der Gesetzgeber mit dem dritten Strafrechtsänderungsgesetz vom 4.8.1953,[17] wodurch in Abs. 2 S. 1 der Zeugengrundsatz durch den nunmehr gültigen **Aufklärungsgrundsatz** ersetzt wurde.[18] Die heute gültige Fassung erhielt § 81c dann im Wesentlichen durch das am 1.1.1975 in Kraft getretene erste Gesetz zur Reform des Strafverfahrensrechts (1. StVRG).[19] Es wurde sodann insbesondere die Rechtsprechung des BGH zum Untersuchungsverweigerungsrecht[20] in Abs. 3 umgesetzt.[21] Im Übrigen beschränkte sich der Gesetzgeber auf weitgehend redaktionelle Änderungen.[22] Zuletzt wurde indes eine bedeutsame Änderung durch das 2. Opferrechtsreformgesetz[23] vorgenommen. Die bis dahin nur dem Richter zustehende Anordnung der Beweissicherung nach § 81c Abs. 3 S. 3 wurde auf Vorschlag des BRates[24] nunmehr für Eilfälle auch der Staatsanwaltschaft eingeräumt. 4

II. Erläuterung

1. Tatbestandsvoraussetzungen. a) Grundsätzliches. § 81c enthält eine **abschließende Regelung.**[25] Andere Personen als Beschuldigte haben die zwangsweise Durchfüh- 5

[11] RGBl. 1933 I 995 (1000).
[12] Krause in Löwe/Rosenberg Entstehungsgeschichte; Dünnebier JZ 1952, 427 (428).
[13] BGBl. 1950 I 455 (482).
[14] BGH 8.12.1958 – GSSt 3/58, BGHSt 12, 235 (238); ausführlich zum Ablauf des Gesetzgebungsverfahrens Dünnebier GA 1953, 65; Dünnebier JZ 1952, 427 (429).
[15] Vgl. hierzu RG 16.5.1930 – I 1266/29, RGSt 64, 160 (161 f.).
[16] BGH 13.11.1952 – 5 StR 418/52, BeckRS 1952, 31192380 = Dallinger MDR 1953, 146 (148) – RsprÜ.
[17] BGBl. 1953 I 735 (744).
[18] Dünnebier GA 1953, 65 (66).
[19] BGBl. 1974 I 3393 (3394 f.).
[20] BGH 8.12.1958 – GSSt 3/58, BGHSt 12, 235.
[21] Krause JZ 1976, 124 f.; Rieß NJW 1975, 81 (83); Rieß ZIS 2009, 466 (479).
[22] Hierzu Krause in Löwe/Rosenberg Entstehungsgeschichte.
[23] BGBl. 2009 I 2280 (2281).
[24] BT-Drs. 16/13671, 21.
[25] LG Frankfurt a. M. 4.6.2008 – 5/28 Qs 10/08, StraFo 2009, 18; Brauer in Gercke/Julius/Temming/Zöller Rn. 5; Schmitt in Meyer-Goßner/Schmitt Rn. 6; Krause in Löwe/Rosenberg Rn. 8; Eisenberg BeweisR StPO Rn. 1661; Geerds JURA 1988, 1 (3).

rung von Untersuchungen nur zu den dort bestimmten Zwecken und in dem dort bezeichneten eingeschränkten Umfang zu dulden.[26] Die zwangsweise Vornahme anderer als körperlicher Untersuchungen ist daher durch Abs. 1 ebenso ausgeschlossen (→ Rn. 14) wie diejenige anderer als der in Abs. 2 genannten Eingriffe (→ Rn. 17). Solche Ermittlungshandlungen bedürfen stets der Einwilligung des zu Untersuchenden (→ Rn. 46).[27]

6 **b) Untersuchung auf Spuren und Tatfolgen nach Abs. 1. aa) Zeugengrundsatz.** Der Gesetzgeber hat sich in § 81c Abs. 1 ausdrücklich zum Zeugengrundsatz bekannt. Das heißt, dass der **Kreis der duldungspflichten Personen** auf solche begrenzt ist, die „als Zeugen in Betracht kommen". Die Auslegung dieses Tatbestandsmerkmals stellt den Normanwender vor nicht unerhebliche Schwierigkeiten, will er in der praktischen Umsetzung des Abs. 1 zu sinnvollen und mit dem Aufklärungsgrundsatz vereinbaren Ergebnissen kommen. Dies mag damit zusammenhängen, dass der entsprechende Passus erst sehr spät in das Gesetzgebungsverfahren eingebracht wurde und er auf eine eher unausgegorene Einzelmeinung zurückging (→ Rn. 3).[28]

7 Die **Rechtsprechung** äußerte sich bislang nur vereinzelt zu dieser Problematik. Der BGH setzte sich mit dem Zeugengrundsatz nur in der Fassung des § 81c auseinander, die er durch das Vereinheitlichungsgesetz vom 12.9.1950 erfahren hatte. Zur damaligen Zeit, noch vor dem 3. Strafrechtsänderungsgesetz vom 4.8.1953, galt dieser gleichermaßen für Abs. 1 und Abs. 2 (→ Rn. 3). Gegenstand des betreffenden Urteils[29] war ein Meineidsverfahren gegen die Mutter eines unehelichen Kindes. Diese hatte im Unterhaltsrechtsstreit als Zeugin bekundet, während der gesetzlichen Empfängniszeit mit keinem anderen Manne als dem in Anspruch genommenen verkehrt zu haben. Der BGH kam zu dem Ergebnis, dass die in dem darauf aufbauenden Strafverfahren vorgenommene Blutprobenentnahme bei dem Kind nicht von § 81c Abs. 1 und 2 gedeckt war. Er tendierte dabei zu einer wortgemäßen Auslegung des Passus, dass die betreffenden Personen „als Zeugen in Betracht kommen" müssten. Hierzu führte er aus, das sei bei dem unehelichen Kind nicht der Fall, da es nichts über von ihm gemachte Wahrnehmungen berichten könne, sondern lediglich Augenscheinsobjekt gewesen sei. Gegen „nicht als Zeugen am Verfahren beteiligte Personen" könne aber eine Blutprobenentnahme nicht zwangsweise durchgesetzt werden.[30]

8 Zu Recht wurde darauf hingewiesen, dass dieses Ergebnis mit einer **teleologischen Auslegung** der Vorschrift nicht vereinbar ist. Gerade die Fälle der hilflosesten Opfer, nämlich vor allem Kleinkinder oder solche, die infolge gravierender Tatfolgen ihre Zeugnisfähigkeit weitgehend oder vollständig verloren haben, wären nicht erfasst.[31] Daher wird zwischenzeitlich allgemein davon ausgegangen, alleine die potenzielle Verfahrensrolle des zu Untersuchenden sei maßgeblich. Die Duldungspflicht des Abs. 1 bezieht sich daher selbst auf aussageuntüchtige Personen, wenn die Möglichkeit ihrer Vernehmung für den Fall der Vernehmungsfähigkeit in Betracht käme. Erfasst sind daher Tatopfer wie Säuglinge, Kleinkinder, schwer Geistesgestörte oder solche, die bei der Tat schlafend oder bewusstlos waren.[32] Nur auf diese Weise finden die Umstände Berücksichtigung, dass das Zusammentreffen von Zeugenrolle und der Eigenschaft als Spurenträger zufällig ist[33] und dass es bei der körperlichen Untersuchung nach Abs. 1 um das Erlangen von Sachbeweisen geht und nicht die Nähe zur Zeugeneigenschaft.[34] Im Übrigen ging der Reformgesetzgeber selbst

[26] BGH 11.11.1959 – 2 StR 471/59, BGHSt 14, 21 (23).
[27] OLG Hamm 25.11.1960 – 1 Ss 1377/60, VRS 21 (1961), 62 (63); Schmidt StPO II Rn. 13.
[28] Dünnebier GA 1953, 65.
[29] BGH 13.11.1952 – 5 StR 418/52, BeckRS 1952, 31192380, insoweit nur teilweise wiedergegeben bei Dallinger MDR 1953, 146 (148).
[30] Unter ausdrücklicher Berufung auf RG 16.5.1930 – I 1266/29, RGSt 64, 160 (162).
[31] Kohlhaas JR 1974, 89 (90); Krause JZ 1976, 124 (125); Meier JZ 1991, 638 (642).
[32] Brauer in Gercke/Julius/Temming/Zöller Rn. 6; Hadamitzky in KK-StPO Rn. 1; Bosch in KMR-StPO Rn. 6; Schmitt in Meyer-Goßner/Schmitt Rn. 10; Krause in Löwe/Rosenberg Rn. 10; Beukelmann in Radtke/Hohmann Rn. 4; Roxin/Schünemann StrafVerfR § 33 Rn. 25.
[33] Busch NJW 2001, 1335 (1336); Dünnebier GA 1953, 65 (67).
[34] Geerds JURA 1988, 1 (2).

hiervon aus. Bei Einfügung des § 81c Abs. 3 (→ Rn. 4) begründete er die dort nicht erfolgte Übernahme der Aussagebereitschaft aus § 52 Abs. 2 S. 1 ausdrücklich damit, dass Maßnahmen nach § 81c auch an Personen vorgenommen werden können, die völlig handlungs- und willensunfähig sind".[35] Dies zugrunde gelegt ist der in Abs. 1 geregelte Zeugengrundsatz praktisch überflüssig. Das gesetzgeberische Ziel, strafprozessuale Zwangsmaßnahmen gegenüber beliebigen Personen auszuschließen, die in keiner hinreichend nahen Beziehung zum Gegenstand des Verfahrens stehen,[36] wird bereits durch den Spurengrundsatz erreicht. Dieser schließt, da nur bestimmte Spuren oder Folgen einer Straftat gesucht werden dürfen, Reihenuntersuchungen ohnehin aus (→ Rn. 12).[37]

bb) Spurengrundsatz. Als **Zweck der Untersuchung** kommt nach Abs. 1 nur die Suche nach Spuren oder Folgen einer Straftat in Frage. Hierzu rechnet bei entsprechendem Zusammenhang die Nachschau nach gewöhnlich nicht sichtbaren Körpermerkmalen wie Tätowierungen oder Muttermalen.[38] Diese Voraussetzung ist dagegen nicht erfüllt, wenn der Angeklagte in einem gegen ihn gerichteten Verfahren wegen Verleumdung die Untersuchung der Zeugin begehrt, um zu beweisen, dass sie nicht mehr „geschlechtlich unversehrt" sei;[39] eine eventuelle Sehschwäche für die Beweiswürdigung von Bedeutung sein kann;[40] die angeblich nicht erfolgte Defloration als äußeres Beweisanzeichen dienen soll, die Aussage des Opfers eines Sexualdeliktes sei nicht glaubhaft.[41] 9

Unter **Spuren** fallen die unmittelbar durch die Tat verursachten Änderungen am Körper, die Rückschlüsse auf den Täter oder die Tatausführung ermöglichen, unabhängig davon, ob sie dauerhaft sind oder nicht. Das sind beispielsweise Wunden,[42] insbesondere Stichwunden,[43] der Einschusskanal,[44] Antragungen am Körper des Opfers oder in den natürlichen Körperöffnungen, wie Blutspuren auf der Haut (auch des Täters), Hautreste unter den Fingernägeln oder Spermien in der Scheide der Frau, die Opfer eines Sexualdelikts wurde.[45] Das Scheidensekret als solches kann dagegen nicht Gegenstand einer entsprechenden Untersuchung sein, da es bei der geschädigten Frau unabhängig von der Tat stets vorhanden ist.[46] 10

Tatfolgen sind dagegen auch mittelbar durch die Tat hervorgerufene Veränderungen am Körper des Opfers, die Rückschlüsse darauf ermöglichen sollen, was an (qualifizierten) Merkmalen und Schädigungen entstanden ist.[47] Es ist nicht erforderlich, dass sie zum Tatbestand der Strafnorm gehören. Ausreichend ist auch deren Bedeutung für die Strafzumessung. Zu nennen sind Hautabschürfungen, Zahnlücken, Ansteckung mit Krankheiten,[48] Defloration bei der Vergewaltigung oder schlechter Ernährungszustand des Opfers nach Freiheitsberaubung.[49] Der üblicherweise bei der Definition der Tatfolgen verwandte Zusatz, sie würden keine Hinweise auf den Täter oder die Tatausführung geben,[50] ist zumindest missverständ- 11

---

35 Hierzu ausführlich Krause JZ 1976, 124 (125).

36 Dünnebier GA 1953, 65 gibt aus der BT-Drs. der 3. Lesung zum Vereinheitlichungsgesetz folgendes wieder: „Dass es nicht irgendwelche Personen sind, sondern nur solche, die Beweismittel im Prozess sind".

37 Krause in Löwe/Rosenberg Rn. 12; Busch NJW 2001, 1335 (1336); Dünnebier GA 1953, 65 (68); Graalmann-Scherer ZRP 2002, 72 (75); Satzger JZ 2001, 639 (645); Volk NStZ 2002, 561 (563).

38 Krause in Löwe/Rosenberg Rn. 13.

39 RG 20.9.1909 – III 344/09, RGSt 42, 440; Peters Strafprozessrecht S. 329.

40 OLG Hamm 25.11.1960 – 1 Ss 1377/60, VRS 21 (1961), 62 (63); Senge in KK-StPO Rn. 2.

41 BGH 6.8.1969 – 4 StR 126/69, NJW 1970, 1242 zu § 244 StPO.

42 Janetzke NJW 1958, 534 (535).

43 BGH 20.11.1953 – 2 StR 467/53, BGHSt 5, 132 (134).

44 Brauer in Gercke/Julius/Temming/Zöller Rn. 7; Schmitt in Meyer-Goßner/Schmitt Rn. 12; Beukelmann in Radtke/Hohmann Rn. 6.

45 Krause in Löwe/Rosenberg Rn. 14.

46 Oberlies StV 1990, 469 (470).

47 Kohlhaas JR 1974, 89 (90); Hadamitzky in KK-StPO Rn. 2.

48 Brauer in Gercke/Julius/Temming/Zöller Rn. 8 f.; Schmitt in Meyer-Goßner/Schmitt Rn. 13; Janetzke NJW 1958, 534 (535).

49 Krause in Löwe/Rosenberg Rn. 15.

50 Schmitt in Meyer-Goßner/Schmitt Rn. 13, Beukelmann in Radtke/Hohmann Rn. 6.

lich. Gerade die genannten Beispiele zeigen, dass auch Tatfolgen durchaus derartige Rückschlüsse zulassen. Sie beschränken sich nur nicht darauf, als sichtbare Einwirkungen ausschließlich und unmittelbar zur Tatfeststellung zu führen.[51] Indes werden vielfältig Überschneidungen gegeben sein.

12 Die Untersuchung ist nur zulässig, soweit sie sich auf **bestimmte** Spuren oder Tatfolgen richtet. Das heißt, dass sie nicht ohne genügenden Anlass erfolgen darf;[52] vielmehr müssen konkrete Anhaltspunkte über Art und Vorhandensein der Spuren oder Tatfolgen bestehen, zu deren Auffindung sie dient.[53] Schwere des Delikts und erwartete Qualität des Beweismittels sind dabei wesentliche Gesichtspunkte, die in die Abwägung der Anordnungsvoraussetzungen einzustellen sind. Bei Aufklärung einer gravierenden Straftat werden an den Bestimmtheitsgrad der Erwartung und die Genauigkeit ihres Inhalts geringere Anforderungen zu stellen sein, als bei weniger erheblichen Vergehen. Ein erfahrungsgemäß zuverlässiges Beweismittel wird eher zu erheben sein, als ein schwächeres Beweisanzeichen.[54] Für Reihenuntersuchungen kann § 81c Abs. 1 nach allgemeiner Meinung generell nicht als Anordnungsgrundlage herangezogen werden (→ Rn. 8).[55]

13 **cc) Erforschung der Wahrheit.** Die Maßnahme nach § 81c Abs. 1 ist nur statthaft, wenn sie zur Erforschung der Wahrheit durchgeführt werden muss. Das setzt voraus, dass sie nach dem **Aufklärungsgrundsatz** notwendig ist.[56] Dadurch wird sie aber nur dann ausgeschlossen, wenn es auf das Ergebnis der Untersuchung für das Ermittlungsverfahren nicht ankommt.[57] Schon die Erwartung, dass weitere Beweismittel gefunden werden können, und Zweifel, ob die vorhandenen zur Aufklärung des Sachverhalts genügen oder deren Verwertbarkeit zu einem späteren Zeitpunkt noch gegeben ist, führen zur Zulässigkeit.[58] Das ist beispielsweise bei unsicheren Zeugen der Fall, insbesondere wenn ihnen ein Zeugnisverweigerungsrecht zusteht und nicht sicher ist, dass sie von diesem keinen Gebrauch machen, oder wenn ein Geständnis des Beschuldigten nicht zu erwarten ist.[59] Gleiches gilt für den zu befürchtenden Widerruf eines Geständnisses.[60] Zu berücksichtigen ist auch, dass vor allem Spuren, aber mitunter auch Tatfolgen, nur kurze Zeit vorhanden sein, und Beweiswert und -erfolg bei einem Zuwarten schnell entfallen können.[61] Letzteres gilt gerade bei Antragungen am Körper des Tatopfers, wie Blutspuren oder Hautfetzen oder -abrieb des Täters in besondere Weise. Hier kann nicht ein möglicherweise endgültiger Verlust der Aufklärungsmöglichkeit in Kauf genommen werden, um festzustellen, ob noch andere Beweismittel zur Verfügung stehen, die die Erhebung überflüssig machen könnten.

14 **dd) Art und Umfang der Untersuchung.** Die Untersuchung der tatunverdächtigen Person ist nur daraufhin gestattet, ob sich „an ihrem Körper" Spuren oder Tatfolgen befinden. Schon der Wortlaut erlaubt daher ausschließlich **körperliche Untersuchungen**[62] (→ Rn. 5). Typischer Fall ist die Begutachtung äußerlich sichtbarer Verletzungen bei Fällen von Kindesmisshandlung.[63] Von der gesetzlichen Regelung nicht umfasst, sind dagegen Untersuchungen des psychischen Zustands, insbesondere aussagepsychologische Begutach-

---

[51] Kohlhaas JR 1974, 89 (90).
[52] Schmitt in Meyer-Goßner/Schmitt Rn. 14.
[53] Bauer in Gercke/Julius/Temming/Zöller Rn. 10; Hadamitzky in KK-StPO Rn. 1; Beukelmann in Radtke/Hohmann Rn. 7.
[54] Krause in Löwe/Rosenberg Rn. 16; Eisenberg BeweisR StPO Rn. 1663.
[55] Brauer in Gercke/Julius/Temming/Zöller Rn. 10; Hadamitzky in KK-StPO Rn. 1; Bosch in KMR-StPO Rn. 8; Schmitt in Meyer-Goßner/Schmitt Rn. 14; Krause in Löwe/Rosenberg Rn. 16; Eisenberg BeweisR StPO Rn. 1663.
[56] Schmitt in Meyer-Goßner/Schmitt Rn. 15; Krause in Löwe/Rosenberg Rn. 17; Beukelmann in Radtke/Hohmann Rn. 9.
[57] Brauer in Gercke/Julius/Temming/Zöller Rn. 11; Krause in Löwe/Rosenberg Rn. 17.
[58] Eisenberg BeweisR StPO Rn. 1664; Geerds JURA 1988, 1 (3).
[59] Fezer JuS 1978, 765 (Fn. 1).
[60] Schmitt in Meyer-Goßner/Schmitt Rn. 14; Beukelmann in Radtke/Hohmann Rn. 9.
[61] Krause in Löwe/Rosenberg Rn. 17; Eisenberg BeweisR StPO Rn. 1664.
[62] Schmidt StPO/GVG Nachtrag Rn. 6; Hadamitzky in KK-StPO Rn. 3; Janetzke NJW 1958, 534 (535).
[63] Meier JZ 1991, 638 (642).

tungen eines Zeugen ohne dessen Einwilligung[64] (ausführlich → Rn. 55–63). Gleiches gilt für die psychiatrische Begutachtung eines Zeugen zur Feststellung der Aussagetüchtigkeit[65] für die amtsärztliche Untersuchung auf dessen Zeugnis- und Vernehmungsfähigkeit,[66] für die Untersuchung auf die Sehfähigkeit,[67] oder inwieweit beispielsweise der psychische Zustand infolge eines Schocks oder allgemein durch die Tat verändert wurde.[68]

Erfasst wird allerdings nicht nur die bloße Beobachtung, sondern auch die Inspektion 15 der **natürlichen Körperöffnungen,** sofern deren Inneres ohne ärztliche Hilfe sichtbar zu machen ist.[69] Hierunter wird teilweise das gewaltsame Öffnen des Mundes zur Besichtigung der Zähne gefasst, die beispielsweise durch Körperverletzungshandlungen beschädigt wurden, oder die Vornahme von Scheidenabstrichen.[70] Letztere sind jedoch vom Spurengrundsatz nicht gedeckt, wenn sie ausschließlich der Gewinnung des Scheidensekrets als solchem dienen sollen[71] (→ Rn. 10).

Nach dem eindeutigen Wortlaut des § 81c Abs. 1 sind **körperliche Eingriffe verboten.**[72] Das sind alle Maßnahmen, die eine – wenn auch nur ganz geringfügige – Verletzung voraussetzen oder nach sich ziehen.[73] Eine Ausnahme gilt nur für die nach § 81c Abs. 2 ausdrücklich genannten Eingriffe. Ohne Einwilligung können daher nicht vorgenommen werden Magenauspumpen,[74] die Beibringung einer Narkose,[75] die röntgenologische Durchleuchtung[76] (hierzu ausführlich → Rn. 65) und die Besichtigung einer Wunde von innen unter Verwendung einer Sonde.[77] 16

c) Abstammungsuntersuchungen und Blutprobenentnahmen nach Abs. 2. 17
aa) Zulässige Maßnahmen. § 81c Abs. 2 statuiert eine **Sonderregelung** für die dort ausdrücklich aufgeführte Abstammungsuntersuchung und die Blutprobenentnahme. Es handelt sich um die einzigen Maßnahmen, bei denen die Grenze der Beobachtung überschritten werden darf. Die Literatur geht dabei zum großen Teil davon aus, die Blutprobenentnahme sei der einzig zulässige körperliche Eingriff.[78] Dies ist nach der systematischen Auslegung der Vorschrift jedoch nicht zwingend. Eine entsprechende Beschränkung lässt sich aus dem Begriff der Untersuchung nicht herleiten. Eine solche kann durchaus in der Vornahme von Eingriffen bestehen.[79] Im Gegensatz zu der Formulierung in § 81c Abs. 1 ist die Untersuchung zur Feststellung der Abstammung nach dem insoweit abweichenden Wortlaut nicht auf eine solche „an" dem Köper des Betroffenen beschränkt. Sie kann demnach auch

64 Hadamitzky in KK-StPO Rn. 9; Fezer JuS 1978, 765 (766).
65 BGH 25.9.1990 – 5 StR 401/90, StV 1991, 405 (406).
66 LG Frankfurt a. M. 4.6.2008 – 5/28 Qs 10/08, StraFo 2009, 18.
67 OLG Hamm 25.11.1960 – 1 Ss 1377/60, VRS 21 (1961), 62 (63).
68 Krause in Löwe/Rosenberg Rn. 8.
69 BGH 11.12.1990 – 5 StR 500/90, Miebach/Kusch NStZ 1991, 226 (227); Brauer in Gercke/Julius/Temming/Zöller Rn. 13; Bosch in KMR-StPO Rn. 10; Schmitt in Meyer-Goßner/Schmitt Rn. 16; Hadamitzky in KK-StPO Rn. 3; Eisenberg BeweisR StPO Rn. 1664; Dettmeyer ua Rechtsmedizin 20 (2010), 200 (206); aA Rogall in SK-StPO Rn. 19.
70 Schmitt in Meyer-Goßner/Schmitt Rn. 16; Krause in Löwe/Rosenberg Rn. 19; aA Beukelmann in Radtke/Hohmann Rn. 21; Rogall in SK-StPO Rn. 19.
71 Oberlies StV 1990, 469 (470).
72 Schmidt StPO/GVG Nachtrag Rn. 6; Brauer in Gercke/Julius/Temming/Zöller Rn. 13.
73 Meier JZ 1991, 638 (642).
74 Schmidt StPO/GVG Nachtrag Rn. 6; Hadamitzky in KK-StPO Rn. 4; Krause in Löwe/Rosenberg Rn. 19; Schmitt in Meyer-Goßner/Schmitt Rn. 16; Eisenberg BeweisR StPO Rn. 1664.
75 BGH 11.12.1990 – 5 StR 500/90, Miebach/Kusch NStZ 1991, 226 (227), unter expliziter Bezugnahme auf BGH 6.8.1969 – 4 StR 126/69, NJW 1970, 1242, wo dies wegen der mit jeder Narkose verbundenen Beeinträchtigung der Gesundheit als unzumutbar angesehen wurde.
76 Hadamitzky in KK-StPO Rn. 4; Bosch in KMR-StPO Rn. 9; Krause in Löwe/Rosenberg Rn. 19; Schmitt in Meyer-Goßner/Schmitt Rn. 16; Eisenberg BeweisR StPO Rn. 1664; Dettmeyer ua Rechtsmedizin 20 (2010), 200 (206).
77 Krause in Löwe/Rosenberg Rn. 19; aA Rogall in SK-StPO Rn. 19.
78 Brauer in Gercke/Julius/Temming/Zöller Rn. 15; Hadamitzky in KK-StPO Rn. 5; Krause in Löwe/Rosenberg Rn. 23; Beukelmann in Radtke/Hohmann Rn. 1; Rogall in SK-StPO Rn. 31.
79 Schmidt NJW 1962, 664 zu § 81a StPO.

körperliche Eingriffe umfassen.[80] Andere als die damit in Zusammenhang stehenden oder die zusätzlich genannte Blutprobenentnahme sind dagegen nicht zulässig (→ Rn. 5). In jedem Fall ist nach § 81c Abs. 2 S. 2 ein Arzt (→ § 81a Rn. 12) zu beauftragen.

18 Ist die **Abstammungsuntersuchung** angeordnet (zur Auswahl des Sachverständigen → § 73 Rn. 25), berechtigt daher schon dies zur Abnahme einer Blutprobe[81] oder einer Speichelprobe.[82] Darüber hinaus können Lichtbildaufnahmen gefertigt, Messungen vorgenommen und Fingerabdrücke abgenommen werden, um ein erbbiologisches Gutachten zu erstellen.[83] Eine Röntgenbestrahlung wäre, auch wenn sie einen Eingriff darstellt, zumindest für ein Gutachten aufgrund genetischen Wirbelsäulenvergleichs vom Anordnungsgrund gedeckt (aber → Rn. 21). Da nach heutigem Stand der Wissenschaft allerdings die Abstammung durch Blutgruppen- und DNA-Gutachten sowohl für den Fall des Ausschlusses, als auch des positiven Nachweises zuverlässig geklärt werden kann, kommt erbbiologischen Gutachten oder solchen zum genetischen Wirbelsäulenvergleich praktisch ohnehin keine Bedeutung mehr zu[84] (→ Rn. 21).

19 Die **Blutprobenentnahme** kann einerseits Grundlage sein, um mittels serologischen (Blutgruppen-) Gutachtens oder molekulargenetischer Untersuchung die Abstammung des Zeugen festzustellen.[85] Sie wird diesbezüglich auch vorrangige Beweisgrundlage sein.[86] Andererseits steht die Entnahme einer Blutprobe schon vom Wortlaut des § 81c Abs. 2 S. 1 her als eigenständiger Eingriff neben der Untersuchung zur Feststellung der Abstammung. Sie kann folglich auch zu anderen Zwecken durchgeführt werden. Hier sind insbesondere zu nennen der Nachweis, ob das Tatopfer bei der Tat mit einer Krankheit infiziert wurde,[87] oder ob ein an einem Unfall beteiligter Verkehrsteilnehmer alkoholisiert war.[88] Die Entnahme einer Speichelprobe ist als weniger eingriffsintensives Minus gegenüber der Blutprobenentnahme zulässig, auch wenn sie im Normtext nicht ausdrücklich erwähnt wird.[89] Um Auslegungsschwierigkeiten zu vermeiden wird es sich anbieten, dem Betroffenen bei Anordnung der Blutprobenentnahme nachzulassen, diese durch die Abgabe einer Speichelprobe abzuwenden.[90] § 81c Abs. 2 S. 1 stellt zugleich ausreichende Grundlage für die Auswertung des Probenmaterials dar.[91] Eine besondere Regelung besteht indes für den Zweck der molekulargenetischen Analyse nach § 81e.

20 **bb) Aufklärungsgrundsatz und Unerlässlichkeit der Maßnahme.** Im Gegensatz zu § 81c Abs. 1 und zur früheren Fassung des Abs. 2 (→ Rn. 3 f.) gilt nunmehr für Abstam-

[80] Meier JZ 1991, 638 (642).

[81] Schmitt in Meyer-Goßner/Schmitt Rn. 18; Krause in Löwe/Rosenberg Rn. 23; Eisenberg BeweisR StPO Rn. 1666.

[82] LG Verden 17.9.2004 – 1 Qs 188/04, NStZ-RR 2006, 246 (247); LG Hildesheim 18.11.2005 – 12 Qs 73/05, NStZ 2006, 360; LG Oldenburg 11.9.2017 – 1 Qs 313/17, BeckRS 2017, 150518 Rn. 16; aA Schmitt in Meyer-Goßner/Schmitt Rn. 18; Krause in Löwe/Rosenberg Rn. 23; Rogall in SK-StPO Rn. 31.

[83] Brauer in Gercke/Julius/Temming/Zöller Rn. 16; Schmitt in Meyer-Goßner/Schmitt Rn. 18; Krause in Löwe/Rosenberg Rn. 23 „Ähnlichkeitsgutachten"; Eisenberg BeweisR StPO Rn. 1666.

[84] Anslinger/Peschel FS Eisenmenger, 2009, 423; Ritter FamRZ 1991, 646 (648); s. auch schon BGH 13.11.1952 – 5 StR 418/52, BeckRS 1952, 31192380, insoweit bei Dallinger MDR 1953, 146 (147 f.) – RsprÜ nicht wiedergegeben zu § 244 Abs. 4 S. 2 Hs. 1 StPO.

[85] Krause in Löwe/Rosenberg Rn. 23; Eisenberg BeweisR StPO Rn. 1666.

[86] Ritter DAVorm 1999, 663 (667); Bundesärztekammer DÄBl. 2002, 667 Speichelprobe nur „in begründeten Ausnahmefällen"; aA Anslinger/Peschel FS Eisenmenger, 2009, 423 (425) für molekulargenetische Abstammungsuntersuchung sei Speichelprobe der „Standard".

[87] Brauer in Gercke/Julius/Temming/Zöller Rn. 15.

[88] Krause in Löwe/Rosenberg Rn. 23; Eisenberg BeweisR StPO Rn. 1666.

[89] VerfGH Berlin 13.12.2005 – VerfGH 113/05, NJW 2006, 1416 (1418); LG Frankenthal 6.10.1999 – II Qs 363/99, NStZ-RR 2000, 146; Busch NJW 2001, 1335 (1336); Kretschmer HRRS 2012, 185 (189); aA Schmitt in Meyer-Goßner/Schmitt Rn. 18; Krause in Löwe/Rosenberg Rn. 23; Rogall in SK-StPO § 81h Rn. 7; Satzger JZ 2001, 639 (645).

[90] Vgl. OLG Bremen 28.9.2009 – Ws 123/09, BeckRS 2010, 05906, insoweit nicht abgedruckt in StV 2010, 122; LG Mannheim 30.3.2004 – 1 Qs 1/04, NStZ-RR 2004, 301 (302).

[91] BVerfG 2.8.1996 – 2 BvR 1511/96, NJW 1996, 3071 (3072 f.); BGH 21.8.1990 – 5 StR 145/90, BGHSt 37, 157 (158) jeweils zu § 81a StPO.

mungsuntersuchungen und Blutprobenentnahmen der **Aufklärungsgrundsatz.** Das heißt, dass diese Maßnahmen auch bei solchen Personen zwangsweise durchgeführt werden dürfen, die nicht als Zeugen in Betracht kommen und keine Spuren oder Folgen der Tat an sich tragen.[92] Dies ist beispielsweise der Fall, bei einem Kind wenn dessen biologische Abstammung maßgeblich ist in einem Verfahren gegen einen Elternteil, dem vorgeworfen wird, im zivilrechtlichen Unterhaltsverfahren falsch ausgesagt oder einen Meineid geleistet zu haben;[93] für eine Strafbarkeit nach aufenthaltsrechtlichen Bestimmungen;[94] um bei einem unfallbeteiligten Verkehrsteilnehmer eine Blutprobe zur Bestimmung seiner Alkoholisierung zu entnehmen zur Aufklärung eines eventuellen Mitverschuldens;[95] um bei einem Zeugen eine Einschränkung seiner Wahrnehmungsfähigkeit zu prüfen, die sich aus einer (hochgradigen) Alkoholisierung ergeben kann.[96]

Die **Unerlässlichkeit** zur Erforschung der Wahrheit nach § 81c Abs. 2 S. 1 deutet von 21 der Formulierung her auf erhöhte Anforderungen im Vergleich zu Abs. 1 hin.[97] Gleichwohl wird hier ebenfalls allgemein davon ausgegangen, dass die Maßnahme gemessen an der Aufklärungspflicht notwendig ist und andere Mittel gegenwärtig nicht zur Verfügung stehen oder nicht den gleichen Erfolg versprechen.[98] Eine Subsidiarität ist daher nicht anzunehmen.[99] Seitens der Rspr. wurde eine Abstammungsuntersuchung gegenüber der Mutter wegen § 1629 Abs. 2 S. 3 Hs. 2 BGB aus Rechtsgründen als unzulässig angesehen und damit zur Wahrheitsermittlung ungeeignet, wenn sie unter dem Verdacht steht, bei der Beantragung von Sozialleistungen wahrheitswidrig angegeben zu haben, sie wisse nicht, wer der Vater ihres Kindes sei.[100] Mit dieser Vorschrift soll die Mutter indes vor staatlicher Einflussnahme geschützt werden, wenn sie die statusbegründende Vaterschaftsfeststellung nicht nachdrücklich betreibt.[101] Auch angesichts der Einheitlichkeit der Rechtsordnung kann hieraus kein Verbot für die Strafverfolgungsbehörden hergeleitet werden, den entsprechenden Umstand zum Nachweis einer Täuschungshandlung aufzuklären. In tatsächlicher Hinsicht ist nicht vorausgesetzt, vor Anordnung der Maßnahme nach § 81c Abs. 2 zuvor sämtliche anderen Beweismöglichkeiten auszuschöpfen.[102] Unerlässlichkeit ist mithin immer dann gegeben, wenn die bereits erhobenen Beweismittel bei vernünftiger Beurteilung noch Zweifel übrig lassen, was lediglich dann ausgeschlossen ist, sofern der Sachverhalt bereits aufgeklärt ist und lediglich weitere Bestätigung gesucht wird.[103] Der Eingriff kann mithin vorgenommen werden bei einem Personenkreis, auf den ein im Rahmen einer Fallanalyse erstelltes Täterprofil zutrifft,[104] oder bei dem ein hinreichend konkreter Kontakt mit dem

92 LG Mannheim 30.3.2004 – 1 Qs 1/04, NStZ-RR 2004, 301 (302); Brauer in Gercke/Julius/Temming/Zöller Rn. 17; Hadamitzky in KK-StPO Rn. 5; Schmitt in Meyer-Goßner/Schmitt Rn. 18; Eisenberg BeweisR StPO Rn. 1666; Geerds JURA 1988, 1 (3).

93 Krause in Löwe/Rosenberg Rn. 24; Beukelmann in Radtke/Hohmann Rn. 8; dagegen noch BGH 13.11.1952 – 5 StR 418/52, BeckRS 1952, 31192380 = Dallinger MDR 1953, 146 (148) – RsprÜ, s. auch Dünnebier JZ 1952, 426 (427), GA 1953, 65 (66).

94 LG Hildesheim 18.11.2005 – 12 Qs 73/05, NStZ 2006, 360; LG Oldenburg 11.9.2017 – 1 Qs 313/17, BeckRS 2017, 150518 Rn. 9 und 16 jeweils zu § 95 Abs. 2 Nr. 2 AufenthG „Scheinvaterschaft"; LG Verden 17.9.2004 – 1 Qs 188/04, NStZ-RR 2006, 246 (247) zu § 92 Abs. 2 Nr. 2 AuslG.

95 Hadamitzky in KK-StPO Rn. 5; Beukelmann in Radtke/Hohmann Rn. 8; Anslinger/Peschel FS Eisenmenger, 2004, 423.

96 Vgl. BGH 18.1.1990 – 4 StR 616/89, StV 1990, 289 (290) mAnm Weider.

97 LG Mannheim 30.3.2004 – 1 Qs 1/04, NStZ-RR 2004, 301 (302); Krause in Löwe/Rosenberg Rn. 26; Geerds JURA 1988, 1 (10).

98 OLG Saarbrücken 10.9.1958 – Ss 27/58, FamRZ 1959, 35; LG Mannheim 30.3.2004 – 1 Qs 1/04, NStZ-RR 2004, 301 (302) „Wenn die Aufklärungspflicht (§ 244 Abs. 2) sie gebietet".

99 Krause in Löwe/Rosenberg Rn. 26; aA Geerds JURA 1988, 1 (10).

100 OLG Frankfurt a. M. 1.2.2018 – 5 WF 254/17, FamRZ 2018, 1093 (1094).

101 MüKoBGB/Huber § 1629 Rn. 63.

102 LG Mannheim 30.3.2004 – 1 Qs 1/04, NStZ-RR 2004, 301 (302); LG Regensburg 6.2.2003 – Qs 4/2003 jug., StraFo 2003, 127 (128); Hadamitzky in KK-StPO Rn. 5; Schmitt in Meyer-Goßner/Schmitt Rn. 20; Eisenberg BeweisR StPO Rn. 1668.

103 OLG Saarbrücken 10.9.1958 – Ss 27/58, FamRZ 1959, 35; Bosch in KMR-StPO Rn. 18; Krause in Löwe/Rosenberg Rn. 26.

104 LG Mannheim 30.3.2004 – 1 Qs 1/04, NStZ-RR 2004, 301 (302), hierzu Schiemann NStZ 2007, 684 (685 f.).

Tatopfer bestand (zur Abgrenzung gegenüber dem Reihengentest → § 81h Rn. 4).[105] Objektive Beweismittel, die über Untersuchungen nach § 81c Abs. 2 gewonnen werden können, haben zudem in der Regel Vorrang vor Zeugenaussagen wegen der mit Letzteren meist verbundenen Unsicherheit bei der Beweiswürdigung. Das gilt in besonderem Maße, wenn vor dem Hintergrund familiärer Auseinandersetzungen unbeteiligte Zeugen nicht vorhanden sind.[106] Wegen des unterschiedlichen Beweiswerts wird allgemein davon ausgegangen, ein erbbiologisches Gutachten könne erst dann angeordnet werden, wenn über eine Blutgruppenbestimmung die Abstammung nicht zu klären ist.[107] Wegen der Zuverlässigkeit dieser Methode nach heutigem Stand der Wissenschaft, dürfte dieser Fall aber praktisch nahezu ausgeschlossen sein (→ Rn. 18). Nicht eindeutig zu beantworten ist dagegen aus medizinischer Sicht die Frage, ob dem serologischen (Blutgruppen-) Gutachten oder der molekulargenetischen Untersuchung der Erbsubstanz der Vorrang gebührt.[108] Einerseits wird davon ausgegangen, die serologische Abstammungsuntersuchung ermögliche sowohl für Ausschluss als auch positive Feststellung der Abstammung zweifelsfreie Feststellungen.[109] DNA-Untersuchungen seien daher nur ergänzend heranzuziehen.[110] Andererseits wird der zuverlässigste Beweiswert den molekulargenetischen Untersuchungsmöglichkeiten, zumindest in Form der STR-Analyse, beigemessen.[111] Unter dem rechtlichen Gesichtspunkt der Unerlässlichkeit wird daher keinem der Verfahren ein genereller Vorrang einzuräumen sein. Es ist im Einzelfall zu entscheiden, welche (kombinierten) Methoden das zuverlässigere Beweisergebnis erwarten lassen. Bei Auswertung der Erbsubstanz ist § 81e zu beachten.[112]

22 **cc) Nachteil für die Gesundheit.** § 81c Abs. 2 S. 1 stellt ausdrücklich klar, dass durch die Maßnahme kein Nachteil für die Gesundheit zu befürchten sein darf. Dies bezieht sich nur auf **unmittelbare Folgen.** Nicht erfasst sind mittelbare Folgeschäden, vor allem psychische Beeinträchtigungen, die durch den Eingriff ausgelöst werden.[113] Hiervon geht auch die – soweit ersichtlich – zu diesem Problemkreis bislang einzig veröffentlichte Gerichtsentscheidung[114] im Zusammenhang mit der vergleichbaren Vorschrift des § 372a ZPO aF[115] aus. Dort wird ausdrücklich ausgeführt, durch eine Blutentnahme entstünde der Betroffenen kein „körperlicher Schaden". Der weitergehende psychische Schaden in Form einer „Spritzenphobie" wird dagegen unter dem Gesichtspunkt der Zumutbarkeit erörtert. Bei der Blutprobenentnahme[116] und erst recht bei der Speichelprobenentnahme[117] handelt es sich um geringfügige Eingriffe, bei denen aus medizinischer Sicht kein Gesundheitsrisiko besteht. Sie müssen zudem nach § 81c Abs. 2 S. 2 durch einen Arzt vorgenommen werden. Etwas anderes kann sich für die Blutprobenentnahme lediglich dann ergeben, wenn die betroffene Person an Hämophilie leidet („Bluter").[118] Bei verbleibenden Zweifeln ist die Maßnahme unzulässig. Dies gilt in besonderer Weise bei einer von der Abstammungs-

[105] LG Frankenthal 6.10.1999 – II Qs 363/99, NStZ-RR 2000, 146 Verbindung über eine „Seitensprungagentur".
[106] OLG Saarbrücken 10.9.1958 – Ss 27/58, FamRZ 1959, 35 (36).
[107] Brauer in Gercke/Julius/Temming/Zöller Rn. 18; Hadamitzky in KK-StPO Rn. 5; Schmitt in Meyer-Goßner/Schmitt Rn. 20; Krause in Löwe/Rosenberg Rn. 26.
[108] In den Richtlinien der Bundesärztekammer für die Erstattung von Abstammungsgutachten, DÄBl. 2002, 665 (666) werden Varianten beider Untersuchungsmethoden für „hinreichend evaluiert" erklärt.
[109] Ritter FamRZ 1991, 646 (647 und 649).
[110] Ritter DAVorm 1999, 663 (666).
[111] Bosch in KMR-StPO Rn. 14; Anslinger/Peschel FS Eisenmenger, 2004, 423.
[112] Eisenberg BeweisR StPO Rn. 1668.
[113] Mayer JR 1990, 358 (363).
[114] OLG Koblenz 19.9.1975 – 6 W 255/75, NJW 1976, 379 (379 f.).
[115] Die zum Zeitpunkt der Entscheidung gültige Fassung ging in Abs. 1 noch davon aus, dass die Untersuchung „ohne Nachteil für die Gesundheit zugemutet werden kann"; anders nunmehr § 372a Abs. 1 ZPO, § 178 Abs. 1 FamFG, wo nur noch auf die Zumutbarkeit abgestellt wird.
[116] LG Frankenthal 6.10.1999 – II Qs 362/99, NStZ-RR 2000, 146; Busch NJW 2001, 1335 (1336); Mayer JR 1990, 358 (362); Penning/Spann MedR 1987, 171 (173).
[117] LG Frankenthal 6.10.1999 – II Qs 363/99, NStZ-RR 2000, 146; LG Hildesheim 18.11.2005 – 12 Qs 73/05, NStZ 2006, 360; Busch NJW 2001, 1335 (1336).
[118] Händel BA 1976, 389; Krause in Löwe/Rosenberg Rn. 25; Eisenberg BeweisR StPO Rn. 1667.

untersuchung möglicherweise mit umfassten röntgenologischen Durchleuchtung wegen der damit verbundenen Strahlenbelastung.[119]

d) Duldungspflicht und Vorbereitungshandlungen des Betroffenen. Dem Betroffenen wird durch eine Anordnung nach § 81c Abs. 1 oder 2 lediglich eine Duldungspflicht auferlegt. Es kann **keine aktive Mitwirkung** an den Maßnahmen von ihm verlangt werden.[120] Allerdings ist deren Umsetzung naturgemäß von Vorbereitungshandlungen der zu untersuchenden Person abhängig. Diese sind, soweit sie eine **notwendige Voraussetzung** für die Vornahme der Untersuchung darstellen, nach Sinn und Zweck des § 81c von der Anordnung mitumfasst. Demnach ist die zu untersuchende Person nicht davon entbunden, die Bedingungen zu schaffen, unter denen die Untersuchung überhaupt erst durchgeführt werden kann. Dazu gehört es, auf Anforderung am Ort der Vornahme zu erscheinen und auch für längere Zeit zur Verfügung zu stehen.[121] Eine damit verbundene – zumindest kurzfristige – Freiheitsbeschränkung ist von § 81c gedeckt.[122] Soweit erforderlich, hat sich der Betroffene zu entkleiden sowie eine bestimmte Körperhaltung einzunehmen.[123] Eine Verpflichtung an Testübungen mitzuwirken oder auch nur Fragen zu beantworten, besteht dagegen nicht.[124] 23

2. Untersuchungsverweigerungsrecht nach Abs. 3. a) Sachlicher Anwendungsbereich nach S. 1. Nach § 81c Abs. 3 S. 1 können die Zwangsmaßnahmen nach Abs. 1 und 2 aus den gleichen Gründen wie das „Zeugnis verweigert" werden. Der Wortlaut bezieht sich damit eindeutig auf ein **bereits bestehendes Zeugnisverweigerungsrecht** der zu untersuchenden Person. In Betracht kommt hierbei nur dasjenige nach **§ 52.** Dem Betroffenen soll aus denselben Gründen wie dort (→ Rn. 25) erspart werden, sich als Beweismittel gegen einen Angehörigen zur Verfügung zu stellen.[125] Die tatsächlichen Voraussetzungen sind auf Verlangen entsprechend § 56 glaubhaft zu machen.[126] Nicht erfasst sind dagegen die §§ 53–54.[127] Letztere erfordern, dass die Tatsachen, die geheim gehalten werden dürfen, auf bestimmte Art und Weise, regelmäßig im Wege des Anvertrauens, oder aufgrund besonderer Umstände in den Bereich des Zeugnisverweigerungsberechtigten gelangt sind. Diese Situation ist bei den nach § 81c Abs. 1 und 2 zu erhebenden Beweisgegenständen gerade nicht gegeben.[128] 24

Der Betroffene kann sich auf das **Auskunftsverweigerungsrecht nicht** berufen, das ihm nach § 55 zustehen könnte.[129] Die Gegenteilige Ansicht[130] berücksichtigt den eindeuti- 25

---

119 Krause in Löwe/Rosenberg Rn. 25.

120 Hadamitzky in KK-StPO Rn. 6; Bosch in KMR-StPO Rn. 1; Eisenberg BeweisR StPO Rn. 1658.

121 Brauer in Gercke/Julius/Temming/Zöller Rn. 14; Hadamitzky in KK-StPO Rn. 6; aA Bosch in KMR-StPO Rn. 11.

122 Krause in Löwe/Rosenberg Rn. 60; Geerds JURA 1988, 1 (4).

123 Krause in Löwe/Rosenberg Rn. 20; Schmitt in Meyer-Goßner/Schmitt Rn. 16; Beukelmann in Radtke/Hohmann Rn. 23; Eisenberg BeweisR StPO Rn. 1658.

124 Schmidt NJW 1962, 664 (665); Hadamitzky in KK-StPO Rn. 6; Krause in Löwe/Rosenberg Rn. 60; Eisenberg BeweisR StPO Rn. 1658.

125 BGH 26.10.1983 – 3 StR 251/83, BGHSt 32, 140 (143); 1.8.2018 – 1 BGs 324/18, NStZ-RR 2018, 319.

126 Krause in Löwe/Rosenberg Rn. 33; Eisenberg BeweisR StPO Rn. 1670a.

127 Brauer in Gercke/Julius/Temming/Zöller Rn. 19; Hadamitzky in KK-StPO Rn. 10; Schmitt in Meyer-Goßner/Schmitt Rn. 23; Beukelmann in Radtke/Hohmann Rn. 12; Eisenberg BeweisR StPO Rn. 1670; Hilgert NJW 2016, 985 (986).

128 Rogall in SK-StPO Rn. 42; Kohlhaas JR 1974, 89 (91); vgl. auch RG 26.4.1932. I 272/32, RGSt 66, 273 (274 f.) zur Blutprobenentnahme durch einen Arzt.

129 Brauer in Gercke/Julius/Temming/Zöller Rn. 19; Hadamitzky in KK-StPO Rn. 10; Bosch in KMR-StPO Rn. 24; Schmitt in Meyer-Goßner/Schmitt Rn. 23; Krause in Löwe/Rosenberg Rn. 39; Fischer JZ 1992, 570 (574); Hilgert NJW 2016, 985 (986).

130 OLG Braunschweig 12.2.1954 – Ws 183/53, NJW 1954, 1052 (1053); OLG Saarbrücken 10.9.1958 – 2 Ss 27/58, FamRZ 1959, 35 (36); Rogall in SK-StPO Rn. 43 ff.; Beukelmann in Radtke/Hohmann Rn. 12; Eisenberg BeweisR StPO Rn. 1670; Krause JZ 1976, 124 (125 f.); Kretschmer HRRS 2012, 185 (189); einschränkend Kohlhaas JR 1974, 89 (91); eher zustimmend, aber offen gelassen in BGH 20.11.1953 – 2 StR 467/53, BGHSt 5, 132 (134 f.).

gen Wortlaut der Vorschrift nicht ausreichend. § 81c Abs. 3 S. 1 erwähnt Personen, die die Auskunft verweigern dürfen gerade nicht.[131] Die Formulierung entspricht derjenigen in § 252, wo § 55 gleichfalls nicht zur Anwendung kommt.[132] Auch für eine analoge Anwendung der Regelungen über das Untersuchungsverweigerungsrecht ist kein Raum. Es fehlt bereits an einer Regelungslücke. Dem Gesetzgeber war bei Einfügung des § 81c Abs. 3 durch das 1. StVRG (→ Rn. 4) die Streitfrage bekannt, die bereits zur weitgehend gleichlautenden Fassung der vorhergehenden Vorschrift in § 81c Abs. 1 S. 2 aF entbrannt war. Gleichwohl hielt er an der begrenzenden Formulierung fest. Zudem ist die Interessenlage nicht vergleichbar. § 55 schränkt die Pflicht zur aktiven Mitwirkung durch Tätigung einer Aussage ein. § 81c betrifft dagegen nur die Duldung von Maßnahmen, die durch die Strafverfolgungsbehörden vorgenommen werden.[133] Dem Zeugnisverweigerungsrecht des Angehörigen, für dessen Übertragung auf das Untersuchungsverweigerungsrecht prinzipiell dieselbe Verfahrenskonstellation leitend war, liegt demgegenüber ein weiter gehender Interessenkonflikt zu Grunde. Dort ist es die familiäre Beziehung zum Beschuldigten selbst, die schon für sich gesehen den Zeugen davon enthebt, an dessen Verfolgung aktiv mitwirken zu müssen. Bei § 55 ist es das eigene Persönlichkeitsrecht des Zeugen, vor dessen Hintergrund ihm ein Zwiespalt zwischen Zeugnispflicht und Belastung durch die Aussage erspart werden soll.[134] Ein Verstoß gegen die Selbstbelastungsfreiheit kann dabei nicht über die zwangsweise Duldung einer Untersuchung konstruiert werden.[135]

26 **b) Persönliche Voraussetzungen nach S. 2 Hs. 1.** Die **Berufung** auf das Untersuchungsverweigerungsrecht erfolgt, wie der Umkehrschluss aus § 81c Abs. 3 S. 2 Hs. 1 ergibt, durch den Betroffenen selbst, sofern er die notwendige Verstandesreife besitzt. Dies gilt auch für Minderjährige,[136] so dass es der Zustimmung des gesetzlichen Vertreters nur wegen des jugendlichen Alters nicht bedarf.[137] Auch bei Personen, die unter Betreuung stehen, an einer psychischen Krankheit, einer geistigen oder seelischen Behinderung leiden, führt nicht schon alleine dieser Umstand zum Übergang der Entscheidungsbefugnis auf den gesetzlichen Vertreter. Vielmehr ist im Einzelfall festzustellen, inwieweit sie das Verständnis haben, Umfang und Bedeutung des Untersuchungsverweigerungsrechts zu erfassen.[138] Ist (noch) keine Betreuung angeordnet, greift die Vorschrift nicht, und es muss ggf. zunächst gem. § 1896 BGB ein Betreuer bestellt werden (vgl. → § 52 Rn. 39).[139]

27 Die **Verstandesreife** bei Minderjährigen im Sinne einer genügenden Vorstellung von der Bedeutung des Untersuchungsverweigerungsrechts ist bei dem Betroffenen gegeben, der zu erkennen vermag, dass die angehörige Person etwas Unrechtes getan haben könnte und ihr ggf. Strafe droht, und dass das Untersuchungsergebnis möglicherweise zu einer solchen Bestrafung beitragen kann.[140] Hierfür gibt es keine abstrakt feststehende Altersgrenze.[141] Bei normal entwickelten 14-jährigen,[142] 15-jährigen[143] und 17-jährigen[144] wird

---

[131] Krause in Löwe/Rosenberg Rn. 39.
[132] BGH 13.4.1962 – 3 StR 6/62, BGHSt 17, 245 (246).
[133] BGH 1.8.2018 – 1 BGs 324/18, NStZ-RR 2018, 319.
[134] BGH 21.1.1958 – GSSt 4/57, BGHSt 11, 213 (216 f.); vgl. auch BGH 13.4.1962 – 3 StR 6/62, BGHSt 17, 245 (247) zu § 252.
[135] Bosch in KMR-StPO Rn. 24.
[136] So schon BGH 11.11.1959 – 2 StR 471/59, BGHSt 14, 21 (24).
[137] Krause in Löwe/Rosenberg Rn. 32; so auch schon BGH 6.7.1965 – 5 StR 229/65, BGHSt 20, 234 (235).
[138] Krause in Löwe/Rosenberg Rn. 43.
[139] s. auch Rieß NJW 1975, 81 (83 Fn. 41) zu § 52 Abs. 2.
[140] BGH 2.3.1960 – 2 StR 44/60, BGHSt 14, 159 (161 f.); 6.12.1966 – 1 StR 561/66, NJW 1967, 360 jeweils zu § 52 StPO, in der erstgenannten Entscheidung unter Hervorhebung der Parallele zu § 81c; Hadamitzky in KK-StPO Rn. 15; Krause in Löwe/Rosenberg Rn. 42; Eisenberg BeweisR StPO Rn. 1671a; Eisenberg StV 1995, 625 (626).
[141] Bosch in KMR-StPO Rn. 26; Eisenberg BeweisR StPO Rn. 1671a; Eisenberg StV 1995, 625 (626).
[142] BGH 6.7.1965 – 5 StR 229/65, BGHSt 20, 234 (235).
[143] BGH 11.10.1968 – 4 StR 244/68, VRS 36 (1969), 23 zu § 52: Prüfung alleine auf Grund des Alters „abwegig"; BGH 20.9.1996 – 2 StR 289/96, NStZ 1997, 145 (146) zu § 52: „naheliegend".
[144] BGH 11.11.1959 – 2 StR 471/59, BGHSt 14, 21 (24).

diese Einsicht regelmäßig gegeben sein. Bei einer 8 Jahre alten Zeugin hielt der BGH den Schluss auf mangelnde Verstandesreife nach Prüfung durch das Instanzgericht für revisionsrechtlich nicht zu beanstanden.[145] Bei Kindern bis zum Alter von 11 Jahren wurde sie von OLGen gleichfalls jeweils offensichtlich verneint.[146] Im Zweifel ist von deren Fehlen auszugehen,[147] was idR für Kinder gilt, die noch nicht 14 Jahre alt sind.[148] Ob das der Fall ist, prüft im Ermittlungsverfahren der Ermittlungsrichter, der vernehmende Staatsanwalt[149] oder Polizeibeamte.[150] Daran ist allerdings das erkennende Gericht im Rahmen der Hauptverhandlung nicht gebunden (zur Rechtslage bei Anordnung der Ergänzungspflegschaft im Rahmen des Ermittlungsverfahrens → Rn. 33). Dieses hat selbständig zu prüfen und festzustellen, ggf. durch Vernehmung des Ermittlungsrichters, ob die zu untersuchende Person in der Lage war, die Tragweite und Bedeutung ihres Verzichts auf das Verweigerungsrecht zu erfassen,[151] und, wenn dies nicht nahe liegt, im Urteil hierzu auszuführen.[152]

Liegen **psychische Beeinträchtigungen** vor, kann selbst bei Zusammentreffen mit 28 Minderjährigkeit die Fähigkeit gegeben sein, den aus der familiären Beziehung erwachsenden Widerstreit zu erfassen, einerseits in einem Verfahren gegen einen nahen Angehörigen als Gegenstand der Untersuchung herangezogen zu werden, andererseits aber diesem dadurch möglicherweise zu schaden.[153] Entsprechendes wurde bspw. bei einem 14-jährigen an „mittlerem Schwachsinn leidenden" Mädchen im Zusammenhang mit der Ausübung des Zeugnisverweigerungsrechts angenommen.[154] Die als Indiz heranzuziehende Aussagetüchtigkeit wird allerdings für das Untersuchungsverweigerungsrecht wegen des andersartigen Charakters der Maßnahme häufig nicht zur Verfügung stehen.[155] Daher kann es geboten sein, zur Beurteilung sachverständige Hilfe in Anspruch zu nehmen.[156] Besteht wegen der damit verbundenen zeitlichen Verzögerung die Gefahr, dass die Ermittlungsmaßnahme nicht mehr durchgeführt werden kann und das Untersuchungsergebnis verloren geht, so ist im Zweifel auf das Beweissicherungsverfahren überzugehen.

c) Entscheidung des Vertreters nach S. 2 Hs. 1. Kann der Betroffene wegen man- 29 gelnder Verstandesreife oder einer psychischen Beeinträchtigung nicht wirksam über die Ausübung des Untersuchungsverweigerungsrechts entscheiden, so tritt gem. § 81c Abs. 3 S. 2 Hs. 1 an seine Stelle in vollem Umfang der gesetzliche Vertreter.[157] Dessen Erklärung hat **Bindungswirkung,** sowohl hinsichtlich einer Verweigerung der Untersuchung, als auch hinsichtlich eines Verzichts auf das Weigerungsrecht.[158] Letzteren Falls hat der als Zeuge in Betracht kommende Angehörige es zu dulden, dass die Maßnahme selbst gegen seinen Willen vorgenommen wird.[159] Dies folgt schon zwingend aus der Systematik des

---

145 BGH 15.11.1994 – 1 StR 461/94, BGHSt 40, 336 (337).
146 OLG Hamburg 10.7.2018 – 2 WF 52/18, BeckRS 2018, 50254 Rn. 29 f. mwBsp. aus der Rspr.
147 BayObLG 7.8.1997 – 1 ZBR 146/97, NJW 1998, 614 (615); OLG Hamburg 13.8.2019 – 2 WF 102/19, NJW 2020, 624 (625 Rn. 15 mit 627 Rn. 22); Krause in Löwe/Rosenberg Rn. 42; BGH 9.8.1963 – 4 StR 188/63, BGHSt 19, 85 (86); 18.4.2012 – 1 StR 146/12, NStZ 2012, 578 mAnm Eisenberg jeweils zu § 52, erstere Entscheidung unter Bezugnahme auf die Parallele zu § 81c; aA Eisenberg BeweisR StPO Rn. 1671a.
148 OLG Koblenz 25.5.2020 – 7 WF 257/20, BeckRS 2020, 10861 Rn. 10; Dürbeck ZKJ 2020, 312.
149 BayObLG 7.8.1997 – 1 ZBR 146/97, NJW 1998, 614 (615); OLG Nürnberg 15.4.2010 – 9 UF 353/10, NJW 2010, 3041 (3041 f.).
150 OLG Stuttgart 26.7.1985 – 8 W 253/85, OLGZ 1985, 385 (386).
151 BGH 14.10.1959 – 2 StR 249/59, BGHSt 13, 394 (397), insoweit zu §§ 52, 252 StPO.
152 BGH 2.3.1960 – 2 StR 44/60, BGHSt 14, 159 (161); 6.12.1966 – 1 StR 561/66, NJW 1967, 360 jeweils zu § 52, allerdings in der erstgenannten Entscheidung unter Hervorhebung der Parallele zu § 81c; Hadamitzky in KK-StPO Rn. 15; Krause in Löwe/Rosenberg Rn. 42.
153 Grundlegend zu dieser Konfliktsituation BGH 8.12.1958 – GSSt 3/58, BGHSt 12, 235 (239).
154 BGH 6.12.1966 – 1 StR 561/66, NJW 1967, 360; s. auch Krause in Löwe/Rosenberg Rn. 43.
155 BGH 8.12.1958 – GSSt 3/58, BGHSt 12, 235 (240).
156 Krause in Löwe/Rosenberg Rn. 43.
157 BGH 15.11.1994 – 1 StR 461/94, BGHSt 40, 336 (337 f.); Rieß NJW 1975, 81 (83).
158 Eisenberg BeweisR StPO Rn. 1673a.
159 Schmitt in Meyer-Goßner/Schmitt Rn. 26; Kohlhaas JR 1974, 89 (92); Rogall JZ 1996, 944 (953).

Gesetzes. Im Gegensatz zu § 52 Abs. 2 S. 1, der die Aussagebereitschaft voraussetzt, verlangt § 81c Abs. 3 S. 2 Hs. 1 die Bereitschaft zur Untersuchung gerade nicht. Die Verweisung in § 81c Abs. 3 S. 2 Hs. 2 nimmt § 52 Abs. 2 S. 1 von der Bezugnahme aus.[160] Zudem besteht der sachliche Unterschied, dass der Verzicht auf das Zeugnisverweigerungsrecht eine aktive Mitwirkung des Angehörigen durch seine Aussage zur Folge hat, wohingegen im vorliegenden Fall eine nur passive Duldungspflicht entsteht.[161] In Konsequenz muss der Betroffene möglicherweise Ermittlungshandlungen über sich ergehen lassen, die sich nachhaltig belastend und sozial benachteiligend auf ihn auswirken können,[162] wie vor allem Untersuchungen nach Sexualdelikten im Schambereich. Bei derartigen Fallkonstellationen ist das Augenmerk in besonderem Maße auf die Prüfung der Zumutbarkeit nach § 81c Abs. 4 zu legen (→ Rn. 43). Ferner sind nachteilige Folgewirkungen zu verhindern, die sich ergeben können, wenn Lichtbilder des Geschädigten gefertigt werden, die ihn in (teilweise) unbekleidetem Zustand zeigen. Sie sollten als Beweismittel erfasst werden, in die nur in den Räumen der Justizbehörde Einsicht genommen werden darf (vgl. § 147 Abs. 1 und Abs. 4 S. 1, Nr. 220 Abs. 2 RiStBV).[163]

30 Die Person des gesetzlichen Vertreters bestimmt sich nach bürgerlichem Recht.[164] Bei **Minderjährigen** sind dies, wenn ihnen wie im gesetzlichen Regelfall (§§ 1626, 1627, 1629 BGB) das Sorgerecht gemeinsam zusteht,[165] beide Elternteile.[166] Es genügt aber, dass ein Elternteil die Erklärung mit dem Einverständnis des anderen[167] oder bei dessen tatsächlicher Verhinderung nach § 1678 BGB[168] abgibt. Stimmt nur einer der Sorgeberechtigten nicht zu, so darf die Ermittlungshandlung nicht erfolgen.[169] Wird durch die Entscheidung allerdings das Sorgerecht in einer dem Kindeswohl widersprechenden Weise missbraucht, so kann das Gericht oder die Staatsanwaltschaft beim Familiengericht eine teilweise Entziehung des Sorgerechts gem. § 1666 BGB und Anordnung einer Ergänzungspflegschaft – bei Eilbedürftigkeit ggf. im Wege einstweiliger Anordnung nach § 49 FamFG – anregen.[170] Ist bereits ein Vormund oder Pfleger bestellt, so vertritt dieser den Minderjährigen.[171] Zuvor ist sorgfältig zu prüfen, ob die zu Grunde liegende Übertragung des Sorgerechts auch die Ausübung der Rechte zur Einwilligung in die Untersuchung oder den Eingriff und zur Untersuchungsverweigerung umfasst, was insbesondere bei einer allgemeinen Übertragung der Gesundheitsfürsorge und des Erziehungsrechts im Hinblick auf die Ausübung prozessualer Rechte im Strafverfahren nicht der Fall ist.[172]

31 Bei Vorliegen einer psychischen Beeinträchtigung, die einer eigenverantwortlichen Entscheidung der zu untersuchenden Person entgegensteht, übt nach Eintritt der **Volljährigkeit** der Betreuer das Untersuchungsverweigerungsrecht aus, sofern sich sein Aufgabenkreis hierauf erstreckt (§§ 1896, 1902 BGB). Ist Letzteres nicht der Fall oder ein Betreuer nicht bestellt, so scheidet eine Vertretung aus.[173] Ggf. hat das Gericht oder die Staatsanwaltschaft

---

160 BGH 15.11.1994 – 1 StR 461/94, BGHSt 40, 336 (337 f.).

161 Krause in Löwe/Rosenberg Rn. 51.

162 Peters JR 1970, 68; Eisenberg BeweisR StPO Rn. 1673b.

163 BMJ Bundeseinheitliche Handreichung zum Schutz kindlicher (Opfer-) Zeugen im Strafverfahren S. 17.

164 Hadamitzky in KK-StPO Rn. 16.

165 Zu möglichen Ausnahmen mit der Folge, dass der dann sorgeberechtigte Elternteil alleine entscheidet Krause in Löwe/Rosenberg Rn. 45 f.

166 Rogall in SK-StPO Rn. 54; BGH 23.5.1972 – 1 StR 119/72, Dallinger MDR 1972, 922 (923) zum Strafantrag.

167 Hadamitzky in KK-StPO Rn. 16; Rogall in SK-StPO Rn. 54.

168 BGH 14.12.1966 – 2 StR 346/66, NJW 1967, 941 (942); BGH 23.5.1972 – 1 StR 119/72, Dallinger MDR 1972, 922 (923) – RsprÜ jeweils zur vergleichbaren Rechtslage beim Strafantrag; Krause in Löwe/Rosenberg Rn. 46.

169 Krause in Löwe/Rosenberg Rn. 46; Eisenberg BeweisR StPO Rn. 1673a.

170 OLG Nürnberg 15.4.2010 – 9 UF 353/10, NJW 2010, 3041 (3042); vgl. auch Kohlhaas JR 1974, 89 (91). Rogall in SK-StPO Rn. 54 auch zu § 1628 S. 1 BGB.

171 Krause in Löwe/Rosenberg Rn. 46; Eisenberg BeweisR StPO Rn. 1673a.

172 Vgl. hierzu bspw. die Fallkonstellation bei OLG Hamburg 8.5.2019 – 2 WF 31/19, FamRZ 2020, 602 (603).

173 Krause in Löwe/Rosenberg Rn. 44.

beim Betreuungsgericht (§ 23c GVG) auf die Bestellung oder Erweiterung des Aufgabenkreises (§§ 271, 293 FamFG) hinzuwirken.[174] In eilbedürftigen Fällen, vor allem bei sonst drohendem Beweismittelverlust, kann eine einstweilige Anordnung nach § 272 Abs. 2, §§ 300, 301 FamFG in Betracht zu ziehen sein.

d) Verhinderung des gesetzlichen Vertreters nach S. 2 Hs. 2. Über § 81c Abs. 3 S. 2 Hs. 2 kommt § 52 Abs. 2 S. 2 zur Anwendung, wonach derjenige gesetzliche Vertreter zur Ausübung des Untersuchungsverweigerungsrechts **nicht entscheidungsbefugt** ist, der selbst Beschuldigter des Verfahrens ist. In gleicher Weise gilt dies bei Straftaten, die einem Elternteil vorgeworfen werden, wenn nur der andere Elternteil beschuldigt ist, das Sorgerecht, und damit die gesetzliche Vertretung, jedoch beiden zusteht. Diese Regelung greift unabhängig davon, ob die zu untersuchende Person oder eine andere Opfer der Tat ist.[175] Etwas anderes kann für den in der Praxis nicht selten anzutreffenden Fall gelten, dass der Stiefvater gegenüber dem Stiefkind gewalttätige oder sexuelle Übergriffe vornimmt. Steht in diesem Fall das Sorgerecht der mit dem Täter verheirateten Mutter des Opfers alleine zu, so ist diese von der Ausübung des Zeugnisverweigerungsrechts nicht ausgeschlossen.[176] Eine analoge Anwendung der § 81c Abs. 3 S. 2 Hs. 2, § 52 Abs. 2 S. 2 auf solche oder vergleichbare Fälle[177] scheidet schon nach dem eindeutigen Wortlaut der letztgenannten Vorschrift aus. Im Übrigen wäre eine klare Grenzziehung für eine derartige entsprechende Anwendung nicht möglich. Nähebeziehungen, die eine unvoreingenommene Entscheidung in Frage stellen könnten, bestehen auch zu anderen Verwandten des vertretungsberechtigten Elternteils, wie beispielsweise Vater, Schwester und dergleichen.[178] Auch der Fall, dass die Eltern zugleich gesetzliche Vertreter des Opfers und des Täters sind, beispielsweise bei Geschwistern, ist nicht von § 81c Abs. 3 S. 2 Hs. 2, § 52 Abs. 2 S. 2 erfasst.[179] Es besteht allerdings die Möglichkeit, das Sorgerecht teilweise gemäß § 1666 BGB zu entziehen, falls die Eltern oder der alleinvertretungsberechtigte Elternteil ihr Sorgerecht missbrauchen, indem sie eine Entscheidung treffen, die dem Kindeswohl widerspricht.[180] Im konkreten Einzelfall kann zudem wegen eines bestehenden Interessenkonflikts nach § 1629 Abs. 2 S. 3, § 1796 BGB eine familiengerichtliche Entscheidung zur Entziehung der Vertretungsmacht herbeizuführen sein (vgl. auch → § 52 Rn. 45).[181] Diese Sorgerechtsregelungen können in Eilfällen auch im Wege der einstweiligen Anordnung nach §§ 49, 157 Abs. 3 FamFG erfolgen.[182] 32

[174] Eisenberg BeweisR StPO Rn. 1673a Fn. 64.

[175] Vgl. LG Oldenburg 11.9.2017 – 1 Qs 313/17, BeckRS 2017, 150518 Rn. 9 f. und 16; Krause in Löwe/Rosenberg Rn. 47.

[176] OLG Nürnberg 15.4.2010 – 9 UF 353/10, NJW 2010, 3041 (3042); Hadamitzky in KK-StPO Rn. 17; Eisenberg BeweisR StPO Rn. 1674.

[177] OLG Brandenburg 16.9.2011 – 13 UF 166/11, FamRZ 2012, 1068 (1069) und OLG Brandenburg 16.9.2011 – 13 UF 167/11, juris Rn. 14 ff. = BeckRS 2011, 23528 jeweils für alleinsorgeberechtigte Mutter im Verfahren gegen den Vater des Kindes; Rieß NJW 1975, 81 (83 Fn. 42); offengelassen in BGH 16.4.1991 – 5 StR 158/91, NStZ 1991, 398; sowie BGH 23.8.1995 – 3 StR 163/95, NJW 1996, 206 für den Fall des beschuldigten Vaters, wenn der Mutter das alleinige Sorgerecht zusteht; für diese Fallkonstellation eine Analogiefähigkeit des § 52 Abs. 2 S. 2 ausdrücklich ablehnend OLG Karlsruhe 26.3.2012 – 2 WF 42/12, NJW-RR 2012, 839 (840), wobei allerdings die für § 81c kaum in Frage kommende Sachlage der Mutter als Tatopfer betroffen war.

[178] OLG Nürnberg 15.4.2010 – 9 UF 353/10, NJW 2010, 3041 (3042); Schweckendieck NStZ 2008, 537 (538).

[179] So aber wohl Eisenberg BeweisR StPO Rn. 1674.

[180] OLG Brandenburg 16.9.2011 – 13 UF 166/11, FamRZ 2012, 1068 (1069); 16.9.2011 – 13 UF 167/11, juris Rn. 17 = BeckRS 2011, 23528.

[181] OLG Hamm 13.10.1971 – 15a W 517/71, OLGZ 1972, 157 (158); OLG Karlsruhe 27.3.2003 – 16 UF 25/03, FamRZ 2004, 51; Schmitt in Meyer-Goßner/Schmitt Rn. 26 mit § 52 Rn. 20; Schweckendieck NStZ 2008, 537 (541 f.); vgl. auch OLG Düsseldorf 30.4.2001 – 2 Ws 71/01, NStZ-RR 2001, 303 (304) zur Beauftragung eines Rechtsanwalts.

[182] OLG Nürnberg 15.4.2010 – 9 UF 353710, NJW 2010, 3041 (3042); vgl. auch Kohlhaas JR 1974, 89 (91).

33 Ist der gesetzliche Vertreter von der Entscheidung ausgeschlossen, so ist durch das Familiengericht gemäß § 1909 BGB ein **Ergänzungspfleger** zu bestellen.[183] Betrifft dies, wie in der Praxis weit überwiegend der Fall, die Eltern oder einen Elternteil, so liegt insoweit eine Kindschaftssache nach § 151 Nr. 5 FamFG vor.[184] Der BGH[185] hat nunmehr angesichts der divergierenden Rspr. der OLGe klarstellend entscheiden, dass die Vertretungsbefugnis der Eltern im Fall des über § 81c Abs. 3 S. 2 Hs. 2 anwendbaren § 52 Abs. 2 S. 2 bereits von Gesetzes wegen ausgeschlossen ist. Zur Frage des Anfangsverdachts einer Straftat und der notwendigen Verstandesreife hat das Familiengericht keine eigenen Feststsellungen zu treffen. Es ist dabei vielmehr – soweit nicht eine offensichtliche Fehleinschätzung ersichtlich ist – an die Entscheidung des Strafgerichts bzw. im Ermittlungsverfahren der Staatsanwaltschaft oder des Polizeibeamten gebunden, dass die nötige Verstandesreife nicht vorliege, um Bedeutung und Tragweite des Untersuchungsverweigerungsrechts zu erfassen.[186] Auf die – allerdings ebenfalls nicht vorab zu prüfende[187] – Aussagebereitschaft iSd § 52 Abs. 2 S. 1 kommt es, im vorliegenden Zusammenhang nicht an. Wegen der diesbezüglich unvollständigen Verweisung in § 81c Abs. 3 ist eine vergleichbare Untersuchungsbereitschaft gerade nicht Voraussetzung für die Durchführung der Maßnahme (→ Rn. 29).[188] Die Strafverfolgungsbehörden müssen ihrerseits nicht in jedem Fall, einen Minderjährigen vor Beantragung der Ergänzungspflegschaft befragen, um auf diese Weise festzustellen, ob die Fähigkeit zur Ausübung des Verweigerungsrechts vorliegt. Die gegenteilige Ansicht[189] ist zu eng. Sie würde zu einer mindestens zweimaligen Einbestellung eines Kindes führen, wenn bei der Belehrung festgestellt würde, dass die notwendige Verstandesreife nicht gegeben ist. Die Untersuchung müsste sodann abgebrochen und zunächst eine Ergänzungspflegschaft angeordnet werden, bevor dann in einem weiteren Durchgang die Maßnahme selbst vorgenommen werden könnte. Dies widerspricht allerdings den Grundsätzen eines möglichst schonenden Umgangs mit – vor allem minderjährigen – Zeugen. Daher ist jedenfalls bei Kindern unter 14 Jahren im Zweifel vom Fehlen der Verstandesreife auszugehen (auch → Rn. 27)[190] und es kann eine am Alter des Kindes orientierte Entscheidung nach Aktenlage vorgenommen werden.[191] Eine das Familiengericht bindende Bewertung muss das

183 LG Verden 17.9.2004 – 1 Qs 188/04, NStZ-RR 2006, 246 (247); LG Hildesheim 18.11.2005 – 12 Qs 73/05, NStZ 2006, 360; LG Oldenburg 11.9.2017 – 1 Qs 313/17, BeckRS 2017, 150518 Rn. 16; Müller FPR 2009, 561 (563); Rieß NJW 1975, 81 (83); vgl. auch schon BGH 8.12.1958 – GSSt 3/58, BGHSt 12, 235 (241).

184 OLG Brandenburg 16.9.2011 – 13 UF 166/11, FamRZ 2012, 1068; 16.9.2011 – 13 UF 167/11, juris Rn. 7 = BeckRS 2011, 23528; OLG Frankfurt a. M. 1.2.2018 – 5 WF 254/17, FamRZ 2018, 1093; der frühere Rechtsstreit um die Zuständigkeit des Familien- oder Vormundschaftsgerichts (vgl. hierzu OLG Stuttgart 16.12.1998 – 18 WF 562/98, Justiz 1999, 103 (103 f.); OLG Zweibrücken 14.6.1999 – 3 W 132/99, NJW-RR 2000, 1679; OLG Dresden 6.7.2000 – 10 ARf 15/00, NJW-RR 2000, 1677 (1677 f.); OLG Naumburg 27.10.2004 – 14 UF 176/04, OLGR Naumburg 2005, 749 (749 f.)) wurde mit dem Inkrafttreten des FamFG hinfällig.

185 BGH 22.4.2020 – XII ZB 477/19, FamRZ 2020, 1197 (1198 f.) mAnm Cirullies/Cirullies FamRB 2020, 318; Dürbeck ZKJ 2020, 312; Schöpflin NZFam 2020, 631; Soyka FuR 2020, 530 und mwN zur Rspr. der OLGe.

186 So auch schon BayObLG 7.8.1997 – 1 ZBR 146/97, NJW 1998, 614 (615); OLG Nürnberg 15.4.2010 – 9 UF 353/10, NJW 2010, 3041 f.; OLG Hamburg 10.7.2018 – 2 WF 52/18, BeckRS 2018, 50254 Rn. 24 ff. mit Rn. 33 f.; 8.5.2019 – 2 WF 31/19, FamRZ 2020, 602 (604) mwN auch zur abweichenden Rspr. der OLGe.

187 S. hierzu auch BVerfG 31.3.2020 – 1 BvR 2392/19, FamRZ 2020, 1000 mAnm Zorn.

188 Dieser in den Entscheidungen bislang, soweit ersichtlich, unerwähnt gebliebene Gesichtspunkt bedeutet in systematischer Hinsicht im Übrigen ein Argument dafür, dass es bei der Anordnung der Ergänzungspflegschaft hinsichtlich Ausübung des Zeugnisverweigerungsrechts, die sich direkt auf § 52 Abs. 2 stützt, ebenfalls nicht maßgeblich hierauf ankommen kann.

189 OLG Hamm 13.10.1971 – 15a W 517/71, OLGZ 1972, 157 (159); Eisenberg BeweisR StPO Rn. 1671 „nur in Extremfällen"; vgl. auch OLG Stuttgart 26.7.1985 – 8 W 253/85, OLGZ 185, 385 (387) zu § 52 Abs. 2 StPO.

190 OLG Koblenz 25.5.2020 – 7 WF 257/20, BeckRS 2020, 10861 Rn. 10 zu § 52 Abs. 2; Dürbeck ZKJ 2020, 312.

191 OLG Hamburg 10.7.2018 – 2 WF 52/18, BeckRS 2018, 50254 Rn. 28 mit Rn. 33 f.

Gericht oder die Ermittlungsbehörde zudem nicht zwingend ausdrücklich treffen.[192] Sie kann, sofern der Annahme fehlender Verstandesreife keine offensichtliche Fehleinschätzung zu Grunde liegt, in dem Antrag – genauer gesagt, der Anregung nach § 24 FamFG[193] – auf Anordnung einer Ergänzungspflegschaft gesehen werden.[194] Auch wenn Gegenstand der Untersuchung die Feststellung der Vaterschaft ist, steht § 1629 Abs. 2 S. 3 Hs. 2 BGB der Anordnung nicht entgegen.[195] Da die Vertretungsbefugnis bereits kraft Gesetzes ausgeschlossen ist, geht es nicht um deren Entziehung durch das Gericht. Anders zu beurteilen ist die Frage, ob ein Interessenkonflikt nach § 1629 Abs. 2 S. 3, § 1796 BGB vorliegt, der auf zivilrechtlichem Wege zur Einschränkung des Sorgerechts führt. Dies hat das Familiengericht ohne Bindung an die Vorgaben der Strafjustiz im konkreten Einzelfall zu entscheiden.[196] Das hat gleichfalls für die Voraussetzungen einer Kindeswohlgefährdung nach § 1666 BGB zu gelten. An die Anordnung des Familiengerichts sind die Gerichte und Ermittlungsbehörden ihrerseits gebunden.[197]

Es bestehen regelmäßig keine Bedenken, das **Jugendamt als Pfleger** zu bestellen.[198] 34
Auf diese Weise kann in den meisten Fällen die Gewähr für eine neutrale Beurteilung geschaffen werden. Bei einer Auswahl von Personen aus dem Verwandtenkreis der zu untersuchenden Person ist eine solche angesichts der meist hochemotionalen Konfliktsituationen eher nicht zu erwarten.[199] Im Einzelfall kann sich gleichwohl das Erfordernis ergeben, eine andere geeignete Person als Ergänzungspfleger einzusetzen. Das kommt vor allem dann in Betracht, wenn eine Interessenkollision nicht auszuschließen ist, beispielsweise aufgrund einer bereits früheren Tätigkeit des Jugendamtes oder falls bei einer anderen Abteilung oder anderen Behörde desselben Rechtsträgers anderweitige Verfahren im Zusammenhang mit dem Beschuldigten anhängig sind.[200]

e) Belehrung nach S. 2 Hs. 2. Auch wenn sich der Verweis auf § 52 Abs. 3 S. 1 35
gesetzestechnisch missglückt[201] in Abs. 3 S. 2 Hs. 2 befindet, bezieht er sich auch auf Abs. 3 S. 1, und damit auf **alle Weigerungsrechte.**[202] Zu belehren ist zunächst der Betroffene selbst, unabhängig von Alter, Geschäftsfähigkeit und Bestehen oder Ausübung eines Zeugnisverweigerungsrechts.[203] Der Sachverständige ist zur Belehrung nicht befugt, sondern dasjenige Strafverfolgungsorgan, das die Untersuchung angeordnet hat, wobei das Gericht die Staatsanwaltschaft bei Übergabe der Anordnung nach § 36 Abs. 2 S. 1 um Vornahme ersuchen darf.[204] Ein eventueller Mangel wird durch nachträgliche Belehrung und Zustimmung des Betroffenen oder Außerachtlassung des Untersuchungsergebnisses geheilt.[205]

---

192 Schöpflin NZFam 2020, 631.

193 OLG Koblenz 25.5.2020 – 7 WF 257/20, BeckRS 2020, 10861 Rn. 11, die auch vom Jugendamt kommen kann; Cirullies/Cirullies FamRB 2020, 318.

194 BGH 22.4.2020 – XII ZB 477/19, FamRZ 2020, 1197 (1199); BayObLG 7.8.1997 – 1 Z BR 146/97, NJW 1998, 614 (615); OLG Hamburg 8.5.2019 – 2 WF 31/19, FamRZ 2020, 602 (604); 13.8.2019 – 2 WF 102/19, NJW 2020, 624 (625 mit 627).

195 AA OLG Frankfurt a. M. 1.2.2018 – 5 WF 254/17, FamRZ 2018, 1093 (1094).

196 OLG Karlsruhe 27.3.2003 – 16 UF 25/03, FamRZ 2004, 51 f.; Schweckendieck NStZ 2008, 537 (542); vgl. hierzu auch OLG Karlsruhe 26.3.2012 – 2 WF 42/12, NJW-RR 2012, 839 (840 f.) zu § 52.

197 Krause in Löwe/Rosenberg Rn. 47.

198 BayObLG 7.8.1997 – 1 Z BR 146/97, NJW 1998, 614 (615); OLG Stuttgart 5.5.2017 – 18 UF 49/17, S. 3; aA OLG Stuttgart 26.7.1985 – 8 W 253/85, OLGZ 1985, 385 (388) zu § 52 Abs. 2 StPO, Einzelpfleger vorrangig; vgl. auch schon BGH 8.12.1958 – GSSt 3/58, BGHSt 12, 235 (241) „geeigneter Vertreter, möglichst aus dem Verwandtenkreise des Kindes".

199 Vgl. OLG Stuttgart 5.5.2017 – 18 UF 49/17, S. 3.

200 OLG Naumburg 27.10.2004 – 14 UF 176/04, OLGR Naumburg 2005, 749 (749 f.), wo darüber hinaus ebenfalls die Bestellung eines Einzelpflegers für grundsätzlich vorrangig erachtet wird.

201 Rogall in SK-StPO Rn. 59; Eisenberg NStZ 2016, 11 (12).

202 Brauer in Gercke/Julius/Temming/Zöller Rn. 20; Krause in Löwe/Rosenberg Rn. 34; Schmitt in Meyer-Goßner/Schmitt Rn. 24; Rogall in SK-StPO Rn. 59.

203 Goers in BeckOK StPO Rn. 21.

204 Brauer in Gercke/Julius/Temming/Zöller Rn. 22; Bosch in KMR-StPO Rn. 28; Krause in Löwe/Rosenberg Rn. 35; Schmitt in Meyer-Goßner/Schmitt Rn. 24; Rogall in SK-StPO Rn. 61; Fezer JuS 1978, 765.

205 Goers in BeckOK StPO Rn. 21; Rogall in SK-StPO Rn. 66.

Wird allerdings festgestellt, dass dem Betroffenen die ausreichende Verstandesreife fehlt, so ist alleine der gesetzliche Vertreter zu belehren.[206] Ein Belehrungsmangel kann auch hier durch Nichtberücksichtigung des Untersuchungsergebnisses oder durch Zustimmung nach (qualifizierter) Belehrung geheilt werden.[207] Über diese allgemein vertretenen Grundsätze hinaus bezieht sich die ausdifferenzierte Rechtsprechung nahezu ausschließlich auf die sinngemäße Anwendung des § 81c Abs. 3 im Zusammenhang mit der aussagepsychologischen Begutachtung. Sie wird daher an entsprechender Stelle im Zusammenhang dargestellt (→ Rn. 55–63).

36 **f) Widerruf des Verzichts nach S. 2 Hs. 2.** Den Verzicht auf das Untersuchungsverweigerungsrecht kann der Betroffene oder, wenn ein Vertretungsfall iSd § 81c Abs. 3 S. 2 Hs. 2 vorliegt, der Vertreter nach § 81c Abs. 3 S. 2 Hs. 2, § 52 Abs. 3 S. 2 jederzeit widerrufen. Einer **Verwertung** der bis dahin gewonnenen Untersuchungsergebnisse steht dies nicht entgegen.[208] Ein erst nach der Maßnahme erklärter Widerruf ist demnach bedeutungslos. Erfolgt er während der Vornahme der Ermittlungshandlung, ist diese abzubrechen. Unter Bezugnahme auf die diesbezüglichen Rechtsprechungsgrundsätze des BGH[209] wird angenommen, dies gälte nur bei vorhergehender richterlicher Belehrung über das Weigerungsrecht.[210] Einer solchen zumindest der Sache nach analogen Anwendung des § 252, wie sie teilweise auch ausdrücklich vertreten wird (→ § 252 Rn. 20),[211] ist nicht zu folgen.[212] Bei § 252 handelt es sich um eine ausschließlich Zeugenaussagen erfassende Ausnahmevorschrift, die einer Analogie nicht zugänglich ist (→ § 76 Rn. 10). Zudem besteht bereits keine planwidrige Regelungslücke.[213] Die hierfür grundlegende Entscheidung des BGH erging schon vor Einfügung des Abs. 3 in § 81c (→ Rn. 4). Obwohl der Gesetzgeber in Anlehnung an die dort aufgestellten Grundsätze eine sehr ausdifferenzierte Verweisung auf § 52 regelte, nahm er eine solche auf § 252 gerade nicht vor. Von daher ist bei Anordnung der Untersuchung durch Staatsanwaltschaft oder Polizei auch deren ordnungsgemäße Belehrung ausreichend.[214] Eine Pflicht zur Belehrung über die Widerrufsmöglichkeit besteht nicht.[215] Genauso wie der Verzicht kann auch die Ausübung des Untersuchungsverweigerungsrechts widerrufen werden.[216]

37 **g) Beweissicherungsverfahren nach S. 3–5.** Eine **vorläufige Sicherung** der Beweise ist bei Verhinderung des gesetzlichen Vertreters möglich. Bei dessen tatsächlicher oder rechtlicher Verhinderung ordnet der Ermittlungsrichter (§§ 162, 169) die Maßnahmen nach § 81c Abs. 1 und 2 an. Falls Letzterer seinerseits nicht rechtzeitig erreicht werden kann, ist dazu auch die Staatsanwaltschaft, nicht jedoch deren Hilfsbeamten, befugt. Der Gesetzesgeber versteht hierunter nicht nur den drohenden Beweismittelverlust, der bei einem Zuwarten zu besorgen ist. Zweck der Eilkompetenz ist neben einer effektiveren Strafverfolgung vielmehr gleichrangig die Verbesserung der Situation der Opfer und deren

---

[206] Goers in BeckOK StPO Rn. 21; Brauer in Gercke/Julius/Temming/Zöller Rn. 21; Hadamitzky in KK-StPO Rn. 11; Bosch in KMR-StPO Rn. 27; Rogall in SK-StPO Rn. 59; aA Krause in Löwe/Rosenberg Rn. 34; vgl. BGH 15.11.1994 – 1 StR 461/94, BGHSt 40, 336 (337 f.) zur analogen Anwendung des § 81c bei aussagepsychologischer Begutachtung.

[207] Bosch in KMR-StPO Rn. 29.

[208] AA Rogall in SK-StPO Rn. 63: nur nach Abschluss der Maßnahme erklärter Widerruf bedeutungslos.

[209] BGH 8.12.1958 – GSSt 3/58, BGHSt 12, 235 (242).

[210] Brauer in Gercke/Julius/Temming/Zöller Rn. 23; Schmitt in Meyer-Goßner/Schmitt Rn. 25; so wohl auch Goers in BeckOK StPO Rn. 20.

[211] Geppert JURA 1988, 363 (365); Eisenberg BeweisR StPO Rn. 1673a sogar für den Fall richterlicher Belehrung.

[212] Krause in Löwe/Rosenberg Rn. 37 und 50; Schmitt in Meyer-Goßner/Schmitt § 252 Rn. 6.

[213] Zu dieser Voraussetzung für eine Analogie neben der vergleichbaren Interssenlage OLG Bamberg 16.3.2020 – 2 UF 27/20, ZKJ 2020, 312 (313).

[214] Hadamitzky in KK-StPO Rn. 14; Rogall in SK-StPO Rn. 63.

[215] RG 19.10.1936 – 5 D 699/36, JW 1936, 3548 mit klarstellender Bezugnahme auf RG 26.4.1928 – II 1023/27, RGSt 62, 142 (144); BGH 29.6.1983 – 2 StR 150/83, BGHSt 32, 25 (31 f.) jeweils zu § 52; Krause in Löwe/Rosenberg Rn. 37; aA Eisenberg StV 1995, 625 (627).

[216] Schmitt in Meyer-Goßner/Schmitt Rn. 25; Krause in Löwe/Rosenberg Rn. 37.

Schutz vor vermeidbaren Belastungen. Deswegen greift die staatsanwaltliche Entscheidungsbefugnis auch dann, wenn eine weitere Verzögerung für den Geschädigten der Tat nicht zumutbar ist.[217] Auf diese Eilzuständigkeit werden gleichwohl ansonsten die Grundsätze zu übertragen sein, die auch für die Annahme von Gefahr im Verzug bei Anordnung einer Blutprobenentnahme nach § 81a Abs. 1 oder einer Durchsuchung nach § 105 Abs. 1 maßgeblich sind (→ § 81a Rn. 31 f.). Zunächst muss demnach, wenn nicht die damit verbundene kurze Verzögerung schon zu einem Beweismittelverlust führen würde, der Versuch unternommen werden, einen notfalls telefonisch übermittelten, mündlich ergehenden richterlichen Beschluss herbeizuführen.[218] In jedem Fall ersetzt die beweissichernde Anordnung der Justizbehörde iSd § 81c Abs. 3 S. 3 zunächst die fehlende Einwilligung des gesetzlichen Vertreters.[219] Es kann auf deren Grundlage nicht nur die Untersuchungs- oder Eingriffshandlung selbst vorgenommen werden,[220] sondern bereits die Auswertung durch einen Sachverständigen in Auftrag gegeben werden.[221]

Zu den **inhaltlichen Anforderungen** an die Beweissicherungsentscheidung gehört die Bezeichnung der durch die Untersuchungsperson vorzunehmenden Maßnahme nach § 81c Abs. 1 oder 2. Da es sich der Sache nach selbst bei der richterlichen Anordnung um eine solche wegen Gefahr im Verzug handelt, sind auch die Umstände zu dokumentieren, die ein Zuwarten bis zur Einwilligung des gesetzlichen Vertreters nicht zulassen, sofern dies nicht offensichtlich ist. Die in der Literatur teilweise vertretene weitergehende Forderung, die Darlegung der betreffenden Umstände müsse im Beschluss selbst erfolgen,[222] ist gesetzlich nicht vorgeschrieben. Ordnet der Richter die Maßnahme mündlich an, so hat er allerdings ebenfalls festzuhalten, warum keine ausreichende Zeit für die Abfassung eines schriftlichen Beschlusses zur Verfügung stand.[223] Die Staatsanwaltschaft muss zeitnah die Tatsachen dokumentieren, die ihre Eilentscheidung rechtfertigen. 38

Eine **Verwertung** der im Wege vorläufiger Beweissicherung gewonnenen Untersuchungsergebnisse ist nach § 81c Abs. 3 S. 5 erst zulässig, sobald der gesetzliche Vertreter im Nachhinein ausdrücklich und vorbehaltlos einwilligt.[224] War dessen vorherige Erklärung wegen § 81c Abs. 3 S. 2 Hs. 2, § 52 Abs. 2 S. 2 aus Rechtsgründen ausgeschlossen, ist hierfür ein Ergänzungspfleger zu bestellen.[225] Auch dieser ist über das Recht zur Untersuchungsverweigerung nunmehr zu belehren.[226] Die Verweigerung begründet ein selbständiges Beweisverwertungsverbot (→ Einl. Rn. 473).[227] 39

h) Reichweite und Wirkung des Untersuchungsverweigerungsrechts. Die Pflicht, eine Untersuchung zu dulden, ist zwar mit der Zeugenpflicht nahe verwandt,[228] gleichwohl ist das Untersuchungsverweigerungsrecht **unabhängig vom Zeugnisverweigerungsrecht.** Der Zeuge kann von den ihm nach § 52 und § 81c Abs. 3 zustehenden 40

217 BT-Drs. 16/13671, 21; Eisenberg BeweisR StPO Rn. 1674.

218 S. auch BT-Drs. 16/13671, 21 „trotz entsprechender Kontaktierungsversuche … Gericht nicht erreichbar".

219 LG Oldenburg 11.9.2017 – 1 Qs 313/17, BeckRS 2017, 150518 Rn. 16.

220 So aber LG Verden 17.9.2004 – 1 Qs 188/04, NStZ-RR 2006, 246 (247 f.).

221 LG Hildesheim 18.11.2005 – 12 Qs 73/05, NStZ 2006, 360.

222 Krause in Löwe/Rosenberg Rn. 48; Eisenberg BeweisR StPO Rn. 1674.

223 Vgl. BVerfG 23.7.2007 – 2 BvR 2267/06, BeckRS 2007, 25604; LG Mühlhausen 15.11.2006 – 6 Qs 9/06, wistra 2007, 195 (197); LG Tübingen 1.10.2007 – 1 Qs 38/07, NStZ 2008, 589 (591) jeweils zur Durchsuchungsanordnung; hierzu auch Trück JZ 2010, 1106 (1108).

224 Krause in Löwe/Rosenberg Rn. 49; Schmitt in Meyer-Goßner/Schmitt Rn. 27; Eisenberg BeweisR StPO Rn. 1674a.

225 LG Hildesheim 18.11.2005 – 12 Qs 73/05, NStZ 2006, 360; LG Verden 17.9.2004 – 1 Qs 188/04, NStZ-RR 2006, 246 (247); Brauer in Gercke/Julius/Temming/Zöller Rn. 24; Hadamitzky in KK-StPO Rn. 18; Schmitt in Meyer-Goßner/Schmitt Rn. 27; Beukelmann in Radtke/Hohmann Rn. 18; Rieß NJW 1975, 81 (83).

226 LG Verden 17.9.2004 – 1 Qs 188/04, NStZ-RR 2006, 246 (248).

227 Bosch in KMR-StPO Rn. 32; Krause in Löwe/Rosenberg Rn. 49; Schmitt in Meyer-Goßner/Schmitt Rn. 27; Güntge in Alsberg Beweisantrag Rn. 938; Eisenberg BeweisR StPO Rn. 1674a; Rieß NJW 1975, 81 (83).

228 BGH 20.11.1953 – 2 StR 467/53, BGHSt 5, 132 (133).

Rechten der Mitwirkungsverweigerung unterschiedlichen Gebrauch machen.[229] Er kann entweder nur das Zeugnis oder nur die Untersuchung oder auch beides verweigern.[230]

41 Richtet sich das Verfahren gegen **mehrere Beschuldigte,** wobei das Angehörigenverhältnis iSd § 83c Abs. 1 S. 1, § 52 Abs. 1 nicht zu jedem besteht, greift das Untersuchungsverweigerungsrecht dennoch einheitlich gegenüber allen.[231] Das gilt auch nach Abtrennung der Verfahren.[232] Es erlischt erst mit dem Tode des Angehörigen oder dem rechtskräftigen Abschluss des gegen ihn gerichteten Verfahrens.[233]

42 Die Ausübung des Rechtes aus § 81c Abs. 3 S. 1 hat die **Wirkung,** dass grundsätzlich keine nachteiligen Schlüsse aus der Untersuchungsverweigerung gezogen werden dürfen.[234] Dies gilt aber nicht bei nur teilweisem Gebrauch. Ein solcher ist insbesondere dann gegeben, wenn der zur Zeugnisverweigerung berechtigte Zeuge zur Sache aussagt, es aber verhindert, die Richtigkeit seiner Angaben zu überprüfen, indem er eine als Beweis in Betracht kommende und ihm zumutbare Untersuchung verweigert. Aus diesem unterschiedlichen Gebrauch der Verweigerungsrechte aus § 52 und § 81c Abs. 3 dürfen selbst für den Angeklagten nachteilige Schlüsse gezogen werden.[235] Nicht verhindern kann der Angehörige auch die Einnahme eines Augenscheins an seiner Person nach § 86 (→ § 86 Rn. 23). Gleichfalls begründet die Untersuchungsverweigerung kein Beschlagnahmeverbot, bspw. für DNA-fähiges Material des Betroffenen, was sich im Wege systematischer Auslegung aus § 97 Abs. 1 Nr. 1 ergibt, der nur schriftliche Mitteilungen beschlagnahmefrei stellt.[236]

43 **3. Zumutbarkeit nach Abs. 4.** Untersuchungen und Eingriffe nach § 81c Abs. 1 und 2 dürfen nur vorgenommen werden, wenn sie im Sinne des Abs. 4 zumutbar sind. Durch die hierzu vorzunehmende umfassende Abwägung unter Würdigung aller Umstände, die Ausdruck des Verhältnismäßigkeitsgrundsatzes ist,[237] fließen die außerhalb der Maßnahme liegenden **persönlichen Gesichtspunkte** des davon Betroffenen in die Wertung ein.[238] Für die Frage der Unzumutbarkeit der Untersuchung oder des Eingriffs kommt es dabei auf die persönlichen Verhältnisse der Beteiligten, auf die Art und Folgen der Untersuchung sowie darauf an, ob die Maßnahme nicht außer Verhältnis zur Bedeutung der Strafsache steht.[239] Der Gesundheitsschutz der Allgemeinheit ist entsprechend kein zu beachtendes Rechtsgut.[240] Abzuwägen ist mithin das zur Durchsetzung des konkreten Strafanspruchs bestehende Aufklärungsinteresse gegen das Persönlichkeitsrecht des Betroffenen.[241] Auch hier gilt wieder (schon → Rn. 12), dass die Hinnahme umso mehr zumutbar ist, je näher der Betroffene dem Tatgeschehen steht, je mehr Tatsachen dafür vorhanden sind, dass er als „potenziell verdächtig" angesehen werden kann, je gravierender die Straftat und je zuverlässiger die zu erwartende Beweisbedeutung des Untersuchungsergebnisses ist.[242] Für die Zulässigkeit kann es sprechen, wenn Beweise für eine Straftat gewonnen werden sollen,

---

229 BGH 26.10.1983 – 3 StR 251/83, BGHSt 32, 140 (143).
230 Brauer in Gercke/Julius/Temming/Zöller Rn. 19; Schmitt in Meyer-Goßner/Schmitt Rn. 23; Krause in Löwe/Rosenberg Rn. 31; Eisenberg BeweisR StPO Rn. 1670.
231 Schmitt in Meyer-Goßner/Schmitt Rn. 23; Krause in Löwe/Rosenberg Rn. 31; Eisenberg BeweisR StPO Rn. 1670.
232 Krause in Löwe/Rosenberg Rn. 116.
233 Hadamitzky in KK-StPO Rn. 10; Beukelmann in Radtke/Hohmann Rn. 13.
234 Krause in Löwe/Rosenberg Rn. 33; Eisenberg BeweisR StPO Rn. 1670a.
235 BGH 26.10.1983 – 3 StR 251/1983, BGHSt 32, 140 (141–143) mAnm Pelchen JR 1985, 71.
236 BGH 1.8.2018 – 1 BGs 324/18, NStZ-RR 2018, 319.
237 LG Regensburg 6.2.2003 – Qs 4/2003 jug., StraFo 2003, 127 (128); Brauer in Gercke/Julius/Temming/Zöller Rn. 25; Schmitt in Meyer-Goßner/Schmitt Rn. 17; Eisenberg BeweisR StPO Rn. 1665; Busch NJW 2001, 1335 (1336); Oberlies StV 1990, 469 (470).
238 Geerds JURA 1988, 1 (3); Mayer JR 1990, 358 (363).
239 BGH 7.6.1956 – 4 StR 160/56, bei Dallinger MDR 525 (527); Schmidt StPO/GVG Nachtrag Rn. 9; vgl. auch LG Frankenthal 6.10.1999 – II Qs 363/99, NStZ-RR 2000, 146.
240 LG Aurich 30.7.2012 – 12 QS 97/12, StV 2013, 143 (145).
241 LG Mannheim 30.3.2004 – 1 Qs 1/04, NStZ-RR 2004, 301 (302); Brauer in Gercke/Julius/Temming/Zöller Rn. 25; Schmitt in Meyer-Goßner/Schmitt Rn. 17 und 21.
242 VerfGH Berlin 13.12.2005 – VerfGH 113/05, NJW 2006, 1416 (1417); Busch NJW 2001, 1335 (1336); vgl. auch Krause in Löwe/Rosenberg Rn. 21; Eisenberg BeweisR StPO Rn. 1665.

die vom Betroffenen selbst zur Anzeige gebracht wurde.[243] Auf der anderen Seite ist Zurückhaltung geboten gegenüber pauschalem oder ohne sachlich nachvollziehbare Grundlage aufgestelltem Verteidigungsvorbringen.[244] Eine besonders sorgfältige Würdigung ist dann vorzunehmen, wenn bei Fällen des § 81c Abs. 3 S. 2 der gesetzliche Vertreter zwar einwilligt, der Betroffene selbst aber aus nachvollziehbaren Gründen die Vornahme der Maßnahme nicht dulden will (→ Rn. 29). Gerade bei Kindern erfordern vor allem Untersuchungen im Genitalbereich nach Sexualdelikten eine besondere Atmosphäre der Kooperation mit der Untersuchungsperson.[245] Ohnehin ist in diesem Deliktsbereich der Grundsatz besonderer Behutsamtkeit des Nr. 220 Abs. 1 S. 1 RiStBV für die Untersuchung zu bachten.[246]

Die **körperliche Untersuchung** nach § 81c Abs. 1 ist danach unzumutbar, wenn sie bei dem Vorwurf eines Sexualdelikts zum Nachteil einer kindlichen Verletzten dazu dienen soll, die Behauptung nicht erfolgter Defloration zu untermauern.[247] Hierbei ist im Rahmen der Abwägung zu beachten, dass anale und genitale Verletzungen, selbst solche im Bereich des Hymen, bei Kindern sehr schnell verheilen können.[248] Daher nimmt die Zumutbarkeit zwangsweiser Untersuchungen umso mehr ab, je länger die festzustellenden Sachverhalte zurückliegen. Im Gegensatz zu § 81c Abs. 2 S. 2 wird in Abs. 1 nicht zwingend vorausgesetzt, dass die Untersuchung durch einen Arzt zu erfolgen hat. Dieser Gesichtspunkt fließt daher in die Zumutbarkeit der Maßnahme ein, die häufig nur bei entsprechender Art der Durchführung gegeben sein wird.[249] Für Untersuchungen, die das Schamgefühl verletzen können, ist zudem § 81d zu beachten. Auch wenn im Gegensatz zu § 81c Abs. 2 S. 1 nicht ausdrücklich erwähnt, darf mit der Untersuchung kein Nachteil für die Gesundheit verbunden sein. Im Hinblick auf Art und Umfang der nach Abs. 1 gestatteten Maßnahmen wird dies zwar regelmäßig nicht der Fall sein. Von Einfluss auf die Zumutbarkeit sind jedoch insbesondere psychische Folgeschäden und -belastungen, die mit der Maßnahme einhergehen. Solches kann für Inspektionen im Intimbereich bei Kindern gelten, vor allem dann, wenn sie durch vorhergehende Untersuchungen bereits misstrauisch und ängstlich geworden sind.[250] 44

Für **Eingriffe** nach § 81c Abs. 2 ist im Rahmen der Abwägung zu berücksichtigen, dass es sich bei Blutprobenentnahme[251] und vor allem bei Entnahme einer Speichelprobe[252] um leidglich geringfügige Eingriffe in die körperliche Unversehrtheit handelt, zumal sie nach S. 2 nur durch einen Arzt vorgenommen werden dürfen. In diesem Zusammenhang sind (psychische) Folgeschäden der Maßnahme zu beachten, die nicht vom Ausschlusskriterium der Gesundheitsschädlichkeit nach § 81c Abs. 2 S. 1 erfasst werden. Eine „Spritzenphobie“[253] stellt sich in diesem Zusammenhang als kein Abwägungsgesichtspunkt von praktisch relevantem Gewicht dar. Zum einen sind derartige Fälle, die zu ernsthaften psychischen Schäden oder nachwirkenden Beeinträchtigungen führen, in der medizinischen Praxis kaum zu verifizieren.[254] Zum anderen wird im Bereich der strafrechtlichen Ermittlungen kaum 45

[243] Geerds JURA 1988, 1 (3).
[244] Krause in Löwe/Rosenberg Rn. 21.
[245] Zinka FS Eisenmenger, 2004, 81 (84).
[246] Goers in BeckOK StPO Rn. 28.
[247] BGH 6.8.1969 – 4 StR 126/69, NJW 1970, 1242 zu § 244 StPO.
[248] Zinka FS Eisenmenger, 2004, 81 (82) „schon nach zwei bis drei Tagen nicht mehr nachweisbar“; vgl. aber andererseits BGH 13.6.2017 – 2 StR 465/16, StV 2018, 202 (203 f.) zu § 261.
[249] Brauer in Gercke/Julius/Temming/Zöller Rn. 25; Hadamitzky in KK-StPO Rn. 7; Schmitt in Meyer-Goßner/Schmitt Rn. 17; Krause in Löwe/Rosenberg Rn. 22; Beukelmann in Radtke/Hohmann Rn. 11; Eisenberg BeweisR StPO Rn. 1665; Geerds JURA 1988, 1 (4).
[250] BGH 6.8.1969 – 4 StR 126/69, NJW 1970, 1242 zu § 244 StPO.
[251] VerfGH Berlin 13.12.2005 – VerfGH 113/05, NJW 2006, 1416 (1417); LG Mannheim 30.3.2004 – 1 Qs 1/04, NStZ-RR 2004, 301 (302); LG Frankenthal 6.10.1999 – II Qs 363/99, NStZ-RR 2000, 146.
[252] VerfGH Berlin 13.12.2005 – VerfGH 113/05, NJW 2006, 1416 (1417); LG Hildesheim 18.11.2005 – 12 Qs 73/05, NStZ 2006, 360 „nahezu unbelastend“; LG Regensburg 6.2.2003 – Qs 4/2003 jug., StraFo 2003, 127 (128) „absolut ungefährlich“; LG Frankenthal 6.10.1999 – II Qs 363/99, NStZ-RR 2000, 146.
[253] OLG Koblenz 19.9.1975 – 6 W 255/75, NJW 1976, 379 (380).
[254] Gerchow BA 1976, 392 (392 f.).

die Zeit bleiben, entsprechende Behauptungen, beispielsweise durch Einholung eines psychiatrischen Sachverständigengutachtens, umfassend abzuklären. Angesichts des absoluten Ausnahmecharakters solcher Vorkommnisse wird daher das Aufklärungsinteresse regelmäßig überwiegen.[255] Etwas anderes gilt dagegen hinsichtlich der massiven seelischen Beeinträchtigungen, die üblicherweise mit der Mitteilung des positiven Ergebnisses einer AIDS-Infizierung verbunden sind (hierzu ausführlich → Rn. 67–69). Unverhältnismäßig sind zudem Abstammungsfeststellungen im Rahmen eines Privatklageverfahrens oder Untersuchungen, die nicht nach den anerkannten Regeln der Wissenschaft vorgenommen werden, noch unsichere Methoden betreffen und wissenschaftliche Experimente darstellen.[256] Bloß wirtschaftliche Nachteile, die zivilrechtliche Folge des Untersuchungsergebnisses sein können, vor allem der Verlust von Unterhaltsansprüchen oder die Inanspruchnahme als Unterhaltsschuldner, sind dagegen nicht von Belang.[257] Gleiches gilt für Umstände, die aus dem Rechtsgedanken des § 55 entnommen werden können.[258] Insoweit stellt § 81c Abs. 3 eine Sonderregelung zur Berücksichtigung von Rechten dar, die es dem Zeugen ermöglichen, die Untersuchung zu verweigern. Dass dort § 55 nicht ausdrücklich erwähnt wird, kann nicht über die Zumutbarkeitsprüfung umgangen werden.

46 **4. Einwilligung des Betroffenen oder Anordnung der Maßnahme. a) Freiwillige Duldung von Untersuchungen und Eingriffen.** Willigt der Betroffene in die Vornahme einer Maßnahme ein, so hat dies die **Rechtsfolge,** dass die Beschränkungen des § 81c Abs. 1 und Abs. 2 wegfallen, sofern keine Sittenwidrigkeit vorliegt.[259] Die in § 81c Abs. 1 und Abs. 2 genannten Maßnahmen dürfen dann auch ohne Anordnung nach Abs. 5 S. 1 vorgenommen werden. Darüber hinaus sind grundsätzlich aber auch in diesen Regelungen nicht genannte Untersuchungen und Eingriffe zulässig. Wird ein Antrag auf Vornahme einer entsprechenden Ermittlungsmaßnahme gestellt, hat das Gericht im Rahmen der Aufklärungspflicht festzustellen, ob der Betroffene oder, sofern erforderlich, der gesetzliche Vertreter die Einwilligung erteilen.[260] Körperliche Eingriffe dürfen aber auch in diesem Fall nur von einem Arzt vorgenommen werden.[261] Hierfür spricht § 81c Abs. 2 S. 2. Wenn schon die dort explizit aufgeführte Blutprobenentnahme, bei der es sich um einen geringfügigen und nicht gesundheitsgefährlichen Eingriff handelt, zwingend von einem medizinischen Fachmann vorzunehmen ist, so muss dies für jeden anderen körperlichen Eingriff erst recht gelten. Wird die Einwilligung nicht erteilt, ist das Gericht gleichwohl nicht gehindert, den Sachverständigen zur Vernehmung des Zeugen hinzuziehen, um ihm auf diese Weise Erkenntnismöglichkeiten zu verschaffen.[262]

47 Größtenteils wird ferner angenommen, für **schwerere Eingriffe** sei eine Anordnung der nach Abs. 5 S. 1 zuständigen Personen selbst bei Bereitschaft zur freiwilligen Duldung des Eingriffs durch den Betroffenen erforderlich.[263] Dem ist insoweit zuzustimmen, dass die Forderung einer generellen (zusätzlichen) Anordnung[264] zu weitgehend ist. Dürfen die

---

255 Händel BA 1976, 389 (391).

256 Hadamitzky in KK-StPO Rn. 7; Krause in Löwe/Rosenberg Rn. 28; Eisenberg BeweisR StPO Rn. 1669.

257 Krause in Löwe/Rosenberg Rn. 30; Bosch in KMR-StPO Rn. 20; Schmitt in Meyer-Goßner/Schmitt Rn. 21; aA Eisenberg BeweisR StPO Rn. 1669.

258 Hadamitzky in KK-StPO Rn. 10; Krause in Löwe/Rosenberg Rn. 40; Schmitt in Meyer-Goßner/Schmitt Rn. 21; aA Eisenberg BeweisR StPO Rn. 55.

259 Brauer in Gercke/Julius/Temming/Zöller Rn. 2; Hadamitzky in KK-StPO Rn. 8; Schmitt in Meyer-Goßner/Schmitt Rn. 2; Krause in Löwe/Rosenberg Rn. 4; Beukelmann in Radtke/Hohmann Rn. 2; Eisenberg BeweisR StPO Rn. 1658.

260 RG 16.5.1930 – I 1266/29, RGSt 64, 160 (162); BGH 11.11.1959 – 2 StR 471/59, BGHSt 14, 21 (23 f.).

261 Bosch in KMR-StPO Rn. 15; Krause in Löwe/Rosenberg Rn. 4; Schmitt in Meyer-Goßner/Schmitt Rn. 2; Eisenberg BeweisR StPO Rn. 1658.

262 LG Frankfurt a. M. 4.6.2008 – 5/28 Qs 10/08, StraFo 2009, 18.

263 Brauer in Gercke/Julius/Temming/Zöller Rn. 2; Krause in Löwe/Rosenberg Rn. 4; Schmitt in Meyer-Goßner/Schmitt Rn. 2; Beukelmann in Radtke/Hohmann Rn. 3; aA Rogall in SK-StPO Rn. 18.

264 Bosch in KMR-StPO Rn. 3; Eisenberg BeweisR StPO Rn. 1658.

in § 81c Abs. 1 und Abs. 2 genannten Maßnahmen bei Vorliegen einer Einwilligung ohne Anordnung durchgeführt werden, so ist nicht ersichtlich, warum dies nicht für andere Maßnahmen gleichfalls gelten sollte, die von der Eingriffsintensität her vergleichbar gering sind. Für Eingriffe von größerem Gewicht ist der üblicherweise zu findende pauschale Verweis auf Abs. 5 allerdings missverständlich. Eine entsprechende Anwendung dieser Regelung im Sinne einer Anordnungsbefugnis durch die dort benannten Stellen ist gerade nicht möglich. Sie würde von vornherein dem Gesetzeszweck des § 81c widersprechen, die Erlaubnis zu hoheitlichem Eingriff ausschließlich auf die dort genannten Maßnahmen zu beschränken. Es kann der Sache nach daher lediglich darum gehen, dass insbesondere der Ermittlungsrichter in begrenzender Weise zu prüfen hat, ob trotz grundsätzlichen Vorliegens einer Einwilligung der Gedanke der in § 81c vorgesehenen Schutzvorschriften gleichwohl der Durchführung entgegensteht. In diesem Sinne hat sich die Kontrolle vor allem darauf zu konzentrieren, ob mit einem körperlichen Eingriff Nachteile für die Gesundheit verbunden sein können und ob die Maßnahme insgesamt zumutbar iSd § 81c Abs. 4 ist. Statt deren Anordnung darf sich die Entscheidung demnach in ihrem Ausspruch nur darauf beschränken, die Vornahme für zulässig zu erklären.

Im allgemeinen bemisst sich die **Wirksamkeit** einer Einwilligung in eine bestimmte Rechtsgutsverletzung danach, ob sie die im Augenblick des Eingriffs vorhandene, freiwillige, ernstliche und sittengemäße zustimmende Willensrichtung zum Ausdruck bringt, die der Betroffene bildet, der die natürliche Einsichtsfähigkeit und Urteilskraft zur Erkenntnis der Tragweite des Eingriffs besitzt.[265] Diese Grundsätze werden auf den mit einer strafprozessualen Ermittlungsmaßnahme verbundenen Eingriff in die Rechtsgüter einer unverdächtigen Person übertragen.[266] Das Einverständnis im Zusammenhang mit § 81c setzt daher keine Geschäftsfähigkeit voraus.[267] Es ist aber nur beachtlich, wenn es erklärt wurde, ohne dass die Freiheit der Willensentschließung oder Willensbetätigung, insbesondere durch unzulässige Einflussnahmen der Ermittlungsbehörden, beeinträchtigt war und wenn keine sonstigen Willensmängel vorlagen, die die Erklärung unwirksam machen könnten. Dabei ist das Bestreben des Betroffenen unerheblich, sich nicht durch eine Weigerung verdächtigt zu machen. Diesbezüglich handelt es sich um ein bloßes Motiv der Erklärung, das auf deren Freiwilligkeit keinen Einfluss hat.[268] Soweit über § 500 Abs. 1 für Anwendbar gehalten,[269] sind die Voraussetzungen des § 51 BDSG zu beachten.[270] 48

Zu weitgehend ist es, in jedem Falle einer Maßnahme, die nicht zwangsweise nach § 81c vorgenommen werden darf, die vorherige **Belehrung** über die grundsätzliche Freiwilligkeit der Duldung zu verlangen.[271] Die Freiheit der Willensentschließung oder Willensbetätigung wird hierdurch nur beeinträchtigt, sofern der Betroffene davon ausging, zur Hinnahme der Ermittlungshandlung verpflichtet zu sein.[272] Besteht allerdings ein Zeugnisverweigerungsrecht, so ist der tatunverdächtige Angehörige in jedem Fall über das aus einer analogen Anwendung des § 81c Abs. 3 folgende Recht der Untersuchungsverweigerung zu belehren.[273] Wer hierfür 49

---

265 BGH 2.12.1963 – III ZR 222/62, NJW 1964, 1177 f.

266 Brauer in Gercke/Julius/Temming/Zöller Rn. 3; Hadamitzky in KK-StPO Rn. 8; Krause in Löwe/Rosenberg Rn. 5; Schmitt in Meyer-Goßner/Schmitt Rn. 3; Beukelmann in Radtke/Hohmann Rn. 2; Eisenberg BeweisR StPO Rn. 1659; Penning/Spann MedR 1987, 171 (175).

267 Eisenberg BeweisR StPO Rn. 1659; Peters JR 1970, 68.

268 BVerfG 27.2.1996 – 2 BvR 200/91, NJW 1996, 1587 (1588).

269 Stief StV 2017, 470 (474); aA Köhler in Meyer-Goßner/Schmitt, § 500 Rn. 2.

270 Singelnstein NStZ 2020, 639 (640).

271 So aber Goers in BeckOK StPO Rn. 21; Brauer in Gercke/Julius/Temming/Zöller Rn. 3; Schmitt in Meyer-Goßner/Schmitt Rn. 4; Beukelmann in Radtke/Hohmann Rn. 2; Rogall in SK-StPO Rn. 16; Eisenberg BeweisR StPO Rn. 1659; Fezer JuS 1978, 765 (766); vgl. auch LG Berlin 28.6.2008 – 525 Qs 102/08, StV 2011, 89 zur stillschweigenden Duldung einer Durchsuchungsanordnung; ausdrücklich offengelassen dagegen in BGH 14.10.1959 – 2 StR 249/59, BGHSt 13, 349 (398).

272 In BVerfG 27.2.1996 – 2 BvR 200/91, NJW 1996, 1587 (1587 f.) kam es hierauf nicht maßgeblich an, da die Belehrung durch die Kriminalpolizei erfolgt war.

273 BGH 14.10.1959 – 2 StR 249/59, BGHSt 13, 394 (399); Hanack JZ 1971, 126 (128); Rogall JZ 1996, 944 (953), jeweils zur aussagepsychologischen Begutachtung.

zuständig ist, richtet sich nach den Grundsätzen zu § 81c Abs. 3 S. 2 Hs. 2 (→ Rn. 35 und 56). Von der bloßen Hinnahme der Ermittlungshandlung kann noch nicht der Schluss auf die Einwilligung gezogen werden. Etwas anderes gilt für freiwilliges Erscheinen zur Untersuchung, sofern der Betroffene die Durchführung der Maßnahme nicht beanstandet[274] es sei denn, es ist aus anderem Grund gleichwohl erkennbar davon auszugehen, er habe die Notwendigkeit einer Einwilligung nicht erkannt.[275] Für den zu Untersuchenden, dem die notwendige Verstandesreife fehlt, entscheidet der gesetzliche Vertreter.[276] Die einmal erklärte Einwilligung kann bis zur Beendigung der Untersuchung jederzeit widerrufen werden, was jedoch der Verwertung der bis dahin erhobenen Befunde nicht entgegensteht.[277]

50 **b) Anordnung nach Abs. 5 S. 1.** Die Regelung für die **Anordnung** der Maßnahme in § 81c Abs. 5 S. 1 Hs. 1 entspricht derjenigen des § 81a Abs. 2. Es gelten die gleichen Grundsätze (→ § 81a Rn. 28–32).[278] Eine Anhörung des Betroffenen nach § 33 Abs. 3 ist nicht notwendig, da die Vorschrift auf die vorliegende Konstellation nicht anwendbar ist.[279] Besonderheiten ergeben sich, wenn der gesetzliche Vertreter an der Entscheidung über das Untersuchungsverweigerungsrecht in Fällen verhindert ist, in denen diese bei ihm liegt. Dann sind, wie sich aus § 81c Abs. 5 S. 1 Hs. 2 ergibt, die Anforderungen des § 81c Abs. 3 S. 3 zu beachten. Die Eingriffsbefugnis der Ermittlungsbehörden ändert nichts an der Einschränkung des § 81c Abs. 6 S. 2, wonach nur der Richter unmittelbaren Zwang anordnen darf (→ Rn. 53).[280]

51 **5. Verwendungs- und Vernichtungsregelung nach Abs. 5 S. 2.** § 81a Abs. 3 (hierzu ausführlich → § 81a Rn. 39–42) ist **in vollem Umfang** entsprechend anwendbar.[281] Der Verweis in § 81c Abs. 5 S. 2 bezieht sich nicht nur auf die dort genannten Blutproben. Die gegenteilige Ansicht[282] findet im Wortlaut keine Stütze. Zudem können Körperzellen auch durch andere Maßnahmen nach § 81c Abs. 1 und 2 gewonnen werden. Es wäre nicht gerechtfertigt, diese einer anderen Behandlung zu unterwerfen. Die Vernichtungsregelung erfasst nur das bei der Untersuchungshandlung gewonnene Material, nicht das Ergebnis der Beweisgewinnung.[283] Die unter Verwendung der Körperzellen erstellten Gutachten werden Aktenbestandteil.[284]

52 **6. Durchsetzung der Maßnahme. a) Grundsätzliches.** Die **Vollstreckung** der durch den Richter angeordneten Untersuchung oder Blutprobenentnahme obliegt gem. § 36 Abs. 2 S. 1 der Staatsanwaltschaft.[285] Die wegen Gefahr im Verzug von der Staatsanwaltschaft oder der Polizei getroffenen Eilentscheidungen vollstrecken diese selbst.[286] Notwendige Vorbereitungshandlungen, die dem Betroffenen zur Ermöglichung der Untersuchung obliegen (→ Rn. 23), können als Annex der Anordnung verlangt werden.

53 **b) Anwendung von Zwang nach Abs. 6.** Die Zwangsmittel des § 70, die nach § 81c Abs. 6 S. 1 für entsprechend anwendbar erklärt werden, setzt ausnahmslos der **Richter**

---

[274] RG 26.4.1932 – I 272/32, RGSt 66, 273 (274); aA Bosch in KMR-StPO Rn. 4; Schmitt in Meyer-Goßner/Schmitt Rn. 3; Janetzke NJW 1958, 534 (535 f.).
[275] Krause in Löwe/Rosenberg Rn. 5; Eisenberg BeweisR StPO Rn. 1659.
[276] RG 16.5.1930 – I 1266/29, RGSt 64, 160 (162); Janetzke NJW 1958, 534 (535); Kohlhaas NJW 1951, 903 (904).
[277] Hadamitzky in KK-StPO Rn. 8; Schmitt in Meyer-Goßner/Schmitt Rn. 5.
[278] Brauer in Gercke/Julius/Temming/Zöller Rn. 26; Beukelmann in Radtke/Hohmann Rn. 19.
[279] Hadamitzky in KK-StPO Rn. 19; Krause in Löwe/Rosenberg Rn. 53; aA Bosch in KMR-StPO Rn. 34; Beukelmann in Radtke/Hohmann Rn. 19; Eisenberg BeweisR StPO Rn. 1675 „entsprechende Anwendung".
[280] Hadamitzky in KK-StPO Rn. 22; Krause in Löwe/Rosenberg Rn. 52; Eisenberg BeweisR StPO Rn. 1675; aA Kohlhaas JR 1974, 89 (91) dies gälte nur für Eingriffe nach § 81c Abs. 2 StPO.
[281] Brauer in Gercke/Julius/Temming/Zöller Rn. 26; Schmitt in Meyer-Goßner/Schmitt Rn. 29a u. 29b.
[282] Krause in Löwe/Rosenberg Rn. 54; Senge NJW 1997, 2409 (2410 Fn. 21).
[283] Hilger NStZ 1997, 371 (372).
[284] Senge NJW 1997, 2409 (2410); Krause in Löwe/Rosenberg Rn. 56.
[285] Brauer in Gercke/Julius/Temming/Zöller Rn. 27; Hadamitzky in KK-StPO Rn. 20; Beukelmann in Radtke/Hohmann Rn. 19.
[286] Eisenberg BeweisR StPO Rn. 1676.

fest.[287] § 161a Abs. 2 gilt nicht, da er die Staatsanwaltschaft, wie sich aus dem Zusammenhang mit § 161a Abs. 1 ergibt, nur zur Festsetzung gegenüber nicht aussagebereiten Zeugen und Sachverständigen ermächtigt.[288] Das Nichterscheinen trotz ordnungsgemäßer Ladung ist als unberechtigte Weigerung auszulegen.[289] Gegen den gesetzlichen Vertreter dürfen die Ordnungsmittel nicht festgesetzt werden[290] und gegen Minderjährige nur, soweit sie die notwendige Verstandesreife besitzen.[291]

Als **Ordnungsmittel** kommen die zunächst die in § 70 Abs. 1 genannten in 54 Betracht, also die Auferlegung von Kosten, Ordnungsgeld oder Ordnungshaft. Darüber hinaus wird fast einhellig davon ausgegangen, Beugehaft nach § 70 Abs. 2 dürfe nicht verhängt werden, da an deren Stelle der unmittelbare Zwang trete, wobei eine Begründung in der Regel nicht erfolgt.[292] Lediglich vereinzelt wird darauf abgestellt, beim Zeugnis müsse im Gegensatz zur Hinnahme der Untersuchung eine aktive Mitwirkung erzwungen werden.[293] Dies mag zwar in der Sache im Wesentlichen zutreffen, berücksichtigt aber nicht, dass, auch wenn aus § 81c Abs. 1 und 2 bloße Duldungspflichten folgen, in geringem Umfang Vorbereitungshandlungen der zu untersuchenden Person gefordert werden können. Zudem findet eine solche Auffassung im Wortlaut des § 81c Abs. 6 S. 2 keinen Niederschlag. Dieser spricht vielmehr von der „besonderen" Anordnung des unmittelbaren Zwangs. Dies legt nahe, dass es einerseits insoweit eines eigenständigen Ausspruchs bedarf,[294] er andererseits aber auch als weitere, zusätzliche Maßregel neben dem in S. 1 insgesamt in Bezug genommenen § 70 in Betracht kommt. Auf jeden Fall ist aber, wie sich aus § 81c Abs. 6 S. 3 ergibt, die vorherige Festsetzung eines Ordnungsgeldes vor der Anordnung unmittelbaren Zwangs notwendig, sofern nicht Gefahr im Verzug vorliegt. Ob dieses zur Überwindung der dennoch bestehenden Weigerung bereits beigetrieben wurde, ist dagegen unerheblich.[295]

7. Praktisch bedeutsame Sonderfälle. a) Aussagepsychologische Begutachtung. Von der abschließenden Sonderregelung des § 81c (→ Rn. 5 und 14) wird die 55 aussagepsychologische Begutachtung und die damit ggf. einhergehende (psychiatrische) Beurteilung der Aussagetüchtigkeit nicht erfasst.[296] Derartige Untersuchungen sind deshalb nur mit **Einwilligung** des Betroffenen zulässig.[297]

Wurde eine Glaubhaftigkeitsbegutachtung angeordnet, sind **Belehrungspflichten** 56 zu beachten. Wegen der vergleichbaren Interessenlage kommt § 81c zur entsprechenden Anwendung (hierzu → § 80 Rn. 10).[298] Eine zeugnisverweigerungsberechtigte Person ist analog § 81c Abs. 3 S. 2 Hs. 2, § 52 Abs. 3 S. 1 darüber zu belehren, dass sie an der

[287] Nach Kohlhaas JR 1974, 89 (91) gilt dies nur für Maßnahmen nach Abs. 2.
[288] Achenbach NJW 1977, 1271.
[289] Brauer in Gercke/Julius/Temming/Zöller Rn. 28; Hadamitzky in KK-StPO Rn. 21; Krause in Löwe/Rosenberg Rn. 58; aA Eisenberg BeweisR StPO Rn. 1676.
[290] OLG Hamm 7.4.1965 – 3 Ws 76/65, NJW 1965, 1613, zu § 51 StPO.
[291] Krause in Löwe/Rosenberg Rn. 58; Eisenberg BeweisR StPO Rn. 1676.
[292] Schmitt in Meyer-Goßner/Schmitt Rn. 30; Beukelmann in Radtke/Hohmann Rn. 20; Eisenberg BeweisR StPO Rn. 1676a; Achenbach NJW 1977, 1271.
[293] Krause in Löwe/Rosenberg Rn. 58.
[294] So zutreffend Achenbach NJW 1977, 1271.
[295] Krause in Löwe/Rosenberg Rn. 59; Eisenberg BeweisR StPO Rn. 1676a Fn. 71.
[296] Wegen der Einzelheiten zur Notwendigkeit einer aussagepsychologischen Begutachtung, der Auswahl des Sachverständigen und der Durchführung wird auf die Ausführungen bei → § 73 Rn. 21 f. und → § 80 Rn. 6 und 9 f. verwiesen.
[297] BGH 14.10.1959 – 2 StR 249/59, BGHSt 13, 394 (398); 11.11.1959 – 2 StR 471/59, BGHSt 14, 21 (23); 29.6.1989 – 4 StR 201/89, BGHSt 36, 217 (219); 18.9.1990 – 5 StR 184/90, StV 1991, 405; 11.1.2005 – 1 StR 498/04, NJW 2005, 1519; 22.2.2012 – 1 StR 674/11, StV 2013, 73 (74); 8.1.2013 – 1 StR 602/12, NStZ 2013, 672; 5.3.2013 – 1 StR 602/12, NStZ-RR 2013, 218; 5.3.2013 – 5 StR 39/13, StV 2013, 483. Wegen § 500 Abs. 1, § 51 BDSG zweifelt Singelnstein NStZ 2021, 639 (641) nunmehr wohl generell an der Einwilligungsfähigkeit; aA in soweit Köhler in Meyer-Goßner/Schmitt § 500 Rn. 2.
[298] BGH 14.10.1959 – 2 StR 249/59, BGHSt 13, 394 (398 f.); 29.6.1989 – 4 StR 201/89, BGHSt 36, 217 (220).

aussagepsychologischen Begutachtung nicht mitwirken muss.[299] Die bloße Belehrung über das Zeugnisverweigerungsrecht ersetzt nicht diejenige über das Untersuchungsverweigerungsrecht und erstreckt sich nicht auf diese.[300] Zwar wird die Exploration nicht als Vernehmung zur Sache im rechtlichen Sinne angesehen (→ § 80 Rn. 10), jedoch umfasst sie im Zusammenhang mit der Inhalts- und Konstanzanalyse auch den Tatvorwurf. Deswegen ist zusätzlich über ein Zeugnisverweigerungsrecht nach § 52 zu belehren.[301] Die Frage, ob zudem und über diesen Sonderfall des bestehenden Näherverhältnisses hinaus selbst bei einem nicht zur Zeugnisverweigerung berechtigten Probanden generell eine Belehrung über die Freiwilligkeit der Mitwirkung erforderlich ist, hat der BGH bislang nicht entscheidungstragend verneint,[302] ansonsten aber offen gelassen.[303] In der Literatur ist diese Frage umstritten und die Belehrungspflicht wird teils abgelehnt,[304] größtenteils aber befürwortet.[305] Um Unsicherheiten bei der Verwertbarkeit zu vermeiden sollte in der Praxis daher sicherheitshalber auf die Freiwilligkeit hingewiesen werden. Andererseits versteht sich diese für die zu untersuchende Person nicht selten von selbst, gerade weil bei der in der Praxis vorrangig in Betracht kommenden Deliktskategorie der Sexualdelikte die häufig ohnehin schon beteiligten oder zu bestellenden Opferanwälte regelmäßig hierauf achten.[306] Bei allem anerkennenswerten Streben nach absoluter Freiwilligkeit der Mitwirkung, das von der die Belehrung befürwortenden Meinung hervorgehoben wird, darf jedoch nicht deren problematische Komponente unberücksichtigt bleiben. In der Praxis zeigt sich bei psychisch belasteten Zeugen eine zunehmende Verunsicherung, die mit steigender Zahl und Intensität von Belehrungen verbunden ist.[307] Diese werden gerade von Kindern und Jugendlichen häufig nicht als Hinweis auf die freie Entscheidungsmöglichkeit verstanden, sondern als Voreingenommenheit gegenüber ihrer Darstellung. Einer unbefangenen Aussagesituation ist dies durchaus abträglich.[308]

57 **Adressat** der Belehrung über das Untersuchungsverweigerungsrecht ist grundsätzlich die zu untersuchende Person selbst.[309] Fehlt dieser die notwendige Verstandesreife, um die Bedeutung des Untersuchungsverweigerungsrechtes zu erfassen, wovon sich das Gericht zunächst einen zuverlässigen Eindruck verschaffen muss,[310] richtet sich die Belehrung wegen der insoweit nur eingeschränkten Verweisung des § 81c Abs. 3 S. 2 auf § 52 Abs. 2 ausschließlich an den Vertreter (s. auch die Nachweise bei → Rn. 35).[311] Dies gilt allerdings nicht hinsichtlich des Zeugnisverweigerungsrechts. § 52 Abs. 2 S. 1 erfordert die Aussagebe-

299 BGH 13.2.1959 – 4 StR 470/58, BGHSt 13, 1 (4 f.); 14.10.1959 – 2 StR 249/59, BGHSt 13, 394 (398 f.); 29.6.1989 – 4 StR 201/89, BGHSt 36, 217 (220); 29.6.1989 – 4 StR 201/89, NStZ 1989, 485; 15.11.1994 – 1 StR 461/94, BGHSt 40, 336 (337); OLG Rostock 6.1.2015 – 20 RR 108/14, NStZ 2015, 359.

300 BGH 23.8.1988 – 5 StR 211/88, NStE 1990 Nr. 1 zu § 81c StPO = BeckRS 1988, 31103412; 16.7.1993 – 2 StR 333/93, StV 1993, 563.

301 BGH 22.1.1991 – 1 StR 624/90, NJW 1991, 2432; 23.8.1995 – 3 StR 163/95, NJW 1996, 206; OLG Rostock 6.1.2015 – 20 RR 108/14, NStZ 2015, 359.

302 BGH 14.10.1959 – 2 StR 249/59, BGHSt 13, 394 (398 f.); dem folgend OLG Hamm 4.4.2019 – 4 Ws 77/19, BeckRS 2019, 9227 Rn. 24 im Zusammenhang mit der Entscheidung zur Haftfortdauer.

303 BGH 29.6.1989 – 4 StR 201/89, BGHSt 36, 217 (220).

304 Hadamitzky in KK-StPO Rn. 11; so wohl auch Dettmeyer ua Rechtsmedizin 20 (2010), 200 (206).

305 Brauer in Gercke/Julius/Temming/Zöller Rn. 3; Krause in Löwe/Rosenberg Rn. 5; Schmitt in Meyer-Goßner/Schmitt Rn. 7; Eisenberg StV 1995, 625 (626); Fezer JuS 1978, 765 (766); Hilgert NJW 2016, 985 (986); Janetzke NJW 1958, 534 (536); Kett-Straub ZStW (117) 2006, 354 (370 f.); Weigend JZ 1990, 48 (49).

306 Herrmann StRR 2010, 250 (257).

307 Kohlhaas JR 1974, 89 (91).

308 Das übersieht vor allem Eisenberg StV 1995, 625 (627), der sich ausschließlich auf Instrumentalisierung durch Behörden fokussiert.

309 BGH 29.6.1989 – 4 StR 201/89, BGHSt 36, 217 (220); 15.11.1994 – 1 StR 461/95, BGHSt 40, 336 (337).

310 BGH 22.1.1991 – 1 StR 624/90, NJW 1991, 2432.

311 BGH 15.11.1994 – 1 StR 461/94, BGHSt 40, 336 (337 f.); aA Bosch in KMR-StPO Rn. 27; Eisenberg StV 1995, 625 (626); Kett-Straub ZStW 117 (2006), 354 (372).

reitschaft des verstandesunreifen Zeugen und setzt deswegen nach § 52 Abs. 3 S. 1 dessen Belehrung und „auch" diejenige des Vertreters voraus.[312]

58 Hinsichtlich der **Zuständigkeit** für die Belehrung wird angenommen, dass sich diese nach der Anordnungsbefugnis richtet.[313] Zu erfolgen hat sie danach in entsprechender Anwendung der § 81c Abs. 3 S. 2 Hs. 2, § 52 Abs. 3 S. 1 bevor der Sachverständige die Exploration durchführt,[314] wobei sie diesem selbst allerdings nicht überlassen werden darf.[315] Vielmehr belehrt das Gericht,[316] die Staatsanwaltschaft[317] oder die Polizei,[318] je nachdem, von wem die Untersuchung angeordnet wurde. Gegebenenfalls hat der Sachverständige auf die Nachholung der Belehrung durch die anordnende Stelle hinzuwirken.[319] Nach hiesiger Auffassung ist es allerdings nicht ausgeschlossen die Belehrung über das Untersuchungsverweigerungsrecht auch für den Fall, dass die Staatsanwaltschaft den Auftrag erteilt hat, dem Ermittlungsrichter zu übertragen, der eine richterliche Vernehmung vornimmt.[320] Entsprechend sollte bei einem zeugnisverweigerungsberechtigten Zeugen der Antrag auf dessen richterliche Vernehmung mit einem solchen auf die entsprechende Belehrung verbunden werden. Entscheidend ist dabei die klare Trennung und Unterscheidung der Belehrung über das Zeugnisverweigerungsrecht von derjenigen über das Untersuchungsverweigerungsrecht. Diese ist jedenfalls dann für die Entschließungsfreiheit des Zeugen ausreichend, sofern das Explorationsgespräch mit dem Sachverständigen in hinreichendem zeitlichem Zusammenhang mit der richterlichen Zeugenvernehmung und -belehrung erfolgt.[321] Der Sachverständige sollte zudem, auch wenn er hierzu von Gesetzes wegen nicht verpflichtet ist (→ § 80 Rn. 9), die Belehrungen vor der Exploration wiederholen.[322] Dem steht die bisherige Rechtsprechung des BGH nicht entgegen. Sofern in Entscheidungen beanstandet wurde, die Belehrung über das Untersuchungsverweigerungsrecht sei vor der Untersuchung durch den Sachverständigen nicht erfolgt, so betraf dies in erster Linie[323] Fälle, in denen ausschließlich über das Zeugnisverweigerungsrecht belehrt wurde und zudem in der Folgezeit mehrere Monate ins Land gingen.[324] Die Belehrung dagegen zwingend an die Auftragserteilung durch die Ermittlungsbehörde anzubinden, widerspricht der besonderen Bedeutung, die ansonsten der richterlichen Belehrung und Vernehmung beigemessen wird.[325] Erst recht nicht verständlich wäre dann, warum umgekehrt eine Übertragung seitens des Richters auf die Staatsanwaltschaft für zulässig erachtet wird (→ Rn. 35).

59 Beruft sich der Betroffene in rechtmäßiger Weise auf sein Untersuchungsverweigerungsrecht, entsteht ein **Verwertungsverbot** hinsichtlich der Angaben, die er im Rahmen des Explorationsgesprächs beim Sachverständigen machte, weswegen auch die dabei

312 BGH 22.1.1991 – 1 StR 624/90, NJW 1991, 2432; 23.8.1995 – 3 StR 163/95, NJW 1996, 206; OLG Rostock 6.1.2015 – 20 RR 108/14, NStZ 2015, 359.

313 Eisenberg BeweisR StPO Rn. 1867; Eisenberg NStZ 2016, 11 (12); Geppert JURA 1988, 363 (364 Fn. 79).

314 BGH 22.1.1991 – 1 StR 624/90, NJW 1991, 2432; 8.11.1995 – 2 StR 531/95, NStZ-RR 1996, 106.

315 BGH 23.8.1995 – 3 StR 163/95, NJW 1996, 206; 4.12.1996 – 2 StR 430/96, NStZ 1997, 349 (350); Eisenberg NStZ 2016, 11 (13); aA Geppert JURA 1993, 249 (252 f.).

316 BGH 29.6.1989 – 4 StR 201/89, BGHSt 36, 217 (220); 23.8.1995 – 3 StR 163/95, NJW 1996, 206; OLG Rostock 6.1.2015 – 20 RR 108/14, NStZ 2015, 359 (360).

317 BGH 16.7.1993 – 2 StR 333/93, StV 1993, 563; 4.12.1996 – 2 StR 430/96, NStZ 1997, 349 (350); 10.10.2016 – 4 StR 100/16, NStZ-RR 2016, 377.

318 BGH 15.11.1994 – 1 StR 461/94, BGHSt 40, 336 (340).

319 BGH 4.12.1996 – 2 StR 430/96, NStZ 1997, 349 (350); Dettmeyer ua Rechtsmedizin 20 (2010), 200 (207).

320 So der Sache nach auch Herrmann StRR 2010, 250 (257).

321 Dieser Gedanke liegt wohl auch BGH 20.7.1995 – 1 StR 338/95, NJW 1998, 838 (839) zugrunde; aA Bosch in KMR-StPO Rn. 30.

322 Vgl. BGH 10.10.2016 – 4 StR 100/16, NStZ-RR 2016, 377.

323 Bei BGH 10.10.2016 – 4 StR 100/16, NStZ-RR 2016, 377 kam es letztlich wegen anderweitiger Belehrungen nicht darauf an, dass die Staatsanwaltschaft ihrerseits nicht belehrt hatte.

324 BGH 23.8.1988 – 5 StR 211/88, NStE 1990 Nr. 1 zu § 81c StPO = BeckRS 1988, 31103412; 16.7.1993 – 2 StR 333/93, StV 1993, 563.

325 BGH 15.1.1952 – 1 StR 341/51, BGHSt 2, 99 (106 ff.); 13.2.1959 – 4 StR 470/58, BGHSt 13, 1 (4 f.); 3.11.2000 – 2 StR 354/00, BGHSt 46, 189 (195) jeweils zum Zeugnisverweigerungsrecht.

angefertigten Tonbandaufzeichnungen nicht abgespielt werden dürfen.[326] Dabei wird regelmäßig darauf abgestellt, hierunter fielen nur Zusatztatsachen, die der Sachverständige erhebt, im Gegensatz zu den Befundtatsachen, die verwertet werden könnten.[327] Ausgangpunkt ist eine aus sich heraus nur schwer verständliche Entscheidung des BGH, nach der er gegen die Verwertung der Angaben des Geschädigten dann keine rechtlichen Bedenken hatte, sofern sich das Gericht bereits anderweitig davon überzeugt hatte, und der Sachverständige sie lediglich als Anzeichen für die Glaubhaftigkeit heranzog.[328] Später hob er dann die Unterscheidung nach den Tatsachen, die auch das Gericht hätte feststellen können, im Gegensatz zu denen, für deren Wahrnehmung es besonderer Sachkunde bedurfte,[329] hervor. Letztere bezeichnete er nunmehr ausdrücklich als Befundtatsachen und rechnete dazu als Beispiele das Verhalten der aussagepsychologisch untersuchten Person bei der Exploration, Aufgeschlossenheit gegenüber Fragen, Zustand und Auftreten[330] sowie Wortschatz, abfragbare biologische Grundkenntnisse, Suggestionsfestigkeit und Intelligenz.[331] Die Schilderung des Tatgeschehens selbst zählte er aber zu den Zusatztatsachen.[332] Hierzu darf der Sachverständige weder als solcher, noch als Zeuge vernommen werden.[333] Auch wenn die zu untersuchende Person erst in der Hauptverhandlung von ihrem Weigerungsrecht Gebrauch macht, steht der Einführung der Zusatztatsachen §§ 252 iVm 81c Abs. 3 S. 1, § 52 Abs. 1 entgegen.[334] Dies gilt unabhängig davon, ob die Begutachtung im anhängigen Verfahren oder in einem anderen, beispielsweise einem Zivilverfahren oder einem solchen der freiwilligen Gerichtsbarkeit, erfolgte,[335] und schon solange noch Ungewissheit darüber besteht, ob der Betroffene vom Weigerungsrecht Gebrauch macht[336] oder wenn der gesetzliche Vertreter einer Vernehmung nicht zustimmt.[337] Unter Bezugnahme auf die Ausgangsentscheidung ging der BGH mit weiterer Differenzierung davon aus, es habe dort zum Ausdruck gebracht werden sollen, die Angaben zum Tatgeschehen hätten zwar als Befundtatsachen für die Begutachtung verwendet, nicht jedoch als Grundlage der Feststellungen zum Tathergang – dann als Zusatztatsachen – über den Sachverständigen in die Hauptverhandlung eingeführt werden dürfen.[338] Einen davon abweichenden, durchaus erwägenswerten Ansatz, verfolgte der BGH allerdings, hinsichtlich der Angaben die der Vater zur Persönlichkeit seines Sohnes anlässlich von dessen Schuldfähigkeitsbegutachtung machte. Für diesen Fall ging er davon aus, eine einmalige richterliche Belehrung eines Zeugen mache auch das verwertbar, was er zu einem späteren Zeitpunkt gegenüber dem Sachverständigen berichtet.[339] Diese Entscheidung blieb jedoch vereinzelt. Ohne nähere Begründung,

[326] BGH 29.1.2008 – 4 StR 449/07, BGHSt 52, 148 (152 f.).
[327] Ganter in BeckOK StPO § 252 Rn. 16; Hadamitzky in KK-StPO Vor § 72 Rn. 4; Schmitt in Meyer-Goßner/Schmitt § 252 Rn. 10; Geppert JURA 1988, 363 (364 f.); Huber JuS 2007, 485 (486).
[328] BGH 10.10.1957 – 4 StR 393/57, BGHSt 11, 97 (100). So jedenfalls wird die Entscheidung in BGH 26.10.1962 – 4 StR 318/62, BGHSt 18, 107 (109); BGH 29.6.1976 – 1 StR 263/76, juris Rn. 9 = Spiegel DAR 1977, 169 (175) – RsprÜ zitiert.
[329] Grundlegend BGH 7.6.1956 – 3 StR 135/56, BGHSt 9, 292 (292 ff.).
[330] BGH 13.2.1959 – 4 StR 470/58, BGHSt 13, 1 (2); Russ NJW 1963, 385 (386).
[331] BGH 15.11.1994 – 1 StR 461/94, NJW 1995, 1501 (1502) insoweit nicht abgedruckt in BGHSt 40, 336.
[332] So auch BGH 22.1.1991 – 1 StR 624/90, NJW 1991, 2432; 15.11.1994 – 1 StR 461/94, NJW 1995, 1501 (1502) insoweit nicht abgedruckt in BGHSt 40, 336; BGH 29.5.1996 – 3 StR 157/96, NStZ 1997, 95 (96); 3.11.2000 – 2 StR 354/00, BGHSt 46, 189 (192 f.).
[333] BGH 13.2.1959 – 4 StR 470/58, BGHSt 13, 1 (4 f.); 26.10.1962 – 4 StR 318/62, BGHSt 18, 107 (109); 29.6.1989 – 4 StR 201/89, BGHSt 36, 217 (219).
[334] BGH 23.7.1986 – 2 StR 370/86, StV 1987, 328; 23.8.1995 – 3 StR 163/95, NJW 1996, 206.
[335] BGH 27.10.2006 – 2 StR 334/06, NStZ 2007, 353 (354).
[336] BGH 23.8.1995 – 3 StR 163/95, NJW 1996, 206 (207).
[337] BGH 20.2.1987 – 2 StR 40/87, Pfeiffer/Miebach NStZ 1988, 17 (19) – RsprÜ.
[338] BGH 3.11.2000 – 2 StR 354/00, BGHSt 46, 189 (193 f.); s. auch BGH 29.8.1984 – 2 StR 363/84, StV 1984, 453; 15.11.1994 – 1 StR 461/94, NJW 1995, 1501 (1503) insoweit nicht abgedruckt in BGHSt 40, 336.
[339] BGH 20.7.1995 – 1 StR 338/95, NJW 1998, 838 (839) mit ablehnender Anmerkung Eisenberg NStZ 1997, 297 (297 ff.).

ob und ggf. warum darin Befund- und nicht Zusatztatsachen zu sehen sein sollten, wurde deren Übertragbarkeit auf die vorliegende Fallkonstellation allerdings abgelehnt.[340] Das Bild, das die Rspr. abgibt, zeigt aber, dass die Differenzierung in Verwertbarkeit von Befund- und Nichtverwertbarkeit von Zusatztatsachen für die aussagepsychologische Begutachtung gar nicht zuverlässig möglich ist.[341] Schon bei der Einteilung des Tatsachenstoffes an sich zeigt sich die Unzulänglichkeit der herkömmlichen Definitionen (→ § 72 Rn. 16–18). Es ist bereits zweifelhaft, ob hinsichtlich der Befragung zum Tatgeschehen selbst nicht die besondere Sachkunde des Untersuchenden im Vordergrund steht (dazu auch die → § 79 Rn. 23 angeführten Entscheidungen). Der Gutachtenauftrag ist dann zu erteilen, wenn die eigene Sachkunde des Gerichts bei der Beurteilung der Aussage des Zeugen wegen Besonderheiten in dessen Person gerade nicht ausreicht. Das wirkt sich naturgemäß schon auf die Befragungssituation aus. In jedem Fall ist die Exploration zur Sache aber die zentrale Untersuchungsmethode (→ § 80 Rn. 9). Von daher stellt es sich als künstliche Aufspaltung dar, die dabei erhobenen Belastungstatsachen alleine unter Berufung auf die Feststellungsmöglichkeit durch das Gericht dem Befund des Gutachtens zu entziehen. Auf der anderen Seite wird man zur Vernehmung iSd § 252 jede Äußerung des Zeugen rechnen müssen, die durch die Befragung veranlasst wurde, unabhängig davon, ob sie sich auf das Tatgeschehen bezieht oder nicht. Eine entsprechende Differenzierung gibt dieser Begriff nicht her. Bei Anwendung dieser Vorschrift auf den Sachverständigen müsste dann aber konsequenterweise alles erfasst werden, was der Zeuge verbalisierte, sofern er nicht nachträglich der Verwertung zustimmt.

Erklärt die zu untersuchende Person in der Hauptverhandlung dagegen Ihre **Zustimmung** zu einer Verwertung der Schilderungen beim Sachverständigen, so können sie über diesen in die Hauptverhandlung eingeführt werden. In einer entsprechenden Erklärung in Bezug auf das Zeugnisverweigerungsrecht kann zugleich eine (schlüssige) hinsichtlich des Untersuchungsverweigerungsrechts gesehen werden.[342] Durch das Einverständnis wird die vor der Untersuchung durch den Sachverständigen unterbliebene Belehrung über das Untersuchungsverweigerungsrecht geheilt.[343] Vor der Zustimmung hat eine qualifizierte Belehrung dahingehend zu erfolgen, dass die bislang gemachten Angaben einem Verwertungsverbot unterliegen könnten und das Zeugnisverweigerungsrecht auch dann noch ausgeübt werden kann, wenn der Verterter zuvor zugestimmt hat.[344] Die Erklärung des Zeugen kann auch außerhalb der Hauptverhandlung abgegeben werden, wenn feststeht, dass der Zeuge über die Folgen eines Verzichts informiert ist. Das ist insbesondere bei Vertretung durch einen Rechtsanwalt der Fall.[345] Andererseits wurde entschieden, eine (konkludente) Zustimmung sei bei einem Zeugen anzunehmen, der nach Belehrung über sein Zeugnisverweigerungsrecht in der Hauptverhandlung aussagt.[346] Auch hier empfiehlt sich nach den vorgenannten Grundsätzen der neueren Rspr. aber eine qualifizierte Belehrung, damit klargestellt ist, dass der Zeuge voll informiert und unabhängig von eventuellen früheren Verfahrensfehlern über die Ausübung seiner Weigerungsrechte entscheidet. In den Urteilsgründen sollte zu derartigen Verfahrensfragen nichts ausgeführt werden.[347] 60

Der Sachverständige hat bei einer bloßen Verweigerung der Untersuchung die Möglichkeit zu **anderweitigem Erkenntnisgewinn,**[348] indem er den Betroffenen anhand sei- 61

340 BGH 3.11.2000 – 2 StR 354/00, BGHSt 46, 189 (194); aA Helgert NJW 2016, 985 (986).
341 So auch die Einschätzung in BGH 3.11.2000 – 2 StR 354/00, BGHSt 46, 189 (194).
342 BGH 6.7.1965 – 5 StR 229/65, BGHSt 20, 234.
343 BGH 23.9.1999 – 4 StR 189/99, BGHSt 45, 203 (208 f.).
344 Vgl. OLG Rostock 6.1.2015 – 20 RR 108/14, NStZ 2015, 359 (360); vgl. auch BGH 18.7.2007 – 1 StR 296/07, NStZ 2007, 712 (713); 10.2.2015 – 1 StR 20/15, NStZ 2015, 232.
345 BGH 18.7.2007 – 1 StR 296/07, NStZ 2007, 712 (713).
346 BGH 23.9.1999 – 4 StR 189/99, BGHSt 45, 203 (208).
347 Vgl. BGH 27.5.2009 – 1 StR 99/09, NJW 2009, 2613 (2613).
348 BGH 11.9.2002 – 1 StR 171/02, StV 2002, 637 (639); 21.8.2014 – 3 StR 208/14, NStZ 2015, 299, weswegen ein Beweisantrag nicht alleine deswegen als unzulässig abwiesen werden darf.

ner Aussage in der Hauptverhandlung, gegebenenfalls unter Nutzung des Fragerechts nach § 80,[349] oder anhand anderweitig erstellter Gutachten, ärztlicher Berichte oder Verfahrensakten[350] begutachtet. Erfordern die Besonderheiten des Falles eine Begutachtung durch spezialisierte Sachverständige, kann dies jedoch im Einzelfall bei Ablehnung einer eingehenden Exploration von vornherein unzureichend sein.[351] Ohnehin ist bei einer solchen Vorgehensweise der lediglich eingeschränkte Beweiswert bei der Würdigung des Gutachtens zu berücksichtigen.[352] In derartigen Fällen ist zudem besonders sorgfältig auf die Belange vor allem kindlicher und jugendlicher Zeugen Bedacht zu legen und nach dem Rechtsgedanken des § 81c Abs. 4 die Zumutbarkeit einer solchen aufgedrängten Begutachtung sorgfältig zu erwägen.[353]

62 Gegenstand der aussagepsychologischen Begutachtung ist die methodische Beurteilung, ob auf ein bestimmtes Geschehen bezogene Angaben einem tatsächlichen Erleben des Zeugen entsprechen.[354] Die dabei einzuhaltenden **methodischen Grundlagen** wurden vom BGH in einer Grundsatzentscheidung festgehalten.[355] Vorwegzunehmen ist, dass es dabei nicht um die Glaubwürdigkeit als eine überdauernde Eigenschaft der Person geht, sondern um die Glaubhaftigkeit der konkreten Aussage.[356] Deswegen sollte, schon um Missverständnisse zu vermeiden, nicht von Glaubwürdigkeitsuntersuchung, sondern von Glaubhaftigkeitsuntersuchung oder aussagepsychologischer Begutachtung gesprochen werden. Vorab kann zu klären sein, ob die Aussagetüchtigkeit der Beweisperson gegeben ist,[357] dh ob sie über die Fähigkeit zu einer richtigen und vollständigen Aussage verfügt.[358] Bei diesbezüglichen Zweifeln ist idR psychiatrische Sachkunde in Anspruch zu nehmen (→ § 73 Rn. 22). Bei der eigentlichen Bewertung, ob eine Aussage erlebnisfundiert ist, empfiehlt es sich regelmäßig eine bestimmte Prüfstrategie[359] einzuhalten. Ausgangspunkt ist die Nullhypothese, wonach die Aussage unwahr ist. Sie muss in den Darlegungen des Urteils als gedanklicher Arbeitsschritt erkennbar sein, aber nicht eigens erwähnt werden[360] und stellt in strafprozessuale Kategorien übersetzt den Grundsatz in-dubio-pro-reo dar. Es wird dann in mehreren Schritten überprüft, ob sie sich mit dem vorhandenen Beweismaterial widerlegen lässt. Dazu ist grundsätzlich zunächst mit der Analyse der Aussage zu beginnen. Diese ist auf Grundlage der merkmalsorientierten Inhaltsanalyse anhand von Realkennzeichen auf ihre inhaltliche Qualität zu überprüfen. Sodann ist sie aussageübergreifend einer Konstanzanalyse durch Vergleich mit den weiteren im Verfahren gemachten Angaben zu unterziehen. Da es wegen der kaum zu erbringenden geistigen Leistung gedächtnispsychologisch nicht

349 BGH 13.5.1969 – 2 StR 616/68, BGHSt 23, 1 (1 f.) ausdrücklich gegen OLG Hamm 29.6.1956 – 2 Ws 207/56, JZ 1957, 186 (Leitsatz); BGH 23.11.1969 – 1 StR 309/69, juris Rn. 7; BGH 15.8.1979 – 2 StR 399/79, NStZ 1981, 93; 3.6.1982 – 1 StR 184/12, NStZ 1982, 432; 27.3.1990 – 5 StR 119/90, StV 1990, 246 (247); 7.9.1995 – 1 StR 136/95, StV 1995, 622; 28.10.2008 – 3 StR 364/08, NStZ 2009, 346 (347); OLG Stuttgart 28.8.2014 – 4 HEs 73/14, S. 8; OLG Hamm 4.4.2019 – 4 Ws 77/19, BeckRS 2019, 9227 Rn. 25 ausdrücklich gegen die aA von Blau StV 1991, 406 (407), dem folgend Eisenberg NStZ 2016, 11 (14), die darin eine Umgehung der Weigerungsrechte sehen.

350 BGH 25.9.1990 – 5 StR 401/90, NStZ 1991, 47.

351 BGH 18.9.1990 – 5 StR 184/90, StV 1991, 405.

352 BGH 6.7.2011 – 2 StR 124/11, StV 2011, 711 (712); KG 20.5.1996 – 1 AR 217/96 – 3 Ws 110/111/96, NJW 1997, 69 (70); vgl. auch OLG Hamm 4.4.2019 – 4 Ws 77/19, BeckRS 2019, 9227 Rn. 25.

353 Vgl. OLG Stuttgart 19.9.2011 – 4 Ws 197 + 198/11, BeckRS 2012, 680, insoweit nicht abgedruckt in NStZ-RR 2012, 116 und Justiz 2012, 92; ähnlich Bosch in KMR-StPO Rn. 13.

354 BGH 11.1.2005 – 1 StR 498/04, NJW 2005, 1519 (1521).

355 BGH 30.7.1999 – 1 StR 618/98, BGHSt 45, 164.

356 BGH 5.10.1993 – 1 StR 547/93, StV 1994, 64; 11.1.2005 – 1 StR 498/04, NJW 2005, 1519 (1521); OLG Stuttgart 8.12.2005 – 4 Ws 163/05, NJW 2006, 3506; zur Unterscheidung s. auch Nestler JA 2017, 10 (13).

357 BGH 14.5.2002 – 1 StR 46/02, juris Rn. 7–10 = BeckRS 2002, 5106.

358 BGH 11.1.2005 – 1 StR 498/04, NJW 2005, 1519 (1521).

359 Grundlegend BGH 30.7.1999 – 1 StR 618/98, BGHSt 45, 164 (167 ff.); deren Einhaltung ist auch bei der Würdigung einer Zeugenaussage ohne aussagepsychologisches Gutachten empfehlenswert, s. hierzu Sander in Löwe/Rosenberg § 261 Rn. 81c; Brause NStZ 2007, 505 (510 f.).

360 BGH 30.5.2000 – 1 StR 582/99, NStZ 2001, 45 (46); 23.10.2002 – 1 StR 274/02, NStZ 2003, 165 (166) mit missverständlichem Leitsatz in StraFo 2003, 56; Nack StraFo 2001, 1 (4).

zu erwarten ist, dass Aussagen von hoher Qualität nach diesen Kriterien zu bewerkstelligen sind, können auf diese Weise meist schon bewusst unwahre Schilderungen ausgeschieden werden.[361] Ist andererseits auf dieser Grundlage von einer „subjektiven Wahrheit" des Zeugen auszugehen, muss durch Alternativhypothesen überprüft werden, ob dies durch Irrtümer oder Verfälschungen verursacht sein kann.[362] Bei der Fehlerquellenanalyse sind mittels Aufklärung der Aussagentstehung und Motivationsanalyse (Falschbelastungshypothese) eventuelle (fremd- oder auto-)suggestive Einflüsse aufzudecken oder auszuscheiden.[363] Die Kompetenzanalyse zielt darauf ab, inwieweit eine Falschaussage auf Grundlage der allgemeinen und sprachlichen intellektuellen Leistungsfähigkeit, der Kenntnisse im tatrelevanten Bereich oder durch Übertragung von Parallelerlebnissen erklärbar wäre.[364] Diese Prüfungsreihenfolge ist indes nicht zwingend einzuhalten und kann vom Sachverständigen den Erfordernissen des konkreten Einzelfalles angepasst werden, sofern die entsprechenden wissenschaftlichen Standards eingehalten werden.[365] In besonderen Fallkonstellationen kann es sogar notwendig sein, hiervon abzuweichen. Gerade Aussagen, bei denen Anhaltspunkte gegeben sind, dass sie unter einem Suggestionsprozess zustande gekommen sind, lassen sich inhaltlich oft nicht von erlebnisbasierten unterscheiden. Daher kann bei dem Verdacht psychisch bedinger Austosuggestion die Fehlerquellenanalyse vorzuziehen sein.[366] Einer aussagepsychologischen Begutachtung sind sie gleichwohl zugänglich. In diesen Fällen ist der Schwerpunkt auf die Untersuchung der Aussageentstehung zu legen.[367]

Der **Beweiswert** eines aussagepsychologischen Gutachtens darf nicht dahingehend missverstanden werden, dass dadurch belegt sei, die Angaben des Zeugen entsprächen der Wahrheit.[368] Es ist daher besser zu formulieren, die Bewertungen des Sachverständigen gehen dahin, diese seien erlebnisbegründet oder erlebnisfundiert.[369] Ein positives Gutachten belegt damit nicht objektive Realität, sondern subjektive Wirklichkeit für den Zeugen in dem Sinne, dass die Aussage nicht intentional fabriziert oder klinisch-psychologischen Auffälligkeiten geschuldet ist.[370] Mithin stellt es ein außerhalb der Aussage liegendes Indiz dar, das in die umfassende Bewertung im Rahmen der Überzeugungsbildung einzustellen ist.[371] Kritisch zu bewerten sind auch solche Untersuchungen, bei denen nur ein eng begrenztes Beweisthema zur Verfügung steht, bspw. ob bei einem an sich unstreitigen sexuellen Kontakt Gewalt angewendet wurde oder nicht.[372] Hier lässt der geringe Umfang des Beweismaterials die Anwendung des aussagepsychologischen Instrumentariums häufig schon strukturell bedingt nicht zu. Kann in einem solchen Fall die Nullhypothese deswegen nicht widerlegt werden, so ist damit häufig nichts über die Validität der Zeugenangaben gesagt. Generell gilt es zu beachten, dass das hypothesengeleitete Vorgehen keinen Selbstzweck darstellt. Es bietet einen Rahmen, um eine Aussage nach Grundsätzen der aussagepsycholgischen Wissenschaft einer rationalen und nicht lediglich intuitiven Prüfung zu unterziehen. Letztlich darf aber nicht jeder Prüfungsschritt für sich gesehen werden, sondern es ist eine Gesamtbewertung vorzunehmen.[373] 63

361 BGH 30.7.1999 – 1 StR 618/98, BGHSt 45, 164 (170–173).
362 BGH 30.5.2000 – 1 StR 582/99, NStZ 2001, 45; OLG Stuttgart 8.12.2005 – 4 Ws 163/05, NJW 2006, 3506.
363 BGH 30.7.1999 – 1 StR 618/98, BGHSt 45, 164 (173–175).
364 BGH 30.7.1999 – 1 StR 618/98, BGHSt 45, 164 (175–177).
365 BGH 30.5.2000 – 1 StR 582/99, NStZ 2001, 45 (45 f.); 23.8.2007 – 3 StR 301/07, NStZ 2008, 116 (117).
366 BGH 14.5.2002 – 1 StR 46/02, juris Rn. 7 f. = BeckRS 2002, 5106.
367 Griesel/Salzgeber NZFam 2015, 606 (609); Steller FPPK 2020, 188 (189).
368 Missverständlich noch BGH 30.7.1999 – 1 StR 618/98, BGHSt 45, 164 (173–168): „wahre Aussage".
369 So bspw. BGH 17.9.2008 – 5 StR 276/08, NStZ 2009, 106; 14.9.2017 – 4 StR 45/17, StV 2018, 199.
370 Fabian/Greuel/Stadler StV 1996, 347 (349).
371 BGH 16.5.2002 – 1 stR 40/02, NStZ 2002, 656 (659); 12.11.2003 – 2 StR 354/03, NStZ-RR 2004, 87 (87 f.); vgl. auch BGH 16.5.2002 – 1 StR 40/02, NStZ 2002, 656 (659); Miebach NStZ-RR 2018, 36 (38); Trück NStZ 2010, 586 (587); kritisch Sander in Löwe/Rosenberg § 261 Rn. 83d, wenn das Gutachten nur auf den Aussagen des Zeugen selbst beruht.
372 Steller FPPK 2020, 188 (194).
373 Vgl. Griesel/Salzgeber NZFam 2015, 606 (609).

64 **b) Gewalt- und Sexualdelikte an Kindern.** In Fällen der Kindesmisshandlung ist eine **zeitnahe körperliche Untersuchung** des Tatopfers wichtig, um eine objektive Befunddokumentation und Spurensicherung vorzunehmen.[374] Dies gilt in vergleichbarer Weise bei Sexualdelikten, die gegenüber Kindern verübt werden. Zwar gibt es, insbesondere bei lang andauernden Missbrauchsgeschehen im familiären Nahbereich, regelmäßig keine typischen Verletzungsspuren, die für sich alleine einen eindeutigen Nachweis erlauben würden.[375] Aufgrund der großen Bandbreite sexueller Übergriffe führen diese auch nicht in jedem Fall zu körperlichen Folgen oder Verletzungen. Andererseits ist deren Auffinden oder auch die Feststellung biologischer Spuren des Täters, wie zum Beispiel Sperma, nicht fernliegend.[376] Zu nennen sind hier nicht zuletzt Fälle, in denen vollendeter Geschlechtsverkehr oder vergleichbares Eindringen in den Körper eines Mädchens zum Vorwurf gemacht wird. Eine dauerhafte Schädigung des Hymen muss damit nicht zwingend einhergehen,[377] kann aber nach den Vorgaben der Rechtsprechung auch nicht in jedem Fall unbeachtet bleiben.[378] Verletzungen, gerade auch im Genital- oder Analbereich, verheilen bei Kindern indes sehr schnell. Ferner ist Sperma des Täters in der Scheide regelmäßig höchstens bis zu 3 Tage lang nachweisbar.[379] Die Untersuchung des Kindes sollte daher möglichst frühzeitig vorgenommen werden.

65 Eine solche **Erhebung ärztlicher Befunde** ist über § 81c Abs. 1 regelmäßig unproblematisch zulässig, da sie sich auf Spuren und Tatfolgen bezieht. Das gilt jedoch nicht für die von rechtsmedizinischen Sachverständigen in Fällen schwerer Kindesmisshandlungen häufig erhobenen Forderungen nach einer röntgenologischen Untersuchung des Kindes.[380] Aus medizinischer Sicht ist dies berechtigt, um schwere Misshandlungen auszuschließen oder nachzuweisen, die oftmals äußerlich nur schwer erkennbare oder gar keine Spuren hinterlassen. Nach der eindeutigen Rechtslage bedarf es jedoch der Einwilligung des Geschädigten oder seines Vertreters (→ Rn. 16). Es bleibt dann nur der Weg, auf solche Röntgenbefunde zurückzugreifen, die anlässlich früherer ärztlicher Untersuchungen des Kindes gefertigt wurden. Darüber hinaus stellen die Krankenakten behandelnder Ärzte allgemein ein wichtiges Beweismittel im Hinblick auf Verletzungen und den allgemeinen Zustand des Kindes dar. Der jeweilige Arzt kommt als Zeuge in Betracht. Oftmals macht er seine Feststellungen unmittelbar nach der Tat, wenn das Opfer ins Krankenhaus verbracht oder ihm sonst vorgestellt wird. Da insoweit jedoch keine Anordnung iSd § 81c Abs. 1 vorliegt, fallen dessen Erkenntnisse unter das Zeugnisverweigerungsrecht des § 53 Abs. 1 S. Nr. 3. Auf sie kann nur bei Vorliegen einer wirksamen Entbindungserklärung iSd § 53 Abs. 2 S. 1 zugegriffen werden. Eine Entscheidung hierüber ist deswegen ebenfalls baldmöglichst herbeizuführen.[381]

66 Bei der **Entbindung von der Schweigepflicht** für die behandelnden Ärzte handelt es sich nach allgemeiner Meinung um ein höchstpersönliches Recht. Dieses setzt keine Geschäftsfähigkeit voraus, sondern die natürliche Willensfähigkeit und eine hinreichende Vorstellung von der Bedeutung des Rechts (→ § 53 Rn. 72).[382] Fehlt diese Voraussetzung, was bei der vorliegenden Fallgruppe üblicherweise der Fall ist,[383] so kann der Verletzte selbst die Erklärung nicht abgeben. Unter Hinweis auf die Höchstpersönlichkeit der Schweigepflichtentbindung wird in der Literatur die Möglichkeit einer Vertre-

---

374 Müller FPR 2009, 561 (563).
375 Kühne/Kluck FamRZ 1995, 981 (982).
376 Zinka FS Eisenmenger, 2009, 81 (83).
377 Zinka FS Eisenmenger, 2009, 81 (86).
378 BGH 4.3.1960 – 4 StR 31/60, BGHSt 14, 162 (164); BGH 24.6.2008 – 3 StR 169/08, Cierniak/Zimmermann NStZ-RR 2011, 225 (227) – RsprÜ.
379 Schneider Kriminalistik 2005, 303 (307); Zinka FS Eisenmenger, 2009, 81 (82 f.).
380 Insbesondere Matschke ua DÄBl 2009, 211 (216) zum Schütteltrauma-Syndrom.
381 Müller FPR 2009, 561 (563).
382 OLG Hamburg 8.5.2019 – 2 WF 31/19, FamRZ 2020, 602 (606); 13.8.2019 – 2 WF 102/19, NJW 2020, 624 (627); Hadamitzky in KK-StPO § 53 Rn. 48.
383 S. hierzu OLG Hamburg 10.7.2018 – 2 WF 52/18, BeckRS 2018, 50254 Rn. 42; 8.5.2019 – 2 WF 31/19, FamRZ 2020, 602 (606); 13.8.2019 – 2 WF 102/19, NJW 2020, 624 (627).

tung dann verneint. Eine weitergehende Begründung findet sich regelmäßig nicht (→ § 53 Rn. 75).[384] Diese Ansicht hätte allerdings bemerkenswerterweise zur Konsequenz, dass gerade die besonders schutzbedürftige Gruppe kleiner Kinder, die Opfer von Straftaten wurden, einer beweismäßigen Schlechterstellung unterfielen.[385] Sie entspricht auch nicht den Grundsätzen, die die Rechtsprechung im Zusammenhang mit der Ausübung des Zeugnis- und Untersuchungsverweigerungsrechts bei verstandesunreifen Personen entwickelte.[386] Auch hierbei handelt es sich um höchstpersönliche Rechte. Sie sind, wenn der Rechtsträger von der Entscheidung ausgeschlossen ist, durch dessen Vertreter auszuüben,[387] um einen ansonsten drohenden Stillstand des Verfahrens mit negativen Konsequenzen für Geschädigten und Beschuldigten zu verhindern.[388] Diese Rechtssätze sind auch unter dem Gesichtspunkt der historischen Auslegung vergleichbar. Zu dem Zeitpunkt, als sie aufgestellt wurden, fand sich insoweit ebenfalls noch keine ausdrückliche Regelung in der StPO. § 52 Abs. 2 und § 81c Abs. 3, der hierauf Bezug nimmt, wurden erst zu einem späteren Zeitpunkt[389] eingefügt und knüpfen weitgehend hieran an[390] (→ Rn. 4). Bemerkenswert ist auch, dass in der familienrechtlichen Rechtsprechung hinsichtlich einer Vertretung bei der Entbindung von der ärztlichen Schweigepflicht – soweit ersichtlich – keine Bedenken geäußert werden.[391] Wie bei der Ausübung des Zeugnisverweigerungsrechts ist bei der Entbindung von der Schweigepflicht davon auszugehen, dass diejenige Person, die keine eigenverantwortliche Gestaltungserklärung abgeben kann, Anspruch auf interessengerechte Vertretung und ggf. staatliche Unterstützung hat.[392] Die Erklärung hat daher in entsprechenden Fällen im Rahmen der Ausübung des Sorgerechts durch den gesetzlichen Vertreter zu erfolgen. Befindet sich dieser in einem Interessenkonflikt im Sinne der § 1629 Abs. 2 S. 3, § 1796 Abs. 2 BGB, was vor allem bei Beschuldigungen gegen Elternteile in Betracht kommt, kann die Bestellung eines Ergänzungspflegers zu beantragen sein. Da der Sorgerechtsentzug dabei im Gegensatz zu § 52 Abs. 2, § 81c Abs. 3 (→ Rn. 33) nicht kraft Gesetzes eintritt,[393] muss das Familiengericht selbst Feststellungen zur Verstandesreife und zum Vorliegen des Interssenkonflikts treffen. Das setzt allerdings gerade bei Kindern regelmäßig nicht deren vorherige Anhörung voraus, da es meist auf der Hand liegt, dass sie schon gar nicht wissen können, über welche Daten der Arzt verfügt, die er an die Strafverfolgungsbehörden weitergeben könnte und wie sensibel diese sind. Gleichfalls ist der Inte-

---

384 Hadamitzky in KK-StPO § 53 Rn. 48; Neubeck in KMR-StPO § 53 Rn. 39; Ignor/Bertheau in Löwe/Rosenberg § 53 Rn. 81; Schmitt in Meyer-Goßner/Schmitt § 53 Rn. 48. Das besondere Vertrauensverhältnis betonen Göppinger NJW 1958, 241 (244); Woesner NJW 1957, 692 (692 f.), allerdings bemerkenswerterweise nicht gegenüber der Geltendmachung von Honorarforderungen (694); RG 17.11.1936 – 1 D 793/36, RGSt 71, 21 (22) hält die Interessen des Patienten nach dessen Tod durch pflichtgemäße Entscheidung des Arztes für besser gewahrt.

385 Vgl. Solbach DRiZ 1978, 204 (207).

386 Die oftmals in diesem Zusammenhang zitierte Entscheidung des OLG München 4.9.1931 – Reg 1177, 1178/31 III, JW 1932, 2176, kann indes nicht herangezogen werden, da sie das Berufsgeheimnis eines Rechtsanwalts betraf und das Gericht die Entbindung hiervon gerade nicht als höchstpersönliches Recht ansah.

387 Nach OLG Stuttgart 14.6.1971 – 3 Ss 19/71, NJW 1971, 1137 (2238) „Ausfluss des Personensorgerechts".

388 BGH 8.12.1958 – GSSt 3/58, BGHSt 12, 235 (240 f.); 2.3.1960 – 2 StR 44/60, BGHSt 14, 159 (160); 9.8.1963 – 4 StR 188/63, BGHSt 19, 85 (86).

389 Durch das 1. StVRG vom 9.12.1974, BGBl. I 3393 (3394 f.).

390 Rieß NJW 1975, 81 (83); Rieß ZIS 2009, 466 (479).

391 BGH 22.4.2020 – XII ZB 477/19, FamRZ 2020, 1197 (1199); OLG Karlsruhe 27.3.2003 – 16 UF 25/03, FamRZ 2004, 51 (52); OLG Hamburg 8.5.2019 – 2 WF 31/19, FamRZ 2020, 602 (605 f.); vgl. auch OLG Dresden 6.7.2000 – 10 ARf 15/00, NJW-RR 2000, 1677; OLG Nürnberg 15.4.2010 – 9 UF 353/10, NJW 2010, 3041.

392 Schoene NJW 1972, 930 (931); vgl. auch LG Hildesheim 29.10.1981 – 12 Qs 192/81, NStZ 1982, 394 (395) zur Entbindung eines Arztes von der Schweigepflicht gem. § 53 Abs. 2 durch Angehörige nach dem Tod des Patienten entgegen RG 17.111936 – 1 D 793/36, RGSt 71, 21 (22), wonach aber zumindest noch der Arzt nach pflichtgemäßem Ermessen zu entscheiden hat.

393 Soyka FuR 2020, 531.

ressenkonflikt der Sorgeberechtigten überlicherweise offensichtlich.[394] Eine Ergänzungspflegschaft kann auch über § 1666 BGB beantragt werden, sofern der Sorgeberechtigte seine Befugnis in einer dem Kindeswohl widersprechenden Weise ausübt.[395]

67 **c) AIDS-Test.** Ein AIDS-Test kann beim Verletzten zum **Nachweis** in Betracht kommen, dass sexuelle Handlungen, insbesondere Vaginal- oder Analverkehr, stattgefunden haben, wobei der Täter seine bei ihm bereits zuvor vorhandene ansteckende Krankheit übertrug. Ein strafrechtlich relevantes Verhalten kann aber auch in der Übertragung der AIDS-Infektion selbst liegen, in erster Linie in Zusammenhang mit Körperverletzungsdelikten.[396] Von Bedeutung kann es dabei – neben der Tatsache, ob das mutmaßliche Tatopfer nicht bereits vor dem Sexualkontakt erkrankt war – sein, inwieweit es zu einer Infektion kam[397] oder eine solche nicht nachgewiesen werden kann.[398]

68 Für die **Zulässigkeit** der Maßnahme ist zunächst entscheidend, dass der AIDS-Test die zeitlich versetzte Auswertung von zwei Blutproben voraussetzt.[399] Daher ist stets der nur nach § 81c Abs. 2 erlaubte Eingriff notwendig, selbst wenn es sich bei der Infektion um die Spur oder Folge einer Straftat iSd § 81c Abs. 1 handelt. § 81c Abs. 2 erfasst dabei nicht nur die Materialgewinnung in Form der Entnahme der Blutprobe selbst,[400] sondern auch deren Auswertung zum Zwecke der Feststellung, ob eine AIDS-Infizierung stattgehabt hat oder nicht. Dies ergibt sich daraus, dass die Untersuchung des Substrats regelmäßig zur Erforschung der Wahrheit notwendig ist.[401] Der AIDS-Test kann auch nicht im Sinne eines erweiterten Eingriffsbegriffes als nicht von den Eingriffsermächtigungen des § 81c Abs. 1 und 2 erfasster umfassender, einheitlicher anderer Eingriff angesehen werden, der damit stets der Einwilligung des Betroffenen bedürfte.[402] Dies widerspricht schon dem eindeutigen Wortlaut des § 81c Abs. 2, der den unmittelbaren Eingriff der Probenentnahme von dem damit verbundenen Untersuchungszweck trennt. Folge wäre zudem eine systematisch nicht gerechtfertigte unterschiedliche rechtliche Einordnung gegenüber anderen Auswertungen, die auf Grundlage einer Blutprobe getroffen werden, wie zum Beispiel die Bestimmung der Blutalkoholkonzentration.[403]

69 Besondere Beachtung bedarf jedoch die Prüfung der **Zumutbarkeit** iSd § 81c Abs. 4. Hierbei ist zu berücksichtigen, dass es für die zu untersuchende Person regelmäßig mit massiven psychischen Belastungen verbunden ist, für den Fall eines positiven Testergebnisses über die eigene HIV-Infektion unterrichtet zu werden.[404] Dies gilt besonders dann, wenn die Ansteckung als Folge eines gewaltsamen Übergriffes eingetreten sein kann. Die Ansicht, die Blutentnahme zur Durchführung eines AIDS-Tests sei regelmäßig zumutbar,[405] ist schon von daher zu weitgehend. Gleiches gilt aber auch dann, wenn man die Zumutbarkeit darauf beschränkt, dass die Infizierung durch die zur Last gelegte Tat verursacht worden sei.[406] Ausschlaggebend ist, um die berechtigten

---

[394] BGH 22.4.2020 – XII ZB 477/19, FamRZ 2020, 1197 (1199); OLG Hamburg 10.7.2018 – 2 WF 52/18, BeckRS 2018, 50254 Rn. 39 ff.; 8.5.2019 – 2 WF 31/19, FamRZ 2020, 602 (605 f.); 13.8.2019 – 2 WF 102/19, NJW 2020, 624 (627); Dürbeck ZKJ 2020, 312.

[395] OLG Nürnberg 15.4.2010 – 9 UF 353/10, NJW 2010, 3041 (3042); vgl. auch OLG Zweibrücken 14.6.1999 – 3 W 132/99, NJW-RR 2000, 1679.

[396] Übersicht über die in Betracht kommenden Tatbestände bei LG Nürnberg-Fürth 16.11.1987 – 13 KLs 345 Js 31316/87, NJW 1988, 2311 (2311 f.); Fischer § 223 Rn. 7 aF.

[397] BGH 12.10.1989 – 4 StR 318/89, BGHSt 36, 262 (264).

[398] BGH 4.11.1988 – 1 StR 262/88, BGHSt 36, 1 (3).

[399] Penning/Spann MedR 1987, 171 (172) mit dem Hinweis, dass deren Abnahme gleichzeitig erfolgen kann, sofern auf die ausreichende Menge geachtet wird.

[400] So aber Oberlies StV 1990, 469 (470).

[401] Vgl. BVerfG 2.8.1996 – 2 BvR 1511/96, NJW 1996, 3071 (3072 f.); BGH 21.8.1990 – 5 StR 145/90, BGHSt 37, 157 (158 f.) jeweils zu § 81a StPO.

[402] So Pening/Spann MedR 1987, 171 (173).

[403] Mayer JR 1990, 358 (359).

[404] Penning/Spann MedR 1987, 171 (173); vgl. auch LG Aurich 30.7.2012 – 12 Qs 97/12, StV 2013, 143 (145) zu § 81a.

[405] Hadamitzky in KK-StPO Rn. 7; Schmitt in Meyer-Goßner/Schmitt Rn. 17.

[406] Krause in Löwe/Rosenberg Rn. 28, enger indes Rn. 21; Beukelmann in Radtke/Hohmann Rn. 11.

Interessen der zu untersuchenden Person angemessen zu würdigen, in erster Linie die auf eigenverantwortlicher Grundlage getroffene Entscheidung dieser selbst. Hierzu ist eine umfassende und schonende Information über die Art der Untersuchung und die möglichen Folgen eines positiven Nachweises Voraussetzung.[407] In die Einzelfallabwägung[408] mit einzubeziehen ist auch der Umstand, dass sich der Geschädigte für den Fall der „Mehrverkehrseinrede" möglicherweise weitgehenden Folgeermittlungen, auch im Intim- und sonstigen Privatbereich ausgesetzt sehen kann.[409]

III. Rechtsmittel

Die **richterliche Anordnung,** wegen § 305 S. 2 auch diejenige des erkennenden Gerichts, kann der Betroffene mit der einfachen Beschwerde nach § 304 Abs. 2 anfechten,[410] gem. § 304 Abs. 1 S. 1, Abs. 5 jedoch nicht diejenige des Ermittlungsrichters beim BGH.[411] Die beweissichernde Anordnung nach § 81c Abs. 3 S. 3 ist wegen S. 4 für den Betroffenen einer Anfechtung entzogen,[412] bei Ablehnung eines entsprechenden Antrags nicht jedoch für die Staatsanwaltschaft.[413] Hinsichtlich Anordnungen der Staatsanwaltschaft wird teilweise der Antrag auf gerichtliche Entscheidung entsprechend § 98 Abs. 2 S. 2 für zulässig gehalten,[414] teilweise aber das diesbezügliche Rechtschutzbedürfnis verneint, da der Betroffene über Abs. 6 die richterliche Entscheidung herbeiführen könne, wenn er der Anordnung keine Folge leiste. Letzterem ist indes nicht zu folgen, da es dem Betroffenen nicht zuzumuten ist, die Anordnung von Zwangsmitteln zu riskieren.[415] 70

Der Angeklagte kann die **Revision** nicht auf eine Verletzung des Abs. 1 und Abs. 2 stützen. Die dortigen Eingriffsvoraussetzungen berühren nicht seinen Rechtskreis.[416] Bei Verstößen gegen Belehrungspflichten ist dagegen zu differenzieren. Wurde der Betroffene auf freiwilliger Basis untersucht, so kann die Revision nicht darauf gestützt werden, die Belehrung über die Freiwilligkeit der Duldung oder Mitwirkung sei unterblieben.[417] Insoweit ist schon fraglich, ob überhaupt eine Belehrungspflicht besteht, weswegen der BGH im Zusammenhang mit der aussagepsychologischen Begutachtung ausdrücklich offen ließ, ob das gewonnene Untersuchungsergebnis in den Fällen des „allgemeinen Verweigerungsrechts" unverwertbar ist, wenn keine Einwilligung vorlag.[418] Dagegen wird allgemein angenommen, die unterlassene Belehrung nach § 81c Abs. 3 S. 2 Hs. 2, § 52 Abs. 3 S. 2 führe nach den zu § 52 entwickelten Grundsätzen zu einem Verwertungsverbot.[419] Zumindest für den Fall der freiwilligen Untersuchung, insbesondere die aussagepsychologische Begutachtung, hat der BGH aber hervorgehoben, dass die zu § 81c Abs. 3 entwickelten Grundsätze nur analog heranzuziehen sind und deswegen der Willensentscheidung des gesetzlichen Vertreters des Betroffenen größeres Gewicht beigemessen werden kann.[420] Entsprechend scheidet ein Verwertungsverbot vor allem im Hinblick auf denjenigen Vertreter aus, der 71

[407] Vgl. Penning/Spann MedR 1987, 171 (175) unter dem Gesichtspunkt der Einwilligung.
[408] Bosch in KMR-StPO Rn. 20.
[409] Mayer JR 1990, 358 (363).
[410] Krause in Löwe/Rosenberg Rn. 61; Rogall in SK-StPO Rn. 100.
[411] BGH 17.6.2020 – StB 16/20, juris Rn. 4 f. = BeckRS 2020, 14004.
[412] LG Verden 17.9.2004 – 1 Qs 188/04, NStZ-RR 2006, 246 (247).
[413] Hadamitzky in KK-StPO Rn. 23; Schmitt in Meyer-Goßner/Schmitt Rn. 31.
[414] Brauer in Gercke/Julius/Temming/Zöller Rn. 29; Hadamitzky in KK-StPO Rn. 23; Krause in Löwe/Rosenberg Rn. 63; Schmitt in Meyer-Goßner/Schmitt Rn. 31; Rogall in SK-StPO Rn. 101.
[415] So zutreffend Rogall in SK-StPO Rn. 101.
[416] BGH 13.11.1952 – 5 StR 418/52, BeckRS 1952, 31192380 = Dallinger MDR 1953, 146 (147 f.) – RsprÜ; Rogall JZ 1996, 944 (953).
[417] Goers in BeckOK StPO Rn. 27; Brauer in Gercke/Julius/Temming/Zöller Rn. 30; Hadamitzky in KK-StPO Rn. 24; Krause in Löwe/Rosenberg Rn. 65; Schmitt in Meyer-Goßner/Schmitt Rn. 32; Fezer JuS 1978, 765 (766 f.); Rogall JZ 1996, 944 (953).
[418] BGH 14.10.1959 – 2 StR 249/59, BGHSt 13, 394 (398).
[419] Goers in BeckOK StPO Rn. 27; Brauer in Gercke/Julius/Temming/Zöller Rn. 30; Hadamitzky in KK-StPO Rn. 24; Bosch in KMR-StPO Rn. 40; Krause in Löwe/Rosenberg Rn. 65; Schmitt in Meyer-Goßner/Schmitt Rn. 32; Rogall in SK-StPO Rn. 102.
[420] BGH 15.11.1994 – 1 StR 461/94, BGHSt 40, 336 (340).

zwar nicht gesondert belehrt wurde, von dessen Kenntnis des Untersuchungsverweigerungsrechts aber auszugehen ist. Das liegt nahe bei Ergänzungspflegern, die nicht zu den juristischen Laien rechnen, wie beispielsweise einem Rechtsanwalt[421] oder Mitarbeitern des Kreisjugendamtes.[422] Ein Beruhen des Urteils auf einem eventuellen Belehrungsfehler wird dann ausscheiden, wenn das Verhalten des Betroffenen in der Hauptverhandlung deutlich macht, dass er die Untersuchung auch bei ordnungsgemäßer Vorgehensweise geduldet hätte.[423] Unterblieb die Untersuchung infolge einer unzutreffenden Belehrung über ein tatsächlich nicht bestehendes Weigerungsrecht, kann umgekehrt die Aufklärungsrüge in Betracht kommen.[424] Eine gerichtliche Anordnung nach § 81c Abs. 3 S. 3 kann wegen § 81c Abs. 3 S. 4, § 336 S. 2 allenfalls unter Willküraspekten beanstandet werden. Bei einem willkürlichen und besonders schwerwiegenden Verstoß gegen den Richtervorbehalt des § 81c Abs. 5 (→ § 336 Rn. 6 und 9) kommt ein mit der Verfahrensrüge geltend zu machendes Beweisverwertungsverbot in Frage, sofern in der Hauptverhandlung ein Widerspruch erfolgte.[425]

§ 81d Durchführung körperlicher Untersuchungen durch Personen gleichen Geschlechts

(1) [1]Kann die körperliche Untersuchung das Schamgefühl verletzen, so wird sie von einer Person gleichen Geschlechts oder von einer Ärztin oder einem Arzt vorgenommen. [2]Bei berechtigtem Interesse soll dem Wunsch, die Untersuchung einer Person oder einem Arzt bestimmten Geschlechts zu übertragen, entsprochen werden. [3]Auf Verlangen der betroffenen Person soll eine Person des Vertrauens zugelassen werden. [4]Die betroffene Person ist auf die Regelungen der Sätze 2 und 3 hinzuweisen.

(2) Diese Vorschrift gilt auch dann, wenn die betroffene Person in die Untersuchung einwilligt.

Schrifttum: Amelung, Probleme der Einwilligung in strafprozessuale Grundrechtsbeeinträchtigungen, StV 1985, 257; Bohnert, Ordnungsvorschriften im Strafverfahren, NStZ 1982, 5; Ferber, Das Opferrechtsreformgesetz, NJW 2004, 2562; Geerds, Körperliche Untersuchung – zur strafprozessualen und kriminalistischen Problematik der §§ 81a, 81c, 81d StPO, Jura 1988, 1; Gössel, Kritische Bemerkungen zum gegenwärtigen Stand der Lehre von den Beweisverboten im Strafverfahren, NJW 1981, 649; Gössel, Verfassungsrechtliche Verwertungsverbote im Strafverfahren, JZ 1984, 361; Gössel, Die Beweisverbote im Strafverfahrensrecht der Bundesrepublik Deutschland, GA 1991, 483; Hansen, Recht auf Anwesenheit von Begleitpersonen bei Begutachtung?, DRiZ 2013, 400; Hofmann, Beweisverbote im Strafprozeß – Beweiserhebungsverbote und Beweisverwertungsverbote, JuS 1992, 587; Neuhaus, Das Opferrechtsreformgesetz 2004, StV 2004, 620; Rudolphi, Die Revisibilität von Verfahrensmängeln im Strafprozess, MDR 1970, 93; Schork/König, Das Opferrechtsreformgesetz, NJ 2004, 537.

Übersicht

[421] BGH 8.8.2006 – 3 StR 212/06, Cierniak NStZ-RR 2009, 1 (3).
[422] BGH 15.11.1994 – 1 StR 461/94, BGHSt 40, 336 (340).
[423] BGH 6.7.1965 – 5 StR 229/65, BGHSt 20, 234; 10.10.2016 – 4 StR 100/16, NStZ-RR 2016, 377.
[424] Brauer in Gercke/Julius/Temming/Zöller Rn. 31; Hadamitzky in KK-StPO Rn. 24; Krause in Löwe/Rosenberg Rn. 66; Rogall in SK-StPO Rn. 102.
[425] LG Dresden 22.11.2011 – 14 KLs 204 Js 41068/08 (2), StV 2012, 331.

I. Überblick

1. Normzweck. § 81d schützt die **Achtung der Privat- und Intimsphäre** als Ausfluss des Persönlichkeitsrechts einer im Strafverfahren zu untersuchenden Person.[1] Die mit der Maßnahme verbundenen Belastungen, sollen vermieden oder zumindest reduziert werden, indem sie grundsätzlich durch eine Person gleichen Geschlechts oder eine Ärztin oder einen Arzt vorgenommen werden muss.[2] Zugleich führt die Vorschrift eine Gleichbehandlung bei der Untersuchung von Personen beiderlei Geschlechts herbei.[3] Besondere Bedeutung kommt ihr im Bereich der Sexualdelikte zu, was sich in Nr. 220 Abs. 1 RiStBV zeigt. § 81d ist aber auch eine objektive Funktion beizumessen, indem die Norm das Ansehen des Rechtsstaats schützt und dessen Repäsentanten vor dem Vorwurf unangemessenen Verhaltens im Zusammenhang mit Untersuchungen bewahrt.[4] 1

2. Anwendungsbereich. Der **persönliche Anwendungsbereich** erstreckt sich auf sämtliche Personen, die im Verlaufe des Strafverfahrens einer körperlichen Untersuchung unterzogen werden, unabhängig davon, ob sie männlichen oder weiblichen Geschlechts sind[5] oder ob sie als Beschuldigte oder als Zeugen in Betracht kommen.[6] Sie gilt uneingeschränkt auch für Kleinkinder und Säuglinge. Die gegenteilige Ansicht, die davon ausgeht, unterhalb der Grenze des schulpflichtigen Alters seien die Einschränkungen des § 81d nicht zu berücksichtigen,[7] findet im Wortlaut und dem Schutzzweck des Gesetzes keine Stütze.[8] Lediglich im Einzelfall kann festzustellen sein, dass sie aufgrund ihres Entwicklungsstandes noch nicht in der Lage sind, ein Schamgefühl zu entwickeln und dieses damit auch nicht iSd § 81d Abs. 1 S. 1 verletzt sein kann (→ Rn. 5).[9] Eine Altersgrenze von 6 Jahren kann dabei allenfalls als Faustregel dienen.[10] 2

Der Begriff der körperlichen Untersuchung, der den **sachlichen Anwendungsbereich** umgrenzt, ist weit auszulegen. Er erfasst daher nicht nur diejenigen im engen Sinne, beispielsweise nach §§ 81a, 81c, sondern Untersuchungen jeder Art. Hierzu rechnet auch die Durchsuchung der Person auf Grundlage der §§ 102 ff.[11] Nach Abs. 2 gilt dies nicht nur für die in der StPO ausdrücklich geregelten Zwangsmaßnahmen, sondern uneingeschränkt auch dann, wenn die Maßnahme auf freiwilliger Basis mit Einwilligung der betroffenen Person vorgenommen wird.[12] Einen Anspruch bei einem Explorationsgespräch mit dem Sachverständigen eine Begleitperson zuzulassen, kann der Beschuldigte oder Verurteilte dagegen angesichts der klaren Beschränkung des § 81d auf körperliche Untersuchungen nicht herleiten.[13] 3

3. Entstehungsgeschichte der Norm. § 81d wurde durch das **Vereinheitlichungsgesetz** vom 12.9.1950[14] in die StPO aufgenommen. In der ursprünglichen Fassung war 4

---

1 Goers in BeckOK StPO Rn. 1; Hadamitzky in KK-StPO Rn. 1; Bosch in KMR-StPO Rn. 1.
2 Ferber NJW 2004, 2562 (2564).
3 BT-Drs. 15/1976, 9.
4 Rogall in SK-StPO Rn. 1; Amelung StV 1985, 257 (260).
5 Hadamitzky in KK-StPO Rn. 1; Krause in Löwe/Rosenberg Rn. 1; Beukelmann in Radtke/Hohmann Rn. 1.
6 Burhoff StrafREV-HdB Rn. 1072.
7 Goers in BeckOK StPO Rn. 2; Krause in Löwe/Rosenberg Rn. 3; Schmitt in Meyer-Goßner/Schmitt Rn. 2; Beukelmann in Radtke/Hohmann Rn. 2; Eisenberg BeweisR StPO Rn. 1679.
8 Bosch in KMR-StPO Rn. 2.
9 Neuhaus in HK-GS Rn. 2; Brauer in Gercke/Julius/Temming/Zöller Rn. 2; Hadamitzky in KK-StPO Rn. 1.
10 Rogall in SK-StPO Rn. 7: „widerlegliche Vermutung".
11 Goers in BeckOK StPO Rn. 3 unter Hinweis auf das Gesetzgebungsverfahen; Neuhaus in HK-GS Rn. 1; Brauer in Gercke/Julius/Temming/Zöller Rn. 1; Hadamitzky in KK-StPO Rn. 1; Krause in Löwe/Rosenberg Rn. 2; Burhoff StrafREV-HdB Rn. 1072; Geerds JURA 1988, 1 (8); aA Bosch in KMR-StPO Rn. 1; Rogall in SK-StPO Rn. 2; Eisenberg BeweisR StPO Rn. 1679, die jedoch über die unmittelbare Anwendung von Art. 1 Abs. 1, 2 Abs. 1 GG zu demselben Ergebnis gelangen.
12 Schmidt StPO II Rn. 2; nach Amelung StV 1985, 257 (260), weil die Norm „das Interesse des Staates, sein Ansehen als Rechtsstaat zu wahren," schützt.
13 OLG Hamm 12.12.2017 – 1 Ws 557/17, BeckRS 2017, 149918.
14 BGBl. 1950 I 455 (482).

die persönliche Anwendbarkeit in Abs. 1 auf Frauen beschränkt. Durch das **OpferRRG** vom 24.6.2004[15] erhielt die Norm ihre heutige Fassung. Sie wurde auf die Untersuchung von Personen beiderlei Geschlechts ausgedehnt und geschlechtsneutral formuliert.[16] Zudem wurde zur Stärkung der Opferrechte die Hinweispflicht in § 81d Abs. 1 S. 4 eingefügt.[17]

II. Erläuterung

5 **1. Verletzung des Schamgefühls nach Abs. 1 S. 1.** Sofern die Verletzung des Schamgefühls möglich erscheint, sieht § 81d Abs. 1 S. 1 eine Sonderregelung hinsichtlich der Art und Weise vor, wie die Untersuchung des Betroffenen zu erfolgen hat. Ob dies der Fall ist, bestimmt sich nach **objektiven Gesichtspunkten.**[18] Dies legt schon die Gesetzesbegründung zum OpferRRG nahe, die die Berücksichtigung individueller Befindlichkeiten erst im Zusammenhang mit der Neufassung des S. 2 nennt.[19] Untersuchungen der Geschlechtsorgane oder des Gesäßes in (teilweise) unbekleidetem Zustand fallen in jedem Fall unter die Tatbestandsvoraussetzungen.[20] Bei Betroffenen anderer Kulturkreise können sich nach berücksichtigungswürdigen besonderen Maßstäben im Einzelfall weitergehende Anforderungen ergeben.[21] Im Hinblick auf die insoweit neutrale Formulierung des Textes ist zu beachten, dass der Begriff des Schamgefühls nicht ausschließlich unter Einnahme sexueller Perspektive auszulegen ist. Vielmehr fallen darunter auch körperliche Beeinträchtigungen oder Behinderungen, deren Offenbarung die zu untersuchende Person als schambesetzt empfindet.[22] Kleinkinder werden im Einzelfall von der Vorschrift nicht erfasst, wenn sie aufgrund ihres Entwicklungsstandes noch nicht in der Lage sind, ein Schamgefühl zu entwickeln (→ Rn. 2).[23]

6 Die Vornahme der körperlichen Untersuchung durch eine Person gleichen Geschlechts oder, insoweit ohne Rücksicht auf das Geschlecht, durch eine Ärztin oder einen Arzt, ist **zwingende Rechtsfolge.**[24] Sie gilt damit auch bei einer Augenscheinsnahme, die das Gericht am Körper der betroffenen Person vornimmt.[25] Unerheblich ist, welcher Fachrichtung die medizinische Untersuchungsperson angehört, da es auf deren medizinische Kenntnisse nicht ankommt.[26] Eine Ausnahme von der Vorschrift ist allerdings für den Fall zu machen, dass die Aufklärung einer schweren Straftat vereitelt würde, wenn die unverzügliche Untersuchung oder Durchsuchung nicht gewährleistet ist, da ein Arzt oder eine Person gleichen Geschlechts nicht rechtzeitig beigezogen werden könnte. Das kann vor allem bei flüchtigen Tatspuren oder Beweismitteln am Körper einer Person in Betracht kommen.[27] Dann tritt die objektiv zu bestimmende Möglichkeit einer Verletzung des Schamgefühls hinter das überwiegende Aufklärungsinteresse zurück.

7 Die untersuchende Person wird grundsätzlich in der **Funktion** als Augenscheinsgehilfe tätig und ist anschließend als Zeuge zu vernehmen (auch → § 86 Rn. 15).[28] Als Sachver-

---

15 BGBl. 2004 I 1354 (1354 f.).
16 BT-Drs. 15/1976, 9; Ferber NJW 2004, 2562 (2564); Schork/König NJ 2004, 537 (538).
17 Ferber NJW 2004, 2562 (2564); Neuhaus StV 2004, 620 (621).
18 Schmidt StPO II Rn. 3; Goers in BeckOK StPO Rn. 6 Bosch in KMR-StPO Rn. 2; Krause in Löwe/Rosenberg Rn. 4; Schmitt in Meyer-Goßner/Schmitt Rn. 3; Burhoff StrafREV-HdB Rn. 1072; aA Brauer in Gercke/Julius/Temming/Zöller Rn. 3.
19 BT-Drs. 15/1976, 10.
20 Schmitt in Meyer-Goßner/Schmitt Rn. 3; Rogall in SK-StPO Rn. 6.
21 Krause in Löwe/Rosenberg Rn. 4; Beukelmann in Radtke/Hohmann Rn. 2.
22 Brauer in Gercke/Julius/Temming/Zöller Rn. 3.
23 Schmidt StPO II Rn. 3; Hadamitzky in KK-StPO Rn. 2.
24 Hadamitzky in KK-StPO Rn. 2; Schmitt in Meyer-Goßner/Schmitt Rn. 4.
25 Goers in BeckOK StPO Rn. 2; Krause in Löwe/Rosenberg Rn. 6; Eisenberg BeweisR StPO Rn. 1679a.
26 Brauer in Gercke/Julius/Temming/Zöller Rn. 4.
27 Hadamitzky in KK-StPO Rn. 2; aA Brauer in Gercke/Julius/Temming/Zöller Rn. 4; Bosch in KMR-StPO Rn. 3; Krause in Löwe/Rosenberg Rn. 2; Beukelmann in Radtke/Hohmann Rn. 4; Rogall in SK-StPO Rn. 8.
28 Goers in BeckOK StPO Rn. 2; Hadamitzky in KK-StPO Rn. 3; Krause in Löwe/Rosenberg Rn. 6; Schmitt in Meyer-Goßner/Schmitt Rn. 4; Rogall in SK-StPO Rn. 8; Eisenberg BeweisR StPO Rn. 1679a.

ständiger ist auch ein Arzt nur dann anzusehen, wenn er die Untersuchung im Auftrag des Gerichts oder der Ermittlungsbehörden vornimmt und dabei gerade seine medizinischen Fachkenntnisse zur Anwendung bringt.[29] Im Einzelfall kann sich dies auch schon aus der gesetzlichen Regelung der Untersuchungsmaßnahme selbst ergeben, wie bei § 81a Abs. 1 S. 2, § 81c Abs. 2 S. 2. Dann verliert § 81d aber ohnehin seine eigenständige Bedeutung.[30]

2. Wahlrecht nach Abs. 1 S. 2. Auf **Wunsch des Betroffenen** soll die Untersuchung einer Person oder einem Arzt bestimmten Geschlechts übertragen werden. Auf diese Weise wird den individuellen Befindlichkeiten des Betroffenen Rechnung getragen.[31] Abgesehen von den sonstigen Voraussetzungen des Abs. 1 S. 1 ist diesem Wahlrecht indes nur zu entsprechen, wenn hierfür ein berechtigtes Interesse besteht. Dies kann nach der Gesetzesbegründung der Fall sein, wenn ein vorangegangener Missbrauch durch eine Person gleichen Geschlechts erfolgt war.[32] Andererseits kann davon abgesehen werden, dem entsprechenden Wunsch zu folgen, wenn ansonsten der Untersuchungserfolg durch die damit verbundene Verzögerung vereitelt oder gefährdet wäre.[33] 8

3. Zulassung einer Vertrauensperson nach Abs. 1 S. 3. Zusätzlich zu den Rechten aus Abs. 1 S. 1 und 2 besteht für den Betroffenen die Berechtigung, auf die Zulassung einer von ihm zu benennenden **Person seines Vertrauens** hinzuwirken. Hierfür kommt jede von ihm selbst für geeignet befundene Person in Betracht. Um einen Angehörigen muss es sich schon nach dem Wortlaut der Vorschrift nicht handeln.[34] Die Berechtigung ist wie diejenige aus S. 2 nicht zwingend. Dies folgt aus der Gestaltung der Norm als Sollvorschrift.[35] Aus triftigen Gründen können die Ermittlungsbehörden daher davon absehen, dem Verlangen zu entsprechen. Eine solche Situation ist gegeben, wenn von der Vertrauensperson Störungen ausgehen oder zu erwarten sind oder wenn sich die Untersuchung dadurch mit nachteiliger Auswirkung auf das Beweisergebnis verzögert.[36] Dagegen kann die benannte Vertrauensperson seitens der Ermittlungsbehörde oder der Untersuchungsperson nicht eigenmächtig durch eine andere, aus deren Sicht gleich geeignete, ausgetauscht werden.[37] 9

4. Hinweis nach Abs. 1 S. 4. § 81d Abs. 1 S. 4 begründet eine **uneingeschränkte Hinweispflicht** auf die in S. 2 und 3 verankerten Rechte für die Ermittlungspersonen. Sie bezieht sich naturgemäß nicht auf Satz 1, da dieser eine von Amts wegen zu beachtende Verfahrensweise vorsieht. Die darüber hinausgehenden Rechte aus S. 2 und 3 dürften dagegen nicht allgemein bekannt sein, weswegen die Verfahrensfairness deren Benennung gebietet.[38] Aus dem systematischen Zusammenhang der Vorschrift, vor allem mit §§ 81a, 81c folgt, dass diese Hinweispflicht, wie sonstige Belehrungspflichten auch, das Gericht und die Ermittlungsbehörden betrifft. Im Übrigen kann vor allem bei Ärzten und anderen nicht der Justiz und Polizei zugehörigen Untersuchungspersonen, die die Maßnahme ausführen, die Kenntnis der strafprozessualen Rechtslage nicht ohne weiteres vorausgesetzt werden. 10

---

29 Bosch in KMR-StPO Rn. 4; Dallmeyer in Alsberg Beweisantrag Rn. 402; Burhoff StrafREV-HdB Rn. 1073.

30 Goers in BeckOK StPO Rn. 2; Krause in Löwe/Rosenberg Rn. 4; Schmitt in Meyer-Goßner/Schmitt Rn. 1.

31 BT-Drs. 15/1976, 10; Brauer in Gercke/Julius/Temming/Zöller Rn. 3; Schmitt in Meyer-Goßner/Schmitt Rn. 4.

32 BT-Drs. 15/1976, 10; Hadamitzky in KK-StPO Rn. 2; Rogall in SK-StPO Rn. 9.

33 Krause in Löwe/Rosenberg Rn. 5; Eisenberg BeweisR StPO StPO Rn. 1679; Geerds JURA 1988, 1 (11 Fn. 135); Neuhaus StV 2004, 620 (621).

34 Brauer in Gercke/Julius/Temming/Zöller Rn. 6.

35 Krause in Löwe/Rosenberg Rn. 7; Rogall in SK-StPO Rn. 10; Hansen DRiZ 2013, 400; aA Brauer in Gercke/Julius/Temming/Zöller Rn. 6.

36 Goers in BeckOK StPO Rn. 7; Hadamitzky in KK-StPO Rn. 4; Schmitt in Meyer-Goßner/Schmitt Rn. 5; Krause in Löwe/Rosenberg Rn. 7; Burhoff StrafREV-HdB Rn. 1073; Eisenberg BeweisR StPO Rn. 1679; Neuhaus StV 2004, 620 (621).

37 Krause in Löwe/Rosenberg Rn. 7; Hansen DRiZ 2013, 400.

38 Hadamitzky in KK-StPO Rn. 5; Bosch in KMR-StPO Rn. 5.

III. Revision

11 Ein Verstoß gegen § 81d kann die Revision selbst dann nicht begründen, wenn er die Untersuchung des **Beschuldigten** betrifft.[39] Dies gilt selbst bei bewussten Verstößen des Anordnenden oder – erst recht – des Untersuchenden, da Verwertungsverbote nicht dazu dienen, die Strafverfolgungsbehörden ohne Berücksichtigung der Zwecke des Strafprozesses, insbesondere demjenigen der Wahrheitsfindung, zu disziplinieren.[40] Denn § 81d regelt die äußeren Umstände, unter denen ein Beweismittel gewonnen werden soll. Auf die Zuverlässigkeit und Richtigkeit des Untersuchungsergebnisses hat dies keinen Einfluss.[41] Aus diesem Grund könnte das Urteil zudem nicht auf einem entsprechenden Rechtsfehler beruhen.[42]

12 Betraf die Untersuchung einen **Zeugen,** so kann die Verfahrensrüge nicht auf gestützt werden, weil der Angeklagte nicht in eigenen Interessen betroffen ist.[43] Der Verstoß bleibt daher revisionsrechtlich folgenlos.[44]

§ 81e Molekulargenetische Untersuchung

(1) [1]An dem durch Maßnahmen nach § 81a Absatz 1 oder § 81c erlangten Material dürfen mittels molekulargenetischer Untersuchung das DNA-Identifizierungsmuster, die Abstammung und das Geschlecht der Person festgestellt und diese Feststellungen mit Vergleichsmaterial abgeglichen werden, soweit dies zur Erforschung des Sachverhalts erforderlich ist. [2]Andere Feststellungen dürfen nicht erfolgen; hierauf gerichtete Untersuchungen sind unzulässig.

(2) [1]Nach Absatz 1 zulässige Untersuchungen dürfen auch an aufgefundenem, sichergestelltem oder beschlagnahmtem Material durchgeführt werden. [2]Ist unbekannt, von welcher Person das Spurenmaterial stammt, dürfen zusätzlich Feststellungen über die Augen-, Haar- und Hautfarbe sowie das Alter der Person getroffen werden. [3]Absatz 1 Satz 2 und § 81a Abs. 3 erster Halbsatz gelten entsprechend. [4]Ist bekannt, von welcher Person das Material stammt, gilt § 81f Absatz 1 entsprechend.

Schrifttum: Anslinger/Bayer/Diepenbroek, Foensische Molekularbiologie im Jahr 2020, Kriminalistik 2020, 683; Amelung, Probleme der Einwilligung in strafprozessuale Grundrechtsbeeinträchtigungen, StV 1985, 257; Anslinger, Molekulargenetische Untersuchungen und Spurensuche, FS Eisenmenger 2009, 94; Anslinger/Rolf/Eisenmenger, Möglichkeiten und Grenzen der DNA-Analyse, DRiZ 2005, 165; Artkämper, DNA – Wissenschaft und Praxis eine (angeblich) objektiven Beweismittels, StV 2017, 553; Beck, Forensic DNA-Phenotyping – Bestimmung äußerer Merkmale aus der DNA, KriPoZ 2017, 160; Benfer, Die molekulargenetische Untersuchung (§§ 81e, 81g StPO), StV 1999, 402; Brodersen/Anslinger/Rolf, DNA-Analyse und Strafverfahren, 2003; Bosch, DNA-Analyse zu repressiven und präventiven Zwecken im Strafverfahren, Jura 2021, 41; Claus, Zur Modernisierung des Strafverfahrens, NStZ 2020, 57; Duttge/Hörnle/Renzikowski, Das Gesetz zur Änderung der Vorschriften über die Straftaten gegen die sexuelle Selbstbestimmung, NJW 2004, 1065; Fischinger, Der Grundrechtsverzicht, JuS 2007, 808; Geuther, DNA-Spuren nachgespürt, DRiZ 2017, 220; Graalmann-Scheerer, Molekulargenetische Untersuchung im Strafverfahren, ZRP 2002, 72; Graalmann-Scheerer, DNA-Massentest de lege lata und de lege ferenda,

[39] Goers in BeckOK StPO Rn. 7; Hadamitzky in KK-StPO Rn. 5; Schmitt in Meyer-Goßner/Schmitt Rn. 7; Rogall in SK-StPO Rn. 14.

[40] Bosch in KMR-StPO Rn. 6; aA Beukelmann in Radtke/Hohmann Rn. 6; Rogall in SK-StPO Rn. 14; Eisenberg BeweisR StPO Rn. 1679a; Hofmann JuS 1992, 587 (590) „besonders schwere und vorsätzliche Verstöße"; dezidiert aus Sicht der Verteidigung Neuhaus in HK-GS Rn. 6 und Neuhaus StV 2004, 620 (621).

[41] Bosch in KMR-StPO Rn. 6; Krause in Löwe/Rosenberg Rn. 10; Rudolphi MDR 1970, 93 (97); Hansen DRiZ 2013, 400 (403); vgl. auch Bohnert NStZ 1982, 5 (Fn. 6) zumindest für § 81d Abs. 1 S. 2 StPO aF, mit dem Hinweis, dass es sich um eine Ordnungsvorschrift handle.

[42] Brauer in Gercke/Julius/Temming/Zöller Rn. 8; Burhoff StrafREV-HdB Rn. 1074; in diesem Sinne auch Gössel NJW 1981, 694 (650).

[43] Goers in BeckOK StPO Rn. 8; Bosch in KMR-StPO Rn. 6; Krause in Löwe/Rosenberg Rn. 10; Schmitt in Meyer-Goßner/Schmitt Rn. 7.

[44] Gössel JZ 1984, 361 (362); Gössel GA 1991, 483 (486).

NStZ 2004, 297; Gronke/Gronke, Nutzen und Limitierungen der erweiterten DNA-Analyse im strafrechtlichen Ermittlungsverfahren, NStZ 2021, 141; Groten/Schmelz, Die Bedeutung der mitochondrialen DNA-Analyse für das Strafverfahren, Kriminalistik 2019, 358; Hannich, Viel Lärm um nichts?, DRiZ 2005, 166; Hilger, Über Vernichtungsregelungen in der StPO, NStZ 1997, 371; Jansen, Erweiterte DNA-Analyse in der Strafverfolgung, ZIS 2020, 233; Kimmich/Spyra/Steinke, Das DNA-Profiling in der Kriminaltechnik und der juristischen Diskussion, NStZ 1990, 318; Kimmich/Spyra/Steinke, DNA-Amplifizierung in der forensischen Anwendung und der juristischen Diskussion, NStZ 1993, 23; Knauer, Übungsklausur – Strafprozessrecht: Durchsuchung, Beschlagnahme und DNA-Analyse – Pflanzen, Tiere und Kinder, JuS 2009, 227; Köhnemann/Pfeiffer/Scheiper/Appel/Staginnus/Morzfeld, DNA-Untersuchungen an Cannabis sativa (Hanf), Kriminalistik 2013, 36; König, Strafprozessuale Änderungen, Kriminalistik 2004, 262; Kotsoglou/Biedermann/Vuille, DNA und Beweiswürdigung – Der statistische Rubikon und die Dogmatik der Indentitätsfeststellung, ZStW 2020, 891; Kretschmer, Das Verhältnis von verweigerter Reihenuntersuchung nach § 81h StPO zur molekulargenetischen Untersuchung gem. der §§ 81c, 81c StPO, HRRS 2012, 185; Lorenz, Allgemeines Persönlichkeitsrecht und Gentechnologie, JZ 2005, 1121; Krehl/Kolz, Genetischer Fingerabdruck und Verfassung, StV 2004, 447; Lütkes/Bäumler, DNA-Analysen zur effektiven Strafverfolgung, ZRP 2004, 87; Mysegades, DNA-Auswertung in der Black Box?, CR 2018, 225; Nack, Verwertung rechtswidriger Ermittlungen nur zugunsten des Beschuldigten?, StraFo 1998, 366; Nack, Reversibilität der Beweiswürdigung – Teil 2, StV 2002, 558; Nack, Die Abhängigkeit des Richters vom Sachverständigen, GA 2009, 201; Neuhaus, Kriminaltechnik für den Strafverteidiger – Eine Einführung in die Grundlagen, StraFo 2004, 127; 2005, 148; 2006, 393; Oberlies, Genetischer Fingerabdruck und Opferrechte, StV 1990, 469; Pommer, Die DNA-Analyse im Strafprozess – Problemfelder der §§ 81e ff. StPO, JA 2007, 621; Rackow, Molekulargenetische Untersuchung im Strafverfahren, ZRP 2002, 236; Rath, Die Auswertung von DNA-Spuren auf äußerliche Merkmale, GSZ 2018, 67; Rath/Brinkmann, Strafverfahrensänderungsgesetz – DNA-Analyse („Genetischer Fingerabdruck") und DNA-Identitätsfeststellungsgesetz aus fachwissenschaftlicher Sicht, NJW 1999, 2697; Rogall, Die DNA-Analyse im Strafverfahren – eine endlose Geschichte, FS Schroeder 2006, 691; Rosenau/Dorneck, Die Rolle der forensischen Molekulargenetik im Strafprozess, FS Merkel, 2020, 1301; Satzger, DNA-Massentests – Kriminalistische Wunderwaffe oder ungesetzliche Ermittlungsmethode?, JZ 2001, 639; Schmid, Kontamination bei der Spurenarbeit – Police Elimination Datenbank, Die Kriminalpolizei 2011, 4; Schneider, Der „genetische" Fingerabdruck, Kriminalistik 2005, 303; Schneider, DNA-Analyse und Strafverfahren de lege ferenda, NStZ 2018, 692 Schneider/Anslinger/Eckert/Fimmers/Schneider, Erläuterungen zu den wissenschaftlichen Grundlagen biostatistischer Wahrscheinlichkeitsberechnungen im Rahmen von DNA-Spurengutachten, NStZ 2013, 693; Schneider/Fimmers/Schneider/Brinkmann, Allgemeine Empfehlung der Spurenkommission zur Bewertung von DNA-Mischspuren, NStZ 2007, 447; Schneider/Prainsack/Kayser, Erweiterte forensische DNA-Analyse zur Vorhersage von Aussehen und biogeographischer Herkunft, DÄBl 2019, 873 (879) Schneider/Schneider/Fimmers/Keil/Molsberger/Pflug/Rothämel/Eckert/Pfeiffer/Brinkmann, Allgemeine Empfehlung der Spurenkommission zur statistischen Bewertung von DNA-Datenbank-Treffern, Rechtsmedizin 20 (2010), 111; Schneider/Schneider/Fimmers/Brinkmann, Allgemeine Empfehlung der Spurenkommission zur statistischen Bewertung von DNA-Datenbank-Treffern, NStZ 2010, 433; Schreiber, Einfürung des „genetischen Steckbriefs", ZRP 2019, 105; Senge, Strafverfahrensänderungsgesetz – DNA-Analyse, NJW 1997, 2409; Senge, Gesetz zur Änderung der Strafprozessordnung (DNA-Identitätsfeststellungsgesetz), NJW 1999, 253; Steinke, Der Beweiswert forensischer Gutachten, NStZ 1994, 16; Taroni/Biedermann/Coquoz/Hicks/Champod, Statistische Bewertung von DNA-Datenbank-Treffern, Rechtsmedizin 21 (2011), 55; Ulbrich/Anslinger/Bäßler/Eckert/Fimmers/Hohoff/Kraft/Leuker/Molsberger/Pich/Razbin/Schneider/Templin/Wächter/Weirich/Zierdt/Schneider, Gemeinsame Empfehlungen der Projektgruppe „Biostatistische DNA-Berechnungen" und der Spurenkommission zur biostatistischen Bewertung von DNA-analytischen Befunden, NStZ 2017, 135; Volk, DNA-Identitätsfeststellungsgesetz – Kein Ende der Begehrlichkeiten, NStZ 2002, 561; Wagner, DNA-Analyse als gerichtliches Beweismittel, JR 2003, 56; Wollweber, DNA-Analysen und Richtervorbehalt, NJW 2002, 1771; Vennemann/Oppelt/Gretke/Anslinger/Schneider/Schneider, Möglichkeiten und Grenzen der forensischen DNA-Analyse unter dem Gesichtspunkt verschiedener Szenarien zur Spurenentstehung, NStZ 2022, 72; Voßkuhle/Kaiser, Grundwissen – Öffentliches Recht: Der Grundrechtseingriff, JuS 2009, 313; Weichert, Genetische Forensik und Datenschutz, Vorgänge 2017, 123; Willuweit/Weirich/Schneider/Roewer, Gemeinsame Empfehlungen der Projektgruppe „Biostatistische DNA-Berechnungen" und der Spurenkommission zur biostatistischen Bewertung von Y-chromosomalen DNA-Befunden, NStZ 2018, 437; Wolf/Deckers, DNA-Analyse ausweiten?, DRiZ 2017, 88; Zöller/Thörnich ZIS 2017, 331.

Übersicht

I. Überblick

1 **1. Normzweck.** Die DNA-Analyse an nach § 81a[1] oder § 81c[2] erhobenem Probenmaterial wurde von der Rechtsprechung schon vor Einfügung des § 81e für zulässig gehalten, zumindest soweit der nicht codierende Bereich der Erbsubstanz betroffen ist. Mit der Vorschrift sollten indes klare gesetzliche Grenzen gezogen werden, um allgemein mit der Gentechnik verbundenen Befürchtungen entgegenzuwirken, die der Gesetzgeber bei weiten Teilen der Bevölkerung annahm.[3] Zugleich wurde durch die ausdrückliche Zweckbindung der Untersuchung deren gesetzlich zulässiger Umfang beschränkt. Hierdurch wird der **Kernbereich der Persönlichkeit** in Form schutzbedürftiger genetischer Anlagen des Betroffenen und genetisch bedingter schutzbedürftiger Persönlichkeitsmerkmale dem Zugriff und der Ausforschung entzogen.[4]

2 Neben der Informationsgewinnung reglementiert § 81e die Nutzung der Untersuchungsergebnisse. Durch die mit den, teilweise auch in §§ 81a, 81c befindlichen, Verwendungs- und Vernichtungsregelungen erreichte Zweckbindung sollen zu weitgehende Eingriffe in das **Recht auf informationelle Selbstbestimmung** verhindert werden.[5] Zu Recht erfuhr die ursprüngliche gesetzgeberische Intention jedoch auch deutliche Kritik. Gerade vor dem Hintergrund, dass schon die bisherigen Ermächtigungsgrundlagen ausreichende Basis für die Auswertung des Untersuchungsmaterials boten,[6] wurde es zutreffend als „befremdlich" bezeichnet, dass sich der Gesetzgeber ohne konkreten Anlass dazu hinreißen ließ, ein präsumtives Misstrauen der Bevölkerung vor angeblich allgegenwärtigem Missbrauch von Ermittlungsbefugnissen durch die Strafverfolgungsbehörden zum Motiv einer gesetzlichen Regelung zu erheben.[7]

3 **2. Anwendungsbereich. a) Abgrenzung zu § 81g.** Die Untersuchung nach § 81e setzt ein **konkret anhängiges Ermittlungsverfahren**[8] voraus,[9] wobei sich dieses zunächst

[1] BVerfG 18.9.1985 – 2 BvR 103/92, NJW 1996, 771 (773); 2.8.1996 – 2 BvR 1511/96, NJW 1996, 3071 (3072); BGH 21.8.1990 – 5 StR 145/90, BGHSt 37, 157 (158 f.); LG Berlin 14.12.1988 – 529 – 20/88, NJW 1989, 787.
[2] Vgl. BVerfG 27.2.1996 – 2 BvR 200/91, NJW 1996, 1587 (1588).
[3] BT-Drs. 13/667, 5; aA nunmehr wohl im Hinblick auf § 500 Abs. 1, § 51 BDSG El-Ghazi ZIS 2019, 110 (118).
[4] BT-Drs. 13/667, 6; ferner BT-Drs. 19/14747, 27 f. zu § 81e Abs. 2 S. 2; vgl. auch BVerfG 18.9.1995 – 2 BvR 103/92, NJW 1996, 771 (773); Lütkes/Bäumler ZRP 2004, 87 (88); Rosenau/Dorneck FS Merkel, 2020, 1301 (1316 ff.).
[5] BT-Drs. 13/667, 5.
[6] Hierzu Rogall in SK-StPO § 81a Rn. 109–118 mit eingehender Analyse der Rspr. des BVerfG und des BGH.
[7] Rogall in SK-StPO § 81a Rn. 120.
[8] Wegen § 46 Abs. 4 S. 4 OWiG ist § 81e im Ordnungswidrigkeitenverfahren ausgeschlossen.
[9] Burhoff StrafREV-HdB Rn. 502; Pommer JA 2007, 621 (622); Wagner JR 2003, 56.

gegen unbekannt richten kann.[10] Erforderlich ist das Vorliegen zumindest eines Anfangsverdachts iSd § 152 Abs. 2 für eine bestimmte Straftat.[11] Der Grund dafür besteht darin, dass die DNA-Analyse nur zur Feststellung bestimmter, in § 81e Abs. 1 S. 1 ausdrücklich genannter Tatsachen zulässig ist.[12] Diese setzen, wie der Zusammenhang mit den Verwendungs- und Vernichtungsregelungen der §§ 81a Abs. 3, 81c Abs. 5 S. 2 und der Verweis hierauf für Spurenmaterial in Abs. 2 S. 3 ergibt, voraus, dass bereits ein Ermittlungsverfahren eingeleitet wurde.[13] Im Gegensatz dazu bezieht sich § 81g schon nach dem Wortlaut in Abs. 1 S. 1 auf Maßnahmen in Bezug auf künftige Strafverfahren (→ § 81g Rn. 3).[14] Die bei § 81e notwendige Innerprozessualität[15] ist für § 81g gerade außer Kraft gesetzt. Das anhängige Ermittlungsverfahren bildet für § 81g lediglich den Anlass für die Anordnung. Die Vorschrift knüpft die Zulässigkeit einer Untersuchung deswegen an andere und teilweise weitergehende Voraussetzungen. § 81e und § 81g stehen folglich in einem Ausschließlichkeitsverhältnis.[16]

b) Einwilligung in die Untersuchung. Ausweislich der Begründung des Gesetzesentwurfs zum StVÄG (→ Rn. 5) wird die DNA-Analyse nur dann von der gesetzlichen Regelung erfasst, wenn sie auf **hoheitlicher Anordnung** beruht. Fälle, in denen sich der Betroffene der Untersuchung freiwillig unterzieht, sind nach „den allgemeinen Regeln" zu behandeln. Ein auf Veranlassung des Betroffenen erstelltes Gutachten soll demnach „sofern es den dem gesetzlichen Standard entsprechenden Qualitätsanforderungen entspricht und auch sonst im Einzelfall keine Bedenken bestehen" als Beweismittel herangezogen werden können.[17] Dem entspricht der Wortlaut des § 81f Abs. 1 S. 1, der hinsichtlich der Untersuchung und der Notwendigkeit einer Anordnung eben nur für den Fall auf § 81e verweist, dass keine Einwilligung vorliegt (→ § 81f Rn. 2). Teilweise wird dies dahingehend verstanden, auch weitergehende oder andere molekulargenetische Untersuchungen als die in § 81e genannten seien erlaubt, sofern sich der Betroffene hiermit einverstanden erklärt.[18] Dem kann nicht in vollem Umfang gefolgt werden. Auf diesem Wege könnten – soweit dies überhaupt technisch möglich sein sollte – selbst persönlichkeitsrelevante Merkmale wie Erbanlagen, Charaktereigenschaften oder Krankheiten Eingang in das Ermittlungsverfahren und die Akten finden. Derartige Feststellungen beträfen jedoch den absolut geschützten Kernbereich der Persönlichkeit.[19] Entsprechend wendet ein Teil der Literatur auch insoweit § 81e Abs. 1 S. 2 an.[20] Da eine unmittelbare Anwendung der Norm indes ausscheidet, kann ein entsprechendes Beweiserhebungsverbot nur direkt aus Art. 1 Abs. 1, 2 Abs. 1 GG in Gestalt des Rechts auf informationelle Selbstbestimmung hergeleitet werden. Zwar nimmt auch das BVerfG eine Verletzung des Kernbereichs der privaten Lebensgestaltung dort nicht an, wo der Betroffene selbst an der Geheimhaltung kein Interesse zeigt.[21] Eine Grenze der Dispositionsbefugnis ist allerdings 4

10 LG Berlin 21.6.2006 – 515 Qs 60/06, NJW 2006, 2713 (2714).

11 LG Mainz 7.12.2000 – 1 Qs 302/00, NStZ 2001, 499 f.; Brauer in Gercke/Julius/Temming/Zöller Rn. 7; Hadamitzky in KK-StPO Rn. 3; Beukelmann in Radtke/Hohmann Rn. 3.

12 Schmitt in Meyer-Goßner/Schmitt Rn. 4.

13 LG Offenburg 12.1.2006 – 3 Qs 104/05, NStZ 2006, 514 (515); Senge NJW 1997, 2409 (2410 f.); 1999, 253 (254).

14 Burhoff StrafR EV-HdB Rn. 502; Pommer JA 2007, 621 (622); Wagner JR 2003, 56.

15 Rogall in SK-StPO § 81g Rn. 33.

16 LG Mainz 17.12.2000 – 1 Qs 302/00, NStZ 2001, 499 (500); LG Offenburg 12.1.2006 – 3 Qs 104/05, NStZ 2006, 514.

17 BT-Drs. 13/667, 5; aA nunmehr wohl im Hinblick auf § 800 Abs. 1, § 51 BDSG El-Ghazi ZIS 2019, 110 (118).

18 Hilger NStZ 1997, 371 (372 Fn. 30), wobei der dortige Verweis auf § 14 Abs. 2 Nr. 2 BDSG wohl nur die Verwendung des Untersuchungsergebnisses betreffen kann; Brauer in Gercke/Julius/Temming/Zöller Rn. 5; Schmitt in Meyer-Goßner/Schmitt Rn. 4.

19 Vgl. BVerfG 14.12.2000 – 1 BvR 1741/99, NJW 2001, 879 (880) zu § 81g StPO; zur Unantastbarkeit des Kernbereichs s. auch VerfG Brandenburg 20.9.2013 – VfGBbG 75/12, BeckRS 2013, 57037.

20 Bosch in KMR-StPO Rn. 9; Krause in Löwe/Rosenberg Rn. 24; Rogall in SK-StPO Rn. 13; Nack StraFo 1998, 366 (369).

21 BVerfG 14.9.1989 – 2 BvR 1062/87, NJW 1990, 563 (563 f.); 14.12.2001 – 2 BvR 152/01, NJW 2002, 2164 (2165); s. auch LG Düsseldorf 14.2.2003 – X Qs 8/02, NJW 2003, 1883 (1885).

anzunehmen, sofern der Wesensgehalt des Grundrechts betroffen ist.[22] Daher kann selbst eine Einwilligung des Betroffenen den Zugriff auf kernbereichsrelevante Informationen nicht eröffnen.

5 **3. Entstehungsgeschichte der Norm.** § 81e wurde durch Art. 1 Nr. 3 Strafverfahrensänderungsgesetz – DNA-Analyse („Genetischer Fingerabdruck") – **(StVÄG)** vom 17.3.1997[23] zugleich mit § 81a Abs. 3 (Art. 1 Nr. 1) in die StPO eingefügt. Vorausgegangen war ein langwieriges[24] und „nicht gerade von Gradlinigkeit und klarem Einschätzungsvermögen" geprägtes[25] Gesetzgebungsverfahren.[26] Eine Änderung erfuhr § 81e Abs. 1 S. 1 mit dem **SexualDelÄndg** vom 27.12.2003. Durch Art. 3 Nr. 2 wurde der Kreis zulässiger Untersuchungszwecke um die Bestimmung des Geschlechts der Person erweitert.[27] Abs. 1 wurde durch das **Gesetz zur effektiveren und praxistauglicheren Ausgestaltung des Strafverfahrens** vom 17.8.2017 (Art. 3 Nr. 6) einer präzisierenden redaktionellen Änderung[28] unterzogen.[29] Durch Ersetzung des ursprünglich in S. 1 enthaltenen Wortes „Spurenmaterial" durch „Material" und Anfügung von S. 4 (ursprünglich S. 3) wurde Abs. 2 klargestellt. Schließlich erweiterte der Gesetzgeber durch Abs. 2 S. 2 des **Gesetzes zur Modernisierung des Strafverfahrens** (Art. 1 Nr. 7)[30] die Untersuchungsmöglichkeiten auf das „Phenotyping"[31] an Vergleichsmaterial, das nicht nach Abs. 1 gewonnen wurde. Einem Antrag zusätzlich zu dem schließlich Gesetz gewordenen Umfang auch die Feststellung der biogeographischen Herkunft eines unbekannten Spurenlegers zu ermöglichen[32] wurde indes nicht weiter nachgegangen, wenngleich auch hierdurch nicht der Kernbereich der Persönlichkeit betroffen wäre.[33] Dies mag seinen Grund darin haben, dass die Vorhersagewahrscheinlichkeit in diesem Bereich je nach Herkunft der Person und aufgrund von nicht genetisch bedingten Ereignissen (bspw. Umzug, Adoption) nicht unerheblichen Schwankungen unterliegen kann,[34] selbst wenn es sich hierbei um einen Gesichtspunkt handelt, der bei anderen Beweismitteln, insbesondere Zeugenaussagen, keine vergleichbare Rolle spielt.[35] Der zudem erhobene Einwand, es bestünde die Gefahr der Diskriminierung von Minderheiten oder ganzer Bevölkerungegruppen aufgrund ihrer ethnischen Herkunft,[36] ist dagegen in diesem Zusammenhang neben der Sache.[37] Die Herkunft eines Täters ist ein bloßes Faktum, die Wahrscheinlichkeit von deren Bestimmbarkeit eine Frage

22 VerfGH Berlin 13.12.2005 – VerfGH 113/05, NJW 2006, 1416; Fischinger JuS 2007, 808 (811); Lorenz JZ 2005, 1121 (1127); Vosskuhle/Kaiser JuS 2009, 313 (314); LG Düsseldorf 14.2.2003 – X Qs 8/02, NJW 2003, 1883 (1885) stellt auf Schwere und Dauer des Eingriffs und Gefahr des Missbrauchs ab; Graalmann-Scheerer FS Rieß, 2002, 153 (157) sieht den Kernbereich als solchen einer Einwilligung nicht zugänglich; vgl. auch Amelung StV 1985, 257 (260) zur Einwilligungsschranke des staatlichen Interesses, das Ansehen als Rechtsstaat zu wahren.

23 BGBl. 1997 I 534.

24 Ausführlich zur DNA-Analyse insgesamt Rogall FS Schroeder, 2006, 691 (692–697).

25 So zutreffend Rogall in SK-StPO § 81a Rn. 114.

26 Hierzu Senge NJW 1997, 2409 ff.; Zöller/Thörnich ZIS 2017, 331 (332 ff.).

27 BGBl. 2003 I 3007 (3010).

28 BT-Drs. 18/11277, 22.

29 BGBl. 2017 I 3202 (3203).

30 BGBl. 2019 I 2121 (2122).

31 Zusammenfassend zur diesbezüglichen Diskussion Geuther DRiZ 2017, 220.

32 Antrag des Freistaates Bayern v. 28.3.2017, BR-Drs. 117/1/17.

33 Jansen ZIS 2020, 233 (240); Schneider NStZ 2018, 692 (694 f.); Schreiber ZRP 2019, 105 (106 f.); Zöller/Thörnich ZIS 2017, 331 (337 f.).

34 Anslinger/Bayer/Diepenbroek Kriminalistik 2020, 683 (684); Jansen ZIS 2020, 233 (240); Weichert Vorgänge 2017, 123 (131 f.); Zöller/Thörnich ZIS 2017, 331 (338); s. dagegen aber auch Stellungnahme der DGRM 4.10.2019, S. 5 f. und 7, abrufbar unter https://www.bmjv.de/SharedDocs/Gesetzgebungsverfahren/DE/Modernisierung_Strafverfahren.html.

35 Beck KriPoZ 2017, 160 (165); Schneider NStZ 2019, 692 (695); Rath GSZ 2018, 67 (69); aA wohl Deckers DRiZ 2017, 88 (89), der in bemerkenswerter Weise von einer Qualifizierung der Untersuchungsergebnisse „allenfalls als hoch wahrscheinlich (Augenfarbe: 90–95 %, Haarfarbe 75–90 %, Hautfarbe 98 %)" auf eine „hohe potenzielle Fehlerquelle" schließt.

36 Deckers DRiZ 2017, 88 (89); Weichert Vorgänge 2017, 123 (133).

37 Bosch JURA 2021, 41 (43): „absurd".

der Beweiswürdigung. Bei der rechtsstaatlich gebotenen neutralen Betrachtungsweise darf keine Diskreditierung des Beweismittels als solchem daraus hergeleitet werden, wie Öffentlichkeit und insbesondere die Presse mit entsprechenden tatsachenbezogenen Erkenntnissen umgehen könnten.[38] Beachtlich ist, mit welcher Selektivität die an der notwendigen Abwägung beteiligten Interessen ausgewählt und dargestellt werden, wenn Effektivität der Strafrechtspflege und Diskriminierungsschutz gegenübergestellt werden.[39] Konkrete Opfer mit ihrem Interesse an der Aufklärung werden über das bloße Abstellen auf den staatlichen Strafanspruch in ihrer Subjektstellung neutralsiert. Fraglos zu vermeidendes, aber eben nur erwartetes – und deswegen hypothetisches – diskriminierendes Verhalten der Bevölkerung, das zudem mittelbarer Natur ist, da es nicht dem Beweismittel selbst anhaftet, wird dagegen direkt eingestellt. Die Untersuchung auf die biogeographische Herkunft des Spurenlegers sollte daher – wie in anderen Ländern auch[40] – entweder zugelassen werden[41] oder es wäre angebracht in der Diskussion wenigstens im Hinblick auf die vertriablen Belange der Tatopfer Farbe zu bekennen.

II. Erläuterung

1. Taugliche Spurenträger. Alle Spuren menschlicher Herkunft kommen prinzipiell als Untersuchungsmaterial in Betracht, da das mittels DNA-Analyse zu untersuchende Erbmaterial in sämtlichen Körperzellen vorkommt.[42] Als Beispiele für Spurenträger sind zu nennen Blut, Haare, Hautpartikel – insbesondere Hautabrieb in Form von Gebrauchsspuren oder Kontaktspuren –, Schweiß, Nasensekret, Speichel, Urin, Kotsedimente, Vaginalsekret und Spermien.[43] Für die Auswertung von Spurenmaterial iSd § 81e Abs. 2 S. 1 können bereits geringste Mengen genügen, selbst wenn sie mit bloßem Auge nicht sichtbar sind.[44] Dies gilt vor allem für die mitochondriale DNA-Analyse (mtDNA-Analyse), die vor allem an telogenen (ausgefallenen) Haaren zur Anwendung kommt.[45] Vergleichsmaterial vom Beschuldigten und anderen Personen wird regelmäßig über die Entnahme von Speichel- oder Blutproben gewonnen (zur Abstammungsuntersuchung → § 81c Rn. 18 f.).[46] 6

Nicht erfasst ist dagegen **Untersuchungsmaterial tierischer Herkunft.**[47] Solches kann von beweiserheblicher Bedeutung sein, bspw. ob an der Kleidung des Opfers oder am Tatort aufgefundene Tierhaare von einem Tier stammen, das dem Beschuldigten gehört.[48] Körperzellen eines Tieres können auch typisiert und idR durch mtDNA-Analyse einer Spezies zugeordnet werden.[49] Da ihnen das Recht auf informationelle Selbstbestimmung nicht zukommt, gelten insoweit jedoch die allgemeinen Regelungen. Das Untersuchungsmaterial ist nach § 94 zu beschlagnahmen und auf Grundlage der Ermittlungsklausel des 7

38 Zutreffend in diesem Sinne Beck KriPoZ 2017, 160 (166); S. auch Schreiber ZRP 2019, 105 (107); ferner Claus NStZ 2020, 57 (61) zum derzeit gültigen § 81e Abs. 2 S. 2.

39 S. hierzu insbesondere Weichert Vorgänge 2017, 123 (124 f. und 131 ff.), der aber seinerseits den Gesetzesentwürfen das Ausgehen von „falschen Fakten" vorwirft.

40 Greuther DRiZ 2017, 220 für die Niederlande.

41 S. hierzu vor allem Schneider/Prainsack/Kayser DÄBl 2019, 873; Stellungnahme der DGRM 4.10.2019, S. 3 ff., abrufbar unter https://www.bmjv.de/SharedDocs/Gesetzgebungsverfahren/DE/Modernisierung_Strafverfahren.html; Bosch JURA 2021, 41 (43).

42 Eisenberg Rn. 1904, Fn. 26 „Ausnahme: Rote Blutkörperchen"; Schneider Kriminalistik 2005, 303 (306).

43 Siehe die Aufzählungen bei Eisenberg BeweisR StPO Rn. 1904 (Fn. 26); Burhoff StrafREV-HdB Rn. 500; Anslinger FS Eisenmenger, 2009, 94; und die ausführlichen Darstellungen bei Krause in Löwe/Rosenberg Rn. 14–22 und Schneider Kriminalistik 2005, 303 (306 f.) mit Darstellung der besonderen Problematik bei Hautabrieb.

44 Anslinger FS Eisenmenger, 2009, 94, auch zu Methoden des Auffindens und der Sichtbarmachung.

45 Groten/Schmelz Kriminalistik 2019, 358 (358 und 362).

46 Krause in Löwe/Rosenberg Rn. 20.

47 Brodersen in DNA-Analyse Rn. 26.

48 Siehe BGH 4.3.1993 – 2 StR 503/92, NStZ 1993, 395 zu Hundehaaren an der Kleidung des Tatopfers.

49 Groten/Schmelz Kriminalistik 2019, 358 (360); König Kriminalistik 2004, 262 (265); nach BGH 4.3.1993 – 2 StR 503/92, NStZ 1993, 395 (396) ist zumindest Ausschluss möglich; s. auch Anslinger/Rolf in DNA-Analyse Rn. 269 zur Speziesbestimmung.

§ 161 Abs. 1 auszuwerten.[50] Entsprechend ist mit **pflanzlichem Untersuchungsmaterial** zu verfahren.[51] Insbesondere bei Cannabis-Pflanzen kann eine DNA-Untersuchung dazu beitragen, Verbindungen zwischen verschiedenen Plantagen und Verkaufswege aufzudecken und nachzuweisen.[52]

8 **2. Durch hoheitliche Maßnahmen erlangtes Material nach § 81e Abs. 1. a) Strafprozessuale Zwangsmaßnahme als Grundlage.** § 81e Abs. 1 erfasst nach dem eindeutigen Wortlaut nur Vergleichsmaterial, dessen Erhebung eine **hoheitliche Anordnung** iSd § 81a Abs. 1 oder § 81c zu Grunde liegt. Nicht erfasst ist mithin die Auswertung freiwillig überlassener Körperzellen (→ Rn. 26). Denn bei Vorliegen einer Einwilligung ist beim Beschuldigten nach § 81a Abs. 1 S. 2 und bei Dritten nach § 81c Abs. 2 S. 1 der Anwendungsbereich der Vorschriften gar nicht eröffnet. Auch für sonstiges Material, das ohne Anordnung eines körperlichen Eingriffs erlangt wurde, kommt nur § 81e Abs. 2 in Betracht.[53]

9 Als Vergleichsmaterial für die DNA-Analyse kann nach § 81e Abs. 1 S. 1 Alt. 1 zunächst solches dienen, das durch eine **Eingriffsmaßnahme beim Beschuldigten** nach § 81a gewonnen wurde. Voraussetzung dafür ist ein konkret anhängiges Ermittlungsverfahren, das spätestens mit Anordnung der Blutprobenentnahme eingeleitet werden muss. Gegen eine bereits verstorbene Person ist die Anordnung nicht möglich.[54] Insoweit bleibt nur der Weg über § 88 Abs. 1 S. 3, der indes nur die Feststellung der Identität und des Geschlechts erlaubt, oder über die Sicherstellung von Leichenteilen und deren Untersuchung nach § 81e Abs. 2 (→ § 88 Rn. 3).[55]

10 Zulässig ist die molekulargenetische Untersuchung nach § 81e Abs. 1 S. 1 Alt. 2 zudem an Vergleichsmaterial, das durch eine **Eingriffsmaßnahme bei Tatunverdächtigen** nach § 81c gewonnen wurde.[56] Der Verweis umfasst die Vorschrift in vollem Umfang. Verwertet werden darf daher nur Material, bei dessen Gewinnung die den Schutz des Betroffenen dienenden Vorkehrungen des § 81c Abs. 3, 4 und 6 eingehalten wurden.[57] Besonderes Augenmerk ist dabei auf die Beachtung des Untersuchungsverweigerungsrechts nach § 81c Abs. 3[58] und aus Gründen des Opferschutzes auf die Zumutbarkeit nach Abs. 4[59] zu legen.

11 **Verfahrensverstöße gegen §§ 81a, 81c** bei der Gewinnung des Probenmaterials sind in dem Umfang zu berücksichtigen, in dem sie Einfluss auf dessen Verwertbarkeit haben.[60] Führen diese nach den dafür maßgeblichen Grundsätzen zu einem Beweisverwertungsverbot (hierzu → § 81a Rn. 45 und → § 81c Rn. 71), ist dies im Ermittlungs- und im Zwischenverfahren unabhängig von einem Widerspruch amtswegig zu beachten.[61] Bestehen diesbezügliche Bedenken, sollte daher, um nicht das Risiko einzugehen, dass das erkennende Gericht oder das Revisionsgericht zu einem Verwertungsverbot kommen, eine erneute Anorndung nach § 81a oder § 81c herbeigeführt werden. Für die Verwertbarkeit in der Hauptverhandlung wird davon auszugehen sein, dass sich die Rechtswidrigkeit der Körperzellenentnahme in der Gewinnung der daraus folgenden Beweismittel nach § 81e Abs. 1

---

50 Brodersen in DNA-Analyse Rn. 26; Knauer JuS 2009, 227 (228 f.).
51 S. aber Groten/Schmelz Kriminalistik 2019, 358 (358 und 360) zu Problemen der mtDNA-Analyse bei Pflanzen.
52 Köhnemann ua Kriminalistik 2013, 36 (38 f.).
53 Krause in Löwe/Rosenberg Rn. 4.
54 LG Mainz 7.12.2000 – 1 Qs 302/00, NStZ 2001, 499 (499 f.).
55 Brauer in Gercke/Julius/Temming/Zöller Rn. 10.
56 LG Mainz 7.12.2000 – 1 Qs 302/00, NStZ 2001, 499.
57 BT-Drs. 13/667, 7.
58 Hadamitzky in KK-StPO Rn. 3a; Schmitt in Meyer-Goßner/Schmitt Rn. 6.
59 Oberlies StV 1990, 469 (473).
60 Rogall in SK-StPO Rn. 7 f.; aA Krause in Löwe/Rosenberg Rn. 27 und 29; Eisenberg BeweisR StPO Rn. 1684a, die von genereller Unverwertbarkeit ausgehen.
61 BGH 1.12.2016 – 3 StR 230/16, NJW 2017, 1828 (1829 f.); 22.2.2018 – AK 4/18 – StB 29/17, BeckRS 2018, 3964 Rn. 24; 6.6.2019 – StB 14/19, BGHSt 64, 89 Rn. 26–28 und 74 mAnm Kudlich JR 2020, 82; vgl. auch BGH 9.5.2018 – 5 StR 17/18, NStZ 2018, 737 (737 f.), wonach erst der in der Hauptverhandlung unterlassene Widerspruch zur Rügepräklusion führt.

fortsetzt. Ob das Untersuchungsergebnis verwertbar ist, richtet sich dann nach der Abwägungslehre.[62]

b) Zweckbindung der Untersuchung. Abs. 1 S. 1 enthält eine Zweckbindung für Vergleichsmaterial, das beim Beschuldigten oder bei Dritten gewonnen wurde. Die Untersuchung darf nur auf die **Feststellung abschließend bestimmter Tatsachen** gerichtet sein, nämlich in erster Linie das DNA-Identifizierungsmuster und die Abstammung. Die außerdem zulässige Bestimmung des Geschlechts hat daneben nicht nur für aufgefundenes Spurenmaterial im Sinne des Abs. 2 S. 1 Bedeutung.[63] Vor allem bei Sexual-, Tötungs- und Gewaltdelikten mit weiblichen Opfern und männlichen Tätern, kann es bei Mischspuren zu einer Überlagerung der DNA-Identifizierungsmuster kommen. Über die Bestimmung des spezifisch männlichen Teils können sie isoliert werden.[64] Nicht umfasst ist die Auswertung des Probenmaterials auf genetisch besonders schutzbedürftige Persönlichkeitsmerkmale wie Erbanlagen, Charaktereigenschaften, Krankheiten und Krankheitsanlagen.[65] Auch äußere Körpermerkmale wie Größe, Haar- und Augenfarbe dürfen in diesem Zusammenhang nicht bestimmt werden, genausowenig wie die ethnische Herkunft.[66] Eine Unterscheidung zwischen kodierenden und nicht-kodierenden Merkmalen wurde in die Regelung bewusst nicht aufgenommen. Eine solche hielt der Gesetzgeber im Hinblick auf bestehende und zu erwartende wissenschaftliche Erkenntnisse nicht für möglich und sachgerecht.[67] In rechtlicher Hinsicht entscheidend ist vielmehr, dass nach den gesetzlichen Vorgaben keine Ausforschung erfolgen darf, die in den Kernbereich der Persönlichkeit hineinreicht.[68] 12

Abs. 1 S. 2 stautuiert ein ausdrückliches **Beweiserhebungsverbot** für andere als die nach Abs. 1 S. 1 zulässigen molekulargenetischen Untersuchungen.[69] Dieses gilt auch für den Fall, dass sich wegen der Beschaffenheit des Untersuchungsmaterials oder technisch bedingt der Anfall weitergehender Informationen nicht vermeiden lässt. Derartige Überschussinformationen dürfen nicht weitergegeben oder in das Verfahren eingeführt werden. Insoweit richtet sich die Vorschrift auch an den Sachverständigen selbst.[70] 13

Die Begründung des Gesetzesentwurfes geht ohne nähere Ausführungen davon aus, ein Verstoß gegen Abs. 1 S. 2 führe auch zu einem **Beweisverwertungsverbot.**[71] Dies widerspricht jedoch allgemeinen Rechtsprechungsgrundsätzen. Sofern sich im Gesetzestext nicht ein ausdrückliches Verwertungsverbot befindet (wie zum Beispiel bei § 136a Abs. 3 S. 2), ist nach umfassender Abwägung im Einzelfall zu entscheiden, ob ein Beweiserhebungsverbot zu einem Beweisverwertungsverbot führt (→ § 81f Rn. 21).[72] Abs. 1 S. 2 bezieht sich aber ausdrücklich nur auf den Vorgang der Untersuchung selbst. 14

---

62 Vgl. BGH 20.12.2012 – 3 StR 117/12, BGHSt 58, 84 Rn. 27 und 30 f. zur Auswirkung eines Verstoßes gegen § 81h auf die darauf aufbauende Anordnung nach § 81a.

63 BR-Drs. 15/350, 12; Krause in Löwe/Rosenberg Rn. 24; Duttge/Hörnle/Renzikowski NJW 2004, 1065 (1071).

64 BT-Drs. 19/14747, 28; Stellungnahme der DGRM 4.10.2019, S. 2 f., abrufbar unter https://www.bmjv.de/SharedDocs/Gesetzgebungsverfahren/DE/Modernisierung_Strafverfahren.html.

65 BT-Drs. 15/350, 12; Senge NJW 1997, 2409 (2410).

66 Brauer in Gercke/Julius/Temming/Zöller Rn. 7; Hadamitzky in KK-StPO Rn. 4.

67 BT-Drs. 13/667, 6.

68 Schneider NStZ 2018, 692 (694); Schreiber ZRP 2019, 105 (106); Zöller/Thörnich ZIS 2017, 331 (337).

69 Hadamitzky in KK-StPO Rn. 4; Senge NJW 1997, 2409 (2411).

70 BT-Drs. 13/667, 7; Bosch in KMR-StPO Rn. 9; Krause in Löwe/Rosenberg Rn. 32; Volk NStZ 2002, 561 (564).

71 BT-Drs. 13/667, 7; so auch Brauer in Gercke/Julius/Temming/Zöller Rn. 5; Bosch in KMR-StPO Rn. 14; Schmitt in Meyer-Goßner/Schmitt Rn. 4; Beukelmann in Radtke/Hohmann Rn. 4; Rogall in SK-StPO Rn. 20; Graalmann/Scheerer FS Ries, 2002, 153 (163).

72 BGH 20.12.2012 – 3 StR 117/12, BGHSt 58, 84 Rn. 31 ff. zu unzulässiger Verwertung eines Beinahtreffers bei § 81h aF; BGH 20.5.2015 – 4 StR 555/14, NJW 2015, 2594 (2596) mAnm Magnus zu Verwertung unter Verstoß gegen § 81a Abs. 3 bei § 81g; Hadamitzky in KK-StPO Rn. 7; Bordersen in DNA-Analyse Rn. 148; Senge NJW 1997, 2409 (2411).

15 **c) Beweisrelevanz der Untersuchung.** Die molekulargenetische Untersuchung ist nur zulässig, soweit dies zur Erforschung des Sachverhalts erforderlich ist. Dazu muss **kein erhöhter Verdachtsgrad** gegeben sein. Es genügt das Vorliegen eines Anfangsverdachts iSd § 152 Abs. 2.[73] Auf die Aufnahme einer erhöhten Eingriffsschwelle oder einer Subsidiaritätsklausel wurde bewusst verzichtet, um gerade auch frühzeitig die Möglichkeit zu eröffnen, den Beschuldigten mittels molekulargenetischer Untersuchung als Täter auszuschließen.[74] Die Auswertung, auch diejenige auf Feststellung der Abstammung, muss allerdings für das zu Grunde liegende oder ein anderes anhängiges Ermittlungsverfahren (vgl. § 81a Abs. 3), das sich auch gegen einen noch unbekannten Täter richten kann (→ § 81a Rn. 40),[75] beweismäßige Relevanz haben, sich mithin auf die Feststellung verfahrenserheblicher Tatsachen richten.[76]

16 **Erforderlich** ist die Durchführung einer DNA-Analyse von Proben, die dem Beschuldigten oder Dritten entnommen wurden, bereits dann, wenn Spurenmaterial vorliegt,[77] bei dem die begründete Erwartung besteht, es eigne sich für einen DNA-Vergleich. Ausgewertet muss dieses noch nicht sein.[78] Lediglich die „Vorratshaltung" eines Beschlusses ist unzulässig, wenn dessen Vollzug völlig ungewiss erscheint, weil der Beschuldigte auf unabsehbare Zeit abwesend ist[79] oder die Möglichkeit ausgeschlossen erscheint, überhaupt verwertbares Spurenmaterial aufzufinden.[80]

17 Die Anordnung der molekulargenetischen Untersuchung muss in Bezug auf die Bedeutung der aufzuklärenden Tat **verhältnismäßig** sein.[81] Sie ist zwar im Gegensatz zu § 81g Abs. 1 nicht an Delikte mit qualifiziertem Schweregrad gebunden,[82] darf aber bei dem Vorwurf von Bagatelldelikten nicht vorgenommen werden.[83] Nicht entgegenstehen dürfte dagegen ein glaubhaftes Geständnis,[84] da ein solches, wie die Praxis zeigt, nicht selten widerrufen wird. Besonderer Ausdruck der Verhältnismäßigkeit ist das Verwendungsverbot in § 46 Abs. 4 S. 4 OWiG. Sofern dieses eingreift, ist bereits die Entnahme von Körperzellen unzulässig.[85]

18 **d) Verwendung und Vernichtung des Untersuchungsmaterials nach § 81a Abs. 3.** Das für die molekulargenetische Untersuchung beim Beschuldigten oder Dritten

[73] VerfG Brandenburg 20.9.2013 – VfGBbG 75/12, BeckRS 2013, 57057; LG Mainz 7.12.2000 – 1 Qs 302/00, NStZ 2001, 499; LG Bielefeld 29.9.2010 – 10 Qs 404 und 405/10, juris Rn. 6; LG Ravensburg 9.3.2009 – 2 Qs 22/09, NStZ-RR 2010, 18; LG Bremen 27.4.2020 – 8 Qs 95/20, StV 2020, 778.

[74] BT-Drs. 13/667, 6; Senge NJW 1997, 2409 (2411); so auch schon BVerfG 18.9.1995 – 2 BvR 103/92, NJW 1996, 771 (773); vgl. auch OLG Bremen 28.9.2009 – Ws 123/09, BeckRS 2010, 05906; aA Wollweber NJW 2002, 1771 (1772).

[75] Vgl. hierzu auch BGH 20.5.2015 – 4 StR 555/14, NJW 2015, 2594 (2596); LG Berlin 21.6.2006 – 515 Qs 60/06, NJW 2006, 2713 (2714).

[76] OLG Hamm 19.7.2016 – 5 Ws 249/16, BeckRS 2016, 14582 Rn. 19 f.; Goers in BeckOK StPO Rn. 5; Hadamitzky in KK-StPO Rn. 5.

[77] OLG Köln 27.11.2013 – 2 Ws 656/13, BeckRS 2014, 236.

[78] VerfG Brandenburg 18.9.2008 – VfGBbg 13/08, BeckRS 2008, 39396; OLG Hamm 19.7.2016 – 5 Ws 249/16, BeckRS 2016, 14582 Rn. 20 f.; LG Saarbrücken 20.11.2000 – 4 Qs 101/00 I, StV 2001, 266 (Leitsatz); LG Ravensburg 9.3.2009 – 2 Qs 22/09, NStZ-RR 2010, 18; Schmitt in Meyer-Goßner/Schmitt Rn. 4; aA LG Offenburg 10.7.2002 – III Qs 29/02, StV 2003, 153 (154), wonach allerdings die Entnahme der Speichelprobe gleichwohl schon zulässig sein soll (155); AG Bremen 10.7.2014 – 92 Gs 671/14 (180 Js 24112/14), juris Rn. 11, das nur eine bedingte Anordnung im Hinblick auf die vorherige Auswertung des aufgefundenen Materials zulässt.

[79] BGH 23.12.1999 – 2 ARs 487/992 – AR 227/99, NStZ 2000, 212; BGH 11.9.2002 – 2 ARs 257/02, bei Becker NStZ-RR 2003, 289 – RsprÜ, jeweils zu § 81g.

[80] LG Saarbrücken 20.11.2000 – 4 Qs 101/00 I, StV 2001, 266 (265, Leitsatz); AG Leipzig 1.9.2021 – 282 Gs 3301/21, StV-S 2022, 52 (Ls.).

[81] VerfGH Berlin 13.12.2005 – VerfGH 113/05, NJW 2006, 1416 (1419); VerfG Brandenburg 18.9.2008 – VfGBbg 13/08, BeckRS 2008, 39396; 20.9.2013 – VfGBbG 75/12, BeckRS 2013, 57037.

[82] Bordersen in DNA-Analyse Rn. 30.

[83] LG Ravensburg 9.3.2009 – 2 Qs 22/09, NStZ-RR 2010, 18.

[84] So aber Krause in Löwe/Rosenberg Rn. 26.

[85] LG Osnabrück 14.6.2007 – 15 Qs 55/07, NZV 2007, 536; vgl. auch Krause in Löwe/Rosenberg Rn. 33.

erhobene Untersuchungsmaterial unterliegt der **Verwendungungsbeschränkung** der § 81a Abs. 3 Hs. 1, § 81c Abs. 5 S. 2. Auf die dortigen Ausführungen wird verwiesen (→ § 81a Rn. 39 ff.; → § 81c Rn. 51). Das andere anhängige Ermittlungsverfahren muss sich (noch) nicht gegen den Beschuldigten richten. Es kann auch gegen unbekannt geführt werden.[86] Eine Verwendung der Körperzellen für künftige Strafverfahren ist dagegen unzulässig, da sich Erhebung und Auswertung von DNA-fähigem Material hierfür nach den gesteigerten Anforderungen des § 81g richten.[87] Eine Umwidmung bereits gewonnener DNA-Identifizierungsmuster ist aber nach § 81g Abs. 5 S. 2 Nr. 1 möglich (→ Rn. 21; → § 81g Rn. 36).[88]

Die Körperzellen einschließlich angefallener Zwischenprodukte und aufbereiteten Materials unterliegen gem. § 81a Abs. 3 Hs. 2, § 81c Abs. 5 S. 2 der unverzüglichen **Vernichtung.** Hierdurch soll deren missbräuchliche Untersuchung zu einem späteren Zeitpunkt verhindert werden.[89] Das soll nach Ansicht des BGH nicht erst mit rechtskräftigem Abschluss des Ursprungsverfahrens des Fall sein,[90] sondern schon sobald sie für das Ausgangsverfahren nicht mehr benötigt werden und zu diesem Zeitpunkt ein Zusammenhang mit einem anderen anhägigen Strafverfahren nicht erkennbar ist (aber hierzu → § 81a Rn. 41).[91] 19

e) Verwendung der Untersuchungsergebnisse. Die Untersuchungsergebnisse, vor allem die unter Verwendung des Untersuchungsmaterials erstellten Gutachten, werden dagegen **Aktenbestandteil.**[92] Sie können daher über den Weg der Akteneinsicht auch in anderen Verfahren verwertet werden, beispielsweise zur Klärung der Abstammungsfrage in einem Zivilrechtsstreit.[93] Da das DNA-Gutachten personenbezogene Daten enthält, empfiehlt es sich, dieses in einem **Sonderband** der Akten oder in einem besonderen Umschlag zu verwahren. Als Grundlage hierfür kann § 3 Abs. 1 S. 10b AktO dienen. Im Einzelfall ist insbesondere nach §§ 474 ff. zu prüfen, ob es bei entsprechenden Gesuchen im Wege der Akteneinsicht an andere Personen als die unmittelbar Verfahrensbeteiligten herausgegeben werden darf.[94] 20

Eine Verwendung des bei der Untersuchung erstellten **DNA-Identifizierungsmusters** ist auch beim Beschuldigten nicht uneingeschränkt zulässig. Es darf zwar zu einem Abgleich für Verfahren verwendet werden, bei denen bereits Anhaltspunkte für eine Tatbeteiligung gegeben sind.[95] Für einen allgemeinen Abgleich dürfen sie in die DNA-Analysedatei beim BKA indes nur über § 81g Abs. 5 S. 2 Nr. 1 bei Vorliegen der Voraussetzungen des § 81g Abs. 1 einspeist werden (→ § 81g Rn. 36).[96] 21

3. Sonstiges Material nach § 81e Abs. 2. a) Aufgefundenes, sichergestelltes oder beschlagnahmtes Material nach § 81e Abs. 2 S. 1. An **offenen Spuren,**[97] das heißt an aufgefundenem, sichergestelltem oder beschlagnahmtem Material, dürfen gemäß Abs. 2 S. 1 ebenfalls die nach Abs. 1 zulässigen Untersuchungen durchgeführt werden. Ob der teilweise vertretenen Ansicht[98] zu folgen ist, die Einbeziehung „aufgefundenen" Spurenmaterials in den Gesetzestext sei überflüssig, mag dahinstehen. Die ausdrückliche Hervorhebung entspricht jedenfalls der Systematik des Gesetzes. Es handelt sich hierbei um einen 22

---

86 BGH 20.5.2015 – 4 StR 555/14, NJW 2015, 2594 (2596) mAnm Magnus.
87 LG Mainz 7.12.2000 – 1 Qs 302/00, NStZ 2011, 499 (500).
88 Mosbacher JuS 2016, 127 (130).
89 BT-Drs. 13/667, 6.
90 So noch LG Berlin 21.6.2006 – 515 Qs 60/06, NJW 2006, 2713 (2714); ferner mit beachtlichen Argumenten Mosbacher JuS 2016, 127 (129).
91 BGH 20.5.2015 – 4 StR 555/14, NJW 2015, 2594 (2595 f.).
92 Hilger NStZ 1997, 371 (372); Rath/Brinkmann NJW 1999, 2697 (2699); Senge NJW 1997, 2409 (2410).
93 BT-Drs. 13/667, 7; Bosch in KMR-StPO Rn. 9.
94 Graalmann/Scheerer ZRP 2002, 72 (76); Krause in Löwe/Rosenberg Rn. 34.
95 Krause in Löwe/Rosenberg Rn. 35, ansonsten kein allgemeines „Täterscreening".
96 BGH 20.5.2015 – 4 StR 555/14, NJW 2015, 2594 (2596).
97 Krause in Löwe/Rosenberg Rn. 36; Rogall in SK-StPO Rn. 15 (Fn. 53).
98 Benfer StV 1999, 402 (404); Bosch in KMR-StPO Rn. 11; Krause in Löwe/Rosenberg Rn. 36.

Grundfall des Abs. 2 S. 1, der sich aus der Art und Weise ergibt, wie die Ermittlungsbehörden, insbesondere im Rahmen der Spurensicherung, die Verfügungsmacht über die Untersuchungsgegenstände erlangen. Indem sie überhaupt erst Kenntnis von der Existenz der Spurenträger erlangen, entsteht die Möglichkeit, tatsächliche Sachherrschaft herbeizuführen. Darauf aufbauend wird das staatliche Gewaltverhältnis mittels Sicherstellung oder Beschlagnahme begründet. Dabei handelt es sich aber nur um eine mögliche Variante der Erlangung von auswertbaren Proben. Der Sicherstellung und Beschlagnahme kommt daneben, wie die explizite Aufnahme in den Gesetzestext belegt, ein eigener Regelungsgehalt zu (→ Rn. 25 f.). Dies bestätigt die historische Auslegung. Im ursprünglichen Entwurf für das StVÄG wurde zunächst ausschließlich auf aufgefundenes Spurenmaterial abgestellt.[99] Die Stellungnahme des Bundesrates, dem die Bundesregierung insoweit zustimmte, sah vor, den Begriff dahingehend umzuformulieren, dass das Material „auf andere Weise als nach § 81a oder § 81c StPO erlangt" sei. Damit sollte auch die Bezugnahme auf beschlagnahmtes Material ausdrücklich klar gestellt werden.[100] Der Rechtsausschuss nahm dies zum Anlass, die Ergänzung des § 81e Abs. 2 S. 1 im Sinne des dann Gesetz gewordenen Textes vorzuschlagen (→ Rn. 5).[101] Den verschiedenen Varianten wurde daher auch im Gesetzgebungsverfahren durchaus eigenständige Bedeutung beigemessen.

23 Dieses Verständnis ist für die Auslegung der Vorschrift ausschlaggebend. Aufgefundenes Spurenmaterial ist demnach auch solches, das **ohne Zwangsmaßnahme rechtmäßig erlangt** wurde. Das können in erster Linie Körperzellen an Spurenträgern sein, die vom Beschuldigten oder von Zeugen zurückgelassen wurden – wie beispielsweise eine am Tatort weggeworfene Zigarettenkippe[102] –, aber auch solche, die von Observierungskräften anlässlich einer Überwachungsmaßnahme sichergestellt werden.[103] Die abweichende Auffassung, § 81e Abs. 2 S. 1 beziehe sich nur auf Körpersubstanzen, deren Herkunft ungeklärt sei, ansonsten dürften aber wegen Abs. 1 nur solche verwertet werden, die nach § 81a oder § 81c erlangt worden seien,[104] ist mit dem Wortlaut der Vorschrift nicht vereinbar. Abs. 2 S. 4 regelt ausdrücklich den Fall, dass „bekannt" ist, von welcher Person das Material stammt, und erklärt § 81f Abs. 1 in diesem Fall für „entsprechend" anwendbar.[105] Folglich ist der Anwendungsbereich des Abs. 2 S. 1 gerade auch dann eröffnet, wenn die Zuordnung eindeutig feststeht. Mit dieser Fassung des § 81e Abs. 2 wollte der Gesetzgeber einerseits derartige Streitfragen für die Praxis beseitigen und andererseits für die unzweifelhafte Identität des Spurenlegers einen Einklang mit der Regelung in § 81e Abs. 1 schaffen. Gleichfalls verfängt der Einwand nicht, § 81e knüpfe nicht an heimliche Maßnahmen an.[106] In systematischer Hinsicht betrifft Abs. 1 S. 1 Probenerhebungen, die durch körperlichen Eingriff nach § 81a oder § 81c gewonnen wurden.[107] Aufgefunden werden können dagegen offene Spuren, die ohne Vornahme eines solchen auf andere Weise zugänglich sind. Das entscheidende Kriterium bei der Abgrenzungzwischen § 81e Abs. 1 und Abs. 2 ist damit die Art und Weise wie das Untersuchungsmaterial zu erheben ist und nicht, ob dies durch offene Maßnahmen erfolgt oder nicht. Aus der Vorschrift lässt sich mithin kein Ausschlusskriterium für die Anwen-

---

99 BT-Drs. 13/667, 4.

100 BT-Drs. 13/667, 9 und 11.

101 BT-Drs. 13/6420, 5.

102 Vgl. Burhoff StrafREV-HdB Rn. 499; König Kriminalistik 2004, 262 (265); ferner zur Neufassung der Vorschrift BT-Drs. 18/11277, 22.

103 Goers in BeckOK StPO Rn. 2; Hadamitzky in KK-StPO Rn. 3; Krause in Löwe/Rosenberg Rn. 27, jeweils unter Bezugnahme auf BGH 21.3.2007 – 1 BGs 96/2007, wobei die Zuordnung aber zu Abs. 1 S. 1 erfolgt; zweifelnd Meyer-Goßner Rn. 5; aA Eisenberg BeweisR StPO Rn. 1684; Bosch JURA 2021, 41 (41 f.).

104 So aber Eisenberg BeweisR StPO Rn. 1684; Bosch JURA 2021, 41 (42); sowie Schmitt in Meyer-Goßner/Schmitt Rn. 5; Hadamitzky in KK-StPO Rn. 8 jeweils zum Zugriff auf Biobanken.

105 BT-Drs. 18/11277, 22.

106 Schmitt in Meyer-Goßner/Schmitt Rn. 5; Eisenberg BeweisR StPO Rn. 1685; Bosch JURA 2021, 41 (42).

107 LG Mainz 7.12.2000 – 1 Qs 302/00, NStZ 2001, 499.

dung des Abs. 2 S. 1 herleiten, nur weil die tatsächliche Möglichkeit zu deren Vornahme besteht.[108] Wird demnach die Erhebung von Untersuchungsmaterial, das der bekannte Beschuldigte zurücklässt, von Abs. 2 S. 1 erfasst, liegt darin kein Verstoß gegen den Grundsatz der Selbstbelastungsfreiheit.[109] Dieser gebietet nur, dass der Beschuldigte nicht gezwungen werden darf, aktiv zur Sachverhaltsaufklärung beizutragen und die Strafverfolgungsbehörden seine diesbezügliche Entscheidungsfreiheit nicht durch ausdrückliche oder konkludente Täuschung umgehen dürfen. Er gewährt dagegen keinen Schutz vor unbewusster Selbstbelastung.[110] Es ist Ausfluss des allgemeinen Lebensrisikos, Spuren zu hinterlassen, die für das Ermittlungsverfahren relevant werden können.[111] Genau solche aufzufinden und auszuwerten wollte der Gesetzgeber ermöglichen.[112] Es ist nicht unzulässig, hiernach gezielt zu suchen.

Eine andere Wertung kann sich allenfalls bei **bewusster Umgehung** der Anordnungsvoraussetzungen der §§ 81a, 81c ergeben. Solche Fälle sind denkbar, wenn sich der Beschuldigte auf Anordnung des Gerichts oder der Ermittlungsbehörden in deren Gewahrsamsbereich befindet, beispielsweise zur Durchführung einer Beschuldigtenvernehmung oder im Vollzug der Untersuchungshaft. Auf diese Weise würde die staatliche Verfügungsmacht über Spurenmaterial schon vor dessen Entstehung hergestellt. Es wäre vom Wortsinn des Auffindens nicht mehr gedeckt, wenn es unter Ausnutzung des bereits bestehenden Gewahrsamsverhältnisses bspw. durch Anbieten von Zigaretten, Getränken oder Aufsammeln von Haarschuppen und Kleidungsstücken im Haftraum überhaupt erst geschaffen und erhoben würde.[113] Zur Berücksichtigung derartiger Verstöße → Rn. 11. 24

Die Auswertung von Körperzellen, die in einer **Biobank** eingelagert wurden, richtet sich dagegen nach § 81e Abs. 2 S. 1. Aus vorgenannten Gründen steht dem § 81e Abs. 1 nicht entgegen.[114] Es handelt sich um Gegenstände iSd § 94 (→ § 94 Rn. 12), die bei Vorliegen der weiteren Voraussetzungen beschlagnahmt werden können.[115] Ein eventuelles Zeugnis- und Untersuchungsverweigerungsrecht eines Angehörigen nach § 52 Abs. 1, § 81c Abs. 3 S. 1 wäre hierbei nicht hinderlich, weil dieser nicht aktiv zur Aufklärung des Sachverhalts beitragen muss und ein Beschlagnahmeverbot nach § 97 Abs. 1 nur schriftliche Mitteilungen zum Gegenstand hat (→ § 81c Rn. 42).[116] Da die Person, von der die Proben herrühren, eindeutig feststeht, bedarf es für die Untersuchung der beschlagnahmten Köperzellen gem. § 81e Abs. 2 S. 4 entsprechend § 81f Abs. 1 S. 1 bei fehlender Einwilligung einer richterlichen Anordnung. 25

Werden die Proben für die molekulargenetische Untersuchung mit **Einwilligung** des Beschuldigten oder Dritten erlangt, gilt § 81e Abs. 1 nicht. Wegen der eindeutigen Bezugnahme auf die §§ 81a, 81c in S. 1 und 2 erfasst die Vorschrift nur mittels hoheitlicher Anordnung gewonnenes Untersuchungsmaterial.[117] Einschlägig ist indes Abs. 2 S. 1. Zwar 26

108 AA Schmitt in Meyer-Goßner/Schmitt Rn. 5; Eisenberg BeweisR StPO Rn. 1684.

109 So aber Eisenberg BeweisR StPO Rn. 1685.

110 BGH 9.4.1986 – 3 StR 551/85, BGHSt 39, 39 (46); 24.2.1994 – 4 StR 317/93, BGHSt 40, 66 (71 f.); 13.5.1996 – GSSt 1/96, BGHSt 42, 139 (152 f.).

111 Vgl. BGH 24.2.1994 – 4 StR 317/93, BGHSt 40, 66 (71) zu einem ohne Kenntnis des Beschuldigten vorgenommenen Stimmvergleich.

112 Vgl. Goers in BeckOK StPO Rn. 2.

113 Vgl. hierzu BGH 26.7.2007 – 3 StR 104/07, BGHSt 52, 11 Rn. 27 und 35; BGH 31.3.2011 – 3 StR 400/10, NStZ 2011, 596 Rn. 11–15 jeweils zur Umgehung des Schweigerechts des Beschuldigten. Nur unter diesem Gesichtspunkt ist den Ausführungen von Eisenberg BeweisR StPO Rn. 1684 zuzustimmen.

114 AA Schmitt in Meyer-Goßner/Schmitt Rn. 5; Hadamitzky in KK-StPO Rn. 8.

115 Nach Goers in BeckOK StPO Rn. 6 sollen auch die sonstigen Voraussetzungen der §§ 81a, 81c zu berücksichtigen sein, wobei diese jedenfalls hisichtlich des Beschuldigten ohnehin nicht weiter gehen dürften als § 94, 81e Abs. 1 S. 1, 3 und 4, § 81 f.

116 BGH 1.8.2018 – 1 BGs 324/18, NStZ-RR 2018, 319.

117 LG Mainz 7.12.2000 – 1 Qs 302/00, NStZ 2001, 499 – „Eingriff"; auch BGH 15.10.2009 – 5 StR 373/09, NStZ 2010, 157 (158) differenziert zwischen Probenerhebungen, die mit Einwilligung durchgeführt wurden und solchen, die ansonsten hätten angeordnet werden müssen; aA Goers in BeckOK StPO Rn. 2; Hadamitzky in KK-StPO Rn. 3; Krause in Löwe/Rosenberg Rn. 27, jeweils unter Bezugnahme auf BGH 21.3.2007 – 1 BGs 96/2007, die jegliches Untersuchungsmaterial, das auf andere rechtmäßige Art und Weise erlangt wird, Abs. 1 S. 1 zuordnen.

wird zu Recht davon ausgegangen, dass auf freiwilliger Basis überlassene Körperzellen kein aufgefundenes Spurenmaterial darstellen,[118] jedoch handelt es sich um sichergestelltes. Eine (formlose) Sicherstellung iSd § 94 Abs. 1 hat nicht nur dann zu erfolgen, wenn der Gewahrsamsinhaber nicht bekannt ist, sondern auch dann, wenn er die Sache freiwillig zur Verfügung stellt (→ § 94 Rn. 43).[119] Insoweit besteht für diese Variante des § 81e Abs. 2 S. 1 ein eigenständiger Anwendungsbereich gegenüber derjenigen des Auffindens. Abs. 2 S. 4 ist dabei zu beachten.

27 Auch Untersuchungsmaterial iSd Abs. 2 S. 1 unterliegt der **Zweckbindung** des Abs. 1 (hierzu → Rn. 12 ff.) wie sich aus dem Verweis auf Abs. 1 S. 1 hinsichtlich der Zulässigkeit von Untersuchungen und demjenigen auf das Erhebungsverbot des Abs. 1 S. 2 in Abs. 2 S. 3 ergibt. Durch die Bestimmung des Geschlechts eines unbekannten Spurenlegers kann dabei nach Auffassung des Gesetzgebers ein wertvoller Ermittlungsansatz gewonnen werden.[120] Das gilt gerade auch dann, wenn es bei Mischspuren zu einer Überlagerung von DNA-Profilen kommt (→ Rn. 12).[121]

28 Die **Erforderlichkeit** der Untersuchung ist bei § 81e Abs. 2 S. 1 genauso Tatbestandsvoraussetzung wie bei Abs. 1 S. 1. Liegt bereits Material vor, das bei Betroffenen gem. Abs. 1 S. 1 erhoben wurde, so ist diese unproblematisch gegeben, um die Vergleichsuntersuchung vorzunehmen. Im Einzelfall kann aber auch schon eine frühere Auswertung geboten sein, wenn noch gar kein Beschuldigter vorhanden ist, bspw. wenn das aufgefunde Material zu verderben droht oder um ggf. später notwendig werdende Vergleichsuntersuchungen zügig umsetzen zu können, falls sonstige Verdachtsmomente bereits auf eine bestimmte Person als Täter hindeuten.[122] Wurden mehrere Spurenträger aufgefunden oder sichergesetllt können diese zur Fortführung der Ermittlungen zudem untereinander abgeglichen werden.[123]

29 **b) Erweiterte Untersuchung von Spurenmaterial nach Abs. 2 S. 2.** § 81e Abs. 2 S. 2 erlaubt als Ansatzpunkt für die weitere Ermittlungsarbeit (→ Rn. 41) mit der erweiterten forensischen DNA-Analyse weitergehende Untersuchungen als diejenigen nach Abs. 1 und Abs. 2 S. 1. Da sich diese nur auf ohnehin äußerlich erkennbare Körpermerkmale beziehen, betreffen sie nicht den Kernbereich der Persönlichkeit und sind daher verfassungsrechtlich unbedenklich.[124] Gleichwohl stellen sie einen weitergehenden Eingriff dar als die nach Abs. 1 und Abs. 2 S. 1 zulässigen Feststellungen. Von daher sind sie nach dem Wortlaut der Vorschrift nur dann zulässig, sofern das Material von einem **unbekannten Spurenleger** stammt. Hiermit hat der Gesetzgeber die Subsidiarität gegenüber sonstigen geeigneten Ermittlungsmethoden zum Ausdruck gebracht. Vor allem muss zuvor ein Abgleich des nach Abs. 2 S. 1 gewonnenen DNA-Identifizierungsmuster mit der DNA-Analysedatei (§ 81g Abs. 5 S. 2 Nr. 2) erfolglos vorgenommen worden sein.[125] Ggf. sind auch konventionelle Ermittlungsmethoden wie Zeugenaussagen auszuschöpfen.[126] Dabei aber darf nicht aus dem Auge verloren werden, dass Beschreibungen von Zeugen zum Aussehen von Tätern oft wesentlich ungenauer und fehleranfälliger sind als die doch recht hohe Vorhersagewahrscheinlichkeit[127] auf Basis

---

118 Graalmann-Scheerer NStZ 2004, 297 (299).

119 Gerhold in BeckOK StPO § 94 Rn. 15; Schmitt in Meyer-Goßner/Schmitt § 94 Rn. 12; vgl. auch Rogall in SK-StPO Rn. 15 zum Auffinden.

120 BT-Drs. 15/350, 12; Duttge/Hörnle/Renzikowski NJW 2004, 1056 (1071); Volk NStZ 2002, 561 (564); zurückhaltend dagegen Graalmann-Scheerer ZRP 2002, 72 (74), da bei den besonders relevanten Gewalt- und Sexualdelikten ohnehin idR männliche Täter zu erwarten seien.

121 BT-Drs. 19/14747, 28.

122 BT-Drs. 13/667, 7; Rogall FS Schroeder, 2006, 691 (701).

123 Rogall in SK-StPO Rn. 15.

124 Claus NStZ 2020, 57 (62); Schneider NStZ 2018, 692 (694); Schreiber ZRP 2019, 105 (106 f.); Zöller/Thörnich ZIS 2017, 331 (337 f.); aA Weichert Vorgänge 2017, 123 (131 ff.).

125 BT-Drs. 19/14747, 26.

126 Jansen ZIS 2020, 233 (237).

127 S. hierzu insbesondere Schneider/Prainsack/Kayser DÄBl 2019, 873 (874 f.); ferner Beck KriPoZ 2017, 160 (162); Jansen ZIS 2020, 233 (233 f.).

der DNA-Analyse[128] und dass die möglichen jeweiligen Fehlerquoten bei dieser zudem statistisch zuverlässig belegt und damit bei der Ermittlungsarbeit abschätzbar sind.[129]

Abs. 2 S. 2 unterscheidet sich im Wortlaut hinsichtlich des Untersuchungsmaterials insoweit von Abs. 2 S. 1 als der Begriff Spurenmaterial Verwendung findet im Gegensatz zu dem offeneren Terminus des Materials. Auch wenn sich die Gesetzesbegründung hierzu nicht verhält,[130] wird daher auf die Grundsätze zur früheren Fassung des Abs. 1 S. 1 zurückzugreifen sein, der sich ebenfalls auf Spurenmaterial bezog. Bei den zu untersuchenden Substanzen muss es sich demnach um Spuren handeln. Nach Wortlaut und Zweck des § 81e Abs. 2 S. 2 ist mithin ein **sachlicher Zusammenhang** mit der aufzuklärenden Straftat zu fordern. Nicht zulässig ist gerade wegen der weitergehenden Untersuchungsmöglichkeiten die allgemeine Ausforschung beliebigen Untersuchungsmaterials. Da der Wortsinn andererseits offen ist, kann die Beziehung aus der Art der Spur oder aus der Person des (mutmaßlichen) Spurenlegers und seiner Nähe zur Tat herzuleiten sein. Eine räumliche Begrenzung der Auffindesituation, im Sinne einer Beschränkung auf den „Tatort"[131] oder das Tatopfer[132] legt den Zusammenhang zwar nahe, ist dem Gesetz dagegen nicht als einzig in Betracht kommende Voraussetzung zu entnehmen. Das untersuchungsfähige Material kann auch an anderer Stelle erhoben werden.[133] 30

§ 81e Abs. 2 S. 2 enthält ebenfalls eine **Zweckbindung** für die Untersuchung des Spurenmaterials. Andere als die dort abschließend für zulässig erklärten Feststellungen zu Augen-, Haar-, Hautfarbe sowie Alter der Person sind nicht erlaubt. Das betrifft – neben den für Abs. 1 S. 1 und Abs. 2 S. 1 geltenden Gesichtspunkten (→ Rn. 12 ff. und → Rn. 27) – damit insbesondere die Bestimmung der biogeographischen Herkunft, die Gegenstand des Gesetzgebungsvefahrens war, aber letztlich nicht in die Vorschrift aufgenommen wurde, obwohl sie eine wertvolle Ergänzung für die Phänotypisierung darstellt[134] (→ Rn. 5 und 41). 31

c) Beweiserhebungsverbot, Verwendunsbeschränkung und Vernichtungsregelung nach § 81e Abs. 2 S. 3. § 81e Abs. 2 S. 3 verweist auf das **Beweiserhebungsverbot** des Abs. 1 S. 2. Nach dieser Vorschrift, die sich auch an den Sachverständigen wendet, darf das Untersuchungsmaterial ausschließlich für die nach Abs. 2 S. 1 oder 2 vorgesehenen Überprüfungen herangezogen werden (→ Rn. 13). 32

Wegen der **Verwendungsbeschränkung** des in Bezug genommenen § 81a Abs. 3 Hs. 1 dürfen die Körperzellen selbst nur im zugrundeligenden oder einem bereits anhängigen Verfahren Verwendung finden (→ Rn. 18). Das gilt indes nicht für das hieraus erstellte DNA-Identifizierungsmuster, das über § 81g Abs. 5 S. 2 Nr. 2 unter den dortigen Voraussetzungen in die DNA-Analysedatei eingestellt werden kann. Diese Möglichkeit besteht allerdings nicht für die nach Abs. 2 S. 2 erlangten weitergehenden Erkenntnisse (→ § 81g Rn. 36). 33

Ein Gleichlauf zu § 81e Abs. 1 ist nach Abs. 2 S. 3 aber nur hinsichtlich der Verwendung des Materials gegeben. Es besteht **keine Verpflichtung zur unverzüglichen Vernichtung** desselben. Auf § 81a Abs. 3 Hs. 2 erstreckt sich der Verweisungskomplex nicht.[135] Grund hierfür ist, dass Vergleichsmaterial beim Beschuldigten oder Dritten regelmäßig wieder erhoben werden kann, aufgefundenes Untersuchungsmaterial hingegen unwiederbringlich verloren wäre.[136] Auf diese Weise ist auch gesichert, dass es im Rahmen eines 34

---

128 Beck KriPoZ 2017, 160 (165); Claus NStZ 2020, 57 (62); Schreiber ZRP 2019, 105 (107); Wolf DRiZ 2017, 88; Stellungnahme der DGRM 4.10.2019, S. 5, abrufbar unter https://www.bmjv.de/SharedDocs/Gesetzgebungsverfahren/DE/Modernisierung_Strafverfahren.html.

129 Schneider/Prainsack/Kayser DÄBl 2019, 873 (879).

130 Vgl. BT-Drs. 19/14747, 26–28.

131 Krehl/Kolz StV 2004, 447 (454).

132 Goers in BeckOK StPO Rn. 11b.

133 Benfer StV 1999, 402 (404).

134 BR-Drs. 117/1/17, 5; Stellungnahme der DGRM 4.10.2019, S. 4 f., abrufbar unter https://www.bmjv.de/SharedDocs/Gesetzgebungsverfahren/DE/Modernisierung_Strafverfahren.html.

135 BT-Drs. 13/667, 7.

136 Neuhaus in HK-GS Rn. 4; Hilger NStZ 1997, 371 (372).

eventuellen Wiederaufnahmeverfahrens mit nunmehr gegebenenfalls weiterentwickelten Analysemethoden erneut untersucht werden kann.[137]

35 **d) Gleichstellungsklausel des § 81e Abs. 2 S. 4.** Sofern der **Spurenleger eindeutig feststeht** darf nach dem eindeutigen Wortlaut des § 81e Abs. 2 S. 4 die Untersuchung des Materials iSd Abs. 1 S. 1 entsprechend § 81f nur mit dessen Einwilligung oder aufgrund richterlicher Anordnung erfolgen.[138] Der Gesetzgeber wollte für diese Fälle den Einklang mit Abs. 1 herstellen. Zugleich stellt die Regelung klar, dass auszuwertendes Material auch dann unter Abs. 2 S. 1 zu erfassen ist, wenn der Beschuldigte oder eine Dritte Person als Verusacher konkret in Betracht kommt.[139]

36 **4. Durchführung, Beweiswert und Darlegung der molekulargenetischen Untersuchung. a) Durchführung der molekulargenetischen Untersuchung.** Abs. 1 S. 1 bezeichnet die Art der Untersuchung lediglich mit dem Sammelbegriff der molekulargenetischen Untersuchung. Damit wurde bewusst **keine bestimmte Untersuchungsmethode** vorgegeben. Die rechtliche Regelung bleibt dadurch offen für die wissenschaftliche Entwicklung, die zu neuen, immer wirksameren Auswertungsmöglichkeiten gelangen kann.[140] Für Gerichte und Ermittlungsbehörden bedeutet dies, dass gerade bei neueren Analyseverfahren deren Zuverlässigkeit im Zusammenhang mit der Auswahl des Sachverständigen und der von diesem angewandten Methode sowie bei der Beweiswürdigung sorgfältig zu prüfen sind.

37 Die **Praxis der DNA-Analyse**[141] war zunächst von der Restriktionsfragment-Längenpolymorphismus-Analyse (RFLP) – so genannter „genetischer Fingerabdruck" oder „DNA-Fingerprinting" – geprägt.[142] Diese Variante weist allerdings Nachteile auf, da sie eine größere Mindestmenge an isolierbarer DNA erfordert, verhältnismäßig empfindlich auf degradiertes Probenmaterial reagiert und einem hohen Zeitaufwand unterliegt. Daher wurde sie zwischenzeitlich in der forensischen Praxis durch die DNA-Amplifizierung oder Polymerase Kettenreaktion (PCR) ersetzt.[143] Diese beschränkt sich bei der Analyse von STR (short tandem repeat)-Polymorphismen auf Untersuchungen im nichtcodierenden Bereich der DNA.[144] Mittels direktem Vergleich von STR-Porfilen, die bei einem konkret Tatverdächtigen erhoben werden oder die in der DNA-Analysedatei eingestellt sind, mit solchen von Vergleichsmaterial können sie nur zu einer individuellen Identifizierung führen (§ 81e Abs. 1, Abs. 2 S. 1).[145] Zwischenzeitlich wurden in der Forensik als Sequenzierung der nächsten Generation (= Next Generation Sequencing – NGS – bzw. Massively Parallel Sequencing – MPS) bezeichnete Verfahren entwickelt, die unter Einsatz von Hochdurchsatztechnologie ein größeres Spektrum an Einsatzmöglichkeiten eröffnen, insbesondere die DNA-Phänotypisierung. Sie kommen insbesondere bei der erweiterten DNA-Analyse nach § 81e Abs. 2 S. 2 zum Einsatz.[146] Liegt nur wenig Spurenmaterial vor oder solches von schlechter Qualität, vor allem in

137 Eisenberg BeweisR StPO Rn. 1686.
138 So auch Krause in Löwe/Rosenberg Rn. 36.
139 BT-Drs. 18/11277, 22.
140 BT-Drs. 13/667, 6.
141 Zu den biologischen Grundlagen und Begrifflichkeiten Kimmich/Spyra/Steinke NStZ 1990, 318 (319); Kotsoglou ua ZStW 2020, 891 (912 ff.); Schneider Kriminalistik 2005, 303 (303–305); Goers in BeckOK StPO Rn. 4.1; Eisenberg BeweisR StPO Rn. 1904–1905a; Neuhaus StraFo 2005, 148–150; ausführlich zu wissenschaftlichen Grundlagen und Methoden Rogall in SK-StPO § 81a Rn. 103–107.
142 Kimmich/Spyra/Steinke NStZ 1990, 318 (319) auch zum Ablauf der Untersuchungsmethode.
143 Anslinger FS Eisenmenger, 2009, 94 (96); Kimmich/Spyra/Steinke NStZ 1993, 23 (24); Steinke NStZ 1994, 16 (19); siehe auch schon BT-Drs. 13/667, 5; Burhoff StrafREV-HdB Rn. 498 unterscheidet in drei Analyseverfahren; Neuhaus StV 2013, 137 (138); Rath/Brinkmann NJW 1999, 2697 (2698). Zum Ablauf der PCR-Analysesysteme; Kimmich/Spyra/Steinke NStZ 1993, 23 (25).
144 Anslinger/Rolf/Eisenmenger DRiZ 2005, 165.
145 Schneider/Prainsack/Kayser DÄBl 2019, 873.
146 Anslinger/Bayer/Diepenbroek Kriminalistik 2020, 683 (683 f.).

Form telogener Haare, kann eine Analyse der mitochondrialen DNA (mtDNA-Analyse) zielführend sein.[147]

38 In jedem Fall sind **Fehlerquellen**[148] zu beachten, die sich vor allem aus Trugspuren und starker Kontamination des Untersuchungsmaterials ergeben können,[149] bspw. bei einem Einsatz durch Rettungskräfte[150] sowie im Zusammenhang mit der Sicherung von Hautabriebspuren am Tatort[151] oder allgemein durch die Arbeit der Ermittlungsbeamten, Kriminaltechniker am Tatort oder Mitarbeiter des Labors bei der Untersuchung des Materials.[152] Eine Sekundär- oder Tertiärübertragung von DNA-Spuren durch einen anderen Spurenleger kann in Betracht zu ziehen sein.[153] Besondere Umsicht ist bei der Auswertung von im Bereich der Sexualdelikte besonders häufig anzutreffenden[154] Mischspuren geboten, die sich an den allgemeinen Empfehlungen der Spurenkommission zur Bewertung von DNA-Mischspuren[155] orientieren sollte.[156] Sie lassen zudem die DNA-Phänotypisierung, genauso wie Minimalspuren, nur unter erschwerten Bedingungen zu.[157] Ferner bezieht sich Letztere immer auf genetisch determinierte Körpermerkmale im Kindes- und Jugendalter, die vor allem bei der Haarfarbe schon von Natur aus in gewissem Maße der Veränderung im Laufe des Alterungsprozesses unterliegen.[158]

39 **b) Beweiswert und Darlegung der molekulargenetischen Untersuchung.** Die DNA-Analyse wird nach allgemeiner Meinung als **zuverlässiges Beweismittel** anerkannt, dem ein hoher Beweiswert zukommt.[159] Die ursprünglichen Vorbehalte, die die Rechtsprechung zunächst hegte,[160] werden nicht mehr aufrecht erhalten. Daher wird regelmäßig, sofern verwertbares Untersuchungsmaterial vorhanden ist, einem Beweisantrag auf Durchführung einer molekulargenetischen Untersuchung zum Beweis der Tatsache, dass aufgefundenes Spurenmaterial nicht vom Angeklagten stammt, nachzugehen sein.[161] Umgekehrt ist es grundsätzlich schon durch die Aufklärungspflicht geboten, vorhandenes Spurenmaterial zum Tatnachweis auszuwerten.[162] Zwischenzeitlich kommen in hohem Maße standardisierte und einer Qualitätskontrolle unterliegende Verfahren zur Anwendung, die zuverlässige Folgerungen auf den Spurengeber erlauben,[163] weswegen die Untersuchungsmethode – jedenfalls bei Anwendung des gebräuchlichen PCR-

147 S. hierzu Groten/Schmalz Kriminalistik 2019, 358 (359).

148 BGH 16.8.2012 – 3 StR 180/12, NStZ-RR 2013, 20 (21) zu Sekundärübertragungen bei altem Probenmaterial; ausführlich Artkämper StV 2017, 553 (556 f.); Neuhaus StraFo 2006, 393–398; Rosenau/Dorneck FS Merkel, 2020, 1301 (1303 f.); s. auch Kotsoglou ua ZStW 2020, 891 (922 ff.) zu „Denkfehlern"; zu § 81 Abs. 2 S. 2 s. Gronke/Gronke NStZ 2021, 141 (142 ff.).

149 Krause in Löwe/Rosenberg Rn. 13; Baur/Fimmers/Schneider StV 2010, 175 (176 f.).

150 Schmid Die Kriminalpolizei 2011, 4.

151 Schneider Kriminalistik 2005, 303 (307).

152 Schneider Die Kriminalpolizei 2011, 4 (4 und 6 f.); vgl. auch Lüdtkes/Bäumler ZRP 2004, 87 (88).

153 S. hierzu einerseits BGH 1.6.2017 – 3 StR 31/17, BeckRS 2017, 123285 Rn. 6 f.; andererseits BGH 4.7.2018 – 5 StR 46/18, NStZ-RR 2018, 320 (320 f.).

154 Anslinger FS Eisenmenger, 2009, 94 (97) mit Darstellung der Methoden zur Isolierung der Spuren (98–100); Pöche bei Wagner JR 2003, 56.

155 Schneider/Fimmers/Schneider/Brinkmann NStZ 2007, 447.

156 BGH 16.11.2016 – 2 StR 141/16, StV 2017, 505 (506).

157 Anslinger/Bayer/Diepenbroek Kriminalistik 2020, 683 (685 ff.) mit Darstellung der Methoden zur Isolierung der Spuren.

158 Anslinger/Bayer/Diepenbroek Kriminalistik 2020, 683 (685); Beck KriPoZ 2017, 160 (162).

159 Brauer in Gercke/Julius/Temming/Zöller Rn. 4; Hadamitzky in KK-StPO Rn. 1; Krause in Löwe/Rosenberg Rn. 44; Rogall in SK-StPO § 81a Rn. 108; Hannich DRiZ 2005, 166.

160 BGH 21.8.1990 – 5 StR 145/90, BGHSt 37, 157 (159 f.); 12.8.1992 – 5 StR 239/92, BGHSt 38, 320 (322–324) „wissenschaftliche Entwicklung noch in vollem Fluss"; zur Entwicklung der Rspr. s. Rosenau/Dorneck FS Merkel, 2020, 1301 (1305 ff.).

161 BGH 3.7.1990 – 1 StR 340/90, NJW 1990, 2328.

162 BGH 25.4.1991 – 4 StR 582/90, NStZ 1991, 399 (400); 22.1.2002 – 1 StR 467/01, NStZ-RR 2002, 145 (146).

163 Anslinger/Rolf/Eisenmenger DRiZ 2005, 165 (167); Baur/Fimmers/Schneider StV 2010, 175–177; Steinke NStZ 1994, 16 (19); Vennemann ua NStZ 2022, 72 (72 f.); vgl. auch Pöche bei Wagner JR 2003, 56 (57).

Verfahrens[164] – im Urteil keiner Darlegung bedarf.[165] Gleiches gilt nunmehr für die biostatischtische Wahrscheinlichkeitsberechnung in Fällen eindeutiger Einzelspuren. Insoweit ist, da einheitliche wissenschaftliche Standards vorliegen,[166] ebenfalls von einem standardisierten Verfahren auszugehen.[167] Lediglich das Gutachtenergebnis in Form der biostatistischen Wahrscheinlichkeitsaussage in numerischer Form muss dann mitgeteilt werden.[168] Weitergehende Ausführungen sind dagegen bei Abweichungen vom „Normalfall" geboten, so bei Mischspuren[169] und Verwandtschaftsverhältnissen.[170] Bei Tätern, die einer fremden Ethnie angehören müssen Ausführungen zur Auswahl der Vergleichspopulation idR nur noch erfolgen, sofern konkrete Anhaltspunkte für einen möglichen Alternativtäter aus derselben Herkunftsethnie bestehen.[171] In jedem Fall sind die jeweiligen Empfehlungen der Spurenkommission und der Projektgruppe „Biostatistische DNA-Berechnungen"[172] zu beachten.[173] Besonderheiten bestehen auch bei der Analyse mitochondrialer DNA (mtDNA-Analyse).[174] Unbeschadet dessen, dass es sich weiterhin bei dem Ergebnis der gutachtlichen Feststellung lediglich um eine biostatistische Wahrscheinlichkeitsaussage über die Häufigkeit der festgestellten Merkmale bzw. Merkmalskombinationen innerhalb einer bestimmten Population handelt,[175] kann bei einem Seltenheitswert im Millionenbereich des Vergleichsergebnisses der Schluss gezogen werden, dass die gesicherte Spur von dem Geber der Vergleichsprobe stammt.[176] Bei Mischspuren kann dieser Schluss dagegen je nach Spurentyp nicht ohne weiteres zulässig sein.[177] Zu beachten ist ferner, dass die Wahrscheinlichkeit der Übereinstimmung eines anhand einer Spur

---

164 BGH 3.5.2012 – 3 StR 46/12, NStZ 2013, 177 (178).

165 BGH 12.10.2011 – 2 StR 362/11, NStZ-RR 2012, 53 (54); 23.10.2012 – 1 StR 377/12, NStZ 2013, 179 (180).

166 Ulbrich ua NStZ 2017, 135.

167 BGH 28.8.2018 – 5 StR 50/17, BGHSt 63, 187 Rn. 10 ff. unter ausdrücklicher Aufgabe früherer Rspr.; s. aber Mysegades CR 2018, 225 (226 ff.) zu Computerprogrammen für die statistische Auswertung von Probenmaterial.

168 BGH 27.11.2018 – 5 StR 566/18, StV 2019, 316; 29.11.2018 – 5 StR 362/18, StV 2019, 331; 22.5.2019 – 1 StR 79/19, BeckRS 2019, 12555 Rn. 6; 20.11.2019 – 4 StR 318/19, NJW 2020, 350; 15.1.2020 – 2 StR 352/18, StV 2020, 805 (806 f.); 3.11.2020 – 4 StR 408/20, BeckRS 2020, 31789 Rn. 4; 9.11.2021 – 4 StR 262/21, StV 2022, 368.

169 BGH 27.6.2017 – 2 StR 572/16, BeckRS 2017, 118918 Rn. 13; 6.2.2019 – 1 StR 499/18, NStZ 2019, 427 (428); 22.5.2019 – 1 StR 79/19, BeckRS 2019, 12555 Rn. 6; 28.8.2019 – 5 StR 419/19, BeckRS 2019, 22259 Rn. 2; 20.11.2019 – 4 StR 318/19, NJW 2020, 350; 18.3.2020 – 4 StR 374/19, BeckRS 2020, 14936 Rn. 29 insoweit nicht abgedruckt in NStZ 2020, 757; BGH 3.11.2020 – 4 StR 408/20, BeckRS 2020, 31789 Rn. 4; s. hierzu auch LG Braunschweig 5.9.2016 – 7 Ns 70/16, BeckRS 2016, 125246 Rn. 101 ff.; Schneider ua NStZ 2007, 447; s. aber auch BGH 3.11.2020 – 4 StR 408/20, StV 2021, 797 (797 f.).

170 BGH 21.7.2016 – 2 StR 383/15, StV 2017, 502 (505); 28.8.2018 – 5 StR 50/17, BGHSt 63, 187 Rn. 11.

171 BGH 20.5.2015 – 4 StR 555/14, NJW 2015, 2594 (2596 f.); 24.3.2016 – 2 StR 112/14, NStZ 2016, 490 (492) mwN zur älteren abweichenden Rspr.; BGH 6.2.2019 – 1 StR 499/18, NStZ 2019, 427 (428).

172 Schneider ua NStZ 2007, 447; Schneider ua NStZ 2013, 693; Ulbrich ua NStZ 2017, 135; Willuweit ua NStZ 2018, 437.

173 BGH 28.8.2018 – 5 StR 50/17, BGHSt 63, 187 Rn. 14; 6.2.2019 – 1 StR 499/18, NStZ 2019, 427 (428); s. auch Vennemann ua NStZ 2022, 72 (73 ff.) zur Berücksichtigung von Fehlerquellen.

174 Vgl. BGH 26.5.2009 – 1 StR 597/08, BGHSt 54, 15 (24); Groten/Schmelz Kriminalistik 2019, 358 (359); zu möglichen Einschränkungen des Beweiswerts, s. auch Anslinger FS Eisenmenger, 2009, 94 (101); Schneider Kriminalistik 2005, 303 (305); zur Kombination mit Kern-DNA BGH 3.11.2010 – 1 StR 520/10, BGHSt 56, 72 (73).

175 BGH 12.8.1992 – 5 StR 239/92, BGHSt 38, 320 (323); 6.3.2012 – 3 StR 41/12, NStZ 2012, 464 mAnm Neuhaus StV 2013, 137 (140) (465); BGH 28.8.2018 – 5 StR 50/17, BGHSt 63, 187 Rn. 12; Kotsoglou ua ZStW 2020, 891 (916 ff.).

176 BGH 21.1.2009 – 1 StR 722/08, NJW 2009, 1159; Nack GA 2009, 201 (210); zu Abstufungen der Wahrscheinlichkeitsgrade BGH 21.3.2013 – 3 StR 247/12, NJW 2013, 2612 (2613).

177 BGH 16.11.2016 – 2 StR 141/16, StV 2017, 505 (506) unter Hinweis auf die allgemeinen Empfehlungen der Spurenkommission zur Bewertung von DNA-Mischspuren Schneider/Fimmers/Schneider/Brinkmann NStZ 2007, 447.

gewonnenen DNA-Identifizierungsmusters mit einem in der DNA-Analyse-Datei einliegenden (sog. „DNA-Datenbank-Treffer") anderen Regeln folgt, als bei Vergleich mit demjenigen des bereits bekannten Beschuldigten.[178]

Diese Grundsätze gelten naturgemäß **nur für die genetische Herkunft** des Vergleichsmaterials. Zwar kann das Gericht im Einzelfall seine Überzeugungsbildung ausschließlich auf eine DNA-Spur stützen,[179] was umso näher liegt je geringer die Wahrscheinlichkeit einer zufälligen Übereinstimmung der festgestellten Merkmale mit einer anderen Person ist.[180] Nicht enthoben wird das Gericht jedoch von der Feststellung, inwieweit zwischen der DNA-Spur und der Tat ein Zusammenhang besteht[181] und es müssen mögliche Fehlerquellen bei Gewinnung und Auswertung des Probenmaterials berücksichtigt werden (→ Rn. 38).[182] Das Ergebnis kann gleichermaßen zur Belastung und zum Täterausschluss herangezogen werden.[183] 40

Die **DNA-Phänotpisierung** nach § 81e Abs. 2 S. 2 dient dagegen nicht dem Tatnachweis in Form der Identifizierung eines konkreten Täters. Deren Ergebnisse sollen das Ermittlungsverfahren voranbringen, indem durch die Eingrenzung des Täterkreises bestimmte Ermittlungsmaßnahmen priorisiert werden können, bspw. eine DNA-Reihenuntersuchung nach § 81h (→ § 81h Rn. 8).[184] Damit diese zielführend und zugleich verhältnismäßig sind, haben die Emrittlungsbehörden in ihre Erwägungen die Wahrscheinlichkeitswerte miteinzubeziehen, die für die jeweiligen Merkmale, auch in deren Kombination, gegeben sind.[185] Umso bedauernswerter ist es, dass aufgrund in Bezug auf das Beweismittel als solches nicht gerechtfertigter Vorbehalte (→ Rn. 5) die Ermittlung der biogeografischen Herkunft nicht in die gesetzliche Regelung mit aufgenommen wurde, die die Aussagekraft weiter erhöht hätte.[186] 41

III. Revision

Die **Verfahrensrüge,** mit der Verstöße gegen §§ 81a, 81c bei der Beweisgewinnung geltend gemacht werden, richtet sich nach den dortigen Vorschriften. Im Einzelfall kann ein Beweiserhebungsverbot aber darauf gestützt werden, dass diese Vorschriften bewusst umgangen wurden (→ Rn. 24), was auch dadurch geschehen kann, dass eine Einwilligung 42

[178] LG Braunschweig 5.9.2016 – 7 Ns 70/16, BeckRS 2016, 125246 Rn. 84 f.; Artkämper StV 2017, 553 (554); Schneider ua Rechtsmedizin 20 (2010), 111; Schneider ua NStZ 2010, 433; aber auch Taroni ua Rechtsmedizin 21 (2011), 55.

[179] BGH 1.6.2017 – 3 StR 31/17, BeckRS 2017, 123285 Rn. 5; 4.7.2018 – 5 StR 46/18, NStZ-RR 2018, 320 (321).

[180] BGH 21.3.2013 – 3 StR 247/12, NJW 2013, 2612 (2613); 24.3.2016 – 2 StR 112/14, NStZ 2016, 490 (493).

[181] BGH 21.1.2009 – 1 StR 722/08, NJW 2009, 1159; 12.10.2011 – 2 StR 362/11, NStZ-RR 2012, 53 (54); 6.3.2012 – 3 StR 41/12, NStZ 2012, 464 (465); 23.12.2015 – 2 StR 457/14, BeckRS 2016, 4742 Rn. 36 zu unzureichenden Darlegungen im Urteil; BGH 18.2.2016 – 1 StR 409/15, BeckRS 2016, 6583 Rn. 12 f. und 21 f. zu unzureichend gewürdigter Gesamtspurenlage bei mehreren Einzelspuren; BGH 1.6.2017 – 3 StR 31/17, BeckRS 2017, 123285 Rn. 6 f. zu möglicher Fremdübertragung; BGH 26.7.2017 – 2 StR 132/17, StraFo 2017, 372 (372 f.); vgl. auch BGH 21.8.1990 – 5 StR 145/90, BGHSt 37, 157 (159 f.); 21.1.2004 – 1 StR 364/03, BGHSt 49, 56 (60 f.); 2.4.2008 – 2 StR 621/07, BeckRS 2008, 07343 Rn. 10; Bosch JURA 2021, 41 (44); Kotsoglou ua ZStW 2020, 891 (933 ff.); Neuhaus StraFo 2010, 344 f.; s. auch Schneider Kriminalistik 2005, 303 (309).

[182] BGH 21.8.1990 – 5 StR 145/90, BGHSt 37, 157 (159); 16.8.2012 – 3 StR 180/12, NStZ-RR 2013, 20 (21) zu Sekundärübertragungen.

[183] BGH 25.4.1991 – 4 StR 582/90, NStZ 1991, 399 (400); 12.8.1992 – 5 StR 239/92, BGHSt 38, 320 (322); 25.9.2007 – 4 StR 348/07, juris Rn. 6 = BeckRS 2007, 16818.

[184] BT-Drs. 19/14747, 27; Beck KriPoZ 2017, 160 (162); Claus NStZ 2020, 57 (62); Gronke/Gronke NStZ 2021, 141 (146); Rath GZS 2018, 67 (69); Schneider/Prainsack/Kayser DÄBl 2019, 873 (875).

[185] Anslinger/Bayer/Diepenbroek Kriminalistik 2020, 683 (684); Schneider/Prainsack/Kayser DÄBl 2019, 873 (879).

[186] Stellungnahme der DGRM 4.10.2019, S. 3 ff., abrufbar unter https://www.bmjv.de/SharedDocs/Gesetzgebungsverfahren/DE/Modernisierung_Strafverfahren.html; Anslinger/Bayer/Diepenbroek Kriminalistik 2020, 683 (684); Schneider/Prainsack/Kayser DÄrzteBl 2019, 873 (879); Zöller/Thörnich ZIS 2017, 331 (338).

in die Probenentnahme erschlichen wird.[187] Im Übrigen kommen in erster Linie Verstöße gegen die Beschränkung der zulässigen Feststellungen nach Abs. 1 S. 1, Abs. 2 S. 1 und S. 2 und das Untersuchungsverbot nach Abs. 1 S. 2 in Betracht. Ob sich hieraus ein Verwertungsverbot herleiten lässt, ist durch umfassende Abwägung festzustellen (→ Rn. 14). Um den Anforderungen des § 344 Abs. 2 S. 2 zu genügen, müssen mit der Rüge die tatsächlichen Umstände, aus denen der Beschwerdeführer das Verwertungsverbot herleitet, im Einzelnen vorgetragen werden.[188] Da sich der behauptete Verfahrensverstoß auf ein höchstpersönliches Rechtsgut bezieht, hat der Angeklagte in der Hauptverhandlung rechtzeitig zu widersprechen[189] und auch hierzu vorzutragen.[190]

43 Mit der **Sachrüge** kann beanstandet werden, das Gericht habe dem Ergebnis der DNA-Analyse einen unzutreffenden Beweiswert zugemessen. Da auf Grundlage des Analyseergebnisses lediglich statistische Aussagen zur Herkunft einer Spur gemacht werden können, ist die Belastungswahrscheinlichkeit anhand der Vergleichsmerkmale zu bestimmen.[191] In Anbetracht dessen kann sich einerseits der Angeklagte darauf berufen, das Gericht sei von einer zu hohen Belastungswahrscheinlichkeit ausgegangen[192] oder aber die Staatsanwaltschaft darauf, das Ergebnis der Beweiswürdigung beruhe auf der Annahme eines zu geringen Beweiswertes.[193] Ein Darlegungsmangel liegt vor, wenn das Urteil nicht den Anforderungen an die Ausführungen zu Gutachten und Wahrscheinlichkeitsberechnung genügt, die für die jewilige Art von DNA-Material aufgestellt wurden (hierzu → Rn. 39; hierzu auch → § 261 Rn. 322–324). Es ist nicht von vornherein rechtsfehlerhaft, bei entsprechendem Beweiswert die Überzeugung von der Täterschaft des Angeklagten alleine auf die Übereinstimmung von DNA-Merkmalen zu stützen (auch → Rn. 40).[194]

§ 81f Verfahren bei der molekulargenetischen Untersuchung

(1) [1]Untersuchungen nach § 81e Abs. 1 dürfen ohne schriftliche Einwilligung der betroffenen Person nur durch das Gericht, bei Gefahr im Verzug auch durch die Staatsanwaltschaft und ihre Ermittlungspersonen (§ 152 des Gerichtsverfassungsgesetzes) angeordnet werden. [2]Die einwilligende Person ist darüber zu belehren, für welchen Zweck die zu erhebenden Daten verwendet werden.

(2) [1]Mit der Untersuchung nach § 81e sind in der schriftlichen Anordnung Sachverständige zu beauftragen, die öffentlich bestellt oder nach dem Verpflichtungsgesetz verpflichtet oder Amtsträger sind, die der ermittlungsführenden Behörde nicht angehören oder einer Organisationseinheit dieser Behörde angehören, die von der ermittlungsführenden Dienststelle organisatorisch und sachlich getrennt ist. [2]Diese haben durch technische und organisatorische Maßnahmen zu gewährleisten, daß unzulässige molekulargenetische Untersuchungen und unbefugte Kenntnisnahme Dritter ausgeschlossen sind. [3]Dem Sachverständigen ist das Untersuchungsmaterial ohne Mitteilung des Namens, der Anschrift und des Geburtstages und -monats der betroffenen Person zu übergeben. [4]Ist der Sachverständige eine nichtöffentliche Stelle, finden die Vorschriften der Verordnung (EU) 2016/679 des Europäischen Parlaments und des Rates vom 27. April 2016 zum

---

[187] Vgl. Krause in Löwe/Rosenberg Rn. 48.
[188] Krause in Löwe/Rosenberg Rn. 53.
[189] Vgl. BGH 15.10.2009 – 5 StR 373/09, NStZ 2010, 157 (158) „jedenfalls" für fehlende Schriftform der Einwilligung iSd § 81f Abs. 1 S. 1.
[190] Vgl. BGH 2.12.2010 – 4 StR 464/10, bei Cirener NStZ-RR 2011, 134 (138) – RsprÜ zur Durchsuchungsanordnung.
[191] Hierzu Nack StV 2002, 558 (563–565); Nack GA 2009, 201 (209 f.).
[192] BGH 12.8.1992 – 5 StR 239/92, BGHSt 38, 320 (322–324).
[193] BGH 26.5.2009 – 1 StR 597/08, BGHSt 54, 15 (21–25); 18.2.2016 – 1 StR 409/15, BeckRS 2016, 6583 Rn. 12 f. und 21 f. zu unzureichender Würdigung einer Gesamtspurenlage.
[194] BGH 16.4.2013 – 3 StR 67/13, BeckRS 2013, 10265 Rn. 4; s. zur Anwendung der Produktregel auch Schneider ua NStZ 2013, 693 (695–697).

Schutz natürlicher Personen bei der Verarbeitung personenbezogener Daten, zum freien Datenverkehr und zur Aufhebung der Richtlinie 95/46/EG (Datenschutz-Grundverordnung) (ABl. L 119 vom 4.5.2016, S. 1; L 314 vom 22.11.2016, S. 72; L 127 vom 23.5.2018, S. 2) und des Bundesdatenschutzgesetzes auch dann Anwendung, wenn die personenbezogenen Daten nicht automatisiert verarbeitet und die Daten nicht in einem Dateisystem gespeichert sind oder gespeichert werden sollen.

Zum Schrifttum siehe die Nachweise bei § 81e, ferner: Amelung, Probleme der Einwilligung in strafprozessuale Grundrechtsbeeinträchtigungen, StV 1985, 257; Bergemann/Hornung, Die DNA-Analyse nach den Änderungen der Strafprozessordnung – Speicherung bis auf Widerruf?, StV 2007, 164; Cramer, Anmerkung zu § 81f II 3 StPO – Geheimhaltungsschutz und Gutachtenverweigerung, NStZ 1998, 498; Finger, Einwilligung in die Entnahme und Untersuchung von Körperzellen, Kriminalistik 2006, 696; Graalmann-Scherer, Molekulargenetische Untersuchung und Revision, FS-Rieß 2002, 153; Hinrichs, Der gläserne Mensch und sein verfassungsrechtlicher Mantel, KJ 2006, 60; Müller, Die Novellierung der Strafprozessordnung hinsichtlich der gesetzlichen Voraussetzungen forensischer DNA-Analysen, Die Polizei 2006, 40; Rackow, Rechtsprobleme bei einer Ausweitung der DNA-Analyse, Kriminalistik 2003, 474; Schaefer, Richtervorbehalt, NJW 2005, 1332; Senge, Die Neuregelung der forensischen DNA-Analyse, NJW 2005, 3028; Sprenger/Fischer, Zur Erforderlichkeit der richterlichen Anordnung von DNA-Analysen, NJW 1999, 1830.

Übersicht

I. Überblick

1. Normzweck. Durch Einfügung der §§ 81e, 81f wollte der Gesetzgeber einen **Ausgleich von Grundrechten mit Verfassungsrang** herstellen. Einerseits wird dem Schutz des Persönlichkeitsrechts des von der molekulargenetischen Untersuchung Betroffenen, insbesondere in Form seines Rechts auf informationelle Selbstbestimmung, der angemessene Ausdruck verliehen. Eventuellen Vorbehalten der Bevölkerung gegenüber der Gentechnik soll durch eine klare Regelung entgegengewirkt werden (→ 81e Rn. 1 f.).[1] Andererseits stellt die DNA-Analyse ein bewährtes und zuverlässiges Beweismittel im Rahmen der Aufklärung von Straftaten dar. Daher werden im Interesse einer funktionstüchtigen Strafrechtspflege die Bedürfnisse einer wirksamen Strafverfolgung und die verfassungsrechtliche Vorgabe einer möglichst umfassenden Wahrheitsermittlung ebenfalls mit der gebotenen Deutlichkeit zum Ausdruck gebracht. Vor diesem Hintergrund überträgt § 81f Abs. 1 S. 1 die Eilzuständigkeit der Ermittlungsbehörden von der Entnahme des Probenmaterials bei Beschuldigten oder anderen Personen nach § 81a Abs. 2, § 81c Abs. 5 S. 1 auch auf die Anordnung der molekulargenetischen Untersuchung. Ferner sieht die Vorschrift für die Auswertung von Spurenmaterial iSd § 81e Abs. 2 S. 1 und 2 vom Grundsatz her keinen Richtervorbehalt mehr vor (→ Rn. 3), da sich dieser in der Rechtspraxis ohnehin als reiner Formalismus erwiesen hat.[2] Ist der Spurengeber dagegen bekannt, wird über § 81e Abs. 2 1

[1] BT-Drs. 13/667, 5 und 7.

[2] BT-Drs. 15/5674, 6 f.; LG Potsdam 12.12.2005 – 24 Qs 169/05, NJW 2006, 1224; Senge NJW 2005, 3028 (3029); so auch schon Lütkes/Bäumler ZRP 2004, 87 (88); kritisch im Hinblick auf § 81e Abs. 2 S. 2 Zöller/Thörnich ZIS 331 (339); aA hierzu Schneider NStZ 2018, 692 (695 f.).

S. 4 die Anordnungsregelung des Abs. 1 für entsprechend anwendbar erklärt, um den Einklang mit § 81e Abs. 1 herzustellen.[3]

2 **2. Anwendungsbereich bei freiwilliger Überlassung des Untersuchungsmaterials.** Auf die Untersuchung von freiwillig überlassenem Vergleichsmaterial kommt **§ 81f nur teilweise unmittelbar zur Anwendung.**[4] Dies ergibt sich aus dem Wortlaut und der systematischen Auslegung. Die Vorschrift bezieht sich in Abs. 1 nur auf § 81e Abs. 1, der seinerseits nur solches Probenmaterial erfasst, das durch Zwangsmaßnahmen nach §§ 81a, 81c erlangt wurde. Diese Normen greifen schon ihrem klaren Wortlaut nach nicht für Fälle, in denen der Betroffene in die Entnahme der Körperzellen einwilligt (→ § 81e Rn. 8 und 26 mwN auch zur aA). Mit Einverständnis des Betroffenen erlangtes Probenmaterial ist aber zumindest konkludent sicherzustellen und fällt daher unter § 81e Abs. 2 S. 1 (→ § 81e Rn. 26). Da der Probengeber feststeht, ist deswegen über § 81e Abs. 2 S. 4 der Einwilligungs- bzw. Richtervorbehalt des § 81f Abs. 1 entsprechend anzuwenden. Für die Auftragserteilung ist § 81f Abs. 2 dagegen nicht nur sinngemäß,[5] sondern unmittelbar einschlägig. Im Gegensatz zu § 81f Abs. 1 verweist Abs. 2 auf den gesamten § 81e, weswegen auch diese Variante in Bezug genommen ist.

3 **3. Entstehungsgeschichte.** § 81f wurde durch Artikel 1 Nr. 3 **StVÄG** vom 17.3.1997 in die StPO eingefügt.[6] Abs. 1 enthielt dabei die ausschließliche Anordnungskompetenz des Richters, die sich in der Form des Gesetzes zur Änderung der Strafprozessordung vom 6.8.2002 ausdrücklich sogar auch auf Spurenmaterial erstreckte. Dieser Rechtszustand wurde durch das **Gesetz zur Novellierung der forensischen DNA-Analyse** vom 12.8.2005[7] grundlegend geändert. Der Gesetzgeber reagierte hiermit auf deutliche und berechtigte Kritik der Literatur und Praxis, der ausschließliche und umfassende Richtervorbehalt sei formalistisch und überzogen.[8] § 81f Abs. 1 erhielt dadurch seine heutige Fassung. Neben der Einführung der Eilentscheidungsbefugnis für die Ermittlungsbehörden und die Abschaffung des Richtervorbehalts bei Spurenmaterial wurde nunmehr auch explizit geregelt, dass es bei Vorliegen einer schriftlichen Einwilligung der betroffenen Person keiner hoheitlichen Anordnung bedarf. Hiermit reagierte der Gesetzgeber auf Unsicherheiten, die in der Praxis bei der Rechtsanwendung auftraten.[9] Durch die Neufassung ist ein Großteil der früheren Rechtsprechung und Literatur überholt, die sich mit Fragen der Zuständigkeit für die Anordnung der Maßnahme und der Zulässigkeit einer Einwilligung in deren Vornahme beschäftigte. § 81f Abs. 2 S. 4 wurde zum 20.11.2019 an EU-Datenschutzrecht und das BDSG redaktionell angepasst.[10] Bereits mit Datum vom 21.3.2017 brachte Bayern einen Gesetzesantrag in den Bundesrat ein, der ua die Streichung des Einwilligungs- und Richtervorbehalts in § 81f Abs. 1 zum Gegestand hat.[11] Dieser wurde bislang nicht weiterverfolgt (hierzu → § 81g Rn. 5).

II. Erläuterung

4 **1. Zuständigkeit für die Anordnung. a) Untersuchungen nach § 81e Abs. 1.** Die Untersuchung von Vergleichsmaterial nach § 81e Abs. 1, das beim Beschuldigten oder

3 BT-Drs. 18/11277, 22.
4 Rogall in SK-StPO Rn. 9; aA Krause in Löwe/Rosenberg Rn. 3.
5 So aber Rogall in SK-StPO Rn. 16; Brodersen in DNA-Analyse Rn. 116.
6 BGBl. 1997 I 534; → § 81e Rn. 5; zum langwierigen Gesetzgebungsverfahren Rogall in SK-StPO Rn. 3–7; Senge NJW 1997, 2409 (2409 f.).
7 BGBl. 2005 I 2360.
8 Siehe nur Brodersen in DNA-Analyse Rn. 76; Senge NJW 1997, 2409 (2410); Senge NJW 2005, 3028 (3029); zur Gegenansicht s. Krause in Löwe/Rosenberg Rn. 2.
9 BT-Drs. 15/5674, 7.
10 Art. 1 Nr. 2b des Gesetzes zur Umsetzung der Richtlinie (EU) 2016/680 im Strafverfahren sowie zur Anpassung datenschutzrechtlicher Bestimmungen an die Verordnung (EU) 2016/679 vom 20.11.2019, BGBl. 2019 I 1724; BT-Drs. 19/4671, 45.
11 BR-Drs. 231/17, 1, 5; kritisch hierzu Schneider NStZ 2018, 692 (696); Zöller/Thörnich ZIS 2017, 331 (339 f.).

anderen Personen erhoben wurde, ordnet grundsätzlich das Gericht an. Für die **sachliche Zuständigkeit** gilt im Ermittlungsverfahren § 162 Abs. 1 S. 1. Danach hat der Ermittlungsrichter zu entscheiden.[12] Nach Anklageerhebung im Zwischenverfahren liegt die Entscheidungskompetenz bei dem für die Eröffnung des Hauptverfahrens zuständigen Gericht.[13] Im Hauptverfahren entscheidet in der Hauptverhandlung das erkennende Gericht unter Mitwirkung der Schöffen.[14] Außerhalb der Hauptverhandlung wirken die Schöffen gemäß § 30 Abs. 2, § 76 Abs. 1 S. 2 GVG nicht mit.[15]

Die **örtliche Zuständigkeit** des Ermittlungsrichters bestimmt sich gleichfalls nach § 162 5
Abs. 1 S. 1. Nach Einführung der dortigen Zuständigkeitskonzentration durch das Gesetz zur Neuregelung der Telekommunikationsüberwachung und anderer verdeckter Ermittlungsmaßnahmen vom 21.12.2007[16] ist das Amtsgericht zuständig, in dessen Bezirk die Staatsanwaltschaft oder deren Zweigstelle ihren Sitz hat.[17] Dies gilt unabhängig davon, ob mit der Auswertung zugleich die Entnahme des Probenmaterials nach §§ 81a, 81c angeordnet wird, oder ob der Betroffene dieses freiwillig zur Verfügung stellt. Die frühere Rechtsprechung und kontroverse Literatur zur Frage der örtlichen Zuständigkeit[18] ist damit überholt.

Bei **Gefahr im Verzug** besteht nach Abs. 1 S. 1 eine Eilanordnungsbefugnis der Staats- 6
anwaltschaft und ihrer Ermittlungspersonen. Diese Regelung soll dem Umstand Rechnung tragen, dass aufgrund des wissenschaftlichen Erkenntnisfortschrittes das Ergebnis einer DNA-Analyse immer kurzfristiger zur Verfügung steht. Eine beschleunigte Auswertung unter Nutzung der Eilkompetenz kommt nach der Gesetzesbegründung beispielsweise dann in Betracht, wenn bei Vorliegen eines Anfangsverdachtes die Gefahr besteht, der Beschuldigte werde sich dem Verfahren durch Flucht entziehen, der für die Beantragung eines Haftbefehls erforderliche dringende Tatverdacht sich jedoch nur auf die Auswertung des Untersuchungsmaterials stützen kann.[19] Vergleichbares kann auch für den Haftgrund der Wiederholungsgefahr anzunehmen sein. Vor dem Hintergrund der eher außergewöhnlichen Fallkonstellationen hat die Eilanordnungsbefugnis in der Praxis – soweit ersichtlich – bislang keine wesentliche Bedeutung erlangt. Hiervon wird wegen der engen Grenzen, die das BVerfG für die Annahme von Gefahr im Verzug bei Blutprobenentnahme und Durchsuchung zieht,[20] auch in der Literatur großenteils ausgegangen.[21] Die entsprechenden Grundsätze können jedoch nicht uneingeschränkt übertragen werden. Ein ausschließlich fernmündliches Verfahren ist vorliegend nicht geeignet, die Annahme von Gefahr im Verzug zu beseitigen. § 81f Abs. 2 S. 1 sieht zwingend die Schriftform – auch der richterlichen – Anordnung vor. Kann daher in der zur Verfügung stehenden Zeit seitens des Ermittlungsrichters ein schriftlich abgefasster Beschluss nicht gefertigt und ordnungsgemäß bekannt gemacht werden,[22] so können die Staatsanwaltschaft oder ihre Ermittlungspersonen eine entsprechende Entscheidung treffen.

b) Untersuchung von Material gem. § 81e Abs. 2 S. 1 und 2. Ein Umkehrschluss 7
aus § 81f Abs. 1 S. 1 ergibt, dass es für die Auswertung von Untersuchungsmaterial iSd § 81e

---

[12] Goers in BeckOK StPO Rn. 3.
[13] Krause in Löwe/Rosenberg Rn. 5.
[14] Hadamitzky in KK-StPO Rn. 8; Rogall in SK-StPO Rn. 11.
[15] Hierzu Schmitt in Meyer-Goßner/Schmitt GVG § 30 Rn. 3 und GVG § 76 Rn. 16.
[16] BGBl. 2007 I 3198 (3204).
[17] Vgl. hierzu BT-Drs. 16/5846, 65; v. Häfen in BeckOK StPO § 162 Rn. 2.
[18] Vgl. hierzu BGH 7.5.2004 – 2 ARs 153/04 – 2 AR 73/04, NStZ 2004, 689; OLG Düsseldorf 28.2.2002 – 3 Ws 553/01, NJW 2002, 1814, jeweils mwN; vgl. auch BGH 2.2.2000 – 2 ARs 495/99, BGHSt 45, 376.
[19] BT-Drs. 15/5674, 10; Goers in BeckOK StPO Rn. 1; Schmitt in Meyer-Goßner/Schmitt Rn. 1a; Müller Polizei 2006, 40 (41); kritisch Krause in Löwe/Rosenberg Rn. 7; Rogall in SK-StPO Rn. 12; Senge NJW 2005, 3028 (3030).
[20] Hierzu Trück JZ 2010, 1107 (1107 f.).
[21] Neuhaus in HK-GS Rn. 2; Brauer in Gercke/Julius/Temming/Zöller Rn. 2; Hadamitzky in KK-StPO Rn. 2; Krause in Löwe/Rosenberg Rn. 7; Senge NJW 2005, 3028 (3030).
[22] Das beachtet Rogall in SK-StPO Rn. 12 nicht ausreichend.

Abs. 2 S. 1 und S. 2 regelmäßig keines gerichtlichen Beschlusses bedarf.[23] Die **Anordnungskompetenz** liegt in diesem Fall bei der Staatsanwaltschaft oder deren Ermittlungspersonen.[24] Ist der Probengeber jedoch bekannt, was insbesondere bei Einwilligung in die Körperzellenentnahme der Fall ist (→ Rn. 2), findet der Einwilligungs- bzw. Richtervorbehalt des § 81f Abs. 1 über § 81e Abs. 2 S. 4 entsprechende Anwendung. Wegen der Subsidiarität des § 81e Abs. 2 S. 2 (→ § 81e Rn. 29) kommt dies nur bei dem dortigen S. 1 in Betracht.

8 **2. Einwilligung in die Untersuchung.** Die Einwilligung in die Untersuchung des Vergleichsmaterials, die in **Schriftform** zu erfolgen hat, macht die hoheitliche Anordnung nach § 81f Abs. 1 S. 1 entbehrlich, wobei nunmehr teilweise gefordert wird, sie müsse nunmehr den Voraussetzungen der § 500 Abs. 1, § 51 BDSG entsprechen.[25] Das Formerfordernis dient der Dokumentation und der Aufklärung. Einerseits sollen Unsicherheiten vermieden werden, ob die Einwilligungserklärung von der betroffenen Person überhaupt abgegeben wurde. Andererseits soll sich diese ihrer Entscheidung hinreichend bewusst werden.[26] Ein Widerruf der Einwilligung ist nur in die Zukunft gerichtet möglich.[27] Die frühere kontroverse Diskussion in Rechtsprechung und Literatur, ob eine Einwilligung die richterliche Anordnung ersetzen kann,[28] ist durch die heutige Fassung des Gesetzes gegenstandslos.

9 Die wirksame Erklärung der Einwilligung setzt deren **Freiwilligkeit** voraus.[29] Sie muss daher frei von Täuschung und Zwang erfolgen,[30] insbesondere darf kein Druck dahingehend ausgeübt werden, dass die Verweigerung der Einwilligung als Indiz für die Täterschaft gewertet werden könnte.[31] Auch dürfen keine Vergünstigungen zugesagt werden.[32] In persönlicher Hinsicht ist, da die allgemeinen Anforderungen an deren Rechtswirksamkeit gelten,[33] die Einwilligung nicht an die Geschäftsfähigkeit gebunden. Es genügt, wie bei §§ 81a, 81c, 81g natürliche Verstandesreife.[34]

10 Die nach § 81a Abs. 1 S. 2 erforderliche **Belehrung** muss den Betroffenen in die Lage versetzen, eine freiverantwortliche Entscheidung in Kenntnis aller Umstände zu treffen.[35] Nach dem Wortlaut des Gesetzes ist eine qualifizierte Belehrung, die sich auch auf eine unter Umständen mögliche Speicherung des DNA-Musters erstreckt,[36] nicht erforderlich.[37] Eine entsprechende ausdrückliche Forderung hat der Gesetzgeber gerade nicht in den Normtext aufgenommen.[38] Um Rechtsunsicherheiten in der Praxis zu vermeiden, ist es ratsam sie gleichwohl vorzunehmen. Auch wenn die Schriftform für die Belehrung nicht ausdrücklich vorgesehen ist, empfiehlt es sich, sie mit der Einwilli-

---

23 BT-Drs. 15/5674, 10; Lorenz JZ 2005, 1121 (1128).
24 LG Potsdam 12.12.2005 – 24 Qs 169/05, NJW 2006, 1224.
25 Singelnstein NStZ 2020, 639 (640); aA Köhler in Meyer-Goßner/Schmitt § 500 Rn. 2.
26 BT-Drs. 15/5674, 11.
27 LG Saarbrücken 20.11.2000 – 4 Qs 101/00 I, StV 2001, 265 (265 f.) (Leitsatz); Goers in BeckOK StPO Rn. 5; Neuhaus in HK-GS Rn. 1; Brauer in Gercke/Julius/Temming/Zöller Rn. 3; Hadamitzky in KK-StPO Rn. 3; Brodersen in DNA-Analyse Rn. 82; Finger Kriminalistik 2006, 696 (698); Fischinger JuS 2007, 808 (809); Müller Polizei 2006, 40 (41); aA Bergmann/Hornung StV 2007, 164 (168).
28 Vgl. hierzu OLG Düsseldorf 28.2.2002 – 3 Bs 553/01, NJW 2002, 1814; Sprenger/Fischer NJW 1999, 1830 jeweils mwN.
29 BT-Drs. 15/5674, 11; Amelung StV 1985, 257 (261).
30 Amelung StV 1985, 257 (261); Allg. idS zum Grundrechtsverzicht Fischinger JuS 2007, 808 (809 f.); Voßkuhle/Kaiser JuS 2009, 313 (314).
31 Müller Polizei 2006, 40 (42).
32 Braier in Gercke/Julius/Temming/Zöller Rn. 3; Schmitt in Meyer-Goßner/Schmitt Rn. 2.
33 BT-Drs. 15/5674, 11; s. auch schon BT-Drs. 13/667, 5: „allgemeine Regeln".
34 Finger Kriminalistik 2006, 696 (698).
35 Krause in Löwe/Rosenberg Rn. 15; Bergmann/Hornung StV 2007, 164 (166); so auch schon LG Düsseldorf 14.2.2003 – X Qs 8/02, NJW 2003, 1883 (1884).
36 So Goers in BeckOK StPO Rn. 5; Hadamitzky in KK-StPO Rn. 3; Krause in Löwe/Rosenberg Rn. 16; Senge NJW 2005, 3028 (3029 f.); so auch schon LG Düsseldorf 14.2.2003 – X Qs 8/02, NJW 2003, 1883 (1884); Bergmann/Hornung StV 2007, 164 (167), soweit die Speicherung in Betracht kommt.
37 Schmitt in Meyer-Goßner/Schmitt Rn. 2; Rogall in SK-StPO Rn. 15.
38 BT-Drs. 15/5674, 11, trotz der ausdrücklichen Erwähnung der bereits oben zitierten Entscheidung des LG Düsseldorf 14.2.2003 – X Qs 8/02, NJW 2003, 1883 (1884).

gungserklärung zu verbinden und hierzu die bei der Kriminalpolizei für die verschiedenen Fallkonstellationen vorhandenen Formblätter zu verwenden.[39] Diese entsprechen üblicherweise den notwendigen Anforderungen und ermöglichen zugleich eine nachvollziehbare Dokumentation.[40]

3. Form und Inhalt der Anordnung nach Abs. 2 S. 1. Die Anordnung der molekulargenetischen Untersuchung einschließlich des Auftrags an den Sachverständigen muss in den Fällen des **§ 81f Abs. 1** gem. Abs. 2 S. 1 in jedem Fall in Schriftform erfolgen,[41] bei richterlicher Entscheidung durch Beschluss.[42] Neben einer eventuell zu treffenden Entscheidung über die Probenentnahme nach §§ 81a, 81c ist diejenige über deren Auswertung nach § 81e gesondert zu treffen.[43] Beide Anordnungen können aber verbunden und gleichzeitig getroffen werden.[44] Das Formerfordernis für die Anordnung der Untersuchung als solcher greift über **§ 81e Abs. 2 S. 4** auch dann, wenn gesichert ist, von welcher Person das Material iSd § 81e Abs. 4 S. 1 herrührt. Für diese Konstellation kann ein gerichtlicher Beschluss nach §§ 81e, 81f mit einem solchen zur Durchsuchung nach und Beschlagnahme von DNA-fähigem Material gem. §§ 103, 94, 98 kombiniert werden.[45] 11

Bei Material nach **§ 81e Abs. 2 S. 1,** dessen Herkunft unbekannt oder zweifelhaft ist, und bei Spurenmaterial nach **§ 81e Abs. 2 S. 2** haben die dann zuständige Staatsanwaltschaft oder ihre Ermittlungspersonen die Beauftragung des Sachverständigen schriftlich abzufassen.[46] Die gegenteilige Ansicht[47] ist zwar praktikabel und entspricht den Gegebenheiten des Ermittlungsverfahrens, die Systematik des § 81f steht dem jedoch entgegen. Abs. 1 S. 1 nimmt für die Notwendigkeit einer richterlichen Anordnung ausdrücklich nur auf § 81e Abs. 1 Bezug. Im Gegensatz dazu nennt Abs. 2 S. 1 die Vorschrift des § 81e ohne weitere Differenzierung. Dies zeigt, dass insoweit auch das Spurenmaterial nach § 81e Abs. 2 uneingeschränkt erfasst ist. Naturgemäß kann hiermit nicht die Anordnung der Untersuchung als solche gemeint sein, da diese nach Abs. 1 S. 1 gerade nicht erforderlich ist. Nicht enthoben werden Staatsanwaltschaft und Ermittlungspersonen dagegen von ihrer Bezeichnungspflicht hinsichtlich des Sachverständigen. Aus dieser Systematik folgt zugleich, dass das Schriftformerfordernis des Abs. 2 S. 1 nicht gilt, wenn der Betroffene in die Untersuchung einwilligt.[48] In diesem Fall liegt eine Untersuchung nach § 81e nicht vor, da diese Vorschrift nur hoheitlich angeordnete Maßnahmen erfasst (→ § 81e Rn. 4). Entsprechend greift der Verweis in Abs. 2 S. 1 für diesen Fall nicht. Gleichwohl wird sich die schriftliche Benennung des Sachverständigen aus Gründen der Dokumentation empfehlen. 12

Die richterliche Anordnung nach Abs. 1 S. 1 und diejenige der Staatsanwaltschaft oder ihrer Ermittlungspersonen wegen Gefahr im Verzug ist mit einer **Begründung** zu versehen. Hierzu bedarf es einer auf den Einzelfall bezogenen Entscheidung, die sich nicht in der bloßen Wiedergabe des Gesetzeswortlauts erschöpft.[49] Allerdings sind hieran, vor allem im frühen Ermittlungsstadium, keine allzu hohen Anforderungen zu stellen. Es genügt, den Tatvorwurf, die Gründe für den Anfangsverdacht und den Zweck der DNA-Untersuchung, ggf. unter Individualisierung und Konkretisierung des Vergleichsmaterails,[50] knapp zu umreißen.[51] Geringere Anforderungen gelten dagegen für die Untersu- 13

[39] Finger Kriminalistik 2006, 696 (698); aA Hinrichs KJ 2006, 60 (69).
[40] Hadamitzky in KK-StPO Rn. 3; Brodersen in DNA-Analyse Rn. 84–86.
[41] Goers in BeckOK StPO Rn. 2; Schmitt in Meyer-Goßner/Schmitt Rn. 3; nach Hadamitzky in KK-StPO Rn. 5 wohl nur der Gutachtenauftrag.
[42] Graalmann-Scheerer FS Rieß, 2002, 153 (159).
[43] LG Offenburg 10.7.2002 – III Qs 29/02, StV 2003, 153 (155).
[44] Vgl. OLG Bremen 28.9.2009 – Ws 123/09, StV 2010, 122 = BeckRS 2010, 05906.
[45] BGH 1.8.2018 – 1 BGs 324/18, NStZ-RR 2018, 319.
[46] LG Potsdam 12.12.2005 – 24 Qs 169/05, NJW 2006, 1224.
[47] Hadamitzky in KK-StPO Rn. 5; Krause in Löwe/Rosenberg Rn. 17.
[48] AA Hadamitzky in KK-StPO Rn. 5; Krause in Löwe/Rosenberg Rn. 17.
[49] VerfGH Berlin 13.12.2005 – VerfGH 113/05, NJW 2006, 1416 (1418).
[50] OLG Köln 27.11.2013 – 2 Ws 656/13, BeckRS 2014, 236.
[51] LG Ravensburg 9.3.2009 – 2 Qs 22/09, NStZ-RR 2010, 18 (19); LG Bayreuth 24.4.2015 – 1 Qs 46/15, BeckRS 2015, 16289; Schmitt in Meyer-Goßner/Schmitt Rn. 3.

chung von Spurenmaterial. Diesbezüglich ist die Anordnung der Untersuchung als solche gerade nicht notwendig. Insoweit kann sich die schriftliche Anordnung auf die Benennung des Sachverständigen im Sinne des Abs. 2 S. 1 beschränken.[52] Nicht notwendig ist die Gewährung rechtlichen Gehörs nach § 33 Abs. 3, da dessen Voraussetzungen nicht vorliegen.[53]

14 Die Anordnung hat zwingend einen **Sachverständigen zu bezeichnen,**[54] wobei die Benennung einer den Anforderungen des Abs. 2 genügenden Institution (→ Rn. 15) ausreichend ist.[55] Das Bestimmungsrecht steht demjenigen zu, der die Untersuchung anordnet. Für den Fall der richterlichen Anordnung ist dies auch im Ermittlungsverfahren das Gericht.[56] Der Staatsanwaltschaft steht dann ein bloßes Vorschlagsrecht zu.[57] Nimmt sie dieses wahr, so wird ihr teilweise ein Beschwerderecht gegen die abweichende Benennung durch das Gericht zuerkannt. Als Grund hierfür wird die Abweichung von der grundsätzlichen Systematik der § 73 Abs. 1 S. 1, § 161a Abs. 1 S. 2 genannt, wonach im Ermittlungsverfahren die Staatsanwaltschaft den Sachverständigen auswählt.[58] Das Untersuchungsziel (DNA-Identifizierungsmuster, Abstammung oder Geschlecht nach § 81e Abs. 1 S. 1, Abs. 2 S. 1 oder Phänotypisierung nach § 81e Abs. 2 S. 2) ist vorzugeben,[59] nicht dagegen die Untersuchungsmethode. Der Sachverständige hat unter den in Betracht kommenden die am besten geeignete in eigener Verantwortung auszuwählen.[60] Hinsichtlich der Person des Sachverständigen kann es sich im Einzelfall empfehlen neben oder statt eines DNA-Sachverständigen auf einen Blutgruppensachverständigen zurückzugreifen[61] oder, sofern es um den Beweiswert einer mitochondrialen DNA-Analyse geht, einen biostatistischen Sachverständigen heranzuziehen.[62]

15 Die **Anforderungen an den Sachverständigen,** der zu benennen ist, ergeben sich im Einzelnen aus Abs. 2 S. 1. Neben Personen, die als Sachverständige öffentlich bestellt oder nach dem Verpflichtungsgesetz verpflichtet sind,[63] kommen Amtsträger in Betracht, die der ermittlungsführenden Behörde nicht zuzurechnen sind oder zumindest einer davon organisatorisch und sachlich getrennten Einheit angehören. Auf diese Weise wird sichergestellt, dass nur zuverlässige Einrichtungen einen Auftrag erhalten, bei denen die notwendigen apparativen und personellen Standards gewährleistet werden. Hierzu gehören gerichtsmedizinische Institute, aber auch die kriminaltechnischen Institute der Landeskriminalämter und des Bundeskriminalamtes.[64] Bei letzteren sind die Voraussetzungen der erforderlichen Selbständigkeit erfüllt.[65] Die Vorschrift hat zur Folge, dass eine Beauftragung ausländischer Sachverständiger nicht möglich ist.[66]

---

52 Vgl. LG Potsdam 12.12.2005 – 24 Qs 169/05, NJW 2006, 1224.

53 Hadamitzky in KK-StPO Rn. 5; Krause in Löwe/Rosenberg Rn. 13; Rogall in SK-StPO Rn. 11; Eisenberg BeweisR StPO Rn. 1678; aA LG Offenburg 10.7.2002 – III Qs 29/02, StV 2003, 153 (155).

54 OLG Bremen 28.9.2009 – Ws 123/09, StV 2010, 122 = BeckRS 2010, 05906; LG Potsdam 12.12.2005 – 24 Qs 169/05, NJW 2006, 1224; BT-Drs. 15/5674, 11; Rogall in SK-StPO Rn. 17; Graalmann-Scheerer ZRP 2002, 72 (74).

55 Brodersen in DNA-Analyse Rn. 120 unter Hinweis auf BVerfG 6.11.2002 – 2 BvR 1714/02.

56 Hadamitzky in KK-StPO Rn. 6; anders noch Senge NJW 1997, 2409 (2411 f.) Auswahlkompetenz bei Staatsanwaltschaft.

57 BGH 7.5.2004 – 2 ARs 153/04, 2 AR 73/04, NStZ 2004, 689; Bosch in KMR-StPO Rn. 8; Eisenberg BeweisR StPO Rn. 1687; Graalmann-Scheerer ZRP 2002, 72 (74).

58 Hadamitzky in KK-StPO Rn. 6; aA Goers in BeckOK StPO Rn. 10; Schmitt in Meyer-Goßner/Schmitt Rn. 8; Krause in Löwe/Rosenberg Rn. 9 und 35.

59 Hadamitzky in KK-StPO Rn. 5.

60 BT-Drs. 13/667, 7; vgl. auch BGH 22.1.2002 – 1 StR 467/01, NStZ-RR 2002, 145 zur vergleichbaren Problematik bei der Begründung der Aufklärungsrüge.

61 BGH 24.11.1992 – 5 StR 500/92, BGHSt 39, 49 (52); Krause in Löwe/Rosenberg Rn. 9 mwN.

62 BGH 26.5.2009 – 1 StR 597/08, BGHSt 54, 15 (24).

63 Hierzu Krause in Löwe/Rosenberg Rn. 19 f.; Rogall in SK-StPO Rn. 20.

64 BT-Drs. 13/667, 8.

65 Goers in BeckOK StPO Rn. 6.

66 Anders noch BGH 21.8.1990 – 5 StR 145/90, BGHSt 37, 157 (159), wo die Beauftragung eines „privatwirtschaftlich tätigen Instituts in England" für unbedenklich gehalten wurde; zu möglichen Problemen des Gemeinschaftsrechts der EU Hadamitzky in KK-StPO Rn. 7.

4. Geheimhaltungs- und Datenschutz nach Abs. 2 S. 2–4. § 81f Abs. 2 S. 2–4 dient der Verhinderung von Missbrauch bei Durchführung der Untersuchung und Verwendung der Daten.[67] Hierzu werden die **Sachverständigen** nach Abs. 2 S. 2 auf besondere technische und organisatorische Maßnahmen verpflichtet, um die Entstehung von Überschussinformationen zu verhindern und die Kenntnisnahme insbesondere der Ergebnisse der Untersuchung auf diejenigen zu beschränken, die daran planmäßig mitwirken. Hinsichtlich der Art und Weise entsprechender Vorkehrungen bestehen keine Vorgaben, da sich diese nach Organisationsform und Ausstattung der Untersuchungseinrichtung unterscheiden können.[68] 16

Die **Teilanonymisierungsklausel** des Abs. 2 S. 3 führt nicht nur zu Problemen bei der statistischen Auswertung des Untersuchungsergebnisses,[69] sondern kann zur Folge haben, dass der Sachverständige ein Verweigerungsrechts nach § 76 Abs. 1 S. 1, § 52 mangels Kenntnis nicht ausüben kann. Dies hindert ihn aber nicht, sich in der Hauptverhandlung darauf zu berufen. Dort kann das Gutachten dann von einem anderen Sachverständigen vertreten werden.[70] Dazu bedarf es keiner teleologischen Reduktion des § 252,[71] da diese Vorschrift ohnehin nicht anwendbar ist (→ § 76 Rn. 10). Die Ausübung des Gutachtenverweigerungsrechts verbietet nur, den Sachverständigen weiterhin heranzuziehen. Zwar liegt damit – selbst wenn diese Ausnahmesituation in der Praxis kaum eine Rolle spielen dürfte[72] – schon in der Gesetzessystematik eine (zeitweilige) Umgehung der Verfahrensrechte des Sachverständigen. Dies erscheint aber unbedenklich, da bei der Untersuchung des Materials nur standardisierte Auswertungsmethoden zur Anwendung kommen.[73] Das ändert gleichwohl nichts daran, dass die Anforderungen des Abs. 2 S. 3 und die vom Gesetzgeber als Grund hierfür gemutmaßte Missbrauchsgefahr überzogen erscheinen.[74] Bemerkenswert, aber fast schon symptomatisch für die derzeitige gesetzgeberische Haltung, ist in diesem Zusammenhang, dass im Hinblick auf Verteidigung und Beschuldigte keinerlei Vorkehrungen getroffen wurden. Diese erhalten im Wege der Akteneinsicht ebenfalls die Personendaten, selbst bei Maßnahmen auf Grundlage des § 81c. Der Verteidiger ist sogar grundsätzlich berechtigt, Kopien der Akten an den Beschuldigten weiterzugeben.[75] Es ist daher in keiner Weise gesichert, wohin Daten vor allem auf letzterem Wege gelangen. 17

§ 81f Abs. 2 S. 4 begründet eine **Erweiterung der Befunisse der Datenaufsichtsbehörden.** Vor allem die Auskunfts-, Zutritts- und Zugangsrechte des § 40 Abs. 4 und 5 BDSG finden für die Landesdatenschutzbeauftragten (vgl. § 25 Abs. 1 LDSG BW) über Art. 2 Abs. 1 DSGVO, § 1 Abs. 1 S. 2 BDSG hinaus auch dann Anwendung, wenn eine nichtöffentliche Stelle die Daten manuell verarbeitet und die Ablage in einem Dateisystem nicht vorgesehen ist. Damit wird ein Gleichlauf mit der Untersuchung durch öffentliche Stellen geschaffen, für die das BDSG und die LDSGe mit den entsprechenden Befugnissen der Datenschutzbeauftragten (vgl. §§ 16 BDSG, 25 f. LDSB BW) ohnehin unabgängig von der Art und Weise der Datenverarbeitung gelten (Vgl. § 1 Abs. 1 S. 1 BDSG).[76] 18

III. Beschwerde

Die Beschwerde ist **statthaft,** falls der Ermittlungsrichter die DNA-Analyse gegen den Beschuldigten (§ 304 Abs. 1) oder eine andere Person (§ 304 Abs. 2) anordnet oder einen 19

[67] BT-Drs. 13/667, 8; kritisch zu dieser Erwägung Schaefer NJW 2005, 1332 (1333).
[68] BT-Drs. 13/667, 8.
[69] Rath/Brinkmann NJW 1999, 2697 (2698).
[70] Bosch in KMR-StPO Rn. 8; Schmitt in Meyer-Goßner/Schmitt Rn. 6; Rogall in SK-StPO Rn. 24; Brodersen in DNA-Analyse Rn. 125; Cramer NStZ 1998, 498 (499 f.).
[71] So aber Brodersen in DNA-Analyse Rn. 125; Cramer NStZ 1998, 498 (499).
[72] Rogall in SK-StPO Rn. 24.
[73] Brodersen in DNA-Analyse Rn. 125.
[74] Rackow Kriminalistik 2003, 474 (477 f.); Rath/Brinkmann NJW 1999, 2697 (2699).
[75] BGH 3.10.1979 – 3 StR 264/79, BGHSt 29, 99(102); bemerkenswert hierzu auch OLG Frankfurt a. M. 2.11.2012 – 2 Ws 114/12, juris = BeckRS 2013, 967.
[76] Plath/Plath DSGVO/BDSG BDSG § 1 Rn. 5–7.

Antrag der Staatsanwaltschaft auf deren Durchführung ablehnt.[77] Die Anordnung durch den Ermittlungsrichter des Bundesgerichtshofs kann allerdings gem. § 304 Abs. 4 S. 1 nicht angefochten werden. Sie unterfällt nicht dem Ausnahmenkatalog des § 304 Abs. 5.[78] Dagegen kann ein entsprechender Beschluss des erkennenden Gerichts während der laufenden Hauptverhandlung auch vom Beschuldigten angefochten werden. § 305 S. 2 enthält lediglich eine beispielhafte Aufzählung der Maßnahmen, die nicht von der Anfechtung ausgenommen sind.[79] Gegen die Auswahl des Sachverständigen kann sich der Beschuldigte nicht wenden. Für die Staatsanwaltschaft wird ein entsprechendes Beschwerderecht jedoch teilweise angenommen, wenn das Gericht einen anderen als den von ihr benannten Sachverständigen beauftragt (→ Rn. 15).[80] § 310 steht einer weiteren Beschwerde entgegen. Bei Geltendmachung schwerwiegender Mängel kann eine solche allerdings in eine Gegenvorstellung umzudeuten sein.[81]

IV. Revision

20 Bei der Prüfung von Verfahrensrügen, mit denen die Verletzung des § 81f (zu Verstößen, die ihre Grundlage bereits in den Regelungen des § 81e finden → § 81e Rn. 42 f.) unter verschiedenen Gesichtspunkten geltend gemacht werden kann, ist besonderes Augenmerk auf die **Abwägungslehre** zu legen, die der BGH in ständiger Rechtsprechung vertritt. Nicht jeder Rechtsverstoß im Rahmen der Beweiserhebung führt notwendig zu einem strafprozessualen Verwertungsverbot, auf das sich der Beschwerdeführer berufen kann. Entscheidend ist vielmehr eine Abwägung der widerstreitenden Interessen nach der Art des Verbots und dem Gewicht des Verstoßes (hierzu auch → Einl. Rn. 460).[82] Ob eine Vorschrift in erster Linie dem Schutz des Beschuldigten dient oder nicht, mithin seinen Rechtskreis berührt, wird zwischenzeitlich als ein Gesichtspunkt im Rahmen des Abwägungsvorganges angesehen, der ein Verwertungsverbot nahe- oder fernliegend erscheinen lässt,[83] und regelmäßig nicht mehr als (eigenständige) Rügevoraussetzung.[84] Dies hat naturgemäß Einfluss auf Inhalt und Umfang des für die zulässige Erhebung einer Verfahrensrüge erforderlichen Tatsachenvortrags nach § 344 Abs. 2 S. 2.[85]

21 Fehlt es an einer Anordnung iSd **Abs. 1 S. 1** oder an einer solchen des Richters, ohne dass die Voraussetzungen einer Eilanordnung der Ermittlungsbehörden gegeben waren, so kann dies die Revision begründen.[86] Ein mit der Revision geltend zu machendes Verwertungsverbot kommt allerdings auch dann nicht in jedem Fall zum Tragen, wenn sich die Maßnahme gegen den Beschuldigten richtete.[87] Vielmehr kann dies wie bei anderen vergleichbaren Richtervorbehalten der StPO überhaupt nur dann anzunehmen sein, wenn die Anordnungskompetenz bewusst oder willkürlich umgangen wurde.[88] Selbst für derartige Fälle, in denen die Argumentation über den hypothetischen rechtmäßigen Ersatzeingriff

[77] Bosch in KMR-StPO Rn. 10.

[78] BGH 21.3.2002 – StB 3/02, Becker NStZ-RR 2003, 97 (100) – RsprÜ; BGH 17.6.2020 – StB 16/20, BeckRS 2020, 14004 Rn. 4 f.; vgl. auch BGH 9.11.2001 – 1 StE 4/85, StB 16/01, NJW 2002, 765 f. zu § 81g StPO.

[79] OLG Köln 27.11.2013 – 2 Ws 656/13, BeckRS 2014, 236; vgl. OLG Bremen 28.9.2009 – Ws 123/09, StV 2010, 122 = BeckRS 2010, 05906.

[80] Lemke in Gercke/Julius/Temming/Zöller Rn. 8; Senge in KK-StPO Rn. 11; aA Ritzert in BeckOK StPO Rn. 10; Krause in Löwe/Rosenberg Rn. 35; Schmitt in Meyer-Goßner/Schmitt Rn. 8.

[81] Bosch in KMR-StPO Rn. 10; OLG Karlsruhe 22.3.2001 – 3 Ws 44/01, StV 2002, 60 zu § 81g StPO.

[82] BGH 27.2.1992 – 5 StR 190/91, BGHSt 38, 214 (219 f.); 11.11.1998 – 3 StR 181/98, BGHSt 44, 243 (249); 20.12.2012 – 3 StR 117/12, BGHSt 58, 84 Rn. 31.

[83] BGH 27.2.1992 – 5 StR 190/91, BGHSt 38, 214 (220).

[84] Zu dieser Entwicklung der Rechtsprechung s. Kühne/Gössel/Lüderssen in Löwe/Rosenberg Einl. Abschn. L Rn. 47 ff.

[85] Vgl. Graalmann-Scheerer FS Rieß, 2002, 153 (154).

[86] Lemke in Gercke/Julius/Temming/Zöller Rn. 9; Bosch in KMR-StPO Rn. 11; Schmitt in Meyer-Goßner/Schmitt Rn. 9; Rogall in SK-StPO Rn. 28.

[87] AA Eisenberg BeweisR StPO Rn. 1687.

[88] Graalmann-Scheerer FS Rieß, 2002, 153 (160 f.); Krause in Löwe/Rosenberg Rn. 36.

regelmäßig für ausgeschlossen erachtet wird,[89] ist aber zu beachten, dass es sich bei dem DNA-Identifizierungsmuster um ein stets gleichbleibendes Beweismittel handelt, das bei derselben Person ohne weiteres wieder in gleicher Weise erhoben werden kann und das keinen zeitlichen Veränderungen oder äußeren Gegebenheiten unterworfen ist. Die Maßnahme könnte daher jederzeit, auch noch in der Hauptverhandlung, wiederholt werden.[90] Deswegen ist es gerechtfertigt ein Beweisverwertungsverbot hier nur dann anzunehmen, wenn es von vornherein an deren grundlegender Voraussetzung fehlte, nämlich dem Anfangsverdacht zum Zeitpunkt der Vornahme.[91] Um mit der Rüge nicht präkludiert zu werden, sollte in der Hauptverhandlung widersprochen werden und die Revisionsbegründung auch hierzu Ausführungen enthalten. Erfolgte die Anordnung gegen einen Dritten, so kann sich der Beschuldigte hierauf nicht erfolgreich berufen, da sein Rechtskreis nicht betroffen und das Gewicht des Verstoßes aus seiner Sicht gering ist.[92]

Liegt eine **unwirksame Einwilligung** des Beschuldigten – für andere Personen gilt vorstehendes – vor, so ist zu differenzieren. Bei der (versehentlich) unterlassenen oder unvollständigen Belehrung iSd Abs. 1 S. 2 wird ein revisibles Verwertungsverbot regelmäßig nicht gegeben sein.[93] Insoweit ist im Rahmen der Abwägung zu berücksichtigen, dass es sich im Hinblick auf die restriktiven gesetzlichen Regelungen zum Umgang mit dem Zellmaterial und zum zulässigen Untersuchungsbereich der DNA um einen Eingriff von eher geringer Intensität handelt.[94] Anderes wird zu gelten haben, wenn die Einwilligung erschlichen und die Anordnungsvoraussetzungen bewusst umgangen werden. Das Fehlen der Schriftform nach Abs. 1 S. 1 kann jedenfalls dann nicht Gegenstand der Revision sein, wenn der Beschwerdeführer in der Hauptverhandlung nicht widersprochen hat und hierzu nicht vorträgt.[95] 22

Auf eine Verletzung der Vorschriften des **Abs. 2** kann die Revision nicht gestützt werden. Es handelt sich um Datenschutz- und Organisationsregelungen, die nicht in erster Linie die strafprozessualen Verfahrens- und Beteiligungsrechte des Beschuldigten schützen. Dies gilt insbesondere für das Gebot der Teilanonymisierung in Abs. 2 S. 3 (→ Einl. Rn. 471).[96] In diesem Sinne wird sich der Beschuldigte auch nicht isoliert darauf berufen können, mit der Untersuchung sei keine unabhängige Stelle im Sinne des Abs. 2 S. 1 beauftragt worden. Hier kommt für ihn nur in Betracht, die Besorgnis der Befangenheit über § 74 Abs. 1 bereits in der Hauptverhandlung geltend zu machen und die Revision nachfolgend hierauf zu stützen.[97] 23

Liegt Zellmaterial vor, das einer Untersuchung zugänglich wäre, die gleichwohl nicht angeordnet wurde, besteht die Möglichkeit, die **Aufklärungsrüge** zu erheben.[98] Dazu muss weder ein bestimmter Sachverständiger, noch das von diesem konkret anzuwendende Untersuchungsverfahren bezeichnet werden.[99] Auch kann sich die **Ablehnung eines Beweisantrags** als rechtfehlerhaft erweisen.[100] 24

---

89 Grundlegend BGH 18.4.2007 – 5 StR 546/06, BGHSt 51, 285 Rn. 29.
90 Brodersen in DNA-Analyse Rn. 142.
91 Brodersen in DNA-Analyse Rn. 143–145.
92 Lemke in Gercke/Julius/Temming/Zöller Rn. 9; Bosch in KMR-StPO Rn. 11; Krause in Löwe/Rosenberg Rn. 38; Schmitt in Meyer-Goßner/Schmitt Rn. 9.
93 Graalmann-Scheerer FS Rieß, 2002, 153 (161); einschränkend Krause in Löwe/Rosenberg Rn. 37.
94 VerfG Brandenburg 20.9.2013 – VfGBbG 75/12, BeckRS 2013, 57037; OLG Bremen 28.9.2009 – Ws 123/09, BeckRS 2010, 05906; LG Düsseldorf 14.2.2003 – X Qs 8/02, NJW 2003, 1883 (1885); Schaefer NJW 2005, 1332; s. auch BGH 9.11.2001 – 1 StE 4/85 – StB 16/01, NJW 2002, 765 (766) zu § 81g StPO.
95 BGH 15.10.2009 – 5 StR 373/09, NStZ 2010, 157 (158).
96 BGH 12.11.1998 – 3 StR 421/98, NStZ 1999, 209 (Leitsatz); 20.12.2012 – 3 StR 117/12, BGHSt 58, 84 Rn. 17.
97 Graalmann-Scheerer FS Rieß, 2002, 153 (165 f.).
98 BGH 19.10.1990 – 1 StR 465/90, BGHR StPO § 344 Abs. 2 S. 2 Aufklärungsrüge 5 zum notwendigen Vortrag; Graalmann-Scheerer FS Rieß, 2002, 153 (168 f.).
99 BGH 22.1.2002 – 1 StR 467/01, NStZ-RR 2002, 145.
100 Vgl. BGH 3.7.1990 – 1 StR 340/90, NJW 1990, 2328.

§ 81g DNA-Identitätsfeststellung

(1) [1]Ist der Beschuldigte einer Straftat von erheblicher Bedeutung oder einer Straftat gegen die sexuelle Selbstbestimmung verdächtig, dürfen ihm zur Identitätsfeststellung in künftigen Strafverfahren Körperzellen entnommen und zur Feststellung des DNA-Identifizierungsmusters sowie des Geschlechts molekulargenetisch untersucht werden, wenn wegen der Art oder Ausführung der Tat, der Persönlichkeit des Beschuldigten oder sonstiger Erkenntnisse Grund zu der Annahme besteht, dass gegen ihn künftig Strafverfahren wegen einer Straftat von erheblicher Bedeutung zu führen sind. [2]Die wiederholte Begehung sonstiger Straftaten kann im Unrechtsgehalt einer Straftat von erheblicher Bedeutung gleichstehen.

(2) [1]Die entnommenen Körperzellen dürfen nur für die in Absatz 1 genannte molekulargenetische Untersuchung verwendet werden; sie sind unverzüglich zu vernichten, sobald sie hierfür nicht mehr erforderlich sind. [2]Bei der Untersuchung dürfen andere Feststellungen als diejenigen, die zur Ermittlung des DNA-Identifizierungsmusters sowie des Geschlechts erforderlich sind, nicht getroffen werden; hierauf gerichtete Untersuchungen sind unzulässig.

(3) [1]Die Entnahme der Körperzellen darf ohne schriftliche Einwilligung des Beschuldigten nur durch das Gericht, bei Gefahr im Verzug auch durch die Staatsanwaltschaft und ihre Ermittlungspersonen (§ 152 des Gerichtsverfassungsgesetzes) angeordnet werden. [2]Die molekulargenetische Untersuchung der Körperzellen darf ohne schriftliche Einwilligung des Beschuldigten nur durch das Gericht angeordnet werden. [3]Die einwilligende Person ist darüber zu belehren, für welchen Zweck die zu erhebenden Daten verwendet werden. [4]§ 81f Abs. 2 gilt entsprechend. [5]In der schriftlichen Begründung des Gerichts sind einzelfallbezogen darzulegen
1. die für die Beurteilung der Erheblichkeit der Straftat bestimmenden Tatsachen,
2. die Erkenntnisse, auf Grund derer Grund zu der Annahme besteht, dass gegen den Beschuldigten künftig Strafverfahren zu führen sein werden, sowie
3. die Abwägung der jeweils maßgeblichen Umstände.

(4) Die Absätze 1 bis 3 gelten entsprechend, wenn die betroffene Person wegen der Tat rechtskräftig verurteilt oder nur wegen
1. erwiesener oder nicht auszuschließender Schuldunfähigkeit,
2. auf Geisteskrankheit beruhender Verhandlungsunfähigkeit oder
3. fehlender oder nicht auszuschließender fehlender Verantwortlichkeit (§ 3 des Jugendgerichtsgesetzes)
nicht verurteilt worden ist und die entsprechende Eintragung im Bundeszentralregister oder Erziehungsregister noch nicht getilgt ist.

(5) [1]Die erhobenen Daten dürfen beim Bundeskriminalamt gespeichert und nach Maßgabe des Bundeskriminalamtgesetzes verwendet werden. [2]Das Gleiche gilt
1. unter den in Absatz 1 genannten Voraussetzungen für die nach § 81e Abs. 1 erhobenen Daten eines Beschuldigten sowie
2. für die nach § 81e Abs. 2 Satz 1 erhobenen Daten.
[3]Die Daten dürfen nur für Zwecke eines Strafverfahrens, der Gefahrenabwehr und der internationalen Rechtshilfe hierfür übermittelt werden. [4]Im Fall des Satzes 2 Nr. 1 ist der Beschuldigte unverzüglich von der Speicherung zu benachrichtigen und darauf hinzuweisen, dass er die gerichtliche Entscheidung beantragen kann.

Schrifttum: Amelung/Funcke-Auffermann, Die erneute Reform des Sexualstrafrechts – 2. Teil, StraFo 2004, 265; Benfer, Die molekulargenetische Untersuchung (§ 81e, 81g StPO), StV 1999, 402; Bergemann/Hornung, Die DNA-Analyse nach den Änderungen der Strafprozessordnung – Speicherung bis auf Widerruf?, StV 2007, 164; Bosch, DNA-Analyse zu repressiven und präventiven Zwecken im Strafverfahren, Jura 2021,

41; Busch, Die Speicherung von DNA-Identifizierungsmustern in der DNA-Analyse-Datei, NJW 2002, 1754; Brodersen/Anslinger/Rolf, DNA-Analyse und Strafverfahren, 2003; Duttge/Hörnle/Renzikowski, Das Gesetz zur Änderung der Vorschriften über die Straftat gegen die sexuelle Selbstbestimmung, NJW 2004, 1065; Eisenberg, Streitfragen in der Judikatur zum Jugendstrafrecht, NStZ 2003, 124; Eisenberg/Singelnstein, Speicherung von DNA-Identifizierungsmustern als erkennungsdienstliche Maßnahme zur „Strafverfolgungsvorsorge" trotz Nichtverurteilung?, GA 2006, 168; Endriß/Kinzig, Betäubungsmittel und DNA-Analyse, NStZ 2001, 299; Finger, Einwilligung in die Entnahme an Untersuchung von Körperzellen, Kriminalistik 2006, 696; Fluck, Anwendung und Auslegung der DNA-Identifizierung, NJW 2001, 2292; Frister, Erkennungsdienstliche Maßnahmen – Überlegungen zu einer Reform der §§ 81b 2. Alt., 81g StPO, FS Amelung, 2009, S. 603; Fröba, Rechtsschutz gegen die nachträgliche Anordnung molekulargenetischer Untersuchungen, StraFo 2010, 483; Graalmann-Scheerer, Molekulargenetische Untersuchung im Strafverfahren, ZRP 2002, 72; Gaede, § 81g StPO-Musterbeispiel für die schöne neue Welt der Strafverfolgungsvorsorge?, FS Merkel, 9020, 1283; Graalmann-Scheerer, Molekulargenetische Untersuchung und Revision, FS Rieß 2002, 153; Graulich, Strafverfolgungsvorsorge, NVwZ 2014, 685; Hinrichs, Der gläserne Mensch und sein verfassungsrechtlicher Mantel, KJ 2006, 60; Jansen, Erweiterte DNA-Analyse in der Strafverfolgung, ZIS 2020, 233; Keller, Voraussetzungen und Folgen einer molekulargenetischen Untersuchung nach § 81g Abs. 1 Satz 1 StPO, jurisPR-ITR 12/Anm. 2; Kläver, Rechtliche Entwicklungen zum allgemeinen Persönlichkeitsrecht, JR 2006, 229; Krehl/Kolz, Genetischer Fingerabdruck und Verfassung, StV 2004, 447; Lengler, Die Zulässigkeit der Anordnung einer DNA-Untersuchung bei Straßenverkehrsdelikten, SVR 2008, 246; Lorenz, Allgemeines Persönlichkeitsrecht und Gentechnologie, JZ 2005, 1121; Markwardt/Brodersen, Zur Prognoseklausel im § 81g StPO, NJW 2000, 692; Müller, Die Novellierung der Strafprozessordnung hinsichtlich der gesetzlichen Voraussetzungen forensischer DNA-Analysen, Die Polizei 2006, 40; Pfeiffer/Höynck/Görgen, Ausweitung von DNA-Analysen auf Basis einer kriminologischen Gefährlichkeitsprognose, ZRP 2005, 113; Pommer, Die DNA-Analyse im Strafprozess – Problemfelder der §§ 81e ff. StPO, JA 2007, 621; Rackow, Speicherung in der DNA-Analyse-Datei nach § 3 S. 3 Halbs. 1 DNA-IFG ohne Einwilligung und ohne richterliche Prüfung der materiellen Voraussetzungen?, JR 2002, 365; Rackow, Molekulargenetische Untersuchung im Strafverfahren, ZRP 2002, 236; Rackow, Rechtsprobleme bei einer Ausweitung der DNA-Analyse, Kriminalistik 2003, 474; Rieß, Die „Straftat von erheblicher Bedeutung" als Eingriffsvoraussetzung – Versuch einer Inhaltsbestimmung, GA 2004, 623; Rogall, Die DNA-Analyse im Strafverfahren – eine endlose Geschichte, FS Schroeder 2006, 691; Schaefer, Richtervorbehalt, NJW 2005, 1332; Schewe, Quo vadis genetischer Fingerabdruck?, JR 2006, 181; Schneider, DNA-Analyse und Strafverfahren de lege ferenda, NStZ 2018, 692; Senge, Gesetz zur Änderung der Strafprozessordnung (DNA-Identitätsfeststellungsgesetz), NJW 1999, 253; Senge, Die Neuregelung der forensischen DNA-Analyse, NJW 2005, 3028; Senge, DNA-Identitätsfeststellung bei Steuerhinterziehung als Anlasstat, juris PR-StrafR 10/2011 Anm. 2; Sprenger/Fischer, Zur Erforderlichkeit der richterlichen Anordnung von DNA-Analysen, NJW 1999, 1830; Steinsiek, Die Löschung von DNA-Identifizierungsmustern nach § 81g StPO – Zuständigkeit und Anordnungskompetenzen, NdsVBl 2015, 265; Störzer, Benachrichtigungs- und Hinweispflicht bei Umwidmung, Kriminalistik 2006, 184; Volk, Gesetz zur Änderung der Strafprozessordnung (DNA-Identitätsfeststellungsgesetz) – Anspruch und Wirklichkeit, NStZ 1999, 165; Wagner, Effektive Strafverfolgung durch DNA-Kartei für alle Straftaten, ZRP 2004, 14; Wollweber, Der genetische Fingerabdruck auf dem Prüfstand, NJW 2001, 2304; Wollweber, DNA-Analysen und Richtervorbehalt, NJW 2002, 1771; Zöller, Der Austausch von Strafverfolgungsdaten zwischen den Mitgliedsstaaten der Europäischen Union, ZIS 2011, 64.

Übersicht

I. Überblick

1 **1. Normzweck.** Die formell und materiell verfassungsgemäße[1] sowie menschenrechtskonforme[2] Vorschrift, die in ihrer jetzigen Fassung Regelungsbereiche nunmehr vereint, die sich zuvor teilweise außerhalb der StPO im DNA-IFG befanden (→ Rn. 5), dient der **Vorsorge für künftige Strafverfolgung.**[3] Es handelt sich mithin, auch wenn der „genetische Fingerabdruck"[4] eine Nähe zu Gewinnung und Verwendung des Daktylogramms iSd § 81b aufweist,[5] um originäres Strafverfahrensrecht.[6] Da sich die DNA-Analyse als eine zuverlässige und erfolgreiche Methode zur Aufklärung von Straftaten erwiesen hat,[7] wollte der Gesetzgeber durch § 81g deren Anwendungsbereich erweitern.[8] Deswegen wird durch die Norm die Möglichkeit eröffnet, die Anordnung und Durchführung im Hinblick auf zukünftige Strafverfahren auch dann vorzunehmen, wenn sie im Ausgangsverfahren nach §§ 81a, 81e, 81f nicht erfolgt, beispielsweise weil sie wegen eines glaubhaften Geständnisses oder sonstigen sicheren Tatnachweises nicht erforderlich wäre.[9] Ferner wird sie durch Abs. 4 bei Personen eröffnet, die von diesen Vorschriften nicht erfasst werden.[10] Schließlich bildet sie mit Abs. 5 die rechtliche Grundlage auch die DNA-Identifizierungsmuster in die beim BKA bereits am 17.4.1998 eingerichtete DNA-Analyse-Datei einzuspeisen, um diese noch effizienter zu machen.[11]

2 Die detaillierten Regelungen zur Gewinnung und Verwertung eines DNA-Identifizierungsmusters, die § 81g enthält, tragen auf der anderen Seite dem **Schrankenvorbehalt für Eingriffe in das Recht auf informationelle Selbstbestimmung** Rechnung.[12] Bedeutung und Tragweite dieses Grundrechts sind entsprechend auch bei Auslegung und Anwendung der Norm zu berücksichtigen.[13] Aus diesem Grund erfolgt die Beschränkung auf die in Abs. 1 genannten Straftaten mit dem Begründungserfordernis,[14] das in Abs. 3 S. 5 nunmehr seinen ausdrücklichen Niederschlag gefunden hat. In diesem Sinne schützen die Zweckbindung des Abs. 2 und die Verwertungsregelung nach Abs. 5 den Beschuldigten vor missbräuchlichen Untersuchungen des Materials und in seinem Rehabilitationsinteresse

---

[1] BVerfG 14.12.2000 – 2 BvR 1741/99, NJW 2001, 879; 14.8.2007 – 2 BvR 1293/07, NStZ-RR 2007, 378; VerfGH Berlin 21.3.2003 – 112/02, BeckRS 2003, 18798 Rn. 17 f. noch zu § 2 DNA-IFG; VerfGH Saarbrücken 18.12.2015 – Lv 4/15, BeckRS 2016, 51118; kritisch Gaede FS Merkel 2020, 1283 (1295 ff.).

[2] EGMR 4.6.2013 – 7841/08 + 57900/12, EuGRZ 2014, 285.

[3] BVerfG 14.8.2007 – 2 BvR 1293/07, NStZ-RR 2007, 378; Graulich NVwZ 2014, 685 (687); Senge NJW 1999, 253 (254); Volk NStZ 1999, 165 (167).

[4] So die Bezeichnung für die gentechnische Untersuchung von Körpermaterial in der Gesetzesbegründung BT-Drs. 13/10791, 4.

[5] Keller jurisPR-ITR 12/Anm. 2; Rackow Kriminalistik 2003, 474 (477); Rogall FS Schroeder, 2006, 691 (707); Schaefer NJW 2005, 1332 (1333); Schewe JR 2006, 181 (182).

[6] BVerfG 14.12.2000 – 2 BvR 1741/99, NJW 2001, 879 (880); 14.8.2007 – 2 BvR 1186/07, NStZ 2008, 226; BGH 31.3.1999 – 2 ARs 153/99 – 2 AR 48/99, BGHR StPO § 81g Zuständigkeit 1; Hadamitzky in KK-StPO Rn. 2; Krause in Löwe/Rosenberg Rn. 1; Rogall in SK-StPO Rn. 1–3; Gaede FS Merkel 2020, 1283 (1285); Volk NStZ 1999, 165 (166 f.); aA Schmitt in Meyer-Goßner/Schmitt Rn. 2; Eisenberg BeweisR StPO Rn. 1689 Maßnahme „zu erkennungsdienstlichen Zwecken".

[7] Hierzu Keller jurisPR-ITR 12/Anm. 2; Kläver JR 2006, 229 (231 f.); Magnus NJW 2015, 2597; Pfeiffer/Höynck/Görgen ZRP 2005, 113 (115); Wagner ZRP 2004, 14.

[8] Duttge/Hörnle/Renzikowski NJW 2004, 1065 (1071).

[9] BT-Drs. 13/10791, 4.

[10] Senge in KK-StPO Rn. 1.

[11] BT-Drs. 13/10791, 4 noch zur Einführung von § 81g aF und des DNA-IFG; Krause in Löwe/Rosenberg Rn. 1; Rogall in SK-StPO Rn. 5; Pommer JA 2007, 621 (622); Senge NJW 2005, 3028.

[12] BVerfG 14.12.2000 – 2 BvR 1741/99, NJW 2001, 879 (880) noch zu § 2 DNA-IFG iVm § 81g; BVerfG 1.9.2008 – 2 BvR 939/08, StV 2009, 1 = BeckRS 2009, 31202; 2.7.2013 – 2 BvR 2392/12, BeckRS 2013, 53073 = NStZ-RR 2013, 315 (Leitsatz).

[13] BVerfG 15.3.2001 – 2 BvR 1841/00, NJW 2001, 2320 (2321) noch zu § 2 DNA-IFG iVm § 81g; BVerfG 18.9.2007 – 2 BvR 257/06, NJW 2008, 281; 19.2.2009 – 2 BvR 287/09, BeckRS 2009, 32493; 2.7.2013 – 2 BvR 2392/12, StV 2014, 578 (579); 29.9.2013 – 2 BvR 939/13, BeckRS 2013, 58083 Rn. 14; 3.5.2016 – 2 BvR 2349/15, NJW 2016, 2799.

[14] BVerfG 14.12.2000 – 2 BvR 1741/99, NJW 2001, 879 (880 f.); 1.9.2008 – 2 BvR 939/08, StV 2009, 1 (2) = BeckRS 2009, 31202; BVerfG 19.2.2009 – 2 BvR 287/09, BeckRS 2009, 32493.

gegenüber der Gefahr sozialer Abstempelung.[15] Das Interesse an einem effektiven Grundrechtsschutz wird darüber hinaus durch den Richtervorbehalt des Abs. 3 gewahrt.[16]

2. Anwendungsbereich. Erfasst werden sowohl nach Abs. 1 die Entnahme und Untersuchung im **laufenden** oder nach Abs. 4 im **rechtskräftig abgeschlossenen Strafverfahren** sowie in **gleichgestellten Fällen,** als auch die **Umwidmung** untersuchten Zellmaterials nach Abs. 5 S. 2.[17] Abs. 1 und Abs. 4 stehen dabei im Verhältnis der Alternativität. Die Vorschrift geht schon nach ihrem Wortlaut nicht davon aus, dass bei einem (noch) nicht durch rechtskräftige Entscheidung abgeschlossenen Strafverfahren ein Anwendungsvorrang des Abs. 4 besteht, wenn zu erwarten ist, dass der Beschuldigte nach Abschluss des Verfahrens für die Maßnahme zur Verfügung steht.[18] Nach Nr. 16a RiStBV soll die Staatsanwaltschaft sogar so früh wie möglich einen Antrag stellen.[19] Über § 2 Abs. 2 JGG kommt § 81g auf Jugendliche und Heranwachsende zur Anwendung.[20] In Abgrenzung zu § 81e darf die Maßnahme aber nur auf noch nicht gegen den Beschuldigten anhängige Verfahren ausgerichtet sein (→ Rn. 11; → § 81e Rn. 3). Für die Aufklärung von Straftaten in Form der Strafverfolgungsvorsorge trifft § 81g eine abschließende Regelung. Vergleichbare Vorschriften der Landesgesetze, die die Erhebung und Verwendung von DNA-Identifizierungsmustern regeln, dürfen sich daneben nur auf präventiv-polizeiliche Zwecke richten.[21] 3

Die **EU-Mitgliedsstaaten** sind seit der Umsetzung des Vertrages und Ratsbeschlusses von Prüm durch das PrümVtrAG[22] berechtigt, über ihre nationalen Kontaktstellen – in Deutschland gem. § 2 Abs. 1 PrümVtrAG das BKA – auf anonymisierte Datensätze in nationalen automatisierten DNA-Analsyse-Dateien unmitelbar zuzugreifen.[23] Das weitere Verfahren im Falle eines Treffers nach Übermittlung des entpsrechenden „Fundstellendatensatzes" richtet sich dann nach den jeweiligen Rechtshilfevorschriften des ersuchten Staates.[24] 4

3. Entstehungsgeschichte der Norm. § 81g wurde durch § 1 DNA-IFG[25] vom 7.9.1998 in die StPO eingefügt. Dieses enthielt auch – zunächst außerhalb der StPO – in § 2 die Grundlage für die retrograde Erfassung und in § 3 diejenige für die beim BKA eingerichtete **DNA-Analysedatei.**[26] Das Gesetz zur Änderung der Vorschriften über die Straftaten gegen die sexuelle Selbstbestimmung und zur Änderung anderer Vorschriften[27] vom 27.12.2003 erweiterte die Anlasstaten um sämtliche Delikte gegen die sexuelle Selbstbestimmung, erlaubte die Bestimmung des Geschlechts und führte die ausrücklichen Vorgaben für die Begründungspflicht in § 81g Abs. 3 ein.[28] Seine heutige Form erhielt § 81g im Wesentlichen durch das Gesetz zur Novellierung der forensischen DNA-Analyse[29] vom 12.8.2005, mit dem zugleich die §§ 2, 3 DNA-IFG aufgehoben und deren Gehalt in die StPO überführt wurden. Mit Einführung der Phänotypisierung in § 81e Abs. 2 S. 2 durch 5

[15] BVerfG 14.12.2000 – 2 BvR 1741/99, NJW 2001, 879 (881) zu § 2 DNA-IFG iVm § 81g; Fluck NJW 2001, 2292 (2293); kritisch hierzu Wollweber NJW 2001, 2304 (2305).
[16] BVerfG 14.12.2000 – 2 BvR 1741/99, NJW 2001, 879 (881) zu § 2 DNA-IFG iVm § 81g.
[17] Goers in BeckOK StPO Überblick; Schmitt in Meyer-Goßner/Schmitt Rn. 3.
[18] OLG Hamm 18.4.2000 – 2 Ws 112/00, juris Rn. 8 = StV 2000, 606; LG Hamburg 8.1.2008 – 619 Qs 68/07, NStZ-RR 2008, 251 (251 f.).
[19] Hierzu Brodersen in DNA-Analyse Rn. 100–102.
[20] BVerfG 18.9.2007 – 2 BvR 257/06, NJW 2008, 281 (282).
[21] LG Darmstadt 10.4.2008 – 5 T 88/08, BeckRS 2008, 20243; Graulich NVwZ 2014, 685 (687).
[22] BGBl. 2006 I 1458; BGBl. 2009 I 2507.
[23] LG Paderborn 19.11.2014 – 1 Qs-22 Js 1365/13/56/14, BeckRS 2014, 22117; Aden in Lisken/Denninger PolR-HdB Rn. 223–225; Vgl. hierzu auch BGH 5.6.2014 – 4 StR 439/13, NJW 2014, 2454 (2455).
[24] Goers in BeckOK StPO Rn. 23; Krause in Löwe/Rosenberg Rn. 1; Aden in Lisken/Denninger PolR-HdB Rn. 226; Zöller ZIS 2011, 64 (66).
[25] BGBl. 1998 I 2646.
[26] Anslinger in DNA-Analyse Rn. 13–15; Senge NJW 1999, 253 (253 ff.) auch zum Gesetzgebungsverfahren.
[27] BGBl. 2003 I 3007 (3010).
[28] Anslinger in DNA-Analyse Rn. 23.
[29] BGBl. 2005 I 2360.

das Gesetz zur Modernisierung des Strafverfahrens (hierzu auch → § 81e Rn. 5)[30] präzisierte der Gesetzgeber den Verweises in § 81g Abs. 5 S. 2 durch Anfügung der Angabe „Satz 1" hinter § 81e Abs. 1 und stellte klar, dass sich der Umfang der DNA-Analysedatei dadurch nicht ändert.[31] Bereits mit Datum vom 21.3.2017 brachte Bayern den Entwurf eines Gestzes zur Angleichung von genetischem und daktyloskopischem Fingerabdruck im Strafverfahren[32] in den Bundesrat ein. Mit diesem wird ein Gleichlauf von § 81b und § 81g verfolgt, indem der Einwilligungs- und Richtervorbehalt für die Untersuchung des Probenmaterials in § 81g Abs. 3 S. 2 sowie § 81f Abs. 1 in Wegfall geraten sollen. Zudem soll das Erfordernis der erheblichen Bedeutung bei begangener und prognostizierter Tat gestrichen und damit die Eingriffsschwelle gesenkt werden. Nach Überweisung an die zuständigen Ausschüse in der Sitzung des BRates vom 31.3.2017[33] wurde dieses Vorhaben bislang noch nicht weiterverfolgt.

II. Erläuterung

6 **1. Anordnungsvoraussetzungen nach Abs. 1. a) Beschuldigter.** Die Maßnahme darf sich nur gegen denjenigen richten, der, **unabhängig vom Verfahrensstadium (§ 157),** Beschuldigter eines anhängigen Strafverfahrens ist.[34] Zwingende Voraussetzung ist hierfür ein Anfangsverdacht (→ Rn. 10). Eine Person, gegen die die Maßnahme angeordnet werden soll, darf daher nicht aufgrund beliebiger Tatsachen oder zu einem beliebigen Zeitpunkt[35] in den Beschuldigtenstatus erhoben werden.[36] Wegen der Nähe der Vorschrift zu § 81b in beiden Alternativen[37] gelten dieselben Grundsätze wie beim dortigen Beschuldigtenbegriff (hierzu → § 81b Rn. 5 und 8).[38] Deswegen darf die Anordnung nicht gegen Strafunmündige[39] ergehen und ist nicht mehr zulässig, wenn das Verfahren bereits nach § 170 Abs. 2 eingestellt wurde.[40] Gleichfalls endet die Beschuldigteneigenschaft nach Erfüllung der Auflage eines nach § 153a Abs. 2[41] oder § 47 Abs. 1 S. 1 Nr. 3 JGG[42] eingestellten Verfahrens und endgültiger Einstellung. Eine Sonderregelung findet sich in Abs. 4 für Fälle, die ansonsten nicht ohne weiteres vom Beschuldigtenbegriff erfasst wären. Danach kann die Anordnung selbst nach einem Freispruch unter bestimmten Voraussetzungen erfolgen. Das bedeutet zugleich, dass sie unzulässig ist, sofern der Freispruch aus anderen, insbesondere aus tatsächlichen oder rechtlichen Gründen erfolgt (→ Rn. 30).[43] Hiervon zu unterscheiden ist die Konstellation, dass beim Beschuldigten während des noch anhängigen Ermittlungs- und Gerichtsverfahrens auf Grundlage des § 81g Abs. 1–3 bereits rechtmäßig ein DNA-Identifizierungsmuster gewonnen wurde. Selbst wenn zwischenzeitlich ein Freispruch erfolgte, sind die Daten nicht zwingend zu löschen.[44] Vielmehr hat der Betroffene dann wie bei Beendigung der Beschuldigteneigenschaft durch Einstellung des Verfahrens gegen die einspeisende Stelle einen Anspruch gem. § 77 Abs. 6 S. 1, Abs. 1 S. 1, § 39 Abs. 2 S. 1, § 29 Abs. 5 S. 1

30 BGBl. 2019 I 2121 (2122).
31 BT-Drs. 19/14747, 28; s. auch BR-Drs. 117/1/17, 5.
32 BR-Drs. 231/17.
33 BR-Protokoll 956, IX und 185 f.
34 Brauer in Gercke/Julius/Temming/Zöller Rn. 8.
35 Senge NJW 2005, 3028.
36 Müller Polizei 2006, 40 (42).
37 OLG Karlsruhe 27.3.2001 – 3 Ws 17/01, Justiz 2001, 447 (449); Benfer StV 1999, 402; Fluck NJW 2001, 2292 (2293).
38 Krause in Löwe/Rosenberg Rn. 11.
39 Goers in BeckOK StPO Rn. 1; Frister FS Amelung, 2009, 603 (608 f.).
40 LG Heidelberg 17.6.2016 – 2 Qs 21/16, StraFo 2016, 290.
41 LG Flensburg 30.5.2016 – II Qs 12/16, StV 2017, 509 (510).
42 LG Hanau 31.7.2014 – 3 Qs 56/14, BeckRS 2015, 7828.
43 OLG Oldenburg 16.7.2008 – 1 Ws 390/08, NStZ 2008, 711; LG Oldenburg 21.6.2012 – 4 KLs 2/12, StV 2013, 145 (146).
44 So aber wohl LG Oldenburg 21.6.2012 – 4 KLs 2/12, StV 2013, 145 (146); Brauer in Gercke/Julius/Temming/Zöller Rn. 8; Krause in Löwe/Rosenberg Rn. 25; aA Schneider NStZ 2018, 692 (697).

BKAG die Löschung der Daten zu prüfen.[45] Dabei ist zu beachten, dass die über Abs. 5 S. 1 anwendbare Regelung in § 18 Abs. 5 BKAG zur Unzulässigkeit der Weiterverarbeitung von Daten in der DNA-Analyse-Datei weniger strenge Anforderungen an den verbleibenden Tatverdacht aufstellt als § 81g Abs. 4 (→ Rn. 37).[46] Wiederum anders liegt der Fall, dass sich aus den Gründen der justiziellen Entscheidung eine Herabstufung der Erheblichkeit der Straftat ergibt (→ Rn. 10).

b) Anlassstraftaten. Eine **Straftat von erheblicher Bedeutung** nach Abs. 1 S. 1 Alt. 1 muss mindestens dem Bereich der mittleren Kriminalität zuzurechnen sein, den Rechtsfrieden empfindlich stören und dazu geeignet sein, das Gefühl der Rechtssicherheit der Bevölkerung erheblich zu beeinträchtigen.[47] Lediglich geringfügige Straftaten, von denen bei Ahndungen im unteren Bereich des Sanktionsspektrums, bspw. bei Verhängung von Freizeitarrest im Jugendstrafrecht[48] oder lediglich geringfügiger Geldstrafen, auszugehen ist,[49] scheiden daher von vornherein aus.[50] Erforderlich ist im Übrigen eine einzelfallbezogene Beurteilung,[51] bei der davon ausgegangen werden kann, dass der Gesetzgeber den Grundsatz der Verhältnismäßigkeit bereits bei der Schaffung des Eingriffstatbestandes berücksichtigt hat.[52] Bei einem Verbrechen werden die Voraussetzungen regelmäßig erfüllt sein,[53] wie beispielsweise Raub, räuberische Erpressung[54] oder Verbrechen nach dem BtMG.[55] Zwingend ist dies allerdings nicht.[56] Vor allem bei Vorliegen von Milderungsgründen, die zur Anwendung minderschwerer Fälle[57] oder einer Verschiebung des Strafrahmens führen, kann eine abweichende Beurteilung ausnahmsweise auch dann erforderlich sein.[58] Vergehen kommen vorrangig dann in Betracht, wenn Qualifikationen oder Regelbeispiele besonders schwerer Fälle,[59] vor allem in Form von gewerbs-[60] und bandenmäßiger[61] Begehung oder Gewaltdelikte[62] verwirklicht sind. Wie der Vergleich zu § 98a Abs. 1 S. 1 Nr. 5, § 110a Abs. 1 S. 1 Nr. 2 zeigt, entbindet aber selbst dann die gewerbsmäßige Begehung nicht per se von der Prüfung der erheblichen Bedeutung.[63] Auch der Grundtatbestand eines sonstigen Vergehens kann zur Überschreitung der Erheblichkeitsschwelle führen, gerade im 7

45 LKA Hessen 23.4.2019 – 21 DNA 001/2019, StraFo 2019, 374.

46 Bordersen in DNA-Analyse Rn. 49 noch zu § 8 Abs. 3 BKAG aF; hiervon gehen wohl auch OLG Oldenburg 16.7.2008 – 1 Ws 390/08, NStZ 2008, 711; LG Hamburg 8.1.2008 – 619 Qs 68/07, NStZ-RR 2008, 251 (252) aus; Graulich in Schenke/Graulich/Ruthig BKAG § 18 Rn. 43; vgl. auch BT-Drs. 13/1550, 25 noch zur Vorgängervorschrift § 8 Abs. 3 BKAG aF.

47 BVerfG 14.12.2000 – 2 BvR 1741/99, NJW 2001, 879 (880) LG Bremen 29.3.2016 – 2 Qs 74/16, StV 2017, 511. Für eine Absenkung der Eingriffsschwelle durch den Reformgesetzgeber Wagner ZRP 2004, 14, dagegen Krehl/Kolz StV 2004, 447 (452).

48 BVerfG 18.9.2007 – 2 BvR 2577/06, StV 2009, 80 (81).

49 LG Hamburg 17.7.2014 – 626 Qs 32/14, StV 2017, 510 (510 f.).

50 LG Nürnberg-Fürth 7.9.2009 – 7 Qs 72/09, juris Rn. 1 und 12 zu mehrfachem Fahren ohne Fahrerlaubnis; LG Flensburg 30.5.2016 – II Qs 12/16, BeckRS 2016, 124331 für unerlaubten Besitz von 27,6 g Cannabisharz und einfache Körperverletzung, insoweit nicht abgedruckt in StV 2017, 509, Rieß GA 2004, 623 (627).

51 Krause in Löwe/Rosenberg Rn. 17; Rogall in SK-StPO Rn. 18.

52 OLG Jena 9.8.1999 – 1 Ws 215/99, NStZ 1999, 634 (635); LG Bautzen 20.1.2000 – 1 Qs 136/99, NJW 2000, 1207 (1207 f.).

53 Hadamitzky in KK-StPO Rn. 5.

54 OLG Jena 9.8.1999 – 1 Ws 215/99, 634 (635).

55 OLG Köln 16.9.2004 – 2 Ws 215/04, NStZ-RR 2005, 56 (57); OLG Hamm 14.4.2021 – 4 Ws 36/21, BeckRS 2021, 8089; LG Hannover 16.6.2020 – 63 Qs 26/20, BeckRS 2020, 47838, Rn. 9.

56 AA Brauer in Gercke/Julius/Temming/Zöller Rn. 11.

57 LG Hamburg 17.7.2014 – 626 Qs 32/14, StV 2017, 510 (510 f.).

58 BVerfG 15.3.2001 – 2 BvR 1841/00, NJW 2001, 2320 (2322); Krause in Löwe/Rosenberg Rn. 19; Rogall in SK-StPO Rn. 20 f.

59 KG 28.8.2019 – 2 Ws 136/19, BeckRS 2019, 22097 Rn. 6 mAnm Dießner FD-StrafR 2019, 421505; LG Berlin 24.7.2019 – (561) 281 Js 516/19 Ls Ns (65/19), BeckRS 2019, 22098 Rn. 6.

60 OLG Celle 7.12.2009 – 1 Ws 556/09, NStZ-RR 2010, 149 (150) für Hehlerei.

61 LG Saarbrücken 8.12.2010 – 2 Qs 26/10, NStZ 2011, 423 (424) für Steuerverkürzung.

62 OLG Karlsruhe 27.3.2001 – 3 Ws 17/01, Justiz 2001, 447 (448); LG Nürnberg-Fürth 7.9.2009 – 7 Qs 72/09, juris Rn. 12 = StraFo 2009, 509 jeweils für gefährliche Körperverletzung.

63 LG Bremen 29.3.2016 – 2 Qs 74/16, StV 2017, 511.

Falle wiederholter oder serienmäßiger Begehung.[64] Selbst bei reinen Fahrlässigkeitsdelikten, insbesondere bei fahrlässiger Tötung, kann die Maßnahme in Betracht kommen.[65] Bei entsprechendem Gewicht der Ausführung ist andererseits die Form der Beteiligung oder das Steckenbleiben im Versuchsstadium für sich alleine genauso wenig ausschlaggebend wie die Anwendung des Vollrauschtatbestandes nach § 323a StGB.[66] Ergänzend können noch § 154 Abs. 2 StPO eingestellte Taten herangezogen werden, sofern bei diesen weiterhin eine Verdachtslage gegeben ist.[67] Ob es sich bei der Anlasstat um eine solche handelt, bei deren Tatausführung in der Regel Körperzellen abgesondert werden, ist in diesem Zusammenhang unmaßgeblich.[68] Diese Frage ist erst für die Erforderlichkeit der Maßnahme relevant.[69]

8 Nach Abs. 1 S. 1 Alt. 2 darf die Körperzellenentnahme auch bei Verdacht einer **Straftat gegen die sexuelle Selbstbestimmung** erfolgen. Schon die Formulierung der Vorschrift nimmt Bezug auf die Überschrift des Dreizehnten Abschnitts des StGB, weswegen sämtliche Delikte der §§ 174–184g, 184i–184l StGB als Anlasstat in Betracht kommen.[70] Unbeschadet dessen, dass diese größtenteils als Verbrechen schon von Abs. 1 S. 1 Alt. 1 erfasst sind,[71] müssen sie nicht von erheblicher Bedeutung sein.[72] Das ergibt sich sowohl aus dem eindeutigen Wortlaut, als auch im Wege systematischer Auslegung aus der Abgrenzung zu Alt. 1. Bei dieser Einstufung ließ sich der Gesetzgeber davon leiten, dass exhibitionistische Straftäter mit einer Wahrscheinlichkeit von 1 bis 2 Prozent zu einem späteren Zeitpunkt ein sexuelles oder sonstiges Gewaltdelikt begehen.[73] Demnach sind auch die Straftaten der exhibitionistischen Handlungen nach § 183 StGB,[74] von Verbreitung, Erwerb und Besitz kinderpornografischer Schriften nach § 184b StGB,[75] §§ 183a, 184f, 184g StGB grundsätzlich erfasst[76] sowie auch die eher niederschwelligen körperlichen Übergriffe oder die „Hands-off-Delikte" der §§ 184i–184l StGB, wenngleich hier eine sorgfältige Prüfung der Prognose zu erfolgen hat (→ Rn. 15).

9 Die **wiederholte Begehung sonstiger Straftaten,** dh solcher, nicht notwendig gleichartiger,[77] die für sich gesehen jeweils nicht unter Abs. 1 S. 1 fallen, kann nach Abs. 1 S. 2 ebenfalls die Erheblichkeitsschwelle überschreiten. Die verfassungsrechtlich nicht zu beanstandende Norm erfordert dabei eine einzelfallspezifische Abwägung der maßgeblichen Umstände, insbesondere der Art oder Ausführung der Tat und der Persönlichkeit des Beschuldigten, in Form einer Gesamtschau unter strenger Berücksichtigung

64 LG Freiburg 10.10.2001 – 2 Qs 195/01, NJW 2001, 3720 (3721) für Betrug; Schmitt in Meyer-Goßner/Schmitt Rn. 7a für Erpressung.

65 Vgl. BGH 22.3.2012 – 1 StR 359/11, StV 2013, 1 Rn. 31; BVerfG 16.6.2009 – 2 BvR 902/06, NJW 2009, 2431 (2435); Rieß GA 2004, 623 (638 ff.). Zu eng daher Neuhaus in HK-GS Rn. 4; Krause in Löwe/Rosenberg Rn. 22; Rogall in SK-StPO Rn. 19.

66 Brauer in Gercke/Julius/Temming/Zöller Rn. 10; Krause in Löwe/Rosenberg Rn. 17 f.; Rogall in SK-StPO Rn. 19.

67 BVerfG 14.5.2021 – 2 BvR 1336/20, NStZ-RR 2021, 252 (254).

68 So aber LG Berlin 7.9.1999 – 511 Qs 103/99, NJW 2000, 752; LG Nürnberg-Fürth 7.9.2009 – 7 Qs 72/09, juris Rn. 12; Schmitt in Meyer-Goßner/Schmitt Rn. 7a.

69 BVerfG 14.12.2000 – 2 BvR 1741/99, NJW 2001, 879 (881); LG Freiburg 10.10.2001 – 2 Qs 195/01, NJW 2001, 3720 (3721); Goers in BeckOK StPO Rn. 3.

70 LG Arnsberg 23.1.2006 – 2 Qs 1/06, juris Rn. 14 f. = BeckRS 2006, 2376 und LG Traunstein 12.3.2007 – 1 Qs 27/07, StV 2007, 521 jeweils noch zur alten Fassung dieses Abschnitts mit den §§ 174–184f StGB; Krause in Löwe/Rosenberg Rn. 23; Duttge/Hörnle/Renzikowski NJW 2004, 1065 (1070–1072) mit kritischer Wertung. Einschränkend, allerdings mit dem Wortlaut nicht vereinbar Hadamitzky in KK-StPO Rn. 6 für §§ 183, 183a, 184a, 184c, 184d und 184e StGB.

71 Goers in BeckOK StPO Rn. 4.

72 Amelung/Funcke-Auffermann StraFo 2004, 265 (272).

73 BT-Drs. 15/350, 11; kritisch hierzu Rackow Kriminalistik 2003, 474 (476 f.).

74 LG Bremen 23.10.2006 – 11 Qs 318/06, StraFo 2007, 58.

75 LG Traunstein 12.3.2007 – 1 Qs 27/07, juris Rn. 6 = StV 2007, 521; LG Trier 22.2.2012 – 5 Qs 17/12, juris Rn. 7; LG Cottbus 28.7.2014 – 24 Qs 33/13, BeckRS 2015, 12115; AG Bremen 8.4.2008 – 80 Gs 75/07, NStZ-RR 2008, 346.

76 Amelung/Funcke-Auffermann StraFo 2004, 265 (272).

77 BT-Drs. 15/5674, 11; LG Düsseldorf 16.10.2015 – 007 Ns 35/15, BeckRS 2016, 8291.

des Verhältnismäßigkeitsgrundsatzes.[78] Ob dabei der Unrechtsgehalt einer Straftat von erheblicher Bedeutung erreicht wird, kann sowohl für die Feststellung der Anlasstaten als auch für die Prognose der Begehung künftiger Straftaten von Bedeutung sein.[79] In beiderlei Hinsicht muss das Gericht die Grundlagen und das Ergebnis seiner Prüfung einzelfallbezogen darlegen.[80] Der Gesetzgeber hatte bei Schaffung der Norm vor allem Fälle des wiederholten Hausfriedensbruchs in Zusammenhang mit Stalking im Blick.[81] Auch bei dieser Variante des Abs. 1 soll allerdings die bloße Häufung von Straftaten im Bagatellbereich nicht genügen.[82] Davon abweichend wird indes auch vertreten, ab 5 oder mehr Verurteilungen aus einem einschlägigen Delikt sei auch bei Bagatellstraftaten die Gleichwertigkeit iSd Abs. 1 S. 2 indiziert. Gleiches gälte bei 3 Anlasstaten aus verschiedenen Deliktsgruppen mit mindestens einer der mittleren Kriminalität oder bei einer Verurteilung zu einer unbedingten Freiheitsstrafe.[83] Hinsichtlich der wiederholten Begehung muss aber noch keine rechtskräftige Verurteilung vorliegen, vielmehr genügt der begründete Verdacht entsprechender Straftaten.[84]

c) Verdachtsgrad. Der Betroffene muss einer der in Abs. 1 genannten qualifizierten Straftaten verdächtig sein. Hierfür erforderlich (→ Rn. 6), aber auch ausreichend ist ein **Anfangsverdacht gem. § 152 Abs. 2.**[85] Ein hinreichender oder gar dringender Tatverdacht wird dagegen schon nach dem eindeutigen Wortlaut der Vorschrift nicht gefordert.[86] Er kann auch noch nach einer Einstellung nach § 154 Abs. 2 StPO weiter gegeben sein.[87] Die entsprechende Verdachtslage muss sich aber gerade auf eine der in Betracht kommenden qualifizierten Straftaten beziehen und nicht nur zum Zeitpunkt der Anordnung, sondern auch bei der Entnahme und Untersuchung noch bestehen.[88] Davon kann bspw. nicht ausgegangen werden, wenn das gerichtliche Verfahren vor vollständiger Durchführung der Maßnahme nach § 47 Abs. 1 S. 1 Nr. 3 JGG abgeschlossen wird. Hierdurch bringt das Gericht nämlich zum Ausdruck, dass es von einer Straftat lediglich minderer Bedeutung ausgeht.[89] Eine Änderung ist nur dann unschädlich, sofern sich ein weiter bestehender Tatverdacht nunmehr ebenfalls auf eine – gegebenenfalls andere – qualifizierte Straftat im Sinne des Abs. 1 richtet.[90] Wurde das DNA-Identifizierungsmuster bereits in die DNA-Analysedatei eingespeichert, fehlt es bei einer nachfolgenden Herabstufung der Erheblichkeit, insbesondere in Form der Einstellung nach § 153 Abs. 1, nunmehr gleichfalls an einer tatbestandlichen Voraussetzung des § 81g Abs. 1. Die weitere Verarbeitung der Daten ist 10

78 BVerfG 14.8.2007 – 2 BvR 1293/07, NStZ-RR 2007, 378; LG Leipzig 19.7.2007 – 1 Qs 215/07, StraFo 2007, 464; krit. Gaede FS Merkel 2020, 1283 (1296).
79 BVerfG 14.8.2007 – 2 BvR 1293/07, NStZ-RR 2007, 378.
80 BVerfG 1.9.2008 – 2 BvR 939/08, StV 2009, 1 (2); 19.2.2009 – 2 BvR 287/09, BeckRS 2009, 32493; 10.3.2009 – 2 BvR 400/09, juris Rn. 4 = BeckRS 2009, 32495; BVerfG 22.5.2009 – 2 BvR 287/09 und 400/09, juris Rn. 22 = BeckRS 2009, 34898 = StraFo 2009, 276.
81 BT-Drs. 15/5674, 11; Lengler SVR 2008, 246 (248); s. zum Stalking auch EGMR 4.6.2013 – 7841/08 + 57900/12, EuGRZ 2014, 285 Rn. 38.
82 LG Würzburg 8.10.2009 – 1 Qs 293/09, juris Rn. 15 = BeckRS 2011, 763 = StraFo 2010, 22; LG Bremen 3.12.2010 – 4 Qs 362/10, StV 2011, 403 (404), der Sache nach LG Düsseldorf 16.10.2015 – 007 Ns 35/15, BeckRS 2016, 8291 zu § 183 StGB.
83 LG Paderborn 19.11.2014 – 1 Qs 22 Js 1365/13 56/14, BeckRS 2014, 22117.
84 Goers in BeckOK StPO Rn. 5; Brauer in Gercke/Julius/Temming/Zöller Rn. 13; Krause in Löwe/Rosenberg Rn. 24; Schmitt in Meyer-Goßner/Schmitt Rn. 7c; Rogall FS Schroeder, 2006, 691 (703).
85 BVerfG 14.5.2021 – 2 BvR 1336/20, NStZ-RR 2021, 252 (254); OLG Oldenburg 16.7.2008 – 1 Ws 390/08, NStZ 2008, 711; LG Hamburg 8.1.2008 – 619 Qs 68/07, NStZ-RR 2008, 251; LG Heidelberg 17.6.2016 – 2 Qs 21/16, StraFo 2016, 290; Müller Polizei 2006, 40 (42); kritisch Frister FS Amelung, 2009, 603 (608) zur Friktion gegenüber § 81g Abs. 4, der Überzeugung des Gerichts von der Täterschaft des Angeklagten voraussetzt.
86 OLG Hamm 18.4.2000 – 2 Ws 112/00, juris Rn. 6 = StV 2000, 606; OLG Rostock 11.10.2005 – I Ws 287/05, BeckRS 2010, 27072; aA Eisenberg BeweisR StPO Rn. 1689 „gesteigerter Verdachtsgrad".
87 BVerfG 14.5.2021 – 2 BvR 1336/20, NStZ-RR 2021, 252 (254); LG Hannover 16.6.2020 – 63 Qs 26/20, BeckRS 2020, 47838, Rn. 10.
88 Hadamitzky in KK-StPO Rn. 4a; Rogall in SK-StPO Rn. 17.
89 LG Hanau 31.7.2014 – 3 Qs 56/14, BeckRS 2015, 7828 Rn. 13–17.
90 Krause in Löwe/Rosenberg Rn. 25.

dann unzulässig und sie sind gem. § 77 Abs. 1 S. 1, Abs. 6 S. 1 BKAG, § 75 Abs. 2 BDSG zu löschen.[91] Dagegen hindert jedoch die Einstellung des Verfahrens mangels Tatnachweises oder ein Freispruch grundsätzlich nicht dessen weitere Speicherung (→ Rn. 6)

11 **d) Erforderlichkeit.** Ein mitunter nicht hinreichend von der Frage der Erheblichkeit der Anlasstat oder der Negativprognose unterschiedenes Kriterium für die Rechtsmäßigkeit der Maßnahme ist deren **potenzielle Aufklärungsrelevanz.**[92] Sie findet ihren Niederschlag im Gesetzestext darin, dass die Anordnung nur zur Identitätsfeststellung in künftigen Strafverfahren dienen darf, sie mithin einen Aufklärungsansatz bieten und die Identifizierung des Täters erleichtern muss.[93] Der Gesetzgeber sah hierin eine aus dem Grundsatz der Verhältnismäßigkeit folgende systemimmanente Begrenzung und ging deswegen davon aus, „dass solche Delikte" mangels Erforderlichkeit der Maßnahme ausscheiden, bei denen der Täter nicht deliktstypisch im Zusammenhang mit einer künftigen Straftat „Identifizierungsmaterial" am Tatort hinterlassen wird.[94] Als Beispielsfälle nannte er die §§ 154, 183, 187 StGB.[95] Diese Ausführungen zogen jedoch Missverständnisse bei der Anwendung des § 81g nach sich.[96] So wurde teilweise hieraus der Schluss gezogen, eine Anordnung der Körperzellenentnahme scheide schon dann aus, wenn es sich bei der Anlasstat um eine solche handle, bei der regelmäßig keine Spuren hinterlassen werden würden.[97] Diese Sicht ist allerdings zu eng, da die Wahrscheinlichkeit der Spurenverursachung nicht bezogen auf die Anlasstat, sondern auf die prognostizierte Deliktsbegehung[98] und dabei jeweils im konkreten Einzelfall zu prüfen ist.[99] Vor diesem Hintergrund ist aber auch der teilweise vertretenen Auffassung nicht zu folgen, bei bestimmten Deliktsgruppen, für die regelmäßig Vermögensdelikte wie §§ 263, 266, 266a StGB,[100] die Anschlussdelikte der §§ 257 ff. StGB, vor allem Hehlerei,[101] oder Betäubungsmittelstraftaten[102] genannt werden, scheide die Erhebung des DNA-Identifizierungsmusters aus, da verwertbare Spuren üblicherweise nicht verursacht würden. Gerade bei Betäubungsmittelstraftaten gibt es einen außerordentlich breiten Anwendungsbereich für die DNA-Analyse, wie Anhaftungen an verschiedensten Gegenständen oder Zurücklassen von Zigarettenkippen oder Haaren.[103] Genauso können auch an Schriftstücken und Unterlagen verschiedenster Art Abriebspuren zurückgelassen werden, die auf den Täter von

---

91 LKA Hessen 23.4.2019 – 21 DNA 001/2019, StraFo 2019, 374 (374 f.).
92 Hinrichs KJ 2006, 60 (67).
93 VerfGH Berlin 21.3.2003 – 112/02, BeckRS 2003, 18798 Rn. 31; OLG Rostock 11.10.2005 – 1 Ws 287/05, BeckRS 2010, 27072; KG 28.8.2019 – 2 Ws 136/19, BeckRS 2019, 22097 Rn. 9; LG Leipzig 19.7.2007 – 1 Ws 215/07, StraFo 2007, 464; LG Würzburg 8.10.2009 – 1 Qs 293/09, StraFo 2010, 22; LG Düsseldorf 16.10.2015 – 007 Ns 35/15, BeckRS 2016, 8291.
94 VerfGH Saarbrücken 18.12.2015 – Lv 4/15, BeckRS 2016, 51118.
95 BT-Drs. 13/10791, 5.
96 Vgl. VerfGH Saarbrücken 18.12.2015 – Lv 4/15, BeckRS 2016, 51118; dagegen Pfeiffer/Höynck/Görgen ZRP 2005, 113 (116) mit dem Vorschlag, einen abschließenden Straftatenkatalog aufzustellen.
97 In diesem Sinne jeweils unter Bezugnahme auf die Anlasstat LG Berlin 7.9.1999 – 511 Qs 103/99, NJW 2000, 752 für Anstiftung zur Körperverletzung; LG Frankenthal 9.3.2000 – I Qs 77/00, StV 2000, 609 für Betäubungsmittelstraftat; LG Aachen 28.10.2008 – 68 Qs 120/08, StraFo 2009, 18 für Betrug; LG Nürnberg-Fürth 7.9.2009 – 7 Qs 72/09, jurisRn. 12 = StraFo 2009, 509 für Bedrohung.
98 VerfGH Saarbrücken 18.12.2015 – Lv 4/15, BeckRS 2016, 51118; LG Saarbrücken 8.12.2010 – 2 Qs 26/10, NStZ 2011, 423 (424); LG Saarbrücken 1.6.2021 – 2 Qs 9/21, BeckRS 2021, 14399, Rn. 11.
99 BVerfG 14.12.2000 – 2 BvR 1741/99, NJW 2001, 879 (881); LG Freiburg 10.10.2001 – 2 Qs 195/01, NJW 2001, 3720 (3721).
100 LG Leipzig 19.7.2007 – 1 Qs 215/07, StraFo 2007, 464; LG Aachen 28.10.2008 – 68 Qs 120/08, StraFo 2009, 18 (19).
101 OLG Köln 3.2.2004 – 2 Ws 41/04, StraFo 2004, 317; OLG Celle 7.12.2009 – 1 Ws 556/09, NStZ-RR 2010, 149 (150).
102 LG Koblenz 19.1.1999 – 9 Qs 17/99, StV 1999, 141; LG Rostock 6.4.1999 – I Qs 45/99, StraFo 1999, 204 (205); AG Kaiserslautern 12.11.1999 – 2 a Gs 1405/99, StV 2000, 72 (73); LG Zweibrücken 7.6.2002 – Qs 59/02, StV 2003, 155.
103 OLG Köln 16.9.2004 – 2 Ws 215/04, NStZ-RR 2005, 56 (57); LG Bautzen 20.1.2000 – 1 Qs 136/99, NJW 2000, 1207 (1208); LG Waldshut-Tiengen 8.11.2000 – 2 Qs 100/00, NStZ-RR 2001, 146 (147); LG Freiburg 30.7.2013 – 2 Qs 12/12, juris Rn. 27 = BeckRS 2013, 17048; LG Paderborn 19.11.2014 – 1 Qs 22 Js 1365/13 56/14, BeckRS 2014, 22117.

Vermögens- oder Steuerstraftaten hindeuten.[104] Gleiches gilt für die Beteiligung eines nicht am Tatort mitwirkenden Gehilfen oder Anstifters. Auch bei derartigen Taten können Körperzellen hinterlassen werden, bspw. durch zurückgelassene Haare oder Speichel an Zigarettenresten.[105] Entsprechend können Bedrohungen konkludent mittels Verwendung eines Gegenstandes begangen werden. Nicht zu vernachlässigen ist zudem die fortschreitende Verfeinerung der Analysemethoden, die in wachsendem Umfang Nachweise ermöglicht, welche mit älteren Methoden nicht möglich waren.[106] Selbst bei den in der Gesetzesbegründung genannten Straftatbeständen der exhibitionistischen Handlungen oder Verleumdung, genauso wie beim Besitz kinderpornografischer Schriften[107] wird daher unter Berücksichtigung dessen die Zurücklassung und Auswertung von Spuren nicht von vornherein kategorisch ausgeschlossen werden können. Gerade bei Sexualstraftaten ohne Körperkontakt wie §§ 183–184d, 184k StGB ist im Einzelfall zu erwägen, dass der Beschuldigte eventuelle Neigungen in Taten mit Körperkontakt auslebt, die erwartungsgemäß Spuren hinterlassen,[108] wenngleich alleine die statistische Wahrscheinlichkeiten hierfür jedoch nicht ausreicht.[109] Im vorliegend gegebenen Zusammenhang kommt es demnach ausschließlich darauf an, ob die bisherige Tatbegehung den zuverlässigen Rückschluss eröffnet, auch in zukünftigen Fällen der Strafverfolgung werde sich die Identitätsfeststellung nicht als Problem erweisen. Das kommt nur dann in Betracht, wenn die bisherigen Taten ohne eine Verschleierung der Identität begangen wurden und zu erwarten ist, dass der Beschuldigte zukünftig in gleicher Weise vorgeht. Das Ergebnis dieser Prüfung hängt nicht nur von den begangenen Taten ab, sondern auch von den prognostisch zu erwartenden,[110] weswegen alleine der Hinweis auf bislang in der Öffentlichkeit begangene Taten, die schon durch Zeugenaussage aufgeklärt werden konnten, nicht tragfähig ist.[111] Geanusowenig zwingend ist es aus sexuellen Übergriffen ausschließlich im familiären Bereich, bei denen die Identifizierung nicht fraglich ist, zu folgern, es werde zukünftig zu keinen solchen gegenüber Dritten kommen.[112] Inwiefern den prognostizierten Taten ein ausreichendes Gewicht zukommt, ist ein gesonderter Prüfungsschritt, der hiermit nicht verwechselt werden darf. Für die generell fehlende Erforderlichkeit der Maßnahme nach § 81g kommen somit in erster Linie reine Aussagedelikte der §§ 153 ff. StGB in Betracht.[113]

Die **Verhältnismäßigkeit** der Maßnahme hängt nicht von der Möglichkeit ab, andere 12
Nachweismethoden, insbesondere den Rückgriff auf erkennungsdienstliche Unterlagen nach § 81b,[114] in Anspruch zu nehmen.[115] Insoweit besteht kein Stufenverhältnis, was sich schon daraus ergibt, dass die Vorschrift im Gegensatz zu anderen strafprozessualen Zwangsmaßnahmen keine Subsidiaritätsklausel enthält und wegen der Beschränkung auf den nicht kodierenden Bereich der DNA nur einen vergleichsweise geringfügigen Eingriff in das

---

[104] LG Freiburg 10.10.2001 – 2 Qs 195/01, NJW 2001, 3720 (3721) LG Konstanz 24.3.2021 – 4 Qs 2/21, BeckRS 2021, 14970, Rn. 13j; LG Saarbrücken 1.6.2021 – 2 Qs 9/21, BeckRS 2021, 14399, Rn. 18 f. jeweils für Betrug; LG Saarbrücken 8.12.2010 – 2 Qs 26/10, NStZ 2011, 423 (424) für Steuerverkürzung.

[105] OLG Hamm 18.4.2000 – 2 Ws 112/00, juris Rn. 9 = StV 2000, 606.

[106] LG Saarbrücken 8.12.2010 – 2 Qs 26/10, NStZ 2011, 423 (424); Rogall in SK-StPO Rn. 46.

[107] Vgl. hierzu LG Traunstein 12.3.2007 – 1 Qs 27/07, StV 2007, 521 (522).

[108] LG Arnsberg 23.1.2006 – 2 Qs 1/06, juris Rn. 14 = BeckRS 2006, 2376; LG Trier 22.2.2012 – 5 Qs 17/12, juris Rn. 13 f.; LG Cottbus 28.7.2014 – 24 Qs 33/13, BeckRS 2015, 12115 mit Ablehnung im Einzelfall; AG Bremen 8.4.2008 – 80 Gs 75/07 (403 AR 34790/07), NStZ-RR 2008, 346 (347).

[109] LG Düsseldorf 16.10.2015 – 007 Ns 35/15, BeckRS 2016, 8291für § 183 StGB; LG Braunschweig 19.4.2018 – 4 Qs 72/18, BeckRS 2018, 10263 Rn. 14 für § 184b StGB.

[110] LG Darmstadt 28.3.2011 – 3 Qs 152/11, BeckRS 2011, 07476; Markwardt/Brodersen NJW 2000, 692 (695); Senge jurisPR-StrafR 10/2011 Anm. 2.

[111] So aber LG Würzburg 8.10.2009 – 1 Qs 293/09, StraFo 2010, 22.

[112] In diese Richtung nicht tragend LG Heidelberg 17.6.2016 – 2 Qs 21/16, StraFo 2016, 290; vgl. dagegen aber jeweils zu Sexualstraftaten VerfGH Berlin 21.3.2003 – 112/02, BeckRS 2003, 18798 Rn. 31; OLG Rostock 11.10.2005 – 1 Ws 287/05, BeckRS 2010, 27072.

[113] VerfGH Berlin 21.3.2003 – 112/02, BeckRS 2003, 18798 Rn. 31; Hadamitzky in KK-StPO Rn. 8.

[114] So aber LG Aachen 28.10.2008 – 68 Qs 120/08, StraFo 2009, 18 (19).

[115] Rogall in SK-StPO Rn. 46; aA wohl Endriß/Kinzig NStZ 2001, 299 (300).

Recht auf informationale Selbstbestimmung darstellt.[116] Etwas anderes gilt allerdings für den Fall, dass bereits ein nach §§ 81e–81g gewonnenes, verwertbares DNA-Identifizierungsmuster des Beschuldigten vorliegt.[117] Selbst in diesen Fällen ist die erneute Probenentnahme und Auswertung indes zulässig, um die Aussonderungsprüfungsfrist nach § 77 Abs. 1 S. 2, Abs. 3 BKAG erneut in Lauf zu setzen.[118] Zudem kann – auf Grundlage einer erneuten Anlasstat[119] – die neuerliche Entnahme zum Zwecke der Auftypisierung älterer Proben erfolgen, die aufgrund früherer, noch nicht dem heutigen Stand der Technik entsprechender Methoden nur eine geringere Zahl von Merkmalsystemen[120] enthalten. Sie bergen deswegen die größere Gefahr von Zufallstreffern, bieten unzuverlässigere Aufklärungsmöglichkeiten, insbesondere bei aufgrund alterbedingten Abbaus oder (bio-)chemischer und oxidativer Prozesse unvollständigem Vergleichsmaterial, und entsprechen nicht mehr dem europäischen Standard.[121] Unzulässig ist dagegen eine Vorratshaltung von Beschlüssen, deren Vollstreckung ungewiss ist, bspw. bei einem ausgereisten oder abgeschobenen Betroffenen.[122] Eine solche Situation ist allerdings nicht gegeben bei einer Person, die im Inland abgetaucht ist, und die auf Grundlage der Anordnung nach § 81g ausgeschrieben werden soll.[123]

13 **e) Negativprognose.** Bei der nach Abs. 1 zu stellenden Negativprognose,[124] teilweise auch bezeichnet als „Gefährlichkeitsprognose", „Gefahrenprognose", „Wiederholungsgefahr" oder „Wahrscheinlichkeit für einen Rückfall",[125] sind einige **Grundsätze** zu beachten. Zunächst richtet sich die prognostische Beurteilung, wie schon der Wortlaut der Vorschrift belegt, nicht auf die zukünftige Begehung von Straftaten, sondern auf die Erwartung, dass gegen den Beschuldigten „Strafverfahren" zu führen sein werden. Demnach fallen in den Regelungsbereich auch schon begangene Straftaten, selbst wenn in Bezug auf diese bereits Strafverfahren geführt werden, solange sich diese nur (noch) nicht gegen den Betroffenen der Maßnahme richten.[126] Hierfür spricht die teleologische Auslegung. Mit Einführung und Ausgestaltung der Regelungen für die Erhebung und den Abgleich von DNA-Identifizierungsmustern wurde nicht zuletzt das Ziel verfolgt, dieser erfolgreichen und zuverlässigen Ermittlungsmethode zu mehr Effizienz zu verhelfen.[127] Entsprechend dient die vorsorgliche Beweisbeschaffung nicht der Abwehr künftiger Straftaten – was sie auch

---

116 LG Saarbrücken 8.12.2010 – 2 Qs 26/10, NStZ 2011, 423 (424).

117 Brauer in Gercke/Julius/Temming/Zöller Rn. 19; Hadamitzky in KK-StPO Rn. 11; Bosch in KMR-StPO Rn. 5; Schmitt in Meyer-Goßner/Schmitt Rn. 9.

118 OLG Bremen 23.3.2006 – Ws 18/06 (BL 14/06), NStZ 2006, 653 noch zu § 32 Abs. 5 BKAG aF iVm Nr. 8.2 der Errichtungsanorndnung; vgl. auch LG Paderborn 19.11.2014 – 1 Qs 22 Js 1365/13 56/14, BeckRS 2014, 22117.

119 LG Hamburg 9.4.2014 – 628 Qs 11/14, BeckRS 2016, 5639.

120 Zum Europäischen Standardsatz (ESS) und zu den in die DNA-Analyse-Datei beim BKA standardmäßig einzustellenden 16 Merkmalssystemen s. BGH 5.6.2014 – 4 StR 439/13, NJW 2014, 2454 (2455).

121 Ausführlich OLG Hamburg 23.2.2016 – 2 Ws 111/14, BeckRS 2016, 4926 Rn. 14–41; LG Freiburg 30.7.2013 – 2 Qs 12/12, juris Rn. 8 f. und 30–37 = BeckRS 2013, 17048; LG Schweinfurt 6.2.2013 – 1 Qs 16/13, juris Rn. 19–27 mAnm Artkämper StRR 2013, 266; LG Hamburg 8.10.2013 – 601 Ks 5/13, BeckRS 2016, 5637; 9.4.2014 – 628 Qs 11/14, BeckRS 2016, 5639; LG Paderborn 19.11.2014 – 1 Qs 22 Js 1365/13 56/14, BeckRS 2014, 22117 unter ausdrücklicher Aufgabe von LG Paderborn 23.1.2013 – 1 Qs 331 Js 873/03 5/13, StV 2013, 434 (434 f.); aA LG Saarbrücken 24.9.2012 – 1 Qs 79/12, StraFo 2012, 299, allerdings noch zu § 2 DNA-IFG mit einer begehrten Auftypisierung von 8 auf nur 12 Allele, statt wie zwischenzeitlich auf bis zu 17; LG Rostock 28.9.2012 – 13 Qs 221/12, juris Rn. 3 f.; AG Hamburg 21.6.2012 – 166 Gs 553/12, StV 2013, 148.

122 BGH 23.12.1999 – 2 ARs 487/992 – AR 227/99, NStZ 2000, 212; 11.9.2002 – 2 ARs 257/02, Becker NStZ-RR 2003, 289 – RsprÜ.

123 LG Stuttgart 9.11.2000 – 17 Qs 56/00, NStZ 2000, 336.

124 So die Bezeichnung im Gesetzesentwurf BT-Drs. 13/10791, 5.

125 Hierzu Fluck NJW 2001, 2292 (2293).

126 LG Frankfurt a. M. 17.10.2000 – 5/6 Qs 62/00, StV 2001, 9; Goers in BeckOK StPO Rn. 6; Schmitt in Meyer-Goßner/Schmitt Rn. 8; ausführlich Rogall in SK-StPO Rn. 29–36; Fluck NJW 2001, 2292 (2293); Markwardt/Brodersen NJW 2000, 692 (694); vgl. der Sache nach auch BGH 20.5.2015 – 4 StR 555/14, NJW 2015, 2594; aA Brauer in Gercke/Julius/Temming/Zöller Rn. 15; Hadamitzky in KK-StPO Rn. 9; Bosch in KMR-StPO Rn. 15; Krause in Löwe/Rosenberg Rn. 13 f. und 29.

127 Vgl. BT-Drs. 13/10791, 4; BT-Drs. 15/5674, 7.

gar nicht leisten kann –, sondern der Produktion eines Mittels zum Tatnachweis gegen den Beschuldigten, sofern gegen diesen weitere Ermittlungsverfahren zu führen sind. Nur auf diese erstreckt sich die Funktion des DNA-Identifikationsmusters.[128] Es muss ferner Grund zu der Annahme bestehen, dass die zukünftigen Verfahren sich auf eine Straftat beziehen, die von erheblicher Bedeutung ist,[129] oder nach Abs. 1 S. 2 auf mehrere Straftaten, die diese Voraussetzung in ihrer Gesamtheit erfüllen (→ Rn. 9). Sind Letztere Anlass für die Maßnahme wird dies idR schon wegen der erforderlichen Häufung deliktischen Verhaltens naheliegen,[130] vorausgesetzt es handelt sich nicht um Straftaten aus dem Bagatellbereich.[131] Diese Schwelle muss für die Negativprognose auch bei einem Sexualdelikt erfüllt sein, unabhängig davon, dass als Anlasstat auch ein solches in Betracht kommt, das nicht von erheblicher Bedeutung ist.[132] Hinsichtlich der dazu notwendigen Verdachtslage wird, zurückgehend auf eine Formulierung des BVerfG, häufig von der Wahrscheinlichkeit künftiger Straftaten gesprochen.[133] Hiermit wird aber nur zum Ausdruck gebracht, dass die Erwartung besteht, künftig seien gegen den Beschuldigten erneut Strafverfahren wie in § 81g benannt, zu führen.[134] Entsprechend muss die Verdachtsschwelle des hinreichenden oder gar dringenden Tatverdachts nicht erreicht sein.[135] Systematisch handelt es sich dabei um eine dem Anfangsverdacht entsprechende Verdachtslage, die prognostisch auf die anderweitige Begehung von Straftaten gerichtet ist.[136] Um sie zu bestimmen, ist schließlich eine Prognoseentscheidung eigener Art vorzunehmen,[137] die sich wegen der unterschiedlichen Prüfungsmaßstäbe nicht an den Prognoseentscheidungen der §§ 63, 64, 66 StGB[138] oder der Wiederholungsgefahr iSd § 112a[139] orientiert. Ebenso folgen die Entscheidungen über die Strafaussetzung zur Bewährung nach § 56 Abs. 1 S. 1 StGB[140] oder Lockerungen des Strafvollzugs[141] anderen Kriterien. Vielmehr kommen für die hier in Frage stehende Wertung die gleichen Maßstäbe zur Anwendung, wie sie für die vergleichbare Prognosevorschrift

---

[128] BGH 23.7.2001 – 1 BGs 129/01 – 1 StE 4/85, wiedergegeben bei Brodersen in DNA-Analyse Rn. 56 und zitiert bei Goers in BeckOK StPO Rn. 6, wobei nach BVerfG 11.3.2004 – 2 BvR 1478/01, BeckRS 2005, 25508 der Ermittlungsrichter des BGH von seiner Rechtsansicht in der Folge offensichtlich abgerückt ist.

[129] LG Mannheim 18.12.2000 – 5 Qs 104/00, StV 2001, 266.

[130] Krause in Löwe/Rosenberg Rn. 34.

[131] LG Würzburg 8.10.2009 – 1 Qs 293/09, StraFo 2010, 22; LG Bremen 3.12.2010 – 4 Qs 362/10, StV 2011, 403 (404) für Ladendiebstähle; aA LG Paderborn 19.11.2014 – 1 Qs 22 Js 1365/13 56/14, BeckRS 2014, 22117 für 5 Verurteilungen oder mehr.

[132] BVerfG 2.7.2013 – 2 BvR 2392/12, BeckRS 2013, 53073 = NStZ-RR 2013, 315 (Leitsatz); OLG Rostock 11.10.2005 – 1 Ws 287/05, BeckRS 2010, 27072; LG Düsseldorf 16.10.2015 – 007 Ns 35/15, BeckRS 2016, 8291 zu § 183 StGB; Krause in Löwe/Rosenberg Rn. 27; Rogall in SK-StPO Rn. 28; vgl. auch BT-Drs. 15/350, 23; aA LG Nürnberg-Fürth 7.9.2009 – 7 Qs 72/09, juris Rn. 13.

[133] BVerfG 14.12.2000 – 2 BvR 1741/99, NJW 2001, 879 (881); OLG Rostock 11.10.2005 – 1 Ws 287/05, BeckRS 2010, 27072.

[134] OLG Hamm 4.3.2004 – 4 Ws 722/03, juris Rn. 5 = BeckRS 2010, 9444; Brodersen in DNA-Analyse Rn. 60; Steinsiek NdsVBl. 2015, 265.

[135] OLG Rostock 11.10.2005 – I Ws 287/05, juris Rn. 3 = BeckRS 2010, 27072; LG Arnsberg 23.1.2006 – 2 Qs 1/06, juris Rn. 10 = BeckRS 2006, 2376; LG Dresden 19.2.2007 – 3 Qs 19/07, juris Rn. 11 = BeckRS 2007, 5153.

[136] Rogall in SK-StPO Rn. 37.

[137] Krause in Löwe/Rosenberg Rn. 27.

[138] LG Duisburg 14.1.1999 – 54 Qs 43/99, StraFo 1999, 202 (203) zu § 2 DNA-IFG; die diesbezüglich von Senge NJW 1999, 253 (255), dem folgend LG Nürnberg-Fürth 2.11.1999 – 7 Qs 89/99, StV 2000, 71 (72) zu § 2 DNA-IFG, vertretene aA wurde mit Senge NStZ 2001, 331 (332) aufgegeben; so nunmehr auch Hadamitzky in KK-StPO Rn. 10.

[139] So aber Schneider StV 2001, 6.

[140] BVerfG 14.12.2000 – 2 BvR 1741/99, NJW 2001, 879 (881); OLG Karlsruhe 27.3.2001 – 3 Ws 17/01, StV 2002, 60 LG Duisburg 14.1.1999 – 54 Qs 43/99, StraFo 1999, 202 (203) LG Frankfurt a. M. 17.10.2000 – 5/6 Qs 62/00, StV 2001, 9 (9 f.) jeweils zu § 2 DNA-IFG; LG Konstanz 24.3.2021 – 4 Qs 2/21, BeckRS 2021, 14970, Rn. 11; ferner jeweils zur Aussetzung einer Reststrafe zur Bewährung VerfGH Berlin 21.3.2003 – 112/02, BeckRS 2003, 18798 Rn. 24–26 zu § 2 DNA-IFG; LG Berlin 10.3.2009 – 533 Qs 19/09, StraFo 2009, 203; aA Bosch JURA 2021, 41 (50).

[141] VerfGH Saarbrücken 18.12.2015 – Lv 4/15, BeckRS 2016, 51118 mAnm Clanget JM 2016, 304.

des § 18 Abs. 2 Nr. 2 BKAG maßgeblich sind.[142] Allerdings ergibt sich regelmäßig ein erhöhter Begründungsbedarf, wenn von einer zuvor gestellten positiven Prognose, insbesondere im Rahmen der Strafaussetzung zur Bewährung, abgewichen werden soll,[143] gerade dann, wenn nicht ohne weiteres Anhaltspunkte dafür ersichtlich sind, dass sich die günstige Sozialprognose nicht bestätigt hat.[144]

14 Die einzelnen **Prognosekriterien** werden in § 81g Abs. 1 S. 1 genannt. Auf deren Grundlage ist unter Darlegung und Würdigung aller bedeutsamen Umstände eine auf den Einzelfall bezogene Entscheidung zu treffen.[145]

15 Die **Art und Ausführung der Tat** indizieren regelmäßig dann die Negativwertung, wenn es sich bei den Anlasstaten um schwere Sexual- und Gewaltstraftaten[146] handelt, vor allem in Serie zum Nachteil mehrerer Opfer begangen,[147] oder falls eine gewerbs- und/ oder bandenmäßige Begehung[148] verzeichnet werden kann. Das (Vor- und Nach-)Tatverhalten,[149] wie Planung,[150] Vorsorge gegen Entdeckung und Identifizierung, grausame Begehungsweise, Motivationslage, Vorbereiten und Sichern der Flucht und des Abtransportes der Beute sowie nachträgliches Einwirken auf Beweispersonen, ist zu berücksichtigen.[151] Bei Sexualdelikten, die für sich gesehen im Einzelfall nicht die Erheblichkeitsschwelle überschreiten (Abs. 1 S. 1 Alt. 2), wie beispielsweise bei exhibitionistischen Handlungen oder Verbreitung und Besitz kinderpornografischer Schriften, ist alleine die statistische Wahrscheinlichkeit von 1 bis 2 Prozent dafür, dass zur Begehung von (sexuellen) Gewaltdelikten übergegangen wird, nicht ausreichend.[152] Andererseits darf nicht unberücksichtigt bleiben, sofern nicht der Zeitablauf dagegen spricht,[153] dass eine entsprechend ausgeprägte Neigung des Betroffenen darauf hindeuten kann, er werde strafrechtlich relevante sexuelle Phantasien zu einem späteren Zeitpunkt ausleben.[154]

---

142 OLG Karlsruhe 27.3.2001 – 3 Ws 17/01, Justiz 2001, 447 (449); OLG Köln 23.7.2002 – 2 Ws 336/02, NStZ-RR 2002, 306 (307); LG Frankfurt a. M. 17.10.2000 – 5/6 Qs 62/00, StV 2001, 9; Fluck NJW 2001, 2292 (2293); Markwardt/Brodersen NJW 2000, 692 (694); so die Intention des Gesetzesentwurfes nach BT-Drs. 13/10791, 5.

143 BVerfG 14.12.2000 – 2 BvR 1741/99, NJW 2001, 879 (881); 20.12.2001 – 2 BvR 429/01, BeckRS 2002, 20425 Rn. 28 zu § 2 DNA-IFG; BVerfG 1.9.2008 – 2 BvR 939/08, BeckRS 2009, 31202 Rn. 14; 10.3.2009 – 2 BvR 400/09, BeckRS 2009, 32495; 29.9.2013 – 2 BvR 939/13, BeckRS 2013, 58083 Rn. 17 f.; 3.5.2016 – 2 BvR 2349/15, NJW 2016, 2799; 14.5.2021 – 2 BvR 1336/20, NStZ-RR 2021, 252 (254); 29.6.2021 – 2 BvR 912/21, BeckRS 2021, 17313, Rn. 9; LG Potsdam 13.12.2011 – 24 Qs 147/11, StV 2012, 331 (Leitsatz); AG St. Wendel 22.1.2010 – 19 Gs 138/09, juris Rn. 5 f.; LG Braunschweig 19.4.2018 – 4 Qs 72/18, BeckRS 2018, 10263 Rn. 15.

144 BVerfG 15.3.2001 – 2 BvR 1841/00, NJW 2001, 2320 (2321); LG Frankenthal 21.3.2000 – II Qs 105/00, NStZ-RR 2001, 19; LG Berlin 10.3.2009 – 533 Qs 19/09, StraFo 2009, 203 für Reststrafenbewährung.

145 BVerfG 14.12.2000 – 2 BvR 1741/99, NJW 2001, 879 (881); 15.3.2001 – 2 BvR 1841/00, NJW 2001, 2320 (2321).

146 Rogall in SK-StPO Rn. 40; Brodersen in DNA-Analyse Rn. 65; einschränkend Krause in Löwe/Rosenberg Rn. 32.

147 LG Dresden 19.2.2007 – 3 Qs 19/07, juris Rn. 13 f. = BeckRS 2007, 5153.

148 OLG Brandenburg 22.3.1999 – 2 Ws 49/99, juris Rn. 39 = BeckRS 1999, 03153; LG Saarbrücken 1.6.2021 – 2 Qs 9/21, BeckRS 2021, 14399, Rn. 9; Bosch in KMR-StPO Rn. 13; Rogall in SK-StPO Rn. 40.

149 Bspw. BVerfG 3.5.2016 – 2 BvR 2349/15, NJW 2016, 2799: Geständnis und Angebot von Schmerzensgeld.

150 S. OLG Rostock 11.10.2005 – 1 Ws 287/05, BeckRS 2010, 27072 zur planmäßigen Einschüchterung des Opfers zur Begehung von sexuellen Übergriffen; LG Traunstein 23.4.2021 – 1 Qs 55/21 BeckRS 2021, 17314 Rn. 19.

151 Markwardt/Brodersen NJW 2000, 692 (695).

152 LG Weiden 22.3.2005 – Qs 5/05 jug., StV 2005, 495; LG Bremen 23.10.2006 – 11 Qs 318/06, StraFo 2007, 58; LG Darmstadt 28.3.2011 – 3 Qs 152/11, BeckRS 2011, 07476; LG Düsseldorf 16.10.2015 – 007 Ns 35/15, BeckRS 2016, 8291; LG Braunschweig 19.4.2018 – 4 Qs 72/18, BeckRS 2018, 10263 Rn. 9 ff.; s. auch LG Hannover 7.6.2013 – 30 Qs 16/13, juris Rn. 8.

153 LG Traunstein 12.3.2007 – 1 Qs 27/07, StV 2007, 521 (522).

154 LG Arnsberg 23.1.2006 – 2 Qs 1/06, juris Rn. 10 und 14 = BeckRS 2006, 2376; AG Bremen 8.4.2008 – 80 Gs 75/07 (403 AR 34790/07), NStZ-RR 2008, 346 (346 f.); LG Darmstadt 28.3.2011 – 3 Qs 152/11, BeckRS 2011, 07476 Annäherung an Kinder und Jugendliche.

16 In Bezug auf die **Persönlichkeit des Beschuldigten** kommt es auf die innere Bereitschaft an, Straftaten zu begehen.[155] Hier können maßgebliche Bedeutung entfalten die Rückfallgeschwindigkeit oder andererseits der lange Zeitraum zwischen den Taten,[156] die Motivationslage, die Lebensumstände,[157] die persönlichen Begleitumstände des Beschuldigten, vor allem ob es sich um eine besonderen Umständen entspringende Entgleisung,[158] eine Episode innerhalb einer konfliktbehafteten Entwicklungsphase, eine Spontantat,[159] eine Beziehungstat[160] oder ein persönlichkeitstypisches Verhaltensmuster handelt,[161] die Abkehr an einem kriminogenen Milieu[162] das Verhalten während einer Bewährungszeit[163] oder im und nach dem Vollzug,[164] die finanzielle Situation, fehlende[165] oder einschlägige[166] Vorstrafen, soweit noch nicht aus dem Bundeszentralrgister getilgt oder tilgungsreif,[167] der erfolgreiche Verlauf einer Therapie bei länger zurückliegenden Anlasstaten.[168] Die Praxis lehrt aber, dass nicht jeder Erfolg einer solchen zwingend eine positive Prognose nach sich zieht.[169] Richtet sich die Maßnahme gegen einen Jugendlichen, so soll wegen der Gefahr einer negativen Einflussnahme auf die soziale Integration, die mit einer „Brandmarkung" durch die Maßnahme verbunden sein könnte, die Auswirkung der Anordnung auf die weitere Entwicklung des Jugendlichen ausdrücklich in die Abwägung miteinzubeziehen sein.[170] Es steht allerdings zu befürchten, dass derartige Vorgaben selbst für erfahrene Entscheidungsträger angesichts der zur

[155] Bosch in KMR-StPO Rn. 15; Krause in Löwe/Rosenberg Rn. 33; Rogall in SK-StPO Rn. 41.

[156] BVerfG 14.8.2007 – 2 BvR 1293/07, NStZ-RR 2007, 378; 3.5.2016 – 2 BvR 2349/15, NJW 2016, 2799; LG Aurich 18.5.2000 – 12 Qs 52/00, StV 2000, 609; LG Köln 23.7.2002 – 2 Ws 336/02, NStZ-RR 2002, 306 (307); LG Dortmund 21.2.2003 – 14 (IX) Qs 38/03, StraFo 2004, 321.

[157] BVerfG 20.12.2000 – 2 BvR 2232/00, NStZ 2001, 332 (333) zu Strafhaft; VerfGH Saarbrücken 18.12.2015 – Lv 4/15, BeckRS 2016, 51118 zu Gewinnstreben unter Einsatz von „nahezu allen denkbaren Mitteln" beim Betrieb eines Unternehmens; LG Hannover 7.6.2013 – 30 Qs 16/13, juris Rn. 11 zu Besitz kinderpornographischer Schriften während „depressiver Phase".

[158] BVerfG 20.12.2001 – 2 BvR 429/01, BeckRS 2002, 20425 Rn. 27 zu § 2 DNA-IFG.

[159] LG Hamburg 17.7.2014 – 626 Qs 32/14, StV 2017, 510 „alkoholbedingte Spontantat".

[160] LG Hannover 1.9.1999 – 33 Qs 255/99, StV 2000, 302 (303); LG Nürnberg-Fürth 2.11.1999 – 7 Qs 89/99, StV 2000, 71 (72) jeweils zu § 2 DNA-IFG.

[161] VerfGH Saarbrücken 18.12.2015 – Lv 4/15, BeckRS 2016, 51118; OLG Karlsruhe 27.3.2001 – 3 Ws 17/01, justiz 2001, 447 (448); OLG Hamm 4.3.2004 – 4 Ws 722/03, juris Rn. 5 = BeckRS 2010, 9444; OLG Rostock 11.10.2005 – I Ws 287/05, juris Rn. 3–5 = BeckRS 2010, 27072; VG Gelsenkirchen 31.3.2009 – 17 K 2747/07, juris Rn. 51 = BeckRS 2009, 33089; LG Freiburg 1.3.2001 – 6 Qs 4/01, NStZ-RR 2001, 336; LG Arnsberg 23.1.2006 – 2 Qs 1/06, juris Rn. 12 = BeckRS 2006, 2376.

[162] LG Rostock 24.8.2021 – 11 Qs 97/21, BeckRS 2021, 28682 Rn. 3; Gaede FS Merkel, 2020, 1283 (1290).

[163] BVerfG 14.12.2000 – 2 BvR 1741/99, NJW 2001, 879 (881); 1.9.2008 – 2 BvR 939/08, BeckRS 2009, 31202 Rn. 16; LG Karlsruhe 27.4.2001 – 6 Qs 18/01, StV 2001, 390 (392); LG Cottbus 28.7.2014 – 24 Qs 33/13, BeckRS 2015, 12115.

[164] VerfGH Saarbrücken 18.12.2015 – Lv 4/15, BeckRS 2016, 51118; VG Gelsenkirchen 31.3.2009 – 17 K 2747/07, juris Rn. 54 ff. = BeckRS 2009, 33089 insbes. zu mangelnder Tataufarbeitung nach Sexualdelikten; LG Nürnberg-Fürth 2.11.1999 – 7 Qs 89/99, StV 2000, 71 (72) zu § 2 DNA-IFG; LG Berlin 10.3.2009 – 533 Qs 19/09, StraFo 2009, 203.

[165] BVerfG 2.7.2013 – 2 BvR 2392/12, StV 2014, 578 (579); 16.12.2015 – 2 BvR 2349/15, BeckRS 2016, 40848 Rn. 8; 3.5.2016 – 2 BvR 2349/15, NJW 2016, 2799; sehr weitgehend allerdings LG Tübingen 16.11.1999 – 1 Qs 255/99, StV 2000, 114 zu § 2 DNA-IFG, wo nach Erstverbüßung einer Strafe von 5 Jahren 9 Monaten trotz „einem hohen Maß an Gewinnstreben und Brutalität" bei der Tat die Negativprognose verneint wurde.

[166] Markwardt/Brodersen NJW 2000, 692 (695).

[167] BVerfG 22.5.2009 – 2 BvR 287 + 400/09, StraFo 2009, 276; LG Aachen 29.9.2003 – 65 Qs 99/03, StV 2004, 9 zu § 2 DNA-IFG.

[168] LG Bremen 4.4.2000 – 22 Qs 109/00, StV 2000, 303 (304); LG Bückeburg 13.10.2000 – Qs 49/00, StraFo 2001, 67 jeweils zu § 2 DNA-IFG; LG Magdeburg 14.2.2001 – 25 Qs 3/01, StraFo 2002, 60 (61).

[169] S. herzu VerfGH Berlin 21.3.2003 – 112/02, BeckRS 2003, 18798 Rn. 23–29 zu Therapie einer Pädophilie im Maßregelvollzug; vgl. auch die bei Krause in Löwe/Rosenberg Rn. 33 wiedergegebene Entscheidung LG Berlin 27.1.2000 – 538 Qs 4/00; zu weitgehend daher Endriß/Kinzig NStZ 2001, 299 (301).

[170] BVerfG 18.9.2007 – 2 BvR 2577/06, NJW 2008, 281 (283); 23.1.2013 – 2 BvR 2392/12, BeckRS 2013, 46595 mAnm Krug FD-StrafR 2013, 343056; BVerfG 2.7.2013 – 2 BvR 2392/12, StV 2014, 578 (579 f.) (Leitsatz); Eisenberg NStZ 2003, 124 (131).

Verfügung stehenden Erkenntnismöglichkeiten[171] zu wenig mehr als Spekulationen durch die Praxis führen werden. Zu beachten ist indes, dass gerade jugendtypische Straftaten einer lediglich vorübergehenden Entwicklungsphase entspringen können, nach deren Abschluss nicht mit weiterer Straffälligkeit zu rechnen ist.[172] Unmaßgeblich ist dagegen zulässiges Prozessverhalten in Form von Leugnen der Tat.[173]

17 **Sonstige Erkenntnisse** sind alle weiteren verwertbaren[174] Feststellungen, die anhand anderer Quellen getroffen werden können.[175] Dazu zählen auch kriminalistisch[176] und kriminologisch anerkannte Erfahrungssätze.[177]

18 Für die Prognoseentscheidung gilt das **Freibeweisverfahren** unter Beachtung der dort gültigen Aufklärungspflicht, indem die maßgeblichen Umstände unter Bezugnahme auf positive, den Einzelfall bewertende Gründe vorzunehmen und darzulegen sind.[178] Dies macht eine zureichende Sachaufklärung erforderlich, bei der zumindest die verfügbaren Straf- und Vollstreckungsakten, Bewährungshefte und zeitnahe Auskünfte aus dem Bundeszentralregister beizuziehen sind.[179] Darüber hinaus ist auch die Auswertung weiterer oder sämtlicher Akten betreffend Vorstrafen und solcher aus anderen Verfahren, beispielsweise aus Betreuungsverfahren, zu erwägen.[180] Der Einholung eines Sachverständigengutachtens bedarf es idR nicht.[181]

19 **2. Rechtsfolgen nach Abs. 1 S. 1 und Abs. 2.** Sind die tatbestandlichen Voraussetzungen des Abs. 1 gegeben, darf beim Beschuldigten – unter Beachtung des Verfahrens nach Abs. 3 – die **Entnahme von Körperzellen** erfolgen. Dies geschieht in der Regel durch einen Wangenschleimhautabstrich.[182] Wirkt der Beschuldigte allerdings nicht mit, hat eine Entnahme durch Hautabrieb[183] oder eine Blutprobenentnahme[184] zu erfolgen. Die Rechtsgrundlage für den körperlichen Eingriff findet sich auch hierfür in Abs. 1 S. 1 selbst,[185] da dieser zugleich die Befugnis zur zwangsweisen Durchsetzung beinhaltet (→ Rn. 32). Eine zusätzliche Anordnung nach § 81a ist mithin nach zutreffender Ansicht nicht erforderlich.[186] Dies ergibt sich schon aus dem Wortlaut, nach dem Körperzellen „entnommen" werden dürfen, was auch einen hierzu notwendigen Eingriff abdeckt. Ferner bezieht sich die Maßnahme nach § 81g auf zukünftige Verfahren, § 81a dagegen nur auf das laufende.[187] Allerdings ist, da § 81g die Art und Weise der Durchführung des körperlichen Eingriffes nicht regelt, aus Verhältnismäßigkeitsgründen § 81a Abs. 1 S. 2 entsprechend

---

171 Hierzu Pfeiffer/Höynck/Görgen ZRP 2005, 113 (115 f.).

172 LG Hannover 3.7.2014 – 31 Qs 3/14, juris Rn. 19; Keller jurisPR-ITR 12/Anm. 2 mit dem zutreffenden Hinweis auf andere Maßstäbe bei jugendlichen Intensivtätern.

173 OLG Karlsruhe 27.3.2001 – 3 Ws 17/01, Justiz 2001, 447 (449).

174 LG Freiburg 1.3.2001 – 6 Qs 4/01, NStZ-RR 2001, 336.

175 Rogall in SK-StPO Rn. 42 mit Beispielen.

176 VerfGH Saarbrücken 18.12.2015 – Lv 4/15, BeckRS 2016, 51118; LG Dortmund 21.2.2003 – 14 (IX) Qs 38/03, StraFo 2004, 321.

177 Brodersen in DNA-Analyse Rn. 70; Gaede FS Merkel, 2020, 1283 (1290); Markwardt/Brodersen NJW 2000, 692 (695).

178 BVerfG 14.12.2000 – 2 BvR 1741/99, NJW 2001, 879 (881); 3.5.2016 – 2 BvR 2349/15, NJW 2016, 2799; 14.5.2021 – 2 BvR 1336/20, NStZ-RR 2021, 252 (254).

179 BVerfG 15.3.2001 – 2 BvR 1841/00, NJW 2001, 2320; 18.9.2007 – 2 BvR 2577/06, NJW 2008, 281 (281 f.); VerfG Brandenburg 15.11.2001 – VfG-Bbg. 49/01, 49/01 EA, StV 2002, 57 (58).

180 Fluck NJW 2001, 2292 (2294).

181 LG Duisburg 14.1.1999 – 54 Qs 43/99, StraFo 1999, 202 (203) zu § 2 DNA-IFG.

182 Brodersen in DNA-Analyse Rn. 2.

183 Pfeiffer/Höynck/Görgen ZRP 2005, 113 (114).

184 Brauer in Gercke/Julius/Temming/Zöller Rn. 5; Krause in Löwe/Rosenberg Rn. 4 unter Hinweis auf BGH 17.4.2002 – 1 BGs 106/02; Schmitt in Meyer-Goßner/Schmitt Rn. 3.

185 Bosch in KMR-StPO Rn. 2; Krause in Löwe/Rosenberg Rn. 4; Rogall in SK-StPO Rn. 11–13; Brodersen in DNA-Analyse Rn. 39.

186 OLG Jena 9.8.1999 – 1 Ws 215/99, NStZ 1999, 634 (635); der Sache nach VerfGH Saarbrücken 18.12.2015 – Lv 4/15, BeckRS 2016, 51118; aA OLG Köln 13.12.2000 – 2 b Ss 291/00 – 73/00 IV, StraFo 2001, 104 (105 f.); OLG Hamburg 23.2.2016 – 2 Ws 111/14, BeckRS 2016, 4926 Rn. 30; Hadamitzky in KK-StPO Rn. 15.

187 OLG Jena 9.8.1999 – 1 Ws 215/99, NStZ 1999, 634 (635).

anzuwenden und der Eingriff durch einen Arzt nach Regeln ärztlicher Kunst vorzunehmen.[188] Um allerdings Unsicherheiten und wiederholte Antragstellungen zu vermeiden, empfiehlt es sich in der staatsanwaltschaftlichen und gerichtlichen Antrags- und Entscheidungspraxis, die Anordnung der Blutprobenentnahme durch einen Arzt unter Verweis auf § 81a Abs. 1 für den Fall, dass die Abgabe einer Speichelprobe verweigert wird, sogleich mitaufzunehmen.[189] Die Probenerhebung ist nicht isoliert zulässig, sondern nur im Hinblick auf die nach Abs. 1 S. 1 ebenfalls gestattete Untersuchung.[190]

Die Körperzellen dürfen nach Abs. 1 S. 1 und Abs. 2 S. 1 einer **molekulargenetischen Untersuchung** unterzogen werden, um ein DNA-Identifizierungsmuster zu erstellen und das Geschlecht zu bestimmen. Sie folgt den Grundsätzen des § 81e (→ § 81e Rn. 36 f.). 20

Sowohl Entnahme als auch Untersuchung der Körperzellen unterliegen den **Zweckbindungen** des Abs. 1 S. 1 und Abs. 2 S. 1 Hs. 1 und S. 2. Dies lässt einerseits als Ziel der Maßnahme lediglich die Identitätsfeststellung in zukünftigen Strafverfahren zu. Das bedeutet allerdings nicht die Beschränkung auf eine Verwertung im Hinblick auf erst in der Zukunft zu begehende Straftaten. Vielmehr kann die Einstellung des Identifizierungsmusters in die DNA-Analyse-Datei auch zu einer Übereinstimmung im Hinblick auf ein bereits anderweit anhängiges Ermittlungsverfahren führen, das aufgrund der neuen Verdachtslage künftig gegen den Beschuldigten zu führen sein wird (→ Rn. 13).[191] Zudem muss das Zielverfahren keine Straftat iS des Abs. 1 zum Gegenstand haben (→ Rn. 34). Unzulässig ist dagegen die Erhebung zu Zwecken der Gefahrenabwehr, beispielsweise zur Feststellung schwerer oder ansteckender Krankheiten, oder zu Zwecken der Forschung.[192] Andererseits darf sich die Untersuchung inhaltlich lediglich auf die Erstellung eines DNA-Identifizierungsmusters und die Feststellung des Geschlechts beziehen. Darüber hinausgehende Auswertungen, wie die Erstellung eines „Persönlichkeitsprofils" sind unzulässig.[193] Hieran hat sich auch durch Ausweitung der DNA-Analyse im laufenden Verfahren durch Einfügung des § 81e Abs. 2 S. 2 StPO auf die dort genannten äußerlichen Persönlichkeitsmerkmale nichts geändert. Durch gleichzeitige Präzisierung des Verweises in § 81g Abs. 5 S. 2 Nr. 2 auf § 81e Abs. 2 S. 1[194] wurde klargestellt, dass der Umfang der in der DNA-Analyse-Datei des BKA zu speichernden Daten unverändert bleibt und entsprechende Erkenntnisse mithin nicht eingestellt werden dürfen (→ Rn. 36).[195] 21

Die **Vernichtungsregelung** des Abs. 2 S. 1 Hs. 2 gebietet darüber hinaus die sofortige Vernichtung des entnommenen Körpermaterials, sofern dieses nicht mehr benötigt wird. Hiervon erfasst sind auch Zwischenprodukte und aufbereitetes Material[196] sowie überzähliges, noch nicht untersuchtes Material.[197] 22

3. Verfahren nach Abs. 3. a) Anordnung der Maßnahme. Die **Körperzellenentnahme** unterliegt, sofern keine Einwilligung des Beschuldigten vorliegt, nach Abs. 3 S. 1 grundsätzlich einem Richtervorbehalt. Die Staatsanwaltschaft und ihre Ermittlungspersonen sind nur bei Gefahr im Verzug hierzu berechtigt. Eine solche Situation besteht insbesondere, wenn nicht gesichert ist, dass die beschuldigte Person dem weiteren Verfahren zur Verfügung 23

---

188 OLG Jena 9.8.1999 – 1 Ws 215/99, NStZ 1999, 634 (635); Brauer in Gercke/Julius/Temming/Zöller Rn. 5; Bosch in KMR-StPO Rn. 3; Krause in Löwe/Rosenberg Rn. 4 und 9; Rogall in SK-StPO Rn. 13.

189 Volk NStZ 1999, 165 (169); vgl. auch EGMR 4.6.2013 – 7841/08 + 57900/12, EuGRZ 2014, 285 Rn. 5.

190 Krause in Löwe/Rosenberg Rn. 4.

191 Brodersen in DNA-Analyse Rn. 8; der Sache nach auch BGH 20.5.2015 – 4 StR 555/14, NJW 2015, 2594.

192 Hadamitzky in KK-StPO Rn. 12; Bosch in KMR-StPO Rn. 22; Rogall in SK-StPO Rn. 60; Senge NJW 1999, 253 (255).

193 Bosch in KMR-StPO Rn. 22; Krause in Löwe/Rosenberg Rn. 45; Schmitt in Meyer-Goßner/Schmitt Rn. 4.

194 Gesetz zur Modernisierung des Strafverfarens v. 10.12.2019, BGBl. 2019 I 2121 (2122).

195 BT-Drs. 19/14747, 28; Jansen ZIS 2020, 233 (239).

196 Bosch in KMR-StPO Rn. 23; Rogall in SK-StPO Rn. 61.

197 Krause in Löwe/Rosenberg Rn. 43.

steht, eine freiheitsentziehende Maßnahme, insbesondere Untersuchungshaft, allerdings mangels rechtlicher oder tatsächlicher Voraussetzungen nicht in Betracht kommt.[198] Da indes schon die Entnahme der Körperzellen an die Voraussetzungen des Abs. 1 geknüpft ist, und, abgesehen von einem Sexualdelikt, entsprechend erhebliche Anlassstraftaten voraussetzt, dürfte hierfür nur ein geringer Anwendungsbereich verbleiben.[199] Im Übrigen gelten wegen Vergleichbarkeit der Maßnahme die Maßstäbe des § 81a Abs. 2, weswegen auf die dortigen Ausführungen verwiesen wird (→ § 81a Rn. 31 f.).

24 Für die **Untersuchung der Körperzellen** normiert Abs. 3 S. 2 dagegen einen absoluten Richtervorbehalt ohne Eilkompetenz für Staatsanwaltschaft oder Ermittlungspersonen.[200] Sie kann – im Gegensatz zur Entnahme – auch isoliert angeordnet werden, was in Betracht kommt, falls eine Einwilligung des Beschuldigten lediglich die Entnahme des Untersuchungsmaterials betrifft oder solches bereits aufgrund einer vorhergehenden, beispielsweise auf § 81a gestützten, Maßnahme vorliegt.[201]

25 Für die **gerichtliche Zuständigkeit** enthält § 81g keine ausdrückliche Regelung. Allgemein anerkannt ist inzwischen, dass insoweit die allgemeinen Regelungen des § 162 Abs. 1 (ggf. iVm § 162 Abs. 3 S. 3) gelten, soweit das Verfahrensstadium der noch laufenden Ermittlungen oder nach rechtskräftigem Abschluss des gerichtlichen Verfahrens betroffen ist. Diesbezüglich ist jeweils der Ermittlungsrichter iSd § 162 Abs. 1 S. 1 zuständig.[202] Umstritten ist dagegen weiterhin, welches Gericht nach Erhebung der Anklage bis zum rechtskräftigen Abschluss des Verfahrens berufen ist. Von der hM wird die Zuständigkeit des erkennenden Gerichts angenommen.[203] Zur Begründung wird im Wesentlichen auf dessen größere Sachnähe verwiesen.[204] Auch kann sich diese Ansicht auf § 162 Abs. 3 S. 1 berufen.[205] Andererseits wird mit gewichtigen Argumenten eingewandt, § 81g diene nicht der Beweisführung in der anhängigen Strafsache, sondern in einem künftigen Strafverfahren. Von daher wird auch in diesem Verfahrensstadium die Zuständigkeit des Ermittlungsrichters angenommen.[206] Zudem wird auf die Unsicherheit bei der örtlichen Zuständigkeit hingewiesen, sofern bei mehreren Tatgerichten Anklagen erhoben wurden, die bei Anwendung des § 162 Abs. 1 S. 1 nicht auftrete.[207] Sofern allgemein die Auffassung vertreten wird, bei

---

198 BT-Drs. 15/5674, 12.

199 So im Ergebnis auch Bosch in KMR-StPO Rn. 18; Krause in Löwe/Rosenberg Rn. 47; Rogall in SK-StPO Rn. 73.

200 Goers in BeckOK StPO Rn. 13; Brauer in Gercke/Julius/Temming/Zöller Rn. 24; Hadamitzky in KK-StPO Rn. 14; Krause in Löwe/Rosenberg Rn. 48; Schmitt in Meyer-Goßner/Schmitt Rn. 15; Rogall in SK-StPO Rn. 74.

201 Krause in Löwe/Rosenberg Rn. 48.

202 BGH 21.3.1999 – ARs 153/99 – 2 AR 48/99, BGHR StPO § 81g Zuständigkeit 1, allerdings durch Neufassung des § 162 Abs. 1 überholt im Hinblick auf die dortigen Ausführungen zur örtlichen Zuständigkeit; OLG Celle 25.7.2000 – 3 Ws 139/00, NStZ-RR 2000, 374 (374 f.); OLG Saarbrücken 21.1.2004 – 1 Ws 2/04, NStZ-RR 2004, 112 (113) jeweils noch zu § 81g iVm § 2 DNA-IFG mwN; OLG Oldenburg 16.7.2008 – 1 Ws 390/08, NStZ 2008, 711; OLG Hamburg 23.2.2016 – 2 Ws 111/14, BeckRS 2016, 4926 Rn. 7; LG Konstanz 24.3.2021 – 4 Qs 2/21, Rn. 7 für rechtskräftig abgeschlossenes Verfahren.

203 OLG Brandenburg 22.3.1999 – 2 Ws 49/99, juris Rn. 37 = BeckRS 1999, 03153; OLG Hamm 18.4.2000 – 2 Ws 112/00, StV 2000, 606, juris Rn. 4 = StV 2000, 606; OLG Celle 25.7.2000 – 3 Ws 139/00, NStZ-RR 2000, 374; OLG Düsseldorf 16.9.2003 – III – 2 Ws 176/03, NStZ 2004, 349; OLG Saarbrücken 21.1.2004 – 1 Ws 2/04, NStZ-RR 2004, 112 (113); OLG Bremen 2.6.2006 – Ws 67/06, NStZ 2006, 716 (717); OLG Hamburg 23.2.2016 – 2 Ws 111/14, BeckRS 2016, 4926 Rn. 7; KG 28.8.2019 – 2 Ws 136/19, BeckRS 2019, 22097 Rn. 3; Ritzert in BeckOK StPO Rn. 14; Neuhaus in HK-GS Rn. 8; Brauer in Gercke/Julius/Temming/Zöller Rn. 23 f.; Rogall in SK-StPO Rn. 73 f.

204 Bosch in KMR-StPO Rn. 18; Krause in Löwe/Rosenberg Rn. 49.

205 OLG Hamburg 23.2.2016 – 2 Ws 111/14, BeckRS 2016, 4926 Rn. 7; KG 28.8.2019 – 2 Ws 136/19, BeckRS 2019, 22097 Rn. 3; Schmitt in Meyer-Goßner/Schmitt Rn. 15; Eisenberg BeweisR StPO Rn. 1692.

206 KG 16.12.1998 – 5 Ws 678/98, NStZ-RR 1999, 145 (146) zu §§ 1, 2 DNA-IFG; OLG Düsseldorf 29.4.1999 – 3 Ws 163/99, OLGSt StPO § 81g Nr. 1; KG 19.11.2003 – 5 Ws 314/03, NStZ-RR 2004, 82 (83); LG Hamburg 8.12.2006 – 620 Qs 52/06, BeckRS 2011, 13941; Hadamitzky in KK-StPO Rn. 18; Senge NJW 1999, 253 (255 f.).

207 KG 19.11.2003 – 5 Ws 314/03, NStZ-RR 2004, 82 (83).

Jugendlichen entscheide in jedem Fall der Jugendrichter,[208] kann dem nicht uneingeschränkt gefolgt werden. Zur Begründung wird auf §§ 34, 107 JGG verwiesen.[209] Eine die Vorgaben des § 34 Abs. 1 JGG sicherstellende Regelung des Geschäftsverteilungsplans ist für den Bereich ermittlungsrichterlicher Entscheidungen jedoch nicht zwingend.[210]

b) Entbehrlichkeit der Anordnung bei Einwilligung. Die **schriftliche Einwilligung** macht sowohl für die Körperzellenentnahme nach Abs. 3 S. 1, als auch für deren Auswertung nach Abs. 3 S. 2 eine gerichtliche Anordnung entbehrlich, kann aber auch auf eine der Maßnahmen beschränkt werden. Sie ist maßnamespezifisch und kann nicht in einer solchen nach § 81e gesehen und durch diese ersetzt werden.[211] Das Formerfordernis dient dabei der aktenmäßigen Dokumentation und soll zugleich dem Beschuldigten die Tragweite seiner Entscheidung bewusst machen.[212] Hinsichtlich der Wirksamkeit der Einwilligung selbst gelten dieselben Maßstäbe wie bei § 81f Abs. 1, weswegen auf die dortigen Ausführungen verwiesen wird (→ § 81f Rn. 8 f.). Hervorzuheben ist allerdings, dass auch im gegebenen Zusammenhang keine Geschäftsfähigkeit des Beschuldigten vorausgesetzt wird, sondern ausreichende Verstandesreife.[213] Daher kann die Erklärung grundsätzlich auch von den in Abs. 4 Nr. 1–3 genannten Personen abgegeben werden. Allerdings wird in diesen Fällen eine sorgfältige Prüfung der Einwilligungsfähigkeit notwendig sein.[214] 26

In jedem Fall setzt eine freiverantwortliche Entscheidung die umfassende **Belehrung** des Beschuldigten nach Abs. 3 S. 3 über Bedeutung und Umfang der Maßnahme voraus,[215] insbesondere über die Art des Eingriffs, die Speicherung der gewonnenen Daten in der DNA-Analyse-Datei[216] und die – allerdings nur in die Zukunft gerichtete (s. auch → § 81f Rn. 8)[217] – freie Widerruflichkeit der Erklärung.[218] Alleine dieser Hinweis auf die Widerruflichkeit lässt noch nicht besorgen, dass der Beschuldigte davon Gebrauch macht, und führt mithin für sich gesehen nicht zur Notwendigkeit einer gerichtlichen Anordnung.[219] Die Verwendung von Formularen bietet sich hier genauso an wie bei § 81f Abs. 1 S. 2 (→ § 81f Rn. 10).[220] Eine Belehrung über die anderen Zwecken dienende Auswertung nach § 81e vermag diejnige nach § 81g nicht zu ersetzen.[221] Ggf. sind beide Belehrungen vorzunehmen und kenntlich zu machen. 27

Eine **schriftliche Anordnung** bleibt auch in Fällen der Einwilligung wegen des Verweises in Abs. 3 S. 4 auf § 81f Abs. 2 zumindest für die Bestimmung des Sachverständigen notwendig.[222] Diese kann durch die Staatsanwaltschaft oder die Polizei erfolgen (→ § 81f Rn. 13 und 15).[223] Die zusätzliche Forderung, in jedem Fall sei die Negativprognose durch die Staatsanwaltschaft vorzunehmen und sinnvollerweise in den Akten zu dokumentieren,[224] geht indes zu weit und wird weder von Wortlaut, noch Sinn und Zweck der Vorschrift geboten. Auch die Polizei prüft materiellrechtliche Fragestellungen und trifft durchaus den hier in Rede stehenden vergleichbare Prognoseentscheidungen, wie § 18 Abs. 1 Nr. 3 und 28

208 Goers in BeckOK StPO Rn. 14; Neuhaus in Gercke/Julius/Temming/Zöller Rn. 8; Krause in Löwe/Rosenberg Rn. 47; Schmitt in Meyer-Goßner/Schmitt Rn. 15.
209 Eisenberg BeweisR StPO Rn. 1692; Eisenberg NStZ 2003, 124 (131), auf den diese Ansicht zurückgeht.
210 Walher/Goers in BeckOK StPO JGG § 34 Rn. 1.
211 BGH 20.5.2015 – 4 StR 555/14, NJW 2015, 2594 (2595).
212 BT-Drs. 15/5674, 12.
213 Rogall in SK-StPO Rn. 51; Finger Kriminalistik 2006, 696 (698); Volk NStZ 1999, 165 (169).
214 Krause in Löwe/Rosenberg Rn. 52.
215 Bosch in KMR-StPO Rn. 19; Krehl/Kolz StV 2004, 447 (454); Sprenger/Fischer NJW 1999, 1830 (1833).
216 Hadamitzky in KK-StPO Rn. 16; Schmitt in Meyer-Goßner/Schmitt Rn. 17.
217 Finger Kriminalistik 2006, 696 (698); Volk NStZ 1999, 165 (169).
218 Krause in Löwe/Rosenberg Rn. 54; Rogall in SK-StPO Rn. 53; aA Brauer in Gercke/Julius/Temming/Zöller Rn. 26, der von Unwiderruflichkeit ausgeht.
219 Missverständlich insoweit LG Dresden 19.2.2007 – 3 Qs 19/07, juris Rn. 8 = BeckRS 2007, 5153.
220 Vgl. auch LG Dresden 19.2.2007 – 3 Qs 19/07, juris Rn. 7 = BeckRS 2007, 5153.
221 BGH 20.5.2015 – 4 StR 555/14, NJW 2015, 2594 (2595).
222 Krause in Löwe/Rosenberg Rn. 51.
223 Goers in BeckOK StPO Rn. 12.
224 Hadamitzky in KK-StPO Rn. 16; Krause in Löwe/Rosenberg Rn. 51; Senge NJW 2005, 3028 (3031).

4 und Abs. 2 Nr. 2 BKAG belegen. Daher bestehen keine Bedenken, ihr in diesem Fall die Beurteilung zu überlassen.[225] In jedem Fall ist es aber notwendig, dass auch die Polizei vor Anordnung der Untersuchung die tatbestandlichen Voraussetzungen, ggf. unter Beiziehung von Vorakten, prüft und das Ergebnis der Erwägungen dokumentiert. Denn die Einwilligung des von der Maßnahme betroffenen ersetzt nach dem eindeutigen Worlaut des § 81g Abs. 3 S. 1 und 2 nur die formelle Voraussetzung der jeweiligen richterlichen Entscheidung. Unberührt bleiben dagegen die inhaltlichen Anforderungen des § 81g Abs. 1, deren Feststellung keinem geringeren Maßstab unterliegt als der richterliche Beschluss nach Abs. 3 S. 5.[226] Diese stellen zugleich die Grundlage für die spätere Speicherung in der DNA-Analyse-Datei dar.[227]

29 **c) Form und Inhalt der Entscheidung.** Die **gerichtliche Entscheidung** ergeht schon wegen der gesonderten Anfechtbarkeit durch Beschluss.[228] Aufgrund des Verweises in Abs. 4 auf § 81f Abs. 2 ist Schriftform unter Benennung eines den dortigen Vorgaben entsprechenden Sachverständigen zwingend (→ § 81f Rn. 11–15). Zumindest sinnvoll ist es, für den Fall verweigerter Mitwirkung bei der Entnahme einer Speichelprobe, diejenige einer Blutprobe durch einen Arzt nach § 81a Abs. 1 sogleich mitanzuordnen (→ Rn. 19). Die spezifischen Vorgaben des Abs. 3 S. 5 sind im Prinzip überflüssig,[229] da sie ohnehin nur wiedergeben, was grundsätzlich in der nach § 34 erforderlichen Entscheidungsbegründung darzulegen ist.[230] Klargestellt wird hierdurch, dass lediglich pauschale Feststellungen und eine bloße Wiedergabe des Gesetzeswortlautes nicht genügen können.[231] Vielmehr hat das Gericht auf Grundlage zureichender Sachaufklärung die Prognoseentscheidung und die Auswertung der von ihm beizuziehenden verfügbaren Akten und des zeitnahen Bundeszentralregisterauszuges nachvollziehbar darzustellen, die darin enthaltenen Erkenntnisse zu würdigen und gegenüber dem Eingriff in das Recht auf informationelle Selbstbestimmung abzuwägen und zu gewichten.[232] Aus dem Beschluss muss sich ergeben, ob sich die Anordnung auf S. 1 oder S. 2 des Abs. 1 stützt.[233] Wegen der Notwendigkeit einer besonders sorgfältigen Prüfung der Anordnungsvoraussetzungen ist bei Anwendung des Abs. 1 S. 2 einzelfallbezogen auszuführen, warum die wiederholte Begehung sonstiger Straftaten einer solchen von erheblicher Bedeutung gleichsteht.[234] Andererseits genügt aber in eindeutigen Fällen eine knappe Begründung.[235] Die Art der Probenentnahme ist zu bezeichnen.[236] Eine Kosten- und Auslagenentscheidung ist dagegen nicht zu treffen, da weder in der Vorschrift selbst, noch in § 464 vorgesehen.[237] Eine unzureichende Begründung der Ausgangsentscheidung kann und muss, sofern nicht ausnahmesweise eine Zurückverweisung erfogt (→ Rn. 40) im Beschwerdeverfahren nachgeholt werden.[238] Eine vorherige Anhö-

225 Brodersen in DNA-Analyse Rn. 83.
226 VG Hannover 23.9.2013 – 10 A 2028/11, BeckRS 2013, 56156.
227 Brodersen in DNA-Analyse Rn. 83.
228 BGH 8.5.2001 – 4 StR 105/01, Becker NStZ-RR 2002, 65 (67) – RsprÜ.
229 Brauer in Gercke/Julius/Temming/Zöller Rn. 29; Schmitt in Meyer-Goßner/Schmitt Rn. 19.
230 Genau dieselben Anforderungen stellt schon BVerfG 14.12.2000 – 2 BvR 1741/99, NJW 2001, 879 (881).
231 BVerfG 29.9.2013 – 2 BvR 939/13, wistra 2014, 16 (18); 16.12.2015 – 2 BvR 2349/15, BeckRS 2016, 40848 Rn. 8; 3.5.2016 – 2 BvR 2349/15, NJW 2016, 2799.
232 BVerfG 2.7.2013 – 2 BvR 2392/12, StV 2014, 578 (579); 3.5.2016 – 2 BvR 2349/15, NJW 2016, 2799; LG Darmstadt 19.1.2009 – 2 Qs 12/09, StV 2011, 402 (403); LG Hamburg 9.4.2014 – 628 Qs 11/14, BeckRS 2016, 5639.
233 BVerfG 22.5.2009 – 2 BvR 287 + 400/09, StraFo 2009, 276.
234 BVerfG 1.9.2008 – 2 BvR 939/08, StV 2009, 1 (2); 19.2.2009 – 2 BvR 287/09, BeckRS 2009, 32493; 10.3.2009 – 2 BvR 400/09, juris Rn. 4 = BeckRS 2009, 32495; 22.5.2009 – 2 BvR 287 + 400/09, StraFo 2009, 276.
235 BVerfG 20.12.2000 – 2 BvR 2232/00, NStZ 2001, 332.
236 Ritzert in BeckOK StPO Rn. 16; Lemke in Gercke/Julius/Temming/Zöller Rn. 29; Krause in Löwe/Rosenberg Rn. 59; Meyer-Goßner Rn. 19.
237 OLG Rostock 21.1.2013 – I Ws 26/13, juris Rn. 3–5); LG Offenburg 29.10.2002 – III Qs 65/02, NStZ-RR 2003, 32 noch zu § 81g iVm § 2 DNA-IFG.
238 VerfGH Berlin 21.3.2003 – 112/02, BeckRS 2003, 18798 Rn. 22.

rung des Beschuldigten wird teilweise für entbehrlich gehalten.[239] Auch nach der Gegenansicht,[240] die im Hinblick auf § 33 Abs. 3 vorzugswürdig erscheint,[241] ist sie indes verzichtbar, falls die Voraussetzungen des § 33 Abs. 4 S. 1 eingreifen.[242] Im Einzelfall kann es geboten sein, dem Betroffenen einen Verteidiger beizuordnen,[243] insbesondere in entsprechender Anwendung des § 140 Abs. 2 bei Schwierigkeit der Sach- und Rechtslage,[244] was dann naheliegt, wenn schon im Ausgangsverfahren eine entsprechende Pfichtverteidigerbestellung erfolgt war.[245]

4. Gleichstellungsvorschrift des Abs. 4. Bei der Gleichstellungsvorschrift des § 81g 30
Abs. 4 tritt für die sog. „retrograde Erfassung",[246] auch als „Altfälle" bezeichnet,[247] an die Stelle des bloßen Verdachts einer Straftat iSd Abs. 1 die **Verurteilung** wegen einer solchen oder zumindest die **entsprechende gerichtliche Überzeugung** von der Tatbegehung bei dem unter Nr. 1–3 genannten Personenkreis.[248] Endet das Verfahren durch Einstellung[249] oder erfolgt ein Freispruch aus anderen als den dort abschließend aufgezählten Gründen, insbesondere mangels Beweises,[250] darf die Anordnung nicht mehr erfolgen (→ Rn. 6). Damit unterliegt sie während des laufenden Verfahrens geringeren Voraussetzungen als nach dessen Abschluss.[251] Ein Anwendungsvorrang des Abs. 4 vor Abs. 1 ergibt sich hieraus gleichwohl nicht.[252] Nr. 16a RiStBV weist die Staatsanwaltschaft vielmehr an, bei Vorliegen der Vorausetzungen „unverzüglich" auf die Maßnahme nach § 81g hinzuwirken. Unbeschadet dessen empfiehlt es sich bei nicht hinreichend eindeutiger Sach- und Rechtslage, vor allem um Verwertungsprobleme bei einer Veränderung der Verdachtslage im Verlaufe des Verfahrens zu vermeiden (→ Rn. 10),[253] in der gerichtlichen und staatsanwaltschaftlichen Rechtspraxis, den Ausgang des Strafverfahrens, und damit eine möglichst tragfähige Entscheidungsgrundlage, abzuwarten.[254]

Ansonsten enthält Abs. 4 eine **vollumfängliche Verweisung** auf die weiteren Anord- 31
nungsvoraussetzungen, die Verwendungs- und Vernichtungsregelungen und das Verfahren der Absätze 1–3, sofern die betroffene Person wegen der Tat rechtskräftig verurteilt wurde oder zu dem nach Nr. 1–3 gleichgestellten Personenkreis gehört.[255] Auf die vorstehenden Ausführungen kann daher Bezug genommen werden. Besondere Sorgfalt ist aber in diesen Fällen auf die Prüfung der Negativprognose zu verwenden, wenn die Tat im Falle rechtskräftiger Verurteilung lange Zeit zurück liegt.[256] Gerade dann kann selbst die Indizwirkung

---

239 Schmitt in Meyer-Goßner/Schmitt Rn. 15; vgl. auch EGMR 4.6.2013 – 7841/08 + 57900/12, EuGRZ 2014, 285 Rn. 56–58.
240 Brauer in Gercke/Julius/Temming/Zöller Rn. 23; Krause in Löwe/Rosenberg Rn. 55; Rogall in SK-StPO Rn. 57.
241 LG Offenburg 10.7.2002 – III Qs 29/02, StV 2003, 153 (155); Volk NStZ 1999, 165 (169 f.).
242 Rogall in SK-StPO Rn. 57.
243 BVerfG 14.12.2000 – 2 BvR 1741/99, NJW 2001, 879 (882).
244 LG Karlsruhe 27.4.2001 – 6 Qs 18/01, StV 2001, 390.
245 LG Cottbus 28.7.2014 – 24 Qs 33/13, BeckRS 2015, 12115.
246 BVerfG 15.8.2006 – 2 BvR 1028/06, BeckRS 2006, 25326; LG Hanau 31.7.2014 – 3 Qs 56/14, BeckRS 2015, 7828 Rn. 20.
247 Brodersen in DNA-Analyse Rn. 9.
248 Frister FS Amelung, 2009, 603 (608).
249 LG Hanau 31.7.2014 – 3 Qs 56/14, BeckRS 2015, 7828 Rn. 25 ff. zu § 47 JGG; LG Flensburg 30.5.2016 – II Qs 12/16, StV 2017, 509 (510) zu § 153a Abs. 2; LG Heidelberg 17.6.2016 – 2 Qs 21/16, StraFo 2016, 290 zu § 170 Abs. 2.
250 OLG Oldenburg 16.7.2008 – 1 Ws 390/08, NStZ 2008, 711.
251 Zutreffend Frister FS Amelung, 2009, 603 (608), der hierin eine Friktion sieht.
252 LG Hamburg 8.1.2008 – 619 Qs 68/07, NStZ-RR 2008, 251 (251 f.); Brodersen in DNA-Analyse Rn. 50 noch zum DNA-IFG.
253 S. hierzu LG Hanau 31.7.2014 – 3 Qs 56/14, BeckRS 2015, 7828 Rn. 16.
254 So auch Krause in Löwe/Rosenberg Rn. 60.
255 Hadamitzky in KK-StPO Rn. 21; Krause in Löwe/Rosenberg Rn. 60; Rogall in SK-StPO Rn. 65; Rogall FS Schroeder, 2006, 691 (703 f.).
256 BVerfG 19.2.2009 – 2 BvR 287/09, BeckRS 2009, 32493 Antrag 3 Jahre nach Urteil; Ritzert in BeckOK StPO Rn. 8.

schwerer Anlasstaten[257] durch die zwischenzeitlich erfolgte positive Persönlichkeitsentwicklung des Betroffenen und die Stabilisierung seiner Lebensverhältnisse entkräftet werden.[258] Auch der anstehende längere Vollzug einer Strafe oder freiheitsentziehenden Maßregel steht dagegen der Anordnung nicht entgegen, da qualifizierte Straftaten auch im Vollzug oder im Rahmen einer Vollzugslockerung oder -unterbrechung begangen werden können.[259] Sofern vorgebracht wird, wegen des Gesichtspunkts der Resozialisierung sei bei dem in Abs. 4 genannten Personenkreis besondere Vorsicht bei der Anordnung geboten, kann dies nicht uneingeschränkt überzeugen. Kommt dieser Gedanke ohnehin erst nach Abschluss des Strafvollzugs ernsthaft in Betracht, vermag er auch dann regelmäßig keine eigenständige Bedeutung zu entfalten. Denn die „soziale Stigmatisierung" mit möglicherweise nachteiligen Auswirkungen auf den Verurteilten entspringt den begangenen Straftaten, dem deswegen geführten Strafverfahren und der gerichtlichen Entscheidung und nicht der Maßnahme nach § 81g. Dieser Vorgang nimmt an der Außenwirkung nicht teil. Er wird aktenmäßig getrennt geführt und ist von der Akteneinischt Dritter nicht umfasst (→ Rn. 33).[260] Nicht nur bei Tilgung der Eintragung aus dem Bundeszentral- oder Erziehungsregister darf die Maßnahme nicht mehr angeordnet werden, sondern schon bei Tilgungsreife.[261] Da durch Abs. 4 Verurteilte und der Personenkreis der Nr. 1–3 Beschuldigten gleichgestellt werden, finden auf sie die Vorschriften des strafrechtlichen Ermittlungsverfahrens einschließlich der Fahndungsvorschriften §§ 131a, 131c unmittelbare Anwendung (→ Rn. 32). Zur Auftypisierung (→ Rn. 12).

32 **5. Ausführung der Entscheidung.** Die **Vollstreckung** der Entscheidung erfolgt nach § 36 Abs. 2 S. 1 durch die Staatsanwaltschaft und die für diese tätig werdende Polizei.[262] Besonderer Anordnungen für den Fall, dass der Beschuldigte nicht freiwillig mitwirkt, bedarf es nicht. Die Anordnung zur Entnahme nach § 81g Abs. 1 beinhaltet zugleich die Befugnis zu deren zwangsweiser Durchsetzung.[263] Die frühere Streitfrage, ob eine auf §§ 102, 105 gestützte Durchsuchungsmaßnahme zulässig ist,[264] hat sich durch die Aufnahme der retrograden DNA-Analyse in § 81g Abs. 4 erledigt. Der Gesetzgeber wollte hiermit klarstellen, dass über die in der Gesetzesbegründung ausdrücklich erwähnten Fahndungsvorschriften der §§ 131a, 131c[265] hinaus die Regelungen des strafrechtlichen Ermittlungsverfahrens bei Verurteilten und ihnen gleichgestellten Personen unmittelbar Anwendung finden. Sie stehen mithin dem Beschuldigten auch insoweit gleich als es um die für die Durchführung der

---

[257] LG Karlsruhe 29.4.2002 – Qs 48/02, BeckRS 2002, 14932 für 10 Jahre zurückliegenden schweren Menschenhandel; LG Berlin 16.5.2002 – 502 Qs 57/02, StV 2003, 610 für 17 Jahre zurückliegenden Mord; LG Hamburg 9.4.2014 – 628 Qs 11/14, BeckRS 2016, 5639 für 14 Jahre zurückliegenden schweren Raub.

[258] LG Paderborn 23.1.2013 – 1 Qs 331 Js 873/03 – 5/13, StV 2013, 434 (435) zu 10 Jahre zurückliegender Tat; Brauer in Gercke/Julius/Temming/Zöller Rn. 32; Krause in Löwe/Rosenberg Rn. 62; Schmitt in Meyer-Goßner/Schmitt Rn. 10a; Rogall in SK-StPO Rn. 71.

[259] Goers in BeckOK StPO Rn. 8; Schmitt in Meyer-Goßner/Schmitt Rn. 10a.

[260] VerfGH Berlin 21.3.2003 – 112/02, BeckRS 2003, 18798 Rn. 32 zu § 2 DNA-IFG; VerfGH Saarbrücken 18.12.2015 – Lv 4/15, BeckRS 2016, 51118.

[261] Vgl. BVerfG 22.5.2009 – 2 BvR 287 + 400/09, StraFo 2009, 276; LG Aachen 29.9.2003 – 65 Qs 99/03, StV 2004, 9 zu § 2 DNA-IFG.

[262] OLG Karlsruhe 5.3.2002 – 2 VAs 5/01, NJW 2002, 3117 (3118).

[263] OLG Jena 9.8.1999 – 1 Ws 215/99, NStZ 1999, 634 (635); LG Traunstein 23.4.2021 – 1 Qs 55/21, BeckRS 2021, 17314 Rn. 23.

[264] So schon LG Hamburg 24.7.2002 – 606 Qs 44/02, NStZ-RR 2004, 213; LG Hamburg 11.3.2005 – 602 Qs 11/05, NStZ 2005, 406 (407); Brodersen in DNA-Analyse Rn. 128; Graalmann-Scheerer ZRP 2002, 72 (75) gegen LG Baden-Baden 22.11.2000 – 1 Qs 175/00; LG Frankfurt a. M. 17.9.2003 – 5/6 Qs 51/03, StV 2003, 610; Fluck NJW 2001, 2292 (2295), alle jeweils noch zu § 81g iVm § 2 DNA-IFG.

[265] S. hierzu auch die Regelungen zur Öffentlichkeitsfahndung auf Landesebene, bspw. für BW die Gemeinsame VwV des Justizministeriums und des Innenministeriums über die Inanspruchnahme von Publikationsorganen und die Nutzung des Internets sowie anderer elekrtonischer Kommunikationsmittel zur Öffentlichkeitsfahndung nach Personen im Rahmen von Strafverfahren 8.4.2005 – JuM 4100/0172, Justiz 2005, 241 (243), geändert durch VwV 18.3.2016 – 4100/0172, Justiz 2016, 233, die sich auch zu § 81g Abs. 4 verhält.

Anordnung notwendigen weiteren Maßnahmen geht.[266] Unbeschadet dessen bedarf die Durchsuchung wegen des weitergehenden Grundrechtseingriffs der gesonderten Anordnung nach §§ 102, 105.[267] Die Vollstreckung der richterlichen Entscheidung ist nur zulässig, solange ein hinreichend enger zeitlicher Zusammenhang mit deren Erlass gegeben ist. Liegt ein langer Zeitraum dazwischen, verliert sie ihre Wirksamkeit.[268]

Bei der **Aktenführung** ist zu berücksichtigen, dass die Erstellung und Speicherung des DNA-Identifizierungsmusters nicht das Anlassverfahren betreffen. Daher ist der Vorgang aktenmäßig getrennt zu führen und gesondert zu erfassen,[269] was in der staatsanwaltschaftlichen Praxis durch Eintragung eines AR-Vorgangs geschieht. Im Falle eines Treffers wird der gesonderte Aktenband durch Beiziehung dann Bestandteil des neu zu führenden Verfahrens.[270] Auch die Akteneinsicht an nicht unmittelbar am Verfahren Beteiligte ist regelmäßig nicht auf die Vorgänge der Erhebung des DNA-Identifizierungsmusters zu erstrecken (→ § 81e Rn. 20).[271] 33

Für die **Verwertung** des DNA-Identifizierungsmusters (zum Beweiswert → § 81e Rn. 39) in dem künftig zu führenden Strafverfahren wird überwiegend angenommen, diese sei nur zulässig, wenn es gleichfalls eine Anlasstat iSd § 81g Abs. 1 betreffe.[272] Dem ist nicht zu folgen. Eine Verwertung ist auch zum Nachweis von Straftaten zulässig, die nicht zu den qualifizierten Anlasstaten gehören.[273] Sofern überhaupt eine Begründung erfolgt, wird darauf abgestellt, § 81g enthalte eine ausdrückliche Verwendungsbeschränkung.[274] Hiergegen spricht aber schon der Wortlaut der Vorschrift. Die besonderen Anforderungen an das Delikt werden als Anwendungsvoraussetzungen auf Tatbestandsseite nur für die Anlasstat und die Negativprognose begründet. Daneben stellt Abs. 1 S. 1 auf den Verwendungszweck („zur Identitätsfeststellung in künftigen Strafverfahren") ab, der textlich gerade nicht auf diese Anforderungen bezogen ist. Eine Begrenzung desselben, wie sie bspw. in § 81c Abs. 3 S. 5, § 479 Abs. 3 oder § 97 Abs. 1 S. 3 InsO zum Ausdruck kommt, findet sich hier nicht. Eine solche kann auch nicht aus § 81g Abs. 2 S. 1 hergeleitet werden. Dort ist eine Verwendungsbeschränkung nur für die Art der Untersuchung unter Bezugnahme auf Abs. 1, nämlich zur Feststellung des DNA-Identifizierungsmusters und des Geschlechts, geregelt. Daraus erschließt sich zugleich, dass weitergehende Verwendungsbeschränkungen eben nicht vorgesehen sind. Zudem spricht auch Abs. 5 S. 3 ohne Einschränkung davon, dass die Daten für Zwecke eines Strafverfahrens verwendet werden dürfen.[275] Dem steht auch der Zweck der Vorschrift des § 81g nicht entgegen. Die erhöhten Anforderungen an Anlasstat und Prognose dienen der Legitimation, ohne konkreten Bezug zu einem anhängigen Verfahren, lediglich aus Anlass von dessen Anhängigkeit, eine von diesem losgelöste, in die Zukunft gerichtete Maßnahme vorzunehmen.[276] Es ist gerechtfertigt, hierfür eine erhöhte Eingriffsschwelle anzusetzen. Dies bedeutet aber nicht, dass die so gewonnenen Beweismöglichkeiten nicht berücksichtigt werden könnten, wenn sich die Prognose lediglich abgeschwächt erfüllt. Schließlich streitet ein systematisches Argument für die uneingeschränkte Verwertbarkeit. Soweit § 479 Abs. 2 S. 1, § 161 Abs. 3 S. 1 nicht ohnehin durch die speziellen Regelungen des § 81g verdrängt wird, lässt dieser die Verwertung von Ermittlungsergeb- 34

[266] BT-Drs. 15/5674, 12.
[267] Schmitt in Meyer-Goßner/Schmitt Rn. 21; Graalmann-Scheerer ZRP 2002, 72 (75); vgl. auch LG Hamburg 24.7.2002 – 606 Qs 44/02, NStZ-RR 2004, 213; LG Frankfurt a. M. 17.9.2003 – 5/6 Qs 51/03, StV 2003, 610; LG Hamburg 11.3.2005 – 602 Qs 11/05, NStZ 2005, 406 (407) jeweils zu § 2 DNA-IFG.
[268] LG Bonn 7.6.2011 – 22 Qs 49/11, BeckRS 2011, 26022.
[269] Graalmann-Scheerer ZRP 2002, 72 (76).
[270] Krause in Löwe/Rosenberg Rn. 78.
[271] Krause in Löwe/Rosenberg Rn. 79; Graalmann-Scheerer ZRP 2002, 72 (76).
[272] Neuhaus in HK-GS Rn. 13; Brauer in Gercke/Julius/Temming/Zöller Rn. 40; Hadamitzky in KK-StPO Rn. 22; Krause in Löwe/Rosenberg Rn. 81; Rogall in SK-StPO Rn. 93.
[273] Brodersen in DNA-Analyse Rn. 169; Schewe JR 2006, 181 (184).
[274] Krause in Löwe/Rosenberg Rn. 81.
[275] Brodersen in DNA-Analyse Rn. 169 noch zu dem inhaltsgleichen § 3 S. 4 DNA-IFG.
[276] Lorenz JZ 2005, 1121 (1128); Rogall FS Schroeder, 2006, 691 (707 f.).

nissen in anderen Strafverfahren zu, wenn „eine solche Maßnahme" auch zur Aufklärung der dortigen Straftaten hätte angeordnet werden dürfen. Hierzu ist folglich auf die zulässigen Zwangsmaßnahmen in dem neuen Verfahren abzustellen. Dh die Zulässigkeit ist an den dort zur Anwendung kommenden Maßstäben des § 81e zu messen. Dieser enthält keine Erheblichkeitsschwelle für die Tat, wegen derer ermittelt wird.[277]

35 **6. Speicherung und Verwendung der Daten nach Abs. 5.** Abs. 5 S. 1 und S. 2 bilden, wie schon der Wortlaut mit der Abgrenzung gegenüber der Verwendung belegt, für die **Speicherung** der gewonnenen DNA-Identifizierungsmuster in der DNA-Analyse-Datei des BKA eine eigenständige Rechtsgrundlage.[278] Die Vorschrift stellt ausweislich der Gesetzesbegründung eine Sonderregelung im Vergleich zu § 484 dar,[279] weswegen die §§ 483 ff. im Übrigen anwendbar bleiben.[280]

36 Für **Umwidmungsfälle** stellt Abs. 5 S. 2 Nr. 1 hinsichtlich der nach § 81e Abs. 1 bei einem Beschuldigten erhobenen Daten besondere Voraussetzungen auf. Deren Speicherung ist, da § 81a Abs. 1, § 81e Abs. 1 dem § 81g entsprechende Anforderungen nicht enthaltenen, nur zulässig, wenn sie im Rahmen der Ermittlungen wegen einer der in Abs. 1 genannten Straftaten gewonnen wurden und die Negativprognose gegeben ist.[281] Wegen des Verweises in § 81e Abs. 2 S. 4 auf § 81f Abs. 1, der sich in S. 1 seinerseits auf § 81e Abs. 1 bezieht, ist Material, dessen Herkunft vom Beschuldigten gesichert ist, in gleicher Weise zu behandeln. Bei sonstigem Material iSd § 81e Abs. 2 S. 1 sind diese Einschränkungen nach Abs. 5 S. 2 Nr. 2 nicht gegeben.[282] Ob die Aufnahme in die Datei nach diesen Voraussetzungen erfolgen darf, unterliegt in jedem Fall keinem Richtervorbehalt.[283] Hierüber entscheidet die Polizeibehörde in eigener Zuständigkeit.[284] Da sich im Gesetz keine zeitliche Vorgabe findet, kann die Umwidmung sofort nach Erstellung des DNA-Identifizeirungsmusters erfolgen. Es muss nicht bis zum Verfahrensabschluss durch Urteil abgewartet werden.[285] Die Speicherung von DNA-Identifizierungsmustern, die von anderen Personen, beispielsweise bei Dritten nach §§ 81c, 81e Abs. 1 S. 2 oder nach § 81h gewonnen wurden, ist unzulässig.[286] Auch dürfen nach dem eindeutigen Verweis in § 81g Abs. 5 S. 2 Nr. 2 Erkenntnisse aus einer Auswertung aufgefundenen Materials nach § 81e Abs. 2 S. 2, die grundsätzlich erst nach einem Abgleich mit der DNA-Analyse-Datei erfolgen darf, nicht eingestellt werden (s. auch → Rn. 21).[287]

37 Die **Verwendung** der Daten richtet sich gemäß § 81g Abs. 5 S. 1 nach dem BKAG. Nach der Gesetzesbegründung, die im Wortlaut eindeutig zum Ausdruck kommt, ist dieses mithin für die Verarbeitung und Nutzung der Daten maßgeblich.[288] Insoweit verdrängt die Vorschrift als Sonderregelung daher die §§ 483 ff. insgesamt.[289] Bei der DNA-Analyse-Datei handelt es sich um eine erkennungsdienstliche Sammlung iSd § 2 Abs. 4 S. 1 Nr. 1,

277 In diesem Sinne auch Brodersen in DNA-Analyse Rn. 169.

278 Eisenberg/Singelnstein GA 2006, 168 (173).

279 BT-Drs. 15/5674, 12.

280 Goers in BeckOK StPO Rn. 18; Schmitt in Meyer-Goßner/Schmitt Rn. 12; Senge NStZ 2001, 331, noch zu § 2 DNA-IFG, der deshalb wohl §§ 483 ff. für uneingeschränkt anwendbar hält; aA Brauer in Gercke/Julius/Temming/Zöller Rn. 35; Krause in Löwe/Rosenberg Rn. 65; Rogall in SK-StPO Rn. 78; Brodersen in DNA-Analyse Rn. 154.

281 BGH 20.5.2015 – 4 StR 555/14, NJW 2015, 2594 (2596); Hadamitzky in KK-StPO Rn. 24; Krause in Löwe/Rosenberg Rn. 67; Rogall in SK-StPO Rn. 83; Schewe JR 2006, 181 (184).

282 BT-Drs. 15/5674, 13.

283 LG Hamburg 7.6.2001 – 631 Qs 20/01, NJW 2001, 2563 zu § 3 DNA-IFG; LG Offenburg 12.1.2006 – 3 Qs 104/05, NStZ 2006, 514 (515); Brauer in Gercke/Julius/Temming/Zöller Rn. 35; Hadamitzky in KK-StPO Rn. 24; noch zu § 3 DNA-IFG: Rackow JR 2002, 365 (366 f.); Rackow ZRP 2002, 236; Rackow Kriminalistik 2003, 474 (479); Wollweber NJW 2002, 1771.

284 LG Offenburg 12.1.2006 – 3 Qs 104/05, NStZ 2006, 514 (515).

285 Pommer JA 2007, 621 (625); kritisch Senge NJW 2005, 3028 (3032).

286 Krause in Löwe/Rosenberg Rn. 67; Rogall in SK-StPO Rn. 80; Bordersen in DNA-Analyse Rn. 166.

287 BT-Drs. 19/14747, 26 und 28; Jansen ZIS 2020, 233 (237 und 239).

288 BT-Drs. 15/5674, 12.

289 Brauer in Gercke/Julius/Temming/Zöller Rn. 35; Krause in Löwe/Rosenberg Rn. 65; Rogall in SK-StPO Rn. 78; Brodersen in DNA-Analyse Rn. 154; Eisenberg/Singelnstein GA 2006, 168 (171 f.); aA Goers in BeckOK StPO Rn. 18; Schmitt in Meyer-Goßner/Schmitt Rn. 12; Senge NStZ 2001, 331.

S. 2 BKAG, weswegen insoweit auch § 18 Abs. 5 BKAG einschlägig ist.[290] Wichtig ist das, weil nach dieser Vorschrift auch ein Freispruch, die Ablehnung der Eröffnung des Hauptverfahrens oder dessen endgültige Einstellung, wozu auch diejenige nach § 170 Abs. 2 zu rechnen ist,[291] die Speicherung, Veränderung und Nutzung der Daten nicht unzulässig macht, sofern sich aus den Gründen der Entscheidung nicht positiv ergibt, dass der Betroffene die Tat nicht oder nicht rechtswidrig begangen hat. Jedenfalls bei Bestehen eines Restverdachtes bleibt die Speicherung mithin auch in diesen Fällen zulässig (auch → Rn. 6).[292] Praktisch besonders bedeutsam ist, dass eine Löschungsfrist nicht besteht, und die Daten damit prinzipiell ohne zeitliche Beschränkung aufbewahrt werden können.[293] Zu berücksichtigen sind jedoch die – nicht unangemessen langen[294] – Aussonderungsprüfungsfristen, die nach § 77 Abs. 1 S. 2 BKAG zehn Jahre bei Erwachsenen und bei Jugendlichen fünf Jahre betragen.[295] Spätestens innerhalb dieser Zeiträume ist auch festzustellen, ob die Negativprognose noch fortbesteht, da ansonsten die Daten regelmäßig nicht mehr iSd § 77 Abs. 1 S. 1 BKAG, § 75 Abs. 2 BDSG erforderlich und daher zu entfernen sind.[296] Ein Anspruch auf deren Löschung, der auf dem Verwaltungsrechtsweg mit der Verpflichtungsklage geltend zu machen ist (→ Rn. 42), besteht nach diesen Vorschriften gleichfalls, sofern die Tatbestandvoraussetzungen des § 81g Abs. 1 nicht (mehr) gegeben sind.[297] Dies gilt selbst bei Vorliegen einer Einwilligung des Betroffenen nach § 81g Abs. 3 S. 1 und 2[298] (→ Rn. 28). Passivlegitimiert ist insoweit gem. § 77 Abs. 6 S. 1 BKAG diejenige Behörde, die die Daten in den vom BKA lediglich zur Verfügung gestellten polizeilichen Informationsverbund eingespeist hat. Nur diese trägt die datenschutzrechtliche Verantwortung nach § 31 Abs. 2 S. 1 BKAG und ist daher gem. § 29 Abs. 5 S. 1 BKAG zur Änderung, Berichtigung oder Löschung befugt.[299]

Abs. 5 S. 3 enthält eine **Verwendungsbeschränkung** im Hinblick auf weiter gehende 38
Befugnisse aus §§ 25–27 BKAG.[300] Die dort genannten Begriffe sind indes weit auszulegen, weswegen hierunter in Bezug auf das Strafverfahren auch der Strafvollzug, die Strafvollstreckung und das Gnadenverfahren, und hinsichtlich der Gefahrenabwehr nicht lediglich die Abwehr einer konkreten Gefahr verstanden sein sollen.[301]

[290] VG Gelsenkirchen 31.3.2009 – 17 K 2747/07, juris Rn. 27 = BeckRS 2009, 33089; Busch NJW 2002, 1754 (1755); Eisenberg/Singelnstein GA 2006, 168 (169 und 175) jeweils noch zu § 8 Abs. 6 BKAG aF.

[291] BVerwG 22.10.2003 – 6 C 3/03, BeckRS 2004, 21308; 9.6.2010 – 6 C 5/09, NJW 2011, 405 (406) jeweils noch zu § 8 Abs. 3 BKAG.

[292] BVerwG 22.10.2003 – 6 C 3/03, BeckRS 2004, 21308; Rogall in SK-StPO Rn. 90; Brodersen in DNA-Analyse Rn. 176; vgl. auch BVerwG 9.6.2010 – 6 C 5/09, NJW 2011, 405 (406) alle noch zum vergleichbaren § 8 Abs. 3 BKAG aF; der Sache nach LG Hamburg 8.1.2008 – 619 Qs 68/07, NStZ-RR 2008, 251 (252); Schneider NStZ 2018, 692 (697); kritisch Gaede FS Merkel, 2020, 1283 (1298); aA Eisenberg/Singelnstein GA 2006, 168 (176 ff.).

[293] Brauer in Gercke/Julius/Temming/Zöller Rn. 35; Bosch in KMR-StPO Rn. 24; Schmitt in Meyer-Goßner/Schmitt Rn. 13; Bosch JURA 2021, 41 (52).

[294] EGMR 4.6.2013 – 7841/08 + 57900/12, EuGRZ 2014, 285 Rn. 46.

[295] Vgl. OLG Bremen 23.3.2006 – Ws 18/06 (BL 14/06), NStZ 2006, 653 noch zu § 34 Abs. 1 Nr. 8 BKAG iVm Nr. 8.1 der Errichtungsanordnung.

[296] BVerwG 22.10.2003 – 6 C 3/03, BeckRS 2004, 21308 noch zu § 32 Abs. 5 BKAG; Rogall in SK-StPO Rn. 89; Brodersen in DNA-Analyse Rn. 173 f. und Rn. 178 auch zum Beginn der Frist der sich nunmehr nach § 77 Abs. 3 BKAG richtet; Bergemann/Hornung StV 2007, 164 (168); Busch NJW 2002, 1754 (1757).

[297] VG Köln 12.7.2007 – 20 K 5777/05, BeckRS 2007, 27173; VG Gelsenkirchen 31.3.2009 – 17 K 2747/07, juris Rn. 43 und 46 = BeckRS 2009, 33089 noch zu § 2 DNA-IfG; VG Augsburg 25.9.2012 – Au 1 K 12.536, BeckRS 2012, 58065 Rn. 20–26 alle noch zu § 32 BKAG aF; LKA Hessen 23.4.2019 – 21 DNA 001/2019, StraFo 2019, 374.

[298] VG Neustadt 21.5.2013 – 5 K 969/12.NW, BeckRS 2013, 54995; VG Hannover 23.9.2013 – 10 A 2028/11, BeckRS 2013, 56156.

[299] LKA Hessen 23.4.2019 – 21 DNA 001/2019, StraFo 2019, 374; Steinsiek NdsVBl. 2015, 265 (266) noch zum BKAG aF; vgl. auch VGH München 20.7.2020 – 10 B 20.459, BeckRS 2020, 20623 Rn. 23–25 zu „INPOL"; ferner BVerwG 22.10.2003 – 6 C 3/03, BeckRS 2004, 21308 noch zu § 32 BKAG.

[300] BT-Drs. 15/5674, 13 noch zu den Vorgängervorschriften §§ 10, 14 BKAG.

[301] Hadamitzky in KK-StPO Rn. 23; Krause in Löwe/Rosenberg Rn. 69; Rogall in SK-StPO Rn. 86.

39 Zur Effektivierung des Rechtsschutzes sieht Abs. 5 S. 4 eine **Benachrichtigungspflicht** für Umwidmungsfälle vor. Diese ist nach dem Willen des ursprünglichen Gesetzgebers durch die „speichernde Stelle“ zu erfüllen.[302] Vor diesem Hintergrund wird teilweise die Ansicht vertreten, das BKA sei stets zuständig.[303] Dagegen ist allerdings auf den Charakter der DNA-Analyse-Datei als Verbunddatei abzustellen. Für diese stellt das BKA lediglich die Datenverarbeitungsanwendung und die Rechnerkapazität zentral zur Verfügung. Die Eingabe der Daten erfolgt jedoch dezentral und eigenverantwortlich durch die Verbundteilnehmer, und zwar in Bezug auf die DNA-Analysedatei durch die Landeskriminalämter.[304] Bei diesen verbleiben daher auch Datenbesitz und datenschutzrechtliche Verantwortung gem. § 31 Abs. 2 BKAG.[305] Die Unterrichtung muss mithin durch die jeweils als Verbundteilnehmer tätig gewordene Polizeibehörde erfolgen.[306] Im Hinblick auf die gerichtliche Entscheidung wurde kein besonderer **Rechtsbehelf** eingerichtet. Statthaft ist die gerichtliche Entscheidung in analoger Anwendung des § 98 Abs. 2 S. 2.[307]

III. Rechtsbehelfe

40 **1. Anordnung im Anlassverfahren.** Gegen die Anordnung oder Ablehnung der Körperzellenentnahme und deren Untersuchung nach **§ 81g Abs. 1–4** ist die einfache Beschwerde nach § 304 Abs. 1 statthaft.[308] Da es sich um eine vorbeugende Maßnahme zur Beweissicherung in künftigen Strafverfahren handelt, steht § 305 S. 1 nicht entgegen.[309] Auch nach deren Vollzug ist die Beschwerde ausnahmsweise zulässig, wenn der Anordnung durch späteren Freispruch des Betroffenen die Grundlage entzogen wurde.[310] Unschädlich ist es gleichfalls, wenn die Anordnung im Urteilstenor ausgesprochen wird, da dies nichts am Charakter eines selbständig anfechtbaren Beschlusses ändert.[311] Erging die Entscheidung indes durch den Ermittlungsrichter des BGH, so ist die Beschwerde mangels Einschlägigkeit des § 304 Abs. 5 nach § 304 Abs. 4 S. 1 unzulässig.[312] Eine bereits eingelegte Beschwerde gegen eine ablehnende Entscheidung des erkennenden Gerichts wird mit Rechtskraft des Urteils wegen des damit verbundenen Wechsels in der Zuständigkeit für die Ausgangsentscheidung (→ Rn. 23) unzulässig. Sie kann dann in einen erneuten Antrag nach § 81g umgedeutet und an das hierfür zuständige Gericht verwiesen werden.[313] Die Beschwerde hat nach § 307 Abs. 1 keine aufschiebende Wirkung. Im Einzelfall kann jedoch Anlass bestehen, die Vollziehung der angefochtenen Entscheidung nach § 307 Abs. 2 auszusetzen, falls weitere Ermittlungen erforderlich sind,[314] bspw. um Strafakten beizuziehen und eine aktuelle Auskunft aus dem Bundeszentralregister einzuholen.[315] Das Beschwerdegericht entscheidet nach § 309

302 BT-Drs. 15/5674, 13.

303 Hadamitzky in KK-StPO Rn. 24; Rogall in SK-StPO Rn. 84; Senge NJW 2005, 3028 (3031).

304 Rogall in SK-StPO Rn. 88; ferner Brodersen in DNA-Analyse Rn. 154; Steinsiek NdsVBl. 2015, 265 (266); Störzer Kriminalistik 2006, 184 (184 f.) jeweils noch zum BKAG aF.

305 BT-Drs. 18/11163, 85; Steinsiek NdsVBl. 2015, 265 (266) noch zum BKAG aF; vgl. auch VGH München 20.7.2020 – 10 B 20.459, BeckRS 2020, 20623 Rn. 23 f. allgemein zu „INPOL“; s. schon BT-Drs. 13/1550, 29 zu § 12 BKAG aF.

306 Neuhaus in HK-GS Rn. 12; Brauer in Gercke/Julius/Temming/Zöller Rn. 37; Krause in Löwe/Rosenberg Rn. 70; Störzer Kriminalistik 2006, 184 (185) noch zu § 3 DNA-IFG.

307 BT-Drs. 15/5674, 13; in diesem Sinne auch schon zur alten Rechtslage nach § 81g iVm § 2 DNA-IFG, OLG Karlsruhe 5.3.2002 – 2 VAs 5/01, NJW 2002, 3117 (3118).

308 LG Flensburg 30.5.2016 – II Qs 12/16, StV 2017, 509 (510); LG Hannover 16.6.2020 – 63 Qs 26/20, BeckRS 2020, 47838, Rn. 7.

309 OLG Köln 23.7.2002 – 2 Ws 336/02, NStZ-RR 2002, 306 (306 f.); 16.9.2004 – 2 Ws 215/04, NStZ-RR 2005, 56 (57).

310 LG Oldenburg 21.6.2012 – 4 KLs 2/12, StV 2013, 145 (145 f.).

311 BGH 8.5.2001 – 4 StR 105/01, Becker NStZ-RR 2002, 65 (67) – RsprÜ; BGH 9.7.2009 – 4 StR 235/09, juris.

312 BGH 9.11.2001 – 1 StE 4/85 – StB 16/01, NJW 2002, 765 (765 f.); BGH 21.3.2002 – StB 3/02, Becker NStZ-RR 2003, 97 (100) – RsprÜ.

313 OLG Hamburg 23.2.2016 – 2 Ws 111/14, BeckRS 2016, 4926 Rn. 7.

314 LG Kiel 22.1.2001 – 32 Qs 7/01, StV 2001, 149 (Leitsatz); Fröba StraFo 2010, 483.

315 LG Würzburg 5.11.1999 – Qs 345/99, StV 2000, 12.

Abs. 2 in der Sache selbst, wobei es ggf. eine unzureichende Begründung der Ausgangsentscheidung nachzuholen hat.[316] Ausnahmsweise kommt bei groben Verfahrensfehlern, insbesondere bei Fehlen einer tragenden Begründung des angefochtenen Beschlusses, eine Zurückverweisung in Betracht.[317] Die weitere Beschwerde ist nach § 310 Abs. 2 ausgeschlossen.[318] Ein entsprechender Antrag kann als Gegenvorstellung zu werten sein.[319] Einwendungen gegen die Art und Weise der Vollstreckung sind dagegen mit dem Antrag auf gerichtliche Entscheidung in entsprechender Anwendung des § 98 Abs. 2 S. 2 zu rügen.[320]

2. Umwidmung und Löschung. Über die Voraussetzungen einer **Umwidmung** nach § 81g Abs. 5 S. 2 Nr. 1 hat die Polizeibehörde zwar in eigener Zuständigkeit zu befinden (→ Rn. 36); da § 81g Abs. 5 S. 4 jedoch eine Rechtswegverweisung iSd § 23 Abs. 1 und 3 GVG enthält, sind zur Überprüfung nicht die Verwaltungsgerichte berufen. Vielmehr entscheidet in entsprechender Anwendung des § 98 Abs. 2 S. 2 und über § 98 Abs. 2 S. 3, § 162 das Gericht, das für die originäre Anordnung zuständig wäre (→ Rn. 25). Da die Umwidmung im Gegensatz zu § 81g Abs. 3 keinem Einwilligungs- und Richtervorbehalt unterliegt, wollte der Gesetzgeber eine gleichlaufende richterliche Kontrolle implementieren, wenn wegen des Widerspruchs des Betroffenen keine stillschweigende Einwilligung unterstellt werden kann.[321] Der Antrag auf richterliche Entscheidung ist nicht fristgebunden und kann jederzeit gestellt werden (→ § 98 Rn. 26).[322] Kommt das Gericht zu dem Ergebnis, dass die Voraussetzungen des § 81g Abs. 1 nicht vorliegen, so darf eine Speicherung des DNA-Identifizierungsmusters nicht erfolgen oder es ist nach § 77 Abs. 1 S. 1 BKAG, § 75 Abs. 2 BDS zu löschen. 41

Da sich die Verwendung der Daten gem. § 81g Abs. 5 S. 1 nach dem BKAG richtet (→ Rn. 37), ist deren **Löschung** auf dem Verwaltungsrechtsweg[323] im Wege der Verpflichtungsklage geltend zu machen. Verpflichteter des Löschungsanspruchs ist das jeweilige LKA, das die Daten eingestellt hat und das die datenschutzrechtliche Verantwortung trägt.[324] Es entscheidet auch über denWiderspruch.[325] (S. auch die Nachweise bei → Rn. 37). Das VG urteilt über den Löschungsanspruch nach der Sach- und Rechtlage im Zeitpunkt der Entscheidung.[326] Von daher ist es an einen vorhergehenden gerichtlichen Ausspruch über die Anordnung nach § 81g Abs. 3 oder die Umwidmung nach Abs. 5 S. 4 nicht gebunden.[327] 42

3. Revision. a) Im anhängigen Strafverfahren. Im anhängigen Verfahren kann die Verletzung des § 81g nicht erfolgreich mit der Revision beanstandet werden. Da sich die Anordnung der Maßnahme und Verwertung des DNA-Identifizierungsmusters auf ein zukünftiges Strafverfahren richtet, ist das **Beruhen** des Urteils auf einem etwaigen Rechtsfehler **ausgeschlossen.**[328] Selbst wenn die Anordnung im Urteil erfolgt, ändert dies nichts daran, dass der Sache nach eine Entscheidung durch Beschluss vorliegt (→ Rn. 40). 43

b) Im künftigen Strafverfahren. Der BGH entscheidet die Frage wie sich Rechtsfehler bei der Anwendung des § 81g in dem neuen Strafverfahren revisionsrechtlich auswirken, da es sich um eine Maßnahme in dessen Vorfeld handelt,[329] zutreffend nach der **Abwägungslehre** (hierzu → Einl. Rn. 460, 465 ff. und auch zur Kritik in der Literatur 44

316 VerfGH Berlin 21.3.2003 – 112/02, BeckRS 2003, 18798 Rn. 22.
317 LG Darmstadt 19.1.2009 – 2 Qs 12/09, StV 2001, 402 (403).
318 VerfGH Saarbrücken 18.12.2015 – Lv 4/15, BeckRS 2016, 51118.
319 OLG Karlsruhe 22.3.2001 – 3 Ws 44/01, 59 (60).
320 OLG Karlsruhe 5.3.2002 – 2 VAs 5/01, NJW 2002, 3117 (3118).
321 BT-Drs. 15/5674, 13.
322 Menges in Löwe/Rosenberg § 98 Rn. 48.
323 Graulich NVwZ 2014, 685 (690).
324 Steinsiek NdsVBl 2015, 265 (266).
325 LKA Hessen 23.4.2019 – 21 DNA 001/2019, StraFo 2019, 374.
326 VG Gelsenkirchen 31.3.2009 – 17 K 2747/07, juris Rn. 43 und 46 = BeckRS 2009, 33089.
327 VG Neustadt 21.5.2013 – 5 K 969/12, BeckRS 2013, 54995.
328 Hadamitzky in KK-StPO Rn. 26; Bosch in KMR-StPO Rn. 26; Krause in Löwe/Rosenberg Rn. 80; Rogall in SK-StPO Rn. 93; Brodersen in DNA-Analyse Rn. 150.
329 BVerfG 14.12.2000 – 2 BvR 1741/99, NJW 2001, 879 (882).

→ Rn. 456 ff.). Danach führt nicht jedes Beweiserhebungsverbot zu einem Beweisverwertungsverbot. Vielmehr ist auch bei Verstößen gegen § 81g eine umfassende Abwägung der widerstreitenden Interessen, insbesondere der betroffenen Rechtsgüter des Beschuldigten auf der einen und des Strafverfolgungsinteresses auf der anderen Seite vorzunehmen.[330] Dabei können vom Ansatz her, soweit nicht die spezifischen Tatbestandsmerkmale und Rechtsfolgen des § 81g betroffen sind, für Fehler bei Anordnung, Entnahme und Untersuchung der Körperzellen die für vergleichbare Verstöße bei §§ 81a, 81e, 81f gültigen Grundsätze herangezogen werden.[331] Auf die dortigen Ausführungen kann daher Bezug genommen werden (→ § 81a Rn. 45 ff.; → § 81e Rn. 42 f.; → § 81f Rn. 20 ff.). Weitergehend ist folgendes zu berücksichtigen:

45 Voraussetzung für einen erfolgreichen Revisionsangriff ist zunächst ein **Rechtsverstoß bei der Beweisgewinnung** nach § 81g. Dazu wird in der Lit. überwiegend davon ausgegangen, es bestünde ein Verwertungsverbot für solche Straftaten, die nicht ebenfalls die qualifizierten Anforderungen an die Anlasstat für die Anordnung nach § 81g Abs. 1 erfüllen würden.[332] Dies ist aus den oben genannten Gründen (→ Rn. 34) unzutreffend. Es fehlt in diesen Fällen folglich schon an einem Beweiserhebungsverbot, weswegen es auf den Abwägungsvorgang gar nicht mehr ankommt. Dasselbe gilt, wenn sich die Übereinstimmung des DNA-Identifizierungsmusters auf ein Verfahren bezieht, das bereits – insbesondere gegen Unbekannt – anhägig war und das sich nunmehr gegen den Beschuldigten richtet (→ Rn. 13 und 21).[333] Um Unsicherheiten zu vermeiden, kann es sich aber anbieten, im neuen Verfahren, da eine Fernwirkung vorhergehender Fehler nicht in Betracht kommt,[334] die erneute Erhebung und Auswertung von Körperzellen nach §§ 81a, 81e, 81f zu erwägen.[335] Die revisionsrechtliche Überprüfung der Tatbestandsvoraussetzungen des § 81g Abs. 1 in Form von Tatverdacht, qualifizierter Anlasstat und Negativprognose hat zu berücksichtigen, dass es sich hierbei um unbestimmte Rechtsbegriffe handelt, die einen Beurteilungsspielraum des anordnenden Gerichts eröffnen. Insoweit ist die Überprüfung, wie bei der vergleichbaren Problematik im Zusammenhang mit TKÜ-Maßnahmen,[336] auf eine Willkürkontrolle beschränkt.[337] Einschränkungen werden von einem Teil der Literatur allerdings dahingehend gemacht, die Beweiserhebung sei unzulässig, wenn die Verdachtslage durch Freispruch[338] oder Verfahrenseinstellung[339] nachträglich wegfalle oder der Beschuldigte nur wegen einer nicht qualifizierten Anlasstat verurteilt werde.[340] Zur Begründung wird auf die Gleichstellungsklausel des § 81g Abs. 4 S. 2 abgestellt, der im Falle des Ausbleibens einer Verurteilung lediglich für bestimmte Fälle die retrograde Erfassung zulässt.[341] Bei dieser Ansicht bleibt jedoch unbeachtet, dass maßgeblich für eine entsprechende Diffe-

[330] Grundlegend BGH 20.5.2015 – 4 StR 555/14, NJW 2015, 2594 (2596) mAnm Magnus; Mosbacher JuS 2016, 127 (130).

[331] Krause in Löwe/Rosenberg Rn. 82 f.; Schmitt in Meyer-Goßner/Schmitt Rn. 23; Rogall in SK-StPO Rn. 94.

[332] Hadamitzky in KK-StPO Rn. 26; Krause in Löwe/Rosenberg Rn. 81; Rogall in SK-StPO Rn. 93; Eisenberg BeweisR StPO Rn. 1687.

[333] Ohne dass dies überhaupt der Erwähnung bedurfte, geht BGH 20.5.2015 – 4 StR 555/14, NJW 2015, 2594 ganz selbstverständlich hiervon aus.

[334] Bosch in KMR-StPO Rn. 29; Brodersen in DNA-Analyse Rn. 143.

[335] Brodersen in DNA-Analyse Rn. 142; vgl. auch BGH 15.10.2009 – 5 StR 373/09, NStZ 2010, 157 (158).

[336] BGH 16.2.1995 – 4 StR 729/94, BGHSt 41, 30 (34).

[337] Goers in BeckOK StPO Rn. 22; Brauer in Gercke/Julius/Temming/Zöller Rn. 40; Hadamitzky in KK-StPO Rn. 26; Bosch in KMR-StPO Rn. 27; Krause in Löwe/Rosenberg Rn. 84; Schmitt in Meyer-Goßner/Schmitt Rn. 23; Rogall in SK-StPO Rn. 95; Bosch JURA 2021, 41 (52); Graalmann-Scheerer FS Rieß, 2002, 153 (167 f.) auch zum im Hinblick auf § 344 Abs. 2 S. 2 notwendigen Revisionsvortrag.

[338] AG Tiergarten 19.2.2007 – (240 Ds) 120 PLs 2396/03 (152/05), StV 2008, 249; Senge in KK-StPO Rn. 22; Bosch in KMR-StPO Rn. 27; Krause in Löwe/Rosenberg Rn. 85.

[339] Krause in Löwe/Rosenberg Rn. 85; Eisenberg/Singelnstein GA 2006, 168 (176).

[340] Bosch in KMR-StPO Rn. 27; einschränkend Krause in Löwe/Rosenberg Rn. 85; aA Senge in KK-StPO Rn. 22.

[341] Bosch in KMR-StPO Rn. 27 noch zu § 2 Abs. 1 DNA-IFG; Krause in Löwe/Rosenberg Rn. 85.

renzierung der Zeitpunkt der Anordnung und Durchführung der Maßnahme nach § 81g ist. Liegt dieser nach der gerichtlichen Entscheidung, so ist Abs. 4 einschlägig und die Anordnung wäre rechtsfehlerhaft. Abweichend zu beurteilen ist die Sachlage indes, sofern der Freispruch oder die Einstellung erfolgt, nachdem die Maßnahme angeordnet und vollzogen wurde. Für diesen Fall greift über Abs. 5 S. 1 nämlich § 18 Abs. 5 BKAG, wonach die Speicherung und Verwertung bei bestehen bleibendem Restverdacht zulässig ist (→ Rn. 6, 10 und 37).[342] Ein Freispruch ist demnach unschädlich, sofern sich aus den Gründen der Entscheidung nicht ergibt, dass der Betroffene die Tat nicht oder nicht rechtswidrig begangen hat.[343] Entsprechend hat sich die revisionsrechtliche Überprüfung wie im Regelfall lediglich darauf zu erstrecken, ob die Annahme der Verdachtslage willkürlich war. Gleiches gilt erst recht für die demgegenüber geringere Abweichung, die darin besteht, dass sich im Unterschied zu der ursprünglichen Annahme lediglich eine nichtqualifizierte Anlasstat erweisen ließ.[344] Eine fehlerhafte Beweiserhebung nahm der BGH hingegen an, sofern der Beschuldigte in einem anderen Verfahren auf Grundlage einer Belehrung nur nach § 81e in die Abgabe einer Speichelprobe einwilligte, diese dann aber nach Einholung eines rechtmäßigen Beschlusses nach § 81g ausgewertet wurde. Eine solche Vorgehensweise ist von § 81a Abs. 3 nicht gedeckt, weswegen auf Grundlage des Beschlusses eine neue Probe hätte entnommen und ausgewertet werden müssen.[345]

Bei der Abwägung, ob eine fehlerhafte Beweiserhebung ein **Beweisverwertungsverbot** zur Folge hat, gelten die von der Rspr. aufgestellten Kriterien (hierzu insbesondere → § 81f Rn. 20 ff). Es wird daher insbesondere bei bewusster und willkürlicher Umgehung der rechtlichen Vorgaben des § 81g durch die Ermittlungsbehörden anzunehmen sein.[346] Liegt eine solche nicht vor, kommen als gegenläufige Kriterien in Betracht, dass der Eingriff in das Persönlihkeitsrecht nicht allzu schwer wiegt, da persönlichkeitsrelevante Merkmale durch die Feststellung des DNA-Identifizierungsmusters gerade nicht betroffen sind[347] und wenn die Anordnung unter dem Gesichtspunkt eines hypothtischen Ersatzeingriffs[348] unschwer hätte erlangt werden können. Mit entprechenden Erwägungen lehnte der BGH in dem zuletzt angeführten Fall (→ Rn. 45 aE) ein Verwertungsverbot ab.[349] Dem kann nur zugestimmt werden berücksichtigt man, dass ein rein formales Versehen der Ermittlungsbehörden vorlag, das angesichts des komplexen Regelungskonzepts fraglos dem größten Teil juristischer Anwender in der Situation ex ante hätte unterlaufen können und vor allem angesichts der gravierenden Folgen für das Tatopfer. Solche Gesichtspunkte völlig auszublenden und die Argumentation des BGH gar als „zynisch" und „Gemeinheit zu Lasten des Beschuldigten" zu betiteln,[350] würde eine befremdliche und vollkommen einseitig orientierte Sicht auf Wesen und Zweck des Strafpozesses bedeuten. Wurde die Einwilligung des Beschuldigten erschlichen oder erzwungen oder fehlt es zumindest für die Untersuchung an der richterlichen Anordnung, wird dies dagegen regelmäßig zu einem Verwertungsverbot führen (→ § 81f Rn. 21 f.).[351] Fern liegt es dagegen bei bloßer Nichteinhaltung der Schriftform.[352] 46

342 Hierzu mit sauberer Differenzierung für die jeweiligen Zeitpunkte Brodersen in DNA-Analyse Rn. 49, 170 und 176 noch zu DNA-IFG.
343 Rogall in SK-StPO Rn. 96.
344 Rogall in SK-StPO Rn. 96; aA Bosch JURA 2021, 41 (52).
345 BGH 20.5.2015 – 4 StR 555/14, NJW 2015, 2594 (2595 f.); aA Mosbacher JuS 2016, 127 (130) mit zutreffendem Hinweis auf § 81g Abs. 3 S. 2.
346 Vgl. hierzu bspw. BGH 6.10.2016 – 2 StR 46/15, NStZ 2017, 367 (370) zur Durchsuchungsanordnung.
347 Amelung/Funcke-Auffermann StraFo 2004, 265 (272), Magnus NJW 2015, 2597.
348 Vgl. auch BGH 15.10.2009 – 5 StR 373/09, NStZ 2010, 157 (158) und auch BGH 18.11.2003 – 1 StR 455/03, NStZ 2004, 449 (450) zur Durchsuchungsanordnung; Mosbacher JuS 2016, 127 (130).
349 BGH 20.5.2015 – 4 StR 555/14, NJW 2015, 2594 (2596) mzustAnm Magnus; Mosbacher JuS 2016, 127 (130).
350 So Beukelmann StV 2017, 500 (501 f.) in einer Anmerkung zu dieser Entscheidung.
351 Brauer in Gercke/Julius/Temming/Zöller Rn. 41; Hadamitzky in KK-StPO Rn. 26; Schmitt in Meyer-Goßner/Schmitt Rn. 23; Finger Kriminalistik 2006, 696 (698).
352 Vgl. BGH 15.10.2009 – 5 StR 373/09, NStZ 2010, 157 (158).

47 Der BGH geht in seiner Rspr. zu unselbständigen Beweisverwertungsverboten davon aus, dass sich der verteidigte oder entsprechend belehrte Angeklagte nur nach seinem **Widerspruch** in der Hauptverhandlung mit der Revision auf dieses berufen kann. Unterlässt er ihn, führt dies zu einer Rügepräklusion.[353] Dies gilt auch für Verstöße gegen § 81g.[354] In jedem Fall sollte deswegen bei entsprechenden Bedenken gegen die Verwertbarkeit des DNA-Identifizierungsmusters in der Hauptverhandlung widersprochen und im Rahmen des § 344 Abs. 2 S. 2 auch zum Widerspruch vorgetragen werden, um die Rügemöglichkeit zu erhalten.[355]

§ 81h DNA-Reihenuntersuchung

(1) Begründen bestimmte Tatsachen den Verdacht, dass ein Verbrechen gegen das Leben, die körperliche Unversehrtheit, die persönliche Freiheit oder die sexuelle Selbstbestimmung begangen worden ist, dürfen Personen, die bestimmte, auf den Täter vermutlich zutreffende Prüfungsmerkmale erfüllen, mit ihrer schriftlichen Einwilligung

1. Körperzellen entnommen,

2. diese zur Feststellung des DNA-Identifizierungsmusters und des Geschlechts molekulargenetisch untersucht und

3. die festgestellten DNA-Identifizierungsmuster mit den DNA-Identifizierungsmustern von Spurenmaterial automatisiert abgeglichen werden,

soweit dies zur Feststellung erforderlich ist, ob das Spurenmaterial von diesen Personen oder von ihren Verwandten in gerader Linie oder in der Seitenlinie bis zum dritten Grad stammt, und die Maßnahme insbesondere im Hinblick auf die Anzahl der von ihr betroffenen Personen nicht außer Verhältnis zur Schwere der Tat steht.

(2) [1]Eine Maßnahme nach Absatz 1 bedarf der gerichtlichen Anordnung. [2]Diese ergeht schriftlich. [3]Sie muss die betroffenen Personen anhand bestimmter Prüfungsmerkmale bezeichnen und ist zu begründen. [4]Einer vorherigen Anhörung der betroffenen Personen bedarf es nicht. [5]Die Entscheidung, mit der die Maßnahme angeordnet wird, ist nicht anfechtbar.

(3) [1]Für die Durchführung der Maßnahme gilt § 81f Absatz 2 entsprechend. [2]Die entnommenen Körperzellen sind unverzüglich zu vernichten, sobald sie für die Untersuchung nach Absatz 1 nicht mehr benötigt werden. [3]Soweit die Aufzeichnungen über die durch die Maßnahme festgestellten DNA-Identifizierungsmuster zur Erforschung des Sachverhalts nicht mehr erforderlich sind, sind sie unverzüglich zu löschen. [4]Die Vernichtung und die Löschung sind zu dokumentieren.

(4) [1]Die betroffenen Personen sind schriftlich darüber zu belehren, dass die Maßnahme nur mit ihrer Einwilligung durchgeführt werden darf. [2]Vor Erteilung der Einwilligung sind sie schriftlich auch darauf hinzuweisen, dass

1. die entnommenen Körperzellen ausschließlich zur Feststellung des DNA-Identifizierungsmusters, der Abstammung und des Geschlechts untersucht werden und dass sie unverzüglich vernichtet werden, sobald sie hierfür nicht mehr erforderlich sind,

---

[353] Vgl. die allgemein gehaltenen Ausführungen in BGH 9.5.2018 – 5 StR 17/18, NStZ 2018, 737 (737 f.) mwN, insbesondere gegen BGH 6.10.2016 – 2 StR 46/15, NStZ 2017, 367 (368 f.) jeweils zur Durchsuchungsanordnung.

[354] BGH 15.10.2009 – 5 StR 373/09, NStZ 2010, 157 (158).

[355] BGH 15.10.2009 – 5 StR 373/09, NStZ 2010, 157 (158); Graalmann-Scheerer FS Rieß, 2002, 153 (168).

2. **das Untersuchungsergebnis mit den DNA-Identifizierungsmustern von Spurenmaterial automatisiert daraufhin abgeglichen wird, ob das Spurenmaterial von ihnen oder von ihren Verwandten in gerader Linie oder in der Seitenlinie bis zum dritten Grad stammt,**
3. **das Ergebnis des Abgleichs zu Lasten der betroffenen Person oder mit ihr in gerader Linie oder in der Seitenlinie bis zum dritten Grad verwandter Personen verwertet werden darf und**
4. **die festgestellten DNA-Identifizierungsmuster nicht zur Identitätsfeststellung in künftigen Strafverfahren beim Bundeskriminalamt gespeichert werden.**

Schrifttum: Beck, Forensic DNA-Phenotyping – Bestimmung äußerer Merkmale aus der DNA, KriPoZ 2017, 160; Bosch, DNA-Analyse zu repressiven und präventiven Zwecken im Strafverfahren, Jura 2021, 41; Brocke, Zur Frage der Verwertbarkeit eines so genannten Beinahetreffers im Rahmen einer DNA-Reihenuntersuchung gemäß § 81h StPO, StraFo 2011, 298; Brodersen/Anslinger/Rolf, DNA-Analyse und Strafverfahren, 2003; Busch, Zur Zulässigkeit molkulargenetischer Reihenuntersuchungen, NJW 2001, 1335; Busch, Verwertbarkeit von „Beinahetreffern" aus DNA-Reihenuntersuchungen, NJW 2013, 1771; Caspari, Der erleichterte Strafprozess, DRiZ 2019, 340; Claus, Zur Modernisierung des Strafverfahrens, NStZ 2020, 57; Finger, Einwilligung in die Entnahme und Untersuchung von Körperzellen, Kriminalistik 2006, 696; Graalmann-Scheerer, DNA-Massentest de lege lata und de le lege ferenda, NStZ 2004, 297; Hinrichs, Der gläserne Mensch und sein verfassungsrechtlicher Mantel, KJ 2006, 60; Hoppmann, Die Entwicklung der Rasterfahndung und DNA-Reihenuntersuchung, Kriminalistik 2013, 147, 219, 291; Jansen, Erweiterte DNA-Analyse in der Strafverfolgung, ZIS 2020, 233; Kerner/Trüg, DNA-Massentests zwischen Verbrechensbekämpfung und Rechtsstaatlichkeit, FS Weber 2004, 457; König, Strafprozessuale Änderungen, Kriminalistik 2004, 262; Kretschmer, Das Verhältnis von verweigerter Reihenuntersuchung nach § 81h StPO zur molekulargenetischen Untersuchung gem. der §§ 81c, 81c StPO, HRRS 2012, 185; Lorenz, Allgemeines Persönlichkeitsrecht und Gentechnologie, JZ 2005, 1121; Magnus, Beweisverbote bei Zufallsfunden im Strafprozess – am Beispeil der DNA-Reihenuntersuchung, ZStW 2014, 695; Magnus, Beinahetreffer bei Massengentests – Handlungsbedarf für den Gesetzgeber, ZRP 2015, 13; Mansdörfer, Sicherheit und Strafverfahren, GSZ 2018, 45; Mertin, Freiwillig, aber auf Anordnung des Richters, ZRP 2005, 37; Müller, Die Novellierung der Strafprozessordnung hinsichtlich der gesetzlichen Voraussetzungen forensischer DNA-Analysen, Polizei 2006, 40; Niedernhuber, Die StPO-Reform 2017 – wichtige Änderungen im Überblick, JA 2018, 169; Pommer, Die DNA-Analyse im Strafprozess – Problemfelder der §§ 81e ff. StPO, JA 2007, 621; Rath, Die Auswertung von DNA-Spuren auf äußerliche Merkmale, GSZ 2018, 67; Rogall, Die DNA-Analyse im Strafverfahren – eine endlose Geschichte, FS Schroeder 2006, 691; Rogall, Die Behandlung von sogenannten Beinahetreffern bei Reihengentests nach § 81h StPO, JZ 2013, 874; Ronellenfitsch, Genanalysen und Datenschutz, NJW 2006, 321; Rosenau/Dorneck, Die Rolle der forensischen Molekulargenetik im Strafprozess, FS Merkel, 2020, 1301; Saliger/Ademi, Der Massengentest nach § 81h StPO, JuS 2008, 193; Satzger, DNA-Massentests – Kriminalistische Wunderwaffe oder ungesetzliche Ermittlungsmethode?, JZ 2001, 639; Schaefer, Richtervorbehalt, NJW 2005, 1332; Schneider, DNA-Analyse und Strafverfahren de lege ferenda, NStZ 2018, 692; Senge, Die Neuregelung der forensischen DNA-Analyse, NJW 2005, 3028; Swoboda, Grenzen der Informationsgewinnung aus DNA-Identifikationsmustern bei molekulargenetischen Reihentests nach § 81h StPO, StV 2013, 461; Zuck, Spucke, rechtlich, NJW 2002, 1924.

Übersicht

I. Überblick

1 **1. Normzweck.** Mit der verfassungsgemäßen[1] Vorschrift wollte der Gesetzgeber die Effizienz und Praktikabilität der forensischen DNA-Analyse erhöhen, die sich als effektives Mittel zur Aufklärung von Straftaten erwiesen hat.[2] Zugleich sollten die in der Praxis aufgetretenen Unsicherheiten in der Rechtsanwendung hinsichtlich Zulässigkeit und Rechtsgrundlagen von Reihengentests, sogenannten Massenscreenings, beseitigt werden.[3] Letzteres ist nur begrenzt gelungen, da die Vorschrift durch die systemwidrige Verbindung einer richterlichen Anordnung mit vollkommener Freiwilligkeit der Maßnahme einen Fremdkörper in der StPO darstellt.[4] Letztlich ist § 81h aber als eine besondere Ausprägung des **Verhältnismäßigkeitsgrundsatzes** anzusehen.[5] Insoweit ist der Norm zumindest die Existenzberechtigung nicht abzusprechen, wenn sie vor diesem Hintergrund dazu dient, der mit der Probenentnahme möglicherweise verbundenen Berührung des Grundrechts der körperlichen Unversehrtheit und der mit der Auswertung der Probe verbundenen Berührung des Grundrechts auf informationelle Selbstbestimmung eine Legitimationsgrundlage zu verleihen.[6] Schließlich können von der Maßnahme eine große Anzahl von Personen betroffen sein, gegen die sich kein Tatverdacht richtet, und bei denen eine konkrete Beziehung zur Tat oder dem Tatopfer (zunächst) nicht festgestellt werden konnte. Dementsprechend entfaltet die Vorschrift wenigstens eine begrüßenswerte Klarstellungsfunktion dahingehend, dass der Reihengentest keine Standardmaßnahme im Rahmen der Ermittlungen sein kann, sondern einen Ausnahmecharakter trägt, und die erlangten Proben nur in eng begrenztem Umfang ausgewertet und verglichen werden dürfen.[7]

2 **2. Anwendungsbereich.** § 81h entfaltet **keine Sperrwirkung** gegenüber den Zwangsmaßnahmen nach §§ 81a, 81c, 81e, 81 f.[8] Dem steht nicht entgegen, dass es sich bei der Vorschrift um eine abschließende Sonderreglung für DNA-Reihentests handelt.[9] Vielmehr ist im Einzelfall zu entscheiden, ob sich, ggf. unter Heranziehung der allgemeinen Prüfmerkmale des § 81h, parallel zu der Maßnahme oder im Anschluss daran eine hinreichend konkrete Beziehung zu bestimmten Personen herstellen lässt, um eine Maßnahme nach § 81a oder § 81c gegen diese anzuordnen (→ Rn. 3 und 4). In der Begründung des Gesetzesentwurfs wurde ausdrücklich hervorgehoben, dass es durch die Einführung des § 81h weiterhin nicht ausgeschlossen ist, einen Anfangsverdacht gegen eine Person anzunehmen und „ggf. auf eine (zwangsweise) DNA-Analyse auf der Grundlage der §§ 81e, 81f StPO hinzuwirken". Dabei wurde klargestellt, dass es zur Begründung der Verdachtslage durchaus zulässig ist, auch auf die Prüfmerkmale nach § 81h Abs. 1 zurückzugreifen.[10] Gleichzeitig wurde hervorgehoben, es handle sich um eine „Befugnisnorm für eine Maßnahme auf der Basis freiwilliger Mitwirkung der Betroffenen".[11] Damit sollte erkennbar der Bereich zwangsweiser Eingriffsbefugnisse, und damit auch des § 81c, nicht einbezogen oder eingeschränkt werden. Vor dem gleichen Hintergrund sah die Begründung die mit der Einführung des § 81h bezweckte Beseitigung von Rechtsunsicherheiten. In diesem

---

1 BVerfG 13.5.2015 – 2 BvR 616/13, ZD 2015, 423 (426); aA Mansdörfer GSZ 2018, 45 (49 und 51).
2 BT-Drs. 15/5674, 6 f.
3 BT-Drs. 15/5674, 7.
4 Vgl. Hadamitzky in KK-StPO Rn. 6; Rogall FS Schroeder, 2006, 691 (711).
5 BT-Drs. 15/5674, 13.
6 Saliger/Ademi JuS 2008, 193 (194), wobei die dortige Bezeichnung als „Eingriff" schon wegen der vollkommenen Freiwilligkeit zumindest missverständlich erscheint; vgl. auch Magnus ZRP 2015, 13; Rosenau/Dorneck FS Merkel, 2020, 1301 (1314).
7 BT-Drs. 15/5674, 9 und 13.
8 Brauer in Gercke/Julius/Temming/Zöller Rn. 14; Rogall in SK-StPO Rn. 5; Busch NJW 2013, 1771 (1772 Fn. 13); Kretschmer HRRS 2012, 185 (188).
9 Brauer in Gercke/Julius/Temming/Zöller Rn. 2; Krause in Löwe/Rosenberg Rn. 2 und 5; Saliger/Ademi JuS 2008, 193 (199); der Sache nach auch Roxin/Schünemann StrafVerfR § 33 Rn. 36.
10 BT-Drs. 15/5674, 14; Müller Die Polizei 2006, 40 (48).
11 BT-Drs. 15/5674, 13 f.

Zusammenhang wurde betont, es handle sich beim Reihengentest gerade nicht um eine Zwangsmaßnahme. Lediglich die Frage sollte entschieden werden, ob trotz Einwilligung der davon Betroffenen noch eine richterliche Entscheidung erforderlich sei.[12] Die Regelungen haben zudem unterschiedliche systematische Ansatzpunkte. § 81h erfasst den Fall eines Personenkreises, der sich zunächst ausschließlich nach abstrakten Merkmalen bestimmt, die aus Art und Umständen der Tatbegehung hergeleitet werden. Die betroffenen Personen selbst stehen dabei üblicherweise noch nicht namentlich fest.[13] §§ 81c, 81e richten sich im Unterschied dazu gegen bestimmt bezeichnete Personen. Es mag zwar insoweit Schnittmengen geben, insbesondere dann, wenn sich die Möglichkeit zur Individualisierung des Betroffenen erst im Rahmen der Durchführung einer DNA-Reihenuntersuchung ergibt; der generelle Ansatzpunkt ist indes unterschiedlich. Demnach ist der Einwand unzutreffend, zwangsweise Untersuchungen wären auf diese Weise unter weicheren Voraussetzungen zulässig als freiwillige.[14] Eine solche Gewichtung verzerrt die Darstellung, weil sie unberücksichtigt lässt, dass die Ansatzpunkte der jeweiligen richterlichen Entscheidung gänzlich unterschiedlich sind. Bei § 81h dient die richterliche Anordnung dazu, die Grenzen hinsichtlich der Bestimmung des Personenkreises und der Verhältnismäßigkeit zu wahren. Im Vordergrund steht der (zunächst) formale Aspekt, den Ausnahmecharakter der Maßnahme durch richterliche Kontrolle zu sichern. Ein Eingriff in die Rechte der erst im Anschluss zu bestimmenden konkret Betroffenen ist damit noch gar nicht verbunden, da deren Teilnahme freiwillig ist. Demgegenüber ist das Regel-Ausnahmeverhältnis bei der zwangsweisen Durchführung ein anderes. Die richterliche Anordnung sowohl der Probenentnahme nach § 81c als auch der Untersuchung nach § 81f ist grundsätzlich erforderlich, soweit der konkret Betroffene nicht ausnahmsweise einwilligt. Hierbei sind weitergehende, sich auf die individuell betroffene Person beziehende Prüfungskriterien im Rahmen der Abs. 2–4 des § 81c zu berücksichtigen. Auch kann die gerichtliche Entscheidung, im Gegensatz zu derjenigen nach § 81h Abs. 2 S. 5, mit der Beschwerde angefochten werden.

Die **Abgrenzung zu §§ 81a, 81e** erfolgt danach, ob lediglich abstrakte Prüfungsmerk- 3
male iSd § 81h Abs. 1 gegeben sind, die auf einen möglichen Täter hindeuten oder ob gegen eine konkrete Person ein Anfangsverdacht iSd § 152 Abs. 2 angenommen werden kann. Ein rein abstraktes Kriterium, wie beispielsweise die Zahl der in Betracht kommenden Personen, dürfte hierfür nicht tragfähig sein. Es ist vielmehr im Einzelfall zu entscheiden, ab wie viel betroffenen Personen die Grenze einer konkreten Verdachtslage überschritten ist und nur noch anhand allgemeiner Prüfkriterien vorgegangen wird.[15] So kann sich ein Tatverdacht auch gegen eine Vielzahl von Personen richten, selbst wenn nur eine davon als Täter in Betracht kommen kann.[16] Zur Begründung des Beschuldigtenstatus sind personenbezogene Kriterien heranzuziehen. Hierbei dürfen durchaus auch solche Umstände ergänzend berücksichtigt werden, die Prüfmerkmale nach § 81h Abs. 1 darstellen.[17] Die bloße Verweigerung der Teilnahme an einem Reihentest genügt dagegen nicht.[18] Sie kann andererseits als ein zusätzlicher Gesichtspunkt angesehen werden, wenn weitere verdachtsbegründende Kriterien gegeben sind.[19] Hierzu rechnet es auch, wenn sich der Kreis der Verdächtigen durch Abgabe einer Vielzahl freiwilliger Speichelproben bereits erkennbar verdichtet

---

12 BT-Drs. 15/5674, 7.

13 Vgl. Goers in BeckOK StPO Rn. 2.

14 So aber Saliger/Ademi JuS 2008, 193 (199).

15 Bosch in KMR-StPO Rn. 2; Krause in Löwe/Rosenberg Rn. 6; Brodersen in DNA-Analyse Rn. 192; Kretschmer HRRS 2012, 185 (187).

16 S. hierzu den Fall BVerfG 2.8.1996 – 2 BvR 1511/96, NJW 1996, 3071 (3073).

17 BT-Drs. 15/5674, 14; Magnus ZStW 2014, 695 (718); Müller Polizei 2006, 40 (48); Senge NJW 2005, 3028 (3032).

18 BT-Drs. 18/11277, 21; BT-Drs. 19/4354, 4; BVerfG 27.2.1996 – 2 BvR 200/91, NJW 1996, 1587 (1588); 2.8.1996 – 2 BvR 1511/96, NJW 1996, 3071 (3072); LG Regensburg 6.2.2003 – Qs 4/2003 jug., StraFo 2003, 127 (128); LG Arnsberg 22.6.2011 – II-2 KLs-382 Js 144/09-12/09, Jurion RS 2011, 21766 Rn. 141.

19 Magnus ZStW 2014, 695 (718).

hat.[20] Neben der Testverweigerung können bspw. wechselndes oder widersprüchliches Aussageverhalten,[21] ein zweifelhaftes Alibi oder Tatortnähe[22] herangezogen werden, nicht jedoch die Beiziehung eines Rechtsanwalts, da es sich hierbei lediglich um die verdachtsneutrale Ausübung prozessualer Rechte handelt.[23]

4 Die **Abgrenzung zu §§ 81c, 81e** erfolgt über § 81c Abs. 4. Nimmt ein Betroffener an der Reihenuntersuchung nicht freiwillig teil, so ist es zulässig, die Anordnung der Speichel- oder Blutprobenentnahme auf § 81c Abs. 2 S. 1 zu stützen, sofern dies für den Betroffenen zumutbar ist, und deren Auswertung auf § 81e Abs. 1 S. 1.[24] Auch in diesem Fall ist es nicht ausreichend, die Maßnahme alleine auf abstrakte Prüfmerkmale iSd § 81h Abs. 1 zu stützen. Zumutbar ist die Probenentnahme gemäß § 81c Abs. 4 nur, wenn eine – wenn auch weite – persönliche Beziehung des Betroffenen zum Tatgeschehen („spezifische Beweisbeziehung")[25] erkennbar ist.[26] Eine solche kann im Zusammenwirken mit einer als Täter in Betracht kommenden Gruppe bei anderen Gelegenheiten in Betracht kommen oder auch in einem bei anderen Taten an den Tag gelegten vergleichbaren Handlungsmuster.[27] Eine persönliche Verbindung zum Tatopfer kann ebenfalls ausschlaggebend sein.[28] Alleine die Tatsache, dass der Betroffene gleichen Geschlechts ist wie der mutmaßliche Täter, kann die Zumutbarkeit der Maßnahme dagegen nicht begründen.[29]

5 **3. Entstehungsgeschichte der Norm.** Die seit 1.11.2005 gültige Vorschrift wurde durch Artikel 1 Nr. 3 des Gesetzes zur Novellierung der forensischen DNA-Analyse[30] in die StPO eingefügt. Durch Art. 3 Nr. 7 des Gesetzes zur effektiveren und praxistauglicheren Ausgestaltung des Strafverfahrens vom 17.8.2017[31] wurde sie grundlegend unmgestaltet. Die Suche nach und Verwertbarkeit von Beinahetreffern wurde durch Ergänzung des Abs. 1 im Hinblick auf die anderslautende Rspr. zur früheren Rechtslage (→ Rn. 19) ausdrücklich sanktioniert.[32] Insbesondere der Umfang der Belehrungspflichten wurde daran angepasst und durch Abs. 4 Nr. 2 und 3 erweitert.[33] Ferner regelt Abs. 3 S. 4 nunmehr, dass nicht mehr nur die Löschung, sondern auch die Vernichtung des Untersuchungsmaterials zu dokumentieren ist.

II. Erläuterung

6 **1. Anordnungsvoraussetzungen nach Abs. 1. a) Verdacht einer Katalogtat.** Die Anordnung eines Reihengentests kommt nur beim Verdacht einer der im Deliktskatalog des Abs. 1 **abschließend angeführten Verbrechen** in Betracht. Ausreichend ist der Versuch einer solchen Straftat.[34] Dabei ist die Hervorhebung eines Delikts gegen das Leben nicht als ein ausschließlicher Verweis auf den 16. Abschnitt des StGB zu verstehen. Vielmehr

[20] BGH 21.1.2004 – 1 StR 364/03, BGHSt 49, 56 (60); LG Bielefeld 29.9.2010 – 10 Qs 404 und 405/10, juris Rn. 6–9; vgl. auch Saliger/Ademi JuS 2008, 193 (198) zur Frage eines „geschlossenen" oder „nicht geschlossenen" Kreises von Betroffenen, die für einen möglichen Tatverdacht in Frage kommen.
[21] Krause in Löwe/Rosenberg Rn. 7.
[22] Kretschmer HRRS 2012, 185 (187).
[23] BGH 19.1.2000 – 3 StR 531/99, NJW 2000, 1962 (1964), insoweit nicht abgedruckt in BGHSt 45, 363.
[24] Kretschmer HRRS 2012, 185 (187 f.); Pommer JA 2007, 621 (627); aA Krause in Löwe/Rosenberg § 81c Rn. 29, der von genereller Unzumutbarkeit ausgeht.
[25] Rogall in SK-StPO Rn. 8; Kretschmer HRRS 2012, 185 (188).
[26] Bosch in KMR-StPO Rn. 3; Busch NJW 2001, 1335 (1337); Rogall FS Schroeder, 2006, 691 (714).
[27] VerfGH Berlin 13.12.2005 – VerfGH 113/05, NJW 2006, 1416 (1417–1419).
[28] LG Frankenthal 6.10.1999 – II Qs 363/99, NStZ-RR 2000, 146; vgl. auch BGH 19.1.2000 – 3 StR 531/99, NJW 2000, 1962 (1964), insoweit nicht abgedruckt in BGHSt 45, 363.
[29] LG Regensburg 6.2.2003 – Qs 4/2003 jug., StraFo 2003, 127 (128), wobei im konkreten Fall eines getöteten Babys hinzukam, dass die Betroffene im fraglichen vorhergehenden Zeitraum nachweislich nicht schwanger war und somit eine persönliche Beziehung zur Tat ausgeschlossen war.
[30] BGBl. 2005 I 2630 (2631).
[31] BGBl. 2017 I 3202 (3202).
[32] BT-Drs. 11277/18, 20–22; Schneider NStZ 2018, 692 (693).
[33] BT-Drs. 11277/18, 21 und 23.
[34] BT-Drs. 15/5674, 13.

bezieht sich die Aufzählung auf die zugrunde liegenden höchstpersönlichen Rechtsgüter.[35] Demnach erfasst die Vorschrift sämtliche Verbrechen mit Todesfolge.[36]

Ein **Anfangsverdacht** ist ausreichend.[37] Ausschlaggebend ist die Verdachtslage zum Zeitpunkt der Anordnung. Die Verurteilung wegen einer nicht von Abs. 1 erfassten Straftat wegen nachträglicher Änderung der Beurteilungsgrundlage oder abweichender rechtlicher Bewertung ist unschädlich und berührt die ursprüngliche Rechtmäßigkeit der Anordnung nicht.[38] 7

b) Prüfmerkmale. Durch die Benennung bestimmter Prüfmerkmale hat eine **Eingrenzung des Personenkreises** zu erfolgen, auf den sich die Maßnahme erstreckt.[39] Hierzu wird regelmäßig über eine Fallanalyse ein Täterprofil zu erstellen sein.[40] Dabei ist keine Gewissheit erforderlich, dass sich der mutmaßliche Täter unter der auf diese Weise abstrakt bestimmten Personengruppe befindet, da die Prüfmerkmale auf ihn nur „vermutlich" zutreffen müssen.[41] Namentlich müssen die Betroffenen zum Zeitpunkt der Anordnung noch nicht feststehen,[42] was naturgemäß der Fall sein wird, da eine Fallanalyse zunächst nur abstrakte Merkmale der Zielperson liefert. Als gruppenspezifische Merkmale kommen personenbezogene Eigenschaften oder Umweltbeziehungen in Betracht wie Alter, Geschlecht, Haar-/Augenfarbe, Kahlköpfigkeit, Körpergröße, Konfektionsgröße, Ortskenntnis, Wohnort, Halter eines bestimmten Fahrzeugtyps, Zugehörigkeit zu einem bestimmten Unternehmen, einer bestimmten Personengruppe (beispielsweise Uniformträger) oder einer Berufsgruppe.[43] Entsprechende Anhaltspunkte zum Erscheinungsbild und zum Alter können insbesondere über eine Auswertung von Spurenmaterial nach § 81e Abs. 2 S. 2 gewonnen werden (→ § 81e Rn. 41).[44] Es darf allerdings auch auf empirische und kriminologische Erkenntnisse zurückgegriffen werden, wie die aufgrund der Deliktsnatur wahrscheinlichste Zugehörigkeit zu einer bestimmten Alters- oder Personengruppe.[45] Auch kann ein bestimmtes Handlungsmuster[46] entsprechende Hinweise geben. Die Festlegung der Prüfmerkmale muss zumindest so weit gehen, dass eine Beschränkung der Probenerhebung und Auswertung möglich ist und der Personenkreis nicht uferlos ausgeweitet wird.[47] 8

c) Erforderlichkeit und Personenkreis-Tatschwere-Relation. Als besondere **Ausprägung des Verhältnismäßigkeitsgrundsatzes** sieht Abs. 1 vor, dass die Maßnahme erforderlich sein muss, um festzustellen, ob Spurenmaterial von dem betroffenen Personenkreis stammt und dass dieser zahlenmäßig in vertretbarer Relation zur Schwere der Tat stehen muss. Hierdurch hebt der Gesetzgeber den Ausnahmecharakter des Reihengentests hervor.[48] Die Anordnung kommt damit wegen der potentiellen Betroffenheit einer Vielzahl von unverdächtigen Personen nur als Ultima ratio in Frage. In der Praxis werden diese 9

---

35 BT-Drs. 15/5674, 13; vgl. auch Müller Die Polizei 2006, 40 (48).
36 Goers in BeckOK StPO Rn. 1; Brauer in Gercke/Julius/Temming/Zöller Rn. 3; Schmitt in Meyer-Goßner/Schmitt Rn. 3; s. auch die Aufzählung der in Betracht kommenden Tatbestände bei Krause in Löwe/Rosenberg Rn. 9.
37 BT-Drs. 15/5674, 13: „Liegen Anhaltspunkte dafür vor".
38 Krause in Löwe/Rosenberg Rn. 10.
39 Rogall in SK-StPO Rn. 13; vgl. LG Magdeburg 21.12.2005 – 25 Qs 117/05, StV 2006, 125 (126).
40 Hoppmann Kriminalistik 2013, 291 (293); vgl. LG Mannheim 30.3.2004 – 1 Qs 1/04, NStZ-RR 2004, 301 (302).
41 LG Dortmund 28.2.2007 – 37 Qs 4/07, NStZ 2008, 175 (176).
42 Goers in BeckOK StPO Rn. 2; Brauer in Gercke/Julius/Temming/Zöller Rn. 4.
43 Hadamitzky in KK-StPO Rn. 3; Schmitt in Meyer-Goßner/Schmitt Rn. 4; Graalmann-Scheerer NStZ 2004, 297 (300); vgl. auch LG Mannheim 30.3.2004 – 1 Qs 1/04, NStZ-RR 2004, 301 (302).
44 BT-Drs. 19/14747, 27; Beck KriPoZ 2017, 160 (163); Caspari DRiZ 2019, 340 (343); Claus NStZ 2020, 57 (62); Jansen ZIS 2020, 233 (237); Rath GSZ 2018, 67 (69); Schneider NStZ 2018, 692 (695).
45 LG Dortmund 28.2.2007 – 37 Qs 4/07, NStZ 2008, 175 (178).
46 Vgl. BGH 17.1.2007 – 5 StR 186/07, NStZ-RR 2008, 148 (149) zum Beweiswert von Handlungsmustern bei der Tatbegehung.
47 Hadamitzky in KK-StPO Rn. 3; vgl. LG Magdeburg 21.12.2005 – 25 Qs 117/05, StV 2006, 125 (126).
48 BT-Drs. 15/5674, 9 und 13 „Keine Standardmaßnahme".

rechtlichen Anforderungen regelmäßig schon wegen der tatsächlichen Gegebenheiten nicht zum Problem.[49] Der enorme Kosten-, Verwaltungs- und Personalaufwand, der mit einem Massenscreening verbunden ist, führt dazu, dass es faktisch nur vereinzelt und in erster Linie bei Sexual- und Kapitaldelikten zur Anwendung kommt.[50] Unzutreffend ist indes der überwiegend gezogene Schluss, dies erfordere im Hinblick auf den Ermittlungsstand und den Zeitablauf, dass vor Anordnung der Maßnahme alle anderweitigen Ermittlungsmöglichkeiten zur Aufklärung des Tatgeschehens ausgeschöpft sein müssten.[51] Vielmehr kann sich die Frage nach der entsprechenden Vorgehensweise bei Sexualdelikten mit der Gefahr einer Wiederholung gerade in einem frühen Ermittlungsstadium stellen. Vom Wortlaut und Zweck der Vorschrift ist dies nicht ausgeschlossen.[52]

10 An der **Erforderlichkeit** fehlt es daher in sachlicher Hinsicht, wenn auswertbares Spurenmaterial, mit dem die im Wege der Reihenuntersuchung zu erlangenden DNA-Identifizierungsmuster abzugleichen wären, (noch) nicht vorhanden ist. Eine Vorratshaltung der Anordnung oder des Vergleichsmaterials ist nicht zulässig.[53] Soweit darüber hinaus bestimmte Betroffene aus persönlichen Gründen als Spurenverursacher ausscheiden, betrifft dies regelmäßig erst die Durchführung des Reihengentests (→ Rn. 16).

11 Bei der **Personenkreis-Tatschwere-Relation** wird teilweise hinsichtlich des diesbezüglich in Abs. 1 erstgenannten Kriteriums, der Anzahl der von der Maßnahme betroffenen Personen, als Orientierung für die Grenze zur Unverhältnismäßigkeit eine Zahl von ca. 10.000 betroffenen Personen genannt.[54] Allerdings besteht insofern keine feste Grenze. Es ist vielmehr unter Abwägung aller Umstände im Einzelfall zu entscheiden.[55] Eher unproblematisch ist die Eingrenzung bei „geschlossenen Fällen", die aufgrund mutmaßlicher Teilnahme des Täters an einer örtlich und zahlenmäßig begrenzten Veranstaltung, schon von vornherein eine Beschränkung vorgeben.[56] Andererseits kann die Erfassung umso größerer Personenkreise geboten sein, wenn es um die Aufklärung von Serienstraftaten geht, die in der Öffentlichkeit starke Unsicherheit auslösen.[57] Bei dem entgegen zu stellenden Abwägungskriterium der Schwere der Tat kann trotz des Deliktskatalogs, der nur gravierende Straftaten enthält, nicht generell auf die Verhältnismäßigkeit geschlossen werden.[58] Ansonsten wäre dieses Tatbestandsmerkmal überflüssig. Maßgebliche Gesichtspunkte sind daher in erster Linie Intensität und Umfang der Rechtsgutsverletzung, aber auch Art und Anzahl der Tatopfer sowie Art des verletzten Rechtsguts.[59] Soweit als Ausschlusskriterium auch mit der Durchführung verbundene erhebliche Kosten angesehen werden,[60] kann dies angesichts der Aufklärungspflicht nur für Grenzfälle gelten, bei denen wegen einer außergewöhnlich hohen Zahl von Betroffenen Personen ein Aufklärungserfolg ohnehin fraglich erscheint.[61]

---

49 So auch die Einschätzung von Rogall FS Schroeder, 2006, 691 (710 f.).

50 Brodersen in DNA-Analyse Rn. 188; Hoppmann Kriminalistik 2013, 219 (224); König Kriminalistik 2004, 262 (265); vgl. auch die Praxisbeispiele bei Hoppmann Kriminalistik 2013, 147 (147 ff.).; 219 (219 ff.); Kerner/Trüg FS Weber, 2004, 457 (458 f.).

51 LG Düsseldorf 28.2.2007 – 37 Qs 4/07, NStZ 2008, 175 (176); Goers in BeckOK StPO Rn. 5; Krause in Löwe/Rosenberg Rn. 16; Schmitt in Meyer-Goßner/Schmitt Rn. 5; Müller Die Polizei 2006, 40 (48); Saliger/Ademi JuS 2008, 193 (195).

52 Bosch in KMR-StPO Rn. 12; Bosch JURA 2021, 41 (48); s. auch Hoppmann Kriminalistik 2013, 291 (295 ff.) zur Wichtigkeit zeitnahen Vorgehens bei Tötungsdelikten, s. aber auch (297).

53 Goers in BeckOK StPO Rn. 5; Krause in Löwe/Rosenberg Rn. 16.

54 Neuhaus in HK-GS Rn. 3; Schmitt in Meyer-Goßner/Schmitt Rn. 5; Krause in Löwe/Rosenberg Rn. 22; Saliger/Ademi JuS 2008, 193 (196).

55 Goers in BeckOK StPO Rn. 5; Brauer in Gercke/Julius/Temming/Zöller Rn. 6.

56 Vgl. Saliger/Ademi JuS 2008, 193 (196) zu „Schützenfest- oder Partykellerfällen", wobei auch die Möglichkeit angenommen wird, die Teilnehmer als Beschuldigte zu führen (198).

57 Brauer in Gercke/Julius/Temming/Zöller Rn. 6.

58 Krause in Löwe/Rosenberg Rn. 22.

59 Saliger/Ademi JuS 2008, 193 (196).

60 Neuhaus in HK-GS Rn. 3; Bosch in KMR-StPO Rn. 11; Bosch JURA 2021, 41 (47); Saliger/Ademi JuS 2008, 193 (196).

61 So wohl Schmitt in Meyer-Goßner/Schmitt Rn. 5, der als Bsp. eine Zahl von mehr als 100.000 Personen nennt.

2. Anordnung nach Abs. 2. Abs. 2 S. 1 enthält einen **absoluten Richtervorbehalt.** Die richterliche Anordnung ist mithin unverzichtbar.[62] Hierduch wird dem Ausnahmecharakter und der Streubreite der Maßnahme Rechnung getragen.[63] Eine Eilanordnungsbefugnis der Strafverfolgungsbehörden besteht nicht, ist im Hinblick auf den Ermittlungsaufwand zur Vorbereitung und Umsetzung der Maßnahme aber auch nicht erforderlich. Der Beschluss ergeht nach Abs. 2 S. 2 zwingend in Schriftform und muss nach Abs. 2 S. 3 neben einer Begründung die Prüfungsmerkmale hinreichend genau bezeichnen, um den betroffenen Personenkreis zu umgrenzen. Durch den Verweis in Abs. 3 S. 1 auf § 81f Abs. 2 wird darüber hinaus klargestellt, dass auch der Sachverständige iSd dortigen S. 1 zu bezeichnen ist (hierzu → § 81f Rn. 14). Einer Anhörung der betroffenen Personen bedarf es angesichts der Freiwilligkeit der Mitwirkung nach Abs. 2 S. 4 nicht.[64] Örtlich zuständig ist nach § 162 Abs. 1 S. 1 der Ermittlungsrichter, in dessen Bezirk die beantragende Staatsanwaltschaft ihren Sitz hat.[65] Fälle einer Anordnung nach Abschluss des Ermittlungsverfahrens kommen im Hinblick auf die Art der Maßnahme nicht in Betracht. Die Ausführung erfolgt auf Veranlassung der Staatsanwaltschaft (§ 36 Abs. 2 S. 1) regelmäßig durch die Polizei.[66] 12

3. Durchführung des Reihengentests. a) Einwilligung. Die richterliche Anordnung darf nur ausgeführt werden, wenn die nunmehr anhand der allgemeinen Prüfkriterien ermittelte konkret betroffene Person nach **schriftlicher Belehrung** gemäß Abs. 4 ihre **Einwilligung in Schriftform** gemäß Abs. 1 erteilt. Letzteres dient Dokumentationszwecken.[67] Die Belehrung hat neben dem Hinweis auf die Freiwilligkeit der Maßnahmen nach Abs. 4 S. 1 auch die besonderen Punkte nach Abs. 4 S. 2 Nr. 1–4 hinsichtlich der Feststellungs- und Verwendungsbeschränkung, des Vernichtungsgebots, der Erstreckung des Abgleichs auf und dessen Verwertbakeit auch gegen nahe Verwandte sowie des Speicherverbots zu enthalten.[68] Sie kann zusammen mit der Einwilligungserklärung auf einem Formblatt der Strafverfolgungsbehörden erfolgen,[69] was zu empfehlen ist (→ § 81f Rn. 10). Soweit über § 500 Abs. 1 für anwendbar gehalten, müssten darüber hinaus auch die Voraussetzungen des § 51 BDSG erfüllt sein.[70] Der Gesetzgeber wollte durch die Kombination der Belehrungsvorgaben einerseits psychischen Druck von den Betroffenen nehmen, um eine freie Entscheidung sicherzustellen (Abs. 4 S. 1), andererseits diese dem Test aufgeschlossen gegenübertreten lassen, um sie so zur Mitwirkung zu motivieren.[71] Um dies zu erreichen, empfiehlt es sich in der praktischen Umsetzung, trotz des damit verbundenen enormen Arbeitsaufwandes, die ausgewählten Personen aufzusuchen und nicht lediglich mittels Vorladung einzubestellen und die Maßnahme durch Öffentlichkeitsarbeit zu unterstützen.[72] 13

Abs. 4 enthält eine **abschließende Aufzählung** der Belehrungspflichten. Es ist nicht notwendig, den Betroffenen ausdrücklich dahingehend zu belehren, dass aus der Verweigerung der Teilnahme kein Tatverdacht hergeleitet werden darf.[73] Der Gesetzgeber hat das Problem der Verdachtsneutralität einer Versagung der Einwilligung erkannt und gleichwohl nicht mit in die explizit bestimmten und ausdifferenzierten Belehrungspflichten aufgenommen.[74] Angesichts der Fassung des Abs. 4, die ins Einzelne gehende Vorgaben enthält, ist 14

62 BT-Drs. 15/5674, 14; Bosch in KMR-StPO Rn. 14; Pommer JA 2007, 621 (626).
63 Bosch JURA 2021, 41 (46); Magnus ZStW 2014, 695 (698).
64 BT-Drs. 15/5674, 14.
65 Bosch in KMR-StPO Rn. 15; Schmitt in Meyer-Goßner/Schmitt Rn. 11.
66 Bosch in KMR-StPO Rn. 15; Rogall in SK-StPO Rn. 25.
67 BT-Drs. 15/5674, 13.
68 BT-Drs. 11277/18, 23.
69 Finger Kriminalistik 2006, 696 (698).
70 Vgl. Singelnstein NStZ 2020, 639 (640); aA Köhler in Meyer-Goßner/Schmitt § 500 Rn. 2.
71 BT-Drs. 15/5674, 14; BT-Drs. 11277/18, 21 und 23; kritisch hierzu Brauer in Gercke/Julius/Temming/Zöller Rn. 12; Rogall in SK-StPO Rn. 34.
72 Hoppmann Kriminalistik 2013, 219 (224 f.).
73 AA Krause in Löwe/Rosenberg Rn. 14 und 34; Saliger/Ademi JuS 2008, 193 (196 f.).
74 BT-Drs. 15/5674, 13 f.; BT-Drs. 11277/18, 21 und 23.

kein Raum für eine entsprechende erweiternde Auslegung. In gleicher Weise ist eine Belehrung über die Löschungsvorschrift nicht zwingend.[75]

15 Die Einwilligungserklärung muss **freiwillig** erfolgen,[76] das heißt, frei von Willensmängeln und ohne Beeinträchtigung der Willensentschließung oder Willensbetätigung. Die etwaige Befürchtung, im Falle der Weigerung könne eine Probenentnahme und DNA-Analyse gerichtlich angeordnet werden, stellt einen unbeachtlichen Motivirrtum dar,[77] sofern die Strafverfolgungsbehörden nicht eine entsprechende Fehlvorstellung bewusst herbeiführen. In gleicher Weise unerheblich ist ein möglicherweise bestehender sozialer oder moralischer Druck in Richtung auf eine Mitwirkung an dem Test, der in der Literatur teilweise kritisch gesehen wird.[78] Dem Gesetzgeber war auch diese Problematik bekannt,[79] gleichwohl sah er hierin keine grundlegende Gefahr für die Freiwilligkeit der Entscheidung, die einer Regelung bedurft hätte. Im Übrigen bleibt bei der bisherigen Diskussion vollständig ausgeblendet, dass an einer entsprechenden Erwartungshaltung der Rechtsgemeinschaft nicht lediglich negative, sondern auch positive Züge zu erkennen sind. Letztlich geht es darum, einem anderen Mitglied der Rechtsgemeinschaft, das Opfer einer gravierenden Straftat wurde, wenigstens ein Mindestmaß an Solidarität entgegenzubringen (→ Rn. 23). Die Gefahr, als „unbescholtener Bürger allzu leicht" in einen Rechtsfertigungszwang zu geraten,[80] erscheint demgegenüber nicht naheliegend. Zu dem Gesichtspunkt, dass ein Betroffener zufällig oder durch gezielte Spurenlegung des Täters eigene Spuren am Tatort zurücklässt, müsste der weitere Zufall hinzutreten, dass er unter das zu erstellende Täter-Profil fällt.

16 **b) Erforderlichkeit.** Die Erforderlichkeit nach Abs. 1 ist ein Prüfungspunkt, der nicht nur die Anordnung der Maßnahme betrifft, sondern auch deren Umsetzung. Die Erhebung und der Abgleich von Probenmaterial scheidet nach **personenbezogenen Gesichtspunkten** aus, wenn bei einer nunmehr anhand der Prüfmerkmale ermittelten bestimmten Person eine Verbindung zur Anlasstraftat ausgeschlossen werden kann.[81] Ein solches Ausschlusskriterium kann bspw. ein zweifelsfreies Alibi sein.[82] Entsprechend können besondere Umstände in der Lebensgeschichte oder dem Umfeld des Betroffenen die Indizwirkung der Prüfmerkmale beseitigen.[83]

17 **c) Probenentnahme.** Liegt die Einwilligung in der erforderlichen Form vor, dürfen dem Probanden nach Abs. 1 Nr. 1 Körperzellen entnommen werden. Die Vorschrift gibt die **Art der Entnahme** nicht vor. Üblicherweise geschieht dies durch eine Speichelprobe.[84] Eine Blutprobenentnahme ist mangels entgegenstehender Vorschrift allerdings ebenfalls möglich.[85] Diese hat nach dem Rechtsgedanken der § 81a Abs. 1 S. 2, § 81c Abs. 2 S. 2 durch einen Arzt zu erfolgen. An die Umsetzung der freiwilligen Mitwirkung können keine geringeren Anforderungen gestellt werden als an die zwangsweise Probengewinnung.

18 **d) Probenauswertung.** Aus dem Probenmaterial wird nach Abs. 1 Nr. 2 ein **DNA-Identifizierungsmuster** gewonnen, wobei auch die Bestimmung des Geschlechts zulässig

---

75 AA wohl Hadamitzky in KK-StPO Rn. 9.
76 Krause in Löwe/Rosenberg Rn. 14.
77 Müller Die Polizei 2006, 40 (48); vgl. auch bereits BVerfG 27.2.1996 – 2 BvR 200/91, NJW 1996, 1587 (1588).
78 Neuhaus in HK-GS Rn. 4; Krause in Löwe/Rosenberg Rn. 14; Hinrichs KJ 2006, 60 (69 f.); Graalmann-Scheerer NStZ 2004, 297 (298); Mertin ZRP 2005, 37 (37 f.); Petri ZD 2015, 426 (427); Ronellenfitsch NJW 2006, 321 (325); Saliger/Ademi JuS 2008, 193 (197).
79 Vgl. BT-Drs. 15/5674, 7 und 14; BT-Drs. 11277/18, 21.
80 Hinrichs KJ 2006, 60 (70).
81 Hadamitzky in KK-StPO Rn. 3; Schmitt in Meyer-Goßner/Schmitt Rn. 4.
82 BT-Drs. 15/5674, 13.
83 Vgl. LG Regensburg 6.2.2003 – Qs 4/2003 jug., StraFo 2003, 127 (128), noch zu § 81c, wo im Fall einer Kindstötung der behandelnde Frauenarzt der Betroffenen bestätigte, dass eine Schwangerschaft im relevanten Empfängniszeitraum nicht gegeben war.
84 Goers in BeckOK StPO Rn. 9; Rogall in SK-StPO Rn. 16.
85 Krause in Löwe/Rosenberg Rn. 19.

ist. Dieses wird nach Abs. 1 Nr. 3 mit Spurenmaterial **abgeglichen.** Hierfür wird eine bestimmte Art und Weise nicht vorgeschrieben. Die gesetzliche Formulierung des automatisierten Abgleichs stellt lediglich einen Hinweis auf eine mögliche Arbeitserleichterung für den Sachverstänigen dar.[86] Nach Abs. 3 S. 1 sind die Vorgaben des § 81f Abs. 2 zu beachten, die die Untersuchung durch qualifizierte Sachverständige und die Einhaltung datenschutzrechtlicher Belange gewährleisten.[87]

19 Die **Zweckbindung** des Abs. 1, auf die Abs. 3 S. 2 verweist („für die Untersuchung nach Absatz 1"), erlaubt ausschließlich Untersuchungen nach einer Herkunft des Spurenmaterials von einer der dort abschließend aufgeführten Personen.[88] Weitergehende Feststellungen sind nicht zulässig. Das über § 81h gewonnene DNA-Identifizierungsmuster darf nicht in die DNA-Analysedatei eingestellt und nicht mit Spuren aus anderen Strafverfahren abgeglichen werden.[89] § 81h Abs. 1 lässt nunmehr aber im Unterschied zur früheren Fassung ausdrücklich die Auswertung dahingehend zu, ob nicht nur der Betroffene selbst, sondern auch ein naher Verwandter bis zum dritten Grad Spurenleger sein kann. Der Kreis der miteinbezogenen Personen erstreckt sich dabei auf Verwandte in gerader Linie iSd § 1589 S. 1 BGB, dh Eltern, Kinder, Großeltern, Enkel, Urgroßeltern, Urenkel, sowie in der Seitenlinie iSd § 1589 S. 2 BGB auf voll- und halbbürtige Geschwister, einschließlich deren Kinder, dh Nichten und Neffen.[90] Ein bestimmtes Maß für die Teilübereinstimmung der DNA-Proflie, ab dem eine Verwandtschaft mit dem Verursacher der Spur angenommen werden kann, legt § 81h nicht fest.[91] Eine entsprechende Wahrscheinlichkeit ist vielmehr durch den Sachverständigen im Wege einer sog. „Likelihood-Ratio" für verschiedene Verwandtschaftskonstellationen separat zu berechnen.[92] Durch die Erweiterung der Zweckbindung auf Verwandte dritten Grades ist die frühere Rspr. zur eventuellen Unverwertbarkeit von Beinahetreffern[93] im Wesentlichen hinfällig. Nach weiter entfernten Verwandten darf jedoch weiterhin nicht gesucht werden.[94] Sollten solche in Betracht kommen, würde sich die Frage nach einem Verwertungsverbot unter Anwendung der Abwägungslehre erneut stellen.[95] Allerdings dürfte dies in der Praxis kaum relevant werden. Mit den derzeit überwiegend eingesetzten Untersuchungskits lassen sich Verwandtschaftsverhältnisse von Eltern und Kindern sowie Geschwistern zwar recht zuverlässig bestimmen, solche dritten Grades allerdings schon nur noch sehr eingeschränkt.[96] Ein allgemeines familial searching[97] ist danach ebenfalls unzulässig.[98] Allerdings kann die Verwendung dieser Begrifflichkeit im gegeben Zusammenhang durchaus als irreführend bezeichnet werden. Denn die DNA-Reihenuntersuchung erlaubt auch unter Einbeziehung des Beinahetreffers nach wie vor ausschließlich den Abgleich aus Anlass eines bestimmten Strafverfahrens erhobener DNA-Proben mit in diesem Verfahren sichergestelltem Spurenmaterial. Dies ist schon vom Ansatz her nicht vergleichbar mit einer systematischen Überprüfung nach Verwandtschaftverhältnissen insbesondere über die DNA-Analysedatei, die von ihrer Programmstruktur her zudem gar nicht auf die Erkennung von Beinahetreffern ausgelegt ist.[99]

20 Die **weitere Vorgehensweise im Trefferfall** besteht zunächst darin, dass der Sachverständige diesen an die Ermittlungsbehörden mitteilt. Stößt er im Rahmen des Abgleichs

86 BGH 20.12.2012 – 3 StR 117/12, BGHSt 58, 84 Rn. 16.
87 BT-Drs. 15/5674, 14.
88 Vgl. BT-Drs. 11277/18, 23 zur Ersetzung des unklaren Verweises auf § 81g Abs. 2 in § 81h Abs. 3 S. 1 aF.
89 Senge NJW 2005, 3028 (3032).
90 BT-Drs. 11277/18, 22.
91 Kritisch hierzu Petri ZD 2015, 426 (427).
92 BT-Drs. 19/4354, 3.
93 BVerfG 13.5.2015 – 2 BvR 616/13, ZD 2015, 423; BGH 20.12.2012 – 3 StR 117/12, BGHSt 58, 84.
94 Krause in Löwe/Rosenberg Rn. 29; Niedernhuber JA 2018, 169 (170).
95 BGH 20.12.2012 – 3 StR 117/12, BGHSt 58, 84 Rn. 31 ff.
96 BT-Drs. 19/4354, 3 f.
97 S. hierzu die BT-Drs. 19/4354 zugrundeliegende Kleine Anfrage; ferner Swoboda StV 2013, 461 (462 ff.) unter Darstellung der Rechtslage insbesondere im angelsächsischen Rechtskreis.
98 Krause in Löwe/Rosenberg Rn. 21.
99 So zutreffend BT-Drs. 19/4354, 2 und 6; zur verfassungsrechtlichen Unbedenklichkeit der Einbeziehung von Beinahetreffen s. Rosenau Dorneck FS Merkel, 2020, 1301 (1315).

(systembedingt) auf einen Beinahetreffer,[100] so prüft er im Direktvergleich, ob er einen Ermittlungshinweis auf die Einbeziehung möglicher Verwandtschaftsverhältnisse erteilt.[101] Falls ja, erfolgt genauso wie beim direkten Treffer die Deanonymisierung (vgl. § 81f Abs. 2 S. 3).[102] Die Ermittlungsbehörde prüft dann, ob sich gegen den Probanden oder dessen Verwandten ein Tatverdacht ergibt (→ Rn. 3 f.). Ggf. sind in der Folge weitere Ermittlungsschritte, insbesondere in Form von Maßnahmen nach §§ 81a, 81e in die Wege zu leiten.[103]

21 **e) Vernichtungs- und Löschungsregelung nach Abs. 3.** Die entnommenen Körperzellen sind nach Abs. 3 S. 2 nach Durchführung der Untersuchung unverzüglich zu **vernichten.** Sobald diese zur Aufklärung des Verbrechens nicht mehr benötigt werden, sind nach Abs. 3 S. 3 auch die durch die Untersuchung gewonnenen Aufzeichnungen zu den DNA-Identifizierungsmuster zu **löschen.** Dies ist regelmäßig dann der Fall, wenn der Spurenverursacher ermittelt werden konnte,[104] wird aber auch in Betracht kommen, wenn eine Übereinstimmung des DNA-Identifizierungsmusters des Betroffenen mit demjenigen des Spurenmaterials zuverlässig ausgeschlossen werden kann.[105] Spätest möglicher Zeitpunkt ist der Eintritt der Verjährung des Verbrechens.[106] Sowohl die Vernichtung der Körperzellen als auch die Löschung der Daten sind durch die Strafverfolgungsbehörden nach Abs. 3 S. 4 zu **dokumentieren,** was durch Fertigung einer Niederschrift oder Abspeicherung eines entsprechenden Vermerks in den Datenverarbeitungssystemen geschieht.[107] Durch diesen Regelungskomplex wird die Einhaltung der Zweckbindung des Abs. 1 (→ Rn. 19) zusätzlich abgesichert.[108]

III. Reformbedarf

22 Die Vorschrift des § 81h ist dringend reformbedürftig.[109] Sie stellt schon im Hinblick auf die Verbindung der richterlichen Anordnung mit der vollkommenen Freiwilligkeit der Durchführung einen **systematischen Fremdkörper** in der StPO dar, der in der Sache keine Rechtfertigung findet.[110] Der Bundesrat stimmte demgemäß zwar mit Beschluss vom 8.7.2005 dem Entwurf des Gesetzes zur Novellierung der forensischen DNA-Analyse zu, verband dies allerdings mit Empfehlungen der Ausschüsse. In diesen wurde ausdrücklich betont, dass der Bundesrat weiteren gesetzgeberischen Handlungsbedarf im Hinblick auf die Möglichkeiten der DNA-Analyse sehe. Hierbei werde auch „die Aufhebung entbehrlicher rechtlicher Einschränkungen der Strafverfolgungsbehörden beim DNA-Reihengentest zu prüfen sein".[111] Dem kann nur beigepflichtet werden. Dem Grundsatz der Verhältnismäßigkeit wird durch den absoluten Richtervorbehalt des Abs. 2 S. 1 vollauf Genüge getan. Hierdurch wird die Kontrolle gewährleistet, dass die DNA-Reihenuntersuchung eine Ausnahmemaßnahme bleibt, die nur unter den einschränkenden Voraussetzungen des Abs. 1 angewandt werden kann. Einer Ausuferung des betroffenen Personenkreises ist damit entgegengewirkt. Die dagegen immer wieder ins Feld geführte angebliche Schwere des Eingriffs in das Recht auf informationelle Selbstbestimmung[112] lässt die rechtlichen Vorgaben außer Betracht. Hergestellt werden darf lediglich ein DNA-Identifizierungsmuster, das keinerlei

[100] Vgl. BGH 20.12.2012 – 3 StR 117/12, BGHSt 58, 84 Rn. 23 f.; Brocke StraFo 2011, 298 (300).
[101] BT-Drs. 19/4345, 4.
[102] BT-Drs. 18/11277, 21; Niedernhuber JA 2018, 169 (170).
[103] BT-Drs. 19/4354, 5; Niedernhuber JA 2018, 169 (170).
[104] BT-Drs. 15/5674, 14.
[105] Brauer in Gercke/Julius/Temming/Zöller Rn. 11; Hadamitzky in KK-StPO Rn. 8; Saliger/Ademi JuS 2008, 193 (198); Senge NJW 2005, 3028 (3032).
[106] BT-Drs. 15/5674, 14.
[107] BT-Drs. 15/5674, 14.
[108] Hadamitzky in KK-StPO Rn. 8; Magnus ZRP 2015, 13 (15).
[109] So auch Rogall FS Schroeder, 2006, 691 (716).
[110] Rogall FS Schroeder, 2006, 691 (711) „Absurdität"; nach Bosch in KMR-StPO Rn. 6 wegen Ungeeignetheit verfassungsrechtlich bedenklich und Rn. 21 „unsinnig"; Bosch JURA 2021, 41 (45 f.).
[111] BR-Drs. 521/05 und 521/1/05.
[112] Krause in Löwe/Rosenberg Rn. 29; Graalmann-Scheerer NStZ 2004, 297 (298) wonach dies sogar einer Einwilligung nicht zugänglich sein soll; vgl. auch Hinrichs KJ 2006, 60 (68).

Rückschlüsse auf persönlichkeitsrelevante Merkmale zulässt. Dieses darf nur mit vorhandenem Spurenmaterial automatisiert abgeglichen und nicht anderweitig verwendet werden. Es ist im Anschluss zu vernichten. Daher ist das Recht auf informationelle Selbstbestimmung der Betroffenen nur in dem für die Ermittlungsmaßnahmen unbedingt notwendigen Minimalmaß betroffen. Der Eingriff als solcher ist von der Intensität her gering und zudem zeitlich beschränkt. Es kann daher allenfalls von einem geringfügigen Eingriff ausgegangen werden.[113]

Auch im Übrigen krankt die Diskussion, die unter dem Gesichtspunkt der Rechtsstaatlichkeit die „größtmögliche Freiheit" bei der Mitwirkung an einem DNA-Reihentest fordert, und vor „sozialem Druck" warnt, der die Entscheidungsfreiheit beeinträchtigen könnte,[114] – unabhängig davon, ob ein solcher überhaupt pauschal unterstellt werden kann[115] – an Einseitigkeit. Sie betrachtet die Betroffenen lediglich als isolierte Selbstverwirklicher und nicht als Teil einer **Rechtsgemeinschaft.** Vollkommen außer Betracht bleibt bislang das Argument der Solidarität gegenüber dem Opfer, das ebenfalls Mitglied dieser Rechtsgemeinschaft ist.[116] Naturgemäß kann und darf eine entsprechende Haltung gegenüber dem Geschädigten einer Straftat nicht uferlos erzwungen werden. Andererseits ist es auch ein Gebot der Rechtsstaatlichkeit, angesichts der für den Geschädigten gravierenden Folgen der in § 81h Abs. 1 genannten Straftaten zumindest ein Mindestmaß an Solidarität in Form der Mitwirkung an einer Reihenuntersuchung zu verlangen, die nach Umfang und Inhalt umschrieben und gerichtlich geprüft ist. An der Sache vorbei geht schließlich das Argument, niemand sei verpflichtet, an seiner Überführung mitzuwirken.[117] Wollte man mit diesem ernstmachen, müsste man sämtliche Ermittlungsmaßnahmen der StPO abschaffen, die sich in irgendeiner Weise gegen den Beschuldigten richten oder seine Person zum Gegenstand haben. Bemerkenswerterweise enthält die StPO aber weitergehende Regelungen, die sogar die Verwertung anlässlich einer Wohnraumüberwachung gewonnener Erkenntnisse gegen Dritte zulässt, selbst wenn es teilweise um weniger gravierende Delikte geht als die in § 81h Abs. 1 genannten (vgl. § 100e Abs. 6 Nr. 1). Im Hinblick auf diese Gesichtspunkte ist es angemessen, aber auch ausreichend, die molekulargenetische Reihenuntersuchung unter den absoluten Richtervorbehalt des Abs. 2 S. 1 zu stellen. Die darüber hinausgehende Freiwilligkeit der Mitwirkung sollte demgegenüber gestrichen und durch ein Beschwerderecht des Betroffenen ersetzt werden, das bislang nach § Abs. 2 S. 5 ausgeschlossen ist. 23

IV. Rechtsmittel

Die Anordnung der DNA-Reihenuntersuchung ist durch die davon Betroffenen gemäß Abs. 2 S. 5 nicht mit der **Beschwerde** anfechtbar. Hierfür besteht auch nach derzeitiger Rechtslage kein Bedürfnis, da die Mitwirkung nach Abs. 1 verweigert werden kann. Wird ein Antrag der Staatsanwaltschaft auf Anordnung eines Massenscreenings abgelehnt, so kann sie hiergegen mit der Beschwerde vorgehen.[118] 24

---

113 Vgl. BGH 9.11.2001 – 1 StE 4/85 – StB 16/01, NJW 2002, 765 (766); OLG Bremen 28.9.2009 – WF 123/09, BeckRS 2010, 05906, insoweit nicht abgedruckt in StV 2010, 122; LG Düsseldorf 14.2.2003 – X Qs 8/02, NJW 2003, 1883 (1885); LG Mannheim 30.3.2004 – 1 Qs 1/04, NStZ-RR 2004, 301 (302); Schaefer NJW 2005, 1332 (1333).

114 Hinrichs KJ 2006, 60 (69); Mertin ZRP 2005, 37; Graalmann-Scheerer NStZ 2004, 297 (298); Satzger JZ 2001, 639 (647 f.).

115 Zu Recht zweifelnd Brodersen in DNA-Analyse Rn. 190.

116 Symptomatisch Zuck NJW 2002, 1924 (1925) und Kerner/Trüg FS Weber, 2004, 457 (470–473), die sich ausschließlich – teilweise auf Grundlage bloßer Mutmaßungen – auf den Ermittlungsdruck der Strafverfolgungsbehörden fokussieren, sowie Petri ZD 2015, 426 unter ausschließlich datenschutzrechtlichen Aspekten, sowie Mansdörfer GSZ 2018, 45 (50), der alleine den staatlichen Strafanspruch im Blick hat.

117 Mertin ZRP 2005, 37 (38); Graalmann-Scheerer NStZ 2004, 297 (298); Jahn JuS 2013, 470 (472).

118 LG Dortmund 28.2.2007 – 37 Qs 4/07, NStZ 2008, 175 (176); BT-Drs. 15/5674, 14; Bosch in KMR-StPO Rn. 20; Rogall in SK-StPO Rn. 35.

25 Ein mit der **Revision** geltend zu machendes Verwertungsverbot kann schon wegen § 81h Abs. 2 S. 5, § 336 S. 2 regelmäßig nicht aus der fehlerhaften Anordnung hergeleitet werden.[119] Hat der Beschwerdeführer freiwillig mitgewirkt kommt der Gedanke hinzu, dass die Einwilligung in die Probenentnahme und deren Abgleich die Mängel der Anordnung kompensiert.[120] Eine revisionsrechtliche Richtigkeitskontrolle ist insoweit wegen der Sperrwirkung des § 336 S. 2 auf den Maßstab der Willkür beschränkt.[121] Nach der Abwägungslehre ist dagegen im Einzelfall zu entscheiden, wenn die Einwilligung unwirksam war, beispielsweise aufgrund Täuschung oder Zwang, oder wenn dieser eine unzureichende oder fehlerhafte Belehrung zugrunde lag.[122] Zu berücksichtigen ist aber, dass spätestens nach vollständiger Durchführung des Reihentests eine Anordnung auch über §§ 81a, 81c erlangt werden könnte, was gegen ein Verwertungsverbot spricht.[123] Ein revisionsrechtlich zu berücksichtigendes Verwertungsverbot kann sich bei einer bewussten oder willkürlichen Umgehung des Richtervorbehalts ergeben (hierzu insbesondere die Rspr. zu → § 81f Rn. 22). Das Urteil muss zudem auf dem im Rahmen der Beweiswürdigung verwerteten Untersuchungsergebnis beruhen.[124] Bei Verwertung von Erkenntnissen aus einem Beinahetreffer wird für zukünftige Fälle ein Beweisverwertungsverbot auf Grundlage der Rspr. des BGH[125] nur noch in Frage kommen, wenn Verwandte ab dem vierten Grad betroffen sind (→ Rn. 19). Selbst wenn derartige Fälle wohl kaum noch vorkommen dürften, stimmt die Selbstverständlichkeit, mit der für Beinahetreffer ein Beweisverwertungsverbot gefordert wird[126] angesichts der Straftaten, aus deren Anlass eine Maßnahme nach § 81h allein durchgeführt werden kann,[127] weiterhin nachdenklich. Sie ist eigentlich nur erklärbar mit der derzeitigen Rechtskultur, nach der der Beschuldigte (zu Recht!) als Individuum ins Auge gefasst, das Opfer aber hinter dem staatlichen Strafanspruch versteckt und anschließend rechtssystematisch „neutralisiert" wird.[128] Vor dem Hintergrund der von der Norm geforderten gravierenden Rechtsgutsverletzungen kann es nur als Zumutung für Geschädigte angesehen werden, wenn einem möglicherweise zielführenden Ermittlungsansatz nicht nachgegangen wird.[129] Das schließt es natürlich nicht aus, nach der Gesetzeslage einzuhaltenden Zweckbindungen den Vorrang zu geben oder formale Verstöße höher zu gewichten. Von einer rechtsstaatlich ausgewogenen Abwägung wäre es aber für eventuelle zukünftige Fälle zu erwarten, dass die Belange des Tatopfers auch als solche zumindest verbalisiert werden.

§ 82 Form der Erstattung eines Gutachtens im Vorverfahren

Im Vorverfahren hängt es von der Anordnung des Richters ab, ob die Sachverständigen ihr Gutachten schriftlich oder mündlich zu erstatten haben.

Schrifttum: Deckers/Schöch/Nedopil/Dittmann/Müller/Nowara/Saimeh/Boetticher/Wolf, Pflicht zur Einholung eines vorläufigen schriftlichen Gutachtens eines Psychiaters bei Anordnung einer Maßregel nach

[119] Krause in Löwe/Rosenberg Rn. 36.
[120] Hadamitzky in KK-StPO Rn. 11; Schmitt in Meyer-Goßner/Schmitt Rn. 15; Pommer JA 2007, 621 (626).
[121] Vgl. BGH 5.8.2015 – 5 StR 276/15, NStZ 2015, 714.
[122] Krause in Löwe/Rosenberg Rn. 37.
[123] Bosch in KMR-StPO Rn. 21.
[124] Hadamitzky in KK-StPO Rn. 11; Schmitt in Meyer-Goßner/Schmitt Rn. 15; Rogall in SK-StPO Rn. 36.
[125] BGH 20.12.2012 – 3 StR 117/12, BGHSt 58, 84.
[126] S. nur Hunsmann StRR 2013, 140 (142); Hüttenrauch NJ 2013, 218 (219); Kanz ZJS 2013, 518 (522); Petri ZD 2015, 426; Swoboda StV 2013, 461 (468 f.); NJW-Spezial 2013, 152 (153); deutlich vorsichtiger und einfühlsamer Jahn JuS 2013, 470 (472); aA Brocke StraFo 2011, 298; Rogall JZ 2013, 874.
[127] Hier sei nur auf die zusammengefasste Fallschilderung bei BGH 20.12.2012 – 3 StR 117/12, BGHSt 58, 84 und nochmals auf die Fallbeispiele bei Hoppmann Kriminalistik 2013, 147 (147 ff.); 219 (291 ff.) verwiesen.
[128] Vgl. Mansdörfer GSZ 2018, 45 (50).
[129] S. zu diesem Aspekt auch Magnus ZStW 2014, 695 (711 f.).

den §§ 63, 66, 66a StGB, NStZ 2011, 69; Geipel, Markante Rechtsschutzlücken im Strafprozess, StraFo 2010, 272; Gössel, Behörden und Behördenangehörige als Sachverständige vor Gericht, DRiZ 1980, 363; Jungfer, Kann der Verteidiger vom Sachverständigen ein schriftliches Vorgutachten verlangen?, StraFo 1995, 19; Karpinski, Der Sachverständige im Strafprozess, NJW 1968, 1173; Lind, schriftliches Prognosegutachten im Strafaussetzungsverfahren, StRR 2010, 422: Lürken, Auswahl und Leitung des Sachverständigen im Strafprozess (§§ 73, 78 StPO), NJW 1968, 1161; Senge, Kein Anspruch des Betroffenen auf Anfertigung und Aushändigung vorbereitender schriftlicher Gutachten, jurisPR-StrafR 5/2010 Anm. 2.

I. Anwendungsbereich

§ 82 betrifft das **Vorverfahren** speziell für den Fall, dass der Ermittlungsrichter nach §§ 162, 169 auf Antrag der Staatsanwaltschaft mit der Einvernahme des Sachverständigen befasst ist.[1] Die Vorschrift kommt über § 161a Abs. 1 S. 2 zudem für den Regelfall der Auftragserteilung im Ermittlungsverfahren durch die Staatsanwaltschaft zur Anwendung und sinngemäß für diejenige durch die Polizei (vgl. § 163 Abs. 3 S. 4).[2] 1

Im **Zwischen-** und **Hauptsacheverfahren** ist § 82 schon nach dem Wortlaut wegen der eindeutigen Beschränkung auf das Vorverfahren nicht anwendbar. Das Gericht kann aber in Ausübung seiner Leitungsfunktion nach § 78 zur Vorbereitung der Eröffnungsentscheidung (§ 202 S. 1) oder zur Vorbereitung der Hauptverhandlung dem Sachverständigen aufgeben, ein vorbereitendes schriftliches Gutachten vorzulegen.[3] Unabhängig davon ist der Gutachter berechtigt, von sich aus ein solches zu den Akten zu bringen.[4] Die schriftliche Stellungnahme ist naturgemäß vorläufiger Natur, auch wenn dies nicht ausdrücklich erwähnt wird.[5] Sie steht unter dem Vorbehalt einer Änderung aufgrund der Ergebnisse der Hauptverhandlung. Wegen der Grundsätze der Unmittelbarkeit und Mündlichkeit ist für die Beurteilung der Schuld- und Rechtsfolgenfrage ausschließlich der Inhalt des dort mündlich erstatteten Gutachtens maßgeblich.[6] Zu Vorhalten an den Sachverständigen kann das schriftliche vorläufige Gutachten herangezogen werden.[7] Ansonsten kommt eine Verlesung und ausschließliche Verwertung eines schriftlichen Gutachtens nur unter den Voraussetzungen der §§ 251 Abs. 1 und Abs. 2, 256[8] oder im Freibeweis für Verfahrensfragen, wie beispielsweise die Verhandlungsfähigkeit,[9] in Betracht. Selbst wenn die Forderung nach einem vorbereitenden schriftlichen Gutachten vor allem zur Vorbereitung der Verfahrensbeteiligten mitunter zweckmäßig sein mag,[10] haben sie keinen Anspruch auf Vorlage eines solchen oder eine Verschriftung des in der Hauptverhandlung mündlich erstatteten Gutachtens.[11] Erst recht kann demnach keine Verpflichtung des Sachverständigen hergeleitet werden, bereits ein endgültiges Gutachten 2

1 Brauer in Gercke/Julius/Temming/Zöller Rn. 1; Krause in Löwe/Rosenberg Rn. 2.

2 Conrad-Graf in BeckOK StPO Rn. 1; Hadamitzky in KK-StPO Rn. 1; Krause in Löwe/Rosenberg Rn. 1; Rogall in SK-StPO Rn. 2; Gössel DRiZ 1980, 363 (368).

3 BGH 14.10.2009 – 2 StR 205/09, BGHSt 54, 177 Rn. 5; Rogall in SK-StPO Rn. 3.

4 BGH 14.11.1961 – 5 StR 445/61, juris Rn. 15 = JR 1962, 111(111 f.) = GA 1963, 18; 12.12.2008 – 1 StR 649/07, NStZ 2008, 418.

5 BGH 14.11.1961 – 5 StR 445/61, juris Rn. 15 = JR 1962, 111 (111 f.).

6 BGH 21.7.1965 – 2 StR 229/65, JurionRS 1965, 12761, insoweit nicht abgedruckt bei Dallinger MDR 1966, 381 (383); BGH 12.9.2007 – 1 StR 407/07, BeckRS 2007, 17488 Rn. 4 f. insoweit nicht abgedruckt in NStZ 2008, 229; BGH 12.2.2008 – 1 StR 649/07, NStZ 2008, 418; 14.10.2009 – 2 StR 205/09, BGHSt 54, 177 Rn. 5; zur Bewertung von Abweichungen gegenüber vorbereitenden schriftlichen Gutachten s. BGH 23.8.2012 – 1 StR 389/12, NStZ 2013, 98 (98 f.).

7 Hadamitzky in KK-StPO Rn. 3; Rogall in SK-StPO Rn. 3.

8 Conrad-Graf in BeckOK StPO Rn. 2; Brauer in Gercke/Julius/Temming/Zöller Rn. 4; Hadamitzky in KK-StPO Rn. 3; Krause in Löwe/Rosenberg Rn. 5; Rogall in SK-StPO Rn. 5.

9 BGH 12.2.2008 – 1 StR 649/07, NStZ 2008, 418; Eisenberg BeweisR StPO Rn. 1582 (Fn. 116).

10 Neuhaus in HK-GS Rn. 3; Jungfer StraFo 1995, 19 (20); Lürken NJW 1968, 1161 (1165); aA Karpinski NJW 1968, 1173, der die Gefahr einer „Festlegung" sieht.

11 BGH 14.10.2009 – 2 StR 205/09, BGHSt 54, 177 Rn. 4–8; Conrad-Graf in BeckOK StPO Rn. 2; Brauer in Gercke/Julius/Temming/Zöller Rn. 3; Hadamitzky in KK-StPO Rn. 3; Bosch in KMR-StPO Rn. 4; Schmitt in Meyer-Goßner/Schmitt Rn. 2; Rogall in SK-StPO Rn. 4; Peglau JR 2010, 304 (304 f.); Senge jurisPR-StrafR 5/2010 Anm. 2; offen gelassen in BGH 12.2.2008 – 1 StR 649/07, NStZ 2008, 418; aA Krause in Löwe/Rosenberg Rn. 5; Eisenberg BeweisR StPO Rn. 1582; Deckers ua NStZ 2011, 69 (71–73); Deckers/Heusel StV 2009, 7; Geipel StraFo 2010, 272 (273); Ziegert StV 2011, 199 (199–201).

vor der Hauptverhandlung zu den Akten zu bringen; dem Grundsatz der Mündlichkeit würde dies diametral entgegenstehen.[12] Lediglich in ganz besonders gelagerten Ausnahmefällen kann der Grundsatz des fairen Verfahrens die Anforderung einer schriftlichen Vorbeurteilung gebieten, insbesondere dann, wenn das Berufungsgericht nach einem in erster Instanz zum Freispruch führenden Sachverständigengutachten zur Berufungshauptverhandlung ausschließlich einen anderen Sachverständigen ohne sonstige Vorbereitungshandlungen lädt.[13] Ob die Aufklärungspflicht nach § 244 Abs. 2 im Einzelfall entsprechendes erfordert hat die Rechtsprechung offen gelassen.[14]

3 Im **Strafvollstreckungsverfahren** gilt § 82 wegen seiner ausdrücklichen Bezugnahme auf das Vorverfahren und das Fehlen einer Verweisung in §§ 449 ff. ebenfalls nicht. Für Prognosegutachten anlässlich der Entscheidungen nach § 454 Abs. 2, § 463 Abs. 3 wird wegen des überwiegend schriftlichen Charakters des Verfahrens die Vorlage eines schriftlichen Gutachtens sogar für zwingend erachtet.[15] Hierauf deutet auch § 454 Abs. 2 S. 3 hin, der ansonsten überflüssig wäre, wenn der Mündlichkeitsgrundsatz im Strafvollstreckungsverfahren uneingeschränkt zur Geltung käme.

II. Erläuterung

4 Die **Anordnung,** ob das Gutachten schriftlich oder mündlich zu erstatten ist, trifft die zuständige Strafverfolgungsbehörde nach pflichtgemäßem Ermessen.[16] Hierbei sind Zweckmäßigkeitsgesichtspunkte zu berücksichtigen.[17]

5 Da es sich, wie aus § 168b ersichtlich, im Ermittlungsstadium um ein schriftliches Verfahren handelt, wird in der Regel die **Schriftform** einzufordern sein,[18] besonders dann, wenn umfangreichere Gutachten zu erwarten sind.[19] Gleiches gilt für die Bewertung komplexer Fragestellungen, vor allem im Zusammenhang mit der Schuldfähigkeitsbegutachtung gemäß §§ 20, 21 StGB und den tatsächlichen Voraussetzungen für die Anordnung und die Prognosen der Unterbringungen nach §§ 63–66a StGB.[20]

6 Unbeschadet dessen bleibt die **mündliche Gutachtenerstattung** generell zulässig,[21] wird sich in einfach gelagerten Fällen bisweilen sogar anbieten.[22] Erfolgt diese, haben die Staatsanwaltschaft nach § 168b Abs. 2, die Polizei in entsprechender Anwendung dieser Vorschrift[23] oder das Gericht nach §§ 168, 168a unter Wahrung der Anwesenheitsrechte nach § 168c ein Protokoll zu erstellen.[24] Ein unter den weiteren Voraussetzungen des § 251 Abs. 2 in der Hauptverhandlung verlesbares richterliches Vernehmungsprotokoll liegt nur dann vor, wenn der mündlich vom Sachverständigen erläuterte Befund aufge-

---

12 BGH 12.9.2007 – 1 StR 407/07, BeckRS 2007, 17488 Rn. 5 insoweit nicht abgedruckt in NStZ 2008, 229 nachdem mit der Revision durch die Verteidigung offensichtlich eine entsprechende Forderung erhoben wurde. Bemerkenswert schon deswegen, weil eine Revision der Verteidigung noch im Zusammenhang mit BGH 14.11.1961 – 5 StR 445/61, juris Rn. 15 = JR 1962, 111 f. die Ansicht vertrat, es dürfe noch nicht einmal ein vorläufiges schriftliches Gutachten überreicht werden.

13 OLG Hamm 14.5.1996 – 2 Ss 176/96, NStZ 1996, 454 (455).

14 BGH 14.10.2009 – 2 StR 205/09, BGHSt 54, 177 Rn. 4.

15 KG 8.3.2010 – 2 Ws 40–41/10, NStZ-RR 2011, 29 (29 f.); Lind StRR 2010, 422 (422 f.); vgl. auch BGH 14.10.2009 – 2 StR 205/09, BGHSt 54, 177 Rn. 8; s. aber auch die Kommentierungen zu § 454.

16 Brauer in Gercke/Julius/Temming/Zöller Rn. 1; Rogall in SK-StPO Rn. 4; Gössel DRiZ 1980, 363 (368).

17 Krause in Löwe/Rosenberg Rn. 1.

18 Conrad-Graf in BeckOK StPO Rn. 1; Hadamitzky in KK-StPO Rn. 1; Neubeck in KMR-StPO Rn. 1; Schmitt in Meyer-Goßner/Schmitt Rn. 1; Gössel DRiZ 1980, 363 (368).

19 Schmidt StPO II Rn. 3.

20 Deckers ua NStZ 2011, 69 (70).

21 Gössel DRiZ 1980, 363 (368).

22 Krause in Löwe/Rosenberg Rn. 1; Schmitt in Meyer-Goßner/Schmitt Rn. 1.

23 BGH 19.6.1997 – 1 StR 168/97, NStZ 1997, 611.

24 Conrad-Graf in BeckOK StPO Rn. 1; Brauer in Gercke/Julius/Temming/Zöller Rn. 2; Hadamitzky in KK-StPO Rn. 1; Krause in Löwe/Rosenberg Rn. 1 und 3; Schmitt in Meyer-Goßner/Schmitt Rn. 2; Gössel DRiZ 1980, 363 (368).

nommen oder das schriftliche Gutachten verlesen und dies im Protokoll vermerkt wird. Ansonsten kommt eine Verlesung nur über § 251 Abs. 1 oder § 256 in Betracht.[25]

Für keines der Stadien des Erkenntnisverfahrens lässt sich angesichts des Wortlauts und des Anwendungsbereichs aus § 82 oder aber aus § 244 Abs. 2 ein uneingeschränkter Anspruch herleiten, die **Arbeitsunterlagen** des Sachverständigen einzusehen.[26] Hängt allerdings von deren gänzlicher oder teilweiser Offenlegung die Überprüfung ab, ob das Gutachten von zutreffenden Befund- und Zusatztatsachen ausgeht, die gezogenen Schlussfolgerungen richtig sind und die angewandten Untersuchungsmethoden der erforderlichen Fachkunde genügen, kann diese schon nach § 244 Abs. 2 oder auf einen Beweisantrag hin notwendig sein.[27] Die Frage ist indes, was zu diesen Arbeitsunterlagen zu rechnen ist. Psychiatrische und psychologische Sachverständige, bei deren Gutachten diese Problematik in der Praxis am ehesten relevant wird, haben demnach ihre Aufzeichnungen der Explorationsgespräche sowie Test- und Fragebögen, die sie im Gutachten lediglich zusammengefasst wiedergeben, aufzubewahren und ggf. nachzureichen.[28] Nicht dazu gehören Aufzeichnungen zu Überlegungen und Entwürfe, da sie lediglich der gedanklichen Vorbereitung des abschließenden Gutachtens dienen und nicht dessen sachliche und fachliche Grundlage darstellen. 7

III. Revision

Eine Verletzung des § 82 ist nicht revisibel, da es sich um eine **Ordnungsvorschrift** handelt. Weil sie von ihrem Anwendungsbereich her nur das Vorverfahren betrifft (→ Rn. 1), käme die Geltendmachung eines Beweisverwertungsverbots ohnehin nur über die Abwägungslehre in Betracht. Hierbei tritt entscheidend hinzu, dass für die Urteilsfindung ausschließlich das in der mündlichen Verhandlung erstattete Gutachten maßgeblich ist.[29] Aus diesem Grund hat auch die Revision regelmäßig keinen Erfolg, die beanstandet, es sei kein schriftliches Gutachten zur Vorbereitung der Hauptverhandlung erstellt worden (→ Rn. 2).[30] Im Einzelfall kann die Aufklärungsrüge erhoben oder die Verletzung des Beweisantragsrechts gerügt werden, wenn Arbeitsunterlagen des Sachverständigen nicht zugänglich geamacht werden (→ Rn. 7). 8

§ 83 Anordnung einer neuen Begutachtung

(1) Der Richter kann eine neue Begutachtung durch dieselben oder durch andere Sachverständige anordnen, wenn er das Gutachten für ungenügend erachtet.

(2) Der Richter kann die Begutachtung durch einen anderen Sachverständigen anordnen, wenn ein Sachverständiger nach Erstattung des Gutachtens mit Erfolg abgelehnt ist.

(3) In wichtigeren Fällen kann das Gutachten einer Fachbehörde eingeholt werden.

Schrifttum: Ahlf, Zur Ablehnung des Vertreters von Behördengutachten durch den Beschuldigten im Strafverfahren, MDR 1978, 981; Dästner, Zur Anwendbarkeit des § 74 StPO auf Polizeibedienstete als Sachverständige, MDR 1979, 545; Foth/Karcher, Überlegungen zur Behandlung des Sachverständigenbeweises im Strafverfahren, NStZ 1989, 166; Gössel, Behörden und Behördenangehörige als Sachverständige vor Gericht, DRiZ 1980, 363; Leineweber, Die Rechtstellung der Polizeibediensteten als Sachverständige vor Gericht,

25 Brauer in Gercke/Julius/Temming/Zöller Rn. 2; Hadamitzky in KK-StPO Rn. 2; Krause in Löwe/Rosenberg Rn. 3 und 5; Rogall in SK-StPO Rn. 5.

26 Conrad-Graf in BeckOK StPO Rn. 3; Brauer in Gercke/Julius/Temming/Zöller Rn. 4; Hadamitzky in KK-StPO Rn. 3; Krause in Löwe/Rosenberg Rn. 6; aA Neuhaus in HK-GS Rn. 3; Jungfer StraFo 1995, 19 (20).

27 BGH 8.11.1988 – 1 StR 544/88, StV 1989, 141; 14.7.1995 – 3 StR 355/94, StV 1995, 565 (565 f.); 30.7.1999 – 1 StR 618/98, BGHSt 45, 164 (180 f.).

28 BGH 14.7.1995 – 3 StR 355/94, StV 1995, 565 (565 f.); 30.7.1999 – 1 StR 618/98, BGHSt 45, 164 (180).

29 BGH 14.10.2009 – 2 StR 205/09, BGHSt 54, 177 (178).

30 AA Neuhaus in HK-GS Rn. 4.

MDR 1980,7; Parzeller/Dettmeyer/Bratzke, Die Äußere und Innere Leichenschau nach der deutschen Strafprozessordnung – Analyse des § 87 StPO unter besonderer Berücksichtigung der gerichtlichen Leichenöffnung, ArchKrim 223 (2009), 1; Rudolph, Das Zusammenwirken des Richters und des Sachverständigen, Justiz 1969, 49; Seyler, Das Behördengutachten im Strafprozess, GA 1989, 546; Wustmann, Zur Gutachtens- und Sachverständigentätigkeit einer staatlichen Behörde und deren Bediensteter, ZLR 2006, 691.

I. Normzweck

1 Der Vorschrift kommt nach gängiger Lesart kaum eigenständige Bedeutung zu.[1] Sie hat lediglich **erinnernde Funktion.** Sie enthält keine Befugnisse oder Gebote, die nicht schon durch § 73 Abs. 1 und die Aufklärungspflicht des § 244 Abs. 2 vorgegeben sind. Abs. 3 sieht zu deren Einhaltung – insoweit konstitutiv[2] – die Möglichkeit der Beauftragung von Fachbehörden vor, da deren Autorität und besondere Sachkompetenz einem Gutachten besonderes Gewicht verleiht, wenn auch nicht per se einen erhöhten Beweiswert.[3] Die Beschränkung auf wichtigere Fälle dient der Entlastung von Routineangelegenheiten.[4] Ergänzt wird dies durch § 256 Abs. 2 (→ § 256 Rn. 51).

II. Erläuterung

2 **1. Neue Begutachtung nach Abs. 1.** Eine **neue Begutachtung** iSd Abs. 1 liegt nur vor, sofern dieselbe Beweisfrage durch einen Vertreter desselben Fachgebiets[5] ein weiteres Mal – vor Erstattung des Gutachtens gilt § 76 Abs. 1 S. 2 (→ § 76 Rn. 3)[6] – untersucht werden soll.[7] Dies entscheidet der Auftraggeber nach Maßgabe der Aufklärungspflicht des § 244 Abs. 2.[8] Die bereits durch § 73 Abs. 1 eingeräumte Befugnis, weitere Sachverständige zu beauftragen, wird nicht eingeschränkt, insbesondere nicht dahingehend, dies sei nur unter der Voraussetzung eines ungenügenden Gutachtens zulässig.[9] § 83 Abs. 1 bringt durch den Wortlaut („kann") nur zum Ausdruck, dass selbst dann eine weitere Begutachtung nicht zwingend erforderlich ist. Hat sich heraus gestellt, dass die Zuziehung eines Sachverständigen nicht (mehr) erforderlich ist,[10] oder wurde ausreichend Sachkunde vermittelt, um die Frage selbst zu entscheiden[11] so kann von einer erneuten Begutachtung abgesehen werden. Auch dies entscheidet sich aber letztlich nach der Sachaufklärungspflicht des § 244 Abs. 2.[12]

3 Das Gutachten, das keine ausreichende Sachkunde zur Entscheidung der Beweisfrage vermittelt, ist **ungenügend;**[13] nicht notwendig ist dagegen, dass es den Auftraggeber inhaltlich überzeugt.[14] Ob dies der Fall ist, bemisst sich nach der Aufklärungspflicht des § 244 Abs. 2 und den Voraussetzungen des § 244 Abs. 4 S. 2 Hs. 2.[15] Aus den Äußerungen des

---

[1] Schmidt StPO II Rn. 1; aA Duttge NStZ 2003, 375 (376).
[2] Rogall in SK-StPO Rn. 6.
[3] Krause in Löwe/Rosenberg Rn. 11; Rogall in SK-StPO Rn. 18; Gössel DRiZ 1980, 363 (369).
[4] Rogall in SK-StPO Rn. 18; Seyler GA 1989, 546 (549).
[5] RG 2.12.1931 – 2 D 684/30, JW 1931, 949 (950).
[6] BGH 16.1.2003 – 1 StR 512/02, bei Becker NStZ-RR 2004, 33 (34) – RsprÜ.
[7] Conrad-Graf in BeckOK StPO Rn. 1; Krause in Löwe/Rosenberg Rn. 7; Rogall in SK-StPO Rn. 12; Eisenberg BeweisR StPO Rn. 1542.
[8] BGH 16.1.2003 – 1 StR 512/02, bei Becker NStZ-RR 2004, 33 (34) – RsprÜ. Vgl. auch RG 18.3.1913 – V 738/12, RGSt 47, 100 (108); 10.3.1916 – IV 102/16, RGSt 49, 435 (437); 7.1.1920 – IV 944/19, RGSt 54, 209 jeweils „pflichtgemäßes Ermessen".
[9] BayObLG 23.12.1955 – BReg 3 St 187/55, NJW 1956, 1001; der Sache nach auch RG 4.2.1930 – 1 D 1323/29, JW 1930, 1006; OLG Schleswig 16.4.1999 – 2 WS 117/99, StV 2000, 543; aA lediglich Duttge NStZ 2003, 375 (376).
[10] BayObLG 23.12.1955 – BReg 3 St 187/55, NJW 1956, 1001; Brauer in Gercke/Julius/Temming/Zöller Rn. 3; Schmitt in Meyer-Goßner/Schmitt Rn. 2.
[11] Krause in Löwe/Rosenberg Rn. 3; Rudolph Justiz 1969, 49 (52).
[12] BGH 16.1.2003 – 1 StR 512/02, bei Becker NStZ-RR 2004, 33 (34); Conrad-Graf in BeckOK StPO Rn. 1; Krause in Löwe/Rosenberg Rn. 1.
[13] Vgl. OLG Frankfurt a. M. 4.12.2014 – 2 Ss OWi 1041/14, NJOZ 2015, 1568 (1569 Rn. 22).
[14] Conrad-Graf in BeckOK StPO Rn. 2; Brauer in Gercke/Julius/Temming/Zöller Rn. 3; Hadamitzky in KK-StPO Rn. 2; Schmitt in Meyer-Goßner/Schmitt Rn. 2; Krause in Löwe/Rosenberg Rn. 3.
[15] BGH 16.1.2003 – 1 StR 512/02, bei Becker NStZ-RR 2004, 33 (34) – RsprÜ.

Sachverständigen dürfen sich mithin keine Zweifel an seiner Sachkunde oder der Tauglichkeit seiner Forschungsmethoden ergeben und er muss die zutreffenden Anknüpfungstatsachen erschöpfend und widerspruchsfrei abgehandelt haben.[16]

Als **Rechtsfolge** sieht § 83 Abs. 1 die „neue Begutachtung" vor, wobei die Auswahl der diesbezüglichen Beweisperson ins Ermessen des Gerichts gestellt wird. Das Kriterium ist wiederrum die Aufklärungspflicht. Weist die Äußerung des Sachverständigen Widersprüche auf, insbesondere gegenüber dem vorbereitenden schriftlichen Gutachten (→ § 82 Rn. 2), oder geht sie von unzutreffenden Anknüpfungstatsachen aus – was durchaus auch Folge der weiteren Aufklärung im Verlaufe des Verfahrens sein kann – genügt es, dem bisherigen Sachverständigen trotz des insoweit missverständlichen Wortlautes Gelegenheit zu geben, sein Gutachten zu ergänzen oder klarzustellen. Gelingt ihm dies nicht in einer das Gericht überzeugenden Weise[17] oder unterliegen die Sachkunde oder die Forschungsmethoden berechtigten Zweifeln, ist ein anderer Sachverständiger zu beauftragen.[18] 4

2. Abgelehnter Sachverständiger nach Abs. 2. Das Gutachten eines erfolgreich abgelehnten Sachverständigen unterliegt einem **Verwertungsverbot,** weswegen er im Erkenntnisverfahren[19] durch einen anderen ersetzt werden muss (auch → § 74 Rn. 23).[20] Das in § 83 Abs. 2 eingeräumte Ermessen kann sich daher nur auf den Fall beziehen, dass dessen Ausführungen nicht (mehr) entscheidungserheblich sind. Das kann vor allem in Betracht kommen, wenn von ursprünglich beauftragten mehreren Sachverständigen zumindest einer nicht abgelehnt wurde, dessen Gutachten zur Entscheidung der Beweisfrage ausreichend ist, diese sich als rechtlich oder tatsächlich unerheblich erwiesen hat, die Begutachtung gar nicht durchführbar ist oder das Gericht zwischenzeitlich über ausreichende Sachkunde verfügt.[21] Letztere darf es allerdings nicht aus den bisherigen Ausführungen herleiten (→ § 74 Rn. 23). Letztlich ist demnach auch diese Frage nach Maßgabe der Aufklärungspflicht zu entscheiden.[22] 5

3. Gutachten einer Fachbehörde nach Abs. 3. Der Begriff der Fachbehörde deckt sich mit dem der **öffentlichen Behörde** iSd § 256 Abs. 1 Nr. 1a.[23] Das sind alle nach öffentlichem Recht eingerichtete, in den Organismus der Staatsgewalt eingegliederte, mit der Erfüllung öffentlicher Aufgaben betraute Stellen des Staates oder eines anderen Trägers öffentlicher Verwaltung, die in ihrem Bestand von dem oder den sie leitenden Beamten unabhängig sind.[24] Hierzu rechnen insbesondere die Bundes-, Landeskriminalämter,[25] Fakultäten und Fachbereiche der Universitäten,[26] chemische Untersuchungsanstalten, Veterinäruntersuchungsämter, Gesundheitsämter,[27] Handwerkskammern, Industrie- und Handelskammern[28] sowie die Phy- 6

---

16 BGH 7.2.2008 – 4 StR 502/07, bei Cierniak/Zimmermann NStZ-RR 2011, 161 (163) – RsprÜ zu § 244 Abs. 2; BayObLG 23.12.1955 – BReg 3 St 187/55, NJW 1956, 1001.

17 OLG Hamm 22.4.2010 – 2 RVs 13/10, juris Rn. 38 = BeckRS 2010, 11322, insoweit nicht abgedruckt in NStZ-RR 2010, 348; Rudolph Justiz 1969, 49 (52).

18 LG Augsburg 16.7.2012 – Jug KLs 401 Js 107041/02, StV 2014, 131 mAnm Ahmed.

19 Nach OLG Düsseldorf 15.6.1983 – 1 Ws 506/83, MDR 1984, 71 (72) nicht schon im Ermittlungsverfahren.

20 Conrad-Graf in BeckOK StPO Rn. 3; Brauer in Gercke/Julius/Temming/Zöller Rn. 4; Schmitt in Meyer-Goßner/Schmitt Rn. 3.

21 Krause in Löwe/Rosenberg Rn. 8; Rogall in SK-StPO Rn. 16; Eisenberg BeweisR StPO Rn. 1543.

22 Hadamitzky in KK-StPO Rn. 3.

23 Krause in Löwe/Rosenberg Rn. 10; Rogall in SK-StPO Rn. 19; Seyler GA 1989, 546 (550).

24 Wustmann ZLR 2006, 691 (701).

25 BGH 12.3.2002 – 1 StR 557/01, JurionRS 2002, 15823 insoweit nicht abgedruckt in NStZ 2002, 495; Ahlf MDR 1978, 981 (981 f.); Leineweber MDR 1980, 7.

26 BGH 23.8.1966 – 5 StR 383/66, NJW 1967, 299 zu § 256 aF; BGH 13.8.2014 – 5 StR 336/14, StV 2015, 534 (535) zu § 256 Abs. 1 Nr. 1a jeweils für rechtsmedizinisches Institut; Parzeller/Dettmeyer/Bratzke ArchKrim 223 (2009), 1 (5); aA für Universitätsklinik OLG München 22.9.1967 – 6 U 707/67, NJW 1968, 202 (203) zu § 404 ZPO.

27 Wustmann ZLR 2006, 691 (702).

28 Krause in Löwe/Rosenberg Rn. 10; Eisenberg BeweisR StPO Rn. 1544; Dallmeyer in Alsberg Beweisantrag Rn. 523 f. (zu § 256), jeweils mit weiteren Beispielen.

sikalisch-Technische Bundesanstalt (PTB).[29] Nicht erfasst sind allerdings die Obduktionstätigkeit des rechtsmedizinischen Sachverständigen nach § 87 Abs. 2 S. 2[30] sowie Zentren für Psychiatrie[31] und Krankenhäuser,[32] die in der Rechtsform der GmbH betrieben werden.

7 Die **Verpflichtung zur Gutachtenerstattung** wird in § 83 Abs. 3 vorausgesetzt.[33] Sie ergibt sich aus bundes- oder landesrechtlichen Vorschriften, wie beispielsweise für erkennungsdienstliche und kriminaltechnische Gutachten aus § 2 Abs. 7 BKAG oder den Regelungen der Länder für die Landeskriminalämter,[34] und aus der Pflicht zu gegenseitiger Rechts- und Amtshilfe (Art. 35 GG),[35] was auch die Vertretung des Gutachtens in der Hauptverhandlung durch einen Bediensteten der Behörde einschließt.[36] Dieser unterliegt dann insoweit den Rechten und Pflichten im Sinne der §§ 72 ff., einschließlich des § 74.[37] Wird bei der Verlesung des Behördengutachtens nach § 256a Abs. 1 Nr. 1a ein Ablehnungsgrund gegen den sich aus der Urkunde ergebenden Verfasser erkennbar, kann trotz des dann vorliegenden Urkundenbeweises eine Ablehnung nach § 74 erfolgen.[38]

8 Die Bezugnahme auf **„wichtigere Fälle“** hat abgesehen von dem ohnehin wenig präzisen Wortlaut lediglich Richtliniencharakter. Der Zweck der Norm (→ Rn. 1) ist nicht geeignet, den strafprozessualen Grundsatz bestmöglicher Sachaufklärung einzuschränken. Entscheidend ist demnach auch hier – sofern nicht wie in § 91 Abs. 1 (→ § 91 Rn. 3), § 92 (→ § 92 Rn. 2) eine gesetzliche Verpflichtung besteht – das pflichtgemäße Ermessen nach den Vorgaben der Aufklärungspflicht.[39] Ein Behördengutachten kann deshalb auch in anderen Fällen[40] und unabhängig von den Voraussetzungen der Abs. 1 und 2 eingeholt werden, selbst dann, wenn noch kein anderer Sachverständiger gehört wurde.[41] Die Vorschrift steht systematisch daher in Zusammenhang mit dem Regelungsgehalt des § 73. Ihre Bedeutung liegt insbesondere darin, dass bei Bestellung einer Fachbehörde die Person des Sachverständigen nicht namentlich benannt werden muss.[42] Die Behörde als solche stellt dagegen kein geeignetes Beweismittel dar.[43]

III. Revision

9 Eine Verletzung des § 83 Abs. 1 ist **nicht revisibel.**[44] Will der Beschwerdeführer rügen, das Gericht habe es rechtsfehlerhaft unterlassen, ein neues Gutachten einzuholen,

---

29 Vgl. OLG Frankfurt a. M. 4.12.2014 – 2 Ss OWi 1041/14, NJOZ 2015, 1568 (1569 Rn. 28 f.).
30 Parzeller/Dettmeyer/Bratzke ArchKrim 223 (2009), 1 (5 f.).
31 BGH 3.2.2015 – 3 StR 557/14, StV 2015, 533 (534) zu § 256 Abs. 1 Nr. 1a.
32 BGH 3.6.1987 – 2 StR 180/87, BeckRS 1987, 31104329 zu § 256 aF.
33 Conrad-Graf in BeckOK StPO Rn. 4.
34 Leineweber MDR 1980, 7.
35 Conrad-Graf in BeckOK StPO Rn. 4; Brauer in Gercke/Julius/Temming/Zöller Rn. 5; Eisenberg BeweisR StPO Rn. 1544.
36 Rogall in SK-StPO Rn. 20; Wustmann ZLR 2006, 691 (705).
37 Brauer in Gercke/Julius/Temming/Zöller § 74 Rn. 2; Hadamitzky in KK-StPO Rn. 1; Neubeck in KMR-StPO § 74 Rn. 1; Krause in Löwe/Rosenberg Rn. 10; Schmitt in Meyer-Goßner/Schmitt Rn. 5; Dästner MDR 1979, 545 (546); Foth/Karcher NStZ 1989, 166 (170); Gössel DRiZ 1980, 363 (375 f.) nur für § 74; Seyler GA 1989, 546 (566); aA Rogall in SK-StPO Rn. 20; Ahlf MDR 1978, 981 (982); Leineweber MDR 1980, 7 (8–10); Wustmann ZLR 2006, 691 (705).
38 Hadamitzky in KK-StPO § 74 Rn. 1; Dästner MDR 1979, 545 (547); Foth/Karcher NStZ 1989, 166 (170); Seyler GA 1989, 546 (566); aA Rogall in SK-StPO Rn. 20; Gössel DRiZ 1980, 363 (376); Ahlf MDR 1978, 981 (982 f.); Wustmann ZLR 2006, 691 (705).
39 Brauer in Gercke/Julius/Temming/Zöller Rn. 5; Eisenberg BeweisR StPO Rn. 1544.
40 AA, aber mit ähnlichem Ergebnis Rogall in SK-StPO Rn. 18.
41 Conrad-Graf in BeckOK StPO Rn. 4; Neubeck in KMR-StPO Rn. 7; Schmitt in Meyer-Goßner/Schmitt Rn. 8; Seyler GA 1989, 546 (549).
42 Eisenberg BeweisR StPO Rn. 1536; Gössel DRiZ 1980, 363 (369); Parzeller/Dettmeyer/Bratzke ArchKrim 223 (2009), 1 (6); Seyler GA 1989, 546 (551).
43 OLG Jena 5.1.2012 – 1 SsBs 112/11, NZV 2012, 144 (145).
44 RG 10.3.1916 – IV 102/16, RGSt 49, 435 (437).

bedarf es der Erhebung der Aufklärungsrüge.[45] Dasselbe gilt für Abweichungen von Abs. 2 oder 3.[46]

§ 84 Sachverständigenvergütung

Der Sachverständige erhält eine Vergütung nach dem Justizvergütungs- und -entschädigungsgesetz.

Erläuterung

1 Wer als **Sachverständiger** anspruchsberechtigt ist, richtet sich weder nach der Bezeichnung in der Ladung, noch nach derjenigen in den Urteilsgründen. Maßgeblich ist vielmehr ausschließlich die Bekundung in Form eines Gutachtens.[1] Dies gilt selbst dann, wenn die Beweisperson daneben als Zeuge vernommen wurde.[2] Der sachverständige Zeuge wird dagegen stets als Zeuge und nicht als Sachverständiger entschädigt,[3] sofern die Aussage nicht zu den Dienstaufgaben gehört, wie bspw. bei den im Maßregelvollzug tätigen Ärzten und Psychologen.[4] Wird in der Hauptverhandlung ein anderer als der ursprünglich beauftragte vernommen, bspw. ein Mitarbeiter eines Sachverständigenbüros, ist dieser zu entschädigen.[5]

2 Nach den Bestimmungen des JVEG regelt sich bei der Inanspruchnahme als Sachverständiger sodann die **Höhe der Vergütung.**[6] Deren **Versagung** kommt nur in Betracht, wenn der Sachverständige schuldhaft eine völlige oder teilweise Unverwertbarkeit des Gutachtens herbeiführt, sei es durch unberechtigte Weigerung (§ 77), verspätetes Erscheinen, das seine Vernehmung nicht mehr zulässt,[7] bei erfolgreicher Ablehnung wegen Befangenheit allerdings nur, wenn sie auf bewussten und groben Verstößen gegen die Pflicht zur Unparteilichkeit beruht.[8] Die berechtigte Ausübung des Gutachtenverweigerungsrechts (§ 76) ist grundsätzlich kein Ausschlussgrund für die Honorierung.[9] Etwas anderes kann gelten, wenn der Sachverständige die Gründe für sein Weigerungsrecht von Anfang an kennt oder schuldhaft nicht erkannt hat.[10]

§ 85 Sachverständige Zeugen

Soweit zum Beweis vergangener Tatsachen oder Zustände, zu deren Wahrnehmung eine besondere Sachkunde erforderlich war, sachkundige Personen zu vernehmen sind, gelten die Vorschriften über den Zeugenbeweis.

Schrifttum: Bittmann, Rechtsfragen um den Einsatz des Wirtschaftsreferenten, wistra 2011, 47; Deutsch, Verkehrstauglichkeit: die Rolle des Arztes aus rechtlicher Sicht, VersR 2001, 793; Fezer, Grundfälle zum

---

45 BGH 16.1.2003 – 1 StR 512/02, bei Becker NStZ-RR 2004, 33 (34) – RsprÜ; OLG Hamm 22.4.2010 – 2 RVs 13/10, juris Rn. 39 = BeckRS 2010, 11322, insoweit nicht abgedruckt in NStZ-RR 2010, 348.

46 Rogall in SK-StPO Rn. 21.

1 OLG Jena 20.4.2009 – 1 Ws 51/09, BeckRS 2009, 11633.

2 Schmitt in Meyer-Goßner/Schmitt Rn. 1.

3 OLG Düsseldorf 7.1.2014 – 1 Ws 430/13, BeckRS 2014, 1692.

4 OLG Jena 20.4.2009 – 1 Ws 51/09, BeckRS 2009, 11633.

5 OLG Köln 21.8.1979 – 1 Ws 18/79, VRS 58 (1980), 72 (73).

6 Brauer in Gercke/Julius/Temming/Zöller Rn. 2; Neubeck in KMR-StPO Rn. 2; Schmitt in Meyer-Goßner/Schmitt Rn. 2.

7 Goers in BeckOK StPO Rn. 1; Senge in KK-StPO Rn. 3; Krause in Löwe/Rosenberg Rn. 2; Rogall in SK-StPO Rn. 3; vgl. auch LG Krefeld 26.4.1963 – 7 KLs 3/60, juris (Leitsatz).

8 OLG Düsseldorf 3.5.1984 – 1 Ws 167/84, juris (Leitsatz); OLG Düsseldorf 11.9.1987 – 1 Ws 503/87, juris (Leitsatz); vgl. auch OLG Hamm 13.11.2014 – 1 Ws 467/14, NStZ-RR 2015, 160 zu § 220 Abs. 3.

9 Hadamitzky in KK-StPO Rn. 3; Krause in Löwe/Rosenberg Rn. 4.

10 Goers in BeckOK StPO Rn. 1.

Verlesungs- und Verwertungsverbot im Strafprozess, JuS 1978, 765; Hartung, Das ärztliche Gutachten im Verkehrsstrafrecht aus der Sicht des Richters, BA 1975, 162; Hölscher/Trück/Hering, Opferberichterstattung im Strafverfahren, NStZ 2008, 673; Jessnitzer, Sind Maßnahmen zur Vermeidung unzulänglicher Sachverständigengutachten in Verkehrssachen erforderlich und möglich?, BA 1970, 175; Nack, Abhängigkeit des Richters vom Sachverständigen, GA 2009, 201; Schiemann, Profiling und Operative Fallanalyse im Strafverfahren, NStZ 2007, 684; Schöch, Die Gerichtshilfe aus kriminologischer und verfahrensrechtlicher Sicht, FS Leferenz 1983, 127; Schröer/Kukies/Gehl/Sperhake/Püschel, Neue Ermittlungsansätze durch fallanalytische Verfahren, DÄBl. 2004, 2249; Sontag, Die prozessuale Stellung des Gerichtshelfers, NJW 1976, 1436.

Übersicht

I. Normzweck

1 § 85 stellt klar, dass vom Grundsatz her eine Beweisperson als **Zeuge** anzusehen ist, wenn sie über die **Wahrnehmung von Tatsachen** berichtet. Dies gilt nach der Vorschrift zunächst unabhängig davon, ob schon für den Erkenntnisvorgang selbst ein besonderes Fachwissen oder eine speziell geschulte Beobachtungsgabe erforderlich war. Vereinzelt wurde hieraus der Schluss gezogen, jegliche Wahrnehmungen sinnlicher Art seien Zeugenwissen. Dies gelte unabhängig davon, ob sie auf wissenschaftlicher Grundlage erfolgen oder nicht. In jedem Fall sei derjenige, der Tatsachen festzustellen habe, zumindest insoweit, immer nur Zeuge und nicht Sachverständiger.[1] Dieser Ansicht ist die Rechtsprechung indes zu Recht nicht gefolgt (→ Rn. 4). Sie kann sich zwar durchaus auf den Wortlaut des Gesetzes stützen. § 85 eine so weitgehende Funktion als Ausschlusskriterium für die Annahme eines Sachverständigenbeweises zuzumessen, schießt gleichwohl über das Ziel hinaus. In der Mehrzahl der Fälle kann sich die gutachtliche Tätigkeit nicht auf die bloße Wiedergabe von Erfahrungssätzen oder die Vornahme von Wertungen beschränken. Häufig ist es notwendig, dass der Sachverständige auch selbst Feststellungen zur Tatsachengrundlage trifft, auf die er sein Fachwissen anwendet. Es würde eine unnatürliche Aufspaltung darstellen, in jedem dieser Fälle das Gutachten in einen sachverständig und daneben in einen zeugenschaftlich vermittelnden Teil aufzuspalten. Durch § 85 soll nicht die reine Sachverständigentätigkeit zurückgedrängt und faktisch zum Ausnahmefall gemacht werden. Er dient vielmehr der Klarstellung, dass die Inanspruchnahme von Sachkunde nicht das alleinige Abgrenzungskriterium darstellen kann.

II. Erläuterung

2 **1. Der Begriff des sachverständigen Zeugen.** Der **sachverständige Zeuge** berichtet über Wahrnehmungen, die er lediglich aufgrund besonderer Sachkunde machen konnte. Entgegen des einengenden Wortlautes wird § 85 dahingehend verstanden, dass hiervon nicht nur derjenige erfasst wird, der über vergangene Tatsachen oder Zustände aussagt, sondern auch derjenige, der sich auf gegenwärtige bezieht.[2] Durch die Anwendung von Fachwissen ließe er sich zwar auch von anderen, nicht sachkundigen Zeugen unterscheiden; das ist jedoch unerheblich, da ohnehin gleichermaßen die Vorschriften über den Zeugenbeweis zur Anwendung kommen.[3] Das Schwergewicht der vorgegebenen Differen-

[1] Foth/Karcher NStZ 1989, 166 (169).
[2] Schmitt in Meyer-Goßner/Schmitt Rn. 2; Beukelmann in Radtke/Hohmann Rn. 1; Rogall in SK-StPO Rn. 5.
[3] Krause in Löwe/Rosenberg Rn. 12.

zierung liegt mithin darin, dass sich der Zeuge begrifflich vom Sachverständigen nicht alleine durch seine Sachkunde unterscheiden lässt.[4] Entscheidend ist vielmehr die ausdrückliche Bezugnahme des § 85 auf die Wahrnehmung, das heißt sinnliche Erfassung von Tatsachen und Zuständen. Dies schließt es nicht aus, auch Anlass und Umstände der entsprechenden Wahrnehmungen miteinzubeziehen.

2. Abgrenzung des sachverständigen Zeugen vom Sachverständigen. a) Grundsätze. Die **unproblematischen Fälle** der Abgrenzung ergeben sich weitgehend aus den beiden Tatbestandsvoraussetzungen des § 85 selbst. So kann einerseits der Umkehrschluss auf den Sachverständigenbeweis gezogen werden, wenn sich das Beweisthema nicht auf die Wahrnehmung von Tatsachen oder Zuständen bezieht. Dies liegt dann vor, wenn der Sachverständige wissenschaftliche Erfahrungssätze vermittelt oder Wertungen vornimmt und Schlussfolgerungen zieht.[5] Diese theoretisch klare Differenzierung darf indes nicht darüber hinwegtäuschen, dass die Grenzziehung im Einzelfall nicht unerhebliche Schwierigkeiten bereiten kann (→ § 72 Rn. 14 f.). Andererseits lässt sich aus § 85 folgern, dass derjenige, dessen Erkenntnisse nicht auf der Inanspruchnahme besonderer Sachkunde beruhen, erst recht immer nur Zeuge sein kann.[6] 3

In den verbleibenden Fällen hat es sich als tauglich erwiesen, das vorrangige Abgrenzungskriterium darin zu sehen, ob die Beweisperson über Wahrnehmungen und Feststellungen berichtet, die sie **mit besonderer Sachkunde aufgrund behördlichen Auftrags** gemacht hat. Führt dies im Einzelfall nicht zu einer klaren Unterscheidung, so können weitere Gesichtspunkte herangezogen werden wie insbesondere Wiederholbarkeit der Wahrnehmungen und Austauschbarkeit der Beweisperson (ausführlich → § 72 Rn. 19–22).[7] Unbeschadet dessen ist es durchaus zulässig, dass das Gericht in der Hauptverhandlung eine Beweisperson lediglich als sachverständigen Zeugen zu den von ihr auftragsgemäß festgestellten Befundtatsachen vernimmt (→ § 72 Rn. 9).[8] 4

Macht der sachverständige Zeuge im Rahmen seiner Vernehmung **gutachtliche Äußerungen,** indem er seine Beobachtungen aufgrund der Sachkunde interpretiert und Schlussfolgerungen zieht, so wird er alleine hierdurch nicht zum Sachverständigen.[9] Solange das Schwergewicht der Aussage in der Tatsachenschilderung zu sehen ist, unterliegt diese weiterhin dem Zeugenbeweis.[10] Gedenkt das Gericht die gutachtlichen Äußerungen des sachverständigen Zeugen im Rahmen der Beweiswürdigung zu verwerten, ist es nicht zu einem entsprechenden Hinweis an die Verfahrensbeteiligten verpflichtet.[11] Andererseits kann es Fragen der Verfahrensbeteiligten nach § 241 Abs. 2 zurückweisen, die sich nicht lediglich auf Tatsachenbekundungen beziehen.[12] 5

b) Einzelfälle. Der **Privatgutachter,** der beispielsweise im Auftrag des Beschuldigten oder Nebenklägers tätig wird, ist (zunächst) kein Sachverständiger (→ § 73 Rn. 4 und 9 f.).[13] Zur wirksamen Bestellung eines solchen sind nur der Richter nach § 73 sowie im Ermittlungsverfahren die Staatsanwaltschaft nach § 161a Abs. 1 S. 2, § 73 und die Polizei berechtigt. Daher liegt auch nur für diesen Fall eine Sachverständigentätigkeit vor (→ § 73 6

---

4 Vgl. auch OLG Düsseldorf 7.1.2014 – 1 Ws 430/13, BeckRS 2014, 1692.
5 Dallmeyer in Alsberg Beweisantrag Rn. 379; Krause in Löwe/Rosenberg Rn. 3; Schmitt in Meyer-Goßner/Schmitt Rn. 2.
6 Dallmeyer in Alsberg Beweisantrag Rn. 381; Krause in Löwe/Rosenberg Rn. 3; Schmitt in Meyer-Goßner/Schmitt Rn. 3.
7 Goers in BeckOK StPO Rn. 4.
8 OLG Hamm 25.10.1968 – 3 Ss 1054/68, NJW 1969, 567.
9 AA Rogall in SK-StPO Rn. 22.
10 RG 23.12.1926 – II 1040/26, RGSt 61, 114; BGH 26.6.1984 – 5 StR 93/84, NStZ 1984, 465; BayObLG 14.2.1951 – III 114/50, BayOblGS St 1951, 304 (305); OLG Frankfurt a. M. 12.3.1952 – 1 Ws 13/58, NJW 1952, 717; OLG Düsseldorf 7.1.2014 – 1 Ws 430/13, BeckRS 2014, 1692.
11 BGH 24.9.1975 – 3 StR 267/75, GA 1976, 78 (79).
12 BGH 9.10.2002 – 5 StR 43/02, NJW 2003, 150 (151) insoweit nicht abgedruckt in BGHSt 48, 34.
13 aA Krause in Löwe/Rosenberg Rn. 11.

Rn. 5–8).[14] Das Gericht ist auch nicht verpflichtet, alleine wegen eines anderweitig erteilten Auftrages die Beweisperson als Sachverständigen zu vernehmen. Es kann diesen als sachverständigen Zeugen anhören.[15] Etwas anderes kann dann geboten sein, wenn der Schwerpunkt der Äußerungen im gutachtlichen Teil liegt und dessen Einführung in das Verfahren durch die Aufklärungspflicht geboten ist.

7 Alleine die **Zugehörigkeit zu einer Dienststelle,** auch zu einer Ermittlungsbehörde, schließt die Tätigkeit als Sachverständiger nicht aus. Die Unterscheidung fällt regelmäßig mit der Frage nach Ablehnungs- und Befangenheitsgründen iSd § 74 zusammen und richtet sich nach den dazu aufgestellten Kriterien (hierzu → § 74 Rn. 6 und 9).

8 Die **operative Fallanalyse** oder **Täter-Analyse** kann ein hilfreiches Instrument für die Förderung der Ermittlungsarbeit darstellen.[16] Sie kommt unter zweierlei Gesichtspunkten in Betracht. Zum einen kann sie in Form von vergleichender Beurteilung dazu beitragen, mehrere Einzeltaten als Teil einer Serie zuzuordnen oder auszuschließen.[17] Zum anderen kann auf ihrer Grundlage versucht werden, ein Täterprofil zu erstellen, um Hinweise für weitere Ermittlungen nach dem Täter zu erlangen.[18] In jedem Fall handelt es sich bei dem Ermittlungsbeamten oder den Mitgliedern einer entsprechenden Ermittlungsgruppe („Profiler") nicht um Sachverständige.[19] Sie sind vielmehr sachverständige Zeugen, sofern sie in die Tatort- und Ermittlungsarbeit eingebunden waren.[20] Falls sie sich dagegen darauf beschränken, aus den anderweitig im Ermittlungsverfahren gewonnenen Beweistatsachen Schlüsse auf Tatabläufe zu ziehen, so ist auch das nicht der Fall. Durch ihre Vernehmung darf sich das Gericht nicht der Aufgabe entheben, die für die Beurteilung des Tathergangs und der Täterschaft maßgeblichen Umstände selbst festzustellen und die erforderlichen Schlüsse hieraus zu ziehen.[21]

9 Der **Gerichtshelfer** kann, je nachdem wo das Schwergewicht seiner Äußerungen liegt, als sachverständiger Zeuge oder als Sachverständiger zu vernehmen sein.[22] Soweit er aufgrund seiner besonderen beruflichen Qualifikation der Sozialen Dienste die persönlichen Verhältnisse und das soziale Umfeld von Opfer und Täter bewertet, handelt es sich um gutachtliche Äußerungen.[23]

10 Werden **Ärzte** zur Beweiserhebung herangezogen, ist je nach Aufgabenstellung zu differenzieren, was im Einzelfall mit erheblichen Schwierigkeiten verbunden sein kann. Sachverständiger ist er hinsichtlich der Blutprobenentnahme nach § 81a Abs. 1 S. 2. Soweit er darüber hinaus Befragungen und Tests vornimmt, um über den Zustand des Beschuldigten, insbesondere Ausfallerscheinungen, zu berichten, wird er von der Rechtsprechung als sachverständiger Zeuge angesehen.[24] Zutreffend wird in der Literatur dagegen darauf abgestellt, dass der Blutentnahmearzt die entsprechenden Feststellungen gerade aufgrund seiner Fachkunde macht und er hierzu durch ein Gericht oder die Ermittlungsbehörden beauftragt wurde. Richtigerweise handelt es sich daher auch insoweit um eine Sachverständigentätig-

---

14 Brauer in Gercke/Julius/Temming/Zöller Rn. 4.

15 Vgl. BGH 23.11.1973 – I ZR 59/72, MDR 1974, 382 aus zivilrechtlicher Sicht; aA Dallmeyer in Alsberg Beweisantrag Rn. 390; Schmitt in Meyer-Goßner/Schmitt Rn. 3.

16 BGH 16.12.2008 – 3 StR 453/08, NStZ 2009, 284 (285).

17 Eisenberg BeweisR StPO Rn. 1894a.

18 Schiemann NStZ 2007, 684 (695); Schröer ua DÄBl. 2004, 2249 (2249–2253).

19 Eisenberg BeweisR StPO Rn. 1894c; nach Nack GA 2009, 201 (212) nur in Ausnahmefällen denkbar; wenn auch in BGH 16.10.2006 – 1 StR 180/06, NJW 2007, 92 (95) so bezeichnet; aA Schiemann NStZ 2007, 684 (686–688).

20 BGH 17.7.2007 – 5 StR 186/07, NStZ-RR 2008, 148 (149); aA Nack GA 2009, 201 (211) auch kein sachverständiger Zeuge.

21 BGH 1.6.2006 – 3 StR 77/06, NStZ 2006, 712 (713); 16.12.2008 – 3 StR 453/08, NStZ 2009, 284 (284 f.).

22 BGH 26.9.2007 – 1 StR 276/07, NStZ 2008, 709 (710); Rogall in SK-StPO Rn. 34.

23 Hölscher/Trück/Hering NStZ 2008, 673 (676); Sontag NJW 1976, 1436 (1437 f.); aA Krause in Löwe/Rosenberg Rn. 16; Wohlers in SK-StPO § 160 Rn. 70; Schöch FS Leferenz, 1983, 127 (139).

24 BVerwG 21.7.2016 – 2 B 40.16, BeckRS 2016, 50332 Rn. 6 und 16; OLG Hamburg 17.8.1962 – 2 Ss 43/62, NJW 1963, 408 (409); OLG Köln 29.4.1966 – Ss 55/66, BA 1966, 609; KG 21.7.1966 – (2) 1 Ss 93/66, VRS 31 (1966), 273 (274); Hartung BA 1975, 162 (164).

keit.[25] Soll die Beweisperson über die Befunde zur Verkehrstauglichkeit berichten, die sie als behandelnder Arzt erhob, ist sie indes sachverständiger Zeuge.[26] Die Beobachtungen bei Untersuchung des Verletzten – vor allem in Fällen der Kindesmisshandlung – nach § 81c Abs. 1, unterfallen dem Sachverständigenbeweis.[27] Wird der Arzt zur Leichenschau hinzugezogen, ist er ebenfalls stets Sachverständiger (→ § 87 Rn. 41).[28] Sofern er als Pathologe bei der Leichenöffnung den Befund feststellt, ist er Sachverständiger nur, sofern ihm vom Gericht oder den Strafverfolgungsbehörden ein entsprechender Auftrag erteilt wurde.[29] Nicht entscheidend kann hierbei der Zeitpunkt sein, zu dem dies geschieht. Erfolgt die Auftragserteilung erst zu einem späteren Zeitpunkt, so würde es zu einer unnatürlichen Aufspaltung führen, die früher geschaffenen Grundlagen für die Erstellung des Gutachtens aus dem Gesamtzusammenhang herauszulösen (→ § 72 Rn. 21).[30] Weitere Einzelfälle werden im Zusammenhang mit der systematischen Erläuterung der Abgrenzung des Sachverständigen gegenüber dem Zeugen (→ § 72 Rn. 14–22) und mit dem Umfang des Sachverständigeneides (→ § 79 Rn. 21–24) dargestellt.

Beim **technischen Sachverständigen** ist gleichfalls die Abgrenzung anhand der konkre- 11
ten Tätigkeit notwendig. Selbst der Berufssachverständige kann die Funktion eines lediglich sachverständigen Zeugen erfüllen.[31] Dies ist beispielsweise dann der Fall, wenn er ein Unfallfahrzeug im Auftrag einer Haftpflichtversicherung besichtigt hat.[32] Liegt ein Gutachtenauftrag der Ermittlungsbehörde vor, äußert er sich jedoch im Rahmen von dessen Erfüllung über Befundtatsachen als Sachverständiger, wenn er seine Untersuchung des Unfallherganges auf die von ihm festgestellte Unfallörtlichkeit und den Straßenzustand stützt.[33] Dagegen soll nach der Rspr. die Bezugnahme auf eine Fahrtenschreiberscheibe unabhängig von einem Auftrag keine Sachverständigentätigkeit betreffen. Da das Gericht bei Vorliegen der erforderlichen Sachkunde diese selbst in Augenschein nehmen könne, stelle sie lediglich eine Zusatztatsache dar, die in keinem Fall vom Gutachten erfasst werde (aber auch → § 86 Rn. 19).[34] Auf weitere Einzelfälle, die im Zusammenhang mit der Vereidigungsentscheidung dargestellt sind, wird verwiesen (→ § 79 Rn. 22–24).

3. Rechtsfolgen. Der sachverständige Zeuge ist, wie sich schon aus der umfassenden 12
Verweisung des § 85 ergibt, wie jeder andere Zeuge zu behandeln.[35] Für ihn gilt daher uneingeschränkt der **sechste Abschnitt** des ersten Buches der StPO. Die Regelungen zum Sachverständigen können auch nicht sinngemäß angewandt werden. Er ist folglich als Zeuge zu vernehmen, zu vereidigen, zu entschädigen und kann nicht wegen Befangenheit abgelehnt werden.[36]

Im Gegensatz zu § 72 verweist § 85 indes nicht lediglich auf den 6. Abschnitt des 13
ersten Buches der StPO, sondern auf die Vorschriften über den **Zeugenbeweis ohne Einschränkung.** Damit sind schon vom Wortlaut her sämtliche sonstigen Vorschriften ausgeschlossen, die sich lediglich auf den Sachverständigen und nicht (auch) auf den Zeugen

25 Jessnitzer BA 1970, 175 (177); Krause in Löwe/Rosenberg Rn. 14; Brauer in Gercke/Julius/Temming/Zöller Rn. 6; Neubeck in KMR-StPO Rn. 4; Schmitt in Meyer-Goßner/Schmitt Rn. 5; Beukelmann in Radtke/Hohmann Rn. 3.

26 Deutsch VersR 2001, 793, juris unter Hinweis auf § 53 Abs. 1 S. 1 Nr. 3.

27 Fezer JuS 1978, 765 (766).

28 Dallmeyer in Alsberg Beweisantrag Rn. 391.

29 Dallmeyer in Alsberg Beweisantrag Rn. 391; Goers in BeckOK StPO Rn. 7; Brauer in Gercke/Julius/Temming/Zöller Rn. 6; Neubeck in KMR-StPO Rn. 4.

30 Vgl. auch BGH 24.2.1967 – 4 StR 23/67, VRS 32 (1967) 433 (434 f.), wo der Zeitpunkt der Auftragserteilung unerwähnt bleibt; aA OLG Hamm 3.5.1954 – (3) 2 a Ss 55/54, NJW 1954, 1820; Rogall in SK-StPO Rn. 30.

31 Krause in Löwe/Rosenberg Rn. 15; Schmitt in Meyer-Goßner/Schmitt Rn. 5.

32 Dallmeyer in Alsberg Beweisantrag Rn. 391.

33 OLG Hamm 5.3.1965 – 3 Ss 1585/64, VRS 29 (1965) 202 (202 f.).

34 OLG Düsseldorf 18.2.1970 – 2 Ss 654/69, VRS 39 (1970), 277 (277 f.).

35 Schmidt StPO II vor § 72 Rn. 12; Rogall in SK-StPO Rn. 3.

36 Krause in Löwe/Rosenberg Rn. 12 f.; Schmitt in Meyer-Goßner/Schmitt Rn. 1.

beziehen.[37] Fragen, die sich nur auf wertende Schlussfolgerungen beziehen, sind ungeeignete Fragen an den sachverständigen Zeugen iSd § 240 Abs. 1, § 241 Abs. 2.[38] Wird in einem Beweisantrag ein sachverständiger Zeuge zu einem entsprechenden Beweisthema benannt, so kann sich das Gericht lediglich auf die Ablehnungsgründe des § 244 Abs. 3 berufen und nicht auf die eigene Sachkunde iSd § 244 Abs. 4 S. 1.[39] Erfolgte dagegen bereits die Vernehmung als sachverständiger Zeuge, ist es nicht möglich, den Beweisantrag auf Einholung eines Sachverständigengutachtens auf § 244 Abs. 2 S. 2 zu stützen, da die benannte Beweisperson kein „weiterer" Sachverständiger ist (→ § 72 Rn. 14).[40] Die Einführung von Verfahrensstoff alleine über das Gutachten kann, sofern sie nicht den Bereich originär sachverständiger Tätigkeit betrifft, einen Verstoß gegen § 261 darstellen.[41] Auf den Sachverständigen ist § 136a anwendbar.[42] Beim sachverständigen Zeugen dürfte dies zumindest nicht unproblematisch sein, da es bei ihm an der Auftragserteilung durch Gericht oder Strafverfolgungsbehörde fehlt.

14 Über § 85 hinaus kann die Unterscheidung **materiellrechtliche Wirkung** entfalten. Die Verjährung wird nach § 78c Abs. 1 S. 1 Nr. 3 StGB durch die Erteilung eines Gutachtenauftrags unterbrochen.[43] Diese Voraussetzung ist allerdings nur dann erfüllt, wenn ein Auftrag des Gerichts oder der Ermittlungsbehörden vorliegt, zu dessen Ausführung der Einsatz spezifischer Sachkunde erforderlich ist[44] und keine Ermittlungstätigkeit vorliegt (hierzu → § 72 Rn. 23).[45] Die entsprechende Wirkung tritt mithin nur ein, wenn die Beweisperson als Sachverständiger tätig wird.

III. Revision

15 Ein Rechtsfehler kann darin bestehen, dass eine Beweisperson als sachverständiger Zeuge vernommen wird, obwohl sie der Sache nach, beispielsweise weil der Schwerpunkt auf den gutachtlichen Äußerungen liegt (→ Rn. 5), als Sachverständiger aussagt. Das Urteil kann hierauf jedoch nur beruhen, wenn nicht auszuschließen ist, dass der sachverständige Zeuge als Sachverständiger falsch aussagte und ein anderer Sachverständiger anderes bekundet hätte. Die Revisionsbegründung muss auch entsprechend vortragen.[46] Erfolgt die Vereidigung des sachverständigen Zeugen, deckt der Zeugeneid denjenigen für den Sachverständigen mit ab. Auf einer Verletzung des § 79 Abs. 1 kann das Urteil daher in diesem Fall nicht beruhen.[47] Auch wenn das Gericht nicht darauf hinweist, dass es die gutachtlichen Äußerungen eines sachverständigen Zeugen bei der Beweiswürdigung berücksichtigt, kann dies mit der Revision nicht gerügt werden.[48] Wird bei der Ablehnung von Beweisanträgen der sachverständige

---

[37] Rogall in SK-StPO Rn. 34.

[38] BGH 9.10.2002 – 5 StR 42/02, NJW 2003, 150 (151) insoweit nicht abgedruckt in BGHSt 48, 34.

[39] BGH 21.2.1985 – 1 StR 812/84, NStZ 1985, 396; StV 1990, 438.

[40] BGH 11.2.1954 – 4 StR 677/53, MDR 1954, 271 (272); 28.4.1970 – 4 StR 71/70, VRS 39 (1970), 95 (96); 29.5.1990 – 5 StR 186/90, StV 1990, 438.

[41] OLG Köln 7.7.1964 – Ss 181/64, NJW 1964, 2218; OLG Düsseldorf 18.2.1970 – 2 Ss 654/69, VRS 39, 277 (277 f.); KG 16.9.1993 – (4) 1 Ss 86/93, StV 1993, 628 (629); so wohl auch BGH 8.5.1991 – 3 StR 467/90, NJW 1991, 2357 (2358), allerdings ohne Nennung der Norm; in gleicher Weise, aber noch unter Berufung auf § 250 OLG Celle 2.12.1963 – 2 Ss 421/63, NJW 1964, 462.

[42] BGH 4.3.1958 – 5 StR 7/58, BGHSt 11, 211 (212); 6.9.1968 – 4 StR 339/68, NJW 1968, 2297 (2298); 10.2.2012 – NSV 121 Js 17270/1998 jug., StV 2012, 332; nach Roxin/Schünemann StrafVerfR § 25 Rn. 12 auch § 136; aA Peters JR 1969, 232 (234) Verbot der Methoden folge aus der prozessualen Stellung als bloßes Beweismittel.

[43] Bittmann wistra 2011, 47 (48 f.) zum Wirtschaftsreferenten.

[44] BGH 10.4.1979 – 4 StR 127/79, BGHSt 28, 381 (382) zum Wirtschaftsreferenten; OLG Zweibrücken 8.10.2003 – 1 Ws 353/03, NStZ-RR 2004, 298 zum EDV-Kundigen.

[45] BGH 20.12.1983 – 5 StR 763/82, NStZ 1984, 215; 2.3.2011 – 2 StR 275/10, wistra 2011, 228; Bittmann wistra 2011, 47 (48 f.).

[46] BGH 5.6.1996 – 3 StR 534/95 I, Tolksdorf DAR 1997, 169 (181) – RsprÜ, insoweit nicht abgedruckt in NStZ 1996, 492.

[47] RG 17.12.1920 – IV 1687/20, RGSt 55, 183 (183 f.); BGH 24.9.1975 – 3 StR 267/75, GA 1976, 78 (79).

[48] BGH 24.9.1975 – 3 StR 267/75, GA 1976, 78 (79).

Zeuge zu Unrecht als Sachverständiger eingestuft, so kann die Verletzung des § 244 Abs. 4 S. 1 oder 2 in Frage kommen (→ Rn. 13). Die Bestellung als Sachverständiger in einem früheren Verfahrensstadium, hindert nicht, die Beweisperson in der Hauptverhandlung lediglich als sachverständigen Zeugen zu vernehmen.[49] Ein Verstoß gegen § 244 Abs. 2 kann alleine darauf nicht gestützt werden. Weist das Gericht in diesem Rahmen Fragen der Verfahrensbeteiligten als ungeeignet zurück, die ausschließlich auf Werturteile und Schlussfolgerungen abzielen, liegt hierin keine revisible Verletzung der §§ 240, 241.[50]

§ 86 Richterlicher Augenschein

Findet die Einnahme eines richterlichen Augenscheins statt, so ist im Protokoll der vorgefundene Sachbestand festzustellen und darüber Auskunft zu geben, welche Spuren oder Merkmale, deren Vorhandensein nach der besonderen Beschaffenheit des Falles vermutet werden konnte, gefehlt haben.

Schrifttum: Dähn, Die Leichenöffnung: Augenscheins- oder Sachverständigenbeweis, JZ 1978, 640; Fisch, Eine Hauptverhandlung mit Hindernissen, JA 2004, 303; Geppert, Der Augenscheinsbeweis, Jura 1996, 307; Giercke/Wollschläger, Videoaufzeichnungen und digitale Daten als Grundlage des Urteils, StV 2013, 106; Haack/Hoheisel-Gruler, Bodycams als polizeiliches Führungs- und Einsatzmittel im Kontext der Grundrechte, Kriminalistik 2019, 331; Hanack, Zur Austauschbarkeit von Beweismitteln im Strafprozess, JZ 1970, 561; Kertai, Das Bild im Strafprozess, MMR 2011, 716; Koch, Tatort und Augenschein in Verkehrsstrafsachen, DAR 1961, 275; Lilie, Augenscheinseinnahme und Öffentlichkeit der Hauptverhandlung, NStZ 1993, 121; Mühlhaus, Unfallskizzen und Lichtbilder, DAR 1965, 12; Wagner, Öffentlichkeitsgrundsatz und Inaugenscheinnahme im Rahmen der strafprozessualen Hauptverhandlung, StV 2019, 858.

Übersicht

I. Überblick

1 **1. Normzweck.** Bei § 86 handelt es sich um eine **Protokollvorschrift,** die nichts über Begriff und Zulässigkeitsvoraussetzungen des Augenscheins aussagt.[1] Sie dient der Dokumentation einer außerhalb der Hauptverhandlung vorgenommenen Beweishandlung zum Zwecke der Beweissicherung und Prozessökonomie,[2] indem ein in der Hauptverhandlung verlesbares Protokoll gewährleistet werden soll.[3] Im Gegensatz zu § 249 Abs. 1 S. 2 aF, der eine ausdrückliche Ausnahmeregelung zu § 250 S. 2 für Protokolle über die Einnahme des richterlichen Augescheins enthielt, werden diese zwar nunmehr in § 249 Abs. 1 S. 1[4] nicht mehr ausdrücklich erwähnt. Die Streichung der ausrücklichen

49 BGH 20.1.2016 – 4 StR 376/15 Rn. 3 StV 2016, 771 (Leitsatz).
50 BGH 9.10.2002 – 5 StR 42/02, NJW 2003, 150 (151) insoweit nicht abgedruckt in BGHSt 48, 34.
1 Krause in Löwe/Rosenberg Rn. 1; Schmitt in Meyer-Goßner/Schmitt Rn. 16; Rogall in SK-StPO Rn. 3.
2 Rogall in SK-StPO Rn. 3 und 7.
3 Goers in BeckOK StPO Überblick.
4 Neu gefasst durch Art. 1 Nr. 23 des Gesetzes zur Einführung der elektronischen Akte in der Justiz und zur weiteren Förderung des elektronischen Rechtsverkehrs v. 5.7.2017, BGBl. 2017 I 2208 (2212).

Aufzählung, die der Gesetzgeber für lediglich beispielhaft hielt, sollte jedoch den Regelungsgehalt der Vorschrift nicht ändern, weswegen sie weiterhin erfasst sind.[5] Der Unmittelbarkeitsgrundsatz verhindert diese Ersetzung des Augenscheinsbeweises durch ein anderes gleichermaßen geeignetes Beweismittel nicht, weil er insoweit nicht gilt (→ Rn. 10; → § 249 Rn. 39). § 250 S. 2 steht aber auch nicht deswegen entgegen, weil der ausführende Richter in dem Protokoll seine Wahrnehmungen über den Augenschein festhält. Die systematische und teleologische Auslegung der §§ 86, 249 Abs. 1 S. 1 sprechen mithin für die weiterhin gegebene Verlesbarkeit. Die Vorgaben des § 86 für die inhaltliche Gestaltung des Protokolls wären nämlich überflüssig, wenn dieses in der Hauptverhandlung nicht beweiskräftig verlesen werden könnte. Hintergrund der Ersetzbarkeit der eigenen Wahrnehmung durch das erkennende Gericht waren die zum Zeitpunkt der Entstehung der Vorschrift schwierigen Verkehrsverhältnisse,[6] die eine Ausführung des Augenscheins im Rahmen der Hauptverhandlung häufig nicht umsetzbar erscheinen ließen.[7] Da diese Umstände angesichts heutiger Lebensverhältnisse nicht mehr in gleicher Weise zutreffen, sollte von der grundsätzlichen Möglichkeit (→ § 249 Rn. 39) einer „Auslagerung“ eines Teils der Beweisaufnahme aus der Hauptverhandlung nur zurückhaltend Gebrauch gemacht werden.[8] Nicht zu Unrecht wurde überdies davon ausgegangen, § 86 behandle „aus der ganzen Lehre vom Augenschein nur eine relativ belanglose Frage“.[9] Die Norm betrifft nämlich den notwendigen Inhalt der zu fertigenden Niederschrift[10] und auch insoweit, außer des Verweises, dass auch das aufzunehmen ist, was gerade nicht aufgefunden, aber vermutet werden konnte, weitgehend Selbstverständlichkeiten.[11] Ein Hindernis für die Verlesbarkeit erwächst zudem in erster Linie aus Verstößen gegen die formalen Vorschriften der §§ 168, 168a, 168d über die Aufnahme des Protokolls, aus inhaltlichen Mängeln dagegen nur, wenn sie eine weitgehend inhaltsleere Aufzeichnung zur Folge haben (→ Rn. 24 f.).[12]

2 **2. Anwendungsbereich.** § 86 betrifft die Einnahme eines Augenscheins durch den **Richter,** und zwar bei Anwendung der § 162 Abs. 1, §§ 169, 165, 202 S. 1, §§ 225, 369 Abs. 1 und 3 für sämtliche Verfahrensstadien **außerhalb der Hauptverhandlung.**[13] Zudem ist es unter Beachtung des § 244 Abs. 2 zulässig, die Augenscheinseinnahme während laufender Hauptverhandlung einem beauftragten Richter zu überantworten.[14] Für diesen Fall bildet die Beweishandlung des erkennenden Gerichts die Verlesung des durch diesen nach § 86 gefertigten Protokolls.[15] Auf die Hauptverhandlung selbst findet § 86 dagegen keine Anwendung. In das Hauptverhandlungsprotokoll ist nicht das Ergebnis der Augenscheinseinnahme durch das Gericht, sondern nur die Tatsache von deren Vornahme aufzunehmen (§ 273 Abs. 1 S. 1 und 3).[16] Hierauf erstreckt sich die (negative) Beweiskraft nach § 274.[17] Durch die Bezugnahme gem. § 267 Abs. 1 S. 3 kann der Pro-

---

5 BT-Drs. 18/9416, 63.

6 Rogall in SK-StPO Rn. 3.

7 RG 18.3.1913 – V 738/12, RGSt 47, 100 (104).

8 Rogall in SK-StPO Rn. 3; in diese Richtung aber auch schon RG 18.3.1913 – V 738/12, RGSt 47, 100 (104).

9 Schmidt StPO II Rn. 9.

10 Goers in BeckOK StPO Überblick.

11 Schmidt StPO II Rn. 17.

12 Rogall in SK-StPO Rn. 30.

13 RG 3.12.1894 – Rep. 3687/94, RGSt 26, 277; Hadamitzky in KK-StPO Rn. 8; Neubeck in KMR-StPO Rn. 2; Krause in Löwe/Rosenberg Rn. 41; Schmitt in Meyer-Goßner/Schmitt Rn. 16; Rogall in SK-StPO Rn. 2 Schlothauer StV 2009, 228 (230).

14 RG 18.3.1913 – V 738/12, RGSt 47, 100 (103 f.).

15 RG 30.12.1889 – Rep. 3227/89, RGSt 20, 149 (150); OLG Stuttgart 12.3.1980 – 3 Ss 932/79, VRS 58 (1980), 436 (438 f.).

16 RG 3.12.1894 – Rep. 3687/94, RGSt 26, 277; OLG Zweibrücken 17.6.1992 – 1 Ss 35/92, VRS 83, 349 (350); Geppert JURA 1996, 307 (312).

17 BGH 6.12.2000 – 1 StR 488/00, NStZ 2001, 262 (263); 23.10.2001 – 4 StR 249/01, NStZ 2002, 219; 11.11.2009 – 5 StR 530/08, BGHSt 54, 184 Rn. 6; RG 6.11.1906 – II 1032/06, RGSt 39, 257; KG 16.9.1993 – (4) 1 Ss 86/93, StV 1993, 628 (629); KG 5.8.1998 – 2 Ss 228/98-3 Ws (B) 423/98,

tokolleintrag nicht ersetzt werden.[18] Im Übrigen gelten die allgemeinen Ausführungen zur Augenscheinseinnahme und zu den Augenscheinobjekten (→ Rn. 4–23).

Nicht erfasst werden Besichtigungen oder andere sinnliche Wahrnehmungen durch **Staatsanwaltschaft oder Polizei.** Für die Staatsanwaltschaft kann auch nichts anderes aus § 161a Abs. 1 S. 2 hergeleitet werden. Dort wird zwar auf den siebten Abschnitt des ersten Buches der StPO insgesamt verwiesen. Das betrifft aber, wie sich aus dem systematischen Zusammenhang, insbesondere mit § 161a Abs. 1 S. 1, ergibt, nur die Vernehmung von Zeugen und Sachverständigen. Es verbleibt daher bei der allgemeinen Regelung des § 168b Abs. 1.[19] Teilweise werden solche Wahrnehmungen als nichtrichterliche Besichtigungen bezeichnet.[20] Zutreffenderweise sind sie indes auch als Augenschein anzusehen. Hierfür spricht schon der Wortlaut des § 86, der wegen der ausdrücklichen Bezugnahme auf die richterliche Durchführung offensichtlich davon ausgeht, es gäbe auch den nichtrichtlichen Augenschein.[21] Im Gegensatz zu § 249 Abs. 1 S. 2 aF, der ausdrücklich nur richterliche Protokolle für verlesbar erklärte, sind die entsprechenden Dokumentationen vom Wortlaut des § 249 Abs. 1 S. 1 grundsätzlich erfasst. Da ausweislich der Gesetzesbegründung die Neufassung keine sachliche Änderung der Rechtslage darstellte,[22] ist aber davon auszugehen, dass sie weiterhin – sofern ihnen nicht rein mechanische Erfassungs- oder Übertagungstätgkeiten zugrunde liegen (→ § 250 Rn. 11)[23] – wegen § 250 S. 2 nicht verlesbar sind;[24] vielmehr müssen der Staatsanwalt oder Polizeibeamte hierzu als Zeugen vernommen werden.[25] Dies gilt auch für das Ergebnis einer Leichenschau und Leichenöffnung unter Leitung des Staatsanwalts (→ § 87 Rn. 40 und 44). Eine Ausnahme kann sich über § 256 Abs. 1 Nr. 5 ergeben (→ § 249 Rn. 40). In Betracht kommt dies allerdings nur für Routinevorgänge, bei denen die persönliche Vernehmung der Beamten der Ermittlungsbehörde keine weitergehende Aufklärung verspricht.[26] 3

II. Erläuterung

1. Begriff und Durchführung des Augenscheinsbeweises. Der Begriff der Augenscheinseinnahme wird weder in § 86 noch an anderer Stelle in der StPO erläutert. Daher ist auf allgemeine Lehren zurückzugreifen, die sich in Rspr. und Literatur hierzu gebildet haben. Nach diesen handelt es sich um eine **förmliche Art der Beweisaufnahme,** die sich auf ein Augenscheinsobjekt als Beweismittel bezieht.[27] Sie erfordert eine unmittelbare sinnliche Wahrnehmung durch Sehen, Hören, Riechen, Schmecken oder Befühlen,[28] die nicht als Zeugen- (zur Abgrenzung → Rn. 23), Sachverständigen- oder Urkundenbeweis 4

juris Rn. 2; OLG Saarbrücken 21.2.2011 – Ss (B) 117/10, NStZ-RR 2011, 319; OLG Bremen 20.2.2014 – 1 Ss 95/13, StV 2015, 110; OLG Bamberg 23.2.2015 – 2 OLG 6 Ss 5/15, StV 2015, 760; OLG Hamm 6.4.2018 – III-5 RBs 51/18, BeckRS 2018, 5521 Rn. 7.

18 OLG Oldenburg 9.2.2015 – 2 Ss OWi 20/15, VRS 128 (2015), 198 (199).

19 Krause in Löwe/Rosenberg Rn. 49.

20 Goers in BeckOK StPO Rn. 1; Brauer in Gercke/Julius/Temming/Zöller Rn. 16; Hadamitzky in KK-StPO Rn. 11; Krause in Löwe/Rosenberg Rn. 49; Dallmeyer in Alsberg Beweisantrag Rn. 396; Eisenberg BeweisR StPO Rn. 2281a; Dähn JZ 1978, 640 (641).

21 Schmidt StPO II Rn. 9; Rogall in SK-StPO Rn. 1.

22 BT-Drs. 18/9416, 63.

23 BGH 3.3.1977 – 2 StR 390/76, BGHSt 27, 135 (137 f.).

24 So im Ergebnis auch Ganter in BeckOK StPO § 249 Rn. 19; Diemer in KK-StPO Rn. 20 f.

25 Goers in BeckOK StPO Rn. 1; Brauer in Gercke/Julius/Temming/Zöller Rn. 16; Hadamitzky in KK-StPO Rn. 11; Neubeck in KMR-StPO Rn. 3; Krause in Löwe/Rosenberg Rn. 49; Schmitt in Meyer-Goßner/Schmitt Rn. 18; Eisenberg BeweisR StPO Rn. 2281a; Dallmeyer in Alsberg Beweisantrag Rn. 396; Dähn JZ 1978, 640 (641).

26 OLG Düsseldorf 16.7.2007 – 5 Ss 105/07 – 57/07, NStZ 2008, 258.

27 Schmidt StPO II Rn. 2.

28 BGH 28.9.1962 – 4 StR 301/62, BGHSt 18, 51 (53); OLG Hamm 5.2.1953 – (2) 2 Ss 805/52, NJW 1953, 839; BayObLG 6.3.2002 – 1 ObOWi 41/02, NStZ 2002, 388 (389).

(zur Abgrenzung → Rn. 22) besonders geregelt ist.[29] Augenscheinsobjekte gehören – neben Urkunden – zu den sachlichen Beweismitteln.[30]

5 Der Augenscheinsbeweis dient der Feststellung des gegenwärtigen Zustandes eines Objektes oder des Nachweises einer jederzeit wiederholbaren Erscheinung in Form eines Versuches.[31] **Beweisziel** kann in diesem Zusammenhang die Beweisaufnahme sowohl über unmittelbar entscheidungserhebliche Tatsachen sein,[32] als auch über Indizien;[33] Letzteres vor allem in Form von Hilfstatsachen, indem über den Augenschein die von einem Zeugen wiedergegebenen Wahrnehmungen und Wahrnehmungsmöglichkeiten einer Überprüfung unterzogen werden sollen, um die Glaubhaftigkeit seiner Aussage zu bestätigen oder zu erschüttern.[34] Die **Beweismethode** besteht darin, dass sich das Gericht durch sinnliche Wahrnehmung einen Eindruck von der Existenz oder äußeren Beschaffenheit eines Menschen, eines Körpers oder einer Sache verschafft, dass es die Lage von Örtlichkeiten und Gegenständen feststellt oder eine Verhaltensweise oder einen wiederholbaren Vorgang beobachtet.[35]

6 Augenscheinsobjekte können als **Vernehmungshilfen** eingesetzt werden, um Fragen an eine Beweisperson zu erläutern und deren Aussagen zu veranschaulichen.[36] In dieser Funktion können bspw. Lichtbilder,[37] Messfotos und Beschilderungspläne,[38] Tatort-,[39] Unfall-[40] und sonstige Skizzen,[41] Lagepläne,[42] Zeichnungen, Modelle,[43] Landkarten, Stadtpläne[44] oder anlässlich von Telefonüberwachungsmaßnahmen gefertigte Mitschnitte von Telefongesprächen[45] eingesetzt werden. Ein Sachverständiger kann sein Gutachten anhand einer Powerpointpräsentation erläutern.[46] Erfolgt die Heranziehung des Gegenstandes erkennbar nur zu diesem

---

29 Brauer in Gercke/Julius/Temming/Zöller Rn. 1; Hadamitzky in KK-StPO Rn. 1; Neubeck in KMR-StPO Vor § 72 Rn. 17; Krause in Löwe/Rosenberg Rn. 1; Schmitt in Meyer-Goßner/Schmitt Rn. 1; Geppert JURA 1996, 307 (308).

30 BGH 7.10.1960 – 4 StR 360/60, NJW 1961, 280; Schmidt StPO II Rn. 3; Neubeck in KMR-StPO Vor § 72 Rn. 17.

31 RG 18.3.1913 – V 738/12, RGSt 47, 100 (106); OLG Hamm VRS 34 (1968), 61; OLG Koblenz 7.2.1973 – 1 Ws (a) 46/73, VRS 45 (1973), 48 (49 f.).

32 RG 8.6.1931 – II 511/31, RGSt 65, 304 (307) Film zu möglichem Tathergang.

33 RG 24.7.1913 – V 180/13, RGSt 47, 235 (237).

34 BGH 13.10.1955 – 3 StR 322/55, BGHSt 8, 177 (179); 22.9.2009 – 3 StR 321/09, Cirener NStZ-RR 2010, 133 (134) – RsprÜ; RG 26.9.1929 – 2 D 1124/29, JW 1930, 714; OLG Köln 20.4.2000 – Ss 166/00, StV 2002, 238; OLG Koblenz 13.8.2010 – 1 Ss 141/10, BeckRS 2010, 19834; Lilie NStZ 1993, 121 (123); KG 7.9.2019 – (3) 121 Ss 94/19 (59/19), BeckRS 2019, 42707 Rn. 16 f. = StV 2020, 364 (Leitsatz).

35 Schmidt StPO II Rn. 6; Neubeck in KMR-StPO Vor § 72 Rn. 18; Schmitt in Meyer-Goßner/Schmitt Rn. 2; Dallmeyer in Alsberg Beweisantrag Rn. 394.

36 BGH 5.5.2004 – 2 StR 492/03, NStZ-RR 2004, 237 (238); KG 5.8.1998 – 2 Ss 228/98 – 3 Ws (B) 423/98, juris Rn. 3; Vgl. auch RG 24.6.1913 – V 180/13, RGSt 47, 235 (236).

37 BGH 5.5.2004 – 2 StR 492/03, NStZ-RR 2004, 237; OLG Düsseldorf 27.7.1967 – 1 Ss 291/67, VRS 33 (1967), 447 für sog. Rotlicht-Kamera; OLG Hamm 29.6.1972 – 5 Ss OWi 808/72, VRS 44 (1973), 117 (117 f.) für Radaraufnahme; OLG Bamberg 23.2.2015 – 2 OLG 6 Ss 5/15, StV 2015, 760.

38 OLG Koblenz 24.3.2011 – 2 SsBs 154/10, NZV 2011, 621 (622).

39 BGH 30.9.1976 – 4 StR 198/76, Spiegel DAR 1977, 169 (176) – RsprÜ.

40 BGH 22.5.1964 – 4 StR 14/64, VRS 27 (1964), 119 (120); 3.7.1964 – 4 StR 186/64, VRS 27 (1964), 192; BGH 14.5.1968 – 1 StR 552/67, Martin DAR 1969, 141 (152) – RsprÜ; BGH 11.10.1968 – 4 StR 244/68, VRS 36 (1969), 23 (24); 22.11.1968 – 4 StR 309/68, VRS 36 (1969), 189 (190); OLG Düsseldorf 31.5.1951 – Ss 189/51, VRS 3 (1951), 359 (360); OLG Hamm 8.1.1965 – 1 Ss 1455/64, VRS 28 (1965), 380 (381); BayObLG 7.7.1965 – RevReg 1 b St 53/65, NJW 1965, 2357.

41 BGH 28.9.1962 – 4 StR 301/62, BGHSt 18, 51 (53).

42 BGH 28.10.1954 – 3 StR 466/54, JurionRS 1954, 10585 insoweit nicht abgedruckt in BGHSt 7, 15 und NJW 1955, 32.

43 Dallmeyer in Alsberg Beweisantrag Rn. 397.

44 Hadamitzky in KK-StPO Rn. 7.

45 BGH 2.12.2003 – 1 StR 340/03, Becker NStZ-RR 2005, 65 (66) – RsprÜ.

46 OLG Hamm 22.4.2010 – 2 RVs 13/10, juris Rn. 60 ff. = BeckRS 2010, 11322 insoweit nicht abgedruckt in NStZ-RR 2010, 348.

Zweck,[47] handelt es sich nicht um eine förmliche Beweiserhebung durch Augenschein. Maßgeblich für die Überzeugungsbildung und alleinige Urteilsgrundlage sind dann ausschließlich die Äußerungen des Zeugen oder Sachverständigen, die aus sich heraus eindeutig verständlich sein müssen.[48] Ein solcher Vorgang erfordert weder die Anwesenheit des Angeklagten,[49] noch die Aufnahme in das Hauptverhandlungsprotokoll.[50] Um Missverständnisse zu vermeiden, sollte Letzteres auch unterbleiben.[51]

7 Wegen des Numerus clausus der Beweismittel im Bereich des Strengbeweises[52] gibt es neben der Beweisaufnahme durch Augenschein keine solche durch **informatorische (Orts-)Besichtigung.**[53] Gleichwohl sind das Gericht oder einzelne Mitglieder nicht gehindert, sich vorab durch eine „private Besichtigung" Kenntnis vom Augenscheinsgegenstand zu verschaffen, um sich auf die Verhandlung vorzubereiten,[54] teilweise ist dies vor dem Hintergrund einer umfassenden Sachaufklärung sogar geboten.[55] Das so erlangte Wissen darf zur Förderung der Sachaufklärung in der Hauptverhandlung genutzt werden,[56] vor allem für Vorhalte an den Beschuldigten oder Beweispersonen.[57] Als Urteilsgrundlage darf das außerhalb der Hauptverhandlung gewonnene Wissen selbst allerdings nicht herangezogen werden,[58] und zwar auch dann nicht, wenn Schöffen und andere Verfahrensbeteiligte anschließend in der Hauptverhandlung über die Ergebnisse der Augenscheinseinnahme informiert werden.[59]

8 Keine besondere Art der Beweiserhebung ist der in der Literatur so bezeichnete **zusammengesetzte** oder **gemischte Augenschein.**[60] Dabei nimmt der Richter die sinnliche Wahrnehmung des Beweisgegenstandes selbst vor, zieht zur Unterstützung indes einen Sachverständigen mit hinzu. Gesetzlich vorgesehen ist diese Vorgehensweise beispielsweise in § 87 Abs. 1 S. 1 für die Leichenschau. In rechtlicher Hinsicht sind keine Besonderheiten gegeben. Es liegt ein richterlicher Augenschein[61] vor und daneben ein Sachverständigengutachten mit den entsprechenden Vorbereitungshandlungen.[62]

---

47 BGH 12.12.2002 – 5 StR 477/02, NStZ 2003, 320 (321) für eine Skizze ohne „irgendeinen optischen Beweiswert". Zum umgekehrten Fall BGH 2.10.1952 – 3 StR 83/52, BGHSt 3, 187 (188).

48 BGH 28.9.1962 – 4 StR 301/62, BGHSt 18, 51 (53 f.).

49 BGH 12.12.2002 – 5 StR 477/02, NStZ 2003, 320 (321); 5.5.2004 – 2 StR 492/03, NStZ-RR 2004, 237 (237 f.); 5.10.2010 – 1 StR 264/10, NStZ 2011, 51 jeweils zu § 247.

50 BGH 6.12.2000 – 1 StR 488/00, NStZ 2001, 262 (263); 2.12.2003 – 1 StR 340/03, Becker NStZ-RR 2005, 65 (66); BGH 5.5.2004 – 2 StR 492/03, NStZ-RR 2004, 237 (237 f.); 5.10.2010 – 1 StR 264/10, NStZ 2011, 51; Dallmeyer in Alsberg Beweisantrag Rn. 397.

51 BGH 23.6.1999 – 3 StR 212/99, NStZ 1999, 522 (523); 23.10.2002 – 1 StR 234/02, NJW 2003, 597; 12.12.2002 – 5 StR 477/02, NStZ 2003, 320 (321); OLG Koblenz 24.3.2011 – 2 SsBs 154/10, NZV 2011, 621 (622); vgl. hierzu auch BGH 19.11.2013 – 2 StR 379/13, NStZ-RR 2014, 53 (53 f.); 3.3.2021 – 4 StR 324/20, StV 2021, 772 (773); OLG Hamm 22.4.2010 – 2 RVs 13/10, juris Rn. 60 ff. = BeckRS 2010, 11322 insoweit nicht abgedruckt in NStZ-RR 2010, 348.

52 Hierzu Becker in Löwe/Rosenberg § 244 Rn. 17.

53 BGH 2.10.1952 – 3 StR 83/52, BGHSt 3, 187 (188); OLG Bamberg 23.2.2015 – 2 OLG 6 Ss 5/15, StV 2015, 760.

54 BGH 22.10.1965 – 4 StR 359/65, Dallinger MDR 1966, 381 (383); RG 29.7.1938 – 4 D 296/38, JW 1938, 2736.

55 Rogall in SK-StPO Rn. 26 und Vor § 72 Rn. 177.

56 OLG Köln 12.9.1972 – Ss 52/72, VRS 44 (1973), 211; Geppert JURA 1996, 307 (312 f.); Koch DAR 1961, 275 (276).

57 BGH 22.5.1964 – 4 StR 14/64, VRS 27 (1964), 119 (120); RG 19.10.1916 – I 390/16, RGSt 50, 154 (155); Goers in BeckOK StPO Rn. 2; Brauer in Gercke/Julius/Temming/Zöller Rn. 5; Neubeck in KMR-StPO Vor § 72 Rn. 21; Schmitt in Meyer-Goßner/Schmitt Rn. 6.

58 BGH 22.10.1965 – 4 StR 359/65, Dallinger MDR 1966, 381 (383) – RsprÜ; RG 19.10.1916 – I 390/16, RGSt 50, 154 (155); 29.7.1938 – 4 D 296/38, JW 1938, 2736; OLG Köln 12.9.1972 – Ss 52/72, VRS 44 (1973), 211; OLG Frankfurt a. M. 29.12.1982 – 1 Ws (B) 267/82 OWiG, StV 1983, 192 (192 f.); OLG Bamberg 23.2.2015 – 2 OLG 6 Ss 5/15, StV 2015, 760.

59 BGH 13.2.2013 – 2 StR 556/12, NStZ 2013, 357.

60 Zur Bezeichnung Dallmeyer in Alsberg Beweisantrag Rn. 401.

61 Neubeck in KMR-StPO Vor § 72 Rn. 15; Krause in Löwe/Rosenberg Rn. 6; Schmitt in Meyer-Goßner/Schmitt Rn. 5; Dallmeyer in Alsberg Beweisantrag Rn. 401.

62 Dähn JZ 1978, 640 (641).

9 Die **Anwesenheitsrechte** bestimmen sich für den Augenschein, der außerhalb der Hauptverhandlung eingenommen wird, nach §§ 168d, 224, 225.[63] Damit die Berechtigten diese wirksam ausüben können, sind sie, sofern kein Ausschlussgrund besteht, nach § 168d Abs. 1 S. 2, § 168c Abs. 5 S. 1, §§ 225, 224 Abs. 1 S. 1 zu benachrichtigen.[64] Die Einhaltung der Beteiligungsrechte ist Voraussetzung für die Verlesbarkeit des Protokolls (→ Rn. 1 und 25). In der Hauptverhandlung[65] erfolgt die Einnnahme des Augenscheins, selbst wenn sie in Form einer Ortsbesichtigung außerhalb der Gerichtsstelle vorgenommen wird, unter Anwesenheit des vollständigen Spruchkörpers, der Staatsanwaltschaft (§ 226 Abs. 1) und des Angeklagten (§ 230 Abs. 1), sofern kein gesetzlich zulässiger Ausnahmefall nach § 231 Abs. 2, §§ 231a, 231b, 232, 233 vorliegt,[66] ggf. auch des Nebenklägers (§ 397 Abs. 1 S. 1). Praktisch besonders bedeutsam ist in diesem Zusammenhang der Ausschluss des Angeklagten nach § 247 S. 1 und 2.[67] Da sich dieser nur auf die Vernehmung des Zeugen bezieht, kann eine förmliche Inaugenscheinnahme als Sachbeweis (zur Vernehmungshilfe → Rn. 6) währenddessen nicht wirksam erfolgen.[68] Eine Heilung des Verfahrensfehlers kann indes herbeigeführt werden, wenn das Gericht dem Angeklagten im Rahmen der Unterrichtung nach § 247 S. 4 die Möglichkeit einräumt, das Augenscheinsobjekt zu besichtigen, und auch die anderen weiterhin anwesenden Verfahrensbeteiligten die nochmalige Gelegenheit der Augenscheinsnahme erhalten.[69] Findet die Beweiserhebung nicht im Sitzungssaal, sondern an dem Ort statt, an dem sich der Beweisgegenstand befindet, was – selbst außerhalb des Gerichtsbezirks (§ 166 GVG)[70] – zulässig ist,[71] wird der Grundsatz der Öffentlichkeit nicht verletzt, wenn der Hausrechtsinhaber Zuhörern und Zuschauern den Zutritt verweigert[72] oder die Enge der Räumlichkeiten dies nur begrenzt zulässt.[73]

10 **2. Notwendigkeit der Beweiserhebung durch Augenschein. a) Aufklärungspflicht als Maßstab.** Der **Unmittelbarkeitsgrundsatz gilt nicht** für die Beweiserhebung durch Augenschein.[74] § 250 normiert nur den Vorrang des Personalbeweises vor dem Urkundenbeweis, sofern über frühere Wahrnehmungen eines Zeugen oder Sachverständigen Beweis erhoben werden soll (→ § 250 Rn. 1, 3, 7).[75] Ob das Gericht eine Augenscheinseinnahme durchführt oder dieses Erkenntnismittel durch andere zulässige und gleichermaßen zuverlässige Beweiserhebungen ersetzt, wie Vernehmung von Zeugen und Sachverständigen oder Verlesung von Urkunden, unterliegt daher seinem nach Maßgabe der Aufklärungspflicht des § 244 Abs. 2 auszuübenden Ermessen.[76] Es handelt

---

63 Schmitt in Meyer-Goßner/Schmitt Rn. 16; Ritscher in BeckOK StPO § 225 Rn. 3.

64 Rogall in SK-StPO Rn. 18.

65 Zu Problemen der Öffentlichkeit s. Wagner StV 2019, 858 (860 ff.).

66 BGH 2.10.1952 – 3 StR 83/52, BGHSt 3, 187 (188 f.) noch ohne Nennung der §§ 231a f., aber – insoweit überholt – des § 247; BGH 22.11.1988 – 5 StR 521/88, BGHR StPO § 86 Augenschein 1; RG 12.2.1909 – II 98/09, RGSt 42, 197 (198); 26.11.1931 – II 1222/31, RGSt 66, 28 (29) sehr weitgehend für Urteilsberatung noch am Ort der Besichtigung.

67 S. aber auch BGH 17.9.2014 – 1 StR 212/14, NStZ 2015, 181 zu § 177 GVG.

68 BGH 10.6.1987 – 2 StR 242/87, NJW 1988, 429; 30.6.1988 – 1 StR 309/88, NStE Nr. 7 zu § 247 StPO; BGH 7.2.1989 – 5 StR 541/88, juris Rn. 4 = StV 1989, 192 f.; 6.12.2000 – 1 StR 488/00, NStZ 2001, 262 (263); 5.10.2010 – 1 StR 264/10, NStZ 2011, 51; aA Krause in Löwe/Rosenberg Rn. 47 für besondere Ausnahmesituationen bei § 247 S. 2.

69 BGH 10.6.1987 – 2 StR 242/87, NJW 1988, 429 (430); 11.11.2009 – 5 StR 530/08, BGHSt 54, 184 Rn. 12; 5.10.2010 – 1 StR 264/10, NStZ 2011, 51; 14.1.2014 – 4 StR 529/13, NStZ 2014, 223 (223 f.).

70 Neubeck in KMR-StPO Rn. 7.

71 RG 22.12.1906 – II 1201/06, RGSt 39, 348 (348 f.).

72 BGH 14.6.1994 – 1 StR 40/94, BGHSt 40, 191 (192); aA Lilie NStZ 1993, 121 (125).

73 Wagner StV 2019, 858 (860).

74 RG 30.12.1889 – Rep. 3227/89, RGSt 20, 149; Neuhaus in HK-GS Rn. 2; Brauer in Gercke/Julius/Temming/Zöller Rn. 3; Neubeck in KMR-StPO Rn. 3; Krause in Löwe/Rosenberg Rn. 3; Schmitt in Meyer-Goßner/Schmitt Rn. 3; Eisenberg BeweisR StPO Rn. 2223.

75 der Sache nach OLG Koblenz 30.8.2011 – 1 SsBs 65/11, juris Rn. 4.

76 BGH 9.4.1965 – 4 StR 147/65, VRS 28 (1965), 460 (462); 11.10.1968 – 4 StR 244/68, VRS 36 (1969), 23 (24); 3.3.1977 – 2 StR 390/76, BGHSt 27, 135 (136); RG 18.3.1913 – V 738/12,

sich hierbei um ein grundlegendes Prinzip, das, wie sich aus § 244 Abs. 5 S. 1 ergibt, selbst dann gilt, wenn ein entsprechender Beweisantrag gestellt wurde.[77] Lediglich über § 245 Abs. 1 S. 1[78] tritt eine Selbstbindung des Gerichts insoweit ein, als es nicht unbesehen von einer einmal für notwendig erachteten Beweiserhebung abrücken kann, die es durch Herbeischaffung zum Termin selbst kundgetan hat.[79] Ein Herbeischaffen kann schon darin gesehen werden, dass das Gericht vom Angeklagten ersichtlich zu Beweiszwecken mitgebrachte und überreichte Bilder entgegen und zur Kenntnis nimmt.[80] Die Vorschrift macht auch für die von der Staatsanwaltschaft herbeigeschafften Beweismittel eine Ausnahme,[81] was damit zusammenhängt, dass eine nach § 214 Abs. 4 S. 1 grundsätzlich ihr obliegende Aufgabe betroffen ist.

Das Gericht kann daher auch einen **Beweismittler** vernehmen, der über einen von 11
ihm eingenommenen Augenschein aussagt.[82] Hierunter werden Fälle zusammengefasst, in denen das Gericht den Beweisgegenstand aus tatsächlichen oder aus rechtlichen (bspw. § 81d Abs. 1 S. 1) Gründen nicht selbst besichtigen kann oder darf.[83] Darüber hinaus kommen auch Zweckmäßigkeitserwägungen in Betracht, bei denen vorwiegend die Prozessökonomie im Vordergrund steht, indem das Gericht bestimmte Örtlichkeiten, bspw. wegen der damit verbundenen Anreise, nicht selbst besichtigen[84] oder eine Vielzahl von Tonaufzeichnungen nicht selbst anhören[85] will. Mit der Ausführung können einerseits nichtrichterliche Beweispersonen beauftragt werden, die den Zustand oder die Erscheinung des Objektes feststellen und die dem Gericht dann ihrerseits über ihre Wahrnehmungen berichten.[86] Sie können als Sachverständige oder als Zeugen zu qualifizieren sein. Allerdings ist in der Literatur vieles streitig (→ Rn. 12–15). Andererseits kann die mittelbare Einnahme des Augenscheins einem beauftragten oder ersuchten Richter übertragen werden, wobei dies nach der Natur der Sache nur aus Gründen der Zweckmäßigkeit in Frage kommt. Erstellt er ein ordnungsgemäßes Protokoll, bedarf es seiner Vernehmung nicht mehr, da die Verlesung der Niederschrift in der Hauptverhandlung nach § 249 Abs. 1 S. 1 (→ Rn. 1) dann die Beweisaufnahme über den Augenschein

---

RGSt 47, 100 (103 und 106); Dallmayer in Alsberg Beweisantrag Rn. 398; der Sache nach auch BGH 30.9.1976 – 4 StR 198/76, juris Rn. 7 insoweit nicht abgedruckt bei Spiegel DAR 1977, 169 (176); BGH 2.5.1990 – 2 StR 337/89, NStE Nr. 4 zu § 338 Nr. 6 StPO.

[77] BGH 13.10.1955 – 3 StR 322/55, BGHSt 8, 177 (179–181); 30.11.1993 – 1 StR 637/93, Kusch NStZ 1994, 227 – RsprÜ; RG 26.9.1929 – 2 D 1124/29, JW 1930, 714 (715); OLG Hamm 12.9.1967 – 3 Ss 890/67, VRS 34 (1968), 61; KG 28.1.1980 – (1) 1 StE 2/77 (130/77), NJW 1980, 952 (953); OLG Köln 20.4.2000 – Ss 166/00, StV 2002, 238; OLG Koblenz 13.8.2010 – 1 Ss 141/10, BeckRS 2010, 19834; vgl. hierzu Eisenberg BeweisR StPO Rn. 2236 auch zur aA; allgemein zur Ersetzung von Beweismitteln BGH 12.3.1969 – 2 StR 33/69, BGHSt 22, 347 (349); vgl. auch BGH 17.9.1982 – 2 StR 139/82, NJW 1983, 126 (127 f.).

[78] Hadamitzky in KK-StPO Rn. 2; Krause in Löwe/Rosenberg Rn. 2.

[79] Ähnlich RG 8.6.1931 – II 511/31, RGSt 65, 304 (305); allgemein hierzu BGH 8.7.1997 – 4 StR 295/97, NStZ 1997, 610 (611).

[80] BGH 27.8.1953 – 1 StR 791/52, Dallinger MDR 1953, 721 (723) – RsprÜ; OLG Hamm 28.3.1952 – (1) 2 Ss 34/52, VRS 4 (1952), 602 (603); KG 4.3.1953 – 1 Ss 407/52 (B) (376/52), NJW 1953, 1118; jeweils für Unfallskizze; OLG Neustadt 11.5.1962 – Ss 68/62, VRS 23 (1962), 447; Mühlhaus DAR 1965, 12 (13) hierzu mit Hinweis, dass zumindest Bezugnahme darauf erforderlich; in diesem Sinn auch KG 28.1.1980 – (1) 1 StE 2/77 (130/77), NJW 1980, 952 (953) für Tonaufzeichnungen.

[81] Krause in Löwe/Rosenberg Rn. 2.

[82] Nach BGH 3.3.1977 – 2 StR 390/76, BGHSt 27, 135 (136); 17.9.1982 – 2 StR 139/82, NJW 1983, 126 (127 f.) findet dieser Begriff für jede Form der Ersetzung des Augenscheins (oder des Urkundenbeweises) durch den Personalbeweis Anwendung.

[83] Dallmeyer in Alsberg Beweisantrag Rn. 400–402; Krause in Löwe/Rosenberg § 86 Rn. 5; Schmitt in Meyer-Goßner/Schmitt § 86 Rn. 4; Eisenberg BeweisR StPO Rn. 2263.

[84] Schmidt StPO II Vor § 72 Rn. 19 mit weiteren Beispielen; Krause in Löwe/Rosenberg Rn. 5; Lilie NStZ 1993, 121 (123); Koch DAR 1961, 275.

[85] KG 28.1.1980 – (1) 1 StE 2/77 (130/77), NJW 1980, 952 (953).

[86] RG 18.3.1913 – V 738/12, RGSt 47, 100 (106); 20.4.1931 – 3 D 186/31, JW 1931, 2813; OLG Koblenz 7.2.1973 – 1 Ws (a) 46/73, VRS 45 (1973), 48 (49 f.); Alsberg JW 1930, 714; Alsberg JW 1931, 1608 (1609).

darstellt.[87] Umgekehrt darf das Gericht bei einem auf Vernehmung eines Beweismittlers gerichteten Antrag diese durch einen gleichermaßen zuverlässigen eigenen Augenschein ersetzen.[88]

12 **b) Vornahme durch Sachverständige.** Im Einzelfall kann es erforderlich sein, einen Sachverständigen mit der Besichtigung des Augenscheinsobjekts zu beauftragen. Teilweise ist dies **gesetzlich vorgeschrieben,** wie in § 81a Abs. 1 S. 2, § 81c Abs. 2 S. 2,[89] teilweise kann der Augenscheinseinnahme aufgrund der Beschaffenheit des Gegenstandes nur dann ein Beweiswert beigemessen werden, wenn sie auf Grundlage einer **sachkundigen Beurteilung** erfolgt.[90] In diesen Fällen liegt ein Sachverständigenbeweis vor,[91] wobei gerade in der letztgenannten Variante auch das Augenscheinsobjekt – vorbehaltlich der aus § 244 Abs. 2 folgenden Notwendigkeit eigener Besichtigung – als Befundtatsache über das Gutachten in die Beweisaufnahme eingeführt wird (→ § 72 Rn. 9).[92]

13 In diesem Zusammenhang ist auch ein Teil der Konstellationen zu erfassen, die in der Literatur üblicherweise unter der Kategorie des Augenscheinsgehilfen diskutiert werden. Mitunter kann das Gericht nämlich aus tatsächlichen Gründen gehindert sein, einen Augenschein selbst einzunehmen, wenn ihm **besondere Fertigkeiten oder körperliche Fähigkeiten** fehlen,[93] wie dies bei Besichtigung eines Gegenstandes auf einem hohen Dach, an einer Bergwand oder unter Wasser der Fall ist.[94] Hierbei handelt es sich aber ebenfalls um einen Beweis mittels Sachverständigem. Denn als solcher wird eine Beweisperson tätig, die bestimmte Verrichtungen vornimmt, welche eine besondere Sachkunde erfordern (→ § 72 Rn. 5). In diesem Sinne sind unter den genannten Umständen gerade besondere Fähigkeiten erforderlich, um die notwendigen Wahrnehmungen überhaupt treffen zu können. Entsprechend können nicht beliebige Personen mit der Durchführung beauftragt werden, sondern nur solche, die genau über diese Befähigung verfügen. Schon das macht sie zum Sachverständigen. Es wäre mit den Grundsätzen der Zeugenpflicht nicht zu vereinbaren, Zeugen in dieser Eigenschaft verpflichtend heranzuziehen,[95] obwohl sie in keiner Beziehung zum Beweisobjekt stehen.[96] Eine andere Frage ist die, ob die tatsächliche Wahrnehmung selbst einer besonderen Sachkunde bedarf oder nicht und ob sich hierauf die Erstattung eines Gutachtens stützt.[97] Ist dies nicht der Fall, so sind die Feststellungen zu behandeln wie Zusatztatsachen, die über die Vernehmung des Sachverständigen zugleich als Zeuge in die Beweisaufnahme einzuführen sind.

14 **c) Augenscheinsgehilfe.** Erfordert die Wahrnehmung und Beurteilung des Beweisgegenstandes **nicht die besondere Sachkunde** eines Sachverständigen, wird der Beweismitt-

[87] OLG Stuttgart 12.3.1980 – 3 Ss 932/79, VRS 58 (1980), 436 (438 f.).
[88] BGH 12.3.1969 – 2 StR 33/69, BGHSt 22, 347 (349); Hanack JZ 1970, 561 (564); vgl. auch BGH 17.9.1982 – 2 StR 139/82, NJW 1983, 126 (127 f.).
[89] Schmidt StPO II Rn. 8.
[90] BGH 7.6.1956 – 3 StR 136/56, BGHSt 9, 292 (293); Hadamitzky in KK-StPO Rn. 4 „sachverständiger Augenscheinsgehilfe"; Krause in Löwe/Rosenberg Rn. 4; Dallmeyer in Alsberg Beweisantrag Rn. 400.
[91] LG Trier 3.11.1986 – 1 Qs 265/86, NJW 1987, 722 (722 f.) zu § 81a „sachverständiger Augenscheinsgehilfe"; Goers in BeckOK StPO Rn. 2; Brauer in Gercke/Julius/Temming/Zöller Rn. 4; Hadamitzky in KK-StPO Rn. 4; Krause in Löwe/Rosenberg Rn. 4; Schmitt in Meyer-Goßner/Schmitt Rn. 5; Rogall in SK-StPO Rn. 13; Dähn JZ 1978, 640 (641) aA Foth/Karcher NStZ 1989, 166 (169), die ihn nur dann als Sachverständigen ansehen, wenn er auch die wissenschaftliche Methode vermittelt, die ihm seine Feststellungen ermöglicht.
[92] Geppert JURA 1996, 307 (309).
[93] RG 18.3.1913 – V 738/12, RGSt 47, 100 (106).
[94] Krause in Löwe/Rosenberg Rn. 5; Schmitt in Meyer-Goßner/Schmitt Rn. 4; Eisenberg BeweisR StPO Rn. 2263 (Fn. 36); Dallmeyer in Alsberg Beweisantrag Rn. 402.
[95] So aber Krause in Löwe/Rosenberg Rn. 7.
[96] Vgl. hierzu Eisenberg BeweisR StPO Rn. 2275. Als mittelbare Folge erhielte er auch keine Vergütung als Sachverständiger.
[97] Vgl. RG 20.4.1931 – 3 D 186/31, JW 1931, 2813.

ler überwiegend mit dem Begriff des Augenscheinsgehilfen[98] bezeichnet. Im Einzelnen ist streitig, ob es sich hierbei um Sachverständigen-, Zeugenbeweis oder ein Beweismittel eigener Art handelt,[99] wobei die hM die Vorschriften des Sachverständigenbeweises, insbesondere die §§ 73, 74, 75 entsprechend angewendet wissen will und sich hinsichtlich der Vernehmung selbst für die Anwendung des Zeugenbeweises ausspricht.[100]

Eine Mischform verschiedener Beweisformen mit einer teilweisen Analogie zu Vorschriften des Sachverständigenbeweises scheidet indes schon deswegen aus, weil **keine Regelungslücke** besteht.[101] Die Verwendung eines eigenständigen Begriffes verstellt weitgehend den Blick dafür, dass die in Frage kommenden Fallgestaltungen mit den Instituten des Zeugen- oder Sachverständigenbeweises jeweils angemessen erfasst werden können. Gerade in diesem Zusammenhang ist bemerkenswert, dass es sich um einen Problemkreis handelt, der in der literarisch diskutierten Form kaum Praxisrelevanz entfaltet,[102] was sich schon daraus ergibt, dass kaum Gerichtsentscheidungen zu finden sind, die sich – tragend – damit grundsätzlich auseinandersetzen.[103] So kann die Variante, die unter dem Gesichtspunkt der tatsächlichen Unmöglichkeit diskutiert wird, als Sachverständigenbeweis erfasst werden (→ Rn. 13). Es verbleiben mithin für die Diskussion nur die Fälle rechtlicher Unmöglichkeit, welche sich im gegebenen Zusammenhang auf § 81d beschränken (zu §§ 81a, 81c → Rn. 12), und diejenigen, in denen das Gericht aus Zweckmäßigkeitsgründen von einer eigenen Inaugenscheinnahme absieht. Da hier die Besichtigung jeweils keine besondere Sachkunde erfordert – ansonsten könnte sie schon begrifflich nicht diejenige des Gerichts ersetzen –, wird der Beweismittler als Zeuge zu seinen Beobachtungen vernommen (auch → § 81d Rn. 7).[104] Die Frage der bindenden Verpflichtung stellt sich üblicherweise nicht als Schwierigkeit dar, da die Praxis zu entsprechenden Beweisvorgängen Polizeibeamten[105] oder Zeugen, die ohnehin zu den Tatumständen oder dem Tatumfeld vernommen werden,[106] heranzieht.[107] Eine „Beauftragung" beliebiger Dritter bietet sich schon vor der Pflicht zur neutralen Sachaufklärung nicht an. Gegenstand der Beweiswürdigung ist die Aussage des Beweismittlers über seine Wahrnehmungen. Die Verfahrensbeteiligten 15

---

98 So die gebräuchliche Benennung in der Literatur Hadamitzky in KK-StPO Rn. 3; Krause in Löwe/Rosenberg § 86 Rn. 4; Schmitt in Meyer-Goßner/Schmitt Rn. 5; Dallmeyer in Alsberg Beweisantrag Rn. 402; s auch KG 7.10.2019 – (3) 121 Ss 94/19 (59/19), BeckRS 2019, 42707 Rn. 6, 17 zur Einsehbarkeit eines Tatortes = StV 2020, 364 (Leitsatz). Nach RG 20.4.1931 – 3 D 186/31, JW 1931, 2813; Alsberg JW 1930, 714; Alsberg JW 1931, 1608 (1609) „gerufener oder gezogener Zeuge". Von Schmidt StPO II vor § 72 Rn. 13 und § 86 Rn. 8; Dähn JZ 1978, 640 (641) zugleich auch für den Sachverständigen als Beweismittler.

99 S. hierzu Krause in Löwe/Rosenberg Rn. 7; Dallmeyer in Alsberg Beweisantrag Rn. 403 jeweils mwN.

100 Goers in BeckOK StPO Rn. 3.2; Brauer in Gercke/Julius/Temming/Zöller Rn. 3; Hadamitzky in KK-StPO Rn. 4; Krause in Löwe/Rosenberg Rn. 7; Schmitt in Meyer-Goßner/Schmitt Rn. 4; Dallmeyer in Alsberg Beweisantrag Rn. 403; Geppert JURA 1996, 307 (309).

101 So im Ergebnis zutreffend Eisenberg BeweisR StPO Rn. 2273; Danckert NStZ 1985, 469.

102 So aber die Einschätzung von Eisenberg BeweisR StPO Rn. 2262.

103 Vgl. die regelmäßig zitierten BGH 7.6.1956 – 3 StR 136/56, BGHSt 9, 292 (293); 3.3.1977 – 2 StR 390/76, BGHSt 27, 135 (136 f.); RG 18.3.1913 – V 738/12, RGSt 47, 100 (106), die die Funktion des Beweismittlers lediglich abstrakt ansprechen. Auch in meiner eigenen Prozesspraxis ist mir bislang kein Fall begegnet, in dem dies virulent wurde.

104 RG 20.4.1931 – 3 D 186/31, JW 1931, 2813; OLG Hamm 12.9.1967 – 3 Ss 890/67, VRS 34 (1968), 61; OLG Frankfurt a. M. 18.2.1980 – 1 Ws (B) 26/80 OWiG, VRS 58 (1980), 368 (369).

105 So jeweils bei BGH 11.10.1968 – 4 StR 244/68, VRS 36 (1969), 23 (24); 30.11.1993 – 1 StR 637/93, Kusch NStZ 1994, 227 – RsprÜ; OLG Hamm 12.9.1967 – 3 Ss 890/67, VRS 34 (1968), 61; KG 28.1.1980 – (1) 1 StE 2/77 (130/77), NJW 1980, 952 (953); OLG Frankfurt a. M. 18.2.1980 – 1 Ws (B) 26/80 OWiG, VRS 58 (1980), 368 (369).

106 So bei BGH 7.10.1960 – 4 StR 360/60, NJW 1961, 280 – dort auch zur grundsätzlichen Überlegenheit des sachlichen Beweismittels; RG 26.9.1929 – 2 D 1124/29, JW 1930, 714; OLG Koblenz 7.2.1973 – 1 Ws (a) 46/73, VRS 45 (1973), 48 (49 f.); OLG Köln 20.4.2000 – Ss 166/00, StV 2002, 238 (239); KG 7.10.2019 – (3) 121 Ss 94/19 (59/19), BeckRS 2019 42707 Rn. 6 16 f. = StV 2020, 364 (Leitsatz). Vgl. auch BGH 12.3.1969 – 2 StR 33/69, BGHSt 22, 347 (348) sowie BGH 28.10.1954 – 3 StR 466/54, JurionRS 1954, 10585 insoweit nicht abgedruckt in BGHSt 7, 15 und NJW 1955, 32 zum sachverständigen Zeugen.

107 Exemplarisch für Unfallörtlichkeit unter Zuhilfenahme einer Skizze BGH 22.5.1964 – 4 StR 14/64, VRS 27 (1964), 119 (120).

können sich deswegen auf die ihnen zustehenden Rechte auf Stellung ergänzender Beweisanträge, insbesondere auf Augenscheinseinnahme durch das Gericht selbst,[108] und aus § 238 Abs. 2 berufen.[109] Bei der Würdigung der Angaben sind die Grundsätze einer Beweisaufnahme vom Hörensagen[110] im Hinblick auf eine besonders sorgfältige Würdigung zu beachten, was dann gewährleistet ist, wenn der Einsatz des Beweismittlers eine gleichermaßen zuverlässige Aufklärung ermöglicht, wie die Augenscheinseinnahme durch das Gericht selbst (→ Rn. 10).

16 **3. Augenscheinsobjekte. a) Allgemeines.** Eine Definition des **Begriffs** der Augenscheinsobjekte findet sich in der StPO nicht. Andererseits kennt sie auch keine Beschränkung auf eine bestimmte Art von Gegenständen.[111] Augenscheinsobjekte sind daher alle Gegenstände, die einen Beweis durch die ihnen beiwohnenden, mit den Sinnen wahrnehmbaren Eigenschaften erbringen können,[112] sofern der Richter sie zur Überzeugungsbildung für geeignet hält.[113] In Betracht kommen allgemein neben Personen, unabhängig vom Aggregatszustand alle Körper und Substanzen gasförmiger, flüssiger oder fester Art, Gebäude, Örtlichkeiten sowie Abbildungen davon, wobei Sonderregelungen, wie bspw. in §§ 81a, 81c, 87 zu beachten sind.[114]

17 **b) Einzelfälle.** Als Augenscheinsgegenstände können **Abbildungen, Lichtbilder,**[115] **Filmstreifen**[116] oder **Videoaufnahmen**[117] und (sonstige) **digitale Daten**[118] wie bspw. Excel- oder Power-Point-Dateien[119] herangezogen werden. Sie dienen entweder dem Nachweis ihres eigenen strafbaren Inhalts,[120] dem Beweis anderer Straftaten, die auf ihnen festgehalten sind,[121] oder der Identifizierung des Täters wie beispielsweise bei Aufnahmen von Bodycams während eines polizeilichen Einsatzes,[122] Überwachungskameras in Banken,[123] an Tankstellen, in öffentlichen Verkehrsmitteln,[124] von Verkehrsüberwachungskameras,[125] einschließlich der darauf befindlichen Geschwindigkeits- und Datumsangaben

[108] OLG Frankfurt a. M. 18.2.1980 – 1 Ws (B) 26/80 OWiG, VRS 58 (1980), 368 (369).
[109] Eisenberg BeweisR StPO Rn. 2273 f.
[110] Oder eben vom „Sehen-, Riechen-, Fühlen- oder Schmeckensagen".
[111] RG 15.10.1900 – Rep. 2822/00, RGSt 33, 403 (404); 5.1.1903 – Rep. 6104/02, RGSt 36, 55 (56); 24.6.1913 – V 180/13, RGSt 47, 235 (237).
[112] RG 4.12.1906 – II 663/06, RGSt 39, 303 (304).
[113] Allgemein zu diesem Grundsatz bei der Heranziehung von Beweismitteln BGH 12.8.1960 – 4 StR 48/60, NJW 1960, 2156.
[114] Brauer in Gercke/Julius/Temming/Zöller Rn. 6; Neubeck in KMR-StPO Rn. 22; Krause in Löwe/Rosenberg Rn. 9; Schmitt in Meyer-Goßner/Schmitt Rn. 8; Dallmeyer in Alsberg Beweisantrag Rn. 404.
[115] BGH 27.8.1953 – 1 StR 791/52, Dallinger MDR 1953, 721 (723) – RsprÜ; RG 5.1.1903 – Rep. 6104/02, RGSt 36, 55 (56); 24.6.1913 – V 180/13, RGSt 47, 235 (236); BayObLG 7.7.1965 – RevReg. 1 b St 53/65, NJW 1965, 2357.
[116] RG 8.6.1931 – II 511/31, RGSt 65, 304 (307).
[117] OLG Düsseldorf 16.7.2007 – 5 Ss 105/07 – 57/07, NStZ 2008, 358 (358 f.); Goers in BeckOK StPO Rn. 9; Neubeck in KMR-StPO Rn. 9; Kertai MMR 2011, 716 (717).
[118] Gercke/Wollschläger StV 2013, 106.
[119] Vgl. OLG Hamm 22.4.2010 – 2 RVs 13/10, juris Rn. 60 ff. = BeckRS 2010, 11322 insoweit nicht abgedruckt in NStZ-RR 2010, 348, insbesondere auch zur Abgrenzung der Nutzung als bloßer Vernehmungshilfe.
[120] Goers in BeckOK StPO Rn. 9; Krause in Löwe/Rosenberg Rn. 15; Eisenberg BeweisR StPO Rn. 2304; Dallmeyer in Alsberg Beweisantrag Rn. 405.
[121] BGH 12.8.1975 – 1 StR 42/75, NJW 1975, 1075 (2076) zu Aufnahmen, die von einem Demonstrationszug gefertigt wurden; OLG Düsseldorf 16.7.2007 – 5 Ss 105/07 – 57/07, NStZ 2008, 358 (358 f.) zu Ladendiebstahl; Neubeck in KMR-StPO Rn. 9.
[122] Haack/Hoheisel-Gruler Kriminalistik 2019, 331 (331 f.). Zu Problemen bei der Verwertbarkeit s. § 44 Abs. 6 PolGBW und AG Reutlingen 10.8.2021 – 5 UR II 4/21L, juris.
[123] Neubeck in KMR-StPO Rn. 9; Krause in Löwe/Rosenberg Rn. 15; Schmitt in Meyer-Goßner/Schmitt Rn. 10; Dallmeyer in Alsberg Beweisantrag Rn. 407.
[124] Neubeck in KMR-StPO Rn. 9.
[125] OLG Düsseldorf 27.7.1967 – 1 Ss 291/67, VRS 33 (1967), 447 (447 f.); OLG Koblenz 23.4.1974 – 1 Ws (a) 140/74, VRS 47 (1974), 441 (442); OLG Stuttgart 21.3.1980 – 1 Ss 246/80, VRS 1959 (1980), 360 (361); OLG Zweibrücken 17.6.1992 – 1 Ss 35/92, VRS 83, 348 jeweils bei Radarmessung.

(→ Rn. 19),[126] aber auch bei heimlich hergestellten Fotos oder Filmaufnahmen.[127] Daneben kommt deren Verwendung auch zur mittelbaren Beweisführung in Betracht, was beispielsweise bei Aufnahmen von einer Gegenüberstellung[128] oder dem Geständnis des Angeklagten anlässlich einer Tatrekonstruktion[129] der Fall ist. Bänder einer polizeilichen Videovernehmung sind gleichfalls (nur) dem Augenscheinsbeweis zugänglich.[130] Für derartige Aufnahmen richterlicher Vernehmungen sind die Sonderregelungen des § 255a zu berücksichtigen.[131] Weder diese Vorschrift, noch § 250 hindern indessen, sie neben der Vernehmung des Zeugen selbst ergänzend durch Vorspielen in Augenschein zu nehmen, gerade zur Prüfung der Aussagekonstanz (→ Rn. 19).[132] Nach Maßgabe der Aufklärungspflicht bestimmt sich, ob Zweifel im Hinblick auf Zeit und Ort der Herstellung der Aufnahmen eine ergänzende Vernehmung derjenigen Person erforderlich machen, die sie hergestellt hat.[133] Werden Lichtbilder bei einem richterlichen Augenschein außerhalb der Hauptverhandlung angefertigt, was sich zur Verdeutlichung des beurkundeten Bestandes empfehlen kann, sollten sie als Anlage zum Protokoll genommen werden (→ Rn. 24). Die entsprechenden Objekte können auch als bloße Vernehmungshilfe eingesetzt werden (→ Rn. 6). Für eine Bezugnahme im Urteil gem. § 267 Abs. 1 S. 3[134] ist zu beachten, dass Bild- und Filmdateien – sofern Letztere überhaupt unter die Vorschrift fallen –, die auf elektronischen Medien gespeichert sind, als solche nicht in dem erforderlichen Sinn Bestandteil der Akten werden.[135]

Skizzen, Zeichnungen und Pläne insbesondere solche von Tat- und Unfallort, 18
können hinsichtlich ihrer Existenz als Augenscheinsobjekt herangezogen werden[136] und (zugleich) als Vernehmungshilfen dienen (→ Rn. 6).[137] Darüber hinausgehend nimmt die Rechtsprechung vereinzelt an, zumindest[138] amtliche Unfall- und Tatortskizzen könnten als solche in Augenschein genommen werden.[139] Dies ist schon deswegen bedenklich, weil sich nicht eindeutig erschließt, was mit diesem Begriff gemeint ist. Er

---

126 BayObLG 6.3.2002 – 1 ObOWi 41/02, NStZ 2002, 388 (389).

127 OLG Schleswig 3.10.1979 – 1 Ss 313/79, NJW 1980, 352; weitere Beispiele bei Dallmeyer in Alsberg Beweisantrag Rn. 407.

128 BVerfG 27.9.1982 – 2 BvR 1199/82, NStZ 1983, 84.

129 BGH 10.6.1975 – 1 StR 184/75, Holtz MDR 1976, 632 (634) – RsprÜ = vollständiger Wortlaut bei juris Rn. 15–26 = BeckRS 1975, 112.

130 Zumindest blieb dies in BGH 15.4.2003 – 1 StR 64/03, NJW 2003, 2761 insoweit nicht abgedruckt in BGHSt 48, 268 unbeanstandet.

131 Neubeck in KMR-StPO Rn. 11; Schmitt in Meyer-Goßner/Schmitt Rn. 10.

132 BGH 12.2.2004 – 1 StR 566/03, BGHSt 49, 68 (71) mit Hinweis auf den Vorrang der Vernehmungsersetzung zur Vermeidung von unnötigen Mehrfachbefragungen aus Gründen des Opferschutzes.

133 RG 5.1.1903 – Rep. 6104/02, RGSt 36, 55 (57); BayObLG 7.7.1965 – RevReg. 1 b St 53/65, NJW 1965, 2357 (2358).

134 S. hierzu OLG Brandenburg 8.12.1997 – 1 Ss (OWi) 96B/97, StraFo 1998, 51 (52); OLG Oldenburg 9.2.2015 – 2 Ss OWi 20/15, VRS 128 (2015), 198 (199); OLG Jena 20.4.2017 – 1 OLG 62/16, VRS 132 (2017), 192 (193).

135 BGH 2.11.2011 – 2 StR 332/11, NJW 2012, 244 (245) mAnm Deutscher NStZ 2012, 229; BGH 14.3.2012 – 2 StR 547/11, StV 2013, 73; OLG Jena 5.1.2012 – 1 SsBs 112/11, NZV 2012, 144 (146); ferner Gercke/Wollschläger StV 2013, 106 (108) für sonstige digitale Daten und (107) mwN zur teilweise abweichenden OLG-Rspr.

136 OLG Celle 10.4.1967 – 2 Ss 100/67, VRS 33 (1967), 43 (44); Goers in BeckOK StPO Rn. 10; Brauer in Gercke/Julius/Temming/Zöller Rn. 10; Krause in Löwe/Rosenberg Rn. 32; Schmitt in Meyer-Goßner/Schmitt Rn. 12; Eisenberg BeweisR StPO Rn. 2307.

137 Allein in diesem Sinne dürften wohl auch BGH 30.9.1976 – 4 StR 198/76, Spiegel DAR 169 (176) BGH 27.9.2007 – 4 StR 1/07, NStZ-RR 2008, 83; zu verstehen sein.

138 Weitergehend OLG Hamm 28.3.1952 – (1) 2 Ss 34/52, VRS 4 (1952), 602 (603) für eine vom Angeklagten selbst angefertigte Skizze.

139 BGH 18.6.1953 – 4 StR 198/53, VRS 5 (1953), 541 (543); KG 4.3.1953 – 1 Ss 407/52 (B) (376/52), NJW 1953, 1118; OLG Hamm 5.8.1963 – 4 Ss 367/63, NJW 1963, 2284. Soweit demgegenüber von Neubeck in KMR-StPO Rn. 15; Krause in Löwe/Rosenberg Rn. 32; Schmitt in Meyer-Goßner/Schmitt Rn. 12; Eisenberg BeweisR StPO Rn. 2307; Dallmeyer in Alsberg Beweisantrag Rn. 414 auf weitere Entscheidungen Bezug genommen wird, sind diese zwar mitunter missverständlich formuliert, aber wohl im Sinne von oben → Rn. 6 zu verstehen.

kann wohl nur dahingehend verstanden werden, dass sich der amtliche und nicht weiter beweisbedürftige Charakter auf sie bezieht, soweit sich Eintragungen auf Landkarten oder Stadtplänen als Grundlage befinden (hierzu → Rn. 20).[140] Ansonsten wird wegen § 250 auf die Vernehmung der Person, die die Skizze oder Zeichnung angefertigt hat, nicht verzichtet werden können, da der gedankliche Inhalt auf deren Wahrnehmung zurückgeht (→ § 250 Rn. 19).[141] Das gilt gerade dann, wenn es auf genaue Maßangaben, bspw. zur Lage von Fahrzeugen, Länge von Bremsspuren und dergleichen bei Verkehrsunfällen, geht, weswegen zusätzlich zur Besichtigung der Skizze der Polizeibeamte zu vernehmen ist, der sie fertigte.[142] Bei richterlichen Augenscheinseinahmen außerhalb der Hauptverhandlung kann es oft zweckmäßig oder sogar notwendig sein, die ins Protokoll aufgenommenen Feststellungen durch Skizzen zu veranschaulichen und diese als Anlage beizufügen. Sie können dann bei der Verlesung des Protokolls in Augenschein genommen werden (→ Rn. 24).[143] Ampelphasenpläne,[144] Google-map-Ausdrucke,[145] Land- und Stadtkarten[146] werden durch Augenscheinseinnahme in die Hauptverhandlung eingeführt. Beschilderungsplänen kann sowohl die Qualität eines Augenscheinsobjektes als auch einer Urkunde zukommen.[147]

19 Auf **visuelle** und **akustische Aufzeichnungen** kann sich der Augenschein beziehen. Zur ersten Kategorie gehören neben den oben genannten Film- und Videoaufnahmen **technische Aufzeichnungen** iSd § 268 StGB, wie Lochstreifen, Papierstreifen von Registrierkassen oder von Kontrolluhren.[148] Wegen des sich vom materiellen Recht unterscheidenden strafprozessualen Urkundenbegriffs[149] sind sie beweisrechtlich aber als solche zu behandeln (hierzu → Rn. 22), wenn sich ihr Inhalt nur durch Lesen erschließen lässt. Ist dies dagegen nicht der Fall oder sind sie nicht verlesbar, muss der Beweis durch Augenschein erhoben werden.[150] Das gilt bei Lichtbildern, die eine Geschwindigkeitsmessanlage produziert, auch hinsichtlich der darauf befindlichen Geschwindigkeits- und Datumsangabe, da die entsprechenden Ziffernfolgen ohne den Bezug zur Abbildung keinen eigenständigen Sinngehalt haben.[151] Ist dagegen ein gesamtes Messprotokoll mitabgedruckt, bedarf es zusätzlich der Verlesung im Urkundbeweis.[152] Ein praktisch häufig relevanter Fall eines Augenscheinsobjektes in diesem Sinn sind darüber hinaus die regelmäßig nicht verlesbaren Fahrtenschreiberdiagramme.[153] Das Gericht kann diese aber nur dann durch eigene Betrachtung auswerten, wenn es um einfache Geschwindigkeitsfeststellungen geht.[154] Sind dagegen kurzfristige Geschwindigkeitsänderungen Gegenstand der Beweisaufnahme, so bedarf es der

---

[140] OLG Saarbrücken 24.7.1969 – Ss 110/68, VRS 38 (1970), 453 (454); Mühlhaus DAR 1965, 12 (13).

[141] OLG Hamm 8.1.1965 – 1 Ss 1455/64, VRS 28 (1965), 380 (381); BayObLG 7.7.1965 – RevReg. 1 b St 53/65, NJW 1965, 2357.

[142] OLG Düsseldorf 31.5.1951 – Ss 189/51, VRS 3 (1951), 359 (360); OLG Celle 10.4.1967 – 2 Ss 100/67, VRS 33 (1967), 43 (44); Mühlhaus DAR 1965, 12 (13).

[143] Krause in Löwe/Rosenberg Rn. 44; Schmitt in Meyer-Goßner/Schmitt Rn. 16; Rogall in SK-StPO Rn. 10.

[144] KG 5.8.1998 – 2 Ss 228/98 – 3 Ws (B) 423/98, juris Rn. 2; KG 6.10.2020 – 3 Ws (B) 228/20, VRS 139 (2020), 150 (151).

[145] OLG Köln 7.8.2015 – 1 RBs 250/15, BeckRS 2015, 14819 Rn. 7.

[146] Nach Arnoldi NStZ 2016, 691 (693) auch hinsichtlich der nicht aus sich heraus verständlichen Textinformationen bspw. zu Orten, Straßen etc.

[147] OLG Hamm 27.2.2018 – 4 RBs 21/18, BeckRS 2018, 41379.

[148] Hadamitzky in KK-StPO Rn. 6; Neubeck in KMR-StPO Rn. 14; Krause in Löwe/Rosenberg Rn. 34; Dallmeyer in Alsberg Beweisantrag Rn. 415.

[149] Ganter in BeckOK StPO § 249 Rn. 9.

[150] Brauer in Gercke/Julius/Temming/Zöller Rn. 11; Schmitt in Meyer-Goßner/Schmitt Rn. 13.

[151] BayObLG 6.3.2002 – 1 ObOWi 41/02, NStZ 2002, 388 (389).

[152] Arnoldi NStZ 2016, 691 (692).

[153] OLG Stuttgart 17.4.1959 – 2 Ss 92/59, NJW 1959, 1379; OLG Hamm 8.5.1959 – 1 Ss 214/59, VRS 17 (1959), 211 = NJW 1959, 1380 (Leitsatz); Hadamitzky in KK-StPO Rn. 6; Neubeck in KMR-StPO Rn. 14; Krause in Löwe/Rosenberg Rn. 14.

[154] OLG Hamburg 23.1.1962 – 2 Ss 317/61, VRS 22 (1962), 473 (475) gefahrene Geschwindigkeit auf einer Fahrtstrecke von ca. 1.800 m bei einer Dauer von 95 Sekunden.

Auswertung durch einen Sachverständigen.[155] In diesem Fall werden sie als Befundtatsachen mit dem Sachverständigengutachten in die Hauptverhandlung eingeführt.[156] Unter die zweite Kategorie fallen **Tonaufzeichnungen,** sei es auf Video-, Tonbändern, Magnetstreifen, Schallplatten, CDs, DVDs, CD-ROMs und sonstigen Trägermedien.[157] Hierzu rechnen die Bild-Ton-Aufzeichnung einer richterlichen Vernehmung, sofern sie nicht vernehmungsersetzend nach § 255a, sondern ergänzend zur persönlichen Vernehmung des Zeugen, insbesondere zur Überprüfung der Aussagekonstanz, vorgespielt wird (→ Rn. 17); die auf Tonband aufgezeichneten Explorationsgespräche des aussagepsychologischen Sachverständigen;[158] aus Überwachungsmaßnahmen nach § 100a ff. gewonnene Gesprächsmitschnitte[159] sowie solche, die mit Einwilligung des Sprechers hergestellt[160] oder zum Gegenstand der Beweiserhebung gemacht[161] wurden. Privat, heimlich oder sonst unrechtmäßig gefertigte Gesprächsmitschnitte können, jedenfalls soweit sie nicht den Kernbereich privater Lebensführung betreffen, unter notstandsähnlichen Gesichtspunkten[162] oder zur Verfolgung schwerer Straftaten[163] als Augenscheinsobjekt verwertet werden. Der Inhalt der auf Tonaufzeichnungen festgehaltenen Gedankenäußerungen wird durch Abspielen zum Gegenstand des Augenscheinsbeweises gemacht.[164] Dies gilt auch für ein auf Tonband aufgezeichnetes Geständnis des Angeklagten.[165] Das Abspielen einer Tonaufzeichnung kann durch Verlesung einer Verschriftung im Wege des Urkundsbeweises ersetzt werden.[166]

Die Augenscheinseinnahme kann durch **Ortsbesichtigung** erfolgen, bei der durch das Betrachten von Gebäuden, Straßen, Verkehrseinrichtungen, Räumlichkeiten und sonstigen Örtlichkeiten die Verhältnisse an einem Tatort aufgeklärt werden sollen.[167] Dies kann zudem erfolgen, um festzustellen, ob Vorgänge oder Objekte von einer bestimmten Stelle aus sichtbar[168] oder hörbar[169] sind. Soweit zur Aufklärung gleichermaßen geeignet, kann statt der Ortsbesichtigung die Inaugenscheinnahme eines **Stadtplanes,** einer **Land-** oder **Straßenkarte** erfolgen.[170] Weitergehend wird sogar angenommen, diese enthielten allgemeinkundige Tatsachen über örtliche Verhältnisse, die nicht durch förmliche Augenscheinseinnahme zum Gegenstand der Hauptverhandlung gemacht werden müssten und auch noch durch das Revisionsgericht herangezogen werden könnten.[171] Unabhängig davon können sie auch als Vernehmungshilfen fungieren (→ Rn. 6). 20

---

155 BGH 9.4.1965 – 4 StR 147/65, VRS 28 (1965), 460 (461); BayObLG 26.11.1958 – 1 St 440/58, VRS 16 (1959), 296 (297); OLG Hamm 14.11.1961 – 3 Ss 1241/61, DAR 1962, 59; OLG Köln 22.4.1966 – Ss 30/66, VRS 31 (1966), 271.

156 Krause in Löwe/Rosenberg Rn. 14; Eisenberg BeweisR StPO Rn. 2322; Dallmeyer in Alsberg Beweisantrag Rn. 415; aA, jedoch widersprüchlich OLG Düsseldorf 18.2.1970 – 2 Ss 654/69, VRS 39, 277 (277 f.), nachdem Auswertung der Fahrtschreiberscheibe einerseits nicht als Befundtatsache gewertet, andererseits aber deren Vornahme durch Sachverständigen vorausgesetzt wird.

157 Hadamitzky in KK-StPO Rn. 6; Neubeck in KMR-StPO Rn. 12.

158 BGH 18.3.2010 – 3 StR 426/09, BeckRS 2010, 08150 = NStZ-RR 2010, 210 (Leitsatz).

159 Krause in Löwe/Rosenberg Rn. 36; Schmitt in Meyer-Goßner/Schmitt Rn. 11.

160 BGH 14.6.1960 – 1 StR 73/60, BGHSt 14, 339 (340) für aufgezeichnetes Geständnis.

161 BGH 12.4.1989 – 3 StR 453/88, BGHSt 36, 167 (172).

162 BGH 14.6.1960 – 1 StR 683/59, BGHSt 14, 358 (361); OLG Celle 13.5.1965 – 1 Ss 523/64, NJW 1965, 1677 (1679); AG Winsen 1.2.1985 – 8 Ls 14 Js 676/85 – 63/84, NJW 1986, 2001 (2002).

163 BGH 12.4.1989 – 3 StR 453/88, BGHSt 36, 167 (173 f.).

164 BGH 3.3.1977 – 2 StR 390/76, BGHSt 27, 135 (137); AG Winsen 1.2.1985 – 8 Ls 14 Js 676/85 – 63/84, NJW 1986, 2001 (2002); aA Roxin/Schünemann StrafVerfR § 28 Rn. 9; Geppert JURA 1996, 307 (310 f.) Analogie zu §§ 249 ff.

165 BGH 14.6.1960 – 1 StR 73/60, BGHSt 14, 339 (341).

166 BGH 3.3.1977 – 2 StR 390/76, BGHSt 27, 135 (136 f.).

167 BGH 28.9.1962 – 4 StR 301/62, BGHSt 18, 51 (53); RG 14.8.1893 – Rep. 2674/93, RGSt 24, 233 (233 f.).

168 RG 21.6.1887 – Rep. 1376/87, RGSt 16, 147; 26.9.1929 – 2 D 1124/29, JW 1930, 714.

169 OLG Hamm 9.3.1971 – 5 Ss 23/71, VRS 41 (1971), 136.

170 BGH 12.3.1969 – 2 StR 33/69, BGHSt 22, 347 (350); zu einem Ausdruck aus „Google Earth" s. BGH 19.11.2013 – 2 StR 379/13, NStZ-RR 2014, 53.

171 OLG Hamm 15.11.1957 – 3 Ss 1251/57, VRS 14 (1958), 454 (454 f.); Goers in BeckOK StPO Rn. 9; Brauer in Gercke/Julius/Temming/Zöller Rn. 14; Hadamitzky in KK-StPO Rn. 7; Krause in Löwe/Rosenberg Rn. 18; Hanack JZ 1970, 561 (562).

21 **Versuche** und **Experimente** können beobachtet werden.[172] Vor allem zur Klärung des Tathergangs kommen Fahrversuche, Bremsversuche, Schießversuche und Rekonstruktionen in Betracht.[173] Diskutiert werden in diesem Zusammenhang auch auf Grundlage von Tatort-Scans erstellte 3D-Präsentationen.[174] Sollen sie der Prüfung der Glaubhaftigkeit von Zeugenaussagen dienen, beispielsweise zur Überprüfung von Aufmerksamkeits-, Wahrnehmungs-, Merkfähigkeit oder Geschicklichkeit der Beweisperson, so sind sie aber nicht Gegenstand des Augenscheinsbeweises, sondern Teil der Vernehmung.[175]

22 **Urkunden** sind – wie sich im Umkehrschluss seit der Neufassung[176] aus § 249 Abs. 1 S. 1 nunmehr eindeutig ergibt – dem Augenscheinsbeweis nur zugänglich, wenn es nicht auf deren Inhalt ankommt, der durch Verlesung in die Hauptverhandlung einzuführen ist, sondern auf ihr Vorhandensein oder ihren Zustand.[177] Letzteres kommt insbesondere für eine Schriftvergleichung in Frage, um die Urheberschaft des Beschuldigten[178] oder eine Fälschung[179] aufzuklären, oder um zu sehen, ob sie unterzeichnet sind.[180] Gleiches gilt, wenn sie nicht verlesbar sind, was bei technischen Aufzeichnungen häufig der Fall ist (→ Rn. 19).[181] Nach der Rspr. soll der gedankliche Inhalt einer Urkunde ausnahmsweise aber auch dann im Wege des Augenscheinsbeweises erhoben werden können, wenn er sich bereits bei einem flüchtigen Blick vollständig erschließt.[182] Dies widerspricht indes dem eindeutigen Wortlaut des § 249 Abs. 1 S. 1, dem sich keine Differenzierung hinsichtlich des Umfangs oder der Komplexität des Urkundeninhalts entnehmen lässt.[183] Werden Bilder und Text inhaltlich verbunden und aufeinander bezogen, wie bspw. bei Comics, empfiehlt es sich sowohl die Augenscheinseinnahme als auch die Verlesung anzuordnen und im Hauptverhandlungsprotokoll zu vermerken.[184]

23 **Personen** können unter Berücksichtigung der Einschränkungen des § 81d in Augenschein genommen werden, sofern nicht, wie beispielsweise bei §§ 81a, 81c, der Sachverständigenbeweis erforderlich ist (auch → § 81a Rn. 8).[185] Das gilt sowohl für Beschuldigte, Zeugen oder sonstige Dritte.[186] Insbesondere Fingerabdrücke werden einer Person durch Sachverständigenbeweis zugeordnet. Gegenstand des Augenscheinbeweises ist lediglich die Feststellung, dass sie vorhanden sind.[187] Keiner gesonderten förmlichen Beweiserhebung durch Augenschein bedarf allerdings die Wahrnehmung der Verhaltensweisen einer befragten Person während der Erzählung oder auf Vorhalte und Fragen hin, wie Gestik, Mimik

---

172 RG 18.3.1913 – V 738/12, RGSt 47, 100 (106).

173 Goers in BeckOK StPO Rn. 13; Neubeck in KMR-StPO Rn. 17; Krause in Löwe/Rosenberg Rn. 27 und 39.

174 Kertai MMR 2011, 716 (717).

175 In diesem Sinne ist wohl RG 26.2.1907 – II 127/07, RGSt 40, 48 (50) zu verstehen; aA Schmitt in Meyer-Goßner/Schmitt Rn. 15; Dallmeyer in Alsberg Beweisantrag Rn. 419.

176 Art. 1 Nr. 23 des Gesetzes zur Einführung der elektronischen Akte in der Justiz und zur weiteren Förderung des elektronischen Rechtsverkehrs v. 5.7.2017, BGBl. 2017 I 2208 (2212).

177 BGH 10.3.2009 – 5 StR 530/08, StV 2009, 226 (227) für unterschiedliche Schriftbilder bei Kalendereinträgen; BGH 30.8.2011 – 2 StR 652/10, NJW 2011, 3733; 12.12.2013 – 3 StR 267/13, NStZ 2014, 606 (607); RG 25.1.1882 – Rep. 25/82, RGSt 5, 398 (399); 11.12.1883 – Rep. 2748/83, RGSt 10, 115 (116); OLG Hamm 5.2.1953 – (2) 2 Ss 805/52, NJW 1953, 839; OLG Saarbrücken 21.2.2011 – Ss (B) 117/10, NStZ-RR 2011, 319; OLG Düsseldorf 22.3.2017 – III-3 RVs 4/17, StraFo 2017, 234; BayObLG 9.4.2020 – 205 StRR 1779/19, BeckRS 2020, 16493 Rn. 32; KG 21.2.2018 – 3 Ws (B) 314/17, VRS 133 (2017), 137 (138).

178 RG 11.5.1931 – II 216/31, RGSt 65, 294 (295 f.); KG 16.9.1993 – (4) 1 Ss 86/93, StV 1993, 628 (629).

179 BGH 6.11.1990 – 1 StR 726/89, NStZ 1991, 143 (144); RG 19.12.1878 – Rep. C. 5/87, RGSt 17, 103 (106).

180 Krause in Löwe/Rosenberg Rn. 38.

181 Brauer in Gercke/Julius/Temming/Zöller Rn. 11; Schmitt in Meyer-Goßner/Schmitt Rn. 13.

182 BGH 12.12.2013 – 3 StR 267/13, NStZ 2014, 606 (607) allerdings noch zu § 249 Abs. 1 aF.

183 Arnoldi NStZ 2016, 691 (692); kritisch auch Mosbacher JuS 2014, 702 (704).

184 Arnoldi NStZ 2016, 691 (692).

185 Krause in Löwe/Rosenberg Rn. 25; Dallmeyer in Alsberg Beweisantrag Rn. 420.

186 OLG Hamm 25.7.1974 – 3 Ss OWi 586/74, VRS 48 (1975), 105 (106).

187 Neuhaus in HK-GS Rn. 5; Krause in Löwe/Rosenberg Rn. 16.

und Körperreaktionen,[188] oder der äußeren Erscheinung, soweit sie sich offen darbietet.[189] Dabei handelt es sich um – nicht protokollierungsbedürftige – Teile der Vernehmung.[190] Entsprechend gilt dies nicht, wenn der Angeklagte von seinem Schweigerecht[191] oder ein Zeuge von einem ihm zustehenden Zeugnisverweigerungsrecht[192] Gebrauch macht. Der Inaugenscheinnahme muss sich der Angeklagte dann aber gleichwohl zur Verfügung stellen.[193] Beim Zeugen kann sie bspw. mit der Vernehmung zur Person nach § 68 verbunden werden.[194] Ihr steht dann weder das Zeugnisverweigerungsrecht,[195] noch das Untersuchungsverweigerungsrecht entgegen, soweit sich die Betrachtung unterhalb der Schwelle einer Untersuchung iSd § 81c hält[196] und sich alleine auf das äußere Erscheinungsbild des Zeugen beschränkt und nicht auch auf dessen Verhalten.[197] Dem können allerdings in extrem gelagerten Ausnahmefällen Grenzen gesetzt sein. Einem zeugnisverweigerungsberechtigen Zeugen, der eindeutig zu erkennen gibt, er wolle in keiner irgendwie gearteten zulässigen Weise zu Beweiszwecken gegen den Angeklagten verwendet werden, kann es möglicherweise nicht zuzumuten sein, zur Anwesenheit während der Vernehmung eines anderen Zeugen gezwungen zu werden. In solchen Fällen ist der im Untersuchungsverweigerungsrecht nach § 81c Abs. 3 S. 2 zum Ausdruck gekommene allgemeine Wille des Gesetzgebers zu berücksichtigen, dass sich eine Beweisperson aus einem gegen einen Angehörigen gerichteten Strafverfahren heraushalten darf.[198]

4. Protokollierung der Augenscheinseinnahme. § 86 enthält Bestimmungen zum **sachlichen Inhalt** des Protokolls über eine außerhalb der Hauptverhandlung stattfindende richterliche Inaugenscheinnahme.[199] Damit es dem Zweck einer Verlesbarkeit in der Hauptverhandlung nach § 249 Abs. 1 S. 1 genügen kann, ist auf eine besonders anschauliche Darstellung des vorgefundenen Sachbestandes Wert zu legen, die alle Umstände enthält, die eines der Mitglieder des späteren erkennenden Gerichts für wesentlich halten könnte.[200] Hierzu wird es sich häufig anbieten, Lichtbilder (→ Rn. 17), Skizzen oder Zeichnungen (→ Rn. 18) zu fertigen, die als Anlage zum Protokoll zu nehmen sind, und Zeugen oder 24

[188] BGH 5.3.1954 – 5 StR 661/53, BGHSt 5, 354 (355 f.); 28.9.1962 – 4 StR 301/62, BGHSt 18, 51 (54 f.); 18.8.2020 – 5 StR 175/20, StV 2021, 795; RG 5.10.1900 – Rep. 2822/00, RGSt 33, 403 (404); 4.12.1906 – II 663/06, RGSt 39, 303 (304 f.) „nicht aufgesuchte Wahrnehmungen"; OLG Zweibrücken 17.6.1992 – 1 Ss 35/92, VRS 83, 348 (349) „unselbständiger Augenschein". kritisch Eisenberg BeweisR StPO Rn. 2313.

[189] BGH 28.11.1973 – 3 StR 183/73, Dallinger MDR 1974, 365 (368) – RsprÜ; OLG Jena 30.10.2007 – 1 Ss 48/07, VRS 114 (2008), 447 (450).

[190] BGH 18.8.2020 – 5 StR 175/20, StV 2021, 795; Goers in BeckOK StPO Rn. 12; Brauer in Gercke/Julius/Temming/Zöller Rn. 12; Hadamitzky in KK-StPO Rn. 6; Neubeck in KMR-StPO vor § 72 Rn. 19; Krause in Löwe/Rosenberg Rn. 25.

[191] OLG Bremen 7.10.1969 – Ws 188/69, MDR 1970, 165; OLG Stuttgart 21.3.1980 – 1 Ss 246/80, VRS 1959 (1980), 360 (361). Weitergehend OLG Koblenz 23.4.1974 – 1 Ws (a) 140/74, VRS 47 (1974), 441 (442), das auch dann das äußere Erscheinungsbild des erschienen Angeklagten ohne förmliche Inaugenscheinnahme als Gegenstand der Hauptverhandlung ansieht; s. auch El-Ghazi/Hoffmann, StV 2020, 864 ff.

[192] OLG Hamm 25.7.1974 – 3 Ss OWi 586/74, VRS 48 (1975), 105 (106); OLG Köln 4.4.1979 – 3 Ss 164/79, VRS 57 (1979), 425 (426); OLG Karlsruhe 30.8.1982 – 1 Ss 157/82, DAR 1983, 93; OLG Zweibrücken 17.6.1992 – 1 Ss 35/92, VRS 83 (1993), 348 (349 f.).

[193] OLG Stuttgart 21.3.1980 – 1 Ss 246/80, VRS 1959 (1980), 360 (361).

[194] OLG Zweibrücken 17.6.1992 – 1 Ss 35/92, VRS 83 (1993), 348 (350).

[195] BGH 15.6.2004 – 1 StR 80/04 bei Becker NStZ-RR 2005, 257 – RsprÜ; OLG Karlsruhe 30.8.1982 – 1 Ss 157/82, DAR 1983, 93.

[196] OLG Hamm 25.7.1974 – 3 Ss OWi 586/74, VRs 48 (1975), 105 (106); Eisenberg BeweisR StPO Rn. 2317; vgl. auch Krause in Löwe/Rosenberg Rn. 26; aA Schmidt StPO II Rn. 13; Rogall in SK-StPO § 81c Rn. 48; zu den Abgrenzungsschwierigkeiten s. Fisch JA 2004, 303 (307).

[197] OLG Köln 4.4.1979 – 3 Ss 164/79, VRS 57 (1979), 425 (426).

[198] BGH 12.8.1960 – 4 StR 48/60, NJW 1960, 2156 (2157) für den allerdings etwas anders gelagerten Fall der von der Verteidigung beantragten Anwesenheit einer Mutter während der Vernehmung ihrer Tochter in einem gegen den Ehemann gerichteten Verfahren wegen eines Sexualdeliktes; Fisch JA 2004, 303 (307) will § 81c Abs. 3 analog anwenden.

[199] Rogall in SK-StPO Rn. 1.

[200] Krause in Löwe/Rosenberg Rn. 44.

auch Sachverständige hinzuzuziehen, deren Angaben protokolliert werden können.[201] Die Verwertung dieser zusätzlichen Erkenntnisse in der Hauptverhandlung kann allerdings nicht über die bloße Verlesung des Protokolls erfolgen, da § 249 Abs. 1 S. 1 nur die richterliche Augenscheinseinnahme selbst erfasst (→ § 249 Rn. 38). Vielmehr folgt deren Verwertung den jeweils eigenen Regeln. Handelt es sich um bildliche Darstellungen, sind diese in Augenschein zu nehmen.[202] Zeugen sind in der Hauptverhandlung zu vernehmen, außer der den Augenschein durchführende Richter hatte als beauftragter oder ersuchter Richter nach § 223 zugleich die Aufgabe, diese stellvertretend für das erkennende Gericht zu vernehmen.[203] Besonderes Augenmerk ist zudem darauf zu richten, die erwartungswidrige Unvollständigkeit des vorgefundenen Sachbestandes protokollarisch zu dokumentieren. Durch die ausdrückliche Erwähnung dieses Gesichtspunktes in § 86 soll Streitigkeiten und Missverständnissen bei der späteren Verwertung des Protokolls entgegengewirkt werden, tatsächlich doch vorhanden gewesene Umstände seien lediglich versehentlich nicht protokolliert worden.[204]

25 In **formeller Hinsicht** ist das Protokoll unter Beachtung der Anwesenheitsrechte der §§ 168d, 224, 225 (→ Rn. 9) und nach Maßgabe der §§ 168, 168a zu erstellen.[205] Nur wenn es den formellen Anforderungen entspricht ist es nach § 249 Abs. 1 S. 1 verlesbar (→ Rn. 1; → § 249 Rn. 37). Zieht der Richter einen Protokollführer hinzu, so entfaltet das von beiden zu unterzeichnende Protokoll Beweiskraft nur hinsichtlich solcher Feststellungen über die Einnahme des Augenscheins, die beide Gerichtspersonen gemeinschaftlich und übereinstimmend beurkundeten.[206] Ergibt sich aus dem Protokoll selbst hierzu nichts Gegenteiliges, so ist hiervon auszugehen.[207] Nach § 168 S. 2 Hs. 2 kann der Richter allerdings das Protokoll auch selbst ohne Mitwirkung eines Urkundsbeamten erstellen.[208] In diesem Fall kann es naturgemäß auf die Wahrnehmung der Urkundsperson, welche die meist mittels Tonaufnahmegerät gefertigte vorläufige Aufzeichnung überträgt, nicht ankommen, da diese nicht vor Ort war.[209] Im Übrigen handelt es sich bei der Übertragung um eine mechanische Verrichtung ohne eigenständigen Erkenntnisvorgang.[210]

III. Revision

26 Zu beachten ist, dass § 86 selbst nur inhaltliche Vorgaben für ein außerhalb der Hauptverhandlung zu erstellendes Protokoll enthält. Geht man im Hinblick auf diese Funktion nicht schon von einer **nicht revisiblen Ordnungsvorschrift** aus, so wird regelmäßig nicht zu begründen sein, dass das Urteil auf deren Verletzung beruht.[211] Es besteht daher nur die Möglichkeit, Auswirkungen von Fehlern auf das Hauptverfahren zu beanstanden. Hier kann zunächst darauf abgestellt werden, das Protokoll leide an Mängeln, die seiner Verlesung nach § 249 Abs. 1 S. 1 entgegengestanden hätten. Liegen allerdings formelle Mängel bei der Herstellung der Urkunde und der Benachrichtigung und Beteiligung Anwesenheitsberechtigter vor, so richtet sich dies nicht nach § 86, son-

---

201 Schmidt StPO II Rn. 20 f.; Rogall in SK-StPO Rn. 11.

202 Brauer in Gercke/Julius/Temming/Zöller Rn. 15; Krause in Löwe/Rosenberg Rn. 44; Schmitt in Meyer-Goßner/Schmitt Rn. 16.

203 BGH 9.5.1985 – 1 StR 63/85, BGHSt 33, 217 (221) mAnm Danckert NStZ 1985, 469; Diemer in KK-StPO § 249 Rn. 20.

204 Rogall in SK-StPO Rn. 9.

205 Hadamitzky in KK-StPO Rn. 8; Schmitt in Meyer-Goßner/Schmitt Rn. 16.

206 RG 21.6.1887 – Rep. 1376/87, RGSt 16, 147 (149); zum diesbezüglich „eindeutigen Willen des historischen Gesetzgebers" Rogall in SK-StPO Rn. 5.

207 RG 21.6.1887 – Rep. 1376/87, RGSt 16, 157 (159).

208 Krause in Löwe/Rosenberg Rn. 43; Schmitt in Meyer-Goßner/Schmitt Rn. 16; Eisenberg BeweisR StPO Rn. 2240; kritisch hierzu Schlothauer StV 2009, 228 (230 Fn. 22).

209 Rogall in SK-StPO Rn. 6.

210 Vgl. BGH 3.3.1977 – 2 StR 390/76, BGHSt 27, 135 (138) zur Übertragung von Tonbandaufzeichnungen aus Überwachungsmaßnahmen.

211 Hadamitzky in KK-StPO Rn. 11; Rogall in SK-StPO Rn. 36.

dern den entsprechenden Regelungen der §§ 168, 168a, 168c, 168d, 224, 225.[212] Die Verlesbarkeit wegen inhaltlicher Mängel ist dagegen nur ausgeschlossen, wenn die Niederschrift weitgehend inhaltsleer ist.[213] Praktisch dürften kaum derartige Fälle in Betracht kommen. Angesichts dessen verbleibt in erster Linie die Aufklärungsrüge, wenn das Gericht trotz dürftiger oder zweifelhafter Feststellungen im Augenscheinsprotokoll keine weiteren eigenen Beweiserhebungen vornahm,[214] oder ein Verstoß gegen § 261, sofern dort festgehaltene Vernehmungen über die Verlesung zur Urteilsgrundlage gemacht werden, ohne die entsprechenden Beweispersonen zu vernehmen (→ Rn. 24). Ist eine Augenscheinseinnahme im Hauptverhandlungsprotokoll nicht vermerkt, sützt sich das Gericht aber in der Urteilsbegründung auf eine solche, kann die Inbegriffsrüge ebenfalls erfolgreich erhoben werden.[215] Gleiches gilt für den umgekehrten Fall einer ausdrücklich protokollierten Augenscheinseinnahme zu deren Ergebnis sich das Urteil nicht verhält, obwohl hierzu Anlass bestanden hätte.[216] § 261 ist ebenfalls verletzt, falls eine in Augenschein genommene Urkunde hinsichtlich ihres Inhalts verwertet wird, ohne dass sie auch im Urkundsbeweis eingeführt worden wäre.[217]

§ 87 Leichenschau, Leichenöffnung, Ausgrabung der Leiche

(1) [1]Die Leichenschau wird von der Staatsanwaltschaft, auf Antrag der Staatsanwaltschaft auch vom Richter, unter Zuziehung eines Arztes vorgenommen. [2]Ein Arzt wird nicht zugezogen, wenn dies zur Aufklärung des Sachverhalts offensichtlich entbehrlich ist.

(2) [1]Die Leichenöffnung wird von zwei Ärzten vorgenommen. [2]Einer der Ärzte muß Gerichtsarzt oder Leiter eines öffentlichen gerichtsmedizinischen oder pathologischen Instituts oder ein von diesem beauftragter Arzt des Instituts mit gerichtsmedizinischen Fachkenntnissen sein. [3]Dem Arzt, welcher den Verstorbenen in der dem Tod unmittelbar vorausgegangenen Krankheit behandelt hat, ist die Leichenöffnung nicht zu übertragen. [4]Er kann jedoch aufgefordert werden, der Leichenöffnung beizuwohnen, um aus der Krankheitsgeschichte Aufschlüsse zu geben. [5]Die Staatsanwaltschaft kann an der Leichenöffnung teilnehmen. [6]Auf ihren Antrag findet die Leichenöffnung im Beisein des Richters statt.

(3) Zur Besichtigung oder Öffnung einer schon beerdigten Leiche ist ihre Ausgrabung statthaft.

(4) [1]Die Leichenöffnung und die Ausgrabung einer beerdigten Leiche werden vom Richter angeordnet; die Staatsanwaltschaft ist zu der Anordnung befugt, wenn der Untersuchungserfolg durch Verzögerung gefährdet würde. [2]Wird die Ausgrabung angeordnet, so ist zugleich die Benachrichtigung eines Angehörigen des Toten anzuordnen, wenn der Angehörige ohne besondere Schwierigkeiten ermittelt werden kann und der Untersuchungszweck durch die Benachrichtigung nicht gefährdet wird.

Schrifttum: Albani, Der plötzliche Säuglingstod: Eine absolute Obduktionsindikation, MedR 1991, 243; Bajanowski/Poets, Der plötzliche Säuglingstod, DÄBl 2004, A3185; Becker/Friedrich/Rothschild,

212 Hadamitzky in KK-StPO Rn. 11; Rogall in SK-StPO Rn. 36; siehe auch die Kommentierung bei § 249 sowie Mosbacher in Löwe/Rosenberg § 249 Rn. 27.
213 Rogall in SK-StPO Rn. 30.
214 Rogall in SK-StPO Rn. 30.
215 BGH 18.8.1992 – 5 StR 126/92, NStZ 1993, 51 (51); OLG Bremen 20.2.2014 – 1 Ss 95/13, StV 2015, 110; OLG Bamberg 23.2.2015 – 2 OLG 6 Ss 5/15, StV 2015, 760; OLG Hamm 6.4.2018 – III-5 RBs 51/18, BeckRS 2018, 5521 Rn. 7; KG 6.10.2020 – 3 Ws (B) 228/20, VRS 139 (2020), 150 (151).
216 BGH 12.12.2013 – 3 StR 267/13, NStZ 2014, 606 (607).
217 OLG Düsseldorf 22.3.2017 – III-3 RVs 4/17, StraFo 2017, 234.

Rekonstruktion von Verkehrsunfällen, Rechtsmedizin (21) 2011, 561; Breitmeier/Graefe-Kirci/Albrecht/Günther/Kleemann/Tröger, Exhumierungen – Aussagekraft in Abhängigkeit von der Grabliegezeit, Kriminalistik 2003, 611; Brinkmann/Banaschak/Bratzke/Cremer/Drese/Erfurt/Giebe/Lang/Lange/Peschel/Philipp/Püschel/Riße/Tutsch-Bauer/Vock/Du Chesne, Fehlleistungen bei der Leichenschau in der Bundesrepublik Deutschland, ArchKrim 199 (1997), 1 (Teil I), 65 (Teil II); Brinkmann/Püschel, Definition natürlicher, unnatürlicher, unklarer Tod. Todesursachenklärung. Derzeitige Praxis, MedR 1991, 233; Czerner, Strafprozessuale Verdachtsgraduierung, Verhältnismäßigkeitsrestiktionen und Veto-Optionen bei rechtsmedizinisch indizierten Sektionen, ArchKrim 226 (2010), 1; Dähn, Die Leichenöffnung: Augenscheins- oder Sachverständigenbeweis?, JZ 1978, 640; Dettmeyer/Madea, Ärztliches Schweigerecht bezüglich Daten der Leichenschau – Anmerkung zum Beschluss des LG Berlin NStZ 1999, 86, NStZ 1999, 605; Dettmeyer/Madea, Organ- und Gewebeasservation: Notwendiges Verfahren, DÄBl 2002, A3376; Dettmeyer/Verhoff, Ärztliche Leichenschau in Deutschland, Rechtsmedizin 19 (2009), 391; Dufková, Der Gerichtsarzt – Praktische Erfahrungen mit der Novellierung zu § 87 StPO, MedR 1990, 131; Ebner, Fahrlässige Tötung im Straßenverkehr, staatsanwaltschaftliche Sofortmaßnahmen und „Checkliste" zur Erkennbarkeit von Suiziden unter Einsatz von Kraftfahrzeugen; SVR 2010, 250; Geerds, Leichensachen und Leichenschau aus juristischer Sicht, MedR 1984, 172; Geerds, Über rechtliche und tatsächliche Probleme von Leichenschau und Leichenöffnung (§ 87 StPO); ArchKrim 199 (1997), 41 (Teil I), 75 (Teil II); Gerg/Baier, Das Leichenschauwesen, Kriminalistik 2009, 475; Haehling von Lanzenauer, Leichenöffnung, Kriminalistik 1993, 379; Helbing, Die Würde des Menschen nach dem Tod, Kriminalistik 2004, 443; Helbing, Die Klärung der Todesursache – Das letzte Grundrecht des Menschen?; ZRP 2009, 23; Hoffmann, Verbesserung der äußeren Leichenschau, Kriminalistik 2010, 363; Hoppmann, Exhumierung, Kriminalistik 2011, 463; Janetzke, Die Leichenöffnung, DRiZ 1957, 232; Keil/Berzlanovic, Ersticken durch weiche Bedeckung, Rechtsmedizin 20 (2010), 519; Klauck, Leichenschau und Leichenöffnung – Strafprozessuale Grundlagen und beweisrechtliche Problemstellungen, NStZ 2022, 81; Klinkhammer, Organbestattung, DÄBl 2009, A1780; Koch, Pietät und Wahrheitsermittlung bei Obduktionen, NJW 1965, 528; Koch, Zum Umfang der richterlichen Prüfung nach § 162 Abs. 2 StPO, NJW 1968, 1316; Lampe, Ermittlungszuständigkeit von Richter und Staatsanwalt nach dem 1. StVRG, NJW 1975, 195; Lippert, Forschung an und mit Körpersubstanzen – wann ist die Einwilligung des ehemaligen Trägers erforderlich, MedR 2001, 406; Lockemann/Püschel, Todesfälle durch Strangulation im Kindesalter, Kriminalistik 1992, 459; Lorenz, Die Leichenschau aus kriminalistischer Sicht – Verbesserungen und Vermeidung bisheriger Fehlerquellen durch ein Pilotprojekt zur Neuregelung der Leichenschau in Frankfurt am Main, Kriminalistik 2020, 486; Madea, Strukturelle Probleme bei der Leichenschau, Rechtsmedizin 19 (2009), 399; Madea/Dettmeyer, Ärztliche Leichenschau und Todesbescheinigung, DÄBl 2003, A3161; Madea/Dammeyer Wiehe de Gómez/Dettmeyer, Zur Reliabilität von Leichenschaudiagnosen bei fraglichen iatrogenen Todesfällen, Kriminalistik 2007, 767; A3161; Madea/Rothschild, Ärztliche Leichenschau, DÄBl 2010, 575; Madea/Rothschild, Ärztliche Leichenschau – Geplante Neuregelung löst die eigentlichen Probleme nicht, DÄBl 2010, A1564; Magnus, Zentrale Rechtsfragen der Obduktion zugunsten der Strafverfolgung, medstra 2022, 71; Maiwald, Zur Ermittlungspflicht des Staatsanwalts in Todesfällen, NJW 1978, 561; Matschke/Herrmann/Sperhake/Körber/Bajanowski/Glatzel, Das Schütteltrauma-Syndrom, DÄBl 2009, 211; Metter, Ärztliche Leichenschau und Dunkelziffer bei unnatürlichen Todesfällen, Kriminalistik 1978, 155; Oehmichen/Sternuns, Leichenschau und Todesbescheinigung, Kriminalistik 1985, 2; Oesterhelweg/Kaufmann/Hornbolstel/Bostelmann/Schulz/Püschel, Todesfälle im Zusammenhang mit Biogas; Kriminalistik 2006, 594; Parzeller/Dettmeyer/Bratzke, Die äußere und innere Leichenschau nach der deutschen Strafprozessordnung – Analyse des § 87 StPO unterbesonderer Berücksichtigung der gerichtlichen Leichenöffnung, ArchKrim 223 (2009), 1; Parzeller/Dettmeyer/Bratzke, Zur Reform der gerichtlichen Leichenöffnung in der Strafprozessordnung, ArchKrim 225 (2010), 73; Parzeller/Wicker/Rabenau/Zehner/Kettner/Verhoff, Leichenschau und Leichenöffnung in den Zeiten von Ebola, Rechtsmedizin 2015, 46; Penning/Spann, Der „AIDS-Test" im Rahmen gerichtlicher Leichenöffnungen und bei körperlichen Untersuchungen nach §§ 81a, 81c StPO, MedR 1987, 171; Püschel, Problemfall „Wasserleiche"/Ertrinken, Kriminalistik 2007, 545; Restle, Änderungen im Bereich der Todesermittlungen durch die neue Bestattungsverordnung des Landes Baden-Württemberg, ArchKrim 207 (2001), 129; Rieß/Hilger, Das neue Strafverfahrensrecht – Opferschutzgesetz und Strafverfahrensänderungsgesetz 1987 –, NStZ 1987, 145; Rixen, Schutz vor rechtswidrigen Sektionen nach geltendem und künftigem Recht am Beispiel der Obduktion von an plötzlichem Kindstod verstorbenen Säuglingen; ZRP 2001, 374; Roebel/Wenk/Parzeller, Postmortale ärztliche Schweigepflicht, Rechtsmedizin 19 (2009), 37; Rothschild, Probleme bei der ärztlichen Leichenschau, Rechtsmedizin 19 (2009), 407; Schlichting, Zu den rechtlichen Grundlagen der Gewinnung von Leichenblut, BA 1967, 79; H.-A. Schmidt, Zur Zulässigkeit staatsanwaltschaftlicher Leichenöffnungen, DRiZ 1967, 76; Schneider, Leichenschau und Meldepflicht nicht-natürlicher Todesfälle, Kriminalistik 1981, 282; Schneiders/Schröder, Das Schütteltrauma – eine häufig unbekannte Form der Kindesmisshandlung, Kriminalistik 2005, 734; Schweitzer/Bär/Keller, Rechtsmedizinische Interpretation von Verletzungen, Kriminalistik 2009, 48; Schwinn, Leichenschau – Ein offenes Problem, Kriminalistik 1991, 569; Spann, Der Ermittler als Anwalt des Verstorbenen, Kriminalistik 1987, 586; Spann/Maidl, Die Frequenz gerichtlicher Leichenöffnungen in der Bundesrepublik Deutschland, MedR 1985, 59; Stolt, Stromtodesfälle, Kriminalistik 2005, 297; Struckmann, Obduktion ohne Anhörung der Angehörigen, NJW 1964, 2244; Tag, Gedanken zur Zulässigkeit von Sektionen, FS Laufs 2006, 1079; Thomsen/Schewe, Ärztliche Leichenschau, ArchKrim 193 (1994), 79; Thode, Leistungsfähige und zukunftssichere Rechtsmedizin in Deutschland, Kriminalistik 2019, 530; Wegener, Zur Rechtslage und Praxis der Obduktionen in der früheren DDR, MedR 1991, 231; Wehner, Leichenöffnung – in welchen Fällen?, Kriminalistik 1979, 484; Zylka-Menhorn, Unbeliebte Leichenschau, DÄBl 2004, A69.

Übersicht

I. Überblick

1 **1. Normzweck.** § 87 trägt dem herausgehobenen **Stellenwert des Rechtsguts Leben** Rechnung.[1] Deshalb sieht die Vorschrift mit den ergänzenden Regelungen in Nr. 33–38 RiStBV als Ausfluss des Legalitätsprinzips und des Aufklärungsgrundsatzes der § 158 Abs. 1, § 160 Abs. 1 und 2[2] bei Todesfällen besondere Ermittlungsmaßnahmen vor. Diese sind zur Beweissicherung[3] im Rahmen eines Todesermittlungsverfahrens nach § 159 Abs. 1 auch schon unterhalb der Schwelle eines förmlichen staatsanwaltschaftlichen Ermittlungsverfahrens[4] vorgesehen und, wie sich aus Nr. 33 Abs. 1 und 2 RiStBV ergibt, nur ausnahmsweise entbehrlich, wenn jeglicher Anhaltspunkt für eine Straftat ausgeschlossen werden kann. Zugleich wird durch Vorgaben zur Durchführung der Maßnahmen und die Bestimmung der teilnehmenden Personen, vor allem gem. Abs. 2 S. 1 und 2 zu Zahl und Qualifikation der Mediziner bei der Leichenöffnung (→ Rn. 24), eine Qualitätssicherung erstrebt.[5] Die Zahl unerkannt bleibender Tötungsdelikte[6] soll auf diesem Wege so gering wie möglich gehalten werden.[7]

2 **2. Anwendungsbereich.** Von § 87 Abs. 1 wird ausschließlich die **staatsanwaltschaftliche** oder **richterliche Leichenschau** erfasst. Sie ist nicht identisch mit der von

---

1 BGH 6.3.2014 – III ZR 320/12, NJW 2014, 1665 (1667); Czerner ArchKrim 226 (2010), 1 (6 und 8); Tag FS Laufs, 2006, 1079 (1095).

2 Vgl. BVerfG 27.7.1993 – 2 BvR 1553/93, NJW 1994, 783; 18.1.1994 – 2 BvR 1912/93, NJW 1994, 783 (784).

3 Schmitt in Meyer-Goßner/Schmitt § 159 Rn. 1; Maiwald NJW 1978, 561 (562).

4 Nach BGH 2.12.2003 – 1 StR 102/03, BGHSt 49, 29 (32) handelt es sich bei dem Todesermittlungsverfahren nach § 159 Abs. 1 StPO, in der Praxis auch als „Leichensache" bezeichnet, nicht um ein Ermittlungsverfahren iSd § 160 StPO.

5 BGH 6.3.2014 – III ZR 320/12, NJW 2014, 1665 (1667).

6 Schätzungen zum Dunkelfeld reichen nach den Zusammenfassungen von Oehmichen/Sternuns Kriminalistik 1985, 2; Scheib Kriminalist 2004, 161 mwN, von 1 : 3 bis 1 : 7; Brinkmann ua ArchKrim 199 (1997), 65 (67 und 71 f.); Madea/Rothschild DÄBl 2010, 575 (581) nennen 1200–1300 Tötungsdelikte pro Jahr; zurückhaltender Schwinn Kriminalistik 1991, 569 (573); Zylka-Menhorn DÄBl 2004, A69; s. auch Lorenz Kriminalistik 2020, 486 (486 und 488) zur vergleichsweise geringen Obduktionsrate in Deutschland.

7 Czerner ArchKrim 226 (2010), 1 (11); Geerds ArchKrim 199 (1997), 75 (83); Gerg/Baier Kriminalistik 2009, 475 (476); Haehling von Lanzenauer Kriminalistik 1993, 379; vgl. auch Janetzke DRiZ 1957, 232; vgl. auch Breitmeier ua Kriminalistik 2003, 611 zur Exhumierung.

einem Arzt im Zusammenhang mit der Todesfeststellung oder vor einer Feuerbestattung[8] vorzunehmenden Leichenschau[9] und daher von diesen abzugrenzen. Letztere basieren auf dem der Gesetzgebung der Bundesländer unterliegenden Leichenschauwesen, das teilweise sehr unterschiedliche Ausgestaltung gefunden hat.[10] Sie ist ferner nicht gleichzusetzen mit derjenigen, die polizeiliche Ermittlungsbeamte zur Abklärung der Anzeigepflicht gem. § 159 Abs. 1 durchführen.[11]

3 Entsprechende in der Praxis bedeutsame Differenzierungen gelten für § 87 Abs. 2. Diese Vorschrift gilt nur für die nach Abs. 4 angeordnete **strafverfahrensrechtliche Leichenöffnung.** Sie darf daher nicht gleichgesetzt werden mit der klinischen Sektion – auch bezeichnet als Verwaltungssektion –, die der zweifelsfreien Feststellung der Todesursache,[12] in erster Linie zu medizinisch-wissenschaftlichen oder Zwecken der Gefahrenabwehr, dient, und auf Veranlassung eines Krankenhauses oder der Hinterbliebenen durchgeführt wird.[13] Eine gefahrenabwehrrechtliche Sonderregelung zur Verhütung und Bekämpfung von Infektionskrankheiten findet sich ferner in § 25 Abs. 1, Abs. 4 S. 2 IfSG.[14]

II. Erläuterung

4 **1. Leichenschau nach Abs. 1. a) Begriff, Rechtsnatur und Umfang.** Leichenschau ist die **Besichtigung der äußeren Beschaffenheit** einer Leiche[15] ohne deren Öffnung,[16] weswegen sie als äußere Leichenschau bezeichnet wird. Sie ist zu unterscheiden von der äußeren Besichtigung der Leiche, die als Bestandteil der Leichenöffnung nach Abs. 2 dieser unmittelbar vorausgehen soll.[17] Für den gesetzlichen Regelfall der Vornahme durch die Staatsanwaltschaft[18] handelt es sich um eine nichtrichterliche Besichtigung, die zwar auch als Augenschein zu werten ist, aber nicht von § 86 erfasst wird (→ § 86 Rn. 3).[19] Die Leichenschau durch den Richter stellt dagegen die Einnahme eines richterlichen Augenscheins dar,[20] bei Teilnahme eines Arztes unter Zuziehung eines Sachverständigen.[21] Unbeschadet dessen bleibt es eine strafprozessuale Untersuchungshandlung des dafür zuständigen Organs. Der Staatsanwalt oder – sofern er teilnimmt – der Richter haben diese daher selbst vorzunehmen und zu leiten. Sie dürfen die Besichtigung der Leiche nicht dem Arzt überlassen und sich ausschließlich mit der Aufnahme seiner Äußerungen und Feststellungen begnügen.[22]

---

[8] Dettmeyer/Verhoff Rechtsmedizin 19 (2009), 391 (397 f.) „Kremolationsleichenschau" oder „zweite Leichenschau"; Schneider Kriminalistik 1981, 282 (283 f.), Spann Kriminalistik 1987, 586 (587).

[9] Kimpel ArchKrim 179 (1987), 45 (46); Schneider Kriminalistik 1981, 282; vgl. §§ 20, 22 BestattG-BW.

[10] Geerds ArchKrim 199 (1997), 41 (46); Scheib Kriminalist 2004, 161 mit der Forderung nach bundeseinheitlicher Regelung (164). Eisenberg BeweisR StPO Rn. 1945. Eine Auflistung der landesrechtlichen Gesetze findet sich bei Krause in Löwe/Rosenberg Rn. 8 (Fn. 22); Dettmeyer/Verhoff Rechtsmedizin 19 (2009), 391 (392); einen Überblick bieten Dettmeyer/Verhoff Rechtsmedizin 19 (2009), 391 ff.; Madea/Dettmeyer DÄBl 2003, A3161 ff.; Thomsen/Schewe ArchKrim 193 (1994), 79 (83–86).

[11] Rogall in SK-StPO Rn. 7; Eisenberg BeweisR StPO Rn. 1947; Dähn JZ 1978, 640 (Fn. 2); Kimpel ArchKrim 179 (1987), 45.

[12] OLG München 31.5.1976 – 1 Ws 1540/75, NJW 1976, 1805; zu weiteren Arten privat- oder verwaltungsrechtlicher Sektionen Wehner Kriminalistik 1979, 484 (484 f.).

[13] Schwinn Kriminalistik 1991, 569 (572); vgl. Geerds ArchKrim 199 (1997), 75; Tag FS Laufs, 2006, 1079 (1093 f.); vgl. auch zur Zulässigkeit „außergerichtlicher Leichenöffnungen" § 28 BestattG-BW.

[14] LandtagSH-Drs. 15/1151, 3 f; Magnus medstra 2022, 71.

[15] LandtagBW-Drs. 16/3281, 2; Goers in BeckOK StPO Rn. 1.

[16] Brauer in Gercke/Julius/Temming/Zöller Rn. 3; Hadamitzky in KK-StPO Rn. 3; Neubeck in KMR-StPO Rn. 5.

[17] Krause in Löwe/Rosenberg Rn. 8.

[18] Schmitt in Meyer-Goßner/Schmitt Rn. 4.

[19] Neubeck in KMR-StPO Rn. 1; Rogall in SK-StPO Rn. 5; aA Eisenberg BeweisR StPO Rn. 1947; Krause in Löwe/Rosenberg Rn. 8, die hierin keine Augenscheinseinnahme sehen.

[20] H.-A. Schmidt DRiZ 1967, 76 (77).

[21] Dallmeyer in Alsberg Beweisantrag Rn. 374; Neubeck in KMR-StPO Rn. 1 und 7; Rogall in SK-StPO Rn. 5; Eisenberg BeweisR StPO Rn. 1947.

[22] RG 16.11.1911 – I 1034/11, Das Recht 1912 Nr. 154.

In der Praxis wird die Leichenschau und die polizeiliche Besichtigung der Leiche in der ganz überwiegenden Zahl der Fälle auf Basis der **Sicherstellung des Leichnams** vorgenommen. Befindet sich die Leiche, an einem frei zugänglichen Tatort oder am Unfallort eines tödlichen Verkehrsunfalls oder verstirbt die Person in der Klinik, so wäre selbst ein Widerspruch der totensorgeberechtigten Angehörigen gegen die Ermittlungsmaßnahme unerheblich. In diesem Stadium haben sie noch keinen Gewahrsam iSd § 94 Abs. 2 erlangt.[23] Es kann dann die formlose Sicherstellung durch Realakt nach § 94 Abs. 1 erfolgen (→ § 94 Rn. 43).[24] Wird die verstorbene Person in ihren Wohnräumen aufgefunden, besteht noch kein Gewahrsam eventueller Angehöriger, da dieser auch ein faktisches Element der Obhutausübung voraussetzt.[25] Leben Angehörige mit in der Wohnung, so widersprechen sie meist nicht der Maßnahme, weswegen aus diesem Grund die Voraussetzungen des § 94 Abs. 2 nicht gegeben sind. Mitunter kann es jedoch vorkommen, dass sich der Leichnam selbst im Gewahrsam einer Person oder Institution befindet und die verantwortlichen Personen der Herausgabe zur Durchführung einer Leichenschau widersprechen. Dies können nicht nur die Angehörigen nach Freigabe der Leiche sein, sondern auch das Personal der Klinik, in der die Person verstirbt. In diesen Fällen bedarf es einer förmlichen **Beschlagnahme** der Leiche nach § 94 Abs. 2, § 98.[26] 5

Die weitere sachdienliche Aufklärung kann von einer **Leichenblutentnahme** abhängig sein. Erfolgt sie nicht im Zusammenhang mit der Sektion, wird hierfür teilweise eine gesonderte richterliche Anordnung gefordert.[27] Hier ist indes sowohl hinsichtlich der Rechtsgrundlage, als auch der Erforderlichkeit eine genaue Prüfung angebracht. §§ 81a, 81c erfassen schon vom Wortlaut her nur Eingriffe gegenüber lebenden Personen.[28] Für eine analoge Anwendung des § 81c Abs. 5[29] fehlt es an einer Regelungslücke. Es handelt sich nämlich bei dem Leichenblut um einen Beweisgegenstand iSd § 94 Abs. 1 und 2 (→ § 94 Rn. 12).[30] Der hiergegen erhobene Einwand, §§ 94, 98 würden die mit dem Eingriff verbundene Integritätsverletzung nicht erfassen,[31] verfängt nicht, da schon der Leichnam selbst einen beschlagnahmefähigen Gegenstand (→ § 94 Rn. 12)[32] darstellt. Aber selbst hinsichtlich beschlagnahmefähiger Beweismittel bedarf es nach § 94 Abs. 2 einer förmlichen Beschlagnahme nach § 98 Abs. 1 nur dann, wenn sie sich im Gewahrsam der widersprechenden Person befinden. Stellt sich die Frage der Leichenblutentnahme, wie in den praktisch am häufigsten vorkommenden Fällen, an der Fundstelle der Leiche, am Unfallort eines tödlichen Verkehrsunfalls oder in der Klinik, so haben die totensorgeberechtigten Angehörigen noch keinen Gewahrsam erlangt[33] (→ Rn. 5) 6

---

[23] Ebner SVR 2010, 250 (251); Schlichting BA 1967, 79 (83); vgl. auch BVerfG 9.4.2002 – 2 BvR 710/01, NJW 2002, 2861 (2862); OLG München 31.5.1976 – 1 Ws 1540/75, NJW 1976, 1805 (1805 f.); Geilen JZ 1975, 380 (381) jeweils zur vergleichbaren Rechtslage hinsichtlich des Gewahrsams iSd § 168 StGB; Gewahrsam iSd § 168 StGB soll nach KG 20.11.1989 – 4 Ws 80/89, NJW 1990, 782 dagegen schon dann vorliegen, wenn die Angehörigen von der Klinik zur Abholung der Leiche aufgefordert wurden.

[24] Gerhold in BeckOK StPO § 94 Rn. 15.

[25] Gerhold in BeckOK StPO Rn. 16; Menges in Löwe/Rosenberg § 94 Rn. 40 jeweils „tatsächliche Sachherrschaft"; Vgl. auch OLG Bamberg 29.1.2008 – 2 Ss 125/07, NJW 2008, 1543 (1545); Fischer § 168 Rn. 8 jeweils zu 168 StGB; s. auch Fischer § 242 Rn. 11.

[26] Neubeck in KMR-StPO Rn. 2; Rogall in SK-StPO Rn. 7 und 15; aA LSG Mecklenburg-Vorpommern 19.11.1998 – L 5 U 47/98, juris Rn. 65, § 87 als Ermächtigungsgrundlage für Staatsanwaltschaft.

[27] Krause in Löwe/Rosenberg Rn. 16; Rogall in SK-StPO Rn. 15; Eisenberg BeweisR StPO Rn. 1950, jeweils unter (entsprechender) Anwendung des § 81c Abs. 5 StPO.

[28] Neuhaus in HK-GS Rn. 3; Schlichting BA 1967, 79 (80 und 82 f.).

[29] Rogall in SK-StPO Rn. 15; Eisenberg BeweisR StPO Rn. 1950.

[30] Neubeck in KMR-StPO Rn. 2; Köhler in Meyer-Goßner/Schmitt § 94 Rn. 4; Haehling v. Lanzenauer Kriminalistik 1993, 379 (380); Schlichting BA 1967, 79 (83).

[31] Geilen JZ 1975, 380 (382 Fn. 13); Rogall in SK-StPO Rn. 15.

[32] Köhler in Meyer-Goßner/Schmitt § 94 Rn. 4.

[33] Schlichting BA 1967, 79 (83); vgl. auch BVerfG 9.4.2002 – 2 BvR 710/01, NJW 2002, 2861 (2862); OLG Frankfurt a. M. 29.11.1974 – 2 Ws 239/74, NJW 1975, 271 (271); Geilen JZ 1975, 380 (381) jeweils zur vergleichbaren Rechtslage hinsichtlich des Gewahrsams iSd § 168 StGB.

und selbst ihr Widerspruch gegen die Ermittlungsmaßnahme wäre unerheblich. Im Rahmen der allgemeinen Befugnis zur Vornahme der notwendigen Ermittlungshandlungen können daher die Staatsanwaltschaft oder die polizeilichen Ermittlungsbeamten auf Grundlage der § 161 Abs. 1, § 163 Abs. 1 die Leichenblutentnahme im Wege der formlosen Sicherstellung nach § 94 Abs. 1 veranlassen.[34] Eine richterliche Beschlagnahmeanordnung kommt nur ausnahmsweise dann in Betracht, wenn die Angehörigen dadurch Gewahrsam an der Leiche erlangt haben, dass sie sie nach Freigabe durch die Staatsanwaltschaft in die Leichenhalle[35] oder zum Bestattungsunternehmen[36] verbracht haben,[37] und nunmehr der Maßnahme widersprechen.

7 **b) Erforderlichkeit.** § 87 Abs. 1 sieht ausdrückliche Regelungen nur für das Wie der Leichenschau vor. Aus den allgemeinen Vorschriften ergibt sich, wann sie erforderlich ist.[38] Maßgeblich sind insoweit die §§ 159, 160 Abs. 1.[39] Sie kann daher nach § 152 Abs. 2, § 160 Abs. 1 und 2 bei bereits begründetem Anfangsverdacht einer Straftat erfolgen.[40] Schon unterhalb dieses Verdachtsgrades ist jedoch durch § 159 Abs. 1, ohne dass es der Einleitung eines förmlichen Ermittlungsverfahrens nach § 160 Abs. 1 bedürfte,[41] die Zulässigkeit einer Beweissicherung und Vorprüfung eröffnet.[42] Dies ist regelmäßig dann der Fall, falls eine **Straftat als Todesursache nicht von vornherein ausgeschlossen** werden kann (Nr. 33 Abs. 1 S. 2 RiStBV). Die Leichenschau soll dabei möglichst am Fundort der Leiche (Nr. 33 Abs. 1 S. 3 RiStBV) vorgenommen und mit größter Beschleunigung herbeigeführt werden. Bereits geringe Verzögerungen können die Zuverlässigkeit der Feststellungen beeinträchtigen (Nr. 36 Abs. 1 RiStBV).[43] Eine Einschränkung unter dem Gesichtspunkt der Verhältnismäßigkeit ist wegen der Geringfügigkeit des Eingriffs kaum denkbar.[44]

8 Die **Todesart,** welche der Arzt anlässlich der nach den landesrechtlichen Leichenschaubestimmungen durchgeführten Leichenschau in die Todesbescheinigung einträgt, liefert bei der Entscheidung für oder gegen die strafprozessuale Maßnahme nach § 87 Abs. 1 einen Anhaltspunkt,[45] ist aber nicht bindend. Vorgesehen sind dort neben dem in § 159 Abs. 1 einzig genannten nicht natürlichen Tod, in der überwiegenden Zahl der Bundesländer noch die Varianten der ungeklärten Todesart und des natürlichen Todes.[46] Es handelt sich insoweit zumindest auch um medizinisch-naturwissenschaftliche Begriffe,[47] die unter Anderem statistischen und wissenschaftlichen Zwecken dienen.[48] Für die Ermittlungsbehörden ausschlag-

---

[34] Ebner SVR 2010, 250 (251 mit Fn. 13) zur Leichenblutentnahme am Ort eines tödlichen Verkehrsunfalls; Schlichting BA 1967, 79 (82 f.).

[35] Geilen JZ 1975, 380 (381); vgl. auch OLG Frankfurt a. M. 29.11.1974 – 2 Ws 239/74, NJW 1975, 271 (271 f.).

[36] Vgl. BVerfG 18.1.1994 – BvR 1912/93, NJW 1994, 783 (784).

[37] AA LSG Mecklenburg-Vorpommern 19.11.1998 – L 5 U 47/98, juris Rn. 5, 63, 65 und 68, das auch dann noch die Leichenblutentnahme als von der Ermächtigungsgrundlage des § 87 Abs. 1 gedeckt sieht.

[38] Czerner ArchKrim 226 (2010), 1 (3); Maiwald NJW 1978, 561 (564).

[39] Brauer in Gercke/Julius/Temming/Zöller Rn. 2; Hadamitzky in KK-StPO Rn. 2; Eisenberg BeweisR StPO Rn. 1946.

[40] Krause in Löwe/Rosenberg Rn. 6; Kimpel ArchKrim 179 (1987), 45.

[41] BGH 2.12.2003 – 1 StR 102/03, BGHSt 49, 29 (32) zur Unterscheidung gegenüber den bloßen „Todesfallermittlungen" bei der Leichenöffnung.

[42] BGH 28.3.2018 – 2 ARs 97/18, NStZ-RR 2018, 185 (186); Czerner ArchKrim 226 (2010), 1 (6); Geerds MedR 1984, 172 (172 u. 174 Fn. 16); Geerds ArchKrim 199 (1997), 41 (42 f.); Maiwald NJW 1978, 561 (562); so auch Krause in Löwe/Rosenberg Rn. 5 unter Heranziehung des § 159 Abs. 2 StPO.

[43] Schmitt in Meyer-Goßner/Schmitt Rn. 1; Eisenberg BeweisR StPO Rn. 1946; Maiwald NJW 1978, 562 (565); Struckmann NJW 1964, 2244 (2245).

[44] Rogall in SK-StPO Rn. 42.

[45] Oehmichen/Sternuns Kriminalistik 1985, 2 (5).

[46] Dettmeyer/Verhoff Rechtsmedizin 19 (2009), 391 (395) auch zu den abweichenden Formulierungen; Lorenz Kriminalistik 2020, 486 (486 f.); s. ferner §§ 22 Abs. 3 BestattG-BW, 11, 12 Abs. 4 BestattVO-BW mit Definitionen der Begriffe in Anlagen 1 und 2 zur BestattVO-BW sowie insbesondere zur Todesart „ungeklärt" Restle ArchKrim 207 (2001), 129 (130–133).

[47] Zu den unterschiedlichen Ansätzen Brinkmann/Püschel MedR 1991, 233 (233 f.).

[48] Gerg/Baier Kriminalistik 2009, 475 (476); Madea/Dettmeyer DÄBl 2003, A3161 (3169); Madea/Rothschild DÄBl 2010, 575 (576 und 578 f.); vgl. § 22 Abs. 4 BestattG-BW.

gebend ist dagegen der strafprozessuale Rechtsbegriff des nicht natürlichen Todes, bei dem maßgeblich ist, ob der Tod durch Selbstmord, Unfall, eine rechtswidrige Tat oder sonst durch Einwirkung von außen verursacht wurde.[49] Wegen dieser unterschiedlichen begrifflichen Ansätze werden in der Praxis immer wieder Probleme in der Kommunikation und Zusammenarbeit zwischen Leichenschauärzten und Ermittlungsbehörden beklagt.[50] Dabei ist zudem zu berücksichtigen, dass in der Literatur großteils davon ausgegangen wird, die ärztlichen Angaben zu Todesart und -ursache in der Todesbescheinigung unterlägen einer nicht unerheblichen Fehleranfälligkeit,[51] die besonders groß ist, wenn die Untersuchung der Leiche im Wohnbereich erfolgt.[52] Die Gründe hierfür sind vielfältig. Im Vordergrund stehen aber die defizitäre Aus- und Fortbildung sowie die Betroffenheit in eigenen Interessen aufgrund eines Behandlungsverhältnisses zum Verstorbenen oder zu dessen Angehörigen.[53] Auch bei Attestierung einer nicht natürlichen oder ungeklärten Todesart ist daher eine Leichenschau nicht zwingend, wenn ein Fremdverschulden auf andere Weise sicher ausgeschlossen werden kann. In der Regel wird die Maßnahme allerdings zu erfolgen haben, um überhaupt die entsprechenden Ansätze für die Aufklärung zu gewinnen. Umgekehrt schließt die Bescheinigung eines natürlichen Todes die Vornahme strafprozessualer Maßnahmen nicht aus,[54] wenngleich diese Situation praktisch kaum zu einem Einschreiten der Staatsanwaltschaft führen wird, da für diesen Fall ihr gegenüber keine Anzeigepflicht besteht.[55] Auch wird immer wieder von Fällen berichtet, in denen der Leichenschauarzt von Polizeibeamten nachdrücklich aufgefordert worden sein soll, einen natürlichen Tod zu bescheinigen, oder sich aus Rücksichtnahme gegenüber Angehörigen dazu gedrängt sah.[56]

In der **Praxis der Ermittlungsbehörden** entfaltet die Leichenschau durch Staatsanwalt oder Richter nach § 87 Abs. 1 keine Bedeutung.[57] Sie kommt, wenn überhaupt, allenfalls in Ausnahmefällen vor. Vielmehr findet bei Feststellung einer nicht natürlichen oder ungeklärten Todesart bereits die gründliche Besichtigung der Leiche durch die vom Leichenschauarzt verständigte Polizei[58] im Zusammenwirken mit diesem statt.[59] Die Staatsanwaltschaft trifft dann ihre Entscheidung über die Frage, ob weitergehend eine Leichenöffnung zu beantragen ist oder nicht, auf Grundlage der Information durch die polizeilichen Ermittlungsbeamten.[60] Grund hierfür ist, dass die Todesfallermittlungen bei der Polizei regelmäßig durch Spezialdezernate geführt werden, deren Beamte eine spezielle Ausbildung gerade für den Umgang mit dieser diffizilen Materie erhalten haben.[61] Solche Kenntnisse auf dem Gebiet der faktischen Ermitt- 9

[49] Lorenz Kriminalistik 2020, 486 (486 f.); Scheib Kriminalist 2004, 161; vgl. auch Maiwald NJW 1978, 561 (562); zur Definition Köhler in Meyer-Goßner/Schmitt § 159 Rn. 2.

[50] Madea Rechtsmedizin 19 (2009), 399 (400); Madea/Rothschild DÄBl 2010, 575 (583); vgl. auch Rothschild Rechtsmedizin 19 (2009), 407 (408 und 412).

[51] Hierzu Eisenberg BeweisR StPO Rn. 1945; Madea/Dammeyer Wiehe de Gómez/Dettmeyer Kriminalistik 2007, 767 (768–772); Madea/Rothschild DÄBl 2010, 575 (581) mit statistischem Zahlenmaterial; Wegener MedR 1991, 231; s. auch Brinkmann ua ArchKrim 199 (1997), 1 (7 und 11); Brinkmann/Püschel MedR 1991, 233 (235); Thomsen/Schewe ArchKrim 193 (1994), 79 (81) mit besonders krassen Beispielen „gröbster Fehlleistungen".

[52] Metter Kriminalistik 1978, 155 (155–157).

[53] Lorenz Kriminalistik 2020, 486 (487).

[54] Thomsen/Schewe ArchKrim 193 (1994), 79 (80); Madea/Rothschild DÄBl 2010, 575 (583); vgl. auch Czerner ArchKrim 226 (2010), 1 (4 f.); Geerds ArchKrim 199 (1997), 41 (46 f.).

[55] Schwinn Kriminalistik 1991, 569 (571); s. auch LandtagBW-Drs. 16/3281, 3 zu § 22 Abs. 3 BestattG BW.

[56] Brinkmann/Püschel MedR 1991, 233 (235 f.); Helbing Kriminalistik 2004, 443 (444); Madea/Dettmeyer DÄBl 2003, A3161 (3164 und 3178); Lorenz Kriminalistik 2020, 486 (487); Madea Rechtsmedizin 19 (2009), 399 (400); Restle ArchKrim 207 (2001), 129 (131 f.); Rothschild Rechtsmedizin 19 (2009), 407 (407 f.); Spann Kriminalistik 1987, 586 (607); Thomsen/Schewe ArchKrim 193 (1994), 79 (80); Wegener MedR 1991, 231.

[57] So auch Kimpel ArchKrim 179 (1987), 45 (48 f.).

[58] Zur entsprechenden Verpflichtung s. § 22 Abs. 3 S. 1 BestattG-BW.

[59] Metter Kriminalistik 1978, 155.

[60] Dähn JZ 1978, 640 (Fn. 2).

[61] Helbing Kriminalistik 2004, 443 (446); Helbing ZRP 2009, 23 (24) weist zutreffend auf die Unerlässlichkeit einer Personalpolitik hin, die einen entsprechenden Standard gewährleistet.

lungstätigkeit[62] sind im Bereich der Justiz mangels entsprechender Ausbildung für gewöhnlich nicht im erforderlichen Maße vorhanden.

10 **c) Teilnehmender Personenkreis.** Die Leichenschau führt regelmäßig der **Staatsanwalt** durch (Nr. 33 Abs. 3 S. 1 RiStBV). Im Interesse einer möglichst fachkundigen Aufklärung hat er vor Beginn sorgfältig zu erwägen, inwieweit er hierzu speziell ausgebildete polizeiliche Ermittlungsbeamte zur Unterstützung heranzieht oder sich auf deren Besichtigung stützt (→ Rn. 9). Nimmt er die Leichenschau selbst wahr und wird er in der Hauptverhandlung als Zeuge zu seinen Feststellungen vernommen, ist er zumindest insoweit von Sitzungsvertretung und Schlussvortrag ausgeschlossen (→ Rn. 40). Wird die Ermittlungshandlung auf seinen Antrag hin vom Richter vorgenommen, besteht keine Anwesenheitspflicht für den Staatsanwalt.[63]

11 Der **Richter** darf sie, ohne dass er ausnahmsweise nach § 165 zu deren Anordnung befugt wäre, nur auf einen Antrag der Staatsanwaltschaft hin durchführen.[64] Ein solcher kommt nur aus besonderen Gründen in Betracht, insbesondere um zum Zweck der Beweissicherung eine nach § 249 Abs. 1 S. 1 verlesbare Niederschrift über die Leichenschau zu erstellen (Nr. 33 Abs. 3 S. 2 RiStBV; → § 86 Rn. 1 und 3).[65] Im Einzelfall mag auch die besondere Bedeutung der Sache ausschlaggebend sein,[66] wie bspw. bei politischem Hintergrund,[67] wobei sich allerdings die berechtigte Frage erhebt, warum einer richterlichen Leichenschau, abgesehen von der Verlesbarkeit des Protokolls, ein höherer Beweiswert zukommen soll als einer staatsanwaltschaftlichen.[68] Außer bei dem nach § 162 Abs. 1 S. 1 örtlich zuständigen Amtsgericht kann der Antrag, da es sich um die Einnahme eines richterlichen Augenscheins handelt (→ Rn. 4), bei dem nach 162 Abs. 1 S. 3 zuständigen Ermittlungsrichter gestellt werden.[69] Seine Prüfungskompetenz erschöpft sich in der rechtlichen Zulässigkeit der Maßnahme nach § 162 Abs. 2. Auf eine Prüfung der Zweckmäßigkeit erstreckt sie sich dagegen nicht.[70]

12 Zur Leichenschau kann jeder beliebige **Arzt,** auch mehrere, da die Befugnis zur Bestimmung der Anzahl nach § 73 Abs. 1 S. 1 nicht eingeschränkt wird,[71] hinzugezogen werden.[72] Es muss sich nicht um einen Gerichts- oder Amtsarzt handeln,[73] wie der Umkehrschluss aus § 87 Abs. 2 S. 2 belegt. Zur Vermeidung von Fehleinschätzungen empfiehlt es sich gleichwohl, zumindest einen forensisch erfahrenen Arzt zu beauftragen.[74] Da eine Abs. 2 S. 3 vergleichbare Regelung fehlt, kann selbst der behandelnde Arzt des Verstorbenen beauftragt werden.[75] Vor seiner Auswahl ist indes sorgfältig zu erwägen, dass er wegen der Besorgnis vor Aufdeckung von (vermeintlichen) Behandlungsfehlern möglicherweise nicht unbefangen untersucht.[76] Der hinzugezogene Arzt wird infolge der Auftragerteilung in

---

62 Beispiele für die Problemfelder, die die Aufdeckung äußerer Einwirkungen bei verschiedenen Todesursachen erschweren können, finden sich bei Eisenberg BeweisR StPO Rn. 1946a–1946c.
63 Neubeck in KMR-StPO Rn. 6; Rogall in SK-StPO Rn. 8.
64 Brauer in Gercke/Julius/Temming/Zöller Rn. 5; Maiwald NJW 1978, 561 (561 f. Fn. 3).
65 Lampe NJW 1975, 195 (197).
66 Krause in Löwe/Rosenberg Rn. 10.
67 Kimpel ArchKrim 179 (1987), 45 (47).
68 So zur entsprechenden Situation bei der Leichenöffnung H.-A. Schmidt DRiZ 1967, 76 (78).
69 Schmitt in Meyer-Goßner/Schmitt Rn. 4.
70 Goers in BeckOK StPO Rn. 3; Hadamitzky in KK-StPO Rn. 3; Krause in Löwe/Rosenberg Rn. 10; Rogall in SK-StPO Rn. 8.
71 RG 30.3.1920 – III 275/19, RGZ 98, 284 (285).
72 Schmidt StPO II Rn. 8.
73 Brauer in Gercke/Julius/Temming/Zöller Rn. 6; Krause in Löwe/Rosenberg Rn. 11; Eisenberg BeweisR StPO Rn. 1948.
74 Geerds ArchKrim 199 (1997), 41 (51); Helbing Kriminalistik 2004, 443 (446); Hoffmann Kriminalistik 2010, 363 (363 und 365); Parzeller/Dettmeyer/Bratzke ArchKrim 223 (2009), 1 (2); Schneider Kriminalistik 1981, 282; s. auch Lorenz Kriminalistik 2020, 486 (489) zu einem Pilotprojekt, bei dem die Leichenschau von Rechtsmedizinern durchgeführt wurde.
75 Krause in Löwe/Rosenberg Rn. 12; Rogall in SK-StPO Rn. 10.
76 Schneider Kriminalistik 1981, 282 (288); in diesem Sinne auch Hoffmann Kriminalistik 2010, 363 zum Leichenschauwesen; s. Lorenz Kriminalistik 2020, 486 (487) zur diesbezüglichen Problematik bei Hospizen, Heimen und Krankenhäusern.

jedem Fall als Sachverständiger tätig.[77] Ausnahmsweise, sofern die Todesursache schon ermittelt und eine sachverständige Besichtigung der Leiche daher nicht mehr ausschlaggebend ist, kann nach § 87 Abs. 1 S. 2 auf die Teilnahme des Arztes verzichtet werden.[78] Die Entscheidung hierüber trifft der Staatsanwalt oder Richter nach pflichtgemäßem Ermessen.[79] Unabhängig von § 87 Abs. 1 kann die Vornahme der Leichenschau durch einen Arzt nach den landesrechtlichen Vorschriften über das Leichenschauwesen zwingend vorgeschrieben sein (→ Rn. 2).[80]

Bei der staatsanwaltschaftlichen Leichenschau haben **weitere Personen,** insbesondere Beschuldigter und Verteidiger, kein Anwesenheitsrecht. Bei Vornahme durch den Richter gilt § 168d.[81] Aus Gründen der Zweckmäßigkeit kann allerdings die Teilnahme gestattet werden, was unter dem Gesichtspunkt umfassender Aufklärung vor allem für die ermittelnden Polizeibeamten[82] und weitere Sachverständige[83] gilt. 13

d) Protokollierung. Nimmt der Staatsanwalt die Leichenschau vor, hat er einen **Aktenvermerk** nach § 168b Abs. 1 zu fertigen.[84] In diesem muss er seine eigenen Wahrnehmungen niederlegen. Selbst wenn ein Arzt hinzugezogen wird, darf er sich nicht darauf beschränken, dessen Bekundungen aufzuzeichnen.[85] 14

Über die von ihm durchgeführte Leichenschau fertigt der Richter nach gleichen Grundsätzen ein **Protokoll** nach Maßgabe der §§ 168, 168a (→ § 168 Rn. 4; → § 168a Rn. 5) und, da es sich um einen richterlichen Augenschein handelt (→ Rn. 4), des § 86.[86] Wird ein Arzt hinzugezogen ist dessen Unterschrift oder Genehmigung nach § 168a Abs. 3 S. 3 oder 4 notwendig, deren Fehlen aber unschädlich.[87] Seine Erklärungen sind aufzunehmen.[88] 15

2. Leichenöffnung nach Abs. 2. a) Begriff und Rechtsnatur. Unter Leichenöffnung, auch als innere Leichenschau bezeichnet,[89] versteht man die im Anschluss an die Identifizierung des Verstorbenen gem. § 88 erfolgende und nach Maßgabe der §§ 88–91 durchgeführte **Untersuchung des Inneren** der Leiche zur Klärung von Todeszeit[90] und Todesursache.[91] Sie dient auch der detaillierten Erfassung von Verletzungsbefunden, um rekonstruktive Aussagen zu einem möglichen, strafrechtlich relevanten Tatgeschehen treffen zu können.[92] 16

Die Frage nach der **Rechtsnatur** der Leichenöffnung ist im Hinblick auf die daran teilnehmenden Personen unterschiedlich zu beurteilen. Der Staatsanwalt nimmt bei seiner Teilnahme eine Augenscheinseinnahme vor und er ist zur Leitung der Ermittlungshandlung berufen. Mangels einer § 86 entsprechenden Regelung kann seine Niederschrift nicht verlesen werden 17

---

77 Schmidt StPO II Rn. 4; Dallmeyer in Alsberg Beweisantrag Rn. 391; vgl. BGH 18.7.2001 – 3 StR 211/01, BeckRS 2001, 30194101; aA Neuhaus in HK-GS Rn. 2 sachverständiger Zeuge.
78 Schmitt in Meyer-Goßner/Schmitt Rn. 6.
79 Brauer in Gercke/Julius/Temming/Zöller Rn. 6; Hadamitzky in KK-StPO Rn. 3.
80 Vgl. § 20 Abs. 1 und 2 BestattG-BW.
81 Schmitt in Meyer-Goßner/Schmitt Rn. 3; Rogall in SK-StPO Rn. 12.
82 Krause in Löwe/Rosenberg Rn. 14; Eisenberg BeweisR StPO Rn. 1947; dezidiert Geerds ArchKrim 199 (1997), 41 (50) und für die Leichenöffnung 75 (78).
83 Neubeck in KMR-StPO Rn. 8; Geerds ArchKrim 199 (1997), 41 (49).
84 Schmitt in Meyer-Goßner/Schmitt Rn. 7.
85 Krause in Löwe/Rosenberg Rn. 11; Rogall in SK-StPO Rn. 9.
86 Brauer in Gercke/Julius/Temming/Zöller Rn. 7.
87 Hadamitzky in KK-StPO Rn. 3; Neubeck in KMR-StPO Rn. 9; Krause in Löwe/Rosenberg Rn. 15; Rogall in SK-StPO Rn. 14; Eisenberg BeweisR StPO Rn. 1949.
88 Schmidt StPO II Rn. 4.
89 Schmidt StPO II Rn. 1; Rogall in SK-StPO Rn. 15 (Fn. 51).
90 Zu den erheblichen Unsicherheiten bei Feststellung des Todeszeitpunktes durch bloßes Wegdrücken von Totenflecken s. BGH 21.9.2000 – 1 StR 634/99, juris Rn. 8 = BeckRS 2000, 8412, insoweit nicht abgedruckt in StV 2001, 4.
91 LandtagBW-Drs. 16/3281, 2; Brauer in Gercke/Julius/Temming/Zöller Rn. 8; Hadamitzky in KK-StPO Rn. 4.
92 Dettmeyer/Madea DÄBl 2002, A3376; vgl. auch Schweitzer/Bär/Keller Kriminalistik 2009, 48 (51–54).

(→ § 86 Rn. 3). Ein Augenschein des beiwohnenden Richters ist ausschließlich in Bezug auf seine eigenen sinnlichen Wahrnehmungen gegeben.[93] Darüber hinausgehende Tätigkeiten bestehen in der Vorbereitung des durch einen Sachverständigen zu erstattenden Gutachtens oder in dessen Vernehmung.[94] Dies hat entsprechenden Einfluss auf die Verlesbarkeit des Protokolls (→ Rn. 44). Die Ärzte, die die Sektion durchführen, sind stets als Sachverständige tätig.[95] Das gilt in gleicher Weise für einen Sachkundigen, der die bei der Obduktion erhobenen Proben oder Leichenteile auswertet, insbesondere einen Chemiker (vgl. § 91)[96] oder Toxikologen.[97] Wird er schon zur Leichenöffnung hinzugezogen, wie bspw. bei Verdacht der Vergiftung ratsam (vgl. Nr. 35 Abs. 1 S. 2 RiStBV), so ist er auch diesbezüglich als Sachverständiger tätig,[98] da er seine Feststellungen kraft behördlichen Auftrags unter Anwendung seiner besonderen Sachkunde trifft. Der behandelnde Arzt nimmt im Fall des § 87 Abs. 2 S. 4 dagegen als sachverständiger Zeuge iSd § 85 teil.[99]

18 **b) Anordnungsvoraussetzungen.** Wie bei der Leichenschau regelt § 87 für die Leichenöffnung ausdrücklich nur die Art und Weise der Durchführung, nicht jedoch die Anordnungsvoraussetzungen.[100] Es gelten dieselben Grundsätze wie bei der Leichenschau. Sie dient der Feststellung der Todesursache oder der Todeszeit, wenn strafbares fremdes Verschulden in Betracht kommt.[101] Maßgeblich für die Frage der **Erforderlichkeit** der Obduktion sind die allgemeinen Vorschriften der § 152 Abs. 2, §§ 159, 160 Abs. 1 und 2 sowie das in Nr. 36 RiStBV zum Ausdruck gebrachte Gebot größtmöglicher Beschleunigung wegen sonst drohenden Beweismittelverlustes (→ Rn. 7).[102] Im Hinblick auf den Zweck der Vorschrift (→ Rn. 1) ist der notwendige Verdachtsgrad niedrigschwellig anzusetzen.[103] Dementsprechend genügt es, wenn ein strafbares fremdes Verschulden am Tod eines Menschen in Betracht kommt, dh, umgekehrt gewendet, wenn nach den Umständen, insbesondere auch nach Vornahme der Leichenschau, eine strafbare Handlung als Todesursache nicht von vornherein auszuschließen ist (Nr. 33 Abs. 2 S. 1 RiStBV).[104] Selbst wenn eine Straftat schon feststeht, kann die Leichenöffnung zur genauen Erforschung der Todesursache erforderlich sein, insbesondere um andere Todesursachen auszuschließen.[105] Neben der förmlichen Leichenschau iSd § 87 Abs. 1 können die entsprechenden (entfernten) Anhaltspunkte für die staatsanwaltschaftliche und richterliche Entscheidung aus den Befunden der sorgfältigen polizeilichen Besichtigung des Leichnams (hierzu → Rn. 9) und der ärztlichen Leichenschau hergeleitet werden.[106] In der Praxis wird die staatsanwaltschaftliche und richterliche Entscheidung hauptsächlich auf Grundlage der

[93] Neubeck in KMR-StPO Rn. 10.
[94] Dähn JZ 1978, 640 (641); RG 8.5.1880 – Rep. 1099/80, RGSt 2, 153 (159) sieht im Zusammenhang mit der Verlesbarkeit hierin wohl die eigentliche Funktion.
[95] BGH 12.1.1956 – 3 StR 420/55, JurionRS 1956, 12263; 2.4.2008 – 2 StR 621/07, BeckRS 2008, 07343 Rn. 8; vgl. auch BGH 18.7.2001 – 3 StR 211/01, BeckRS 2001, 30194101; vgl. auch VK Berlin 9.3.2020 – VK – B 1 – 43/19, juris Rn. 60 = VPRRS 2020, 0300.
[96] BGH 12.1.1956 – 3 StR 420/55, JurionRS 1956, 12263; Dallmeyer in Alsberg Beweisantrag Rn. 370.
[97] Dallmeyer in Alsberg Beweisantrag Rn. 370.
[98] Krause in Löwe/Rosenberg § 91 Rn. 3; Geerds ArchKrim 199 (1997), 75 (81 Fn. 103); aA Neubeck in KMR-StPO Rn. 20 sachverständiger Zeuge gem. § 85.
[99] Hadamitzky in KK-StPO Rn. 5; Neubeck in KMR-StPO Rn. 15.
[100] Czerner ArchKrim 226 (2010), 1 (6); Koch NJW 1965, 528; Maiwald NJW 1978, 561.
[101] LG Mainz 25.9.2001 – 5 Qs 73/01, NStZ-RR 2002, 43; LG Gießen 15.4.2015 – 7 Qs 58/15, juris Rn. 11; LandtagSH-Drs. 15/1151, 3 f; Magnus medstra 2022, 71.
[102] BVerfG 27.7.1993 – 2 BvR 1553/93, NJW 1994, 783; 18.1.1994 – 2 BvR 1912/93, NJW 1994, 783 (784); Maiwald NJW 1978, 561 (564); s. auch Brauer in Gercke/Julius/Temming/Zöller Rn. 2; Hadamitzky in KK-StPO Rn. 2; Krause in Löwe/Rosenberg Rn. 4–6; Eisenberg BeweisR StPO Rn. 1950, die indes nur auf §§ 159, 160 Abs. 1 StPO abstellen. Der Sache nach geht BGH 2.12.2003 – 1 StR 102/03, BGHSt 49, 29 (33) davon aus, dass alleine die Vornahme der Obduktion nichts am Charakter der Vorprüfung durch die Staatsanwaltschaft in Form der bloßen Todesfallermittlungen ändert.
[103] Czerner ArchKrim 226 (2010), 1 (3).
[104] BVerfG 27.7.1993 – 2 BvR 1553/93, NJW 1994, 783; 18.1.1994 – 2 BvR 1912/93, NJW 1994, 783 (784); LG Mainz 25.9.2001 – 5 Qs 73/01, NStZ-RR 2002, 43; LG Gießen 15.4.2015 – 7 Qs 58/15, juris Rn. 11 LG Kleve 20.3.2020 – 140 AR 1/20, BeckRS 2020, 6157 Rn. 4.
[105] LG Gießen 15.4.2015 – 7 Qs 58/15, juris Rn. 11 und 13.
[106] Oehmichen/Sternuns Kriminalistik 1985, 2 (5).

Berichterstattung durch die Polizei getroffen.[107] Zu beachten ist hierbei jedoch, dass die äußere Leichenschau nur von wenig zuverlässigem Beweiswert ist, weswegen bei verbleibenden Zweifeln die Obduktion durchgeführt werden sollte.[108] In besonderem Maße gilt dies für die ärztliche Leichenschau nach dem Leichenschauwesen,[109] zumal dann wenn sie im Wohnbereich des Verstorbenen erfolgt.[110] Sie wird nicht selten von diesbezüglich unerfahrenen Ärzten und in den häufigsten Fällen entgegen entsprechender landesrechtlicher Vorschriften sogar ohne vollständige Entkleidung der Leiche vorgenommen.[111] Die in diesem Kontext angegebene Todesart kann daher, wie bei der Leichenschau (→ Rn. 8), nur einen ersten Anhaltspunkt für die Entscheidung über die Leichenöffnung geben und ist nicht bindend.[112] Zuverlässige Klärung kann bei verbleibenden – wenn auch nur geringen – Unsicherheiten alleine über die deutlich aussagekräftigere Untersuchungsmöglichkeit der Obduktion, ggf. ergänzt durch Auswertung dabei erhobenen Probenmaterials, gewonnen werden.[113] Gleichwohl weist Deutschland im internationalen Vergleich eine niedrige Obduktionsrate auf.[114]

Der **verfassungsrechtliche Verhältnismäßigkeitsgrundsatz** ist als Schranke für die 19 Anordnung der Obduktion zu beachten. Durch diesen werden das Persönlichkeitsrecht der verstorbenen Person und das Recht der Angehörigen auf Totenfürsorge vor übermäßigen Eingriffen geschützt. Dem ist allerdings schon dann genüge getan, wenn sich die Ermittlungsbehörden in dem von § 152 Abs. 2, § 160 Abs. 1 und 2 vorgegebenen Rahmen bewegen.[115] Gerade angesichts der Schwere der Tötungsdelikte, deren Aufdeckung die Maßnahme dient, und der Bedeutung des von diesen erfassten Rechtsguts Leben, wird die Anordnung regelmäßig nicht unverhältnismäßig sein.[116] Etwas anderes kann dann anzunehmen sein, wenn die Todesursache zweifelsfrei feststeht,[117] soweit ausermittelt ist, dass unter keinem strafrechtlichen oder strafprozessualen Gesichtspunkt eine weitere Klärung erforderlich werden kann, oder der entsprechende Aufklärungserfolg durch andere, weniger eingriffsintensive Ermittlungshandlungen in gleicher Weise zu erreichen ist.[118] Eine Verfügung des Verstorbenen selbst, im Todesfall von einer Obduktion abzusehen, steht nicht entgegen.[119]

107 Helbing ZRP 2009, 23 (24); Spann Kriminalistik 1987, 586 (608).

108 Krause in Löwe/Rosenberg Rn. 9; Czerner ArchKrim 226 (2010), 1 (14); Haehling von Lanzenauer Kriminalistik 1993, 379; zu den statistisch erheblichen Abweichungen zwischen Leichenschaudiagnose zur Todesursache und Obduktion Madea/Dammeyer Wiehe de Gómez/Dettmeyer Kriminalistik 2007, 767 (769–771); Madea/Rothschild DÄBl 2010, 575 (576 f.).

109 Madea/Rothschild DÄBl 2010, A1564 (A1565) daher mit Forderung, die Frequenz der Verwaltungssektionen zu erhöhen; Schwinn Kriminalistik 1991, 569 (570); Spann Kriminalistik 1987, 586 (606); s. hierzu auch Magnus, medstra 2022, 71 (74).

110 Metter Kriminalistik 1978, 155 (155 f.).

111 Gerg/Baier Kriminalistik 2009, 475 (478); Helbing Kriminalistik 2004, 443 (444); Helbing ZRP 2009, 23 (24); Lorenz Kriminalistik 2020, 486 (488); Madea/Rothschild DÄBl 2010, 575 (582 f.); Metter Kriminalistik 1978, 155; Rothschild Rechtsmedizin 19 (2009), 407 (410 f.); Madea/Dettmeyer DÄBl 2003, A3161 beziffern Letzteres mit 75 % der Leichenschauärzte, bei Hausärzten mit 99 %; s. auch den Fall einer ua deswegen unerkannt gebliebenen CO-Vergiftung bei AG Wennigsen 11.5.1988 – 11 – 75/87 – 84 Js 54654/86, NJW 1989, 786.

112 Bedenklich daher die bei Helbing ZRP 2009, 23 (24); Thomsen/Schewe ArchKrim 193 (1994), 79 (82 f. und 85 f.) wiedergegebene ministerielle Weisung, selbst bei der Todesart ungeklärt, die Polizei nicht zu verständigen.

113 Madea Rechtsmedizin 19 (2009), 399 (403) Oehmichen/Sternuns Kriminalistik 1985, 2 (4); Madea/Rothschild DÄBl 2010, A1564 f. zur Verwaltungssektion.

114 Lorenz Kriminalistik 2020, 486 (488); Madea/Rothschild DÄBl 2010, 575 (585); Thode Kriminalistik 2019, 530; s. auch LandtagBW-Drs. 16/3281, 3 ff.

115 BVerfG 27.7.1993 – 2 BvR 1553/93, NJW 1994, 783; 18.1.1994 – 2 BvR 1912/93, NJW 1994, 783 (784); LG Gießen 15.4.2015 – 7 Qs 58/15, juris Rn. 10 f; aA Klauck NStZ 2022, 81 (82 f.).

116 LG Waldshut 8.2.1972 – 2 Qs 24/72, NJW 1972, 1148; Hadamitzky in KK-StPO Rn. 2; Schmitt in Meyer-Goßner/Schmitt Rn. 9; Maiwald NJW 1978, 561 (565).

117 Nach Goers in BeckOK StPO Rn. 7; Czerner ArchKrim 226 (2010), 1 (6) fehlt es in diesem Fall schon an der Erforderlichkeit.

118 Brauer in Gercke/Julius/Temming/Zöller Rn. 2; Krause in Löwe/Rosenberg Rn. 7; Czerner ArchKrim 226 (2010), 1 (14); Koch NJW 1965, 527; Magnus, medstra 2022, 71 (74) mit Hinweis auf bildgebende Verfahren.

119 LG Mainz 25.9.2001 – 5 Qs 73/01, NStZ-RR 2002, 43 (44); ausführlich hierzu Tag FS Laufs, 2006, 1079 (1095 f.).

20 Im Ergebnis handelt es sich um eine **Einzelfallentscheidung,** bei der jedoch bestimmte Fallkonstellationen die Vornahme der Leichenöffnung nahe legen.[120] Eine solche Situation ist bspw. anzunehmen, wenn ärztliche Behandlungsfehler, auch durch Unterlassen gebotener Behandlungsmöglichkeiten,[121] oder die Verletzung von Betreuungs- und Obhutspflichten gegenüber Kindern in Betracht kommen.[122] Schon der Tod eines noch jungen Menschen ohne erkennbare Ursache wird für sich gesehen einen Grund zur Anordnung geben.[123] Knochenbrüche oder sonstige Verletzungsfolgen von Misshandlungen sind bei Säuglingen und Kindern oftmals äußerlich nicht oder nur schwer erkennbar.[124] Das gilt auch für ein Schütteltrauma[125] oder einen Erstickungstod,[126] was die Gefahr bewirkt, ohne Sektion vorschnell von einem plötzlichen Säuglings- oder Kindstod[127] auszugehen. Ohnehin kann ein plötzlicher Säuglings- oder Kindstod wegen der Komplexität der in Betracht kommenden Umstände, und damit der zuverlässige Ausschluss einer Tötungshandlung, erst nach einer Leichenöffnung hinreichend sicher diagnostiziert werden.[128] Wegen der besonderen Betroffenheit der Angehörigen, insbesondere der Eltern,[129] bedarf gleichwohl die Prüfung der Verhältnismäßigkeit der Maßnahme sorgfältiger Prüfung. Eine vergleichbare Situation ist beim plötzlichen Herztod Erwachsener und dem Versterben wehrloser Erwachsener oder hochbetagter Menschen gegeben. Hier ist besonderes Augenmerk auf die Möglichkeit eines Erstickens durch weiche Bedeckung[130] oder auf die Gabe von Medikamenten oder sonstiger Susbtanzen in tödlicher Dosis und das Unterbleiben von Rettungsmaßnahmen, insbesondere seitens des Pflegepersonals,[131] zu legen. Die Leichenöffnung ist ferner besonders zu erwägen bei Personen die während eines Aufenthaltes in Haft oder amtlicher Verwahrung versterben (Nr. 33 Abs. 2 S. 2 RiStBV), wozu insbesondere Polizeigewahrsam, Untersuchungs-, Straf-, Abschiebehaft, Unterbringung nach §§ 63 ff. StGB oder den Unterbringungsgesetzen der Bundesländer zählen;[132] bei Drogentoten,[133] wobei ein Teil der Ermittlungsbehörden in der Praxis zu Recht davon ausgeht, dass alleine der mögliche oder wahrscheinliche Zusammenhang des Todeseintritts mit einer Drogen-/Medikamentenintoxikation nicht per se eine Obduktion notwendig macht, wenn ein Fremdeinfluss nicht erkennbar ist; bei tödlichen Unfällen unter Beteiligung mehrerer Personen, bspw. um die Sitzposition der Fahrzeuginsassen anhand des Verletzungsbildes, insbesondere zur Identifizierung des Fahrers,[134] den Ablauf des Unfallgeschehens,[135] den Ausschluss anderer Todesursachen[136] oder die Todesursächlichkeit selbst eines längere Zeit zurückliegenden Unfallgeschehens[137] zu bestimmen, nicht zuletzt auch um mögliche Tat-

---

[120] S. auch die weiterführenden Hinweise bei Eisenberg BeweisR StPO Rn. 1946a–1946c; Geerds MedR 1984, 172 (176 Fn. 47–49).

[121] BVerfG 18.1.1994 – 2 BvR 1912/93, NJW 1994, 783 (784); LG Mainz 25.9.2001 – 5 Qs 73/01, NStZ-RR 2002, 43 (44).

[122] BVerfG 27.7.1993 – 2 BvR 1553/93, NJW 1994, 783.

[123] Lockemann/Püschel Kriminalistik 1992, 459 (462); Thomsen/Schewe ArchKrim 193 (1994), 79 (80).

[124] Matschke ua DÄBl 2009, 211; vgl. auch Thomsen/Schewe ArchKrim 193 (1994), 79 (80).

[125] Matschke ua DÄBl 2009, 211 (216); Schneiders/Schröder Kriminalistik 2005, 734 (734 und 736).

[126] Brinkmann ua ArchKrim 199 (1997), 1 (5 f.); Keil/Berzlanovic Rechtsmedizin 20 (2010), 519 (521).

[127] Bajanowski/Poets DÄBl 2004, A 3185 zur begrifflichen Unterscheidung.

[128] Albani MedR 1991, 243 (245); Bajanowski/Poets DÄBl 2004, A3185 (A3187 f.); Lockemann/Püschel Kriminalistik 1992, 459 (459 und 462); Restle ArchKrim 207 (2001), 129 (131).

[129] Vgl. Rixen ZRP 2001, 374; Wegener MedR 1991, 231 (232) im Hinblick auf die frühere Rechtsalge in der DDR.

[130] Keil/Berzlanovic Rechtsmedizin 20 (2010), 519 (524–527).

[131] S. hierzu den Beispielsfall eines Krankenpflegers bei Lorenz Kriminalistik 2020, 486.

[132] Dettmeyer/Verhoff Rechtsmedizin 19 (2009), 391 (397).

[133] Brinkmann ua ArchKrim 199 (1997), 1 (9).

[134] Becker/Friedrich/Rothschild Rechtsmedizin 21 (2011), 561 (562) auch zur Notwendigkeit der engen Zusammenarbeit des Rechtsmediziners mit dem technischen und molekularbiologischen (567 f.) Sachverständigen sowie zu Textilvergleichsuntersuchungen (568 ff.).

[135] Spann/Maidl MedR 1985, 59.

[136] LG Gießen 15.4.2015 – 7 Qs 58/15, juris Rn. 13.

[137] Spann/Maidl MedR 1985, 59 (62); Thomsen/Schewe ArchKrim 193 (1994), 79 (80); vgl. auch Oehmichen/Sternuns Kriminalistik 1985, 2 (3 f.); Schneider Kriminalistik 1981, 282 (284).

verdächtige zu entlasten;[138] bei Leichen, die aus dem Wasser geborgen werden, da hier umfangreiche Untersuchungen notwendig sind, um die Feststellung treffen zu können, ob eine Fremdeinwirkung vorlag;[139] bei Leichenfunden in Güllegruben, Klärwerken, Biogasanlagen, um festzustellen, ob eine Gasintoxikation todesursächlich war oder der Leichnam postmortal in die Anlage verbracht wurde;[140] bei Todesfällen im Zusammenhang mit elektrischen Geräten, vor allem zum Ausschluss eines vorgetäuschten Suizids[141] oder zum Nachweis einer todesursächlichen Fehlerhaftigkeit bei Konstruktion oder Anschluss des Gerätes;[142] bei Brandleichen, da erst durch die Obduktion eine sichere Aussage über die Todesursache möglich ist.[143]

c) Umfang der Anordnung. Die allgemeine Ansicht ist wohl dahingehend zu verstehen, dass von der Anordnung nach § 87 Abs. 2 S. 1 nur die Vornahme der Ermittlungshandlung selbst iSd der Sektion der Leiche umfasst ist. Daher wird im Hinblick auf das Totensorgerecht, das den Angehörigen zusteht,[144] davon ausgegangen, es bedürfe einer **Beschlagnahme des Leichnams** nach § 94, falls sie ihn nicht freiwillig zur Verfügung stellen.[145] Vom BVerfG wurde das zumindest für den Fall angenommen, dass sich die Leiche bereits in den Räumlichkeiten des Bestattungsunternehmens befand.[146] Dieser Ansicht mag zwar insoweit zu folgen sein, als ein Leichnam grundsätzlich als beschlagnahmefähiger Gegenstand iSd § 94 Abs. 1 und 2 in Betracht kommt (→ § 94 Rn. 12).[147] Offensichtlich wird aber von der Möglichkeit einer Beschlagnahme vorschnell auf deren Notwendigkeit geschlossen. Nimmt man den Wortlaut des § 94 Abs. 2 indes ernst, ist über den entgegenstehenden Willen einer Person hinaus notwendig, dass sich der Beweisgegenstand in deren Gewahrsam befindet (→ § 94 Rn. 43).[148] Nur dann kommt eine Beschlagnahme in Betracht, die der Anordnung nach § 98 Abs. 1 S. 1 bedarf. Andernfalls kann eine formlose Sicherstellung nach § 94 Abs. 1 durch die Ermittlungsbehörden erfolgen.[149] Die Entstehung eines entsprechenden Gewahrsamsverhältnisses zu den Angehörigen kann aber nicht alleine durch das Versterben entstehen, sonst wäre dieser Begriff jedes tatsächlichen Bezuges zu dem Gegenstand entleert (vgl. auch → Rn. 5).[150] Hinzu kommt ein zu enges Verständnis des § 87 Abs. 2. Bei der Leichenöffnung handelt es sich um eine Maßnahme, die, im Gegensatz zur Leichenschau,[151] am Fund- oder Verwahrort der Leiche ersichtlich nicht in gebotener Sorgfalt und gebotenem Umfang vorgenommen werden kann.[152] Der gesetzge- 21

138 Ebner SVR 2010, 250 (251), insbesondere zu Suizidfällen; Geerds ArchKrim 199 (1997), 75; Händel NJW 1967, 289.
139 Püschel Kriminalistik 2007, 545 (549).
140 Oesterhelweg ua Kriminalistik 2006, 594 (597).
141 Stolt Kriminalistik 2005, 297.
142 Vgl. den Beispielsfall bei Brinkmann ua ArchKrim 199 (1997), 1 (6).
143 Eisenberg BeweisR StPO Rn. 1946c.
144 BVerfG 27.7.1993 – 2 BvR 1553/93, NJW 1994, 783; 18.1.1994 – 2 BvR 1912/93, NJW 1994, 783 (784); LSG Mecklenburg-Vorpommern 19.11.1998 – L 5 U 47/98, juris Rn. 72 „möglicherweise" Struckmann NJW 1964, 2244; nach OLG Karlsruhe 26.7.2001 – 9 U 11/01, NJW 2001, 2808 sonstiges Recht iSd § 823 Abs. 1 BGB.
145 Goers in BeckOK StPO Rn. 9; Brauer in Gercke/Julius/Temming/Zöller Rn. 10; Hadamitzky in KK-StPO Rn. 4; Krause in Löwe/Rosenberg Rn. 17; Schmitt in Meyer-Goßner/Schmitt Rn. 9; Beukelmann in Radtke/Hohmann Rn. 4; Janetzke DRiZ 1957, 232 (233); H.-A. Schmidt DRiZ 1967, 76 (78).
146 BVerfG 18.1.1994 – 2 BvR 1912/93, NJW 1994, 783 (784).
147 Insoweit zutreffend Schmidt StPO II § 86 Rn. 16, auf den diese Ansicht – soweit ersichtlich – zurückgeht; Menges in Löwe/Rosenberg § 94 Rn. 16.
148 So auch Rogall in SK-StPO Rn. 15.
149 So für die Leiche am Ort des Verkehrsunfalls Ebner SVR 2010, 250 (251).
150 Schlichting BA 1967, 79 (81 f.); vgl. auch BVerfG 9.4.2002 – 2 BvR 710/01, NJW 2002, 2861 (2862); OLG Frankfurt a. M. 29.11.1974 – 2 Ws 239/74, NJW 1975, 271 (271 f.); OLG München 31.5.1976 – 1 Ws 1540/75, NJW 1976, 1805; OLG Bamberg 29.1.2008 – 2 Ss 125/07, NJW 2008, 1543 (1545) jeweils zum fehlenden Gewahrsam iSd § 168 Abs. 1 StGB der Angehörigen am Leichnam einer in der Klinik verstorbenen Person; insoweit offen gelassen von KG 20.11.1989 – 4 Ws 80/89, NJW 1990, 782.
151 Nr. 33 Abs. 1 S. 3 RiStBV, wonach diese am Fundort vorgenommen werden soll.
152 Geerds ArchKrim 199 (1997), 75 (76) mit dem Hinweis, dass sie nach früherer Praxis indes tatsächlich am Fundort der Leiche durchgeführt wurde (Fn. 74).

berische Zweck der Maßnahme kann daher von vornherein nur erreicht werden, sofern der Leichnam zu deren Durchführung an einen anderen Ort verbracht wird.[153] Daher wäre es lebensfremd, anzunehmen, diese Vorbereitungshandlung gälte nicht als Annex mitangeordnet.[154] Die Situation ist vergleichbar mit derjenigen bei Eingriffsmaßnahmen nach §§ 81a, 81b, 81c, 81g, die jeweils die im Gesetz nicht ausdrücklich erwähnte Befugnis zur Vornahme der Vorbereitungs- und Vollstreckungshandlungen mitumfassen. Bei einer teleologische Gesichtspunkte außer Acht lassenden Auslegung müsste ansonsten selbst neben der Ausgrabung noch die Beschlagnahme angeordnet werden, da ja auch mit dieser für sich gesehen nichts über den weiteren Verbleib des Leichnams bestimmt ist. Einer gesonderten Anordnung der Beschlagnahme bedarf es mithin nach einer den Sinn und Zweck der Norm erfassenden Auslegung neben der Entscheidung über die Obduktion nicht. Bei Fällen, in denen die widersprechenden Angehörigen nach Freigabe der Leiche seitens Staatsanwaltschaft und durch deren Verbringung in die Leichenhalle oder das Bestattungsunternehmen Gewahrsam erlangt haben,[155] kann es sich in der Praxis gleichwohl empfehlen, diese mitaufzunehmen, um Auslegungsschwierigkeiten zu vermeiden, die nach der vorherrschenden Meinung verursacht sein können.

22 Eigenständige Bedeutung kann die Beschlagnahme für den **Zeitraum bis zur Entscheidung des Gerichts** über die Leichenöffnung erlangen. Sind hier Einwirkungen auf die Leiche zu besorgen, so ist der Status quo durch eine förmliche Anordnung nach § 94 Abs. 2 zu erhalten. Für eine derartige Maßnahme liegen jedoch die Voraussetzungen einer Eilanordnung durch die Staatsanwaltschaft oder deren Ermittlungspersonen nach § 98 Abs. 1 S. 1 nahe. Bei Widerspruch wird die Bestätigung nach § 98 Abs. 2 hinfällig, wenn das Gericht die Obduktion anordnet, da diese die Beschlagnahme mitumfasst. Um Auslegungsschwierigkeiten zu vermeiden ist auch hier zu erwägen, die Bestätigung der Beschlagnahme dennoch ausdrücklich auszusprechen.

23 Die weitere Sachaufklärung kann es gebieten, bei der Leichenöffnung **Leichenteile** zu entnehmen, genauso wie Blutproben,[156] Harnproben und Mageninhalt. Hierauf ist durch den Staatsanwalt, ggf. nach Beratung durch einen besonderen Sachverständigen, hinzuwirken (Nr. 35 Abs. 1 RiStBV). Einer gesonderten richterlichen Entscheidung über eine Sicherstellung oder Beschlagnahme bedarf es hierzu nicht. Die Anordnung der Obduktion, die per se zum Öffnen der Leiche ermächtigt, umfasst von ihrem Sinn und Zweck her die Sicherung und weiterführende Auswertung hierbei aufzufindender Befundstücke, einschließlich der inneren Organe.[157] Durch deren Benennung wird der zuvor nicht abzusehende Umfang zum Zwecke der Beweismittelsicherung konkretisiert, was durch den mit der Ausführung der Anordnung betrauten Staatsanwalt oder Sachverständigen erfolgen kann.[158] Nr. 35 Abs. 1 RiStBV konkretisiert diesen Grundsatz. Schon um weitergehende als die mit der Sektion ohnehin verbundenen Belastungen für die Angehörigen zu vermeiden, sollte die Untersuchung der Leichenteile jedoch auf die Zwecke und die Aufbewahrung auf die Dauer des Todesfallermittlungs- oder Strafverfahrens beschränkt werden.[159] Eine Umwidmung für wissenschaftliche Zwecke nach Wegfall des Interesses der Ermittlungsbehörden[160]

---

153 Wofür den Angehörigen nach VG Neustadt 22.8.2011 – 5 K 301/11.NW, juris Rn. 15–18 auch die Kosten nicht auferlegt werden können.

154 So jetzt im Ergebnis auch Klauck NStZ 2022, 81 (82).

155 BVerfG 18.1.1994 – 2 BvR 1912/93, NJW 1994, 783 (784); OLG Frankfurt a. M. 29.11.1974 – 2 Ws 239/74, NJW 1975, 271 (271 f.); Geilen JZ 1975, 380 (381), jeweils zu § 168 StGB.

156 Bspw. auch für AIDS-Tests Penning/Spann MedR 1987, 171 (172 f.).

157 Brauer in Gercke/Julius/Temming/Zöller Rn. 8; Krause in Löwe/Rosenberg Rn. 16; vgl. auch LSG Mecklenburg-Vorpommern 19.11.1998 – L 5 U 47/98, juris Rn. 65 zur Blutentnahme bei Leichenschau und OLG München 31.5.1976 – 1 Ws 1540/75, NJW 1976, 1805 zur klinischen Sektion; aA Neuhaus in HK-GS Rn. 3; Haehling von Lanzenauer Kriminalistik 1993, 379 (379 f.) für Gliedmaßen und innere Organe.

158 Lippert MedR 2001, 406 (409); Kimpel ArchKrim 179 (1987), 45 (54 f.), der wohl untechnisch, aber dennoch missverständlich, teilweise von „Beschlagnahme“ durch den Staatsanwalt spricht und ihm folgend Geerds ArchKrim 199 (1997) 75 (78); Dettmeyer/Madea DÄBl 2002, A3376 unter Hinweis auf die Sorgfaltspflicht des Obduzenten gegenüber den Ermittlungsbehörden.

159 Rixen ZRP 2001, 374 f.; Tag FS Laufs, 2006, 1079 (1096).

160 So aber Dettmeyer/Madea DÄBl 2002, A3376.

erscheint zumindest bedenklich, sofern keine Einwilligung der Totensorgeberechtigten vorliegt.[161] Die rechtsmedizinische Praxis geht als Ausdruck eines pietätvollen Umgangs mit zurückbehaltenen Leichenteilen, da Nachbestattungen nur selten in Betracht kommen, mitunter den Weg über Organbestattungen.[162] In jedem Fall sind die Angehörigen auf diese Möglichkeit gem. Nr. 35 Abs. 3 RiStBV hinzuweisen.

d) Teilnehmender Personenkreis. § 87 Abs. 2 schreibt zwingend in S. 1 die – ununterbrochene[163] – Anwesenheit von **zwei Ärzten** vor, wodurch eine besondere Verlässlichkeit der Dokumentation gewährleistet wird,[164] und in S. 2 zur Qualitätssicherung[165] die **besondere Qualifikation des Erstobduzenten** unter Einschränkung des Auswahlermessens der §§ 73, 161a Abs. 1 S. 2 (→ § 73 Rn. 14 ff.).[166] Letztere wird trotz des eindeutigen Wortlauts der Vorschrift im Interesse einer funktionsfähigen Strafrechtspflege[167] dann ausnahmsweise für entbehrlich und die Zuziehung eines anderen Arztes für zulässig gehalten, wenn ansonsten der Untersuchungszweck gefährdet würde.[168] Praktisch dürfte dieser Fall indes wegen des (noch) gewährleisteten Bereitschaftsdienstes rechtsmedizinischer Institute[169] keine Bedeutung erlangen.[170] Der Arzt iSd § 86 Abs. 2 S. 2 erbringt seine Tätigkeit in Ausübung eines ihm anvertrauten öffentlichen Amtes, wodurch seine persönliche Haftung gem. § 839 BGB iVm Art. 34 S. 1 GG auch in Zusammenhang mit Folgeuntersuchungen nach § 91 ausgeschlossen ist (→ § 91 Rn. 3).[171] Gerichtsarzt ist, wer nach Landesrecht zur Wahrnehmung der in gerichtlichen Angelegenheiten vorkommenden ärztlichen Geschäfte ein für allemal bestellt ist,[172] das heißt jeder Amtsarzt.[173] Hierzu rechnen je nach landesrechtlichen Bestimmungen die Amtsärzte der Gesundheitsämter für deren Bezirk[174] und die Landgerichtsärzte.[175] Obwohl den Vorgenannten die Sachkunde eines rechtsmedizinischen Sachverständigen nicht abzusprechen ist,[176] findet in der Praxis die Leichenöffnung überwiegend durch einem gerichtsmedizinischen Institut angehörige Ärzte statt,[177] wobei seitens 24

161 Tag FS Laufs, 2006, 1079 (1105); nach Lippert MedR 2001, 406 (409) schon deswegen unzulässig, weil nicht vom Gutachtenauftrag umfasst.

162 Klinkhammer DÄBl 2009, A1780; vgl. auch Tag FS Laufs, 2006, 1079 (1096).

163 Neubeck in KMR-StPO Rn. 14; Brauer in Gercke/Julius/Temming/Zöller Rn. 11; Hadamitzky in KK-StPO Rn. 5; Schmitt in Meyer-Goßner/Schmitt Rn. 11; Krause in Löwe/Rosenberg Rn. 23; Eisenberg BeweisR StPO Rn. 1953.

164 BGH 21.9.2000 – 1 StR 634/99, bei Becker NStZ-RR 2001, 257 (262).

165 BGH 6.3.2014 – III ZR 320/12, NJW 2014, 1665 (1667); BVerwG 18.3.1993 – 2 C 40/91, juris Rn. 28 = BeckRS 1993, 3594.

166 Rogall in SK-StPO Rn. 17; Parzeller/Dettmeyer/Bratzke ArchKrim 223 (2009), 1 (5).

167 Parzeller/Dettmeyer/Bratzke ArchKrim 223 (2009), 1 (5).

168 Goers in BeckOK StPO Rn. 11; Neubeck in KMR-StPO Rn. 14; Brauer in Gercke/Julius/Temming/Zöller Rn. 11; Hadamitzky in KK-StPO Rn. 5; Schmitt in Meyer-Goßner/Schmitt Rn. 11; Rogall in SK-StPO Rn. 19; Eisenberg BeweisR StPO Rn. 1953.

169 Vgl. hierzu Parzeller/Dettmeyer/Bratzke ArchKrim 223 (2009), 1 (11 f. und 15) auch mit berechtigter Kritik an der Schließung und Zusammenlegung rechtsmedizinischer Institute aus Kostengründen und bedenklichen Bestrebungen zur Verlagerung der Dienste auf Private; kritisch in diesem Sinne ferner Helbing Kriminalistik 2004, 443 (445 f.); Helbing ZRP 2009, 23 (24); Zylka-Menhorn DÄBl 2004, A69; ferner auch Thode Kriminalistik 2019, 530 (531) zu finanziellen Defiziten bei Ausstattung und Vergütung.

170 Rogall in SK-StPO Rn. 19.

171 BGH 6.3.2014 – III ZR 320/12, NJW 2014, 1665 (1667); OLG Brandenburg 2.5.2017 – 2 U 29/16, BeckRS 2017, 113417 Rn. 40 ff.

172 OVG Berlin 28.3.1960 – OVG VI B 48/57, NJW 1961, 984 (985).

173 Dufková MedR 1990, 131 (132).

174 § 42 Abs. 1 S. 1 AGGVG-BW; § 12 Abs. 1 Nr. 2 ÖGDG-BW.

175 Art. 5 Abs. 3 S. 1 und 2 GDVG-Bay.; hierzu Parzeller/Dettmeyer/Bratzke ArchKrim 225 (2010), 73 (77).

176 BGH 21.9.2000 – 1 StR 634/99, juris Rn. 11 = BeckRS 2000, 8412, insoweit nicht abgedruckt in StV 2001, 4 für den Landgerichtsarzt nach bayerischem Recht; zweifelnd indes Kimpel ArchKrim 179 (1987), 45 (51).

177 Und zwar nach Dufková MedR 1990, 131 (131 f.); Parzeller/Dettmeyer/Bratzke ArchKrim 223 (2009), 1 (3) an einem universitären; vgl. aber auch Parzeller/Dettmeyer/Bratzke ArchKrim 225 (2010), 73 (77 f.) zu anderen öffentlichen Einrichtungen einzelner Bundesländer; vgl. auch Thode Kriminalistik 2019, 530 (531).

des Leiters desselben regelmäßig vom Delegationsrecht Gebrauch gemacht wird.[178] Ob und wie er dieses ausübt unterliegt nicht beamtenrechtlichen Grundsätzen, sondern strafprozessualen im Verhältnis zum Auftraggeber.[179] Entscheidend ist die ausreichende Qualifikation und kurzfristige Verfügbarkeit des beauftragten Obduzenten, um letztlich der Aufklärungspflicht gerecht zu werden, der der anordnende Staatsanwalt oder Richter unterliegen. Generell sind Einrichtungen iSd § 87 Abs. 2 S. 2 Universitätsinstitute, nicht aber Abteilungen öffentlicher Krankenhäuser. Ein in Letzteren tätiger Pathologe kann mithin nicht bestellt werden.[180] Auch wenn er einem pathologischen Institut angehört, empfiehlt sich jedoch die Beauftragung eines Pathologen wegen seiner primär auf die klinische Patientenversorgung abzielenden Fachrichtung nicht.[181] Bestehen konkrete Anhaltspunkte, dass der Verstorbenene an einer hochinfektiösen Krankheit litt, kann der als Sacherständiger tätige Obduzent (→ Rn. 41) auf die Entbindung gem. § 76 Abs. 1 S. 2 hinwirken, wenn keine Möglichkeit besteht, eine Ansteckungsgefahr mit Schutzmaßnahmen zu verhindern.[182]

25 Für den **zweiten Arzt** sieht das Gesetz keine besondere Qualifikation vor.[183] Es kann demnach auf jeden Mediziner zurückgegriffen werden. Er kann aber genauso dem Institut für Rechtsmedizin angehören, aus dem der Erstobduzent stammt. Letzteres entspricht auch der geübten Praxis bei gerichtlichen Leichenöffnungen[184] und empfiehlt sich, da das Sektionsprotokoll dann, wenn es von diesen beiden Ärzten unterzeichnet wurde, nach § 256 Abs. 1 Nr. 1a verlesen werden kann. Im Hinblick auf eine zuverlässige Sachaufklärung wird dies regelmäßig vorzugswürdig sein. Von dem während oder unmittelbar nach der Sektion angefertigten Protokoll ist zumindest hinsichtlich der Befundmitteilung größere Zuverlässigkeit zu erwarten als von einer üblicherweise wesentlich später erfolgenden Vernehmung des Arztes in der mündlichen Verhandlung.[185]

26 Der **behandelnde Arzt** ist von der Vornahme der Obduktion, auch im Sinne bloßer Beobachtung in Person des Zweitobduzenten,[186] wegen einer unwiderlegbaren Befangenheitsvermutung des § 87 Abs. 2 S. 3 ausgeschlossen.[187] Er kann deswegen gem. § 74 Abs. 1 S. 1, § 24 Abs. 1 abgelehnt werden (→ § 74 Rn. 5).[188] Die Begriffe der „Behandlung" und der „dem Tod unmittelbar vorausgegangenen Krankheit" sind weit auszulegen. Dass das Leiden für den Tod ursächlich sein könnte, ist unmaßgeblich.[189] Zu den in § 87 Abs. 2 S. 4 genannten Zwecken können Staatsanwaltschaft oder Gericht aber seine Anwesenheit als sachverständiger Zeuge iSd § 85 anordnen und ihn nach der hM in der Hauptverhandlung als Sachverständigen auch zum Ergebnis der Leichenöffnung vernehmen[190] (aber → Rn. 42). Nr. 37 S. 1 RiStBV erweitert den Gedanken einer möglichen Befangenheit des behandelnden Arztes auf andere Ärzte desselben Krankenhauses. Die Ermittlungsbehörden haben dementsprechend darauf hinzuwirken, dass ein solcher die Leichenöffnung nicht selbst vornimmt.

27 Die Teilnahme des **Staatsanwalts** ist nach § 87 Abs. 2 S. 5 nicht zwingend. Er entscheidet hierüber nach pflichtgemäßem Ermessen (Nr. 33 Abs. 4 S. 1 RiStBV).[191] Nach Nr. 33

[178] Kritisch hierzu Dufková MedR 1990, 131 (133).
[179] BVerwG 18.3.1993 – 2 C 40/91, juris Rn. 28 = BeckRS 1993, 3594.
[180] Goers in BeckOK StPO Rn. 11.1; Schmitt in Meyer-Goßner/Schmitt Rn. 11.
[181] Geerds ArchKrim 199 (1997), 75 (76 Fn. 70); Parzeller/Dettmeyer/Bratzke ArchKrim 225 (2010), 73 (75) mit dem Vorschlag, diese Variante des S. 2 deshalb zu streichen.
[182] Parzeller ua Rechtsmedizin 2015, 46 (55).
[183] Kimpel ArchKrim 179 (1987), 45 (51 f.); Parzeller/Dettmeyer/Bratzke ArchKrim 223 (2009), 1 (3).
[184] Parzeller/Dettmeyer/Bratzke ArchKrim 223 (2009), 1 (3).
[185] BGH 21.9.2000 – 1 StR 634/99, bei Becker NStZ-RR 2001, 257 (262).
[186] Zur Aufgabe des Zweitobduzenten Kimpel ArchKrim 179 (1987), 45 (52).
[187] Neubeck in KMR-StPO Rn. 15; Rogall in SK-StPO Rn. 21; Schneider Kriminalistik 1981, 282 (288).
[188] BGH 27.11.1995 – 1 StR 614/95, StV 1996, 130.
[189] Goers in BeckOK StPO Rn. 12; Schmitt in Meyer-Goßner/Schmitt Rn. 12; Krause in Löwe/Rosenberg Rn. 25 mit Beispielen.
[190] Hdamitzky in KK-StPO Rn. 5; Neubeck in KMR-StPO Rn. 15; Krause in Löwe/Rosenberg Rn. 26; Eisenberg BeweisR StPO Rn. 1954.
[191] Rieß/Hilger NStZ 1987, 145 (148).

Abs. 4 S. 2 RiStBV soll eine Teilnahme bei Tötungsdelikten, nach tödlichen Unfällen zur Rekonstruktion des Unfallgeschehens, bei Todesfällen im Vollzug freiheitsentziehender Maßnahmen und durch Schusswaffengebrauch im Dienst sowie in Verfahren, die ärztliche Behandlungsfehler zum Gegenstand haben, regelmäßig in Betracht kommen.[192] Selbst in diesem Rahmen stellt sich jedoch die Frage nach dem Sinn einer Anwesenheit. Eine ernsthafte Ausübung der Leitungsfunktion iSd § 161a Abs. 1 S. 2, § 78 ist in der Praxis nicht hiervon abhängig.[193] Im Hinblick auf die Sachaufklärung ist regelmäßig kein Erkenntnisgewinn zu erwarten. Der Schwerpunkt der Untersuchungshandlung liegt in der Befunderhebung und -bewertung durch die Sachverständigen.[194] Das hierbei bestehende Gefälle bezüglich der erforderlichen medizinischen Kenntnisse lässt eine sinnvolle Einflussnahme des Juristen praxisfremd erscheinen.[195] Selbst ein unerwarteter Verlauf der Leichenöffnung[196] wird darüber hinaus nicht die Anwesenheit des Staatsanwalts erfordern, um notwendig werdende Anordnungen zu treffen. Einerseits werden diese, was die Entnahme von Leichenteilen iSd Nr. 35 Abs. 1 S. 1 RiStBV betrifft, üblicherweise schon von den ausführenden Ärzten veranlasst,[197] ohne dass es dazu einer besonderen Anordnung bedürfte (→ Rn. 23). Andererseits können sie meist im Voraus oder zumindest auf (telefonische) Nachfrage hin getroffen werden,[198] und zwar vom Dienstsitz des Staatsanwalts aus wesentlich sachgerechter und fundierter. Dies gilt vor allem für die Beiziehung weiterer Sachverständiger, die besonders bei Verdacht der Vergiftung (Nr. 35 Abs. 2 S. 2 RiStBV) oder des Stromtodes (Nr. 36 Abs. 2 S. 2 RiStBV) zu erwägen ist. Die Rolle des Staatsanwalts während der Sektion selbst ist daher weitgehend passiver Natur.[199] Soweit demgegenüber eine andere Situation für den Fall zweifelhafter Sachkunde der hinzugezogenen Ärzte gesehen wird,[200] sind derartige Fehler bei der Auswahl der Sachverständigen nicht wirksam über eine Gegensteuerung bei der Ausführungshandlung zu korrigieren. Als Argument für die Teilnahme bleibt die im Einzelfall in Erwägung zu ziehende bessere Nachvollziehbarkeit und Anschaulichkeit der Befunderhebung, die es ermöglichen kann, weitere Ermittlungsschritte zeitnah einzuleiten. Bei der Entscheidung über die Zweckmäßigkeit einer Teilnahme darf aber generell nicht aus dem Auge verloren werden, dass der sachbearbeitende Staatsanwalt dann zumindest für die diesbezüglichen Teile der Hauptverhandlung an Sitzungsvertretung und Schlussvortrag gehindert sein kann (→ Rn. 40).

Einen Antrag nach § 87 Abs. 2 S. 6 auf Anwesenheit des **Richters,** der bindende Wirkung entfaltet,[201] stellt die Staatsanwaltschaft nur ausnahmsweise. Zu nennen sind in Anlehnung an Nr. 33 Abs. 3 S. 2 RiStBV Sachen von besonderer Bedeutung, was allenfalls bei politisch motivierten oder ansonsten die Öffentlichkeit erheblich beunruhigenden Tötungshandlungen der Fall sein könnte.[202] Nicht maßgeblich ist dagegen die Erwartung eines problematischen und kontroversen Falles oder die Gewinnung eines nach § 249 Abs. 1 S. 1 verlesbaren Protokolls.[203] Ersteres ist bei Tötungsdelikten ohnehin eher die Regel als die Ausnahme und hängt zudem nicht ausschließlich von sachlich geprägten Gründen ab, **28**

192 Dem folgend die ganz hM Ritzert in BeckOK StPO Rn. 11; Lemke in Gercke/Julius/Temming/Zöller Rn. 13; Neubeck in KMR-StPO Rn. 12; Krause in Löwe/Rosenberg Rn. 19; Schmitt in Meyer-Goßner/Schmitt Rn. 13; noch weitergehend Geerds ArchKrim 199 (1997), 75 (77); zurückhaltender dagegen Eisenberg BeweisR StPO Rn. 1954 „am ehesten".

193 Im Ergebnis Hdamitzky in KK-StPO Rn. 6.

194 Kimpel ArchKrim 179 (1987), 45 (55); so auch Geerds MedR 1984, 172 (174 Fn. 23).

195 Dähn JZ 1978, 640 (641).

196 Dass dieser wie Geerds ArchKrim 199 (1997), 75 (77) ausführt „nicht selten" sei, dürfte wohl kaum den tatsächlichen Gegebenheiten entsprechen.

197 Kimpel ArchKrim 179 (1987), 45 (55).

198 Vgl. hierzu Neuhaus in HK-GS Rn. 5; Neubeck in KMR-StPO Rn. 12; Krause in Löwe/Rosenberg Rn. 20; Schmitt in Meyer-Goßner/Schmitt Rn. 13; Eisenberg BeweisR StPO Rn. 1954, ohne dass ersichtlich wäre, warum die Art des Deliktes hieran etwas ändern sollte.

199 Krause in Löwe/Rosenberg Rn. 22.

200 Krause in Löwe/Rosenberg Rn. 19.

201 Rieß/Hilger NStZ 1987, 145 (148).

202 Brauer in Gercke/Julius/Temming/Zöller Rn. 14; Dähn JZ 1978, 640 (642).

203 So aber Krause in Löwe/Rosenberg Rn. 19; Rogall in SK-StPO Rn. 29 mit Einschränkungen.

sondern auch vom weiteren Prozessverhalten des Beschuldigten und des Verteidigers. Letzteres genügt nicht,[204] weil ein richterliches Protokoll nach dieser Vorschrift ohnehin nur zum Teil verlesen werden kann (→ Rn. 44). Der Richter prüft den Antrag gem. § 162 Abs. 2 nur auf seine rechtliche Zulässigkeit, nicht auf Zweckmäßigkeit.[205] Dies gilt selbst dann, wenn seine Teilnahme, wie in der Regel absehbar, keinen nennenswerten Beitrag zur Sachaufklärung leisten kann.[206] Ihm obliegt die Leitung der Untersuchung, auch wenn der Staatsanwalt ebenfalls teilnimmt.[207] Hinsichtlich der Zuständigkeit gelten die gleichen Grundsätze wie bei der Leichenschau (→ Rn. 11) mit der Maßgabe, dass es sich regelmäßig anbieten wird, den Antrag auf Teilnahme nach Abs. 2 S. 6 mit demjenigen auf Anordnung nach Abs. 4 S. 1 zu verbinden.

29 Die **Anwesenheitsrechte weiterer Personen** und die Gestattung der Teilnahme entsprechen denjenigen bei der Leichenschau (→ Rn. 13).[208] Die ganz hM geht indessen davon aus, Beschuldigter und Verteidiger hätten kein Recht auf Anwesenheit. Selbst bei Mitwirkung des Richters wird § 168d für nicht einschlägig gehalten,[209] da es sich um keine Augenscheinseinnahme handle.[210] Diese Ansicht vermag allerding nicht zu überzeugen. § 87 Abs. 2 enthält keine abschließende Sonderregelung hinsichtlich der Befugnis zur Teilnahme an der Obduktion.[211] Die Vorschrift schreibt vielmehr teils zwingend, teils fakultativ nur die Anwesenheit bestimmter Personen vor, um die Qualität der Durchführung und Dokumentation dieser wichtigen Ermittlungsmaßnahme zu sichern. Dadurch werden die allgemeinen Vorschriften nicht tangiert. Zumindest soweit es seine eigenen sinnlichen Wahrnehmungen betrifft, nimmt der Richter aber unzweifelhaft einen Augenschein ein (→ Rn. 17). Schon das legt die Anwendung des § 168d Abs. 1 nahe.[212] Daran ändert sich nichts, weil in Person der Ärzte Sachverständige hinzugezogen werden und die Ermittlungshandlung mithin auch – oder sogar vorwiegend – in deren Vernehmung besteht,[213] denn von dieser Variante geht schon § 168d Abs. 2 S. 1 explizit aus. Selbst wenn man in der Vernehmung des Sachverständigen den eigentlichen Schwerpunkt sehen wollte, so würde dies zur Anwendung des § 168c Abs. 2 führen, der die grundsätzliche Anwesenheitsberechtigung von Beschuldigtem und Verteidiger vorsieht. Vor diesem Hintergrund ist auch nach pflichtgemäßem Ermessen zu entscheiden, ob einem vom Beschuldigten benannten Privatgutachter die Teilnahme zu gestatten ist,[214] wenn keine Behinderung der Untersuchung zu besorgen ist (§ 168d Abs. 2 S. 2). Wird ein dahingehender Antrag des Beschuldigten abgelehnt, steht ihm bei der Leichenöffnung im Beisein des Richters die Möglichkeit der Selbstladung nach § 168d Abs. 1 S. 1 offen.[215]

---

204 Brauer in Gercke/Julius/Temming/Zöller Rn. 14; Neubeck in KMR-StPO Rn. 13; Schmitt in Meyer-Goßner/Schmitt Rn. 14.

205 Hadamitzky in KK-StPO Rn. 6; Neubeck in KMR-StPO Rn. 13; Schmitt in Meyer-Goßner/Schmitt Rn. 14.

206 Vgl. hierzu schon Dähn JZ 1975, 640 (641); H.-A. Schmidt DRiZ 1967, 76.

207 Krause in Löwe/Rosenberg Rn. 20; Geerds ArchKrim 199 (1997), 75 (78).

208 Eisenberg BeweisR StPO Rn. 1956 sieht bei Anwesenheit der Ermittlungsbeamten „mitunter möglicherweise" die „Gefahr der Beeinflussung", ohne dass allerdings ersichtlich wäre, worin diese bestehen könnte, da sie auch ansonsten nach der Natur der Sache ohnehin den direktesten und unmittelbarsten Zugang zu den Ermittlungsergebnissen haben. Geerds ArchKrim 199 (1997), 75 (78); Kimpel ArchKrim 179 (1987), 45 (55) gehen dagegen zu Recht von Zweckmäßigkeit und uU sogar Notwendigkeit der Beiziehung aus.

209 Brauer in Gercke/Julius/Temming/Zöller Rn. 15; Neubeck in KMR-StPO Rn. 16; Schmitt in Meyer-Goßner/Schmitt Rn. 15; Beukelmann in Radtke/Hohmann Rn. 8.

210 Goers in BeckOK StPO Rn. 13; Hdamitzky in KK-StPO Rn. 7; nach Krause in Löwe/Rosenberg Rn. 28 „keine eigentliche Augenscheinseinnahme".

211 Rogall in SK-StPO Rn. 31.

212 Im Ergebnis auch Eisenberg BeweisR StPO Rn. 1956.

213 So aber Goers in BeckOK StPO Rn. 13.

214 Brauer in Gercke/Julius/Temming/Zöller Rn. 15; Neubeck in KMR-StPO Rn. 16; Krause in Löwe/Rosenberg Rn. 28; Schmitt in Meyer-Goßner/Schmitt Rn. 15; Beukelmann in Radtke/Hohmann Rn. 8; Eisenberg BeweisR StPO Rn. 1956; aA Rogall in SK-StPO Rn. 31 Anwesenheit muss gestattet werden.

215 Vgl. Dallmeyer in Alsberg Beweisantrag Rn. 608 zur Leichenschau.

e) Protokollierung. Die Ergebnisse der Leichenöffnung werden vom Staatsanwalt in einem **Aktenvermerk** nach § 168b Abs. 1 oder, falls sie im Beisein des Richters stattfindet, von diesem in einem **Protokoll** gem. §§ 86, 168, 168a festgehalten (→ § 168 Rn. 4; → § 168a Rn. 5).[216] Es gelten insoweit dieselben Grundsätze wie bei der Leichenschau (→ Rn. 14 f.). In die Aufzeichnung müssen aber auf jeden Fall die sachverständigen Stellungnahmen der sezierenden Ärzte aufgenommen werden.[217] Es handelt sich somit um ein gemischtes Protokoll, das neben der Beurkundung des richterlichen Augenscheins diejenige einer Vernehmung enthält.[218] Die Ärzte fertigen ihrerseits ein **Sektionsprotokoll** von der Leichenöffnung.[219] 30

3. Ausgrabung einer Leiche nach Abs. 3. Allgemein wird unter **Exhumierung** die Ausgrabung einer Leiche oder Urne im Zusammenhang mit einer rechtsmedizinischen Untersuchung, regelmäßig einer Obduktion, verstanden.[220] Nach § 87 Abs. 3 kann die Enterdigung einer Leiche[221] sowohl zum Zwecke der Durchführung einer Leichenschau gem. Abs. 1 als auch einer Leichenöffnung gem. Abs. 2 vorgenommen werden.[222] Sie kommt in der Praxis eher selten vor[223] wegen der damit verbundenen großen Betroffenheit der Angehörigen des Verstorbenen und des großen Aufwands. Bereits während der Enterdigung sollte, um eine sachkundige Befundaufnahme zu gewährleisten, der Obduzent (Nr. 34 S. 1 RiStBV) und bei Verdacht einer Vergiftung ein chemischer Sachverständiger anwesend sein (Nr. 34 Abs. 3 RiStBV).[224] 31

Es handelt sich um eine Maßnahme, die tief in das Totensorgerecht der Angehörigen eingreift und bei diesen häufig auf erhebliche Vorbehalte stößt, vor allem wegen der damit verbundenen psychischen Belastungen.[225] Die Prüfung der **Erforderlichkeit und Verhältnismäßigkeit** erfordert daher besondere Berücksichtigung der entsprechenden Umstände.[226] Diese erfolgt ansonsten nach den Grundsätzen derjenigen Ermittlungshandlungen, zu deren Ermöglichung die Ausgrabung vorgenommen wird, nämlich der Leichenschau und der Leichenöffnung. Zu beachten ist, dass eine Untersuchung der Leiche selbst nach langen Liegezeiten noch zuverlässige Ergebnisse liefern kann,[227] weswegen sie im Zweifelsfall – wenn nach Ausschöpfung anderer Ermittlungsansätze Fragen offen bleiben – vorgenommen werden sollte.[228] Sie kann auch zur Entlastung eines Tatverdächtigen beitragen.[229] 32

Der **Umfang** der Anordnung erstreckt sich nicht auf den bloßen faktischen Vorgang der Ausgrabung selbst. Daher ist der Ansicht nicht zu folgen, es sei daneben eine förmliche Beschlagnahme nach § 94 Abs. 2, § 98 erforderlich, falls die Angehörigen die Leiche nicht freiwillig zur Verfügung stellen.[230] Zwar haben sie nach der Beerdigung in Ausübung ihres 33

---

216 Krause in Löwe/Rosenberg Rn. 29.
217 Neubeck in KMR-StPO Rn. 17.
218 Schmidt StPO II Rn. 6; Brauer in Gercke/Julius/Temming/Zöller Rn. 16; Rogall in SK-StPO Rn. 33.
219 Beukelmann in Radtke/Hohmann Rn. 7.
220 Breitmeier ua Kriminalistik 2003, 611.
221 Nach Eisenberg BeweisR StPO Rn. 1959 auch einer Urne.
222 Krause in Löwe/Rosenberg Rn. 31.
223 Hoppmann Kriminalistik 2011, 463; Breitmeier ua Kriminalistik 2003, 611 (612) kamen bei einer Studie, die mehrere Landgerichtsbezirke über einen Zeitraum von 19 Jahren erfasste, zu dem Ergebnis, dass 0,64 % der insgesamt vorgenommenen Sektionen eine Exhumierung vorausging, wobei auch solche auf Antrag von Berufsgenossenschaften enthalten waren. Andererseits führen Brinkmann/Püschel MedR 1991, 233 (235) aus, die Exhumierungsrate in Deutschland sei im internationalen Vergleich „extrem hoch".
224 Goers in BeckOK StPO Rn. 15; Eisenberg BeweisR StPO Rn. 1959.
225 Brinkmann/Püschel MedR 1991, 233 (235); vgl. auch das anschauliche Fallbeispiel bei Hoppmann Kriminalistik 2011, 463 (464).
226 LG Waldshut 8.2.1972 – 2 Qs 24/72, NJW 1972, 1148 (1149); Rogall in SK-StPO Rn. 42.
227 Vgl. Hoppmann Kriminalistik 2011, 463 (466 f.) für eine Untersuchung auf eine Vergiftung nach zwei Jahren Liegezeit.
228 Breitmeier ua Kriminalistik 2003, 611 (615).
229 Vgl. wiederum das Fallbeispiel bei Hoppmann Kriminalistik 2011, 463 (466 f.).
230 So aber Breitmeier ua Kriminalistik 2003, 611 (611 f.).

Totensorgerechts Gewahrsam iSd § 94 Abs. 2 erlangt; dennoch führt die teleologische Auslegung des § 87 Abs. 3 zu einem anderen Ergebnis. Die Ausgrabung ist schon vom Wortlaut der Vorschrift her auf die Ermöglichung einer weitergehenden Untersuchung des Leichnams in Form der Leichenschau oder Leichenöffnung angelegt. Der Intention des Gesetzes kann mithin nur entsprochen werden, wenn auch die Verbringung an den Ort, an dem diese weitergehenden Ermittlungshandlungen vorzunehmen sind, als Annex erfasst wird. Ohne Weiteres erschließt sich dies vor allem für den Fall der Leichenöffnung, die sachgerecht nur in Sektionsräumen durchgeführt werden kann (→ Rn. 21). Da es sich insoweit um eine eigenständige Maßnahme iSd § 87 Abs. 2 handelt, ist für Letztere allerdings ein gesonderter Ausspruch notwendig. Zum Umfang der Exhumierung selbst gehören indessen die nach Nr. 34 S. 2 und 3 RiStBV zu entnehmenden Gegenstände und Proben bei Verdacht einer Vergiftung.

34 **4. Anordnung nach Abs. 4. a) Leichenschau.** Die Leichenschau ordnet grundsätzlich der **Staatsanwalt** an.[231] Einer richterlichen Entscheidung bedarf es nicht.[232] Dies ergibt ein Umkehrschluss aus § 87 Abs. 4 S. 1, der eine solche nur für die Maßnahmen nach Abs. 2 und 3 vorsieht.[233] Eine explizite Entschließung wird schon nach dem Wortlaut des § 87 Abs. 1 S. 1 nicht gefordert. Vielmehr ist diese konkludent in der Vornahme der Ermittlungshandlung zu sehen. Der **Richter** kann sie nur ausnahmsweise anordnen und ohne Antrag der Staatsanwaltschaft nach § 87 Abs. 1 S. 1 durchführen, sofern die Voraussetzungen des § 165 vorliegen.[234]

35 **b) Leichenöffnung und Ausgrabung.** § 87 Abs. 4 S. 1 statuiert für Leichenöffnung und Ausgrabung einen **Richtervorbehalt.** Örtlich zuständig für die Anordnung ist nach § 162 Abs. 1 S. 1 im Ermittlungsverfahren das Amtsgericht am Sitz der Staatsanwaltschaft.[235] Der Ermittlungsrichter überprüft den Antrag der Staatsanwaltschaft[236] nach § 162 Abs. 2 nur unter dem Gesichtspunkt der gesetzlichen Zulässigkeit, wozu die Verhältnismäßigkeit rechnet,[237] nicht jedoch unter dem der Zweckmäßigkeit.[238] Ergibt sich die Notwendigkeit der Maßnahme in einem späteren Verfahrensstadium, was in erster Linie bei der Ausgrabung in Betracht kommen kann, so beschließt hierüber das mit der Sache befasste Gericht[239] iSd § 162 Abs. 3. Bei Vorliegen einer richterlichen Anordnung fehlt es den ausführenden Polizeibeamten und Sachverständigen regelmäßig am Vorsatz hinsichtlich eines unbefugten Handelns iSd § 168 Abs. 1 StGB.[240]

36 Für die **Staatsanwaltschaft,** nicht jedoch für die Ermittlungsbeamten, besteht bei Gefahr im Verzug eine Eilentscheidungsbefugnis. Hinsichtlich der Anordnung nach Abs. 2 kann diese nicht schon deswegen angenommen werden, weil der Erlass des Gerichtsbeschlusses nicht sofort ergeht, sondern Zeit in Anspruch nimmt. Hier ist eine vorläufige Sicherung des Zustandes durch Beschlagnahme des Leichnams möglich (→ Rn. 22). Eine Notsituation ist nur dann gegeben, wenn die Ermittlungshandlung selbst nicht aufgeschoben werden kann, ohne dass Beweismittelverlust droht. Das kommt in Betracht, wenn der Zustand der Leiche oder die Notwendigkeit einer sofortigen Aufklärung der Todesursache

---

[231] Kimpel ArchKrim 179 (1987), 45 (52).

[232] Schmitt in Meyer-Goßner/Schmitt Rn. 4; Rogall in SK-StPO Rn. 7 und 38; Lampe NJW 1975, 195 (197).

[233] Krause in Löwe/Rosenberg Rn. 10.

[234] Hadamitzky in KK-StPO Rn. 3.

[235] BGH 28.3.2018 – 2 ARs 97/18, NStZ-RR 2018, 185 (186); der frühere Streit um die Maßgeblichkeit von Sektionsort oder dem Ort, an dem sich die Leiche befindet (vgl. hierzu Eisenberg BeweisR StPO Rn. 1953) ist durch Neufassung des § 162 Abs. 1 StPO erledigt; s. aber Schmitt in Meyer-Goßner/Schmitt Rn. 10; Rogall in SK-StPO Rn. 40, die § 162 Abs. 1 S. 3 für anwendbar halten.

[236] Die Eilentscheidungsbefugnis des Richters nach § 165 ist praktisch bedeutungslos.

[237] Koch NJW 1968, 1316 (1317).

[238] LG Waldshut 8.2.1972 – 2 Qs 24/72, NJW 1972, 1148; LG Gießen 15.4.2015 – 7 Qs 58/15, juris Rn. 8; AG Bremerhaven 29.9.1971 – 4 Qs 257/71, MDR 1972, 259.

[239] Neubeck in KMR-StPO Rn. 18; Krause in Löwe/Rosenberg Rn. 32.

[240] OLG Stuttgart 20.3.2017 – 1 Ws 36/17, BeckRS 2017, 155793 Rn. 9.

die sofortige Untersuchung gebieten.[241] Hinsichtlich der Exhumierung ist eine Situation der Gefahr im Verzug allerdings praktisch kaum denkbar.[242] Sie bedarf sorgfältiger Vorbereitung. Im Übrigen liegt regelmäßig eine längere Entscheidungsphase zwischen dem Auftreten des Erstverdachts auf eine strafbare Handlung oder des Bedürfnisses weitergehender Aufklärung und dem Zeitpunkt, in dem die Verdachtslage ein „kritisches Gewicht" überschreitet, das letztlich zur Antragstellung führt.[243]

Eine bestimmte **Form** ist für die richterliche Entscheidung nicht ausdrücklich vorgeschrieben. Sie ist aber, da mit der Beschwerde anfechtbar (→ Rn. 46), nach § 34 zu begründen.[244] Das gilt auch für die Beschlagnahmeanordnung,[245] sofern eine solche für erforderlich gehalten wird (hierzu → Rn. 21). Dabei genügen lediglich formelhafte Ausführungen nicht, insbesondere dann nicht, wenn sie sich in der bloßen Wiedergabe des Gesetzestextes oder der nicht natürlichen oder ungeklärten Todesart erschöpfen.[246] Die Anordnung ist nach § 35, regelmäßig durch formlose Mitteilung nach Abs. 2 S. 2, bekannt zu machen und der Staatsanwaltschaft gem. § 36 Abs. 2 S. 1 zur Ausführung zu übergeben. Hieraus zeigt sich, dass für den gerichtlichen Beschluss nur die Schriftform in Betracht kommt. 37

Eine (formlose) **Benachrichtigung der Angehörigen,** zu denen der in § 52 Abs. 1 genannte Personenkreis rechnet,[247] sieht § 87 Abs. 4 S. 2 für die Anordnung der Exhumierung unter den genannten Einschränkungen ausdrücklich vor. Keine besonderen Schwierigkeiten zu deren Ermittlung stellen Befragungen von Auskunftspersonen nach Name und Aufenthaltsort oder Einwohnermeldeamtsanfragen dar.[248] Ausschreibungen oder sonstige besondere Maßnahmen sind dagegen nicht erforderlich.[249] Ob eine Gefährdung des Untersuchungszwecks zu besorgen ist, entscheidet der Richter nach pflichtgemäßem Ermessen.[250] Das kann vor allem dann angenommen werden, wenn der Angehörige selbst der Tat verdächtig ist oder die Befürchtung besteht, er werde tatverdächtige Personen unterrichten.[251] Sind die entsprechenden Umstände für den Richter nicht abschließend zu beurteilen, kann er die Anordnung mit dem Vorbehalt einer Anhörung iSd Abs. 4 S. 2 versehen und die weitere Ausführung der Staatsanwaltschaft überlassen.[252] Werden Teile der Leiche abgetrennt oder entnommen sind die Angehörigen auf die Möglichkeit einer Nachbestattung hinzuweisen (Nr. 35 Abs. 3 RiStBV). 38

Darüber hinaus nimmt die hM, größtenteils gestützt auf § 33 Abs. 3, an, es bestünde eine, zwar an keine bestimmte Form gebundene, aber **generelle Anhörungspflicht** gegenüber den Totensorgeberechtigten (auch) vor Anordnung der Leichenöffnung, von der nur bei Gefährdung des Untersuchungszwecks abgesehen werden dürfe (§ 33 Abs. 4 S. 1).[253] Die Erklärung des Angehörigen sei aktenkundig zu machen.[254] Diese Ansicht vermag nicht 39

[241] Neubeck in KMR-StPO Rn. 11; Krause in Löwe/Rosenberg Rn. 18; Schmitt in Meyer-Goßner/Schmitt Rn. 10, Eisenberg BeweisR StPO Rn. 1952.

[242] Goers in BeckOK StPO Rn. 15; Krause in Löwe/Rosenberg Rn. 32; Rogall in SK-StPO Rn. 41; Eisenberg BeweisR StPO Rn. 1959.

[243] Breitmeier ua Kriminalistik 2003, 611.

[244] Eisenberg BeweisR StPO Rn. 1951.

[245] Krause in Löwe/Rosenberg Rn. 17.

[246] BVerfG 18.1.1994 – 2 BvR 1912/93, NJW 1994, 783 (784 f.), bloße Erklärung als „Polizeifall".

[247] Brauer in Gercke/Julius/Temming/Zöller Rn. 17; Hdamitzky in KK-StPO Rn. 8; Krause in Löwe/Rosenberg Rn. 33; nach Struckmann NJW 1964, 2244; Rogall in SK-StPO Rn. 44 der in § 2 Abs. 2 S. 2 FBestG 15.5.1934 (RGBl. I 380) genannte Personenkreis.

[248] Krause in Löwe/Rosenberg Rn. 33.

[249] Schmitt in Meyer-Goßner/Schmitt Rn. 18; Rogall in SK-StPO Rn. 44.

[250] Brauer in Gercke/Julius/Temming/Zöller Rn. 17; Hadamitzky in KK-StPO Rn. 8; Geerds ArchKrim 199 (1997), 75 (82 Fn. 113).

[251] Neuhaus in HK-GS Rn. 7; Neubeck in KMR-StPO Rn. 19; Eisenberg BeweisR StPO Rn. 1959.

[252] Schmitt in Meyer-Goßner/Schmitt Rn. 18; Rogall in SK-StPO Rn. 44.

[253] BVerfG 18.1.1994 – 2 BvR 1912/93, NJW 1994, 783 (784); Struckmann NJW 1964, 2244, jeweils auch unter Heranziehung von Art. 103 Abs. 1 GG; LG Mainz 25.9.2001 – 5 Qs 73/01, NStZ-RR 2002, 43 (44); Brauer in Gercke/Julius/Temming/Zöller Rn. 10; Hadamitzky in KK-StPO Rn. 4; Schmitt in Meyer-Goßner/Schmitt Rn. 9; Krause in Löwe/Rosenberg Rn. 17; Rogall in SK-StPO Rn. 43.

[254] Koch NJW 1965, 528.

zu überzeugen. Für die Exhumierung wäre die Vorschrift des § 87 Abs. 4 S. 2 überflüssig, würde man die vorherige Anhörung nach § 33 Abs. 3 für notwendig halten. Denn unter dieser Voraussetzung wäre ihnen als Betroffenen die Entscheidung schon nach § 35 Abs. 1 oder Abs. 2 S. 2 bekannt zu machen. Die Sonderregelung des § 87 Abs. 4 S. 2 führt daher zu dem Umkehrschluss, dass in anderen Fällen des § 87 eine Anhörung gerade nicht durchgeführt werden muss, was sich auch mit § 33 Abs. 4 S. 2 deckt.[255] Bei Beschlagnahme des Leichnams, gilt dies indes nicht, da die Vorschrift keine Spezialregelung für §§ 94, 98 darstellt. Auch ansonsten sollten die Angehörigen aber bei vertretbarem Aufwand aus Gründen der Rücksichtnahme in angemessener Form über die Vorgehensweise bei der Maßnahme und deren Umfang informiert werden.[256]

40 **5. Beweisgrundsätze. a) Personalbeweis.** Die Vorgänge und Ergebnisse von Maßnahmen nach § 87 können durch Vernehmung der daran teilnehmenden Personen in die Hauptverhandlung eingeführt werden. Staatsanwalt, Richter und Kriminalbeamte müssen dazu, sofern es für die Entscheidung darauf ankommt, über ihre Wahrnehmungen bei Leichenschau[257] und Leichenöffnung[258] wegen § 250 als **Zeugen** vernommen werden. Der Staatsanwalt darf dann zumindest hinsichtlich dieses Teils der Hauptverhandlung weder die Sitzungsvertretung wahrnehmen noch im Schlussvortrag hierzu ausführen.[259]

41 Werden Ärzte nach § 87 Abs. 1 S. 1 zur Leichenschau zugezogen, treffen sie ihre diesbezüglichen Feststellungen, die auch in bloßen Wahrnehmungen bestehen können, als **Sachverständige** (→ Rn. 4). Sie sind in der Hauptverhandlung demnach als solche zu hören. Ebenfalls in vollem Umfang dem Sachverständigenbeweis unterfallen die Obduzenten iSd Abs. 2 S. 1 und 2, und zwar auch hinsichtlich der Erhebung und Mitteilung des Befundes (→ § 85 Rn. 10).[260] Sind unter Berücksichtigung der Aufklärungspflicht zuverlässige Feststellungen durch die Vernehmung nur eines der Ärzte zu treffen,[261] so ist dies ausreichend. Der allgemeine Grundsatz des § 73 Abs. 1 S. 1 wird durch § 87 nicht eingeschränkt.[262] Auch Chemiker (vgl. Nr. 34 S. 2 RiStBV), elektrotechnische (Nr. 36 Abs. 2 S. 2 RiStBV) oder sonstige Sachverständige sind als solche in der Hauptverhandlung zu vernehmen. Dies gilt nicht nur hinsichtlich ihrer außerhalb der Leichenöffnung getroffenen Feststellungen anhand von dabei erhobenen Proben und Leichenteilen oder ärztlichen Befunden, sondern bereits für ihre eigenen Feststellungen bei dieser Untersuchungshandlung selbst (→ Rn. 17).

42 Als **sachverständiger Zeuge** ist hingegen derjenige Arzt anzusehen, der die Leichenschau nach Bestattungsrecht vornahm.[263] Werden die Erkenntnisse des nach Abs. 2 S. 4 zur Leichenöffnung hinzugezogenen behandelnden Arztes in die Hauptverhandlung eingeführt, so geschieht dies gleichfalls in dieser Funktion. Da sich das in § 87 Abs. 2 S. 3 ausgesprochene Verbot der Beiziehung bei engem Wortlautverständnis nur auf die Leichenöffnung selbst bezieht, kann er nach der hM in der Hauptverhandlung auch über die dortigen Vorgänge

---

255 Czerner ArchKrim 226 (2010), 1 (15–18); ähnlich Haehling v. Lanzenauer Kriminalistik 1993, 379 (380).

256 Vgl. OLG Karlsruhe 26.7.2001 – 9 U 11/01, NJW 2001, 2808 (2809); LandtagSH-Drs. 15/1151, 4; Brinkmann/Püschel MedR 1991, 233 (237).

257 Geerds MedR 1984, 172 (174 Fn. 23); Dallmeyer in Alsberg Beweisantrag Rn. 396 für Staatsanwalt und Polizeibeamte; sowie Krause in Löwe/Rosenberg Rn. 8; Rogall in SK-StPO Rn. 5; Janeztke DRiZ 1957, 232, jeweils für Staatsanwalt und Richter.

258 Neubeck in KMR-StPO Rn. 21; Dähn JZ 1978, 640 (641) jeweils für Staatsanwalt und Richter.

259 Neuhaus in HK-GS Rn. 2; vgl. auch BGH 31.7.2018 – 1 StR 382/17, JR 2019, 160 (161 f.) mAnm Stuckenberg; BGH 19.9.2019 – 1 StR 235/19, NStZ 2020, 180 (180 f.) jeweils mwN zur früher teilweise leicht abweichenden Rspr., nunmehr § 22 Nr. 5 analog mit der Folge eines relativen Revisionsgrundes nach §§ 337, 258 Abs. 1.

260 BGH 12.1.1956 – 3 StR 420/55, JurionRS 1956, 12263; 2.4.2008 – 2 StR 621/07, BeckRS 2008, 07343 Rn. 8; vgl. auch BGH 18.7.2001 – 3 StR 211/01, BeckRS 2013, 30194101; aA Neubeck in KMR-StPO Rn. 20 f., hinsichtlich Wahrnehmungen bei Obduktion als (sachverständige) Zeugen.

261 BGH 12.1.1956 – 3 StR 420/55, JurionRS 1956, 12263; nach Krause in Löwe/Rosenberg Rn. 29; Rogall in SK-StPO Rn. 34 jedenfalls bei übereinstimmenden Erkenntnissen.

262 RG 29.3.1928 – 2 D 240/28, bei Drucker/Alsberg JW 1929, 113 (113 f.) mzustAnm. Oetker.

263 LG Berlin 28.9.1998 – 534 Qs 103/98, NStZ 1999, 86.

als Sachverständiger vernommen werden (→ Rn. 26). Das erscheint aber zumindest bedenklich und mit dem Gesetzeszweck nur schwer vereinbar.[264] Eine vollkommen unbefangene Bewertung, die allerdings mit den Vorschriften des § 87 Abs. 2 S. 1–4 gewährleistet werden soll, kann von ihm nicht ohne Weiteres erwartet werden. Selbst wenn man der hM folgen will, ist daher eine genaue Prüfung unerlässlich und er sollte bei selbst geringen verbleibenden Zweifeln an seiner Neutralität nicht mit der Erstattung eines Gutachtens beauftragt werden.

Die Frage, inwieweit den teilnehmenden Ärzten, vor allem in der Hauptverhandlung, 43
ein **Zeugnisverweigerungsrecht** zusteht, ist im Hinblick auf ihre verfahrensrechtliche Funktion zu beantworten, in der sie tätig wurden. Diejenigen, die nach § 87 Abs. 1 zur Leichenschau oder nach Abs. 2 S. 1 und 2 zur Vornahme der Leichenöffnung zugezogen wurden, haben als Sachverständige nach den § 76 Abs. 1, § 53 Abs. 1 S. 1 Nr. 3 kein Zeugnisverweigerungsrecht hinsichtlich ihrer dabei gemachten Feststellungen und Befunde (→ § 76 Rn. 7).[265] Da sie kraft gesetzlichen und behördlichen Auftrags handeln, greift § 53 Abs. 1 S. 1 Nr. 3 mangels schutzwürdigen Vertrauensverhältnisses zudem nicht für den Arzt, der die Leichenschau nach landesrechtlichem Leichenschauwesen durchgeführt hat,[266] oder den Pathologen nach einer Verwaltungssektion,[267] sofern dessen Vernehmung erforderlich ist. Gleich einzustufen ist dementsprechend der behandelnde Arzt, der nach § 87 Abs. 2 S. 4 zur Teilnahme an der Obduktion verpflichtet wird, in Bezug auf seine diesbezüglichen Wahrnehmungen und deren Bewertung. Etwas Anderes gilt für seine Erkenntnisse aus der noch zu Lebzeiten erfolgten Behandlung des Verstorbenen. Insoweit ist er zur Auskunft nicht verpflichtet.[268] Das Entbindungsrecht geht auch nicht auf die Erben über.[269] Für die Ermittlungsbehörden kann jedoch ein Bedürfnis an Aufklärung dieser Umstände bestehen, um die Frage nach einer Fremdeinwirkung als Todesursache zu erhellen. Dann wird häufig von einer mutmaßlichen Einwilligung des Verstorbenen auszugehen sein, die dem Arzt deren Offenbarung erlaubt.[270] Ggf. kann ihm ein Auskunftsverweigerungsrecht nach § 55 zustehen,[271] insbesondere bei Verdacht eines Behandlungsfehlers.[272]

b) Urkundenbeweis. Das **richterliche Protokoll** der Leichenschau[273] und der Lei- 44
chenöffnung[274] kann – im Gegensatz zu den von der Staatsanwaltschaft gefertigten Aktenvermerken[275] – nach § 249 Abs. 1 S. 1 in der Hauptverhandlung verlesen werden, soweit es das Ergebnis des richterlichen Augenscheins wiedergibt. Etwas anderes gilt für den Fall, dass die Beurkundung der Leichenschau Vernehmungen anwesender Personen als Zeugen oder des mitwirkenden Arztes als Sachverständigen enthält (→ § 86 Rn. 24).[276] Das Protokoll der Leichenöffnung ist dann grundsätzlich zugleich ein Vernehmungsprotokoll hinsicht-

264 Rogall in SK-StPO Rn. 23 f. hält dies deswegen für unzulässig.
265 Roebel/Wenk/Parzeller Rechtsmedizin 19 (2009), 37 (47).
266 LG Berlin 28.9.1998 – 534 Qs 103/98, NStZ 1999, 86; Spann/Maidl MedR 1985, 59; aA Krause in Löwe/Rosenberg Rn. 13 für den behandelnden Arzt; Dettmeyer/Madea NStZ 1999, 605 (607) nur hinsichtlich der in der Todesbescheinigung anzugebenden Todesart kein Zeugnisverweigerungsrecht; unentschieden dagegen Roebel/Wenk/Parzeller Rechtsmedizin 19 (2009), 37 (46 f.).
267 Schneider Kriminalistik 1981, 282 (285).
268 Neubeck in KMR-StPO Rn. 15; Krause in Löwe/Rosenberg Rn. 13 und 26, die dies allerdings auch auf die bei der Leichenöffnung bekannt gewordenen Umstände erstrecken.
269 BGH 22.3.2012 – 1 StR 359/11, BeckRS 2012, 09450 Rn. 28; RG 17.11.1936 – 1 D 793/36, RGSt 71, 21 (22); OLG Naumburg 9.12.2004 – 4 W 43/04, NJW 2005, 2017 (2018).
270 OLG Naumburg 9.12.2004 – 4 W 43/04, NJW 2005, 2017 (2018 f.); Dettmeyer/Madea NStZ 1999, 605 (607).
271 Schmidt StPO II Rn. 11; Neubeck in KMR-StPO Rn. 15; Krause in Löwe/Rosenberg Rn. 26.
272 Rogall in SK-StPO Rn. 24; vgl. auch Madea/Dettmeyer DÄBl 2003, A3161 (3166) zum entsprechend anwendbaren Auskunftsverweigerungsrecht des behandelnden Arztes gegenüber dem Leichenschauarzt nach Landesrecht.
273 RG 8.5.1880 – Rep. 1099/80, RGSt 2, 153 (159).
274 RG 8.5.1880 – Rep. 1099/80, RGSt 2, 153 (159); Krause in Löwe/Rosenberg Rn. 29; Schmitt in Meyer-Goßner/Schmitt Rn. 16; Dähn JZ 1978, 640 (641); H.-A. Schmidt DRiZ 1967, 76 (77).
275 Dähn JZ 1978, 640 (641).
276 RG 9.7.1919 – V 238/19, RGSt 53, 348 f.

lich der sachverständigen Bekundungen der ausführenden Ärzte. Diesbezüglich könnte eine Verlesung nur unter den Voraussetzungen der §§ 251, 253 erfolgen.[277]

45 Das von den Ärzten gefertigte **Sektionsprotokoll** ist nach § 256 Abs. 1 Nr. 1a und 1c verlesbar, wenn die Obduktion – was unter den Gesichtspunkten der zuverlässigen Sachaufklärung und der späteren Einführung in die Hauptverhandlung durchaus empfehlenswert ist (→ Rn. 25) – von zwei Ärzten vorgenommen wird, die beide die Voraussetzungen dieser Vorschrift erfüllen, und sofern beide unterzeichnet haben.[278] Für den Fall, dass nur bei einem Arzt die entsprechende rechtliche Qualifikation vorliegt, beide Obduzenten aber zum übereinstimmenden Ergebnis gelangen, wird dies gleichfalls angenommen.[279] Hierfür spricht der Normzweck des § 256 Abs. 1. Die besondere Autorität, die sich aus der Herkunft der Stellungnahme ableitet (→ § 256 Rn. 8),[280] würde gerade nicht durch die Mitwirkung einer weiteren Person in Frage gestellt, sondern durch deren abweichende Einschätzung.

III. Beschwerde

46 Gegen die Anordnung der Leichenöffnung und die Beschlagnahme der Leiche steht den totensorgeberechtigten Angehörigen das Rechtsmittel der Beschwerde nach **§ 304** zu.[281] Die ablehnende Entscheidung kann von der Staatsanwaltschaft angefochten werden.[282]

IV. Revision

47 Nach überwiegender Ansicht stellen Verstöße gegen die verschiedenen Regelungen des § 87 grundsätzlich **keine revisiblen Verfahrensfehler** dar. Dies gilt selbst dann, wenn die Leichenöffnung entgegen Abs. 2 S. 1 von nur einem Arzt vorgenommen oder die Auswahlvorgabe des Abs. 2 S. 2 missachtet wurde.[283] Grund ist hierfür, dass § 87 selbst kein Verwertungsverbot enthält, und die entsprechenden Fehler bei der Beweisgewinnung nach gefestigter Rechtsprechung nur über die Abwägung zwischen den schutzwürdigen Belangen des Betroffenen und dem Interesse der Allgemeinheit an einer funktionsfähigen Strafrechtspflege und effektiven Strafverfolgung auf die Beweisverwertung durchschlagen können (s. auch → Einl. Rn. 460).[284] Ein Beweisverwertungsverbot kommt unter diesem Gesichtspunkt in erster Linie bei bewussten oder willkürlichen Verfahrensverstößen in Betracht, bei denen die gesetzlichen Vorgaben durch die Ermittlungsbehörden planmäßig oder systematisch außer Acht gelassen worden sind.[285] Darüber hinaus wird von einem Teil der Literatur angenommen, die Mitwirkung eines nach Abs. 2 S. 3 ausgeschlossenen Arztes könne die Revision nicht begründen.[286] Entgegen der abweichenden Ansicht[287] wird das Obduktionsergebnis hierdurch jedoch auch nicht ohne wei-

[277] BGH 21.9.2000 – 1 StR 634/99, Becker NStZ-RR 2001, 257 (262); Senge in KK-StPO Rn. 7; vgl. auch schon RG 8.5.1880 – Rep. 1099/80, RGSt 2, 153 (159); 9.7.1919 – V 238/19, RGSt 53, 348 (349).

[278] BGH 21.9.2000 – 1 StR 634/99, Becker NStZ-RR 2001, 257 (262); Parzeller/Dettmeyer/Bratzke ArchKrim 223 (2009), 1 (6) jeweils für Angehörige eines Rechtsmedizinischen Instituts.

[279] Hadamitzky in KK-StPO Rn. 7.

[280] vgl. auch BGH 3.9.2019 – 3 StR 291/19, NJW 2019, 3736 (3737).

[281] BVerfG 18.1.1994 – 2 BvR 1912/93, NJW 1994, 783 (784); LG Mainz 25.9.2001 – 5 Qs 73/01, NStZ-RR 2002, 43; Eisenberg BeweisR StPO Rn. 1951.

[282] LG Waldshut 8.2.1972 – 2 Qs 24/72, NJW 1972, 1148; LG Gießen 15.4.2015 – 7 Qs 58/15, juris Rn. 5 f.; Maiwald NJW 1978, 561.

[283] Brauer in Gercke/Julius/Temming/Zöller Rn. 18; Hadamitzky in KK-StPO Rn. 9; Neubeck in KMR-StPO Rn. 22; Krause in Löwe/Rosenberg Rn. 34; aA Parzeller/Dettmeyer/Bratzke ArchKrim 223 (2009), 1 (10) für bewusste Missachtung des Abs. 2 S. 2.

[284] BGH 18.1.2011 – 1 StR 663/10, BGHSt 56, 138 Rn. 25; grundlegend BGH 27.2.1992 – 5 StR 190/91, BGHSt 38, 214 (219 f.).

[285] Rogall in SK-StPO Rn. 46; Parzeller/Dettmeyer/Bratzke ArchKrim 223 (2009), 1 (10); ausführlich hierzu Klauck NStZ 2022, 81 (84 f.); allgemein BGH 13.1.2011 – 3 StR 332/10, BGHSt 56, 128 Rn. 20.

[286] Hadamitzky in KK-StPO Rn. 5 und 9; Neubeck in KMR-StPO Rn. 22; Krause in Löwe/Rosenberg Rn. 25 und 34; Beukelmann in Radtke/Hohmann Rn. 9; Rogall in SK-StPO Rn. 25 und 46.

[287] Goers in BeckOK StPO Rn. 17; Neuhaus in HK-GS Rn. 8; Schmitt in Meyer-Goßner/Schmitt Rn. 19; Eisenberg BeweisR StPO Rn. 1962; aA Klauck NStZ 2022, 81 (85 f.) „Beweiswürdigungslösung".

teres unverwertbar. Vielmehr kann nur die fehlerhafte Ablehnung eines in der Hauptverhandlung nach § 74 gestellten Antrages (→ Rn. 26) gerügt werden (→ § 74 Rn. 5 und 22).[288] Ein Verstoß gegen den Richtervorbehalt des § 87 Abs. 4 S. 1 wird, in Anlehnung an die Bewertung vergleichbarer Verstöße bei Blutprobenentnahme und Durchsuchung, bei gezielter oder mutwilliger Kompetenzüberschreitung in gleicher Weise zu behandeln sein.[289] Auf die unterbliebene Benachrichtigung gem. § 87 Abs. 4 S. 2 kann die Revision dagegen nicht gestützt werden, da es sich um eine bloße Ordnungsvorschrift handelt, die den Rechtskreis des Angeklagten nicht berührt.[290] Bei Verfahrensrügen, die in sachlichem Zusammenhang mit der Leichenöffnung stehen, ist es zur Erfüllung der Anforderungen des § 344 Abs. 2 S. 2 erforderlich, den Sektionsbericht mitzuteilen.[291]

Da die Vorschriften über die bei der Obduktion einzuhaltende Vorgehensweise in § 87 Abs. 2 S. 2–4 deren fachlich fundierte und unvoreingenommene Durchführung im Interesse der ordnungsgemäßen Sachaufklärung sichern sollen, sind Abweichungen hiervon nach zutreffender Ansicht bei der Beweiswürdigung zu berücksichtigen.[292] Um dies mit der **Sachrüge** beanstanden zu können, müssen sich entsprechende Umstände allerdings aus den Urteilsgründen ergeben.[293] 48

§ 88 Identifizierung des Verstorbenen vor Leichenöffnung

(1) [1]Vor der Leichenöffnung soll die Identität des Verstorbenen festgestellt werden. [2]Zu diesem Zweck können insbesondere Personen, die den Verstorbenen gekannt haben, befragt und Maßnahmen erkennungsdienstlicher Art durchgeführt werden. [3]Zur Feststellung der Identität und des Geschlechts sind die Entnahme von Körperzellen und deren molekulargenetische Untersuchung zulässig; für die molekulargenetische Untersuchung gilt § 81f Abs. 2 entsprechend.

(2) Ist ein Beschuldigter vorhanden, so soll ihm die Leiche zur Anerkennung vorgezeigt werden.

Schrifttum: Beyser/Pitz/Horn/Hölzl/Rauch, Isotopenanalytik, Kriminalistik 2003, 443; Bohnert, Ordnungsvorschriften im Strafverfahren, NStZ 1982, 5; Brodersen/Anslinger/Rolf, DNA-Analyse und Strafverfahren; Groten/Schmelz, Die Bedeutung der mitochondrialen DNA-Analyse für das Strafverfahren, Kriminalistik 2019, 358; König, Strafprozessuale Änderungen des Gesetzes zur Änderung der Vorschriften über die Straftaten gegen die sexuelle Selbstbestimmung und zur Änderung anderer Vorschriften, Kriminalistik 2004, 262; Rinio, Identifizierung unbekannter Toter mittels DNA-Analyse, Kriminalistik 2004, 187; Schneider/Preinsack/Kayser, Erweiterte forensische DNA-Analyse zur Vorhersage von Aussehen und biogeografischer Herkunft, DÄBl 2019, 873.

Erläuterung

Mit der Identifizierung eines Verstorbenen schreibt **Abs. 1 S. 1** eine Selbstverständlichkeit vor,[1] die schon die Aufklärungspflicht gebietet. Maßgeblicher Gehalt der Norm ist daher, dass die Feststellung der Identität möglichst vor der Leichenöffnung durchgeführt werden soll, mithin bevor Veränderungen an dem Leichnam eintreten können, die dessen 1

[288] BGH 27.11.1995 – 1 StR 614/95, StV 1996, 130; so auch Brauer in Gercke/Julius/Temming/Zöller Rn. 18; Klauck NStZ 2022, 81 (85).
[289] Ausführlich Klauck NStZ 2022, 81 (84 f.).
[290] Hadamitzky in KK-StPO Rn. 8; Krause in Löwe/Rosenberg Rn. 34.
[291] BGH 4.9.2007 – 4 StR 265/07, BeckRS 2007, 14991.
[292] Neubeck in KMR-StPO Rn. 22; Krause in Löwe/Rosenberg Rn. 25; Beukelmann in Radtke/Hohmann Rn. 9.
[293] BGH 27.11.1995 – 1 StR 614/95, StV 1996, 130; weitergehend wohl Hadamitzky in KK-StPO Rn. 9 iS einer Lückenhaftigkeit der Urteilsgründe.
[1] Schmidt StPO II Rn. 1.

Erkennung erschweren.[2] Wie die Formulierung als Sollvorschrift belegt, wird dadurch naturgemäß nicht ausgeschlossen, die Leichenöffnung gerade zum Zwecke der Identifizierung eines unbekannten Toten vorzunehmen (Nr. 33 RiStBV). Andererseits ist es vor dem Hintergrund der Aufklärungspflicht regelmäßig erforderlich, soweit möglich, die Identität schon vor der Leichenschau zu klären[3] oder auch dann, wenn keine Leichenöffnung erfolgen soll.[4]

2 Nach **Abs. 1 S. 2** dürfen die Strafverfolgungsbehörden, sofern die Identität des Verstorbenen nicht ohnehin zweifelsfrei festeht,[5] neben der Befragung von Personen, womit die förmliche Zeugenvernehmung gemeint ist,[6] erkennungsdienstliche Maßnahmen iSd § 81b anordnen und durchführen.[7] Die Aufzählung ist indes, wie sich aus dem Wort „insbesondere" ergibt, nicht abschließend. Als weitere Maßnahmen können daher die Fertigung von Röntgenaufnahmen oder Gebissabdrücken herangezogen werden, um sie mit solchen zu vergleichen, die bereits zu Lebzeiten gefertigt wurden.[8] Bei längerer Liegezeit oder Verstümmelung der Leiche können Techniken der Gesichtsrekonstruktion zur Anwendung kommen.[9] Zur Herkunftsbestimmung unbekannter Toter kann auf anthropologische Untersuchungen oder Isotopenanalytik zurück gegriffen werden. Bei Letzterer handelt es sich um eine Methode, mit der Lebensräume und Migrationsbewegungen früher lebender Menschen bestimmt werden.[10]

3 Durch **Abs. 1 S. 3**[11] wird klargestellt, dass auch eine DNA-Analyse zur Identifizierung des Toten zulässig ist.[12] Wegen des Verweises lediglich auf Abs. 2 des § 81f unterliegt diese Maßnahme keinem Richtervorbehalt. Sie kann daher unter Beachtung der dort vorgeschriebenen Förmlichkeiten (→ § 81f Rn. 11–18) von der Staatsanwaltschaft oder den Ermittlungspersonen angeordnet werden,[13] und zwar auch dann, wenn (noch) kein Anfangsverdacht für eine Straftat vorliegt, bspw. zur Identifizierung des Toten oder bei einem Unglücksfall.[14] Über die Entnahme und Auswertung von Proben am Verstorbenen hinaus erlaubt die Vorschrift aber auch die DNA-analytische Auswertung von Vergleichsproben, die von Gegenständen aus dessen persönlichem Lebensbereich stammen, wie zB Zahnbürsten oder anderen Gebrauchsgegenständen.[15] Während die molekulargenetische Untersuchung neben der Bestimmung des Geschlechts bei § 81e Abs. 1 S. 1, § 81g Abs. 1 S. 1 ausdrücklich nur zur Erstellung eines DNA-Identifizierungsmusters und zusätzlich bei § 81e Abs. 1 S. 1, Abs. 2 S. 1 zur Feststellung der Abstammung sowie bei § 81e Abs. 2 S. 2 bestimmter Körpermerkmale zulässig ist, erlaubt § 88 Abs. 1 S. 3 allgemein die „Feststellung der Identität". Folglich sind nach Wortlaut und Systematik auch weitergehende Auswertungen des Probenmaterials möglich. Für die Praxis besonders bedeutsam ist in diesem Zusammenhang die – von §§ 81e, 81g gerade nicht eröffnete – biogeografische Herkunftsbestimmung mittels DNA-Analyse.[16] Der Aufklärung der Identität dient zudem die Feststellung der Abstammung. Einer ausdrücklichen Erwähnung bedurfte diese in § 88 Abs. 3 daher

2 Krause in Löwe/Rosenberg Rn. 1; Rogall in SK-StPO Rn. 3.
3 Rogall in SK-StPO Rn. 3.
4 Schmitt in Meyer-Goßner/Schmitt Rn. 1; Neubeck in KMR-StPO Rn. 1.
5 Goers in BeckOK StPO Rn. 1.
6 Schmidt StPO II Rn. 1; Rogall in SK-StPO Rn. 5.
7 BT-Drs. 15/350, 13.
8 BT-Drs. 15/350, 13; König Kriminalistik 2004, 262 (264).
9 Eisenberg BeweisR StPO Rn. 1950.
10 Beyser/Pitz/Horn/Hölzl/Rauch Kriminalistik 2003, 443 (443 ff.).
11 Eingefügt durch Art. 3 Nr. 4 des Gesetzes zur Änderung der Vorschriften über die Straftaten gegen die sexuelle Selbstbestimmung und zur Änderung anderer Vorschriften v. 27.12.2003, BGBl. 2003 I 3007 (3010).
12 BT-Drs. 15/350, 13.
13 Neuhaus in HK-GS Rn. 1.
14 Brodersen/Anslinger/Rolf in DNA-Analyse Rn. 198 u. 200; Rinio Kriminalistik 2004, 187 (189).
15 Hadamitzky in KK-StPO Rn. 1; Brodersen/Anslinger/Rolf in DNA-Analyse Rn. 200; Rinio Kriminalistik 2004, 187 (189); vgl. auch BR-Drs. 465/03, 17.
16 S. Hierzu Schneider/Preinsack/Kayser Deutsches Ärzteblatt 2019, 873 (877 f.); speziell auf Grundlage mitochondrialer DNA-Analyse Groten/Schmelz Kriminalistik 2019, 358 (359).

nicht. Ein Rückgriff auf § 81e ist mithin nicht geboten.[17] Gilt es dagegen die Beteiligung des Verstorbenen an Straftaten aufzuklären, ist der Wortlaut überschritten. Hierzu können allerdings Körperzellen nach § 94 Abs. 2 sichergestellt und nach § 81e Abs. 2 S. 1 ausgewertet werdenn (vgl. → § 81e Rn. 22).[18]

Soll dem Beschuldigten die Leiche nach **Abs. 2** zur „Anerkennung vorgezeigt" werden, 4
so ergibt der Regelungszusammenhang mit Abs. 1, dass dies nur zu deren Identifizierung erfolgen darf.[19] Eine entsprechende Vorgehensweise ist demnach entbehrlich, wenn die Identität bereits auf andere Weise festgestellt wurde.[20] Von einer Vorzeigung kann wegen der Ausgestaltung als Ermessensvorschrift aber auch dann abgesehen werden, wenn sie mit Schwierigkeiten verbunden oder das Entweichen des Beschuldigten zu befürchten ist.[21] Da die Maßnahme nach Abs. 2 einen Teil der Beschuldigtenvernehmung darstellt, erstreckt sich hierauf die Hinweispflicht und das Schweigerecht des § 136 Abs. 1. Zu einer Mitwirkung ist der Beschuldigte nicht verpflichtet.[22] Ein Mitwirkungs- und Teilnahmerecht eröffnet die Vorschrift andererseits nicht. Wird die Leiche dem Beschuldigten nicht vorgezeigt, so liegt darin keine Verletzung rechtlichen Gehörs.[23]

Verstöße gegen § 88 sind als solche **nicht revisibel.** Dies ergibt sich schon aus der 5
Formulierung als Sollvorschrift.[24] Mit der Revision kann lediglich die Verletzung der Aufklärungspflicht gerügt werden,[25] zu deren Umsetzung § 88 beispielhaft verschiedene Maßnahmen nennt.[26] Demnach begründet ein Verstoß gegen § 88 Abs. 2 jedenfalls dann die Revision nicht, wenn ansonsten keine Zweifel über die Persönlichkeit des Verstorbenen bestehen.[27] Ausnahmsweise kann ein Verstoß gegen § 136a Abs. 1 angenommen werden, wenn die Vorzeigung nicht der Identifizierung des Leichnams dient, sondern der Erzwingung von Angaben des Beschuldigten.[28]

§ 89 Umfang der Leichenöffnung

Die Leichenöffnung muß sich, soweit der Zustand der Leiche dies gestattet, stets auf die Öffnung der Kopf-, Brust- und Bauchhöhle erstrecken.

Erläuterung

Die **Öffnung der drei Höhlen** muss, wie das Wort „stets" belegt, bei jeder Leichenöff- 1
nung vollständig durchgeführt werden.[1] Der Umfang der Untersuchung hängt damit nicht von deren Zweck ab, sondern lediglich vom Zustand der Leiche.[2] Die weitere Öffnung des

[17] AA Neubeck in KMR-StPO § 90 Rn. 2; Hadamitzky in KK-StPO Rn. 1.
[18] Brauer in Gercke/Julius/Temming/Zöller Rn. 1.
[19] BGH 7.10.1960 – 4 StR 342/60, BGHSt 15, 187 (189).
[20] BGH 2.10.1979 – 1 StR 440/79, Pfeiffer NStZ 1981, 93 (94) – RsprÜ = BeckRS 1980, 649; vgl. auch BGH 10.9.1953 – 3 StR 336/53, JurionRS 1953, 11276; BT-Drs. 15/350, 13.
[21] Krause in Löwe/Rosenberg Rn. 3; Eisenberg BeweisR StPO Rn. 1960.
[22] Neuhaus in HK-GS Rn. 2; Neubeck in KMR-StPO Rn. 2.
[23] BGH 2.10.1979 – 1 StR 440/79, juris Rn. 23 = BeckRS 1980, 649 insoweit nicht abgedruckt in NJW 1980, 649 und bei Pfeiffer NStZ 1981, 93 (94).
[24] BGH 2.10.1979 – 1 StR 440/79, juris Rn. 23 = BeckRS 1980, 649; Bohnert NStZ 1982, 5 (Fn. 6) sieht Abs. 2 als Ordnungsvorschrift.
[25] Rogall in SK-StPO Rn. 10.
[26] König Kriminalistik 2004, 262 (264).
[27] BGH 10.9.1953 – 3 StR 336/53, JurionRS 1953, 11276.
[28] BGH 7.10.1960 – 4 StR 342/60, BGHSt 15, 187 (189–191).
[1] OLG Dresden 1.12.2016 – 1 Ws 138/16, BeckRS 2016, 110678 Rn. 18; OLG Düsseldorf 18.5.2021 – III-2 Ws 78-79/21, NStZ-RR 2021, 327 (328); LG Münster 12.10.2018 – 20 Qs – 30 UJs 351/17 – 12/18, BeckRS 2018, 42087 Rn. 16 jeweils auch zu den Auswirkungen auf den Umfang der Entschädigung nach JVEG; zur evtl. erhöhten Entschädigung s. auch LG Kleve 20.3.2020 – 140 AR 1/20, BeckRS 2020, 6157.
[2] Schmidt StPO II Rn. 1; Neuhaus in HK-GS Rn. 1.

Leichnams ist damit auch dann zwingend, falls die obduzierenden Ärzte bereits nach Öffnung der einen Höhle davon ausgehen, die Todesursache feststellen zu können.[3] Dies entspricht im Übrigen der lex artis[4] und dient dem Ausschluss anderer Faktoren, die für das Versterben mit ursächlich gewesen sein können, so genannte „Negativ-Befunde", wie bestimmte Erkrankungen oder Verletzungen.[5] Im Einzelfall kann es zudem erforderlich sein, Leichenteile zu entnehmen (hierzu → § 87 Rn. 23). Der Staatsanwalt oder der Richter haben nach §§ 78, 161a Abs. 1 S. 2 für die Einhaltung der Vorschrift Sorge zu tragen.[6] Bei der Beurteilung, ob der Zustand der Leiche die vollständige Durchführung der Maßnahme zulässt, können sie auf die Einschätzung der sachverständigen Ärzte zurückgreifen.[7] Bei Verdacht einer Vergiftung ist zudem § 91 zu beachten.[8]

2 Die **Revision** kann auf die Verletzung des § 89 selbst nicht gestützt werden.[9] Revisibel wäre alleine eine hieraus folgende Verletzung der Aufklärungspflicht.

§ 90 Öffnung der Leiche eines Neugeborenen

Bei Öffnung der Leiche eines neugeborenen Kindes ist die Untersuchung insbesondere auch darauf zu richten, ob es nach oder während der Geburt gelebt hat und ob es reif oder wenigstens fähig gewesen ist, das Leben außerhalb des Mutterleibes fortzusetzen.

Erläuterung

1 § 90 schreibt als Ergänzung der § 87 Abs. 2, § 89 das **Aufklärungsziel** ausdrücklich vor.[1] Schon aus dem Wortlaut der Vorschrift ergibt sich deren instruktioneller Charakter („insbesondere auch"), wodurch klargestellt wird, dass die allgemeinen Sorgfaltsanforderungen an die vorherige Identifizierung nach § 88 (vor allem zur Feststellung der Abstammung einer unbekannten Kinderleiche mittels DNA-Analyse → § 88 Rn. 3) und die Durchführung der Obduktion unberührt bleiben.[2] Wegen der besonderen materiell-rechtlichen Differenzierungen beim Beginn menschlichen Lebens wird spezifisch zum Ausdruck gebracht, dass besonderes Augenmerk auf die genaue Feststellung des Todeszeitpunktes zu legen ist.[3] Sofern das Kind bei Beginn des Geburtsvorganges am Leben war, ist eine dann erfolgende Tathandlung in erster Linie unter dem Gesichtspunkt der Tötungs- oder Körperverletzungsdelikte zu prüfen.[4] Reife und Lebensfähigkeit sind in diesem Zusammenhang nicht von Bedeutung.[5] Fand eine Angriffshandlung indes vor der Geburt statt und war das Kind nicht reif oder lebensfähig, so steht eine Strafbarkeit nach den §§ 218 ff. StGB im Raum, selbst wenn das Kind zunächst lebend zur Welt kam.[6] Das durch die Norm vorgegebene Erkenntnisziel ist jedoch nicht nur für gezielte Tötungshandlungen ausschlaggebend, sondern auch

---

3 El Duwaik in BeckOK StPO Rn. 1.
4 Maiwald in AK-StPO Rn. 1.
5 Rogall in SK-StPO Rn. 1.
6 Hadamitzky in KK-StPO Rn. 1; Neubeck in KMR-StPO Rn. 1.
7 Krause in Löwe/Rosenberg Rn. 1.
8 Brauer in Gercke/Julius/Temming/Zöller Rn. 1.
9 Hadamitzky in KK-StPO Rn. 2; Neubeck in KMR-StPO Rn. 2; Krause in Löwe/Rosenberg Rn. 3; Schmitt in Meyer-Goßner/Schmitt Rn. 2; Rogall in SK-StPO Rn. 4; Eisenberg BeweisR StPO Rn. 1962; aA Klauck NStZ 2022, 81 (85 f.) „Beweiswürdigungslösung".
1 El Duwaik in BeckOK StPO Rn. 1.
2 Rogall in SK-StPO Rn. 1.
3 Krause in Löwe/Rosenberg Rn. 1.
4 BGH 22.4.1983 – 3 StR 25/83, BGHSt 31, 348 (352); 7.12.1983 – 1 StR 665/83, BGHSt 32, 194 (195).
5 Schmidt StPO II Rn. 2.
6 BGH 22.4.1983 – 3 StR 25/83, BGHSt 31, 348 (352).

bei dem Verdacht von Kunstfehlern bei geburtshilflicher Tätigkeit[7] oder sonstigen Versäumnissen. Bei Vorliegen von Reife und Lebensfähigkeit können sowohl Unterlassungsstrafbarkeiten wegen Tötungs- oder Körperverletzungsdelikten, als auch wegen unterlassener Hilfeleistung in Betracht zu ziehen sein.[8]

Der Verstoß gegen § 90 als solcher ist **nicht revisibel.**[9] Bei entsprechenden Aufklärungsdefiziten wird aber ein Verstoß gegen die Aufklärungspflicht in Betracht kommen. 2

§ 91 Untersuchung der Leiche bei Verdacht einer Vergiftung

(1) Liegt der Verdacht einer Vergiftung vor, so ist die Untersuchung der in der Leiche oder sonst gefundenen verdächtigen Stoffe durch einen Chemiker oder durch eine für solche Untersuchungen bestehende Fachbehörde vorzunehmen.

(2) Es kann angeordnet werden, daß diese Untersuchung unter Mitwirkung oder Leitung eines Arztes stattzufinden hat.

I. Anwendungsbereich

Die chemische Untersuchung verdächtiger Stoffe bei **Verdacht einer Vergiftung** wird teilweise als Ergänzung der Leichenöffnung verstanden.[1] Dies erfasst ihren Anwendungsbereich jedoch nur unvollständig. Schon nach dem Wortlaut bezieht sie sich nicht nur auf solche verdächtigen Stoffe, die in der Leiche, also bei der Obduktion, entdeckt werden, sondern auch auf solche, die auf andere Weise („sonst") aufgefunden werden. Entsprechend erstreckt sich die Norm nicht nur auf Tötungsdelikte, sondern zugleich auf alle anderen strafbaren Handlungen, die unter Verwendung einer toxischen Substanz begangen werden, wie beispielsweise § 224 Abs. 1 Nr. 1, §§ 229, 324, 326, 330a StGB.[2] Weitergehend wird sie über den Wortlaut hinaus selbst ohne Verdacht einer Vergiftung bei Ermittlungen für einschlägig gehalten, bei denen zu klären ist, ob ein bestimmter Stoff als Gift anzusehen ist.[3] Insoweit dürfte es indes ausreichend sein, auf die allgemeine Aufklärungspflicht zurückzugreifen.[4] 1

II. Erläuterung

Als **„verdächtiger Stoff"** iSd Norm ist, wie der im Text zum Ausdruck kommende Zusammenhang mit dem Begriff der „Vergiftung" zeigt, jede organische oder anorganische Substanz zu werten, die eine toxische Wirkung entfaltet, sei es auf chemischem oder physikalischem Wege.[5] 2

Die Untersuchung ist nach Abs. 1 zwingend durch einen **Chemiker** oder eine entsprechend ausgerichtete **Fachbehörde** vorzunehmen. Hierdurch wird das Auswahlermessen der Staatsanwaltschaft und des Gerichts nach §§ 73, 83 Abs. 3, § 161a Abs. 1 S. 2 eingeschränkt und die Beiziehung eines Sachverständigen bindend vorgeschrieben (→ § 73 Rn. 14 ff.; → § 83 Rn. 8).[6] Um dem Sachverständigen die Arbeit zu ermöglichen, ist es regelmäßig notwendig, bereits bei der Leichenöffnung auf die Entnahme von Leichenteilen 3

---

7 Schmidt StPO II Rn. 1; Hadamitzky in KK-StPO Rn. 1; Neubeck in KMR-StPO Rn. 1; Schmitt in Meyer-Goßner/Schmitt Rn. 1.

8 Neuhaus in HK-GS Rn. 1; Rogall in SK-StPO Rn. 1.

9 Rogall in SK-StPO Rn. 3.

1 Ritzert in BeckOK StPO Rn. 1; Schmitt in Meyer-Goßner/Schmitt Rn. 1; Eisenberg BeweisR StPO Rn. 1963.

2 Schmidt StPO II Rn. 2; El Duwaik in BeckOK StPO Rn. 1; Schmitt in Meyer-Goßner/Schmitt Rn. 1; siehe auch die weiteren Beispiele bei Rogall in SK-StPO Rn. 2.

3 El Duwaik in BeckOK StPO Rn. 1; Neuhaus in HK-GS Rn. 1; Brauer in Gercke/Julius/Temming/Zöller Rn. 1; Krause in Löwe/Rosenberg Rn. 1; Eisenberg BeweisR StPO Rn. 1963.

4 Vgl. Rogall in SK-StPO Rn. 6.

5 Rogall in SK-StPO Rn. 2.

6 Rogall in SK-StPO Rn. 1.

hinzuwirken,[7] die durch genaue Kennzeichnung gegen Verwechslungen zu sichern sind.[8] Es kann angebracht sein, aus diesem Grund den chemischen Sachverständigen bereits zur Obduktion hinzuzuziehen, damit er die für seine Untersuchung relevanten Leichenteile bezeichnet (Nr. 35 Abs. 1 S. 2 RiStBV; → § 87 Rn. 17, 27 und 29).[9] Auch sollten Teile der Proben für eventuell notwendig werdende nochmalige Untersuchungen zurückbehalten werden.[10] Der Chemiker wird als Sachverständiger tätig.[11] Das Gutachten einer Fachbehörde kann nach § 256 Abs. 1 Nr. 1a verlesen werden.[12] Steht die Erstattung des Gutachtens in Zusammenhang mit der Obduzententätigkeit iSd § 86 Abs. 2 S. 2 handelt es sich um eine Tätigkeit in Ausübung eines anvertrauten öffentlichen Amtes, weswegen die persönliche Haftung des Sachverständigen gem. § 839 BGB iVm Art. 34 S. 1 GG ausgeschlossen ist (→ § 87 Rn. 24).[13]

4 Die Mitwirkung eines **Arztes** nach Abs. 2 ist nicht obligatorisch. Ob ein entsprechender Auftrag zu erteilen ist, hat das Gericht oder die Staatsanwaltschaft im Rahmen des Auswahlermessens der §§ 73, 161a Abs. 1 S. 2 unter Berücksichtigung der Aufklärungspflicht zu entscheiden.[14] Es muss sich nicht um den Obduzenten[15] oder einen Gerichtsarzt handeln.[16] Die Auswahl eines Rechtsmediziners wird sich aber regelmäßig empfehlen. Er ist als sachverständiger Zeuge nach § 85 zu qualifizieren, wenn sich seine Aufgabe – beispielsweise als behandelnder Arzt – darauf beschränkt, dem Chemiker die Anknüpfungstatsachen für dessen Untersuchung mitzuteilen, dagegen aber als Sachverständiger, wenn er dessen Untersuchungsergebnisse medizinisch bewertet oder sein medizinisches Fachwissen in den Begutachtungsvorgang einbringt.[17]

III. Revision

5 Die Verletzung des § 91 ist als solche **nicht revisibel.** Entsprechende Verstöße sind mit der Aufklärungsrüge geltend zu machen.[18]

§ 92 Gutachten bei Verdacht einer Geld- oder Wertzeichenfälschung

(1) [1]Liegt der Verdacht einer Geld- oder Wertzeichenfälschung vor, so sind das Geld oder die Wertzeichen erforderlichenfalls der Behörde vorzulegen, von der echtes Geld oder echte Wertzeichen dieser Art in Umlauf gesetzt werden. [2]Das Gutachten dieser Behörde ist über die Unechtheit oder Verfälschung sowie darüber einzuholen, in welcher Art die Fälschung mutmaßlich begangen worden ist.

(2) Handelt es sich um Geld oder Wertzeichen eines fremden Währungsgebietes, so kann an Stelle des Gutachtens der Behörde des fremden Währungsgebietes das einer deutschen erfordert werden.

Erläuterung

1 Hinsichtlich ihres sachlichen **Anwendungsbereichs** nimmt die Vorschrift auf die Überschrift des 8. Abschnitts des StGB Bezug. Sie erfasst damit vom Grundsatz her sämtliche

[7] Krause in Löwe/Rosenberg Rn. 2.
[8] Schmidt StPO II Rn. 3.
[9] Neubeck in KMR-StPO Rn. 2.
[10] Neuhaus in HK-GS Rn. 2.
[11] Schmidt StPO II Rn. 4; Hadamitzky in KK-StPO Rn. 1.
[12] Brauer in Gercke/Julius/Temming/Zöller Rn. 2.
[13] BGH 6.3.2014 – III ZR 320/12, NJW 2014, 1665 (1667).
[14] Rogall in SK-StPO Rn. 1 und 5 „eher die Regel".
[15] Hadamitzky in KK-StPO Rn. 2; Krause in Löwe/Rosenberg Rn. 4.
[16] Brauer in Gercke/Julius/Temming/Zöller Rn. 3; Eisenberg BeweisR StPO Rn. 1964.
[17] Schmidt StPO II Rn. 6; Rogall in SK-StPO Rn. 7.
[18] Rogall in SK-StPO Rn. 7.

in §§ 146–152b StGB aufgeführten Straftaten. Dies gilt allerdings, wie sich aus dem insoweit eindeutigen Normtext ergibt, nur, wenn die dem Fälschungsobjekt entsprechenden echten Geld- oder Wertzeichen von einer Behörde in Umlauf gebracht wurden. Die von der ganz hM vertretene Ansicht, die in § 92 gegebene Anweisung gelte auch hinsichtlich einer privaten Stelle, sofern diese Wertzeichen ausgegeben habe,[1] ist mit dem Wortlaut nicht zu vereinbaren. Insoweit verbleibt es bei den allgemeinen Grundsätzen des § 73 hinsichtlich der Auswahl des Sachverständigen und der Aufklärungspflicht für die Notwendigkeit der Einholung eines Gutachtens.[2] Eine Verlesbarkeit nach § 256 ist für diesen Fall nicht gegeben.[3] Zur Beachtung der Vorschrift sind neben dem Gericht, soweit sich das Verfahren im Stadium der Ermittlungen befindet, die Staatsanwaltschaft (§ 161a Abs. 1 S. 2) und die Polizei verpflichtet.[4]

Bei Verdacht einer der genannten Straftaten besteht nach Abs. 1 S. 1 eine **Vorlegungspflicht** an die entsprechende Geld- und Wertzeichen ausgebende Behörde (→ § 73 Rn. 14 und 17),[5] damit diese ein Gutachten iSd in Abs. 1 S. 2 genannten Anforderungen erstellt. Hierdurch wird die generelle Auswahlbefugnis des § 73 Abs. 1 S. 1 eingeschränkt und die Bezugnahme auf „wichtigere Fälle" in § 83 Abs. 3 konkretisiert (→ § 83 Rn. 8). Der Gesetzgeber geht davon aus, dass diejenige öffentliche Stelle, die Geld- oder Wertzeichen in Umlauf setzt, in besonderer Weise dafür qualifiziert ist, diesbezügliche Fälschungen zu erkennen.[6] Dessen bedarf es nicht, wenn die Tatbegehung schon auf andere Weise, insbesondere durch Augenschein, ohne weiteres feststellbar ist.[7] Es fehlt dann an der Erforderlichkeit nach Abs. 1 S. 1. 2

Hinsichtlich der Vorgehensweise enthalten Nr. 215–219 RiStBV weitergehende Regelungen. Dort sind in Nr. 216 RiStBV auch die für die Begutachtung **zuständigen Stellen** aufgeführt.[8] Für Geld- oder Wertzeichen eines **fremden Währungsgebietes** (vgl. § 152 StGB) sieht Abs. 2 aus prozessökonomischen Gründen eine Sonderregelung vor (s. hierzu auch Nr. 216 Abs. 1b RiStBV).[9] Für die Beurteilung eines Falsifikats des von einer ausländischen Bank ausgegebenen Wertpapiers kommt danach die Deutsche Bundesbank oder eine Landeszentralbank in Betracht.[10] 3

Eine Verletzung des § 92 kann mit der **Revision** nicht gerügt werden. In Betracht kommt lediglich die Aufklärungsrüge.[11] 4

§ 93 Schriftgutachten

Zur Ermittlung der Echtheit oder Unechtheit eines Schriftstücks sowie zur Ermittlung seines Urhebers kann eine Schriftvergleichung unter Zuziehung von Sachverständigen vorgenommen werden.

Erläuterung

Die Vorschrift nennt Gesichtspunkte, die sich schon aus § 73 und der Aufklärungpflicht ergeben. Aus Sicht der heutigen Prozesspraxis erscheint es nicht zwingend, dass diese für 1

[1] Schmidt StPO II Rn. 1; Neuhaus in HK-GS Rn. 1; Brauer in Gercke/Julius/Temming/Zöller Rn. 1; Hadamitzky in KK-StPO Rn. 2; Krause in Löwe/Rosenberg Rn. 3; Schmitt in Meyer-Goßner/Schmitt Rn. 1.
[2] Rogall in SK-StPO Rn. 5.
[3] Schmidt StPO II Rn. 1; Hadamitzky in KK-StPO Rn. 2.
[4] Rogall in SK-StPO Rn. 3.
[5] Neubeck in KMR-StPO Rn. 1.
[6] Rogall in SK-StPO Rn. 4.
[7] Schmidt StPO II Rn. 2; El Duwaik in BeckOK StPO Rn. 2; Brauer in Gercke/Julius/Temming/Zöller Rn. 1; Neubeck in KMR-StPO Rn. 1.
[8] Hierzu auch Krause in Löwe/Rosenberg Rn. 3; Rogall in SK-StPO Rn. 6.
[9] Neubeck in KMR-StPO Rn. 2; Rogall in SK-StPO Rn. 12.
[10] BGH 9.7.1996 – 1 StR 288/96, NStZ 1997, 31 (32).
[11] Neuhaus in HK-GS Rn. 4; Rogall in SK-StPO Rn. 13.

einen Bereich gesetzlich auszuformuliert wurden, der im Vergleich zu anderen Arten von Gutachten, die zumindest vergleichbare Schwierigkeiten aufwerfen, eine eher untergeordnete Rolle spielt. Der Anwendungsbereich des § 93 erstreckt sich auf eine **Schriftvergleichung** zur Urheberidentifizierung oder zur Authentizitätsprüfung.[1] Gegenstand der Untersuchung können dabei nicht nur handschriftlich angefertigte Dokumente sein, sondern auch Maschinenschrift.[2] Bei Verwendung moderner Drucker sind erhebliche Einschränkungen der Analysierbarkeit zu berücksichtigen, da diese großteils ohne direkten Kontakt zum Papier arbeiten.[3] Nicht erfasst ist dagegen die psychodiagnostische Graphologie, die der Beurteilung des Charakters des Schreibers dient[4] und der aus wissenschaftlicher Sicht kein Beweiswert zukommt.[5] Erfasst werden gleichfalls nicht linguistische Gutachten, mit denen anhand von wiederholt auftretenden Besonderheiten in einem Text bei Wortwahl, Zeichensetzung, Fehlern in Rechtsschreibung und Grammtik der Autor desselben identifiziert werden soll.[6] Auch deren Tauglichkeit als Beweismittel leidet unter erheblichen methodischen Problemen bei der Analyse und Bewertung von Textstellen.[7]

2 Für die Erhebung der für die Schriftvergleichung erforderlichen **Vergleichsschriften** sind die „Richtlinien für die Beschaffung von Schriftproben für die Handschriftenvergleichung" des BKA[8] zu beachten. Danach ist besonders wichtig, möglichst zahlreiches und umfangreiches Schriftmaterial zu beschaffen, das der mutmaßliche Aussteller des zu überprüfenden Schriftstückes bestenfalls im Zeitraum während dessen Entstehung angefertigt hat.[9] Sofern verfügbar, müssen unbedingt Originalschriftstücke zur Vergleichung herangezogen werden und nicht lediglich Fotokopien.[10] Nur mit solchem Untersuchungsmaterial können diejenigen grafischen Grundkomponenten (→ Rn. 4) überprüft werden, die sich auf die Druckgebung als physikalische Komponente der Schrifterzeugung beziehen.[11] Bei der Erhebung der Vergleichsproben ist naturgemäß sorgfältig darauf zu achten, dass deren Herkunft von derjenigen Person gewährleistet ist, die als Hersteller des zu überprüfenden Schriftstücks in Betracht kommt.[12] Weder durch Täuschung, noch durch Zwang dürfen die Polizei- oder Justizbehörden die Gegenproben vom Beschuldigten[13] oder von Zeugen[14] herbeischaffen. Auch eine Erhebung nach § 81b scheidet aus (→ § 81b Rn. 16). Nachteilige Schlüsse dürfen aus der Weigerung Schriftproben abzugeben gegen den Beschuldigten nicht gezogen werden.[15] Erforderlichenfalls sind sie durch Beschlagnahme zu erheben. § 94 genügt selbst dann als Rechtsgrundlage, um im Rahmen der Postkontrolle einen Brief zu beschlagnahmen, den der in Untersuchungshaft befindliche Beschuldigte versenden will. An der Verhältnismäßigkeit iSd Erforderlichkeit kann es indes fehlen, sofern bereits auseichendes Vergleichsmaterial vorliegt.[16]

3 Mit der Durchführung der Untersuchung ist regelmäßig ein **Sachverständiger** zu beauftragen. Das Gericht darf sich nur in ganz besonderen Ausnahmefällen selbst zutrauen,

---

1 Brauer in Gercke/Julius/Temming/Zöller Rn. 1.
2 Hadamitzky in KK-StPO Rn. 1.
3 Hierzu Eisenberg BeweisR StPO Rn. 1979.
4 Neubeck in KMR-StPO Rn. 2.
5 Artkämper/Artkämper Kriminalistik 2018, 384 (390).
6 Artkämper/Artkämper Kriminalistik 2018, 384 (3910 f.); Eisenberg NStZ 2010, 680 (681 f.).
7 BGH 11.3.2010 – StB 16/09, NStZ 2010, 711 (712).
8 Abgedruckt bei El Duwaik in BeckOK StPO Rn. 9.1.
9 Richtlinien Nr. 2.1.1; vgl. auch OLG Celle 4.12.1973 – 1 Ss 271/73, NJW 1974, 616 (617); OLG Düsseldorf 30.5.1986 – 5 Ss 323/85 – 253/85 I, NStZ 1987, 137 (138); 29.5.1991 – 5 Ss 193/91 – 65/91 I, wistra 1991, 319 (320).
10 OLG Braunschweig 10.4.1953 – Ss 179/52, NJW 1953, 1035 (1036); OLG Köln 30.6.1981 – 1 Ss 316/81, NJW 1982, 249; OLG Celle 7.7.1981 – 1 Ss 243/81, StV 1981, 608; OLG Düsseldorf 30.5.1986 – 5 Ss 323/85 – 253/85 I, NStZ 1987, 137 (138); LG Berlin 8.10.1963 – 502 81/63, MDR 1964, 694.
11 Eisenberg BeweisR StPO Rn. 1975.
12 RG 25.2.1987 – Rep. 321/87, RGSt 15, 319 (320).
13 BGH 9.4.1986 – 3 StR 551/85, BGHSt 34, 39 (46); RG 25.2.1887 – Rep. 321/87, 319 (320).
14 Schmitt in Meyer-Goßner/Schmitt Rn. 2; Rogall in SK-StPO Rn. 12.
15 Neuhaus in HK-GS Rn. 2.
16 BGH 23.10.2008 – StB 18/08, NStZ-RR 2009, 56.

auf Grundlage eines Augenscheins die Vergleichung des zu untersuchenden Schriftstücks mit den Vergleichsstücken vorzunehmen und zu bewerten. Die eigene Sachkunde ist dann aber sorgfältig darzulegen.[17] Bei der Auswahl des Sachverständigen ist wegen der verschiedenen zur Anwendung kommenden Methoden, dem Fehlen einer gleichmäßigen Ausbildung und einer zuverlässigen Prüfung große Sorgfalt geboten.[18] Vorzugswürdig erscheinen Sachverständige des Bundeskriminalamts wegen ihrer großen Erfahrung, den für die Überprüfung zur Verfügung stehenden besonderen technischen Hilfsmitteln und der Möglichkeit auf eine Sammlung bekannter Schriftproben zurückzugreifen.[19] Ein weiterer oder von Beginn an mehrere Sachverständige sollten bei schwieriger Beweislage herangezogen werden, insbesondere wenn nur wenig Schriftmaterial zur Verfügung steht,[20] das Gutachten mangels sonstiger zuverlässiger Beweismittel für die Beweiswürdigung von ausschlaggebender Bedeutung ist[21] oder sich Zweifel an der Sachkunde des bislang tätigen Sachverständigen ergeben.[22] Eine Auftragserteilung ist auch dann nicht von vornherein ausgeschlossen, wenn nur wenig Vergleichsmaterial vorhanden ist.[23]

Die zur Anwendung gebrachte **Methode** sollte nicht ohne begründete Ausnahme von der Untersuchung der neun grafischen Grundkomponenten abweichen. Hierzu gehören Strichbeschaffenheit, Druckgebung, Bewegungsfluss, Bewegungsführung und Formgebung, Bewegungsrichtung, vertikale Ausdehnung, horizontale Ausdehnung, vertikale Flächengliederung und horizontale Flächengliederung,[24] auf die auch im Urteil einzugehen ist.[25] Inhaltlich sollte sich das Gutachten vor dem Hintergrund der dargestellten angewandten methodischen Grundlagen mit Materialbeschreibung, Materialkritik, den durchgeführten physikalisch-technischen Untersuchungen und deren Ergebnis auseinandersetzen.[26] Unterschiedlich beantwortet wird die Frage, ob und in welchem Umfang dem Sachverständigen Aktenmaterial zur Verfügung gestellt werden kann und soll. Teilweise wird vertreten, dies solle, wenn überhaupt, nur eingeschränkt erfolgen,[27] um eine unbefangene Beurteilung zu gewährleisten.[28] Teilweise wird die Kenntnis sonstiger Ermittlungsergebnisse aber auch für unerlässlich gehalten, beispielsweise um von den Rahmenbedingungen der Schreibleistung Kenntnis zu erlangen.[29] Zutreffender Weise wird aber davon auszugehen sein, dass der Auftraggeber im Einzelfall das Aufklärungsbedürfnis gegen die Gefahren für die Unbefangenheit gegeneinander abzuwägen hat, wobei allerdings Inhalt und Ergebnis eines bereits erstatteten Vorgutachtens nicht zur Kenntnis gegeben werden sollten.[30] 4

Es ist nicht von vornherein ausgeschlossen, dem Schriftgutachten bei Fehlen weiterer Beweisanzeichen alleinigen und ausschlaggebenden **Beweiswert** für die Entscheidung bei- 5

17 KG 18.12.2008 – (4) 1 Ss 453/08 (292/08), juris Rn. 7 = StraFo 2009, 154 (154 f.).

18 So schon OLG Braunschweig 10.4.1953 – Ss 179/52, NJW 1953, 1035; Krause in Löwe/Rosenberg Rn. 8; Eisenberg BeweisR StPO Rn. 1969.

19 BGH 19.11.1956 – 2 StR 493/56, BGHSt 10, 116 (118); OLG Düsseldorf 30.5.1986 – 5 Ss 323/85 – 253/85 I, NStZ 1987, 137 (138); 29.5.1991 – 5 Ss 193/91 – 65/91 I, wistra 1991, 319 (320); Ritzert in BeckOK StPO Rn. 3.

20 BGH 19.11.1956 – 2 StR 493/56, BGHSt 10, 116 (119); OLG Celle 4.12.1973 – 1 Ss 271/73, NJW 1974, 616 (617); OLG Düsseldorf 29.5.1991 – 5 Ss 193/91 – 65/91 I, wistra 1991, 319 (320).

21 BGH 19.11.1956 – 2 StR 493/56, BGHSt 10, 116 (119); OLG Düsseldorf 30.5.1986 – 5 Ss 323/85 – 253/85 I, NStZ 1987, 137 (138); 29.5.1991 – 5 Ss 193/91 – 65/91 I, wistra 1991, 319 (320).

22 OLG Braunschweig 10.4.1953 – Ss 179/52, NJW 1953, 1035 (1035 f.); KG 18.12.2008 – (4) 1 Ss 453/08 (292/08), juris Rn. 7 und 8 = StraFo 2009, 154 (154 f.).

23 OLG Düsseldorf 10.5.1990 – 2 Ss 71/90 – 19/90 III, NStZ 1990, 506 bei nur drei Worten noch kein völlig ungeeignetes Beweismittel iSd § 244 Abs. 3.

24 Michel Kriminalistik 1992, 473 (478).

25 OLG Frankfurt a. M. 10.9.1993 – 3 Ss 321/93, StV 1994, 9; KG 18.12.2008 – (4) 1 Ss 453/08 (292/08), juris Rn. 7 = StraFo 2009, 154 f.

26 Seibt Kriminalistik 2004, 267 (269).

27 Hdamitzky in KK-StPO Rn. 4; Schmitt in Meyer-Goßner/Schmitt Rn. 1; Eisenberg BeweisR StPO Rn. 1969a.

28 OLG Celle 4.12.1973 – 1 Ss 271/73, NJW 1974, 616 (617); El Duwaik in BeckOK StPO Rn. 2; Neuhaus in HK-GS Rn. 4; Krause in Löwe/Rosenberg Rn. 9.

29 Pfanne NJW 1974, 1439 (1439 f.).

30 Rogall in SK-StPO Rn. 21.

zumessen.[31] Eine besonders sorgfältige Würdigung ist allerdings schon alleine wegen der oben dargestellten Probleme bei der Auswahl des Sachverständigen und der angewandten Methoden (→ Rn. 3) unerlässlich.[32] Die Schwierigkeit der Bewertung und die Gefahr einer Fehlbeurteilung sind daher stets im Auge zu behalten. Das gilt besonders, wenn nur wenig Schriftmaterial zur Verfügung steht,[33] wie beispielsweise nur ein kurzer Schrift- oder Namenszug auf dem zu beurteilenden Schriftstück,[34] Verstellungsbemühungen des Urhebers erkennbar sind[35] oder lediglich Fotokopien zur Verfügung stehen.[36] Die Aufklärungspflicht des § 244 Abs. 2 kann es in derartigen Fällen nahe legen, ein weiteres Gutachten einzuholen (→ Rn. 3).[37] Selbst wenn in der Literatur teilweise die Ansicht vertreten wird, die Schriftstücke würden über das Sachverständigengutachten in die Hauptverhandlung eingeführt,[38] sollte das Gericht wegen der Schwierigkeit der Bewertung nicht davon absehen, diese förmlich in Augenschein zu nehmen.[39]

6 Die **Revision** kann keine Verletzung des § 93 darauf stützen, das Gericht habe in der Hauptverhandlung trotz eines entsprechenden Antrags den Angeklagten nicht zur Abgabe einer Vergleichsschrift aufgefordert.[40] Wertet man entgegen der teilweise in der Literatur vertretenen Ansicht die Vergleichsschriften nicht als Befundtatsachen, so stellt es eine Verletzung des § 261 dar, wenn diese ohne förmliche Inaugenscheinnahme in die Hauptverhandlung eingeführt und im Urteil verwertet werden.[41] Auch auf diese Vorschrift wird zurückgegriffen, sofern das Gericht die Beweiskraft des Schriftgutachtens verkannte.[42] Es erscheint aber nahe liegender, derartige Einwände auf die Sachrüge zu stützen, da die Beweiswürdigung keine tragfähige Grundlage für die Schuldfeststellung bietet.[43] In Betracht kommt auch die Erhebung der Aufklärungsrüge (§ 244 Abs. 2)[44] oder, falls ein entsprechender Beweisantrag gestellt wurde, die Verletzung des § 244 Abs. 3 oder 4, weil das Gericht kein weiteres Sachverständigengutachten einholte.[45]

---

[31] BGH 24.6.1982 – 4 StR 183/82, NJW 1982, 2882 (2883) mit Ausführungen zu den Wahrscheinlichkeitsgraden, hierzu auch Eisenberg BeweisR StPO Rn. 1969 (Fn. 163).

[32] BGH 19.11.1956 – 2 StR 493/56, BGHSt 10, 116 (119); OLG Braunschweig 10.4.1953 – Ss 179/52, NJW 1953, 1035; OLG Düsseldorf 29.5.1991 – 5 Ss 193/91 – 65/91 I, wistra 1991, 319 (320).

[33] OLG Celle 4.12.1973 – 1 Ss 271/73, NJW 1974, 616 (617); OLG Düsseldorf 29.5.1991 – 5 Ss 193/91 – 65/91 I, wistra 1991, 319 (320).

[34] BGH 19.11.1956 – 2 StR 493/56, BGHSt 10, 116 (119); OLG Köln 30.6.1981 – 1 Ss 316/81, NJW 1982, 249; OLG Düsseldorf 30.5.1986 – 5 Ss 323/85 – 253/85 I, NStZ 1987, 137 (138); 29.5.1991 – 5 Ss 193/91 – 65/91 I, wistra 1991, 319 (320).

[35] OLG Düsseldorf 29.5.1991 – 5 Ss 193/91 – 65/91 I, wistra 1991, 319 (320).

[36] OLG Braunschweig 10.4.1953 – Ss 179/52, NJW 1953, 1035 (1036); OLG Köln 30.6.1981 – 1 Ss 316/81, NJW 1982, 249; OLG Celle 7.7.1981 – 1 Ss 243/81, StV 1981, 608; OLG Düsseldorf 30.5.1986 – 5 Ss 352/85 – 253/85 I, NStZ 1987, 137 (138).

[37] Neubeck in KMR-StPO Rn. 5.

[38] Krause in Löwe/Rosenberg Rn. 3; Rogall in SK-StPO Rn. 18; Dallmeyer in Alsberg Beweisantrag Rn. 416.

[39] KG 16.9.1993 – (4) 1 Ss 86/93, StV 1993, 628 (629); Schmitt in Meyer-Goßner/Schmitt Rn. 1; Eisenberg BeweisR StPO Rn. 1967 (Fn. 158) halten dies für zwingend.

[40] RG 25.2.1887 – Rep. 321/87, RGSt 15, 319 (320).

[41] KG 16.9.1993 – (4) 1 Ss 86/93, StV 1993, 628 (629); Neubeck in KMR-StPO Rn. 6.

[42] Neuhaus in HK-GS Rn. 8; Rogall in SK-StPO Rn. 24.

[43] BGH 24.6.1982 – 4 StR 183/82, NJW 1982, 2882 (2882 f.).

[44] Vgl. OLG Düsseldorf 29.5.1991 – 5 Ss 193/91 – 65/91 I, wistra 1991, 319 (320).

[45] BGH 19.11.1956 – 2 StR 493/56, BGHSt 10, 116 (118 f.); Rogall in SK-StPO Rn. 24.

Achter Abschnitt. Ermittlungsmaßnahmen

§ 94 Sicherstellung und Beschlagnahme von Gegenständen zu Beweiszwecken

(1) Gegenstände, die als Beweismittel für die Untersuchung von Bedeutung sein können, sind in Verwahrung zu nehmen oder in anderer Weise sicherzustellen.

(2) Befinden sich die Gegenstände in dem Gewahrsam einer Person und werden sie nicht freiwillig herausgegeben, so bedarf es der Beschlagnahme.

(3) Die Absätze 1 und 2 gelten auch für Führerscheine, die der Einziehung unterliegen.

(4) Die Herausgabe beweglicher Sachen richtet sich nach den §§ 111n und 111o.

Schrifttum: Achenbach, Verfahrenssichernde und vollstreckungssichernde Beschlagnahme im Strafprozess, NJW 1976, 1068; Ahlbrecht, Die Europäische Ermittlungsanordnung – oder: EU-Durchsuchung leicht gemacht, StV 2013, 114; Amelung, Der Grundrechtsschutz der Gewissenserforschung und die strafprozessuale Behandlung von Tagebüchern, NJW 1988, 1002; Amelung, Die zweite Tagebuchentscheidung des BVerfG, NJW 1990, 1753; Arloth, Neue Wege zur Lösung des strafprozessualen „V-Mann-Problems", NStZ 1993, 467; Baldus, Der Kernbereich privater Lebensgestaltung – absolut geschützt, aber abwägungsoffen, JZ 2008, 218; Bär, Der Zugriff auf Computerdaten im Strafverfahren, 1992; Basar/Hiéramente, Datenbeschlagnahme in Wirtschaftsstrafverfahren und die Frage der Datenlöschung, NStZ 2018, 681; Beck/Kreißig, Tauschbörsen-Nutzer im Fadenkreuz der Strafverfolgungsbehörden, NStZ 2007, 304; Bittmann, Das Beiziehen von Kontounterlagen im staatsanwaltschaftlichen Ermittlungsverfahren, wistra 1990, 325; Böckenförde, Die Ermittlung im Netz, 2003; Böhm, Die Umsetzung der Europäischen Ermittlungsanordnung NJW 2017, 1512; Brahms/Gut, Zur Umsetzung der Richtlinie Europäische Ermittlungsanordnung in das deutsche Recht – Ermittlungsmaßnahmen auf Bestellschein?, NStZ 2017, 388; Brandt, Kukla, Zur Rechtsgrundlage für die Sicherstellung von E-Mails auf dem Mailserver eines Providers und zur Verneinung einer Prüfungskompetenz des Providers, wistra 2010, 415; Ciolek-Krepold, Durchsuchung und Beschlagnahme in Wirtschaftsstrafsachen, 2000; Cremers, Nur Vernichtung oder auch Hinterlegung beschlagnahmter Beweisunterlagen bei fehlender Rückgabemöglichkeit?, wistra 2000, 130; Damrau, Der Ort der Rückgabe beschlagnahmter Sachen, NStZ 2003, 408; Dann, Durchsuchung und Beschlagnahme in der Anwaltskanzlei, NJW 2015, 2609; Dörn, Vernichtung beschlagnahmter Beweisunterlagen bei fehlender Rückgabemöglichkeit, wistra 1999, 175; Ellbogen/Erfurth, Strafrechtliche Folgen von Ping- oder Lockanrufen auf Mobiltelefone, CR 2008, 635; Gaede, Der grundrechtliche Schutz gespeicherter E-Mails beim Provider und ihre weltweite strafprozessuale Überwachung, StV 2009, 96; Görtz-Leible, Die Beschlagnahmeverbote des § 97 Abs. 1 StPO im Lichte der Zeugnisverweigerungsrechte, 2000; Gramse, Verkehrsstraftat, Führerscheinbeschlagnahme, Wohnungsdurchsuchung, NZV 2002, 345; Graulich, Die Sicherstellung von während einer Durchsuchung aufgefundenen Gegenständen – Beispiel Steuerstrafverfahren, wistra 2009, 299; Hartmann/Schmidt, Strafprozessrecht, 2010; Hauf, Ist die „Rechtskreistheorie" noch zu halten? Eine neue Konzeption zur Frage von Verfahrensfehlern und Beweisverwertungsverboten, NStZ 1993, 457; Hoffmann/Knierim, Rückgabe von im Strafverfahren sichergestellten oder beschlagnahmten Gegenständen, NStZ 2000, 461; Janssen, Rechtliche Grundlagen und Grenzen der Beschlagnahme, 1995; Kasiske, Neues zur Beschlagnahme von E-Mails beim Provider, StraFo 2010, 228; Kemper, Die Beschlagnahmefähigkeit von Daten und E-Mails, NStZ 2005, 538; Kemper, Rückgabe beschlagnahmter Gegenstände – Bringschuld oder Holschuld? NJW 2005, 3679; Kemper, Durchsuchung von EDV-Anlagen beim Berufsgeheimnisträger, PStR 2006, 136; Kemper, Anforderungen und Inhalt der Online-Durchsuchung bei der Verfolgung von Straftaten, ZRP 2007, 105; Kemper, Die „Mitnahme zur Durchsicht" – Ein vom Gesetz nicht vorgesehenes Instrument zur Sicherstellung von Beweismitteln? – zugleich Replik auf Graulich wistra 2009, 299, wistra 2010, 295; Klein, Offen und (deshalb) einfach – Zur Sicherstellung und Beschlagnahme von E-Mails beim Provider, NJW 2009, 2996; Klos, Die Beschlagnahme von Geld durch die Steuerfahndung, wistra 1987, 121; Koch, Die Beschlagnahme von Geschäftsunterlagen im Wirtschaftsstrafverfahren und der Grundsatz der Verhältnismäßigkeit, wistra 1983, 63; Korge, Die Beschlagnahme elektronisch gespeicherter Daten bei privaten Trägern von Berufsgeheimnissen, 2009; Kudlich, Strafprozessuale Probleme des Internet – Rechtliche Probleme der Beweisgewinnung in Computernetzen –, JA 2000, 227; Kutzner, Die Beschlagnahme von Daten beim Berufsgeheimnisträger, NJW 2005, 2652; Leitner/Michalke, Strafprozessuale Zwangsmaßnahmen, 2007; Lemcke, Die Sicherstellung gem. § 94 StPO und deren Förderung durch die Inpflichtnahme Dritter als Mittel des Zugriffs auf elektronisch gespeicherte Daten, 1995; Löffler, Die Herausgabe von beschlagnahmten oder sichergestellten Sachen im Strafverfahren, NJW 1991, 1705; Malek/Wohlers, Zwangsmaßnahmen und Grundrechtseingriffe im Ermittlungsverfahren, 2001; Matzky, Zugriff auf EDV im Strafprozess, 1999; Mayer, Zur Verwertbarkeit einer dem Beschuldigten nicht im Wege der Anordnung gemäß § 81a StPO, sondern zum Zwecke der Operationsvorbereitung entnommenen Blutprobe, deren Rest sich der ermittelnde Polizeibeamte von der Krankenschwester aushändigen ließ, JZ 1989, 908; Mehle/Mehle,

Beschlagnahmefreiheit von Verteidigungsunterlagen, NJW 2011, 1639; Meier/Böhm, Strafprozessuale Probleme der Computerkriminalität, wistra 1992, 166; Metz, Rangverhältnis der Staatsanwaltschaft zu ihren Ermittlungspersonen bei Gefahr im Verzug, NStZ 2012, 242; Michalke, Wenn der Staatsanwalt klingelt – Verhalten bei Durchsuchung und Beschlagnahme, NJW 2008, 1490; Möhrenschläger, Computerstraftaten und ihre Bekämpfung in der Bundesrepublik Deutschland, wistra 1991, 321; Münchhalffen, Zur Verwertung auf der Grundlage rechtswidriger Durchsuchungsmaßnahmen erlangter Beweismittel, in Hiebl/Kassebohm/Lilie (Hrsg.), FS Mehle, 2009, 445; Obenhaus, Cloud Computing als neue Herausforderung für Strafverfolgungsbehörden und Rechtsanwaltschaft, NJW 2010, 651; Park, Durchsuchung und Beschlagnahme, 4. Auflage, 2018; Pitsch, Strafprozessuale Beweisverbote, 2009; Ransiek, Durchsuchung, Beschlagnahme und Verwertungsverbot, StV 2002, 565; Rebmann, Beschlagnahme von terroristischen Bekennerschreiben bei Presseunternehmen, FS Pfeiffer, 1988, 225; Reichling, Strafprozessuale Ermittlungen bei Kreditinstituten – ein Überblick, JR 2011, 12; Röß, Die Durchsuchung von Arztpraxen beim Verdacht des Abrechnungsbetruges, NZWiSt 2018, 483, Schäfer, Die Rückgabe beschlagnahmter Beweismittel nach Rechtskraft des Urteils, wistra 1984, 136; Schäfer, Der Computer im Strafverfahren, wistra 1989, 8; Schlegel, Online-Durchsuchung light – Die Änderung des § 110 StPO durch das Gesetz zur Neuregelung der Telekommunikationsüberwachung, HRRS 2008, 23; Schwabenbauer, Verwertung von Zufallsfunden einer verfassungswidrigen Durchsuchung, NJW 2009, 3207; Spatscheck, Beschlagnahme von Computerdaten und E-Mails beim Berater, FS Hamm, 2008, 733; Störing, Strafprozessuale Zugriffsmöglichkeiten auf E-Mail-Kommunikation, 2007; Trüg, Die Reform der strafrechtlichen Vermögensabschöpfung, NJW 2017, 1913; Trüg/Ulrich, Speicherung mandatsbezogener Unterlagen aus internal investigations auf im Ausland belegenen Servern, NZWiSt 2021, 1; Vogelberg, Durchsuchung und Beschlagnahme im Steuerrecht, 2010; Wasmuth, Die Beschlagnahme von Patientenkarteien und Krankenscheinen im Strafverfahren wegen Abrechnungsbetruges des Arztes, NJW 1989, 2297; Welp, Zeugnisverweigerungsrechte und Beschlagnahmeverbote, FS Bemmann, 1997, 626; Weyand, Arzt- und Steuergeheimnis als Hindernis für die Strafverfolgung, wistra 1990, 4; Weyand, Der Insolvenzverwalter – ein Refugium für Geschäftsunterlagen?, ZInsO 2008, 26; Zerbes/El-Ghazi, Zugriff auf Computer: Von der gegenständlichen zur virtuellen Durchsuchung, NStZ 2015, 425; Zimmermann, Der strafprozessuale Zugriff auf E-Mails, JA 2014, 321.

Übersicht

I. Überblick

1 **1. Normzweck.** Die §§ 94 ff. regeln die (formlose) **Sicherstellung** (Abs. 1) sowie die **Beschlagnahme** (Abs. 2) von Gegenständen, die als notwendige Beweismittel für das Strafverfahren in Betracht kommen, um einen Beweisverlust zu verhindern.[1] Das gilt unabhängig davon, ob sich die Beweisgegenstände im Eigentum oder Gewahrsam des Beschuldigten oder eines anderen befinden.[2] Die Vorschrift dient allein der (Straf-) Verfahrenssicherung und nicht der Vorbereitung eines Zivilprozesses[3] oder der Sicherung von Steuerforderungen.[4]

2 Die Sicherstellung und die Beschlagnahme führen grds. zu einem **Eingriff in grundrechtlich geschützte Positionen,** besonders in das Grundrecht auf Eigentum

[1] Wohlers/Greco in SK-StPO Rn. 1; Menges in Löwe/Rosenberg Rn. 1.
[2] BGH 5.1.1979 – 1 BJs 226/78/StB 246/78, NStZ 1981, 93 (94).
[3] Gercke in Gercke/Julius/Temming/Zöller Rn. 1 f.; Janssen Beschlagnahme S. 5.
[4] Klos wistra 1987, 121.

(Art. 14 Abs. 1 S. 2 GG). Darüber hinaus können je nach Art und Weise des Eingriffs auch weitere Grundrechte betroffen sein, bspw. das Post- und Fernmeldegeheimnis (Art. 10 Abs. 1 GG), die Unverletzlichkeit der Wohnung (Art. 13 GG), die Presse- (Art. 5 Abs. 1 GG),[5] Kunst- (Art. 5 Abs. 3 GG) oder Berufsfreiheit (Art. 12 GG) sowie bei der Beschlagnahme von Datenträgern das Recht auf informationelle Selbstbestimmung aus Art. 2 Abs. 1 iVm Art. 1 Abs. 1 GG.[6] Ferner kann durch die Ermittlungsmaßnahme die Intim- und Geheimsphäre (Art. 2 Abs. 1 iVm Art. 1 Abs. 1 GG) des Betroffenen berührt sein. § 94 enthält die nach dem Grundsatz des Gesetzesvorbehalts notwendige gesetzliche Eingriffsermächtigung.[7]

Der deutsche Gesetzgeber hat mit Einfügung der §§ 91a ff. IRG die Richtlinie 2014/41/EU des Europäischen Parlaments und des Rates über die **Europäische Ermittlungsanordnung** (RL-EEA) vom 3.4.2014[8] ins nationale Recht umgesetzt.[9] Die Neuregelung trat am 22.5.2017 in Kraft und löste ab diesem Zeitpunkt die bisher für EU-Mitgliedstaaten geltenden internationalen Abkommen ab. Es besteht nunmehr ein einheitlicher Rechtsrahmen, der dem Grundsatz der gegenseitigen Anerkennung justizieller Entscheidungen Rechnung trägt und zu einer Vereinfachung und Beschleunigung des strafprozessualen Beweistransfers führt.[10] Der Anwendungsbereich der EEA (vgl. §§ 91a ff. IRG), mit welcher ein Mitgliedstaat den anderen um Unterstützung bitten kann, erfasst ua Ersuchen um Vernehmung von Beschuldigten, Zeugen und Sachverständigen, Durchsuchungen und Beschlagnahmen, grenzüberschreitende Kontenabfragen oder Überwachung des Fernmeldeverkehrs. Zur EEA im Zusammenhang mit Beschlagnahmen vgl. zuletzt auch EuGH 24.10.2019 – C-324/17, BeckRS 2019, 25316. 2a

2. Anwendungsbereich. Während § 94 den aktiven Zugriff der Ermittlungsbehörden auf Gegenstände normiert, die als **Beweismittel** in Frage kommen, regelt § 95 die Verpflichtung des Betroffenen zur Herausgabe von beschlagnahmefähigen Gegenständen. Diese Verfahrensweise ersetzt ggf. die Durchsuchung. Werden die Gegenstände nach behördlicher Aufforderung herausgegeben, sind sie anschließend sicherzustellen oder zu beschlagnahmen. Die Beschlagnahme von **Führerscheinen** erfolgt nach § 94 Abs. 1, 2 (vgl. Abs. 3), wenn sie der Einziehung nach § 74 StGB bzw. nach § 111a Abs. 1, Abs. 3 StPO iVm § 69 StGB unterliegen, falls dringende Gründe für die Annahme vorhanden sind, dass die Fahrerlaubnis entzogen wird. Kommt der Führerschein unmittelbar als Beweismittel in Betracht, etwa wegen einer Urkundenfälschung, erfolgt die Beschlagnahme unmittelbar nach § 94 Abs. 1, 2 (→ Rn. 42). 3

§ 98 Abs. 1 enthält die **Anordnungsbefugnis** zur richterlichen und nichtrichterlichen Beschlagnahme. Zudem regelt die Vorschrift den Vollzug der Beschlagnahme in einem Dienstgebäude oder einer nicht allgemein zugänglichen Einrichtung oder Anlage der Bundeswehr (§ 98 Abs. 4) und den Rechtsschutz (§ 98 Abs. 2 und 3). Eine **Einschränkung der Beschlagnahme** erfolgt zur Sicherung von Dienstgeheimnissen nach § 96 im Hinblick auf amtliche Schriftstücke und Erkenntnismitteilungen von Behörden. **Beschlagnahmeverbote,** die an Zeugnisverweigerungsrechte nach §§ 52, 53, 53a anknüpfen, sind in § 97 normiert.[11] Diese stehen grds. auch dem Herausgabeverlangen nach § 95 entgegen. Weitere 4

[5] BVerfG 22.10.2020 – 1 BvR 1949/20, BeckRS 2020, 28981.
[6] BVerfG 12.4.2005 – 2 BvR 1027/02, NJW 2005, 1918.
[7] Wohlers/Greco in SK-StPO Rn. 2.
[8] Vgl. Richtlinie 2014/41/EU des Europäischen Parlaments und des Rates vom 3.4.2014 über die Europäische Ermittlungsanordnung in Strafsachen (ABl. 2014 L 130, 1); Zur Umsetzung der Richtlinie Europäische Ermittlungsanordnung in das deutsche Recht vgl. Brahms/Gut NStZ 2017, 388; Trüg/Ulrich NZWiSt 2021, 1 (2).
[9] BGBl. 2017 I 31.
[10] Böhm NJW 2017, 1512.
[11] BVerfG 5.8.1966 – 1 BvR 586/62, 610/63, 512/64, NJW 1966, 1603 (1607); 8.3.1972 – 2 BvR 28/71, NJW 1972, 1123 (1125); 16.6.2009 – 2 BvR 902/06, NJW 2009, 2431 (2433); BGH 3.12.1991 – 1 StR 120/90, BGHSt 38, 144 (146) = NJW 1992, 763 (764); 27.3.2009 – 2 StR 302/08, BGHSt 53, 257 (260) = NJW 2009, 2690 (2691).

Beschlagnahmeverbote können sich im Zusammenhang mit strafprozessualen Verwertungsverboten, mit gesetzlichen Übermittlungsverboten und aus dem verfassungsrechtlichen Grundsatz der Verhältnismäßigkeit ergeben.

5 Die Beschlagnahme von Gegenständen und Dateien, die dem Brief-, Post- und Fernmeldegeheimnis unterliegen, ist in § 99 geregelt, wobei die Beschlagnahme von **Briefen von Untersuchungsgefangenen** zu Beweiszwecken im anhängigen Verfahren nach § 94 erfolgt.[12] Die **Durchsicht von Papieren** ist in § 110 gesondert normiert. Die bloße Mitnahme von Papieren zur Durchsicht, das gilt auch für elektronisch gespeicherte Daten, ist keine Sicherstellung im Sinne von § 94, sondern eine vorläufige amtliche Verwahrung. Die Durchsicht nach § 110 ist noch keine Beschlagnahme, sondern noch Teil der Durchsuchung.[13]

6 Die §§ 94 ff. sind nicht einschlägig, wenn die Wegnahme von Gegenständen in Ausübung **anderer strafprozessualer Maßnahmen,** etwa bei der Blutentnahme (§ 81a) oder der vorläufigen Festnahme (§ 127), im Rahmen der Annexkompetenz erfolgt. Darüber hinaus gelten die §§ 94 ff. nicht für Sicherstellungen, die in Ausübung sitzungspolizeilicher Befugnisse gemäß § 176 GVG durchgeführt werden.[14] Nach **§ 46 OWiG** kommen die §§ 94 ff. auch im OWiG-Verfahren zur Anwendung. Der Verhältnismäßigkeitsgrundsatz, dem hier besondere Bedeutung zukommt, kann einer Durchsuchung in Bagatellfällen entgegenstehen.[15] § 116 BRAO und § 153 StBerG verweisen für ehren- oder berufsgerichtliche Verfahren ebenfalls auf die Vorschriften der StPO.

7 Die §§ 111b ff. regeln abschließend die Beschlagnahme von **Gegenständen zur Sicherung der Einziehung oder Unbrauchbarmachung.**[16] Kommt ein Gegenstand zugleich als Beweismittel und als Objekt der Einziehung oder Unbrauchbarmachung in Betracht, sollte neben der Beschlagnahme nach § 94 zugleich auch eine Beschlagnahme nach § 111b Abs. 1, § 111c Abs. 1 erfolgen, um das in § 111d Abs. 1 geregelte Veräußerungsverbot gemäß § 136 BGB wirksam werden zu lassen.[17] Jeder nach § 111b Abs. 1, § 111c Abs. 1 beschlagnahmte Gegenstand kann auch als Beweismittel im Strafverfahren verwertet werden.[18] In diesem Fall empfiehlt sich jedoch zusätzlich die Beschlagnahme nach § 94, da nur dann auch ein Akteneinsichtsrecht nach § 147 besteht.[19]

8 Zu beachten ist, dass die **Polizeirechte** des Bundes und der Länder die Sicherstellung von Gegenständen regeln. Diese Vorschriften stehen – im Gegensatz zu denjenigen in der StPO – mit präventiven Zwecken, der Eigensicherung von Polizeibeamten oder der präventiven Gewinnabschöpfung und Rückgewinnungshilfe im Zusammenhang. Eine (repressive) Beschlagnahme von Beweismitteln nach § 94 kann nicht zugleich eine (präventive) Sicherstellung von Gegenständen nach dem Polizeirecht sein. Es gibt weder eine allgemeine Vorrangstellung der Maßnahmen aus der StPO gegenüber dem Gefahrenabwehrrecht noch umgekehrt. Die Polizei kann auch während eines bereits laufenden Ermittlungsverfahrens aufgrund präventiver Ermächtigungsgrundlagen zum Zwecke der Gefahrenabwehr tätig werden.[20] Für den Rechtscharakter der Maßnahme ist die sich aus den Umständen der Beschlagnahme ergebende Zielsetzung des handelnden Polizeibeamten maßgeblich (vgl. auch → § 98 Rn. 39a).[21] Ob auf präventiv-polizeilicher Grundlage gewonnene Beweise im Strafverfahren

---

12 BGH 23.10.2008 – StB 18/08, NStZ-RR 2009, 56; OLG Jena 9.3.2011 – 1 Ws 122/11, NStZ-RR 2012, 28.

13 BGH 5.8.2003 – StB 7/03, NStZ 2003, 670; Greven in KK-StPO Rn. 15.

14 BGH 11.2.1998 – StB 3/98, 3 StE 7/94 – 1 (2) – StB 3/98, BGHSt 44, 23 = NJW 1998, 1420; OVG Schleswig 28.4.1993 – 3 M 16/93, NJW 1994, 340; LG Ravensburg 22.1.2007 – 2 Qs 10/07, NStZ-RR 2007, 348; Köhler in Meyer-Goßner/Schmitt Rn. 1.

15 LG Verden 10.6.2004 – 1 Qs 72/04, NStZ 2005, 527.

16 Wohlers/Greco in SK-StPO Rn. 3.

17 LG Lübeck 2.10.2003 – 2b Qs 103/03, StV 2004, 123; Trüg NJW 2017, 1913 (1917).

18 Köhler in Meyer-Goßner/Schmitt Rn. 2; Achenbach NJW 1976, 1068 (1070 f.).

19 BGH 21.9.2000 – 1 StR 634/99, StV 2001, 4; Greven in KK-StPO Rn. 2; Köhler in Meyer-Goßner/Schmitt Rn. 2; Wohlers/Greco in SK-StPO Rn. 3; Gercke in Gercke/Julius/Temming/Zöller Rn. 5; Menges in Löwe/Rosenberg Rn. 7.

20 BGH 26.4.2017 – 2 StR 247/16, NStZ 2017, 651.

21 VG Neustadt 5.8.2005 – 7 L 1177/05.NW, juris = BeckRS 2005, 156303; Hartmann/Schmidt Strafprozessrecht Rn. 415.

verwendet werden dürfen, bestimmt sich nach § 161 Abs. 3 S. 1. Anknüpfungspunkt ist der Gedanke des hypothetischen Ersatzeingriffs.[22] Durchsuchungs- und Beschlagnahmeanordnungen im **vereinsrechtlichen Verbotsverfahren** können auf § 4 Abs. 3 VereinsG gestützt werden.[23]

Im Rahmen eines **Auslieferungsverfahrens** sind bei einer Beschlagnahme die speziellen Vorschriften des Auslieferungsrechts zu beachten.[24] 9

II. Erläuterung

Die Sicherstellung und Beschlagnahme von Beweismitteln setzt voraus, dass der betreffende Gegenstand beschlagnahmefähig ist **(1.)**. Es ist der Grundsatz der Verhältnismäßigkeit zu wahren **(2.)**. Schließlich darf der Gegenstand dem Zugriff der Strafverfolgungsorgane nicht durch Beschlagnahmeverbote entzogen sein **(3.)**. 10

1. Beschlagnahmefähige Gegenstände. Die Vorschrift erfasst alle beweglichen und unbeweglichen Gegenstände, unabhängig vom Eigentum, Besitz und Gewahrsam,[25] die als Beweismittel für die Untersuchung von Bedeutung sein können.[26] 11

a) Gegenstände. Zu den beschlagnahmefähigen Gegenständen zählen **unbewegliche und bewegliche Sachen.** Dazu gehören grds. körperliche Gegenstände (zu nichtkörperlichen Gegenständen, insbesondere elektronisch (digital) gespeicherten Informationen und Kommunikationsdaten vgl. → Rn. 13).[27] Abzugrenzen davon sind unkörperliche Gegenstände, zB Forderungen,[28] und sonstige Rechte, bei denen eine unmittelbare Verwendung zu Beweiszwecken nicht möglich ist und die nur nach § 111b beschlagnahmt werden können.[29] Unbewegliche Sachen sind ua Grundstücke, Grundstücksteile und Räumlichkeiten.[30] Zu den beweglichen Sachen zählen körperliche Gegenstände, ua Schriftstücke, Behördenakten,[31] Briefe an oder von einem inhaftierten Gefangenen,[32] Speichermedien wie CDs, DVDs, Festplatten, USB-Sticks, Magnetbänder, Ton- und Bildträger,[33] optische Speicher und sonstige verkörperte Datenspeicher.[34] Auch Computerausdrucke, auf denen sich aus einem Datenbestand recherchiertes Material befindet, werden von der Vorschrift umfasst.[35] Technische Hilfsmittel, mit denen die Datenträger überhaupt erst lesbar gemacht werden können (→ Rn. 13), sind ebenfalls beschlagnahmefähig. Das gilt auch für Unterlagen über die Verfahrensdokumentation, mit deren Hilfe Buchführungen überprüfbar sind.[36] Daneben ist zu beachten, dass die zum Lesen 12

22 BGH 26.4.2017 – 2 StR 247/16, NStZ 2017, 651.
23 OVG Lüneburg 4.11.2010 – 11 OB 425/10, NdsVBL 2011, 54.
24 BGH 19.2.1965 – 4 ARs 32/64, BAusl. 9/64 (GenStA Karlsruhe), NJW 1965, 1143; Greven in KK-StPO Rn. 23; vgl. auch Böhm NStZ 2017, 77 (83).
25 Gercke in Gercke/Julius/Temming/Zöller Rn. 9.
26 BVerfG 25.7.2007 – 2 BvR 2282/06, NJW 2007, 3343.
27 Leitner/Michalke Strafprozessuale Zwangsmaßnahmen Rn. 561 f.; Malek/Wohlers Zwangsmaßnahmen Rn. 135; Gercke in Gercke/Julius/Temming/Zöller Rn. 8; Möhrenschläger wistra 1991, 321 (329).
28 Greven in KK-StPO Rn. 3.
29 Menges in Löwe/Rosenberg Rn. 13; Malek/Wohlers Zwangsmaßnahmen Rn. 135.
30 Wohlers/Greco in SK-StPO Rn. 20; Greven in KK-StPO Rn. 3.
31 BGH 18.3.1992 – 1 BGs 90/92, 1 BGs 90/92 – 2 BJs 186/91-5, BGHSt 38, 237 = NJW 1992, 1973; OLG Jena 20.11.2000 – 1 Ws 313/00, StV 2002, 63.
32 BGH 23.10.2008 – StB 18/08, NStZ-RR 2009, 56.
33 Greven in KK-StPO Rn. 3.
34 BVerfG 18.2.2003 – 2 BvR 372/01, NStZ-RR 2003, 176 (177); 12.4.2005 – 2 BvR 1027/02, BVerfGE 113, 29 = NJW 2005, 1917 (1920); LG Köln 11.8.1994 – 112 Qs 2/94, NStZ 1995, 54; Wohlers/Greco in SK-StPO Rn. 20; Menges in Löwe/Rosenberg Rn. 14; Greven in KK-StPO Rn. 3; Bär EDV-Beweissicherungen-HdB S. 240 ff.; Götz-Leible Beschlagnahmeverbote S. 194; Graulich wistra 2009, 299; Janssen Beschlagnahme S. 5 f.; Kudlich JA 2000, 227 (229); Lemcke Die Sicherstellung S. 19; Meier/Böhm wistra 1992, 166; Möhrenschläger wistra 1991, 321 (329); Schlegel HRRS 2008, 23 (24); Störing E-Mail-Kommunikation S. 68 ff.; Zerbes/El-Ghazi NStZ 2015, 425 (426).
35 BVerfG 18.2.2003 – 2 BvR 372/01, NStZ-RR 2003, 176 (177).
36 Kemper NStZ 2005, 538; Eisenberg Beweisrecht StPO Rn. 2324.

der Datenträger notwendigen Auskünfte von Zeugen (zB Bankmitarbeiter) im Rahmen ihrer Zeugenpflicht erteilt werden müssen.[37] Als bewegliche Sachen kommen – unabhängig von der zivilrechtlichen Würdigung als Sache – weiter in Betracht: Tiere, Leichen und Leichenteile,[38] Föten, abgetrennte Teile des Körpers des lebenden Menschen, Körperinhalte wie Blut- oder Urinproben,[39] DNA-fähiges Material,[40] Prothesen, künstliche Implantate,[41] nicht jedoch der Körper eines lebenden Menschen (vgl. hierzu §§ 81a–81g).[42] Vorbehaltlich einer Sperrerklärung nach § 96 sind auch behördliche Akten Beweisgegenstände,[43] sowie entsprechende Informationsträger anderer Art, zu denen allerdings nicht die Akten des anhängigen Strafverfahrens zählen. Diese sind nach § 163 Abs. 2, § 199 Abs. 2 S. 2 vorzulegen. Auch Geld kann im Verfahren als Augenscheinsobjekt dienen, wobei hier meist keine Beweisbedeutung hinsichtlich des konkreten Objekts vorliegt, es sei denn, es kommt auf die konkreten Geldscheine etwa aufgrund von Fingerabdruckspuren an.[44] Bei der Sicherstellung und Beschlagnahme von Gegenständen zu Beweiszwecken sind, anders als bei der Sicherstellung zur Sicherung der Einziehung oder Unbrauchbarmachung (§ 111b StPO), **nicht die Eigentumsverhältnisse** entscheidend.[45]

13 Der Wortsinn des § 94 gestattet es darüber hinaus, auch **nichtkörperliche Gegenstände** in den Anwendungsbereich der Norm einzubeziehen.[46] Dazu gehören **elektronisch (digital) gespeicherte Informationen und Kommunikationsdaten,** die auf einem Mobiltelefon, Computer oder auf einem sonstigen Datenträger gespeichert sind.[47] Außerdem umfasst die Vorschrift **E-Mails**[48] (und Nutzerkonten bei **sozialen Netzwerken,** zB ein Facebook-Account, sowie **Cloud-Inhalte** → Rn. 31),[49] die sich nach Abschluss der Telekommunikation im Herrschaftsbereich des Absenders oder nach Ankunft beim Empfänger, bereits in dessen Herrschaftsbereich befinden bzw. dort gespeichert sind. § 94 umfasst zudem E-Mails, die auf einem Server beim Provider gespeichert sind.[50] Ein offener Zugriff[51] auf diese Daten ist auf Grundlage der §§ 94, 98 nach der Rspr. auch dann möglich, wenn es um die Aufklärung von Tatvorwürfen geht,

[37] Greven in KK-StPO Rn. 4.

[38] BVerfG 18.1.1994 – 2 BvR 1912/93, NStZ 1994, 246; Gercke in Gercke/Julius/Temming/Zöller Rn. 12.

[39] Zur Verwertbarkeit einer zur Operationsvorbereitung entnommenen Blutprobe im Strafverfahren vgl. OLG Celle 14.3.1989 – 1 Ss 41/89, NStZ 1989, 385; OLG Zweibrücken 14.5.1993 – 1 Ss 58/93, NJW 1994, 810; krit. Hauf NStZ 1993, 457.

[40] BGH 1.8.2018 – 1 BGs 324/18, NStZ-RR 2018, 319.

[41] Wohlers/Greco in SK-StPO Rn. 20; Gercke in Gercke/Julius/Temming/Zöller Rn. 12.

[42] Greven in KK-StPO Rn. 5; Hartmann in HK-GS Rn. 2.

[43] BGH 18.3.1992 – 1 BGs 90/92 – 2 BJs 186/91-5, BGHSt 38, 237 = NJW 1992, 1973 mAnm Amelung NStZ 1993, 48; OLG Jena 20.11.2000 – 1 Ws 313/00, StV 2002, 63 (64) mAnm Hohmann wistra 2001, 196 (197); LG Potsdam 26.9.2006 – 21 Qs 127/06, wistra 2007, 193 (194); Arloth NStZ 1993, 467; Ciolek-Krepold Durchsuchung Rn. 325.

[44] Gercke in Gercke/Julius/Temming/Zöller Rn. 14.

[45] BGH 23.6.2020 – StB 17/20, BeckRS 2020, 15611.

[46] BVerfG 25.7.2007 – 2 BvR 2282/06, NJW 2007, 3343; 16.6.2009 – 2 BvR 902/06, BVerfGE 124, 43 = NJW 2009, 2431; Obenhaus NJW 2010, 651.

[47] BVerfG 12.4.2005 – 2 BvR 1027/02, BVerfGE 113, 29 = NJW 2005, 1917; BVerfG 2.3.2006 – 2 BvR 2099/04, NJW 2006, 976; 16.6.2009 – 2 BvR 902/06, NJW 2009, 2434; BGH 24.11.2009 – StB 48/09, NJW 2010, 1297; Kutzner NJW 2005, 2652; Matzky Zugriff auf EDV im Strafprozess S. 7 ff., 208 ff.; Lemcke Die Sicherstellung S. 20 ff.; Böckenförde Ermittlung S. 274 ff.; aA Gercke in Gercke/Julius/Temming/Zöller Rn. 18, der auf den entsprechenden Datenträger bei der Beschlagnahme zurückgreifen will.

[48] VG Karlsruhe 22.8.2017 – 3 K 11220/17, MMR 2017, 786; Zimmermann JA 2014, 321.

[49] AG Reutlingen 31.10.2011 – 5 Ds 43 Js 18155/10, CR 2012, 193; Köhler in Meyer-Goßner/Schmitt Rn. 16b.

[50] BVerfG 16.6.2009 – 2 BvR 902/06, BVerfGE 124, 43 = NJW 2009, 2431; Kasiske StraFo 2010, 228; Brandt/Kukla wistra 2010, 415; Vgl. zur forensischen Sicherung bei Daten auf einem Server und zur Online-Forensik näher Basar/Hiéramente NStZ 2018, 681 und Zerbes/El-Ghazi NStZ 2015, 42.

[51] BGH 4.8.2015 – 3 StR 162/15, NStZ 2015, 704.

die nicht im Katalog des § 100a enthalten sind.[52] Soll der Zugriff auf die beim Provider gespeicherten Daten allerdings verdeckt erfolgen, so müssen, soweit nicht eine Zurückstellung der Benachrichtigung nach § 95a in Betracht kommt, die Voraussetzungen des § 100a Abs. 1 S. 1 vorliegen. Die §§ 94 und 100a verdrängen sich nicht gegenseitig.[53] Die Anordnung der Beschlagnahme des gesamten auf dem Mailserver des Providers gespeicherten E-Mail-Bestands eines Beschuldigten verstößt allerdings regelmäßig gegen das Übermaßverbot (→ Rn. 32.).[54] Zu den beschlagnahmefähigen Daten gehören zudem beim Provider gespeicherte Verkehrsdaten, Bestands- und Nutzungsdaten bei Telemediendiensten (§ 2 Abs. 2 Nr. 2, 3 TTDSG; § 22 TTDSG) und Inhalts- und Verkehrsdaten (§ 3 Nr. 70 TKG), die nach Abschluss des Kommunikationsvorgangs nicht beim Telekommunikationsdiensteanbieter erhoben werden (zur Bestandsdatenauskunft auch § 100j).[55] Können im Rahmen eines Ermittlungsverfahrens sichergestellte Daten nicht ausgewertet werden, weil die von einem der Beschuldigten verwendete Software nur serverunterstützt funktioniert, ist – unabhängig von der Frage, ob es sich hierbei um ein bloßes technisches Hilfsmittel oder ein mittelbares Beweismittel handelt – die Beschlagnahme einer Spezialsoftware sowie eines hierzu gehörenden Benutzerhandbuchs und eines Freischaltdatenträgers beim Vertreiber der Software zulässig, falls die Herausgabe nicht freiwillig erfolgt.[56] Letztlich ist hier aber die Frage der Verhältnismäßigkeit zu beachten, so ist die Beschlagnahme von Praxissoftware als technisches Hilfsmittel für die Datenauswertung bei Verdacht des Abrechnungsbetruges dann nicht erforderlich, wenn diese Software am Markt erhältlich ist und kein Bedürfnis nach ihrer sofortigen Verfügbarkeit besteht.[57] Soweit die beschlagnahmten Dateien, insbesondere personenbezogene Daten von Personen, mit anderen Daten der Strafverfolgungsbehörden maschinell abgeglichen werden sollen, wird auf die §§ 98a f. (Rasterfahndung) verwiesen. Bei Zugriff auf räumlich getrennte Speichermedien vgl. auch § 110.

b) Potentielle Beweisbedeutung für die Untersuchung. Dem Beweismittel muss 14
für die betreffende Untersuchung unmittelbar oder mittelbar eine potentielle Beweisbedeutung zukommen, da die Maßnahme ausschließlich der Sicherung des zu erwartenden gerichtlichen Verfahrens dient.[58] Bei Vorliegen der potentiellen Beweisbedeutung ist der Gegenstand mit Blick auf das Legalitätsprinzip sicherzustellen.

aa) Beweismittel. Als Beweismittel sind alle **beweglichen und unbeweglichen** 15
Sachen anzusehen, die unmittelbar oder mittelbar für die den Gegenstand des Straf- oder Ermittlungsverfahrens bildende Tat oder die Umstände ihrer Begehung potentiell Beweis erbringen können.[59] Zu den Beweismitteln zählen Gegenstände, die durch ihr Vorhandensein, ihre Beschaffenheit, durch ihren geistigen Inhalt oder durch Spuren der Tat (sog.

---

52 BVerfG 16.6.2009 – 2 BvR 902/06, BVerfGE 124, 43 = NJW 2009, 2431. Krit. Wohlers/Greco in SK-StPO Rn. 27; Gaede StV 2009, 96 (96 ff.); BGH 31.3.2009 – 1 StR 76/09, NJW 2009, 1828 stellte noch auf § 99 mit der Begründung ab, dass die Beschlagnahme von E-Mails beim Provider vergleichbar mit der Beschlagnahme anderer Mitteilungen ist, welche sich zumindest vorübergehend bei einem Post- oder Telekommunikationsdienstleister befinden, zB von Telegrammen, welche gleichfalls auf dem Telekommunikationsweg dorthin übermittelt wurden.

53 BGH 14.10.2020 – 5 StR 229/19, BeckRS 2020, 36910 Rn. 20.

54 Vgl. auch BGH 24.11.2009 – StB 48/09, NJW 2010, 1297.

55 BVerfG 13.11.2010 – 2 BvR 1124/10, ZUM-RD 2011, 396; zur Sicherstellung der Festplatte beim Provider zum Nachweis des vom Beschuldigten dort betriebenen Webseed-Servers LG Saarbrücken 23.4.2009 – 2 Qs 9/09, MMR 2010, 205.

56 LG Trier 16.10.2003 – 5 Qs 133/03, NJW 2004, 869.

57 Röß NZWiSt 2018, 483 (487).

58 BGH 7.9.1956 – StB 28/56, BGHSt 9, 351 (355).

59 BVerfG 1.10.1987 – 2 BvR 1178/86, NJW 1988, 890 (894); 13.12.1994 – 2 BvR 894/94, wistra 1995, 139 (140); 13.1.1999 – 2 BJs 71/93 – 2 StB 14/98, StV 1999, 183 (183, 184); 12.4.2005 – 2 BvR 1027/02, BVerfGE 113, 29 = NJW 2005, 1917; BGH 24.11.1995 – StB 84/95, BGHSt 41, 363 (364) = NJW 1996, 532; 22.10.1999 – StB 13/99, BGHR StPO § 94 Beweismittel 5; OLG München 5.12.1977 – 1 Ws 1309/77, NJW 1978, 601; OLG Hamm 11.5.1989 – 2 Ws 237/89, wistra 1989, 359.

Beweismittelträger) dazu geeignet sind, die Überzeugung von der Wahrheit eines bestimmten geschichtlichen Vorgangs zu begründen, zu festigen, zu erschüttern oder zu widerlegen.

16 **bb) Untersuchung.** Die Untersuchung umfasst das gesamte Strafverfahren von der Einleitung des Ermittlungsverfahrens bis zu seinem rechtskräftigen Abschluss.[60] Im OWi-Verfahren sind die Vorschriften §§ 94 ff. entsprechend anzuwenden (§ 46 Abs. 1 OWiG).

17 Die Untersuchung beginnt regelmäßig mit der **Einleitung des Ermittlungsverfahrens.** Dafür ist ein Anfangsverdacht iSd § 152 Abs. 2 erforderlich, also eine ausreichende Tatsachengrundlage, aus der sich die Möglichkeit der Tatbegehung durch den Beschuldigten, der namentlich noch nicht bekannt sein muss, ergibt, ohne dass es auf eine erhöhte Wahrscheinlichkeit ankommt. Eine bloße Vermutung reicht hierfür nicht aus.[61] Aus den Umständen, die den Anfangsverdacht begründen, muss sich noch keine genaue Tatkonkretisierung ergeben.[62] Die Sicherstellung kann die erste Maßnahme des Ermittlungsverfahrens sein.[63] Nicht zulässig ist eine **Beschlagnahme zur Ausforschung,** die erst dem Ziel dient, aus den beschlagnahmten Gegenständen Anhaltspunkte für die Einleitung eines Ermittlungsverfahrens zu gewinnen, auch wenn die angenommene Tat in Idealkonkurrenz mit einer Straftat stehen könnte, wegen der bereits ermittelt wird.[64] Eine Beschlagnahme und andere strafprozessuale Zwangsmaßnahmen sind im sog. Vorermittlungsverfahren nicht zulässig.[65] Ist eine Relevanz für die Untersuchung von Anfang an auszuschließen, ist die Sicherstellung oder Beschlagnahme nicht statthaft, zB wenn die der Beschlagnahmeentscheidung zugrunde gelegte Strafvorschrift verfassungswidrig ist.[66]

18 Die Untersuchung endet durch den **rechtskräftigen Abschluss des Strafverfahrens.** Dazu gehören ein rechtskräftiges Sach- oder Einstellungsurteil, ein rechtskräftiger Strafbefehl oder ein Einstellungsbeschluss nach § 206a oder § 206b.[67] Wird das Verfahren vorläufig eingestellt, bleibt die Sicherstellung oder Beschlagnahme bis zur endgültigen Einstellung des Verfahrens zulässig. Da das Verfahren bei einer Einstellung gemäß § 153, § 170 Abs. 2 und § 205 grds. jederzeit wieder aufgenommen werden kann, sind ebenfalls Maßnahmen nach § 94 möglich.[68] Das gilt auch bei Verfahrenseinstellungen nach §§ 154b, 154c, 154d, 154e und 154 f. Im Einzelnen: Bei einer Einstellung nach § 153 Abs. 2 ist die beschränkte Rechtskraftwirkung zu beachten, die ggf. einer Sicherstellung oder Beschlagnahme entgegensteht. Im Falle einer Einstellung nach § 153a endet die Untersuchung bei fristgemäßer Erfüllung von Weisungen und Auflagen, weil erst dadurch ein endgültiges Verfahrenshindernis entsteht. Bei einer Einstellung nach § 154 Abs. 1 kann hingegen das Verfahren bei Vorliegen eines sachlichen Grundes bis zum Eintritt der Verjährung jederzeit wiederaufgenommen werden. Anders liegt der Fall bei einer gerichtlichen Einstellung nach § 154 Abs. 2. Hier ist § 154 Abs. 3 und 4 zu beachten. Der Wiederaufnahmebeschluss ist aber auch nach Ablauf der Drei-Monatsfrist zulässig, wenn sich herausstellt, dass das eingestellte Verfahren ein Verbrechen zum Gegenstand hat.[69] Solange grds. eine Wiederaufnahme des Verfahrens

---

60 Greven in KK-StPO Rn. 12.

61 BVerfG 23.1.2004 – 2 BvR 766/03, NStZ-RR 2004, 143; OLG München 11.10.2011 – 1 U 708/11, juris = BeckRS 2011, 24776.

62 BVerfG 7.5.2001 – 2 BvR 2013/00, juris = BeckRS 2001, 16345; 16.6.2009 – 2 BvR 902/06, BVerfGE 124, 43 = NJW 2009, 2431 (2435); OLG Frankfurt a. M. 21.6.2005 – 3 Ws 499/05, 3 Ws 501/05, NStZ-RR 2005, 270.

63 OLG München 11.10.2011 – 1 U 708/11, BeckRS 2011, 24776; OLG Celle 23.11.1962 – 3 Ws 280/62, NJW 1963, 406.

64 BGH 28.6.2001 – 1 StR 198/01, NStZ 2001, 604 (606); LG Köln 31.8.1982 – 117 Qs 11/82, StV 1983, 56; LG Potsdam 26.9.2006 – 21 Qs 127/06, wistra 2007, 193 (194, 195); Gercke in Gercke/Julius/Temming/Zöller Rn. 31.

65 Vgl. auch Diemer NStZ 2005, 666.

66 BVerfG 29.6.2009 – 2 BvR 174/05 und 2 BvR 1499/05, juris; 9.7.2009 – 2 BvR 1119/05, 2 BvR 1120/05 und 2 BvR 1497/05, NVwZ 2009, 1281.

67 Wohlers/Greco in SK-StPO Rn. 17.

68 Vgl. auch Hartmann in HK-GS Rn. 4; teilweise aA (mit Ausnahme bei vorläufigen Einstellungen) Wohlers/Greco in SK-StPO Rn. 17.

69 BGH 12.6.1985 – 3 StR 35/85, BGHSt 33, 234 = NStZ 1986, 36.

möglich ist, ist eine Sicherstellung oder Beschlagnahme bis zum Zeitpunkt der Verjährung zulässig. Im Falle des § 154a tritt mit rechtskräftigem Abschluss des betreffenden Verfahrens Strafklageverbrauch ein, da die Rechtskraft sich auch auf die ausgeschiedenen Teile der Tat und Rechtsverletzungen erstreckt.[70] In der Revisionsinstanz bleibt die Sicherstellung wegen der Möglichkeit der Zurückweisung zulässig (§ 354 Abs. 2).

Beweismittel dürfen grds. nur bis zum rechtskräftigen Abschluss des Verfahrens, nicht jedoch im Anschluss daran zur Sicherstellung der **Strafvollstreckung** beschlagnahmt werden. Daher sind Beschlagnahmeanordnungen während der Bewährungszeit zwecks Überwachung der Lebensführung, bspw. von Kontounterlagen zur Anpassung einer Bewährungsauflage an das tatsächliche Leistungsvermögen des Verurteilten, unzulässig.[71] Nach dem rechtskräftigen Abschluss des Verfahrens ist im Vollstreckungsverfahren eine Sicherstellung oder Beschlagnahme nur möglich, wenn es um Gegenstände geht, die der Ergreifung des flüchtigen Verurteilten, nicht aber der Beweissicherung dienen (§ 457 Abs. 3 S. 1). Dabei ist, insbesondere hinsichtlich der Dauer der (noch) zu vollstreckenden Freiheitsstrafe, der Grundsatz der Verhältnismäßigkeit zu beachten (§ 457 Abs. 3 S. 2; § 34 Abs. 2 StVollstrO). Zuständig für die Maßnahme ist das Gericht des ersten Rechtszugs (§ 457 Abs. 3 S. 3). 19

Der Begriff Untersuchung umfasst auch das **Sicherungs-** (§§ 413 ff.), das **Einziehungs-** (§§ 435, 436) und das **erhobene Privatklageverfahren** (§§ 374 ff.). Dagegen ist eine Sicherstellung von Beweismitteln zur Vorbereitung des Privatklageverfahrens nicht möglich.[72] Zulässig ist allerdings die Sicherstellung im **Wiederaufnahmeverfahren,**[73] auch zu dessen Vorbereitung, es sei denn, dass für eine Wiederaufnahme offensichtlich keine Anhaltspunkte vorliegen.[74] 20

cc) Potentielle Beweisbedeutung. Für die betreffende Untersuchung kommt dem Gegenstand dann eine potentielle Beweisbedeutung zu, wenn er für den weiteren Fortgang des Verfahrens erforderlich ist.[75] Es besteht kein Unterschied zwischen Beweismitteln, die sich auf den Nachweis des Tatvorwurfs beziehen und solchen, die in anderer Weise für die Sicherung des Strafverfahrens bestimmt sind. Ausreichend ist die Erwartung im Sinne einer ex ante-Prognose,[76] dass der Gegenstand Schlussfolgerungen auf verfahrensrelevante Tatsachen zulässt. Dazu dienen Beweisstücke, die über die innere Einstellung des Beschuldigten Aufschluss geben[77] oder als Indiz von Bedeutung sind,[78] ferner solche, die zwar für die Aufklärung des objektiven Tatbestandes oder die Schuldfrage ohne Bedeutung sind, aber die Strafzumessung oder den sonstigen Rechtsfolgenausspruch beeinflussen können.[79] Es genügt bereits, wenn der Beweisgegenstand für den Fortgang der Untersuchung bedeutsam sein könnte,[80] bspw. durch Sicherstellung von Urkunden wegen Aktenverlustes, bei der Ermittlung des Aufenthaltsortes des gesuchten Beschuldigten oder bei der Anordnung und Fortdauer der Untersuchungshaft.[81] Das gilt auch für die Beschlagnahme von Gegenständen, die die Flucht- oder Verdunkelungsgefahr begründen können. Es kommt nicht darauf an, ob 21

70 Schmitt in Meyer-Goßner/Schmitt § 154 Rn. 28.
71 KG 5.5.1999 – 2 AR 26-99 – 3 Ws 116-99, NJW 1999, 2979.
72 Schmitt in Meyer-Goßner/Schmitt § 383 Rn. 4.
73 Schäfer wistra 1984, 136.
74 Köhler in Meyer-Goßner/Schmitt Rn. 9.
75 Gercke in Gercke/Julius/Temming/Zöller Rn. 33.
76 BVerfG 1.10.1987 – 2 BvR 1178/86 ua, BVerfGE 77, 1 = NJW 1988, 890; 13.12.1994 – 2 BvR 894/94, NJW 1995, 2839; BGH 5.1.1979 – 1 BJs 226/78/StB 246/78, NStZ 1981, 94; 13.1.1999 – StB 14/98, StV 1999, 183; 24.11.1995 – StB 84/95, BGHSt 41, 363 = NJW 1996, 532; 14.6.2018 – StB 13/18, BeckRS 2018, 15545.
77 BGH bei Schmidt MDR 1984, 183 (186).
78 OLG Bremen 5.2.1962 – Ws 36/62, NJW 1962, 649.
79 BVerfG 1.10.1987 – 2 BvR 1178/86 ua, BVerfGE 77, 1 = NJW 1988, 890; 16.8.1994 – 2 BvR 983, 1258/94, NJW 1995, 385.
80 OLG Bremen 5.2.1962 – Ws 36/62, NJW 1962, 649; OLG Düsseldorf 30.5.1979 – 1 Ws 332/79, JMBlNW 1979, 226; Rebmann FS Pfeiffer, 1988, 225 (225 ff. Rn. 11).
81 OLG Düsseldorf 2.9.1993 – 3 Ws 466/93, NJW 1993, 3278; OLG Hamburg 14.10.1966 – 2 Ws 334/66, NJW 1967, 166; krit. Joecks in Radtke/Hohmann Rn. 13.

der Gegenstand später tatsächlich als Beweismittel beweiserheblich wird,[82] da die konkrete Entwicklung des Verfahrens in der Praxis zumeist nicht vorhersehbar ist. Steht jedoch die fehlende Beweisbedeutung im Zeitpunkt der Anordnung bereits sicher fest, ist eine Beschlagnahme ausgeschlossen.[83] Nicht zulässig ist auch eine Beschlagnahme „ins Blaue hinein", wenn jede Vorstellung fehlt, ob und in welcher Weise der Gegenstand für die Beweisführung von Nutzen sein könnte.[84]

21a Das Erfordernis einer potentiellen Beweisbedeutung gilt auch in Verfahren vor einem **Parlamentarischen Untersuchungsausschuss.** Nach § 29 Abs. 1 S. 1 PUAG iVm Art. 44 Abs. 2 S. 1 GG und § 94 muss die potenzielle, nicht fernliegende Möglichkeit bestehen, dass der Gegenstand für die Untersuchung von Bedeutung sein kann.[85] Zwar muss zum Zeitpunkt des Herausgabeverlangens bzw. der Durchsuchung noch nicht feststehen, für welche Beweisführung der Gegenstand im Einzelnen in Betracht kommt, jedoch müssen konkrete Anhaltspunkte für die Untersuchungsrelevanz benannt werden; ein Verweis auf die nicht weiter substantiierte Bedeutung für die Untersuchung ist im Hinblick auf die Eingriffsintensität in die Rechte der Betroffenen nicht ausreichend. Beantragt ein parlamentarischer Untersuchungsausschuss einen Durchsuchungsbeschluss zur Durchsetzung seines Herausgabeverlangens ist auch das Gebot grundsätzlicher Zurückhaltung von parlamentarischen Untersuchungen im privaten Bereich zu beachten.[86]

22 Die Sicherstellung ist wegen fehlender Beweisbedeutung unzulässig, wenn von vornherein ein **nicht behebbares Verfahrenshindernis** vorliegt,[87] insbesondere wenn abzusehen ist, dass es nicht zum gerichtlichen (auch nicht zum objektiven) Verfahren kommt, somit keine Sachentscheidung ergehen wird,[88] oder bspw. die Immunität eines Abgeordneten nicht aufgehoben wird.[89] Ist zu erwarten, dass die nach § 353b Abs. 4 StGB berechtigten Behörden im Falle des Geheimnisverrats die erforderliche **Ermächtigung zur Strafverfolgung** nicht erteilen werden, hat die Maßnahme ebenfalls zu unterbleiben (Nr. 212 Abs. 1 RiStBV). Entsprechendes gilt bei **Antragsdelikten** und soweit eine Ermächtigung eines obersten Staatsorgans des Bundes oder eines Landes zur Strafverfolgung in Betracht kommt (vgl. auch Nr. 6 Abs. 5 RiStBV). Die Entscheidung über die Ermächtigung ist vor einer Sicherstellung oder Beschlagnahme bei der zuständigen Stelle einzuholen.[90] In Eilfällen gilt Nr. 209 Abs. 2 S. 4, 212 Abs. 1 S. 2 RiStBV. Sind die **Verfahrenshindernisse noch behebbar,** zB wenn ein Strafantrag (§ 77 StGB), eine Ermächtigung zur Strafverfolgung (§ 77e StGB, bspw. § 89a Abs. 4, § 89b Abs. 4, § 89c Abs. 4, § 90 Abs. 4, § 90b Abs. 2, § 97 Abs. 3, §§ 104a, 129b Abs. 1 S. 3, § 194 Abs. 4, § 353a Abs. 2, § 353b Abs. 4 StGB) oder ein Strafverlangen (§ 104a StGB) noch beschafft werden können, darf die Sicherstellung oder Beschlagnahme angeordnet und durchgeführt werden. Stellt sich später heraus, dass die fehlenden Strafverfahrensvoraussetzungen nicht mehr herbeigeführt werden können, ist die Beschlagnahme unverzüglich aufzuheben.[91]

---

82 BVerfG 1.10.1987 – 2 BvR 1178/86 ua, BVerfGE 77, 1 = NJW 1988, 890; BGH 6.4.1962 – 2 StR 9/62, JZ 1962, 609; 12.2.1962 – III ZR 204/60, JZ 1962, 609; 14.6.2018 – StB 13/18, BeckRS 2018, 15545; VerfGH Berlin 28.6.2001 – 100/00, JR 2002, 496 (499); OLG Düsseldorf 4.2.1983 – 2 Ws 905/82, StV 1983, 407; Köhler in Meyer-Goßner/Schmitt Rn. 6.

83 BGH, bei Schmidt MDR 1981, 89 (93); LG Nürnberg-Fürth 22.12.2017 – 18 Qs 49/17, BeckRS 2017, 141381.

84 Park Durchsuchung Rn. 462.

85 Vgl. auch BGH 7.2.2017 – 1 BGs 74/17, NJW 2017, 1405.

86 BGH 7.2.2017 – 1 BGs 74/17, NJW 2017, 1405: Parlamentarische Untersuchungen sind nicht zulässig, wenn sie ausschließlich den privaten Bereich betreffen; vgl. auch BayVerfGH 19.4.1994 – Vf. 71 – IVa/93, NVwZ 1995, 681; Glauben NVwZ 2015, 1023.

87 Wohlers/Greco in SK-StPO Rn. 16; Menges in Löwe/Rosenberg Rn. 23, 31; Greven in KK-StPO Rn. 10; Köhler in Meyer-Goßner/Schmitt Rn. 7.

88 BGH 7.9.1956 – 1 BJs 182/55, NJW 1956, 1805 (1806); LG Lüneburg 28.3.2011 – 26 Qs 45/11, NJW 2011, 2225.

89 BVerfG 17.12.2001 – 2 BvE 2/00, NJW 2002, 1111.

90 BGH 14.12.1977 – 1 BJs 91/77 – StB 255/77, BGHSt 27, 307 = NJW 1978, 431.

91 Greven in KK-StPO Rn. 10.

2. Verhältnismäßigkeit. Der Grundsatz der Verhältnismäßigkeit erfordert, dass die Maßnahme zur Erreichung des angestrebten Ziels geeignet und erforderlich sein muss und dass der mit ihr verbundene Grundrechtseingriff nicht außer Verhältnis zur Bedeutung der Sache und zur Stärke des bestehenden Tatverdachts steht **(Übermaßverbot).**[92] Die Beschlagnahme ist jedenfalls dann unverhältnismäßig, wenn naheliegende grundrechtsschonende Ermittlungsmaßnahmen ohne greifbare Gründe unterbleiben.[93] 23

Eine **Bagatellstraftat,** eine **geringe Beweisbedeutung** der zu beschlagnahmenden Objekte sowie die **Vagheit des Anfangsverdachts,** der auf konkreten Tatsachen beruhen muss,[94] können im Einzelfall der Verhältnismäßigkeit entgegenstehen.[95] Besteht kein konkreter Tatverdacht gegen bestimmte Beschuldigte, verletzt die Beschlagnahme von **Klientenakten einer Suchtberatungsstelle** (§ 203 Abs. 1 Nr. 4 StGB) den Grundsatz der Verhältnismäßigkeit, wenn sie sich lediglich auf den allgemeinen Verdacht stützt, dass sich Klienten der Beratungsstelle durch Erwerb und Besitz von Betäubungsmitteln strafbar gemacht und solche Mittel illegal bezogen haben könnten.[96] Soll der Anfangsverdacht für die Begehung von Straftaten nach §§ 184b, 184c StGB auf den möglichen Besitz **kinder- oder jugendpornografischer Dateien** gestützt werden, der lange Zeit zurückliegt, so verlangt der Verhältnismäßigkeitsgrundsatz eine nähere Begründung in einem Durchsuchungs- oder Bestätigungsbeschluss für die Annahme einer dauerhaften Störung der Sexualpräferenz des Betroffenen.[97] 24

Im Rahmen der Abwägung ist zu berücksichtigen, dass die **Interessen von Verletzten und anderen Unbeteiligten** bei der Abwägung mehr ins Gewicht fallen als die des Beschuldigten,[98] da Eingriffe in Rechte Unverdächtiger in besonderer Weise rechtfertigungsbedürftig sind.[99] Grundrechte und Grundrechtsbegrenzungen sind stets in ein angemessenes Verhältnis zu bringen.[100] Der nichtverdächtige Betroffene ist vor der Vollstreckung der Maßnahme in der Regel Gelegenheit zur freiwilligen Herausgabe des sicherzustellenden Gegenstandes zu geben. Abhängig von der sich aus den bisherigen Ermittlungsergebnissen ergebenden Umständen, insbesondere zur Kooperationsbereitschaft bzw. -pflicht, ist ein Herausgabeverlangen (§ 95) vordringlich in Betracht zu ziehen.[101] 25

Die Beschlagnahme ist unverhältnismäßig, wenn **geeignete mildere Maßnahmen,** vor allem die (schriftliche) Auskunftserteilung durch Banken oder Behörden, zur Verfügung stehen.[102] Die Möglichkeit eines **Auskunftsverlangens** steht im Ermessen der Strafverfolgungsbehörde und ist nur bei vertrauenswürdig eingestuften Institutionen sachgerecht. Der Gegenstand darf in diesem Fall nicht als Beweismittel benötigt werden.[103] Ein Auskunftsersuchen kann auch auf §§ 161, 161a gestützt werden, so dass ggf. eine Durchsuchung nach § 103 vermieden werden kann.[104] Das **„Bankgeheimnis"** gilt im Strafverfahren nicht, da 26

[92] BVerfG 3.9.1991 – 2 BvR 279/90, NStZ 1992, 91 (92); 12.4.2005 – 2 BvR 1027/02, BVerfGE 113, 29 = NJW 2005, 1917 (1920); 2.3.2006 – 2 BvR 2099/04, BVerfGE 115, 166 = NJW 2006, 976 (980 ff.); 16.6.2009 – 2 BvR 902/06, BVerfGE 124, 43 = NJW 2009, 2431 (2434 ff.); 10.12.2010 – 1 BvR 2020/04, NJW 2011, 1863 (1864); 11.2.2015 – 2 BvR 1694/14, NJW 2015, 1585; 10.11.2017 – 2 BvR 1775/16, NJW 2018, 1240; 20.11.2019 – 2 BvR 31/19, 2 BvR 886/19, NJW 2020, 384; BGH 23.10.2008 – StB 18/08, NStZ-RR 2009, 56.

[93] BVerfG 10.11.2017 – 2 BvR 1775/16, NJW 2018, 1240.

[94] BVerfG 14.11.2017 – 2 BvR 1096/17, BeckRS 2017, 149911; 10.1.2018 – 2 BvR 2993/14, BeckRS 2018, 3481.

[95] BVerfG 10.1.2018 – 2 BvR 2993/14, BeckRS 2018, 3481.

[96] BVerfG 24.5.1977 – 2 BvR 988/75, BVerfGE 44, 353 = NJW 1977, 1489; LG München I – 8 Qs 22/95, 8 Qs 32/95, 8 Qs 33/95, 8 Qs 34/95, StV 1996, 141.

[97] BVerfG 20.11.2019 – 2 BvR 31/19, 2 BvR 886/19, NJW 2020, 384; vgl. Hoven in Fischer/Hoven Verdacht S. 117 (126 f.).

[98] Köhler in Meyer-Goßner/Schmitt Rn. 18; Ellbogen/Erfurth CR 2008, 635 (638).

[99] OLG Koblenz 19.6.2006 – 1Ws 385/06, NStZ 2007, 285.

[100] BVerfG 12.4.2005 – 2 BvR 1027/02, BVerfGE 113, 29 = NJW 2005, 1917 (1921).

[101] BGH 18.11.2021 – StB 6+7/21; vgl. auch LG Osnabrück 9.2.2022 – BeckRS 2022, 1559 → 12 Qs 32/21.

[102] BVerfG 29.2.2012 – 2 BvR 1954/11, NJW 2012, 2096.

[103] Wohlers/Greco in SK-StPO Rn. 36 f.

[104] Welp FS Bemmann, 1997, 626 (648).

es sich lediglich um eine privatrechtliche Vereinbarung zwischen der Bank und dem Kunden handelt.[105] In diesem Zusammenhang ist zu beachten, dass in Belange unbeteiligter Dritter so wenig wie möglich eingegriffen werden darf.[106] Besteht der konkrete Verdacht, im Betrieb der Bank sei systematisch Beihilfe zur Steuerhinterziehung geleistet worden, kann allerdings auch eine umfassende Beschlagnahme von Bankunterlagen erforderlich und damit zulässig sein.[107]

26a Auf Grund des Verhältnismäßigkeitsgrundsatzes ist vor einer Durchsuchung bei einem (unverdächtigen) **Insolvenzverwalter** dieser nach § 95 zur Herausgabe aufzufordern, sofern keine Anhaltspunkte für durchsuchungsgefährdendes Verhalten des Verwalters erkennbar sind.[108]

26b Die Beschlagnahme von **Praxissoftware** als technisches Hilfsmittel für die Datenauswertung, etwa im Rahmen der Durchsuchung von **Arztpraxen, Krankenhäusern oder medizinischen Versorgungszentren** beim Verdacht des Abrechnungsbetruges, ist grundsätzlich unverhältnismäßig, wenn diese Software am Markt erhältlich ist und kein Bedürfnis nach ihrer sofortigen Verfügbarkeit besteht. Anders ist der Fall zu beurteilen, wenn die Praxissoftware als eigenständiges Beweismittel in Betracht kommt.[109]

27 Die Unverhältnismäßigkeit der Maßnahme kann sich in Fällen ergeben, in denen der Strafverfolgungsbehörde andere Beweismittel im ausreichenden Maße zur Verfügung stehen. So kann es genügen, von den sichergestellten Gegenständen **Lichtbilder** zu verwenden, soweit eine kriminaltechnische Untersuchung der Gegenstände nicht erforderlich erscheint.[110] (Beglaubigte) **Fotokopien** erfüllen den Beweiszweck in der Regel ebenso wie Originale.[111] Unverhältnismäßig ist die Beschlagnahme eines weiteren Schreibens für die Gewinnung des für ein Schriftgutachten notwendigen Vergleichsmaterials, wenn schon ein handschriftliches Originalschreiben vorliegt, das für die Untersuchung geeignet ist.[112]

28 Der Umfang der Beschlagnahme ist durch das **Ziel der Beweissicherung** auf eine vertretbare Menge zu beschränken. Das heißt, dass bei der Beschlagnahme von Dateien (zB Patienten- und Abrechnungsdaten),[113] Schriften, Büchern oder Filmen meist nur eine begrenzte Anzahl von Exemplaren für die Untersuchung erforderlich ist. Die Beschlagnahme des gesamten Bestandes eines Betriebes mit dem Ziel der Beweissicherung wäre nicht verhältnismäßig.[114] Eine weitergehende Beschlagnahme kann jedoch nach § 111b erfolgen. Besondere Anforderungen sind auch an die **Auswirkungen** der Sicherstellung und Beschlagnahme zu stellen, wenn der Betroffene das sichergestellte Material zur Fortführung seines Betriebes dringend benötigt und bei der weiteren Durchsicht erhebliche Nachteile entstehen, auf der anderen Seite aber nur ein vager Verdacht vorliegt, dass das gesuchte Beweismittel sich unter den mitgenommenen Gegenständen befindet.[115]

29 Werden **umfangreiche Aktenbestände** beschlagnahmt, kann der Grundsatz der Verhältnismäßigkeit eine zeitnahe Durchsicht (vgl. hierzu auch § 110)[116] und die Aussonderung der sichergestellten Akten erfordern, denen offensichtlich keine Beweisbedeutung zukommt.[117] Die Beschlagnahme der **gesamten Computeranlage** kann zu erheblichen Beeinträchtigungen des Geschäftsbetriebes führen und deshalb unverhältnismäßig sein.[118]

---

105 Reichling JR 2011, 12 (13); Bittmann wistra 1990, 325.
106 Gercke in Gercke/Julius/Temming/Zöller Rn. 54.
107 BVerfG 13.12.1994 – 2 BvR 894/94, NJW 1995, 2839.
108 LG Dresden 27.11.2013 – 5 Qs 113/13, NZI 2014, 236.
109 Röß NZWiSt 2018, 483 (487 f.).
110 BGH 14.6.2018 – StB 13/18, BeckRS 2018, 15545.
111 Gercke in Gercke/Julius/Temming/Zöller Rn. 50.
112 BGH 23.10.2008 – StB 18/08, NStZ-RR 2009, 56.
113 Röß NZWiSt 2018, 483 (487 f.).
114 OLG Frankfurt a. M. – 3 Ws 236/73, NJW 1973, 2073 (2074); Greven in KK-StPO Rn. 14.
115 BGH 23.11.1987 – I BJs 55/81-4 – I BGs 517/87, StV 1988, 90.
116 Vgl. auch BVerfG 16.6.2009 – 2 BvR 902/06, NJW 2009, 2431.
117 LG Dresden 18.10.2002 – 5 Qs 82/2002, NStZ 2003, 567; Wohlers/Greco in SK-StPO Rn. 43.
118 Kemper PStrR 2006, 136 (139).

Unter Umständen droht einem Betrieb die vollständige Lahmlegung der Buchhaltung.[119] Im Rahmen der Abwägung ist ein möglicher Eingriff in Art. 14 Abs. 1 GG zu berücksichtigen.[120] Insbesondere bei geständigen Beschuldigten ist zu prüfen, ob die Anfertigung von Kopien, bspw. Geschäftsunterlagen des Schuldners beim (unverdächtigen) Insolvenzverwalter,[121] für den Beweiszweck ausreichend ist.[122] In diesem Fall werden die Originalunterlagen nach Herstellung der Kopien, die anschließend zu beschlagnahmen sind, wieder zurückgegeben. Bestehen Anhaltspunkte dafür, dass sich auf dem Datenträger verborgene oder verschlüsselte Dateien befinden, ist die Beschlagnahme des Originaldatenträgers unerlässlich.[123] Der Verhältnismäßigkeitsgrundsatz erfordert es nicht, dem Beschuldigten kostenlos Fotokopien zu überlassen, wenn die Originalurkunden als Beweismittel unentbehrlich sind.[124] Ihm ist jedoch zu gestatten, Fotokopien auf eigene Kosten anfertigen zu lassen.[125] Die für die Herstellung von Ablichtungen und Abschriften entstehenden Personal- und Sachkosten sind nicht erstattungsfähig. Das JVEG ist insoweit nicht einschlägig.

Speziell bei der Durchsuchung, Sicherstellung und Beschlagnahme von **Datenträgern** 30
und **Datenmengen** ist dem Verhältnismäßigkeitsgrundsatz in besonderer Weise Rechnung zu tragen.[126] Der Zugriff auf überschießende, für das Verfahren bedeutungslose Informationen und vertrauliche Daten Dritter ist im Rahmen des Vertretbaren zu vermeiden.[127] Es ist abzuwägen, ob eine Sicherstellung des Datenträgers und der darauf vorhandenen Daten für den konkreten Beweiszweck erforderlich ist. Der dauerhafte Zugriff auf den gesamten Datenbestand ist nicht gefordert, wenn die Sicherstellung der beweiserheblichen Daten auf eine andere, weniger belastende Weise möglich ist.

Die besondere Schutzbedürftigkeit der von einem überschießenden Datenzugriff mit- 30a
betroffenen Vertrauensverhältnisse ist ausdrücklich zu beachten.[128] Der eingriffsintensive Zugriff auf Datenträger etwa bei Ärzten,[129] Rechtsanwälten und Steuerberatern als **Berufsgeheimnisträgern**[130] bedarf im Einzelfall einer regulierenden Beschränkung. In diesem Zusammenhang ist nach dem EGMR auch ein möglicher Verstoß gegen Art. 8 EMRK zu berücksichtigen.[131] Bei der gemeinsamen Nutzung einer EDV-Anlage durch mehrere Sozien bietet sich eine auf den betreffenden Berufsgeheimnisträger bezogene (mittels einer Zugriffsbeschränkung gesicherte) themen-, zeit-, mandanten- oder mandatsbezogene Beschlagnahme der Daten an. Zu prüfen ist in jedem Verfahrensabschnitt auch, inwieweit die Erstellung einer (Teil-) Kopie der verfahrenserheblichen Daten, das Löschen oder die Herausgabe der für das Verfahren irrelevanten Daten in Betracht kommt.[132]

119 LG Aachen 14.6.2000 – 65 Qs 60/00, StV 2000, 548; Gercke in Gercke/Julius/Temming/Zöller Rn. 56, der zwischen beruflicher und privater Betroffenheit unterscheidet.

120 Wohlers/Greco in SK-StPO Rn. 45.

121 LG Berlin 9.4.2008 – 523 Qs 35/08, ZInsO 2008, 865; LG Neubrandenburg 9.11.2009 – 8 Qs 190/09, NJW 2010, 691.

122 BVerfG 11.7.2008 – 2 BvR 2016/06, NJW 2009, 281; OLG Hamburg 14.10.1966 – 2 Ws 334/66, NJW 1967, 166; OLG München 5.12.1977 – 1 Ws 1309/77, NJW 1978, 601; Beck/Kreißig NStZ 2007, 304 (309): Insbesondere bei geständigen und kooperierenden Tätern kann es genügen, vor Ort die auf dem PC gespeicherten Daten zu kopieren oder aber nur die betreffende Festplatte zu beschlagnahmen.

123 Hartmann in HK-GS Rn. 6.

124 BVerfG 18.2.2008 – 2 BvR 2697/07, juris = BeckRS 2008, 32564; Köhler in Meyer-Goßner/Schmitt Rn. 18; aA BGH, bei Schmidt MDR 1988, 353 (358).

125 LG Aachen 31.5.1989 – 63 Qs 131/89, MDR 1989, 1014; Köhler in Meyer-Goßner/Schmitt Rn. 18; aA Gercke in Gercke/Julius/Temming/Zöller Rn. 50.

126 Korge Beschlagnahme S. 124 ff.; Spatscheck FS Hamm 2008, 733 (737).

127 BVerfG 12.4.2005 – 2 BvR 1027/02, BVerfGE 113, 29 = NJW 2005, 1917; 11.7.2008 – 2 BvR 2016/06, NJW 2009, 281; 16.6.2009 – 2 BvR 902/06, BVerfGE 124, 43 = NJW 2009, 2431; BGH 24.11.2009 – StB 48/09, NJW 2010, 1298.

128 BVerfG 31.8.2010 – 2 BvR 223/10, BVerfGK 17, 550.

129 Wohlers/Greco in SK-StPO Rn. 45; Wasmuth NJW 1989, 2297 (2300 f.); Weyand wistra 1990, 4 (6).

130 BVerfG 17.7.2002 – 2 BvR 1027/02, BVerfGE 105, 365 = NJW 2002, 2458; 12.4.2005 – 2 BvR 1027/02, BVerfGE 113, 29 = NJW 2005, 1917; 11.7.2008 – 2 BvR 2016/06, NJW 2009, 281; Röß NZWiSt 2018, 483 (487 f.); Dann NJW 2015, 2609.

131 EGMR (III. Sektion) 16.10.2018 – 70288/13, NJW 2019, 2291.

132 BVerfG 25.7.2007 – 2 BvR 2282/06, NJW 2007, 3343 (3344); LG Konstanz 27.10.2006 – 4 Qs 92/06, MMR 2007, 193; Beck/Kreißig NStZ 2007, 304 (309); Michalke NJW 2008, 1490 (1492).

31 Die Grundsätze, die für die Beschlagnahme von Datenträgern gelten, sind in entsprechender Weise auf die (offene) Beschlagnahme von auf dem **Mailserver des Providers** zwischen- oder endgespeicherten („ruhenden") **E-Mails** und von **Daten eines Nutzerkontos bei sozialen Netzwerken** (zB Facebook) sowie **Cloud-Inhalten** anzuwenden, die stets an Art. 10 Abs. 1 GG zu messen sind (→ § 98 Rn. 21). Der Grundrechtsschutz endet grds. erst im Herrschaftsbereich des Empfängers. Demgegenüber ist der zugangsgesicherte Kommunikationsinhalt in einem E-Mail-Postfach, auf das der Nutzer nur über eine Internetverbindung zugreifen kann, durch das Fernmeldegeheimnis geschützt. Das Fernmeldegeheimnis knüpft an das Kommunikationsmedium an und will jenen Gefahren für die Vertraulichkeit begegnen, die sich gerade aus der Verwendung dieses Mediums ergeben, das einem staatlichen Zugriff leichter als die direkte Kommunikation unter Anwesenden ausgesetzt ist.[133] Dem Schutz der auf dem Mailserver des Providers gespeicherten E-Mails durch Art. 10 Abs. 1 GG steht nicht entgegen, dass während der Zeitspanne, in der die E-Mails auf dem Mailserver des Providers „ruhen", ihre Inhalte oder lediglich der Eingang vom Empfänger möglicherweise schon zur Kenntnis genommen worden sind. Bei der gerichtlichen Anordnung oder Bestätigung der Beschlagnahme eines Gegenstandes, den eine nicht beschuldigte Person im Gewahrsam hat, kann im Übrigen die Benachrichtigung des von der Beschlagnahme betroffenen Beschuldigten unter den Voraussetzungen des § 95a zurückgestellt werden, solange sie den Untersuchungszweck gefährden würde. Die Zurückstellung der Benachrichtigung ist allerdings nicht möglich, wenn der Gegenstand bzw. die Daten sich auch im Gewahrsam des Beschuldigten befinden. Soll die Maßnahme in diesen Fällen **verdeckt** erfolgen, dh der Betroffene soll keine Kenntnis von der Beschlagnahme erhalten, kann sie nur auf § 100a gestützt werden (→ § 98 Rn. 21). Dem Zugriff nach § 100 a Abs. 1 S. 1 steht nicht entgegen, dass beim Provider gespeicherte E-Mails mit der offenen Maßnahme des § 94 beschlagnahmt werden können.[134] Die gegenüber den Ermittlungsbehörden erfolgte Gewährung eines inhaltlich unbegrenzten **Gastzugangs durch den Provider** stellt sich für den Betroffenen, dessen Mailpostfach anschließend von den Ermittlungsbehörden heimlich ausgespäht wird, als verdeckte Ermittlungsmaßnahme dar, die nicht auf §§ 94 ff., sondern ebenfalls nur auf Grundlage von § 100a angeordnet werden kann.[135]

32 Zu beachten ist, dass die Anordnung der Beschlagnahme des gesamten auf dem Mailserver des Providers bzw. in der Cloud gespeicherten Datenbestände regelmäßig gegen das **Übermaßverbot** verstößt. Die Beschlagnahme sämtlicher gespeicherten Daten ist allenfalls dann verhältnismäßig, wenn konkrete Anhaltspunkte dafür vorliegen, dass der gesamte Datenbestand, auf den zugegriffen werden soll, für das Verfahren potenziell beweiserheblich ist. Bei einem E-Mail-Postfach ist daher zu differenzieren.[136] Soweit etwa eine Unterscheidung der E-Mails nach ihrer potenziellen Verfahrenserheblichkeit vorgenommen werden kann, ist die Möglichkeit einer Trennung der potenziell beweiserheblichen von den restlichen E-Mails zu prüfen. Je nach den Umständen des Einzelfalls können für die Begrenzung des Zugriffs unterschiedliche, miteinander kombinierbare Möglichkeiten der materiellen Datenzuordnung in Betracht gezogen werden. Sie müssen, bevor eine endgültige Beschlagnahme sämtlicher E-Mails erwogen wird, ausgeschöpft werden. Bei der Suche nach ermittlungsrelevanten E-Mails ist auch eine Auswahl anhand bestimmter Übermittlungszeiträume oder Sender- und Empfängerangaben in Betracht zu ziehen. Eine Zuordnung der E-Mails nach ihrer Verfahrensrelevanz kann unter Umständen auch mit Hilfe geeigneter Suchpro-

[133] BVerfG 14.7.1999 – 1 BvR 2226/94, 2420/95, 2437/95, BVerfGE 100, 313 (363).

[134] BVerfG 16.6.2009 – 2 BvR 902/06, BVerfGE 124, 43 = NJW 2009, 2431; BGH 14.10.2020 – 5 StR 229/19, NStZ 2021, 355; Klein NJW 2009, 2996 (2998); Köhler in Meyer-Goßner/Schmitt Rn. 16b.

[135] Vgl. auch BGH 14.10.2020 – 5 StR 229/19, BeckRS 2020, 36910 Rn. 20; Kelnhofer StV 2011, 352; Albrecht jurisPR-ITR 19/2011 Anm. 5; aA LG Mannheim 12.10.2010 – 24 Qs 2/10, BeckRS 2011, 14306.

[136] BVerfG 12.4.2005 – 2 BvR 1027/02, BVerfGE 113, 29 = NJW 2005, 1917; BGH 24.11.2009 – StB 48/09, NJW 2010, 1297; vgl. zu den Methoden zur effizienten forensischen Sicherung von digitalen Speichermedien Bäcker DVD 2010, 80.

gramme erfolgen. Das gilt entsprechend bei der Beschlagnahme von Datenträgern.[137] Sofern die Umstände des jeweiligen strafrechtlichen Vorwurfs und die technische bzw. inhaltliche Erfassbarkeit des Datenbestands eine unverzügliche Zuordnung nicht erlauben, muss die **vorläufige Sicherstellung** größerer Teile oder gar des gesamten E-Mail-Bestands erwogen werden, an die sich eine Durchsicht gemäß **§ 110** zur Feststellung der potenziellen Beweiserheblichkeit und -verwertbarkeit der E-Mails anschließt, um im Anschluss an dieses Verfahrensstadium die endgültige Entscheidung über den erforderlichen und zulässigen Umfang der Beschlagnahme treffen zu können.[138] Es entspricht dem Zweck des § 110 im Rahmen des technisch Möglichen und Vertretbaren lediglich diejenigen Informationen einem dauerhaften und damit vertiefenden Eingriff zuzuführen, die verfahrensrelevant und verwertbar sind. Ist den Strafverfolgungsbehörden im Verfahren der Durchsicht unter zumutbaren Bedingungen eine materielle Zuordnung der verfahrenserheblichen E-Mails einerseits oder eine Löschung oder Rückgabe der verfahrensunerheblichen E-Mails an den Nutzer andererseits nicht möglich, steht der Grundsatz der Verhältnismäßigkeit jedenfalls unter dem Gesichtspunkt der Erforderlichkeit der Maßnahme einer Beschlagnahme des gesamten Datenbestands ebenfalls nicht entgegen.

Aufzuheben ist die Beschlagnahme, wenn die Fortdauer der Maßnahme, die Sichtung 33
von Unterlagen oder die Auswertung eines beschlagnahmten PCs, **wegen Zeitablaufs** unverhältnismäßig ist.[139] Aus dem Grundsatz der Verhältnismäßigkeit lassen sich jedoch keine allgemeingültigen Zeitgrenzen für die Auswertung von Beweismitteln ableiten.[140] Welcher Zeitraum für die Durchsicht angemessen erscheint, beurteilt sich im Wege einer Abwägung nach den Umständen des Einzelfalls. Dabei obliegt die Entscheidung, in welchem Umfang eine inhaltliche Nachricht potenzieller Beweismittel notwendig ist, insbesondere die Gestaltung im Einzelnen sowie die Beendigung, dem Ermessen der Staatsanwaltschaft. Die Rechtskontrolle beschränkt sich auf die Frage der Überschreitung des Ermessensspielraumes.[141] Dabei ist von Bedeutung, ob der mit der Fortdauer der Sicherstellung verbundene Eingriff noch in einem angemessenen Verhältnis zur Stärke des Tatverdachts und der Schwere der in Rede stehenden Straftaten steht.[142] Abzuwägen ist insbesondere der Umfang und die Komplexität des konkreten Ermittlungsvorganges sowie die Eingriffsintensität der Beschlagnahme. Ist die Auswertung der im Rahmen der Ermittlungsverfahren sichergestellten Gegenstände umfangreich und wegen des konspirativen Vorgehens der Tätergruppe schwierig und zeitraubend, bspw. in komplexen Wirtschaftsstrafsachen, in Verfahren im Bereich der organisierten Kriminalität oder des Staatsschutzes, ist im Einzelfall eine Beschlagnahme auch über einen längeren Zeitraum verhältnismäßig. Zu berücksichtigen ist, dass in der Praxis die Auswertung von Daten nicht nur automatisch mittels eines (digitalen) Schlagwortverzeichnisses, sondern oftmals händisch erfolgen muss, was bei großen Datenmengen oftmals sehr zeitintensiv sein kann. Eine zeitliche Verzögerung bei der Auswertung kann auch dann noch vertretbar sein, wenn technische Probleme, zB die Wiederherstellung beschädigter Festplatten oder die Überwindung von technischen Zugangsbeschränkungen bzw. Passwörtern, dafür ursächlich sind. Die Umstände, die im Einzelfall zu einer zeitlichen Verzögerung führen, sind, falls sie nicht offensichtlich vorliegen, aus Gründen der Gewährleistung eines effektiven Rechtsschutzes in der Akte zu dokumentieren.

Bei Beschlagnahmen in **Presse- oder Rundfunkunternehmen** sind im Rahmen der 34
Prüfung der Verhältnismäßigkeit mögliche Beeinträchtigungen der Presse- und Rundfunk-

[137] BVerfG 25.7.2007 – 2 BvR 2282/06, NJW 2007, 3343 (3344).

[138] BVerfG 16.6.2009 – 2 BvR 902/06, BVerfGE 124, 43 = NJW 2009, 2431; BGH 24.11.2009 – StB 48/09, NJW 2010, 1297.

[139] LG Köln 17.5.2002 – 109 Qs 219/02, StV 2002, 413; LG Dresden 18.10.2002 – 5 Qs 82/2002, NStZ 2003, 567; LG Limburg 22.8.2005 – 5 Ws 96/05, StraFo 2006, 198; LG Kiel 19.6.2003 – 32 Qs 72/03, StraFo 2004, 93; LG München I 22.11.2002 – 14 Qs 200/02, NStZ-RR 2003, 142.

[140] LG Ravensburg 2.7.2014 – 2 Qs 19/14, NStZ-RR 2014, 348.

[141] BGH 20.5.2021 – StB 21/21, NStZ 2021, 623.

[142] BVerfG 18.6.2008 – 2 BvR 1111/08, BeckRS 2008, 37758; LG Saarbrücken 20.9.2016 – 2 Qs 26/16, NStZ-RR 2016, 346, vgl. auch LG Frankfurt a. M. 4.9.1996 – 5/29 Qs 16/96, NStZ 1997, 564.

freiheit (Art. 5 Abs. 1 S. 2 GG) auch dann zu beachten, wenn strafprozessuale, insbesondere pressebezogene Beschlagnahmeverbote nicht vorliegen.[143] Die Pressefreiheit umfasst den Schutz vor dem Eindringen des Staates in die Vertraulichkeit der Redaktionsarbeit sowie in die Vertrauenssphäre zwischen den Medien und ihren Informanten. Die Freiheit der Medien ist konstituierend für die freiheitliche demokratische Grundordnung. Eine freie Presse ist daher von besonderer Bedeutung für den freiheitlichen Staat. Geschützt sind namentlich die Geheimhaltung der Informationsquellen und das Vertrauensverhältnis zwischen Presse bzw. Rundfunk und den Informanten. Dieser Schutz ist unentbehrlich, weil die Presse auf private Mitteilungen nicht verzichten kann, diese Informationsquelle aber nur dann ergiebig fließt, wenn sich der Informant grundsätzlich auf die Wahrung des Redaktionsgeheimnisses verlassen kann. Eine Durchsuchung in Presseräumen stellt wegen der damit verbundenen Störung der redaktionellen Arbeit und der Möglichkeit einer einschüchternden Wirkung eine Beeinträchtigung der Pressefreiheit dar. Durch die Anordnung der Beschlagnahme von Datenträgern zum Zwecke der Auswertung ist den Ermittlungsbehörden die Möglichkeit des Zugangs zu redaktionellem Datenmaterial eröffnet worden. Dies greift in besonderem Maße in die vom Grundrecht der Pressefreiheit umfasste Vertraulichkeit der Redaktionsarbeit ein, aber auch in ein etwaiges Vertrauensverhältnis zu Informanten.[144] Im Zusammenhang mit Beschlagnahmen in Presseräumen ist stets eine Abwägung zwischen dem sich auf die konkret zu verfolgenden Taten beziehenden Strafverfolgungsinteresse und den Belangen der Presse- und Rundfunkfreiheit vorzunehmen.[145] Sind bei einer Sicherstellung Unterlagen betroffen, die einen Inhalt aufweisen, der von der Rundfunkfreiheit vor staatlicher Kenntnisverschaffung geschützt ist, greift nicht nur deren Sicherstellung, sondern auch die Anfertigung von Ablichtungen hiervon zu Zwecken des Strafverfahrens – ungeachtet einer späteren Rückgabe der Originale an den Betroffenen – in die Rundfunkfreiheit ein, da auf diese Weise an sich der Einsicht des Staates entzogene Informationen jederzeit und dauerhaft für diesen einsehbar werden.[146]

35 Die **Ingewahrsamnahme eines Ausweisdokuments** kann schließlich einen schwerwiegenden Eingriff in das verfassungsrechtlich geschützte Recht auf freie Entfaltung der Persönlichkeit darstellen, welche das Recht auf ungehindertes Reisen einschließt. Ein solcher Eingriff genügt nur dann dem Verhältnismäßigkeitsgebot, wenn ein erheblicher Tatverdacht besteht, der Beschlagnahmegegenstand ein wichtiges Beweismittel ist und andere gleichwertige Beweismittel nicht zur Verfügung stehen.[147]

36 **3. Beschlagnahmeverbote.** Gesetzliche Beschlagnahmeverbote enthalten die **§§ 96, 97, 160a.** Die Abgabe einer Sperrerklärung nach § 96 führt zur Unstatthaftigkeit einer Beschlagnahme.[148] Bei Verteidigungsunterlagen ist im Zusammenhang mit § 97 auch § 148 zu beachten.[149] Ein Beschlagnahmeverbot besteht darüber hinaus in Fällen, in denen ein Beweisverwertungsverbot an dem Gegenstand besteht (→ Rn. 52 ff.).[150] Im Übrigen können sich Beschlagnahmeverbote unmittelbar aus dem **Grundgesetz** ergeben, wenn wegen der Eigenart des Beweisthemas in grundrechtlich geschützte Bereiche unter Verstoß gegen den Grundsatz der Verhältnismäßigkeit eingegriffen wird.[151] Dann ist eine nähere Begründung dafür erforderlich, warum ausnahmsweise – über das geschriebene Strafprozessrecht

---

143 BVerfG 1.10.1987 – 2 BvR 1434/86, BVerfGE 77, 65 = NStZ 1988, 33; 24.3.1998 – 1 BvR 1935/96, wistra 1998, 221; 12.3.2003 – 1 BvR 330/96, 348/99, BVerfGE 107, 299 = NJW 2003, 1787; 10.12.2010 – 1 BvR 1739/04, NJW 2011, 1859; 13.7.2015 – 1 BvR 2480/13, BeckRS 2015, 51131.

144 BVerfG 13.7.2015 – 1 BvR 2480/13, BeckRS 2015, 51131.

145 BVerfG 22.8.2000 – 1 BvR 77/96, NJW 2001, 507; 1.2.2005 – 1 BvR 2019/03, NJW 2005, 965.

146 BVerfG 1.10.1987 – 2 BvR 1434/86, BVerfGE 77, 65 = NJW 1988, 329; 27.2.2007 – 1 BvR 538/06 ua, BVerfGE 117, 244 = NJW 2007, 1117; 10.12.2010 – 1 BvR 2020/04, NJW 2011, 1863.

147 LG Berlin 2.5.1994 – 503 Qs 23/94, StV 1995, 459 (459 f.).

148 LG Osnabrück 9.2.2022 – 12 Qs 32/21, NJW 2022, 882.

149 LG Frankfurt a. M. 9.11.2017 – 5/12 KLs 14/17, BeckRS 2017, 147614.

150 BGH 28.6.2001 – 1 StR 198/01, NJW 2001, 3793; Greven in KK-StPO Rn. 19.

151 BVerfG 27.10.2003 – 2 BvR 2211/00, BVerfGK 2, 97 = NStZ-RR 2004, 83 (84); BGH 13.11.1997 – 4 StR 404/97, BGHSt 43, 300 = NStZ 1998, 471.

hinaus – unmittelbar aus Gründen der Verfassung ein Beschlagnahmeverbot bestehen soll, denn das Strafprozessrecht stellt grundsätzlich kein Beschlagnahmeverbot für Fälle fehlerhafter Durchsuchungen auf, die zur Sicherstellung von Beweisgegenständen führen.[152] Abweichungen vom geschriebenen Strafprozessrecht sind wegen des verfassungsrechtlichen Postulats der Verfahrensfairness behutsam vorzunehmen.[153] Dies gilt auch deshalb, weil Beschlagnahmeverbote die im Interesse der Allgemeinheit bestehende Pflicht der staatlichen Strafverfolgungsorgane zur umfassenden Sachaufklärung begrenzen. Fehlt es an einer eindeutigen Begründung für das Vorliegen eines besonderen Ausnahmefalles, welche die Beschränkung der Strafverfolgungstätigkeit rechtfertigen soll, geht das öffentliche Interesse an vollständiger Wahrheitsermittlung im Strafverfahren dem Geheimhaltungsinteresse des Betroffenen vor.[154]

Einzelfälle: Ein Beschlagnahmeverbot kommt zunächst bei Eingriffen in das **allgemeine** 37
Persönlichkeitsrechts aus Art. 2 Abs. 1 in Verbindung mit Art. 1 Abs. 1 GG in Betracht, zB bei der Beschlagnahme von Krankenunterlagen nichtbeschuldigter Personen bei einem Arzt.[155] Für eine analoge Anwendung des § 97 Abs. 1 Nr. 3 im Fall der Alleintäterschaft des Arztes ist kein Raum.[156] Ein Beschlagnahmeverbot besteht ferner bei Mandantendaten in Kanzleiräumen eines Rechtsanwalts.[157] Die Beschlagnahme von **Verteidigerunterlagen** ist stets unzulässig, auch wenn sie sich im Besitz des Beschuldigten befinden.[158] Die Mitschriften, die ein nunmehr als Zeuge vernommener Richter in einer früheren Hauptverhandlung als erkennender Richter angefertigt hat, sind einer Beweisaufnahme ebenfalls nicht zugänglich.[159] Auch der Schutz des **Sozialgeheimnisses** aus § 35 SGB I steht einer gerichtlichen Durchsuchungs- und Beschlagnahmeanordnung entgegen.[160]

Ein verfassungsrechtliches Beschlagnahmeverbot kann sich aus dem Grundsatz „nemo 38
tenetur se ipsum accusare"[161] für Gegenstände ergeben, die unmittelbar mit einer **gesetzlichen Auskunftspflicht** im Zusammenhang stehen, zB aus § 97 Abs. 1 S. 1 InsO. Zu den Pflichten, die ein Beschlagnahmeverbot zur Folge haben, zählen erzwingbare Auskünfte, nicht jedoch die Beschlagnahme von bereits existierenden Unterlagen oder Aufzeichnungen, die der Gemeinschuldner dem Insolvenzverwalter übergeben hat.[162] Diese im Besitz des Insolvenzverwalters stehenden Unterlagen können ohne Einschränkung beschlagnahmt werden.[163] **Briefe von Untersuchungsgefangenen,** die der Kontrolle nach den UVollzG unterliegen, können ebenfalls nach § 94 beschlagnahmt werden.[164]

Bei der Beschlagnahme von **Tagebuchaufzeichnungen, auch bei Notiz- und** 39
Taschenkalendern,[165] ist zu beachten, dass ein letzter unantastbarer Bereich privater Lebensgestaltung unter dem Schutz des allgemeinen Persönlichkeitsrechts (Art. 2 Abs. 1 iVm Art. 1 Abs. 1 GG) der öffentlichen Gewalt schlechthin entzogen ist.[166] Allein die Aufnahme in ein Tagebuch oder eine ähnliche private Aufzeichnung entzieht sie nicht in

---

152 BVerfG 9.10.2003 – 2 BvR 1707/02, NStZ 2004, 216; 2.7.2009 – 2 BvR 2225/08, BVerfGK 16, 22 = NJW 2009, 3225.
153 BVerfG 26.5.1981 – 2 BvR 215/81, BVerfGE 57, 250 (276) = NStZ 1981, 357; 1.10.1987 – 2 BvR 1434/86, BVerfGE 77, 65 (76) = NStZ 1988, 33.
154 BVerfG 15.1.1975 – 2 BvR 65/74, BVerfGE 38, 312 (321) = NJW 1975, 588.
155 LG Meiningen 5.1.2012 – 2 Qs 212/11, juris = BeckRS 2012, 2831.
156 Vgl. ausführlich Wasmuth NJW 1989, 2297 (2301).
157 BVerfG 11.7.2008 – 2 BvR 2016/06, NJW 2009, 281 (282).
158 Gercke in Gercke/Julius/Temming/Zöller Rn. 62. Vgl. umfassend zur Beschlagnahmefreiheit von Verteidigungsunterlagen Mehle/Mehle NJW 2011, 1639.
159 BGH 8.7.2009 – 2 StR 54/09, NStZ 2009, 582.
160 LG Fulda 6.5.2004 – 2 Qs 34/04, JAmt 2004, 438; LG Oldenburg 30.11.2010 – 1 Qs 437/10, JAmt 2011, 101; Leitner/Michalke Strafprozessuale Zwangsmaßnahmen Rn. 644.
161 Vgl. zum Grundsatz auch BGH 21.8.2012 – 1 StR 26/12, NStZ-RR 2012, 372.
162 LG Ulm 15.1.2007 – 2 Qs 2002/07, NJW 2007, 2056.
163 Weyand ZInsO 2008, 26; Köhler in Meyer-Goßner/Schmitt Rn. 20.
164 Schultheis in KK-StPO § 119 Rn. 42.
165 BGH 13.10.1999 – 2 BJs 112/97-2 – StB 10 u. 11/99, NStZ 2000, 383; bei Testamenten vgl. LVG Koblenz 8.4.2010 – 4 Qs 10/10, NJW 2010, 2227.
166 Gercke in Gercke/Julius/Temming/Zöller Rn. 62.

jedem Fall dem staatlichen Zugriff.[167] Besteht Anlass zur Annahme, dass die Aufzeichnungen auch über strafbare Handlungen Aufschluss geben, besteht kein verfassungsrechtliches Hindernis, solche Schriftstücke im Strafverfahren zu verwerten. Bei der Durchsicht ist jedoch größtmögliche Zurückhaltung zu wahren.[168] Ein Beschlagnahmeverbot kann nur angenommen werden, wenn eine Verwertbarkeit des gesamten Inhalts einer Aufzeichnung von vornherein ausgeschlossen werden kann. Gehören private Aufzeichnungen nicht zum absolut geschützten Kernbereich, bedarf ihre Verwertung der Rechtfertigung durch ein überwiegendes Interesse der Allgemeinheit. Hierbei hat das Bundesverfassungsgericht wiederholt die unabweisbaren Bedürfnisse einer wirksamen Strafverfolgung und Verbrechensbekämpfung hervorgehoben.[169]

40 Auch im Zusammenhang mit der Sicherstellung und Beschlagnahme von **E-Mails auf dem Mailserver des Providers** fordert die nach Art. 1 Abs. 1 GG garantierte Unantastbarkeit der Menschenwürde im Gewährleistungsbereich des Art. 10 GG Vorkehrungen zum Schutz individueller Entfaltung im Kernbereich privater Lebensgestaltung. Das bedeutet, dass dieser Bereich nicht nur Situationen erfasst, in denen der Einzelne mit sich selbst ist.[170] Vielmehr schließt er auch die vertrauliche Kommunikation mit anderen ein, da sich der Mensch im Kernbereich seiner Persönlichkeit notwendig in sozialen Bezügen verwirklicht.[171] Es kann somit nicht ausgeschlossen werden, dass bei der Erfassung der Kommunikationsinhalte personenbezogene Daten betroffen sind, die sich auf den Kernbereich höchstpersönlicher Lebensgestaltung beziehen.[172] Inwieweit eine personenbezogene Kommunikation diesem Kernbereich zuzuordnen ist, hängt davon ab, ob sie nach ihrem Inhalt höchstpersönlichen Charakters ist und in welcher Art und Intensität sie aus sich heraus die Sphäre anderer oder Belange der Gemeinschaft berührt. Nicht zu diesem Kernbereich gehören Kommunikationsinhalte, die im unmittelbaren Bezug zu konkreten strafbaren Handlungen stehen, zB Angaben über die Planung bevorstehender oder Berichte über begangene Straftaten.[173] Bestehen im konkreten Fall tatsächliche Anhaltspunkte für die Annahme, dass ein Zugriff auf gespeicherte Telekommunikation Inhalte erfasst, die zu diesem Kernbereich zählen, hat er zu unterbleiben. Es muss sichergestellt werden, dass Kommunikationsinhalte des höchstpersönlichen Bereichs nicht gespeichert und verwertet, sondern unverzüglich gelöscht werden, wenn es ausnahmsweise zu ihrer Erhebung gekommen ist.[174]

41 Bezüglich **vertraulicher Gewerkschaftsunterlagen** kann sich aus Art. 9 Abs. 3 GG ein Beschlagnahmeverbot ergeben, da auch der gewerkschaftliche Rechtsschutz in jenen Strafverfahren, die einen Bezug zur dienstlichen Tätigkeit des Mitglieds haben, dem Schutzbereich des Grundrechts unterfallen.[175] Die Beschlagnahme einer **Akte der Jugendge-**

---

167 BVerfG 17.11.2007 – 2 BvR 518/07, CNR 2007, 43357; BGH 12.4.1989 – 3 StR 453/88, BGHSt 36, 167 = NJW 1989, 2760 (bei privaten rechtswidrigen Tonbuchaufzeichnungen); 30.3.1994 – StB 2/94, 3 BJs 845/93 – 4 – StB 2/94, NJW 1994, 1970 (bei Tagebüchern); 13.10.1999 – StB 10 und 11/99, StB 10/99, StB 11/99, 2 BJs 112/97 – 2 – StB 10/99, 2 BJs 112/97 – 2-11/99, NStZ 2000, 383 (bei Notizbüchern und Taschenkalendern); vgl. insoweit auch BVerfG 3.3.2004 – 1 BvR 2378/98, 1 BvR 1084/99, NJW 2004, 999.

168 BVerfG 17.11.2007 – 2 BvR 518/07, LNR 2007, 43357; 26.6.2008 – 2 BvR 219/08, StraFo 2008, 421.

169 BVerfG 1.10.1987 – 2 BvR 1434/86, BVerfGE 77, 65 (76) = NJW 1988, 329; 14.9.1989 – 2 BvR 1062/87, BVerfGE 80, 367 (375) = NStZ 1990, 89; 17.11.2007 – 2 BvR 518/07, zur strafprozessualen Behandlung von Tagebüchern vgl. Amelung NJW 1988, 1002 sowie Amelung NJW 1990, 1753.

170 BGH 10.8.2005 – 1 StR 140/05, BGHSt 50, 206 = NJW 2005, 3295.

171 BVerfG 3.3.2004 – 1 BvR 2378/98, 1 BvR 1084/99, BVerfGE 109, 279 = NJW 2004, 999 (1002 f.).

172 BVerfG 16.6.2009 – 2 BvR 902/06, BVerfGE 124, 43 = NJW 2009, 2431 (2436 f.).

173 BVerfG 14.9.1989 – 2 BvR 1062/87, BVerfGE 80, 367 = NJW 1990, 563; 3.3.2004 – 1 BvR 2378/98, 1 BvR 1084/99, BVerfGE 109, 279 (319) = NJW 2004, 999; 27.7.2005 – 1 BvR 668/04, BVerfGE 113, 348 = NJW 2005, 2603.

174 BVerfG 27.7.2005 – 1 BvR 668/04, BVerfGE 113, 348 (392) = NJW 2005, 2603; 12.10.2011 – 2 BvR 236/08, 2 BvR 237/08, 2 BvR 422/08, NJW 2012, 833.

175 BVerfG 1.10.1997 – 2 BvR 1059/96, NJW 1998, 893; LG Berlin 3.5.1996 – 5 11 Qs 35/96, NJW 1996, 2520.

richtshilfe oder einer **Jugendamtsakte mit einem ärztlichen Krankenbericht** kann gegen das verfassungsrechtlich garantierte Recht des Betroffenen auf informationelle Selbstbestimmung verstoßen und wäre rechtswidrig, wenn nicht die Voraussetzungen vorliegen, unter denen der Arzt selbst offenbarungsbefugt wäre.[176]

4. Führerscheine (Abs. 3). Die Sicherstellung und Beschlagnahme von Führerscheinen zum Zwecke der Beweissicherung erfolgt nach § 94 Abs. 1 und 2. Nach § 94 Abs. 3 können Führerscheine als Objekt der Einziehung (§ 74 StGB) beschlagnahmt werden oder wenn die Voraussetzungen des § 111a Abs. 1 S. 1 vorliegen.[177] Die Regelungen § 111a Abs. 3 und Abs. 4 sind zu beachten. Danach besteht keine Zuständigkeit der Staatsanwaltschaft oder der Polizei zur vorläufigen Entziehung von Fahrerlaubnissen. Diese können lediglich bei Gefahr im Verzug einen Führerschein nach § 98 beschlagnahmen, wenn die Voraussetzungen des § 111a Abs. 1 gegeben sind (vgl. → § 111a Rn. 38).[178] 42

5. Sicherstellung und Beschlagnahme. Stellt der Gewahrsamsinhaber den Gegenstand freiwillig zur Verfügung, entweder ausdrücklich oder stillschweigend, erfolgt die **Sicherstellung** – auch bei einem gewahrsamlosen Gegenstand – durch Inverwahrungnahme oder auf andere Weise durch bloßen (formlosen) Realakt (§ 94 Abs. 1).[179] Es bedarf dann keiner besonderen Anordnungsbefugnis. Erforderlich ist, dass der Herausgebende die Kenntnis und den Willen hat, einen Gegenstand zu Beweiszwecken einer Strafverfolgungsbehörde zu übergeben.[180] Die **Freiwilligkeit** setzt die Kenntnis voraus, dass eine Pflicht zur Herausgabe nicht besteht. Eine Belehrung darüber ist grds. nicht erforderlich.[181] Auch die Motive für die Herausgabe sind unerheblich. Erklärt sich daher der Gewahrsamsinhaber mit der Sicherstellung einverstanden, weil er die Abwendung der ansonsten drohenden förmlichen Beschlagnahme, die Befolgung einer Dienstpflicht oder einer Herausgabepflicht gemäß § 95 Abs. 1 bewirken will, so ist darin gleichwohl eine freiwillige Herausgabe zu sehen.[182] Liegen allerdings die Voraussetzungen für ein förmliches Herausgabeverlangen nicht vor, setzt Freiwilligkeit eine Belehrung darüber voraus, dass ein zwangsweiser Zugriff unzulässig wäre. Entsprechendes gilt bei einer freiwilligen Herausgabe trotz Vorliegens eines Beschlagnahmeverbots.[183] Nach allgA ist nicht von Freiwilligkeit bei der durch Zwang nach § 95 Abs. 2 bewirkten Herausgabe auszugehen.[184] 43

Soweit mehrere Personen **Mitgewahrsam** haben, müssen, falls nicht einer allein verfügungsberechtigt ist, alle einwilligen.[185] Bei **Minderjährigen,** die über den Gegenstand nicht selbst verfügen können, ist die Zustimmung des gesetzlichen Vertreters erforderlich.[186] Der **Widerruf des Einverständnisses** ist nach § 98 Abs. 2 S. 2 zu behandeln.[187] Eine richterliche Entscheidung ist nach § 98 Abs. 2 S. 1 herbeizuführen, wenn die Herausgabe des Gegenstandes durch den Gewahrsamsinhaber gegen den Widerspruch/Widerruf des Eigentümers erfolgt.[188] 44

Wird der nicht herrenlose Gegenstand durch den Gewahrsamsinhaber nicht freiwillig oder nur durch Androhung oder Anwendung von Zwang gemäß § 95 Abs. 2 herausgegeben, 45

[176] LG Hamburg 3.3.1992 – 617 Qs 7/92, NStZ 1993, 401.
[177] Gramse NZV 2002, 345; Hartmann in HK-GS Rn. 11.
[178] OLG Stuttgart 11.12.1968 – 1 Ss 666/68, NJW 1969, 760.
[179] BayObLG 6.8.2020 – 1 VA 33/20, ZD 2021, 40.
[180] BGH 9.7.1987 – 4 StR 223/87, BGHSt 34, 397 (400); Hartmann in HK-GS Rn. 8.
[181] Köhler in Meyer-Goßner/Schmitt Rn. 12.
[182] Wohlers/Greco in SK-StPO Rn. 7.
[183] Mayer JZ 1989, 908 (909); Lemcke Die Sicherstellung S. 89 ff.; Wohlers/Greco in SK-StPO Rn. 7.
[184] Menges in Löwe/Rosenberg Rn. 36; Köhler in Meyer-Goßner/Schmitt Rn. 13.
[185] LG Meiningen 3.1.2012 – 2 Qs 179/11, BeckRS 2012, 2830; Gercke in Gercke/Julius/Temming/Zöller Rn. 40, Greven in KK-StPO Rn. 15; Menges in Löwe/Rosenberg Rn. 36.
[186] Köhler in Meyer-Goßner/Schmitt Rn. 12; Menges in Löwe/Rosenberg Rn. 35, Greven in KK-StPO Rn. 15.
[187] BGH 7.9.1956 – 1 BJs 182/55, NJW 1956, 1805 (1806); Wohlers/Greco in SK-StPO Rn. 9; aA Menges in Löwe/Rosenberg Rn. 38.
[188] Wohlers/Greco in SK-StPO Rn. 9.

so ist eine förmliche **Beschlagnahme** (Abs. 2) erforderlich. Die freiwillige Herausgabe schließt die Möglichkeit einer förmlichen Beschlagnahme grds. nicht aus.[189]

46 **6. Anordnung und Vollstreckung.** Die Sicherstellung oder Beschlagnahme erfolgt durch deren Anordnung (§§ 98, 33 Abs. 4) und anschließende Vollstreckung (§ 36 Abs. 2). Die **Beschlagnahmeanordnung** muss den Tatvorwurf, insbesondere das Delikt, den Tatort sowie die Tatzeit, soweit wie möglich konkretisieren.[190] Sie muss Angaben zum Tatverdacht, zur potentiellen Beweisfunktion und zum Umfang der Beschlagnahme enthalten.[191] Die pauschale Anordnung „alle gefundenen Gegenstände" zu beschlagnahmen, stellt einen Verstoß gegen Art. 2 Abs. 1 GG in Verbindung mit dem Rechtsstaatsprinzip dar.[192] Anderenfalls liegt noch keine wirksame Beschlagnahmeanordnung vor, sondern ggf. nur eine Richtlinie für die Durchsuchung.[193]

47 Die **Vollstreckung,** die in einem Akt mit der Anordnung geschehen kann, erfolgt in der Regel durch Inverwahrungnahme.[194] Hierfür ist eine amtliche Handlung erforderlich, die in geeigneter Weise und erkennbar zum Ausdruck bringt, dass der Gegenstand nunmehr amtlicher Obhut unterstehen soll. Der Gegenstand wird in amtlichen Gewahrsam überführt,[195] indem die zuständige Behörde oder die von ihr beauftragte Person die Sache in ihren Besitz nimmt.[196] Zulässig ist die Anwendung von unmittelbarem Zwang.[197] Die mit dem Vollzug der Sicherstellungsanordnung im Strafverfahren beauftragte Behörde überführt die Gegenstände mittels eines Realakts in ein unmittelbares Herrschaftsverhältnis der handelnden Ermittlungsbehörde.[198] Das ist die Staatsanwaltschaft, wenn die Verwahrung der sichergestellten oder beschlagnahmten Gegenstände durch Ermittlungspersonen der Staatsanwaltschaft oder in Steuerstrafsachen durch die Bußgeld- und Strafsachenstelle des Finanzamtes (§ 386 Abs. 2 AO) erfolgt ist. Wegen ihres Weisungsrechts nach § 152 GVG üben die Ermittlungsbehörden die rechtliche Sachherrschaft über die Gegenstände aus, sie handeln entsprechend § 855 BGB als „Besitzdiener". Zur Beschlagnahme von Druckschriften in Pressestrafsachen vgl. Nr. 251 RiStBV.

48 Die **Inverwahrungnahme,** die sich auch auf einen Teil der Sache beschränken kann, wenn es sich nicht um einen einheitlichen, unteilbaren Gegenstand handelt, erfolgt meist durch Wegnahme. Im Rahmen der förmlichen Beschlagnahme kann diese aber **auch auf andere Weise** bewirkt werden (Abs. 1), wenn Gegenstände aufgrund ihrer Beschaffenheit nicht in Verwahrung genommen werden können oder der Zweck auch ohne Inverwahrungnahme erreicht werden kann,[199] zB durch Versiegelung von Räumen, Wegnahme von Schlüsseln, Absperrungen, das Verbot des Betretens von Räumen und Grundstücken oder sonstige Verbote und Gebote an den unmittelbaren Besitzer.[200] Die Beschlagnahme von gespeicherten Daten kann ohne Beschlagnahme des Datenträgers durch elektronische Übermittlung an die Strafverfolgungsbehörde erfolgen,[201] bspw. bei E-Mails, die auf dem Mailserver des Providers gespeichert sind (→ § 98 Rn. 21).[202] Die Anfertigung von Kopien gegen

---

189 BGH 7.9.1956 – 1 BJs 182/55, NJW 1956, 1805 (1806); Köhler in Meyer-Goßner/Schmitt Rn. 13; Menges in Löwe/Rosenberg Rn. 41.

190 OLG Koblenz 19.6.2006 – 1 Ws 385/06, NStZ 2007, 285; LG Krefeld 13.3.1992 – 21 Qs 58/92, wistra 1993, 317; LG Magdeburg 2.6.1998 – 25 Qs 11/98, StraFo 1998, 272; LG Halle 5.5.2008 – 22 Qs 8/08, wistra 2008, 280; LG Essen 12.8.2009 – 56 Qs 7/09, NStZ-RR 2010, 150.

191 LG Lüneburg 12.12.1983 – 12 Qs 8/83, JZ 1984, 343; LG Stuttgart 11.7.1986 – 9 Qs 80/86, StV 1986, 471; LG Berlin 15.1.2004 – 518 Qs 44/03, StV 2004, 198.

192 BVerfG 3.9.1991 – 2 BvR 279/90, NStZ 1992, 91.

193 OLG Koblenz 19.6.2006 – 1 Ws 385/06, NStZ 2007, 285; LG Essen 12.8.2009 – 56 Qs 7/09, NStZ-RR 2010, 150.

194 BayObLG 6.8.2020 – 1 VA 33/20, ZD 2021, 40.

195 Graulich wistra 2009, 299.

196 Kemper wistra 2010, 295.

197 BGH 6.4.1962 – 2 StR 9/62, JZ 1962, 609; Hartmann in HK-GS Rn. 9.

198 BGH 11.10.1960 – 5 StR 333/60, BGHSt 15, 149; Hoffmann/Knierim NStZ 2000, 461.

199 Köhler in Meyer-Goßner/Schmitt Rn. 16, Menges in Löwe/Rosenberg Rn. 49.

200 BGH 11.10.1960 – 5 StR 333/60, BGHSt 15, 149.

201 Möhrenschläger wistra 1991, 321 (329); Schäfer wistra 1989, 8 (12); Meier/Böhm wistra 1992, 166 (169); Kemper NStZ 2005, 538; Kemper ZRP 2007, 105 (107).

202 BVerfG 16.6.2009 – 2 BvR 902/06, BVerfGE 124, 43 = NJW 2009, 2431 (2434).

Rückgabe der Originale ist keine „Sicherstellung in sonstiger Weise", sondern ein Sicherstellungsersatz.[203]

7. Wirkungen der Sicherstellung und Beschlagnahme. Werden die beschlagnahmten oder sichergestellten Gegenstände in amtliche Verwahrung überführt, wird ein öffentlich-rechtliches Verwahrungsverhältnis begründet. Auf das öffentlich-rechtliche Verwahrungsverhältnis sind die bürgerlich-rechtlichen Verwahrungsvorschriften der §§ 688 ff. BGB sowie die für Leistungsstörungen bestehenden Bestimmungen (§§ 280 ff. BGB) entsprechend anzuwenden. Der Verwaltungsträger hat daher für schuldhafte Pflichtverletzungen – auch seiner Erfüllungsgehilfen – gem. § 280 Abs. 1 iVm §§ 276, 278 BGB einzustehen, wobei ihm im Gegensatz zur Amtshaftung die Beweislast für fehlendes Verschulden (§ 280 Abs. 1 S. 2 BGB) obliegt.[204] Ein strafrechtlicher Schutz wird durch die §§ 133, 136 Abs. 1 StGB gewährleistet. Die Sicherstellung und die Beschlagnahme begründen – anders bei § 111d Abs. 1 – kein Veräußerungsverbot nach § 136 BGB.[205] Sichergestellte bzw. beschlagnahmte Asservate werden Bestandteil der Akten. Sie unterliegen der Akteneinsicht, werden dem Verteidiger jedoch nicht ausgehändigt (§ 147 Abs. 4 S. 1). Mit der Anklageerhebung müssen sie dem Gericht auf Anforderung vorgelegt werden (§ 199 Abs. 2 S. 2).[206] 49

8. Beendigung der Beschlagnahme und Rückgabe des Gegenstandes. Die Beschlagnahme erlischt ohne Rechtsakt spätestens mit rechtskräftigem Abschluss des Verfahrens.[207] Die Sache ist nicht zurückzugeben, wenn im Urteil die Einziehung angeordnet wurde. Ausdrücklich aufzuheben ist die Sicherstellung/Beschlagnahme, wenn – vorbehaltlich einer anderen Entscheidung nach § 111i – die Sache vor rechtskräftigem Abschluss des Verfahrens aus tatsächlichen oder rechtlichen Gründen für die Zwecke des Strafverfahrens nicht mehr gebraucht wird (Nr. 75 RiStBV).[208] Die Verfahrensweise richtet sich nach dem durch das Gesetz vom 13.4.2017[209] eingefügten Abs. 4 nunmehr nach den Vorschriften §§ 111n und 111o. Die Herausgabe beweglicher Sachen, die nach § 94 beschlagnahmt oder auf andere Weise sichergestellt worden sind, kommt somit entweder an den letzten Gewahrsamsinhaber (§ 111n Abs. 1 StPO) bzw. den Verletzten (§ 111n Abs. 2) oder bei Ansprüche eines Dritten (§ 111n Abs. 3) an diesen in Betracht. Die regelmäßige Rückgabe an den letzten Gewahrsamsinhaber nach dem Ende einer förmlichen Beschlagnahme zu Beweiszwecken stellt eine öffentlich-rechtliche Verpflichtung der Strafverfolgungsbehörden dar, die aus dem Restitutionsgedanken folgt. Denn die Aufhebung der Beschlagnahme und die Herausgabe der betroffenen Gegenstände sind dazu bestimmt, den ursprünglichen oder rechtmäßigen Zustand, in den durch die Beschlagnahme eingegriffen wurde, wiederherzustellen.[210] In einem Strafverfahren beschlagnahmte Gegenstände sind auch gegenüber nicht beschuldigten (unbeteiligten) Dritten in entsprechender Anwendung von § 697 BGB an dem Ort zurückzugeben, an welchem sie aufzubewahren waren. Die verwahrende Justizbehörde ist nicht verpflichtet, die Sachen an den Beschlagnahmeort oder den Wohnsitz des Berechtigten zurückzubringen. Der von der Beschlagnahme betroffene Dritte ist für Fahrtkosten und sonstige notwendige Aufwendungen, die ihm im Zusammenhang mit der Abholung der Gegenstände entstehen, nach Maßgabe von § 23 Abs. 2 S. 1 Nr. 1 JVEG zu entschädigen.[211] 50

9. Schadensersatzansprüche. Gegenstände, die in einem Strafverfahren beschlagnahmt oder sonst in amtliche Verwahrung genommen worden sind und sich somit in einem öffentlich- 51

---

[203] Köhler in Meyer-Goßner/Schmitt Rn. 16; aA Koch wistra 1983, 63; Sieg wistra 84, 172.
[204] BGH 3.5.2005 – III ZR 271/04, NJW 2005, 988; 16.5.2019 – III ZR 6/18, NJW 2019, 2618; OLG Schleswig 21.12.2017 – 11 U 68/17, NStZ-RR 2018, 96; Hoffmann/Knierim NStZ 2000, 461.
[205] OLG München 4.2.1980 – 11 W 715/80, Rpfleger 1980, 238; LG Lübeck 2.10.2003 – 2b Qs 103/03, StraFo 2003, 417; Wohlers/Greco in SK-StPO Rn. 3.
[206] Vgl. auch OLG Celle 13.1.2012 – 322 SsRs 420/11, DAR 2012, 216; Hartmann in HK-GS Rn. 9.
[207] OLG Karlsruhe 28.3.1977 – 1 Ws 68/77, Die Justiz 1977, 356; OLG Düsseldorf 20.3.1995 – 1 Ws 135/95, NJW 1995, 2239; 17.1.1997 – 1 Ws 1063/94, 1 Ws 1064/96, NStZ 1997, 301; Schäfer wistra 1984, 136.
[208] BGH 16.5.2019 – III ZR 6/18, NJW 2019, 2618.
[209] § 111n neu gef. mWv 1.7.2017 durch G v. 13.4.2017 (BGBl. I 872, ber. 2018 I 1094).
[210] BGH 14.11.2014 – V ZR 90/13, NJW 2015, 1238.
[211] BGH 16.5.2019 – III ZR 6/18, NJW 2019, 2618.

rechtlichen Verwahrungsverhältnis befinden,[212] müssen zur Vermeidung von Schadensersatzansprüchen vor Verlust, Entwertung oder Beschädigung geschützt werden (Nr. 74 RiStBV). Die Verantwortung hierfür trifft zunächst den Beamten, der die Beschlagnahme vorgenommen hat. Sie geht auf die Stelle (Staatsanwaltschaft oder Gericht) über, der die weitere Verfügung über den verwahrten Gegenstand zusteht. Aufgrund der Sicherstellung und Inverwahrungnahme trifft sie die Amtspflicht, für die ordnungsgemäße Aufbewahrung des sichergestellten Gegenstandes zu sorgen, die Sachen pfleglich zu behandeln und vor Verschlechterung, Untergang und sonstiger Gefährdung zu bewahren. Aus der schuldhaften Verletzung von Obhutspflichten kann der Betroffene aus dem öffentlich-rechtlichen Verwahrungsverhältnis Entschädigungsansprüche – entsprechend § 280 Abs. 1 iVm §§ 276, 278 BGB – herleiten.[213] Wenn im Ermittlungsverfahren beschlagnahmte Gegenstände, die für die Zwecke des Strafverfahrens nicht mehr benötigt werden, an einen Nichtberechtigten herausgegeben werden, hat der geschädigte Eigentümer einen Anspruch auf Entschädigung (§ 2 Abs. 2 Nr. 4 StrEG).[214] Wird ein Gegenstand im Zuge strafrechtlicher Ermittlungen als Beweismittel sichergestellt und in Verwahrung genommen, steht dem Eigentümer für Schäden, die durch vorsätzliche Fremdeinwirkung („Vandalismus") an dem Gegenstand entstanden sind, keine Entschädigung aus dem Gesichtspunkt des enteignenden Eingriffs zu, da die entstandenen Nachteile in einem inneren Zusammenhang mit der hoheitlichen Maßnahme stehen müssen.[215] Für den Anspruch aus einem öffentlich-rechtlichen Verwahrungsverhältnis ist der ordentliche Rechtsweg zulässig (§ 40 Abs. 2 S. 1 VwGO).[216] Der Rechtsweg nach § 23 EGGVG ist ausgeschlossen.[217]

52 **10. Beweisverwertungsverbot.** Nicht jeder Verstoß gegen Beweiserhebungsvorschriften zieht ein strafprozessuales Verwertungsverbot nach sich. Die Frage des Beweisverwertungsverbots ist jeweils nach den Umständen des Einzelfalls, insbesondere nach der Art des Verbots und dem Gewicht des Verstoßes unter Abwägung der widerstreitenden Interessen zu beurteilen.[218]

53 Ein Beweisverwertungsverbot stellt eine **Ausnahme** dar, die nur nach ausdrücklicher gesetzlicher Vorschrift oder aus übergeordneten, gewichtigen Gründen im Einzelfall anzuerkennen ist.[219] Ein Beweisverwertungsverbot ist bei Eingriffen ohne Rechtsgrundlage anzunehmen, die eine so massive Beeinträchtigung enthalten, dass dadurch rechtsstaatliche Grundsätze nachhaltig geschädigt werden und folglich jede andere Lösung als ein Beweisverwertungsverbot unerträglich wäre. Zumindest bei **schwerwiegenden, bewussten oder willkürlichen Verfahrensverstößen,** bei denen die grundrechtlichen Sicherungen planmäßig oder systematisch außer Acht gelassen worden sind, ist ein Beweisverwertungsverbot geboten.[220] In Fällen der

[212] LG Hamburg 20.2.2004 – 303 S 16/03, NStZ 2004, 512; Gercke in Gercke/Julius/Temming/Zöller Rn. 84.

[213] BGH 12.4.1951 – III ZR 87/50, BGHZ 1, 369; 18.2.2014 – VI ZR 383/12, NJW 2014, 2577; 16.5.2019 – III ZR 6/18, NJW 2019, 2618; Greven in KK-StPO Rn. 24; Köhler in Meyer-Goßner/Schmitt Rn. 23.

[214] BGH 9.11.1978 – III ZR 116/77, BGHZ 72, 302 = NJW 1979, 425.

[215] BGH 9.4.1987 – III ZR 3/86, BGHZ 100, 335 = NJW 1987, 2573.

[216] BGH 9.11.1978 – III ZR 116/77, BGHZ 72, 302 = NJW 1979, 425.

[217] Köhler in Meyer-Goßner/Schmitt Rn. 23; Gercke in Gercke/Julius/Temming/Zöller Rn. 84.

[218] BVerfG 28.7.2008 – 2 BvR 784/08, NJW 2008, 3053; 12.10.2011 – 2 BvR 236/06, 2 BvR 237/08, 2 BvR 422/08, NJW 2012, 833; BGH 11.11.1998 – 3 StR 181/98, BGHSt 44, 243 = NJW 1999, 959; 18.4.2007 – 5 StR 546/06, BGHSt 51, 285 = StV 2007, 337; 17.2.2016 – 2 StR 25/15, NStZ 2016, 551; OLG Frankfurt a. M. 29.7.2011 – 2 Ss-Owi 887/10, StRR 2011, 326; LG Dresden 11.1.2011 – 14 KLs 201 Js 33570/09, StV 2012, 13; Gercke in Gercke/Julius/Temming/Zöller Rn. 69; Ransiek StV 2002, 565.

[219] BVerfG 9.11.2010 – 2 BvR 2101/09, NStZ 2011, 103; BGH 11.11.1998 – 3 StR 181/98, BGHSt 44, 243 = NJW 1999, 959; 18.4.2007 – 5 StR 546/06, BGHSt 51, 285 = NJW 2007, 2269.

[220] BVerfG 9.11.2010 – 2 BvR 2101/09, NJW 2011, 2417; 3.3.2004 – 1 BvR 2378/98, BVerfGE 109, 279 (320). BVerfG 20.5.2011 – 2 BvR 2072/10, NJW 2011, 2783; BGH 3.5.2018 – 3 StR 390/17, NStZ 2019, 227; 6.10.2016 – 2 StR 46/15, BGHSt 61, 266 = NJW 2017, 1332 = NStZ 2017, 367; 21.4.2016 – 2 StR 394/15, StV 2016, 539 = NJW-Spezial 2016, 441; v. 30.8.2011 – 3 StR 210/11, NStZ 2012, 104; OLG Zweibrücken, 18.6.2018 – 1 OLG 2 Ss 3/18, NStZ 2019, 301; OLG Koblenz 4.3.2021 – 1 Ws 53/21, NStZ-RR 2021, 144.

bewussten Missachtung oder gleichgewichtig groben Verkennung der Voraussetzungen des (ebenfalls für Wohnungsdurchsuchungen) bestehenden Richtervorbehalts sind nach der Rechtsprechung des BGH die erlangten Beweismittel unverwertbar.[221] Eine Verwertung würde hier gegen die Grundsätze des fairen Verfahrens verstoßen. Dem – für andere Fallgestaltungen zur Einschränkung der Annahme von Beweisverwertungsverboten entwickelten – Aspekt eines möglichen **hypothetischen rechtmäßigen Ermittlungsverlaufs** soll im Einzelfall bei grober Verkennung des Richtervorbehalts keine Bedeutung zukommen, da die Einhaltung der durch Art. 13 Abs. 2 GG und § 105 Abs. 1 S. 1 festgelegten Kompetenzregeln in diesen Fällen stets unterlaufen und damit der Richtervorbehalt letztlich sinnlos werden würde.[222]

Ein absolutes Beweisverwertungsverbot unmittelbar aus den Grundrechten ist zudem für solche Fälle anerkannt, in denen der **absolute Kernbereich privater Lebensgestaltung** berührt ist.[223] Ein Beweisverwertungsverbot kommt bei der Beschlagnahme von **E-Mails** in Betracht, wenn dadurch in unzulässiger Weise in den Kernbereich der höchstpersönlichen Lebensgestaltung eingegriffen worden ist. Ob eine personenbezogene Kommunikation diesem Kernbereich zuzuordnen ist, hängt davon ab, ob sie nach ihrem Inhalt höchstpersönlichen Charakters ist und in welcher Art und Intensität sie aus sich heraus die Sphäre anderer oder Belange der Gemeinschaft berührt. Nicht zu diesem Kernbereich gehören Kommunikationsinhalte, die in unmittelbarem Bezug zu konkreten strafbaren Handlungen stehen.[224] 54

11. Immunität. Solange Abgeordnete nicht verfolgbar sind (Art. 46 Abs. 1 GG), ist auch die Beschlagnahme von Beweisgegenständen unzulässig (191, 192a RiStBV). Bei tatunbeteiligten Abgeordneten ist die Beschlagnahme jedoch ohne Einschränkung zulässig.[225] Nach Art. 40 Abs. 2 S. 2 GG ist für eine Beschlagnahme in den Räumen des Parlaments die Genehmigung des Präsidenten erforderlich. 55

III. Revision

Das Urteil kann grundsätzlich nicht auf der Rechtswidrigkeit der Beschlagnahme beruhen. Die Revision kann nur damit begründet werden, dass Beweismittel verwertet worden sind, die jedoch wegen der Rechtswidrigkeit der Maßnahme nicht verwertbar waren (→ § 98 Rn. 44; → § 105 Rn. 46).[226] 56

§ 95 Herausgabepflicht

(1) Wer einen Gegenstand der vorbezeichneten Art in seinem Gewahrsam hat, ist verpflichtet, ihn auf Erfordern vorzulegen und auszuliefern.

(2) [1]Im Falle der Weigerung können gegen ihn die in § 70 bestimmten Ordnungs- und Zwangsmittel festgesetzt werden. [2]Das gilt nicht bei Personen, die zur Verweigerung des Zeugnisses berechtigt sind.

---

221 BGH 3.5.2011 – 3 StR 277/10, StV 2012, 3; 17.2.2016 – 2 StR 25/15, NStZ 2016, 551; vgl. auch BGH 26.4.2017 – 2 StR 247/16, NZV 2017, 566; 27.11.2018 – 5 StR 566/18, NStZ-RR 2019, 94 (95); 4.6.2020 – 4 StR 15/20, BeckRS 2020, 13990 Rn. 11.

222 BGH 18.4.2007 – 5 StR 546/06, BGHSt 51, 285 = NJW 2007, 2269; 6.10.2016 – 2 StR 46/15, NStZ 2017, 367; vgl. hierzu auch BVerfG 7.12.2011 – 2 BvR 2500/09 ua, NJW 2012, 907; AG Bremen 10.1.2012 – 75 Ls 570 Js 14531/10 (8/11), NStZ 2012, 287.

223 BVerfG 15.1.2009 – 2 BvR 2044/07, BVerfGE 122, 248 (258) = NJW 2009, 1469; 9.11.2010 – 2 BvR 2101/09, NJW 2011, 2417.

224 BVerfG 14.9.1989 – 2 BvR 1062/87, BVerfGE 80, 367 = NJW 1990, 563; 3.3.2004 – 1 BvR 2378/98, 1 BvR 1084/99, BVerfGE 109, 279 (319) = NJW 2004, 999; 27.7.2005 – 1 BvR 668/04, BVerfGE 113, 348 (391) = NJW 2005, 2603; 16.6.2009 – 2 BvR 902/06, BVerfGE 124, 43 = NJW 2009, 2431 (2436 f.); vgl. auch Baldus JZ 2008, 218; Pitsch Strafprozessuale Beweisverbote S. 298 ff.

225 Köhler in Meyer-Goßner/Schmitt Rn. 24.

226 Wohlers/Greco in SK-StPO Rn. 50; Joecks in Radtke/Hohmann Rn. 30.

Schrifttum: Auffermann/Vogel, Wider die Betriebsblindheit – Verhalten bei Durchsuchungen in Arztpraxen und Krankenhäusern, NStZ 2016, 387; Bär, Der Zugriff auf Computerdaten im Strafverfahren, 1992; Bittmann, Das Beiziehen von Kontounterlagen im staatsanwaltschaftlichen Ermittlungsverfahren, wistra 1990, 325; Bittmann, Das staatsanwaltschaftliche Auskunftsverlangen gemäß § 95 StPO, NStZ 2001, 231; Bohnert, Der beschuldigte Amtsträger zwischen Aussagefreiheit und Verschwiegenheitspflicht, NStZ 2004, 301; Braczyk, Zur Zuständigkeit der Staatsanwaltschaft für das Herausgabeverlangen nach § 95 StPO, wistra 1993, 57; Döpfer, Der Anspruch der Bank auf einen förmlichen Beschlagnahme- bzw. Herausgabebeschluss im Rahmen von § 95 I StPO – oder: Warum auch § 95 I StPO einen richterlichen Beschluss voraussetzt, WM 2002, 373; Jahn, Die Grenzen der Editionspflicht des § 95 StPO, Roxin-FS II, 2011, 1257; Janssen, Rechtliche Grundlagen und Grenzen der Beschlagnahme, 1995; Klinger, Die Zuständigkeit der StA für Maßnahmen nach § 95 StPO, wistra 1991, 17; Lemcke, Die Sicherstellung gem. § 94 StPO und deren Förderung durch die Inpflichtnahme Dritter als Mittel des Zugriffs auf elektronisch gespeicherte Daten, 1995; Reichling, Strafprozessuale Ermittlungen bei Kreditinstituten – ein Überblick, JR 2011, 12; Reiß, Beschlagnahmebefugnis der Behörden gegenüber Strafgericht und Staatsanwaltschaft in Strafverfahren, StV 1988, 35; Röß, Die Durchsuchung von Arztpraxen beim Verdacht des Abrechnungsbetruges, NZWiSt 2018, 483; Schäfer, Ordnungs- und Zwangsmittel statt Beschlagnahme?, wistra 1983, 102; Tschacksch, Die strafrechtliche Editionspflicht, 1988.

Übersicht

I. Überblick

1 **1. Normzweck.** Abs. 1 normiert die Verpflichtung, Beweismittel (§ 94 Abs. 1) sowie Führerscheine (§ 94 Abs. 3) auf Verlangen an die Strafverfolgungsbehörden herauszugeben (Editionspflicht). Abs. 2 S. 1 sieht Ordnungs- und Zwangsmittel (§ 70) vor, die angeordnet werden können, wenn der Betroffene sich unberechtigt weigert, den Gegenstand herauszugeben. Abs. 2 S. 2 verhindert, dass Zeugnisverweigerungsrechte unterlaufen werden, indem zeugnisverweigerungsberechtigte Personen nicht zur Herausgabe des Beweismittels gezwungen werden können.[1]

2 **2. Anwendungsbereich.** Ein auf § 95 gestütztes Herausgabeverlangen kommt in Betracht, wenn Gewissheit darüber besteht, dass sich der Beweisgegenstand im Gewahrsam eines Betroffenen befindet,[2] den eine Mitwirkungspflicht zur Vorlage und Auslieferung des Gegenstandes trifft, der also nicht Beschuldigter ist.[3] Zweckmäßig ist das Herausgabeverlangen nur dann, wenn es bspw. aufgrund kriminaltaktischer Erwägungen nicht auf einen überraschenden Zugriff der Ermittlungsbehörde ankommt.[4] Es dürfen weder ein das Ermittlungsverfahren bedrohender Verlust der Sache, noch etwaige Verdunkelungsmaßnahmen zu befürchten sein.[5] In der Praxis kommt die Vorschrift häufig zur Anwendung beim Verlangen auf Herausgabe der als Beweismittel benötigten Kontounterlagen einer Bank in einem gegen

[1] LG Bonn 13.2.2012 – 27 Qs – 410 Js 511/10-21/11, NStZ 2012, 712.
[2] Joecks in Radtke/Hohmann Rn. 1.
[3] Eschelbach in Satzger/Schluckebier/Widmaier StPO § 95 Rn. 2.
[4] LG Gera 30.9.1999 – 2 Qs 412/99, NStZ 2001, 276.
[5] BVerfG 23.3.1994 – 2 BvR 396/94, NJW 1994, 2079 (2080 f.); LG Saarbrücken 2.2.2010 – 2 Qs 1/10, NStZ 2010, 534; LG Potsdam 8.1.2007 – 25 Qs 60/06, JR 2008, 260 f. mAnm Menz; LG Bonn 11.11.1982 – 37 Qs 116/82, NStZ 1983, 327 mAnm Kurth NStZ 1983, 327; Bittmann NStZ 2001, 231 (231 ff.).

den Kontoinhaber geführten Ermittlungsverfahren.[6] Abzugrenzen ist das Herausgabeverlangen von einem auf § 161 Abs. 1 gestützten Auskunftsersuchen.[7]

3 Die Norm verpflichtet lediglich zur Herausgabe bereits **existierender Beweismittel.** Sie begründet grds. keine Verpflichtung, Beweismittel herzustellen oder an deren Herstellung mitzuwirken.[8] Da die Herausgabe einer Kopie der nach konkreten Kriterien zusammengestellten Einzeldaten im Vergleich zur Beschlagnahme der Originaldatenträger mit dem gesamten Datenbestand das mildere Mittel darstellt, kann das im Einzelfall allerdings dazu führen, dass nicht nur bereits vorhandene Beweisgegenstände erfasst werden, sondern auch solche, die erst auf Grund des Herausgabeverlangens geschaffen werden müssen.[9]

4 Bei der Anwendung von **Ordnungs- und Zwangsmitteln** nach Abs. 2 ist eine **vorherige Beschlagnahmeanordnung** oder ein **erfolgloser Beschlagnahmeversuch** nicht erforderlich.[10] Das Herausgabeverlangen kann mit der Androhung der Anwendung von Ordnungs- und Zwangsmitteln sowie der Möglichkeit einer Durchsuchung verbunden werden.[11]

5 Das Herausgabeverlangen ersetzt nicht die Beschlagnahme der Beweisgegenstände. Weder § 94 Abs. 2 noch § 95 kommt grds. ein genereller **Vorrang** zu.[12] Beide Möglichkeiten der Erlangung eines Beweisgegenstandes bleiben nebeneinander bestehen.[13] Im Rahmen der Verhältnismäßigkeitsprüfung ist jedoch zu beachten, dass das Herausgabeverlangen im Einzelfall als milderes Mittel gegenüber der Durchsuchung und Beschlagnahme aufgrund der geringeren Zwangswirkung vorrangig sein kann,[14] es sei denn, die Sicherstellung des Beweisgegenstandes wäre dadurch konkret gefährdet.[15] Unter Umständen ist in die Anordnungsentscheidung eine Abwendungsbefugnis aufzunehmen.[16]

6 Das **Herausgabeverlangen** ist in allen Verfahrensabschnitten zulässig, in denen die Beschlagnahme nach § 94 angeordnet werden kann.[17] Es ist somit auch im Privatklageverfahren ohne Einschränkungen gegen den Privatkläger anwendbar.[18]

II. Erläuterung

7 **1. Zuständigkeit.** Für das Herausgabeverlangen, das schriftlich oder mündlich gestellt werden kann,[19] sind neben dem Richter auch die Staatsanwaltschaft und die Polizei **zuständig.** Das gilt selbst dann, wenn Gefahr im Verzug nicht besteht.[20] Eine

[6] LG Gera 30.9.1999 – 2 Qs 412/99, NStZ 2001, 276; LG Limburg a. d. Lahn 18.2.2019 – 1 Qs 5/19, NZWiSt 2019, 158; Bittmann NStZ 2001, 231 (233).
[7] BVerfG 17.2.2009 – 2 BvR 1372, 1745/07, NJW 2009, 1405; BayObLG 6.8.2020 – 1 VA 33/20, ZD 2021, 40 und Köhler in Meyer-Goßner/Schmitt Rn. 1 ff.
[8] Wohlers/Greco in SK-StPO Rn. 1; Bär EDV-Beweissicherungen-HdB S. 397 ff.; Tschacksch Editionspflicht S. 47 f.; Döpfer WM 2002, 373.
[9] BVerfG 18.2.2003 – 2 BvR 369/01, NStZ-RR 2003, 176 (177).
[10] LG Stuttgart 19.11.1991 – 14 Qs 61/91, NJW 1992, 2646 (2467).
[11] Köhler in Meyer-Goßner/Schmitt Rn. 2; Wohlers/Greco in SK-StPO Rn. 3.
[12] Gercke in Gercke/Julius/Temming/Zöller Rn. 1; Wohlers/Greco in SK-StPO Rn. 4.
[13] LG Halle 6.10.1999 – 22 Qs 28/99, NStZ 2001, 276 (277); LG Stuttgart 19.11.1991 – 14 Qs 61/91, NJW 1992, 2646 (2467).
[14] BGH 18.11.2021 – StB 6/21, StB 7/21, NStZ 2022, 306; LG Osnabrück 9.2.2022 – 12 Qs 32/21, NJW 2022, 882; LG Saarbrücken 2.2.2010 – 2 Qs 1/10, NStZ 2010, 534; LG Limburg 22.6.2012 – 1 Qs 72/12, juris = BeckRS 2012, 15499; LG Saarbrücken 12.3.2013 – 2 Qs 15/13, NStZ-RR 2013, 183.
[15] OLG Jena 20.11.2000 – 1 Ws 313/00, StV 2002, 63 (64 f.); LG Saarbrücken 2.2.2010 – 2 Qs 1/10, NStZ 2010, 534 (535); LG Koblenz 31.10.2001 – 4 Qs 167/01, wistra 2002, 359 (360); Bittmann NStZ 2001, 231 (232 f.); Klinger wistra 1991, 17 f.; Kurth NStZ 1983, 327.
[16] BGH. 18.11.2021 – StB 6/21, StB 7/21, NStZ 2022, 306.
[17] BayObLG 6.8.2020 – 1 VA 33/20, ZD 2021, 40.
[18] Köhler in Meyer-Goßner/Schmitt Rn. 1, 7; Menges in Löwe/Rosenberg Rn. 7, Greven in KK-StPO Rn. 2.
[19] KG 23.8.1988 – 2 Ws 154/88, NStZ 1989, 192.
[20] LG Arnsberg 16.4.1983 – 3 Rs 359/82, wistra 1985, 205; LG Gera 30.9.1999 – 2 Qs 412/99, NStZ 2001, 276; LG Halle 6.10.1999 – 22 Qs 28/99, NStZ 2001, 276 (277); LG Koblenz 31.10.2001 – 4 Qs 167/01, wistra 2002, 359 (359 f.); LG Lübeck 3.2.2000 – 6 Qs 3/00, NJW 2000, 3148; Bittmann

Verkürzung des Rechtsschutzes ist in diesen Fällen nicht zu besorgen. Da die Durchsetzung der Herausgabeverpflichtung mit Zwangsmitteln unter Richtervorbehalt (§ 70 Abs. 3) steht, ist eine vorhergehende richterliche Überprüfung der Anordnung entbehrlich.[21] Anders als eine Durchsuchungs- und Beschlagnahmeanordnung berechtigt ein Herausgabeverlangen die Ermittlungsbehörden nicht zur Anwendung von unmittelbarem Zwang, sondern begründet eine öffentlich-rechtliche Pflicht des Betroffenen zu eigener Mitwirkung, deren Nichterfüllung lediglich mittelbar mit Zwangsmitteln bedroht ist.

8 **2. Gegenstand.** Die Herausgabepflicht bezieht sich auf bewegliche Sachen,[22] dazu gehören auch Daten (ggf. auch bekannte Zugangscodes),[23] die als Beweis für die Untersuchung von Bedeutung sein können (§ 94 Abs. 1, 2)[24] und auf Führerscheine, die der Einziehung unterliegen (§ 94 Abs. 3). Die Herausgabepflicht besteht nicht für Gegenstände, die nur als Einziehungsgegenstände nach § 111b in Betracht kommen.[25]

8a Die Beweismittel, das gilt insbesondere für Mikrokopien und Datenträger, sind den Strafverfolgungsbehörden in lesbarer Form herauszugeben, ohne dass Hilfsmittel hierfür benötigt werden.[26] Personen ohne Zeugnisverweigerungs- und Auskunftsverweigerungsrecht, nicht aber der Beschuldigte, trifft bei Gegenständen elektronischer Datenverarbeitung die Pflicht, die zum Lesen der Daten notwendigen Auskünfte zu erteilen, wenn die Daten verschlüsselt oder passwortgeschützt sind.[27]

9 **3. Adressat.** Adressat des Herausgabeverlangens ist grds. der **Gewahrsamsinhaber,** also diejenige Person, die die tatsächliche Sachherrschaft über einen Gegenstand hat.[28] Gewahrsamsinhaber kann bspw. der Insolvenzverwalter sein, der als unabhängige Rechtsperson grundsätzlich verpflichtet ist, mit den Ermittlungsbehörden zu kooperieren.[29] Unerheblich ist, ob der Gewahrsamsinhaber Eigentümer der Sache ist oder ob er rechtmäßigen Gewahrsam an ihr hat.[30] Eine Zustimmung des Eigentümers des Gegenstands ist nicht erforderlich.

10 Soweit der Eigentümer keinen eigenen Gewahrsam hat, ist er nicht zur Mitwirkung verpflichtet.[31] Bei juristischen Personen und Behörden sind die vertretungsbefugten Organe oder sonstigen delegationsbefugten Vertreter herausgabepflichtig.[32] Schriftstücke

wistra 1990, 325 (327 ff.); Klinger wistra 1991, 17; Schäfer wistra 1983, 102; Köhler in Meyer-Goßner/Schmitt Rn. 2; aA KG 23.8.1988 – 2 Ws 154/88, NStZ 1989, 192; LG Bonn 11.11.1982 – 37 Qs 116/82, NStZ 1983, 327; LG Düsseldorf 8.1.1993 – X Qs 142/92, wistra 1993, 199; LG Stuttgart 19.11.1991 – 14 Qs 61/91, NJW 1992, 2646; Reichling JR 2011, 12 (14); Eisenberg Beweisrecht StPO Rn. 2373; Reiß StV 1988, 35; Braczyk wistra 1993, 57.

21 Hartmann/Schmidt Strafprozessrecht Rn. 486.

22 Gercke in Gercke/Julius/Temming/Zöller Rn. 3.

23 BVerfG 18.2.2003 – 2 BvR 372/01, NStZ-RR 2003, 176; unter Bezugnahme auf § 48 Abs. 1 S. 2, § 161a Abs. 1 S. 1; LG Limburg a. d. Lahn 18.2.2019 – 1 Qs 5/19, NZWiSt 2019, 158; Köhler in Meyer-Goßner/Schmitt Rn. 3a; Zu der Frage, ob § 95 StPO dahingehend erweiternd ausgelegt werden kann, dass er auch eine Verpflichtung für unverdächtige Dritte enthält, auf behördliche oder gerichtliche Anforderung hin Daten in entschlüsselter Form herauszugeben (decryption order), vgl. hierzu kritisch Sieber/Brodowski in Hoeren/Sieber/Holznagel MMR-HdB, Teil 19.3 Rn. 112; kritisch auch Eschelbach in Satzger/Schluckebier/Widmaier StPO § 95 Rn. 6, der betont, dass bei dem Verlangen auf Herausgabe von Dateien im Grunde nicht die Herausgabe einer Sache, sondern die Preisgabe einer Information gefordert wird.

24 Bär EDV-Beweissicherungen-HdB S. 408; Bittmann wistra 1990, 325 (327).

25 Greven in KK-StPO Rn. 1, Köhler in Meyer-Goßner/Schmitt Rn. 3.

26 BVerfG 18.2.2003 – 2 BvR 372/01, NStZ-RR 2003, 177; OLG Bremen 16.12.1975 – Ws 156/75, NJW 1976, 686; Tschacksch Editionspflicht S. 246 ff.

27 LG Trier 16.10.2003 – 5 Qs 133/03, NStZ 2004, 223; Greven in KK-StPO § 94 Rn. 4.

28 Bär EDV-Beweissicherungen-HdB S. 409 ff.

29 LG Saarbrücken 2.2.2010 – 2 Qs 1/10, ZInsO 2010, 431; LG Bonn 22.12.2016 – 27 Qs 23/16, NZI 2017, 410.

30 Menges in Löwe/Rosenberg Rn. 9; Greven in KK-StPO Rn. 3; Köhler in Meyer-Goßner/Schmitt Rn. 4; Gercke in Gercke/Julius/Temming/Zöller Rn. 4.

31 Köhler in Meyer-Goßner/Schmitt Rn. 4; Greven in KK-StPO Rn. 3.

32 LG Limburg a. d. Lahn 18.2.2019 – 1 Qs 5/19, NZWiSt 2019, 158; Bittmann NStZ 2001, 231 (232).

in Ämtern sind nicht nach § 95, sondern in der Regel mit einem Amtshilfeersuchen herauszuverlangen. Die Einschränkungen des § 96 sind hierbei zu beachten. Nach § 96 S. 1 darf die Herausgabe in amtlicher Verwahrung befindlicher Schriftstücken durch Behörden und öffentliche Beamte nicht gefordert werden, wenn deren oberste Dienstbehörde erklärt, dass das Bekanntwerden des Inhalts dieser Akten oder Schriftstücke dem Wohl des Bundes oder eines deutschen Landes Nachteile bereiten würde. Vom Herausgabeverlangen kann allerdings abgesehen werden, wenn eine Ablehnung sicher zu erwarten oder eine Vernichtung von Beweismitteln zu befürchten ist, so wenn Angehörige der betreffenden Behörde selbst als Teilnehmer einer mit den Ermittlungen in Zusammenhang stehenden Straftat verdächtig sind.[33] §§ 95, 96 sind nicht als Vorschriften zu verstehen, die lediglich die allgemeine Pflicht zur gegenseitigen Rechts- und Amtshilfe konkretisieren. Als einfachgesetzliche Ausgestaltung der der Staatsanwaltschaft verliehenen Befugnis, für Zwecke des Strafverfahrens im Wege der Amtshilfe von allen Behörden Auskunft zu verlangen, ist vielmehr § 161 anzusehen. §§ 94 ff. verleihen den Ermittlungsbehörden jedoch besondere Eingriffsbefugnisse. Gegenüber dem Verlangen auf Aktenherausgabe gemäß § 95 stellt ein staatsanwaltschaftliches Ersuchen um Auskunft – die auch durch Überlassen der in einer Behörden- oder Gerichtsakte gesammelten Daten im Original oder in Kopie in Betracht kommt – ein qualitatives Minus dar.[34]

Bei **Mitgewahrsam** ist jeder Gewahrsamsinhaber zur Herausgabe verpflichtet. Das Herausgabeverlangen kann sich somit gegen jeden Mitgewahrsamsinhaber richten, es sei denn, diese sind nur gemeinsam zur Herausgabe in der Lage.[35] Übergeordnete mittelbare Gewahrsamsinhaber trifft die Verpflichtung, den Inhaber des unmittelbaren Gewahrsams zur Herausgabe anzuhalten.[36] **11**

Die Herausgabepflicht hat grds. nur der Zeuge. Beschuldigte und Tatverdächtige[37] sind aufgrund des Grundsatzes **„nemo tenetur se ipsum accusare"** nicht zur Herausgabe des Beweisgegenstandes verpflichtet.[38] Es kann ihnen aber angeboten werden, die Beweismittel freiwillig herauszugeben, um eine Durchsuchung und Beschlagnahme abzuwenden. Unterliegt der Gegenstand einem Beschlagnahmeverbot, so ist ein solches Angebot zur Abwendung einer Durchsuchung nicht zulässig (vgl. → Rn. 14 ff.). Die Herausgabepflicht trifft zudem nicht den Einziehungsbeteiligten hinsichtlich des Einziehungsgegenstandes.[39] **12**

Bei **Zeugnisverweigerungsberechtigten (§§ 52 ff.)** ist zu beachten, dass ihnen gegenüber der Anspruch auf Herausgabe des Gegenstandes, der in diesen Fällen meist einem Beschlagnahmeverbot nach § 97 unterliegt,[40] weder mit Ordnungs- noch mit Zwangsmitteln nach Abs. 2 durchgesetzt werden kann. Darüber ist der Zeugnisverweigerungsberechtigte zu belehren. Das erlangte Beweismittel ist im Falle einer fehlenden Belehrung jedoch verwertbar, wenn der Gewahrsamsinhaber seine Rechte kannte.[41] Im Falle der **Entbindung von der Schweigepflicht,** etwa wenn der **Insolvenzverwalter** die Rechtsanwälte, die mit der rechtlichen und betriebswirtschaftlichen Beratung der Gesellschaften, über die das Insolvenzverfahren eröffnet worden ist, beauftragt sind, von der Pflicht zur Verschwiegenheit entbindet, entfällt das Zeugnisverweigerungsrecht gemäß § 53 Abs. 1 Nr. 3 und damit auch die Beschlagnahmefreiheit nach § 95 angeforderter Unterlagen.[42] Geht es allerdings um **13**

---

[33] Vgl. LG Osnabrück 9.2.2022 – 12 Qs 32/21, NJW 2022, 882.
[34] BayObLG 6.8.2020 – 1 VA 33/20, ZD 2021, 40.
[35] Wohlers/Greco in SK-StPO Rn. 11; Menges in Löwe/Rosenberg Rn. 10; Lemcke Die Sicherstellung S. 255 ff.; aA Bär EDV-Beweissicherungen-HdB S. 412; Tschacksch Editionspflicht S. 101 f.
[36] Wohlers/Greco in SK-StPO Rn. 11; Menges in Löwe/Rosenberg Rn. 11; Tschacksch Editionspflicht S. 102, 109 ff.
[37] Janssen Beschlagnahme S. 20; Menges in Löwe/Rosenberg Rn. 14.
[38] BVerfG 13.1.1981 – 1 BvR 116/77, BVerfGE 56, 37 (42) = NJW 1981, 1431; BGH 9.4.1986 – 3 StR 551/85, BGHSt 34, 39 (45) = NJW 1986, 2261.
[39] Köhler in Meyer-Goßner/Schmitt Rn. 5; Eisenberg Beweisrecht StPO Rn. 2326; Hartmann in HK-GS Rn. 12.
[40] OLG Celle 23.11.1962 – 3 Ws 280/62, NJW 1963, 406.
[41] Wohlers/Greco in SK-StPO Rn. 24.
[42] LG Bonn 13.2.2012 – 27 Qs-410 Js 511/10 21/11, NStZ 2012, 712.

die Offenlegung von Straftaten des Insolvenzschuldners bzw. früherer oder jetziger (auch faktischer) Organe einer in Insolvenz geratenen juristischen Person, ist unter Umständen, insbesondere wenn es sich bei den Beschuldigten um die alleinigen Gesellschafter der juristischen Person handelt und diese ggfs. deren formelle bzw. faktische Organe waren, eine Schweigepflichtentbindung allein durch den Insolvenzverwalter nicht ausreichend; denn für die Straftat ist der Täter persönlich verantwortlich, so dass es sich nicht um ein nur vom Insolvenzbeschlag erfasstes vermögenswertes Geheimnis, sondern zugleich auch um ein persönliches Geheimnis des Täters handelt.[43]

13a Bei der **freiwilligen Herausgabe von Patientenakten durch einen Arzt** oder durch die Krankenhausverwaltung können für die Betroffenen unter Umständen zugleich die Tatbestandsvoraussetzungen einer Verletzung von Privatgeheimnissen gemäß § 203 StGB vorliegen. Eine Rechtfertigung für tatbestandliches Offenbaren ergibt sich dann nicht aus § 193 StGB analog (Wahrnehmung berechtigter Interessen). Das würde bedeuten, dass ein Geheimnisträger immer dann befugt ist, die anvertrauten Geheimnisse preiszugeben, wenn eigene berechtigte Interessen verfolgt werden.[44] Ggf. kommt eine Rechtfertigung der Herausgabe vertraulicher Unterlagen aber dann in Betracht, wenn sich der Schweigepflichtige in einer Notstandslage befindet (§ 34 StGB). Im Ergebnis muss der Arzt jedenfalls befugt sein, durch freiwillige Herausgabe der Unterlagen eine drohende, zulässige Durchsuchung abwenden zu können.[45]

14 **4. Beweiserhebungsverbot.** Es darf kein Beweiserhebungsverbot vorliegen. Die Herausgabepflicht besteht nicht, wenn die Beschlagnahmebefugnis entfällt, zB im Falle einer **wirksamen Sperrerklärung nach § 96** oder eines **Beschlagnahmeverbots nach § 97.**[46] Zu beachten sind in diesem Zusammenhang auch etwaige gesetzliche Verbote für Übermittlungen zB von und an VS-Behörden. Besteht ein **Übermittlungshindernis** nach § 23 BVerfSchG, so ist die Übermittlung gesetzlich verboten.[47]

15 Zu berücksichtigen ist, dass eine Bank oder Sparkasse die Herausgabe nicht unter Berufung auf das **„Bankgeheimnis“** oder ein dem Kunden zustehendes Zeugnisverweigerungsrecht ablehnen darf. Ein gesetzlich geregeltes Beweiserhebungs- und/oder Verwertungsverbot bei Unterlagen von Geldinstituten besteht nicht. Das Bankgeheimnis ist gesetzlich nicht geregelt. Gleichwohl gehen Banken und Kunden sowie der Gesetzgeber in § 9 Abs. 1 KWG[48] und § 32 BBankG von der Existenz des Bankgeheimnisses aus.[49] Es entfaltet nur auf privat-rechtlicher Ebene Wirkung. Die Kontounterlagen können daher von der Staatsanwaltschaft ohne richterlichen Beschluss heraus verlangt werden.[50] Datenschutzrechtliche Gesichtspunkte stehen der Herausgabepflicht ebenfalls nicht entgegen.[51]

16 **5. Verhältnismäßigkeit.** Der Grundsatz der Verhältnismäßigkeit beschränkt die Ausführung der Maßnahme, bspw. wenn der Zweck der Herausgabe durch das mildere Mittel einer Auskunftserteilung erfüllt werden kann.[52] Werden die Beweismittel im Original nicht benötigt, ist die Aushändigung von Ablichtungen der in Rede stehenden Schriftstücke zur Erfüllung des Beweiszwecks ausreichend,[53] es sei denn die Originale sind für die Beweisführung notwendig, etwa wenn die Echtheit von Unterschriften in Frage steht. Werden die

[43] OLG Zweibrücken 8.12.2016 – 1 Ws 334/16, NZWiSt 2017, 226.
[44] Bohnert NStZ 2004, 301 (305).
[45] Vgl. näher Tsambikakis in Volk/Beukelmann MAH WirtschaftsStrafR § 31 Rn. 130; vgl. auch Auffermann/Vogel NStZ 2016, 387; Röß NZWiSt 2018, 483.
[46] OLG Karlsruhe 27.9.1985 – 1 Ws 176/85, NJW 1986, 145 (146); Wohlers/Greco in SK-StPO Rn. 7.
[47] Bock in Schenke/Graulich/Ruthig BVerfSchG § 23 Rn. 2.
[48] LG Osnabrück 9.2.2022 – 12 Qs 32/21, NJW 2022, 882.
[49] Schimansky/Bunte/Lwowski BankR-HdB Kap. 6 § 39 Rn. 7.
[50] KG 23.8.1988 – 4 Ws 154/88, NStZ 1989, 192; LG Gera 30.9.1999 – 2 Qs 412/99, NStZ 2001, 276; LG Halle 6.10.1999 – 22 Qs 28/99, NStZ 2001, 276; LG Lübeck 3.2.2000 – 6 Qs 3/00 – 720 35837/98 Wi, 6 Qs 3/00, NJW 2000, 3148.
[51] Wohlers/Greco in SK-StPO Rn. 7.
[52] Gercke in Gercke/Julius/Temming/Zöller Rn. 9.
[53] LG Aachen 14.6.2000 – 65 Qs 60/00, StV 2000, 548.

Originalunterlagen ausgehändigt, muss dem Betroffenen die Anfertigung von Kopien ermöglicht werden. Die Kosten dafür hat er jedoch selbst zu tragen.

6. Kostenerstattung. Der Gesetzgeber hat dem Verhältnismäßigkeitsgrundsatz bei der Inanspruchnahme Dritter dadurch Rechnung getragen, dass diese, wenn sie aufgrund eines Beweiszwecken dienenden Ersuchens der Strafverfolgungsbehörden Gegenstände herausgeben, gem. **§ 23 Abs. 2 JVEG** wie Zeugen zu entschädigen sind.[54] Danach kommt vor allem der Ersatz von Fahrtkosten und sonstigen notwendigen Aufwendungen in Betracht (§ 19 Abs. 1 S. 1 Nr. 1 und 3 iVm §§ 5, 7 JVEG). Bei § 23 JVEG handelt sich um eine Sonderregelung, die denjenigen in den Kreis der nach dem Justizvergütungs- und -entschädigungsgesetz Entschädigungsberechtigten einbezieht, der zwar weder Zeuge noch Sachverständiger ist, jedoch freiwillig oder zwangsweise durch die Herausgabe von Gegenständen oder die Erteilung von Auskünften Leistungen für ein Ermittlungs- oder Gerichtsverfahren erbringt. Bezweckt werden eine Vereinheitlichung und Vereinfachung der Entschädigung für Leistungen, die der Staatsbürger grundsätzlich unentgeltlich erbringen muss, die aber nach Art und Umfang im Einzelfall zu unzumutbaren finanziellen Belastungen führen können. Nach § 2 Abs. 1 S. 1 JVEG erlischt der Anspruch auf Vergütung oder Entschädigung, wenn er nicht binnen drei Monaten bei der Stelle, die den Berechtigten herangezogen oder beauftragt hat, geltend gemacht wird; hierüber und über den Beginn der Frist ist der Berechtigte zu belehren. Ist ein Dritter (zB eine Bank) in einem Ermittlungsverfahren zur Herausgabe von Unterlagen verpflichtet, so hat er die Mehrkosten selbst zu tragen, die dadurch entstanden sind, dass die Unterlagen anstatt im Original auf Mikrofiche archiviert sind. Zudem besteht nach § 261 HGB die Verpflichtung, soweit Unterlagen nicht im Original bereitgehalten werden, diese auf eigene Kosten auszudrucken bzw. zu kopieren.[55] 17

7. Ordnungs- und Zwangsmittel (Abs. 2). Ordnungs- und Zwangsmittel iSd § 70 dürfen nur vom Gericht und nicht von der Staatsanwaltschaft oder der Polizei angeordnet werden (vgl. auch § 70 Abs. 3).[56] Eine Zuständigkeit ergibt sich für die Staatsanwaltschaft nicht aus § 161a analog.[57] Als mögliche Ordnungs- und Zwangsmittel kommen – neben der Auferlegung der durch die Weigerung entstandenen Kosten – die Festsetzung von Ordnungsgeld, ggf. auch Ordnungs- und Beugehaft in Betracht.[58] Für Parlamentarische Untersuchungsausschüsse des Bundes gilt das Untersuchungsausschussgesetz (§§ 18, 29, 30).[59] 18

Die Anwendung der Ordnungs- und Zwangsmittel ist **zulässig,** wenn Gewissheit darüber besteht, dass sich der Beweisgegenstand im Gewahrsam des Betroffenen befindet. Dieser muss eine Mitwirkungspflicht zur Vorlage und Auslieferung des Gegenstandes haben. Das gilt nicht für den Beschuldigten, von dem ein Tätigwerden zum Zwecke seiner eigenen Überführung nicht gefordert werden kann. Zudem muss der Betroffene Kenntnis von dem Herausgabeverlangen besitzen und sich unberechtigt weigern, den Gegenstand herauszugeben.[60] Verpflichteter des Herausgabeverlangens nach § 95 Abs. 1 kann das Geldinstitut als juristische Person sein, gesetzlich vertreten durch seine Organe. Bei der Festsetzung von Zwangsmitteln (§§ 95 Abs. 2, 70) ist dann über das Institut als Verpflichteten auf die Vorstandsmitglieder als weisungsgebende Verantwortliche für ein rechtmäßiges Verhalten ihres Instituts zurückzugreifen.[61] Die Festsetzung der Zwangsmittel steht im pflichtgemäßen 19

[54] BGH 16.5.2019 – III ZR 6/18, NJW 2019, 2618; vgl. auch OLG Schleswig 21.12.2017 – 11 U 68/17, BeckRS 2017, 137214.
[55] OLG Koblenz 8.9.2005 – 2 Ws 514/05, NStZ 2006, 241; OLG Bremen 16.12.1975 – Ws 156/75, NJW 1976, 686; LG Koblenz 7.1.2005 – 3 AR 29/04, NStZ 2006, 241.
[56] Bittmann wistra 1990, 325 (335); Klinger wistra 1991, 17; Kurth NStZ 1983, 328.
[57] Greven in KK-StPO Rn. 4.
[58] Joecks in Radtke/Hohmann Rn. 11.
[59] BVerfG 1.10.1987 – 2 BvR 1165/86, NJW 1988, 897; Greven in KK-StPO Rn. 4.
[60] OLG Koblenz 31.10.2001 – 4 Qs 167/01, wistra 2002, 359 (360); LG Gera 30.9.1999 – 2 Qs 412/99, NStZ 2001, 276; Köhler in Meyer-Goßner/Schmitt Rn. 9; Hartmann in HK-GS Rn. 4.
[61] LG Limburg a. d. Lahn 18.2.2019 – 1 Qs 5/19, NZWiSt 2019, 158.

Ermessen des Richters.[62] Die Ordnungsmittel (§ 70 und Art. 6 ff. EGStGB) bleiben grds. bestehen, wenn der Gewahrsamsinhaber den Gegenstand nachträglich herausgibt.[63] Die Ordnungshaft von höchstens sechs Monaten ist jedoch dann sofort zu beenden. Das gilt auch, wenn die Behörde auf sonstige Weise in den Besitz des Gegenstandes gelangt, wenn er untergegangen[64] oder die Beweiserheblichkeit des Gegenstandes weggefallen ist.[65] Soweit sich der Verpflichtete in einem **unverschuldeten Verbotsirrtum** befand, kann das der Verhängung eines Ordnungsgeldes entgegenstehen.[66]

20 Gegen **zeugnisverweigerungsberechtigte Personen** darf kein Zwang angewendet werden (Abs. 2 S. 2). Das gilt auch für herausverlangte Gegenstände, auf die sich das Beschlagnahmeverbot gemäß § 97 Abs. 1 Nr. 1 bezieht. Obwohl ein solcher Gegenstand nach § 94 sichergestellt darf, kann seine Herausgabe nicht mit den Mitteln des § 95 Abs. 2 erzwungen werden.[67] Bei **§§ 53, 53a** werden alle Gegenstände erfasst, die im Zusammenhang mit der geschützten Berufsausübung erlangt oder entstanden sind.[68] Die Entbindung von der Verschwiegenheitspflicht begründet in den Fällen des § 53 Abs. 2 S. 1 die Zeugnispflicht, so dass Abs. 2 S. 1 anwendbar ist.[69] Gegenüber Personen, die sich ausdrücklich und berechtigt auf das Auskunftsverweigerungsrecht nach **§ 55** berufen, darf ebenfalls kein Zwang entsprechend Abs. 2 S. 2 angewendet werden.[70] Gegenüber **Abgeordneten** sind Zwangsmittel erst nach Zustimmung des Parlaments zulässig (Nr. 191 Abs. 1 und 3 Buchst. d RiStBV).[71]

III. Rechtsbehelfe und Revision

21 **1. Rechtsbehelfe.** Gegen die richterlichen Anordnungen der Herausgabepflicht und der Zwangsmittel ist die **Beschwerde** nach §§ 304 ff. zulässig.[72] Gegen das Herausgabeverlangen der Staatsanwaltschaft kann der Antrag auf **gerichtliche Entscheidung entsprechend § 98 Abs. 2 S. 2** gestellt werden.[73]

22 **2. Revision.** Neben der Aufklärungsrüge, dass die Herausgabe eines Beweismittels nicht verlangt worden ist, kann gerügt werden, dass der herausverlangte Beweisgegenstand ungeachtet eines **Beweisverwertungsverbots** verwertet worden ist. Das ist der Fall, wenn trotz zulässiger Weigerung des Beschuldigten oder einer zur Zeugnisverweigerung berechtigten Person unzulässiger Zwang angewendet wurde.[74] Zu beachten sind allerdings die Grundsätze für den **hypothetischen Ersatzeingriff.** Danach sind Beweismittel grundsätzlich verwertbar, wenn sie bei Anwendung einer legalen und ordnungsgemäß durchgeführten Durchsuchung hätten gefunden und beschlagnahmt werden können.[75] Anders kann es bei Verstößen sein, die so schwerwiegend sind, dass nach Abwägung aller Umstände das Interesse des Staates an der Tataufklärung zurückstehen muss.[76] Der Verwertung kann im Einzelfall

---

[62] Joecks in Radtke/Hohmann Rn. 12; Bittmann wistra 1990, 335; Klinger wistra 1991, 19; Kurth NStZ 1983, 328.
[63] Gercke in Gercke/Julius/Temming/Zöller Rn. 10.
[64] Köhler in Meyer-Goßner/Schmitt Rn. 9.
[65] Greven in KK-StPO § 94 Rn. 4.
[66] BVerfG 20.12.2018 – 2 BvR 2377/16, NVwZ 2019, 469.
[67] Wohlers/Greco in SK-StPO Rn. 33; Menges in Löwe/Rosenberg Rn. 15.
[68] Köhler in Meyer-Goßner/Schmitt Rn. 10.
[69] Greven in KK-StPO Rn. 5.
[70] Eisenberg Beweisrecht StPO Rn. 2329; Menges in Löwe/Rosenberg Rn. 16.
[71] Hartmann in HK-GS Rn. 4.
[72] Köhler in Meyer-Goßner/Schmitt Rn. 12.
[73] LG Gera 30.9.1999 – 2 Qs 412/99, NStZ 2001, 276; LG Halle 6.10.1999 – 22 Qs 28/99, NStZ 2001, 276 (277); Menges in Löwe/Rosenberg Rn. 32; Bittmann wistra 1990, 325 (331); Bittmann NStZ 2001, 231.
[74] Menges in Löwe/Rosenberg Rn. 37; Wohlers/Greco in SK-StPO Rn. 39.
[75] BGH 15.2.1989 – 2 StR 402/88, NStZ 1989, 375; LG Bremen 22.7.2005 – 11 Qs 112/05, StV 2006, 571; Menges in Löwe/Rosenberg Rn. 25.
[76] BGH 18.4.2007 – 5 StR 546/06, BGHSt 51, 285 = NJW 2007, 2269; vgl. auch BVerfG 7.12.2011 – 2 BvR 2500/09 ua, NJW 2012, 907; AG Bremen 10.1.2012 – 75 Ls 570 Js 14531/10 (8/11), NStZ 2012, 287.

zudem der Verhältnismäßigkeitsgrundsatz entgegenstehen. Kein Verwertungsverbot besteht im Falle des § 55, weil die Verletzung dieser Vorschrift ausschließlich den Rechtskreis des Zeugen, nicht jedoch des Beschuldigten betrifft. Anders ist der Fall zu beurteilen, wenn der Herausgebende später selbst Beschuldigter wird.[77]

§ 95a Zurückstellung der Benachrichtigung des Beschuldigten; Offenbarungsverbot

(1) Bei der gerichtlichen Anordnung oder Bestätigung der Beschlagnahme eines Gegenstandes, den eine nicht beschuldigte Person im Gewahrsam hat, kann die Benachrichtigung des von der Beschlagnahme betroffenen Beschuldigten zurückgestellt werden, solange sie den Untersuchungszweck gefährden würde, wenn

1. bestimmte Tatsachen den Verdacht begründen, dass der Beschuldigte als Täter oder Teilnehmer eine Straftat von auch im Einzelfall erheblicher Bedeutung, insbesondere eine in § 100a Absatz 2 bezeichnete Straftat, begangen, in Fällen, in denen der Versuch strafbar ist, zu begehen versucht, oder durch eine Straftat vorbereitet hat und

2. die Erforschung des Sachverhalts oder die Ermittlung des Aufenthaltsortes des Beschuldigten auf andere Weise wesentlich erschwert oder aussichtslos wäre.

(2) Die Zurückstellung der Benachrichtigung des Beschuldigten nach Absatz 1 darf nur durch das Gericht angeordnet werden. Die Zurückstellung ist auf höchstens sechs Monate zu befristen. Eine Verlängerung der Anordnung durch das Gericht um jeweils nicht mehr als drei Monate ist zulässig, wenn die Voraussetzungen der Anordnung fortbestehen.

(3) Wird binnen drei Tagen nach der nichtgerichtlichen Beschlagnahme eines Gegenstandes, den eine unverdächtige Person im Gewahrsam hat, die gerichtliche Bestätigung der Beschlagnahme sowie die Zurückstellung der Benachrichtigung des Beschuldigten nach Absatz 1 beantragt, kann von einer Belehrung des von der Beschlagnahme betroffenen Beschuldigten nach § 98 Absatz 2 Satz 5 abgesehen werden. Im Verfahren nach § 98 Absatz 2 bedarf es der vorherigen Anhörung des Beschuldigten durch das Gericht (§ 33 Absatz 3) nicht.

(4) Die nach Absatz 1 zurückgestellte Benachrichtigung des Beschuldigten erfolgt, sobald dies ohne Gefährdung des Untersuchungszweckes möglich ist. Bei der Benachrichtigung ist der Beschuldigte auf die Möglichkeit des nachträglichen Rechtsschutzes nach Absatz 5 und die dafür vorgesehene Frist hinzuweisen.

(5) Der Beschuldigte kann bei dem für die Anordnung der Maßnahme zuständigen Gericht auch nach Beendigung der Zurückstellung nach Absatz 1 bis zu zwei Wochen nach seiner Benachrichtigung nach Absatz 4 die Überprüfung der Rechtmäßigkeit der Beschlagnahme, der Art und Weise ihres Vollzugs und der Zurückstellung der Benachrichtigung beantragen. Gegen die gerichtliche Entscheidung ist die sofortige Beschwerde statthaft. Ist die öffentliche Klage erhoben und der Angeklagte benachrichtigt worden, entscheidet über den Antrag das mit der Sache befasste Gericht in der das Verfahren abschließenden Entscheidung.

(6) Wird die Zurückstellung der Benachrichtigung des Beschuldigten nach Absatz 1 angeordnet, kann unter Würdigung aller Umstände und nach Abwägung der Interessen der Beteiligten im Einzelfall zugleich angeordnet werden, dass der Betroffene für die Dauer der Zurückstellung gegenüber dem Beschuldigten und Dritten die Beschlagnahme sowie eine ihr vorausgehende Durchsuchung nach den §§ 103 und 110 oder Herausgabeanordnung nach § 95 nicht offenbaren darf.

---

77 Menges in Löwe/Rosenberg Rn. 16; Köhler in Meyer-Goßner/Schmitt Rn. 11.

Absatz 2 gilt mit der Maßgabe entsprechend, dass bei Gefahr im Verzug auch die Staatsanwaltschaft und ihre Ermittlungspersonen (§ 152 des Gerichtsverfassungsgesetzes) die Anordnung nach Satz 1 treffen können, wenn nach Absatz 3 von der Belehrung abgesehen und die gerichtliche Bestätigung der Beschlagnahme und die Zurückstellung der Benachrichtigung des Beschuldigten beantragt wird. Treffen die Staatsanwaltschaft oder ihre Ermittlungspersonen eine solche Anordnung, ist die gerichtliche Bestätigung binnen drei Tagen zu beantragen.

(7) Im Falle des Verstoßes gegen das Offenbarungsverbot des Absatzes 6 gilt § 95 Absatz 2 entsprechend.

Übersicht

I. Überblick und Anwendungsbereich

1 Die Beschlagnahme ist, wie auch die Durchsuchung, eine **offene Ermittlungsmaßnahme,**[1] deren Anordnung den davon Betroffenen und den Verfahrensbeteiligten, dazu zählen u.a. (Mit-)Gewahrsamsinhaber, (Mit-)Besitzer, (Mit-)Eigentümer,[2] durch formlose Mitteilung bekannt zu machen ist (§ 33 Abs. 1, § 35 Abs. 2 S. 2). Die Bekanntgabe der Anordnung kann grds. bis zum Beginn der Beschlagnahme zurückgestellt werden, um den Zweck der Untersuchung nicht zu gefährden, zB wenn die Gefahr der Beweisvereitelung besteht.[3] Spätestens mit Beginn der Beschlagnahme ist der Betroffene jedoch über die Maßnahme in Kenntnis zu setzen. Die Möglichkeit einer Zurückstellung der Benachrichtigung bei Beschlagnahme- und Durchsuchungsmaßnahmen war gesetzlich bislang nicht geregelt. Eine entsprechende Anwendung von § 101 Abs. 5 schied aus.[4] Unter den Voraussetzungen des § 95a, der durch das Gesetz zur Fortentwicklung der Strafprozessordnung und zur Änderung weiterer Vorschriften vom 25.6.2021 mit Wirkung vom 1.7.2021 eingefügt worden ist,[5] kann nunmehr die Benachrichtigung des Beschuldigten unter Beachtung des Verhältnismäßigkeitsgebots zurückgestellt werden, insbesondere um sonstige verdeckt geführte Ermittlungsmaßnahmen nicht zu gefährden.[6]

2 § 95a erfasst vom **Anwendungsbereich** nur die Fälle von Beschlagnahmen und im weiteren auch Maßnahmen nach § 110, in denen sich der Gegenstand oder die Daten **im Gewahrsam einer dritten, unverdächtigen Person** befinden.[7] In Abgrenzung zu Beschlagnahmen lösen Sicherstellungen (§ 94 Abs. 1) grds. keine Pflichten nach §§ 33, 35 und 98 Abs. 2 S. 5 aus, so dass in diesen Fällen eine Zurückstellung der Benachrichtigung nach § 95a nicht erforderlich ist. Nicht anwendbar ist die Vorschrift zudem auf den **nichtbe-**

[1] Vgl. BGH 14.10.2020 –5 StR 229/19, NStZ 2021, 355; 4.8.2015 – 3 StR 162/15, NStZ 2015, 704, 705.
[2] So auch Hartmann in HK-GS StPO Rn. 1.
[3] Joecks in Radtke/Hohmann Rn. 10; *Park* Durchsuchung und Beschlagnahme, § 2 Die Durchsuchung Rn. 179, 181.
[4] BGH 4.8.2015 – 3 StR 162/15, NStZ 2015, 704, 705; 24.11.2009 – StB 48/09, NJW 2010, 1297, 1298; Ladiges GSZ 2021, 203, 204.
[5] Eingef. mWv 1.7.2021 durch G vom 25.6.2021 (BGBl. I S. 2099).
[6] Zu verfassungsrechtlichen Bedenken gegen § 95a vgl. Hiéramente jurisPR-StrafR 3/2021 Anm. 1.
[7] BT-Drs. 19/27654, S. 63.

schuldigten Gewahrsamsinhaber, der selbst von der Maßnahme unmittelbar betroffen ist, denn die Ausgestaltung der Beschlagnahme als offene Ermittlungsmaßnahme soll nicht angetastet und die Zurückstellung auf bestimmte Ausnahmefällen begrenzt werden.[8]

Als besonderen Anwendungsfall von § 95a nimmt der Gesetzgeber ausdrücklich die 3 Zurückstellung der Benachrichtigung bei der Beschlagnahme von Daten bei Dritten in den Blick,[9] hierzu zählen namentlich E-Mails, die auf dem Mailserver des Providers zwischen- oder endgespeichert sind oder beim Internetdienstanbieter gespeicherte Chatinhalte bzw. Inhalte eines Nutzerkontos eines sozialen Netzwerks sowie in einer Cloud gespeicherte Daten. Wollte man bislang verdeckt auf beim Provider **zwischen- oder endgespeicherte („ruhende") Daten** zugreifen, so konnte die Maßnahme nur auf die engen Voraussetzungen des § 100a gestützt werden.[10] Für diese Fälle ist in § 101 Abs. 5, 6 die Möglichkeit der Zurückstellung einer Benachrichtigung „abschließend" geregelt.[11] Hingegen bestand bei einer (offenen) Beschlagnahme solcher Daten nach § 94[12] wegen der damit einhergehenden Benachrichtigungspflichten vor Einführung des § 95a stets die Gefahr der Aufdeckung sonstiger verdeckter Ermittlungen und damit der Vereitelung des Ermittlungserfolges.[13] Die Zurückstellung der Benachrichtigung im Rahmen von offenen Ermittlungsmaßnahmen ist allerdings nicht nur im Zusammenhang mit der Beschlagnahme von bei Providern und vergleichbaren Dienstanbietern gespeicherten Daten, sondern auch für sonstige auf Servern gespeicherte Daten (ua Lichtbilder, Kalendereinträge, Sicherungen von Dokumenten, Sozial-, Personal-, Patienten-, Buchführungs- oder Kontodaten) relevant. Zudem soll sich der Anwendungsbereich der Vorschrift auch auf die physische Beschlagnahme von Gegenständen (etwa schriftliche Krankenakten oder Bankunterlagen) im Gewahrsam eines Dritten erstrecken.[14] Insgesamt ist jedoch fraglich, ob eine Zurückstellung der Benachrichtigung auch dann möglich ist, wenn sich die betreffenden Gegenstände und Daten nicht nur im (Allein-) Gewahrsam des Dritten, sondern zugleich auch im **Mitgewahrsam** des Beschuldigten befinden. Diese Konstellation ist in mehreren Fallgestaltungen denkbar. So kann beim Cloud-Computing der Beschuldigte über seinen Internet-Account „faktischen Zugriff" und damit „zumindest Mitgewahrsam" an den Daten ausüben, jedenfalls wenn „Gewahrsam" an die „tatsächliche Verfügungs- bzw. Zugriffsmöglichkeit"[15] anknüpft[16] und in diesen Fällen eine „Vergleichbarkeit" mit den sonst in seiner Privatsphäre gespeicherten Daten vorliegt.[17] Vor allem hinsichtlich der tatsächlichen Zugriffsmöglichkeiten ist ein Unterschied zwischen Daten, die auf PCs und Festplatten im Herrschaftsbereich des Beschuldigten gesichert wurden, und beim Anbieter abgespeicherte Daten, auf die der Beschuldigte jederzeit über das Internet zugreifen kann, nicht ersichtlich. Mitgewahrsam des Beschuldigten an Daten liegt demgemäß auch dann vor, wenn dieser Dateien auf einem Teil eines Netzwerkservers einer EDV-Anlage gespeichert hat,[18] der ihm vom Dienst bzw. Arbeitgeber zur Speicherung privat-dienstlicher Schreiben zur Verfügung gestellt worden ist und von dessen Nutzung andere Personen grundsätzlich ausgeschlossen waren.[19] In einer Wohngemeinschaft, Familienwohnungen, Arbeits-, Geschäfts- und Betriebsräumen sowie Arztpraxen und Klinikräume, die der Verdächtige nur mitbenutzt, kann ebenfalls aufgrund seiner tatsächlichen Verfügungs- bzw. Zugriffsmöglichkeit Mitgewahrsam an den zu

---

8 BT-Drs. 19/27654, S. 63.

9 BT-Drs. 19/27654, S. 61.

10 Vgl. auch BVerfG 16.6.2009 – 2 BvR 902/06, NJW 2009, 2431; 6.7.2016 – 2 BvR 1454/13, NJW 2016, 3508, 3509 Rn. 32; BGH 14.10.2020 –5 StR 229/19, NStZ 2021, 355.

11 BGH 4.8.2015 – 3 StR 162/15, NStZ 2015, 704, 705.

12 Vgl. zur Anwendbarkeit neben § 100a BGH 14.10.2020 –5 StR 229/19, NStZ 2021, 355.

13 Gerhold in BeckOK StPO Rn. 2.

14 BT-Drs. 19/27654, S. 64.

15 Hartmann in HK-GS StPO Rn. 9.

16 Gercke in Gercke/Julius/Temming/Zöller, Strafprozessordnung, § 102 Durchsuchung bei Beschuldigten, Rn. 21.

17 LG Braunschweig 12.4.2006 – 6 Qs 88/06, BeckRS 2011, 9575.

18 Vgl. hierzu auch Kemper Die Beschlagnahmefähigkeit von Daten und E-Mails, NStZ 2005, 538.

19 BVerwG 31.3.2011 – 2 A 11/08, NVwZ-RR 2011, 698; Herrmann/Soiné NJW 2011, 2922.

beschlagnahmenden Daten und Gegenständen bestehen,[20] so bei Patienten- und Abrechnungsunterlagen, wenn beschuldigte und nicht beschuldigte Ärzte über einen gemeinsamen Patientenstamm verfügen und alle Zugriff auf die Patientendaten haben.[21] Entsprechendes ist möglich für weitere Formen von Berufsausübungsgemeinschaften, etwa bei Unternehmensberatungen und Rechtsanwaltskanzleien. Mitgewahrsam liegt vor, wenn der beschuldigte Partner der Sozietät den Archivraum als Informationsquelle für seine Tätigkeit in der Kanzlei nutzen darf und dieser Raum anderen Bediensteten der Kanzlei nicht exklusiv zugeordnet ist. In diesem Fall ist auf die „potentielle" Zugriffsmöglichkeit abzustellen. Nicht erforderlich ist, dass der beschuldigte Partner der Sozietät jeden einzelnen Archivraum der räumlichen Lage nach kennt, solange er Zugriff auf die Räumlichkeiten und die darin gelagerten Unterlagen nehmen kann.[22] Insgesamt ist festzuhalten, dass in den genannten Konstellationen, in denen gleichfalls Mitgewahrsam des Beschuldigten an dem in Rede stehenden Beweisgegenstand in Betracht kommen kann, nicht nur die Gefahr besteht, dass die Beschlagnahme ihren Charakter als offene Ermittlungsmaßnahmen weitgehend verlieren würde. Vielmehr ist in den Konstellationen, in denen der Beschuldigte Mitgewahrsam hat, zu berücksichtigen, dass neben der Beschlagnahmeanordnung gleichzeitig auch andere, **mit der Beschlagnahme kombinierte Maßnahmen gesonderte/bzw. eigenstädige Belehrungs- und Benachrichtigungspflichten** auslösen können. Das gilt insbesondere für die der Beschlagnahme regelmäßig vorgeschaltete Durchsuchungsmaßnahme. Zwar kann nach § 95a Abs. 6 unter Würdigung aller Umstände und nach Abwägung der Interessen der Beteiligten im Einzelfall zugleich angeordnet werden, dass der von der Beschlagnahme Betroffene für die Dauer der Zurückstellung gegenüber dem Beschuldigten und Dritten die Beschlagnahme sowie eine ihr vorausgehende Durchsuchung nach den §§ 103 und 110 oder Herausgabeanordnung nach § 95 nicht offenbaren darf. Im Umkehrschluss ist jedoch anzunehmen, dass bei vorgeschalteten Durchsuchungen nach § 102, der bei Mitbenutzung von Wohnungen oder Mitgewahrsam mehrerer Personen, von denen nur ein Teil verdächtig ist, grds. zur Anwendung kommt,[23] eine Zurückstellung der Benachrichtigung und ein begleitendes Offenbarungsverbot ausgeschlossen ist. Der Anordnungsbeschluss nach § 102 ist in den Mitgewahrsamsfällen dem Betroffenen somit unmittelbar vor Vollziehung der Maßnahme zur Wahrung der Rechtsschutzmöglichkeit vollständig bekanntzugeben.[24] Eine Umgehung der Bekanntgabe der Durchsuchung in einer solchen Fallkonstellation, etwa durch Anordnung der Durchsuchung nach § 103, ist ausgeschlossen. Im Ergebnis ist daher eine Zurückstellung der Benachrichtigung in Fällen des Mitgewahrsams des Beschuldigten, jedenfalls wenn eine Durchsuchung nach § 102 vorgeschaltet ist, nicht auf § 95a zu stützen.

4 § 95a ermöglicht nicht nur eine gerichtlich angeordnete Zurückstellung der Benachrichtigung bei der gerichtlichen Beschlagnahmeanordnung **(vgl. Abs. 2).** Vielmehr gilt das auch bei Fallgestaltungen, in denen die Beschlagnahmeanordnung zunächst nicht gerichtlich erfolgt und nachträglich gerichtlich bestätigt wird **(Abs. 3),** sowie in Fällen, in denen der (gerichtlichen oder nichtgerichtlichen) Beschlagnahmeanordnung eine vorläufige Sicherstellung oder vorläufige Sicherung nach § 110 vorausgegangen ist. Der nachträgliche Rechtsschutz für den Beschuldigten ist in **Abs. 5** geregelt. Abgesichert wird die Zurückstellung der Benachrichtigung des Beschuldigten, indem dem betroffenen Gewahrsamsinhaber, zB. dem Provider, eine Schweigepflicht auferlegt werden kann **(Abs. 6).**

II. Erläuterung

5 **1. Zurückstellung der Benachrichtigung (Abs. 1).** Abs. 1 regelt die Voraussetzungen für eine Zurückstellung der Benachrichtigung sowohl für die gerichtliche Beschlagnah-

---

[20] BVerfG 9.8.2019 – 2 BvR 1684/18, NJW 2019, 3633.
[21] Röß NZWiSt 2018, 483.
[22] LG Stuttgart 4.11.2021 – 6 Qs 10/21, BeckRS 2021, 35790; LG Bonn 10.1.2011 – 27 Qs 33/10, BeckRS 2011, 11803; vgl. auch Hiéramente NStZ 2021, 390.
[23] BVerfG 9.8.2019 – 2 BvR 1684/18, NJW 2019, 3633.
[24] BGH 7.11.2002 – 2 BJs 27/02 – 5 StB 16/2, NStZ 2003, 273.

meanordnung (Alt. 1) als auch für die gerichtliche Bestätigung einer nichtgerichtlichen Beschlagnahmeanordnung (Alt. 2).

Die Zurückstellung gegenüber dem Beschuldigten setzt voraus, dass ein Dritter den beschlagnahmten Gegenstand in **Gewahrsam** hat (vgl. hierzu näher Rn. 2). Unzulässig ist die Zurückstellung der Bekanntgabe gegenüber dem Gewahrsamsinhaber, der von der Maßnahme **unmittelbar betroffen** ist, denn dieser ist „als Nichtbeschuldigter besonders schutzwürdig, sodass ihm sofortige Rechtsschutzmöglichkeiten gegen die hoheitliche Maßnahme verbleiben sollen".[25] Gleiches muss gelten, wenn der Beschuldigte als **(Mit-)Gewahrsamsinhaber** von der Maßnahme unmittelbar betroffen ist. In diesem Fall ist eine Zurückstellung der Benachrichtigung ebenfalls nicht statthaft, zumal die Ausgestaltung der Beschlagnahme als grds. offene Ermittlungsmaßnahme nicht angetastet werden soll (vgl. auch Rn. 3).[26] 6

Die Zurückstellung der Benachrichtigung kommt ausschließlich dann in Betracht, wenn die sofortige Bekanntgabe der Beschlagnahmeanordnung nach § 35 Abs. 2 gegenüber dem Beschuldigten den **Untersuchungszweck gefährden** würde. Dabei kann auf die geltenden Grundsätze zu § 101 Abs. 5 S. 1 Alt. 1 zurückgegriffen werden.[27] Eine Gefährdung des Untersuchungszwecks ist so lange gegeben, wie die begründete Erwartung besteht, dass durch die verdeckte Ermittlungsführung weitere beweiserhebliche Erkenntnisse gewonnen werden können,[28] deren Erlangung in Frage steht, wenn der Beschuldigte Kenntnis von den gegen ihn gerichteten Ermittlungen erlangt, wenn also „die Klärung des gegen den Beschuldigten bestehenden Tatverdachts mittels aller zulässigen Untersuchungshandlungen (…) durch die sofortige Offenlegung gefährdet ist".[29] Da die Beschlagnahme im Gegensatz zu den in § 101 genannten Ermittlungsinstrumenten nicht auf den fortlaufenden oder wiederholenden Zugriff angelegt ist, kann der Zurückstellungsgrund **nicht maßnahmenspezifisch** ausgelegt werden. Vielmehr ist darauf abzustellen, ob die Erforschung des Sachverhalts, mithin **die Klärung des gegen den Beschuldigten bestehenden Tatverdachts,** mittels aller zulässigen Untersuchungshandlungen durch die sofortige Offenlegung gefährdet ist. Tragfähige Anhaltspunkte für eine Gefährdung des Untersuchungszwecks durch die Benachrichtigung des Beschuldigten von einer gegen ihn durchgeführten verdeckten Maßnahme können somit nicht – anders als bei § 101 Abs. 5 – auch in Belangen eines anderen Ermittlungsverfahrens erblickt werden.[30] 7

Nr. 1 regelt, dass die Zurückstellung nur beim **Verdacht einer Straftat von erheblicher Bedeutung** möglich sein soll. Nur dann ist der dem Beschuldigten gegenüber heimlich ausgestaltete Zugriff zu rechtfertigen. Bei weniger schweren Delikten soll der Charakter der Beschlagnahme als insgesamt offene Maßnahme nicht angetastet werden. Die Auslegung des **unbestimmten Rechtsbegriffs**[31] der Straftat von erheblicher Bedeutung hat sich an den herkömmlichen, bereits u.a. zu § 81g Abs. 1 S. 1, § 98a Abs. 1, § 100h Abs. 1 S. 2, § 100i Abs. 1, §§ 131 ff., § 163e Abs. 1 S. 1, § 163f Abs. 1 S. 1 entwickelten Maßstäben der Praxis und der Rspr. zu orientieren. Demnach ist darunter eine Straftat zu verstehen, die zumindest der mittleren Kriminalität zuzuordnen ist, den Rechtsfrieden empfindlich stört und zudem geeignet ist, das Gefühl der Rechtssicherheit der Bevölkerung empfindlich zu beinträchtigen.[32] Dies setzt voraus, dass der Gesetzgeber der Straftat allgemein ein besonderes Gewicht beimisst und sie im konkreten Fall erhebliche Bedeutung hat,[33] was bei Verbrechen regelmäßig der Fall sein dürfte, bei Vergehen aber erst ab einer bestimmten erhöhten Strafrahmenobergrenze.[34] Straftaten, die im Höchstmaß mit Freiheitsstrafe unter fünf Jahren 8

[25] BT-Drs. 19/27654, S. 63.
[26] BT-Drs. 19/27654, S. 63.
[27] BT-Drs. 19/27654, S. 63.
[28] BGH 29.4.2021 – 6 BGs 19/21, NStZ-RR 2021, 287; Köhler in Meyer-Goßner/Schnitt, § 101 Rn. 19.
[29] BT-Drs. 19/27654, 63; vgl. auch Gerhold in BeckOK StPO Rn. 6.
[30] Vgl. hierzu § 101 Abs. 5 auch BGH 29.4.2021 – 6 BGs 19/21, NStZ-RR 2021, 287.
[31] Vgl. auch Hadamitzky in KK-StPO § 81g Rn. 5; Moldenhauer in KK-StPO § 163e Rn. 12.
[32] BGH 7.8.2013 – 1 StR 156/13, NStZ 2014, 281.
[33] BVerfG 12.3.2003 – 1 BvR 330/96, NJW 2003, 1787, 1791.
[34] Bruns in KK-StPO § 110a Rn. 21; Gerhold in BeckOK StPO Rn. 8.

bedroht sind, sind nicht ohne Weiteres dem Bereich der Straftaten von erheblicher Bedeutung zuzurechnen.[35] Im Einzelfall soll nach der Rspr. jedoch auch schon eine im Höchstmaß mit drei Jahren Freiheitsstrafe bedrohte Straftat ausreichend sein, wenn der Tat „aufgrund der besonderen Bedeutung des geschützten Rechtsguts oder des besonderen öffentlichen Interesses an der Strafverfolgung erhebliche Bedeutung" zukommt.[36] In Bußgeldverfahren ist § 95a deshalb ebenfalls nicht anzuwenden.[37]

9 Aus Gründen der Verhältnismäßigkeit muss die Straftat nicht nur abstrakt, sondern wie auch bei § 100a Abs. 1 im **konkreten Einzelfall** von erheblicher Bedeutung sein. Indizien für ein besonderes Gewicht können die Schutzwürdigkeit der verletzten Rechtsgüter und der Grad der Bedrohung der Allgemeinheit sein, zudem die Art der Begehung der Straftat, die Anzahl der Geschädigten und das Ausmaß des Schadens. Schließlich muss die **Subsidiaritätsklausel der Nr. 2** gewahrt werden.[38] Eine Zurückstellung der Bekanntgabe darf nur erfolgen, soweit „die **Erforschung des Sachverhalts** oder die **Ermittlung des Aufenthaltsortes des Beschuldigten** auf andere Weise wesentlich erschwert oder aussichtslos wäre". Hier ist stets zu prüfen, ob im Anordnungszeitpunkt alternative zielführende Ermittlungsmaßnahmen mit geringerem Eingriffsgewicht zur Verfügung stehen, insbesondere ob die Beschlagnahme bereits zum jetzigen Zeitpunkt erfolgen muss, oder ob (zunächst) andere Ermittlungsmaßnahmen herangezogen werden können und mit der Beschlagnahme bis zu einem späteren Zeitpunkt abgewartet und die Maßnahme dann offen durchgeführt werden kann.[39]

10 **2. Verfahren und Zeitpunkt der Benachrichtigung (Abs. 2, 4).** Die Zurückstellung kann – entsprechend § 101 Abs. 6 Nr. 1 – **nur durch Gerichtsbeschluss** angeordnet werden **(Abs. 2 S. 1).** Die Zuständigkeit richtet sich im Ermittlungsverfahren nach § 162. Von einer vorherigen Anhörung des Beschuldigten kann nach § 33 Abs. 4 abgesehen werden, da sie den Zweck der Anordnung gefährden würde.

11 Wenn die Umstände, die eine Zurückstellung einer Benachrichtigung begründen können, bereits bei Beantragung der Beschlagnahmeanordnung vorliegen, kann die Staatsanwaltschaft **beide Anträge miteinander verbinden.** Erfolgt zunächst eine **nichtgerichtliche Beschlagnahme,** muss die gerichtliche Anordnung der Zurückstellung der Benachrichtigung binnen drei Tagen (vgl. auch Rn. 14) beantragt werden. Länger darf die Belehrung jedoch nicht aufgeschoben werden, wenn kein dahingehender Antrag gestellt wird **(Abs. 3).**[40]

12 Die erstmalige Zurückstellung der Benachrichtigung ist auf **höchstens sechs Monate** zu befristen. Liegen die Voraussetzungen für die Zurückstellung weiter vor, so ist eine Verlängerung von jeweils bis zu **drei Monaten** zulässig. Damit sollen lang andauernde und aufwändige Ermittlungen nicht durch den Ablauf einer Zurückstellungsfrist gefährdet werden. Zudem soll damit gewährleistet werden, dass die Notwendigkeit der Zurückstellung in regelmäßigen Abständen einer Erforderlichkeitsprüfung unterzogen wird.[41]

13 **Zum Zeitpunkt der Benachrichtigung:** Die Benachrichtigung des Beschuldigten hat schließlich zu erfolgen, sobald dies ohne Gefährdung des Untersuchungszwecks möglich ist **(Abs. 4).** Unter Umständen kann dies auch vor Ablauf der vom Gericht angeordneten Frist, für die die Zurückstellung angeordnet wird, der Fall sein. Ein endgültiges Absehen von der Benachrichtigung (vgl. auch § 101 Abs. 6 S. 3) ist nicht zulässig.[42] Mit der Benachrichtigung ist der Beschuldigte auf die Rechtsschutzmöglichkeit nach Abs. 5 und die dafür geltende Frist von zwei Wochen hinzuweisen.[43]

---

35 Vgl. BVerfG 16.6.2009 – 2 BvR 902/06, NJW 2009, 2431 (2435).
36 BGH 7.8.2013 – 1 StR 156/13, NStZ 2014, 281; KG 20.12.2018 – 3 Ws 309/18, NStZ 2019, 429.
37 Vgl. auch Hartmann in HK-GS StPO Rn. 3.
38 BT-Drs. 19/27654, 64.
39 BT-Drs. 19/27654, 64.
40 BT-Drs. 19/27654, 65.
41 BT-Drs. 19/27654, 65.
42 Hartmann in HK-GS, StPO Rn. 14.
43 BT-Drs. 19/27654, 65.

3. Zurückstellung der Benachrichtigung bei nichtgerichtlicher Beschlagnahme eines Gegenstandes (Abs. 3). Abs. 3 stellt für den Fall einer nichtgerichtlichen Beschlagnahmeanordnung sicher, dass die Offenlegung gegenüber dem mitbetroffenen Beschuldigten zunächst unterbleiben kann. Von einer Belehrung des Beschuldigten nach § 98 Abs. 2 S. 5 kann abgesehen werden kann, wenn **binnen drei Tagen** (nicht Werktage wie in § 163f Abs. 3 S. 2;[44] der Beschlagnahmetag wird bei der Berechnung der 3-Tagesfrist nach § 42 nicht mitgerechnet[45]) die gerichtliche Bestätigung einer nichtgerichtlichen Beschlagnahme sowie die Zurückstellung der Benachrichtigung nach § 95a Abs. 1 Alt. 2 beantragt wird. In diesem Fall kann auch von der Anhörung nach § 33 Abs. 3 abgesehen werden (S. 2).[46] Ansonsten ist der Beschuldigte nach § 98 Abs. 2 S. 5 nicht nur über sein Antragsrecht nach § 98 Abs. 2 S. 2 zu belehren,[47] sondern es ist auch die gerichtliche Bestätigung einzuholen. Zuvor wäre dem betroffenen Beschuldigten nach § 33 Abs. 3 rechtliches Gehör zu gewähren. Wird der Antrag fristgemäß gestellt, muss die gerichtliche Entscheidung nicht innerhalb von drei Tagen getroffen werden.[48] 14

4. Offenbarungsverbot (Abs. 6). Damit der Beschuldigte nicht durch den Gewahrsamsinhaber Kenntnis über das Herausgabeverlangen und die Beschlagnahme erlangt, kann nach Abs. 6 für die Dauer der Zurückstellung angeordnet werden, dass der Betroffene gegenüber dem Beschuldigten und Dritten **die Beschlagnahme** sowie eine ihr **vorausgehende Durchsuchung nach den §§ 103 und 110 oder Herausgabeanordnung nach § 95 nicht offenbaren darf.** Das Offenbarungsverbot kann auch angeordnet werden, wenn die Durchsuchung oder Herausgabeanordnung letztlich nicht zur Beschlagnahme des gesuchten Beweisgegenstandes bei dem Dritten geführt hat, also erfolglos war. Vom Offenbarungsverbot ausgenommen bleiben Fälle, in denen dem Dritten die Befolgung unzumutbar ist, etwa wenn der Beschuldigte von dem Betroffenen die Herausgabe einer beschlagnahmten Sache verlangt. Das Aufklärungsinteresse und die Interessen des Betroffenen sind gegeneinander abzuwägen. Das Offenbarungsverbot muss unter Würdigung aller Umstände und nach Abwägung der Interessen der Beteiligten im Einzelfall erforderlich und angemessen sein. Ein Stillschweigen wird in Fällen regelmäßig zumutbar sein, in denen die Beschlagnahme elektronischer Daten durch Fertigung einer Kopie, insbesondere durch Spiegelung des Datenbestandes erfolgt.[49] Die Kompetenz zur Anordnung des Offenbarungsverbots liegt beim Gericht. Soweit die Beschlagnahme im Zusammenhang mit einer Durchsuchungsmaßnahme steht und die Voraussetzungen für eine Durchsuchung beim Beschuldigten nach **§ 102** vorgelegen haben, insbesondere wenn das Beschlagnahmeobjekt im Zeitpunkt der Maßnahme sich (auch) im (Mit-)Gewahrsam des Beschuldigten befand, ist nicht nur die Zurückstellung der Benachrichtigung, sondern auch die Anordnung eines Offenbarungsverbots unzulässig. 15

In Abs. 6 S. 2 ist abweichend zur Anordnungskompetenz zwecks Vermeidung einer Regelungslücke im Zeitraum zwischen einer nichtgerichtlichen Beschlagnahme und deren gerichtlichen Bestätigung eine **Eilkompetenz** geregelt. Demnach gilt Abs. 2 mit der Maßgabe entsprechend, dass bei Gefahr im Verzug auch die Staatsanwaltschaft und ihre Ermittlungspersonen (§ 152 des Gerichtsverfassungsgesetzes) die Anordnung nach S. 1 treffen können, wenn nach Abs. 3 von der Belehrung abgesehen und die gerichtliche Bestätigung der Beschlagnahme und die Zurückstellung der Benachrichtigung des Beschuldigten beantragt wird. Treffen die Staatsanwaltschaft oder ihre Ermittlungspersonen eine solche Anordnung, ist die gerichtliche Bestätigung **binnen drei Tagen** (vgl. Rn. 14) zu beantragen. Demjenigen, gegen den sich das Offenbarungsverbot richtet, stehen wie auch gegen die zugrundliegende Beschlagnahme die **sofortigen Rechtsschutzmöglichkeiten** gegen die Anordnung 16

44 Vgl. auch Weingarten Die Nachholfrist des § 98 II 1 StPO – Werktage oder Tage? JA 2010, 298.
45 Vgl. Greven in KK-StPO § 98 Rn. 16.
46 BT-Drs. 19/27654, 65.
47 BVerfG 16.6.2009 – 2 BvR 902/06, BeckRS 2009, 35860.
48 Gerhold in BeckOK StPO Rn. 20.
49 BT-Drs. 19/27654, 66.

zu. Nicht vom Offenbarungsverbot erfasst sind die zu deren Wahrnehmung erforderlichen Handlungen, insbesondere die Weitergabe von Informationen an einen Rechtsanwalt.[50]

17 **5. Ordnungs- und Zwangsmittel (Abs. 7).** Der nach Abs. 7 entsprechend geltende § 95 Abs. 2 S. 1eröffnet die Möglichkeit, das Offenbarungsverbot durch Ordnungsmittel **zwangsweise** durchzusetzen. Hat der Beschuldigte bereits Kenntnis von der Maßnahme geht das Auferlegen weiteren Stillschweigens ins Leere. Ordnungsmitteln kommt sowohl eine **präventive** als auch eine **repressive Funktion** zu: Sie dienen einerseits dazu, den Betroffenen anzuhalten, seine verfahrensrechtlichen Mitwirkungspflichten zu erfüllen. Andererseits handelt es sich auch um strafähnliche Sanktionen, die an einen vorangegangenen Ordnungsverstoß anknüpfen. Dementsprechend bleiben sie auch dann aufrechterhalten, wenn eine präventive Wirkung nicht mehr erreichbar ist.[51] Die Festsetzung von Ordnungs- und Zwangsmittel ist nicht bei Personen statthaft, die zur Verweigerung des Zeugnisses berechtigt sind (§ 95 Abs. 2 S. 2).

III. Rechtsbehelfe, Verwertungsverbote, Revision

18 **1. Nachträglicher Rechtsschutz (Abs. 5).** Abs. 5 regelt mit Blick auf die Rechtsprechung des Bundesverfassungsgerichts die Gewährung nachträglichen Rechtsschutzes als unabdingbarer Teil einer rechtsstaatlichen Ausgestaltung verdeckter Ermittlungsmaßnahmen.[52] Regelungstechnisch ist die Vorschrift **§ 101 Abs. 7 S. 2 bis 4 nachgebildet,** sodass die insoweit geltenden Grundsätze auch auf die Neuregelung übertragen werden können.[53] Der Beschuldigte kann nach Abs. 5 S. 1 bei dem für die Anordnung der Maßnahme zuständigen Gericht auch **nach Beendigung der Zurückstellung** nach Abs. 1 bis zu zwei Wochen nach seiner Benachrichtigung nach Abs. 4 die Überprüfung der Rechtmäßigkeit der Anordnungen beantragen. Die Akteneinsicht des Beschuldigten richtet sich nach § 147.

19 **Gegenstand der gerichtlichen Kontrolle** ist nach Abs. 5 S. 1 die Überprüfung der Rechtmäßigkeit der Maßnahme, insbesondere, ob zum Zeitpunkt ihrer Anordnung die entsprechenden materiellen und formellen Voraussetzungen vorgelegen haben. Ferner kann auch die Art und Weise ihres Vollzugs zur gerichtlichen Überprüfung gestellt werden.[54] Maßstab für die auf die Kontrolle der Rechtmäßigkeit beschränkte Prüfung ist, ob der Ermittlungsrichter seinen Beurteilungsspielraum bezogen auf den Ermittlungs- und Erkenntnisstand im Zeitpunkt der Zurückstellung der Benachrichtigung gewahrt hat.[55]

20 **Vor Anklageerhebung** ist das die Maßnahme anordnende Gericht zuständig. Ist die **öffentliche Klage erhoben** und der Angeklagte benachrichtigt worden, geht nach Abs. 5 S. 3 die Zuständigkeit auf das Gericht der Hauptsache über. **Nach rechtskräftigem Abschluss** des Strafverfahrens ist für die Gewährung nachträglichen Rechtsschutzes das Gericht zuständig, das die Maßnahme angeordnet hat.[56] Die Zuständigkeit des erkennenden Gerichts gemäß Abs. 5 S. 3 ist auch dann gegeben, wenn ein Ermittlungsverfahren zunächst gegen mehrere Personen geführt, Anklage aber nicht gegen alle Beschuldigte erhoben wird, und sich ein nicht angeklagter Beschuldigter als Antragsteller im Verfahren nach Abs. 5 S. 1 gegen eine Maßnahme im Sinne des § 95a wendet, die in dem ursprünglich gemeinsam geführten Ermittlungsverfahren auch gegen die angeklagten Beschuldigten, insbesondere bei Mitgewahrsam, angeordnet worden ist.[57]

21 Gegen die gerichtliche Entscheidung ist nach Abs. 5 S. 2 die **sofortige Beschwerde** (§ 311) statthaft. Zuständig für die Entscheidung über eine sofortige Beschwerde gegen eine Feststellungsentscheidung des mit der Sache befassten Gerichts ist das Beschwerdegericht

---

50 BT-Drs. 19/27654, 66.
51 BVerfG 20.12.2018 – 2 BvR 2377/16, NStZ-RR 2019, 89; vgl. auch BT-Drs. 19/27654, 66.
52 Vgl. BT-Drs. 16/5846, 2 f., 62.
53 BT-Drs. 19/27654, 65.
54 BGH 11.3.2010 – StB 16/09, BeckRS 2010, 13121.
55 BGH 11.8.2016 – StB 12/16, NStZ-RR 2016, 346.
56 OLG Koblenz 19.5.2010 – 1 AR 19/10, BeckRS 2010, 13361.
57 Vgl. BGH 29.10.2009 – StB 20/09, NStZ 2010, 225.

und nicht das Gericht, das über ein Rechtsmittel gegen die das Verfahren abschließende Entscheidung zu befinden hat.[58]

Die Entscheidung des Anordnungs- bzw. Beschwerdegerichts über die Rechtmäßigkeit der Anordnung der Maßnahme sowie der Art und Weise ihres Vollzugs beinhaltet **keine Entscheidung über die Verwertbarkeit** der hierdurch gewonnenen Beweismittel und ist für das im Hauptverfahren erkennende Gericht auch nicht präjudizierend.[59] 22

2. Revision. Verstöße gegen § 95a sind grds. in der Revision nur mit der **Verfahrensrüge** angreifbar, wobei im Rahmen der Revisionsbegründung konkret darzulegen wäre, dass das Urteil auf einer Verletzung der Informationspflicht beruhen kann. 23

§ 96 Amtliche verwahrte Schriftstücke

[1]Die Vorlegung oder Auslieferung von Akten oder anderen in amtlicher Verwahrung befindlichen Schriftstücken durch Behörden und öffentliche Beamte darf nicht gefordert werden, wenn deren oberste Dienstbehörde erklärt, daß das Bekanntwerden des Inhalts dieser Akten oder Schriftstücke dem Wohl des Bundes oder eines deutschen Landes Nachteile bereiten würde. [2]Satz 1 gilt entsprechend für Akten und sonstige Schriftstücke, die sich im Gewahrsam eines Mitglieds des Bundestages oder eines Landtages beziehungsweise eines Angestellten einer Fraktion des Bundestages oder eines Landtages befinden, wenn die für die Erteilung einer Aussagegenehmigung zuständige Stelle eine solche Erklärung abgegeben hat.

Schrifttum: Arloth, Neue Wege zur Lösung des strafprozessualen „V-Mann-Problems", NStZ 1993, 467; Barczak, Der verdeckte Einsatz ausländischer Polizisten in Deutschland – Rechtsrahmen, Rechtsprobleme und Reformbedarf, StV 2012, 182; Brandt, Das Bundesamt für Verfassungsschutz und das strafprozessuale Ermittlungsverfahren, 2015; Detter, Einige Gedanken zu audiovisueller Vernehmung, V-Mann in der Hauptverhandlung und der Entscheidung des Bundesgerichtshofs in der Sache El Motassadeq, StV 2006, 544; Droste, Handbuch des Verfassungsschutzrechts, 2007; Eisenberg, Beschlagnahme von Akten der Jugendgerichtshilfe durch das Jugendgericht, NStZ 1986, 308; Ellbogen, Anfechtung der behördlichen Verweigerung einer Aussagegenehmigung durch die Staatsanwaltschaft?, NStZ 2007, 310; Fezer, Zur Problematik des gerichtlichen Rechtsschutzes bei Sperrerklärungen gemäß § 96 StPO, FS Kleinknecht, 1985, 113; Fezer, Anfechtung einer Sperrerklärung des Innenministers und Aussetzung der Hauptverhandlung, JuS 1987, 358; Gaede, Die besonders wichtige Beweiswürdigung bei der exekutiven Sperrung von Beweismaterial im Konflikt mit dem Offenlegungsanspruch des Art. 6 Abs. 1 1 EMRK – Zugleich Besprechung von BGH – 3 StR 218/03 – vom 4.3.2004, StraFo 2004, 195; Gaede, Schranken des fairen Verfahrens gemäß Art. 6 EMRK bei der Sperrung verteidigungsrelevanter Informationen und Zeugen, StV 2006, 599; Gaede, Fairness als Teilhabe – Das Recht auf konkrete und wirksame Teilhabe durch Verteidigung gemäß Art. 6 EMRK, 2007; Gazeas, Übermittlung nachrichtendienstlicher Erkenntnisse an Strafverfolgungsbehörden, 2014; Gomolla, Der Schutz des Zeugen im Strafprozess, 1986; Haas, V-Leute im Ermittlungs- und Hauptverfahren, 1986; Hilgendorf, Zur Zulässigkeit der Beschlagnahme von Behördenakten im Strafverfahren, JZ 1993, 368; Hilger, Zum Rechtsweg gegen Sperrerklärungen und Verweigern der Aussagegenehmigung in V-Mann-Prozessen, NStZ 1984, 145; Hohmann, Zur Frage, ob bei Beschlagnahme von Behördenakten zuvor die Herausgabe des Schriftgutes erfolglos versucht sein muss, zur Durchsicht nach StPO § 110 und zu den Voraussetzungen für eine Beschlagnahme, wistra 2001, 196; Janoschek, Strafprozessuale Durchsuchung und Beschlagnahme bei juristischen Personen des öffentlichen Rechts, 1990; Keller, Polizeiliche Observation und strafprozessuale Wahrheitsforschung, StV 1984, 521; Kramer, Die Beschlagnahmefähigkeit von Behördenakten im Strafprozess, NJW 1984, 1502; Krey, Probleme des Zeugenschutzes im Strafverfahrensrecht, GS-Meyer, 1990, 239; Krey, Zur Problematik strafprozessualer verdeckter Ermittlungen ohne Einsatz technischer Mittel im Kampf gegen die Organisierte Kriminalität, FS Miyazawa, 1995, 595; Laue, Der staatliche Strafanspruch in Abhängigkeit von verwaltungsrechtlicher Aufgabenerfüllung?, ZStW 120 (2008), 246; Lesch, V-Mann und Hauptverhandlung – die Drei-Stufen-Theorie nach Einführung der §§ 68 III, 110b III StPO und 172 Nr. 1a GVG, StV 1995, 542; Lisken, Sperrerklärungen im Strafprozess, NJW 1991, 1658; Lüderssen, Zur Unerreichbarkeit des V-Mannes, FS Klug, 1983, 527; Müller, Fairer Prozess und in dubio pro reo bei Zurückhaltung von Beweismaterial – Das El-Moutassadeq-Urteil des BGH, JZ 2004, 926; Reiß, Beschlagnahmebefugnis der Strafgerichte gegenüber Strafgericht und Auslieferungs- und Auskunftspflichten der Behörden gegenüber Behörden und Staatsanwaltschaften im Strafverfahren, StV 1988, 31; Schneider, Die Pflicht der Behörden zur Aktenvorlage

[58] OLG Celle 20.12.2016 – 1 Ws 604/16, BeckRS 2016, 114347.
[59] Vgl. BGH 8.10.2008 – StB 12–15/08, NStZ 2009, 104.

im Strafprozess, 1970; Soiné, Erkenntnisverwertung von Informanten und V-Personen der Nachrichtendienste in Strafverfahren, NStZ 2007, 247; Soiné, Zulässigkeit und Grenzen heimlicher Informationsbeschaffung durch Vertrauensleute der Nachrichtendienste, NStZ 2013, 83; Taschke, Die behördliche Zurückhaltung von Beweismitteln im Strafprozess, 1989; Taschke, Zur verwaltungsgerichtlichen Überprüfung der Rechtmäßigkeit eines Sperrvermerkes nach § 96 StPO, StV 1986, 54; Uhlig, Anspruch der Polizei: Herrin des Strafverfahrens? Probleme der rechtsstaatlichen Entwicklung im Verhältnis der Polizei als Mitwirkende an der Strafverfolgung, StV 1986, 117; Velten, Befugnisse der Ermittlungsbehörden zu Information und Geheimhaltung, 1995; Warg, Der Begriff der Akte und ihre Vorlage im Strafverfahren, NJW 2015, 3195; Warg, Die Grenzen parlamentarischer Kontrolle am Beispiel des Staatswohls, NVwZ 2014, 1263; Zaczyk, Prozesssubjekte oder Störer? Die Strafprozessordnung nach dem OrgKG – dargestellt an der Regelung des Verdeckten Ermittlers, StV 1993, 490.

Übersicht

I. Überblick

1 **1. Normzweck.** Die Vorschrift begrenzt die Aktenvorlagepflicht (Amtshilfepflicht, Art. 35 Abs. 1 GG) staatlicher Behörden[1] und steht in einem inneren Zusammenhang mit den §§ 54, 161 und im Ergebnis auch mit § 199 Abs. 2 S. 2. §§ 94–96 sind jedoch nicht als Vorschriften zu verstehen, die lediglich die allgemeine Pflicht zur gegenseitigen Rechts- und Amtshilfe konkretisieren. §§ 94 ff. verleihen den Ermittlungsbehörden im Gegensatz zu § 161 besondere Eingriffsbefugnisse.[2] Die Beschlagnahme, Vorlegung oder Auslieferung von Akten oder anderen in amtlicher Verwahrung befindlichen Schriftstücken ist unzulässig, wenn eine wirksame Sperrerklärung abgegeben wird.[3] Durch eine Sperrerklärung nach § 96 können bspw. Vertrauenspersonen der Strafverfolgungsbehörden geschützt und die Mitteilung ihrer wahren Identität von der Vorlagepflicht ausgenommen werden (vgl. → § 199 Rn. 32).[4] Die Norm stellt für das Strafverfahren ein Beweisverbot auf und dient dem Zweck, das Dienstgeheimnis auch im Strafverfahren in engen Grenzen zu schützen.[5] Ein Verstoß gegen das Prinzip der Gewaltenteilung ist darin nicht zu sehen, denn dieses schließt nicht aus, dass Geheimhaltungsinteressen der Exekutive oder Legislative unter bestimmten Voraussetzungen Vorrang vor dem Interesse an der strafprozessualen Wahrheitsfindung haben.[6]

1 VGH Kassel 29.5.2013 – 8 B 1005/13, 8 D 1006/13, StraFo 2013, 330; Gercke in Gercke/Julius/Temming/Zöller Rn. 1.

2 BayObLG 6.8.2020 – 1 VA 33/20, ZD 2021, 40.

3 BGH 18.3.1992 – 1 BGs 90/92, BGHSt 38, 237 = NJW 1992, 1973; OLG Jena 20.11.2000 – 1 Ws 313/00, NJW 2001, 1290; Hilgendorf JZ 1993, 368; Hohmann wistra 2001, 196; Kramer NJW 1984, 1502 (1504); Janoschek Durchsuchung S. 94; Joecks in Radtke/Hohmann Rn. 3; Lisken NJW 1991, 1658 (1658 ff.); Reiß StV 1988, 31; Velten Befugnisse 1995.

4 Schneider in KK-StPO § 199 Rn. 11.

5 BVerfG 26.5.1981 – 2 BvR 215/81, BVerfGE 57, 250 (282) = NJW 1981, 1719; 17.7.1984 – 2 BvE 11/83 u. 2 BvE 15/83, NStZ 1984, 515 (517); 29.3.2007 – 2 BvR 197/07, juris = BeckRS 2007, 23976; BGH 18.3.1992 – 1 BGs 90/92 – 2 BJs 186/91-5, BGHSt 38, 237 (239 ff.) = NJW 1992, 1973; BGH 24.6.1998 – 5 AR (VS) 1/98, BGHSt 44, 107 (116) = NJW 1998, 3577; 16.1.2001 – 1 StR 523/00, NStZ 2001, 333; OLG Jena 20.11.2000 – 1 Ws 313/00, NJW 2001, 1290; Menges in Löwe/Rosenberg Rn. 1; Gercke in Gercke/Julius/Temming/Zöller Rn. 1.

6 BVerfG 26.5.1981 – 2 BvR 215/81, BVerfGE 57, 250 (284) = NJW 1981, 1719; Wohlers/Greco in SK-StPO Rn. 2; Gercke in Gercke/Julius/Temming/Zöller Rn. 1; Janoschek Durchsuchung S. 101.

2. Anwendungsbereich. § 96 beschränkt die Beschlagnahme nach § 94, die nach § 95 bestehende **Herausgabepflicht** sowie die Aktenvorlage- bzw. Amtshilfepflicht[7] staatlicher Stellen gegenüber der Strafjustiz (Art. 35 Abs. 1 GG, § 161), wenn die oberste Dienstbehörde erklärt, dass das Bekanntwerden des Inhalts dieser Schriftstücke dem Wohl des Bundes oder eines deutschen Landes Nachteile bereiten würde.[8] Entsprechend ist die Vorschrift bei **Auskunftsersuchen,** etwa auf das vom Gericht an die Behörde gerichtete Ersuchen um Mitteilung des Namens und der ladungsfähigen Anschrift des geheim gehaltenen Zeugen anzuwenden.[9] § 96 regelt unmittelbar nur den Fall, dass eine Strafverfolgungsbehörde Beweismittel einer anderen Behörde beiziehen will. Eine Sperrerklärung ist jedoch entsprechend § 96 auch zulässig bezüglich der zu den Akten eines Ermittlungsverfahrens bei der Staatsanwaltschaft gelangten Informationen. Das gilt insbesondere für Vertraulichkeitszusagen, insbesondere geheim gehaltene Personalien, die Erkenntnisse Verdeckter Ermittler bzw. Spurenakten. Der Schutz von Informationsquellen und von V-Leuten dient nicht nur den Interessen der betroffenen Personen, sondern hat auch für die Arbeitsweise und Funktionsfähigkeit der Nachrichtendienste erhebliche Bedeutung. Werden Informationen über V-Leute und sonstige verdeckte Quellen herausgegeben, schwächt dies das Vertrauen in die Wirksamkeit von Geheimhaltungszusagen.[10] Zuständig für die Sperrerklärung ist dann die der Staatsanwaltschaft vorgesetzte oberste Dienstbehörde. Entsprechendes gilt für beigezogene Akten, zuständig für die Sperrerklärung ist hier die Behörde, der die Akten sachlich zustehen.[11] 2

3. Weitere gesetzliche Einschränkungen. Die (bloße) **Vertraulichkeitsbitte** einer aktenführenden Stelle, die ihre Akten nicht gemäß § 96 für das Strafverfahren sperren lässt, ist für das Gericht grundsätzlich unbeachtlich.[12] So darf das Gericht einen Beweisantrag auf Vernehmung eines unbekannten Informanten nicht mit der Begründung ablehnen, der Informant könne nicht identifiziert werden, weil die Staatsanwaltschaft ihm Vertraulichkeit zugesichert habe.[13] Die **Zusicherung der Vertraulichkeit** bindet in erster Linie die Staatsanwaltschaft und die Polizei.[14] In anderen Fällen der seitens der Ermittlungsbehörden bzw. Nachrichtendienste geäußerten Bitte um vertrauliche Behandlung ist zu differenzieren: Übersenden bspw. Nachrichtendienste der Staatsanwaltschaft Unterlagen oder Akten auf Anforderung oder unaufgefordert zur Auswertung mit der schlichten Bitte um „vertrauliche Behandlung", bleibt es grundsätzlich für die Staatsanwaltschaft bei der Vorlagepflicht nach § 199 Abs. 2 S. 2, insbesondere dann, wenn ihr Inhalt von schuld- oder rechtsfolgenrelevanter Bedeutung sein kann.[15] In diesen Fällen ist die Verpflichtung zur Vorlage jedenfalls geboten, wenn es sich um für den Beschuldigten entlastende Informationen handelt. Will die informationsgebende Behörde eine Vorlage solcher Unterlagen bei Gericht bzw. eine Akteneinsicht verhindern, muss sie auf eine Sperrerklärung nach § 96 hinwirken. In der Regel ist es zweckdienlich, wenn bereits die Staatsanwaltschaft im Ermittlungsverfahren bei vertraulicher Aktenübersendung Klarheit über die Abgabe einer Sperrerklärung herbeiführt (vgl. zur Zusammenarbeit der Staatsanwaltschaft mit dem Bundesamt für Verfassungsschutz 3

---

7 BGH 17.10.1983 – GSSt 1/83, BGHSt 32, 115 (124) = NJW 1984, 247; Krey GS Meyer, 1990, 255; Schneider Die Pflicht der Behörden S. 41 ff.; Wohlers/Greco in SK-StPO Rn. 1.

8 BGH 24.6.1998 – 5 AR (VS) 1/98, BGHSt 44, 107 (116) = NJW 1998, 3577; Köhler in Meyer-Goßner/Schmitt Rn. 1; Taschke Zurückhaltung von Beweismitteln S. 70.

9 BVerfG 26.5.1981 – 2 BvR 215/81, BVerfGE 57, 250 (282) = NJW 1981, 1719; BGH 17.2.1981 – 5 StR 21/81, BGHSt 30, 34 (36) = NJW 1981, 1052; BayObLG 6.8.2020 – 1 VA 33/20, ZD 2021, 40; OLG Stuttgart 2.4.1986 – 4 VAs 9/86, Justiz 1986, 304.

10 BVerfG 13.6.2017 – 2 BvE 1/15, NVwZ 2017, 1364; 16.12.2020 – 2 BvE 4/18, BeckRS 2020, 40468.

11 Menges in Löwe/Rosenberg Rn. 98 ff.

12 BGH 7.3.1996 – 1 StR 688/95, NJW 1996, 2171.

13 BGH 3.11.1987 – 5 StR 579/87, NStZ 1988, 563.

14 Zu den Voraussetzungen und dem Verfahren für die Zusicherung der Vertraulichkeit/Geheimhaltung sind „Gemeinsame Richtlinien" der Justiz- und Innenminister der Länder ergangen (RiStBV Anl. D) und in der Mehrzahl der Länder in Kraft gesetzt.

15 Vgl. hierzu auch BVerfG 12.1.1983 – 2 BvR 864/81, NJW 1983, 1043; BGH 26.5.1981 – 1 StR 48/81, NJW 1981, 2267; Warg NJW 2015, 3195 (3196).

und den Landesbehörden für Verfassungsschutz auch Nr. 205 RiStBV).[16] Das gilt grundsätzlich auch für den Fall, dass eine Information mit dem Hinweis **„nicht gerichtsverwertbar"** an die Staatsanwaltschaft übermittelt wurde (vgl. hierzu aber bspw. §§ 19 ff. BVerfSchG: Die übermittelten, mit zuvor nachrichtendienstlichen Mitteln erhobenen Informationen und Daten können danach ggf. einer zu beachtenden Zweckbindung unterstehen. Die jeweilige Empfängerbehörde darf die ihr übermittelten Daten dann auch nur zu dem bei der Übermittlung angegebenen Zweck verwenden.)[17] Für die Vorlage von Unterlagen durch Behörden können sich weitere Grenzen aus dem Verhältnismäßigkeitsgrundsatz ergeben sowie aus dem nemo-tenetur-Grundsatz und aus gesetzlichen Vorschriften (vgl. → Rn. 3a). Da das Herausgabeverlangen in diesen Fällen unzulässig ist, bedarf es keiner gesonderten Sperrerklärung. Ein privatrechtlich wirkendes **Bankgeheimnis** begrenzt hingegen nicht die Herausgabe im Rahmen strafrechtlicher Ermittlungen.[18] Die im Strafprozess durch §§ 95, 96 geregelte Aktenanforderung und Sperrung wird im Verfahren des **Untersuchungsausschusses** durch § 18 Abs. 2 PUAG modifiziert.[19]

3a Eine grundlegende Einschränkung der Vorlagepflicht von Unterlagen an das erkennende Gericht (§ 199 Abs. 2 S. 2) kann sich auch aus **gesetzlichen Geheimhaltungspflichten (zB § 30 AO)**[20] **oder Übermittlungsverboten,** etwa aus den Verfassungsschutzgesetzen des Bundes **(§ 23 BVerfSchG)** und der Länder (bspw. § 15 LVerfSchG Rheinland-Pfalz; § 23 HVSG), ergeben. So betrifft § 23 Nr. 2 BVerfSchG „besondere Sicherheitsinteressen" und damit insbesondere den Quellenschutz, den Schutz operativer Maßnahmen und sonstige Geheimhaltungsgründe, und berechtigt die Nachrichtendienste, die Herausgabe von Informationen zu verweigern.[21] Über RiStBV Nr. 205 Abs. 4[22] erstreckt sich der Anwendungsbereich des § 23 BVerfSchG und damit die Frage der Aktenvorlagepflicht auch auf die Staatsanwaltschaften. Im Fall einer dennoch erfolgten unzulässigen Übermittlung solcher personenbezogenen Erkenntnisse ist die empfangende Behörde, etwa die Polizei oder die Staatsanwaltschaft, an einer Nutzung dieser Daten gehindert.[23] Eine spätere Verwendung dieser Informationen im Ermittlungs- und Strafverfahren und eine Aktenvorlage iSd § 199 Abs. 2 ist – soweit keine Freigabe erfolgt – nicht zulässig.[24] Mangels grundsätzlicher Auskunfts- und Vorlagepflicht der von gesetzlichen Übermittlungsverboten betroffenen Unterlagen ist in solchen Fällen die zusätzliche Einholung von Sperrerklärungen nach § 96 nicht zwingend notwendig.[25]

II. Erläuterung

4 **1. Akten oder andere in amtlicher Verwahrung befindliche Schriftstücke.** Akten sind Zusammenfassungen von Schriftstücken.[26] Der Begriff Schriftstücke wird über

---

16 Schneider in KK-StPO § 199 Rn. 12; Warg NJW 2015, 3195 (3198); Stuckenberg in Löwe/Rosenberg, 27. Auflage 2018, § 199 Rn. 15.

17 Vgl. näher Bock in Schenke/Graulich/Ruthig BVerfSchG § 19 Rn. 11, 23.

18 LG Frankfurt a. M. 3.8.1979 – 5/29 AR 10/79, NJW 1980, 1478.

19 BVerfG 17.6.2009 – 2 BvE 3/07, BVerfGE 124, 78 = NVwZ 2009, 1353; BGH 26.3.2009 – 3 ARs 6/09, BGHR PUAG § 17 Beweisantrag 1 (Gründe); Pieper/Spoerhase in Nomos-BR/Pieper/Spoerhase PUAG § 18 Rn. 5. Vgl. hierzu im Übrigen auch BVerfG 16.12.2020 – 2 BvE 4/18, NVwZ 2021, 628.

20 Stuckenberg in Löwe/Rosenberg § 199 Rn. 15; Bock in Schenke/Graulich/Ruthig BVerfSchG § 23 Rn. 9; Joecks in Radtke/Hohmann Rn. 4.

21 Vgl. Lisken/Denninger PolR-HdB Rn. 117c; Bock in Schenke/Graulich/Ruthig BVerfSchG § 23 Rn. 6; Soiné NStZ 2007, 247 (248); sonstige Geheimhaltungsgründe; vgl. Brandt S. 143; Droste S. 554; vgl. zum Geheimhaltungsinteresse beim Einsatz von V-Leuten auch BVerfG 13.6.2017 – 2 BvE 1/15, BVerfGE 146, 1; vgl. zur Zweckbindungsklausel auch Gazeas Übermittlung nachrichtendienstlicher Erkenntnisse S. 385 ff., 462, 467.

22 Vgl. für Bayern hierzu auch Nr. 2.19 Bekanntmachung über die Einführung und Ergänzung der Richtlinien für das Strafverfahren und das Bußgeldverfahren (EBekRiStBV).

23 Bock in Schenke/Graulich/Ruthig BVerfSchG § 23 Rn. 2.

24 Stuckenberg in Löwe/Rosenberg § 199 Rn. 15.

25 Soiné NStZ 2007, 247 (249); S. Rieß FG Hilger, 2003, 177; vgl. Erb in Löwe/Rosenberg § 161 Rn. 81 Allgemeine Ermittlungsbefugnisse der Staatsanwaltschaft.

26 Janoschek Durchsuchung S. 115.

den Wortlaut des § 96 hinaus iSd § 11 Abs. 3 StGB weit ausgelegt. Nach allgemeiner Auffassung wird der Begriff auf andere Beweisgegenstände, wie Ton-, Bild- und sonstige (elektronische) Datenträger, analog angewendet.[27]

Der Aktenbegriff umfasst auch **private Unterlagen, die wegen ihres Inhalts in amtliche Verwahrung genommen wurden.**[28] Dazu gehören Schriftstücke, über die die Behörde in Erfüllung ihrer Aufgaben die tatsächliche Verfügungsgewalt ausübt,[29] unabhängig davon, ob sie bei der Behörde entstanden oder an sie gerichtet sind.[30] Somit gilt § 96 nicht für Testamente, die zur Sicherung bei einer Behörde hinterlegt wurden.[31] Auch sonstige bei Behörden hinterlegte Privaturkunden sind von der Norm nicht umfasst. 5

§ 96 gilt nicht bei **privaten Schriftstücken,** die ein Beamter an seinem Arbeitsplatz verwahrt, es sei denn, dass sie wegen ihres Inhalts in amtliche Verwahrung genommen wurden.[32] Die Verwahrung wird nicht bei Gegenständen aufgehoben, die kurzfristig und vorübergehend Privatpersonen überlassen worden sind.[33] Ist ein **Gegenstand iSd § 96 durch eine Straftat abhandengekommen** und wird er anschließend durch die Strafverfolgungsorgane aufgefunden, ist zunächst der obersten Dienstbehörde die Gelegenheit zur Abgabe einer Sperrerklärung zu geben.[34] Der Gegenstand unterfällt nicht der Beschränkung, wenn er nur als Beweismittel, zB für das Strafverfahren wegen Diebstahls, beschlagnahmt wird.[35] 6

Unter den Aktenbegriff iSd § 96 fallen auch **Dokumente und Ermittlungsakten** der Staatsanwaltschaft oder Ermittlungsvorgänge der Polizei hinsichtlich anderweitiger Verfahren.[36] Soweit Gutachten von Behördenangehörigen zu den verfahrensgegenständlichen Strafakten gegeben worden sind, unterliegen diese nicht der Beschränkung der Vorschrift.[37] 7

Eine **entsprechende Anwendung** des § 96 kommt bei Beweisgegenständen anderer Art, zB ein Videofilm über eine Observation, in Betracht.[38] Bei **Auskunftsverlangen, beispielsweise zu behördlich geheim gehaltenen Zeugen,** wird die Vorschrift ebenfalls analog angewendet, insbesondere wenn § 110b Abs. 3 nicht eingreift[39] bzw. kein gesetzliches Übermittlungsverbot besteht. Im Strafverfahren wird das relevant, wenn das Gericht Auskunft über die Identität geschützter Zeugen verlangt.[40] Auch Akten über die Identität von 8

[27] BVerfG 26.5.1981 – 2 BvR 215/81, BVerfGE 57, 250 (282) = NJW 1981, 1719; BGH 17.10.1983 – GSSt 1/83, BGHSt 32, 115 (123) = NJW 1984, 247; BGH 18.3.1992 – 1 BGs 90/92, 1 BGs 90/92 – 2 BJs 186/91-5, BGHSt 38, 237 (241) = NJW 1992, 1973; OLG Karlsruhe 4.7.2007 – 1 Ss 111/06, NStZ-RR 2008, 315; Eisenberg Beweisrecht StPO Rn. 2337.

[28] Gerhold in BeckOK StPO Rn. 4.

[29] Hartmann/Schmidt, Strafprozessrecht, Rn. 446; Wohlers/Greco in SK-StPO Rn. 14.

[30] Greven in KK-StPO Rn. 5.

[31] Janoschek Durchsuchung S. 118; Wohlers/Greco in SK-StPO Rn. 15.

[32] Greven in KK-StPO Rn. 5.

[33] Köhler in Meyer-Goßner/Schmitt Rn. 4.

[34] Joecks in Radtke/Hohmann Rn. 7; Wohlers/Greco in SK-StPO Rn. 16.

[35] Eisenberg Beweisrecht StPO Rn. 2337.

[36] OLG Frankfurt a. M. 8.10.1981 – 3 Ws 616/81, NJW 1982, 1408; OLG München 19.4.2005 – 6 St 1/05, NStZ 2005, 706 (707).

[37] BGH 29.5.1963 – 6 BJs 497/62 – StB 5/63, BGHSt 18, 369 (370) = JZ 1963, 607; OLG Hamburg 7.12.1983 – VAs 15/83, StV 1984, 11; Wohlers/Greco in SK-StPO Rn. 11.

[38] OLG Karlsruhe 4.7.2007 – 1 Ss 111/06, NStZ-RR 2008, 315.

[39] BVerfG 26.5.1981 – 2 BvR 215/81, BVerfGE 57, 250 (282) = NJW 1981, 1719; 29.3.2007 – 2 BvR 197/07, juris = BeckRS 2007, 23976; BGH 17.2.1981 – 5 StR 21/81, BGHSt 30, 34 (36) = NJW 1981, 1052; 24.6.1998 – 5 AR (VS) 1/98, BGHSt 44, 107 (116) = NStZ 1999, 40; OLG Hamburg 7.12.1983 – VAs 15/83, StV 1984, 11 (12); OLG Hamm 18.8.1988 – 1 VAs 1/88, NStZ 1990, 44 (45); OLG Stuttgart 23.7.1990 – 4 VAs 21/90, NJW 1991, 1071 mAnm Arloth NStZ 1992, 96; Fezer JZ 1996, 602 (609).

[40] BGH 29.10.1980 – 3 StR 335/80, BGHSt 29, 390 (393) = NJW 1981, 355; 17.2.1981 – 5 StR 21/81, BGHSt 30, 34 = NJW 1981, 1052; 1.7.1983 – 1 StR 138/83, BGHSt 32, 32 (37) = NJW 1984, 1973; 16.4.1985 – 5 StR 718/84, BGHSt 33, 178 = NJW 1985, 1789; 3.11.1987 – 5 StR 579/87, NStZ 1988, 563; 20.11.1990 – 1 StR 562/90, NJW 1991, 646; OLG Celle 9.9.1983 – 3 VAs 9/83, NStZ 1983, 570; OLG Frankfurt a. M. 5.10.1982 – 3 VAs 46/82, NStZ 1983, 231; OLG Hamm 26.8.1985 – 1 VAs 74/84, NStZ 1985, 566, siehe auch Wohlers/Greco in SK-StPO Rn. 5 Fn. 18; Janoschek Durchsuchung S. 105 ff.; Taschke Zurückhaltung von Beweismitteln S. 72 ff.; Detter StV 2006, 545; Haas V-Leute S. 197; Krey GS Meyer, 1990, 239 (256); Franzheim JR 1981, 348.

nicht offen ermittelnden Beamten, Verdeckten Ermittlern und Vertrauenspersonen (V-Personen),[41] die in Akten der Polizei oder eines Nachrichtendienstes[42] geführt werden, unterfallen aus den Rechtsgedanken der § 110b Abs. 1 S. 1, § 101 Abs. 2 der Vorschrift § 96.[43] Eine Anwendung der weitergehenden Gründe des § 68 Abs. 1 BBG und des § 37 Abs. 4 S. 1 BeamtStG ist im Hinblick auf das Strafverfolgungsinteresse unzulässig. Die Versagung einer **Aussagegenehmigung** muss bei behördlichen Zeugen nach § 68 Abs. 3 BBG bzw. entsprechenden Bestimmungen in den Landesbeamtengesetzen von der jeweils obersten Dienstbehörde erklärt werden.[44]

9 § 96 stellt keine unmittelbare Rechtsgrundlage dafür dar, **während oder nach Abschluss des Strafverfahrens bzw. nach Einstellung des Verfahrens** dem Beschuldigten oder der Verteidigung **Akteneinsicht** zu verweigern, denn die Norm dient dazu, eine Herausgabe und (nach erfolgter Herausgabe) Verwertung als Beweismittel im Ermittlungs- und Strafverfahren zu sperren.[45] Das bedeutet jedoch nicht, dass auch nach Abschluss des Strafverfahrens bzw. nach Einstellung des Ermittlungsverfahrens Aktenbestandteile etwa aus Gründen des Quellenschutzes nicht nach § 96 (nachträglich) gesperrt und damit der Akteneinsicht entzogen werden können.[46] Die Geheimhaltungsinteressen der Exekutive oder Legislative haben, soweit die Voraussetzungen des § 96 vorliegen, **Vorrang in jedem Stadium des Verfahrens.** Hierfür spricht der Wortlaut der Norm, die im Übrigen keine Ausnahme von der Sperrmöglichkeit für bestimmte Behörden vorsieht. Die Staatsanwaltschaft darf sich „wegen der meist andersartigen Ressortzugehörigkeit der informationsgebenden Behörde wegen der verfassungsrechtlich garantierten exklusiven Ressortzuständigkeit" nicht über die von der obersten Dienstbehörde der Ursprungsbehörde geltend gemachten Staatswohlbelange hinwegsetzen.[47] Zu berücksichtigten ist in diesem Zusammenhang auch, dass die Einstellung des Verfahrens grundsätzlich als Zäsur bzw. Ausschlusskriterium für eine Sperrung nach § 96 auch deshalb ausscheidet, da unter bestimmten Umständen nach § 170 Abs. 2 eingestellte Ermittlungsverfahren jederzeit auch wieder aufgenommen und fortgesetzt werden können. Im Ergebnis hat das zur Folge, dass Akteneinsicht in ein eingestelltes Ermittlungsverfahren nach Sperrung bestimmter Unterlagen bzw. Informationen grundsätzlich nur eingeschränkt gewährt werden kann. Das kann zB in der Form erfolgen, dass die nach § 96 gesperrten Informationen vorher unkenntlich gemacht bzw. „geschwärzt" werden. Will der Beschuldigte oder die Verteidigung in diesen Fällen dennoch vollständig Akteneinsicht auch in die gesperrten Unterlagen nehmen, so ist zunächst eine erfolgreiche Anfechtung der Sperrerklärung erforderlich (vgl. → Rn. 19). § 96 kann ferner analog bei Akteneinsichtsgesuchen am Verfahren nicht Beteiligter angewendet werden.[48]

10 **2. Berechtigte.** Zu den Berechtigten zählen Behörden und öffentliche Beamte. **Behörden** (vgl. auch § 256 Abs. 1 S. 1a) sind nach öffentlichem Recht eingerichtete, mit der Erfüllung öffentlicher Aufgaben betraute Stellen des Staates oder eines anderen Trägers öffentlicher Verwaltung, die in ihrem Bestand von den jeweils leitenden Beamten unabhän-

---

41 Vgl. zu den Voraussetzungen die gemeinsame Richtlinie der Justizminister/-senatoren und der Innenminister/-senatoren über den Einsatz von Vertrauenspersonen (V-Personen) und Verdeckten Ermittlern im Rahmen der Strafverfolgung (Anlage D der RiStBV).

42 Vgl. auch Soiné NStZ 2013, 83.

43 BVerfG 26.5.1981 – 2 BvR 215/81, BVerfGE 57, 250 = NJW 1981, 1719; BGH 26.7.2011 – 1 StR 297/11, StV 2012, 5.

44 Köhler in Meyer-Goßner/Schmitt Rn. 12.

45 Greven in KK-StPO Rn. 9; Schäfer MDR 1984, 454 (455).

46 OLG Hamm 5.5.1983 – 7 VAs 16/82, NJW 1984, 880; Menges in Löwe-Rosenberg § 96 Rn. 82; Köhler in Meyer-Goßner/Schmitt Rn. 11; aA wohl Greven in KK-StPO Rn. 9.

47 Warg NJW 2015, 3195 (3199); vgl. zur Akteneinsicht und Geheimnisschutz im Strafverfahren auch Taschke CR 1989, 299.

48 BGH 29.5.1963 – 6 BJs 497/62 – StB 5/63, BGHSt 18, 369 (370) = JZ 1963, 607 zustimmend Arndt JZ 1963, 609; Hohmann wistra 2001, 196 (197); Wohlers/Greco in SK-StPO Rn. 6; Gercke in Gercke/Julius/Temming/Zöller Rn. 4; Greven in KK-StPO Rn. 9.

gig sind.[49] Dazu zählen auch Gerichte (§ 11 Abs. 1 Nr. 7 StGB) und Beliehene.[50] Rein privatrechtlich organisierte Unternehmen des Staates und Kirchen sind nicht Berechtigte iSd Vorschrift.[51] Es werden nur Behörden im Geltungsbereich der StPO und Auslandsvertretungen der Bundesrepublik Deutschland von der Vorschrift erfasst.[52] Nicht erforderlich ist, dass die Behörden obrigkeitliche Befugnisse haben.[53] **Öffentliche Beamte** sind solche, die für sich allein eine Behörde bilden. Sie müssen eine behördenähnliche Funktion haben.[54]

§ 96 gilt für die **Polizei** nur, wenn sie in Erfüllung präventiver und nicht repressiver Aufgaben tätig wird.[55] Im letzteren Fall erfolgt die Herausgabe der Akten an die Staatsanwaltschaft nach § 163 Abs. 2.[56] Bei einer Gemengelage kommt es darauf an, wo der Schwerpunkt der Tätigkeit liegt.[57] Akten der Strafverfolgungsbehörden dürfen gegenüber einem erkennenden Gericht lediglich dann mittels einer Sperrerklärung nach § 96 zurückgehalten werden, wenn sie ein anderes rechtshängiges Verfahren betreffen.[58] Für die in Satz 2 genannten **gesetzgebenden Körperschaften** gilt Satz 1 entsprechend.[59] Andere Verwaltungsorgane (zB Stadtverordnetenversammlung, Gemeinderäte und Kreistage) werden, so der Umkehrschluss aus S. 2, von der Vorschrift nicht erfasst.[60] 11

3. Abgabe der Sperrerklärung. Für die Abgabe einer Sperrerklärung iSd § 96 ist die oberste Dienstbehörde **zuständig.** Das ist grds. der zuständige Fachminister als oberste Aufsichtsbehörde,[61] für Kommunen der Innenminister.[62] Für das Parlament gibt dessen Präsident die Sperrerklärung ab.[63] Bei der Polizei und den Verfassungsschutzbehörden ist der Innenminister (-senator) bei Auskunft über Namen und Anschriften polizeilich geheim gehaltener V-Personen zuständig.[64] Für die Staatsanwaltschaft erfolgt die Sperrerklärung durch den Justizminister/-senator.[65] Die oberste Dienstbehörde kann diese Aufgabe bei häufig vorkommenden, gleich gelagerten Fällen an einen Beamten delegieren, der berechtigt ist, das Ministerium nach außen zu vertreten.[66] Die Sperrerklärung ist allein von der Behörde einzuholen, welche die Schriftstücke verwahrt, nicht jedoch von den Ermittlungsbehörden oder dem mit der Sache befassten Gericht.[67] 12

4. Voraussetzungen der Sperrerklärung. Allein die Tatsache der Einstufung eines Teils der vom Gericht angeforderten Unterlagen als Verschlusssache ist ohne Bedeutung. Vielmehr kommt es darauf an, ob sich nach den materiellen Maßstäben des § 99 Abs. 1 13

---

49 BVerfG 14.7.1959 – 2 BvF 1/58, BVerfGE 10, 20 (48) = DÖV 1959, 690; Janoschek Durchsuchung S. 108 ff.

50 Janoschek Durchsuchung S. 111.

51 Schneider Die Pflicht der Behörden S. 59 ff.; Gercke in Gercke/Julius/Temming/Zöller Rn. 6.

52 Greven in KK-StPO Rn. 3.

53 BGH 20.9.1957 – V ZB 19/57, BGHZ 25, 188 = NJW 1957, 1673.

54 Joecks in Radtke/Hohmann Rn. 9; Wohlers/Greco in SK-StPO Rn. 8.

55 Zum verdeckten Einsatz ausländischer Polizisten vgl. Barczak StV 2012, 182.

56 OLG Hamburg 7.12.1983 – VAs 15/83, StV 1984, 11 (11 f.); Keller StV 1984, 521 (525 f.); Taschke Zurückhaltung von Beweismitteln S. 78 ff.; 100 ff.; Taschke StV 1986, 54 (55 f.); Uhlig StV 1986, 117 (118 f.).

57 BGH 16.2.1995 – 4 StR 733/94, BGHSt 41, 36 = NJW 1995, 2569; Greven in KK-StPO Rn. 3.

58 OLG Frankfurt a. M. 8.10.1981 – 3 Ws 616/81, NJW 1982, 1408 (1409); OLG München 19.4.2005 – 5 St 1/05, NStZ 2005, 706 (707).

59 Vgl. auch BGH 23.3.1965 – 1 StR 549/64, BGHSt 20, 189 = NJW 1965, 922.

60 Joecks in Radtke/Hohmann Rn. 11; Wohlers/Greco in SK-StPO Rn. 13.

61 BGH 17.2.1981 – 5 StR 21/81, BGHSt 30, 34 (36) = NJW 1981, 1052; vgl. bei der Verwertung von Erkenntnissen aus G-10-Maßnahme im Strafprozess: BGH 3.5.2017 – 3 StR 498/16, ZD 2018, 488.

62 BGH 26.4.1989 – 3 StR 52/89, NJW 1989, 3294.

63 BGH 23.3.1965 – 1 StR 549/64, BGHSt 20, 189 = NJW 1965, 922.

64 BGH 16.2.1995 – 4 StR 733/94, BGHSt 41, 36 = NJW 1995, 2569 mAnm Gössel NStZ 1996, 287; BGH 3.5.2017 3 – StR 498/16, BeckRS 2017, 118228.

65 BGH 28.10.1987 – 2 StR 545/87, StV 1988, 45 (46); Arloth NStZ 1992, 96; Schäfer NStZ 1990, 46.

66 Vgl. auch BVerfG 26.5.1981 – 2 BvR 215/81, BVerfGE 57, 250 (289) = NJW 1981, 1719; BGH 23.3.1965 – 1 StR 549/64, BGHSt 20, 189 = NJW 1965, 922; 3.11.1987 – 5 StR 579/87, BGHSt 35, 82 (86) = NJW 1988, 2187; Wohlers/Greco in SK-StPO Rn. 19; zur Übertragung auf eine nachgeordnete Behörde vgl. BGH 2.7.1996 – 1 StR 314/96, BGHSt 42, 175 = NJW 1996, 2738.

67 LG Darmstadt 7.10.1988 – 9 Qs 691/88, NStZ 1989, 86 (87).

S. 2 VwGO eine Geheimhaltungsbedürftigkeit ergibt, ob also der Grund für die Einstufung als Verschlusssache noch fortbesteht.[68] Der Erlass einer Sperrerklärung setzt somit das Vorliegen einer Gefahr von **Nachteilen** für das **Wohl des Bundes** oder eines **deutschen Landes** (nicht dagegen einer Gemeinde) voraus.[69] Das kommt bei Staatsgeheimnissen (unabhängig davon, ob das Bekanntwerden Menschenleben gefährden könnte),[70] Beeinträchtigungen verfassungsgemäß legitimierter staatlicher Aufgaben sowie bei repressiven und präventiven Belangen des Strafrechts in Betracht.[71] Handelt es sich um **Informationen,** die deutschen Sicherheitsbehörden aufgrund internationaler Zusammenarbeit **von ausländischen Sicherheitsbehörden** zur Verfügung gestellt worden sind, kann ein Nachteil für das Wohl des Bundes gegeben sein, wenn die Bekanntgabe des Akteninhalts an Dritte **unter Missachtung einer zugesagten oder vorausgesetzten Vertraulichkeit** die künftige Erfüllung der Aufgaben der Sicherheitsbehörden einschließlich deren Zusammenarbeit mit anderen Behörden, zumal mit Nachrichtendiensten anderer Staaten, erschweren würde.[72] Für das Vorliegen derartiger spezifischer Umstände, die die Erteilung und Wahrung einer unbeschränkten Vertraulichkeitszusage rechtfertigen, bedarf es einer besonderen vorherigen Begründung.[73] Die Sperrung kann nicht per se mit dem Schutz der Aufklärung anderer gewichtiger Straftaten begründet werden.[74] Bei Verfassungsschutzakten ist zu beachten, dass sie im Rahmen des § 96 nicht schon wegen ihres Wesens geheimhaltungsbedürftig sind, sondern dass eine konkrete Gefahr vorliegen muss.[75] Die Verhütung bevorstehender schwerwiegender Straftaten kann die Geheimhaltung rechtfertigen.[76] Das Steuergeheimnis nach § 30 AO[77] und der Schutz der Intimsphäre eines Bürgers durch Aktenübersendung[78] werden ebenfalls von den öffentlichen Belangen iSd § 96 umfasst.

14 Die bloße Beeinträchtigung von **Individualinteressen** rechtfertigt nicht die Abgabe einer Sperrerklärung, da die Verletzung privater Interessen grds. keine Nachteile für das Gemeinwohl darstellt.[79] Gleichwohl kann sich, bspw. im Rahmen des Zeugenschutzes, eine Gefahr aus der Pflicht des Staates ergeben, Leben, Gesundheit und Freiheit von Menschen oder sonstige Grundrechte betroffener Bürger zu schützen (vgl. in Bezug auf Vertrauenspersonen auch → Rn. 15).[80] Die Schwere der Straftat, die zu erwartende Sanktion, die Bedeutung des Beweismittels für die Wahrheitsfindung und die Möglichkeit alternativer Verfahren zur Wahrheitsforschung sind mit dem Grad und der Nähe der Gefahren für das Staatswohl gegeneinander abzuwägen.[81] Der zuständigen Stelle steht dabei ein Beurteilungsspielraum zu, allerdings muss sie in der Sperrerklärung die Wertung der Tatsachen soweit begründen,

---

[68] BVerwG 29.4.2015 – 20 F 8/14, BeckRS 2015, 48337.
[69] Wohlers/Greco in SK-StPO Rn. 22; Eisenberg NStZ 1986, 308 (309).
[70] Greven in KK-StPO Rn. 18.
[71] BVerfG 26.5.1981 – 2 BvR 215/81, BVerfGE 57, 250 = NJW 1981, 1719; BGH 5.11.1982 – 2 StR 250/82, BGHSt 31, 148 (155) = NJW 1983, 1005; 31.3.1989 – 2 StR 706/88, BGHSt 36, 161 = NJW 1989, 3291; VGH Kassel 29.5.2013 – 8 B 1005/13, 8 D 1006/13, StraFo 2013, 330.
[72] BVerwG 29.4.2015 – 20 F 8/14, BeckRS 2015, 48337; BVerfG 16.12.2020 – 2 BvE 4/18, NVwZ 2021, 628.
[73] BVerfG 16.12.2020 – 2 BvE 4/18, NVwZ 2021, 628.
[74] BGH 5.12.1984 – 2 StR 526/84, BGHSt 33, 83 (92) = NJW 1985, 984; vgl. auch BGH 11.2.2000 – 3 StR 377/99, NJW 2000, 1661; LG Saarbrücken 20.7.2000 – 8-3/2000, 8-3/00, NStZ-RR 2002, 44.
[75] BVerwG 19.8.1986 – 1 C 7/85, NJW 1987, 202.
[76] OLG Stuttgart 23.7.1990 – 4 VAs 21/90, NJW 1991, 1071; LG Hamburg 6.8.2001 – 616 Qs 41/01, StV 2002, 647; Arloth NStZ 1985, 280 (281); nur bezogen auf schwerwiegende Kapitalverbrechen vgl. Joecks in Radtke/Hohmann Rn. 14.
[77] BVerfG 17.7.1984 – 2 BvE 11/83, 2 BvE 15/83, NJW 1984, 2271 (2275).
[78] BVerfG 15.1.1970 – 1 BvR 13/68, NJW 1970, 555 mAnm Becker NJW 1970, 1075.
[79] Wohlers/Greco in SK-StPO Rn. 22; aA Arloth NStZ 1992, 96; Franzheim JR 1982, 436.
[80] BVerfG 15.1.1970 – 1 BvR 13/68, BVerfGE 27, 344 = NJW 1970, 555 (zum Schutz der Intimsphäre); BVerfG 26.5.1981 – 2 BvR 215/81, BVerfGE 57, 250 (284) = NJW 1981, 1719; BGH 10.10.1979 – 3StR 281/79, BGHSt 29, 109 (113) = NJW 1980, 464; 16.4.1985 – 5 StR 718/84, BGHSt 33, 178 (180) = NJW 1985, 1789.
[81] BGH 17.10.1983 – GSSt 1/83, BGHSt 32, 115 (123) = NStZ 1984, 36; 3.11.1987 – 5 StR 579/87, BGHSt 35, 82 (85) = NJW 1988, 2187.

dass das Gericht diese unter Berücksichtigung rechtsstaatlicher Belange noch als triftig anerkennen kann.[82]

15 Lediglich für den Verdeckten Ermittler besteht in der StPO eine ausdrückliche Regelung zur Geheimhaltung seiner Identität auch nach Beendigung des Einsatzes (§ 110b Abs. 3). Für die übrigen Fälle ist auf die Vorschrift § 96 zurückzugreifen, die iSd § 110b Abs. 3 auszulegen ist.[83] Die Schutzpflicht des Staates besteht somit nicht nur für **Verdeckte Ermittler und verdeckt ermittelnde Polizeibeamte, sondern auch für Vertrauenspersonen und Informanten.**[84] Daneben zählen zu den geheimhaltungsbedürftigen Informationsquellen der Nachrichtendienste auch Gewährspersonen (vgl. § 8 Abs. 2 S. 1 BVerfSchG), die nur von Fall zu Fall für die Behörden tätig werden. Außerdem können hauptberufliche Mitarbeiter der Nachrichtendienste unter einer Legende in Organisationen oder Szenen eingeschleust werden, um diese für längere Zeit zu beobachten. Für diese Personen gelten die Regelungen zur Geheimhaltung entsprechend.[85] Die bloße **Vertraulichkeitszusage** einer Behörde bei Vertrauenspersonen und Informanten begründet für sich genommen nicht ohne Weiteres eine Sperrerklärung. Auch ist die **Vertraulichkeitsbitte** einer aktenführenden Stelle, die ihre Akten nicht gemäß § 96 für das Strafverfahren sperren lässt, sondern sie dem Strafgericht vorlegt, jedenfalls für dieses unbeachtlich.[86] Allerdings ist die weitere Verwendbarkeit verdeckt eingesetzter Personen grundsätzlich ein tragbarer Gesichtspunkt im Rahmen der Gesamtabwägung bei der Sperrerklärung.[87] Der Schutzanspruch im Behördenauftrag tätiger menschlicher Quellen ergibt aus ihren Grundrechten, insbesondere aus dem Recht auf Leben und körperliche Unversehrtheit aus Art. 2 Abs. 2 S. 1 GG. Wird entgegen der zugesicherten Vertraulichkeit die Identität einer V-Person preisgegeben oder werden durch die Preisgabe von Informationen Rückschlüsse auf ihre Identität ermöglicht, bedeutet dies einen Eingriff in einen zuvor geschaffenen und durch Art. 2 Abs. 1 in Verbindung mit Art. 20 Abs. 3 GG geschützten Vertrauenstatbestand. Zugleich können als Folge Reaktionen des beobachteten Milieus zu befürchten sein, durch die Leib und Leben der betroffenen V-Person gefährdet werden.[88] Der Schutz von Informationsquellen dient nicht nur den Interessen der V-Personen, sondern hat auch für die Arbeitsweise und Funktionsfähigkeit der Nachrichtendienste erhebliche Bedeutung. Werden Informationen über V-Personen und sonstige verdeckte Quellen herausgegeben, schwächt dies das Vertrauen in die Wirksamkeit von Geheimhaltungszusagen.[89] Der Umstand, dass die polizeilichen und nachrichtendienstlichen Möglichkeiten zur Bekämpfung der Schwerkriminalität erheblich eingeschränkt würden, wenn die gegenüber einer Vertrauensperson abgegebene Vertraulichkeitszusage nicht eingehalten würde, ist deshalb ein triftiger Grund für eine Sperrerklärung.[90] Den Strafverfolgungsbehörden wäre zukünftig die Arbeit erschwert, wenn ihre Informationsquellen nicht mehr auf die Verlässlichkeit von

---

82 BVerwG 19.8.1986 – 1 C 7.85, BVerwGE 75, 1 = NJW 1987, 202; VGH Mannheim 3.6.1991 – 1 S 1484/91, NJW 1991, 2097.

83 Menges in Löwe/Rosenberg Rn. 60; Hilger JR 1992, 524 Fn. 154; Krey FS Miyazawa, 1995, 595 (606 f.); Lesch StV 1995, 542 (545); Zaczyk StV 1993, 490 (496); Siegismund JR 1994, 252 für eine restriktive Auslegung im Zusammenhang mit V-Personen und Informanten.

84 VGH Kassel 29.5.2013 – 8 B 1005/13, 8 D 1006/13, StraFo 2013, 330; VGH München 10.10.2017 – 10 ZB 17.1517, BeckRS 2017, 131789; zu V-Personen vgl. Engelstätter in BeckOK StPO RiStBV Anlage D Rn. 1 ff.

85 BVerfG 13.6.2017 – 2 BvE 1/15, NVwZ 2017, 1364.

86 BGH 7.3.1996 – 1 StR 688/95, NJW 1996, 542; Menges in Löwe/Rosenberg Rn. 46; Warg NJW 2015, 3195 (3198).

87 BVerfG 8.10.2009 – 2 BvR 547/08, NJW 2010, 925; BGH 16.3.1983 – 2 StR 543/82, BGHSt 31, 290 (294); 5.12.1984 – 2 StR 526/84, BGHSt 33, 83 (91); 3.11.1987 – 5 StR 579/87, BGHSt 35, 82 (85); 31.3.1989 – 2 StR 706/88, BGHSt 36, 159 (163); 10.2.1993 – 5 StR 550/92, BGHSt 39, 141 (144); 24.6.1998 – 5 AR (VS) 1/98, BGHSt 44, 107 (116); 16.1.2001 – 1 StR 523/00, wistra 2001, 226; Hartmann in HK-GS Rn. 7; jedenfalls bei Vorliegen einer konkreten Gefahr für Leib und Leben vgl. Wohlers/Greco in SK-StPO Rn. 25 f.

88 BVerfG 16.12.2020 – 2 BvE 4/18, BeckRS 2020, 40468.

89 BVerfG 13.6.2017 – 2 BvE 1/15, NVwZ 2017, 1364; 16.12.2020 – 2 BvE 4/18, BeckRS 2020, 40468.

90 OVG Münster 19.11.2014 – 5 B 1276/14, NJW 2015, 1977.

Vertraulichkeitszusagen zählen könnten und dadurch erhebliche Gefahren für deren Leib und Leben entstünden.[91] Die Aufgabenerfüllung durch die Nachrichtendienste kann auch dadurch beeinträchtigt werden, dass Informationen über Quelleneinsätze nach außen dringen. Laufende nachrichtendienstliche Quellenoperationen können so gefährdet werden. Aber auch über den konkreten Quelleneinsatz hinaus können Informationen bekannt werden, die für die Arbeitsweise und Funktionsfähigkeit der Nachrichtendienste von Bedeutung sind. Dies betrifft insbesondere taktische Verfahrensabläufe, das Vorgehen der Behörden bei der Anwerbung und Führung von V-Personen sowie die Kommunikation mit diesen und sonstigen Quellen. Das Bekanntwerden derartiger Informationen kann es den zu beobachtenden Gruppierungen ermöglichen, Abwehrstrategien gegen ihre Infiltration und Beobachtung zu entwickeln.[92] Im Übrigen kann im Rahmen der Abwägung auch die Effektivität und Glaubwürdigkeit staatlicher **Zeugenschutzprogramme** Berücksichtigung finden, ggf. auch **außenpolitische Interessen** der Bundesrepublik Deutschland. Insgesamt ist festzustellen, dass die Sperrerklärung bei ernstlicher Gefahr für Leib, Leben und Freiheit – was in der Praxis meist der Fall ist und an deren Nachweis geringe Anforderungen zu stellen sind –[93] zulässig und geboten ist.[94] Im Einzelfall kommt auch hinsichtlich des **V-Person-Führers** eine Sperrerklärung in Betracht, wenn angesichts der spezifischen Umstände des konkreten Quelleneinsatzes die ernsthafte Besorgnis besteht, dass die betroffene V-Person und auch andere Quellen eine solche Vernehmung als Bruch der ihnen gegebenen Vertraulichkeitszusagen verstehen, das Vertrauen in die Geheimhaltung ihrer Identität verlieren und die Zusammenarbeit mit der Behörde beenden.[95] § 96 findet in Fällen, in denen Auskunft über Name und Anschrift behördlich geheim gehaltener Zeugen verlangt wird, entsprechende Anwendung.[96]

16 Anders als im Verwaltungsverfahren[97] ist die Überlassung der Akten nur an das Gericht mit einer Verpflichtung zur Geheimhaltung (so genanntes **in-camera-Verfahren,** § 99 Abs. 2 VwGO), dh ohne Akteneinsicht für die Verteidigung (§ 147), in Strafsachen ausgeschlossen.[98] Unbeachtlich ist auch eine Bitte an das Strafgericht, die Sache vertraulich zu behandeln.[99]

17 **5. Inhalt und Begründung der Sperrerklärung.** Dem Gericht muss es anhand der Sperrerklärung möglich sein, die Gründe für die Sperre nachzuvollziehen und auf ihre **Rechtmäßigkeit** zu **überprüfen.**[100] Die Sperrerklärung bedarf einer fehlerfreien und nicht nur formelhaften Begründung.[101] Sie muss erkennen lassen, dass die Behörde sorgfältig die durch die Verweigerung der Herausgabe bzw. Auskunftserteilung[102] geschützten Interessen gegen das aus dem Rechtsstaatsprinzip folgende Interesse einer Wahrheitsfindung abge-

[91] BVerfG 8.10.2009 – 2 BvR 547/08, NJW 2010, 925; 13.6.2017 – 2 BvE 1/15, NVwZ 2017, 1364; 16.12.2020 – 2 BvE 4/18, BeckRS 2020, 40468; VGH Mannheim 28.8.2012 – 1 S 1517/12, NJW 2013, 102.

[92] BVerfG 16.12.2020 – 2 BvE 4/18, BeckRS 2020, 40468; vgl. auch Warg NVwZ 2014, 1263 (1266).

[93] BGH 31.3.1989 – 2 StR 706/88, BGHSt 36, 159 (163); Hartmann in HK-GS Rn. 7.

[94] BVerfG 26.5.1981 – 2 BvR 215/81, BVerfGE 57, 285; BGH 5.11.1982 – 2 StR 250/82, BGHSt 31, 148; 9.12.1988 – 2 StR 279/88, BGHSt 36, 44; 2.7.1996 – 1 StR 314/96, BGHSt 42, 175; 24.10.2006 – 1 StR 442/06, StraFo 2007, 25.

[95] BVerfG 16.12.2020 – 2 BvE 4/18, BeckRS 2020, 40468.

[96] VGH München 10.10.2017 – 10 ZB 17.1517, BeckRS 2017, 131789.

[97] BVerwG 28.3.2006 – 20 F 1/05, DÖV 2006, 699; OVG Lüneburg 4.1.2012 – 14 PS 3/11, DÖV 2012, 571 (571 f.).

[98] BVerfG 14.12.2006 – 2 BvR 1290/05, NStZ 2007, 274; 7.9.2007 – 2 BvR 1009/07, NStZ-RR 2008, 16; 9.9.2013 – 2 BvR 533/13, WM 2013, 1990; BGH 11.2.2000 – 3 StR 377/99, NStZ 2000, 265; Laue ZStW 120 (2008), 246 (268 f.).

[99] BGH 7.3.1996 – 1 StR 688/95, BGHSt 42, 71 (71 ff.); Gillmeister NStZ 1997, 44.

[100] BVerfG 26.5.1981 – 2 BvR 215/81, BVerfGE 57, 250 (290) = NJW 1981, 1719 (1725); BGH 11.2.2000 – 3 StR 377/99, BGHSt 29, 109 (112) = NStZ 2000, 265 (266); Hilger NStZ 1984, 145.

[101] BVerfG 26.5.1981 – 2 BvR 215/81, BVerfGE 57, 250 (288 f.); BGH 17.10.1983 – GSSt 1/83, BGHSt 32, 115 (125); vgl. auch BVerwG 7.4.2020 – 20 F 2/19, NVwZ-RR 2020, 909.

[102] BGH 29.10.1980 – 3 StR 335/80, BGHSt 29, 390 (393); 17.10.1983 – GSSt 1/83, BGHSt 32, 115 (123).

wogen hat.[103] Dabei sind zu berücksichtigen der Stellenwert und der Beweiswert des Beweismittels, das Gewicht des in Frage stehenden Tatvorwurfs, die Art und Schwere der durch die Offenlegung drohenden Nachteile und die Auswirkungen der Verweigerung der Herausgabe auf die Verteidigungsrechte des Angeklagten.[104]Hierbei sind auch weniger in Verteidigungsrechte eingreifende Maßnahmen, zB die Erteilung eines **Behördenzeugnisses,** zu berücksichtigen.[105] Strafverfahrensrechtliche Vorkehrungen, die im konkreten Einzelfall geeignet wären, die Identität des verdeckten Informanten mit hinreichender Sicherheit geheim zu halten (bspw. die Möglichkeit einer **audio-visuellen Vernehmung** unter optischer und akustischer Verfremdung, § 247a Abs. 1), sind erkennbar zu prüfen (→ Rn. 21a, 26).[106] Das gilt unter Berücksichtigung eines grundsätzlich bestehenden Beurteilungsspielraumes auch für weitere mögliche Schutzmaßnahmen für den Zeugen, die ggf. kumulativ angewendet werden können: § 68 Abs. 1, § 68a Abs. 2 S. 1, § 247, unter Umständen auch der Ausschluss der Öffentlichkeit (§ 172 Nr. 1a GVG). Die Begründung hat jedoch stets die durch § 96 geschützten Geheimhaltungsinteressen zu wahren.[107] Eine detaillierte Begründung wird – weil schon dies die Geheimhaltung gefährden kann – nicht immer möglich sein. Es genügt dann der Hinweis auf diesen Sachverhalt und die Mitteilung des Ergebnisses der Ermessensentscheidung.[108]

Dem Strafgericht steht es nicht zu, die behördliche Entscheidung auf sachliche Richtigkeit zu überprüfen.[109] Das Gericht hat die Begründung der Sperrerklärung allein auf Fehler hinsichtlich der Auslegung der Vorschrift, der zugrunde gelegten Tatsachen sowie der Einhaltung der Grenzen des **Beurteilungsspielraums** zu überprüfen.[110] Wenn das Gericht die Begründung in tatsächlicher Hinsicht für unzulänglich oder in rechtlicher Beziehung für fehlerhaft hält, ist aufgrund der Aufklärungspflicht bei der obersten Dienstbehörde **Gegenvorstellung** zu erheben, um die Behörde zu einer Überprüfung ihres Standpunkts zu veranlassen und sie vor die Alternative zu stellen, entweder die beanstandeten Mängel zu beheben oder die Sperrerklärung zurückzunehmen.[111] Bei fortdauernder Weigerung der obersten Dienstbehörde ist eine Entscheidung der Bundes- bzw. Landesregierung durch **Kabinettsbeschluss** herbeizuführen.[112] Allerdings darf die Gegenvorstellung **unterbleiben,** wenn sie nach zuverlässigen Erkenntnissen des Gerichts von vornherein aussichtslos ist.[113] Dies kommt etwa in Betracht, wenn die Sperrerklärung „nach Form und Inhalt, insbesondere angesichts der ausführlichen 18

---

103 BGH 31.3.1989 – 2 StR 706/88, BGHSt 36, 159 (163); 11.2.2000 – 3 StR 377/99, NJW 2000, 1661; BVerwG 19.8.1986 – 1 C 7/85, NStZ 1987, 520; OLG Hamburg 20.1.1993 – VAs 29/92, StV 1993, 402; KG 22.6.1989 – 4 Ws 110/89, NStZ 1989, 541 (542); Joecks in Radtke/Hohmann Rn. 18; Wohlers/Greco in SK-StPO Rn. 31; Taschke Zurückhaltung von Beweismitteln S. 267; Fezer Jus 1987, 358 (360).

104 BVerfG 26.5.1981 – 2 BvR 215/81, BVerfGE 57, 250; BGH 5.6.2007 – 5 StR 383/06, NJW 2007, 3010; KG 22.6.1989 – 4 Ws 110/89, NStZ 1989, 541 (542); OLG Celle 9.9.1983 – 3 VAs 9/83, NStZ 1983, 570; OLG Stuttgart 23.7.1990 – 4 VAs 21/90, NJW 1991, 1071.

105 BGH 7.3.2007 – 1 StR 646/06, BGHSt 51, 232 mAnm Güntge JR 2007, 429.

106 BVerwG 2.7.2009 – 20 F 4.09, 20 F 4/09, Buchholz 310 § 99 VwGO Nr. 54; VGH Kassel 29.5.2013 – 8 B 1005/13, 8 D 1006/13, StraFo 2013, 330; OVG Lüneburg 30.4.2009 – 14 PS 1/09, NJW 2012, 2372; 4.1.2012 – 14 PS 3/11, NJW 2012, 2372.

107 BVerfG 26.5.1981 – 2 BvR 215/81, BVerfGE 57, 250 (288); BGH 17.10.1983 – GSSt 1/83, BGHSt 32, 115 (125); 9.12.1988 – 2 StR 279/88, BGHSt 36, 44 (49); BVerwG 19.8.1986 – 1 C 7/85, BVerwGE 75, 1 (9 ff.); Hilgendorf JZ 1993, 368 (369); Gommolla Der Schutz des Zeugen im Strafprozess, S. 126.

108 OLG München 2.2.2018 – 9 St 10/17, BeckRS 2018, 9058.

109 OLG München 2.2.2018 – 9 St 10/17, BeckRS 2018, 9058.

110 BGH 21.3.1989 – 5 StR 57/89, NStZ 1989, 282.

111 BVerfG 26.5.1981 – 2 BvR 215/81, BVerfGE 57, 250; BGH 16.4.1985 – 5 StR 718/84, BGHSt 33, 178 (180); 31.3.1989 – 2 StR 706/88, BGHSt 36, 159 (161); 11.2.2000 – 3 StR 377/99, NStZ 2000, 265; 26.6.2001 – 1 StR 197/01, NStZ 2001, 656; 5.6.2007 – 5 StR 383/06, NJW 2007, 3010 (3012); 23.12.2009 – 1 BJs 26/77-5 StB 51/09, NStZ 2010, 445 (448); 3.5.2017 – 3 StR 498/16, ZD 2018, 488.

112 BGH 5.6.2007 – 5 StR 383/06, NJW 2007, 3010 (3012).

113 OLG Nürnberg 16.2.2015 – 1 OLG 8 Ss 295/14, NStZ-RR 2015, 251; OLG München 2.2.2018 – 9 St 10/17, BeckRS 2018, 9058.

Begründung, […] den Anspruch [erhebt], als abschließende und endgültige Entscheidungen der dazu berufenen Behörden zu gelten".[114] Bleibt die oberste Dienstbehörde letztlich bei der abschließenden negativen Entscheidung – Nichtvorlage der Akten –, so hat das Strafgericht dies hinzunehmen.[115]

19 **6. Anfechtung der Sperrerklärung.** Die Sperrerklärung kann der betroffene Prozessbeteiligte, der Beschuldigte, der Privat- und Nebenkläger,[116] nicht jedoch die Staatsanwaltschaft oder das mit der Sache befasste Gericht anfechten, weil diese durch die Erklärung nicht in eigenen Rechten verletzt werden können.[117] Ist die Sperrerklärung vom Innenminister erlassen worden, so ist für Streitigkeiten, die die Sperrerklärung zum Gegenstand haben, bspw. mit dem Ziel, die geheim gehaltene Identität einer Auskunftsperson in dem betreffenden Strafverfahren aufzudecken, der **Verwaltungsrechtsweg nach § 40 VwGO** gegeben.[118] Der Verwaltungsrechtsweg ist auch dann statthaft, wenn die oberste Dienstbehörde der Justizminister ist, denn die Sperrerklärung ist kein Akt einer Justizbehörde auf dem Gebiet des Strafrechts.[119] Nach neuerer Auffassung stellt die Leistungsklage die statthafte Klageart dar, denn bei einer Sperrerklärung handelt es sich um eine interne Weisung der obersten Dienstbehörde an die aktenführende Behörde und ist keinen Verwaltungsakt.[120] In diesem verwaltungsgerichtlichen Verfahren findet § 99 Abs. 2 VwGO (Zwischenverfahren) Anwendung. § 99 Abs. 1 S. 2 VwGO regelt die Auskunftserteilung und Aktenvorlage im Verhältnis der mit geheimhaltungsbedürftigen Vorgängen befassten Behörden zum Verwaltungsgericht, das in einem schwebenden Prozess für eine sachgerechte Entscheidung auf die Kenntnis der Akten angewiesen ist.[121] Die Entscheidung über die Verweigerung der Aktenvorlage bei Geheimhaltungsbedarf erfordert grds. eine fehlerfreie Ermessensausübung.[122] Überprüft werden kann nur, ob die Sperrerklärung formell ordnungsgemäß zustande gekommen ist, ob die oberste Dienstbehörde ihrer Entscheidung einen zutreffenden rechtlichen Maßstab zugrunde gelegt und alle nach diesem Maßstab erkennbar erheblichen Umstände bei ihrer Entscheidung berücksichtigt hat, und ob die Sperrerklärung auch im Übrigen angesichts der bekannten Umstände des Einzelfalls nach ihrem Inhalt und ihrem Erklärungswert den Anforderungen des § 96 genügt.[123]

20 Im Fall einer Anfechtung besteht grds. **kein Anspruch auf Aussetzung** des Strafverfahrens. Maßgebend ist, ob nach pflichtgemäßem Ermessen die Aufklärungspflicht und das Beschleunigungsgebot eine Aussetzung gebieten (§ 244 Abs. 2). Das ist bei einer offensichtlich aussichtslos erscheinenden Klage nicht der Fall.[124] Im Übrigen steht die vor dem

[114] BGH 31.3.1989 – 2 StR 706/88, NJW 1989, 3291; OLG Nürnberg 16.2.2015 – 1 OLG 8 Ss 295/14, NStZ-RR 2015, 251.

[115] OLG München 2.2.2018 – 9 St 10/17, BeckRS 2018, 9058.

[116] Vgl. OLG Hamburg 20.8.1981 – VAs 8/81, JR 1982, 435; Joecks in Radtke/Hohmann Rn. 20.

[117] BVerfG 26.5.1981 – 2 BvR 215/81, BVerfGE 57, 250 (289) = NStZ 1981, 357; BGH 5.6.2007 – 5 StR 383/06, NJW 2007, 3010 (3012); vgl. Lüderssen FS Klug, 1983, 527 (535); Köhler in Meyer-Goßner/Schmitt Rn. 14; Janoschek Durchsuchung S. 151 f.; Fezer JuS 1987, 360; aA Ellbogen NStZ 2007, 310 (313); Wohlers/Greco in SK-StPO Rn. 54.

[118] BVerfG 29.3.2007 – 2 BvR 197/07, juris = BeckRS 2007, 23976; BGH 24.6.1998 – 5 AR (VS) 1/98, BGHSt 44, 107; 5.6.2007 – 5 StR 383/06, NJW 2007, 3010 (3012); BVerwG 27.4.1984 – 1 C 10/84, BVerwGE 69, 192 = NJW 1984, 2233; 19.8.1986 – 1 C 7/85, NStZ 1987, 502 mAnm Arloth NStZ 1987, 502; VG München 31.5.2017 – 7 K 16.3827, BeckRS 2017, 117926.

[119] Greven in KK-StPO Rn. 34; Köhler in Meyer-Goßner/Schmitt Rn. 14 für die Anwendung von § 23 EGGVG: OVG Münster 21.4.1977 – XII B 87/77, NJW 1977, 1790.

[120] Vgl. VGH Kassel 3.6.2013 – 8 B 1001/13, BeckRS 2013, 57210; VG München 31.5.2017 – 7 K 16.3827, BeckRS 2017, 117926.

[121] Krit. Lantermann GSZ 2019, 218.

[122] BVerwG 28.3.2006 – 20 F 1/05, DÖV 2006, 267; 8.3.2010 – 20 F 11/09, juris; 31.1.2011 – 20 F 18/10, juris = BeckRS 2011, 47867; OVG Lüneburg 14.12.2012 – 14 PS 2/12, NJW 2012, 2372.

[123] VG München 31.5.2017 – 7 K 16.3827, BeckRS 2017, 117926.

[124] BGH 18.8.2006 – 3 StR 284/05, NStZ-RR 2009, 4; 24.10.2006 – 1 StR 442/06, NStZ-RR 2009, 4; 5.6.2007 – 5 StR 383/06, NJW 2007, 3010 (3012) mAnm Wohlers JR 2008, 127; Fezer Jus 1987, 362.

Verwaltungsgericht erhobene Klage des Angeklagten gegen die eine V-Person betreffende Sperrerklärung der Durchführung des Revisionsverfahrens nicht entgegen.[125]

7. Folgen der Sperrerklärung. Eine **fehlerhafte Sperrerklärung** ist unwirksam, 21
wenn die Begründung der Sperrerklärung offenkundig unzureichend oder die Sperrerklärung willkürlich oder missbräuchlich ist oder auf einer offensichtlich unrichtigen tatsächlichen Grundlage oder einer falschen Rechtsauffassung beruht.[126] Das fragliche Beweismittel kann dann, wenn eine Gegenvorstellung des Gerichts erfolglos bleibt, beschlagnahmt werden.[127] Das darf jedoch nicht dazu führen, dass Leib und Leben von Zeugen gefährdet werden.[128] Eine Durchsuchung in Behördenräumen – ohne vorheriges Herausgabeverlangen – ist nur in Ausnahmefällen zulässig, zB wenn Behördenangehörige selbst als Teilnehmer einer Straftat, die mit der zu untersuchenden Tat im Zusammenhang steht, verdächtig sind.[129]

Zu beachten ist, dass Sperrerklärungen **unwirksam** sein können, soweit sie sich auf 21a
eine vom zuständigen Strafgericht für zulässig und erforderlich gehaltene Zeugenvernehmung einer Vertrauensperson beziehen, bspw. weil diese maßgeblich an der Planung und Organisation der Straftat, die Gegenstand des jeweiligen Strafverfahrens ist, mitgewirkt hat, und durch eine **audiovisuelle Vernehmung** dieser Person unter Nutzung weiterer strafprozessualer Möglichkeiten des Zeugenschutzes deren Enttarnung verhindert werden kann. Bedenken der Ermittlungsbehörden hinsichtlich einer erheblichen Gefährdung einer Vertrauensperson können ua dadurch in der Hauptverhandlung Rechnung getragen werden, dass dem Zeugen nach § 68 Abs. 3 gestattet wird, die Angaben zur Person zu verweigern und so seine Identität geheim zu halten. Ferner kommt die Möglichkeit der Entfernung des Angeklagten aus dem Sitzungssaal nach § 247 in Betracht. Es besteht unter Umständen auch die Möglichkeit, die audiovisuelle Vernehmung der Vertrauensperson in Anwesenheit des Führungsbeamten durchzuführen,[130] um zu verhindern, dass die Vertrauensperson unbeabsichtigt Informationen über sich selbst preisgibt, dass sie dadurch identifiziert werden könnte. Zudem bietet § 68a Abs. 2 S. 1 die Möglichkeit einer Inhaltskontrolle von Glaubwürdigkeitsfragen durch den Vorsitzenden im Rahmen der Verhandlungsleitung.[131]

Eine **wirksame Sperrerklärung** ist für das Gericht bindend.[132] Geht die Sperrerklä- 22
rung später als die Akten oder Schriftstücke beim Gericht ein, ist zu unterscheiden: Bei Eingang der Sperrerklärung vor Verwertung des Beweismittels in der Hauptverhandlung besteht ein Verwertungsverbot auch dann, wenn das Gericht zuvor Kenntnis vom Akteninhalt erlangt hat.[133] Ist der Akteninhalt bereits in der Hauptverhandlung verwertet worden, ist die Sperrerklärung nicht mehr zu berücksichtigen, zumal die Voraussetzungen für die Abgabe einer Sperrerklärung schon deshalb entfallen, da die geheimhaltungsbedürftigen Vorgänge nunmehr bekannt sind.[134]

Im Übrigen ist bei einer wirksamen Sperrerklärung eine **Beschlagnahme der Unter-** 23
lagen unzulässig, weil die Pflicht zur Vorlage der Akten (vgl. auch § 199 Abs. 2 S. 2)

---

[125] BGH 19.11.2019 – 1 StR 503/19, NStZ 2021, 63.

[126] BGH 16.4.1985 – 5 StR 718/84, BGHSt 33, 178; 21.3.1989 – 5 StR 57/89, NStZ 1989, 282; Greven in KK-StPO Rn. 29; Arloth NStZ 1993, 467 (468).

[127] BVerfG 29.3.2007 – 2 BvR 197/07, BVerfGE 57, 250 (284 ff.); BGH 18.3.1992 – 1 BGs 90/92, BGHSt 38, 237 (245 f.); LG Potsdam 26.9.2006 – 21 Qs 127/06, wistra 2007, 193 (194); Janoschek Durchsuchung S. 173 ff.

[128] Greven in KK-StPO Rn. 31.

[129] OLG Jena 20.11.2000 – 1 Ws 313/00, NJW 2001, 1290.

[130] Vgl. zur Anordnung einer audiovisuellen Vernehmung von Zeugen an geheim gehaltenen Orten auch § 247a Abs. 1; hierzu vgl. insgesamt einschränkend aber auch BVerfG 16.12.2020 – 2 BvE 4/18, BeckRS 2020, 40468.

[131] VGH Kassel 29.5.2013 – 8 B 1005/13, 8 D 1006/13, StraFo 2013, 330 vgl. auch BVerwG 2.7.2009 – 20 F 4.09, 20 F 4/09, Buchholz 310 § 99 VwGO Nr. 54; OVG Lüneburg 4.1.2012 – 14 PS 3/11, NJW 2012, 2372.

[132] BGH 10.10.1979 – 3 StR 281/79 (S), BGHSt 29, 109 (112); 17.10.1983 – GSSt 1/83, BGHSt 32, 115 (123); 16.4.1985 – 5 StR 718/84, BGHSt 33, 178 (179 f.); 20.2.2009 – I ARs 3/2008, juris.

[133] Köhler in Meyer-Goßner/Schmitt Rn. 11; aA OLG Hamburg 7.12.1983 – VAs 15/83, StV 1984, 11 (12).

[134] Wohlers/Greco in SK-StPO Rn. 41; Warg NJW 2015, 3195 (3199).

entfällt.[135] Das gilt auch für ein nachträgliches Ersuchen um Übersendung von Akten.[136] Der Beweisgegenstand ist deshalb unerreichbar im Sinne von § 244 Abs. 3 S. 3 Nr. 5.[137]

24 Aus dem Vorliegen einer wirksamen Sperrerklärung folgt **kein generelles Beweisverbot,** sondern bedeutet nur, dass das mit der Sache befasste Gericht die Weigerung der Behörde, bspw. die Identität eines Zeugen zu offenbaren, hinnehmen muss.[138] Aufgrund einer Sperrerklärung nach § 96 zurückgehaltene Unterlagen sind als Beweismittel zulasten des Angeklagten ungeeignet, so dass sich die Sperrerklärung nicht zu seinen Lasten nachteilig auswirken kann.[139] Der Gegenvortrag des Angeklagten ist allerdings nicht ohne Weiteres als wahr zu unterstellen. Eine Einstellung des Strafverfahrens kommt nur in extremen Ausnahmefällen in Betracht.[140] Wenn dem Gericht die Identität des Zeugen bekannt ist, zB in Fällen, in denen sich aus den Akten oder sonstigen Erkenntnisquellen Hinweise auf die Identität ergeben, kann es die Aufklärungspflicht erfordern, dass das Gericht von Amts wegen Bemühungen entfaltet, die Identität festzustellen und die Vernehmung in der Hauptverhandlung zu ermöglichen.[141] Wenn dem Gericht allerdings substantiierte Gründe für Personenidentität vorliegen, so hat das Gericht in eigener Verantwortung zu prüfen, ob durch die Vernehmung – mittels der im Freibeweis anzustellenden Aufklärung der Gefahrenlage – Leib oder Leben des Zeugen gefährdet werden. Von der Vernehmung eines solchen Zeugen kann in diesem Fall dann abgesehen werden. Dies prüft das Gericht in eigener Verantwortung.[142]

25 Eine wirksame Sperrerklärung verwehrt dem Gericht nicht die Einführung und Verwertung von **Beweissurrogaten** für das gesperrte Beweismittel in die Hauptverhandlung,[143] bspw. durch Vernehmung von Verhörspersonen als mittelbare Zeugen über Angaben von unerreichbaren Vertrauenspersonen.[144] In Betracht kommt die Verlesung polizeilicher Vernehmungsniederschriften.[145] Bei nach § 96 analog gesperrten Augenscheinsobjekten kann das Gericht, einen Augenscheinsgehilfen hinzuziehen und ihn in der Hauptverhandlung als Zeugen über seine Wahrnehmungen vernehmen.[146] Der Rückgriff auf Beweissurrogate verpflichtet das Tatgericht allerdings zu einer besonders **vorsichtigen Beweiswürdigung** hinsichtlich der nur eingeschränkt zugänglichen Beweismittel und zu gesteigerten Begründungsanforderungen.[147] So können Feststellun-

---

135 BGH 18.3.1992 – 1 BGs 90/92, BGHSt 38, 237 (246 f.); 24.6.1998 – 5 AR (Vs) 1/98, StV 1998, 411; OLG Jena 20.11.2000 – 1 Ws 313/00, StV 2002, 63 f.; LG Potsdam 26.9.2006 – 21 Qs 127/06, wistra 2007, 193; Joecks in Radtke/Hohmann Rn. 25; Wohlers/Greco in SK-StPO Rn. 41.

136 BGH 20.2.2009 – I ARs 3/2008, juris; Köhler in Meyer-Goßner/Schmitt Rn. 10; Greven in KK-StPO Rn. 10.

137 BGH 3.11.1987 – 5 StR 579/87, BGHSt 35, 82 (84 ff.); 26.7.2011 – 1 StR 297/11, StV 2012, 5; Hartmann in HK-GS Rn. 11.

138 BGH 6.2.2003 – 4 StR 423/02, NStZ 2003, 610.

139 BVerwG 29.4.2015 – 20 F 8/14, BeckRS 2015, 48337.

140 BGH 5.6.2007 – 5 StR 383/06, NJW 2007, 3010 mAnm Niehaus NStZ 2008, 355; Wohlers JR 2008, 127; Laue ZStW 120 (2008), 246 (267); Köhler in Meyer-Goßner/Schmitt Rn. 10.

141 BGH 17.11.1992 – 1 StR 752/92, NStZ 1993, 248; 6.2.2003 – 4 StR 423/02, NStZ 2003, 610 (611); 24.6.1998 – 5 AR (VS) 1-98, BGHSt 44, 107 (115); Joecks in Radtke/Hohmann Rn. 25.

142 BGH 10.2.1993 – 5 StR 550/92, NJW 1993, 1214; OVG Münster 19.11.2014 – 5 B 1276/14, NJW 2015, 1977; vgl. zu den innerprozessualen Maßnahmen aufgrund staatlicher Schutzpflichten auch BVerfG 26.5.1981 – 2 BvR 215/81, NJW 1981, 1719; Greven in KK-StPO Rn. 22; Soiné NStZ 2007, 247.

143 BVerfG 26.5.1981 – 2 BvR 215/81, BVerfGE 57, 250 (290); 29.3.2007 – 2 BvR 197/07, juris = BeckRS 2007, 23976; BGH 17.2.1981 – 5 StR 21/81, NJW 1981, 1052; 31.3.1989 – 2 StR 706/88, NStZ 1989, 380; 16.1.2001 – 1 StR 523/00, NStZ 2001, 333; 20.2.2002 – 1 StR 545/01, NStZ 2002, 368; VGH Kassel 29.5.2013 – 8 B 1005/13, 8 D 1006/13, StraFo 2013, 330.

144 BVerfG 26.5.1981 – 2 BvR 215/81, BVerfGE 57, 250 (292 f.); BGH 16.4.1985 – 5 StR 718/84, BGHSt 33, 178 (181 ff.); 10.2.1993 – 5 StR 550/92, NStZ 1993, 293; 7.6.2000 – 3 StR 84, NStZ 2000, 607.

145 BGH 5.12.1984 – 2 StR 526/84, BGHSt 33, 83.

146 OLG Karlsruhe 4.7.2007 – 1 Ss 111/06, NStZ-RR 2008, 315.

147 BVerfG 17.9.2004 – 2 BvR 2122/03, BVerfGK 4, 72; 29.3.2007 – 2 BvR 197/07, BVerfGE 57, 250 (292 f.); BGH 16.4.1985 – 5 StR 718/84, NJW 1985, 1789; 31.3.1989 – 2 StR 706/88, NStZ 1989, 380; 10.2.1993 – 5 StR 550/92, NStZ 1993, 293; 7.6.2000 – 3 StR 84/00, NStZ 2000, 607; 20.2.2002 – 1 StR 545/01, NStZ 2002, 368; OLG München 2.2.2018 – 9 St 10/17, BeckRS 2018, 9058; vgl. hierzu auch umfassend Eschelbach in Satzger/Schluckebier/Widmaier StPO Rn. 27.

gen nur dann auf Beweissurrogate gestützt werden, wenn diese durch andere wichtige Beweisanzeichen in der Hauptverhandlung bestätigt worden sind.[148] Zudem ist die Möglichkeit einzubeziehen, dass das gesperrte Beweismittel, wenn es in die Hauptverhandlung eingeführt worden wäre, das Entlastungsvorbringen bzw. die entlastende Beweisbehauptung des Angeklagten bestätigt hätte. Diese Möglichkeit hat das Gericht dem übrigen Beweisergebnis gegenüberzustellen und auf dieser Grundlage unter Beachtung des Zweifelssatzes zu entscheiden, ob das potentiell entlastende Ergebnis der unterbliebenen Beweiserhebung durch die verwertbaren sonstigen Beweismittel so weit entkräftet wird, dass trotz der geschmälerten Erkenntnisgrundlage der Inbegriff der Hauptverhandlung die Überzeugung von der Schuld des Angeklagten trägt. Je mehr sich das Ergebnis der Beweisaufnahme mit dem Entlastungsvorbringen des Angeklagten in Einklang bringen lassen könnte, je näher das gesperrte Beweismittel zu der Tat steht und je stärker es daher potentiell zu deren Aufklärung hätte beitragen können, um so höhere Anforderungen sind an den argumentativen Aufwand des Tatrichters zur Begründung seiner Überzeugung von der Schuld des Angeklagten zu stellen.[149]

Neben der Kompensation durch eine besonders vorsichtige Beweiswürdigung ist zu **26**
beachten, dass das Recht auf ein faires Verfahren dem Angeklagten ua gewährleistet, zur Wahrung seiner Rechte auf den Gang und das Ergebnis des Verfahrens Einfluss zu nehmen. Bei der Bestimmung der Beteiligungsrechte des Angeklagten sind insbesondere die Gewährleistungen der **Europäischen Menschenrechtskonvention (EMRK)** und die Rspr. des **EGMR** zu berücksichtigen.[150] Für das sich aus Art. 6 Abs. 3 Buchstabe d EMRK ergebende **Konfrontationsrecht** bedeutet dies, dass dem Angeklagten die effektive Möglichkeit verschafft werden muss, einen Zeugen zu befragen und seine Glaubwürdigkeit und Zuverlässigkeit in Frage zu stellen.[151] Das Konfrontationsrecht darf durch die Einführung von Beweissurrogaten nicht in unzulässiger Weise verkürzt werden.[152] Der Beschuldigte hat ein Recht darauf, Belastungszeugen unmittelbar zu befragen oder befragen zu lassen,[153] wobei in bestimmten Fällen auf eine Konfrontation des Zeugen mit dem Angeklagten verzichtet werden kann, etwa aus Gründen des Zeugenschutzes oder des Staatswohls.[154] Die Justiz muss eine solche Einschränkung des Fragerechts durch andere Maßnahmen ausgleichen, bspw. dadurch, dass wenigstens der Verteidiger bei der Zeugenvernehmung anwesend sein darf und den Zeugen befragen kann oder dass dem Angeklagten die Gelegenheit gegeben wird, schriftlich Fragen an den Zeugen zu richten.[155] Im Einzelfall kommt eine audiovisuelle Konfrontationsvernehmung nach § 247a unter optischer und akustischer Abschirmung in Betracht, um eine Verletzung des Fairnessgebots zu vermeiden (→ Rn. 22a).[156] Weitere Schutzmaßnahmen ergeben sich aus § 68 Abs. 3 (Verweigerung von Angaben zu Person und Identität), § 68a Abs. 2 S. 1 (Beschränkungen des Fragerechts) und 247 (Entfernung des Angeklagten bei Vernehmung von Zeugen). Darüber hinaus folgen diese aus § 172 Nr. 1a GVG (Ausschluss der Öffentlichkeit). Aber auch wenn der Angeklagte zu keinem

---

148 BVerfG 19.7.1995 – 2 BvR 1142/93, NStZ 1995, 600; BGH 10.2.1993 – 5 StR 550/92, NStZ 1993, 293; 7.6.2000 – 3 StR 84/00, NStZ 2000, 607.

149 BGH 4.3.2004 – 3 StR 218/03, BGHSt 49, 112 (121) = NJW 2004, 1259; 23.12.2009 – 1 BJs 26/77-5 StB 51/09, NStZ 2010, 445 (448); 16.9.2010 – AK 12/10, NStZ 2011, 153; Müller JZ 2004, 926; krit. Mosbacher JR 2004, 523; Detter StV 2006, 544 (548); Köhler in Meyer-Goßner/Schmitt Rn. 10. Krit. zur Beweiswürdigungslösung im Hinblick auch auf Art. 6 Abs. 1 S. 1 MRK: Wohlers/Greco in SK-StPO Rn. 45 ff.; Gaede StraFo 2004, 195.

150 BVerfG 5.7.2006 – 2 BvR 1317/05, NJW 2007, 204; 29.3.2007 – 2 BvR 1880/06, NStZ 2007, 534; 23.1.2008 – 2 BvR 2491/07, juris.

151 EGMR 23.4.1997 – 55/1996/674/861 – 864, StV 1997, 617; BVerfG 29.3.2007 – 2 BvR 1880/06, NStZ 2007, 534; BGH 29.11.2006 – 1 StR 493/06, BGHSt 51, 150 = NStZ 2007, 166; VGH München 10.10.2017 – 10 ZB 17.1517, BeckRS 2017, 131789; Schädler in KK-StPO MRK Art. 6 Rn. 51 ff.

152 Gaede StV 2006, 599 (602 f.); Wohlers/Greco in SK-StPO Rn. 48 ff.

153 BVerfG 8.10.2009 – 2 BvR 547/08, NJW 2010, 925.

154 VGH Kassel 29.5.2013 – 8 B 1005/13, 8 D 1006/13, StraFo 2013, 303.

155 BGH 5.2.1993 – 2 StR 525/92, NStZ 1993, 292.

156 BGH 15.9.1999 – 1 StR 286/99, BGHSt 45, 188 (190); 25.7.2000 – 1 StR 169/00, BGHSt 46, 93 (103); 7.3.2007 – 1 StR 646/06, NStZ 2007, 477 (478).

Zeitpunkt die Gelegenheit zur konfrontativen Befragung des Zeugen hatte, kann, wenn das Verfahren in seiner Gesamtheit einschließlich der Art und Weise der Beweiserhebung und -würdigung fair war,[157] ein solches Defizit im Rahmen der abschließenden Beweiswürdigung ausgeglichen werden.[158]

III. Revision

27 Die vor dem Verwaltungsgericht erhobene Klage des Angeklagten gegen die Sperrerklärung steht der Durchführung des Revisionsverfahrens grundsätzlich nicht entgegen.[159] Mit der **Aufklärungsrüge** (§ 244 Abs. 2) kann beanstandet werden, dass das Gericht auf die Vorlage von Behördenakten nicht hingewirkt und eine gebotene Gegenvorstellung nicht erhoben habe.[160] Rügt die Revision, das erkennende Gericht habe es unterlassen, die Sperrung einer V-Person mit einer Gegenvorstellung anzugreifen, so hat sie nach § 344 Abs. 2 die Umstände anzugeben, aus denen sich ergibt, dass eine solche Gegenvorstellung Aussicht auf Erfolg gehabt hätte.[161] Ferner erfordert eine zulässige Verfahrensrüge, dass der Beschwerdeführer auch Angaben zum Aussagegehalt des gesperrten Beweismittels machen muss.

28 Bei fehlender, rechtwidriger oder nichtiger Sperrerklärung darf ein Beweismittel nicht als ein **unerreichbares Beweismittel** iSd § 244 Abs. 3 S. 2 behandelt werden. Ein Informant darf so lange nicht als unerreichbares Beweismittel angesehen werden, als nicht eine Sperrerklärung der obersten Dienstbehörde vorliegt.[162] Ein trotz bindender Sperrerklärung verwertetes Beweismittel berührt den Rechtskreis des Angeklagten nicht und kann deshalb die Revision nicht begründen.[163] Das Unterlassen einer kritischen Beweiswürdigung, insbesondere bei Beweissurrogaten, kann mit der **Sachrüge** gerügt werden.[164]

§ 97 Beschlagnahmeverbot

(1) Der Beschlagnahme unterliegen nicht

1. schriftliche Mitteilungen zwischen dem Beschuldigten und den Personen, die nach § 52 oder § 53 Abs. 1 Satz 1 Nr. 1 bis 3b das Zeugnis verweigern dürfen;

2. Aufzeichnungen, welche die in § 53 Absatz 1 Satz 1 Nr. 1 bis 3b Genannten über die ihnen vom Beschuldigten anvertrauten Mitteilungen oder über andere Umstände gemacht haben, auf die sich das Zeugnisverweigerungsrecht erstreckt;

3. andere Gegenstände einschließlich der ärztlichen Untersuchungsbefunde, auf die sich das Zeugnisverweigerungsrecht der in § 53 Abs. 1 Satz 1 Nr. 1 bis 3b Genannten erstreckt.

(2) [1]Diese Beschränkungen gelten nur, wenn die Gegenstände im Gewahrsam der zur Verweigerung des Zeugnisses Berechtigten sind, es sei denn, es handelt sich um eine elektronische Gesundheitskarte im Sinne des § 291a des Fünften Buches

---

157 StRspr: EGMR 20.12.2001 – 33900/96, NJW 2003, 2893 – P.S. ./. Deutschland; EGMR 17.11.2005 – 73047/01, NStZ 2007, 103; 11.9.2006 – 22007/03, StraFo 2007, 107 – Sapunerescu; BVerfG 8.10.2009 – 2 BvR 547/08, NJW 2010, 925; BGH 29.11.2006 – 1 StR 493/06, NStZ 2007, 649; 25.7.2000 – 1 StR 169/00, BGHSt 46, 93 = NJW 2000, 3505; BGH 29.11.2006 – 1 StR 493/06, BGHSt 51, 150 = NStZ 2007, 166; BGH 4.4.2007 – 4 StR 345/0, NJW 2007, 2341; Schädler in KK-StPO MRK Art. 6 Rn. 51 ff.; BGH 5.2.1993 – 2 StR 525/92, NStZ 1993, 292.

158 BGH 29.11.2006 – 1 StR 493/06, BGHSt 51, 150 (155).

159 BGH 19.11.2019 – 1 StR 503/19, NStZ 2021, 63.

160 BGH 31.3.1989 – 2 StR 706/88, BGHSt 36, 159 (161) = NJW 1989, 3291; 17.10.1983 – GSSt 1/83, BGHSt 32, 115 (123); 11.2.2000 – 3 StR 377/99, NStZ 2000, 265; 26.6.2001 – 1 StR 197/01, NStZ 2001, 656.

161 OLG Nürnberg 16.2.2015 – 1 OLG 8 Ss 295/14, NStZ-RR 2015, 251.

162 BGH 26.7.2011 – 1 StR 297/11, StV 2012, 5; 16.1.2001 – 1 StR 523/00, NStZ 2001, 333.

163 Köhler in Meyer-Goßner/Schmitt Rn. 15; Menges in Löwe/Rosenberg Rn. 114.

164 BGH 31.3.1989 – 2 StR 706/88, BGHSt 36, 159; 7.6.2000 – 3 StR 84/00, NStZ 2000, 607.

Sozialgesetzbuch. [2]Die Beschränkungen der Beschlagnahme gelten nicht, wenn bestimmte Tatsachen den Verdacht begründen, dass die zeugnisverweigerungsberechtigte Person an der Tat oder an einer Datenhehlerei, Begünstigung, Strafvereitelung oder Hehlerei beteiligt ist, oder wenn es sich um Gegenstände handelt, die durch eine Straftat hervorgebracht oder zur Begehung einer Straftat gebraucht oder bestimmt sind oder die aus einer Straftat herrühren.

(3) Die Absätze 1 und 2 sind entsprechend anzuwenden, soweit die Personen, die nach § 53a Absatz 1 Satz 1 an der beruflichen Tätigkeit der in § 53 Absatz 1 Satz 1 Nummer 1 bis 3b genannten Personen mitwirken, das Zeugnis verweigern dürfen.

(4) [1]Soweit das Zeugnisverweigerungsrecht der in § 53 Abs. 1 Satz 1 Nr. 4 genannten Personen reicht, ist die Beschlagnahme von Gegenständen unzulässig. [2]Dieser Beschlagnahmeschutz erstreckt sich auch auf Gegenstände, die von den in § 53 Abs. 1 Satz 1 Nr. 4 genannten Personen den an ihrer Berufstätigkeit nach § 53a Absatz 1 Satz 1 mitwirkenden Personen anvertraut sind. [3]Satz 1 gilt entsprechend, soweit die Personen, die nach § 53a Absatz 1 Satz 1 an der beruflichen Tätigkeit der in § 53 Absatz 1 Satz 1 Nummer 4 genannten Personen mitwirken, das Zeugnis verweigern dürften.

(5) [1]Soweit das Zeugnisverweigerungsrecht der in § 53 Abs. 1 Satz 1 Nr. 5 genannten Personen reicht, ist die Beschlagnahme von Verkörperungen eines Inhalts (§ 11 Absatz 3 des Strafgesetzbuches), die sich im Gewahrsam dieser Personen oder der Redaktion, des Verlages, der Druckerei oder der Rundfunkanstalt befinden, unzulässig. [2]Absatz 2 Satz 2 und § 160a Abs. 4 Satz 2 gelten entsprechend, die Beteiligungsregelung in Absatz 2 Satz 2 jedoch nur dann, wenn die bestimmten Tatsachen einen dringenden Verdacht der Beteiligung begründen; die Beschlagnahme ist jedoch auch in diesen Fällen nur zulässig, wenn sie unter Berücksichtigung der Grundrechte aus Artikel 5 Abs. 1 Satz 2 des Grundgesetzes nicht außer Verhältnis zur Bedeutung der Sache steht und die Erforschung des Sachverhaltes oder die Ermittlung des Aufenthaltsortes des Täters auf andere Weise aussichtslos oder wesentlich erschwert wäre.

Schrifttum: Amelung, Grenzen der Beschlagnahme notarieller Unterlagen, DNotZ 1984, 195; Auffermann/Vogel, Wider die Betriebsblindheit – Verhalten bei Durchsuchungen in Arztpraxen und Krankenhäusern, NStZ 2016, 387; Bader, Das Verwendungsverbot des § 97 I 3 InsO, NZI 2009, 416; Bauer, Keine Beschlagnahmefreiheit für Unterlagen eines mit internen Ermittlungen beauftragten Rechtsanwalts, StraFo 2012, 488; Bauwens, Der Schutz der Mandantenakten bei Durchsuchung in der Kanzlei eines Steuerberaters, wistra 1988, 100; Bertheau, § 160a StPO neuer Fassung – doch offene Fragen bleiben, StV 2012, 303; Beukelmann, Beschlagnahme von Mitteilungen zwischen Anwälten und Mandanten, NJW-Spezial 2012, 504; Beulke, Beschlagnahmefreiheit von Verteidigungsunterlagen, FS Lüderssen, 2002, 693; Beulke/Ruhmannseder, Strafprozessuale Zwangsmaßnahmen in der Verteidigungssphäre, StV 2011, 180; Bringewat, Zeugnisverweigerungsrecht und Beschlagnahmeprivileg des Verteidigers, NJW 1974, 1742; Brockhaus, Der Schutz des Patientengeheimnisses und der ärztlichen Schweigepflicht, medstra 2019, 80; Brüning, Der Schutz der Pressefreiheit im Straf- und Strafprozessrecht, wistra 2007, 333; Cordes/Pannenborg, Strafprozessuale und verfassungsrechtliche Grenzen im Umgang mit Zufallsfunden, NJW 2019, 2973; Cramer, Strafprozessuale Verwertbarkeit ärztlicher Gutachten aus anderen Verfahren, NStZ 1996, 209; Creifelds, Die Beschlagnahme von Handakten des Verteidigers, GA 1960, 65; Dahs, Die Beschlagnahme von Verteidigungsmaterial und die Ausforschung der Verteidigung, GS Meyer 1990, 61; Dilling, Der Schutz von Hinweisgebern und betroffenen Personen nach der EU-Whistleblower-Richtlinie, CCZ 2019, 214; Frank/Vogel, Beschlagnahmefreiheit für Unterlagen anwaltlicher Compliance-Ombudspersonen, NStZ 2017, 313; Göppinger, Die Entbindung von der Schweigepflicht und die Herausgabe oder Beschlagnahme von Krankenblättern, NJW 1958, 241; Görtz-Leible, Die Beschlagnahmeverbote des § 97 Abs. 1 StPO im Lichte der Zeugnisverweigerungsrechte, 2000; Gropp, Zur Verwertbarkeit eigenmächtig aufgezeichneter (Telefon-) Gespräche, StV 1989, 216; Gülzow, Beschlagnahme von Unterlagen der Mandanten und bei deren Rechtsanwälten, Wirtschaftsprüfern oder Steuerberatern, NJW 1981, 265; Heinrich, Insolvenzstrafrecht im Überblick – Ein „Starterkit" für die Praxis. NZWiSt 2020, 346; Herrmann/Zeidler, Arbeitnehmer und interne Untersuchungen – ein Balanceakt, NZA 2017, 1499; Jäger, Nicht alles, was man seinem Verteidiger anvertraut, ist bei ihm sicher aufgehoben, JA 2019, 154; Jahn, Die verfassungskonforme Auslegung des § 97 Abs. 1 Nr. 3 StPO, ZIS 2011, 453; Janssen, Rechtliche Grundlagen und Grenzen der Beschlagnahme, 1995;

Kahlenberg, Schwinn, Amnestieprogramme bei Compliance-Untersuchungen im Unternehmen, CCZ 2012, 81; Kainer/Feinauer, Interne Ermittlungen im Referentenentwurf zum Verbandssanktionengesetz, NZA 2020, 363; Klengel/Buchert, Zur Einstufung der Ergebnisse einer „Internal Investigation" als Verteidigungsunterlagen im Sinne der §§ 97, 148 StPO; NStZ 2016, 383; Knauer/Gaul, Internal investigations und fair trial – Überlegungen zu einer Anwendung des Fairnessgedankens, NStZ 2013, 192; Krekeler, Zufallsfunde bei Berufsgeheimnisträgern und ihre Verwertbarkeit, NStZ 1987, 199; Krekeler, Durchsuchung und Beschlagnahme in Anwaltsbüros, FS Koch, 1989, 165; Krekeler, Beeinträchtigungen der Rechte des Mandanten durch Strafverfolgungsmaßnahmen gegen den Rechtsanwalt, NJW 1977, 1417; Kremer/van Vormizeele, Neues Rollenverständnis für Syndikusanwälte und Anwaltsprivileg, AG 2011, 245; Kunert, Das Gesetz über das Zeugnisverweigerungsrecht der Mitarbeiter von Presse und Rundfunk, MDR 1975, 885; Kunert, Erweitertes Zeugnisverweigerungsrecht der Medienmitarbeiter, NStZ 2002, 169; Küpper, Tagebücher, Tonbänder, Telefonate, JZ 1990, 416; Lemcke, Die Sicherstellung gem. § 94 StPO und deren Förderung durch die Inpflichtnahme Dritter als Mittel des Zugriffs auf elektronisch gespeicherte Daten, 1995; Lilie-Hutz/Ihwas, Ein Ausblick auf Internal Investigations nach den VW/Jones Day-Entscheidungen, NZWiSt 2018, 349; Mann, Anwaltsprivileg und Zeugnisverweigerungsrecht des unternehmensinternen Syndikus, DB 2011, 245; Mehle/Mehle, Beschlagnahmefreiheit von Verteidigungsunterlagen – insbesondere in Kartellbußgeldverfahren, NJW 2011, 1639; Michalke, Wenn der Staatsanwalt klingelt – Verhalten bei Durchsuchung und Beschlagnahme, NJW 2008, 1490; Michalowski, Schutz der Vertraulichkeit strafrechtlich relevanter Patienteninformationen, ZStW 109 (1997), 519; Momsen, Volkswagen, Jones Day und interne Ermittlungen, NJW 2018, 2362; Moosburger, § 104 Abs. 2 AO – eine gesetzlich fixierte „Umgehung" des Schutzes von Berufsgeheimnissen?, wistra 1989, 252; Naber/Ahrens, Befragung von Mitarbeitern im Rahmen von Internal Investigations – Vorgehensweise und aktuelle Herausforderungen, CCZ 2020, 36; Peters/Klingberg, Die Entbindung von der Schweigepflicht bei Wirtschaftsprüfern und gemischten Sozietäten durch juristische Personen, ZWH 2012, 11; Priebe, Die Entbindung des Wirtschaftsprüfers und des Steuerberaters von der Schweigepflicht durch den Insolvenzverwalter, ZIP 2011, 312; Queling/Bayer, Beschlagnahmeverbot gem. § 97 Abs. 1 Nr. 3 StPO im Hinweisgebersystem unter Einsatz von Ombudsanwälten, NZWiSt 2016, 417; Quermann, Durchsuchung und Beschlagnahme beim steuerlichen Berater, wistra 1988, 254; Ransiek, Durchsuchung, Beschlagnahme und Verwertungsverbot, StV 2002, 565; Raum, Die Verwertung unternehmensinterner Ermittlungen, StraFo 2012, 395; Rieder/Menne, Internal Investigations – Rechtslage, Gestaltungsmöglichkeiten und rechtspolitischer Handlungsbedarf, CCZ 2018, 203; Rogall, Artenschutz für Medienmitarbeiter? Das neue Zeugnisverweigerungsrecht der Presse, Lampe-FS, 2003, 805; Rotsch/Mutschler/Grobe, Der Regierungsentwurf zum Verbandssanktionengesetz – kritische Analyse und Ausblick, CCZ 2020, 169; Ruhmannseder, Die Vertrauensbeziehung zwischen Strafverteidiger und Mandant – (k)ein beschlagnahme- und beleidigungsfreier Raum?, NJW 2009, 2647; Samson, Im Irrgarten von Zeugnisverweigerungsrecht und Beschlagnahmefreiheit, StV 2000, 55; H. Schäfer, Die Beschlagnahme von Handelsbüchern beim Steuerberater, wistra 1985, 12; H. Schäfer, Der Konkursverwalter im Strafverfahren, wistra 1985, 209; G. Schäfer, Zum Schutz der Verteidigung gegen Zugriffe der Strafverfolgungsorgane, in Ebert et al. (Hrsg.), Hanack-FS, 1999, 77; P. Schmitt, Probleme des Zeugnisverweigerungsrechts (§ 53 I Nr. 3 StPO, § 383 Nr. 6 ZPO) und des Beschlagnahmeverbots (§ 97 StPO) bei Beratern juristischer Personen – zugleich ein Betrag zu der Entbindungsbefugnis des Konkursverwalters, wistra 1993, 9; Schmidt, Die Ausnahme vom Beschlagnahmeverbot gem. § 97 II, 3, 1. HS StPO, 1989; Schmidt, Die Beschlagnahme von Geschäftsunterlagen beim Zeugnisverweigerungsberechtigten, wistra 1991, 245; Schork, Das Gesetz zur Stärkung der Pressefreiheit im Straf- und Strafprozessrecht – Vorstellung und Kritik, NJW 2012, 2694; Schreiber, Die Beschlagnahme von Unterlagen beim Steuerberater, 1993; Schröder/Kroke, Erosion der strafprozessualen Stellung des Wirtschaftsprüfers durch die Berufsaufsicht?, wistra 2010, 466; Schuhmann, Zur Beschlagnahme von Mandantenunterlagen bei den Angehörigen der Rechts- und steuerberatenden Berufe, wistra 1995, 50; Spangenberg, Umfang und Grenzen der Beschlagnahmeverbote gemäß § 97 StPO in der steuerlichen Beratungspraxis, Diss. Bonn, 1992; Stahl, Beschlagnahme der Anderkonten von Berufsgeheimnisträgern bei Kreditinstituten, wistra 1990, 94; Starke, Rudolphi-Symposium, Beschlagnahme von im Auftrag des Beschuldigten erstellten Sachverständigengutachten, 1995, S. 81; Süße, Auch die vor einer formellen Beschuldigtenstellung angefertigten Unterlagen können Verteidigungsunterlagen sein, Newsdienst Compliance 2019, 21002; Trüg/Ulrich, Speicherung mandatsbezogener Unterlagen aus internal investigations auf im Ausland belegenen Servern, NZWiSt 2021, 1; Tully/Kirch-Heim, Zur Entbindung von Rechtsbeiständen juristischer Personen von der Verschwiegenheitspflicht gemäß § 53 Abs. 2 Satz 1 StPO, NStZ 2012, 657; Tsambikakis, Das neue Zeugnisverweigerungsrecht bei Medienmitarbeiter, StraFo 2002, 145; Volk, Durchsuchung und Beschlagnahme von Geschäftsunterlagen beim Steuerberater, DStR 1998, 338; Wasmuth, Beschlagnahme von Patientenkarteien und Krankenscheinen im Strafverfahren wegen Abrechnungsbetruges des Arztes, NJW 1989, 2297; Wehnert, Die Verwertung unternehmensinterner Ermittlungen, StraFo 2012, 253; Weinmann, Die Beschlagnahme von Geschäftsunterlagen des Beschuldigten bei Zeugnisverweigerungsberechtigten, FS Dünnebier, 1982, S. 199; Welp, Die Geheimsphäre des Verteidigers in ihrer strafprozessualen Funktion, FS Gallas, 1973, 391; Weyand, Arzt- und Steuergeheimnis als Hindernis für die Strafverfolgung, wistra 1990, 4; Wimmer, Ermittlungsmaßnahmen gegen Konzerne: Die Regelungen der Strafprozessordnung als adäquate Ermächtigung zum Eingriff in die Grundrechte juristischer Personen?, NZWiSt 2017, 252; Wolter, Alternativen zum Regierungs-Entwurf 2007 zur Neuregelung der Ermittlungsmaßnahmen, GA 2007, 183; Wostry, Kritische Betrachtung ausgewählter Aspekte der Entscheidungen des BVerfG zur Beschlagnahme von Dokumenten aus internal investigations, NZWiSt 2018, 356.

Übersicht

I. Überblick

1 **1. Normzweck.** § 97 ergänzt die Regelungen über das Zeugnisverweigerungsrecht und betrifft das Verhältnis des Beschuldigten zu aussageberechtigten Zeugen.[1] Die Vorschrift normiert im Verfahren gegen einen Beschuldigten ein Beschlagnahmeverbot hinsichtlich der dort genannten Beweismittel, die sich im Regelfall im Gewahrsam zeugnisverweigerungsberechtigter Personen befinden, wenn andernfalls durch die Beschlagnahme das Zeugnisverweigerungsrecht nach §§ 52, 53, 53a umgangen würde.[2]

2 **2. Anwendungsbereich.** Aus § 97 folgt nicht nur ein Beschlagnahmeverbot, sondern auch, dass die Anordnung und anschließende Durchführung einer **Durchsuchung** zur Sicherstellung von Gegenständen, die unter § 97 fallen, unzulässig ist. Die Beschränkung gilt ferner für die einstweilige Beschlagnahme nach § 108 Abs. 1.[3] Ein Zeugnisverweigerungsrecht kann nur dann wirksam geschützt werden kann, wenn auch **Surrogate** dem Zugriff der Strafverfolgungsorgane nicht ausgesetzt sind.

3 **Berufsgeheimnisträger** werden nur soweit geschützt, wie ihr Zeugnisverweigerungsrecht im Verfahren gegen den Beschuldigten reicht[4] und nicht, wenn ihr Individualinteresse

---

[1] BVerfG 27.10.2003 – 2 BvR 2211/00, NStZ-RR 2004, 83 (84); 10.12.2010 – 1 BvR 2020/04, ZUM-RD 2011, 137; BGH 13.11.1997 – 4 StR 404/97, NJW 1998, 840; OLG Frankfurt a. M. 22.8.2001 – 2 AuslS 10/01, NJW 2002, 1135; Spangenberg Beschlagnahmeverbote S. 106 ff.

[2] BVerfG 8.3.1972 – 2 BvR 28/71, BVerfGE 32, 373 (385) = NJW 1972, 1123 (1125); Michalowski ZStW 109 (1997), 519 (542); Köhler in Meyer-Goßner/Schmitt Rn. 1; Wohlers/Greco in SK-StPO Rn. 1; Greven in KK-StPO Rn. 1; Amelung DNotZ 1984, 195 (198); Bringewat NJW 1974, 1742; Mehle/Mehle NJW 2011, 1639; Lemke Die Sicherstellung S. 153.

[3] BVerfG 20.5.2010 – 2 BvR 1413/09, NJW 2010, 2937; BGH. 27.3.2009 – 2 StR 302/08, NJW 2009, 2690; Ruhmannseder NJW 2009, 2647; Cordes/Pannenborg NJW 2019, 2973 (2974).

[4] BVerfG 5.8.1966 – 1 BvR 586/62, 610/63, 512/64, BVerfGE 20, 162 (188) = NJW 1966, 1603 (1607); 8.3.1972 – 2 BvR 28/71, BVerfGE 32, 373 (385) = NJW 1972, 1123 (1125); BGH 13.11.1997 – 4 StR 404/97, BGHSt 43, 300 = NJW 1998, 840; 27.3.2009 – 2 StR 302/08, BGHSt 53, 257 (260) = NJW 2009, 2690 (2691) mAnm Bauer JZ 2010, 103.

als selbst beschuldigte Personen betroffen ist.[5] Auf andere Berufsgruppen, bspw. Insolvenzverwalter,[6] Verkehrsunfallakten des Arbeitgebers[7] oder Schadensversicherer,[8] ist die Vorschrift nicht analog anwendbar.[9]

4 § 97 bezieht sich lediglich auf **Beweismittel** nach § 94, nicht auf Einziehungsgegenstände nach **§§ 111b ff.** Diese dürfen stets bei Personen beschlagnahmt werden, die zeugnisverweigerungsberechtigt sind, auch wenn die Gegenstände zugleich als Beweismittel in Betracht kommen.[10]

5 Die Grenzen des aus § 97 folgenden Beschlagnahmeverbots sollen durch **§ 160a** nicht verändert werden. Nach § 160a Abs. 5 bleiben §§ 97, 100d Abs. 5 und § 100g Abs. 4 unberührt und gehen als Spezialregelungen vor (→ Rn. 64).[11] Insoweit besteht auch kein Verstoß gegen Verfassungsrecht.[12] § 97 Abs. 1 Nr. 3 betrifft nur Gegenstände, die im Vertrauensverhältnis zwischen dem Berufsgeheimnisträger und dem Mandanten entstanden sind, oder die spezifisches Verteidigungsmaterial darstellen, auf das sich das Vertrauensverhältnis zwischen Verteidiger und Mandanten erstreckt. Die Norm erfasst – enger als § 160a – nicht solche Beweisurkunden, die keine Kommunikationsinhalte aus dem Mandatsverhältnis verkörpern und keine originären Verteidigungsunterlagen, sondern unabhängig davon entstandene Beweismittel sind. Der Verteidiger darf „Überführungsstücke", auf die ein staatlicher Beschlagnahmezugriff zielt, nicht in seinen Räumen verstecken.[13] Diese Gegenstände sind ihm nicht zum Zwecke der Strafverteidigung, sondern gerade zur Strafvereitelung übergeben worden. Sie unterliegen daher keinem Geheimschutz.[14] Auch auf selbst beschuldigte Zeugnisverweigerungsberechtigte ist § 97 nicht anwendbar (vgl. § 97 Abs. 2 S. 2).

6 Neben § 97 können sich **weitere Beschlagnahmeverbote** in Fällen ergeben, in denen der Beschuldigte aufgrund gesetzlicher Auskunftsverpflichtungen, bspw. nach § 97 Abs. 1 S. 3 InsO[15] oder § 93 Abs. 1 S. 1 AO, Angaben macht. Hier ist bei einer rechtswidrigen Beschlagnahme aufgrund Verstoßes gegen den Grundsatz „nemo tenetur se ipsum accusare" von einem Verwertungsverbot auszugehen.[16] Im Übrigen besteht von Verfassungs wegen kein Rechtssatz des Inhalts, dass im Falle einer rechtsfehlerhaften Beweiserhebung die Verwertung der gewonnenen Beweise stets unzulässig wäre. Es bedarf daher einer näheren Begründung dafür, warum ausnahmsweise über das geschriebene Strafprozessrecht hinaus unmittelbar von Verfassungs wegen ein Zeugnisverweigerungsrecht oder ein dieses Recht flankierendes Beschlagnahmeverbot bestehen sollen. Fehlt es an einer eindeutigen Begründung für das Vorliegen eines Ausnahmefalles, welche die Beschränkung der Strafverfolgungstätigkeit über gesetzliche Ausnahmetatbestände hinaus rechtfertigen soll, dann geht das öffentliche Interesse an vollständiger Wahrheitsermittlung im Strafverfahren dem Geheimhaltungsinteresse des Betroffenen vor. Im Ausland durch Privatpersonen rechtswidrig erlangte Steuerdaten, die ein Informant etwa aus Liechtenstein auf einem Datenträger an den Bundesnachrichtendienst weitergegeben hat, sind selbst dann verwertbar, wenn die Beschaffung der Daten nicht mit geltendem Recht übereinstimmt.[17] In Einzelfällen, unter

---

5 BGH 27.3.2009 – 2 StR 302/08, BGHSt 53, 257 (260) = NJW 2009, 2690 (2691); LG Potsdam 8.1.2007 – 25 Qs 60/06, JR 2008, 260; Wasmuth NJW 1989, 2297 (2302).

6 LG Potsdam 8.1.2007 – 25 Qs 60/06, JR 2008, 280; LG Saarbrücken 2.2.2010 – 2 Qs 1/10, ZInsO 2010, 431.

7 LG Hamburg 5.6.1984 – 33 Qs 643/84, MDR 1984, 867; Köhler in Meyer-Goßner/Schmitt Rn. 2.

8 BVerfG 10.2.1981 – 2 BvR 46/81, zfs 1982, 13; vgl. auch LG Hamburg 6.6.1984 – 33 Qs 643/84, MDR 1984, 867.

9 Joecks in Radtke/Hohmann Rn. 1; Gercke in Gercke/Julius/Temming/Zöller Rn. 2.

10 Vgl. LG Frankfurt a. M. 25.11.1958 – 5/5 Qs 205/58, NJW 1959, 543.

11 Jahn ZIS 2011, 453 (466).

12 Nunmehr klarstellend BVerfG 27.6.2018 – 2 BvR 1405/17, 2 BvR 1780/17, NJW 2018, 2385.

13 BGH 8.8.2018 – 2 ARs 121/18, NJW 2018, 3261.

14 LG Fulda 12.10.1999 – 2 Qs 51/99, NJW 2000, 1508.

15 Bader NZI 2009, 416.

16 Wohlers/Greco in SK-StPO Rn. 8; Joecks in Radtke/Hohmann Rn. 2.

17 BVerfG 9.11.2010 – 2 BvR 2101/09, NJW 2011, 2417. Anzumerken ist, dass nach den Beschlussgründen weder der Bundesnachrichtendienst noch die Strafverfolgungsbehörden veranlasst hätten, dass die Daten

„ganz besonders strengen Voraussetzungen",[18] kann ein Beschlagnahmeverbot unmittelbar aus dem **Grundgesetz** folgen, wenn wegen der Eigenart des Beweisthemas in grundrechtlich geschützte Bereiche unter Verstoß gegen den Verhältnismäßigkeitsgrundsatz eingegriffen wird.[19] Ein Beschlagnahmeverbot könnte sich aus Art. 5 GG[20] oder bei besonders geschützten Verteidigungsunterlagen, die allerdings nicht willkürlich als solche deklariert werden dürfen,[21] ergeben. Ferner kommen Beschlagnahmeverbote in Betracht, wenn Anhaltspunkte für die Betroffenheit eines besonders sensiblen Bereichs der Privatsphäre bestehen. Die Beschlagnahme von höchstpersönlichen Tagebuchaufzeichnungen ist unzulässig, wenn von vornherein feststeht, dass diese zum absolut geschützten Kernbereich persönlicher Lebensgestaltung gehören. Hierzu können auch Tonband- und Lichtbildaufnahmen sowie private Aufzeichnungen zählen (→ § 94 Rn. 39).[22]

Ein aus der **Verletzung des Völkerrechts** abgeleitetes inländisches Verwertungsverbot 7
kann sich bei unzulässigen Eingriffen in das Souveränitätsrecht eines anderen Staates ergeben,[23] insbesondere wenn der betreffende Staat einer Verwertung der erlangten Beweismittel bereits im Vorfeld widersprochen hat.[24] Ansonsten unterliegen Beweise trotz Nichteinhaltung der maßgeblichen rechtshilferechtlichen Bestimmungen keinem Beweisverwertungsverbot, wenn die Beweise auch bei Beachtung des **Rechtshilferechts** durch den ersuchten und den ersuchenden Staat hätten erlangt werden können. Ein auf die Nichteinhaltung der rechtshilferechtlichen Bestimmungen über die Beweiserhebung im Ausland gestütztes Verwertungsverbot kann nicht ohne Weiteres aus dem individualschützenden Charakter der entsprechenden Regelungen bzw. aus völkerrechtlichen Grundsätzen wie dem allgemeinen Fairnessgebot des **Art. 6 Abs. 1 EMRK** abgeleitet werden.[25]

II. Erläuterung

1. Verfahren gegen einen Beschuldigten. Die Beschlagnahmefreiheit bezieht sich 8
stets auf Verfahren, die gegen einen konkreten Beschuldigten (Abs. 1), der nicht selbst Zeugnisverweigerungsberechtigter ist, eingeleitet sind.[26] Es ist ausreichend, wenn die Beschlagnahme den ersten Verfolgungsakt gegen den Beschuldigten darstellt.[27] Nicht erforderlich ist die Einleitung eines förmlichen Ermittlungsverfahrens.[28] Keine Anwendung findet § 97 bei Verfahren gegen Unbekannt. Im Einzelfall kann die Vorschrift zugunsten von bereits absehbar Verdächtigen zur Anwendung kommen.[29]

Ein Beschlagnahmeverbot besteht auch nach **Abtrennung** einzelner Beschuldigter aus 9
dem Verfahren fort, es sei denn, die Vorwürfe beziehen sich auf völlig verschiedene Sachver-

hergestellt, beschafft oder auf sonstige Weise erfasst worden seien. Ein Verstoß gegen das Trennungsgebot sei auszuschließen (Rn. 59 des Beschlusses).

18 Gercke in Gercke/Julius/Temming/Zöller Rn. 3.

19 BVerfG 12.4.2005 – 2 BvR 1027/02, BVerfGE 113, 29 = NJW 2005, 1917 (1922); 27.10.2003 – 2 BvR 2211/00, BVerfGK 2, 97 = NStZ-RR 2004, 83; BGH 13.11.1997 – 4 StR 404/97, BGHSt 43, 300 = NStZ 1998, 471; Hartmann in HK-GS Rn. 1.

20 BVerfG 28.11.1973 – 2 BvL 42/71, BVerfGE 36, 193.

21 BVerfG 30.1.2002 – 2 BvR 2248/00, NStZ 2002, 377; BGH 25.2.1998 – 3 StR 490/97, BGHSt 44, 50; Zur Sonderstellung des Verteidigers vgl. Beulke FS Lüderssen, 2002, 713; G. Schäfer FS Hanack, 1999, 77 (88 ff.).

22 BVerfG 31.1.1973 – 2 BvR 454/71, BVerfGE 34, 238 = NJW 1973, 891; 14.9.1989 – 2 BvR 1062/87, BVerfGE 80, 367 = NJW 1990, 563; BGH 22.12.2011 – 2 StR 509/10, NJW 2012, 945; Gropp StV 1989, 216; Küpper JZ 1990, 416.

23 BGH 8.4.1987 – 3 StR 11/87, BGHSt 34, 334 (342 f.); 21.11.2012 – 1 StR 310/12, wistra 2013, 282.

24 Bär EDV-Beweissicherungen-HdB ZIS 2011, 53 (59).

25 EGMR 10.3.2009 – 4378/02, NJW 2010, 213 – Bykov ./. Russland; BVerfG 17.7.1985 – 2 BvR 1190/84, NStZ 1986, 178; BGH 21.11.2012 – 1 StR 310/12, wistra 2013, 282.

26 BGH 20.5.2010 – 2 BvR 1413/09, NJW 2010, 2937; Beulke/Ruhmannseder StV 2011, 180 (183); Krekeler NStZ 1987, 199 (201); Weyand wistra 1990, 4 (5).

27 OLG Celle 23.11.1962 – 3 Ws 280/62, NJW 1963, 406 (406 f.).

28 BVerfG 27.6.2018 – 2 BvR 1405/17, 2 BvR 1780/17, NJW 2018, 2385; Görtz-Leible Beschlagnahmeverbote S. 224.

29 Hartmann in HK-GS Rn. 2.

halte bzw. unterschiedliche prozessuale Taten. Im Hinblick auf die prozessuale Gemeinsamkeit darf eine den Beschuldigten schützende Verfahrensregel nicht durch den formalen Akt einer Verfahrenstrennung beseitigt werden.[30]

10 Das Beschlagnahmeverbot nach Abs. 1 Nr. 1 gilt auch, soweit der Verteidiger im Zusammenhang mit der Vorbereitung des **Wiederaufnahmeverfahrens** als Zeugenbeistand für den Verurteilten tätig ist.[31]

11 **2. Beschlagnahmefreie Gegenstände (Abs. 1).** Dazu gehören solche Gegenstände, die „Wissen" des Zeugnisverweigerungsberechtigten verkörpern, das ihm vom Beschuldigten anvertraut oder sonst wie bekannt geworden ist.[32]

12 **a) Schriftliche Mitteilungen (Abs. 1 Nr. 1).** Dem Beschlagnahmeverbot unterliegen **schriftliche Mitteilungen** zwischen dem Beschuldigten und den nach § 52 oder § 53 Abs. 1 S. 1 Nr. 1–3b zeugnisverweigerungsberechtigten Personen. Bei dem in § 53 genannten Personenkreis ist darauf abzustellen, dass die Mitteilung einen Inhalt hat, der zur Verweigerung des Zeugnisses berechtigt.[33] Dagegen sind bei dem in § 52 genannten Personenkreis Zweck und Inhalt der Mitteilung irrelevant.[34]

13 Der Begriff „schriftliche Mitteilungen" erfasst alle **Gedankenäußerungen,** die ein Absender einem Empfänger zwecks Kenntnisnahme übermittelt.[35] Hierzu gehören Briefe, Karten, schriftliche Anmerkungen, Zeichnungen, Skizzen sowie gedankliche Äußerungen, die entsprechend § 11 Abs. 3 StGB auf Ton- oder Bildträgern, in Datenspeichern, Abbildungen oder anderen Verkörperungen (etwa als E-Mail oder Textnachricht) enthalten sind.[36] Geschützt ist nicht nur das Original, sondern auch eine **Kopie/Durchschrift** oder eine Ablichtung der schriftlichen Mitteilung, unabhängig davon, ob bei ihrer Fertigung ein Dritter geholfen oder sie geschrieben hat. Die Mitteilung ist entstanden, auch wenn sie noch nicht versandt, aber schon zum Übermitteln bestimmt ist.[37]

14 **b) Aufzeichnungen (Abs. 1 Nr. 2).** Hierzu gehören auf Informationsträger jeder Art festgehaltene, anvertraute Mitteilungen oder Wahrnehmungen der nach § 53 Abs. 1 S. 1 Nr. 1–3b zeugnisverweigerungsberechtigten Personen, soweit es sich nicht um Mitteilungen an Dritte handelt.[38] Die Aufzeichnungen müssen sich auf das Vertrauensverhältnis zwischen dem Beschuldigten und dem Zeugnisverweigerungsberechtigten beziehen. So unterliegen der Prüfungsbericht eines Wirtschaftsprüfers über den Jahresabschluss einer Kommanditgesellschaft, aber auch Entwürfe von Schriftsätzen, Verträgen, Bilanzen und Steuererklärungen, dem Beschlagnahmeverbot. Als weitere Aufzeichnungen kommen in Betracht:[39] ärztliche Krankenblätter sowie Krankenakten, diese beinhalten regelmäßig Wahrnehmungen des Arztes zu Krankheitssymptomen und weitere Ausführungen zu Diagnosen und zur Therapie,[40] Handakten des Rechtsanwalts/Verteidigers,[41] Retenturkunden des Notars[42] und Kontounterlagen über ein Anderkonto im Gewahrsam eines Rechtsanwalts oder Notars.

15 **c) Andere Gegenstände (Abs. 1 Nr. 3 und Abs. 4).** § 97 Abs. 1 Nr. 3 erweitert das Beschlagnahmeverbot auf andere Gegenstände, auf die sich das Zeugnisverweigerungsrecht

[30] BGH 13.11.1997 – 4 StR 404/97, BGHSt 43, 300 = NStZ 1998, 471; OLG München 30.11.2004 – 3 Ws 720–722/04, NStZ 2006, 300 f.
[31] BGH 28.6.2001 – 1 StR 198/01, NJW 2001, 3793.
[32] Gercke in Gercke/Julius/Temming/Zöller Rn. 13; Görtz-Leible Beschlagnahmeverbote S. 225.
[33] BGH 20.9.1979 – 4 StR 364/79, NStZ 1981, 94; aA Amelung DNotZ 1984, 195 (201); Janssen Beschlagnahme S. 93 ff.
[34] Joecks in Radtke/Hohmann Rn. 25.
[35] BGH 25.2.1998 – 3 StR 490/97, BGHSt 44, 46 (48); Köhler in Meyer-Goßner/Schmitt Rn. 28.
[36] BVerfG 30.1.2002 – 2 BvR 2248/00, NStZ 2002, 377.
[37] Gercke in Gercke/Julius/Temming/Zöller Rn. 17.
[38] BVerfG 30.1.2002 – 2 BvR 2248/00, NStZ 2002, 377; Hartmann in HK-GS Rn. 13.
[39] Ausführlich Gercke in Gercke/Julius/Temming/Zöller Rn. 23 ff.
[40] Gercke/Leimenstoll/Stirner MedStrafR-HdB Rn. 1576; Park Durchsuchung Rn. 569.
[41] BT-Drs. 1/3713, 49; vgl. auch Creifelds GA 1960, 65.
[42] LG Köln 7.4.1981 – 117 (62) Qs 3/80, NJW 1981, 1746.

der in § 53 Abs. 1 Nr. 1–3b genannten Personen erstreckt.[43] Gegenüber Abs. 1 Nr. 1 und 2 stellt Abs. 1 Nr. 3 einen Auffangtatbestand dar, um solche Gegenstände zu erfassen, die nicht als schriftliche Mitteilungen und Aufzeichnungen angesehen werden. Abs. 1 Nr. 3 umfasst alle ausschließlich im Zusammenhang mit der Vertrauensbeziehung zwischen dem Beschuldigten und dem Zeugnisverweigerungsberechtigten stehenden Gegenstände, nicht jedoch solche, die außerhalb des geschützten Vertrauensverhältnisses stehen.[44] Dieses erstreckt sich aufgrund des Schutzzwecks der Norm **nicht auf Drittgeheimnisse,** die der Zeugnisverweigerungsberechtigte im Zusammenhang mit seiner Berufsausübung erlangt hat. Das Beschlagnahmeverbot kann nicht weiterreichen als in Abs. 1 Nr. 1 und 2, in denen diese Beschränkung auf das Verhältnis Berufsgeheimnisträger zum beschuldigten Auftraggeber ausdrücklich genannt ist,[45] denn § 97 steht in einem untrennbaren Zusammenhang mit dem Zeugnisverweigerungsrecht gegenüber dem Beschuldigten und bildet als Umgehungsschutz dessen notwendige Ergänzung. Nicht notwendig ist, dass der Gegenstand erst im Rahmen des dem Zeugnisverweigerungsrecht zugrunde liegenden Vertrauensverhältnis entstanden ist. Ansonsten würden Buchhaltungs- und Geschäftsunterlagen, die beim Steuerberater beschlagnahmt werden sollen, keinem Beschlagnahmeverbot unterliegen, weil diese Unterlagen nicht aus dem Berater-Mandantenverhältnis hervorgegangen sind. Im Ergebnis würde dieses jedoch unter Berücksichtigung des Zeugnisverweigerungsrechts des Steuerberaters, dass sich beispielsweise auf die wirtschaftliche Lage seines Mandanten bezieht, zu einer Aushöhlung des Zeugnisverweigerungsrechts führen.[46]

Beispiele: Zu den anderen Gegenständen iSd Abs. 1 Nr. 3 zählen neben im Gesetz genannten ärztlichen Untersuchungsbefunden,[47] wie die von einem Arzt aus dem Körper des Beschuldigten entfernten Fremdkörper (zB eine Schusskugel),[48] auch technische Untersuchungsbefunde, wie etwa Röntgenaufnahmen, Kardio- oder Elektroencephalogramme, Fieberkurven,[49] Alkoholbefunde, Blutbilder, vom Beschuldigten in Auftrag gegebene Sachverständigengutachten[50] sowie Buchführungs- und Buchhaltungsunterlagen.[51] 16

d) Verkörperungen eines Inhalts (Abs. 5 S. 1). Abs. 5 Satz 1 wurde mit Wirkung vom 1.1.2021 durch Gesetz vom 30.11.2020 (BGBl. I S. 2600) geändert. Inhalte im Sinne der Vorschriften, die auf § 11 Abs. 3 StGB verweisen, sind solche, die in Schriften, auf Ton- oder Bildträgern, in Datenspeichern,[52] Abbildungen oder anderen Verkörperungen enthalten sind oder auch unabhängig von einer Speicherung mittels Informations- oder Kommunikationstechnik übertragen werden. 17

3. Gewahrsam des Zeugnisverweigerungsberechtigten. Der Beweisgegenstand muss sich nach Abs. 2 S. 1 grds. im Gewahrsam des Zeugnisverweigerungsberechtigten befinden.[53] Wenn das Beweismittel den geschützten Bereich verlassen hat und zeugnispflichtige Dritte dadurch die Möglichkeit der Kenntnisnahme erhalten, verliert es seine Schutzwürdigkeit. 18

---

43 Grundlegend BVerfG 27.6.2018 – 2 BvR 1405/17, 2 BvR 1780/17, NJW 2018, 2385.

44 vgl. auch LG Bonn 21.6.2012 – 27 Qs 2/12, NZWiSt 2013, 21 (24); LG Hamburg 15.10.2010 – 608 Qs 18/10, NJW 2011, 942; aA Gercke in Gercke/Julius/Temming/Zöller Rn. 31; Park Durchsuchung Rn. 573.

45 LG Hildesheim 29.10.1981 – 12 Qs 192/81, NStZ 1982, 394; LG Meiningen 5.1.2012 – 2 Qs 212/11, juris = BeckRS 2012, 2831; Samson StV 2000, 55 (56); Schröder/Kroke wistra 2010, 466 (468); aA Gercke in Gercke/Julius/Temming/Zöller Rn. 31; Krekeler NStZ 1987, 199 (201).

46 Vgl. umfassend mwN Park Durchsuchung Rn. 573 f.; ebenfalls bezogen auf das Zeugnisverweigerungsrecht. Niemeyer/Grube in WirtschaftsStrafR-HdB Rn. 11_107.

47 BVerfG 27.6.2018 – 2 BvR 1405/17, 2 BvR 1780/17, NJW 2018, 2385.

48 OLG Nürnberg 17.8.1956 – Ws 267/56, NJW 1958, 272.

49 OLG Celle 30.9.1964 – 3 Ws 362/64, MDR 1965, 225.

50 Starke Rudolphi-Symposium, S. 81, 83 ff.

51 LG Dresden 22.1.2007 – 5 Qs 34/06, NJW 2007, 2709; Schmidt wistra 1991, 245 (246); Weinmann FS Dünnebier, 1982, 199 (199 ff.); Park Durchsuchung Rn. 571.

52 BVerfG 20.9.2018 – 2 BvR 708/18, NJW 2018, 3571.

53 LG Mannheim 3.7.2012 – 24 Qs 1/12, NStZ 2012, 713.

19 **Gewahrsam** ist das von einem Herrschaftswillen getragene Herrschaftsverhältnis.[54] Der Zeugnisverweigerungsberechtigte muss tatsächliche Verfügungsgewalt über die geschützten Beweismittel haben.[55] Es kommt hierbei auf die **Sachherrschaft** an. Ausreichend ist eine mittelbare Verfügungsgewalt, so bspw. bei einem Bankschließfach.[56] § 97 verlangt keinen Alleingewahrsam,[57] daher genügt auch der **Mitgewahrsam** durch den Zeugnisverweigerungsberechtigten, es sei denn der Beschuldigte hat an dem Beweisgegenstand Mitgewahrsam.[58] Das Beschlagnahmeverbot gilt auch dann, wenn etwa ein Rechtsanwalt Mit- oder Alleingewahrsam an den von einem Beschlagnahmeverbot betroffenen Gegenständen innehat und zugleich in seinen Kanzleiräumen einen Beruf ausübt, der nicht zur Verweigerung des Zeugnisses berechtigt.[59] Nicht ausreichend ist jedoch, wenn der Beschuldigte lediglich die Herausgabe des Gegenstandes an sich fordern kann. Allein der Anspruch des Beschuldigten auf Herausgabe bspw. von Unterlagen gegenüber seinem Verteidiger begründet noch keine faktische Verfügungsherrschaft über die Beweismittel, da es an einer unmittelbaren tatsächlichen Zugriffsmöglichkeit fehlt.[60] Zulässig ist die Beschlagnahme von Kontounterlagen über ein Rechtsanwalts- und Notar-Anderkonten bei dem kontoführenden Kreditinstitut.[61]

20 Bei **Unternehmen** ist derjenige Gewahrsamsinhaber, der den Gegenstand tatsächlich und rechtlich beherrscht. Bei juristischen Personen sind das die zur Geschäftsführung berufenen Organe.[62]

20a Bei **E-Mails** gilt: Gewahrsam an ankommenden und gespeicherten E-Mails besteht nicht nur, wenn sie auf dem Rechner des zeugnisverweigerungsberechtigten Zeugen gespeichert sind,[63] sondern auch dann, wenn sie sich bereits im Herrschaftsbereich des Empfängers, also schon auf dem E-Mail-Postfach der zeugnisverweigerungsberechtigten Person beim Provider befinden.[64]

21 Das Gewahrsamserfordernis gilt nicht für **Verteidigungsunterlagen** (§ 148 Abs. 1, → Rn. 30).[65] Dazu gehören auch solche Aufzeichnungen, die sich ein Beschuldigter erkennbar zu seiner Verteidigung in dem gegen ihn laufenden Strafverfahren angefertigt hat.[66] Falls sich solche Unterlagen bei dem Beschuldigten oder auf dem Postweg befinden, sind diese – über den Wortlaut des Abs. 2 S. 1 hinaus – gemäß Art. 2 Abs. 1 GG iVm Art. 20 Abs. 3 GG; Art. 6 Abs. 3 EMRK beschlagnahmefrei.[67] In einem Strafverfahren gegen einen Strafverteidiger stehen allerdings die §§ 97, 148 der Beschlagnahme und Verwertung seiner Schreiben an den Mandanten nicht entgegen.[68] Das Gewahrsamserfordernis besteht ferner nicht für **Abgeordnete** (→ Rn. 46).

22 Bei **Ärzten und anderen im Gesetz aufgeführten Heilberufen** war nach Abs. 2 S. 2 aF, der durch das Gesetz zur Neuregelung des Schutzes von Geheimnissen bei der

---

54 Joecks in Radtke/Hohmann Rn. 5; Hartmann in HK-GS Rn. 5; Lemcke Die Sicherstellung S. 60 ff.; Spangenberg Beschlagnahmeverbote S. 147; Beulke FS Lüderssen, 2002, 693 (714); Wohlers/Greco in SK-StPO Rn. 16.

55 LG Würzburg 20.9.1989 – Qs 323/89, wistra 1990, 118.

56 Köhler in Meyer-Goßner/Schmitt Rn. 11.

57 BVerfG 12.1.2016 – 1 BvL 6/13, NJW 2016, 700.

58 BGH 4.8.1964 – 3 StB 12/63, BGHSt 19, 374; LG Frankfurt a. M. 17.12.1992 – 5/26 Qs 41/92, StV 1993, 351; LG Bonn 29.9.2005 – 37 Qs 27/05, NStZ 2007, 605; Schmidt wistra 1991, 245 (247 f.); Schuhmann wistra 1995, 50; Beulke FS Lüderssen, 2002, 693 (714); Menges in Löwe/Rosenberg Rn. 28 f.; Wohlers/Greco in SK-StPO Rn. 17.

59 BGH 21.3.2017 – AnwZ (Brfg) 3/17, NJW-RR 2017, 684.

60 LG Fulda 12.10.1999 – 2 Qs 51/99, StV 2000, 548 (551); Janssen Beschlagnahme S. 99; Greven in KK-StPO Rn. 8.

61 BVerfG 9.10.1989 – 2 BvR 1558/89, wistra 1990, 97; OLG Frankfurt a. M. 22.8.2001 – 2 AuslS 10/01, NJW 2002, 1135 (1136).

62 Gercke in Gercke/Julius/Temming/Zöller Rn. 35.

63 Greven in KK-StPO Rn. 8.

64 BVerfG 16.6.2009 – 2 BvR 902/06, NJW 2009, 2431.

65 Joecks in Radtke/Hohmann Rn. 5.

66 BGH 25.2.1998 – 3 StR 490/97, NJW 1998, 1963 (1963 ff.); LG Mainz 23.5.1986 – 5 Qs 4/86, NStZ 1986, 473; LG Gießen 25.6.2012 – 7 Qs 100/1, wistra 2012, 409; Mehle/Mehle NJW 2011, 1639.

67 LG Bonn 21.6.2012 – 27 Qs 2/12, NZKart 2013, 204.

68 BVerfG 20.5.2010 – 2 BvR 1413/09, NJW 2010, 2937.

Mitwirkung Dritter an der Berufsausübung schweigepflichtiger Personen vom 30.10.2017 (BGBl. 2017 I S. 3618; Inkrafttreten am 9.11.2017) aufgehoben wurde, der Gewahrsam der Krankenanstalt oder ihres Dienstleisters ausreichend. § 53a macht Abs. 2 S. 2 aF nunmehr überflüssig. Den Berufsgeheimnisträgern nach § 53 Abs. 1 S. 1 Nr. 1–4 stehen nach § 53a die Personen gleich, die im Rahmen eines Vertragsverhältnisses, einer berufsvorbereitenden Tätigkeit oder einer sonstigen Hilfstätigkeit an deren beruflicher Tätigkeit mitwirken. Damit sind auch Krankenanstalten oder Dienstleister, die für Ärzte, Zahnärzte, Psychologische Psychotherapeuten, Kinder- und Jugendlichenpsychotherapeuten, Apotheker und Hebammen personenbezogene Daten erheben, verarbeiten oder nutzen, und Beratungsstellen in den Schutz des § 53a Abs. 1 S. 1 einbezogen (vgl. Beschlussempfehlung und Bericht des Ausschusses für Recht und Verbraucherschutz BT-Drs. 18/12940, 11 f.).[69] Der Begriff **„Krankenanstalt"** ist weit auszulegen und erstreckt sich auf unter ärztlicher Leitung stehende Pflegeanstalten, Genesungsheime, Krankenabteilungen des Strafvollzuges (Ausnahme: einstweilige Unterbringung nach § 126a),[70] der Polizei oder der Bundeswehr.[71] Es ist es nicht erforderlich, ob der Gewahrsam durch Übertragung von der zeugnisverweigerungsberechtigten Person entstanden ist oder der Zeugnisverweigerungsberechtigte in der Krankenanstalt zur Zeit der Entstehung des Gegenstandes beschäftigt war oder ob er dort zur Zeit der Beschlagnahme noch tätig ist.[72] Entsprechendes gilt, soweit **Hilfspersonen** das Zeugnis verweigern dürfen (Abs. 3), zudem für **Beratungsstellen nach § 219 Abs. 2 StGB und Abs. 3** (§ 53 Abs. 1 S. 1 Nr. 3a), wenn deren Hilfspersonen das Zeugnis verweigern dürfen sowie für **Drogenberatungsstellen** (§ 53 Abs. 1 S. 1 Nr. 3b). Bei **elektronischen Gesundheitskarten** nach § 291a SGB V ist § 97 Abs. 2 S. 1 Hs. 2 zu beachten.[73]

Im Zusammenhang mit **Presse- und Rundfunkmitarbeitern** ist ausreichend, dass 23 sich die geschützten Gegenstände im Gewahrsam der Medienangehörigen oder der Redaktion, des Verlages, der Druckerei, der Rundfunkanstalt oder der Presseagentur befinden (Abs. 5).[74] Der Begriff der Redaktionsräume ist weit auszulegen.[75]

Wenn sich der Gegenstand im Gewahrsam einer **Hilfsperson** des Zeugnisverweige- 24 rungsberechtigten befindet, bleibt es bei der Beschlagnahmefreiheit. Dagegen fallen nicht unter den Begriff des Helfers Selbstständige, die nicht selbst Berufsgeheimnisträger sind, sondern von diesen lediglich für die Erfüllung von Einzelaufträgen herangezogen werden.[76]

Befindet sich das Beweismittel auf dem **Postweg** verbleibt es bei der Beschlagnahme- 25 freiheit, wenn das Beweismittel sich auf dem Weg von einem Berufsgeheimnisträger zum anderen befindet. Im Übrigen gilt § 99.[77]

Neben der freiwilligen Abgabe des Gegenstandes[78] endet der Gewahrsam des Zeug- 26 nisverweigerungsberechtigten (→ Rn. 51) durch dessen **Tod.** Das gilt auch, wenn der Gewahrsamsnachfolger selbst weigerungsberechtigt ist.[79] Bei Berufsgeheimnisträgern bleibt die Beschlagnahmefreiheit bei der Weiterbearbeitung durch einen Berufsnachfolger bestehen, zB wenn der Beweisgegenstand bei der Übernahme einer Arztpraxis sich später im Gewahrsam des Praxisnachfolgers befindet.[80] Auch in Fällen, in denen der

---

69 Greven in KK-StPO § 97 Rn. 21.
70 BGH 6.12.2001 – 1 StR 468/01, NStZ 2002, 214.
71 Menges in Löwe/Rosenberg Rn. 118.
72 Köhler in Meyer-Goßner/Schmitt Rn. 14.
73 BT-Drs. 15/1525, 167.
74 BGH 13.1.1999 – 2 Bfs 71–93 – 2 StB 14–98, NJW 1999, 2051 (2053).
75 Gercke in Gercke/Julius/Temming/Zöller Rn. 63.
76 OLG Frankfurt a. M. 22.8.2001 – 2 AuslS 10/01, NJW 2002, 1135 (1136); LG Chemnitz 2.7.2001 – 4 Qs 13/01, wistra 2001, 399 (400).
77 Joecks in Radtke/Hohmann Rn. 9.
78 Park Durchsuchung Rn. 583.
79 Köhler in Meyer-Goßner/Schmitt Rn. 13.
80 BVerfG 8.3.1972 – 2 BvR 28/71, BVerfGE 32, 373 (381 ff.) = NJW 1972, 1123; zur entsprechenden Anwendung im Wege einer verfassungskonformen Auslegung des § 97 für die Praxisnachfolger eines Rechtsanwalts, Steuerberaters und sonstigen in § 53 Abs. 1 S. 1 Nr. 2, 3 genannten Personen vgl. Greven in KK-StPO Rn. 22.

Berufsgeheimnisträger die betreffenden Unterlagen etwa einem Finanzamt oder der Ärztekammer zur Aufbewahrung oder Bearbeitung überlassen hat, dürfen diese nicht beschlagnahmt werden.[81] Im Übrigen endet das Beschlagnahmeverbot bei unfreiwilligem Gewahrsamsverlust.[82]

27 **4. Geschützter Personenkreis. a) Angehörige (Abs. 1 Nr. 1, § 52).** Lediglich **schriftliche Mitteilungen** zwischen dem Beschuldigten und dem Angehörigen (vgl. zum Personenkreis § 52) sind beschlagnahmefrei. Es ist unerheblich, ob ihr Inhalt einen vertraulichen Charakter hat. Es brauchen nicht irgendwelche Beziehungen zwischen der Mitteilung und der Tat bestehen.[83] Solche Mitteilungen dürfen auch nicht zum Zweck des Schriftabgleichs beschlagnahmt werden. Der Grundsatz, dass durch das Zeugnisverweigerungsrecht nach § 52 der Betroffene nur davor geschützt werden soll, nicht aktiv zur Überführung eines Angehörigen beizutragen, ist lediglich in § 97 Abs. 1, wonach schriftliche Mitteilungen zwischen dem Beschuldigten und dem Zeugnisverweigerungsberechtigten nicht der Beschlagnahme unterliegen, durchbrochen.[84] Somit unterliegen andere Beweismittel, zB Eintragungen in ein Fahrtenbuch bzw. DNA-fähiges Material,[85] der Beschlagnahme,[86] denn ein allgemeines Beschlagnahmeverbot beim Zeugnisverweigerungsberechtigten sieht die Strafprozessordnung nicht vor. Mit Beendigung des Angehörigenverhältnisses entfallen schließlich das Zeugnisverweigerungsrecht und damit das Beschlagnahmeverbot.[87]

28 **b) Geistliche (Abs. 1 S. 1 Nr. 1–3, § 53 Abs. 1 S. 1 Nr. 1).** Bei Geistlichen[88] unterliegen schriftliche Mitteilungen zwischen diesen und dem Beschuldigten unabhängig von deren Inhalt einem Beschlagnahmeverbot. Das gilt auch für Aufzeichnungen über Tatsachen, die dem Geistlichen in seiner Eigenschaft als Seelsorger anvertraut oder auf anderem Wege bekannt geworden sind, sowie für Gegenstände, die ihm in seiner Eigenschaft als Geistlicher übergeben worden sind. Die Beschlagnahmefreiheit erstreckt sich auf Daten-, Bild- und Tonträger.[89] Das seelsorgerliche Gespräch mit einem Geistlichen gehört zum absolut geschützten Kernbereich privater Lebensgestaltung. Der Schutz der Beichte und der Gespräche mit Beichtcharakter zählen zum verfassungsrechtlichen Menschenwürdegehalt der Religionsausübung.[90]

29 **c) Verteidiger (Abs. 1 S. 1 Nr. 1–3, § 53 Abs. 1 S. 1 Nr. 2).** Einschränkungen der Beschlagnahmefreiheit von beim Strafverteidiger aufgefundenen Unterlagen mit Bezug zum Strafverfahren ergeben sich nur in engem Rahmen.[91] Zwischen dem Verteidiger und dem Beschuldigten sind schriftliche Mitteilungen, wenn sie die Verteidigung und das Strafverfahren betreffen, also unmittelbar die Stellung des Beschuldigten im Strafverfahren tangieren,[92] und ihr Inhalt von dem Zeugnisverweigerungsrecht umfasst wird, grds. beschlagnahmefrei.[93] Unverhältnismäßig und damit unverwertbar ist die Beschlagnahme von Unterlagen ohne Prognoseerwägungen, dass ausschließlich relevante Erkenntnisse aus dem nicht absolut geschützten Bereich zu erwarten seien, und somit unter Verstoß gegen § 160a Abs. 1 S. 1

---

81 OLG Celle 18.1.1952 – Ws 502/51, MDR 1952, 376; Hartmann in HK-GS Rn. 6.
82 BGH 15.12.1976 – 3 StR 432/76, NJW 1977, 540.
83 Hartmann in HK-GS Rn. 17; Köhler in Meyer-Goßner/Schmitt Rn. 34.
84 BGH 1.8.2018 – 1 BGs 324/18, NStZ-RR 2018, 319.
85 BGH 1.8.2018 – 1 BGs 324/18, NStZ-RR 2018, 319.
86 BVerwG 4.3.1981 – 7 B 17/81, NJW 1981, 1852.
87 Köhler in Meyer-Goßner/Schmitt Rn. 34.
88 Vgl. auch Wolter GA 2007, 183 (187).
89 Wohlers/Greco in SK-StPO Rn. 67; Joecks in Radtke/Hohmann Rn. 29.
90 BVerfG 3.3.2004 – 1 BvR 2378/98 und 1 BvR 1084/99, NJW 2004, 999 (1004); 25.1.2007 – 2 BvR 26/07, NJW 2007, 1865.
91 BVerfG 6.11.2014 – 2 BvR 2928/10, BeckRS 2014, 59255; vgl. auch Kainer/Feinauer NZA 2020, 363.
92 Vgl. zur Reichweite des freien Verteidigerverkehrs BVerfG 13.10.2009 – 2 BvR 256/09, NJW 2010, 1740; LG Bonn 21.6.2012 – 27 Qs 2/12, NZKart 2013, 204.
93 BGH 8.8.2018 – 2 ARs 121/18, NJW 2018, 3261; LG Gießen 25.6.2012 – 7 Qs 100/12, wistra 2012, 409; LG Bonn 29.9.2005 – 37Qs 27/05, wistra 2006, 396.

beim Strafverteidiger.[94] § 97 Abs. 1 Nr. 3 schützt **nur das Vertrauensverhältnis zwischen dem Zeugnisverweigerungsberechtigten und dem im konkreten Strafverfahren Beschuldigten.** Ansonsten bestünde ein hohes Missbrauchspotenzial, sollte sich der Beschlagnahmeschutz auf sämtliche Mandatsverhältnisse unabhängig von einer Beschuldigtenstellung des Mandanten erstrecken.[95] Auch wenn der Mandant noch nicht formell Beschuldigter ist, kann schon eine Verteidigerbestellung vorliegen.[96] Das Beschlagnahmeverbot gilt bereits in der Anbahnungsphase eines Mandats, auch wenn dieses später nicht zustande kommt,[97] denn eine schützenswerte Vertrauensbeziehung (vgl. § 148) zu dem beauftragten Rechtsanwalt besteht bereits dann, wenn der Betroffene lediglich befürchtet, es werde zukünftig ein Strafverfahren gegen ihn geführt werden.[98] Nach § 137 Abs. 1 S. 1 muss der Verteidiger „in jeder Lage des Verfahrens" aktiv werden können, vor allem wenn es darum geht, gerade die Einleitung eines förmlichen Ermittlungsverfahrens zu verhindern.[99] Die Beschlagnahmefreiheit umfasst nicht Briefe, die nach Ende des Mandats an den ehemaligen Verteidiger gerichtet waren. Es fehlt dann an einem Verteidigungsverhältnis.[100] Das Beschlagnahmeverbot gilt ferner zur Vorbereitung eines Wiederaufnahmeverfahrens.[101] Voraussetzung für die Beschlagnahmefreiheit ist, dass es sich um Unterlagen handelt, die im Auftrag des zu verteidigenden Mandanten durch externe Rechtsanwälte oder vom Mandanten selbst zur Anforderung einer Beratung zu seiner Verteidigung aufgestellt worden sind.

§ 97 wird durch den Grundsatz des **freien Verkehrs zwischen Verteidiger und Beschuldigten** (§ 148) ergänzt.[102] Die Beschlagnahmefreiheit gilt deshalb unabhängig davon, ob sich die Unterlagen noch **nicht oder nicht mehr im Gewahrsam des Verteidigers** befinden.[103] Das folgt aus § 148 iVm den verfassungsrechtlichen Anforderungen an ein faires Strafverfahren, die sich auf Art. 2 Abs. 1, 20 Abs. 3 GG bzw. Art. 6 Abs. 3 EMRK stützen.[104] Aus der Unzulässigkeit der Beschlagnahme folgt zudem ein Verwertungsverbot aus Art. 6 EMRK iVm Art. 2 Abs. 1, Art. 20 Abs. 3 GG.[105] Der Beschuldigte wird in seinem Recht auf eine effektive Verteidigung als Ausprägung des Anspruchs auf ein faires Verfahren verletzt.[106] 30

Die Beschlagnahmefreiheit besteht zudem für die **vom Verteidiger stammenden Schriftstücke** und für erkennbar zur Vorbereitung der eigenen Verteidigung erstellte **schriftliche Mitteilungen an den Verteidiger im Gewahrsam des Beschuldigten**[107] 31

---

94 BVerfG 6.11.2014 – 2 BvR 2928/10, BeckRS 2014, 59255.

95 BVerfG 27.6.2018 – 2 BvR 1405/17, 2 BvR 1780/17, NJW 2018, 2385.

96 BVerfG 27.6.2018 – 2 BvR 1405/17, 2 BvR 1780/17, NJW 2018, 2385 (§ 97 setzt keine förmliche Verfahrensstellung voraus); BGH 3.10.1979 – 3 StR 264/79, BGHSt 29, 99 (105); LG München I 11.12.2018 – 6 Qs 16/18, NStZ 2019, 172; Klengel/Buchert NStZ 2016, 383 (385); aA LG Bonn 21.6.2012 – 27 Qs 2/12, NZWiSt 2013, 21; Der Beschlagnahmeschutz kommt in Betracht, wenn zureichende tatsächliche Anhaltspunkte vorliegen, dass eine Sanktionierung der juristischen Person gemäß § 30 OWiG in Betracht kommt, vgl. Wimmer NZWiSt 2017, 252.

97 BGH 28.6.2001 – 1 StR 198/01, NStZ 2001, 604; OLG Düsseldorf 5.10.1983 – V 5/83, StV 1984, 106; Menges in Löwe/Rosenberg Rn. 83; Hartmann in HK-GS Rn. 19.

98 LG München I 11.12.2018 – 6 Qs 16/18, NStZ 2019, 172; LG Gießen 25.6.2012 – 7 Qs 100/1, wistra 2012, 409; C. Krüger jurisPR StrafR 13/2012 Anm. 1; Süße 2019, 21002; aA Köhler in Meyer-Goßner/Schmitt § 97 Rn. 36a.

99 Jahn/Kirsch NZWiSt 2013, 28 (30).

100 LG Tübingen 14.2.2007 – 1 KLs 42 Js 13000/06, NStZ 2008, 653.

101 BGH 28.6.2001 – 1 StR 198/01, NStZ 2001, 604.

102 Vgl. BVerfG 13.10.2009 – 2 BvR 256/09, NJW 2010, 1740.

103 BT-Drs. 16/5846, 35; BVerfG 30.1.2002 – 2 BvR 2248/00, NJW 2002, 1410; OLG München 30.11.2004 – 3 Ws 720–722/04, NStZ 2006, 300; Wohlers/Greco in SK-StPO Rn. 87; Gercke in Gercke/Julius/Temming/Zöller Rn. 40, 46.

104 LG Frankfurt a. M. 9.11.2017 – 5/12 KLs 14/17, BeckRS 2017, 147614 Rn. 4.

105 Greven in KK-StPO Rn. 24.

106 BVerfG 30.1.2002 – 2 BvR 2248/00, NStZ 2002, 377.

107 BVerfG 30.1.2002 – 2 BvR 2248/00, NStZ 2002, 377; BGH 13.8.1973 – 1 BJs 6/71/StB 34/73, NJW 1973, 2035; 24.3.1982 – 3 StR 28/82 (S), NJW 1982, 2508; 25.2.1998 – 3 StR 490/97, BGHSt 44, 46 (50) = NJW 1998, 1963; LG Mannheim 3.7.2012 – 24 Qs 1/12, NStZ 2012, 713; LG Gießen 25.6.2012 – 7 Qs 100/1, wistra 2012, 409; Hartmann in HK-GS Rn. 19; Köhler in Meyer-Goßner/Schmitt Rn. 37; Dahs GS Meyer, 1990, 61.

sowie für Unterlagen, die sich bereits auf dem Postweg befinden,[108] ferner für Aufzeichnungen des Verteidigers über Mitteilungen des Beschuldigten. Die Norm erfasst nicht solche Beweisurkunden, die keine Kommunikationsinhalte aus dem Mandatsverhältnis verkörpern und keine originären Verteidigungsunterlagen, sondern unabhängig davon entstandene Beweismittel sind.[109] Einem Beschuldigten ist es jedoch verwehrt, die Beschlagnahme von Unterlagen schon dadurch zu verhindern, dass er diese lediglich als Verteidigungsunterlagen bezeichnet oder mit solchen Unterlagen vermischt.[110] Es kommt vielmehr darauf an, ob ein Beschuldigter die Aufzeichnungen erkennbar, also für einen Außenstehenden nachvollziehbar, zum Zwecke der Verteidigung angefertigt hat. Ist nicht sofort feststellbar, ob die einzelnen Aufzeichnungen, die bei einer Durchsuchung gefunden werden, der Verteidigung dienen, so können sie vorläufig zum Zwecke der Durchsicht (§ 110) sichergestellt werden.[111] Eine Pflicht zur sofortigen und ungelesenen Herausgabe besteht nur, wenn die Eigenschaft als Verteidigungsunterlage offensichtlich ist.[112]

32 Darüber hinaus umfasst die Vorschrift **Urkunden,** die ein Dritter dem Verteidiger zum Zwecke der Verteidigung übergeben hat, da die durch diese zu beweisenden Tatsachen von dem Zeugnisverweigerungsrecht des Verteidigers umfasst werden. Dies gilt auch dann, wenn aus bestimmten Umständen darauf geschlossen werden kann, dass es sich um Unterlagen handelt, die der Entlastung des Beschuldigten dienen.[113]

33 Eine Ausnahme von der Beschlagnahmefreiheit ergibt sich in Ausnahmefällen, wenn der Verteidiger seine privilegierte Stellung **offensichtlich missbraucht,** um Akten, Schriftstücke oder andere Gegenstände dem Zugriff der Strafverfolgungsbehörden zu entziehen,[114] indem er bewusst dabei mitwirkt, Beweisgegenstände willkürlich als Verteidigungsunterlagen zu deklarieren, damit sie nicht beschlagnahmt werden können.[115]

34 Bei der Beschlagnahme von Unterlagen bei einem Verteidiger, bei dem ein **Beteiligungsverdacht** besteht, ergeben sich keine Besonderheiten.[116] Der Verteidiger braucht noch nicht nach § 138a ausgeschlossen sein. Es wird auch nicht vorausgesetzt, dass das Ruhen der Verteidigerrechte (§ 138c Abs. 3) angeordnet wurde.[117] Ausreichend ist, dass bestimmte (gewichtige) Tatsachen vorliegen, die den Verdacht einer Tatbeteiligung begründen.[118] Vereitelt ein Strafverteidiger die Beschlagnahme von Geschäftsunterlagen, für die kein Beschlagnahmeverbot besteht, indem er absichtlich oder wissentlich falsche Angaben zu seinem Besitz an diesen macht, überschreitet er die Grenzen zulässiger Verteidigung. Ein solches Verhalten erfüllt den Tatbestand der Strafvereitelung, wenn dadurch das Strafverfahren gegen den Mandanten zumindest für geraume Zeit verzögert wird.[119] Die Beschlagnahme ist daher trotz des besonders geschützten Vertrauensverhältnisses zwischen Rechtsanwalt und Mandant rechtmäßig, wenn gegen den Strafverteidiger ein an konkrete Tatsachen

---

[108] BGH 13.11.1989 – I BGs 351/89 – GBA – 1 BJs 33/89-6, NJW 1990, 722; LG Tübingen 14.2.2007 – 1 KLs 42 Js 13000/06, NStZ 2008, 653.

[109] BGH 8.8.2018 – 2 ARs 121/18, 2 AR 69/18, NStZ 2019, 100.

[110] BGH 8.8.2018 – 2 ARs 121/18, 2 AR 69/18, NStZ 2019, 100; Gercke in Gercke/Julius/Temming/Zöller Rn. 47; Jäger JA 2019, 154; Mitsch NJW 2018, 3263; Bockemühl NStZ 2019, 102.

[111] Zur praktischen Handhabung instruktiv auch Park Durchsuchung Rn. 589.

[112] BVerfG 30.1.2002 – 2 BvR 2248/00, NStZ 2002, 377; für eine analoge Anwendung des § 110 Abs. 2 S. 2 vgl. Gercke in Gercke/Julius/Temming/Zöller Rn. 47.

[113] OLG Frankfurt a. M. 21.6.2005 – 3 Ws 499 und 501/05, NStZ 2006, 302; OLG Koblenz 6.7.1995 – 2 Ws 391/95, StV 1995, 570; Joecks in Radtke/Hohmann Rn. 30; Köhler in Meyer-Goßner/Schmitt Rn. 36.

[114] OLG Frankfurt a. M. 21.6.2005 – 3 Ws 499 und 501/05, NStZ 2006, 302.

[115] LG Fulda 12.10.1999 – 2 Qs 51/99, NJW 2000, 1508; Köhler in Meyer-Goßner/Schmitt Rn. 39.

[116] BGH 24.3.1982 – 3 StR 28/82 (S), NJW 1982, 2508; 5.11.1985 – 2 StR 279/85, BGHSt 33, 347 (351 ff.); Köhler in Meyer-Goßner/Schmitt Rn. 38; Hartmann in HK-GS Rn. 19.

[117] BGH 27.3.2009 – 2 StR 302/08, NStZ 2009, 517; aA Joecks in Radtke/Hohmann Rn. 32; Menges in Löwe/Rosenberg Rn. 96.

[118] BGH 13.8.1973 – 1 BJs 6/71/StB34/73, NJW 1973, 2035; 28.6.2001 – 1 StR 198/01, NJW 2001, 3793; Hartmann in HK-GS Rn. 19.

[119] BGH 8.8.2018 – 2 ARs 121/18, 2 AR 69/18, NStZ 2019, 100.

anknüpfender Verdacht hinsichtlich einer Straftat nach § 258 StGB besteht. Ein einfacher Tatverdacht ist hierfür ausreichend.[120]

d) Rechtsanwälte, Notare, Wirtschaftsprüfer, Steuerberater (Abs. 1 Nr. 1–3, § 53 Abs. 1 S. 1 Nr. 3). Für diese Berufsgeheimnisträger besteht die Beschlagnahmefreiheit hinsichtlich schriftlicher Mitteilungen zwischen dem Geheimnisträger und dem Beschuldigten sowie Aufzeichnungen des Geheimnisträgers und Gegenstände, die dem Geheimnisträger in seiner Eigenschaft seitens des Beschuldigten oder eines Dritten übergeben wurden.[121] Diese Gegenstände müssen sich – anders als beim Verteidiger – im Gewahrsam des Zeugnisverweigerungsberechtigten befinden (Abs. 2 S. 1, vgl. auch → Rn. 64). 35

Da § 97 das **Vertrauensverhältnis** zwischen dem Mandanten und dem Berufsgeheimnisträger schützt,[122] sind – unabhängig von einem Herausgabeanspruch des Beschuldigten – auch gegenständliche Erklärungen, zB Briefe, Aufzeichnungen, Belege, Geschäftspapiere, über deren Inhalt der Zeugnisverweigerungsberechtigte nicht auszusagen bräuchte, sofern sie ihm mündlich mitgeteilt worden wären, einer Beschlagnahme entzogen.[123] Die Beziehung eines Nichtbeschuldigten zu einem Berufsgeheimnisträger unterliegt nicht der Schutznorm des § 97.[124] 36

Das Beschlagnahmeverbot soll den Berufsgeheimnisträger davor schützen, in einem Strafverfahren gegen seinen Mandanten Beweismaterial liefern zu müssen. Daher reicht es nicht so weit wie ein bestehendes Zeugnisverweigerungsrecht nach § 53.[125] Die Beschlagnahme ist zulässig bei **berufsfremder Tätigkeit des Berufsgeheimnisträgers.** § 97 Abs. 1 Nr. 3 begründet als Auffangtatbestand ebenso wie § 97 Abs. 1 Nr. 1 und 2 ein Beschlagnahmeverbot nur im Rahmen eines Vertrauensverhältnisses zwischen einem Berufsgeheimnisträger und dem im konkreten Ermittlungsverfahren Beschuldigten. Der Wortlaut der Vorschrift erwähnt zwar den „Beschuldigten" anders als in § 97 Abs. 1 Nr. 1 und 2 nicht. Jedoch muss auch § 97 Abs. 1 Nr. 3 einen Bezug zum Vertrauensverhältnis zwischen dem Zeugnisverweigerungsberechtigten und dem im konkreten Verfahren Beschuldigten voraussetzen. Ansonsten würde § 97 Abs. 1 Nr. 3 die Vorschriften § 97 Abs. 1 Nr. 1 und 2 obsolet machen, wenn er den Beschlagnahmeschutz auf sämtliche Gegenstände ausdehnen würde, auf die sich das Zeugnisverweigerungsrecht der in § 53 Abs. 1 S. 1 Nr. 1–3b Genannten erstreckt.[126] Das Beschlagnahmeverbot besteht nicht, wenn ein Berufsgeheimnisträger mit Tätigkeiten betraut wird, die für seine berufliche Qualifikation und Stellung nicht kennzeichnend sind.[127] Von dem Beschlagnahmeverbot nicht erfasst sind Unterlagen, die privat ohne Bezug auf ein Mandat oder bei einer Tätigkeit erlangt worden sind, die somit nicht dem Berufsbild des Berufsgeheimnisträgers zuzuordnen sind. Sind einem Steuerberater **Buchführungsunterlagen** in „seiner Eigenschaft als Steuerberater" vom Mandanten überlassen worden, sind diese insoweit beschlagnahmefrei, solange der Berufsgeheimnisträger sie zur Erledigung noch nicht abgeschlossener Arbeiten, auf die sich sein Zeugnisverweigerungsrecht erstreckt, in Gewahrsam hat.[128] Das gilt insbesondere, wenn sie eine Korrespondenz mit dem Mandanten darstellen oder vom Steuerberater zum Zwecke der Auswertung mit Anmerkungen versehen worden sind. Es ist jedoch nicht gerechtfertigt, Unterlagen, welche im Grundsatz vom Kaufmann zu führen und aufzubewahren sind (vgl. § 257 HGB), 37

[120] BVerfG 20.5.2010 – 2 BvR 1413/09, NJW 2010, 2937 (2938); krit. Barton JZ 2010, 102.

[121] OLG Koblenz 6.7.1995 – 2 Ws 391/95, StV 1995, 570; vgl. auch Gülzow NJW 1981, 265; Krekeler FS Koch, 1989, 165; Volk DStR 1998, 338.

[122] BVerfG 18.6.1980 – 1 BvR 697/77, BVerfGE 54, 301 = NJW 1981, 33; 27.6.2018 – 2 BvR 1405/17, 2 BvR 1780/17, NJW 2018, 2385.

[123] BGH 20.2.1985 – 2 StR 561/84, BGHSt 33, 148 = NJW 1985, 2203; LG Fulda 12.10.1999 – 2 Qs 51/99, StV 2000, 548; LG München 14.12.1983 – 19 QS 4/83, NJW 1984, 1191.

[124] BVerfG 27.10.2003 – 2 BvR 2211/00, NStZ-RR 2004, 83.

[125] BVerfG 11.7.2008 – 2 BvR 2016/06, NJW 2009, 281.

[126] BVerfG 27.6.2018 – 2 BvR 1405/17, 2 BvR 1780/17, NJW 2018, 2385; BGH 8.8.2018 – 2 ARs 121/18, 2 AR 69/18, NStZ 2019, 100; aA Gercke in Gercke/Julius/Temming/Zöller Rn. 31; vgl. im Zusammenhang mit Art. 16 Abs. 1 WBRL.

[127] OLG Frankfurt a. M. 22.8.2001 – 2 AuslS 10/01, NJW 2002, 1135.

[128] LG Dresden 22.1.2007 – 5 Qs 34/2006, NJW 2007, 2709; LG Hamburg 4.7.2005 – 608 Qs 3/05, wistra 2005, 394; LG Essen 12.8.2009 – 56 Qs 7/09, NStZ-RR 2010, 150.

allein deshalb dem Zugriff der Ermittlungsbehörden zu entziehen, weil diese sich beim Steuerberater des Kaufmanns befinden.[129] Ein Buchführungsprivileg für steuerberatende Berufe besteht nicht.[130] Das Führen fremder Handelsbücher ist nicht vom Berufsbild und dem besonderen Vertrauensverhältnis des Steuerberaters umfasst.[131] Anders liegt der Fall, wenn aufgrund der Belege Jahresabschlüsse und Steuererklärungen erstellt werden sollen (vgl. zum Inhalt der Tätigkeit: § 2 WPO, § 33 StBerG).[132] Da es kein auf dem Gewahrsam des Berufsgeheimnisträgers aufbauendes „Asylrecht für Buchhaltungsunterlagen" gibt, ist es sachgerecht, dass entweder den Ermittlungsbehörden Kopien der Unterlagen zur Verfügung gestellt oder dem Berufsgeheimnisträger diese überlassen werden.[133]

38 Notarielle Urkunden dürfen im Unterschied zum vorherigen Schriftverkehr eines **Notars** mit seinem Mandanten sowie zu seinen Entwürfen zur Errichtung der notariellen Urkunden beschlagnahmt werden.[134] Sie unterliegen keiner besonderen Geheimhaltung, sondern dienen gerade der Kenntnisnahme durch Dritte.[135] Das gilt auch für Unterlagen, die allein die Abwicklung und Durchführung nicht geheimhaltungsbedürftiger Urkunden betreffen, etwa die im Gewahrsam des kontoführenden Kreditinstituts befindlichen reinen Buchungsunterlagen und Kontobelege eines notariellen (aber auch rechtsanwaltlichen) Anderkontos, da über diese Konten lediglich die vertraglichen Verpflichtungen, die ihrerseits für die Kenntnisnahme durch Dritte bestimmt sind, abgewickelt werden.[136] Die Beschlagnahme von **Kontounterlagen eines Anderkontos** im Gewahrsam des Berufsgeheimnisträgers ist zulässig, soweit es sich um reine Buchungsunterlagen handelt.[137] Eine Beschlagnahme von Anderkonto-Unterlagen beim Notar ist unzulässig, wenn eine Trennung der reinen Buchungsunterlagen von damit zusammenhängenden beschlagnahmefreien Unterlagen nicht möglich ist.[138]

39 Das seit dem 1.1.2016 geltende Gesetz zur Neuordnung des Rechts der **Syndikusanwälte** und zur Änderung der Finanzgerichtsordnung hat eine Einschränkung des Zeugnisverweigerungsrechts nach § 53 Abs. 1 Nr. 3 erbracht, so dass ein Zeugnisverweigerungsrecht bei Kenntniserlangung während der Tätigkeit als Angestellter des Unternehmens nicht gegeben ist. Syndikusanwälte können sich nicht mehr auf die Anwaltsprivilegien des § 97 berufen.[139] Der Gesetzesänderung geht eine Entscheidung des EuGH voraus, wonach sich der kraft des Grundsatzes der Vertraulichkeit der Kommunikation mit einem Rechtsanwalt gewährte Schutz sich nicht auf den unternehmens- oder konzerninternen Schriftwechsel mit Syndikusanwälten erstreckt. Diese genießen aufgrund ihrer wirtschaftlichen Abhängigkeit und der engen Bindungen an ihre Arbeitgeber gerade keine berufliche Unabhängigkeit wie etwa ein externer Rechtsanwalt. Das Erfordernis der Unabhängigkeit des Rechtsanwalts

---

129 LG München I 22.4.1988 – 19 Qs 3/88, NJW 1989, 536; LG Darmstadt 18.3.1988 – 9 Qs 1188/87, NStZ 1988, 286; LG Hildesheim 21.4.1988 – 22 Qs 1/88, wistra 1988, 327; Wohlers/Greco in SK-StPO Rn. 82; Joecks in Radtke/Hohmann Rn. 34; aA LG Bonn 29.10.2001 – 37 Qs 59/01, NJW 2002, 2261 im Zusammenhang mit Unterlagen, die einem Wirtschaftsprüfer im Rahmen seiner Berufstätigkeit übergeben worden sind; vgl. auch Niemeyer/Grube in Müller-Gugenberger WirtschaftsStrafR-HdB Rn. 11_107.

130 BVerfG 18.6.1980 – 1 BvR 697/77, BVerfGE 54, 301 = NJW 1981, 33; 27.1.1982 – 1 BvR 807/80, BVerfGE 59, 302 = NJW 1982, 1687.

131 Hartmann in HK-GS Rn. 14.

132 LG Bonn 29.10.2001 – 37 Qs 59/01, NJW 2002, 2261; Köhler in Meyer-Goßner/Schmitt Rn. 40.

133 Wohlers/Greco in SK-StPO Rn. 82; Joecks in Radtke/Hohmann Rn. 34.

134 LG Gera 30.9.2003 – 2 Qs 306/03, NotBZ 2003, 433.

135 LG Darmstadt 12.12.1986 – 13 Qs 1368/86, 13 Qs 1368/86 – 22 Js 29417/85, wistra 1987, 232; LG Freiburg 22.9.1997 – VIII Qs 9/97, wistra 1998, 35.

136 BVerfG 9.10.1989 – 2 BvR 1558/89, wistra 1990, 97; OLG Frankfurt a. M. 22.8.2001 – 2 AuslS 10/01, NJW 2002, 1135; LG Aachen 16.10.1998 – 86 Qs 63/98, 86 Qs 99/98, NJW 1999, 2381; Hartmann in HK-GS Rn. 14; Köhler in Meyer-Goßner/Schmitt Rn. 40; Greven in KK-StPO Rn. 18; aA LG Darmstadt 9.6.1989 – 9 Qs 288/89, DNotZ 1991, 560; Gercke in Gercke/Julius/Temming/Zöller Rn. 54.

137 BVerfG 9.10.1989 – 2 BvR 1558/89, wistra 1990, 97.

138 LG Aachen 23.1.1998, – 86 Qs 94–97, NStZ-RR 1999, 216; Joecks in Radtke/Hohmann Rn. 35; vgl. auch Stahl wistra 1990, 94.

139 BT-Drs. 18/5201, 18, 37 f. und 40.

setzt vielmehr das Fehlen jedes Beschäftigungsverhältnisses zwischen dem Rechtsanwalt und dem Unternehmen voraus.[140] Für Syndikusrechtsanwälte (§ 46 Abs. 2 der Bundesrechtsanwaltsordnung) und Syndikuspatentanwälte (§ 41a Abs. 2 der Patentanwaltsordnung) gilt somit das Zeugnisverweigerungsrecht, anders als bei Rechtsanwälten, vorbehaltlich des § 53a nicht hinsichtlich dessen, was ihnen in dieser Eigenschaft anvertraut worden oder bekanntgeworden ist. Soweit die Beweismittel im Gewahrsam eines Syndikusanwaltes aufgefundenen wurden, besteht Beschlagnahmefreiheit im Ergebnis nur dann, wenn er nach § 53 Abs. 1 Nr. 3 tatsächlich Berufsgeheimnisträger ist und seine Aufgabe den Voraussetzungen selbständiger anwaltlicher Tätigkeit entspricht. Das ist der Fall, sofern er neben seiner Einbindung in ein bestimmtes Unternehmen auch für außenstehende Dritte tätig wird und wenn (zugleich) Unterlagen betroffen sind, die er als Rechtsanwalt zur Erbringung von anwaltlichen Leistungen gegenüber Dritten erstellt hat.[141] Soweit dagegen der Syndikusanwalt, zB als Leiter der Rechtsabteilung, für sein Unternehmen tätig wird, handelt es sich nicht um eine Anwaltstätigkeit iSd § 53.[142] Das abgeleitete Zeugnisverweigerungsrecht kann nach § 53 Abs. 1 S. 1 „vorbehaltlich des § 53a" jedoch auch einem Syndikusanwalt zustehen, wenn er bei einer anderen selbst zur Zeugnisverweigerung berechtigten Person angestellt ist.[143] Unabhängig davon ist zu beachten, wenn die betreffenden Gegenstände im Unternehmen beschlagnahmt werden, dass der ggf. beschuldigte Unternehmer daran auch Mitgewahrsam haben kann. Eine Beschlagnahmefreiheit scheidet dann jedenfalls aus.[144] Zur Beschlagnahme von Unterlagen aus **„Internal Investigations"** (interne Untersuchungen) sowie zum Beweisverwertungsverbot → Rn. 64.

e) Angehörige der Heilberufe (Abs. 1 Nr. 1–3, § 53 Abs. 1 Nr. 3). Bei Ärzten, Zahnärzten, Psychotherapeuten, Apothekern, Hebammen nebst Berufshelfern (Abs. 3) sind schriftliche Mitteilungen zwischen dem Geheimnisträger und dem Beschuldigten beschlagnahmefrei. Das gilt auch, wenn sie sich im Gewahrsam einer Krankenanstalt (vgl. noch Abs. 2 S. 2 aF) oder eines Dienstleisters befinden.[145] 40

Die Beschlagnahmefreiheit umfasst **Aufzeichnungen** des Geheimnisträgers, zB solche über die Krankengeschichte, zudem Krankenblätter sowie ärztliche Karteikarten[146] und Gegenstände, die der Geheimnisträger im Rahmen seiner Berufsausübung vom Beschuldigten erlangt hat, einschließlich der ärztlichen Untersuchungsbefunde. Zu diesen gehören Röntgenaufnahmen, Blutbilder, Alkoholbefunde und Blutproben.[147] 41

Die Beschlagnahmefreiheit an den Beweismitteln besteht nur, wenn sie in dem Verfahren gegen einen Beschuldigten von Bedeutung sind, der Patient des Arztes war.[148] Soweit die Untersuchung im Zusammenhang mit einer **zulässigen Zwangsuntersuchung** steht, zB eine Aufnahmeuntersuchung in einer JVA,[149] liegt kein Beschlagnahmeverbot vor. Das gilt auch im Rahmen einer zulässigen Zwangsunterbringung.[150] Bei Krankenunterlagen dritter Personen ist § 108 Abs. 2 zu beachten. Werden bei einer Durchsuchung bei einem Arzt Zufallsfunde gemacht, die den Schwangerschaftsabbruch einer Patientin betreffen, ist ihre Verwertung zu Beweiszwecken in einem Strafverfahren gegen die Patientin wegen einer Straftat nach § 218 StGB unzulässig. Beschlagnahmeverbote können sich zudem bei 42

140 EuGH 14.9.2010 – C-550/07 P, NJW 2010, 3557.
141 LG Bonn 29.9.2005 – 37 Qs 27/05, NStZ 2007, 605; LG Berlin 30.11.2005 – 505 Qs 185/05, wistra 2006, 159; Kremer/van Vormizelle AG 2011, 245.
142 LG Bonn 29.9.2005 – 37 Qs 27/05, NStZ 2007, 605.
143 BT-Drs. 18/5201, 40.
144 Gercke in Gercke/Julius/Temming/Zöller Rn. 53; Nicolai in Wabnitz/Janovsky/Schmitt Wirtschafts-StrafR-HdB Kap. 26 Rn. 50.
145 Laufs/Kern/Rehborn ArztR-HdB § 146 Rn. 3; Joecks in Radtke/Hohmann Rn. 36.
146 LG Koblenz 31.1.1983 – 8 Qs 3/83, NJW 1983, 2100; Wohlers/Greco in SK-StPO Rn. 55; Gercke in Gercke/Julius/Temming/Zöller Rn. 55; Janssen Beschlagnahme S. 94.
147 Greven in KK-StPO Rn. 14, 19.
148 OLG Celle 30.9.1964 – 3 Ws 362/64, NJW 1965, 362 (363); Köhler in Meyer-Goßner/Schmitt Rn. 41.
149 LG Stuttgart 17.3.1994 – 5 LS 1248/93, MDR 1994, 715; Cramer NStZ 1996, 209 (214).
150 BGH 6.12.2001 – 1 StR 468/01, NStZ 2002, 214.

der Beschlagnahme von ärztlichen Unterlagen unter Umständen auch aus dem Grundgesetz ergeben, wenn wegen der Eigenart des Beweisthemas in grundrechtlich geschützte Bereiche unter Verstoß gegen den Grundsatz der Verhältnismäßigkeit eingegriffen wird.[151]

43 **f) Schwangerschafts- und Drogenberater (Abs. 1 Nr. 3, § 53 Abs. 1 S. 1 Nr. 3a, b).** Für diese Berufsgruppen stehen die Beschlagnahmeverbote denen der Angehörigen der Heilberufe gleich. Das gilt jedoch nicht für in Selbsthilfegruppen tätige ehrenamtliche Berater. Verbände der freien Wohlfahrtspflege haben kein eigenes Zeugnisverweigerungsrecht. Die Unterlagen ihrer psychologischen Beratungsstellen unterfallen keinem Beschlagnahmeverbot.[152]

44 **g) Abgeordnete und ihre Berufshelfer (Abs. 4, § 53 Abs. 1 S. 1 Nr. 4, § 53a).** Hier entspricht der Umfang der Beschlagnahmefreiheit dem bei Angehörigen der Heilberufe oder dem bei Anwälten.[153] Beschlagnahmefrei sind Gegenstände, die vom Schutzbereich des Zeugnisverweigerungsrechts des Mandatsträgers umfasst sind, insbesondere die dem Abgeordneten in Ausübung seines Mandats anvertraut wurden. Art. 47 S. 1 und S. 2 GG schützt bei Bundestagsabgeordneten das Vertrauensverhältnis, das im Einzelfall zwischen ihnen und Dritten mit Rücksicht auf die Mandatsausübung zu Stande gekommen ist.[154] Für Abgeordnete des Europäischen Parlaments gilt § 6 S. 2 EuAbgG. Für Landtagsabgeordnete gelten die entsprechenden Regelungen in den Landesverfassungen (zB Art. 29 BayVerf). Der Vertrauensschutz ist weitreichend. Er kann sich auf die in dieser Eigenschaft anvertrauten Tatsachen oder auf die Person beziehen, die anvertraut hat oder der anvertraut worden ist. Abs. 4 ist lex specialis zu § 6 S. 2 EuAbgG und § 7 BPräsWahlG.[155]

45 Der Begriff „Gegenstände" umfasst hier schriftliche Mitteilungen, Aufzeichnungen und andere Gegenstände iSd Abs. 1 Nr. 1–3.[156] Es ist nach der Neufassung des Gesetzes vom 26.6.2009 nicht erforderlich, dass der Abgeordnete **Gewahrsam** an den Gegenständen hat.[157] Nach Art. 40 Abs. 2 S. 2 GG bedarf die Beschlagnahme in den Räumen des Parlaments der Genehmigung des Präsidenten.

46 Eine **strafrechtliche Verstrickung des Abgeordneten** beseitigt den Beschlagnahmeschutz nicht, da Abs. 2 S. 2 insoweit nicht gilt. Die Beschlagnahmefreiheit entfällt aufgrund der Wahrung der Immunität erst dann, wenn gegen den Abgeordneten rechtlich zulässig ermittelt werden darf.[158] Nach Abs. 4 S. 3 ist der Beschlagnahmeschutz auf die Hilfspersonen (§ 53a) entsprechend anwendbar. Ein Teilnahmeverdacht gegen die Hilfsperson führt nicht ohne Weiteres zum Wegfall der Beschlagnahmefreiheit (vgl. → Rn. 47).

47 **h) Hilfspersonen (Berufshelfer) (Abs. 3, 4 S. 2 und 3, § 53a Abs. 1 S. 2).** Bei Hilfspersonen besteht die Beschlagnahmefreiheit bei Gegenständen, die sich in deren Gewahrsam befinden und die wegen der Beziehung zu einer der in § 53 Abs. 1 S. 1 Nr. 1–4 bezeichneten Personen nicht beschlagnahmt werden dürfen. Es kommt nicht auf das Vertrauensverhältnis zur Hilfsperson, sondern auf das zwischen dem Beschuldigten und dem Berufsgeheimnisträger an. Entscheidend für die Beschlagnahmefreiheit ist die Entscheidung des Geheimnisträgers, dass die Hilfsperson nicht aussagt (§ 53a Abs. 1 S. 2).[159] Eine Beschlagnahme ist zulässig, wenn der Geheimnisträger von der Schweigepflicht entbunden wird (§ 53a Abs. 2) oder wenn die Hilfsperson selbst tatbeteiligungsverdächtig ist. Das gilt unabhängig davon, ob die Beschlagnahme bei dem Berufsgeheimnisträger zulässig wäre. Eine Ausnahme besteht allerdings bei Abgeordnetenmitarbeitern. Danach sind Schriftstücke, die das Zeugnisverweigerungsrecht eines Abgeordneten berühren und sich bei einem Mitar-

[151] BGH 13.11.1997 – 4 StR 404/97, BGHSt 43, 300 = NJW 1998, 840.
[152] LG Freiburg 6.11.1998 – II Qs 129/98, NStZ-RR 1999, 366.
[153] Joecks in Radtke/Hohmann Rn. 38.
[154] BVerfG 17.12.2001 – 2 BvE 2/00, NJW 2002, 1111; 30.7.2003 – 2 BvR 508/01 ua, NJW 2003, 3401.
[155] Gercke in Gercke/Julius/Temming/Zöller Rn. 58.
[156] Hartmann in HK-GS Rn. 23.
[157] BT-Drs. 16/12314, 3, 4; Köhler in Meyer-Goßner/Schmitt Rn. 44; Park Durchsuchung Rn. 609.
[158] Greven in KK-StPO Rn. 28.
[159] Greven in KK-StPO Rn. 26.

beiter befinden, beschlagnahmefrei, selbst wenn gegen diesen strafrechtliche Ermittlungen geführt werden, für deren Durchführung die Schriftstücke Beweisbedeutung haben können.[160] Die Beschlagnahmefreiheit endet hier erst bei Aufhebung der Immunität.[161]

i) Mitarbeiter von Presse, Rundfunk und anderen Informationsmedien. Dieser Personenkreis hat ein umfängliches Zeugnisverweigerungsrecht (Abs. 5 S. 1 iVm § 53 Abs. 1 S. 1 Nr. 5, § 53 Abs. 1 S. 2 und S. 3; zur Gewahrsamsregelung → Rn. 59). Damit besteht eine Beschlagnahmefreiheit von Schriftstücken, Ton- und Datenträgern, soweit diese Aufschluss über Verfasser, Einsender oder sonstige Informanten und ihre Mitteilungen geben.[162] Redaktionsräume und Wohnungen von Journalisten dürfen auch nicht vorrangig zu dem Zweck durchsucht werden, mögliche Straftaten von Informanten aufzuklären. Erforderlich ist vielmehr ein ausreichender Straftatverdacht gegen die betroffenen Presseangehörigen selbst, der den Beschlagnahmeschutz nach § 97 Abs. 5 S. 1 entfallen lässt.[163] Das o. g. Zeugnisverweigerungsrecht steht sämtlichen Personen zu, die bei der Vorbereitung, Herstellung oder Verbreitung von Druckwerken, Rundfunksendungen und Filmberichten, dem wissenschaftlichen Publikationswesen sowie allen der Unterrichtung oder der Meinungsbildung dienenden Informations- und Kommunikationsdiensten berufsmäßig mitwirken.[164] Dazu gehören nicht Personen, die nur gelegentlich Beiträge einsenden oder ohne berufsmäßige Einbindung im Medienbereich tätig sind.[165] 48

Die Beiträge, Unterlagen, Materialien oder Mitteilungen müssen **für den redaktionellen Teil des Presseorgans bestimmt** sein. Es ist ausreichend, dass die geschützten Gegenstände mittelbar für die Veröffentlichung bestimmt sind. Dazu gehört auch aufbewahrtes Archivmaterial.[166] Da das dem Zeugnisverweigerungsrecht zugrunde liegende Grundrecht der Pressefreiheit von der Beschaffung der Information bis zur Verbreitung der Nachricht und der Meinung gilt,[167] sind selbst recherchiertes Material (Fotos, Filmmaterial) und sonstige Aufzeichnungen über berufsbezogene Wahrnehmungen durch das Beschlagnahmeverbot geschützt.[168] Das Zeugnisverweigerungsrecht erstreckt sich auf nichtperiodische Druckwerke, Filmberichte und Informations- und Kommunikationsdienste, die der Unterrichtung und Meinungsbildung dienen.[169] Unter Rundfunksendungen fallen alle Sendungen des Hör- und Bildfunks, damit auch Fernsehsendungen und die Filmberichterstattung.[170] 49

Zu den Einschränkungen der Beschlagnahmefreiheit ist **§ 53 Abs. 2 S. 2** zu beachten. Eine Einschränkung besteht bei „Bekennerschreiben", mit denen Straftäter sich der Presse gegenüber zu bestimmten Straftaten bekennen. Diese können beschlagnahmt werden, da ihre Zusendung allein in der Absicht erfolgt, Informationen zu veröffentlichen. Die Information wird insofern der Redaktion nicht anvertraut.[171] Anders liegt der Fall bei (auch anonymen) Leserbriefen. Diese sind Beiträge für den redaktionellen Teil eines periodischen Schriftwerks und daher von der Beschlagnahme ausgeschlossen.[172] Entsprechendes gilt für die Beiträge von Nutzern eines **Online-Forums.** Sie genießen nicht den Schutz der Pressefreiheit, auch wenn ein Medienunternehmen das Forum betreibt, da keine redaktionelle 50

---

[160] Köhler in Meyer-Goßner/Schmitt Rn. 44.
[161] BVerfG 30.7.2003 – 2 BvR 508/01 ua, NJW 2003, 3401; RiStBV Nr. 191 ff.
[162] BVerfG 13.7.2015 – 1 BvR 1089/13, 1 BvR 1090/13, ZD 2016, 81; Gercke in Gercke/Julius/Temming/Zöller Rn. 61; vgl. zum Schutz der Pressefreiheit im Strafprozess auch Brüning wistra 2007, 333; Schork NJW 2012, 2694.
[163] BVerfG 13.7.2015 – 1 BvR 1089/13, 1 BvR 1090/13, ZD 2016, 81.
[164] Huber in BeckOK StPO § 53 Rn. 25.
[165] BT-Drs. 14/5166.
[166] BGH 28.12.1978 – 1 BJs 92/75; StB 235/78, BGHSt 28, 251 = NJW 1979, 1212.
[167] BVerfG 27.2.2007 – 1 BvR 538/06, BVerfGE 117, 244 (262, 265) = NJW 2007, 117; Köhler in Meyer-Goßner/Schmitt Rn. 45.
[168] Joecks in Radtke/Hohmann Rn. 40; Wohlers/Greco in SK-StPO Rn. 72.
[169] BT-Drs. 14/5166, 7; Greven in KK-StPO Rn. 32.
[170] Huber in BeckOK StPO § 53 Rn. 25.
[171] BVerfG 22.8.2000 – 1 BvR 77/96, NStZ 2001, 43; Gercke in Gercke/Julius/Temming/Zöller Rn. 62; Menges in Löwe/Rosenberg Rn. 125.
[172] KG 17.3.1983 – ER 9/83, NJW 1984, 1133.

Überarbeitung stattfindet.[173] Handelt es sich um dem Anzeigenteil oder Werbefernsehen zuzuordnende Gegenstände, sind diese nicht geschützt, sofern dem Anzeige- oder Werbeteil nicht eine ähnliche Funktion wie dem redaktionellen Teil zukommt.[174]

51 **5. Ausschluss der Beschlagnahmefreiheit. a) (Freiwilliger) Gewahrsamsverlust.** Bei **Gewahrsamsverlust,** insbesondere, wenn der Zeugnisverweigerungsberechtigte den an sich beschlagnahmefreien Gegenstand an die Strafverfolgungsorgane **freiwillig herausgegeben** hat, entfällt die Beschlagnahmefreiheit, weil damit auf das Beschlagnahme- und Verwertungsverbot verzichtet worden ist (→ Rn. 26).[175] Das Verbot des § 97 ist eine Folge des Zeugnisverweigerungsrechts, über dessen Ausübung der Berechtigte selbst entscheiden kann. Zu beachten ist, dass das Abwägungsgebot des § 160a Abs. 2 zum Tragen kommt (BT-Drs. 16/5846, 31).[176] **Freiwilligkeit** setzt die Kenntnis des Beschlagnahmeverbots voraus. Es ist erforderlich, dass, insbesondere in Fällen eines vorherigen Herausgabeverlangen der Ermittlungsbehörde, dieses (bei Angehörigen entsprechend § 52 Abs. 3 S. 1) mit einer **Belehrung** verbunden sein muss, dass die Sache nicht zwangsweise in amtliche Verwahrung genommen werden darf.[177] Die Belehrung kann nachgeholt werden.[178] Sie ist auch erforderlich, wenn der Beweisgegenstand „spontan", ohne vorheriges Herausgabeverlangen übergeben wird.[179] Eine Belehrung von Zeugnisverweigerungsberechtigten nach § 53 kann unterbleiben, wenn ihnen das Beschlagnahmeverbot bekannt ist.[180] Im Übrigen kann der Gewahrsamsinhaber die Verwertbarkeit der Sache auch auf das Verfahren beschränken, in dem sie herausgegeben worden ist. Mit der freiwilligen Herausgabe kann unter Umständen ein Verstoß gegen § 203 StGB begründet werden.[181] Die Sicherstellung ist aber auch im Falle eines solchen Verstoßes zulässig, da der Gewahrsam grundsätzlich an die tatsächliche Verfügungsgewalt anknüpft.[182]

52 Der Verzicht des Zeugnisverweigerungsberechtigten auf das Beschlagnahme- und Verwertungsverbot kann analog § 52 Abs. 3 S. 2 **widerrufen** werden.[183] Die Ausübung des Zeugnisverweigerungsrechts ist nicht als Widerruf des Verzichts auf das Beschlagnahme- und Verwertungsverbot auszulegen. Das Beschlagnahmeverbot lebt ex nunc wieder auf und beschlagnahmte Beweismittel sind zurückzugeben. Zwischenzeitlich rechtmäßig gewonnene Beweisergebnisse werden nicht unverwertbar.[184] Die Ergebnisse der Auswertung können im Strafverfahren durch Vernehmung des auswertenden Ermittlungsbeamten eingeführt werden. Die Erkenntnisse können nicht ohne Weiteres in einem Verfahren gegen einen anderen Beschuldigten, in dem ein Zeugnisverweigerungsrecht besteht, verwertet werden (→ Rn. 61).[185]

53 **b) Unfreiwilliger Gewahrsamsverlust.** Die Beschlagnahmefreiheit entfällt, wenn der Gewahrsamsverlust unfreiwillig, zB durch Verlust oder Diebstahl, erfolgt ist.[186] Diese Folge ist jedoch im Zusammenhang mit Geistlichen und Strafverteidigern, im Einzelfall auch bei

[173] LG Augsburg 19.3.2013 – 1 Qs 151/13, NStZ 2013, 480. Zu Bewertungsportalen vgl. Ernst CR 2013, 318.
[174] BVerfG 10.5.1983 – 1 BvR 385/82, NStZ 1983, 515.
[175] BGH 23.1.1963 – 2 StR 534/62, BGHSt 18, 227 (230) = NJW 1963, 870.
[176] Greven in KK-StPO Rn. 3.
[177] Köhler in Meyer-Goßner/Schmitt Rn. 6.
[178] Greven in KK-StPO Rn. 3.
[179] Eisenberg Beweisrecht StPO Rn. 2347.
[180] Hartmann in HK-GS Rn. 9.
[181] Brockhaus medstra 2019, 80 (83).
[182] BGH 23.1.1963 – 2 StR 534/62, BGHSt 18, 230; Auffermann/Vogel NStZ 2016, 387 (389); Köhler in Meyer-Goßner/Schmitt Rn. 5; Michalke NJW 2008, 1490 (1492); Joecks in Radtke/Hohmann Rn. 12; aA Wohlers/Greco in SK-StPO Rn. 23; Eisenberg Beweisrecht StPO Rn. 2348; Welp FS Gallas, 1973, 391 (409).
[183] BGH 26.8.1998 – 3 StR 256/98, NStZ 1999, 94; 23.9.1999 – 4 StR 189/99, NJW 2000, 596.
[184] BGH 28.3.1973 – 3 StR 385/72, BGHSt 25, 168 (171); 20.10.1982 – 2 StR 43/82, StV 1983, 1.
[185] Greven in KK-StPO Rn. 4.
[186] Joecks in Radtke/Hohmann Rn. 11; Menges in Löwe/Rosenberg Rn. 33; aA Gercke in Gercke/Julius/Temming/Zöller Rn. 37.

Ärzten, abzulehnen, da die Kommunikation mit diesen zum absolut geschützten Kernbereich mit Bezug zur Menschenwürde gehört.[187] Das Beschlagnahmeverbot erlischt im Übrigen dann nicht, wenn der Gewahrsamsverlust auf Veranlassung der Ermittlungsbehörden erfolgt ist.[188]

c) Beendigung des Zeugnisverweigerungsrechts. Der Grund für das Beschlagnahmeverbot entfällt, wenn ein Zeugnisverweigerungsrecht nicht mehr besteht oder wenn der Berufsgeheimnisträger von der **Schweigepflicht entbunden** wird (§ 53 Abs. 2 S. 1 iVm § 97 Abs. 1 S. 1 Nr. 2–3b, § 53a).[189] Die Entbindung erstreckt sich auf Hilfspersonen nach Abs. 3. Der **Widerruf** einer bereits ausgesprochenen Entbindung von der Schweigepflicht begründet nicht die Unzulässigkeit der Beschlagnahme. Es entsteht dann allerdings ein neues, nicht zurückwirkendes Beschlagnahmeverbot.[190] Das Zeugnisverweigerungsrecht von Abgeordneten, Angehörigen, Geistlichen und Angehörigen der Medienberufe kann nicht durch einseitige Erklärung des Beschuldigten aufgehoben werden.[191] Auch in den Fällen des § 52 berührt das Einverständnis des Beschuldigten die Beschlagnahmefreiheit nicht, weil das Beschlagnahmeverbot nicht primär in seinem Interesse besteht.[192] 54

Bei einer **juristischen Person** ist für die Entbindungserklärung das aktuell vertretungsberechtigte Organ zuständig,[193] soweit sich aus dem Mandatsverhältnis eine alleinige Interessenwahrnehmung des Berufsgeheimnisträgers gegenüber der juristischen Person ableiten lässt.[194] Wurde der Berufsgeheimnisträger sowohl von der juristischen Person als auch von einem Organwalter als natürliche Person mandatiert („Doppelmandat"), ist die Entbindung durch beide Auftraggeber erforderlich, wenn beide Beratungsverhältnisse von der Aussage betroffen sind.[195] Ein solches Doppelmandat ist von dem Zeugen, der sich auf ein Zeugnisverweigerungsrecht beruft, glaubhaft zu machen.[196] Somit ist in einem Strafverfahren gegen die früheren bzw. faktischen Organe einer in **Insolvenz** geratenen juristischen Person die Entbindung von der Schweigepflicht durch den Insolvenzverwalter allein nicht ausreichend, wenn die Organe auch persönliche Mandanten des Berufsgeheimnisträgers (zB des Steuerberaters) sind, der sich in diesem Fall auf § 53 Abs. 1 S. 1 Nr. 3 berufen kann.[197] Sind allerdings ausschließlich die wirtschaftlichen Interessen des Unternehmens berührt, ist bei einer juristischen Person im Insolvenzfall allein der Insolvenzverwalter[198] für die Entbindungserklärung zuständig, soweit das Vertrauensverhältnis Angelegenheiten der Insolvenzmasse betrifft (vgl. § 22 Abs. 1 S. 1, § 80 Abs. 1 InsO).[199] Es bedarf keiner Erklärung des Gesellschaftsorgans.[200] 55

---

[187] BVerfG 3.3.2004 – 1 BvR 2378/98 und 1 BvR 1084/99, NJW 2004, 999 (1005); LG Frankfurt a. M 9.11.2017 – 5/12 KLs 14/17, BeckRS 2017, 147614.

[188] Menges in Löwe/Rosenberg Rn. 34 f.; Wohlers/Greco in SK-StPO Rn. 22. Vgl. hierzu auch BVerfG 9.11.2010 – 2 BvR 2101/09, NJW 2011, 2417.

[189] BGH 3.12.1991 – 1 StR 120/90, BGHSt 38, 144 (145) = NJW 1992, 763; LG Bonn 13.2.2012 – 27 Qs-410 Js 511/10-21/11, NZI 2012, 686; LG Hildesheim 29.10.1981 – 12 Qs 192/81, NStZ 1982, 394 (395); Gercke in Gercke/Julius/Temming/Zöller Rn. 72.

[190] OLG Hamburg 29.12.1961 – Ws 756/61, NJW 1962, 689.

[191] Joecks in Radtke/Hohmann Rn. 15.

[192] Köhler in Meyer-Goßner/Schmitt Rn. 26.

[193] OLG Hamm 27.2.2018 – 4 Ws 9/18, BeckRS 2018, 5248; vgl. auch Heinrich NZWiSt 2020, 346.

[194] OLG Köln 1.9.2015 – 2 Ws 544/15, NZWiSt 2016, 285; Joecks in Radtke/Hohmann Rn. 16; Spangenberg Beschlagnahmeverbote S. 68 ff.; Peters/Klingenberg ZWH 2012, 11; Tully/Kirch-Heim NStZ 2012, 657 (657 ff.).

[195] Huber in BeckOK StPO § 53 Rn. 40, 41.

[196] OLG Hamm 27.2.2018 – 4 Ws 9/18, BeckRS 2018, 5248.

[197] OLG Zweibrücken 8.12.2016 – 1 Ws 334/16, DStR 2017, 1006.

[198] OLG Köln 1.9.2015 – 2 Ws 544/15, NZWiSt 2016, 285; LG Ulm 15.1.2007 – 2 Qs 2002/07, NJW 2007, 2056.

[199] BGH 27.1.2021 – StB 43, 44 und 48/20; OLG Nürnberg 18.6.2009 – 1 Ws 289/09, NJW 2010, 690; LG Bonn 13.2.2012 – 27 Qs-410 Js 511/10-21/11, NZI 2012, 686; LG Lübeck 7.6.1977 – 4 Qs 171/77, NJW 1978, 1014 f.; Schäfer wistra 1985, 209 (211); Schmitt wistra 1993, 9 (14); einschränkend OLG Düsseldorf 14.12.1992 – 1 Ws 1155/92, StV 1993, 346.

[200] OLG Hamm 27.2.2018 – 4 Ws 9/18, BeckRS 2018, 5248.

Das Beschlagnahmeverbot des § 97 Abs. 2 erstreckt sich nicht auf den Insolvenzverwalter, dem selbst kein Zeugnisverweigerungsrecht zusteht.[201] Die Stellung des Insolvenzverwalters im Verhältnis zu der von ihm verwalteten insolventen Firma unterscheidet sich von der des Rechtsanwalts in Bezug auf seinen Mandanten. Er ist nicht einseitig an bestimmte Personen gebunden, zudem ist er nicht zur Verschwiegenheit verpflichtet. Die Berufspflichten des Insolvenzverwalters und des im Verfahren tätigen Rechtsanwalts sind deshalb sorgfältig zu differenzieren, anders als letzterer hat der Insolvenzverwalter im Rahmen seiner Amtspflichten (vgl. § 261 Abs. 1 InsO) eine unabhängige Stellung inne (§ 56 Abs. 1 InsO).[202] Die **Entbindung eines Wirtschaftsprüfers** von seiner Schweigepflicht, die auf dem Mandat einer inzwischen in Insolvenz befindlichen Gesellschaft beruht, ist ebenfalls lediglich vom Insolvenzverwalter und nicht auch vom früheren Geschäftsführer zu erklären.[203] Die Rechtsordnung geht nicht von einem schützenswerten Interesse der juristischen Person an strafbaren Handlungen zu ihren Gunsten aus, weswegen sich das nach § 97 geschützte Vertrauensverhältnis zwischen Berufsgeheimnisträger und juristischer Person nicht auf deren Organe erstreckt.[204]

56 **d) Strafrechtliche Verstrickung (Abs. 2 S. 2).** Die Beschlagnahmefreiheit entfällt, wenn bestimmte Tatsachen (nicht nur Vermutungen) den Verdacht begründen, dass die zeugnisverweigerungsberechtigte Person an der Tat oder an einer Datenhehlerei, Begünstigung, Strafvereitelung oder Hehlerei beteiligt ist, oder wenn es sich um Gegenstände handelt, die durch eine Straftat hervorgebracht oder zur Begehung einer Straftat gebraucht oder bestimmt sind oder die aus einer Straftat herrühren.[205] Entsprechendes gilt für die Hilfsperson (Abs. 3), wenn sich der Beweisgegenstand in ihrem Alleingewahrsam befindet.[206] Die Verwertbarkeit des erlangten Beweisgegenstandes beschränkt sich ansonsten auf das Verfahren gegen die zeugnisverweigerungsberechtigte Person und die an der Tat beteiligten Personen, denn Berufsgeheimnisträger werden nur geschützt, soweit ihr Zeugnisverweigerungsrecht im Verfahren gegen den Beschuldigten reicht, nicht aber soweit ihr Individualinteresse als selbst beschuldigte Personen betroffen ist.[207]

57 Für die **Tatbeteiligung** gilt der Tatbegriff des § 264. Ausreichend ist eine vorsätzliche rechtswidrige Tat (§ 11 Abs. 1 Nr. 5 StGB), die nicht notwendigerweise schuldhaft und strafbar sein muss.[208] Nicht ausreichend ist eine nur objektive Verstrickung, eine notwendige Teilnahme oder eine Teilnahme an einer Tat, die in einem anderen Verfahren verfolgt wird.[209] Bei Antrags- oder Ermächtigungsdelikten entfällt die Beschlagnahmefreiheit erst mit Vorliegen des Strafantrags oder der Ermächtigung (Abs. 5 S. 2 iVm § 160a Abs. 4 S. 2). Außer bei Abgeordneten ist nicht erforderlich, dass gegen den Zeugnisverweigerungsberechtigten bereits ein **Ermittlungsverfahren eingeleitet** worden ist oder dass einer Einleitung keine rechtlichen Hindernisse entgegenstehen.[210] Ist lediglich eine **Hilfsperson** verdächtig (§ 97 Abs. 3 iVm § 53a), dann ist die Beschlagnahme möglich, wenn diese Hilfsperson den Gewahrsam an dem Beweisgegenstand ausübt.[211]

58 Erforderlich für den Ausschluss des Beschlagnahmeverbots ist ein bestehender **(einfacher) Tatverdacht.** Dieser muss auf bestimmten Tatsachen beruhen und bereits bei

---

201 LG Ulm 15.1.2007 – 2 Qs 2002/07, NJW 2007, 2056; Heinrich NZWiSt 2020, 346.
202 LG Bonn 22.12.2016 – 27 Qs 23/16, BeckRS 2016, 116395.
203 OLG Nürnberg 18.6.2009 – 1 Ws 289/09, NJW 2010, 690; OLG Oldenburg 28.5.2004 – 1 Ws 242/04, NJW 2004, 2176; Priebe ZIP 2011, 312.
204 BVerfG 27.10.2003 – 2 BvR 2211/00, NStZ-RR 2004, 83.
205 BVerfG 27.6.2018 – 2 BvR 1405/17, 2 BvR 1780/17, NStZ 2019, 159; BGH 13.8.1973 – 1 BJs 6/71/StB34/73, NJW 1973, 2035; Gössel NStZ 2010, 288; Beulke/Ruhmannseder StV 2011, 180 (183).
206 Gercke in Gercke/Julius/Temming/Zöller Rn. 66.
207 BGH 27.3.2009 – 2 StR 302/08, NJW 2009, 2690.
208 BGH 28.3.1973 – 3 StR 385/72, BGHSt 25, 168; Köhler in Meyer-Goßner/Schmitt Rn. 19.
209 Hartmann in HK-GS Rn. 10.
210 BGH 13.8.1973 – 1 BJs 6/71/StB34/73, NJW 1973, 2035; Köhler in Meyer-Goßner/Schmitt Rn. 10, 18.
211 Eschelbach in Satzger/Schluckebier/Widmaier StPO Rn. 44.

Anordnung der Beschlagnahme bestehen.[212] Es ist nicht ausreichend, dass der Tatverdacht erst durch das (unzulässig) beschlagnahmte Beweismittel entsteht.[213] Bloße Vermutungen sind unzureichend.[214] Im Hinblick auf die Verhältnismäßigkeit der Maßnahme ist zu berücksichtigen, dass der Verdacht umso mehr konkretisiert sein muss, je schwerwiegender die anzuordnende Beschlagnahme sich für den Betroffenen auswirkt.[215] In diesem Sinne ist vor allem bei Berufsgeheimnisträgern eine besonders sorgfältige Prüfung des Tatverdachts vorzunehmen. Die Strafverfolgungsbehörden haben das Ausmaß der – mittelbaren – Beeinträchtigung der beruflichen Tätigkeit der Betroffenen zu berücksichtigen.[216] Bei **Strafverteidigern** müssen gewichtige Gründe der Tatbeteiligung vorliegen (qualifizierter Tatverdacht).[217] Eine Ausschluss nach §§ 138a ff. ist nicht erforderlich.[218] Bei Strafverteidigern ist insbesondere zu unterscheiden zwischen noch zulässigem Verteidigungsverhalten und strafbarer Begünstigung oder (versuchter) Strafvereitelung. Vereitelt daher ein Strafverteidiger die Beschlagnahme von Geschäftsunterlagen, für die kein Beschlagnahmeverbot besteht, indem er absichtlich oder wissentlich falsche Angaben zu seinem Besitz an diesen macht, überschreitet er die Grenzen zulässiger Verteidigung. Ein solches Verhalten erfüllt den Tatbestand der Strafvereitelung, wenn dadurch das Strafverfahren gegen den Mandanten zumindest für geraume Zeit verzögert wird.[219] Wenn der Tatverdacht entfällt, so lebt das Beschlagnahmeverbot wieder auf. Die bisher erlangten Erkenntnisse aus den Beweismitteln bleiben jedoch verwertbar.[220] Die bei einem beschuldigten **Arzt** (zB wegen Abrechnungsbetrug oder Körperverletzungs- oder Tötungsdelikten) beschlagnahmten Unterlagen, dürfen nicht gegen die Patienten verwertet werden (vgl. bei Schwangerschaftsabbruch auch § 108 Abs. 2).

Für **Mitarbeiter von Rundfunk und Presse** wurden durch das am 1.8.2012 in Kraft getretene Gesetz zur Stärkung der Pressefreiheit im Straf- und Strafprozessrecht die Eingriffsschranken verschärft (vgl. Abs. 5 S. 2 Hs. 2).[221] Danach gilt die Beteiligungsregelung in Abs. 2 S. 2 nur noch dann, wenn bestimmte Tatsachen einen **dringenden Verdacht** der Beteiligung begründen.[222] Die Durchsuchung in Redaktionsräumen oder Wohnungen von Journalisten darf nicht vorrangig dem Zweck dienen, den Verdacht von Straftaten durch Informanten aufzuklären. Erforderlich sind zureichende tatsächliche Anhaltspunkte für eine Straftat der konkret betroffenen Presseangehörigen, die den Beschlagnahmeschutz nach § 97 Abs. 5 S. 1 entfallen lässt.[223] Durch den Verweis auf § 160a Abs. 4 S. 2 ist zu beachten, dass bei Medienmitarbeitern neben einem solchen Tatverdacht bei Antrags- oder Ermächtigungsdelikten der Strafantrag oder die Ermächtigung vorliegen muss. Darüber hinaus ist im Rahmen der qualifizierten Verhältnismäßigkeitsprüfung, an die ein strenger Maßstab anzulegen ist (Abs. 5 S. 2; vgl. auch Nr. 73a RiStBV), Art. 5 Abs. 1 S. 2 GG ausdrücklich zu beachten,[224] so dass der Gegenstand beschlagnahmefrei ist, wenn die Beschlagnahme außer Verhältnis zur Bedeutung der Sache steht und der Zweck der Beschlagnahme auch 59

212 LG Koblenz 30.10.1984 – 10 Qs 10/84, StV 1985, 8.

213 BVerfG 30.11.2021 – 2 BvR 2038/18, BeckRS 2021, 39283.

214 BVerfG 20.5.2010 – 2 BvR 1413/09, NJW 2010, 2937; Beulke FS Lüderssen, 2002, 693 (709).

215 Köhler in Meyer-Goßner/Schmitt Rn. 20; Schmidt Ausnahme vom Beschlagnahmeverbot S. 54 ff.; Greven in KK-StPO Rn. 35.

216 BVerfG 21.1.2008 – 2 BvR 1219/07, NStZ-RR 2008, 176 (177); 31.8.2010 – 2 BvR 223/10, NJOZ 2011, 781.

217 BGH 13.8.1973 – 1 BJs 6/71, StB 34/73, NJW 1973, 2035; BGH 22.11.2000 – 1 StR 375/00, juris = BeckRS 2000, 10161 vgl. auch BGH 27.3.2009 – 2 StR 302/08, BGHSt 53, 257 = NJW 2009, 2690 mAnm Wohlers JR 2009, 524; Barton JZ 2010, 104.

218 Eschelbach in Satzger/Schluckebier/Widmaier StPO Rn. 45.

219 BGH 8.8.2018 – 2 ARs 121/18, 2 AR 69/18, NStZ 2019, 100.

220 BGH 20.10.1982 – 2 StR 43/82, NStZ 1983, 85.

221 BGBl. I 1374; Schork NJW 2012, 2694.

222 BVerfG 27.2.2007 – 1 BvR 538/06, BVerfGE 117, 244 (262) = NJW 2007, 1117 (1119).

223 BVerfG 13.7.2015 – 1 BvR 1089/13, 1 BvR 1090/13, NJW 2015, 3430.

224 BVerfG 22.10.2020 – 1 BvR 1949/20, BeckRS 2020, 28981; LG Berlin 4.8.2011 – 525 Qs 110/11 und 525 Qs 11/11, ZUM-RD 2012, 39.

auf andere Weise ohne wesentliche Erschwernis erfolgen könnte.[225] Die Beschlagnahmeentscheidung muss jedenfalls tragfähige Erwägungen zur Angemessenheit der angeordneten Durchsuchung im Hinblick auf die Schwere der Straftat und die Stärke des Tatverdachts erkennen lassen. Abzuwägen ist insbesondere die Bedeutung des gesuchten Beweismittels sowie der verfolgten Tat gegen die Schwere des Eingriffs in die Pressefreiheit. Im Zweifel ist die Abwägung zugunsten der Pressefreiheit vorzunehmen.[226] Wegen der Bezugnahme auf Abs. 2 S. 2 gilt die besondere Verhältnismäßigkeitsprüfung nicht nur im Rahmen der Frage der Tatverstrickung, sondern ist grds. aufgrund der besonderen Grundrechtsrelevanz bei Beschlagnahmen im Bereich der Presse vorzunehmen, auch wenn ein Zeugnisverweigerungsrecht nicht vorliegt.[227] Werden bei Gelegenheit einer Durchsuchung bei einer in § 53 Abs. 1 S. 1 Nr. 5 genannten Person Gegenstände gefunden, die zwar in keiner Beziehung zu der Untersuchung stehen, aber auf die Verübung einer anderen Straftat hindeuten **(Zufallsfunde),** ist § 108 Abs. 3 zu beachten.

60 **Deliktsgegenstände** (Abs. 2 S. 2), somit Tatwerkzeuge und Gegenstände, die durch die Tat hervorgebracht, zur Tat gebraucht oder bestimmt sind oder aus der Tat herrühren (§§ 73 f. StGB), unterliegen ebenfalls nicht dem Beschlagnahmeverbot. Das gilt auch für die zur Tatvorbereitung genutzten Gegenstände,[228] so bei echten oder manipulierten Buchungsunterlagen oder Urkunden (etwa bei Insolvenz und Betrugsdelikten),[229] Retentunterlagen eines Notars,[230] ein an die Presse gerichtetes Bekennerschreiben[231] oder Unterlagen zu einem Rechtsanwalts-Anderkonto, auf das inkriminierte Gelder eingezahlt wurden.[232]

61 **6. Beschlagnahme- und Verwertungsverbot.** Bei einem Verstoß gegen Abs. 1 Nr. 1, bei verbotener Beschlagnahme von schriftlichen Mitteilungen zwischen dem Beschuldigten und zeugnisverweigerungsberechtigten Personen nach § 52 Abs. 1, liegt grundsätzlich ein (disponibles)[233] Verwertungsverbot vor, bspw. wenn der Gegenstand von dem Zeugnisverweigerungsberechtigten ohne notwendige Belehrung herausgegeben wurde. Kein Verwertungsverbot ist anzunehmen, wenn der Gewahrsamsinhaber sein Recht auf Nichtherausgabe kannte, nach einer späteren Belehrung sein Einverständnis erklärt hat[234] oder weil bspw. der Angeklagte und sein Verteidiger in Kenntnis dieser Zwecke und des Inhalts des betreffenden Schriftstücks zuvor ihr ausdrückliches Einverständnis mit dessen Verlesung in der Hauptverhandlung erklärt und anschließend keine abweichenden Erklärungen mehr abgegeben haben.[235] Hätte der Beweisgegenstand auf einer anderen Eingriffsgrundlage, zB § 81a, erlangt werden können, tritt ebenfalls kein Verwertungsverbot ein.[236] Auch eine Beschlagnahme auf Grundlage von § 108 Abs. 1 als Zufallsfund steht einer Verwertbarkeit bei einer Straftat des Berufsgeheimnisträgers grds. nicht entgegen.[237] Im Einzelnen gilt:

62 **a) Zulässige Beschlagnahme.** War die Beschlagnahme im Zeitpunkt der Anordnung zulässig, droht kein Verwertungsverbot, wenn erst nachträglich Umstände eintreten, die ein Beschlagnahmeverbot iSd Vorschrift begründen, so bei einer späteren Entstehung des

---

[225] BVerfG 10.12.2010 – 1 BvR 1739/04, NJW 2011, 1859.
[226] BT-Drs. 14/5166; vgl. auch Kunert NStZ 2002, 169 (174); Rogall FS Lampe, 2003, 805 (831 f.); Tsambikakis StraFo 2002, 145 (146).
[227] Gercke in Gercke/Julius/Temming/Zöller Rn. 65.
[228] OLG Hamburg 8.1.1981 – 1 Ws 7/81, MDR 1981, 603; Menges in Löwe/Rosenberg Rn. 163.
[229] LG Aachen 11.10.1984 – 86 Qs 74/84, NJW 1985, 338; LG Stuttgart 7.11.1975 – IV Qs 3663/75, NJW 1976, 2030; Schäfer wistra 1985, 12.
[230] Menges in Löwe/Rosenberg Rn. 44; aA LG Köln 7.4.1981 – 117 (62) Qs 3/80, NJW 1981, 1746; Amelung DNotZ 1984, 195 (210).
[231] BVerfG 22.8.2000 – 1 BvR 77/96, NStZ 2001, 43; BGH 13.1.1999 – StB 14/98, NStZ 1999, 260.
[232] Hartmann in HK-GS Rn. 11.
[233] BGH 9.7.2019 – 3 StR 186/19, BeckRS 2019, 17176; Köhler in Meyer-Goßner/Schmitt Rn. 46a.
[234] Köhler in Meyer-Goßner/Schmitt Rn. 6.
[235] BGH 9.7.2019 – 3 StR 186/19, BeckRS 2019, 1717.
[236] OLG Karlsruhe 7.5.2004 – 2 Ws 77/04, NStZ 2005, 399.
[237] BVerfG 20.5.2010 – 2 BvR 1413/09, NJW 2010, 2937 (2939).

Angehörigenverhältnisses oder des Zeugnisverweigerungsrechts.[238] Anders ist der Fall zu beurteilen, wenn von Anfang an das Zeugnisverweigerungsrecht bestand und die Beschlagnahme erst dadurch rechtmäßig war, weil zunächst ein Teilnahmeverdacht bestand, der jedoch später weggefallen ist, so dass nunmehr nachträglich ein Beschlagnahmeverbot entsteht. Ein zulässig beschlagnahmter Gegenstand ist nur in dem Umfang verwertbar, in dem die Voraussetzungen der Beschlagnahme vorgelegen haben.[239] Ein Beweisgegenstand darf deshalb nicht zum Nachweis einer Tat verwertet werden, zu deren Verfolgung er nicht hätte beschlagnahmt werden dürfen. So scheidet bspw. die Möglichkeit aus, zulässigerweise beschlagnahmte schriftliche Mitteilungen zwischen dem Beschuldigten und seiner teilnahmeverdächtigen Ehefrau, für andere Straftaten des Beschuldigten, bei denen kein Teilnahmeverdacht der Ehefrau besteht, zu verwenden.

b) Unzulässige Beschlagnahme. War die Beschlagnahme unzulässig und sind die das Beschlagnahmeverbot begründenden Umstände anschließend entfallen, so ist der Gegenstand verwertbar.[240] Das ist bei wirksamer Entbindung von der Verschwiegenheitsverpflichtung der Fall, wenn der Teilnahmeverdacht erst nach der Beschlagnahme entsteht oder wenn das Angehörigenverhältnis erlischt. Wenn sich dieser Verdacht allerdings erst aus den rechtswidrig beschlagnahmten Unterlagen ergibt, verbleibt es bei der Unzulässigkeit der Beschlagnahme. Anderenfalls würde ein rechtswidriger Eingriff durch den erhofften Erfolg belohnt werden.[241] 63

c) § 160a und „Internal Investigations". Mit Inkrafttreten der Neuregelung des § 160a Abs. 1 zum 1.2.2011 sind nicht nur Verteidiger, sondern nunmehr gleichgestellt alle Rechtsanwälte in den Schutzbereich dieser Norm einbezogen. Ermittlungshandlungen gegen diese sind daher nicht zulässig, wenn sie über die gewonnenen Erkenntnisse das Zeugnis verweigern dürften. Nach § 160a Abs. 5 bleibt § 97 davon jedoch unberührt.[242] Wie das Verhältnis zwischen § 160a und § 97 zu verstehen ist, welche Norm Vorrang hat, wurde in der Literatur und in der Rechtsprechung uneinheitlich beurteilt.[243] Nach den Entscheidungen des BVerfG vom 27.6.2018 im Zuge des sogenannten „VW-Dieselskandals" (Stichwort: „Jones Day-Entscheidung")[244] ist nunmehr klargestellt, dass das Beweiserhebungsverbot aus § 160a Abs. 1 S. 1 im Bereich der Beschlagnahme bzw. der dieser vorausgehenden Sicherstellung zur Durchsicht (§ 110) wegen der Spezialregelung in § 97 nicht anwendbar ist. 64

§ 97 Abs. 1 Nr. 3 – ebenso wie § 97 Abs. 1 Nr. 1 und 2 – sieht ein Beschlagnahmeverbot nur im Rahmen eines Vertrauensverhältnisses zwischen einem Berufsgeheimnisträger und dem im konkreten Ermittlungsverfahren Beschuldigten oder einer ihm gleichgestellten Person vor.[245] Alleine die Befürchtung des Unternehmens, künftig von einem Ermittlungsverfahren betroffen zu sein, genügt noch nicht. Dass das Unternehmen aber bereits die förmliche Verfahrensstellung eines Beteiligungsinteressenten innehat, ist jedoch nicht erforderlich. Vielmehr ist ausreichend, dass eine künftige Nebenbeteiligung nach objektiven Gesichtspunkten in Betracht kommt.[246] Folglich unterliegen anwaltliche Arbeitsergebnisse aus **„Internal Investigations"** (insbesondere interne Untersuchungen über Straftaten von 64a

[238] BGH 20.10.1982 – 2 StR 43/82, NStZ 1983, 85; Köhler in Meyer-Goßner/Schmitt Rn. 48.
[239] BGH 23.1.1963 – 2 StR 534/62, BGHSt 18, 227 (227 f.).
[240] BGH 28.3.1973 – 3 StR 385/72, BGHSt 25, 168.
[241] BGH 28.6.2001 – 1 StR 198/01, NStZ 2001, 604; LG Saarbrücken 4.1.1988 – 5 Qs 149/87, NStZ 1988, 424.
[242] Vgl. LG Mannheim 3.7.2012 – 24 Qs 1/12, NStZ 2012, 713; Dilling CCZ 2019, 214.
[243] Vgl. hierzu umfassend Rieder/Menne CCZ 2018, 203.
[244] BVerfG 27.6.2018 – 2 BvR 1405/17, 2 BvR 1780/17, BeckRS 2018, 14189; 27.6.2018 – 2 BvR 1287/17, 2 BvR 1583/17, BeckRS 2018, 14188; 27.6.2018 – 2 BvR 1562/17, BeckRS 2018, 14190.
[245] Vgl. Trüg/Ulrich NZWiSt 2021, 1 (auch zur Speicherung mandatsbezogener Unterlagen aus internal investigations auf im Ausland belegenen Servern).
[246] Vgl. zu den (möglichen) Auswirkungen der Entscheidung in Bezug auf den Regierungsentwurf zum Verbandssanktionengesetz auch Rotsch/Mutschler/Grobe CCZ 2020, 169; kritisch auch Naber/Ahrens CCZ 2020, 36; Ott/Lüneborg NZG 2019, 1361.

Mitarbeitern innerhalb eines Unternehmens; zum Syndikusanwalt vgl. → Rn. 39), zB Dateien, Berichte, hierfür verwendete (Geschäfts-) Unterlagen sowie Protokolle über Mitarbeiterbefragungen, soweit sie sich im Gewahrsam der mandatierten Rechtsanwälte befinden, auch nach der Neufassung des § 160a keinem Beschlagnahmeverbot, da bei einem Rechtsanwalt, der im Auftrag eines Unternehmens interne Untersuchungen durchführt, kein „mandatsähnliches Treueverhältnis" zugunsten des beschuldigten Mitarbeiters anzunehmen ist.[247] Da § 97 Abs. 1 Nr. 3 nur das Vertrauensverhältnis zum jeweiligen Beschuldigten schützt, erstreckt es sich bei einem Mandatsverhältnis mit einer juristischen Person nicht ohne Weiteres auch auf deren beschuldigte Organe.[248] Auch hinsichtlich der im Rahmen solcher Untersuchungen „vernommenen" Unternehmensmitarbeiter fehlt es an einer schützenswerten Vertrauensbeziehung iSd § 97 Abs. 1.[249]

64b Anders ist der Fall zu beurteilen, wenn bspw. externe Rechtsanwälte von einem Unternehmen im Rahmen eines **Kartellrechtsmandates** beauftragt werden, mögliche Kartellrechtsverstöße zu untersuchen, um das Unternehmen und die beteiligten Mitarbeiter in Verfahren gemäß §§ 14, 130, 30 OWiG zu verteidigen, wenn zwischen dem Unternehmen und den befragten Mitarbeitern keine „zuwiderlaufenden Interessen" zu erkennen sind.[250] Soweit in diesen Fällen, auch bereits vor Einleitung eines förmlichen Ermittlungsverfahrens, ein materielles Verteidigungsverhältnis begründet ist, besteht der Schutz auf ungestörte Kommunikation zwischen dem Beschuldigten und dem Verteidiger nach § 148 Abs. 1 (→ Rn. 29). Bei straf- und ordnungswidrigkeitenrechtlichen Maßnahmen sowie bei Einziehungsanordnungen, die sich gegen juristische Personen richten,[251] ist § 148 Abs. 1 über § 428 Abs. 1 S. 2 entsprechend anwendbar.[252] In Einziehungsverfahren kommt der juristischen Person eine beschuldigtenähnliche Stellung jedenfalls im Zeitpunkt der Anhörung nach § 426 Abs. 1 S. 1 zu. Eine solche Stellung, die einen Beschlagnahmeschutz aus § 97 Abs. 1 nach sich zieht, ist allerdings noch nicht dann anzunehmen, wenn ein Unternehmen ein künftiges gegen sich gerichtetes Ermittlungsverfahren, bzw. im Hinblick auf eine Verbandsgeldbuße nach § 30 OWiG, lediglich befürchtet und sich vor diesem Hintergrund anwaltlich beraten lässt oder eine unternehmensinterne Untersuchung in Auftrag gibt. Vielmehr ist auch hier erforderlich, dass für das Unternehmen zumindest eine **künftige Nebenbeteiligung nach objektiven Gesichtspunkten** in Betracht kommt (vgl. → Rn. 64). Das BVerfG hat in diesem Zusammenhang klargestellt, dass Tochtergesellschaften hinsichtlich des Beschlagnahmeschutzes aus § 97 Abs. 1 nicht in den Schutz eines zwischen der Muttergesellschaft und einem Rechtsanwalt geschlossenen Mandatsverhältnisses einzubeziehen sind.[253]

64c **Compliance-Ombudsleute** werden mit Blick auf die Erlangung von Informationen anonymer Hinweisgeber nicht geschützt.[254] Zwischen ihnen besteht kein schutzwürdiges

[247] Vgl. dazu auch Kirsch/Jahn – 608 Qs 18/10, NJW 2011, 942; LG Bonn 21.6.2012 – 27 Qs 2/12, NZKart 2013, 204; Bauer StV 2012, 277; NStZ 2012, 719; Kahlenberg, Schwinn CCZ 2012, 81; Gräfin von Galen NJW 2011, 945; Schuster NZWiSt 2012, 28; Raum StraFo 2012, 395 (399); Köhler in Meyer-Goßner/Schmitt Rn. 10b; zu weitgehend LG Mannheim 3.7.2012 – 24 Qs 1/12, BeckRS 2012, 15309 mAnm Zimmermann FD-StraR 2012, 335226; Beukelmann NJW-Spezial 2012, 504. Zum Beweisverwertungsverbot bei unfairen internen Ermittlungen vgl. Knauer Gaul NStZ 2013, 192; vgl. zu internen Erhebungen in Unternehmen Ignor CCZ 2011, 143.

[248] BVerfG 27.6.2018 – 2 BvR 1405/17, 2 BvR 1780/17, NJW 2018, 2385; LG Bochum 16.3.2016 – II-6 Qs 1/16, NStZ 2016, 500; Köhler in Meyer-Goßner/Schmitt Rn. 10a; Naber/Ahrens CZ 2020, 36 (42); aA für extensive Auslegung: Gercke FS Wolter, 2013, 933 (939 ff.); vgl. auch Knauer NStZ 2019, 164 (164 ff.); Momsen NJW 2018, 2362.

[249] Vgl. unter Bezugnahme auf den in Betracht kommenden Interessenkonflikt zwischen Unternehmen als Mandatsträger und befragten Mitarbeiter sowie auf eine mögliche Strafbarkeit nach § 356 StGB LG Hamburg 15.10.2010 – 608 Qs 18/10, NJW 2011, 942; Bauer StraFo 2012, 488; vgl. auch Wehnert StraFo 2012, 253 (258).

[250] Bauer StV 2012, 277 (279 f.).

[251] Leipold NJW-Spezial 2008, 216.

[252] Kirsch/Jahn NZWiSt 2013, 28 (29); ebenso NStZ 2012, 720; Rütters/Schneider GA 2014, 160 (167).

[253] BVerfG 27.6.2018 – 2 BvR 1405/17, 2 BvR 1780/17, NJW 2018, 2385; vgl. insgesamt auch Schneider NStZ 2016, 309 (311); Klengel/Buchert NStZ 2016, 383 (386); Wimmer NZWiSt 2017, 252 (254).

[254] Vgl. hierzu auch Dilling CCZ 2019, 214.

mandatsähnliches Vertrauensverhältnis iSd § 97 Abs. 1 Nr. 3.[255] Teilweise wird vertreten, dass mit „Blick auf das große Ganze" auch bezüglich der Weitergabe von Informationen zwischen Hinweispersonen und Ombudsleuten das vollumfängliche Schweigerecht und das Beschlagnahmeverbot notwendig sei, ansonsten würde die Vertraulichkeitszusage gegenüber anonym bleiben wollenden Hinweispersonen verlustig gehen.[256] Unabhängig von der fraglichen dogmatischen Herleitung einer solchen auch auf Dritte bezogenen „Schutzwirkung" des Anwaltsvertrages zwischen Unternehmen und Ombudsleuten ist jedenfalls zu berücksichtigten, dass das Beschlagnahmeverbot stets an das Zeugnisverweigerungsrecht nach § 53 Abs. 1 S. 1 Nr. 2, 3 anknüpft, das auf das Geheimhaltungsinteresse des Mandanten abstellt. Dem Interesse jedes Mandanten am Schutz der seinem Rechtsanwalt oder einem anderen Berufsgeheimnisträger anvertrauten Informationen steht das verfassungsrechtliche Gebot einer effektiven Strafverfolgung und das öffentliche Interesse an vollständiger Wahrheitsermittlung im Strafverfahren gegenüber.[257] Die erweiterte Auslegung des § 97 Abs. 1 Nr. 3 würde den Erfordernissen einer funktionstüchtigen Strafrechtspflege widersprechen. Zudem besteht die Gefahr, dass Zeugen damit die Möglichkeit eröffnet würde, ihren eigenen Interessen folgend, Beweismittel dem Zugriff den Ermittlungsbehörden zu entziehen.

III. Revision

Die Revision ist begründet, wenn ein Beweisgegenstand verwertet wurde, obwohl 65
dieser Gegenstand einem Beweisverwertungsverbot unterlag und das Urteil darauf beruht.[258] Der Verwertung ist zu widersprechen.[259] Beanstandet die Revision, dass Beweismittel trotz Verbots beschlagnahmt worden seien, so erfordert die Zulässigkeit der Verfahrensrüge nach § 344 Abs. 2 S. 2 Ausführungen dazu, dass die Voraussetzungen für einen Fortfall der Beschlagnahmefreiheit wegen Deliktsbezogenheit nach Abs. 2 S. 3 nicht vorlagen, wenn diese Möglichkeit ernsthaft in Betracht zu ziehen ist.[260] Wenn wegen desselben Lebenssachverhalt zunächst ein einheitliches Ermittlungsverfahren geführt wurde und erst nach Verfahrenstrennung Verteidigungsunterlagen unzulässigerweise bei einem ehemaligen Mitbeschuldigten beschlagnahmt werden, kann das Beschlagnahme- und Verwertungsverbot auch von früheren Mitbeschuldigten geltend gemacht werden.[261] Eine Verfahrensrüge dringt ferner nicht durch, wenn der Angeklagte und sein Verteidiger ihr ausdrückliches Einverständnis mit der Verlesung der betreffenden Verteidigungsunterlagen in der Hauptverhandlung erklärt und anschließend keine abweichenden Erklärungen mehr abgegeben haben.[262]

§ 98 Verfahren bei der Beschlagnahme

(1) [1]Beschlagnahmen dürfen nur durch das Gericht, bei Gefahr im Verzug auch durch die Staatsanwaltschaft und ihre Ermittlungspersonen (§ 152 des Gerichtsverfassungsgesetzes) angeordnet werden. [2]Die Beschlagnahme nach § 97 Abs. 5 Satz 2 in den Räumen einer Redaktion, eines Verlages, einer Druckerei oder einer Rundfunkanstalt darf nur durch das Gericht angeordnet werden.

[255] BVerfG 27.6.2018 – 2 BvR 1405/17, 2 BvR 1780, NJW 2018, 2385; LG Bochum 16.3.2016 – II-6 Qs 1/16, NStZ 2016, 500; Queling/Bayer NZWiSt 2016, 417 ff.; Sotelsek NStZ 2016, 502; Eschelbach in Satzger/Schluckebier/Widmaier StPO Rn. 35; aA Frank/Vogel NStZ 2017, 313; Schmidt/Wengenroth NZWiSt 2016, 404 (404 ff.).

[256] Frank/Vogel NStZ 2017, 313.

[257] BVerfG 27.6.2018 – 2 BvR 1405/17, 2 BvR 1780/17, NJW 2018, 2385; kritisch Lilie-Hutz/Ihwa NZWiSt 2018, 349.

[258] BGH 23.1.1963 – 2 StR 534/62, BGHSt 18, 227 f.; 28.3.1973 – 3 StR 385/72, BGHSt 25, 168; 20.10.1982 – 2 StR 43/82, NStZ 1983, 85.

[259] BGH 25.2.1998 – 3 StR 490/97, BGHSt 44, 46 = NJW 1998, 1963.

[260] BGH 28.11.1990 – 3 StR 170/90, BGHSt 37, 245 = NStZ 1991, 196; BGH 5.6.1996 – 2 StR 70/96, NStZ-RR 1997, 71; Gercke in Gercke/Julius/Temming/Zöller Rn. 93; Güntge JR 2005, 496.

[261] OLG München 30.4.2004 – 3 Ws 720–722/04, 3 Ws 720/04, 3 Ws 721/04, 3 Ws 722/04, StV 2005, 118 (118 f.).

[262] BGH 9.7.2019 – 3 StR 186/19, BeckRS 2019, 17176.

(2) [1]Der Beamte, der einen Gegenstand ohne gerichtliche Anordnung beschlagnahmt hat, soll binnen drei Tagen die gerichtliche Bestätigung beantragen, wenn bei der Beschlagnahme weder der davon Betroffene noch ein erwachsener Angehöriger anwesend war oder wenn der Betroffene und im Falle seiner Abwesenheit ein erwachsener Angehöriger des Betroffenen gegen die Beschlagnahme ausdrücklichen Widerspruch erhoben hat. [2]Der Betroffene kann jederzeit die gerichtliche Entscheidung beantragen. [3]Die Zuständigkeit des Gerichts bestimmt sich nach § 162. [4]Der Betroffene kann den Antrag auch bei dem Amtsgericht einreichen, in dessen Bezirk die Beschlagnahme stattgefunden hat; dieses leitet den Antrag dem zuständigen Gericht zu. [5]Der Betroffene ist über seine Rechte zu belehren.

(3) Ist nach erhobener öffentlicher Klage die Beschlagnahme durch die Staatsanwaltschaft oder eine ihrer Ermittlungspersonen erfolgt, so ist binnen drei Tagen dem Gericht von der Beschlagnahme Anzeige zu machen; die beschlagnahmten Gegenstände sind ihm zur Verfügung zu stellen.

(4) [1]Wird eine Beschlagnahme in einem Dienstgebäude oder einer nicht allgemein zugänglichen Einrichtung oder Anlage der Bundeswehr erforderlich, so wird die vorgesetzte Dienststelle der Bundeswehr um ihre Durchführung ersucht. [2]Die ersuchende Stelle ist zur Mitwirkung berechtigt. [3]Des Ersuchens bedarf es nicht, wenn die Beschlagnahme in Räumen vorzunehmen ist, die ausschließlich von anderen Personen als Soldaten bewohnt werden.

Schrifttum: Achenbach, Verfahrenssichernde und vollstreckungssichernde Beschlagnahme im Strafprozeß, NJW 1976, 1068; Achenbach, Polizeiliche Inverwahrnahme und strafprozessuales Veräußerungsverbot, NJW 1982, 2809; Amelung, Die Entscheidung des BVerfG zur Gefahr im Verzug iS des Art. 13 II GG, NStZ 2001, 337; Beichel/Kieninger, „Gefahr im Verzug" auf Grund Selbstausschaltung des erreichbaren, jedoch „unwilligen" Bereitschaftsrichters? NStZ 2003, 10; Biernat, Rechtsschutz gegen Zwangsmaßnahmen im Ermittlungsverfahren, JuS 2004, 2414; Bittmann, Gefahr im Verzug, wistra 2001, 451; Brodowski, Strafprozessualer Zugriff auf E-Mail-Kommunikation, JR 2009, 408; Burghardt, Der Rechtsschutz gegen Zwangsmittel im Ermittlungsverfahren, Jus 2010, 605; Einmahl, Gefahr im Verzug und Erreichbarkeit des Ermittlungsrichters, NJW 2001, 1393; Fezer, Effektiver Rechtsschutz bei Verletzung der Anordnungsbefugnis – Gefahr im Verzug, FS Rieß, 2002, 93; Gaede, Der grundrechtliche Schutz gespeicherter E-Mails beim Provider und ihre weltweite strafprozessuale Überwachung, StV 2009, 96; Heuchemer, Die Praxis der Hausdurchsuchung und Beschlagnahme und die Wirksamkeit von Rechtsbehelfen im Wirtschaftsstrafrecht, NZWiSt 2012, 137; Hoffmann/Knierim, Rückgabe von im Strafverfahren sichergestellten oder beschlagnahmten Gegenständen, NStZ 2000, 462; Janssen, Rechtliche Grundlagen und Grenzen der Beschlagnahme, 1995; Kemper, Rückgabe beschlagnahmter Gegenstände – Bringschuld oder Holschuld?, NJW 2005, 3679; Krekeler, Beeinträchtigungen der Rechte des Mandanten durch Strafverfolgungsmaßnahmen gegen den Rechtsanwalt, NJW 1977, 1417; Kunert, Das Gesetz über das Zeugnisverweigerungsrecht der Mitarbeiter von Presse und Rundfunk, MDR 1975, 885; Kunz, Durchsuchung und Beschlagnahme in Steuerstrafverfahren, BB 2000, 438; Laser, Das Rechtsschutzsystem gegen strafprozessuale Zwangsmaßnahmen, StV 2009, 276; Löffler, Die Herausgabe v. beschlagnahmten oder sichergestellten Sachen im Strafverfahren, NJW 1991, 1705; Metz, Rangverhältnis der Staatsanwaltschaft zu ihren Ermittlungspersonen bei Gefahr im Verzug, NStZ 2012, 242; Müller/Römer, Legendierte Kontrollen – Die gezielte Suche nach dem Zufallsfund, NStZ 2012, 543; Müller/Trurnit, Eilzuständigkeiten der Staatsanwaltschaft und des Polizeivollzugsdienstes in der StPO, StraFo 2008, 144; Ostendorf/Brüning, Die gerichtliche Überprüfbarkeit der Voraussetzungen von Gefahr im Verzug – BVerfG, NJW 2001, 1121, JuS 2001, 1063; Park, Der Anspruch auf rechtliches Gehör im Rechtsschutzverfahren gegen strafprozessuale Zwangsmaßnahmen, StV 2009, 276; Rabe von Kühlewein, Normative Grundlagen der Richtervorbehalte, GA 2002, 637; Rabe v. Kühlewein, Neue Regeln für Wohnungsdurchsuchungen, NStZ 2015, 618; Schäfer, Die Rückgabe beschlagnahmter Beweismittel nach Rechtskraft des Urteils, wistra 1984, 136; Schenke, Rechtsschutz gegen doppelfunktionale Maßnahmen der Polizei; NJW 2011, 2838; Schmidt, Zur Bindungswirkung strafprozessualer Beschwerdeentscheidungen für das erkennende Gericht; NStZ 2009, 243; Schnarr, Zur Verknüpfung von Richtervorbehalt, staatsanwaltlicher Eilanordnung und richterlicher Bestätigung, NStZ 1991, 209; Spaniol, Grundrechtsschutz im Ermittlungsverfahren durch qualifizierten Richtervorbehalt und wirksame richterliche Kontrolle, FS Eser, 2005, 473; Sommermeyer, Schutz der Wohnung gegenüber strafprozessualen Zwangsmaßnahmen, ein Phänomen?, JR 1990, 493; Sterzinger, Durchsuchung von Büro- und Kanzleiräumen durch die Steuerfahndung, NJOZ 2010, 1766; Wohlers, Die Nichtbeachtung des Richtervorbehalts, StV 2008, 439.

Übersicht

I. Überblick

1 § 98 regelt die förmliche Beschlagnahme zu Beweiszwecken und zur Sicherstellung von Führerscheinen (§ 94 Abs. 3). Bei freiwilliger Herausgabe der Beweisgegenstände bedarf es keiner förmlichen Beschlagnahme (vgl. § 94 Abs. 2). Abs. 2 und 3 betrifft das Verfahren und die Rechtsbehelfe gegen nichtrichterliche Beschlagnahmen. Die Staatsanwaltschaft und ihre Ermittlungspersonen haben, soweit nicht eine Pressebeschlagnahme in einer Redaktion, einem Verlag, einer Druckerei oder einer Rundfunkanstalt vorliegt, eine Eilkompetenz bei Gefahr im Verzug. Wenn das Gericht seine Anordnung nicht selbst vollstreckt, gilt § 36 Abs. 1 S. 1.[1] Eine Sonderregelung enthält Abs. 4, die die Durchführung der angeordneten Beschlagnahme in Dienstgebäuden oder sonstigen Anlagen der Bundeswehr betrifft. Keine Anwendung findet § 98 bei der Beschlagnahme von Einziehungsobjekten, soweit diese nicht als Beweismittel in Betracht kommen. Hier gelten die §§ 111b ff. und §§ 111o, 111p. § 98 regelt nur das Verhältnis zwischen Staatsanwaltschaft und Gericht zu Außenstehenden, so dass das Gericht grds. keine Befugnis hat, im Gewahrsam der ermittelnden Staatsanwaltschaft befindliche Gegenstände zu beschlagnahmen.[2]

1a Wenn eine Maßnahme sowohl der Gewinnung von Beweismitteln als auch der Gefahrenabwehr dient, besteht grundsätzlich **kein Vorrang strafprozessualer Eingriffsbefugnisse.**[3] Polizeibehörden dürfen daher auch während eines bereits laufenden Ermittlungsverfahrens auf Grund präventiver Ermächtigungsgrundlagen zum Zwecke der Gefahrenabwehr tätig werden. Die Rechtmäßigkeit der Maßnahme ist dann ausschließlich nach den gefahrenabwehrrechtlichen Voraussetzungen zu beurteilen. Die Verwertbarkeit der dabei gewonnenen Beweismittel im Strafverfahren bestimmt sich nach § 161 Abs. 2 S. 1.[4]

II. Erläuterung

2 **1. Zuständigkeit. a) Richterliche Anordnung.** Die Anordnungskompetenz der Beschlagnahme zu Beweiszwecken liegt nach Abs. 1 grds. beim Ermittlungsrichter oder beim erkennenden Gericht. Der Richtervorbehalt soll eine vorbeugende Kontrolle der Maßnahme durch eine (persönlich und sachlich) unabhängige und neutrale Instanz gewähr-

1 Köhler in Meyer-Goßner/Schmitt Rn. 24.
2 OLG Schleswig 21.2.2013 – 2 Ws 566/12 (8/13), StraFo 2013, 205.
3 BGH 26.4.2017 – 2 StR 247/16, NStZ 2017, 651; BGH 15.11.2017 – 2 StR 128/17, NStZ 2018, 296.
4 BGH 17.1.2018 – 2 StR 180/17, NStZ-RR 2018, 146; 26.4.2017 – 2 StR 247/16, NJW 2017, 3173.

leisten, um die Rechte der Betroffenen zu wahren.[5] Das Grundgesetz geht davon aus, dass das Gericht auf Grund persönlicher und sachlicher Unabhängigkeit sowie der strikten Unterwerfung unter das Gesetz (Art. 97 GG) die Rechte der Betroffenen im Einzelfall am besten und sichersten wahren kann. Der Richtervorbehalt dient dem präventiven Rechtsschutz.[6] Der Eingriff in die grundrechtlich geschützte Sphäre des Bürgers soll angemessen begrenzt werden.[7] Im Ermittlungsverfahren nimmt die Anordnungskompetenz der **Ermittlungsrichter** wahr (§ 162, § 169), in dessen Bezirk die antragstellende Staatsanwaltschaft (Zweigstelle) ihren Sitz hat. Die Anordnung erfolgt grds. (abgesehen im Fall des § 165) auf Antrag der Staatsanwaltschaft.[8] Über diesen Antrag darf der Ermittlungsrichter nicht hinausgehen.[9] In **Steuerstrafverfahren** steht das Antragsrecht auch der Finanzbehörde zu (§ 399 Abs. 1 AO), nicht jedoch der Steuer- oder Zollfahndung.[10] In Strafsachen, die nach § 120 GVG zur Zuständigkeit des Oberlandesgerichts im ersten Rechtszug gehören, können die im vorbereitenden Verfahren dem Ermittlungsrichter beim Amtsgericht obliegenden Geschäfte auch durch den Ermittlungsrichter des Oberlandesgerichts wahrgenommen werden. Führt der Generalbundesanwalt die Ermittlungen, so ist der Ermittlungsrichter des Bundesgerichtshofes zuständig (§ 169 Abs. 1).[11]

3 **Nach Anklageerhebung** ordnet das mit der Sache befasste Gericht auf Antrag oder von Amts wegen die Beschlagnahme an (§ 162 Abs. 3).[12] Diese Entscheidung trifft nicht der Vorsitzende allein,[13] sondern das Gericht in der für Beschlüsse außerhalb der Hauptverhandlung vorgesehenen Besetzung.[14] Der Staatsanwaltschaft ist zuvor Gelegenheit zur Stellungnahme zu geben (§ 33 Abs. 2). Diese ist an die richterliche Anordnung gebunden.[15] In der Berufungsinstanz trifft nach Vorlegung der Akten nach § 321 S. 2 das Berufungsgericht die Beschlagnahmeanordnung.[16] In der Revisionsinstanz ist der letzte Tatrichter zuständig, dessen Urteil angefochten wird.

4 **Briefe von Untersuchungsgefangenen** werden als Beweismittel nach § 94 beschlagnahmt.[17] Während die nach § 126 Abs. 2 S. 3 allein vom Vorsitzenden zu treffende haftrechtliche Entscheidung über den Beförderungsausschluss eines Briefes nur dessen Nichtaushändigung an den Empfänger und Rückgabe an den Verfasser zur Folge hat, dient die darüber hinausgehende Beschlagnahme des nicht beförderten Briefes, der nicht an den Verfasser zurückgegeben wird, der Sachaufklärung im anhängigen Verfahren, da die Beschlagnahme sich auf Gegenstände bezieht, die als Beweismittel für die Untersuchung von Bedeutung sein können. Dementsprechend ist für eine solche Entscheidung das Gericht in seiner für Entscheidungen außerhalb der Hauptverhandlung vorgesehenen Besetzung zuständig. Eine Zuständigkeitskonzentration bei dem zur haftrichterlichen Entscheidung über den Briefbeförderungsausschluss berufenen Vorsitzenden tritt nicht ein.[18] Wenn der Brief für ein anderes

---

5 BVerfG 16.6.1981 – BvR 1094/80, NJW 1981, 2111; 16.6.1987 – 1 BvR 1202/84, NJW 1987, 2499; 1.10.1987 – 2 BvR 1178/86 ua, NJW 1988, 890; 20.2.2001 – 2 BvR 1444/00, NStZ 2001, 382.

6 Wohlers/Greco in SK-StPO Rn. 6.

7 BVerfG 20.2.2001 – 2 BvR 1444/00, NStZ 2001, 382; Janssen Beschlagnahme S. 24 f.; Ostendorf/Brüning JuS 2001, 1063.

8 LG Kaiserslautern 19.3.1981 – 5 Os 346/80, NStZ 1981, 438.

9 Köhler in Meyer-Goßner/Schmitt Rn. 4; Joecks in Radtke/Hohmann Rn. 3.

10 Heuchemer NZWiSt 2012, 137.

11 Greven in KK-StPO Rn. 6.

12 BGH 12.7.2000 – StB 4/00, NStZ 2000, 609; 28.6.2001 – 1 StR 198/01, NStZ 2001, 604; OLG Köln 7.5.2003 – 2 Ws 170/032 u. 2 Ws 171/03, NJW 2003, 2546 (2547); OLG Hamburg 11.10.1984 – 1 Ws 292/84, JR 1985, 300.

13 Köhler in Meyer-Goßner/Schmitt Rn. 4.

14 OLG Hamburg 28.4.2009 – 2 Ws 85–86/09, OLGSt StPO § 98 Nr. 3.

15 Köhler in Meyer-Goßner/Schmitt Rn. 24.

16 Greven in KK-StPO Rn. 8.

17 BGH 23.10.2008 – StB 18/08, NStZ-RR 2009, 56; OLG Düsseldorf 2.9.1993 – 3 Ws 466/93, NJW 1993, 3278; OLG Hamburg 28.4.2009 – 2 Ws 85–86/09, OLGSt StPO § 98 Nr. 3; Köhler in Meyer-Goßner/Schmitt Rn. 5 mwN.

18 OLG Jena 9.3.2011 – 1 Ws 122/11, NStZ-RR 2012, 28; OLG Hamburg 28.4.2009 – 2 Ws 85–86/09, OLGSt StPO § 98 Nr. 3; OLG Schleswig 3.1.2000 – 2 Ws 541/99, SchlHA 2001, 136; Schultheis NStZ 2013, 87 (90).

Verfahren relevant ist, verbleibt es bei der Zuständigkeit des Gerichts, wenn dieses auch für das andere Verfahren zuständig ist, ansonsten ist durch den Vorsitzenden die Beschlagnahme entsprechend § 108 Abs. 1 anzuordnen.[19] Der Brief ist anschließend an die zuständige Staatsanwaltschaft weiterzuleiten.[20]

b) Nichtrichterliche Anordnung bei Gefahr im Verzug. aa) Zuständigkeit. Die Staatsanwaltschaft und ihre Ermittlungspersonen (§ 152 GVG) können nur bei Gefahr im Verzug die Beschlagnahme anordnen (Abs. 1 S. 1).[21] Das gilt nicht bei Pressebeschlagnahmen in den Räumen einer Redaktion, eines Verlages, einer Druckerei oder einer Rundfunkanstalt (Abs. 1 S. 2). Dagegen dürfen Beschlagnahmen bei beschuldigten Journalisten[22] und von Druckwerken und Schriften außerhalb der in Abs. 1 S. 2 bezeichneten Räume[23] bei Gefahr im Verzug durch die Staatsanwaltschaft und ihren Ermittlungspersonen vorgenommen werden. 5

Die **Ermittlungspersonen** sind gegenüber der Staatsanwaltschaft als „Herrin des Ermittlungsverfahrens" bei der Ausübung der Eilkompetenz **nachrangig zuständig.**[24] Sie dürfen nur dann die Beschlagnahme durchführen, wenn die zuständige Staatsanwaltschaft oder der Ermittlungsrichter nicht rechtzeitig erreichbar sind.[25] Es ist daher zunächst eine Anordnung der Staatsanwaltschaft anzustreben, obwohl § 98 Abs. 1 der Staatsanwaltschaft ausdrücklich keinen generell-abstrakten Vorrang gegenüber der Polizei einräumt. Lehnt die Staatsanwaltschaft die Annahme von Gefahr in Verzug ab, dürfen die Ermittlungspersonen nicht selbst die Beschlagnahme wegen Gefahr in Verzug anordnen. Das folgt daraus, dass die Staatsanwaltschaft zur justizgemäßen Sachleitung der polizeilichen Ermittlungen berechtigt und verpflichtet ist. Die Staatsanwaltschaft leitet das Ermittlungsverfahren und trägt die Gesamtverantwortung für eine rechtsstaatliche, faire und ordnungsgemäße Durchführung des Verfahrens, auch soweit es durch die Polizei geführt wird. Auf Grund dieser umfassenden Verantwortung steht der Staatsanwaltschaft gegenüber ihren Ermittlungspersonen ein uneingeschränktes Weisungsrecht in Bezug auf ihre auf die Sachverhaltserforschung gerichtete strafverfolgende Tätigkeit zu (vgl. § 161 Abs. 1 S. 2 StPO, § 152 Abs. 1 GVG). Dabei kann sie konkrete Einzelweisungen zu Art und Durchführung einzelner Ermittlungshandlungen erteilen (Nr. 3 Abs. 2, Nr. 11 RiStBV) oder ihre Leitungsbefugnis im Rahmen der Aufklärung von Straftaten unabhängig vom Einzelfall durch allgemeine Weisungen im Voraus in Anspruch nehmen.[26] Die Missachtung des vorrangigen Antragsrechtes der Staatsanwaltschaft sowie Zuständigkeitsverstöße im Verhältnis der Ermittlungsbehörden untereinander führen jedoch nicht ohne weiteres zu einem Verwertungsverbot.[27] Die mit dem Richtervorbehalt bezweckte präventive Kontrolle erfolgt in diesem Fall gerade durch die Beteiligung des Richters.[28] Ist allein der Ermittlungsrichter für die Anordnung zuständig (Abs. 1 S. 2), können sich die Ermittlungspersonen nur im Ausnahmefall direkt an diesen wenden (§§ 165, 163 Abs. 2 S. 2).[29] Die (nachrangige) Kompetenzregelung gilt auch für die Finanzbehörden (§§ 386, 399 Abs. 1 AO), die Steuer- und Zollfahndungsstellen (§ 404 AO, § 21 AWG) 6

19 Köhler in Meyer-Goßner/Schmitt Rn. 5; Gercke in Gercke/Julius/Temming/Zöller Rn. 6.
20 OLG Düsseldorf 2.9.1993 – 3 Ws 466/93, NJW 1993.
21 Gercke in Gercke/Julius/Temming/Zöller Rn. 11; Müller/Trurnit StraFo 2008, 144 (147).
22 Achenbach NJW 1976, 1068 (1069 Fn. 16); Kunert MDR 1975, 885 (891).
23 Greven in KK-StPO Rn. 9; Köhler in Meyer-Goßner/Schmitt Rn. 4.
24 BVerfG 11.6.2010 – 2 BvR 1046/08, NStZ 2011, 289; aA wohl Kuhlmann DRiZ 1978, 240.
25 OLG Köln 27.10.2009 – 81 Ss 65/09, StV 2010, 14; Köhler in Meyer-Goßner/Schmitt Rn. 6; Gercke in Gercke/Julius/Temming/Zöller Rn. 11; Menges in Löwe/Rosenberg Rn. 31; Müller/Trurnit StraFo 2008, 144 (147). Ausführlich zum Rangverhältnis der Staatsanwaltschaft zu ihren Ermittlungspersonen bei Gefahr im Verzug vgl. auch Metz NStZ 2012, 242.
26 BGH 27.5.2009 – 1 StR 99/09, NStZ 2009, 648; Griesbaum in KK-StPO § 163 Rn. 2.
27 Griesbaum in KK-StPO § 165 Rn. 6 mwN.
28 Gercke in Gercke/Julius/Temming/Zöller Rn. 51; Ausführlich zum Rangverhältnis der Staatsanwaltschaft zu ihren Ermittlungspersonen bei Gefahr im Verzug vgl. Metz NStZ 2012, 242 (247).
29 Köhler in Meyer-Goßner/Schmitt Rn. 6; Menges in Löwe/Rosenberg Rn. 31; Wohlers/Greco in SK-StPO Rn. 31; aA Greven in KK-StPO Rn. 11.

und die Bundeswehr (§§ 7, 8 UZwGBw). Weitere Kompetenzregelungen bestehen nach § 2 Abs. 2 S. 2 VerbrVerbG und nach § 4 VereinsG.[30]

7 Die Eilkompetenz der Staatsanwaltschaft und ihrer Ermittlungspersonen gilt nicht nur im Ermittlungsverfahren, sondern auch **nach Erhebung der öffentlichen Klage** bis zum rechtskräftigen Abschluss des Verfahrens (Abs. 3).[31] In diesem Fall ist innerhalb von drei Tagen dem Gericht die Beschlagnahme anzuzeigen. Zudem sind die beschlagnahmten Gegenstände dem Gericht zur Verfügung zu stellen. Das gilt auch bei formloser Sicherstellung von Beweismitteln.[32]

8 **bb) Voraussetzungen der Eilkompetenz (Gefahr im Verzug).** Gefahr im Verzug ist nur anzunehmen, wenn die richterliche Anordnung nicht mehr eingeholt werden kann, ohne dass der Zweck der Maßnahme (regelmäßig die Sicherstellung von Beweismitteln) gefährdet wird.[33] Nicht nur wegen des Ausnahmecharakters der nichtrichterlichen Anordnung, sondern vor allem wegen der grundrechtssichernden Schutzfunktion des Richtervorbehalts ist der Begriff „Gefahr im Verzug" **eng auszulegen.** Die richterliche Anordnung ist die Regel.[34] Ordnen die Strafverfolgungsbehörden die Durchsuchung an, so fällt grundsätzlich die präventive Kontrolle durch eine unabhängige und neutrale Instanz weg. Die richterliche Kontrolle ist dann auf eine repressive Funktion beschränkt, die den bereits geschehenen Eingriff nicht mehr rückgängig machen kann.[35]

9 Die Eilkompetenz eröffnet die Möglichkeit eines Eingriffs, wenn die vorherige Einholung der richterlichen Anordnung den Erfolg der Maßnahme gefährden würde.[36] Die Strafverfolgungsbehörden sollen dadurch in die Lage versetzt werden, einen **Beweismittelverlust zu verhindern.** Dies entspricht der verfassungsrechtlichen Gewährleistung einer rechtsstaatlich geordneten Rechtspflege, die sich, bei nachhaltiger Sicherung der Rechte des Beschuldigten, auch auf eine wirksame Strafverfolgung erstreckt.[37] Daher müssen die Strafverfolgungsbehörden die Entscheidung, ob aufgrund der konkreten Umstände von der Gefahr eines Beweismittelverlusts auszugehen ist, so rechtzeitig treffen können, dass dieser Gefahr wirksam begegnet werden kann.[38]

10 Die Konzeption der Eilzuständigkeit von Strafverfolgungsbehörden hat zur Folge, dass die Behörden selbst über die Voraussetzungen ihrer Zuständigkeit zu entscheiden haben. Es steht jedoch nicht im freien Ermessen der Ermittlungsbehörden, wann sie eine Antragstellung in Betracht ziehen. Nach allgemeiner Ansicht ist das Merkmal Gefahr im Verzug vielmehr ein **unbestimmter Rechtsbegriff,** der keinen Beurteilungsspielraum einräumt.[39] Das Vorliegen der Voraussetzungen untersteht einer uneingeschränkten richterlichen Überprüfung.[40] Die Gerichte sind gehalten, der besonderen Entscheidungssituation der nichtrichterlichen Organe mit ihren situationsbedingten Grenzen von Erkenntnismöglichkeiten Rechnung zu tragen. Für die Frage, ob die Ermittlungsbehörden eine richterliche Entschei-

30 BVerwG 9.2.2001 – 6 B 3/01, NJW 2001, 1663; OVG Münster 25.8.1994 – 5 E 59/94, DÖV 1995, 340.

31 Köhler in Meyer-Goßner/Schmitt Rn. 7; Menges in Löwe/Rosenberg Rn. 29.

32 Wohlers/Greco in SK-StPO Rn. 32.

33 BVerfG 16.6.2015 – 2 BvR 2718/10, 2 BvR 1849/11, 2 BvR 2808/11, NJW 2015, 2787; 12.3.2019 – 2 BvR 675/14, NJW 2019, 1428.

34 BVerfG 20.2.2001 – 2 BvR 1444/00, NStZ 2001, 382; Amelung NStZ 2001, 337 (342); Rabe von Kühlewein GA 2002, 637 (653); Bittmann wistra 2001, 451; Einmahl NJW 2001, 1393; Wohlers StV 2008, 439.

35 BVerfG 20.2.2001 – 2 BvR 1444/00, NStZ 2001, 382.

36 BVerfG 3.4.1979 – 1 BvR 994/76, BVerfGE 51, 97 (111) = NJW 1979, 1539 (1540); 20.2.2001 – 2 BvR 1444/00, NStZ 2001, 382; BGH 19.1.2010 – 3 StR 530/09, wistra 2010, 231; BVerwG 15.10.2008 – 2 WD 16/07, NVwZ-RR 2009, 378 (379); Amelung NStZ 2001, 337 (339).

37 BVerfG 1.10.1987 – 2 BvR 1434/86, BVerfGE 77, 65 (76 f.).

38 BVerfG 20.2.2001 – 2 BvR 1444/00, NStZ 2001, 382.

39 BGH 19.1.2010 – 3 StR 530/09, wistra 2010, 231; Gusy JZ 2001, 1035.

40 BVerfG 20.2.2001 – 2 BvR 1444/00, NStZ 2001, 382; 22.1.2002 – 2 BvR 1473/01, StV 2002, 348 (349); BGH 30.8.2011 – 3 StR 210/11, NStZ 2012, 104; AG Essen 27.2.2008 – 44 Gs 1518/08, StraFo 2008, 199; Gusy JZ 2001, 1035; Rabe v. Kühlewein GA 2002, 637 (654).

dung rechtzeitig erreichen können, kommt es auf den Zeitpunkt an, zu dem die Staatsanwaltschaft oder ihre Ermittlungspersonen die Durchsuchung für erforderlich hielten, zB bei einer nicht vorhersehbaren Angreifsituation.[41] Es ist eine aus der **ex-ante-Position** vorzunehmende Gefahrenprognose durchzuführen, die sich auf eine einzelfallbezogene, nachweisbar vorhandene konkrete Tatsachenbasis stützen muss. Die Eingriffsvoraussetzung müssen mit einzelfallbezogenen Tatsachen begründet werden. Dabei können die Grundsätze der Rechtsprechung zur rechtswidrigen Durchsuchung auf die Beschlagnahme entsprechend übertragen werden, denn die Durchsuchung steht regelmäßig in einem engen sachlichen Zusammenhang mit der Beschlagnahme eines Beweisgegenstandes. Eine wirksame gerichtliche Nachprüfung, das folgt aus Art. 19 Abs. 4 GG, einer nichtrichterlichen Durchsuchungsanordnung wegen Gefahr im Verzug setzt voraus, dass vor oder jedenfalls unmittelbar nach der Maßnahme für den Eingriff bedeutsame Erkenntnisse und Annahmen in den Ermittlungsakten **dokumentiert** werden.[42] Unter Bezeichnung des Tatverdachts und der gesuchten Beweismittel müssen die Umstände darlegt werden, auf die die Gefahr des Beweismittelverlusts gestützt werden, insbesondere warum eine richterliche Anordnung zu spät gekommen wäre und von dem Versuch abgesehen wurde, eine solche Entscheidung zu erlangen.[43] Allgemeine Formulierungen, die lediglich die juristische Definition von Gefahr im Verzug wiedergeben, reichen für die Begründung der Eilkompetenz nicht aus. Das gilt auch für fallunabhängige Vermutungen, die auf die bloße Möglichkeit eines Beweismittelverlustes, reine Spekulationen, hypothetische Erwägungen oder lediglich auf kriminalistische Alltagserfahrung gestützt werden.[44]

Gefahr im Verzug kann nicht dadurch entstehen, dass die Strafverfolgungsbehörden ihre tatsächlichen Voraussetzungen selbst herbeiführen. Sie dürfen insbesondere nicht so lange mit dem Antrag an den Ermittlungsrichter warten, bis die Gefahr eines Beweismittelverlusts tatsächlich eingetreten ist, etwa wenn die Polizeibeamten in nicht vorhersehbarer Weise mit einer neuen Verdachtssituation konfrontiert werden und die Beweismittelvernichtung bereits begonnen hat.[45] **Die von Verfassungs wegen vorgesehene Regelzuständigkeit des Richters darf nicht unterlaufen werden.**[46] Die Strafverfolgungsbehörden müssen somit regelmäßig versuchen, eine Anordnung des instanziell und funktionell zuständigen Richters zu erlangen, bevor sie eine Durchsuchung beginnen. Das gilt insbesondere dann, wenn zwischen Anordnung und Durchführung der Beschlagnahme geraume Zeit verstrichen ist.[47] Nur in engen Ausnahmesituationen, wenn schon die zeitliche Verzögerung wegen eines solchen Versuchs den Erfolg der Durchsuchung gefährden würde, dürfen sie selbst die Anordnung wegen Gefahr im Verzug treffen, ohne sich zuvor um eine richterliche Entscheidung bemüht zu haben. Der abstrakte Hinweis, eine richterliche Entscheidung sei gewöhnlicherweise zu einem bestimmten Zeitpunkt oder innerhalb einer bestimmten Zeitspanne nicht zu erlangen, ist für die Begründung von Gefahr im Verzug nicht ausreichend. Hiermit korrespondiert die verfassungsrechtliche Verpflichtung der Gerichte, die Erreichbarkeit eines Ermittlungsrichters, auch durch die **Einrichtung eines Eil- oder Notdienstes,** zu sichern (→ § 105 Rn. 12 ff.).[48] Auf die tatsächliche Ausgestaltung der justizinternen Organisation kann die Eilzuständigkeit der Ermittlungsbehörden jedenfalls nicht gestützt werden. Der gleichzeitigen Befassung des zuständigen Ermittlungs- oder Eilrichters mit einem Antrag der Ermittlungsbehörden auf Erlass einer Durchsuchungsan- 11

---

41 BGH 17.1.2018 – 2 StR 180/17, NStZ-RR 2018.

42 BVerfG 16.6.2015 – 2 BvR 2718/10, 2 BvR 1849/11, 2 BvR 2808/11, NJW 2015, 2787; 12.2.2004 – 2 BvR 1687/02, StV 2004, 633; BGH 13.1.2005 – 1 StR 531/04, NJW 2005, 1060; LG Köln 6.5.2013 – 116 Qs 12/13, 116 Js 788/12, GRUR-RR 2013, 380.

43 BGH 3.5.2011 – 3 StR 277/10, StV 2012, 3.

44 BVerfG 16.6.2015 – 2 BvR 2718/10, 2 BvR 1849/11, 2 BvR 2808/11, NJW 2015, 2787.

45 LG Limburg 9.4.2018 – 1 Qs 21/18, 1 Qs 38/18.

46 BVerfG 20.2.2001 – 2 BvR 1444/00, NStZ 2001, 382; 4.2.2005 – 2 BvR 308/04, NJW 2005, 1637; BGH 30.8.2011 – 3 StR 210/11, NStZ 2012, 104.

47 BGH 3.5.2011 – 3 StR 277/10, StV 2012, 3.

48 BVerfG 20.2.2001 – 2 BvR 1444/00, NStZ 2001, 382; 12.3.2019 – 2 BvR 675/14, NJW 2019, 1428.

ordnung und anderweitigen Dienstgeschäften ist gegebenenfalls durch Geschäftsordnungs- und Vertretungsregelungen Rechnung zu tragen, die eine rechtzeitige Entscheidung über den Durchsuchungsantrag regelmäßig gewährleisten. Dies ergibt sich aus der Verpflichtung der staatlichen Organe, dafür Sorge zu tragen, dass ausreichende personelle und sachliche Ressourcen zur Verfügung gestellt werden, um die effektive Durchsetzung des präventiven Richtervorbehalts einerseits und die Wahrung des Verfassungsgebots einer funktionstüchtigen Strafrechtspflege andererseits zu gewährleisten.[49] Verletzen die Gerichtspräsidien ihre Pflicht zur Einrichtung eines das Regel-Ausnahme-Verhältnis des Art. 13 Abs. 2 GG wahrenden ermittlungsrichterlichen Bereitschaftsdienstes und stützen die Ermittlungsbehörden ihre Anordnungskompetenz deswegen auf Gefahr im Verzug, führt dies zur Rechts- und Verfassungswidrigkeit der Durchsuchungsanordnung.[50]

12 Die **frühere Ablehnung der Anordnung der Beschlagnahme durch das Gericht,** schließt die Annahme von Gefahr im Verzug im Falle einer veränderten Sachlage, insbesondere aufgrund neuer Erkenntnisse, nicht aus, wenn eine rechtzeitige richterliche Entscheidung nicht zu erreichen ist, bspw. weil der Ermittlungsrichter nicht erreicht werden kann oder ihm die Prüfung aus sonstigen Gründen unmöglich ist und sich das Verhalten der Staatsanwaltschaft nicht als rechtsmissbräuchlich darstellt. Nach seiner erneuten Befassung mit der Sache ist jedoch allein der Ermittlungsrichter für die Anordnung der Durchsuchung zuständig. Die Eilkompetenz der Ermittlungsbehörden kann nur dann neu begründet werden, wenn nach der Befassung des Richters tatsächliche Umstände eintreten oder bekannt werden, die sich nicht aus dem Prozess der Prüfung und Entscheidung über diesen Antrag ergeben, und hierdurch die Gefahr eines Beweismittelverlusts in einer Weise begründet wird, die der Möglichkeit einer rechtzeitigen richterlichen Entscheidung entgegensteht.[51]

13 **cc) Beweisverwertungsverbot.** Wird aus tatsächlichen oder rechtlichen Gründen irrtümlich Gefahr im Verzug angenommen, besteht hinsichtlich des beschlagnahmten Gegenstands grundsätzlich noch kein **Verwertungsverbot.**[52] Ein Verstoß gegen den Richtervorbehalt führt nicht automatisch zur Unverwertbarkeit der solchermaßen rechtswidrig erlangten Beweismittel. Das Eingreifen eines Beweisverwertungsverbots hängt von einer umfassenden Abwägung des Interesses der Allgemeinheit an wirksamer Strafverfolgung gegen die Belange des Betroffenen ab. Dabei darf grundsätzlich die hochwahrscheinliche Möglichkeit einer hypothetisch rechtmäßigen Beweiserlangung unter Beachtung des Richtervorbehalts berücksichtigt werden.[53] Ein Verwertungsverbot ist lediglich bei schwerwiegenden, bewussten oder willkürlichen Verfahrensverstößen, bei denen die grundrechtlichen Sicherungen planmäßig oder systematisch außer Acht gelassen worden sind, geboten.[54] Das gilt vor allem bei einer **objektiv willkürlichen Umgehung** oder gleichgewichtig groben Verkennung der Voraussetzungen des Richtervorbehalts.[55] Ein Verwertungsverbot kann im Einzelfall auch bei **Organisationsmängeln** bei Ermittlungsbehörden, die im Tätigwerden mit den Verhältnissen (bspw. mangelnde Kenntnis über richterlichen Bereitschaftsdienst) nicht vertrauter Behördenvertreter liegen könnten, in Betracht kommen.[56] Entsprechendes

---

[49] BVerfG 16.6.2015 – 2 BvR 2718/10, 2 BvR 1849/11, 2 BvR 2808/11, NJW 2015, 2787; Rabe v. Kühlewein NStZ 2015, 618.

[50] BVerfG 12.3.2019 – 2 BvR 675/14, NJW 2019, 1428.

[51] BVerfG 16.6.2015 – 2 BvR 2718/10, 2 BvR 1849/11, 2 BvR 2808/11, NJW 2015, 2787.

[52] Köhler in Meyer-Goßner/Schmitt Rn. 7.

[53] BGH 17.2.2016 – 2 StR 25/15, NStZ 2016, 551.

[54] BVerfG 20.5.2011 – 2 BvR 2072/10, NJW 2011, 2783; BGH 3.5.2018 – 3 StR 390/17, NStZ 2019, 227; 6.10.2016 – 2 StR 46/15, BGHSt 61, 266 = NJW 2017, 1332 = NStZ 2017, 367; 21.4.2016 – 2 StR 394/15, StV 2016, 539 = NJW-Spezial 2016, 441; v. 30.8.2011 – 3 StR 210/11, NStZ 2012, 104; OLG Zweibrücken, 18.6.2018 – 1 OLG 2 Ss 3/18, NStZ 2019, 301; OLG Koblenz 4.3.2021 – 1 Ws 53/21, NStZ-RR 2021, 144.

[55] Zur bewussten Missachtung des Richtervorbehalts oder der Verkennung seiner Voraussetzungen in gleichwertig grober Weise vgl. BGH 4.6.2020 – 4 StR 15/20, NStZ 2020, 621; 27.11.2018 – 5 StR 566/18, NStZ-RR 2019, 94; 18.4.2007 – 5 StR 546/06, BGHSt 51, 285 = NJW 2007, 2269 = NStZ 2007, 601.

[56] BGH 3.5.2011 – 3 StR 277/10, StV 2012, 3.

gilt auch, wenn die richterliche Anordnungskompetenz durch ein Hinausschieben der Antragstellung bis zum drohenden Beweismittelverlust bewusst unterlaufen wird.[57] Dem Aspekt eines möglichen hypothetisch rechtmäßigen Ermittlungsverlaufs kommt bei solcher Verkennung des Richtervorbehalts keine Bedeutung zu. Die Anerkennung des hypothetisch rechtmäßigen Ersatzeingriffs als Abwägungskriterium würde die Kompetenzregelung stets unterlaufen und den Richtervorbehalt letztlich sinnlos werden lassen. Damit würde das wesentliche Erfordernis eines rechtstaatlichen Ermittlungsverfahrens aufgegeben, dass Beweise nicht unter bewusstem Rechtsbruch oder gleichgewichtiger Rechtsmissachtung erlangt werden dürfen.[58]

Ein Verwertungsverbot kommt auch dann in Betracht, wenn das Gericht die Anordnung der Beschlagnahme zuvor **abgelehnt** hat,[59] es sei denn, dass sich die Umstände wesentlich verändert haben und zugleich die Voraussetzungen für Gefahr im Verzug vorliegen (→ Rn. 12).[60] Keine Umgehung des Richtervorbehalts ist gegeben, wenn die Voraussetzungen von Gefahr im Verzug lediglich durch **ungeschicktes Verhalten von Polizeibeamten** ausgelöst werden.[61] Dieser Umstand ist nicht mit solchen Fallgestaltungen vergleichbar, in denen durch bewusst gesteuertes oder grob nachlässiges polizeiliches Ermittlungsverhalten die Gefahr im Verzug gleichsam heraufbeschworen und damit der Richtervorbehalt gezielt oder leichtfertig umgangen wird. 14

c) Führerschein. Bei der Beschlagnahme des Führerscheins nach § 94 Abs. 2 darf die vorläufige Entziehung der Fahrerlaubnis als behördliche Berechtigung nur durch den Richter erfolgen (§ 111a). Diese wirkt zugleich als Anordnung oder Bestätigung der Beschlagnahme (§ 111a Abs. 3). Der Führerschein als Gegenstand iSv § 94 Abs. 3 darf hingegen auch bei Gefahr im Verzug durch die Strafverfolgungsbehörden beschlagnahmt werden, wobei dafür die Annahme weiterer Trunkenheitsfahrten ausreichend ist (vgl. → § 111a Rn. 38).[62] 15

2. Form. a) Richterliche Anordnung. Die Beschlagnahmeanordnung des Richters ergeht in Form eines schriftlichen Beschlusses, der zu begründen (§ 34) und aktenkundig zu machen ist.[63] Das Erfordernis bleibt bestehen, auch wenn in Eilfällen der Beschluss der Staatsanwaltschaft zunächst mündlich oder fernmündlich zur Vollstreckung bekannt gegeben wird (§ 36 Abs. 2 S. 1).[64] Die gerichtliche Anordnung der Beschlagnahme erfolgt meist ohne vorherige Anhörung des Betroffenen (§ 33 Abs. 4 S. 1).[65] Wenn der Zweck der Maßnahme jedoch nicht gefährdet ist, ist dem Betroffenen zuvor rechtliches Gehör zu gewähren. Das liegt regelmäßig vor, wenn die Beschlagnahme von Gegenständen einer Durchsicht sichergestellter Unterlagen (§ 110) nachfolgt. 16

b) Nichtrichterliche Anordnung. Die Anordnungen der Staatsanwaltschaft und ihrer Ermittlungspersonen können mündlich, telefonisch, schriftlich, per E-Mail oder Telefax getroffen werden. Das Ergebnis und die Grundlagen der Entscheidung müssen in einem unmittelbaren zeitlichen Zusammenhang mit der Maßnahme in den Ermittlungsakten dokumentiert werden.[66] Die Voraussetzungen von Gefahr im Verzug sind mit Tatsachen, die auf den Einzelfall bezogen sind, aktenkundig zu begründen (→ Rn. 10).[67] Wenn eine 17

---

57 BVerfG 20.2.2001 – 2 BvR 1444/00, NStZ 2001, 382; BGH 30.8.2011 – 3 StR 210/11, NStZ 2012, 104.

58 BGH 18.4.2007 – 5 StR 546/06, BGHSt 51, 285 (296); 30.8.2011 – 3 StR 210/11, NStZ 2012, 104; 6.10.2016 – 2 StR 46/15, NJW 2017, 1332.

59 BGH 28.6.2001 – 1 StR 198/01, NStZ 2001, 604 (606).

60 Wohlers/Greco in SK-StPO Rn. 36.

61 BGH 19.1.2010 – 3 StR 530/09, wistra 2010, 231.

62 BGH 23.5.1969 – 4 StR 585/68, NJW 1969, 1308.

63 Janssen Beschlagnahme S. 34.

64 BVerfG 23.7.2007 – 2 BvR 2267/06, juris = BeckRS 2007, 25604; Joecks in Radtke/Hohmann Rn. 8; Wohlers/Greco in SK-StPO Rn. 14.

65 Köhler in Meyer-Goßner/Schmitt Rn. 8.

66 OLG Karlsruhe 3.7.1981 – 4 Ws 151/80, Justiz 1981, 482.

67 BVerfG 20.2.2001 – 2 BvR 1444/00, NStZ 2001, 382; 12.2.2007 – 2 BvR 273/06, NJW 2007, 1345.

Ermittlungsperson eine Beschlagnahme selbst durchführt, liegt in deren Vornahme auch ihre Anordnung. Die Ermittlungsperson muss diese nicht vorab gegenüber dem Betroffenen zum Ausdruck bringen.[68] Schließlich ist der Betroffene nach Abs. 2 S. 5 zu belehren.[69]

18 **3. Inhalt. a) Richterliche Anordnung.** Der Tatvorwurf ist in rechtlicher und in tatsächlicher Hinsicht in einem inhaltlichen Mindestumfang zu konkretisieren.[70] Der Beschluss muss in knapper Form den Gegenstand der Untersuchung bildenden Sachverhalt,[71] seine strafrechtliche Würdigung[72] sowie die Umstände darlegen, die den Tatverdacht und die Annahme begründen, dass der Gegenstand als Beweismittel benötigt wird.[73] Der Beschluss muss Angaben zum Tatzeitraum bezüglich aller Beschuldigter enthalten, um den verfassungsrechtlichen Anforderungen und insbesondere der Begrenzungsfunktion zu genügen.[74] Der Beweisgegenstand ist so genau zu bezeichnen, dass keine Zweifel über den Umfang der Maßnahme bestehen.[75] Mängel in dieser Beschreibung werden durch Bezeichnung zu suchender Beweismittel, wenn diese Rückschlüsse auf den Vorwurf zulassen, ausgeglichen.[76] Pauschale Bezeichnungen, die Verwendung von Oberbegriffen und nicht auf den konkreten Fall bezogene Aufzählungen, genügen den rechtsstaatlichen Mindestanforderungen nicht.[77] Im Einzelfall kann die unspezifische Angabe, bspw. dass die Beschlagnahme sich auf Betäubungsmittel und Gegenstände bezieht, die dem Verkauf und Konsum von Betäubungsmitteln dienen, ausreichend sein.[78] Entsprechendes gilt für die Umschreibung des Beweismittels durch Bezeichnung des konkreten Aufbewahrungsorts. Ist die Anordnung allerdings zu unbestimmt, etwa dass alle bei einer Durchsuchung gefundenen Beweismittel beschlagnahmt werden sollen, so ist sie unwirksam.[79] Es ist nicht erforderlich, dass die potentielle Beweiserheblichkeit für jedes zu beschlagnahmende Beweismittel im Gerichtsbeschluss ausgeführt wird.[80] Einer nicht genauen, gattungsmäßigen Umschreibung des Beweisgegenstandes soll dann die Bedeutung einer **Richtlinie** für die Durchsuchung zukommen.[81] Eine solche allgemeine Beschlagnahmeanordnung ist noch keine wirksame richterliche Beschlagnahmeanordnung. In diesen Fällen ist eine Beschwerde gegen die Beschlagnahmeanordnung als Antrag nach Abs. 2 S. 2 umzudeuten, über den der Ermittlungsrichter zu entscheiden hat.[82]

19 Die Beschlagnahme muss in einem **angemessenen Verhältnis** zur Schwere der Tat und der Stärke des Tatverdachts stehen und für die Ermittlungen notwendig sein. Ausführungen zur Verhältnismäßigkeit der Beschlagnahme sind nur dann geboten, wenn diese nicht evident ist.

---

68 LG Frankfurt a. M. 26.10.1981 – 5/10 Qs 76/81, NJW 1982, 897; aA Achenbach NJW 1982, 2809; Sommermeyer JR 1990, 493 (498).

69 Wohlers/Greco in SK-StPO Rn. 40; Joecks in Radtke/Hohmann Rn. 15.

70 Wohlers/Greco in SK-StPO Rn. 17.

71 Köhler in Meyer-Goßner/Schmitt Rn. 9.

72 LG Halle 5.5.2008 – 22 Qs 8/08, wistra 2008, 280.

73 OLG Düsseldorf 4.2.1983 – 2 Ws 905/82, 2 Ws 20/83, StV 1983, 407; Köhler in Meyer-Goßner/Schmitt Rn. 9; Achenbach NJW 1976, 1068 (1071).

74 BVerfG 4.4.2017 – 2 BvR 2551/12, NJW 2017, 2016; 19.6.2018 – 2 BvR 1260/16, BeckRS 2018, 26668.

75 BVerfG 3.9.1991 – 2 BvR 279/90, NStZ 1992, 91; OLG Düsseldorf 21.7.1982 – 2 Ws 501/82, StV 1982, 513; 18.9.1996 – 1 Ws 788/96, StV 1997, 174; OLG Koblenz 19.6.2009 – 1 Ws 385/06, NStZ 2007, 285; OVG Berlin-Brandenburg 1.9.2009 – 1 L 100.08, 1 L 100/08, BeckRS 2009, 39996; Köhler in Meyer-Goßner/Schmitt Rn. 9; Joecks in Radtke/Hohmann Rn. 9.

76 BGH 10.11.2016 – 4 StR 86/16, BeckRS 2016, 20891.

77 LG Köln v. 25.41983, 117 Qs 3/83, StV 1983, 275; Menges in Löwe/Rosenberg Rn. 20.

78 LG Neuruppin 11.7.1997 – 14 Qs 59, Js 315/96, StV 1997, 506.

79 BVerfG 3.9.1991 – 2 BvR 279/90, NStZ 1992, 91; 9.11.2001 – 2 BvR 436/01, NStZ 2002, 212 (213); LG Koblenz 17.11.2008 – 2 Qs 87/08, NStZ-RR 2009, 105 (106); LG Mühlhausen 15.11.2006 – 6 Qs 9/06, wistra 2007, 195.

80 BVerfG 18.2.2008 – 2 BvR 2697/07, juris = BeckRS 2008, 32564.

81 BVerfG 9.11.2001 – 2 BvR 436/01, NStZ 2002, 212 (213); 16.6.2009 – 2 BvR 902/06, BVerfGE 124, 43 = NJW 2009, 2431 (2438); OLG Koblenz 19.6.2006 – 1 Ws 385/06, NStZ 2007, 285; LG Essen 12.8.2009 – 56 Qs 7/09, wistra 2010, 78.

82 LG Essen 12.8.2009 – 56 Qs 7/09, wistra 2010, 78.

b) Nichtrichterliche Anordnung. Bei der nichtrichterlichen Anordnung bestehen im Wesentlichen die gleichen Voraussetzungen wie bei der richterlichen Anordnung. Einschränkungen sind in Bezug auf die Eilbedürftigkeit vorzunehmen. Die Schriftform ist nicht zwingend erforderlich.[83] 20

4. Bekanntgabe. Die Anordnung ist dem Betroffenen bekanntzugeben (§ 33 Abs. 2, § 35 Abs. 2). Um den Zweck der Untersuchung nicht zu gefährden, kann die Bekanntgabe bis zum Beginn der Beschlagnahme zurückgestellt werden.[84] Nach der höchstrichterlichen Rechtsprechung war eine Zurückstellung der Benachrichtigung nach Durchführung der Beschlagnahme wegen Gefährdung des Untersuchungserfolgs, zB durch analoge Anwendung von § 101, ausgeschlossen.[85] **§ 95a**[86] eröffnet als Ausnahme vom Grundsatz der Offenheit der Beschlagnahme die Möglichkeit, bei einer Beschlagnahme eines Gegenstandes, der sich im Gewahrsam einer nichtbeschuldigten Person befindet, die Benachrichtigung des Beschuldigten unter Beachtung des Verhältnismäßigkeitsgebots zurückzustellen, um sonstige verdeckt geführte Ermittlungsmaßnahmen nicht zu gefährden. Das gilt nicht, wenn der Gegenstand im Gewahrsam des Beschuldigten beschlagnahmt wurde. Wird die Zurückstellung der Benachrichtigung angeordnet, kann im Einzelfall unter Würdigung aller Umstände und nach Abwägung der Interessen der Beteiligten zugleich angeordnet werden, dass der Betroffene für die Dauer der Zurückstellung gegenüber dem Beschuldigten und Dritten die Beschlagnahme sowie eine ihr vorausgehende Durchsuchung nach den §§ 103 und 110 oder Herausgabeanordnung nach § 95 nicht offenbaren darf. Der verdeckte Zugriff auf beim Provider zwischen- oder endgespeicherten (ruhenden) E-Mails ist im Übrigen auch auf Grundlage von § 100a[87] möglich. Einem solchen verdeckten Zugriff steht nicht entgegen, dass beim Provider gespeicherte E-Mails mit der offenen Maßnahme des § 94 beschlagnahmt werden können. Beide Ermittlungsmaßnahmen ergänzen sich.[88] 21

5. Belehrung (Abs. 2 S. 5). In Fällen einer Beschlagnahme ohne gerichtliche Anordnung muss der Betroffene über sein Antragsrecht nach Abs. 2 S. 2 von der Behörde, die die Beschlagnahme durchführt, belehrt werden. Betroffener ist derjenige, in dessen Gewahrsam eingegriffen wird, der Rechte an dem Gegenstand hat oder dessen Rechtsposition durch die Beschlagnahme sonst berührt ist.[89] Dazu gehört nicht allein die Stellung als Beschuldigter, wenn er weder Gewahrsamsinhaber[90] noch aus anderem Grund Betroffener ist.[91] Ausreichend ist die Belehrung an den Betroffenen, dass er sich nach Abs. 2 S. 4 an das Amtsgericht wenden kann, in dessen Bezirk die Beschlagnahme stattgefunden hat.[92] Die Belehrung sollte in das Beschlagnahmeverzeichnis nach § 107 S. 2 aufgenommen werden.[93] Bei Nichtbelehrung kommt ein Verwertungsverbot in Betracht, wenn von den Ermittlungsbehörden bewusst die richterliche Kontrolle ausgeschaltet werden sollte.[94] 22

6. Bestätigung nichtrichterlicher Anordnungen (Abs. 2). a) Antrag auf richterliche Bestätigung. aa) Antrag durch den anordnenden Beamten (Abs. 2 S. 1). Wenn bei der Beschlagnahme weder der davon Betroffene noch ein erwachsener Angehöriger anwesend war oder wenn der Betroffene und im Falle seiner Abwesenheit ein erwachse- 23

---

[83] Wohlers/Greco in SK-StPO Rn. 38.
[84] Joecks in Radtke/Hohmann Rn. 10.
[85] BGH 4.8.2015 – 3 StR 162/15; 24.11.2009 – StB 48/09.
[86] eingef. mWv 1.7.2021 durch G v. 25.6.2021 (BGBl. I 2099).
[87] BGH 14.10.2020 – 5 StR 229/19, BeckRS 2020, 36910; vgl. auch Köhler in Meyer-Goßner/Schmitt § 100a Rn. 6b; Gaede StV 2009, 96 (99); Störing MMR 2008, 187; Brodowski JR 2009, 408.
[88] BVerfG 16.6.2009 – 2 BvR 902/06, NJW 2009, 2431 Rn. 58; BGH 4.8.2015 – 3 StR 162/15, NStZ 2015, 704; 14.10.2020 – 5 StR 229/19, BeckRS 2020, 36910.
[89] BVerfG 20.2.2007 – 2 BvR 646/06, juris = BeckRS 2007, 21806.
[90] BVerfG 25.7.2007 – 2 BvR 2282/06, NJW 2007, 3343.
[91] BGH 9.10.1992 – StB 16/92, 2 BJs 16/92-6 – StB 16/92, BGHR StPO § 94 Beweismittel 2.
[92] Köhler in Meyer-Goßner/Schmitt Rn. 11.
[93] Menges in Löwe/Rosenberg Rn. 40.
[94] OLG Frankfurt a. M. 4.4.2003 – 3 Ws 301/03, NStZ-RR 2003, 175 (176); Wohlers/Greco in SK-StPO Rn. 40.

ner Angehöriger des Betroffenen gegen die Beschlagnahme ausdrücklich Widerspruch erhoben haben, ist vom anordnenden Staatsanwalt oder von der anordnenden Ermittlungsperson über den Staatsanwalt **innerhalb von drei Tagen** die **richterliche Bestätigung** der Anordnung zu beantragen.[95] Die **Frist** beginnt mit dem Ende der Durchführung der Beschlagnahme. Der Tag der Beschlagnahme ist bei der Fristberechnung nicht mitzuzählen (§ 42).[96] Die Frist gilt nicht für die anschließende gerichtliche Entscheidung.[97] Diese kann später erfolgen, zumal dem Betroffenen zuvor rechtliches Gehör und ggf. Akteneinsicht zu gewähren ist.[98] Ein Verstoß gegen Abs. 2 S. 1 hat keinen Einfluss auf die Wirksamkeit der Beschlagnahme, es sei denn, die Fristüberschreitung dient der bewussten Ausschaltung der richterlichen Kontrolle.[99] Unabhängig vom Widerspruch des Betroffenen kann die Staatsanwaltschaft jederzeit die richterliche Bestätigung der Anordnung beantragen.[100] Als richterliche Beschlagnahmeanordnung unterbricht die Bestätigung die Verjährung (§ 78c Abs. 1 S. 1 Nr. 4 StGB).[101]

24 Bei gleichzeitiger Beschlagnahme einer beweglichen Sache nach § 111j Abs. 1 S. 2 gilt der Wegfall des Bestätigungserfordernisses auch für die Beschlagnahme nach §§ 94, 98.[102] **Nach erhobener öffentlicher Klage** ist die Beschlagnahme dem zuständigen Gericht binnen drei Tagen anzuzeigen (Abs. 3). Der beschlagnahmte Gegenstand ist dem Gericht zur Verfügung zu stellen. Dieses hat dann nach Abs. 2 S. 1 zu entscheiden, ob die Beschlagnahme der Bestätigung bedarf.

25 **Betroffener** im Sinne des Abs. 2 S. 1 ist jeder, in dessen (Mit-)Gewahrsam durch die Beschlagnahme eingegriffen wurde, auch wenn er den Gegenstand freiwillig herausgegeben hat.[103] Das gilt auch für denjenigen, dessen (Mit-)Eigentums- oder (Mit-)Besitzrechte durch die Beschlagnahme betroffen sind.[104] Der Begriff **Angehöriger** muss im Hinblick auf § 11 Abs. 1 Nr. 1 StGB weit ausgelegt werden. Er ist nicht nur auf den Personenkreis des § 52 Abs. 1 beschränkt.[105] Vielmehr erfasst er jede dem Betroffenen tatsächlich nahe stehende Person, auch Lebenspartner, entfernte Verwandte oder Verschwägerte, sowie Pflegekinder und -eltern, zu denen allerdings eine persönliche Bindung bestehen muss.[106] Erwachsen ist nicht nur der Volljährige, vielmehr ist auf die körperliche Entwicklung und das äußere Erscheinungsbild abzustellen.[107] Dazu zählen jedenfalls nicht Personen, die jünger als 14 Jahre sind.[108]

26 **bb) Antrag auf gerichtliche Entscheidung durch den Betroffenen (Abs. 2 S. 2).** Der Gewahrsamsinhaber, der Eigentümer sowie der Besitzer der beschlagnahmten Sache können jederzeit die richterliche Entscheidung über eine nichtrichterliche Entscheidung beantragen.[109] Bei freiwilliger Herausgabe hat der von der Maßnahme Betroffene das Recht, nachträglich eine richterliche Entscheidung herbeizuführen.[110] Das gilt auch, wenn er oder ein erwachsener Angehöriger bei der Beschlagnahme anwesend waren oder der Beschlag-

95 Gercke in Gercke/Julius/Temming/Zöller Rn. 14.
96 Menges in Löwe/Rosenberg Rn. 44; Greven in KK-StPO Rn. 16.
97 KG 30.9.1971 – 3 Ss 72/71, VRS 42, 210; Gercke in Gercke/Julius/Temming/Zöller Rn. 27.
98 Joecks in Radtke/Hohmann Rn. 13.
99 Menges in Löwe/Rosenberg Rn. 46.
100 BGH 7.9.1956 – 1 BJs 182/55, StB 28/56, NJW 1956, 1805; Gercke in Gercke/Julius/Temming/Zöller Rn. 28.
101 Greven in KK-StPO Rn. 16.
102 Greven in KK-StPO Rn. 16; Köhler in Meyer-Goßner/Schmitt Rn. 13; verneinend Menges in Löwe/Rosenberg Rn. 45; Wohlers/Greco in SK-StPO Rn. 41; Achenbach NJW 1976, 1068 (1070).
103 BVerfG 25.7.2007 – 2 BvR 2282/06, NJW 2007, 3343.
104 Menges in Löwe/Rosenberg Rn. 47; Köhler in Meyer-Goßner/Schmitt Rn. 15.
105 Gercke in Gercke/Julius/Temming/Zöller Rn. 16.
106 Wohlers/Greco in SK-StPO Rn. 42.
107 BSG 24.8.1976 – 8 RU 130/75, MDR 1977, 82; VGH Mannheim 15.12.1977 – X 2806/77, NJW 1978, 719.
108 aA Köhler in Meyer-Goßner/Schmitt Rn. 15.
109 BVerfG 20.2.2007 – 2 BvR 646/06, juris = BeckRS 2007, 21806.
110 BVerfG 25.7.2007 – 2 BvR 2282/06, NJW 2007, 3343.

nahme nicht widersprochen haben. Ferner können alle antragsberechtigt sein, deren personenbezogene Daten in dem beschlagnahmten Beweismittel enthalten sind.[111]

Ein als **„Beschwerde"** bezeichneter Rechtsbehelf gegen die nichtrichterliche Beschlagnahmeanordnung kann in einen Rechtsbehelf nach Abs. 2 ausgelegt werden.[112] In der Entscheidung ist gemäß § 473a über die Kostentragung zu befinden.[113] Ist bereits die Anordnung nach Abs. 2 S. 2 richterlich bestätigt worden, ist der Antrag in eine Beschwerde gegen den Bestätigungsbeschluss umzudeuten.[114] 27

Wenn sich die **nichtrichterlich angeordnete Maßnahme bereits erledigt** hat, gilt Abs. 2 S. 2 für die (nachträgliche) gerichtliche Überprüfung entsprechend. Es muss allerdings ein Rechtsschutzinteresse an der Feststellung der Rechtswidrigkeit vorliegen, bspw. durch einen schwerwiegenden Grundrechtseingriff, auch wenn dieser schon abgeschlossen ist. Wegen der erheblichen Folgen des Eingriffs, die im Fortwirken der „Diskriminierung" liegen können, oder wegen der Gefahr der Wiederholung kann ebenfalls ein nachwirkendes Bedürfnis für die richterliche Überprüfung bestehen.[115] Entsprechend ist die Vorschrift anzuwenden, wenn festgestellt werden soll, ob die Art und Weise der Durchführung einer erledigten richterlichen oder nichtrichterlichen Zwangsmaßnahme rechtswidrig war.[116] Eine **Verfassungsbeschwerde** ist mangels Rechtswegerschöpfung unzulässig, wenn der Rechtsschutz nach Abs. 2 S. 2 nicht in Anspruch genommen wurde.[117] Das Rechtsschutzbedürfnis für eine gerichtliche Überprüfung der Rechtmäßigkeit erledigter strafprozessualer Ermittlungsmaßnahmen kann entfallen, wenn die verspätete Geltendmachung gegen Treu und Glauben verstößt, etwa weil der Berechtigte sich verspätetet auf das Recht beruft und unter Verhältnissen untätig geblieben ist, unter denen vernünftigerweise etwas zur Wahrung des Rechts unternommen wird.[118] 28

b) Bestätigung der vorläufigen Sicherstellung zum Zwecke der Durchsicht von Papieren. Bei der Sicherstellung von Papieren und elektronischen Speichermedien ist § 110 zu beachten. Dient die wegen des Umfangs der Asservate noch nicht abgeschlossene Durchsicht erst der Klärung und Entscheidung, ob die vorläufig sichergestellten Unterlagen zurückzugeben sind oder ob die richterliche Beschlagnahme zu erwirken ist, so ist die Bestätigung der vorläufigen Sicherstellung der Gegenstände zum Zwecke der Durchsicht zu beantragen.[119] Der Grundsatz der Verhältnismäßigkeit verlangt, dass die Durchsicht zügig durchgeführt wird, um abhängig von der Menge des vorläufig sichergestellten Materials und der Schwierigkeit seiner Auswertung in angemessener Zeit zu dem Ergebnis zu gelangen, was als potenziell beweiserheblich dem Gericht zur Beschlagnahme angetragen und was an den Beschuldigten wieder herausgegeben werden kann. Ist Anklage erhoben und die Durchsuchung vom Gericht vorgenommen worden, ist nur der Richter zur Durchsicht nach § 110 befugt. Verteidiger haben kein Recht zur Einsicht in vorläufig sichergestelltes Schriftgut und damit kein Teilnahmerecht an der Durchsicht.[120] 29

---

111 BVerfG 2.4.2006 – 2 BvR 237/06, HFR 2006, 719; EGMR 16.10.2007 – 74336/01, NJW 2008, 3409 (3411); Köhler in Meyer-Goßner/Schmitt Rn. 20.

112 BVerfG 29.1.2002 – 2 BvR 1245/01, NStZ-RR 2002, 172; BGH 18.6.1993 – StB 12/93, StPO § 310 Oberlandesgericht 1; OLG Koblenz 19.6.2006 – 1 Ws 385/06, NStZ 2007, 285; LG Bielefeld 22.11.2007 – Qs 587/07 I, wistra 2008, 117; LG Mühlhausen 15.11.2006 – 6 Qs 9/06, wistra 2007, 195; Burghardt Jus 2010, 605 (607).

113 Vgl. BVerfG 16.11.2009 – 1 BvR 3229/06, NJW 2010, 360.

114 Köhler in Meyer-Goßner/Schmitt Rn. 19.

115 BVerfG 30.4.1997 – 2 BvR 817/90 ua, NJW 1997, 2163; 22.1.2002 – 2 BvR 1473/01, NJW 2002, 1333; 14.12.2004 – 2 BvR 1451/04, NJW 2005, 1855; Greven in KK-StPO Rn. 23.

116 BGH 7.12.1998 – 5 AR (VS) 2/98, BGHSt 44, 265; 25.8.1999 – 5 AR (VS) 1/99, BGHSt 45, 183.

117 BVerfG 11.6.2010 – 2 BvR 3044/09, wistra 2010, 404; 18.2.2010 – 2 BvQ 8/10, juris = BeckRS 2010, 47374.

118 BVerfG 4.3.2008 – 2 BvR 2111/07 und 2112/07, NStZ 2009, 166.

119 BVerfG 30.11.2021 – 2 BvR 2038/18, DStR 2022, 799; BGH 5.8.2003 – 2 BJs 11/03-5 – StB 7/03, NStZ 2003, 670; LG Bonn 10.1.2011 – 27 Qs 33/10, BeckRS 2011, 11803; LG Saarbrücken 10.9.2010 – 2 Qs 24/10, BeckRS 2010, 25477; 14.7.2016 – 2 Qs 16/16, NStZ 2016, 751.

120 OLG Jena 20.11.2000 – 1 Ws 313/00, NJW 2001, 1290.

30 **c) Zuständigkeit (Abs. 2 S. 3).** Die Zuständigkeit des Gerichts bestimmt sich nach den allgemeinen Vorschriften (§§ 162, 169). Bis zur Erhebung der öffentlichen Klage ist der Ermittlungsrichter zuständig, in dessen Bezirk die antragstellende Staatsanwaltschaft ihren Sitz hat (§ 98 Abs. 2 S. 3 iVm 162 Abs. 1). Der Betroffene kann den Antrag auch bei dem Amtsgericht einreichen, in dessen Bezirk die Beschlagnahme stattgefunden hat. Dieses leitet den Antrag dem zuständigen Gericht zu. Nach Anklageerhebung entscheidet das Gericht der Hauptsache.[121] Gegen diese Entscheidung ist die Beschwerde nach § 304 statthaft.[122]

31 Zuständiges Gericht bei Beschlagnahmen in noch nicht verbundenen Ermittlungsverfahren in **verschiedenen Gerichtsbezirken** ist das Gericht am Sitz derjenigen Staatsanwaltschaft, deren Verfahren die größte Bedeutung hat. Bei einem Zuständigkeitsstreit hat das gemeinschaftliche obere Gericht gem. § 14 zu entscheiden.[123]

32 **d) Prüfungsumfang.** Die gerichtliche Prüfung umfasst aus Gründen der Gewährleistung effektiven Rechtsschutzes die Frage, ob die Voraussetzungen der Beschlagnahme im Zeitpunkt seiner Entscheidung vorlagen.[124] In Fällen gravierender Grundrechtseingriffe hat der Betroffene einen Anspruch darauf, dass die Rechtswidrigkeit der Maßnahme im Nachhinein festgestellt wird.[125] Der gerichtliche Prüfungsumfang erstreckt sich auch auf die Kompetenz der Staatsanwaltschaft und ihrer Ermittlungspersonen zur Anordnung der Durchsuchung wegen Gefahr im Verzug. Ein gerichtlich nicht überprüfbarer Auslegungs-, Ermessens- oder Beurteilungsspielraum für die Behörden besteht bei der Beschlagnahme- und Durchsuchungsanordnung wegen Gefahr im Verzug nicht (→ Rn. 10).

33 **7. Durchführung der Beschlagnahmeanordnung.** Richterliche Beschlagnahmeanordnungen werden grds. durch die Staatsanwaltschaft vollstreckt (§ 36 Abs. 2 S. 1). Diese dürfen sich ihrer Ermittlungspersonen (§ 152 GVG) oder anderer Polizeibeamter bedienen (§ 161 Abs. 1) und diesen insoweit Weisungen erteilen. Eine richterliche Beschlagnahmeanordnung ist zeitnah zu vollstrecken. Es widerspricht dem Regelungszweck der Norm, wenn Beschlagnahmeanordnungen auf Vorrat beantragt werden. Gleichwohl ist zu berücksichtigen, dass die Staatsanwaltschaft „Herrin des Ermittlungsverfahrens" ist und daher auf die Vollstreckung der richterlichen Anordnung aus kriminaltaktischen Erwägungen heraus auch verzichten kann.[126] Eine richterliche Anordnung darf allerdings nicht mehr vollzogen werden, wenn seit ihrer Anordnung mehr als **sechs Monate** vergangen sind, um den Richtervorbehalt nicht ins Leere laufen zu lassen.[127] Dann ist, eventuell unter Berücksichtigung hinzutretender Tatsachen, eine neuerliche richterliche Anordnung einzuholen.

34 Nach Anklageerhebung kann das Gericht seine Anordnungen selbst vollstrecken.[128] Es kann sich aber auch der Hilfe der Polizei bedienen.[129] Die Vollziehung der Beschlagnahme erfolgt, indem der Gegenstand in amtliche Verwahrung genommen wird. Dabei kann als **Annexkompetenz unmittelbarer Zwang** angewendet werden. Die Annexkompetenz umfasst das gewaltsame Öffnen von Türen oder verschlossenen Behältnissen, jedoch nicht die Befugnis zum Betreten von Wohnungen und anderen Räumen iSd § 102, insoweit bedarf es einer Durchsuchungsanordnung.[130] Unmittelbarer Zwang zur Durchsetzung der Beschlagnahmeanordnung, ua die Einwirkung auf Personen oder Sachen durch einfache körperliche Gewalt oder durch Hilfsmittel der körperlichen Gewalt, darf im Rahmen des

---

121 Köhler in Meyer-Goßner/Schmitt Rn. 16.
122 Burghardt JuS 2010, 605 (607).
123 BGH 14.10.1975 – 2 ARs 292/75, NJW 1976, 153.
124 Köhler in Meyer-Goßner/Schmitt Rn. 17; Krekeler NJW 1977, 1417 (1420); Schnarr NStZ 1991, 209 (214).
125 Joecks in Radtke/Hohmann Rn. 16.
126 Greven in KK-StPO Rn. 10.
127 BVerfG 27.5.1997 – 2 BvR 1992/92, NJW 1997, 2165; BGH 18.4.2007 – 5 StR 546/06, BGHSt 51, 285 (285–298).
128 Köhler in Meyer-Goßner/Schmitt Rn. 24.
129 Wohlers/Greco in SK-StPO Rn. 22.
130 Wohlers/Greco in SK-StPO Rn. 25.

Verhältnismäßigkeitsgrundsatzes angewendet werden, wenn sich der Betroffene oder sonstige im Durchsuchungsobjekt anwesende Personen der ordnungsgemäßen Durchführung der Maßnahme widersetzen. Zu den Möglichkeiten des unmittelbaren Zwangs durch Vollzugsbeamte des Bundes vgl. UZwG, durch Polizei- und Vollzugsbeamte der Länder, geregelt in den jeweiligen Polizeigesetzen der Länder.[131] Störer dürfen gemäß § 164 festgenommen werden.[132]

Soll die Beschlagnahme in Räumen erfolgen, die nicht ausschließlich von anderen Personen als **Soldaten der Bundeswehr** bewohnt werden (Abs. 4 S. 3), dürfen die Strafverfolgungsbehörden sie nicht selbst vollziehen. Sie haben die vorgesetzte Dienststelle der Bundeswehr zu ersuchen, die Beschlagnahme – gegebenenfalls unter Teilnahme der ersuchenden Behörde – durchzuführen. Wenn das Gericht seine Anordnung selbst vollstreckt, ist die ersuchende Behörde das Gericht. Zur vorgesetzten Dienststelle zählen der Leiter der Anlage bzw. der Kommandeur der in der Einrichtung untergebrachten Truppe, denen die dienstliche Gewalt über das Dienstgebäude, die Einrichtung oder die Anlage zustehen, in der sich die Sache befindet.[133] Dienstgebäude im Sinne der Vorschrift können Kasernen und Werkstätten sein, nicht aber Offizierswohnungen. Nicht allgemein zugänglich sind: Kasernen, Übungsplätze, Schießstände und Lazarette. Wehrmittel, Kriegsschiffe, Panzer, Flugzeuge sind keine Einrichtungen oder Anlagen im wörtlichen Sinne.[134] Die Vorschrift gilt aber auch in diesen Fällen aufgrund des Regelungszwecks entsprechend. 35

Wenn die Beschlagnahme in den Räumen des **Bundestags oder eines Landesparlaments** durchgeführt werden soll, ist die Genehmigung des jeweiligen Parlamentspräsidenten erforderlich (vgl. Art. 40 Abs. 2 S. 2 GG und die entsprechenden Regelungen in den Landesverfassungen). 36

8. Beendigung der Beschlagnahme. Mit dem **rechtskräftigen Abschluss** des Verfahrens endet die Beschlagnahme. Eine förmliche Aufhebung der Anordnung ist nicht erforderlich; sie wirkt nur deklaratorisch.[135] Die beschlagnahmten Gegenstände sind anschließend an den Berechtigten zurückzugeben (vgl. zur Rückgabe im Einzelnen → § 94 Rn. 50).[136] Die Verfahrensweise richtet sich nach dem durch das Gesetz vom 13.4.2017[137] eingefügten Abs. 4 nunmehr nach den Vorschriften §§ 111n und 111o. Die Herausgabe beweglicher Sachen, die nach § 94 beschlagnahmt oder auf andere Weise sichergestellt worden sind, kommt somit entweder an den letzten Gewahrsamsinhaber (§ 111n Abs. 1 StPO) bzw. den Verletzten (§ 111n Abs. 2) oder bei Ansprüche eines Dritten (§ 111n Abs. 3) an diesen in Betracht. Ist das Verfahren **noch nicht rechtskräftig** abgeschlossen, hat die Staatsanwaltschaft die Anordnung der Beschlagnahme durch Verfügung förmlich aufzuheben, insbesondere wenn der Beweisgegenstand vor Verfahrensbeendigung nicht mehr zu Beweiszwecken gebraucht wird und eine Beschlagnahme nach §§ 111b ff. nicht in Betracht kommt.[138] Eine erneute Beschlagnahme ist durch die Aufhebung nicht ausgeschlossen.[139] Die Ermittlungspersonen der Staatsanwaltschaft sind nur dann zuständig, wenn sie selbst die Beschlagnahme angeordnet und den Vorgang noch nicht nach § 163 Abs. 2 S. 1 der Staatsanwaltschaft vorgelegt haben (§ 163 Abs. 2 37

131 Wache in KK-OWiG Vorbemerkungen Rn. 91.
132 Hartmann in HK-GS Rn. 10.
133 Wohlers/Greco in SK-StPO Rn. 26; Menges in Löwe/Rosenberg Rn. 28; Köhler in Meyer-Goßner/Schmitt Rn. 27.
134 OLG Düsseldorf 20.3.1995 – 1 Ws 135/9, NJW 1995, 2239; OLG Koblenz 27.7.2005 – 8 W 427/05, MDR 2006, 470; OLG Stuttgart 27.8.2001 – 2 Ws 165/2001, NStZ-RR 2002, 111; Köhler in Meyer-Goßner/Schmitt Rn. 26.
135 OLG Düsseldorf 20.3.1995 – 1 Ws 135/9, NJW 1995, 2239.
136 Vgl. Löffler NJW 1991, 1705; Schäfer wistra 1984, 136; Kemper NJW 2005, 3679 Hoffmann/Knierim NStZ 2000, 461 (462).
137 Gesetz vom 13.4.2017 (BGBl. 2017 I 872).
138 OLG Düsseldorf 13.12.1989 – 2 Ws 582/89, NStZ 1990, 202; LG Saarbrücken 27.10.2009 – 2 KLs 2/09, 2 KLs 33 Js 518/08 (2/09), StraFo 2009, 510.
139 OLG Bremen 28.12.1959 – Ws 269/59, MDR 1960, 425.

S. 1).[140] Bei der richterlichen Beschlagnahme, nicht jedoch bei einer gerichtlichen Bestätigung, ist für die Aufhebung der Anordnung der Ermittlungsrichter zuständig.[141] In entsprechender Anwendung des § 120 Abs. 3 S. 1 muss der Ermittlungsrichter auf Antrag der Staatsanwaltschaft die Beschlagnahme ohne sachliche Prüfung aufheben, wobei die Staatsanwaltschaft entsprechend § 120 Abs. 3 S. 2 die beschlagnahmten Gegenstände gleichzeitig mit dem Antrag bereits herausgeben kann.

37a In einem Strafverfahren beschlagnahmte Gegenstände sind auch gegenüber nicht beschuldigten (unbeteiligten) Dritten in entsprechender Anwendung von § 697 BGB an dem Ort zurückzugeben, an welchem sie aufzubewahren waren. Die verwahrende Justizbehörde ist nicht verpflichtet, die Sachen an den Beschlagnahmeort oder den Wohnsitz des Berechtigten zurückzubringen. Der von der Beschlagnahme betroffene Dritte ist für Fahrtkosten und sonstige notwendige Aufwendungen, die ihm im Zusammenhang mit der Abholung der Gegenstände entstehen, nach Maßgabe von § 23 Abs. 2 S. 1 Nr. 1 JVEG zu entschädigen.[142]

38 Eine Aufhebung der Beschlagnahme ist nicht schon bei einer – vorläufigen – Einstellung des Verfahrens nach **§ 154 Abs. 2** in Bezug auf eine noch nicht rechtskräftig abgeurteilte andere Tat erforderlich. Für die Aufhebung einer richterlichen Beschlagnahme **nach Anklageerhebung** ist das Gericht (§ 162),[143] während des **Revisionsverfahrens** ist der letzte Tatrichter zuständig.[144]

III. Rechtsbehelfe und Revision

39 **1. Beschwerde.** Wird die nichtrichterlich angeordnete Beschlagnahme oder die Art und Weise des Vollzugs der (auch richterlichen) Beschlagnahmeanordnung beanstandet, kann der Betroffene die richterliche Entscheidung entsprechend **Abs. 2 S. 2** beantragen (→ Rn. 26).[145] Eine Beschwerde ist in einen Antrag auf gerichtliche Entscheidung umzudeuten.[146] Das gilt auch für den Widerruf des Einverständnisses mit der amtlichen Sicherstellung.[147] Damit ist der Rechtsweg nach § 23 EGGVG ausgeschlossen.[148] Antragsberechtigt ist jeder, in dessen Rechte unmittelbar eingegriffen wird. Dazu gehört nicht nur der Gewahrsamsinhaber, sondern auch der mittelbar Betroffene.[149] Zuständig für die Entscheidung ist zunächst der Ermittlungsrichter, in dessen Bezirk die Zwangsmaßnahme stattgefunden hat (Abs. 2 S. 3, § 162 Abs. 1). Wurde Anklage gegen den Beschuldigten erhoben, geht die Entscheidungszuständigkeit auf das mit der Hauptsache befasste Gericht über. Gegen diese Entscheidung ist die Beschwerde nach § 304 zulässig.[150]

39a Bei **doppelfunktionalen Maßnahmen der Polizei,** die nach äußerem Anschein sowohl der Gefahrenabwehr als auch der Strafverfolgung gedient haben, ist der Verwaltungsrechtsweg eröffnet, wenn der Grund für das polizeiliche Einschreiten bzw. dessen Schwerpunkt nach objektiver Betrachtung für den Betroffenen nicht zweifelsfrei zu erkennen war, aber (zumindest auch) eine präventiv polizeiliche Rechtsgrundlage in Betracht kam. Das angerufene Verwaltungsgericht entscheidet den Rechtsstreit dann nach § 17 Abs. 2 S. 1

---

[140] BGH 30.10.1953 – 3 StR 776/52, BGHSt 5, 155 (158); Greven in KK-StPO Rn. 33.
[141] Köhler in Meyer-Goßner/Schmitt Rn. 30; Wohlers/Greco in SK-StPO Rn. 55.
[142] BGH 16.5.2019 – III ZR 6/18, NJW 2019, 2618.
[143] Köhler in Meyer-Goßner/Schmitt Rn. 30; Wohlers in SK-StPO Rn. 55.
[144] LG Saarbrücken 27.10.2009 – 2 KLs 2/09, 2 KLs 33 Js 518/08 (2/09), StraFo 2009, 510.
[145] BGH 5.8.1998 – 5 ARs (VS) 2/98, NStZ 1999, 151; 13.10.1999 – StB 7, 8 (99), NStZ 2000, 46; 12.7.2000 – 3 BJs 15/00 – 4 – StB 4/00, NStZ 2000, 609; Greven in KK-StPO Rn. 27; krit. Schenke NJW 2011, 2838. Danach ist der Rechtsschutz gegen strafprozessuale Maßnahmen der Polizei nach §§ 23 ff. EGGVG und nicht nach Abs. 2 zu gewähren.
[146] LG Lüneburg 12.12.1983 – 12 Qs 8/83, JZ 1984, 343; Hartmann in HK-GS Rn. 14.
[147] Gercke in Gercke/Julius/Temming/Zöller Rn. 33.
[148] BGH 5.8.1998 – 5 ARs (VS) 2/98, wistra 1998, 353; Wohlers in SK-StPO Rn. 28; Greven in KK-StPO Rn. 26; Gercke in Gercke/Julius/Temming/Zöller Rn. 37.
[149] KG 5.5.1999 – 2 AR 26/99 – 3 Ws 116/99, 2 AR 26/99, 3 Ws 116/99, StV 2000, 10.
[150] Burghardt Jus 2010, 605 (607).

GVG unter allen in Betracht kommenden rechtlichen Gesichtspunkten. Die dadurch angeordnete umfassende Prüfung erstreckt sich auch auf rechtliche Gesichtspunkte, für die an sich ein anderer Rechtsweg gegeben wäre.[151]

Gegen die richterliche Anordnung der Beschlagnahme und die richterliche Bestätigung der Beschlagnahmeanordnung nach Abs. 2 S. 1 sowie die Ablehnung des Antrags nach Abs. 2 S. 2 ist die Beschwerde nach **§ 304** zulässig.[152] Dem Betroffenen steht ab dem Moment, in dem die Staatsanwaltschaft den Antrag auf gerichtliche Beschlagnahme gestellt hat, nur noch der Rechtsbehelf gegen die Beschlagnahme und nicht mehr gegen die vorausgegangene Durchsuchung zu.[153] Beschwerdeberechtigt ist jeder, der durch die Entscheidung in seinen Rechten betroffen ist (§ 304 Abs. 2).[154] Dazu zählen der Beschuldigte (auch wenn dessen Beschlagnahmeantrag nach § 163a Abs. 2 erfolglos war),[155] sein gesetzlicher Vertreter, die Staatsanwaltschaft (ua gegen die Aufhebung der Anordnung), der Nebenkläger oder sonstige Verfahrensbeteiligte. Beschwerdeberechtigt sind ferner der letzte Gewahrsamsinhaber[156] sowie der nicht besitzende Eigentümer, wenn die Beschlagnahme sein Rückforderungsrecht beeinträchtigt. Beschwerdeberechtigt ist auch der Inhaber einer Urkunde, die lediglich als Ablichtung sichergestellt worden ist.[157] Die Beschwerde gegen eine Beschlagnahmeanordnung wird durch einen zwischenzeitlich ergangenen Beschlagnahmebestätigungsbeschluss gegenstandslos.[158] Soweit nach Übergang der gerichtlichen Zuständigkeit durch Anklageerhebung eine Beschwerde noch nicht beschieden ist, ist diese in einen an das erkennende Gericht gerichteten Antrag auf Aufhebung der beschwerenden Entscheidung umzudeuten.[159] 40

Entscheidungen des erkennenden Gerichts sind ebenfalls mit der Beschwerde anfechtbar (§ 305 S. 2). Fehlt es an einer Sachentscheidung des erkennenden Gerichts, weil dieses seine Zuständigkeit zu Unrecht verneint hat, so kann das ihm übergeordnete Beschwerdegericht die Sache zur erneuten Entscheidung zurückverweisen. Die Entscheidung des Beschwerdegerichts lässt die Frage der Verwertbarkeit der Ergebnisse aus den Ermittlungsverfahren unberührt. Hierüber entscheiden allein das erkennende Gericht und gegebenenfalls die Revisionsinstanz.[160] Entscheidungen des Ermittlungsrichters des BGH oder eines erstinstanzlich zuständigen OLG über Einwendungen gegen die Art und Weise des Vollzugs einer Durchsuchung sind – anders als die Anordnung der Durchsuchung selbst – nicht mit der Beschwerde anfechtbar (vgl. § 304 Abs. 4 S. 2 Nr. 1, Abs. 5).[161] 41

Bei **durch Vollzug erledigten Beschlagnahmeanordnungen** ist neben den Fällen der Wiederholungsgefahr und der fortwirkenden Beeinträchtigung durch einen an sich beendeten Eingriff eine gerichtliche Überprüfung zulässig,[162] wenn durch sie tiefgreifend in Grundrechte des Betroffenen eingegriffen wird (bspw. faktische Enteignung) und sich ihre direkte Belastung nach dem typischen Verfahrensablauf auf eine Zeitspanne beschränkt, in welcher der Betroffene eine gerichtliche Entscheidung, einschließlich der Beschwerde- 42

---

151 OVG Lüneburg 8.11.2013 – 11 OB 263/13, NVwZ-RR 2014, 327; OVG Münster 9.1.2012 – 5 E 251/11, NWVBl 2012, 364; OVG Weimar 5.9.2013 – 1 K 121/12, juris.

152 Sterzinger NJOZ 2010, 1766 (1768).

153 BGH 18.5.2022 – StB 17/22, BeckRS 2022, 13068.

154 BGH 6.4.1977 – 1 BJs 123/76 – StB 76/77, NJW 1977, 192.

155 Köhler in Meyer-Goßner/Schmitt Rn. 31; Hartmann in HK-GS Rn. 14.

156 OLG Celle 30.9.1964 – 3 Ws 362/64, NJW 1965, 362.

157 BGH 3.11.1999 – StB 14/99, BGHR StPO § 304 Abs. 2 Betroffener 1; OLG München 5.12.1977 – 1 Ws 1309, NJW 1978, 601.

158 BGH 15.10.1999 – 2 BJs 20/97 – 2 – StB 9/99, NStZ 2000, 154.

159 OLG Jena 29.5.2009 – 1 Ws 204/09, wistra 2010, 80.

160 BVerfG 14.12.2004 – 2 BvR 1451/04, NJW 2005, 1855; OLG Frankfurt a. M. 2.12.2005 – 3 Ws 972/05, 3 Ws 1021/05, NStZ-RR 2006, 44.

161 BGH 13.10.1999 – StB 7, 8 (99), NJW 2000, 84.

162 Vgl. hierzu auch BGH 5.8.1998 – 5 Ars (VS) 1/97, BGHSt 44, 171, juris Rn. 15 ff., 19; OLG Rostock 29.6.2017 – 20 VAs 5/16, juris Rn. 19 f. mwN; OLG Brandenburg 6.3.2013 – 11 W 40/12, OVG Hamburg 7.8.2018 – 4 So 24/18, BeckRS 2018, 23814 Rn. 16; vgl. Meyer/Rettenmaier NJW 2009, 1238.

entscheidung in der Regel nicht erlangen kann.[163] Hat sich die Zwangsmaßnahme zwischenzeitlich erledigt, ist der Antrag auf Überprüfung der Rechtmäßigkeit unzulässig, wenn der Betroffene nicht ein fortdauerndes, besonderes Rechtsschutzinteresse begründen kann. Das Rechtsschutzbedürfnis für eine gerichtliche Überprüfung der Rechtmäßigkeit erledigter strafprozessualer Ermittlungsmaßnahmen kann entfallen, wenn die verspätete Geltendmachung eines Anspruchs gegen Treu und Glauben verstößt, zB weil der Berechtigte sich verspätetet auf das Recht beruft (Zeitmoment) und unter Verhältnissen untätig geblieben ist, unter denen vernünftigerweise etwas zur Wahrung des Rechts unternommen zu werden pflegt.[164]

43 Die nachträgliche Feststellung der Rechtswidrigkeit (der Anordnung und Durchführung) von Ermittlungsmaßnahmen mit tiefgreifendem Grundrechtsrechtseingriff, gegen deren Anordnung der Beschuldigte typischer Weise vor ihrer Vollziehung keinen Rechtsschutz erlangen kann, obliegt grundsätzlich dem **anordnenden Gericht,** nach Erhebung der Anklage dem **erkennenden Gericht.** Es hat sowohl die gerichtliche Überprüfung der von den Ermittlungsbehörden angeordneten Maßnahmen gemäß Abs. 2 analog vorzunehmen, als auch die Rechtswidrigkeit der vom Ermittlungsrichter angeordneten Maßnahmen festzustellen. Gegen die Entscheidung des erkennenden Gerichts ist die Beschwerde nach § 304 Abs. 1 eröffnet.[165]

43a Eine gerichtliche Entscheidung im Beschwerdeverfahren darf nur auf der Grundlage solcher Tatsachen und Beweismittel gestützt werden, die dem Beschuldigten durch **Akteneinsicht** (§ 147) der Verteidigung bekannt sind und zu denen er sich äußern konnte. Hierzu zählt auch die Information über die entscheidungserheblichen Beweismittel.[166] Die Versagung der Akteneinsicht durch die Staatsanwaltschaft nach § 147 Abs. 2 aufgrund von Geheimhaltungsinteressen rechtfertigt es nicht, im Beschwerdeverfahren auf der Grundlage eines Akteninhalts zu entscheiden, der dem Beschuldigten nicht zugänglich ist. Ist das Beschwerdegericht nach § 147 Abs. 5 an die Entscheidung der Staatsanwaltschaft zur Versagung von Akteneinsicht gebunden, muss es die Entscheidung über die Beschwerde aufschieben.[167]

44 **2. Revision.** Eine Revision kann darauf gestützt werden, dass bei der Urteilsfindung ein Beweismittel verwertet wurde, für das ein **Verwertungsverbot** bestand. Das ist der Fall, wenn die Staatsanwaltschaft oder die Ermittlungspersonen willkürlich Gefahr im Verzug angenommen haben, insbesondere bei bewusster und gezielter Missachtung des Richtervorbehalts oder in gleichgewichtiger Weise bei gröblicher Verkennung der Rechtslage (vgl. auch → Rn. 13).[168] Auch ein bestehendes Beschlagnahmeverbot führt grundsätzlich zur Unverwertbarkeit des Beweisgegenstandes.[169] Der Hypothese eines möglichen rechtmäßigen Ermittlungsverlaufs kommt bei grober Verkennung von Bedeutung und Tragweite des Richtervorbehalts im Rahmen der Abwägungsentscheidung über ein Beweisverwertungsverbot keine Bedeutung zu.[170]

---

163 BVerfG 14.12.2004 – 2 BvR 1451/04, NJW 2005, 1855; 27.2.2007 – 1 BvR 538/06 ua, NJW 2007, 1117 (1120); OLG Frankfurt a. M. 4.4.2003 – 3 Ws 301/03, NStZ-RR 2003, 175; LG Saarbrücken 2.4.2007 – 8 Qs 132/06, NStZ-RR 2008, 113.

164 BVerfG 4.3.2008 – 2 BvR 2111/07, 2 BvR 2112/07, 2 BvR 2111, 2112/07, NStZ-RR 2008, 113.

165 OLG Frankfurt a. M. 1.12.2005 – 3 Ws 972/05 + 1021/05, NStZ-RR 2006, 44.

166 BVerfG 9.11.2010 – 2 BvR 2101/09, NJW 2011, 2417; 19.1.2006 – 2 BvR 1075/05, NStZ 2006, 459; Börner NStZ 2010, 417; Börner NStZ 2007, 680; aA LG Saarbrücken 24.8.2005 – 8 Qs 81/05, NStZ-RR 2006, 80; LG Berlin 16.12.2005 – 505 Qs 217/05, NStZ 2006, 472.

167 BVerfG 19.1.2006 – 2 BvR 1075/05, NJW 2006, 1048; 4.12.2006 – 2 BvR 1290/05, NStZ 2007, 274; 9.9.2013 – 2 BvR 533/13, WM 2013, 1990; LG Neubrandenburg 16.8.2007 – 9 Qs 107/07, NStZ 2008, 655; vgl. ausführlich: Lampe jurisPR-StrafR 20/2013 Anm. 1.

168 BGH 3.5.2011 – 3 StR 277/10, StV 2012, 3; 17.2.2016 – 2 StR 25/15, NStZ 2016, 551; vgl. auch BGH 26.4.2017 – 2 StR 247/16, NZV 2017, 566; 27.11.2018 – 5 StR 566/18, NStZ-RR 2019, 94 (95); 4.6.2020 – 4 StR 15/20, BeckRS 2020, 13990 Rn. 11; OLG Koblenz 6.6.2002 – 1 Ss 93/02, NStZ 2002, 660; Beichel/Kieninger NStZ 2003, 10 (13).

169 BVerfG 12.4.2005 – 2 BvR 1027/02, NJW 2005, 1917; Eisenberg Beweisrecht StPO Rn. 2387.

170 BGH 6.10.2016 – 2 StR 46/15, NStZ 2017, 367.

45 Die Zulässigkeit einer Verfahrensrüge, mit der ein Beweisverwertungsverbot wegen Fehlern bei einer Durchsuchung zur Sicherstellung von Sachbeweisen geltend gemacht wird, setzt nach Auffassung des 2. Strafsenats des BGH keinen **auf den Zeitpunkt des § 257 Abs. 1 befristeten Widerspruch** des verteidigten Angeklagten gegen die Verwertung voraus. Es bedarf auch keiner vorgreiflichen Anrufung des Gerichts gemäß § 238 Abs. 2 StPO.[171] Zutreffend weist der 5. Strafsenat allerdings unter Bezugnahme auf den Gedanken des subsidiären Rechtsschutzes darauf hin, dass Sinn und Zweck der Widerspruchsobliegenheit es ist, auf den Einwand des Betroffenen hin dem Tatgericht in der Hauptverhandlung die Möglichkeit und Veranlassung zu geben, dem gerügten Verfahrensfehler freibeweislich im Einzelnen nachzugehen. Dem verteidigten Angeklagten wird im Interesse der Schonung von Justizressourcen – orientiert am Subsidiaritätsgedanken – die frühestmögliche zumutbare Geltendmachung einer Rechtsverletzung abverlangt, um in der Hauptverhandlung vor dem Tatgericht die Frage des Verwertungsverbots eingehend prüfen und gegebenenfalls Abhilfe schaffen zu können.[172]

46 Wird die Rechtmäßigkeit der Beweisgewinnung konkret in Zweifel gezogen, sind nicht nur die in der Hauptverhandlung hierzu gestellten Anträge und Beschlüsse vollständig und zutreffend mitzuteilen, sondern es ist regelmäßig auch die Verdachts- und Beweislage, die im Zeitpunkt der beanstandeten Beweisgewinnung gegeben war, anhand der Aktenlage zu rekonstruieren und mitzuteilen.[173] Die Rüge einer Verletzung, die Staatsanwaltschaft habe bei den Durchsuchungen zu Unrecht „Gefahr im Verzug" angenommen, ist dann unzulässig (§ 344 Abs. 2 S. 2), wenn die Revision die genauen Umstände nicht hinreichend vorträgt. So wäre etwa vorzutragen, ob sich die vom Oberstaatsanwalt dokumentierte Äußerung der Eildienstrichterin vom Vortag der Durchsuchung, „derartige komplexe Vorgänge nur anhand einer Schriftlage zu entscheiden", überhaupt auf das laufende Verfahren bezog und welche Ermittlungsmaßnahme gegebenenfalls in Rede stand. Lässt sich dem angefochtenen Urteil nicht entnehmen, welche der verwerteten Urkunden aus einer vom Beschwerdeführer als rechtswidrig bezeichneten und welche aus einer von ihm nicht angegriffenen Beschlagnahme stammen, so sind im Rahmen der Verfahrensrüge, mit der die Verwertung zu Unrecht beschlagnahmter Urkunden angegriffen wird, auch die verwerteten Urkunden zu bezeichnen und die fehlenden tatrichterlichen Feststellungen zu ihrer Gewinnung im Rahmen der rechtswidrigen Beschlagnahme mit der Aufklärungsrüge zu beanstanden.[174] Lehnt das Gericht die Beschlagnahme eines Beweismittels ab, kann dieses unter Umständen die **Aufklärungsrüge** begründen.[175] Die nicht fristgerechte Beantragung einer richterlichen Bestätigung nach Abs. 2 S. 1 hat keine Auswirkungen auf die Wirksamkeit der Beschlagnahme. Auf sonstige Verstöße gegen § 98 kann die Revision nicht gestützt werden.[176] Die Entscheidung des Richters nach Abs. 2 S. 2 oder eine Beschwerdeentscheidung sind für das Revisionsgericht nicht bindend (§ 336).[177]

§ 98a Rasterfahndung

(1) [1]Liegen zureichende tatsächliche Anhaltspunkte dafür vor, daß eine Straftat von erheblicher Bedeutung

1. auf dem Gebiet des unerlaubten Betäubungsmittel- oder Waffenverkehrs, der Geld- oder Wertzeichenfälschung,

---

[171] BGH 6.10.2016 – 2 StR 46/15, NStZ 2017, 367; grundsätzlich wäre auch ein Sammelwiderspruch zulässig, vgl. BGH 17.2.2016 – 2 StR 25/15, NStZ 2016, 551.

[172] BGH 9.5.2018 – 5 StR 17/18, NJW 2018, 2279.

[173] BGH 19.12.2018 – 2 StR 247/18, NStZ-RR 2019, 157.

[174] BayObLG 10.9.2002 – 4 St RR 70/2002, NStZ-RR 2003, 90.

[175] Gercke in Gercke/Julius/Temming/Zöller Rn. 40; Wohlers in SK-StPO Rn. 64 f.

[176] Köhler in Meyer-Goßner/Schmitt Rn. 32.

[177] Fezer FS Rieß, 2002, 93 (106); Köhler in Meyer-Goßner/Schmitt Rn. 32; aA Schlothauer StV 2003, 210; umfassend Schmidt NStZ 2009, 243.

2. auf dem Gebiet des Staatsschutzes (§§ 74a, 120 des Gerichtsverfassungsgesetzes),
3. auf dem Gebiet der gemeingefährlichen Straftaten,
4. gegen Leib oder Leben, die sexuelle Selbstbestimmung oder die persönliche Freiheit,
5. gewerbs- oder gewohnheitsmäßig oder
6. von einem Bandenmitglied oder in anderer Weise organisiert

begangen worden ist, so dürfen, unbeschadet §§ 94, 110, 161, personenbezogene Daten von Personen, die bestimmte, auf den Täter vermutlich zutreffende Prüfungsmerkmale erfüllen, mit anderen Daten maschinell abgeglichen werden, um Nichtverdächtige auszuschließen oder Personen festzustellen, die weitere für die Ermittlungen bedeutsame Prüfungsmerkmale erfüllen. [2]Die Maßnahme darf nur angeordnet werden, wenn die Erforschung des Sachverhalts oder die Ermittlung des Aufenthaltsortes des Täters auf andere Weise erheblich weniger erfolgversprechend oder wesentlich erschwert wäre.

(2) Zu dem in Absatz 1 bezeichneten Zweck hat die speichernde Stelle die für den Abgleich erforderlichen Daten aus den Datenbeständen auszusondern und den Strafverfolgungsbehörden zu übermitteln.

(3) [1]Soweit die zu übermittelnden Daten von anderen Daten nur mit unverhältnismäßigem Aufwand getrennt werden können, sind auf Anordnung auch die anderen Daten zu übermitteln. [2]Ihre Nutzung ist nicht zulässig.

(4) Auf Anforderung der Staatsanwaltschaft hat die speichernde Stelle die Stelle, die den Abgleich durchführt, zu unterstützen.

(5) § 95 Abs. 2 gilt entsprechend.

Schrifttum: Beckmann, Verfassungswidrigkeit des länderübergreifenden Abrufs und der Verwendung von Daten gemäß § 88b AO, DStR 2017, 971; Bernsmann/Jansen, Heimliche Ermittlungsmethoden und ihre Kontrolle – Ein systematischer Überblick, StV 1998, 217; Dencker, Über Heimlichkeit, Offenheit und Täuschung bei der Beweisgewinnung im Strafverfahren – Anmerkungen aus Anlass zweier Entscheidungen des BGH, StV 1994, 667; Diercks, Der verfassungsrechtlich anstößige Begriff „Täter" im Ermittlungsverfahren, AnwBl 1999, 311; Gerling/Langer/Roßmann, Rechtsgrundlagen der Rasterfahndung, DuD 2001, 746; Graf, Rasterfahndung und organisierte Kriminalität, 1997, 100; Gunst, Moderne Gesetzestechniken in StGB und StPO aus kritischer Sicht der juristischen Methodenlehre, GA 2002, 214; Herold, Rasterfahndung – eine computergestützte Fahndungsform der Polizei, Recht und Politik (RuP) 1985, 84; Hilger, Neues Strafverfahrensrecht durch das OrgKG – 1. Teil –, NStZ 1992, 457; Hoven, Die Grenzen des Anfangsverdachts – Gedanken zum Fall Edathy, NStZ 2014, 361; Krey/Haubrich, Zeugenschutz, Rasterfahndung, Lauschangriff, Verdeckte Ermittler, JR 1992, 309; Möhrenschlager, Das OrgKG – eine Übersicht nach amtlichen Materialien, wistra 1992, 326; Rieß, Die „Straftat von erheblicher Bedeutung" als Eingriffsvoraussetzung, Versuch einer Inhaltsbestimmung, GA 2004; Rieß, Neue Gesetz zur Bekämpfung der Organisierten Kriminalität, NJ 1992, 491; Rogall, Frontalangriff auf die Bürgerrechte oder notwendige Strafverfolgungsmaßnahme? – Zur Regelung der sog. Schleppnetzfahndung in § 163d StPO, NStZ 1986, 385; Rückert, Zwischen Online-Streife und Online-(Raster-)Fahndung – Ein Beitrag zur Verarbeitung öffentlich zugänglicher Daten im Ermittlungsverfahren, ZStW 2017, 302; Siebrecht, Rechtsprobleme der Rasterfahndung, CR 1996, 545; Thommes, Verdeckte Ermittlungen im Strafprozess aus der Sicht des Datenschutzes, StV 1997, 657; Vahle, Besondere (technische) Datenerhebungsbefugnisse für Zwecke der Strafverfolgung und Straftatenprävention, Deutsche Verwaltungspraxis (DVP) 2001; Wittig, Schleppnetzfahndung, Rasterfahndung und Datenabgleich, JuS 1997, 961; Zöller, Verdachtslose Recherchen und Ermittlungen im Internet, GA 2000, 563.

Übersicht

A. Überblick

I. Normzweck

Mit der durch das OrgKG eingefügten Regelung des maschinell-automatisierten Abgleichs personenbezogener Daten (Rasterfahndung) nach den §§ 98a, 98b verfolgte der Gesetzgeber den Zweck, eine früher lediglich auf § 161 Abs. 1, § 163 Abs. 1 gestützte **Rechtsgrundlage zur massenhaften Verarbeitung von Daten** zur Verfolgung bestimmter, „für die Organisierte Kriminalität typisch(er) oder nach der Art ihrer Ausführung oder ihrer Auswirkungen besonders schwerwiegend(er)" Straftaten zu schaffen.[1] 1

Entsprechend dieser Zielsetzung hat der Gesetzgeber § 98a – als numerisch erste – 2
ebenso wie die weiteren der in den §§ 98c–101, 110a–110c und 163d–163g geregelten strafprozessualen Maßnahmen als **verdeckte Ermittlungsmaßnahmen** ausgestaltet.[2] Die StPO enthält keine Legaldefinition des Begriffs der „Verdeckten Ermittlungen". Der Verfasser des Gesetzentwurfs der Bundesregierung zur Neuregelung der Telekommunikationsüberwachung und anderer verdeckter Ermittlungsmaßnahmen sah das konstitutive Element

[1] BT-Drs. 12/989, 36.
[2] Zum Überblick vgl. Bernsmann/Jansen StV 1998, 217.

einer verdeckten Ermittlungsmaßnahme darin, dass sich der Betroffene einer solchen regelmäßig nicht gegenübersieht.[3]

3 Anders als bei den traditionellen verdeckten Ermittlungsmethoden, bei denen hinsichtlich eines bestimmten Tatverdächtigen im Verlauf des Ermittlungsverfahrens Erkenntnisse gesammelt werden, ist die Vorgehensweise bei der Rasterfahndung eine grundsätzlich andere. Sie knüpft **an einen großen Kreis zunächst unverdächtiger Personen an,** der nach bestimmten Rastern überprüft wird. Ziel der Maßnahme ist es, diesen Kreis im Wege einer „gestuften Verdachtsverdichtung" stetig zu verkleinern.[4] Sie dient somit dem Ausschluss Nichtverdächtiger, unter Umständen aber auch der Feststellung weiterer für die Ermittlungen bedeutsamer Merkmale. Kern der Rasterfahndung ist der Abgleich der herausgefilterten Datenbestände **mehrerer Speicherstellen,** der die Verknüpfung verschiedener Sachbereiche ermöglicht, um ein Persönlichkeitsprofil zu erstellen. Eine Rasterfahndung liegt nicht vor, wenn die Strafverfolgungsbehörde von privaten Stellen Auskünfte zu speziellen Täter-Daten erhält, also nicht die Gesamtdateien zum weiteren Abgleich mit anderen Dateien übermittelt bekommt.[5]

II. Anwendungsbereich

4 **1. Personenbezogene Daten.** Die strafprozessuale Rasterfahndung nutzt ebenso wie der automatische Datenabgleich nach § 98c sowie die Schleppnetzfahndung gemäß § 163d die Möglichkeiten der automatisierten, massenhaften Verarbeitung personenbezogener Daten.[6] Zur Legaldefinition vgl. § 46 Abs. 1 Nr. 1 BDSG (auch → Rn. 17).[7] Alle drei Regelungen enthalten Eingriffsermächtigungen, mit denen verdeckt in das aus dem allgemeinen **Persönlichkeitsrecht des Art. 2 Abs. 1 GG iVm Art. 1 GG** abzuleitende Recht auf informationelle Selbstbestimmung[8] eingegriffen wird und bei denen ein Datenabgleich mittels Rasterung erfolgt.

5 **2. „Andere Daten" iSv Abs. 1 S. 2.** In Abgrenzung zu § 98c, der den Abgleich mit solchen Daten betrifft, welche bei den Strafverfolgungsbehörden bereits vorhanden sind, regelt die Rasterfahndung den Abgleich mit „anderen Daten", also mit solchen Datenbeständen, die für die Strafverfolgungsbehörden **fremd,** dh nicht bereits zuvor bei diesen angefallen sind.[9] Dies kann unmittelbar sowohl aus Abs. 1 S. 1, der von „anderen Daten" spricht, als auch aus Abs. 2 gefolgert werden, der „die speichernde (und damit eine andere) Stelle" verpflichtet, die Daten den Strafverfolgungsbehörden zu übermitteln.

6 **3. Auf Veranlassung der Strafverfolgungsbehörden.** § 98a erfasst weiter nur denjenigen automatisierten Datenabgleich, der auf Veranlassung und damit auch unter der **Verantwortung der Strafverfolgungsbehörden** durchgeführt wird.[10] Hatte die ersuchte Stelle, ohne von den Strafverfolgungsbehörden hierzu beauftragt worden zu sein, bereits zuvor aus betrieblichen Gründen einen Datenabgleich eigenständig entweder innerhalb der eigenen Dateien oder aber mit den Daten anderer privaten Stellen durchgeführt und teilt sie das Ergebnis dieses Abgleichs den Strafverfolgungsbehörden auf ein entsprechendes Ersuchen lediglich mit, so handelt es sich nicht um eine Rasterfahndung iSd § 98a.

7 Andererseits liegt eine Rasterfahndung vor, wenn die speichernde Stelle den für die Rasterfahndung charakteristischen maschinellen Abgleich mit ihren personenbezogenen

---

[3] BT-Drs. 16/5856, 22.
[4] Vgl. Graf Rasterfahndung S. 20.
[5] BVerfG 17.2.2009 – 2 BvR 1372, 1745/07, NJW 2009, 1405.
[6] BT-Drs. 12/989, 36.
[7] Vgl. auch Art. 4 Nr. 1 DS-GVO bzw. § 1 Abs. 8 BDSG iVm Art. 4 Nr. 1 DS-GVO; Jäger in Satzger/Schluckebier/Widmaier StPO Rn. 3.
[8] BVerfG 6.11.2019 – 1 BvR 16/13, NJW 2020, 300.
[9] VGH Mannheim 2.4.2019 – 1 S 982/18, NVwZ-RR 2019, 901; Wittig JuS 1997, 961 (968); Menges in Löwe/Rosenberg Rn. 4.
[10] BT-Drs. 12/989, 37.

Daten gleichsam auf Zuruf der Strafverfolgungsbehörden **freiwillig** und ohne dass etwa ein entsprechender richterlicher Beschluss nach § 98b erwirkt worden wäre, durchführt.[11]

4. Beschlagnahme von Speichermedien/ Automatisierte Online-Ermittlung. Die Beschlagnahme von Speichermedien einschließlich der sich auf diesen befindlichen Dateien als Beweismittel nach Maßgabe der §§ 94 ff. sowie die anschließende Auswertung der darauf gespeicherten Daten stellt ebenso wenig wie die Durchsicht von Papieren nach § 110 Abs. 1, die Durchsicht eines elektronischen Speichermediums nach Maßgabe des § 110 Abs. 3 oder die Sichtung elektronischer Dateien auf der Grundlage der Ermittlungsgeneralklausel des § 161 eine Maßnahme der Rasterfahndung dar.[12] Hierauf weist neben der Formulierung „unbeschadet (der) §§ 94, 110, 161" in Abs. 1 S. 1 bereits die Regelung des § 98b Abs. 1 S. 1 hin. Danach ist neben der Übermittlung auch ein **Abgleich** erforderlich. 8

Die automatisierte Sammlung und Analyse nach Suchrastern in öffentlich zugänglichen Bereichen des Internets **(automatisierte Online-Ermittlung)** ist keine Rasterfahndung iSv § 98a. Bei der automatisierten Internetauswertung, bei der ausschließlich auf öffentlich zugängliche Daten zurückgegriffen wird, ist der Eingriff in das allgemeine Persönlichkeitsrecht deutlich geringer als derjenige, der bei einer „echten" Rasterfahndung unter Einbeziehung auch nicht-öffentlich zugänglicher Datensätze stattfindet.[13] 8a

5. Maschineller Abgleich. Werden allein die auf allgemeiner Grundlage wie den §§ 94, 110, 161 erlangten elektronischen Datenbestände mittels technischer Hilfsmittel wie mit Computern etc ohne Vermengung mit anderen Daten automatisiert verarbeitet, stellt auch diese Maßnahme keine Rasterfahndung dar.[14] Hier liegt zwar eine maschinell automatisierte Datenverarbeitung, indes kein maschineller Abgleich mit anderen Daten iSv § 98a Abs. 1 S. 1 vor. Ein solch maschineller Abgleich mit anderen Daten und damit eine Maßnahme der Rasterfahndung ist vielmehr nur gegeben, wenn unter den weiteren Voraussetzungen des § 98a „andere Daten" im vorstehend unter 2) genannten Sinne verarbeitet werden, auf die zuvor noch **nicht in anderer strafprozessual zulässiger Weise** als Beweismittel zugegriffen worden war. 9

Dies gilt nach hM jedenfalls dann, wenn der strafprozessuale Zugriff auf diese Daten in demselben Verfahren erfolgte, in dem der interne Datenabgleich durchgeführt werden soll.[15] Andere Stimmen wollen eine solche Maßnahme zwecks Vermeidung von Umgehungstendenzen noch weiter einengend nur dann nicht den strengen Voraussetzungen der §§ 98a, 98b unterworfen sehen, wenn die Sicherung der Daten etwa nach Maßgabe der §§ 94 ff. bzw. 110, 161 zuvor für **dieselbe prozessuale Tat** erfolgte, zu deren weiterer Aufklärung der interne maschinelle Datenabgleich durchgeführt werden soll.[16] Dem ist „im Interesse eines effektiven Grundrechtsschutzes" zuzustimmen, so dass in Zweifelsfällen von einer Maßnahme der Rasterfahndung auszugehen ist, mithin die Eingriffsvoraussetzungen der §§ 98a, 98b vorliegen müssen.[17] 10

6. Präventive Rasterfahndung. Auch die Polizeigesetze der Länder (etwa § 37a NPOG)[18] und des Bundes (§ 48 BKAG) enthalten Eingriffsermächtigungen für Rasterfahndungen.[19] Nach dem Polizeirecht darf die Maßnahme dort nur präventiv, mithin zur **Abwehr einer konkreten Gefahr** im polizeirechtlichen Sinne für hochrangige Rechtsgüter wie den Bestand oder die Sicherheit des Bundes oder eines Landes oder für Leib, Leben 11

[11] Ebenso zutreffend Menges in Löwe/Rosenberg Rn. 4.
[12] Vgl. auch VGH Mannheim 2.4.2019 – 1 S 982/18, NVwZ-RR 2019, 901; OVG Berlin-Brandenburg 10.12.2018 – 1 S 13/18, BeckRS 2018, 41305.
[13] Rückert ZStW 2017, 302 (318).
[14] Ebenso Köhler in Meyer-Goßner/Schmitt Rn. 8; Greven in KK-StPO Rn. 5.
[15] Vgl. statt vieler Hilger NStZ 1992, 457 (461 Fn. 78).
[16] Menges in Löwe/Rosenberg Rn. 4.
[17] So zutreffend Menges in Löwe/Rosenberg Rn. 4.
[18] Vgl. auch Beckmann DStR 2017, 971 (973).
[19] Kritisch zur Rasterfahndung zwecks Gefahrenabwehr Vahle DVP 2001, 343.

oder Freiheit einer Person, eingesetzt werden.[20] Erfolgte eine Rasterfahndung zunächst zu solch präventiven Zwecken und entsteht während ihres Verlaufs ein § 152 Abs. 2, § 160 entsprechender Verdacht auf das Vorliegen einer Straftat, so ist die Rechtmäßigkeit der Maßnahme auch im Falle einer derartigen „Gemengelage", wenn es um die strafprozessuale Verwendung der Daten geht, einheitlich an den Regelungen der StPO zu messen.[21] Dies schließt nicht aus, dass eine präventiv begonnene Maßnahme zugleich auch nach diesen Regeln weiter geführt werden kann, solange nur eine Gefahr besteht, die es abzuwehren gilt.

III. Entstehungsgeschichte

12 Die Maßnahme der Rasterfahndung, eingeführt durch das Gesetz zur Bekämpfung des illegalen Rauschgifthandels und anderer Erscheinungsformen der organisierten Kriminalität (OrgKG) vom 15.7.1992,[22] war zuvor bereits praeter legem praktiziert und entweder auf die §§ 161, 163 oder aber auf § 94[23] gestützt worden. Durch das Volkszählungsurteil des BVerfG vom 15.12.1983,[24] in welchem das BVerfG unter anderem festgestellt hatte, die massenhafte Verarbeitung personenbezogener Daten setze ua voraus, „dass der Gesetzgeber den **Verwendungszweck bereichsspezifisch und präzise bestimmt,** dass die Angaben für diesen Zweck geeignet und erforderlich sind" und dass ein „ – amtshilfefester – Schutz gegen Zweckentfremdung durch Weitergabe- und Verwertungsverbote" besteht, sah sich der Gesetzgeber veranlasst, auch für die Maßnahme der Rasterfahndung eine spezialgesetzliche Ermächtigungsgrundlage zu schaffen. Der Einsatz der Rasterfahndung wurde als ein wichtiges Element in der Bewältigungsstrategie zur Eindämmung der Organisierten Kriminalität angesehen.[25]

B. Erläuterung

I. Regelungsinhalt des § 98a Abs. 1

13 § 98a Abs. 1 gestattet beim Verdacht bestimmter Straftaten den massenhaften automatisierten **Abgleich** von bei anderen öffentlichen wie nichtöffentlichen Stellen gespeicherten personenbezogenen Daten einer unbestimmten Vielzahl von Personen mit bestimmten, von den Strafverfolgungsbehörden herausgearbeiteten und auf den Täter mutmaßlich zutreffenden Prüfungsmerkmalen.

14 Diese Prüfungsmerkmale werden als **„Raster"** bezeichnet und geben der Maßnahme, die nur bei Straftaten von erheblicher Bedeutung aus verschiedenen, im Einzelnen aufgeführten Deliktsgruppen zulässig ist, ihren Namen. Die Raster müssen – zwingend – bestimmte, auf den Täter mutmaßlich zutreffende Merkmale enthalten, weil nur mit derartigen Merkmalen ein „Hinarbeiten" auf diejenigen Personen möglich ist, die das nach kriminalistischen Erfahrungen festgelegte Täterprofil erfüllen.[26]

15 Die Maßnahme dient mithin nicht der unmittelbaren Identifizierung des Täters. Hierzu ist sie regelmäßig mangels ausreichend individualisierender Raster auch nicht in der Lage. Ziel der Rasterfahndung ist vielmehr, Nichtverdächtige auszuschließen **(negative Rasterfahndung)** oder andere Personen und damit regelmäßig einen eine Vielzahl von Menschen umfassenden Personenkreis zu ermitteln, bei dessen Mitgliedern die vermutlich auch auf

---

[20] BVerfG 4.4.2006 – 1 BvR 518/02, NJW 2006, 1939; vgl. auch Ruthig in Schenke/Graulich/Ruthig BKAG § 48 Rn. 12.
[21] BGH 30.5.2001 – 1 StR 42/01, NJW 2001, 2981 für den Fall der Tatprovokation durch eine Vertrauensperson.
[22] BGBl. I 1302.
[23] Herold RuP 1085, 84.
[24] BVerfG 15.12.1983 – 1 BvR 209/83, NJW 1984, 419 (422).
[25] Ausführlich hierzu Graf Rasterfahndung S. 11 ff.
[26] BT-Drs. 12/989, 37.

den Täter zutreffenden Raster kumuliert vorzufinden sind **(positive Rasterfahndung).** Bei der negativen Rasterfahndung werden die Raster aus Negativ- oder Ausschlusskriterien gebildet und die personenbezogenen Daten all derjenigen gleichsam ausgeschlossen, auf die diese Negativraster zutreffen. Bei der positiven Rasterfahndung werden die entsprechenden personenbezogenen Daten all derjenigen Personen gespeichert und weiterverarbeitet, auf die die Positivraster zutreffen.

II. Gegenstand der Eingriffsbefugnis des § 98a Abs. 1

In **sachlicher Hinsicht** gestattet § 98a die Verarbeitung personenbezogener Daten. In **personaler Hinsicht** dürfen – jedenfalls anfänglich – die Daten all derjenigen Personen verarbeitet werden, die bestimmte, vermutlich auch auf den Täter zutreffende (Positivraster) oder aber nicht zutreffende Prüfungsmerkmale (Negativraster) aufweisen. Betroffen ist stets eine Vielzahl unbeteiligter Personen.[27] Eine weitere Speicherung und Verarbeitung ist indes einzig bzgl. derjenigen personenbezogenen Daten zulässig, die unter ein Positivraster fallen. Ein datenschutzrechtliches „Verarbeiten" iSd § 3 BDSG hinsichtlich der personenbezogenen Daten von sich im Zuge der weiteren Recherchen als nicht verdächtig ergebender Personen ist nur noch in Form der Löschung zulässig. 16

1. Personenbezogene Daten (Abs. 1 S. 1). „Personenbezogenen Daten" sind nach der auch hier einschlägigen Legaldefinition in § 46 Abs. 1 Nr. 1 BDSG[28] „alle Informationen, die sich auf eine identifizierte oder identifizierbare natürliche Person (betroffene Person) beziehen; als identifizierbar wird eine **natürliche Person** angesehen, die direkt oder indirekt, insbesondere mittels Zuordnung zu einer Kennung wie einem Namen, zu einer Kennnummer, zu Standortdaten, zu einer Online-Kennung oder zu einem oder mehreren besonderen Merkmalen, die Ausdruck der physischen, physiologischen, genetischen, psychischen, wirtschaftlichen, kulturellen oder sozialen Identität dieser Person sind, identifiziert werden kann." Einzig hinsichtlich solcher Daten kann der Maßnahme ein Eingriffscharakter zuerkannt werden. Fehlt den verarbeiteten Daten ein personaler Bezug iSd der vorgenannten Regelung, liegt auch kein Eingriff in das Recht auf informationelle Selbstbestimmung vor, findet § 98a mithin keine Anwendung. Ausreichend für die Personenbezogenheit ist ferner, dass sich die Beziehung (Relation) zu einer Person über ein sog. Schlüsselfeld herstellen lässt (zB über eine „Artikelnummer" in der Artikel- und der Kundendatei des Versandhauses oder über eine „Kontonummer" in der Datei einer Bank).[29] 17

Eine weitergehende Beschränkung auf personenbezogene Daten einer bestimmten Art enthält die Vorschrift nicht. Eine **Einschränkung** ergibt sich aus § 98b Abs. 1 S. 6 sowie § 98b Abs. 1 S. 7 iVm § 97, durch die sowohl der Schutz bestimmter Amts- und Berufsgeheimnisse als auch etwa der Schutz des Steuer-, Sozial- sowie des Post- und Fernmeldegeheimnisses sichergestellt werden (→ § 98b Rn. 16). 18

2. Personen mit täterrelevanten Prüfungsmerkmalen. Von einer weitergehenden Speicherung und Verarbeitung ihrer personenbezogenen Daten dürfen, wie vorstehend dargelegt (→ Rn. 16), nur solche Personen betroffen werden, „die bestimmte, auf den Täter vermutlich zutreffende Prüfungsmerkmale erfüllen". Unter den Begriff des **Täters,** der ua auch in § 163d Verwendung findet und der wegen seines vorverurteilenden Charakters auch als verfassungsrechtlich „anstößig" bewertet wird,[30] fallen sämtliche materiellrechtlichen Kategorien von Täterschaft und Teilnahme wie etwa Allein- und Mittäter, Anstifter und Gehilfe.[31] 19

Anlässlich einer Rasterfahndung können unterschiedliche Raster entsprechend der Anzahl der mutmaßlichen Beteiligten erstellt werden. Es könnte damit gezielt auch lediglich 20

---

27 BT-Drs. 12/989, 37.

28 Vgl. auch Art. 4 Nr. 1 DS-GVO bzw. § 1 Abs. 8 BDSG iVm Art. 4 Nr. 1 DS-GVO.

29 Greven in KK-StPO Rn. 18.

30 Diercks AnwBl 1999, 311.

31 BT-Drs. 12/989, 37.

gegen einen **Anstifter oder Gehilfen** ermittelt werden, sofern dem der in Abs. 1 S. 2 verankerte Verhältnismäßigkeitsgrundsatz nicht entgegensteht, mithin eine solche Maßnahme gegen den Gehilfen in konkreten Einzelfall nicht unverhältnismäßig ist. Der Begriff des Täters kann mit dem des Beschuldigten gleichgesetzt werden.

III. Eingriffsvoraussetzungen

21 Voraussetzung für eine Rasterfahndung ist das Vorliegen zureichender tatsächlicher Anhaltspunkte für eine Straftat von erheblicher Bedeutung hinsichtlich solcher Delikte, die in dem generalisierenden Katalog[32] des § 98a Abs. 1 S. 1 enthalten sind. Die Maßnahme soll beim Verdacht solcher Straftaten zum Einsatz kommen, die entweder für die Organisierte Kriminalität typisch sind oder aber die nach der Art der Tatausführung oder hinsichtlich ihrer Auswirkungen besonders schwer wiegen.[33] Eine solch **erhöhte Eingriffsschwelle** schien den Verfassern des Gesetzentwurfs in Anbetracht der Vielzahl von Unbeteiligten, die von der Maßnahme betroffen werden, geboten.[34]

22 **1. Zureichende tatsächliche Anhaltspunkte (Abs. 1 S. 1).** Der Verdacht einer Katalogtat muss sich auf „zureichende tatsächliche Anhaltspunkte" stützen. Die dergestalt durch den Gesetzgeber konkretisierte Verdachtslage ist keine andere als die von ihm in den §§ 100a, 100c, 100f oder 100g geforderte. Dort wird sie indes mit „bestimmte(n) Tatsachen" umschrieben. Die Vergleichbarkeit dieser beiden Verdachtslagen hat der Verfasser des Gesetzentwurfs in den Materialien zu § 98a unmittelbar zum Ausdruck gebracht, wenn er dort angemerkt hat, die Verdachtslage entspreche der in § 100a.[35] Diese Bewertung ist nachvollziehbar. Der Begriff „zureichende tatsächliche Anhaltspunkte" setzt ebenso wie der Begriff „bestimmte Tatsachen" eine **Tatsachengrundlage** voraus, aus der sich die Möglichkeit der Tatbegehung durch den Beschuldigten ergeben muss, ohne dass es jeweils auf eine erhöhte Wahrscheinlichkeit ankommt.[36] Für die Vergleichbarkeit beider Verdachtslagen streitet noch eine weitere Erwägung: Dieselbe Verdachtslage wie bei § 98a verlangt der Gesetzgeber neben der längerfristigen Observation nach § 163f auch bei der Maßnahme des Einsatzes eines Verdeckten Ermittlers nach § 110a Abs. 1. Bei der weniger eingriffsintensiven Maßnahme des Einsatzes technischer Mittel nach § 100h Abs. 2 S. 2 Nr. 2 im Falle ihres Einsatzes gegen andere Personen als den Beschuldigten setzt er wiederum das Vorliegen „bestimmter Tatsachen" voraus. Die Verdachtslage bei dieser Maßnahme kann jedoch nicht höher sein als bei dem im Vergleich dazu zweifelsfrei eingriffsintensiveren Einsatz eines Verdeckten Ermittlers.

23 Es ist der wiederholt angestrebten Harmonisierung des Rechts der verdeckten Ermittlungsmaßnahmen[37] und dem vom BVerfG regelmäßig thematisierten **Gebot der Normenklarheit** abträglich, wenn vergleichbare Verdachtsmomente und damit zugleich die jeweiligen Eingriffsvoraussetzungen in den §§ 98a, 110a und § 163f einerseits und in den §§ 100a, 100c, 100f, 100g, 100h und § 100i andererseits normativ unterschiedlich umschrieben werden. Bei anderen verdeckten Ermittlungsmaßnahmen wie etwa der Postbeschlagnahme nach § 99 bzw. dem Einsatz technischer Mittel im Falle des § 100h Abs. 1 sieht der Gesetzgeber von einer näheren Umschreibung der Verdachtsvoraussetzungen hingegen gänzlich ab, obwohl es auch hier eines entsprechenden Tatverdachts bedarf. Das Vorliegen eines auf bestimmten Tatsachen bzw. zureichenden tatsächlichen Anhaltspunkten beruhenden Tatverdachts ist für die Durchführung eines an rechtsstaatlichen Grundsätzen orientierten Strafverfahrens von elementarer Bedeutung.[38]

---

32 Hilger NStZ 1992, 457 (460 ff.).
33 BT-Drs. 12/989, 36.
34 BT-Drs. 12/989, 37.
35 BT-Drs. 12/989, 37.
36 Vgl. BVerfG 23.1.2004 – 2 BvR 766/03, NStZ-RR 2004, 143.
37 Vgl. BT-Drs. 16/5646, 2.
38 BVerfG 29.5.1990 – 2 BvR 254/88, 2 BvR 1343/88, NJW 1990, 2741.

24 Der **Tatverdacht** muss mithin auf konkreten, sinnlich wahrnehmbaren Umständen beruhen. In Abgrenzung hierzu reichen bloße Vermutungen oder eine nicht auf tatsächliche Umstände gestützte Möglichkeit nicht aus.[39] Vorausgesetzt werden tatsächlichen Anhaltspunkte, die auf eine Straftat hindeuten und die durch kriminalistische Erfahrungen bzw. die Lebenserfahrung ergänzt werden können. In der Gesamtschau müssen Umstände vorliegen, die es als möglich erscheinen lassen, dass eine Straftat begangen wurde.[40] Dem zur Entscheidungen berufen Polizeibeamten, Staatsanwalt oder Richter steht dabei ein Beurteilungsspielraum zu.[41] Es versteht sich von selbst, dass gerade im vorbereitenden Verfahren die Bewertung des Vorliegens eines entsprechenden Verdachts auch von der kriminalistischen Erfahrung des zur Entscheidung Berufenen abhängt. Als rechtswidrig stellt sich eine Entscheidung somit nur dar, wenn sie nicht mehr vertretbar ist, was im Ergebnis auf eine Kontrolle nach dem Maßstab objektiver Willkür oder grober Fehlbeurteilung hinausläuft.[42]

25 **2. Straftat von erheblicher Bedeutung (Abs. 1 S. 1).** Bei sämtlichen der in den Nr. 1–6 genannten Straftaten muss es sich zunächst ebenso wie bei § 81g Abs. 1 S. 1 Nr. 1, § 100g Abs. 1 S. 1 Nr. 1, § 100h Abs. 1 S. 2, § 100i Abs. 1, § 110a Abs. 1 S. 1, § 131 Abs. 3, § 131a Abs. 3, § 131b Abs. 1, § 163e Abs. 1 S. 1 und § 163f Abs. 1 S. 1 um solche von **erheblicher Bedeutung** handeln. Es handelt sich hierbei, wie die vorstehende Aufzählung zeigt, um einen zentralen Begriff in der Dogmatik der Eingriffsnormen, der durch die obergerichtliche Rspr. einerseits wohl keine wirklich klaren, jedenfalls keine praktisch handhabbaren Konturen erfahren hat, gleichwohl indes durch das BVerfG für ausreichend bestimmt erachtet wurde.[43] Nach hM ist darunter eine Straftat zu verstehen, die zumindest der mittleren Kriminalität zuordnen ist, den Rechtsfrieden empfindlich stört und zudem geeignet ist, das Gefühl der Rechtssicherheit der Bevölkerung empfindlich zu beinträchtigen.[44] Schon das Merkmal der „mittleren Kriminalität"[45] ist zur Abgrenzung nur bedingt geeignet, noch weniger geeignet ist der Rückgriff auf das Gefühl der Rechtssicherheit der Bevölkerung. Ob es ein handhabbares Abgrenzungskriterium ist, darauf abzustellen, ob wegen der Tat Anklage beim Landgericht erhoben werden müsste,[46] darf ebenfalls bezweifelt werden. Derartige Taten sind evident von erheblicher Bedeutung.

26 § 98a setzt ebenso wie § 100h Abs. 1 S. 2 und anders als etwa § 100g Abs. 1 S. 1 Nr. 1 bzw. § 100i Abs. 1 **keine Straftat von auch im Einzelfall von erheblicher Bedeutung** voraus. Eingedenk des Umstandes, dass der Gesetzgeber die Eingriffsvoraussetzungen der Rasterfahndung so präzise wie möglich regeln wollte (→ Rn. 27), lässt das Fehlen dieses (weiter) eingriffslimitierenden Umstandes unter grammatischen und systematischen Aspekten wohl einzig eine Auslegung (zu den tradierten Auslegungsmethoden vgl. → Einl. Rn. 584 ff.) dahingehend zu, dass Maßnahmen nach § 98a auch bei solchen Straftaten zulässig sind, die zwar dem Katalog in Abs. 1 S. 1 Nr. 1.–6. angehören, die konkrete Tat im Einzelfall indes nicht schwer wiegt. In Fällen dieser Art ist die Frage der Verhältnismäßigkeit deshalb besonders sorgfältig zu prüfen.

27 Entsprechendes gilt für **Verbrechenstatbestände.**[47] Vergehenstatbestände, die eine Strafobergrenze von nicht mehr als zwei Jahre vorsehen, haben regelmäßig keine Straftat von besonderer Bedeutung zum Gegenstand.[48] **Vergehen** mit einer Strafobergrenze von über zwei bzw. solche mit einer Strafobergrenze bis zu fünf Jahren beinhalten hingegen häufig eine Straftat von erheblicher Bedeutung.[49]

---

[39] Vgl. Mavani in Löwe-Rosenberg § 152 Rn. 32.
[40] Diemer in KK-StPO § 152 Rn. 7; Hoven NStZ 2014, 361.
[41] BGH 16.2.1995 – 4 StR 729/94, NJW 1995, 1974.
[42] BGH 16.2.1995 – 4 StR 729/94, NJW 1995, 1974 (1975).
[43] Vgl. BVerfG 14.12.2000 – 2 BvR 1741/99, 879 (880).
[44] Köhler in Meyer-Goßner/Schmitt Rn. 5; Bruns in KK-StPO § 110a Rn. 21.
[45] BGH 26.6.2012 – 1 StR 163/12, BeckRS 2012, 17193.
[46] So Bruns in KK-StPO § 110a Rn. 21.
[47] Ebenso Köhler in Meyer-Goßner/Schmitt Rn. 5.
[48] Rieß GA 2004, 623.
[49] Vgl. BVerfG 16.6.2009 – 2 BvR 902/06, NJW 2009, 2431 (2435).

28 Ausgangslage für die Beurteilung jedenfalls von Zweifelsfällen sollte nicht der abstrakte Straftatbestand, sondern vielmehr das **Maß des Unrechts** sein. Zu fragen ist nach Art und Schwere der konkreten Tat und der durch diese betroffenen Rechtsgüter wie Leib, Leben oder körperliche Unversehrtheit.[50] Andererseits können auch Delikte gegen fremdes Eigentum, das keinen beträchtlichen Wert aufweist, eine Straftat von erheblicher Bedeutung zum Gegenstand haben, wenn sich die Tat als Bestandteil einer Serie darstellt, die von einem Täter oder gar einer Tätergruppierung begangen wurde.

29 **3. Straftatenkatalog (Abs. 1 S. 1).** Der **sehr weit gefasste Katalog**[51] in § 98a Abs. 1 S. 1 zählt zwar unter den Nr. 1.–6. Straftaten von erheblicher Bedeutung aus einzelnen Deliktsgruppen auf, ihn jedoch als „enumerativ"[52] zu bezeichnen erscheint ebenso wie der gesetzgeberische Anspruch, den Anwendungsbereich der Rasterfahndung so klar und präzise wie möglich zu bestimmen,[53] verfehlt. Insoweit und zu den einzelnen Deliktsgruppen ist Folgendes anzumerken:

30 **a) Straftat auf dem Gebiet des unerlaubten Betäubungsmittel- oder Waffenverkehrs, der Geld- oder Wertzeichenfälschung (Nr. 1).** Die Betäubungsmittelstraftaten sind in den §§ 29, 29a, 30 und § 30a BtMG normiert. Obwohl in Nr. 1 der Begriff des „Betäubungsmittelverkehrs" Verwendung findet, dürften von der Vorschrift nicht nur die im ieS auf den Betäubungsmittelumsatz gerichteten Handlungen und damit nicht nur Handlungen des Handeltreibens mit Betäubungsmitteln gemäß § 29 Abs. 1 Nr. 1 BtMG und dessen Qualifikationen, sondern vielmehr **sämtliche Straftaten nach dem BtMG** und damit nicht nur der einen Verbrechenstatbestand darstellende Besitz von Betäubungsmitteln in nicht geringer Menge nach § 29a Abs. 1 Nr. 2 BtMG, sondern ua auch zahlreiche Fälle des § 29 Abs. 1 Nr. 3 BtMG (der Besitz von Betäubungsmitteln unterhalb der Grenze der nicht geringen Menge) erfasst werden.[54]

31 Straftaten des **Waffenverkehrs** iSv Nr. 1 sind sowohl die in den §§ 51 und 52 WaffG enthaltenen Vorschriften als auch die Tatbestände der §§ 19, 20, 20a, 22a KrWaffG. Delikte der **Geld- und Wertzeichenfälschung** sind die im 8. Abschnitt enthaltenen Straftatbestände der §§ 146–149 StGB sowie die §§ 152a und 152b StGB.

32 **b) Straftat auf dem Gebiet des Staatsschutzes (Nr. 2).** Die Vorschrift verweist allgemein auf die **§§ 74a und 120 GVG** und damit auf diejenigen Regelungen, die die sachliche Zuständigkeit der Staatsschutzkammern als erkennende Gerichte des ersten Rechtsschutzes (§ 74a Abs. 1 GVG) und die erstinstanzliche Zuständigkeit der Staatsschutzsenate bei den OLG regeln (§ 120 Abs. 1 und 2 GVG). Zutreffend wird darauf hingewiesen, dass es dadurch zu unübersichtlichen Querverweisen kommt, als Nr. 2 auf § 120 verweist, der seinerseits wiederum in seinem Abs. 2 auf sämtliche der in § 129a Abs. 1 Nr. 2 und Abs. 2 StGB genannten Straftaten Bezug nimmt.[55] Dies führt indes zu keiner Ausweitung des Anwendungsbereichs der Rasterfahndung. Sofern etwa § 120 Abs. 2 GVG auch einzelne der in § 129a StGB aufgeführten Straftatbestände enthält, ist die Maßnahme nur unter den weiteren in § 120 Abs. 2 GVG genannten Voraussetzungen zulässig.[56]

33 **c) Gemeingefährliche Straftaten (Nr. 3).** Mit dem Begriff der „gemeingefährlichen Straftaten" wird auf die im 28. Abschnitt des StGB enthalten Delikte (§§ 306–323c StGB), wie etwa die Brandstiftungsdelikte, das Herbeiführen einer Sprengstoffexplosion sowie die gefährlichen Eingriffe in den Bahn-Schiffs-, Luft- und Straßenverkehr, Bezug genommen.

34 **d) Straftaten gegen Leib oder Leben, die sexuelle Selbstbestimmung oder die persönliche Freiheit (Nr. 4).** Die Straftaten gegen das Leben sind die im 16. Abschnitt

50 So zutreffend Menges in Löwe-Rosenberg Rn. 27a.
51 Gunst GA 2002, 214 (219).
52 BT-Drs. 12/989, 36.
53 BT-Drs. 12/989, 37.
54 Ebenso Menges in Löwe/Rosenberg Rn. 17.
55 Menges in Löwe/Rosenberg Rn. 18; Siebrecht CR 1996, 547.
56 Ebenso Graf Rasterfahndung S. 90.

aufgeführten Delikte der **§§ 211–222 StGB,** gegen den Leib die im 17. Abschnitt aufgelisteten Straftaten gegen die körperliche Unversehrtheit der **§§ 223–231 StGB,** gegen die sexuelle Selbstbestimmung die im 13. Abschnitt enthaltenen Vorschriften der **§§ 174–184l StGB** und gegen die persönliche Freiheit die im 18. Abschnitt enthaltenen Straftatbestände der **§§ 232–241a StGB.** Von Nr. 4 werden weiter diejenigen Straftaten erfasst, die in ihrem „zusammengesetzten" Tatbestand eines der vorgenannten Delikte beinhalten. So setzt die Körperverletzung im Amt nach § 340 StGB bzw. § 30 WStG eine Körperverletzung (-misshandlung) bzw. die Vollstreckung gegen Unschuldige nach § 345 StGB die Vollziehung einer nicht vollzugsfähigen Strafe und damit eine Freiheitsberaubung voraus.[57]

e) Gewerbs- oder gewohnheitsmäßig (Nr. 5). Die Begriffe „gewerbs-" bzw. „gewohnheitsmäßig" sind solche des materiellen Strafrechts. **Gewerbsmäßig** handelt, wer eine Straftat in der Absicht begeht, sich durch deren wiederholte Begehung eine fortlaufende Einnahmequelle von einiger Dauer und einigem Umfang zu verschaffen.[58] 35

Gewohnheitsmäßig handelt derjenige, bei dem sich durch Übung ein selbstständig fortwirkender Hang zur wiederholten Tatbegehung entwickelt hat.[59] Eine einmalige Tatbegehung reicht mithin nicht aus, der Hang muss sich vielmehr durch die wiederholte Tatbegehung ausgebildet haben. 36

f) Von einem Bandenmitglied oder in anderer Weise organisiert (Nr. 6). Erfasst werden zB § 244 Abs. 1 Nr. 2, § 244a, § 250 Abs. 1 Nr. 2, § 260 Abs. 1 Nr. 2, § 260a, § 284 Abs. 3 Nr. 2 StGB. § 30 Abs. 1 Nr. 1, § 30a BtMG wird durch Nr. 1 erfasst. Vgl. auch § 370 Abs. 3 S. 2 Nr. 5, § 373, § 374 Abs. 2 AO, § 26c UStG. Der Begriff der **Bande** setzt nach der Entscheidung des BGH GrS v. 22.3.2001[60] den Zusammenschluss von mindestens drei Personen voraus, die sich mit dem Willen verbunden haben, künftig für eine gewisse Dauer mehrere selbstständige, im Einzelnen noch ungewisse Straftaten des im Gesetz genannten Delikttyps zu begehen. Eine bandenmäßige Begehungsweise bedingt jedoch nicht, dass wenigstens drei Bandenmitglieder die Tat „vor Ort" auch gemeinschaftlich als Mittäter begehen. Es reicht aus, wenn zwei Bandenmitglieder als Täter und ein drittes Bandenmitglied bei der Ausführung der Tat in der Art und Weise zusammenwirken, dass sich die Tätigkeit dieses Dritten bei wertender Betrachtung als Gehilfentätigkeit darstellt. Nicht erforderlich ist, dass die Tat unter Mitwirkung eines anderen Bandenmitglieds begangen wird.[61] 37

Der Begriff **„in anderer Weise organisiert"** ist dem materiellen Strafrecht fremd und orientiert sich erkennbar an dem der „Organisierten Kriminalität". Dieser Begriff wird allein in Verwaltungsvorschriften[62] umschrieben. Danach ist unter „Organisierter Kriminalität" die von Gewinn- oder Machstreben bestimmte planmäßige Begehung von Straftaten zu verstehen, die einzeln oder in ihrer Gesamtheit von erheblicher Bedeutung sind und bei deren Begehung mehr als zwei Beteiligte auf längere oder bestimmte Zeit arbeitsteilig unter Verwendung gewerblicher oder geschäftsähnlicher Strukturen oder unter Anwendung von Gewalt oder unter Einflussnahme auf Politik, Medien oder die öffentliche Verwaltung zusammenwirken.[63] Der Begriff erfasst keine Straftaten des Terrorismus. 38

4. Zweck der Maßnahme (Abs. 1 S. 1). Dem Zweck einer Maßnahme kommt eine **eingriffslimitierende Funktion** zu. Nach Abs. 1 S. 1 darf die Rasterfahndung nur zum 39

---

[57] So überzeugend mit eingehender weiterer Begründung Menges in Löwe/Rosenberg Rn. 20.

[58] BGH 11.10.1994 – 1 StR 522/94, NStZ 1995, 85 bzgl. des Straftatbestandes des Betruges; BGH 17.12.2014 – 3 StR 484/14, NStZ 2015, 396.

[59] Menges in Löwe/Rosenberg Rn. 23 mit Verweis auf BGH 28.2.1961 – 1 StR 467/60, NJW 1961, 1031.

[60] BGH 22.3.2001 – GSSt 1/00, NJW 2001, 2266.

[61] BGH 15.1.2002 – 4 StR 499/01, NStZ 2002, 318; 6.11.2019 – 2 StR 87/19, BeckRS 2019, 31130. Möhrenschlager wistra 1992, 326 (327).

[62] Gemeinsame Richtlinien der Justizminister/-senatoren und der Innenminister/-senatoren der Länder über die Zusammenarbeit von Staatsanwaltschaft und Polizei bei der Verfolgung der Organisierten Kriminalität, Anlage E zu den RiStBV.

[63] BGH 2.6.2021 – 3 StR 21/21, BeckRS 2021, 21720.

Ausschluss Nichtverdächtiger oder zur Feststellung von Personen durchgeführt werden, die weitere für die Ermittlungen bedeutsame Prüfungsmerkmale erfüllen. Die Festlegung dieser Prüfungsmerkmale (Raster) hat sich an tatsächlichen Umständen, maßgeblich am Tatbild zu orientieren, indes können darauf basierend auch kriminalistische Erfahrungen berücksichtigt werden.

40 **5. Subsidiarität (Abs. 1 S. 2).** Dass die Rasterfahndung nur angeordnet werden darf, wenn die Sachverhaltserforschung oder die Aufenthaltsermittlung des Täters auf andere Weise erheblich weniger erfolgversprechend oder wesentlich erschwert wäre, ist stets und damit ausnahmslos in jedem Fall als zusätzliche Eingriffsvoraussetzung zu beachten. Bei der Prüfung, ob die Sachverhaltserforschung auf andere Weise **erheblich weniger erfolgversprechend** wäre, ist eine am Aufklärungserfolg orientierte Betrachtung vorzunehmen. Erscheint eine andere Ermittlungsmaßnahme auch nicht annähernd geeignet, eine vergleichbare Aufklärung herbeizuführen, darf der Rasterfahndung der Vorrang eingeräumt werden.[64]

41 Andere Maßnahmen als die Rasterfahndung, die – prognostisch – zu einem vergleichbaren Ermittlungserfolg führen, würden die Ermittlungen **wesentlich erschweren,** wenn sie mit einen erheblichen höheren Zeit- oder Personalaufwand verbunden wären. Darüber hinaus gilt das allgemeine Verhältnismäßigkeitsprinzip, nachdem ua von mehreren gleich geeigneten Maßnahmen derjenigen der Verzug zu geben ist, die weniger stark in die Rechte der Betroffenen eingreift.

IV. Automatisierter Datenabgleich

42 § 98a eröffnet unter den vorgenannten Voraussetzungen den automatisierten Datenabgleich für Zwecke der Strafverfolgung. Es handelt sich dabei um eine **maschinell** ablaufende Überprüfung von Datenbeständen.

43 **1. Technische Durchführung der Rasterfahndung. a) Suchanfrage, Abs. 1 S. 1.** In einem ersten Schritt und basierend auf den vorliegenden Erkenntnissen müssen die auf den Täter vermutlich zutreffenden Prüfungsmerkmale **(Raster)** ermittelt werden. Anhand der Raster wird sodann eine Anfrage (Suchanfrage) erstellt. Nach den terroristischen Anschlägen vom 11.9.2011 führten die Polizeibehörden in der Bundesrepublik Deutschland eine bundesweite – hier präventive – Rasterfahndung nach mutmaßlichen islamistischen Terroristen durch, die sich als sogenannte „Schläfer" bereits in der Bundesrepublik Deutschland aufhalten sollten. Anlass für die Maßnahme war ua die Erkenntnis, dass einige der an den Anschlägen beteiligten Personen zuvor in Deutschland gelebt hatten. Für die durchzuführende Recherche wurden folgende Prüfungsmerkmale festgelegt: Männliches Geschlecht, 18 bis 40 Jahre, Student oder ehemaliger Student, islamische Religionszugehörigkeit, Geburtsland oder Nationalität bestimmte, im Einzelnen benannte Länder.[65] Die bei der repressiven Rasterfahndung zusammengestellten, mutmaßlich auf den Täter zutreffenden Prüfungsmerkmale werden sodann den speichernden privaten oder öffentlichen Stellen **(Speicherstelle)** übermittelt.

44 **b) Recherche (Abs. 2).** Die Speicherstelle ist gemäß § 98a Abs. 2 verpflichtet, auf der Grundlage der ihr übermittelten Raster ihre **Datenbestände zu überprüfen.** Im vorstehend geschilderten Fall wurden die Merkmale Geschlecht und Alter bei den Einwohnermeldeämtern, das Merkmal Student oder ehemaliger Student bei den Universitäten und das Merkmal einer bestimmten Nationalität ua bei den Ausländerzentralregistern abgefragt.

45 **c) Report (Abs. 2).** Die von der jeweiligen Speicherstelle ermittelten Daten (im Beispielsfall etwa die Namen aller an einer bestimmten Universität (ehemals) eingeschriebenen Studenten eines bestimmten Alters) werden sodann von dieser aus sämtlichen für den

[64] BT-Drs. 12/989, 37.
[65] BVerfG 4.4.2006 – 1 BvR 518/02, NJW 2006, 1939 (1939 ff.).

Abgleich herangezogenen Daten, etwa denen aller (ehemals) eingeschriebenen Studenten gleich welchen Alters ausgesondert und in einer **separaten Datei** (Report) gespeichert.

d) Datenübermittlung (Abs. 2). Die in dem Report zusammengefassten Daten sind sodann von der Speicherstelle den Strafverfolgungsbehörden zu übermitteln. Diese **Mitwirkungspflicht** entspricht der Herausgabepflicht bei der Sicherstellung von Beweisgegenständen nach § 94. Wie die Übermittlung zu geschehen hat, lässt das Gesetz offen. Regelmäßig erfolgt die Datenübergabe auf einem gesonderten Datenträger, in Einzelfällen auch auf gesichertem elektronischem Weg über das Internet. Wenngleich, wie sich aus der Formulierung „mit anderen Daten“ in Abs. 1 S. 1 ergibt, die Speicherstelle regelmäßig organisatorisch von der die Suchanfrage übermittelnden Strafverfolgungsbehörde getrennt ist, sodass es zur Verarbeitung des Reports auch regelmäßig einer Anordnung nach § 98b Abs. 1 bedarf, kann eine Rasterfahndung auch vorliegen, wenn die Strafverfolgungsbehörde ihr bereits zuvor und aus anderem Anlass übermittelte Daten erneut für einen Datenabgleich nutzt. Eine aktuelle, anlassbezogene Datenübermittlung ist mithin kein konstitutives Merkmal der Rasterfahndung. 46

e) Datenabgleich (Abs. 2). Die übermittelten Daten werden sodann von der abgleichenden Stelle **maschinell ausgewertet** (Abgleich). Abgleichende Stelle (Abgleichstelle) kann dabei sowohl eine Strafverfolgungsbehörde selbst, etwa eine Polizeibehörde, oder aber eine von den Strafverfolgungsbehörden beauftragte private Stelle sein, sofern die Strafverfolgungsbehörden selbst nicht über das technische Know-how verfügen. Es könnte sich dabei auch um die speichernde Stelle selbst handeln, wenngleich diese hierzu regelmäßig nicht verpflichtet werden kann. Von erheblicher praktischer Relevanz ist das Format der übermittelten Daten. Diese können elektronisch von der Abgleichstelle nur verarbeitet werden, wenn ihre Programme mit dem Format der Reportdateien kompatibel sind. Auch insoweit hat die speichernde Stelle die Abgleichstelle gemäß Abs. 4 ggf. auf Anordnung der Staatsanwaltschaft zu unterstützen. 47

2. Andere Formen eines automatisierten Datenabgleichs. a) Erhebung von Telekommunikationsdaten. § 98a berechtigt nicht zu Eingriffen in das Fernmeldegeheimnis.[66] Auch **Telekommunikationsverkehrsdaten** (vgl. § 3 Nr. 70 TKG) enthalten vielfach personenbezogene Daten, die vor ihrer Herausgabe auf Ersuchen der Strafverfolgungsbehörden von dem Telekommunikationsdienstleister einer automatisierten Verarbeitung unterzogen werden. Eine solche Maßnahme stellt indes keine Rasterfahndung dar, weil lediglich der Datenbestand ein und derselben Speicherstelle betroffen ist. Ihre spezialgesetzliche Regelung erfährt diese Vorgehensweise in § 100g. 48

Entsprechendes gilt für die Erhebung der **Verkehrsdaten nach Maßgabe der §§ 100g bzw. § 176 TKG.** Sollen diese Daten mit anderen, bei den Strafverfolgungsbehörden bereits vorhandenen Daten einem maschinellen Abgleich unterzogen werden, so kommen entgegen einzelner Stimmen[67] nicht stets die Grundsätze der Rasterfahndung zum Einsatz, sondern vielmehr nur dann, wenn die Erhebung der Telekommunikationsdaten für eine andere strafprozessuale Tat erfolgte (→ Rn. 47). 49

b) Recherchen im Internet. Die repressive „Streife im Netz“ unter Auswertung **allgemein zugänglicher** Online-Dienste stellt keine Maßnahme der Rasterfahndung dar. Rechtsgrundlage hierfür sind vielmehr die §§ 161, 163. Für präventive Recherchen sind die entsprechenden Regelungen der Polizeigesetze einschlägig. Eine spezialgesetzliche Ermächtigungsgrundlage ist in diesen Fällen nicht erforderlich, weil der Maßnahme kein Eingriffscharakter zukommt. Die Anbieter der entsprechenden Dienste haben deren Inhalt allgemein zugänglich ins Netz gestellt, sodass jedwede Person gleich zu welchem Zweck auf die Daten zugreifen kann und darf.[68] 50

---

66 BGH 20.4.2001 – 1 BGs 48/01, NStZ 2002, 107.
67 So Greven in KK-StPO Rn. 34.
68 Vgl. Zöller GA 2000, 563 (563 ff.).

51 **c) DNA-Reihenuntersuchung.** Der Abgleich von DNA-Identifizierungsmustern zur Identitätsfeststellung noch unbekannter Tatverdächtiger hat seine **spezialgesetzliche Regelung** durch § 81g (DNA-Identitätsfeststellung) erfahren.

51a **d) Länderübergreifender Abruf nach § 88b Abs. 1 AO.** Gemäß § 88b Abs. 1 AO dürfen Daten, die zum Zwecke eines Verwaltungsverfahrens in Steuersachen, eines Strafverfahrens wegen einer Steuerstraftat oder eines Bußgeldverfahrens wegen einer Steuerordnungswidrigkeit von Finanzbehörden gespeichert wurden, zum gegenseitigen Datenabruf bereitgestellt und von den zuständigen Finanzbehörden zur Verhütung, Ermittlung oder Verfolgung von Steuerverkürzungen untereinander abgerufen, im Wege des automatisierten Datenabgleichs überprüft, verwendet und gespeichert werden.[69]

V. Unterstützungspflicht der speichernden Stelle (Abs. 4)

52 Welche Fälle von der Unterstützungspflicht der speichernden Stelle nach Abs. 4 erfasst werden sollen, wird auch durch die Materialien nicht belegt. Die Vorschrift dürfte indes – in Abgrenzung zu den in Abs. 2 und 3 statuierten Mitwirkungspflichten – namentlich auf diejenigen Fälle Anwendung finden, in denen sich nach der Aussonderung und Übermittlung der Daten noch Fragen ergeben. Wenngleich Speicher- und Abgleichstelle auch nach der Datenübermittlung unmittelbar miteinander kommunizieren dürfen, soll nach dem Wortlaut der Regelung für eine **Verpflichtung** zur Unterstützung eine entsprechende Aufforderung der Staatsanwaltschaft erforderlich sein.

VI. Zeugnisverweigerungsrecht, Berufsgeheimnisträger, Amtsgeheimnis, Beschlagnahmeverbot (Abs. 5, § 95 Abs. 2)

53 Durch die Regelung in Abs. 5, die § 95 Abs. 2 für entsprechend anwendbar erklärt, und durch § 98b Abs. 1 S. 7, der auf die §§ 96, 97 und § 98 Abs. 1 S. 2 verweist, wird klargestellt, unter welchen Voraussetzungen und in welchem Umfang personenbezogene Daten, die sich im Gewahrsam der von diesen Vorschriften privilegierten Personen bzw. Stellen befinden, zum Zwecke des Datenabgleichs verwendet werden dürfen und ob das Ergebnis dieses Abgleichs (Report) den Strafverfolgungsbehörden übermittelt werden darf. Für sämtliche dieser Fälle gilt, dass die Gewahrsamsinhaber der Daten von Rechts wegen **nicht verpflichtet werden können,** mit den personenbezogenen Daten einen Abgleich nach Abs. 1 durchzuführen oder das Ergebnis dieses Abgleichs den Strafverfolgungsbehörden zu übermitteln. Sie dürfen allerdings zu einer entsprechenden Mitwirkung aufgefordert werden. Kommen sie dieser (freiwillig) nach, dürfen die Daten auch verwertet werden. Dies kann aus § 95 Abs. 2 S. 2 abgeleitet werden, aus welchem sich ergibt, dass der entsprechende Personenkreis im Weigerungsfall nicht durch Ordnungs- oder Zwangsmittel zu einer Mitwirkung angehalten werden darf.[70]

54 Mit dem Herausgabeverlangen sind jedenfalls die **Angehörigen darüber zu belehren,** dass sie nicht zu einer Mitwirkung verpflichtet sind. Bei den Berufsgeheimnisträgern dürfte dies ebenso wie bei ihrer Belehrung als Zeuge vor Gericht entbehrlich sein. Es darf davon ausgegangen werden, dass sie um ihre Berufsrechte und -pflichten wissen.[71]

55 **1. Angehörige, Berufsgeheimnisträger, Berufshelfer, §§ 52, 53, 53a.** Zu dem durch Abs. 5 **privilegierten Personenkreis** gehören nicht nur die nach § 52 zur Verweigerung des Zeugnisses berechtigen Angehörigen wie bestimmte Verwandte, Ehegatten und Verlobte, sondern auch die durch § 53 geschützten Berufsgeheimnisträger, mithin Geistliche, Verteidiger, Ärzte, Zahnärzte, psychologische Therapeuten und deren von § 53a erfassten Gehilfen.

[69] Beckmann DStR 2017, 971.
[70] Ebenso Greven in KK-StPO Rn. 28; Köhler in Meyer-Goßner/Schmitt Rn. 10.
[71] Vgl. BGH 4.2.2010 – 4 StR 394/09, NStZ-RR 2010, 178.

2. Beschlagnahmeverbot (§ 97). Das Beschlagnahmeverbot des § 97 knüpft an das **Zeugnisverweigerungsrecht der §§ 52, 53 und 53a** an, soll dessen Umgehung verhindern[72] und erfasst schriftliche Mitteilungen, Aufzeichnungen, sonstige Schriftstücke und Ton-, Bild- und Datenträger aller Art Im Falle der Berufsgeheimnisträger, etwa eines Verteidigers oder Rechtsanwalts nach § 53 Abs. 1 S. 1 Nr. 2 und 3, schützt § 97 lediglich das Vertrauensverhältnis zwischen dem Beschuldigten und dem jeweiligen Berufsgeheimnisträger.[73] Es ist insoweit enger als das Zeugnisverweigerungsrecht. Da sich die Maßnahme der Rasterfahndung regelmäßig nicht gegen einen bestimmten Beschuldigten richtet, dürfen bei Berufsgeheimnisträgern etwa im Fall einer freiwilligen Übermittlung auch solche personenbezogenen Daten abgeglichen werden, die sich nicht auf den Beschuldigten beziehen.[74] 56

VII. Ordnungs- und Zwangsmittel (Abs. 5)

Zur Durchsetzung der Mitwirkungspflicht in § 98a Abs. 2 und 3 verweist § 98a Abs. 5 folgerichtig auf § 95 Abs. 2, über den im Falle der Weigerung von den Ordnungs- und **Zwangsmitteln des § 70** Gebrauch gemacht werden kann. § 70 findet mithin sowohl Anwendung, wenn sich die Speicherstelle weigert, die erforderlichen Daten auszusondern oder zu übermitteln (Abs. 2) als auch wenn sie sich nach entsprechender Aufforderung durch die Staatsanwaltschaft weigert, die Abgleichstelle zu unterstützen. 57

VIII. Entschädigungsanspruch

Die Speicherstelle ist für ihre Mitwirkung nach **§ 23 Abs. 2–4 JVEG** zu entschädigen.[75] 58

C. Revision

Ein Rechtsfehler und damit die Revision kann darauf gestützt werden, dass die Maßnahme **rechtswidrig** war und die Beweiswürdigung auf **unverwertbaren Erkenntnissen** beruht. Indes führt nicht jeder Verstoß gegen die materiellen oder formellen Voraussetzungen der Rasterfahndung zu einem Verwertungsverbot. Vielmehr ist ein solches hier wie bei anderen (verdeckten) Ermittlungsmaßnahmen nur anzunehmen, wenn der konkrete Verstoß schwerwiegend war oder bewusst oder willkürlich begangen wurde.[76] Ein Verwertungsverbot dieser Art läge etwa vor, wenn der Richtervorbehalt des § 98b bewusst umgangen worden wäre. 59

§ 98b Verfahren bei der Rasterfahndung

(1) [1]Der Abgleich und die Übermittlung der Daten dürfen nur durch das Gericht, bei Gefahr im Verzug auch durch die Staatsanwaltschaft angeordnet werden. [2]Hat die Staatsanwaltschaft die Anordnung getroffen, so beantragt sie unverzüglich die gerichtliche Bestätigung. [3]Die Anordnung tritt außer Kraft, wenn sie nicht binnen drei Werktagen vom Gericht bestätigt wird. [4]Die Anordnung ergeht schriftlich. [5]Sie muß den zur Übermittlung Verpflichteten bezeichnen und ist auf die Daten und Prüfungsmerkmale zu beschränken, die für den Einzelfall benötigt werden. [6]Die Übermittlung von Daten, deren Verwendung besondere bundesgesetzliche oder entsprechende landesgesetzliche Verwendungsregelungen entgegenstehen, darf nicht angeordnet werden. [7]Die §§ 96, 97, 98 Abs. 1 Satz 2 gelten entsprechend.

72 BVerfG 8.3.1972 – 2 BvR 28/71, NJW 1972, 1123 (1125).
73 BVerfG 27.6.2018 – 2 BvR 1405/17, 2 BvR 1780/17, NJW 2018, 2385.
74 So Greven in KK-StPO Rn. 29.
75 Noch zum früheren § 17a ZSEG OLG Stuttgart 6.9.2000 – 2 Ws 109/2000, NStZ 2001, 158.
76 Vgl. BGH 18.4.2007 – 5 StR 546/06, NJW 2007, 2269 (2271).

(2) Ordnungs- und Zwangsmittel (§ 95 Abs. 2) dürfen nur durch das Gericht, bei Gefahr im Verzug auch durch die Staatsanwaltschaft angeordnet werden; die Festsetzung von Haft bleibt dem Gericht vorbehalten.

(3) [1]Sind die Daten auf Datenträgern übermittelt worden, so sind diese nach Beendigung des Abgleichs unverzüglich zurückzugeben. [2]Personenbezogene Daten, die auf andere Datenträger übertragen wurden, sind unverzüglich zu löschen, sobald sie für das Strafverfahren nicht mehr benötigt werden.

(4) Nach Beendigung einer Maßnahme nach § 98a ist die Stelle zu unterrichten, die für die Kontrolle der Einhaltung der Vorschriften über den Datenschutz bei öffentlichen Stellen zuständig ist.

Schrifttum: s. bei § 98a.

Übersicht

A. Erläuterung

I. Regelungsinhalt des § 98b

1 § 98b enthält die für Maßnahmen der Rasterfahndung **maßgeblichen Verfahrensregelungen.** Nach Abs. 1 S. 1 bedürfen sowohl der Abgleich der Daten als auch die Übermittlung des Ergebnisses dieses Abgleichs, des sogenannten „Reports" (→ § 98a Rn. 45), einer besonderen Anordnung. Abs. 1 enthält des weiteren Vorschriften über die Zuständigkeit für diese Anordnung (S. 1–3), deren Form und Inhalt (S. 4 und 5), den Vorrang besonderer bundes- bzw. entsprechender landesgesetzlicher Verwendungsregelungen (S. 6) sowie über die entsprechende Anwendbarkeit der Vorschriften über den Schutz von Amtsgeheimnissen und die Beschlagnahme einschließlich derjenigen bei Pressevertretern nach §§ 96, 97 sowie § 98 Abs. 1 S. 2 (S. 7).

2 Abs. 2 regelt die Zuständigkeit für die Anordnung von **Ordnungs- und Zwangsmitteln,** die Abs. 3 und 4 enthalten **datenschutzrechtliche Regelungen.**

1. Grundsätzliche Zuständigkeit des Gerichts. Für die Anordnung der Übermittlung und den Abgleich der Daten ist nach Abs. 1 S. 1 grundsätzlich das Gericht zuständig. Der Begriff „Gericht" wurde durch das Gesetz zur Neuregelung der Telekommunikationsüberwachung und anderer verdeckter Ermittlungsmaßnahmen vom 21.12.2007[1] einzig zur Gewährleistung einer geschlechtsneutralen Sprache[2] eingeführt und ersetzt die zuvor verwendete Bezeichnung „Richter". Zuständiges Gericht ist im Ermittlungsverfahren gemäß den §§ 162, 169 der **Ermittlungsrichter** und damit im Regelfall des § 162 Abs. 1 das AG, in dessen Bezirk die den Antrag stellende Staatsanwaltschaft ihren Sitz hat. 3

Wenngleich in Zeiten moderner Kommunikationsmittel und aufgrund der durch ihre Komplexität bedingten Schwerfälligkeit der Maßnahme kaum vorstellbar, bedarf es für die Anordnung der Rasterfahndung durch das Gericht anders als etwa im Falle der Telekommunikations- bzw. der Wohnraumüberwachung nicht ausnahmslos eines entsprechenden Antrages der Staatsanwaltschaft. Eine einen solchen Antrag zwingend voraussetzende Regelung enthält § 98b, anders als § 100b Abs. 1 S. 1 und § 100d Abs. 1 S. 1, nicht. Bei Gefahr im Verzug könnte mithin das Gericht eine Rasterfahndung unter den Voraussetzungen des § 165 mithin auch **ohne entsprechenden Antrag der Staatsanwaltschaft** anordnen. 4

2. Eilzuständigkeit der Staatsanwaltschaft. Bei **Gefahr im Verzug** kann die Maßnahme gemäß Abs. 1 S. 1 Hs. 2 auch von der Staatsanwaltschaft angeordnet werden. Eine Eilanordnungskompetenz auch hinsichtlich ihrer Ermittlungspersonen hat der Gesetzgeber, anders als im Fall der längerfristigen Observation in § 163f Abs. 3 S. 1, hingegen nicht vorgesehen. 5

Hat die Staatsanwaltschaft eine Eilanordnung getroffen, ist sie gemäß Abs. 1 S. 2 verpflichtet, **unverzüglich die gerichtliche Bestätigung** ihrer Anordnung herbeizuführen. Unverzüglich bedeutet ein Tätigwerden ohne schuldhaftes Verzögern, mithin sobald der Staatsanwaltschaft eine Antragsstellung ohne Vernachlässigung noch wichtigerer Dienstgeschäfte möglich und das Ermittlungsgericht wieder erreichbar ist. Eine dieser Regelung vergleichbare findet sich weder bei der Online-Durchsuchung nach § 100b, bei der akustischen Wohnraumüberwachung nach § 100c (hier ist jeweils nach § 100e Abs. 2 der Vorsitzende zur Eilanordnung befugt), noch in den Fällen der Telekommunikationsüberwachung in § 100a, des Abhörens außerhalb von Wohnungen gemäß § 100fbzw. des Einsatzes eines IMSI-Catchers nach § 100i. All diese Vorschriften enthalten ebenso wie Abs. 1 S. 3 „lediglich" die Regelung, dass die Eilanordnung außer Kraft tritt, wenn sie nicht binnen drei Tagen bestätigt wird (vgl. § 100e Abs. 1). 6

Einzig im Falle der Rasterfahndung wird die Staatsanwaltschaft in S. 2 verpflichtet, die richterliche Bestätigung ihrer Eilandordnung selbst dann noch herbeizuführen, wenn für sie bereits absehbar geworden ist, dass die Maßnahme nicht über die 3-Tages-Frist hinaus durchgeführt werden soll. Vor dem Hintergrund der Tatsache, dass für die anderen oben genannten Fälle von Eilanordnungen nach § 100e Abs. 1, 2[3] anerkannt ist, dass die auf Grund der Eilanordnung gewonnen Erkenntnisse auch dann verwertbar bleiben, wenn eine richterliche Bestätigung der Anordnung wegen Beendigung der Maßnahme vor Ablauf der 3-Tages-Frist nicht mehr herbeigeführt wird, stellt sich die Frage nach dem Sinn der Regelung in S. 2. Dies gilt umso mehr, als auch bzgl. S. 2 die Auffassung vertreten wird, dass auf eine richterliche Bestätigung verzichtet werden kann, wenn der Ermittlungserfolg bereits vor Ablauf der 3-Tages-Frist eingetreten ist und die Maßnahme auch noch vor Ablauf dieser Frist beendet wird.[4] Bei dieser – zustimmungswürdigen – Auffassung **läuft das Gebot der unverzüglichen gerichtlichen Bestätigung des S. 2 ins Leere.** Zwar weisen die Gesetzmaterialien die Eilkompetenzzuweisung durch Abs. 1 7

[1] BGBl. I 3198.
[2] BT-Drs. 16/5846, 38.
[3] BVerfG 3.3.2004 – 1 BvR 2378/98 und 1 BvR 1084/99, NJW 2004, 999 (1015).
[4] Ebenso Greven in KK-StPO Rn. 2.

S. 1 Hs. 2 ohne weitere Erläuterung als „beschränkte Eilkompetenz" aus.[5] Es wäre indes systemwidrig, allein im Falle der Rasterfahndung und anders als etwa im Falle der Telekommunikationsüberwachung bzw. der Wohnraumüberwachung eine Bestätigung der Eilanordnung auch für den Fall zu verlangen, dass die Maßnahme vor Ablauf der 3-Tages-Frist beendet wird.

II. Schriftform (Abs. 1 S. 4)

8 Nach Abs. 1 S. 4 hat die Anordnung schriftlich zu ergehen. Schriftlich bedeutet zum einen, dass die Anordnung nicht mündlich getroffen werden darf. Zum anderen kann aus dem Gebot der Schriftlichkeit nach dem allgemeinen Sprachgebrauch bzw. aus § 126 BGB, der die gesetzliche Schriftform regelt, nicht mehr abgeleitet werden, als dass die Anordnung einen **schriftlichen Text sowie eine eigenhändige Namensunterschrift** des Ausstellers oder ein beglaubigtes Handzeichen zu enthalten hat.

9 Dem anzuerkennenden Interesse der zur Mitwirkung Verpflichteten, Gewissheit darüber zu haben, dass die ihnen übersandte staatsanwaltschaftlichen Eilanordnung oder der richterliche Beschluss auch von der **zuständigen Behörde** erlassen wurde, wird durch § 10 Abs. 4 der Geschäftsordnungsvorschriften (GOV) für die Gerichte und Staatsanwaltschaften Rechnung getragen, der weitere Anforderungen an die Schriftform stellt. Danach haben Schreiben ua die Bezeichnung der absendenden Behörde, deren Anschrift, die Geschäftsnummer sowie Telefon- und Faxnummer zu enthalten. Eine Siegelung des Originals ist nicht vorgeschrieben. Namentlich Eilanordnungen könnten mithin auch gänzlich handschriftlich abgefasst werden.

III. Inhalt der Anordnung (Abs. 1 S. 5)

10 Die maßnahmespezifischen inhaltlichen Anforderungen ergeben sich aus Abs. 1 S. 5 sowie § 34. Nach Abs. 1 S. 5 muss die Anordnung den zur Übermittlung Verpflichteten bezeichnen und ist inhaltlich so abzufassen, dass eine Beschränkung auf die **im Einzelfall benötigten Daten und Raster** möglich ist.

11 **1. Verpflichtete.** Der Verpflichtete sollte schon zur Vermeidung von durch Unklarheiten bedingten Verzögerungen so genau wie möglich benannt werden. Es darf nicht zweifelhaft sein, wer den sich aus § 98a Abs. 2–4 ergebenden Mitwirkungspflichten unterliegt und gegen wen ggf. nach § 98b Abs. 2, § 95 Abs. 2 Ordnungs- bzw. Zwangsmittel anzuordnen sind. Bei Behörden, Körperschaften des öffentlichen Rechts aber auch bei privaten Firmen ist dies stets der **Leiter** derjenigen Organisationseinheit, die die Daten in Gewahrsam hat, mithin der Amts- oder Abteilungsleiter. Verpflichtet werden kann auch der diesen übergeordnete Behördenleiter oder Firmeninhaber, der Kraft seiner dienst- bzw. arbeitsrechtlichen Weisungsbefugnis seine Mitarbeiter zur Umsetzung der Maßnahme anhalten kann.

12 Sinnvoll ist es weiter, auf der **Sachbearbeiterebene** diejenigen Personen zu ermitteln und sodann zu benennen, die für die Verwaltung und Bearbeitung der Datenbestände zuständig sind. Allein dieser Personenkreis könnte seitens der speichernden Stelle die Abgleichstelle nach Aufforderung durch die Staatsanwaltschaft unterstützen (§ 98a Abs. 4).

13 **2. Daten und Prüfungsmerkmale.** Das in Abs. 1 S. 5 enthaltene Gebot der Beschränkung der Maßnahme auf die für den **Einzelfall benötigten Daten** bezweckt eine Eingriffsminimierung und damit einen effektiveren Grundrechtsschutz potenziell Betroffener. Eine Beschränkung der abzugleichenden Daten empfiehlt sich indes auch aus Sicht der Strafverfolgungsbehörden. Sie reduziert regelmäßig die Anzahl der Daten, innerhalb derer die Recherche (→ § 98a Rn. 44) durchgeführt wird und damit vielfach auch den Umfang

[5] BT-Drs. 12/989, 37.

des Reports (→ § 98a Rn. 45), wodurch sich wiederum unmittelbar der von den Strafverfolgungsbehörden letztlich zu verarbeitende Datenbestand verringert.

Die weitere Regelung in Abs. 1 S. 5, wonach die Maßnahme auf diejenigen Prüfungsmerkmale (Raster, → § 98a Rn. 43) zu beschränken ist, die für den Einzelfall benötigt werden, dient ebenfalls dem Grundrechtsschutz. Sie begrenzt indes nicht dem Umfang der abzugleichenden Daten, sondern das Rechercheergebnis. Der Anordnende muss auf der Grundlage der bisherigen Ermittlungen die für die Rasterung benötigten **Prüfungsmerkmale so genau wie möglich bestimmen** und logisch derart miteinander verknüpfen, dass eine größtmögliche Effektivität der Recherche gewährleistet ist. Dadurch wird vielfach eine Trennung der zu übermittelten Daten von den übrigen Daten möglich, mithin deren Übermittlung entsprechend § 98a Abs. 3 entbehrlich. 14

3. Begründung. Die Anordnung der Rasterfahndung ist eine anfechtbare und deshalb nach § 34 mit Gründen zu versehende Entscheidung. Aus ihr müssen sich über den vorstehend dargelegten Inhalt hinaus und auf den **konkreten Einzelfall bezogen** ua die Tat, deren Begehung der Beschuldigte verdächtig ist sowie deren rechtliche Würdigung ergeben. Die bloße Wiedergabe des Gesetzeswortlauts reicht dabei ebenso wenig aus wie eine formelhafte und abstrakte Darstellung der verfahrengegenständlichen Tat.[6] Neben der Verdachtsist weiter die Beweislage darzulegen. Insoweit genügt regelmäßig eine kurze, zusammenfassende Darlegung der wesentlichen Beweismittel. 15

IV. Schutz besonderer Amts- und Berufsgeheimnisse (Abs. 1 S. 6)

Nach Abs. 1 S. 6, dem lediglich ein klarstellender, deklaratorischer Charakter zukommt, darf die Übermittlung von Daten, deren Verwendung besondere bundes- oder entsprechende landesrechtliche Verwendungsregelungen entgegenstehen, nicht angeordnet werden. Hiermit sind insbesondere § 30 Abs. 1 AO (Steuergeheimnis), § 35 Abs. 1 SGB I (Sozialgeheimnis), § 67d SGB X (Übermittlungsgrundsätze im Zusammenhang mit dem Sozialgeheimnis), § 39 Abs. 1 PostG (Postgeheimnis) sowie § 3 TTDSG (Fernmelde- und Telekommunikationsgeheimnis) gemeint. Der Gesetzgeber geht davon aus, dass ein **Eingriff in diese Amtsgeheimnisse nicht auf der Grundlage des § 98a** erfolgen darf.[7] 16

Unzulässig ist gemäß § 160a Abs. 1 auch jede Ermittlungsmaßnahme, die sich gegen eine der in § 53 Abs. 1 S. 1 Nr. 1, 2 oder Nr. 4 genannten Personen, einen Rechtsanwalt oder eine sonstige von § 160a Abs. 1 erfasste Person richtet. Abs. 1 S. 7 weist zudem auf die sich aus §§ 96, 97 und § 98 Abs. 1 S. 2 ergebenden Einschränkungen und **Beschlagnahmeverbote** hin (vgl. auch Verwertungsverbote nach §§ 51, 63 Abs. 4 BZRG). 17

V. Ordnungs- und Zwangsmittel (Abs. 2)

Kommt der Verpflichtete seiner **Aussonderungs-, Übermittlungs- und Mitwirkungspflicht** nach § 98a Abs. 2–4 (→ § 98a Rn. 46, 57) nicht nach, können gegen ihn nach Abs. 2 die in § 70 bestimmten Ordnungs- und Zwangsmittel verhängt werden. Zu deren Anordnung ist grundsätzlich nur das Gericht befugt. Bei Gefahr im Verzug besteht, mit Ausnahme der dem Gericht vorbehaltenen Anordnung von Haft, auch eine Eilanordnungskompetenz der Staatsanwaltschaft. Das zuständige Gericht ergibt sich für das Ermittlungsverfahren aus den §§ 162, 169. Nach Anklageerhebung ist das Gericht der Hauptsache zuständig. 18

VI. Maßnahmen nach Beendigung der Fahndung (Abs. 3)

Abs. 3 statuiert im Interesse der betroffenen Bürger einzelne **Schutzvorschriften.** Im Einzelnen handelt es sich um folgende Verpflichtungen zur Rückgabe und Löschung der personenbezogenen wie nicht personenbezogenen Daten: 19

---

6 Vgl. Maul in KK-StPO § 34 Rn. 5.
7 Vgl. BT-Drs. 12/989, 37.

20 **1. Rückgabepflicht der Daten(träger), Löschungspflicht (S. 1 und 2).** Nach Abs. 3 S. 1 sind die übersandten **Datenträger einschließlich der sich auf ihnen noch befindlichen „Daten" nach Beendigung des Abgleichs unverzüglich der jeweiligen Speicherstelle zurückzugeben.** Der materielle Regelungsgehalt dieser Vorschrift erfasst, wie ihre grammatische Auslegung auch mit Blick auf und in Abgrenzung zu S. 2 ergibt, den Datenträger, die „Hardware", einschließlich der übermittelten Daten. S. 2 hingegen regelt den Fall, dass „personenbezogene Daten" auf einen anderen Datenträger übertragen wurden, etwa per E-Mail. Sofern in S. 1 der Begriff „Daten", in S. 2 hingegen der der „personenbezogene(n) Daten" Verwendung findet, werden beide Begriffe synonym verwandt. Es ist evident, dass von dem Begriff der „Daten" in S. 1 vorrangig personenbezogene Daten erfasst werden. Die Löschungspflicht in S. 2 erfasst auch nicht personenbezogene Daten. Diese sind, wenn sie nicht mehr benötigt werden, schon auf Grund allgemeiner datenschutzrechtlicher Grundsätze zu löschen.

21 § 98b enthält keine Regelung darüber, wer für die Entscheidung über die Rückgabe zuständig ist. Im Ermittlungsverfahren obliegt die Entscheidung der Staatsanwaltschaft bzw. – im Einverständnis mit dieser – der Polizei. Mit Erhebung der öffentlichen Klage geht die **Entscheidungszuständigkeit** auf das mit der Sache fasste Gericht über.

22 Nach S. 2 dürfen die **Daten hingegen so lange gespeichert werden, wie sie für das Strafverfahren benötigt werden.** Nach S. 1 müssen die Datenträger hingegen bereits wesentlich früher, nämlich unverzüglich nach Beendigung des Abgleichs, zurückgegeben werden. Im Zeitalter der modernen Kommunikationstechnik, in dem Datenträger nahezu in beliebigem Umfang zur Verfügung stehen, erscheint es verfehlt, in S. 1 allein für den physikalischen Datenträger – seine Daten dürfen nach S. 2 auf andere Speichermedien übertragen werden – eine eigenständige, restriktive Rückgabeverpflichtung zu statuieren. Vor diesem Hintergrund verwundert es nicht, wenn einzelne Stimmen in der Kommentarliteratur ohne nähere Begründung die Vorschrift des S. 1 über dessen Wortlautgrenze hinaus dahingehend auslegen, dass mit der Rückgabe der Datenträger bis zur Beendigung des Strafverfahrens zugewartet werden könne.[8]

23 Die Löschungsregelung des S. 2 ist durch § 101 Abs. 8 S. 1 **überflüssig** geworden. Diese Vorschrift bestimmt für alle von ihr erfassten Maßnahmen, wozu gemäß § 101 Abs. 1 auch die Rasterfahndung nach § 98a gehört, ebenfalls, dass sämtliche personenbezogenen Daten unverzüglich zu löschen sind, sobald die Daten für Zwecke der Strafverfolgung nicht mehr erforderlich sind (→ § 101 Rn. 95 ff.).

24 **2. Kennzeichnungspflicht (§ 101 Abs. 3 S. 1).** Gemäß § 101 Abs. 3 S. 1, der nach seinem Abs. 1 S. 1 auch auf Maßnahmen der Rasterfahndung Anwendung findet, sind sämtliche durch diese Maßnahmen erlangten personenbezogenen Daten zu **kennzeichnen** (zu Sinn und Zweck der Kennzeichnungspflicht vgl. § 101).

VII. Benachrichtigungspflichten (Abs. 4, § 101 Abs. 4 S. 1 Nr. 1)

25 Nach Beendigung der Maßnahme ist gemäß Abs. 4 der zuständige **Datenschutzbeauftragte** zu benachrichtigen. Des Weiteren sind nach § 101 Abs. 4 S. 1 Nr. 1 die Personen zu benachrichtigen, gegen die nach Auswertung der Daten weitere Ermittlungen geführt, die mithin von weiteren strafprozessualen Maßnahmen betroffen wurden.

26 **1. Datenschutzbeauftragte (Abs. 4).** Da die Maßnahme der Rasterfahndung als Prozess der massenhaften Verarbeitung von Daten regelmäßig auch die Daten einer großen Anzahl unbeteiligter Personen erfasst und diese dadurch möglicherweise in einen „strafrechtlichen Kontrollprozess"[9] geraten können, ist nach Beendigung der Maßnahme der Datenschutzbeauftragte zu unterrichten. Dessen ihm nach dem Datenschutzgesetz zugewiesene Aufgabe erfährt durch Abs. 4 keine Erweiterung. Dem Datenschutzbeauftragten steht insbesondere

[8] Vgl. Greven in KK-StPO Rn. 8 und ihm folgend Köhler in Meyer-Goßner/Schmitt Rn. 6.
[9] BT-Drs. 12/989, 57.

kein Prüfungsrecht zu, ob die Maßnahme in strafprozessualer Hinsicht rechtmäßig war.[10] Aufgabe des Datenschutzbeauftragten ist vielmehr, auf die **Einhaltung des Datenschutzgesetzes** des Bundes bzw. des betreffenden Landes sowie auf die anderer Vorschriften des Datenschutzes hinzuwirken. Eine solch andere Vorschrift des Datenschutzes ist in Abs. 3 S. 2 enthalten. Ihre Einhaltung obliegt somit ebenfalls der Kontrolle des Datenschutzbeauftragten.

Die Unterrichtung des Datenschutzbeauftragten dürfte indes nicht stets und namentlich dann nicht „nach Beendigung der Maßnahme" zu veranlassen sein, wenn noch weitere verdeckte Ermittlungen durchgeführt werden. In diesen Fällen besteht ein berechtigtes Interesse an der **weiteren Geheimhaltung der Ermittlungen.** Berücksichtigt man weiter, dass den Strafverfolgungsbehörden durch S. 2 ein Beurteilungsspielraum dahingehend eingeräumt wird, ob bzw. für wie lange die personenbezogenen Daten für das Strafverfahren noch benötigt werden, erscheint es in Abwägung der berechtigten Interessen des Datenschutzes mit denen einer geordneten und damit auch effektiven Strafverfolgung gut vertretbar, den Datenschutzbeauftragten frühestens mit Übergang in die sogenannte offene Ermittlungsphase zu unterrichten. 27

2. Von weiteren Ermittlungen betroffene Personen. Diejenigen Personen, gegen die nach Auswertung der Daten weitere Ermittlungen geführt werden, sind gemäß § 101 Abs. 4 S. 2 über die Maßnahme zu unterrichten und auf die **Möglichkeit des nachträglichen Rechtsschutzes** nach § 101 Abs. 7 und die dafür vorgesehene Frist (bis zu zwei Wochen nach ihrer Benachrichtigung, § 101 Abs. 7 S. 2) hinzuweisen. 28

VIII. Beweisverwertung

Für die Frage der Beweisverwertung (→ § 100a Rn. 174 ff.) ist es von entscheidender Bedeutung, ob sich die betreffenden Erkenntnisse auf **dieselbe oder aber auf eine andere Tat** im prozessualen Sinne beziehen. Insofern sei Folgendes angemerkt: 29

1. Hinsichtlich derselben Straftat. Durch die Rasterfahndung erlangte Erkenntnisse, die sich auf die verfahrensgegenständliche Tat im prozessualen Sinne beziehen, können sowohl als weiterer Ermittlungsansatz als auch als Beweismittel verwendet werden. Insoweit gibt es **keine Beschränkungen.** Die Erkenntnisse bleiben selbst dann verwertbar, wenn sich nachträglich herausstellt, dass der der Anordnung der Maßnahme zugrundeliegende historische Lebenssachverhalt letztlich „nur" unter einen anderen Tatbestand, nicht indes unter einen der im Straftatenkatalog des § 98a Abs. 1 S. 1 Nr. 1–6 enthaltenen Straftatbestände subsumiert werden kann. 30

Verwertbar sind auch Erkenntnisse, die zwar den Verdacht einer anderen Straftat als der des Katalogs nach § 98a begründen, diese Nichtkatalogtat jedoch mit einer Katalogtat im **Zusammenhang** steht. Eine solche Zusammenhangstat läge etwa vor, wenn diese mit der Katalogtat in Idealkonkurrenz gemäß § 52 StGB verbunden wäre bzw. wenn zwischen beiden Taten Tatidentität iSd § 264 bestünde.[11] 31

2. Hinsichtlich einer anderen Straftat. Ergeben sich bei Gelegenheit der Rasterfahndung Hinweise auf eine andere prozessuale Tat, so werden diese als **„Zufallserkenntnisse"** bzw. **„Zufallsfunde"** bezeichnet.[12] Die Verwertbarkeit solcher Erkenntnisse bemisst sich nach § 479 Abs. 2 S. 1 iVm § 161 Abs. 3 entsprechend. Danach dürfen durch die Rasterfahndung erlangte personenbezogene Daten ohne Einwilligung der von der Maßnahme betroffenen Personen zu Beweiszwecken **in anderen Strafverfahren** nur zur Aufklärung solcher Straftaten verwendet werden, zu deren Aufklärung eine Rasterfahndung ebenfalls hätte angeordnet werden können. Mit dem Begriff „andere Strafverfahren" iSd § 479 Abs. 2 S. 1 ist eine andere prozessuale Tat gemeint. Zu Beweiszwecken dürfen die Erkenntnisse mithin verwertet werden, sofern sich der neu bekannt gewordene Sachverhalt 32

---

10 So auch Hilger NStZ 1992, 457 (Fn. 74).
11 BGH 18.3.1999 – 5 StR 693, NStZ 1998, 426 (427).
12 Vgl. Köhler in Meyer-Goßner/Schmitt § 98b Rn. 11.

unter den Straftatenkatalog des § 98a Abs. 1 S. 1 Nr. 1–6 subsumieren lässt. Der Datenabgleich für **präventive Zwecke** ist in § 479 Abs. 2 S. 2, Abs. 3 geregelt.

33 **3. Präventivrechtliche Aspekte.** Durch eine Maßnahme der Rasterfahndung erlangte personenbezogene Daten dürfen ohne Einwilligung der von der Maßnahme betroffenen Personen **für präventive Zwecke** gemäß § 479 Abs. 2 S. 3 zu Zwecken der Gefahrenabwehr, soweit sie dafür durch eine entsprechende Maßnahme nach den für die zuständige Stelle geltenden Gesetzen erhoben werden können, zur Abwehr einer Gefahr für Leib, Leben oder Freiheit einer Person oder für die Sicherheit oder den Bestand des Bundes oder eines Landes oder für bedeutende Vermögenswerte, wenn sich aus den Daten im Einzelfall jeweils konkrete Ansätze zur Abwehr einer solchen Gefahr erkennen lassen, für Zwecke, für die eine Übermittlung nach § 18 des Bundesverfassungsschutzgesetzes zulässig ist, sowie nach Maßgabe des § 476.

34 Personenbezogene Daten **aus präventiven Maßnahmen dürfen** ohne Einwilligung der von der Maßnahme betroffenen Personen gemäß § 161 Abs. 3 zu Beweiszwecken im Strafverfahren zur Aufklärung solcher Straftaten verwendet werden, zu deren Aufklärung eine solche Maßnahme auch nach diesem Gesetz hätte angeordnet werden können. Auch der Vorschrift des § 161 Abs. 3 liegt der Gedanke des sogenannten hypothetischen Ersatzeingriffs zugrunde.

35 Mit der Beschränkung der Verwertungsmöglichkeit „zu Beweiszwecken" wollte der Gesetzgeber klarstellen, dass personenbezogenen Daten, die durch andere – nicht strafprozessuale – Maßnahmen gewonnen wurden, als **Spurenansatz** ohne jedwede Beschränkung verwendet werden können.[13]

B. Rechtsbehelfe

36 Personen, die durch Maßnahmen nach § 98a beschwert sind, stehen abhängig davon, wer die Maßnahme angeordnet hat und in welchem Stadium sich das Verfahren befindet, **unterschiedliche Rechtsbehelfe** zur Verfügung.

I. Eilanordnung der Staatsanwaltschaft

37 § 98b sieht die Möglichkeit der Anrufung des Gerichts nach **§ 98 Abs. 2 S. 2** gegen Eilanordnungen der Staatsanwaltschaft nicht vor. Die Vorschrift ist jedoch entsprechend anwendbar.[14] Der Verpflichtete auf Seiten der Speicherstelle kann mithin einen Antrag auf gerichtliche Entscheidung stellen. Die Verfasser des Gesetzentwurfs haben sich bei der Fassung der §§ 98a, 98b an den Vorschriften der §§ 94 ff. orientiert und darauf verwiesen, dass diese „entsprechend anwendbar" seien.[15] Anträge auf gerichtliche Entscheidungen sind weder frist- noch formgebunden. Ein als „Beschwerde" bezeichneter Rechtsbehelf ist in einen solchen Antrag umzudeuten. Durch die Statthaftigkeit des Antrages auf gerichtliche Entscheidung wird gemäß § 23 Abs. 3 EGGVG der Rechtsweg nach §§ 23 ff. EGGVG ausgeschlossen.

II. Richterliche Anordnung

38 Gegen richterliche Anordnungen stehen **unterschiedliche Rechtsschutzmöglichkeiten** zur Verfügung.

39 Personen, die von einer Rasterfahndung dadurch betroffen wurden, dass deren Daten „errastert", den Strafverfolgungsbehörden übermittelt und von diesen ausgewertet wurden, ohne dass danach gegen sie weitere Ermittlungen geführt wurden (§ 101 Abs. 4 S. 1 Nr. 1),

[13] BT-Drs. 16/5846, 64.
[14] Vgl. Köhler in Meyer-Goßner/Schmitt Rn. 9; Menges in Löwe/Rosenberg Rn. 32.
[15] BT-Drs. 12/989, 36.

steht die einfache **Beschwerde nach § 304** zur Verfügung. Dies in Ausnahmefällen selbst dann, wenn die Maßnahme zwar bereits vollzogen ist, wodurch eine gegenwärtige Beschwer entfallen sein könnte, sodass die Beschwerde eigentlich unzulässig wäre, eine Beschwer jedoch gleichwohl deshalb noch anzuerkennen ist, weil die Gefahr der Wiederholung besteht oder der Betroffene ein berechtigtes Feststellungsinteresse hat. Nach der Rspr. des BVerfG[16] ist eine Beschwer ferner stets dann anzuerkennen, wenn ein tiefgreifender, tatsächlich aber nicht mehr fortwirkender Grundrechtseingriff erfolgte und die direkte Belastung durch den angegriffenen Hoheitsakt sich nach dem typischen Verfahrensablauf auf einen so kurzen Zeitraum beschränkte, innerhalb dessen der Betroffene eine gerichtliche Entscheidung nicht erlangen konnte.

Betroffenen, gegen die nach Auswertung der Daten weitere Ermittlungen geführt wurden, steht als lex specialis der **Rechtsbehelf nach § 101 Abs. 7 S. 2–4** iVm § 101 Abs. 4 S. 1 Nr. 1 zu. Dabei ist es gleichgültig, ob sich der Rechtsbehelf gegen eine richterliche oder staatsanwaltschaftliche Anordnung richtet oder ob die Anordnung als solche oder aber lediglich die Art und Weise ihres Vollzuges beanstandet wird. 40

C. Revision

Die Revision kann auf einen Verstoß gegen § 98b gestützt werden.[17] So kann mit der Verfahrensrüge beanstandet werden, dass durch die Strafverfolgungsbehörden vorsätzlich der Richtervorbehalt des Abs. 1 S. 1 umgangen wurde und das Tatgericht die aus der Rasterfahndung erlangten Daten trotz Widerspruchs in einer den Schuldspruch tragenden Weise verwertet hat. Freilich ist in diesem Zusammenhang darauf hinzuweisen, dass das Ergebnis der Rasterfahndung **nur selten ein selbstständiges Beweismittel** darstellt, die Maßnahme vielmehr häufig dazu dient, „schon vorhandene oder rechtmäßig erhebbare Daten und deren Zusammenhang durch den effektiveren maschinellen Abgleich transparent(er) zu machen".[18] 41

§ 98c Maschineller Abgleich mit vorhandenen Daten

[1]Zur Aufklärung einer Straftat oder zur Ermittlung des Aufenthaltsortes einer Person, nach der für Zwecke eines Strafverfahrens gefahndet wird, dürfen personenbezogene Daten aus einem Strafverfahren mit anderen zur Strafverfolgung oder Strafvollstreckung oder zur Gefahrenabwehr gespeicherten Daten maschinell abgeglichen werden. [2]Entgegenstehende besondere bundesgesetzliche oder entsprechende landesgesetzliche Verwendungsregelungen bleiben unberührt.

Schrifttum: Bernsmann/Jansen, Heimliche Ermittlungsmethoden und ihre Kontrolle – Ein systematischer Überblick, StV 1998, 217; Hassemer, Stellungnahme zum Entwurf eines Gesetzes zur Bekämpfung des illegalen Rauschgifthandels und anderer Erscheinungsformen der organisierten Kriminalität, KJ 1992, 64; Hornung/Schindler, Das biometrische Auge der Polizei, ZD 2017, 203; Siebrecht, Ist der Datenabgleich zur Aufklärung einer Straftat rechtmäßig?, StV 1996, 566; Witting, Schleppnetzfahndung, Rasterfahndung und Datenabgleich, JuS 1997, 961.

Übersicht

16 BVerfG 30.4.1997 – 2 BvR 817/90, NJW 1997, 2163.
17 Missverständlich insoweit Köhler in Meyer-Goßner/Schmitt Rn. 12.
18 So zutreffend Greven in KK-StPO Rn. 16.

A. Überblick

I. Entstehungsgeschichte der Norm

1 Die Vorschrift wurde durch das Gesetz zur Bekämpfung des illegalen Rauschgifthandels und anderer Erscheinungsformen der organisierten Kriminalität (OrgKG)[1] vom 15.7.1992 in die StPO eingeführt. Sie hat seit dieser Zeit trotz berechtigter Kritik[2] keine Veränderung erfahren und muss als **gesetzestechnisch missglückt** bezeichnet werden.

2 **1. Traditionelles Normverständnis. a) De lege lata.** Die Vorschrift enthält weder eine Konkretisierung des Tatverdachts noch eine Beschränkung auf bestimmte Straftatbestände oder eine Subsidiaritätsklausel. Dieser Normzustand dürfte auf die Tatsache zurückzuführen sein, dass der Maßnahme vom Gesetzgeber keine Eingriffsqualität beigemessen worden war. So wird in den Materialien ausgeführt, die Vorschrift regele „die Zulässigkeit des maschinellen Abgleichs von Daten, die **in einem Strafverfahren durch die in der Strafprozessordnung geregelten Maßnahmen erhoben worden sind, mit Daten, in deren Besitz die Strafverfolgungsbehörden gelangt sind**".[3] Indes erfolgt die Besitzerlangung dieser Daten vielfach durch strafprozessuale Maßnahmen mit Eingriffscharakter, in Einzelfällen auch auf rechtsgeschäftlicher Grundlage (Bsp.: CDs von Steuersündern).

3 Der historische Gesetzgeber vertrat die Auffassung, bei der Verwendung grundrechtlich geschützter personenbezogener Daten komme allein dem Beschaffen von Daten, mithin deren Erhebung, nicht hingegen der weiteren Verarbeitung, sprich ua dem Speichern und Übermitteln ein **Eingriffscharakter** zu. Auch der Gesetzgeber scheint diese Auffassung jedenfalls noch am 21.12.2007 bei der Verkündung des Gesetzes zur Neuregelung der Telekommunikationsüberwachung und anderer verdeckter Ermittlungsmaßnahmen vertreten zu haben.[4] Er hat die Vorschrift des § 98c nicht in § 101 mit aufgenommen, in der er für die übrigen verdeckten Ermittlungsbefugnisse einheitlich ua Kennzeichnungs- und Benachrichtigungspflichten geregelt hat.[5]

4 **b) Auffassung der Literatur.** In der Kommentarliteratur wird die Auffassung vertreten, § 98c sei lediglich eine **allgemeine Ermittlungsmaßnahme** ohne Eingriffscharakter.

---

1 BGBl. I 1302.
2 Siebrecht StV 1996, 566; Hassemer KJ 1992, 64.
3 BT-Drs. 12/989.
4 BGBl. I 3198.
5 Vgl. BT-Drs. 16/5845, 57.

Während einzelne Autoren[6] diese Auffassung explizit vertreten, teilen andere[7] diese Auffassung wohl unausgesprochen. Nur so lässt es sich jedenfalls erklären, dass diese Autoren Aspekte des Rechtsschutzes, deren Erörterung sich bei Maßnahmen mit Eingriffscharakter förmlich aufdrängen würde, im Zusammenhang mit § 98c nicht thematisieren. Vereinzelt wird in Periodika – indes ohne dogmatische Herleitung – auch die Auffassung vertreten, der Maßnahme des Datenabgleichs komme eine nur geringe Eingriffsqualität zu.[8]

2. Eingriffsdogmatik des BVerfG. Entsprechend der **an der Rspr. des BVerfG orientierten Eingriffsdogmatik** kommt nicht nur der Erhebung, sondern auch der weiteren Verarbeitung personenbezogener Daten ein Eingriffscharakter zu. So hat der Erste Senat des BVerfG in seinem Urteil vom 14.7.1999[9] anlässlich der Auslegung von Art. 10 GG ausgeführt, dieses Grundrecht entfalte seinen Schutz nicht nur gegenüber staatlicher Kenntnisnahme von Fernmeldekommunikationen, die die Beteiligten für sich behalten wollen. Der Schutz von Art. 10 GG erstrecke sich darüber hinaus auch auf den Informations- und **Datenverarbeitungsprozess, der sich an die Kenntnisnahme der geschützten Kommunikationsvorgängen anschließe** sowie den weiteren Gebrauch, der von den erlangten Erkenntnissen gemacht werde.[10] Im Folgenden hat der Senat hinsichtlich der weiteren Verarbeitung der Daten ausgeführt, die Schwere eines solchen Eingriffs ergebe sich daraus, dass in der Übermittlung der personenbezogenen Daten eine erneute Durchbrechung des Fernmeldegeheimnisses liege. Diese könne eine noch größere Beeinträchtigung als der Ersteingriff zur Folge haben kann. Die Wirkung der Datenübermittlung erschöpfe sich nicht in der Ausweitung des Personenkreises, der von den Telekommunikationsumständen und -inhalten Kenntnis erhalte. An die Kenntnisnahme könnten sich vielmehr noch weitere Maßnahmen anschließen.[11] 5

Diese Grundsätze gelten nicht nur für den tiefgreifenden Eingriff in Art. 10 GG. Sie finden, wie das BVerfG bereits in seinem **„Volkszählungsurteil"** v. 15.12.1983 festgestellt hat, auch auf Eingriffe in das allgemeine Persönlichkeitsrecht des Art. 2 Abs. 1 GG iVm Art. 1 Abs. 1 GG Anwendung.[12] Insoweit bestätigend vgl. auch die Entscheidung des BVerfG vom 20.4.2016 zur teilweise Verfassungswidrigkeit des BKA-Gesetzes.[13] Danach richten sich die Anforderungen an die weitere Nutzung und Übermittlung staatlich erhobener Daten nach den Grundsätzen der **Zweckbindung und Zweckänderung.**[14] Voraussetzung für eine Zweckänderung ist jedenfalls, dass die neue Nutzung der Daten dem Schutz von Rechtsgütern oder der Aufdeckung von Straftaten eines solchen Gewichts dient, die verfassungsrechtlich ihre Neuerhebung mit vergleichbar schwerwiegenden Mitteln rechtfertigen könnten. Nicht in jedem Fall identisch sind die Voraussetzungen einer Zweckänderung mit denen einer Datenerhebung hingegen hinsichtlich des erforderlichen Konkretisierungsgrades der Gefahrenlage oder des Tatverdachts. Die diesbezüglichen Anforderungen bestimmen unter Verhältnismäßigkeitsgesichtspunkten primär den Anlass nur unmittelbar für die Datenerhebung selbst, nicht aber auch für die weitere Nutzung der erhobenen Daten.[15] 6

3. § 98c als Eingriffstatbestand. Nach den vorstehenden Ausführungen kommt auch der Maßnahme des maschinellen Datenabgleichs nach § 98c stets dann ein Eingriffscharakter 7

[6] Vgl. Schäfer in Löwe/Rosenberg Rn. 17; anders nunmehr Menges in Löwe/Rosenberg Rn. 2 unter Bezugnahme auf BVerfG 20.4.2016 – 1 BvR 966/09, 1 BvR 1140/09, NJW 2016, 1781, verfassungsrechtlich zulässig ist eine Ermächtigung zur Nutzung der Daten im Rahmen der ursprünglichen Zwecke ihrer Erhebung.

[7] Greven in KK-StPO Rn. 1; Pfeiffer Rn. 1.

[8] Ebenso Bernsmann/Jansen StV 1998, 217 (222).

[9] BVerfG 14.7.1999 – 1 BvR 2226/94, 1 BvR 2420/95 u. 1 BvR 2437/95, NJW 2000, 55.

[10] BVerfG 14.7.1999 – 1 BvR 2226/94, 1 BvR 2420/95 u. 1 BvR 2437/95, NJW 2000, 55 (57).

[11] BVerfG 14.7.1999 – 1 BvR 2226/94, 1 BvR 2420/95 u. 1 BvR 2437/95, NJW 2000, 55 (65).

[12] BVerfG 15.12.1983 – 1 BvR 209/83, NJW 1984, 419.

[13] BVerfG 20.4.2016 – 1 BvR 966/09, 1 BvR 1140/09, NJW 2016, 1781.

[14] Vgl. auch BVerfG 26.4.2022 – 1 BvR 1619/17, BeckRS 2022, 8427, zum Kriterium der hypothetischen Neuerhebung.

[15] So unter Bezugnahme auf BVerfG 20.4.2016 – 1 BvR 966/09, 1 BvR 1140/09, NJW 2016, 1781 eingehend auch Menges in Löwe/Rosenberg Rn. 2; vgl. auch Griesbaum in KK-StPO § 161 Rn. 35 ff.

zu, wenn, gleich ob bei der Verwendung von Maßnahme- (→ Rn. 13 ff.) oder Abgleichdaten (→ Rn. 18 ff.), im Rahmen des Datenabgleichs auf solche **Daten zugegriffen wird, die ihrerseits zuvor durch eine Eingriffsmaßnahme erhoben worden waren.** Zwar bildet auch in diesen Fällen § 98c lediglich die Rechtsgrundlage für den maschinellen Abgleich der personenbezogenen Daten. Der sich an die Erhebung anschließende Verarbeitungsprozess, mithin der Vorgang des eigentlichen Abgleichs, stellt in diesen Fällen jedoch einen erneuten Eingriff dar.

8 Die Vorschrift ist daher **entsprechend verfassungskonform auszulegen.**[16] Eingriffscharakter dürfte der Maßnahme des § 98c auch hinsichtlich der Verarbeitung solcher personenbezogener Daten zukommen, die den Strafverfolgungsbehörden freiwillig, indes nicht zum Zwecke eines maschinellen Datenabgleichs übergeben wurden.

II. Rechtstatsachen

9 Der maschinelle Datenabgleich spielt im Zeitalter der elektronischen Datenverarbeitung auch in der strafprozessualen Praxis eine geradezu **herausragende Rolle.** Bestätigende statistische Daten stehen insoweit indes – soweit erkennbar – nicht zur Verfügung. In gerichtlichen Entscheidungen bzw. der Lit. spiegelt sich diese Praxisrelevanz freilich nicht wider.

9a Über § 98c hinaus bestehen weitere **Sonderregeln zur Datenverarbeitung im polizeilichen Bereich,** so regelt das Gesetz über das Bundeskriminalamt und die Zusammenarbeit des Bundes und der Länder in kriminalpolizeilichen Angelegenheiten (Bundeskriminalamtgesetz – **BKAG**) die allgemeinen Befugnisse zur Datenverarbeitung, insbesondere die Weiterverarbeitung von Daten und die Datenübermittlung (§§ 12 ff. BKAG). Das Antiterrordateigesetz **(ATDG)** betrifft die Errichtung, Führung und Nutzung einer gemeinsamen Datei von Polizei und Nachrichtendiensten zum Zwecke der Bekämpfung des internationalen Terrorismus mit Bezug zur Bundesrepublik Deutschland. §§ 5 ff. ATDG regeln ua den Zugriff auf Daten im automatisierten Verfahren und die Verwendung der Daten. Schließlich ist noch das Rechtsextremismus-Datei-Gesetz **(RED-G)** zu erwähnen, dass die Errichtung, Führung und Nutzung einer gemeinsamen Datei von Polizei und Nachrichtendiensten zum Zwecke der Bekämpfung des gewaltbezogenen Rechtsextremismus in der Bundesrepublik Deutschland normiert.

B. Erläuterung

I. Regelungsinhalt des § 98c S. 1

10 § 98c S. 1 gestattet den Strafverfolgungsbehörden im Falle der Fahndung nach einer Person den internen **maschinellen Abgleich** zwischen denjenigen Daten, die in einem Strafverfahren (Verfahrensdaten) mittels der unterschiedlichsten, von der StPO zugelassenen Maßnahmen erhoben wurden mit weiteren Daten, die zur Strafverfolgung, Strafvollstreckung oder zur Gefahrenabwehr gespeichert sind (Abgleichsdaten). § 98c regelt somit den maschinellen Abgleich von personenbezogenen Daten aus einem Strafverfahren mit anderen bereits vorhandenen, justizinternen Daten.[17]

II. Gegenstand der Eingriffsbefugnis

11 **1. Personenbezogene Daten.** Bei den mit anderen gespeicherten Daten abzugleichenden Verfahrensdaten muss es sich, soll die Maßnahme als Datenabgleich iSd § 98c zu qualifizieren sein, ebenso wie bei § 98a Abs. 1 S. 1 um personenbezogene Daten handeln. Auch hier ist zur Begriffsbestimmung auf das Datenschutzgesetz und dessen in § 3 Abs. 1 BDSG enthaltene Definition zurückzugreifen. Danach unterfallen dem Begriff der perso-

[16] So auch Jäger in KMR-StPO Rn. 4; aA Hassemer KJ 1992, 64 (71).
[17] VGH Mannheim 2.4.2019 – 1 S 982/18, NVwZ-RR 2019, 901.

nenbezogenen Daten alle **Einzelangaben über persönliche oder sachliche Verhältnisse einer bestimmten oder aber bestimmbaren natürlichen Person.**

Mit der Verarbeitung personenbezogener Daten im Rahmen des maschinellen Datenabgleichs erfolgt ein Eingriff in grundrechtlich geschützte Positionen, nämlich in das **Recht auf informationelle Selbstbestimmung,** welches aus dem allgemeinen Persönlichkeitsrecht des Art. 2 Abs. 1 GG iVm Art. 1 Abs. 1 GG abgeleitet wird. Wird im Rahmen des Datenabgleichs auf weitere Daten zurückgegriffen, die ihrerseits zuvor durch Eingriffe in andere grundrechtlich geschützte Positionen, etwa einen Eingriff in Art. 10 GG erfolgten, so wird mit der Maßnahme auch in dieses Grundrecht – abermals – eingegriffen. Das BVerfG legt Art. 10 dahingehend aus, dass nicht nur die Erhebung von Telekommunikationsdaten, sondern auch deren anschließende Verwendung einen weiteren Eingriff in dieses Grundrecht darstellt.[18] 12

2. Daten aus dem Maßnahmeverfahren (Maßnahmedaten). Mit „Daten aus einem Strafverfahren" sind ausschließlich die Daten desjenigen Strafverfahrens gemeint, aus dem heraus die Maßnahme durchgeführt wird (Maßnahmeverfahren). Die Vorschrift gestattet mithin allein einen Abgleich zwischen den Daten dieses **Maßnahmeverfahrens** mit zu Zwecken der Strafverfolgung, Strafvollstreckung oder Gefahrenabwehr gespeicherten Daten (Abgleichdaten). Bei diesen Abgleichdaten kann es sich um Daten eines anderen Ermittlungs- bzw. eines Vollstreckungsverfahrens oder um Daten aus einer Maßnahme der Gefahrenabwehr handeln. Nicht von § 98c erfasst sein dürfte ein Abgleich personenbezogener Daten allein zwischen den Daten zweier **Abgleichverfahren** für Zwecke des Maßnahmeverfahrens. 13

a) Straftat des Maßnahmeverfahrens. Gleichgültig ist, welcher Straftat der Beschuldigte verdächtig ist. Es muss sich weder um eine besonders schwere wie bei § 100c bzw. um eine schwere Straftat des in § 100a Abs. 2 enthaltenen Katalogs noch um eine solche von erheblicher Bedeutung wie bei § 100g handeln. Es genügt vielmehr, dass gegen den Beschuldigten des Maßnahmeverfahrens ein Anfangsverdacht nach Maßgabe des § 152 Abs. 2 **hinsichtlich irgendeiner Straftat** besteht. 14

b) Maßnahmedaten. Der Gesetzgeber[19] hatte hinsichtlich der **Daten des Maßnahmeverfahrens,** die mit denen des Abgleichverfahrens maschinell abgeglichen werden sollen, insbesondere die zuvor im Maßnahmeverfahren erhobenen Daten der Einwohnermeldeämter im Blick. Die Meldebehörden sind nach § 34 des Bundesmeldegesetzes (BMG) berechtigt, den Strafverfolgungsbehörden ua Namen, Geburtsdatum, Geschlecht und vor allem die gegenwärtige oder frühere Anschrift zu übermitteln. Zu denken ist auch an die Daten des Kraftfahrt-Bundesamtes oder durch die Ermittlungsbehörden unmittelbar generierte Daten. 15

Auf welche Art und Weise bzw. auf welcher **Rechtsgrundlage** diese selbst- oder fremdgenerierten Daten vor dem Abgleich durch die Strafverfolgungsbehörden erhoben wurden, ist gleichgültig. Maßnahmen der Datenerhebung sind auch die Vernehmung von Zeugen gemäß §§ 48 ff., die Einholung von Sachverständigengutachten nach §§ 72 ff., die Beschlagnahme gemäß §§ 94 ff., die Durchsuchung beim Unverdächtigen nach Maßgabe der §§ 103, 104 ff. sowie die auf die Aufgabengeneralklausel der §§ 161, 163 gestützten Auskunftsersuchen. 16

Während Maßnahmen nach §§ 161, 163 vielfach nicht mit Eingriffen in Grundrechte des Beschuldigten einhergehen, sind andere Maßnahme der Datenerhebung hingegen mit tiefgreifenden Grundrechtseingriffen verbunden und deshalb nur beim Verdacht bestimmter, **schwerer Straftaten** zulässig. Zudem können die Maßnahmedaten durch offen geführte Ermittlungen, wie etwa die Durchsuchung nach den §§ 102, 104 ff. oder aber ohne Wissen des Betroffenen durch verdeckt geführte Ermittlungsmaßnahme wie die Telekommunikati- 17

---

[18] Vgl. BVerfG 14.7.1999 – 1 BvR 2226/94, 1 BvR 2420/95, 1 BvR 1437/95, NJW 2000, 55.
[19] Vgl. BT-Drs. 12/989, 38.

onsüberwachung nach §§ 100a oder die längerfristige Observation gemäß § 163f erhoben worden sein.

18 **3. Abgleichdaten. a) Arten von Abgleichdaten.** Die anderen zum Zwecke der **Strafverfolgung, Strafvollstreckung und Gefahrenabwehr** gespeicherten Daten können in den Datenbanken verschiedenster Bundes- bzw. Landesbehörden gespeichert sein. Es muss sich indes um Daten handeln, die zu einem der drei vorgenannten Zwecke gespeichert werden.

19 Daten der **Strafverfolgung** können solche aus anderen Ermittlungsverfahren bzw. Daten aus Fahndungsdateien[20] sein. Unter Umständen kommen auch Lichtbilder oder Videos als Abgleichdaten in Betracht.[21] Namentlich in Fahndungsdateien sind immer wieder Daten enthalten, die zuvor durch eingriffsintensive Maßnahmen wie die der Telekommunikationsüberwachung nach § 100a gewonnen wurden. So lässt § 100a Abs. 1 S. 1 diese Maßnahme ausdrücklich zur Ermittlung des Aufenthalts eines Beschuldigten zu und werden insbesondere bei gezielten Fahndungsmaßnamen, die auch als „Zielfahndung" bezeichnet werden, vielfach ebenso viele Überwachungsanordnungen nach § 100a getroffen wie zur Aufklärung der eigentlichen Straftat.

20 Daten zum Zwecke der **Strafvollstreckung** werden bei den Staatsanwaltschaften und in den Justizvollzugsanstalten gespeichert.

21 Daten, die zu Zwecken der **Gefahrenabwehr** gespeichert werden, finden sich in den Dateien der Bundes- und Landespolizeien. Diese verfügen über unterschiedliche Datensysteme, die ua der Vorgangsbearbeitung, der Information sowie der Fahndung dienen. Gemeinsame Grundlage der polizeilichen Dateien ist INPOL-neu als länderübergreifendes Verbundsystem mit INPOL-zental für das Bundeskriminalamt und INPOL-Land für die einzelnen Bundesländer, durch die das System auch als POLAS bezeichnet wird. An INPOL-neu ist auch der Zoll angeschlossen. Es dient vorrangig als Informations-, Recherche- und Fahndungssystem. In ihm werden ua Personaldaten, Daten zu aktuellen wie abgeschlossenen Ermittlungs- und Strafverfahren und verhängten Freiheitsstrafen bzw. verbüßten Haftzeiten gespeichert.

22 **b) Verwendungsbeschränkungen.** § 98c enthält keine ausreichend klaren Verwendungsvorschriften.[22] Damit ist nicht die Regelung in S. 2 und dessen Hinweis auf die besonderen bundes- oder landesgesetzlichen Verwendungsregelungen gemeint (→ Rn. 34 f.). In den Blick zu nehmen ist vielmehr die Tatsache, dass die StPO für viele strafprozessuale Maßnahmen **Eingriffsbeschränkungen** wie etwa den Verdacht einer bestimmten, schweren oder gar besonders schweren Straftat vorsieht, um mittels dieser Maßnahmen überhaupt personenbezogene Daten erheben zu dürfen.

23 Diese Eingriffsschranken sind nach der eingangs dargelegten Rspr. des BVerfG (→ Rn. 5 f.) nicht nur bei der Erhebung, sondern **auch bei der weiteren Verwendung** der Daten zu beachten. Da § 98c indes keine ausdrückliche Verwendungsregelung enthält, ist die Vorschrift verfassungskonform dahingehend auszulegen, dass auf personenbezogene Daten im Rahmen eines Datenabgleichs nur zugegriffen werden darf, wenn die Voraussetzungen für ihre – vorausgegangene – Erhebung auch im Maßnahmeverfahren, mithin in dem Verfahren vorliegen, in dem der maschinelle Datenabgleich durchgeführt werden soll.

24 **4. Betroffener der Maßnahme.** Betroffene der Maßnahme sind all diejenigen Personen, **deren personenbezogene Daten verarbeitet werden.** Dabei ist es gleichgültig ist, ob ihre Daten aus dem Strafverfahren stammen, aus dem heraus die Maßnahme veranlasst wird (Maßnahmedaten), oder ob sie Bestandteil der „anderen zur Strafverfolgung oder Strafvollstreckung oder zur Gefahrenabwehr gespeicherten Daten" (Abgleichdaten) sind.

25 Zu Kreis der Betroffenen gehört damit auch diejenige **Person,** „nach der für Zwecke eines Strafverfahrens gefahndet wird". Dies muss nicht stets der Beschuldigte sein. Der

---

[20] Witting JuS 1997, 961 (970).
[21] Hornung/Schindler ZD 2017, 203.
[22] Siebrecht StV 1996, 566 (567).

Gesetzgeber hat durch die evident bewusste Verwendung des Begriffs der „Person" die Möglichkeit eröffnen wollen, für Zwecke eines Strafverfahrens auch nach solchen Personen zu fahnden, bzgl. deren lediglich ihr Aufenthaltsort ermittelt werden soll. Hierbei kann es sich auch um einen Zeugen oder Sachverständigen handeln.[23]

III. Eingriffsvoraussetzungen

Der maschinelle Datenabgleich des § 98c darf nur zur **Aufklärung einer Straftat** oder zur **Ermittlung des Aufenthaltes einer Person,** nach der für Zwecke des Strafverfahrens gefahndet wird, durchgeführt werden. 26

1. Fahndung. Fahndung iSd S. 1 ist zunächst entsprechend dem allgemeinen Sprachgebrauch als die **Suche nach einer Person** zu verstehen. Zur Art und Weise dieser Personenfahndung enthält die Vorschrift keine weitergehenden Regelungen. Daher ist es insbesondere nicht erforderlich, dass gegen die gesuchte Person ein Haftbefehl besteht oder sonstige förmliche Maßnahmen wie etwa die Niederlegung eines Suchvermerks zur Feststellung des Aufenthalts einer Person nach § 27 BZRG bereits veranlasst wurden. Maßnahmen nach § 98c zum Zwecke der Ermittlung des Aufenthalts können im Einzelfall unter Umständen unter Umständen den Erlass eines Haftbefehls entbehrlich machen. 27

Dem Zweck **„Ermittlung des Aufenthaltsortes"** dürfte gegenüber dem Begriff der Fahndung („gefahndet") keine eigenständige Bedeutung beizumessen sein. 28

2. Aufklärung einer Straftat. Zur Aufklärung einer Straftat erfolgen alle Maßnahmen, die der **Erforschung des Sachverhalts iSd § 160 Abs. 1,** mithin zur Entschließung darüber dienen, ob bzw. gegen wen die Staatsanwaltschaft öffentliche Klage erhebt oder aber ob sie das Verfahren einstellt. 29

3. Verhältnismäßigkeit der Maßnahme. Wie jedes staatliche Handeln muss auch der automatisierte Datenabgleich des § 98c im Hinblick auf den **allgemeinen Verhältnismäßigkeitsgrundsatz** zur Zweckerreichung geeignet und erforderlich sein.[24] Diesem Gesichtspunkt kommt hier besondere Bedeutung zu, weil die Maßnahme ohne Bindung an einen Straftatenkatalog und ohne Einschränkung durch eine Subsidiaritätsregelung zulässig sein soll, obwohl mit ihrem Vollzug regelmäßig Grundrechtseingriffe einhergehen. 30

Weiter bleibt anzumerken, dass mit dem Zugriff auf sämtliche zum Zwecke der Gefahrenabwehr gespeicherten personenbezogenen Daten zum Zwecke des Abgleichs mit den Verfahrensdaten eine Nutzung der gefahrenabwehrrechtlichen Daten zu strafprozessualen Zwecken und damit zu anderen als den Erhebungszwecken erfolgt. Hierfür gilt seit dem Volkszählungsurteil[25] des BVerfG, dass **eine solche Umwidmung einen Eingriff in das Recht auf informationelle Selbstbestimmung** darstellt. 31

4. Formelle Aspekte. Verfahrensrechtlich steht eine Anordnung nach § 98c **weder unter Richtervorbehalt noch bedarf sie der Schriftform.** Es empfiehlt sich jedoch aus Gründen der Rechtssicherheit stets, die Maßnahme schriftlich anzuordnen bzw. Inhalt und Umfang einer zunächst mündlich erteilten Anordnung nachträglich in den Akten zu vermerken. 32

IV. Entgegenstehende Verwendungsregelungen (S. 2)

Nach der Regelung in S. 2 bleiben die dem maschinellen Datenabgleich entgegenstehenden besonderen bundes- oder landesgesetzlichen Verwendungsregelungen unberührt, sind mithin zu beachten. Derartige Regelungen sind auch in der StPO enthalten, solche **zugunsten des Beschuldigten** etwa in den §§ 136a und 148, solche **zugunsten von Zeugen** ua in den §§ 52, 252. Weitere Verwendungsregelungen ergeben sich aus § 479 33

---

[23] Ebenso Menges in Löwe/Rosenberg Rn. 4; Köhler in Meyer-Goßner/Schmitt Rn. 2.
[24] Ebenso Menges in Löwe/Rosenberg Rn. 8; Bernsmann/Jansen StV 1998, 217 (221).
[25] BVerfG 15.12.1983 – 1 BvR 209/83, NJW 1984, 419.

Abs. 2 in Verbindung mit den verschiedenen, etwa in §§ 100a, 100c enthaltenen besonderen Eingriffsermächtigungen.

C. Rechtsbehelfe

34 Die Maßnahme wird mangels Richtervorbehalt stets von Ermittlungspersonen der Staatsanwaltschaft (§ 152 GVG) angeordnet werden. Gegen deren Entscheidung ist entsprechend § 98 Abs. 2 S. 2 der **Antrag auf gerichtliche Entscheidung** statthaft.

D. Revision

35 § 98c kommt, da er keine materiell rechtlichen Beschränkungen und keine besonderen verfahrensrechtlichen Regelungen enthält, **praktisch keine revisionsrechtliche Bedeutung** zu. Bedeutsam werden könnte im Einzelfall die Nichtbeachtung der besonderen bundes- oder landesgesetzlichen Verwendungsregelungen des S. 2 bzw. ein Verstoß gegen Verwendungsbeschränkungen der StPO (→ Rn. 22). Zudem wird die Maßnahme des Datenabgleichs regelmäßig weder in der Hauptverhandlung thematisiert noch finden die durch sie gewonnenen Erkenntnisse als unmittelbar beweiserhebliche Umstände Eingang in die Urteilsgründe.

§ 99 Postbeschlagnahme und Auskunftsverlangen

[1]Zulässig ist die Beschlagnahme der an den Beschuldigten gerichteten Postsendungen und Telegramme, die sich im Gewahrsam von Personen oder Unternehmen befinden, die geschäftsmäßig Post- oder Telekommunikationsdienste erbringen oder daran mitwirken. [2]Ebenso ist eine Beschlagnahme von Postsendungen und Telegrammen zulässig, bei denen aus vorliegenden Tatsachen zu schließen ist, daß sie von dem Beschuldigten herrühren oder für ihn bestimmt sind und daß ihr Inhalt für die Untersuchung Bedeutung hat.

Schrifttum: Böckenförde, Die Ermittlung im Netz, 2003; Felixburger, Staatliche Überwachung der Telekommunikation, CR 1998, 143: Gramlich, Ende gut, alles gut? – Anmerkungen zum neuen Postgesetz, NJW **1998,** 866; Gramlich, Von der Postreform zur Postneuordnung, Zur erneuten Novellierung des Post- und Telekommunikationswesens, NJW 1994, 2785; Groß, Verteidiger, Abgeordnete und Journalisten als verbotene unfreiwillige Medien zur strafprozessualen Aufklärung, StV 1996, 559; Gusy, Das Grundrecht des Post- und Fernmeldegeheimnisses, JuS 1986, 89; Krause, „Retrograde" Auskunftsverlangen der Strafverfolgungsbehörden an Postdienstleister – Zugleich Besprechung von BGH, Beschl. v. 27.10.2016 – 1 BGs 107/16, NZWiSt 2017, 60; Kurt, Zeugnispflicht und Postgeheimnis, NStZ 1983, 541; Mosbacher, Aktuelles Strafprozessrecht, JuS 2009, 696; Neuhofer, Der strafprozessuale Zugriff auf Inhalte privater Nachrichten bei Facebook & Co., JR 2015, 21; Park, Handbuch Durchsuchung und Beschlagnahme, 4. Aufl. 2018; Weisser, Strafprozessuale Auskunftsersuchen über Postsendungen, wistra 2016, 387; Weisser, Auskunftsverlangen über Postsendungen nach § 99 Abs. 2 StPO – ein Überblick nach der Reform, NZWiSt 2021, 372; Welp, Die strafprozessuale Überwachung des Post- und Fernmeldeverkehrs, 1974; Zimmermann, Der strafprozessuale Zugriff auf E-Mails, JA 2014, 321.

Übersicht

A. Überblick

I. Normzweck

1 § 99 regelt die Beschlagnahme von Postsendungen und Telegrammen, die sich im Gewahrsam eines Postunternehmens befinden und damit einen Eingriff in das Brief- und Postgeheimnis des Art. 10 GG. Wo dessen Schutzbereich nicht berührt ist, findet § 99 grundsätzlich keine Anwendung und es bedarf ggf. eines Rückgriffs auf andere Vorschriften wie zB § 94. Mit Gesetz zur Fortentwicklung der Strafprozessordnung und zur Änderung weiterer Vorschriften vom 25.6.2021[1] wurde mit Wirkung vom 1.7.2021 die Überschrift neu gefasst und Absatz 2 angefügt.

2 **1. Post- und Briefgeheimnis des Art. 10 Abs. 1 GG.** Art. 10 GG schützt vor einer **staatlichen** Kenntnisnahme von Umständen und Inhalten des Brief-, Post- oder Fernmeldeverkehrs. Art. 10 GG erfasst dabei nicht nur die Erhebung dieser Daten. Sein Schutzbereich erstreckt sich auch auf deren anschließenden Gebrauch.[2]

3 Weitere Voraussetzung für einen Schutz durch Art. 10 GG ist, dass es sich um **individuelle Kommunikation** handelt, mithin eine Übertragung an einen bzw. mehrere individuelle Empfänger erfolgt. Hierdurch unterscheiden sich die durch Art. 10 GG geschützten Freiheitsrechte von denen anderer Kommunikationsgrundrechte wie der Informations- und Pressefreiheit des Art. 5 GG.[3] Die Erzeugnisse von Presse und Rundfunk richten sich nicht an eine einzelne Person oder an einen aus einer Vielzahl von Personen bestehenden, aber hinsichtlich seiner Mitglieder noch individualisierbaren Empfängerkreis, sondern an die Allgemeinheit.

---

1 BGBl. I 2099.
2 BVerfG 5.7.2011 – 1 BvR 2226/94, NStZ 1995, 503.
3 Durner in Dürig/Herzog/Scholz GG Art. 10 Rn. 51.

4 **a) Postgeheimnis.** Das Postgeheimnis schützt die Vertraulichkeit des durch den Postdienstleister vermittelten Kommunikationsverkehrs.[4] Von seinem Schutzbereich werden **sämtliche durch Postdienstleister abgewickelten Transport- und Kommunikationsvorgänge umfasst,** insbesondere der Inhalt von Briefen, Paketen und Warensendungen jeglicher Art. Dabei ist es unerheblich, ob die Sendung offen oder verschlossen ist.[5] Eine solche Differenzierung kann im Übrigen auch dem einfachgesetzlich normierten Postgeheimnis des § 39 PostG nicht entnommen werden. Von entscheidender Bedeutung für den Anwendungsbereich von § 99 ist die Tatsache, dass das Postgeheimnis die Sendungen **lediglich während der Phase der Übermittlung** schützt.

5 **b) Briefgeheimnis.** Das ebenfalls in Art. 10 Abs. 1 GG verankerte Briefgeheimnis, dessen Bruch – dann allerdings nur im Falle eines verschlossenen Schriftstücks – durch § 202 StGB strafbewehrt ist, schützt den Inhalt und die näheren Umstände des Briefverkehrs gegen eine Kenntnisnahme durch die öffentliche Gewalt. Von diesen näheren Umständen wird insbesondere erfasst, ob, wann, zwischen welchen Personen und mit welchem Inhalt Briefverkehr stattgefunden hat.[6] Voraussetzung ist allerdings, dass der Brief **individuelle Kommunikation** enthält. Der Versand von Zeitungen, Werbebriefen etc. unterfällt hingegen nicht dem Briefgeheimnis.

6 Das Briefgeheimnis wirkt nach der Rspr. des BVerfG zeitlich so lange, wie sich der Brief **im Herrschaftsbereich des Beförderers,** mithin noch nicht beim Empfänger befindet. Der Schutz durch das Briefgeheimnis ist folglich auf die Dauer des Versands beschränkt. Strafprozessuale Zugriffe nach Abschluss des Übermittlungsvorgangs stehen unter dem Schutz anderer Grundrechte wie, der durch Art. 13 GG geschützten Unverletzlichkeit der Wohnung, sollte sich der Brief in einer solchen befinden bzw. dem durch Art. 14 GG gewährleisteten Schutz des Eigentums, soll eine Postsendung aus dem Gewahrsam ihres Eigentümers entfernt werden.[7]

7 **2. Postgeheimnis nach § 39 PostG.** Der mit Wirkung vom 18.3.2021 neu gefasste[8] § 39 PostG verpflichtet anders als Art. 10 GG **nicht die öffentliche Gewalt** zur Wahrung des Postgeheimnisses, sondern allein diejenigen, die geschäftsmäßig Postdienstleistungen erbringen oder daran mitwirken. Die einfachgesetzliche Verpflichtung durch § 39 PostG war erforderlich, weil die Post keine Staatsgewalt mehr ausübt und deshalb nicht mehr zum Kreis der durch Art. 10 GG Verpflichteten gehört.[9] Der sachliche Schutzbereich von § 39 PostG stimmt mit dem des Art. 10 GG indes überein.

8 Die Mitarbeiter der Postdienstleister werden durch Vorlage einer Anordnung nach § 99 **berechtigt, Auskünfte auch über solche Umstände zu erteilen,** die dem Postgeheimnis unterliegen. Die unbefugte Weitergabe von Informationen, die dem Postgeheimnis unterliegen, ist nach § 206 StGB strafbar (→ Rn. 56 f.).

B. Erläuterung

I. Regelungsinhalt des § 99

9 Die Vorschrift ermächtigt die Strafverfolgungsbehörden, für Zwecke eines Strafverfahrens auf „Postsendungen und Telegramme" zuzugreifen, die entweder an den Beschuldigten gerichtet sind (S. 1) oder aber die von ihm herrühren bzw. für ihn bestimmt sind (S. 2) und die sich im **Gewahrsam von Personen oder Unternehmen befinden, die geschäftsmäßig Post- oder Telekommunikationsdienste** erbringen oder daran mitwirken. Ent-

4 Durner in Dürig/Herzog/Scholz GG Art. 10 Rn. 72.
5 Durner in Dürig/Herzog/Scholz GG Art. 10 Rn. 72.
6 BVerfG 20.6.1984 – 1 BvR 1494/78, NJW 1985, 121 (122).
7 BVerfG 4.2.2005 – 2 BvR 308/04, NStZ 2005, 337 (340).
8 Gesetz vom 9.3.2021 (BGBl. 2021 I 324).
9 Lampe in Erbs/Kohlhaas PostG § 39 Rn. 1.

gegen der Bezeichnung „Postbeschlagnahme" enthält die Vorschrift des § 99 keine Befugnis zur Beschlagnahme iSd Sicherstellung einzelner „Postsendungen und Telegramme" zu Beweiszwecken. § 99 regelt unmittelbar das einer möglichen Beschlagnahme vorgelagerte Verfahren. Die Vorschrift gestattet, den Postdienstleister zu verpflichten, Postsendungen an die Strafverfolgungsbehörden zum Zwecke ihrer Überprüfung auf eine mögliche Beweisrelevanz auszuliefern. Die eigentliche Beschlagnahme erfolgt auch hier nach Maßgabe der §§ 94 ff.

Das Regelungskonzept ist **veraltet und reformbedürftig.** Es führt zu Friktionen, dass zwar die Postbeschlagnahme nach § 99 als geheime Maßnahme ausgestaltet ist, deren Mitteilung an den Betroffenen nach § 101 Abs. 5 S. 1 zurückgestellt werden kann. Die eigentliche Beschlagnahme ist demgegenüber nach überkommener Ansicht ein offener Eingriff, der (grundsätzlich sofort) mitgeteilt werden muss. Dadurch wird der Zweck in vielen Ermittlungsverfahren konterkariert. Das gilt erst recht, wenn die Überwachung des Postverkehrs über einen gewissen Zeitraum erfolgen soll und weitere heimliche Maßnahmen flankiert. Der mit dem Gesetz zur Fortentwicklung der Strafprozessordnung und zur Änderung weiterer Vorschriften vom 25.6.2021[10] mit Wirkung vom 1.7.2021 eingefügte § 95a Abs. 1 entschärft die Problematik nur für Straftaten von auch im Einzelfall erheblicher Bedeutung, insbesondere solcher iSd. § 100a Abs. 2 (→ § 100 Rn. 40). 10

II. Gegenstand der Eingriffsbefugnis

§ 99 Abs. 1 gestattet die Beschlagnahme von Postsendungen und Telegrammen. Die Vorschrift erlaubt einen Eingriff in den brieflichen Nachrichtenverkehr zwischen konkreten Personen. Sie erfasst somit ausschließlich die **individuelle Kommunikation.** Den Gegensatz hierzu bilden etwa das Austragen von Zeitungen oder die Versendung von Massenwerbesendungen, wenn deren fehlende Individualität offen erkennbar ist.[11] 11

1. Postsendungen. Bei der Bestimmung dessen, was vom Begriff der „Postsendungen" in § 99 erfasst wird, kann in einem ersten Schritt auf die Begriffsbestimmung in § 4 Nr. 5 PostG[12] zurückgegriffen werden. Danach erfasst der Begriff „Postsendungen" Gegenstände im Sinne von § 4 Nr. 1 PostG, mithin **Briefsendungen, adressierte Pakete, deren Einzelgewicht 20 kg nicht übersteigt, sowie Bücher, Kataloge, Zeitungen und Zeitschriften** (auch → Rn. 16). Postsendungen stellen somit auch die den Briefsendungen zuzuordnenden und offen einsehbaren Postkarten sowie die Postwurfsendungen als massenhafte Zustellung identischer Postsendungen an zahlreiche individuelle Empfänger dar. Derartige Sendungen richten sich noch an einen individuellen Empfängerkreis, auch wenn dieser vielfach sehr groß sein wird. Unter den Begriff fallen auch Sendungen, die keine individuellen schriftlichen Mitteilungen enthalten wie Büchersendungen, Päckchen oder Pakete. 12

2. Elektronische Nachrichten, insbes. E-Mails. Ob § 99 lediglich „**körperliche** schriftliche Nachricht(en) in beliebiger Schrift- und Vervielfältigungsart"[13] erfasst oder auf **elektronische Nachrichten** (insbes. E-Mails) entsprechend Anwendung findet,[14] ist hoch umstritten (→ § 100a Rn. 96 ff.).[15] Das Bundesverfassungsgericht hat ausgeführt, dass die Beschlagnahme von E-Mails auf dem Mailserver des Providers am vorrangigen Art. 10 GG und nicht am Grundrecht auf Gewährleistung der Vertraulichkeit und Integrität informationstechnischer Systeme (sog. IT-Grundrecht) zu messen ist.[16] Unter strikter Beachtung des Verhältnismäßigkeitsprinzips sind danach §§ 94 ff. ausreichende Ermächtigungsgrundlagen 13

10 BGBl. 2021 I 2099.
11 So zutreffend Durner in Dürig/Herzog/Scholz GG Art. 10 Rn. 66.
12 Postgesetz vom 22.12.1997 (BGBl. I 3294).
13 Durner in Dürig/Herzog/Scholz GG Art. 10 Rn. 67.
14 Vgl. BGH 31.3.2009 – 1 StR 76/09, NJW 2009, 1828; vgl. auch Mosbacher JuS 2009, 696 (698 ff.).
15 Einen Überblick der Befugnispalette nach dem Begleitgesetz zum TKG gibt Felixburger CR 1998, 143.
16 BVerfG 16.6.2009 – 2 BvR 902/06, NJW 2009, 2431.

zum Eingriff in die Telekommunikationsfreiheit. Ob der Beschlagnahme der E-Mails eine Maßnahme nach § 99[17] oder § 100a[18] (ggf. jeweils analog) vorausgehen muss, hat der Senat offengelassen. Auch eine neuere Kammer-Entscheidung[19] ist für die Frage der Beschlagnahmevoraussetzungen von beim Provider gespeicherten Nachrichten unergiebig, da insoweit nur festgestellt wird, dass eine laufende E-Mail-Überwachung auf § 100a gestützt werden kann. Daraus kann jedoch nicht geschlossen werden, dass § 100a die einzige verfassungsrechtlich zulässige Eingriffsnorm darstellt. Der Bundesgerichtshof[20] unterwirft in einer neueren Entscheidung auch beim Provider „ruhende" E-Mails dem Begriff der Telekommunikation und folgert daraus, dass der verdeckte Zugriff auf E-Mails § 100a StPO unterfällt. Die Entscheidung lässt offen, ob dies der bisherigen Praxis widerspricht, die zum Teil § 99 entsprechend anwendet,[21] nicht zuletzt, weil es sich um eine verdeckte Maßnahme handelt und die Benachrichtigung der Betroffenen nach § 101 Abs. 5 zurückgestellt werden kann.[22] Die Entscheidung nimmt zwar das Verhältnis von verdeckten Abrufen (§ 100a) zu offenen Beschlagnahmen (§ 94) beim Provider in den Blick, geht aber auf die Möglichkeit der Postbeschlagnahme nicht ein. Die Anwendung von § 99 analog führt freilich zu Friktionen, wenn das Verfahren gegen noch unbekannte Täter geführt wird (→ Rn. 31 f.), was gerade im Bereich der Cyberkriminalität häufig vorkommt. Daher wird überwiegend eine Anwendung der §§ 94 ff. befürwortet.[23] Erfolgt die Beschlagnahme nur auf Basis des § 94, sind die Betroffenen umgehend zu benachrichtigen, da es sich um eine offene Ermittlungsmaßnahme handelt.[24] Etwas anderes gilt nur, wenn die Benachrichtigung gemäß § 95a Abs. 1 zurückgestellt werden kann. **De lege ferenda** wäre eine eindeutige gesetzliche Regelung für die Beschlagnahme elektronischer Nachrichten wünschenswert, da zunehmend individuelle Kommunikation auf Plattformen stattfindet.[25] Instanzgerichte stützen daher auch die Beschlagnahme von Chats und Messages auf Social-Media-Plattformen auf § 99 analog (→ § 100a Rn. 123 ff.).[26]

14 **3. Telegramme.** Telegramme (Fernschreiben) sind mittels einer Telekommunikationsanlage (vgl. § 3 Nr. 23 TKG) übertragene Nachrichten. In der täglichen Praxis haben Telegramme keine nennenswerte Relevanz mehr. Dem **Begriff kommt gegenüber dem der Postsendung keine selbstständige Bedeutung** zu. Er könnte deshalb auch ersatzlos gestrichen werden.

15 Das gilt jedenfalls, sobald das Telegramm als Nachricht verkörpert, also ausgedruckt ist. Ob die Verkörperung noch fortdauert oder bereits wieder erfolgt, ist dabei von Rechts wegen unerheblich, das Telegramm ist mithin einer Postsendung gleichzustellen. In der

---

17 So BGH 31.3.2009 – 1 StR 76/09, NJW 2009, 1828; LG Ravensburg 9.12.2002 – 2 Qs 153/02, NStZ 2003, 325; VG Karlsruhe 22.8.2017 – 3 K 11220/17, MMR 2017, 786.

18 LG Hamburg 8.1.2008 – 619 Qs 1/08, MMR 2008, 186; nach Phasen differenzierend Köhler in Meyer-Goßner/Schmitt § 100a Rn. 6b f.

19 BVerfG (3. Kammer des Zweiten Senats) 20.12.2018 – 2 BvR 2377/16, NJW 2019, 584.

20 BGH 14.10.2020 – 5 StR 229/19, BeckRS 2020, 36910.

21 BGH 31.3.2009 – 1 StR 76/09, NJW 2009, 1828; BVerwG 10.6.2020 – 6 AV 6/19, NVwZ-RR 2020, 1029; LG Ravensburg 9.12.2002 – 2 Qs 153/02, NStZ 2003, 325; VG Karlsruhe 22.8.2017 – 3 K 11220/17, MMR 2017, 786; so auch Graf in BeckOK StPO § 99 Rn. 13; differenzierend und ausführlich Bär in KMR-StPO § 100a Rn. 56; kritisch zu den Analogievoraussetzungen Neuhofer JR 2015, 21 (26 f.).

22 Eine analoge Anwendung des § 101 Abs. 5 auf die offene Beschlagnahme nach §§ 94 ff. kommt nicht in Betracht; BGH 4.8.2015 – 3 StR 162/15, NStZ 2015, 704; Greven in KK-StPO § 98 Rn. 21; Köhler in Meyer-Goßner/Schmitt § 98 Rn. 10. Die Problematik wird durch die Einfügung des § 95a nur zum Teil entschärft.

23 BGH 4.8.2015 – 3 StR 162/15, NStZ 2015, 704; Greven in KK-StPO § 100a Rn. 21; unklar Menges in Löwe/Rosenberg Rn. 25a: wohl analoge Anwendung des § 99.

24 BGH 4.8.2015 – 3 StR 162/15, NStZ 2015, 704 mAnm Neuhofer/Steinbeck jurisPR-Compl 2/2016 Anm. 1.

25 Vgl. auch Graf in BeckOK StPO § 99 Rn. 13.

26 Für ein Facebook-Konto AG Reutlingen 31.10.2011 – 5 Ds 43 Js 18155/10 jug, StV 2012, 462 = ZD 2010, 178 mkritAnm. Neuhöfer (keine Analogievoraussetzungen); zustimmend Graf in BeckOK StPO § 99 Rn. 16; für eine Anwendung des § 94 Bär in KMR-StPO § 100a Rn. 63.

Übertragungsphase selbst kann ein Zugriff nicht auf § 99 gestützt werden. In dieser Phase wird die individuelle Kommunikation körperlos und distanzüberbrückend übertragen, sodass es sich um „qualifizierte Telekommunikationsdaten" iSd § 100a handelt. Auf diese Daten darf zu strafprozessualen Zwecken nur unter den engen Voraussetzungen des § 100a zugegriffen werden.

4. Gegenstände im Gewahrsam des Dienstleisters. Eine an Art. 10 GG und dem darin verbürgten Postgeheimnis orientierte Auslegung des § 99 macht deutlich, dass es für die Anwendbarkeit dieser Vorschrift weniger darauf ankommt, ob es sich um eine Postsendung im Sinne von § 4 Nr. 5 PostG oder um ein Telegramm handelt. Entscheidend ist vielmehr, dass der Absender seine Sendung einem Dritten, der geschäftsmäßig Post- oder Telekommunikationsdienste erbringt, mit dem Auftrag überantwortet hat, diese zu einem bestimmten Empfänger zu transportieren. Vor diesem Hintergrund darf auch auf ein Paket von mehr als 20 kg, das sich noch im **Gewahrsam eines Postdienstleisters** befindet, nur unter den Voraussetzungen des § 99 zugegriffen werden, selbst wenn es von dem Begriff der Postsendung in § 4 Nr. 5 PostG nicht mehr erfasst wird (→ Rn. 11). Das gilt insbesondere, weil viele Postdienstleister höhere Gewichtsgrenzen für ihre Pakete festgelegt haben. Die Gewichtsangabe in § 4 Nr. 1 lit. c PostG ist obsolet. 16

5. Geschäftsmäßige Post- und Telekommunikationsdienstleister. Mit der Verwendung der Begriffe „Personen oder Unternehmen (…) die geschäftsmäßig Post- oder Telekommunikationsdienste erbringen oder daran mitwirken" wollte der Gesetzgeber unabhängig von künftigen Fassungen des Postgesetzes eine Beschlagnahme **bei allen Unternehmen ermöglichen,** die Briefe, sonstige Postsendungen oder Telegramme für andere befördern.[27] 17

a) Postdienstleister. Postdienstleister ist jede Person und jedes Unternehmen, durch welche Postdienstleistungen erbracht, mithin gemäß § 4 Nr. 1 PostG Postsendungen gewerbsmäßig befördert werden. Unter **Befördern** ist nach § 4 Nr. 3 PostG das Einsammeln, Weiterleiten oder Ausliefern von Postsendungen an den Empfänger zu verstehen. **Geschäftsmäßig** handelt der Postdienstleister, wenn er die Beförderung von Postsendungen für andere nachhaltig betreibt. Eine Gewinnerzielungsabsicht ist nicht erforderlich. Insoweit kann bei der Auslegung des § 99 auf die Definition in § 4 Nr. 4 PostG zurückgegriffen werden. Von der Geschäftsmäßigkeit ist die Gewerbsmäßigkeit zu unterscheiden. Hierunter versteht man ein auf Gewinnerzielung ausgerichtetes Handeln.[28] **Nachhaltig** ist eine Tätigkeit schließlich, wenn sie nicht nur vorübergehender Art ist und in quantitativer Hinsicht eine gewisse Intensität aufweist.[29] 18

Wer sich an der Beförderung nicht auf eigene Rechnung beteiligt, erbringt den Dienst nicht, sondern **wirkt daran mit.** 19

b) Telekommunikationsdienste. Hinsichtlich dieses – rein technisch orientierten – Begriffs kann ohne Einschränkung auf die Legaldefinition des § 3 Nr. 24 TKG in der Fassung bis zum 30.11.2021 zurückgegriffen werden. Danach sind unter Telekommunikationsdiensten solche Leistungen zu verstehen, die in der Regel gegen Entgelt erbracht werden und die **ganz oder überwiegend in der Übertragung von Signalen über Telekommunikationsanlagen** bestehen, einschließlich der Übertragungsdienste in Rundfunknetzen. 20

6. Postsendungen von bzw. für den Beschuldigten. § 99 gestattet den Zugriff auf Postsendungen und Telegramme, die entweder an den Beschuldigten gerichtet sind oder die von dem Beschuldigten herrühren bzw. für ihn bestimmt sind. 21

a) An Beschuldigten gerichtet (Abs. 1 S. 1). An den Beschuldigten gerichtet sind die an ihn adressierten Postsendungen. Wie die Adressierung erfolgt, ist nicht maßgeblich, 22

[27] BT-Drs. 13/8016, 25, 26.
[28] BGH 24.7.1997 – 4 StR 222/97, NStZ 1998, 89.
[29] OLG Zweibrücken 10.10.1991 – DGH 22/91, NJW 1992, 2841 (2842).

sofern die Art und Weise der personalen bzw. adressalen Beschreibung **eine eindeutige Zuordnung der Postsendung zur Person des Beschuldigten** ermöglicht. Die Sendung muss auch nicht zwingend für den Beschuldigten bestimmt sein.[30] Bei der Tatbestandsvariante in Abs. 1 S. 1 dominiert somit – anders und in Abgrenzung zu denen in Abs. 1 S. 2, der für den Beschuldigten bestimmten bzw. von ihm herrührenden Sendung – die adressale und damit die formale Komponente. Zwar kann der Beschuldigte dabei sowohl mit seinem bürgerlichen Namen, seinem Künstler- als auch mit seinem Spitznamen benannt sein.[31] Der verwendete „Namen" muss indes ohne weiteren Rechercheaufwand eine zweifelsfreie Zuordnung zu seiner Person ermöglichen. Ist dies nicht der Fall, handelt es sich um eine für den Beschuldigten bestimmte Sendung nach S. 2.

23 **b) Für den Beschuldigten bestimmt, von ihm herrührend (Abs. 1 S. 2).** Für die Beschlagnahme von Sendungen dieser Art verlangt Abs. 1 S. 2, es müsse „aus vorliegenden Tatsachen" geschlossen werden können, dass die Sendung entweder von dem Beschuldigten herrühre oder für diesen bestimmt sei. Die Beschlagnahmevoraussetzungen nach S. 2 sind somit strenger, weil in diesen beiden Fällen der Beschuldigte noch nicht namentlich bekannt sein muss.[32] Die Zuordnung der Sendung allein aufgrund des bürgerlichen Namens bzw. eines eindeutigen Spitznamens ist hier anders als im Fall von S. 1 nicht eindeutig möglich. Bedingt durch die sich daraus ergebenden Unsicherheiten ist die Gefahr wesentlich größer, dass durch die Maßnahme anders als in den Fällen von S. 1 irrtümlich in den Postversendungsvorgang völlig unbeteiligter Personen eingegriffen wird.[33]

24 Der Verdacht, dass die Sendung für den Beschuldigten bestimmt ist oder von diesem herrührt, muss sich auf Grund **tatsächlicher, mithin sinnlich wahrnehmbarer Umstände** ergeben. Bloße Vermutungen reichen nicht aus. Die Gesetzesformulierung („aus vorliegenden Tatsachen") ähnelt den „bestimmten Tatsachen", die sich in neueren Normen der StPO finden (zB § 100a Abs. 1 S. 1 Nr. 1, § 100b Abs. 1 Nr. 1, § 100f Abs. 1 und 2, § 100g Abs. 1 S. 1, Abs. 2 S. 1). Es liegt daher – auch mit Blick auf die Eingriffstiefe und das Schutzgut – nahe, den Verdachtsgrad vergleichbar zu bestimmen. Erforderlich ist danach für den sog. **qualifizierten Verdacht** eine konkretisierte Verdachtslage. Der aus vorliegenden Tatsachen begründete Verdacht unterliegt zwar höheren Anforderungen als der bloße Anfangsverdacht, muss jedoch nicht den Grad eines „hinreichenden" oder gar „dringenden" Tatverdachts erreichen. Allerdings reichen bloße Anhaltspunkte nicht aus. Es müssen vielmehr konkrete und in gewissem Umfang verdichtete Umstände als Tatsachenbasis vorliegen[34] (→ Rn. 36; → § 100a Rn. 154).

25 **aa) Für den Beschuldigten bestimmte Postsendungen.** Für den Beschuldigten bestimmt sind Postsendungen, die ihn entweder nicht zweifelsfrei ausweisen oder in der Adresse eine andere – fiktive oder tatsächlich existierende – Person als Empfänger bezeichnen, indes **dem Beschuldigten zugehen sollen.**

26 **bb) Vom Beschuldigten herrührende Postsendungen.** Vom Beschuldigten rühren all diejenigen Postsendungen her, die **tatsächlich** von ihm stammen. Sie müssen weder den Beschuldigten mit seinen echten Personalien noch überhaupt einen Absender aufweisen. Ein Hauptanwendungsfall dieser Variante des § 99 betrifft anonyme Bekennerschreiben.[35]

III. Durchführung der Beschlagnahme, Abs. 1

27 Der Gesetzgeber hat die Postbeschlagnahme als **zweistufiges Verfahren** ausgestaltet. In der ersten Stufe werden auf der Grundlage der dem Post- bzw. Transportdienstleister zuvor übermittelten **generellen Beschlagnahmeanordnung nach § 99** all diejenigen

30 Ebenso Menges in Löwe/Rosenberg Rn. 26.
31 Menges in Löwe/Rosenberg Rn. 26.
32 Greven in KK-StPO Rn. 8.
33 Greven in KK-StPO Rn. 8.
34 Vgl. OLG Celle 4.10.2010 – 3 Ws 1/10, 3 Ws 2/10, StV 2011, 215.
35 Vgl. BGH 28.11.2007 – BGs 519/2007, StV 2008, 225.

Postsendungen aus dem geschäftsmäßigen Beförderungskreislauf herausgenommen und gesammelt, auf die die in der Anordnung im Einzelnen aufgeführten Spezifizierungskriterien zutreffen. Beispiel: Alle an den in der Anordnung mit seinem bürgerlichen Namen benannten Beschuldigten gerichteten Postsendungen aus einem bestimmten Land, die ein bestimmtes Mindestgewicht überschreiten und innerhalb eines bestimmten Zeitraums festgestellt werden. Diese Aussortierung erfolgt ausschließlich durch die Mitarbeiter des Postunternehmens. Eine Mitwirkung durch die Strafverfolgungsbehörden oder den Richter ist nur in eng begrenztem Rahmen zulässig (→ § 100 Rn. 15), um die Vertraulichkeit des Postverkehrs in dieser Phase zu wahren.[36] Sodann erfolgt die Übergabe der herausgesuchten Sendungen entweder direkt oder über die Polizei an den Richter oder Staatsanwalt.

In der zweiten Stufe werden zunächst (erneut) alle durch den Transportdienstleister 28 ausgelieferten Postsendungen durch den die Maßnahme anordnenden Richter oder die Staatsanwaltschaft gesichtet. Übergibt das Postunternehmen die Sendungen an die Polizei zur Weiterleitung an den Richter oder Staatsanwalt, ist eine Vorabsichtung durch die Ermittlungspersonen angezeigt. So können offensichtlich nicht verfahrensrelevante Sendungen gleich aussortiert und nach Rücksprache mit der Staatsanwaltschaft zur Weiterleitung freigegeben werden. Im Anschluss werden die als potentiell beweiserheblich bewerteten einzelnen Sendungen geöffnet. Erst wenn sich deren Inhalt tatsächlich als verfahrensrelevant herausstellt, erfolgt die eigentliche **individuelle Beschlagnahme nach § 94.** Die Sendung wird dann für Zwecke des Strafverfahrens zurückbehalten. Die Beschlagnahme kann dergestalt durchgeführt werden, dass etwa von einem Brief eine Ablichtung gefertigt und das Original selbst sodann weitergeleitet oder aber die Postsendung zurückgehalten wird.

Die Vorschriften der **Nr. 77 ff. RiStBV** enthalten zahlreiche sinnvolle Regelungen zur 29 konkreten Ausgestaltung der Postbeschlagnahme. So hat nach Nr. 77 Abs. 2 RiStBV der Staatsanwalt vor Antragsstellung zu prüfen, ob die Beschlagnahme aller Postsendung und Telegramme an bestimmte Empfänger notwendig ist oder ob die Maßnahme auf einzelne Gattungen von Sendungen wie etwa Briefsendungen, adressierte Pakete, Postanweisungen, Bücher oder Telegramme beschränkt werden kann. Nr. 84 S. 2 RiStBV ist nach Maßgabe des § 99 Abs. 2 anzuwenden.

IV. Eingriffsvoraussetzungen, Abs. 1

Auf Postsendungen oder Telegramme kann auf die vorstehend dargelegte Art und Weise 30 zugegriffen werden, sofern gegen einen bestimmten Beschuldigten auf Grund **tatsächlicher Anhaltspunkte** der Verdacht besteht, dass dieser an einer – durch die Vorschrift nicht näher bestimmten – Straftat beteiligt war und die Beschlagnahme verhältnismäßig ist.

Aus der Notwendigkeit eines Verfahrens gegen einen bestimmten Beschuldigten folgt 31 im Umkehrschluss, dass im **objektiven Verfahren** des § 435, wenn mithin aus tatsächlichen oder rechtlichen Gründen kein bestimmter Beschuldigter verfolgt oder gar verurteilt werden kann, eine Postbeschlagnahme nicht zulässig ist.[37]

1. Ermittlungen gegen einen bestimmten Beschuldigten. § 99 Abs. 1 gestattet 32 die Auslieferung „der an den Beschuldigten gerichteten Postsendungen und Telegramme" und setzt damit ein gegen einen **bestimmten Beschuldigten** gerichtetes Ermittlungsverfahren voraus. Dieser Umstand stellt das wesentliche „Individualisierungsmoment" dar, welches die Postbeschlagnahme nach § 99 von anderen aus Gründen der Staatsräson erfolgenden allgemeinen Postkontrollen unterscheidet".[38] Das Merkmal dient der Abgrenzung zu objektiven Verfahren. Daher kommt eine Postbeschlagnahme im selbstständigen Einziehungsverfahren nicht in Betracht.[39]

---

36 BGH 28.11.2007 – BGs 519/2007, 1 BGs 519/97, BeckRS 2008, 20196; etwas weiter: KG 30.7.2010 – (1) 2 StE 2/08-2 (21/08), 2 StE 2/08, BeckRS 2010, 29744.

37 BGH 29.9.1970 – 5 StR 234/70, NJW 1990, 2071.

38 So zutreffend Menges in Löwe/Rosenberg Rn. 18 unter Verweis auf BGH 29.9.1970 – 5 StR 234/70, NJW 1970, 2071.

39 BGH 29.9.1970 – 5 StR 234/70, NJW 1970, 2071.

33 **a) Grad der Individualisierung.** Der (bestimmte) Beschuldigte braucht – im Ermittlungsverfahren – noch **nicht identifiziert** zu sein.[40] Damit sich die Ermittlungen gegen eine bestimmte Person richten, genügt vielmehr bereits deren Individualisierung dahingehend, dass eine bestimmte Person der Tat verdächtig ist. Hierfür müssen den Strafverfolgungsbehörden weder Personalien noch Anschrift bekannt sein. Zwar kommt in Fällen dieser Art eine Postbeschlagnahme nur ausnahmsweise und nicht unter den Voraussetzungen des Abs. 1 S. 1 in Betracht, wohl aber unter denen des Abs. 1 S. 2. Dass das Ermittlungsverfahren noch gegen Unbekannt geführt wird, ist unschädlich, da die Postbeschlagnahme als Maßnahme auch der Identifizierung der verdächtigen Person dienen kann.[41] Eine Kombination mit anderen Maßnahmen, beispielsweise der Observation oder Videoüberwachung eines Briefkastens ist denkbar.

34 **b) Beschuldigtenstatus.** Für den förmlichen Beschuldigtenstatus gelten die allgemeinen Regeln (Anfangsverdacht und Manifestationsakt oder förmliche Behandlung als Beschuldigter; → § 163a Rn. 2 ff.).[42] „Beschuldigter" iSd § 99 ist jeder Tatverdächtige, gegen den das Verfahren als Beschuldigter geführt wird, **gleich in welchem Stadium** sich das Verfahren befindet, mithin unabhängig davon, ob gegen den Beschuldigten bereits Anklage erhoben (§ 157 Abs. 1), die Eröffnung des Hauptverfahrens beschlossen (§ 157 Abs. 2) oder das Erkenntnisverfahren gar bereits abgeschlossen wurde. Maßnahmen der Postbeschlagnahme können ebenso wie andere verdeckte Ermittlungsmaßnahmen nach § 457 Abs. 3 zum Zwecke der Festnahme des Verurteilten noch im Vollstreckungsverfahren veranlasst werden.

35 **2. Verdacht der Beteiligung an einer Straftat.** Die Vorschrift enthält **keine Beschränkung auf bestimmte Straftatbestände.** Der Gesetzgeber hat weder einen enumerativen Straftatenkatalog wie in § 100a Abs. 2 oder § 100b Abs. 2 vorgesehen noch fordert er das Vorliegen einer Straftat von erheblicher Bedeutung wie im Falle des § 100g Abs. 1 Nr. 1. Allerdings gilt wie bei allen grundrechtsintensiven Eingriffsmaßnahmen die strikte Beachtung des Übermaßverbots (→ Rn. 39). Daraus folgt, dass es sich nicht um ein reines Bagatelldelikt handeln darf. Bei Privatklagedelikten wird eine Postbeschlagnahme daher meist ausscheiden.[43] Die Erkenntnisse aus der Maßnahme dürfen bei der Beurteilung des Verdachts nicht herangezogen werden, da der Verdacht Voraussetzung der Beschlagnahme ist.[44]

36 Ebenso wie bei den verdeckten Ermittlungsmaßnahmen der §§ 100a, 100b, 100g oder 100i muss sich der Tatverdacht für die Anordnung der Postbeschlagnahme auf bestimmte Tatsachen stützen. Das folgt aus dem verfassungsrechtlichen Übermaßverbot und der vergleichbaren Eingriffstiefe zu den übrigen verdeckten Maßnahmen. Im Gesetzeswortlaut findet diese Auslegung ihren Niederschlag in der Formulierung „aus vorliegenden Tatsachen". Der Beschuldigte muss zwar der Tat weder dringend noch hinreichend verdächtig sein. Erforderlich ist aber für den sog. **qualifizierten Verdacht** eine konkretisierte Verdachtslage. Der „aus vorliegenden Tatsachen" begründete Verdacht unterliegt daher höheren Anforderungen als der schlichte Anfangsverdacht. Bloße Anhaltspunkte reichen nicht aus. Es müssen vielmehr konkrete und in gewissem Umfang verdichtete Umstände als Tatsachenbasis vorliegen (→ § 100a Rn. 154).[45] Dabei sind die Anforderungen an die Stärke des Tatverdachts umso höher, je weniger schwer die dem Beschuldigten zur Last gelegte Straftat wiegt.[46]

37 **3. Gewahrsam des Post- bzw. Telekommunikationsdienstleisters.** Maßnahmen der Postbeschlagnahme nach Abs. 1 betreffen ausschließlich solche Sendungen, die sich

[40] Ebenso Menges in Löwe/Rosenberg Rn. 18; Greven in KK-StPO Rn. 2.
[41] So auch Menges in Löwe/Rosenberg Rn. 18.
[42] Vgl. BGH 3.7.2007 – 1 StR 3/07, NJW 2007, 2706 (2707) mwN zur Rspr.
[43] Köhler in Meyer-Goßner/Schmitt § 99 Rn. 12.
[44] OLG Koblenz 12.6.2017 – 1 OLG 4 Ss 173/15, StraFo 2017, 329.
[45] BVerfG 23.1.2004 – 2 BvR 766/03, NStZ 2004, 143.
[46] BVerfG 24.7.2007 – 2 BvR 1545/03, NStZ 2008, 103 (104).

im Gewahrsam eines geschäftsmäßigen Transportdienstleisters, mithin **nicht mehr beim Absender und noch nicht beim Empfänger** befinden.[47] Postsendungen, die noch nicht oder nicht mehr im Gewahrsam des Transportdienstleisters sind und die als Beweismittel von Bedeutung sein können, unterliegen den allgemeinen Vorschriften und können bei Vorliegen der entsprechenden Voraussetzungen nach §§ 94, 98 beschlagnahmt werden.

Der Beschlagnahmebeschluss nach §§ 99, 100 kann nur Sendungen erfassen, die sich **im Zeitpunkt der Aussonderung** zum Zwecke ihrer Übergabe an und anschließenden Überprüfung durch die Strafverfolgungsbehörden im Gewahrsam des Transportdienstleisters befinden. Er kann sich daher auch auf künftig zu erwartende Sendungen erstrecken.[48] 38

4. Verhältnismäßigkeit. Eine Postbeschlagnahme darf nur durchgeführt werden, wenn sie in einem **angemessenen Verhältnis zur Bedeutung und Schwere der verfahrensgegenständlichen Tat** steht, der Verdacht der Beteiligung des Beschuldigten ausreichend konkret, die Maßnahme geeignet ist, den beabsichtigten Aufklärungserfolg herbeizuführen und mildere Mittel hierzu nicht zur Verfügung stehen.[49] Diesem aus dem Rechtsstaatsprinzip abgeleiteten und damit mit Verfassungsrang ausgestatteten Grundsatz kommt bei der Postbeschlagnahme besondere Bedeutung zu. § 99 gestattet ebenso wie die Telekommunikationsüberwachung nach § 100a einen tiefgreifenden, weil auch Inhalte erfassenden Eingriff in das durch Art. 10 GG geschützte Post- bzw. Fernmeldegeheimnis. Anders als § 100a, der als Ausprägung des Verhältnismäßigkeitsgrundsatzes einen strengen Straftatenkatalog enthält und damit eine Maßnahme nur in Fällen schwerer Kriminalität zulässt, enthält § 99 keine entsprechende Einschränkung. Das Übermaßverbot ist daher bei der Anordnung besonders in den Blick zu nehmen. Das ergibt sich systematisch bereits daraus, dass sie im Ordnungswidrigkeitenverfahren unzulässig ist (§ 46 Abs. 3 OWiG). 39

Da die Postbeschlagnahme wie jeder andere Eingriff auch den Beschuldigten nicht übermäßig belasten darf, wirkt sich der Grundsatz der Verhältnismäßigkeit begrenzend sowohl auf das „ob" als auch auf das „wie" der Maßnahme aus.[50] Aspekte der Verhältnismäßigkeit sind mithin auch bei der **Ausgestaltung** und damit auch bei der Frage zu beachten, über welchen Zeitraum und auf welche Arten von Postsendungen sich die Beschlagnahme erstrecken soll. Wenngleich die Regelungen der §§ 99, 100 keine zeitliche Befristung vorsehen, ist eine solche aus den vorgenannten Gründen geboten. Dies berücksichtigend sieht Nr. 80 RiStBV vor, dass generelle Beschlagnahmeanordnungen von vornherein auf eine bestimmte Zeit (etwa einen Monat) beschränkt werden sollen. 40

V. Auskunftsverlangen, Abs. 2

1. Grundsätzliches. Nach allgemeiner Ansicht[51] war schon bisher bei Vorliegen der materiellen und formellen Voraussetzungen nach § 100 in der Beschlagnahmebefugnis des § 99 auch das Recht enthalten, von dem Transportdienstleister **Auskunft** über die Postsendungen und Telegramme des Beschuldigten zu verlangen (→ Rn. 53). Dies hat der Gesetzgeber durch Einführung des Abs. 2 in Gesetzesform gegossen. 41

Die Auskunftspflicht ist grundsätzlich als weniger intensiver Grundrechtseingriff zur Postbeschlagnahme ausgestaltet und daher Ausfluss des Übermaßverbots. Genügt die Erteilung der Auskunft für den mit der Maßnahme verfolgten Zweck, dürfte eine darüber hinaus angeordnete Beschlagnahe nach Abs. 1 unverhältnismäßig sein.[52] Das Auskunftsverlangen erfolgt nach Abs. 2 S. 1 unter denselben Voraussetzungen wie die Beschlagnahme nach 42

47 Menges in Löwe/Rosenberg Rn. 22.
48 Greven in KK-StPO § 99 Rn. 5; Menges in Löwe/Rosenberg Rn. 22.
49 Vgl. Menges in Löwe/Rosenberg Rn. 22.
50 BVerfG 31.1.1973 – 2 BvR 454/71, NJW 1973, 891 = BVerfGE 34, 238 (246).
51 BGH 20.2.2019 – StB 51/18, NStZ 2019, 280 mwN; LG Hamburg 12.2.2009 – 628 Qs 05/09, BeckRS 2009, 19797; Kurt NStZ 1983, 541; Greven in KK-StPO § 99 Rn. 11; Köhler in Meyer-Goßner/Schmitt § 99 Rn. 14; Pfeiffer Rn. 3.
52 Anders die Begründung des Regierungsentwurfs, wonach beide Maßnahmen nebeneinander stehen, BT-Drs. 19/27654 S. 68.

Abs. 1. Die gesetzliche Regelung erlaubt nunmehr auch die Abfrage zukünftiger und retrograder Postdaten, Abs. 2 S. 4.

43 **2. Inhalt der Auskunftspflicht. a) Verkehrsdaten.** Die Auskunftspflicht umfasst die nunmehr in Abs. 2 S. 2 Nrn. 1 bis 5 abschließend aufgezählten Verkehrsdaten. Von vorneherein sind nur Daten erfasst, die aufgrund von Rechtsnormen außerhalb des Strafrechts erhoben wurden (vgl. §§ 41 bis 41c PostG). Die Abfrage durch die Strafverfolgungsbehörden ist daher auf solche Daten beschränkt, die der Postdienstleister ohnehin rechtmäßig erhoben und noch nicht gelöscht hat. Eine Speicherpflicht sieht die Regelung gerade nicht vor.[53] Nach § 99 Abs. 2 S. 2 ist Auskunft zu erteilen über:

44 (1.) Namen und Anschriften von Absendern, Empfängern und, soweit abweichend, von denjenigen Personen, welche die jeweilige Postsendung eingeliefert oder entgegengenommen haben. Durch die letztgenannte Personengruppe sollen auch die Daten der Einlieferungs- oder Empfangskuriere inkriminierter Waren erfasst werden. Gegen diese Regelung bestehen Bedenken. Da die Maßnahme dann zur Ermittlung von Beschuldigten (Gehilfen/ Mittätern) dienen würde, widerspricht sie dem Individualierungserfordernis des Abs. 1 (oben Rn. 32, 33).

45 (2.) Art des in Anspruch genommenen Postdienstes. Damit ist die Sendungskategorie gemeint (Brief, Warensendung, Paket, Päckchen etc.).[54]

46 (3.) Maße und Gewicht der jeweiligen Postsendung. Die Daten können vor allem Bedeutung erlangen, wenn sich daraus Rückschlüsse auf den Inhalt ziehen lassen.

47 (4.) Die vom Postdienstleister zugeteilte Sendungsnummer der jeweiligen Postsendung sowie, sofern der Empfänger eine Abholstation mit Selbstbedienungs-Schließfächern nutzt, dessen persönliche Postnummer. Neben der Sendungsnummer (Barcode) sind die persönlichen Postnummern von Nutzern sogenannter Packstationen umfasst. Das stellt voraussichtlich einen deutlichen Mehrwert für die Strafverfolgungsbehörden dar.

48 (5.) Zeit- und Ortsangaben zum jeweiligen Postsendungsverlauf. Diese Daten erfassen vor allem die Auskunft, wann und wo die Sendung abgegeben, weitergeliefert und gegebenenfalls abgeliefert wurde. Dazu gehören auch auch Angaben zum Abgabeort – zum Beispiel Postfiliale, Kiosk – oder, sofern eine Abholstation genutzt wird, die Nummer der Station und der Zeitpunkt der Entnahme.[55]

49 Darüber hinaus müssen Bildaufnahmen der Postsendungen übermittelt werden, die zu Zwecken der Erbringung der Postdienstleitung erstellt wurden (Nr. 6). Auch insoweit besteht keine (strafprozessuale) Pflicht der Dienstleister, Bildaufnahmen zu fertigen. Liegen solche aber ohnehin vor, müssen sie herausgegeben werden. Diese Regelung könnte in der Praxis erhebliche Bedeutung entfalten. Aus der äußeren Gestaltung der Sendungen lassen sich mitunter Rückschlüsse auf Tat und/oder Täter ziehen (zB gleichartig gestaltete Versandetiketten, gleiche Umschläge etc.).

50 **b) Inhaltsdaten.** Die Auskunftspflicht erstreckt sich über die Verkehrsdaten hinaus auch auf die **Inhalte bzw. „Inhaltsdaten"** der Postsendungen und Telegramme, sofern und soweit der betreffende Dienstleister zuvor in rechtmäßiger Weise von deren Inhalt Kenntnis erlangt hat, Abs. 2 S. 3.[56] Rechtmäßige Inhaltskenntnis des Postdienstleisters kann bspw. aus der Notwendigkeit zur Sicherung innerbetrieblicher Abläufe, der Aufklärung von Straftaten im Zusammenhang mit dem Postdienst oder bei der gelegentlichen Kenntnisnahme nicht (richtig) verschlossener Sendungen folgen.[57] Auch kommen Konstellationen in Betracht, in denen der Postdienstleister den Inhalt beschädigter Sendungen sichern musste, weil er auf anderem Weg als der Kenntnisnahme vom Inhalt den Empfänger oder Absender einer unanbringlichen Sendung nicht ermitteln konnte (vergleiche auch § 41c

---

53 BT-Drs. 19/27654 S. 70.
54 BT-Drs. 19/27654 S. 69.
55 BT-Drs. 19/27654 S. 69.
56 So auch schon die hM zur alten Rechtslage: Menges in Löwe/Rosenberg Rn. 31; Greven in KK-StPO Rn. 11; Pfeiffer Rn. 4.
57 Menges in Löwe/Rosenberg Rn. 31.

Satz 2 PostG) oder körperliche Gefahren abzuwehren hatte, die von der Sendung für Personen und Sachen ausgegangen waren.[58]

Durch die neue Gesetzesfassung nicht geklärt ist die Frage, ob die Mitteilung von Inhalten nur an den Richter erfolgen darf, da ihm im weitergehenden Fall der Postbeschlagnahme auch die alleinige Öffnungsbefugnis zusteht. Diese in der Vorauflage noch vertretene Ansicht nimmt jedoch den strukturellen Unterschied zwischen der zweistufigen Beschlagnahme und der letztlich einstufigen Auskunftserteilung nicht ausreichend in den Blick. Während bei der Beschlagnahme der Richter zunächst entscheidet, ob die Sendung überhaupt geöffnet wird, stellt sich diese Frage bei der Auskunftserteilung nicht. Da die Auskunft schriftlich oder durch Zeugenaussage erfolgt,[59] werden auch die Inhalte unmittelbar Aktenbestandteil. Ihre Beweisrelevanz und Fragen der Verwertbarkeit sind daher unabhängig davon zu betrachten. 51

3. Gegenstand der Auskunftspflicht. Gegenständlich erstreckt sich die Auskunftspflicht zunächst auf diejenigen Postsendungen, die sich im Gewahrsam des Dienstleisters befinden. Über künftige, vom Absender erst noch zu übernehmende, sich mithin noch nicht im Gewahrsam (**Noch-nicht-Gewahrsam,** Abs. 2 S. 4 1. Alt.) des Dienstleisters befindliche Sendungen kann regelmäßig aus tatsächlichen Gründen keine Auskunft erteilt werden. Allerdings kann der auf Auskunftserteilung gerichtete Beschluss auch künftig in den Gewahrsam gelangende Sendungen erfassen. Der Anwendungsbereich des Abs. 2 S. 4 1. Alt. (zukünftige Postdaten) dürfte kaum relevant sein und sich auf elektronisch angekündigte, aber noch nicht eingelieferte Sendungen beschränken.[60] 52

Hoch umstritten war die Frage, ob sich die Pflicht zur Auskunftserteilung auch auf Sendungen erstreckt, die sich **nicht mehr im Gewahrsam** des Postdienstleisters befinden (sog. **retrograde Postdaten**). Ein Ermittlungsrichter des BGH,[61] Instanzgerichte[62] und Teile der Lit.[63] vertraten die Auffassung, die Auskunftspflicht erstrecke sich in entsprechender Anwendung des § 99 auch auf solche Sendungen, die sich nicht mehr im Gewahrsam des Dienstleisters befinden. Der BGH hat dieser Ansicht zu Recht eine Absage erteilt.[64] Durch die Neufassung des Gesetzes ist nunmehr eine entsprechende Rechtsgrundlage geschaffen. Daher können die in S. 2 Nrn. 1 bis 6 aufgeführten Daten für Sendungen abgefragt werden, die sich nicht mehr im Gewahrsam des Dienstleisters befinden. Auch die retrograde Auskunft umfasst nur solche Daten, die aufgrund von Rechtsvorschriften außerhalb des Strafrechts gespeichert und noch nicht gelöscht worden sind. Eine Löschung hat dabei insbesondere gemäß Artikel 5 lit. e) DSGVO zu erfolgen, wenn eine Speicherung für die Zwecke, für die die personenbezogenen Daten verarbeitet werden, nicht mehr erforderlich ist. Ist eine Löschung erfolgt, darf auch nach § 99 Abs. 2 keine Auskunft mehr erteilt werden. Eine zusätzliche beziehungsweise zeitlich ausgeweitete Speicherpflicht für die Postdienstleister ist mit der Neuregelung gerade nicht verbunden.[65] 53

VI. Beschlagnahmebeschränkungen

§ 97 findet schon logisch keine Anwendung, da sich Sendungen im Gewahrsam des Postdienstleisters nicht im Gewahrsam des Zeugnisverweigerungsberechtigten befinden. § 160a gilt für die dort genannten Berufsgeheimnisträger.[66] Für Verteidiger greift die speziel- 54

[58] BT-Drs. 19/27654 S. 69.
[59] Kurth NStZ 1983, 541; Köhler in Meyer-Goßner/Schmitt § 100 Rn. 15.
[60] BT-Drs. 19/27654 S. 70.
[61] BGH (ErmRi) 11.7.2012 – 3 BGs 211/12, BeckRS 2014, 5922.
[62] ZB LG Nürnberg-Fürth 18.1.2018 – 1 Qs 51/17.
[63] Graf in BeckOK StPO Rn. 19; Greven in KK-StPO Rn. 11 in der 7. Aufl.; Krause NZWiSt 2017, 60: retrogrades Auskunftsrecht nach § 94 StPO.
[64] BGH 20.2.2019 – StB 51/18, NStZ 2019, 280; auch die überwiegende Literatur hat sich dieser Auffassung angeschlossen, vgl. Menges in Löwe/Rosenberg Rn. 30; Greven in KK-StPO Rn. 11; Köhler in Meyer-Goßner/Schmitt Rn. 14a.
[65] BT-Drs. 19/27654 S. 70.
[66] Griesbaum in KK-StPO § 160a Rn. 4.

lere und weitergehende Regelung des § 148 ein (→ Rn. 55). Die Beschlagnahme der Post von **Abgeordneten** ist in dem Umfang unzulässig, in dem das Beschlagnahmeprivileg des § 97 Abs. 4 reicht, da dieses den Gewahrsam des Abgeordneten nicht voraussetzt.[67]

55 Verteidigerpost ist nach § 148 Abs. 1 von der Postbeschlagnahme ausdrücklich ausgenommen. Sie unterliegt auch dann nicht der Durchsicht und Beschlagnahme, wenn sie sich nicht mehr in der Hand des Verteidigers bzw. des Beschuldigten befindet.[68] Anders läge der Fall nur, wenn „gewichtige Anhaltspunkte" dafür sprächen, dass sich der Verteidiger an der dem Beschuldigten zur Last gelegten Tat als Täter oder Teilnehmer beteiligt hat.[69] Beistände iSd § 149 fallen nicht unter das Verteidigerprivileg. Ihnen kommt auch § 160a nicht zugute.

VII. Wahrung des Postgeheimnisses durch das Postunternehmen

56 **1. Freiwillige Herausgabe.** Die **freiwillige Herausgabe bzw. Beauskunftung einer Postsendung durch das Postunternehmen ist nicht zulässig.** Jedes privatrechtliche Postunternehmen, welches sich nicht im Alleinbesitz des Staates befindet bzw. von diesem beherrscht wird – auf privatrechtliche Unternehmen, die im Alleinbesitz des Staates stünden bzw. von diesem beherrscht würden, fände Art. 10 Abs. 1 GG unmittelbar Anwendung[70] – ist durch die Art. 10 Abs. 1 GG entsprechende einfachgesetzliche Regelung des § 39 PostG zur Wahrung des Postgeheimnisses verpflichtet. Danach unterliegen die näheren Umstände des Postverkehrs natürlicher und juristischer Personen sowie der Inhalt der Postsendungen dem Postgeheimnis. Geschützt sind auch die Inhalte „offen" aufgegebener Postsendungen, etwa der einer Postkarte. § 39 PostG enthält keine grundsätzliche Differenzierung zwischen offenen und verschlossenen Sendungen. Die Norm ermächtigt die Postdienstleister nur unter den dort genannten engen Ausnahmevoraussetzungen zu Eingriffen in das Postgeheimnis.[71]

57 Die freiwillige Herausgabe einer Postsendung ohne rechtfertigenden Grund stellt eine nach § 206 StGB strafbewehrte **Verletzung des Post- oder Fernmeldegeheimnisses** dar.

58 **2. Durchbrechungen des Postgeheimnisses. a) G 10 Gesetz (2001).** § 1 Abs. 1 des Gesetzes zur Beschränkung des Brief-, Post- und Fernmeldegeheimnisses[72] berechtigt – entsprechend § 99 für die Strafverfolgungsbehörden – die **Verfassungsschutzbehörden** des Bundes und der Länder, den **Militärischen Abschirmdienst** sowie den **Bundesnachrichtendienst** als Auslandsnachrichtendienst zu Eingriffen in das Postgeheimnis.

59 **b) § 138 StGB.** Nach § 39 Abs. 3 S. 4 PostG durchbricht die Anzeigepflicht nach § 138 StGB das Postgeheimnis. Daher sind Mitarbeiter von Postunternehmen verpflichtet, den Strafverfolgungsbehörden oder dem Bedrohten Umstände mitzuteilen, die dem Vorhaben oder der Ausführung der in § 138 Abs. 1 und 2 StGB aufgeführten Straftaten dienen, wenn die Ausführung oder der Erfolg im Zeitpunkt der Kenntniserlangung **noch abgewendet werden kann.**

60 **c) § 34 StGB.** Es ist hochumstritten, ob in den Fällen des rechtfertigenden Notstands das Postunternehmen zur Herausgabe von Sendungen befugt ist. Während einige dies grundsätzlich bejahen,[73] lehnt die überwiegende Meinung die Anwendbarkeit kategorisch

[67] Menges in Löwe/Rosenberg Rn. 9; Greven in KK-StPO Rn. 12; zur Beschlagnahme von Abgeordnetenpost vgl. auch Groß StV 1996, 559.

[68] Greven in KK-StPO Rn. 12.

[69] BGH 13.8.1973 – 1 BJs 6/71/StB 34/73, NJW 1973, 2035; Greven in KK-StPO Rn. 12; Köhler in Meyer-Goßner/Schmitt Rn. 13.

[70] BVerwG 18.3.1998 – 1 D 88/97, BVerwGE 113, 208 = NVwZ 1998, 1083.

[71] Zu § 39 Abs. 4 Nr. 2 und 3 und Abs. 5 PostG: OLG Koblenz 12.6.2017 – 1 OLG 4 Ss 173/15, StraFO 2017, 239 Rn. 33 ff.

[72] BGBl. I 1254 (2298); zuletzt geändert durch Art. 2 Gesetz vom 19.4.2021 (BGBl. I 771).

[73] Köhler in Meyer-Goßner/Schmitt Rn. 2; Fischer StGB § 206 Rn. 9; OLG Saarbrücken 27.12.1990 – Ss 40/90, NStZ 1991, 386.

ab.[74] Eine vermittelnde Ansicht will § 34 StGB anwenden, wenn bereits abgeschlossene Straftaten aus dem Katalog des § 138 StGB inmitten stehen.[75] Der Gesetzgeber hat – in Kenntnis des Streitstandes – § 39 PostG neu gefasst und das Recht zur Herausgabe in Abs. 3 S. 4 und Abs. 4a abschließend geregelt. Bei systematischer Auslegung ergibt sich, dass Postunternehmen oder deren Beschäftigte das Postgeheimnis nur in den dort genannten Situationen durchbrechen dürfen. Andernfalls wäre die enge Begrenzung auf Fälle des § 138 StGB, den Straftatenkatalog des Abs. 4a und die Abwendung von (unmittelbaren) Gefahren, die von einer Postsendung für Personen oder Sachen ausgehen, nicht einleuchtend. Ferner steht einer Anwendung von §§ 32, 34 StGB als Befugnisnorm § 39 Abs. 3 S. 3 PostG entgegen, wonach das Postgeheimnis durch andere Gesetze nur eingeschränkt werden kann, wenn sich die Vorschrift ausdrücklich auf Postsendungen oder Postverkehr bezieht. Daraus folgt, dass **§§ 32, 34 StGB nicht zu einer rechtmäßigen Herausgabe von oder Mitteilung über Sendungen führen** können. Insbesondere dürfen die Ermittlungsbehörden auch nicht unter Hinweis auf §§ 32, 34 StGB Herausgabe oder Auskunft verlangen.

d) § 27 AWG. Gemäß § 27 des Außenwirtschaftsgesetzes (AWG) sind die Zollbehörden berechtigt, **zur Überwachung von Sachen,** die aus-, ein- oder durchgeführt werden, auch den Postverkehr zu überwachen. 61

e) § 99 InsO. Nach § 99 Abs. 1 InsO kann das Insolvenzgericht zur Aufklärung von **für den Gläubiger mutmaßlich nachteiligen Rechtshandlungen** des Schuldners auf Antrag des Insolvenzverwalters oder von Amts wegen anordnen, dass einzelne Unternehmen konkrete oder alle für den Schuldner bestimmten Postsendungen dem Insolvenzverwalter zuzuleiten haben. 62

f) Weitere Vorschriften. Weitere Vorschriften zur Einschränkung des Post- und Fernmeldegeheimnisses finden sich in § 5 Zollverwaltungsgesetz (ZollVG), § 23a Zollfahndungsdienstgesetz (ZFdG), Art. 40 Zollkodex der Europäischen Gemeinschaft, §§ 2–4 des Gesetzes zur Überwachung strafrechtlicher und anderer Verbringungsverbote (VerbrVerbG) und § 50 BKAG. 63

VIII. Einwilligung des Betroffenen

Ebenso wie bei Maßnahmen nach § 100a zur Überwachung der Telekommunikation verliert auch die Erhebung und Verwertung von dem Postgeheimnis unterliegenden Daten ihren Eingriffscharakter nicht dadurch, dass der Absender oder der Empfänger der Postsendung und damit lediglich einer von ihnen einer solchen Maßnahme zustimmt. Zwar kann auch hier jede am Versendungsvorgang beteiligte Person in die Erhebung und Verwertung der von Art. 10 GG erfassten und sie betreffenden Daten einwilligen. Eine solch einseitige Einwilligung berechtigt die Strafverfolgungsbehörden indes **ausschließlich zur Verwertung der Daten hinsichtlich der einwilligenden Person.** Der durch Art. 10 GG gewährte Schutz auch der anderen am Kommunikationsvorgang beteiligten Person bleibt von dieser Einwilligung unberührt. Betrifft die Datenerhebung zugleich Dritte, so bedarf es für die Verwertung der auch bzw. ausschließlich Dritte betreffenden Daten auch deren Einwilligung oder aber (doch) einer Postbeschlagnahme. 64

Die wohl herrschende Meinung[76] vertritt demgegenüber die Auffassung, **schon die Einwilligung eines der beiden Partner genüge** zur Herausgabe und Verwertung der Daten. Absender und Empfänger einer Postsendung seien, so die Begründung, wechselseitig nicht zur Wahrung des Postgeheimnisses verpflichtet. Dem ist zwar zuzustimmen. Diese überkommene Auffassung wird dem modernen Datenschutzverständnis jedoch nicht (mehr) 65

---

74 Wohlers/Greco in SK-StPO Rn. 8; Altenhain in MüKoStGB § 206 Rn. 71; Heger in Lackner/Kühl StGB § 206 Rn. 15; Eisele in Schönke/Schröder StGB § 206 Rn. 14; Gercke in Gercke/Julius/Temming/Zöller Rn. 3; Cornelius NZWiSt 2013, 166 (167).

75 Menges in Löwe/Rosenberg Rn. 5.

76 Menges in Löwe/Rosenberg Rn. 13; Köhler in Meyer-Goßner/Schmitt Rn. 3; Wohlers/Greco in SK-StPO Rn. 7; Gercke in Gercke/Julius/Temming/Zöller Rn. 4; Greven in KK-StPO Rn. 4.

gerecht und lässt unberücksichtigt, dass die Erhebung und Verwertung der Daten zu strafprozessualen Zwecken nicht das Bürger-Bürger-, sondern das Bürger-Staat-Verhältnis berühren, hinsichtlich dessen jeder nur über seine, nicht aber zugleich über die Daten Dritter disponieren darf. Dem BVerfG ist eine trennscharfe Abgrenzung der Eingriffe in die Kommunikation und in das Vertrauen der Kommunikationsteilnehmer zueinander bisher nicht gelungen.[77] Von den Befürwortern dieser Einwilligungstheorie wird vertreten, die Postbeschlagnahme betreffe nur die Äußerung eines der beiden Kommunizierenden, weshalb jedenfalls die Einwilligung des Absenders genüge.[78] Diese Argumentation trägt der Tatsache nicht ausreichend Rechnung, dass ein allein auf eine solche Einwilligung gestützter Zugriff auch Name und Anschrift des Empfängers erfassen und damit dessen grundgesetzlich geschützte Positionen betreffen würde. Dem steht freilich der Einwand gegenüber, dass der Absender diese Daten als Zeuge den Ermittlungsbehörden offenbaren dürfte. Jedenfalls ist für die Einwilligung § 51 BDSG zu beachten, der Form und Inhalt der Einwilligung sowie die zuvor zu erteilende Belehrung normiert.[79]

C. Revision

66 Fehler bei der Postbeschlagnahme begründen die Revision nur, wenn aus dem Fehler ein Beweisverwertungsverbot entsteht. Das kann nicht mit dem Argument verneint werden, das Beweismittel würde erst über die anschließende Beschlagnahme nach §§ 94, 98 gewonnen.[80] Diese Ansicht verkennt zum einen, dass es sich zwar um eine zweistufige, letztlich aber einheitliche Maßnahme handelt (→ § 100 Rn. 46, 39). Zum anderen ist die Situation vergleichbar der Durchsuchung, bei der Rechtsfehler ebenfalls auf die Verwertbarkeit der dabei beschlagnahmten Beweismittel durchschlagen können.[81] Anzuwenden ist die sog. Abwägungslehre. Dabei ist bei Verstößen gegen § 99 freilich die stets damit einhergehende Verletzung des Grundrechts aus Art. 10 GG besonders in den Blick zu nehmen und in die Abwägung einzustellen. Regelmäßig führt nur das Fehlen wesentlicher sachlicher Voraussetzungen zu einem Verwertungsverbot.[82] Dies wäre bspw. der Fall, wenn der Beschuldigte jedenfalls zum Zeitpunkt des Vollzugs der Maßnahme einer Straftat überhaupt noch nicht verdächtig gewesen wäre. Bei der Abwägung sind neben der Tiefe des Grundrechtseingriffs, die Vorwerfbarkeit des von den Ermittlungsbehörden zu verantwortenden Fehlers, insbes. die Nähe zur objektiven Willkür, dem ebenfalls verfassungsrechtlich verankerten Strafverfolgungsanspruch gegenüber zustellen. Letzterer wird maßgeblich durch die Schwere der konkreten Tat bestimmt.[83] Voraussetzung für die Erhebung einer entsprechenden Verfahrensrüge ist zudem, dass der Beschuldigte in der Hauptverhandlung der Verwertung der entsprechenden Erkenntnisse widersprochen hat.[84] Wird eine Sendung unter Verstoß gegen § 39 PostG an die Ermittlungsbehörden herausgegeben, führt dies jedenfalls dann zu einem Beweisverwertungsgebot, wenn vorher kein Tatverdacht bestand und eine Abwägung aller maßgeblichen Umstände kein weit überwiegendes Strafverfolgungsinteresse ergibt. Insoweit ist in den Blick zu nehmen, ob auch Inhaltsdaten betroffen sind, mithin der Kernbereich des Art. 10 GG. Das gilt auch, wenn die Ermittlungsbehörden die Übergabe nicht veranlasst haben, die Verletzung des Postgeheimnisses daher von einem (privaten) Dienstleister ausgeht. Nach freiwilliger Übergabe der Sendung an die Strafverfolgungsbehörden kommt eine Postbeschlagnahmeanordnung nicht mehr in Betracht. §§ 99 Abs. 1, 100 dienen nicht dazu,

77 Vgl. Durner in Dürig/Herzog/Scholz GG Art. 10 Rn. 164 ff.
78 Menges in Löwe/Rosenberg Rn. 13.
79 Siehe dazu Singelnstein NStZ 2020, 639 (641).
80 So noch die → 1. Auflage § 100 Rn. 44, ähnlich auch Graf in BeckOK StPO Rn. 33; Menges in Löwe/Rosenberg § 100 Rn. 55.
81 Menges in Löwe/Rosenberg § 100 Rn. 55.
82 BGH 26.2.2003 – 5 StR 423/02, NJW 2003, 1880.
83 Vgl. BVerfG 2.7.2009 – 2 BvR 2225/08, NJW 2009, 3225.
84 BGH 7.3.2006 – 1 StR 316/05, NJW 2006, 1361.

eine unter Verstoß gegen das Post- und Briefgeheimnis vorgenommene Beweiserhebung, durch die eine mögliche Straftat erstmals zur Kenntnis der Ermittlungsbehörden gelangt, nachträglich prozessual zu legalisieren.[85]

Zu Verstößen gegen § 100 → § 100 Rn. 50 f. Wird eine E-Mail-Beschlagnahme nur nach §§ 94, 98 vollzogen und liegt keine Tat iSd. § 95a vor, führt die fehlende Mitteilung an den Betroffenen zum Beweisverwertungsverbot, wenn die Ermittlungsbehörden davon abgesehen haben, um die Beschlagnahme kurzfristig wiederholen zu können.[86] Zur Zurückstellung der Mitteilung nach Postbeschlagnahme → § 100 Rn. 37 ff. 67

§ 100 Verfahren bei der Postbeschlagnahme und Auskunftsverlangen

(1) Zur Anordnung der Maßnahmen nach § 99 ist nur das Gericht, bei Gefahr im Verzug auch die Staatsanwaltschaft befugt.

(2) Anordnungen der Staatsanwaltschaft nach Absatz 1 treten, auch wenn sie eine Auslieferung nach § 99 Absatz 1 oder eine Auskunftserteilung nach Absatz 2 noch nicht zur Folge gehabt haben, außer Kraft, wenn sie nicht binnen drei Werktagen gerichtlich bestätigt werden.

(3) [1]Die Öffnung der ausgelieferten Postsendungen steht dem Gericht zu. [2]Es kann diese Befugnis der Staatsanwaltschaft übertragen, soweit dies erforderlich ist, um den Untersuchungserfolg nicht durch Verzögerung zu gefährden. [3]Die Übertragung ist nicht anfechtbar; sie kann jederzeit widerrufen werden. [4]Solange eine Anordnung nach Satz 2 nicht ergangen ist, legt die Staatsanwaltschaft die ihr ausgelieferten Postsendungen sofort, und zwar verschlossene Postsendungen ungeöffnet, dem Gericht vor.

(4) [1]Über eine von der Staatsanwaltschaft verfügte Maßnahme nach § 99 entscheidet das nach § 98 zuständige Gericht. [2]Über die Öffnung einer ausgelieferten Postsendung entscheidet das Gericht, das die Beschlagnahme angeordnet oder bestätigt hat.

(5) [1]Postsendungen, deren Öffnung nicht angeordnet worden ist, sind unverzüglich an den vorgesehenen Empfänger weiterzuleiten. [2]Dasselbe gilt, soweit nach der Öffnung die Zurückbehaltung nicht erforderlich ist.

(6) Der Teil einer zurückbehaltenen Postsendung, dessen Vorenthaltung nicht mit Rücksicht auf die Untersuchung geboten erscheint, ist dem vorgesehenen Empfänger abschriftlich mitzuteilen.

Schrifttum: s. § 99.

Übersicht

[85] OLG Koblenz 12.6.2017 – 1 OLG 4 Ss 173/15, StraFO 2017, 239.
[86] BGH 4.8.2015 – 3 StR 162/15, NStZ 2015, 704.

A. Erläuterung

I. Allgemeines

1 Die Postbeschlagnahme nach § 99 Abs. 1 ist ein zweistufiges Verfahren. Im ersten Schritt hat das Postunternehmen die Sendungen, die aufgrund der in der Anordnung mitgeteilten Suchkriterien mit einer gewissen Wahrscheinlichkeit auf die relevante Bestimmung oder Herkunft hindeuten, herauszusuchen und diese Sendungen dem Richter bzw. Staatsanwalt ungeöffnet zu übergeben. Im zweiten Schritt der Postbeschlagnahme im Sinne von §§ 99 Abs. 1, 100 folgt dann die Öffnung der aussortierten und ausgehändigten Sendungen durch den Richter oder Staatsanwalt. Dieser verfügt nach Sichtung des Inhalts im Falle von Beweisrelevanz (oder wenn es sich um einen potentiellen Einziehungsgegenstand handelt) die – beim Staatsanwalt vorläufige – Beschlagnahme.[1] §§ 99 Abs. 1, 100 regeln dabei – missverständlich – nicht unmittelbar die Beschlagnahme der Postsendung, sondern die Verpflichtung des Postdienstleisters zu deren Aussonderung und die Berechtigung des Richters (Staatsanwalts) zur Öffnung. Über die eigentliche Beschlagnahme ist anschließend nach §§ 94, 98 zu befinden (dazu aber → Rn. 38 ff., 47 f.).

II. Anordnung der Postbeschlagnahme nach § 99 Abs. 1 (Abs. 1 und 2)

2 **1. Zuständigkeit.** Die Anordnung der Postbeschlagnahme obliegt nach § 100 Abs. 1 **grundsätzlich dem Gericht.** Vor Erhebung der öffentlichen Klage ist dies gemäß § 162 Abs. 1 S. 1 der Ermittlungsrichter (§ 21e GVG) des Amtsgerichts am Sitz der Staatsanwaltschaft oder ihrer den Antrag stellenden Zweigstelle. Für die gerichtliche Anordnung bedarf es eines Antrages der Staatsanwaltschaft. Ohne Antrag darf der Ermittlungsrichter nur unter den Voraussetzungen des § 165 tätig werden.

3 Bei **Gefahr im Verzug** kann die Postbeschlagnahme gemäß § 100 Abs. 1 auch von der Staatsanwaltschaft angeordnet werden. Eine Eilanordnungskompetenz ihrer Ermittlungspersonen (§ 152 GVG) sieht die Vorschrift indes nicht vor. Die Zuständigkeitsregelung in Abs. 1, die so im Wesentlichen bereits in der Erstfassung der StPO vom 1.2.1877[2] enthalten war, entspricht damit der der Telekommunikationsüberwachung in § 100e Abs. 1 S. 1 und 2. Dies scheint konsequent, weil sowohl das Post- als auch das Fernmeldegeheimnis ihren

[1] BGH (ErmRi) 28.11.2007 – 1 BGs 519/07, StV 2008, 225.
[2] RGBl. I 253.

besonderen Schutz vor staatlichen Eingriffen durch Art. 10 GG erfahren und von beiden Maßnahmen regelmäßig auch Kommunikationsinhalte betroffen sind. Eilanordnungen der Staatsanwaltschaft – auch soweit sie ein Auskunftsverlangen nach § 99 Abs. 2 betreffen – treten nach drei Werktagen außer Kraft, wenn sie nicht binnen dieser Frist gerichtlich bestätigt werden (Abs. 2). Bei der Berechnung wird der Tag der Anordnung gem. § 42 nicht mitgezählt.[3] Samstag gilt als Werktag.[4] Ist die Maßnahme noch innerhalb der Frist beendet, ist eine richterliche Bestätigung nicht erforderlich.[5] Erfolgt die Bestätigung erst nach Ablauf der Frist, stellt sie eine neue Anordnung dar.[6]

2. Form der Postbeschlagnahme. Das Gesetz sieht für die Postbeschlagnahme keine bestimmte Form vor. Die an das Postunternehmen gerichtete Anordnung, bestimmte Postsendungen auszusortieren und diese den Strafverfolgungsbehörden zu übergeben, kann mithin anders als im Fall der Telekommunikationsüberwachung, für die § 100e Abs. 3 S. 1 die Schriftform zwingend vorsieht, auch mündlich oder gar fernmündlich getroffen werden. Aus Gründen der Rechtssicherheit bedarf auch die Postbeschlagnahme regelmäßig der **Schriftform** und ist zu begründen. Hiervon kann einzig abgesehen werden, wenn bei vorheriger schriftlicher Niederlegung ein Beweismittelverlust droht. In diesen Fällen ist die Entscheidung freilich nachträglich aktenkundig zu machen und gegenüber dem betroffenen Postunternehmen schriftlich zu bestätigen.[7] 4

3. Inhalt der Anordnung. a) Entscheidungsformel. § 100 enthält keine Vorgaben dazu, welche Angaben eine Postbeschlagnahmeanordnung im Einzelnen zu enthalten hat. Der notwendige Inhalt der „Entscheidungsformel" ergibt sich aus der tatsächlichen Erwägung, dass für die vollziehende Stelle der **Umfang der Beschlagnahme zweifelsfrei bestimmt** werden muss.[8] Eine entsprechende Regelung enthält Nr. 77 Abs. 1 RiStBV. Die Entscheidungsformel muss festlegen, über welchen Zeitraum die Mitarbeiter des Postdienstleisters welche Art von Postsendungen aus dem geschäftsmäßigen Beförderungskreislauf auszusortieren haben. Dabei ist aus Gründen der Verhältnismäßigkeit zugleich darauf zu achten, dass die Maßnahme nicht weitergehend als zur Zweckerreichung erforderlich in rechtlich geschützte Positionen des Betroffenen eingreift. 5

b) Anordnende Stelle, Strafverfahren und Beschuldigter. Wie bei jeder anderen Maßnahme sind auch bei der Postbeschlagnahme die anordnende Behörde sowie deren gerichtliches bzw. staatsanwaltschaftliches Aktenzeichen anzugeben. Nur so kann der zur Mitwirkung verpflichtete Dienstleister überprüfen, ob die Anordnung von einer nach Abs. 1 **berechtigten Behörde** erlassen wurde und er in Durchbrechung des ihn bindenden Postgeheimnisses nach § 39 Abs. 3 S. 3 PostG (→ § 99 Rn. 7 f., 56) zur Mitwirkung oder Auskunft berechtigt ist. 6

c) Name und Anschrift des Beschuldigten bzw. des Absenders. Weitergehende Regelungen über die Postbeschlagnahme finden sich in Nr. 78–81 RiStBV, die als Verwaltungsvorschriften für die Staatsanwaltschaft bindend sind. Nach der sprachlich missglückten Regelung in Nr. 78 Abs. 1 S. 1 und 2 RiStBV sind der **volle Name des Beschuldigten,** bei häufig wiederkehrenden Namen insbesondere in Großstädten auch andere Unterscheidungsmerkmale, des Weiteren der genaue Wohnort sowie die Straße nebst Hausnummer anzugeben, wenn an den Beschuldigten gerichtete Sendungen beschlagnahmt werden sollen. Betrifft die Beschlagnahme hingegen Sendungen eines bestimmten Absenders, sind nach Nr. 78 Abs. 2 S. 1 RiStBV neben dessen Personalien auch die Annahme- bzw. Einliefe- 7

3 Vgl. BT-Drs. 16/5846, 46 zu § 100b Abs. 1; Greven in KK-StPO Rn. 4.
4 BGH 27.4.2005 – VIII ZR 206/04, NJW 2005, 2154 und 13.7.2010 – VIII ZR 129/09, NJW 2010, 2879.
5 Greven in KK-StPO Rn. 6.
6 Greven in KK-StPO Rn. 4.
7 So auch Menges in Löwe/Rosenberg Rn. 6 und für die staatsanwaltschaftliche Anordnung Menges in Löwe/Rosenberg Rn. 16.
8 Vgl. BGH 7.9.1956 – 1 BJs 182/55, StB 28/56, NJW 1956, 1805 (1806).

rungsstelle des jeweiligen Postunternehmens zu bezeichnen, bei dem die Einlieferung der Sendung erwartet wird. Soweit bekannt, empfiehlt es sich auch, den vermutlichen Empfänger der jeweiligen Sendung anzugeben.[9]

8 **d) Bezeichnung der zu beschlagnahmenden Postsendungen.** Grundsätzlich sind nach Nr. 77 Abs. 1 RiStBV die zu beschlagnahmenden Postsendungen und Telegramme **so genau wie möglich** zu bezeichnen. Nr. 77 Abs. 2 RiStBV verpflichtet die Staatsanwaltschaft zur Prüfung, ob eine Beschlagnahme aller Postsendung erforderlich ist oder ob die Beschlagnahme auf einzelne der in Nr. 77 Abs. 3 RiStBV aufgeführten Gattungen von Postsendungen beschränkt werden kann. Dabei handelt es sich um einen Ausfluss des Übermaßverbots (→ § 99 Rn. 39 f.). Zugleich wird so verhindert, dass die Maßnahme dem Beschuldigten aufgrund ausbleibender Zustellung erwarteter Sendungen zu schnell bekannt wird.[10]

9 **e) Befristung der Maßnahme.** Eine Befristungsregelung enthält § 100 nicht. Die Notwendigkeit einer zeitlichen Begrenzung der Maßnahme gebietet indes bereits der Grundsatz der **Verhältnismäßigkeit** (→ § 99 Rn. 39 f.). Zudem sieht Nr. 80 Abs. 1 RiStBV vor, dass die Maßnahme auf eine bestimmte Zeit, nämlich etwa einen Monat, beschränkt werden soll. Geht es nur um einzelne Sendungen, kann der Zeitraum deutlich kürzer sein. Ist der Erfolg der Anordnung eingetreten, muss sie aufgehoben werden (vgl. Nr. 80 S. 2 RiStBV).

10 **f) Adressat der Anordnung.** Anders als im Falle der Telekommunikationsüberwachung, bei der der Teilnehmeranschluss als Netzabschlusspunkt in den Räumlichkeiten des Teilnehmers über einen Hauptverteilerknoten mit dem öffentlichen Netz verbunden und die diesem Anschluss zugewiesene Kennung stets nur einem Diensteanbieter zuzuordnen ist, kann ein und dieselbe Anschrift, gleich ob die des Beschuldigten oder des Absenders der Postsendung, von mehreren Postunternehmen „versorgt" werden. Aus diesem Grund muss in der Anordnung zwingend das **verpflichtete Unternehmen** und damit der Adressat der Anordnung benannt werden.

11 In Konsequenz dessen bestimmt Nr. 79 RiStBV, dass die Ermittlungsbehörden zu prüfen haben, wer als Adressat der Anordnung in Betracht kommt und dass die Anordnung, sollte es sich um mehrere verschiedene Unternehmen handeln, **jedem** dieser Unternehmen zu übermitteln ist. Schließlich ist bei der Adressierung nach Nr. 79 S. 4 RiStBV auf die jeweilige Betriebsstruktur Rücksicht zu nehmen. Bestehen rechtlich selbstständige Niederlassungen, so sind diese als Adressat zu benennen. Auskünfte erteilt die Bundesnetzagentur.

12 Große praktische Bedeutung hat der Hinweis in Nr. 78 Abs. 3 RiStBV, in dem gegenüber dem Staatsanwalt – auch dem Ermittlungsrichter bleibt dies unbenommen – die Empfehlung ausgesprochen wird, sich in zweifelhaften oder schwierigen Fällen vor der Anordnung **mit dem betreffenden Post- oder Telekommunikationsunternehmen darüber zu verständigen, wie die Beschlagnahme durchzuführen ist.** Dies gilt umso mehr, als diese Unternehmen nach § 100 lediglich dazu verpflichtet sind, die in der Anordnung bezeichneten Sendungen aus dem Verteilerkreislauf auszusortieren und den Strafverfolgungsbehörden zu übergeben.[11] Zur Beteiligung von Ermittlungspersonen → Rn. 15.

13 **g) Begründung der Anordnung.** Als nach § 101 Abs. 7 bzw. nach § 304 anfechtbare Sachentscheidung ist die Postbeschlagnahme gemäß § 34 zu begründen. Dies gilt unabhängig davon, ob sie in Form eines Beschlusses ergangen ist. Auch Eilanordnungen der Staatsanwaltschaft bedürfen grundsätzlich einer Begründung.[12] Hierfür reicht die bloße Wiedergabe des Gesetzeswortlauts nicht aus,[13] gleiches gilt für formelhafte Wendungen.[14] Die Begrün-

---

9 S. auch Menges in Löwe/Rosenberg Rn. 8.
10 S. auch Menges in Löwe/Rosenberg Rn. 12.
11 Ebenso Welp, Die strafprozessuale Überwachung des Post- und Fernmeldeverkehrs, 1974, S. 158.
12 OLG Hamburg 19.10.1009 – 2 Ws 267/98, NStZ-RR 1999, 123 (126).
13 BayObLG 4.12.1952 – 1 St 55/52, NJW 1953, 233.
14 Schmitt in Meyer-Goßner/Schmitt § 34 Rn. 4.

dung muss so gehalten sein, dass das **Rechtsmittelgericht nachprüfen kann, ob der Anordnende von zutreffenden materiell- und verfahrensrechtlichen Voraussetzungen** ausgegangen ist. Neben der Verdachts- ist weiter die Beweislage darzulegen. Insoweit reicht jedoch eine kurze, zusammenfassende Darstellung der wesentlichen Beweismittel aus.

Der Begründungsaufwand hängt stets von den **konkreten Umständen des Einzelfalls** 14
ab. Sollen etwa Sendungen beschlagnahmt werden, von denen „aus vorliegenden Tatsachen zu schließen ist, dass sie von dem Beschuldigten herrühren oder für ihn bestimmt sind" (§ 99 Abs. 1 S. 2), so sind sowohl diese Tatsachen als auch (knapp) deren Beweisgrundlage darzulegen.

4. Durchführung der Anordnung. Die Durchführung der Aussonderung obliegt 15
allein dem Postdienstleister. Seine Mitarbeiter haben die Sendungen nach den in der Anordnung vorgegebenen Spezifikationen herauszusuchen und an den Richter (oder Staatsanwalt → Rn. 16) zu übergeben. Diese Tätigkeit darf nicht auf Ermittlungspersonen übertragen werden. Ob und inwieweit Polizeibeamte daran mitwirken dürfen, ist umstritten. Ein Ermittlungsrichter des BGH hielt es für zulässig, dass Ermittlungspersonen bei den Touren zur Leerung der Briefkästen dabei sind und dies dokumentieren. Eine darüberhinausgehende Beteiligung, insbes. Hilfe bei der Aussonderung sei unzulässig. Das folge aus dem Wortlaut der Abs. 2 und 3 und sei erforderlich, um auch die nur abstrakte Möglichkeit der Kenntnisnahme von nicht der Postbeschlagnahmeanordnung unterliegenden Kommunikationsvorgängen durch staatliche Ermittlungsstellen generell auszuschließen.[15] Beweismittelverluste, die dadurch entstehen können, dass der Postdienstleister nicht genug Personal zur Verfügung stellt, seien hinzunehmen, auch wenn keine zureichenden Zwangsmittel zur Verfügung stünden.[16] Das KG hält demgegenüber Fälle für denkbar, in denen zur Aufklärung schwerer Straftaten nach äußeren Merkmalen der Post gesucht werden muss, für die es des kriminalistischen Sachverstands der Ermittlungsbehörden bedarf und in denen es die Abwägung im Einzelfall gebieten kann, dass sie auf dieser Stufe mitwirken.[17] Dem ist zuzustimmen. Das Postgeheimnis ist nicht schrankenlos gewährt und die Wortlautgrenze des § 100 wird nicht überspannt, wenn Polizeibeamte bei der Aussonderung helfen, solange die Entscheidung über die Aushändigung beim Postdienstleister verbleibt. Rechtswidrig zur Kenntnis genommene Informationen können in diesen Fällen mit einem Beweisverwertungsverbot belegt sein (dazu → Rn. 53).

III. Öffnung der Postsendungen (Abs. 3)

1. Richtervorbehalt, Zuständigkeit der Staatsanwaltschaft (S. 1 und 2). Nach 16
Abs. 3 S. 1 steht die Öffnung der ausgelieferten Post **grundsätzlich dem Gericht** zu. Dieses kann nach S. 2 die Befugnis zur Öffnung der Staatsanwaltschaft übertragen, soweit dies erforderlich ist, um den Untersuchungserfolg nicht durch Verzögerungen zu gefährden. S. 2 erfasst somit diejenigen Fälle, in denen das zuständige Gericht entweder bereits bei der Anordnung der Beschlagnahme nach Abs. 1 oder aber danach im Rahmen einer antizipatorischen Betrachtung zu der Bewertung gelangt, es könne im Verlauf des künftigen Verfahrens der Postbeschlagnahme zu einer Situation kommen, in der Gefahr im Verzug besteht. Der Gesetzgeber hatte dabei Fälle im Blick, in denen die Einschaltung des Richters zum Zwecke der Öffnung der Post den Erfolg der Ermittlungen gefährden könnte und deshalb ein sofortiger Zugriff der Staatsanwaltschaft auf den Inhalt der Postsendungen geboten erscheint. Derartige, gleichsam zukünftige Gefahrenlagen sollen insbesondere gegeben sein, wenn sich aus den Postsendungen „Anhaltspunkte für die Art, den Umfang oder den Ort weiterer Ermittlungshandlungen ergeben" könnten.[18] Angestrebt wird mit dieser Regelung eine schnellere Fortführung der staatsanwaltschaftlichen Ermittlungen.[19]

[15] BGH (ErmRi) 28.11.2007 – 1 BGs 519/07, StV 2008, 225.
[16] BGH (ErmRi) 28.11.2007 – 1 BGs 519/07, StV 2008, 225; Greven in KK-StPO Rn. 7.
[17] KG 30.7.2010 – (1) 2 StE 2/08-2 (21/08), 2 StE 2/08, BeckRS 2010, 29744.
[18] BT-Drs. 7/551, 65.
[19] BT-Drs. 7/551, 65.

17 Bei Gefahr im Verzug umfasst die Zuständigkeit der Staatsanwaltschaft lediglich den Vollzug der gerichtlichen Öffnungsanordnung. Die **Öffnungsanordnung selbst steht nach S. 2 unter ausschließlichem Vorbehalt des Gerichts.** Auch bei Gefahr im Verzug muss die Staatsanwaltschaft mithin, anders als im Fall der Telekommunikationsüberwachung, bei der sie nicht nur die Kommunikationsinhalte zur Kenntnis nehmen, sondern nach § 100e Abs. 1 S. 2 auch die entsprechende Anordnung selbst treffen darf, erst die Öffnungsanordnung des Gerichts herbeiführen und sich die Befugnis zur Öffnung der Postsendungen übertragen lassen. Möglich und zulässig ist es aber, dass das Gericht diese Befugnis bereits in dem Beschlagnahmebeschluss auf die Staatsanwaltschaft überträgt. Darf sie die Postsendungen selbst öffnen. Vor diesem Hintergrund kann hinsichtlich der Regelung in S. 2 auch von einer „eingeschränkten Eilzuständigkeit" der Staatsanwaltschaft gesprochen werden kann.

18 Dass nach Abs. 3 **ausschließlich Gericht und Staatsanwaltschaft, nicht jedoch deren Ermittlungspersonen zur Öffnung der ausgelieferten Post berechtigt sind,** überrascht im Zeitalter moderner Telekommunikationsmittel und steht in einem Wertungswiderspruch zu den Regelungen der Telekommunikationsüberwachung nach den §§ 100a ff. Diese Vorschriften enthalten keine entsprechende Einschränkung, obwohl durch Maßnahmen der Telekommunikationsüberwachung quantitativ und qualitativ in einem ungleich stärkeren Maß in Kommunikationsumstände und -inhalte der Beteiligten eingegriffen wird, als dies heutzutage noch durch die Postbeschlagnahme geschieht. Die klassische Fernkommunikation mittels Postsendung, sprich der verkörperte Brief oder die Postkarte, sind „Auslaufmodelle". Diesen Aspekt hat der Gesetzgeber im Rahmen des Gesetzentwurfs zur Neuregelung der Telekommunikationsüberwachung und anderer verdeckter Ermittlungsmaßnahmen erkannt und thematisiert,[20] ihn gar zur Begründung für seine Auffassung herangezogen, dass es trotz entgegenstehender Forderungen in der rechtswissenschaftlichen Lit.[21] keiner einheitlichen Vorschrift zur Überwachung der Fernkommunikation bedürfe, womit er sowohl postalische als auch Telekommunikation gemeint hat. Der Gesetzgeber sah mithin keine Veranlassung für eine Änderung des Rechts der Postbeschlagnahme dahingehend, dass diese künftig ebenfalls nur unter besonderen Eingriffsvoraussetzungen zulässig sein und zu diesem Zweck ein spezifischer Deliktskatalog sowie eine Subsidiaritätsklausel in § 99 Abs. 1 implementiert werden sollte.

19 Wenn der Gesetzgeber den Strafverfolgungsbehörden bei der Postbeschlagnahme die im Vergleich zur Telekommunikationsüberwachung erleichterten Zugriffsmöglichkeiten erhalten wollte, erschließt sich von Rechts wegen nicht, wieso er die Öffnung der Post und damit die **Kenntnisnahme der Inhaltsdaten unter Richtervorbehalt** stellt, während bei der Telekommunikationsüberwachung die entsprechenden Daten unmittelbar von den Ermittlungspersonen ausgewertet werden dürfen.

20 Dieser Widerspruch lässt sich allein **rechtshistorisch** erklären. Die Vorschrift des Abs. 3 wurde durch das Erste Gesetz zur Reform des Strafverfahrensrechts (1. StVRG) vom 9.12.1974[22] eingeführt und stellt insoweit eine lediglich redaktionelle Überarbeitung der ursprünglichen Regelung des § 100 idF vom 1.2.1877 dar. Dessen Abs. 1 S. 2 enthielt bereits die Regelung, dass Briefe und andere Postsendungen „uneröffnet dem Richter" vorzulegen seien. Bei der Telekommunikationsüberwachung, die durch das Gesetz zur Beschränkung des Brief-, Post- und Fernmeldegeheimnisses vom 12.8.1968[23] eingeführt worden war und dessen Materialen[24] sich hierzu nicht verhalten, wird man bereits im Hinblick auf die Vielzahl und den Umfang der Telefonate von einer entsprechenden Regelung Abstand genommen haben. Zur erweiternden Auslegung der Öffnungsbefugnis insbes. bei der Erforderlichkeit kriminaltechnischer Untersuchungen → Rn. 25.

---

[20] BT-Drs. 16/5846, 38 (39).

[21] Böckenförde Die Ermittlung im Netz, 2003, S. 383.

[22] BGBl. I 3393.

[23] BGBl. I 949.

[24] BT-Drs. V/1880, 11–13.

2. Unanfechtbarkeit, Widerruf der Übertragungsanordnung (S. 3). Nach Abs. 3 S. 3 Hs. 1 ist die Übertragungsanordnung nach S. 2 **anfechtungsfest.** Mit der Übertragung der Befugnis zur Öffnung der Postsendungen auf die Staatsanwaltschaft sollte auch eine Beschleunigung des Verfahrens herbeigeführt werden. Der Gesetzgeber befürchtete, dieser Effekt könnte wieder aufgehoben werden, würde dem Betroffen die Möglichkeit eröffnet, die Rechtmäßigkeit der Übertragungsanordnung überprüfen zu lassen.[25] In der Praxis führt die anachronistische Regelung der eingeschränkten Öffnungsbefugnis in Kombination mit der Unanfechtbarkeit zu einer extensiven Übertragung auf die Staatsanwaltschaft. 21

Die Übertragungsanordnung kann gemäß Abs. 3 S. 3 Hs. 2 **jederzeit widerrufen** werden. Dieser deklaratorische Hinweis dürfte dem Umstand geschuldet sein, dass das Gericht nach S. 3 Hs. 1 nicht verpflichtet ist, die Befugnis zur Öffnung der Postsendungen durch die Staatsanwaltschaft zu befristen. 22

3. Vorlage und Öffnung der Postsendungen (S. 4). Nach S. 4 ist die Staatsanwaltschaft verpflichtet, die ausgelieferten Postsendungen – sofern sie zu deren Öffnung nicht zuvor nach S. 2 durch das Gericht ermächtigt wurde – **„sofort" dem Gericht vorzulegen.** 23

„Sofort" bedeutet nicht nur, dass die Staatsanwaltschaft die entsprechende Vorlageverfügung sogleich zu treffen, sondern zudem auch dafür Sorge zu tragen hat, dass die Postsendungen **dem zuständigen Gericht kurzfristig vorgelegt** werden. Mit der Überbringung der Postsendungen kann – und wird – die Staatsanwaltschaft ihre Ermittlungspersonen beauftragen. Allein diese verfügen über die für eine sofortige Vorlage erforderlichen technischen und personellen Ressourcen. Durch S. 4 soll gewährleistet werden, dass das Gericht unmittelbar nach Aussortierung der Postsendungen in die Lage versetzt wird, diese zu öffnen und auf ihre Beweiserheblichkeit zu überprüfen. Nur so kann es zum Zwecke der Eingriffsminimierung sogleich die Weiterleitung derjenigen Sendungen veranlassen, die nicht beweisrelevant sind (vgl. Abs. 5). 24

Dass die Ermittlungspersonen die Sendungen nicht öffnen dürfen, führt zu erheblichen praktischen Schwierigkeiten, wenn die Sendungen im Labor spurenschonend geöffnet werden müssen, um sowohl an der Verpackung als auch dem Inhalt **kriminaltechnische Untersuchungen** (insbes. DNA, Daktyloskopie) durchzuführen. Der Vorschlag, technische Hilfe durch Ermittlungspersonen (nur) zuzulassen, sofern ausgeschlossen ist, dass diese vom Inhalt der Sendung Kenntnis erlangen,[26] geht an der Lebenswirklichkeit vorbei. Insbesondere bei Päckchen ist es praktisch unmöglich, bei der Öffnung nicht vom Inhalt Kenntnis zu nehmen. Des Weiteren ist gerade die Innenseite der Verpackung und deren Inhalt regelmäßig Ziel der kriminaltechnischen Untersuchung. Daher ist in erweiternder Auslegung der Norm eine **Öffnung unter Aufsicht des Richters/Staatsanwalts** zuzulassen. Es ist hinzunehmen und ggf. über Beweisverwertungsverbote zu lösen, dass die Ermittlungspersonen dabei vom Inhalt zwangsläufig Kenntnis erlangen (→ Rn. 53). 25

IV. Entscheidung über eine Postbeschlagnahme- oder Auskunftsanordnung der Staatsanwaltschaft nach § 99 (Abs. 4)

Die Regelung des Abs. 4 wurde durch das 1. StVRG v. 9.12.1974[27] in § 100 eingeführt. Der Gesetzgeber hat dafür lediglich den bisherigen Abs. 3 redaktionell überarbeitet und ohne sachliche Änderung als Abs. 4 eingestellt. Nach dessen S. 1 entscheidet über eine von der Staatsanwaltschaft verfügte Beschlagnahme das **nach § 98 zuständige Gericht.** Vor Erhebung der öffentlichen Klage ist damit gemäß § 162 Abs. 1 S. 1 der Ermittlungsrichter beim Amtsgericht am Sitz der Staatsanwaltschaft zuständig. Nach Anklagerhebung entscheidet gemäß § 98 Abs. 2 S. 3 das mit der Sache befasste Gericht in der für Beschlüsse außerhalb 26

[25] BT-Drs. 7/551, 66.
[26] BGH (ErmRi) 28.11.2007 – 1 BGs 519/07, StV 2008, 225.
[27] BGBl. I 3393.

der Hauptverhandlung vorgeschriebenen Besetzung. Gleiches gilt für die Bestätigung wegen Gefahr im Verzug von der Staatsanwaltschaft angeordnete Auskunftsverlangen.

27 Durch S. 2 wird klargestellt, dass auch über die grundsätzlich dem Richter vorbehaltene Öffnung (Abs. 3 S. 1) der Sendungen, die auf Grund einer von der Staatsanwaltschaft wegen Gefahr im Verzug angeordneten Beschlagnahme (Abs. 1 S. 2) ausgeliefert wurden, derjenige Richter entscheidet, der für die Anordnung der Beschlagnahme zuständig wäre bzw. die Anordnung der Staatsanwaltschaft richterlich bestätigt hat.[28]

V. Nicht geöffnete bzw. beschlagnahmte Sendungen (Abs. 5)

28 Verschlossene Postsendungen – allein solche können geöffnet werden – die äußerlich gesichtet und nicht geöffnet wurden, sind nach S. 1 unverzüglich an den vorgesehenen Empfänger weiterzuleiten. Dies geschieht regelmäßig dadurch, dass die betreffenden Sendungen wieder demjenigen **Postdienstleister zurückgegeben** werden, der sie zuvor aussortiert und den Strafverfolgungsbehörden übergeben hatte.

29 Entsprechendes gilt nach S. 2 für geöffnete Sendungen, deren **Zurückbehaltung nicht mehr erforderlich ist.** Dabei ist es gleichgültig, ob diesen keinerlei Beweisbedeutung zukommt bzw. es im Falle einer Beweisbedeutung zur Beweissicherung ausreicht, den Inhalt der Postsendungen in geeigneter Weise zu dokumentieren und die sodann wieder verschlossenen Sendungen dem Empfänger zuzuleiten. Die in der Kommentarliteratur[29] vertretene Auffassung, geöffnete, indes nicht beweiserhebliche Postsendungen wieder zu verschließen, mit einem Vermerk über deren gerichtliche Öffnung zu versehen und sie anschließend dem Postdienstleister zur weiteren Beförderung zurückzugeben, ist mit der Ausgestaltung der Postbeschlagnahme als verdeckte Ermittlungsmaßnahme nicht vereinbar. Die Möglichkeit der Zurückstellung der Benachrichtigung nach § 101 Abs. 5 liefe dann ins Leere. Auf einen Öffnungsvermerk oder die Erkennbarkeit der Öffnung durch die Strafverfolgungsbehörden ist daher zu verzichten. Ist der Inhalt der Postsendung hingegen beweisrelevant und erfolgt die Beweissicherung bei einem Brief in der Form, dass von diesem eine (beglaubigte) Kopie gefertigt und der Brief sodann weitergeleitet wird, stellt diese Maßnahme eine Beschlagnahme nach § 94 dar und bedarf nach § 98 Abs. 1 S. 1 in der Regel einer richterlichen Anordnung. Da es sich dabei um eine grundsätzlich offene Maßnahme handelt, muss die Beschlagnahme dem Betroffenen mitgeteilt werden. Ein Geheimhaltungsinteresse besteht nach der misslungenen gesetzlichen Konzeption dann nicht mehr. Die Möglichkeit der Zurückstellung der Benachrichtigung schafft § 95a nur für die dort genannten Straftaten von auch im Einzelfall erheblicher Bedeutung, insbesondere Taten iSd. § 100a Abs. 2. Fraglich ist, ob § 101 Abs. 5 auch auf die auf § 99 Abs. 1 folgende Beschlagnahme nach §§ 94, 98 (→ Rn. 39 ff.) angewendet werden kann. Dann ist wie bei einer nicht beweisrelevanten Sendung zu verfahren.

VI. Teilbeschlagnahmte Postsendungen (Abs. 6)

30 Die Vorschriften der Abs. 6 und 5 entstammen dem Postkutschenzeitalter und waren inhaltsgleich bereits Bestandteil der Erstfassung der StPO vom 1.2.1877.[30] Beide Regelungen wurden in der Vergangenheit lediglich dem allgemeinen Sprachgebrauch angepasst und durch das Gesetz zur Neuregelung der Telekommunikation und anderer verdeckter Ermittlungsmaßnahmen[31] redaktionell den anderen verdeckten Maßnahmen angeglichen. Der Gesetzgeber geht, im Jahre 1877 mag dies ausnahmslos zugetroffen haben, noch immer davon aus, dass sich der nicht vorenthaltene Teil einer zurückbehaltenen Postsendung dem Empfänger abschriftlich mitteilen lässt. Bei mit Tinte und Feder verfassten Briefen war dies stets möglich, bei heutigen Postsendungen ist dies vielfach unmöglich. So handelt es sich

[28] Vgl. BT-Drs. 7/551, 66.
[29] Vgl. Köhler in Meyer-Goßner/Schmitt Rn. 11; Menges in Löwe/Rosenberg Rn. 39.
[30] Als § 101 Abs. 2 und 3, RGBl. 1877 253 ff.
[31] BGBl. I 3198.

heute bei den gesuchten Beweismitteln wohl überwiegend **nicht mehr um Briefe.** Vielfach werden Sendungen mit inkriminierten Waren gesucht, die als einzig abschriftfähigen Inhalt allenfalls eine Rechnung bzw. sonstige Begleitpapiere enthalten. Die Regelung ist daher weitgehend obsolet.

Abs. 6 könnte vor diesem Hintergrund wie von einzelnen Stimmen in der – oftmals 31 nicht ausreichend begründeten – Kommentarliteratur[32] dahingehend ausgelegt werden, dass die Vorschrift entgegen ihrem Wortlaut nur **auf Briefe Anwendung findet.** Dann stellt sich allerdings die Frage, wie zu verfahren ist, wenn der einem Brief gleichzustellende gedankliche Inhalt nicht urkundlich auf Papier, sondern auf einem elektronischen Datenträger verkörpert ist.

VII. Beschlagnahme der Postsendungen, §§ 94, 98

1. Anhörung der Staatsanwaltschaft. Gelangt das Gericht zu der Auffassung, eine 32 bestimmte Postsendung könnte als Beweismittel von Bedeutung sein, leitet es diese vor seiner Entscheidung zur Anhörung der Staatsanwaltschaft zu. Diese hat ungeachtet des § 33 Abs. 2 als Herrin des Verfahrens regelmäßig einen sehr viel besseren Überblick über den **aktuellen Ermittlungsstand.** Sie kann daher die Beweisbedürftigkeit einer Tatsache bzw. die Beweiseignung einer konkreten Postsendung ggf. nach Rücksprache mit der sachbearbeitenden Polizeidienststelle weitaus besser beurteilen als das die Maßnahme anordnende Gericht. Gleiches gilt für die Einziehungsfähigkeit eines potenziellen Beschlagnahmegegenstands. Sodann stellt die Staatsanwaltschaft erforderlichenfalls den Antrag, die Sendung zu beschlagnahmen.

2. Postsendungen als Aktenbestandteil (§ 147). Hält die nach Abs. 3 S. 2 zur Öff- 33 nung befugte Staatsanwaltschaft eine bestimmte Postsendung für beweisrelevant, nimmt sie diese zu den Akten und leitet sie zwecks Entscheidung dem Gericht zu. Damit wird die Sendung Aktenbestandteil und unterliegt als solche dem **Akteneinsichtsrecht,** welches allerdings unter den Voraussetzungen des § 147 Abs. 2 bis zum Abschluss der Ermittlungen beschränkt werden kann.[33] Sendungsinhalte, die nicht Schriftstücke oder Datenträger sind, werden als Asservate geführt.

3. Individuelle Beschlagnahme. Im Gegensatz zu der Aussonderungsanordnung 34 nach § 99 erfolgt die individuelle Beschlagnahme einzelner beweisrelevanter Postsendungen **nach Maßgabe der §§ 94, 98.** Erst auf dieser Grundlage darf die Sendung dauerhaft zurückgehalten werden. Zuständig für diese Maßnahme ist gemäß § 98 ebenfalls das Gericht. Da sich die Sendung bereits in behördlichem Gewahrsam befindet, kann Gefahr im Verzug nicht vorliegen.[34]

VIII. Anhörung/Benachrichtigung des Betroffenen

1. Maßnahmen nach § 99 Abs. 1 und 2. Eine **vorherige Anhörung** des Beschul- 35 digten oder sonstiger durch die Maßnahme der Postbeschlagnahme betroffener Personen nach § 33 Abs. 3 findet regelmäßig nicht statt, weil sie den Zweck der (heimlichen) Maßnahme gefährden würde (§ 33 Abs. 4).

Ist die Anordnung ergangen und vollzogen worden, müssen weder die aussortierten und 36 dennoch nicht geöffneten (Abs. 5 S. 1) noch die geöffneten und wieder verschlossenen Sendungen (Abs. 5 S. 2) bei der Weiterleitung mit einem Vermerk über ihre Aussortierung oder Öffnung versehen werden.[35] Das Verfahren der Postbeschlagnahme nach § 99 ist **den verdeckten Ermittlungsmaßnahmen** zuordnen. Dementsprechend eröffnet § 101 Abs. 1 iVm Abs. 5 die Möglichkeit, die Benachrichtigung des Absenders bzw. Adressaten einer Postsendung zurück-

32 Köhler in Meyer-Goßner/Schmitt Rn. 12.
33 Vgl. Menges in Löwe/Rosenberg Rn. 37.
34 Vgl. Menges in Löwe/Rosenberg Rn. 37.
35 So aber Köhler in Meyer-Goßner/Schmitt Rn. 11 und Menges in Löwe/Rosenberg Rn. 39 für den Fall der geöffneten Sendungen.

zustellen. Wird davon Gebrauch gemacht, darf es auch nicht zur mittelbaren Kenntnisverschaffung durch einen Öffnungsvermerk auf der Sendung kommen. Sonst könnte das in § 101 Abs. 5 vorausgesetzte Geheimhaltungsinteresse nur dadurch gewahrt werden, dass die Sendung einbehalten wird, bis keine Gefahr iSd § 101 Abs. 5 mehr besteht.[36] Das stünde aber in offensichtlichem Widerspruch zu Abs. 5 S. 1, der die unverzügliche Weiterleitung anordnet. Die widerstreitenden Interessen der Effektivität der Strafverfolgung und des Grundrechts aus Art. 10 GG werden daher durch eine Weiterleitung in wieder verschlossenem Umschlag ohne Vermerk am besten miteinander in Einklang gebracht.

37 § 101 erfasst auch das Auskunftsverlangen nach §§ 99 Abs. 2, hinsichtlich der Datenkennzeichnungspflicht (Abs. 3), der Benachrichtigungs- und Belehrungspflichten (Abs. 4), der Möglichkeit der Zurückstellung der Benachrichtigung und deren gerichtliche Kontrolle (Abs. 5 bis 7) sowie der Löschungspflicht bezüglich der erlangten personenbezogenen Daten (Abs. 8).[37]

38 **2. Maßnahmen nach §§ 94, 98.** Im Gegensatz zur Beschlagnahmeanordnung nach § 99 iVm § 101 Abs. 5 sieht die StPO für die individuelle Beschlagnahme einzelner Postsendungen als Beweismittel nach Maßgabe der §§ 94, 98 die **Möglichkeit einer Zurückstellung der Benachrichtigung nur unter den eingeschränkten Voraussetzungen des § 95a vor.** Der Gesetzgeber hat Maßnahmen nach § 94 nicht in den Maßnahmenkatalog des § 101 Abs. 1 aufgenommen.

39 Diese Tatsache hat den **BGH** veranlasst, in seinem Beschluss vom 24.11.2009[38] darauf hinzuweisen, dass im Falle der Beschlagnahme aller im Postfach/E-Mail-Konto einer Person bereits vorhandenen Nachrichten hinsichtlich derer der Übertragungsvorgang bereits abgeschlossen sei und auf die nach der Entscheidung des BVerfG vom 16.6.2009[39] nach Maßgabe der §§ 94 ff. zugegriffen werden könne, der Betroffene entsprechend zu benachrichtigen, ihm mithin die **Entscheidung nach § 35 Abs. 2 bekannt zu machen** sei. Diese Rechtsprechung wurde in der Folgezeit bestätigt und klargestellt, dass eine analoge Anwendung des § 101 Abs. 5 auf die Beschlagnahme nicht in Betracht kommt.[40]

40 Die letztgenannte Entscheidung hat der Gesetzgeber zum Anlass genommen und § 95a eingeführt. Danach kann die Benachrichtigung des von der Beschlagnahme betroffenen Beschuldigten zurückgestellt werden, solange sie den Untersuchungszweck gefährden würde, wenn (1.) bestimmte Tatsachen den Verdacht begründen, dass der Beschuldigte als Täter oder Teilnehmer eine Straftat von auch im Einzelfall erheblicher Bedeutung, insbesondere eine in § 100a Abs. 2 bezeichnete Straftat, begangen, in Fällen, in denen der Versuch strafbar ist, zu begehen versucht, oder durch eine Straftat vorbereitet hat und (2.) die Erforschung des Sachverhalts oder die Ermittlung des Aufenthaltsortes des Beschuldigten auf andere Weise wesentlich erschwert oder aussichtslos wäre. Ob der Gesetzgeber damit auch die zweite Stufe der Postbeschlagnahme regeln wollte, lässt sich den Gesetzesmaterialien nicht entnehmen. Die Art der Regelung spricht dagegen, dass der Gesetzgeber das Problem erkannt hat, da § 95a weder mit Blick auf das Verfahren, noch auf die Fristen mit § 101 abgestimmt ist. So ergibt sich die unbefriedigende Situation, dass die Benachrichtigung von der Postbeschlagnahme nach § 99 Abs. 1 (erste Stufe) von der Staatsanwaltschaft 12 Monate lang zurückgestellt werden kann. Erst danach bedarf es einer gerichtlichen Zurückstellungsentscheidung. Das Gericht kann sogar einem endgültigen Verzicht auf die Benachrichtigung zustimmen. Die Zurückstellung der Benachrichtigung von der konkreten Beschlagnahme (zweite Stufe) darf nach § 95a Abs. 2 hingegen nur durch das Gericht für maximal sechs Monate angeordnet werden. Eine Verlängerung um jeweils drei Monate ist möglich. Ferner spricht § 95a Abs. 6 S. 1 dagegen, dass der Gesetzgeber das Problem erkannt hat. Denn danach darf angeordnet werden, dass von Maßnahmen nach §§ 103, 110 und 95 betroffene Dritte zum Schweigen verpflichtet werden können. Weshalb das für den

---

[36] So Wohlers/Greco in SK-StPO Rn. 16; wohl auch Menges in Löwe/Rosenberg Rn. 38.
[37] BT-Drs. 19/27654 S. 70.
[38] BGH 24.11.2009 – StB 48/09, NStZ 2010, 345 (346).
[39] BVerfG 16.6.2009 – 2 BvR 902/06, NJW 2009, 2431 (2433).
[40] BGH 4.8.2015 – 3 StR 162/15, StV 2016, 132.

Postdienstleister nicht gelten soll, lässt sich nur damit erklären, dass der Gesetzgeber das Problem übersehen hat oder mit der Einführung des § 95a die zweite Stufe der Postbeschlagnahme gerade nicht regeln wollte. Schließlich spricht § 95a Abs. 5 S. 1 gegen eine Anwendung des § 95a auf die Postbeschlagnahme. Andernfalls hätte das Gericht in unterschiedlichem Umfang über den Antrag nach § 101 Abs. 7 S. 2 (Zurückstellung der Benachrichtigung über die erste Stufe) und nach § 95a Abs. 5 (Zurückstellung der Benachrichtigung über die zweite Stufe) zu entscheiden. Denn nur im letztgenannten Fall wird auch die Rechtmäßigkeit der Zurückstellungsentscheidung überprüft.

Da der Gesetzgeber § 99 mit der Regelung des § 95a gerade nicht in den Blick genommen hat, verdienen die Entscheidungen des BGH, die in der Lit. pauschal begrüßt wurden,[41] eine nähere Betrachtung. In beiden entschiedenen Fällen erfolgte die Beschlagnahme von auf einem Server gespeicherten E-Mails unmittelbar nach §§ 94, 98 in Folge der entsprechenden Entscheidung des BVerfG,[42] wonach diese Eingriffsnormen ausreichen (→ § 99 Rn. 13). Die BGH-Entscheidungen sind konsequent und zwingend, da eine Zurückstellung der Mitteilung nach der (einfachen) Beschlagnahme gesetzlich nicht vorgesehen war. Daraus kann jedoch nicht geschlossen werden, dass eine Anwendung von § 101 Abs. 5 bei einer **Beschlagnahme nach Postbeschlagnahme** ebenfalls ausgeschlossen ist. Vom Gesetzgeber offenbar nicht bedacht stellt es einen Wertungswiderspruch dar, wenn ausweislich der Materialien[43] „für alle speziellen verdeckten Ermittlungsmaßnahmen", mithin auch für die des § 99 in § 101 Abs. 5–7 die Möglichkeit der Zurückstellung der Benachrichtigung und deren gerichtliche Überprüfung eröffnet wird, zugleich die Fälle nicht einbezogen werden, in denen sich an die generelle Beschlagnahmeanordnung gemäß § 99 eine solche nach §§ 94, 98 anschließt. Daher ist § 101 unter Berücksichtigung des gesetzgeberischen Willens auch mit Blick auf § 95a dahingehend auszulegen, dass von der Zurückstellungsmöglichkeit auch die sich an § 99 anschließende Beschlagnahme erfasst ist. Der Wortlaut wird nicht überspannt, weil § 99 als „Postbeschlagnahme" bei erweitertem Wortverständnis die (anschließende) Beschlagnahme miterfasst. Eine analoge Anwendung des § 101 Abs. 5 – gegen die verfassungsrechtliche Bedenken bestehen[44] – ist daher nicht erforderlich.[45] Eine Anwendung des § 95a auf die der Postbeschlagnahme nachfolgende Beschlagnahme würde das aufgezeigte Problem nur im Rahmen seines begrenzten Anwendungsbereichs beheben. Die grundsätzliche Friktion wird dadurch jedoch nicht beseitigt, sondern letztlich sogar verschärft. 41

IX. Aufhebung der Postbeschlagnahme

Die Postbeschlagnahme nach § 99 Abs. 1 ist aufzuheben, wenn die Voraussetzungen für ihre Anordnung **nicht mehr vorliegen.** Dies ist der Fall, wenn der Tatverdacht gegen den Beschuldigten entfallen, das Ermittlungsverfahren mithin gemäß § 170 Abs. 2 einzustellen oder aber der Tatnachweis mit anderen Beweismitteln erbracht ist, sodass es der Postbeschlagnahme nicht mehr bedarf. Auch unter Verhältnismäßigkeitsgesichtspunkten kann eine Aufhebung geboten sein. Das gilt insbesondere mit Blick auf die fehlende zeitliche Obergrenze (vgl. aber § 100e Abs. 1 S. 4; → § 99 Rn. 40). 42

B. Rechtsbehelfe

I. Maßnahmen nach § 99

Entscheidungen nach § 99 können von dem durch § 101 Abs. 4 S. 1 Nr. 2 erfassten Personenkreis, also dem Absender sowie dem Adressaten einer Postsendung, mit dem befris- 43

[41] Holch beck-online, FD-StrafR 2010, 301352.
[42] BVerfG 16.6.2009 – 2 BvR 902/06, NJW 2009, 2431.
[43] BT-Drs. 16/5846, 57.
[44] Eschelbach in Satzger/Schluckebier/Widmaier StPO Rn. 8.
[45] So noch → 1. Aufl. Rn. 36.

teten **Rechtsbehelf des § 101 Abs. 7 S. 2–4** (→ § 101 Rn. 87 ff.) angefochten werden. Diese Vorschrift verdrängt bei Vorliegen ihrer Voraussetzungen, mithin „nach Beendigung der Maßnahme" (vgl. § 101 Abs. 7 S. 2) als lex specialis die Regelung des § 304.[46] Mit dem Rechtsbehelf des § 101 Abs. 7 S. 2–4 können sich die vorgenannten Personen dabei sowohl gegen richterliche Entscheidungen (Abs. 1 Hs. 1) als auch gegen Eilanordnungen der Staatsanwaltschaft (Abs. 1 Hs. 2) wenden und nicht nur die Anordnung der Maßnahme als solches, sondern auch die Art und Weise ihres Vollzugs beanstanden. Wird vor Anklageerhebung ein Antrag nach § 101 Abs. 7 S. 2 gestellt, so geht die Zuständigkeit für diese Entscheidung mit Anklageerhebung auf das Gericht der Hauptsache über.[47] Zur Anwendbarkeit des beonderen Rechtsbehelfs des § 95a Abs. 5 S. 1 siehe oben → Rn. 40.

44 Andere als die in § 101 Abs. 4 S. 1 Nr. 2 genannten, durch die Maßnahme jedoch ebenfalls beschwerten Personen, insbes. die verpflichteten Postdienstleister (→ Rn. 49), können gegen richterliche Anordnungen nach § 100 Abs. 1 bzw. richterliche Entscheidungen nach § 100 Abs. 4 **Beschwerde gemäß § 304** einlegen.

45 Gegen Eilanordnungen der Staatsanwaltschaft gemäß Abs. 1 Hs. 2 ist der **Antrag auf gerichtliche Entscheidung** analog § 98 Abs. 2 S. 2 statthaft, § 100 Abs. 4 S. 1. Dies gilt jedenfalls so lange, wie die Eilanordnung noch nicht richterlich bestätigt wurde. Mit der richterlichen Bestätigung nach Abs. 2 ist der Antrag auf gerichtliche Entscheidung prozessual überholt[48] und ggf. als Antrag nach § 101 Abs. 7 S. 2 auszulegen.

46 Die Staatsanwaltschaft kann gegen die **Ablehnung des Antrages nach § 99 bzw. auf Öffnung** eines ausgesonderten und dem Gericht vorgelegten Briefes Beschwerde nach § 304 einlegen. Entscheidungen, mit denen die Befugnis zur Öffnung der ausgelieferten Post der Staatsanwaltschaft übertragen wurden, sind nach Abs. 3 S. 2 Hs. 1 unanfechtbar.

II. Maßnahmen nach §§ 94, 98

47 Die herrschende Meinung[49] geht davon aus, dass gegen die individuelle richterliche Beschlagnahmeanordnung nach § 98 Abs. 1 (→ Rn. 32 ff., § 99 Rn. 27 ff.) für alle durch die Maßnahme Betroffenen bzw. die Staatsanwaltschaft die **Beschwerde nach § 304** statthaft ist. Auch entsprechende Entscheidungen des erkennenden Gerichts (§ 305 S. 2) bzw. solche des OLG als Gericht des ersten Rechtszugs und der Ermittlungsrichter des BGH (§ 304 Abs. 4 S. 2 Nr. 1) sind so anfechtbar. Die Staatsanwaltschaft kann auch die Ablehnung eines Antrages auf Beschlagnahme nach § 94 mit der Beschwerde anfechten.

48 Dieser Ansicht ist zu widersprechen. Der Gesetzgeber hat die Maßnahme zwar als zweistufig ausgestaltet. Wie sich aus dem Wortlaut „Post**beschlagnahme**" ergibt, sind die Stufen aber als einheitliches Regelungskonzept zu begreifen. Deshalb kann die Benachrichtigung von der Beschlagnahme der konkreten Sendung auch nach § 101 Abs. 5 zurückgestellt werden (→ Rn. 41). Daher ist es konsequent, auch den Rechtsbehelf des § 101 Abs. 7 auf die Maßnahme in ihrer Gesamtheit anzuwenden. Nach hiesiger Auffassung ist daher der speziellere Rechtsbehelf auch statthaft, wenn nur die auf die Aussonderung folgende Beschlagnahme selbst angegriffen wird.[50]

III. Rechtsbehelfe des Postdienstleisters

49 Der Postdienstleister hat ein eigenständiges Beschwerderecht.[51] § 101 Abs. 7 ist auf ihn nicht anwendbar, da dieser Rechtsbehelf nur den in § 101 Abs. 4 S. 1 genannten Personen

---

[46] So auch Köhler in Meyer-Goßner/Schmitt Rn. 17, Menges in Löwe/Rosenberg Rn. 51; Eschelbach in Satzger/Schluckebier/Widmaier StPO Rn. 21; aA wohl Greven in KK-StPO Rn. 12: Beschwerde nach § 304.

[47] BGH 8.10.2008 – StB 12-15/08, NJW 2009, 454 (455).

[48] BGH 3.9.2002 – 2 BGs 513/02, NStZ 2003, 272.

[49] Menges in Löwe/Rosenberg Rn. 51; Wohlers/Greco in SK-StPO Rn. 19.

[50] Unklar, ob in die gleiche Richtung zielend: Eschelbach in Satzger/Schluckebier/Widmaier StPO Rn. 21.

[51] Köhler in Meyer-Goßner/Schmitt Rn. 17; Park Rn. 680.

zusteht.[52] Indes ist der Postdienstleister nicht befugt, die Voraussetzungen für die Anordnung der Postbeschlagnahme einer „eigenen Rechtmäßigkeitskontrolle zu unterziehen"[53] bzw. eine eigenständige Prüfung der Zulässigkeit der Maßnahme durchzuführen.[54] Seine Beschwerdebefugnis beschränkt sich vielmehr auf den **Bereich seiner Mitwirkungspflichten** und damit etwa auf die Frage, ob er und nicht ein anderer Postdienstleister der richtige Adressat der Anordnung ist oder ob die konkret auferlegten Mitwirkungspflichten für ihn durchführbar bzw. zumutbar sind.[55] Der Postdienstleister ist hingegen nicht beschwerdebefugt, wenn er die Rechtmäßigkeit der Anordnung gegenüber dem Betroffenen in Zweifel zieht.[56]

C. Revision

Bei Verstößen gegen § 100 hat die Revision Erfolg, wenn aus dem Verstoß ein Beweis- 50
verwertungsverbot folgt und das Urteil auf dem bemakelten Beweismittel beruht. Es gelten die bei § 99 dargestellten Grundsätze (→ § 99 Rn. 66 f.).

Wird der Richtervorbehalt missachtet, ist nach der Abwägungslehre zu bemessen, ob 51
ein Beweisverwertungsverbot entsteht.[57] Dabei ist auch in den Blick zu nehmen, dass es sich nicht um einen verfassungsrechtlichen Richtervorbehalt handelt.[58] Die hypothetische Rechtmäßigkeit der Anordnung kann nur gegen ein Beweisverwertungsverbot sprechen, wenn der Kompetenzverstoß nicht vorsätzlich oder willkürlich erfolgt ist.[59]

Wird eine rechtmäßig ergangene staatsanwaltschaftliche Anordnung nach Ablauf der 52
3-Tages-Frist nicht richterlich bestätigt (Abs. 2), bleiben die Erkenntnisse verwertbar. Der Anordnung wird lediglich bezüglich ihrer Fortdauer die rechtliche Grundlage entzogen. Sie wird jedoch nicht rückwirkend für unwirksam erklärt. Das ergibt sich aus dem dualen System, das richterliche Zuständigkeit und staatsanwaltschaftliche Eilkompetenz bilden.[60]

Wenn Ermittlungspersonen bei der Aussonderung (→ Rn. 15) oder Öffnung 53
(→ Rn. 25) Hilfe leisten, ist zu differenzieren: Kommt es im Anschluss zur Beschlagnahme, sind die bereits im Vorfeld erlangten Erkenntnisse verwertbar. Alle anderen Wahrnehmungen der Ermittlungspersonen in Bezug auf Inhalte oder Umstände, die dem Postgeheimnis unterliegen, dürfen nicht verwertet werden. Auf diese Weise kann ein angemessener Ausgleich zwischen den Grundrechten der Betroffenen und dem staatlichen Strafverfolgungsinteresse hergestellt werden.

§ 100a Telekommunikationsüberwachung

(1) Auch ohne Wissen der Betroffenen darf die Telekommunikation überwacht und aufgezeichnet werden, wenn

1. bestimmte Tatsachen den Verdacht begründen, dass jemand als Täter oder Teilnehmer eine in Absatz 2 bezeichnete schwere Straftat begangen, in Fällen, in denen der Versuch strafbar ist, zu begehen versucht, oder durch eine Straftat vorbereitet hat,

---

52 Anders ohne Auseinandersetzung mit dem Wortlaut Eschelbach in Satzger/Schluckebier/Widmaier StPO Rn. 22.

53 LG Hildesheim 21.4.2010 – 26 Qs 58/10, MMR 2010, 800.

54 Graf in BeckOK StPO § 99 Rn. 34; LG Ingolstadt 13.2.2018 – 2 Qs 4/18, BeckRS 2018, 2764.

55 Ebenso Graf in BeckOK StPO § 99 Rn. 34; LG Ingolstadt 13.2.2018 – 2 Qs 4/18, BeckRS 2018, 2764.

56 Graf in BeckOK StPO § 99 Rn. 34; LG Ingolstadt 13.2.2018 – 2 Qs 4/18, BeckRS 2018, 2764; anders wohl Menges in Löwe/Rosenberg Rn. 53: auch Gesetzwidrigkeit der Anordnung.

57 Anders wohl Köhler in Meyer-Goßner/Schmitt Rn. 18: nur bei willkürlicher Annahme von Gefahr im Verzug.

58 Vgl. Krehl JR 2001, 491 (494); Menges in Löwe/Rosenberg Rn. 55.

59 BGH 18.4.2007 – 5 StR 546/06, NJW 2007, 2269.

60 BGH 7.3.1995 – 1 StR 685/94, NStZ 1995, 516 (517); Schnarr NStZ 1991, 209 (214 f.) jeweils zum vergleichbaren § 110b Abs. 2 S. 4; aA Burhoff Ermittlungsverfahren Rn. 3560.

2. die Tat auch im Einzelfall schwer wiegt und
3. die Erforschung des Sachverhalts oder die Ermittlung des Aufenthaltsortes des Beschuldigten auf andere Weise wesentlich erschwert oder aussichtslos wäre.

Die Überwachung und Aufzeichnung der Telekommunikation darf auch in der Weise erfolgen, dass mit technischen Mitteln in von dem Betroffenen genutzte informationstechnische Systeme eingegriffen wird, wenn dies notwendig ist, um die Überwachung und Aufzeichnung insbesondere in unverschlüsselter Form zu ermöglichen. Auf dem informationstechnischen System des Betroffenen gespeicherte Inhalte und Umstände der Kommunikation dürfen überwacht und aufgezeichnet werden, wenn sie auch während des laufenden Übertragungsvorgangs im öffentlichen Telekommunikationsnetz in verschlüsselter Form hätten überwacht und aufgezeichnet werden können.

(2) Schwere Straftaten im Sinne des Absatzes 1 Nr. 1 sind:
1. aus dem Strafgesetzbuch:
a) Straftaten des Friedensverrats, des Hochverrats und der Gefährdung des demokratischen Rechtsstaates sowie des Landesverrats und der Gefährdung der äußeren Sicherheit nach den §§ 80a bis 82, 84 bis 86, 87 bis 89a, 89c Absatz 1 bis 4, 94 bis 100a,
b) Bestechlichkeit und Bestechung von Mandatsträgern nach § 108e,
c) Straftaten gegen die Landesverteidigung nach den §§ 109d bis 109h,
d) Straftaten gegen die öffentliche Ordnung nach den §§ 129 bis 130,
e) Geld- und Wertzeichenfälschung nach den §§ 146 und 151, jeweils auch in Verbindung mit § 152, sowie nach § 152a Abs. 3 und § 152b Abs. 1 bis 4,
f) Straftaten gegen die sexuelle Selbstbestimmung in den Fällen der §§ 176, 176c, 176d und, unter den in § 177 Absatz 6 Satz 2 Nummer 2 genannten Voraussetzungen, des § 177,
g) Verbreitung, Erwerb und Besitz kinder- und jugendpornographischer Inhalte nach § 184b, § 184c Absatz 2,
h) Mord und Totschlag nach den §§ 211 und 212,
i) Straftaten gegen die persönliche Freiheit nach den §§ 232, 232a Absatz 1 bis 5, den §§ 232b, 233 Absatz 2, den §§ 233a, 234, 234a, 239a und 239b,
j) Bandendiebstahl nach § 244 Abs. 1 Nr. 2, Wohnungseinbruchdiebstahl nach § 244 Absatz 4 und schwerer Bandendiebstahl nach § 244a,
k) Straftaten des Raubes und der Erpressung nach den §§ 249 bis 255,
l) gewerbsmäßige Hehlerei, Bandenhehlerei und gewerbsmäßige Bandenhehlerei nach den §§ 260 und 260a,
m) Geldwäsche nach § 261, wenn die Vortat eine der in den Nummern 1 bis 11 genannten schweren Straftaten ist,
n) Betrug und Computerbetrug unter den in § 263 Abs. 3 Satz 2 genannten Voraussetzungen und im Falle des § 263 Abs. 5, jeweils auch in Verbindung mit § 263a Abs. 2,
o) Subventionsbetrug unter den in § 264 Abs. 2 Satz 2 genannten Voraussetzungen und im Falle des § 264 Abs. 3 in Verbindung mit § 263 Abs. 5,
p) Sportwettbetrug und Manipulation von berufssportlichen Wettbewerben unter den in § 265e Satz 2 genannten Voraussetzungen,
q) Vorenthalten und Veruntreuen von Arbeitsentgelt unter den in § 266a Absatz 4 Satz 2 Nummer 4 genannten Voraussetzungen,
r) Straftaten der Urkundenfälschung unter den in § 267 Abs. 3 Satz 2 genannten Voraussetzungen und im Fall des § 267 Abs. 4, jeweils auch in Verbindung mit § 268 Abs. 5 oder § 269 Abs. 3, sowie nach § 275 Abs. 2 und § 276 Abs. 2,
s) Bankrott unter den in § 283a Satz 2 genannten Voraussetzungen,

t) Straftaten gegen den Wettbewerb nach § 298 und, unter den in § 300 Satz 2 genannten Voraussetzungen, nach § 299,
u) gemeingefährliche Straftaten in den Fällen der §§ 306 bis 306c, 307 Abs. 1 bis 3, des § 308 Abs. 1 bis 3, des § 309 Abs. 1 bis 4, des § 310 Abs. 1, der §§ 313, 314, 315 Abs. 3, des § 315b Abs. 3 sowie der §§ 316a und 316c,
v) Bestechlichkeit und Bestechung nach den §§ 332 und 334,

2. aus der Abgabenordnung:
a) Steuerhinterziehung unter den in § 370 Absatz 3 Satz 2 Nummer 1 genannten Voraussetzungen, sofern der Täter als Mitglied einer Bande, die sich zur fortgesetzten Begehung von Taten nach § 370 Absatz 1 verbunden hat, handelt, oder unter den in § 370 Absatz 3 Satz 2 Nummer 5 genannten Voraussetzungen,
b) gewerbsmäßiger, gewaltsamer und bandenmäßiger Schmuggel nach § 373,
c) Steuerhehlerei im Falle des § 374 Abs. 2,

3. aus dem Anti-Doping-Gesetz:
Straftaten nach § 4 Absatz 4 Nummer 2 Buchstabe b,

4. aus dem Asylgesetz:
a) Verleitung zur missbräuchlichen Asylantragstellung nach § 84 Abs. 3,
b) gewerbs- und bandenmäßige Verleitung zur missbräuchlichen Asylantragstellung nach § 84a,

5. aus dem Aufenthaltsgesetz:
a) Einschleusen von Ausländern nach § 96 Abs. 2,
b) Einschleusen mit Todesfolge und gewerbs- und bandenmäßiges Einschleusen nach § 97,

5a. aus dem Ausgangsstoffgesetz:
Straftaten nach § 13 Absatz 3,

6. aus dem Außenwirtschaftsgesetz:
vorsätzliche Straftaten nach den §§ 17 und 18 des Außenwirtschaftsgesetzes

7. aus dem Betäubungsmittelgesetz:
a) Straftaten nach einer in § 29 Abs. 3 Satz 2 Nr. 1 in Bezug genommenen Vorschrift unter den dort genannten Voraussetzungen,
b) Straftaten nach den §§ 29a, 30 Abs. 1 Nr. 1, 2 und 4 sowie den §§ 30a und 30b,

8. aus dem Grundstoffüberwachungsgesetz:
Straftaten nach § 19 Abs. 1 unter den in § 19 Abs. 3 Satz 2 genannten Voraussetzungen,

9. aus dem Gesetz über die Kontrolle von Kriegswaffen:
a) Straftaten nach § 19 Abs. 1 bis 3 und § 20 Abs. 1 und 2 sowie § 20a Abs. 1 bis 3, jeweils auch in Verbindung mit § 21,
b) Straftaten nach § 22a Abs. 1 bis 3,

9a. aus dem Neue-psychoaktive-Stoffe-Gesetz:
Straftaten nach § 4 Absatz 3 Nummer 1 Buchstabe a,

10. aus dem Völkerstrafgesetzbuch:
a) Völkermord nach § 6,
b) Verbrechen gegen die Menschlichkeit nach § 7,
c) Kriegsverbrechen nach den §§ 8 bis 12,
d) Verbrechen der Aggression nach § 13,

11. aus dem Waffengesetz:
a) Straftaten nach § 51 Abs. 1 bis 3,
b) Straftaten nach § 52 Abs. 1 Nr. 1 und 2 Buchstabe c und d sowie Abs. 5 und 6.

(3) Die Anordnung darf sich nur gegen den Beschuldigten oder gegen Personen richten, von denen auf Grund bestimmter Tatsachen anzunehmen ist, dass sie für

den Beschuldigten bestimmte oder von ihm herrührende Mitteilungen entgegennehmen oder weitergeben oder dass der Beschuldigte ihren Anschluss oder ihr informationstechnisches System benutzt.

(4) Auf Grund der Anordnung einer Überwachung und Aufzeichnung der Telekommunikation hat jeder, der Telekommunikationsdienste erbringt oder daran mitwirkt, dem Gericht, der Staatsanwaltschaft und ihren im Polizeidienst tätigen Ermittlungspersonen (§ 152 des Gerichtsverfassungsgesetzes) diese Maßnahmen zu ermöglichen und die erforderlichen Auskünfte unverzüglich zu erteilen. Ob und in welchem Umfang hierfür Vorkehrungen zu treffen sind, bestimmt sich nach dem Telekommunikationsgesetz und der Telekommunikations-Überwachungsverordnung. § 95 Absatz 2 gilt entsprechend.

(5) Bei Maßnahmen nach Absatz 1 Satz 2 und 3 ist technisch sicherzustellen, dass
1. ausschließlich überwacht und aufgezeichnet werden können:
a) die laufende Telekommunikation (Absatz 1 Satz 2), oder
b) Inhalte und Umstände der Kommunikation, die ab dem Zeitpunkt der Anordnung nach § 100e Absatz 1 auch während des laufenden Übertragungsvorgangs im öffentlichen Telekommunikationsnetz hätten überwacht und aufgezeichnet werden können (Absatz 1 Satz 3),
2. an dem informationstechnischen System nur Veränderungen vorgenommen werden, die für die Datenerhebung unerlässlich sind, und
3. die vorgenommenen Veränderungen bei Beendigung der Maßnahme, soweit technisch möglich, automatisiert rückgängig gemacht werden.
Das eingesetzte Mittel ist nach dem Stand der Technik gegen unbefugte Nutzung zu schützen. Kopierte Daten sind nach dem Stand der Technik gegen Veränderung, unbefugte Löschung und unbefugte Kenntnisnahme zu schützen.

(6) Bei jedem Einsatz des technischen Mittels sind zu protokollieren
1. die Bezeichnung des technischen Mittels und der Zeitpunkt seines Einsatzes,
2. die Angaben zur Identifizierung des informationstechnischen Systems und die daran vorgenommenen nicht nur flüchtigen Veränderungen,
3. die Angaben, die die Feststellung der erhobenen Daten ermöglichen, und
4. die Organisationseinheit, die die Maßnahme durchführt.

Schrifttum: Abraham, Der Zugriff auf beim Provider gespeicherte E-Mails, HRRS 2021, 356; Albrecht/Dorsch/Krüpe, Rechtswirklichkeit und Effizienz der Überwachung der Telekommunikation und anderer verdeckter Ermittlungsmaßnahmen, Abschlussbericht, Juni 2003; Allgayer, Die Verwendung von Zufallserkenntnissen aus Überwachungen der Telekommunikation gem. §§ 100a f. StPO (und anderen Ermittlungsmaßnahmen) – Zugleich eine Anmerkung zu den Entscheidungen des BVerfG vom 3.3.2004 (NJW 2004, 999) und vom 29.6.2005 (NJW 2005, 2766) sowie des OLG Karlsruhe vom 3.6.2004 (NStZ 2004, 2687) NStZ 2006, 603; Ambos, Beweisverwertungsverbote: Grundlagen und Kasuistik – internationale Bezüge – ausgewählte Probleme, 2010; Baldus, Der Kernbereich privater Lebensgestaltung – absolut geschützt, aber abwägungsoffen, JZ 2008, 218; Bantlin, Grundrechtsschutz bei Telekommunikationsüberwachung und Online-Durchsuchung, JuS 2019, 669; Bär, Telekommunikationsüberwachung und andere verdeckte Ermittlungsmaßnahmen, MMR 2008, 215; Bär, Aktuelle Rechtsfragen bei strafprozessualen Eingriffen in die Telekommunikation, MMR 2000, 472; Bär, Tatort Internet: Herausforderungen bei der Bekämpfung von Cybercrime, DRiZ 2015, 432; Bauer, Soziale Netzwerke und strafprozessuale Ermittlungen, 2018; Bäumerich, Verschlüsselte Smartphones als Herausforderung für die Strafverfolgung, NJW 2017, 2718; Becker/Meinicke, Die sog. Quellen-TKÜ und die StPO – Von einer „herrschenden Meinung" und ihrer fragwürdigen Entstehung, StV 2011, 50; Bell, Strafverfolgung und die Cloud : Strafprozessuale Ermächtigungsgrundlagen und deren völkerrechtliche Grenzen, 2019; Beling, Beweisverbote, 1903; Bernsmann, Anordnung der Überwachung der Telekommunikation – Mitteilung der geographischen Daten des eingeschalteten Mobiltelefons, NStZ 2002, 103; Beukelmann, Neues zur StPO – Nach der Reform ist vor der Reform, NJW-Spezial 2019, 440; Beukelmann, Online-Durchsuchung und Quellen-TKÜ, NJW-Spezial 2017, 440; Böhme, Überwachung der Telekommunikation gem. § 100a StPO bei fortgesetzt begangenen Straftaten – Eine Untersuchung am Beispiel des § 298 StGB, NStZ 2014, 69; Böhme/Röske, Überwachung der Telekommunikation gemäß § 100a StPO bei fortgesetzt begangenen Straftaten – Eine Untersuchung am Beispiel des § 298 StGB, NStZ 2014, 69; Brenner, Die strafprozessuale

Überwachung des Fernmeldeverkehrs mit Verteidigern, 1994; Brodowski, Verdeckte technische Überwachungsmaßnahmen im Polizei- und Strafverfahrensrecht: Zur rechtsstaatlichen und rechtspraktischen Notwendigkeit eines einheitlichen operativen Ermittlungsrechts, 2016; Brodowski, Strafprozessualer Zugriff auf E-Mail-Kommunikation, JR 2009, 402; Buermeyer, Die „Online-Durchsuchung", Technischer Hintergrund des verdeckten hoheitlichen Zugriffs auf Computersysteme HRRS 2007, 154; Buermeyer, Die „Online-Durchsuchung", Verfassungsrechtliche Grenzen des verdeckten Zugriffs auf Computersysteme, HRRS 2007, 329; Buermeyer/Bäcker, Zur Rechtswidrigkeit der Quellen-Telekommunikationsüberwachung auf der Grundlage des § 100a StPO, HRRS 2009, 433; Burhoff, Modernisierung des Strafverfahrens – Teil 1: Ermittlungsverfahren, ZAP 2020, 165; Ceffinato, Einführung in das Internetstrafrecht, JuS 2019, 337; Ceffinato, Vermögensstraftaten im und über das Internet, NZWiSt 2016, 464; Cosack, Korruptionsbekämpfung im Gesundheitswesen ohne Telekommunikationsüberwachung – eine legislative Lücke, ZRP 2016, 18; Dalby, Das neue Auskunftsverfahren nach § 113 TKG – Zeitdruck macht Gesetze, CR 2013, 361; Derin/Golla, Der Staat als Manipulant und Saboteur der IT-Sicherheit? – Die Zulässigkeit von Begleitmaßnahmen zu „Online-Durchsuchung" und Quellen-TKÜ, NJW 2019, 1111; Derin/Singelnstein, Verwendung und Verwertung von Daten aus massenhaften Eingriffen in informationstechnische Systeme aus dem Ausland (EncroChat), NStZ 2021, 449; Dewald/Freiling, Forensische Informatik, 2. Auflage 2015; Ehmann, Lexikon für das IT-Recht, 2019; Erhard, EncroChat-Beweisverwertungsverbot hopp oder top?, StraFo 2021, 366; Fährmann, Digitale Beweismittel und Datenmengen im Strafprozess, MMR 2020, 228; Farthofer, Der Einsatz neuer Ermittlungsmaßnahmen – Das Beispiel stille SMS, ZIS 2020, 190; Freiling/Safferling/Rückert, Quellen-TKÜ und Online-Durchsuchung als neue Maßnahmen für die Strafverfolgung: Rechtliche und technische Herausforderungen, JR 2018, 9; Gähler, Strafprozessuale Ermittlungsmaßnahmen bei Datenübertragung im Cloud-Computing, HRRS 2016, 340; von Galen, Kritische Anmerkungen zur E-Evidence-Verordnung; Gebhard/Michalke, Der Zweck heiligt die Mittel nicht – Der EncroChat-Komplex und die Grenzen strafprozessualer Beweisverwertung, NJW 2022, 655; Gleß, Zur Verwertung von Erkenntnissen aus verdeckten Ermittlungen im Ausland im inländischen Strafverfahren, NStZ 2000, 57; Gleß, Beweisverwertungsverbote in Fällen mit Auslandsbezug, JR 2008, 317; Goger/Stock, Cybercrime – Herausforderung für die internationale Zusammenarbeit, ZRP 2017, 10; Golla, Lizenz zum Schürfen: Rechtsgrundlagen für die Automatisierte Unterstützung von Polizeiarbeit im Social Web, DSRITB 2018, 871; Großmann, Telekommunikationsüberwachung und Online-Durchsuchung: Voraussetzungen und Beweisverbote, JA 2019, 241; Großmann, Passwortübermittlung durch die Doppeltür; Zur Verfassungsmäßigkeit der Neuregelung der repressiven Bestandsdatenauskunft, STV-S 2021, 31; Grözinger, Heimliche Zugriffe auf den Datenbestand einer Mailbox, GA 2019, 441; Grözinger, Heimliche Zugriffe auf die Cloud – Befugnis zur Plünderung eines unermesslichen Datenschatzes, StV 2019, 406; Grözinger, Die Überwachung von Cloud-Storage: eine Untersuchung der strafprozessualen Möglichkeiten zur heimlichen Überwachung von Cloud-Storage vor und nach dem Inkrafttreten des Gesetzes zur effektiveren und praxistauglicheren Ausgestaltung des Strafverfahrens, 2018; von der Grün, Verdeckte Ermittlungen: eine praxisorientierte Darstellung der verdeckten Ermittlungsmaßnahmen der StPO mit Ausblick auf landesrechtliche Vorschriften, 2018; Grünwald, Beweisverbote und Verwertungsverbote im Strafverfahren, JZ 1996, 489; Guder, Die repressive Hörfalle in Lichte der Europäischen Menschenrechtskonvention, 2007; Hamel, Schnellerer grenzüberschreitender Zugriff auf elektronische Beweismittel: die E-evidence Vorschläge der Europäischen Kommission, in Hoven/Kudlich, Digitalisierung und Strafverfahren, S. 103; Hauck, Kritische Anmerkungen zur Regelung der Bestandsdatenauskunft in § 100j StPO, StV 2014, 360; Hauser, Das IT-Grundrecht – Schnittfelder und Auswirkungen, 2015; Heim, Staatstrojaner im Einsatz, NJW-Spezial 2018, 120; Heinemann, Grundrechtlicher Schutz informationstechnischer Systeme – Unter besonderer Berücksichtigung des Grundrechts auf Gewährleistung der Vertraulichkeit und Integrität informationstechnischer Systeme, 2015; Heinrich, Surfen im Internet und Cloud Computing zwischen Telekommunikationsüberwachung und Online-Durchsuchung, ZIS 2020, 421; Heinson, IT-Forensik, 2015; Heise Online-Recht/Tschoepe, Kapitel III, Rechtsprobleme der E-Mail-Nutzung, Rn. 109, 3. Ergänzungslieferung 2011; Herb, Die Zulässigkeit von Verfahrensrügen in der Rechtsprechung des BGH, NStZ-RR 2020, 65; Herdegen, Das Beweisrecht – Zum Rechtsmissbrauch – Teil III, NStZ 2000, 1; Hernandez Weiss, Gegenseitige Anerkennung als „Joker" bei transnationalen Ermittlungen?, ZfIStW 2022, 427; Hiéramente, Korrekturen bei der Bestandsdatenauskunft – eine Lehrstunde für die Demokratie?, jurisPR-StrafR 16 2020, Anmerkung 2; Hiéramente, Begründungsdefizite bei Richterentscheidung im Ermittlungsverfahren, ZRP 2017, 50; Hiéramente, Surfen im Internet doch Telekommunikation im Sinne des § 100a StPO?, HRRS 2016, 448; Hiéramente, Die Verwertbarkeit von Zufallsfunden bei (E-Mail-)Telekommunikationsüberwachung in Straf- und Zivilverfahren, wistra 2015, 9; Hiéramente/Pfister, Datenerhebung beim Hersteller von Mobiltelefonen: Zum Erfordernis des Strukturwandels bei der strafprozessualen Datenerhebung, StV 2017, 477; Hofmann, Die Online-Durchsuchung – staatliches Hacken oder zulässige Ermittlungsmaßnahme, NStZ 2005, 121; Hombrecher, Rechtsverstöße im Ermittlungsverfahren als Gegenstand der Revision – Grundlagen und aktuelle Rechtsprechung zu Beweisverwertungsverboten, JA 2016, 457; in Hoven/Kudlich, Digitalisierung und Strafverfahren, S. 127; Jahn, Der strafprozessuale Zugriff auf Telekommunikationsverbindungsdaten – BVerfG, NJW 2007, 976, JuS 2006, 491; Jahn, Strafprozessuale Eingriffsmaßnahmen im Lichte der aktuellen Rspr. des BVerfG – Unter Berücksichtigung der in BVerfGK 1–5 veröffentlichten Entscheidungen,

NStZ 2007, 255; Jahn/Kudlich, Die strafprozessuale Zulässigkeit der Online-Durchsuchung, JR 2007, 57; Janovsky/Goger, Das Smart Car im Fokus – Automotive-IT und Strafverfolgung, RAW 2019, 99; Janßen, Verpflichtung eines datensparsamen Webmail-Anbieters zur Herausgabe von IP-Adressen an Strafverfolgungsbehörden verfassungskonform, jurisPR-ITR 14 2019, Anmerkung 2; Jordan, W-LAN Scannen – rechtliche Einsatzmöglichkeiten bei der Strafverfolgung, Kriminalistik 2005, 514; Kahmen, Die Vorschriften zur Benachrichtigungspflicht gemäß § 101 IV-VI StPO und ihre praktische Umsetzung, 2017; Kemper, Die Beschlagnahmefähigkeit von Daten und E-Mail, MMR 2009, 538; Kilian/Heussen/Polenz, Teil 13, Telekommunikation und Telemedien Rn. 12, Computerrecht, 2009; Klein, Offen und (deshalb) einfach, Zur Sicherstellung und Beschlagnahme von E-Mails beim Provider, NJW 2009, 2996; Kneble/Schoss, Umfang und Legitimationsprobleme staatlichen Informationshandelns im Internet, DÖV 2016, 105; Kochheim, Onlinedurchsuchung und Quellen-TKÜ in der Strafprozessordnung – Neuordnung der tiefen technischen Eingriffsmaßnahmen in der StPO seit dem 24.8.2017, KriPoz 2018, 60; Kramer, Telekommunikationsüberwachung und Verkehrsdatenabfrage bei Verdacht auf Steuerhinterziehung, NJW 2014, 1561; Krause, Ermittlungen im Darknet – Mythos und Realität, NJW 2018, 687; Kudlich, Strafprozessuale Probleme des Internets, JA 2000, 227; Kutscha, Verdeckte „Online-Durchsuchung" und Unverletzlichkeit der Wohnung, NJW 2007, 1169; Leupold/Glossner (Hrsg.), Münchner Anwaltshandbuch, München 2011; Liebig, Der Zugriff auf Computerinhaltsdaten im Ermittlungsverfahren, 2015; Löffelmann, Die Umsetzung des Grundsatzes der hypothetischen Datenneuerhebung – Schema oder Struktur?, GSZ 2019, 16; Ludewig, Die Sicherstellung und Auswertung des Smartphones – Kriminalpolitischer Anpassungsbedarf?, KriPoZ 2019, 293; Mahnkopf/Döring, Telefonüberwachungsmaßnahmen bei Opfern von Schutzgelderpressungen ohne deren Einwilligung, NStZ 1995, 112; Malek, Strafsachen im Internet, 2005; Maras, Computer Forensics, Second Edition 2015; Marosi/Skobel, Von Menschen und Maschinen, DÖV 2018, 837; Matsumoto, Der strafprozessuale Zugriff auf Fahrzeugdaten gegenüber Automobilunternehmen vor dem Hintergrund des Regierungsentwurfs zum Gesetz gegen Rechtsextremismus und Hasskriminalität, RAW 2020, 118; Mayer, Verwertbarkeitsfragen bei Ermittlungsmaßnahmen, die nur beim Verdacht bestimmter Straftaten zulässig sind, Kriminalistik 2021, 685; Meyer-Mews, „Keine bloße Formsache" – Notizen zum Richtervorbehalt, HRRS 2020, 286; Mohay/Anderson/Collie/De Vel/McKemmish Computer and Intrusion Forensics, 2003; Momsen/Bruckmann, Soziale Netzwerke als Ort der Kriminalität und Ort von Ermittlungen, KriPoZ 2019, 20; Momsen, Entsperrung biometrischer Sicherungen im Strafverfahren, DRiZ 2018, 140; Müller, Internetermittlungen und der Umgang mit digitalen Beweismitteln im (Wirtschafts-)Strafverfahren, NZWiSt 2020, 96; Neuhaus, Strafverfolger brauchen Zugriff auf verschlüsselte Kommunikation, DRiZ 2017, 192; Neuhöfer, Der Zugriff auf serverbasiert gespeicherte E-Mails beim Provider, 2011; Nicolai, Der Zugriff auf beim Provider (end-)gespeicherte E-Mails, HRRS 2021, 365; Niedernhuber, Die StPO-Reform 2017 – wichtige Änderungen im Überblick, JA 2018, 169; Nolte/Schlutz, Verpflichtung zur Übermittlung nicht protokollierter IP-Adressen – Anmerkung zu BVerfG 2. Senat 3. Kammer, Nichtannahmebeschluss vom 20.12.2018 – 2 BvR 2377/16, jurisPR-Compl 5 2019, Anmerkung 4; Obenhaus, Cloud Computing als neue Herausforderung für Strafverfolgungsbehörden und Rechtsanwaltschaft, NJW 2010, 651; Palm/Roy, Mailboxen: Staatliche Eingriffe und andere rechtliche Aspekte, NJW 1996, 1791; Park, Handbuch Durchsuchung und Beschlagnahme, 5. Aufl. 2022; Paul, Unselbstständige Beweisverwertungsverbote in der Rechtsprechung, NStZ 2013, 489; Pauli, Zur Verwertbarkeit der Erkenntnisse ausländischer Ermittlungsbehörden – EncroChat, NStZ 2021, 146; Prittwitz, Zur Verwertbarkeit zufällig aufgezeichneter Raum- und Hintergrundgespräche, StV 2009, 437; Rebehn, Stumpfes Schwert, DRiZ 2019, 208; Rebehn, Reform des Strafprozesses mit Augenmaß, DRiZ 2019, 206; Reiß, Der strafprozessuale Schutz verfassungsrechtlich geschützter Kommunikation vor verdeckten Ermittlungsmaßnahmen, StV 2008, 539; Rieß, Die „Straftat von erheblicher Bedeutung" als Eingriffsvoraussetzung, Versuch einer Inhaltsbestimmung, GA 2004, 623; Roggan, Die strafprozessuale Quellen-TKÜ und Online-Durchsuchung: Elektronische Überwachungsmaßnahmen mit Risiken für Beschuldigte und die Allgemeinheit, StV 2017, 821; Roggan, Die „Technikoffenheit" von strafprozessualen Ermittlungsbefugnissen und ihre Grenzen – Die Problematik der Auslegung von Gesetzen über ihren Wortlaut oder Wortsinn hinaus, NJW 2015, 1995; Rosengarten/Römer, Der „virtuelle verdeckte Ermittler" in sozialen Netzwerken und Internetbords, NJW 2012, 1764; Rottmeier/Eckel, Die Entschlüsselung biometrisch gesicherter Daten im Strafverfahren, NStZ 2020, 193; Rückert/Goger, Neue Waffe im Kampf gegen Kinderpornografie im Internet, MMR 2020, 373; Rückert/Safferling, Telekommunikationsüberwachung bei Bitcoins, MMR 2015, 788; Rüscher, Alexa, Siri und Google als digitale Spione im Auftrag der Ermittlungsbehörden?, NStZ 2018, 687; Sankol, Die Qual der Wahl: § 113 TKG oder §§ 100g, 100h StPO? Die Kontroverse über das Auskunftsverlangen von Ermittlungsbehörden gegen Access-Provider bei dynamischen IP-Adressen, MMR 2006, 361; Sankol, Strafprozessuale Zwangsmaßnahmen und Telekommunikation – Der Regelungsgehalt der §§ 100a ff. StPO, JuS 2006, 698; Sankol, Strafprozessuale Zwangsmaßnahmen gegen „Nachrichtenmittler" Ein Überblick über die rechtlichen Möglichkeiten und Grenzen, MMR 2008, 154; Sankol, Überwachung von Internet-Telefonie, CR 2008, 13; Schiemann, Effektivere und praxistauglichere Ausgestaltung des Strafverfahrens? Was von der großen StPO-Reform übriggeblieben ist, KriPoZ 2017, 338; Schlegel, Normative Grenzen für internetbasierte Ermittlungsmethoden, 2019; Schneiderhan, Europäische Ermittlungsanordnung schließt Lücke im Unionsrecht, DRIZ 2014, 176; Schulz/Hoffman, Grundrechtsrelevanz staatlicher Beobachtungen im Internet, CR 2010, 131; Schuster,

Telekommunikationsüberwachung in grenzüberschreitenden Strafverfahren nach Inkrafttreten des EU-Rechtshilfeübereinkommens, NStZ 2006, 657; Singelnstein, Folgen des neuen Datenschutzrechts für die Praxis des Strafverfahrens und die Beweisverbotslehre, NStZ 2020, 639; Singelnstein, Strafprozessuale Verwendungsregeln zwischen Zweckbindungsgrundsatz und Verwertungsverboten, ZStW 120 (2008), 854; Singelnstein/Derin, Das Gesetz zur effektiveren und praxistauglicheren Ausgestaltung des Strafverfahrens, NJW 2017, 2646; Singelnstein/Putzer, Rechtliche Grenzen strafprozessualer Ermittlungsmaßnahmen, GA 2015, 564; Sommer, EncroChat – ein Kapitel in der Geschichte des zerbröselnden europäischen Strafprozesses, StV-S 2021, 67; Soiné, Die strafprozessuale Online-Durchsuchung, NStZ 2018, 497; Stögmüller, Vertraulichkeit und Integrität informationstechnischer Systeme in Unternehmen, CR 2008, 435; Störing, Strafprozessuale Zugriffsmöglichkeiten auf E-Mail-Kommunikation, Diss., 2007; Taraz, Das Grundrecht auf Gewährleistung der Vertraulichkeit und Integrität informationstechnischer Systeme und die Gewährleistung digitaler Privatheit im grundrechtlichen Kontext: Wegbereitung für eine digitale Privatsphäre? Schriftenreihe Beiträge zu Datenschutz und Informationsfreiheit, 2016; Thomae, Die E-Evidence-Verordnung, in Hoven/Kudlich, Digitalisierung und Strafverfahren, S. 139; Trüg, Einziehung bei Marktmanipulation und Zugriff auf E-Mails beim Provider, JZ 2021, 560; Vassilaki, Heimliche Beschlagnahme von digital gespeicherten Informationen, MMR 2022, 103; Wahl, Verwertung von im Ausland überwachter Chatnachrichten im Strafverfahren, ZIS 2021, 452; Warken, Elektronische Beweismittel im Strafprozessrecht – eine Momentaufnahme über den deutschen Tellerrand hinaus, Teil 2, NZWiSt 2017, 329; Weber, Strafrecht und Sprachassistenz, jM 2021, 252; Welp, Die strafprozessuale Überwachung des Post- und Fernmeldeverkehrs, 1974; Wenzel, Rechtliche Grundlagen der IT-Forensik, NZWiSt 2016, 85; Wicker, Die Neuregelung des § 100j StPO auch beim Cloud Computing – Zugriff auf Zugangsdaten zur Cloud nach der neuen Bestandsdatenauskunft, MMR 2014, 298; Wicker, Cloud Computing und staatlicher Strafanspruch. Strafrechtliche Risiken und strafprozessuale Ermittlungsmöglichkeiten in der Cloud, 2016; Widmaier, Mitwirkungspflicht des Verteidigers in der Hauptverhandlung und Rügeverlust(?), NStZ 1992, 519; Wölm, Schutz der Internetkommunikation und „heimliche Internetaufklärung", 2014; Zabel, Dogmatik und Funktionswandel des Tatverdachts, ZIS 2014, 340; Zerbes/El-Ghazi, Zugriff auf Computer: Von der gegenständlichen zur virtuellen Durchsuchung, NStZ 2015, 425; Zeyer, Ausländische Beweismittel und ihre Verwertbarkeit am Beispiel „EncroChat", ZWH 2022, 81; Ziemann, Strafprozessualer Grundrechtseingriff und Gesetzesbindung, ZStW 130 (2018), 762; Zimmermann, Der strafprozessuale Zugriff auf E-Mails, JA 2014, 321; Zimmermann F., Die Verwertbarkeit von Auslandsbeweisen im Lichte der EncroChat-Ermittlungen, ZfIStW 2022, 173; Zöller, Die zweckändernde Nutzung von personenbezogenen Daten im Strafverfahren – Gegenwart und Zukunft von § 161 StPO, StV 2019, 419; Zur Mühlen, Zugriffe auf elektronische Kommunikation: Eine verfassungsrechtliche und strafprozessrechtliche Analyse, Schriftenreihe des Max-Planck-Instituts für ausländisches und internationales Strafrecht, 2019.

Übersicht

A. Grundlagen

I. Normzweck

Die Vorschrift gestattet Maßnahmen zur Überwachung und Aufzeichnung der Telekommunikation. Der Begriff der Telekommunikation ist mehrdeutig. Im ursprünglichen Sinne des § 100a sind darunter zumindest **individuelle Nachrichten** zu verstehen, die mittels Telekommunikationsanlagen übertragen werden. Die Individualität bezieht sich dabei nicht auf den Nachrichteninhalt, sondern auf den Übertragungsvorgang. So kann es sich bei dem Nachrichteninhalt gar um einen allgemein bekannten Sachverhalt, etwa das Bild eines Werbeplakats handeln, sofern sich die Individualität der Kommunikation aus dem Übertragungsvorgang ergibt, dieser mithin zwischen einzelnen Personen bzw. zwischen individualisierbaren Personenkreisen erfolgt. Telekommunikation iSd § 100a Abs. 1 erfasst somit ausschließlich die Übertragung von Daten gleich welcher Art zwischen einem individuellen Teilnehmerkreis. Die Entwicklung neuer Technologien, vor allem des sog. **Cloud Computing** und des sog. **Internet of Things** (IoT) wirft dabei die Fragen auf, ob (1) der „Teilnehmerkreis" auch nur aus einer einzigen Person bestehen kann, welche sich die Daten selbst zukommen lässt und (2), ob der „Teilnehmerkreis" auch nur aus technischen Geräten, welche Daten untereinander übertragen, ohne dabei im Einzelfall durch eine natürliche Person hierzu veranlasst worden zu sein, bestehen kann (sog. Maschine-zu-Maschine-Kommunikation, hierzu noch im Einzelnen → Rn. 31). Diese Art von Telekommunikation darf zum Zwecke der **Erforschung** 1

des Sachverhalts oder **der Ermittlung des Aufenthaltsortes des Beschuldigten** überwacht werden. Maßnahmen nach § 100a werden indes nicht nur zur alternativen Erreichung eines dieser beiden, sondern häufig unter kumulativer Verfolgung beider Zwecke angeordnet und durchgeführt.

2 Die ursprüngliche gesetzgeberische Ausrichtung der Maßnahme zielte im Jahre ihrer Einführung 1968[1] darauf ab, „in Fällen des Verdachts bestimmter schwerer Straftaten aus dem Bereich der allgemeinen Kriminalität und des strafrechtlichen Staatsschutzes“[2] durch heimliche Ermittlungen **bereits vor der Durchführung der Maßnahme vorhandene** tatsächliche Anhaltspunkte dahingehend zu überprüfen, ob tatsächlich ein Sachverhalt vorliegt, durch den einer der (im damaligen Katalog) aufgezählten Straftatbestände verwirklicht wird. Dass die Maßnahme nach der gesetzgeberischen Vorstellung jedenfalls hinsichtlich des Zwecks der „Erforschung des Sachverhalts“ **retrograd** ausgerichtet war und dies im Übrigen noch immer ist, ergibt sich aus den historischen Materialien. Danach sollte die Überwachung des Fernmeldeverkehrs „wie die Postbeschlagnahme der §§ 99, 100 ein Mittel zur Aufklärung des Sachverhalts“, mithin eines bereits abgeschlossenen Lebenssachverhaltes sein.

3 Erscheint die Telekommunikationsüberwachung zur Klärung dieser Frage nach der einer solchen Anordnung stets zu Grunde liegenden prognostischen Beurteilung im Einzelfall geeignet und wird die Maßnahme deshalb angeordnet, so führt sie zumeist „nur“ zu Erkenntnissen, denen hinsichtlich der tatbestandlichen Voraussetzungen der einschlägigen Katalogtat lediglich eine **indizielle Bedeutung** zukommt. Relevanz erlangen diese Erkenntnisse vor allem dadurch, dass sie in der Gesamtschau mit weiteren Indiztatsachen zum Schuldnachweis geeignet sind. Außerdem können sich wertvolle Spurenansätze zur Verfolgung der Tat, wegen welcher die Überwachung angeordnet wurde, und anderer Straftaten (sofern die Verwendung dieser „Zufallsfunde“ zulässig ist → Rn. 313 ff.) ergeben.

II. Kriminalistische Bedeutung

4 Die Telekommunikationsüberwachung stellt aufgrund ihrer besonderen kriminalistischen Bedeutung die zentrale Vorschrift im Instrumentarium der heimlichen Ermittlungsmethoden dar. Sie dient vorrangig der **Erlangung von Äußerungen des Beschuldigten zu den Tatvorwürfen und zu möglichen Mittätern und Täterstrukturen.** Demgegenüber spielt die Ermittlung des Aufenthaltsortes des Beschuldigten eine untergeordnete Rolle.[3]

5 Mit dem Gesetz zur Neuregelung der Telekommunikationsüberwachung und anderer verdeckter Ermittlungsmaßnahmen sowie zur Umsetzung der Richtlinie 2006/24/EG vom 21.12.2007[4] sollte den Strafverfolgungsbehörden trotz vielfach geübter Kritik etwa an der wiederholten Erweiterung des Anlasstatenkatalogs des Abs. 2 in § 100a ein Ermittlungsinstrument erhalten bleiben, welches unterhalb der Eingriffsschwelle der akustischen Wohnraumüberwachung des § 100c und damit unter weniger strengen Voraussetzungen die **„Verfolgung schwerer und schwer ermittelbarer Kriminalität“** ermöglicht.[5] Im Blick hatte der Gesetzgeber dabei namentlich Straftaten der Transaktions- und Wirtschaftskriminalität sowie solche Delikte, die unter Verwendung moderner Kommunikationsmittel begangen werden. Hierzu zählt insbesondere die Betäubungsmitteldelinquenz in der Form des Handeltreibens mit Betäubungsmitteln in nicht geringer Menge. So bilden von den Katalogstraftaten des § 100a Abs. 2 die in Nr. 7 aufgeführten Betäubungsmitteldelikte diejenige Deliktsgruppe, die ausweislich der Untersuchung des Max-Planck-Instituts für ausländisches und internationales Strafrecht

---

[1] BGBl. I 949.
[2] BT-Drs. V/1880, 7.
[3] Albrecht/Dorsch/Krüpe, Rechtswirklichkeit und Effizienz der Überwachung, S. 442.
[4] BGBl. I 3198.
[5] BT-Drs. 16/5846, 40.

aus dem Jahre 2003[6] in den untersuchten 501 Verfahren am häufigsten, nämlich in 199 Verfahren, zur Begründung von Maßnahmen nach § 100a herangezogen wurde. Aus dem Bereich der Rauschmittelkriminalität sind nunmehr in Nr. 9a auch die sog. neuen psychoaktiven Substanzen erfasst.

Seit der grundlegenden Überarbeitung 2007 hat § 100a **zahlreiche kleinere Reformen und redaktionelle Anpassungen** erfahren, vor allem hinsichtlich der Erweiterung und redaktionellen Anpassung des Straftatenkatalogs[7] und dem Hinzufügen einer amtlichen Überschrift.[8] 2013 wurde ferner eine eigene Kernbereichsregelung mit dem neuen Absatz 4 eingefügt (die mittlerweile in der gemeinsamen Kernbereichsvorschrift von § 100d aufgegangen ist).[9] 6

Mit Art. 3 des Gesetzes zur effektiveren und praxistauglicheren Gestaltung des Strafverfahrens wurde 2017 die **sog. Quellen-Telekommunikationsüberwachung** eingeführt. Die Neuregelung war eine (überfällige) Reaktion auf die vermehrte Nutzung von Ende-zu-Ende-verschlüsselter Kommunikation, vor allem bei der Nutzung von Messenger-Diensten. Da das Entschlüsseln der Nachrichteninhalte, die über eine „normale" Telekommunikationsüberwachung erhoben wurden, oftmals technisch unmöglich oder nur unter extrem großem Aufwand möglich ist, kann die Telekommunikation nunmehr mittels des Einsatzes sog. Spähprogramme („Staatstrojaner") auf den Kommunikationsgeräten selbst und somit „an der Quelle" überwacht und aufgezeichnet werden (→ Rn. 201). 7

Die **empirische kriminalistische Bedeutung** der Telekommunikationsüberwachung ist hoch. Im Berichtsjahr 2018 ergingen in 5.104 Verfahren 19.474 entsprechende Anordnungen, am meisten davon in Bayern. Im Berichtszeitraum 2019 wurden 18.225 Anordnungen in 5.252 Verfahren erlassen. Die größte Bedeutung kommt mittlerweile der Überwachung der Mobilfunk- und Internetkommunikation zu. Bei letzterem war im Zeitraum von 2011– 2016 eine Verachtfachung der Anordnungen zu verzeichnen.[10] Bei der zunehmenden Überwachung der Internetkommunikation scheint die Einrichtung von Schwerpunktstaatsanwaltschaften zur Strafverfolgung von Cybercrime eine große Bedeutung zu haben.[11] Von den Katalogtaten spielen weiterhin (schwere) Betäubungsmitteldelikte die Hauptrolle, gefolgt von Vermögensstraftaten (Betrug, Computer- 8

---

6 Albrecht/Dorsch/Krüpe, Rechtswirklichkeit und Effizienz der Überwachung, S. 145.

7 Artikel 2 Gesetz zur Neuregelung des Grundstoffüberwachungsrechts vom 11.3.2008 (BGBl. I 306); Artikel 2 Gesetz zur Umsetzung des Rahmenbeschlusses des Rates der Europäischen Union zur Bekämpfung der sexuellen Ausbeutung von Kindern und der Kinderpornographie vom 31.10.2008 (BGBl. I 2149); Artikel 3 Gesetz zur Verfolgung der Vorbereitung von schweren staatsgefährdenden Gewalttaten vom 30.7.2009 (BGBl. I 2437); Artikel 2 Gesetz zur Modernisierung des Außenwirtschaftsrechts vom 6.6.2013 (BGBl. I 1482); Artikel 3 Achtundvierzigstes Strafrechtsänderungsgesetz – Erweiterung des Straftatbestandes der Abgeordnetenbestechung vom 23.4.2014 (BGBl. I 410); Artikel 2 Neunundvierzigstes Gesetz zur Änderung des Strafgesetzbuches – Umsetzung europäischer Vorgaben zum Sexualstrafrecht vom 21.1.2015 (BGBl. I 10); Artikel 2 GVVG-Änderungsgesetz (GVVG-ÄndG) vom 12.6.2015 (BGBl. I 926); Artikel 14 Asylverfahrensbeschleunigungsgesetz vom 20.10.2015 (BGBl. I 1722); Artikel 9 Gesetz zur Bekämpfung der Korruption vom 20.11.2015 (BGBl. I 2025); Artikel 5 Gesetz zur Bekämpfung von Doping im Sport vom 10.12.2015 (BGBl. I 2210); Artikel 4 Gesetz zur Verbesserung der Bekämpfung des Menschenhandels und zur Änderung des Bundeszentralregistergesetzes sowie des Achten Buches Sozialgesetzbuch vom 11.10.2016 (BGBl. I 2226); Artikel 2 Fünfzigstes Gesetz zur Änderung des Strafgesetzbuches – Verbesserung des Schutzes der sexuellen Selbstbestimmung vom 4.11.2016 (BGBl. I 2460); Artikel 2 Gesetz zur Bekämpfung der Verbreitung neuer psychoaktiver Stoffe vom 21.11.2016 (BGBl. I 2615); Artikel 2 Gesetz zur Änderung des Völkerstrafgesetzbuches vom 22.12.2016 (BGBl. I 3150); Artikel 2 Einundfünfzigstes Gesetz zur Änderung des Strafgesetzbuches – Strafbarkeit von Sportwettbetrug und der Manipulation von berufssportlichen Wettbewerben vom 11.4.2017 (BGBl. I 815); Artikel 3 Gesetz gegen illegale Beschäftigung und Sozialleistungsmissbrauch vom 11.7.2019 (BGBl. I 1066); Artikel 1 Gesetz zur Modernisierung des Strafverfahrens vom 10.12.2019 (BGBl. I 2121).

8 Gesetz zur Stärkung des Rechts des Angeklagten auf Vertretung in der Berufungsverhandlung und über die Anerkennung von Abwesenheitsentscheidungen in der Rechtshilfe vom 17.7.2015 (BGBl. I 1332).

9 Artikel 2 Gesetz zur Modernisierung des Außenwirtschaftsrechts vom 6.6.2013 (BGBl. I 1482).

10 Von zur Mühlen, Zugriffe auf elektronische Kommunikation, S. 47.

11 Von zur Mühlen, Zugriffe auf elektronische Kommunikation, S. 47.

betrug und Bandendiebstahl) sowie Mord und Totschlag und Straftaten gegen die öffentliche Ordnung.[12]

9 Mit der Veröffentlichung der Jahresstatistik für das Jahr 2019 am 18.12.2020 durch das Bundesamt für Justiz waren erstmals (vermeintlich) **belastbare Zahlen zum Einsatz der sog. Quellen-Telekommunikationsüberwachung** vorhanden. Diese wurde laut zunächst veröffentlichter Statistik des BfJ 578 mal angeordnet, jedoch nur 368 mal tatsächlich durchgeführt. Vor Kurzem hat sich indes herausgestellt, dass die Zahlen aufgrund falsch interpretierter Fragebögen zu hoch sind und die Quellen-TKÜ wohl tatsächlich noch seltener angeordnet und durchgeführt wurde.[13] In der nunmehr am 12.2.2021 veröffentlichten, überarbeiteten Statistik des BfJ sind die Zahlen deutlich nach unten korrigiert worden. Danach wurde die Quellen-TKÜ nur 31 mal in Überwachungsbeschlüssen angeordnet und nur dreimal (!) tatsächlich durchgeführt.[14] Dies deutet auf bereits vermutete technische Schwierigkeiten bei der Infiltration der Rechnersysteme hin. Umso mehr, als zu vermuten steht, dass die Strafverfolgungsbehörden nur dann eine Quellen-Telekommunikationsüberwachung beantragen, wenn sie davon ausgehen, dass sie eine Möglichkeit zur Infiltration finden. Die drei erfolgreich durchgeführten Quellen-Telekommunikationsüberwachungen wurden in Brandenburg, Niedersachsen und NRW durchgeführt.[15] Welche Straftaten Grundlage für die Anordnungen waren, ist in der Statistik leider nicht aufgeschlüsselt. Die kriminalistische Bedeutung der Quellen-Telekommunikationsüberwachung muss bislang – gerade im Vergleich zur klassischen Telekommunikationsüberwachung – als „fast null" bezeichnet werden.

III. Gesetzeshistorie und technologische Entwicklung

10 **1. Ursprünglicher Zweck des § 100a.** Die Vorschrift des § 100a wurde durch das „Gesetz zur Beschränkung des Brief-, Post- und Fernmeldegeheimnisses (Gesetz zu Art. 10 GG) (G 10)" vom 13.8.1968[16] eingeführt und trat am 1.11.1968 in Kraft. Das Gesetz ermächtigte die Strafverfolgungsbehörden zur „Überwachung und Aufnahme des Fernmeldeverkehrs auf Tonträgern" und gestattete zu diesem Zweck, wie aus der Benennung des einführenden Gesetzes unmittelbar hervor geht, **Eingriffe in den Schutzbereich des Art. 10 GG.** Begründet wurde die Erforderlichkeit dieses Gesetzes mit der Erwägung, es sei unbefriedigend, „dass die Strafverfolgungsbehörden auch in Fällen schwerster Kriminalität nicht befugt (seien), Telefongespräche abzuhören". Das damals geltende Recht sah mit § 12 FAG[17] für Zwecke der Strafverfolgung lediglich einen Auskunftsanspruch hinsichtlich des bereits stattgefundenen Fernmeldeverkehrs vor.[18] Außer dieser Norm ließen im Jahre 1968 lediglich noch die Vorschrift des § 99, das Gesetz zur Überwachung strafrechtlicher und anderer Verbringungsverbote vom 24.5.1961, § 121 Konkursordnung, § 431 der Reichsabgabenordnung sowie § 16 Zollgesetz (in ihrer damals jeweils geltenden Fassung) Beschränkungen des Brief-, Post- und Fernmeldegeheimnisses zu.[19]

11 **2. Telefonverkehr.** Der Fernmeldeverkehr, in den ab 1968 auf der Grundlage des § 100a eingegriffen werden durfte, so dass auch Telefongespräche abgehört werden konnten, bestand Ende der 60er Jahre noch durchweg in der leitungsgestützten Übertragung der **klassischen Sprachtelefonie.**

---

[12] Bundesamt für Justiz, Übersichten für 2018 und 2019 Telekommunikationsüberwachung – Anordnungen nach § 100a StPO.

[13] https://www.heise.de/news/Falsch-angekreuzt-Justiz-rudert-bei-Staatstrojaner-Statistik-zurueck-5019148.html (Stand: 11.1.2021).

[14] Bundesamt für Justiz, Übersichten für 2019 Telekommunikationsüberwachung – Anordnungen nach § 100a StPO (korrigierte Fassung), Stand 12.2.2021.

[15] Bundesamt für Justiz, Übersichten für 2019 Telekommunikationsüberwachung – Anordnungen nach § 100a StPO (korrigierte Fassung), Stand 12.2.2021.

[16] BGBl. 1968 I 949 ff.

[17] In der Fassung vom 14.1.1928, RGBl. I 8.

[18] BT-Drs. V/1880, 7.

[19] BT-Drs. V/1880, 6.

Telefonie, gleich ob leitungsgestützt oder funkbasiert, bezeichnet die Übermittlung von Schall (Sprache) durch Umwandlung in elektrische Signale, die sodann übertragen und an einem anderen Ort wieder in Schallsignale zurückverwandelt werden.[20] **12**

Zwar erfolgte die Nutzung des Mobilfunks in Deutschland bereits im Jahre 1926 mit der Einrichtung eines Telefondienstes in den Zügen der Reichsbahn und es wurde ab 1958 mit der Einführung des A-Netzes mit circa 11.000 Teilnehmern das Autotelefon genutzt, welches noch auf Handvermittlung angewiesen war. Das erste verbreitet genutzte Mobilfunknetz war aber erst (nach Einführung des B-Netzes im Jahre 1972) das 1986 eingeführte C-Netz mit circa 800.000 Teilnehmern. Diese Netze waren sämtlich analog, die mobilen Endgeräte noch mobile Telefone, mithin **„Mobiltelefone"** im klassischen Sinn. Sie waren in ihrem Funktionsumfang noch dem leitungsgestützten Telefon vergleichbar und dienten der Übermittlung von Sprachtelefonie, wenngleich im C-Netz, welches im Jahre 2000 eingestellt wurde, bereits die Übermittlung von Faxen möglich war. **13**

Die Telekommunikationstechnologie änderte sich grundlegend erst mit der Einführung der Digitalnetze im GSM (Global Standard for Mobile Communications) bzw. UMTS (Universal Mobile Telecommunications System) Standard. Diese Netze sind in der Lage, nicht nur Sprache bzw. Töne, sondern auch Bilder, Zeichen und sonstige digitale Daten aller Art wie etwa eine SMS oder eine E-Mail zu übertragen. Das UMTS-Netz ermöglicht darüber hinaus auch die schnelle Übertragung von Multimediadiensten und damit die Nutzung selbst aufwendiger Internetseiten.[21] Dadurch wurden über die klassische Telefonie hinaus auch **nicht mehr sprachbasierte Daten Gegenstand des „Fernmelde- bzw. Telekommunikationsverkehrs"**. Auch diese Daten können technisch auf der Grundlage des § 100a überwacht und aufgezeichnet werden. Moderne „Handys", die entsprechend ihrer Funktionserweiterung auch nicht mehr als „Mobiltelefone" sondern als „Smartphone" bezeichnet werden, bieten durch die Verwendung weiterer Programme (Apps) eine Vielzahl von Funktionalitäten außerhalb der Individualkommunikation. **14**

Die rasant zunehmende Nutzerzahl von Smartphones und anderen mobilen internetfähigen Geräten wie Smartwatches und Tablets sowie die „Vernetzung" der Automobile macht es notwendig, für eine Vielzahl von Teilnehmern größere Bandbreiten (Down- und Uploadraten) flächendeckend zur Verfügung zu stellen. Dem dient derzeit der Ausbau der LTE (Long Term Evolution)-Netze, welche es ermöglichen, deutlich größere Datennetze zu versenden.[22] Dieser Standard wird jedoch demnächst bereits wieder durch den sog. 5G-Standard abgelöst werden, welcher, neben noch größerer Bandbreite, vor allem die „Individualisierung" von lokalen Mobilfunknetzen zulässt und weniger von baulichen Gegebenheiten abhängig ist als bisher.[23] **15**

3. Internet. Das moderne Kommunikationszeitalter begann indes erst mit dem Internet, dessen Anfänge bis in die 1950er Jahre zurückreichen. So gründete im Jahre 1958 das amerikanische Verteidigungsministerium die Advanced Research Projects Agency (ARPA), deren Aufgabe ua darin bestand, Kommunikationssysteme zu entwickeln, die auch bei einem Ausfall eines Teils des Systems noch eine landesweite Datenübertragung gewährleisten sollten. Während das Internet in der Folgezeit zunächst ausschließlich militärischen und sodann auch zunehmend wissenschaftlichen Zwecken diente, begann die rasante weltweite kommerzielle und private Verbreitung und Nutzung des Internets erst Anfang der 1980er Jahre. Das Internet bietet heute zahlreiche verschiedene Nutzungsmöglichkeiten (Dienste) an, die mit dem vom historischen Gesetzgeber des Jahres 1968 verwendeten Begriff des „Fernmeldeverkehr" nur noch wenig gemein haben. Ihm entsprechen heute namentlich die so genannten „Chat-", „E-Mail-", „Messenger-" und „Internet-Telefonie-Dienste", **16**

---

20 Brockhaus Fachlexikon Computer, Stichwort: Telefonie.
21 Vgl. Brockhaus Fachlexikon Computer, Stichwort: UMTS.
22 https://www.informationszentrum-mobilfunk.de/technik/funktionsweise/lte (Stand: 21.12.2020).
23 https://www.informationszentrum-mobilfunk.de/technik/funktionsweise/5g (Stand: 21.12.2020).

die ebenso wie die vormals analoge Sprachtelefonie Individualkommunikation, dh die **Übermittlung von Nachrichten zwischen individuellen Kommunikationsteilnehmern,** zum Gegenstand haben.

17 Bei der Nutzung des Internets gleich zu welchem Zweck hinterlässt der Nutzer regelmäßig eine „breite Datenspur",[24] die über die Individualkommunikation weit hinausgeht. So ermöglichen Dienste wie das „World Wide Web" (www), welches fälschlicherweise noch immer mit dem Internet gleichgesetzt wird, die Veröffentlichung von bzw. die Einsicht in Hypertext-Dokumente bzw. der „FTP-Dienst" das Herauf- und Herunterladen von Dateien. Gegenstand dieser Internet-Dienste ist ebenso wie bei Smartphones nicht (mehr allein) die Übertragung von Nachrichten zwischen individuellen Kommunikationsteilnehmern. Sie dienen vielmehr (ebenso) der **Nutzung bzw. dem Abruf allgemein zugänglicher Daten.** Mindestens ebenso bedeutsam ist die Entwicklung des sog. Web 2.0., hauptsächlich in Form der sog. Sozialen Medien. Die Nutzung des Internets geht hier über die reine Rezeption von Informationen hinaus, indem sie allen Nutzern die (vielfach und in verschiedenen Formen genutzte) Möglichkeit gibt, eigene Inhalte wie Texte, Bilder und Videos für andere Nutzer bereitzustellen (sog. User Generated Content). Die Sozialen Medien geben dabei die Möglichkeit, diese Dateien für unterschiedliche Nutzergruppen von unterschiedlicher Größe zugänglich zu machen (zB Postings nur für „Freunde", Einrichtung von Gruppenchats, frei zugängliche Inhalte wie zB Videos auf der Plattform „YouTube"). Diese Entwicklung ist für § 100a insofern bedeutsam, als sich die Frage stellt, welche dieser Inhalte als Individualkommunikation iSv § 100a klassifiziert werden können.

18 Ein weiteres neues Phänomen des Internets ist die vermehrte Nutzung **sog. peer-to-peer-Netzwerke,** bei denen sich die Nutzer untereinander verbinden und so eine Art „Sub-Internet" bilden, in welchem unter den Teilnehmern (idR allen Teilnehmern) Daten und Informationen ausgetauscht werden. Es gibt hier sowohl für Jedermann zugängliche Formen (zB die sog. public permissionless blockchains der Kryptowährungen wie zB Bitcoin, Monero, Dash; auch das Tor-Netzwerk kann als solches peer-to-peer-Netzwerk verstanden werden, durch welches die Datenpakete der Nutzer geleitet werden, bevor sie an Teilnehmer im allgemeinen Internet geschickt werden, um die IP-Adresse der Nutzer zu verschleiern) als auch solche in denen die Zugänglichkeit eingeschränkt ist (zB private permissioned blockchains von Ripple oder Hyperledger). Schließlich existieren auch vollständig abgeschottete und nur für einzelne, bekannte Nutzer zugängliche Netzwerke (sog. F2F-Netzwerke, wie sie auch von Kriminellen zum Austausch von Daten wie kinderpornografischem Material genutzt werden). Auch hier stellt sich die Frage, welche dieser Netzwerke zum Bereich der Individualkommunikation gezählt werden können.

19 Beim **sog. Cloud Computing** werden vom Anbieter Speicherplatz, Rechnerleistung oder Applikationen auf Servern des Anbieters für dessen Nutzer zur Verfügung gestellt. Die Anwendungsbeispiele sind mannigfaltig und umfassen neben den bereits länger etablierten Webmail-Providern vor allem sog. Cloud-Speicher, in denen Nutzer Dateien abspeichern und häufig auch direkt bearbeiten können sowie die Nutzung von Software wie Video-Konferenz-Software oder Textverarbeitungsprogramme (zB zur gemeinsamen Nutzung durch mehrere Nutzer).

20 Schließlich werden mehr und mehr Geräte, welche der beruflichen und privaten Lebensführung dienen, an das Internet angeschlossen und kommunizieren miteinander. Man spricht hier vom **sog. Internet of Things (IoT).** Die Entwicklung des IoT ist so weit fortgeschritten, dass fast jedes denkbare elektronische Gerät mittlerweile auch (teilweise sogar ausschließlich) als internetfähige Variante angeboten wird. Im Kontext von § 100a muss die Frage beantwortet werden, ob der vertrauliche Datenaustausch zwischen Maschinen (des IoT) als Telekommunikation iSv § 100a zu erfassen ist.

[24] Vgl. Köhntopp/Köhntopp CR 2000, 248.

4. Novellierungen des § 100a. Nach Einführung des § 100a (→ Rn. 10) wurde dieser auch im Hinblick auf die vorstehend beschriebe technologische Entwicklung sowie damit einhergehend die Privatisierung der Telekommunikationsdienste bis zum heutigen Tage durch 48 Novellierungen, zuletzt durch das Gesetz zur Verbesserung der strafrechtlichen Bekämpfung der Geldwäsche vom 9.3.2021,[25] umgestaltet. Erst im Rahmen seiner sechzehnten Änderung durch das Begleitgesetz zum Telekommunikationsgesetz vom 17.12.1997[26] wurde als Reaktion auf die technologische Entwicklung der Begriff **„Fernmeldeverkehr" durch den der „Telekommunikation" ersetzt.** Die bedeutendste Reaktion auf technologische Neuerungen war die Einführung der sog. Quellen-Telekommunikationsüberwachung zur Umgehung von Verschlüsselungen durch das Gesetz zur effektiveren und praxistauglicheren Ausgestaltung des Strafverfahrens vom 17.8.2017.[27] 21

Mit vielen weiteren technologischen Entwicklungen wie zB dem Cloud-Computing, den peer-to-peer-Netzwerken, den **veränderten Kommunikationsformen** im Rahmen des sog. Web 2.0 und dem sog. Internet of Things hat sich der Gesetzgeber bislang nicht befasst, sodass es derzeit der Rechtsprechung und Wissenschaft überlassen ist, die Frage der Anwendbarkeit von § 100a (natürlich auch der §§ 100b ff.) auf diese Fallgruppen zu beantworten. 22

IV. Verfassungsrechtliche Aspekte – das Telekommunikationsgeheimnis nach Art. 10 Abs. 1 GG

§ 100a und Art. 10 Abs. 1 GG sind eng miteinander verknüpft, gewährt § 100a doch die Befugnis in das Telekommunikationsgeheimnis einzugreifen und Telekommunikation zu überwachen und aufzuzeichnen. Zum Verständnis der Regelungen des § 100a und als Grundlage für die Auslegung seiner Tatbestandsmerkmale ist daher ein (vor die Klammer gezogener) Blick auf Art. 10 GG erforderlich. 23

Das weder grund- noch einfachgesetzlich definierte Telekommunikationsgeheimnis bezweckt den spezifischen Schutz vor jenen Gefahren, die sich dadurch ergeben, dass die Kommunikationsteilnehmer nicht an ein und demselben Ort anwesend sind und sich deshalb für ihre **distanzüberbrückende Kommunikation** der Hilfe eines Kommunikationsübermittlers oder zumindest einer Übermittlungstechnologie bedienen müssen. Die Inanspruchnahme eines solchen Kommunikationsmittlers eröffnet die Gefahr, dass entweder dieser oder Dritte, etwa die Strafverfolgungsbehörden, auf die übermittelte Kommunikation zugreifen und so von deren Inhalt Kenntnis erlangen. So hat der Erste Senat des BVerfG in seinem Urteil vom 12.3.2003[28] ausgeführt, Art. 10 Abs. 1 GG begegne jenen Gefahren für die Vertraulichkeit von Mitteilungen, die „aus dem Übermittlungsvorgang" einschließlich der Einschaltung fremder Übermittler entstehen würden. Sein Schutz umfasse sämtliche mit Hilfe der Telekommunikationstechniken durchgeführten Übermittlungen von Informationen unabhängig davon, wer Betreiber der Übertragungs- und Vermittlungseinrichtungen sei. 24

Das BVerfG vertritt in ständiger Rspr.[29] weiter die Auffassung, vom Schutzbereich des Art. 10 Abs. 1 GG werde das Übertragungsmedium in seinem speziellen funktionalen Bezug geschützt, mithin als Mittel der Übertragung **während der Übertragung.** Dieser Umstand liege darin begründet, dass das Fernmeldegeheimnis ein Spezialfall des Postgeheimnisses sei.[30] Auch dessen Schutzbereich erstrecke sich sowohl auf den Inhalt der von dem Postdienstleister übermittelten Sendungen als auch auf alle Umstände, die „mit der konkreten 25

---

[25] BGBl. 2021 I 327.
[26] BGBl. 1997 I 3108.
[27] BGBl. 2017 I 3202.
[28] BVerfG 12.3.2002 – 1 BvR 330/96 und 1 BvR 348/99, NJW 2003, 1787 = BVerfGE 107, 299 (313 ff.).
[29] BVerfG 14.7.1999 – 1 BvR 2226/94, 1 BvR 2420/95 und 1 BvR 2437/95, NJW 2000, 44 = BVerfGE 100, 313.
[30] Klein in Schmidt-Bleibtreu/Hofmann/Henneke GG Art. 10 Rn. 9.

Nutzung" der Post zusammenhingen.[31] Unter das Postgeheimnis fielen die entsprechenden Sendungen indes nur solange, wie sie sich noch im Bereich der Post befinden.[32]

26 Das Telekommunikationsgeheimnis dient ebenso wie das Brief- und Postgeheimnis dem **Schutz der Individualkommunikation.** Es dehnt den grundgesetzlichen Schutz des Brief- bzw. Postgeheimnisses, die beide nach traditionellem Verständnis dem Schutz körperlich vermittelter Individualkommunikation[33] dienen, auf diejenige Individualkommunikation aus, die **unkörperlich,** mithin mittels Telekommunikationsanlagen übertragen wird. Dabei schützt das Telekommunikationsgeheimnis auf diese Art vermittelte Kommunikation, gleich ob sie einen privaten, geschäftlichen oder politischen Inhalt hat[34] und unabhängig davon, ob an ihr auf der Seite des Versenders bzw. Empfängers eine oder gar mehrere Personen beteiligt sind, sofern der Teilnehmerkreis nur begrenzt ist und die Übertragung unter Ausschluss Dritter an einen individuellen Empfänger(kreis) erfolgt.[35] Schließlich erfasst das Telekommunikationsgeheimnis ungeachtet der Übermittlungsart (Leitungs- oder Wellenübertragung, analog oder digital) und losgelöst von ihrer Ausdrucksform (Sprache, Töne, Bilder oder Zeichen) jedwede Art der unkörperlichen, individuellen Informationsübermittlung.[36] Zentrales Merkmal ist, dass die übertragene Information am Empfangsort wieder erzeugt wird.[37] Dass das Telekommunikationsgeheimnis des Art. 10 Abs. 1 GG allein auf die „unkörperliche Übermittlung von Informationen an individuelle Empfänger mit Hilfe des Telekommunikationsverkehrs" Anwendung findet, hat das BVerfG erneut in seinem Beschluss vom 24.1.2012 hervorgehoben.[38] Über den engen Wortlaut des „Fernmeldegeheimnisses" hinaus haben verfassungsgerichtliche Rechtsprechung und Literatur den Schutzbereich von Art. 10 Abs. 1 GG zu einem Auffanggrundrecht für alle zukünftigen Formen der unkörperlichen Informations- und Datenübertragung zwischen individuellen Kommunikationspartnern ausgebaut.[39] Beispielsweise hat das BVerfG zu Recht das Abrufen von Informationen aus dem Internet als vom Schutzbereich des Telekommunikationsgeheimnisses umfasst angesehen.[40] Deshalb sollte – trotz des weiterhin bestehenden Wortlauts von Art. 10 Abs. 1 GG – nicht mehr nur vom „Fernmeldegeheimnis", sondern vom Telekommunikationsgeheimnis gesprochen werden.

27 Art. 10 GG schützt sowohl die **Inhalte als auch die näheren Umstände** dieser Individualkommunikation, mithin auch die tatsächlichen Umstände wer, wann, wie lange und auf welche Art und Weise mit wem telekommuniziert hat.[41] Dabei wird von Art. 10 GG nach der Rspr. des BVerfG jedoch **allein die Vertraulichkeit konkreter Telekommunikationsvorgänge** erfasst. Sein Schutz erstreckt sich hingegen nicht auf allgemeine Informationen, die das Telekommunikationsverhalten oder die Beziehungen zwischen den Telekommunikationsdienstleistern und ihren Kunden betreffen (Bestandsdaten, vgl. §§ 3 Nr. 6, 172 TKG, §§ 2 Abs. 2 Nr. 2, 22 f. TTDSG; bis 1. Dezember 2021: §§ 95,

[31] Durner in Dürig/Herzog/Scholz GG Art. 10 Rn. 102.
[32] Durner in Dürig/Herzog/Scholz GG Art. 10 Rn. 103.
[33] Starck in v. Mangoldt/Klein/Starck GG Art. 10 Rn. 38 f.
[34] BVerfG 9.10.2002 – 1 BvR 1611/96 und 1 BvR 805/98, NJW 2002, 3619 = BVerfGE 106, 28 (36).
[35] Gusy in v. Mangoldt/Klein/Starck GG Art. 10 Rn. 38 f.
[36] BVerfG 2.3.2006 – 2 BvR 2099/04, NJW 2006, 976 = BVerfGE 115, 166 (182 f.).
[37] BVerfG 6.7.2016 – 2 BvR 1454/13, NJW 2016, 3508 (3510); BVerfGE 12, 205 (226) = NJW 1961, 547; BVerfG 12.10.1977 – 1 BvR 217, 216/75, BVerfGE 46, 120 (143) = NJW 1978, 313.
[38] BVerfG 24.1.2012 – 1 BvR 1299/05, BeckRS 2012, 47556 Rn. 111.
[39] BVerfG 2.3.2006 – 2 BvR 2099/04, BVerfGE 115, 166 (182) = NJW 2006, 976; BVerfG 27.2.2008 – 1 BvR 370, 595/07, BVerfGE 120, 274 (307) = NJW 2008, 822; Böckenförde, Die Ermittlung im Netz, S. 420 und 428; Durner in Dürig/Herzog/Scholz GG Art. 10 Rn. 64, 111.
[40] BVerfG 6.7.2016 – 2 BvR 1454/13, NJW 2016, 3508 (3510).
[41] BVerfG 20.6.1984 – 1 BvR 1494/78, BVerfGE 67, 157 (172) = NJW 1985, 121; BVerfG 25.3.1992 – 1 BvR 1430/88, BVerfGE 85, 386 (396) = NJW 1992, 1875; BVerfG 14.7.1999 – 1 BvR 2226/94, 2420, 2437/95, BVerfGE 100, 313 (358) = NJW 2000, 55; BVerfG 12.3.2003 – 1 BvR 330/96, 348/99, BVerfGE 107, 299 (313) = NJW 2003, 1787; BVerfG 27.7.2005 – 1 BvR 668/04, BVerfGE 113, 348 (364 f.) = NJW 2005, 2603; BVerfG 2.3.2006 – 2 BvR 2099/04, NJW 2006, 976 (978); 27.10.2006 – 1 BvR 1811/99, NJW 2007, 3055; 16.6.2009 – 2 BvR 902/06, NJW 2009, 2431 (2432) = MMR 2009, 673 (674); Durner in Dürig/Herzog/Scholz GG Art. 10 Rn. 112.

111 TKG). Das Fernmeldegeheimnis schützt auch nicht die Vertraulichkeit der jeweiligen Umstände der Bereitstellung von Telekommunikationsdienstleistungen.[42] Dies gilt auch für die sog. statische IP-Adresse, welche dem Kunden vom Telekommunikationsdienstleister fest für die Internetkommunikation zugewiesen wird. Diese wird zwar nur bei konkreten Kommunikationsvorgängen übermittelt, ermöglicht jedoch auch „nur" die Zuordnung der Adresse zu einem bestimmten Anschlussinhaber.[43] Dagegen greift die Erhebung einer sog. dynamischen IP-Adresse in das Telekommunikationsgeheimnis ein. Grund ist, dass der Telekommunikationsanbieter zur Identifizierung der dynamischen IP-Adresse auf die Verbindungsdaten der Kunden zugreifen müssen, weil die dynamische IP-Adresse bei jedem Netzwerkzugriff neu vergeben wird (bei modernen Routern ist dies in der Regel alle 24 Stunden der Fall).[44] Der Eingriff fußt daher mittelbar auf der „Dynamik" der IP-Adresse. Art. 10 Abs. 1 GG wird allein deshalb berührt, weil die Verbindungdaten der Kunden, welche als „Umstände" der Kommunikation von Art. 10 Abs. 1 GG geschützt sind, gesichtet werden müssen.

Problematisch ist die Frage, zu welchem Zeitpunkt des Übertragungsvorgangs der **Schutzbereich des Art. 10 Abs. 1 GG beginnt und endet.** Das BVerfG hatte hier zunächst (in der Entscheidung zur sog. Hörfalle) vertreten, dass der Schutzbereich nicht stets am sog. Endgerät der Kommunikation ende und auch ein Eingriff in Art. 10 Abs. 1 GG in Betracht komme, wenn dort ein Abhörgerät installiert und genutzt werde.[45] Im 115. Band der Entscheidungssammlung hat das Gericht dann jedoch entschieden, dass der Schutz des Fernmeldegeheimnisses in dem Moment ende, in dem die Übertragung beim Empfänger angekommen und der Übertragungsvorgang damit beendet sei. Dann nämlich bestünden die spezifischen Gefahren der räumlich distanzierten Kommunikation nicht mehr, weil der Empfänger eigene Schutzvorkehrungen treffen könne.[46] Anders sei dies jedoch, wenn zwar die Überwachung auf dem Endgerät stattfinde, dennoch aber ein laufender Kommunikationsvorgang überwacht werde.[47] In seiner Entscheidung zur sog. Onlinedurchsuchung hat das BVerfG diese Linie weitergeführt und klargestellt, dass Kommunikationsdaten, die nach dem Abschluss eines Kommunikationsvorgangs auf dem Endgerät eines Nutzers gespeichert und dort erhoben werden, nicht vom Telekommunikationsgeheimnis geschützt seien. Anders sei dies bei einer sog. Quellen-Telekommunikationsüberwachung, bei der zwar auch die Daten auf dem Endgerät eines Nutzers, jedoch während eines laufenden Telekommunikationsvorgangs erhoben werden.[48] Durch die Bestätigung dieser Abgrenzung in der Entscheidung zum BKA-Gesetz kann sie derzeit als feststehende Rechtsprechung betrachtet werden.[49] Einer hiervon abweichenden Kammerentscheidung aus dem Jahr 2005 dürfte daher keine Bedeutung zukommen.[50] Wie genau eine Abgrenzung zwischen einem laufenden und einem abgeschlossenen Telekommunikationsvorgang innerhalb dieser Differenzierung vorgenommen werden soll, hat das BVerfG bislang nicht offengelegt. Technisch gesehen werden auch bei einer Quellen-Telekommunikationsüberwachung Daten auf dem Endgerät (unmittelbar) vor oder nach einer Übertragung der Daten erhoben. Insofern scheint eine Abgrenzung eher danach angezeigt, ob die Daten „auf dem Übertragungsweg" oder auf einem der beteiligten Endgeräte erhoben werden. Im letzteren Fall ist das Grundrecht auf Gewährleistung der Vertraulichkeit und Integrität informationstechnischer Systeme und nicht das Telekommunikationsgeheimnis betroffen, weil der staatliche Eingriff nicht 28

42 BVerfG 24.1.2012 – 1 BvR 1299/05, BVerfGE 130, 151 (179 ff.) = NJW 2012, 1419; BVerfG 24.1.2010 – 1 BvR 1299/05, BeckRS 2012, 47556 Rn. 113; aus der Literatur statt vieler: Guckelberger in Schmidt-Bleibtreu/Hofmann/Henneke GG Art. 10 Rn. 26.
43 BVerfG 24.1.2012 – 1 BvR 1299/05, BVerfGE 130, 151 (181) = NJW 2012, 1419.
44 BVerfG 24.1.2012 – 1 BvR 1299/05, BVerfGE 130, 151 (181 f.) = NJW 2012, 1419.
45 BVerfG 9.10.2002 – 1 BvR 1611/96, 805/98, BVerfGE 106, 28 (38) = NJW 2002, 3619.
46 BVerfG 2.3.2006 – 2 BvR 2099/04, BVerfGE 115, 166 (184) = NJW 2006, 976.
47 BVerfG 2.3.2006 – 2 BvR 2099/04, BVerfGE 115, 166 (186 f.) = NJW 2006, 976.
48 BVerfG 27.2.2008 – 1 BvR 370, 595/07, BVerfGE 120, 274 (308 f.) = NJW 2008, 822.
49 BVerfG 20.4.2016 – 1 BvR 966, 1140/09, BVerfGE 141, 220 (309) = NJW 2016, 1781.
50 BVerfG 4.2.2005 – 2 BvR 308/04, NJW 2005, 1637 (1639).

die Integrität der Kommunikationsnetze, sondern des IT-Systems eines der an der Kommunikation beteiligten Personen beeinträchtigt.[51]

29 Da das Telekommunikationsgeheimnis vor den spezifischen Gefahren des Drittzugriffs durch die mangelnde Kontrolle über den Übertragungsweg schützt, umfasst der Schutzbereich des Telekommunikationsgeheimnisses nach der zustimmungswürdigen Rechtsprechung des BVerfG auch die Erhebung von Daten, **die auf dem Übertragungsweg gerade auf einer Zwischenstation (zB Server eines E-Mail-Providers) ruhen.**[52] Bislang vom BVerfG ungeklärt ist allerdings die Frage, ob auch die Nutzung eines „digitalen toten Briefkastens" vom Schutzbereich des Art. 10 Abs. 1 GG umfasst ist. Bei dieser Art der Kommunikation verfügen die Kommunikationspartner über gemeinsame Zugangsdaten zu einem Account eines Webmailproviders oder eines Cloud-Dienstleisters und nutzen diesen Account, um sich gegenseitig Nachrichten im Account zu hinterlassen (zB in einem gemeinsamen Dokument oder in gespeicherten E-Mail-Entwürfen).[53] Richtigerweise ist auch diese Form der Fernkommunikation vom Telekommunikationsgeheimnis geschützt und zwar unabhängig davon, ob die Erhebung der Daten „auf dem Kommunikationsweg" zwischen Teilnehmer und Webmailprovider/Cloud-Anbieter erfolgt oder direkt auf dem Server des Dienstleisters.[54] Es handelt sich nämlich um eine Form der Telekommunikation, die den gleichen Gefahren ausgesetzt ist, wie die Versendung von E-Mails und nach der Rspr. des BVerfG sind auch gerade ruhende Nachrichten vom Schutzbereich des Art. 10 Abs. 1 GG umfasst, solange sie sich noch auf dem Übertragungsweg befinden. Für das Gefahrenpotential einer Kenntnisnahme durch Dritte außerhalb des Herrschaftsbereichs eines Kommunikationsteilnehmers macht es keinen Unterschied, ob die Nachricht auf dem Server eines Mailproviders ruht und von dort später weiterübertragen wird oder, ob die Nachricht dort ruht und von einem Teilnehmer später dort abgerufen wird.[55]

30 Ebenfalls unklar ist, ob die **Nutzung von Cloud Computing-Diensten** allgemein von Art. 10 Abs. 1 GG geschützt ist. Zwar werden auch hierbei Daten und Informationen auf technischem Weg über Distanzen hinweg transportiert, allerdings „nur" zwischen dem Nutzer und dem Cloud-Dienstanbieter und nicht – wie oben bei gemeinsamer Nutzung eines Accounts (→ Rn. 29) – zwischen zwei Nutzern. Ein in der Literatur intensiv diskutierter Beispielsfall ist derjenige, dass eine E-Mail auf dem Server eines Webmailproviders als Entwurf gespeichert ist und vor dem Versenden erhoben wird.[56] Im Übrigen betrifft diese Konstellation jedoch jede Form des „einseitigen" Cloud Computings, bei der ein Nutzer Speicherplatz oder Rechnerleistung auf einem Cloud Server nutzt, der mit seinem Endgerät über das Internet kommuniziert. In der Literatur wird hierzu vertreten, dass der Cloud-Dienstleister Kommunikationspartner des Nutzers und deshalb Art. 10 Abs. 1 GG einschlägig sei.[57] Hiergegen spricht jedoch, dass Nutzer und Anbieter keine Kommunikationsinhalte miteinander teilen wollen, der Nutzer will „mit sich selbst" kommunizieren, der Anbieter möchte die Infrastruktur zur Verfügung stellen und gerade nicht auf die Inhalte zugreifen.[58] Hieraus schließt ein anderer Teil der Lehre, dass das Telekommunikationsgeheimnis nicht eingreife, da dieses stets die Kommunikation zwischen mindestens zwei ver-

51 Freiling/Safferling/Rückert JR 2018, 9 (20).
52 BVerfG 16.6.2009 – 2 BvR 902/06, BVerfGE 124, 43 (54 ff.) = NJW 2009, 2431; so auch die hM in der Literatur, vgl. statt vieler Bauer, Soziale Netzwerke und strafprozessuale Ermittlungen, S. 224 ff. mwN zu hM und Gegenauffassung.
53 Zimmermann JA 2014, 321 (326, Beispielsfall 2).
54 Anders Bosesky/Hoffmann/Schulz DuD 2013, 95 (99 f.), die zwischen dem Inhaltsschutz (Recht auf informationelle Selbstbestimmung) und dem Systemschutz (Telekommunikationsfreiheit bei Nutzung zur Kommunikation) unterscheiden wollen.
55 So auch Ogorek in BeckOK GG Art. 10 Rn. 45; Guckelberger in Schmidt-Bleibtreu/Hofmann/Henneke GG Art. 10 Rn. 25; vgl. auch Hiéramente StraFo 2013, 96 (100); differenzierend Grözinger, Die Überwachung von Cloud-Storage, S. 128 ff.
56 Siehe hierzu Hauser, Das IT-Grundrecht, S. 136; Günther NStZ 2006, 643 (644).
57 Zimmermann JA 2014, 321 (326); Kudlich GA 2011, 193 (202); Gercke/Brunst Internetstrafrecht Rn. 816.
58 So auch Grözinger StV 2019, 406 f.

schiedenen Personen voraussetzt.[59] Andere argumentieren, dass vor einer Erhebung der Daten in vielen Fällen nicht klar ist, ob an der Datenübertragung zwei oder mehr Personen beteiligt sind, jedoch vor dem Eingriff für die eingreifenden Behörden klar sein müsse, in welches Grundrecht eingegriffen wird. Daher sei „im Zweifel" davon auszugehen, dass bei einer Erhebung von Daten auf dem Weg vom und zu sowie auf dem Server eines Cloud-Dienstanbieters Art. 10 Abs. 1 GG einschlägig sei.[60] Angesichts der Tatsache, dass sich die **„Kommunikation mit sich selbst"** durch die Nutzung von Cloud-Dienstleistungen mehr und mehr zum Standard-Repertoire des „digitalen Bürgers" entwickelt und sich hier exakt diejenigen Gefahren ergeben, vor denen Art. 10 Abs. 1 GG schützen will (Gefahr der Kenntnisnahme der Inhalte durch Dritte und den Staat aufgrund der Nutzung von Infrastruktur Dritter zur Übertragung von Informationen und Daten über die Distanz), spricht indes viel dafür, dass es für die Eröffnung des Schutzbereichs des Telekommunikationsgeheimnisses einer Kommunikation zwischen mindestens zwei Personen nicht (mehr) bedarf.[61] Diese Argumentation findet sich implizit auch in der Rechtsprechung des BVerfG, wenn es die Einbeziehung des Abrufs von Informationen aus dem Internet damit begründet, dass dabei Informationen in unkörperlicher Form an einen Rezipienten übermittelt würden.[62] Ein zweiter individualisierbarer Kommunikationspartner scheint danach nicht (mehr) erforderlich zu sein. Hiernach ist jedenfalls davon auszugehen, dass eine Überwachung des Up- und Downloaddatenverkehrs in bzw. aus einem Cloud-Speicher in Art. 10 Abs. 1 GG eingreift. Fraglich bleibt dagegen, ob dies auch für die Erhebung von Daten gilt, die auf dem Cloud-Server „ruhen". Dass die Daten im Falle der Nutzung eines Cloud-Speichers bei der Erhebung dort „ruhen" ist nach den Grundsätzen der E-Mail-Beschlagnahme-Entscheidung zwar kein Hinderungsgrund für die Anwendung von Art. 10 Abs. 1 GG.[63] Andererseits betrachtet das BVerfG Cloud-Speicher als vom Nutzer „als eigene genutzte" informationstechnische Systeme iSd Grundrechts auf Gewährleistung der Vertraulichkeit und Integrität informationstechnischer Systeme nach Art. 2 Abs. 1 iVm Art. 1 Abs. 1 GG.[64] Da jedoch Cloud Speicher im Regelfall zumindest auch als bloßer Zwischenspeicher dienen und Daten in der Cloud regelmäßig auf verschiedene Endgeräte heruntergeladen werden (Synchronisation), durch die Nutzung fremder Infrastruktur zur Speicherung und Verwaltung der Daten eine für das Telekommunikationsgeheimnis typische Gefährdungslage entsteht und für die Einschlägigkeit von Art. 10 Abs. 1 Var. 3 GG im Allgemeinen aufgrund der technischen Entwicklung der Fernkommunikation auf einen strengen intersubjektiven Zusammenhang der Kommunikation verzichtet werden kann, wird zu Recht daneben auch das Telekommunikationsgeheimnis für einschlägig gehalten.[65] Das Konkurrenzverhältnis zwischen beiden Grundrechten ist kompliziert[66] und kann im Rahmen einer strafprozessualen Kommentierung nicht vollständig aufgelöst werden. Denkbar wäre es jedenfalls, nach Art des Zugriffs und demnach danach zu differenzieren, ob die Behörden durch technische Infiltration unmittelbaren Zugriff auf die Datenverarbeitung selbst haben oder, ob den Behörden lediglich (mit Hilfe des Cloud Providers) eine 1:1-Kopie der Daten in der Cloud zur Verfügung gestellt wird. Im ersten Fall wäre auch der „Integritätsschutz" des Cloud Systems betroffen und demnach das Grundrecht auf Gewährleistung der Vertraulichkeit und

[59] Albrecht/Braun HRRS 2013, 500 (502); Hiéramente StraFo 2013, 96 (98 ff.); Sieber, Gutachten zum 69. DJT, C 107; Wölm, Schutz der Internetkommunikation und „heimliche Internetaufklärung", S. 92 f.; Grözinger, Die Überwachung von Cloud-Storage, S. 127.

[60] Schwabenbauer AöR 137 (2012), 1 (20); Bäcker in Rensen/Brink, Linien der Rechtsprechung, S. 99 (S. 109 f.); Bauer, Soziale Netzwerke und strafprozessuale Ermittlungen, S. 223; vgl. auch Singelnstein NStZ 2012, 593 (594 f.).

[61] AA Grözinger StV 2019, 406 (409).

[62] BVerfG 6.7.2016 – 2 BvR 1454/13, NJW 2016, 3508 (3510).

[63] BVerfG 16.6.2009 – 2 BvR 902/06, BVerfGE 124, 43 = NJW 2009, 2431.

[64] BVerfG 27.2.2008 – 1 BvR 370, 595/07, BVerfGE 120, 274 (315) = NJW 2008, 822; Hauck in Löwe/Rosenberg § 100b Rn. 18.

[65] Von zur Mühlen, Zugriffe auf elektronische Kommunikation, S. 143 ff.; aA Eschelbach in Satzger/Schluckebier/Widmaier StPO § 100a Rn. 5 mwN.

[66] Von zur Mühlen, Zugriffe auf elektronische Kommunikation, S. 151 ff.

Integrität informationstechnischer Systeme vorrangig einschlägig. Im zweiten Fall geht es dagegen „nur" um die Vertraulichkeit der Daten „in den Händen eines Dritten" und damit um die typische Gefahrenlage, vor der Art. 10 Abs. 1 GG schützen will. In diesem Fall könnte Art. 10 Abs. 1 GG vorrangig sein.[67] Dementsprechend ist beim („einseitigen") Cloud Computing zu differenzieren: Der „Weg" der Daten beim Down- und Upload vom Endgerät des Nutzers zum Cloud-Speicher und umgekehrt ist von Art. 10 Abs. 1 GG geschützt, es handelt sich um Telekommunikation. Während die Daten im Endgerät des Nutzers gespeichert sind und dort verarbeitet werden, ist das Recht auf Gewährleistung der Vertraulichkeit und Integrität informationstechnischer Systeme einschlägig. Während der Speicherung und/oder Verarbeitung der Daten im Cloud Speicher, ist dagegen sowohl der Schutzbereich des Grundrechts auf Gewährleistung der Vertraulichkeit und Integrität informationstechnischer Systeme als auch derjenige von Art. 10 Abs. 1 GG eröffnet. Das Konkurrenzverhältnis kann nach Art des Zugriffs aufgelöst werden.

30a Würde man dagegen Art. 10 Abs. 1 GG auf dem Übertragungsweg nicht für einschlägig halten, müsste man das Problem lösen, von welchem Grundrecht der Übertragungsweg zwischen dem Gerät des Nutzers und dem Cloud-Server erfasst wird. Lehnt man Cloud Computing als Telekommunikationsform iSv Art. 10 Abs. 1 GG ab, weil es an einem zweiten Kommunikationspartner fehle, muss man konsequenterweise auch den Übertragungsweg der Daten als nicht von Art. 10 Abs. 1 GG geschützt ansehen.[68] Dies erscheint angesichts dessen, dass hier eindeutig Daten mit Hilfe der Infrastruktur Dritter über die Distanz übertragen werden, als nicht sachgerecht. Für den Schutz der Datenübertragung vom und in den Cloud-Speicher bliebe nur entweder (1) die Cloud und den Übertragungsweg gemeinsam mit dem verbundenen Endgerät als einheitliches informationstechnisches System zu betrachten und Eingriffe hierin am Grundrecht auf Gewährleistung der Vertraulichkeit und Integrität informationstechnischer Systeme zu messen.[69] Dies würde zum einen dazu führen, dass dessen höhere verfassungsrechtliche Anforderungen an eine Rechtfertigung greifen würden und ein heimlicher Zugriff auch auf die Daten auf dem Übertragungsweg nur nach § 100b in Betracht käme (hierzu noch → § 100b Rn. 24 ff.). Zum anderen würde dies mE den Begriff des informationstechnischen Systems überdehnen. Dieser erfasst richtigerweise nur solche vernetzten Geräte, welche unter der alleinigen Kontrolle des Grundrechtsträgers stehen („als eigenes nutzt"[70] in der Terminologie des BVerfG). Andernfalls müssten auch sehr große Netzwerke, an denen der Grundrechtsträger mit seinem Endgerät teilnimmt, als ein solches informationstechnisches System betrachtet werden. Anders als auf den, vom Nutzer genutzten, Cloud Speicher, hat der Nutzer keinen alleinigen Zugriff auf die Übertragungsinfrastruktur beim Datendown- und -upload. Daher handelt es sich beim Übertragungsweg nicht um ein informationstechnisches System des Nutzers. Dementsprechend käme als Schutznorm nur noch (2) das Recht auf informationelle Selbstbestimmung in Betracht. Da jedoch der Vorgang des Cloud Computing hinsichtlich der Gefahrenlage für den Grundrechtsträger (Datenübertragung über die Distanz unter Nutzung der Infrastruktur Dritter), am ehesten mit derjenigen Gefahrenlage einer klassischen Telekommunikation vergleichbar ist, ist das Telekommunikationsgeheimnis für den Schutz des Übertragungswegs vorrangig.

31 Insbesondere die Entwicklung des **sog. Internet of Things (IoT)** wirft Frage auf, ob es für die Anwendung von Art. 10 Abs. 1 GG stets einer unmittelbaren menschlichen Beeinflussung der Daten- und Informationsübertragung bedarf oder, ob es ausreicht, dass die Daten auf zeitlich vorgehende Veranlassung und im Interesse eines Menschen erfolgen. IoT-Geräte übertragen Daten ohne aktuelle menschliche Beeinflussung zwischenei-

---

[67] Vertiefend: Von zur Mühlen, Zugriffe auf elektronische Kommunikation, S. 151 ff.

[68] So tatsächlich Grönzinger StV 2019, 406 (410 f.), der Endgerät des Nutzers, Cloud-Server und die Verbindung zwischen beiden als einheitliches informationstechnisches System iSd IT-System-Grundrechts begreift.

[69] So Grözinger StV 2019, 406 (410 f.).

[70] BVerfG 27.2.2008 – 1 BvR 370, 595/07, BVerfGE 120, 274 = NJW 2008, 822.

nander und kommunizieren automatisch mit Dienstleistern (zB bestellt der IoT-fähige Kühlschrank automatisch verbrauchte Lebensmittel nach, Fitnessarmbänder übertragen Daten auf ein Smartphone oder einen Cloud-Speicher etc), **sog. Maschine-zu-Maschine-Kommunikation.** In der IMSI-Catcher-Entscheidung hat das BVerfG für die Eröffnung des Schutzbereichs des Telekommunikationsgeheimnisses verlangt, dass die Kommunikation aufgrund aktueller menschlicher Veranlassung stattfindet und die automatische Übertragung von IMSI und IMEI durch ein Mobiltelefon an die Funkzellen eines Mobilfunkanbieters nicht als Telekommunikation iSv Art. 10 Abs. 1 gewertet.[71] Hiergegen wurde von Teilen der Literatur eingewandt, dass bereits eine grundsätzliche menschliche Veranlassung der Kommunikation (hier: das Mitsichführen eines eingeschalteten Mobiltelefons) ausreichen müsse.[72] Indes spricht einiges dafür angesichts der technischen Entwicklung und der Technikoffenheit des Art. 10 Abs. 1 GG **insgesamt auf eine aktuelle menschliche Beeinflussung eines Datenübertragungsvorgangs zu verzichten,** solange der Datenübertragung grundsätzlich durch menschliches Verhalten veranlasst ist (also zB Aktivierung eines IoT-Gerätes) und die Datenübertragung im Interesse eines Menschen erfolgt (wenn auch ohne dessen Kenntnis). Das Telekommunikationsgeheimnis will den besonderen Gefahren begegnen, denen sich Grundrechtsträger durch die Nutzung moderner Kommunikationstechnik aussetzen, indem sie Nachrichten, Daten und Informationen in die „Hände" Dritter legen, um diese an einen anderen Ort transportieren und dort wieder erzeugen zu lassen. Diesen Gefahren setzen sich Menschen in zunehmendem Maße durch die Nutzung von IoT-Geräten aus, ohne davon aktuelle Kenntnis zu haben. Den Grundrechten – nicht zuletzt Art. 10 Abs. 1 GG – kommt auch die Funktion zu, die techno-soziale Entwicklung der Gesellschaft mitzugehen, um einen umfassenden Grundrechtsschutz zu gewährleisten. Dagegen ist kein zwingender Grund ersichtlich, warum das Telekommunikationsgeheimnis auf Fälle beschränkt sein soll, in denen Menschen eine Datenübertragung bewusst in Gang setzen – die Gefahren bei unbewussten, grundsätzlich menschlich veranlassten Übertragungen sind sogar größer, da diese nicht durch den menschlichen Nutzer kontrolliert stattfinden. Auf solche Übertragungen sollte Art. 10 Abs. 1 GG daher erst recht angewendet werden.[73]

Keinen Schutz bietet Art. 10 Abs. 1 GG vor Täuschungen über die Identität und Moti- 32
vation eines Kommunikationspartners. Dementsprechend liegt auch in der **Teilnahme an Kommunikation** durch Strafverfolger, zB Verdeckte Ermittler oder nicht öffentlich ermittelnde Polizeibeamte (sog. noePs), kein Eingriff in das Telekommunikationsgeheimnis.[74] Gleichsam umfasst der Schutzbereich auch nicht die Erwartung der vertraulichen Behandlung der Kommunikationsinhalte durch den anderen Kommunikationspartner, weshalb kein Eingriff vorliegt, wenn Strafverfolgungsbehörden die Kommunikation auf dem Endgerät eines Teilnehmers mit dessen Einwilligung mitlesen / dort mit Einwilligung Daten erheben.[75] Diese Rspr. ist allerdings nicht ohne Weiteres damit zu vereinbaren, dass das BVerfG die Einrichtung einer Fangschaltung mit Einverständnis eines der Kommunikationspartner

---

[71] BVerfG 22.8.2006 – 2 BvR 1345/03, NJW 2007, 351 (353); bestätigt durch BVerfG 6.7.2016 – 2 BvR 1454/13, NJW 2016, 3508 (3510); dem BVerfG folgend Bernsmann NStZ 2002, 103 (140); Funke/Lüdemann JuS 2008, 780 (782); Ogorek in BeckOK GG Art. 10 Rn. 56.1; Gersdorf in BeckOK InfoMedienR GG Art. 10 Rn. 15; GG Art. 10 Rn. 44; Brenner, Die strafprozessuale Überwachung des Fernmeldeverkehrs mit Verteidigern, S. 250 ff.

[72] Vgl. Nachbaur NJW 2007, 335 (337); Schwabenbauer AöR 137 (2012), 1 (22 f.); Kupka, Verfassungs- und verfahrensrechtliche Probleme moderner Fahndungsmethoden am Beispiel der „stillen SMS" – Sicherheit contra Freiheit? S. 72 ff.; zuneigend Durner in Dürig/Herzog/Scholz GG Art. 10 Rn. 115; siehe auch BGH 21.2.2001 – 2 BGs 42/01, NJW 2001, 1587.

[73] Im Ergebnis wie hier: Huber NJW 2007, 881; ausführlich Marosi/Skobel DÖV 2018, 837.

[74] BVerfG 27.2.2008 – 1 BvR 370, 595/07, BVerfGE 120, 274 (340 f.) = NJW 2008, 822; vgl. auch bereits BVerfG 9.10.2002 – 1 BvR 1611/96, 805/98, BVerfGE 106, 28 (37 f.) = NJW 2002, 3619; Böckenförde JZ 2008, 925 (936); Singelnstein NStZ 2012, 593 (600).

[75] BVerfG 9.10.2002 – 1 BvR 1611/96, 805/98, BVerfGE 106, 28 (38) = NJW 2002, 3619; BGHSt 39, 335 = NJW 1994, 596; Hermes in Dreier GG Art. 10 Rn. 56; Lisken NJW 1994, 2069 f.; Welp NStZ 1994, 294 (295).

und die Quellen-Telekommunikationsüberwachung als Eingriffe in Art. 10 Abs. 1 GG betrachtet.[76]

33 Die modernen Kommunikationsformen im Internet bedingen eine weitere, klärungsbedürftige Frage hinsichtlich des Schutzbereichs von Art. 10 Abs. 1 GG: Durch die Verbreitung von Foren, Messenger-Diensten, Gruppenchats und Audio-Video-Konferenzen über das Internet beginnt die **Grenze zwischen klassischer Individual- und Massenkommunikation** zu verschwimmen. Das BVerfG hat in der Entscheidung zur Online-Durchsuchung festgelegt, dass kein Eingriff in das Telekommunikationsgeheimnis vorliegt, wenn Behörden „allgemein zugängliche" Daten und Informationen erheben.[77] Es herrscht auch in der Literatur weitgehend Einigkeit darüber, dass Art. 10 GG in Abgrenzung zu Art. 5 Abs. 1 S. 2 GG nur Individualkommunikation schützt.[78] Die konkrete Grenzziehung zwischen Individual- und Massenkommunikation fällt dagegen im Angesicht der oben geschilderten modernen Kommunikationsformen des Internets oftmals schwer.[79] In der Literatur werden verschiedene Abgrenzungsmodelle vorgeschlagen, auf welche auch das BVerfG in unterschiedlichen Entscheidungen bereits zurückgegriffen hat: Subjektive Zwecksetzung des Senders (Adressierung),[80] Technische Sicherungsmaßnahmen der Individualität der Kommunikation,[81] Verteilungsmodus der Zugangsberechtigung,[82] Autorisierung durch Kommunikationsteilnehmer[83] sowie die pauschale Erfassung jeder Daten- und Informationsübertragung von Art. 10 Abs. 1 GG.[84] In Ergänzung wird teilweise vorgeschlagen zumindest in Zweifelsfällen stets das Telekommunikationsgeheimnis für einschlägig zu halten.[85]

34 Schließlich schützt das Telekommunikationsgeheimnis **nicht vor einer heimlichen Aufnahme von Kommunikationsbeziehungen** mit dem Betroffenen durch die Strafverfolgungsbehörden. Art. 10 Abs. 1 GG schützt die Vertraulichkeit von bestehenden Kommunikationsverbindungen, nicht jedoch davor, dass eine solche Kommunikationsverbindung aufgebaut wird. Dementsprechend greift weder das Versenden einer sog. Stillen SMS (→ § 100i Rn. 28) noch das sog. IP-Tracking (→ § 100g Rn. 124) in den Schutzbereich von Art. 10 GG ein. Etwas anderes gilt allerdings für den Einsatz des sog. IMSI-Catchers (bereits → Rn. 31). Hier würde das Mobiltelefon des Betroffenen nämlich unter normalen Umständen eine Kommunikationsverbindung mit einer Funkzelle des Mobilfunkanbieters aufnehmen. Der IMSI-Catcher greift in diese Kommunikationsverbindung ein (technisch freilich ungenau) und „leitet" sie zum IMSI-Catcher um (→ § 100i Rn. 8). Daher ist beim Einsatz des IMSI-Catchers – entgegen der hM – das Telekommunikationsgeheimnis betroffen.[86] Hierfür spricht im Übrigen auch, dass moderne IMSI-Catcher auch in der Lage sind, mit dem Mobiltelefon geführte Telekommunikation (zumindest über GSM) abzuhören.[87] Warum diese Art der (Inhalts-)Telekommunikationsüberwachung ieS nicht den Schutzbereich von Art. 10 Abs. 1 GG berühren sollte, ist nicht erklärbar.

---

76 Durner in Dürig/Herzog/Scholz GG Art. 10 Rn. 164 ff.

77 BVerfG 27.2.2008 – 1 BvR 370, 595/07, BVerfGE 120, 274 (341) = NJW 2008, 822.

78 Statt vieler: Schenke in Stern/Becker GG Art. 10 Rn. 43; Hermes in Dreier GG Art. 10 Rn. 39; Gusy in v. Mangoldt/Klein/Starck GG Art. 10 Rn. 64 jeweils mwN.

79 Statt vieler Gusy in v. Mangoldt/Klein/Starck GG Art. 10 Rn. 63 mwN.

80 Ory AfP 1996, 105 (106 f.); Schenke in Stern/Becker GG Art. 10 Rn. 43.

81 Durner in Dürig/Herzog/Scholz GG Art. 10 Rn. 122; Pagenkopf in Sachs GG Art. 10 Rn. 14b jeweils mwN; vgl. auch BVerfG 27.2.2008 – 1 BvR 370, 595/07, BVerfGE 120, 274 (341) = NJW 2008, 822.

82 Böckenförde, Ermittlungen im Netz, S. 195 f.; Böckenförde, JZ 2008, 925 (936).

83 Bäcker in Rensen/Brink, Linien der Rechtsprechung des Bundesverfassungsgerichts, S. 99 (104 ff.); vgl. auch BVerfG 27.2.2008 – 1 BvR 370, 595/07, BVerfGE 120, 274 (341) = NJW 2008, 822.

84 Sievers, Der Schutz der Kommunikation im Internet durch Art. 10 des Grundgesetzes, S. 129 f.; Hermes in Dreier GG Art. 10 Rn. 40; zustimmend Brunst, Anonymität im Internet, S. 267.

85 Statt vieler: Gusy in v. Mangoldt/Klein/Starck GG Art. 10 Rn. 64; Durner in Dürig/Herzog/Scholz GG Art. 10 Rn. 123; ähnlich Hermes in Dreier GG Art. 10 Rn. 40 jeweils mwN.

86 AA BVerfG 22.8.2006 – 2 BvR 1345/03, NJW 2007, 351 (353); bestätigt durch BVerfG 6.7.2016 – 2 BvR 1454/13, NJW 2016, 3508 (3510).

87 EFF, Gotta Catch 'Em All, Whitepaper, S. 10 f.; abrufbar: https://www.eff.org/files/2019/07/09/whitepaper_imsicatchers_eff_0.pdf (Stand, 17.11.2021).

V. Berücksichtigung verfassungsgerichtlicher und europarechtlicher Vorgaben

35 Als § 100a im Jahre 1968 in die StPO eingeführt worden war, gab es nur eine allgemein gebräuchliche Form der individuellen Übertragung von Nachrichten (→ Rn. 11), die analog übertragene Sprachtelefonie. Moderne digitale Kommunikationstechniken stellen viele weitere Formen individueller Übertragungsmöglichkeiten zur Verfügung wie etwa SMS, MMS und E-Mails, Messenger-Dienste, Voice-over-IP-Telefonie, Private Nachrichten und Chats innerhalb von Foren und Internetcommunities (→ Rn. 16). Anders als die analoge Sprachtelefonie hinterlassen digitale Kommunikationsformen vielfältige Spuren in Form von Verkehrsdaten (vgl. § 9 Abs. 1 TTDSG). Auf sie kann mit einfachen technischen Mitteln zu strafprozessualen Zwecken zugegriffen werden. Es war das erklärte Ziel des modernen Gesetzgebers, durch das Gesetz zur Neuregelung der Telekommunikationsüberwachung vom 21.12.2007[88] mit der Novellierung des § 100a sowie den weiteren verdeckten Ermittlungsmaßnahmen nicht nur ein „harmonisches Gesamtsystem der strafprozessualen heimlichen Ermittlungsmethoden zu schaffen".[89] Er wollte vielmehr gerade auch für den Bereich der Telekommunikationsüberwachung den Vorgaben Rechnung tragen, die sich aus der Rspr. des BVerfG zur elektronischen Datenverarbeitung ergeben haben. So hat er in § 100a Abs. 4 aF (jetzt in § 100d zusammengefasst, hierzu sogleich → Rn. 36) Regelungen zum **Kernbereichsschutz,**[90] in § 101 zum **nachträglichen Rechtsschutz**[91] sowie zur **Löschung von Daten,**[92] zu den **Möglichkeiten ihrer weiteren Verwendung**[93] sowie zur Umsetzung der eine weitere Verwendung der Daten erst ermöglichenden **Kennzeichnungspflicht**[94] getroffen. Geboten war namentlich der Kernbereichsschutz, weil dieser Bereich privater Lebensgestaltung einem strafprozessualen Zugriff schlechthin und damit ausnahmslos entzogen ist. Den Kernbereich des Persönlichkeitsrechts berührende Daten dürfen ungeachtet der Schwere des Tatverdachts weder erhoben noch verwendet werden.[95]

36 Das Bundesverfassungsgericht hat im weiteren Verlauf seine Rechtsprechung zum Kernbereichsschutz ausgebaut. Zunächst hat es den Schutz auf Eingriffe in das Grundrecht auf Gewährleistung der Vertraulichkeit und Integrität informationstechnischer Systeme gem. Art. 2 Abs. 1 iVm Art. 1 Abs. 1 GG erstreckt.[96] Nach neuester Rechtsprechung muss der Kernbereichsschutz vom Gesetzgeber nicht nur bei Eingriffen in spezifische Grundrechte (wie zB Art. 10 Abs. 1 GG), sondern stets dann gewährleistet werden, wenn die Überwachungsmaßnahme – unabhängig davon, in welches Grundrecht sie eingreift – **„typischerweise" kernbereichsrelevante Daten** erhebt.[97] Im Rahmen der Einführung der Online-Durchsuchung und der Quellen-Telekommunikationsüberwachung im Gesetz zur effektiveren und praxistauglicheren Ausgestaltung des Strafverfahrens hat der Gesetzgeber daher die Kernbereichsregelung für die §§ 100a–100c in § 100d zusammengeführt.[98] Im selben Gesetz wurden die Verfahrensvorschriften für heimliche Überwachungsmaßnahmen nach den §§ 100a–100c in § 100e zusammengefasst. Dabei wurden die Begründungsanforderungen an eine Anordnung der Telekommunikationsüberwachung verschärft, indem nunmehr auch hier (früher nur bei § 100c) in der schriftlichen Anordnung auch „die Art der durch die Maßnahme zu erhebenden Informationen und ihre Bedeutung für das Verfahren"

[88] BT-Drs. 16/5846, 1.
[89] BT-Drs. 16/5846, 1.
[90] BVerfG 27.7.2005 – 1 BvR 668/04, BVerfGE 113, 348 (391) = NJW 2005, 2603.
[91] BVerfG 12.3.2003 – 1 BvR 330/96 und 1 BvR 348/99, NJW 2003, 1787 = BVerfGE 107, 299 (337 f.) = NStZ 2004, 441.
[92] BVerfG 14.7.1999 – 1 BvR 2226/94, 1 BvR 2420/95 und 1 BvR 2437/95, NJW 2000, 44 = BVerfGE 100, 313 (364).
[93] BVerfG 3.3.2004 – 1 BvR 3/92, NJW 2004, 2213 = BVerfGE 110, 33 (73 ff.).
[94] BVerfG 3.3.2004 – 1 BvR 2378/98 und 1 BvR 1084/99, NStZ 2004, 270 = BVerfGE 109, 279 (374 ff.).
[95] BVerfG 3.3.2004 – 1 BvR 2378/98 und 1 BvR 1084/99, NStZ 2004, 270 (271).
[96] BVerfG 27.2.2008 – 1 BvR 370, 595/07, BVerfGE 120, 274 (337 f.) = NJW 2008, 822; BVerfG 20.4.2016 – 1 BvR 966/09, 1 BvR 1140/09, BVerfGE 141, 220 Rn. 218 ff. = NJW 2016, 1781.
[97] BVerfG 20.4.2016 – 1 BvR 966, 1140/09, BVerfGE 141, 220 Rn. 123 = NJW 2016, 1781; siehe auch Gersdorf in BeckOK InfoMedienR GG Art. 2 Rn. 86.
[98] BT-Drs. 18/12785, 55 ff.

(§ 100e Abs. 3 Nr. 4) anzugeben sind. Auch wurden die bislang nur für § 100c geltenden Anforderungen an die Begründung der Anordnung auf §§ 100a, 100b übertragen (§ 100e Abs. 4 Nr. 1, 2). Diese Änderung erfolgte auf Grundlage der Rechtsprechung des Bundesverfassungsgerichts zur Telekommunikationsüberwachung im BKA-Gesetz, wo das Gericht eine entsprechende Mitteilung der Gründe gefordert hatte.[99]

VI. Richtlinie 2016/680 und §§ 45 ff. BDSG

37 Neue Anforderungen an alle Arten der Datenerhebung, -verarbeitung und -speicherung im Rahmen der Strafverfolgung ergeben sich außerdem aus der EU-Richtlinie 2016/680. Die Richtlinie regelt parallel zur DSGVO die Anforderungen an den Datenschutz bei der Datenverarbeitung (dieser Begriff umfasst sämtlich Umgangsformen mit Daten) durch Sicherheits- und Strafverfolgungsbehörden sowie der Rechtsprechung der Gerichte, soweit sie mit diesen Themenkomplexen beschäftigt sind. Der deutsche Gesetzgeber hat die Regelungen nicht in die StPO eingefügt, sondern in **Teil 3 des neuen Bundesdatenschutzgesetzes.** Dies erscheint sinnig, weil sonst in jedem Fachgesetz im Bereich des Sicherheits- und Strafverfolgungsrechts umfangreiche Änderungen notwendig gewesen wären. In der StPO verweist nunmehr **§ 500** auf Teil 3 des BDSG und erklärt diesen für anwendbar, soweit die StPO keine spezielleren Regelungen enthält (§ 500 Abs. 2 Nr. 1). Da sich der deutsche Gesetzgeber bei der Umsetzung der Richtlinie darauf beschränkt hat, diese in weiten Teilen wörtlich zu übernehmen, teilweise jedoch auch (eigentlich zwingende) Passagen weggelassen hat, werden sich hier in Zukunft für die Rechtsanwender/innen zahlreiche neue Probleme ergeben.[100] Bei der Anwendung von § 500 ist problematisch, dass der deutsche Gesetzgeber zwar die in Teil 3 des BDSG umgesetzten Richtlinienvorschriften durch § 500 in Bezug nimmt und diesen somit Geltung im Strafverfahrensrecht einräumt, jedoch gleichzeitig die Subsidiarität der Normen des BDSG gegenüber spezielleren Regelungen der StPO anordnet (§ 500 Abs. 2 Nr. 1). Wegen des Anwendungsvorrangs des Europarechts[101] kann dies jedoch nur insoweit Wirkung entfalten, als die StPO-Normen ein „Mehr" an Datenschutz einräumen. Wo StPO-Normen hinter dem Datenschutzstandard der Richtlinie bzw. des 3. Teils des BDSG zurückbleiben, sind vielmehr die entsprechenden StPO-Normen richtlinienkonform auszulegen (soweit möglich) oder werden von den Regelungen des BDSG/der Richtlinie verdrängt und es gilt im Ergebnis der höhere Schutzstandard der Richtlinie bzw. des 3. Teils des BDSG.[102]

38 **1. Anwendbarkeit der §§ 45 ff. BDSG.** Spezifische Regelungen für die Telekommunikationsüberwachung sieht das BDSG nicht vor. Dementsprechend gelten lediglich die **allgemeinen Datenschutzvorschriften der §§ 47 ff., 64, 71 ff. BDSG** zusätzlich zu den Anforderungen, welche sich bereits unmittelbar aus der StPO ergeben.[103] Zu beachten ist in diesem Zusammenhang, dass der Begriff der „Datenverarbeitung" ausweislich der Legaldefinition in § 46 Nr. 2 BDSG, Art. 3 Nr. 2 der Richtlinie „jeden Vorgang oder jede solche Vorgangsreihe im Zusammenhang mit personenbezogenen Daten" erfasst und damit auch die Erhebung von Daten. Dementsprechend sind die **Normen des 3. Teils des BDSG über § 500 StPO auch auf alle Datenerhebungsnormen der §§ 100a ff. StPO anwendbar.** Praktische Relevanz dürften dabei zunächst die verschärften Anforderungen bei der Verarbeitung „besonderer Kategorien personenbezogener Daten" (Definition in § 46 Nr. 14 BDSG) haben. Bei der Erhebung dieser Daten im Rahmen einer Telekommunikationsüberwachung ist nun gem. § 48 Abs. 1 BDSG eine verschärfte Verhältnismäßigkeitsprüfung vorzunehmen (→ Rn. 180) und die Ermittlungsbehörden müssen geeignete Maßnahmen für den Datenschutz nach § 48 Abs. 2 BDSG ergreifen. Entgegen der missverständ-

---

99 BT-Drs. 18/12785, 57 f.; BVerfG 20.4.2016 – 1 BvR 966/09, 1 BvR 1140/09, BVerfGE 141, 220 Rn. 235 = NJW 2016, 1781.
100 Vgl. zB Paschke in Gola/Heckmann BDSG § 54 Rn. 9 mwN.
101 Callies/Ruffert EUV/AEUV Art. 1 Rn. 16 ff. mwN.
102 AA (StPO stets vorrangig): Puschke in SK-StPO § 500 Rn. 6.
103 Siehe auch Puschke in SK-StPO § 500 Rn. 3 ff.

lichen Äußerung in der Gesetzesbegründung[104] handelt es sich bei § 48 BDSG nicht nur um eine allgemeine Rechtsgrundlage zur Verarbeitung besonderer personenbezogener Daten.[105] Soweit die Rechtsgrundlagen in den Fachgesetzen – hier § 100a – keine eigenen Regelungen zum Schutz dieser Kategorie personenbezogener Daten enthalten, gelten die Anforderungen des § 48 BDSG zusätzlich zu denjenigen in der Rechtsgrundlage im Fachgesetz genannten, soweit solche besonderen personenbezogenen Daten verarbeitet werden.[106] Die Erfüllung der zusätzlichen Voraussetzungen in § 48 BDSG sind dann materielle Zulässigkeitsvoraussetzungen für die konkrete Datenverarbeitung.[107] Das ergibt sich nicht zuletzt daraus, dass auch der Gesetzgeber die Voraussetzungen des § 48 BDSG zusätzlich zu den Voraussetzungen der fachgesetzlichen Eingriffsgrundlage geprüft sehen will.[108] Bei einer Telekommunikationsüberwachung dürften regelmäßig folgende besondere personenbezogene Datenkategorien eine Rolle spielen: Daten, aus denen politische Meinungen, religiöse oder weltanschauliche Überzeugungen oder die Gewerkschaftszugehörigkeit hervorgehen, Gesundheitsdaten, Daten zum Sexualleben und zur sexuellen Orientierung. Genetische und biometrische Daten sowie Daten, aus denen die ethnische oder rassische Zugehörigkeit hervorgeht, dürften dagegen eher selten anfallen, ausgeschlossen ist dies jedoch nicht. Vom Kernbereichsschutz des § 100d sind dabei nach derzeitiger Auslegung des Kernbereichsbegriffs wohl nur die Daten über die sexuelle Orientierung, das Sexualleben und (einige) Gesundheitsdaten umfasst. Für diese Daten stellt § 100d eine geeignete Garantie iSv § 48 Abs. 2 BDSG dar. Für die übrigen Datenkategorien kommt damit § 48 BDSG eine große Bedeutung zu.

Mangels Regelung von geeigneten Garantien für die übrigen Daten dieser Kategorie 39
sind die Strafverfolgungsbehörden verpflichtet, im Rahmen jeder Telekommunikationsüberwachung geeignete Garantien zu treffen. Der Begriff der „geeigneten Garantien" ist ein unbestimmter Rechtsbegriff und gerichtlich überprüfbar (zB im Rahmen einer Revision oder einer Beschwerde). Allerdings kommt den Ermittlungsbehörden ein Auswahlermessen unter verschiedenen Garantien zu.[109] Zweierlei muss bei dieser Auswahl jedoch mindestens erkennbar sein: (1) Eine zumindest gedankliche Orientierung an den beispielhaft aufgezählten Garantien, bei der auch ersichtlich ist, warum bestimmte der beispielhaft aufgezählten Garantien Verwendung finden und andere nicht. (2) Die Entscheidung für oder gegen bestimmte Garantien muss erkennen lassen, dass das besondere Gefährdungspotential der Kategorie der „besonderen personenbezogenen Daten" berücksichtigt wurde.[110] Insbesondere muss dabei **die mögliche Diskriminierungswirkung der Daten** in den Blick genommen worden. Bei der Erhebung der Daten im Rahmen einer Telekommunikationsüberwachung ist eine Filterung – ähnlich wie bei Kernbereichsdaten (→ Rn. 200) – technisch kaum durchführbar. Deshalb kommt der Sichtung der erhobenen Daten eine besondere Bedeutung zur Gewährleistung „geeigneter Garantien" zu. Insbesondere dann, wenn Daten aus der Kategorie der „besonderen personenbezogenen Daten" offensichtlich nicht verfahrensrelevant sind, müssen diese hierbei ausgesondert, pseudonymisiert und verschlüsselt werden. Die Daten sind sodann zunächst außerhalb der Verfahrensakten sicher aufzubewahren. Eine sofortige Löschung wie bei Kernbereichsdaten ist dagegen in der Regel nicht notwendig. Zum einen, weil die „besonderen personenbezogenen Daten" soweit sie nicht gleichzeitig dem Kernbereich zuzuordnen sind, weniger schutzwürdig sind als Kernbereichsdaten. Zum anderen kann sich eine Verfahrensrelevanz der Daten später noch ergeben (zB kann sich herausstellen, dass die Religionszugehörigkeit oder ethnische Herkunft aufgrund später aufgedeckter Täterschaftsstrukturen doch eine Rolle spielen). So kann der Zugang

104 BT-Drs. 18/11325, 111.
105 Richtig Albers/Schimke in BeckOK DatenschutzR BDSG § 48 Rn. 12; Braun in Gola/Heckmann BDSG § 48 Rn. 3; Schwichtenberg in Kühling/Buchner BDSG § 48 Rn. 7.
106 Albers/Schimke in BeckOK DatenschutzR BDSG § 48 Rn. 14; Puschke in SK-StPO § 500 Rn. 3.
107 Schwichtenberg in Kühling/Buchner BDSG § 48 Rn. 5.
108 BT-Drs. 19/4617, 44.
109 Frenzel in Paal/Pauly BDSG § 48 Rn. 9.
110 Ähnlich Braun in Gola/Heckmann BDSG § 48 Rn. 14.

und damit die Kenntnisnahme der diskriminierungsgefährlichen Daten reduziert werden, da weder weitere Sachbearbeiter innerhalb der Ermittlungsbehörden noch Dritte im Rahmen der Akteneinsichtsrechte Einblick in die Daten erhalten.

40 Gleichfalls müssen die Ermittlungsbehörden dafür Sorge tragen, dass die **Datensicherheit bei der Datenerhebung und -verarbeitung** im Rahmen einer Telekommunikationsüberwachung den Anforderungen des § 64 BDSG genügt. Auch hierbei kommt den Ermittlungsbehörden ein Auswahlermessen hinsichtlich der Maßnahmen zu. Das Auswahlermessen ist allerdings insofern beschränkt, als die Auswahlentscheidung die in § 64 Abs. 1 BDSG genannten Kriterien erkennbar berücksichtigen und würdigen muss. Außerdem müssen nach § 64 Abs. 1 S. 2 BDSG Richtlinien und Empfehlungen des BSI berücksichtigt werden.[111] Ein Verstoß gegen § 64 BDSG führt zur Rechtswidrigkeit der Maßnahme.[112]

41 Bei der Auswahl der konkreten technischen Mittel zur Durchführung einer Telekommunikationsüberwachung müssen die Ermittlungsbehörden ferner gem. § 71 BDSG technische und organisatorische Maßnahmen implementieren, welche die Datenschutzgrundsätze sicherstellen und auf den Einsatz von Technologien mit **„Privacy-by-default"-Technik** zurückgreifen, soweit das möglich und zumutbar ist.[113] § 71 BDSG konkretisiert insofern den allgemeinen Verhältnismäßigkeitsgrundsatz. Schließlich müssen die erhobenen Daten aus einer Telekommunikationsüberwachung gem. § 73 BDSG danach unterschieden werden, welchen Personenkreisen sie zuzuordnen sind.

42 **2. EMRK und EUCh.** Die Geltung der Richtlinie für Datenerhebungen und -verarbeitungen auf Grundlage von StPO-Befugnisnormen wirft die Frage auf, **welche Geltung und welcher Rang den Grundrechten der Europäischen Grundrechtecharta und der EMRK** bei Anwendung und Auslegung der §§ 100a ff. zukommt. Die EMRK hatte bislang den Status einfachen Bundesrechts und war darüber hinaus bei der Auslegung von grundgesetzlichen Normen im Wege der völkerrechtsfreundlichen Interpretation des Grundgesetzes zu berücksichtigen.[114] Die Grundrechtecharta gilt für die Mitgliedstaaten nur bei der „Durchführung von Unionsrecht", vgl. Art. 51 Abs. 1 EUCh. Durch die Geltung der Richtlinie kommt nunmehr jedoch eine „Durchführung von Unionsrecht" für alle Normen der StPO in Betracht, welche Datenerhebungen oder -verarbeitungen regeln. Da die Grundrechte der EMRK über die „Brücke" des Art. 6 Abs. 3 EUV auch als Unionsgrundrechte gelten, müsste im gleichen Maße auch die EMRK als höherrangiges Recht mit Anwendungsvorrang berücksichtigt werden.[115] Hierdurch hätte auch die EuGH- und EGMR-Rechtsprechung eine noch größere Wirkung auf die Auslegung der StPO-Normen, als bisher.[116] Allerdings lässt der EuGH die Anwendung nationaler Grundrechtsstandards zu, wenn den Mitgliedstaaten durch das Unionsrecht ein Umsetzungsspielraum eingeräumt wird und sichergestellt ist, dass hierdurch „weder das Schutzniveau der Charta, (…), noch der Vorrang, die Einheit und die Wirksamkeit des Unionsrechts beeinträchtigt werden".[117] Das BVerfG hat diese Grundsätze für das deutsche Verfassungsrecht in seinen Entscheidungen **„Recht auf Vergessen I + II"** dahingehend interpretiert, dass primär die deutschen Grundrechte Prüfungsmaßstab für nationales Recht sind, welches der Durchfüh-

111 Siehe https://www.bsi.bund.de/DE/Publikationen/TechnischeRichtlinien/technischerichtlinien_node.html (Stand: 11.8.2020).

112 Bock in BeckOK DatenschutzR BDSG § 64 Rn. 15.

113 Siehe hierzu auch Meyer-Mews HRRS 2020, 286 (290 ff.).

114 BVerfG 14.10.2004 – 2 BvR 1481/04, BVerfGE 111, 307 (319, 323 ff.) = NJW 2004, 3407; BVerfG 26.3.1987 – 2 BvR 589/79, 740/81, 284/85, BVerfGE 74, 358 (370) = NStZ 1987, 421; BGH 9.11.2010 – 5 StR 394/10, NJW 2011, 240 (242 ff.): BGH 12.5.2010 – 4 StR 577/09, NStZ 2010, 567 (568); ausführlich und vertiefend Kreiker in HdB-EuStrafR § 51 Rn. 5 ff.

115 Vgl. Kreiker in HdB-EuStrafR § 51 Rn. 9; Rückert in Hoven/Kudlich, Digitalisierung und Strafverfahren, S. 25 f.

116 Zur bereits bisher „intensiveren" Berücksichtigung der EMRK im Rahmen der StPO Safferling IntStrafR § 13 Rn. 24.

117 EuGH 26.2.2013 – C-617/10, ECLI:EU:C:2013:105 = NJW 2013, 1415 Rn. 29; Esser in HdB-EuStrafR § 53 Rn. 17 mwN.

rung von europäischem Recht dient, wenn der europäische Normgeber dem deutschen Gesetzgeber einen Umsetzungsspielraum einräumt und solange die deutschen Grundrechte den gleichen Schutzstandard aufweisen, wie die europäischen Grundrechte.[118] Umgekehrt prüft das BVerfG (in einem Kooperationsverhältnis mit dem EuGH) selbst (!) die Vereinbarkeit nationalen Rechts mit europäischen Grundrechten, wenn kein Umsetzungsspielraum besteht.[119]

Bei der Auslegung von StPO-Normen, welche im weitesten Sinne die Erhebung oder Verarbeitung von Daten regeln, ist nunmehr somit zu prüfen, ob diese (1) in den Anwendungsbereich der Richtlinie fallen und (2), ob die Richtlinie für die entsprechende Norm einen Umsetzungsspielraum aufweist. Bezüglich der ersten Frage ist zunächst festzustellen, dass die durch den deutschen Gesetzgeber angeordnete subsidiäre Geltung des 3. Teils des BDSG (§ 500 Abs. 1 Nr. 2) keinen Einfluss auf die Frage hat, ob eine StPO-Norm in den Anwendungsbereich der Richtlinie fällt, da der nationale Gesetzgeber hierüber nicht disponieren kann (zur notwendig werdenden richtlinienkonformen Auslegung entsprechender StPO-Normen und dem Anwendungsvorrang der Richtlinienenormen, → Rn. 37). Bezüglich (2) ist festzustellen, dass die Richtlinie 2016/680 weitgehend lediglich Mindestvorgaben für den Datenschutzstandard aufstellt und daher häufig ein Umsetzungsspielraum bestehen dürfte. **43**

Für § 100a als Datenerhebungsbefugnis gelten vor allem die allgemeinen Datenschutzvorschriften gem. Art. 4, 6 ff., 19 f., 29 Richtlinie EU 2016/680. Diese Normen der Richtlinie sehen jeweils für die nationalen Gesetzgeber **Umsetzungsspielräume** vor. Daher ist nach der aktuellen Rechtsprechung des BVerfG nationales Verfassungsrecht primärer Prüfungsmaßstab, auch wenn die Rechtmäßigkeit der Umsetzungsnormen in Teil 3 des BDSG (→ Rn. 42) in Frage steht. Gleiches gilt für § 100a selbst, auch wenn Art. 4 der Richtline so allgemein formuliert ist (Zweck der Überwachung, Rechtmäßigkeit der Verarbeitung, Verarbeitung nach Treu und Glauben, Verhältnismäßigkeitsgrundsatz), dass Teile des § 100a nunmehr als „Durchführung von Unionsrecht" durch die Mitgliedstaaten angesehen werden können. Die Charta der Unionsgrundrechte kommt danach nach der Rechtsprechung des BVerfG nur dann zur Anwendung, wenn sie einen höheren Schutzstandard aufweist als das Grundgesetz. Der EMRK kommt weiterhin Bedeutung als einfaches Bundesrecht sowie, über die „Brücke" der völkerrechtsfreundlichen Auslegung des Grundgesetzes, als Auslegungsorientierung für deutsche Grundrechte zu. Außerdem ist die EMRK und die Rechtsprechung des EGMR auch bei der Bestimmung des Schutzstandards der EU-Grundrechte aus der Charta zu berücksichtigen. **44**

VII. Grenzüberschreitende Ermittlungen

1. Grundsätzliches. Maßnahmen der Telekommunikationsüberwachung sehen auch die Strafverfahrensordnungen zahlreicher **anderer Länder** wie etwa Frankreich, Italien, Schweiz, Niederlande, Dänemark, Belgien, Österreich oder der Vereinigten Staaten von Amerika vor.[120] Sollen im Ausland im Rahmen dort geführter Ermittlungen gewonnene Erkenntnisse aus Überwachungsmaßnahmen in Deutschland als Beweismittel verwendet werden, so ist es nach völkerrechtlichen Grundsätzen unzulässig, nicht auf offiziellem Wege als Beweismittel erlangte Erkenntnisse zu verwerten, wenn ihre Übersendung durch einen formalen Rechtshilfevertrag geregelt ist und der betreffende Staat nicht auf diesem Wege der Verwertung zugestimmt hat.[121] Erforderlich ist in derartigen Fällen vielfach ein **justizielles Rechtshilfeersuchen.** Indes ermöglicht § 61a IRG eine Übersendung „personenbezogener Daten aus strafprozessualen Ermittlungen" und damit von Beweismitteln in bestimmten Fällen auch ohne ein derartiges Rechtshilfeersuchen. Die in Rechtshilfesachen zu beachten- **45**

[118] BVerfG 6.11.2019 – 1 BvR 16/13, NJW 2020, 300 und 2020, 314.
[119] BVerfG 6.11.2019 – 1 BvR 16/13, NJW 2020, 300 und 2020, 314; zum Ganzen bereits Rückert in Hoven/Kudlich, Digitalisierung und Strafverfahren, S. 25 f.
[120] Vgl. Albrecht/Dorsch/Krüpe, Rechtswirklichkeit und Effizienz der Überwachung, S. 59 ff.
[121] BGH 8.4.1987 – 3 StR 11/87, NJW 1987, 2168; Gleß NStZ 2000, 57 ff.

den grundsätzlichen Regelungen ergeben sich aus dem bereits erwähnten Gesetz über die internationale Rechtshilfe in Strafsachen v. 27.6.1994 (IRG),[122] den Richtlinien für den Verkehr mit dem Ausland in strafrechtlichen Angelegenheiten idF v. 23.12.2016 (RiVASt), die überwiegend Regelungen für eingehende Ersuchen enthalten, sowie den ggf. einschlägigen zwischenstaatlichen Regelungen, wobei letztere jeweils vorrangig zu berücksichtigen sind. Bei Ländern, welche Mitglieder der Cybercrime Convention sind, ist eine Stellung des Rechtshilfeersuchens per Fax oder E-Mail möglich (Art. 25 Abs. 3 Cybercrime Convention).[123] Überdies ist über den Weg des Art. 29 Cybercrime Convention eine schnellere Sicherung verfahrensrelevanter Daten durch ausländische Staaten vorgesehen.[124] Direktzugriffe auf Datenbestände im Ausland sind bislang – unabhängig davon ob mit oder ohne Hilfe im Ausland ansässiger Telekommunikationsdienstleister – bislang nur in eng begrenzten Ausnahmefällen (zB Art. 32 Cybercrime Convention für öffentlich zugängliche Daten oder mit Einwilligung des Berechtigten) denkbar.

46 Eine direkte Zugriffsmöglichkeit im Wege eines Auskunftsverfahrens sieht der **Entwurf der sog. E-Evidence Verordnung der EU** vor. Dort soll den Strafverfolgungsbehörden der Mitgliedstaaten die Möglichkeit eingeräumt werden, von den Anbietern elektronischer Kommunikations- und Informationsdienste in anderen Mitgliedstaaten unmittelbar die Sicherung und Herausgabe von Teilnehmerdaten, Zugangsdaten, Transaktionsdaten und Inhaltsdaten zu verlangen.[125]

46a Das Zweite Zusatzprotokoll zur Cybercrime Convention, das am 17.11.2021 vom Ministerkomitee des Europäischen Rats verabschiedet wurde und seit Mai 2022 den Vertragsparteien der Cybercrime Convention zur Unterzeichnung und ggf. anschließenden Ratifikation vorgelegt wurde, enthält in Art. 9 für den grenzüberschreitenden Zugang zu Inhaltsdaten bei Telekommunikations- und Telemedienprovidern zwar einen (sehr) beschleunigten Weg der Rechtshilfe über die nationalen Kontaktstellen des sog. 24/7-Netzwerks nach Art. 35 der Cybercrime Convention, jedoch keine Möglichkeit des Direktzugriffs. Auch für Verkehrsdaten ist „nur" ein beschleunigtes Rechtshilfeverfahren in Art. 8 des Zweiten Zusatzprotokolls geregelt. Der konventionsrechtliche Begriff der Verkehrsdaten in Art. 1 lit. d der Cybercrime Convention umfasst dabei (wohl) auch Teile der nach deutschem Recht als Nutzungsdaten verstandenen Daten (§ 2 Abs. 2 Nr. 3 TTDSG, § 100k). Ein Direktzugriff ist im Zweiten Zusatzprotokoll nur für Bestandsdaten iSv Art. 18 Abs. 3 Cybercrime Convention (siehe Art. 7 des Zweiten Zusatzprotokolls) und für Informationen bezüglich der Registrierung von Domain Names im Internet (siehe Art. 6 des Zweiten Zusatzprotokolls – auch hierbei handelt es sich der Sache nach um Bestandsdaten des Domain-Inhabers) vorgesehen.

47 Für **eingehende Ersuchen** um Überwachung der Telekommunikation legt Nr. 77a Abs. 1 RiVASt fest, dass diese sowohl auf vertragsloser Grundlage nach § 59 Abs. 1 IRG als auch auf der Grundlage völkerrechtlicher Verträge entsprechend § 1 Abs. 3 IRG erledigt werden können. Nr. 77a RiVASt enthält darüber hinaus in den Abs. 2–4 detaillierte Regelungen, ob und wie derartigen Ersuchen zu entsprechen ist.

48 Nach § 61b Abs. 3 IRG können personenbezogene Daten, welche dienstlich erlangt worden sind – und damit auch solche, welche aus Telekommunikationsüberwachungen stammen – mit den anderen **Mitgliedern einer gemeinsamen Ermittlungsgruppe** geteilt werden (vgl. auch Art. 13 Abs. 9, 10 EU-RhÜbk).[126] Die Bildung gemeinsamer Ermittlungsgruppen sieht nun auch das Zweite Zusatzprotokoll zur Cybercrime Convention in Art. 12 vor (→ Rn. 46a).

[122] BGBl. 1994 I 1537.
[123] Köhler in Meyer-Goßner/Schmitt § 110 Rn. 7a.
[124] Goger/Stock ZRP 2017, 10 (12).
[125] https://eur-lex.europa.eu/legal-content/DE/TXT/HTML/?uri=CELEX:52018PC0225&from=EN (Stand: 25.11.2020); siehe ausführlich hierzu Hamel in Hoven/Kudlich, Digitalisierung und Strafverfahren, S. 103 ff.; von Galen in Hoven/Kudlich, Digitalisierung und Strafverfahren, S. 127 ff. sowie Thomae in Hoven/Kudlich, Digitalisierung und Strafverfahren, S. 139 ff.
[126] Vgl. auch Goger/Stock ZRP 2017, 10 (13).

49 Eine Strafverfolgungsbehörde kann einen ausländischen Staat indes auch darum ersuchen, nur für sie **Maßnahmen der Telekommunikationsüberwachung auf seinem Hoheitsgebiet** durchzuführen. Eine solche Möglichkeit sehen etwa die Europäische Ermittlungsanordnung (EEA) und das EU RhÜbk vor.

50 **2. Europäische Ermittlungsanordnung (EEA).** Die Europäische Ermittlungsanordnung ist in der **Richtlinie 2014/41/EU** geregelt und war ausweislich ihres Art. 36 Abs. 1 bis zum 22.5.2017 umzusetzen.[127] In Deutschland ist dies durch die **§§ 91a ff. IRG** geschehen. Die Richtlinie löst – soweit sie räumlich und in der Sache gilt – die Europäischen Rechtshilfeübereinkommen von 1959 und 2000 inklusive ihrer Protokolle, das Schengener Durchführungsübereinkommen (SDÜ) sowie die Rahmenbeschlüsse 2008/978/JI und 2003/577/JI ab. Die vorgenannten Bestimmungen haben innerhalb der EU somit nur noch im Verhältnis zu Irland und Dänemark sowie im Bereich der Gemeinsamen Ermittlungsgruppen einen Anwendungsbereich (Vgl. Art. 3 EEA und Erwägungsgründe 44 und 45 EEA).

51 Die EEA-Richtlinie enthält in den **Art. 30 und 31** spezifische Regelungen für die Anordnung einer Telekommunikationsüberwachung durch einen ausländischen Staat (Vollstreckungsstaat) im Auftrag eines EU-Mitgliedstaates (Anordnungsstaat). Wie auch im EU-RhÜbk (sogleich → Rn. 53) kann die überwachte Telekommunikation dabei entweder direkt an den Anordnungsstaat weitergeleitet oder aufgezeichnet und später die Aufzeichnung übergeben werden (Art. 30 Abs. 6 EEA). Als Besonderheit enthält Art. 30 Abs. 5 EEA außerdem einen zusätzlichen Grund für die Versagung der Anerkennung und Vollstreckung einer Europäischen Ermittlungsanordnung: Die Anordnung muss nur umgesetzt werden, wenn eine Telekommunikationsüberwachung auch im Vollstreckungsstaat in einem vergleichbaren innerstaatlichen Sachverhalt zulässig wäre. Diese Regelung ist in § 91c Abs. 2 Nr. 2 c) dd) IRG umgesetzt.

51a In Art. 31 findet sich außerdem eine Regelung zur Unterrichtung eines dritten Staates, wenn die Telekommunikationsüberwachung durch den Vollstreckungsstaat einen Kommunikationsanschluss miteinschließt, der sich auf dem Hoheitsgebiet des dritten Staates (sog. unterrichteter Mitgliedsstaat) befindet. Wäre die Überwachung in einem vergleichbaren innerstaatlichen Fall des unterrichteten Mitgliedstaats nicht zulässig gewesen, kann dieser den Abbruch der Überwachung und die Nichtverwendung des bereits gesammelten Materials verlangen (Art. 31 Abs. 3 EEA). Im deutschen Recht ist in § 91g Abs. 6 IRG darüber hinausgehend geregelt, dass der ersuchenden Stelle mitgeteilt werden muss, dass die Überwachung nicht durchgeführt werden darf bzw. abgebrochen werden muss und bereits erhobene Daten nicht oder nur unter Bedingungen verwendet werden dürfen, wenn die Maßnahme in einem vergleichbaren inländischen Fall nicht genehmigt worden wäre.

51b Art. 31 EEA (und § 91g Abs. 6 IRG) gewinnt sowohl durch die „Technisierung" der kriminellen Szene als auch durch die Erweiterung der technischen Ermittlungsmöglichkeiten – insbesondere die sog. Quellen-Telekommunikationsüberwachung – zunehmend an Bedeutung. So wurde beispielsweise im sog. EncroChat-Verfahren[128] von französischen Behörden auch die Kommunikation von deutschen Staatsbürger/innen auf deutschem Staatsgebiet mittels einer Spähsoftware überwacht.[129] Nach zutreffender Auffassung des LG Berlin hätte hierfür eine Unterrichtung der deutschen Behörden durch die französischen Strafverfolgungsbehörden nach Art. 31 Abs. 1 EEA erfolgen müssen, was offenbar unterblieben ist.[130] Da sich die Verwertbarkeit von durch ausländischen Behörden übermittelte Beweismitteln nach innerstaatlichem (deutschem) Recht richtet, kann sich aus einem Verstoß gegen Art. 31 EEA (iVm § 91g Abs. 6 IRG) nach zutreffender Auffassung des LG Berlin ein Beweisverwertungsverbot ergeben, wenn der Verstoß hinreichend gewichtig ist.

---

[127] Details bei Schneiderhan DRIZ 2014, 176.

[128] Grundlegende Kritik am Vorgehen: Sommer StV-S, 2021, 67.

[129] OLG Hamburg 29.1.2021 – 1 WS 2/21, BeckRS 2021, 2226; OLG Schleswig 29.4.2021 – 2 Ws 47/21, BeckRS 2021, 10202; LG Berlin 525 KLs 254 Js 592/20 (10/21), NStZ 2021, 696.

[130] LG Berlin 525 KLs 254 Js 592/20 (10/21), NStZ 2021, 696.

Im Fall „EncroChat" hat das LG Berlin zu Recht ein Beweisverwertungsverbot angenommen, weil es an einem qualifizierten Tatverdacht iSv §§ 100a, 100b gegen den sich auf deutschem Staatsgebiet aufhaltenden Betroffenen fehlte und dieser auch nicht als Nachrichtenmittler oder sonstiger Maßnahmeadressat nach § 100a Abs. 3 qualifiziert werden konnte.[131] Dies gilt auch dann, wenn man von einer Beschränkung der Prüfung des Tatverdachts auf Schlüssigkeit anhand des übermittelten (knappen) Sachverhalts ausgeht.[132] Da im EncroChat-Verfahren jedoch auch unklar blieb, wie genau die französischen Strafverfolgungsbehörden an die Daten gelangt sind (das Vorgehen wurde bewusst geheim gehalten),[133] ist auch keine Prüfung möglich, ob das Vorgehen in einem vergleichbaren innerstaatlichen Fall genehmigt worden wäre (Art. 31 Abs. 1, Abs. 3 EEA, § 91 Abs. 6 IRG). Bleibt dies derart unklar, dass keine Subsumtion unter die entsprechenden Eingriffsbefugnisse möglich ist und nicht einmal bestimmt werden kann, in welches Grundrecht eingegriffen wurde (hier: IT-System-Grundrecht oder Fernmeldegeheimnis?), ist nach hier vertretener Auffassung bereits aus diesem Grund von einem Beweisverwertungsverbot auszugehen (siehe noch näher → § 100e Rn. 93a). Dann nämlich kann nicht sichergestellt werden, ob und wie grundlegende rechtsstaatliche Anforderungen erfüllt wurden. Da Zweck von Art. 31 EEA, § 91g Abs. 6 IRG neben der Wahrung der staatlichen Souveränität Deutschlands auch die Sicherstellung des Grundrechtsschutzes der sich auf deutschem Boden befindlichen Betroffenen ist, ist auch von einem individualschützenden Charakter der Regelungen auszugehen (→ Rn. 51d).[134]

51c Die Mehrheit der Oberlandesgerichte und nun auch der BGH, die bisher über EncroChat-Fälle entscheiden zu hatten, sind dagegen der Auffassung, dass kein Verstoß gegen Art. 31 EEA vorliege oder ein solcher Verstoß zumindest nicht zu einem Beweisverwertungsverbot führe. So führt das OLG Bremen zwar aus, es habe einer Mitteilung an die deutschen Behörden durch die französischen Behörden nach Art. 31 Abs. 1 EEA bedurft, weil den französischen Behörden bekannt gewesen sei, dass die Überwachungsmaßnahme auf deutschem Staatsgebiet durchgeführt werde. Informationen über eine solche Mitteilung „enthalte die Akte nicht".[135] Allerdings sie die Datenübermittlung an die deutschen Behörden im vom OLG Bremen entschiedenen Fall nicht auf Grundlage einer Europäischen Ermittlungsanordnung, sondern als „spontane Datenübermittlung" auf Grundlage von Art. 7 des Rahmenbeschlusses 2006/960/JI des Rates vom 18.12.2006 über die Vereinfachung des Austauschs von Informationen und Erkenntnissen zwischen den Strafverfolgungsbehörden der Mitgliedstaaten der EU. Die Verwendung von auf dieser Grundlage erlangten Daten richte sich nach § 92g IRG und erfordere nur die Zustimmung des übermittelnden Staates, welche eingeholt worden war.[136] Das OLG Bremen geht offenbar – ohne dies allerdings explizit zu machen – davon aus, dass die Schutzvorschrift des Art. 31 EEA, welche eine Mitteilung an den betroffenen Mitgliedstaat, auf dessen Staatsgebiet sich die Zielperson einer Telekommunikationsüberwachungsmaßnahme befindet, erfordert, nur dann anwendbar ist, wenn die Datenübermittlung auf einer europäischen Ermittlungsanordnung basiert. Hiergegen spricht jedoch zunächst der Wortlaut von Art. 31 EEA, der eine solche Einschränkung nicht vorsieht. Auch dem zugehörigen Erwägungsgrund 31 kann nichts Derartiges entnommen werden („Mitgliedstaaten, in denen sich diese Person befindet und deren technische Hilfe für die Überwachung nicht erforderlich ist, sollten darüber gemäß dieser Richtlinie unterrichtet werden"). Bei einer Einengung des Anwendungsbereichs von

---

131 LG Berlin 525 KLs 254 Js 592/20 (10/21); NStZ 2021, 696; Erhard StraFo 2021, 366 (369).

132 Trautmann/Zimmermann in Schomburg/Lagodny Internationale Rechtshilfe in Strafsachen § 91b IRG Rn. 7 f. mwN.

133 OLG Hamburg 29.1.2021 – 1 WS 2/21, BeckRS 2021, 2226; OLG Schleswig 29.4.2021 – 2 Ws 47/21, BeckRS 2021, 10202; LG Berlin 525 KLs 254 Js 592/20 (10/21), NStZ 2021, 696.

134 LG Berlin 525 KLs 254 Js 592/20 (10/21), NStZ 2021, 696 mwN.

135 OLG Bremen 18.12.2020 – 1 Ws 166/20, NStZ-RR 2021, 158; zustimmend OLG Rostock 23.3.2021 – 20Ws 70/21, MMR 2021, 572 und OLG Köln 31.3.2021 – 2 Ws 118/21, BeckRS 2021, 18722.

136 OLG Bremen 18.12.2020 – 1 Ws 166/20, NStZ-RR 2021, 158; zustimmend OLG Rostock 23.3.2021 – 20Ws 70/21, MMR 2021, 572 und OLG Köln 31.3.2021 – 2 Ws 118/21, BeckRS 2021, 18722.

Art. 31 EEA auf Fälle des Erlasses einer Europäischen Ermittlungsanordnung wäre dieser ausschließlich auf Fälle beschränkt, in denen die technische Hilfe eines Mitgliedstaates benötigt wird, die Zielperson sich aber (auch) auf dem Staatsgebiet eines dritten Mitgliedstaates aufhält, von dem keine technische Hilfe bei der Überwachung benötigt wird (Fälle des Art. 30 Abs. 2 EEA). Eine solche Lesart würde jedoch der Bedeutung von Art. 31 EEA nicht gerecht. Die grenzüberschreitende Überwachung der Telekommunikation auf fremdem Staatsgebiet durch eigene technische Mittel stellt einen Eingriff in die staatliche Souveränität des betroffenen Mitgliedstaates und in die Grund- und Menschenrechte der betroffenen Person dar.[137] Art. 31 EEA regelt daher eine Mitteilungspflicht für den eingreifenden Staat und ein Widerspruchsrecht für den betroffenen Staat im Fall eines solchen Souveränitäts- und Grundrechtseingriffs. Im deutschen Recht ist – woraus sich auch der Schutznormcharakter ergibt – in § 91g Abs. 6 IRG sogar eine Pflicht zum Widerspruch durch die deutschen Behörden geregelt, wenn die mitgeteilte Überwachungsmaßnahme nach deutschem Recht nicht zulässig wäre.[138] Art. 31 Abs. 3 EEA, § 91g Abs. 6 IRG sollen somit sicherstellen, dass eine Telekommunikationsüberwachungsmaßnahme auf deutschem Staatsgebiet auch durch ausländische Ermittlungsbehörden nur durchgeführt werden darf, wenn dies nach deutschem Recht zulässig wäre. Daher sind Art. 31 EEA, § 91g Abs. 6 IRG stets zu beachten, wenn eine Telekommunikationsüberwachungsmaßnahme durch Behörden eines anderen Mitgliedstaates auf deutschem Boden durchgeführt werden. Keine Rolle spielt es, ob diese Daten später mittels einer EEA oder auf einer anderen Grundlage an deutsche Strafverfolgungsbehörden übermittelt werden.

KG und OLG Brandenburg meinen im Anschluss an eine von *Wahl* vertretene Auffassung, dass Art. 31 EEA zwar im vorliegenden Fall verletzt sei, diese Norm jedoch ausschließlich ein Beweisverwertungsverbot im französischen Strafverfahren begründen würde, nicht jedoch im deutschen Strafverfahren.[139] KG und OLG Brandenburg verkennen dabei zunächst, dass *Wahl* zwar ein zwingendes Beweisverwertungsverbot im deutschen Strafverfahren aus dem Verstoß gegen Art. 31 EEA ablehnt, jedoch – so zumindest versteht der *Verfasser* die Ausführungen von *Wahl* – eine Beweisverwertungsverbot auf Grundlage der Abwägungslösung bei einem Verstoß gegen Art. 31 EEA zulässt.[140] Weiterhin kann auch eine Beschränkung der Wirkung von Art. 31 EEA allein auf das französische Strafverfahren nicht überzeugen. Hiergegen spricht zunächst, dass auf diese Weise Beweismittel unabhängig von einer etwaigen Abwägung mit den grundrechtlich geschützten Interessen der betroffenen Person in einem deutschen Strafverfahren verwertet werden könnten, welche die deutschen Strafverfolgungsbehörden nur mittels eines Verstoßes gegen die deutsche StPO hätten erlangen können („forum shopping"). Eine Beschränkung der Wirkung auf das Strafverfahren in dem Staat, der die gegen Art. 31 EEA verstoßende Überwachungsmaßnahme durchführt, würde auch die grundrechtsschützende Wirkung von Art. 31 EEA negieren.[141] Art. 31 EEA stellt sicher, dass ausländische Staaten auf fremden Staatsgebiet keine grundrechtseingreifenden Überwachungsmaßnahmen durchführen dürfen, welche nicht auch die Behörden des betroffenen Mitgliedsstaats gegenüber Personen auf ihrem Staatsgebiet ergreifen könnten. Art. 31 EEA schützt damit auch die Hoheit des betroffenen Mitgliedstaates, über die Grenzen strafprozessualer Grundrechtseingriffe auf seinem Staatsgebiet zu entscheiden.[142] Für das deutsche Strafverfahrensrecht lässt sich schließlich die deutsche Umsetzung in § 91g Abs. 6 IRG anführen. Dort ist eine Pflicht zum Widerspruch geregelt („ist… 51d

---

137 Bruns in KK-StPO § 110 Rn. 8a mwN.

138 BT-Drs. 18/9757, 75; OLG Celle 12.8.2021 – 2 Ws 250/21, BeckRS 2021, 24319; Schierholt in Schomburg/Lagodny Internationale Rechtshilfe in Strafsachen § 91g Rn. 10.

139 KG Berlin 30.8.2021 – 2 Ws 79/21, 2 Ws 93/21, NStZ-RR 2021, 353; OLG Brandenburg, 9.8.2021 – 2Ws 113/21, BeckRS 2021, 23902; OLG Brandenburg, 3.8.2021 – 2 Ws 102/21, BeckRS 2021, 23525; OLG Brandenburg 26.7.2021 – 2 Ws 94/21, BeckRS 2021, 23906; *Wahl* ZIS 2021, 452 (457 f.).

140 *Wahl* ZIS 2021, 452 (457 f.).

141 Auch *Wahl* ZIS 2021, 452 (458) geht von einer grundrechtsschützenden Konzeption von Art. 31 EEA aus.

142 Zeyer ZWH 2022, 81 (83).

mitzuteilen"). Würde es aus Sicht des deutschen Gesetzgebers ausschließlich um die Wahrung der staatlichen Souveränitätsansprüche in ausländischen Strafverfahren gehen, würde eine „Kann"-Regelung ausreichen. Dementsprechend kommt zumindest dieser Regelung auch individualschützender Charakter zu und ein Verstoß gegen Art. 31 EEA wirkt sich – zumindest über die Brücke des § 91g Abs. 6 IRG – auch auf deutsche Strafverfahren aus.[143] Aus den gleichen Gründen vermag auch die Auffassung des BGH nicht zu überzeugen, Art. 31 EEA komme keine individualschützende Wirkung zu.[144]

51e Einen ähnlichen Weg geht das OLG Schleswig, wenn es meint, das europäische Recht sehe kein Beweisverwertungsverbot bei Verstößen gegen Art. 31 EEA vor und es sei überdies durch die Verwendung der Daten durch deutsche Strafverfolgungsbehörden eine Heilung des Verstoßes eingetreten.[145] Beides kann als Ablehnung eines Beweisverwertungsverbotes wegen Verstoßes gegen Art. 31 EEA, § 91g Abs. 6 IRG nicht überzeugen. Dass das europäische Recht kein Beweisverwertungsverbot als Rechtsfolge an einen Verstoß gegen Art. 31 EEA knüpft, hat keinen Einfluss darauf, dass sich ein solches auf Grundlage der Abwägungslehre nach deutschem Strafverfahrensrecht – welches für die Verwertbarkeit der Daten einschlägig ist (→ Rn. 51b) – ergibt.[146] Eine Heilung des Verstoßes durch Verwendung der Daten kommt aufgrund des nach § 91b Abs. 6 IRG zwingenden Widerspruchs nicht in Betracht, wenn – wie hier – eine Erhebung der Daten nach deutschem Strafverfahrensrecht nicht in Betracht käme.

51f Soweit von den Oberlandesgerichten und dem BGH das Vorliegen eines Beweisverwertungsverbots auf Grundlage der Abwägungslehre (→ Rn. 332 ff.) geprüft wird, wird zwar erkannt, dass in der Verwendung der Spähsoftware zur heimlichen Datenerhebung auf dem Server von EncroChat und den betroffenen Endgeräten ein erheblicher Grundrechtseingriff liegt. Jedoch sind die Oberlandesgerichte der Auffassung, dass die deutschen Behörden im Fall einer Mitteilung durch die französischen Behörden mit hoher Wahrscheinlichkeit der Maßnahme zugestimmt hätten, weil nach Auffassung der Oberlandesgerichte die Maßnahme auch nach deutschem Recht zulässig gewesen wäre und außerdem die Erheblichkeit der Verstöße gegen das BtMG eine Verwertung rechtfertigen würden.[147] Dass eine Zustimmung bei rechtzeitiger Mitteilung nicht erteilt worden wäre, weil eine Prüfung der Zulässigkeit der Maßnahme nach deutschem Recht aufgrund der Geheimhaltung der genauen Vorgehensweise durch die französischen Strafverfolgungsbehörden nicht möglich gewesen wäre, wird ausführlich im Rahmen der Kommentierung zu § 100e Abs. 6 gezeigt (→ § 100e Rn. 93a).

51g Soweit für eine Verwertbarkeit pauschal auf die Entscheidung des BGH von 21.11.2012[148] abgestellt und argumentiert wird, die deutschen Gerichte dürften im Rahmen des Grundsatzes der gegenseitigen Anerkennung die Rechtmäßigkeit der Telekommunikationsüberwachungsmaßnahme nach französischem Recht nur eingeschränkt überprüfen,[149] wird verkannt, dass die damalige Entscheidung nicht auf den EncroChat-Sachverhalt übertragen werden kann.[150] Im Fall des BGH ging es um die Überprüfung einer durch tschechische Strafverfolgungsbehörden auf tschechischem Grund und Boden nach ausschließlich tschechischem Recht durchgeführte Überwachung.[151] Im vorliegenden Fall geht es aber

[143] Vgl. BT-Drs. 18/9757, 75; OLG Celle 12.8.2021 – 2 Ws 250/21, BeckRS 2021, 24319; Schierholt in Schomburg/Lagodny Internationale Rechtshilfe in Strafsachen § 91g Rn. 10; Gebhard/Michalke NJW 2022, 655 (658).

[144] BGH 2.3.2022 – 5 StR 457/21, BeckRS 2022, 5306.

[145] OLG Schleswig 29.4.2021 – 2 Ws 47/21, NStZ 2021, 693; letzteres Argument auch verwendet von OLG Hamburg 29.1.2021 – 1 Ws 2/21, BeckRS 2021, 2226.

[146] Dies sieht letztlich auch das OLG Schleswig, meint aber, ein Beweisverwertungsverbot auf Grundlage der Abwägungslehre scheide angesichts des gravierenden BtM-Delikts aus, NStZ 2021, 693 (696).

[147] OLG Karlsruhe 10.11.2021 – 2 Ws 261/21, BeckRS 2021, 33716; OLG Celle 12.8.2021 – 2 Ws 250/21, BeckRS 2021, 24319 mit Verweis auf den durch die knappen EEA-Formblätter faktisch eingeschränkten Prüfungsmaßstab; BGH 2.3.2022 – 5 StR 457/21, BeckRS 2022, 5306.

[148] BGH 21.11.2012 – 1 StR 310/12, NStZ 2013, 596.

[149] Pauli NStZ 2021, 146; BGH 2.3.2022 – 5 StR 457/21, BeckRS 2022, 5306.

[150] So auch Derin/Singelnstein NStZ 2021, 449 (453).

[151] BGH 21.11.2012 – 1 StR 310/12, NStZ 2013, 596.

um die Rechtmäßigkeit einer durch ausländische Strafverfolgungsbehörden auf deutschem Staatsgebiet durchgeführten Überwachungsmaßnahme und damit nach Art. 31 EEA und § 91g Abs. 6 IRG um die Frage, ob die Maßnahme nach deutschem Recht zulässig gewesen. Fraglich ist indes, ob auch für die Prüfung der hypothetischen Zulässigkeit nach deutschem Recht im Rahmen von Art. 31 EEA, § 91g Abs. 6 IRG der eingeschränkte Prüfungsmaßstab von §§ 91b, 59 Abs. 3 IRG gilt.[152] Hiergegen könnte man einwenden, dass es sich bei der Mitteilung nach Art. 31 Abs. 3 EEA, § 91g Abs. 6 IRG nicht um das Leisten von Rechtshilfe durch deutsche Strafverfolgungsbehörden handelt und daher §§ 91b, 59 Abs. 3 IRG nicht anwendbar sind. Allerdings spricht für einen eingeschränkten Prüfungsmaßstab in diesem Sinne, dass unter der Wendung „in einem vergleichbaren innerstaatlichen Fall nicht genehmigt" würde, ein innerstaatlicher Fall zu verstehen sein wird, in dem deutsche Behörden Rechtshilfe leisten. Denn der alternative Weg für die französischen Strafverfolgungsbehörden für die Durchführung ihrer Überwachungsmaßnahme auf deutschem Boden wäre ein entsprechendes Rechtshilfeersuchen an die deutschen Behörden gewesen. Daher kann mit dem vergleichbaren innerstaatlichen Fall nur ein Rechtshilfefall gemeint sein. Eine solche Auslegung entspricht auch dem Zweck der Richtlinie 2014/41/EU, komplizierte Prüfungen abzubauen, Versagungsgründe für gegenseitige Rechtshilfe zu reduzieren und schnelle Entscheidungen herbeizuführen (Erwägungsgründe 6, 21). In der Sache kommt der rechtlichen Beschränkung des Prüfungsmaßstabes im Rahmen von Art. 31 EEA, § 91g Abs. 6 IRG jedoch in den EncroChat-Fällen keine Bedeutung zu. Zum einen dürfte die Beschränkung – insbesondere die reine Schlüssigkeitsprüfung des Tatverdachts auf Grundlage der Angaben der ausländischen Behörde – nicht über die tatsächliche Beschränkung durch die im Regelfall nur kurze Mitteilung des Sachverhalts in Formblatt C der Richtlinie hinausgehen.[153] Dies liegt auch daran, dass über den Verweis auf § 59 Abs. 3 IRG das gesamte deutsche Recht zum Prüfungsmaßstab erhoben wird. Zum anderen wäre eine Maßnahme nach deutschem Recht selbst bei eingeschränktem Prüfungsmaßstab – wie das LG Berlin zu Recht ausführt – nicht genehmigungsfähig gewesen (siehe oben → Rn. 51b). Schließlich sind sämtliche materiellen Zulässigkeitsvoraussetzungen nach deutschem Recht jedenfalls im Rahmen von § 100e Abs. 6 Nr. 1 bei der Prüfung des hypothetisch rechtmäßigen Ersatzeingriffs als Voraussetzung der Zweckänderung zu prüfen (→ § 100e Rn. 93a).[154] Zu beachten ist in diesem Zusammenhang allerdings, dass nach hM bei der Prüfung von § 100e Abs. 6 Nr. 1 die Sach- und Kenntnislage zum Zeitpunkt der zweckändernden Datenverwendung zugrunde zulegen ist (→ § 100e Rn. 87). Dabei kann jedoch richtigerweise nicht auf den Erkenntnisstand abgestellt werden, der sich aus der Auswertung der zu verwendenden Daten ergibt.[155] Bei einer hypothetischen Datenneuerhebung wäre der Inhalt der hypothetisch zu erhebenden Daten auch nicht bekannt (→ § 100e Rn. 93b).

Nachdem sich der 6. Strafsenat des BGH lediglich in einem obiter dictum zu einer unzulässigen Verfahrensrüge ohne Begründung für eine Verwertbarkeit der EncroChat- 51h
Daten ausgesprochen hatte,[156] hat der 5. Senat nun eine Verwertbarkeit der Daten mit ausführlicher Begründung vollumfänglich bejaht. Soweit es Art. 31 EEA bzw. § 91g Abs. 6 IRG betrifft (zur verneinten Anwendbarkeit von § 100e Abs. 6 Nr. 1 siehe noch ausführlich → § 100e Rn. 93c), hat der 5. Senat maßgeblich auf eine Heilung eines möglichen Verstoßes durch die Befürwortung der Verwertung der Beweismittel durch die „beteiligten deutschen Stellen" abgestellt und im Übrigen den Normen eine individualschützende Wirkung zugunsten der deutschen Beschuldigten unter Verweis auf den angeblichen gesetzgeberi-

[152] So Trautmann in Schomburg/Lagodny Internationale Rechtshilfe in Strafsachen § 92d Rn. 1; OLG Bremen 18.12.2020 – 1 Ws 166/20, NStZ-RR 2021, 158; OLG Hamburg 29.1.2021 – 1 Ws 2/21, BeckRS 2021, 2226; KG 30.8.2021 – 2 Ws 79/21, NStZ-RR 2021, 353.
[153] Vgl. für Formblatt A im Rahmen von § 91b IRG Trautmann/Zimmermann in Schomburg/Lagodny Internationale Rechtshilfe in Strafsachen § 91b IRG Rn. 7.
[154] Derin/Singelnstein NStZ 2021, 449 (453 f.).
[155] So aber Nadeborn/Kempgens, jurisPR-StrafR 12/2021 Anm. 4.
[156] BGH 8.2.2022 – 6 StR 639/21, MMR 2022, 374.

schen Willen abgesprochen.[157] Allerdings kommt sowohl Art. 31 EEA selbst als auch der deutschen Umsetzungsvorschrift in § 91g Abs. 6 IRG eine individualschützende Wirkung zu.[158] Hierfür spricht zunächst die von Art. 31 EEA geforderte Voraussetzung für einen Widerspruch gegen die ausländische Ermittlungsmaßnahme, dass diese nach inländischem Strafprozessrecht nicht zulässig wäre. Hierdurch wird der durch das nationale Strafprozessrecht gewährte Schutz gegen unrechtmäßige Grundrechtseingriffe in das Recht der grenzüberschreitenden Telekommunikationsüberwachung hinein verlängert. In § 91g Abs. 6 IRG wurde dieses Widerspruchsrecht vom deutschen Gesetzgeber in eine Widerspruchspflicht umgewandelt. Dies ergibt nur Sinn, wenn nicht nur die Souveränitätsinteressen Deutschlands (dann hätte auch ein Widerspruchsrecht genügt), sondern auch die individuellen Grundrechte der von der Überwachung betroffenen Personen geschützt werden sollen. Warum dieser Schutz nach Auffassung des BGH nur gegen eine Verwendung im Ausland bestehen soll, erschließt sich vor diesem Hintergrund nicht. Insbesondere ergibt sich dies nicht aus der vom 5. Senat zitierten Stelle der Begründung des Gesetzentwurfs.[159] Dass die Entwurfsverfasser im Fall eines Widerspruchs bzw. einer fehlenden Beteiligung explizit die Verwertung im Ausland ausschließen wollen, bedeutet nicht, dass sie eine Verwertung im Inland toleriert hätten. Viel wahrscheinlicher ist, dass die Entwurfsverfasser an eine Konstellation, in welcher die von ausländischen Behörden im Inland erhobenen Daten anschließend im Inland verwertet werden sollen, schlicht nicht gedacht hatten.[160] Eine „Heilung" des Verstoßes gegen Art. 31 EEA und § 91g Abs. 6 IRG durch ein Einverständnis der „beteiligten deutschen Behörden" mit der Verwertung kommt auch nicht in Betracht. Hierüber hätte nach der deutschen Systematik nämlich die zuständige deutsche Stelle – das Amtsgericht Stuttgart (§ 92d Abs. 1 Nr. 1 IRG) – entscheiden müssen und nicht das BKA oder die GenStA Frankfurt am Main. Die frühzeitige Kenntnis deutscher Behörden von der grenzüberschreitenden, nach deutschem Recht nicht zulässigen Maßnahme erhöht vielmehr die Eingriffsintensität. Die beteiligten deutschen Behörden wären nämlich verpflichtet gewesen, eine Entscheidung des zuständigen Amtsgerichts herbeizuführen.[161]

52 Unklar ist, ob die **Vorschriften zur beschleunigten Bearbeitung der Anordnung von Maßnahmen zur Sicherstellung der Beweismittel** nach Art. 32 EEA, § 91g Abs. 1 S. 2 IRG auch für Maßnahmen der Telekommunikationsüberwachung gelten. Einerseits deutet der Wortlaut von Art. 32 Abs. 1 EEA („die Vernichtung, Veränderung, Entfernung, Übertragung oder Veräußerung von Gegenständen, die als Beweismittel dienen können, vorläufig verhindert wird") daraufhin, dass die Vorschriften nur für in verkörperter Form (und sei es durch Speicherung auf einem Datenträger) vorliegende Beweismittel gilt. Damit wären die flüchtigen Telekommunikationsdaten nicht erfasst. Andererseits ist kein sachlicher Grund ersichtlich, warum zwar gespeicherte Daten vorläufig sichergestellt werden können, nicht aber übertragene Daten (bei denen es ja häufig auch zu einer „Zwischenspeicherung" auf dem Übertragungsweg kommt). Überdies können die Telekommunikationsdaten derart vorläufig sichergestellt werden, dass zunächst eine TKÜ angeordnet wird und die aufgezeichneten Daten bei der Vollstreckungsbehörde gespeichert werden. Daher sind im Ergebnis auch die Art. 32 EEA und § 91g Abs. 1 S. 2 auf Maßnahmen der Telekommunikationsüberwachung anwendbar.

53 **3. EU-RhÜbk.** Die praktische Bedeutung der Regelungen im „Gesetz zu dem Übereinkommen vom 29. Mai 2000 über die Rechtshilfe in Strafsachen zwischen den Mitgliedstaaten der Europäischen Union" (EU-RhÜbk)[162] beschränkt sich für den Bereich der Telekommunikationsüberwachung **nur noch auf den Rechtshilfeverkehr mit Dänemark und Irland** sowie auf die Weitergabe von personenbezogenen Daten, die im Wege

157 BGH 8.2.2022 – 5 StR 457/21, NStZ 2022, 435 mAnm Rückert.
158 So auch Brodowski StV 2022, 364 (365); im Ergebnis auch Hernandez Weiss, ZfIStW 2022, 417 (436).
159 BT-Drs. 18/9757, 75.
160 Zimmermann ZfIStW 2022, 173 (178) geht zumindest von mittelbarem Individualschutz aus.
161 Vgl. hierzu auch Brodowski StV 2022, 364 (367).
162 BGBl. 2000 II 650.

einer Telekommunikationsüberwachung erlangt wurden, an andere Mitglieder einer Gemeinsamen Ermittlungsgruppe. Das am 2.2.2006 in Kraft getretene EU-RhÜbk ergänzt die Regelungen des Schengener Durchführungsübereinkommens (SDÜ) v. 19.6.1990 sowie des Europäischen Rechtshilfeüberkommens (EU-RhÜbk) v. 20.4.1959.

Das EU-RhÜbk enthält in den Art. 18–21 detaillierte Regelungen zu Rechtshilfeersu- 54
chen zwecks Überwachung der Telekommunikation, welche nunmehr in ähnlicher Form in der EEA zu finden sind (→ Rn. 50). Nach **Art. 18 Abs. 1 EU-RhÜbk** sind die Vertragsstaaten berechtigt, zum Zwecke strafrechtlicher Ermittlungen einander um Überwachung des Telekommunikationsverkehrs zu ersuchen. Ein Novum im internationalen Rechtshilfeverkehr stellte dabei die Regelung in Art. 18 Abs. 1a EU-RhÜbk dar, wonach die überwachte Telekommunikation unmittelbar an den ersuchenden Mitgliedstaat weitergeleitet und damit erst bei diesem ausgewertet und aufgezeichnet werden kann. Im Gegensatz dazu steht die bisherige, nach Art. 18 Abs. 1b EU-RhÜbk alternativ weiterhin bestehende Möglichkeit, dass die Telekommunikation zunächst im ersuchten Staat selbst aufgezeichnet und erst (vielfach mit Verzug) danach an den ersuchenden Staat übermittelt wird. Um Maßnahmen der Telekommunikation im Wege der Rechtshilfe kann ein Mitgliedsstaat sowohl ersucht werden, wenn sich die „Zielperson" auf seinem Hoheitsgebiet (Art. 18 Abs. 2b EU-RhÜbk), auf dem Hoheitsgebiet des ersuchenden Staates (Art. 18 Abs. 2a EU-RhÜbk) oder aber auf dem Hoheitsgebiet eines dritten Mitgliedsstaates (Art. 18 Abs. 2c EU-RhÜbk) befindet. Liegt einer der von Art. 18 Abs. 2 EU-RhÜbk erfassten Fälle vor, so ist der ersuchte Staat nach Art. 18 Abs. 5 EU-RhÜbk unter den weiteren dort genannten Voraussetzungen sogar zur Rechtshilfe „verpflichtet". Auch dies stellte ein Novum im internationalen Rechtshilfeverkehr dar.[163]

Art. 20 EU-RhÜbk. regelt schließlich Fälle der Überwachung des Telekommunikati- 55
onsverkehrs ohne technische Hilfe eines anderen Mitgliedsstaates. Ein solcher länderübergreifender Fall liegt nach Art. 20 Abs. 2 EU-RhÜbk vor, wenn ein Mitgliedsstaat die Überwachung der Telekommunikation angeordnet hat, der in der Überwachungsanordnung bezeichnete Telekommunikationsanschluss der Zielperson jedoch im Hoheitsgebiet eines anderen Mitgliedsstaats genutzt wird und die weitere Überwachung dieses Anschlusses auch ohne technische Hilfe dieses Mitgliedsstaates durchgeführt werden kann. Diese Konstellation ist nunmehr auch von den Art. 30, 31 EEA erfasst (→ Rn. 51).

VIII. Reform des TKG, Aufhebung der §§ 11–15 TMG, TTDSG (ab 1. Dezember 2021)

Durch das Inkrafttreten der **DSGVO,** die daraus folgende Verdrängung der §§ 11–15 55a
TMG im Wege des europarechtlichen Anwendungsvorrangs und den Ablauf der Umsetzungsfrist für die **Richtlinie 2018/1972/EG** (sog. Kodex) war eine umfassende Reform des deutschen Telekommunikations- und Telemedienrechts notwendig geworden. Im Zuge dieser Reform wurde **mit Wirkung zum 1.12.2021** das TKG **(Telekommunikationsmodernisierungsgesetz)**[164] vollständig überarbeitet und das TTDSG **(Gesetz zur Regelung des Datenschutzes und des Schutzes der Privatsphäre in der Telekommunikation und bei Telemedien)**[165] neu geschaffen. Für den Bereich der §§ 100a–101b sind in inhaltlicher Hinsicht vor allem die Einbeziehung vieler sog. OTT-Dienstleister in den Anwendungsbereich des TKG und deren Einfluss auf die telekommunikationsrechtlichen Mitwirkungspflichten dieser Dienstleister (siehe → Rn. 229 ff., → § 100g Rn. 95 ff. und → § 100j Rn. 53 ff.) relevant. Gleiches gilt für die Aufhebung der – bereits seit 25.5.2018 neben der DSGVO nicht mehr anwendbaren – §§ 11–15 TMG, auf welche vormals die Vorschriften zur Bestandsdatenabfrage (§ 100j Abs. 1 S. 1 Nr. 2) und Nutzungsdatenabfrage (§ 100k) bei Telemediendienstleistern verwiesen, durch das TTDSG, um den bereits vorher geltenden Anwendungsvorrang der DSGVO für Telemediendienstleister auch in der deut-

[163] Schuster NStZ 2006, 657.
[164] BGBl. 2021 I 1858.
[165] BGBl. 2021 I 1982.

schen Rechtslage „sichtbar" zu machen (siehe zur Problematik des früheren Verweises der §§ 100j, 100k auf nicht mehr anwendbare Normen des TMG → § 100j Rn. 14, 18 und → § 100k Rn. 16 ff.). Damit einhergehend wurden die Übermittlungsbefugnisse für Telemediendienstleister hinsichtlich Bestands- und Nutzungsdaten (vormals in den §§ 15a-15c TMG geregelt) in das neue TTDSG (in §§ 22–24 TTDSG) überführt. Da die Änderungen zum 1.12.2021 und damit erst kurz vor Erscheinen dieses Bandes in Kraft getreten sind, berücksichtigt die vorliegende Kommentierung sowohl die neue als auch die alte Rechtslage. An Stellen, an denen die Änderungen inhaltliche Auswirkungen auf Auslegungsfragen oder Problemstellungen haben (zB OTT-Dienstleister), wird die alte Rechtslage unter einer eigenen Überschrift mitkommentiert, um Notwendigkeit und Genese der Änderungen zu erläutern. Bei Änderungen der „Hausnummern" durch Änderung der Vorschriftenreihenfolge von TKG-alt zu TKG-neu und Streichung der TMG-Normen sowie Überführung einzelner TMG-Normen in das TTDSG werden hinter der aktuell geltenden Norm des TKG-neu und des TTDSG jeweils die vor dem 1.12.2021 geltende Norm des TKG-alt und/oder des TMG genannt, um eine Arbeit mit der neuen Rechtslage in der Kommentierung zu erleichtern.

B. Erläuterung

I. Materielle Eingriffsvoraussetzungen des Abs. 1

56 Gemäß § 100a Abs. 1 darf die Telekommunikation des Betroffenen zur Erforschung des Sachverhalts oder zur Ermittlung seines Aufenthalts auch ohne dessen Wissen überwacht und aufgezeichnet werden, **wenn** aufgrund bestimmter Tatsachen der Verdacht besteht, dass eine der im Katalog des Abs. 2 aufgeführten schweren Straftaten begangen oder zu begehen versucht wurde, diese auch im Einzelfall schwer wiegt und der Betroffene aufgrund bestimmter Tatsachen im Verdacht steht, an dieser Tat als Täter oder Teilnehmer beteiligt gewesen zu sein, sich der Tatverdacht auf bestimmte Tatsachen gründet und die Erforschung des Sachverhalts oder die Ermittlung des Aufenthaltsortes des Beschuldigten auf andere Weise wesentlich erschwert oder aussichtslos wäre.

57 **1. Telekommunikation.** § 100a Abs. 1 gestattet einen Eingriff in die „Telekommunikation" des Betroffenen. Für den Anwendungsbereich von § 100a stellen sich **zwei grundlegende Fragestellungen:** Zum einen ist zu klären, ob sich der Anwendungsbereich von § 100a am Schutzbereich des Telekommunikationsgeheimnisses aus Art. 10 Abs. 1 GG orientiert oder, ob der Telekommunikationsbegriff von § 100a eigenständig (technikorientiert) zu definieren ist. Zum anderen ist die technische Entwicklung im Bereich der Fernkommunikation sehr dynamisch. Bei jeder neu entwickelten und durch Straftäter eingesetzten Kommunikationstechnologie stellt sich erneut die Frage, ob diese Technologie vom Anwendungsbereich des § 100a erfasst ist.[166] Zu zusätzlichen Schwierigkeiten bei der Anwendung des § 100a führt auch eine kasuistische, vereinzelt widersprüchliche und vielfach dogmatisch nicht überzeugende Rspr. der Obergerichte bis hin zum BVerfG.

58 Ausweislich der Materialien war es neben der Anpassung des § 100a an die aktuelle verfassungsgerichtliche Rspr. (→ Rn. 35) eines der weiteren vorrangigen Ziele des Gesetzgebers, mit dem Gesetz zur Neuregelung der Telekommunikationsüberwachung vom 21.12.2007[167] den Strafverfolgungsbehörden in § 100a weiterhin ein effektives Ermittlungsinstrument für eine geordnete Strafverfolgung zu erhalten und einen aus der polizeilichen und staatsanwaltschaftlichen Praxis berichteten Änderungsbedarf zu berücksichtigen, der sich insbesondere aufgrund **technischer Innovationen** ergeben und zu Schwierigkeiten

[166] Günther NStZ 2005, 485 (486); vgl. auch Safferling/Rückert MMR 2015, 788 zur Frage, ob die Übertragung von Daten im Bitcoin-Netzwerk Telekommunikation iSv § 100a StPO ist.

[167] Gesetz zur Neuregelung der Telekommunikationsüberwachung und anderer verdeckter Ermittlungsmaßnahmen sowie zur Umsetzung der Richtlinie 2006/24/EG, BGBl. 2007 I 3198.

nahme bei einem Webmail-Provider nicht entgegen. Zwar hat das BVerfG hier (zu Recht) einen Eingriff in das Telekommunikationsgeheimnis bejaht, gleichzeitig die Beschlagnahme gem. §§ 94 ff. als Rechtsgrundlage für die Erhebung der E-Mails vom Server des Webmail-Providers – und damit außerhalb des Herrschaftsbereichs des Nutzers und eigentlich „auf dem Kommunikationsweg" – zugelassen.[182] Allerdings hat das Gericht in der Entscheidung eine Anwendung von § 100a zur Erlangung von E-Mails von Servern von Webmail-Providern nicht ausgeschlossen. Vielmehr stellt das BVerfG klar, dass § 100a keine exklusive Eingriffsgrundlage in das Telekommunikationsgeheimnis ist.[183] Solange die Erhebung offen stattfindet, kann somit auch auf §§ 94 ff. zurückgegriffen werden (hierzu noch detailliert → Rn. 108). Zweifelhaft erscheint indes, ob, nach Inkrafttreten des StPO-Fortentwicklungsgesetzes zum 1. Juli 2021,[184] das BVerfG auch eine heimliche E-Mail-Beschlagnahme nach § 95a nF zulassen würde. Die im Vergleich zu § 100a stark abgesenkten Eingriffsvoraussetzungen entsprechen nicht den Anforderungen, die das BVerfG an heimliche Eingriffe in das Telekommunikationsgeheimnis stellt (siehe → Rn. 104, 118).

dd) Eigene Bewertung. Der **strafprozessrechtliche und der telekommunikationsrechtliche Begriff** sind voneinander zu unterscheiden. Trotz Verwendung desselben Begriffs in beiden Gesetzen sind diese nicht deckungsgleich. Dem kann auch nicht das Prinzip der Einheit der Rechtsordnung entgegengehalten werden, da die Anwendung dieses Prinzips bei der Auslegung von Normen stets unter dem Vorbehalt steht, dass die jeweiligen gesetzlichen Zwecke eine gleichlaufende Auslegung zulassen und voraussetzen. 65

Der Begriff **Telekommunikation iSd § 3 Nr. 59 TKG (bis 1. Dezember 2021: § 3 Nr. 22 TKG)** ist rein technisch zu verstehen. Dies ergibt sich aus § 1 TKG, wonach erklärter Zweck dieses Gesetzes ist, durch technologieneutrale Regulierung den Wettbewerb im Bereich der Telekommunikation und leistungsfähige Telekommunikationsinfrastrukturen zu fördern und flächendeckend angemessene und ausreichende Dienstleistungen zu gewährleisten. Die Wahrung der öffentlichen Interessen, deren Schutz in Abwägung mit den Beschuldigtenrechten die StPO dient, firmiert hingegen unter § 2 Abs. 2 Nr. 3 lit. c TKG (bis 1. Dezember 2021: § 2 Abs. 2 Nr. 9 TKG) lediglich als Teil der Wahrung der Verbraucherinteressen. Das TKG und seine Begrifflichkeiten sind mithin anders als die Strafprozessordnung eindeutig technikorientiert. Dementsprechend erfasst Telekommunikation iSd § 3 Nr. 59 TKG (bis 1. Dezember 2021: § 3 Nr. 22 TKG) die elektronische Übertragung von Informationen aller Art und damit auch Rundfunk und Fernsehen.[185] Es steht jedoch außer Zweifel, dass die Inhalte des Rundfunks als Informationsangebot an die Allgemeinheit weder dem Anwendungsbereich des § 100a noch dem des § 100g unterfallen.[186] 66

Ganz anders ist § 100a zu interpretieren. Als Vorschrift, die zu Eingriffen in den Schutzbereich des Art. 10 GG berechtigt, ist sie selbst **im Lichte dieses Grundgesetzes** und nicht eines technisch ausgerichteten Gesetzes auszulegen. An anderer Stelle, nämlich bei der Neufassung des § 100g Abs. 1 S. 1 aF und damit im Zusammenhang mit einer weiteren strafprozessualen Eingriffsnorm in das Fernmeldegeheimnis, hat der Gesetzgeber ausdrücklich auf das TKG zurückgegriffen und den dort bislang verwendeten Begriff der „Verbindungsdaten" entsprechend dem „im modernen Telekommunikationsrecht üblichen Sprachgebrauch"[187] durch den der „Verkehrsdaten" ersetzt. Hier hat er allerdings nicht nur die Begriffe ausgetauscht, sondern **in der neuen Fassung des § 100g ausdrücklich auf §§ 9 und 12 TTDSG (bis 1. Dezember 2021: § 96 Abs. 1 TKG) verwiesen** und damit auf die dort im Einzelnen aufgeführten Verkehrsdaten Bezug genommen. Er hat dadurch erklärtermaßen dem Begriff der Verkehrsdaten in StPO und TKG bzw. nunmehr TTDSG denselben Bedeutungsgehalt beigemessen. Dies erscheint insofern sinnvoll, als der Begriff 67

[182] BVerfG 16.6.2009 – 2 BvR 902/06, BVerfGE 124, 43 (58 ff.) = NJW 2009, 2431.
[183] BVerfG 16.6.2009 – 2 BvR 902/06, BVerfGE 124, 43 (59) = NJW 2009, 2431.
[184] BGBl. 2021 I 2099.
[185] Brockhaus Fachlexikon Computer, Stichwort: Telekommunikation.
[186] Günther NStZ 2005, 485 (491).
[187] BT-Drs. 16/5846, 50.

der Verbindungsdaten in § 100g, eingeführt durch das Gesetz zur Änderung der Strafprozessordnung vom 20.12.2001,[188] von Beginn an technisch orientiert war und die Anwendung des § 100g aF anders als die des § 100a nach dem Willen des Gesetzgebers nicht nur mit Eingriffen in Art. 10 GG, sondern auch mit solchen in das Recht auf informationelle Selbstbestimmung gemäß Art. 1 Abs. 1 GG iVm Art. 2 Abs. 1 GG einhergehen sollte.[189] Die Technik der Verweisung aus Eingriffsnormen in das TKG und (bis 1. Dezember 2021) das TMG bzw. (ab 1. Dezember 2021) in das TTDSG hat der Gesetzgeber auch bei der Einführung der Befugnis zur Erhebung von Nutzungsdaten in § 100k (durch das Gesetz zur Bekämpfung von Rechtsextremismus und Hasskriminalität und das Gesetz zur Anpassung der Regelungen über die Bestandsdatenauskunft an die Vorgaben aus der Entscheidung des Bundesverfassungsgerichts vom 27. Mai 2020) und zur Erhebung von Bestandsdaten in § 100j verwendet. Dagegen findet sich ein solcher Verweis in § 100a gerade nicht. Auch bei der Reform des Telekommunikations- und Telemedienrechts durch das TTDSG und das Telekommunikationsmodernisierungsgesetz zum 1. Dezember 2021 wurden die entsprechenden Verweise in §§ 100g 100j, 100k an die neue Rechtslage angepasst (ab 1. Dezember 2021 verweist § 100g Abs. 1 auf §§ 9 und 12 TTDSG (Verkehrsdaten), § 100j Abs. 1 S. 1 Nr. 1 auf § 3 Nr. 6 TKG, § 100j Abs. 1 S. 1 Nr. 2 auf § 2 Abs. 2 Nr. 2 TTDSG sowie § 22 TTDSG und § 100k auf § 2 Abs. 2 Nr. 3 TTDSG (Nutzungsdaten)) und grenzen den Anwendungsbereich dieser Vorschriften entsprechend ein. In § 100a beschränkt sich dagegen die Verweisung spezifisch auf telekommunikationsrechtliche Vorkehrungspflichten in § 100a Abs. 4 S. 2. Der Begriff der Telekommunikation selbst ist dagegen weiterhin genuin strafprozessrechtlich geregelt. Es spricht viel dafür, dass die unterschiedliche Regelungstechnik in §§ 100g, 100j, 100k einerseits (Begrenzung der Eingriffsbefugnis auf bestimmte, technische Datenkategorien) und § 100a andererseits (strafprozessualer Begriff der Telekommunikation) bewusst gewählt wurde. Somit sprechen auch systematische Gründe gegen eine rein technische Auslegung von § 100a.

68 Die Auslegung des Begriffs „Telekommunikation" iSv § 100a hat sich damit **an den Grenzen des Schutzbereichs von Art. 10 Abs. 1 GG zu orientieren** (ausführlich → Rn. 23). Der Begriff umfasst daher alle Formen der unkörperlichen Informations- und Datenübertragung zwischen individuellen Kommunikationspartnern über die Distanz. Angesichts der Entwicklungsoffenheit von § 100a ist bei der Auslegung des Merkmals „individuelle Kommunikationspartner" die technische Entwicklung der Kommunikation zu berücksichtigen. Insofern genügt hierfür auch, dass nur ein individueller Rezipient Informationen in unkörperlicher Form im Internet abruft oder hochlädt. Ebenso ist ein Datenaustausch zwischen technischen Geräten ausreichend, sofern die technischen Geräte bewusst von Menschen in Betrieb genommen bzw. gehalten werden und die Datenübertragung im Interesse der betroffenen Personen stattfindet (zB Geräte des sog. IoT, hierzu noch detailliert → Rn. 131).[190] Gleichsam ist auch die Datenübertragung eines Menschen an sich selbst von § 100a erfasst, wie sie beispielsweise beim Cloud-Computing stattfindet (hierzu noch → Rn. 127).[191]

69 **b) Datenkategorien in der StPO und ihre Zuordnung zum strafprozessualen Begriff der Telekommunikation.** Daten im Zusammenhang mit Telekommunikationsvorgängen im weiteren Sinne werden in der StPO **unterteilt** in Inhalts-, Verkehrs-, Standort- Nutzungs-, Zugangs- und Bestandsdaten. Nicht alle diese Daten sind als Telekommunikationsdaten iSv § 100a zu qualifizieren.

[188] BGBl. 2001 I 3879.

[189] Vgl. BT-Drs. 14/7008, 1.

[190] Insofern aA das BVerfG 22.8.2006 – 2 BvR 1345/03 in der IMSI-Catcher-Entscheidung in NJW 2007, 351; ob diese Auslegung vor dem Hintergrund der zunehmenden Nutzung von IoT-Geräten, welche selbständig miteinander im Interesse ihres Nutzers kommunizieren, haltbar ist, erscheint jedoch zweifelhaft; wie hier bereits der BGH-Ermittlungsrichter 21.2.2001 – 2 BGs 42/2001, MMR 2001, 442.

[191] S. auch Von zur Mühlen, Zugriffe auf elektronische Kommunikation, S. 267, der von einem technischen Standpunkt und einer strengeren Orientierung an § 3 Nr. 22 TKG aF zu seinem sehr ähnlichen Begriff kommt.

aa) Inhaltsdaten. Mit dem nicht legaldefinierten Begriff der Inhaltsdaten werden allgemein die **Inhalte der Individualkommunikation** und damit diejenigen Daten bezeichnet, um derentwillen der Übermittlungsvorgang mittels Telekommunikation überhaupt veranlasst wird. Es kann sich dabei um Töne wie etwa bei der klassischen Sprachtelefonie, um Zeichen, Bilder und Videos wie bei der Nutzung von Messenger-Diensten, SMS und MMS oder Live-Videos bei der Video-Telefonie handeln. Wird auf Daten dieser Art während des Übertragungsvorgangs zugegriffen, so bedarf es einer Anordnung nach §§ 100a, 100e. 70

bb) Verkehrsdaten. Unter den Begriff der Verkehrsdaten fallen sämtliche für die Herstellung und Aufrechterhaltung einer Telekommunikationsverbindung erforderlichen Daten. **In § 3 Nr. 70 TKG werden Verkehrsdaten als solche Daten bezeichnet, „deren Erhebung, Verarbeitung oder Nutzung bei der Erbringung eines Telekommunikationsdienstes erforderlich sind" (bis 1. Dezember 2021: ähnlich in § 3 Nr. 30 TKG).** Verkehrsdaten werden, anders als die Inhaltsdaten, technisch generiert, sodass der Gesetzgeber in § 100g, der die Erhebung und Verwertung dieser Daten zu strafprozessualen Zwecken regelt, auch auf die Vorschrift des § 9 Abs. 1 TTDSG (bis 1. Dezember 2021: § 96 Abs. 1 TKG) Bezug genommen hat, in der die einzelnen Verkehrsdaten aufgezählt sind. Dort sind diejenigen Verkehrsdaten aufgelistet, die nach dem TTDSG zulässigerweise erhoben und verwertet werden dürfen.[192] 71

In Abgrenzung zu den Inhaltsdaten erfassen Verkehrsdaten gerade nicht die Inhalte, sondern die näheren Umstände der Telekommunikation und geben, vereinfacht ausgedrückt Aufschluss darüber, **wer wann wie lange** und **wo mit wem auf welche Art und Weise** telekommuniziert hat. 72

Zu den Verkehrsdaten, auf die zu strafprozessualen Zwecken zugegriffen werden kann, gehören nach § 9 Abs. 1 TTDSG (bis 1. Dezember 2021: § 96 Abs. 1 TKG) ua die **Nummer oder eine andere Kennung** der beteiligten Anschlüsse (Nr. 1), **Beginn und Ende der jeweiligen Verbindung** nach Datum und Uhrzeit sowie ggf. die Datenmenge (Nr. 2), der in Anspruch genommene **Telekommunikationsdienst** (Nr. 3) sowie die **Endpunkte von festgeschalteten Verbindungen** (Nr. 4). Da jedoch § 100a – anders als § 100g – nicht auf §§ 9 und 12 TTDSG (bis 1. Dezember 2021: § 96 Abs. 1 TKG) verweist, dürfen im Rahmen einer Telekommunikationsüberwachung nach § 100a auch Verkehrsdaten erhoben werden, die vom Dienstanbieter nicht nach §§ 9 und 12 TTDSG (bis 1. Dezember 2021: § 96 Abs. 1 TKG) gespeichert werden dürfen und daher nach § 100g auch nicht erhoben werden dürfen. Dies betrifft zB Daten, die keine Relevanz für die Abrechnungszwecke des Dienstleisters haben (vgl. § 10 TTDSG, bis 1. Dezember 2021: § 97 TKG).[193] 73

Verkehrsdaten können nicht nur über eine Anordnung nach § 100g beim Telekommunikationsanbieter erhoben werden, sondern werden auch bei einem nach § 100a überwachten Telekommunikationsvorgang übertragen und werden vom Schutzbereich des Art. 10 Abs. 1 GG erfasst.[194] Sie dürfen daher ebenfalls nach § 100a erhoben werden, eine Verdrängung durch den mit weniger hohen Anforderungen versehenen § 100g findet nicht statt.[195] Eine Unterscheidung zwischen § 100a und § 100g ist darin zu erblicken, dass § 100a nur zur „Überwachung und Aufzeichnung der Telekommunikation" ermächtigt und daher nur solche Verkehrsdaten umfasst, welche ab dem Zeitpunkt des Beginns der Telekommunikationsüberwachung während eines laufenden Telekommunikationsvorgangs anfallen. § 100g ermöglicht das Verlangen der Herausgabe der bereits beim Telekommunikationsanbieter gespeicherten Verkehrsdaten aus vergangenen Telekommunikationsvorgängen.[196] 74

cc) Standortdaten. Standortdaten sind spezielle Verkehrsdaten bei mobilen Telekommunikationsanlagen und werden in der StPO ausdrücklich in § 100g erwähnt. Sie sind 75

192 So zutreffend Beck'scher TKG-Kommentar/Braun TKG § 96 Rn. 6.
193 Wie hier Hauck in Löwe/Rosenberg § 100a Rn. 63.
194 BVerfG 2.3.2010 – 1 BvR 256/08, NJW 2010, 833 (835 ff.).
195 BVerfG 20.12.2018 – 2 BvR 2377/16, NJW 2019, 584 Rn. 52.
196 BVerfG 20.12.2018 – 2 BvR 2377/16, NJW 2019, 584 Rn. 44: „soweit diese im Rahmen der zu überwachenden Telekommunikation anfallen"; Hauck in Löwe/Rosenberg § 100a Rn. 62.

außerdem in § 3 Nr. 56 TKG (bis 1. Dezember 2021: § 3 Nr. 19 TKG) definiert als **Daten, die in einem Telekommunikationsnetz oder von einem Telekommunikationsdienst verarbeitet werden und die den Standort des Endgeräts eines Nutzers eines öffentlich zugänglichen Telekommunikationsdienstes angeben.** Da sie außerdem in § 9 Abs. 1 S. 1 Nr. 1 aE TTDSG (bis 1. Dezember 2021: § 96 Abs. 1 S. 1 Nr. 1 aE TKG) als Teil der Verkehrsdaten betrachtet werden, kann – aufgrund der Verweisung in § 100g auf § 9 Abs. 1 TTDSG (bis 1. Dezember 2021: § 96 Abs. 1 TKG) – davon ausgegangen werden, dass die StPO ebenfalls auf diese Definition der Standortdaten zurückgreift. Standortdaten können durch eine Abfrage beim Telekommunikationsanbieter über § 100g Abs. 1 S. 4, S. 5, durch eine sog. Funkzellenabfrage nach § 100g Abs. 3, nach hM durch das Versenden einer sog. Stillen SMS gem. §§ 100i, 100g (hierzu noch ausführlich → § 100i Rn. 28) und durch den Einsatz eines sog. IMSI-Catchers nach § 100i Abs. 1 Nr. 2 erhoben werden. Standortdaten werden sowohl im Betrieb eines Mobilfunkgerätes durch das Gerät selbst (zur Gewährleistung der Erreichbarkeit und des Anschlusses ans mobile Datennetz) als auch durch Applikationen auf dem Gerät (zB Apps auf einem Smartphone) laufend erzeugt. Außerdem werden Standortdaten auch bei Nutzung des Mobilfunkgeräts zur Kommunikation (zB Sprachanrufe, Versendung von Messenger-Nachrichten, Zugriff auf das mobile Datennetz) erzeugt. Da in beiden Fällen nach hier vertretener Auffassung eine von Art. 10 Abs. 1 GG geschützte Telekommunikationsverbindung aufgebaut wird (→ Rn. 27, 31) können diese Daten auch bei einer Maßnahme nach § 100a miterhoben werden.[197] Da § 100a nicht auf § 9 Abs. 1 TTDSG (bis 1. Dezember 2021: § 96 Abs. 1 TKG) verweist, dürfen im Rahmen einer Maßnahme nach § 100a jedoch auch über die nach §§ 100g iVm § 9 Abs. 1 TTDSG (bis 1. Dezember 2021: § 96 Abs. 1 TKG) zu erhebenden Standortdaten hinaus, weitere Standortdaten erhoben werden, die vom Dienstanbieter nicht gespeichert werden dürfen (vgl. § 13 TTDSG, bis 1. Dezember 2021: § 98 TKG). Eine Verdrängung des § 100a durch § 100g Abs. 1 S. 4 findet insofern nicht statt.[198]

76 **dd) Nutzungsdaten.** Nutzungsdaten sind eine relativ neue Datenkategorie. Sie wurden in die StPO eingeführt durch das Gesetz zur Bekämpfung von Rechtsextremismus und Hasskriminalität vom 30.3.2021.[199] Sie sind bereits in § 2 Abs. 2 Nr. 3 TTDSG (bis 1. Dezember 2021: § 15 TMG) definiert als **die personenbezogenen Daten eines Nutzers von Telemedien, deren Verarbeitung erforderlich ist, um die Inanspruchnahme von Telemedien zu ermöglichen und abzurechnen.** Sie enthalten insbesondere Daten zur Identifizierung des Nutzers, zum Zeitumfang der Nutzung von Telemediendiensten und Angaben darüber, welche Telemediendienste genutzt werden (§ 2 Abs. 2 Nr. 3 lit. a bis lit. c TTDSG, bis 1. Dezember 2021: § 15 Abs. 1 S. 2 Nr. 1–3 TMG). Die Daten umfassen – in Abgrenzung zu den sog. Bestandsdaten – Daten über die **konkrete Nutzung von Telemediendiensten** wie zB Social Media Plattformen, Online-Banking, Handelsplattformen, Internetforen, Suchmaschinen und spezielle Arten von Online-Spielen.[200] Die stark zunehmende Bedeutung dieser Dienstleistungen spiegelt die Relevanz dieser Daten für das Strafverfahren wider. Vor Inkrafttreten der Neuregelung in § 100k war umstritten, ob Nutzungsdaten mangels spezifischer Regelung nach den Generalklauseln der §§ 161, 163 erhoben werden dürfen.[201] Nutzungsdaten werden auch über Telekommunikationsverbindungen ausgetauscht, welche der Überwachung nach § 100a unterliegen. Sie sind dabei teilweise vergleichbar mit den Verkehrsdaten des TKG, da sie Aufschluss darüber geben, welcher Nutzer mit welchen Telemediendiensten zu welcher Zeit interagiert hat. Teilweise

---

197 So auch Graf in BeckOK StPO § 100a Rn. 99, der in Rn. 22 ebenfalls der Auffassung zuneigt, dass auch die rein technische Kommunikation zwischen Geräten von Art. 10 GG geschützt ist; aA Hauck in Löwe/Rosenberg § 100a Rn. 68 ff.

198 Vgl. BVerfG 20.12.2018 – 2 BvR 2377/16, NJW 2019, 584 Rn. 52 zum Verhältnis zwischen § 100a StPO und § 100g StPO.

199 BGBl. 2021 I 441.

200 Spindler in Spindler/Schmitz TMG § 15 Rn. 74 ff. mwN.

201 Vgl. Bruns in KK-StPO § 100g Rn. 3 mwN.

sind sie aber auch mit Inhaltsdaten zu vergleichen, weil sie auch konkret aufgerufene Websites und verwendete Suchbegriffe etc umfassen können Dementsprechend unterliegen sie ebenfalls der Erhebung nach § 100a, wenn sie bei der Überwachung eines entsprechenden Internetanschlusses aufgezeichnet werden.

ee) Zugangsdaten. Der Begriff der Zugangsdaten findet sich weder in der StPO noch im TKG, TMG oder TTDSG. Es handelt sich um Daten, **mittels derer der Zugriff auf Endgeräte oder auf Speichereinrichtungen, die in diesen Endgeräten oder hiervon räumlich getrennt eingesetzt werden, geschützt wird.** Diese Definition wird sowohl in § 174 Abs. 1 S. 2 TKG und § 23 Abs. 1 TTDSG (bis 1. Dezember 2021: § 113 Abs. 1 S. 2 TKG) als auch in § 100j Abs. 1 S. 2 und S. 3 verwendet. Zugangsdaten können nach § 100j Abs. 1 S. 2 und S. 3 bei Telekommunikations- und Telemediendienstanbietern erhoben werden. Werden die Daten über eine vertrauliche Telekommunikationsverbindung übermittelt, welche der Überwachung nach § 100a unterliegt, handelt es sich allerdings auch um Telekommunikation iSv § 100a. Freilich erfolgt die Übermittlung häufig verschlüsselt, was die Strafverfolgungsbehörden vor erhebliche Probleme stellen kann. 77

ff) Bestandsdaten. (1) Allgemeines. Der Begriff der „Bestandsdaten" wird durch § 3 Nr. 6 TKG definiert als „Daten eines Endnutzers, die erforderlich sind für die Begründung, inhaltliche Ausgestaltung, Änderung oder Beendigung eines Vertragsverhältnisses über Telekommunikationsdienste" (bis 1. Dezember 2021 ähnlich in § 3 Nr. 3 TKG). Eine vergleichbare Definition findet sich in § 2 Abs. 2 Nr. 2 TTDSG (bis 1. Dezember 2021: § 14 TMG) für Telemedien. 78

Es handelt sich hierbei um eine allgemein gehaltene Definition, die sowohl von einem abschließenden Katalog als auch von einer beispielhaften Aufzählung absieht. Endnutzer kann sowohl eine natürliche als auch eine juristische Person sein, wobei diesen kennzeichnet, dass er einen öffentlich zugänglichen Telekommunikationsdienst für private oder geschäftliche Zwecke in Anspruch nimmt oder beantragt, selbst aber weder öffentliche Telekommunikationsnetze betreibt noch öffentlich zugängliche Telekommunikationsdienste erbringt (§ 3 Nr. 13 und Nr. 41 TKG; bis 1. Dezember 2021: § 3 Nr. 18 und Nr. 141 TKG). Im telekommunikations- und telemedienrechtlichen Sinne (siehe § 2 Abs. 1 TTDSG, bis 1. Dezember 2021: § 2 Nr. 3 TMG) sind Bestandsdaten deshalb ausschließlich Endkundendaten.[202] Zu den Bestandsdaten gehören mithin bspw. die von dem Kunden bei Vertragsschluss angegebenen **Personalien, Adresse und E-Mail-Adresse** sowie die ihm durch den Diensteanbieter zugewiesene Kennung wie etwa eine Telefonnummer oder eine statische IP-Adresse. Im Bereich der Telemedien fällt hierunter auch die Bezeichnung des jeweiligen Accounts, also zB der Nutzername in Foren und Sozialen Medien. 79

Rechtsgrundlage für die Erhebung von Bestandsdaten ist § 100j iVm den Vorschriften der §§ 173, 174 TKG bzw. §§ 2 Abs. 2 Nr. 2, 22, 23 TTDSG (bis 1. Dezember 2021: §§ 112, 113 TKG/§ 14 TMG). Zum 1. Dezember 2021 wurde § 113 TKG durch § 174 TKG ersetzt, als das gesamte TKG durch das Gesetz zur Umsetzung der Richtlinie (EU) 2018/1972 des Europäischen Parlaments und des Rates vom 11.12.2018 über den europäischen Kodex für die elektronische Kommunikation (Neufassung) und zur Modernisierung des Telekommunikationsrechts reformiert wurde.[203] In ihm wird die Verpflichtung zur Auskunftserteilung derjenigen, die geschäftsmäßig Telekommunikationsdienste erbringen oder daran mitwirken, telekommunikationsrechtlich konkretisiert und „datenschutzrechtlich sanktioniert".[204] Das BVerfG hatte in seiner Entscheidung v. 24.1.2012 zu § 113 aF TKG angemerkt, dass diese Vorschrift aus kompetenzrechtlichen wie auch aus rechtsstaatlichen Gründen dahingehend auszulegen sei, dass sie für sich allein keine Auskunftspflicht der Telekommunikationsunternehmen zu strafprozessualen Zwecken zu begründen vermag, 80

202 Vgl. Büttgen in Geppert/Schütz TKG § 3 Rn. 6 ff.
203 BR-Drs. 325/21.
204 Eckhardt in Geppert/Schütz TKG § 113 Rn. 12.

erforderlich hierfür sei vielmehr eine fachrechtliche Rechtsgrundlage,[205] die der Gesetzgeber mit § 100j bereits 2013 geschaffen hat. § 14 Abs. 2 TMG aF enthielt schon seit seinem Inkrafttreten eine Befugnis für die Telemediendienstanbieter zur Herausgabe der Bestandsdaten an Strafverfolgungsbehörden, welche bei mehreren Reformen hinsichtlich des Kreises der berechtigten Empfänger erweitert wurde. Durch das Gesetz zur Bekämpfung von Rechtsextremismus und Hasskriminalität vom 30.3.2021[206] und das dieses „reparierende" Gesetz zur Anpassung der Regelungen über die Bestandsdatenauskunft an die Vorgaben aus der Entscheidung des Bundesverfassungsgerichts vom 27. Mai 2020 ebenfalls vom 30.3.2021[207] wurde die Herausgabebefugnis der Telemediendienste für Bestandsdaten neu in den §§ 15a, 15b TMG nach den Vorgaben des BVerfG zur telekommunikationsrechtlichen Bestandsdatenauskunft geregelt und eine korrespondierende strafprozessuale Erhebungsbefugnis in § 100j Abs. 1 S. 1 Nr. 2 geschaffen. Gleichzeitig wurde die Auskunftsbefugnis für Telekommunikationsdienstleister nach den Vorgaben des BVerfG aus dem Beschluss zur Bestandsdatenauskunft-II[208] in §§ 112, 113 TKG neugestaltet. Durch das Gesetz zur Regelung des Datenschutzes und des Schutzes der Privatsphäre in der Telekommunikation und bei Telemedien (TTDSG)[209] und das Telekommunikationsmodernisierungsgesetz[210] wurde die Auskunftsbefugnis der Telemediendienste für Bestandsdaten ab dem 1. Dezember 2021 in §§ 22, 23 TTDSG zusammengefasst. Gleichzeitig wurden die §§ 112, 113 TKG in die neuen §§ 173, 174 TKG überführt.

81 In Kreisen der Telekommunikationsdienstleister bzw. der Datenschutzbeauftragten ist umstritten, ob § 174 TKG (bis 1. Dezember 2021: § 113 TKG) die Dienstleister auch zur Herausgabe nicht telekommunikationsspezifischer Daten wie etwa der Bankverbindung, des Berufs oder der Zugehörigkeit zu einer bestimmten sozialen Gruppe berechtigt.[211] Diese Diskussion dürfte sich auch auf den Bereich der Telemediendienste übertragen lassen. Soweit diese Daten unter die o. g. Definition subsumierbar sind (dies dürfte zB für die Bankverbindung gelten und in manchen Fällen, zB bei Einräumung von Rabatten auch für die Berufsgruppe), sind sie auch von den Befugnisnormen der §§ 174 TKG, 22, 23 TTDSG (bis 1. Dezember 2021: §§ 113 TKG, 15a, 15b TMG) umfasst. In den übrigen Fällen kann dieser Problematik dadurch begegnet werden, dass das Ersuchen nach § 100j Abs. 1 iVm § 174 TKG oder §§ 22, 23 TTDSG (bis 1. Dezember 2021: §§ 113 TKG oder §§ 15a, 15b TMG) zugleich stets auch auf §§ 161, 163 gestützt wird, solange die Erhebung im Einzelfall einen lediglich geringfügigen Grundrechtseingriff (idR in das Recht auf informationelle Selbstbestimmung) darstellt (zu dieser Voraussetzung zur Anwendbarkeit der Generalklauseln → § 161 Rn. 6 ff., → § 163 Rn. 7 ff.). Andernfalls müssen die gewünschten Daten nach §§ 94 ff. beschlagnahmt werden.

82 **(2) Identifizierende Zuordnung dynamischer IP-Adressen. IP-Adresse** steht für Internet-Protocol-Adresse. Es handelt sich dabei um eine normierte Ziffernfolge, über die jeder Rechner in einem Netzwerk, das mit dem TCP/IP (Transmission Control Protocol), einem speziellen Programm für die Datenübertragung, arbeitet, eindeutig identifiziert wird. Eine IP-Adresse besteht im derzeit durchaus noch gebräuchlichen IPv4 aus vier Zahlen zwischen 0 und 255, die jeweils durch einen Punkt voneinander getrennt sind, zB 413.78.8.187. Da sich die Nutzer des Internets derartige Ziffernfolgen nur schwer merken könnten, wandelt ein Server diese IP-Adresse nach dem DNS (Domain Name System) um. Computer, die ständig mit dem Netzwerk verbunden sind, haben eine feste, sog. **statische IP-Adresse.** Alle übrigen haben, da noch nicht für sämtliche Computer eigene IP-Adressen zur Verfügung stehen, sogenannte dynamische Adressen (dies gilt für die derzeit noch ver-

[205] BVerfG 24.1.2012 – 1 BvR 1299/05, BeckRS 2012, 47666 Rn. 164.
[206] BGBl. 2021 I 441.
[207] BGBl. 2021 I 448.
[208] BVerfG 27.5.2020 – 1 BvR 1873/13, ZD 2020, 580.
[209] BGBl. 2021 I 1982.
[210] BGBl. 2021 I 1858.
[211] Eckhardt in Geppert/Schütz TKG § 113 Rn. 12 ff.

breitete IPv4-Version, mit der zunehmend genutzten IPv6-Version wird es künftig möglich sein, allen Nutzern eine statische IP-Adresse zuzuweisen). Jedem entsprechenden Diensteanbieter wird ein bestimmter Pool solcher **dynamischen IP-Adressen** zugewiesen. Wählt sich der Nutzer über seinen Rechner und seinen Diensteanbieter in das Netz ein, wird ihm aus den zurzeit freien IP-Adressen eine bestimmte dynamische IP zugewiesen, die dann für die Dauer der Verbindung die Adresse des Rechners darstellt. Anhand der dynamischen IP sowie der genauen Uhrzeit ihrer Nutzung kann der zuständige Diensteanbieter in der Regel feststellen, welchem seiner Kunden die Adresse vorübergehend zugeteilt worden war. Teilweise sind hierzu weitere Kennungen, sogenannte **Portnummern,** erforderlich. Da dynamische IP-Adressen nur beschränkt zur Verfügung stehen und der Erwerb entsprechender Kontingente die Telekommunikationsdienstleister Geld kostet, vergeben sie (verstärkt) ein und dieselbe dynamische IP-Adresse gleichzeitig an mehrere Nutzer. In derartigen Fällen können die einzelnen Nutzer nur identifiziert werden, wenn neben der IP-Adresse auch die entsprechende Portnummer bekannt ist. Diese Portnummern werden durch die Dienstleister jedoch regelmäßig nicht gespeichert.

Im mittlerweile ebenfalls großflächig verwendeten IPv6 sind die IP-Adressen anders **83**
aufgebaut. Sie bestehen aus 32 Zeichen, aufgeteilt in 8 Blöcke à 4 Ziffern. Die ersten 16 Ziffern entsprechend dabei der sog. Netzwerk-ID (auch Network Prefix genannt), welche dem einzelnen Nutzer vom Access-Provider zugewiesen wird. Die letzten 16 Ziffern errechnen sich aus der sog. MAC-Adresse der verwendeten Hardware und werden als Interface Identifier bezeichnet. IPv6-Adressen können in größerem Umfang als bisher als statische IP-Adressen zugewiesen, weil die Anzahl der verfügbaren IP-Adressen um ein Vielfaches höher ist als im IPv4. Nach Angaben der Bundesregierung erfolgt jedoch die Vergabe an Privatkunden in Deutschland derzeit weiterhin regelmäßig als dynamische IP-Adressen, während die statischen IP-Adressen auch bei Verwendung von IPv6 überwiegend für Großkunden und Institutionen bereitgestellt werden.[212]

Auf welcher **Rechtsgrundlage** dynamische IP-Adressen für eine identifizierende **84**
Zuordnung zu den Personalien des Kunden und damit des – mutmaßlichen Nutzers – verwendet werden dürfen, war lange Zeit umstritten. Hierzu war teilweise vertreten worden, eine entsprechende Anfrage könne auf § 113 TKG aF iVm §§ 161, 163 gestützt werden. Argumentiert wurde damit, dass die dynamische IP durch Dritte bzw. die Strafverfolgungsbehörden stets erst anlässlich der Nutzung bestimmter Dienste und damit auch anlässlich deren Kenntnisnahme festgestellt wird. Daher gehe es bei der Abfrage der dahinterstehenden Personalien lediglich noch um die Zuordnung zu einer bestimmten Person.[213] Auch die BReg. hatte die Auffassung vertreten, dass es sich bei der dynamischen IP um ein Bestandsdatum handele.[214]

In seinem **Beschluss vom 24.1.2012 hat das BVerfG** zu dieser Frage Stellung bezo- **85**
gen. Es hat in deren Leitsatz aufgeführt, die Vorschrift des § 113 TKG aF dürfe „nicht zur Zuordnung dynamischer IP-Adressen angewendet werden" (amtlicher Leitsatz).[215] Begründet hat es diese Auffassung mit dem Umstand, dass die Telekommunikationsdienstleister für die Feststellung der einer dynamischen IP zuzuordnenden Personalien „in einem Zwischenschritt die entsprechenden Verbindungsdaten ihrer Kunden sichten müssen, also auf konkrete Telekommunikationsvorgänge zugreifen" müssen. Diese von den Diensteanbietern gespeicherten Verbindungsdaten, so das BVerfG weiter, fielen unabhängig davon, ob sie auf Grund gesetzlicher oder vertraglicher Grundlage gespeichert wären, unter das Telekommunikationsgeheimnis.[216] Entsprechend dem sog. Doppeltür-Modell benötigt die anfordernde Behörde eine eigene Rechtsgrundlage zur Erhebung der Daten. Diese Rechtsgrundlage für

---

212 BVerfG 27.5.2020 – 1 BvR 1873/13, ZD 2020, 580 (584).
213 So ebenfalls LG Stuttgart 22.12.2004 – 9 Qs 80/04, MMR 2005, 628; LG Köln NStZ 2009, 352; Sankol MMR 2006, 361 (365); aA Bär MMR 2005, 624 (626).
214 Vgl. BT-Drs. 16/5846, 26.
215 BVerfG 24.1.2012 – 1 BvR 1299/05, BVerfGE 130, 151 = NJW 2012, 1419.
216 BVerfG 24.1.2012 – 1 BvR 1299/05, BVerfGE 130, 151 Rn. 116 = NJW 2012, 1419.

eine entsprechende Zuordnung ist nunmehr 100j Abs. 2.[217] Die korrespondierende „Gebe"-Norm fand sich zwischenzeitlich in § 113 Abs. 1 S. 3 TKG. Letzterer wurde jedoch vom BVerfG kürzlich für verfassungswidrig erklärt.[218] Mit dem Gesetz zur Bekämpfung der Hasskriminalität und des Rechtsextremismus[219] und dem Gesetz zur Anpassung der Regelungen über die Bestandsdatenauskunft an die Vorgaben aus der Entscheidung des Bundesverfassungsgerichts vom 27. Mai 2020[220] jeweils vom 30.3.2021 wurde § 113 TKG an die Vorgaben des BVerfG angepasst, die Rechtsgrundlage zum Abgleich einer dynamischen IP-Adresse findet sich dort in § 113 Abs. 1 S. 3 TKG. Mit dem Telekommunikationsmodernisierungsgesetz[221] wurde § 113 TK in § 174 TKG neu gefasst. Die Befugnis zur Verwendung von dynamischen IP-Adressen zur Bestandsdatenbeauskunftung ist dort nun in § 174 Abs. 1 S. 3, Abs. 5 TKG zu finden.

86 **c) Stellung des § 100a im Gesamtgefüge der Art. 10 GG berührenden strafprozessualen Eingriffsnormen.** Auch wenn mit dem Begriff der „Telekommunikation" eine Begrenzung der Eingriffsbefugnis auf solche Daten und Informationen einhergeht, welche als Telekommunikation in diesem Sinne anzusehen sind, bedeutet dies nicht zugleich, dass **jeder Zugriff auf Telekommunikationsdaten** zwingend durch § 100a zu rechtfertigen wäre. Vielmehr ergibt sich aus dem weiteren Merkmal der „Überwachung und Aufzeichnung" (hierzu → Rn. 169), dass § 100a nur einschlägig ist, wenn Telekommunikationsdaten während des Telekommunikationsvorgangs auf dem Übertragungsweg (oder im Fall der Quellen-TKÜ auf einem der beteiligten Endgeräte, → Rn. 209) heimlich erhoben werden. Findet die Erhebung von übertragenen Telekommunikationsdaten außerhalb eines konkreten Telekommunikationsvorgangs auf End- oder Speichergeräten statt, sind die §§ 94 ff. (offene Erhebung durch Beschlagnahme, iVm § 95a seit 1. Juli 2021 auch als „heimliche" Beschlagnahme möglich) oder § 100b (heimliche Erhebung durch Online-Durchsuchung) einschlägig. Werden die Daten auf dem Übertragungsweg (zB auf dem Server eines Webmail-Providers) offen erhoben, geschieht dies auf Grundlage der §§ 94 ff. (ob dagegen auch eine heimliche Erhebung nach §§ 94, 95a nF nach Inkrafttreten des StPO-Fortentwicklungsgesetzes zum 1. Juli 2021 möglich ist, erscheint aus verfassungsrechtlichen Gründen zweifelhaft, siehe hierzu → Rn. 104, 118). Für den speziellen Fall der Erhebung von Verkehrs- oder Standortdaten (als Unterfallgruppe der Telekommunikationsdaten, → Rn. 71) bei Telekommunikationsdienstanbietern gilt § 100g. Die Erhebung von Nutzungsdaten bei Telemediendienstanbietern richtet sich nach § 100k. Schließlich regelt § 100j die Bestandsdatenauskunft auch bei Zuordnung einer dynamischen IP-Adresse zu einem bestimmten internetfähigen Gerät, obwohl hierin vom BVerfG zu Recht ein Eingriff in Art. 10 Abs. 1 GG gesehen wird. Aus der Einschlägigkeit des Telekommunikationsgeheimnisses nach Art. 10 Abs. 1 GG kann somit nicht automatisch auf die Einschlägigkeit von § 100a geschlossen werden. Es hängt vielmehr von der **Art der Erhebung** der Telekommunikationsdaten ab, ob § 100a oder eine andere Eingriffsgrundlage einschlägig ist.

87 **2. Formen der Telekommunikation iSv § 100a. a) Sprach- und Videotelefonie.** Die Sprachtelefonie, dh das Erfassen des **gesprochenen Wortes** mittels eines Mikrofons und die Umwandlung und Übertragung als digitale Daten vom Endgerät des Anrufers zu dem des Angerufenen, ist nach wie vor eine der beliebtesten und damit auch am häufigsten vorkommenden Formen der Individualkommunikation. Die Datenübertragung kann mittels Fest-, Mobilfunknetz oder Internet bzw. auch unter kumulativer Nutzung dieser Medien erfolgen.

88 Bei der **Internettelefonie** wird als „Endgerät" ein Computer verwendet, der mit einem Mikrofon, Soundkarte, Lautsprecher und einer speziellen Software ausgestattet ist.

[217] Köhler in Meyer-Goßner/Schmitt § 100j Rn. 4.
[218] BVerfG 27.5.2020 – 1 BvR 1873/13, ZD 2020, 580 (586).
[219] BGBl. 2021 I 441.
[220] BGBl. 2021 I 448.
[221] BGBl. 2021 I 1858.

Die Übertragung der digitalen Daten erfolgt als Datenpakete mittels des TCP/IP Protokolls (daher auch die Bezeichnung als Voice-over-IP-Telefonie). Die Datenpakete werden über verschiedene Netzwerke geleitet und am Ende wieder zusammengefügt. Diese Art der Kommunikation findet heute auch vermehrt mit Smartphones als Endgeräte ua mittels der Anruf-Funktion moderner Messenger-Dienste statt.

Durch die Fortentwicklung der Datenübertragungstechnologie gehört heute auch die **Videotelefonie** zum Standard. Hierbei handelt es sich um eine Variante der Internettelefonie, bei der zusätzlich über die Kameras der Endgeräte aufgezeichnete Videobilder über das Internet übertragen werden. Auch diese Form der Kommunikation findet vermehrt auf Smartphones statt. 89

Bezüglich der Subsumtion unter den Begriff der Telekommunikation iSv § 100a ist bezüglich der **Voice-over-IP-Telefonie** problematisch, dass diese häufig **sog. Over-the-top-Dienstleistungen** (OTT) darstellen. Dies bedeutet, dass der Dienstanbieter selbst keine Telekommunikationsnetze betreibt, sondern den Kommunikationsdienst unter Nutzung fremder TK-Infrastruktur anbietet. Im Bereich der Regulierung von Telekommunikationsdiensten (vor allem im TKG) war daher umstritten, ob es sich um Telekommunikation iSv § 3 Nr. 22 TKG aF (seit 1. Dezember 2021: § 3 Nr. 59 TKG) handelt.[222] Durch die Einbeziehung der „interpersonelle Telekommunikationsdienste" in § 3 Nr. 61, Nr. 24 TKG nF als Telekommunikationsdienste durch das Telekommunikationsmodernisierungsgesetz[223] dürfte dies zumindest seit dem 1. Dezember 2021 zu bejahen sein. Der Begriff der Telekommunikation ist außerdem – wie bereits gezeigt (→ Rn. 59) – im Rahmen von § 100a vorrangig am Schutzbereich des Art. 10 Abs. 1 GG zu orientieren und weder rein technisch noch streng am Begriff aus dem TKG anzulehnen. Auch bei Nutzung von OTT-Diensten setzt sich der Nutzer der Gefahr des erleichterten Zugriffs auf Fernkommunikation aus. Daher ist auch die Überwachung von Datenübertragungen über OTT-Dienste an § 100a zu messen, unabhängig von deren telekommunikationsrechtlicher Einordnung. 90

Nach der Rspr. des BGH dürfen auch **sog. Raumgespräche und -geräusche** – also solche Töne, welche bei einem Kommunikationspartner außerhalb des eigentlichen Gesprächs in einer Art erzeugt werden, dass sie als „Hintergrundlärm" bei der Telekommunikation „mitübertragen" werden – bei einer Maßnahme nach § 100a aufgezeichnet und verwendet werden.[224] Zuletzt hat der **1. Senat** jedoch eine Einschränkung dahingehend formuliert, dass dies möglicherweise nur dann gilt, wenn der Dritte, dessen Äußerungen aufgezeichnet wurden, von einem Kommunikationspartner in das Gespräch mit dem anderen Telekommunikationspartner einbezogen wurde.[225] Richtigerweise können Raumgespräche und -geräusche während einer laufenden Telekommunikation jedoch unabhängig davon aufgezeichnet und verwertet werden, solange die Ermittlungsbehörden nur die aufgrund der Einstellung der Beteiligten wahrnehmbaren Töne aufzeichnen und nicht selbst auf technischem Wege (zB bei einer Quellen-TKÜ) auf zusätzliche Aufnahmegeräte zugreifen oder die Sensibilität der Mikrofone erhöhen oÄ. Die auf üblichem Wege mithörbaren Raumtöne unterliegen derselben Vertraulichkeitserwartung wie die Telekommunikation selbst. Daher ist ihre Aufzeichnung als Teil der Telekommunikation zu betrachten. Unzulässig ist dementsprechend dagegen die Aufzeichnung eines Raumgesprächs nach vermeintlichem Ende der Telekommunikation, wenn einer der Teilnehmer versehentlich seine Verbindung nicht beendet hat.[226] 91

Für den Zugriff auf Sprachnachrichten, die auf einer **Mailbox** gespeichert sind, welche sich nicht im Herrschaftsbereich des Nutzers befindet (also in der Regel bei Mobilfunkmailboxen), gilt dasselbe wie bei der Erhebung von E-Mails aus dem Postfach im Herrschaftsbe- 92

222 Siehe hierzu Bär in KMR-StPO § 100a Rn. 17 mwN zum Streitstand.
223 BR-Drs. 325/21.
224 BGH 24.4.2008 – 1 StR 169/08, NStZ 2008, 473.
225 BGH 10.1.2018 – 1 StR 517/17, NStZ 2018, 550; 10.1.2018 – 1 StR 571/17, BeckRS 2018, 6357.
226 BGH 16.3.1983 – 2 StR 775/82, BGHSt 31, 296 = NJW 1983, 1569; von der Grün, Verdeckte Ermittlungen, S. 40.

reich eines Webmail-Providers (hierzu detailliert → Rn. 96): Eine offene Beschlagnahme nach §§ 94 ff. ist ebenso möglich wie ein heimlicher Zugriff nach § 100a.[227] Zweifelhaft ist indes, ob nach Inkrafttreten des StPO-Fortentwicklungsgesetzes zum 1. Juli 2021[228] iVm § 95a unter den dort genannten Voraussetzungen auch eine „heimliche" Beschlagnahme möglich ist. § 95a nF entspricht nämlich nicht den verfassungsrechtlichen Anforderungen an heimliche Eingriffe in das Telekommunikationsgeheimnis (siehe → Rn. 104, 118). Eine Anwendung von § 95a nF auf von Art. 10 Abs. 1 GG geschützten Inhalten ist daher abzulehnen.

93 **b) Faxtelefonie.** Unter Faxtelefonie versteht man die **Übertragung der Kopie eines Dokuments** mittels Telefonleitung. Dabei wird eine papierne Vorlage vom Faxgerät abgetastet und in elektronische Signale umgewandelt, die anschließend übertragen werden. Heute können auch PCs mit einem Faxmodem oder einer ISDN-Karte als Faxgerät verwendet werden. Gleichsam ist heute das Versenden von Faxen über TCP/IP-Protokoll möglich. In diesen Fällen werden indes keine papiernen Vorlagen mehr genutzt, sondern Dokumenten-Dateien versandt.

94 **c) SMS (Short Message Service).** Eine SMS, die Nachricht wird wie der Dienst selbst bezeichnet, stellt eine Textkurznachricht dar, die über das Mobilfunknetz übertragen wird. Während die SMS zeitweise eine sehr häufig genutzte Kommunikationsform war, ist sie **heute weitgehend durch die Nutzung von Messenger-Diensten abgelöst.**

95 **d) MMS (Multimedia Messaging Service).** Mittels einer MMS, auch hier werden die Nachrichten nach dem Dienst benannt, können nicht nur Textdateien, sondern **multimediale Inhalte,** mithin auch Bilder und kurze Videos übertragen werden. Die Übertragung erfolgt mittels „General Packet Radio Service" (GRPS), also einen paketvermittelten Übertragungsweg. Genutzt werden kann dieser Service in allen GSM und UMTS-Netzen. Auch diese Kommunikationsform ist inzwischen weitgehend durch Messenger-Dienste abgelöst.

96 **e) E-Mail.** Die E-Mail (Electronic Mail) ist **trotz der zunehmenden Verbreitung von Messenger-Diensten weiterhin eine der am häufigsten genutzten Formen der Individualkommunikation.** Als solche wird sie grundsätzlich jedenfalls innerhalb des Herrschaftsbereichs des Telekommunikationsdienstleisters vom Schutzbereich des Art. 10 GG erfasst. Dies gilt nach der uneingeschränkt Zustimmung verdienenden Entscheidung des BVerfG v. 16.6.2009[229] selbst für solche E-Mails, deren Übertragungsvorgang insoweit abgeschlossen ist, als ihr Empfänger bereits von ihnen Kenntnis erlangt hat, sie sich jedoch auf dem Mailserver und damit noch im Herrschaftsbereich des Providers befinden. Dass es sich bei E-Mail-Providern teilweise auch um sog. OTT-Dienstleister handelt, ist für eine Subsumtion unter § 100a unschädlich (→ Rn. 230).

97 Die **klassische E-Mail** wird, anders als die sogenannte **Webmail** (→ Rn. 99), mittels eines bestimmten Internetprotokolls, dem Simple Mail Transfer Protocol (SMTP), in das Netz eingespeist und dort weiter übertragen. Technisch läuft dieser Übertragungsprozess wie folgt ab: Der Versender schaltet sein Endgerät, etwa Laptop oder Smartphone, ein, welches ein Mailprogramm, den E-Mail-Client, nutzt. Über den Mail User Agent (MUA) wird zunächst eine Verbindung zu dem SMTP-Server (Postausgangsserver) des Versenders aufgebaut, der die E-Mail transportiert (Mail Submission Agent – MSA) Dieser Server bestätigt zunächst den Verbindungsaufbau und erwartet die Übertragung der Absenderadresse. Wurde diese übertragen, wird deren Empfang durch den SMTP-Server bestätigt und der Server erwartet als nächstes die Übertragung der Empfängeradresse. Nach deren Übertragung wird auch ihr Eingang durch den SMTP-Server bestätigt. Nunmehr wird die E-Mail übertragen. Ihr Empfang wird durch den SMTP-Server dem E-Mail-Client bestä-

[227] AA Grözinger GA 2019, 441: ausschließlich § 100b.
[228] BGBl. 2021 I 2099.
[229] BVerfG 16.6.2009 – 2 BvR 902/06, NJW 2009, 2431.

tigt, woraufhin dieser die Verbindung zum Server beendet. Auf dem SMTP-Server sind jetzt alle Daten gespeichert, die für die Übertragung der E-Mail zu dem angegebenen Empfänger erforderlich sind. Da E-Mail-Adressen mittels eines speziellen Adressumsetzungssystems (Domain Name System – DNS) zugeordnet werden, fragt der SMTP-Server bei einem DNS-Server an und erhält von diesem eine Liste von E-Mail-Servern, die E-Mails für den Ziel-SMTP-Server entgegennehmen. Sodann überträgt der SMTP-Server die E-Mail an den SMTP-Server des Empfängers, an dessen Posteingangsserver. Bevor sie auf diesem Server eingehen, werden E-Mails indes noch über mehrere Zwischenserver (Relayserver) weitergeleitet.

Weil die wenigsten Internetnutzer über eine dauerhafte, feste Internetverbindung verfügen, sich vielmehr nur vorübergehend für die jeweilige „Sitzung" ins Internet einwählen und ihre Rechner deshalb auch nicht rund um die Uhr für den Empfang einer E-Mail online sind, müssen **E-Mails** technisch bedingt auf dem letzten SMTP-Server (E-Mail-Server des Empfängers) **zwischengespeichert** werden. Wählt sich der Empfänger der E-Mail ins Internet ein, kann die E-Mail an diesen übermittelt und der Übertragungsvorgang abgeschlossen werden. Für den Empfang der Mail werden verschiedene Übertragungsprotokolle verwandt, das Post Office Protocol Version 3 (POP 3) oder das Internet Mail Access Protocol Version 4 (IMAP 4). Während der User bei mittels POP heruntergeladenen Mails selbst entscheiden kann/muss, ob die heruntergeladenen Mails anschließend vom (letzten) SMTP-Server gelöscht werden, bietet IMAP die Möglichkeit, die E-Mail auch nach ihrer Übertragung auf das Endgerät des Empfängers weiterhin auf dem Server des Providers zu speichern und dort zu verwalten. Von dieser Möglichkeit hatte der Beschuldigte in dem der Entscheidung des BVerfG v. 16.6.2009[230] zu Grunde liegenden Fall Gebrauch gemacht. 98

Die Übertragung der sogenannten **Webmail** erfolgt hingegen browsergestützt etwa mittels Firefox. Die Webmail bleibt als solche dauerhaft auf dem Mailserver gespeichert, dh sie wird idR nicht übertragen und kann unter ihrer Webmail-Adresse von jeder Person, die Username und Passwort kennt, eingesehen werden. Dies gilt auch für Dritte als vorgesehene Empfänger, sofern der „Absender" der Mail dem Empfänger die den Zugriff auf seinen Account ermöglichenden Daten zuvor mitgeteilt hat. 99

In der Literatur werden beim Übertragungsvorgang einer E-Mail regelmäßig **verschiedene Phasen der Übertragung** unterschieden. Je nach technischer Ausgestaltung („klassische" E-Mail oder Webmail) wird eine unterschiedliche Einteilung vorgenommen, die von drei bis zu sieben verschiedenen Phasen reicht.[231] Während diese Unterteilungen hilfreich sind, um sich den technischen Vorgang eines E-Mail-Versands zu verbildlichen, führen sie gleichzeitig zu einer uneinheitlichen Behandlung der Erhebung von E-Mails auf dem Übertragungsweg.[232] So soll teilweise § 100a, teilweise § 99 für die heimliche Erhebung von E-Mails auf dem Übertragungsweg einschlägig sein.[233] Eine solche Auslegung berücksichtigt jedoch nicht, dass sich für den Grundrechtsträger kein Unterschied hinsichtlich der Gefährdungslage der Fernkommunikation zwischen einer heimlichen Erhebung seiner E-Mails „aus der Datenleitung" oder vom Mailserver eines Dienstleisters ergibt. In beiden Fällen geschieht die heimliche Beschlagnahme außerhalb seines Herrschaftsbereichs. Deshalb ist die Einschlägigkeit der Eingriffsbefugnisse nicht allein technisch zu bewerten, sondern am Schutzbedürfnis des Grundrechtsträgers hinsichtlich seiner durch Dritte vermittelten Telekommunikation.[234] Hiernach ist grundlegend zu unterscheiden zwischen Zugriffe im Herrschaftsbereich der Nutzer und Zugriffe im Herrschaftsbereich des TK-Dienstleisters und/oder des Mailproviders. 100

aa) Zugriff im Herrschaftsbereich der Nutzer. Nach allgM sind strafprozessuale Zugriffe auf „offline" erstellte und noch auf dem Endgerät des Versenders gespeicherte **E-** 101

[230] BVerfG 16.6.2009 – 2 BvR 902/06, NJW 2009, 2431.
[231] Siehe statt vieler zB Bär in Wabnitz/Janovsky/Schmitt WirtschaftsStrafR-HdB Kap. 28 Rn. 87; Bruns in KK-StPO § 100a Rn. 18 f.; Graf in BeckOK StPO § 100a Rn. 55; Brodowski JR 2009, 402 ff.
[232] Ebenfalls kritisch Wolter/Greco in SK-StPO § 100a Rn. 38 mwN zum Streitstand.
[233] ZB Bär in Wabnitz/Janovsky/Schmitt WirtschaftsStrafR-HdB Kap. 28 Rn. 88 f.
[234] So auch Wolter/Greco in SK-StPO § 100a Rn. 38.

Mail-Entwürfe sowie weiter Zugriffe auf E-Mails nach Eingang derselben auf dem Endgerät des Empfängers nach Maßgabe der **§§ 94, 98** (seit Inkrafttreten des StPO-Fortentwicklungsgesetzes zum 1. Juli 2021[235] iVm § 95a unter den dort genannten Voraussetzungen auch als „heimliche" Beschlagnahme möglich) zulässig.[236] Soll die Erhebung heimlich erfolgen, ist sie an § 100b bzw. (in engen zeitlichen Grenzen) an § 100a Abs. 1 S. 3 zu messen (hierzu → Rn. 221). Zugriffe dieser Art berühren das durch Art. 10 GG geschützte Fernmeldegeheimnis nicht. Vielmehr ist bei Zugriffen auf ein lokales Speichermedium in aller Regel das Recht auf Gewährleistung der Vertraulichkeit und Integrität informationstechnischer Systeme oder zumindest das Recht auf informationelle Selbstbestimmung betroffen.

102 E-Mail-Programme sowie andere Dienste werden indes zunehmend im Rahmen von **„Cloud Computing"** online verwaltet.[237] Dies gilt insbesondere auch für die Webmail. Bei ihr wird anders als bei der klassischen E-Mail bereits der Entwurf „online" erstellt und befindet sich somit bereits im Herrschaftsbereich des Telekommunikationsdienstleisters (vgl. hierzu nachfolgend → Rn. 103 ff.).

103 **bb) Zugriffe im Herrschaftsbereich des Dienstleisters. (1) Im Netz gespeicherte E-Mail-Entwürfe des Absenders.** Bei noch nicht versandten E-Mail-Entwürfen besteht, wenn diese online „im Internet" (also auf dem Server eines Cloud Dienstleisters) und nicht auf dem Endgerät des Versenders erstellt und gespeichert werden, die Möglichkeit einer erleichterten Kenntnisnahme durch Dritte. So hat der Staat unter Zuhilfenahme des Telekommunikationsdienstleisters / Cloud-Dienstleisters ggf. die Möglichkeit eines offenen oder verdeckten Zugriffs auf diese Daten. Zwar schützt Art. 10 GG „die unkörperliche Übermittlung von Informationen an individuelle Empfänger mit Hilfe des Telekommunikationsverkehrs"[238] und hat der eigentliche Übertragungsvorgang an den Empfänger bei der Erstellung derartiger Entwürfe noch nicht begonnen. Dieses klassische und bislang in der Rspr. des BVerfG als eines von mehreren verwendeten Abgrenzungskriterien (→ Rn. 28 ff.) versagt indes, wenn die Initiierung eines Kommunikationsvorgangs nicht traditionell außerhalb, sondern vielmehr bereits innerhalb des Herrschaftsbereichs des Telekommunikationsdienstleisters erfolgt. Anders verhält es sich mit dem weiteren und wohl zentralen Aspekt für die Frage der Anwendbarkeit von Art. 10 GG: Das Telekommunikationsgeheimnis knüpft an das Kommunikationsmedium an. Es will jenen Gefahren für die Vertraulichkeit begegnen, die sich gerade aus der Verwendung dieses Mediums und damit aus der Tatsache ergeben, dass Telekommunikation als Informationsaustausch unter Abwesenden einem leichteren staatlichen Zugriff ausgesetzt ist als die Kommunikation zwischen Anwesenden.[239] Dies gilt auch für online gespeicherte Entwürfe, weshalb einem Zugriff auf diese aus dogmatischer Sicht der **Schutz durch Art. 10 GG** nicht versagt werden kann. Fälle dieser Art stehen demjenigen gleich, der Gegenstand der Entscheidung des BVerfG vom 16.6.2009 war. Hier wie dort handelt es sich um Daten im Herrschaftsbereich des Providers, sie „befinden sich nicht auf in den Räumen des Nutzers verwahrten oder in seinen Endgeräten installierten Datenträgern".[240] Hier wie dort erfolgt ein Zugriff außerhalb des eigentlichen Übertragungsvorgangs; im vom BVerfG entschiedenen Fall hatte der Empfänger die Nachricht „möglicherweise schon zur Kenntnis genommen",[241] in den Fällen der hier vorliegenden Art ist die Nachricht noch nicht versandt und hat der Empfänger sie möglicherweise noch nicht zur Kenntnis genommen. Im Falle von Webmails ist eine Kenntnisnahme durch diesen selbst in dieser frühen Phase möglich (→ Rn. 99).

104 Bedenken könnten sich allenfalls noch daraus ergeben, dass anders als bei bereits empfangenen Mails hier jedenfalls nach dem traditionellen Verständnis noch keine Nachrichten-

[235] BGBl. 2021 I 2099.
[236] Vgl. statt vieler Graf in BeckOK StPO § 100a Rn. 55; Störing, Strafprozessuale Zugriffsmöglichkeiten auf E-Mail-Kommunikation, S. 177; Kudlich JA 2000, 227 (230 f.); BVerfG 12.4.2005 – 2 BvR 1027/02, NJW 2005, 1917 (1919); aA Kleine-Vossbeck, Electronic mail und Verfassungsrecht, S. 39.
[237] Vgl. Obenhaus NJW 2010, 651.
[238] BVerfG 16.6.2009 – 2 BvR 902/06, NJW 2009, 2341 Rn. 43.
[239] BVerfG 16.6.2009 – 2 BvR 902/06, NJW 2009, 2341 Rn. 46.
[240] BVerfG 16.6.2009 – 2 BvR 902/06, NJW 2009, 2341 Rn. 46.
[241] BVerfG 16.6.2009 – 2 BvR 902/06, NJW 2009, 2341 Rn. 48.

übertragung an einen individuellen Empfänger stattgefunden hat. Von einem solchen könnte erst dann auszugehen sein, wenn der Absender diesen dergestalt initiiert hat, dass die Nachricht auch ohne sein weiteres Zutun bei ungestörtem Fortgang unmittelbar in den Empfangsbereich des Adressaten übermittelt wird.[242] Dieser Ansatz führt indes namentlich bei den modernen Formen der E-Mail wie etwa der Webmail (→ Rn. 99) zu nicht überbrückbaren Abgrenzungsschwierigkeiten. Den Schutz von Art. 10 Abs. 1 GG und damit den Anwendungsbereich von § 100a auf die Datenübertragung von den Endgeräten der Nutzer zu den Servern der Webmail-Provider und den Weg der E-Mail zwischen den Servern der Webmail-Provider von Sender und Empfänger (sofern nicht beide Nutzer den selben Webmail-Provider nutzen) zu beschränken, würde verkennen, dass die typischen Gefahren der Fernkommunikation (Nutzung der von den Nutzern nicht beherrschbaren Infrastruktur Dritter) auch drohen, während die Mails oder Entwürfe auf den Servern der Webmail-Provider „ruhen". Außerdem sind sämtliche Formen des Cloud Computings nach hier vertretener Auffassung (zumindest auch, beim „einseitigen" Cloud Computing neben dem Schutz des vom Nutzer genutzten Bereichs des Cloud Servers durch das Recht auf Gewährleistung der Vertraulichkeit und Integrität informationstechnischer Systeme) als vom Schutzbereich des Art. 10 Abs. 1 GG erfasst anzusehen (hierzu, auch zum Problem der Grundrechtskonkurrenz → Rn. 30 f.), sodass dies auch für Webmail-Provider gelten muss. Eingedenk dieser Umstände gilt: Ein Zugriff auf die auf dem „Mailserver des Providers"[243] befindlichen und „möglicherweise schon zur Kenntnis" genommenen E-Mails ist ebenso wie der Zugriff auf möglicherweise noch nicht zur Kenntnis genommene E-Mail-Entwürfe an Art. 10 GG zu messen. Einschlägige Ermächtigungsgrundlage ist nach der Entscheidung des BVerfG vom 16.6.2009 **im Falle eines offenen Zugriffs § 94.**[244] Dabei ist zu beachten, dass es sich bei der Beschlagnahme um (grds., zum neuen § 95a siehe sogleich) eine **offene Ermittlungsmaßnahme** handelt, für die § 101 die Möglichkeit einer Zurückstellung der Benachrichtigung nicht vorsieht.[245] Die Beschlagnahme muss dem Betroffenen (nicht nur dem Provider) spätestens bei Beginn der Beschlagnahme bekannt gegeben werden.[246] Soll der Zugriff heimlich erfolgen, ist § 100a einschlägig (zum Streit um die Rechtsgrundlage zur Erhebung von „ruhenden" E-Mails im Herrschaftsbereich der Mail-Provider noch detailliert → Rn. 106 ff.).[247] Mit dem StPO-Fortentwicklungsgesetz wurde jedoch zum 1. Juli 2021 **§ 95a nF** in die Strafprozessordnung eingefügt. Diese Norm sieht eine Zurückstellung der Benachrichtigung in besonderen Fällen auch für Maßnahmen nach §§ 94 ff. vor und führt somit eine **„heimliche Beschlagnahme" als neuartige Maßnahme** ein. Diese Maßnahme kann grds. auch auf E-Mail-Entwürfe angewendet werden. Es ist jedoch äußerst zweifelhaft, ob § 95a nF iVm §§ 94 ff. den verfassungsrechtlichen Anforderungen an eine Norm genügt, welche einen heimlichen Zugriff auf E-Mails ermöglicht.[248] Heimliche Eingriffe in das Telekommunikationsgeheimnis setzen nämlich nach der Rechtsprechung des BVerfG das Vorliegen einer schweren Straftat voraus. Bereits die Eingriffsnorm selbst muss dabei die schweren Straftaten in Form eines Straftatenkatalogs benennen, wobei sich die Schwere aus dem Strafrahmen der Delikte ergeben muss.[249] Weiterhin müssen Vorschriften für den Kernbereichsschutz vorhanden sein.[250] § 95a nF lässt

[242] So Günther NStZ 2006, 641 (643), Anm. zu BVerfG 2.3.2006 – 2 BvR 2099/04, NJW 2006, 976.

[243] BVerfG 16.6.2009 – 2 BvR 902/06, NJW 2009, 2341 Rn. 46.

[244] BVerfG 16.6.2009 – 2 BvR 902/06, NJW 2009, 2341 Rn. 57, Engel S. 88; Graf in BeckOK StPO § 100a Rn. 55; Welp, Die strafprozessuale Überwachung des Post- und Fernmeldeverkehrs, S. 47.

[245] BGH 24.11.2009 – StB 48/09, NJW 2010, 1297 (1298); 4.8.2015 – 3 StR 162/15, NStZ 2015, 704; siehe auch Gerhold in BeckOK StPO § 98 Rn. 11.

[246] Gerhold in BeckOK StPO § 98 Rn. 11 mwN; anders (Bekanntgabe nur ggü. Provider): Nicolai HRRS 2021, 365 (368).

[247] Singelnstein NStZ 2012, 592 (597); Graf in BeckOK StPO § 100a Rn. 59; aA Bär in KMR-StPO § 100a Rn. 53.

[248] Siehe auch Abraham HRRS 2021, 356 (364); Hiérament jurisPR-StrafR 3/2021 Anm. 1.

[249] BVerfG 12.10.2011 – 2 BvR 236/08, NJW 2012, 833 (836); Wolter/Greco in SK-StPO § 100a Rn. 33; Trüg JZ 2021, 560 (565).

[250] BVerfG 16.6.2009 – 2 BvR 902/06, BVerfGE 124, 43 (69 f.) = NJW 2009, 2431; Wolter/Greco in SK-StPO § 100a Rn. 33.

für den heimlichen Zugriff aber bereits eine Straftat von „erheblicher Bedeutung" genügen und enthält keinen „festen" Straftatenkatalog, sondern verweist lediglich beispielhaft auf § 100a Abs. 2. Außerdem sind in den §§ 94 ff. keine Vorschriften zum Schutz des Kernbereichs vorgesehen (was bereits für die „offene" Beschlagnahme einen gesetzlichen Mangel darstellt). Soweit also § 95a auch zu heimlichen Eingriffen in das Telekommunikationsgeheimnis ermächtigt, ist die Norm verfassungswidrig. Dementsprechend ist keine Anwendung von § 95a auf von Art. 10 GG geschützte Inhalte zulässig. Für heimliche Zugriffe verbleibt es daher bei § 100a. Wer dagegen § 95a nF entgegen hier vertretener Auffassung auch auf E-Mails im Herrschaftsbereich des E-Mail-Providers anwenden will,[251] muss beachten, dass §§ 94, 95a nur eine punktuelle Maßnahme ist. Keinesfalls können damit künftig auf dem Account ein- und ausgehende Mails überwacht werden. Dieselben Erwägungen gelten im Übrigen für § 110 Abs. 4 nF (mit demselben Gesetz in die StPO gekommen), welcher eine heimliche vorläufige Sicherung der Daten ermöglicht.

105 **(2) Dynamische Übertragungsphase.** Strafprozessuale Zugriffe während der dynamischen Übertragungsphase, dh während der Phase, in der die Daten(pakete) in der Leitung oder auf der Trägerwelle gleichsam „in Bewegung sind", sind **nach allgM an den strengen Voraussetzungen des § 100a zu messen.**[252] Maßnahmen dieser Art stellen einen Eingriff in das Fernmeldegeheimnis des Art. 10 GG dar.

106 **(3) Statische Übertragungsphase.** Die „statische Übertragungsphase" erfasst all diejenigen Phasen, in denen die Mail vom Absender bereits versandt, der Übertragungsvorgang indes noch nicht abgeschlossen ist und die Mail vorübergehend **allein zum Zwecke ihrer weiteren Übertragung** und damit allein technisch bedingt ruht – deshalb auch die Bezeichnung dieser Phase als „statische Übertragungsphase".

107 Die rechtlichen Voraussetzungen, unter denen die Daten einer E-Mail in der Phase ihrer **Zwischenspeicherung** erhoben und verwertet werden dürfen, wurden und werden kontrovers diskutiert, je nach Standpunkt soll § 94 (nach Inkrafttreten des StPO-Fortentwicklungsgesetzes zum 1. Juli 2021[253] iVm § 95a unter den dort genannten Voraussetzungen ggf. auch als „heimliche" Beschlagnahme möglich),[254] § 99[255] oder aber § 100a[256] Anwendung finden.[257] Dabei werden unterschiedliche Übertragungsmodelle herangezogen, so etwa das „Drei-Phasen-Modell",[258] das „Vier-Phasen-Modell"[259] oder das zur genaueren technischen Differenzierung gebildete „Sieben-Phasen-Modell".[260] Selbst das „Sieben-Phasen-Modell", das zwischen der Erstellung der Mail auf dem Endgerät des Absenders (Phase 1), der Versendung der Mail (Phase 2), ihrer Ankunft auf dem Postausgangsserver des Absenders (Phase 3), ihrer Versendung zum Mail-Server des Empfängers (Phase 4), ihrer Ankunft und Zwischenspeicherung dort (Phase 5), ihrem Abruf durch den Empfänger (Phase 6) sowie ihrer Speicherung auf dem Endgerät des Empfängers bzw. in dessen E-Mail-Account (Phase 7) unterscheidet, vereinfacht den vorstehend (→ Rn. 97 ff.) erläuterten technischen Übertragungsvorgang einer E-Mail. Sie sind schon deshalb unzulänglich und sollten einer rechtlichen Bewertung nicht zu Grunde gelegt werden. Technisch bedingte Zwischenspeicherungen gibt es nicht nur auf dem Mail-Server des Empfängers bzw. auch auf dem des Versenders, sondern auch auf den zwischengeschalteten Relayservern.

---

251 Der Gesetzgeber hat diese Anwendung explizit ins Auge gefasst, vgl. BT-Drs. 19/27654, 61.
252 Graf in BeckOK StPO § 100a Rn. 56.
253 BGBl. 2021 I 2099.
254 Bruns in KK-StPO § 100a Rn. 20 für den offenen Zugriff.
255 BGH 31.3.2009 – 1 StR 76/09, NStZ 2009, 397 (398); LG Ravensburg 9.12.2002 – 2 Qs 153/02, NStZ 2003, 325 (326).
256 LG Hamburg 17.12.2007 – 619 Qs 1/08, MMR 2008, 186 (187).
257 Ausführlich hierzu Graf in BeckOK StPO § 100a Rn. 51 ff.
258 Zurückgehend auf Palm/Roy NJW 1996, 1791.
259 Bär in KMR-StPO § 100a Rn. 51.
260 Brodowski JR 2009, 402 ff.; Graf in BeckOK StPO § 100a Rn. 55.

Insoweit hat die Entscheidung des BVerfG v. 16.6.2009[261] wegen der Besonderheiten des der Entscheidung zu Grunde liegenden Einzelfalls entgegen verbreiteter Auffassung keine ausreichende Rechtsklarheit geschaffen. Bei dem vom BVerfG entschiedenen Fall erfolgte ein **offener Zugriff,** der Beschuldigte „wusste von diesem Beschluss (…)".[262] Dies wird in der Lit. bei der Diskussion um die aus dieser Entscheidung zu ziehenden Schlussfolgerungen vielfach nicht[263] oder nicht ausreichend[264] berücksichtigt. **108**

Auch wenn das BVerfG in seiner Entscheidung v. 16.6.2009[265] die Frage eines offenen Zugriffs zu bewerten hatte, ist es gleichwohl den zahlreichen Vertretern eines technisch orientierten Telekommunikationsbegriffs entgegengetreten. Es hat ua ausgeführt, dem Schutz der auf dem Mailserver des Providers gespeicherten E-Mails durch Art. 10 GG stehe nicht entgegen, dass während der Zeitspanne, während derer die E-Mails auf dem Mailserver des Providers „ruhen", ein Telekommunikationsvorgang in einem dynamischen Sinne nicht stattfinde. Zwar definiert § 3 Nr. 59 TKG (bis 1. Dezember 2021: § 3 Nr. 22 TKG) „Telekommunikation" als den technischen Vorgang des Aussendens, Übermittelns und Empfangens von Signalen. Art. 10 Abs. 1 GG, so das BVerfG weiter, „**folge indes nicht dem rein technischen Telekommunikationsbegriff des Telekommunikationsgesetzes** (…)".[266] Die Entscheidung wird vielfach fehlinterpretiert. Sie kann nicht dahingehend verstanden werden, dass ein Zugriff auf die auf dem Mailserver zwischengespeicherten und noch nicht durch den Empfänger geöffneten Mails allein unter den Voraussetzungen des § 94 statthaft sei.[267] In seiner Entscheidung vom 16.6.2009 dürfte das BVerfG vielmehr zu erkennen geben, dass in derartigen, von ihm noch nicht entschiedenen Fällen § 100a Anwendung finden soll.[268] Die §§ 94 ff. sind nämlich in zweierlei Hinsicht beschränkt. Die Beschlagnahme ist eine offene (seit Inkrafttreten des StPO-Fortentwicklungsgesetzes zum 1. Juli 2021[269] iVm § 95a unter den dort genannten Voraussetzungen grds. auch als „heimliche" Beschlagnahme möglich, zur Nichtanwendbarkeit auf von Art. 10 GG geschützte Inhalte nach hier vertretener Ansicht, siehe unten → Rn. 118) und punktuelle Maßnahme. Soll der Zugriff verdeckt erfolgen (zumindest bis zum Inkrafttreten des neuen § 95a mit dem StPO-Fortentwicklungsgesetz) oder sollen vom Provider auch zukünftige Mails, welche auf dem Mailserver eingehen, an die Strafverfolgungsbehörden herausgegeben werden, sind die §§ 94 ff. keine taugliche Rechtsgrundlage. Ein **verdeckter Zugriff während der statischen Übertragungsphase ist auch nicht nach Maßgabe des § 99,**[270] **sondern nach der hier vertretenen Auffassung allein unter den strengen Voraussetzungen des § 100a** statthaft.[271] Auch das BVerfG hat in einer aktuellen Entscheidung zumindest anklingen lassen, dass eine Anwendung von § 100a in Betracht kommt.[272] **109**

---

[261] BVerfG 16.6.2009 – 2 BvR 902/06, NJW 2009, 2431.
[262] BVerfG 16.6.2009 – 2 BvR 902/06, NJW 2009, 2431.
[263] Cornelius in Leupold/Glossner Münchner AnwaltsHandbuch Teil 10 Rn. 428.
[264] Graf in BeckOK StPO § 100a Rn. 51 ff.
[265] BVerfG 16.6.2009 – 2 BvR 902/06, NJW 2009, 2431.
[266] BVerfG 16.6.2009 – 2 BvR 902/06, NJW 2009, 2431 Rn. 47.
[267] So aber Bär in KMR-StPO § 100a Rn. 56; wie hier: Trüg JZ 2021, 560 (564).
[268] Ebenso Klein NJW 2009, 2996 (2999).
[269] BGBl. 2021 I 2099.
[270] So aber das BVerwG 10.6.2020 – 6 AV 6.19, BeckRS 2020, 18490 sowie VG Karlsruhe 22.8.2017 – 3 K 11220/17, MMR 2017, 786; 22.9.2017 – 3 K 12552/17, BeckRS 2017, 133736; VG Freiburg 25.8.2017 – 4 K 7302/17, BeckRS 2017, 161212; VG München 23.1.2019 – M 13B DA 19.160, juris; siehe auch Bär in Wabnitz/Janovsky/Schmitt WirtschaftsStrafR-HdB Kap. 28 Rn. 53 ff. und Wenzel NZWiSt 2016, 85 (90 f.); diese Auffassung hat Graf in BeckOK StPO § 100a Rn. 59 nunmehr explizit aufgegeben; so nun auch Bruns in KK-StPO § 100a Rn. 20.
[271] Wie hier Gaede StV 2009, 96; Köhler in Meyer-Goßner/Schmitt § 100a Rn. 6b; Brodowski JR 2009, 402 (407 ff.); Gercke in Gercke/Julius/Temming/Zöller § 100a Rn. 14; T. Zimmermann JA 2014, 321 (325); Ruppert JA 2018, 994 (999); Neuhöfer, Der Zugriff auf serverbasiert gespeicherte E-Mails beim Provider, S. 69; Malek, Strafsachen im Internet, S. 111; ähnlich nun auch Graf in BeckOK StPO § 100a Rn. 60 (entsprechend § 100a StPO bei länger andauernden Maßnahmen); differenzierend (nur nach der Anordnung neu ankommende gespeicherte Nachrichten) Von zur Mühlen, Zugriffe auf elektronische Kommunikation, S. 404; zuneigend von der Grün, Verdeckte Ermittlungen, S. 39.
[272] BVerfG 20.12.2018 – 2 BvR 2377/16, NJW 2019, 584 (586).

110 **Gegen eine Anwendung von § 99** spricht zunächst, dass E-Mails weder unter den Begriff der „Postsendung" noch denjenigen des „Telegramms" subsumiert werden können.[273] Eine Postsendung ist laut Duden eine „von der Post beförderte" oder „zu befördernde" Sendung.[274] Nach der Definition von § 4 Nr. 5 iVm Nr. 1 PostG, sind Postsendungen Briefsendungen, Pakete, Bücher, Kataloge, Zeitungen oder Zeitschriften soweit diese gewerbsmäßig befördert werden. Eine Subsumtion von elektronischen Daten, welche schriftliche Mitteilungen enthalten unter diesen Begriff ist angesichts der Wortlautgrenze gem. Art. 20 Abs. 3 GG nicht möglich. Dies gilt umso mehr, als die Ausdehnung des § 99 auf Telegramme bezweckte, die Beschlagnahme von ausgedruckten Telegrammen, welche beim Postdienstleister eingegangen sind, zu ermöglichen.[275] Schließlich würde § 99 als Grundlage für einen heimlichen Eingriff in das Telekommunikationsgeheimnis nicht den verfassungsrechtlichen Anforderungen gerecht. Heimliche Eingriffe in das Telekommunikationsgeheimnis setzen nämlich nach der Rechtsprechung des BVerfG das Vorliegen einer schweren Straftat voraus. Bereits die Eingriffsnorm selbst muss dabei die schweren Straftaten in Form eines Straftatenkatalogs benennen, wobei sich die Schwere aus dem Strafrahmen der Delikte ergeben muss.[276] Weiterhin müssen Vorschriften für den Kernbereichsschutz vorhanden sein.[277] Diese Voraussetzungen werden zwar von § 100a, nicht aber von § 99 erfüllt. Schließlich würde eine Ausdehnung des § 99 auf die heimliche Beschlagnahme von E-Mails im Herrschaftsbereich des Providers gegen den Wesentlichkeitsvorbehalt verstoßen. Offensichtlich hat der Gesetzgeber bei Schaffung des § 99 nicht an eine solche Konstellation gedacht. Da sich aber – aufgrund oben genannten Verfassungsrechtsprechung – an heimliche Eingriffe in das Telekommunikationsgeheimnis erhöhte Anforderungen im Vergleich zur klassischen Postbeschlagnahme stellen, muss sich das Parlament mit den entsprechenden Fragestellungen beschäftigen.[278] Insbesondere ist eine Postbeschlagnahme von körperlichen Sendungen von der Eingriffsintensität im absoluten Regelfall nicht mit einem Zugriff auf E-Mail-Konten, welche auf Servern des Mailproviders gespeichert sind, vergleichbar. Bei körperlichen Sendungen ermöglicht § 99 regelmäßig nur den Zugriff auf einige wenige Sendungen, welche sich gerade noch im Gewahrsam der Postdienstleister befinden. Eine Auslieferung der Sendungen findet hier in der Regel innerhalb weniger Tage statt. Der Zugriff der Strafverfolgungsbehörden ist demnach auf solche Sendungen beschränkt, die während des Anordnungszeitraums versendet werden. In E-Mail-Konten befinden sich dagegen regelmäßig hunderte, tausende oder sogar mehr E-Mails gespeichert, welche teilweise mehrere Jahre zurückreichen.

111 Schließlich handelt es sich **auch nicht um eine Online-Durchsuchung iSv § 100b.**[279] Zwar sind auch Server, auf denen E-Mails gespeichert werden, informationstechnische Systeme (→ § 100b Rn. 24 ff.). Voraussetzung für § 100b ist jedoch, dass der Eingriff „mit technischen Mitteln" erfolgt. Damit ist die Infiltration des Systems (in diesem Fall des Webmail-Servers) mit einem Spähprogramm oder der Einsatz entsprechender Hardware gemeint, welche auch gegenüber demjenigen heimlich erfolgt, der das informationstechnische System insgesamt beherrscht (hier der Mailprovider). Bei der heimlichen Erhebung von E-Mails bei einem Mailprovider wird der Mailprovider jedoch in Kenntnis gesetzt und die Erhebung erfolgt nicht mit technischen Mitteln im o.g. Sinn, sondern unter Verpflichtung des Mailproviders zur Herausgabe. Außerdem ist § 100b als Rechtfertigungsgrundlage

---

273 Wie hier Wolter/Greco in SK-StPO § 100a Rn. 34; Liebig, Der Zugriff auf Computerinhaltsdaten im Ermittlungsverfahren, S. 107 f.; aA Bär in KMR-StPO § 100a Rn. 56.

274 https://www.duden.de/rechtschreibung/Postsendung (Stand: 18.8.2020).

275 Graf in BeckOK StPO § 99 Rn. 11.

276 BVerfG 12.10.2011 – 2 BvR 236/08, NJW 2012, 833 (836); Wolter/Greco in SK-StPO § 100a Rn. 33.

277 BVerfG 16.6.2009 – 2 BvR 902/06, BVerfGE 124, 43 (69 f.) = NJW 2009, 2431; Wolter/Greco in SK-StPO § 100a Rn. 33.

278 In diese Richtung auch Graf in BeckOK StPO § 100a Rn. 67, der hieraus den Schluss zieht, dass der Gesetzgeber eine eigene Rechtsgrundlage für die heimliche Beschlagnahme von E-Mails schaffen muss.

279 Vgl. aber Gaede StV 2009, 96 (98) zur Reichweite des IT-System-Grundrechts bei Servern von Mailprovidern.

für Eingriffe in das Grundrecht auf Gewährleistung und Vertraulichkeit informationstechnischer Systeme gem. Art. 1 Abs. 1 GG iVm Art. 2 Abs. 1 GG zugeschnitten. Ausweislich der Rechtsprechung des BVerfG ist jedoch ein Zugriff auf beim Provider gespeicherte E-Mails an Art. 10 Abs. 1 GG und nicht am IT-System-Grundrecht zu messen.[280] Der Gesetzgeber hat § 100b aber ausdrücklich für Eingriffe in letzteres Grundrecht geschaffen. Diese Differenzierung muss bei der Auslegung respektiert werden. Dass sie freilich – angesichts des Einbezugs des Cloud-Computings außerhalb von E-Mail-Providern in den Schutzbereich des IT-System-Grundrechts (→ Rn. 31 und → § 100b Rn. 5 ff.) – nicht völlig widerspruchsfrei gelingt, ist zwar misslich, für die Rechtspraxis aber aktuell zu akzeptieren.

Der hier vertretenen Auffassung kann schließlich weder entgegengehalten werden, dass sie den Anwendungsbereich von § 100a zu weit auf gespeicherte Nachrichten ausdehnt,[281] noch dass die Erhebung von gespeicherten Daten nicht als „Überwachung und Aufzeichnung" iSv § 100a verstanden werden kann.[282] Die Existenz des § 100a Abs. 1 S. 3 zeigt, dass der **Begriff der „Überwachung und Aufzeichnung" nicht auf Überwachung und Aufzeichnung von dynamischen Datenübertragungen beschränkt ist,** sondern sich vielmehr auch auf die Erhebung gespeicherter Inhalte (solange es sich um Kommunikationsdaten handelt) erstreckt. Auch lässt sich der Begriff der „Überwachung" ohne Überdehnung des Wortlauts auch als „Kontrolle und Untersuchung eines Bereiches oder Gegenstandes" verstehen.[283] Überdies ist die Zwischenspeicherung von Daten auf dem Übertragungsweg zwischen Sender und Empfänger im Rahmen moderner Kommunikationsformen über das Internet keine Seltenheit (Unterscheidung zwischen Übertragungs- und Speicherphasen auf dem Übertragungsweg).[284] Dies spricht dafür, die heimliche Erhebung der Daten auf dem gesamten Übertragungsweg einheitlich[285] an § 100a zu messen und nicht nur bei der Erhebung während die Daten „in Bewegung" sind.[286] Dies vermeidet auch Abgrenzungsschwierigkeiten bei der Frage, ab welcher Zwischenspeicherdauer von einem „Ruhen" der Daten auf einem Knotenpunkt auszugehen ist. Die grds. Beschränkung der Quellen-TKÜ auf „laufende Kommunikation" durch Abs. 5 S. 1 Nr. 1 und Nr. 2 steht der hier vertretenen Auslegung ebenfalls nicht entgegen, da diese Beschränkung ausdrücklich nur für die eingriffsintensivere und damit zu Recht mehr beschränkte Quellen-TKÜ gilt.[287] 112

Mit teilweise ähnlichen Argumenten wie hier hat mittlerweile auch der **5. Senat des BGH** entschieden, dass eine verdeckte Erhebung von im Herrschaftsbereich des Mailproviders zwischen- oder endgespeicherten E-Mails auf § 100a Abs. 1 S. 1 gestützt werden kann, und zwar auch dann, wenn der Empfänger von den Mails bereits Kenntnis erlangt hat. Explizit hat der BGH sich in dieser Entscheidung auch mit der Frage auseinandergesetzt, ob mittels einer auf die Befugnis von § 100a Abs. 1 S. 1 gestützten Maßnahme auch solche E-Mails erhoben werden können, die bereits vor dem Anordnungszeitpunkt der TKÜ 113

---

280 BVerfG 16.6.2009 – 2 BvR 902/06, NJW 2009, 2431 (2433).

281 So aber Bär in KMR-StPO § 100a Rn. 53 aE; Liebig, Der Zugriff auf Computerinhaltsdaten im Ermittlungsverfahren, S. 108 f.

282 So aber Wolter/Greco in SK-StPO § 100a Rn. 34; Von zur Mühlen, Zugriffe auf elektronische Kommunikation, S. 404 ff.; Grözinger GA 2019, 441 (445); Trüg JZ 2021, 560 (566).

283 Gaede StV 2009, 96 (100); siehe auch BGH 31.7.1995 – 1 BGs 625/95, NStZ 1997, 247 f. zum Abruf von auf einer Mailbox gespeicherten Inhalten; mit ausführlicher Begründung: Abraham HRRS 2021, 356 (361 f.).

284 Von zur Mühlen, Zugriffe auf elektronische Kommunikation, S. 36.

285 Für die sog. Einheitstheorie auch, allerdings mit anderem Ergebnis (keine Rechtsgrundlage vorhanden): Wolter/Greco in SK-StPO § 100a Rn. 38.

286 Auch Wolter/Greco in SK-StPO § 100a Rn. 40, nach welchen in der derzeit geltenden StPO keine Rechtsgrundlage für die E-Mail-Beschlagnahme vorhanden ist, plädieren für eine Norm, die sich an den Voraussetzungen des § 100a StPO orientiert.

287 So richtig Köhler in Meyer-Goßner/Schmitt § 100a Rn. 6e; aA Von zur Mühlen, Zugriffe auf elektronische Kommunikation, S. 406, der hieraus ein systematisches Argument gegen den Zugriff auf gespeicherte Daten im Rahmen des § 100a StPO ableitet.

empfangen oder versandt worden sind. Der BGH hat diese Frage zu Recht bejaht.[288] Anders als beim „einseitigen" Cloud Computing, bei dem der Nutzer Daten nur „mit sich selbst" teilt, indem er diese zwischen seinem Endgerät und dem von ihm genutzten Cloud Speicher auf dem Server des Anbieters hin- und her sendet (hierzu → Rn. 127 und → § 100b Rn. 24 ff.), sind im Herrschaftsbereich des Mailproviders gespeicherte E-Mails nach Auffassung des BVerfG nicht vom IT-System-Grundrecht, sondern von Art. 10 Abs. 1 GG geschützt (→ Rn. 29). Dies hat zur Folge, dass ein offener (§§ 94 ff.; seit Inkrafttreten des StPO-Fortentwicklungsgesetzes zum 1. Juli 2021[289] iVm § 95a unter den dort genannten Voraussetzungen grds. auch als „heimliche" Beschlagnahme möglich; nicht jedoch bei von Art. 10 GG geschützten Inhalten, siehe unten → Rn. 115a, 118) oder verdeckter (§ 100a) Eingriff unter Zuhilfenahme des Webmail-Providers (Verpflichtung zum Ausleiten nach § 100a Abs. 4 S. 1) keinen Eingriff in das IT-System-Grundrecht, sondern einen Eingriff in Art. 10 Abs. 1 GG darstellt. Dies gilt nach der Rspr. des BVerfG auch unabhängig davon, ob nur aktuell ein- und ausgehende oder auch „im Netz" gespeicherte E-Mails erhoben werden (→ Rn. 29). Da sich nach hier vertretener Auffassung der Begriff der „Telekommunikation" in § 100a an der Auslegung von Art. 10 Abs. 1 Var. 3 GG orientiert, unterfallen damit auch die beim Mailprovider gespeicherten E-Mails dem Begriff der Telekommunikation nach § 100a Abs. 1 S. 1. Dagegen ist der vom betroffenen Nutzer genutzte Speicherplatz im Herrschaftsbereich des Mailproviders – anders als der Speicherplatz des Cloud Nutzers, der diesen nicht zur Kommunikation nutzt (hierzu → Rn. 215) – auch nicht als „eigenes informationstechnisches System" des Nutzers iSv §§ 100a Abs. 1 S. 2, S. 3, 100b Abs. 1 und iSd IT-System-Grundrechts anzusehen, sondern als Teil des Übertragungswegs einer Nachricht (vergleichbar der Nutzung von Cloud Computing als „toter Briefkasten" zum Nachrichtenaustausch zwischen verschiedenen Personen, deren Überwachung nach hier vertretener Auffassung dementsprechend ebenfalls unter § 100a Abs. 1 S. 1 fällt, hierzu → Rn. 129).

114 Da die hier vertretene Auffassung dazu führt, dass über **§ 100a Abs. 1 S. 1 heimlicher Zugriff auf eine Großzahl von E-Mails mit großer Informationstiefe und -vielfalt** erlangt werden kann, muss bei jeder Anordnung eine strenge Verhältnismäßigkeitskontrolle hinsichtlich der für das Verfahren notwendigerweise zu erhebenden E-Mails erfolgen. Insbesondere müssen Vorfilterungen hinsichtlich des Zeitraums, des Senders/Empfängers, des Betreffs und des Inhalts der E-Mails angeordnet und vorgenommen werden. Bereits dabei müssen – soweit technisch möglich – diejenigen E-Mails ausgenommen werden (bzw. müssen spezielle Maßnahmen ergriffen werden), die dem Kernbereich (§ 100d) oder der besonderen Kategorie personenbezogener Daten (§ 48 BDSG) zuzuordnen sind (hierzu → § 100d Rn. 15 und → Rn. 38).

114a Nach Inkrafttreten des StPO-Fortentwicklungsgesetzes zum 1. Juli 2021[290] tritt neben § 100a auch die Möglichkeit einer punktuellen (keinesfalls anwendbar für die Erhebung künftig ein- oder ausgehender E-Mails) „heimlichen Beschlagnahme" nach §§ 94, 95a nF. Hierdurch ist es möglich, „ruhende" Mails nach den Vorschriften der §§ 94 ff. zu beschlagnahmen und unter den Voraussetzungen des § 95a (siehe hierzu die Kommentierung bei → § 95a Rn. 5 ff.) die Benachrichtigung des Betroffenen zurückzustellen. Nach hier vertretener Auffassung (siehe oben → Rn. 104) ist § 95a jedoch insoweit verfassungswidrig, als er auch zu heimlichen Eingriffen in das Telekommunikationsgeheimnis ermächtigt. Für heimliche Zugriffe auf nach Art. 10 GG geschützte Inhalte (wie E-Mails im Herrschaftsbereich des E-Mail-Providers) ist § 95a nF nach hier vertretener Auffassung somit nicht anwendbar; für heimliche Zugriffe steht vielmehr weiterhin nur § 100a zur Verfügung.

115 **(4) Bereits empfangene E-Mails.** Hat der Empfänger die Mail bereits gelesen und somit empfangen, befindet sie sich indes gleichwohl noch im Netz (also auf einem Server

[288] Zum Ganzen BGH 14.10.2020 – 5 StR 229/19, BeckRS 2020, 36910; kritisch aber: Grözinger NStZ 2021, 358; zustimmend dagegen Nicolai HRRS 2021, 365; Neuhöfer/Schefer jurisPR-Compl. 1/2021 Anm. 3.

[289] BGBl. 2021 I 2099.

[290] BGBl. 2021 I 2099.

des Mail-Providers), weil er zum Abruf das E-Mail-Protokoll IMAP 4 (oder POP3 mit entsprechenden Einstellungen) (→ Rn. 98) oder einen Webmail-Dienst verwendet, so ist ein **verdeckter Zugriff auf diejenigen E-Mail-Daten, die sich noch im Herrschaftsbereich des Providers befinden ebenfalls allein unter den Voraussetzungen des § 100a StPO** zulässig.[291] Anders als im Falle von vorstehend (1) sind diese Daten Gegenstand eines zuvor erfolgten Telekommunikationsvorgangs, während im Falle von (1) ein solcher noch nicht stattgefunden hat. Der Vorgang des Informationsaustausches zwischen Sender und Empfänger ist bei der empfangenen Mail bereits abgeschlossen, die Mail befindet sich jedoch noch immer im Herrschaftsbereich des Telekommunikationsdienstleisters und damit außerhalb der Herrschaftssphäre des Nutzers. Daran ändert nichts, dass der Empfänger diese Tatsache beeinflussen und die Mail dort löschen könnte. Solange er dies nicht tut, besteht ein für das Telekommunikationsgeheimnis nach der Entscheidung des BVerfG vom 16.6.2009 konstitutiver Umstand fort: Provider und Ermittlungsbehörden „bleiben weiterhin in der Lage, jederzeit auf den Mailserver (…) zuzugreifen".[292] Dieser Auffassung hat sich nun auch explizit der 5. Senat des BGH angeschlossen (detailliert zur Entscheidung → Rn. 113).[293]

Seit Inkrafttreten des StPO-Fortentwicklungsgesetzes zum 1. Juli 2021[294] tritt neben **115a** § 100a auch die Möglichkeit einer punktuellen (keinesfalls anwendbar für die Erhebung künftig ein- oder ausgehender E-Mails) „heimlichen Beschlagnahme" nach §§ 94, 95a nF. Hierdurch ist es möglich, „ruhende" Mails nach den Vorschriften der §§ 94 ff. zu beschlagnahmen und unter den Voraussetzungen des § 95a (siehe hierzu die Kommentierung bei → § 95a Rn. 5 ff.) die Benachrichtigung des Betroffenen zurückzustellen. Nach hier vertretener Auffassung (siehe oben → Rn. 104) ist § 95a jedoch insoweit verfassungswidrig, als er auch zu heimlichen Eingriffen in das Telekommunikationsgeheimnis ermächtigt. Für heimliche Zugriffe auf nach Art. 10 GG geschützte Inhalte (wie E-Mails im Herrschaftsbereich des E-Mail-Providers) ist § 95a nF nach hier vertretener Auffassung somit nicht anwendbar; für heimliche Zugriffe steht vielmehr weiterhin nur § 100a zur Verfügung.

(5) Zusammenfassung: Rechtsgrundlagen für eine E-Mail-Beschlagnahme im **116** **Herrschaftsbereich des E-Mail-Providers.** Die vorstehend gewonnenen Ergebnisse lassen sich dahingehend zusammenfassen, dass ein (gegenüber dem Betroffenen) **verdeckter Zugriff** auf E-Mails im Herrschaftsbereich des Providers – gleich ob es sich um eine traditionell versandte E-Mail oder um eine Webmail handelt – **einzig unter den strengen Voraussetzungen des § 100a** statthaft ist.[295] So sind nach der Rspr. des BVerfG namentlich bei heimlichen Eingriffen in das Fernmeldegeheimnis besonders hohe Anforderungen an die Bedeutung der zu verfolgenden Straftat zu stellen.[296] Nur wenn es zweifelsfrei erkennbar um offene Maßnahmen außerhalb eines laufenden Kommunikationsvorgangs und innerhalb der Herrschaftssphäre eines an der Kommunikation beteiligten Nutzers geht, verlangt das Übermaßverbot nicht das Vorliegen einer besonders schweren Straftat wie in § 100c, einer schweren Straftat wie bspw. in § 100a oder einer solchen von erheblicher Bedeutung wie im Falle des § 100g.[297] Eine Beschlagnahme nach §§ 94 ff. kommt nur bei einer punktuellen und offenen (also dem Betroffenen bekannten bzw. spätestens bei Beginn der Beschlagnahmemitgeteilten; zur verfassungsrechtlich zweifelhaften Möglichkeit der „heimlichen Beschlagnahme" nach § 95a seit dem 1. Juli 2021 siehe sogleich → Rn. 118) Erhebung von „ruhenden" (also zwischengespeicherten) E-Mails beim Provider in Betracht.[298] Auf eine solche offene Beschlagnahme können auch nicht die Zurückstellungsvorschriften über

291 T. Zimmermann JA 2014, 321 (325).
292 BVerfG 16.6.2009 – 2 BvR 902/06, NJW 2009, 2431 (2433).
293 BGH 14.10.2020 – 5 StR 229/19, BeckRS 2020, 36910.
294 BGBl. 2021 I 2099.
295 So nun auch BGH 14.10.2020 – 5 StR 229/19, BeckRS 2020, 36910.
296 BVerfG 16.6.2009 – 2 BvR 902/06, NJW 2009, 2431 Rn. 69.
297 BVerfG 16.6.2009 – 2 BvR 902/06, NJW 2009, 2431 Rn. 69.
298 BGH 26.1.2017 – StB 26 und 28/14, BGHSt 62, 22 = NJW 2017, 2631.

Benachrichtigungen nach § 101 Abs. 5 angewendet werden.[299] § 100b kommt zur Anwendung, wenn auf dem Rechner des Betroffenen gespeicherte E-Mails heimlich erhoben werden sollen. § 99 ist dagegen in keinem der Fälle einschlägig. Soll die Erhebung der E-Mails auch gegenüber dem E-Mail-Provider verdeckt erfolgen, kann dies nur im Wege einer Quellen-TKÜ nach § 100a Abs. 1 S. 2, S. 3 und dann in den engen Grenzen des Abs. 5 S. 1 Nr. 1 und Nr. 2 erfolgen. Soll diese zeitliche Grenze überschritten werden, verbleibt nur eine Online-Durchsuchung nach § 100b.

117 Wer, anders als hier, § 100a für die heimliche Beschlagnahme von „im Netz" gespeicherten E-Mails nicht für einschlägig hält, muss (vor Inkrafttreten des StPO-Fortentwicklungsgesetzes zum 1. Juli 2021) konsequenterweise **das Vorhandensein einer Rechtsgrundlage insgesamt ablehnen.**[300]

118 Mit dem Gesetz zur Fortentwicklung der StPO vom 25. Juni 2021[301] (Inkraftgetreten zum 1. Juli 2021) wurde **§ 95a nF** eingefügt, der unter bestimmten Umständen eine **„heimliche Beschlagnahme"** nach § 94 ermöglicht (also eine Zurückstellung der Benachrichtigung). Mit dieser Vorschrift wäre auch eine **heimliche, punktuelle (keinesfalls anwendbar für die Erhebung künftig ein- oder ausgehender E-Mails) Beschlagnahme** von E-Mails als dritte Variante (neben der offenen, punktuellen Beschlagnahme nach §§ 94 ff. und der heimlichen, fortlaufenden Erhebung nach § 100a) möglich. Laut Begründung hat der Entwurf gerade E-Mails und andere elektronische Kommunikationsformen im Blick.[302] Es ist jedoch äußerst zweifelhaft, ob § 95a nF den verfassungsrechtlichen Anforderungen an eine Norm genügt, welche einen heimlichen Zugriff auf E-Mails ermöglicht.[303] Heimliche Eingriffe in das Telekommunikationsgeheimnis setzen nämlich nach der Rechtsprechung des BVerfG das Vorliegen einer schweren Straftat voraus. Bereits die Eingriffsnorm selbst muss dabei die schweren Straftaten in Form eines Straftatenkatalogs benennen, wobei sich die Schwere aus dem Strafrahmen der Delikte ergeben muss.[304] Weiterhin müssen Vorschriften für den Kernbereichsschutz vorhanden sein.[305] § 95a nF lässt für den heimlichen Zugriff aber bereits eine Straftat von „erheblicher Bedeutung" genügen und weist keinen „festen" Straftatenkatalog auf, sondern verweist nur beispielhaft auf § 100a Abs. 2. Außerdem sind in den §§ 94 ff. keine Vorschriften zum Schutz des Kernbereichs vorgesehen. Soweit also § 95a auch zu heimlichen Eingriffen in das Telekommunikationsgeheimnis ermächtigt, ist die Norm verfassungswidrig. Für heimliche Zugriffe auf nach Art. 10 GG geschützte Inhalte ist § 95a nF nach hier vertretener Auffassung somit nicht anwendbar; für heimliche Zugriffe steht vielmehr weiterhin nur § 100a zur Verfügung. Wer dagegen § 95a nF entgegen hier vertretener Auffassung auch auf E-Mails im Herrschaftsbereich des E-Mail-Providers anwenden will,[306] muss beachten, dass §§ 94, 95a nur eine punktuelle Maßnahme ist. Keinesfalls können damit künftig auf dem Account ein- und ausgehende Mails überwacht werden. Dieselben Erwägungen gelten im Übrigen für § 110 Abs. 4 nF (mit demselben Gesetz in die StPO gekommen), welcher eine heimliche vorläufige Sicherung der Daten ermöglicht.

119 **f) Nachrichten über Messenger-Dienste.** Eine der heute wichtigsten Telekommunikationsformen stellt die Kommunikation über sog. Messenger-Dienste dar. Dabei handelt

299 BGH 4.8.2015 – 3 StR 162/15, ZD 2016, 173.

300 So Wolter/Greco in SK-StPO § 100a Rn. 32 ff.; Hauck in Löwe/Rosenberg § 100a Rn. 77, der jedoch gleichzeitig § 100a StPO als Rechtsgrundlage zum Zugriff auf in der Cloud gespeicherte Daten zulassen will, vgl. Hauck in Löwe/Rosenberg § 100a Rn. 85; vgl. auch Graf in BeckOK StPO § 100a Rn. 67, der § 100a StPO übergangsweise für einschlägig hält, bis der Gesetzgeber eine Neuregelung geschaffen hat.

301 BGBl. 2021 I 2099.

302 BT-Drs. 19/27654, 61.

303 Vassilaki MMR 2022, 103.

304 BVerfG 12.10.2011 – 2 BvR 236/08, NJW 2012, 833 (836); Wolter/Greco in SK-StPO § 100a Rn. 33; Trüg JZ 2021, 560 (565).

305 BVerfG 16.6.2009 – 2 BvR 902/06, BVerfGE 124, 43 (69 f.) = NJW 2009, 2431; Wolter/Greco in SK-StPO § 100a Rn. 33.

306 Der Gesetzgeber hat diese Anwendung explizit ins Auge gefasst, vgl. BT-Drs. 19/27654, 61.

es sich um Dienstleister, die ihren Kunden ein Chatprogramm zur Verfügung stellen, mit welchen die Kunden **Text-, Sprach-, Audio-, Bild- und Videodateien an andere Nutzer senden können.** Die Nachrichten werden dabei vom Nutzer an Server des Dienstanbieters geschickt und von dort an den Adressaten weitergeleitet (sog. Client-to-Server-Applikationen). Viele moderne Messenger-Dienste bieten standardmäßig eine Ende-zu-Ende-Verschlüsselung an, sodass eine klassische Telekommunikationsüberwachung regelmäßig scheitert. Diese Messenger-Dienste sind einer der Hauptgründe für die Einführung der Befugnis zur sog. Quellen-TKÜ (→ Rn. 201). Im Regelfall handelt es sich um sog. OTT-Dienstleistungen, dies ist jedoch für eine Subsumtion unter § 100a unschädlich (→ Rn. 230). Jedenfalls individuelle Messenger-Chats zwischen einzelnen Nutzern sind Telekommunikation iSv § 100a.[307] Werden Messenger-Dienst-Nachrichten daher „in der Leitung" abgegriffen und somit während der dynamischen Übertragungsphase ausgeleitet, bemisst sich die Zulässigkeit dieser Maßnahme nach § 100a. § 100a Abs. 1 S. 2, S. 3 ist einschlägig, wenn die Messenger-Chats auf einem der beteiligten Geräte in den zeitlich-funktionalen Grenzen von § 100a Abs. 1 S. 2, S. 3 erhoben werden. Sind die Messenger-Dienst-Nachrichten lokal auf einem Smartphone (oder einem anderen Gerät) gespeichert, kann das Smartphone gem. §§ 94 ff. beschlagnahmt und können die Daten ausgelesen werden. Befinden sich die Messenger-Dienst-Nachrichten im Herrschaftsbereich des Dienstleisters (dies ist in der Regel bei Messenger-Diensten der Fall, die von Social Media Plattformen als Ergänzung der Plattform angeboten werden), so gelten dieselben Grundsätze wie bei der Erhebung von E-Mails, die sich außerhalb der Herrschaftssphäre von Sender oder Empfänger befinden (hierzu → Rn. 103 ff. und → Rn. 106 ff.).[308]

Ein Problem im Zusammenhang mit Messenger-Diensten sind die dort möglichen und mittlerweile üblichen **Gruppenchats.** In diesen kommunizieren mehrere Nutzer des Dienstes innerhalb eines gemeinsamen „Chat-Rooms" miteinander. Diese Gruppenchats können dabei zunächst für die Kommunikation von kleinen, abgrenzbaren (idR untereinander zumindest locker bekannten) Nutzern verwendet werden. Möglich sind aber auch offene Gruppenchats, bei denen sich eine Vielzahl untereinander idR nicht bekannter Nutzer anmelden und miteinander kommunizieren können. So sind beim beliebten Messenger-Dienst „Telegram" Gruppen mit bis zu 200.000 Mitgliedern möglich. Dabei kann die Gruppe auch so eingestellt werden, dass beliebige Nutzer daran teilnehmen können. Bei solchen Gruppenchats stellt sich die Frage, bis zu welcher Grenze noch von einer nach Art. 10 Abs. 1 GG geschützten und von § 100a erfassten (Individual-)Telekommunikation gesprochen werden kann. Im Rahmen von § 100a kann es dabei nur um die Überwachung der Kommunikation im Gruppenchat derart gehen, dass die Strafverfolgungsbehörden vom Messenger-Dienstbetreiber einen technischen Zugang zum Gruppenchat erhalten haben, sich den Zugang auf technischem Wege („Hacking") oder unter Nutzung eines Passworts, dass sie ohne oder gegen den Willen des Berechtigen erlangt haben, verschaffen oder sie sich selbst, im Wege einer Quellen-TKÜ auf einem der beteiligten Geräte oder (theoretisch) auf dem Server des Messenger-Dienstanbieters, Zugang zu den Gruppennachrichten erschließen.[309] Nicht von § 100a erfasst sind dagegen die Konstellationen, in denen die Strafverfolgungsbehörden mit einem eigenen Account an der Kommunikation teilnehmen oder mit dem Einverständnis des Account-Inhabers einen fremden Account benutzen, um die Kommunikation mitzulesen. Art. 10 Abs. 1 GG schützt nämlich weder vor dem enttäuschten Vertrauen in die Identität des Kommunikationspartners[310] noch vor einer Weitergabe der Kommunikationsinhalte durch einen Kommunikationsteilnehmer.[311] 120

[307] BGH 10.8.2017 – AK 33/17, BeckRS 2017, 122780.

[308] Siehe auch Ruppert JA 2018, 994 (999).

[309] Siehe auch Bär in KMR-StPO § 100a Rn. 60.

[310] BVerfG 27.2.2008 – 1 BvR 370, 595/07, BVerfGE 120, 274 (340 f.) = NJW 2008, 822; vgl. auch bereits BVerfG 9.10.2002 – 1 BvR 1611/96, 805/98, BVerfGE 106, 28 (37 f.) = NJW 2002, 3619; Böckenförde JZ 2008, 925 (936); Singelnstein NStZ 2012, 593 (600).

[311] BVerfG 9.10.2002 – 1 BvR 1611/96, 805/98, BVerfGE 106, 28 (38) = NJW 2002, 3619; BGH 8.10.1993 – 2 StR 400/93, BGHSt 39, 335 = NJW 1994, 596; Hermes in Dreier GG Art. 10 Rn. 58; Lisken NJW 1994, 2069 f.; Welp NStZ 1994, 294 (295).

121 Zur Abgrenzung zwischen von § 100a, Art. 10 Abs. 1 GG erfasster **Individualkommunikation und nicht erfasster Massenkommunikation** hat das BVerfG bislang wenig verlauten lassen. Es unterscheidet lediglich zwischen „zugangsgesicherter" Kommunikation und „allgemein zugänglichen" Inhalten.[312] In der Literatur werden als Abgrenzungskriterien zwischen Individual- und Massenkommunikation bislang vorgeschlagen: Adressierung an individualisierte Empfänger (Zweckrichtung),[313] das Vorhandensein technischer Sicherungsmaßnahmen der Privatheit[314] und der Verteilungsmodus der Zugangsberechtigung.[315] Da einem Datenstrom „von außen" nicht ansehbar sei, ob es sich um Individual- oder Massenkommunikation handelt, wollen wieder andere „im Zweifel"[316] oder sogar generell von Individualkommunikation ausgehen und sämtlichen Datenverkehr über das Internet unter den Schutz von Art. 10 Abs. 1 GG (und damit § 100a) stellen.[317] Unter dem Blickwinkel des Schutzzweckes von sowohl Art. 10 Abs. 1 GG als auch § 100a erscheint es dagegen sinnvoll, auf die Kriterien des Interesses an der Privatheit und der berechtigten Erwartung der Vertraulichkeit einer Kommunikation abzustellen. Das Interesse an der Privatheit muss dabei erkennbar nach außen treten, die Erwartung an die Vertraulichkeit aufgrund der gegebenen Umstände aus der Perspektive eines objektiven, vernünftigen Dritten berechtigt erscheinen. Nach diesen Kriterien sind Gruppenchats, an denen nur wechselseitig bekannte Personen teilnehmen, Telekommunikation iSv § 100a. Nicht zugangsbeschränkte Gruppen und Kanäle, an denen Jedermann teilnehmen kann unterfallen nicht § 100a. Grenzwertig sind Fälle, in denen zwar viele Teilnehmer an der Gruppe beteiligt sind, die sich nicht alle wechselseitig kennen, jedoch zumindest jeder Teilnehmer einen Teilbereich der anderen Teilnehmer kennt und zumindest ein Teilnehmer (idR der Initiator des Gruppenchats) alle Beteiligten kennt und der Zugang nicht für Jedermann eröffnet ist (zB Gruppen, in denen Geburtstagsgeschenke oder Partys organisiert werden). Auch diese Fälle sind jedoch an § 100a zu messen, da durch die Zugangsbeschränkung das Interesse an der Privatheit nach außen tritt und durch die Kenntnis aller Teilnehmer zumindest durch den Initiator auch eine berechtigte Vertraulichkeitserwartung herrscht.

122 **Das „Klonen" eines Messenger-Accounts,** um Zugriff auf die Chats zu erhalten ist idR nicht nach § 100a, sondern nur nach § 100b zulässig → § 100b Rn. 38.

123 **g) Kommunikationsforen, Internetchatrooms und soziale Medien.** Dieselbe Abgrenzung gilt für Kommunikationsforen im Internet (zB Chatrooms, Messengerdienste von Sozialen Medien, Foren, Boards, Gruppen in Sozialen Medien etc).[318] Tritt durch eine **Zugangsbeschränkung das Interesse an Privatheit nach außen erkennbar hervor** und können Teilnehmer aufgrund der persönlichen Bekanntheit der Teilnehmer untereinander von einer **berechtigten Vertraulichkeitserwartung ausgehen,** ist jede Überwachung „von außen" also mittels Zugangsverschaffung (zB durch Verwendung eines auf anderem Wege erlangten Passworts) zum Kommunikationsforum selbst (TKÜ) oder zu einem der beteiligten Endgeräte (Quellen-TKÜ) an § 100a zu messen.[319] Ist der Zugang dagegen nicht beschränkt (zB „öffentliche" Seiten in sozialen Netzwerken, öffentliche Foren oder Chatrooms), unterfällt die Überwachung nicht § 100a, sondern idR §§ 161, 163.[320]

---

312 BVerfG 27.2.2008 – 1 BvR 370, 595/07, BVerfGE 120, 274 (341) = NJW 2008, 822.

313 Ory AfP 1996, 105 (106 f.); Schenke in Stern/Becker GG Art. 10 Rn. 43.

314 Durner in Dürig/Herzog/Scholz GG Art. 10 Rn. 122.

315 Böckenförde, Ermittlungen im Netz, S. 195 f.; Böckenförde JZ 2008, 925 (936).

316 Statt vieler Gusy in v. Mangoldt/Klein/Starck GG Art. 10 Rn. 64; Durner in Dürig/Herzog/Scholz GG Art. 10 Rn. 123; ähnlich Hermes in Dreier GG Art. 10 Rn. 40 jeweils mwN.

317 Sievers, Der Schutz der Kommunikation im Internet durch Art. 10 des Grundgesetzes, S. 130; Brunst, Anonymität im Internet, S. 267.

318 Grundlegend zur Technologie der Sozialen Netzwerke und deren Funktionen: Bauer, Soziale Netzwerke und strafprozessuale Ermittlungen, S. 26 ff.

319 Wie hier von der Grün, Verdeckte Ermittlungen, S. 48 f.; Bauer, Soziale Netzwerke und strafprozessuale Ermittlungen, S. 286; siehe auch Wölm, Schutz der Internetkommunikation und „heimliche Internetaufklärung", S. 242 ff.

320 Wie hier Ruppert JA 2018, 994 (996); zu Ausnahmen bei OSINT oder Forensic Web Mining Rückert ZStW 129 (2017), 302 ff.

Die Kommunikationsteilnahme durch Strafverfolgungsbehörden unter Nutzung von eigenen oder fremden Accounts richtet sich nach §§ 161, 163 oder § 110a.[321]

124 Wie im Zusammenhang mit E-Mails (ausführlich → Rn. 96 ff.) stellt sich auch bei über die **Messenger-Funktionen** von Sozialen Medien versendeten Nachrichten die Frage, ob und wie diese von Strafverfolgungsbehörden erhoben werden können. Auch diese Nachrichten unterfallen dem **Schutzbereich des Art. 10 Abs. 1 GG,** sowohl während ihrer Übertragungsphase als auch während des „Ruhens" im Herrschaftsbereich des Social Media Anbieters, und zwar unabhängig davon, ob die Nachrichten bereits vom Empfänger gelesen wurden oder nicht. Hier kann insofern nichts anderes als für E-Mails gelten. Nur, wenn die Nachrichten (was regelmäßig nicht der Fall sein dürfte) auf dem Rechner des Absenders/Empfängers gespeichert sind und dort erhoben werden, fallen sie nicht in den Schutzbereich des Telekommunikationsgeheimnisses.[322]

125 Für die Erhebung dieser Nachrichten gelten damit **dieselben Grundsätze wie für die E-Mail-Beschlagnahme.**[323] Eine Erhebung auf dem Rechner des Betroffenen kann offen und punktuell nach den §§ 94 ff. erfolgen, verdeckt nach §§ 100a Abs. 1 S. 2, S. 3, 100b Abs. 1.[324] Eine offene und punktuelle Erhebung beim Social Media Anbieter richtet sich ebenfalls nach den §§ 94 ff. Ein verdeckter Zugriff auf die Nachrichten im Herrschaftsbereich des Social Media Anbieters ist nur nach § 100a möglich, nicht dagegen nach § 99.[325] Eine Anwendung des § 99 ist aus den gleichen Gründen abzulehnen wie im Rahmen der E-Mail-Beschlagnahme (hierzu → Rn. 110).

125a Seit Inkrafttreten des StPO-Fortentwicklungsgesetzes zum 1. Juli 2021[326] kommt außerdem eine punktuelle „heimliche Beschlagnahme" nach § 95a nF in Betracht. Der Gesetzgeber hatte bei Schaffung der Norm auch ua Inhalte von Nutzerkontos von sozialen Medien vor Augen.[327] Es ist jedoch äußerst zweifelhaft, ob § 95a nF den verfassungsrechtlichen Anforderungen an eine Norm genügt, welche einen heimlichen Zugriff auf private Nachrichten in sozialen Medien und Foren ermöglicht. Heimliche Eingriffe in das Telekommunikationsgeheimnis setzen nämlich nach der Rechtsprechung des BVerfG das Vorliegen einer schweren Straftat voraus. Bereits die Eingriffsnorm selbst muss dabei die schweren Straftaten in Form eines Straftatenkatalogs benennen, wobei sich die Schwere aus dem Strafrahmen der Delikte ergeben muss.[328] Weiterhin müssen Vorschriften für den Kernbereichsschutz vorhanden sein.[329] § 95a nF lässt für den heimlichen Zugriff aber bereits eine Straftat von „erheblicher Bedeutung" genügen. Außerdem sind in den §§ 94 ff. keine Vorschriften zum Schutz des Kernbereichs vorgesehen. Soweit also § 95a auch zu heimlichen Eingriffen in das Telekommunikationsgeheimnis ermächtigt, ist die Norm verfassungswidrig. Für heimliche Zugriffe auf nach Art. 10 GG geschützte Inhalte ist § 95a nF nach hier vertretener Auffassung somit nicht anwendbar; für heimliche Zugriffe steht vielmehr weiterhin nur § 100a zur Verfügung. Wer dagegen § 95a nF entgegen hier vertretener Auffassung auch auf private Nachrichten im Herrschaftsbereich eines Social Media- oder Forenbetreibers anwenden will,[330] muss beachten, dass §§ 94, 95a nur eine punktuelle Maßnahme ist. Keinesfalls können damit künftig auf dem Account ein- und ausgehende Nachrichten überwacht werden. Dieselben Erwägungen gelten im Übrigen für § 110 Abs. 4

---

321 Siehe hierzu Rückert in Maume/Maute Kryptowerte-HdB § 23 Rn. 14 ff. mwN.
322 Bauer, Soziale Netzwerke und strafprozessuale Ermittlungen, S. 239 f.
323 Bauer, Soziale Netzwerke und strafprozessuale Ermittlungen, S. 281 ff.; siehe auch Ruppert JA 2018, 994 (999).
324 Siehe auch Momsen/Bruckmann KriPoZ 2019, 20 (22).
325 Bauer, Soziale Netzwerke und strafprozessuale Ermittlungen, S. 274 ff.; aA AG Reutlingen 31.10.2011 – 5 Ds 43 Js 18155/10 jug, ZD 2012, 178; wie hier Bär in Wabnitz/Janovsky/Schmitt WirtschaftsStrafR-HdB Kap. 28 Rn. 53 ff.
326 BGBl. 2021 I 2099.
327 BT-Drs. 19/27654, 61.
328 BVerfG 12.10.2011 – 2 BvR 236/08, NJW 2012, 833 (836); Wolter/Greco in SK-StPO § 100a Rn. 33.
329 BVerfG 16.6.2009 – 2 BvR 902/06, BVerfGE 124, 43 (69 f.) = NJW 2009, 2431; Wolter/Greco in SK-StPO § 100a Rn. 33.
330 Der Gesetzgeber hat diese Anwendung explizit ins Auge gefasst, vgl. BT-Drs. 19/27654, 61.

nF (mit demselben Gesetz in die StPO gekommen), welcher eine heimliche vorläufige Sicherung der Daten ermöglicht.

126 **h) Abruf von Informationen aus dem Internet.** Das Abrufen von Informationen aus dem Internet („Surfen“, „Googlen“ etc) unterliegt dem Telekommunikationsgeheimnis nach Art. 10 Abs. 1 GG.[331] Dementsprechend unterfällt dieses Verhalten auch dem Begriff der Telekommunikation iSv § 100a. Beide erfordern nicht, dass ein Nachrichtenaustausch ieS zwischen zwei oder mehr Personen stattfindet. Es genügt, dass der Rezipient **„willensgesteuert auf Kommunikationsinhalte zugreift“.**[332] Daher ist die Erhebung von Daten während eines Internetsurfvorgangs „in der Leitung“ an § 100a Abs. 1 S. 1, auf dem Endgerät des Nutzers an § 100a Abs. 1 S. 2, S. 3 zu messen.[333] Dem hierdurch ermöglichten umfassenden Einblick in das Surfverhalten des Betroffenen ist auf der Ebene der Verhältnismäßigkeit besonders Rechnung zu tragen (hierzu noch → Rn. 180). Die Überwachung der gesamten Internetnutzung geht in ihrer Eingriffstiefe deutlich über die Überwachung „einzelner“ Kommunikationsarten (wie zB Sprachtelefonie oder E-Mail-Kommunikation) hinaus.

127 **i) Cloud Computing (über Webmail-Provider hinaus).** Beim sog. Cloud Computing stellen Dienstleister den Nutzern Infrastruktur, Speicherplatz oder Anwendungen über das Internet zur Verfügung. Der Nutzer verbindet sich über das Internet mit dem Server des Cloud Anbieters und kann die Dienstleistung dort nutzen. Für Privatpersonen sind die **Nutzung von externem Speicherplatz und Web-Anwendungen** (zB die gemeinsame Bearbeitung von Dokumenten auf dem Cloud Server) die Hauptanwendungsfälle.[334] Bzgl. § 100a stellen sich zwei Fragen: (1) ist die Übertragung von Daten zwischen dem Endgerät des Nutzers und dem Cloud Speicher Telekommunikation iSv § 100a? (2) Wie verhält es sich mit den im Cloud Speicher gespeicherten oder verarbeiteten Daten?

128 Wenn der einseitige willensgesteuerte Abruf von Informationen aus dem Internet (→ Rn. 126) nach der Rechtsprechung von BGH und BVerfG dem Telekommunikationsbegriff von Art. 10 Abs. 1 GG, § 100a unterfällt, muss dies auch für den **willensgesteuerten Upload bzw. Download von Informationen in einen bzw. von einem Cloud Speicher** gelten (zB Synchronisation der Daten mit verschiedenen Endgeräten). Daher ist die Überwachung des Datenstroms beim Down- und Upload von oder in Cloud Speicher an § 100a zu messen.[335] Dementsprechend kann bei Einsatz von Verschlüsselungstechnologie dieser Datenstrom auch mittels einer Quellen-Telekommunikationsüberwachung auf dem Endgerät des Nutzers oder auf dem Server des Cloud-Anbieters nach § 100a Abs. 1 S. 2, S. 3 erhoben werden.[336]

331 BVerfG 6.7.2016 – 2 BvR 1454/13, ZD 2017, 132.

332 BVerfG 6.7.2016 – 2 BvR 1454/13, ZD 2017, 132; so nun auch BGH 26.1.2017 – StB 26 und 28/14, BGHSt 62, 22 = NJW 2017, 2631; ausführlich Hiéramente HRRS 2016, 448; aA Heinrich ZIS 2020, 421 (422 ff.).

333 AA Meinicke in Meinicke, Der strafprozessuale Zugriff auf Inhaltsdaten in der Cloud, III. § 100a StPO (Überwachung der Telekommunikation).

334 Siehe zu technischen Details Bell, Strafverfolgung und die Cloud, S. 27 ff., und Grözinger, Die Überwachung von Cloud-Storage, S. 37 ff.

335 Hauck in Löwe/Rosenberg § 100a Rn. 85; Bär MMR 2013, 700 (703); Von zur Mühlen, Zugriffe auf elektronische Kommunikation, S. 267; Gähler HRRS 2016, 340 (343 f.); aA Wohlers/Greco in SK-StPO § 100a Rn. 41; Köhler in Meyer-Goßner/Schmitt § 100a Rn. 14f; Dalby CR 2013, 361 (368); Heinrich ZIS 2020, 421 (426 f.); Meinicke in Meinicke, Der strafprozessuale Zugriff auf Inhaltsdaten in der Cloud, III. § 100a StPO (Überwachung der Telekommunikation); Grözinger StV 2019, 406 (411) und Grözinger, Die Überwachung von Cloud-Storage, S. 215 f. und S. 288, der auch die Datenübertragung zwischen Endgerät und Cloud als Teil eines einheitlichen informationstechnischen Systems betrachtet; Bell, Strafverfolgung und die Cloud, S. 147 ff. geht zwar davon aus, dass die Übertragung von Inhalten zwischen Endgerät und der Cloud keine Telekommunikation ist, wenn nicht die Cloud zur Kommunikation mit Dritten verwendet wird, erläutert aber nicht, welche Eingriffsgrundlage stattdessen eingreifen soll.

336 Ähnlich Grözinger, Die Überwachung von Cloud-Storage, S. 283.

Bezüglich einer **Erhebung der gespeicherten Daten beim Cloud-Anbieter** ist zu differenzieren: Eine offene und punktuelle Erhebung (dh mit vorheriger oder aktueller Mitteilung an den Betroffenen) kann nach §§ 94 ff. erfolgen. Bei verdeckten Erhebungen ist erneut zu unterscheiden: Sollen Daten erhoben werden, welche von einer Person in der Cloud gespeichert wurden, um diese einer anderen Person zugänglich zu machen (zB Nutzung eines Cloud Speichers als „toter Briefkasten" oder gemeinsame Bearbeitung eines Dokuments in einer Cloud Anwendung) oder wurden Daten später entsprechend gewidmet („Freigabe" oder „Senden"-Funktion der Cloud bzw. Versendung eines Zugriffslinks), stellt dies nach zutreffender Auffassung einen Telekommunikationsakt iSv Art. 10 Abs. 1 GG und § 100a Abs. 1 S. 1 dar.[337] 129

Im Rahmen des gegenüber dem Betroffenen (nicht unbedingt gegenüber dem Cloud Anbieter, dazu sogleich) **verdeckten Zugriffen auf in der Cloud gespeicherte Daten** ist bereits umstritten, ob es sich dabei nur um Eingriffe in das Grundrecht auf Gewährleistung der Vertraulichkeit und Integrität informationstechnischer Systeme (IT-System-Grundrecht)[338] oder auch in das Telekommunikationsgeheimnis[339] handelt. Dass auch Cloud Speicher in den Schutzbereich des IT-System-Grundrechts fallen, ist – soweit ersichtlich – unbestritten. Auch das BVerfG hat bereits in der Online-Durchsuchungsentscheidung den Schutzbereich des IT-System-Grundrechts auf „vernetzte Systeme" und Systeme, die sich „in der Verfügungsgewalt anderer" befinden, erstreckt.[340] In der Entscheidung zum BKA-Gesetz nennt das Gericht die Cloud sogar explizit als Beispiel für vernetzte informationstechnische Systeme, die mit der Online-Durchsuchung durchsucht werden können.[341] Da jedoch Cloud Speicher im Regelfall zumindest auch als bloßer Zwischenspeicher dienen und Daten in der Cloud regelmäßig auf verschiedene Endgeräte heruntergeladen werden (Synchronisation), durch die Nutzung fremder Infrastruktur zur Speicherung und Verwaltung der Daten eine für das Telekommunikationsgeheimnis typische Gefährdungslage entsteht und für die Einschlägigkeit von Art. 10 Abs. 1 Var. 3 GG im Allgemeinen aufgrund der technischen Entwicklung der Fernkommunikation auf einen strengen intersubjektiven Zusammenhang der Kommunikation verzichtet werden kann, wird zu Recht daneben auch das Telekommunikationsgeheimnis für einschlägig gehalten.[342] Unabhängig vom komplizierten Konkurrenzverhältnis zwischen den beiden Grundrechten[343] könnte hieraus der Schluss gezogen werden, dass es sich bei Cloud Computing im Allgemeinen jedenfalls auch um Telekommunikation iSv § 100a handelt und § 100a Abs. 1 S. 1 (nicht Abs. 1 S. 3, da dieser ausweislich Abs. 5 S. 1 Nr. 1 und Nr. 2 auf „laufende Telekommunikation" beschränkt ist) Eingriffsgrundlage zumindest dann ist, wenn die Erhebung unter Verpflichtung des Cloud Providers zur Herausgabe der aktuell in der Cloud befindlichen und der während des Überwachungszeitraums hinzukommenden Daten stattfindet.[344] Hiergegen spricht jedoch, dass – anders als bei einer E-Mail, welche auf dem Server des Mail-Providers gespeichert ist (→ Rn. 106 ff.) – der Betroffene bei Daten in der Cloud, die nicht für den Zugang durch Dritte bestimmt sind, ein erhöhtes Interesse an der Privatheit der Daten zum Ausdruck bringt und auch seine Vertraulichkeitserwartung berechtigterweise höher ist (kein Risiko der Weitergabe durch den Empfänger). Gleichsam werden Cloud Speicher zunehmend als „Erweiterung" des eigenen Endgeräts genutzt und ermöglichen damit häufig im selben Maße wie Eingriffe in das Endgerät selbst einen tiefen Einblick in die Persönlichkeit und 130

[337] Grözinger StV 2019, 406 (411); Graf in BeckOK StPO § 100a Rn. 243 aE Gähler HRRS 2016, 340 (348); Zimmermann JA 2014, 321 (326); vgl. auch Brodowski/Eisenmenger ZD 2014, 119; Schwabenhauer AöR 137 (2012), 1 (16); nun wohl aA Köhler in Meyer-Goßner/Schmitt § 100a Rn. 14 f.

[338] So Grözinger StV 2019, 406 (410 f.).

[339] So Von zur Mühlen, Zugriffe auf elektronische Kommunikation, S. 130 ff.

[340] BVerfG 27.2.2008 – 1 BvR 370, 595/07, BVerfGE 120, 274 (315) = NJW 2008, 822.

[341] BVerfG 20.4.2016 – 1 BvR 966, 1140/09, BVerfGE 141, 220 (303) = NJW 2016, 1781.

[342] Von zur Mühlen, Zugriffe auf elektronische Kommunikation, S. 143 ff.; aA Eschelbach in Satzger/Schluckebier/Widmaier StPO § 100a Rn. 5 mwN.

[343] Von zur Mühlen, Zugriffe auf elektronische Kommunikation, S. 151 ff.

[344] Vgl. Hauck in Löwe/Rosenberg § 100a Rn. 85; Bär MMR 2013, 700 (703); siehe auch Kudlich GA 2011, 193 (207 f.).

das Leben des Betroffenen. Dabei wird nicht verkannt, dass dies auch bei E-Mail-Konten der Fall sein kann, jedoch sind die dort befindlichen Daten auf empfangene und versendete E-Mails beschränkt, von denen also Dritte idR bereits Kenntnis haben. Diesen erhöhten Schutzanforderungen – welche durch die Einschlägigkeit des IT-System-Grundrechts verfassungsrechtlich abgesichert sind – **wird nur § 100b gerecht.**[345] § 100b ist freilich auch bei Eingriffen mittels einer Spähsoftware anwendbar, die auch gegenüber dem Cloud Provider selbst heimlich erfolgen (→ § 100b Rn. 34). § 100a Abs. 1 S. 2, S. 3 kann nur als Eingriffsgrundlage herangezogen werden, wenn sich die Datenerhebung auf den im Anordnungszeitraum erfolgenden Datenaustausch zwischen Cloud Server und Endgerät des Nutzers beschränkt und/oder in den zeitlich-funktionalen Grenzen des § 100a Abs. 1 S. 3 stattfindet. Jeder darüberhinausgehende heimliche Zugriff auf gespeicherte/verarbeitete Daten ist an § 100b zu messen.

130a Durch das StPO-Fortentwicklungsgesetz vom 25. Juni 2021[346] (in Kraft getreten am 1. Juli 2021) wurden mit § 95a nF und § 110 Abs. 4 nF Möglichkeiten zur „heimlichen" Beschlagnahme und zur „heimlichen" vorläufigen Sicherung eingeführt (im Unterschied zu § 100b allerdings nur „punktuelle" Maßnahmen, keine Dauerüberwachung des Servers). Diese Vorschriften treten damit in Fällen inländischer sowie ausländischer, kooperativer Cloud Provider, die einen Zugriff auf die Cloudspeicher ermöglichen (müssen, vgl. für inländische Cloud Provider § 95) in „Konkurrenz" zu § 100b (und ggf. § 100a Abs. 1 S. 2, S. 3, siehe oben → Rn. 130). Der Gesetzgeber hatte bei Schaffung der Norm auch ua die Anwendung von § 95a auf die Beschlagnahme von Cloud Daten im Blick.[347] Da §§ 94, 95a somit heimliche Zugriffe auf informationstechnische Systeme und große und oftmals sehr aussagekräftige Datenbestände erlauben, genügen sie nach hier vertretener Auffassung (siehe auch bereits → Rn. 118 und → § 100b Rn. 34a) nicht den verfassungsrechtlichen Anforderungen an solche Zugriffe, und zwar unabhängig davon, ob man die Daten, die auf einem Cloud Server gespeichert und/oder verarbeitet werden, vom IT-System-Grundrecht oder dem Telekommunikationsgeheimnis als geschützt ansieht. Für heimliche Zugriffe auf vom Grundrecht auf Gewährleistung der Vertraulichkeit und Integrität informationstechnischer Systeme geschützte informationstechnische Systeme (zu denen auch die vom Nutzer genutzten Teil der Cloud Server gehören, siehe → Rn. 215) müssen nach Auffassung des BVerfG Normen zum Schutz des sog. Kernbereichs erlassen werden.[348] Solche Vorschriften existieren für die §§ 94 ff. nicht. Überdies verlangt das BVerfG für Zugriffe auf von IT-System-Grundrecht geschützte informationstechnische Systeme das Vorliegen eines Tatverdachts hinsichtlich einer besonders gravierenden Straftat.[349] Dieses ursprünglich für die Online-Durchsuchung entwickelte Kriterium ist mE auch auf eine heimliche, punktuelle Beschlagname von Daten aus informationstechnischen Systemen wie der Cloud anzuwenden, weil auch hierbei ein – wenn auch auf einen Zeitpunkt beschränkter – Vollzugriff auf das System und die dort enthaltenen Daten möglich ist. Häufig wird bei einer Beschlagnahme eines Speichers eine 1:1-Kopie des Speicherinhalts angefertigt. Durch die Heimlichkeit der Maßnahme kann der Betroffene – ebenso wie bei einer Online-Durchsuchung – weder zeitnah Rechtsschutz suchen noch überprüfen, ob und ggf. welche Daten verändert wurden. Selbst wenn man – aufgrund des fehlenden Dauerzugriffs und der Nichtverwendung eines Spähprogramms (hierzu ermächtigen §§ 94, 95a gerade nicht) – bei § 95a nF im Vergleich zu § 100b zu einer abgesenkten Eingriffsintensität gelangt, wäre mE zumindest

---

345 Im Ergebnis wie hier Köhler in Meyer-Goßner/Schmitt § 100a Rn. 14f, § 100b Rn. 10; Graf in BeckOK StPO § 100a Rn. 245; Eschelbach in Satzger/Schluckebier/Widmaier StPO § 100b Rn. 19; Heinrich ZIS 2020, 421 (426 f.); zur schwierigen Abgrenzung zwischen § 100a und § 100b im Rahmen des Cloud Computings Eschelbach in Satzger/Schluckebier/Widmaier StPO § 100a Rn. 49.

346 BGBl. 2021 I 2099.

347 BT-Drs. 19/27654, 61.

348 BVerfG 27.2.2008 – 1 BvR 370, 595/07, BVerfGE 120, 274 (337 f.) = NJW 2008, 822; 20.4.2016 – 1 BvR 966, 1140/09, BVerfGE 141, 220 Rn. 218 ff. = NJW 2016, 1781.

349 Für die Online-Durchsuchung: BVerfG 24.4.2013 – 1 BvR 1215/07, BVerfGE 133, 277 Rn. 226 = NJW 2013, 1499.

eine „schwere Straftat" iSv § 100a Abs. 2 zu verlangen, da nach hier vertretener Ansicht sogar der Zugriff auf E-Mail-Konten beim E-Mail-Provider nur nach Maßgabe von § 100a zulässig ist (siehe → Rn. 106 ff.). Auch bei heimlichen Eingriffen in das Telekommunikationsgeheimnis (soweit man Cloud Computing als hiervon geschützt betrachtet) ist nach der Rechtsprechung des BVerfG erforderlich, dass ein Tatverdacht hinsichtlich einer schweren Straftat vorliegt. Bereits die Eingriffsnorm selbst muss dabei die schweren Straftaten in Form eines Straftatenkatalogs benennen, wobei sich die Schwere aus dem Strafrahmen der Delikte ergeben muss.[350] Weiterhin müssen Vorschriften für den Kernbereichsschutz vorhanden sein.[351] § 95a nF lässt für den heimlichen Zugriff aber bereits eine Straftat von „erheblicher Bedeutung" genügen und weist keinen „festen" Straftatenkatalog auf, sondern verweist nur beispielhaft auf § 100a Abs. 2. §§ 94, 95a nF entsprechen daher weder den Anforderungen an heimliche Eingriffe in das IT-System-Grundrecht noch in das Telekommunikationsgeheimnis. Daher wäre eine Anwendung des § 95a auf die heimliche Beschlagnahme von Daten aus Cloud Systemen verfassungswidrig (dasselbe gilt dementsprechend auch für die heimliche vorläufige Sicherung im Rahmen von § 110 Abs. 4 nF). Für heimliche Zugriffe auf vom Grundrecht auf Gewährleistung der Vertraulichkeit und Integrität informationstechnischer Systeme oder dem Telekommunikationsgeheimnis geschützte Inhalte ist § 95a nF nach hier vertretener Auffassung somit nicht anwendbar; für heimliche Zugriffe stehen vielmehr weiterhin nur § 100a (vor allem Abs. 1 S. 2 und S. 3) und § 100b zur Verfügung.

j) Datenverkehr mit und zwischen IoT-Systemen. Bei Geräten des sog. Internet-of-Things (IoT) handelt es sich um elektronische Haushalts- und Lifestyleprodukte, welche neben ihrer Primärfunktion (zB Kühl- und Lagerfunktion des Kühlschranks) an das Internet angeschlossen werden können und **automatisch miteinander oder sogar mit technischen Geräten außerhalb des eigenen Haushalts kommunizieren** (zB automatische Bestellung von Lebensmitteln durch den Kühlschrank). Beispiele sind neben allen Arten von Haushaltsgeräten auch Fitnessarmbänder und -tracker, Stromzähler, Thermostaten, Lichtsteuerungen und Sprachassistenzsysteme wie zB Alexa von Amazon. Eine zunehmende Bedeutung hat hier auch die Kommunikation „vernetzter Fahrzeuge" miteinander, mit den Servern von Automobilherstellern oder mit Verkehrsleitsystemen.[352] 131

Die Geräte unterliegen – wie alle verfahrensrelevanten „Gegenstände" – der offen durchgeführten Beschlagnahme nach §§ 94 ff. (seit Inkrafttreten des StPO-Fortentwicklungsgesetzes zum 1. Juli 2021[353] unter den Voraussetzungen in § 95a auch als heimliche Beschlagnahme möglich). Im Rahmen heimlicher Datenerhebungen gilt § 100a für die Erhebung der von einem IoT-Gerät initiierten Kommunikation mit Geräten außerhalb des Heimnetzwerks (zB Bestellung von Lebensmitteln durch den Kühlschrank bei einem Onlineshop, Übersendung von Diagnose- und Analysedaten des Stromzählers an den Stromanbieter, Sendung von Fitnessdaten in die Cloud). Da solche Datenübertragungen trotz fehlender unmittelbarer menschlicher Beteiligung an der Kommunikation nach zutreffender Auffassung von Art. 10 Abs. 1 GG geschützt sind (→ Rn. 31), **fallen sie unter den Telekommunikationsbegriff des § 100a** (zum selben Ergebnis muss im Übrigen kommen, wer einen rein technischen Kommunikationsbegriff vertritt).[354] Der Datenverkehr mit anderen IoT-Geräten innerhalb des Heimnetzwerks (zB Steuerung anderer Geräte über ein Sprachassistenzsystem) finden dagegen innerhalb der Herrschaftssphäre des Betroffenen statt und sind daher keine Telekommunikation iSv § 100a.[355] Die heimliche Erhebung dieser 132

350 BVerfG 12.10.2011 – 2 BvR 236/08, NJW 2012, 833 (836); Wolter/Greco in SK-StPO § 100a Rn. 33.

351 BVerfG 16.6.2009 – 2 BvR 902/06, BVerfGE 124, 43 (69 f.) = NJW 2009, 2431; Wolter/Greco in SK-StPO § 100a Rn. 33.

352 Janovsky/Goger RAW 2019, 99 (101 f.); OLG Frankfurt a.M. 20.7.2021 – 3 Ws 359/21, GRUR-RS 2021, 33281.

353 BGBl. 2021 I 2099.

354 Siehe auch Marosi/Skobel DÖV 2018, 837 (843 f.); offengelassen von Warken NZWiSt 2017, 329 (335); aA Heinrich ZIS 2020, 421 (422).

355 Siehe auch Weber jM 2021, 252 (255).

Daten ist – ebenso wie die Infiltration der IoT-Geräte selbst – an § 100b zu messen (hierzu → § 100b Rn. 25 ff.).[356]

133 **k) Peer-to-Peer-Netzwerke, insbesondere Blockchains.** Bei Peer-to-Peer-Netzwerken (P2P) werden Endgeräte miteinander über das Internet vernetzt. Die Kommunikation findet dann innerhalb des Peer-to-Peer-Netzwerks zwischen den Teilnehmern statt. **Die Netzwerke können dabei hinsichtlich ihrer Zugänglichkeit sehr unterschiedlich ausgestaltet sein.** Während zB sog. F2F-Netzwerke nur mittels eines Passworts oder einer anderen Identitätskontrolle zugänglich sind, sind andere P2P-Netzwerke für Jedermann zugänglich. Ein bekanntes Beispiel für letztere P2P-Netzwerke sind public permissionless Blockchains von Kryptowährungen wie Bitcoin oder Monero.[357]

134 Werden die Datenströme, welche für eine Kommunikation in einem P2P-Netzwerk genutzt werden, über die Überwachung eines Telekommunikationsanschlusses eines der Nutzer erhoben, ist § 100a einschlägig. Für die Erhebung von Daten durch eine heimliche Teilnahme am Netzwerk gilt: Ist das **Netzwerk für Jedermann zugänglich,** können die Ermittlungsbehörden selbst am Netzwerk teilnehmen. Rechtsgrundlage hierfür ist im Regelfall §§ 161, 163, insbesondere liegt in diesen Fällen keine nach § 100a, Art. 10 Abs. 1 GG geschützte Telekommunikation vor.[358] **Ist das Netzwerk zugangsbeschränkt,** handelt es sich um ein informationstechnisches System iSv § 100b (dort → § 100b Rn. 24). Für eine Infiltration des Netzwerks auf technischem Weg ist daher § 100b einschlägig. Allerdings handelt es sich aufgrund der Nutzung von fremder Infrastruktur zur Kommunikation gleichzeitig auch um Telekommunikation iSv § 100a, sodass auch eine Ausleitung des Datenverkehrs (ohne Infiltration) durch einen Betreiber (soweit vorhanden) auf Grundlage von § 100a möglich ist. Ebenfalls denkbar ist eine Quellen-TKÜ durch Infiltration eines der beteiligten Geräte (§ 100a Abs. 1 S. 2, S. 3).

135 **3. Betroffene der Maßnahmen.** Von Ermittlungsmaßnahmen nach § 100a wird regelmäßig der Beschuldigte, gleich ob „als **Täter oder Teilnehmer**" betroffen werden.

136 **a) Beschuldigte.** Beschuldigter iSd Abs. 1 ist jede Person, gegen die in dem Maßnahmeverfahren wegen des Verdachts der Beteiligung (Täter oder Teilnehmer) an **einer Katalogtat** nach Abs. 2 ermittelt wird. Die Identität des Beschuldigten braucht dabei noch nicht bekannt zu sein. Das Verfahren kann sich mithin auch gegen Unbekannt richten.

137 Der Gesetzgeber hat hier den Begriff des Beschuldigten im **weiten Sinne des § 157** verwendet. Beschuldigter ist sowohl derjenige Tatverdächtige, gegen den die Ermittlungen noch nicht abgeschlossen sind, als auch der Angeschuldigte, Angeklagte bzw. der Verurteilte. Maßnahmen nach § 100a können mithin in jedem Verfahrensstadium angeordnet werden, vom Zeitpunkt der Einleitung der Ermittlungen – das Verfahren könnte gar erst mit der Anordnung selbst eingeleitet werden – bis ins Vollstreckungsverfahren zum Zwecke der Fahndung gegen den aus der Strafhaft entwichenen Verurteilten (vgl. § 457 Abs. 3).

138 Eine **Anstiftung oder Beihilfe,** mithin eine Beteiligung an der Anlasstat, steht der Täterschaft gleich, nicht indes die Strafvereitelung bzw. Begünstigung. Auch der Versuch einer Katalogstraftat ist ausreichend.[359] **Vorbereitungshandlungen** zu den Katalogstraftaten nach Abs. 2 rechtfertigen Maßnahmen nach § 100a nur, wenn sie ihrerseits entweder als selbstständige Straftat oder aber nach Maßgabe des § 30 StGB strafbar sind.[360]

139 **b) Nichtbeschuldigte.** Eine Anordnung nach § 100a kann sich gemäß Abs. 3 auch gegen andere Personen, mithin gegen **Nichtverdächtige** richten. Dies gilt selbst dann, wenn es sich um zeugnisverweigerungsberechtigte Angehörige handelt (weiterführend → Rn. 187 ff.).

---

356 Siehe auch BT-Drs. 19/11478.

357 Zur Datenerhebung in Blockchains Rückert in Maume/Maute Kryptowerte-HdB § 23 Rn. 13.

358 Siehe Safferling/Rückert MMR 2015, 788; zu Ausnahmen bei der Erhebung öffentlich zugänglicher Daten, vgl. Rückert ZStW 129 (2017), 302 ff.

359 Köhler in Meyer-Goßner/Schmitt § 100a Rn. 12.

360 BGH 16.6.1983 – 2 StR 837/82, NJW 1983, 2396 (2398).

4. Schwere Straftaten. § 100a Abs. 2 enthält einen **enumerativen, mithin abschließenden Katalog** von Straftaten. Nur bei Verdacht einer der dort aufgeführten schweren Straftaten darf die Maßnahme angeordnet werden. 140

a) Katalog der schweren Straftaten. Mit dem Erfordernis des Vorliegens einer „schweren Straftat" hat der Gesetzgeber das Verhältnis der Telekommunikationsüberwachung zu den anderen verdeckten Maßnahmen nunmehr auch formal neu strukturiert, in dem er die in Abs. 2 enthaltenen Straftatbestände **kraft Gesetzes** als „schwere Straftaten" iSv Abs. 1 Nr. 1 bestimmt. Er hat in Umsetzung seines erklärten Zieles, durch das Gesetz zur Neuregelung der Telekommunikationsüberwachung und anderer verdeckter Ermittlungsmaßnahmen ein harmonisches Gesamtgefüges von Ermittlungsmaßnahmen zu schaffen, in dem unterschiedliche Anordnungsvoraussetzungen mit der unterschiedlichen Intensität der mit den verschiedenen Maßnahmen einhergehenden Grundrechtseingriffe korrespondieren sollen,[361] eine Dreiteilung vorgenommen. Die „schweren Straftaten" nehmen darin eine Zwischenstellung ein und sollen vom Grundsatz all diejenigen Straftaten erfassen, die mit einer Höchststrafe von mehr als fünf Jahren bedroht sind. Hierin findet die in Abs. 1 Nr. 1 enthaltene Qualifizierung als „schwer" der in Abs. 2 im Einzelnen aufgelisteten Straftaten ihren „objektivierten Ausdruck".[362] Sofern in den Katalog des Abs. 2 etwa mit der Abgeordnetenbestechung des § 108e StGB vereinzelt Straftaten aufgenommen wurden, die lediglich mit Freiheitsstrafe bis zu fünf Jahren bedroht sind, handelt es sich wie etwa mit den weiteren Vorschriften der § 275 Abs. 2, § 276 Abs. 2 und § 298 StGB sämtlich um Delikte, deren Verwirklichung die Funktionstüchtigkeit des Staates oder die Rechtsgüter Privater in erheblicher Weise beeinträchtigen.[363] Der Straftatenkatalog wurde in den letzten Jahren durch zahlreiche Gesetze um viele Delikte erweitert bzw. redaktionellen Anpassungen bei Veränderungen materieller Strafvorschriften unterworfen.[364] Ob alle neu hinzukom- 141

[361] BT-Drs. 16/5846, 2.

[362] BVerfG 12.10.2011 – 2 BvR 236/08, 2 BvR 237/08 und 2 BvR 422/08, BeckRS 2011, 56464 Rn. 203 = NJW 2012, 833.

[363] BVerfG 12.10.2011 – 2 BvR 236/08, 2 BvR 237/08 und 2 BvR 422/08, BeckRS 2011, 56464 Rn. 206 = NJW 2012, 833.

[364] Artikel 2 Gesetz zur Neuregelung des Grundstoffüberwachungsrechts vom 11.3.2008 (BGBl. I 306); Artikel 2 Gesetz zur Umsetzung des Rahmenbeschlusses des Rates der Europäischen Union zur Bekämpfung der sexuellen Ausbeutung von Kindern und der Kinderpornographie vom 31.10.2008 (BGBl. I 2149); Artikel 3 Gesetz zur Verfolgung der Vorbereitung von schweren staatsgefährdenden Gewalttaten vom 30.7.2009 (BGBl. I 2437); Artikel 2 Gesetz zur Modernisierung des Außenwirtschaftsrechts vom 6.6.2013 (BGBl. I 1482); Artikel 3 Achtundvierzigstes Strafrechtsänderungsgesetz – Erweiterung des Straftatbestandes der Abgeordnetenbestechung vom 23.4.2014 (BGBl. I 410); Artikel 2 Neunundvierzigstes Gesetz zur Änderung des Strafgesetzbuches – Umsetzung europäischer Vorgaben zum Sexualstrafrecht vom 21.1.2015 (BGBl. I 10); Artikel 2 GVVG-Änderungsgesetz (GVVG-ÄndG) vom 12.6.2015 (BGBl. I 926); Artikel 14 Asylverfahrensbeschleunigungsgesetz vom 20.10.2015 (BGBl. I 1722); Artikel 9 Gesetz zur Bekämpfung der Korruption vom 20.11.2015 (BGBl. I 2025); Artikel 5 Gesetz zur Bekämpfung von Doping im Sport vom 10.12.2015 (BGBl. I 2210); Artikel 4 Gesetz zur Verbesserung der Bekämpfung des Menschenhandels und zur Änderung des Bundeszentralregistergesetzes sowie des Achten Buches Sozialgesetzbuch vom 11.10.2016 (BGBl. I 2226); Artikel 2 Fünfzigstes Gesetz zur Änderung des Strafgesetzbuches – Verbesserung des Schutzes der sexuellen Selbstbestimmung vom 4.11.2016 (BGBl. I 2460); Artikel 2 Gesetz zur Bekämpfung der Verbreitung neuer psychoaktiver Stoffe vom 21.11.2016 (BGBl. I 2615); Artikel 2 Gesetz zur Änderung des Völkerstrafgesetzbuches vom 22.12.2016 (BGBl. I 3150); Artikel 2 Einundfünfzigstes Gesetz zur Änderung des Strafgesetzbuches – Strafbarkeit von Sportwettbetrug und der Manipulation von berufssportlichen Wettbewerben vom 11.4.2017 (BGBl. I 815); Artikel 3 Gesetz gegen illegale Beschäftigung und Sozialleistungsmissbrauch vom 11.7.2019 (BGBl. I 1066); Artikel 1 Gesetz zur Modernisierung des Strafverfahrens vom 10.12.2019 (BGBl. I 2121); Artikel 2 Sechzigstes Gesetz zur Änderung des Strafgesetzbuches – Modernisierung des Schriftenbegriffs und anderer Begriffe sowie Erweiterung der Strafbarkeit nach den §§ 86, 86a, 111 und 130 des Strafgesetzbuches bei Handlungen im Ausland vom 30. November 2020 (BGBl. I 2600); Artikel 2 Gesetz zur Durchführung der Verordnung (EU) 2019/1148 des Europäischen Parlaments und des Rates vom 20. Juni 2019 über die Vermarktung und Verwendung von Ausgangsstoffen für Explosivstoffe, zur Änderung der Verordnung (EG) Nr. 1907/2006 und zur Aufhebung der Verordnung (EU) Nr. 98/2013 vom 3. Dezember 2020 (BGBl. I 2678); Artikel 3 Gesetz zur Verbesserung der strafrechtlichen Bekämpfung der Geldwäsche vom 9. März 2021 (BGBl. I 327); Artikel 2 Gesetz zur Bekämpfung

menden Straftaten allein wegen ihrer typischen Schwere aufgenommen wurden, darf indes bezweifelt werden. Bei einigen Delikten (zB Wohnungseinbruchsdiebstahl nach § 244 Abs. 4 StGB, Sportwettbetrug und Manipulation von berufssportlichen Wettbewerben oder Vorenthalten und Veruntreuen von Arbeitsentgelt) dürften eher praktische Strafverfolgungserwägungen hinsichtlich der Nützlichkeit der Telekommunikationsüberwachung bei typischen Täterstrukturen in diesem Bereich eine Rolle gespielt haben.[365] Misslich ist indes, dass bislang die §§ 202a-202c, 303a f. StGB, welche häufig Ermittlungsmaßnahmen „im Internet" erfordern, keinen Eingang in den Straftatenkatalog gefunden haben.[366] Teilweise ist auch schwer verständlich, warum einige Vorschriften aufgenommen wurden (zB § 299 StGB in den Fällen des § 300 StGB), andere nicht (zB § 299a StGB in den Fällen des § 300 StGB).[367]

142 An erster Stelle in der Hierarchie der §§ 100a ff. stehen die in Artikel 13 Abs. 1 S. 1 GG genannten **„besonders schweren Straftaten"**, deren Strafrahmen eine Mindesthöchststrafe von mehr als fünf Jahren Freiheitsstrafe androht[368] und die Voraussetzung sind für Maßnahmen der akustischen Wohnraumüberwachung nach § 100c. Da BVerfG und Gesetzgeber die Eingriffsschwere einer Online-Durchsuchung mit derjenigen einer Wohnraumüberwachung gleichsetzen,[369] hat der Gesetzgeber diese „besonders schweren Straftaten" nunmehr auch zur Voraussetzung für die Anordnung einer Online-Durchsuchung gemacht und den Straftatenkatalog in § 100b Abs. 2 verschoben. Die strafprozessuale Erhebungsbefugnis für verpflichtend gespeicherte Verkehrsdaten (sog. Vorratsdatenspeicherung) in § 100g Abs. 2 verlangt ebenfalls eine „besonders schwere Straftat", verfügt aber über einen eigenen Straftatenkatalog.

143 Im Unterschied zu den eine schwere bzw. eine besonders schwere Straftat voraussetzenden Vorschriften der §§ 100a–100c, 100f, 100g Abs. 2 reicht für andere Ermittlungsmaßnahmen wie die nach § 98a Abs. 1 S. 1, § 100g Abs. 1 S. 1, § 100k Abs. 1, § 100i Abs. 1, § 110a Abs. 1 S. 1, § 163e Abs. 1 S. 1, § 163 f. Abs. 1 S. 1 eine **„Straftat von erheblicher Bedeutung"** als Anlasstat aus. Dieser Begriff ist inzwischen von Lit.[370] und Rspr. wenig praktikabel dahingehend definiert worden, dass eine solche Straftat mindestens dem Bereich der mittleren Kriminalität zuzurechnen, den Rechtsfrieden empfindlich stören und geeignet sein müsse, das Gefühl der Rechtssicherheit der Bevölkerung erheblich zu beeinträchtigen. Diese Auslegung wurde durch die Rspr. des BVerfG gebilligt.[371]

144 Es genügen sowohl vollendete als auch nur versuchte Taten und **jede Täterschafts- und Teilnahmeform der §§ 25 ff. StGB.**[372] Außerdem ist auch die Vorbereitung einer Katalogtag ausdrücklich erfasst und nach der Rspr. des BGH genügt auch eine Beteiligung nach § 30 StGB.[373]

145 Bei Sachverhalten, welche sich sowohl als **Katalogtat als auch als Nicht-Katalogtat darstellen können,** je nach genauer Bewertung des Sachverhalts (zB nur einfacher Diebstahl, wenn am Körper getragene Taschen durch List und Geschicklichkeit entwendet wer-

---

sexualisierter Gewalt gegen Kinder vom 16. Juni 2021 (BGBl. 2021 I 1810), Artikel 1 Gesetz zur Fortentwicklung der Strafprozessordnung und zur Änderung weiterer Vorschriften vom 25. Juni 2021 (BGBl. 2021 I 2099), Gesetz zur Änderung des Strafgesetzbuches – Strafbarkeit des Betreibens krimineller Handelsplattformen im Internet vom 12. August 2021 (BGBl. 2021 I 3544).

[365] Kritisch ebenfalls Burhoff ZAP 2020, 165 (175).

[366] Bär DRiZ 2015, 432 (434); siehe auch den lesenswerten und kritischen Blick auf die Straftatenkataloge der §§ 100a ff. StPO bei Kochheim KriPoz 2018, 60 (63 ff.).

[367] Hierzu kritisch Cosack ZRP 2016, 18.

[368] Vgl. BVerfG 3.3.2004 – 1 BvR 2378/98 und 1 BvR 1084/99, NStZ 2004, 270 = BVerfG 109, 279 (343 ff.).

[369] BVerfG 20.4.2016 – 1 BvR 966, 1140/09, BVerfGE 141, 220 Rn. 210 aE = NJW 2016, 1781; BT-Drs. 18/12785, 54.

[370] Rieß GA 2004, 623 ff.

[371] BVerfG 15.3.2001 – 2 BvR 1841/00, NJW 2001, 2320 (2321); 20.12.2001 – 2 BvR 483/01, StV 2003, 1.

[372] Zur Beihilfe OLG Frankfurt a. M. 18.2.2014 – 5 – 3 StE 4/10 – 4 – 3/10, BeckRS 2015, 4846.

[373] BGH 16.6.1983 – 2 StR 837/82, NJW 1983, 2396 (2398).

den, dagegen Raub, wenn Tasche mit Gewalt entrissen wird), hat die anordnende Stelle den zum Entscheidungszeitpunkt bekannten bzw. auf Grundlage der „bestimmten Tatsachen" angenommenen Sachverhalt juristisch genau zu prüfen.[374]

Bei Anordnung einer TKÜ wegen des Verdachts der Geldwäsche nach § 261 StGB (§ 100a Abs. 2 Nr. 1 lit. m) ist zu beachten, dass eine Anordnung nicht zulässig ist, wenn nicht auch die **Vortat der Geldwäsche eine Katalogtat** darstellt und eine Verurteilung wegen Geldwäsche aufgrund der sog. Vorrangklausel § 261 Abs. 7 StGB nicht zu erwarten ist.[375] Dies ist mittlerweile auch in § 100a Abs. 2 Nr. 1 lit. m klargestellt. 146

b) Im Einzelfall schwer wiegend (Abs. 1 S. 1 Nr. 2). Mit der in Abs. 1 S. 1 Nr. 2 erfolgten Klarstellung, wonach die Anlasstat nicht nur abstrakt, sondern auch im Einzelfall schwer wiegen muss, wollte der Gesetzgeber Maßnahmen der Telekommunikationsüberwachung in solchen Verfahren ausschließen, die zwar eine Katalogtat nach Abs. 2 zum Gegenstand haben, die wegen des **Fehlens der Schwere der Tat im Einzelfall** derart eingriffsintensive Maßnahmen aber nicht zu rechtfertigen vermögen.[376] Er setzte damit die Rspr. des BVerfG um. Dieses hatte im Rahmen einzelner Entscheidungen, etwa in seinem Urteil vom 27.7.2005[377] zum Niedersächsischen Gesetz über die öffentliche Sicherheit und Ordnung (Nds. SOG) festgestellt, die gebotene einengende Auslegung von Anlasstatenkatalogen bzw. Rechtsbegriffen im Zusammenhang mit Maßnahmen zur Überwachung der Telekommunikation gebiete es, dass solche Maßnahmen rechtfertigende Straftaten nicht nur allgemein, sondern auch im konkreten Einzelfall, etwa auf Grund des Grades der Bedrohung für die Allgemeinheit, ein besonderes Gewicht zukommen müsse. Dies kann sich ua aus den Folgen der Tat (für die Geschädigten und die Allgemeinheit), der Schutzwürdigkeit des verletzten Rechtsgutes sowie dem Zusammenwirken des Beschuldigten mit anderen Straftätern ergeben.[378] Da sich das Tatbestandsmerkmal anhand der vorgenannten Kriterien konkretisieren lässt, fehlt es auch nicht an einer hinreichenden Bestimmtheit im verfassungsrechtlichen Sinne.[379] 147

Bei der dabei vorzunehmenden Einzelfallprüfung sollen ausweislich der Gesetzesmaterialien[380] die im Gesetz als Strafmilderungsgründe benannten **minder schweren Fälle nicht von vornherein ausgeschlossen** sein, weil sich namentlich zu Beginn eines Ermittlungsverfahrens noch nicht absehen lasse, ob die Voraussetzungen eines – erst die Strafzumessung berührenden – minder schweren Falles tatsächlich vorliegen bzw. auch ein minder schwerer Fall in Anbetracht der Auswirkungen der Straftat auf das Opfer im Einzelfall so schwerwiegend sein könne, dass die mit Maßnahmen nach § 100a einhergehenden Eingriffe verhältnismäßig erscheinen.[381] 148

Anhand der Materialien kann auf den Willen des historischen Gesetzgebers rückgeschlossen werden. Dessen vorstehend dargelegten Erwägungen machen deutlich, dass der Begriff der „Tat" in Abs. 1 S. 1 Nr. 2 die Berücksichtigung von nicht nur mit der Tatausführung selbst einhergehenden, sondern auch von darüberhinausgehenden Umständen zulässt. Auch sind bei der Bewertung einer Straftat als minder oder besonders schwerer Fall das Gewicht sowohl des Unrechts als auch der Schuld zu berücksichtigen. Ihr Gepräge als im Einzelfall schwerwiegend kann eine Tat mithin auch allein deshalb erhalten, weil der Täter sie **wiederholt** begeht wie etwa die fortwährende Begehung eines in jedem Einzelfall nicht schwer wiegenden Falles des Handeltreibens mit Betäubungsmitteln nach § 29a Abs. 1 Nr. 2 BtMG oder des sexuellen Missbrauchs von Kindern nach § 176 Abs. 1 und 2 StGB. Derartige Fälle stellen gemäß § 176a Abs. 1 StGB einen schweren sexuellen Missbrauch von 149

[374] Siehe zu einem solchen Fall LG Dessau-Roßlau 12.5.2014 – 8 Qs 395 UJs 5616/14 (97/14), juris.
[375] BGH 26.2.2003 – 5 StR 423/02, NJW 2003, 1880 sowie Kramer NJW 2014, 1561 f.
[376] BT-Drs. 16/5846, 40.
[377] BVerfG 27.7.2005 – 1 BvR 668/04, NJW 2005, 2603 (2611).
[378] BVerfG 12.10.2011 – 2 BvR 236, 237, 422/08, BVerfGE 129, 208 Rn. 208 = NJW 2012, 833; Knierim StV 2008, 599 (603).
[379] BVerfG 12.10.2011 – 2 BvR 236, 237, 422/08, BVerfGE 129, 208 Rn. 208 = NJW 2012, 833.
[380] BT-Drs. 16/5846, 40.
[381] So auch Graf in BeckOK StPO § 100a Rn. 110.

Kindern dar. Während es sich bei dem Tatbestand des § 29a Abs. 1 Nr. 2 BtMG als solchen um ein Anlasstat nach Abs. 2 handelt, ist es in den Fällen des sexuellen Missbrauchs lediglich der des § 176a StGB. Indes zeigt dieser Fall, dass eine Tat ihr Gepräge als schwerwiegend gerade durch ihre wiederholte Begehung erfahren kann.

150 Indizien für eine im Einzelfall schwer wiegende Straftat können nach der Rspr. des BVerfG ua die **Schutzwürdigkeit der verletzten Rechtsgüter,**[382] der **Grad der Bedrohung der Allgemeinheit,**[383] die **Art der Begehung der Straftat,**[384] die **Anzahl der Geschädigten**[385] oder das **Ausmaß des Schadens**[386] sein.[387]

151 **5. Verdacht aufgrund bestimmter Tatsachen.** Das Erfordernis eines sich auf Grund **bestimmter Tatsachen** ergebenden Tatverdachts war bereits in der Erstfassung des § 100a in der Fassung des G 10-Gesetzes vom 13.6.1967[388] enthalten. Es findet sich explizit in zahlreichen Eingriffstatbeständen der verdeckten strafprozessualen Ermittlungsmaßnahmen wie etwa den §§ 100a, 100c, 100f, 100g, 100h, 100i und 163f und gilt darüber hinaus auch für offene Eingriffsnormen, wie etwa die der Durchsuchung gemäß § 102.[389] Die Verdachtslage muss sich auf Tatsachen stützen, wobei in der Gesamtschau eine hinreichend sichere Tatsachenbasis vorliegen muss.[390] Vage Anhaltspunkte, Gerüchte oder bloße Vermutungen reichen nicht aus. Vielmehr ist erforderlich, dass „auf Grund der Lebenserfahrung oder der kriminalistischen Erfahrung fallbezogen aus Zeugenaussagen, Observationen oder anderen sachlichen Beweisanzeichen“ auf das Vorliegen der Tatbestandsmerkmale einer Katalogtat geschlossen werden kann.[391]

152 Erläuterungen der vorstehenden Art, die auf die Rspr. des BGH[392] und des BVerfG[393] zurückgehen, finden sich mit guten Gründen in allen einschlägigen Kommentaren.[394] Sie bedürfen indes einer weitergehenden Erläuterung.[395] Dies nicht zuletzt deshalb, weil die bisherigen Entscheidungen zur Konkretisierung des Tatverdachts selbst eher vage geblieben sind. Das Tatbestandsmerkmal „Tatverdacht“ besteht aus zwei Untertatbestandsmerkmalen. Zunächst müssen Tatsachen vorhanden sein, auf welche sich der Tatverdacht stützen kann **(Tatsachenbasis).** Aus diesen Tatsachen muss sich nach den Gesetzen der Logik, der Anwendung wissenschaftlicher Erfahrungssätze und Erkenntnisse, kriminalistischer Erfahrung und der allgemeinen Lebenserfahrung der Schluss ziehen lassen, dass sich jemand an einer Katalogtat beteiligt hat. Dieser Schluss muss außerdem in unterschiedlichen Vorschriften der StPO einen unterschiedlichen Grad der Richtigkeitswahrscheinlichkeit aufweisen **(Wahrscheinlichkeitsgrad).** Das Vorliegen beider Merkmale ist dabei aus der **ex ante-Perspektive** zu bestimmen und unterliegt einem **Beurteilungsspielraum** durch die anordnende Stelle.

153 **a) Tatsachenbasis.** Die notwendige Mindestqualität der Tatsachenbasis wird von der Rspr. für den Tatverdacht iSv § 100a eher niedrig angesetzt. Ausgeschlossen werden lediglich

---

382 BVerfG 3.3.2004 – 1 BvR 2378/98, 1 BvR 1984/99, BVerfGE 109, 279 (346).
383 BVerfG 12.3.2003 – 1 BvR 330/96 und 1 BvR 348/99, BVerfGE 107, 299 (322).
384 BVerfG 12.3.2003 – 1 BvR 330/96 und 1 BvR 348/99, BVerfGE 107, 299 (324).
385 BVerfG 12.3.2003 – 1 BvR 330/96 und 1 BvR 348/99, BVerfGE 107, 299 (324).
386 BVerfG 12.3.2003 – 1 BvR 330/96 und 1 BvR 348/99, BVerfGE 107, 299 (324).
387 Vgl. BVerfG 12.10.2011 – 2 BvR 236/08, 2 BvR 237/08 und 2 BvR 422/08, BeckRS 2011, 56451 Rn. 208.
388 BT-Drs. V/1880, 4.
389 BVerfG 27.7.2005 – 1 BvR 668/04, NJW 2005, 2603 (2610).
390 BVerfG 12.3.2003 – 1 BvR 330/96 und 1 BvR 348/99, NJW 2003, 441 (443); BGH 11.8.2016 – StB 12/16, BeckRS 2016, 15673; Beispiel zu einer ausführlichen Auseinandersetzung hiermit bei LG Köln 30.1.2017 – 101 KLs 13/15, BeckRS 2017, 159137.
391 BVerfG 4.7.2006 – 2 BvR 950/05, NJW 2006, 2974 (2975); 30.4.2007 – 2 BvR 2151/06, NJW 2007, 2752 (2753); BGH 11.8.2016 – StB 12/16, BeckRS 2016, 15673.
392 BGH 16.2.1995 – 4 StR 729/94, NJW 1995, 1974; 26.1.2017 – StB 26 und 28/14, BGHSt 62, 22 = NJW 2017, 2631; BGH 11.8.2016 – StB 12/16, BeckRS 2016, 15673.
393 BVerfG 12.10.2011 – 2 BvR 236/08, 2 BvR 237/08 und 2 BvR 422/08, BeckRS 2011, 56451 Rn. 202.
394 Vgl. statt vieler Köhler in Meyer-Goßner/Schmitt § 100a Rn. 9; Graf in BeckOK StPO § 100a Rn. 107.
395 Siehe grundlegend zum Tatverdacht auch Zabel ZIS 2014, 340.

vage Anhaltspunkte, Gerüchte oder bloße Vermutungen.[396] Positiv ist erforderlich, dass der Tatverdacht auf „konkretem schlüssigem Tatsachenmaterial"[397] bzw. einer **„gesicherten Tatsachenbasis"**[398] beruht. Das Adjektiv „konkret" dürfte dabei lediglich den Ausschluss der bereits oben genannten Gerüchte und Vermutungen bekräftigen. Schlüssigkeit des Tatsachenmaterials erfordert dagegen zumindest, dass die Tatsachenbasis für Dritte (zB das Tat- oder Revisionsgericht, den Beschuldigten, den Verteidiger) überprüfbar ist. Als „gesichert" kann eine Tatsachenbasis gelten, wenn eine durch die anordnende Stelle vorgenommene Würdigung der bereits vorliegenden Beweismittel ergibt, dass die Beweismittel zuverlässig sind (also Zeugen glaubwürdig, Sachbeweismittel und Datensätze nicht manipuliert sind etc). Außerdem müssen die aus dem Tatsachenmaterial gezogenen Schlüsse aus einer objektiven ex ante-Perspektive zumindest nachvollziehbar sein. Entgegen der Auffassung des BGH genügt für eine „gesicherte Tatsachenbasis" nicht allein die Aussage eines Zeugen und Anzeigeerstatters, wenn bei diesem ein Eigeninteresse an der Anzeigeerstattung zu Tage tritt, das Aussageverhalten insgesamt „vage" ist und die Angaben zum Kerngeschehen „inhaltsarm" sind. Insbesondere genügt nicht, dass es sich nicht um eine „augenscheinliche Falschbelastung" handelt.[399] Vielmehr muss der Verdacht einer Falschbelastung gerade aufgrund des Aussageverhaltens und sonstiger Beweismittel fernliegend sein, wenn die Aussage des Anzeigeerstatters die alleinige Tatsachenbasis für einen Tatverdacht bilden soll.

b) Wahrscheinlichkeitsgrad. Hinsichtlich des erforderlichen Wahrscheinlichkeitsgrades gilt, dass der Tatverdacht bei § 100a **weder** hinreichend iSd § 203 noch dringend iSd § 112 Abs. 1 sein muss.[400] Er muss aber größer sein als bei einem für die Eröffnung des Ermittlungsverfahrens ausreichenden Anfangsverdacht nach §§ 160 Abs. 1, 152 Abs. 2. Mithin muss ein sog. **qualifizierter Anfangsverdacht** vorliegen.[401] Der hinreichende Tatverdacht iSv § 203 wird von der BGH-Rechtsprechung dann bejaht, wenn eine Verurteilung „wahrscheinlich" erscheint. Hieraus haben zahlreiche Oberlandesgerichte im Rahmen von § 203 den Schluss gezogen, dass eine Verurteilung wahrscheinlicher erscheinen muss als ein Freispruch.[402] Das Vorliegen eines qualifizierten Anfangsverdachts erfordert somit nicht, dass eine Tatbegehung wahrscheinlicher ist als, dass die Tat nicht oder nicht durch den Beschuldigten, gegen den die Maßnahme angeordnet wird, begangen wurde. Ein Anfangsverdacht nach § 152 Abs. 2 liegt dagegen nach der Rspr. bereits vor, wenn konkrete tatsächliche Anhaltspunkte es als „möglich" erscheinen lassen, dass eine Straftat begangen wurde.[403] Allerdings wird für den qualifizierten Verdacht nach § 100a dagegen zu Recht verlangt, dass der Tatverdacht bereits eine gewissen Konkretisierung und Verdichtung erfahren haben muss.[404] Die bloße Möglichkeit der Tatbegehung reicht daher für § 100a nicht aus. Da der qualifizierte Anfangsverdacht zwischen diesen beiden Maßstäben liegen muss, ist ausreichend, aber auch erforderlich, dass die Tatbegehung „einfach wahrscheinlich" ist, dh es muss mehr als die bloße Möglichkeit der Tatbegehung durch die Tatsachenbasis belegt sein, die Wahrscheinlichkeit der Tatbegehung kann aber auch unter 50 % liegen. Aus Sicht der anordnenden Stelle kann es also auch als wahrscheinlicher erscheinen, dass die Tat nicht 154

[396] BVerfG 4.7.2006 – 2 BvR 950/05, NJW 2006, 2974 (2975); 30.4.2007 – 2 BvR 2151/06, NJW 2007, 2752 (2753).
[397] BGH 11.3.2010 – StB 16/09, NStZ 2010, 711; 28.6.2018 – StB 10/18, NStZ 2018, 598, 11.8.2016 – StB 12/16, BeckRS 2016, 15673.
[398] BVerfG 12.3.2003 – 1 BvR 330/96 und 1 BvR 348/99, NJW 2003, 1787 (1791).
[399] AA BGH 26.6.2019 – StB 10/19, NStZ-RR 2019, 282.
[400] OLG Hamm 14.11.2002 – 2 Ss 906/02, NStZ 2003, 279; BGH 11.8.2016 – StB 12/16, BeckRS 2016, 15673; Bruns in KK-StPO Rn. 32.
[401] BGH 11.3.2010 – StB 16/09, NStZ 2010, 711 Rn. 10; BVerfG 18.4.2007 – 2 BvR 2094/05, NJW 2007, 2749 (2751).
[402] OLG Rostock 17.1.2012 – I Ws 404/11, NZWiSt 2012, 386 (388); OLG Nürnberg 30.8.2010 – 1 Ws 464/10, NJW 2010, 3793; OLG Stuttgart 8.11.2011 – 4 Ws 247/11, NStZ-RR 2012, 117; so auch Schneider in KK-StPO § 203 Rn. 4 mwN.
[403] BVerfG 23.7.1982 – 2 BvR 8/82, NStZ 1982, 430; 18.1.1994 – 2 BvR 1912/93, NJW 1994, 783; Peters → § 152 Rn. 35 mwN.
[404] BGH 11.8.2016 – StB 12/16, BeckRS 2016, 15673.

(oder nicht durch den Betroffenen) begangen wurde. Einer näheren Konkretisierung des Wahrscheinlichkeitsmaßstabes bedarf es für die Praxis nicht, da der Beurteilungsspielraum der anordnenden Stelle (→ Rn. 155) eine genaue Bezifferung obsolet macht.

155 **c) Ex ante-Perspektive und Beurteilungsspielraum.** Tatsachenbasis und Wahrscheinlichkeitsgrad sind dabei aus der **ex ante-Perspektive,** also zum Zeitpunkt der Entscheidung zu beurteilen. Außerdem ist der anordnenden Stelle wegen der prognostischen Natur der Entscheidung ein **Beurteilungsspielraum** einzuräumen.[405] Eine Anordnung ist daher nach der Rspr. nur rechtswidrig, wenn die Entscheidung hinsichtlich der Beurteilung der Qualität der Tatsachenbasis und des Wahrscheinlichkeitsgrades der Tatbegehung/Tatbeteiligung unvertretbar ist.[406] Dieser Beurteilungsspielraum hat zur Folge, dass für die ermittlungs- und tatrichterliche Praxis eine präzise Bestimmung des Merkmals „Tatverdacht" nur eine begrenzte Bedeutung hat. Schließlich ist der Prozess der Verdachtsgewinnung durch diese Maßstäbe ein sehr stark normativer Vorgang. Dies steht einer „Automatisierung" der Verdachtsbegründung grundlegend entgegen.[407] Da an die Bejahung des Tatverdachts außerdem negative Rechtsfolgen für den Beschuldigten anknüpfen (zumindest Eröffnung eines Strafverfahrens, in der Regel auch Ermittlungsmaßnahmen mit Grundrechtseingriffen), steht einer solchen Automatisierung auch § 54 Abs. 1 BDSG entgegen.

156 **d) Verhältnis zur Verhältnismäßigkeit.** Bei der allgemeinen Verhältnismäßigkeitsprüfung jeder Maßnahme muss die anordnende Stelle eine Abwägung zwischen den (Grund-)Rechten des Betroffenen und der Durchsetzung des staatlichen Strafanspruchs bzw. dem staatlichen Strafverfolgungsinteresse als verfolgtem Gemeinwohlzweck vornehmen.[408] Das Gewicht des Strafverfolgungsinteresses ergibt sich dabei aus der **Bedeutung der Sache** (Art und Schwere der Straftat, Anzahl und Schädigung der Opfer, Grad der Störung des öffentlichen Friedens etc) und der **Stärke des Tatverdachts.** Die Stärke des Tatverdachts hat damit auch Auswirkungen auf die Verhältnismäßigkeitsprüfung. Dagegen kann es vor einer rechtskräftigen Verurteilung nicht auf die „Schuld" des Beschuldigten ankommen.[409]

157 **e) Sonderfall: Maßnahme dient allein der Aufenthaltsermittlung.** Soll die Maßnahme allein der Aufenthaltsermittlung des Beschuldigten dienen, wobei eine trennscharfe Abgrenzung vielfach jedenfalls in all denjenigen Fällen nicht möglich sein wird, in denen der Feststellung des Aufenthaltsorts zugleich auch indizielle Bedeutung hinsichtlich der Sachverhaltsaufklärung zukommt, müssen entgegen anderslautender Stimmen[410] die **Voraussetzungen für die vorläufige Festnahme oder die Verhaftung des Beschuldigten vorliegen.**

158 **6. Verdeckte Durchführung, Einwilligung in die Maßnahme. a) Durchführung ohne Wissen des Betroffenen.** Die Telekommunikationsüberwachung darf „auch ohne Wissen des Betroffenen", mithin heimlich durchgeführt werden. Der Betroffene der Maßnahme muss mithin **weder vor noch während der Durchführung der Maßnahme hierüber unterrichtet werden.** Nach Beendigung der Maßnahme sind die an der überwachten Telekommunikation Beteiligten jedoch gem. § 101 Abs. 4 Nr. 3 über die Maßnahme zu unterrichten. Eine Benachrichtigung kann jedoch bei Vorliegen der Voraussetzungen von § 101 Abs. 4 S. 3–5, Abs. 5–7 zurückgestellt werden oder ganz unterbleiben (→ § 101 Rn. 60 ff.).

159 Die Heimlichkeit der Telekommunikationsüberwachung ist das Element, welches neben der Sensibilität, der von ihrem berührten Daten, und ihrer oft beträchtlichen Streubreite ursächlich ist für ihre **erhebliche Eingriffsintensität.**

---

405 Köhler in Meyer-Goßner/Schmitt § 100a Rn. 9; Graf in BeckOK StPO § 100a Rn. 107.
406 Vgl. BGH 26.3.2003 – 5 StR 423/02, NJW 2003, 1880 (1882).
407 Singelnstein/Putzer GA 2015, 564 f.
408 Statt vieler BVerfG 16.6.2009 – 2 BvR 902/06, BVerfGE 124, 43 Rn. 65, 71 = NJW 2009, 2431.
409 So jedoch Graf in BeckOK StPO § 100a Rn. 144; Bruns in KK-StPO § 100a Rn. 32.
410 Vgl. Köhler in Meyer-Goßner/Schmitt § 100a Rn. 9.

Mit dem Merkmal „auch" wird klargestellt, dass die Überwachungsmaßnahme selbst dann durchgeführt werden darf, wenn der Betroffene **mit ihrer Anordnung rechnet** oder darum weiß bzw. während ihrer Vollstreckung von der Maßnahme Kenntnis erlangt.[411] Tatsächlich rechnen namentlich Beschuldigte aus dem Bereich der Organisierten bzw. der Transaktionskriminalität vielfach mit entsprechenden Maßnahmen und stellen ihr Kommunikationsverhalten darauf ein. 160

b) Einwilligung des Betroffenen. Eine Maßnahme zur Überwachung der Telekommunikation verliert ihren Eingriffscharakter nicht dadurch, dass lediglich einzelne der an der Kommunikation beteiligten Personen wie etwa der Anschlussinhaber oder der Beschuldigte ihrer Durchführung zustimmen, mithin in die Maßnahme einwilligen. Betroffener der Maßnahme ist nämlich nicht nur der der Katalogstraftat Verdächtige bzw. derjenige, der von dem Beschuldigten herrührende oder für den Beschuldigten bestimmte Nachrichten als Nachrichtenmittler (Abs. 3) entgegennimmt oder weiterleitet oder dessen Anschluss der Beschuldigte benutzt. Von dem **Eingriff betroffen sind auch sämtliche übrigen an der überwachten Telekommunikation beteiligten Personen.** Hinsichtlich eines jeden Beteiligten verliert die Maßnahme ihre Eingriffsqualität nicht dadurch, dass ein anderer an der Telekommunikation ebenfalls Beteiligter ihrer Durchführung und der Verwertung der dadurch erlangten Daten zu strafprozessualen Zwecken zustimmt. 161

Zwar hat der 2. Strafsenat des BGH in einer **„Zweithörer-Entscheidung"**[412] aus dem Jahre 1993 ausgeführt, ein Polizeibeamter, der zu strafprozessualen Zwecken ein Telefongespräch über einen Zweithörer verfolge, handele dann nicht rechtswidrig, wenn ihm dies von dem Benutzer des die Mithörmöglichkeit bietenden Anschlusses ohne Wissen des anderen Teilnehmers gestattet werde. 162

Zuzustimmen ist dieser Auffassung aber lediglich insoweit, als das Fernmeldegeheimnis es keinem der Gesprächspartner verwehrt, seinerseits **Dritte über den Kommunikationsinhalt zu unterrichten.**[413] Soweit der BGH indes weiter die Auffassung vertritt, einem Dritten könne auch das Mithören gestattet werden und es mache keinen Unterschied, ob es sich bei diesem Dritten um eine Privatperson oder aber einen Polizeibeamten handele, begegnet diese Auffassung durchgreifenden Bedenken. 163

Art. 10 Abs. 1 GG enthält nach zutreffender Meinung ein subjektives öffentliches Recht im Sinne eines Abwehrrechts gegen den Staat.[414] Auch wenn Art. 10 GG nach hM eine unmittelbare Drittwirkung für die Rechtsbeziehungen Privater untereinander nicht zukommt[415] und das Fernmeldegeheimnis zwischen den Kommunikationspartnern nicht gilt, kann daraus nicht die weitere Folgerung gezogen werden, auch die Beteiligung eines hoheitlich handelnden Polizeibeamten berühre den Schutzbereich von Artikel 10 Abs. 1 GG und den sich aus dieser Norm für Grundrechtseingriffe ergebenden Gesetzesvorbehalt nicht. Vielmehr fehlt der Argumentation des BGH eine widerspruchsfreie und überzeugende dogmatische Grundlegung, wenn er zunächst feststellt, ein derartiges von einem Polizeibeamten veranlasstes Gespräch erfolge in Ausübung des diesem anvertrauten Amtes iSd § 163 Abs. 1 und stelle einen Akt der öffentlichen Gewalt dar, sodass mithin die klassische Abwehrrichtung des Fernmeldegeheimnisses als Schutz vor Eingriffen öffentlicher Gewalt gegeben sei, sodann jedoch die Auffassung vertritt, gleichwohl fehle es in Fällen der vorliegenden Art an einem Eingriff, „weil ein vom Anschlussbenutzer gestattetes Mithören den Schutzbereich des Fernmeldegeheimnisses unberührt" lasse. Der BGH verkennt, **dass der dem Mithören zustimmende Anschlussinhaber nicht zugleich mit rechtfertigender** 164

---

411 BT-Drs. 17/5846, 39.

412 BGH 8.10.1993 – 2 StR 400/93, NJW 1994, 596 (597).

413 So auch die hM, vgl. BVerfG 9.10.2002 – 1 BvR 1611/96, 805/98, BVerfGE 106, 28 (38) = NJW 2002, 3619; BGH 8.10.1993 – 2 StR 400/93, BGHSt 39, 335 = NJW 1994, 596; Hermes in Dreier GG Art. 10 Rn. 53; Lisken NJW 1994, 2069 f.; Welp NStZ 1994, 294 (295); aA: Bizer in AK-GG Art. 10 Rn. 42; Hadamek, Art. 10 GG und die Privatisierung der Deutschen Bundespost, 2002, S. 209 f.; Tietje MDR 1994, 1078 f.

414 Durner in Dürig/Herzog/Scholz GG Art. 10 Rn. 137.

415 Durner in Dürig/Herzog/Scholz GG Art. 10 Rn. 142.

Wirkung einen Eingriff auch in das seinen Gesprächspartner schützende Grundrecht des Art. 10 GG, mithin in dessen Grundrechte gestatten kann. Der Anschlussinhaber ist insoweit nicht dispositionsbefugt. Das BVerfG hat in seiner Entscheidung vom 25.3.1992[416] zutreffend festgestellt, jeder staatliche Zugriff auf laufende Kommunikationsvorgänge, der nicht mit Zustimmung beider Kommunikationsteilnehmer erfolge, stelle einen Eingriff in Art. 10 GG dar.[417] Im Fall der „Zweithörer-Entscheidung" kann der Eingriffscharakter der Maßnahme somit nicht auf Grund einer Einwilligung verneint werden. Wie das BVerfG ausführt, stellt das Mithören am Zweithörer allerdings deshalb keinen Eingriff in Art. 10 GG dar, weil sich „nicht die von Art. 10 Abs. 1 GG vorausgesetzte spezifische Gefährdungslage" realisiere. Es gehe nicht um die „Verletzung des Vertrauens in die Sicherheit der zur Nachrichtenübermittlung eingesetzten Telekommunikationsanlage", sondern um „die Enttäuschung des personengebundenen Vertrauens in den Gesprächspartner". Dem ist grundsätzlich zuzustimmen, wobei zu bemerken ist, dass sich diese Argumentation nicht ganz widerspruchsfrei mit der Entscheidung zur Quellen-Telekommunikationsüberwachung[418] vereinbaren lässt, bei welcher die Datenerhebung im Herrschaftsbereich eines Kommunikationsbeteiligten stattfindet, das BVerfG aber dennoch einen Eingriff in Art. 10 Abs. 1 GG bejaht. Die „Einheitlichkeit des Übertragungsvorgangs"[419] scheint jedenfalls als Differenzierungskriterium eher ungeeignet zu sein.

165 Denkbar bleibt danach eine Einwilligung aller an der Kommunikation beteiligten Personen, was allerdings in der Praxis nicht vorkommen dürfte. Selbst wenn es vorkommen sollte, ist problematisch, dass in § 100a keine Einwilligung in die Maßnahme vorgesehen ist und sich auch eine implizite Anerkennung einer „freiwilligen TKÜ" wie zB in § 94 Abs. 2 aus § 100a nicht herauslesen lässt. Daher steht einer Einwilligung derzeit **§ 51 Abs. 1 BDSG iVm § 500 Abs. 1 entgegen,** weil dort vorausgesetzt ist, dass die Möglichkeit der Einwilligung in der Vorschrift vorgesehen ist.[420] Dasselbe gilt auch für die Einwilligung nur eines Kommunikationspartners (zB Hörfalle), wenn man – anders als hier – diese Möglichkeit verfassungsrechtlich anerkennt. Wer eine Einwilligung dennoch für möglich hält, muss jedenfalls auf die Einhaltung der Voraussetzungen von § 51 Abs. 2–5 BDSG iVm § 500 Abs. 1 achten.[421]

166 **7. Erforschung des Sachverhalts oder Ermittlung des Aufenthalts des Beschuldigten.** Die Bestimmung, wonach Maßnahmen zur Überwachung der Telekommunikation nur zur Aufklärung einer Straftat bzw. zur Feststellung des Aufenthaltsortes des Beschuldigten vorgenommen werden dürfen, begrenzt die Maßnahme und trägt damit dem **Bestimmtheitsgebot** ausreichend Rechnung.[422]

167 **„Erforschung des Sachverhalts"** iSd § 100a bedeutet, auf der Grundlage der vorliegenden tatsächlichen Anhaltspunkte auf das Vorhandensein einer Katalogstraftat des Abs. 2 diese Verdachtslage dahingehend zu überprüfen, ob ein entsprechender Lebenssachverhalt auch wirklich vorliegt. Gegenstand der Ermittlungen können dabei sämtliche materiellrechtlich erheblichen Haupt- und Indiztatsachen der betreffenden Katalogtat sein. Hierzu gehört beim Verdacht des Umgangs mit inkriminierten Gütern wie Betäubungsmitteln oder Waffen auch die Ermittlung ihres Verwahrortes zwecks Sicherstellung als Beweismittel. Die **„Ermittlung des Aufenthalts"** bedeutet die Feststellung des Ortes, an dem sich der Beschuldigte aufhält.

---

416 BVerfG 25.3.1992 – 1 BvR 1430/88, NJW 1992, 1875.

417 Zu den unterschiedlichen Rechtsauffassungen von BGH und BVerfG in dieser Frage vgl. auch Guder Die repressive Hörfalle in Lichte der Europäischen Menschenrechtskonvention, S. 14 ff.

418 BVerfG 27.2.2008 – 1 BvR 370, 595/07, BVerfGE 120, 274 (309) = NJW 2008, 822; 20.4.2016 – 1 BvR 966, 1140/09, BVerfGE 141, 220 (309) = NJW 2016, 1781.

419 BVerfG 2.3.2006 – 2 BvR 2099/04, BVerfGE 115, 166 (187) = NJW 2006, 976.

420 Zum Ganzen Singelnstein NStZ 2020, 639 (640 f.).

421 Auch hierzu ausführlich Singelnstein NStZ 2020, 639 (640 f.).

422 Vgl. BVerfG 12.10.2011 – 2 BvR 236/08, 2 BvR 237/08 und 2 BvR 422/08, BeckRS 2011, 56451 Rn. 202.

Während allein zum Zwecke der Sachverhaltserforschung dienende Maßnahmen **zu beenden sind,** wenn der Sacherhalt im vorstehend dargelegten Sinne vollständig aufgeklärt ist, dürfen zur Aufenthaltsermittlung dienende Maßnahmen auch nach Feststellung des Aufenthaltsortes noch so lange durchgeführt werden, wie der eigentliche Zweck der Aufenthaltsermittlung, die Ergreifung des Beschuldigten, noch nicht veranlasst werden konnte. Nur dadurch kann gewährleistet werden, dass nach einem erneuten Aufenthaltswechsel die Ergreifung durchgeführt werden kann. 168

8. Überwachung und Aufzeichnung. Die Begriffe der „Überwachung" und „Aufzeichnung" charakterisieren die Art der Datenerhebung und grenzen damit – gemeinsam mit der Möglichkeit der „heimlichen Durchführung" – die Befugnis gem. § 100a von anderen Eingriffsnormen ab, mittels welcher ebenfalls Telekommunikationsdaten erhoben werden können (zB §§ 94, 100b, 100g). Eine Überwachung und Aufzeichnung kann nur während eines laufenden Übertragungsvorgangs stattfinden. Der Begriff des „laufenden" Telekommunikationsvorgangs darf dabei jedoch nicht dahingehend missverstanden werden, dass nur die Erhebung von sich „in Bewegung befindenden" Daten erlaubt. Vielmehr ist damit **der gesamte Übertragungsvorgang vom Sender zum Empfänger gemeint, der erst endet, wenn die Daten im alleinigen Herrschaftsbereich des Empfängers angekommen sind.** Zum Übertragungsweg gehören dagegen alle Zwischenstationen, auch wenn die Daten dort vorübergehend „ruhen". § 100a ermächtigt die Strafverfolgungsbehörden somit zur (heimlichen) Erhebung von Telekommunikationsdaten während eines laufenden Kommunikationsvorgangs auf dem Übertragungsweg (also außerhalb der durch die Teilnehmer beherrschbaren Sphäre). 169

Wenngleich die Begriffe der „Überwachung" und „Aufzeichnung" einen unterschiedlichen semantischen Bedeutungsgehalt haben und dahingehend auszulegen sind, dass die Überwachung als „Mittel der Aufklärung des Sachverhalts",[423] die Kenntniserlangung der Telekommunikationsdaten sowie deren spätere Verwertung zu Beweiszwecken, die **Aufzeichnung** hingegen die Perpetuierung dieser Daten gleich in welcher Form bedeutet, kommt der Befugnis der Aufzeichnung bei teleologischer Auslegung **keine eigenständige Bedeutung** zu. Sie ist lediglich Mittel zum Zweck der Beweisführung und damit integrativer Bestandteil der Überwachungsbefugnis. 170

Die Strafverfolgungsbehörden sind zur Aufzeichnung auch dann berechtigt, wenn sie in der Überwachungsanordnung hierzu nicht ausdrücklich ermächtigt werden. Die Überwachung und damit die Aufklärung des Sachverhalts setzt in all den Fällen, in denen die überwachte Kommunikation des Betroffenen nicht in Echtzeit mitgehört wird, mithin in der ganz überwiegenden Mehrzahl der Überwachungsmaßnahmen, **eine Aufzeichnung zur späteren Kenntniserlangung zwingend** voraus. 171

Weiter ist zu beachten, dass anders als zur Zeit der Einführung des § 100a, die zu überwachende Telekommunikation heute nicht mehr aus analog übertragener Sprachtelefonie und ebenso vermitteltem Fernschreibverkehr, sondern in **Folge der Digitalisierung der Telekommunikationstechnik aus einer Fülle von Inhalts- und Verkehrsdaten** besteht, die auch bei einer Überwachung in Echtzeit bereits aufgrund der Datenmenge ohne Aufzeichnung nicht mehr wahrnehmbar und damit auch nicht mehr überwachbar wäre. 172

Diese Auslegung findet auch in den Materialien ihre Stütze. So enthielt 100a idF des Entwurfs der BReg. zum G 10-Gesetz vom 13.6.1967 lediglich die Formulierung, „die Überwachung des Fernmeldeverkehrs"[424] dürfe angeordnet werden. Durch den erst im Jahre 1989 infolge des Poststrukturgesetzes[425] eingefügten und den der „Aufnahme" ersetzenden Begriff der „Aufzeichnung" sollte lediglich **klargestellt werden, dass die Befugnis zur Überwachung auch die zur Aufzeichnung** der Telekommunikation enthält.[426] 173

423 BT-Drs. V/1880, 11.
424 BT-Drs. V/1880, 4.
425 Poststrukturgesetz vom 1.7.1989, BGBl. I 1082.
426 BT-Drs. V/2930, 3.

174 Die Befugnis zur Überwachung der Telekommunikation berechtigt die Strafverfolgungsbehörden über die Kenntniserlangung hinaus auch zum Einsatz all derjenigen **technischen Hilfsmittel,** die für die Speicherung und nachfolgend die Auswertung der Daten erforderlich sind. Dies sind zum einen die Datenträger gleich welcher Art wie Papier oder elektronische Speichermedien, zum anderen die für die Verarbeitung der elektronischen Daten erforderlichen Programme.

175 Da die Überwachung und Aufzeichnung der Telekommunikation technisch gesehen nicht durch die Strafverfolgungsbehörden selbst, sondern **durch die Telekommunikationsanbieter erfolgt,** sind diese gem. § 5 Abs. 2 iVm § 3 TKÜV dazu verpflichtet, den Strafverfolgungsbehörden am Übergabepunkt eine (ggf. entschlüsselte, vgl. § 8 Abs. 3 TKÜV) „1:1-Kopie" der Telekommunikation zu übergeben. Heutzutage geschieht dies in digitaler Form. Die Strafverfolgungsbehörden werden dabei im Regelfall in die Lage versetzt, die Telekommunikation auch „live" mitzulesen/-hören. Überwachung und Aufzeichnung fallen somit technisch zusammen.

176 **Nicht umfasst** vom Begriff des Überwachens und Aufzeichnens ist dagegen die Erzeugung von Daten bzw. die aktive Einflussnahme auf einen Datenbestand.[427] Daher stellt § 100a für die sog. Stille SMS keine taugliche Rechtsgrundlage dar (näher → § 100i Rn. 28).

177 **9. Subsidiarität (Abs. 1 S. 1 Nr. 3).** Maßnahmen nach § 100a dürfen nur angeordnet werden, wenn die Erforschung des Sachverhalts oder die Ermittlung des Aufenthaltsortes des Beschuldigten auf andere Weise entweder **wesentlich erschwert oder aussichtslos** wäre. Dies setzt zunächst voraus, dass die Maßnahme zur Erreichung der zugelassenen Zwecke überhaupt geeignet ist. An einer solchen Eignung fehlt es, wenn auszuschließen ist, dass der Betroffene Telekommunikation mit Bezug zur Anlasstat durchführt.[428] Erst wenn die Geeignetheit der Maßnahme bejaht werden kann, können deren konkrete Erfolgsaussichten mit denen anderer Maßnahmen verglichen werden. Bei gleicher Geeignetheit ist stets die schonendere Maßnahme zu wählen.[429] Allein Kostengesichtspunkte vermögen den Vorrang von Maßnahmen nach § 100a allenfalls dann zu rechtfertigen, wenn sich der Aufwand für andere Maßnahmen insgesamt als unvertretbar erweist, insbesondere wenn ansonsten andere gewichtige Aufklärungsmaßnahmen vernachlässigt werden müssten.[430]

178 **Aussichtslosigkeit** ist gegeben, wenn keine andere Maßnahme als die der Telekommunikationsüberwachung zur Sachverhaltsaufklärung bzw. zur Aufenthaltsermittlung zur Verfügung steht.[431]

179 **Wesentlich erschwert** wäre die Sachverhaltserforschung bzw. Aufenthaltsermittlung, wenn mit anderen zur Verfügung stehenden Maßnahmen bzw. Mitteln zur Zweckerreichung erheblich mehr Zeit aufgewendet werden müsste bzw. andere Maßnahmen zwar gleich schnell durchgeführt werden könnten, indes zu wesentlich schlechteren Ergebnissen führen würden.

180 **10. Verhältnismäßigkeit.** Neben der sich unmittelbar aus dem Gesetz ergebenden und aus dem Grundsatz der Verhältnismäßigkeit abzuleitenden Subsidiaritätsklausel ist auch im Übrigen die Verhältnismäßigkeit der Maßnahme zu prüfen.[432] Dieser aus dem Rechtsstaatsprinzip des Art. 20 Abs. 3 GG abzuleitende und damit mit Verfassungsrang ausgestattete Grundsatz kommt zum Tragen, wenn die Erreichung der durch Abs. 1 eröffneten Zwecke der Sachverhaltserforschung bzw. Aufenthaltsermittlung durch andere Maßnahmen nicht oder lediglich wesentlich erschwert herbeigeführt werden könnten, die Maßnahme der Telekommunikationsüberwachung mithin geeignet und erforderlich ist, es indes an ihrer Angemessenheit und damit **Verhältnismäßigkeit im engeren Sinne** fehlt.

427 BGH 8.2.2018 – 3 StR 400/17, NStZ 2018, 611 mAnm Rückert.
428 Bruns in KK-StPO § 100a Rn. 32.
429 So zutreffend Hauck in Löwe/Rosenberg Rn. 45.
430 So auch Graf in BeckOK StPO § 100a Rn. 111.
431 Ebenso Graf in BeckOK StPO § 100a Rn. 111; Bruns in KK-StPO § 100a Rn. 31.
432 So zutreffend Bruns in KK-StPO § 100a Rn. 32; Graf in BeckOK StPO § 100a Rn. 144.

Die Notwendigkeit der Verhältnismäßigkeit einer Maßnahme bedingt auch, dass sich die Maßnahme – soweit möglich – auf die **Gewinnung von verfahrensrelevanten Daten beschränkt.** Im Rahmen der Anordnung einer Telekommunikationsüberwachung kommt es also darauf an, dass eine im Zeitpunkt der Anordnung angestellte und auf die zu diesem Zeitpunkt vorhandenen Tatsachen gestützte Prognose ergibt, dass zu erwarten ist, dass bei der Telekommunikationsüberwachung Kommunikationsinhalte oder -umstände aufgezeichnet werden können, welche entweder unmittelbar Beweise für das spätere Hauptsacheverfahren liefern oder als Spurenansatz relevant sein können. Ggf. sind hierfür zunächst andere, weniger grundrechtsintensive Ermittlungen anzustellen.[433] 181

Bei der Verhältnismäßigkeitsprüfung im engeren Sinne ist die **Schwere des Eingriffs in die Rechte der betroffenen Personen mit dem staatlichen Interesse an Strafverfolgung bzw. der Durchsetzung des staatlichen Strafanspruchs abzuwägen.** Durch die Heimlichkeit der Durchführung,[434] die Erhebung von Inhalts- und Verkehrsdaten[435] regelmäßig aus dem Bereich der Privatsphäre, des starken Personenbezugs der erhobenen Telekommunikationsdaten[436] und die Erhebung der Daten aus einer nicht für Dritte bestimmten Quelle (individuelle Telekommunikationsverbindung) weist die Telekommunikationsüberwachung bereits per se eine hohe Eingriffsintensität auf. Die konkrete Eingriffsintensität wird dann noch durch die Menge der erhobenen Daten (→ § 94 Rn. 30),[437] die Anzahl der betroffenen Personen (sog. Streubreite),[438] die Dauer der Überwachungsmaßnahme[439] und die ggf. stattfindende Überwachung spezieller Vertraulichkeitsverhältnisse[440] bestimmt. Im Rahmen der Streubreite kommt auch insbesondere der Frage Bedeutung zu, ob und inwieweit unverdächtige Personen (Nachrichtenmittler nach Abs. 3, Zeugen, völlig unbeteiligte Personen) von der Maßnahme betroffen sind.[441] Die Gewichtigkeit des staatlichen Interesses an der Strafverfolgung hängt von der Bedeutung der Sache (Art und Schwere der Straftat, Anzahl der Opfer, Art und Ausmaß des verursachten Schadens, Grad der Störung des öffentlichen Friedens etc), dem erwarteten Erfolg der Maßnahme (Auffindewahrscheinlichkeit und prognostische Verfahrensrelevanz) und der Stärke des Tatverdachts ab (→ Rn. 180).[442] 182

433 Siehe hierzu Böhme/Röske NStZ 2014, 69.

434 27.7.2005 – 1 BvR 668/04, BVerfGE 113, 348 (383 f.) = NJW 2005, 2603; 4.4.2006 – 1 BvR 518/02, BVerfGE 115, 320 (353) = NJW 2006, 1939; 13.6.2007 – 1 BvR 1550/03, 2357/04, 603/05, BVerfGE 118, 168 (197 ff.) = NJW 2007, 2464; 27.2.2008 – 1 BvR 370, 595/07, BVerfGE 120, 274 (325, 342, 348) = NJW 2008, 822; BGH 31.1.2007 – StB 18/06, NJW 2007, 930 (931).

435 BVerfG 13.6.2007 – 1 BvR 1550/03, 2357/04, 603/05, BVerfGE 118, 168 (198 f.) = NJW 2007, 2464; 27.2.2008 – 1 BvR 370, 595/07, BVerfGE 120, 274 (347 f.) = NJW 2008, 822; 16.6.2009 – 2 BvR 902/06, BVerfGE 124, 43 Rn. 70 = NJW 2009, 2431.

436 Zur Bedeutung des Personenbezugs: BVerfG 24.1.2012 – 1 BvR 1299/05, BVerfGE 130, 151 (187 f.) = NJW 2012, 1419.

437 Zu diesem Kriterium im Bereich der E-Mail-Beschlagnahme: BVerfG 16.6.2009 – 2 BvR 902/06, BVerfGE 124, 43 Rn. 88 = NJW 2009, 2431; 15.8.2014 – 2 BvR 969/14, NJW 2014, 3085 Rn. 44; BGH 24.11.2009 – StB 48/09, NJW 2010, 1297; Kochheim Cybercrime Rn. 2030 ff.; Graf in BeckOK StPO § 100a Rn. 63; Cornelius MAH IT-Recht Teil 10 Rn. 492.

438 BVerfG 27.7.2005 – 1 BvR 668/04, BVerfGE 113, 348 (382 f.) = NJW 2005, 2603; 27.2.2008 – 1 BvR 370, 595/07, BVerfGE 120, 274 (323, 342) = NJW 2008, 822; 2.3.2010 – 1 BvR 256, 263, 586/08, BVerfGE 125, 260 (318) = NJW 2010, 833; 24.1.2012 – 1 BvR 1299/05, BVerfGE 130, 151 (188 f.) = NJW 2012, 1419; BGH 13.1.2011 – III ZR 146/10, MMR 2011, 341 (344); Rückert ZStW 129 (2017), 302 (320 f.); Schwabenbauer, Heimliche Grundrechtseingriffe, S. 176 ff.

439 BVerfG 27.2.2008 – 1 BvR 370, 595/07, BVerfGE 120, 274 (323 ff.) = NJW 2008, 822; 11.3.2008 – 1 BvR 256/08, BVerfGE 121, 1 (21 f.) = NStZ 2008, 290; BVerfG 16.6.2009 – 2 BvR 902/06, NJW 2009, 2431 (2434 f.); Durner in Dürig/Herzog/Scholz GG Art. 10 Rn. 191; Brodowski JR 2009, 402 (406); Ogorek in BeckOK GG Art. 10 Rn. 69.

440 Zum Mandatsgeheimnis: BVerfG 7.9.2006 – 2 BvR 1141/05, NJW 2006, 3411 (3412); 6.5.2008 – 2 BvR 384/07, NJW 2008, 1937; 5.5.2008 – 2 BvR 1801/06, NJW 2008, 2422; 12.4.2005 – 2 BvR 1027/02, BVerfGE 113, 29 = NJW 2005, 1917; 29.1.2015 – 2 BvR 497, 498, 499, 1054/12, StV 2016, 70.

441 Eschelbach in Satzger/Schluckebier/Widmaier StPO § 100a Rn. 15.

442 Singelnstein/Putzer GA 2015, 564 (566 ff.); Hauck in Löwe/Rosenberg § 100a Rn. 57 mwN aus der Literatur.

183 Besondere Bedeutung kommt dem Verhältnismäßigkeitsprinzip bei der **Erhebung von großen Datenmengen zu** (zB Erhebung vollständiger E-Mail-Postfächer, langandauernde und umfassende Überwachung der gesamten Telekommunikation eines Anschlusses). Hier müssen Techniken zur Vorfilterung zB in zeitlicher oder inhaltlicher Hinsicht angewendet werden und die nicht verfahrensrelevanten Daten entweder gar nicht erst erhoben oder zumindest so früh wie möglich ausgesondert und gelöscht werden.[443] Sind technische Werkzeuge hierfür nicht vorhanden oder ist deren Effektivität zweifelhaft, müssen die Vorfilterungen zur Not händisch durchgeführt werden. Ist auch dies nicht praktikabel, muss die Filterung jedenfalls so bald wie möglich nach der Erhebung der Daten erfolgen, da auch die Speicherung der Daten einen (eigenen) Grundrechtseingriff darstellt, welcher dem Grundsatz der Verhältnismäßigkeit genügen muss. Bei zweifelhafter oder möglicher späterer Verfahrensrelevanz müssen die Daten zumindest zugangsbeschränkt und verschlüsselt getrennt von den verfahrensrelevanten Daten gespeichert werden (vgl. auch §§ 64, 71 BDSG).

184 Bei Maßnahmen, die über einen längeren Zeitraum angeordnet werden können, wie die Telekommunikationsüberwachung nach § 100a (§ 100e Abs. 1 S. 4, S. 5), kommt der **Begrenzung der Dauer der Maßnahme** immense Bedeutung zur Wahrung der Verhältnismäßigkeit zu. Dies gilt umso mehr, je mehr verschiedene Arten von Telekommunikation (Festnetz-, Mobilfunk- und Internetkommunikation eines Betroffenen), je mehr Daten erhoben werden (zB ganze E-Mail-Postfächer) oder je sensiblere Datenarten betroffen sind (zB Überwachung des Surfververhaltens). Die in der Praxis durchaus zu beobachtende pauschale Ausschöpfung des maximalen Zeitrahmens für Erstanordnungen (drei Monate, siehe § 100e Abs. 1 S. 4) wird dieser Bedeutung der Beschränkung der Dauer oft nicht gerecht.

II. Anlasstatenkatalog (Abs. 2)

185 Der Anlasstatenkatalog in Abs. 2 wurde im Hinblick auf das Urteil des BVerfG vom 27.7.2005[444] sowie die Erkenntnisse einer rechtstatsächlichen Studie des Max-Planck-Instituts[445] überarbeitet und mit dem Anlasstatenkatalog in § 100c Abs. 2 aF (nunmehr § 100b Abs. 2) harmonisiert. In seiner vorgenannten Entscheidung hat das BVerfG ua zum Ausdruck gebracht, nur **Strafrechtsnormen zum Schutze überragend wichtiger Rechtsgüter** dürften Anlass zu Maßnahmen der Telekommunikationsüberwachung geben. Der Gesetzgeber hat anlässlich dieser Überarbeitung auch den – halbwegs geglückten – Versuch unternommen, den Straftatenkatalog übersichtlicher zu gestalten.[446]

186 Zu den wesentlichen **praxisrelevanten Neuerungen** gehören ua die Aufnahme der Bestechlichkeit und Bestechung von Mandatsträgern nach § 108e StGB, der wettbewerbsbeschränkenden Absprachen bei Ausschreibungen nach § 298 StGB, der besonders schweren Fälle der Bestechlichkeit und Bestechung im geschäftlichen Verkehr nach § 299 StGB unter den in § 300 S. 2 StGB genannten Voraussetzungen sowie die Aufnahme der Bestechlichkeit und Bestechung nach den §§ 332 und 334 StGB. Entsprechendes gilt für die gewerbs- oder bandenmäßige Fälschung von Zahlungskarten, Schecks und Wechseln nach § 152a Abs. 3 StGB, die Fälschung von Zahlungskarten mit Garantiefunktion und Vordrucken von Euroschecks nach § 152b Abs. 1–4 StGB, für die Fälle des Verbreitens, des Erwerbs und des Besitzes kinderpornographischer Schriften nach § 184b Abs. 1 und 2 StGB, für die Terrorismusfinanzierung nach § 89c StGB, den gewerbs- oder bandenmäßigen verbotenen Umgang mit neuen psychoaktiven Substanzen nach § 4 Abs. 3 Nr. 1 lit. a NpSG, das Verbrechen der Aggression nach § 13 VStGB, den Sportwettbetrug unter den Voraussetzungen nach § 265e S. 2 StGB und das Vorenthalten und Veruntreuen von Arbeitsentgelt unter den in § 266a Abs. 4 S. 2 Nr. 4 StGB genannten Voraussetzungen. Bislang nicht aufgenommen worden sind (schwere Fälle) der Daten- und Computerdelikte (§§ 202a–202c, 303a f. StGB) mit

443 Siehe auch Singelnstein/Putzer GA 2015, 564 (566 ff.).
444 BVerfG 27.7.2005 – 1 BvR 668/04, NJW 2005, 2603 (2610).
445 Albrecht/Dorsch/Krüpe, Rechtswirklichkeit und Effizienz der Überwachung, S. 12 ff., 462 ff.
446 Vgl. BT-Drs. 16/5846, 40.

Ausnahme des § 263a StGB. Dies ist angesichts der Tatsache, dass die Telekommunikationsüberwachung in diesen Fällen häufig einer der wenigen erfolgversprechenden Ermittlungsansätze ist, durchaus kritisch zu sehen.[447]

III. Nichtbeschuldigte als weitere Betroffene der Maßnahme (Abs. 3)

Maßnahmen der Telekommunikationsüberwachung dürfen sich gemäß Abs. 3 nicht nur gegen die an der Anlasstat beteiligten Personen, mithin gegen Beschuldigte, sondern darüber hinaus auch gegen solche **nicht beschuldigte Personen** richten, „von denen auf Grund bestimmter Tatsachen anzunehmen ist, dass sie für den Beschuldigten bestimmte oder von ihm herrührende Mitteilungen entgegennehmen oder weitergeben oder dass der Beschuldigte ihren Anschluss oder ihr informationstechnisches System benutzt." 187

1. Nachrichtenmittler. Nachrichtenmittler ist eine Person, die von dem Beschuldigten herrührende Nachrichten entweder entgegennimmt oder aber für diesen bestimmte Nachrichten weiterleitet. **Nachrichten** können dabei, im Hinblick auf die in Abs. 1 S. 1 Nr. 3 enthaltene Zweckbestimmung, nur solche Informationen sein, die entweder einen Bezug zur Anlasstat oder aber zum Aufenthaltsort des Beschuldigten haben, mithin geeignet sind, den Beschuldigten zu lokalisieren oder aber den Sachverhalt zu erforschen. Maßnahmen gegen Dritte als Nachrichtenmittler sind daher nicht bereits zulässig, wenn der Beschuldigte mit diesen in Kontakt steht. Vielmehr müssen – namentlich bei Maßnahmen zur Sachverhaltserforschung – auch „bestimmte Tatsachen" (→ Rn. 151) dafür vorliegen, dass die zwischen dem Beschuldigten und dem Nachrichtenmittler ausgetauschten Informationen Inhalte der vorgenannten Art zum Gegenstand haben. Bei Maßnahmen allein zur Aufenthaltsermittlung wird dies häufig nicht gelten, weil sich Rückschlüsse hierauf bereits aus den Standortdaten ergeben. 188

Vielfach wird dabei zwischen **„aktiven und passiven Nachrichtenmittlern"** unterschieden.[448] Als aktiv wird dabei die die Nachricht weitergebende, als passiv die sie entgegennehmende Person bezeichnet. Von Rechts wegen ist lediglich für den aktiven Nachrichtenmittler die Weitergabe der Nachricht konstitutiv. Beim passiven Nachrichtenmittler reicht es schon aus, dass er eine Nachricht lediglich entgegennimmt. 189

Dass eine Nachrichtenübermittlung dieser Art erfolgt, muss sich „auf Grund bestimmter Tatsachen", mithin aus einer **gesicherten Tatsachenbasis,**[449] oder, anders formuliert, „auf Grund der Lebenserfahrung oder der kriminalistischen Erfahrung fallbezogen aus Zeugenaussagen, Observationen oder anderen sachlichen Beweisanzeichen"[450] ergeben. Es gelten hier dieselben Maßstäbe wie bei der Bestimmung des Tatverdachts (→ Rn. 151). Bloße Vermutungen genügen auch hier nicht.[451] 190

In **personaler Hinsicht** handelt es sich bei Nachrichtenmittlern typischerweise entweder um Tatbeteiligte oder aber um Verwandte, Lebenspartner oder Freunde. Weder dem Wortlaut noch dem Sinn der Vorschrift kann jedoch eine Einschränkung des Abs. 3 unterfallenden Personenkreises dahingehend entnommen werden, dass Nachrichtenmittler „im Lager" des Beschuldigten stehen müssen.[452] 191

Nachrichtenmittler brauchen weder um den Grund und die näheren Hintergründe der Mitteilung noch um deren Tatbezogenheit zu wissen. Auch müssen weder die Entgegennahme von Mitteilungen vom Beschuldigten noch die Weiterleitung von Nachrichten an den Beschuldigten freiwillig erfolgen. Das Gesetz verlangt lediglich eine Entgegennahme oder Weiterleitung, diese kann mithin auch **unfreiwillig** erfolgen. Letzteres dürfte vor allem im Bereich der Organisierten Kriminalität von Bedeutung sein. 192

---

[447] Bär DRiZ 2015, 432 (435).
[448] Vgl. etwa Sankol MMR 2008, 154 (156).
[449] BVerfG 12.3.2003 – 1 BvR 330/96 und 1 BvR 348/99, NJW 2003, 1787 (1791).
[450] BVerfG 30.4.2007 – 2 BvR 2151/06, NJW 2007, 2752 (2753).
[451] LG Mainz 8.7.2019 – 3 Qs 28/19, BeckRS 2019, 20492; LG Kiel StraFo 2015, 512.
[452] So zutreffend Sankol MMR 2008, 154 (156); Köhler in Meyer-Goßner/Schmitt § 100a Rn. 19.

193 Auch wenn die **Angehörigen einer entführten Person,** von denen durch den Beschuldigten eine Lösegeldsumme erpresst werden soll, keine Nachrichtenmittler im strengen Wortsinne sind,[453] sind Überwachungsmaßnahmen gleichwohl auch hinsichtlich dieses Personenkreises nach hM zulässig.[454] Mit der Erwägung, dass es in diesen Fällen an der für eine Nachrichtenmittlertätigkeit konstitutiven Weitergabe einer Nachricht fehle und das Erpressungsopfer der Endabnehmer der Nachricht sei, lehnt dies eine Mindermeinung ab.[455] Die Vertreter dieser Auffassung verkennen indes, dass es im Falle des passiven Nachrichtenmittlers nach Abs. 3 einer Weitergabe nicht zwingend bedarf. Der Wortlaut lässt zu, dass Überwachungsmaßnahmen auch gegen solche Personen zulässig sind, die lediglich „vom ihm (…) herrührende Mitteilungen entgegennehmen". Damit sind gerade Fallgruppen erfasst, in denen Personen überwacht werden, welche mit dem Beschuldigten kommunizieren. Dass diese Personen selbst kein Interesse an der Überwachung der Kommunikation haben (weil sie zB die Forderungen der Entführer erfüllen wollen und die Polizei nicht beteiligen möchten), spielt insofern keine Rolle. Telekommunikationsüberwachung erfolgt im Regelfall ohne das Einverständnis der Kommunikationspartner. Möglich wäre ein Ausschluss dieses Falles nur über eine teleologische Reduktion. Deren Voraussetzungen liegen jedoch nicht vor, da nicht erkennbar ist, dass der Gesetzgeber diesen Fall hätte ausschließen wollen, wenn er ihn bedacht hätte.

194 Wie sich aus dem Urteil des BVerfG zum BKA-Gesetz ergibt, muss die Vorschrift **bezüglich der Nachrichtenermittler verfassungskonform ausgelegt werden.** Danach müssen konkrete Anhaltspunkte dafür vorhanden sein, „dass der Nachrichtenmittler von der Zielperson in die Tatdurchführung eingebunden wird und somit eine besondere Tat- oder Gefahrennähe aufweist."[456] Nicht zulässig ist danach eine Erstreckung der TKÜ „ins Blaue hinein" auf alle Personen, die mit dem Beschuldigten Nachrichten ausgetauscht haben.[457] Schließlich muss bei der Anordnung von Überwachungsmaßnahmen gegen Nichtbeschuldigte der Verhältnismäßigkeitsgrundsatz in besonderer Weise beachtet werden.[458]

195 **2. Nutzung fremder Anschlüsse.** Weiterhin dürfen auch die Anschlüsse derjenigen nicht beschuldigten Personen überwacht werden, von denen auf Grund einer gesicherten Tatsachenbasis davon auszugehen ist, dass der Beschuldigte **ihren Anschluss nutzt.**

196 Nicht erforderlich ist, dass der Anschlussinhaber von der Nutzung seines Anschlusses durch den Beschuldigten Kenntnis hat. Betroffene von Maßnahmen nach Abs. 3 können mithin sowohl die um die Nutzung ihres Anschlusses wissende Freundin des Beschuldigten als auch der E-Mail-Account eines Dritten sein, den der Beschuldigte „geknackt" hat und um dessen missbräuchliche Nutzung der Dritte nicht weiß.

197 Fremde Anschlüsse stellen auch **öffentliche Telefonanschlüsse und öffentliche Wifi-Access-Points** dar. Liegen konkrete Anhaltspunkte dafür vor, dass der Beschuldigte einen öffentlichen Anschluss nutzt, ist auch dessen Überwachung grundsätzlich zulässig.[459] Indes ist hier im Hinblick auf die Vielzahl der von der Überwachung voraussehbar mitbetroffenen unbeteiligten Dritten sowohl bei Anordnung der Maßnahme als auch bei deren Vollstreckung dem Grundsatz der Verhältnismäßigkeit entsprechend zu gewährleisten, dass deren Kreis so klein wie möglich gehalten wird. Dies kann etwa durch eine entsprechend kurze zeitliche Begrenzung der Maßnahme, deren Echtzeitüberwachung oder durch die unverzügliche Löschung der Datensätze sämtlicher Nichtverdächtiger erfolgen.[460]

---

453 Ebenso Bruns in KK-StPO § 100a Rn. 33; Sankol MMR 2008, 154 (157).

454 Im Ergebnis ebenso Köhler in Meyer-Goßner/Schmitt § 100a Rn. 19; Bruns in KK-StPO § 100a Rn. 33; Graf in BeckOK StPO § 100a Rn. 151; Mahnkopf/Döring NStZ 1995, 112.

455 Vgl. Wolter/Greco in SK-StPO § 100a Rn. 51; einschränkend Sankol MMR 2008, 154 (156).

456 BVerfG 20.4.2016 – 1 BvR 966/09 und 1 BvR 1140/09, NJW 2016, 1781 Rn. 233.

457 BVerfG 20.4.2016 – 1 BvR 966/09 und 1 BvR 1140/09, NJW 2016, 1781 Rn. 233.

458 LG Mainz 8.7.2019 – 3 Qs 28/19, BeckRS 2019, 20492.

459 Köhler in Meyer-Goßner/Schmitt § 100a Rn. 20.

460 So auch Graf in BeckOK StPO § 100a Rn. 155.

Entsprechendes gilt für die Überwachung von **Internetcafés und so genannten Hotspots.** Dabei handelt es sich um Zugangsvermittlungen zum Internet, die im öffentlichen Raum installiert sind und gegen Bezahlung, im Falle von Hotspots vermehrt indes auch unentgeltlich zugänglich sind (besonders relevant sind hier die sog. Freifunker, welche ihr WLAN unentgeltlich für andere Benutzer zur Verfügung stellen, um eine bessere Abdeckung des öffentlichen Raums mit WLAN-Netzen für alle Bürgerinnen und Bürger zu erreichen). Die Überwachung des Anschlusses von Internetcafés dürfte trotz der Neuregelung hinsichtlich der Benutzung des „informationstechnischen Systems" eines anderen im Rahmen der Einfügung der Kompetenz zur sog. Quellen-TKÜ (hierzu → Rn. 201) weiterhin über die Alternative „Mitbenutzung eines Anschlusses" möglich sein, sofern keine Quellen-TKÜ auf einem spezifischen Computer des Internetcafés durchgeführt wird. WLAN-Access-Points, über die der Nutzer zunächst Zugriff zu einem lokalen Netzwerk und über dieses schließlich zum Internet erhält, gehören mittlerweile zum Standardangebot von Transport- und Beherbergungsunternehmen (Bahn, Hotels, aber auch lokale Anbieter des öffentlichen Personennahverkehrs) sowie Restaurants und Geschäften. Hotspots können mit Hilfe eines so genannten „WiFi-Catchers", wobei WiFi für Wireless Fidelity steht, überwacht werden (hierzu → § 100b Rn. 25 ff.).[461] 198

3. Nutzung fremder informationstechnischer Systeme. Mit der Kompetenz zur Durchführung einer Quellen-TKÜ nach Abs. 1 S. 2, S. 3 wurde der Kreis der Maßnahmeadressaten konsequenterweise auch auf diejenigen Personen ausgedehnt, von denen auf Grund bestimmter Tatsachen anzunehmen ist, dass der Beschuldigte ihr informationstechnisches System nutzt. Da bei Cloud-Dienstleistungen die Server der Dienstleister bereits unter das vom Beschuldigten als eigenes genutztes informationstechnisches System zu subsumieren sind (→ Rn. 215), **betrifft die Neuregelung in Abs. 3 vor allem persönliche Endgeräte anderer Personen** wie PCs, Laptops, Smartphones und Tablets. Ebenso wie bei der Nutzung fremder Anschlüsse und der Eigenschaft als Nachrichtenmittler ist es erforderlich, dass konkrete Anhaltspunkte dafür vorhanden sind, dass der Beschuldigte das infiltrierte Gerät des Drittbetroffenen tatsächlich benutzt. Der bloße Zugang des Beschuldigten zum Gerät zB innerhalb der Familie oder einer Wohngemeinschaft genügt hierfür nicht. 199

IV. Kernbereichsschutz (§ 100d)

Der Kernbereichsschutz für die §§ 100a–100c ist nun **einheitlich in § 100d geregelt** (siehe dortige Kommentierung → § 100d Rn. 1 ff.). 200

V. Materielle Anordnungsvoraussetzungen der Quellen-Telekommunikationsüberwachung nach Abs. 1 S. 2, S. 3, Abs. 3 Var. 2

Bei der sog. Quellen-Telekommunikationsüberwachung (Quellen-TKÜ) handelt es sich um eine besondere Form der Telekommunikationsüberwachung, bei der die Telekommunikationsdaten nicht unter Zuhilfenahme eines Telekommunikationsanbieters auf ihrem Übertragungsweg über das öffentliche Telekommunikationsnetz abgefangen und aufgezeichnet werden, sondern **mittels eines auf dem jeweiligen informationstechnischen System des Betroffenen installierten Spähprogramms (umgangssprachlich als sog. Staatstrojaner bezeichnet) unmittelbar vor oder nach dem Sendungsvorgang erhoben werden.** Die neue Befugnis dient vor allem dazu, während des Telekommunikationsvorgangs eingesetzte Verschlüsselungstechnologien zu umgehen.[462] Die Rechtsgrundlage für eine solche Quellen-TKÜ ist nunmehr explizit in § 100a Abs. 1 S. 2, S. 3 geregelt. Die Regelung umfasst dabei zwei verschiedene Eingriffskompetenzen. In Abs. 1 S. 2 erlaubt die Vorschrift das Überwachen und Aufzeichnen laufender Telekommunikation unter der zusätzlichen Modalität der Infiltration des informationstechnischen Systems des Betroffenen, 201

---

[461] Vgl. Jordan Kriminalistik 2005, 514.
[462] Siehe hierzu Neuhaus DRiZ 2017, 192.

in Abs. 1 S. 3 wird den Ermittlungsbehörden zusätzlich die Möglichkeit eröffnet, gespeicherte Inhalte und Umstände einer Telekommunikation mittels des Spähprogramms zu erheben.

202 **1. Gemeinsame Voraussetzungen.** Gemeinsam ist beiden Eingriffsnormen, dass sie mittels eines Eingriffs in das **informationstechnische System** des Betroffenen durch ein **„technisches Mittel"** durchgeführt werden dürfen. Damit ist (va) die Installation und Nutzung eines Spähprogramms auf dem System des Betroffenen gemeint.

203 **a) Technisches Mittel.** Der Begriff des technischen Mittels ist weit gefasst. Hierunter lassen sich verschiedene technische Methoden subsumieren, mittels derer die Erhebung von Telekommunikationsdaten von einem informationstechnischen System möglich sind. Nach derzeitigem Stand der Technik umfasst dies vor allem Spähsoftware (sog. Staatstrojaner) mit unterschiedlichen Funktionsweisen (zB der Möglichkeit, Daten vom System zu kopieren, lokal zu speichern und an einen Command-and-Control-Server der Behörden auszuleiten, Screenshots vom Bildschirm des Geräts anzufertigen, Zugriff auf verschiedene Funktionalitäten des Systems zu nehmen etc) aber auch Hardwarelösungen wie zB Hardware-Keylogger, welche die Tastaturanschläge und/oder Mausklicks protokollieren und speichern.[463] Umfasst wären jedoch auch weitere denkbare Methoden wie zB sog. Seitenkanal-Attacken, bei denen verschiedene Nebenprodukte der Computernutzung analysiert werden (zB Stromverbrauch, Geräusche, Hitzeentwicklung, elektromagnetische Abstrahlung). Dass in der Gesetzesbegründung nur der Anwendungsfall des Aufspielens von Software explizit erwähnt wird,[464] führt nicht zu einer engeren Auslegung. Denn die Verwendung des Begriffs „technisches Mittel" bringt zum Ausdruck, dass darüber hinaus **alle denkbaren technischen Mittel eingesetzt werden dürfen** – soweit sie den gesetzlichen und verfassungsrechtlichen Anforderungen genügen (→ Rn. 35 f.). Hierfür spricht auch, dass der Begriff des technischen Mittels bereits aus den Vorschriften der §§ 100f, 100h Abs. 1 Nr. 2, 100i bekannt ist und dort jeweils verschiedene Soft- und Hardwarelösungen umfasst (→ § 100f Rn. 14, → § 100h Rn. 9 und → § 100i Rn. 24 ff.). Hierunter wird man auch den heimlichen Zugriff auf informationstechnische Systeme mit Hilfe eines durch die Strafverfolgungsbehörden erlangten Passworts (zB nach § 100j Abs. 1 S. 2, S. 3) fassen können, da sich auch ein solcher Zugriff als heimlicher Eingriff in einer informationstechnisches System mit einem „technischen" Mittel verstehen lässt.[465]

204 **b) Eingriff.** Das Gesetz macht keine Vorgaben dazu, wie die **Spähsoftware oder -hardware auf dem System installiert werden darf.** Möglich sind daher die unmittelbare Installation durch physischen Zugang zum System, das gezielte Ausnutzen von Sicherheitslücken (sog. exploits) im Zielsystem, die Manipulation von Softwareupdates von Programmen auf dem Zielsystem sowie der Einsatz von List, um den Betroffenen dazu zu bringen, den Installationsvorgang (unbewusst) selbst vorzunehmen (zB durch das Öffnen eines zugesendeten E-Mail-Anhangs, das Aufrufen einer von den Behörden entsprechend manipulierten Internetseite, das Anschließen von mobilen Speichern, wie zB USB-Sticks oder externe Festplatten, von wo aus sich das Spähprogramm automatisch installiert etc).[466]

205 § 100a Abs. 1 S. 2, S. 3 gibt den Ermittlungsbehörden **jedoch nicht die Befugnis, Wohnungen iSv Art. 13 GG zu betreten,** um das technische Mittel zu installieren.[467] Auch im Rahmen einer Wohnungsdurchsuchung dürfen – da sich das Betretungsrecht auf die Durchführung der offenen Maßnahme der Durchsuchung beschränkt – keine Spähprogramme oder entsprechende Hardware heimlich installiert werden.[468]

---

463 Vgl. auch Hauck in Löwe/Rosenberg § 100a Rn. 120 ff.
464 BT-Drs. 18/12758, 51.
465 Vgl. OLG Stuttgart 19.5.2021 – 2 Ws 75/21, BeckRS 2021, 15469.
466 Vgl. auch Hauck in Löwe/Rosenberg § 100a Rn. 123 ff.; BT-Drs. 18/12758, 52.
467 BT-Drs. 18/12758, 52; siehe hierzu auch Ziemann ZStW 130 (2018), 762 (797 f.); von der Grün, Verdeckte Ermittlungen, S. 42; Derin/Golla NJW 2019, 1111 (1112 f.).
468 Derin/Golla NJW 2019, 1111 (1113).

In der Literatur werden **zwei weitere Einschränkungen** bzgl. der Installation des technischen Mittels diskutiert.[469] Zum einen soll die Verwendung **kriminalistischer List** nicht zulässig sein.[470] Diese Auffassung wurzelt bei Eisenberg in dessen grundsätzlicher Ablehnung der Unterscheidung zwischen unzulässiger Täuschung und zulässiger List bei § 136a.[471] Ob der Einsatz kriminalistischer List zulässig ist, um einen Betroffenen dazu zu bringen, das verwendete Spähprogramm unbewusst selbst auf seinem informationstechnischen System zu installieren, hängt davon ab, ob in diesem Vorgehen ein Verstoß gegen das nemo-tenetur-Prinzip zu erblicken ist. Zunächst ist zuzugeben, dass der Betroffene bei einem solchen Vorgehen an der Sammlung von Beweisen gegen ihn selbst unbewusst mitwirkt. Zu einer Täuschung während einer Vernehmung iSv § 136a besteht jedoch ein gewichtiger Unterschied. Bei dieser führt die Täuschung dazu, dass der Beschuldigte selbst unmittelbar Belastendes über sich selbst Preis gibt und hierdurch sein Recht zu Schweigen unterlaufen wird. Bei täuschungsbedingter Installation einer Spähsoftware ermöglicht der Betroffene dagegen lediglich den Ermittlungsbehörden den Zugang zu seinem System, auf dem diese dann selbst Beweismittel sammeln. Eher vergleichbar ist die Situation mit derjenigen, in der ein Verdeckter Ermittler nach § 110c den Zugang zu einer fremden Wohnung erschleicht. Hier wird zwar ein Verstoß gegen Art. 13 GG diskutiert,[472] nicht jedoch ein solcher gegen den nemo-tenetur-Grundsatz. Der Verdeckte Ermittler kann nach dem Betreten der Wohnung dort geführte Gespräche mithören und später seine weiteren Beobachtungen schildern sowie ggf. Durchsuchungen und Beschlagnahmen nach §§ 102, 94 ff. durchführen (vgl. § 110c S. 3). Durch den täuschungsbedingt erlangten Zugang zur Wohnung wird dem Ermittler also – ähnlich wie bei der Quellen-TKÜ – die Möglichkeit der Beweiserlangung eingeräumt, ohne dass der Betroffene unmittelbar selbst an dieser Beweiserlangung beteiligt ist. 206

Entscheidend ist damit, ob diese Form der Täuschung zur Erlangung des Zugangs zu Beweismitteln einen Verstoß gegen den verfassungs- und europarechtlichen nemo-tenetur-Grundsatz aus Art. 1 Abs. 1, 20 Abs. 3 GG bzw. Art. 6 Abs. 1, 2 EMRK (zu Geltung und Rang der EMRK im Rahmen von § 100a → Rn. 42) darstellt. Der verfassungsrechtliche nemo-tenetur-Grundsatz umfasst neben der Selbstbelastungsfreiheit auch die Freiheit zu entscheiden, ob und inwieweit der Beschuldigte aktiv am Strafverfahren und seiner Überführung mitwirken will.[473] Auch das aus Art. 6 Abs. 1 und Abs. 2 EMRK abgeleitete nemo-tenetur-Prinzip umfasst neben dem Recht zu Schweigen, das Recht, nicht aktiv am eigenen Strafverfahren mitzuwirken.[474] Allerdings hat der EGMR bisher kein allgemeines Täuschungsverbot entwickelt und lässt prinzipiell verdeckte und heimliche Ermittlungen zu.[475] Ein solches allgemeines Täuschungsverbot würde auch die Effektivität von strafrechtlichen Ermittlungen zu sehr einschränken und die Bedeutung des Grundsatzes der Selbstbelastungsfreiheit überdehnen. In der täuschungs- bzw. irrtumsbedingten Eröffnung des Zugangs zum IT-System ist auch keine „aktive Mitwirkung an der Selbstüberführung" zu erblicken, wie dies bei durch Täuschung erlangten Geständnissen der Fall ist. Bei heimlichen Ermittlungsmaßnahmen ist stets ein gewisses Maß an „List" vorhanden, da diese darauf gerichtet sind, ohne Kenntnis des Betroffenen durchgeführt zu werden. Dies ist auch ein Grund für die hohen Schwellen, an die solche Eingriffe regelmäßig gebunden sind. Sind die hohen Hürden für eine Quellen-TKÜ genommen und ist die Infiltration des Ziel-Systems damit zulässig, 207

[469] Siehe auch Derin/Golla NJW 2019, 1111 sowie Beukelmann NJW-Spezial 2019, 440.

[470] Eisenberg Beweisrecht der StPO Rn. 2506; Zöller in Gercke/Julius/Temming/Zöller § 100a Rn. 41; ebenfalls zweifelnd Derin/Golla NJW 2019, 1111 (1113 f.).

[471] Eisenberg BeweisR StPO Rn. 655.

[472] Guter Überblick bei → § 110c Rn. 8 ff.

[473] BVerfG 19.3.2013 – 2 BvR 2628/10, 2 BvR 2883/10, 2 BvR 2155/11, NJW 2013, 1058 (1061); BGH 13.5.1996 – GSSt 1/96, BGHSt 42, 139 = NJW 1996, 2940; s. auch Soiné NStZ 2010, 596 (598).

[474] EGMR 3.5.2001 – 31827/96, NJW 2002, 499 – J. B ./. Schweiz; EGMR 25.2.1993 – 10828/84, juris – Funke/Frankreich; Meyer in Karpenstein/Mayer EMRK Art. 6 Rn. 129.

[475] EGMR 10.3.2009 – 4378/02, NJW 2010, 213 – Bykov ./. Russland; Lohse/Jakobs in KK-StPO EMRK Art. 6 Rn. 52; Karpenstein/Mayer/Meyer EMRK Art. 6 Rn. 139; siehe jedoch zur Umgehung des Schweigerechts EGMR 5.11.2002 – 48539/99, StV 2003, 257.

ist eine täuschungsbedingte Selbstinstallation der Spähsoftware im Gesamtzusammenhang mit der Kommunikationsüberwachung unter Nutzung des Systems des Betroffenen kein so erheblicher Zusatzeingriff, dass die Justizförmigkeit des Vorgehens oder die Verfahrensfairness gefährdet wäre. Dies gilt auch und gerade im Vergleich mit der auch von der Gegenansicht für zulässig gehaltenen „technischen" Infiltration durch das Ausnutzen von Sicherheitslücken im System. Somit ist auch der Einsatz von List, um den Betroffenen zur unbewussten Selbstinstallation zu bewegen, zulässig. **Ein Verstoß gegen den nemo-tenetur-Grundsatz liegt nicht vor.**

208 Andere halten wiederrum zwar den Einsatz kriminalistischer List für zulässig, haben jedoch (verfassungsrechtliche) Bedenken gegen **die Ausnutzung von Sicherheitslücken,** sofern diese den jeweiligen Herstellern der Software/Firmware/Hardware noch nicht bekannt sind (sog. zero-day-exploits).[476] Die Bedenken rühren daher, dass der Staat seinen Schutzauftrag für die IT-Sicherheit der Bürgerinnen und Bürger konterkariert, wenn er nicht auf die Schließung solcher Sicherheitslücken hinarbeitet, sondern diese selbst ausnutzt, um auf dem gleichen Weg wie Cyber-Kriminelle in die IT-Systeme der Bürgerinnen und Bürger einzudringen.[477] Die Einwände sind zwar berechtigt (hierzu auch → § 100b Rn. 18a), führen aber nicht dazu, dass das Ausnutzen von Sicherheitslücken zur Installation der Spähsoftware auf bekannte Lücken beschränkt werden müsste. Vielmehr ist der Staat – namentlich das Bundesministerium des Innern bzw. das Bundesamt für Sicherheit in der Informationstechnik – verpflichtet, im Rahmen ihres staatlichen Schutzauftrags auf die Schließung entsprechender Lücken hinzuarbeiten und den Herstellern Lücken mitzuteilen, die den staatlichen Behörden bekannt sind oder werden. Solange diese Lücken aber trotz dieser Mitteilungspflicht bestehen, dürfen sie auch von den Strafverfolgungsbehörden (deren Aufgabe die Mitteilung solcher Sicherheitslücken gerade nicht ist) genutzt werden.

209 **c) Vom Betroffenen genutztes informationstechnisches System.** Der Begriff des informationstechnischen Systems ist nicht legaldefiniert. Er ist offensichtlich an den **verfassungsrechtlichen Begriff des informationstechnischen Systems angelehnt,** wie ihn das BVerfG in seiner Entscheidung zur Online-Durchsuchung definiert hat. Ob die StPO allerdings tatsächlich einen deckungsgleichen Terminus verwendet, ist bislang ungeklärt. Anders als das BVerfG für die Anwendbarkeit des IT-System-Grundrechts verlangt, muss es sich weiterhin nicht um ein „als eigenes genutztes" System handeln, vielmehr genügt ein „vom Betroffenen genutztes" System.

210 **aa) Der verfassungsrechtliche Begriff des informationstechnischen Systems.** Nach der Rechtsprechung des BVerfG ist ein informationstechnisches System ein solches, das „personenbezogene Daten erzeugen, verarbeiten oder speichern kann".[478] Keine Rolle spielt dagegen, ob das System mit anderen Systemen oder dem Internet verbunden ist.[479] Ebenfalls unerheblich ist, ob und mit welchen Schutzmaßnahmen gegen Fremdzugriff das System ausgestattet ist.[480] Voraussetzung ist allerdings, dass die Daten, welche das System – ggf. in Vernetzung mit anderen Systemen – erzeugt oder verarbeitet einen so **großen Informationsgehalt** aufweisen, „dass ein Zugriff auf das System es ermöglicht, einen Einblick in wesentliche Teile der Lebensgestaltung einer Person zu gewinnen oder gar ein aussagekräftiges Bild der Persönlichkeit zu erhalten."[481] Ausgeklammert werden nach dieser quantitativen Abgrenzung solche Systeme, welche aufgrund ihrer technischen Konstruktion

---

476 Derin/Golla NJW 2019, 1111 (1114 f.).

477 Zum Ganzen: Buermeyer Gutachterliche Stellungnahme zur Öffentlichen Anhörung zur „Formulierungshilfe" des BMJV zur Einführung von Rechtsgrundlagen für Online-Durchsuchung und Quellen-TKÜ im Strafprozess Ausschuss-Drucksache 18(6)334 im Ausschuss für Recht und Verbraucherschutz des Deutschen Bundestages am 31. Mai 2017, abrufbar unter https://freiheitsrechte.org/home/wp-content/uploads/2017/05/Stellungnahme-RiLG-Dr.-Buermeyer-LL.M.pdf (Stand: 12.8.2020); s. auch Hauck in Löwe/Rosenberg § 100a Rn. 125.

478 BVerfG 27.2.2008 – 1 BvR 370, 595/07, BVerfGE 120, 274 (313) = NJW 2008, 822.

479 BVerfG 27.2.2008 – 1 BvR 370, 595/07, BVerfGE 120, 274 (304 f.) = NJW 2008, 822.

480 BVerfG 27.2.2008 – 1 BvR 370, 595/07, BVerfGE 120, 274 (315) = NJW 2008, 822.

481 BVerfG 27.2.2008 – 1 BvR 370, 595/07, BVerfGE 120, 274 (314) = NJW 2008, 822.

nur Daten „mit punktuellem Bezug zu einem bestimmten Lebensbereich des Betroffenen“ erzeugen, verarbeiten oder speichern.[482] Die an dieser quantitativen Herangehensweise geäußerte Kritik, dies führe zu Abgrenzungsschwierigkeiten, weil es zwischen den beiden vom Verfassungsgericht beschriebenen Systemtypen zahlreiche weitere Abstufungen gäbe,[483] ist unzutreffend, weil das BVerfG lediglich solche Geräte ausklammert, die bereits aufgrund ihrer technischen Konstruktion nur Daten mit punktuellem Bezug verarbeiten und auch nicht durch die Vernetzung mit anderen Geräten einen tieferen Einblick gewähren (können).

bb) Strafverfahrensrechtsspezifischer Begriff des informationstechnischen Systems. In der Literatur wird teilweise vorgeschlagen, einen spezifischen Begriff des informationstechnischen Systems für § 100a zu verwenden. Dieser solle von einem **weiten Wortlautverständnis** ausgehen, das als System eine „Einheit aus technischen Anlagen und Bauelementen“ betrachtet, denen „eine gemeinsame Funktion“ zukommt.[484] Ein System der Informationstechnik soll sodann vorliegen, wenn das System ein technisches Mittel der Verarbeitung oder Übertragung von Daten und/oder Informationen ist.[485] Dieses Begriffsverständnis ist insofern weiter als dasjenige des BVerfG, als es auch solche IT-Systeme einbezieht, die unterhalb der vom BVerfG verlangten Schwelle der Ermöglichung des Einblicks in die Persönlichkeit oder Lebensumstände liegen. So ist es vorstellbar, dass ein Gerät zwar aufgrund seiner technischen Konstruktion nur punktuelle Daten verarbeitet (zB Geräte des sog. Internet of Things), diese punktuellen Daten jedoch verschlüsselt versendet und die Strafverfolgungsbehörden diese Daten mittels einer Quellen-TKÜ erheben wollen. Für diesen weiteren Begriff spricht, dass die quantitative Einschränkung durch das BVerfG zur Umgrenzung des Schutzbereichs des IT-System-Grundrechts dient. § 100a soll dagegen Eingriffe in IT-Systeme ermöglichen, um Telekommunikation abzuhören. Es ist kein Grund ersichtlich, warum der Gesetzgeber die Quellen-TKÜ nur auf solchen Geräten erlauben wollte, für die das BVerfG einen grundrechtlichen Integritätsschutz über das IT-System-Grundrecht entwickelt hat. Eine Beschränkung der Eingriffsbefugnis auf verfassungsrechtlich besser geschützte Systeme wäre nicht sachgemäß. 211

cc) Problem: Eignung zur Kommunikation. Fraglich ist, ob dieser weite Begriff des informationstechnischen Systems im Rahmen von § 100a eingeschränkt werden muss. Da § 100a Abs. 1 S. 2, S. 3 nur zur Überwachung und Aufzeichnung von Kommunikationsdaten (im Falle von S. 3 auch von gespeicherten) ermächtigt, wird teilweise vertreten, dass in § 100a nur solche informationstechnischen Systeme gemeint seien, die zur Telekommunikation dienen.[486] Richtig ist, dass § 100a Abs. 1 S. 2, S. 3 nur zur Infiltration von IT-Systemen ermächtigt, um Telekommunikationsdaten zu erheben. Wurde ein IT-System infiltriert, das nicht kommuniziert, dürfen dort keine anderen Daten erhoben werden,[487] diese Erhebung fällt in Anwendungsbereich von § 100b. Dies ergibt sich jedoch aus der Beschränkung der Maßnahme auf die **„Überwachung und Aufzeichnung von Telekommunikation“.** Eine teleologische Reduktion des Begriffs des informationstechnischen Systems und damit eine gespaltene Auslegung des Begriffs zwischen § 100a und § 100b ist demnach überflüssig und daher abzulehnen. 212

dd) Vom Betroffenen genutztes System. Anders als für die Schutzbereichseröffnung des IT-System-Grundrechts, verlangt § 100a nicht, dass der Betroffene das System „als eigenes“ nutzt. Eine bloße Nutzung durch den Betroffenen genügt. Hiernach spielen **weder** 213

482 BVerfG 27.2.2008 – 1 BvR 370, 595/07, BVerfGE 120, 274 (313 f.) = NJW 2008, 822.
483 Gersdorf in BeckOK InfoMedienR GG Art. 2 Rn. 25.
484 Hauck in Löwe/Rosenberg § 100a Rn. 105.
485 Hauck in Löwe/Rosenberg § 100a Rn. 106.
486 Hauck in Löwe/Rosenberg § 100a Rn. 107.
487 Die Erhebung könnte dann sowieso nur so stattfinden, dass das technische Mittel die Daten entweder selbst – bei Verwendung von Hardware – oder auf dem Zielsystem speichert und diese später vom technischen Mittel oder Zielsystem von den Ermittlungsbehörden im Rahmen einer Beschlagnahme ausgelesen werden.

Eigentums-, Besitz- oder Nutzungsrechte eine Rolle noch eine Vertraulichkeitserwartung des Betroffenen.[488] Es genügt, dass der Betroffene über das informationstechnische System tatsächlich verfügen kann und somit jederzeit eine Nutzung durch ihn möglich ist.[489]

214 **ee) Problem: Vernetzte Systeme, insbesondere Cloud Computing.** Vom Wortlaut her umfasst der Begriff des vom Betroffenen genutzten informationstechnischen Systems auch vernetzte Systeme, also über einzelne Computer, Laptops, Smartphones, IoT-Geräte, Router usw hinaus auch abgrenzbare, nicht-öffentliche Netzwerke mit mehreren Geräten wie **WLANs und LANs** mit mehreren miteinander vernetzten Geräten.[490] Die Infiltration solcher vernetzter IT-Systeme ist im Rahmen von § 100a jedoch nicht relevant (ganz anders im Rahmen einer Online-Durchsuchung solcher vernetzter Systeme → § 100b Rn. 24 ff.), weil der Datenaustausch innerhalb solcher Systeme keine Telekommunikation darstellt (zum sog. WLAN-Catching noch vertiefend → § 100b Rn. 25 ff.). Mittels einer Quellen-TKÜ kann somit nur die Kommunikation solcher vernetzter Systeme mit anderen Systemen außerhalb des jeweiligen abgegrenzten nichtöffentlichen Netzwerks überwacht werden. Hierzu ist jedoch entweder die Infiltration der Schnittstelle des Netzwerks (zB Router) oder jedes einzelnen Geräts des Netzwerks erforderlich, um verschlüsselte Kommunikation auszulesen (je nachdem wo und wann die Verschlüsselung stattfindet).

215 Der Wortlaut „vom Betroffenen genutzte informationstechnische" Systeme umfasst auch Systeme, die im Eigentum und der Verfügungsgewalt anderer stehen, die der Betroffene jedoch tatsächlich mit nutzt (→ Rn. 213). Praktisch relevant ist hier vor allem das **sog. Cloud Computing,** bei dem Anbieter ihren Nutzern Speicher, Rechenleistung oder Anwendungen zur Verfügung stellen, wobei die Dienstleistung auf Systemen abgewickelt wird, die den Anbietern gehören oder von diesen angemietet sind. Durch einen Eingriff in das System des Cloud Anbieters könnte dann die Kommunikation zwischen dem Gerät des Nutzers und des Anbieters überwacht werden. Die Überwachung dieser Kommunikation wäre allerdings nur unter zwei Voraussetzungen nach § 100a zulässig. Erstens müsste es sich beim Datenaustausch zwischen Nutzer-System und Cloud-Anbieter-System überhaupt um Telekommunikation handeln. Dies kann nur bejaht werden, wenn – wie hier vertreten (→ Rn. 127 ff.) – auf das Erfordernis einer Kommunikation zwischen zwei verschiedenen Personen verzichtet wird. Andernfalls beschränkt sich der Anwendungsbereich dieser Art der Überwachung auf solche Vorgänge, bei denen zwei verschiedene Nutzer einen Cloud-Dienst in Anspruch nehmen, um Nachrichten auszutauschen (zB Nutzung als **„toter Briefkasten"** oder gemeinsame Bearbeitung eines Dokuments etc). Zweitens dürfte es sich nicht um ein einheitliches informationstechnisches System iSv § 100a Abs. 1 S. 2, S. 3 handeln. Sonst wären die Datenübertragungsvorgänge innerhalb dieses vernetzten Systems nämlich nicht als Telekommunikation zu werten. Richtigerweise kann jedoch nur von einem einheitlichen informationstechnischen System iSv § 100a gesprochen werden, wenn das System der Herrschaft eines „Nutzers" (der freilich auch eine juristische Person, eine Personengesellschaft oder ein sonstiger Zusammenschluss von Nutzern, zB Wohngemeinschaft sein kann) unterliegt.[491] Andernfalls müssten nämlich auch öffentliche Netzwerke inklusive des gesamten Internets als einheitliche informationstechnische Systeme betrachtet werden. Dies würde der ratio legis von § 100a Abs. 1 S. 2, S. 3 nicht gerecht. Daher sind das Gerät des Nutzers und das Gerät des Dienstanbieters nicht als einheitliches informationstechnisches System iSv § 100a Abs. 1 S. 2, S. 3 zu betrachten (vertiefend zu dieser Problematik noch → § 100b Rn. 33). Dementsprechend kann die Kommunikation des Nutzers mit dem Gerät des Dienstleistungsanbieters mittels einer Infiltration des Geräts des Dienstanbieters überwacht werden, wenn die sonstigen Voraussetzungen für eine Quellen-TKÜ vorliegen.

---

488 Hauck in Löwe/Rosenberg § 100a Rn. 119.
489 Hauck in Löwe/Rosenberg § 100a Rn. 118.
490 Hauck in Löwe/Rosenberg § 100a Rn. 111 ff.
491 AA Hauck in Löwe/Rosenberg § 100a Rn. 113.

In der Literatur wird eine verfassungskonforme Auslegung des § 100a Abs. 1 S. 2, S. 3 dahingehend vertreten, dass die Vorschrift nur auf vom Betroffenen „direkt genutzte" Systeme anwendbar ist und keinen Zugriff auf die Systeme von Dienstanbietern erlaubt. Begründet wird diese Auffassung mit der Befürchtung im Zusammenspiel mit der Verpflichtung der Dienstanbieter aus § 100a Abs. 4 könnten die Dienstanbieter verpflichtet werden, das Sicherheitsniveau ihrer Dienste herabzusenken, **Hintertüren für staatliche Behörden** in ihre Systeme einzubauen und Verschlüsselungstechniken zu beeinträchtigen.[492] Eine solche Beschränkung würde jedoch dem eindeutigen gesetzlichen Ziel, auch auf die informationstechnischen Systeme Dritter zugreifen zu können, wenn der Beschuldigte diese benutzt (vgl. Abs. 3 Var. 2), widersprechen. Sie ist auch nicht notwendig. Abs. 4 S. 1 verpflichtet die Dienstanbieter nicht dazu, prinzipiell eine schwache IT-Sicherheit oder schwache Verschlüsselungen zu verwenden oder nur solche Verschlüsselungen, zu denen der Dienstanbieter über den Schlüssel verfügt. Auch eine Verpflichtung zum Vorhalten von „Backdoors" für die Strafverfolgungsbehörden gibt es nicht. Denn Abs. 4 spricht davon, dass die Verpflichteten „aufgrund der Anordnung" an der TKÜ mitwirken müssen. Dementsprechend umfasst Abs. 4 nur konkrete Mitwirkungspflichten an der einzelnen TKÜ, nicht jedoch generelle Verpflichtungen zur Ermöglichung von Überwachungsmaßnahmen. Gleichfalls ordnen weder § 170 TKG (bis 1. Dezember 2021: § 110 TKG) noch die TKÜV (soweit sie überhaupt anwendbar ist) dies nicht an. Verwendet der Dienstanbieter jedoch eine Verschlüsselung, für welche er den Schlüssel an die Strafverfolgungsbehörden herausgeben kann bzw. die er aufheben kann, ist er auch bei einer normalen TKÜ dazu verpflichtet, vgl. § 8 Abs. 3 TKÜV. Relevant ist daher lediglich die Frage, ob Dienstanbieter dazu verpflichtet werden können, ab Zustellung der TKÜ-Anordnung die Verschlüsselung für die betroffene Verbindung zu verändern oder auf dem System des Betroffenen eine Hintertür zu installieren, damit die Behörden Zugriff auf die Kommunikation bzw. das informationstechnische System erlangen können (zB durch ein entsprechendes Systemupdate), soweit dies technisch überhaupt möglich ist. Zwar können Mitwirkungspflichten nach Abs. 4 über die Anforderungen aus der TKÜV hinausgehen, vgl. § 3 Abs. 3 TKÜV. Allerdings würde eine solche Mitwirkungspflicht die IT-Sicherheit der betroffenen Systeme und Verbindungen immens schwächen. Sie wären auch für Angriffe Dritter anfällig. Eine solche, das staatliche Ziel der Stärkung der IT-Sicherheit der Bürgerinnen und Bürger konterkarierende Verpflichtung, ist daher abzulehnen.[493] 216

Durch die Anwendbarkeit von § 100a Abs. 1 S. 2, S. 3 auf Cloud Computing-Systeme muss geklärt werden, in welchem Verhältnis die Vorschrift zur Online-Durchsuchung (§ 100b) und der Durchsicht elektronischer Speichermedien (§ 110 Abs. 3) steht. § 100a ist auf den Zugriff auf **Kommunikationsdaten aus laufenden Telekommunikationsvorgängen und solchen nach Abs. 1 S. 3 beschränkt.** Sollen darüber hinaus auch andere Daten (dort gespeicherte oder verarbeitete) vom Cloud-Server erhoben werden, ist § 100b einschlägig, wenn der Zugriff heimlich vorgenommen wird. § 110 Abs. 3 kommt demnach nur zur Anwendung, wenn der Zugriff im Rahmen einer offen erfolgenden Durchsuchungsmaßnahme beim Betroffenen nach den §§ 102 ff. erfolgt.[494] Mit dem StPO-Fortentwicklungsgesetz wurde zum 1. Juli 2021 jedoch zumindest die Möglichkeit eingeführt, im Rahmen einer elektronischen Durchsicht nach § 110 Abs. 3 eine heimliche vorläufige Datensicherung durchzuführen (§ 110 Abs. 4 nF), um eine heimliche Beschlagnahme nach §§ 94, 95a vorzubereiten. An der Verfassungsmäßigkeit der Vorschriften bestehen jedoch erhebliche Zweifel, weil sie einen heimlichen Zugriff auf Telekommunikationsinhaltsdaten und heimliche Eingriffe in informationstechnische Systeme unter sehr niedrigschwelligen 217

---

492 Hauck in Löwe/Rosenberg § 100a Rn. 114 ff., der eine Stellungnahme des Chaos Computer Club zum Gesetzentwurf der Quellen-TKÜ in Bezug nimmt, abrufbar unter https://www.ccc.de/system/uploads/227/original/Stellungnahme_CCC-Staatstrojaner.pdf (Stand: 14.8.2020).

493 Vgl. BT-Drs. 14/1149; Hauck in Löwe/Rosenberg § 100a Rn. 115.

494 Für das Verhältnis zwischen § 100a StPO und § 110 Abs. 3 StPO auch Hauck in Löwe/Rosenberg § 100a Rn. 117.

Voraussetzungen erlauben (siehe auch → Rn. 118). Nach hier vertretener Auffassung verbleibt es für heimliche Zugriffe auf Cloud Daten (je nach konkreter Nutzung) allein bei den Vorschriften der §§ 100a, 100b (siehe noch → § 100b Rn. 34 f.).

218 **d) Subsidiarität und Verhältnismäßigkeit.** Eine Quellen-TKÜ darf nur durchgeführt werden, „wenn dies notwendig ist, um die Überwachung und Aufzeichnung insbesondere in unverschlüsselter Form zu ermöglichen". Hieraus ergibt sich, dass die **Quellen-TKÜ gegenüber einer „normalen" TKÜ subsidiär ist.** Nur, wenn eine TKÜ nach § 100a Abs. 1 S. 1 nicht erfolgversprechend ist, darf auf eine Quellen-TKÜ zurückgegriffen werden. Der tatsächliche und gesetzliche Hauptanwendungsfall liegt vor, wenn die Telekommunikation verschlüsselt übertragen wird und daher für die Strafverfolgungsbehörden nicht verwertbar ist.[495]

219 Mildere Mittel zur Verwertung verschlüsselter Kommunikation, welche vorrangig in Betracht zu ziehen sind, sind vor allem eine etwaige Kooperation mit den Anbietern der verwendeten Kommunikationstechnologien (Entschlüsselung durch den Anbieter oder Herausgabe des Schlüssels)[496] und die Verwendung von Spähsoftware, welche in ihrer Funktionalität darauf beschränkt ist, **die Schlüssel der zur Kommunikationsverschlüsselung eingesetzten Programme vom infizierten System auszuleiten.**[497] Bei digitaler Kommunikation in Schriftform (zB E-Mail) ist außerdem die Durchsuchung und Beschlagnahme beim Beschuldigten und beim Provider vorrangig.[498]

220 **2. „Echte" Quellen-TKÜ gem. § 100a Abs. 1 S. 2.** § 100a Abs. 1 S. 2 ermächtigt die Ermittlungsbehörden unter den gerade skizzierten besonderen sowie den übrigen allgemeinen Voraussetzungen des § 100a zur Überwachung und Aufzeichnung der laufenden Telekommunikationsvorgänge mittels eines Spähprogramms oder entsprechender Hardware auf einem der an der Kommunikation beteiligten informationstechnischen Systeme. Sonstige Daten, die zwar auf dem infiltrierten System verarbeitet werden oder dort gespeichert sind, jedoch nicht Teil eines laufenden Telekommunikationsvorgangs sind, während die Spähsoftware im Anordnungszeitraum auf dem Zielsystem läuft, dürfen nicht erhoben werden. Diese Variante der Quellen-TKÜ entspricht noch am ehesten einer traditionellen Telekommunikationsüberwachung und dient nach Auffassung des Gesetzgebers vor allem dazu, **Sprach- und Videokommunikation vom Gerät des Senders oder Empfängers auszuleiten, bevor diese ver- oder nachdem diese entschlüsselt wurde.**[499]

221 **3. „Kleine Online-Durchsuchung" nach § 100a Abs. 1 S. 3.** § 100a Abs. 1 S. 3 erlaubt, über den Zugriff auf laufende Telekommunikation hinaus, die Erhebung von auf dem Zielsystem gespeicherten Kommunikationsdaten, „wenn sie auch während des laufenden Übertragungsvorgangs im öffentlichen Telekommunikationsnetz in verschlüsselter Form hätten überwacht und aufgezeichnet werden können". Ausweislich Abs. 5 Nr. 1 lit. b dürfen dabei nur Inhalte und Umstände der Kommunikation erhoben werden, die ab dem Zeitpunkt der Anordnung nach § 100e Abs. 1 auch während des laufenden Übertragungsvorgangs im öffentlichen Telekommunikationsnetz hätten überwacht und aufgezeichnet werden können (hierzu noch detailliert → Rn. 265). Diese Befugnis ist damit noch weiter von einer klassischen Telekommunikationsüberwachung entfernt als die Befugnis nach Abs. 1 S. 2, weil die Telekommunikationsdaten nicht im unmittelbaren Zusammenhang mit einem Übertragungsvorgang erhoben werden. Vielmehr gestattet Abs. 1 S. 3 eine Art **„kleine Online-Durchsuchung"**, weil die Befugnis die Erhebung von im System gespeicherten

---

[495] Kritisch Momsen/Bruckmann KriPoZ 2019, 20 (23).

[496] Hauck in Löwe/Rosenberg § 100a Rn. 138; https://www.strafverteidigervereinigungen.org/Material/Themen/Technik%20&%20Ueberwachung/37_buermeyer.html; https://www.heise.de/security/meldung/Spekulationen-um-Backdoor-in-Skype-189880.html (Stand jeweils: 14.8.2020).

[497] Busch/Nicolai/Fleischer/Rückert/Safferling/Freiling in Goel/Gladyshev/Johnson/Pourzandi/Majumdar Digital Forensics and Cyber Crime S. 23 ff.

[498] https://www.strafverteidigervereinigungen.org/Material/Themen/Technik%20&%20Ueberwachung/37_buermeyer.html (Stand: 14.8.2020).

[499] BT-Drs. 18/12785, 56; Freiling/Safferling/Rückert JR 2018, 9 (10).

Kommunikationsdaten zeitlich außerhalb eines aktuellen Übertragungsvorgangs erlaubt.[500] Richtigerweise handelt es sich daher auch nicht um einen Eingriff in Art. 10 Abs. 1 GG, sondern in das Recht auf Gewährleistung der Integrität und Vertraulichkeit informationstechnischer Systeme gem. Art. 2 Abs. 1 iVm Art. 1 Abs. 1 GG.[501] Nach der Begründung des Rechtsausschusses soll die Eingriffsnorm vor allem dazu dienen, verschlüsselt versendete Messenger-Nachrichten auf dem System des Betroffenen zu erheben.[502]

Nach zutreffender Auffassung des Rechtsausschusses müssen – trotz eines Eingriffs in das IT-System-Grundrecht – nicht die hohen Anforderungen erfüllt sein, wie sie bei einer echten Online-Durchsuchung notwendig sind.[503] Denn die besonders hohen verfassungsrechtlichen Hürden resultieren bei einer echten Online-Durchsuchung vor allem daraus, dass informationstechnische Systeme im Regelfall eine große Vielzahl und Vielfalt von personenbezogenen Daten enthalten und somit ein Komplettzugriff auf ein solches System regelmäßig einen tiefen Einblick in die Persönlichkeit und das Leben des Betroffenen ermöglicht. Durch die zeitliche Beschränkung auf solche Nachrichten, die seit dem Ergehen der Anordnung versendet werden und die inhaltliche Begrenzung auf verschlüsselt versendete Kommunikationsdaten, ist der Eingriff nach Abs. 1 S. 3 von der Eingriffsintensität **nicht mit einer echten Online-Durchsuchung vergleichbar.** Vielmehr werden hier lediglich Daten erlangt, welche ohne Verschlüsselung und mit rechtzeitiger Schaltung einer TKÜ auch im Rahmen einer „normalen" Telekommunikationsüberwachung hätten erlangt werden können. Daher ist es sachgerecht und verfassungskonform, diesen Zugriff unter den Voraussetzungen des § 100a zuzulassen. Freilich geht die Befugnis insofern über eine „klassische" TKÜ hinaus, als sie auch Zugriff auf die Kommunikation erlaubt, die ab Erlass der Anordnung versendet oder empfangen wurde. Bei einer traditionellen TKÜ wird die Telekommunikation erst ab Zugang der Überwachungsanordnung beim Provider ausgeleitet (vgl. § 12 Abs. 2 S. 1 TKÜV).[504] 222

Unklar ist indes, ob **es technisch möglich ist** sicherzustellen, dass bei einer Maßnahme nach Abs. 1 S. 3 das Spähprogramm ausschließlich solche Kommunikationsdaten erhebt, die tatsächlich versendet oder empfangen wurden. 223

C. Technische und verfahrensrechtliche Besonderheiten

I. Durchführung der Maßnahme und Mitwirkungspflicht der Telekommunikationsdienstleister (Abs. 4)

Zur **Vollstreckung** gerichtlicher Beschlüsse nach § 100a ist gemäß § 36 Abs. 2 die Staatsanwaltschaft berufen.[505] Auch ihre nach § 100e Abs. 1 S. 2 getroffene Eilentscheidung vollstreckt sie (selbst). Regelmäßig übergibt die Staatsanwaltschaft die Überwachungsanordnung ihren Ermittlungspersonen, die sie ihrerseits an die von der Maßnahme betroffenen Telekommunikationsteilnehmer (an diese idR erst nach Abschluss der Maßnahme im Rahmen einer Benachrichtigung nach § 101 Abs. 4) und die nach Abs. 4 verpflichteten Telekommunikationsdienstleister weiterleiten. Die weiteren Verpflichtungen für die Betreiber öffentlich zugänglicher Telekommunikationsdienste sind in den §§ 170 ff. TKG (bis 1. Dezember 2021: §§ 110 ff. TKG), die Umsetzung der Maßnahme wiederum in der auf § 170 Abs. 5 TKG (bis 1. Dezember 2021: § 110 Abs. 2 TKG) basierenden TKÜV geregelt. 224

500 Freiling/Safferling/Rückert JR 2018, 9 (11).
501 BT-Drs. 18/12785, 49 f.
502 BT-Drs. 18/12785, 50; Freiling/Safferling/Rückert JR 2018, 9 (11).
503 BT-Drs. 18/12785, 50; so auch Schlegel, Normative Grenzen für internetbasierte Ermittlungsmethoden, S. 250.
504 Freiling/Safferling/Rückert JR 2018, 9 (12); Schlegel, Normative Grenzen für internetbasierte Ermittlungsmethoden, S. 247; Fallbeispiel bei Niedernhuber JA 2018, 169 (171 f.).
505 Wendisch JR 1978, 445 (447).

225 **1. Verpflichtung der Telekommunikationsdienstleister.** Nach Abs. 4 S. 1 hat **„jeder“,** der Telekommunikationsdienste erbringt oder daran mitwirkt, Strafverfolgungsbehörden und Gerichten Maßnahmen nach § 100a zu ermöglichen und die erforderlichen Auskünfte zu erteilen. Verpflichtungen zum Vorhalt von technischen Anlagen und bestimmten Daten ergeben sich dagegen nur für bestimmte Telekommunikationsdienstanbieter im Sinne von TKG und TKÜV (S. 2).

226 **a) Telekommunikationsdienstleister iSv Abs. 4.** Der Begriff des Telekommunikationsdienstes bzw. desjenigen, der solche Dienste erbringt oder an ihrer Erbringung mitwirkt, ist in Abs. 4 **nicht einheitlich auszulegen.** Vielmehr unterscheidet Abs. 4 zwischen einem strafprozessualen Begriff der Telekommunikationsanbieter in S. 1 und dem telekommunikationsrechtlichen Begriff nach TKG und TKÜV in S. 2. Durch die im Rahmen des Telekommunikationsmodernisierungsgesetzes[506] erfolgte Einbeziehung von sog. interpersonellen Telekommunikationsdiensten gem. § 3 Nr. 61, Nr. 24 TKG in den Begriff des Telekommunikationsdienstes iSd TKG wird dieser Unterscheidung jedoch künftig eine deutlich weniger wichtige Rolle zukommen als nach altem Telekommunikationsrecht.

227 **aa) Grundlegendes. Telekommunikationsdienste** nach § 3 Nr. 24 TKG (aF, bis 1. Dezember 2021) waren in der Regel gegen Entgelt erbrachte Dienste, die ganz oder überwiegend in der Übertragung von Signalen über Telekommunikationsnetze bestehen, einschließlich Übertragungsdienste in Rundfunknetzen. Nach Inkrafttreten des Telekommunikationsmodernisierungsgesetzes zum 1. Dezember 2021 wurde die Definition verändert und dem Begriff der elektronischen Kommunikationsdienste in Art. 2 Nr. 4 der Richtlinie 2018/1972/EU angepasst. Jetzt sind Telekommunikationsdienste iSv § 3 Nr. 61 TKG (Fassung ab 1. Dezember 2021) in der Regel gegen Entgelt über Telekommunikationsnetze erbrachte Dienste, die – mit der Ausnahme von Diensten, die Inhalte über Telekommunikationsnetze und -dienste anbieten oder eine redaktionelle Kontrolle über sie ausüben – folgende Dienste umfassen: Internetzugangsdienste, interpersonelle Telekommunikationsdienste und Dienste, die ganz oder überwiegend in der Übertragung von Signalen bestehen, wie Übertragungsdienste, die für Maschine-Maschine-Kommunikation und für den Rundfunk genutzt werden. Diese Legaldefinition gilt für die Telekommunikationsanbieter im Sinne des TKG und der TKÜV (S. 2), kann als Orientierungshilfe aber auch im Rahmen von Abs. 4 S. 1 herangezogen werden. Sie ist jedoch für Abs. 4 S. 1 nicht bindend, da das TKG ein anderes Regelungsziel als die StPO verfolgt und in Abs. 4 S. 1 (anders als Abs. 4 S. 2 und in anderen Vorschriften, siehe zB §§ 100g, 100j, 100k) nicht auf das TKG verwiesen wird.[507]

228 Wie die Regelung in Art. 17 iVm Art. 16 des Übereinkommens des Europarats über Computerkriminalität, der sogenannten Cybercrime-Konvention,[508] vorschreibt, die hinsichtlich der gesetzlichen Mitwirkungspflicht der Telekommunikationsdienstleister keine Beschränkung auf solche Dienstleister enthält, die ihre Dienste ausschließlich geschäftsmäßig erbringen,[509] enthält die Neufassung von Abs. 4 S. 1 anders noch als § 100b Abs. 3 aF bereits seit 2008 ebenfalls keine entsprechende Beschränkung mehr. Durch Abs. 4 S. 1 werden nunmehr **auch diejenigen Dienstleister verpflichtet, die nicht geschäftsmäßig Kommunikationsdienste** in Hotels, Krankenhäusern, Betrieben und größeren Wohnanlagen anbieten. Auch die Betreiber derartiger Kommunikationsanlagen bzw. von ihnen beauftragte Personen müssen nunmehr auch außerhalb der üblichen Geschäftszeiten bereitstehen, um die Verpflichtung aus Abs. 4 S. 1 erfüllen zu können. Da der TKG/TKÜV-spezifische Begriff des Telekommunikationsdienstes für Telekommunikationsüberwachungsmaßnahmen nach Abs. 4 S. 2, § 170 TKG (bis 1. Dezember 2021: § 110 TKG), § 3 Abs. 1 S. 1 TKÜV auf solche Dienstleistungen

---

[506] BGBl. 2021 I 1858.
[507] Im Ergebnis ebenso LG München I 4.12.2019 – 9 Qs 15/19, MMR 2020, 336.
[508] BGBl. 2008 II 1242.
[509] Vgl. BT-Drs. 16/5846, 47.

beschränkt ist, die „öffentlich zugänglich" sind, sind die o. g. Anbieter von TK-Diensten in Hotels, Krankenhäusern, Betrieben und Wohnanlagen von den Verpflichtungen nach Abs. 4 S. 2 iVm § 170 TKG (bis 1. Dezember 2021, § 110 TKG) und den Normen der TKÜV ausgenommen (detailliert → Rn. 245).[510]

bb) Problem: Sog. OTT-Dienstleister. (1) Rechtslage vor Inkrafttreten von TTDSG und Telekommunikationsmodernisierungsgesetz (bis 1. Dezember 2021). Ein praktisch sehr relevantes Problem in diesem Zusammenhang ist die Frage, ob sog. **Over the top-Dienstanbieter (OTT),** welche selbst keine Kommunikationsnetze betreiben, jedoch die Telekommunikationsnetze anderer Dienstanbieter zur Erbringung von Telekommunikationsdiensten im weiteren Sinne nutzen (zB E-Mail-Dienste, Messenger-Dienste, Voice-over-IP-Dienste, Messenger-Funktionen von Sozialen Netzwerken, aber auch Automobilhersteller bei sog. vernetzten Fahrzeugen[511]) Erbringer von oder Mitwirkende an Telekommunikationsdiensten iSv Abs. 4 S. 1 sein können.[512] Für den Begriff des § 3 Nr. 24 TKG aF – welcher auf Art. 2 lit. c der Richtlinie 2002/21/EG basiert[513] – wurde diese Streitfrage[514] unlängst vom EuGH bzgl. zweier unterschiedlicher OTT-Dienstleister unterschiedlich entschieden. Der E-Mail-Dienst von Google (Gmail) sei kein „elektronischer Kommunikationsdienst" iSd Richtlinie. Daher ist der Dienst auch kein Telekommunikationsdienst iSv § 3 Nr. 24 TKG aF.[515] Der Voice-over-IP-Dienst von SkypeOut soll dagegen – weil über den Abschluss von Zusammenschaltungsvereinbarungen mit den PSTN-TK-Dienstleistern die Übertragung von Signalen des Internets zum öffentlichen Telefonnetz technisch möglich gemacht werde – ein elektronischer Kommunikationsdienst in diesem Sinne sein.[516] Es kommt hier offensichtlich nach Auffassung des EuGH auf die konkreten Umstände der erbrachten Dienstleistung, insbesondere darauf an, ob der Dienstleister seinen Kunden gegenüber für die technische Signalübertragung selbst verantwortlich ist oder nicht[517] (was noch zu erheblichen Abgrenzungsschwierigkeiten führen wird[518]). 229

Diese Entscheidungen entfalten jedoch keine Bindungswirkung für die Auslegung des § 100a Abs. 4 S. 1, weil strafverfahrensrechtliche Mitwirkungspflichten von Dienstleistern nicht Gegenstand der Richtlinie sind und damit § 100a Abs. 4 S. 1 auch keine Umsetzungsnorm der Richtlinie ist.[519] Die Zielrichtung der Richtlinie – Regulierung elektronischer Kommunikationsdienste und Kommunikationsnetze – ergibt sich aus deren Art. 1 Abs. 2. Der Richtlinie lässt sich dagegen kein Hinweis darauf entnehmen, dass sie auch Regeln für die strafprozessualen Mitwirkungspflichten von Telekommunikationsdienstleistern enthält. Vielmehr sind OTT-Dienstanbieter (unabhängig von der technischen Ausgestaltung ihres Dienstes und der Einordnung des EuGH) ebenfalls als Verpflichtete iSv § 100a Abs. 4 S. 1 anzusehen soweit es sich bei der erbrachten Dienstleistung um eine solche handelt, welche (1) allgemein als Telekommunikation iSv § 100a Abs. 1 aufgefasst werden kann (zur Frage, was Telekommunikation iSv § 100a Abs. 1 ist, ausführlich → Rn. 57 ff.) und (2) die Dienstleistung auf die Übertragung von Signalen in Kommunikationsnetzen angewiesen ist. Dieses Ergebnis lässt sich darauf stützen, dass der Begriff der Telekommunikationsdienste iSv § 100a Abs. 4 S. 1 entsprechend dem Telekommunikationsbegriff des § 100a Abs. 1 ausgelegt wer- 230

[510] Eckhardt in BeckOK TKG § 110 Rn. 19 ff. mwN.
[511] Siehe hierzu Matsumoto RAW 2020, 118; Werkmeister/Schuler/Böhm RAW 2019, 64.
[512] Für Details auch hinsichtlich verschiedener OTT-Dienstleistungen siehe Von zur Mühlen, Zugriffe auf elektronische Kommunikation, S. 293 ff.
[513] BT-Drs. 15/2316, 58 (damals noch Nr. 25).
[514] Siehe vor der EuGH-Entscheidung: VG Köln 11.11.2015 – 21 K 450/15, MMR 2016, 141; OVG Münster 26.2.2018 – 13 A 17/16, MMR 2018, 552; Bär in KMR-StPO § 100a Rn. 17.
[515] EuGH 13.6.2019 – C-193/18, ECLI:EU:C:2019:498 = NJW 2019, 2597; OVG Münster 5.2.2020 – 13 A 17/16, MMR 2020, 347.
[516] EuGH 5.6.2019 – C-142/18, ECLI:EU:C:2019:460 = MMR 2019, 517.
[517] EuGH 13.6.2019 – C-193/18, ECLI:EU:C:2019:498 = NJW 2019, 2597 (2599).
[518] Spies MMR 2019, 514; Rottmeier/Faber MMR 2020, 336.
[519] Richtig LG München I 4.12.2019 – 9 Qs 15/19, MMR 2020, 336 mzustAnm Rottmeier/Faber.

den muss. Dies gebietet der Grundsatz der Einheit der Rechtsordnung, da § 100a den einheitlichen Regelungszweck der Ermöglichung der Telekommunikationsüberwachung durch die Strafverfolgungsbehörden verfolgt (dieses Argument kann dagegen nicht dazu verwendet werden, eine einheitliche Auslegung mit § 3 Nr. 24 TKG aF zu begründen, da unterschiedliche Regelungszwecke zugrunde liegen und § 3 Nr. 24 TKG aF im Gegensatz zu § 100a europarechtlich determiniert ist). Der Telekommunikationsbegriff in § 100a Abs. 1 und damit auch derjenige des strafprozessualen Begriffs des Telekommunikationsdienstleisters in § 100a Abs. 4 S. 1 hat sich nach hier vertretener Auffassung nicht unmittelbar an § 3 Nr. 22 und Nr. 24 TKG aF, sondern vornehmlich an Art. 10 Abs. 1 GG zu orientieren (hierzu detailliert → Rn. 59 ff.). Dass auch der deutsche Gesetzgeber von einem weiteren Begriffsverständnis der Telekommunikation und des Telekommunikationsdienstleisters in den §§ 100a ff. ausgeht, als er dem europarechtlich determinierten TKG zugrunde liegt, zeigt sich auch daran, dass der Gesetzgeber bei der geplanten Neuregelung der sog. Nutzungsdatenauskunft in § 100g Abs. 1 S. 2 Entwurf im Gesetz zur Bekämpfung des Rechtsextremismus und der Hasskriminalität (später dann aber auf Vorschlag des Vermittlungsausschusses als eigene Norm in § 100k geregelt, siehe hierzu → § 100k Rn. 1), davon ausging, dass der Begriff der „Telekommunikation" in § 100g Abs. 1 S. 1 Nr. 2 im strafprozessualen Sinne auch „Telemedien" umfasse.[520] Dass dieses extensive Verständnis des strafprozessualen Begriffs der „Telekommunikation" und des Telekommunikationsdienstes zumindest § 100a Abs. 1, Abs. 4 S. 1 zugrunde liegt, ergibt sich weiterhin aus einem Vergleich mit § 100j. Dort hat der Gesetzgeber im Zuge der Ergänzung der Bestandsdatenauskunft von Telemediendiensten durch das Gesetz zur Bekämpfung des Rechtsextremismus und der Hasskriminalität sowie das dieses ergänzende Reparaturgesetz (Gesetz zur Anpassung der Regelungen über die Bestandsdatenauskunft an die Vorgaben aus der Entscheidung des Bundesverfassungsgerichts vom 27. Mai 2020) in § 100j Abs. 5 die Telemediendienste explizit als Mitwirkungsverpflichtete neben den Telekommunikationsdiensten erwähnt. Dies ist im Rahmen von § 100j auch notwendig, da sich der dort verwendete Begriff des Telekommunikationsdienstes wegen des expliziten Verweises auf die nach §§ 95, 111 TKG aF (ab 1. Dezember 2021: §§ 3 Nr. 6, 172 TKG nF) gespeicherten Bestandsdaten in § 100j Abs. 1 S. 1 Nr. 1 auf Telekommunikationsdienste iSv § 3 Nr. 24 TKG aF (ab 1. Dezember 2021: § 3 Nr. 61 TKG) beschränkt (hierzu ausführlich noch → § 100j Rn. 59 f.). Gleiches wird – ebenfalls wegen des expliziten Verweises auf § 96 Abs. 1 TKG aF (ab 1. Dezember 2021: § 9 Abs. 1 TTDSG) in § 100g Abs. 1 S. 1 – für die entsprechende Anwendung des § 100a Abs. 4 S. 1 im Rahmen der Verkehrsdatenabfrage nach § 100g Abs. 1 S. 1 über § 101a Abs. 1 S. 1 zu gelten haben (hierzu → § 100g Rn. 97 ff.). In beiden vorgenannten Normen ergibt die Differenzierung zwischen Telekommunikationsdiensten iSv § 3 Nr. 24 TKG aF und Telemediendiensten iSv § 1 Abs. 1 TMG als Verpflichtete auch Sinn, da beide Normen unterschiedliche Erhebungsbefugnisse hinsichtlich der Bestands- und Verkehrsdaten iSd TKG (§§ 3 Nr. 3, 95, 111 TKG aF bzw. ab 1. Dezember 2021: §§ 3 Nr. 6, 172 TKG) und Bestands- und Nutzungsdaten iSd TMG (§§ 14, 15 TMG in der Fassung bis 1. Dezember 2021) bzw. ab 1. Dezember 2021 TTDSG (§ 2 Abs. 2 Nr. 2 und Nr. 3, 22 – 24 TTDSG) enthalten. Im Gegensatz dazu enthält § 100a Abs. 1 eine umfassende Befugnisnorm zur Überwachung und Aufzeichnung von Telekommunikation im strafprozessualen Sinne. Daher hat der Gesetzgeber hier auch zu Recht in § 100a Abs. 4 S. 1 nicht zwischen Telekommunikationsdiensten iSv § 3 Nr. 24 TKG aF (ab 1. Dezember 2021: § 3 Nr. 61 TKG nF) und Telemediendiensten iSv § 1 Abs. 1 TMG unterschieden. Der dort verwendete – rein strafprozessuale – Begriff des Telekommunikationsdienstes umfasst dagegen jeden Dienstleister, der Telekommunikation iSv § 100a Abs. 1 erbringt. Eine andere Auslegung würde hier dazu führen, dass es Telekommunikationsarten gäbe, die zwar nach § 100a Abs. 1 S. 1 überwacht werden dürfen, bei denen jedoch die entsprechenden Dienstleister keine Mitwirkungsverpflichtungen haben würden. Entsprechende Überwachungsanordnungen

[520] BT-Drs. 19/17741, 38.

wären in der Praxis nicht umsetzbar.[521] Dieses Ergebnis kann vom Gesetzgeber nicht gewollt gewesen sein. Auch der BGH hat vor Kurzem entschieden, dass der Telekommunikationsbegriff des § 100a Abs. 4 S. 1 unabhängig von § 3 Nr. 24 TKG aF auszulegen ist.[522]

Die hier vertretene Auslegung führt zwar zu einem unterschiedlichen Begriffsverständ- 231
nis der Telekommunikationsdienste in § 100a Abs. 4 S. 1 einerseits und §§ 101a Abs. 1 S. 1, 100g Abs. 1 S. 1 und 100j Abs. 1 S. 1 Nr. 1, Abs. 5 S. 1 andererseits.[523] Dies ist hinsichtlich der Verständlichkeit des Gesetzes zwar unglücklich, ein Verstoß gegen das Prinzip der Einheit der Rechtsordnung liegt darin aber nicht, weil der Gesetzgeber – wie oben → Rn. 230 – gezeigt, selbst Differenzierungen hinsichtlich der Eingriffsbefugnisse vorgenommen hat. Deutlich hat der Gesetzgeber die Unterscheidung zwischen dem strafprozessualen Begriff in S. 1 und dem telekommunikationsrechtlichen Begriff in S. 2 und dem TKG nunmehr auch selbst im neuen TKG gemacht, das am 1. Dezember 2021 in Kraft trat. In § 170 Abs. 4, Abs. 5 TKG nF werden diejenigen Telekommunikationsanbieter, die nach der TKÜV von Vorkehrungsverpflichtungen befreit sind, auch von den Verpflichtungen nach § 170 Abs. 1–3 TKG nF befreit. Die Mitwirkungsverpflichtung nach § 100a Abs. 4 S. 1 wird aber ausdrücklich für von dieser Ausnahme unberührt erklärt.

Die instanzgerichtliche Rspr. zu § 100a Abs. 4 (ggf. iVm § 101a Abs. 1) kam auf Grund- 232
lage des „alten" TKG (also vor Inkrafttreten des Telekommunikationsmodernisierungsgesetzes am 1. Dezember 2021) im Rahmen des § 100a Abs. 4 S. 1 zum selben Ergebnis, ging aber einen anderen Weg: So soll der Begriff der „Mitwirkung" weit ausgelegt und dahingehend verstanden werden, dass dieser alle Dienstleister „erfasst, die aktiv an den – auch von Dritten erbrachten – TK-Dienstleistungen mitwirken und bei welchen der Verpflichtete in einer Art und Weise Zugriff auf die von den Strafverfolgungsbehörden auf Grundlage der gesetzlichen Vorgaben zu erhebenden Daten hat, die es ihm ermöglicht, diese an die Behörden auszuleiten".[524] Diese Auslegung begegnet jedoch Bedenken.[525] Sie führt nämlich – über die Einbeziehung der OTT-Dienstleister als Verpflichtete im Sinne von § 100a Abs. 4 S. 1 hinaus – auch dazu, dass den „Mitwirkenden" in diesem Sinne nach Auffassung des LG München I auch die Vorkehrungspflichten nach § 110 TKG aF (ab 1. Dezember 2021: § 170 TKG nF) iVm der TKÜV oblagen.[526] Da jedoch für den telekommunikationsrechtlichen Begriff des Telekommunikationsdienstes iSv § 3 Nr. 24 TKG aF, der für § 110 TKG aF und damit auch für die TKÜV gilt, die Rspr. des EuGH bindend ist, stellt dies eine Umgehung der europarechtlichen Vorgaben dar und kann dementsprechend nicht überzeugen. Aus demselben Grund kann es auch nicht überzeugen, wenn – über den Weg der „Mitwirkenden" – entsprechende Mitwirkungspflichten für OTT-Dienstleister im Rahmen einer Verkehrsdatenerhebung nach § 100g Abs. 1 (und – allerdings bislang nicht explizit entschieden – bei einer Bestandsdatenauskunft nach § 100j Abs. 1 S. 1 Nr. 1) begründet werden. Wie oben gezeigt, gilt im Rahmen von §§ 101a Abs. 1 S. 1 iVm 100a Abs. 4, 100g Abs. 1 S. 1 aufgrund des expliziten Verweises auf Verkehrsdaten nach § 96 Abs. 1 TKG aF (ab 1. Dezember 2021: § 9 Abs. 1 TTDSG) nicht der strafprozessuale, sondern der telekommunikationsrechtliche Begriff des Telekommunikationsdienstes iSv § 3 Nr. 24 TKG aF (hierzu auch noch → § 100g Rn. 97 ff. und → § 100j Rn. 59 ff.).

---

521 BGH 28.4.2021 – StB 47/20, MMR 2021, 628.

522 BGH 28.4.2021 – StB 47/20, MMR 2021, 628.

523 Daher spielt für § 100a Abs. 4 S. 1 StPO auch der bestehende Streit darüber, ob Cloud-Dienste als Telekommunikationsdienste anzusehen sind, keine Rolle vgl. zu diesem Streit: Großmann StV-S 2021, 31 (32) mwN.

524 LG München I 4.12.2019 – 9 Qs 15/19, MMR 2020, 336 mzustAnm Rottmeier/Faber; zustimmend LG Köln 15.7.2020 – 118 Qs 7/20, BeckRS 2020, 30090 = MMR 2021, 179 mwN aus der instanzgerichtlichen Rspr.; explizit hiergegen Bäcker, Stellungnahme zu dem Entwurf eines Gesetzes zur Anpassung der Regelungen über die Bestandsdatenauskunft an die Vorgaben aus der Entscheidung des Bundesverfassungsgerichts vom 27.5.2020 (BT-Drs. 19/25294), S. 12; aA auch LG Hannover 4.6.2020 – 46 Qs 26/20 und 27/20, juris.

525 Dieckmann/Heidrich MMR 2021, 179.

526 So explizit wenn auch nicht entscheidungserheblich LG München I 4.12.2019 – 9 Qs 15/19, MMR 2020, 336 Rn. 42 mzustAnm Rottmeier/Faber.

233 Da Abs. 4 S. 2 explizit auf das TKG und die TKÜV verweist, gilt für die Verpflichtungen nach S. 2 (Treffen von Vorkehrungen zur Ermöglichung von Telekommunikationsüberwachung) das Begriffsverständnis des § 3 Nr. 24 TKG aF und damit die Auslegung des EuGH unmittelbar.[527] Für Abs. 4 S. 2 iVm § 110 Abs. 2 TKG aF iVm der TKÜV kommt es somit jeweils darauf an, ob der jeweilige konkrete OTT-Dienst unter Art. 2 lit. c der Richtlinie 2002/21/EG und damit unter § 3 Nr. 24 TKG aF subsumiert werden kann. Entscheidend ist dabei die Judikatur des EuGH.[528] Es gibt somit innerhalb des Abs. 4 unterschiedliche Arten von Telekommunikationsanbietern mit unterschiedlichen Verpflichtungen (durch § 3 Abs. 2 TKÜV wird sogar noch weiter differenziert, → Rn. 245).

234 Die durch die Richtlinie 2002/21/EG vorgegebene Definition der „elektronischen Kommunikationsdienste", die in § 3 Nr. 24 TKG aF umgesetzt war, ist nunmehr durch die Richtlinie 2018/1972/EU ersetzt worden. Die durch Richtlinie 2018/1972/EU erfolgte ausdrückliche Einbeziehung vieler OTT-Dienstleister als „interpersonelle Kommunikationsdienste" in Art. 2 Nr. 4b) und Nr. 5 der Richtlinie war lange Zeit nicht in deutsches Recht umgesetzt, obwohl die Umsetzungsfrist am 21.12.2020 abgelaufen war. Eine Umsetzung erfolgte erst mit Inkrafttreten des Telekommunikationsmodernisierungsgesetzes am 1. Dezember 2021. Eine richtlinienkonforme Auslegung des Begriffs des „Telekommunikationsdienstes" in § 3 Nr. 24 TKG aF kam bis dahin nach Ablauf der Umsetzungsfrist zwar prinzipiell, nicht aber dann in Betracht, wenn sich hieraus Mitwirkungspflichten der dann als „interpersonelle Kommunikationsdienste" erfassten OTT-Dienstleister ergeben hätten. Denn nach der Rspr. des EuGH kann eine richtlinienkonforme Auslegung nicht zu einer Verpflichtung von Privaten zugunsten des Staates führen.[529] Dementsprechend galt auch für die OTT-Dienstleister, welche „interpersonelle Kommunikationsdienste" sind, bis zur Umsetzung der Richtlinie 2018/1972/EU in das deutsche TKG am 1. Dezember 2021 weiterhin die o. g. Differenzierung.

235 **(2) Rechtslage nach Inkrafttreten von TTDSG und Telekommunikationsmodernisierungsgesetz (ab 1. Dezember 2021).** Nach der Umsetzung der Richtlinie in deutsches Recht durch das Telekommunikationsmodernisierungsgesetz sind nun aber zumindest diejenigen OTT-Dienstleister, welche „interpersonelle Telekommunikationsdienste" iSv § 3 Nr. 24, Nr. 61 TKG nF anbieten, als TK-Dienstleister auch im Sinne des TKG nF (und damit auch iSv § 100a Abs. 4 S. 2) anzusehen, sodass sich das o. g. Problem für diese Dienstleister erledigt. Dies gilt jedenfalls für die praxisrelevanten Anbieter von E-Mail-Diensten, Messenger-Diensten, Voice-over-IP-Diensten uä. Problematisch ist dagegen, ob auch Soziale Medien „interpersonelle Kommunikationsdienste" sind. Entgegen den allzu pauschalen Ausführungen in Erwägungsgrund 17 der Richtlinie, wird man dies aber zumindest für alle diejenigen Funktionen der sozialen Netzwerke bejahen müssen, bei denen die Kommunikation zwischen den Teilnehmern im Vordergrund steht (interne Messengerfunktionen, Kommentar- und Antwortfunktionen). Soweit die vorgenannten Funktionen dem Telekommunikationsbegriff des § 100a Abs. 1 unterfallen (hierzu → Rn. 59 ff.), gelten dann auch vollumfänglich die Mitwirkungs- bzw. Vorkehrungspflichten aus § 100a Abs. 4 S. 1, S. 2 iVm § 170 TKG nF (zu letzterem noch → Rn. 245 ff.).

236 **cc) Telemediendienste als Verpflichtete iSv § 100a Abs. 4 S. 1.** Für den strafprozessualen Begriff des „Telekommunikationsdienstes" in § 100a Abs. 4 S. 1 kommt es danach nicht auf die Unterscheidung zwischen Telekommunikationsdienst iSv § 3 Nr. 61 TKG nF (bis 1. Dezember 2021: § 3 Nr. 24 TKG) und Telemediendienst iSv § 1 Abs. 1 TMG an. Entscheidend ist vielmehr, ob die erbrachte Dienstleistung als Telekommunikation iSv

[527] So auch BGH 28.4.2021 – StB 47/20 MMR 2021, 628.

[528] Dies übersieht offensichtlich BVerfG 20.12.2018 – 2 BvR 2377/16, NStZ-RR 2019, 89, wo ein E-Mail-Dienst unter § 110 TKG in der Fassung bis 1. Dezember 2021 subsumiert wird, ohne auf das hier geschilderte Problem einzugehen; insofern auch kritisch Rottmeier/Faber MMR 2020, 336.

[529] EuGH 8.10.1987 – 80/86, ECLI:EU:C:1987:431 = BeckRS 2004, 73753; EuGH 11.6.1987 – 14/86, ECLI:EU:C:1987:275 = BeckRS 2004, 71620; EuGH 26.9.1996 – C-168/95, ECLI:EU:C:1996:363 = BeckRS 2004, 74624; Grabnitz/Hilf/Nettesheim AEUV Art. 288 Rn. 157 mwN.

§ 100a Abs. 1 S. 1 verstanden werden kann. Wird dies bejaht, können auch Dienstleister zur Mitwirkung nach § 100a Abs. 4 S. 1 (nicht aber nach S. 2!) verpflichtet werden, welche telekommunikationsrechtlich als Telemedium und nicht als Telekommunikationsdienst einzustufen wären. Dieser Bereich der Verpflichteten wurde allerdings durch Umsetzung der Richtlinie 2018/1972/EU in deutsches Recht zum 1. Dezember 2021 deutlich kleiner, da nun die sog. interpersonellen Telekommunikationsdienste iSv Art. 2 Nr. 4b), Nr. 5 der Richtlinie ebenfalls Telekommunikationsdienste iSv § 3 Nr. 61, Nr. 24 TKG nF (ab 1. Dezember 2021) sind. Je nach Auslegung dieses Begriffs wird das weitere strafprozessuale Begriffsverständnis des § 100a Abs. 4 S. 1 im Vergleich zum TKG mehr oder weniger Bedeutung haben. Da in Erwägungsgrund 17 der Richtlinie die Sozialen Medien nicht als interpersoneller Kommunikationsdienst angesehen werden, könnte das strafprozessuale Begriffsverständnis hier noch zur Geltung kommen, wenn soziale Medien „Telekommunikation" iSv § 100a Abs. 1 S. 1 ermöglichen (zB Messenger-Funktion, Antwort- und Kommentarfunktion in geschlossenen Nutzergruppen, siehe zur Frage, welche Funktionen von Sozialen Medien als „Telekommunikation" iSv § 100a Abs. 1 einzustufen sind → Rn. 235).[530] Allerdings lässt sich ebenso gut vertreten, dass es sich bei Funktionen mit Antwort- oder Kommentarfunktion dann – entgegen Erwägungsgrund 17 der Richtlinie – um Telekommunikationsdienste iSv § 3 Nr. 61, 24 TKG nF (ab 1. Dezember 2021) handelt und nur die anderen Funktionen sozialer Netzwerke, die keine Kommunikation zwischen Nutzern ermöglichen (sondern „nur" user-generated content zur Verfügung stellen), keine Telekommunikationsdienste sind. Es ist derzeit unklar, ob es hier auf die einzelnen Funktionen ankommt oder auf den Schwerpunkt der jeweiligen Leistung. Bei den üblichen sozialen Netzwerken handelt es sich bei Messenger-Dienst, Kommentar- und Antwortfunktion jedenfalls nicht um bloße untergeordnete Funktionen (wie bei Online-Spielen) iSv § 3 Nr. 24 Hs. 2 TKG nF (ab 1. Dezember 2021).

b) Ermöglichung der Telekommunikationsüberwachung (S. 1). S. 1 verpflichtet 237 diejenigen, die Telekommunikationsdienste (im strafprozessualen Sinne) erbringen oder darin mitwirken, Maßnahmen nach § 100a zu ermöglichen. Der Grund hierfür liegt auf der Hand: Ohne die **Mitwirkung der Telekommunikationsdienstleister** können Überwachungsmaßnahmen jedenfalls in der Regel technisch nicht durchgeführt werden.

Ihrer Mitwirkungspflicht kommen die betreffenden Telekommunikationsdienstleister 238 entweder dadurch nach, dass sie den Strafverfolgungsbehörden, wie vielfach im Falle des § 100a, ein komplettes **Doppel des durch sie übertragenen Datenstroms** ausleiten bzw. eine 1:1-Kopie der aufgezeichneten Telekommunikation an die Strafverfolgungsbehörden übergeben oder, wie im Falle des § 100g, die entsprechenden Verkehrsdaten aus dem Gesamtdatenstrom herausfiltern und ausleiten oder aber auf andere Weise beauskunften.[531] Zu beachten ist in diesem Zusammenhang, dass die inhaltliche Überwachung und Auswertung der Kommunikation allein den Strafverfolgungsbehörden obliegt. Die TK-Anbieter können daher richtigerweise auch nicht zu einer Filterung der überwachten Kommunikation verpflichtet werden. Eine solche Verpflichtung zur Filterung stellt zum einen einen nicht gerechtfertigten Eingriff in die Berufsausübungsfreiheit des TK-Anbieters nach Art. 12 Abs. 1 GG dar, zum anderen verbietet § 3 Abs. 3 S. 1 TTDSG (bis 1. Dezember 2021: § 88 Abs. 3 S. 1 TKG) dem TK-Anbieter, sich Kenntnis vom Inhalt der Kommunikation zu verschaffen. Von diesem Verbot entbindet § 100a Abs. 4 S. 1 nicht.[532] Da sich die Verpflichtung zur Vorhaltung bestimmter Daten und Vorrichtungen aus TKG und TKÜV und nicht unmittelbar aus der StPO ergeben, kann im Rahmen der Mitwirkungsverpflichtung nach S. 1 – anders als nach S. 2 (hierzu → Rn. 243 ff.) – auch nicht verlangt werden, dass der

[530] Siehe zu diesem Problem auch Eckel/Rottmeier NStZ 2021, 1 (11).
[531] Zu weiteren Details zur Mitwirkungspflicht hinsichtlich verschiedener Arten von TK-Dienstleistern vgl. Von zur Mühlen, Zugriffe auf elektronische Kommunikation, S. 277 ff.
[532] Zum Ganzen BGH 20.8.2015 – StB 7/15, NStZ-RR 2015, 345; Bär in KMR-StPO § 100a Rn. 78; Hauck in Löwe/Rosenberg § 100a Rn. 187.

TK-Anbieter bestimmte Daten erhebt und zur Herausgabe bereithält – auch nicht nach Anordnung einer TKÜ für die Zukunft.[533]

239 § 100a Abs. 4 S. 1 verpflichtet die Telekommunikationsdienstleister „lediglich" zur vorstehend dargelegten Mitwirkung. Ihre Verpflichtung, auf **eigene Kosten technische Einrichtungen zur Umsetzung** der gesetzlich vorgesehenen Maßnahmen zur Überwachung der Telekommunikation vorzuhalten, ergibt sich aus Abs. 4 S. 2 iVm § 170 Abs. 1 TKG nF (bis 1. Dezember 2021: § 110 Abs. 1 TKG). Diese Vorschrift verpflichtet solche Dienstleister, die Telekommunikationsdienste iSv § 3 Nr. 61 TKG nF (bis 1. Dezember 2021: § 3 Nr. 24 TKG) für die Öffentlichkeit erbringen.[534] Hierzu zählen die vorgenannten Betreiber von Anlagen in Hotels, Krankenhäusern etc indes regelmäßig nicht. Außerdem galt für S. 2 wegen seines expliziten Verweises auf TKG und TKÜV bis zur Erweiterung des Begriffes des Telekommunikationsdienstes um die interpersonellen Telekommunikationsdienste (ab 1. Dezember 2021) die einschränkende Auslegung des EuGH hinsichtlich sog. OTT-Dienstleister (→ Rn. 229). Durch die Erweiterung müssen nach Inkrafttreten des Telekommunikationsmodernisierungsgesetzes am 1. Dezember 2021 nun auch diejenigen OTT-Dienstleister, die unter den Begriff des interpersonellen Telekommunikationsdienstes nach § 3 Nr. 24 TKG nF subsumierbar sind, Vorkehrungen iSv § 100a Abs. 4 S. 2 iVm § 170 Abs. 1, 2, 5, 6 TKG iVm den Normen der TKÜV treffen.

240 Für die ihnen auf Grund ihrer Mitwirkung **entstandenen Kosten** sind die Dienstleister gemäß § 23 Abs. 1 JVEG zu entschädigen.

241 **c) Auskunftsanspruch (S. 1).** Die betreffenden Telekommunikationsdienstleister sind neben der Mitwirkung verpflichtet, alle zur **Durchführung bzw. Ermöglichung der Maßnahme erforderlichen Auskünfte** unverzüglich zu erteilen.

242 **d) Ordnungs- und Zwangsmittel (S. 3).** Kommen die nach Abs. 4 S. 1 verpflichteten Telekommunikationsdienstleister ihrer Verpflichtung zur Ermöglichung der Überwachungsmaßnahme bzw. zur Auskunftserteilung nicht nach, so können gegen sie durch den in S. 3 enthaltenen Verweis auf § 95 Abs. 2 die in § 70 bestimmten **Ordnungs- und Zwangsmittel** festgesetzt werden.

243 **2. Vorkehrungen zur Mitwirkung nach TKG und TKÜV (S. 2).** Gemäß S. 2 bestimmt sich der genauere Umfang der Mitwirkungspflichten der Telekommunikationsdienstleister nach dem TKG sowie der TKÜV. Durch den expliziten Verweis auf TKG und TKÜV ist für die Verpflichtungen nach S. 2 der **TK-Dienstanbieterbegriff von § 3 Nr. 61 TKG nF (bis 1. Dezember 2021: § 3 Nr. 24 TKG) unmittelbar anwendbar.**

244 **a) Rechtslage vor Inkrafttreten von Telekommunikationsmodernisierungsgesetz und TTDSG (bis 1. Dezember 2021).** Bis zur Erweiterung des TK-Dienstbegriffs um die interpersonellen Telekommunikationsdienste in § 3 Nr. 61, Nr. 24 TKG in der Fassung ab dem 1. Dezember 2021 waren viele praxisrelevante OTT-Dienstleister daher nach der maßgeblichen Rspr. des EuGH (→ Rn. 229) von der Verpflichtung nach S. 2 iVm TKG und TKÜV ausgenommen. Eine richtlinienkonforme Auslegung unter Eindruck von Art. 2 Nr. 4b), Nr. 5 der Richtlinie 2018/1972/EU und die daraus folgende Einbeziehung sog. interpersoneller Kommunikationsdienste in den Begriff des TK-Dienstanbieters nach § 3 Nr. 24 TKG aF kam trotz Ablaufs der Umsetzungsfrist bis zur Umsetzung im Telekommunikationsmodernisierungsgesetzes zum 1. Dezember 2021 nicht in Betracht, weil sich hieraus unmittelbar Verpflichtungen für Private ergeben hätten (→ Rn. 234).

245 **b) Rechtslage nach Inkrafttreten von Telekommunikationsmodernisierungsgesetz und TTDSG (ab 1. Dezember 2021).** Durch die Einbeziehung der interpersonellen Telekommunikationsdienste nach § 3 Nr. 61, Nr. 24 TKG in der Fassung ab dem 1. Dezember 2021 werden nun auch die Vorkehrungspflichten nach S. 2 iVm TKG/TKÜV in weitem Umfang auf praxisrelevante OTT-Dienstleister wie E-Mail-Provider, Messenger-

[533] Hierzu äußert sich die Entscheidung des BVerfG in NJW 2019, 584 auch nicht.
[534] Ferner in BeckOK StPO TKG § 170 Rn. 6.

Dienste und Voice-over-IP-Services erstreckt. Weiterhin müssen jedoch TK-Dienstleistungen nach § 170 Abs. 1 TKG nF und § 3 Abs. 1 S. 1 TKÜV „öffentlich zugänglich" sein, damit die Verpflichtungen nach TKG nF und TKÜV für den Betreiber gelten. Nach § 3 Abs. 1 S. 2 TKÜV ist ggf. zwischen verschiedenen TK-Dienstleistungen desselben Anbieters zu differenzieren. Öffentlich zugänglich sind TK-Dienste, gem. § 3 Nr. 44 TKG nF, wenn sie einem unbestimmten Personenkreis zur Verfügung stehen. Durch diese Definition hat sich auch ein bis zum Inkrafttreten des Telekommunikationsmodernisierungsgesetzes zum 1. Dezember 2021 bestehender Streit erledigt. Über die Auslegung des Begriffs der „Öffentlichkeit" herrschte vormals Streit, da eine früher vorhandene Legaldefinition weggefallen war.[535] Richtigerweise ging es um die Abgrenzung zwischen „geschlossenen Benutzergruppen" und einem im Einzelnen nicht überschaubaren Nutzerkreis.[536] Dies entspricht nun auch der Definition in § 3 Nr. 44 TKG nF. Hiernach sind von den Verpflichtungen ausgenommen solche TK-Anbieter, welche ihre TK-Dienste nur einem abgrenzbaren, nach allgemeinen Merkmalen unterscheidbaren Benutzerkreis zur Verfügung stellen (zB TK-Anlagen in Hotels, Restaurants, Krankenhäusern, Wohnanlagen, welche nur über Nutzerkennungen und Passwörter zugänglich sind). Die speziellen Ausgestaltungsregeln der TKÜV gelten außerdem nicht für die in § 3 Abs. 2 TKÜV genannten Fälle, insbesondere nicht für Anbieter mit weniger als 10.000 Kunden (Nr. 5). § 170 Abs. 4, Abs. 5 TKG nF stellt nun außerdem klar, dass auch die Verpflichtungen nach § 170 Abs. 1–3 TKG für diejenigen Dienstleister, welche in der TKÜV von der Verpflichtung ausgenommen werden, nicht gelten. Die Mitwirkungspflichten nach § 100a Abs. 4 S. 1 bleiben hiervon jedoch ausdrücklich unberührt. Diese Regelung entspricht der hier vertretenen Differenzierung zwischen den rein strafprozessualen Mitwirkungspflichten nach § 100a Abs. 4 S. 1 und denjenigen nach § 100a Abs. 4 S. 2 iVm TKG/TKÜV (→ Rn. 226).

c) Detaillierte Regelungen in der TKÜV. § 170 Abs. 1 Nr. 1, Nr. 2 TKG (bis 1. Dezember 2021: § 110 Abs. 1 S. 1 Nr. 1 TKG) ordnet nur sehr allgemein die Verpflichtung an, auf eigene Kosten technische Vorkehrungen zur Ermöglichung einer TKÜ bereitzuhalten und entsprechende organisatorische Maßnahmen zu treffen. Die Details, wie solche technischen Einrichtungen und organisatorische Maßnahmen ausgestaltet sein müssen, regelt die nach § 170 Abs. 5 TKG (bis 1. Dezember 2021: § 110 Abs. 2 TKG) erlassene TKÜV. Im Einzelnen sind folgende Regelungen von **besonderer Praxisrelevanz:** 246

aa) Überwachung mit Auslandsbezug (§ 4 TKÜV). (1) Endgerät im Ausland (§ 4 Abs. 1 TKÜV). Auslandsbezüge entstehen regelmäßig dadurch, dass sich entweder einzelne Teilnehmer und/oder aber Teile der Kommunikationsinfrastruktur im Ausland befinden. Vor diesem Hintergrund legt § 4 Abs. 1 TKÜV fest, dass die grundsätzlich zu überwachende Telekommunikation ausnahmsweise nicht zu erfassen ist, wenn erkannt wird, dass sich das zu **überwachende Endgerät im Ausland** befindet. Dies gilt indes nicht, wenn die zu überwachende Kommunikation an einen im Inland gelegenen Anschluss oder an eine im Inland gelegene Speichereinrichtung um- oder weitergeleitet wird oder von einem im Inland gelegenen Anschluss ausgeht. 247

(2) Auslandskopfüberwachung (§ 4 Abs. 2 TKÜV). Des Weiteren ist die Kommunikation nach § 4 Abs. 2 TKÜV auch in den Fällen zu erfassen, in denen sie von einem den berechtigten Stellen nicht bekannten (inländischen) Anschluss herrührt und für eine in der Anordnung angegebene ausländische Rufnummer bestimmt ist (und umgekehrt). § 4 Abs. 2 TKÜV regelt die sogenannte **„Auslandskopfüberwachung".** In der Praxis findet die Auslandskopfüberwachung in Verfahren Anwendung, in denen ein sich im Ausland befindlicher Beschuldigter im Verdacht steht, inkriminierte Güter wie etwa Betäubungsmittel oder von einem Embargo erfasste Waren nach Deutschland bzw. in ein Drittland zu liefern und über seinen ausländischen Anschluss insbesondere Lieferabsprachen mit seinen 248

535 Vgl. Eckhardt in Geppert/Schütz TKG § 110 Rn. 13 ff.

536 Eckhardt in Geppert/Schütz TKG § 110 Rn. 19 ff.; Löwenau/Ipsen in Scheurle/Mayen TKG § 110 Rn. 14 ff. jeweils mwN.

inländischen Abnehmern bzw. Geschäftspartnern treffen soll. Praxisrelevanz besitzt diese Maßnahme weiter in Verfahren wegen des Verdachts der Bildung einer kriminellen oder terroristischen Vereinigung im Ausland nach § 129b StGB.

249 Technisch beruhen Maßnahmen der Auslandskopfüberwachung auf dem Umstand, dass es sogenannter Schnittstellen oder „Gateways" bedarf, um die Kommunikationsdaten von einem Netz in ein anderes weiterzuleiten. Diese „Gateways" werden – daher der Name – umgangssprachlich als „Auslandskopf" bezeichnet. Die Auslandskopfüberwachung erlaubt dabei zumeist nur die Überwachung der **von Deutschland ausgehenden Gespräche** zu dem überwachten ausländischen Anschluss. Dies liegt daran, dass an den „Gateways" die Rufnummer des aus dem Ausland anrufenden Teilnehmers (eingehende Kommunikation) anders als im Falle ausgehender Kommunikation vielfach nicht erfasst wird. Ist es im Einzelfall gleichwohl technisch möglich, auch die Rufnummer eines aus dem Ausland eingehenden Telefonats zu erfassen, darf von Rechts wegen auch diese Kommunikation überwacht und aufgezeichnet werden.[537]

250 Da die Maßnahme im Geltungsbereich der StPO erfolgt und auch nicht in das betreffende Land „ausstrahlt", mithin dortige Hoheitsrechte nicht berührt, verstößt sie nicht gegen **völkerrechtliche Bestimmungen.**[538]

251 **bb) Verpflichtung zur unverzüglichen Umsetzung (§ 6 Abs. 1, § 10 TKÜV).** Nach § 6 Abs. 1 TKÜV hat der Telekommunikationsdienstleister seine technischen Einrichtungen im Voraus so zu gestalten, dass er Überwachungsmaßnahmen **„unverzüglich" umsetzen** kann. Bei einem zeitweiligen Übermittlungshindernis hat er nach § 10 TKÜV die angeforderten Daten „unverzüglich nachträglich" zu übermitteln.

252 **cc) Bereitzustellende Daten (§ 7 TKÜV).** Gemäß § 7 Abs. 1 S. 1 Nr. 5 TKÜV sind den berechtigten Stellen (hier den Strafverfolgungsbehörden) das **Dienstmerkmal sowie dessen Kenngrößen** mitzuteilen. Diese Vorschrift erlangt vor dem Hintergrund Bedeutung, dass moderne Telekommunikationsanlagen für sehr unterschiedliche Telekommunikationsdienste (zB Telefonie, Fax, Internet, sonstige Datenübertragung) genutzt werden können. Die an der Telekommunikation unmittelbar Beteiligten wissen selbstverständlich, welchen Telekommunikationsdienst sie für einen bestimmten Telekommunikationsvorgang nutzen. Dem Telekommunikationsnetz werden während des Telekommunikationsvorgangs dabei entsprechende Informationen übermittelt, damit sowohl dort als auch am Endgerät die für die jeweilige Telekommunikation richtigen Ressourcen bereitgestellt bzw. die richtigen Endgeräte angewählt werden. Bei den übermittelten Daten handelt es sich indes beim digitalen Telekommunikationsnetz um einen sogenannten „binären Datenstrom", dessen Inhalt nur dann sinnvoll auswertbar ist, wenn bekannt ist, wie die einzelnen „Bits" zu interpretieren sind, dh welchem Telekommunikationsdienst sie zuzurechnen sind und welches Dienstmerkmal mit welchen Kenngrößen aktuell genutzt wird.

253 § 7 Abs. 1 S. 1 Nr. 6 TKÜV regelt, dass den Berechtigten auch die **Ursache für die Auslösung oder das Nichtzustandekommen der Verbindung** mitzuteilen ist. Diese Regelung ist nur für die „leitungsvermittelnde Telekommunikation" von Bedeutung. Die technischen Ursachen für die Beendigung der zu übermittelnden Telekommunikation können etwa darin liegen, dass der angerufene bzw. der anrufende Teilnehmer auflegt oder aber die Verbindung deshalb nicht zustande kommt, weil der angerufene Teilnehmer selbst telefoniert. Die Übermittlung der nach Nr. 6 geforderten Daten ist geboten, weil sich ansonsten für die berechtigten Stellen Unsicherheiten daraus ergeben könnten, dass zwar die Rufnummer oder die andere Kennung des jeweiligen Anschlusses übermittelt würde, jedoch aufgrund einer tatsächlich nicht zustande gekommenen Verbindung keine Inhalte aufgezeichnet würden.

254 Eine für die Praxis herausragend wichtige Regelung enthält § 7 Abs. 1 S. 1 Nr. 7 TKÜV, wonach weiterhin der **Standort des Mobiltelefons mit größtmöglicher**

[537] Für weitere Details Bär in KMR-StPO § 100a Rn. 82.
[538] Tiedemann CR 2005, 858 (862); Bär in KMR-StPO § 100a Rn. 82.

Genauigkeit (nach dem jeweiligen Stand der Technik) mitzuteilen ist, über den die zu überwachende Telekommunikation abgewickelt wird. Falls eine Standortangabe nicht möglich ist, kann ersatzweise auch die Funkzelle oder Rufzone übermittelt werden, über die die zu überwachende Telekommunikation erfolgt. Diese Daten sind auch mitzuteilen, wenn das Mobiltelefon zwar empfangsbereit ist, es zzt. jedoch nicht (aktiv) als Telekommunikationsmittel benutzt wird. Sollen auch Angaben zum **Standort des lediglich empfangsbereiten Endgerätes übermittelt werden, empfiehlt es sich, dies in die Anordnung ausdrücklich aufzunehmen.**

Die Verpflichteten müssen weiterhin auch sonstige Verkehrsdaten zB die IP-Adressen 255
der an einer Internet-Kommunikation beteiligten Nutzer (§ 7 Abs. 1 S. 1 Nr. 9 TKÜV) und die Zeit der Kommunikation (§ 7 Abs. 1 S. 1 Nr. 8 TKÜV) mitteilen. Werden **Verschlüsselungstechniken** verwendet und sind die verwendeten Schlüssel dem TK-Anbieter bekannt, müssen diese beauskunftet werden (§ 7 Abs. 1 S. 1 Nr. 10 TKÜV). Nach § 170 Abs. 11 TKG nF (ab 1. Dezember 2021) sind Mobilfunkbetreiber, die Nutzer eines Betreibers von öffentlichen Mobilfunknetzen in der europäischen Union nach Absprache anschließen und zu dessen Telekommunikationsanlage vermitteln, in diesem Zusammenhang auch verpflichtet, eine netzseitig durch den ausländischen Mobilfunkbetreiber aufgebrachte Verschlüsselung aufzuheben, soweit hierfür internationale Standards nach der TR-TKÜV bestehen.

Wie das BVerfG kürzlich klargestellt hat, müssen die TK-Anbieter im Rahmen ihrer 256
Verpflichtung nach § 7 TKÜV alle bei ihnen vorhandenen und von § 7 TKÜV erfassten Daten herausgeben. Sie können sich insbesondere nicht darauf berufen, dass sie im Rahmen des von ihnen gewählten technischen Aufbaus die Verkehrsdaten (in concreto: IP-Adressen ihrer Kunden) **nicht protokollieren und selbst darauf keinen Zugriff haben.** Solange die entsprechenden Daten in den TK-Anlagen der Anbieter verarbeitet werden und hierdurch zumindest zeitweise (flüchtig) gespeichert werden, gehören diese zu den nach § 7 TKÜV bereitzustellenden Daten.[539] Dies gilt allerdings richtigerweise nur für diejenigen Verkehrsdaten, die ab dem Zeitpunkt der Anordnung anfallen.[540] Denn die Verpflichtung zur Herausgabe der Verkehrsdaten (und ggf. des Inhalts der Kommunikation) ergibt sich aus der Anordnung nach § 100a Abs. 1. § 7 TKÜV bestimmt nur Inhalt und Umfang der bereitzustellenden 1:1-Kopie der überwachten Kommunikation. Dagegen enthält § 7 TKÜV selbstverständlich keine Pflicht zur „Vorratsdatenspeicherung durch die Hintertür". Ohne Anordnung nach § 100a Abs. 1 bzw. vor dem Anordnungszeitpunkt ist der Anbieter nur im Rahmen der (derzeit faktisch nicht zur Anwendung kommenden, hierzu → § 100g Rn. 15 ff.) Vorratsdatenspeicherung nach § 176 TKG nF (bis 1. Dezember 2021: § 113b TKG) hierzu verpflichtet.

dd) Entgegennahme der Anordnung durch den Dienstleister (§ 12 TKÜV). 257
Einzelheiten zur Entgegennahme der Anordnung regelt § 12 TKÜV. Der in der TKÜV als „Verpflichteter" bezeichnete Telekommunikationsdienstleister hat gemäß § 12 Abs. 1 S. 1 TKÜV zu gewährleisten, dass er **jederzeit telefonisch** über das Vorliegen einer Anordnung zur Überwachung der Telekommunikation und die Dringlichkeit ihrer Umsetzung benachrichtigt werden kann. Nach § 12 Abs. 1 S. 2 TKÜV hat er weiter sicherzustellen, dass er die Anordnung zu diesem Zweck innerhalb der üblichen Geschäftszeiten jederzeit entgegenzunehmen in der Lage ist.

Außerhalb der üblichen Geschäftszeiten hat er nach § 12 Abs. 1 S. 3 TKÜV eine 258
Entgegennahme innerhalb von sechs Stunden nach seiner Benachrichtigung zu gewährleisten. Der Richter oder Staatsanwalt kann in seiner Anordnung – in begründeten Ausnahmefällen – auch eine kürzere, in diesem Fall indes mit dem Verpflichteten abzustimmende Frist für die Entgegennahme der Anordnung festlegen. Der Verpflichtete hat nach § 12 Abs. 1 S. 3 TKÜV weiter der Bundesnetzagentur eine – bei dieser abfragbare – Stelle für

[539] BVerfG 20.12.2018 – 2 BvR 2377/16, NJW 2019, 584; siehe auch die instanzgerichtliche Entscheidung in dem Verfahren LG Stuttgart 1.9.2016 – 19 Qs 48/16, ZD 2017, 338.
[540] So auch BVerfG 20.12.2018 – 2 BvR 2377/16, NJW 2019, 584.

die Entgegennahme der Anordnungen anzugeben, für deren Erreichbarkeit keine Anschlüsse benannt werden dürfen, für die eine Sondertarifierung gilt.

259 Von erheblicher praktischer Bedeutung ist weiter die Regelung in § 12 Abs. 2 S. 1 TKÜV, wonach der Verpflichtete die Umsetzung der Überwachungsmaßnahme auch aufgrund einer auf gesichertem elektronischem Weg oder vorab per Fax übermittelten Kopie der Anordnung einzuleiten hat. Nach § 12 Abs. 2 S. 2 TKÜV ist dem Verpflichteten **binnen einer Woche** im Falle der Übermittlung per Fax das Original oder eine beglaubigte Abschrift der Anordnung zu übersenden, ansonsten hat er die Maßnahme wieder abzuschalten.

260 **3. Überwachungsmaßnahmen ohne Einbindung des Telekommunikationsdienstleisters.** Die §§ 100a, 100d, 100e enthalten die materiellen und formellen Voraussetzungen der strafprozessualen Telekommunikationsüberwachung. § 170 TKG nF (bis 1. Dezember 2021: § 110 TKG) hingegen regelt, welche technischen und organisatorischen Vorkehrungen die verpflichteten Telekommunikationsdienstleister zu treffen haben, damit Anordnungen nach §§ 100a, 100e bzw. nach anderen zur Überwachung der Telekommunikation ebenfalls berechtigenden Vorschriften wie etwa den §§ 3 und 5 G 10 bzw. § 51 BKAG überhaupt durchgeführt werden können. § 170 TKG nF (bis 1. Dezember 2021: § 110 TKG) trägt dem Umstand Rechnung, dass die Errichtung und Erhaltung effektiver systemintegrierter Vorrichtungen zur Ermöglichung derartiger Maßnahmen bereits aus tatsächlichen Gründen flächendeckend allein dem Netzbetreiber möglich ist. Die technologische Entwicklung der vergangenen Jahre ermöglicht es den Strafverfolgungsbehörden indes zunehmend, Überwachungsmaßnahmen, wenngleich in eingeschränktem Umfang, auch selbstständig, dh ohne Mitwirkung der Telekommunikationsdienstleister und damit **ohne deren technisches Equipment** durchzuführen. Eine solche – eingeschränkte – Möglichkeit eröffnet zB der sogenannte „IMSI-Catcher" (→ § 100i Rn. 8).

261 Namentlich aus der Mitwirkungspflicht in Abs. 4 haben Stimmen in der Lit. gefolgert, Überwachungsmaßnahmen ohne Mitwirkung der Dienstleister seien nicht statthaft.[541] Aus der verfassungsrechtlich, nämlich dem gegenständlichen Schutzbereich des Art. 10 GG abzuleitenden Tatsache, dass allein die von einem Telekommunikationsdienstleister als Drittem vermittelte Kommunikation zwischen voneinander zumeist räumlich getrennten und sich deshalb der Telekommunikation bedienenden Personen vom Schutzbereich des Fernmeldegeheimnisses erfasst wird und daher eine Überwachung derselben ohne diesen Dritten jedenfalls regelmäßig technisch nicht möglich ist, kann indes **nicht abgeleitet werden, dass Überwachungsmaßnahmen nur bei Mitwirkung der Telekommunikationsdienstleister statthaft** sind. Dieser im Rahmen der Sachverständigenanhörung[542] zur Neuregelung des § 100b aF vertretenen Rechtsauffassung hat sich in den Materialien zum Entwurf eines Gesetzes zur Neuregelung der Telekommunikation und anderer verdeckter Ermittlungsmaßnahmen auch die BReg. angeschlossen.[543] Auch aus den historischen Materialien zum G 10 – Gesetz von 1968 ergibt sich nichts Gegenteiliges. Dort wird in diesem Zusammenhang lediglich ausgeführt, die Überwachungsmaßnahme würde nicht durch den Telefonanlagenbetreiber, sondern (allein) durch die Staatsanwaltschaft und ihre Hilfsbeamten vollzogen.[544] Es bleibt damit festzuhalten, dass § 100a auch zu einer selbstständigen Überwachung der Telekommunikation durch die Strafverfolgungsbehörden ohne Einschaltung von nach Abs. 4 Verpflichteten gestattet, sofern sie dazu technisch in der Lage sind und die sonstigen Voraussetzungen der §§ 100a, 100d, 100e eingehalten werden.[545]

541 So Hauck in Löwe/Rosenberg § 100a Rn. 10, 33; ebenso Zerbes/El-Ghazi NStZ 2015, 425 (432).
542 Günther, Protokoll der 74. Sitzung des Rechtsausschusses des Deutschen Bundestages vom 19.9.2007, S. 10.
543 BT-Drs. 16/5846, 47.
544 BT-Drs. V/1880, 13.
545 Wie hier Köhler in Meyer-Goßner/Schmitt § 100a Rn. 8; Singelnstein NStZ 2012, 593 (599); Bär MMR 2008, 215 (219).

II. Verfahrensrechtliche Besonderheiten der Quellen-Telekommunikationsüberwachung

1. Anforderungen an die technische Durchführung (Abs. 5). In Abs. 5 sind zahlreiche Anforderungen an die technische **Durchführung einer Quellen-TKÜ** zusammengefasst. Diese betreffen das technische Mittel, das Zielsystem sowie den Schutz des technischen Mittels und der erhobenen Daten gegen Veränderungen. 262

a) Anforderungen an das technische Mittel. Gem. Abs. 5 S. 1 Nr. 1 muss das **technische Mittel der Datenerhebung** (idR ein Spähprogramm) technisch so beschaffen sein, dass sich die Datenerhebung bei einer Quellen-TKÜ nach Abs. 1 S. 2 auf die laufende Telekommunikation, dh den ein- und ausgehenden Datenstrom, bzw. bei einer Quellen-TKÜ nach Abs. 1 S. 3 auf diejenigen gespeicherten Telekommunikationsdaten beschränkt, die ab dem Zeitpunkt der Anordnung der TKÜ nach § 100e Abs. 1 S. 1 während des laufenden Übertragungsvorgangs im öffentlichen Telekommunikationsnetz hätten aufgezeichnet werden können. 263

Abs. 5 S. 1 Nr. 1 lit. a beschränkt damit die Datenerhebung bei einer **„echten" Quellen-TKÜ** auf diejenigen Daten, welche das Zielsystem im Überwachungszeitraum sendet und empfängt. Das zu einer solchen Quellen-TKÜ eingesetzte Programm darf daher über keinerlei Funktionen verfügen, welche eine Erhebung anderer Daten ermöglichen würden. „Technisch sicherstellen" bedeutet dabei, dass es nach dem zum Einsatzzeitpunkt gültigen Stand der Technik technisch unmöglich sein muss, mit dem eingesetzten technischen Mittel andere Daten zu erheben. Dass bei der Infiltration des Zielsystems im Rahmen einer Quellen-TKÜ stets theoretisch der Zugriff auf das gesamte System und den gesamten Datenbestand möglich ist, macht die Vorschrift nach der Rechtsprechung des BVerfG nicht selbstwidersprüchlich und damit verfassungswidrig. Denn Abs. 5 S. 1 Nr. 1 lit. a erfordert lediglich, dass bei der Anwendung der Norm ein Programm mit entsprechenden Beschränkungen eingesetzt wird. Dass ein Programm – unter Verstoß gegen Abs. 5 – von den Behörden so abgeändert werden kann, dass ein Komplettzugriff möglich ist, ändert nichts an der Verfassungsmäßigkeit der Norm selbst.[546] In gleicher Weise ist für die Verfassungsmäßigkeit unerheblich, ob nach dem aktuellen Stand der Technik[547] eine gesetzmäßige Beschränkung tatsächlich möglich ist.[548] Bei entsprechender Anpassung der Spähprogramme an die konkrete zur verschlüsselten Kommunikation verwendete Technik ist allerdings auch davon auszugehen, dass eine Erfüllung der Anforderungen möglich ist.[549] Da es sich um eine materielle Zulässigkeitsvoraussetzung handelt, ist die Maßnahme rechtswidrig, wenn das eingesetzte Spähprogramm nicht die notwendige technische Beschränkung aufweist.[550] 264

Abs. 5 S. 1 Nr. 1 lit. b betrifft die **„kleine Online-Durchsuchung"** nach Abs. 1 S. 3 und begrenzt die Erhebung von Kommunikationsdaten auf diejenigen, die ab dem Zeitpunkt der Anordnung nach § 100e Abs. 1 auch während des laufenden Übertragungsvorgangs im öffentlichen Telekommunikationsnetz hätten überwacht und aufgezeichnet werden können. Auch hier muss das eingesetzte technische Mittel technisch sicherstellen, dass diese Anforderungen beim Einsatz erfüllt sind, mithin muss das Mittel technisch so beschaffen sein, dass damit nur Kommunikationsdaten erhoben werden können, welche ab dem Zeitpunkt der Anordnung tatsächlich versendet oder empfangen wurden. Über die technische Möglichkeit der Umsetzung dieser Anforderung ist dem Verfasser nichts bekannt. Die Vorschrift soll sicherstellen, dass die Quellen-TKÜ als funktionales Äquivalent zur klassischen TKÜ funktioniert.[551] Nicht entscheidend soll daher sein, wann eine Infiltration des Systems 265

---

546 BVerfG 20.4.2016 – 1 BvR 966, 1140/09, BVerfGE 141, 220 Rn. 234 = NJW 2016, 1781; hierzu kritisch Hauck in Löwe/Rosenberg § 100a Rn. 153.

547 Siehe hierzu Hauck in Löwe/Rosenberg § 100a Rn. 151 mwN.

548 BVerfG 20.4.2016 – 1 BvR 966, 1140/09, BVerfGE 141, 220 Rn. 234 = NJW 2016, 1781.

549 Freiling/Safferling/Rückert JR 2018, 9 (17).

550 Freiling/Safferling/Rückert JR 2018, 9 (12).

551 BT-Drs. 18/12785, 50.

gelingt.[552] Da jedoch auch bei einer klassischen TKÜ der Verpflichtete Telekommunikationsprovider die laufende Telekommunikation erst ab dem Zeitpunkt der Zustellung der Anordnung zur Verfügung stellen muss (vgl. § 12 Abs. 2 TKÜV), ermöglicht Abs. 1 S. 3 einen weitergehenden Zugriff. Allerdings ist zu berücksichtigen, dass die Zustellung einer TKÜ-Anordnung im Regelfall sehr schnell zu bewerkstelligen ist (vgl. die Möglichkeiten in § 12 Abs. 2 TKÜV), während die erfolgreiche Infiltration eines Zielsystems sehr viel Zeit in Anspruch nehmen kann.

266 Die Erfüllung der Voraussetzungen des Abs. 5 S. 1 Nr. 1 hat die eine Anordnung nach § 100e Abs. 1 S. 1 beantragende Stelle zu belegen und die anordnende Stelle nach § 100e Abs. 1 S. 1 zu prüfen. Diese **Prüfungspflicht** kann entfallen, wenn ein technisches Mittel eingesetzt wird, das hinsichtlich der Einhaltung der Anforderungen aus Abs. 5 von einer unabhängigen Stelle im Vorhinein geprüft und zertifiziert wurde.

267 **b) Veränderungen am Zielsystem.** Abs. 5 Nr. 2 und Nr. 3 regeln spezielle Ausprägungen des Verhältnismäßigkeitsgrundsatzes.[553] Die bei jeder Infiltration eines Zielsystems und der Datenerhebung aus dem System mittels eines Spähprogramms notwendigen Veränderungen am System müssen so gering wie möglich gehalten werden und ggf. nach Ende der Maßnahme automatisiert rückgängig gemacht werden. Das Rückgängigmachen der Veränderungen steht dabei unter dem **Vorbehalt der technischen Machbarkeit.** Dabei ist jedoch zu beachten, dass es auf die abstrakte technische Machbarkeit ankommt. Die Ermittlungsbehörden können sich also nicht darauf berufen, dass das von ihnen eingesetzte Programm technisch nicht zur Rückgängigmachung der Veränderungen in der Lage ist, wenn es technisch allgemein möglich ist. Die auf das notwendige Minimum zu beeinträchtigenden Systemveränderungen betreffen vor allem die Systemleistung, die Dateien im System und die IT-Sicherheit des Systems.[554]

268 **c) Schutz des technischen Mittels und der erhobenen Daten gegen Veränderungen.** Um einen möglichst hohen Beweiswert der erhobenen Daten zu gewährleisten und Manipulationen der Beweismittel zu verhindern, müssen sowohl die **Integrität des technischen Mittels als auch die Authentizität und Integrität der erhobenen Daten** nach dem jeweiligen Stand der Technik gem. Abs. 5 S. 2, S. 3 gewährleistet werden. Der Stand der Technik ist dabei ein unbestimmter Rechtsbegriff. Die Gesetzesbegründung schweigt, wie der Begriff auszulegen ist. Zu weit geht es wohl, zu verlangen, dass „fortschrittlichste technische Verfahren" Verwendung finden und „neueste wissenschaftliche Erkenntnisse" berücksichtigt werden müssen.[555] Denn das Forschungsfeld der IT-Sicherheit ist derartig dynamisch und schnelllebig, dass sich nach diesen Vorgaben kaum je ein Standard in der Strafverfolgungspraxis etablieren könnte. Hinzukommt, dass häufig die neuesten wissenschaftlichen Erkenntnisse auch in der Fachwelt umstritten sind und sich kaum je feststellen lassen wird, ob die allerneuesten Methoden sicherer sind als die bisher verwendeten. Daher ist als Stand der Technik anzusehen, was in der Disziplin der IT-Sicherheitsforschung als etablierte Sicherheitstechnologie gilt („best practice"), ohne dass stets die allerneuesten wissenschaftlichen Veröffentlichungen berücksichtigt werden müssen. Als Mindeststandard haben jedenfalls die technischen Richtlinien des BSI zu dienen.

269 Mindestens muss die Übertragung der Daten ebenso verschlüsselt erfolgen wie die Speicherung der Daten bei den Strafverfolgungsbehörden. Außerdem sollte ein **Hashwert** der gespeicherten Datei errechnet und von dieser getrennt gespeichert werden. Schließlich ist der Zugang zu den gespeicherten Daten auf die mit dem Fall betrauten Sachbearbeiter zu beschränken.

---

552 BT-Drs. 18/12785, 50.

553 Köhler in Meyer-Goßner/Schmitt § 100a Rn. 14l; Freiling/Safferling/Rückert JR 2018, 9 (12); kritisch zur Verfassungsmäßigkeit Warken NZWiSt 2017, 329 (335).

554 Hauck in Löwe/Rosenberg § 100a Rn. 155 f.

555 So aber Hauck in Löwe/Rosenberg § 100a Rn. 159.

2. Protokollierungspflichten (Abs. 6). Die Protokollierungspflichten des Abs. 6 dienen ausweislich der Gesetzesbegründung der effektiven Gewährleistung des Grundrechtsschutzes und der Gerichtsfestigkeit der erhobenen Beweise.[556] Die Protokollierungspflichten sollen durch die **„standardisierte Leistungsbeschreibung Quellen-Telekommunikationsüberwachung"** des BKA präzisiert werden.[557] In der derzeit veröffentlichten Version sind jedoch keine Konkretisierungen der Protokollierungspflichten enthalten.[558] Spezielle Verwendungsbeschränkungen oder Löschungspflichten hat der Gesetzgeber für die protokollierten Informationen bewusst nicht geschaffen, da eine Überprüfung der Rechtmäßigkeit der Maßnahme bis zum Abschluss des gerichtlichen Verfahrens möglich sein muss.[559] Es gilt daher die allgemeine Vorschrift des § 101 Abs. 8 (hierzu → § 101 Rn. 117 ff.). 270

Die Protokollierung der Bezeichnung des technischen Mittels und des Zeitpunktes seines Einsatzes (Nr. 1) soll dem Beschuldigten bzw. seinem Verteidiger und dem Gericht die Möglichkeit geben, die Einhaltung der Vorgaben aus § 100a und der Anordnung der Quellen-TKÜ im Nachhinein zu überprüfen. Hierfür ist richtigerweise erforderlich, dass der **Quellcode des Spähprogramms dokumentiert und eine Kopie des eingesetzten Spähprogramms inklusive eines Hashwerts des Codes archiviert wird.**[560] Dass hierdurch der weitere Einsatz des Spähprogramms durch gezielte Anti-Forensik-Maßnahmen gefährdet bzw. erschwert werden kann,[561] wenn der Quellcode seinen Weg in die kriminelle Szene findet, ist angesichts der Notwendigkeit der Überprüfung der Rechtmäßigkeit des Einsatzes des Spähprogramms hinzunehmen, solange es keine gesetzlich geregelte Alternative zur effektiven Nachvollziehbarkeit gibt. Zu denken wäre hier etwa an eine gesetzlich geregelte Zertifizierungspflicht für die „technischen Mittel" der §§ 100a, 100b durch eine unabhängige Stelle (zB Bundes- oder Landesdatenschutzbeauftragte). 271

Die Protokollierung des Zielsystems (Nr. 2) erfordert eine möglichst **exakte Beschreibung der Hard- und Software des Systems**[562] (inklusive Modell- und Versionsnummern) sowie der IP-Adresse des Internetanschlusses und der MAC-Adresse des Systems im jeweiligen Netzwerk. Auch die Protokollierung der nicht-flüchtigen Veränderungen am System müssen so präzise beschrieben werden, dass eine dritte IT-kundige Person die Veränderungen nachvollziehen kann. 272

Die Angaben, welche die Feststellung der erhobenen Daten ermöglichen (Nr. 3), müssen eine **Identifikation der erhobenen Daten tatsächlich möglich machen.** Protokolliert werden müssen daher sämtliche verfügbaren Meta-Daten (Dateiname, Versionsnummer, Zeitstempel, Größe)[563] und die errechnete Hashsumme der gespeicherten Datei, welche die erhobenen Daten enthält. 273

Mit dem Begriff der Organisationseinheit (Nr. 4) ist nach richtiger Auffassung weder eine einzelne Ermittlungsperson (eine Einzelperson kann keine Einheit sein) noch eine ganze Abteilung der jeweiligen Polizeibehörde gemeint. Vielmehr muss die **exakte Ermittlungsgruppe** protokolliert werden, welche die Quellen-TKÜ durchgeführt hat.[564] 274

III. Schutz zeugnisverweigerungsberechtigter Personen

1. Angehörige. Verdeckte wie offene Ermittlungsmaßnahmen, die sich gegen Angehörige des Beschuldigten richten, sind **weder einfachgesetzlich noch verfassungsrecht-** 275

556 BT-Drs. 18/12785, 53.
557 BT-Drs. 18/12785, 53.
558 https://www.bka.de/SharedDocs/Downloads/DE/Sonstiges/standardisierendeLeistungsbeschreibungQuellenTKUE.pdf;jsessionid=4FD2BDF631D65B5891F32CFA78230451.live0601?__blob=publicationFile&v=9 (Stand: 21.8.2020).
559 BT-Drs. 18/12785, 53.
560 BT-Drs. 18/12785, 53; Freiling/Safferling/Rückert JR 2018, 9 (12); Hauck in Löwe/Rosenberg § 100a Rn. 165; Köhler in Meyer-Goßner/Schmitt § 100a Rn. 14m.
561 Freiling/Safferling/Rückert JR 2018, 9 (12); Köhler in Meyer-Goßner/Schmitt § 100a Rn. 14m.
562 Hauck in Löwe/Rosenberg § 100a Rn. 166.
563 Hauck in Löwe/Rosenberg § 100a Rn. 167.
564 Hauck in Löwe/Rosenberg § 100a Rn. 168.

lich unzulässig.[565] Dies gilt jedenfalls dann, wenn die Angehörigen nicht zu den zeugnisverweigerungsberechtigten Berufsgeheimnisträgern gehören und es sich auch sonst nicht um die Umgehung einer Vernehmung bzw. des Angehörigen nach § 52 zustehenden Zeugnisverweigerungsrechtes handelt. Eine bewusste Umgehung des Rechts zur Zeugnisverweigerung des Angehörigen durch eine verdeckte und gezielte Ausforschung des zur Verweigerung des Zeugnisses berechtigten Angehörigen außerhalb von Vernehmungssituationen ist nach Rspr. des BGH jedenfalls dann unzulässig, wenn die Überwachung in einer Untersuchungshaftsituation stattfindet.[566] Außerdem kann es bei Gesprächen mit Angehörigen häufig zum Austausch kernbereichsrelevanter Informationen kommen. Für diese gilt § 100d Abs. 1, Abs. 2.[567]

276 Im Übrigen werden **Angehörige weder von § 160a,** der dem Schutz zeugnisverweigerungsberechtigter Berufsgeheimnisträger dient, erfasst, noch ist eine weitergehende Privilegierung von Gesprächen zwischen dem Beschuldigten und seinen Angehörigen von Verfassungs wegen geboten.[568] Es verbleibt insoweit mithin bei der allgemeinen Kernbereichsregelung.[569]

277 **2. Berufsgeheimnisträger (§ 160a). a) Maßnahmen gegen Geistliche, Verteidiger, Abgeordnete, Rechtsanwälte und Kammerrechtsbeistände (§ 160a Abs. 1).** Gemäß § 160a Abs. 1 sind – sämtliche, gleich ob offene oder verdeckte – Ermittlungsmaßnahmen, die sich gezielt gegen Geistliche, Verteidiger, Abgeordnete, Rechtsanwälte und Kammerrechtsbeistände richten und voraussichtlich Erkenntnisse erbringen würden, über die diese Personen das Zeugnis verweigern könnten, **unzulässig.** Maßnahmen hingegen, die sich gegen den Beschuldigten richten und bzgl. derer es nicht nur möglich, sondern uU gar zu erwarten ist, dass sie auch die Kommunikation des Beschuldigten mit seinem Geistlichen oder Verteidiger erfassen könnten, bleiben hingegen zulässig.[570]

278 **aa) Beweisverwertungsverbote.** Gespräche bzw. jedwede sonstige Kommunikationen des Beschuldigten mit seinem Verteidiger, Seelsorger, Abgeordneten, einem Rechtsanwalt oder Kammerrechtsbeistand dürfen demnach, soweit dieser Personenkreis im Wirkungsbereich seines jeweiligen Zeugnisverweigerungsrechts tätig wird, weder durch Maßnahmen der Telekommunikationsüberwachung noch durch sonstige Ermittlungsmaßnahmen gleich welcher Art zielgerichtet überwacht bzw. ausgeforscht werden.[571] Die vorgenannten Berufsgeheimnisträger dürfen mithin **nicht als Zielperson** überwacht werden. Der diesen durch § 160a Abs. 1 S. 1 insoweit gewährte Schutz ist durch das Beweisverbot des § 160a Abs. 1 S. 2 absolut ausgestaltet. Er hängt damit im Einzelfall nicht von Erwägungen zur Verhältnismäßigkeit ab und erstreckt sich nicht nur auf die Verwertung der Erkenntnisse zu Beweiszwecken. Das Beweisverbot des § 160a Abs. 1 S. 2 verbietet vielmehr auch die weitere Verwendung gleichwohl erlangter Erkenntnisse als Spurenansätze.[572] Dem Charakter dieser Regelung als absolutem Beweisverwertungsverbot entsprechend dürfen die betreffenden Erkenntnisse auch zur Entlastung des Beschuldigten nicht verwertet werden.[573] Allerdings dürfen die Erkenntnisse verwendet und verwertet werden, wenn der Zeugnisverweigerungsberechtigte von seiner Verschwiegenheitspflicht entbunden wird.[574]

279 Stellt sich erst nachträglich heraus, dass die Zielperson einer der vorgenannten Berufsgruppen zuzuordnen ist, und wurde eine Überwachungsmaßnahme gleichwohl durchgeführt, greift das in S. 2 enthaltene **Beweisverbot nach § 160a Abs. 1 S. 5 entsprechend**

---

565 VerfGH Sachsen 27.8.2015 – Vf. 85-IV-14, BeckRS 2015, 52714.
566 Vgl. BGH 29.4.2009 – 1 StR 701/08, NJW 2009, 2463 (2467).
567 VerfGH Sachsen 27.8.2015 – Vf. 85-IV-14, BeckRS 2015, 52714.
568 So BVerfG 15.10.2009 – 2 BvR 2438/08, NJW 2010, 287 (288).
569 So zutreffend Köhler in Meyer-Goßner/Schmitt § 100a Rn. 18 mwN.
570 Vgl. BT-Drs. 16/5846, 35.
571 BT-Drs. 16/5846, 35.
572 So auch Köhler in Meyer-Goßner/Schmitt § 160a Rn. 4; Sackreuther in BeckOK StPO § 160a Rn. 9.
573 Ebenso Sackreuther in BeckOK StPO § 160a Rn. 9; Köhler in Meyer-Goßner/Schmitt § 160a Rn. 4 aE.
574 Köhler in Meyer-Goßner/Schmitt § 160a Rn. 4 aE; Sackreuther in BeckOK StPO § 160a Rn. 8 mwN.

ein. Gleiches gilt, wenn sich die Überwachungsmaßnahme gegen einen Dritten richtet und dieser mit einer der vorgenannten Berufsgruppen kommuniziert.

Wird bei Gelegenheit einer „live" durchgeführten Überwachung festgestellt, dass der Beschuldigte ein durch § 160a Abs. 1 S. 1 geschütztes Gespräch führt, ist die Maßnahme zwingend vorübergehend zu unterbrechen. § 160a Abs. 1 S. 2 enthält ein **Beweiserhebungs- und -verwertungsverbot.** 280

bb) Geistliche. Kommunikationen mit Geistlichen, dh solchen der christlichen Kirchen bzw. der sonstigen anerkannten öffentlich-rechtlichen Religionsgemeinschaften (vertiefend → § 53 Rn. 17 ff.) sind insoweit geschützt, als es sich um Tatsachen handelt, die ihnen **in ihrer Eigenschaft als Seelsorger** anvertraut oder in sonstiger Weise bekannt gemacht wurden. Derartige Umstände berühren zudem nach der Rspr. des BVerfG regelmäßig den Kernbereich privater Lebensgestaltung und sind bereits deshalb dem staatlichen Zugriff schlechthin entzogen (detailliert → § 100d Rn. 1 ff.).[575] 281

cc) Verteidiger und Rechtsanwälte. § 160a Abs. 1 S. 1 erfasst nunmehr neben den **gewählten bzw. bestellten Verteidigern auch alle Rechtsanwälte, soweit diese dazu berechtigt sind, das Zeugnis nach § 53 zu verweigern.**[576] Darauf, ob sie die Verteidigung oder das Mandat tatsächlich auch aktiv ausgeübt haben, kommt es nicht an, geschützt ist auch das Anbahnungsverhältnis einer Verteidigung.[577] Der Schutz des § 160a erstreckt sich auf all diejenigen Umstände, die einem Verteidiger oder Rechtsanwalt in dieser Eigenschaft anvertraut wurden (eingehend zum Umfang des Zeugnisverweigerungsrechts → § 53 Rn. 26). 282

Das Verhältnis zwischen Verteidiger und Mandanten erfährt einen **weiteren Schutz durch § 148,** der (ebenfalls) den unüberwachten Verkehr zwischen Verteidiger und Mandanten gewährleistet. Genau wie § 160a erfasst der Schutz durch § 148 auch bereits die eine Verteidigung erst anbahnende Kommunikation.[578] Das Bundesverfassungsgericht betont in seinen Entscheidungen regelmäßig die fundamentale objektive Bedeutung der „freien Advokatur" für den Rechtsstaat.[579] Wegen dieser Bedeutung erfasst der Schutz des § 160a Abs. 1 S. 1 auch die Berufsgruppe der Verteidiger. Diese können ihre Aufgabe nur erfüllen, wenn die Kommunikation zwischen ihnen und ihren Mandanten ungestört erfolgen kann. 283

Indes ist es nicht grundsätzlich und von vornherein unzulässig, den Kommunikationsanschluss eines **Rechtsanwalts, der sich auch als Verteidiger betätigt, nach § 100a überwachen** zu lassen, die Kommunikationsinhalte aufzuzeichnen und zu strafprozessualen Zwecken zu verwerten.[580] Anders als im Rahmen von § 160a Abs. 4 genügt dafür jedoch nicht bereits, dass der Verteidiger selbst verdächtig ist, eine Anschlussstraftat begangen zu haben (einfache Verstrickung). Vielmehr ist es erforderlich, dass der Verteidiger verdächtig ist, selbst an der Katalogtat, wegen welcher die TKÜ angeordnet wurde, als Täter oder Teilnehmer beteiligt gewesen zu sein.[581] 284

Schließlich sind **Gespräche mit dem Verteidiger** in vielen Fällen zum absolut geschützten Kernbereich zu rechnen und dadurch nach Maßgabe des § 100d der Verwertung vollständig entzogen (→ § 100d Rn. 1 ff.).[582] 285

---

575 BVerfG 3.3.2004 – 1 BvR 2378/98 und 1 BvR 1084/99, NJW 2004, 999; BVerfG 12.10.2011 – 2 BvR 236/08, NJW 2012, 833 Rn. 215.

576 Vgl. zum Umfang des Zeugnisverweigerungsrechts eines Rechtsanwalts Köhler in Meyer-Goßner/Schmitt § 53 Rn. 16.

577 BGH 18.2.2014 – StB 8/13, NJW 2014, 1314 mAnm Roggan und Scharenberg StV 2014, 391; BGH 18.2.2014 – StB 8/13, CR 2015, 508; Köhler in Meyer-Goßner/Schmitt § 53 Rn. 13.

578 BGH 11.5.1988 – 3 StR 563/87, NStZ 1988, 562 (563).

579 Vgl. BVerfG 18.4.2007 – 2 BvR 2094/05, NJW 2007, 2749 (2751).

580 BVerfG 18.4.2007 – 2 BvR 2094/05, NJW 2007, 2749 Rn. 38.

581 BGH 5.11.1985 – 2 StR 279/85, BGHSt 33, 347 (349) = NJW 1986, 1183; Köhler in Meyer-Goßner/Schmitt § 148 Rn. 16; Bär in KMR-StPO § 100a Rn. 71; von der Grün, Verdeckte Ermittlungen, S. 45; aA Lüderssen/Jahn in Löwe/Rosenberg § 148 Rn. 14a (gar keine Überwachung zulässig).

582 BVerfG 3.3.2004 – 1 BvR 2378/98, NJW 2004, 999 (1005).

286 **dd) Abgeordnete.** Für die Berufsgruppe der Abgeordneten sind deren Zeugnisverweigerungsrecht und das damit korrespondierende Beschlagnahmeverbot bereits in Art. 47 GG sowie in den entsprechenden Regelungen der Landesverfassungen niedergelegt. Geschützt wird dadurch das **mandatsbezogene Vertrauensverhältnis** zwischen dem Abgeordneten und dritten Personen. Die einfachgesetzlichen Regelungen in § 53 Abs. 1 S. 1 Nr. 4, § 97 Abs. 4, denen insofern ein mehr deklaratorischer Charakter beizumessen ist, hat der Gesetzgeber durch die Vorschrift des § 160a Abs. 1 S. 1 ergänzt.[583]

287 **b) Sonstige Beratungs- und Heilberufe, Medienberater (§ 160a Abs. 2).** Für die sonstigen Berufsgeheimnisträger nach § 53 Abs. 1 S. 1 Nr. 3–3b und 5, mithin für **Wirtschaftsprüfer, Steuerberater, Ärzte,** Zahnärzte, psychologische Psychotherapeuten, Mitglieder anerkannter **Beratungsstellen** nach dem Schwangerschaftskonfliktgesetz bzw. von Drogenberatungsstellen sowie für Medienberater enthält § 160a Abs. 2 ein relatives und damit am Verhältnismäßigkeitsgrundsatz orientiertes Beweiserhebungs- und Beweisverwertungsverbot. Der Verweis auf § 53 Abs. 1 S. 1 Nr. 3 geht insofern ins Leere, als dort auch Rechtsanwälte und Kammerrechtsbeistände genannt sind. Für diese beiden Gruppen geht § 160a Abs. 1 dem Abs. 2 vor.

288 Auch für diese Berufsgruppe gilt, ebenso wie für Verteidiger, Rechtsanwälte, Geistliche und Abgeordnete, dass das Verwertungsverbot nur solche Umstände berühren kann, die das spezifische Verhältnis der entsprechenden Berufsträger zu ihren Mandanten bzw. Patienten betreffen. Es **korrespondiert mithin mit dem durch § 53 Abs. 1 S. 1 Nr. 3–3b und 5 statuierten Zeugnisverweigerungsrecht.** Dementsprechend entfällt auch ein ggf. bestehendes Beweisverwertungsverbot gemäß § 53 Abs. 2 S. 1, wenn der von dieser Vorschrift erfasste Geheimnisträger von seiner Pflicht zur Verschwiegenheit entbunden wird.

289 Umstände, die vom Zeugnisverweigerungsrecht des § 53 Abs. 1 S. 1 Nr. 3–3b und 5 erfasst werden, sind verwertbar, sofern die Abwägung des primär öffentlichen bzw. im Hinblick auf mögliche Opferinteressen auch individuell begründeten Interesses an einer **wirksamen, effektiven Strafverfolgung** gegenüber dem Interesse der Öffentlichkeit an den durch die **zeugnisverweigerungsberechtigten Personen wahrgenommenen Aufgaben sowie dem individuellen Interesse an der Geheimhaltung** der dem Geheimnisträger anvertrauten Umstände überwiegt.[584] § 160a Abs. 2 S. 1 Hs. 2 enthält dabei die – widerlegbare – gesetzliche Vermutung, dass das Strafverfolgungsinteresse regelmäßig nicht überwiegt, wenn Gegenstand des Verfahrens „keine Straftat von erheblicher Bedeutung" ist. Des Weiteren wird das Strafverfolgungsinteresse in all den Fällen zurückzustehen haben, in denen das Geheimnis kernbereichsnahe Tatsachen zum Gegenstand hat. Dasselbe gilt für Tatsachen, welche der besonderen Kategorien personenbezogener Daten iSv § 48 Abs. 1 BDSG (iVm § 500 Abs. 1) zugeordnet sind, was vor allem für Ärzte, Zahnärzte und Beratungsstellen relevant ist. Hier kann die zugunsten einer Nichtverwertung ausgehende Abwägung eine „geeignete Garantie" iSv § 48 Abs. 2 BDSG sein. In Fällen besonders schwerwiegender Straftaten (insbesondere gegen Leib, Leben und sexuelle Selbstbestimmung) kann allerdings dennoch das Strafverfolgungsinteresse überwiegen.

290 **aa) Beratungs- und Heilberufe.** Auch an der Tätigkeit der von § 160a Abs. 2 erfassten Berufsgruppen wie Notaren, Wirtschafts- und Buchprüfern, Ärzten, Mitgliedern von Beratungsstellen für Schwangerschaftskonflikte bzw. für Fragen der Betäubungsmittelabhängigkeit besteht ein hohes öffentliches Interesse. Da deren Tätigkeit in einem sozialen Rechtsstaat auch gesellschaftlich ein hoher Stellenwert zukommt, dürfen Ermittlungsmaßnahmen nur unter **„strikter Wahrung der Verhältnismäßigkeit angewandt werden".**[585]

291 Die Kommunikation mit Ärzten bzw. Psychotherapeuten wird vielfach Umstände aus dem Kernbereich privater Lebensführung bzw. diesem Bereich nahestehende Tatsachen

[583] BT-Drs. 16/5846, 35.

[584] BT-Drs. 16/5846, 36; siehe auch OLG Frankfurt a. M. 18.2.2014 – 5 – 3 StE 4/10 – 4 – 3/10, BeckRS 2015, 4846 zu Rechtsanwälten, welche in der damals anwendbaren Gesetzesfassung noch § 160a Abs. 2 unterfielen, wenn es sich nicht um Strafverteidiger handelte.

[585] BT-Drs. 16/5846, 36.

zum Inhalt haben. So stehen Angaben eines **Arztes über Anamnese, Diagnose und therapeutische Maßnahmen** nach der Rspr. des BVerfG[586] als Ausfluss des allgemeinen Persönlichkeitsrechts unter dem Schutz des Grundgesetzes, weshalb in derartigen Fällen vielfach das Strafverfolgungsinteresse zurückzutreten hat. Gleiches gilt für Gesundheitsdaten, Daten über die genetische Herkunft und solche, welche Rückschlüsse auf das Sexualleben oder die sexuelle Orientierung zulassen (§ 48 BDSG). Dementsprechend bestehen hier auch besondere Schutzbedürfnisse im Rahmen der Beratungsstellen für Schwangerschaftsabbrüche und Betäubungsmittelabhängigkeit.

bb) Medienmitarbeiter. Wenngleich der Tätigkeit von Presse, Rundfunk und Fernsehen namentlich für die Meinungsbildung in einer parlamentarischen Demokratie eine besonders hohe Bedeutung zukommt und sich diese in der institutionellen Verfassungsgarantie des Art. 5 GG widerspiegelt, lässt sich auch nach der Rspr. des BVerfG **kein genereller Vorrang** der schutzwürdigen Interessen von Journalisten vor dem öffentlichen Interesse an einer effektiven Strafverfolgung begründen.[587] Auch ist zu bedenken, dass Zeugnisverweigerungsrechte von Medienmitarbeitern nur selten einen Bezug zum Kernbereich privater Lebensgestaltung aufweisen.[588] Andererseits soll ein Verwertungsverbot in den Fällen naheliegen, in denen die Recherchen der Medienmitarbeiter die Aufdeckung öffentlicher Missstände bezweckt.[589] 292

c) Berufshelfer. Nach § 160a Abs. 3 iVm § 53a besteht für die Gehilfen der in § 53 Abs. 1 S. 1 Nr. 1–4 genannten Berufsgeheimnisträger ein den Abs. 1 und 2 **entsprechendes Beweiserhebungs- und Verwertungsverbot.** 293

d) Verstrickungsverdacht (§ 160a Abs. 4). Gemäß § 160a Abs. 4 S. 1 finden die **Verwertungsverbote des § 160a Abs. 1–3 keine Anwendung,** soweit der Berufsgeheimnisträger bzw. dessen Helfer entweder der Beteiligung an der Tat oder aber der Begünstigung, Strafvereitelung oder Hehlerei verdächtig ist. Der Verdacht einer solchen Verstrickung muss sich nach der gesetzlichen Regelung ebenso wie der in § 97 Abs. 2 S. 3 auf Grund **bestimmter Tatsachen** (→ Rn. 151 ff.) ergeben. Nicht erforderlich ist jedoch, dass bereits förmlich ein Ermittlungsverfahren aufgrund des bestehenden Tatverdachts eingeleitet wurde; es kommt insofern alleine auf das materielle Bestehen des Tatverdachts an.[590] Beim Verteidiger muss der Verstrickungsverdacht wegen § 148 iS einer „echten Beteiligung" gegeben sein.[591] Bei Medienangehörigen (§ 53 Abs. 1 S. 1 Nr. 5) kann die Verstrickungsregelung des § 160a Abs. 4 S. 1 im Rahmen von nur auf Antrag oder Ermächtigung (praktisches Beispiel vor allem § 353b StGB) verfolgbaren Taten erst mit Stellung des Strafantrags oder Erteilung der Ermächtigung angewendet werden.[592] Nach Auffassung des LG Nürnberg-Fürth soll es unschädlich sein, wenn sich der Verstrickungsverdacht gegen den Berufsgeheimnisträger erst nach Durchführung der TKÜ ergibt. Die aus einer solchen TKÜ erlangten Erkenntnisse sollen dann ab Eintreten des Verstrickungsverdachts verwertbar sein.[593] Dies kann jedoch nur so lange gelten, als nicht gegen die Pflicht zur unverzüglichen Löschung der Daten aus der TKÜ nach § 160a Abs. 1 S. 3 verstoßen wurde. Daten, welche zum Verwertungszeitpunkt bereits hätten gelöscht werden müssen, dürfen nicht verwertet werden. 294

IV. Möglichkeiten der Einführung gewonnener Erkenntnisse in die Hauptverhandlung

Erkenntnisse aus Maßnahmen zur Überwachung der Telekommunikation gemäß § 100a können **strengbeweislich durch alle statthaften Beweismittel,** mithin etwa der Ein- 295

586 BVerfG 6.6.2006 – 2 BvR 1349/05, MedR 2006, 586.
587 BVerfG 3.3.2004 – 1 BvR 2378/98 und 1 BvR 1084/99, NJW 2004, 999.
588 BT-Drs. 16/5486, 37.
589 Gusy NStZ 2003, 399.
590 Vgl. EGMR 27.4.2017 – 73607/13, ZWH 2017, 261 – Sommer ./. Deutschland.
591 BVerfG 4.7.2006 – 2 BvR 950/05, NJW 2006, 2974.
592 Köhler in Meyer-Goßner/Schmitt § 160a Rn. 16; siehe auch BT-Drs. 17/335, 7.
593 LG Nürnberg-Fürth 21.2.2019 – 18 Qs 30/17, NZWiSt 2019, 462.

nahme des Augenscheins, durch Urkunden, Zeugen oder mittels eines Sachverständigen, in die Hauptverhandlung eingeführt werden.

296 **1. Augenscheinseinnahme.** Das **originäre** Beweismittel sind die Kommunikationsdaten selbst. Sie bzw. die Datenträger, auf denen sie abgespeichert sind, sind Objekte des Augenscheins.[594] Gegenstand des Augenscheins sind all diejenigen Daten, die den Strafverfolgungsbehörden von dem die Überwachungsmaßnahme umsetzenden und zur Mitwirkung gemäß § 100a Abs. 4 verpflichteten Telekommunikationsdienstleister übermittelt werden oder welche die Strafverfolgungsbehörden mit eigener Technik erhoben und gespeichert haben. Die Übertragung an bzw. die Erstspeicherung der Daten durch die mit dem Vollzug der Maßnahme betrauten technischen Fachdienststellen der Polizei erfolgt dabei automatisiert. Dabei muss durch technische Maßnahmen sichergestellt werden, dass eine Veränderung der Daten nach dem jeweils aktuellen Stand der Technik ausgeschlossen ist **(Integrität der Daten)** und, dass gezeigt werden kann, dass es sich tatsächlich um diejenigen Daten aus der jeweiligen Überwachungsmaßnahme handelt **(Authentizität der Daten).**[595] Aufseiten der verpflichteten Telekommunikationsdienstleister sind entsprechende technische Vorgaben in §§ 14, 36 TKÜV iVm der Technischen Richtlinie TKÜV, Teil A enthalten. Seit **Umsetzung der Richtlinie 2016/680 im BDSG** gelten sowohl für die Ermittlungsbehörden (Verantwortlicher) als auch für die verpflichteten Telekommunikationsanbieter (Auftragsdatenverarbeiter) außerdem die Anforderungen aus § 500 Abs. 1 iVm § 64 BDSG. § 64 BDSG verlangt dabei von Ermittlungsbehörden und Telekommunikationsdienstleistern die Erstellung einer Risikoeinschätzung für den Datenschutz und das Durchlaufen eines Abwägungsprozesses bezüglich der Ergreifung konkreter Maßnahmen.[596] Ob diese Risikoabschätzung und der Abwägungsprozess für die verpflichteten TK-Dienstleister durch die TKÜV und die TR TKÜV Teil A erstens vorweggenommen werden können und ob, zweitens, die Regelwerke die Anforderungen aus § 64 BDSG erfüllen, ist bislang ungeklärt. Problematisch könnte sich in diesem Zusammenhang auch erweisen, dass die TR TKÜV von der Bundesnetzagentur erarbeitet und herausgegeben wird (vgl. § 36 TKÜV), § 64 Abs. 1 S. 2 BDSG die Ermittlungsbehörden jedoch zur Beachtung der Technischen Richtlinien und Empfehlungen des Bundesamtes für Sicherheit in der Informationstechnik verpflichtet. BSI und Bundesnetzagentur werden hier in Zukunft ihre Richtlinien und Empfehlungen aufeinander abstimmen müssen, um alle Anforderungen zu erfüllen. Wenn eine TKÜ – wie häufig – auch Daten erhebt, welche der besonderen Kategorie personenbezogener Daten nach §§ 48, 46 Nr. 14 BDSG zuzuordnen sind, müssen außerdem beim o. g. Abwägungsprozess die verschärften Anforderungen des § 48 BDSG hinsichtlich dieser Datensätze beachtet werden (zB Pseudonymisierung, getrennte Speicherung, ggf. Teillöschung, für Details → Rn. 38 ff.). Angesichts der Vielzahl angeordneter Telekommunikationsüberwachungen sollten in die RiStBV Richtlinien und Empfehlungen für den erforderlichen Abwägungsprozess aufgenommen werden, um den Staatsanwaltschaften und den anordnenden Richtern eine zeiteffiziente Entscheidung zu ermöglichen. Da die Anforderungen aus §§ 48, 64 BDSG jedoch auch für die die Überwachung technisch durchführenden Polizeibehörden gelten, müssen auch auf Bundes- und Landesebene entsprechende Richtlinien und Vorgaben erarbeitet werden. Die Erfüllung, Nicht-Erfüllung oder Schlecht-Erfüllung der geschilderten Anforderungen an Datensicherheit, Authentizität und Integrität der Daten hat – neben der Rechtmäßigkeit der TKÜ bei Anforderungen aus dem BDSG[597] – auch erheblichen Einfluss auf den Beweiswert des Datensatzes im Rahmen eines Augenscheinsbeweises. Je besser die technischen Maßnahmen gegen Veränderungen wirken und zum Nachweis des Ursprungs der Daten geeignet sind, desto größer ist auch der Beweiswert der Daten.

---

594 Vgl. BGH 3.3.1977 – 2 StR 390/76, NJW 1977, 1545 (noch für Tonbandaufzeichnungen); Heinson, IT-Forensik, S. 120 für Daten.

595 Dewald/Freiling, Forensische Informatik, S. 160; Maras, Computer Forensics, S. 46 ff.

596 Für Details vgl. Marnau in Gola/Heckmann BDSG § 64 Rn. 14 ff.

597 Marnau in Gola/Heckmann BDSG § 64 Rn. 55.

Die Polizei archiviert die übermittelten Daten auf Speichermedien wie etwa USB-Sticks oder sonstigen digitalen Datenträgern und stellt diese Datenträger Staatsanwaltschaften und Gerichten **in Kopie** zur Verfügung. Die Inhalte der (kopierten) Telekommunikation werden dabei, sofern es sich um Zeichen, Bilder oder Töne handelt, entweder durch **optische Darstellung** der Zeichen und Bilder oder aber durch **akustische Wiedergabe** der Töne zum Gegenstand der sinnlichen Wahrnehmung und damit zum Inbegriff der Hauptverhandlung nach § 261 gemacht. Demgegenüber bestehen Verkehrsdaten aus (Zahlen-)Zeichen, die allein durch eine optische Wiedergabe, etwa durch ihre Darstellung auf einem Monitor oder ihrem Ausdruck auf Papier einer Augenscheinseinnahme zugänglich sind. Da es sich bei den Verkehrsdaten zumeist um umfangreiches Datenmaterial handelt, bedarf es zu ihrer Einführung regelmäßig des **Urkundenbeweises.** Auch bei diesen Übertragungsvorgängen an Staatsanwaltschaften und Gerichte sowie der „Übersetzung" der Bits und Bytes in sinnlich wahrnehmbare Informationen, müssen die Integrität und Authentizität der Daten gewahrt bleiben, um den Beweiswert der generierten Informationen nicht zu beeinträchtigen. Da es sich auch bei diesen Vorgängen um Datenverarbeitungen iSv § 46 Nr. 2 BDSG handelt, gelten ebenfalls die Anforderungen aus § 500 Abs. 1 iVm §§ 48, 64 BDSG. 297

2. Urkunden. Werden die Anforderungen an Datensicherheit, Authentizität und Integrität der Daten bei Übertragungs- und Übersetzungsvorgängen eingehalten, kommt den dergestalt perpetuierten elektronischen Daten ein **vergleichbar hoher Beweiswert** zu wie den originären elektronischen Daten selbst. Eine Beweisregel des Inhalts, dass beweiserhebliche Tatsachen nur originär, mithin in der Gestalt Verwendung finden dürfen, in der sie sich ursprünglich in der Außenwelt manifestierten, ist der Rechtsordnung fremd.[598] 298

Bei denjenigen Inhaltsdaten, bei denen es sich um Töne in Form von Sprache handelt, ist eine automatisierte Transformation in eine Urkunde zwar mittlerweile mittels Spracherkennungssoftware möglich, jedoch arbeiten die Programme noch nicht so zuverlässig, dass man auf eine manuelle Überprüfung verzichten könnte. Diese Daten müssen deshalb zunächst akustisch wiedergegeben, sinnlich erfasst, sodann in ihrem Bedeutungsgehalt verstanden und schließlich niedergeschrieben werden. Handelt es sich dabei um klar verständliche Wörter in deutscher Sprache, ist deren **Verschriftung ein gleichsam mechanischer Prozess** mit verhältnismäßig hoher Gewähr dafür, dass das gesprochene Wort anlässlich seiner Verschriftung keine (unbewusste) beweisrelevante Veränderung erfahren hat. Entsprechendes gilt für den Beweiswert der so erstellten Urkunden. Da jedoch eine Veränderung nicht ausgeschlossen werden kann, reicht der Beweiswert der Urkunde nicht an die Wiedergabe der Audiodatei in der Hauptverhandlung heran. Teilweise wird deshalb empfohlen, dass das Gericht stets zumindest stichprobenartig die Übereinstimmung von Audiodatei und Niederschrift überprüft.[599] 299

Stellen sich die Zeichen als Schrift oder Zahlen dar, können sie wie die verschriftete Sprache entweder gemäß § 249 Abs. 1 durch **Verlesung** oder aber im Wege des **Selbstleseverfahrens** nach § 249 Abs. 2 in die Hauptverhandlung eingeführt werden. Auch Ablichtungen oder Abschriften von Urkunden können verlesen werden, sofern, was regelmäßig der Fall sein dürfte, keine Zweifel daran bestehen, dass diese mit dem Original inhaltlich übereinstimmen. 300

Von der ganz überwiegenden Anzahl der überwachten und aufgezeichneten Gespräche werden indes aus Zeit- und Kostengründen keine **Wortprotokolle,** sondern lediglich sogenannte **Inhaltsprotokolle** erstellt. Diese enthalten auch wertende Zusammenfassungen der Gesprächsinhalte. Kommt es auf den genauen Wortlaut des Gespräches an, so gebietet es die Aufklärungspflicht, Wortprotokolle erstellen zu lassen.[600] Im Vergleich mit diesen kommt Inhaltsprotokollen abhängig vom Beweisthema regelmäßig ein deutlich geringerer Beweis- 301

598 So zutreffend auch BGH 3.3.1977 – 2 StR 390/76, NJW 1977, 1545.
599 Gercke in Gercke/Julius/Temming/Zöller § 100a Rn. 44.
600 BGH 29.5.1985 – 2 StR 804/84, NStZ 1985, 466.

wert zu. Gleichwohl können auch sie verlesen werden.[601] Bei der Erstellung und Verwertung von Inhaltsprotokollen ist jetzt auch § 500 Abs. 1 iVm § 73 BDSG zu beachten. Es muss klar zwischen auf Tatsachen beruhenden Informationen (= wörtliche Wiedergabe des Gesprächs) und Inhaltszusammenfassungen, die auf einem wertenden Verständnisvorgang des zusammenfassenden Beamten/der zusammenfassenden Beamtin beruhen, unterschieden werden.

302 **3. Sachverständige.** Handelt es sich hingegen um akustisch nicht verständliche oder um Gespräche in einer fremden Sprache, bedarf es deren Hörbarmachung bzw. Übersetzung durch einen technischen Sachverständigen bzw. einen Sprachmittler. Dieser Sprachmittler wird dabei nicht als Dolmetscher, vielmehr als Sprachsachverständiger tätig,[602] da es sich bei seiner Tätigkeit um die Übersetzung von **außerhalb des Prozessverkehrs abgegebener fremdsprachiger Äußerungen** handelt.[603] Aus diesem Grunde kann derjenigen Auffassung,[604] die die Übersetzungen fremdsprachiger Äußerungen offenbar als Dolmetschertätigkeit qualifiziert, nicht gefolgt werden.

303 Der Sprachsachverständige darf bei der Übersetzung **nur als Wissenszulieferer** für das Gericht tätig werden. Er muss die TKÜ-Aufzeichnung wörtlich übersetzen, soweit dies möglich ist. Keinesfalls darf dem Sprachsachverständigen die Aufgabe übertragen werden, die Übersetzung auf „Verfahrensrelevantes" zu beschränken oder sonstige Filterungen der Aufzeichnung selbstständig vorzunehmen. Die Bewertung, welche Teile der Aufzeichnung in welcher Weise verfahrensrelevant sind, obliegt alleine dem Gericht.[605]

304 Soll ein fremdsprachiger Text in der Hauptverhandlung übersetzt werden, kann hierzu **auch** der Dolmetscher herangezogen werden, der dann jedoch insoweit als Sprachsachverständiger tätig wird. Von Rechts wegen ist gegen einen solchen Funktionswechsel bzgl. derselben Person nichts einzuwenden, solange das Gericht dem auch verfahrensrechtlich bei Belehrung und ggf. Vereidigung Rechnung trägt.[606]

305 Der Heranziehung von **IT-Forensik-Sachverständigen** bedarf es, wenn die Authentizität und/oder Integrität der Original-TKÜ-Daten oder deren Kopien, Übertragungen, Übersetzungen etc. in Zweifel steht oder in Zweifel gezogen wird. Aufgabe des Sachverständigen ist es dann, anhand des Original-Datensatzes, der Kopien und der Dokumentation der einzelnen Verarbeitungsschritte die Authentizität und/oder Integrität des Datensatzes zu bestätigen oder zu widerlegen. Das Ergebnis dieses Gutachtens hat einen sehr großen Einfluss auf den Beweiswert.[607]

306 Ebenfalls eines IT-Forensik-Sachverständigen bedarf die „Übersetzung" und **Auswertung von aufgezeichneten Datenpaketen,** welche nicht in einer „einfachen" Schrift-, Sprach- oder Bildkommunikation bestehen und welche erst visualisiert und aufbereitet werden müssen, um einen für das Gericht verständlichen Informationsgehalt zu erhalten.[608]

307 **4. Zeugen.** Inhalte und nähere Umstände der Telekommunikation kann das Gericht auch durch Zeugen feststellen.[609] Es kann insbesondere einen Polizeibeamten zeugenschaftlich vernehmen, der mit dem Verfahren dienstlich befasst war und dabei **Gesprächsaufzeichnungen abgehört** oder **Niederschriften derselben gelesen** hatte bzw. dem fremdsprachige Gesprächsinhalte von einem Sprachmittler übersetzt worden waren. Zu bedenken

[601] BGH 7.10.2008 – 4 StR 272/08, NStZ 2009, 280.
[602] Vgl. BGH 29.5.1985 – 2 StR 804/84, NStZ 1985, 466; BGH 22.12.1964 – 1 StR 509/64, NJW 1965, 643.
[603] So zutr. BGH 29.5.1985 – 2 StR 804/84, NStZ 1985, 466; ebenfalls wie hier Hauck in Löwe/Rosenberg § 100a Rn. 193; Eschelbach in Satzger/Schluckebier/Widmaier StPO § 100a Rn. 25.
[604] Graf in BeckOK StPO § 100a Rn. 180.
[605] Details zur Abgrenzung Sachverständigentätigkeit/Ermittlungshandlung bei Sprachsachverständigen bei Momsen/Rackow/Schwarze NStZ 2018, 625.
[606] BGH 22.12.1964 – 1 StR 509/64, NJW 1965, 643.
[607] Heinson, IT-Forensik, S. 137; Maras, Computer Forensics, S. 46 ff.
[608] Heinson, IT-Forensik, S. 130 f.
[609] Vgl. BGH 26.3.1997 – 3 StR 421/96, BGHSt 43, 36 (38) = NStZ 1997, 506; 9.5.2006 – 1 StR 37/06, NStZ 2006, 650; Graf in BeckOK StPO § 100a Rn. 171.

ist, dass der Zeugenbeweis in Fällen dieser Art kein originäres und damit ein Beweismittel von im Verhältnis zum Augenscheins- bzw. Urkundenbeweis regelmäßig schwächerem Beweiswert ist.[610]

5. Zum Verhältnis der verschiedenen Beweismittelarten. Für das Verhältnis der verschiedenen, aufgrund von Maßnahmen zur Überwachung der Telekommunikation gewonnenen Beweismittel enthält die StPO keine besondere Regelung. Insbesondere lässt sich der StPO kein Gebot entnehmen, Gesprächsaufzeichnungen und andere Kommunikationsdaten ausschließlich durch Augenschein in die Hauptverhandlung einzuführen. Es ist dem an der **Aufklärungspflicht** des § 244 Abs. 2 ausgerichteten Ermessen des Tatrichters überlassen, welches von mehreren zur Verfügung stehenden Beweismitteln er verwenden will.[611] 308

Wenngleich er sich bei der Erforschung der materiellen Wahrheit zuvörderst desjenigen Beweismittels zu bedienen hat, dem der höchste Beweiswert zukommt, darf er unter Berücksichtigung weiterer Grundsätze des Strafprozesses wie etwa dem in den Vorschriften der §§ 112 und 229 zum Ausdruck kommenden **Konzentrations- und Beschleunigungsgrundsatz** von verschiedenen annähernd gleichwertigen Beweismitteln demjenigen den Vorzug geben, mit dem die Beweisaufnahme beschleunigt und damit effektiver durchgeführt werden kann. Vor diesem Hintergrund kann es sich empfehlen, Gesprächsaufzeichnungen nicht in Augenschein zu nehmen, sondern die Niederschriften der Gesprächsprotokolle im Wege des Selbstleseverfahrens nach § 249 Abs. 2 einzuführen. Bei der Abwägung zwischen Aufklärungspflicht und Konzentrations- bzw. Beschleunigungsgrundsatz muss das Tatgericht stets im Blick behalten, welche unbeabsichtigten oder beabsichtigten **Manipulationsmöglichkeiten** hinsichtlich des Beweismittels bestehen. Ggf. muss es sich die Manipulationsmöglichkeiten von einem Sachverständigen erläutern lassen. Bei Datensätzen sind Manipulationen einerseits leicht möglich, andererseits können diese durch technische Maßnahmen (zB Hashsummen, Verwendung von Writeblockern bei der Datenanalyse eines Datenträgers) weitgehend ausgeschlossen bzw. erschwert werden. Manipulationen am Datensatz können allerdings nur am Datensatz selbst erkannt werden, nicht jedoch bei Verschriftlichungen oder sonstigen Verkörperungen der Daten als sinnlich wahrnehmbare Information. Dementsprechend muss das Gericht zumindest überprüfen, welche Maßnahmen zur Manipulationsverhinderung von den Ermittlungsbehörden ergriffen wurden. Bleiben Zweifel hinsichtlich der Authentizität oder Integrität bestehen, muss das Gericht einen IT-Sachverständigen mit der Auswertung der Originaldaten beauftragen.[612] 309

Gibt der Vorsitzende dem Urkundenbeweis den Vorzug, hat sich das Gericht im Rahmen seiner Überzeugungsbildung bei fremdsprachigen und deshalb zunächst in die deutsche Sprache übersetzten Gesprächen auch mit der Frage auseinanderzusetzen, ob die **Übertragung zuverlässig** und damit der eingesetzte Sprachmittler sachkundig war. Gleichsam muss das Gericht prüfen, ob hinreichende Maßnahmen zur Gewährleistung der Authentizität und Integrität der Daten und Informationen während des Speicherungs-, Visualisierungs- und/oder Übersetzungsvorgangs ergriffen worden sind. 310

Namentlich der **Grundsatz der Unmittelbarkeit** des § 250 steht einer Verlesung von Niederschriften über Gesprächsinhalte nicht entgegen. Dessen S. 1 statuiert den grundsätzlichen Vorrang des Personalbeweises vor dem Sachbeweis mit berichtenden, mithin solchen Urkunden, die personengebundene Wahrnehmungen enthalten. Bei den aufgezeichneten Telekommunikationsdaten, gleich ob Inhalts- oder Verkehrsdaten, handelt es sich jedoch nicht um derartige, vor ihrer Perpetuierung sinnlich wahrgenommene Tatsachen. Die im Rahmen der Telekommunikationsüberwachung ausgeleiteten Daten sind vielmehr personenwahrnehmungsunabhängig.[613] 311

---

610 Graf in BeckOK StPO § 100a Rn. 171; Bär in KMR-StPO § 100a Rn. 95; Bruns in KK-StPO § 100a Rn. 48.

611 BGH 3.3.1977 – 2 StR 390/76, NJW 1977, 1545.

612 Heinson, IT-Forensik, S. 110, 120 f.

613 So auch BGH 3.3.1977 – 2 StR 390/76, NJW 1977, 1545 (1546).

312 Sind bei einer TKÜ **komplexere Datensätze** erhoben worden, deren Informationsgehalt für das Gericht erst aufbereitet werden muss (zB durch Visualisierung, Verarbeitung oder Zusammenführung mit anderen Datensätzen), hat das Gericht regelmäßig einen IT-Sachverständigen heranzuziehen, welcher die Aufbereitung der Daten durchführt. Im Rahmen der Gutachtenerstattung muss der Sachverständige neben der Schilderung des Informationsgehalts der Daten (falls diese nicht als Augenscheinsbeweismittel oder als Urkunde eingeführt werden, ggf. im Rahmen eines Vorhalts) auch darlegen, mit welchen Maßnahmen er die Authentizität und Integrität der von ihm verarbeiteten Daten sichergestellt hat und – bei komplexeren Verarbeitungsvorgängen – ob und ggf. inwieweit die gewonnenen Erkenntnisse unzweifelhaft im Originaldatensatz enthalten sind oder welche Methoden der Informationsgenerierung bei Verwendung von statistischen Datenanalysemethoden (wie zB Ähnlichkeitsanalysen und anderen Data Mining Verfahren) angewendet worden sind und wie zuverlässig diese sind.[614]

V. Verwertung von Erkenntnissen auf Grund rechtmäßiger Überwachungsanordnung

313 Eine Entscheidung darüber, ob Erkenntnisse aus einer rechtmäßig angeordneten Maßnahme zur Überwachung der Telekommunikation verwertbar sind, hat der Tatrichter von Amts wegen zu treffen. Die §§ 100a ff. enthalten zur Frage der Verwertbarkeit von Erkenntnissen aus Maßnahmen nach § 100a oder, anders ausgedrückt, zur Frage der Verwendung personenbezogener Daten, die im Rahmen einer Maßnahme nach § 100a erlangt wurden, lediglich eine Regelung in § 100d hinsichtlich solcher Erkenntnisse, die den **Kernbereich privater Lebensgestaltung** betreffen. Die Regelungen aus § 100e Abs. 6 und § 101a Abs. 4 gelten nur für Maßnahmen nach §§ 100b, 100c bzw. § 100g. Darüber hinaus finden sich in §§ 477 Abs. 1, 479 Abs. 2 verfahrensübergreifende Übermittlungs- und Verwendungsregelungen für **sämtliche personenbezogene Daten,** die aus Maßnahmen erlangt wurden, die nur beim Verdacht bestimmter Straftaten zulässig sind. Zwar gilt diese Regelung damit auch für die aus Maßnahmen nach § 100a resultierende Erkenntnisse. Die Vorschrift des § 479 Abs. 2 beinhaltet indes eine Verwendungsregelung ausschließlich für die Fälle, in denen erlangte personenbezogene Daten ohne Einwilligung der von der Maßnahme betroffenen Person **„in anderen Strafverfahren“** verwendet werden sollen.

314 **1. Verwendung in demselben (Ausgangs-)Strafverfahren.** Es ist mithin zu differenzieren, ob aufgrund rechtmäßiger Maßnahmen erhobene personenbezogene Daten im Ausgangsverfahren oder aber in einem „anderen Strafverfahren“ Verwendung finden sollen. Der Begriff „andere Strafverfahren“ bezieht sich nicht auf verschiedene Ermittlungsverfahren. Anderes Strafverfahren bedeutet vielmehr eine **andere prozessuale Tat** als die die Maßnahme begründende Anlasstat.[615] Es bedarf mithin einer Differenzierung dahingehend, ob personenbezogene Daten im Zusammenhang mit der Anlasstat oder aber einer anderen strafprozessualen Tat verwendet werden sollen.

315 Für die Verwendung personenbezogener Daten hinsichtlich der die Maßnahme begründenden strafprozessualen Tat enthält das Gesetz über die vorstehend genannten Regelungen hinaus für Maßnahmen der Telekommunikationsüberwachung keine spezielle Verwendungsregelung. Der BGH legt § 100a dahingehend aus, dass nach § 100a gewonnene personenbezogene Daten hinsichtlich der Anlasstat auch dann verwendet werden dürfen, wenn sich im Verlauf der weiteren Ermittlungen herausstellt, dass die rechtliche Bewertung dieser Tat als Katalogtat unzutreffend war. Ausschlaggebend sei, so der BGH weiter, dass die Telekommunikationsüberwachung **„auf Grund sachlicher Erwägungen wegen einer Katalogtat angeordnet wurde und die gewonnenen Erkenntnisse im Zusammen-**

[614] Rückert in Ehmann, Lexikon für das IT-Recht 2019, S. 265 f.; Mohay/Anderson/Collie/De Vel/McKemmish, Computer and Intrusion Forensics, S. 121 ff.

[615] KG 27.11.2019 – 3 Ss 96/19, BeckRS 2019, 40903 und KG 27.11.2019 – (3) 161 Ss 151/19 (96/19), BeckRS 2019, 41484; Köhler in Meyer-Goßner/Schmitt § 479 Rn. 3; Wittig in BeckOK StPO § 479 Rn. 5; Hauck in Löwe/Rosenberg § 100a Rn. 204.

hang mit dem Anlass der Anordnung" stehen.[616] Diese Rspr. und damit verbunden eine entsprechende Auslegung des in Art. 10 Abs. 1 GG verbürgten Telekommunikationsgeheimnisses ist vom BVerfG gebilligt worden. Dieses hat in seiner Entscheidung vom 18.8.1997[617] ausgeführt, Art. 10 GG gebiete es nicht, Eingriffsermächtigungen dahingehend auszulegen, „dass der nachträgliche Wegfall des ursprünglich begründeten Verdachts einer Katalogtat stets zur Unverwertbarkeit der Erkenntnisse führt, die durch die zulässige Überwachungsmaßnahme gewonnen wurden". Diese höchstrichterliche Rspr., die im Zusammenhang mit § 100b Abs. 5 aF entwickelt worden war, fand auch in der Kommentarliteratur breite Zustimmung.[618]

Der Gesetzgeber wollte, dass diese Rspr. fortbesteht. Er hat von einer entsprechenden gesetzlichen Regelung, der lediglich ein deklaratorischer Charakter zukäme, abgesehen. Dies kann aus den Materialien zum Gesetz über die Neuregelung der Telekommunikationsüberwachung und anderer verdeckter Ermittlungsmaßnahmen abgeleitet werden, in denen er ausgeführt hat, die Verwendung von Erkenntnissen aus Maßnahmen im selben Ausgangsstrafverfahren, wobei hiermit die prozessuale Anlasstat gemeint war, unterliege keiner Verwendungsbeschränkung. Dies gelte insbesondere für den Fall, dass sich der Verdacht einer Katalogtat nicht bestätige. In rechtmäßiger Weise erlangte Erkenntnisse seien mithin im Ausgangsverfahren **„sowohl als Spurenansatz als auch zu Beweiszwecken"** sowohl hinsichtlich anderer Begehungsformen der zunächst angenommenen Katalogtat als auch hinsichtlich sonstiger Straftatbestände und anderer Tatbeteiligter insoweit verwertbar, als es sich um dieselbe Tat im prozessualen Sinne handele (vgl. BT-Drs. 16/5846, 66). Nach alledem gilt: 316

a) Katalogtat. Gewonnene personenbezogene Erkenntnisse hinsichtlich der den Gegenstand der Anordnung bildenden Katalogtat (die ihre rechtliche Qualifizierung als Anlasstat iSd § 100a Abs. 2 nicht verloren hat) sind sowohl als Beweismittel als auch als Spurenansatz **uneingeschränkt** verwertbar. 317

b) Nicht-mehr-Katalogtat. Durfte der Anordnende zum Zeitpunkt seiner Anordnung davon ausgehen, dass der Verdacht einer Katalogtat nach Abs. 2 vorlag, so dürfen anlässlich der Maßnahme gewonnene personenbezogene Daten hinsichtlich der Anlasstat (also solange es um dieselbe prozessuale Tat iSv § 264 geht)[619] **ebenfalls ohne Einschränkung** sowohl als Beweismittel als auch als Spurenansatz verwendet werden, wenn sich erst im Verlauf der weiteren Ermittlungen der Verdacht einer Katalogtat im Sinne des Abs. 2 nicht bestätigt, der Verdacht mithin entfällt.[620] Dies gilt auch für den Fall, dass bereits die Anklagebehörde bei Anklageerhebung den auf die Katalogtat gerichteten Tatverdacht insoweit nicht aufrechterhalten hat, als zwar weiterhin der Verdacht einer Straftat, nicht indes einer solchen nach Abs. 2 besteht.[621] Stellt sich bspw. die Anlasstat anders als zum Zeitpunkt der Anordnung der Überwachungsmaßnahme nicht mehr als Bandendiebstahl nach § 244 Abs. 1 Nr. 2 StGB, sondern lediglich noch als einfacher Diebstahl dar, können die aus der Maßnahme gewonnenen personenbezogenen Daten als Beweismittel auch für eine entsprechende Diebstahlsanklage gemäß § 242 StGB verwendet werden.[622] Zulässig ist dabei auch die Verwertung zulasten von Personen, die zum Anordnungszeitpunkt nicht zum zulässigen Adressatenkreis nach § 100a Abs. 3 gehörten.[623] Begründen lässt sich diese Auffassung damit, dass ein Tatverdacht hinsichtlich einer bestimmten Straftat stets nur aus der ex ante-Perspektive ermittelt werden kann. War aber danach die Überwachungsmaßnahme 318

[616] BGH 30.8.1978 – 3 StR 255/78, NJW 1979, 990 (991).
[617] BVerfG 18.8.1987 – 2 BvR 400/96, NStZ 1988, 32.
[618] Vgl. statt vieler Hauck in Löwe/Rosenberg § 100a Rn. 206 f.
[619] KG 27.11.2019 – 161 Ss 151/19, NStZ 2020, 563 mAnm Kulhanek.
[620] BGH 15.1.2020 – 2 StR 352/18, BeckRS 2020, 7275.
[621] BGH 30.8.1978 – 3 StR 255/78, Beck LSK 1978, 845673.
[622] Wie hier Köhler in Meyer-Goßner/Schmitt § 100a Rn. 32; Hauck in Löwe/Rosenberg § 100a Rn. 206; Bär in KMR-StPO § 100a Rn. 109.
[623] KG 27.11.2019 – 161 Ss 151/19, NStZ 2020, 563 mAnm Kulhanek.

rechtmäßig, handelt es sich um rechtmäßig erlangte personenbezogene Daten. Werden diese Daten zur Aufklärung derselben prozessualen Tat verwendet, liegt auch keine Zweckänderung vor, da die Daten zu genau diesem Zweck erhoben wurden (wenn auch unter sich nachträglich als falsch herausstellenden Annahmen hinsichtlich der Qualität der Tat).

319 **c) Katalogzusammenhangstat.** Personenbezogene Daten dürfen weiter als Beweismittel verwendet werden, wenn sie sich auf eine Nichtkatalogtat beziehen, die in einem engen Bezug zu der in der Anordnung aufgeführten Katalogtat steht, diese Nichtkatalogtat gegenüber der Anlasstat lediglich einen anderen materiellrechtlichen Straftatbestand darstellt. Der Begriff des „Zusammenhangs" hat durch die Rspr. bislang keine klare Konturierung erfahren. Er ist im Zusammenhang mit den Organisationsdelikten wie etwa § 129 StGB entwickelt, mittlerweile aber auch auf Bandentaten erstreckt worden.[624] Ein entsprechender Zusammenhang ist stets gegeben, wenn eine Tat mit der Katalogtat **realkonkurrierend verbunden oder aber Tatidentität** iSd § 264 gegeben ist.[625] Im Zusammenhang mit einer Katalogtat nach § 129 StGB stehen weiter all diejenigen Taten, auf deren Begehung die Tätigkeit der kriminellen Vereinigung gerichtet ist. Dies gilt auch dann, wenn ein Vergehen nach § 129 StGB letztlich nicht nachgewiesen werden kann.[626] Auch hier kann das Ergebnis damit begründet werden, dass gar keine Zweckänderung im verfassungsrechtlichen Sinn vorliegt, wenn die rechtmäßig erhobenen Daten verwendet werden, um einen einheitlichen Lebensvorgang, welcher möglicherweise strafbare Handlungen zum Gegenstand hat, aufzuklären. Die Ermittlungsmaßnahmen der StPO sind nämlich stets auf die Aufklärung eines zusammenhängenden Lebenssachverhalts im Sinne der prozessualen Tat gerichtet und nicht auf die Aufklärung einzelner Delikte im Sinne des StGB.

320 **2. Verwendung in anderen Strafverfahren. a) Allgemeines.** Die Verwertung personenbezogener Erkenntnisse aus einer rechtmäßigen Überwachungsmaßnahme hinsichtlich anderer prozessualer Taten (andere Strafverfahren) regeln §§ 477 Abs. 1, 479 Abs. 2 S. 1. In systematischer Hinsicht schränkt § 479 Abs. 2 S. 1 die neue allgemeine Übermittlungsbefugnis für personenbezogene Daten in § 477 Abs. 1 für solche Fälle ein, in denen – wie bei § 100a – die Datenerhebung nur bei dem Verdacht bzgl. bestimmter Straftaten zulässig ist. Da § 477 Abs. 1 jedoch nur die Übermittlung der personenbezogenen Daten an andere Strafverfolgungsbehörden betrifft, ist allein § 479 Abs. 2 S. 1 anwendbar, wenn dieselbe Strafverfolgungsbehörde in dem „anderen Strafverfahren" tätig wird, ohne dass es hierfür einer Übermittlung der Daten an eine andere Strafverfolgungsbehörde bedarf. Die Vorschrift des § 479 Abs. 2 S. 1 knüpft an die Regelungsvorbilder in §§ 98b Abs. 3 S. 3 aF bzw. 100b Abs. 5 und 479 Abs. 2 S. 2 aF an und verweist auf § 161 Abs. 3. Die Gesamtnorm der §§ 479 Abs. 2 S. 1, 161 Abs. 3 bestimmt, den **Gedanken des hypothetischen Ersatzeingriffs** zu Grunde legend, dass personenbezogene Daten aus Maßnahmen, die nur beim Verdacht bestimmter Straftaten zulässig sind, „ohne Einwilligung der von der Maßnahme betroffenen Person[627] zu Beweiszwecken in anderen Straftaten", sprich hinsichtlich anderer prozessualer Taten, nur zur Aufklärung solcher Taten verwendet werden dürfen, zu deren Aufklärung die betreffende Maßnahme ebenfalls hätte angeordnet werden dürfen.[628] Dies bedeutet in concreto, dass es in dem anderen Strafverfahren nicht nur abstrakt um die Aufklärung einer Katalogtat gehen muss, sondern, dass hypothetisch für dasjenige Verfahren, in dem die Daten verwendet werden sollen, **die gesamten materiellen Anordnungsvoraussetzungen einer Maßnahme nach § 100a zu prüfen sind.**[629] Zugrunde zu legen ist dabei der

[624] BGH 11.7.2018 – 2 StR 497/17, BeckRS 2018, 27182; ausführlich Mayer, Kriminalistik 2021, 685.

[625] BGH 18.3.1998 – 5 StR 693/97, NStZ 1998, 426 (427); aA (nur bei Tateinheit) Köhler in Meyer-Goßner/Schmitt § 100a Rn. 33.

[626] Bruns in KK-StPO § 100a Rn. 59; Hauck in Löwe/Rosenberg § 100a Rn. 206 f.

[627] Siehe zu Fällen der Einwilligung detailliert Hiéramente wistra 2015, 9 und zu den Anforderungen an eine solche Einwilligung aus dem BDSG Singelnstein NStZ 2020, 639.

[628] ZB nicht, wenn die zweite Tat lediglich ein einfacher Diebstahl ist, vgl. BGH 18.2.2016 – 1 StR 409/15, BeckRS 2016, 6583.

[629] So jetzt auch BGH 26.4.2017 – 2 StR 247/16, NJW 2017, 3173 (3177); BGH 15.11.2017 – 2 StR 128/17, NStZ 2018, 296.

Tatsachen- und Kenntnisstand zum Zeitpunkt der Verwertung der Erkenntnisse im anhängigen Verfahren.[630] Begründet werden kann dies damit, dass die Zweckumwidmung ein eigenständiger Grundrechtseingriff ist, der nur unter denselben Voraussetzungen gerechtfertigt werden kann, wie der in der ursprünglichen Erhebung liegende Eingriff. Es kommt also darauf an, dass die Daten auch für den neuen Verwendungszweck nach den Regeln der StPO hätten erhoben werden können.[631] Für diese Auffassung spricht nunmehr auch § 500 Abs. 1 iVm § 49 S. 1 BDSG (hierzu detailliert → Rn. 38 ff.), eine Beschränkung der Prüfung allein auf das Vorliegen einer Katalogtat in dem anderen Strafverfahren wäre europarechtswidrig. Die vorstehenden Beschränkungen gelten auch für ein nachfolgendes Strafverfahren wegen uneidlicher Falschaussage nach § 153 StGB. Da § 153 StGB keine Katalogtat des § 100a ist und es sich bei der Falschaussage auch um eine andere strafprozessuale Tat handelt als um diejenige im Ursprungsverfahren, in dem die falsche Aussage getätigt wurde, sind die Erkenntnisse aus einer TKÜ im Ursprungsverfahren im Nachfolgeverfahren wegen der uneidlichen falschen Aussage nicht verwertbar.[632]

Zur Frage, wie mit der Verwertung von Daten umzugehen ist, bei denen die **genauen Umstände der ursprünglichen Datenerhebung nicht bekannt** (zB bei der Erhebung von Daten durch ausländische Behörden) sind, siehe detailliert → § 100e Rn. 93a. 320a

b) Verwendung zu Beweiszwecken / als Spurenansatz. Nach ihrem Wortlaut enthalten §§ 479 Abs. 2 S. 1, 161 Abs. 3 lediglich eine Verwendungsbeschränkung „zu Beweiszwecken". Daher sollen nach herrschender Meinung personenbezogene Daten hinsichtlich anderer prozessualer Taten weiterhin als **Spuren- und damit Ermittlungsansatz** verwendet werden dürfen.[633] Diese Auffassung konnte sich vor der Entscheidung zum BKA-Gesetz auch auf die Rspr. des BVerfG stützen. So hat das BVerfG in seiner Entscheidung vom 29.6.2005[634] ausgeführt, die in der Rspr. und Lit. weit verbreitete Auffassung, wonach Zufallserkenntnisse aus einer rechtmäßig angeordneten Maßnahme nach § 100a zwar nicht zu Beweiszwecken verwertet werden dürften, indes Grundlage weiterer Ermittlungen in einem anderen gegen den Beschuldigten geführten Verfahren wegen einer Nichtkatalogtat sein dürfen, sei nicht zu beanstanden. An dieser Rspr. hatte sich offensichtlich auch der Gesetzgeber bei Schaffung des § 477 Abs. 2 S. 2 aF als Vorgängernorm zu § 479 Abs. 2 S. 1 orientiert. Auch die damaligen Materialien thematisierten lediglich eine Verwendungsbeschränkung „für Beweiszwecke in einem anderen Strafverfahren".[635] 321

Das BVerfG hatte dies für **Maßnahmen der Wohnraumüberwachung** nach § 100c in seiner Entscheidung vom 3.3.2004[636] anders entschieden und ausgeführt, aus einer solchen Maßnahme resultierende entsprechende Daten dürften auch nicht als Spurenansatz verwertet werden, weil anderenfalls in einem anderen Verfahren Informationen einer akustischen Wohnraumüberwachung verwendet werden könnten, ohne dass in diesem Verfahren jemals der Verdacht einer Katalogtat nach § 100c bestand. 322

In seiner Entscheidung vom 29.6.2005 hatte das BVerfG dann unter Bezugnahme auf die ständige Rspr. des BGH im Zusammenhang mit Maßnahmen nach § 100a, anders als im Falle des § 100c, eine Verwendung auch als Spurenansatz ausdrücklich zugelassen. Es hat offenkundig Veranlassung gesehen, insoweit zwischen der besonders intensiven Eingriffsmaßnahme nach § 100c und den übrigen Ermittlungsmaßnahmen wie etwa § 100a eine **Differenzierung** vorzunehmen. Diese Differenzierung ist im Gesetz auch heute noch 323

630 Zum Ganzen Köhler in Meyer-Goßner/Schmitt § 479 Rn. 3; Gieg in KK-StPO § 477 Rn. 3; ausführlich Singelnstein ZStW 120 (2008), 853 (881).
631 Singelnstein ZStW 120 (2008), 853 (881).
632 AA unter Verkennung der Reichweite von § 479 Abs. 2 S. 1 (damals noch § 477 Abs. 2 S. 2) AG Nürnberg 11.10.2016 – 53 Cs 372 Js 16020/15, juris.
633 So noch Günther → 1. Aufl. § 100a Rn. 182; ebenso weiterhin Köhler in Meyer-Goßner/Schmitt § 479 Rn. 4; Wittig in BeckOK StPO § 479 Rn. 5a; Hauck in Löwe/Rosenberg § 100a Rn. 209.
634 BVerfG 29.6.2005 – 2 BvR 866/05, NJW 2005, 2766.
635 BT-Drs. 16/5846, 66.
636 BVerfG 3.3.2004 – 1 BvR 2378/98 und 1 BvR 1084/99, NJW 2004, 999 (1019).

abgebildet. So enthält § 100e Abs. 6 für die Maßnahmen nach §§ 100b, 100c ein umfassendes Verwendungsverbot ohne eine Beschränkung auf „Beweiszwecke".

324 Allerdings hat das **BVerfG in seiner Entscheidung zum BKA-Gesetz** nunmehr ausdrücklich entschieden, dass eine „Begrenzung der geänderten Datennutzung auf einen gleichgewichtigen Rechtsgüterschutz" verfassungsrechtlich geboten ist und § 161 Abs. 2 aF (welcher § 161 Abs. 3 wortlautgleich entspricht, hierzu sogleich) dieser Begrenzung deshalb nicht gerecht werde, weil er die Verwendung der personenbezogenen Daten als Spurenansatz zulasse. Außerdem müsse eine entsprechende Regelung sicherstellen, dass personenbezogene Daten nur übermittelt würden, wenn erkennbar sei, dass diese Daten konkrete Ermittlungsansätze für die aufzuklärenden Straftaten enthielten.[637] Dementsprechend sah der Gesetzentwurf der Bundesregierung zur Umsetzung der Richtlinie 2016/680 vor, dass die neue Regelung in §§ 479 Abs. 2 S. 1, 161 Abs. 3, Abs. 4 auch eine Verwendungsbeschränkung hinsichtlich solcher Spurenansätze enthalten sollte und eine Verwendung nur in Betracht käme, wenn die Daten konkrete Ermittlungsansätze hinsichtlich der aufzuklärenden Straftaten enthielten.[638] Hiermit sollte ausdrücklich der neuen Rspr. des BVerfG Rechnung getragen werden.[639] Ohne Begründung hat der Rechtsausschuss des Bundestages die entsprechende Änderung gestrichen und die Neufassung auf eine Anpassung an die Richtlinie 2016/680 beschränkt, ohne auf die Entscheidung des BVerfG einzugehen.[640] Diese Fassung ist als Gesetz beschlossen worden.[641] Da die Norm jedoch eindeutig gegen die aktuelle Rspr. des BVerfG verstößt, ist sie verfassungswidrig. Dementsprechend sind die §§ 479 Abs. 2 S. 1, 161 Abs. 3 – entgegen der hL – **verfassungskonform dahingehend auszulegen,** dass sie eine umfassende Verwendungsbeschränkung enthalten und personenbezogene Daten, die nach § 100a erlangt wurden, auch als Spurenansätze nur bzgl. solcher Straftaten verwendet werden dürfen, wegen der eine Maßnahme nach § 100a hätte angeordnet werden dürfen.[642]

325 **c) Auswirkungen von § 500 Abs. 1 iVm § 49 S. 1 BDSG auf die Verwendung in anderen Strafverfahren, insbes. Rechtmäßigkeit der ursprünglichen Datenerhebung.** Weitere Voraussetzungen für jede Art der Zweckumwidmung und damit auch für die Verwendung von nach § 100a erlangten Daten in anderen Strafverfahren stellt **§ 500 Abs. 1 iVm § 49 S. 1 BDSG** auf. § 49 S. 1 BDSG ist dabei keine eigene Rechtsgrundlage für die Zweckumwidmung, sondern setzt diese – hier § 479 Abs. 2 S. 1 – bereits voraus.[643] Nach § 49 S. 1 BDSG ist die Zweckumwidmung nur erlaubt, wenn die Strafverfolgungsbehörde, welche die Daten in einem anderen Strafverfahren verwenden will, befugt ist, Daten zu diesem Zweck zu verarbeiten, und die Verarbeitung zu diesem Zweck erforderlich und verhältnismäßig ist. Die ausdrücklich genannten Voraussetzungen werden durch den im Rahmen von § 479 Abs. 2 S. 1 zu prüfenden hypothetisch rechtmäßigen Ersatzeingriff bereits gewahrt, weil nach hier vertretener Auffassung (→ Rn. 320) die Voraussetzungen des § 100a im Rahmen des hypothetisch rechtmäßigen Ersatzeingriffs in § 479 Abs. 2 S. 1 umfassend unter Zugrundelegung des Sach- und Erkenntnisstands zum Zeitpunkt der Verwendung der Daten zu prüfen sind. Diese Prüfung umfasst somit auch die Prüfung, ob die Strafverfolgungsbehörde zur Verarbeitung befugt ist und, ob die Voraussetzungen der

---

637 BVerfG 20.4.2016 – 1 BvR 966/09 und 1 BvR 1140/09, NJW 2016, 1781 Rn. 315.
638 BT-Drs. 19/4671, 10.
639 BT-Drs. 19/4671, 45 aE sowie 63 f.; siehe hierzu auch Zöller StV 2019, 419.
640 BT-Drs. 19/11190, 10.
641 BGBl. 2019 I 1724 (1725).
642 Wie hier Singelnstein → § 477 Rn. 33 ff. (zu § 477 Abs. 2 S. 2 aF, aber unter Berufung auf BVerfG 20.4.2016 – 1 BvR 966/09, 1 BvR 1140/09, NJW 2016, 1781) mwN zum alten Recht; ebenfalls Puschke/Weßlen in SK-StPO § 479 Rn. 37; aA Köhler in Meyer-Goßner/Schmitt § 479 Rn. 4; Hauck in Löwe/Rosenberg § 100a Rn. 209; Bär in KMR-StPO § 100a Rn. 108; Eschelbach in Satzger/Schluckebier/Widmaier StPO § 100a Rn. 37 (für § 161 StPO); Wittig in BeckOK StPO § 479 Rn. 5a.
643 Heckmann/Scheurer in Gola/Heckmann BDSG § 49 Rn. 12 mwN aus der datenschutzrechtlichen Literatur.

Verhältnismäßigkeit (= Erforderlichkeit und Angemessenheit iSv § 49 S. 1 BDSG) gewahrt sind.

326 Problematisch ist dagegen – worauf Singelnstein zu Recht hinweist[644] – dass § 49 S. 1 BDSG nach vorherrschender Auffassung im datenschutzrechtlichen Schrifttum unausgesprochen voraussetzt, **dass die ursprüngliche Datenerhebung rechtmäßig erfolgte.**[645] Dies widerspricht sowohl denjenigen strafprozessualen Verwendungsvorschriften, welche explizit auf die Verwertbarkeit der Daten und nicht auf die Rechtmäßigkeit ihrer Erhebung abstellen (zB § 100e Abs. 6, § 479 Abs. 2 S. 2, Abs. 3 S. 1 Nr. 2, Nr. 3) sowie derjenigen Auffassung des BGH[646] und Teilen der strafprozessrechtlichen Literatur, welche allgemein für die Verwertung der umgewidmeten Daten im anderen Strafverfahren lediglich auf die Verwertbarkeit der Daten nach allgemeinen strafprozessualen Grundsätzen (= Abwägungslehre bei Beweisverwertungsverboten[647]) abstellt und nicht auf die ursprünglich rechtmäßige Erhebung der Daten.[648] Diese Auffassung wurde durch das BVerfG als mit der Verfassung grundsätzlich vereinbar erklärt.[649]

327 Dementsprechend ist entscheidend, ob die vorstehend geschilderte strafprozessuale hM auch mit § 49 S. 1 BDSG und damit Art. 4 Abs. 2 Richtlinie EU 2016/680 vereinbar ist. Dies hängt maßgeblich davon ab, ob die genannten Vorschriften die Rechtmäßigkeit der ursprünglichen Datenerhebung für eine Zweckumwidmung voraussetzen. Wäre dies der Fall, könnte auch nicht mit dem lex specialis-Vorbehalt in § 500 Abs. 2 Nr. 1 argumentiert werden, da dieser nur dann eingreift, wenn das datenschutzrechtliche Schutzniveau der StPO-Normen höher ist (→ Rn. 37). Dies wäre hier gerade nicht der Fall. Weder dem Wortlaut von § 49 S. 1 BDSG noch Art. 4 Abs. 2 oder Art. 8 der Richtlinie EU 2016/680 lässt sich die Voraussetzung der Rechtmäßigkeit der Verarbeitung für eine Zweckumwidmung entnehmen. Auch die zugehörigen Erwägungsgründe 27 und 29 verhalten sich nicht explizit hierzu. Da die Zweckumwidmung voraussetzt, dass die Daten noch gespeichert vorhanden sind, lassen sich aus den Vorschriften zur Speicherung der Daten nach der Richtlinie Argumente für das hiesige Problem gewinnen. Auch dort wird allerdings nirgendwo explizit die Rechtmäßigkeit der ursprünglichen Erhebung für eine weitere Speicherung vorausgesetzt. Art. 5 schreibt lediglich die Schaffung von Überprüfungsfristen hinsichtlich der Erforderlichkeit der weiteren Speicherung vor. Auch aus der Löschungsverpflichtung bzgl. rechtswidrig erhobener Daten aus Art. 16 Abs. 2 Richtlinie 2016/680/EU lässt sich nicht zwingend herleiten, dass bei der Zweckumwidmung auch die Rechtmäßigkeit der ursprünglichen Datenerhebung zu prüfen ist. Zwar stünden die Daten bei Beachtung der Löschungsverpflichtung nicht mehr für eine zweckumwidmende Verwendung zur Verfügung, wenn die ursprüngliche Erhebung rechtswidrig war. Allerdings zeigt Erwägungsgrund 29 der Richtlinie, dass für die Zweckumwidmung die Rechtmäßigkeit und Verhältnismäßigkeit der Zweckumwidmung selbst und nicht die der ursprünglichen Erhebung entscheidend ist: „so sollte diese Verarbeitung [zu dem neuen Zweck, Anm. d. Verfassers] erlaubt sein, unter der Bedingung, dass diese Verarbeitung nach den geltenden Rechtsvorschriften zulässig ist und dass sie für diesen anderen Zweck erforderlich und verhältnismäßig

---

644 Singelnstein NStZ 2020, 639 (642).

645 Heckmann/Scheurer in Gola/Heckmann BDSG § 49 Rn. 1; aA offensichtlich Schwichtenberg in Kühling/Buchner BDSG § 49 Rn. 8.

646 BGH 14.8.2009 – 3 StR 552/08, NJW 2009, 3448 Rn. 50 ff.; BGH 26.1.2017 – StB 28/14, BeckRS 2017, 116423 Rn. 66; anders jedoch noch BGH 26.2.2003 – 5 StR 423/02, NJW 2003, 1880 (zumindest für das Fehlen einer Katalogtat bei der ursprünglichen Anordnung) sowie neuerdings auch BGH 3.5.2017 – 3 StR 498/16, ZD 2018, 488; unklar OLG Koblenz 12.6.2017 – 1 OLG 4 Ss 173/15, BeckRS 2017, 146246 Rn. 50 (einerseits „Rechtmäßigkeit" der ursprünglichen Anordnung gefordert, andererseits auf „schweren verfahrensrechtlichen Mangel" abgestellt, was für die Abwägungslehre sprechen würde).

647 Köhler in Meyer-Goßner/Schmitt § 479 Rn. 9.

648 Griesbaum in KK-StPO § 161 Rn. 40a ff.; Eschelbach in Satzger/Schluckebier/Widmaier StPO § 101a Rn. 10; Wolter in SK-StPO § 100d Rn. 41 ff.; Köhler in Meyer-Goßner/Schmitt § 479 Rn. 9; Erb in Löwe/Rosenberg § 160 Rn. 77 f.; Reinbacher/Werkmeister ZStW 130 (2018), 1104 (1134 ff.).

649 BVerfG 7.12.2011 – 2 BvR 2500/09, NJW 2012, 907.

ist.“ Dementsprechend lassen sich auch aus den Löschungsnormen keine zwingenden Argumente dafür gewinnen, dass § 49 S. 1 BDSG bzw. Art. 4 Abs. 2 der Richtlinie für die Zweckumwidmung die Rechtmäßigkeit der ursprünglichen Erhebung voraussetzen. Schließlich lässt sich auch aus Art. 4 Abs. 1 lit. a nicht der Schluss ziehen, dass für eine rechtmäßige Zweckumwidmung auch eine rechtmäßige ursprüngliche Datenerhebung notwendig ist. Da die Zweckumwidmung ein eigener Datenverarbeitungsvorgang iSd Art. 4 ist, bezieht sich die Rechtmäßigkeit in Art. 4 Abs. 1 lit. a auf ebendiesen Verarbeitungsvorgang und lässt keinen Schluss darauf zu, ob es für diese Rechtmäßigkeit auch der Rechtmäßigkeit der ursprünglichen Datenerhebung bedarf. Insgesamt ist daher davon auszugehen, dass die **Richtlinie 2016/680 nicht zwingend die Rechtmäßigkeit der ursprünglichen Datenerhebung für eine Zweckumwidmung voraussetzt.** Dementsprechend muss eine solche Voraussetzung auch nicht in § 49 S. 1 BDSG hineingelesen werden.

328 Was allerdings sowohl Art. 4 Abs. 2 der Richtlinie als auch § 49 S. 1 BDSG explizit verlangen ist, dass die Zweckumwidmung und damit die Verwendung der Daten in dem anderen Strafverfahren **erforderlich und verhältnismäßig** ist. Bei Anwendbarkeit der Grundsätze des hypothetisch rechtmäßigen Ersatzeingriffs nach § 479 Abs. 2 S. 1 iVm § 161 Abs. 3 muss nach hier vertretener Auffassung eine vollständige Prüfung der materiellen Eingriffsvoraussetzungen erfolgen (→ Rn. 320). In diesem Rahmen muss auch die hypothetische Verhältnismäßigkeit geprüft werden, sodass diese Voraussetzung nach hier vertretener Auffassung bereits erfüllt ist. Dagegen müssen diejenigen Vertreter, welche die hypothetische Prüfung auf das Vorliegen eines Anfangsverdachts hinsichtlich einer tauglichen (ggf. Katalog-)Tat beschränken, nunmehr zumindest eine hypothetische Verhältnismäßigkeitsprüfung durchführen. Gleichsam muss für die Verwendung von Daten aus Maßnahmen, welche keine besondere Anforderung an die zu verfolgende Straftat stellen und für die daher weder § 479 Abs. 2 S. 1 noch § 161 Abs. 3 gilt (zB §§ 94, 100h Abs. 1 Nr. 1, 100j, hierzu → § 100h Rn. 35 und → § 100j Rn. 65), nunmehr jedoch wegen § 49 S. 1 BDSG zumindest eine Verhältnismäßigkeitsprüfung hinsichtlich der Zweckumwidmung vorgenommen werden.[650] Dies gilt dabei nicht nur für die Frage eines späteren Beweisverwertungsverbots im Hauptverfahren, sondern auch bereits für die Verwendung im Ermittlungsverfahren als sog. Spurenansatz oder zur Begründung der Anordnung weiterer Maßnahmen.

329 Im Rahmen der **Verhältnismäßigkeitsprüfung der Zweckumwidmung** (unabhängig davon, ob diese im Rahmen der Prüfung der Grundsätze des hypothetisch rechtmäßigen Ersatzeingriffs erfolgt oder nicht) muss dabei insbesondere berücksichtigt werden, dass eine ursprünglich rechtswidrige Datenerhebung das Eingriffsgewicht der Zweckumwidmung (die einen eigenen Grundrechtseingriff darstellt) erhöht. Je gravierender der Rechtsverstoß bei der ursprünglichen Datenerhebung war, desto intensiver wird der Grundrechtseingriff durch die Verwendung in dem anderen Strafverfahren.[651] De lege ferenda wäre freilich zu erwägen, die Voraussetzung der Verhältnismäßigkeitsprüfung für die Zweckumwidmung direkt in § 161 Abs. 3 für all jene Eingriffsmaßnahmen aufzunehmen, bei denen mangels spezifischer Straftatqualität der Grundsatz des hypothetisch rechtmäßigen Ersatzeingriffs derzeit nicht gilt.

330 **d) Keine Verwertung im Bußgeldverfahren, § 46 Abs. 3 S. 1 OWiG.** Nach zutreffender Auffassung des BGH und des OLG Oldenburg dürfen Erkenntnisse aus einer Maßnahme nach § 100a aus Gründen der Verhältnismäßigkeit **nicht in einem Bußgeldverfahren verwertet werden** (unabhängig davon, ob es sich um denselben oder einen anderen Lebenssachverhalt iSv § 264 handelt). Die Unverhältnismäßigkeit einer Verwertung der Erkenntnisse ergibt sich auch aus dem Rechtsgedanken der Regelung in § 46 Abs. 3 S. 1 OWiG, welcher die Anordnung einer TKÜ ausdrücklich für unzulässig erklärt.[652]

[650] Zur Notwendigkeit dieser Verhältnismäßigkeitsprüfung aus Perspektive des Verfassungsrechts Zöller StV 2019, 419 (423).

[651] Zum Ganzen ausführlich mwN Singelnstein ZStW 120 (2008), 854 (888 ff.).

[652] BGH 15.3.1976 – AnwSt (R) 4/75 Rn. 13, BGHSt 26, 298 = BGHZ 66, 228–229 = NJW 1976, 1462; OLG Oldenburg 14.12.2015 – 2 Ss (OWi) 294/15, NStZ 2019, 623.

3. Verwendung zu präventiven Zwecken (§ 479 Abs. 2 S. 2). Durch besondere strafprozessuale Ermittlungsmaßnahmen gewonnene personenbezogene Daten dürfen ohne Einwilligung der Betroffenen nur in den Fällen des § 479 Abs. 2 S. 2 zu präventiven Zwecken verwendet werden. **Zur Gefahrenabwehr** im Allgemeinen dürfen die Daten verwendet werden, wenn sie zum Zwecke der Abwehr der jeweiligen Gefahr auch nach den für die Gefahrenabwehr maßgeblichen Gesetzen hätten erhoben werden dürfen **(Gedanke des hypothetisch rechtmäßigen Eingriffs).** Auch ohne eine entsprechende hypothetische Erhebungsbefugnis dürfen die Daten zur Abwehr der in § 479 Abs. 2 S. 2 Nr. 2 genannten Gefahren verwendet werden, wenn konkrete Anhaltspunkte dafür ersichtlich sind, dass die Daten bei der Gefahrbekämpfung hilfreich sind. Für geheimdienstliche Zwecke gilt ausweislich Nr. 3 die Beschränkung auf Zwecke des § 18 Bundesverfassungsschutzgesetz. Schließlich ist nach Nr. 4 iVm § 476 die Übermittlung zu Forschungszwecken zulässig. Auch hier ist die Rechtmäßigkeit der ursprünglichen Datenerhebung trotz Geltung von § 49 S. 1 BDSG nur dann Voraussetzung für die Verwendung zur Gefahrenabwehr, wenn das jeweilige Gefahrenabwehrrecht (zB Polizeigesetze der Länder) die Rechtmäßigkeit der Erhebung selbst zur Voraussetzung macht (ausführlich → Rn. 326 f.).[653] 331

VI. Beweisverbote hinsichtlich rechtswidrig erlangter Erkenntnisse

1. Allgemeines. Die Strafprozessordnung enthält keine allgemeingültige Regelung, in welchen Fällen tatsächlich zur Verfügung stehende rechtswidrig erlangte Beweismittel nicht verwertet werden dürfen. Für Maßnahmen der Telekommunikationsüberwachung bzw. andere offene wie verdeckte Ermittlungsmaßnahmen lassen sich vielmehr **einzelne maßnahmenspezifische Regelungen finden,** die vereinzelt von einer rechtswidrigen Beweisgewinnung ausgehen, überwiegend indes Verwendungsregelungen für rechtmäßig gewonnene Beweise enthalten. Hierzu gehören neben der in § 100d Abs. 1, Abs. 2 enthaltenen Regelung, wonach nach § 100a gewonnene Erkenntnisse aus dem Kernbereich privater Lebensgestaltung nicht verwertet werden dürfen und die im Übrigen verallgemeinerungsfähig ist und auf Fälle rechtmäßiger wie rechtswidriger Maßnahmen gleichermaßen Anwendung findet, die weiteren Regelungen in § 136a, § 69 Abs. 3, § 160a Abs. 1–3, § 252 und § 257c Abs. 4 S. 3. Darüber hinaus enthält die Vorschrift des § 479 Abs. 2 S. 1 eine allgemeine Regelung über die verfahrensübergreifende Verwendung personenbezogener Daten aus solchen Maßnahmen, die „nur bei Verdacht bestimmter Straftaten" zulässig sind. 332

Von diesen Vorschriften regeln allein die §§ 136a, 69 Abs. 3 ausdrücklich den Umgang mit rechtswidrig erlangten Daten. Im Übrigen enthält die Strafprozessordnung auch keine Regelung darüber, welche Konsequenzen sich namentlich aus einem **Verstoß gegen die materiellen oder formellen Voraussetzungen** ihrer Eingriffsermächtigungen ergeben. Die im RegE eines Gesetzes zur Neuregelung der Telekommunikationsüberwachung und anderer verdeckter Ermittlungsmaßnahmen sowie zur Umsetzung der Richtlinie 2006/24/EG[654] in § 100b Abs. 1 S. 3 Hs. 2 StPO-E zunächst vorgesehene Regelung eines Beweisverwertungsverbotes in den Fällen, in denen die Staatsanwaltschaft rechtsfehlerhaft Gefahr im Verzug angenommen hat, wurde nicht geltendes Recht. 333

Beweisverbote gelten – nach einhelliger Auffassung – **nicht nur in den gesetzlich (ausdrücklich) geregelten Fällen.** Vielmehr gilt, was Beling bereits 1903 aussprach: „Allseitig einverstanden wird man darüber sein, dass auch der Strafprozess die Menschenwürde achten muss, und dass daher ein unlösbarer Konflikt zwischen Menschenwürde und Strafprozessinteresse zu einem Beweisverbot führen muss. (…) Aber auch von der Menschenwürde abgesehen wird die moderne Anschauung – und sicher mit Recht – darauf bestehen, dass jedem seine Persönlichkeitssphäre vor Staatszugriff sichergestellt werde, auch im Strafprozess".[655] 334

---

[653] Vgl. hierzu beispielhaft OVG Lüneburg 20.11.2014 – 11 LC 232/13, NVwZ-RR 2015, 336.
[654] Vgl. BT-Drs. 16/6979, 11.
[655] Beling, S. 37.

335 Vielfältig sind die Meinungen, wie Beweisverbote dogmatisch zu begründen sind. Weder die „Rechtskreistheorie“,[656] die „Schutzzwecktheorie“ noch etwa die „Beweisbefugnislehre“, deren dogmatische Grundlegung auf der Erwägung beruht, der Gesetzesvorbehalt erfordere für jede Maßnahme eine Rechtsgrundlage, vermag die Vielzahl der Beweisprobleme schlüssig aufzulösen. Auf diese Theorien näher einzugehen, ist im Rahmen einer Kommentierung weder möglich noch nötig.[657] In der gebotenen Kürze hierzu so viel: In der Rspr. von BGH[658] und BVerfG[659] ist – wie eingangs ausgeführt – anerkannt, dass dem Strafprozess ein allgemein geltender Grundsatz, wonach jeder Verstoß gegen Beweiserhebungsvorschriften ein Verwertungsverbot nach sich zieht, fremd ist. Nach der auch von der Rspr. vertretenen sogenannten **Abwägungslehre,** welche zumindest für die Rechtspraxis angesichts der verfassungsgerichtlichen Billigung als derzeit allein gültige Beweisverbotslehre zu akzeptieren ist, hat unter Berücksichtigung der besonderen Umstände des Einzelfalls eine Abwägung stattzufinden zwischen dem Gewicht des Verfahrensverstoßes und dessen Bedeutung für die rechtlich geschützte Sphäre des Betroffenen einerseits, sowie den Belangen einer funktionstüchtigen Strafrechtspflege andererseits.[660] Dabei muss beachtet werden, dass die Annahme eines Beweisverwertungsverbots eines der wesentlichen Prinzipien des Strafverfahrensrechts, nämlich die Pflicht zur Erforschung der Wahrheit, einschränkt.[661]

336 In seiner Entscheidung vom 7.12.2011 hat das **BVerfG** hierzu ausgeführt, Rechtsgrundlage für die Beweisverwertung in einem Strafverfahren sei die Vorschrift des § 261. Deren Wortlaut lasse sich keine Regelung des Inhalts entnehmen lassen, dass die Erhebung und Verwertung rechtswidrig erhobener Beweise nur eingeschränkt zulässig oder gänzlich unzulässig seien. Diese Bewertung decke sich mit den Anforderungen der EMRK, nach welcher die Verwertbarkeit rechtswidrig erlangter Beweise an den Maßstäben eines fairen Verfahrens nach Art. 6 Abs. 1 S. 1 EMRK zu messen sei, mithin auch danach eine Prüfung der Gesamtumstände zu erfolgen habe. Dabei sei insbesondere in den Blick zu nehmen, welches Gewicht dem Verstoß gegen das Konventionsrecht bzw. das innerstaatliche Recht zukomme.[662] Diese Rechtsprechung wurde in der Zwischenzeit mehrfach bestätigt.[663]

337 Abgewogen werden müssen die Beeinträchtigung der (grundrechtlich geschützten) Interessen des Beschuldigten gegen den (ebenfalls verfassungsrechtlich verankerten) Strafverfolgungsanspruch des Staates.[664] Das **Gewicht der Beeinträchtigung** wird dabei von verschiedenen Faktoren bestimmt: Verstöße gegen Vorschriften, welche die Rechtsstellung des Beschuldigten im Strafverfahren sichern sollen, wiegen schwerer als solche gegen andere Normarten, insbesondere reine Ordnungsvorschriften. Weiterhin ist zu beachten, ob es sich um einen schwerwiegenden, insbesondere willkürlichen Verstoß der Strafverfolgungsbehörden gegen die StPO handelte und, ob der Verstoß vorsätzlich oder bloß fahrlässig begangen wurde.[665] Das Gewicht eines Verstoßes kann gemindert werden, wenn die Beweismittel auch bei rechtmäßigem Vorgehen erlangt worden wären (Gedanke des hypothetisch recht-

---

[656] Vgl. BGH 21.1.1958 – GSSt 4/57, NJW 1958, 557 (558) = BGHSt 11, 213 (215).

[657] Guter Überblick bei Kudlich → Einl. Rn. 456 ff.

[658] BGH 11.11.1998 – 3 StR 181/98, NJW 1999, 959 (961).

[659] BVerfG 7.12.2011 – 2 BvR 2500/09, NJW 2012, 907 Rn. 121; 13.5.2015 – 2 BvR 616/13, ZD 2015, 423 (425); 20.9.2018 – 2 BvR 708/18, NJW 2018, 3571 (3573).

[660] Vgl. BVerfG 2.7.2009 – 2 BvR 2225/08, NJW 2009, 3225; 13.5.2015 – 2 BvR 616/13, ZD 2015, 423 (425); 20.9.2018 – 2 BvR 708/18, NJW 2018, 3571 (3573); BGH 27.2.1992 – 5 StR 190/91, NJW 1992, 1463; Greven in KK-StPO Vor § 94 Rn. 10 f.; siehe auch den Überblick bei Hombrecher JA 2016, 457.

[661] BGH 11.11.1998 – 3 StR 181/98, NJW 1999, 959 (961).

[662] BVerfG 7.12.2011 – 2 BvR 2500/09, NStZ 2012, 496 (499).

[663] BVerfG 13.5.2015 – 2 BvR 616/13, ZD 2015, 423 (425); 20.9.2018 – 2 BvR 708/18, NJW 2018, 3571 (3573).

[664] BGH 20.12.2007 – 3 StR 318/07, BGHSt 52, 110 = NStZ 2008, 356; BGH 20.12.2012 – 3 StR 117/12, NJW 2013, 1827 (1830); Schmitt in Meyer-Goßner/Schmitt Einl. Rn. 55a; Paul NStZ 2013, 489 (491).

[665] BGH 14.8.2009 – 3 StR 552/08, NJW 2009, 3448 (3453); 20.12.2012 – 3 StR 117/12, NJW 2013, 1827 (1830); Paul NStZ 2013, 489 (491); Schmitt in Meyer-Goßner/Schmitt Einl. Rn. 55a; Kudlich → Einl. Rn. 460 jeweils mwN.

mäßigen Ersatzeingriffs).[666] Das **Gewicht des Strafverfolgungsanspruchs** bemisst sich vor allem nach der Art und Schwere der verfolgten Straftat, dem Ausmaß des verursachten Schadens, des Grades der Störung des Rechtsfriedens durch die Tat und die Anzahl und Betroffenheit der Tatopfer.[667]

Auch wenn sich diese Abwägung zuvörderst an verfassungsrechtlichen Grundsätzen auszurichten hat, wird sich vielfach das eine Ergebnis als das allein richtige Ergebnis nicht finden lassen, weil es vielfach **nicht nur eine richtige Entscheidung** gibt. Innerhalb der „verfassungsmäßigen Ummantelung" der zur Entscheidung stehenden Rechtsfragen können, abhängig vom Standpunkt des Betrachters, mehrere verschiedene Ergebnisse bzw. Entscheidungen verfassungskonform und damit vertretbar sein. Dieser Hinweis sollte manchem Tatgericht die vielfach zu beobachtende Scheu nehmen, sich solchen Fragestellungen zu stellen. Entscheidend ist am Ende des Tages, dass das Tatgericht eine umfassende Abwägung im Einzelfall vornimmt und diese in den Urteilsgründen nachvollziehbar darlegt.[668] 338

2. Formell rechtswidrige Anordnungen. Verstöße gegen die formellen Voraussetzungen der Telekommunikationsüberwachung können, wie bei anderen Eingriffsmaßnahmen auch, zu einem Beweisverwertungsverbot führen. Dies gilt indes **nicht für Verstöße gegen einfachere Formvorschriften.** Hierzu dürfte der kaum noch vorstellbare Fall zählen, dass der die Maßnahme anordnende Richter oder Staatsanwalt seine Entscheidung entgegen § 100e Abs. 3 S. 1 nicht schriftlich erlässt.[669] 339

Wird die zulässige Höchstdauer einer Maßnahme nach § 100a durch irrtümliche **Fristüberschreitung** nicht beachtet – im entschiedenen Fall[670] wurde die Maßnahme vom 8.9. bis zum 14.10. durchgeführt, ohne dass auf Grund einer verspäteten Stellung des Verlängerungsantrages eine diesen Zeitraum ebenfalls abdeckende richterliche Anordnung nach § 100b aF (heute § 100e) vorgelegen hatte – führt auch dies nach Auffassung des BGH nicht zwingend zu einem Verwertungsverbot. Angesichts der Länge der Fristüberschreitung erscheint dies jedoch bedenklich.[671] Im Rahmen der vorzunehmenden Abwägung sind kurze irrtümliche Fristüberschreitungen idR unbeachtlich, da es bei verfolgten Straftaten im Zusammenhang mit § 100a stets auch um im Einzelfall schwerwiegende Straftaten geht. Bewusste Fristüberschreitungen (solange sie nicht wirklich sehr kurzfristig sind) sind dagegen mit einer bewussten Durchführung der TKÜ ohne richterliche Anordnung gleichzusetzen und führen daher idR zu einem Beweisverwertungsverbot. Denn für den Zeitraum der bewussten Fristüberschreitung handeln die Ermittlungsbehörden ohne eine entsprechende Anordnung. Gleiches gilt für irrtümliche lange Fristüberschreitungen, wobei es hier auf eine konkrete Abwägung unter Berücksichtigung der konkreten Umstände des Einzelfalles ankommt. Fehlt eine Befristung in der Anordnung wird – wie der BGH für § 100f entschieden hat[672] – kein Beweisverwertungsverbot in Betracht kommen, solange die Maßnahme nicht länger als 3 Monate (vgl. § 100e Abs. 1 S. 4) durchgeführt wurde.[673] 340

Die Aufzeichnung einer Telekommunikation – gänzlich – **ohne richterliche Anordnung** und damit unter Verstoß gegen § 100e Abs. 1 S. 1 auf Veranlassung der Polizei begründet hingegen ein Beweisverwertungsverbot. Während dies der 3. Strafsenat in seiner Entscheidung vom 17.3.1983[674] noch offen gelassen hat, hat der 4. Strafsenat in seiner Entscheidung vom 6.8.1987 hieraus ein Beweisverwertungsverbot abgeleitet.[675] Auch eine 341

[666] BGH 17.2.2016 – 2 StR 25/15, NStZ 2016, 551 mAnm Schneider; Kudlich → Einl. Rn. 460.
[667] Neuber NStZ 2019, 113.
[668] Zur Kritik an der nicht immer stattfindenden Abwägung Kudlich → Einl. Rn. 460.
[669] BGH 5.5.1995 – 2 StR 183/95, NStZ 1996, 48 zum alten Recht; vgl. auch Großmann JA 2019, 241 (247).
[670] BGH 11.11.1998 – 3 StR 181/98, NJW 1999, 959.
[671] Ebenso Hauck in Löwe/Rosenberg Rn. 232; Starkgraff NStZ 1999, 470.
[672] BGH 29.4.2009 – 1 StR 701/08, NJW 2009, 2463 (2464).
[673] Großmann JA 2019, 241 (247).
[674] BGH 17.3.1983 – 4 StR 640/82, NJW 1983, 1570.
[675] BGH 6.8.1987 – 4 StR 333/87, NJW 1988, 142.

rückwirkende richterliche Genehmigung kommt nicht in Betracht.[676] Ebenso wenig kann – angesichts des intensiven Eingriffs in das Telekommunikationsgeheimnis durch eine TKÜ – auf den Gedanken des hypothetisch rechtmäßigen Ersatzeingriffs zurückgegriffen werden, um ein Beweisverwertungsverbot abzulehnen.[677]

342 Anders verhält es sich, wenn seitens der Staatsanwaltschaft gegen den Richtervorbehalt durch **irrtümliche Annahme von Gefahr im Verzug** verstoßen wurde. Die Staatsanwaltschaft ist, anders als die Polizei, in Ausnahmefällen anordnungsbefugt. Fälle dieser Art führen deshalb regelmäßig nicht zu einem Beweisverwertungsverbot.[678] Dies gilt indes nicht für den Fall, dass die Annahme von Gefahr im Verzug willkürlich oder grob fahrlässig erfolgte.[679] Bei der Prüfung dieser Frage durch den Tatrichter ist Folgendes zu beachten: Wegen der grundrechtssichernden Schutzfunktion des Richtervorbehalts ist der Begriff „Gefahr im Verzug" eng auszulegen. In Fällen einer Eilanordnung fehlt die präventive Kontrolle durch den neutralen und unabhängigen Richter. Andererseits soll die Zuweisung einer Eilanordnungskompetenz im Einzelfall ein schnelles und situationsgerechtes Handeln der Exekutive zur Vermeidung von Beweisverlusten gewährleisten. Der Tatrichter hat die von den Strafverfolgungsbehörden getroffene Einschätzung der konkreten Situation nachzuvollziehen. Beruht diese Einschätzung auf Tatsachen und war sie in der Situation naheliegend bzw. plausibel, so darf bzw. hat sie der Tatrichter bei seiner Entscheidung als zutreffend zu Grunde zu legen.[680]

343 Die in der strafprozessualen Praxis am häufigsten vorkommenden formellen Mängel dürften indes **Begründungsdefizite in der ermittlungsrichterlichen Anordnung** darstellen.[681] Auch Anordnungen nach § 100a sind gemäß § 34 zu begründen. Die inhaltlichen Anforderungen an die Begründung ergeben sich aus § 100e Abs. 4. Darzulegen sind die Voraussetzungen von § 100a und die wesentlichen Abwägungsgesichtspunkte, insbesondere die bestimmten Tatsachen, die den Verdacht begründen und die wesentlichen Erwägungen zur Erforderlichkeit und Verhältnismäßigkeit der Maßnahme. Hierzu gehört auch die Darlegung zur Subsidiarität der Maßnahme, also insbesondere Ausführungen dazu, warum die Sachverhaltsaufklärung durch andere, weniger eingriffsintensive Ermittlungsmaßnahmen wesentlich erschwert oder aussichtslos wäre. Diese Anforderungen an die Begründung sind verfassungsrechtlich geboten.[682] Vor gesetzlicher Normierung der Begründungsanforderungen aufgrund verfassungsgerichtlicher Rspr. vertrat der BGH, dass in Fällen der fehlenden Begründung nicht automatisch eine Unverwertbarkeit eintrete, vielmehr habe der Tatrichter den Ermittlungsstand zum Zeitpunkt der ermittlungsrichterlichen Anordnung zu rekonstruieren und auf dieser Grundlage die Frage der Vertretbarkeit der Anordnung zu prüfen.[683] Dieser Standpunkt ist angesichts der verfassungsrechtlichen Gebotenheit der Begründungsanforderungen nicht mehr zu halten. Fehlt eine Begründung vollständig, spricht viel für ein Beweisverwertungsverbot, das nur bei der Verfolgung besonders schwerer Straftaten im Rahmen der Abwägung überwunden werden kann. Bei kleineren Mängeln der Begründung ist dagegen idR von der Verwertbarkeit auszugehen.

344 Selbst **eine wortlautgleiche Übernahme der Antragsbegründung der Staatsanwaltschaft** durch den Richter soll nach der Rspr. des BVerfG nicht automatisch den Schluss zulassen, dass der Richter den Antrag nicht eigenständig geprüft, sondern lediglich „abgenickt" habe. Hierfür müssten sich konkrete Anhaltspunkte – wie offensichtlich nicht korri-

[676] Hauck in Löwe/Rosenberg § 100a Rn. 231.

[677] Richtig Bruns in KK-StPO § 100a Rn. 53; Hauck in Löwe/Rosenberg § 100a Rn. 232; Großmann JA 2019, 241 (247) jeweils mwN; BGH 6.10.2016 – 2 StR 46/15, NJW 2017, 1332 (1335) zumindest in Fällen der „groben Verkennung" des Richtervorbehalts.

[678] Ebenso Bär in KMR-StPO § 100a Rn. 100.

[679] BVerfG 20.2.2001 – 2 BvR 1444/00, NJW 2001, 1121; BT-Drs. 16/6979, 43; BGH 6.10.2016 – 2 StR 46/15, NJW 2017, 1332 (1335) für § 105 StPO.

[680] BVerfG 20.2.2001 – 2 BvR 1444/00, NJW 2001, 1124.

[681] Zu Rechtstatsachen vgl. Hiéramente ZRP 2017, 50.

[682] BVerfG 20.4.2016 – 1 BvR 966/09 und 1 BvR 1140/09, NJW 2016, 1781 Rn. 118, 235; Graf in BeckOK StPO § 100e Rn. 11.

[683] BGH 1.8.2002 – 3 StR 122/02, NStZ 2003, 215 (216) = BGHSt 47, 362 (366).

gierte Fehler im Antrag – ergeben.[684] Dies erscheint zumindest dann äußerst zweifelhaft, wenn die staatsanwaltschaftliche Antragsbegründung rechtlich defizitär und/oder einseitig nur die Strafverfolgungsinteressen berücksichtigt bzw. diese im Vergleich zu den Interessen der Betroffenen offensichtlich übergewichtet.[685]

3. Materiell rechtswidrige Anordnungen. Die Frage, ob der Tatverdacht auch auf **„bestimmten Tatsachen"** iSv Abs. 1 beruhte, ist bezogen auf den Zeitpunkt der Anordnung und auf der Grundlage des damaligen Ermittlungsstandes zu prüfen. Spätere Ergebnisse haben mithin außer Acht zu bleiben. Zudem kann namentlich während des dynamischen Geschehens im Ermittlungsverfahren die Frage, ob „bestimmte Tatsachen" einen Verdacht begründen, abhängig von der kriminalistischen Erfahrung des zur Entscheidung Berufenen unterschiedlich bewertet werden.[686] Vor diesem Hintergrund räumt das Gesetz den je nach Ermittlungsmaßnahme zur Entscheidung berufenen Ermittlungspersonen, Staatsanwälten und Richtern einen Beurteilungsspielraum ein. Rechtswidrig mit der Folge eines Verwertungsverbotes sind deren Anordnungen in Fällen der vorliegenden Art deshalb nur dann, wenn sie nicht mehr vertretbar sind. Dies wiederum würde voraussetzen, dass die fehlerhafte Bejahung eines hinreichend bestimmten Tatverdachts (objektiv) willkürlich oder grob fehlerhaft erfolgt wäre.[687] Die Willkürlichkeit oder grobe Fehlerhaftigkeit der Bejahung des Tatverdachts kann dabei sowohl auf Fehlern bei der Bewertung der Tatsachenbasis als auch der Wahrscheinlichkeit der Tatbegehung beruhen (zur Unterscheidung dieser beiden Merkmale im Rahmen des Tatverdachts → Rn. 153 ff.). Bei der Bewertung der Tatsachenbasis liegt eine unvertretbare Entscheidung nahe, wenn die Beweismittel, aus denen sich die Tatsachenbasis zusammensetzt, offensichtlich unzuverlässig sind. Bei der Beurteilung der Wahrscheinlichkeit der Tatbegehung kommt eine grobe Fehlerhaftigkeit vor allem bei Logikfehlern, Verstößen gegen Denkgesetze, wissenschaftliche Erfahrungssätze oder Lückenhaftigkeit der gezogenen Schlüsse in Betracht. Selbstverständlich ist auch Willkürlichkeit zu bejahen, wenn der Sachverhalt falsch bzw. im Widerspruch zum tatsächlichen Erkenntnisstand mitgeteilt und somit der Anordnung zugrunde gelegt wird.[688] 345

Das Vorgesagte gilt auch, wenn der Anordnende durch eine **rechtsfehlerhafte Bewertung der Frage der Subsidiarität** verkannt hat, dass eine weniger eingriffsintensive Maßnahme zu einem ähnlichen Ermittlungserfolg hätte führen können. Nur wenn der Anordnende bei der Prüfung der Subsidiarität den ihm zuzubilligenden Beurteilungsspielraum überschritten hat, führt dieser Rechtsfehler auch zu einem Beweisverwertungsverbot.[689] Eine Überschreitung des Beurteilungsspielraums ist jedenfalls dann anzunehmen, wenn der anordnende Richter oder Staatsanwalt sich nicht mit allen regelmäßig in Betracht kommenden alternativen Ermittlungsmaßnahmen auseinandergesetzt hat oder solche alternativen Ermittlungsmethoden offensichtlich erfolgversprechend gewesen wären. Im Rahmen von § 100a ist dies besonders bedeutsam, wenn die verfahrensrelevanten Daten auch durch eine Maßnahme nach §§ 94 ff. hätten erlangt werden können und dies auch keine schwerwiegenden ermittlungstaktischen Nachteile gehabt hätte (zB Beschlagnahme der E-Mails beim Provider). Gleiches gilt für die Anordnung einer Quellen-TKÜ, wenn die Kommunikation nicht verschlüsselt erfolgte, der Schlüssel den Strafverfolgungsbehörden bekannt war oder von diesen erlangt werden konnte.[690] 346

Lag von vornherein hinsichtlich der den Gegenstand des Verfahrens bildenden prozessualen Tat **kein Verdacht einer Katalogtat** nach Abs. 2 vor, hat dies regelmäßig die 347

---

684 BVerfG 1.8.2014 – 2 BvR 200/14, NJW 2015, 851; Köhler in Meyer-Goßner/Schmitt § 100e Rn. 18.

685 S. zu diesem Problemkreis ausführlich Meyer-Mews HRRS 2020, 286; siehe auch LG Paderborn 12.7.2021 – 02 KLs 6 Js 44/19 – 3/19, NZWiSt 2021, 366.

686 Vgl. BGH 16.2.1995 – 4 StR 729/94, NJW 1994, 1974 (1975); siehe auch BGHSt 47, 362 = NStZ 2003, 215; BGH 26.2.2003 – 5 StR 423/02, NJW 2003, 1880.

687 Vgl. BGH 16.2.1995 – 4 StR 729/94, NJW 1994, 1974 (1975); siehe auch VerfGH Sachsen 27.8.2015 – Vf. 85-IV-14, BeckRS 2015, 52714; kritisch Hauck in Löwe/Rosenberg § 100a Rn. 221 ff.

688 AG München 15.11.2018 – 1117 Ls 364 Js 106646/18, StV 2019, 383 (nur Leitsatz).

689 BGH 16.2.1995 – 4 StR 729/94, NJW 1995, 1974 = StV 1995, 226.

690 Köhler in Meyer-Goßner/Schmitt § 100a Rn. 35a.

Unverwertbarkeit der durch die Maßnahme erlangten Ermittlungsergebnisse zur Folge.[691] Dies gilt unabhängig davon, ob kein Verdacht hinsichtlich irgendeiner Straftat bestand bzw. ob eine solche zwar vorlag, diese indes auf Grund eines Subsumtionsfehlers irrtümlich dem Katalog des Abs. 2 zugeordnet wurde. Unschädlich sind hingegen Subsumtionsfehler in den Fällen, in denen **hinsichtlich derselben prozessualen Tat der Verdacht einer anderen als der angenommenen Katalogtat bestand.**[692] In diesem Fall hätte die Anordnung zur Überwachung der Telekommunikation nämlich auf den Verdacht des Vorliegens dieses anderen Straftatbestandes gestützt werden können (Gedanke des hypothetisch rechtmäßigen Ersatzeingriffs).[693] Eine entsprechende Auswechselung der rechtlichen Bewertung kommt allerdings nur bei solchen Fällen in Betracht, in denen derselbe Lebenssachverhalt betroffen ist und die Änderung der rechtlichen Grundlage für die Telekommunikationsüberwachung der damals bestehenden Ermittlungssituation nicht ein völlig anderes Gepräge geben würde.[694]

348 Auch **krasse Verstöße gegen das Verhältnismäßigkeitsprinzip** können ein Beweisverwertungsverbot nach sich ziehen. Auch hier ist jedoch zu beachten, dass den anordnenden Stellen ein Beurteilungsspielraum zukommt.

349 **4. Rechtswidrige Anordnung oder Durchführung einer Quellen-TKÜ. a) Materiell-rechtliche Verstöße (Abs. 1 S. 2, S. 3, Abs. 5).** Werden Daten bei einer Maßnahme nach § 100a Abs. 1 S. 2 außerhalb eines laufenden Telekommunikationsvorgangs erhoben, sind diese Daten als Beweismittel nicht verwertbar. Dasselbe gilt für gespeicherte Daten, welche über die Befugnis des § 100a Abs. 1 S. 3 bei einer „kleinen Online-Durchsuchung" erhoben werden.[695] Ob eine solche „überschießende" Erhebung auch auf die Verwertung zulässigerweise erhobener Daten (laufende Telekommunikation bzw. gespeicherte Kommunikationsdaten innerhalb der zeitlichen und funktionalen Grenzen des Abs. 1 S. 3) Einfluss hat, ist nicht eine Frage des Abs. 1 S. 2 oder S. 3 (da die Erhebung der zulässigerweise erhobenen Daten von der Maßnahme prinzipiell gedeckt ist), sondern von Abs. 5. Denn wenn solche überschießenden Daten erhoben werden konnten, war technisch nicht sichergestellt, dass sich die Überwachungsmaßnahme auf die nach Abs. 1 S. 2 und S. 3 zulässigen Datenerhebungen beschränkt (Abs. 5 S. 1 Nr. 1 lit. a, lit. b). Da es sich dabei nicht nur um eine Formvorschrift, sondern um eine materielle Zulässigkeitsvoraussetzung für die Durchführung der Quellen-TKÜ bzw. des Einsatzes des technischen Mittels handelt, gelten die allgemeinen Grundsätze der Abwägungslehre (→ Rn. 332 ff.). Demnach ist zu differenzieren: Wurde von den Ermittlungsbehörden **bewusst** ein technisches Mittel eingesetzt, das die technischen Grenzen des Abs. 5 S. 1 Nr. 1 nicht einhält, wird idR ein Beweisverwertungsverbot zu bejahen sein. Erfolgt der Einsatz dagegen **unbewusst** (zB, weil ein kommerzielles Produkt verwendet wird, dessen Funktionalität den Ermittlungsbehörden nicht exakt bekannt ist) liegt idR kein Verwertungsverbot vor. Anders kann dies in Fällen grober Fahrlässigkeit sein (zB, wenn nicht einmal versucht wurde, das kommerzielle Produkt hinsichtlich seiner Funktionsfähigkeit zu analysieren oder die notwendigen Informationen vom Hersteller zu erlangen).

350 Verstöße gegen die **spezifischen Verhältnismäßigkeitsregeln** des Abs. 5 S. 1 Nr. 2, Nr. 3 führen nur in krassen Fällen (zB „Zerstörung" eines ganzen Systems, Löschung wichtiger Daten) zu einem Beweisverwertungsverbot, weil diese Vorschriften nicht die Beweiserhebung als solche betreffen, sondern Schäden an anderen Rechtsgütern des Betroffenen verhindern sollen. Die Vorschriften von Abs. 5 S. 2, S. 3 betreffen dagegen unmittelbar den Beweiswert der erhobenen Daten. Verstöße führen damit zwar nicht zu einem Beweisverwertungsverbot, weil nicht unmittelbar die rechtlichen Interessen des Beschuldigten betrof-

691 BGH 24.8.1983 – 3 StR 136/83, NStZ 1984, 275; 16.2.1995 – 4 StR 729/94, NJW 1994, 1974 (1975).
692 BGH 26.2.2003 – 5 StR 423/02, NJW 2003, 1880 (1881).
693 Vgl. auch Großmann JA 2019, 241 (247).
694 BGH 18.3.1998 – 5 StR 693/97, NStZ 1998, 426; kritisch Gercke in Gercke/Julius/Temming/Zöller § 100a Rn. 46.
695 Wie hier Köhler in Meyer-Goßner/Schmitt § 100a Rn. 35a.

fen sind, jedoch senken sie den Beweiswert der Daten bis hin zu einer völligen Wertlosigkeit, was im Rahmen von § 261 zu berücksichtigen ist und de facto die gleichen Wirkungen wie ein Beweisverwertungsverbot haben kann.

b) Formelle Verstöße (Abs. 6). Zwar handelt es sich bei den Protokollierungspflichten um Formerfordernisse. Diese dienen jedoch der Gewährleistung des effektiven Grundrechtsschutzes und der Gerichtsfestigkeit der Beweise (→ Rn. 270). Sie sollen dem Tatgericht, dem Beschuldigten und dessen Verteidiger die Möglichkeit geben, die Einhaltung der materiellen Zulässigkeitsvoraussetzungen der Quellen-TKÜ zu überprüfen. Deshalb kann auch bei bewussten und/oder schwerwiegenden **Verstößen gegen die Protokollierungspflicht** im Rahmen der Abwägung ein Beweisverwertungsverbot in Betracht kommen. 351

5. Verstöße gegen § 500 iVm §§ 45 ff. BDSG. Bei Verstößen gegen § 500 Abs. 1 iVm §§ 45 ff. BDSG ist zu differenzieren. Handelt es sich um Vorschriften, welche die Sicherheit der Daten betreffen, die sich in staatlicher Obhut befinden (zB § 64 BDSG), betreffen diese nicht die verfahrensrechtlichen Interessen des Beschuldigten, sondern dessen Interesse an der Sicherheit seiner Daten in den Händen der Strafverfolgungsbehörden. Dementsprechend kommt ein Beweisverwertungsverbot hier nicht in Betracht. Anders verhält es sich mit § 48 BDSG (Verarbeitung von Daten, welche der Kategorie der besonderen personenbezogenen Daten angehören). Da es sich hierbei um **materielle Zulässigkeitsvoraussetzungen der Verarbeitung** dieser Daten handelt, kommt nach den allgemeinen Grundsätzen der Abwägungslehre ein Beweisverwertungsverbot bei bewussten, willkürlichen oder besonders groben Verstößen in Betracht. Angesichts der Unbestimmtheit des Begriffs der „geeigneten Garantien" betrifft dies hauptsächlich das völlige Fehlen einer Entscheidung über die notwendigen Garantien. Auch Verstöße gegen andere Vorschriften, welche die Eingriffsbefugnisse begrenzen, wie zB Verstöße gegen § 71 BDSG, können bei bewussten, willkürlichen oder groben Verstößen nach der Abwägungslehre ein Beweisverwertungsverbot begründen. Dies gilt insbesondere dann, wenn aufgrund der Versäumnisse Daten miterhoben wurden und nun verwertet werden sollen, die bei Beachtung von § 71 BDSG nicht miterhoben worden wären (wegen datenschutzfreundlicher Grundeinstellungen des eingesetzten Überwachungsmittels). 352

6. Voraussetzung der Beachtung von Verwertungsverboten. Die isolierte Betrachtung wiederholt anzutreffender Ausführungen in Entscheidungen des BGH wie: „In einem rechtsstaatlichen Strafverfahren dürfen Erkenntnisse aus einer **rechtswidrig** angeordneten Telefonüberwachung nicht als Beweismittel verwertet werden. Dies gilt insbesondere in Fällen, in denen es an einer wesentlichen sachlichen Voraussetzung für die Maßnahme nach § 100a StPO fehlt",[696] führt leicht zu Missverständnissen. Vielmehr folgt, wie sich aus der vorstehend dargelegten „Abwägungslehre" (→ Rn. 332 ff.) ergibt, **aus der Rechtswidrigkeit einer Ermittlungsmaßnahme nicht stets ein Beweisverwertungsverbot.** Zu einem Beweisverbot führen rechtswidrige Ermittlungsmaßnahmen nur, wenn sie derart schwerwiegend sind, dass abhängig von den konkreten Umständen des Einzelfalles auch die Interessen an einer effektiven Strafverfolgung eine Verwertung der rechtswidrig erlangten Erkenntnisse nicht zu rechtfertigen vermögen. 353

a) Berücksichtigung von Beweisverboten, Widerspruch. aa) Allgemeines zur „Widerspruchslösung". Strafverfolgungsbehörden wie Gerichte dürfen rechtsstaatswidrig gewonnene Erkenntnisse, die wie etwa im Falle des § 136a mit besonders schwerwiegenden Rechtsverstößen einhergehen und bzgl. derer ein gesetzliches Verwertungsverbot besteht, bereits von **Amts wegen** nicht verwerten.[697] Dies gilt auch für andere schwerwiegende Rechtsverstöße, bzgl. derer der Gesetzgeber kein ausdrückliches Beweisverbot vorgesehen 354

[696] BGH 1.8.2002 – 3 StR 122/02, NStZ 2003, 215 (216).
[697] Für Ermittlungs- und Zwischenverfahren: BGH 6.6.2019 – StB 14/9, NStZ 2019, 539; allgemein: BGH 1.12.2016 – 3 StR 230/16n, NJW 2017, 1828.

hat. Für den Richter ergibt sich dies unmittelbar aus seiner Gesetzesbindung nach Art. 97 Abs. 1 GG. Sie ist das notwendige Korrelat zu seiner Weisungsunabhängigkeit.[698] Auch andere, weniger schwerwiegende Verstöße gegen formelle bzw. materielle Anordnungsvoraussetzungen hat der Tatrichter stets für sich zu prüfen, muss die von ihm gezogenen Konsequenzen aus solchen Verstößen indes nicht während des Verfahrens mit den Beteiligten erörtern, sofern er zu einer Verwertbarkeit der Erkenntnisse gelangt. Hiervon scheint auch der BGH in seiner Entscheidung vom 7.3.2006 im Zusammenhang mit § 100a ausgegangen zu sein, wenn er ausgeführt hat, dass der Tatrichter die Rechtmäßigkeit einer Maßnahme „regelmäßig nur dann zu prüfen braucht, wenn der Angeklagte der Verwertung rechtzeitig widerspricht".[699] Will der Angeklagte hingegen ein nach seiner Auffassung gegebenes und vom Gericht aus welchen Gründen auch immer gleichwohl nicht berücksichtigtes Beweiserhebungs- bzw. Beweisverwertungsverbot geltend machen, muss er der Beweisverwertung nach hM in Rspr.[700] und Kommentarliteratur[701] rechtzeitig und damit spätestens bis **zu dem in § 257 benannten Zeitpunkt** widersprechen,[702] um den ggf. hierauf beruhenden Verfahrensfehler in der Revision geltend machen zu können.

355 Nach der die Widerspruchslösung begründenden Rspr. des Reichsgerichts[703] und der diese fortführenden Rspr. des BGH[704] und einzelner Stimmen in der Lit.[705] ist der Widerspruch somit ein **konstitutives Element** für die Geltendmachung von Beweisverwertungsverboten, die nicht bereits von Amts wegen berücksichtigt wurden. Die Widerspruchslösung wurde auch vom BVerfG verfassungsrechtlich gebilligt.[706]

356 Eine **dogmatisch einheitliche Begründung** für die Widerspruchslösung findet sich auch in der neueren Rspr. nicht. So hat der BGH in seiner Grundsatzentscheidung vom 27.2.1992[707] die Widerspruchslösung damit begründet, dass dem verteidigten Angeklagten das Recht, sich auf ein Verwertungsverbot zu berufen, **verloren gehe,** wenn er in der tatrichterlichen Vernehmung der Verwertung nicht widersprochen habe.

357 Auf die Möglichkeit der **Disponibilität** von Verfahrensrügen bzw. der **Einwilligung** in die Verwertung rechtswidrig erlangter Erkenntnisse hebt der BGH hingegen in seiner Entscheidung vom 10.8.2005[708] ab. Diese Rspr. findet nunmehr ihre Stütze in einzelnen Vorschriften wie § 100e Abs. 6 Nr. 1 hinsichtlich der aus Maßnahmen der Online-Durchsuchung und der Wohnraumüberwachung gewonnenen Erkenntnisse bzw. in § 101 Abs. 8 S. 3. Dort ist nunmehr ausdrücklich geregelt, dass der Angeklagte bestehende Verwertungsverbote durch seine Einwilligung beseitigen kann. Voraussetzung hierfür ist jedoch, dass der Angeklagte in dem entsprechenden Umfang auch dispositionsbefugt ist.

358 **bb) Kritik an der herrschenden Rspr.** Das Erfordernis eines Verwertungswiderspruchs kann nicht unkritisch gesehen werden. Die Regelungen in § 100e Abs. 6 Nr. 1 bzw. in § 479 Abs. 2 S. 2 setzen, sofern die weitere Verwertung der Erkenntnisse allein vom Verhalten des Betroffenen abhängig und er dispositionsbefugt ist, dessen Einwilligung als ausdrückliche Willensbekundung voraus. Eine solche ausdrücklich zu erklärende Einwilligung kann indes **nicht in einem Schweigen** des Betroffenen bzw. Angeklagten gesehen werden. Nichts anderes ergibt sich aus § 136a Abs. 3. Dort geht der Gesetzgeber offenkundig, auch wenn er sie für unbeachtlich erklärt hat, davon aus, dass Voraussetzung für eine

[698] Vgl. Hillgruber in Dürig/Herzog/Scholz GG Art. 97 Rn. 25.
[699] BGH 7.3.2006 – 1 StR 316/05, NJW 2006, 1361.
[700] BGHSt 51, 1 = NStZ 2006, 402; BGH 16.9.2013 – 1 StR 264/13, StraFo 2014, 20; 10.1.2018 – 1 StR 517/17, NStZ 2018, 550.
[701] Vgl. BGH 15.8.2000 – 5 StR 223/00, BeckRS 2000, 07757 mablAnm Wollweber wistra 2001, 182; Bruns in KK-StPO § 100a Rn. 69; Graf in BeckOK StPO § 100a Rn. 191; Ventzke StV 2001, 545.
[702] BGH 27.2.1992 – 5 StR 190/91, NStZ 1992, 294 (295).
[703] RG 24.6.1881 – 1431/81, RGSt 4, 301.
[704] BGH 27.2.1992 – 5 StR 190/91, NStZ 1992, 294 (295) = BGHSt 38, 214 (225 ff.).
[705] Widmaier NStZ 1992, 519 (521); Hamm NJW 1996, 2185 (2187).
[706] BVerfG 7.12.2011 – 2 BvR 2500/09, NStZ 2012, 496.
[707] BGH 27.2.1992 – 5 StR 190/91, NStZ 1992, 294 (295).
[708] BGH 10.8.2005 – 1 StR 140/05, NStZ 2007, 700.

Verwertung der Erkenntnisse allenfalls die ausdrücklich oder zumindest – zweifelsfrei – konkludent erklärte Einwilligung bzw. Zustimmung des Beschuldigten sein könnte, nicht hingegen sein Schweigen. Weiterhin ist zu beachten, dass der Gesetzgeber eine Einwilligung ausdrücklich bisher nur für Fälle von Verwendungsbeschränkungen vorgesehen hat, in denen die Beweiserhebung rechtmäßig erfolgte (§ 100e Abs. 6 Nr. 1, § 479 Abs. 2 S. 2, § 101 Abs. 8 S. 3). Dagegen hat er in § 136a Abs. 3 – der gesetzlich geregelte Fall der unrechtmäßigen Beweiserhebung mit angeordnetem Beweisverwertungsverbot – die Einwilligung ausdrücklich für unbeachtlich erklärt. Für die Fälle rechtmäßiger Erhebung von Beweismitteln ergibt die Einwilligungsmöglichkeit in eine Verwertung in anderen Verfahren, zur Gefahrenabwehr usw auch deshalb Sinn, weil es im Kern um eine Zweckänderung rechtmäßig erlangter Daten geht. Bei unrechtmäßig erhobenen Daten, welche einem Beweisverwertungsverbot unterliegen, obliegt es dagegen dem Gericht – welches an Recht und Gesetz gebunden ist – von Amts wegen die Beweisverwertungsverbote zu beachten. Die Widerspruchslösung erscheint dagegen als Versuch, diese ureigene Pflicht des Gerichts – ohne gesetzliche Grundlage – auf den Angeklagten bzw. dessen Verteidiger zu übertragen.[709]

Seit Neugestaltung des BDSG zur Umsetzung der Richtlinie 2016/680 steht einer 359
Begründung der Widerspruchslösung nun auch § 51 Abs. 1 BDSG (iVm § 500 Abs. 1) entgegen, soweit es um die Verwertung personenbezogener Daten des Angeklagten geht. Danach kann eine Datenverarbeitung von personenbezogenen Daten nur dann auf eine Einwilligung der betroffenen Person gestützt werden, wenn eine Rechtsvorschrift die Einwilligung vorsieht.[710] Auch die Verwertung von personenbezogenen Daten als Beweismittel ist eine Datenverarbeitung iSv § 46 Nr. 2 BDSG. Soweit es also um die Verwertung von personenbezogenen Daten des Angeklagten geht, kann dessen Einwilligung nur dann für die Rechtmäßigkeit der Verwertung herangezogen werden, wenn eine Rechtsvorschrift dies vorsieht. Eine solche Rechtsvorschrift existiert jedoch bei den nicht ausdrücklich geregelten Beweisverwertungsverboten nach der Abwägungslehre nicht. In den für § 100a relevanten geschriebenen Beweisverwertungsverboten der §§ 100d Abs. 2, 160a Abs. 1 S. 2, Abs. 2 S. 3 ist eine Einwilligung nicht vorgesehen, bei § 136a Abs. 3 S. 2 ist sie sogar explizit ausgeschlossen. Im Übrigen steht auch die Ausgestaltung der Einwilligung nach § 51 Abs. 2–5 BDSG (zB Belehrungspflichten)[711] und die Definition der Einwilligung in § 46 Nr. 17 BDSG einer reinen „Einwilligung durch Schweigen", wie sie im Rahmen der Widerspruchslösung konstruiert wird, entgegen. Man wird hier beobachten müssen, ob die Rspr. vor diesem Hintergrund an der Widerspruchslösung festhält. Da hiervon mE eher auszugehen ist, bleibt abzuwarten, ob zumindest die Begründung geändert wird.

cc) Zur konkreten Ausgestaltung der Widerspruchspflicht in der Rspr. Zahlrei- 360
che Entscheidungen des BGH verhalten sich zwischenzeitlich dazu, wie der Angeklagte seiner Widerspruchsverpflichtung nachzukommen hat. So reicht es nicht aus, wenn dieser bzw. sein Verteidiger ein Verwertungsverbot lediglich im Ermittlungsverfahren gegenüber der Staatsanwaltschaft und damit **außerhalb der Hauptverhandlung** geltend macht. Der Widerspruch muss vielmehr (auch) innerhalb derselben erhoben werden.[712] Bei der Vernehmung mehrerer Zeugen – auch wenn diese dasselbe Beweisthema betreffen – hat der Angeklagte seinen Widerspruch **nach jeder einzelnen Zeugenvernehmung,** ggf. vorsorglich, geltend zu machen. Er darf nicht zuwarten, bis alle Zeugen vernommen wurden.[713] Allerdings genügt ein Widerspruch nach einer Zeugenvernehmung bzgl. eines spezifischen Beweisthemas auch hinsichtlich der Vernehmung weiterer Zeugen zum selben Beweis-

[709] Ablehnend zur Widerspruchslösung auch Hauck in Löwe/Rosenberg § 100a Rn. 215.
[710] Siehe Singelnstein NStZ 2020, 639 (640 f.).
[711] Hierzu Singelnstein NStZ 2020, 639 (640 f.).
[712] BGH 17.6.1997 – 4 StR 243/97, NStZ 1997, 502; BGHSt 51, 1 = NJW 2006, 136; 16.9.2013 – 1 StR 264/13, BGH 16.9.2013 – 1 StR 264/13, StraFo 2014, 20; 10.1.2018 – 1 StR 517/17, NStZ 2018, 551.
[713] BGH 12.10.1993 – 1 StR 475/93, NStZ 1994, 95.

thema.[714] Ein Widerspruch kann auch vor den jeweiligen Vernehmungen erklärt werden.[715] Auch für sonstige Beweiserhebungen – wie die Einführung einer TKÜ – gilt, dass der Widerspruch nach jeder einzelnen Beweiserhebung erfolgen muss (vgl. § 257).[716] Eine Ausnahme wird auch hier zu gelten haben, wenn ein Widerspruch bzgl. eines gesamten Beweisthemas nach der Einführung eines Beweismittels erfolgt ist. Gleiches gilt für die Möglichkeit, vor der Einführung von Beweismitteln hinsichtlich eines spezifischen Beweisthemas der Verwertung zu widersprechen. Der Widerspruch – jedenfalls des verteidigten Angeklagten – **bedarf zudem regelmäßig einer Begründung,** in der zumindest in groben Zügen anzugeben ist, unter welchem rechtlichen Gesichtspunkt der Angeklagte den zu erhebenden oder bereits erhobenen Beweis für unverwertbar hält. Die Begründung begrenzt den Prüfungsumfang durch das Tatgericht.[717]

361 Weiter hat der in seiner Entscheidung vom 7.3.2006[718] zum Ausdruck gebracht, **nicht jeder Antrag auf gerichtliche Entscheidung nach § 238 Abs. 2 genüge den Anforderungen an die revisionsrechtlich beachtliche Geltendmachung eines Beweisverwertungsverbotes.** Im dem, der Entscheidung zugrunde liegenden, Fall hatte der Verteidiger ohne weitere Begründung in der Hauptverhandlung zwar „einen Gerichtsbeschluss über das Vorspielen der abgehörten Telefonate" beantragt. Er hat indes weder bis zu dem nach § 257 maßgebenden Zeitpunkt noch während der weiteren Hauptverhandlung der Verwertung der entsprechenden Gespräche ausdrücklich widersprochen. Im Weiteren wird in der Entscheidung ausgeführt, es könne dahingestellt bleiben, ob ein bloßer nicht weiter begründeter oder wenigstens kommentierter Antrag nach § 238 Abs. 2 nach einer Verfügung des Vorsitzenden über die Einführung der Erkenntnisse aus Maßnahmen der Telekommunikationsüberwachung als Widerspruch gegen die Verwertung dieser Erkenntnisse zu werten sei. Weiter hat der BGH ausgeführt: „Da dies dann die Überprüfungspflicht des Gerichts auslöst (…), wird regelmäßig eine entsprechende Klarstellung zu fordern sein". Mit „dies" scheint im Kontext der weiteren Begründung der Antrag nach § 238 Abs. 2 gemeint zu sein. Im Gegensatz zu diesem Antrag wäre dann bei einem Widerspruch eine gerichtliche Entscheidung nicht geboten. Dies würde jedenfalls nach der Rspr. des BGH auch Sinn ergeben, weil nach dessen Auffassung dem Widerspruch gegen eine Beweisverwertung zwar ein konstitutives Element hinsichtlich der Revision zukommt (der den Widerspruch erhebende Angeklagte will sich die entsprechende Verfahrensrüge erhalten) indes kein konsensuales Element im Rahmen der tatrichterlichen Hauptverhandlung. Der Angeklagte bzw. sein Verteidiger werden sich regelmäßig ungeachtet etwaiger selbst noch so überzeugend klingender tatrichterlicher Erläuterungen die Rügemöglichkeit in jedem Fall erhalten wollen. Vor diesem Hintergrund scheint allein bei einem Verwertungswiderspruch eine förmliche Bescheidung entbehrlich. So hat der BGH in seiner Entscheidung v. 16.8.2007[719] nach einem in der Hauptverhandlung erhobenen Widerspruch des Verteidigers gegen die Verwertung der Aussage eines Polizeibeamten angemerkt, ein verpflichtender Zwischenbescheid der Art, dass sich das Gericht während der Hauptverhandlung zur Frage eines Beweisverbotes äußern müsse, sei insbesondere auch unter dem Gesichtspunkt fairer Verfahrensgestaltung nicht geboten. Das BVerfG hat im Rahmen einer Verfassungsbeschwerde gegen diese Entscheidung am 18.3.2009[720] diese Rechtsauffassung bestätigt und angemerkt, einen strafprozessualen Zwischenbescheid über das Vorliegen eines Beweisverwertungsverbotes bereits in der Hauptverhandlung vor dem Tatgericht sehe die StPO nicht vor. Ein solcher sei auch aus rechtsstaatlichen Gesichtspunkten nicht zwingend geboten, die entsprechende fachgerichtliche Rspr. des BGH nicht zu beanstanden.

---

[714] BGH 27.6.2013 – 3 StR 435/12, NStZ 2013, 604 (607).
[715] BGH 20.10.2014 – 5 StR 176/14, NJW 2015, 265.
[716] BGH 10.1.2018 – 1 StR 517/17, NStZ 2018, 551.
[717] BGH 11.9.2007 – 1 StR 273/07, NJW 2007, 3587 (3588 f.); offen gelassen in BVerfG 19.9.2006 – 2 BvR 2115/01 und 2 BvR 2132/01 und 2 BvR 348/03, NJW 2007, 499 (504).
[718] BGH 7.3.2006 – 1 StR 534/05, BeckRS 2006, 05646 = wistra 2006, 311 = StV 2008, 63 (64).
[719] BGH 16.8.2007 – 1 StR 307/07, NStZ 2007, 719.
[720] BVerfG 18.3.2009 – 2 BvR 2025/07, nicht veröffentlicht.

Hinsichtlich der weiteren prozessualen Ausgestaltung des Widerspruchs hat der 1. Strafsenat des BGH in seiner Entscheidung vom 9.11.2005[721] die Auffassung vertreten, dass der in der ersten tatrichterlichen Hauptverhandlung unterlassene bzw. verspätet erfolgte Widerspruch (hier wegen Verletzung der §§ 136 Abs. 1 S. 2, 163a Abs. 4 S. 2) **nach Zurückverweisung der Sache durch das Revisionsgericht nicht mehr nachgeholt** werden könne. 362

Für den Fall einer **Zustimmung des Angeklagten** trotz Bestehens eines Verwertungsverbotes zur Verwendung der bemakelten Ermittlungsergebnisse als Beweismittel hat der BGH in seiner Entscheidung vom 5.8.2008[722] im Rahmen nicht tragender Erwägungen zum Ausdruck gebracht, dass der Angeklagte dann nicht ausschließlich die sich zu seinen Gunsten auswirkenden Erkenntnisse berücksichtigen lassen kann. Gänzlich unerörtert blieb bisher soweit ersichtlich in der Rspr. die Frage, ob im Falle eines Verwertungsverbotes **die Zustimmung aller durch die Maßnahme Betroffenen** erforderlich ist. Indes dürfte, weil zielgerichtet in das jeweilige Grundrecht nach Art. 10 GG eingegriffen wurde, die Zustimmung jedes Einzelnen erforderlich sein, gegen den die Maßnahme angeordnet wurde und bzgl. dessen die Erkenntnisse verwertet werden sollen. Hierfür spricht nunmehr auch § 51 Abs. 1 BDSG iVm § 500 Abs. 1, weil dort die Einwilligung der „betroffenen Person" verlangt wird. Wie im Rahmen der Widerspruchslösung allgemein (→ Rn. 354 ff.) ist indes auch fraglich, ob § 51 Abs. 1 BDSG nicht einer solchen Zustimmung schon wegen des Fehlens einer gesetzlichen Regelung, welche die Einwilligung ermöglicht, entgegensteht. In Fällen, in denen sich die Zustimmung vorteilhaft für den von der Datenverarbeitung allein betroffenen Angeklagten auswirkt, lässt sich jedoch mE vertreten, dass hier das ungeschriebene Rechtsinstitut der Einwilligung in der StPO der Regelung von § 51 Abs. 1 BDSG nach § 500 Abs. 2 Nr. 1 vorgeht, weil hierdurch das Schutzniveau der EU-Richtlinie 2016/680 nicht unterlaufen, sondern eher überboten wird (zur Beschränkung der Regelung des § 500 Abs. 2 Nr. 1 im Wege richtlinienkonformer Auslegung auf Fälle des höheren Schutzniveaus durch die StPO → Rn. 37). Alle anderen Fälle sind an § 479 Abs. 2 S. 1 zu messen. 363

dd) Einzelfälle. Ein Widerspruch ist insbesondere in Fällen **schwerwiegender Verfahrensverstöße entbehrlich.** Anerkannt ist dies etwa für die Verwertung von Aussagen, die unter Verstoß gegen § 136a zustande gekommen sind.[723] Ebenso darf der Angeklagte einen Verstoß gegen § 252 selbst dann rügen, wenn er selbst bzw. sein Verteidiger der Verwertung der Zeugenaussage nicht widersprochen hat und bei der Vernehmung des Zeugen in dessen Entscheidungsfreiheit eingegriffen wurde.[724] 364

In welchen Fällen und bezüglich welcher Normen ein Widerspruch zur Erhaltung der Revisibilität der rechtswidrigen Beweisverwertung jeweils erforderlich ist, hat der BGH bislang nicht abstrakt, sondern stets nur konkret hinsichtlich bestimmter Ermittlungsmaßnahmen entschieden. Teilweise ist dies auch innerhalb der BGH-Rspr. umstritten.[725] In Zusammenhang mit Maßnahmen der Telekommunikationsüberwachung hat er einen Widerspruch in den Fällen für erforderlich gehalten, in denen das Gericht Erkenntnisse aus Überwachungsmaßnahmen verwertet, die es nach Auffassung des Angeklagten nicht hätte verwerten dürfen, der Angeklagte mithin die **rechtswidrige Verwendung von Erkenntnissen aus Überwachungsmaßnahmen** rügt.[726] 365

b) Von Amts wegen keine Darlegung in den Urteilsgründen. In der Rspr. des BGH ist indes umstritten, wie mit rechtswidrigen oder gar rechtsstaatswidrigen Anordnungen nach § 100a umzugehen ist. Nach der – nicht tragenden – Entscheidung des 3. Strafse- 366

721 BGH 9.11.2005 – 1 StR 447/05, NJW 2006, 707 = NStZ 2006, 348.
722 BGH 5.8.2008 – 3 StR 45/08, NStZ 2008, 706.
723 BGH 22.8.1985 – 1 StR 458/95 (nicht veröffentlicht); Diemer in KK-StPO § 136a Rn. 43.
724 BGH 27.10.2006 – 2 StR 334/06, NStZ 2007, 353.
725 Vgl. exemplarisch BGH 6.10.2016 – 2 StR 46/15, NJW 2017, 1332 (1333 f.) einerseits und BGH 9.5.2018 – 5 StR 17/18, NJW 2018, 2279 andererseits zur Wohnungsdurchsuchung.
726 BGH 15.8.2000 – 5 StR 223/00, BeckRS 2000, 30126687 = BGH bei Becker NStZ 2001, 260.

nats vom 1.8.2002[727] hat der Tatrichter die Verwertbarkeit von Erkenntnissen aus Maßnahmen nach § 100a „nach obigen Maßstäben **von Amts** wegen zu prüfen", wobei mit „obigen Maßstäben" offensichtlich nicht die Frage der Rechtsstaatswidrigkeit, sondern „lediglich" die der Rechtswidrigkeit gemeint ist. Unterlasse der Tatrichter diese Überprüfung und setze sich damit nicht von Amts wegen in den Urteilsgründen auseinander, so der 3. Strafsenat weiter, stelle dies einen **eigenständigen Rechtsfehler** dar, der im Einzelfall zur Aufhebung des Urteils führen könne.

367 Dieser Rspr. ist der 1. Strafsenat in seiner Entscheidung vom 7.3.2006[728] mit der Begründung entgegengetreten, Ausführungen zur Verwertbarkeit von Beweismitteln seien nach § 267 **nicht vorgeschrieben.** Aus denselben Gründen, aus denen die Widerspruchslösung insgesamt abzulehnen ist (Prüfung der Verwertbarkeit der Beweismittel obliegt gem. § 261 allein dem Tatgericht und nicht dem Angeklagten bzw. dessen Verteidiger und Annahme einer Einwilligung nur bei ausdrücklicher Erklärung, nicht bei Schweigen sowie nunmehr Entgegenstehen von § 51 Abs. 1 BDSG iVm § 500 Abs. 1), ist diese Rspr. ebenfalls abzulehnen. Das Tatgericht muss sich im Rahmen von § 267 auch mit der Verwertbarkeit der Beweise auseinandersetzen. Dies ergibt sich auch daraus, dass insgesamt die Beweiswürdigung nachvollziehbar in den Urteilsgründen dargelegt sein muss.[729] Zur Beweiswürdigung gehört aber eben auch die Verwertbarkeit der zugrunde gelegten Beweise.

368 **7. Fernwirkung.** Der **BGH** vertritt in ständiger Rspr. die Auffassung, dass Beweisverwertungsverboten jedenfalls grundsätzlich keine Fernwirkung zukommt.[730] Dies gilt auch explizit für § 100a.[731] Er begründet dies damit, dass ein Verfahrensfehler, der hinsichtlich eines bestimmten Beweismittels zu einem Verwertungsverbot führe, nicht ohne weiteres dazu führen dürfe, dass das gesamte Strafverfahren lahmgelegt werde.

369 Demgegenüber wird in der **Lit.** ganz überwiegend eine Fernwirkung bejaht. Zumeist wird darauf abgehoben, wirksamen Beweisverwertungsverboten komme eine disziplinierende Wirkung zu, die den Strafverfolgungsbehörden den Anreiz für die Nicht- oder Geringachtung von Verfahrensvorschriften nehmen würde.[732] Eine Fernwirkung würde diesen Effekt noch verstärken. Vereinzelt wird auch schlicht „zur sachgerechten Handhabung des Problems" eine Fernwirkung bejaht.[733] Entsprechend der im angloamerikanischen Rechtsraum vertretenen „hypothetical clean path doctrine" wird vereinzelt und einschränkend die Auffassung vertreten, eine Fernwirkung sei jedenfalls in den Fällen zu verneinen und das Beweismittel zuzulassen, wenn dieses im konkreten Fall auch rechtmäßig hätte erlangt werden können.[734] Teilweise wird differenzierend vertreten, Beweismittel, die durch Verstöße gegen §§ 100a, 100e erlangt wurden, könnten zwar als Spurenansatz, nicht jedoch zur Begründung weiterer Zwangsmittel verwendet werden.[735]

370 Im Ergebnis **verdient die Rspr. Zustimmung.** Eine umfassende Fernwirkung von Beweisverwertungsverboten würde in vielen Fällen eine effektive Strafverfolgung de facto unmöglich machen. Dies gilt insbesondere deshalb, weil im Rahmen eines Ermittlungsverfahrens die spätere Bejahung eines Beweisverwertungsverbotes ggf. noch nicht absehbar ist und daher während der Ermittlungen von der Verwertbarkeit der Beweismittel ausgegangen wird. Wird später ein Beweisverwertungsverbot angenommen – was angesichts der naturgemäß mit prognostischen Unsicherheiten behafteten Abwägungslehre oft nur schwer vorhersehbar ist – können möglicherweise Ermittlungsschritte, welche auf das unverwertbare

---

[727] BGH 1.8.2002 – 3 StR 122/02, NStZ 2003, 215 (216).
[728] BGH 7.3.2006 – 1 StR 316/05, NStZ 2006, 402 (403).
[729] Vgl. hierzu Peglau in BeckOK StPO § 267 Rn. 25 f. mwN aus der Rechtsprechung.
[730] BVerfG 8.12.2005 – 2 BvR 1686/04, BeckRS 2011, 51747; BGH 28.4.1987 – 5 StR 666/86, NStZ 1989, 33; BGH 22.2.1978 – 2 StR 334/77, NJW 1978, 1390.
[731] BGHSt 32, 68 (70) = NStZ 1984, 275; BGHSt 51, 1 = NJW 2006, 136.
[732] Grünwald JZ 1966, 489 (499).
[733] Vgl. statt vieler Park, Handbuch Durchsuchung und Beschlagnahme Rn. 385.
[734] Vgl. Beulke ZStW 103 (1991), 657 (669 f.); zum Überblick Schmitt in Meyer-Goßner/Schmitt § 136a Rn. 31.
[735] Hauck in Löwe/Rosenberg § 100a Rn. 242.

Beweismittel gestützt wurden, nicht mehr nachgeholt werden. Die Sanktionierung der Strafverfolgungsbehörden bzw. des jeweils verantwortlichen Staatsanwalts, Richters oder Polizeibeamten kann durchaus auf anderem Wege erfolgen. Neben einer – konsequenter als bisher angewendeten – Durchführung innerdienstlicher Disziplinarmaßnahmen kommt nicht zuletzt bei § 100a eine Strafbarkeit wegen Anstiftung zu § 206 StGB, bei Vorliegen einer Schädigungsabsicht ggf. sogar § 42 Abs. 2 Nr. 1 BDSG, oder nach §§ 202a, 303a StGB im Rahmen der Quellen-TKÜ in Betracht. Eine Rechtfertigungswirkung können §§ 100a, 100e nur dann entfalten, wenn deren Voraussetzungen eingehalten worden sind, ohne dass es, wie bei den Beweisverwertungsverboten, auf eine Abwägung mit dem Strafverfolgungsinteresse ankommt. Gegen die Nichtannahme einer Fernwirkung ist auch aus verfassungsrechtlicher Sicht nichts zu erinnern. So hat das BVerfG in seiner Entscheidung vom 8.12.2005[736] angemerkt, es sei nicht zu beanstanden, wenn aus einer rechtswidrigen Anordnung nach § 100a kein Beweisverwertungsverbot mit Fernwirkung abgeleitet werde. Ein solches, so das BVerfG weiter, würde dem verfassungsrechtlich anerkannten Interesse der Allgemeinheit an einer wirksamen Strafverfolgung sowie dem öffentlichen Interesse an einer möglichst vollständigen Wahrheitsermittlung im Strafprozess zuwiderlaufen.

8. Prüfung der Verwertbarkeit von mittels Rechtshilfe erlangter Beweise. Nach 371
der in der Rspr.[737] sowie im überwiegenden Teil des Schrifttums[738] vertretenen Auffassung richtet sich die Verwertung von mittels Rechtshilfe eines ausländischen Staates erlangter Beweise nach der Rechtsordnung des um die Rechtshilfe ersuchenden Staates, mithin **nach inländischem Recht.** Noch nicht vollständig geklärt ist die Frage, welche Gründe im Einzelfall zu einer Unverwertbarkeit der auf solche Art und Weise erlangten Beweise im inländischen Strafverfahren führen können. Maßgeblich hierfür sind nach dem vorstehend Gesagten die inländische Rechtsordnung sowie die im Inland ebenfalls zu berücksichtigenden völkerrechtlichen Grundsätze. So hat der BGH in der Vergangenheit eine Unverwertbarkeit von Beweisen angenommen, wenn in unzulässiger Weise in das Souveränitätsrecht eines ausländischen Staates eingegriffen[739] bzw. wenn durch den ersuchten Staat gegen internationale rechtshilferechtliche Bestimmungen verstoßen wurde. Entschieden wurde ua der Fall, dass der ersuchte Staat (Frankreich) im Rahmen einer durch die Bundesrepublik Deutschland ersuchten richterlichen Vernehmung die Vorschrift des § 168c nicht beachtet und den Verteidiger nicht benachrichtigt hatte, obwohl nach (dem damals im Verhältnis zu Frankreich noch anwendbaren) Art. 4 EU-RhÜbk. die in Frankreich durchzuführende Vernehmung nach dem Recht des ersuchenden Staates und damit nach deutschem Recht durchzuführen war.[740]

Wird im Rahmen der Rechtshilfe gegen inländisches Recht bzw. gegen völkerrechtli- 372
che Grundsätze verstoßen und werden damit die Erkenntnisse des ausländischen Staates in **rechtswidriger Weise** erlangt, so hat der BGH für die Frage der Verwertung solcher Erkenntnisse in seiner Entscheidung v. 21.11.2012[741] folgende Grundsätze aufgestellt: Aus der Nichteinhaltung rechtshilferechtlicher Bestimmungen kann nur dann ein Beweisverwertungsverbot abgeleitet werden, wenn der betreffenden Regelung auch ein individualschützender Charakter zukommt. Ist eine solch individualschützende Komponente zu bejahen, kann allein aus ihrer Verletzung noch kein Beweisverwertungsverbot abgeleitet werden, sofern das betreffende Regelwerk ein solches nicht ausdrücklich vorsieht. Auch völkerrechtliche Grundsätze wie das allgemeine Fairnessgebot des Art. 6 Abs. 1 EMRK geböten keine andere Betrachtungsweise. Es sei auch in der Rspr. des Europäischen Gerichtshofs für Men-

[736] BVerfG 8.12.2005 – 2 BvR 1686/04, BeckRS 2011, 51747 Rn. 11.
[737] BGH 21.11.2012 – 1 StR 310/12, BGHSt 58, 32 (36) = ZD 2013, 278; 21.11.2012 – 1 StR 310/12, BeckRS 2013, 04113 Rn. 21; 4.3.1992 – 3 StR 460/91, NStZ 1992, 394.
[738] Ambos S. 31; Gleß JR 2008, 317 (321); Schuster ZIS 2016, 564 (565 f.); Rückert/Goger MMR 2020, 373 (375).
[739] BGH 8.4.1987 – 3 StR 11/87, NJW 1998, 2168.
[740] BGH 15.3.2007 – 5 StR 53/07, NStZ 2007, 417.
[741] BGH 21.11.2012 – 1 StR 310/12, BeckRS 2013, 04113.

schenrechte anerkannt, so der BGH weiter, dass aus der Verletzung von Vorschriften des nationalen Rechts nicht zwingend ein Beweisverwertungsverbot resultiere, weshalb für die Verletzung von rechtshilferechtlichen Bestimmungen über die Beweiserhebung im Ausland insoweit nichts anderes gelten könne. Verstöße gegen Verfahrensvorschriften führten insbesondere dann zu keinem Beweisverwertungsverbot, wenn die betreffenden Beweismittel auch bei Beachtung der entsprechenden Vorschriften hätten erlangt werden können.

373 Handelt es sich bei den im Wege der Rechtshilfe übermittelten Erkenntnissen bzw. Beweismitteln um solche, die originär durch den ersuchten Staat im Rahmen eines von diesem durchgeführten Ermittlungsverfahrens erhoben worden waren, bedarf es nach Auffassung des BGH keiner **„umfassende(n) Rechtmäßigkeitsprüfung der ausländischen Anordnungsbeschlüsse am Maßstab des ausländischen Rechts“** etwa dahingehend, ob derartige ausländische Anordnungsbeschlüsse mit dem ausländischen Verfassungsrecht in Einklang stünden.[742] Würden inländische Strafgerichte ggf. unter Einholung von Sachverständigengutachten die Entscheidungen ausländischer Gerichte (hier die Anordnung eines tschechischen Gerichts zur Durchführung einer Telekommunikationsüberwachung) am Maßstab des ausländischen Rechts prüfen, würden sie sich Kompetenzen anmaßen, die ihnen nach Völkerrecht und Unionsrecht nicht zustünden.[743] Vor diesem Hintergrund unterliegen entsprechende ausländische Entscheidungen lediglich einer beschränkten Überprüfung ihrer Rechtmäßigkeit. So sei in den Blick zu nehmen, ob die Beweiserhebung durch den ausländischen Staat unter Verletzung völkerrechtlich verbindlicher und dem Individualrechtsgüterschutz dienender Garantien wie etwa Art. 3 EMRK oder § 73 IRG erfolgte bzw. die Maßnahme mit der entsprechenden Verfahrensordnung des ausländischen Staates in Einklang stehe. Indes führen auch Verstöße gegen diese nach dem vorstehend Gesagten und dem auch hier anzuwendenden Grundsatz des hypothetischen Ersatzeingriffs nicht zwingend zu einem Beweisverwertungsverbot.

374 Die vorgenannten Grundsätze dürften auch für Beweiserhebung mittels einer europäischen Ermittlungsanordnung nach der **Richtlinie 2014/41/EU bzw. §§ 91a ff. IRG** gelten.

VII. Auf Grund anderer Gesetze erlangte Erkenntnisse (§ 161 Abs. 3)

375 Liegen personenbezogene Daten vor, die durch andere – nicht strafprozessuale – hoheitliche Maßnahmen erlangt wurden und sollen diese Daten ohne Einwilligung der von diesen Maßnahmen betroffenen Personen zu Beweiszwecken in einem Strafverfahren Verwendung finden, so bemisst sich die Beweisverwendung nach § 161 Abs. 3. In der Praxis betrifft dies vor allem Maßnahmen nach den Polizeigesetzen bzw. den Gesetzen über die Nachrichtendienste. § 161 Abs. 3 macht die Beweisverwendung dieser Daten davon abhängig, dass sie zur Aufklärung solcher Straftaten dienen, auf Grund derer die durchgeführte Maßnahme **auch nach der StPO** hätte angeordnet werden dürfen.

376 So lassen zahlreiche **Polizeigesetze** wie etwa § 51 BKA-Gesetz oder Art. 42 BayPAG – wenn auch zu anderen Zwecken – ebenso wie § 100a Maßnahmen der Telekommunikationsüberwachung zu. Gemäß § 161 Abs. 3 dürfen aus derartigen polizeilichen Maßnahmen resultierende personenbezogene Daten zu Beweiszwecken in einem Strafverfahren verwendet werden, wenn Gegenstand der Ermittlungen eine Katalogtat nach § 100a Abs. 2 ist und auch die sonstigen Anordnungsvoraussetzungen einer Maßnahme nach § 100a hypothetisch vorliegen (hierzu sogleich → Rn. 377). Weitere Voraussetzung ist, dass die polizeiliche Maßnahme nicht mit schwerwiegenden, der Verwertung ihrer Erkenntnisse entgegenstehenden Rechtsverstößen belastet ist.

377 Ebenso wie § 479 Abs. 2 S. 1 liegt auch § 161 Abs. 3 der Gedanke des hypothetischen Ersatzeingriffs zu Grunde. Dies bedeutet in concreto, dass für eine Verwendung der präventiv-rechtlich erlangten Telekommunikationsdaten in einem Strafverfahren die gesamten

[742] BGH 21.11.2012 – 1 StR 310/12, BeckRS 2013, 04113 Rn. 33.
[743] Vgl. BGH 11.11.2004 – 5 StR 299/03, wistra 2005, 58 (60).

materiellen Anordnungsvoraussetzungen einer Maßnahme nach § 100a zu prüfen sind.[744] Zugrunde zu legen ist dabei der Tatsachen- und Kenntnisstand zum Zeitpunkt der Verwertung der Erkenntnisse im anhängigen Verfahren.[745] Begründet werden kann dies damit, dass die Zweckumwidmung ein eigenständiger Grundrechtseingriff ist, der nur unter denselben Voraussetzungen gerechtfertigt werden kann, wie der in der ursprünglichen Erhebung liegende Eingriff. Es kommt also darauf an, dass die Daten auch für den neuen Verwendungszweck nach den Regeln der StPO hätten erhoben werden können.[746] Soweit die Vorschrift eine Beschränkung der weiteren Verwendung nur für den Fall, dass die Daten **„zu Beweiszwecken im Strafverfahren"** verwendet werden sollen, enthält, ist sie verfassungswidrig (→ Rn. 324). Die Vorschrift ist daher verfassungskonform dahingehend auszulegen, dass eine Verwendung der zur Gefahrenabwehr erhobenen Daten auch als Spurenansatz nur unter den Voraussetzungen des § 161 Abs. 3 zulässig ist (→ Rn. 324).

Personenbezogene Daten, die durch eine Maßnahme nach § 51 Abs. 2 BKAG, mithin **378** durch eine **Quellen-Telekommunikationsüberwachung** erlangt wurden, dürfen seit der Einführung der Quellen-TKÜ in § 100a Abs. 1 S. 2, S. 3 auch in einem Strafverfahren nach den o. g. Maßstäben verwendet werden.

Anders als die allgemeine Regelung des § 481 Abs. 1, sieht § 161 Abs. 3 keinen Vorbe- **379** halt für Zweckänderungsverbote aus Bundes- oder Landesrecht vor (zB § 30 AO, §§ 51 f., 63 Abs. 4 BZRG, § 35 Abs. 3 SGB I).[747] Die **spezialgesetzlichen Verbote der Zweckänderung** tragen jedoch dem verfassungsrechtlichen Gebot Rechnung, dass die Verarbeitung der vormals für einen anderen Zweck erhobenen Daten für einen anderen Zweck nicht mit dem ursprünglichen Zweck „unvereinbar" sein dürfen.[748] Die Verbote der Zweckänderung bringen zum Ausdruck, dass es mit dem ursprünglichen Zweck gerade unvereinbar wäre, wenn die Daten nunmehr zu einem anderen Zweck verwendet würden. Daher müssen die Zweckänderungsverbote auch ohne ausdrückliche Regelung für die o. g. Verwendungsregeln gelten bzw. muss § 481 Abs. 2 auf diese analog angewendet werden.[749] Zum gleichen Ergebnis käme man auch, wenn man die notwendige „Befugnis" zur Datenverarbeitung in § 49 S. 1 BDSG so auslegt, dass diese Befugnis durch das Bestehen von fachgesetzlichen Zweckänderungsverboten verneint wird.

Eine **rechtmäßige Datenerhebung** nach Polizeirecht ist dagegen für die Verwendung **380** im Strafverfahren nicht zwingend vorausgesetzt. Auch § 49 S. 1 BDSG und Art. 4 Abs. 2 der Richtlinie 2016/680 setzen dies richtigerweise nicht voraus. Die Rechtswidrigkeit ist jedoch als intensitätserhöhender Faktor bei der, im Rahmen der Prüfung des hypothetisch rechtmäßigen Ersatzeingriffs vorzunehmenden, hypothetischen Verhältnismäßigkeitsprüfung zur Verwendung im Strafverfahren und ebenfalls im Rahmen der Abwägung bei der Frage eines Beweisverwertungsverbots zu berücksichtigen (→ Rn. 332 ff.).

VIII. Zugriff auf im Ausland gespeicherte (Telekommunikations-)Daten

Weltweit agierende Telekommunikationsdienstleister bzw. international tätige Firmen **381** speichern Daten auch weltweit und damit vielfach im Ausland. Dieselbe Problematik stellt sich, wenn – wie hier vertreten – der heimliche Zugriff auf bei Providern gespeicherte E-Mails an § 100a gemessen wird. Erfordern die Ermittlungen die Erhebung von Telekommunikationsdaten eines ausländischen Dienstleisters nebst Kontaktaufnahme mit diesem an seinem ausländischen Firmensitz, so bedarf es entsprechend den allgemeinen völkerrechtlichen Grundsätzen der **Rechtshilfe.** Ein unmittelbarer Zugriff der Ermittlungsbehörden

[744] BGH 26.4.2017 – 2 StR 247/16, NJW 2017, 3173 (3177); 15.11.2017 – 2 StR 128/17, NStZ 2018, 296.
[745] Zum Ganzen Köhler in Meyer-Goßner/Schmitt § 479 Rn. 3; Gieg in KK-StPO § 477 Rn. 3; ausführlich Singelnstein ZStW 120 (2008), 853 (881).
[746] Singelnstein ZStW 120 (2008), 853 (881).
[747] Weitere Beispiele bei Hauck in Löwe/Rosenberg § 100e Rn. 81.
[748] BVerfG 14.7.1999 – 1 BvR 2226/94, 2420, 2437/95, BVerfGE 100, 313 (360) = NJW 2000, 55.
[749] Zumindest für § 100e Abs. 6 Nr. 3 auch Hauck in Löwe/Rosenberg § 100e Rn. 81 mit anderen Argumenten; siehe auch LG Köln 14.1.2014 – 111 Qs 255/13, juris.

auf Kommunikationsdaten, die im Ausland gespeichert sind, wäre dagegen ein völkerrechtswidriger Eingriff in die Hoheitssphäre des ausländischen Staates und damit ohne ein entsprechendes völkerrechtliches Abkommen unzulässig.[750]

382 Gleiches gilt bei Durchsicht von informationstechnischen Systemen im Rahmen einer Durchsuchung nach Maßgabe der §§ 102, 103, wenn bei Gelegenheit einer sogenannten „Netzdurchsicht" nach Maßgabe des durch das Gesetz zur Neuregelung der Telekommunikationsüberwachung v. 21.12.2007[751] neu eingeführten **§ 110 Abs. 3** (Telekommunikations-)Daten im Ausland festgestellt werden. Auf ausländischen Speichermedien gesichtete Daten dürfen nur mit Zustimmung des betroffenen Staates verwendet werden. Dabei kann insbesondere nicht auf Art. 32 der Cyber-Crime-Convention[752] zurückgegriffen werden. Dieser lässt einen Zugriff ohne Genehmigung des betroffenen Staates ausschließlich auf öffentlich zugängliche Computerdaten zu bzw. macht die Erhebung und Verwertung von im Ausland gespeicherten Daten davon abhängig, dass die rechtmäßige und freiwillige Zustimmung der Person eingeholt wird, die rechtmäßig befugt ist, die Daten mittels dieses Computersystems an den ersuchenden Staat weiterzuleiten.

383 Hilfreich ist vielfach jedoch die Regelung in Art. 29 der Cyber-Crime-Convention. Diese sieht als vorläufige Maßnahme die **Möglichkeit der umgehenden Sicherung** möglicher beweisrelevanter Daten vor, die auf einem Computersystem im Hoheitsgebiet des ersuchten Staates gespeichert sind. Voraussetzung hierfür ist ua, dass der ersuchende Staat seine Absicht erklärt, im Rahmen eines zu stellenden Rechtshilfeersuchens um Sicherstellung der Daten zu bitten.

384 Im europäischen Rechtsraum kann eine Telekommunikationsüberwachung in einem anderen Mitgliedstaat entweder durch diesen im Rahmen einer **Europäischen Ermittlungsanordnung nach Art. 30 EEA** durchgeführt werden, wobei den deutschen Behörden entweder unmittelbar der Telekommunikationsverkehr ausgeleitet wird oder eine Aufzeichnung und anschließende Übermittlung der gespeicherten Daten durch den ausführenden Staat erfolgt. Nach Art. 31 EEA ist auch eine Überwachung durch die deutschen Ermittlungsbehörden selbst möglich, soweit diese technisch dazu in der Lage sind. Der Mitgliedstaat, auf dessen Hoheitsgebiet sich der zu überwachende Telekommunikationsanschluss befindet, muss dann über die Überwachungsmaßnahme unterrichtet werden und kann ggf. dessen Beendigung verlangen (Art. 31 Abs. 3 EEA). Fraglich ist in diesem Zusammenhang insbesondere, ob deutsche Ermittlungsbehörden eine **Quellen-TKÜ im Ausland** ausführen dürfen, ob diese also ein informationstechnisches System, das sich auf ausländischem Hoheitsgebiet befindet, infiltrieren und die von dort ausgehende Telekommunikation überwachen dürfen. Hierfür würde sprechen, dass Art. 31 EEA allgemein von der „Überwachung des Telekommunikationsverkehrs" spricht, ohne näher auf die technische Durchführung einzugehen. Auch in den Erwägungsgründen findet sich keine entsprechende Einschränkung. Andererseits stellt die Infiltration eines im Ausland befindlichen informationstechnischen Systems qualitativ eine völlig andere Eingriffsart dar als die bloße Überwachung des Telekommunikationsverkehrs „in der Leitung". Der Ausnahmecharakter des Art. 31 EEA erfordert es daher, die „Überwachung des Telekommunikationsverkehrs" auf Fälle ohne eine Infiltration eines informationstechnischen Systems auf ausländischem Boden zu beschränken.

385 Der fehlende Direktzugriff auf Kommunikationsdatenbestände, welche bei einem Provider im Ausland gespeichert sind, stellt aufgrund der Flüchtigkeit solcher Daten und der Langsamkeit von Rechtshilfeverfahren ein ernstzunehmendes Problem für die effektive Strafverfolgung dar.[753] Die Europäische Union arbeitet derzeit daher an der sog. **E-Evidence-Verordnung,**[754] die den Ermittlungsbehörden die Möglichkeit eröffnen soll, Daten-

[750] Rückert in Maume/Maute Kryptowerte-HdB § 23 Rn. 4.
[751] BGBl. 2007 I 3198.
[752] BGBl. 2008 II 1242.
[753] Goger/Stock ZRP 2017, 10 (12); Bär DRiZ 2015, 432 (437).
[754] Regulation of the European Parliament and of the Council on European production and preservation orders for electronic evidence in criminal matters, 2018/0108(COD), Fassung vom Dezember 2018.

bestände unmittelbar von Dienstleistern anzufordern, welche innerhalb der Europäischen Union ihre Dienstleistungen anbieten (und damit auch Kommunikationsdienstleister).[755] Allerdings wird die Regelung in der E-Evidence-VO voraussichtlich auf Bestandsdaten, Zugangsdaten, Transaktionsdaten (entspricht in etwa dem Begriff der Verkehrsdaten) und „gespeicherte" Inhaltsdaten beschränkt, sodass diese wohl keine Telekommunikationsüberwachung im Ausland ermöglicht (hierfür gelten damit weiterhin Art. 30 f. EEA). Im Rahmen „gespeicherter" Inhaltsdaten können dann jedoch auch ggf. gespeicherte Telekommunikationsinhaltsdaten angefordert werden. In diesem Zusammenhang sind auch Verhandlungen über ein entsprechendes völkerrechtliches Abkommen mit den USA begonnen worden.[756] Dort kann ausländischen Behörden nach dem sog. CLOUD-Act[757] im Rahmen von sog. Executive Agreements der Zugriff auf Datenbestände von Dienstleistern in den USA gewährt werden. Gleichsam werden amerikanische Dienstleister verpflichtet, amerikanischen Behörden auch solche Daten zur Verfügung zu stellen, welche im Ausland gespeichert sind.[758]

D. Revision

Verstöße gegen die materiellen bzw. formellen Anordnungsvoraussetzungen der §§ 100a, 100e im Rahmen der Datenerhebung bzw. bei der Verwertung solcher, durch Maßnahmen der Telekommunikationsüberwachung gewonnener, Erkenntnisse durch den Tatrichter stellen regelmäßig einen Verfahrensfehler dar. Stets liegt ein Verfahrensfehler bei entgegen § 100d Abs. 2, § 160a Abs. 1 verwerteten Beweismitteln vor. Die Revision kann mit der Verfahrensrüge nach § 344 Abs. 2 S. 2 darauf gestützt werden, dass das Gericht bei seiner Überzeugungsbildung (und durch die Beweiswürdigung im Urteil dokumentiert) **unverwertbare Erkenntnisse berücksichtigt** hat und das Urteil hierauf iSd § 337 beruht.[759] Die zu rügende Vorschrift ist in diesem Fall § 261 iVm §§ 100a, 100d, 100e oder 160a Abs. 1. 386

Voraussetzung für eine entsprechende Rüge ist nach der (kritisch zu betrachtenden) Rspr. des BGH regelmäßig, dass der Angeklagte bis zu dem gemäß § 257 maßgeblichen Zeitpunkt der Verwertung der entsprechenden Telekommunikationsdaten **widersprochen** hat (zur Kritik an der Widerspruchslösung → Rn. 354 ff.).[760] Dies ist nach ständiger Rspr. im Zusammenhang mit § 100a regelmäßig in all denjenigen Fällen erforderlich, in denen das Verwertungsverbot für den Angeklagten disponibel ist.[761] Das soll nach Auffassung des BGH auch dann gelten, wenn der Angeklagte zwar eine „täuschungsähnliche Situation" behauptet und hieraus ein Beweisverwertungsverbot hinsichtlich aller nachfolgender Überwachungsmaßnahmen herleitet, nicht aber der konkreten Verwertung der Erkenntnisse aus einer TKÜ spezifisch widerspricht.[762] Im Fall eines Verstoßes gegen das ausdrücklich geregelte Verbot in § 100d Abs. 1, Abs. 2 ist ein Widerspruch hingegen auch nach den Grundsätzen der Rspr. nicht erforderlich. Dies gilt ungeachtet der Frage, ob der Angeklagte auch 387

---

755 Siehe hierzu Hamel in Hoven/Kudlich, Digitalisierung und Strafverfahren, S. 103 ff.; von Galen in Hoven/Kudlich, Digitalisierung und Strafverfahren, S. 127 ff. sowie Thomae in Hoven/Kudlich, Digitalisierung und Strafverfahren, S. 139 ff.

756 Europäische Kommission International negotiations, verfügbar unter https://ec.europa.eu/info/policies/justice-and-fundamental-rights/criminal-justice/e-evidence-cross-border-access-electronic-evidence_en (zuletzt aufgerufen 26.3.2020).

757 United States Congress CLOUD Act 2383, verfügbar unter https://www.congress.gov/bill/115th-congress/senate-bill/2383/text (zuletzt aufgerufen 26.3.2020).

758 Zum Ganzen Rückert in Maume/Maute Kryptowerte-HdB § 23 Rn. 6.

759 Köhler in Meyer-Goßner/Schmitt § 100a Rn. 39; Hauck in Löwe/Rosenberg § 100a Rn. 244; Bär in KMR-StPO § 100a Rn. 114; zu den Anforderungen an Verfahrensrügen siehe Herb NStZ-RR 2020, 65.

760 Zuletzt BGH 10.1.2018 – 1 StR 571/17, BeckRS 2018, 6357.

761 BGH 7.2.2006 – 1 StR 534/06, BeckRS 2006, 05646.

762 BGH 16.2.2016 – 5 StR 10/16, BeckRS 2016, 5083.

der Verwertung von unter Verstoß gegen § 100d Abs. 1, Abs. 2 gewonnener bzw. berücksichtigter Erkenntnisse zustimmen kann oder nicht, was im Umkehrschluss zu § 136a Abs. 3 S. 2 vertretbar erscheinen dürfte, weil der Gesetzgeber dort anders als in Abs. 2 eine entsprechende Zustimmung ausdrücklich für unbeachtlich erklärt hat.[763] Problematisch ist in diesem Zusammenhang nun jedoch, dass § 51 Abs. 1 BDSG (iVm § 500 Abs. 1) voraussetzt, dass die Möglichkeit der Einwilligung als Grundlage einer Datenverarbeitung gesetzlich geregelt ist (hierzu → Rn. 363).

388 Rügt der Beschwerdeführer die unzulässige Verwertung von erhobenen Daten, so hat er darzulegen, **auf Grundlage welcher konkreten Überwachungsmaßnahme diese Daten erhoben** wurden (insbesondere ist die Mitteilung der konkreten Überwachungsanordnungen notwendig),[764] rügt er die unzureichende Begründung von sogenannten **„Kettenbeschlüssen“,** durch die eine Erstanordnung (wiederholt) verlängert wurde, hat er regelmäßig auch die der Verlängerungsanordnung vorausgegangenen ermittlungsrichterlichen Entscheidungen mitzuteilen.[765] Dabei kann das Revisionsgericht im Hinblick auf den dem Anordnenden zustehenden Beurteilungsspielraum nur eine begrenzte Überprüfung vornehmen. Rügt der Beschwerdeführer einen **unzulässigen Vorhalt** durch die Verwendung unverwertbarer Daten, muss er den Inhalt des Vorhalts sowie den der daraufhin erfolgten Aussage mitteilen.[766] Sind die TKÜ-Erkenntnisse auch durch die Vernehmung eines Polizeibeamten eingeführt worden, muss auch der Verwertung dieser Vernehmung widersprochen worden sein.[767]

§ 100b Online-Durchsuchung

(1) Auch ohne Wissen des Betroffenen darf mit technischen Mitteln in ein von dem Betroffenen genutztes informationstechnisches System eingegriffen und dürfen Daten daraus erhoben werden (Online-Durchsuchung), wenn

1. bestimmte Tatsachen den Verdacht begründen, dass jemand als Täter oder Teilnehmer eine in Absatz 2 bezeichnete besonders schwere Straftat begangen oder in Fällen, in denen der Versuch strafbar ist, zu begehen versucht hat,

2. die Tat auch im Einzelfall besonders schwer wiegt und

3. die Erforschung des Sachverhalts oder die Ermittlung des Aufenthaltsortes des Beschuldigten auf andere Weise wesentlich erschwert oder aussichtslos wäre.

(2) Besonders schwere Straftaten im Sinne des Absatzes 1 Nummer 1 sind:

1. aus dem Strafgesetzbuch:

a) Straftaten des Hochverrats und der Gefährdung des demokratischen Rechtsstaates sowie des Landesverrats und der Gefährdung der äußeren Sicherheit nach den §§ 81, 82, 89a, 89c Absatz 1 bis 4, nach den §§ 94, 95 Absatz 3 und § 96 Absatz 1, jeweils auch in Verbindung mit § 97b, sowie nach den §§ 97a, 98 Absatz 1 Satz 2, § 99 Absatz 2 und den §§ 100, 100a Absatz 4,

b) Betreiben Krimineller Handelsplattformen im Internet in den Fällen des § 127 Absatz 3 und 4, sofern der Zweck der Handelsplattform im Internet darauf ausgerichtet ist, in den Buchstaben a und c bis o sowie in den Nummern 2 bis 10 genannte besonders schwere Straftaten zu ermöglichen oder zu fördern,

c) Bildung krimineller Vereinigungen nach § 129 Absatz 1 in Verbindung mit Absatz 5 Satz 3 und Bildung terroristischer Vereinigungen nach § 129a

[763] Ebenso Bruns in KK-StPO § 100d Rn. 39 ff.
[764] BGH 5.2.2019 – 5 StR 542/18, BeckRS 2019, 2401; 2.4.2020 – 1 StR 244/19, NZWiSt 2020, 309.
[765] BGH 24.2.2009 – 4 StR 476/08, BeckRS 2009, 07715.
[766] OLG Karlsruhe 3.6.2004 – 2 Ss 188/03, NStZ 2004, 643 = StV 2004, 476.
[767] BGH 27.4.2021 – 5 StR 57/21, BeckRS 2021, 11139.

Absatz 1, 2, 4, 5 Satz 1 erste Alternative, jeweils auch in Verbindung mit § 129b Absatz 1,

d) Geld- und Wertzeichenfälschung nach den §§ 146 und 151, jeweils auch in Verbindung mit § 152, sowie nach § 152a Absatz 3 und § 152b Absatz 1 bis 4,

e) Straftaten gegen die sexuelle Selbstbestimmung in den Fällen des § 176 Absatz 1 und der §§ 176c, 176d und, unter den in § 177 Absatz 6 Satz 2 Nummer 2 genannten Voraussetzungen, des § 177,

f) Verbreitung, Erwerb und Besitz kinderpornografischer Inhalte in den Fällen des § 184b Absatz 2,

g) Mord und Totschlag nach den §§ 211, 212,

h) Straftaten gegen die persönliche Freiheit in den Fällen des § 232 Absatz 2 und 3, des § 232a Absatz 1, 3, 4 und 5 zweiter Halbsatz, des § 232b Absatz 1 und 3 sowie Absatz 4, dieser in Verbindung mit § 232a Absatz 4 und 5 zweiter Halbsatz, des § 233 Absatz 2, des § 233a Absatz 1, 3 und 4 zweiter Halbsatz, der §§ 234 und 234a Absatz 1 und 2 sowie der §§ 239a und 239b,

i) Bandendiebstahl nach § 244 Absatz 1 Nummer 2 und schwerer Bandendiebstahl nach § 244a,

j) schwerer Raub und Raub mit Todesfolge nach § 250 Absatz 1 oder Absatz 2, § 251,

k) räuberische Erpressung nach § 255 und besonders schwerer Fall einer Erpressung nach § 253 unter den in § 253 Absatz 4 Satz 2 genannten Voraussetzungen,

l) gewerbsmäßige Hehlerei, Bandenhehlerei und gewerbsmäßige Bandenhehlerei nach den §§ 260, 260a,

m) besonders schwerer Fall der Geldwäsche nach § 261 unter den in § 261 Absatz 5 Satz 2 genannten Voraussetzungen, wenn die Vortat eine der in den Nummern 1 bis 7 genannten besonders schweren Straftaten ist,

n) Computerbetrug in den Fällen des § 263a Absatz 2 in Verbindung mit § 263 Absatz 5,

o) besonders schwerer Fall der Bestechlichkeit und Bestechung nach § 335 Absatz 1 unter den in § 335 Absatz 2 Nummer 1 bis 3 genannten Voraussetzungen,

2. aus dem Asylgesetz:

a) Verleitung zur missbräuchlichen Asylantragstellung nach § 84 Absatz 3,

b) gewerbs- und bandenmäßige Verleitung zur missbräuchlichen Asylantragstellung nach § 84a Absatz 1,

3. aus dem Aufenthaltsgesetz:

a) Einschleusen von Ausländern nach § 96 Absatz 2,

b) Einschleusen mit Todesfolge oder gewerbs- und bandenmäßiges Einschleusen nach § 97,

4. aus dem Außenwirtschaftsgesetz:

a) Straftaten nach § 17 Absatz 1, 2 und 3, jeweils auch in Verbindung mit Absatz 6 oder 7,

b) Straftaten nach § 18 Absatz 7 und 8, jeweils auch in Verbindung mit Absatz 10

5. aus dem Betäubungsmittelgesetz:

a) besonders schwerer Fall einer Straftat nach § 29 Absatz 1 Satz 1 Nummer 1, 5, 6, 10, 11 oder 13, Absatz 3 unter der in § 29 Absatz 3 Satz 2 Nummer 1 genannten Voraussetzung,

b) eine Straftat nach den §§ 29a, 30 Absatz 1 Nummer 1, 2, 4, § 30a,

6. aus dem Gesetz über die Kontrolle von Kriegswaffen:
a) eine Straftat nach § 19 Absatz 2 oder § 20 Absatz 1, jeweils auch in Verbindung mit § 21,
b) besonders schwerer Fall einer Straftat nach § 22a Absatz 1 in Verbindung mit Absatz 2,
7. aus dem Grundstoffüberwachungsgesetz:
Straftaten nach § 19 Absatz 3,
8. aus dem Neue-psychoaktive-Stoffe-Gesetz:
Straftaten nach § 4 Absatz 3 Nummer 1,
9. aus dem Völkerstrafgesetzbuch:
a) Völkermord nach § 6,
b) Verbrechen gegen die Menschlichkeit nach § 7,
c) Kriegsverbrechen nach den §§ 8 bis 12,
d) Verbrechen der Aggression nach § 13,
10. aus dem Waffengesetz:
a) besonders schwerer Fall einer Straftat nach § 51 Absatz 1 in Verbindung mit Absatz 2,
b) besonders schwerer Fall einer Straftat nach § 52 Absatz 1 Nummer 1 in Verbindung mit Absatz 5.

(3) Die Maßnahme darf sich nur gegen den Beschuldigten richten. Ein Eingriff in informationstechnische Systeme anderer Personen ist nur zulässig, wenn auf Grund bestimmter Tatsachen anzunehmen ist, dass
1. der in der Anordnung nach § 100e Absatz 3 bezeichnete Beschuldigte informationstechnische Systeme der anderen Person benutzt, und
2. die Durchführung des Eingriffs in informationstechnische Systeme des Beschuldigten allein nicht zur Erforschung des Sachverhalts oder zur Ermittlung des Aufenthaltsortes eines Mitbeschuldigten führen wird.
Die Maßnahme darf auch durchgeführt werden, wenn andere Personen unvermeidbar betroffen werden.

(4) § 100a Absatz 5 und 6 gilt mit Ausnahme von Absatz 5 Satz 1 Nummer 1 entsprechend.

Schrifttum: Anders, Die Privatsphäre im Zeitalter von Big Data – Zum staatsanwaltschaftlichen Zugriff auf personenbezogene Daten in Speichern privater Dritter, ZIS 2020, 70; Bauer, Soziale Netzwerke und strafprozessuale Ermittlungen, 2018; Bäumerich, Verschlüsselte Smartphones als Herausforderung für die Strafverfolgung, NJW 2017, 2718; Bell, Strafverfolgung und die Cloud : strafprozessuale Ermächtigungsgrundlagen und deren völkerrechtliche Grenzen, 2019; Beukelmann, Neues zur StPO – Nach der Reform ist vor der Reform, NJW-Spezial 2019, 440; ders., Online-Durchsuchung und Quellen-TKÜ, NJW-Spezial 2017, 440; Blechschmitt, Strafverfolgung im digitalen Zeitalter – Auswirkungen des stetigen Datenaustauschs auf das strafrechtliche Ermittlungsverfahren, MMR 2018, 361; Blenk, Der Rechtsbehelf gegen heimliche Ermittlungsmaßnahmen gemäß § 101 Abs. 7 S. 2–4 StPO : eine Analyse problematischer Fallkonstellationen anhand der bisherigen höchstrichterlichen Rechtsprechung sowie eine Gesetzesauslegung von ausgewählten Problemkreisen, 2018; Braun, Zugriff auf Cloud-Speicher im strafrechtlichen Ermittlungsverfahren, AnwZert ITR 19 2020, Anmerkung 2; Derin/Golla, Der Staat als Manipulant und Saboteur der IT-Sicherheit? – Die Zulässigkeit von Begleitmaßnahmen zu „Online-Durchsuchung" und Quellen-TKÜ, NJW 2019, 1111; Dewald/Freiling, Forensische Informatik, 2. Auflage 2015; Ehmann, Lexikon für das IT-Recht, 2019; Freiling/Safferling/Rückert, Quellen-TKÜ und Online-Durchsuchung als neue Maßnahmen für die Strafverfolgung: Rechtliche und technische Herausforderungen, JR 2018, 9; Gähler, Strafprozessuale Ermittlungsmaßnahmen bei Datenübertragungen im Cloud-Computing, HRRS 2016, 340; Gless, Wenn das Haus mithört: Beweisverbote im digitalen Zeitalter, StV 2018, 671; Grzesiek/Zühlke, Die Entschlüsselung von Smartphones gegen den Willen des Beschuldigten zum Zwecke der Durchführung des Strafverfahrens, StV-S 2021, 117; Großmann, Telekommunikationsüberwachung und Online-Durchsuchung: Voraussetzungen und Beweisverbote, JA 2019, 241; ders., Zur repressiven Online-Durchsuchung, GA 2018, 439; Grözinger, Heimliche Zugriffe auf den Datenbestand einer Mailbox, GA 2019, 441; ders., Heimliche Zugriffe auf die Cloud – Befugnis zur Plünderung eines unermesslichen Datenschatzes, StV 2019, 406; ders. Die Überwachung von Cloud-Storage : eine Untersuchung der strafprozessualen Möglichkeiten zur heimlichen Überwachung von Cloud-Storage vor und nach dem Inkrafttreten des Gesetzes zur effektiveren und praxistauglicheren Ausgestaltung des Strafverfahrens, 2018; von der Grün, Verdeckte Ermittlungen, 2018; Hauck, Heimliche Strafverfolgung und Schutz der Privatheit, 2014; Heinemann, Grundrechtlicher Schutz informationstechnischer Systeme, 2015; Heinrich, Surfen im Internet und Cloud Computing zwischen Telekommunikationsüberwachung und Online-Durchsuchung, ZIS 2020, 421; Heinson, IT-Forensik, 2015; Kleih, Die strafprozessuale Überwachung der Telekommunikation, 2010; Kochheim, Onlinedurchsuchung und Quellen-TKÜ in der Strafprozessordnung–Neuordnung der tiefen technischen Eingriffsmaßnahmen in der StPO seit dem 24.8.2017, KriPoz 2018, 60; Liebig, Der Zugriff auf Computerinhaltsdaten im Ermittlungsverfahren : Cloud Computing, E-Mail und IP-Telefonie als neue rechtliche und technische Herausforderungen für die Strafverfolger, 2015; Maras, Computer Forensics, Second Edition 2015; Matsumoto, Der strafprozessuale Zugriff auf Fahrzeugdaten gegenüber Automobilunternehmen vor dem Hintergrund des Regierungsentwurfs zum Gesetz gegen Rechtsextremismus und Hasskriminalität, RAW 2020, 118; Meinicke, StPO Digital? Das Gesetz zur effektiveren und praxistauglicheren Ausgestaltung des Strafverfahrens, DSRITB 2018, 835; Michaelis, Beweiserhebungs- und Verwertungsverbote bei durch Hacks erlangte Daten – Überlegungen am Beispiel der Panama Papers, LuxLeaks und Steuer-CD-Fälle, MMR 2020, 586; Mohay/Anderson/Collie/De Vel/McKemmish, Computer and Intrusion Forensics, 2003; Momsen/Bruckmann, Soziale Netzwerke als Ort der Kriminalität und Ort von Ermittlungen – Wie wirken sich Online-Durchsuchung und Quellen-TKÜ auf die Nutzung sozialer Netzwerke aus?, KriPoZ 2019, 20; Momsen, Entsperrung biometrischer Sicherungen im Strafverfahren, DRiZ 2018, 140; Müller, Internetermittlungen und der Umgang mit digitalen Beweismitteln im (Wirtschafts-)Strafverfahren, NZWiSt 2020, 96; Nadeborn/Albrecht, Ermittlungen nach dem Baukastenprinzip – Können neue, technisch mögliche Ermittlungsmaßnahmen durch Kombination bestehender Ermächtigungsgrundlagen legitimiert werden?, NZWiSt 2021, 420; Niedernhuber, Die StPO-Reform 2017 – wichtige Änderungen im Überblick, JA 2018, 169; Riebel, Verdeckte Online-Durchsuchung in der Bundesrepublik Deutschland : eine Analyse anhand der Rechtsprechung des Bundesverfassungsgerichts sowie der Vorschriften der Strafprozessordnung und des Bundeskriminalamtsgesetzes, 2019; Roggan, Zur Doppelfunktionalität von heimlichen Ermittlungsmaßnahmen am Beispiel der Online-Durchsuchungen, GSZ 2018, 52; ders., Die strafprozessuale Quellen-TKÜ und Online-Durchsuchung: Elektronische Überwachungsmaßnahmen mit Risiken für Beschuldigte und die Allgemeinheit, StV 2017, 821; Rottmeier/Eckel, Die Entschlüsselung biometrisch gesicherter Daten im Strafverfahren, NStZ 2020, 193; Rüscher, Alexa, Siri und Google als digitale Spione im Auftrag der Ermittlungsbehörden?, NStZ 2018, 687; Ruppert, Die moderne Klaviatur der Strafverfolgung im digitalen Zeitalter, JA 2018, 994; Schiemann, Effektivere und praxistauglichere Ausgestaltung des Strafverfahrens? Was von der großen StPO-Reform übriggeblieben ist, KriPoZ 2017, 338; Schlegel, Normative Grenzen für internetbasierte Ermittlungsmethoden, 2019; Singelnstein, Strafbare Strafverfolgung : Voraussetzungen und Grenzen der Strafbarkeit von Amtsträgern sowie von strafprozessualen Amtsbefugnissen gemäß dem Prinzip der Prozessrechtsakzessorietät, 2019; Singelnstein/Derin, Das Gesetz zur effektiveren und praxistauglicheren Ausgestaltung des Strafverfahrens, NJW 2017, 2646; Soiné, Die strafprozessuale Online-Durchsuchung, NStZ 2018, 497; Ulbrich, Die Überwachung lokaler Funknetzwerke („WLAN-Catching") : Informationstechnologische und strafprozessuale Aspekte unter besonderer Berücksichtigung allgemeiner Fragen der Internetüberwachung und Verschlüsselung, 2019; Von zur Mühlen, Zugriff auf elektronische Kommunikation, 2019; Warken, Elektronische Beweismittel im Strafprozessrecht – eine Momentaufnahme über den deutschen Tellerrand hinaus, Teil 2, NZWiSt 2017, 329; Weber, Strafrecht und Sprachassistenz: „Alexa, verrätst du mich?" – „Das weiß ich leider nicht!", jM 2021, 252; Wenzler, UFED Cloud Analyzer – Heimliche Online-Durchsuchung ohne Beschluss?, AO-StB 2021, 131; Wiese, Akustische Überwachung mittels informationstechnischer Systeme zur Strafverfolgung und Gefahrenabwehr : eine Betrachtung aus technischer und rechtlicher Sicht, 2019; Ziegelbauer/Schäfer Zur Verfassungsmäßigkeit der repressiven Online-Durchsuchung, Kriminalistik 2018, 577.

Übersicht

A. Grundlagen

I. Normzweck und Notwendigkeit der repressiven Online-Durchsuchung

1 Während die Quellen-TKÜ (→ § 100a Rn. 201) vom Gesetzgeber 2017 ausdrücklich eingeführt wurde, um die Überwachung verschlüsselter Kommunikation zu überwachen,[1] schweigt die Gesetzesbegründung zur Frage, aus welchen Gründen auch die Online-Durchsuchung mitgeregelt wurde.[2] Zu finden sind lediglich allgemeine Ausführungen zur steigenden Bedeutung von Daten und Datenträgern als Beweismittel im Strafverfahren.[3] Gleiches gilt für den Änderungsantrag im Ausschuss für Recht und Verbraucherschutz, auf dem der spätere Gesetzesentwurf des Ausschusses basiert.[4] Den Stellungnahmen zum Gesetzentwurf aus dem Bereich der Strafverfolgung ist zu entnehmen, dass auch bei der Online-Durchsuchung die **Umgehung von Verschlüsselungstechniken bei Datenträgern und informationstechnischen Systemen** Zweck der Maßnahme sein soll.[5] Durch die Verschlüsselung von Datenträgern seien diese bei einer offenen Beschlagnahme häufig nicht

[1] BT-Drs. 18/12785, 48 f.
[2] BT-Drs. 18/12785, 46 ff. (53 ff.).
[3] BT-Drs. 18/12785, 46.
[4] Ausschuss für Recht und Verbraucherschutz Ausschussdrucksache 18(6)334.
[5] Henzler Stellungnahme, S. 2; siehe auch Greven Stellungnahme, S. 1 f., wo auf die Beschlüsse des DJT 2012 verwiesen wird; dort wurde ebenfalls die Verschlüsselungstechnik als Grund für die Einführung der Online-Durchsuchung genannt.

auszuwerten.[6] Überdies sei der Zustand, dass aufgrund der Regelung von § 161 Abs. 2 aF (heute § 161 Abs. 3) Erkenntnisse, welche bei Online-Durchsuchungen zur Gefahrenabwehr erlangt worden sind, für die Strafverfolgung nicht verwertbar seien, nicht hinnehmbar.[7] In der Kommentarliteratur wird entweder auf den Zweck der Norm bzw. die Notwendigkeit der Ermittlungsmaßnahme gar nicht eingegangen[8] oder es wird lediglich die „Erforderlichkeit" zur effektiven Strafverfolgung genannt.[9] Bär nennt als Zweck der Ermittlungsmaßnahme die Erlangung von Daten, bevor diese verschlüsselt oder im Internet „unauffindbar" (Cloud) gespeichert würden.[10]

2 Eine Online-Durchsuchung hat gegenüber einer offenen Durchsuchung und Beschlagnahme des informationstechnischen Systems **drei relevante ermittlungstaktische Vorteile,** die letztlich auch den Zweck der Norm bzw. die Notwendigkeit der Ermittlungsmaßnahme begründen dürften: (1) Die Online-Durchsuchung erfolgt heimlich und auf einem in Betrieb befindlichen System. Damit können Verschlüsselungstechniken, welche die Daten auf dem System beim Abschalten oder Sperren verschlüsseln und damit für die Ermittlungen weitgehend wertlos machen, umgangen werden. (2) Die Heimlichkeit der Online-Durchsuchung ermöglicht es den Ermittlern, Daten von einem informationstechnischen System auszuwerten, ohne dass der Betroffene von der Maßnahme (zunächst) erfährt. Dies verhindert im Bereich der Bandenkriminalität und Organisierten Kriminalität (bis hin zum Terrorismus), dass der Betroffene andere tatverdächtige Mitglieder seiner Bande oder Organisation warnt. Dies hat insbesondere dann Bedeutung, wenn noch nicht alle Mitglieder identifiziert sind und somit keine zeitgleichen offenen Durchsuchungen stattfinden können. (3) Die Online-Durchsuchung ermöglicht eine Dauer-Überwachung des Systems. Anders als eine punktuelle Beschlagnahme kann somit das gesamte Nutzerverhalten über den Anordnungszeitraum hinweg beobachtet werden. So werden deutlich mehr Informationen gewonnen als bei einer Beschlagnahme des Systems.

II. Kriminalistische Bedeutung

3 Statistiken zu Einsatzzahlen nach § 101b Abs. 1, Abs. 3 der repressiven Online-Durchsuchung waren beim Bundesamt für Justiz bis vor Kurzem nicht einsehbar. Auf der Homepage des BKA werden die Einsatzzahlen zu präventiven Zwecken bewusst nicht aufgeführt.[11] Eine Kleine Anfrage der Grünen blieb unbeantwortet, weil die Bundesregierung die Angaben als geheimhaltungsbedürftig eingestuft hat.[12] Dies ist insofern bemerkenswert als § 101b Abs. 1, Abs. 3 eine Veröffentlichungspflicht dieser Zahlen vorsieht. Nach Recherchen des WDR hat jedenfalls die Generalbundesanwaltschaft in Terrorismusverfahren bis Ende Oktober 2019 bislang keinen Gebrauch von der repressiven Online-Durchsuchung gemacht.[13] Durch eine Veröffentlichung der vormals als nur für den Dienstgebrauch eingestuften Antworten auf mehrere Kleine Anfragen durch netzpolitik.org ist immerhin in Erfahrung zu bringen, dass das BKA innerhalb der Zeiträume, welche die Anfragen umfassten keine repressiven und nur sehr wenige präventive Online-Durchsuchungen durchgeführt hat.[14] Die Gründe für die geringe bis nicht vorhandene praktische Bedeutung der repressiven Online-Durchsuchung dürften in einer Kombination aus **hohen rechtlichen Hürden,**

---

6 Krauß Stellungnahme, S. 3; Sinn Stellungnahme, S. 2.
7 Huber Stellungnahme, S. 3; Krauß Stellungnahme, S. 5.
8 Köhler in Meyer-Goßner/Schmitt § 100b Rn. 1 f.; Gercke in Gercke/Julius/Temming/Zöller § 100b Rn. 1 ff.; Bruns in KK-StPO § 100b Rn. 1 ff.; Hauck in Löwe/Rosenberg § 100b Rn. 1; Eschelbach in Satzger/Schluckebier/Widmaier StPO § 100b Rn. 1 ff.
9 So Graf in BeckOK StPO § 100b Rn. 2.
10 Bär in KMR-StPO § 100b Rn. 2.
11 https://www.bka.de/DE/UnsereAufgaben/Ermittlungsunterstuetzung/Technologien/QuellentkueOnlinedurchsuchung/quellentkueOnlinedurchsuchung_node.html (Stand: 28.8.2020).
12 BT-Drs. 19/2306.
13 https://www.tagesschau.de/investigativ/staatstrojaner-103.html (Stand: 28.8.2020).
14 https://netzpolitik.org/2018/geheime-dokumente-das-bundeskriminalamt-kann-jetzt-drei-staatstrojaner-einsetzen/#Antwort-Drucksache-19-2306-NfD (Stand: 28.8.2020).

technischen Schwierigkeiten des Einsatzes und des hohen Ressourcenaufwands zu suchen sein.[15]

4 Am 18.12.2020 wurden erstmals die **Zahlen für den Berichtszeitraum 2019** veröffentlicht. Dort war zu ersehen, dass es für die Online-Durchsuchung nach § 100b zu 21 Erstanordnungen und 11 Verlängerungsanordnungen gekommen ist und lediglich **12 Online-Durchsuchungen tatsächlich durchgeführt** wurden. In den allermeisten Verfahren lag ein Tatverdacht bezüglich schwerer Raubtaten oder schwerer Betäubungsmittelkriminalität zu Grunde.[16] Vor Kurzem hat sich indes herausgestellt, dass die Zahlen aufgrund falsch interpretierter Fragebögen zu hoch sind und die Online-Durchsuchung wohl tatsächlich noch seltener angeordnet und durchgeführt wurde.[17] In der nunmehr am 19.2.2021 veröffentlichten, überarbeiteten Statistik wurden diese Zahlen – im Gegensatz zur Quellen-TKÜ (hierzu → § 100a Rn. 9) – sogar leicht nach oben korrigiert: in 21 Verfahren wurden insgesamt 22 Erst- und 11 Verlängerungsanordnungen erlassen. Tatsächlich durchgeführt wurde die Online-Durchsuchung 12-mal, davon am häufigsten (6-mal) in Bayern. Bei den verfolgten Straftaten handelte es sich hauptsächlich um schwere Betäubungsmitteldelikte und besonders schwere Fälle der Erpressung bzw. räuberischen Erpressung.[18] Auch wenn die Online-Durchsuchung häufiger tatsächlich durchgeführt wurde als die Quellen-TKÜ ist auch die kriminalistische Bedeutung der Online-Durchsuchung derzeit sehr gering.

III. Verfassungsrechtliche Grundlagen

5 § 100b erlaubt Eingriffe in das erstmals 2008 vom BVerfG entwickelte **Grundrecht auf Gewährleistung der Vertraulichkeit und Integrität informationstechnischer Systeme (IT-System-Grundrecht)** gem. Art. 2 Abs. 1 iVm Art. 1 Abs. 1 GG.[19] Das Grundrecht umfasst zwei Gewährleistungsdimensionen, welche beide von einer Online-Durchsuchung betroffen sind: (1) Eingriffe durch Bruch der Integrität des Systems als solchem; (2) Eingriffe durch Aufhebung der Vertraulichkeit der auf dem System verarbeiteten Daten.

6 Das IT-System-Grundrecht ist zunächst betroffen, „wenn die **Integrität** des geschützten informationstechnischen Systems angetastet wird, indem auf das System so zugegriffen wird, dass dessen Leistungen, Funktionen und Speicherinhalte durch Dritte genutzt werden können".[20] Das Grundrecht schützt demnach IT-Systeme bereits vor der Eröffnung einer **Zugriffsmöglichkeit,** ohne dass es auf eine Nutzung dieser Zugriffsmöglichkeit durch konkrete Datenerhebungen ankommt.[21] Das IT-System-Grundrecht geht in dieser Hinsicht bereits funktional über das Recht auf informationelle Selbstbestimmung hinaus, da dieses nur vor Datenerhebungen und -verarbeitungen schützt. Die Online-Durchsuchung greift bereits durch die Eröffnung der Zugriffsmöglichkeit auf das IT-System mittels des Einsatzes des „technischen Mittels" (idR Spähsoftware) in das IT-System-Grundrecht ein.

7 Die **Vertraulichkeit** eines IT-Systems wird dadurch geschützt, dass das IT-System-Grundrecht „das Interesse des Nutzers, dass die von einem vom Schutzbereich erfassten informationstechnischen System erzeugten, verarbeiteten und gespeicherten Daten vertraulich bleiben", erfasst.[22] „Das Grundrecht schützt auch vor Datenerhebungen mit Mitteln, die zwar technisch von den Datenverarbeitungsvorgängen (…) unabhängig sind, aber

---

15 Vgl. auch Graf in BeckOK StPO § 100b Rn. 7.

16 Bundesamt für Justiz, Übersicht Telekommunikationsüberwachung für 2019 (Maßnahmen nach § 100b StPO).

17 https://www.heise.de/news/Falsch-angekreuzt-Justiz-rudert-bei-Staatstrojaner-Statistik-zurueck-5019148.html (Stand: 11.1.2021).

18 Bundesamt für Justiz, Übersicht Telekommunikationsüberwachung für 2019 (Maßnahmen nach § 100b StPO), korrigierte Fassung, Stand: 19.2.2021.

19 BVerfG 27.2.2008 – 1 BvR 370, 595/07, BVerfGE 120, 274 = NJW 2008, 822.

20 BVerfG 27.2.2008 – 1 BvR 370, 595/07, BVerfGE 120, 274 (314) = NJW 2008, 822.

21 Siehe auch Böckenförde JZ 2008, 925 (928).

22 BVerfG 27.2.2008 – 1 BvR 370, 595/07, BVerfGE 120, 274 (314) = NJW 2008, 822.

diese Datenverarbeitungsvorgänge zum Gegenstand haben."[23] Aus dieser Schutzdimension ergeben sich Unklarheiten hinsichtlich des Verhältnisses des IT-System-Grundrechts zum Recht auf informationelle Selbstbestimmung.[24] Jedenfalls schützt das IT-System-Grundrecht auch vor der **Erhebung von Daten** aus einem erfassten informationstechnischem System.[25]

Der Schutz durch das IT-System-Grundrecht ist dabei nicht davon abhängig, ob der 8
Zugriff auf das System leicht oder schwer gelingt. Es genügt insofern, dass der Betroffene das IT-System **„als eigenes nutzt"** und deshalb davon ausgehen darf, dass er – ggf. gemeinsam mit anderen Personen – über das System selbstbestimmt verfügt. Der Schutzbereich umfasst dabei auch IT-Systeme, die sich in der tatsächlichen Verfügungsgewalt Dritter befinden, wenn die Nutzung des vom Betroffenen genutzten IT-Systems über diese anderen IT-Systeme stattfindet.[26] Da der Vorgang des Cloud Computings jedoch auch mit zahlreichen Up- und Download- sowie mit Synchronisationsvorgängen verbunden ist, tritt neben das Grundrecht auf Gewährleistung der Vertraulichkeit und Integrität auch das Telekommunikationsgeheimnis. Wie oben ausführlich geschildert (→ § 100a Rn. 214 ff.) ist beim Cloud Computing dementsprechend zu differenzieren: Die Endgeräte des Nutzers sind „als eigene genutzte" informationstechnische Systeme des Nutzers und daher vom Grundrecht auf Gewährleistung der Vertraulichkeit und Integrität informationstechnischer Systeme geschützt. Der Übertragungsweg der Daten vom Endgerät zum Cloud Server und umgekehrt ist dagegen vom Telekommunikationsgeheimnis geschützt. Der vom Nutzer genutzte Bereich des Cloud Servers ist sowohl vom Grundrecht auf Gewährleistung der Vertraulichkeit und Integrität informationstechnischer Systeme als auch vom Telekommunikationsgeheimnis geschützt. Das Konkurrenzverhältnis ist nach Art des Zugriffs (Integritätsverletzung oder „nur" Vertraulichkeitsbruch) aufzulösen. Weiterhin ist der Schutzbereich nicht auf heimliche Zugriffe beschränkt, auch wenn diese sicherlich den „Kern" der Eingriffe ausmachen. Vielmehr sind auch offene Maßnahmen, welche IT-Systeme als Ganzes betreffen (zB Durchsuchung und Beschlagnahme eines IT-Systems, §§ 94 ff., 102 ff.) am IT-System-Grundrecht zu messen.[27] Das BVerfG spricht in seinen Entscheidungen allgemein von „Zugriff", ohne diesen näher zu spezifizieren.[28]

Die verfassungsrechtlichen Voraussetzungen einer Online-Durchsuchung **wurden** 9
vom BVerfG bislang nur für die präventive Online-Durchsuchung formuliert. Zunächst gelten für Eingriffe in das IT-System-Grundrecht die Voraussetzungen, die allgemein für Zugriffe auf verfassungsrechtlich geschützte Daten aufgestellt worden sind: Grundsatz der Normenklarheit und Bestimmtheit,[29] Grundsätze zur Zweckbindung und zur Zweckänderung inklusive der Rechtsfigur des hypothetisch rechtmäßigen Ersatzeingriffs.[30]

Bei heimlichen Zugriffen – wie der Online-Durchsuchung – muss die Maßnahme 10
durch einen Richter angeordnet werden. Eine andere unabhängige Stelle kommt nur als Kontrollinstanz in Betracht, wenn diese dieselbe Prüfintensität wie ein Richter gewährleisten kann. Die Anordnung durch den Richter setzt darüber hinaus eine eingehende Prüfung der Voraussetzungen durch diesen voraus, was auch dokumentiert werden muss.[31]

Auch müssen Vorschriften zum **Schutz des Kernbereichs** vorgesehen werden. Diese 11
müssen prinzipiell bereits die Erhebung kernbereichsrelevanter Daten verhindern. Ist dies – wie derzeit bei Online-Durchsuchungen im Regelfall – technisch oder aufgrund von ande-

---

[23] BVerfG 27.2.2008 – 1 BvR 370, 595/07, BVerfGE 120, 274 (315) = NJW 2008, 822.
[24] Eifert NVwZ 2008, 521; Gersdorf in BeckOK InfoMedienR GG Art. 2 Rn. 23.
[25] BVerfG 20.4.2016 – 1 BvR 966, 1140/09, BVerfGE 141, 220 Rn. 210 = NJW 2016, 1781.
[26] BVerfG 27.2.2008 – 1 BvR 370, 595/07, BVerfGE 120, 274 (315) = NJW 2008, 822; Hauck in Löwe/Rosenberg § 100b Rn. 18.
[27] Polenz in Kilian/Heussen ComputerR-HdB Teil 13 Kapitel 130 Rn. 32.
[28] BVerfG 27.2.2008 – 1 BvR 370, 595/07, BVerfGE 120, 274 (314) = NJW 2008, 822.
[29] BVerfG 27.2.2008 – 1 BvR 370, 595/07, BVerfGE 120, 274 (315 f.) = NJW 2008, 822.
[30] BVerfG 24.4.2013 – 1 BvR 1215/07, BVerfGE 133, 277 Rn. 226 = NJW 2013, 1499.
[31] BVerfG 27.2.2008 – 1 BvR 370, 595/07, BVerfGE 120, 274 (331 f.) = NJW 2008, 822.

ren Schwierigkeiten (zB fremdsprachige Textdateien) nicht möglich, müssen die Vorschriften die Löschung der Daten anordnen und eine Auswertung verhindern. Zu beachten ist dabei, dass der Gesetzgeber und die Strafverfolgungsbehörden dazu verpflichtet sind, ggf. technische Neuerungen zur präventiven Erkennung von Kernbereichsdaten einzusetzen. Gesetzgeber und Behörden müssen sich hierfür laufend vom Stand der Technik Kenntnis verschaffen.[32] Auf Auswertungsebene müssen die Daten, welche möglicherweise kernbereichsrelevante Informationen enthalten, vor dem Zugriff durch die Ermittlungsbehörden durch eine unabhängige Stelle durchgesehen und ggf. gelöscht werden.[33] Bei dieser unabhängigen Stelle darf es sich nicht um Mitarbeiter der Ermittlungsbehörden handeln, auch nicht, wenn diese als Datenschutzbeauftragte weisungsfrei agieren. Die Hinzuziehung von Beamten der Ermittlungsbehörden ist jedoch zur Gewährleistung von „ermittlungsspezifischem Sachverstand" und zur technischen Unterstützung zulässig, die Entscheidungsverantwortung muss jedoch bei der unabhängigen Stelle bleiben.[34]

12 Die Dauer einer Online-Durchsuchung (deshalb handelt es sich bei dem Begriff um einen Euphemismus, tatsächlich erlaubt § 100b eine **dauerhafte Systemüberwachung**) muss auf höchstens drei Monate befristet werden. Danach muss für eine Verlängerung erneut geprüft werden, ob die Voraussetzungen weiterhin gegeben sind. Die tatsächliche Dauer einer Maßnahme hängt von den Umständen des Einzelfalles ab und unterliegt einer strengen Verhältnismäßigkeitskontrolle.[35]

13 Bezüglich der Verhältnismäßigkeit einer Maßnahme nennt das BVerfG ausdrücklich auch die Strafverfolgung als legitimen Zweck einer Online-Durchsuchung.[36] Im Rahmen der **Geeignetheit** ist zu beachten, dass weder die Möglichkeit **technischer Schutzmaßnahmen** zur Verhinderung der Infiltration eines IT-Systems noch die Tatsache, dass bei Datenerhebungen mittels eines Spähprogrammes erhebliche technische Schwierigkeiten bezüglich des **Nachweises der Authentizität und Integrität der erhobenen Daten** bestehen, die Geeignetheit der Online-Durchsuchung in Frage stellen. Grund ist zum einen der weite Einschätzungsspielraum des Gesetzgebers hinsichtlich der Geeignetheit von Maßnahmen, zum anderen die Möglichkeit, dass diese technischen Schwierigkeiten in Zukunft überwunden werden können.[37] Die letztgenannten Schwierigkeiten sind jedoch im Rahmen der Beweiswürdigung oder Begründung eines Tatverdachts aufgrund der mittels Online-Durchsuchung erhobenen Daten strengstens zu berücksichtigen (dazu → Rn. 75).

14 Bei der Verhältnismäßigkeit ieS ist zu berücksichtigen, dass die Online-Durchsuchung aufgrund der Möglichkeit einer System-Totalüberwachung, des tiefen Einblicks in die Persönlichkeit und die Lebensverhältnisse, welche ein Totalzugriff auf informationstechnische Systeme regelmäßig ermöglicht, der Einbeziehung von Telekommunikationsdaten (und damit der Daten Dritter) und der Heimlichkeit der Maßnahme regelmäßig den – abgesehen von der Anordnung der Untersuchungshaft – **schwerwiegendsten Eingriff** darstellt, welchen die StPO derzeit ermöglicht.[38] Die Online-Durchsuchung dürfe daher – so das BVerfG – im Bereich der Strafverfolgung nur bei Vorliegen eines qualifizierten Tatverdachts hinsichtlich einer besonders gravierenden Straftat eingesetzt werden.[39]

---

[32] BVerfG 27.2.2008 – 1 BvR 370, 595/07, BVerfGE 120, 274 (337 f.) = NJW 2008, 822; 20.4.2016 – 1 BvR 966, 1140/09, BVerfGE 141, 220 Rn. 218 ff. = NJW 2016, 1781.

[33] BVerfG 20.4.2016 – 1 BvR 966, 1140/09, BVerfGE 141, 220 Rn. 220 = NJW 2016, 1781.

[34] BVerfG 20.4.2016 – 1 BvR 966, 1140/09, BVerfGE 141, 220 Rn. 224 f. = NJW 2016, 1781, für Sicherheitsbehörden.

[35] BVerfG 20.4.2016 – 1 BvR 966, 1140/09, BVerfGE 141, 220 Rn. 216 = NJW 2016, 1781.

[36] BVerfG 27.2.2008 – 1 BvR 370, 595/07, BVerfGE 120, 274 = NJW 2008, 822; BVerfG 24.4.2013 – 1 BvR 1215/07, BVerfGE 133, 277 = NJW 2013, 1499; BVerfG 20.4.2016 – 1 BvR 966, 1140/09, BVerfGE 141, 277 = NJW 2016, 1781.

[37] BVerfG 27.2.2008 – 1 BvR 370, 595/07, BVerfGE 120, 274 (320 f.) = NJW 2008, 822.

[38] Vgl. BVerfG 27.2.2008 – 1 BvR 370, 595/07, BVerfGE 120, 274 (322 ff.) = NJW 2008, 822; siehe auch Roggan StV 2017, 821 (826); Freiling/Safferling/Rückert JR 2018, 9 (21 f.); Großmann GA 2018, 439 (445 ff.).

[39] BVerfG 24.4.2013 – 1 BvR 1215/07, BVerfGE 133, 277 Rn. 226 = NJW 2013, 1499.

Abgesehen von den letztgenannten Voraussetzungen (qualifizierter Tatverdacht hinsichtlich einer besonders gravierenden Straftat und Strafverfolgung als geeigneter Zweck), welche ausdrückliche verfassungsrechtliche Schranken für eine repressive Online-Durchsuchung darstellen, betrafen alle anderen Ausführungen des BVerfG nur präventive Online-Durchsuchungen. Über eine **bereits eingelegte Verfassungsbeschwerde gegen § 100b** ist noch nicht entschieden.[40] Wie in der Literatur zu Recht vertreten, müssen verfassungsrechtliche Anforderungen an eine repressive Online-Durchsuchung nach § 100b strenger gefasst werden als bei präventiv-polizeilichem Vorgehen. Grund hierfür ist, dass es bei präventivem Handeln um die Abwehr von konkret drohenden Gefahren für die Rechtsgüter von Bürgerinnen und Bürgern (oder der Funktionsfähigkeit des Staates) geht, während die repressive Online-Durchsuchung keine Gefahrenabwehr, sondern die Ermöglichung der Strafverfolgung zum Gegenstand hat. Dabei wird nicht verkannt, dass auch der Strafanspruch des Staates verfassungsrechtlich verankert ist und, dass effektive Strafverfolgung in abstrakter Weise ebenfalls dem Rechtsgüterschutz dient. Beides kann jedoch nicht mit Situationen verglichen werden, in denen die Eingriffe in die Grundrechte eines Bürgers (des Störers) zum unmittelbaren Schutz der Grundrechte eines anderen Bürgers (des von der Störung Betroffenen) dienen.[41] Ob die derzeit geltende Regelung – insbesondere angesichts der Möglichkeit zur längerfristigen „Systemtotalüberwachung" (dazu noch → Rn. 43) und des recht weit gefassten Straftatenkatalogs – verfassungsgemäß ist, erscheint äußerst zweifelhaft.[42] 15

IV. Gesetzgebungsverfahren

Angesichts der technischen Komplexität und vor allem der Intensität der erlaubten Grundrechtseingriffe ist der Gesetzgebungsprozess, in welchem § 100b eingeführt wurde, von erstaunlich kurzer Dauer und von wenig grundrechtsabwägenden Vorgängen im (Gesamt-)Parlament geprägt.[43] Im Gesetzentwurf der Bundesregierung für das Gesetz zur effektiveren und praxistauglicheren Ausgestaltung des Strafverfahrens waren weder Quellen-TKÜ noch Online-Durchsuchung enthalten.[44] Beide kamen erst über den Ausschuss für Recht und Verbraucherschutz mittels einer Formulierungshilfe des BMJV[45] am 20.6.2017 in den Gesetzentwurf.[46] Dieser wurde **bereits zwei (!) Tage später vom Bundestag verabschiedet.**[47] Am 7.7.2017 beschloss schließlich der Bundesrat, den Vermittlungsausschuss nicht anzurufen.[48] 16

V. Richtlinie 2016/680 und §§ 45 ff. BDSG

Die **§§ 45 ff. BDSG sind gem. § 500 Abs. 1** auch im Rahmen von § 100b zu beachten. Dabei gelten die Anforderungen an die Datensicherheit gem. § 64 BDSG (Details → § 100a Rn. 40) zusätzlich zu denjenigen aus § 100b Abs. 4 iVm § 100a Abs. 5, da das Schutzniveau des § 64 BDSG angesichts der **europarechtlichen Grundlage** in der Richtlinie 2016/680 nicht unterlaufen werden darf. § 500 Abs. 2 Nr. 1 ist insofern europarechtskonform auszulegen (→ § 100a Rn. 37). Ebenso sind die Anforderungen an die Verwendung datenschutzfreundlicher Voreinstellungen und Technologien aus § 71 BDSG zu beachten. Die im Rahmen von § 100b eingesetzten „technischen Mittel" müssen insbesondere so eingesetzt werden, dass sie – soweit dies technisch und organisatorisch möglich 17

---

40 https://freiheitsrechte.org/home/wp-content/uploads/2018/08/GFF_Verfassungsbeschwerde_Staatstrojaner_anonym.pdf (Stand: 28.8.2020).

41 Roggan StV 2017, 821 (827); Großmann GA 2018, 439 (450 ff.); deutlich restriktiver als hier Buermeyer Stellungnahme, S. 10 ff.; aA (keine strengere Beurteilung der repressiven Online-Durchsuchung): Hauck in Löwe/Rosenberg § 100b Rn. 76.

42 Zu den verfassungsrechtlichen Grundlagen auch Ziegelbauer/Schäfer Kriminalistik 2018, 577.

43 Deshalb ebenfalls kritisch Kochheim KriPoz 2018, 60 (61).

44 BR-Drs. 796/16 und BT-Drs. 18/11277.

45 Hierzu Beukelmann NJW-Spezial 2017, 440.

46 BT-Drs. 18/12785.

47 BT-Prot. 18/240, 24594D.

48 BR-PlPr 959, 356D.

ist – nur verfahrensrelevante Daten erheben (Beschränkung auf die zur Aufgabenerfüllung erforderlichen Daten und Grundsatz der Datensparsamkeit). Dies hat bei informationstechnischen Systemen wie PCs, Tablets und Smartphones deshalb eine große Bedeutung, weil auf solchen Geräten im Regelfall eine große Fülle von personenbezogenen Daten gespeichert und verarbeitet werden, von denen jedoch oftmals nur ein Bruchteil verfahrensrelevant ist. § 71 BDSG konkretisiert insofern den allgemeinen Verhältnismäßigkeitsgrundsatz.

18 Von besonderer Bedeutung ist aus dem gleichen Grund auch die Einhaltung der Anforderungen aus **§ 48 BDSG an die Verarbeitung von besonderen personenbezogenen Daten (→ § 100a Rn. 38).** Durch die große Vielfalt an Daten, die in informationstechnischen Systemen verarbeitet werden, ist die Wahrscheinlichkeit groß, dass bei einer Online-Durchsuchung auch solche Daten erhoben werden. Schließlich müssen die erhobenen Daten aus einer Online-Durchsuchung gem. § 73 BDSG danach unterschieden werden, welchen Personenkreisen sie zuzuordnen sind.

VI. Zielkonflikt: Strafverfolgung und IT-Sicherheit

18a Zu Recht weisen einige Autoren darauf hin, dass der Einsatz von Spähprogrammen durch Strafverfolgungs- und Sicherheitsbehörden **mittelbar zu einer Schwächung der IT-Sicherheit** der Bürger/innen führen wird. Zum einen sind die Behörden für den Einsatz der Programme auf die Ausnutzung derselben **Sicherheitslücken** angewiesen, wie sie auch von kriminellen Hackern ausgenutzt werden. Dies kann dazu führen, dass den Behörden bekannte Sicherheitslücken weder der Öffentlichkeit noch den für die entsprechende Soft- oder Hardware verantwortlichen Unternehmen bekannt gegeben werden, um diese weiter ausnutzen zu können.[49] Dies erleichtert auch den kriminellen Akteuren das Eindringen in die entsprechenden IT-Systeme. Zum anderen sind die Behörden auch darauf angewiesen, dass der Kenntnisstand der Tatverdächtigen über persönliche IT-Sicherheit nicht so weit angehoben wird, dass sie auch mittels kriminalistischer List (zB Versenden von E-Mail-Anhängen oder Lotsen der Betroffenen auf infizierte Webseiten) nicht mehr auf die IT-Systeme gelangen können. Da die Informationslage über persönliche IT-Sicherheit nicht gleichzeitig für die allgemeine Bevölkerung hoch und für die Tatverdächtigen niedrig gehalten werden kann, besteht hier also zumindest ein gewisses (theoretisches) Interesse, den Kenntnisstand allgemein niedrig zu halten. Schließlich könnten Strafverfolgungsbehörden in die Versuchung geraten, Informationen über Sicherheitslücken auf Online-Schwarzmärkten (sog. Underground Economy) – in den Grenzen von § 202d Abs. 3 StGB – zu erwerben. Dies führt nicht nur dazu, dass staatliche Behörden diese Märkte stärken, sondern auch zu einem Zielkonflikt hinsichtlich der Bekämpfung dieser Märkte und der Anbieter von Informationen über Sicherheitslücken.[50]

19 Die oben genannten (→ Rn. 2) Interessen der Strafverfolgungsbehörden im Rahmen der Ermöglichung des Aufspielens von staatlichen Spähprogrammen geraten mit der staatlichen Aufgabe in Konflikt, die IT-Sicherheit der Bürger/innen in Deutschland zu gewährleisten und zu verbessern. Gleiches gilt in Teilen für die Bekämpfung des Handels mit Informationen zu Sicherheitslücken. Besonders problematisch ist dabei, dass sowohl das BKA (als einer der „Hauptakteure" im Bereich der Online-Durchsuchung und der Quellen-TKÜ) als auch das Bundesamt für Sicherheit in der Informationstechnik dem Ressort des Bundesministeriums des Innern unterstehen. Gleiches gilt für die Spezialeinheiten zur Bekämpfung der Cyberkriminalität der Länderpolizeien und den Landesinnenministerien. Von außen betrachtet scheint hier zumindest eine interessante Gemenge-, vielleicht sogar eine **Konkurrenzlage** zu bestehen.

20 Da das Grundrecht auf Gewährleistung der Vertraulichkeit und Integrität informationstechnischer Systeme auch eine **Gewährleistungsdimension für die IT-Sicherheit** enthält, ist auch nicht ganz klar, wie die o. g. Notwendigkeiten zum Ausnutzen von Sicherheits-

[49] Vgl. auch Warken NZWiSt 2017, 329 (335).
[50] Zum Ganzen Derin/Golla NJW 2019, 1111.

lücken und dem „Niedrighalten" des Informationsstandes über persönliche IT-Sicherheit in der Bevölkerung mit diesem Grundrecht vereinbar sind.[51]

B. Erläuterung

I. Materielle Eingriffsvoraussetzungen nach Abs. 1

§ 100b Abs. 1 gestattet Eingriffe in ein vom Betroffenen genutztes informationstechnisches System mit technischen Mitteln und die Erhebung von Daten aus diesen Systemen. Die Maßnahme kann dauerhaft angeordnet werden (nicht nur punktuell), sodass faktisch eine **Systemdauerüberwachung möglich** ist. 21

1. Vom Betroffenen genutztes informationstechnisches System. a) Informationstechnisches System iSv § 100b. Der Begriff des informationstechnischen Systems ist nicht legaldefiniert. Da der Begriff in § 100a und § 100b nach hier vertretener Meinung gleich auszulegen ist (insbesondere keine Eignung zur Kommunikation bei § 100a zu verlangen ist), kann auf die Ausführungen im Rahmen von § 100a verwiesen werden (→ § 100a Rn. 209 ff.). Ein informationstechnisches System iSv § 100b ist danach **eine Einheit aus technischen Anlagen und Bauelementen, denen eine gemeinsame Funktion zukommt und die der Verarbeitung oder Übertragung von Daten und/oder Informationen dient.**[52] Einer Beschränkung auf solche IT-Systeme, die einen tiefen Einblick in die Persönlichkeit und Lebensweise des Nutzers ermöglichen, bedarf es auch im Rahmen von § 100b nicht (→ § 100a Rn. 211). 22

b) Nutzung durch den Betroffenen. Auch zur Nutzung durch den Betroffenen gelten die **Ausführungen zu § 100a** entsprechend (→ § 100a Rn. 213). 23

c) Problem: vernetzte Systeme. Prinzipiell können auch miteinander vernetzte Geräte als einheitliches informationstechnisches System betrachtet werden, weil sie die Definitionsmerkmale des o. g. Begriffs (im Übrigen auch des verfassungsrechtlichen Begriffs des informationstechnischen Systems) erfüllen. Um jedoch eine **Abgrenzung zur Überwachung der Telekommunikation nach § 100a** zu ermöglichen und auch nicht extrem große Netzwerke (wie zB Teile des Internets) als einheitliches informationstechnisches System zu begreifen und damit die Befugnis des § 100b zu entgrenzen sowie unlösbare Konkurrenzprobleme zu anderen Normen zu schaffen, bedarf es hier einer Eingrenzung. Die Eingrenzung kann dabei ausgehend **vom Schutzzweck des IT-System-Grundrechts** erfolgen. Dieses will ua die Integrität informationstechnischer Systeme schützen (→ Rn. 6). Auf diese Integrität kann sich der Nutzer jedoch nur dann verlassen, wenn er davon ausgehen kann, dass er – wie es das BVerfG formuliert – ggf. gemeinsam mit anderen über das System selbstbestimmt verfügt. Dies ist nicht der Fall, wenn die vom System verarbeiteten Daten über die Fernkommunikationsinfrastruktur mehrerer, dem Nutzer nicht im Einzelnen bekannter, Dritter übertragen wird, wie es bei der Datenübertragung über das Internet der Fall ist.[53] Dementsprechend können vernetzte Geräte nur dann als einheitliches informationstechnisches System angesehen werden, wenn der Nutzer – ggf. gemeinsam mit anderen (Wohngemeinschaft, Unternehmen etc) – auch über die zur Datenübertragung zwischen den einzelnen Geräten genutzte Infrastruktur „selbstbestimmt verfügen" kann.[54] 24

aa) LAN- und WLAN-Netzwerke, insbesondere sog. WLAN-Catching. Im Einzelnen bedeutet dies: LAN- und WLAN-Netzwerke in Wohnungen, Wohngemein- 25

[51] Kritisch auch Derin/Golla NJW 2019, 1111.

[52] Vgl. Hauck in Löwe/Rosenberg § 100b Rn. 98 f.

[53] Siehe zu den beteiligten Dritten an der Datenübertragung über das Internet ausführlich Von zur Mühlen, Zugriffe auf elektronische Kommunikation, S. 25 ff.

[54] Anders Heinemann, Grundrechtlicher Schutz informationstechnischer Systeme, S. 159, der auf die „Persönlichkeitsrelevanz" der Netzwerke abstellt; wie hier eine exakte Abgrenzung erfolgen soll, bleibt allerdings unklar.

schaften, Unternehmen, Restaurants etc sind **als einheitliches informationstechnisches System anzusehen,** wenn sie gegen unberechtigten Drittzugriff abgeschottet sind (zB mittels eines Passwortschutzes für das Netzwerk).[55] Ein gegenüber den Nutzern solcher Netzwerke heimlicher Zugriff auf das Netzwerk, die dort übertragenen Daten und die angeschlossenen Geräte ist damit an § 100b zu messen. Dies gilt auch, wenn der Internet-Provider, welcher den Router als Schnittstelle zum Netzwerk technisch kontrollieren kann, den Ermittlungsbehörden Zugriff auf das LAN- oder WLAN-Netzwerk verschafft. Denn für § 100b ist die Heimlichkeit des Zugriffs gegenüber den Betroffenen und nicht gegenüber einem Dritten, der Zugang verschaffen kann, entscheidend (dazu, dass ein solches Vorgehen auch als Eingriff mit technischen Mitteln zu werten ist, noch → Rn. 36).

26 Praktisch bedeutsam ist dies vor allem für das **sog. WLAN-Catching.** Dieser Begriff umschreibt Ermittlungsmaßnahmen, bei denen sich die Strafverfolgungsbehörden Zugriff auf den Datenverkehr innerhalb eines lokalen vernetzten Systems (LANs und WLANs) verschaffen. Bei nicht-gesicherten WLANs (zB in Zügen, Restaurants und Ladengeschäften) ist dies durch eine einfache Anmeldung eines eigenen Geräts im Netzwerk möglich. Der Netzwerkverkehr kann dann durch die Verwendung sog. Netzwerk-Sniffer (zB Wireshark) mitgelesen werden. Ist dieser nicht verschlüsselt, erlangen die Behörden so Zugriff auf den gesamten Netzwerkverkehr in unverschlüsselter Form. Bei gesicherten Netzwerken müssen die Behörden dagegen auf Hacking-Methoden zurückgreifen (zB sog. Brute-Force- oder Evil-Twins-Attacken oder das Ausnutzen von Schwachstellen der IT-Sicherheit wie zB vorkonfigurierte WPA/WPA2-Schlüssel bei Routern) oder auf die Hilfe von Internetprovidern zurückgreifen, soweit diese ihnen Zugriff auf das Netzwerk verschaffen können (zB durch Fernzugriff auf den Router). Ist der Netzwerkverkehr verschlüsselt, muss es den Strafverfolgungsbehörden zunächst gelingen, den verwendeten Schlüssel zu erlangen oder zu errechnen. Ob und unter welchen Voraussetzungen dies möglich ist, hängt vom verwendeten Verschlüsselungsverfahren ab. Ist der Netzwerkverkehr entschlüsselt, können auch hier Netzwerk-Sniffer verwendet werden, um den Datenverkehr mitzuschneiden.[56]

27 Ulbrich vertritt bei diesen Maßnahmen eine **differenzierte Anwendung von § 100a als Rechtsgrundlage:** Das Aufzeichnen und Mitschneiden des Datenverkehrs innerhalb des Netzwerks sei als Aufzeichnen und Überwachen von Telekommunikation iSv § 100a Abs. 1 S. 1 aufzufassen, soweit es sich nicht um reine, menschlich nicht veranlasste „Maschine-zu-Maschine" Kommunikation handele (zB Austausch von „Stand-by-Daten").[57] Das reine Knacken von Verschlüsselungen ohne die Ausnutzung von Sicherheitslücken und ohne Zugriff auf die betroffene Netzwerkinfrastruktur sei als Annexkompetenz von § 100a mitumfasst.[58] Für die Ausnutzung von Sicherheitslücken und Angriffen auf die Netzwerkinfrastruktur zur Zugriffsverschaffung sei auf § 100a Abs. 1 S. 2 abzustellen.[59] Der Zugriff auf ungesicherte Netzwerke sei mangels Grundrechtseingriffs ohne besondere Ermächtigungsgrundlage zulässig;[60] das Aufzeichnen des Datenverkehrs sei aber auch hier an § 100a Abs. 1 S. 1 zu messen.[61] § 100b soll als Rechtsgrundlage dagegen nur für „technologische" (sog. Evil-Twins-Angriff) bzw. soziale Täuschungen (zB Phishing) zur Erlangung des Zugriffs auf das Netzwerk heranzuziehen sein.[62] Auch andere Autoren wollen das WLAN-Catching auf § 100a (bzw. § 100g für Verkehrsdatenerhebungen)[63] stützen.[64]

---

55 AA Kleih, Die strafprozessuale Überwachung der Telekommunikation, S. 128 ff.
56 Siehe mit technischen Details ausführlich zum Ganzen Ulbrich, Die Überwachung lokaler Funknetzwerke („WLAN-Catching"), S. 72 ff.
57 Ulbrich, Die Überwachung lokaler Funknetzwerke („WLAN-Catching"), S. 226 ff.
58 Ulbrich, Die Überwachung lokaler Funknetzwerke („WLAN-Catching"), S. 281 ff.
59 Ulbrich, Die Überwachung lokaler Funknetzwerke („WLAN-Catching"), S. 291 ff.
60 Ulbrich, Die Überwachung lokaler Funknetzwerke („WLAN-Catching"), S. 259 ff.
61 Ulbrich, Die Überwachung lokaler Funknetzwerke („WLAN-Catching"), S. 244.
62 Ulbrich, Die Überwachung lokaler Funknetzwerke („WLAN-Catching"), S. 320 ff.
63 Graf in BeckOK StPO § 100a Rn. 238.
64 Jordan Kriminalistik 2005, 514 ff.; Graf in BeckOK StPO § 100a Rn. 237 f.; Singelnstein NStZ 2012, 593 (599); Kleih, Die strafprozessuale Überwachung der Telekommunikation, S. 226.

Die Anwendung von § 100a wird dabei vor allem damit begründet, dass der Datenstrom innerhalb eines solchen lokalen Netzwerks als von Art. 10 Abs. 1 GG geschützt angesehen wird.[65] Dies soll sogar unabhängig davon gelten, ob es sich bei den Daten um solche handelt, die das lokale Netzwerk irgendwann verlassen bzw. von außen in das lokale Netzwerk gesendet worden sind (im Rahmen eines Telekommunikationsvorgangs mit Personen/Geräten außerhalb des lokalen Netzwerks) oder, ob es lediglich um Daten geht, die nur innerhalb des jeweiligen Netzwerks zirkulieren.[66] Konsequenterweise wird daher das daneben anwendbare IT-System-Grundrecht als subsidiär und damit von Art. 10 Abs. 1 GG verdrängt angesehen.[67] Richtigerweise schützt Art. 10 Abs. 1 GG jedoch vor den besonderen Gefahren, die durch eine Übermittlung von Daten und Informationen über die Distanz unter Zuhilfenahme der Kommunikationsinfrastruktur Dritter dadurch entstehen, dass der Kommunizierende keine Kontrolle über die Datenübermittlung hat und diese deshalb in besonderem Maße der Gefahr des Zugriffs Dritter ausgesetzt ist. Grundsätzlich endet daher der Schutzbereich von Art. 10 Abs. 1 GG, wenn die Daten beim Empfänger angekommen sind, umgekehrt beginnt der Schutz noch nicht, wenn die Daten den Herrschaftsbereich des Senders noch nicht verlassen haben.[68] Etwas anderes gilt nach der Rechtsprechung des BVerfG nur, wenn die Überwachung zwar auf dem IT-System eines Beteiligten stattfinde, jedoch ausschließlich laufende Kommunikationsvorgänge überwacht werden.[69] Als Herrschaftsbereich muss dabei nicht nur das jeweilige IT-Endgerät, sondern auch das vom Betroffenen beherrschte lokale Netzwerk gelten. Bei beiden Systemen kann durch den Inhaber faktisch die Kontrolle sowohl über Aktivität („Ein/Aus-Schalten") als auch die Sicherheitsvorkehrungen (Passwörter, Verschlüsselung, Zugangssicherung der Hardware) ausgeübt werden. Sowohl bei einzelnen Endgeräten als auch bei ganzen LANs und WLANs sind dieser Kontrolle Grenzen durch den jeweiligen Wissensstand und die computertechnischen Fähigkeiten des Betroffenen gesetzt. Dementsprechend wird die technische Integrität von LAN- und WLAN-Netzen ebenso durch das IT-Grundrecht geschützt wie die Integrität der einzelnen im Netzwerk befindlichen Endgeräte. Das Netzwerk ist als einheitliches IT-System in diesem Sinne zu betrachten (bereits → Rn. 25). **Der Schutzbereich des Telekommunikationsgeheimnisses des Betreibers des LANs/WLANs endet grds. an der Schnittstelle des allgemeinen Internets mit dem von ihm betriebenen LAN/WLAN. Letzteres ist nicht von Art. 10 Abs. 1 GG geschützt** (im Detail kann man darüber streiten, ob dies der Router oder die Schnittstelle der „Hausleitung" mit dem allgemeinen Leitungsnetz ist). 28

Von diesem Grundsatz sind zwei Ausnahmen zu machen. Eine Ausnahme ergibt sich zunächst aus der (insoweit allerdings mE durchaus mit Zweifeln belasteten) Rechtsprechung des BVerfG, wenn ein laufender Telekommunikationsvorgang nach „Außen" bzw. von „Außen" (also unter Beteiligung mindestens einer weiteren Person/eines weiteren Endgeräts außerhalb des LANs/WLANs) mittels Infiltration dieses Netzwerks überwacht wird. Eine zweite Ausnahme ergibt sich unmittelbar aus dem Schutzzweck des Telekommunikationsgeheimnisses selbst. Für **diejenigen Personen, die nicht Betreiber des LANs/WLANs sind,** stellt das Netzwerk eine Telekommunikationsinfrastruktur dar, die von einem Dritten betrieben wird. Dieser Dritte ist auch idR nach § 100a Abs. 4 S. 1 zur Mitwirkung an einer Telekommunikationsüberwachung der von ihm personenverschiedenen Nutzer verpflichtet 29

[65] Kleih, Die strafprozessuale Überwachung der Telekommunikation, S. 115 ff.

[66] Ulbrich, Die Überwachung lokaler Funknetzwerke („WLAN-Catching"), S. 233 ff.

[67] Ulbrich, Die Überwachung lokaler Funknetzwerke („WLAN-Catching"), S. 209.

[68] Zum Ganzen siehe BVerfG 16.6.2009 – 2 BvR 902/06, BVerfGE 124, 43 (54 ff.) = NJW 2009, 2431; 2.3.2010 – 1 BvR 256, 263, 586/08, BVerfGE 125, 260 (310) = NJW 2010, 833; BVerfG 2.3.2006 – 2 BvR 2099/04, BVerfGE 115, 166 (186 f.) = NJW 2006, 976; 27.2.2008 – 1 BvR 370, 595/07, BVerfGE 120, 274 (308 f.) = NJW 2008, 822; 20.4.2016 – 1 BvR 966/09, 1 BvR 1140/09, BVerfGE 141, 220 (309) = NJW 2016, 1781.

[69] BVerfG 2.3.2006 – 2 BvR 2099/04, BVerfGE 115, 166 (186 f.) = NJW 2006, 976; 27.2.2008 – 1 BvR 370, 595/07, BVerfGE 120, 274 (308 f.) = NJW 2008, 822; 20.4.2016 – 1 BvR 966, 1140/09, BVerfGE 141, 220 (309) = NJW 2016, 1781.

(siehe hierzu § 100a Abs. 4 S. 1). Daher entspricht die Nutzung eines LANs/WLANs durch diejenigen Personen, welche selbst nicht Betreiber sind, der Nutzung einer Telekommunikationsinfrastruktur Dritter. Ein Unterschied zur Nutzung externer Kommunikationsinfrastruktur ist hier nicht zu erkennen. Für diese Personen – für die auch das LAN/WLAN als solches nicht ein von diesen als eigenes genutztes IT-System darstellt – stellt sich die Überwachung ihres Datenverkehrs – unabhängig davon, ob der Datenverkehr nach „Außen" gesendet oder von dort empfangen wird – als Eingriff in das Telekommunikationsgeheimnis nach Art. 10 Abs. 1 GG dar. Diese Ausnahme ist vor allem für große LANs/WLANs von Bedeutung, bei denen eine zentrale Instanz das Netzwerk betreibt und viele verschiedene Nutzer – die nicht gleichzeitig Betreiber sind – das Netzwerk nutzen (zB Betriebsnetze von Firmen, Restaurants, Krankenhäusern, Hotels etc). Der Datenverkehr im klassischen „Heimnetzwerk" ist dagegen nicht vom Telekommunikationsgeheimnis, soweit es um den bzw. die „Betreiber" des Heimnetzwerkes geht, sondern vom IT-System-Grundrecht geschützt.

30 Indes stellt ein Zugriff auf ein WLAN/LAN auch dann **keinen Eingriff in das Wohnungsgrundrecht nach Art. 13 GG dar,** wenn sich das LAN/WLAN (zum Teil) in einer nach Art. 13 GG geschützten Räumlichkeit befindet.[70] Da es sich auch beim LAN/WLAN um ein informationstechnisches System iSd Grundrechts auf Gewährleistung der Vertraulichkeit und Integrität informationstechnischer Systeme handelt, das sich sowohl innerhalb als auch außerhalb von nach Art. 13 GG geschützten Räumlichkeiten befinden kann (besonders deutlich wird dies bei der Betrachtung von sog. mobilen Hotspots), ist ein WLAN/LAN genauso zu behandeln, wie ein sonstiges informationstechnisches System (zB PC, Laptop, Smartphone). Das LAN/WLAN wird dementsprechend von dem räumlich unabhängigen Schutzbereich des IT-System-Grundrechts erfasst. Dagegen **greift nicht der räumlich-gegenständliche Schutzbereich** des Art. 13 GG ein. Bildlich gesprochen findet beim WLAN-Catching keine Überwachung der Vorgänge im realen und von Art. 13 GG geschützten „Wohnraum" statt, sondern eine Datenerhebung aus dem rein virtuellen – vom realen Wohnraum zu unterscheidenden – „Raum" des drahtgebundenen oder drahtlosen Netzwerks. Bei drahtlosen Netzwerken wird dies besonders deutlich daran, dass diese im Regelfall weit über den realen „Wohnraum" hinausreichen. In diesem Licht ist auch die (nicht tragende) Aussage des BVerfG in der Entscheidung zur Online-Durchsuchung zu werten, wonach Art. 13 GG auch bei der „Messung elektromagnetischer Abstrahlungen, mit der die Nutzung eines informationstechnischen Systems in der Wohnung überwacht werden kann", betroffen sei.[71] Das BVerfG bezieht diese Aussage nämlich selbst auf Überwachungsmaßnahmen, welche „einen Einblick **in Vorgänge innerhalb der Wohnung** verschaffen, die der natürlichen Wahrnehmung von außerhalb des geschützten Bereichs entzogen sind",[72] ermöglichen. Auch das BVerfG geht also davon aus, dass Art. 13 GG nur betroffen ist, wenn durch die Messung elektromagnetischer Abstrahlungen aus einer Wohnung ein „realer" Vorgang in der Wohnung wahrnehmbar gemacht wird (etwa die Nutzung eines elektronischen Geräts mit Wirkungen in der Realwelt, zB eines Druckers). Dagegen geht das BVerfG davon aus, dass die Datenerhebung aus informationstechnischen Geräten, die keinen Einblick in „reale" Vorgänge in der Wohnung ermöglicht, keinen Eingriff in Art. 13 GG darstellt.[73] Ein Eingriff in Art. 13 GG würde jedoch dann vorliegen, wenn die Behörden entweder die Wohnung physisch betreten würden, um Zugriff auf das LAN/WLAN zu erhalten oder, wenn das Netzwerk gezielt zur Überwachung von „realen" Vorgängen innerhalb der Wohnung genutzt würde (hierzu → Rn. 45 ff.).

31 Für das WLAN-Catching bedeutet dies folgendes: Die Zugriffsverschaffung auf das LAN-/WLAN-Netzwerk durch die Strafverfolgungsbehörden durch technische Mittel

---

[70] Wie hier jedoch mit anderen Argumenten Kleih, Die strafprozessuale Überwachung der Telekommunikation, S. 220 ff.; Jordan Kriminalistik 2005, 514 f.

[71] BVerfG 27.2.2008 – 1 BvR 370/07 und 1 BvR 595/07, NJW 2008, 822 (826).

[72] BVerfG 27.2.2008 – 1 BvR 370/07 und 1 BvR 595/07, NJW 2008, 822 (826), Hervorhebung durch den Verfasser.

[73] BVerfG 27.2.2008 – 1 BvR 370/07 und 1 BvR 595/07, NJW 2008, 822 Rn. 194.

(Anmeldung in offenen Netzwerken, Überwindung der Sicherheitsvorkehrungen in gesicherten Netzwerken) entspricht einem Eingriff in ein informationstechnisches System mit technischen Mitteln. Das Mitschneiden des Netzwerkverkehrs bei erfolgreichem Zugriff kann nur dann als Überwachung und Aufzeichnung von Telekommunikation betrachtet werden, wenn es sich bei dem aufgezeichneten Datenverkehr ausschließlich um solche Daten handelt, die aus einem während der Aufzeichnung laufenden Telekommunikationsprozess mit einer Person oder einem Endgerät außerhalb des jeweiligen Netzwerks stammen. In allen anderen Fällen handelt es sich nicht um die Aufzeichnung und Überwachung von Telekommunikation, sondern um eine Datenerhebung aus einem informationstechnischen System. Zumindest für den Zugriff auf gesicherte LAN/WLAN-Netzwerke bedeutet dies, dass die Maßnahme nur dann auf § 100a Abs. 1 S. 2 gestützt werden kann, wenn sich die Maßnahme technisch auf die Erhebung laufender Kommunikationsdaten beschränkt. Dies umfasst sowohl diejenigen Datenströme, die nach „Außen" gehen oder von dort kommen und die Datenströme von Nutzern des Netzwerks, die nicht gleichzeitig die Betreiber sind (zu dieser Differenzierung → Rn. 29). Die Überwachung der Kommunikation von Nutzern im Netzwerk, welche nicht gleichzeitig Betreiber sind, kann – unter Verpflichtung des Betreibers nach § 100a Abs. 4 S. 1 – auf § 100a Abs. 1 S. 1 gestützt werden. § 100a Abs. 1 S. 3 kommt in Betracht, wenn darüber hinaus die ab dem Anordnungszeitpunkt über das Netz gegangene Kommunikation einbezogen werden soll. Sofern die Maßnahme (wie wohl im Regelfall) darüber hinaus auch Daten erhebt, die nicht Gegenstand eines laufenden (oder in den zeitlichen Grenzen des § 100a Abs. 1 S. 3 gelaufenen) „echten" Telekommunikationsprozesses „nach Außen" sind bzw. waren, **ist Rechtsgrundlage ausschließlich § 100b.** Regelmäßig werden die Strafverfolgungsbehörden bei einem WLAN-Catching zumindest auch Daten, die nicht Gegenstand eines Telekommunikationsvorgangs iSv § 100a Abs. 1 S. 2, S. 3 sind, erheben wollen, da andernfalls auch eine „normale" Quellen-TKÜ auf einem oder mehreren kommunizierenden Endgeräten ausreichend wäre. Außerdem ist eine Beschränkung des „Sniffens" auf laufende Telekommunikationsvorgänge während der Datenerhebung nicht möglich (im Anschluss dagegen kann anhand der IP-Adresse in der Regel relativ zuverlässig festgestellt werden, welche Datenströme das Netzwerk verlassen haben und welche nicht). Daher ist § 100b in der Regel die einschlägige Rechtsgrundlage.

Ob überhaupt ein Eingriff in das IT-System-Grundrecht vorliegt, wenn das betroffene Netzwerk **vollkommen ungesichert und der Datenverkehr unverschlüsselt ist,** ist unklar. Jedenfalls liegt nur eine sehr geringfügige Eingriffsqualität vor, wenn Daten aus einem solchen Netzwerk ausgelesen werden. Daher genügen für den Zugriff auf ungesicherte Netzwerke und das Auslesen von unverschlüsseltem Datenverkehr aus diesen Netzwerken die Ermittlungsgeneralklauseln der §§ 161, 163. Ein Anwendungsfall ist die Verwendung von Tools wie Wire Shark in offenen, ungesicherten Netzwerken wie zB in öffentlichen Verkehrsmitteln. 32

bb) Cloud-Computing. Netzwerke, welche sich über das Internet oder andere, nicht von den Nutzern der einzelnen Geräte kontrollierbare Infrastruktur vernetzen, sind **keine einheitlichen informationstechnischen Systeme (ausführlich → § 100a Rn. 215).**[74] Hierzu gehören neben Cloud Computing Verbindungen auch peer-to-peer-Netzwerke. Die einzelnen Geräte des jeweiligen Netzwerks bleiben freilich informationstechnische Systeme. Informationstechnische Systeme iSv § 100b (und im verfassungsrechtlichen Sinn „als eigene genutzte" informationstechnische Systeme) sind danach das Endgerät des Nutzers und der von ihm genutzte Speicherplatz/Verarbeitungsbereich auf dem Cloud Server. Dagegen gehört der Übertragungsweg der Daten über das Internet nicht zu einem informationstechnischen System des Nutzers. Etwas anderes gilt nur für solche vernetzten Systeme, bei denen alle beteiligten Geräte und die zur Datenübertragung genutzte Infrastruktur unter der Kontrolle des oder der betroffenen Nutzer steht (für LANs/WLANs → Rn. 31). 33

[74] AA (Cloud und Endgerät stets einheitliches informationstechnisches System): Grözinger, Die Überwachung von Cloud-Storage, S. 157 ff.

34 Für das **„einseitige" Cloud Computing** (für Fälle des „zweiseitigen" Cloud Computings wie zB die Verwendung von Cloud Speichern als „tote Briefkästen" oder die Erhebung von „ruhenden" E-Mails im Herrschaftsbereich des Webmail Providers gilt dagegen § 100a, vgl. → § 100a Rn. 96 ff. und → § 100a Rn. 215) ist demnach zu **differenzieren:**[75] Die Überwachung und Aufzeichnung der Datenübertragung zwischen dem Gerät des Nutzers und dem Server des Cloud Anbieters fällt unter § 100a (bei diesen Datenströmen handelt es sich nach zutreffender Auffassung um „Telekommunikation" iSv § 100a, siehe → § 100a Rn. 128), da es sich nicht um ein einheitliches informationstechnisches System handelt. Dementsprechend ist die Überwachung dieses Datenverkehrs mittels Infiltration eines der beteiligten Geräte (Endgerät oder Cloud Server) eine Quellen-TKÜ und gem. § 100a Abs. 1 S. 2 zulässig. Sollen außerdem diejenigen Daten vom infiltrierten Gerät erhoben werden, welche seit der Anordnung der Maßnahme zwischen den Geräten übertragen wurden, gilt § 100a Abs. 1 S. 3. Darüber hinausgehende Datenerhebungen auf dem infiltrierten Gerät sind dagegen an § 100b zu messen.[76] § 100b ist damit ebenfalls einschlägig, wenn Daten mittels Infiltration auf dem Server des Cloud-Anbieters heimlich erhoben werden und die Erhebung auch auf dort gespeicherte oder verarbeitete Daten außerhalb der Grenzen des § 100a Abs. 1 S. 3 erstreckt wird. Das gilt für den Server des Cloud Anbieters auch, wenn zwar dieser mit der Maßnahme einverstanden ist, die Maßnahme jedoch dem Nutzer gegenüber heimlich erfolgt. Denn das BVerfG betrachtet den Teil des Cloud Servers, den der Betroffene nutzt als von diesem als eigenes genutztes informationstechnisches System.[77] Daneben ist freilich auch eine offene (dh mit vorheriger Benachrichtigung des Nutzers) Beschlagnahme der Daten, die auf dem Cloud Server gespeichert sind, nach §§ 94 ff. und eine Durchsicht elektronischer Speichermedien im Rahmen einer Durchsuchungsmaßnahme beim Nutzer gem. § 110 Abs. 3 möglich.

34a Durch das StPO-Fortentwicklungsgesetz vom 25. Juni 2021[78] (inkraftgetreten am 1. Juli 2021) wurden mit § 95a nF und § 110 Abs. 4 nF Möglichkeiten zur „heimlichen" Beschlagnahme und zur „heimlichen" vorläufigen Sicherung eingeführt (im Unterschied zu § 100b allerdings nur „punktuelle" Maßnahmen, keine Dauerüberwachung des Servers). Diese Vorschriften treten damit in Fällen inländischer sowie ausländischer, kooperativer Cloud Provider, die einen Zugriff auf die Cloudspeicher ermöglichen (müssen, vgl. für inländische Cloud Provider § 95) in „Konkurrenz" zu § 100b (und ggf. § 100a Abs. 1 S. 2, S. 3, siehe oben → Rn. 34). Der Gesetzgeber hatte bei Schaffung der Norm auch ua die Anwendung von § 95a auf die Beschlagnahme von Cloud Daten im Blick.[79] Da §§ 94, 95a somit heimliche Zugriffe auf informationstechnische Systeme und große und oftmals sehr aussagekräftige Datenbestände erlauben, genügen sie nach hier vertretener Auffassung (siehe auch bereits → § 100a Rn. 118) nicht den verfassungsrechtlichen Anforderungen an solche Zugriffe, und zwar unabhängig davon, ob man die Daten, die auf einem Cloud Server gespeichert und/oder verarbeitet werden, vom IT-System-Grundrecht oder dem Telekommunikationsgeheimnis als geschützt ansieht. Für heimliche Zugriffe auf vom Grundrecht auf Gewährleistung der Vertraulichkeit und Integrität informationstechnischer Systeme geschützte informationstechnische Systeme (zu denen auch die vom Nutzer genutzten Teile der Cloud Server gehören, siehe → Rn. 33) müssen nach Auffassung des BVerfG Normen zum Schutz des sog. Kernbereichs erlassen werden.[80] Solche Vorschriften existieren für die §§ 94 ff. nicht. Überdies verlangt das BVerfG für Zugriffe auf vom IT-System-Grundrecht geschützte informationstechnische Systeme das Vorliegen eines Tatverdachts hinsichtlich einer beson-

---

[75] AA Grözinger StV 2019, 406 (411): Stets § 100b.

[76] S. auch Grözinger, Die Überwachung von Cloud-Storage, S. 288; aA Meinicke in Meinicke, Der strafprozessuale Zugriff auf Inhaltsdaten in der Cloud, IV. Online-Durchsuchung und Quellen-TKÜ (§§ 100a Abs. 1 S. 2, S. 3; § 100b StPO nF).

[77] BVerfG 20.4.2016 – 1 BvR 966, 1140/09, BVerfGE 141, 220 (303) = NJW 2016, 1781.

[78] BGBl. 2021 I 2099.

[79] BT-Drs. 19/27654, 61.

[80] BVerfG 27.2.2008 – 1 BvR 370, 595/07, BVerfGE 120, 274 (337 f.) = NJW 2008, 822; BVerfG 20.4.2016 – 1 BvR 966, 1140/09, BVerfGE 141, 220 Rn. 218 ff. = NJW 2016, 1781.

ders gravierenden Straftat.[81] Dieses ursprünglich für die Online-Durchsuchung entwickelte Kriterium ist mE auch auf eine heimliche, punktuelle Beschlagnahme von Daten aus informationstechnischen Systemen wie der Cloud anzuwenden, weil auch hierbei ein – wenn auch auf einen Zeitpunkt beschränkter – Vollzugriff auf das System und die dort enthaltenen Daten möglich ist. Häufig wird bei einer Beschlagnahme eines Speichers eine 1:1-Kopie des Speicherinhalts angefertigt. Durch die Heimlichkeit der Maßnahme kann der Betroffene – ebenso wie bei einer Online-Durchsuchung – weder zeitnah Rechtsschutz suchen noch überprüfen, ob und ggf. welche Daten verändert wurden. Selbst wenn man – aufgrund des fehlenden Dauerzugriffs und der Nichtverwendung eines Spähprogramms (hierzu ermächtigen §§ 94, 95a gerade nicht) – bei § 95a nF im Vergleich zu § 100b zu einer abgesenkten Eingriffsintensität gelangt, wäre mE zumindest eine „schwere Straftat" iSv § 100a Abs. 2 zu verlangen, da nach hier vertretener Ansicht sogar der Zugriff auf E-Mail-Konten beim E-Mail-Provider nur nach Maßgabe von § 100a zulässig ist (siehe → Rn. 96 ff.). Auch bei heimlichen Eingriffen in das Telekommunikationsgeheimnis (soweit man Cloud Computing als hiervon geschützt betrachtet) ist nach der Rechtsprechung des BVerfG erforderlich, dass ein Tatverdacht hinsichtlich einer schweren Straftat vorliegt. Bereits die Eingriffsnorm selbst muss dabei die schweren Straftaten in Form eines Straftatenkatalogs benennen, wobei sich die Schwere aus dem Strafrahmen der Delikte ergeben muss.[82] Weiterhin müssen Vorschriften für den Kernbereichsschutz vorhanden sein.[83] § 95a nF lässt für den heimlichen Zugriff aber bereits eine Straftat von „erheblicher Bedeutung" genügen und weist keinen „festen" Straftatenkatalog auf, sondern verweist nur beispielhaft auf § 100a Abs. 2. §§ 94, 95a nF entsprechen daher weder den Anforderungen an heimliche Eingriffe in das IT-System-Grundrecht noch in das Telekommunikationsgeheimnis. Daher wäre eine Anwendung des § 95a auf die heimliche Beschlagnahme von Daten aus Cloud Systemen verfassungswidrig (dasselbe gilt dementsprechend auch für die heimliche vorläufige Sicherung im Rahmen von § 110 Abs. 4 nF). Für heimliche Zugriffe auf vom Grundrecht auf Gewährleistung der Vertraulichkeit und Integrität informationstechnischer Systeme oder dem Telekommunikationsgeheimnis geschützte Inhalte ist § 95a nF nach hier vertretener Auffassung somit nicht anwendbar; für heimliche Zugriffe stehen vielmehr weiterhin nur § 100a (vor allem Abs. 1 S. 2 und S. 3) und § 100b zur Verfügung. Noch weniger ist es daher mit der geltenden Rechtslage zu vereinbaren, wenn heimliche Zugriffe auf Cloud-Speicher nach Abschluss einer offenen Durchsuchung auf § 110 Abs. 3 gestützt werden sollen.[84]

cc) Peer-to-peer-Netzwerke. Zu peer-to-peer-Netzwerken → § 100a Rn. 133. **34b**

2. Eingriff mittels eines technischen Mittels. a) Grundlegendes. Wie bei § 100a **35**
(→ § 100a Rn. 203 für Details) ist der Begriff des technischen Mittels **weit zu verstehen** und umfasst alle Software- und Hardware-Tools, mit denen ein heimlicher Zugriff auf informationstechnische Systeme möglich ist (auch zB Seitenkanalattacken). Hauptanwendungsfall dürfte die Verwendung einer Spähsoftware (sog. Staats- oder Bundestrojaner) sein. Ebenfalls hierunter fällt die Verwendung eines durch die Ermittlungsbehörden anderweitig erlangten Passworts, um heimlichen Zugriff auf ein informationstechnisches System zu erlangen und Daten hieraus zu erheben.[85] Besonders bedeutsam ist dies beim heimlichen Zugriff auf Cloud Server (siehe hierzu noch → Rn. 36) und Heim- oder Firmennetzwerke (siehe hierzu noch → Rn. 36) mittels des jeweiligen Passworts.

---

81 Für die Online-Durchsuchung: BVerfG 24.4.2013 – 1 BvR 1215/07, BVerfGE 133, 277 Rn. 226 = NJW 2013, 1499.

82 BVerfG 12.10.2011 – 2 BvR 236/08, NJW 2012, 833 (836); Wolter/Greco in SK-StPO § 100a Rn. 33.

83 BVerfG 16.6.2009 – 2 BvR 902/06, BVerfGE 124, 43 (69 f.) = NJW 2009, 2431; Wolter/Greco in SK-StPO § 100a Rn. 33.

84 Wenzler AO-StB 2021, 131; LG Koblenz 24.8.2021 – 4 Qs 59/21, NZWiSt 2022, 160 mAnm Bechtel; wie hier Hiéromente/Basar jurisPR StrafR 6/2022 Anm. 1.

85 Vgl. OLG Stuttgart 19.5.2021 – 2 Ws 75/21, BeckRS 2021, 15469.

36 Auch der Begriff des „Eingriffs" ist weit auszulegen (Details bei → § 100a Rn. 203 ff.). Insbesondere ist sowohl das **Ausnutzen von Sicherheitslücken als auch der Einsatz kriminalistischer List** innerhalb der bei → § 100a Rn. 206 ff. beschriebenen Grenzen zulässig. Da die Befugnis nach § 100b nicht darauf beschränkt ist, dass die Strafverfolgungsbehörden den Eingriff mittels des technischen Mittels selbst vornehmen, fallen hierunter auch Konstellationen, **in denen ein Dritter den Strafverfolgungsbehörden den gegenüber dem Betroffenen heimlichen Zugriff auf ein informationstechnisches System verschafft.** Beispiele sind hier die Gewährung von Zugang zu Cloud Servern durch den Cloud Anbieter (vgl. für Fälle des Zugriffs auf Cloud Daten, in denen § 100a einschlägig ist → § 100a Rn. 214 ff.), die Verschaffung von Zugriff auf Heim- oder Firmennetzwerke durch einen Internet Provider oder auf einen PC durch den Betreiber des Firmennetzwerks. In all diesen Fällen wird durch einen heimlichen Zugriff das IT-System-Grundrecht des Betroffenen beeinträchtigt; hierfür ist als Rechtsgrundlage nur § 100b vorgesehen. Da es im Rahmen von § 100b an einer Regelung iSv § 100a Abs. 4 fehlt, können Dritte jedoch nicht zur Unterstützung der Strafverfolgungsbehörden verpflichtet werden (möglich bleibt aber die Anordnung der Passwortherausgabe nach § 100j Abs. 1 S. 2 → § 100j Rn. 35).[86] Mit Inkrafttreten des StPO-Fortentwicklungsgesetzes am 1. Juli 2021 hat der Gesetzgeber die Möglichkeit einer „heimlichen Beschlagnahme" als punktuelle Maßnahme nach §§ 94, 95a nF geschaffen. Nach hier vertretener Auffassung genügt jedoch § 95a nF nicht den verfassungsrechtlichen Anforderungen an heimliche Zugriffe auf vom IT-System-Grundrecht geschützte informationstechnische Systeme und auch nicht auf vom Telekommunikationsgeheimnis geschützte Inhalte (siehe → Rn. 340 und → § 100a Rn. 118). Die Norm ist daher verfassungswidrig, soweit sie auch solche Zugriffe ermöglicht. Demnach können die §§ 94, 95a auch nicht dazu verwendet werden, mit Hilfe eines Dritten, zB eines Internet Providers, Telemediendienstleisters oder Firmennetzwerkbetreibers, Zugriff auf vom IT-System-Grundrecht geschützte informationstechnische Systeme (oder solche, die Inhalte enthalten, welche vom Telekommunikationsgeheimnis geschützt sind) zu erlangen und hieraus Daten zu erheben und zu beschlagnahmen. Dementsprechend ist es nach hier vertretener Auffassung auch nicht möglich, diesen Dritten mittels Anordnung nach § 95 zur Mithilfe zu zwingen. Andernfalls würde man sowohl die verfassungsrechtlichen Anforderungen an heimliche Eingriffe in die o.g. Grundrechte unterlaufen als auch die gesetzliche Begrenzung des § 100b, der gerade keine Vorschriften zur Mitwirkungsverpflichtung enthält.

37 Eine **Befugnis zum Betreten von Wohnungen iSv Art. 13 GG** zur Installation des technischen Mittels enthält § 100b ebenso wenig wie § 100a.[87] Insbesondere kommt wegen des qualifizierten Gesetzesvorbehalts des Art. 13 Abs. 2–7 GG keine sog. Annexkompetenz in Betracht.[88] Hiergegen kann nicht eingewendet werden, dass die Voraussetzungen des § 100b an denjenigen des § 100c angelehnt seien und deshalb hier wie dort ein Betreten der Wohnung von der Befugnis mitumfasst sei.[89] Der Wesentlichkeitsvorbehalt hätte nämlich erfordert, dass sich das Parlament explizit mit dem zusätzlichen Eingriff in Art. 13 GG beschäftigt hätte. Dies ist ausweislich der Gesetzesbegründung, die sich ausschließlich mit Eingriffen in das IT-System-Grundrecht beschäftigt,[90] und anders als bei § 100c nicht geschehen. Auch wird Art. 13 GG in Art. 17 des Gesetzes zur effektiveren und praxistauglicheren Ausgestaltung des Strafverfahrens nicht erwähnt.[91] Aus denselben Gründen kommt auch eine Kombination der Befugnisse aus § 110c (Betreten einer Wohnung durch einen Verdeckten Ermittler unter Verwendung seiner Legende) und § 100b nicht in Betracht, um

---

86 So nun auch OLG Stuttgart 19.5.2021 – 2 Ws 75/21, BeckRS 2021, 15469; LG Karlsruhe 7.4.2021 – 21 Qs 1/21, BeckRS 2021, 25340.

87 So auch von der Grün, Verdeckte Ermittlungen, S. 111.

88 Wie hier Soiné NStZ 2018, 497 (501); Bär in KMR-StPO § 100b Rn. 13; mit ausführlicher Begründung Derin/Golla NJW 2019, 1111 (1112 f.).

89 So jedoch Köhler in Meyer-Goßner/Schmitt § 100b Rn. 1; einschränkend Bruns in KK-StPO § 100b Rn. 6.

90 BT-Drs. 18/12785, 46 ff., 53 ff.

91 BGBl. 2017 I 3213; siehe auch Soiné NStZ 2018, 497 (501 Fn. 64).

einem Verdeckten Ermittler zu erlauben, eine fremde Wohnung zum Zweck der Installation der Spähsoftware zu betreten.[92] Es ist nach zutreffender Auffassung des BGH unzulässig, verschiedene Elemente verschiedener Eingriffsgrundlagen zu kombinieren, um eine neue Eingriffsgrundlage ohne Beteiligung des Gesetzgebers zu schaffen.[93] Da es sich bei Wohnungsdurchsuchungen um offene Maßnahmen handelt, darf auch in diesem Zusammenhang nicht heimlich ein technisches Mittel installiert werden.[94]

b) Spezialfall: Zugriff auf Messenger-Chats durch „Klonen" eines Accounts (Account-Cloning). Da die meisten (vor allem von kriminellen Akteuren verwendeten) Messenger-Dienste heutzutage mit einer sog. Ende-zu-Ende-Verschlüsselung arbeiten, suchen Ermittler „kreative" Wege, sich Zugriff auf diese Daten zu verschaffen. Eine dieser Methoden ist das „Klonen" des Messenger-Dienst-Accounts des Betroffenen. Dabei nutzen die Ermittler einen **Web-Client** oder einen über den Browser erreichbaren **Web-Frontend-Dienst** des jeweiligen Messengers und melden sich dort mit der Telefonnummer des Betroffenen an. Die Anmeldung löst regelmäßig einen weiteren Identifikationsvorgang aus (sog. Zwei-Wege-Identifikation). Dementsprechend ist noch eine weitere Bestätigung des Anmeldevorgangs erforderlich, um Zugang zu den Chatprotokollen zu erlangen. Wie die Strafverfolgungsbehörden diesen Vorgang „umgehen", hängt von der technischen Ausgestaltung ab. Wird beispielsweise ein Bestätigungscode unverschlüsselt (zB als SMS[95]) verschickt, kann der Bestätigungscode im Wege einer Telekommunikationsüberwachung abgefangen und verwendet werden. Muss dagegen mit dem Mobiltelefon des Betroffenen eine Aktion durchgeführt werden (zB ein QR-Code vom Computer-Bildschirm abgescannt werden[96] oder direkt in der App eine Aktion vorgenommen werden muss), so benötigen die Ermittler Zugriff auf das Mobiltelefon. Ist der Account einmal „kopiert", können die Ermittler alle über die App durchgeführte Kommunikation mitlesen, weil die App auf dem Smartphone die über sie versendeten Nachrichten an den Web-Client weiterleitet (theoretisch wäre es für die Ermittler damit auch möglich, selbst Nachrichten über den Account des Betroffenen zu versenden; da aber die Nachrichten dann auch an die App des Betroffenen geschickt würden, würde dies sofort auffallen). Gleichsam kann durch die Synchronisation der bisherigen Chat-Verläufe mit dem Web-Client auch vergangene Kommunikation eingesehen werden.[97] Ein kriminalistischer Nachteil dieser Methode liegt vor allem darin, dass der Betroffene in den Einstellungen seiner App auf dem Smartphone sowohl sehen kann, welche Geräte mit seiner App verbunden sind, als auch diese Geräte wieder von seiner App abmelden kann. 38

Auf welche Rechtsgrundlage ein solches Vorgehen gestützt werden kann, hängt davon ab, auf welche Daten zugegriffen wird. Beschränkt sich die Datenerhebung auf seit „Klonung" des Accounts versendete und empfangene Nachrichten bzw. auf seit Anordnung der Maßnahme versendete und empfangene Nachrichten, kann die Maßnahme auf § 100a Abs. 1 S. 2, S. 3 gestützt werden. Es handelt sich nämlich dann um eine Überwachung der Telekommunikation, die nicht über die Ausleitung durch einen TK-Anbieter, sondern über einen technischen Eingriff in das informationstechnische System (Smartphone) durchgeführt wird. Dass der technische Eingriff hierbei nicht durch die Installation einer Spähsoftware, sondern durch Nutzung einer bereits vorhandenen Software(-Sicherheitslücke) vorgenommen wird, ist unerheblich, da § 100a Abs. 1 S. 2, S. 3 nicht auf die Verwendung von Spähsoftware beschränkt ist, sondern allgemein von „technischen Mitteln" spricht. Dagegen handelt es sich aber nicht um eine „klassische" TKÜ nach § 100a Abs. 1 S. 1, weil hier nicht auf dem Übertragungsweg Telekommunikationsdaten ausgeleitet bzw. abgegriffen 39

[92] Eschelbach in Satzger/Schluckebier/Widmaier StPO § 100b Rn. 27.
[93] BGH 31.1.2007 – StB 18/06, MMR 2007, 237 (239) zur damals noch unzulässigen Online-Durchsuchung.
[94] Derin/Golla NJW 2019, 1111 (1113).
[95] https://web.telegram.org (Stand: 9.10.2020).
[96] https://web.whatsapp.com/ (Stand: 9.10.2020).
[97] https://www.tagesschau.de/inland/bka-whatsapp-101.html (Stand: 9.10.2020).

werden, sondern durch die heimliche Herstellung einer Kommunikationsverbindung zum Smartphone des Betroffenen in die Integrität des Geräts eingegriffen wird. Rechtsgrundlage für solche Eingriffe ist nunmehr § 100a Abs. 1 S. 2, S. 3. Problematisch ist jedoch, dass bei der Verbindung mit der App des Betroffenen alle dort gespeicherten Chat-Dateien mit dem Web Client synchronisiert werden, sodass die Ermittler auch Zugriff auf Nachrichten haben, die vor dem Anordnungszeitpunkt gesendet und empfangen wurden. Da nach § 100a Abs. 5 Nr. 1 jedoch **„technisch sicherzustellen" ist,** dass sich die Datenerhebung auf laufende Kommunikation und solche Kommunikation, die ab dem Anordnungszeitpunkt versendet oder empfangen wurde, beschränkt, ist das hier beschriebene „Account-Cloning" nicht nach § 100a Abs. 1 S. 2, S. 3 zulässig.

39a Der Ermittlungsrichter beim BGH hat kürzlich eine Maßnahme des sog. Account-Clonings auf § 100a Abs. 1 S. 1 gestützt.[98] Dies kann jedoch nicht überzeugen. Dem vorgebrachten Argument, ähnlich wie bei einer heimlichen E-Mail-Beschlagnahme beim Webmail-Provider, bei der ebenfalls § 100a Abs. 1 S. 1 die richtige Rechtsgrundlage sei,[99] könnten die auf den Servern des Messenger-Dienstes ruhenden Nachrichten (auch solche aus der Zeit vor Anordnung der TKÜ) miterhoben werden, weil sich diese nicht im alleinigen Herrschaftsbereich des Betroffenen befänden,[100] ist entgegenzuhalten, dass das Account-Cloning nicht mit der heimlichen E-Mail-Beschlagnahme zu vergleichen ist. Zwar gilt die strenge Beschränkung auf laufende Telekommunikation nach § 100a Abs. 5 Nr. 1 ausdrücklich nur für die eingriffsintensivere Quellen-TKÜ.[101] Allerdings werden bei der heimlichen E-Mail-Beschlagnahme die außerhalb des Herrschaftsbereichs ruhenden E-Mails mit Hilfe des Webmail-Providers beschlagnahmt, ohne dass eine heimliche Integritätsverletzung eines informationstechnischen Systems mittels des Einsatzes technischer Mittel durch die Ermittlungsbehörden stattfindet. Beim Account-Cloning wird dagegen – soweit der Betreiber überhaupt eine Infrastruktur betreibt, in welcher die Nachrichten gespeichert werden – in das informationstechnische System auf der Serverinfrastruktur eingegriffen, welches vom Betroffenen genutzt wird (sein/ihr „Bereich" auf der Serverinfrastruktur, in der die Nachrichten des/der Betroffenen gespeichert werden). Daneben ist auch eine Integritätsverletzung des Smartphones des Betroffenen anzunehmen, weil die Ermittlungsbehörden beim Account-Cloning technisch gesehen in die Lage versetzt werden, Nachrichten mit dem Account des Betroffenen zu versenden. Diese Nachrichten würden auch im Chatverlauf des Betroffenen auf dem Smartphone angezeigt (zumindest im Rahmen einer Synchronisation der Daten mit den Daten auf der Server-Infrastruktur), was eine Veränderung der Daten auf dem Smartphone mit sich bringt. Soweit eine solche Serverinfrastruktur vom jeweiligen Messenger-Dienst nicht betrieben wird, sondern die Messengernachrichten ausschließlich unmittelbar von der App auf dem Smartphone des Betroffenen an die von den Ermittlungsbehörden „gekaperte" Web-Applikation gesendet werden (und umgekehrt), ist der Fall noch weniger mit der heimlichen E-Mail-Beschlagnahme vergleichbar. Maßnahmen, bei denen ohne Einschaltung des Providers die Integrität eines informationstechnischen Systems (Bereich auf der Serverinfrastruktur und/oder das Smartphone des Betroffenen) durch technische Mittel verletzt wird, können nach der Systematik der §§ 100a ff. nur auf § 100a Abs. 1 S. 2, S. 3 oder § 100b gestützt werden. § 100a Abs. 1 S. 2, S. 3 scheidet jedoch aus o.g. Gründen aus. Der – unabhängig vom komplizierten Konkurrenzverhältnis der Grundrechte vorliegende – zusätzliche heimliche Eingriff in das IT-Grundrecht nach Art. 2 Abs. 1 iVm Art. 1 Abs. 1 GG[102] (neben dem Eingriff in Art. 10 Abs. 1 GG) kann nicht auf § 100a Abs. 1 S. 1 gestützt werden. Der Gesetzgeber hat für solche Eingriffe ausschließlich § 100a Abs. 1 S. 2, S. 3 und § 100b vorgesehen. Da es sich auch um eine

---

98 BGH 9.7.2020 – 2 BGs 468/20, BeckRS 2020, 49703.
99 Siehe BGH 14.10.2020 – 5 StR 229/19, NStZ 2021, 355.
100 BGH 9.7.2020 – 2 BGs 468/20, BeckRS 2020, 49703.
101 BGH 9.7.2020 – 2 BGs 468/20, BeckRS 2020, 49703; Köhler in Meyer-Goßner/Schmitt § 100a Rn. 6e; aA Von zur Mühlen, Zugriffe auf elektronische Kommunikation, S. 406.
102 Siehe hierzu Freiling/Safferling/Rückert JR 2018, 9 (20 ff.).

„wesentliche" Grundrechtsfrage handelt,[103] kann diese Entscheidung auch nicht durch kreative Auslegung von § 100a Abs. 1 S. 1 umgangen werden (auch nicht durch den Bundesgerichtshof). Schließlich spricht gegen eine Anwendung von § 100a Abs. 1 S. 1, dass die beim Account-Cloning technisch gegebene Möglichkeit des Versendens von Nachrichten vom Account des Betroffenen durch die Ermittlungsbehörden vom Wortlaut des § 100a Abs. 1 („Überwachen und Aufzeichnen") keinesfalls gedeckt ist.

Dementsprechend kann eine solche Maßnahme **nur auf § 100b gestützt werden.** **40** Die Herstellung der Verbindung von Web Client zur Messenger-App des Betroffenen ist als Eingriff in ein informationstechnisches System mit technischen Mitteln zu verstehen. Eine Beschränkung auf die Verwendung von Spähsoftware enthält auch § 100b Abs. 1 nicht (allgemein bereits → Rn. 36). § 100b Abs. 1 gestattet im Unterschied zu § 100a Abs. 1 S. 2, S. 3, Abs. 5 Nr. 1 auch die Erhebung von Kommunikationsdaten, die vor dem Anordnungszeitpunkt gesendet oder empfangen wurden. Auch erlaubt § 100b – entgegen seiner missverständlichen amtlichen Überschrift und Legaldefinition „Online-Durchsuchung" – auch eine dauerhafte (innerhalb der Anordnungsfrist) Überwachung eines Systems, sodass von dieser Rechtsgrundlage auch die Erhebung der neu ein- und ausgehenden Nachrichten erfasst ist. Dass die hier beschriebene Maßnahme auf die Erhebung von Daten aus einer bestimmten Messenger-App beschränkt ist, kann bei der Verhältnismäßigkeit berücksichtigt werden (deutlich weniger Eingriffsintensiv als eine Online-Durchsuchung des gesamten Smartphone-Speichers).

Äußerst problematisch ist auch bei Anwendung der Vorschriften über die Online- **40a** Durchsuchung, dass die Behörden bei einer Maßnahme nach § 100b gemäß dessen Abs. 4 i.V.m. § 100a Abs. 5 S. 1 Nr. 2 technisch sicherstellen müssen, dass bei der Maßnahme an „dem informationstechnischen System nur Veränderungen vorgenommen werden, die für die Datenerhebung unerlässlich sind". Wie oben geschildert (→ Rn. 39a), können die Behörden jedoch beim Account-Cloning auch Nachrichten vom Account des Betroffenen versenden und dadurch Daten in der Serverinfrastruktur und auf dem Smartphone des Betroffenen verändern. Diese Veränderung ist zur Datenerhebung aber nicht „unerlässlich". Da es sich bei § 100a Abs. 5 S. 1 Nr. 2 i.V.m. § 100b Abs. 4 um eine materielle Zulässigkeitsvoraussetzung handelt (Ausprägung des Verhältnismäßigkeitsprinzips),[104] ist das Account Cloning auch nach § 100b nur zulässig, wenn die Ermittlungsbehörden auf technischem Wege (nicht nur durch eine entsprechende rechtliche Beschränkung der Anordnung) sicherstellen, dass sie keine Nachrichten versenden und auch sonst keine Datenveränderungen auf Serverinfrastruktur oder Smartphone vornehmen können.

c) Entsperrung biometrischer Sicherungen als „Eingriff mit technischen Mitteln"? **41** Von Momsen wird diskutiert, ob § 100b (ggf. analog) als Rechtsgrundlage für die Umgehung biometrischer Sicherungen von Smartphones und anderen elektronischen Geräten genutzt werden kann, um an die dort gespeicherten Daten zu gelangen. Bei einem solchen Vorgang werden die **körperlichen Merkmale des Beschuldigten gegen dessen Willen genutzt,** um das Smartphone zu entsperren, beispielsweise der Finger des Betroffenen gewaltsam auf den Fingerabdruckscanner gedrückt oder das Smartphone vor das Gesicht des Betroffenen gehalten.[105]

Richtigerweise kann aber – jenseits der Frage, ob dieses Vorgehen überhaupt mit dem **42** nemo-tenetur-Grundsatz vereinbar ist – weder § 100a Abs. 1 S. 2, S. 3 noch § 100b als Rechtsgrundlage für ein solches Vorgehen herangezogen werden.[106] Dabei kann zwar nicht

---

103 Zur sog. Wesentlichkeitslehre siehe BVerfG 8.8.1978 – 2 BvL 8/77, BVerfGE 49, 89 (126 f.); 16.6.1981 – 1 BvL 89/78, BVerfG 57, 295 (327); 27.11.1990 – 1 BvR 402/87, BVerfGE 83, 130 (142); 6.7.1999 – 2 BvF 3/90, BVerfGE 101, 1 (34) jeweils mwN aus der vorgehenden verfassungsgerichtlichen Rspr.; Grzesick in Dürig/Herzog/Scholz GG Art. 20 VI Rn. 105; Hauck, Heimliche Strafverfolgung und Schutz der Privatheit, S. 141.

104 Köhler in Meyer-Goßner/Schmitt § 100a Rn. 141; Freiling/Safferling/Rückert JR 2018, 9 (12).

105 Bäumerich NJW 2017, 2718; Momsen DRiZ 2018, 140; Rottmeier/Eckel NStZ 2020, 193.

106 Im Ergebnis wie hier: Grzesiek/Zühlke STV-S 3/2021, 117 (120).

damit argumentiert werden, der Gesetzgeber habe §§ 100a Abs. 1 S. 2, S. 3, 100b dahingehend beschränkt, dass mit „technischem Mittel" nur Spähprogramme gemeint seien.[107] Ebenso wenig ist § 100b auf einen verdeckten Einsatz beschränkt,[108] da, a maiore ad minus, Eingriffsbefugnisse, die verdeckte Eingriffe erlauben, stets auch denselben Eingriff bei offener Vorgehensweise decken. Dies ergibt sich bei §§ 100a, 100b (wie bei anderen verdeckten Maßnahmen) auch aus dem Wortlaut („Auch ohne Wissen"). Allerdings sind die §§ 100a Abs. 1 S. 2, S. 3, 100b auf den Einsatz „technischer Mittel" beschränkt. Bei der Entsperrung mittels der Nutzung biometrischer Merkmale des Betroffenen **werden keine technischen Mittel verwendet, sondern körperliche Mittel** und die biometrischen Merkmale des Betroffenen, um Zugang zu einem technischen Gerät zu erlangen.[109] Diese Vorgehensweise ist daher nicht vom Wortlaut gedeckt. Gleichsam dürfte sicher sein, dass der Gesetzgeber diese Anwendung der Vorschriften bewusst nicht mitregeln wollte. Insofern würde eine Anwendung auch einen Verstoß gegen den Wesentlichkeitsvorbehalt darstellen.[110]

43 **3. Erhebung von Daten (insbesondere Abgrenzung zur Quellen-TKÜ und zum Lauschangriff).** § 100b Abs. 1 gestattet die Erhebung von Daten aus dem System. Im Zusammenspiel mit der amtlichen Überschrift (Online-Durchsuchung) könnte so der Eindruck entstehen, § 100b erlaube nur einen einmaligen heimlichen Zugriff auf das System und nur die Erhebung von zu diesem Zeitpunkt im System gespeicherten Daten. Wie sich jedoch aus § 100e Abs. 2 S. 4–6 ergibt, handelt es sich **tatsächlich um eine Dauermaßnahme.**[111] Anders ist nicht zu erklären, dass die Maßnahme eine explizite Regelung zur Höchstfrist und zur Verlängerung dieser Frist enthält. Eine solche Regelung zeigt, dass das gesetzgeberische Konzept eine längerfristige Systemüberwachung bezweckt (so wie andere länger andauernde Überwachungsmaßnahmen mit Fristenregelung) und nicht nur einen punktuellen Zugriff (deshalb enthalten weder die §§ 94 ff. noch die §§ 102 ff. eine Regelung zur Befristung). Die „Online-Durchsuchung" ermöglicht es den Strafverfolgungsbehörden daher während des Anordnungszeitraums das gesamte informationstechnische System zu überwachen und im Rahmen der Verhältnismäßigkeit sämtliche (zum Verhältnismäßigkeitsprinzip → Rn. 58) Daten zu erheben, die in dieser Zeit auf dem System verarbeitet werden. Aus dieser Möglichkeit zur **Systemtotalüberwachung** folgt die besondere Schwere der Maßnahme.[112]

44 Über § 100a Abs. 1 S. 3 hinaus können so auch Kommunikationsdaten vom System erhoben werden, die vor dem Anordnungszeitpunkt auf dem IT-System gespeichert worden sind. Da § 100b jedoch auch die Überwachung der laufenden Systemvorgänge erlaubt, kann auch die laufende Kommunikation überwacht werden. Die Maßnahme nach § 100b **umfasst somit die Befugnis zur Quellen-Telekommunikationsüberwachung.**[113]

45 Nicht auf § 100b gestützt werden können nach zutreffender hM Maßnahmen, welche der **Überwachung des Raums** dienen, in dem sich das IT-System befindet. Dementsprechend dürfen keine Sensoren (Kamera, Mikrofon etc) des Systems eingeschaltet werden und es dürfen auch keine Daten aus der Umgebung des Systems auf diesem Weg gezielt erhoben werden.[114] Der Wortlaut des § 100b begrenzt die Datenerhebung auf Daten „aus" dem System.[115]

---

107 So aber Rottmeier/Eckel NStZ 2020, 193 (197).
108 So jedoch Rottmeier/Eckel NStZ 2020, 193 (197).
109 Richtig Rottmeier/Eckel NStZ 2020, 193 (197).
110 Siehe zu diesem Argument ausführlich: Nadeborn/Albrecht NZWiSt 2021, 420.
111 AA (nur punktuelle Anwendung auf den bereits gespeicherten Datenbestand) Heinrich ZIS 2020, 421 (428).
112 Freiling/Safferling/Rückert JR 2018, 9 (13); Großmann GA 2018, 439 (443).
113 Bär in KMR-StPO § 100b Rn. 17.
114 Singelnstein/Derin NJW 2017, 2646 (2647); Roggan StV 2017, 826; Großmann GA 2018, 439 (442 f.); Grözinger, Die Überwachung von Cloud-Storage, S. 287; Schlegel, Normative Grenzen für internetbasierte Ermittlungsmethoden, S. 256; Gercke in Gercke/Julius/Temming/Zöller § 100b Rn. 11; Köhler in Meyer-Goßner/Schmitt § 100b Rn. 2; Bär in KMR-StPO § 100b Rn. 16; von der Grün, Verdeckte Ermittlungen, S. 111; wohl aA Eschelbach in Satzger/Schluckebier/Widmaier StPO § 100b Rn. 4; Blechschmitt MMR 2018, 361 (365); Beukelmann NJW-Spezial 2017, 440; Weber jM 2021, 252 (255).
115 Ruppert JA 2018, 994 (1002); Großmann GA 2018, 439 (442 f.); Singelnstein/Derin NJW 2017, 2646 (2647); Köhler in Meyer-Goßner/Schmitt § 100b Rn. 2 mwN.

Schaltet der **Nutzer dagegen die Sensoren selbsttätig ein** (zB, weil er ein Voice-over-IP-Telefonat führt oder etwas aufzeichnet) und verarbeitet das System die Daten auf Weisung des Nutzers hin (oder auch durch einen technischen Fehler oder automatisiert), spricht der Wortlaut des § 100b dafür, dass diese Daten nach oder während ihrer Verarbeitung im System „aus" dem IT-System erhoben werden dürfen. Dementsprechend wird in der Literatur vertreten, eine solche Erhebung sei im Rahmen von § 100b zulässig.[116] Weiterhin sei auch die Anwendung kriminalistischer List zulässig, um den Nutzer zum Einschalten der Sensoren zu bewegen.[117] Andere stellen dagegen darauf ab, dass das Gesetz zur effektiveren und praxistauglicheren Ausgestaltung des Strafverfahrens, mit dem § 100b in die StPO gekommen ist, gerade nicht Art. 13 GG als eingeschränktes Grundrecht nenne[118] und es sich bei der Erhebung von Daten, welche das infiltrierte System während der Dauer der Online-Durchsuchung mittels audiovisueller Sensoren aus der Wohnung aufzeichne, um einen unzulässigen Eingriff in das Wohnungsgrundrecht handele.[119] Schließlich wird teilweise danach differenziert, ob sich der Nutzer bei Verwendung der Sensoren in einer nach Art. 13 GG geschützten Räumlichkeit befindet.[120] 46

Tatsächlich handelt es sich jedoch bei der Erhebung von Daten aus dem infiltrierten IT-System auch dann nicht um einen Eingriff in Art. 13 GG, wenn es sich dabei um audiovisuelle Daten handelt, welche das System mittels seiner Sensoren innerhalb der Wohnung aufgezeichnet hat (Worte, Geräusche, Bilder, Videos etc), wenn dies nicht auf Veranlassung der Strafverfolgungsbehörden geschieht. Wie das BVerfG zu Recht ausgeführt hat, berührt die Infiltration informationstechnischer Systeme auch dann nicht das Wohnungsgrundrecht, wenn sich das informationstechnische System zum Zeitpunkt der Infiltration oder der Erhebung von Daten aus dem System innerhalb einer nach Art. 13 GG geschützten Räumlichkeit befindet.[121] Etwas anderes gilt nur dann, wenn das System gezielt infiltriert werde, „um mit Hilfe dessen bestimmte Vorgänge innerhalb der Wohnung zu überwachen, etwa indem die an das System angeschlossenen Peripheriegeräte wie ein Mikrofon oder eine Kamera dazu genutzt werden."[122] Damit ist indes nicht gemeint, dass die Erhebung jedweder Daten, die mittels des IT-Systems innerhalb einer Wohnung aufgezeichnet wurden, an Art. 13 GG zu messen ist. Andernfalls wäre nämlich auch die Erhebung von zum Zeitpunkt der Infiltration bereits auf dem IT-System gespeicherten Daten, die Vorgänge in der (bzw. sogar irgendeiner) Wohnung betreffen (also zB gespeicherte Bilder, Diktate oder Videos) ein Eingriff in Art. 13 GG. Dasselbe müsste dann konsequenterweise auch für die Erhebung von Daten während einer Telekommunikationsüberwachung gelten, wenn das überwachte Gespräch von zumindest einem Beteiligten in einer Wohnung geführt würde und ebenso, wenn es sich um Videotelefonie handelt und während des Gesprächs Videosignale mitübertragen werden, welche den Gesprächsvorgang und den Hintergrund in der Wohnung zeigen. Konsequent zu Ende gedacht hieße dies auch, dass selbst Daten, die im Rahmen einer Beschlagnahme erhoben werden, immer dann von Art. 13 GG geschützt würden, wenn sie Vorgänge in einer Wohnung betreffen (zB Bilder vom Inneren einer Wohnung auf einer beschlagnahmten Kamera) und zwar unabhängig davon, ob die Beschlagnahme überhaupt in einer Wohnung stattfindet. Bezüglich letzterem hat das BVerfG jedoch sogar explizit entschieden, dass nicht Art. 13 GG, sondern ggf. das Recht auf informationelle Selbstbestimmung einschlägig ist.[123] Diese Beispiele zeigen, dass Art. 13 GG lediglich einen räumlichen Schutzbereich bietet, der gegen staatliche Eingriffe in gerade diesen räumlichen Schutzbereich schützt. Dagegen führt Art. 13 GG nicht zu einem inhaltli- 47

116 Soiné NStZ 2018, 497 (502); Bär in KMR-StPO § 100b Rn. 16.
117 Soiné NStZ 2018, 497 (502); Bär in KMR-StPO § 100b Rn. 16.
118 BGBl. 2017 I 3202 (3213).
119 Roggan StV 2017, 821 (826); Ruppert JA 2018, 994 (1002); wohl auch Heinemann, Grundrechtlicher Schutz informationstechnischer Systeme, S. 125.
120 Grözinger, Die Überwachung von Cloud-Storage, S. 288.
121 BVerfG 27.2.2008 – 1 BvR 370/07 und 1 BvR 595/07, NJW 2008, 822 (826).
122 BVerfG 27.2.2008 – 1 BvR 370/07 und 1 BvR 595/07, NJW 2008, 822 (826).
123 BVerfG 12.4.2005 – 2 BvR 1027/02, BVerfGE 113, 29 (45) = NJW 2005, 1917.

chen Schutz von Daten, welche Vorgänge in einer Wohnung betreffen. **Der räumliche Schutzbereich der Wohnung wurde vom BVerfG gerade nicht dahingehend ausgedehnt,** dass dieser auch eine Infiltration des IT-Systems, das sich in der Wohnung befindet und eine Exfiltration von Daten aus diesem System, umfasst.[124] Zuzugeben ist dabei allerdings, dass die gleichzeitige Ausdehnung des Schutzbereichs auf elektromagnetische Abstrahlungen eines IT-Systems aus einer Wohnung durch das BVerfG damit nicht widerspruchsfrei zusammenpasst (zur Kritik hieran bereits im Rahmen des sog. WLAN-Catchings → Rn. 30).[125] Wie bei der Nutzung von Telekommunikationsanlagen in einer Wohnung oder der Aufzeichnung und Speicherung von Vorgängen in einer Wohnung (zB Anfertigung von Bild- und Videoaufnahmen) vertraut der Betroffene die Daten einem Datenverarbeitungsvorgang an und riskiert somit deren aktuelle oder spätere Kenntnisnahme durch Dritte und somit auch durch die Strafverfolgungsbehörden. Der räumlich-gegenständliche Schutzbereich von Art. 13 GG wird bei einer Erhebung dieser Daten ohne Eingriff in den räumlich-gegenständlichen Bereich aber nicht berührt. Dementsprechend können auch Daten, die von dem System innerhalb der Wohnung aufgezeichnet wurden und während der laufenden Online-Durchsuchung auf dem System verarbeitet werden, im Rahmen einer Maßnahme nach § 100b erhoben werden. Die Abgrenzung zu einer Maßnahme nach § 100c (dazu, dass § 100c allerdings nicht zu Eingriffen in das IT-Grundrecht berechtigt und daher gezielte Abhöraktionen durch die Infiltration von IT-Geräten auch nach dieser Norm nicht in Betracht kommt, → § 100c Rn. 55) oder einer strafprozessual unzulässigen optischen Wohnraumüberwachung hat danach zu erfolgen, ob die Strafverfolgungsbehörden das infiltrierte System aktiv und bewusst zur Wohnraumüberwachung einsetzen. Dementsprechend ist es sowohl unzulässig, wenn die Strafverfolgungsbehörden selbst die Sensoren des Systems einschalten und eine Datenverarbeitung auf dem System auslösen **(unmittelbare gezielte Nutzung zur Wohnraumüberwachung)** als auch, mittels kriminalistischer List, den Nutzer des Systems zum Einschalten der Sensoren zu bewegen[126] **(mittelbare gezielte Nutzung zur Wohnraumüberwachung).** Schaltet der Nutzer die Sensoren dagegen selbst ein oder initiiert er sonst einen Vorgang, bei dem das Geschehen in der Wohnung (teilweise) von den Sensoren miterfasst wird (zB Voice-over-IP-Telefonie), sind die hierdurch entstehenden Daten mittels einer Maßnahme nach § 100b erhebbar.[127] An diesen Maßstäben ist auch die Infiltration von sprachaktivierten Heim-Assistenz-Systemen wie zB Alexa zu messen. Die Ermittler dürfen die Systeme weder gezielt aktivieren, um einen Aufzeichnungsvorgang zu starten noch den Betroffenen mittels kriminalistischer List zur Verwendung des Systems bewegen. Dagegen dürfen diejenigen Daten, die während der durch den Betroffenen ohne staatliche Einflussnahme in Gang gesetzten Datenverarbeitungsvorgänge aufgezeichnet worden sind, bei einer Maßnahme nach § 100b erhoben werden.[128]

48 Werden durch eine solche Datenerhebung voraussichtlich (oder sogar sicher) Vorgänge bekannt, die sich in einer nach Art. 13 GG geschützten Räumlichkeit abspielen, ist dies aber bei der Prüfung der **Subsidiarität der Maßnahme, der Verhältnismäßigkeit und der möglichen Kernbereichsberührung (§ 100d) zu berücksichtigen.** Die Intensitätssteigerung des Grundrechtseingriffs oder sogar das Erhebungs- oder Verwertungsverbot bzgl. der erhobenen Daten betrifft alle Ermittlungsmaßnahmen gleichsam bzw. nach den Regeln von § 100d (sofern die Ermittlungsmaßnahme dort genannt ist). So ist auch die Eingriffsintensität einer Telekommunikationsüberwachung gesteigert, wenn bei einer Videotelefonie auch Vorgänge in der Wohnung übertragen werden und bei der Beschlagnahme einer Kamera, auf der sich Bilder aus der Privatwohnung befinden, greift ein Verwertungsverbot ein, wenn Vorgänge aus dem Kernbereich dargestellt werden.

124 BVerfG 27.2.2008 – 1 BvR 370/07 und 1 BvR 595/07, NJW 2008, 822 (826).
125 BVerfG 27.2.2008 – 1 BvR 370/07 und 1 BvR 595/07, NJW 2008, 822 (826).
126 Diesbezüglich aA Soiné NStZ 2018, 497 (502); Bär in KMR-StPO § 100b Rn. 16.
127 Ähnlich wie hier, wohl aber noch weitergehend Bruns in KK-StPO § 100b Rn. 5.
128 So auch Anders ZIS 2020, 70 (76 f.); siehe hierzu auch (knapp) Gless StV 2018, 671 (674); zu einem Beispielsfall https://www.br.de/nachrichten/netzwelt/regensburger-gericht-laedt-alexa-als-zeugin, SJR53nE (Stand: 23.12.2020).

4. Besonders schwere Straftaten. Die Online-Durchsuchung darf nur zur Verfolgung der in Abs. 2 **enumerativ aufgezählten** besonders schweren Straftaten verwendet werden. Die Tat muss darüber hinaus gem. Abs. 1 Nr. 2 auch im Einzelfall besonders schwer wiegen. Bei der Anordnung der Maßnahme muss also geprüft werden, ob die Tat auch im Verhältnis zur sowieso schon vorhandenen abstrakten Schwere der Katalogtaten auch im jeweiligen konkreten Fall „besonders schwer wiegt". Das besondere Gewicht der Straftat kann sich aus der Art der Tatbegehung, der Schutzbedürftigkeit der betroffenen Rechtsgüter, Ausmaß und Schwere des eingetretenen Schadens für die Tatopfer, der Beteiligung mehrerer potentieller Täter, Zusammenhänge mit anderen Katalogtaten, Straftaten aus dem Bereich des organisierten Verbrechens, einer besonderen Tatmotivation (zB terroristische oder extremistische Straftaten, Hasskriminalität etc) ergeben.[129] Als Maßstab kann hierbei die prognostisch zu erwartende Strafhöhe herangezogen werden.[130] 49

Im Unterschied zu § 100a **genügt für § 100b die Vorbereitung einer Straftat nicht.** Dementsprechend genügt auch eine Beteiligung im Vorbereitungsstadium nach § 30 StGB nicht.[131] Der Verdacht einer versuchten Straftat ist jedoch auch bei § 100b ausreichend, ebenso wie jede Täterschafts- und Teilnahmeform der §§ 25 ff. StGB. Bei versuchten Straftaten und den Teilnahmeformen der §§ 26, 27 StGB ist jedoch die „besondere Schwere" im Einzelfall besonders sorgfältig zu prüfen, insbesondere, wenn kein Schaden an Rechtsgütern eingetreten ist oder die Teilnahme nur eine untergeordnete Bedeutung hatte. 50

5. Verdacht aufgrund bestimmter Tatsachen. Vom Wortlaut her fordert § 100b denselben „qualifizierten Tatverdacht" wie § 100a, also weder ist ein „dringender Tatverdacht" noch ein „hinreichender Tatverdacht" erforderlich. Es genügt aber auch kein einfacher Anfangsverdacht (für Details → § 100a Rn. 151 ff.). Auch das BVerfG deutet in der Entscheidung zur Anti-Terror-Datei an, dass ein **„qualifizierter Tatverdacht" genügt,** ohne diesen jedoch verfassungsrechtlich zu konkretisieren.[132] Der besonderen Schwere des Grundrechtseingriffs (→ Rn. 14) muss auch bei den Anforderungen an die Prüfung des Tatverdachts im Einzelfall Rechnung getragen werden. Häufig werden daher sowohl an die Tatsachenbasis als auch an die Wahrscheinlichkeit der Tatbegehung (→ § 100a Rn. 153 f.) höhere Anforderungen zu stellen sein als im Rahmen von § 100a und sogar als im Rahmen von § 100c. 51

6. Ohne Wissen des Betroffenen. Die Online-Durchsuchung darf „auch ohne Wissen des Betroffenen", mithin heimlich durchgeführt werden. Der Betroffene der Maßnahme muss mithin **weder vor noch während der Durchführung der Maßnahme hierüber unterrichtet werden.** Nach Beendigung der Maßnahme sind die Zielperson und die „erheblich mitbetroffenen" Personen jedoch gem. § 101 Abs. 4 Nr. 4 über die Maßnahme zu unterrichten. Eine Benachrichtigung kann jedoch bei Vorliegen der Voraussetzungen von § 101 Abs. 4 S. 3–5, Abs. 5–7 zurückgestellt werden oder ganz unterbleiben (→ § 101 Rn. 60 ff.). 52

Die Heimlichkeit der Online-Durchsuchung ist ein weiteres Element, welches, neben der Sensibilität der von ihr berührten Daten und der realistischen Gefahr der Bildung eines Persönlichkeitsprofils des Betroffenen, ursächlich ist für ihre **erhebliche Eingriffsintensität.** 53

Mit dem Merkmal „auch" wird klargestellt, dass die Überwachungsmaßnahme selbst dann durchgeführt werden darf, wenn der Betroffene **mit ihrer Anordnung rechnet** oder darum weiß bzw. während ihrer Vollstreckung von der Maßnahme Kenntnis erlangt.[133] Tatsächlich rechnen namentlich Beschuldigte aus dem Bereich der Organisierten- bzw. der Transaktionskriminalität vielfach mit entsprechenden Maßnahmen. 54

---

[129] Vgl. auch Bär in KMR-StPO § 100b Rn. 23.
[130] Details bei Hauck in Löwe/Rosenberg § 100b Rn. 80.
[131] Vgl. BGH 16.6.1983 – 2 StR 837/82, NJW 1983, 2396 (2398) zu § 100a StPO.
[132] BVerfG 24.4.2013 – 1 BvR 1215/07, BVerfGE 133, 277 Rn. 226 = NJW 2013, 1499.
[133] BT-Drs. 17/5846, 39.

55 **7. Erforschung des Sachverhalts oder Ermittlung des Aufenthaltsorts des Beschuldigten.** Wie die Telekommunikationsüberwachung darf die Online-Durchsuchung sowohl zur **Erforschung des Sachverhalts** als auch zur **Ermittlung des Aufenthaltsorts** des Beschuldigten eingesetzt werden (→ § 100a Rn. 166 ff.).

56 **8. Subsidiarität (Abs. 1 Nr. 3).** § 100b Abs. 1 Nr. 3 enthält dieselbe Subsidiaritätsklausel wie § 100a (daher dort → § 100a Rn. 177 ff.). Obwohl der Gesetzgeber die Online-Durchsuchung hinsichtlich ihrer Schwere mit der akustischen Wohnraumüberwachung nach § 100c gleichstellt,[134] hat er **nicht die strengere Subsidiaritätsklausel aus § 100c verwendet.** Angesichts dessen, dass das BVerfG die Eingriffsschwere der Online-Durchsuchung mit derjenigen des Großen Lauschangriffs vergleicht und die Online-Durchsuchung nach richtiger Auffassung in vielen Fällen sogar weit darüber hinaus geht (→ Rn. 14), ist die durch die gewählte Regelungstechnik eintretende Subsidiarität der akustischen Wohnraumüberwachung im Verhältnis zur Online-Durchsuchung verfassungswidrig. Die Subsidiaritätsklausel des § 100b ist somit verfassungskonform dahingehend auszulegen, dass sie – ebenso wie § 100c (für Details dort → § 100c Rn. 36 f.) – nicht nur eine „wesentliche", sondern eine „unverhältnismäßige" Erschwernis der Ermittlungen auf anderem Wege verlangt.[135]

57 Als mildere Mittel kommen insbesondere die **offene Durchsuchung und Beschlagnahme** nach §§ 102 ff., 94 ff. in Betracht.[136] Diese sind nur dann als nicht hinreichend anzusehen, wenn bestimmte Tatsachen darauf hindeuten, dass der Betroffene Verschlüsselungstechnologien oder andere, gegen offene Durchsuchungsmaßnahmen wirksame Anti-Forensik-Maßnahmen einsetzt oder, wenn die Ermittlungsbehörde darlegen kann, warum eine dauerhafte Überwachung der auf dem System verarbeiteten Daten für die Strafverfolgung notwendig ist. Nicht überzeugend ist es dagegen, eine Durchsuchung nach §§ 102 ff. deshalb als schwerwiegender anzusehen, weil Polizeikräfte dabei physisch in die Wohnräume eindringen.[137] Dies verkennt nicht nur die erhebliche Intensitätssteigerung durch die Heimlichkeit der Online-Durchsuchung, sondern auch, dass eine Maßnahme nach § 100b eine Dauer-Systemüberwachung ist (bzw. sein kann), während Durchsuchungen nach §§ 102 ff. stets punktuelle Maßnahmen sind. Im Fall der Verschlüsselung von Datenträgern ist außerdem zu prüfen, ob die Ermittlungsbehörden an die Passwörter gelangen können (zB mittels einer Maßnahme nach § 100j Abs. 1 S. 2). Im letzteren Falle muss auch geprüft werden, ob nicht eine Maßnahme nach § 100a erfolgversprechend ist, weil nach hier vertretener Auffassung die Online-Durchsuchung zur TKÜ subsidiär ist.

58 **9. Verhältnismäßigkeit.** Obwohl § 100b weder allgemein noch speziell (wie etwa § 100a Abs. 1 S. 2, S. 3) eine **Prüfung des Verhältnismäßigkeitsprinzips** ausdrücklich normiert, ist dieses unmittelbar aus der Verfassung fließende Prüferfordernis auch bei einer Online-Durchsuchung und dort sogar besonders streng zu prüfen.[138]

59 Wie oben ausgeführt (→ Rn. 13) ergeben sich aus technischen Schwierigkeiten der Durchführung, möglichen Anti-Forensik-Maßnahmen des Betroffenen und Problemen mit dem Beweiswert der erhobenen Daten **keine durchgreifenden Bedenken gegen die Eignung der Maßnahme.**[139]

60 Bei der Prüfung der Verhältnismäßigkeit ieS muss beachtet werden, dass die Online-Durchsuchung die – nach der Untersuchungshaft – **schwerste Grundrechtsbeeinträchtigung darstellt, welche die StPO derzeit erlaubt** (→ Rn. 14). Außerdem kann angesichts der Bedeutung von informationstechnischen Systemen für das Leben und den Alltag

---

134 BT-Drs. 18/12785, 54.

135 Wie hier jedoch auf Grundlage der Auffassung, in § 100b sei dieselbe Subsidiaritätsklausel wie in § 100c StPO verwendet worden: Bär in KMR-StPO § 100b Rn. 24; siehe auch Großmann GA 2018, 439 (447 f.).

136 Bär in KMR-StPO § 100b Rn. 24.

137 So jedoch Müller NZWiSt 2020, 96 (98).

138 Richtig: Hauck in Löwe/Rosenberg § 100b Rn. 90 f.

139 Vgl. auch Hauck in Löwe/Rosenberg § 100b Rn. 92.

der Bürger/innen (ganz besonders bei der Überwachung von Smartphones und vernetzten Systemen) bei einer umfassenden und längerfristigen Datenerhebung aus dem System schnell eine **verfassungsrechtlich unzulässige Totalausforschung bzw. Rundumüberwachung** vorliegen. Gleiches gilt für die Möglichkeit der Erstellung eines **umfassenden Persönlichkeitsprofils.** Dementsprechend muss bei der Anordnung stets geprüft werden, ob eine Abwägung zwischen dem Strafverfolgungsinteresse des Staates und dem IT-System-Grundrecht des Betroffenen sowie ggf. den Grundrechten dritter betroffener Personen einen Einsatz dieser besonders schwerwiegenden Maßnahme rechtfertigt.[140] Die Eingriffsintensität wird dabei – neben den bereits oben genannten Faktoren (→ Rn. 14), die jeder Online-Durchsuchung immanent sind – hinsichtlich der Einzelmaßnahme vor allem von der Dauer und der Art und Menge der erhobenen Daten bestimmt. Dementsprechend sollte die angeordnete Dauer der Maßnahme im Regelfall deutlich unter der Höchstfrist von einem Monat (§ 100e Abs. 2 S. 4) liegen. Gleiches gilt für Verlängerungen der Anordnung. Weiterhin muss sowohl die Art als auch die Menge der zu erhebenden Daten bereits in der Anordnung (vgl. § 100e Abs. 3 Nr. 3) möglichst exakt bezeichnet werden, dabei ist besonders auf eine prognostische Verfahrensrelevanz der Daten zu achten.[141] Neben der Beachtung des Kernbereichsschutzes (hierzu → § 100d Rn. 21 ff.) sind hierbei auch „geeignete Garantien" iSv § 500 Abs. 1 iVm § 48 Abs. 2 BDSG festzulegen und es ist zu prüfen, ob die Erhebung der in § 46 Nr. 14 BDSG bezeichneten Datenarten überhaupt verfahrensrelevant ist. Alle benannten Beschränkungen sind auch während der Durchführung der Maßnahme laufend zu überprüfen, um die Datenerhebung entsprechend zu beschränken und ggf. zu beenden (vgl. § 100e Abs. 5 S. 1).

Unter Verhältnismäßigkeitsgesichtspunkten ist hinsichtlich der Datenmenge, die erhoben wird, eine **Live-Durchsicht auf dem System** durch einen Beamten zu erwägen, sofern das eingesetzte technische Mittel eine solche ermöglicht. Der Beamte kann dann die verfahrensrelevanten Daten auf dem System identifizieren und veranlassen, dass nur diese erhoben und gespeichert werden.[142] 61

II. Anlasstatenkatalog (Abs. 2)

Der qualifizierte Tatverdacht muss hinsichtlich einer der in Abs. 2 abschließend aufgezählten Straftaten bestehen. Ob alle dort aufgezählten Straftaten die verfassungsrechtlichen Anforderungen an die „besonders schweren Straftaten" erfüllen, wird in der Literatur zu Recht bezweifelt.[143] Angesichts dessen, dass das BVerfG die präventiv-polizeiliche Online-Durchsuchung nur zur Abwehr von **„überragend wichtigen Rechtsgütern"** wie „Leib, Leben, Freiheit einer Person" sowie Gütern der Allgemeinheit, „deren Bedrohung die Grundlagen oder den Bestand des Staates oder die Grundlagen der Existenz der Menschen"[144] gefährden, zulässt, dürfte die Einbeziehung von Straftaten gegen Vermögen und Eigentum (Bandendiebstahl, Geldwäsche, Hehlerei) sowie Verstöße gegen das Asyl- und Aufenthaltsgesetz (abgesehen vom Einschleusen mit Todesfolge) sowie die pauschale Einbeziehung der gewerbsmäßigen Betäubungsmittelkriminalität verfassungswidrig sein.[145] Trotz dieser Bedenken wurde der Katalog in § 100b Abs. 2 in der relativ kurzen Zeit der Geltung von § 100b nF bereits um weitere Deliktsgruppen erweitert.[146] 62

---

[140] Vgl. auch Hauck in Löwe/Rosenberg § 100b Rn. 96.

[141] Siehe hierzu auch Schiemann KriPoZ 2017, 338 (342).

[142] Freiling/Safferling/Rückert JR 2018, 9 (13).

[143] Köhler in Meyer-Goßner/Schmitt § 100b Rn. 7; Eschelbach in Satzger/Schluckebier/Widmaier StPO § 100b Rn. 10.

[144] BVerfG 27.2.2008 – 1 BvR 370, 595/07, BVerfGE 120, 274 (328) = NJW 2008, 822.

[145] Kritisch auch Hauck in Löwe/Rosenberg § 100b Rn. 86 ff.; Eschelbach in Satzger/Schluckebier/Widmaier StPO § 100b Rn. 11; Roggan StV 2017, 821 (827) jeweils mwN.

[146] Zuletzt etwa Artikel 1 Gesetz zur Fortentwicklung der Strafprozessordnung und zur Änderung weiterer Vorschriften vom 25. Juni 2021 (BGBl. 2021 I 2099); Artikel 2 Gesetz zur Änderung des Strafgesetzbuches – Strafbarkeit des Betreibens krimineller Handelsplattformen im Internet (BGBl. 2021 I 3544).

III. Betroffene der Maßnahme (Abs. 3)

63 Gem. Abs. 3 können neben dem informationstechnischen System des Beschuldigten (S. 1) die informationstechnischen Systeme anderer Personen nur dann Ziel einer Maßnahme nach Abs. 1 sein (S. 2), **wenn auf Grund bestimmter Tatsachen kumulativ (!) anzunehmen ist,** dass der Beschuldigte informationstechnische Systeme der anderen Person benutzt und die Durchführung des Eingriffs in informationstechnische Systeme des Beschuldigten allein nicht zur Erforschung des Sachverhalts oder zur Ermittlung des Aufenthaltsortes eines Mitbeschuldigten führen wird.

64 Der Beschuldigte muss gem. Abs. 3 S. 1, S. 2 Nr. 1 derjenige sein, der in der Anordnung nach § 100e Abs. 3 Nr. 1 als Beschuldigter bezeichnet wird. Dementsprechend handelt es sich **spätestens mit dem Ergehen der Anordnung um einen Beschuldigten nach dem formellen und materiellen Beschuldigtenbegriff** (→ Vor § 133 Rn. 20 ff.).[147] Gem. § 100e Abs. 3 Nr. 1 („soweit möglich") kann sich die Anordnung auch gegen einen namentlich noch unbekannten Beschuldigten richten. In diesem Fall wird der Beschuldigte als Inhaber des nach § 100e Abs. 3 Nr. 6 zu benennenden informationstechnischen Systems identifiziert.

65 **a) Vom Beschuldigten genutztes informationstechnisches System einer anderen Person.** Eine Online-Durchsuchung darf auch auf den informationstechnischen Systemen Dritter durchgeführt werden, wenn auf Grund bestimmter Tatsachen anzunehmen ist, dass der Beschuldigte (→ Rn. 64) deren informationstechnische Systeme mitbenutzt. Als informationstechnisches System eines Dritten wird hierbei jedes informationstechnische System zu gelten haben, dass dieser Dritte „als eigenes nutzt". Dies ist anzunehmen, wenn sich der Dritte bei Verarbeitung und Speicherung von Daten auf dem System so verhält, als hätte nur er (ggf. gemeinsam mit weiteren, ihm bekannten Benutzern) Zugriff auf das System und könne andere Personen von der Nutzung ausschließen. Dagegen kommt es nicht auf Eigentums- oder Besitzrechtsverhältnisse nach dem BGB an.[148] Dementsprechend genügt für die Nutzung des IT-Systems eines Dritten die „einfache Mitbenutzung" durch den Beschuldigten.[149] Die Erstreckung der Online-Durchsuchung auf die informationstechnischen Systeme von Dritten, die der Beschuldigte als eigenes nutzt, hat praktische Bedeutung vor allem **im Bereich des sog. Cloud Computings.**[150]

66 Die vom BVerfG für die Erstreckung einer Telekommunikationsüberwachung auf sog. Nachrichtenmittler geforderte **verfassungskonforme Auslegung**[151] muss im Wege eines Erst-Recht-Schlusses auch für die schwerwiegendere Maßnahme der Online-Durchsuchung gelten.[152] Erforderlich ist also, dass der Beschuldigte das informationstechnische System der dritten Person in die Tatausführung eingebunden hat und dieses daher eine besondere Tatnähe aufweist. Eine beliebige Erstreckung der Online-Durchsuchung auf IT-Systeme Dritter („ins Blaue hinein"), die der Beschuldigte in der Vergangenheit benutzt hat, ist daher unzulässig.

67 **b) Spezielle Subsidiaritätsklausel.** Zusätzlich verlangt Abs. 3 S. 2 Nr. 2, dass auf Grund bestimmter Tatsachen anzunehmen ist, dass die Durchführung des Eingriffs in informationstechnische Systeme des Beschuldigten allein nicht zur Erforschung des Sachverhalts oder zur Ermittlung des Aufenthaltsortes eines Mitbeschuldigten führen wird. Die Einbeziehung der informationstechnischen Systeme Dritter steht daher unter **einem weiteren, spezifischen Subsidiaritätsvorbehalt.** Diese Voraussetzung wird vor allem dann erfüllt sein, wenn der Beschuldigte bewusst die informationstechnischen Systeme Dritter nutzt,

---

[147] Bär in KMR-StPO § 100b Rn. 27.
[148] So bereits Freiling/Safferling/Rückert JR 2018, 9 (14).
[149] Zum Ganzen: Freiling/Safferling/Rückert JR 2018, 9 (13 f.); zustimmend Köhler in Meyer-Goßner/Schmitt § 100b Rn. 9; Bär in KMR-StPO § 100b Rn. 29.
[150] Grözinger, Die Überwachung von Cloud-Storage, S. 288.
[151] BVerfG 20.4.2016 – 1 BvR 966/09, 1 BvR 1140/09, NJW 2016, 1781 Rn. 233.
[152] Richtig: Hauck in Löwe/Rosenberg § 100b Rn. 115.

um Tatspuren auf seinen eigenen Geräten zu vermeiden. Ein weiterer Anwendungsfall ist die Verwendung von Cloud Computing, Hotspots oder Internetcafés durch den Beschuldigten. Unter Verhältnismäßigkeitsgesichtspunkten ist eine Online-Durchsuchung von Cloud Servern oder Internetcafés nach Möglichkeit auf denjenigen Teil des Servers/denjenigen PC zu begrenzen, den der Beschuldigte nutzt. Sollte die Überwachung des gesamten Servers oder aller PCs eines Internetcafés notwendig sein, ist dies nur bei strenger Wahrung der Verhältnismäßigkeit und dementsprechend nur bei schwersten Straftaten (Mord, Kriegsverbrechen etc) zulässig.[153]

c) Unvermeidbare Mitbetroffenheit anderer Personen. Nach Abs. 3 S. 3 darf die Maßnahme auch durchgeführt werden, wenn andere Personen unvermeidbar betroffen werden. Aus systematischen Gründen sind „andere Personen" in diesem Sinne **weder der Beschuldigte noch dritte Inhaber von IT-Systemen,** die von S. 2 erfasst sind. Bei einer Online-Durchsuchung werden in vielen Fällen auch Daten unbeteiligter Personen erhoben werden, insbesondere dann, wenn der Betroffene mit anderen Personen über das IT-System kommuniziert. S. 3 stellt klar, dass die Maßnahme auch dann durchgeführt werden darf. Unter Verhältnismäßigkeitsaspekten muss natürlich sichergestellt werden, dass sich die Erhebung personenbezogener Daten von Unbeteiligten auf das notwendige Minimum beschränkt. 68

IV. Kernbereichsschutz (§ 100d)

Der Kernbereichsschutz der §§ 100a–100c ist nun **einheitlich in § 100d normiert.** Siehe die dortige Kommentierung für § 100b (→ § 100d Rn. 21 ff.). 69

C. Technische und verfahrensrechtliche Besonderheiten

I. Anforderungen an das technische Mittel (Abs. 4 iVm § 100a Abs. 5)

Abs. 4 verweist auf die Regelungen zur Begrenzung und Rückgängigmachung der am System vorgenommenen Veränderungen sowie zum Schutz des technischen Mittels und der erhobenen Daten gegen Veränderungen in § 100a Abs. 5 S. 1 Nr. 2, Nr. 3, S. 2. **Die dortigen Ausführungen gelten entsprechend (→ § 100a Rn. 262 ff.).** 70

II. Protokollierungspflichten (Abs. 4 iVm § 100a Abs. 6)

Auch die **Protokollierungspflichten aus § 100a Abs. 6** gelten für Online-Durchsuchungen gem. Abs. 4 entsprechend (→ § 100a Rn. 270 ff.). 71

III. Schutz zeugnisverweigerungsberechtigter Personen

Für den Schutz von zeugnisverweigerungsberechtigten Berufsträgern wie Strafverteidigern, Anwälten, Ärzten, Journalisten etc **tritt § 100d Abs. 5 an die Stelle des allgemeineren § 160a.** Demnach sind Online-Durchsuchungen bei den in § 53 genannten Personengruppen unzulässig. Dennoch erhobene Daten unterliegen nach § 100d Abs. 5 S. 2 iVm Abs. 2 einem umfassenden Verwertungsverbot (siehe die Kommentierung zu → § 100d Rn. 13 ff.). 72

Für zeugnisverweigerungsberechtigte Angehörige iSv § 52 und Berufshelfer iSv § 53a gilt, dass gegen diese eine Online-Durchsuchung zunächst rechtmäßig angeordnet werden kann. Erkenntnisse hieraus dürfen aber nur verwertet werden, wenn dies unter Berücksichtigung der Bedeutung des zugrunde liegenden Vertrauensverhältnisses nicht außer Verhältnis zum Interesse an der Erforschung des Sachverhalts oder der Ermittlung des Aufenthaltsortes eines Beschuldigten steht. Zur Problematik, dass **Berufshelfer der in § 160a Abs. 1** 73

[153] Vgl. Freiling/Safferling/Rückert JR 2018, 9 (14).

genannten Berufsgruppen durch § 160a damit besser geschützt sind, obwohl die Online-Durchsuchung die schärfste Eingriffsmaßnahme der StPO (jenseits der Untersuchungshaft) darstellt, siehe die Kommentierung bei → § 100d Rn. 44.

74 Für Fälle der Verstrickung der zeugnisverweigerungsberechtigten Personen gilt gem. § 100d Abs. 5 S. 3 die Regelung des § 160a Abs. 4 entsprechend. Dies gilt **wegen § 148 nicht für Strafverteidiger** (hierzu → § 100a Rn. 294).[154] Ob im Rahmen von § 148 wie bei der Telekommunikationsüberwachung eine Online-Durchsuchung dann ausnahmsweise zugelassen werden kann, wenn der Verteidiger verdächtig ist, selbst an der Katalogtat, wegen welcher die Online-Durchsuchung angeordnet wurde, als Täter oder Teilnehmer beteiligt gewesen zu sein (→ § 100a Rn. 294), hat das BVerfG bislang nicht entschieden. Angesichts der Gefahren für sämtliche Mandatsverhältnisse des Verteidigers bei einer Online-Durchsuchung seiner Geräte dürfte dies jedoch eher zu verneinen oder nur unter sehr strengen Verhältnismäßigkeitsbeschränkungen, insbesondere Aussonderung und Löschung aller erhobenen Daten, die andere Mandatsverhältnisse betreffen, zuzulassen sein.[155]

IV. Möglichkeiten der Einführung gewonnener Erkenntnisse

75 Prinzipiell bestehen die gleichen Möglichkeiten der Einführung der mittels einer Online-Durchsuchung erhobenen Daten als Beweise wie bei den Daten aus einer Quellen-Telekommunikationsüberwachung (daher grundlegend → § 100a Rn. 295 ff.). Die gespeicherten Daten bzw. der Datenträger, auf dem sie gespeichert sind, können als Augenscheinsobjekt zum Teil der Hauptverhandlung gemacht werden. Die darauf befindlichen Daten werden in vielen Fällen unterschiedliche Informationsarten (Bild, Text, Audio, Video, weitere Informationsarten) enthalten. Die Daten müssen daher mit entsprechenden Programmen in eine sinnlich wahrnehmbare Information umgewandelt werden, um von den Prozessbeteiligten wahrgenommen werden zu können. Bei dieser Umwandlung ist – wie bereits bei der Erhebung und Speicherung der Daten während der Maßnahme, → Rn. 13 – darauf zu achten, **dass die Authentizität und Integrität der Daten nicht beeinträchtigt wird.**[156] Wenn die verfahrensrelevanten Informationen sich dazu eignen (Text, Bild) können diese auch ausgedruckt und in Form des Urkundenbeweises eingeführt werden (zu Details → § 100a Rn. 298 ff.).[157] Deren Beweiswert ist jedoch im Vergleich zum ursprünglichen Datenträger gemindert, weil Manipulationen an den Daten in dieser Form nicht mehr erkennbar sind. Besteht der Verdacht von unbeabsichtigten oder beabsichtigten Manipulationen an den Daten, so ist ein Sachverständiger zu hören, welchem eine unter Nutzung eines Write-Blockers angefertigte 1:1-Kopie des Originaldatensatzes für seine Gutachtenerstellung zur Verfügung gestellt werden muss. Ebenfalls eines IT-Forensik-Sachverständigen bedarf die „Übersetzung" und Auswertung von erhobenen Datenpaketen, welche nicht in einer „einfachen" Schrift-, Sprach- oder Bildinformation bestehen und welche erst visualisiert und aufbereitet werden müssen, um einen für das Gericht verständlichen Informationsgehalt zu erhalten.[158]

V. Verwertung von Erkenntnissen aufgrund rechtmäßiger Erhebung

76 **1. Verwendung in demselben (Ausgangs-)Strafverfahren.** Weder § 100b noch § 100e enthalten Regelungen zur Verwendung der erhobenen personenbezogenen Daten im Ausgangsstrafverfahren. Lediglich § 100d Abs. 2 S. 1 verbietet die Verwendung von Kernbereichsdaten. Daneben kann sich aus §§ 500 Abs. 1 iVm 48 Abs. 2 BDSG ergeben,

[154] Köhler in Meyer-Goßner/Schmitt § 100d Rn. 26.
[155] AA (gleiche Regeln wie bei § 100a StPO): Köhler in Meyer-Goßner/Schmitt § 100d Rn. 26 mwN.
[156] Dewald/Freiling, Forensische Informatik, S. 244 ff.; Maras, Computer Forensics, S. 46 ff.; Rückert in Ehmann, Lexikon für das IT-Recht 2019, S. 265 f.; Mohay/Anderson/Collie/De Vel/McKemmish, Computer and Intrusion Forensics, S. 121 ff.
[157] Zum Ganzen auch Hauck in Löwe/Rosenberg § 100b Rn. 121.
[158] Heinson, IT-Forensik, S. 130 f.

dass „besondere personenbezogene Daten“ iSv § 46 Nr. 14 BDSG nicht verwendet werden dürfen (→ Rn. 18). Andere Daten können in dem Strafverfahren, in dem die Online-Durchsuchung angeordnet wurde, **uneingeschränkt verwendet werden.** Dasselbe Strafverfahren ist – wie bei § 100a (→ § 100a Rn. 314 ff.) – im Sinne derselben prozessualen Tat nach § 264 zu verstehen.

Ob die erhobenen Daten auch verwendet werden dürfen, wenn sich die bekannte 77 Sachlage später – ggf. sogar noch vor Anklageerhebung – so ändert, dass in diesem späteren Zeitpunkt kein Tatverdacht hinsichtlich einer Katalogtat mehr vorliegt, ist – anders als für § 100a – bezüglich des relativ neuen § 100b noch nicht entschieden. Indes sprechen dieselben Argumente für eine Verwertbarkeit wie bei § 100a: Die ursprüngliche Beweiserhebung war rechtmäßig und an dieser Rechtmäßigkeit ändert sich auch durch die Änderung der bekannten Tatsachenlagen nichts, da der Tatverdacht stets aus der ex ante-Perspektive zu bestimmen ist (→ § 100a Rn. 155). Dementsprechend ist auch bei § 100b von einer Verwertbarkeit **auch bei späterem Wegfall des Tatverdachts hinsichtlich einer Katalogtat** auszugehen.

2. Verwendung in anderen Strafverfahren. Für die Verwendung in anderen Straf- 78 verfahren gilt **§ 100e Abs. 6 Nr. 1 als speziellere Vorschrift im Verhältnis zu § 479 Abs. 2 S. 1.** Allerdings entspricht § 100e Abs. 6 Nr. 1 in seinem Regelungsgehalt weitgehend § 479 Abs. 2 S. 1 (Gedanke des hypothetisch rechtmäßigen Ersatzeingriffs), sodass hier im Ergebnis dasselbe gilt wie bei § 100a (→ § 100a Rn. 320 ff.). Insbesondere genügt nicht nur das Vorliegen des Tatverdachts hinsichtlich einer Katalogtat, es sind vielmehr alle materiellen Anordnungsvoraussetzungen hypothetisch unter Zugrundelegung des Sach- und Erkenntnisstandes zum Zeitpunkt der Verwertung/Verwendung in dem anderen Strafverfahren zu prüfen (detaillierte Begründung bei → § 100a Rn. 320 ff.).[159] Die Rechtmäßigkeit der ursprünglichen Datenerhebung ist dagegen nicht – auch nicht im Hinblick auf § 49 S. 1 BDSG – erforderlich, jedoch im Rahmen der Verhältnismäßigkeit als intensitätssteigernder Faktor zu berücksichtigen (ausführlich hierzu → § 100a Rn. 325 ff.).

Anders als § 479 Abs. 2 S. 1 iVm § 161 Abs. 3, der aber entsprechend verfassungskon- 79 form auszulegen ist (→ § 100a Rn. 321 ff.), enthält § 100e Abs. 6 Nr. 1 **keine Einschränkung der Verwendungsbeschränkung auf Daten „zu Beweiszwecken“.** Dementsprechend ist bei einer Online-Durchsuchung – genau wie bei § 100c – die Verwendung der personenbezogenen Daten in anderen Strafverfahren auch als Spurenansatz nur erlaubt, wenn in dem anderen Strafverfahren eine Online-Durchsuchung hätte angeordnet werden können.[160] Siehe im Übrigen die Kommentierung zu → § 100e Rn. 85 ff.

Zur Frage, wie mit der Verwertung von Daten umzugehen ist, bei denen die **genauen** 79a **Umstände der ursprünglichen Datenerhebung nicht bekannt** (zB bei der Erhebung von Daten durch ausländische Behörden) sind, siehe detailliert → § 100e Rn. 93a.

3. Verwendung zu Zwecken der Gefahrenabwehr. Für die Frage, ob und wann 80 Erkenntnisse aus einer strafprozessualen Online-Durchsuchung zur Gefahrenabwehr verwendet werden dürfen**, gilt § 100e Abs. 6 Nr. 2.** Problematisch ist in diesem Zusammenhang vor allem, ob die Vorschrift nur verwertbare oder auch unverwertbare Daten betrifft. Bis zur Streichung von § 479 Abs. 3 durch das StPO-Fortentwicklungsgesetz zum 1. Juli 2021[161] war auch problematisch, in welchem Verhältnis § 100e Abs. 6 zu § 479 Abs. 3 steht (zu beiden Problemkreisen → § 100e Rn. 78 ff.). Die Rechtmäßigkeit der ursprünglichen Datenerhebung ist nur dann Voraussetzung für die Verwendbarkeit der Daten zur Gefahrenabwehr, wenn dies durch das jeweilige Gefahrenabwehrrecht selbst vorausgesetzt wird; § 49 S. 1 BDSG macht dies nicht zur Voraussetzung (→ § 100a Rn. 325 ff.).

---

[159] BGH 26.4.2017 – 2 StR 247/16, NJW 2017, 3173 (3177); 15.11.2017 – 2 StR 128/17, NStZ 2018, 296.
[160] Graf in BeckOK StPO § 100e Rn. 34.
[161] BGBl. 2021 I 2099.

VI. Beweisverwertungsverbote bei rechtswidriger Erhebung

81 **1. Formell rechtswidrige Anordnung.** Bezüglich des Eintritts von Beweisverwertungsverboten bei Verstößen gegen formelle Vorschriften bei der Anordnung einer Online-Durchsuchung kann weitestgehend auf die **Ausführungen bei → § 100a Rn. 339 ff.** verwiesen werden, weil die formellen Anforderungen nunmehr in der gemeinsamen Vorschrift des § 100e geregelt sind.

82 Bei Verstößen gegen die Anordnungsbefugnis ist dabei zu beachten, dass bei **Gefahr im Verzug** der Vorsitzende der in § 74a Abs. 4 GVG genannten Kammer des Landgerichts eine Maßnahme nach § 100b genehmigen kann, **nicht jedoch die Staatsanwaltschaft.** Dementsprechend ist bei einer Anordnung durch die Staatsanwaltschaft oder die Polizei unter Verstoß gegen § 100e Abs. 2 – wie bei § 100a im Falle polizeilicher Anordnung → § 100a Rn. 341 – ein Beweisverwertungsverbot anzunehmen.[162] Dies lässt sich mit einem Erst-Recht-Schluss aus der entsprechenden Rechtsprechung des BGH zu § 100a (→ § 100a Rn. 341) begründen. Für Fälle der fehlerhaften Annahme von Gefahr im Verzug gelten die Ausführungen zu § 100a entsprechend (→ § 100a Rn. 342).

83 Angesichts der Tatsache, dass das BVerfG die Höchstdauer von einem Monat der jeweiligen Anordnung als durch Verfassungsrecht vorgegeben betrachtet, sind bei § 100b auch **Fristüberschreitungen strenger zu handhaben** als bei § 100a (→ § 100a Rn. 3). Diese führen in der Regel zu einem Beweisverwertungsverbot. Ausnahmen können nur bei ganz kurzfristigen (einige Stunden oder Tage) unbewussten Überschreitungen anerkannt werden.

84 Für Verstöße gegen die **Protokollierungspflicht** aus § 100b Abs. 4 iVm § 100a Abs. 6 kann auf die Ausführungen bei → § 100a Rn. 351 verwiesen werden.

85 **2. Materiell rechtswidrige Anordnung.** Bezüglich der fehlerhaften Bejahung des Tatverdachts, der Nichtbeachtung des Subsidiaritätsgrundsatzes und des fehlenden Tatverdachts hinsichtlich einer Katalogtat kann auf die entsprechenden **Ausführungen bei → § 100a Rn. 345 ff.** verwiesen werden.

86 Aufgrund der großen, vielfältigen und aussagekräftigen Datenmengen, die in modernen informationstechnischen Systemen verarbeitet werden, kommt der Verhältnismäßigkeit der Maßnahme, gerade hinsichtlich der Menge der erhobenen Daten, eine noch größere Bedeutung zu als bei anderen heimlichen Überwachungsmaßnahmen. Dementsprechend sind bei **Verstößen gegen den Verhältnismäßigkeitsgrundsatz** dann Beweisverwertungsverbote anzunehmen, wenn nicht nur ein aus Sicht des Revisionsgerichts „falsches" Abwägungsergebnis vorliegt, sondern ein echter Abwägungsfehler (zB Abwägungsausfall, falsche Gewichtung der Datenmenge bei der Verhältnismäßigkeit, Nichtbeachtung von anderen wichtigen Abwägungsfaktoren wie Heimlichkeit oder Streubreite). Gleiches gilt für ein unvertretbares Abwägungsergebnis.

87 Bei Anordnungen von Online-Durchsuchungen auf IT-Systemen dritter Personen iSv § 100b Abs. 3 S. 2 kommt ein Beweisverwertungsverbot nur bei **bewussten, willkürlichen oder grob fehlerhaften Prognosen** hinsichtlich der Mitbenutzung durch den Beschuldigten oder der speziellen Subsidiaritätsregelung in § 100b Abs. 3 S. 2 Nr. 2 in Betracht.

88 Für Verstöße gegen die den Verhältnismäßigkeitsgrundsatz konkretisierenden Vorschriften der §§ 100b Abs. 4 iVm 100a Abs. 5 kann auf die **Ausführungen zur Quellen-TKÜ verwiesen werden (→ § 100a Rn. 350).**

89 **3. Verstöße gegen § 500 iVm §§ 45 ff. BDSG.** Bei Verstößen gegen § 500 iVm §§ 45 ff. BDSG ist zu differenzieren. Handelt es sich um Vorschriften, welche die Sicherheit der Daten betreffen, welche sich in justizieller Obhut befinden (§ 64 BDSG), betreffen diese nicht die verfahrensrechtlichen Interessen des Beschuldigten, sondern dessen Interesse an der Sicherheit der Daten in den Händen der Behörden. Dementsprechend kommt ein Beweisverwertungsverbot hier nicht in Betracht. Anders verhält es sich mit § 48 BDSG (Verarbeitung von Daten, welcher der Kategorie der besonderen personenbezogenen Daten

[162] So auch Hauck in Löwe/Rosenberg § 100b Rn. 137.

angehören). Da es sich hierbei um **materielle Zulässigkeitsvoraussetzungen der Verarbeitung dieser Daten** handelt, kommt nach den allgemeinen Grundsätzen der Abwägungslehre ein Beweisverwertungsverbot bei bewussten, willkürlichen oder besonders groben Verstößen in Betracht. Angesichts der Unbestimmtheit des Begriffs der „geeigneten Garantien" betrifft dies hauptsächlich das völlige Fehlen einer Entscheidung über die notwendigen Garantien. Auch Verstöße gegen andere Vorschriften, welche die Eingriffsbefugnisse begrenzen, wie zB Verstöße gegen § 71 BDSG, können bei bewussten, willkürlichen oder groben Verstößen nach der Abwägungslehre ein Beweisverwertungsverbot begründen. Dies gilt insbesondere dann, wenn aufgrund der Versäumnisse Daten miterhoben wurden und nun verwertet werden sollen, die bei Beachtung von § 71 BDSG nicht miterhoben worden wären (wegen datenschutzfreundlicher Grundeinstellungen des eingesetzten technischen Mittels).

VII. Aufgrund anderer Gesetze erlangte Erkenntnisse

Erkenntnisse, die aus präventiv-polizeilichen Online-Durchsuchungen erlangt worden 90
sind, dürfen nach § 100e Abs. 6 Nr. 3 nur zur Aufklärung von Straftaten eingesetzt werden, aufgrund derer ebenfalls eine Online-Durchsuchung hätte angeordnet werden können.[163] Insbesondere genügt nicht nur das Vorliegen des Verdachts hinsichtlich einer Katalogtat, es sind vielmehr **alle materiellen Anordnungsvoraussetzungen hypothetisch unter Zugrundelegung des Sach- und Erkenntnisstandes zum Zeitpunkt der Verwertung/Verwendung im Strafverfahren** zu prüfen (detaillierte Begründung bei → § 100a Rn. 320).[164] Auch hier besteht keine Einschränkung der Verwendungsbeschränkung „zu Beweiszwecken", sodass auch keine Verwendung als Spurenansatz in Betracht kommt.[165] Im Übrigen siehe die Kommentierung zu → § 100e Rn. 99 ff.

Für den Fall, dass zukünftig Online-Durchsuchungen auch durch den **Verfassungs-** 91
schutz erlaubt werden,[166] erfasst § 100e Abs. 6 Nr. 3 diesen Fall ausweislich seines Wortlauts („polizeirechtliche Maßnahme") eindeutig nicht. Ein Rückgriff auf die allgemeinere Vorschrift des § 161 Abs. 3 wäre in diesem Fall ebenfalls ausgeschlossen, da diese von § 100e Abs. 6 Nr. 3 verdrängt wird.

Eine **rechtmäßige Datenerhebung** nach Polizeirecht ist dagegen für die Verwendung 92
im Strafverfahren nicht zwingend vorausgesetzt. Auch § 49 S. 1 BDSG und Art. 4 Abs. 2 der Richtlinie 2016/680 setzen dies richtigerweise nicht voraus. Die Rechtswidrigkeit ist jedoch als intensitätserhöhender Faktor bei der, im Rahmen der Prüfung des hypothetisch rechtmäßigen Ersatzeingriffs vorzunehmenden, hypothetischen Verhältnismäßigkeitsprüfung zur Verwendung im Strafverfahren und ebenfalls im Rahmen der Abwägung bei der Frage eines Beweisverwertungsverbots zu berücksichtigen (→ § 100a Rn. 325 ff.).

Spezialgesetzliche Zweckänderungsverbote gelten auch hier (→ § 100a Rn. 379 93
und → § 100e 103).

VIII. Zugriff auf im Ausland gespeicherte Daten

Sind die verfahrensrelevanten Daten auf einem Datenspeicher (zumeist Server eines Cloud 94
Anbieters) im Ausland gespeichert, stehen den Ermittlungsbehörden zunächst die allgemeinen Möglichkeiten der Rechtshilfe, in Europa insbesondere die europäische Ermittlungsanordnung, zur Verfügung (hierzu → § 100a Rn. 50). Ein **direkter Zugriff auf die Daten ist dagegen**

---

163 Zur Problematik des „Wahlrechts" der Polizei (namentlich des BKA) hinsichtlich der Rechtsgrundlage einer Online-Durchsuchung in Gemengelagen, insbesondere bei Ermittlungen wegen sog. Vorfelddelikte siehe äußerst lesenswert Roggan GSZ 2018, 52.

164 BGH 26.4.2017 – 2 StR 247/16, NJW 2017, 3173 (3177); 15.11.2017 – 2 StR 128/17, NStZ 2018, 296.

165 AA allerdings allein auf Grundlage von § 161 StPO: Bär in KMR-StPO § 100b Rn. 46 aE.

166 Dies ist offensichtlich geplant: https://www.lto.de/recht/hintergruende/h/kabinett-staatstrojaner-geheimdienste-verfassungsschutz-bnd-mad-quellen-ueberwachung-messenger-bverfg-verfassungsbeschwerde/ (Stand: 23.12.2020).

nach derzeit hM völkerrechtswidrig, wenn er nicht durch einen entsprechenden völkerrechtlichen Vertrag gedeckt ist.[167] Da eine Online-Durchsuchung nicht öffentlich zugängliche Daten erhebt und im absoluten Regelfall auch ohne die Zustimmung des Berechtigten erfolgt, gibt auch Art. 32 der Cybercrime Convention keine Grundlage für einen solchen Eingriff. Soweit vertreten wird, dass eine vorläufige Sicherung von Daten auf Servern im EU-Ausland nach Art. 20 EU-RhÜbk. (heute für die meisten Fälle Art. 30, 31 EEA analog) erlaube,[168] ist dem zu widersprechen. Es handelt sich bei Art. 30, 31 EEA um analogiefeindliche Spezialnormen für die Telekommunikationsüberwachung.[169]

94a Auch das Zweite Zusatzprotokoll zur Cybercrime Convention, das am 17.11.2021 vom Ministerkomitee des Europäischen Rats verabschiedet wurde und seit Mai 2022 den Vertragsparteien der Cybercrime Convention zur Unterzeichnung und ggf. anschließenden Ratifikation vorliegt, enthält in Art. 9 für den grenzüberschreitenden Zugang zu Inhaltsdaten bei Telekommunikations- und Telemedienprovidern nur einen (sehr) beschleunigten Weg der Rechtshilfe über die nationalen Kontaktstellen des sog. 24/7-Netzwerks nach Art. 35 der Cybercrime Convention, jedoch keine Möglichkeit des Direktzugriffs. Ein Direktzugriff ist im Zweiten Zusatzprotokoll nur für Bestandsdaten iSv Art. 18 Abs. 3 Cybercrime Convention (siehe Art. 7 des Zweiten Zusatzprotokolls) und für Informationen bezüglich der Registrierung von Domain Names im Internet (siehe Art. 6 des Zweiten Zusatzprotokolls – auch hierbei handelt es sich der Sache nach um Bestandsdaten des Domain-Inhabers) vorgesehen.

95 Ein **Beweisverwertungsverbot bei Verletzungen der Souveränität anderer Staaten** durch Direktzugriffe auf Daten, die dort gespeichert sind, zieht jedenfalls dann ein Beweisverwertungsverbot nach sich, wenn der andere Staat der Verwertung eindeutig widerspricht und Rechtshilfe verweigert.[170] Im Übrigen führt die Nichteinhaltung des Rechtswegs im Regelfall nicht zu einem Beweisverwertungsverbot, weil diese nicht die grundrechtlich geschützten Interessen des Beschuldigten, sondern die Hoheitsrechte des fremden Staates betrifft.[171] Es gilt auch hier die Abwägungslösung der Rspr.[172] Danach führen idR nur bewusste, willkürliche oder grob fehlerhafte Verstöße zu Beweisverwertungsverboten.[173] Bei Online-Durchsuchungen von Cloud Servern kann hier jedoch nicht pauschal behauptet werden, eine Datenerhebung im Ausland erfolge nie bewusst, weil die Ermittler regelmäßig nicht wüssten, dass der Server im Ausland steht.[174] Da eine große Vielzahl von Cloud Anbietern Daten bekanntermaßen zumindest auch im Ausland speichert,[175] müssen die Ermittler eigentlich stets damit rechnen, dass sich die Daten (teilweise) im Ausland befinden. Daher müssen die Ermittlungsbehörden zumindest versuchen zu überprüfen, ob sich die Daten im Ausland oder im Inland befinden. Ist dies technisch oder aufgrund ermittlungstaktischer Erwägungen (Geheimhaltung der Online-Durchsuchung auch vor dem Cloud Anbieter) nicht möglich, ist idR kein Beweisverwertungsverbot anzunehmen, weil es an einem o. g. qualifizierten Verstoß fehlt. Werden dagegen keine Überlegungen dazu angestellt, ob sich die Daten im Aus- oder Inland befinden, nimmt der Ermittler die Souveränitätsverletzung bewusst in Kauf und es liegt regelmäßig ein (durch Abwägung bei schwerwiegenden Straftaten im Einzelfall aber zu überwindendes) Beweisverwertungsverbot vor. Richtigerweise wird allerdings eine „Heilung" in Betracht kommen, wenn nachträglich ein Rechtshilfeersuchen gestellt wird und der fremde Staat der Verwertung nicht widerspricht und/oder die Rechtshilfe verweigert.[176] Schließlich kann bei Nichteinhaltung des Rechtshilfe-

---

167 Hauschild → § 110 Rn. 18; Hegmann in BeckOK StPO § 110 Rn. 16; Zerbes/El-Ghazi NStZ 2015, 425 (430); Gercke StraFo 2009, 271 (273) jeweils mwN; aA Wicker MMR 2013, 765 (768 f.).

168 Hauschild → § 110 Rn. 18; Hegmann in BeckOK StPO § 110 Rn. 16.

169 Siehe bereits Rückert in Maume/Maute Kryptowerte-HdB § 23 Rn. 4.

170 BGH 8.4.1987 – 3 StR 11/87, BGHSt 34, 334 (344) = NJW 1987, 2168; Köhler in Meyer-Goßner/Schmitt § 110 Rn. 7c; Bär in KMR-StPO § 100b Rn. 42 jeweils mwN.

171 Köhler in Meyer-Goßner/Schmitt § 110 Rn. 7c.

172 BVerfG 9.11.2010 – 2 BvR 2101/09, NStZ 2011, 103; Bär in KMR-StPO § 100b Rn. 42 mwN.

173 Siehe auch Hegmann in BeckOK StPO § 110 Rn. 16.

174 So jedoch Köhler in Meyer-Goßner/Schmitt § 110 Rn. 7c.

175 Vgl. zB Schelzke HRRS 2013, 86 (89) zur iCloud.

176 Bär in KMR-StPO § 100b Rn. 42 unter Verweis auf BGH 9.2.2012 – 1 StR 148/11, BGHSt 57, 138 = NJW 2012, 1301 zum Auslieferungsverfahren.

weges auch der **Gedanke des hypothetisch rechtmäßigen Ersatzeingriffs** gangbar gemacht werden. Lagen die Voraussetzungen für eine Übergabe der erhobenen Daten durch den ausländischen Staat vor und wären diese auch vom ausländischen Staat übergeben worden, wenn ein Rechtshilfeersuchen gestellt worden wäre, soll nach der Rspr. des BGH kein Beweisverwertungsverbot vorliegen.[177]

D. Revision

I. Keine Widerspruchslösung

96 Die Rspr. hat bisher nicht entschieden, ob die sog. Widerspruchslösung, nach welcher der verteidigte Angeklagte bzw. dessen Verteidiger der Verwertung einzelner Beweismittel bis zu dem in § 257 genannten Zeitpunkt widersprechen muss, um sich die Rügemöglichkeit der rechtsfehlerhaften Verwertung der Beweismittel gem. § 261 zu erhalten, auch auf § 100b anzuwenden ist. Da der BGH offenbar selbst **keine allgemeine Geltung für die Widerspruchslösung** beansprucht, sondern die Anwendbarkeit bei jeder Vorschrift einzeln prüft,[178] muss eine entsprechende Entscheidung abgewartet werden. Verteidigern sei allerdings bis zur Entscheidung empfohlen, vorsichtshalber Widerspruch gegen die Verwertung einzulegen, wenn Rechtsfehler bei der Erhebung vorliegen oder sonstige Gründe gegen eine Verwertbarkeit sprechen (zB sog. selbständige Beweisverwertungsverbote). Eine Übertragung der Widerspruchslösung auf § 100b erscheint zumindest wahrscheinlich.[179]

97 In der Literatur wird überwiegend von einer Anwendbarkeit der Widerspruchslösung im Rahmen von § 100b ausgegangen. Für eine Anwendung wird die allgemeine Begründung der Widerspruchslösung angeführt. Diese solle dazu führen, dass dem gerügten Verfahrensfehler bereits in der Hauptverhandlung nachgegangen werden könne.[180] Außerdem könne der Angeklagte über das Verwertungsverbot disponieren, soweit es seine Sphäre betreffe.[181] Diese Argumente sind bereits in ihrer Allgemeinheit nicht stichhaltig (detailliert → § 100a Rn. 354 ff.), da die Widerspruchslösung die Pflicht zur Prüfung der Rechtmäßigkeit der Beweiserhebung vom (von Amts wegen dazu berufenen) Gericht auf den Angeklagten bzw. dessen Verteidiger verlagert. Auch § 51 Abs. 1 BDSG iVm § 500 Abs. 1 steht dem nunmehr entgegen (→ § 100a Rn. 359). Noch weniger können diese Argumente angesichts der **großen Eingriffstiefe einer Online-Durchsuchung** und damit des massiven Grundrechtseingriffs, der damit einhergeht, überzeugen.[182]

II. Verfahrensrüge bei Beweisverwertungsverboten

98 Verstöße gegen die materiellen bzw. formellen Anordnungsvoraussetzungen der §§ 100b, 100e im Rahmen der Datenerhebung bzw. die Verwertung dieser rechtswidrig erlangten Erkenntnisse durch den Tatrichter trotz Vorliegens eines Beweisverwertungsverbots stellen regelmäßig einen Verfahrensfehler dar. Stets liegt ein Verfahrensfehler bei entgegen § 100d Abs. 2, Abs. 5 verwerteten Beweismitteln vor. Die Revision kann mit der Verfahrensrüge nach § 344 Abs. 2 S. 2 darauf gestützt werden, dass das Gericht bei seiner Überzeugungsbildung (und durch die Beweiswürdigung im Urteil dokumentiert) **unverwertbare Erkenntnisse berücksichtigt** hat und das Urteil hierauf iSd § 337 beruht.[183] Die zu rügende Vorschrift ist in diesem Fall § 261 iVm §§ 100b, 100d oder 100e

[177] BGH 21.11.2012 – 1 StR 310/12, NStZ 2013, 596.
[178] Vgl. exemplarisch BGH 6.10.2016 – 2 StR 46/15, NJW 2017, 1332 (1333 f.) einerseits und BGH 9.5.2018 – 5 StR 17/18, NJW 2018, 2279 andererseits zur Wohnungsdurchsuchung.
[179] Hauck in Löwe/Rosenberg § 100b Rn. 127.
[180] Bär in KMR-StPO § 100b Rn. 47.
[181] Graf in BeckOK StPO § 100b Rn. 55.
[182] AA Köhler in Meyer-Goßner/Schmitt § 100b Rn. 16.
[183] Köhler in Meyer-Goßner/Schmitt § 100a Rn. 39; Hauck in Löwe/Rosenberg § 100a Rn. 244; Bär in KMR-StPO § 100a Rn. 114.

§ 100c Akustische Wohnraumüberwachung

(1) Auch ohne Wissen der Betroffenen darf das in einer Wohnung nichtöffentlich gesprochene Wort mit technischen Mitteln abgehört und aufgezeichnet werden, wenn

1. bestimmte Tatsachen den Verdacht begründen, dass jemand als Täter oder Teilnehmer eine § 100b Absatz 2 bezeichnete besonders schwere Straftat begangen oder in Fällen, in denen der Versuch strafbar ist, zu begehen versucht hat,
2. die Tat auch im Einzelfall besonders schwer wiegt,
3. auf Grund tatsächlicher Anhaltspunkte anzunehmen ist, dass durch die Überwachung Äußerungen des Beschuldigten erfasst werden, die für die Erforschung des Sachverhalts oder die Ermittlung des Aufenthaltsortes eines Mitbeschuldigten von Bedeutung sind, und
4. die Erforschung des Sachverhalts oder die Ermittlung des Aufenthaltsortes eines Mitbeschuldigten auf andere Weise unverhältnismäßig erschwert oder aussichtslos wäre.

(2) [1]Die Maßnahme darf sich nur gegen den Beschuldigten richten und nur in Wohnungen des Beschuldigten durchgeführt werden. [2]In Wohnungen anderer Personen ist die Maßnahme nur zulässig, wenn auf Grund bestimmter Tatsachen anzunehmen ist, dass

1. der in der Anordnung nach § 100e Absatz 3 bezeichnete Beschuldigte sich dort aufhält und
2. die Maßnahme in Wohnungen des Beschuldigten allein nicht zur Erforschung des Sachverhalts oder zur Ermittlung des Aufenthaltsortes eines Mitbeschuldigten führen wird.

[3]Die Maßnahme darf auch durchgeführt werden, wenn andere Personen unvermeidbar betroffen werden.

Schrifttum: Anders, Die Privatsphäre im Zeitalter von Big Data – Zum staatsanwaltschaftlichen Zugriff auf personenbezogene Daten in Speichern privater Dritter, ZIS 2020, 70; Baldus, Der Kernbereich privater Lebensgestaltung – absolut geschützt, aber abwägungsoffen, JZ 2008, 218; Beukelmann, Online-Durchsuchung und Quellen-TKÜ, NJW-Spezial 2017, 440; Beukelmann, „Verwendungsbeschränkter" Kernbereichsschutz, NJW Spezial 2009, 712; Blechschmitt, Strafverfolgung im digitalen Zeitalter – Auswirkungen des stetigen Datenaustauschs auf das strafrechtliche Ermittlungsverfahren, MMR 2018, 361; Brodag, Die akustische Wohnraumüberwachung, Maßnahmen ohne Wissen des Betroffenen gem. § 100 I Nr. 3 StPO, Kriminalistik 1999, 746; Denninger, Verfassungsrechtliche Grenzen des Lauschens – Der „große Lauschangriff" auf dem Prüfstand der Verfassung, ZRP 2004, 101; Dittrich, Der „Große Lauschangriff" – diesseits und jenseits der Verfassung, NStZ 1998, 336; Eisenberg, Zur Unzulässigkeit optischer Ermittlungsmaßnahmen (Observation) betreffend eine Wohnung, NStZ 2002, 638; Ellbogen, Verwertungsverbot bei Selbstgesprächen, NStZ 2006, 179; Freiling/Rückert/Safferling, Quellen-TKÜ und Online-Durchsuchung als neue Maßnahmen für die Strafverfolgung: Rechtliche und technische Herausforderungen, JR 2018, 9; Gercke, Ein „letztes Refugium" – Der Kernbereich privater Lebensgestaltung als absolute Grenze der Wahrheitsermittlung im Strafverfahren, GA 2015, 339; Grözinger, Die Überwachung von Cloud-Storage: eine Untersuchung der strafprozessualen Möglichkeiten zur heimlichen Überwachung von Cloud-Storage vor und nach dem Inkrafttreten des Gesetzes zur effektiveren und praxistauglicheren Ausgestaltung des Strafverfahrens, 2018; Gusy, Lauschangriff und Grundgesetz, JuS 2004, 457; Hauck, Lauschangriff in der U-Haft – Anmerkungen zu BGH, Urt. v. 29.4.2009 (1 StR 701/08) – und Versuch einer dogmatischen Klärung, NStZ 2010, 17; Hilger, Neues Strafverfahrensrecht durch das OrgKG – 1. Teil, NStZ 1992, 457; Kolz, Das Selbstgespräch im Krankenzimmer und der Große Lauschangriff, NJW 2005, 3248; Kress, Der „große Lauschangriff" als Mittel internationaler Verbrechensbekämpfung, 1. Aufl., 2009; Lampe, Anforderungen an die Durchsicht von persönlichen Informationen bei Durchsuchungen, jurisPR-StrafR 3 2017, Anmerkung 3; Leutheusser-Schnarrenberger, Der Gesetzentwurf der Bundesregierung zum „großen Lauschangriff" – Anmerkung zu § 100c StPO und dem Versuch, verfassungsgerichtlich geforderte Überwachungsverbote zu umgehen, ZRP 2005, 1; Lindemann, Der Schutz des „Kernbereichs privater Lebensgestaltung" im Strafverfahren; JR 2006, 191; Löffelmann, Die Neuregelung der akustischen Wohnraumüberwachung, NJW 2005, 2033; Löffelmann, Das Gesetz zur Umsetzung des Urteils des Bundesverfassungsgerichts vom 3. März 2008 (akustische Wohnraumüberwachung), ZIS 2006, 87; Meyer/Hetzer, Neue Gesetze gegen Organisierte Kriminalität, NJW 1998, 1017;

Müller, Der sogenannte „Große Lauschangriff". Eine Untersuchung zu den Rechtsproblemen der Einführung der elektronischen Wohnraumüberwachung zur Beweismittelgewinnung, 1. Aufl., 2000; Müller-ter Jung/Rexin, Datenschutz beim polizeilichen Drohneneinsatz – Die paradoxen Hürden polizeilicher Observation durch Drohnen, CR 2019, 643; Rogall, Zur Zulässigkeit einer heimlichen akustischen Überwachung von Ehegattengesprächen in der Untersuchungshaft, HRRS 2010, 289; Rüscher, Alexa, Siri und Google als digitale Spione im Auftrag der Ermittlungsbehörden? – Zur Abgrenzung von Quellen-TKÜ, Onlinedurchsuchung und akustischer Wohnraumüberwachung, NStZ 2018, 687; Ruppert, Die moderne Klaviatur der Strafverfolgung im digitalen Zeitalter – Zur Einführung der Quellen-TKÜ und Online Durchsuchung in Zeiten von WhatsApp, Skype & Social Media, Jura 2018, 994; Sankol, Das sog. „Raumgespräch" und seine Verwertbarkeit im Strafverfahren, MMR 2007, 692; Scharenberg, Der Schutz des Vertrauensverhältnisses zu Berufsgeheimnisträgern gemäß § 160a StPO, 2016; Schlegel, Warum die Festplatte keine Wohnung ist – Art. 13 GG und die „Online-Durchsuchung", GA 2007, 648; Singelnstein, Strafbare Strafverfolgung, 2019; Singelnstein/Putzer, Rechtliche Grenzen strafprozessualer Ermittlungsmaßnahmen – Aktuelle Bestandsaufnahme und neue Herausforderungen, GA 2015, 564; Soiné, Die strafprozessuale Online-Durchsuchung, NStZ 2018, 503; Warken, Elektronische Beweismittel im Strafprozessrecht – eine Momentaufnahme über den deutschen Tellerrand hinaus, Teil 2 – Beweisverwertung im Zeitalter der digitalen Cloud und datenspezifische Regelungen in der StPO, NZWiSt 2017, 329; Weber, Strafrecht und Sprachassistenz, jM 2021, 252; Weisser, Zu den Anforderungen an die Bestimmtheit des Überwachungsortes bei Maßnahmen nach § 100f StPO, wistra 2018, 327; Weißer, Zeugnisverweigerungsrechte und Menschenwürde als Schutzschild gegen heimliche strafprozessuale Zugriffe auf Kommunikationsinhalte?, GA 2006, 148; Zuck, Faires Verfahren und der Nemo tenetur-Grundsatz bei der Besuchsüberwachung in der Untersuchungshaft, JR 2010, 17.

Übersicht

A. Überblick

I. Normzweck

1 Mit der durch § 100c eröffneten Möglichkeit, Gespräche auch innerhalb von Wohnungen heimlich aufzuzeichnen, sollte eine Gesetzeslücke geschlossen werden. Namentlich die Strafverfolgungsbehörden haben bereits lange vor Inkrafttreten der Regelung des § 100c Abs. 1 Nr. 3 idF des Gesetzes zur Verbesserung der Bekämpfung der Organisierten Kriminalität vom 4.5.1998,[1] mit welcher die Maßnahme der akustischen Wohnraumüberwachung in die Strafprozessordnung eingefügt worden war, wiederholt darauf hingewiesen, dass die **Bedrohung der Gesellschaft durch die Organisierte Kriminalität** und damit einhergehend das Erfordernis deren effektiver Bekämpfung es gebiete, auch das Abhören und Aufzeichnen des nichtöffentlich gesprochenen Wortes in Wohnungen zuzulassen.[2] Zwar wurden die strafprozessualen Eingriffsbefugnisse bereits zuvor durch das OrgKG vom 15.7.1992[3] beträchtlich erweitert, als mit diesem ua die Regelungen zum Einsatz technischer Mittel außerhalb von Wohnungen gemäß § 100c Abs. 1 Nr. 1 und 2 aF sowie des Verdeckten Ermittlers nach §§ 110a ff. in die Strafprozessordnung eingefügt worden waren. Wohnungen boten Tätern indes nach der damals bestehenden Rechtslage „ein von Entdeckungsrisiko freies Aktionsfeld".[4]

II. Internationalrechtliche Grundlagen

2 Maßnahmen der akustischen Wohnraumüberwachung gestatten auch die Verfahrensordnungen **anderer Staaten.** So eröffnet § 136 der österreichischen StPO die Möglichkeit, optische und akustische Überwachungsmaßnahmen auch in einer „bestimmte(n) Wohnung oder in andere(n) durch das Hausrecht geschützte(n) Räumen" durchzuführen. In anderen Ländern werden vergleichbare Maßnahmen durchgeführt, obwohl entsprechende spezialgesetzliche Ermächtigungsgrundlagen fehlen. Diese Maßnahmen werden dort vielfach im Wege einer entsprechenden Auslegung der Verfassung für zulässig erachtet.[5] Indes enthalten, soweit erkennbar, weder die österreichische StPO noch die Verfahrensordnungen anderer Länder derart detaillierte Regelungen wie sie sich in den §§ 100c ff. finden.[6]

B. Erläuterung

I. Regelungsinhalt des § 100c

3 § 100c Abs. 1 ermächtigt die Strafverfolgungsbehörden, das von Personen „in einer Wohnung nichtöffentlich gesprochene Wort mit technischen Mitteln" abzuhören und aufzuzeichnen. Die Vorschrift gestattet somit **lediglich die akustische** Überwachung und Aufzeichnung des nichtöffentlichen gesprochenen Wortes in Wohnungen, in denen sich der Beschuldigte mutmaßlich aufhält. Optische Überwachungsmaßnahmen innerhalb von Wohnungen lässt die StPO, anders als bspw. § 46 Abs. 1 Nr. 2 BKAG, der zur Gefahrenabwehr auch innerhalb von Wohnungen die Herstellung von Lichtbildern und Bildaufzeichnungen gestattet,[7] hingegen nicht zu.[8] Maßnahmen nach § 100c sind regelmäßig mit einem

---

1 BGBl. 1998 I 845.
2 BT-Drs. 13/8651, 10.
3 BGBl. 1992 I 1302.
4 BT-Drs. 13/8651, 13.
5 Weiterführend Müller, Der sogenannte „Große Lauschangriff". Eine Untersuchung zu den Rechtsproblemen der Einführung der elektronischen Wohnraumüberwachung zur Beweismittelgewinnung, S. 124 ff.
6 Kress, Der „große Lauschangriff" als Mittel internationaler Verbrechensbekämpfung, S. 15 ff.
7 Verfassungsrechtlich ist auch die optische Wohnraumüberwachung grds. möglich, vgl. BVerfG 20.4.2016 – 1 BvR 966/09 und 1 BvR 1140/09, NJW 2016, 1781 Rn. 185.
8 Vgl. auch Eisenberg ZRP 2002, 638: Zur Abgrenzungsproblematik mit Maßnahmen nach § 100a vgl. Sankol MMR 2007, 692.

physischen Eindringen in die Wohnung zwecks Installation der Überwachungstechnik verbunden.[9]

II. Eingriffsvoraussetzungen (Abs. 1)

Das in einer Wohnung nichtöffentlich gesprochene Wort des Betroffenen darf gemäß § 100c Abs. 1 überwacht und aufgezeichnet werden, wenn „jemand" – der Beschuldigte – der Beteiligung an einer der in § 100b Abs. 2 aufgeführten besonders schweren Straftaten, die auch im Einzelfall besonders schwer wiegen müssen, auf Grund bestimmter Tatsachen verdächtig ist. Des Weiteren müssen tatsächliche Anhaltspunkte dafür vorliegen, dass die Maßnahme der Erreichung des in § 100c Abs. 1 Nr. 3 und Nr. 4 legaldefinierten Zwecks dient und die Maßnahme schließlich auch verhältnismäßig ist. § 100c gestattet somit in **sachlicher und personeller** Hinsicht die Überwachung des in einer **Wohnung** iSv Art. 13 GG nichtöffentlich gesprochenen Wortes der von der Maßnahme **Betroffenen.** 4

Von **zentraler** Bedeutung für die Anwendung der Vorschrift ist ihr „raumgreifender", weiter Wohnungsbegriff. In der strafprozessualen Praxis wird ihm nicht immer die gebotene Beachtung zuteil, was in Einzelfällen dazu führt, dass Gesprächsaufzeichnungen durchgeführt werden und dabei verkannt wird, dass sich die Maßnahme bereits als Wohnraumüberwachung nach § 100c darstellt, ohne dass zugleich deren formale, in § 100e niedergelegten Voraussetzungen beachtet werden und dem Kernbereichsschutz aus § 100d hinreichend Rechnung getragen wird. Aus diesem Grunde soll nachfolgend zunächst der Wohnungsbegriff des § 100c eingehender beleuchtet werden. 5

1. Der Wohnungsbegriff des § 100c. a) Auslegung durch das BVerfG. Im Verlauf der gesamten positivrechtlichen nationalstaatlichen Verfassungsgeschichte Deutschlands von der Preußischen Verfassung über die Paulskirchenversammlung, die Weimarer Reichsverfassung bis hin zum jetzigen Grundgesetz der Bundesrepublik Deutschland war die Unverletzlichkeit der Wohnung ausdrücklich geregelt und wurde ihr gegenständlicher Schutzbereich **traditionell weit ausgelegt.** Dieser Tradition folgte auch das GG und bei dessen Auslegung das BVerfG.[10] 6

Der **Wohnungsbegriff des § 100c erfasst sämtliche (auch) durch Artikel 13 GG geschützte Räumlichkeiten.** Der Begriff ist nicht im engen, umgangssprachlichen Sinne zu verstehen. Er erfasst vielmehr zur Gewährleistung einer räumlichen Sphäre, in der sich das Privat- aber auch Geschäftsleben Dritter ungestört entfalten kann, sämtliche nicht allgemein zugängliche Räume, die zur Stätte des Aufenthalts oder Wirkens von Menschen bestimmt und durch Abschottung allgemeiner Zugänglichkeit entzogen sind.[11] 7

Der Begriff der „Wohnung" hat sich danach an dem umfassenden Schutz der räumlichen Privatsphäre zu orientieren und erstreckt sich auf **jeden nicht allgemein zugänglichen, feststehenden, fahrenden oder schwimmenden Raum, der zur Stätte des Aufenthalts oder Wirken von Menschen dient.**[12] Gegenstand der Grundrechtsverbürgung durch Art. 13 GG ist somit nicht nur die Wohnung im eigentlichen, engeren Sinne als Stätte des dauerhaften Aufenthalts von Menschen. Der Schutz des Art. 13 GG und damit der sachliche Anwendungsbereich von § 100c umfasst vielmehr auch andere Räumlichkeiten. Das BVerfG vertritt die Auffassung, allein eine solch weite Auslegung werde dem Grundsatz gerecht, wonach auch in Zweifelsfällen diejenige Auslegung zu wählen sei, die die juristische Wirkungskraft dieser Grundrechtsnorm am stärksten entfalte.[13] 8

aa) Wohnung (im umgangssprachlichen Sinne). Der Wohnungsbegriff des § 100c umfasst zunächst sämtliche Räume einer Wohnung im umgangssprachlichen Sinne gleich 9

---

9 Schlegel GA 2007, 648.
10 Vgl. Kunig/Berger in v. Münch/Kunig GG Art. 13 Rn. 24; Papier in Dürig/Herzog/Scholz GG Art. 13 Rn. 10 ff.
11 Papier in Dürig/Herzog/Scholz GG Art. 13 Rn. 10.
12 Papier in Dürig/Herzog/Scholz GG Art. 13 Rn. 10.
13 BVerfG 10.4.2008 – 1 BvR 848/08, NJW 2008, 2426 Rn. 10 ff.

um welchen Raum oder Bereich innerhalb derselben es sich handelt. Vom Wohnungsbegriff werden weiter auch **die zu einer solchen Wohnung vielfach gehörenden, räumlich abgetrennten Nebenräume** wie Keller, Speicher und Garagen erfasst.[14] Der Wohnungsbegriff erstreckt sich mithin auch auf nicht an den eigentlichen Wohnbereich unmittelbar angrenzende Räume. Auch wenn namentlich bei solchen, nicht an die eigentliche Wohnung angrenzenden Raumgebilden die Frage ihrer Qualifikation als durch Art. 13 GG erfasster Raum im Einzelfall schwierig erscheint, ist entscheidend für die Abgrenzung die funktionale Zuordnung zur Privatsphäre des einzelnen und damit in erster Linie die nach außen erkennbare Zweckbestimmung durch den Nutzungsberechtigten.[15]

10 **bb) Wohnungsumfeld (Gärten).** Des Weiteren erstreckt sich der Schutz der räumlichen Privatsphäre auch auf sich „draußen" und damit **unter freiem Himmel befindliche, umzäunte oder in anderer Weise der öffentlichen Zugänglichkeit entzogene Bereiche** wie Gärten bzw. Vorgärten. Maßgeblich ist, ob die betreffende Fläche als privater Rückzugsbereich ausgewiesen und damit der öffentlichen Nutzung entzogen ist.[16]

11 **cc) Arbeits- und Geschäftsräume.** Das BVerfG hat in seiner Grundsatzentscheidung vom 13.10.1971[17] ausgeführt, der weit auszulegende Begriff der Wohnung erfasse auch **Arbeits-, Betriebs- und Geschäftsräume.** Bei derartigen Räumen besteht ein voller Grundrechtsschutz indes nur in Bezug auf die **nicht allgemein zugänglichen Räume.**[18] Ist ein solcher Widmungsakt erfolgt, erfasst der Grundrechtsschutz des Art. 13 GG und damit auch der durch § 100c verbürgte Bereich selbst nicht allgemein zugängliche Räume handwerklicher und industrieller Produktion wie Werkstätten, Montagehallen, Ställe, Scheunen und Lagerhallen.[19] Das BVerfG vertritt bei der Auslegung des Art. 13 GG mithin eine gegenständlich-funktionale Betrachtungsweise, indem es sowohl auf die Beschaffenheit des Raumgebildes als auch auf dessen Zweckbestimmung durch den Nutzungsberechtigten abhebt. Für den Bereich der Berufs- und Arbeitswelt obliegt die entsprechende „soziale Definitionsmacht" dem Geschäftsherrn.[20]

12 Auch während ihrer Öffnungszeiten erfahren durch Dritte zugängliche Räume Schutz durch Art. 13 GG. Hierzu gehören etwa Verkaufsläden, Warenhäuser, Gaststätten etc. In der Festlegung des Nutzungsberechtigten des Inhalts, dass jeder Dritte und damit die Öffentlichkeit zu den festgelegten Zeiten die Räumlichkeit zu widmungsadäquaten Zwecken betreten darf, liegt kein Verzicht auf den durch Art. 13 GG gewährleisteten Schutz. Dieser Schutz wird indes durch die **gesetzlichen Betretens- und Besichtigungsrechte von Behörden** eingeschränkt.[21] Derartige Betretungsrechte berechtigen Behördenmitarbeiter indes nicht dazu, innerhalb dieser Räumlichkeiten zu strafprozessualen Zwecken technische Mittel einzusetzen.

13 **dd) Bewegliche Raumgebilde.** Den Schutz des Art. 13 GG genießen auch **bewegliche, zum dauerhaften Aufenthalt von Menschen bestimmte** Raumgebilde wie Wohnwagen, Schiffe mit Aufenthaltsräumen, nicht hingegen reine Verkehrsmittel wie etwa ein PKW oder Busse. PKWs und Busse fallen jedoch dann unter den Schutz von Art. 13 GG, wenn sie tatsächlich zum Zweck des dauerhaften Aufenthalts von Menschen dienen.[22]

14 **ee) Hafträume.** Die **Zelle** eines Häftlings wird hingegen von Art. 13 GG nicht erfasst. Das Hausrecht der Anstalt beinhaltet die Befugnis, die Hafträume jederzeit und unabhängig

---

14 Papier in Dürig/Herzog/Scholz GG Art. 13 Rn. 10.
15 Kunig/Berger in v. Münch/Kunig GG Art. 13 Rn. 25.
16 Vgl. Papier in Dürig/Herzog/Scholz GG Art. 13 Rn. 11.
17 BVerfG 13.10.1971 – 1 BvR 280/66, BVerfGE 32, 54 ff. = NJW 1971, 2299.
18 Papier in Dürig/Herzog/Scholz GG Art. 13 Rn. 14.
19 Hilger NStZ 1992, 457 (462 Fn. 95).
20 Berkemann GG Art. 10 Rn. 16, 23, 33.
21 Papier in Dürig/Herzog/Scholz GG Art. 13 Rn. 15.
22 Vgl. Papier in Dürig/Herzog/Scholz GG Art. 13 Rn. 10.

vom Einverständnis der Gefangenen zu betreten.[23] Auch der Besuchsraum einer JVA ist keine Wohnung in diesem Sinne.[24]

b) Einzelfälle aus der Rechtsprechung des BGH. Der BGH legt den Wohnungsbegriff der §§ 100c, 102 **entsprechend den verfassungsgerichtlichen Vorgaben** aus. Statt vieler sei hier auf das Urteil des 4. Strafsenats vom 24.7.1998[25] verwiesen. In dieser Entscheidung wird ausgeführt, der Begriff der Wohnung umfasse zur Gewährleistung einer räumlichen Sphäre, in der sich das Privatleben ungestört entfalten könne, alle Räume, die der allgemeinen Zugänglichkeit durch eine Abschottung entzogen und zur Stätte privaten Wirkens gemacht worden seien. Maßgeblich sei die nach außen erkennbare Zweckbestimmung durch den Nutzungsberechtigten.[26] 15

Wenngleich in gegenständlicher Hinsicht für einen dem Schutzbereich des Art. 13 GG zuzuordnenden Raum ein gewisses Mindestmaß an räumlicher Abschottung, welche Schutz gegen unbefugtes Betreten bzw. Einsichtnahme von außen gewährt, unverzichtbar ist,[27] genügen nach zutreffender Auffassung des BGH bereits **niedrigschwellige körperliche Schranken.** So ist als „Wohnung" iSd § 100c nach Auffassung des Ermittlungsrichters beim BGH[28] auch die Grundstücksfläche zwischen Gehweg und Hausfront zu qualifizieren, selbst wenn der Vorgarten lediglich durch eine kniehohe Hecke vom öffentlichen Gehweg abgetrennt und die zudem im Eingangsbereich noch über eine Länge von 2 m unterbrochen ist. Selbst eine solche niedrigschwellige Begrenzung weise den Vorgarten als nicht allgemein zugänglichen Bereich aus. Für höherschwellige Abgrenzungen wie etwa einen Jägerzaun wird dies in der Kommentarliteratur durchgängig anerkannt.[29] 16

Ebenfalls als Wohnung zu qualifizieren ist, nach Auffassung des BGH, ein **Vereinsbüro, sofern dieses nicht allgemein zugänglich ist,**[30] **sowie weiter sonstige Vereinshäuser, Clubräume, Spielsäle etc.** Voraussetzung ist allerdings, dass eine nach außen erkennbare Zweckbestimmung des Nutzungsberechtigten diese Räume einer Nutzung durch die Öffentlichkeit entzieht. Dies gilt auch für Räumlichkeiten wie schlecht beleumdete Hotels, Spielclubs und Bordelle, bzgl. derer konkrete Anhaltspunkte dafür vorliegen, dass sie auch oder überwiegend dem Aufenthalt von Straftätern dienen.[31] Ebenfalls vom Schutzbereich des Art. 13 GG erfasst wird nach Auffassung des BGH[32] ein **Krankenzimmer,** obwohl dieses dem Nutzungsberechtigten lediglich vorübergehend und nur für einen bestimmten Zweck überlassen wird. Dass dem Krankenhauspersonal auf Grund des Heil- und Betreuungsauftrages eine Betretungs- und Kontrollfunktion zustehe, lockere zwar den Schutz durch Art. 13 GG, ändere indes nichts an der Qualifizierung dieses Bereichs als Wohnung, weil dadurch der Privatcharakter eines Krankenzimmers nicht aufgehoben werde.[33] 17

2. Nichtöffentlich gesprochene Wort (Abs. 1). a) Gesprochenes Wort. Gemäß § 100c Abs. 1 darf innerhalb von Wohnungen das „gesprochene Wort" überwacht werden. Der Begriff „Wort" ist zwar vorrangig semantisch dahingehend auszulegen, dass darunter sprachliche Laute mit einem selbstständigen Bedeutungsgehalt zu verstehen sind. Der Begriff erfasst weitergehend indes auch Wörter in einem phonologischen Sinne und damit **sämtliche menschlichen Laute,** mithin nicht lediglich solche, denen ein selbstständiger Bedeutungs- bzw. Erklärungsgehalt zukommt. Weiter ist gleichgültig, ob es sich um „live-gespro- 18

---

23 BVerfG 30.5.1996 – 2 BvR 727 und 884/94, NStZ 1996, 55 = NJW 1996, 2643; aA Mitsch NJW 2008, 2295 (2299).
24 BGH 29.4.2009 – 1 StR 518/08, BGHSt 53, 293 (300) = NJW 2009, 2611.
25 BGH 24.7.1998 – 4 StR 78/98, NJW 1998, 3284.
26 BGH 24.7.1998 – 4 StR 78/98, NJW 1998, 3284 (3285).
27 Kühne in Sachs GG Art. 13 Rn. 2.
28 BGH 14.3.1997 – 1BGs 65/97, NJW 1997, 2189.
29 Vgl. statt vieler Kluckert in BeckOK GG Art. 13 Rn. 2.
30 BGH 15.1.1997 – StB 27/96, NStZ 1997, 195.
31 BGH 15.1.1997 – StB 27/96, NStZ 1997, 195 (196).
32 So zutreffend BGH 10.8.2005 – 1 StR 140/05, NStZ 2005, 700.
33 BGH 10.8.2005 – 1 StR 140/05, NStZ 2005, 700.

chene" oder um auf Datenträgern gespeicherte und durch Abspielen reproduzierte gesprochene Worte handelt.

19 **b) Nichtöffentlich.** Der Tatsache, dass es sich bei dem überwachten und aufgezeichneten Wort um ein solches handeln soll, welches „nichtöffentlich" gesprochen wird, kommt **keine selbstständige, eingriffsbeschränkende Wirkung** zu. Vielmehr darf innerhalb des durch Art. 13 GG geschützten Bereichs ohne Wissen des Betroffenen bzw. Einverständnis des Nutzungsberechtigten selbst das öffentlich gesprochene Wort zu strafprozessualen Zwecken nur unter den engen Voraussetzungen des § 100c abgehört und aufgezeichnet werden. Auf die Frage, wann ein Wort nichtöffentlich ist bzw. die im Zusammenhang mit § 100c vertretene Auffassung, „nichtöffentlich" seien alle innerhalb des Schutzbereichs des Art. 13 GG geführten Unterredungen, die für niemand anderes als den Gesprächspartner bestimmt seien,[34] dürfte es mithin von Rechts wegen nicht ankommen.[35]

20 Die scheinbare Beschränkung des Anwendungsbereichs des § 100c Abs. 1 auf das „nichtöffentlich" gesprochene Wort dürfte allein historisch bedingt und auf die ursprüngliche Regelung des § 100c Abs. 1 idF des Gesetzes zur Bekämpfung des illegalen Rauschgifthandels und anderer Erscheinungsformen der Organisierten Kriminalität (OrgKG) vom 15.7.1992[36] zurückzuführen sein. Diese Vorschrift gestattete in Nr. 2 das Abhören und Aufzeichnen des nichtöffentlich gesprochenen Wortes **lediglich außerhalb von Wohnungen und damit an allen anderen Orten, mithin auch in der Öffentlichkeit.** Bei dieser Vorschrift ergab der Zusatz „nichtöffentlich" schon im Hinblick auf § 201 Abs. 1 Nr. 1 StGB Sinn, wodurch die unbefugte Aufzeichnung des „nichtöffentlich" gesprochenen, mithin des **nicht** für einen größeren, nach Zahl und Individualität unbestimmten Personenkreises bestimmten Wortes[37] unter Strafe gestellt wird. Als durch das Gesetz zur Verbesserung der Bekämpfung der Organisierten Kriminalität vom 4.5.1998[38] die Vorschrift des § 100c Abs. 1 aF um Nr. 3 aF ergänzt und dadurch die Strafprozessordnung um die Maßnahme der akustischen Überwachung innerhalb von Wohnungen erweitert wurde, hat sich der Gesetzgeber bei der Fassung dieser neuen Vorschrift erkennbar am Wortlaut des § 100c Abs. 1 Nr. 2 aF orientiert und von dort **den in Nr. 3** aF **überflüssigen Terminus „nichtöffentlich" übernommen.** Innerhalb des durch Art. 13 GG geschützten Bereichs erfährt der von der Maßnahme der akustischen Wohnraumüberwachung Betroffene indes umfassenden Schutz, gleich ob das von ihm dort gesprochene Wort lediglich für einzelne Personen und damit nichtöffentlich oder aber für einen nach Zahl und Individualität unbestimmten Personenkreis bestimmt.

21 Nach alledem bezieht sich die „Nichtöffentlichkeit" allein auf die Überwachungssituation in der Wohnung. Das Abhören eines in der Wohnung gehaltenen Vortrags, welcher über elektronische Medien der Öffentlichkeit „live" zugänglich gemacht wird (zB Fernsehinterview) richtet sich dennoch nach § 100c, wenn die Aufzeichnung in der Wohnung erfolgt. Dies hindert die Strafverfolgungsbehörden freilich nicht daran, **die an die Öffentlichkeit gerichteten Worte auf dem dafür vorgesehenen Weg gem. §§ 161, 163 zu erheben** (zB Aufzeichnung des Fernsehinterviews). Auf diese Weise werden jedoch andere Geräusche, Nebengespräche etc, welche nicht Teil der Übertragung sind, weiterhin voll vom Schutz des Art. 13 GG erfasst.

22 **3. Beschuldigte und Dritte als Betroffene der Maßnahme.** Zielperson der Maßnahme ist zwar der Beschuldigte (vgl. Abs. 2 S. 1), § 100c Abs. 1 gestattet den Strafverfolgungsbehörden aber das Abhören und Aufzeichnen sowohl der Worte des **Beschuldigten als auch anderer in der Wohnung anwesender Personen.** Sie alle bilden den Kreis „der Betroffenen". Um dies klarzustellen hat der Gesetzgeber in Abs. 1 aF, wodurch die

34 Köhler in Meyer-Goßner/Schmitt § 100c Rn. 3; Bär in KMR-StPO § 100c Rn. 7.
35 Zustimmend Eschelbach in Satzger/Schluckebier/Widmaier StPO § 100c Rn. 8.
36 BGBl. I 1302.
37 Vgl. Eisele in Schönke/Schröder StGB § 201 Rn. 6.
38 BGBl. I 845.

Überwachung des „nichtöffentlich gesprochene(n) Wort(es) des Beschuldigten" gestattet worden war, die Worte „des Beschuldigten" gestrichen[39] und statt dieser die Formulierung „der Betroffenen" verwandt. Im Übrigen zur Maßnahmerichtung noch → Rn. 39 ff.

23 **4. Tatverdacht. a) Hinsichtlich des Katalogs nach Abs. 2 (Abs. 1 Nr. 1).** Der Beschuldigte muss einer der im Anlasstatenkatalog des § 100b Abs. 2 aufgeführten Straftaten verdächtig sein. § 100b Abs. 2 enthält zahlreiche Straftatbestände aus dem Strafgesetzbuch sowie aus einer Reihe von Nebengesetzen wie bspw. dem Betäubungsmittelgesetz, dem Aufenthaltsgesetz, dem Waffengesetz und dem Völkerstrafgesetzbuch. All diesen Vorschriften gemein ist, dass sie eine **„besonders schwere Straftat"** iSd § 100c Abs. 1 Nr. 1 darstellen. Als maßgeblicher Grundrechtsinterpret hat das BVerfG in seiner Entscheidung vom 3.3.2004[40] den Begriff der „besonders schweren Straftat" dahingehend ausgelegt, dass hierunter all diejenigen Straftaten fallen, für die der Gesetzgeber eine höhere Höchststrafe als fünf Jahre vorgesehen hat.

24 Der Katalog des § 100b Abs. 2 enthält eine enumerative, mithin **abschließende Aufzählung** derjenigen Straftaten, bei denen eine akustische Wohnraumüberwachung zulässig ist. In ihm nicht enthaltene, indes ebenfalls eine höhere Höchststrafe als fünf Jahre androhende Delikte vermögen eine Anordnung jedenfalls dieser Maßnahme nicht zu rechtfertigen.

25 Nach Abs. 1 Nr. 1 genügt auch der **Versuch** einer von § 100b Abs. 2 erfassten Katalogtat. Anders als etwa in den Fällen der Telekommunikationsüberwachung reicht die Vorbereitung einer besonders schweren Straftat iSd Versuchs der Beteiligung nach § 30 StGB nicht aus. Dieser Aspekt war im Gesetzgebungsverfahren diskutiert, von der BReg. indes mit der Begründung abgelehnt worden, vorbereitende Straftaten seien nicht per se auch besonders schwere Straftaten iSv Art. 13 GG.[41] Somit ist eine Maßnahme nach § 100c selbst beim Verdacht einer verbindlichen Verabredung zu einem Mord, worauf der Bundesrat in seiner Stellungnahme im Rahmen des Gesetzgebungsverfahrens ausdrücklich hingewiesen hatte, nicht statthaft.[42]

26 Genau wie bei § 100b erscheint es bei manchen der in § 100b Abs. 2 aufgezählten Straftaten zweifelhaft, ob sie bereits abstrakt-generell die notwendige Tatschwere bzw. Rechtsgutsbedrohung aufweisen, um einen Eingriff nach § 100c zu rechtfertigen. Da nach hier vertretener Auffassung die akustische Wohnraumüberwachung jedoch idR (deutlich) weniger schwer wiegt als eine Online-Durchsuchung (→ § 100b Rn. 14), wird man den Katalog des § 100b Abs. 2 für § 100c **als noch verfassungsgemäß** ansehen können.

27 **b) Im Einzelfall besonders schwer wiegende Straftat (Abs. 1 Nr. 2).** Die konkrete Tat, nicht der abstrakte Straftatbestand, mithin **der den Anlass für die Maßnahme bildende Lebenssachverhalt** muss auch im Einzelfall besonders schwer wiegen. Dies ist bei vielen der Delikte des § 100b Abs. 2, wie etwa bei Mord oder Totschlag, evident. In anderen Fällen sollen mit diesem zusätzlichen Erfordernis diejenigen Fälle ausgeschieden werden, die zwar einen Straftatbestand des Katalogs erfüllen, aber im Einzelfall mangels ausreichender Schwere der Tat einen Eingriff in Art. 13 GG nicht zu rechtfertigen vermögen. Maßstab für die Prüfung des Schweregrades sind nach Auffassung des BVerfG[43] vorrangig die Art der Tatbegehung, die Schutzbedürftigkeit der betroffenen Rechtsgüter, Ausmaß und Schwere des eingetreten Schadens für die Tatopfer, die Beteiligung mehrere potentieller Täter, Zusammenhänge mit anderen Katalogtaten, Straftaten aus dem Bereich des organisierten Verbrechens, eine besondere Tatmotivation (zB terroristische oder extremistische Straftaten, Hasskriminalität etc)[44] und nicht zuletzt die Frage, ob die Tat lediglich versucht oder vollendet wurde.

---

[39] BT-Drs. 13/4533, 12; kritisch zu diesem Entwurf Leutheusser-Schnarrenberger ZRP 2005, 1.
[40] BVerfG 3.3.2004 – 1 BvR 2378/98, 1 BvR 1084/99, NJW 2004, 270 (272).
[41] BT-Drs. 15/4533, 26.
[42] BT-Drs. 15/4533, 21.
[43] BVerfG 3.3.2004 – 1 BvR 2378/98, 1 BvR 1084/99, NJW 2004, 999, Rn. 227 (235).
[44] Vgl. auch Bär in KMR-StPO § 100b Rn. 23.

28 **c) Tatverdacht auf Grund bestimmter Tatsachen (Abs. 1 Nr. 1).** Gemäß Abs. 1 Nr. 1 muss sich der Verdacht einer auch im Einzelfall besonders schwerwiegenden Katalogtat auf Grund bestimmter Tatsachen ergeben. Erforderlich ist mithin ein **„qualifizierter Verdacht"**, der sich auf eine konkrete Tatsachenbasis und damit auf sinnlich wahrnehmbare Umstände stützen lässt. Dieser Verdacht unterliegt zwar höheren Anforderungen als der schlichte Anfangsverdacht, muss indes weder hinreichend nach Maßgabe des § 170 Abs. 1 noch dringend iSd § 112 Abs. 1 sein.[45] Erforderlich ist ein schlüssiges Tatsachenmaterial, dass das Vorliegen der tatbestandlichen Voraussetzungen plausibel als möglich erscheinen lässt (Zu weiteren Details, insbesondere der Unterscheidung zwischen Tatsachenbasis und Wahrscheinlichkeit der Tatbegehung → § 100a Rn. 153 f.).

29 **5. Zweck der Maßnahme, Anhaltspunkte für die Gewinnung verfahrensrelevanter Erkenntnisse (Abs. 1 Nr. 3). a) Sachverhaltserforschung, Aufenthaltsermittlung.** Abs. 1 Nr. 3 legt fest, dass eine Wohnraumüberwachung allein zur Erforschung des Sachverhalts oder zur Ermittlung des Aufenthaltsortes eines Mitbeschuldigten durchgeführt werden darf. Dieser Regelung kommt ebenfalls eine **eingriffslimitierende Wirkung** zu. Für andere als die vorstehend genannten Zwecke darf die Maßnahme nicht durchgeführt werden.

30 Die **Sachverhaltserforschung** dient vorrangig der Überprüfung, ob sich die vorliegenden tatsächlichen Anhaltspunkte auf einen strafrechtlich relevanten Sachverhalt zum hinreichenden Tatverdacht verdichten lassen oder aber, ob ein solcher Verdachtsgrad nicht bzw. nicht durch Maßnahmen der Wohnraumüberwachung festgestellt werden kann. Die Erforschung des Sachverhalts kann im Falle der Feststellung eines hinreichenden Tatverdachts indes auch die Ermittlung noch darüber hinausgehender Umstände, insbesondere all derjenigen Tatsachen bezwecken, die für den äußeren oder inneren Tatbestand und damit letztlich für die Schuld- und Rechtsfolgenfrage relevant sind.[46] So dient der Sachverhaltserforschung im Falle des Umgangs mit inkriminierten Gütern wie Waffen oder Betäubungsmitteln auch deren Sicherstellung als Beweismittel, selbst wenn bei – vorläufiger – Bewertung der bereits vorliegenden Erkenntnisse ein hinreichender Tatverdacht und damit ein Schuldnachweis bereits möglich erscheint, von der Sicherstellung der Güter indes eine deutliche Verbesserung der Beweislage zu erwarten ist.

31 Die Wohnraumüberwachung darf weiter zum Zwecke der Ermittlung des **Aufenthaltsortes eines Mitbeschuldigten** durchgeführt werden. Zur Ermittlung des Aufenthalts des Beschuldigten ist die Maßnahme hingegen nicht zulässig. Das Wissen hierum ist vielmehr Voraussetzung für die Zulässigkeit der Maßnahme.[47]

32 **b) Anhaltspunkte für die Gewinnung relevanter Erkenntnisse.** Die Maßnahme darf nach Abs. 1 Nr. 3 weiter nur durchgeführt werden, wenn **tatsächliche Anhaltspunkte dafür vorliegen, dass auch Äußerungen des Beschuldigten** erfasst werden, die für die Erforschung des Sachverhalts oder die Ermittlung des Aufenthaltsortes eines Mitbeschuldigten von Bedeutung sind.

33 Mit dieser Regelung soll ausweislich der Gesetzesmaterialien verdeutlicht werden, dass die Maßnahme zu dem vorgenannten Zweck auch geeignet sein muss;[48] allein hierzu wäre sie indes überflüssig. Das Gebot der Geeignetheit strafprozessualer Eingriffsmaßnahmen zur Erreichung ihrer maßnahmenspezifischen Zwecke – und ausschließlich auf diese stellt Nr. 3 ab – ist bereits aus dem im Rechtsstaatsprinzip verankerten Grundsatz der Verhältnismäßigkeit abzuleiten, der stets zu berücksichtigen ist und zudem seine Konkretisierung in der Subsidiaritätsregelung in Nr. 4 erfahren hat. Auch soweit mit der Regelung dem Umstand Rechnung getragen werden soll, dass Überwachungsmaßnahmen nach § 100c nach den Feststellungen des BVerfG nur zulässig sind, wenn sie von vornherein ausschließlich der

45 Brodag Kriminalistik 1999, 746 (747).
46 Vgl. Griesbaum in KK-StPO § 160 Rn. 20.
47 AA Eschelbach in Satzger/Schluckebier/Widmaier StPO § 100c Rn. 15.
48 BT-Drs. 15/4533, 12.

Überwachung von Gesprächen des Beschuldigten dienen sollen, weil nur insoweit angenommen werden kann, dass die überwachten Gespräche einen hinreichenden Bezug zur verfolgten Straftat aufweisen, hat der Gesetzgeber dem bereits mit der Regelung in Abs. 3 S. 1 Rechnung getragen. Danach darf sich die Maßnahme nur gegen den Beschuldigten richten. Nach alledem dürfte in der Regelung in Nr. 3 eine **Konkretisierung des Verhältnismäßigkeits- und Rechtsstaatsprinzip** zu erblicken sein.

Der mit der Regelung eigentlich beabsichtigte Zweck, nämlich dass über den Rege- 34
lungsgehalt in Abs. 3 S. 2 Nr. 1 hinaus, der sich auf Wohnungen anderer Personen bezieht, Maßnahmen nach § 100c selbst in der Wohnung des Beschuldigten **nur durchgeführt werden dürfen, wenn Anhaltspunkte dafür vorliegen, dass sich dieser dort auch aufhält,** ergibt sich daraus, dass konkrete Anhaltspunkte dafür vorliegen müssen, dass „Äußerungen des Beschuldigten“ überwacht und aufgezeichnet werden können.[49] Es müssen in Antrag und Anordnung der Maßnahme somit Tatsachen benannt werden, welche die Prognose rechtfertigen, dass sich der Beschuldigte zum Zeitpunkt der Abhörmaßnahme in der Zielwohnung aufhalten wird.[50]

Der Begriff der „tatsächlichen Anhaltspunkte“ wird angesichts der Eingriffstiefe des 35
§ 100c trotz der Nichtverwendung des Begriffs der „zureichenden“ tatsächlichen Anhaltspunkte (vgl. § 152 Abs. 2) so auszulegen sein, dass er dem **Anfangsverdacht** entspricht.[51]

6. Subsidiaritätsklausel (Abs. 1 Nr. 4). Nach der Subsidiaritätsregel in Abs. 1 Nr. 4 36
darf die Maßnahme nur angeordnet werden, wenn die Erforschung des Sachverhalts oder die Ermittlung des Aufenthaltsortes eines Mitbeschuldigten auf andere Weise **unverhältnismäßig erschwert oder aussichtslos** wäre. Von ihrem materiellen Regelungsgehalt enthält die Vorschrift damit die strengste Subsidiaritätsklausel aller (verdeckten) Ermittlungsmaßnahmen. Neben dieser kennt die Strafprozessordnung noch die strenge Subsidiaritätsregelung wie sie in § 100a Abs. 1 und § 100b Abs. 1 (zur verfassungskonformen Auslegung der Subsidiaritätsklausel von § 100b jedoch → § 100b Rn. 56 f.) Verwendung findet („wesentlich erschwert oder aussichtslos“), die qualifizierte Subsidiaritätsregel etwa in § 163f („erheblich weniger Erfolg versprechend oder wesentlich erschwert“) sowie die einfache Subsidiaritätsklausel („weniger Erfolg versprechend oder erschwert“).

„Aussichtslos“ sind andere Maßnahmen, wenn sie keinen Erfolg versprechen oder 37
aber mit hoher Wahrscheinlichkeit nicht geeignet sind, den angestrebten Erfolg herbeizuführen. Durch das Merkmal **„unverhältnismäßig erschwert“** soll ein Ermittlungsaufwand umschrieben werden, der voraussichtlich benötigt würde, wenn die Strafverfolgungsbehörden auf die akustische Wohnraumüberwachung im konkreten Fall verzichten und stattdessen andere Ermittlungsmaßnahmen ergreifen würden. Gegenüber der strengen Klausel und deren Merkmal „wesentlich erschwert“ soll das hier Verwendung findende Kriterium „unverhältnismäßig erschwert“ eine weitere Steigerung darstellen und damit auch eine Rangfolge zum Ausdruck bringen.[52] Nach der Auffassung des BVerfG sollen bis zum Grade der Unverhältnismäßigkeit Erschwernisse in der Ermittlungsarbeit hinzunehmen sein, ehe auf das Mittel der Wohnraumüberwachung zurückgegriffen werden soll.[53]

Die Subsidiaritätsregelung in Nr. 4 soll verdeutlichen, dass Maßnahmen nach § 100c 38
ultima ratio der Strafverfolgung sind und als schwerstes Eingriffsmittel gegenüber allen anderen Ermittlungsmaßnahmen, mithin auch gegenüber solchen der Telekommunikationsüberwachung, zurücktreten.[54] Dem Wortlaut der beiden Vorschriften nach müsste auch die Online-Durchsuchung nach § 100b als mildere Ermittlungsmethode vor der Wohnraumüberwachung eingesetzt werden, da § 100b dieselbe Subsidiaritätsklausel aufweist wie

[49] So auch Köhler in Meyer-Goßner/Schmitt § 100c Rn. 7.
[50] Hauck in Löwe/Rosenberg § 100c Rn. 95; Bär in KMR-StPO § 100c Rn. 14.
[51] Wolter in SK-StPO § 100c Rn. 46.
[52] Zum Ganzen: BVerfG 3.3.2004 – 1 BvR 2378/98, 1 BvR 1084/99, BeckRS 2004, 21087 Rn. 220; BT-Drs. 13/8650, 5.
[53] BVerfG 3.3.2004 – 1 BvR 2378/98, 1 BvR 1084/99, BeckRS 2004, 21087 Rn. 220.
[54] BT-Drs. 15/4533, 13.

§ 100a. Dies würde jedoch nicht den verfassungsgerichtlichen Vorgaben zu heimlichen Eingriffen in das IT-System-Grundrecht gerecht werden. Im Wege verfassungskonformer Auslegung ist die Subsidiaritätsklausel des § 100b so auszulegen, dass sie derjenigen von § 100c entspricht (→ § 100b Rn. 56 f.). Ob § 100b oder § 100c im jeweiligen Einzelfall eine mildere Ermittlungsmaßnahme im Vergleich zum jeweils anderen Eingriff ist, hängt von den konkreten Umständen des Einzelfalles ab. Regelmäßig wird jedoch die Online-Durchsuchung der schwerere und damit subsidiäre Eingriff sein, da bei einer längerfristigen Systemtotalüberwachung idR deutlich mehr und deutlich sensiblere Informationen über Personen zu erlangen sind als bei der akustischen Überwachung von Gesprächen im Wohnraum (→ § 100b Rn. 43).

38a **7. Verhältnismäßigkeit.** Schließlich ist neben der Subsidiaritätsklausel als spezielle Ausprägung auch allgemein der verfassungsrechtliche Verhältnismäßigkeitsgrundsatz zu beachten. Die Maßnahme darf nur angeordnet werden, wenn im konkreten Einzelfall der staatliche Strafverfolgungsanspruch die grundrechtlich geschützten Positionen der betroffenen Personen (hier aus Art. 13 GG) überwiegt. Die Gewichtigkeit des staatlichen Interesses an der Strafverfolgung hängt von der Bedeutung der Sache (Art und Schwere der Straftat, Anzahl der Opfer, Art und Ausmaß des verursachten Schadens, Grad der Störung des öffentlichen Friedens etc), dem erwarteten Erfolg der Maßnahme (Auffindewahrscheinlichkeit und prognostische Verfahrensrelevanz) und der Stärke des Tatverdachts ab (siehe vertiefend → § 100a Rn. 180 ff.). Die konkrete Intensität des Eingriffs in Art. 13 GG ist maßgeblich von der Heimlichkeit der Maßnahme, der Betroffenheit der räumlich-gegenständlichen Privatsphäre bzw. des Rückzugsraums des Betroffenen und der hohen Wahrscheinlichkeit der (Mit-)Erhebung von Daten aus der Intim- bzw. Privatsphäre bestimmt. Daneben kommt auch zum Tragen, wie viele Personen (prognostisch) von der Maßnahme betroffen sind (Streubreite) und, ob und ggf. welche dieser Personen selbst tatverdächtig sind (Anlassbezogenheit der Überwachung). So ist die Überwachung eines alleine lebenden Beschuldigten mit wenigen Sozialkontakten eher zulässig als die Überwachung des gesamten Hauses einer Großfamilie mit entsprechend vielen Sozialkontakten. Ggf. ist die Maßnahme unter Verhältnismäßigkeitsaspekten auf einzelne Räume eines Hauses (oder einer WG) und bestimmte Tageszeiten (an denen die Zielperson voraussichtlich anwesend ist) zu beschränken.

39 **8. Anordnung nur gegen den Beschuldigten (Abs. 2 S. 1 Hs. 1).** Die Maßnahme der Wohnraumüberwachung darf sich nach Abs. 2 S. 1 nur gegen eine Zielperson richten, die in dem Verfahren, in dem die Maßnahme angeordnet werden soll, **Beschuldigter der entsprechenden Anlasstat** ist.[55] Gegen andere Personen als den Beschuldigten, etwa solche, bzgl. derer Anhaltspunkte dafür vorliegen, dass sie für den Beschuldigten bestimmte oder von diesem herrührende Mitteilungen entgegennehmen oder weiterleiten, dürfen – anders als im Falle der Telekommunikationsüberwachung des § 100a – Maßnahmen nach § 100c nicht angeordnet werden. Gespräche solcher auch als „Nachrichtenmittler“ bezeichneter oder sonstiger Personen dürfen nur aufgezeichnet werden, wenn und soweit dies im Rahmen einer gegen den Beschuldigten gerichteten Maßnahme unvermeidbar ist (vgl. Abs. 2 S. 2).

40 **a) Begriff des Beschuldigten.** Der Beschuldigtenbegriff der Strafprozessordnung **vereinigt subjektive und objektive Elemente.** Die Beschuldigteneigenschaft setzt so zum einen in subjektiver Hinsicht einen Verfolgungswillen der Ermittlungsbehörden und zum anderen objektiv einen diesen nach außen manifestierenden Willensakt voraus.[56] Regelmäßig ist dies die Einleitung eines Ermittlungsverfahrens (was auch gemeinsam mit der Beantragung der Maßnahme geschehen kann). Die Person, gegen die die Maßnahme in einem bestimmten Verfahren durchgeführt werden soll, muss – in diesem Verfahren – auch als (Mit)Beschuldigter „auf dem Aktendeckel“ stehen. Da § 100c Abs. 1 Nr. 1 das

---

55 BVerfG 3.3.2004 – 1 BvR 2378/98, 1 BvR 1084/99, BeckRS 2004, 21087 Rn. 259, 261.

56 BGH 3.7.2007 – 1 StR 3/07, NJW 2007, 2706 (2707); 6.6.2019 – StB 14/19, NJW 2019, 2627 (2630).

Bestehen eines qualifizierten Tatverdachts gegen den Beschuldigten voraussetzt, darf die Maßnahme überdies nur gegen einen Beschuldigten angeordnet werden, gegen den ein solcher Tatverdacht tatsächlich besteht. Auf den in anderem Zusammenhang geführten Streit um einen formellen oder materiellen Beschuldigtenbegriff[57] kommt es somit bei § 100c (wie im Übrigen bei allen Maßnahmen nach §§ 100a ff.) nicht an.

b) Durchführung ohne Wissen des Beschuldigten bzw. sonstiger Betroffener. 41
aa) Ohne Wissen des Betroffenen. Durch den Zusatz, dass die Maßnahme auch „ohne Wissen" des Betroffenen durchgeführt werden darf, soll ebenso wie bei § 100a Abs. 1 lediglich klargestellt werden, dass die als heimliche Maßnahme konzipierte Überwachung des nichtöffentlich gesprochenen Wortes innerhalb einer Wohnung nicht dadurch unzulässig wird, dass der von ihr betroffene Beschuldigte von der Maßnahme **Kenntnis** erlangt.[58]

bb) Mit Wissen des Betroffenen gegen Mitbeschuldigte. Würde der Beschuldigte 42
als Betroffener und hinsichtlich der betreffenden Wohnung (allein) zur Disposition Befugter **in eine Überwachung einwilligen,** stellte sich die Frage, ob das nichtöffentlich gesprochene Wort anderer, sich ebenfalls in dieser Wohnung befindlicher Mitbeschuldigter unter weniger strengen Voraussetzungen als denen des § 100c abgehört und aufgezeichnet werden könnte. Das subjektive öffentliche Recht des einwilligenden Beschuldigten aus Art. 13 GG wäre in diesem Fall jedenfalls nicht berührt. Ebenso wäre der weitere Fall zu beurteilen, in dem der keiner Straftat verdächtige Wohnungsinhaber, in dessen Wohnung sich der Beschuldigte regelmäßig aufhält, als (künftig) Betroffener der Maßnahme deren Durchführung zustimmen würde, um den Strafverfolgungsbehörden in seiner Wohnung die Aufzeichnung der von dem Beschuldigten geführten Gespräche zu ermöglichen. In beiden Fällen würde sich die Maßnahme für den jeweiligen Wohnungsinhaber zwar als Aufzeichnung des nichtöffentlich gesprochenen Wortes innerhalb seiner Wohnung darstellen, freilich wäre dessen sich aus Art. 13 GG abzuleitendes subjektive öffentliche Abwehrrecht mangels Einwilligung nicht berührt. Die sich als Gäste in der Wohnung befindlichen (Mit)Beschuldigten würden indes nicht durch Art. 13 GG geschützt.

Die vorstehende Fragestellung **wurde bereits im Gesetzgebungsverfahren** disku- 43
tiert. Die BReg. hat im Rahmen ihrer Gegenäußerung vom 15.12.2004[59] dem Antrag des Bundesrates, den Anwendungsbereich des § 100c dergestalt zu beschränken, dass bei einem Einverständnis des Wohnungsinhabers eine Anordnung der akustischen Wohnraumüberwachung nicht mehr erforderlich sei, vielmehr eine solche nach § 100f ausreiche, eine Absage erteilt. Die von der BReg. hierfür herangezogene Begründung, wonach die Durchführung einer solchen Maßnahme auf Grund des Einverständnisses des Wohnungsinhabers einer Disposition durch diesen über die Rechte Dritter gleichkäme, da die §§ 100c, 100d aF auch dem Schutz der Menschwürde gemäß Art. 1 Abs. 1 GG aller sich in der Wohnung befindlichen Personen diene und der Wohnungsinhaber hierüber nicht disponieren könne,[60] vermag dogmatisch nicht zu überzeugen. Zum einen strahlt Art. 1 Abs. 1 GG als „tragendes Konstruktionsprinzip und oberster Verfassungswert"[61] auf alle Eingriffsmaßnahmen aus. Zum anderen wäre im Falle einer Anordnung nach § 100f Grundlage des Eingriffs nicht das Einverständnis des Wohnungsinhabers, sondern die richterliche Anordnung selbst.

Maßnahmen der vorstehend (→ Rn. 42 f.) beschriebenen Art wären rechtswidrig. 44
Zwar wären sie bezüglich der sich jeweils in einer fremden Wohnung befindlichen (Mit)Beschuldigten nicht an § 100c zu messen, wobei sie wie alle Eingriffsmaßnahmen auch im Lichte des Art. 1 Abs. 1 GG und nicht nur im Hinblick auf Art. 13 GG auszulegen wären. Die Strafprozessordnung gestattet jedoch das Abhören und Aufzeichnen des nichtöffentlich gesprochenen Wortes im Übrigen allein nach Maßgabe des § 100f, der vorliegend indes

57 Vgl. Schmitt in Meyer-Goßner/Schmitt Einl. Rn. 76 ff.
58 BT-Drs. 16/5846, 48.
59 BT-Drs. 15/4533, 26.
60 So auch Hegmann in BeckOK StPO § 100c Rn. 20.
61 BVerfG 3.3.2004 – 1 BvR 2378/98, 1 BvR 1084/99, BeckRS 2004, 21087 Rn. 114.

nicht einschlägig ist, weil sein gegenständlicher Anwendungsbereich **allein Örtlichkeiten „außerhalb von Wohnungen", mithin nicht die hier einschlägigen Konstellationen** erfasst. Auch auf §§ 161, 163 könnte die Maßnahme nicht gestützt werden. Zum einen, weil der Gesetzgeber mit den §§ 100c, 100f eine abschließende Regelung zum Abhören des nichtöffentlich gesprochenen Wortes getroffen hat, neben der kein Platz zur Anwendung der Generalklauseln ist. Zum anderen, weil das heimliche Abhören des nichtöffentlich gesprochenen Wortes jedenfalls kein nur „geringfügiger" Grundrechtseingriff ist.

III. Ort der Maßnahme (Abs. 2 S. 1 und 2)

45 Eine Wohnraumüberwachung darf nach Abs. 2 lediglich in **Wohnungen des Beschuldigten (S. 1) oder in Wohnungen (bestimmter) anderer Personen (S. 2),** durchgeführt werden. Wohnungen anderer Personen können grundsätzlich alle außer der des Beschuldigten sein.

46 **1. Wohnung des Beschuldigten (Abs. 2 S. 1 Hs. 2).** „Wohnungen des Beschuldigten" sind nicht nur solche, die melderechtlich als Wohnsitz des Beschuldigten geführt werden. Von dem Begriff der „Wohnung" iSd § 100c Abs. 2 S. 1 werden vielmehr sämtliche Wohnungen erfasst, die der Beschuldigte gleich ob dauerhaft oder nur vorübergehend und ggf. auch nur kurzzeitig **selbst nutzt.**[62]

47 **2. Wohnung anderer Personen (Abs. 2 S. 2).** In Wohnungen anderer Personen ist eine Wohnraumüberwachung nach Abs. 2 S. 2 Nr. 1 nur zulässig, wenn auf Grund bestimmter Tatsachen anzunehmen ist, dass der in der Anordnung nach § 100e Abs. 3 bezeichnete Beschuldigte sich dort auch aufhält. **„Andere Personen"** iSv Abs. 2 S. 2 sind nur solche, die weder Beschuldigte noch Mitbeschuldigte der Anlasstat und damit jedenfalls dieser Tat nicht verdächtig sind. Diese Auslegung dürfte sich bereits zwanglos aus der Erwägung ergeben, dass, sollten sich die Ermittlungen neben dem Beschuldigten auch gegen einen weiteren der Anlasstat Mitbeschuldigten richten und sich der Beschuldigte in dessen Wohnung aufhalten, die Maßnahme dann gegen die Person des Mitbeschuldigten als Zielperson durchzuführen wäre. Schließlich wird weiter zu fordern sein, dass sich der Beschuldigte nur dann in der Wohnung einer anderen Person aufhält, wenn dem Beschuldigten hinsichtlich dieser Wohnung kein Mitnutzungsrecht zusteht. Unter den Begriff der „anderen Personen" fallen zufällig sich in der Wohnung aufhaltende Personen, wie etwa **Freunde und Bekannte,** aber auch sich ständig dort aufhaltende Personen, wie etwa die **Familienangehörigen** des Beschuldigten.[63]

48 Ferner muss gemäß Abs. 2 S. 2 Nr. 1 auf Grund tatsächlicher Anhaltspunkte davon auszugehen sein, dass sich der Beschuldigte zwar nicht notwendig zum Zeitpunkt der Anordnung, wohl aber **während der Durchführung der Maßnahme in der überwachten Wohnung aufhält.** Wird eine Wohnraumüberwachung für einen längeren Zeitraum als lediglich wenige Tage angeordnet, so müssen Anhaltspunkte dafür vorliegen, dass sich der Beschuldigte regelmäßig in der Wohnung aufhält. Grds. ist auch erforderlich, dass sich der Beschuldigte später auch tatsächlich zu jedem Zeitpunkt während der Durchführung der Maßnahme bzw. während der überwiegenden Zeit in der Wohnung aufhält. Ausnahmen wird man hier nur zulassen können, wenn der Beschuldigte die Wohnung nur für einen unerheblichen Zeitraum verlässt und alsbald wiederkehrt. Verlässt der Beschuldigte die Zielwohnung für einen mehr als nur unerheblichen Zeitraum, muss die Überwachung nach dem Grundsatz der Verhältnismäßigkeit und dem Rechtsgedanken des Abs. 2 S. 2 Nr. 1 unterbrochen werden und darf erst fortgesetzt werden, wenn der Beschuldigte zurückkehrt. Um eine Rückkehr festzustellen ist allerdings ein gelegentliches „Hineinhören" zu gestatten. Eine weitere Dauerüberwachung würde dagegen auch gegen Abs. 2 S. 3 verstoßen, da diese Mitbetroffenheit Dritter auf jeden Fall vermeidbar ist.

---

[62] Wolter in SK-StPO § 100c Rn. 50.

[63] BVerfG 3.3.2004 – 1 BvR 2378/98, 1 BvR 1084/99, BeckRS 2004, 21087.

49 Weiter ist im Falle von S. 2 die in **Nr. 2 enthaltene besondere Subsidiaritätsregelung** zu beachten. Sie setzt voraus, dass Maßnahmen in der Wohnung des Beschuldigten allein nicht zur Zweckerreichung führen werden, mithin hierzu gerade die Überwachung der Wohnung „anderer Personen" erforderlich ist.

50 **3. Drittbetroffene (Abs. 2 S. 3).** Nach Abs. 2 S. 3 darf die Maßnahme auch durchgeführt werden, wenn **„andere Personen unvermeidbar"** betroffen werden. Dies gilt sowohl für Maßnahmen in Wohnungen des Beschuldigten als auch für solche in Wohnungen anderer Personen iSv Abs. 2. 2 S. 2. Auch kann dem Regelungsinhalt des § 100c keine Einschränkung dahingehend entnommen werden, dass die Maßnahme lediglich das Abhören und Aufzeichnen des nichtöffentlich gesprochenen Wortes des Beschuldigten und mit diesem sprechender Personen gestattet. Vielmehr dürfen unter den vorstehend dargelegten Voraussetzungen des § 100c Abs. 1 auch Erkenntnisse, die ausschließlich Gespräche Dritter betreffen und an denen weder der Beschuldigte noch weitere Mitbeschuldigte beteiligt waren, zu Beweiszwecken verwertet werden.

51 Sofern das BVerfG in seiner Entscheidung vom 3.3.2004 ausgeführt hat, § 100c Abs. 1 Nr. 3 aF enthalte eine Eingrenzung dahingehend, dass die Vorschrift lediglich „das Abhören und die Aufzeichnung **des nichtöffentlich gesprochenen Wortes des Beschuldigten**" gestattete,[64] nahm es lediglich eine Auslegung dieser einfachgesetzlichen Regelung vor. Diese Auffassung hat sich der Gesetzgeber indes bei der Neuregelung nicht zu eigen gemacht. Die Neufassung des § 100c Abs. 1 gestattet vielmehr „ohne Wissen des Betroffenen (…) das in einer Wohnung nichtöffentlich gesprochene Wort" zu überwachen. Wenngleich sich die Materialien hierzu nicht ausdrücklich verhalten,[65] dürfte sich der Gesetzgeber diesbezüglich bewusst von § 100c Abs. 1 Nr. 3 aF gelöst haben. Mit der Auslegung, die die Vorschrift des § 100c Abs. 1 Nr. 3 aF durch das BVerfG erfahren hat, wäre eine vielfach aus technischen Gründen nicht mögliche „Live-Überwachung" der Maßnahme erforderlich gewesen, wollte man gewährleisten, ausschließlich Gespräche des Beschuldigten aufzuzeichnen und damit einhergehend die Maßnahme augenblicklich abschalten zu können, würden allein Gespräche anderer Personen aufgezeichnet werden.

52 Dass der Gesetzgeber auch die Verwertung solcher **Gespräche zulassen wollte, an denen der Beschuldigte nicht beteiligt war,** dürfte schließlich auch unmittelbar aus der Verwertungsregelung des § 100e Abs. 6 Nr. 1 abgeleitet werden können. Nach dieser Vorschrift dürfen die erlangten verwertbaren personenbezogenen Daten in anderen Strafverfahren ohne Einwilligung der insoweit überwachten Person verwertet werden, wenn es sich um eine Straftat handelt, auf Grund derer Maßnahmen nach § 100c ebenfalls hätten angeordnet werden können. Diese Vorschrift spricht allgemein von „überwachten Personen" und nicht etwa vom Beschuldigten, was im Übrigen auch mit der Verwendung der Formulierung „der Betroffenen" in § 100c Abs. 1 korreliert.

53 Den **Schutzinteressen der dritten Personen** wird durch § 100e Abs. 6 Nr. 1 hinreichend Rechnung getragen.[66] Dieser stellt sicher, dass Erkenntnisse über Straftaten dieser dritten Personen nur dann verwertet werden, wenn zur Aufklärung dieser Straftat die Maßnahme nach § 100c ebenfalls hätte angeordnet werden dürfen. Dann nämlich wäre die dritte Person „Beschuldigter" iSv § 100c Abs. 2 S. 1 gewesen.

IV. Mittel zur Durchführung der Maßnahme

54 Abs. 1 gestattet das Abhören und Aufzeichnen des nichtöffentlich gesprochenen Wortes mit **„technischen Mitteln"**. Um welche technischen Mittel es sich dabei handelt, hat der Gesetzgeber bewusst offengelassen, um den Strafverfolgungsbehörden ebenso wie bei Maßnahmen nach § 100h die Möglichkeit zu geben, entsprechend der technologischen Entwicklung auf diejenige Technik zurückgreifen zu können, die für die konkrete Maß-

[64] BVerfG 3.3.2004 – 1BvR 2378/98, 1 BvR 1084/99, BeckRS 2004, 21087.
[65] Vgl. BT-Drs. 13/4533, 13.
[66] Bär in KMR-StPO § 100c Rn. 20.

nahme am geeignetsten erscheint. Die technischen Mittel dürfen indes allein zur Sprachaufzeichnung eingesetzt werden. Nicht statthaft ist der Einsatz technischer Mittel in Wohnungen zur Herstellung von Fotos oder Videoaufzeichnungen.[67] Sofern § 100h Abs. 1 S. 1 Nr. 1 den Einsatz technischer Mittel zur Herstellung von derartigen Bildaufnahmen gestattet, beschränkt er den Einsatz dieser Mittel ausdrücklich auf die Bereiche „außerhalb von Wohnungen". Neben dem eigentlichen Einsatz der „technischen Mittel" gestattet die Vorschrift auch alle damit notwendiger Weise einhergehenden Begleitmaßnahmen wie das wiederholte heimliche Betreten der Wohnung zum Zwecke des Ein- bzw. Ausbaus der Technik.[68]

55 In neuerer Zeit wird die Frage aufgeworfen (zumeist jedoch ohne sie jedoch abschließend zu beantworten), **ob informationstechnische Systeme mit einer Software infiltriert werden dürfen,** um mittels der Nutzung der Audiosensoren (zB Mikrofon) des Systems die akustische Überwachung in der Wohnung durchzuführen.[69] Dafür ließe sich anführen, dass es keinen großen Unterschied für den Betroffenen macht, ob in seiner Wohnung eine Hardware-Wanze versteckt wird (was nach ganz hM zulässig ist) und dadurch das Möbelstück/Gerät, in dem die Wanze versteckt ist, zur Abhöreinrichtung wird oder, ob ein informationstechnisches System mittels Software zur Abhöreinrichtung wird. Jedoch ist zweierlei zu beachten: Die Infiltration des IT-Systems stellt einen eigenständigen Eingriff in das IT-System-Grundrecht dar. Dies ist zwar beim heimlichen Betreten der Wohnung und Installieren der Hardware-Wanze hinsichtlich Art. 13 GG auch der Fall, jedoch wurde § 100c vom Gesetzgeber gerade für Eingriffe in Art. 13 GG geschaffen. Dagegen hat das Parlament nie über Eingriffe in das IT-System-Grundrecht auf Grundlage von § 100c verhandelt. Eine entsprechende Auslegung würde somit dem Wesentlichkeitsvorbehalt widersprechen. Hierfür spricht auch, dass Eingriffe in IT-Systeme in der Strafprozessordnung abschließend in §§ 100a Abs. 1 S. 2, S. 3 und 100b geregelt sind.[70] Möglich ist es aber, über eine Maßnahme nach § 100b die auf einem solchen Gerät selbsttätig gespeicherten Daten zu erheben, auch wenn diese Daten Vorgänge in einer nach Art. 13 GG geschützten Räumlichkeit betreffen. Allerdings dürfen die Ermittlungsbehörden weder selbst einen solchen Aufzeichnungsvorgang initiieren noch den Betroffenen mittels kriminalistischer List dazu bewegen, die Datenspeicherung selbst vorzunehmen (hierzu → § 100b Rn. 45 ff.).

V. Weitere Verwendung der erlangten Daten/Daten aus akustischen Wohnraumüberwachungen aufgrund anderer Gesetze

56 Zur weiteren Verwendung der aus einer akustischen Wohnraumüberwachung nach § 100c erlangten Daten in anderen Strafverfahren und zu präventiven Zwecken sowie zur Verwendung von aus akustischen Wohnraumüberwachungen aufgrund anderer Gesetze (zB Polizeigesetze) erlangten Daten, siehe die Kommentierung bei → § 100e Rn. 73 ff. Ergänzend gelten die Ausführungen bei → § 100b Rn. 76 ff. entsprechend.

56a Zur Frage, wie mit der Verwertung von Daten umzugehen ist, bei denen die **genauen Umstände der ursprünglichen Datenerhebung nicht bekannt** (zB bei der Erhebung von Daten durch ausländische Behörden) sind, siehe detailliert → § 100e Rn. 76 ff.

C. Anforderungen nach § 500 Abs. 1 iVm §§ 45 ff. BDSG

57 Auch für die Ermittlungsbefugnis des § 100c gelten gem. § 500 Abs. 1 die §§ 45 ff. BDSG als Umsetzung der Richtlinie EU 2016/680 (hierzu vertiefend → § 100a Rn. 38 ff.).

---

67 BT-Drs. 13/8651, 13.

68 Ebenso Meyer/Hetzer NJW 1998, 1017 (1026); Brodag Kriminalistik 1999, 746; Köhler in Meyer-Goßner/Schmitt § 100c Rn. 7; Schlegel GA 2007, 653; von der Grün, Verdeckte Ermittlungen, S. 125; aA Heger JR 1998, 165.

69 Gless StV 2018, 671 (674); Eschelbach in Satzger/Schluckebier/Widmaier StPO § 100c Rn. 5.

70 Ähnlich Rüscher NStZ 2018, 687, der zu Recht auch eine Kombination von §§ 100b, 100c ablehnt; hierzu kritisch Anders ZIS 2020, 70 (76 f.). Im Ergebnis auch wie hier Weber jM 2021, 252 (255 f.).

Wie im Rahmen der Telekommunikationsüberwachung (dort → § 100a Rn. 38 ff.) sind für die aus der akustischen Wohnraumüberwachung gewonnenen Daten vor allem die Vorschriften der §§ 64, 71 ff. BDSG zu beachten. Hiernach sind die Vorgaben von § 64 BDSG bei der Datensicherheit während der Erhebung, Übertragung, Verarbeitung und Speicherung der Daten zu beachten. Alle eingesetzten technischen Geräte sind – soweit dies möglich – mit datenschutzfreundlichen Voreinstellungen zu beschaffen (!) und zu betreiben (§ 71 BDSG). Bei der Verarbeitung und Speicherung der Daten müssen die Daten nach den Kategorien der §§ 72 f. BDSG unterschieden werden (faktenbasiert / auf persönlichen Einschätzungen beruhende Informationen; Daten verschiedener Kategorien von Personen wie Verdächtige, Zeugen, Opfer etc).

Von besonderer Bedeutung bei § 100c schließlich § 48 BDSG, welcher die Schaffung geeigneter Garantien zur Wahrung der Rechte von Personen, deren „besondere personenbezogene Daten" iSv § 46 Nr. 14 BDSG verarbeitet werden, und eine besondere Verhältnismäßigkeitsprüfung bei der Verarbeitung dieser Daten vorschreibt (zu den geeigneten Garantien und der besonderen Verhältnismäßigkeitsprüfung, → § 100a Rn. 38). Wegen der besonderen Bedeutung der Wohnung iSv Art. 13 GG als privater Rückzugsraum ist die Wahrscheinlichkeit, dass bei einer akustischen Wohnraumüberwachung Informationen über Daten nach § 46 Nr. 14 lit. a, d und e BDSG erhoben werden sehr hoch. Dementsprechend muss bereits das anordnende Gericht in seinem Anordnungsbeschluss (bzw. bei Eilzuständigkeit der Vorsitzende in seiner Eilverfügung) geeignete Garantien zur Wahrung der Rechte der betroffenen Person anordnen. Diese können in partiellen Erhebungsverboten („Abschaltgeboten") bestehen, wenn diese Informationen in Gesprächen innerhalb der Wohnung thematisiert werden (soweit diese nicht verfahrensrelevant sind), in Pflichten zur Durchsicht und ggf. nachträglichen Löschung der Daten (wenn diese nicht verfahrensrelevant sind) und/oder in Pflichten zur getrennten und verschlüsselten Speicherung dieser Daten und der Einschränkung des Zugangs zu diesen Daten (bei bestehender oder vermuteter künftiger Verfahrensrelevanz). Zu Auswahlermessen und Mindestanforderung an die Auseinandersetzung der anordnenden Stelle außerdem → § 100a Rn. 39. Da die Anforderungen aus § 48 BDSG nicht nur für die anordnende, sondern auch für die ausführende Stelle gelten, müssen auch die ausführenden Polizeibeamten ggf. von sich aus die Überwachung kurzzeitig unterbrechen oder bei der Verarbeitung/Speicherung der erhobenen Daten die o. g. Maßnahmen ergreifen. Im Zweifel ist das anordnende Gericht zu konsultieren (siehe auch § 100e Abs. 5 S. 3). 58

D. Revision

Die Revision kann mit der Verfahrensrüge darauf gestützt werden, dass Beweisverbote verkannt wurden und die Beweiswürdigung somit auf **unverwertbaren Erkenntnissen** beruht (→ § 100a Rn. 332 ff.). 59

I. Widerspruchslösung

Ob die sog. Widerspruchslösung auf die Verwertung von nach § 100c erlangten Beweismittel anzuwenden ist, hat der **BGH bislang offengelassen.**[71] Wegen der erheblichen Eingriffstiefe ist die Anwendung der Widerspruchslösung jedoch auch (→ § 100b Rn. 96 f.) im Rahmen von § 100c abzulehnen.[72] Selbst bei Anwendung der Widerspruchslösung im Allgemeinen wäre jedenfalls eine Anwendung auf das geschriebene Beweisverwertungsverbot des § 100d Abs. 2 S. 1 ausgeschlossen. 60

[71] BGH 10.8.2005 – 1 StR 140/05, NStZ 2005, 700; Köhler in Meyer-Goßner/Schmitt § 100e Rn. 31 sowie noch Günther in der Vorauflage.

[72] AA Köhler in Meyer-Goßner/Schmitt § 100c Rn. 16.

II. Verwertungsverbote bei formellen Mängeln der Anordnung

61 Bezüglich des Eintritts von Beweisverwertungsverboten bei Verstößen gegen formelle Vorschriften bei der Anordnung einer akustischen Wohnraumüberwachung kann weitestgehend auf die **Ausführungen bei → § 100a Rn. 339 ff.** verwiesen werden, weil die formellen Anforderungen nunmehr in der gemeinsamen Vorschrift des § 100e geregelt sind.

62 Bei Verstößen gegen die Anordnungsbefugnis ist dabei zu beachten, dass bei **Gefahr im Verzug** der Vorsitzende der in § 74a Abs. 4 des Gerichtsverfassungsgesetzes genannten Kammer des Landgerichts eine Maßnahme nach § 100c genehmigen kann, **nicht jedoch die Staatsanwaltschaft.** Dementsprechend ist bei einer Anordnung durch die Staatsanwaltschaft oder die Polizei unter Verstoß gegen § 100e Abs. 2 – wie bei § 100a im Falle polizeilicher Anordnung → § 100a Rn. 341 – ein Beweisverwertungsverbot anzunehmen.[73] Dies lässt sich mit einem Erst-Recht-Schluss aus der entsprechenden Rspr. des BGH zu § 100a (→ § 100a Rn. 341) begründen. Für Fälle der fehlerhaften Annahme von Gefahr im Verzug gelten die Ausführungen zu § 100a entsprechend (→ § 100a Rn. 342).

63 Angesichts der Tatsache, dass das BVerfG die Höchstdauer von einem Monat der jeweiligen Anordnung als durch Verfassungsrecht vorgegeben betrachtet, sind bei § 100c auch **Fristüberschreitungen strenger zu handhaben** als bei § 100a (→ § 100a Rn. 340). Diese führen in der Regel zu einem Beweisverwertungsverbot. Ausnahmen können nur bei ganz kurzfristigen (einige Stunden oder Tage) unbewussten Überschreitungen anerkannt werden.

III. Verwertungsverbote bei materiellen Mängeln der Anordnung

64 Bezüglich der fehlerhaften Bejahung des Tatverdachts, der Nichtbeachtung des Subsidiaritätsgrundsatzes und des fehlenden Tatverdachts hinsichtlich einer Katalogtat kann auf die entsprechenden **Ausführungen bei → § 100a Rn. 345 ff.** verwiesen werden.

65 Aufgrund der erheblichen Eingriffstiefe sind bei § 100c eher Beweisverwertungsverbote bei Verstößen gegen den **Verhältnismäßigkeitsgrundsatz** anzunehmen als bei § 100a.

66 Bei Anordnungen von akustischen Wohnraumüberwachungen in Wohnungen „anderer Personen“ iSv § 100c Abs. 2 S. 2 kommt ein Beweisverwertungsverbot nur bei **bewussten, willkürlichen oder grob fehlerhaften Prognosen** hinsichtlich des Aufenthalts des Beschuldigten oder der speziellen Subsidiarität in § 100c Abs. 2 S. 2 Nr. 2 in Betracht.

IV. Verwertungsverbote bei Verstößen gegen §§ 500 Abs. 1 iVm §§ 45 ff. BDSG

67 Bei Verstößen gegen § 500 iVm §§ 45 ff. BDSG ist zu differenzieren. Handelt es sich um Vorschriften welche die Datensicherheit oder den Datenschutz der Daten betreffen, welche sich in justizieller Obhut befinden (§ 64 und § 71 BDSG), betreffen diese nicht die verfahrensrechtlichen Interessen des Beschuldigten, sondern allgemeine Datenschutzinteressen. Dementsprechend kommt ein Beweisverwertungsverbot hier nicht in Betracht. Anders verhält es sich mit § 48 BDSG (Verarbeitung von Daten, welcher der Kategorie der besonderen personenbezogenen Daten angehören). Da es sich hierbei um **materielle Zulässigkeitsvoraussetzungen der Verarbeitung dieser Daten** handelt, kommt nach den allgemeinen Grundsätzen der Abwägungslehre ein Beweisverwertungsverbot bei bewussten, willkürlichen oder besonders groben Verstößen in Betracht. Angesichts der Unbestimmtheit des Begriffs der „geeigneten Garantien“ betrifft dies hauptsächlich das völlige Fehlen einer Entscheidung über die notwendigen Garantien.

§ 100d Kernbereich privater Lebensgestaltung; Zeugnisverweigerungsberechtigte

(1) Liegen tatsächliche Anhaltspunkte für die Annahme vor, dass durch eine Maßnahme nach den §§ 100a bis 100c allein Erkenntnisse aus dem Kernbereich privater Lebensgestaltung erlangt werden, ist die Maßnahme unzulässig.

---

[73] So auch Hauck in Löwe/Rosenberg § 100e Rn. 101.

(2) Erkenntnisse aus dem Kernbereich privater Lebensgestaltung, die durch eine Maßnahme nach den §§ 100a bis 100c erlangt wurden, dürfen nicht verwertet werden. Aufzeichnungen über solche Erkenntnisse sind unverzüglich zu löschen. Die Tatsache ihrer Erlangung und Löschung ist zu dokumentieren.

(3) Bei Maßnahmen nach § 100b ist, soweit möglich, technisch sicherzustellen, dass Daten, die den Kernbereich privater Lebensgestaltung betreffen, nicht erhoben werden. Erkenntnisse, die durch Maßnahmen nach § 100b erlangt wurden und den Kernbereich privater Lebensgestaltung betreffen, sind unverzüglich zu löschen oder von der Staatsanwaltschaft dem anordnenden Gericht zur Entscheidung über die Verwertbarkeit und Löschung der Daten vorzulegen. Die Entscheidung des Gerichts über die Verwertbarkeit ist für das weitere Verfahren bindend.

(4) Maßnahmen nach § 100c dürfen nur angeordnet werden, soweit auf Grund tatsächlicher Anhaltspunkte anzunehmen ist, dass durch die Überwachung Äußerungen, die dem Kernbereich privater Lebensgestaltung zuzurechnen sind, nicht erfasst werden. Das Abhören und Aufzeichnen ist unverzüglich zu unterbrechen, wenn sich während der Überwachung Anhaltspunkte dafür ergeben, dass Äußerungen, die dem Kernbereich privater Lebensgestaltung zuzurechnen sind, erfasst werden. Ist eine Maßnahme unterbrochen worden, so darf sie unter den in Satz 1 genannten Voraussetzungen fortgeführt werden. Im Zweifel hat die Staatsanwaltschaft über die Unterbrechung oder Fortführung der Maßnahme unverzüglich eine Entscheidung des Gerichts herbeizuführen; § 100e Absatz 5 gilt entsprechend. Auch soweit für bereits erlangte Erkenntnisse ein Verwertungsverbot nach Absatz 2 in Betracht kommt, hat die Staatsanwaltschaft unverzüglich eine Entscheidung des Gerichts herbeizuführen. Absatz 3 Satz 3 gilt entsprechend.

(5) In den Fällen des § 53 sind Maßnahmen nach den §§ 100b und 100c unzulässig; ergibt sich während oder nach Durchführung der Maßnahme, dass ein Fall des § 53 vorliegt, gilt Absatz 2 entsprechend. In den Fällen der §§ 52 und 53a dürfen aus Maßnahmen nach den §§ 100b und 100c gewonnene Erkenntnisse nur verwertet werden, wenn dies unter Berücksichtigung der Bedeutung des zugrunde liegenden Vertrauensverhältnisses nicht außer Verhältnis zum Interesse an der Erforschung des Sachverhalts oder der Ermittlung des Aufenthaltsortes eines Beschuldigten steht. § 160a Absatz 4 gilt entsprechend.

Schrifttum: Allgayer, Die Verwendung von Zufallserkenntnissen aus Überwachungen der Telekommunikation gem. §§ 100a f. StPO (und anderen Ermittlungsmaßnahmen) – Zugleich Anmerkung zu den Entscheidungen des BVerfG vom 3.3.2004 (NJW 2004, 999) und vom 29.6.2005 (NJW 2005, 2766) sowie des OLG Karlsruhe vom 3.6.2004 (NStZ 2004, 2687), NStZ 2006, 603; Allgayer/Klein, Verwendung und Verwertung von Zufallserkenntnissen, wistra 2010, 130; Basar/Hiéramente, Datensparsamkeit in der StPO – Die Möglichkeit der Löschung, HRRS 2018, 336; Beukelmann, Online-Durchsuchung und Quellen-TKÜ, NJW-Spezial 2017, 440; Braun/Roggenkamp, Repressive Staatstrojaner, PinG 2019, 53; Eisenberg, Beweisrecht der StPO, 7. Auflage, 2011; Esser/Reißmann, Schutz des Kernbereichs privater Lebensgestaltung durch den Einsatz künstlicher Intelligenz (KI), StV 2021, 526; Freiling/Safferling/Rückert, Quellen-TKÜ und Online-Durchsuchung als neue Maßnahmen für die Strafverfolgung: Rechtliche und technische Herausforderungen, JR 2018, 9; Gless, Wenn das Haus mithört: Beweisverbote im digitalen Zeitalter, StV 2018, 671; Großmann, Telekommunikationsüberwachung und Online-Durchsuchung: Voraussetzungen und Beweisverbote, JA 2019, 241; Großmann, Zur repressiven Online-Durchsuchung, GA 2018, 439; Gercke, Ein letztes Refugium – Der Kernbereich privater Lebensgestaltung als absolute Grenze der Wahrheitsermittlung im Strafverfahren, GA 2015, 339; von der Grün, Verdeckte Ermittlungen, 2018; Heimann/Bodenbenner, Datenträgerauswertung in der ausländerbehördlichen Praxis, ZAR 2020, 284; Hombrecher, Rechtsverstöße im Ermittlungsverfahren als Gegenstand der Revision – Grundlagen und aktuelle Rechtsprechung zu Beweisverwertungsverboten, JA 2016, 457; Kutscha/Moritz, Lauschangriffe zur vorbeugenden Straftatenbekämpfung, StV 1998, 564; Löffelmann, Der Schutz grundrechtssensibler Bereiche im Sicherheitsrecht, GSZ 2019, 190; Löffelmann, Die Neuregelung der akustischen Wohnraumüberwachung, NJW 2005, 2033; Meyer-Mews, „Keine bloße Formsache" – Notizen zum Richtervorbehalt, HRRS 2020, 286; Roggan, Der nicht-überwachungsbezogene Schutz des Kernbereichs privater Lebensgestaltung, GSZ 2019, 111; Roggan, Die strafprozessuale Quellen-

TKÜ und Online-Durchsuchung: Elektronische Überwachungsmaßnahmen mit Risiken für Beschuldigte und die Allgemeinheit, StV 2017, 821; Singelnstein/Derin, Das Gesetz zur effektiveren und praxistauglicheren Ausgestaltung des Strafverfahrens – Was aus der StPO-Reform geworden ist, NJW 2017, 2646; Singelnstein, Rechtsschutz gegen heimliche Ermittlungsmaßnahmen nach Einführung des § 101 VII 2–4 StPO, NStZ 2009, 481; Soiné, Die strafprozessuale Online-Durchsuchung, NStZ 2018, 503; Soiné, Selbstgespräche von Zielpersonen und Dritten im kontext verdeckter personaler Ermittlungen, Kriminalistik 2022, 98; Weisser, Zu den Anforderungen an die Bestimmtheit des Überwachungsortes bei Maßnahmen nach § 100f StPO, wistra 2018, 327.

Übersicht

A. Grundlagen

I. Normzweck

1 § 100d fasst nunmehr für die §§ 100a–100c die **Vorschriften zum Schutz des Kernbereichs privater Lebensführung** zusammen, die vormals verstreut über die verschiedenen Normen geregelt waren. Angesichts dessen, dass das BVerfG gesetzgeberische Maßnahmen zum Schutz des Kernbereichs fordert, wenn Ermittlungsmaßnahmen „typischerweise" Kernbereichsinformationen betreffen können und die Ermittlungsbehörden sich auch außerhalb dieser Fälle an die verfassungsrechtlichen Erhebungs- und Verwertungsverbote halten müssen (hierzu sogleich → Rn. 2 ff.), spricht viel dafür, dass der Gesetzgeber eine allgemeine Kernbereichsschutznorm nach dem Vorbild von § 160a schaffen sollte. Verfassungsrechtlich zwingend dürfte dies bzgl. einer einheitlichen Kernbereichsschutznorm für die §§ 94 ff., 98a ff., 100a ff., 102 ff. sein, da es bei diesen Ermittlungsmaßnahmen typischerweise auch zur Erhebung/Verarbeitung von Kernbereichsdaten und -informationen kommen kann. Dies gilt umso mehr seit Einführung von § 95a durch das StPO-Fortentwicklungsgesetz vom 1. Juli 2021, da nunmehr (unter verschärften Voraussetzungen) auch eine „heimliche Beschlagnahme" möglich ist. Zur Herstellung der Verfassungsmäßigkeit dieser Norm ist zwingend eine Regelung von Kernbereichsschutzvorschriften erforderlich.

II. Verfassungsgerichtliche Vorgaben

2 Gesetzliche Ermächtigungen zu Ermittlungsmaßnahmen, durch die der Kernbereich privater Lebensgestaltung berührt werden kann, haben nach der Rspr. des BVerfG so weitgehend wie möglich zu gewährleisten, dass Daten mit Kernbereichsbezug möglichst nicht erhoben werden. Ist eine Erhebung unvermeidbar, muss dem Kernbereich jedoch auf Ver-

wertungsebene durch Verwertungsverbote und Löschungspflichten Rechnung getragen werden[1] Dem trägt der Gesetzgeber in § 100d in verfassungskonformer Weise auf der **Ebene der Informationserhebung und -verwertung** Rechnung.[2] Nachdem das BVerfG erstmals in seiner Entscheidung zur akustischen Wohnraumüberwachung[3] einfachgesetzliche Vorschriften zum Schutz des **Kernbereichs privater Lebensgestaltung** eingefordert hatte, hat es in seinem weiteren Urteil vom 27.7.2005[4] entsprechende Regelungen auch bei Maßnahmen der Telekommunikationsüberwachung verlangt. Das BVerfG hat dabei aber zugleich festgestellt, dass zur Gewährleistung eines entsprechenden Schutzes bei Maßnahmen nach § 100a andere und damit weniger strenge Maßstäbe anzulegen seien als bei der akustischen Wohnraumüberwachung. Die vom Gesetzgeber in § 100d Abs. 1 und Abs. 2 (vormals § 100a Abs. 4 aF) getroffene Regelung wurde vom BVerfG zumindest für die Telekommunikationsüberwachung (ohne Quellen-TKÜ) für verfassungsgemäß erachtet.[5] (Spätestens) mit der Entscheidung zum BKA-Gesetz hat das BVerfG den Kernbereichsschutz auf **alle Ermittlungsmaßnahmen erstreckt.**[6] Eine ausdrückliche Regelung von Kernbereichsschutznormen durch den Gesetzgeber ist allerdings nur erforderlich, wenn die jeweilige Ermittlungsmaßnahme „typischerweise" zur Erhebung kernbereichsrelevanter Daten führen können.[7] Dies bedeutet im Umkehrschluss, dass zumindest die Ermittlungsbehörden – auch ohne gesetzliche Kernbereichsregelung – die verfassungsrechtlich gebotenen Schutzmaßnahmen beachten müssen, wenn es bei einer Ermittlungsmaßnahme zur Erhebung von Kernbereichsdaten kommt oder eine solche im Einzelfall zu erwarten ist.

Das BVerfG hat zum Schutz von Kernbereichsdaten ein **mehrstufiges Schutzkonzept** 3
entwickelt, das es zuletzt in seiner Entscheidung zum BKA-Gesetz verdeutlicht hat. Danach ist jede Ermittlungsmaßnahme verboten, welche auf die Erhebung von Kernbereichsdaten abzielt.[8] Außerdem muss bei jeder Ermittlungsmaßnahme, bei der eine Betroffenheit des Kernbereichs im Raum steht, vor Beginn der Ermittlungsmaßnahme so „weitgehend wie möglich" sichergestellt werden, dass Daten und Informationen mit Kernbereichsbezug bereits gar nicht erhoben werden.[9] Nur wenn es „praktisch unvermeidbar" ist, dass die Ermittler Kenntnis von den kernbereichsrelevanten Daten und Informationen erlangen, bevor sie deren Kernbereichsbezug erkennen können, dürfen die Daten zunächst erhoben werden.[10] Wird während der Maßnahme erkennbar, dass kernbereichsrelevante Daten und Informationen aufgezeichnet werden, muss die Ermittlungsmaßnahme abgebrochen bzw. unterbrochen werden, soweit dies praktisch und technisch möglich ist.[11] Wurden dennoch kernbereichsrelevante Daten erhoben, müssen diese sofort gelöscht werden (was zu dokumentieren ist) und jede (auch eine mittelbare, zB als Spurenansatz) Verwertung muss ausgeschlossen sein.[12] Zur Identifizierung der Kernbereichsdaten darf eine Durchsicht der Daten durchgeführt werden. Diese soll regelmäßig durch eine von den Ermittlungsbehörden unabhängige Stelle durchgeführt werden.[13] Ausnahmen hiervon (Durchsicht durch die Ermittlungsbehörden) sollen eher zulässig sein, je effektiver der Kernbereichsschutz auf der Erhe-

[1] BVerfG 12.10.2011 – 2 BvR 236/08, 2 BvR 237/08 und 2 BvR 422/08, BeckRS 2011, 56451 Rn. 210; 27.2.2008 – 1 BvR 370, 595/07, BVerfGE 120, 274 (338 f.) mwN = NJW 2008, 822; 16.6.2009 – 2 BvR 902/06, NJW 2009, 2431 (2436 f.).

[2] BVerfG 12.10.2011 – 2 BvR 236/08, 2 BvR 237/08 und 2 BvR 422/08, BeckRS 2011, 56451 Rn. 213.

[3] BVerfG 3.3.2004 – 1 BvR 2378/98 und 1 BvR 1084/99, NJW 2004, 999.

[4] BVerfG 27.7.2005 – 1 BvR 668/04, NJW 2005, 2603.

[5] BVerfG 12.10.2011 – 2 BvR 236/08, NJW 2012, 833 Rn. 215.

[6] BVerfG 20.4.2016 – 1 BvR 966/09 und 1 BvR 1140/09, NJW 2016, 1781 Rn. 123 mwN.

[7] BVerfG 20.4.2016 – 1 BvR 966/09 und 1 BvR 1140/09, NJW 2016, 1781 Rn. 123.

[8] BVerfG 20.4.2016 – 1 BvR 966, 1140/09, BVerfGE 141, 220 Rn. 125 = NJW 2016, 1781.

[9] BVerfG 27.2.2008 – 1 BvR 370, 595/07, BVerfGE 120, 274 (337) = NJW 2008, 822; 12.10.2011 – 2 BvR 236/08, NJW 2012, 833 Rn. 210.

[10] BVerfG 27.2.2008 – 1 BvR 370, 595/07, BVerfGE 120, 274 (337) = NJW 2008, 822; 12.10.2011 – 2 BvR 236/08, NJW 2012, 833 Rn. 212, 220.

[11] BVerfG 20.4.2016 – 1 BvR 966, 1140/09, BVerfGE 141, 220 Rn. 128 = NJW 2016, 1781.

[12] BVerfG 20.4.2016 – 1 BvR 966, 1140/09, BVerfGE 141, 220 Rn. 129 = NJW 2016, 1781.

[13] BVerfG 20.4.2016 – 1 BvR 966, 1140/09, BVerfGE 141, 220 Rn. 129 = NJW 2016, 1781.

bungsebene ausgestaltet ist und je kleiner die Wahrscheinlichkeit demnach ist, dass die erhobenen Daten Kernbereichsinformationen enthalten.[14] Hierfür soll auch schon genügen, wenn der Kernbereichsschutz präventiv durch einen Richtervorbehalt der jeweiligen Maßnahme gewährleistet ist oder, wenn eine effektive Beschwerdemöglichkeit gegen die Nicht-Löschungsentscheidung der Ermittlungsbehörden zu einer unabhängigen Stelle möglich ist.[15] Nicht zuletzt deshalb, weil die Ermittlungsbehörden bei der Sichtung häufig nicht nur den Kernbereichsschutz vor Augen haben werden, sondern ihre Ermittlungsinteressen verfolgen, können die beiden letztgenannten Ausnahmen nicht überzeugen. Die Sichtung sollte daher in der Regel durch eine unabhängige Stelle erfolgen, wenn nicht durch Maßnahmen auf Erhebungsebene eine Kernbereichsbetroffenheit weitgehend ausgeschlossen wurde.

4 Der BGH geht entsprechend dieser Rechtsprechung von einem **umfassenden Beweisverwertungsverbot für kernbereichsrelevante Daten und Informationen** aus. Dies gilt unabhängig davon, ob eine entsprechende gesetzliche Regelung für die jeweilige Ermittlungsmaßnahme vorhanden ist.[16]

B. Erläuterung

I. Kernbereichsrelevante Daten

5 Der Begriff des „Kernbereichs privater Lebensführung" ist in der Strafprozessordnung nicht definiert und wird vornehmlich durch die Rspr. von BVerfG und BGH bestimmt.[17] **Die exakten Grenzen des Kernbereichs sind schwierig zu bestimmten** und in Rspr. und Literatur heillos umstritten. Aus den Entscheidungen zur Verwertung von Tagebucheinträgen[18] und zum Großen Lauschangriff[19] lässt sich immerhin folgern, dass es vor allem auf die „Höchstpersönlichkeit" bzw. Intimität der Inhalte der Daten und Informationen ankommt.[20] Geschützt sind demnach vor allem „innere Vorgänge" wie Gefühlsäußerungen, Überlegungen, Ansichten und Erlebnisse sowie sämtliche Ausdrucksformen der Sexualität.[21] Intime Daten und Informationen über die eigene Sexualität, eigene schwere Erkrankungen, zwischenmenschliche Beziehungen (insbesondere die Familie) sowie über innerste Empfindungen, Gedanken, die persönliche Entwicklung etc sind daher regelmäßig dem Kernbereich zuzuordnen.[22] Allgemein gilt, dass eine Kernbereichsrelevanz regelmäßig hinsichtlich solcher Inhalte zu bejahen ist, in denen eine Person gleichsam „ihr Innerstes nach außen kehrt".

6 Aufgrund der Abstraktheit der o. g. Definition hat die Rspr. versucht, Indizien für einen Kernbereichsbezug anhand nach außen wahrnehmbarer situativer Kontexte heranzuziehen. Bei der Überwachung von Kommunikation soll nach der Rspr. bei der Prüfung der Kernbereichsrelevanz auch von Bedeutung sein, in welchem örtlichen und situativen Zusammenhang die Kommunikation erfolgte. Bei Äußerungen in einem **öffentlichen Rahmen,** insbesondere wenn – für den Betroffenen erkennbar – die Möglichkeit bestand, dass auch Dritte vom Kommunikationsinhalt hätten Kenntnis nehmen können, wird vielfach ein geringeres schützenswertes Interesse des Betroffenen anzunehmen sein.[23] Findet die

[14] BVerfG 20.4.2016 – 1 BvR 966, 1140/09, BVerfGE 141, 220 Rn. 129 = NJW 2016, 1781.
[15] BVerfG 12.10.2011 – 2 BvR 236, 237, 422/08, BVerfGE 129, 208 (250) = NJW 2012, 833.
[16] BGH 16.3.1983 – 2 StR 775/82, NJW 1983, 1569 (1570); 22.12.2011 – 2 StR 509/10, NStZ 2012, 277.
[17] Köhler in Meyer-Goßner/Schmitt § 100d Rn. 3.
[18] BVerfG 14.9.1989 – 2 BvR 1062/87, BVerfGE 80, 367 = NJW 1990, 563.
[19] BVerfG 3.3.2004 – 1 BvR 2378/98, 1084/99, BVerfGE 109, 279 = NJW 2004, 999.
[20] Warntjen, Heimliche Zwangsmaßnahmen und der Kernbereich privater Lebensgestaltung, S. 60; so auch Hauck in Löwe/Rosenberg § 100d Rn. 4.
[21] BVerfG 3.3.2004 – 1 BvR 2378/98, 1084/99, BVerfGE 109, 279 (313) = NJW 2004, 999; Warntjen, Heimliche Zwangsmaßnahmen und der Kernbereich privater Lebensgestaltung, S. 60.
[22] Vgl. auch Gercke GA 2015, 339 (343 f.).
[23] Gercke GA 2015, 339 (343 f.).

Kommunikation in einer **Privatwohnung** statt, kann dies dagegen für die Betroffenheit des Kernbereichs sprechen.[24] Bei Kommunikation zwischen Personen, zwischen denen **„höchstpersönliches Vertrauen"** herrscht, soll der Kernbereich eher berührt sein, als bei sonstigen Personen.[25] Zur Bestimmung des „höchstpersönlichen Vertrauens" soll es auf verfassungsrechtliche Wertungen (zB Art. 6 GG bzgl. Familienangehöriger) und den jeweiligen Einzelfall ankommen. Den §§ 52, 53 komme dabei nur eine Indizwirkung zu.[26] **Bei § 53** sei insbesondere danach zu differenzieren, ob die jeweilige Berufsgruppe gerade mit dem Betroffenen ein besonderes Vertrauensverhältnis habe (zB Arzt, Strafverteidiger, Psychotherapeut) oder, ob es um den Schutz der Berufsgruppe selbst geht (zB Journalist, Abgeordneter).[27] Entsprechende Gespräche, die der Reflexion mit einem berufsmäßigen Vertrauensträger wie einem Arzt, Psychotherapeuten oder Strafverteidiger sind bereits nach § 160a Abs. 1 und § 148 von der Verwertbarkeit ausgenommen. Auf einen Kernbereichsschutz kommt es nur an, wenn eine Verstrickung der Vertrauensperson vorliegt (→ § 100a Rn. 294). Die gesetzgeberische Regelung des Kernbereichsschutzes in § 100d und des Schutzes der Berufsgeheimnisträger in § 160a spricht eher dagegen, diese Gespräche pauschal in den Kernbereich einzubeziehen.[28] Es wird auch hier darauf ankommen, welchen Inhalt das Gespräch hat. **Selbstgespräche** sind als „lautes Denken" ein starkes Indiz für die Kernbereichsbetroffenheit.[29] Schließlich liegt eine Kernbereichsbetroffenheit näher, je umfassender der Betroffene überwacht wird, was sich sowohl aus einer einzelnen Überwachungsmaßnahme (zB längerdauernde Online-Durchsuchung eines Smartphones) oder aus einer Maßnahmenkumulation ergeben kann.[30]

Kommunikationsinhalten im Rahmen von **Zwiegesprächen, die in einem unmittelbaren Bezug zu konkreten Straftaten** stehen, wie etwa Angaben über geplante oder begangene Straftaten, kommt nach der Rspr. des BVerfG regelmäßig keine Kernbereichsrelevanz zu.[31] Dies gilt selbst dann, wenn sie wie etwa Äußerungen eines Beschuldigten über von diesem bevorzugte Sexualpraktiken, grundsätzlich dem Kernbereich zuzuordnen wären, zugleich jedoch auch strafrechtliche Relevanz haben, etwa wenn sich die Äußerungen als schwerer sexueller Missbrauch eines Kindes nach § 176a StGB darstellen. Will man den Kernbereichsschutz für das Strafverfahren nicht vollständig entwerten, wird man die „Unmittelbarkeit" des Bezugs zu „konkreten" Straftaten **restriktiv auslegen** müssen.[32] Ein solcher unmittelbarer Bezug zu einer Straftat kann danach nur bejaht werden, wenn die Daten oder Äußerungen konkrete bevorstehende oder begangene Straftaten betreffen, nicht dagegen, wenn es sich um bloße Indiztatsachen zur Schuld- oder Straffrage (wie zB spezifische sexuelle Neigungen oder Motivtatsachen wie eine gestörte Beziehung zum Tatopfer) handelt.[33] Als weiteres Indiz kann man auf die Unterscheidung zwischen Selbstreflexion 7

---

24 BVerfG 3.3.2004 – 1 BvR 2378/98, 1084/99, BVerfGE 109, 279 (320) = NJW 2004, 999; Kudlich FS Fischer, 2018, 723 (728); Warntjen, Heimliche Zwangsmaßnahmen und der Kernbereich privater Lebensgestaltung, S. 105 ff.

25 Gercke GA 2015, 339 (343 f.).

26 Zum Ganzen: BVerfG 3.3.2004 – 1 BvR 2378/98, 1084/99, BVerfGE 109, 279 (322 f.) = NJW 2004, 999; Kudlich FS Fischer, 2018, 723 (729); Warntjen, Heimliche Zwangsmaßnahmen und der Kernbereich privater Lebensgestaltung, S. 98 ff.

27 BVerfG 3.3.2004 – 1 BvR 2378/98, 1084/99, BVerfGE 109, 279 (322 f.) = NJW 2004, 999; kritisch Warntjen, Heimliche Zwangsmaßnahmen und der Kernbereich privater Lebensgestaltung, S. 102 ff.

28 So aber Eschelbach in Satzger/Schluckebier/Widmaier StPO § 100d Rn. 7.

29 BGH 22.12.2011 – 2 StR 509/10, NStZ 2012, 277; so auch bereits Warntjen, Heimliche Zwangsmaßnahmen und der Kernbereich privater Lebensgestaltung, S. 105; zu von verdeckten Ermittlern mitgehörten Selbstgesprächen, vgl. Soiné, Kriminalistik 2022, 98.

30 Vgl. hierzu BVerfG 3.3.2004 – 1 BvR 2378/98, 1084/99, BVerfGE 109, 279 (323) = NJW 2004, 999.

31 BVerfG 27.7.2005 – 1 BvR 668/04, NJW 2005, 2603 (2612); 20.4.2016 – 1 BvR 966/09 und 1 BvR 1140/09, NJW 2016, 1781 Rn. 122 aE; siehe auch BGH 12.0.2019 – 2 StR 244/18, BeckRS 2019, 5424.

32 Richtig Rottmeier, Kernbereich privater Lebensgestaltung und strafprozessuale Lauschangriffe, S. 62 ff. mwN aus der kritischen Literatur.

33 Richtig Rottmeier, Kernbereich privater Lebensgestaltung und strafprozessuale Lauschangriffe, S. 66 f.; Zimmermann GA 2013, 162 (168 ff.); Störmer NStZ 1990, 397 (399) und JURA 1991, 17 (23 f.).

(dann Kernbereich) oder bloßem Bericht (dann eher kein Kernbereich) bezüglich der Straftat zurückgreifen.[34]

8 Weiterhin gilt auch hier, dass bei der Prüfung einer möglichen Kernbereichsrelevanz stets eine Abwägung und Gesamtbetrachtung der maßgeblichen Umstände des konkreten Einzelfalles vorzunehmen ist. So ist nach der Entscheidung des BGH vom 22.12.2011[35] eine Kernbereichsrelevanz jedenfalls dann zu bejahen, wenn sich der Beschuldigte im Rahmen eines **nicht öffentlich geführten Selbstgesprächs,** bei welchem er sich „allein mit sich selbst wähnt", zur Tat äußert. Derartige Gespräche unterlägen, so der BGH zutreffend weiter, bereits unter verfassungsrechtlichen Gesichtspunkten einem selbstständigen Beweisverwertungsverbot. Dies deshalb, weil jedem Menschen ein letzter Rückzugsraum erhalten bleiben müsse, in dem er sich ohne Angst vor Überwachung mit dem eigenen Ich befassen könne. Kriterien, ob Äußerungen in Selbstgesprächen dem Kernbereich zuzuordnen sind, seien die Eindimensionalität der Selbstkommunikation oder anders ausgedrückt Äußerungen ohne kommunikativen Bezug, die Nichtöffentlichkeit der Äußerungssituation und damit zusammenhängend das Vertrauen der sich äußernden Person darauf, an dem betreffenden Ort vor staatlicher Überwachung geschützt zu sein, die mögliche Unbewusstheit der Äußerung sowie die Äußerung innerster Gedanken.

II. Alleinige Kernbereichsbetroffenheit (Abs. 1)

9 Maßnahmen nach §§ 100a–100c sind gemäß Abs. 1 unzulässig, wenn tatsächliche Anhaltspunkte dafür vorliegen, dass hierdurch **allein** Erkenntnisse aus dem Kernbereich privater Lebensgestaltung erlangt würden. Soweit mithin erkennbar ist, dass durch die Maßnahme ausschließlich dem Kernbereich zuzuordnende Daten erhoben würden, hat die Überwachung zu unterbleiben. Ein besonders hoher Grad der Wahrscheinlichkeit wird nicht vorausgesetzt, weshalb bereits eine entsprechende Möglichkeit ausreicht. Allerdings kann die Maßnahme regelmäßig durchgeführt werden, wenn die Prognose ergibt, dass neben kernbereichsrelevanten Daten auch andere, dem unantastbaren Kernbereich nicht zuzuordnende und möglicherweise beweisrelevante Daten erhoben werden könnten. Eine alleinige Kernbereichsbetroffenheit wird in der Praxis angesichts der großen Datenmengen, die bei Maßnahmen nach den §§ 100a–100c in Betracht kommen, selten bis nie vorliegen.[36] In den Materialien zum „neuen" § 100d wird als Beispielsfall die Kommunikation des Betroffenen mit Personen genannt, „zu denen er in einem besonderen, den Kernbereich betreffenden Vertrauensverhältnis – wie z. B. engsten Familienangehörigen, Geistlichen, Telefonseelsorgern, Strafverteidigern oder im Einzelfall auch Ärzten – steht".[37] Wenn ein solches Vertrauensverhältnis für die Ermittler erkennbar sei, sei die Maßnahme unzulässig.[38] An dieser Äußerung des gesetzgeberischen Willens ist vieles unklar. Zunächst ergeben sich Abgrenzungsschwierigkeiten zur Regelung in Abs. 5, weil dort nur für Maßnahmen nach §§ 100b und 100c die Unzulässigkeit der Maßnahme in den Fällen des § 53 angeordnet wird. Diese Regelung wäre weitgehend sinnentleert, wenn die entsprechenden Gespräche bereits stets dem Kernbereich unterfielen. Gleichsam wäre fraglich, welche Angehörigen zu den besonderen Vertrauenspersonen nach Abs. 1 zählen und welche lediglich unter Abs. 5 S. 2 fallen. Außerdem würde ein solches Verständnis dazu führen, dass die Kommunikation mit einem engen Angehörigen (zB Mutter/Vater oder Ehefrau/Ehemann) niemals überwacht werden dürfte, obwohl mit solchen Personen häufig über nicht kernbereichsrelevante Gesprächsgegenstände kommuniziert wird. Dies wiederrum würde die gesetzgeberische Entscheidung, Angehörige gerade nicht in § 160a Abs. 1 aufzuführen und eine differenzierte

---

[34] Rottmeier, Kernbereich privater Lebensgestaltung und strafprozessuale Lauschangriffe, S. 87 ff. sowie Schwabenbauer, Heimliche Grundrechtseingriffe, S. 263.

[35] BGH 22.12.2011 – 2 StR 509/10, BeckRS 2012, 04721; Gercke GA 2015, 339 (345).

[36] Freiling/Safferling/Rückert JR 2018, 9 (14); Graf in BeckOK StPO § 100a Rn. 167; schon bisher zur TKÜ nach § 100a Abs. 4 aF: Wolter/Greco in SK-StPO § 100a Rn. 57; hierzu auch: BT-Drs. 16/5846, 43.

[37] BT-Drs. 18/12785, 56.

[38] BT-Drs. 18/12785, 56.

Regelung in Abs. 5 S. 2 zu treffen, konterkarieren. Dementsprechend ist die Kommunikation mit den aufgezählten Vertrauenspersonen zwar ein **gewichtiges Indiz** für das Vorliegen von kernbereichsrelevanten Informationen, jedoch kommt es weiterhin auf den Einzelfall an, ob „allein" Kernbereichsdaten erhoben werden (eher denkbar bei Gesprächen mit Telefonseelsorgern oder Geistlichen als bei Familienangehörigen, mit denen regelmäßig auch über nicht kernbereichsrelevante Informationen kommuniziert wird). Zu beachten ist dabei allerdings, dass auch dann eine „alleinige" Erhebung von kernbereichsrelevanten Daten zu bejahen ist, wenn der höchstpersönliche Inhalt mit alltäglichen Gesprächsthemen vermischt wird.[39]

Zur Vorbereitung dieser Prognose brauchen **keine gesonderten Ermittlungen** getä- 10
tigt zu werden.[40]

Auch durch eine **Überwachung in Echtzeit** wird der Kernbereichsschutz nach Auf- 11
fassung des BVerfG vielfach nicht wirkungsvoller ausgestaltet werden können, weil die zu überwachenden Gespräche vielfach in fremden, nicht verständlichen Sprachen und Dialekten bzw. Geheimcodes geführt werden.[41]

Wird eine Maßnahme zur Telekommunikations- oder Wohnraumüberwachung „live", 12
mithin in Echtzeit mitgehört (prinzipiell auch bei einer Online-Durchsuchung im Rahmen einer „Live-Steuerung" des Remote Forensic Tools denkbar), wozu die Strafverfolgungsbehörden im Übrigen nicht verpflichtet sind,[42] und erkennt der Auswerter zweifelsfrei die Kernbereichsrelevanz bestimmter und aus dem Gesprächskontext erkennbar auch weiterhin zu erwartenden Äußerungen, so ist er verpflichtet, die **weitere Aufzeichnung der Telekommunikation vorübergehend zu unterbrechen.**[43]

III. Verwertungsverbot und Löschungspflicht (Abs. 2)

Gemäß Abs. 2 dürfen Erkenntnisse aus dem Kernbereich privater Lebensgestaltung 13
nicht verwertet werden. Das Grundgesetz gewährleistet nach der Rspr. des BVerfG einen **unantastbaren** Bereich privater Lebensgestaltung, der einem Eingriff durch die öffentliche Gewalt schlechthin entzogen ist und bzgl. dessen selbst schwerwiegende Interessen der Allgemeinheit einen Zugriff (auch zu strafprozessualen Zwecken) nicht zu rechtfertigen vermögen.[44] Eine Abwägung nach Maßgabe des Verhältnismäßigkeitsgrundsatzes findet insoweit mithin nicht statt. Die entsprechenden Umstände sind schlechthin abwägungsfest[45] und damit einer Verwertung selbst im Zusammenhang mit schwersten Straftaten entzogen. Das Verwertungsverbot gilt umfassend, Kernbereichsdaten dürfen mithin **auch nicht als Spurenansatz verwertet werden.**[46] Das Verwertungsverbot besteht auch unabhängig davon, ob die Maßnahme rechtmäßig oder rechtswidrig durchgeführt wurde, insbesondere spielt es keine Rolle, ob das Verbot des Abs. 1 verletzt wurde.[47] So hat das BVerfG im Zusammenhang mit der akustischen Wohnraumüberwachung ausgeführt, die entsprechenden Daten unterlägen „einem absoluten Verwertungsverbot und dürfen weder im Hauptsacheverfahren verwertet werden noch Anknüpfungspunkt weiterer Ermittlungen sein."[48] Das Verwertungsverbot ist insofern nicht (all)umfassend, als es sich auf (einzelne) „Äußerungen" und nicht auf das Gespräch/die Datei/die Datenübertragung als Ganzes bezieht. Von

---

39 BVerfG 20.4.2016 – 1 BvR 966/09 und 1 BvR 1140/09, NJW 2016, 1781 Rn. 222.
40 Vgl. BT-Drs. 16/5846, 44.
41 BVerfG 12.10.2011 – 2 BvR 236/08, 2 BvR 237/08 und 2 BvR 422/08, BeckRS 2011, 56451 Rn. 219 zur TKÜ.
42 BT-Drs. 16/5846, 45.
43 Wie hier Köhler in Meyer-Goßner/Schmitt § 100d Rn. 7a.
44 BVerfG 14.9.1989 – 2 BvR 1026/87, NJW 1990, 563.
45 AA Baldus JZ 2008, 218.
46 BVerfG 12.10.2011 – 2 BvR 236, 237, 422/08, BVerfGE 129, 208 Rn. 220 = NJW 2012, 833 zur TKÜ; Köhler in Meyer-Goßner/Schmitt § 100d Rn. 6; Hauck in Löwe/Rosenberg § 100d Rn. 23 mwN.
47 Köhler in Meyer-Goßner/Schmitt § 100d Rn. 6.
48 BVerfG 3.3.2004 – 1 BvR 2378/98, 1 BvR 1084/99, BeckRS 2004, 21087 Rn. 184.

den insgesamt gewonnenen Erkenntnissen verbietet es lediglich die Verwertung der den Kernbereich betreffenden Daten und damit je nach Einzelfall lediglich die Verwertung einzelner Gesprächs-/Text-/Dateipassagen.[49]

14 Ohne dass es einer ausdrücklichen gesetzlichen Regelung bedarf, gelten über das Verwertungsverbot des Abs. 2 hinaus die von der Rspr. für die Fälle entwickelten Beweisverwertungsverbote, dass die Maßnahme durchgeführt wurde, obwohl **wesentliche materielle oder formelle Anordnungsvoraussetzungen nicht vorlagen.** Ein solches Verwertungsverbot würde nur für nicht kernbereichsrelevante Daten eine selbstständige Bedeutung erlangen und schließt im Gegensatz zu der Regelung in Abs. 2 uU noch eine Verwendung der aus der Maßnahme resultierenden Ermittlungsergebnisse als Spurenansatz nicht aus (hierzu → § 100a Rn. 368 ff.).

15 Aufzeichnungen über kernbereichsrelevante Daten sind nach Abs. 2 S. 2 **unverzüglich zu löschen.** Das in Art. 19 Abs. 4 GG verankerte Gebot effektiven Rechtsschutzes steht dem nicht entgegen. Entscheidend ist in derartigen Fällen, dass jede weitere Aufbewahrung der höchstpersönlichen Daten das Risiko einer Vertiefung der Grundrechtsverletzung in sich trägt.[50] Der Menschenwürdebezug der Aufzeichnungen und die daraus resultierende Pflicht zur unverzüglichen Löschung der Daten überwiegen somit gegenüber den Rechtsschutzbelangen. Selbstredend erfasst das Löschungsgebot **auch sämtliche Datenkopien** bzw. jedwede sonstige Perpetuierung der entsprechenden Inhalte etwa in Form von Inhalts- oder Wortprotokollen.

16 Eine **Durchsicht durch eine unabhängige Stelle** zur Identifikation der kernbereichsrelevanten Daten, bevor die Ermittlungsbehörden Zugriff darauf bekommen, schreibt das Gesetz derzeit nicht vor. Ob dies mit den verfassungsrechtlichen Vorgaben vereinbar ist (→ Rn. 2 f.), ist fraglich. Bei entsprechendem technischem Fortschritt wird künftig auch eine Filterung durch eine sog. „schwache" KI in Betracht kommen.[51]

17 Grundsätzlich, dh von Evidenzfällen abgesehen, kann die Beantwortung der Frage, ob einzelnen Daten eine Kernbereichsrelevanz zukommt und diese daher zu löschen sind, **nicht den Ermittlungspersonen der Staatsanwaltschaft übertragen bzw. überlassen werden.**[52] Diese sind hierzu, im Hinblick auf die mit der Frage der Verwertbarkeit verbundenen verfassungsrechtlichen Fragestellungen und von im Einzelfall einfach gelagerten Ausnahmefällen abgesehen, nicht in der Lage. Deshalb sollte die Staatsanwaltschaft als „Herrin des Ermittlungsverfahrens" eine Löschung der Daten ausnahmslos von ihrer vorherigen Zustimmung abhängig machen.[53] Indes darf es hierdurch zu keiner erheblichen Verzögerung kommen, die Entscheidung der Staatsanwaltschaft muss unverzüglich und damit ohne schuldhaftes Verzögern herbeigeführt werden.[54]

18 Die Umsetzung der Löschungsverpflichtung kann sowohl in **technischer als auch tatsächlicher Hinsicht Schwierigkeiten bereiten.** Tatsächlich kann durch die Löschung etwa einzelner Passagen eines Gesprächs der verbleibende nicht kernbereichsrelevante Bereich seinen Sinnzusammenhang und damit seinen Beweiswert verlieren, was jedoch hingenommen werden muss. Bei Datenträgern ist durch geeignete technische Maßnahmen (ggf. mehrfaches Überschreiben oder physische Vernichtung des jeweiligen Datenträgers) sicherzustellen, dass keine Rekonstruktion der Daten möglich ist.[55] Ferner ist die partielle Löschung von Daten technisch bei DSL-Ausleitungen gelegentlich noch schwierig. Hier sind einzelfallbezogen jeweils Lösungen zu finden, die der Löschungsverpflichtung in größtmöglichem Umfang Rechnung tragen.

19 Nach Abs. 2 S. 3 ist schließlich die Tatsache der Erlangung sowie der **Löschung kernbereichsrelevanter Daten zu dokumentieren.** Diese **Dokumentationspflicht** dient

---

[49] BGH 14.8.2009 – 3 StR 552/08, NStZ 2010, 44 (47).
[50] BVerfG 3.3.2004 – 1 BvR 2378/98, 1 BvR 1084/99, BeckRS 2004, 21087 Rn. 185.
[51] Esser/Reißmann StV 2021, 526.
[52] AA Heimann/Bodenbenner ZAR 2020, 284 (287); Siehe auch BT-Drs. 16/5846, 45.
[53] So auch Bruns in KK-StPO § 100d Rn. 7.
[54] So zutreffend auch Graf in BeckOK StPO § 100d Rn. 14.
[55] Siehe auch Hauck in Löwe/Rosenberg § 100d Rn. 27.

werden, die Streichung sollte aber die Notwendigkeit der Einzelfallprüfung verdeutlichen.[70] Bei der Einzelfallprüfung sind die oben beschriebenen Rechtsprechungslinien und Indizien heranzuziehen (→ Rn. 5 ff.), um die Kernbereichsrelevanz zu beurteilen. Bei tatsächlich als privater Lebensmittelpunkt genutzter Privatwohnung wird sich eine Kernbereichsbetroffenheit so gut wie nie ausschließen lassen. Anders kann dies höchstens für bestimmte Tageszeiten sein, wenn zu dieser Zeit die Privatwohnung stets für nicht kernbereichsrelevante Tätigkeiten genutzt wird (insbesondere konspirative Treffen oder andere kriminelle Tätigkeiten). Eine solche Prognose muss sich jedoch auf zuvor ermittelte Tatsachen stützen lassen.[71]

Die Überprüfung, ob durch die Maßnahme kernbereichsrelevante Inhalte erfasst werden könnten, hat durch eine „negative Kernbereichsprognose" zu erfolgen. Bei dieser ist danach zu fragen, ob **tatsächliche Anhaltspunkte** die Annahme rechtfertigen, dass durch die Überwachung der konkret betroffenen Räume und der dort voraussichtlich anwesenden Personen **nicht in deren Kernbereich eingegriffen** werden wird. Aus den vorliegenden Anhaltspunkten muss in typisierender Weise geschlossen werden können, dass die voraussichtlich geführten und aufgezeichneten Gespräche nicht den Kernbereich betreffen. Diese Prognose hat das anordnende Gericht auf der Grundlage der ihm vorliegenden Erkenntnisse zu treffen und sich zu fragen, ob eine gewisse Wahrscheinlichkeit dafür besteht, dass kernbereichsrelevante Daten erfasst werden. Der Gesetzgeber hat weder eine „überwiegende Wahrscheinlichkeit" noch eine „hohe Wahrscheinlichkeit" vorgesehen.[72] Das BVerfG hat in seiner Entscheidung vom 3.3.2004 indes auch insoweit Position bezogen und ausgeführt, Abhörmaßnahmen seien ausgeschlossen, wenn es **wahrscheinlich** sei, dass mit ihnen absolut geschützte Gespräche erfasst würden. Befindet sich ein Beschuldigter allein mit seinem Lebenspartner in der Wohnung, so wird zwar nicht allein deshalb positiv davon auszugehen sein, dass die Gesprächspartner auch kernbereichsrelevante Inhalte thematisieren. Auch Gespräche über Beziehungs- oder Liebesangelegenheiten sind nicht stets dem Kernbereich zuzuordnen. Allerdings verlangt das Gesetz gerade eine negative Prognose dahingehend, dass keine Gespräche stattfinden, die dem Kernbereich zuzuordnen sind. Diese Prognose wird sich bei einer längerdauernden Überwachung einer Privatwohnung und/oder eines Gesprächs zwischen nahen Angehörigen oder des Betroffenen mit einem Berufsgeheimnisträger kaum jemals ernsthaft begründen lassen. Daher verbleibt es auch für § 100d Abs. 4 S. 1 dabei, dass die (längerfristige) Überwachung von Privatwohnungen und das Abhören von Gesprächen zwischen dem genannten Personenkreis nur selten zulässig sein dürfen.[73] Bei der Prognose sind die o. g. Leitlinien und Indizien zu berücksichtigen (→ Rn. 5 ff.). 26

Im Rahmen der nach S. 1 vorzunehmenden **Prognose steht dem Gericht ein Beurteilungsspielraum** zu. Dabei kommt ein Verwertungsverbot nur in Betracht, wenn das Gericht diesen Beurteilungsspielraum klar erkennbar und damit rechtsfehlerhaft überschritten hat. Fragen nach dem Vorliegen der Anordnungsvoraussetzungen und damit danach, ob das Gericht zum Zeitpunkt der Anordnung der Maßnahme zu Recht eine negative Kernbereichsprognose angestellt hat, werden vielfach erst im Rahmen der Hauptverhandlung thematisiert. Damit das Tatgericht in diesen Fällen den Ermittlungsstand zum Zeitpunkt der Anordnung noch nachvollziehen kann, ordnet § 100e Abs. 4 Nr. 3 die schriftliche Darlegung der tatsächlichen Anhaltspunkte für die negative Kernbereichsprognose an. 27

Die früher in § 100c Abs. 4 S. 2 und 3 aufgestellten **Regelvermutungen** dahingehend, dass Gesprächen in bestimmten Räumlichkeiten bzw. über bestimmte Themen keine Kernbereichsrelevanz beizumessen ist, wurden für die Neufassung **bewusst gestrichen.** Der Gesetzgeber wollte damit eine stärkere Betonung der Prüfung des Einzelfalles erreichen.[74] 28

---

70 BT-Drs. 18/12785, 57.

71 Siehe hierzu von der Grün, Verdeckte Ermittlungen, S. 124; Köhler in Meyer-Goßner/Schmitt § 100d Rn. 15.

72 Löffelmann NJW 2005, 2033.

73 So auch Köhler in Meyer-Goßner/Schmitt § 100d Rn. 15 ff.; Bär in KMR-StPO § 100d Rn. 34; von der Grün, Verdeckte Ermittlungen, S. 124.

74 BT-Drs. 18/12785, 57.

Die Regelvermutungen bestehen jedoch insoweit teilweise fort, als die Art der Räumlichkeit auch nach der Rspr. ein wichtiges Indiz zur Bestimmung der Kernbereichseigenschaft ist und unmittelbare Informationen über geplante oder begangene Straftaten nach der hM grundsätzlich nicht dem Kernbereichsschutz unterfallen (→ Rn. 7)

29 Einem Gespräch, welches der **Beschuldigte mit seiner Ehefrau** in einem separaten Besuchsraum der JVA über einen von ihm begangenen Mord und damit über eine „begangene Straftat" führt, kommt nach Auffassung des BGH keine Kernbereichsrelevanz zu.[75] Werden indes **Mischgespräche,** dh solche Gespräche aufgezeichnet, die sowohl den Kernbereich betreffen als auch andere Inhalte aufweisen, so dürfen lediglich die den Kernbereich betreffenden Inhalte nicht verwertet werden. Der Regelung in Abs. 4 S. 1 kann kein derart umfassendes Verwertungsverbot entnommen werden, dass die übrigen Äußerungen ebenfalls nicht verwertbar wären.[76] Äußerungen, die sich mit Straftaten befassen, können jedoch dann dem Kernbereich zuzurechnen sein, wenn sie innerhalb der von Art. 13 GG erfassten Räumlichkeiten (hier: Krankenzimmer) und im Rahmen eines **Selbstgesprächs** gemacht wurden.[77] Dies ist jeweils eine Frage des Einzelfalles, wobei die räumliche und personelle Äußerungssituation gewichtige Indizien sind (→ Rn. 6 ff.). Auch die Unterscheidung zwischen deskriptiven Schilderungen und selbstreflexiven Äußerungen ist von entscheidender Bedeutung (→ Rn. 8). Ausdrücklich offen gelassen hat der BGH die Frage, ob Selbstgespräche, die sich auf Straftaten beziehen, „absolut" unverwertbar sind, oder ob die entsprechenden Inhalte etwa in dem Fall zur **Gefahrenabwehr** verwendet werden dürften, wenn ein Kindesentführer bei solcher Gelegenheit Angaben zum Aufenthaltsort des von ihm entführten Kindes machen würde.[78]

30 **2. Unterbrechungsgebot (Abs. 4 S. 2–4).** Abs. 4 S. 2–4 regeln die **Konsequenzen** für den Fall, dass „sich während der Überwachung Anhaltspunkte dafür ergeben, dass Äußerungen, die dem Kernbereich privater Lebensgestaltung zuzurechnen sind", erfasst werden.

31 **a) Unterbrechungsgebot (S. 2).** Nach S. 2 ist das Abhören und Aufzeichnen **„unverzüglich zu unterbrechen",** sobald kernbereichsrelevante Daten erfasst werden. Der Gesetzgeber, der hier wohl eher das Gebot einer „augenblicklichen" Unterbrechung im Sinn hatte, trägt mit S. 1 der Entscheidung des BVerfG Rechnung, welches festgestellt hatte, das in einem solchen Fall „die Überwachung abgebrochen werden" muss.[79] In der Praxis ist diese Regelung insoweit schwer handhabbar, als in solchen Fällen unklar bleibt, wann die Überwachung wieder fortgeführt werden kann. Die BReg. hatte im Gesetzgebungsverfahren einen Vorschlag des Bundesrates, in solchen Fällen das Abhören zu unterbrechen, die Aufzeichnung indes weiterlaufen lassen zu können und die Gespräche anschließend dem anordnenden Gericht zur Prüfung der Verwertbarkeit vorzulegen, wegen verfassungsrechtlicher Bedenken abgelehnt.[80]

32 Ergeben sich während der Durchführung der Maßnahme tatsächliche Anhaltspunkte dafür, dass kernbereichsrelevante Daten erfasst werden könnten, kann dieser Umstand den Verzicht auf die bislang automatische Aufzeichnung der abgehörten Gespräche und eine **Echtzeitüberwachung** gebieten. Andererseits erfordert die theoretische Möglichkeit der Erfassung derartiger Daten nicht von vornherein den Verzicht auf eine automatische Aufzeichnung.[81]

---

75 BGH 29.4.2009 – 1 StR 701/08, NJW 2009, 519 (520); krit. Löffelmann NJW 2005, 2033 (2034); Hauck NStZ 2010, 17; vgl. zur Problematik auch Rogall HRRS 2010, 289; Zuck JR 2010, 17.

76 BGH 14.8.2009 – 3 StR 552/08, NStZ 2010, 44 (47).

77 BGH 10.8.2005 – 1 StR 140/05, NStZ 2005, 700; zustimmend Ellbogen NStZ 2006, 180; Kolz NJW 2005, 3248.

78 BGH 10.8.2005 – 1 StR 140/05, NStZ 2005, 700 (701).

79 BVerfG 3.3.2004 – 1 BvR 2378/98, 1 BvR 1084/99, BeckRS 2004, 21087 Rn. 151; BT-Drs. 15/4533, 14.

80 BT-Drs. 15/4533, 23, 27.

81 BVerfG 11.5.2007 – 2 BvR 543/06, NJW 2007, 2753 (2757).

b) Fortsetzung der Maßnahme (S. 3). Nach einer Unterbrechung der Maßnahme darf diese gemäß S. 3 erst wieder fortgeführt werden, wenn die Voraussetzungen des S. 1 erfüllt sind, also **tatsächliche Anhaltspunkte** dafür vorliegen, dass Daten, die den Kernbereich privater Lebensgestaltung betreffen, nicht erhoben werden. Fraglich ist, woraus sich derartige Erkenntnisse ergeben sollen. Da „tatsächliche Anhaltspunkte" erforderlich sind und somit kriminalistische Erfahrung allein nicht ausreicht, können sich die tatsächlichen Anhaltspunkte eigentlich nur aus dem abgebrochenen Gespräch selbst ergeben. Dabei werden die Gesprächspartner den Strafverfolgungsbehörden regelmäßig nicht den Gefallen tun und die kernbereichsrelevante Gesprächspassage mit dem Hinweis auf die viel zitierten „fünf Minuten" einleiten. Tatsächliche Anhaltspunkte für die Beseitigung der Gefahr der Erhebung von Kernbereichsdaten können sein:[82] Personen des engsten Vertrauens verlassen die Wohnung wieder; Personen, die nicht zu den engsten Vertrauten des Betroffenen gehören betreten die Wohnung; Schallschutzmaßnahmen werden aufgehoben (zB Gespräch verlagert sich auf den Balkon, in den Garten, auf die Terrasse, Fenster werden geöffnet). Außerdem kann sich auch durch Zeitablauf (zB bei beginnendem Gebet unterbrochen, Wiederaufnahme nach mehreren Stunden) ergeben, dass eine Erfassung der kernbereichsrelevanten Situation nicht mehr wahrscheinlich ist.[83] Dagegen ist es ausgeschlossen, dass die Ermittlungsbehörden ohne solche Anhaltspunkte bereits nach kurzer Zeit „testweise hineinhören", um festzustellen, ob der Kernbereichsbezug noch besteht. Denn hierdurch würden gerade Kernbereichsdaten erhoben, ohne dass es zuvor tatsächliche Anhaltspunkte gegeben hätte, welche die Gefahr einer Erhebung ausgeschlossen hätten.[84] Nach längerer Zeitdauer (abhängig vom Einzelfall) ist ein „Probehören" dagegen eine geeignete Maßnahme um die Kernbereichsbetroffenheit zu überprüfen.[85] Werden in einer Privatwohnung nach Aufnahme der Überwachung entgegen der zuvor nach S. 1 getroffenen negativen Kernbereichsprognose wiederholt gleichwohl kernbereichsrelevante Gespräche festgestellt, so ist die Überwachung ggf. nicht nur (erneut) zu unterbrechen, sondern **abzubrechen.**[86] 33

c) Gerichtliche Entscheidung bei Zweifeln (S. 4). In Anbetracht der grundrechtssichernden Funktion des Richtervorbehalts, dem bei einer der eingriffsintensivsten strafprozessualen Ermittlungsmaßnahmen eine besonders herausragende Bedeutung zukommt, sieht S. 4 vor, dass **bei Zweifeln „über die Unterbrechung oder Fortführung der Maßnahme** unverzüglich eine Entscheidung des Gerichts herbeizuführen" ist. Soweit hier von Günther in der Vorauflage vertreten wurde und dies auch in anderen Kommentaren noch vertreten wird, dass durch den Verweis auf § 100e Abs. 5 (früher § 100d Abs. 4) auch eine Entscheidung über Unterbrechung oder Fortführung zumindest bei Gefahr im Verzug bzw. in „Eilfällen" allein durch den Vorsitzenden des zuständigen Gerichts getroffen werden kann,[87] ist dem zu widersprechen. Der Verweis auf § 100e Abs. 5 umfasst auch dessen S. 5, welcher anordnet, dass der Vorsitzende nur den Abbruch bzw. in diesem Fall die Unterbrechung der Maßnahme anordnen kann. Im Umkehrschluss kann dies nicht für die Fortführung gelten. Auch ein Rückgriff auf die allgemeinere Regelung des § 100e Abs. 2 S. 2 ist nicht möglich,[88] weil auf diesen gerade nicht verwiesen wird und die Regelung des explizit in Bezug genommenen § 100e Abs. 5 S. 5 lex specialis ist.[89] 34

---

[82] Siehe auch Bär in KMR-StPO § 100d Rn. 36; Köhler in Meyer-Goßner/Schmitt § 100d Rn. 20.

[83] BT-Drs. 15/4533, 28; Rottmeier, Kernbereich privater Lebensführung und strafprozessuale Lauschangriffe, S. 171.

[84] AA Rottmeier, Kernbereich privater Lebensführung und strafprozessuale Lauschangriffe, S. 171 f., der allerdings den konkreten Zeitablauf immerhin vom Einzelfall abhängig machen will.

[85] Siehe auch Rottmeier, Kernbereich privater Lebensführung und strafprozessuale Lauschangriffe, S. 171 f.

[86] Löffelmann NJW 2005, 2033 (2034).

[87] So noch Günther → 1. Aufl. § 100c Rn. 69; so auch Gercke in Gercke/Julius/Temming/Zöller § 100d Rn. 12; Bär in KMR-StPO § 100d Rn. 40; Köhler in Meyer-Goßner/Schmitt § 100d Rn. 21.

[88] So aber zB Köhler in Meyer-Goßner/Schmitt § 100d Rn. 21.

[89] Im Ergebnis wie hier Bruns in KK-StPO § 100d Rn. 16; Eschelbach in Satzger/Schluckebier/Widmaier StPO § 100d Rn. 28.

35 **Auch im Übrigen gilt § 100e Abs. 5 entsprechend,** dh das Gericht ist unverzüglich über die Ergebnisse und den Verlauf der Maßnahme zu unterrichten. Das Gericht ordnet außerdem die Unterbrechung der Maßnahme an, wenn es entsprechend entscheidet und die Staatsanwaltschaft die Unterbrechung noch nicht angeordnet hat.

36 Diese Regelung lässt es als unerlässlich erscheinen, dass auch bei diesem Gericht jedenfalls für den Zeitpunkt der Durchführung der Maßnahme ein **Bereitschaftsdienst** eingerichtet wird. Ausweislich der Gesetzesmaterialien kann es in besonders sensiblen Einzelfällen auch geboten erscheinen, dass die Mitglieder dieses Gerichts bzw. dessen Vorsitzender selbst die Durchführung der Maßnahme überwachen.

37 **d) Entscheidung des Gerichts über Beweisverwertungsverbote nach Abs. 2 (S. 5, S. 6).** Die verfassungskonforme Ausgestaltung der akustischen Wohnraumüberwachung gebietet nach Auffassung des BVerfG weiter, dass in Zweifelsfällen nicht allein die Strafverfolgungsbehörden darüber entscheiden, ob von ihnen gewonnene Erkenntnisse verwertbar sind bzw., ob Ermittlungsergebnisse einem Beweisverwertungsverbot unterliegen. Es bedarf hierzu vielmehr einer unabhängigen Stelle, die auch die Interessen des Beschuldigten wahrt.[90] Zu dieser Stelle hat der Gesetzgeber in S. 5 naheliegender Weise das anordnende Gericht berufen und dieses für zuständig erklärt, **Zweifelsfälle über das Vorliegen eines Verwertungsverbots nach Abs. 2** zu entscheiden. Die Vorschrift konkurriert mit der Regelung des § 101 Abs. 7 S. 2, die zum Tragen kommt, wenn die generelle Rechtmäßigkeit der Anordnung einer Wohnraumüberwachung bzw. die Art und Weise ihres Vollzugs überprüft werden sollen.

38 Wurden vor der Unterbrechung möglicherweise kernbereichsrelevante Daten erhoben, hat die Staatsanwaltschaft auch eine unverzügliche Entscheidung des Gerichts nach § 100d Abs. 4 S. 5 über die Verwertbarkeit der Daten nach Abs. 2 herbeizuführen. S. 6 ordnet die gleiche Bindungswirkung an, wie sie bei gerichtlichen Entscheidungen über die Verwertbarkeit von Kernbereichsdaten, die mittels einer Online-Durchsuchung erlangt wurden (Abs. 3 S. 3), gilt. Wie dort wäre eine Bindung der Hauptsache- und Rechtsmittelgerichte an eine Entscheidung **für** eine Verwertbarkeit verfassungswidrig. Dementsprechend ist auch diese Vorschrift **verfassungskonform dahingehend auszulegen** (zu Abs. 3 S. 3 → Rn. 22), dass nur eine Entscheidung **gegen** die Verwertbarkeit Bindungswirkung hat.[91] Als Rechtsmittel gegen die Entscheidung kommt, ebenfalls wie dort, die Beschwerde nach § 304 in Betracht (→ Rn. 22). Selbstverständlich beschränkt sich die Entscheidung des Gerichts auch auf eine (Un)-Verwertbarkeit wegen des Vorliegens von Kernbereichsdaten; dagegen hat das Gericht nicht darüber zu entscheiden, ob aus anderen Gründen (zB formelle oder materielle Mängel der Anordnung) ein Verwertungsverbot besteht. Dies obliegt allein dem Tatgericht und ggf. den Rechtsmittelgerichten.

39 Zuständigkeitsprobleme hinsichtlich der Entscheidung über die Verwertbarkeit entstehen in denjenigen Fällen, in denen die Staatsanwaltschaft im Ermittlungsverfahren keine Entscheidung des anordnenden Gerichts herbeigeführt hat und sich die Frage eines möglichen Verwertungsverbots im Hinblick auf einen Verstoß gegen das Unterbrechungsgebot in Abs. 4 S. 2, S. 3 erst im Hauptverfahren stellt. Die Staatsanwaltschaft müsste dann während des laufenden Hauptverfahrens – systemwidrig – das anordnende Gericht anrufen. Da Abs. 4 S. 5 nicht explizit das „anordnende Gericht" erwähnt (anders als die Vorgängernorm in § 100c Abs. 7 S. 1 aF), ist davon auszugehen, dass „das Gericht" iSv Abs. 4 S. 5 nur im Ermittlungsverfahren das anordnende Gericht ist, nach Erhebung der öffentlichen Klage gem. § 162 Abs. 3 S. 1 das für die Hauptverhandlung zuständige Gericht gemeint.[92] Nach

[90] BVerfG 3.3.2004 – 1 BvR 2378/98, 1 BvR 1084/99, BeckRS 2004, 21087 Rn. 190.

[91] Wie hier allerdings (wohl) im Wege einer teleologischen Reduktion: Bruns in KK-StPO § 100d Rn. 16; siehe ebenfalls Eschelbach in Satzger/Schluckebier/Widmaier StPO § 100d Rn. 28; aA Hauck in Löwe/Rosenberg § 100d Rn. 50.

[92] Wie hier Hauck in Löwe/Rosenberg § 100d Rn. 48 („bis zum Übergang der Verfahrensherrschaft an das erkennende Gericht").

dem Abschluss des Ermittlungsverfahrens hat also allein das **Tat- und, nach diesem, das Revisionsgericht** über die Frage der Verwertbarkeit zu entscheiden.[93]

VI. Schutz zeugnisverweigerungsberechtigter Personen bei Maßnahmen nach §§ 100b und 100c (Abs. 5)

Die Vorschriften in Abs. 5 tragen den **Interessen der durch Zeugnisverweigerungsrechte geschützten Zeugen bei Maßnahmen nach §§ 100b und 100c Rechnung.** Die Vorschrift differenziert in den S. 1 und 2 zwischen Berufsgeheimnisträgern einerseits und Angehörigen und den Berufshelfern andererseits. 40

1. Berufsgeheimnisträger (S. 1). Nach S. 1 Hs. 1 sind Wohnraumüberwachung und Online-Durchsuchung bei den von § 53 erfassten Berufsgeheimnisträgern generell unzulässig. Die Vorschrift differenziert in Gegensatz zu § 160a nicht nach den verschiedenen Gruppen der in § 53 S. 1 Nr. 1–5 genannten Berufsgeheimnisträgern, sondern erfasst vielmehr alle gleichermaßen. Für Gespräche zwischen dem Beschuldigten und den Mitgliedern der von § 53 erfassten Berufsgruppen statuiert S. 1 ein **Beweiserhebungsverbot.** Der generelle Verweis in S. 1 auf § 53 („in den Fällen des § 53") ist dabei – entgegen in der Literatur vertretener Auffassung[94] – auch nicht überflüssig. Zwar werden Gespräche mit Verteidigern oder Seelsorgern häufig bzw. sogar regelmäßig Kernbereichsbezug aufweisen, da der personellen Kommunikationssituation eine starke Indizwirkung zukommt (→ Rn. 6) und werden dann bereits von Abs. 1–4 erfasst, sodass Abs. 5 insoweit keine eigenständige Bedeutung zukommen dürfte. Allerdings sind durchaus Fälle vorstellbar, in denen ein solches Gespräch nicht von sich aus dem Kernbereichsschutz unterfällt (zB Gespräch zwischen zwei befreundeten Anwälten über Belanglosigkeiten), aber jederzeit die Gefahr besteht, dass Kernbereichsinformationen oder Informationen, über welche die Beteiligten das Zeugnis verweigern dürften, ausgetauscht werden. Abs. 5 schützt somit bereits die **abstrakte Gefahr einer Kernbereichsverletzung und einer Umgehung von § 53** bei besonders eingriffsintensiven Maßnahmen und geht damit über die Abs. 1–4 hinaus. 41

Stellt sich erst bei Durchführung der Maßnahme heraus, dass ein entsprechendes Gespräch mit einem der Berufsgeheimnisträger des § 53 überwacht wird, so finden nach S. 1 Hs. 2 die Regelungen in Abs. 2 entsprechend Anwendung. Es besteht mithin ein **Beweisverwertungsverbot.** Die entsprechenden Daten sind ferner zu löschen, die Löschung ist zu dokumentieren (für Details → Rn. 15 ff.). 42

2. Angehörige und Berufshelfer (S. 2). Im Gegensatz zu den Berufsgeheimnisträgern begründet S. 2 für Angehörige[95] und Berufshelfer lediglich ein – eingeschränktes – **Beweisverwertungsverbot.** Der Gesetzgeber trägt mit dieser Regelung dem Umstand Rechnung, dass nach Auffassung des BVerfG von Verfassungs wegen für Angehörige ein absolutes Verwertungsverbot nicht erforderlich ist.[96] Somit dürfen nach S. 2 Erkenntnisse aus Gesprächen zwischen dem Beschuldigten und Angehörigen verwertet werden, wenn „dies unter Berücksichtigung der Bedeutung des zu Grunde liegenden Vertrauensverhältnisses nicht außer Verhältnis zum Interesse an der Erforschung des Sachverhalts oder der Ermittlung des Aufenthalts eines Beschuldigten steht". Werden bei Gesprächen zwischen dem Beschuldigten und Mitgliedern der von S. 2 erfassten Gruppen indes dem Kernbereich zuzuordnende Inhalte erfasst, gilt bereits deshalb und ungeachtet der vorstehenden Abwägung ein absolutes Beweisverwertungsverbot nach Abs. 2. Den Kernbereich berührende Erkenntnisse sind „abwägungsfest". 43

Die Regelung in S. 2 begründet **für Berufshelfer der in § 160a Abs. 1 genannten Berufsgruppen eine Schlechterstellung im Vergleich zu § 160a,** wenn es um Tatsa- 44

[93] Ebenso Löffelmann in Krekeler/Löffelmann/Sommer § 100c aF Rn. 16.
[94] So Bär in KMR-StPO § 100d Rn. 44 unter Verweis auf Löffelmann ZIS 2006, 87 (95); ebenfalls noch Günther → 1. Aufl. § 100c Rn. 71.
[95] Vgl. Zu den Rechten von Angehörigen bei verdeckten Ermittlungen Weißer GA 2006, 148.
[96] BVerfG 15.10.2009 – 2 BvR 2438/08, NJW 2010, 287.

chen geht, auf die sich das Zeugnisverweigerungsrecht erstreckt. Dort wird in § 160a Abs. 3 die Regelung von § 160a Abs. 1 auf die Berufshelfer der dort genannten Gruppen erstreckt und somit ein abwägungsunabhängiges Verwertungsverbot für solche Tatsachen, über die das Zeugnis verweigert werden dürfte, angeordnet. Dass dies gerade bei den besonders eingriffsintensiven Maßnahmen, bei denen mit hoher Wahrscheinlichkeit zumindest auch Material, über welches das Zeugnis verweigert werden dürfte, und oftmals sogar Kernbereichsdaten erhoben werden (man denke nur an eine Online-Durchsuchung auf dem PC einer Kanzlei-Sekretärin oder eines Referendars, dem Akten elektronisch zur Verfügung gestellt wurden), erscheint nicht sachgerecht und willkürlich.[97] Um die Norm vor einer Verfassungswidrigkeit zu bewahren,[98] ist daher das Tatbestandsmerkmal „wenn dies unter Berücksichtigung der Bedeutung des zugrunde liegenden Vertrauensverhältnisses nicht außer Verhältnis zum Interesse an der Erforschung des Sachverhalts oder der Ermittlung des Aufenthaltsortes eines Beschuldigten steht" verfassungskonform so auszulegen, dass im Fall der Berufshelfer der in § 160a Abs. 1 genannten Gruppen stets dann das Vertrauensverhältnis vorrangig ist, wenn es um Tatsachen geht, über welche die Berufshelfer das Zeugnis verweigern dürften. Es ist dann von einem Verwertungsverbot auszugehen. Alternativ ließen sich auch beide Normen nebeneinander anwenden, da § 160a Abs. 5 gerade nicht Bezug auf § 100d nimmt und damit ein lex specialis-Verhältnis nicht zwingend erscheint.

45 **3. Verstrickung (S. 3).** Die durch S. 1 und 2 begründeten **Beweiserhebungs- bzw. Beweisverwertungsverbote entfallen** sämtlich, wenn der betreffende Berufsgeheimnisträger, Berufshelfer oder die Angehörigen verstrickt, dh entweder der Beteiligung an der Tat oder der Begünstigung, Strafvereitelung oder Hehlerei verdächtig sind.[99] Diese Rückausnahme ergibt sich aus dem Verweis in S. 3 auf § 160 Abs. 4. Die Vorschrift will verhindern, dass „aufklärungsfreie Zonen" entstehen, in denen unter missbräuchlicher Ausübung der von § 53 erfassten Berufe bzw. unter nicht schutzwürdiger Ausnutzung eines Angehörigenverhältnisses Straftaten geplant oder ausgeführt werden.[100]

46 Beim **verstrickten Verteidiger** ist die Vorschrift im Hinblick auf die Sonderregelung in § 148, die den ungehinderten Verkehr des Beschuldigten mit seinem Verteidiger schützt, verfassungskonform dahingehend auszulegen, dass sie nur die Fälle einer echten Beteiligung und damit nicht die der Begünstigung, Strafvereitelung oder Hehlerei erfasst.[101] Für **Journalisten und Abgeordnete** ist die Rückausnahme ebenfalls restriktiv zu handhaben. Dies gilt namentlich in den Fällen, in denen durch Journalisten und Abgeordnete gesellschaftliche oder staatliche Missstände aufgedeckt werden.[102]

C. Revision

47 In der Revision kann eine Verfahrensrüge nach § 344 Abs. 2 S. 2 mit der Begründung erhoben werden, das Tatgericht habe entgegen §§ 261 iVm 100d Erkenntnisse verwertet, die einem Verwertungsverbot unterlagen und das Urteil beruhe auf diesem Rechtsfehler (§ 337). Da der Kernbereich der privaten Lebensführung verfassungsrechtlich absolut geschützt ist, kommt hier auch **keine Anwendung der sog. Widerspruchslösung** in Betracht.[103]

---

[97] Kritisch auch Eschelbach in Satzger/Schluckebier/Widmaier StPO § 100d Rn. 30; Gercke in Gercke/Julius/Temming/Zöller § 100d Rn. 14; Wolter in SK-StPO § 100c aF Rn. 79.
[98] So Gercke in Gercke/Julius/Temming/Zöller § 100d Rn. 14.
[99] Dittrich NStZ 1998, 336 (338).
[100] BT-Drs. 16/5846, 37.
[101] So auch Bär in KMR-StPO § 100d Rn. 46; Köhler in Meyer-Goßner/Schmitt § 100d Rn. 26.
[102] Bruns in KK-StPO § 100d Rn. 29.
[103] Zuneigend Bär in KMR-StPO § 100e Rn. 47; offengelassen von BGH 10.8.2005 – 1 StR 140/05, NStZ 2005, 700; aA Graf in BeckOK StPO § 100d Rn. 14 aE.

§ 100e Verfahren bei Maßnahmen nach den §§ 100a bis 100c

(1) [1]Maßnahmen nach § 100a dürfen nur auf Antrag der Staatsanwaltschaft durch das Gericht angeordnet werden. [2]Bei Gefahr im Verzug kann die Anordnung auch durch die Staatsanwaltschaft getroffen werden. [3]Soweit die Anordnung der Staatsanwaltschaft nicht binnen drei Werktagen von dem Gericht bestätigt wird, tritt sie außer Kraft. [4]Die Anordnung ist auf höchstens drei Monate zu befristen. [5]Eine Verlängerung um jeweils nicht mehr als drei Monate ist zulässig, soweit die Voraussetzungen der Anordnung unter Berücksichtigung der gewonnenen Ermittlungsergebnisse fortbestehen.

(2) [1]Maßnahmen nach den §§ 100b und 100c dürfen nur auf Antrag der Staatsanwaltschaft durch die in § 74a Absatz 4 des Gerichtsverfassungsgesetzes genannte Kammer des Landgerichts angeordnet werden, in dessen Bezirk die Staatsanwaltschaft ihren Sitz hat. [2]Bei Gefahr im Verzug kann diese Anordnung auch durch den Vorsitzenden getroffen werden. [3]Dessen Anordnung tritt außer Kraft, wenn sie nicht binnen drei Werktagen von der Strafkammer bestätigt wird. [4]Die Anordnung ist auf höchstens einen Monat zu befristen. [5]Eine Verlängerung um jeweils nicht mehr als einen Monat ist zulässig, soweit die Voraussetzungen unter Berücksichtigung der gewonnenen Ermittlungsergebnisse fortbestehen. [6]Ist die Dauer der Anordnung auf insgesamt sechs Monate verlängert worden, so entscheidet über weitere Verlängerungen das Oberlandesgericht.

(3) [1]Die Anordnung ergeht schriftlich. [2]In ihrer Entscheidungsformel sind anzugeben:

1. soweit möglich, der Name und die Anschrift des Betroffenen, gegen den sich die Maßnahme richtet,
2. der Tatvorwurf, auf Grund dessen die Maßnahme angeordnet wird,
3. Art, Umfang, Dauer und Endzeitpunkt der Maßnahme,
4. die Art der durch die Maßnahme zu erhebenden Informationen und ihre Bedeutung für das Verfahren,
5. bei Maßnahmen nach § 100a die Rufnummer oder eine andere Kennung des zu überwachenden Anschlusses oder des Endgerätes, sofern sich nicht aus bestimmten Tatsachen ergibt, dass diese zugleich einem anderen Endgerät zugeordnet ist; im Fall des § 100a Absatz 1 Satz 2 und 3 eine möglichst genaue Bezeichnung des informationstechnischen Systems, in das eingegriffen werden soll,
6. bei Maßnahmen nach § 100b eine möglichst genaue Bezeichnung des informationstechnischen Systems, aus dem Daten erhoben werden sollen,
7. bei Maßnahmen nach § 100c die zu überwachende Wohnung oder die zu überwachenden Wohnräume.

(4) [1]In der Begründung der Anordnung oder Verlängerung von Maßnahmen nach den §§ 100a bis 100c sind deren Voraussetzungen und die wesentlichen Abwägungsgesichtspunkte darzulegen. [2]Insbesondere sind einzelfallbezogen anzugeben:

1. die bestimmten Tatsachen, die den Verdacht begründen,
2. die wesentlichen Erwägungen zur Erforderlichkeit und Verhältnismäßigkeit der Maßnahme,
3. bei Maßnahmen nach § 100c die tatsächlichen Anhaltspunkte im Sinne des § 100d Absatz 4 Satz 1.

(5) [1]Liegen die Voraussetzungen der Anordnung nicht mehr vor, so sind die auf Grund der Anordnung ergriffenen Maßnahmen unverzüglich zu beenden. [2]Das anordnende Gericht ist nach Beendigung der Maßnahme über deren Ergebnisse zu unterrichten. [3]Bei Maßnahmen nach den §§ 100b und 100c ist das anordnende

Gericht auch über den Verlauf zu unterrichten. [4]Liegen die Voraussetzungen der Anordnung nicht mehr vor, so hat das Gericht den Abbruch der Maßnahme anzuordnen, sofern der Abbruch nicht bereits durch die Staatsanwaltschaft veranlasst wurde. [5]Die Anordnung des Abbruchs einer Maßnahme nach den §§ 100b und 100c kann auch durch den Vorsitzenden erfolgen.

(6) Die durch Maßnahmen nach den §§ 100b und 100c erlangten und verwertbaren personenbezogenen Daten dürfen für andere Zwecke nach folgenden Maßgaben verwendet werden:

1. **Die Daten dürfen in anderen Strafverfahren ohne Einwilligung der insoweit überwachten Personen nur zur Aufklärung einer Straftat, auf Grund derer Maßnahmen nach § 100b oder § 100c angeordnet werden könnten, oder zur Ermittlung des Aufenthalts der einer solchen Straftat beschuldigten Person verwendet werden.**
2. **Die Verwendung der Daten, auch solcher nach § 100d Absatz 5 Satz 1 zweiter Halbsatz, zu Zwecken der Gefahrenabwehr ist nur zur Abwehr einer im Einzelfall bestehenden Lebensgefahr oder einer dringenden Gefahr für Leib oder Freiheit einer Person, für die Sicherheit oder den Bestand des Staates oder für Gegenstände von bedeutendem Wert, die der Versorgung der Bevölkerung dienen, von kulturell herausragendem Wert oder in § 305 des Strafgesetzbuches genannt sind, zulässig. Die Daten dürfen auch zur Abwehr einer im Einzelfall bestehenden dringenden Gefahr für sonstige bedeutende Vermögenswerte verwendet werden. Sind die Daten zur Abwehr der Gefahr oder für eine vorgerichtliche oder gerichtliche Überprüfung der zur Gefahrenabwehr getroffenen Maßnahmen nicht mehr erforderlich, so sind Aufzeichnungen über diese Daten von der für die Gefahrenabwehr zuständigen Stelle unverzüglich zu löschen. Die Löschung ist aktenkundig zu machen. Soweit die Löschung lediglich für eine etwaige vorgerichtliche oder gerichtliche Überprüfung zurückgestellt ist, dürfen die Daten nur für diesen Zweck verwendet werden; für eine Verwendung zu anderen Zwecken sind sie zu sperren.**
3. **Sind verwertbare personenbezogene Daten durch eine entsprechende polizeirechtliche Maßnahme erlangt worden, dürfen sie in einem Strafverfahren ohne Einwilligung der insoweit überwachten Personen nur zur Aufklärung einer Straftat, auf Grund derer die Maßnahmen nach § 100b oder § 100c angeordnet werden könnten, oder zur Ermittlung des Aufenthalts der einer solchen Straftat beschuldigten Person verwendet werden.**

Schrifttum: Albrecht/Dorsch/Krüpe, Rechtswirklichkeit und Effizienz der Überwachung der Telekommunikation nach den §§ 100a, 100b StPO und anderer verdeckter Ermittlungsmaßnahmen, 2003; Bär, TK-Überwachung; §§ 100a–101 mit Nebengesetzen, Kommentar, 2009; Bär, Telekommunikationsüberwachung und andere verdeckte Ermittlungsmaßnahmen, Gesetzliche Neuregelungen zum 1.1.2008, MMR 2008, 215; Buse/Bohnert; Steuerstrafrechtliche Änderungen zur Bekämpfung des Umsatz- und Verbrauchsteuerbetrugs, NJW 2008, 618; Derin/Singelnstein, Verwendung und Verwertung von Daten aus massenhaften Eingriffen in informationstechnische Systeme aus dem Ausland (EncroChat), NStZ 2021, 449; Erhard, EncroChat – Beweisverwertungsverbot hopp oder top?, StraFo 2021, 366; Günther, Telekommunikationsüberwachung und Auskunftsersuchen über Telekommunikationsverbindungen, Kriminalistik 2006, 683; Hiéramente, Begründungsdefizite bei Richterentscheidung im Ermittlungsverfahren, ZRP 2017, 50; Holznagel/Nelles/Sokol, Die neue TKÜV, 2002; Knierim, Fallrepetitorium zur Telekommunikationsüberwachung nach neuem Recht, StV 2008, 599; Meyer-Mews, „Keine bloße Formsache" – Notizen zum Richtervorbehalt, HRRS 2020, 286; Müllmann, Zweckkonforme und zweckändernde Weiternutzung – Die Konsolidierung der Rechtsprechung des BVerfG zur Weiterverwendung zweckgebunden erhobener Daten im Urteil zum BKA-Gesetz vom 20.4.2016, NVwZ 2016, 1692; Nadeborn/Albrecht Ermittlungen nach dem Baukastenprinzip – Können neue, technische Ermittlungsmaßnahmen durch Kombination bestehender Ermächtigungsgrundlagen legitimiert werden?, NZWiSt 2021, 420; Piel, Verwertungsfragen bei Verstößen gegen den Richtervorbehalt, StraFo 2017, 54; Pschorr, Die Verwertbarkeit von in Wohnungen aufgezeichneten Bodycam-Aufnahmen im Strafverfahren, JuS 2021, 937; Reinel, Die Auslandskopfüberwachung – Rechtsstaat auf Abwegen?, wistra 2006, 205; Roth, EncroChat und kein Ende, GSZ 2021, 238; Ruppert, Erheben ist Silber, Verwerten ist

Gold?, NZWiSt 2022, 251; Schnarr, Zur Verknüpfung von Richtervorbehalt, staatsanwaltschaftlicher Eilanordnung und richterlicher Bestätigung, NStZ 1991, 209; Schwichtenberg, Die „kleine Schwester" der DSGVO: Die Richtlinie zur Datenverarbeitung bei Polizei und Justiz, DuD 2016, 605; Singelnstein/Derin, Das Gesetz zur effektiveren und praxistauglicheren Ausgestaltung des Strafverfahrens – Was aus der StPO-Reform geworden ist, NJW 2017, 2646; Soiné, Die strafprozessuale Online-Durchsuchung, NStZ 2018, 497; Starkgraff, Beginn der Abhörfrist mit richterlicher Anordnung, NStZ 1999, 470; Tiedemann, Die Auslandskopf-Überwachung nach der TKÜV 2005, CR 2005, 858, Wendisch, Zustellung von Entscheidungen, die der Zustellung bedürfen, JR 1978, 445; Zeyer, Ausländische Beweismittel und ihre Verwertbarkeit am Beispiel „EncroChat", ZWH 2022, 81; Zöller, Die zweckändernde Nutzung von personenbezogenen Daten im Strafverfahren – Gegenwart und Zukunft von § 161 StPO, StV 2019, 419; s. zum Thema „EncroChat" im Übrigen die Literatur bei § 100a.

Übersicht

A. Erläuterung

1 In § 100e sind alle für die Anordnung sowie die Durchführung der Maßnahmen nach §§ 100a–100c **wesentlichen Verfahrensvorschriften** enthalten.

I. Zuständigkeit für Maßnahmen nach § 100a (Abs. 1)

2 **1. Zuständigkeit des Gerichts (Abs. 1 S. 1).** Gemäß Abs. 1 obliegt die Anordnung der Maßnahme der Telekommunikationsüberwachung dem „Gericht", die Maßnahme steht somit unter **Richtervorbehalt.** Dieser ist bereits im Hinblick auf die Schwere der mit der Vollziehung der Maßnahme einhergehenden Eingriffe in die Grundrechte Dritter, hier Art. 10 GG, geboten. Im Ermittlungsverfahren, innerhalb dessen Maßnahmen der Telekommunikationsüberwachung ganz überwiegend durchgeführt werden, ist dies gemäß § 162 Abs. 1 S. 1 das AG, in dessen Bezirk die den Antrag stellende Staatsanwaltschaft oder deren Zweigstelle ihren Sitz hat. In Verfahren, für die gemäß § 120 GVG im ersten Rechtszug die Zuständigkeit des OLG gegeben ist, besteht nach § 169 Abs. 1 S. 1 eine alternative Zuständigkeit auch des Ermittlungsrichters des OLG. In diesen Fällen kann die Staatsanwaltschaft mithin zwischen dem Ermittlungsrichter beim AG und dem beim OLG wählen. Führt in den Verfahren nach § 120 GVG der Generalbundesanwalt die Ermittlungen, so ist nach § 169 Abs. 1 S. 2 – neben dem Amtsgericht – der Ermittlungsrichter beim BGH das für die Anordnung zuständige Gericht.

3 Nach Erhebung der öffentlichen Klage ist nach § 162 Abs. 3 S. 1 das mit der Sache befasste Gericht, also das **Tatgericht** zuständig. Dessen Zuständigkeit bleibt nach § 162 Abs. 3 S. 2 auch während der Durchführung des Revisionsverfahrens erhalten.

4 Seit dem am 1.1.2008 in Kraft getretenen Gesetz zur Neuregelung der Telekommunikationsüberwachung und anderer verdeckter Ermittlungsmaßnahmen[1] darf das zuständige Gericht nur (noch) **auf Antrag der Staatsanwaltschaft** bzw. in den Fällen des § 399 Abs. 1 AO der **Finanzbehörde**[2] entscheiden. Damit ist dem Gericht die Möglichkeit genommen, entsprechend der Regelung in § 165 bei Gefahr im Verzug eine Anordnung zur Telekommunikationsüberwachung auch ohne Antrag der Staatsanwaltschaft zu erlassen. Diese Rechtslage ist auch nach Zusammenfassung der Verfahrensvorschriften durch das Gesetz zur effektiveren und praxistauglicheren Gestaltung des Strafverfahrens[3] in § 100e erhalten geblieben.

5 **2. Eilzuständigkeit der Staatsanwaltschaft (Abs. 1 S. 2 und 3). a) Eilanordnungskompetenz der Staatsanwaltschaft (S. 2).** Bei Gefahr im Verzug kann die ermittelnde Staatsanwaltschaft die Überwachungsanordnung gemäß Abs. 1 S. 2 auch selbst treffen. Mit ihrer Eilanordnung übt die Staatsanwaltschaft dabei neben der fortbestehenden Zuständigkeit des Gerichts eine ihr übertragene Befugnis in eigener Zuständigkeit aus. In Abs. 1 S. 2 hat der Gesetzgeber wie auch in den weiteren Fällen der §§ 100f, 100g, 100i und 110b

[1] BGBl. 2008 I 3198.
[2] Buse/Bohnert NJW 2008, 618 (619).
[3] BGBl. 2017 I 3202.

ein duales System von vorrangiger gerichtlicher und nachgeordneter staatsanwaltschaftlicher Zuständigkeit geschaffen.[4] Ihre Eilzuständigkeit eröffnet der Staatsanwaltschaft die Möglichkeit, eine Maßnahme anzuordnen, wenn der Zweck der Maßnahme (Beweismittelgewinnung) andernfalls gefährdet wäre, dh wenn die **vorherige Einholung der richterlichen Anordnung zu einem Beweismittelverlust führen könnte.**[5] Für diese Prognose reichen „reine Spekulationen, hypothetische Erwägungen oder lediglich auf kriminalistische Alltagserfahrung gestützte, fallunabhängige Vermutungen"[6] nicht aus. Die Annahme von Gefahr im Verzug muss vielmehr – stets – mit auf den konkreten Einzelfall bezogenen Tatsachen belegt werden. „Gefahr im Verzug" ist dabei ein unbestimmter Rechtsbegriff, der gerichtlich voll überprüfbar ist; der Staatsanwaltschaft steht daher kein eigener Beurteilungsspielraum zu[7] (zu Verwertungsverboten allerdings nur in schweren Fällen → § 100a Rn. 342).

Eine Eilanordnungskompetenz der **Ermittlungspersonen der Staatsanwaltschaft** (§ 152 GVG) besteht nicht. 6

b) Frist von drei Werktagen (S. 3). Die staatsanwaltschaftliche Eilanordnung tritt gemäß Abs. 1 S. 3 binnen drei Werktagen außer Kraft, wenn sie nicht vor Ablauf dieser Frist durch das Gericht bestätigt wurde. Bei der Berechnung dieser Frist gelten folgende Grundsätze: Der Fristenlauf wird ebenso wie bei einer richterlichen Anordnung[8] bereits mit **Erlass der staatsanwaltschaftlichen Eilanordnung** in Gang gesetzt. Der Tag der Anordnung selbst zählt gemäß § 42 bei der Berechnung des Fristenlaufs indes nicht mit. Der Gesetzgeber hat anlässlich der Novellierung des § 100b aF durch das Gesetz zur Neuregelung der Telekommunikationsüberwachung und anderer verdeckter Ermittlungsmaßnahmen zum Ausdruck gebracht, dass auch bei Zwangsmaßnahmen die Fristberechnung nach den allgemeinen Vorschriften der §§ 42 ff. erfolgen soll.[9] Danach gilt: Der Lauf der Frist von drei Werktagen beginnt stets erst am folgenden Tag um 0:00 Uhr. Fiele das Fristende auf einen Sonnabend, Sonntag oder allgemeinen Feiertag, so endete die Frist erst mit Ablauf des nächsten Werktages. Das ergibt sich zum einen aus § 100e Abs. 1 S. 3 selbst („Werktage") zum anderen aus der Vorschrift des § 43 Abs. 2. Aus § 43 Abs. 2 ergibt sich auch, dass als „Werktage" iSd weder Sonn- noch Feiertage, aber eben auch nicht Samstage zählen. Für eine an einem Mittwoch nach Abs. 1 S. 2 getroffene Eilanordnung fiele das Fristende nach S. 3 mithin auf Montag, 24:00 Uhr, sofern es sich bei diesem Tag nicht ausnahmsweise um einen allgemeinen Feiertag handelt. 7

Nach dem eindeutigen Wortlaut der Vorschrift („nicht binnen **drei Werktagen**") zählt der auf die Eilanordnung folgende nächste bzw. übernächste Tag bei der Berechnung der Frist von „drei Werktagen" – ebenso wie der Tag des Fristendes – nicht mit, wenn es sich bei diesen Tagen um einen allgemeinen Feiertag, Samstag oder Sonntag handeln sollte.[10] Es handelt sich hierbei auch nicht um ein redaktionelles Versehen, da die Regelung der drei „Werk"-Tage auch bereits in den Vorgängernormen (§ 100b Abs. 1 S. 3 aF und § 100d Abs. 1 S. 3 aF) so enthalten war und somit sogar für die besonders eingriffsintensive Maßnahme der akustischen Wohnraumüberwachung galt. Dass der Gesetzgeber in der Gesetzesbegründung zu § 100e von drei „Tagen" (und nicht „Werk"-Tagen) spricht,[11] scheint 8

[4] So zutreffend BGH 7.3.1995 – 1 StR 685/94, NJW 1995, 2237 (2238) zu § 110b unter Verweis auf Schnarr NStZ 1991, 209 (214 f.).

[5] BVerfG 3.4.1979 – 1 BvR 994/76, BVerfGE 51, 97 (111) = NJW 1979, 1539; 20.2.2001 – 2 BvR 1444/00, BVerfGE 103, 142 (153 f.) = NJW 2001, 1121; BGH 19.1.2010 – 3 StR 530/09, wistra 2010, 231; Köhler in Meyer-Goßner/Schmitt § 98 Rn. 6 mwN.

[6] BVerfG 20.2.2001 – 2 BvR 1444/00, NJW 2001, 1121 (1123); 16.6.2015 – 2 BvR 2718/10, 2 BvR 1849/11, 2 BvR 2808/11, NJW 2015, 2787 (2790).

[7] BVerfG 20.2.2001 – 2 BvR 1444/00, NJW 2001, 1121 (1123); 16.6.2015 – 2 BvR 2718/10, 2 BvR 1849/11, 2 BvR 2808/11, NJW 2015, 2787 (2790); Köhler in Meyer-Goßner/Schmitt § 98 Rn. 7 mwN.

[8] So die Rspr., vgl. BGH 11.11.1998 – 3 StR 181/98, NStZ 1999, 203 und die hM in der Lit., abl. Starkgraff NStZ 1999, 470.

[9] BT-Drs. 16/5846, 46.

[10] So auch Bär in KMR-StPO § 100e Rn. 3.

[11] BT-Drs. 18/12785, 57.

dagegen vielmehr ein redaktionelles Versehen der Gesetzesbegründung zu sein.[12] Dass eine solche Berechnung den allgemeinen Regelungen für die Berechnung strafprozessualer Fristen gemäß §§ 42 ff. widerspricht, ist angesichts der gesetzgeberischen Entscheidung hinzunehmen. Ob die Regelung angesichts der verfassungsrechtlichen Bedeutung des Richtervorbehalts für schwerwiegende, heimliche Eingriffsmaßnahmen wie § 100a (hierzu → § 100a Rn. 35 f.) und insbesondere §§ 100b, 100c, **verfassungskonform ist, ist allerdings zweifelhaft.**

9 **c) Richterliche Bestätigung.** Staatsanwaltschaftliche Eilanordnungen bedürfen der richterlichen Bestätigung **nur, sofern die Maßnahme der Telekommunikationsüberwachung über die Frist von „drei Werktagen" hinaus** durchgeführt werden soll. Wird eine richterliche Bestätigung der Eilanordnung nicht herbeigeführt, „tritt sie außer Kraft". Bereits eine am Wortlaut der Vorschrift orientierte Auslegung ergibt, dass die eingriffslegitimierende Funktion der Eilanordnung in diesem Fall mit Wirkung ex nunc endet. Ist eine Fortführung der Maßnahme über die Frist von drei Werktagen hinaus nicht erforderlich, bedarf es keiner richterlichen Bestätigung. Auch wenn das BVerfG im Jahre 2001[13] „Nachlässigkeiten der Praxis"[14] bei Wohnungsdurchsuchungen zum Anlass nahm, in grundlegender Weise sowohl zur Bedeutung des Richtervorbehalts als auch zur gebotenen engen Auslegung des Begriffs „Gefahr im Verzug" (in Art. 13 Abs. 2 GG) Stellung zu beziehen, steht die staatsanwaltschaftliche Anordnung – so denn Gefahr im Verzug vorlag und die Maßnahme nicht länger als drei Werktage andauern soll – weder unter dem Vorbehalt noch unter der auflösenden Bedingung der richterlichen Bestätigung.[15] Eine solche sieht das Gesetz in den Fällen der Vollziehung der Eilanordnung nicht über drei Tage hinaus nicht vor.[16] Gewonnene Erkenntnisse bleiben daher nicht nur als Ermittlungsansätze, sondern auch zu Beweiszwecken verwertbar.[17] Ob die auf Grund der Anordnung der Staatsanwaltschaft durchgeführte Maßnahme rechtmäßig oder rechtswidrig war bzw. welche Folgen sich aus eventuellen Rechtsverstößen ergeben, obliegt vorbehaltlich einer Entscheidung nach § 101 Abs. 7 S. 2 vorrangig dem Tatgericht.

10 Soll die Maßnahme hingegen **länger als drei Werktage** andauern, bedarf die staatsanwaltschaftliche Eilanordnung der Bestätigung durch das Gericht. In diesem Falle hat das Gericht ohne jede Einschränkung wie im Falle einer Regelanordnung nach Abs. 1 S. 1 zu überprüfen, ob – sämtliche – Voraussetzungen des § 100a gegeben sind. Die Staatsanwaltschaft kann dabei bereits bei ihrer Eilanordnung die voraussichtlich gebotene Dauer der Maßnahme in dem durch Abs. 1 S. 4, Abs. 2 S. 2 Nr. 3 gesteckten Rahmen und damit für länger als drei Werktage anordnen. Das Gericht kann diese Anordnung dann entweder entsprechend dem Antrag der Staatsanwaltschaft bestätigen, in welcher Form auch immer modifizieren oder aber eine gerichtliche Bestätigung ablehnen.

11 **3. Befristung und Verlängerung der Anordnung (Abs. 1 S. 4 und 5).** Maßnahmen nach § 100a sind gemäß Abs. 1 S. 4 – auf längstens – **drei Monate** zu befristen. Nach Abs. 3 S. 2 Nr. 3 ist dabei stets, gleich ob es sich um eine Erst- oder eine Verlängerungsanordnung handelt, zugleich auch der **Endzeitpunkt** der Maßnahme zu benennen. Was auf den ersten Blick den Eindruck einer überflüssigen Regelung erweckt, weil bereits mit der Bestimmung der Dauer einer Maßnahme auch deren Endzeitpunkt festgelegt scheint, stellt sich auf den zweiten Blick als Notwendigkeit dar und ist der Tatsache geschuldet, dass

[12] AA noch Günther → 1. Aufl. § 100b Rn. 8 für die Telekommunikationsüberwachung anders aber wiederum in § 100d Rn. 6 für die akustische Wohnraumüberwachung.
[13] BVerfG 20.2.2001 – 2 BvR 1444/00, NJW 2001, 1121.
[14] Schäfer in Löwe/Rosenberg, 26. Aufl., § 105 Rn. 15 ff.
[15] So zutreffend Schnarr NStZ 1991, 209 (215).
[16] So auch Bruns in KK-StPO § 100e Rn. 6.
[17] Ebenso Graf in BeckOK StPO § 100e Rn. 18; Hauck in Löwe/Rosenberg § 100e Rn. 26; Löffelmann in Krekeler/Löffelmann/Sommer § 100b aF Rn. 1; Bär in KMR-StPO § 100e Rn. 4; Bär in KMR-StPO § 100e Rn. 4; Köhler in Meyer-Goßner/Schmitt § 100e Rn. 4; aA Gercke in Gercke/Julius/Temming/Zöller § 100e Rn. 4 mwN zur Gegenansicht.

verschiedene Telekommunikationsdienstleister in der Vergangenheit vielfach jeweils den Endzeitpunkt ein und derselben, ihnen allen übermittelten Überwachungsanordnung unterschiedlich berechnet haben. Gleichsam potenziert hat sich diese Ungenauigkeit bei der Fristberechnung in den Fällen sogenannter „Kettenanordnungen", wenn mithin dieselben Überwachungsanordnungen (jeweils wiederholt) verlängert wurden. Hier war nicht selten ein regelrechtes „Tohuwabohu"[18] festzustellen. Die Berechnung des sich aus der Dauer ergebenden Endzeitpunktes muss deshalb nunmehr **durch das Gericht** selbst erfolgen. Dieses hat bei seiner Berechnung darauf Bedacht zu nehmen, dass – auch bei Verlängerungsanordnungen – der Fristenlauf durch die Anordnung selbst und nicht erst durch deren späteren Vollzug ausgelöst wird[19] und sich die Fristberechnung im Übrigen nach den oben (→ Rn. 7 ff.) dargelegten Grundsätzen richtet.

II. Zuständigkeit für Maßnahmen nach §§ 100b, 100c (Abs. 2)

12 Die Vorschrift regelt das bei Maßnahmen der akustischen Wohnraumüberwachung und der Online-Durchsuchung **zu beachtende Verfahren.** Während die materiellen Anordnungsvoraussetzungen in §§ 100b, 100c normiert sind, regelt § 100e Abs. 2 im Einzelnen, wer für die Anordnung zuständig ist und wie lange diese befristet werden darf.

13 **1. Regelzuständigkeit (S. 1).** Maßnahmen der Wohnraumüberwachung und der Online-Durchsuchung dürfen nach S. 1 nur durch die in § 74a Abs. 4 GVG genannte besondere Strafkammer angeordnet werden. Nach dieser Vorschrift handelt es sich um eine **besondere Strafkammer, die nicht mit Hauptverfahren in Strafsachen befasst ist.** Wie sich aus § 74a Abs. 4 GVG weiter ergibt, ist die Spezialkammer stets in dem Bezirk angesiedelt, in dem das Oberlandesgericht seinen Sitz hat. Diese Kammer ist für den gesamten Bezirk des Oberlandesgerichts zuständig. Mit den vorgenannten Regelungen hat der Gesetzgeber die Konsequenz aus der Feststellung im Urteil des BVerfG vom 3.3.2004[20] gezogen, wonach das in der Hauptsache erkennende Gericht in dem Fall, dass der Angeklagte von der Durchführung der Maßnahme noch nicht unterrichtet wurde, nicht zugleich über die Zurückstellung der Benachrichtigung oder über Anträge anderer Betroffener auf nachträglichen Rechtsschutz entscheiden dürfe. Der durch Art. 103 Abs. 1 GG verbürgte Anspruch auf rechtliches Gehör gewährleiste, so das BVerfG weiter, dass das erkennende Gericht nicht über Tatsachen bzw. Beweisergebnisse verfügen und diese berücksichtigen dürfe, die dem Angeklagten mangels Unterrichtung noch nicht bekannt seien. Dies kann nach Auffassung des Gesetzgebers indes nur gewährleistet werden, wenn für derartige Entscheidungen generell ein Spruchkörper zuständig ist, der nicht mit solchen Hauptverfahren in Strafsachen befasst ist, in denen Maßnahmen der Wohnraumüberwachung angeordnet worden sein können.[21] Diese Erwägungen hat der Gesetzgeber nunmehr zu Recht auch auf die noch eingriffsintensivere Maßnahme der Online-Durchsuchung übertragen.[22] Das Gericht darf schließlich gemäß S. 1 nur auf Antrag der Staatsanwaltschaft tätig werden. Ein Rückgriff auf § 165, wonach bei Gefahr im Verzug der Richter erforderliche Untersuchungshandlungen auch ohne Antrag der Staatsanwaltschaft vornehmen kann, ist nicht zulässig. Dies ist unschädlich, weil es bei Maßnahmen nach §§ 100b, 100c auszuschließen sein dürfte, dass die Staatsanwaltschaft nicht rechtzeitig eingebunden werden kann.

14 Für **Anträge des Generalbundesanwalts** ist nach der Regelung in Abs. 1 S. 1 somit stets das Landgericht Karlsruhe und nicht etwa der BGH zuständig. Bei erstinstanzlicher Zuständigkeit des Oberlandesgerichts nach § 120 Abs. 1, Abs. 2 GVG stellt sich die Frage, ob die Regelung in § 100e Abs. 2 S. 1 vorrangig ist und damit auch hier die spezielle Kammer des Landgerichts nach § 74a Abs. 4 GVG oder, ob ein spezieller Senat des Oberlan-

---

18 Günther Kriminalistik 2006, 683.
19 BGH 11.11.1998 – 3 StR 181/98, NJW 1999, 959 (960).
20 BVerfG 3.3.2004 – 1 BvR 2378/98, 1 BvR 1084/99, BeckRS 2004, 21087 Rn. 316 = NJW 2004, 999 ff.
21 BT-Drs. 15/4533, 20.
22 BT-Drs. 18/12785, 57.

desgerichts nach § 120 Abs. 4 GVG zuständig ist. Ein Teil der Literatur – wie auch Günther in der Vorauflage (→ § 100d aF Rn. 3) – vertritt, dass dann eine Zuständigkeit des Spezialsenats des Oberlandesgerichts eintritt.[23] Dem ist zu widersprechen. § 120 Abs. 4 S. 2 GVG zählt abschließend die Fälle auf, in denen eine Zuständigkeit des OLG gegeben ist: Beschwerden gegen die Entscheidungen der LG-Kammer nach § 74a Abs. 4 GVG und in den Fällen des § 100e Abs. 2 S. 6. Dementsprechend ist auch bei einer erstinstanzlichen Zuständigkeit des OLG die Landgerichtskammer nach § 74a Abs. 4 GVG zuständig.[24]

15 Die nach § 74a Abs. 4 GVG zuständige Kammer ist gemäß Abs. 5 auch für die **weitere Überwachung der Maßnahme** sowie nach § 101 Abs. 6 und 7 für **Entscheidungen über die weitere Zurückstellung der Benachrichtigung** der Betroffenen und für Entscheidungen im Zusammenhang mit dem nachträglichen Rechtsschutz zuständig. Wurde die Dauer der Maßnahme auf insgesamt **sechs Monate** verlängert, so ist für jede weitere Entscheidung über die Fortführung der Maßnahme nicht mehr wie bisher die nach § 74a Abs. 4 GVG zu bildende Kammer, sondern gemäß Abs. 2 S. 6 der gemäß § 120 Abs. 4 S. 2 GVG mit Hauptverfahren in Strafsachen nicht befasste Senat des Oberlandesgerichts zuständig.

16 **2. Zuständigkeit bei Gefahr im Verzug (S. 2, S. 3).** Gemäß S. 2 kann bei Gefahr im Verzug – auch hier wiederum nur auf Antrag der Staatsanwaltschaft – die Anordnung auch durch den **Vorsitzenden** der besonderen Strafkammer getroffen werden. Fraglich ist indes, ob dies auch für diejenigen Fälle gilt, in denen die Zuständigkeit nach Abs. 1 S. 6 aufgrund der Verlängerung der Maßnahme auf insgesamt sechs Monate auf das Oberlandesgericht übergangen ist. Zwar lässt sich nicht allein der Tatsache, dass die Eilkompetenzregelung in S. 2 der besonderen Zuständigkeitsregelung in S. 6 voransteht, entnehmen, dass eine Eilzuständigkeit für Verlängerungsfälle nicht besteht, zumal der Gesetzgeber in Abs. 1 S. 1–4, entsprechend der Regelung zur Telekommunikationsüberwachung in § 100e Abs. 1, auch hier zunächst die Regel-, sodann die Eilzuständigkeit, das Außerkrafttreten der Eilanordnung sowie die Befristung der Maßnahme geregelt hat und die Zuständigkeitsregelung in S. 6 nicht von der Teilhabe an einer Eilanordnungskompetenz ausschließen wollte. Es kann auch praktisch nicht ausgeschlossen werden, dass nach bzw. mit Übergang der Zuständigkeit an das Oberlandesgericht im Einzelfall ein Bedürfnis für eine Eilanordnung entstehen könnte. Allerdings ergibt sich aus dem Zuständigkeitsübergang, dass die Eilzuständigkeit des S. 2 entsprechend auf den Vorsitzenden des OLG-Senats übergeht und die Bestätigung durch den Senat erfolgen muss. Andernfalls könnte die vom Gesetzgeber – wegen der mit der Dauer verbundenen besonderen Intensität der Maßnahme – angeordnete Überprüfung durch das Oberlandesgericht durch die Eilzuständigkeit umgangen werden.[25]

17 Die Eilanordnung des Vorsitzenden tritt gemäß S. 3 außer Kraft, wenn sie nicht binnen **drei Werktagen** von der Kammer bzw. im Falle von S. 6 vom Senat bestätigt wird. Die auf Grund einer solchen Eilanordnung erlangten Erkenntnisse bleiben indes selbst dann verwertbar, wenn eine Bestätigung nicht erfolgen sollte.[26] Sowohl das Außerkrafttreten als auch die Bestätigung wirken ex nunc, die Eilanordnungen treten somit nicht rückwirkend außer Kraft.[27] Im Fall der akustischen Wohnraumüberwachung hat das BVerfG ausdrücklich festgestellt, dass die Bestätigung durch die Kammer lediglich für die Zukunft wirke und keine Überprüfung der vorangegangenen Eilentscheidung des Vorsitzenden darstelle. Grund hierfür sei, dass im Falle des § 100c bereits die Eilentscheidung durch einen Richter und nicht durch einen der Exekutive zuzurechnenden Staatsanwalt getroffen werde.[28] Dasselbe

[23] Bruns in KK-StPO § 100e Rn. 5; Gercke in Gercke/Julius/Temming/Zöller § 100e Rn. 8.
[24] Wie hier Hauck in Löwe/Rosenberg § 100e Rn. 28.
[25] AA noch die Günther → 1. Aufl. § 100d aF Rn. 5.
[26] Vgl. BT-Drs. 15/4533, 16.
[27] Wie hier Hauck in Löwe/Rosenberg § 100e Rn. 32.
[28] BVerfG 3.3.2004 – 1 BvR 2378/98, 1 BvR 1084/99, BeckRS 2004, 21087 Rn. 285 ff.; zustimmend Bär in KMR-StPO § 100e Rn. 8; Eschelbach in Satzger/Schluckebier/Widmaier StPO § 100e Rn. 11; Wolter in SK-StPO § 100d Rn. 6a.

wird durch gesetzliche Gleichstellung auch für die Online-Durchsuchung zu gelten haben (vorbehaltlich einer gegenteiligen Entscheidung des BVerfG zur Online-Durchsuchung).[29]

Für die **Berechnung der 3-Tages-Frist** gelten die §§ 42, 43 Abs. 2. Der Fristenlauf wird durch die Anordnung in Gang gesetzt, wobei der Tag der Anordnung gemäß § 42 noch nicht mitgerechnet wird. Fiele das so zu berechnende Fristende auf einen Samstag, Sonntag oder allgemeinen Feiertag, würde die Frist gemäß § 43 Abs. 2 mit Ablauf des darauffolgenden Werktages enden. Wie im Rahmen der Anordnung einer TKÜ gilt auch hier – wegen des eindeutigen Wortlauts („Werktage"), dass nicht nur das Fristende, sondern auch der Fristbeginn verschoben wird, wenn er auf einen Samstag, Sonntag oder Feiertag fallen würde (→ Rn. 8).[30] 18

3. Keine Zuständigkeitskonzentration. Die durch § 74a Abs. 4 GVG begründete besondere Zuständigkeit beschränkt sich **allein auf Anordnungen nach §§ 100b, 100c** nebst diesbezüglichen Folgeentscheidungen etwa nach § 101 Abs. 6 und 7. Für andere verdeckte Ermittlungsmaßnahmen ist die besondere Strafkammer hingegen nicht zuständig, insbesondere ist sie nicht befugt, über gleichzeitig ebenfalls beantragte verdeckte Ermittlungsmaßnahmen mitzuentscheiden.[31] 19

4. Dauer der Maßnahme (S. 4–6). Gemäß Abs. 2 S. 4 ist die Maßnahme auf längstens **einen Monat** und nicht wie nach altem Recht auf vier Wochen zu befristen. Der Gesetzgeber hat die Maximaldauer damit geringfügig erhöht und zugleich die Fristberechnung vereinfacht. Was nach der Rspr. des BGH[32] bereits für die anderen verdeckten Ermittlungsmaßnahmen gilt, nämlich dass der Fristenlauf schon mit der Anordnung der Maßnahme in Gang gesetzt wird, hat das BVerfG für die akustische Wohnraumüberwachung „von Verfassungs wegen" festgestellt.[33] Es hat insoweit angemerkt, es wäre mit der Effektivität der richterlichen Anordnungs- und Prüfungsbefugnisse und der einschneidenden Wirkung dieser Maßnahme nicht vereinbar, wenn die Frist erst mit Beginn der Überwachungsmaßnahme einsetzen würde.[34] Gleiches dürfte nunmehr für die Online-Durchsuchung gelten. Die Höchstfrist wird als Monatsfrist ebenso wie Wochenfristen nach Maßgabe des § 43 berechnet. 20

Nach Abs. 2 S. 5 kann die Maßnahme **für jeweils längstens einen Monat verlängert** werden, „soweit die Voraussetzungen unter Berücksichtigung der (nach der Erstanordnung zwischenzeitlich) gewonnenen Ermittlungsergebnisse fortbestehen". Auch wenn sich der Gesetzgeber bei der Abfassung von S. 5 an den Entscheidungsgründen des Urteils des BVerfG vom 3.3.2004 orientiert hat,[35] enthält der Satz eine schlichte Selbstverständlichkeit, die im Übrigen bei der Verlängerung sämtlicher verdeckter Ermittlungsmaßnahmen ebenfalls zu beachten ist. Über dieses deklaratorische Element hinaus kommt der Regelung ein selbstständiger Gehalt allenfalls in Verbindung mit Abs. 3 S. 2 Nr. 2–4 und Abs. 4 S. 2 Nr. 1–3 zu. Danach hat sich das Gericht in seiner[36] Verlängerungsanordnung auch mit der Bedeutung der zwischenzeitlich gewonnenen Erkenntnisse inhaltlich auseinander zu setzen.[37] 21

Eine **absolute Höchstdauer,** nach der eine abermalige Verlängerung nicht mehr erfolgen darf, sehen weder Art. 13 GG (für die Wohnraumüberwachung)[38] noch die Schrankenregelungen des BVerfG für heimliche Eingriff in das IT-System-Grundrecht[39] oder die Strafpro- 22

---

29 Siehe auch Gercke in Gercke/Julius/Temming/Zöller § 100e Rn. 10.
30 AA noch Günther → 1. Aufl. § 100d Rn. 7.
31 OLG Hamburg 12.11.2007 – 6 Ws 1/07, NStZ 2008, 478.
32 BGH 11.11.1998 – 3 StR 181/98, NStZ 1999, 203.
33 BVerfG 3.3.2004 – 1 BvR 2378/98, 1 BvR 1084/99, NJW 2004, 999 (1015).
34 BVerfG 3.3.2004 – 1 BvR 2378/98, 1 BvR 1084/99, NJW 2004, 999 (1015).
35 BVerfG 3.3.2004 – 1 BvR 2378/98, 1 BvR 1084/99, BeckRS 2004, 21087 Rn. 282.
36 BVerfG 3.3.2004 – 1 BvR 2378/98, 1 BvR 1084/99, BeckRS 2004, 21087 Rn. 283.
37 So auch BT-Drs. 15/4533, 16.
38 BVerfG 20.4.2016 – 1 BvR 966/09 und 1 BvR 1140/09, NJW 2016, 1781 Rn. 195.
39 BVerfG 27.2.2008 – 1 BvR 370/07 und 1 BvR 595/07, NJW 2008, 822; 20.4.2016 – 1 BvR 966/09 und 1 BvR 1140/09, NJW 2016, 1781 Rn. 216.

zessordnung selbst vor. Sie kann sich indes aus Verhältnismäßigkeitsgesichtspunkten ergeben, weil die Maßnahmen der akustischen Wohnraumüberwachung und ganz besonders der Online-Durchsuchung (wie andere verdeckte Ermittlungsmaßnahmen auch) mit zunehmender Dauer an Intensität gewinnen und letztlich, namentlich bei zeitgleicher Durchführung auch anderer verdeckter Ermittlungsmaßnahmen, die Zielperson in ihrem Menschenwürdegehalt verletzten könnten (Verbot der Totalausforschung). Eine tatsächliche Höchstfrist ergibt sich daher aus dem verfassungsrechtlichen Verbot der Rundumüberwachung.[40] Der Umstand, dass mit zunehmender Dauer der Maßnahme auch deren Eingriffsintensität zunimmt, hat den Gesetzgeber veranlasst, durch die Zuständigkeitsverlagerung nach Abs. 2 S. 6 auf das OLG eine **zusätzliche Kontrolle** zu gewährleisten.[41]

23 Der Sinngehalt von Abs. 3 S. 2 Nr. 3 ist, soweit danach auch Angaben zur Dauer der Maßnahme zu machen sind, evident. Diesbezüglich kann bei **Erstanordnungen durchaus die gesetzliche Höchstfrist** ausgeschöpft werden, weil auch die eine Wohnraumüberwachung vorbereitenden Maßnahmen wie bspw. das erste heimliche Betreten der Wohnung zur Klärung der Frage, welche Technik dort an welchen Örtlichkeiten eingesetzt werden kann, bereits durch eine Anordnung nach § 100c abgedeckt sein muss. Die Erfahrungen der vergangenen Jahre haben gezeigt, dass derartige Vorbereitungsmaßnahmen nicht selten bereits länger als einen Monat dauern, sodass das erste in der Wohnung gesprochene nichtöffentliche Wort erst im Verlauf der ersten Verlängerungsanordnung aufgezeichnet werden kann. Noch mehr gilt dies für die Online-Durchsuchung. Die Infiltration des Zielsystems mit einer Spähsoftware ist technisch komplex, erfordert oftmals eine Einwirkung auf den Betroffenen selbst im Wege kriminalistischer List und benötigt nicht selten viel Geduld und Zeit (wenn sie denn überhaupt gelingt).

III. Form und Inhalt der Anordnung (Abs. 3)

24 In Abs. 3 hat der Gesetzgeber nunmehr **Form und Inhalt der Anordnung** für alle Maßnahmen nach den §§ 100a–100c zusammengefasst.

25 **1. Form.** Die Anordnung muss nach S. 1 **schriftlich** ergehen, gleich ob es sich um eine richterliche oder staatsanwaltschaftliche Anordnung handelt. Zu den weiteren sich aus der Schriftform ergebenden Anforderungen → § 163f Rn. 26 f.

26 Durch die dezidierten notwendigen Angaben, die die Anordnungen der Maßnahmen nach Abs. 3 und 4 enthalten müssen, sollen die Gerichte veranlasst werden, die für die Anordnung maßgeblichen Gesichtspunkte im Anordnungsbeschluss **transparent und nachvollziehbar** zum Ausdruck zu bringen. Die Anordnung der Maßnahme hat deshalb zunächst nach Abs. 3 S. 1 schriftlich zu erfolgen. Die Schriftform gewährleistet zudem der Staatsanwaltschaft als zuständiger Vollstreckungsbehörde bzw. sonstigen mit der Maßnahme befassten Dritten eine Überprüfung dahingehend, ob die Anordnung auch von dem zuständigen Gericht erlassen wurde.

27 **2. Inhalt.** Gemäß S. 2 sind in der „Entscheidungsformel" anzugeben: soweit möglich **Name und Anschrift des Betroffenen,** der **Tatvorwurf,** auf Grund dessen die Maßnahme angeordnet wird, **Art, Umfang, Dauer und Endzeitpunkt** der Maßnahme, die **Art der** durch die Maßnahme zu erhebenden **Informationen** und ihre **Bedeutung für das Verfahren,** bei Maßnahmen nach § 100a Abs. 1 S. 1 die **Rufnummer oder eine andere Kennung** des zu überwachenden Anschlusses oder Endgerätes, bei Maßnahmen nach § 100a Abs. 1 S. 2 oder S. 3 eine möglichst genaue **Bezeichnung des informationstechnischen Systems,** in das eingegriffen werden soll, bei Online-Durchsuchungen nach § 100b eine möglichst genaue **Bezeichnung des informationstechnischen Systems,** aus dem Daten erhoben werden sollen und bei Maßnahmen nach § 100c die zu **überwachende Wohnung** oder die zu **überwachenden Wohnräume.** Mit der Einschränkung „soweit

[40] BVerfG 20.4.2016 – 1 BvR 966/09 und 1 BvR 1140/09, NJW 2016, 1781 Rn. 130.
[41] BT-Drs. 15/4533, 28.

möglich" bezogen auf die Bezeichnung des Beschuldigten hat der Gesetzgeber der Tatsache Rechnung getragen, dass namentlich zu Beginn verdeckter Ermittlungen vielfach einzelne Beschuldigte noch nicht identifiziert sind und die Angabe ihrer vollständigen Personalien daher noch nicht möglich ist.[42] Gleiches gilt für die Einschränkung „möglichst genau" hinsichtlich der Bezeichnung informationstechnischer Systeme. Ohne physischen Zugriff auf die Systeme können diese häufig nur anhand einer IP- und (ggf.) MAC-Adresse, Art und Typ des Geräts, ggf. Betriebssystem und Eigentum/Besitz/Zugriffsmöglichkeit des Beschuldigten bezeichnet werden.

a) Name und Anschrift des Betroffenen. Mit „Name" sind in erster Linie die Namen des Betroffenen, mithin **Vor- und Familiennamen** gemeint. Sind diese (noch) nicht bekannt, genügt auch die Angabe von Alias- oder Spitznamen bzw. sonstigen Bezeichnungen und Beschreibungen, die die Person ausreichend individualisieren. 28

Betroffener iSv S. 2 Nr. 1 wird regelmäßig der **Beschuldigte,** mithin derjenige sein, gegen den sich die Ermittlungen richten. Betroffener kann indes auch der **aktive oder passive Nachrichtenmittler bzw. eine Person sein, deren Anschluss oder informationstechnisches System der Beschuldigte nutzt** (§ 100a Abs. 3, § 100b Abs. 3) sowie die **Bewohner einer Wohnung,** in der sich der Beschuldigte aufhält (§ 100c Abs. 2). Die Personen dieser Gruppe sind von jenen Personen zu unterscheiden, deren Kommunikation/Daten/Gespräche allein deshalb aufgezeichnet werden, weil sie mit den Betroffenen iSv S. 2 Nr. 1 in Kontakt stehen bzw. deren Daten auf dem System des Betroffenen gespeichert sind oder dort verarbeitet werden. Jene gehören somit nicht zu den Betroffenen nach S. 2 Nr. 1, wohl aber, im Fall von § 100a, wenn sie mehr als „nur unerheblich betroffen" (vgl. § 101 Abs. 4 S. 4) wurden, ebenso wie die Betroffenen nach S. 2 Nr. 1, zum Kreis der zu benachrichtigenden Beteiligten nach § 101 Abs. 4 S. 1 Nr. 3–5. 29

Die **Anschrift** bzw. der tatsächliche Aufenthalt des Betroffenen ist anzugeben, wenn und soweit diese Daten den Strafverfolgungsbehörden bekannt sind. Ihre Mitteilung dient der weiteren Individualisierung des Betroffenen. 30

b) Tatvorwurf (Nr. 2). Nach Nr. 2 ist weiter der Tatvorwurf, auf Grund dessen die Maßnahme angeordnet wurde, anzugeben. Das BVerfG hat in seinem Urteil vom 3.3.2004 angemerkt, eine Anordnung zur akustischen Wohnraumüberwachung genüge den aus Art. 13 GG abzuleitenden Anforderungen nur, wenn sie ua Angaben zum Tatvorwurf enthalte.[43] Der Gesetzgeber hat diese Anforderungen nun nicht nur auf die Online-Durchsuchung, sondern auch auf die Telekommunikationsüberwachung übertragen. In Abgrenzung zu Abs. 4 S. 2 Nr. 1 und der dort enthaltenen Bestimmung, wonach die Begründung der Anordnung auch Angaben zu denjenigen „bestimmten Tatsachen" enthalten muss, die den Tatverdacht begründen, ist hier mit dem anzugebenden „Tatvorwurf" die **Bezeichnung des gesetzlichen Tatbestandes** gemeint, der unter Benennung der einschlägigen Norm anzugeben ist. Die konkrete Bezeichnung des Tatbestandes ist im Hinblick auf die Straftatenkataloge in §§ 100a Abs. 2, 100b Abs. 2 von Bedeutung. 31

c) Art, Umfang und Dauer der Maßnahme (Nr. 3). aa) Art und Umfang der TKÜ, § 100a. Die Entscheidung zur Durchführung einer Maßnahme nach § 100a geht regelmäßig mit dem Willen einher, die überwachte Telekommunikation auch aufzuzeichnen. **Überwachung und Aufzeichnung** der Telekommunikation sind daher anzuordnen, wenn diese auch gespeichert werden soll.[44] Der Begriff der Überwachung beinhaltet die „laufende Beobachtung bzw. die sinnliche Wahrnehmung", der Begriff der Aufzeichnung die Speicherung der überwachten Kommunikationsinhalte.[45] 32

Art und Umfang der einzelnen Daten, welche der nach § 100a Abs. 4 verpflichtete Telekommunikationsdienstleister den Strafverfolgungsbehörden zu übermitteln hat, werden 33

---

[42] BT-Drs. 16/5846, 46.
[43] BVerfG 3.3.2004 – 1 BvR 2378/98, 1 BvR 1084/99, BeckRS 2004, 21087 Rn. 277.
[44] Pfeiffer § 100a Rn. 4.
[45] So zutreffend Böckenförde, Die Ermittlung im Netz, S. 442.

durch die und damit das Gesetz selbst zunächst nicht näher bestimmt. Eine Entscheidung sowohl hierüber als auch über die Art und Weise des technischen Zugriffs[46] soll vielmehr erst in der jeweiligen Überwachungsanordnung und damit einzelfallbezogen durch den Anordnenden selbst getroffen werden. Dies dient dem zielgerichteten und damit eingriffsminimierenden Einsatz der Maßnahme.[47] Soll ein allein der Sprachübertragung dienender analoger Festnetz-Telefonanschluss überwacht werden, ergibt es regelmäßig keinen Sinn, einzelne Daten dieser (einen) Kommunikationsform von der Überwachung auszunehmen. Dies ginge etwa durch eine zeitliche Beschränkung der Maßnahme auf bestimmte Tage oder Tageszeiten. Gänzlich anders freilich ist ein Sachverhalt zu beurteilen, bei dem der Betroffene seine Kommunikation – wie heute vielfach üblich – über eine digitale Teilnehmerleitung, zB einen sogenannten DSL- (Digital Subscriber Line) oder Kabelinternetanschluss, führt und **über diese Leitung sämtliche Telekommunikationsdaten** der unterschiedlichsten Kommunikationsformen (zB auch Internetkommunikation) übertragen werden. Hier sollte – soweit dies im Einzelfall technisch möglich ist – die Überwachung auf die voraussichtlich verfahrensrelevanten Kommunikationsarten beschränkt werden. Liegen etwa Erkenntnisse vor, dass der Beschuldigte gezielt ausschließlich E-Mails zur Verständigung mit seinen Mittätern nutzt, ist darüber zu befinden, ob allein diese E-Mail-Kommunikation und, wenn ja, ob diese leitungs- oder/und Account-bezogen überwacht werden soll.

34 Welche Telekommunikationsdaten den Strafverfolgungsbehörden von den verpflichteten Telekommunikationsdienstleister jeweils – **mindestens** – zur Verfügung gestellt werden müssen, ergibt sich aus § 7 der Verordnung über die technische und organisatorische Umsetzung von Maßnahmen zur Überwachung der Telekommunikation vom 3.11.2005 (Telekommunikations-Überwachungsverordnung – TKÜV).[48] Diese Vorschrift enthält indes keine abschließende Regelung der von den Verpflichteten bereitzustellenden Daten. Auch solche Daten, die im Rahmen der Telekommunikation bei den Dienstleistern anfallen, jedoch nicht von § 7 TKÜV erfasst werden, sind den „berechtigten Stellen" – unter diesem Oberbegriff werden in § 2 Nr. 3 TKÜV die nach § 100a Abs. 4 S. 1, § 1 Abs. 1 Nr. 1 G10-Gesetz, § 23a Abs. 1 S. 1 des Zollfahndungsdienstgesetzes, § 51 Abs. 6 S. 1 des BKA-Gesetzes, den §§ 6, 12 oder 14 des BND-Gesetzes oder nach Landesrecht anordnungsberechtigten Behörden zusammengefasst – erforderlichenfalls zu übermitteln. In diesem Fall sind die entsprechenden, von § 7 TKÜV nicht erfassten, Daten in der Anordnung jedoch ausdrücklich zu benennen.

35 **bb) Art und Umfang der Online-Durchsuchung, § 100b.** Im Rahmen der Art der Online-Durchsuchung muss das anordnende Gericht angeben, auf welchem Weg die Infiltration des Zielsystems (Hardware/Software, Ausnutzen von Exploits/Social Engineering/kriminalistische List/physischer Zugriff auf mobiles Gerät) stattfinden soll. Beim Umfang einer Online-Durchsuchung müssen ggf. **dem Verhältnismäßigkeitsgrundsatz Rechnung tragende Beschränkungen angeordnet werden,** zB auf bestimmte Datenarten beschränkt (beispielsweise gespeicherte Kommunikation, Bild- und Video-Dateien) oder bestimmte Datenarten ausgeschlossen werden (zB Bild- und Videodateien, besondere personenbezogene Daten iSv § 46 Nr. 14 BDSG). Gleichsam sollte vom Gericht angegeben werden, ob die Online-Durchsuchung einmalig punktuell, mehrmals punktuell oder als Dauermaßnahme angeordnet wird. Auch zeitliche Beschränkungen bei der Datenerhebung sind denkbar (zB Erhebung aller E-Mails im Zeitraum von … bis). Wenn möglich, sind die verfahrensrelevanten Daten so exakt wie möglich anzugeben, um eine Totalüberwachung des Systems auszuschließen. Da die tatsächliche Durchführung einer Online-Durchsuchung ein hohes Maß an technischer Expertise voraussetzt, muss das anordnende Gericht ggf. sachverständigen Rat zu technischen Möglichkeiten der Beschränkung einholen, bevor es

[46] Vgl. BT-Drs. 16/5846, 47.
[47] BR-Drs. 275/07, 104.
[48] BGBl. I 3136, zuletzt geändert durch Art. 4 Gesetz vom 25.12.2008 (BGBl. I 3083); vgl. zur TKÜV allgemein Holznagel/Nelles/Skokol Die neue TKÜV.

die Anordnung erlässt. Keinesfalls darf sich das Gericht seiner Kontrollverantwortung dadurch entziehen, dass es – mangels technischer Kenntnisse – umfangreiche „Blanko"-Online-Durchsuchungsanordnungen erlässt und die Beschränkung ausschließlich den ausführenden Polizeibehörden oder der Staatsanwaltschaft überlässt.

cc) Art und Umfang der akustischen Wohnraumüberwachung (§ 100c). Mit der Vorgabe, auch die Art der Maßnahme näher festzulegen, wollte der Gesetzgeber dem Umstand Rechnung tragen, dass das Abhören durch **verschiedene technische Mittel** vorgenommen werden kann, mit deren Einsatz auch unterschiedliche Beeinträchtigungen für den Betroffenen verbunden sein können. Vielfach kann jedoch im Rahmen der Erstanordnung noch nicht entschieden werden, mit welchen konkreten technischen Mitteln die Maßnahme durchgeführt werden soll, da dies entscheidend von den tatsächlichen Gegebenheiten in der Wohnung abhängt und diese noch unbekannt sind. Die „Art" der Maßnahme betrifft somit mehr die tatsächlichen Gegebenheiten als rechtliche Notwendigkeiten. Ebenso verhält es sich mit der Frage der Echtzeitüberwachung. Sie kann unter Umständen, gleich ob angeordnet oder nicht, aus technischen Gründen nicht durchgeführt werden. Ein solcher Fall liegt vor, wenn die für eine Echtzeitüberwachung im Einzelfall erforderliche leitungsgestützte Übertragung der Gespräche nicht möglich ist, diese mithin über eine reichweitenschwächere Luftschnittstelle übertragen werden müssen und die Ermittlungsbehörden ohne die Gefahr der Entdeckung nicht dauerhaft zwecks Echtzeitüberwachung in der Nähe der Wohnung bleiben können, sodass einzig die Aufzeichnung der Gespräche auf einem kleinen und selbst in der Nähe der Wohnung gut zu verbergenden Datenträger in Betracht kommt. Dennoch muss das Gericht, auch hier im Rahmen seiner Möglichkeiten und ggf. unter Rücksprache mit den Ermittlungsbehörden und unter Einbeziehung eines Sachverständigen, bereits vor der Anordnung die Art der Durchführung möglichst präzise festlegen. 36

Anders verhält es sich mit dem „Umfang" der Maßnahme. Hier kann die Intensität des Eingriffs abhängig von den tatsächlichen Gegebenheiten dadurch sinnvoll limitiert werden, dass die Maßnahme **nur für einzelne Räume** einer Wohnung angeordnet wird. Auch kann, ggf. nachträglich, mithin nach Erlass der Anordnung, die Maßnahme auf diejenigen Zeitfenster beschränkt werden, während derer sich der Beschuldigte in der Wohnung aufhält und nicht zu erwarten ist, dass relevante Erkenntnisse durch die Aufzeichnung von Gesprächen der übrigen Mitbewohner gewonnen werden. Der Umfang der Maßnahme kann weiter dadurch begrenzt werden, dass bestimmte Personen auf Grund gesetzlicher Beweisverbote von der Maßnahme ausdrücklich ausgenommen werden. 37

dd) Dauer der Maßnahme. Gemäß Abs. 3 S. 2 Nr. 3 ist in der Maßnahmenanordnung auch die „Dauer der Maßnahme unter **Benennung des Endzeitpunktes**" anzugeben. Der zuständige Richter kann die Frist von Rechts wegen nach Stunden, Tagen, Wochen oder – was regelmäßig der Fall ist – Monaten bemessen. Die Fristberechnung selbst erfolgt nach Maßgabe der §§ 42, 43.[49] Auch der Endzeitpunkt muss konkret benannt werden. Dieser lässt sich anhand des fristauslösenden Ereignisses, dem Erlass der Anordnung, und der bestimmten Dauer ohne große Schwierigkeiten berechnen. Dabei gelten folgende Grundsätze: Das die Frist auslösende Ereignis ist die Anordnung selbst, nicht ihr unter Umständen erst Tage oder gar Wochen später erfolgender Vollzug. Der Tag der Anordnung zählt bei der Fristberechnung nicht mit, dh der Fristenlauf beginnt erst am darauffolgenden Tag um 0:00 Uhr. Die weitere Berechnung der Wochen- oder Monatsfrist erfolgt nach § 43. 38

Auch nach der Verpflichtung zur Benennung des Endzeitpunktes der Maßnahme dürfte die Vorschrift des § 43 Abs. 2 bis auf einen **Ausnahmefall** weiterhin Anwendung finden. Diese Vorschrift sieht vor, dass eine Frist, fiele ihr Ende auf einen Sonntag, allgemeinen Feiertag oder Sonnabend, nicht an diesem Tag, sondern erst mit Ablauf des nächsten Werktages endet. Wird die Maßnahme auf den jeweils längst möglichen Zeitraum von einem bzw. drei Monaten befristet und stellt der Anordnende, der den konkreten Endzeitpunkt der 39

[49] Eingehend zur Fristberechnung Günther Kriminalistik 2006, 683.

Maßnahme in seine Überlegungen mit einzubeziehen hat, fest, dass das Fristende auf einen von § 43 Abs. 2 erfassten Sonnabend, Sonntag oder allgemeinen Feiertag fiele, muss er die Frist am letzten vorgelagerten Werktag enden lassen. Ansonsten würde er sich – gleichsam „sehenden Auges" und regelmäßig vermeidbar – über die gesetzgeberische Entscheidung hinwegsetzen, dass eine Maßnahme längstens einen bzw. drei Monate andauern darf. In allen anderen Fällen kann er, § 43 Abs. 2 berücksichtigend, das Fristende auf den nachfolgenden Werktag legen, sofern nur die Höchstfrist von einem bzw. drei Monaten eingehalten wird.

40 **d) Art der zu erhebenden Informationen (Nr. 4).** Die Anordnung hat sich weiter zur „Art der durch die Maßnahme zu erhebenden Informationen und ihre(r) Bedeutung für das Verfahren" zu verhalten. Gemeint ist damit weniger die Art im eigentlichen Wortsinn, etwa einer Typisierung der Information oder der Daten (dies kann jedoch beim Umfang der Maßnahme berücksichtigt werden, → Rn. 35 f.), als vielmehr der **mutmaßliche Inhalt der erhobenen Daten/überwachten Gespräche und deren Bedeutung** im Hinblick auf den gemäß Nr. 2 ebenfalls zu benennenden Tatvorwurf.

41 **e) Rufnummer oder andere Kennung bei § 100a Abs. 1 S. 1. aa) Rufnummer.** Bei dem Begriff der „Rufnummer" handelt es sich um einen rein technischen Terminus, weshalb hier unmittelbar auf die Begriffsbestimmung des § 3 Nr. 49 TKG (bis 1. Dezember 2021: § 3 Nr. 18 TKG) zurückgegriffen werden kann. Danach ist unter der Rufnummer eine Nummer des Nummernraums für das öffentliche Telekommunikationsnetz oder eines Nummernraums für Kurzwahldienste zu verstehen.

42 **bb) Andere Kennung.** Alle übrigen **telekommunikationstechnischen Adressierungen,** die ebenfalls dazu dienen, eine Verbindung zu einem bestimmten Ziel aufzubauen, stellen eine „andere Kennung" selbst dann dar, wenn es sich bei ihnen – wie bei der Rufnummer – um eine reine Nummernfolge handelt. Unter den Begriff der „anderen Kennung" fallen ua IMSI, IMEI, IP-Adresse sowie E-Mail-Adresse als eindeutige Zieladressierung im E-Mail-Verkehr.[50]

43 Bei der **IMSI,** der „International Mobile Subscriber Identity", handelt es sich um die aus höchstens 15 Ziffern bestehende individuelle Kennung der in das Gerät eingelegten Telefonkarte. Diese Kennung wird weltweit gleich durch welchen der zahlreichen Telekommunikationsdienstleister nur einmal vergeben. Es sind (dem Verfasser) noch keine Fälle bekannt geworden, in denen Telefonkarten manipuliert und dabei mehrere Karten mit derselben IMSI versehen wurden. Bezieht sich die Überwachungsanordnung gemäß §§ 100a, 100e auf die kartenbezogene Rufnummer oder IMSI, können sich die von der Maßnahme Betroffenen einer Überwachung dadurch entziehen, dass sie in ihr Mobiltelefon eine andere Karte einlegen („Kartenspieler"). Die Betroffenen einer solch kartenbezogenen Überwachung können dieser damit so lange entgehen, bis die Strafverfolgungsbehörden die „Rufnummer" oder „IMSI" der neuen Karte ermittelt und für diese erneut einen richterlichen Beschluss und dessen technische Umsetzung durch den Telekommunikationsdienstleister herbeigeführt haben.

44 Um derartigen Überwachungslücken zu begegnen, kann die Überwachungsmaßnahme auch auf die **IMEI,** die „International Mobile Equipment Identity" bezogen werden. Diese Mobiltelefon-Kennung besteht ebenso wie die IMSI aus einer mehrstelligen Zahlenkombination, stellt ebenfalls wie die IMSI eine „andere Kennung" dar und ist als solche in der Überwachungsanordnung anzugeben. Eine IMEI-basierte und damit an die Endgerätekennung anknüpfende Überwachung ermöglicht indes eine ununterbrochene Telekommunikationsüberwachung auch in den Fällen, in denen die in dem Gerät einliegende Karte und mit dieser die auf die Karte bezogene Rufnummer bzw. IMSI (aus)gewechselt werden. Da in den vergangenen Jahren wiederholt Fälle aufgetreten sind, in denen Endgeräte manipuliert und viele mit derselben IMEI versehen wurden, bestimmt Abs. 3 S. 2 Nr. 5 weiter, dass eine IMEI-bezogene Telekommunikationsüberwachung nur angeordnet werden darf, wenn

[50] Bruns in KK-StPO § 100e Rn. 14.

sich nicht aus „bestimmten Tatsachen" ergibt, dass die betreffende IMEI mehreren Endgeräten zuzuordnen ist. Entgegen der in der Kommentarliteratur vereinzelt vertretenen Auffassung, wonach grundsätzlich vor Antragsstellung eine solche Überprüfung durch eine entsprechende Anfrage beim Telekommunikationsdienstleister durchzuführen sei,[51] bedarf es im Falle des Fehlens konkreter Anhaltspunkte einer solchen Abklärung nicht. Sollte die betreffende IMEI tatsächlich mehrfach vergeben sein, werden dies entweder der nach § 100a Abs. 4 verpflichtete Telekommunikationsdienstleister oder aber die berechtigte Stelle, hier die Strafverfolgungsbehörden, augenblicklich feststellen. In diesem Fall ist die Überwachungsmaßnahme unverzüglich auf eine allein dem Betroffenen zuzuordnende Rufnummer oder andere Kennung umzustellen bzw. zu beschränken.

Eine „andere Kennung" im Sinne von Abs. 3 S. 2 Nr. 5 stellen weiter die dem Internetnutzer fest oder – wie bei IPv4 und derzeit auch noch bei IPv6 regelmäßig der Fall – lediglich vorübergehend zugewiesene **IP-Adresse**[52] oder die **E-Mail-Adresse** dar. Bei der E-Mail-Adresse handelt es sich wie bei der Telefon-Rufnummer um die eindeutige Adresse eines Nutzers von E-Mail-Diensten wie Outlook oder Webmail-Diensten wie web.de. Eine E-Mail-Adresse besteht aus einem vor dem „Klammeraffen" stehenden lokalen Teil (local-part) und einem danach angehängten globalen Teil (domain-part). Der lokale Teil dient der – vielfach pseudonymen – Bezeichnung des Nutzers, der globale bezeichnet den Host-Namen des E-Mail-Servers, Beispiel: Renate.Mustermann@web.de. 45

f) Bezeichnung des informationstechnischen Systems (Nr. 5 und Nr. 6). Eine Bezeichnung des zu infiltrierenden informationstechnischen Systems kann anhand von Serien- und Modellnummern, **IP- und MAC-Adressen,** Bezeichnung der Art und des Modells des Geräts, ggf. des verwendeten Betriebssystems und dessen Version sowie der Eigentümerschaft/Besitzstellung des Betroffenen beschrieben werden. Im Zeitpunkt der Anordnung sind oftmals nicht alle diese Informationen verfügbar, es genügt dann eine „möglichst" genaue Beschreibung, um das Gerät eindeutig zu identifizieren und die Anordnung auf dieses spezifische Gerät zu beschränken. 46

g) Bezeichnung der zu überwachenden Wohnungsräume (Nr. 7). Die Bezeichnung der zu überwachenden Wohnung bestimmt das zu überwachende Objekt. Zwar ist die postalische Anschrift jedenfalls des Hauptwohnsitzes bereits nach Nr. 1 verpflichtend und kommt die Regelung in Nr. 7 deshalb insbesondere in den Fällen zum Tragen, in denen der Betroffene mehrere Wohnungen nutzt. Eine genaue, über die postalische Angabe hinausgehende Bezeichnung der zu überwachenden Wohnung bzw. der zu überwachenden Wohnräume ist insbesondere aus rechtsstaatlichen Gesichtspunkten geboten, weil nur so die mit einem schwerwiegenden Grundrechtseingriff einhergehende Maßnahme auch ausreichend bestimmt ist. Dem Begriff „Wohnräume" dürfte gegenüber dem der „Wohnung" eine selbstständige Bedeutung zukommen. Beide Wörter werden **nicht synonym** verwendet. Zwar kann eine kleine Wohnung aus nur einem Wohnraum, eine größere aus mehreren Räumen bestehen. Aus Gründen der Verhältnismäßigkeit ist jedoch stets zu prüfen ist, ob lediglich einzelne Wohnräume einer Wohnung oder alle überwacht werden sollen. Dies gilt insbesondere bei Wohnungen mit mehreren Bewohnern (Familien, WGs etc). 47

3. Begründung der Maßnahme (Abs. 4). a) Allgemeine, vielfach defizitäre Praxis der Rechtsanwendung bei der TKÜ. Die Erfahrungen der vergangenen Jahre haben gezeigt, dass Beschlüsse zur Überwachung der Telekommunikation vielfach schwerwiegende, den nachfolgend dargelegten Grundsätzen auch nicht ansatzweise genügende Begründungen, sondern erhebliche Defizite aufweisen. Wissenschaftlich belegt wurde diese Tatsache bereits vor 17 Jahren durch die Studie von Albrecht, Dorsch und Krüpe zur Rechtswirklichkeit der Telekommunikationsüberwachung aus dem Jahre 2003.[53] Die in dieser Studie dargelegten Defizite lassen sich auch heute vielfach noch feststellen und sind einer 48

[51] So wohl Köhler in Meyer-Goßner/Schmitt § 100e Rn. 14.
[52] Vgl. Bär, TK-Überwachung; §§ 100a–101 mit Nebengesetzen, S. 217.
[53] Albrecht/Dorsch/Krüpe, Rechtswirklichkeit und Effizienz der Überwachung, S. 216 ff.

der Gründe, warum sich nicht wenige Tatgerichte noch immer mit der Verwertung von Ermittlungsergebnissen aus Maßnahmen zur Überwachung der Telekommunikation schwertun. Die Gerichte fürchten die rechtliche Auseinandersetzung um die vermeintlich bestehenden Beweisverwertungsverbote, die sich aus den vielfach festzustellenden Begründungsmängeln ergeben könnten. Ein solcher, häufig festzustellender Mangel liegt im **Fehlen einer auf den Einzelfall und mit Tatsachen belegten Begründung des konkreten Tatverdachts.** Stattdessen wird als „Begründung" nicht selten lediglich der Wortlaut des einschlägigen Tatbestandes zitiert, unter den der sich aus den Akten ergebende Sachverhalt nach Auffassung des Anordnenden zu subsumieren ist. Selbst Beschlüsse, die sich nicht hierauf beschränken, enthalten nicht selten gleichwohl noch spekulative, hypothetische Erwägungen oder allein auf kriminalistischer Erfahrung beruhende, fallunabhängige Darlegungen.[54] Ein weiteres und unter verfassungsrechtlichen Aspekten höchstproblematisches Phänomen ist die wörtliche Übernahme oder nur punktuelle Ergänzung eines Beschlussentwurfs der Staatsanwaltschaft unter Verzicht auf eine originäre Prüfung und Abwägung durch den Ermittlungsrichter.[55] Ebenfalls nicht förderlich für die Entwicklung ist die Verwendung von Formblättern oder entsprechenden elektronischen Formularen, in denen Begründungs- und Anordnungsteile lediglich „angekreuzt" werden müssen. Aus arbeitsökonomischen Gründen sind diese zwar vorteilhaft, sie sollten jedoch in ihrer Gestaltung darauf hinwirken, dass die Begründung von erheblichen Grundrechtseingriffen nicht zur reinen „Formsache" verkommt.

49 **b) (Historische) Entwicklung von Begründungsanforderungen in der Rspr.** Nach der Rspr. des **BVerfG** zu den Begründungsanforderungen an Durchsuchungsbeschlüsse[56] werden derartige Anordnungen rechtsstaatlichen Anforderungen nicht gerecht, wenn sie keine – zumindest kurze – Umschreibung der aufzuklärenden Straftat iSd aufzuklärenden Lebenssachverhalts enthalten. Zudem verstießen gerichtliche Entscheidungen gegen Art. 3 Abs. 1 GG, wenn sich für sie keine ausreichend plausiblen Gründe finden ließen, sodass auch Angaben zur Verhältnismäßigkeit derartiger Maßnahmen erforderlich seien. Im Zusammenhang mit derartigen, wegen Gefahr im Verzug erfolgten Anordnungen hat das BVerfG[57] weiter ausgeführt, eine wirksame gerichtliche Nachprüfung von Eilanordnungen setze voraus, dass sowohl das Ergebnis als auch die Grundlage solcher Entscheidungen im unmittelbaren zeitlichen Zusammenhang mit der Anordnung in den Akten zu dokumentieren seien.

50 Auch in der BGH-Rspr.[58] war – auf § 34 StPO gestützt – anerkannt, dass auch in Fällen der Telekommunikationsüberwachung **in dem ermittlungsrichterlichen Beschluss die Verdachts- und Beweislage darzulegen ist.** Im Einzelfall könne auch eine konkrete Bezugnahme auf Aktenteile genügen. Nur durch eine solche Dokumentation ließe sich überprüfen, ob zum Zeitpunkt der Anordnung die wesentlichen sachlichen Voraussetzungen für die Maßnahme der Telekommunikationsüberwachung vorgelegen haben und, ob der Verdacht einer Katalogtat nach § 100a Abs. 2 tatsächlich bestand. Habe ein entsprechender Tatverdacht von vornherein (zum Zeitpunkt der Anordnung) nicht bestanden, seien die gewonnenen Erkenntnisse unverwertbar.[59] Dieser Rspr. ist bereits im Hinblick auf die sich aus Art. 19 Abs. 4 GG ergebende Garantie eines effektiven Rechtsschutzes,[60] der immer auch die Nachprüfung der Grundlagen einer Entscheidung mit umfasst, zuzustimmen. In die Anordnung waren nach dieser Rspr. damit – jedenfalls im Regelfall – Ausführungen zu **allen materiellrechtlichen Voraussetzungen** und damit **sowohl zur Katalogtat,**

54 Zu den Begründungsanforderungen vgl. BVerfG 20.2.2001 – 2 BvR 1444/00, NJW 2001, 1121.
55 Siehe hierzu ausführlich und lesenswert Meyer-Mews HRRS 2020, 286.
56 BVerfG 8.3.2004 – 2 BvR 27/04, NJW 2004, 1517 (1518).
57 BVerfG 20.2.2001 – 2 BvR 1444/00, NJW 2001, 1121.
58 BGH 1.8.2002 – 3 StR 122/02, NStZ 2003, 215; 21.11.2012 – 1 StR 310/12, BGHSt 58, 32 = NStZ 2013, 596.
59 BGH 1.8.2002 – 3 StR 122/02, NStZ 2003, 215 (216).
60 Vgl. hierzu Enders in BeckOK GG Art. 19 Rn. 51 ff.

deren der Beschuldigte verdächtig ist, zu den **konkreten Tatsachen,** auf denen der entsprechende Tatverdacht beruht, zur **Erheblichkeit der Tat auch im Einzelfall** sowie zur **Verhältnismäßigkeit** aufzunehmen.[61] Richtet sich die Anordnung nicht gegen den Beschuldigten, sondern gegen sonstige Betroffene, etwa den **Nachrichtenmittler,** so sind auch Darlegungen dazu unabdingbar, auf Grund welcher tatsächlichen Anhaltspunkte davon auszugehen ist, dass gerade diese Person Nachrichten von dem Beschuldigten entgegennimmt oder für diesen bestimmte Nachrichten weiterleitet.

Den vorstehenden Anforderungen hatten auch **staatsanwaltschaftliche Eilanordnungen** zu genügen.[62] 51

c) Gesetzliche Anforderungen an die Begründung in Abs. 4. In Abs. 4 hat der Gesetzgeber nunmehr eine **„qualifizierte Begründungspflicht"** hinsichtlich der wesentlichen, die Maßnahme rechtfertigenden Erwägungen für alle Maßnahmen nach §§ 100a–100c normiert. Die o. g. durch die Rspr. entwickelten Begründungspflichten gelten nun von Gesetzes wegen. Der Gesetzgeber reagiert mit der Neuregelung auf eine entsprechende Forderung des BVerfG hinsichtlich gesetzlichen Begründungsanforderungen auch für (Quellen-)TKÜ und Online-Durchsuchung.[63] Die neuen Regelungen sollen der Stärkung des Richtervorbehalts dienen und für eine sorgfältige und verantwortungsvolle Wahrnehmung seiner Funktion Sorge tragen. Zugleich wird damit der nachträgliche Rechtsschutz gestärkt. So kann auf der Grundlage einer detaillierten Begründung wesentlich besser nachvollzogen werden, von welchen tatsächlichen und rechtlichen Erwägungen die (die Maßnahme anordnenden) Richter zum Zeitpunkt ihrer Entscheidung ausgegangen sind. 52

Das Gericht muss in der Begründung die Voraussetzungen der jeweiligen Maßnahme und die wesentlichen Abwägungsgesichtspunkte darlegen. Das bedeutet, dass das Gericht alle materiellen und formellen Voraussetzungen der Maßnahme nicht nur prüfen, sondern diese Prüfung auch schriftlich niederlegen muss. Insbesondere müssen nach S. 2 der Vorschrift folgende Ausführungen **einzelfallbezogen** dargelegt werden 53

aa) Verdachtsbegründende Tatsachen (Nr. 1). Der Tatverdacht muss auf Tatsachen, mithin **sinnlich wahrnehmbaren Umständen** beruhen. Reine Spekulationen, Mutmaßungen oder gar hypothetische Erwägungen genügen nicht. Insoweit kann auf die Ausführungen bei § 100a (→ § 100a Rn. 151 ff.) Bezug genommen werden. Sowohl die Tatsachenbasis als auch die Schlussfolgerungen, aus denen die Begehungswahrscheinlichkeit geschlossen wird, sind in der Anordnung darzulegen. 54

In Fällen, in denen die Maßnahme gegen nicht selbst tatverdächtige Personen gerichtet wird (§§ 100a Abs. 3, 100b Abs. 3 S. 3, 100c Abs. 2 S. 2) sind auch die Tatsachen mitzuteilen, mit denen die **Adressatenstellung der betroffenen Personen** begründet wird (zB Tatsachen, aus denen sich die Nachrichtenmittlereigenschaft oder die Nutzung des informationstechnischen Systems durch den Beschuldigten ergibt).[64] 55

bb) Erforderlichkeit und Verhältnismäßigkeit der (weiteren) Maßnahme (Nr. 2). In der Begründung müssen die wesentlichen Erwägungen dafür angegeben werden, weshalb die jeweilige Maßnahme **zur Erreichung der jeweils zulässigen Zwecke,** mithin der Erforschung des Sachverhalts oder der Ermittlung des Aufenthalts des Beschuldigten bzw. eines Mitbeschuldigten (§ 100c), geeignet und erforderlich ist und dass der Eingriff in seiner konkret beabsichtigten Art und Weise nicht außer Verhältnis zum Grad des Tatverdachts und der Schwere der Anlasstat steht. Auch hier sind konkrete, auf den Einzelfall bezogene Ausführungen erforderlich. Insbesondere wird darzulegen sein, dass und warum die zu erhebenden Informationen nicht auf andere Weise gewonnen werden können. Inso- 56

[61] Ebenso Graf in BeckOK StPO § 100e Rn. 11 ff.
[62] BGH 7.3.2006 – 1 StR 534/05, BeckRS 2006, 05646.
[63] BVerfG 20.4.2016 – 1 BvR 966/09 und 1 BvR 1140/09, NJW 2016, 1781 Rn. 117 f. und 235; BT-Drs. 18/12785, 58.
[64] Köhler in Meyer-Goßner/Schmitt § 100e Rn. 17.

fern sind auch Ausführungen zur jeweiligen Subsidiaritätsklausel erforderlich, da diese lediglich eine spezifische Ausprägung des Verhältnismäßigkeitsgrundsatzes sind.

57 **cc) Keine Erfassung kernbereichsrelevanter Daten bei Maßnahmen nach § 100c (Nr. 3).** Schließlich sind bei Maßnahmen nach § 100c in der Begründung im Rahmen der „negativen Kernbereichsprognose" die tatsächlichen Umstände für die Annahme darzulegen, dass durch die Maßnahme keine dem Kernbereich privater Lebensgestaltung zuzuordnende Daten erfasst werden. Der Grund, warum derartige Daten keinesfalls erfasst werden sollen, liegt unter anderen darin begründet, dass der verfassungsrechtliche Schutz des Kernbereichs absolut und damit abwägungsfest ist, gleich welcher noch so schweren Straftat der Beschuldigte verdächtig ist. Eine valide Prognose hat hier weniger von dem gegen den Beschuldigten bestehen Taterdacht als vielmehr von den **tatsächlichen Umständen der beabsichtigten Überwachung ausgehen** und insbesondere berücksichtigen, in welcher Art von Räumlichkeiten die beabsichtigte Maßnahme durchgeführt werden soll und wer sich dabei mutmaßlich neben dem Beschuldigten noch in der Wohnung aufhalten könnte. Auch sonst sind sämtliche Indizien für oder gegen die Betroffenheit des Kernbereichs, die in → § 100d Rn. 5 ff. genannt sind, zu berücksichtigen.

58 **d) Wörtliche Übernahme der Begründung der Staatsanwaltschaft durch das Gericht.** In der Praxis nicht unüblich ist es, dass die **Antragsbegründung der Staatsanwaltschaft vom anordnenden Gericht – teilweise wortlautgleich – übernommen wird.** Nicht selten werden die Anträge der Staatsanwaltschaft bereits in der Form gestellt, in welcher sie der zuständige Richter bzw. das zuständige Gericht später ausfertigen kann.[65] Übernimmt der Richter/das Gericht diesen Entwurf samt Begründung wortlautgleich, soll dies nach der Rspr. des BVerfG nicht automatisch den Schluss zulassen, dass keine eigene Prüfung durch den Richter/durch das Gericht durchgeführt wurde.[66] Etwas anderes soll nur dann gelten können, wenn auch offensichtliche Fehler unkorrigiert übernommen werden.[67]

59 Offensichtlich ist die wortlautgleiche Übernahme der Antragsbegründung der Staatsanwaltschaft aus arbeitsökonomischen Gründen vorteilhaft. Sie ist auch unproblematisch, wenn zuvor ein eigener Denk- und Abwägungsprozess des anordnenden Richters/Gerichts stattgefunden hat und dieser schlicht zu keinem abweichenden Ergebnis gelangt. Da es jedoch als unwahrscheinlich erscheint, dass zwei Personen (im Fall von Maßnahmen nach §§ 100b, 100c sogar mehrere Mitglieder der anordnenden Strafkammer) bei tatsächlich, selbst und unabhängig durchgeführten normativ geprägten Abwägungsvorgängen zum exakt selben Ergebnis kommen – insbesondere, was die Gewichtung einzelner Kriterien und die Abwägung dieser Kriterien gegeneinander anbelangt – sollte dies ein Ausnahmefall sein. Zumindest Ergänzungen oder einzelne Korrekturen sind in der Regel zu erwarten, wenn es sich nicht um sehr einfach gelagerte Fälle handelt. Die wortlautgleiche Übernahme ist danach jedenfalls ein erster Anhaltspunkt dafür, dass das Tatgericht die Begründung der Anordnung im Rahmen seiner Beweiswürdigung genauer in Augenschein nehmen sollte.

IV. Beendigung der Maßnahme (Abs. 5)

60 **1. Wegfall der Anordnungsvoraussetzungen (S. 1).** Gemäß S. 1 ist eine Überwachungsmaßnahme „unverzüglich zu beenden", wenn die Voraussetzungen für ihre Anordnung nicht mehr vorliegen. Wenngleich diese Regelung auch auf diejenigen Fälle Anwendung findet, in denen der gemäß Abs. 3 S. 2 Nr. 3 zu benennende Endzeitpunkt hinsichtlich der Dauer der Überwachungsmaßnahme erreicht ist, dürfte der Gesetzgeber bei S. 1 vorrangig diejenigen Konstellationen im Blick gehabt haben, in denen dieser Zeitpunkt noch nicht erreicht ist, indes **sonstige Anordnungsvoraussetzungen entfallen** sind. Gedacht

[65] Siehe der Fall bei BVerfG 1.8.2014 – 2 BvR 200/14, NJW 2015, 851 („Der Durchsuchungsbeschluss erging auf Grund eines Entwurfs der StA").
[66] BVerfG 1.8.2014 – 2 BvR 200/14, NJW 2015, 851 (852); siehe aber LG Paderborn 12.7.2021 – 02 KLs 3/19, juris.
[67] BVerfG 1.8.2014 – 2 BvR 200/14, NJW 2015, 851 (852).

haben dürfte er hier etwa an diejenigen Fälle, in denen der Tatnachweis entweder erbracht oder aber der zunächst bestehende Tatverdacht auf Grund weiterer Ermittlungen entfallen ist oder sich der Sachverhalt nunmehr so darstellt, dass keine Katalogtat mehr vorliegt.

Die Voraussetzungen für die Fortdauer einer Maßnahme entfallen nicht stets dadurch, 61
dass der Beschuldigte, dessen Anschluss durch die Maßnahme überwacht wird, **verhaftet** wurde. Dies gilt jedenfalls dann, wenn Anhaltspunkte dafür vorliegen, dass zwar nicht mehr der Beschuldigte selbst, indes ein Nachrichtenmittler von dem überwachten Anschluss Gebrauch macht.[68] Diese veränderte Sachlage muss allerdings durch die Anordnung (noch) abgedeckt sein; ggf. muss eine neue oder ergänzende Anordnung hinsichtlich des Nachrichtenmittlers als weiteren Betroffenen erlassen werden.[69]

Wird die Maßnahme hingegen trotz Wegfalls ihrer Voraussetzungen fortgeführt, sind 62
die ab diesem Zeitpunkt erlangten Erkenntnisse in der Regel **nicht verwertbar.**[70]

Wenngleich Abs. 5 hierzu keine Regelung enthält, ist für die **Entscheidung zur Been-** 63
digung der Maßnahme im Ermittlungsverfahren auf Grund ihrer Sachleitungsfunktion sowie ihrer Stellung als Vollstreckungsbehörde vorrangig die **Staatsanwaltschaft** zuständig.[71] Diese wird sich hierzu indes erst auf Grund einer entsprechen Anregung der die erhobenen Daten auswertenden Polizeidienststelle veranlasst sehen. Die Staatsanwaltschaft ist zur Gewährleistung der Rechtsstaatlichkeit des Vollzugs der Überwachungsmaßnahme gehalten, sich regelmäßig über den aktuellen Ermittlungsstand Bericht erstatten zu lassen. Nur so kann sie prüfen, ob die Fortführung der Maßnahme noch geeignet ist, den Sachverhalt weiter zu erforschen und auch die weiteren materiellen Anordnungsvoraussetzungen der §§ 100a–100c weiterhin vorliegen. Kommt die Staatsanwaltschaft, gleich aus welchen Gründen, zu der Auffassung, dass die Maßnahme zu beenden sei, so muss das Gericht, so sie dessen Entscheidung überhaupt herbeiführen will, ihrem Antrag entsprechen. Dies folgt aus dem nunmehr auch in Abs. 1 S. 1 und Abs. 2 S. 1 zum Ausdruck kommenden Umstand, dass die Staatsanwaltschaft die Herrin des Ermittlungsverfahrens ist und es seit der Reform der §§ 100–100c durch das Gesetz zur Neuregelung der Telekommunikationsüberwachung und anderer verdeckter Ermittlungsmaßnahmen vom 21.12.2007[72] und das Gesetz zur effektiveren und praxistauglicheren Gestaltung des Strafverfahrens vom 23.8.2017[73] für die Anordnung der Maßnahmen nach §§ 100a–100c zwingend eines entsprechenden Antrages der Staatsanwaltschaft bedarf.

Das die Maßnahme im Ermittlungsverfahren **anordnende Gericht** bleibt indes eben- 64
falls für die Rechtmäßigkeit des weiteren Verfahrens – von Rechts wegen sogar vorrangig – (mit)verantwortlich.[74] Während dies früher noch aus dem Richtervorbehalt in Abs. 1 S. 1 und Abs. 2 S. 1 abgeleitet werden musste,[75] ergibt sich dies heute unmittelbar aus Abs. 5 S. 4, S. 5. Kommt das Gericht während der laufenden Überwachung des Betroffenen zu der Auffassung, die Voraussetzungen der §§ 100a–100c (je nach Maßnahme) liegen nicht mehr vor, so hat es die Beendigung der Maßnahme anzuordnen. Anders als für den Erlass der Überwachungsanordnung, für den es gemäß Abs. 1 S. 1, Abs. 2 S. 1 zwingend eines Antrages der Staatsanwaltschaft bedarf (→ Rn. 4), wäre für einen derartigen Aufhebungsbeschluss ein Antrag der Staatsanwaltschaft nicht erforderlich. Die gegenteilige Auffassung würde den Richtervorbehalt in sachlich nicht zu rechtfertigender Weise einschränken. Außerdem ist ein entsprechender Antrag in Abs. 5 S. 4, S. 5, im Unterschied zu Abs. 1 S. 1, Abs. 2 S. 1, gesetzlich nicht vorgeschrieben.

Würde eine Überwachungsmaßnahme noch nach Anklageerhebung weitergeführt, was 65
praktisch nur in seltenen Ausnahmefällen und lediglich für einen sehr kurzen Zeitraum

---

68 So BGH 21.7.1994 – 1 StR 83/94, NJW 1194, 2904 (2907); siehe auch Bär in KMR-StPO § 100e Rn. 31; Hauck in Löwe/Rosenberg § 100e Rn. 52.
69 Ebenso Hauck in Löwe/Rosenberg § 100e Rn. 52.
70 Vgl. LG Münster 16.1.1996 – 7 KLs 13/95, StV 1996, 203.
71 Ebenso Bär in KMR-StPO § 100e Rn. 32.
72 BGBl. 2007 I 3198.
73 BGBl. 2017 I 3202.
74 Ebenso Hauck in Löwe/Rosenberg § 100e Rn. 54.
75 Siehe noch die Günther → 1. Aufl. § 100b Rn. 58.

vorkommen dürfte, ist das **mit der Sache befasste Gericht** für die Entscheidung über die Beendigung der Maßnahme zuständig. Der Staatsanwaltschaft, deren Verfahrensherrschaft mit Anklageerhebung auf das Tatgericht übergegangen ist (vgl. §§ 125 Abs. 2, 126 Abs. 2, 147 Abs. 5), verbleibt das Recht, auf die ihr geboten erscheinende Entscheidung anzutragen.

66 **2. Unterrichtung des Gerichts über Ergebnisse (S. 2).** Gemäß Abs. 5 S. 2 ist das anordnende Gericht bei allen Maßnahmen nach §§ 100a–100c nach Beendigung der Maßnahme über deren **Ergebnisse** zu unterrichten. Näheres regelt die Vorschrift nicht. Der Gesetzgeber hat während des Gesetzgebungsverfahrens aus Gründen der Stärkung des Richtervorbehalts die Frage diskutiert, ob Gegenstand der Unterrichtung auch bei Maßnahmen nach § 100a auch der Verlauf der Überwachung sein soll.[76] Er hat sich letztlich gegen eine derartige Ausweitung der Berichtspflicht entschieden, um die durch die Berichtspflichten in § 101b zusätzlich belasteten Staatsanwaltschaften nicht noch weiter zu strapazieren.

67 Es bleibt der Staatsanwaltschaft überlassen, auf welche – geeignete – Weise sie das Gericht unterrichtet. Regelmäßig dürfte es ausreichen, diesem die **Akten** unter Hinweis auf entsprechende **Auswerteberichte** der sachbearbeitenden Polizeidienststelle mit einem kurzen erläuternden Vermerk zu übersenden.[77]

68 **3. Unterrichtung des Gerichts über den Verlauf (S. 3).** Damit das **Gericht in die Lage versetzt wird, tatsächlich einen entsprechenden Abbruch** der besonders grundrechtsintensiven Maßnahmen nach §§ 100b, 100c für den Fall anordnen zu können, dass dies nicht bereits gemäß S. 1 durch die Staatsanwaltschaft geschehen ist, legt S. 3 fest, dass das anordnende Gericht über den Verlauf und die Ergebnisse der Maßnahmen nach §§ 100b, 100c zu unterrichten ist. S. 3 enthält hinsichtlich der Unterrichtung des Gerichts keine weiteren Vorgaben, als dass der entsprechende Bericht Angaben zum – tatsächlichen – Verlauf sowie zu den Ergebnissen der Ermittlungen zu enthalten hat. Er gibt weder vor wie, mithin ob schriftlich oder mündlich, noch wie oft der Bericht zu erfolgen hat. Vielmehr soll die **Unterrichtung je nach Einzelfall und Eigenart des Verfahrens und dem sich daraus ergebenden Informationsbedarf** erfolgen.[78] Die Unterrichtung kann mithin mündlich oder schriftlich, durch die Staatsanwaltschaft selbst oder, auf deren Veranlassung, durch ihre Ermittlungspersonen erfolgen.

69 Das Gericht muss auch nicht abwarten, dass es informiert wird. Es kann vielmehr, so es einen aktuellen Informationsbedarf sieht, **eigeninitiativ** entsprechende Informationen **anfordern** oder bereits mit der Anordnung der Maßnahme die Staatsanwaltschaft verpflichten, es in bestimmten Intervallen zu unterrichten.[79] Die Befugnis hierzu ist unmittelbar aus der Anordnungskompetenz abzuleiten.[80] Eine solche laufende Überprüfung durch das anordnende Gericht ist gerade bei den heimlichen und besonders grundrechtsintensiven Maßnahmen der §§ 100a ff. geboten.[81]

70 **4. Abbruch der Maßnahme durch das Gericht (S. 4 und 5).** Das anordnende Gericht hat den Abbruch der Maßnahme anzuordnen, wenn diese fortgeführt werden sollte, obwohl ihre gesetzlichen Voraussetzungen zwischenzeitlich entfallen sind. Von Rechts wegen eine schlichte Selbstverständlichkeit und vom BVerfG in seiner Entscheidung vom 3.3.2004 argumentativ aufgegriffen,[82] hat der Gesetzgeber diese Erwägung in Abs. 5 S. 2 und 3 eingestellt. Der Regelung kommt mithin ein **rein deklaratorischer, mahnender Charakter** zu. Die Staatsanwaltschaft ist bei Wegfall der Anordnungsvoraussetzungen als „Herrin des Ermittlungsverfahrens" zur Gewährleistung eines effektiven Grundrechtsschutz

76 Vgl. BT-Drs. 16/5846, 48.
77 Bär in KMR-StPO § 100e Rn. 34.
78 BT-Drs. 15/4533, 17.
79 Köhler in Meyer-Goßner/Schmitt § 100e Rn. 20.
80 BVerfG 3.3.2004 – 1 BvR 2378/98, 1 BvR 1084/99, BeckRS 2004, 21087 Rn. 278.
81 Richtig Hauck in Löwe/Rosenberg § 100e Rn. 54 ff.
82 BVerfG 3.3.2004 – 1 BvR 2378/98, 1 BvR 1084/99, BeckRS 2004, 21087 Rn. 279.

auch eigenständig zum Abbruch der Maßnahme berechtigt und verpflichtet, sie bedarf hierfür mithin nicht der Zustimmung des Gerichts.[83]

Der Abbruch der Maßnahme, der nach S. 5 neben Gericht und Staatsanwaltschaft auch allein durch den Vorsitzenden erfolgen kann, ist **zwingend und augenblicklich** anzuordnen, wenn die Maßnahme fortgesetzt wird, obwohl die gesetzlichen oder die in der Anordnung selbst festgelegten Voraussetzungen nicht mehr vorliegen. Erfolgte der Abbruch aus Gründen des schnelleren und damit effektiveren Rechtsgüterschutzes der von der Maßnahme betroffenen Personen durch den Vorsitzenden, so bedarf diese Entscheidung, anders als dessen Anordnung nach Abs. 2 S. 2, **keiner Bestätigung** durch die Kammer.[84] 71

Anders als im Falle der Unterbrechung einer Maßnahme zum Zwecke des Kernbereichsschutzes (vgl. § 100d Abs. 4 S. 2) darf mit einer Maßnahme, die wegen Wegfalls ihrer gesetzlichen oder gerichtlich angeordneten Voraussetzungen nicht unter- sondern abgebrochen wurde, **nicht mehr auf der Grundlage der bisherigen Anordnung fortgefahren werden.**[85] In einem solchen Fall muss auf der Grundlage eines neuen Anordnungsbeschlusses mit der Maßnahme erneut begonnen werden. Dies gilt selbst dann, wenn (unmittelbar) nach dem Abbruch neue Anhaltspunkte festgestellt werden, durch die die gesetzlichen Voraussetzungen für die Anordnung wieder erfüllt würden und die in der Anordnung bestimmte Frist noch nicht abgelaufen ist. Grund hierfür ist der Umstand, dass mit jedem – manifesten – Wegfall der Anordnungsvoraussetzungen die Anordnung ihre eingriffslegitimierende Wirkung unwiederbringlich verliert und es einer erneuten richterlichen Überprüfung bedarf, ob auch der neue Sachverhalt die Maßnahme (wieder) rechtfertigt. 72

V. Weitere Verwendung der Daten (Abs. 6)

Abs. 6 regelt die weitere Verwendung der durch Online-Durchsuchungen und akustische Wohnraumüberwachungen gewonnenen personenbezogenen Daten **zu anderen Zwecken** als der Aufklärung einer Katalogtat nach § 100b Abs. 2 bzw. der Ermittlung des Aufenthaltsortes eines Mitbeschuldigten einer solchen Tat in demjenigen Strafverfahren (= prozessuale Tat nach § 264), in dem die Maßnahme angeordnet wurde. Die Vorschrift schränkt in den Nr. 1–3 allein die weitere Verwendung **personenbezogener Daten,** mithin gemäß **§ 46 Nr. 1 BDSG** aller Informationen, die sich auf eine identifizierte oder identifizierbare natürliche Person beziehen, wobei als identifizierbar eine natürliche Person angesehen wird, die direkt oder indirekt, insbesondere mittels Zuordnung zu einer Kennung wie einem Namen, zu einer Kennnummer, zu Standortdaten, zu einer Online-Kennung oder zu einem oder mehreren besonderen Merkmalen, die Ausdruck der physischen, physiologischen, genetischen, psychischen, wirtschaftlichen, kulturellen oder sozialen Identität dieser Person sind, identifiziert werden kann. Anders als solche personenbezogenen Daten dürfen sachbezogene Informationen uneingeschränkt verwendet werden.[86] Zu letzteren zählen etwa Beschreibungen über bauliche Besonderheiten eines Gebäudes oder spezielle topografische Gegebenheiten einer bestimmten Landschaft. Durch den sehr weiten Begriff des personenbezogenen Datums und des Zwecks eines Ermittlungsverfahrens (Zuordnung von bestimmten Informationen zu bestimmten Personen zur Aufklärung von Straftaten) dürften allerdings die allermeisten in einem Strafverfahren gesammelten Daten dem Begriff des „personenbezogenen Datums" iSv § 46 Nr. 1 BDSG unterfallen. 73

1. Konkurrenzverhältnis zu § 479 Abs. 2, Abs. 3, § 481 und § 161 Abs. 3. Es besteht derzeit in **kompliziertes Konkurrenzverhältnis** der Regelungen in § 100e Abs. 6 zu § 479 Abs. 3 (Fassung bis 1. Juli 2021), § 481 und § 161 Abs. 3. 74

---

[83] BVerfG 21.11.2000 – 2 BvR 1444/00, BVerfGE 103, 142 (145) = NJW 2001, 1121.

[84] Wie hier Eschelbach in Satzger/Schluckebier/Widmaier StPO § 100e Rn. 17; Hauck in Löwe/Rosenberg § 100e Rn. 53; Gercke in Gercke/Julius/Temming/Zöller § 100e Rn. 19.

[85] Vgl. BT-Drs. 15/4533, 17; Bär in KMR-StPO § 100e Rn. 32; Hauck in Löwe/Rosenberg § 100e Rn. 53; Graf in BeckOK StPO § 100e Rn. 30; Bruns in KK-StPO § 100e Rn. 21.

[86] So auch Köhler in Meyer-Goßner/Schmitt § 100e Rn. 22; Bär in KMR-StPO § 100e Rn. 33.

75 **a) Gesetzliche Regelungen zur Weiterverwendung von Daten in § 100e Abs. 6 und § 479 Abs. 2, Abs. 3 (Fassung bis 1. Juli 2021). aa) Rechtslage bis zum Inkrafttreten des StPO-Fortentwicklungsgesetzes (bis 1. Juli 2021).** Der Gesetzgeber hatte durch ein **redaktionelles Versehen** Regeln zur weiteren Verwendung der Daten aus Maßnahmen nach §§ 100b, 100c sowohl in § 100e Abs. 6, als auch in § 479 Abs. 2, Abs. 3 (Fassung bis 1. Juli 2021) normiert. § 100e Abs. 6 kam durch das Gesetz zur effektiveren und praxistauglicheren Gestaltung des Strafverfahrens 2017 in die StPO und sollte die Verwendungsregeln für die akustische Wohnraumüberwachung aus § 100d Abs. 5 aF auf die Online-Durchsuchung erstrecken.[87] § 479 Abs. 2, Abs. 3 (Fassung bis 1. Juli 2021) wurde neugefasst durch das Gesetz zur Umsetzung der Richtlinie 2016/680 vom 25.11.2019.[88] Im finalen Gesetzentwurf der Bundesregierung war damals eigentlich eine Streichung des § 100e Abs. 6 vorgesehen,[89] um eine Bündelung der Weiterverwendungsnormen in § 479 Abs. 2, Abs. 3 (Fassung bis 1. Juli 2021) zu erreichen.[90] Während jedoch § 479 Abs. 2, Abs. 3 (Fassung bis 1. Juli 2021) wie vorgesehen geändert wurde, ist die Streichung des § 100e Abs. 6 in der vom Bundestag verabschiedeten Fassung unterblieben (unter Umständen auch deshalb, weil die vorgeschlagene Änderung des § 161 Abs. 3, auf den § 479 Abs. 2 S. 1 Bezug nimmt, dahingehend, dass auch dort nunmehr die Verwendungsbeschränkung für Spurenansätze gilt, ebenfalls nicht übernommen wurde und damit § 100e Abs. 6 Nr. 3 weiterhin Bedeutung zukommt, → § 100a Rn. 321 ff. sowie → Rn. 83).[91] Zu allem Überfluss wurde § 477 Abs. 2 S. 4 aF, welcher § 100e Abs. 6 zur spezielleren und damit vorrangigen Norm erklärte, nur hinsichtlich § 100i Abs. 2 S. 2 und § 108 Abs. 2 und Abs. 3, nicht jedoch hinsichtlich § 100e Abs. 6 übernommen (vgl. jetzt § 479 Abs. 2 S. 3).

76 **bb) Rechtslage nach Inkrafttreten des StPO-Fortentwicklungsgesetzes (ab 1. Juli 2021).** Durch das Gesetz zur Fortentwicklung der Strafprozessordnung und zur Änderung weiterer Vorschriften vom 25. Juni 2021[92] ist § 479 Abs. 3 gestrichen worden, sodass das komplizierte Konkurrenzverhältnis in dieser Hinsicht entfallen ist.

77 **b) Verhältnis § 479 Abs. 2 S. 1 iVm § 161 Abs. 3 zu § 100e Abs. 6 Nr. 1.** § 100e Abs. 6 Nr. 1 – Regel für die Verwendung von Daten in anderen Strafverfahren – geht der allgemeinen Regelung in § 479 Abs. 2 S. 1 iVm § 161 Abs. 3 vor.[93] § 100e Abs. 6 Nr. 1 beschränkt die Verwendung von Daten, die durch Maßnahmen nach §§ 100b, 100c erlangt worden sind, auch für die Verwendung als Spurenansatz auf die Verfolgung von Katalogtaten. § 161 Abs. 3, der nach § 479 Abs. 2 S. 1 entsprechend anzuwenden ist, beschränkt die Weiterverwendung ausdrücklich nur auf eine Verwendung zu Beweiszwecken. Als Spurenansatz können die Daten nach § 161 Abs. 3 – zumindest seinem Wortlaut und der hM nach – auch für Nicht-Katalogtaten verwendet werden. Dass die Regelung des **§ 161 Abs. 3 nach hier vertretener Auffassung verfassungswidrig** und daher verfassungskonform auszulegen ist (hierzu → § 100a Rn. 324) ändert nichts daran, dass § 100e Abs. 6 Nr. 1 als lex specialis vorgeht.

78 **c) Verhältnis § 100e Abs. 6 Nr. 2 zu § 479 Abs. 3 (Fassung bis 1. Juli 2021). aa) Rechtslage bis zum Inkrafttreten des StPO-Fortentwicklungsgesetzes (bis 1. Juli 2021).** Bis zur Streichung von § 479 Abs. 3 durch das Gesetz zur Fortentwicklung der Strafprozessordnung und zur Änderung weiterer Vorschriften zum 1. Juli 2021 hatte der Gesetzgeber für Verwirrung gesorgt, indem er in § 100e Abs. 6 im Einleitungssatz die Verwendungsregel auf **„verwertbare" Daten** beschränkt hatte, gleichzeitig in § 100e Abs. 6 Nr. 3 erneut von „verwertbaren" Daten sprach, in Nr. 1 und Nr. 2 dagegen nicht.

[87] BT-Drs. 18/12785, 58.
[88] BGBl. 2019 I S. 1724.
[89] BT-Drs. 19/4671, 8.
[90] BT-Drs. 19/4671, 61, 65 f.
[91] BGBl. 2019 I 1724; Puschke/Weßlau in SK-StPO § 479 Rn. 50.
[92] BGBl. 2021 I 2099.
[93] Graf in BeckOK StPO § 100e Rn. 34 zu § 477 Abs. 2 S. 2 aF.

In § 479 Abs. 3 (Fassung bis 1. Juli 2021) fand sich keine entsprechende Einschränkung im Einleitungssatz, sondern nur in Nr. 2 und Nr. 3. Ferner bestand ein Unterschied zwischen § 100e Abs. 6 Nr. 2 S. 1 und S. 2 und § 479 Abs. 3 Nr. 1 und Nr. 2 (Fassung bis 1. Juli 2021). In § 479 (Fassung bis 1. Juli 2021) wurde zwischen der „Abwehr einer im Einzelfall bestehenden Lebensgefahr, einer dringenden Gefahr für Leib oder Freiheit einer Person oder für die Sicherheit oder den Bestand des Bundes oder eines Landes oder einer dringenden Gefahr für Gegenstände von bedeutendem Wert, die der Versorgung der Bevölkerung dienen, die von kulturell herausragendem Wert sind oder die in § 305 Absatz 1 des Strafgesetzbuches genannt sind" (Nr. 1) und der „Abwehr einer im Einzelfall bestehenden dringenden Gefahr für sonstige bedeutende Vermögenswerte" (Nr. 2) dahingehend unterschieden, dass bei Nr. 1 auch strafprozessual unverwertbare Daten verwendet werden dürfen, bei Nr. 2 nicht. § 100e Abs. 6 Nr. 2 S. 1 und S. 2 trifft keine solche Differenzierung.[94]

Für die **Auflösung des Konkurrenzverhältnisses** zwischen § 100e Abs. 6 Nr. 2 und § 479 Abs. 3 (Fassung bis 1. Juli 2021) kam es daher darauf an, inwieweit sich die Normen tatsächlich hinsichtlich der Verwendung von unverwertbaren Daten zur Gefahrabwehr unterscheiden. 79

Während § 479 Abs. 3 (Fassung bis 1. Juli 2021) zu dieser Frage eine klare Regelung traf (→ Rn. 96), enthält § 100e Abs. 6 einen inneren Widerspruch. Entweder es gilt die vor die Klammer gezogene Regelung im Einleitungssatz, dass nur „verwertbare" Daten nach der gesamten Regelung des § 100e Abs. 6 anderweitig verwendet werden dürfen, oder es handelt sich dabei um ein redaktionelles Versehen und nur Nr. 1 (Verwendung in anderen Strafverfahren, zum Problem der Verwendung unverwertbarer Daten dort, → Rn. 90 ff.) und Nr. 3 sind auf verwertbare Daten beschränkt (dort noch einmal ausdrücklich erwähnt). Für die letztgenannte Variante **(Verwendung auch unverwertbarer Daten bei Nr. 2)** spricht, dass in Fällen dringlicher Gefahrabwehr eine komplexe Beurteilung der Verwertbarkeit nach Strafprozessrecht nicht verlangt werden kann und es im Einzelfall zur Abwehr von Gefahren für hochrangige Rechtsgüter auch geboten sein kann, strafprozessual unverwertbare Daten zu verwenden.[95] Dann allerdings bot § 479 Abs. 3 (Fassung bis 1. Juli 2021) ein höheres Schutzniveau, weil dort die Verwendung unverwertbarer Daten auf die Abwehr von dringenden Gefahren für überragend wichtige Rechtsgüter (Nr. 1) beschränkt ist. Zur Abwehr von Gefahren für bedeutende Eigentumswerte dürfen dagegen nur verwertbare Daten herangezogen werden (Nr. 2). Diese Differenzierung ist auch sinnvoll, da das oben verwendete Argument zur Heranziehung auch unverwertbarer Informationen bei der Gefahrenabwehr für „bloße" Eigentumsverletzungen (mögen es auch bedeutsame Eigentumswerte sein, die in Frage stehen) nicht greift. In diesem Fall ist das Interesse des Betroffenen an der Unverwertbarkeit der rechtswidrig erhobenen Daten größer als das Interesse des Eigentümers am Erhalt seiner Eigentumswerte (welches später ggf. monetär ausgeglichen werden kann). Hierfür spricht auch, dass ebenjene Differenzierung in der Vorgängernorm zur akustischen Wohnraumüberwachung (§ 100d Abs. 5 Nr. 2 S. 1 und S. 2 aF) vorgesehen war und der Regelungsinhalt in § 100e Abs. 6 laut der Gesetzesbegründung lediglich auf die Online-Durchsuchung erstreckt werden sollte.[96] Ein höheres Schutzniveau erreichte auch § 479 Abs. 3 Nr. 2 (Fassung bis 1. Juli 2021), der eine Verwendung von Daten nach § 100d Abs. 5 S. 1 Hs. 2 im Unterschied zu § 100e Abs. 6 Nr. 2 S. 2 nicht zuließ.[97] 80

§ 479 Abs. 3 Nr. 1 und Nr. 2 (Fassung bis 1. Juli 2021) waren somit die spezielleren Regelungen und gingen § 100e Abs. 6 Nr. 2 vor.[98] Hiergegen konnte auch nicht eingewendet werden, dass eine Regelung dieses Konkurrenzverhältnisses anders als in § 479 Abs. 2 S. 3 nicht getroffen wurde. Das Bestehenlassen von § 100e Abs. 6 Nr. 2 war offen- 81

94 Zum Konkurrenzverhältnis auch Puschke/Weßlau in SK-StPO § 479 Rn. 50 aE.
95 Freiling/Safferling/Rückert JR 2018, 9 (16) mwN zur alten Rechtslage.
96 BT-Drs. 18/12785, 58.
97 AA („weitgehenden inhaltliche Übereinstimmung) Köhler in Meyer-Goßner/Schmitt, 64. Aufl. 2021, § 479 Rn. 11.
98 AA Köhler in Meyer-Goßner/Schmitt, 64. Aufl. 2021, § 479 Rn. 11.

sichtlich ein redaktionelles Versehen. Immerhin konnte durch eine vorrangige Anwendung von § 479 Abs. 3 Nr. 1 und Nr. 2 (Fassung bis 1. Juli 2021) das redaktionelle Versehen der mangelnden Differenzierung hinsichtlich verschiedener Rechtsgüter in § 100e Abs. 6 Nr. 2 S. 1 und S. 2 korrigiert werden. Da es sich bei § 479 Abs. 3 Nr. 1 und Nr. 2 (Fassung bis 1. Juli 2021) schließlich auch um die neuere Regelung handelte, ließ sich der Vorrang auch mit dem lex posterior-Grundsatz begründen (der hier auch eingreift, da § 479 Abs. 3 Nr. 1 und Nr. 2 (Fassung bis 1. Juli 2021) entgegen dem ersten Eindruck die spezielleren Regelungen sind).[99]

82 **bb) Rechtslage nach Inkrafttreten des StPO-Fortentwicklungsgesetzes (ab 1. Juli 2021).** Durch das Gesetz zur Fortentwicklung der Strafprozessordnung und zur Änderung weiterer Vorschriften wurde § 479 Abs. 3 mit Wirkung zum 1. Juli 2021 gestrichen, sodass dieses komplizierte Konkurrenzverhältnis entfallen ist.[100] Hierdurch wird nun aber den Auslegungsproblemen hinsichtlich § 100e Abs. 6 (→ Rn. 98b) volle praktische Geltung verschafft, da § 100e Abs. 6 im-Fortentwicklungsgesetz nicht redaktionell überarbeitet wurde (siehe hierzu noch → Rn. 98a f.).

83 **d) Verhältnis § 100e Abs. 6 Nr. 3 zu § 161 Abs. 3. § 100e Abs. 6 Nr. 3 geht § 161 Abs. 3 vor,**[101] weil § 100e Abs. 6 Nr. 3 für Daten, die durch akustische Wohnraumüberwachungen und Online-Durchsuchungen nach anderen Gesetzen (zB Polizeigesetze der Länder, BKA-Gesetz) erlangt worden sind, eine Verwendungsbeschränkung auf die Verfolgung von Katalogtaten auch für Spurenansätze enthält, während § 161 Abs. 3 sich ausdrücklich auf Beweiszwecke beschränkt, die Daten somit als Spurenansatz nach dieser Regelung nach hM auch für die Verfolgung von Nicht-Katalogtaten verwendet werden dürfen (dazu, dass § 161 Abs. 3 deshalb nach hier vertretener Auffassung verfassungswidrig ist, → § 100a Rn. 324).

84 **e) Verhältnis zu § 481.** Die Generalklausel zur Verwendung strafprozessual erlangter Daten zu polizeilichen Zwecken in § 481 Abs. 1 wird ausweislich der Regelung in § 481 Abs. 2 von § 100e Abs. 6 (ebenso wie von § 479 Abs. 2, Abs. 3) **verdrängt.**

85 **2. Verwendung in anderen Strafverfahren (Nr. 1).** Die aus Maßnahmen nach §§ 100b, 100c erlangten personenbezogenen Daten dürfen gemäß Nr. 1 ohne Einwilligung der überwachten Person in einem anderen Strafverfahren verwendet werden, wenn mit diesen Daten entweder eine andere Straftat aufgeklärt oder der Aufenthalt der einer anderen Tat verdächtigen Person ermittelt werden soll und **wegen dieser anderen Tat eine Maßnahme nach §§ 100b, 100c ebenfalls** hätte angeordnet werden können.

86 **a) Anderes Strafverfahren.** Mit „anderen Strafverfahren" iSv Nr. 1 ist eine **andere prozessuale Tat iSd § 264** gemeint.[102] Es kann sich dabei um eine andere Tat des Beschuldigten oder aber um eine Tat beliebiger Dritter handeln. § 100e Abs. 6 Nr. 1 findet somit auch Anwendung, wenn erst während der Überwachungsmaßnahme nach § 100b oder § 100c Anhaltspunkte dafür festgestellt werden, dass der Beschuldigte über die anordnungsgegenständliche Tat hinaus weitere Straftaten begangen haben könnte und Ermittlungen auch insoweit unter demselben Aktenzeichen, mithin in demselben Ermittlungsverfahren geführt wurden.

87 **b) Maßnahmen nach §§ 100b, 100c rechtfertigende Straftaten, Verhältnismäßigkeit.** Mit der Formulierung, dass hinsichtlich der aufzuklärenden Straftat ebenfalls eine „Maßnahme nach § 100b oder § 100c (hätte) angeordnet" werden können, hat der Gesetzgeber zum Ausdruck gebracht, dass allein der bloße Verdacht auf das Vorliegen einer Straftat

---

99 Siehe zum Ganzen März in v. Mangoldt/Klein/Starck GG Art. 31 Rn. 14 mwN.
100 BGBl. 2021 I 2099.
101 Gercke in Gercke/Julius/Temming/Zöller § 100e Rn. 23; Bär in KMR-StPO § 100e Rn. 40 jeweils für § 161 Abs. 2 aF.
102 Hauck in Löwe/Rosenberg § 100e Rn. 101.

nicht ausreicht. Vielmehr müssen die gewonnenen Erkenntnisse eine **konkretisierte Verdachtslage** iSd § 100b Abs. 1 Nr. 1 oder § 100c Abs. 1 Nr. 1 begründen (zu den Anforderungen an den Tatverdacht → § 100b Rn. 51 und → § 100c Rn. 28), dass eine Straftat aus dem Katalog des § 100b Abs. 2 begangen oder versucht wurde. Des Weiteren müssen die Subsidiaritätsregelungen des § 100b Abs. 1 Nr. 3 oder § 100c Abs. 1 Nr. 3 entsprechend beachtet werden, dh, dass auch hinsichtlich dieser Straftat eine Maßnahme der Online-Durchsuchung oder Wohnraumüberwachung nicht unverhältnismäßig gewesen wäre.[103] Insgesamt sind im Rahmen der Figur des hypothetisch rechtmäßigen Ersatzeingriffs stets alle materiellen Anordnungsvoraussetzungen der Maßnahme nach §§ 100b, 100c unter Zugrundelegung des Sach- und Erkenntnisstandes im Zeitpunkt der Verwertung der Daten in dem anderen Strafverfahren hypothetisch zu prüfen (→ § 100a Rn. 320). Nicht erforderlich ist dagegen, dass die Daten bereits aufgrund der Anordnung einer Maßnahme nach §§ 100b, 100c erlangt wurden und auch nicht, dass eine solche Anordnung im Erhebungszeitpunkt hätte erfolgen können. Vielmehr kommt es darauf an, dass eine entsprechende Maßnahme zur Datenerhebung im Zeitpunkt der Verwendung der Daten im „anderen Strafverfahren" angeordnet werden könnte.[104]

c) Verwendungszweck. Liegen die vorstehend genannten Voraussetzungen vor, so können die einen qualifizierten Anfangsverdacht hinsichtlich einer weiteren Katalogtat begründenden Erkenntnisse zunächst sowohl zur Aufklärung einer Katalogtat als auch zur Ermittlung des Aufenthaltsortes eines Mitbeschuldigten verwendet werden. Daneben hat der Gesetzgeber auch die Möglichkeit der Verwendung der entsprechenden Erkenntnisse als **Spurenansatz** eröffnet.[105] Das BVerfG hatte dies in seinen Urteil vom 3.3.2004 zugelassen und angemerkt, dass auch die Verwendung der Erkenntnisse als Spurenansatz für die Aufklärung einer anderer Straftat zulässig sei, wenn es sich bei dieser um eine auch im Einzelfall besonders schwer wiegende Katalogtat nach § 100c Abs. 2 aF (jetzt § 100b Abs. 2) handele.[106] Es erscheint jedoch fraglich, ob hierfür angesichts der erforderlichen konkreten Verdachtslage noch Raum bleibt. 88

Für die Aufklärung von anderen, nicht im Katalog von § 100b Abs. 2 aufgeführten Straftaten dürfen die Daten nicht, **auch nicht als Spurenansatz** verwendet werden.[107] 89

d) Verwertbarkeit der Daten und Rechtmäßigkeit der ursprünglichen Datenerhebung? Nach **einer Auffassung in der Literatur,** die sich auf eine Entscheidung des BGH zu § 100d Abs. 5 Nr. 3 aF stützt,[108] sollen nur die Verwertungsverbote des § 100d auch für die Verwendung in anderen Strafverfahren beachtlich sein.[109] 90

Nach **zutreffender Auffassung** gelten für die Verwendung der Daten in dem anderen Strafverfahren aber **dieselben Beweisverwertungsverbote wie im Ausgangsverfahren,** ohne dass es auf eine erneute Abwägung (zB im Rahmen der Abwägungslehre für unselbständige Beweisverwertungsverbote oder bei § 100d Abs. 5 S. 2) im Verhältnis zur „neuen" Katalogtat im anderen Strafverfahren ankommt.[110] Dies ergibt sich aus der Verwendung des Begriffs „verwertbar" im Einleitungssatz von § 100e Abs. 6.[111] Hätte der Gesetzgeber den 91

[103] BT-Drs. 15/4533, 18, Eschelbach in Satzger/Schluckebier/Widmaier StPO § 100e Rn. 20; siehe auch BGH 26.4.2017 – 2 StR 247/16, NJW 2017, 3173 (3177); 15.11.2017 – 2 StR 128/17, NStZ 2018, 296.
[104] OLG Hamburg 29.1.2021 – 1 WS 2/21, BeckRS 2021, 2226; OLG Schleswig 29.4.2021 – 2 Ws 47/21, BeckRS 2021, 10202.
[105] BT-Drs. 15/4533, 18.
[106] BVerfG 3.3.2004 – 1 BvR 2378/98, 1 BvR 1084/99, NJW 2004, 999 Rn. 338.
[107] Bruns in KK-StPO § 100e Rn. 24 f.; Hauck in Löwe/Rosenberg § 100e Rn. 75; Köhler in Meyer-Goßner/Schmitt § 100e Rn. 22.
[108] BGH 14.8.2009 – 3 StR 552/08, NJW 2009, 3448 zu § 100d Abs. 5 Nr. 3 aF; durch das BVerfG bestätigt in 7.12.2011 – 2 BvR 2500/09, NJW 2012, 907 (914).
[109] Köhler in Meyer-Goßner/Schmitt § 100e Rn. 22; ebenso Bruns in KK-StPO § 100e Rn. 24.
[110] Eschelbach in Satzger/Schluckebier/Widmaier StPO § 100e Rn. 20; Hauck in Löwe/Rosenberg § 100e Rn. 63; Graf in BeckOK StPO § 100e Rn. 32.
[111] Hauck in Löwe/Rosenberg § 100e Rn. 63.

Begriff der Verwertbarkeit auf Fälle der Verwertbarkeit nach § 100d beschränken wollen, hätte er dies durch einen Verweis klarstellen können/müssen. Dem Gesetzgeber war bei Schaffung der Norm sicherlich bekannt, dass neben § 100d noch andere Beweisverwertungsverbote in Betracht kommen. Hierfür spricht auch, dass der Gesetzgeber bei Schaffung der Vorgängernorm (§ 100d Abs. 6 aF) klargestellt hat, dass die Verwendung der Daten in anderen Strafverfahren denselben Verwertungsverboten unterliegen, wie im Ausgangsverfahren.[112] Überdies ist kein Grund dafür ersichtlich, warum Beweismittel, die unter so groben Verstößen gegen die Strafprozessordnung erlangt wurden, dass sie im Ausgangsverfahren von der Verwertung ausgeschlossen sind, in anderen Strafverfahren dennoch verwendet werden dürfen. Schließlich ergibt sich auch aus der von der Gegenauffassung in Bezug genommenen BGH-Entscheidung nichts anderes. Der BGH stützt seine Argumentation für § 100d Abs. 5 Nr. 3 aF vor allem darauf, dass andernfalls die Verwertbarkeit nach polizeirechtlichen Maßstäben heranzuziehen wäre, was ggf. zu einer Absenkung des Schutzniveaus führen würde. Dies betrifft aber eine andere (heute in § 100e Abs. 6 Nr. 3 geregelte) Konstellation, nämlich diejenige, bei der die Erkenntnisse aufgrund präventiver Maßnahmen erlangt werden. In § 100e Abs. 6 Nr. 1 geht es dagegen um Fälle, in denen die Erkenntnisse aufgrund der §§ 100b, 100c erlangt wurden. Eine Absenkung des Schutzniveaus ist hier nicht zu befürchten. Auch ergibt es bei präventiv erlangten Erkenntnissen Sinn, nicht auf die sonstigen strafprozessualen Beweisverwertungsverbote abzustellen, da keine Verstöße gegen die vorliegen können und auch eine Übertragung der Abwägungslehre auf Verstöße gegen das Polizeirecht wegen dessen Andersartigkeit kaum möglich sein dürfte (zur nach hier vertretener Auffassung notwendigen Unterscheidung zwischen Fällen des § 100e Abs. 6 Nr. 2 und Nr. 3 sowie zum Konkurrenzverhältnis dieser Regelungen zu § 479 Abs. 2, Abs. 3 → Rn. 74 ff.). In den Fällen des § 100e Abs. 6 Nr. 1 spricht jedoch nichts gegen eine solche Übertragung aller Verwertungsverbote, weil es um Erkenntnisse geht, die nach der Strafprozessordnung erlangt worden sind.

92 Eine **Fernwirkung** der Verwendung von unverwertbaren Erkenntnissen oder unter Verstoß gegen den Grundsatz des hypothetisch rechtmäßigen Ersatzeingriffs in anderen Strafverfahren beurteilt sich nach den allgemeinen Grundsätzen zur Fernwirkung von Beweisverwertungsverboten (→ § 100a Rn. 368 ff.).[113]

93 **Nicht vorausgesetzt ist dagegen die Rechtmäßigkeit der ursprünglichen Datenerhebung,** sofern die Rechtswidrigkeit der ursprünglichen Datenerhebung nicht zu einem Verwertungsverbot im Ursprungsverfahren führt. Dies wird auch nicht durch § 49 S. 1 BDSG bzw. Art. 4 Abs. 2 Richtlinie EU 2016/680 verlangt. Die Rechtswidrigkeit der Datenerhebung ist jedoch ein gewichtiger Abwägungsfaktor bei der im Rahmen der Prüfung des hypothetisch rechtmäßigen Ersatzeingriffs vorzunehmenden Verhältnismäßigkeitsprüfung. Die Rechtswidrigkeit führt dabei zu einer größeren Eingriffsintensität der Zweckumwidmung durch die Verwendung im anderen Strafverfahren (ausführlich mit Begründung → § 100a Rn. 325 ff.).

93a Ein Problem, das sich vor allem im Zusammenhang mit der Verwertung von Daten ergibt, die von ausländischen Strafverfolgungsbehörden erhoben worden sind, ist die Frage, ob § 100e Abs. 6 Nr. 1 oder Nr. 3 auch einschlägig ist, **wenn den deutschen Strafverfolgungsbehörden und/oder Gerichten nicht im Einzelnen bekannt ist, wie die Daten genau erhoben worden sind.** Einige OLGs haben hierzu im Zusammenhang mit der Verwertung von Daten aus besonders verschlüsselten und mit Anonymisierungssoftware ausgestatteten Smartphones der „Firma" EncroChat, die von französischen Strafverfolgungsbehörden erhoben wurden, entschieden, dass § 100e Abs. 6 auch in solchen Konstellationen anwendbar sei.[114] Eine Verwertung solcher Daten sei notwendig, um eine effektive Strafver-

[112] BT-Drs. 15/4533, 17 f.; siehe auch Wolter in SK-StPO § 100d Rn. 69c.
[113] Gercke in Gercke/Julius/Temming/Zöller § 100e Rn. 21.
[114] OLG Hamburg 29.1.2021 – 1 WS 2/21, BeckRS 2021, 2226; OLG Schleswig 29.4.2021 – 2 Ws 47/21, BeckRS 2021, 10202; KG 30.8.2021 – 2Ws 79/21, NStZ-RR 2021, 353; OLG Celle 12.8.2021 – 2Ws 250/21, BeckRS 2021, 24319; aA aber BGH 2.3.2022 – 5 StR 457/21, BeckRS 2022, 5306 Rn. 65; zu „Anom": OLG Frankfurt a. M. 22.11.2022 – 1 HEs 427/21, NJW 2022, 710.

folgung zu gewährleisten.[115] Der Grundrechtsschutz der Betroffenen werde dadurch gewahrt, dass bei Unklarheit darüber, wie die ausländischen Behörden genau an die Daten gelangt sind, „die Regelungen für den potentiell intensivsten Eingriff angewandt werden".[116] Im Fall „EncroChat" sei dies § 100b, weil die französischen Behörden eine „Computerdaten-Abfangeinrichtung" eingesetzt hätten.[117] Dies verkennt jedoch, dass für die Prüfung eines hypothetisch rechtmäßigen Ersatzeingriffs die technische Vorgehensweise zumindest so genau feststehen muss, dass a) klar ist, in welches Grundrecht hypothetisch eingegriffen wird und b) alle Voraussetzungen der in Betracht kommenden Eingriffsnorm geprüft werden können. Fehlt es an a), kann die einschlägige Eingriffsgrundlage nicht bestimmt werden und es fehlt an einer hinreichend bestimmten Eingriffsgrundlage für den in der Verwendung der Daten liegenden Grundrechtseingriff. Können nicht alle Voraussetzungen der einschlägigen Rechtsgrundlage hypothetisch geprüft werden, kann nicht festgestellt werden, ob die Voraussetzungen der Eingriffsgrundlage hypothetisch eingehalten werden können. Auch dann fehlt es an einer Rechtsgrundlage für den Grundrechtseingriff. In den „EncroChat" Fällen war weder klar, in welches Grundrecht eingegriffen worden war, noch waren hinreichend Informationen über das genaue Vorgehen der französischen Behörden vorhanden, welche eine (hypothetische) Prüfung der Eingriffsgrundlage ermöglicht hätten. Es blieb unklar, „mit welchen technischen Maßnahmen die französischen Behörden genau gearbeitet haben, ob also Telekommunikationsüberwachungen nach § 100a, eine Online-Durchsuchung nach § 100b, eine Kombination beider Maßnahmen oder eine Maßnahme eigener Art" vorlag.[118] Damit war nicht klar, ob mit der Verwendung der Daten in das Fernmeldegeheimnis nach Art. 10 Abs. 1 GG oder in das Grundrecht auf Gewährleistung der Vertraulichkeit und Integrität informationstechnischer Systeme nach Art. 2 Abs. 1 iVm Art. 1 Abs. 1 GG oder in beide eingegriffen wurde. Selbst bei Unterstellung des nach der „potentiell intensivsten" Eingriffs der Online-Durchsuchung war es auch nicht möglich, die hypothetische Einhaltung der Voraussetzungen des § 100b zu prüfen. Zu diesen gehört nämlich auch – was die Oberlandesgerichte übersehen –, dass das eingesetzte Spähprogramm die Grenzen von § 100b Abs. 4 iVm § 100a Abs. 5 einhält. Zu Fragen wäre also gewesen, ob die Daten auch mit einem technischen Mittel hätten erhoben werden können, welches die technischen Anforderungen nach § 100a Abs. 5 erfüllt (siehe hierzu → § 100a Rn. 262 ff.). Auch eine Prüfung der Subsidiaritätsklausel und der Verhältnismäßigkeit der Maßnahme sind nur möglich, wenn das genaue technische Vorgehen und damit die konkrete Eingriffsintensität bekannt ist. Sollen also Daten, die durch ausländische Behörden erhoben wurden, auf Grundlage von § 100e Abs. 6 (für § 479 Abs. 2 S. 1 wird im Übrigen dasselbe zu gelten haben) in einem deutschen Strafverfahren verwertet werden, muss sich das Gericht (bzw. vorgängig die Strafverfolgungsbehörden) so exakte Kenntnis vom genauen technischen Vorgehen der ausländischen Strafverfolgungsbehörden verschaffen, **dass klar ist, in welches Grundrecht eingegriffen wurde, welche Eingriffsgrundlage nach der deutschen StPO einschlägig wäre und eine hypothetische Prüfung dieser Eingriffsgrundlage vollständig möglich ist.** Wurden die Daten von ausländischen Strafverfolgungsbehörden gesammelt, während sich die Zielperson auf deutschem Staatsgebiet befand, sind außerdem die Art. 31 EAA und § 91g Abs. 6 IRG zu beachten. Eine fehlende Unterrichtung der deutschen Behörden kann – wenn die Maßnahme der ausländischen Strafverfolgungsbehörden in einem vergleichbaren inländischen Fall nicht genehmigt worden wäre – zu einem Beweisverwertungsverbot führen (siehe ausführlich → § 100a Rn. 51b ff.).[119]

---

[115] OLG Hamburg 29.1.2021 – 1 WS 2/21, BeckRS 2021, 2226; OLG Schleswig 29.4.2021 – 2 Ws 47/21, BeckRS 2021, 10202.

[116] OLG Schleswig 29.4.2021 – 2 Ws 47/21, BeckRS 2021, 10202.

[117] Vgl. OLG Hamburg 29.1.2021 – 1 WS 2/21, BeckRS 2021, 2226; OLG Brandenburg 3.8.2021 – 2Ws 102/21, BeckRS 2021, 23525; OLG Brandenburg 26.7.2021 – 2Ws 94/21, BeckRS 2021, 23906; OLG Rostock 23.3.2021 – 20Ws 70/21, MMR 2021, 572; OLG Rostock 11.5.2021, 20Ws 121/21, BeckRs 2021, 11981.

[118] OLG Schleswig 29.4.2021 – 2 Ws 47/21, BeckRS 2021, 10202 Rn. 32. kritisch hierzu aus der Perspektive des Vorbehalts des Gesetzes: Nadeborn/Albrecht NZWiSt 2021, 420 (422 f.).

[119] LG Berlin 525 KLs 254 Js 592/20 (10/21), NStZ 2021, 696 mwN.

93b Schließlich ergibt sich bereits aus den bekannten Informationen über das Vorgehen der französischen Behörden, dass die von ihnen durchgeführten Maßnahmen den Maßstäben des hypothetisch rechtmäßigen Ersatzeingriffs wegen grundsätzlicher Bedenken nicht entsprechen würden. So wurden von den französischen Strafverfolgern im Rahmen eines gegen die „Betreiber" von EncroChat geführten Strafverfahrens nicht nur deren Server mit der Spähsoftware infiltriert, sondern auch die Geräte von über 30 000 Nutzern von EncroChat gegen die zum Zeitpunkt der Maßnahme jenseits der Nutzung der EncroChat-Geräte – soweit der Sachverhalt bekannt ist – keine weiteren Verdachtsmomente bestanden.[120] Vor diesem Hintergrund scheitert eine hypothetische Rechtmäßigkeitsprüfung an zwei Punkten: Erstens übersteigt die Eingriffsintensität der Maßnahme sogar die Grenzen von § 100b. Neben der heimlichen Infiltration der Geräte und des damit einhergehenden schwerwiegenden Eingriffs in die Integrität der Geräte und die Vertraulichkeit der Datenverarbeitung auf den Geräten, wie sie § 100b grundsätzlich zulässt, weist die Maßnahme eine extrem große Streubreite auf. Es wurden eben nicht nur – wie es § 100b vorsieht – gezielt einzelne Geräte von Tatverdächtigen oder Personen im Sinne von § 100b Abs. 3 infiltriert, sondern alle Mobiltelefone eines bestimmten Modells von EncroChat. Wie § 100b Abs. 3 zeigt, ist die Streubreite von Maßnahmen nach § 100b jedoch – aus Gründen der Verhältnismäßigkeit – stark begrenzt. Die Kombination aus Integritätsverletzung, Erhebung großer Datenmengen mit großer Informationsdichte und -vielfalt und die große Streubreite führen zur Unverhältnismäßigkeit der Maßnahme. Bei einer hypothetischen Prüfung von § 100b müsste also gezeigt werden, dass die betroffenen Personen alle selbst tatverdächtig sind oder die Voraussetzungen von § 100b Abs. 3 vorliegen. Dies führt zum zweiten Punkt: Soweit dem Verfasser der Sachverhalt bekannt ist, fehlte es für die Anordnung an einem individualisierten Tatverdacht gegenüber den betroffenen Nutzern. Die Maßnahme wurde letztlich darauf gestützt, dass diese eine anonyme und verschlüsselte Kommunikationsmöglichkeit nutzten, die bekanntermaßen auch von Kriminellen genutzt wird.[121] Dies allein begründet jedoch keine „bestimmten Tatsachen", auf die sich ein qualifizierter Tatverdacht iSv § 100b gegen die einzelnen Nutzer stützen lässt.[122] Zwar ist richtigerweise für die hypothetische Rechtmäßigkeitsprüfung auf den Sach- und Kenntnisstand zum Zeitpunkt der Zweckumwidmung abzustellen (→ Rn. 87).[123] Allerdings dürfen keine Kenntnisse zugrunde gelegt werden, die sich erst aus der Auswertung der Daten ergeben hätten.[124] Denn diese stehen erst nach der Zweckumwidmung zur Verfügung. Der individualisierte qualifizierte Tatverdacht iSv § 100b Abs. 1 müsste sich also auf andere neue Erkenntnisse stützen lassen, welche über die bloße Nutzung der EncroChat-Mobiltelefone und -Dienstleistungen hinausgeht. Ob solche Erkenntnisse zum Zeitpunkt der Übermittlung der Daten an die deutschen Strafverfolgung vorlagen, ist eine Frage, die im jeweiligen einzelnen Verfahren zu beantworten ist. Gegen die hier vertretene Rechtsauffassung kann auch nicht eingewendet werden, das BVerfG habe auch die Übermittlung von Erkenntnissen aus der strategischen Fernmeldeaufklärung des BND an die Strafverfolgungsbehörden an den eingriffsintensivsten Maßnahmen der Wohnraumüberwachung und Online-Durchsuchung[125] gemessen.[126] Das BVerfG hat in der Entscheidung nämlich zum einen nur über die Übermittlungsbefugnisse des BND entschieden und nicht über die Verwendungsregeln im Strafverfahren (was richtigerweise zwei unterschiedliche rechtfertigungsbedürfte Grundrechtseingriffe sind). Zum anderen – und das dürfte entscheidend sein – hat es lediglich die (hohen) verfassungsrechtlichen Min-

[120] LG Berlin 1.7.2021 – (525 KLs) 254 Js 592/20 (10/21), NStZ 2021, 696; Derin/Singelnstein NStZ 2021, 449 (452); Erhard StraFo 2021, 366 (361).

[121] LG Berlin 1.7.2021 – (525 KLs) 254 Js 592/20 (10/21), NStZ 2021, 696.

[122] Derin/Singelnstein NStZ 2021, 449 (452); Erhard StraFo 2021, 366 (369).

[123] AA Zeyer ZWH 2022, 81 (85 f.).

[124] So aber Nadeborn/Kempgens, jurisPR-StrafR 12/2021 Anm. 4; LG Magdeburg 16.7.2021 – 21 Qs 53/21, BeckRS 2021, 26132; LG Flensburg, Beschluss vom 11. Juni 2021 – V Qs 26/21, BeckRS 2021, 14995; nun auch BGH 2.3.2022, 5StR 457/21, BeckRS 2022, 5306.

[125] Richtig Derin/Singelnstein NStZ 2021, 449 (452).

[126] BVerfG 19.5.2020 – 1 BvR 2834/17, NJW 2020, 2235 (2256).

destanforderungen an eine Übermittlungsbefugnis für den BND formuliert. Das BVerfG hat dagegen keine Aussage dazu getroffen, wie eine bestehende Verwendungsregel – wie vorliegend § 100e Abs. 6 – bzgl. der hypothetischen Rechtmäßigkeitsprüfung auszulegen ist. Schließlich ist auch keine Beschränkung des Prüfungsmaßstabs des § 100e Abs. 6 nach den Grundsätzen der gegenseitigen Anerkennung im europäischen Rechtshilfeverkehr angezeigt.[127] Zum einen steht die Verwendung im konkreten Strafverfahren am Ende einer – sich an die Übermittlung der Daten durch die französischen Behörden an das BKA anschließende – Übermittlungskette innerhalb deutscher Behörden (BKA / GenStA Frankfurt a.M. – einzelne Staatsanwaltschaften), sodass es sich bzgl. der Verwendung im einzelnen Strafverfahren um eine innerdeutsche Datenübermittlung handelt. Zum anderen geht es um die Verwendung von Daten in einem deutschen Strafverfahren, welche zwar durch ausländische Behörden, jedoch auf deutschem Boden erhoben wurden. Souveränitätsgesichtspunkte und Fragen des gegenseitigen Vertrauens in die jeweilige Rechtsstaatlichkeit des anderen[128] sind somit gar nicht berührt.[129]

Nachdem sich der 6. Strafsenat des BGH lediglich in einem obiter dictum zu einer unzulässigen Verfahrensrüge ohne Begründung für eine Verwertbarkeit der EncroChat-Daten ausgesprochen hatte,[130] hat der 5. Senat nun eine Verwertbarkeit der Daten mit ausführlicher Begründung vollumfänglich bejaht.[131] Der BGH verneint dabei die Anwendbarkeit des § 100e Abs. 6 Nr. 1 auf den Fallkomplex EncroChat mit der Begründung, die Maßnahmen der französischen Strafverfolgungsbehörden seien gerade keine Maßnahmen nach den §§ 100b, 100c gewesen, was § 100e Abs. 6 Nr. 1 voraussetze.[132] Aufgrund der Besonderheiten des Rechtshilferechts und des europäischen Rechtsrahmens seien die Maßstäbe für die Verwertbarkeit von durch ausländische Ermittlungseingriffe erlangte Beweismittel nicht vollständig identisch mit denjenigen, welche für inländische Ermittlungsmaßnahmen gelten. Allerdings könne zur Gewährleistung des notwendigen Grundrechtsschutzes auf die in den strafprozessualen Verwendungsbeschränkungen „verkörperten Wertungen" – hier also § 100e Abs. 6 Nr. 1 – zurückgegriffen werden, um eine mangelnde Überprüfung der Eingriffsschwellen des französischen Strafverfahrensrechts auszugleichen. Die Voraussetzungen der in § 100e Abs. 6 Nr. 1 verkörperten Wertungen lägen indes vor, weil für die Bejahung des notwendigen Tatverdachts im Verwertungszeitpunkt auch auf die EncroChat-Daten selbst zurückgegriffen werden dürfe.[133] Weder bedürfe es allerdings einer über § 261 StPO hinausgehenden Rechtsgrundlage für die Umwidmung der Daten aus den französischen Strafverfahren zur Verwendung in deutschen Strafverfahren noch müsse es im deutschen Strafverfahrensrecht eine vergleichbare Ermittlungsmaßnahme geben.[134] Diese Auffassung verkennt, dass sowohl nach deutschem Verfassungsrecht[135] als auch nach europäischem Datenschutzrecht (Art. 4 Abs. 2 und Art. 8 RL 2016/680/EU) jede Verarbeitung personenbezogener Daten einer gesetzlichen, normenklaren und spezifischen Rechtsgrundlage bedarf – hierzu zählt insbesondere auch die zweckumwidmende Verwendung von Daten in strafprozessualen Ermittlungsverfahren.[136] § 261 StPO stellt dabei nur eine Rechtsgrundlage für die Beweisverwertung durch die Tatgerichte, nicht aber eine Rechtsgrundlage für die Verwendung der Daten durch die Strafverfolgungsbehörden im Ermittlungsverfahren 93c

[127] Siehe hierzu grundlegend BGH 21.11.2012 – 1 StR 310/12, NStZ 2013, 596.
[128] Vgl. BGH 21.11.2012 – 1 StR 310/12, NStZ 2013, 596 (598).
[129] Zum Ganzen Derin/Singelnstein NStZ 2021, 449 (453 f.); aA BGH 2.3.2022 – 5 StR 457/21, BeckRS 2022, 5306.
[130] BGH 8.2.2022 – 6 StR 639/21, MMR 2022, 374.
[131] BGH 2.3.2022 – 5 StR 457/21, NStZ 2022, 435 mAnm Rückert = NJW 2022, 1539 mAnm. Cornelius.
[132] Insoweit zustimmend Ruppert NZWiSt 2022, 221 (225 f.).
[133] Insoweit dem BGH zustimmend Brodowski StV 2022, 364 (365).
[134] Zum Ganzen BGH 2.3.2022 – 5 StR 457/21, NStZ 2022, 435 mAnm Rückert = NJW 2022, 1539 m. Anm. Cornelius.
[135] Zuletzt BVerfGE 156, 63 (124 ff.) mwN.
[136] Wie hier Cornelius NJW 2022, 1546 f.; Zeyher NZWiSt 2022, 249 (251 f.); Ruppert, NZWiSt 2022, 221 (225).

dar.[137] Der strafprozessuale Begriff der Verwendung umfasst dabei jede Nutzung der Daten durch die Strafverfolgungsbehörden im Ermittlungsverfahren, wie die Analyse, Auswertung, Speicherung, Übermittlung und das Ziehen von Schlüssen aus den Daten zur Gewinnung eines Tatverdachts für weitere Ermittlungsmaßnahmen oder die Anklageerhebung. Auf die §§ 161, 163 kann angesichts der massiven Grundrechtseingriffe durch die heimliche Infiltration von über 30 000 Mobilfunkgeräten offensichtlich auch nicht zurückgegriffen werden, da diese auf geringfügige Grundrechtseingriffe beschränkt sind.[138] Verneint der BGH nun die Anwendbarkeit von § 100e Abs. 6 Nr. 1 (und damit wohl auch die von § 479 Abs. 2 S. 1 für die „laufenden" Telekommunikationsdaten), fehlt es an einer notwendigen Rechtsgrundlage für die Verwendung der EncroChat-Daten durch die Strafverfolgungsbehörden im Ermittlungsverfahren. Der BGH hätte sich somit auf Grundlage seiner Ablehnung der Anwendbarkeit von § 100e Abs. 6 Nr. 1 mit der Frage auseinandersetzen müssen, ob aus der rechtsgrundlosen Verwendung der Daten durch die Strafverfolgungsbehörden im Ermittlungsverfahren (entspricht der Beweiserhebung) ein unselbständiges Beweisverwertungsverbot folgt. Dies wäre mE auch auf Grundlage der sog. Abwägungslehre der Rspr. angesichts der beispiellosen und massiven Grundrechtseingriffe durch den EncroChat-Hack zu bejahen gewesen. Dem kann – wie bereits oben (→ Rn. 93a f.) ausgeführt – nicht entgegengehalten werden, der Prüfungsmaßstab für die französischen Ermittlungsmaßnahmen sei eingeschränkt. Es geht bei der Prüfung der Eingriffsschwere im Rahmen der Beweisverwertung nämlich nicht um eine Überprüfung ausländischer Ermittlungsmaßnahmen an ausländischem Recht, sondern um die Anwendung des § 261 StPO als innerstaatliches Recht auf die Beweisverwertung im deutschen Urteil und damit um einen innerstaatlichen Sachverhalt.[139] Eine mögliche Rechtsgrundlage für die Verwendung neben § 100e Abs. 6 Nr. 1 StPO stellt auch die von der GenStA Frankfurt a.M. erlassene Europäische Ermittlungsanordnung dar. Diese ist nach zutreffender Auffassung notwendig, um die bisher „informell" im Rahmen eines spontanen polizeilichen Informationsaustauschs auf Grundlage von Rahmenbeschlusses 2006/960/JI übermittelten Daten formal in das jeweilige deutsche Strafverfahren zu überführen.[140] Andernfalls droht die Umgehung der grundrechtsschützenden Normen im Rechtshilferecht aus der Richtlinie zur Europäischen Ermittlungsanordnung und der Umsetzung im IRG. Voraussetzung für Erlass einer solchen Europäischen Ermittlungsanordnung ist nach § 91j Abs. 3 Nr. 2 IRG[141] bzw. zumindest dessen Rechtsgedanken oder allgemeinen rechtshilferechtlichen Grundsätzen,[142] dass die verlangte Ermittlungsmaßnahme in einem vergleichbaren Fall nach deutschem Recht zulässig wäre. Der begehrte zweckumwidmende Transfer der Daten vom französischen in das deutsche Strafverfahren richtet sich im deutschen Recht nach §§ 100e Abs. 6 Nr. 1 (für auf den infiltrierten Geräten gespeicherte Daten jenseits der Grenze des § 100a Abs. 1 S. 3 StPO) und 479 Abs. 2 S. 1 StPO (für die „laufenden" Telekommunikationsdaten). Dieser Weg würde somit ebenfalls zur Anwendbarkeit von § 100e Abs. 6 Nr. 1 und § 479 Abs. 2 S. 1 führen. Diese Prüfung hätte – wie oben ausgeführt (→ Rn. 93b) ergeben, dass die Verwendung der Daten nicht zulässig gewesen wäre.

94 **e) Einwilligung des Betroffenen.** Ungeachtet der strengen Voraussetzungen in Nr. 1, mithin auch ohne deren Vorliegen, können personenbezogene Daten in einem anderen Strafverfahren mit Einwilligung „der insoweit überwachten Person" verwendet werden. Die Einwilligung dieser Person löst die strenge Zweckbindung der Vorschrift auf und lässt die Verwertung der gewonnenen Erkenntnisse auch hinsichtlich solcher Straftaten zu, die **keine Katalogtat** gemäß § 100b Abs. 2 zum Gegenstand haben. Schließlich setzt die Weiterverwendung der entsprechenden Daten im Falle der Einwilligung auch nicht deren Ver-

137 Ähnlich Ruppert NZWiSt 2022, 221 (224 f.).
138 AA Köhler in Meyer-Großner/Schmitt § 100e Rn. 23c: § 161 Abs. 1.
139 Zeyher NZWiSt 2022, 249 (251 f.).
140 Wahl ZIS 2021, 452 (458 f.); Roth GSZ 2021, 238 (245 ff.).
141 Hierfür Roth GSZ 2021, 238 (245).
142 Hierfür Zimmermann, ZfIStW 2022, 173 (179) mwN.

wertbarkeit voraus. Die einwilligende Person hat indes nicht die Möglichkeit, ausschließlich die Verwendung der sie entlastenden Erkenntnisse zu gestatten (sogenannte „Rosinentheorie", → § 100a Rn. 363). Die Einwilligung muss dabei in materieller („echte" Freiwilligkeit) und formeller Hinsicht den Anforderungen aus § 51 BDSG iVm § 500 Abs. 1 entsprechen.[143]

3. Datenverwendung zu präventiven Zwecken (Nr. 2) / § 479 Abs. 3 Nr. 1 und Nr. 2 (Fassung bis 1.7.2021). Abs. 6 Nr. 2 regelt die weitere Verwendung personenbezogener Daten zur Abwehr bestimmter Gefahrenlagen. Die S. 1. und 2 enthalten die entsprechenden Verwendungsregelungen, die S. 3–5 Bestimmungen über die Löschung nicht mehr benötigter Daten. S. 1 gestattet die weitere Verwendung der Daten zur **Abwehr einer im Einzelfall bestehenden Lebensgefahr** oder einer **dringenden Gefahr für Leib oder Freiheit** einer Person, für die **Sicherheit oder den Bestand des Staates oder für Gegenstände von bedeutendem Wert,** die der Versorgung der Bevölkerung dienen, von kulturell herausragendem Wert oder in § 305 StGB genannt sind. S. 2 erlaubt die Verwendung personenbezogener Daten zur Abwehr **weniger gewichtiger Gefahrenlagen,** nämlich einer im Einzelfall bestehenden dringenden Gefahr für sonstige bedeutende Vermögenswerte. 95

a) Rechtslage bis zum Inkrafttreten des StPO-Fortentwicklungsgesetzes (bis 1. Juli 2021). Wie oben ausgeführt, wurde **§ 100e Abs. 6 Nr. 2 durch die Regelung des § 479 Abs. 3 Nr. 1, Nr. 2 (Fassung bis 1. Juli 2021) verdrängt** (→ Rn. 78 ff.). Dementsprechend durften bis zur Streichung der Vorschrift zum 1. Juli 2021 zur Abwehr der in § 479 Abs. 3 Nr. 1 genannten Gefahren auch unverwertbare Daten verwendet werden (zur Begründung ebenfalls → Rn. 78 ff.).[144] Dagegen bestimmte Nr. 2, dass für die dort aufgeführten Gefahren nur verwertbare Daten Verwendung finden dürfen. Für die Verwertbarkeit galt auch hier, dass sämtliche Verwertungsverbote im Ausgangsverfahren zu berücksichtigen waren, da der Begriff der „Verwertbarkeit" auch hier alle Verwertungsverbote umfasst. Zur Begründung → Rn. 91. 96

Bezüglich der Löschungs- und Dokumentationspflichten entspricht § 100e Abs. 6 Nr. 2 S. 3–5 den Regelungen in § 479 Abs. 3 S. 2–4 (Fassung bis 1. Juli 2021). Die Begriffe der „Einschränkung" und „Sperrung" dürften insoweit denselben Inhalt haben, auch wenn unverständlich ist, warum zwei verschiedene Begriffe verwendet wurden. § 100e Abs. 6 Nr. 2 S. 3/§ 479 Abs. 3 S. 2 (Fassung bis 1. Juli 2021) bestimmt, dass die zur Gefahrenabwehr bzw. zur Überprüfung damit zusammenhängender Rechtsfragen nicht mehr benötigten Daten unverzüglich, mithin **nach der subjektiv erforderlichen Vorbereitungszeit, zu löschen** sind. Dies ist nach § 100e Abs. 6 Nr. 2 S. 4/§ 479 Abs. 3 S. 3 (Fassung bis 1. Juli 2021) **aktenkundig** zu machen. § 100e Abs. 6 S. 5/§ 479 Abs. 3 S. 4 (Fassung bis 1. Juli 2021) legt schließlich fest, dass diejenigen Daten nicht für andere Zwecke verwendet werden dürfen, deren Löschung lediglich für eine etwaige vorgerichtliche oder gerichtliche Überprüfung zurückgestellt worden war und, dass die Daten für eine andere Verwendung zu sperren sind bzw. die Verarbeitung entsprechend einzuschränken ist, was in der Praxis allerdings das gleiche bedeutet. 97

Die **ursprüngliche Rechtmäßigkeit der Datenerhebung nach der StPO** ist dabei nur Verwendungsvoraussetzung, wenn das jeweils einschlägige Gefahrenabwehrrecht dies voraussetzt. § 49 S. 1 BDSG und Art. 4 Abs. 2 der Richtlinie 2016/680 setzten dies dagegen nicht voraus (→ § 100a Rn. 325 ff.). 98

b) Rechtslage nach Inkrafttreten des StPO-Fortentwicklungsgesetzes (ab 1. Juli 2021). Durch Wegfall von § 479 Abs. 3 richtet sich die Verwendung von Daten aus Maßnahmen nach §§ 100b, 100c zur Gefahrenabwehr nun ausschließlich nach § 100e Abs. 6 98a

143 Siehe hierzu vertiefend Singelnstein NStZ 2020, 639 (640 f.); Stief StV 2017, 470; Schwichtenberg DuD 2016, 605.

144 Vgl. auch Freiling/Safferling/Rückert JR 2018, 9 (16); Köhler in Meyer-Goßner/Schmitt, 21. Aufl. 2021, § 100e Rn. 24.

Nr. 2. Demnach dürfen diese Daten nur zur Abwehr einer im Einzelfall bestehenden Lebensgefahr oder einer dringenden Gefahr für Leib oder Freiheit einer Person, für die Sicherheit oder den Bestand des Staates oder für Gegenstände von bedeutendem Wert, die der Versorgung der Bevölkerung dienen, von kulturell herausragendem Wert oder in § 305 des Strafgesetzbuches genannt sind, verwendet werden (S. 1). Eine Verwendung ist außerdem zulässig zur Abwehr einer im Einzelfall bestehenden dringenden Gefahr für sonstige bedeutende Vermögenswerte (S. 2).

98b Fraglich ist indes, ob zur Gefahrenabwehr im o.g. Sinn sämtliche aus Maßnahmen nach §§ 100b, 100c erlangte Daten verwendet werden dürfen oder, ob nur „verwertbare" Daten Verwendung finden dürfen. Im letzteren Falle würde ein strafprozessuale Verwertungsverbot auf die Verwendung zur Gefahrenabwehr durchschlagen. Der Gesetzestext ist hier unklar. Einerseits wird im Einleitungssatz von § 100e Abs. 6 die Anwendbarkeit des gesamten Abs. 6 auf „verwertbare Daten" beschränkt. Andererseits wird in Nr. 3 explizit noch einmal auf die Verwertbarkeit der Daten abgestellt, in Nr. 2 dagegen nicht. Überdies ordnet Nr. 2 ausdrücklich an, dass auch Daten iSv § 100d Abs. 5 S. 1 Hs. 2 verwendet werden dürfen. Hierbei handelt es sich um Daten aus Maßnahmen gegen nach § 53 Zeugnisverweigerungsberechtigte, bei denen sich erst im Laufe der Maßnahme herausstellt, dass sich die Maßnahme gegen einen Berufsgeheimnisträger nach § 53 richtet. In diesen Fällen sind die Daten zwar nach § 100d Abs. 2 für das Strafverfahren unverwertbar, § 100e Abs. 6 Nr. 2 ordnet dagegen an, dass diese Daten zur Gefahrenabwehr verwendet werden dürfen. Der Gesetzestext lässt demnach verschiedene Interpretationen zu: Entweder dürfen im Rahmen von Nr. 2 allgemein nur verwertbare Daten verwendet werden und es gilt lediglich eine Ausnahme für das Verwertungsverbot nach § 100d Abs. 5 S. 1 Hs. 2 iVm § 100d Abs. 2. Oder im Rahmen von § 100e Abs. 6 Nr. 2 dürfen stets auch unverwertbare Daten verwendet werden, der Hinweis auf § 100d Abs. 5 S. 1 Hs. 2 wäre dann rein deklaratorischer Natur. Für die Verwendung auch unverwertbarer Daten spricht, dass in Fällen dringlicher Gefahrabwehr eine komplexe Beurteilung der Verwertbarkeit nach Strafprozessrecht nicht verlangt werden kann und es im Einzelfall zur Abwehr von Gefahren für hochrangige Rechtsgüter auch geboten sein kann, strafprozessual unverwertbare Daten zu verwenden.[145] Nach dieser Lesart wäre die Verwendung des Terminus „verwertbare Daten" im Einleitungssatz ein redaktionelles Versehen. Geklärt werden muss außerdem noch, ob die Verwendung unverwertbarer Daten auch für § 100e Abs. 6 Nr. 2 S. 2 gilt, also für die Abwehr von dringenden Gefahren für sonstige bedeutende Vermögenswerte. Der Wortlaut lässt hier erneut verschiedene Interpretationen zu. „Die Daten" in Nr. 2 S. 2 könnten sowohl die Daten nach S. 1 sein und damit ebenfalls alle, auch unverwertbare Daten, als auch Daten iSd Einleitungssatzes von § 100e Abs. 6 und damit nur verwertbare Daten. Für die letztgenannte Interpretation lässt sich der Wille des Gesetzgebers anführen. Bei der Überführung der Verwendungsregel in § 100e Abs. 6 aus § 100d aF sollten lediglich die Verwendungsregeln für die akustische Wohnraumüberwachung auf die Online-Durchsuchung erstreckt werden, ohne inhaltliche Änderungen vorzunehmen.[146] In der Vorgängernorm zur akustischen Wohnraumüberwachung (§ 100d Abs. 5 Nr. 2 S. 1 und S. 2 aF) war aber noch – ebenso wie im gestrichenen § 479 Abs. 3 aF – vorgesehen, dass unverwertbare Daten nur zur Abwehr einer im Einzelfall bestehenden Lebensgefahr, einer dringenden Gefahr für Leib oder Freiheit einer Person oder für die Sicherheit oder den Bestand des Bundes oder eines Landes oder einer dringenden Gefahr für Gegenstände von bedeutendem Wert, die der Versorgung der Bevölkerung dienen, die von kulturell herausragendem Wert sind oder die in § 305 Absatz 1 des Strafgesetzbuches genannt sind, verwendet werden durften. Zur Abwehr von Gefahren für sonstige bedeutsame Sachwerte durften dagegen ausdrücklich nur verwertbare Daten verwendet werden. Da der Gesetzgeber bei der Überführung in § 100e Abs. 6 keine inhaltlichen Änderungen vornehmen wollte, ist § 100e Abs. 6 Nr. 2 S. 2 so zu verstehen, dass für die Abwehr der dort genannten Gefahren nur verwertbare Daten verwendet werden dürfen.

145 Freiling/Safferling/Rückert JR 2018, 9 (16) mwN zur alten Rechtslage.
146 BT-Drs. 18/12785, 58.

„Die Daten" sind damit solche im Sinne des Einleitungssatzes von § 100e Abs. 6 und nicht iSv S. 1. Für eine solche Differenzierung lässt sich schließlich auch anführen, dass zwar das Interesse an der Gefahrenabwehr bei Gefahren für die in S. 1 genannten Rechtsgüter das grundrechtlich geschützte Interesse des Betroffenen an der Verwendung strafprozessual unverwertbarer Daten regelmäßig überwiegt, nicht jedoch bei der Abwehr von Gefahren für sonstige Eigentumswerte, welche monetär ausgeglichen werden können. Zusammengefasst können also im Rahmen von § 100e Abs. 6 Nr. 2 S. 1 auch strafprozessual unverwertbare Daten zur Gefahrenabwehr herangezogen werden (so diese noch nicht gelöscht sind), im Rahmen von S. 2 beschränkt sich die Weiterverwendung ausschließlich auf strafprozessual verwertbare Daten.

Die **ursprüngliche Rechtmäßigkeit der Datenerhebung nach der StPO** (über 98c
die Frage der Verwertbarkeit hinaus, siehe hierzu → Rn. 98a f.) ist dabei nur Verwendungsvoraussetzung, wenn das jeweils einschlägige Gefahrenabwehrrecht dies voraussetzt. § 49 S. 1 BDSG und Art. 4 Abs. 2 der Richtlinie 2016/680 setzten dies dagegen nicht voraus (→ § 100a Rn. 325 ff.).

§ 100e Abs. 6 Nr. 2 S. 3–5 sieht außerdem Löschungs- und Dokumentationspflichten 98d
vor. Die Begriffe der „Einschränkung" und „Sperrung" dürften insoweit denselben Inhalt haben, auch wenn unverständlich ist, warum zwei verschiedene Begriffe verwendet wurden. § 100e Abs. 6 Nr. 2 S. 3 bestimmt, dass die zur Gefahrenabwehr bzw. zur Überprüfung damit zusammenhängender Rechtsfragen nicht mehr benötigten Daten unverzüglich, mithin **nach der subjektiv erforderlichen Vorbereitungszeit, zu löschen** sind. Dies ist nach § 100e Abs. 6 Nr. 2 S. 4 **aktenkundig** zu machen. § 100e Abs. 6 S. 5 legt schließlich fest, dass diejenigen Daten nicht für andere Zwecke verwendet werden dürfen, deren Löschung lediglich für eine etwaige vorgerichtliche oder gerichtliche Überprüfung zurückgestellt worden war und, dass die Daten für eine andere Verwendung zu sperren sind bzw. die Verarbeitung entsprechend einzuschränken ist, was in der Praxis allerdings das gleiche bedeutet.

4. Daten aus präventiv-polizeilichen Maßnahmen (Nr. 3). § 100e Abs. 6 Nr. 3 99
regelt die Verwendung „verwertbare(r) personenbezogene(r) Daten", die durch eine zuvor zu präventiven Zwecken durchgeführte polizeirechtliche Maßnahme der Wohnraumüberwachung oder Online-Durchsuchung gewonnen worden waren, für Zwecke der Strafverfolgung. Die Vorschrift geht als **lex specialis § 161 Abs. 3 vor,** insbesondere gestattet § 100e Abs. 6 Nr. 3, anders als § 161 Abs. 3, die Verwendung der Erkenntnisse außerhalb der Verfolgung von Katalogtaten **auch nicht als sog. Spurenansatz** (zur diesbezüglichen Verfassungswidrigkeit von § 161 Abs. 3 → § 100a Rn. 324). Allerdings ist der Anwendungsbereich von Nr. 3 ausweislich seines Wortlauts auf „polizeirechtliche" Maßnahmen beschränkt. Damit sind die Polizeigesetze des Bundes und der Länder gemeint. § 161 Abs. 3 spricht dagegen von Maßnahmen aufgrund anderer Gesetze und umfasst hierdurch auch zB geheimdienstliche Maßnahmen. Die Beschränkung bezüglich sog. Spurenansätze in § 100e Abs. 6 Nr. 3 rührt aus der besonderen Eingriffsintensität der Maßnahmen nach §§ 100b, 100c her. Dementsprechend sollte auch bei der Verwendung von Erkenntnissen aufgrund anderer Gesetze (zB Geheimdienstgesetze) die Beschränkung auf § 161 Abs. 3 übertragen werden, sofern man nicht – wie hier vertreten (→ § 100a Rn. 324) – sowieso im Wege der verfassungskonformen Auslegung auch bei § 161 Abs. 3 eine Verwertung der Spurenansätze nur für Katalogtaten zulässt.

Voraussetzung für eine entsprechende Weiterverwendung ist, dass Gegenstand des Ver- 100
fahrens eine Straftat ist, wegen derer **eine Maßnahme nach § 100b oder § 100c hätte angeordnet werden** dürfen. Auch die übrigen materiellen Voraussetzungen (Qualifizierter Tatverdacht, Verhältnismäßigkeit, Subsidiaritätsklausel etc) müssen vorliegen, → Rn. 87.[147]

Zur Vorgängernorm des § 100d Abs. 5 Nr. 3 aF hatte der BGH entschieden,[148] dass 101
sich der Begriff der Verwertbarkeit der personenbezogenen Daten hier ausschließlich auf

[147] BGH 26.4.2017 – 2 StR 247/16, NJW 2017, 3173 (3177); 15.11.2017 – 2 StR 128/17, NStZ 2018, 296; zur Unverwertbarkeit von Bodycam-Aufnahmen in Wohnungen Pschorr JuS 2021, 937 (941).

[148] BGH 14.8.2009 – 3 StR 552/08, NJW 2009, 3448 (3451).

die Verwertungsverbote des § 100c aF (heute § 100d) bezieht. Zur Begründung seiner Auffassung führte der BGH aus, dass durch die Verwendungsregelungen in § 100d Abs. 5 aF ein Schutzniveau geschaffen werden sollte, welches den Vorgaben aus dem Urteil des BVerfG vom 3.3.2004 entsprechen sollte. Würde man hingegen (allein) auf die Verwertung im polizeirechtlichen Ausgangsverfahren abstellen, könnte dies dazu führen, „dass für die Verwendbarkeit durch Wohnraumüberwachungsmaßnahmen gewonnener Daten nach § 100d Abs. 5 Nr. 3 andere, gegebenenfalls großzügigere Maßstäbe gelten würden, als für diejenige nach § 100d Abs. 5 Nr. 1".[149] Allerdings ist der BGH auch der Auffassung, dass die Daten **auch polizeirechtlich rechtmäßig** erhoben worden sein müssen.[150] Würde man dies wörtlich nehmen,[151] würde dies bedeuten, dass eine Verwertbarkeit bei jedem – auch geringfügigen und formellen – Verstoß gegen die polizeirechtlichen Regelungen eine Verwertbarkeit im Strafverfahren ausgeschlossen wäre. Damit würden hier viel mehr Verwertungsverbote entstehen als nach der Abwägungslehre bei Verstößen gegen strafprozessuale Normen. Dementsprechend ist diese Aussage dahingehend zu interpretieren, dass bei Verstößen gegen das Polizeirecht die strafprozessuale Abwägungslehre gilt und die Schwere des Verstoßes und die daraus folgende Grundrechtsbeeinträchtigung dem Gewicht des staatlichen Strafanspruchs gegenüberzustellen ist (Details zur Abwägungslehre → § 100a Rn. 332 ff.).[152] Auch der BGH selbst hat in der Entscheidung die Abwägungslehre auf die rechtswidrige polizeirechtliche Datenerhebung angewendet.[153] Eine rechtmäßige Datenerhebung nach Polizeirecht ist dagegen für die Verwendung im Strafverfahren nicht zwingend vorausgesetzt. Auch § 49 S. 1 BDSG und Art. 4 Abs. 2 der Richtlinie 2016/680 setzen dies richtigerweise nicht voraus. Die Rechtswidrigkeit ist jedoch als intensitätserhöhender Faktor bei der im Rahmen der Prüfung des hypothetisch rechtmäßigen Ersatzeingriffs vorzunehmenden hypothetischen Verhältnismäßigkeitsprüfung zur Verwendung im Strafverfahren und ebenfalls im Rahmen der Abwägung bei der Frage eines Beweisverwertungsverbots zu berücksichtigen (→ § 100a Rn. 329).

102 Im Weiteren hat der BGH im Hinblick auf den der Regelung des Nr. 3 zu Grunde liegenden **Gedanken des hypothetischen Ersatzeingriffes** ausgeführt, es komme nicht darauf an, dass der entsprechende strafprozessuale Verdacht bereits im Zeitpunkt der Anordnung oder Durchführung der polizeilichen Maßnahme bestanden habe. Folgerichtig hat er dies mit der Erwägung begründet, es handele sich bei Nr. 3 um eine Verwendungsregelung für Erkenntnisse aus Maßnahmen der Gefahrenabwehr.[154] Denn diese werden gerade – rechtmäßig! – nicht auf Grundlage eines Tatverdachts, sondern rein gefahrenabwehrrechtlich-prognostisch angewendet. Für die Rechtfertigung des in der zweckändernden Verwendung liegenden Grundrechtseingriff genügt es stattdessen, dass der qualifizierte Tatverdacht einer Katalogtatbegehung (und die sonstigen materiellen Anordnungsvoraussetzungen) im Zeitpunkt der Zweckänderung gegeben ist.

103 **5. Verbot der Zweckänderung in anderen Vorschriften, § 481 Abs. 2 analog.** Anders als die allgemeine Regelung des § 481 Abs. 1 ist weder in § 100e Abs. 6 noch in § 479 Abs. 2, Abs. 3 oder in § 161 Abs. 3 ein Vorbehalt für Zweckänderungsverbote aus Bundes- oder Landesrecht enthalten (zB § 30 AO, §§ 51 f., 63 Abs. 4 BZRG, § 35 Abs. 3 SGB I).[155] Die **spezialgesetzlichen Verbote der Zweckänderung** tragen jedoch dem verfassungsrechtlichen Gebot Rechnung, dass die Verarbeitung der vormals für einen

[149] BGH 14.8.2009 – 3 StR 552/08, NJW 2009, 3448 (3451).
[150] Ebenso BGH 14.8.2009 – 3 StR 552/08, NJW 2009, 3448 (3452); Bruns in KK-StPO § 100e Rn. 29; Wolter in SK-StPO § 100c aF Rn. 32; Eisenberg Beweisrecht der StPO Rn. 358; siehe auch BGH 8.12.2015 – 3 StR 406/15, NStZ-RR 2016, 176.
[151] So noch die Günther → 1. Aufl. § 100d Rn. 45; Eschelbach in Satzger/Schluckebier/Widmaier StPO § 100e Rn. 27.
[152] Wie hier Hauck in Löwe/Rosenberg § 100e Rn. 90; Bruns in KK-StPO § 100e Rn. 29; Bär in KMR-StPO § 100e Rn. 40.
[153] BGH 14.8.2009 – 3 StR 552/08, NJW 2009, 3448 (3453).
[154] BGH 14.8.2009 – 3 StR 552/08, NJW 2009, 3448 (3450).
[155] Weitere Beispiele bei Hauck in Löwe/Rosenberg § 100e Rn. 81.

bestimmten Zweck erhobenen Daten für einen anderen Zweck nicht mit dem ursprünglichen Zweck „unvereinbar" sein dürfen.[156] Die Verbote der Zweckänderung bringen zum Ausdruck, dass es mit dem ursprünglichen Zweck gerade unvereinbar wäre, wenn die Daten nunmehr zu einem anderen Zweck verwendet würden. Daher müssen die Zweckänderungsverbote auch ohne ausdrückliche Regelung für die o. g. Verwendungsregeln gelten bzw. muss § 481 Abs. 2 auf diese analog angewendet werden.[157] Zum gleichen Ergebnis käme man auch, wenn man die notwendige „Befugnis" zur Datenverarbeitung in § 49 S. 1 BDSG (iVm § 500 Abs. 1) so auslegt, dass diese Befugnis durch das Bestehen von fachgesetzlichen Zweckänderungsverboten verneint wird.

6. Kennzeichnungspflicht (§ 101). Zur Sicherung der Zweckbindung von Daten, die aus verdeckten strafprozessualen Ermittlungsmaßnahmen stammen, schreibt **§ 101 Abs. 1 und 3** eine Kennzeichnungspflicht für personenbezogene Daten vor. 104

VI. Beweisverwertungsverbote bei Verstößen gegen § 100e

Neben den ausdrücklich in § 100e Abs. 6 Nr. 1, Nr. 3 geregelten Beweisverwertungsverboten kommen auch **unselbständige Beweisverwertungsverbote** bei Verstößen gegen die Zuständigkeits- und Verfahrensregeln in § 100e Abs. 1–5 in Betracht. Siehe hierzu jeweils die Kommentierung zu → § 100a Rn. 339 ff., → § 100b Rn. 81 ff. und → § 100c Rn. 61 ff. 105

B. Rechtsbehelfe

I. Beteiligte

Dem Beschuldigten sowie allen weiteren von der Maßnahme iSd § 101 Abs. 4 S. 1 Nr. 3–5 betroffenen Personen steht als lex specialis der befristete **Rechtsbehelf des § 101 Abs. 7 S. 2–4 StPO** gegen richterliche wie staatsanwaltschaftliche Anordnungen zur Verfügung. Bei diesem Rechtsbehelf handelt es sich nach zutreffender Auffassung des BGH[158] um eine abschließende Sonderregelung, deren Abs. 7 für beendete wie für noch nicht beendete Maßnahmen (letzteres vom BGH offengelassen) die Rechtsbehelfe der Beschwerde nach § 304 bzw. des Antrages auf gerichtliche Entscheidung entsprechend § 98 Abs. 2 S. 2 (analog) verdrängt. Andernfalls liefe die Antragsfrist von zwei Wochen, binnen derer gemäß § 101 Abs. 7 S. 2 die durch die Maßnahme Betroffenen – nach ihrer Benachrichtigung über die Maßnahme – deren Rechtmäßigkeit sowie die Art und Weise ihres Vollzugs überprüfen lassen können, ebenso leer wie die Ausgestaltung des Anschlussrechtsbehelfs als sofortige Beschwerde (Details bei → § 101 Rn. 114).[159] 106

In den Fällen, in denen § 101 Abs. 7 S. 2 keine Anwendung findet (zB mangels Antragsberechtigung), kann der durch die Maßnahme unmittelbar Betroffene gegen richterliche Entscheidungen (einfache) **Beschwerde gemäß § 304** einlegen. Auch Anordnungen des OLG im ersten Rechtszug bzw. die vom Ermittlungsrichter des BGH erlassenen Anordnungen nach § 100a können mit der Beschwerde angefochten werden (vgl. § 304 Abs. 4 S. 2 Nr. 1, Abs. 5). Gegen die gerichtliche Anordnung der akustischen Wohnraumüberwachung und der Online-Durchsuchung kann die – einfache – **Beschwerde** eingelegt werden. Zuständig für die Entscheidung ist gemäß § 120 Abs. 4 GVG ein nicht in der Hauptsache mit Strafsachen befasster Senat des OLG. Die Beschwerde ist auch nach Erledigung der Maßnahme zur Feststellung ihrer Rechtswidrigkeit noch zulässig. Erfolgte die Anordnung wegen Gefahr im Verzug gemäß § 100e Abs. 2 S. 2 durch den Vorsitzenden der in § 74a 107

[156] BVerfG 14.7.1999 – 1 BvR 2226/94, 2420, 2437/95, BVerfGE 100, 313 (360) = NJW 2000, 55.
[157] Zumindest für § 100e Abs. 6 Nr. 3 auch Hauck in Löwe/Rosenberg § 100e Rn. 81 mit anderen Argumenten; siehe auch LG Köln 14.1.2014 – 111 Qs 255/13, juris.
[158] BGH 8.10.2008 – StB 12 – 15/08, NJW 2009, 454 = NStZ 2009, 104.
[159] BGH 8.10.2008 – StB 12 – 15/08, NJW 2009, 454 = NStZ 2009, 104.

GVG genannten Kammer des Landgerichts, ist gegen dessen Eilanordnung entsprechend § 98 Abs. 2 S. 2 der **Antrag auf gerichtliche Entscheidung** durch die Kammer statthaft.

108 Gegen Eilanordnungen der Staatsanwaltschaft ist – wenn § 101 Abs. 7 S. 2 nicht einschlägig ist – **analog § 98 Abs. 2 S. 2 Antrag auf gerichtliche Entscheidung** statthaft.

II. Telekommunikationsdienstleister

109 Die zur Umsetzung der Überwachungsmaßnahmen verpflichteten Telekommunikationsdienstleister sind im Falle von § 100a Abs. 4 grundsätzlich beschwerdeberechtigt. Indes ist zum Ausschluss einer „Popularbeschwerde"[160] eine besondere Beschwerdebefugnis erforderlich. So hat der Ermittlungsrichter beim BGH in seiner Entscheidung vom 7.9.1998[161] zutreffend darauf hingewiesen, dem zur Umsetzung der Maßnahme verpflichteten Betreiber könne nicht die Befugnis zustehen, die Wirksamkeit einer Anordnung nach § 100a anzugreifen. Dieser würde sonst faktisch die Interessen des vorrangig durch die Maßnahme betroffenen Beschuldigten wahrnehmen. Indes sind zur Beschwerde gemäß § 304 Abs. 2 auch andere Personen berechtigt und die Dienstleister nach § 100a Abs. 4 zur Umsetzung der Überwachungsmaßnahme verpflichtet. Vor diesem Hintergrund sind Telekommunikationsdienstleister entsprechend der wohl hA beschwerdebefugt, als sie im Einzelfall durch bestimmte Bestandteile einer Anordnung beschwert sind und sie insoweit ein schutzwürdiges Interesse an einer gerichtlichen Überprüfung haben.[162] Zur Beanstandung des materiellrechtlichen Teils einer Überwachungsanordnung ist der Dienstleister somit nicht befugt, **soweit es die technische Umsetzung der Maßnahme betrifft** hingegen schon.[163]

C. Revision

110 Will der Beschwerdeführer mit der Revision einen Verstoß gegen § 100e geltend machen, muss er eine entsprechende **Verfahrensrüge** erheben. Es sind ua die anordnende **Entscheidung,** sofern erforderlich der in der Hauptverhandlung erhobene **Widerspruch,** die rechtswidrig **verwerteten Tatsachen,** der Vortrag, dass diese – sofern nicht evident ersichtlich – **nicht auf andere Weise rechtmäßig** erlangt werden konnten und schließlich die Tatsache, dass sie sich **auf die Entscheidung zum Nachteil des Angeklagten** ausgewirkt haben, mitzuteilen. Für weitere Details wird auf die entsprechenden Ausführungen bei § 100a Bezug genommen (→ § 100a Rn. 386 ff.).

111 Nach hier vertretener Auffassung (→ § 100a Rn. 354 ff., → § 100b Rn. 96 f. und → § 100c Rn. 60) kann die **Widerspruchslösung** zwar bei Verstößen gegen § 100a, wegen der besonderen Eingriffstiefe jedoch nicht bei Verstößen gegen §§ 100b, 100c angewendet werden. Eine abschließende Entscheidung des BGH zu §§ 100b, 100c[164] steht noch aus, sodass derzeit jedenfalls empfohlen werden sollte, vorsichtshalber einen Widerspruch einzulegen. Diese Maßstäbe gelten auch für Verstöße gegen die Verfahrensregelungen zu §§ 100a–100c in § 100e Abs. 1–5. Bei Verstößen gegen die ausdrücklich normierten Verwendungsregeln in § 100e Abs. 6 Nr. 1, Nr. 3 (für §§ 100b, 100c), ebenso wie bei §§ 479 Abs. 2 S. 1, 161 Abs. 3 (für § 100a) muss dagegen – ebenso wie bei denjenigen nach § 100d (→ § 100d Rn. 13 ff.) – keinesfalls ein Widerspruch erfolgen, da diese stets von Amts wegen zu beachten sind.[165]

---

[160] So zutreffend Bär TK-Überwachung Rn. 28.
[161] BGH 7.9.1998 – 2 BGs 211/98, MMR 1999, 99 (100).
[162] So zutreffend LG Bielefeld 1.12.2003 – Qs 495-498/02 IX, MMR 2004, 702.
[163] Vgl. OLG Frankfurt a. M. 30.11.2006 – 20 W 128/05, NJW 2007, 3292 = BeckRS 2007, 02900.
[164] Offengelassen von BGH 10.8.2005 – 1 StR 140/05, NStZ 2005, 700.
[165] Noch weiter Eschelbach in Satzger/Schluckebier/Widmaier StPO § 100e Rn. 32.

§ 100f Akustische Überwachung außerhalb von Wohnraum

(1) Auch ohne Wissen der betroffenen Personen darf außerhalb von Wohnungen das nichtöffentlich gesprochene Wort mit technischen Mitteln abgehört und aufgezeichnet werden, wenn bestimmte Tatsachen den Verdacht begründen, dass jemand als Täter oder Teilnehmer eine in § 100a Abs. 2 bezeichnete, auch im Einzelfall schwerwiegende Straftat begangen oder in Fällen, in denen der Versuch strafbar ist, zu begehen versucht hat, und die Erforschung des Sachverhalts oder die Ermittlung des Aufenthaltsortes eines Beschuldigten auf andere Weise aussichtslos oder wesentlich erschwert wäre.

(2) [1]Die Maßnahme darf sich nur gegen einen Beschuldigten richten. [2]Gegen andere Personen darf die Maßnahme nur angeordnet werden, wenn auf Grund bestimmter Tatsachen anzunehmen ist, dass sie mit einem Beschuldigten in Verbindung stehen oder eine solche Verbindung hergestellt wird, die Maßnahme zur Erforschung des Sachverhalts oder zur Ermittlung des Aufenthaltsortes eines Beschuldigten führen wird und dies auf andere Weise aussichtslos oder wesentlich erschwert wäre.

(3) Die Maßnahme darf auch durchgeführt werden, wenn Dritte unvermeidbar betroffen werden.

(4) § 100d Absatz 1 und 2 sowie § 100e Absatz 1, 3, 5 Satz 1 gelten entsprechend.

Schrifttum: Beukelmann, Verwendungsbeschränkter Kernbereichsschutz, NJW Spezial 2009, 712; von der Grün, Verdeckte Ermittlungen, 2018; Hauck, Lauschangriff in der U-Haft – Anmerkungen zu BGH, Urteil v. 29.4.2009 (1 StR 701/08) und Versuch einer dogmatischen Klärung, NStZ 2010, 17; Hilger, Neues Strafverfahrensrecht durch das OrgKG – 1. Teil, NStZ 1992, 457; Keller, Der Einsatz technischer Mittel außerhalb von Wohnungen zu repressiven Zwecken, Kriminalistik 2006, 537; Kutscha, Videoüberwachung öffentlicher Plätze – ein Allheilmittel?, Recht und Politik 2018, 1; Puschke/Singelstein, Telekommunikationsüberwachung, Vorratsdatenspeicherung und (sonstige) heimliche Ermittlungsmaßnahmen der StPO nach der Neuregelung zum 1.1.2008, NJW 2008, 113; Rogall, Zur Zulässigkeit einer heimlichen akustischen Überwachung von Ehegattengesprächen in der Untersuchungshaft, HRRS 2010, 289; Schneider, Verdeckte Ermittlungen in Haftanstalten, NStZ 2001, 8; Schwichtenberg, Die „kleine Schwester" der DSGVO: Die Richtlinie zur Datenverarbeitung bei Polizei und Justiz, DuD 2016, 605; Seeber, Videoüberwachung im Strafverfahren, StraFo 2010, 265; Singelnstein/Putzer, Rechtliche Grenzen strafprozessualer Ermittlungsmaßnahmen – Aktuelle Bestandsaufnahme und neue Herausforderungen, GA 2015, 564; Singelnstein, Bildaufnahmen, Orten, Abhören – Entwicklungen und Streitfragen beim Einsatz technischer Mittel zur Strafverfolgung, NStZ 2014, 305; Steinmetz, Zur Kumulierung strafprozessualer Ermittlungsmaßnahmen, NStZ 2001, 344; Weisser, Zu den Anforderungen an die Bestimmtheit des Überwachungsortes bei Maßnahmen nach § 100f StPO, wistra 2018, 327; Zuck, Faires Verfahren und der Nemo tenetur-Grundsatz bei der Besuchsüberwachung in der Untersuchungshaft, JR 2010, 17.

Übersicht

A. Überblick

I. Anwendungsbereich und rechtstatsächliche Umstände

1 Nachdem die Regelungen über die akustische Wohnraumüberwachung nach § 100c aF durch Urteil des BVerfG vom 3.3.2004[1] in weiten Teilen für verfassungswidrig erklärt worden waren, erlangte der nunmehr in § 100f normierte „Kleine Lauschangriff" noch größere praktische Bedeutung. Seine materiellen und formellen Voraussetzungen sind aufgrund seiner geringeren Eingriffstiefe im Vergleich zu denen des § 100c deutlich abgesenkt. Aus diesem Grunde sowie wegen seiner **vielfach festzustellenden Effizienz** wird das Abhören außerhalb von Wohnungen, welches hinsichtlich seiner Art und Eingriffstiefe am ehesten mit der Telekommunikationsüberwachung nach § 100a verglichen werden kann (zumindest soweit es lediglich um das Abhören klassischer Sprachtelefonie geht),[2] durch die Strafverfolgungsbehörden favorisiert. Wenngleich statistische Erhebungen nicht bekannt sind und den Vorschriften in § 101b vergleichbare Berichtspflichten fehlen, dürfte sich die Effizienz von Maßnahmen nach § 100f schlüssig durch den Umstand erklären lassen, dass die Beschuldigten hiermit (noch) weniger rechnen als mit der „Standardmaßnahme" des § 100a.

II. Verfassungsrechtliche Aspekte

2 Maßnahmen nach § 100f dürfen von Rechts wegen, da sie nach Abs. 1 ausschließlich „außerhalb von Wohnungen" zulässig sind, anders als solche nach § 100c nicht mit Eingriffen in Art. 13 GG einhergehen. Die Aufzeichnung des nichtöffentlich gesprochenen Wortes außerhalb von Wohnungen greift indes in das **allgemeine Persönlichkeitsrecht** nach Art. 2 Abs. 1 iVm Art. 1 Abs. 1 GG ein. Dem Rechnung tragend enthält § 101 auch für Maßnahmen nach § 100f verschiedene grundrechtssichernde Regelungen (→ Rn. 38).

3 Der verfassungsrechtlichen Forderung nach Schutzregelungen für den Kernbereich bei Maßnahmen, die **„typischerweise" zur Erhebung von Kernbereichsdaten führen,**[3] wird durch den Verweis auf § 100d Abs. 1 und Abs. 2 in § 100f Abs. 4 Rechnung getragen und damit derselbe Schutz wie bei Maßnahmen nach § 100a gewährt.

[1] BVerfG 3.3.2004 – 1 BvR 2378/98 und 1 BvR 1084/99, NJW 2004, 999.
[2] Bär in KMR-StPO § 100f Rn. 1; Köhler in Meyer-Goßner/Schmitt § 100f Rn. 2.
[3] BVerfG 20.4.2016 – 1 BvR 966/09 und 1 BvR 1140/09, NJW 2016, 1781 Rn. 123.

B. Erläuterung

I. Regelungsinhalt des § 100f Abs. 1

Die umgangssprachlich auch als **„kleiner Lauschangriff"** bezeichnete Eingriffsnorm bzw. Maßnahme des § 100f Abs. 1 gestattet den Strafverfolgungsbehörden, das von Personen „außerhalb von Wohnungen" iSv Art. 13 GG nichtöffentlich gesprochene Wort auch ohne deren Wissen mit technischen Mitteln abzuhören und aufzuzeichnen. Voraussetzung für eine solche Maßnahme ist, dass der Beschuldigte auf Grund bestimmter Tatsachen der Beteiligung an einer auch im Einzelfall schwer wiegenden Katalogtat des § 100a Abs. 2 verdächtig ist. Schließlich muss die weitere Erforschung des Sachverhalts oder die Ermittlung des Aufenthaltsortes des Beschuldigten auf andere Weise aussichtslos oder wesentlich erschwert sein. 4

II. Geltung der §§ 45 ff. BDSG

Auch für die Datenerhebungen nach § 100f gelten **gem. § 500 Abs. 1** die §§ 45 ff. BDSG entsprechend. Wie im Rahmen von § 100a müssen die Strafverfolgungsbehörden vor allem geeignete Garantien für „besondere personenbezogene Daten" iSv § 46 Nr. 14 BDSG treffen (§ 48 BDSG), für Datenschutz- und Datensicherheit der durch eine Maßnahme nach § 100f erhobenen Daten durch organisatorische und technische Maßnahmen sorgen (§ 64 BDSG) und Technologien verwenden, die datenschutzfreundliche Grundeinstellungen verwenden sowie organisatorische Maßnahmen zur Begrenzung der Datenerhebung auf das notwendige Maß ergreifen (§ 73 BDSG). Gewonnene Erkenntnisse müssen im weiteren Verfahren nach Vorgaben der §§ 71 f. BDSG voneinander unterschieden werden. Für Details kann auf → § 100a Rn. 38 ff. verwiesen werden. 5

III. Gegenstand der Eingriffsbefugnis (Abs. 1)

Abs. 1 gestattet in **sachlicher** Hinsicht und anders als die akustische Wohnraumüberwachung nach § 100c die Überwachung des **nichtöffentlich gesprochenen Wortes** von Personen ausschließlich **außerhalb von Wohnungen.**[4] In **personaler** Hinsicht darf die Maßnahme nur gegen den **Beschuldigten** oder gegen **andere Personen** angeordnet werden, von denen auf Grund bestimmter Tatsachen anzunehmen ist, dass sie mit dem Beschuldigten bereits in Verbindung stehen oder eine solche Verbindung in Zukunft hergestellt werden wird. Anders als im Falle der Wohnraumüberwachung des § 100c und ebenso wie bei der Telekommunikationsüberwachung gemäß § 100a dürfen Maßnahmen nach § 100f somit nicht nur gegen den Beschuldigten, sondern auch gegen Dritte angeordnet werden. Den §§ 100a, 100b, 100c und 100f gemein ist hingegen, dass jede dieser Maßnahmen auch durchgeführt werden darf, wenn Dritte unvermeidbar betroffen werden. 6

1. Nichtöffentlich gesprochenes Wort. a) Gesprochenes Wort. Abs. 1 gestattet das Abhören und Aufzeichnen des nichtöffentlich „gesprochene(n) Wort(es)". Ebenso wie bei § 100c ist der Begriff „Wort" vorrangig in seinem semantischen Sinne und damit als **menschlicher Laut mit einem selbstständigen Bedeutungsgehalt** zu verstehen. Darüber hinaus werden von dem Begriff aber auch sämtliche menschlichen Äußerungen im phonologischen Sinne und damit alle sprachlichen Laute des Betroffenen erfasst. Insoweit kann auf die Darlegungen unter → § 100c Rn. 18 verwiesen werden. Soll hingegen nicht das gesprochene Wort aufgezeichnet, sondern sollen Bildaufnahmen des Beschuldigten hergestellt werden, gilt § 100h, der den „Einsatz weiterer technischer Mittel" regelt. 7

b) Nichtöffentlich. Der Begriff „nichtöffentlich" ist weder in der Strafprozessordnung noch im Strafgesetzbuch definiert. Er ist jedoch im selben Sinne zu verstehen wie in § 201 Abs. 1 Nr. 1 StGB. Danach ist eine Äußerung nichtöffentlich, wenn sie **nicht für einen** 8

[4] Vgl. Keller Kriminalistik 2006, 537.

größeren, nach Zahl und Individualität unbestimmten oder nicht für einen durch persönliche oder sachliche Beziehungen miteinander verbundenen Personenkreis bestimmt ist.[5] Maßgeblich ist dabei die entsprechende Zweckbestimmung durch den Sprecher, dh den Betroffenen.[6] Nichtöffentlich sind auch diejenigen Worte, die nicht für einen Dritten bestimmt sind und im Rahmen eines Selbstgesprächs geäußert werden.[7]

9 Dem Merkmal „nichtöffentlich" kommt hier, anders als in § 100c Abs. 1 (→ § 100c Rn. 19 ff.), eine selbstständige Bedeutung zu. Das außerhalb einer Wohnung gesprochene öffentliche Wort darf zu strafprozessualen Zwecken bereits auf Grundlage der **Ermittlungsgeneralklausel der §§ 161, 163 StPO** aufgezeichnet werden.[8]

10 **2. Außerhalb von Wohnungen. a) Grundsätzliches.** Der Begriff „außerhalb von Wohnungen" ist **negativ zum Wohnungsbegriff des § 100c,** der seinerseits mit dem verfassungsrechtlichen Wohnungsbegriff des Art. 13 GG identisch ist, abzugrenzen. Durch den Begriff der „Wohnung" werden somit sämtliche Örtlichkeiten erfasst, die dem gegenständlichen Schutzbereich von Art. 13 GG zuzuordnen sind. Hierzu zählen alle nicht allgemein zugänglichen Orte, die als Wohn-, Aufenthalts- oder Arbeitsstätte von Menschen dienen. Unter „Wohnung" ist dabei nicht nur die Wohnung im engeren Sinne als Stätte des dauerhaften Aufenthalts von Menschen zu verstehen. Der Schutz des Art. 13 GG erstreckt sich darüber hinaus auf Nebenräume wie Keller, Speicher, Garagen, Treppenhäuser.[9] Er erfasst selbst nicht an den eigentlichen Wohnbereich angrenzende Räume wie etwa den durch einen kniehohen Zaun umfriedeten Vorgarten (→ § 100c Rn. 10).

11 **b) Einzelfälle.** Nicht unter den Wohnungsbegriff des § 100c fallen und stellen somit Örtlichkeiten außerhalb von Wohnungen dar: allgemein zugängliche **Betriebs- und Geschäftsräume** (aber nur während der Zeiten der allgemeinen Zugänglichkeit), **Restaurants, Cafés** etc. Dies gilt indes nur während ihrer Öffnungszeiten bzw. lediglich so lang, wie der Nutzungsberechtigte nicht in einer nach außen erkennbaren Weise zum Ausdruck gebracht hat, dass die Räumlichkeiten nicht für jedermann zugänglich sein sollen. Dies trifft vielfach auf Vereinshäuser, Clubräume, Spielhallen etc zu.[10] Nicht unter den Wohnungsbegriff fallen weiter der **Besuchsraum einer Haftanstalt,**[11] **Pkws,** die anders als Wohnwagen regelmäßig ausschließlich der Fortbewegung und nicht auch dem dauerhaften Aufenthalt und Wirken von Menschen dienen.[12] Anders ist dies jedoch, wenn der PKW tatsächlich dem dauerhaften Aufenthalt von Menschen (als „Wohnung") dient. **Krankenzimmer** sind grds. auch vom Schutz des Art. 13 GG umfasst. Lediglich die Eingriffsintensität einer Überwachungsmaßnahme ist durch die Betretungs- und Kontrollbefugnisse des Krankenhauspersonals abgesenkt. Etwas anderes kann höchstens dann gelten, wenn der Patient auch außerhalb der medizinischen Behandlungen dauerhafter Überwachung bedarf.[13] Schließlich unterfallen dem Anwendungsbereich des § 100f als Evidenzfälle alle **öffentlichen Straßen und Plätze.**

12 Problematisch stellt sich indes die **Gesprächsüberwachung in Haftanstalten** dar. Werden dort Gespräche des Beschuldigten mit Dritten überwacht, ist im Hinblick auf die Verhältnismäßigkeit der Maßnahme zu bedenken, ob es sich bei diesen Dritten um Angehörige iSd § 52 handelt, ob das Gespräch in Gegenwart von Justizbediensteten erfolgt und, ob – dies ist entscheidend – durch derartige Maßnahmen ein inhaftierter Betroffener, der in seinen Kommunikationsmöglichkeiten ohnehin starken Einschränkungen unterliegt, nicht

[5] Eisele in Schönke/Schröder StGB § 201 Rn. 6.
[6] Wolter in SK-StPO § 100c aF Rn. 37.
[7] Vgl. BGH 10.8.2005 – 1 StR 140/05, NStZ 2005, 700; Bär in KMR-StPO § 100f Rn. 7.
[8] Ebenso Hilger NStZ 1992, 457 Fn. 96.
[9] Kluckert in BeckOK GG Art. 13 Rn. 2.
[10] BGH 15.1.1997 – StB 27/96, NJW 1997, 1018.
[11] BVerfG 30.5.1996 – 2 BvR 727/94, NJW 1996, 2643; zur Problematik der Überwachung in Haftanstalten Zuck JR 2010, 17.
[12] BGH 11.4.1997 – 1 BGs 88/97, NStZ 1998, 157.
[13] BGH 10.8.2005 – 1 StR 140/05, NStZ 2005, 700, letzteres dabei offenlassend.

gänzlich zum bloßen Objekt staatlichen Handelns degradiert und einer Totalausforschung unterzogen wird. So wäre es einerseits sicher nicht zulässig, sämtliche Gespräche etwa eines inhaftierten Beschuldigten mit seinen Besuchern heimlich zu überwachen. Andererseits ist zu bedenken, dass namentlich in Fällen schwerer Kriminalität, auf die Maßnahmen nach § 100c beschränkt sind, die Effektivität der Strafverfolgung in den Blick zu nehmen und zu berücksichtigen ist, dass es regelmäßig selbst inhaftierte Beschuldigte nicht überfordern dürfte, gegenüber Besuchern bzw. Angehörigen jedenfalls von ihnen begangene Straftaten nicht zu thematisieren.[14] Unzulässig wäre es aus den oben dargelegten Gründen hingegen, den zu dem Zeitpunkt bereits verantwortlich vernommenen Beschuldigten zu Selbstbelastungen zu provozieren und diese Äußerungen aufzuzeichnen.

In seinem Urteil vom 29.4.2009[15] hielt der BGH zwar die akustische Überwachung 13 der Gespräche eines inhaftierten Beschuldigten mit seiner Ehefrau in einem separaten Besuchsraum der Justizvollzugsanstalt für regelungskonform mit § 100f, befand die durch die Maßnahme gewonnenen Erkenntnisse jedoch gleichwohl für nicht verwertbar.[16] Er begründete seine Auffassung damit, die Gesamtschau der Umstände belege eine Verletzung des Rechts auf ein faires Verfahren (Art. 20 Abs. 3 GG iVm Art. 2 Abs. 1 GG), weil durch die Zuweisung eines separaten Besuchsraums ohne die sonst in der Anstalt übliche Gesprächsüberwachung bei dem Beschuldigten **bewusst der Irrtum hervorgerufen** worden sei, diese Gespräche würden nicht überwacht.

3. Mit technischen Mitteln. Der Begriff des technischen Mittels ist **bewusst weit** 14 **gewählt.** Umfasst werden alle technischen Möglichkeiten zum Abhören und Aufzeichnen menschlicher Laute wie zB Wanzen, Richtmikrofone, Diktiergeräte und entsprechende Smartphone-Funktionen, versteckte Mikrofone etc.[17] Zur Annexkompetenz zur Anbringung der technischen Mittel, noch → Rn. 35.

4. Betroffene der Maßnahme (Abs. 2). Gemäß Abs. 2 S. 1 darf sich die Maßnahme 15 sowohl gegen den Beschuldigten als eigentliche Zielperson als auch gegen bestimmte andere Personen, mithin auch **gegen Nichtbeschuldigte** richten.

a) Beschuldigter (Abs. 2 S. 1). Beschuldigter ist **derjenige, welcher der Begehung** 16 **der oder der Beteiligung an der Anlasstat verdächtig ist.** Wenngleich Abs. 2 anders etwa als § 100a Abs. 1 lediglich vom „Beschuldigten" und nicht von demjenigen spricht, der der Tat „als Täter oder Teilnehmer" verdächtig ist, erfasst Abs. 2 alle Beteiligungsformen und damit den Täter ebenso wie Anstifter und Gehilfen. Auch braucht der Beschuldigte nicht bereits identifiziert zu sein, es genügt vielmehr, dass die Ermittlungen gegen eine individuelle, wenn auch noch unbekannte Person geführt werden (→ § 100a Rn. 136).

Maßnahmen nach § 100f gegen den Beschuldigten berühren nicht den **Nemo tenetur-** 17 **Grundsatz,** der in seinen bislang in der Rspr. des BGH anerkannten Ausprägungen vor staatlichem Zwang zur aktiven Selbstbelastung schützt.[18] Würden die Strafverfolgungsbehörden indes selbstbelastende Gespräche eines Beschuldigten, der sich zuvor bereits auf sein Schweigerecht nach § 136 berufen hat, provozieren und diese aufnehmen, läge hierin ein Verstoß gegen die Selbstbelastungsfreiheit und würde ein Beweisverwertungsverbot nach sich ziehen.[19]

b) Andere Personen (Abs. 2 S. 2). Gegen andere Personen darf die Maßnahme nur 18 angeordnet werden, wenn auf Grund bestimmter Tatsachen anzunehmen ist, dass sie mit dem Beschuldigten in Verbindung stehen oder eine solche Verbindung hergestellt wird. Bei diesen Kontaktpersonen kann es sich auch um Tatbeteiligte handeln. In einem solchen Fall ist Abs. 1 S. 1 einschlägig. Nur wenn es sich um Nichtbeschuldigte handelt, findet Abs. 2

[14] Schneider NStZ 2001, 8 (14).
[15] BGH 29.4.2009 – 1 StR 701/08, NStZ 2009, 519, besprochen von Hauck NStZ 2010, 17.
[16] Vgl. zu dieser Entscheidung auch Rogall HRRS 2010, 289.
[17] Siehe auch Köhler in Meyer-Goßner/Schmitt § 100f Rn. 4.
[18] BGH 26.7.2007 – 3 StR 104/07, NJW 2007, 3138 (3140).
[19] Vgl. BGH 26.7.2007 – 3 StR 104/07, NJW 2007, 3138 (3139).

S. 2 Anwendung[20] und ist ein strengerer Maßstab für deren Überwachung anzulegen. Nach Abs. 2 S. 2 darf eine Überwachung nur angeordnet werden, wenn auf Grund bestimmter Tatsachen und damit auf Grund eines **qualifizierten Verdachts** anzunehmen ist, dass es sich um solche **Kontaktpersonen** handelt, bei denen anzunehmen ist, dass die Maßnahme **zur Erforschung des Sachverhalts oder zur Ermittlung des Aufenthaltsortes eines Beschuldigten führen wird,** und dies **auf andere Weise aussichtslos oder wesentlich erschwert** wäre. Die vorgenannten Voraussetzungen müssen kumulativ gegeben sein. Zudem bezieht sich das Erfordernis eines qualifizierten Verdachts nicht nur auf den Verdacht hinsichtlich der Kontaktpersoneneigenschaft, sondern auch auf den der Zweckerreichung. Letzteres folgt aus der Formulierung „wird", die zum Ausdruck bringt, dass allein die theoretische Möglichkeit der weiteren Sachverhaltserforschung bzw. der Aufenthaltsermittlung eines Beschuldigten nicht ausreicht. Vielmehr muss eine erhöhte Wahrscheinlichkeit dafür bestehen, dass ein Kontakt bereits besteht oder aber hergestellt werden wird und deshalb mit einem Aufklärungserfolg zu rechnen ist. Zur Anstellung dieser Prognose ist jedoch das Vorhandensein „bestimmter Tatsachen" notwendige Voraussetzung.[21]

19 **aa) Zeugnisverweigerungsberechtigte Berufsgeheimnisträger (§ 160a).** Handelt es sich bei einer „anderen Person" um einen der in § 53 Abs. 1 S. 1 Nr. 1, 2 oder 4 genannten **Berufsgeheimnisträger** (Geistliche, Verteidiger, Abgeordnete), einen Rechtsanwalt oder einen Kammerrechtsbeistand oder um einen entsprechenden **Berufshelfer** nach § 53a und würde die Maßnahme voraussichtlich zu Erkenntnissen führen, über die diese Person das Zeugnis verweigern dürfte, so sind auch Maßnahmen nach § 100f gemäß § 160a Abs. 1 S. 1, Abs. 3 „unzulässig". Insoweit begründet diese Vorschrift ein **absolutes Beweiserhebungs- bzw. -verwertungsverbot.** Für Verteidiger ist hiervon unabhängig des Weiteren die Vorschrift des § 148 zu beachten, die ebenfalls einen ungehinderten und damit auch nicht überwachten Verkehr zwischen dem Beschuldigten und seinem Verteidiger gewährleistet.[22] Dies bedeutet, dass ein Abhören des Gesprächs nicht schon unter den Voraussetzungen des § 160a Abs. 4 („einfache Verstrickung"), sondern nur dann zulässig ist, wenn der Verteidiger aufgrund bestimmter Tatsachen selbst verdächtig ist, an der Katalogtat des Mandanten als Täter oder Teilnehmer beteiligt zu sein („echte Verstrickung").[23]

20 Für die Berufsgeheimnisträger nach § 53 Abs. 1 S. 1 Nr. 3 (abgesehen von Rechtsanwälten und Kammerrechtsbeiständen, die nun von § 160a Abs. 1 erfasst sind) bis 3b und 5 (zB Wirtschaftsprüfer, Notare, Schwangerschaftsberater, Berater für Fragen der Betäubungsmittelabhängigkeit und Mitarbeiter von Presse und Rundfunk) sowie deren Berufshelfer enthalten die Regelungen in § 160a Abs. 2 und 3 ein **relatives Beweiserhebungs- bzw. Verwertungsverbot.** Anders als im Falle von § 160a Abs. 1 sind nach § 160a Abs. 2 Ermittlungsmaßnahme gegen Vertreter der vorstehend aufgezählten Berufsgruppen, durch welche voraussichtlich Erkenntnisse erlangt würden, über die auch sie das Zeugnis verweigern dürften, nicht unzulässig. Indes ist nach § 160a Abs. 2 S. 1 Hs. 1 insofern ein strenger Verhältnismäßigkeitsmaßstab anzulegen und sind nach § 160a Abs. 2 S. 1 Hs. 2 Maßnahmen gegen die vorgenannten Berufsgruppen „in der Regel" unzulässig, wenn das Verfahren keine Straftat von erheblicher Bedeutung zum Gegenstand hat.

21 **bb) Zeugnisverweigerungsberechtigte Angehörige.** Für zeugnisverweigerungsberechtigte Angehörige sieht die Strafprozessordnung in verfassungskonformer Weise **keine Einschränkungen** vor. Indes könnten Fairnessaspekte nach der Rspr. des BVerfG im Einzelfall zu einem Verwertungsverbot führen, wenn der Staat unter bewusster Umgehung einer Vernehmungssituation die gezielte Ausforschung eines solchen Angehörigen betreiben würde.[24] Außerdem kommt – insbesondere bei nahen Angehörigen – eine Betroffenheit

---

[20] Ebenso Köhler in Meyer-Goßner/Schmitt § 100f Rn. 11.
[21] Hilger NStZ 1992, 457 (463); Bär in KMR-StPO § 100f Rn. 18; Hegmann in BeckOK StPO § 100f Rn. 13; Bruns in KK-StPO § 100f Rn. 8; aA Köhler in Meyer-Goßner/Schmitt § 100f Rn. 11.
[22] Vgl. Köhler in Meyer-Goßner/Schmitt § 148 Rn. 2.
[23] Siehe Köhler in Meyer-Goßner/Schmitt § 100f Rn. 12.
[24] BVerfG 15.10.2009 – 2 BvR 2438/08, NJW 2010, 287 (288).

des Kernbereichs nach § 100f Abs. 4 iVm § 100d Abs. 1, Abs. 2 in Betracht (hierzu noch → Rn. 36 f.).

c) Ohne Wissen des Betroffenen. Der Wortlaut des Abs. 1, wonach die Maßnahme „auch ohne Wissen" der Betroffenen durchgeführt werden darf, stellt eine durch das Gesetz zur Neuregelung der Telekommunikationsüberwachung vom 31.12.2007[25] eingeführte redaktionelle Anpassung an die entsprechend neu gefassten §§ 100a und 100c dar und soll zum Ausdruck bringen, dass der als heimliche Ermittlungsmaßnahme ausgestaltete Eingriff auch dann **fortgesetzt werden darf,** wenn der Betroffene von ihm Kenntnis erlangt haben sollte.[26] **22**

5. Drittbetroffene (Abs. 3). Neben dem Beschuldigten als eigentlicher Zielperson (Abs. 2 S. 1) und dessen möglichen Kontaktpersonen (Abs. 2 S. 2), werden durch den Einsatz technischer Überwachungsgeräte regelmäßig und **unvermeidbar auch dritte Personen** betroffen, die nicht Zielpersonen sind und deren Worte allein deshalb aufgezeichnet werden, weil sie sich im Empfangsbereich der eingesetzten Technik befinden. Bei solch Drittbetroffenen kann es sich um Gesprächspartner des Beschuldigten oder aber um andere Personen wie zB Passanten handeln, die sich zufällig in der Nähe des Beschuldigten befinden und sich miteinander unterhalten. Müsste in solchen Fällen auf den Einsatz der Technik verzichtet werden, liefe § 100f wie andere verdeckte Ermittlungsmaßnahmen in vergleichbaren Fällen auch vielfach leer.[27] Dies wollte der Gesetzgeber vermeiden. Unvermeidbar Drittbetroffene können auch **zeugnisverweigerungsberechtigte Angehörige** des Beschuldigten sein, soweit die Äußerungen nicht den Kernbereich privater Lebensführung betreffen (→ Rn. 36 f.).[28] **23**

IV. Materielle Anordnungsvoraussetzungen (Abs. 1)

Maßnahmen nach § 100f StPO dürfen angeordnet werden, wenn der Beschuldigte aufgrund bestimmter Tatsachen in dem Verdacht steht, als Täter oder Teilnehmer eine der in § 100a Abs. 2 bezeichneten und auch im Einzelfall schwer wiegenden Straftaten begangen zu haben und die Erforschung des Sachverhalts oder die Ermittlung des Aufenthalts des Beschuldigten auf andere Weise aussichtslos oder wesentlich erschwert wäre. **24**

1. Katalogtaten. a) Katalog des § 100a Abs. 2. § 100f Abs. 1 enthält **keinen eigenständigen** Straftatenkatalog, sondern verweist auf den abschließenden Katalog des § 100a Abs. 2. Dieser Verweis liegt darin begründet, dass der Gesetzgeber Maßnahmen der Telekommunikationsüberwachung hinsichtlich ihrer Eingriffstiefe mit solchen nach § 100f für vergleichbar erachtet. Vor diesem Hintergrund kann hinsichtlich der einzelnen Katalogtaten auf die entsprechenden Ausführungen bei § 100a Bezug genommen werden (→ § 100a Rn. 140 ff.). **25**

b) Auch im Einzelfall schwerwiegende Straftat. Folgerichtig zu dem Verweis auf den Katalog des § 100a Abs. 2 setzt Abs. 1 ebenso wie § 100a Abs. 1 Nr. 2 weiter voraus, dass diese Katalogstraftat auch im Einzelfall als schwerwiegend anzusehen ist. Der Gesetzgeber hat damit der Rspr. des BVerfG Rechnung getragen, das in den vergangenen Jahren wiederholt ausgeführt hat, die Verdachtslage bei mit tiefgreifenden Grundrechtseingriffen einhergehenden Ermittlungsmaßnahmen müsse sich auf Straftaten beziehen, denen nicht nur abstrakt, sondern auch **im konkreten Einzelfall besonderes Gewicht** zukomme.[29] In Fällen von nur abstrakt, nicht aber konkret schwerwiegenden Straftaten, wie sie in der Praxis freilich selten vorkommen, sollen Maßnahmen nach § 100f nicht zulässig sein.[30] Die schwerwiegen- **26**

---

25 BGBl. 2007 I 3198.
26 BT-Drs. 16/5846, 39 (49).
27 BT-Drs. 12/989, 40.
28 BGH 24.7.1998 – 3 StR 78/98, NStZ 1999, 145 (146).
29 Vgl. BVerfG 27.7.2005 – 1 BvR 668/04, BeckRS 2005, 28075 Rn. 154 = NJW 2005, 2603.
30 Vgl. BT-Drs. 16/5846, 40 (49).

den Straftaten des § 100f sind zwischen den besonders schweren Straftaten des § 100b Abs. 2 und denen von erheblicher Bedeutung der §§ 100g Abs. 1, 110a anzusiedeln. Strafrahmenorientiert sind schwerwiegende Straftaten solche mit einer Mindesthöchststrafe von fünf Jahren (→ § 100a Rn. 141 f.).

27 **2. Verdacht der Beteiligung an der Tat.** Maßnahmen nach § 100f sind nur zulässig, wenn der Beschuldigte des Verfahrens – dh nicht notwendig derjenige, gegen den sich die Anordnung richtet – in dem Verdacht steht, an der Katalogtat als **Täter oder Teilnehmer** beteiligt gewesen zu sein. Es reicht aus, dass die Tat versucht wurde, sie muss nicht vollendet sein. Hinsichtlich des Verdachtsgrades genügt hier wie bei allen anderen verdeckten Ermittlungsmaßnahmen auch der sogenannte **qualifizierte Anfangsverdacht** (→ § 100a Rn. 151 ff.). Der Beschuldigte muss der Tat mithin weder hinreichend noch gar dringend verdächtig sein. Der Verdacht, eine der in § 100a Abs. 2 enthaltenen Straftaten begangen zu haben, muss sich auf konkrete tatsächliche Umstände stützen und somit durch ein **„hinreichendes Tatsachenmaterial"** belegt sein, welches in der Anordnung benannt werden, bereits ein gewisses Maß an Konkretisierung erfahren haben und von erheblicher Stärke sein muss (zu Details zum qualifizierten Tatverdacht → § 100a Rn. 151 ff.).[31]

28 **3. Subsidiarität.** Voraussetzung für Maßnahmen nach § 100f ist weiter, dass die Erforschung des Sachverhalts oder die Ermittlung des Aufenthaltsortes eines Beschuldigten auf andere Weise aussichtslos oder wesentlich erschwert wäre. Hier gilt mithin dieselbe strenge Subsidiaritätsklausel wie bei Maßnahmen der Telekommunikationsüberwachung nach § 100a und beim Einsatz eines Verdeckten Ermittlers nach § 110a. Auf andere Weise **aussichtslos** ist die Erforschung des Sachverhalts oder die Ermittlung des Aufenthaltsortes eines Beschuldigten, wenn alternative Ermittlungsmaßnahmen zur Erreichung dieser Zwecke nicht zur Verfügung stehen. **Wesentlich erschwert** würden die Ermittlungen zur Erreichung der vorgenannten Zwecke, wenn diese durch andere Maßnahmen mit hoher Wahrscheinlichkeit entweder nicht oder aber nicht so umfassend erreicht werden würden.[32]

28a **4. Verhältnismäßigkeit.** Schließlich ist neben der Subsidiaritätsklausel als spezielle Ausprägung auch allgemein der verfassungsrechtliche Verhältnismäßigkeitsgrundsatz zu beachten. Die Maßnahme darf nur angeordnet werden, wenn im konkreten Einzelfall der staatliche Strafverfolgungsanspruch die grundrechtlich geschützten Positionen der betroffenen Personen (hier aus Art. 2 Abs. 1 iVm Art. 1 Abs. 1 GG) überwiegt. Die Gewichtigkeit des staatlichen Interesses an der Strafverfolgung hängt von der Bedeutung der Sache (Art und Schwere der Straftat, Anzahl der Opfer, Art und Ausmaß des verursachten Schadens, Grad der Störung des öffentlichen Friedens etc), dem erwarteten Erfolg der Maßnahme (Auffindewahrscheinlichkeit und prognostische Verfahrensrelevanz) und der Stärke des Tatverdachts ab (siehe vertiefend → § 100a Rn. 180 ff.). Die konkrete Intensität des Grundrechtseingriffs ist maßgeblich von der Heimlichkeit der Maßnahme bestimmt. Daneben kommt auch zum Tragen, wie viele Personen (prognostisch) von der Maßnahme betroffen sind (Streubreite) und, ob und ggf. welche dieser Personen selbst tatverdächtig sind (Anlassbezogenheit der Überwachung). Schließlich ist bei jeder konkreten Überwachungsmaßnahme eine Prognose darüber anzustellen, wie sensibel die überwachten Gesprächsinhalte sind. Hierbei ist als Indiz einzubeziehen, in welchem Verhältnis die Gesprächspartner zueinanderstehen.

V. Formelle Anordnungsvoraussetzungen (Abs. 4)

29 Die Vorschrift des § 100f enthält **keine eigenständigen Verfahrensregelungen,** vielmehr verweist Abs. 4 auf § 100e Abs. 1, Abs. 3 und Abs. 5 S. 1. Der Gesetzgeber verfolgte damit den Zweck, die hinsichtlich ihrer Eingriffstiefe vergleichbaren Maßnahmen der Telekommunikationsüberwachung und der Überwachung des nichtöffentlich gesprochenen

31 Bruns in KK-StPO Rn. 15.

32 Hegmann in BeckOK StPO § 100f Rn. 10 mwN.

Wortes außerhalb von Wohnungen einander anzugleichen.[33] Auch nach der Zusammenfassung der Verfahrensvorschriften in § 100e unterliegt § 100f weitestgehend den formellen Anforderungen, die auch an eine TKÜ gestellt werden. Wichtige Unterschiede ergeben sich jedoch daraus, dass das – rechtsstaatlich äußerst wichtige – Begründungserfordernis des § 100e Abs. 4 und die Unterrichtungspflicht des Gerichts aus § 100e Abs. 5 S. 2 nicht anwendbar sind.

1. Richtervorbehalt, Befristung (Abs. 4, § 100e Abs. 1). Maßnahmen nach § 100f dürfen gemäß Abs. 4 iVm § 100e Abs. 1 S. 1 nur auf Antrag der Staatsanwaltschaft durch das **Gericht** angeordnet werden. Bei Gefahr im Verzug kann die Anordnung nach Abs. 4 iVm § 100e Abs. 1 S. 2 auch durch die Staatsanwaltschaft getroffen werden, wobei die Anordnung nach § 100e Abs. 1 S. 3 außer Kraft tritt, wenn sie nicht binnen drei Werktagen richterlich bestätigt wird (zur Fristberechnung und Verwertbarkeit der zwischenzeitlich erlangten Erkenntnisse → § 100e Rn. 7 ff.). **Ermittlungspersonen der Staatsanwaltschaft** (§ 152 GVG) sind nicht anordnungsberechtigt. 30

Die Anordnung ist gemäß Abs. 4 iVm § 100e Abs. 1 S. 4 und 5 auf höchstens **drei Monate zu befristen** und kann um jeweils nicht mehr als drei Monate verlängert werden, soweit die Voraussetzungen der Anordnung unter Berücksichtigung der gewonnenen Ermittlungsergebnisse fortbestehen. Liegen die Anordnungsvoraussetzungen nicht mehr vor, so ist die Maßnahme nach Abs. 4 iVm § 100e Abs. 5 S. 1 unverzüglich zu beenden. Eine den weiteren Regelungen zur Telekommunikationsüberwachung in § 100e Abs. 5 S. 2 entsprechende Verpflichtung, nach Beendigung der Maßnahme das anordnende Gericht über die gewonnenen Ergebnisse zu unterrichten, hat der Gesetzgeber hier nicht vorgesehen.[34] 31

2. Form und Inhalt der Anordnung (Abs. 4 iVm § 100e Abs. 3). Nach Abs. 4, der auf § 100e Abs. 3 verweist, hat die Anordnung **schriftlich** zu ergehen. Abs. 4 verweist außerdem auch auf **§ 100e Abs. 3 S. 2.** Zur damit notwendigen Angabe von Name und Anschrift des Betroffenen (nicht notwendigerweise des Beschuldigten!), des Tatvorwurfs und der Art und Bedeutung der zu erhebenden Information (§ 100e Abs. 3 S. 2 Nr. 1, Nr. 2 und Nr. 4) sei auf die entsprechenden Ausführungen in → § 100e Rn. 27 ff. verwiesen. Der Betroffene der Maßnahme kann sowohl der Beschuldigte als auch die in Abs. 3 S. 2 genannten Personen sein. Nach **§ 100e Abs. 3 S. 3 Nr. 3 StPO** müssen außerdem Art, Umfang, Dauer und Endzeitpunkt der Maßnahme in der Anordnung angegeben werden. Bezüglich Dauer und Endzeitpunkt kann ebenfalls auf → § 100e Rn. 38 f. Bezug genommen werden. Auch Maßnahmen nach § 100f sind vom Umfang her zu begrenzen. Beispielsweise kann angegeben werden, dass nur die Gespräche mit bestimmten Personen (beispielsweise mutmaßliche Mittäter oder Vertrauenspersonen, bei denen Angaben über die Straftat zu erwarten sind) oder in bestimmten Räumlichkeiten (zB Besucherräume einer Haftanstalt, Hafträume) überwacht werden dürfen.[35] Zwingend ist die Angabe der zu überwachenden Räumlichkeiten jedoch im Umkehrschluss zur Regelung in § 100e Abs. 3 S. 2 Nr. 7 nicht.[36] Im Rahmen der Art der Maßnahme ist auch – soweit bereits im Anordnungszeitpunkt möglich – das oder die technischen Mittel festzulegen, welche zum Einsatz kommen dürfen. Auch die Frage, ob und inwieweit eine Echtzeitüberwachung notwendig ist, muss bereits in der Anordnung geklärt werden. Auch diese Angabe steht jedoch unter dem Vorbehalt, dass dies zum Anordnungszeitpunkt aufgrund der bekannten Tatsachen bereits möglich ist. Nicht haltbar ist durch die Bezugnahme von § 100e Abs. 3 S. 2 Nr. 3 jedoch die Pauschale Annahme, die Entscheidung über die Art des technischen Mittels obliege allein Staatsanwaltschaft und/oder Polizei.[37] 32

---

[33] BT-Drs. 16/5846, 49.

[34] Kritisch hierzu Hauck in Löwe/Rosenberg § 100f Rn. 20.

[35] Ähnlich Bruns in KK-StPO § 100f Rn. 19.

[36] Weisser wistra 2018, 327 (330); Bär in KMR-StPO § 100f Rn. 22; Köhler in Meyer-Goßner/Schmitt § 100f Rn. 16.

[37] So aber Köhler in Meyer-Goßner/Schmitt § 100f Rn. 16 aE; Bruns in KK-StPO § 100f Rn. 19.

VI. Technische Durchführung der Maßnahme

33 Mit welchen technischen Mitteln die Maßnahme umgesetzt wird, hat der Gesetzgeber bewusst offen gelassen, um der gerade in diesem Bereich rasanten technologischen Entwicklung Rechnung zu tragen und den Einsatz auch solcher Technologien zu ermöglichen, die zum Zeitpunkt des Inkrafttretens dieser Vorschrift noch nicht bekannt waren.[38] Darüber hinaus dürfte sich nicht in jedem Fall bereits zum Zeitpunkt der Anordnung absehen lassen, welches technische Mittel in Anbetracht der begrenzten technischen Ressourcen bei der darauffolgenden Umsetzung der Anordnung tatsächlich zum Einsatz kommt bzw. den Ermittlungsbehörden zur Verfügung steht. Mithin brauchen die „technischen Mittel" in der Anordnung selbst nach Abs. 4 iVm § 100e Abs. 3 S. 2 Nr. 2 („Art der Maßnahme") **nur dann näher bezeichnet** zu werden, wenn das ermittlungstaktische Vorgehen bereits zum Anordnungszeitpunkt feststeht. Dies erfordert es nunmehr zumindest, dass sich die Polizeibehörden bzw. die Staatsanwaltschaft vor Beantragung einer Maßnahme hierzu bereits Gedanken machen und die möglichen technischen Mittel und ggf. den Grund, warum diese noch nicht näher bezeichnet werden können, im Antrag angeben. Entscheidend für die Zulässigkeit des Einsatzes eines bestimmten technischen Mittels ist zudem nicht, welches konkrete Gerät eingesetzt wird, sondern welcher konkrete Eingriff durchgeführt bzw. welchen Daten erhoben werden sollen.

34 § 100f gestattet allein das Abhören und Aufzeichnen des nichtöffentlich gesprochenen Wortes, mithin einzig eine **Sprachaufzeichnung.** Demgegenüber erfasst § 100h Abs. 1 Nr. 1 technische Mittel, mit denen Lichtbilder und Bildaufzeichnungen hergestellt werden können und § 100h Abs. 1 Nr. 2 schließlich solche Techniken, die weder zur Aufzeichnung von Bildern noch von Wörtern geeignet sind.[39] Sollen derartige Daten erhoben werden, sind die vorgenannten Normen einschlägig, nicht hingegen § 100f. Das heimliche Mithören (durch die Ohren eines Ermittlers) des nichtöffentlich gesprochenen Wortes außerhalb von Wohnungen **ohne technische Mittel** findet seine Ermächtigungsgrundlage in der Ermittlungsgeneralklausel der §§ 161, 163.

35 Die mit dem Einbau der technischen Geräte verbundenen Vorbereitungs- und Begleitmaßnahmen wie zB das Öffnen von Fahrzeugen, die Verbringung eines Fahrzeugs an einen anderen Ort zum heimlichen Einbau der Technik sowie die Nutzung des bordeigenen Batteriestroms sind im Wege der **Annexkompetenz** nach der hM durch § 100f abgedeckt, wenn es sich um typischerweise notwendige Vorbereitungsmaßnahmen handelt und der mit ihnen verbundene Grundrechtseingriff (zB in Art. 14 Abs. 1 GG) nicht schwerer wiegt als die Primärmaßnahme.[40] Zu wählen ist jedoch stets das mildeste Mittel, das eine erfolgreiche Abhöraktion verspricht (zB Verwendung eines Richtmikrofons bei Abhöraktionen im Freien anstelle des Einbaus einer Wanze in ein technisches Gerät oder die Kleidung des Betroffenen).[41]

VII. Kernbereichsschutz (Abs. 4 iVm § 100d Abs. 1, Abs. 2)

36 Durch das Gesetz zur Integration der Datenschutzrichtlinie 2016/680 wurde auch in § 100f Abs. 4 ein Verweis auf die Kernbereichsschutzregelungen des § 100d Abs. 1, Abs. 2 aufgenommen. Dies stellt eine Reaktion des Gesetzgebers auf **die verfassungsrechtliche Notwendigkeit der gesetzlichen Regelung von Kernbereichsschutzvorschriften bei Eingriffen dar, bei denen typischerweise (auch) kernbereichsrelevante Daten miterhoben werden (können).**[42] Das BVerfG hatte dies ausdrücklich auch für den „kleinen

---

38 Vgl. BGH 24.1.2001 – 3 StR 324/00, NStZ 2001, 386 (387) = NJW 2001, 1658.

39 So zutreffend Köhler in Meyer-Goßner/Schmitt § 100h Rn. 2.

40 Siehe auch von der Grün Verdeckte Ermittlungen S. 119.

41 BGH 24.1.2001 – 3 StR 324/00, NStZ 2001, 386 (387); zustimmend Steinmetz NStZ 2001, 344 bzgl. des Einbaus von GPS-Technik; grundlegende Bedenken wegen des Zitiergebots bei Eingriffen in andere Grundrechte als das Allgemeine Persönlichkeitsrecht bei Eschelbach in Satzger/Schluckebier/Widmaier StPO § 100f Rn. 3; siehe auch Hauck in Löwe/Rosenberg § 100f Rn. 6 mwN zum Streitstand.

42 BT-Drs. 19/4671, 61.

Lauschangriff" gefordert.[43] Bereits zuvor hatte der BGH eine analoge Anwendung der Kernbereichsnormen aus anderen Vorschriften erwogen.[44] Erhebung und Verwertung von Kernbereichsdaten sind nun auch bei § 100f bereits gesetzlich unzulässig (für Details → § 100d Rn. 1 ff.). Bereits zuvor ergaben sich die gleichen Erhebungs- und Verwertungsverbote jedoch unmittelbar aus der Verfassung. Gleichsam gelten auch die Löschungs- und Dokumentationspflichten des § 100d Abs. 2 S. 2, S. 3 (hierzu → § 100d Rn. 15 ff.).

Zum geschützten Kernbereich ist – für § 100f bedeutsam – nach der zustimmungswürdigen Rspr. des BGH insbesondere das **Selbstgespräch** zu rechnen. Grund hierfür ist, dass der Betroffene dabei „laut denkt" und die „Äußerungen" damit den inneren Gedanken gleichzustellen sind. Der BGH stützt dieses Ergebnis zu Recht auf die Eindimensionalität der Äußerungssituation, die mögliche Unbewusstheit der geäußerten Worte und die Flüchtigkeit des gesprochenen Wortes sowie die bereits genannte Gleichstellung mit inneren Gedanken.[45] Das Selbstgespräch ist aus diesen Gründen auch nicht – wie von einer prominenten Literaturauffassung vertreten[46] – mit (teilweise) verwertbaren Tagebucheinträgen zu vergleichen. Ein Tagebucheintrag ist verkörpert und birgt erkennbar die Gefahr, dass Dritte und damit auch die Strafverfolgungsbehörden später davon Kenntnis erlangen. Hinsichtlich der Flüchtigkeit und der Vertraulichkeitserwartung bestehen daher signifikante Unterschiede zum Selbstgespräch.[47] 37

VIII. Weitere grundrechtssichernde Regelungen (§ 101)

Der Gesetzgeber hat auch Maßnahmen nach § 100f durch § 101 Abs. 1 den grundrechtssichernden Verfahrensregelungen dieser Norm unterstellt. Danach gilt auch für die nach § 100f erhobenen Daten, dass **personenbezogene Daten (Begriffsdefinition jetzt in § 500 Abs. 1 iVm § 46 Nr. 1 BDSG)** zu kennzeichnen sind (§ 101 Abs. 3) und dass die Betroffenen iSd § 101 Abs. 4 S. 1 Nr. 6, mithin die Zielperson sowie die erheblich mitbetroffenen Personen, nach § 101 Abs. 4 S. 1 und 2 unter Hinweis auf die Möglichkeit des nachträglichen Rechtsschutzes zu benachrichtigen sind. Eine Benachrichtigung darf gemäß § 101 Abs. 4 S. 3 unterbleiben, wenn ihr schutzwürdige Belange einer betroffenen Person entgegenstehen. Gemäß § 101 Abs. 8 sind die durch die Maßnahme erlangten personenbezogenen Daten unverzüglich zu löschen, sobald sie zur Strafverfolgung bzw. für eine etwaige gerichtliche Überprüfung der Maßnahme nicht mehr erforderlich sind. 38

IX. Verwendung und Verwertung

Nicht personenbezogene Daten unterliegen keinerlei Verwendungsbeschränkungen. Hinsichtlich der Verwendung der durch die Maßnahme erlangten personenbezogenen Daten gelten dieselben Grundsätze wie bei der Telekommunikationsüberwachung (→ § 100a Rn. 313 ff.). 39

Durch Maßnahmen nach § 100f gewonnene personenbezogene Daten von **Angehörigen des Beschuldigten** iSd § 52 unterliegen keinem Verwertungsverbot, für sie gilt weder § 100d Abs. 5 noch § 160a. Von Verfassungs wegen ist der Beschuldigte nicht davor geschützt, dass die Strafverfolgungsbehörden durch heimliche Ermittlungsmaßnahmen auch Gespräche von Angehörigen des Beschuldigten aufzeichnen.[48] Der Angehörigenschutz des § 52 setzt nämlich stets eine Vernehmungssituation voraus, da es sonst an der spezifischen Konfliktsituation fehlt, deren Schutz § 52 ua gerade dient. Die Vorschrift würde daher im Zusammenhang mit § 100f nur greifen, wenn eine bewusste Umgehung des Zeugnisverwei- 40

[43] BVerfG 20.4.2016 – 1 BvR 966/09 und 1 BvR 1140/09, NJW 2016, 1781 Rn. 176 f.
[44] BGH 29.4.2009 – 1 StR 701/08, NStZ 2009, 519 (520).
[45] BGH 22.12.2011 – 2 StR 509/10, NJW 2012, 945.
[46] Hegmann in BeckOK StPO § 100f Rn. 25; Warg NStZ 2012, 237; Allgayer NStZ 2012, 399.
[47] Wie hier Bär in KMR-StPO § 100f Rn. 28; Mitsch NJW 2012, 1786; Ladiges StV 2012, 517; Jahn/Geck JZ 2012, 561; Zimmermann GA 2013, 162 ff.
[48] BVerfG v. 15.102009 – 2 BvR 2438/08, NJW 2010, 287.

gerungsrechts durch eine gezielte Ausforschung des Angehörigen außerhalb von Vernehmungssituationen erfolgen sollte.[49] Nur, wenn es im Gespräch mit dem Angehörigen um kernbereichsrelevante Informationen geht, greift das Verwertungsverbot des § 100f Abs. 4 iVm § 100d Abs. 2 S. 1 ein.

41 **1. Verwendung im Ausgangsverfahren.** Personenbezogene Daten, die sich auf diejenige Tat beziehen, deren Aufklärung die Maßnahme dient bzw. deren Beschuldigter festgestellt werden sollte, unterliegen **nur der Verwendungsbeschränkungen aus Abs. 4 iVm § 100d Abs. 2.** Dies gilt selbst dann, wenn die Katalogtatqualität der Anlasstat erst im Verlauf der Ermittlungen entfallen sollte (→ § 100a Rn. 318).

42 **2. Verwendung in anderen Strafverfahren (§ 479 Abs. 2 S. 1).** Die in § 100f Abs. 5 aF enthaltene Verwendungsregelung ist im Hinblick auf § 479 Abs. 2 S. 1 iVm § 161 Abs. 3 entfallen. Nach dieser Regelung gilt auch für Maßnahmen nach § 100f nunmehr, dass die hierdurch erlangten personenbezogenen Daten ohne Einwilligung der von der Maßnahme betroffenen Personen zu Beweiszwecken hinsichtlich anderer strafprozessualer Taten verwendet werden dürfen, wenn auch hinsichtlich dieser anderen Taten Maßnahmen nach § 100f hätten angeordnet werden können. Der Regelung des § 479 Abs. 2 S. 1 iVm § 161 Abs. 3 liegt damit der Gedanke des **hypothetischen Ersatzeingriffs** zu Grunde. Dabei genügt nicht allein das Vorliegen einer Katalogtat, es sind vielmehr alle materiellen Anordnungsvoraussetzungen von § 100f hypothetisch unter Zugrundelegung des Sach- und Erkenntnisstandes zum Zeitpunkt der Verwertung/Verwendung in dem anderen Strafverfahren zu prüfen (detaillierte Begründung bei → § 100a Rn. 320).[50] Handelt es sich bei der anderen Straftat nicht um eine Katalogtat nach § 100a Abs. 2 oder liegen die sonstigen Anordnungsvoraussetzungen (hypothetisch) nicht vor, so dürfen die personenbezogenen Daten gleichwohl nach hM als **Spurenansatz** verwendet werden. Nach der hier vertretenen Auffassung (→ § 100a Rn. 324) ist dagegen die Norm des § 161 Abs. 3, auf welche § 479 Abs. 2 S. 1 verweist verfassungswidrig, soweit sie die Verwendung außerhalb von Katalogtaten als Spurenansatz zulässt. Sie ist dementsprechend verfassungskonform dahingehen auszulegen, dass auch die Verwendung von Spurenansätzen nur zur Verfolgung von Katalogtaten zulässig ist. Nicht notwendig ist dagegen, dass die ursprüngliche Datenerhebung im Ausgangsverfahren rechtmäßig erfolgte. Auch § 49 S. 1 BDSG und Art. 4 Abs. 2 der Richtlinie 2016/680 setzen das nicht voraus. Die Rechtswidrigkeit der Datenerhebung ist jedoch ein gewichtiger intensitätserhöhender Faktor bei der vorzunehmenden hypothetischen Verhältnismäßigkeitsprüfung und bei der Abwägung im Rahmen der Beweisverbotslehre des BGH (ausführlich mit Begründung → § 100a Rn. 320).

42a Zur Frage, wie mit der Verwertung von Daten umzugehen ist, bei denen die **genauen Umstände der ursprünglichen Datenerhebung nicht bekannt** (zB bei der Erhebung von Daten durch ausländische Behörden) sind, siehe detailliert → § 100e Rn. 93a.

43 **3. Verwendung zu präventiven Zwecken (§ 479 Abs. 2 S. 2).** Aus strafprozessualen Maßnahmen erlangte personenbezogene Daten dürfen ohne Einwilligung der von der Maßnahme betroffenen Personen nach § 479 Abs. 2 S. 2 Nr. 1 zu Zwecken der Gefahrenabwehr, soweit sie dafür durch eine entsprechende Maßnahme nach den für die zuständige Stelle geltenden Gesetzen erhoben werden könnten **(Gedanke des hypothetisch rechtmäßigen Ersatzeingriffs).** Nach § 479 Abs. 2 S. 2 Nr. 2 ist die Verwendung **ohne eine Prüfung des hypothetisch rechtmäßigen Ersatzeingriffs** möglich zur Abwehr einer Gefahr für Leib, Leben oder Freiheit einer Person oder für die Sicherheit oder den Bestand des Bundes oder eines Landes oder für bedeutende Vermögenswerte, wenn sich aus den Daten im Einzelfall jeweils konkrete Ansätze zur Abwehr einer solchen Gefahr erkennen lassen. Für geheimdienstliche Zwecke gilt die Übermittlungserlaubnis nach § 479 Abs. 2

[49] BVerfG v. 15.102009 – 2 BvR 2438/08, NJW 2010, 287 (288).

[50] BGH 26.4.2017 – 2 StR 247/16, NJW 2017, 3173 (3177); 15.11.2017 – 2 StR 128/17, NStZ 2018, 296.

S. 2 Nr. 3 iVm § 18 Bundesverfassungsschutzgesetz und für Übermittlung zu Forschungszwecken § 479 Abs. 2 S. 2 Nr. 4 iVm § 476 (zu Details jeweils → § 100a Rn. 331). Die Rechtmäßigkeit der strafprozessualen Datenerhebung ist nur Verwendungsvoraussetzung, wenn das jeweils einschlägige Gefahrenabwehrrecht dies selbst regelt. § 49 S. 1 BDSG und Art. 4 Abs. 2 Richtlinie 2016/680 setzen dies dagegen nicht allgemein voraus (→ § 100a Rn. 325 ff.).

4. Daten aus präventiven Maßnahmen (§ 161 Abs. 3). Personenbezogene Daten aus präventiv-polizeilichen Maßnahmen können unter den Voraussetzungen des § 161 Abs. 3 für strafprozessuale Zwecke Verwendung finden. Gedanklicher Anknüpfungspunkt ist auch hier der **hypothetische Ersatzeingriff.** Sofern die Erhebung der Daten durch strafprozessuale Maßnahmen – wie im Falle des § 100f – mithin nur bei Verdacht bestimmter Straftaten zulässig ist und personenbezogene Daten, die durch entsprechende Maßnahmen nach anderen Gesetzen erlangt wurden, in Strafverfahren verwendet werden sollen, ist deren Verwendung nur zulässig, wenn sie der Aufklärung einer Straftat dienen, auf Grund derer eine solche Maßnahme nach der Strafprozessordnung ebenfalls hätte angeordnet werden können. Dabei genügt nicht allein das Vorliegen einer Katalogtat, es sind vielmehr alle materiellen Anordnungsvoraussetzungen von § 100f hypothetisch unter Zugrundelegung des Sach- und Erkenntnisstandes zum Zeitpunkt der Verwertung/Verwendung in dem Strafverfahren zu prüfen (detaillierte Begründung bei → § 100a Rn. 320).[51] Nicht notwendig ist dagegen, dass die ursprüngliche Datenerhebung nach Gefahrenabwehrrecht rechtmäßig erfolgte. Auch § 49 S. 1 BDSG und Art. 4 Abs. 2 der Richtlinie 2016/680 setzen das nicht voraus. Die Rechtswidrigkeit der Datenerhebung ist jedoch ein gewichtiger intensitätserhöhender Faktor bei der vorzunehmenden hypothetischen Verhältnismäßigkeitsprüfung und bei der Abwägung im Rahmen der Beweisverbotslehre des BGH (ausführlich mit Begründung → § 100a Rn. 329). 44

Nach hier vertretener Auffassung gilt dies – aus verfassungsrechtlichen Gründen – auch für die Verwendung als **Spurenansatz** (→ § 100a Rn. 324). 45

Spezialgesetzliche Zweckänderungsverbote gelten auch hier (→ § 100a Rn. 379 und → § 100e Rn. 103). 46

5. Materiell oder formell rechtswidrige Anordnungen. Ob in den Fällen einer materiell oder formell rechtswidrigen Anordnung nach § 100f ein Verwertungsverbot anzunehmen ist, ist nach den von der Rspr. entwickelten Grundsätzen im Einzelfall durch eine **Abwägung** zwischen dem öffentlichen Interesse an einer Aufklärung und ggf. Ahndung der Tat sowie der Art und Gewicht des Rechtsverstoßes einerseits und dem individuellen Interesse des hiervon Betroffenen an der Wahrung seiner Rechtsgüter andererseits (→ § 100a Rn. 332 ff.) zu beurteilen. Soweit der BGH ein selbständiges Verwertungsverbot für Selbstgespräche wegen deren Kernbereichsrelevanz angenommen hat,[52] ergibt sich dies nunmehr unmittelbar aus dem Gesetz (Abs. 4 iVm § 100d Abs. 2 S. 1). 47

Bei Umgehung der **Selbstbelastungsfreiheit** durch Schaffung einer vermeintlich vertraulichen Atmosphäre durch Zuweisung eines separaten Besucherraumes in einer JVA hat der BGH ein selbständiges Beweisverwertungsverbot wegen Verstoßes gegen den nemo tenetur-Grundsatz angenommen.[53] 48

C. Rechtsbehelfe

Gemäß § 101 Abs. 7 S. 2–4 iVm § 101 Abs. 4 S. 1 Nr. 6 können die Zielperson sowie die durch die Maßnahme erheblich mitbetroffenen Personen gegen – richterliche oder 49

[51] BGH 26.4.2017 – 2 StR 247/16, NJW 2017, 3173 (3177); 15.11.2017 – 2 StR 128/17, NStZ 2018, 296.

[52] BGH 22.12.2011 – 2 StR 509/10, NJW 2012, 945.

[53] BGH 29.4.2009 – 1 StR 701/08, NStZ 2009, 519.

nichtrichterliche – Anordnungen nach § 100f einen **Antrag auf Überprüfung der Rechtmäßigkeit der Maßnahme sowie die Art und Weise ihres Vollzuges** stellen. Dieser Rechtsbehelf geht als abschließende Sonderregelung der Beschwerde nach § 304 und – in Fällen staatsanwaltschaftlicher Eilanordnungen ohne spätere richterliche Bestätigung – § 98 Abs. 2 S. 2 analog vor. Andernfalls würde die gesetzliche Antragsfrist von zwei Wochen in § 101 Abs. 7 S. 2 sowie die Ausgestaltung des gegen diese Entscheidung nach § 101 Abs. 7 S. 3 statthaften Rechtsmittels als sofortige Beschwerde leerlaufen (Details bei → § 101 Rn. 113 ff.).[54]

50 Durch die Maßnahme ebenfalls betroffene, indes nicht nach § 101 Abs. 7 S. 2–4 antragsberechtigte Personen können gegen die richterliche Anordnung der Maßnahme bzw. gegen die richterliche Bestätigung einer staatsanwaltschaftlichen Eilanordnung gemäß **§ 304 Abs. 2 einfache Beschwerde** erheben. Gegen staatsanwaltschaftliche Eilanordnungen ist ein Antrag auf gerichtliche Entscheidung entsprechend § 98 Abs. 2 S. 2 analog statthaft. Dies gilt auch für die Fälle, in denen eine Überprüfung der Art und Weise des Vollzugs der Maßnahme begehrt wird.

D. Revision

51 Mit der Revision kann die **Verfahrensrüge** erhoben werden, das Urteil beruhe auf unverwertbaren Erkenntnissen (Details bei → § 100a Rn. 386). Soweit ersichtlich hat der BGH noch nicht explizit entschieden, dass die Widerspruchslösung (zu Bedeutung und Kritik → § 100a Rn. 354 ff.) auch für § 100f gilt. Angesichts der Anwendung bei § 100a ist eine Übertragung auf § 100f jedoch wahrscheinlich. Auch die hM in der Kommentarliteratur geht von einer Anwendung der Widerspruchslösung aus.[55]

§ 100g Erhebung von Verkehrsdaten

(1) [1]Begründen bestimmte Tatsachen den Verdacht, dass jemand als Täter oder Teilnehmer
1. eine Straftat von auch im Einzelfall erheblicher Bedeutung, insbesondere eine in § 100a Absatz 2 bezeichnete Straftat, begangen hat, in Fällen, in denen der Versuch strafbar ist, zu begehen versucht hat oder durch eine Straftat vorbereitet hat oder
2. eine Straftat mittels Telekommunikation begangen hat,
so dürfen Verkehrsdaten (§§ 9 und 12 des Telekommunikation-Telemedien-Datenschutz-Gesetzes und § 2a Absatz 1 des Gesetzes über die Errichtung einer Bundesanstalt für den Digitalfunk der Behörden und Organisationen mit Sicherheitsaufgaben) erhoben werden, soweit dies für die Erforschung des Sachverhalts erforderlich ist und die Erhebung der Daten in einem angemessenen Verhältnis zur Bedeutung der Sache steht. [2]Im Fall des Satzes 1 Nummer 2 ist die Maßnahme nur zulässig, wenn die Erforschung des Sachverhalts auf andere Weise aussichtslos wäre. [3]Die Erhebung gespeicherter (retrograder) Standortdaten ist nach diesem Absatz nur unter den Voraussetzungen des Absatzes 2 zulässig. [4]Im Übrigen ist die Erhebung von Standortdaten nur für künftig anfallende Verkehrsdaten oder in Echtzeit und nur im Fall des Satzes 1 Nummer 1 zulässig, soweit sie für die Erforschung des Sachverhalts oder die Ermittlung des Aufenthaltsortes des Beschuldigten erforderlich ist.

[54] Bär in KMR-StPO § 100f Rn. 31.
[55] Köhler in Meyer-Goßner/Schmitt § 100f Rn. 23; Bär in KMR-StPO § 100f Rn. 31; Bruns in KK-StPO § 100f Rn. 27; zu Recht kritisch Eschelbach in Satzger/Schluckebier/Widmaier StPO § 100f Rn. 20.

(2) [1]Begründen bestimmte Tatsachen den Verdacht, dass jemand als Täter oder Teilnehmer eine der in Satz 2 bezeichneten besonders schweren Straftaten begangen hat oder in Fällen, in denen der Versuch strafbar ist, eine solche Straftat zu begehen versucht hat, und wiegt die Tat auch im Einzelfall besonders schwer, dürfen die nach § 176 des Telekommunikationsgesetzes gespeicherten Verkehrsdaten erhoben werden, soweit die Erforschung des Sachverhalts oder die Ermittlung des Aufenthaltsortes des Beschuldigten auf andere Weise wesentlich erschwert oder aussichtslos wäre und die Erhebung der Daten in einem angemessenen Verhältnis zur Bedeutung der Sache steht. [2]Besonders schwere Straftaten im Sinne des Satzes 1 sind:

1. aus dem Strafgesetzbuch:
- **a) Straftaten des Hochverrats und der Gefährdung des demokratischen Rechtsstaates sowie des Landesverrats und der Gefährdung der äußeren Sicherheit nach den §§ 81, 82, 89a, nach den §§ 94, 95 Absatz 3 und § 96 Absatz 1, jeweils auch in Verbindung mit § 97b, sowie nach den §§ 97a, 98 Absatz 1 Satz 2, § 99 Absatz 2 und den §§ 100, 100a Absatz 4,**
- **b) besonders schwerer Fall des Landfriedensbruchs nach § 125a sowie Betreiben krimineller Handelsplattformen im Internet in den Fällen des § 127 Absatz 3 und 4,**
- **c) Bildung krimineller Vereinigungen nach § 129 Absatz 1 in Verbindung mit Absatz 5 Satz 3 sowie Bildung terroristischer Vereinigungen nach § 129a Absatz 1, 2, 4, 5 Satz 1 erste Alternative, jeweils auch in Verbindung mit § 129b Absatz 1,**
- **d) Straftaten gegen die sexuelle Selbstbestimmung in den Fällen der §§ 176 (176c, 176d) und, unter den in § 177 Absatz 6 Satz 2 Nummer 2 genannten Voraussetzungen, des § 177,**
- **e) Verbreitung, Erwerb und Besitz kinder- und jugendpornographischer Inhalte in den Fällen des § 184b Absatz 1 Satz 1, Absatz 2 und 3 sowie des § 184c Absatz 2,**
- **f) Mord und Totschlag nach den §§ 211 und 212,**
- **g) Straftaten gegen die persönliche Freiheit in den Fällen der §§ 234, 234a Absatz 1, 2, §§ 239a, 239b und Zwangsprostitution und Zwangsarbeit nach § 232a Absatz 3, 4 oder 5 zweiter Halbsatz, § 232b Absatz 3 oder 4 in Verbindung mit § 232a Absatz 4 oder 5 zweiter Halbsatz und Ausbeutung unter Ausnutzung einer Freiheitsberaubung nach § 233a Absatz 3 oder 4 zweiter Halbsatz,**
- **h) Einbruchdiebstahl in eine dauerhaft genutzte Privatwohnung nach § 244 Absatz 4, schwerer Bandendiebstahl nach § 244a Absatz 1, schwerer Raub nach § 250 Absatz 1 oder Absatz 2, Raub mit Todesfolge nach § 251, räuberische Erpressung nach § 255 und besonders schwerer Fall einer Erpressung nach § 253 unter den in § 253 Absatz 4 Satz 2 genannten Voraussetzungen, gewerbsmäßige Bandenhehlerei nach § 260a Absatz 1, besonders schwerer Fall der Geldwäsche nach § 261 unter den in § 261 Absatz 5 Satz 2 genannten Voraussetzungen, wenn die Vortat eine der in den Nummern 1 bis 8 genannten besonders schweren Straftaten ist,**
- **i) gemeingefährliche Straftaten in den Fällen der §§ 306 bis 306c, 307 Absatz 1 bis 3, des § 308 Absatz 1 bis 3, des § 309 Absatz 1 bis 4, des § 310 Absatz 1, der §§ 313, 314, 315 Absatz 3, des § 315b Absatz 3 sowie der §§ 316a und 316c,**

2. aus dem Aufenthaltsgesetz:
- **a) Einschleusen von Ausländern nach § 96 Absatz 2,**
- **b) Einschleusen mit Todesfolge oder gewerbs- und bandenmäßiges Einschleusen nach § 97,**

**3. aus dem Außenwirtschaftsgesetz:
Straftaten nach § 17 Absatz 1 bis 3 und § 18 Absatz 7 und 8,**
4. aus dem Betäubungsmittelgesetz:
a) besonders schwerer Fall einer Straftat nach § 29 Absatz 1 Satz 1 Nummer 1, 5, 6, 10, 11 oder 13, Absatz 3 unter der in § 29 Absatz 3 Satz 2 Nummer 1 genannten Voraussetzung,
b) eine Straftat nach den §§ 29a, 30 Absatz 1 Nummer 1, 2, 4, § 30a,
5. aus dem Grundstoffüberwachungsgesetz: eine Straftat nach § 19 Absatz 1 unter den in § 19 Absatz 3 Satz 2 genannten Voraussetzungen,
6. aus dem Gesetz über die Kontrolle von Kriegswaffen:
a) eine Straftat nach § 19 Absatz 2 oder § 20 Absatz 1, jeweils auch in Verbindung mit § 21,
b) besonders schwerer Fall einer Straftat nach § 22a Absatz 1 in Verbindung mit Absatz 2,
7. aus dem Völkerstrafgesetzbuch:
a) Völkermord nach § 6,
b) Verbrechen gegen die Menschlichkeit nach § 7,
c) Kriegsverbrechen nach den §§ 8 bis 12,
d) Verbrechen der Aggression nach § 13,
8. aus dem Waffengesetz:
a) besonders schwerer Fall einer Straftat nach § 51 Absatz 1 in Verbindung mit Absatz 2,
b) besonders schwerer Fall einer Straftat nach § 52 Absatz 1 Nummer 1 in Verbindung mit Absatz 5.

(3) [1]Die Erhebung aller in einer Funkzelle angefallenen Verkehrsdaten (Funkzellenabfrage) ist nur zulässig,
1. wenn die Voraussetzungen des Absatzes 1 Satz 1 Nummer 1 erfüllt sind,
2. soweit die Erhebung der Daten in einem angemessenen Verhältnis zur Bedeutung der Sache steht und
3. soweit die Erforschung des Sachverhalts oder die Ermittlung des Aufenthaltsortes des Beschuldigten auf andere Weise aussichtslos oder wesentlich erschwert wäre.
[2]Auf nach § 176 des Telekommunikationsgesetzes gespeicherte Verkehrsdaten darf für eine Funkzellenabfrage nur unter den Voraussetzungen des Absatzes 2 zurückgegriffen werden.

(4) [1]Die Erhebung von Verkehrsdaten nach Absatz 2, auch in Verbindung mit Absatz 3 Satz 2, die sich gegen eine der in § 53 Absatz 1 Satz 1 Nummer 1 bis 5 genannten Personen richtet und die voraussichtlich Erkenntnisse erbringen würde, über die diese das Zeugnis verweigern dürfte, ist unzulässig. [2]Dennoch erlangte Erkenntnisse dürfen nicht verwendet werden. [3]Aufzeichnungen hierüber sind unverzüglich zu löschen. [4]Die Tatsache ihrer Erlangung und der Löschung der Aufzeichnungen ist aktenkundig zu machen. [5]Die Sätze 2 bis 4 gelten entsprechend, wenn durch eine Ermittlungsmaßnahme, die sich nicht gegen eine in § 53 Absatz 1 Satz 1 Nummer 1 bis 5 genannte Person richtet, von dieser Person Erkenntnisse erlangt werden, über die sie das Zeugnis verweigern dürfte. [6]§ 160a Absatz 3 und 4 gilt entsprechend.

(5) Erfolgt die Erhebung von Verkehrsdaten nicht beim Erbringer von Telekommunikationsdiensten, bestimmt sie sich nach Abschluss des Kommunikationsvorgangs nach den allgemeinen Vorschriften.

Schrifttum: Bär, Auskunftsanspruch über Telekommunikationsdaten nach den neuen §§ 100g, 100h StPO, MMR 2020, 358; Bär, Strafprozessualer Zugriff auf retrograde Standortdaten der Telekommunikation, DRiZ

2019, 94; Bär, Die Neuregelung zur Erhebung von Verkehrsdaten (§ 100g StPO) – Inhalt und Auswirkungen, NZWiSt 2017, 81; Bär, Die Neuregelung zur Erhebung von Verkehrsdaten (§ 100g StPO) – Inhalt und Auswirkungen, NZWiSt 2017, 81; Bauer, Soziale Netzwerke und strafprozessuale Ermittlungen, 2016; Bell, Strafverfolgung und die Cloud, 2018; Beukelmann, Neues von der Vorratsdatenspeicherung, NJW-Spezial 2020, 696; Boehm/Andrees, Zur Vereinbarkeit der Vorratsdatenspeicherung mit europäischem Recht – Bewertung der generellen Speicherpflicht nach EuGH und EGMR Rechtsprechung, CR 2016, 146; Böhm/Halim, Cookies zwischen ePrivacy und DS-GVO – was gilt? Anforderungen an die Verwendung von Cookies nach der aktuellen Rechtsprechung, MMR 2021, 651; Braun, Parallelwertungen in der Laiensphäre: Der EuGH und die Vorratsdatenspeicherung, ZRP 2009, 174; Buermeyer, Transparenz-System für Funkzellenabfragen in Berlin, DRiZ 2019, 10; Ceffinato, Einführung in das Internetstrafrecht, JuS 2019, 337; Dalby, Vorratsdatenspeicherung – Endlich?!, KriPoZ 2016, 113; Dalby, Das neue Auskunftsverfahren nach § 113 TKG – Zeitdruck macht Gesetze (§ 113 TKG) – Eine Beurteilung der Änderung des manuellen Auskunftsverfahrens und der Neuschaffung des § 100j StPO, 2013; Danckwerts, Funkzellenabfrage gem. § 100h Abs. 1 S. 2 StPO, CR 2002, 539; Derksen, Unionsrechtskonforme Spielräume für anlasslose Speicherung von Verkehrsdaten?, NVwZ 2017, 1005; Eckel/Rottmeier, „Liken als Haten“: Strafverfolgung von Hatespeech in Sozialen Netzwerken, NStZ 2021, 1; Eisenberg/Singelstein, Zur Unzulässigkeit der heimlichen Ortung per „stiller SMS“, NStZ 2005, 62; Farthofer, Der Einsatz neuer Ermittlungsmaßnahmen – Das Beispiel stille SMS, ZIS 2020, 190; Forgó/Heermann, Vorratsdatenspeicherung 2015 – Das Gesetz zur Einführung einer Speicherpflicht und einer Höchstspeicherpflicht für Verkehrsdaten, K&R 2015, 753; Gietl, Die Zukunft der Vorratsdatenspeicherung, DuD 2010, 398; Gnirck/Lichtenberg, Internetprovider im Spannungsfeld staatlicher Auskunftsersuchen, DuD 2004, 598; Götz, Rechtsfragen der Funkzellenabfrage, Der Kriminalist, 6/2009, 22; Greier, Voraussetzungen für den Zugriff auf retrograde Standortdaten gemäß § 100g StPO, jurisPR-StrafR 2 2018, Anmerkung 2; Großmann, Übermittlung von IP-Adressen, StV 2019, 369; Großmann, Passwortübermittlung durch die Hintertür: Zur Verfassungsmäßigkeit der Neuregelung der repressiven Bestandsdatenauskunft, StV- S 2021, 31; von der Grün, Verdeckte Ermittlungen: eine praxisorientierte Darstellung der verdeckten Ermittlungsmaßnahmen der StPO mit Ausblick auf landesrechtliche Vorschriften, 2018; Günther, Zur strafprozessualen Erhebung von Telekommunikationsdaten – Verpflichtung zur Sachverhaltsaufklärung oder verfassungsrechtlich unkalkulierbares Wagnis, NStZ 2005, 485; Gusy, Das Fernmeldegeheimnis von Pressemitarbeitern als Grenze strafprozessualer Ermittlungen, NStZ 2003, 399; Hiéramente, Korrekturen bei der Bestandsdatenauskunft – eine Lehrstunde für die Demokratie?, jurisPR-StrafR 16 2020, Anmerkung 2; Hiéramente/Pfister, Datenerhebung beim Hersteller von Mobiltelefonen: Zum Erfordernis des Strukturwandels bei der strafprozessualen Datenerhebung, StV 2017, 477; Hilger, § 100g, § 100h StPO die Nachfolgeregelung zu § 12 FAG in Kraft, GA 2002, 228; Hoche, Der Entwurf eines Gesetzes zur Bekämpfung von Rechtsextremismus und Hasskriminalität – Was soll sich ändern?, IPRB 2020, 17; Horn, Der strafprozessuale Zugriff auf Verkehrsdaten nach § 100g StPO, HRRS 2009, 112; Hornung/Schnabel, Verfassungsrechtlich nicht schlechthin verboten – das Urteil des BVerfG in Sachen Vorratsdatenspeicherung, DVBl 2010, 824; Hupka, Verfassungs- und verfahrensrechtliche Probleme moderner Fahndungsmethoden am Beispiel der „stillen SMS“, 2009; Janovsky/Goger, Das Smart Car im Fokus – Automotive -IT und Strafverfolgung, RAW 2019, 99; Janßen, Verpflichtung eines datensparsamen Webmail-Anbieters zur Herausgabe von IP-Adressen an Strafverfolgungsbehörden verfassungskonform, jurisPR-ITR 14 2019, Anmerkung 2; Karg, Zugriff von Ermittlungsbehörden auf Nutzungsdaten bei der Strafverfolgung – Eine normierte Schutzlücke, DuD 2015, 85; Kindt, Die grundrechtliche Überprüfung der Vorratsdatenspeicherung: EuGH und BVerfG – wer traut sich was), MMR 2009, 661; Korn, Der strafprozessuale Zugriff auf Verkehrsdaten nach § 100g StPO, HRRS 2009, 112; Kramer, Telekommunikationsüberwachung und Verkehrsdatenabfrage bei Verdacht auf Steuerhinterziehung, NJW 2014, 1561; Krause, Ermittlungen im Darknet – Mythos und Realität, NJW 2018, 687; Krause, IP-Tracking durch Ermittlungsbehörden: Ein Fall für § 100g StPO? Zugleich Besprechung des BGH-Beschl. v. 23.9.2014 – 1 BGs 210/14; NStZ 2016, 139; Malek, Strafsachen im Internet, 2015; Matsumoto, Der strafprozessuale Zugriff auf Fahrzeugdaten gegenüber Automobilunternehmen vor dem Hintergrund des Regierungsentwurfs zum Gesetz gegen Rechtsextremismus und Hasskriminalität, RAW 2020, 118; Müller/Schwabenbauer, Unionsgrundrechte und Datenverarbeitung durch nationale Sicherheitsbehörden, NJW 2021, 2079; Münch, Praktische Nutzung der „Vorratsdatenspeicherung“, ZRP 2015, 130; Nolte/Schlutz, Verpflichtung zur Übermittlung nicht protokollierter IP-Adressen – Anmerkung zu BVerfG 2. Senat 3. Kammer, Nichtannahmebeschluss vom 20.12.2018 – 2 BvR 2377/16, jurisPR-Compl 5 2019, Anmerkung 4; Oehmichen/Mickler, Die Vorratsdatenspeicherung – Eine never ending story?, NZWiSt 2017, 298; Orantek, Die Vorratsdatenspeicherung in Deutschland, NJ 2010, 193; Petri, Die Vorratsdatenspeicherungen ZD 2021, 493; Rauschenberger, Die Funkzellenüberwachung – Möglichkeiten und Grenzen eines polizeilichen Ermittlungsinstruments, Kriminalistik 2009, 273; Roggan, Die „Technikoffenheit“ von strafprozessualen Ermittlungsbefugnissen und ihre Grenzen – Die Problematik der Auslegung von Gesetzen über ihren Wortlaut oder Wortsinn hinaus, NJW 2015, 1995; Roggenkamp, Verkehrsdatenerhebung nach § 100g Abs. 1 StPO bei Ermittlungen im Zusammenhang mit Wohnungseinbruchsdiebstahl in dauerhaft genutzte Privatwohnung, jurisPR-ITR 10 2018, Anmerkung 2; Rössel, Pflicht zur Übermittlung nicht gespeicherter IP-Adressen, ITRB 2019, 79; Roßnagel, Vorratsdatenspeicherung rechtlich vor dem Aus?, NJW 2017, 696; Roßnagel, Die neue Vorratsdatenspeicherung – Der nächste Schritt im Ringen um Sicherheit und Grundrechtsschutz, NJW 2016, 533; Roßnagel, Die „Überwachungs-Gesamtrechnung“ – Das BVerfG und die Vorratsdatenspeicherung, NJW

2010, 1238; Rottmeier/Faber, Anmerkung zu einer Entscheidung des LG München I, Beschluss vom 4.12.2019 (9 Qs 15/19) – Zur Frage, ob E-Mail-Dienste zur Auskunft über Verkehrsdaten verpflichtet sind, MMR 2020, 339; Sesing, Eine Bestandsaufnahme zum bereichsspezifischen Datenschutz für Telemedien – Die Anwendbarkeit der §§ 11–15a TMG unter Geltung der DS-GVO, MMR 2019, 347; Simitis, Der EuGH und die Vorratsdatenspeicherung oder die verfehlte Kehrtwende bei der Kompetenzregelung, NJW 2009, 1782; Singelnstein, Strafprozessuale Verwendungsregeln zwischen Zweckbindungsgrundsatz und Verwertungsverboten, ZStW 120 (2008), 854; Steinmetz, Zur Rechtsgrundlage für die Anordnung eines IP-Tracking, wistra 2015, 396; Tiedemann, Die stille SMS – Überwachung im Mobilfunk, 2004; Tölpe, Die strafprozessuale Ermittlungsmaßnahme „stille SMS", 2009; Ullrich/Notz, Erweiterter Zugriff auf Verkehrsdaten? – Pro & Contra, DRiZ 2016, 408; Valerian, Eile mit Weile – Vorratsdatenspeicherung auf dem Prüfstand, CR 2008, 282; Volkmer, Verwertbarkeit von Vorratsdaten, NStZ 2010, 318; Warken, Elektronische Beweismittel im Strafprozessrecht – eine Momentaufnahme über den deutschen Tellerrand hinaus, Teil 2 – Beweisverwertung im Zeitalter der digitalen Cloud und datenspezifische Regelungen in der StPO, NZWiSt 2017, 329; Welp, Verbindungsdaten, Zur Reform des Auskunftsrechts (§§ 100g, 100h StPO), GA 2002, 545; Werkmeister/Schuler/Böhm, Telekommunikationsrechtliche Anforderungen an die Autoindustrie, RAW 2019, 64; Wernert, Internetkriminalität, 3. Auflage 2017; Wohlers/Demko, Der strafprozessuale Zugriff auf Verbindungsdaten, StV 2003, 241; Wollenschläger, Die Erga-omnes-Wirkung von EuGH-Urteilen in Vorabentscheidungsverfahren und die TK-Verkehrsdatenspeicherung, NJW 2018, 2532; Ziebarth, Die Vorratsdatenspeicherung im Wandel der EuGH-Rechtsprechung, ZUM 2017, 398; Zöller, Vorratsdatenspeicherung zwischen nationaler und europäischer Strafverfolgung, GA 2007, 393.

Übersicht

A. Grundlagen

I. Regelungsinhalt von § 100g und § 101a

1 § 100g wurde durch das Gesetz zur Einführung einer Speicherpflicht und einer Höchstspeicherfrist für Verkehrsdaten vom 10.12.2015 vollständig neu gefasst.[1] Die Neufassung war durch die **Vorratsdatenspeicherungsentscheidung des BVerfG** notwendig geworden, in der das Gericht die Vorgängerregelung (und die korrespondierenden Vorschriften im TKG) für verfassungswidrig erklärt hatte.[2] Neben einigen kleineren Anpassungen (ua Erweiterungen des Straftatenkatalogs) durch verschiedene Gesetze wurde unlängst auch eine Erhebungsbefugnis für geschäftlich gespeicherte Standortdaten durch das Gesetz zur Umsetzung der Richtlinie (EU) 2016/680 im Strafverfahren sowie zur Anpassung datenschutzrechtlicher Bestimmungen an die Verordnung (EU) 2016/679 vom 22.11.2019 eingeführt.[3] Die ursprünglich im Gesetz zur Bekämpfung der Hasskriminalität und des Rechtsextremismus vorgesehene Erhebungsbefugnis für sog. Nutzungsdaten bei Telemediendiensten (§ 100g Abs. 1 S. 2 StPO-Entwurf) wurde in der durch den Vermittlungsausschuss abgeänderten Fassung des Gesetzes zur Anpassung der Regelungen über die Bestandsdatenauskunft an die Vorgaben aus der Entscheidung des Bundesverfassungsgerichts vom 27. Mai 2020 nunmehr in § 100k eigenständig geregelt.[4] Änderungen ergeben sich für § 100g – wie für §§ 100j und 100k mit dem Inkrafttreten des Telekommunikationsmodernisierungsgesetz[5] und des TTDSG[6] zum 1. Dezember 2021. Dort werden die Datenverarbeitungsbefugnisse für Telekommunikations- und Telemediendienstleister grundlegend reformiert und an die neue europäische Rechtslage (DSGVO und Richtlinie 2018/1972/EU) angepasst und die Verweise dorthin in § 100g entsprechend geändert.

2 § 100g Abs. 1 S. 1, S. 2 erlaubt den Behörden in der derzeit geltenden Fassung die Erhebung von **Verkehrsdaten iSv §§ 9 und 12 TTDSG)** und § 2a Abs. 1 des Gesetzes über die Errichtung einer Bundesanstalt für den Digitalfunk der Behörden und Organisationen mit Sicherheitsaufgaben bei der Ermittlung wegen „erheblicher Straftaten" und solcher Straftaten, die mittels Telekommunikation begangen werden.

3 Die neugefassten § 100g Abs. 1 S. 3, S. 4 regeln die Erhebung **von Standortdaten als Spezialfall der Verkehrsdaten.** Nach §§ 9, 12 TTDSG (bis 1. Dezember 2021: § 96 Abs. 1 TKG) und § 2a Abs. 1 des Gesetzes über die Errichtung einer Bundesanstalt für den Digitalfunk der Behörden und Organisationen mit Sicherheitsaufgaben – also zu geschäftlichen Zwecken – gespeicherte Standortdaten dürfen nach S. 3 nur unter den verschärften Anforderungen des Abs. 2 (dazu sogleich → Rn. 4) erhoben werden. S. 4 betrifft dagegen die zukünftig anfallenden oder in Echtzeit zu erhebenden Standortdaten und erlaubt die Erhebung unter den Voraussetzungen des Abs. 1 S. 1 Nr. 1 (erhebliche Straftaten).

4 § 100g Abs. 2 korrespondiert mit der Speicherpflicht für **Verkehrsdaten aus § 176 TKG (bis 1. Dezember 2021: § 113b TKG)** und erlaubt die Erhebung solcher Daten, wenn eine in Abs. 2 S. 2 genannte besonders schwere Straftat begangen wurde. Die Vorschrift hat derzeit kaum praktische Bedeutung, weil die Bundesnetzagentur die Pflicht zur Vorratsdatenspeicherung aus § 176 TKG (bis 1. Dezember 2021: § 113b TKG) für Telefonanbieter und Internetprovider derzeit nicht durchsetzt und Verstöße gegen die Speicherpflicht nicht sanktioniert.[7] Grund hierfür ist, dass das OVG Münster in einem Beschluss in einer einstweiligen Rechtsschutzsache die Speicherpflicht des

---

1 BGBl. 2015 I 2218.
2 BVerfG 2.3.2010 – 1 BvR 256, 263, 586/08, BVerfGE 125, 260 = NJW 2010, 833.
3 BGBl. 2019 I 1724.
4 BGBl. 2021 I 448.
5 BGBl. 2021 I 1958.
6 BGBl. 2021 I 1982.
7 https://www.bundesnetzagentur.de/DE/Sachgebiete/Telekommunikation/Unternehmen_Institutionen/Anbieterpflichten/OeffentlicheSicherheit/Umsetzung110TKG/VDS_113aTKG/VDS.html (Stand: 15.9.2020).

§ 176 TKG (bis 1. Dezember 2021: § 113b TKG) als nicht mit Unionsrecht vereinbar angesehen hat.[8] Diese Entscheidung beruht ihrerseits auf zwei Entscheidungen des EuGH. Zunächst hatte dieser die Richtlinie 2006/24/EG, welche die Mitgliedstaaten zur Einführung einer Verkehrsdatenvorratsspeicherung verpflichtete, als für nicht mit dem Unionsrecht (namentlich Art. 7 und 8 GRC) vereinbar und damit ungültig erachtet.[9] In einer weiteren Entscheidung hat der EuGH die schwedische und die englische Regelung zur Vorratsdatenspeicherung als nicht mit Art. 15 der Richtlinie 2002/58/EG, welcher im Lichte der Unionsgrundrechte aus Art. 7, 8 und 11 der GRC auszulegen sei, vereinbar erklärt.[10]

§ 100g Abs. 3 S. 1 gestattet die Erhebung aller in einer **Funkzelle** angefallenen Verkehrsdaten nach §§ 9, 12, TTDSG (bis 1. Dezember 2021: § 95 Abs. 1 TKG) und § 2a Abs. 1 des Gesetzes über die Errichtung einer Bundesanstalt für den Digitalfunk der Behörden und Organisationen mit Sicherheitsaufgaben **(sog. Funkzellenabfrage),** wenn eine erhebliche Straftat iSv Abs. 1 S. 1 Nr. 1 begangen wurde. § 100g Abs. 3 S. 2 bestimmt, dass für eine solche Abfrage auf nach § 176 TKG (bis 1. Dezember 2021: § 113b TKG) pflichtmäßig gespeicherte Verkehrsdaten nur unter den Voraussetzungen des Abs. 2 zugegriffen werden darf. 5

§ 100g Abs. 4 enthält nun für die Erhebung von Verkehrsdaten iSv § 176 TKG (bis 1. Dezember 2021: § 113b TKG) eine mit § 100d Abs. 5 vergleichbare **Norm zum Schutz von Zeugnisverweigerungsberechtigten** Berufsträgern, die insoweit der allgemeinen Regelung in § 160a vorgeht. Eine Vorschrift zum Schutz des Kernbereichs fehlt dagegen bislang in § 100g. Dies beruht vermutlich auf der – fehlerhaften – Einschätzung des Gesetzgebers, dass die Erhebung von Verkehrsdaten typischerweise nicht mit der Erhebung von Kernbereichsdaten einhergeht. Indes können auch Verkehrsdaten (wenngleich wohl seltener als Inhalts- oder Nutzungsdaten) dem Kernbereich privater Lebensführung zugerechnet werden. Dies gilt vor allem dann, wenn sich bereits aus der Kenntnis der an einer Kommunikation beteiligten Personen kernbereichsrelevante Informationen ableiten lassen (zB Telefonat mit hochspezialisierten Ärzten, telefonischer oder E-Mail-Verkehr mit einem Swingerclub oÄ, Kommunikation mit bestimmten Internetservern, auf denen Informationen zu finden sind, die Rückschlüsse auf sexuelle Vorlieben oder gesundheitliche Probleme zulassen). Ferner gilt dies, wenn vor einer Verkehrsdatenabfrage nur sachbezogene Informationen vorliegen, die jedoch bei einer Zuordnung zu einer bestimmten Person dem Kernbereich privater Lebensführung dieser Person zuzurechnen sind (zB durch eine Abfrage der verwendeten IP-Adresse und der Zuordnung zu einem bestimmten Anschluss). 6

§ 100g Abs. 5 StPO enthält die früher in § 100g Abs. 3 enthaltene – **deklaratorische** – Regelung, dass die Erhebung von Verkehrsdaten nach Abschluss des Kommunikationsvorgangs, die nicht beim Telekommunikationsanbieter erfolgt, sich nach den „allgemeinen Vorschriften" richtet. Hiermit ist vor allem die Beschlagnahme der Daten beim Telekommunikationsteilnehmer selbst nach den §§ 94 ff. gemeint.[11] Dementsprechend ist auch eine „heimliche Beschlagnahme" von Verkehrsdaten nach §§ 94, 95a nur außerhalb eines laufenden Telekommunikationsvorgangs und nicht beim Telekommunikationsanbieter zulässig. 7

Neuerdings sind weitere bei der Anwendung von § 100g zu beachtende **Verfahrensvorschriften in § 101a** geregelt. Neben formellen Anforderungen (entsprechende Geltung von § 100e, Begründungs-, Kennzeichnungs- und Benachrichtigungspflichten) enthält § 101a in Abs. 1 iVm § 100a Abs. 3, Abs. 4 Regelungen zur Maßnahmerichtung und zur Mitwirkungspflicht der Telekommunikationsdienstanbieter. Außerdem sind in Abs. 4 und Abs. 5 spezielle Regeln für die Zweckänderung der erhobenen Daten normiert und Abs. 6 regelt spezielle Benachrichtigungspflichten. 8

---

[8] OVG Münster 22.6.2017 – 13 B 238/17, NVwZ-RR 2018, 43.
[9] EuGH 8.4.2014 – C-293/12, C-594/12, ECLI:EU:C:2014:238 = NJW 2014, 2169.
[10] EuGH 21.12.2016 – C-203/15, C-698/15, ECLI:EU:C:2016:970 = NJW 2017, 717.
[11] Köhler in Meyer-Goßner/Schmitt § 100g Rn. 44.

II. Verfassungs- und Europarechtliche Grundlagen

9 § 100g weist – zumindest was die Befugnis zur Erhebung von Verkehrsvorratsdaten in Abs. 1 S. 3, Abs. 2, Abs. 3 S. 2 angeht – eine **bewegte verfassungs- und europarechtliche „Geschichte"** auf.[12]

10 **1. Die Vorratsdatenspeicher-Richtlinie und die erste deutsche Umsetzung.** Aufgrund der weltweiten Verbreitung moderner Telekommunikationsmittel und damit einhergehend deren verstärkter Nutzung auch zur Begehung von Straftaten erließen das Europäische Parlament und der Rat der Europäischen Union am 15.3.2006 die Richtlinie 2006/24/EG, um zu gewährleisten, dass jedenfalls diejenigen Verkehrsdaten, die Aufschluss über die durchgeführte Kommunikation hinsichtlich der beteiligten Anschlüsse, die Namen ihrer Nutzer, Beginn und Ende sowie den Ort der Telekommunikation geben, „zum Zwecke der Ermittlung, Feststellung und Verfolgung von schweren Straftaten"[13] **auch dann noch zur Verfügung stehen,** wenn deren Beweisrelevanz erst später erkannt werden sollte. Die am 3.5.2006 in Kraft getretene Richtlinie war ua durch die aufgrund der nachstehend dargestellten Entscheidung des BVerfG nichtigen Passagen in § 100g Abs. 1 S. 1 aF sowie die nunmehr ebenfalls nichtigen §§ 113a, 113b TKG aF in nationales Recht umgesetzt worden. In § 113a TKG aF waren die von Art. 5 der Richtlinie 2006/24/EG vorgegebenen Kategorien der auf Vorrat zu speichernden Daten übernommen worden. Eine gegen die Richtlinie erhobene Nichtigkeitsklage, die darauf gestützt worden war, die Richtlinie sei rechtswidrig auf Art. 95 EG (nunmehr Art. 114 AEUV) gestützt worden, hatte der EuGH abgewiesen.[14]

11 § 100g Abs. 1 S. 1 aF berechtigte die Strafverfolgungsbehörden zur Erhebung der auf der Grundlage des § 113a TKG aF gespeicherten Vorratsdaten. Das BVerfG hat mit Urteil vom 2.3.2010[15] festgestellt, dass **§ 100g Abs. 1 S. 1 aF insoweit gegen Art. 10 Abs. 1 GG verstößt und damit nichtig ist,** als die Vorschrift zur Erhebung dieser Vorratsdaten berechtige. Die Vorschriften der §§ 113a, 113b TKG aF hat das BVerfG vollständig für verfassungswidrig erklärt.

12 **2. Schutz der Verkehrsdaten durch Art. 10 Abs. 1 GG, Art. 7, 8 GRC.** Nach stRspr des BVerfG und ganz hM in der Literatur schützt das **Telekommunikationsgeheimnis** gem. Art. 10 Abs. 1 Var. 3 GG neben den übertragenen Daten und Informationen selbst (Inhaltsdaten) auch **Informationen und Daten über die Umstände** (Wer? Wann? Mit wem? Welches Kommunikationsmedium?) konkreter Datenübermittlungsvorgänge.[16] Begründet wird dies zu Recht damit, dass diese Informationen Rückschlüsse auf das Kommunikations- und Bewegungsverhalten des Einzelnen sowie auf Art und Intensität von Beziehungen zwischen Personen sowie auf den Inhalt der geführten Kommunikation zulassen.[17] Nach der Rspr. des EuGH sind gespeicherte Verkehrsdaten auch von Art. 7 und 8 GRC geschützt.[18]

---

[12] Siehe auch die detaillierte Darstellung bei Bär in KMR-StPO § 100g Rn. 5 ff. und bei Petri ZD 2021, 493.

[13] Art. 1 der Richtlinie 2006/23/EG vom 15.3.2006, Amtsblatt der Europäischen Union 2006, ABl. L 105.

[14] Vgl. zu der Entscheidung Simitis NJW 2009, 1782; Braun ZRP 2009, 174; Kindt MMR 2009, 661 (663).

[15] BVerfG 2.3.2010 – 1 BvR 256/08, NJW 2010, 833.

[16] Vgl. statt vieler BVerfG 20.6.1984 – 1 BvR 1494/78, BVerfGE 67, 157 (172) = NJW 1985, 121; 2.3.2010 – 1 BvR 256, 263, 586/08, BVerfGE 125, 260 (309) = NJW 2010, 833; 24.1.2012 – 1 BvR 1299/05, BVerfGE 130, 151 (179) = NJW 2012, 1419; Guckelberger in Schmidt-Bleibtreu/Hofmann/Henneke GG Art. 10 Rn. 24; Gusy in v. Mangoldt/Klein/Starck GG Art. 10 Rn. 65 jeweils mwN.

[17] BVerfG 2.3.2006 – 2 BvR 2099/04, BVerfGE 115, 166 (183) = NJW 2006, 976; ausführlich BVerfG 12.3.2003 – 1 BvR 330/96, 348/99, BVerfGE 107, 299 (319 f.) = NJW 2003, 1787.

[18] EuGH 8.4.2014 – C-293/12, C-594/12, ECLI:EU:C:2014:238 = NJW 2014, 2169; EuGH 21.12.2016 – C-203/15, C-698/15, ECLI:EU:C:2016:970 = NJW 2017, 717.

3. Rechtsprechung des BVerfG zur Vorratsdatenspeicherung. Das BVerfG geht davon aus, dass eine Pflicht zur Vorratsdatenspeicherung von Verkehrsdaten für eine Frist von bis zu sechs Monaten **prinzipiell mit Art. 10 Abs. 1 GG vereinbar sein kann.**[19] Der Eingriff hat allerdings, wegen seiner **großen Streubreite** (jeder Telekommunikationsteilnehmer) und der großen Aussagekraft der Verkehrsdaten insbesondere dann, wenn sie über einen längeren Zeitraum gespeichert werden, sehr großes Eingriffsgewicht und bedarf daher strenger Schutzvorkehrungen zur Wahrung der Verhältnismäßigkeit.[20] Zu diesen gehören: Ein besonders hoher Standard der Datensicherheit, strenge Verwendungsregeln und -begrenzungen (zB Verdacht der Begehung schwerer Straftaten), Löschungspflichten, Vorkehrungen zur Transparenz der Datenverwendung, effektive Rechtsschutzmöglichkeiten (inklusive Benachrichtigungspflichten und Richtervorbehalt bei heimlichen Maßnahmen) und Sanktionen bei Verstößen, formelle Anforderungen an die Anordnung (Inhalt und Begründung), Speicherung, Filterung und Übermittlung durch private Dritte (nicht die Behörden).[21] Diese Rechtsprechung hat das BVerfG im Rahmen mehrere Eilanträge, die neben den Verfassungsbeschwerden gegen die Neuregelung der §§ 113a ff. TKG aF (ab 1. Dezember 2021: §§ 175 ff. TKG) und § 100g eingelegt wurden, bestätigt und die Eilanträge abgelehnt.[22] In einem Nichtannahmebeschluss hat das BVerfG außerdem bereits entschieden, dass die §§ 113a f. TKG aF (ab 1. Dezember 2021: §§ 175 f. TKG) keine Verletzung von Art. 12 Abs. 1 GG der Telekommunikationsanbieter darstellen, da es sich um eine gerechtfertigte Berufsausübungsregel handele.[23] 13

4. Rechtsprechung des EuGH zur Vorratsdatenspeicherung. Auch der EuGH hält die Verkehrsdatenvorratsspeicherung zu Zwecken der Strafverfolgung schwerer Kriminalität für prinzipiell mit Art. 7, 8, 11 GRC vereinbar. Der EuGH verlangt im Rahmen der Verhältnismäßigkeit jedoch ebenfalls **geeignete Garantien für die Datensicherheit und gegen missbräuchliche Verwendung der Daten.** Außerdem postuliert der EuGH Einschränkungen hinsichtlich der erfassten Nutzer (zB Ausschluss von zeugnisverweigerungsberechtigten Berufsgruppen bzw. Beschränkung der Vorratsdatenspeicherung auf solche Personen, bei denen Anhaltspunkte dafür bestehen, dass ihr Verhalten zumindest mittelbar oder entfernt mit schweren Straftaten im Zusammenhang steht) und der erfassten Daten (zB lokale oder zeitliche Beschränkungen der Erfassungen oder Begrenzung auf einen bestimmten Personenkreis).[24] Schließlich muss der Zugang zu den Verkehrsvorratsdaten auf das notwendige Minimum beschränkt sein.[25] Im Unterschied zum BVerfG sieht der EuGH aus Verhältnismäßigkeitsgründen somit **eine anlasslose und nicht begrenzte Vorratsdatenspeicherung von Verkehrsdaten als nicht mit Art. 7, 8, 11 GRC und Art. 15 Richtlinie 2002/58/EG vereinbar an.**[26] Eine europarechtskonforme Neuregelung der Vorratsdatenspeicherung muss somit Begrenzungen vor allem hinsichtlich der einbezogenen Nutzer und der zu speichernden Daten enthalten.[27] Die Nutzung von Verkehrsvorratsdaten muss außerdem auf die Verfolgung „schwerer Straftaten" begrenzt sein und grds. (und vorbehaltlich der Regelung besonders eilbedürftiger Konstellationen) von einem Richter oder einer vergleichbar unabhängigen Stelle (nicht die Staatsanwaltschaft) angeordnet werden.[28] 14

---

19 BVerfG 2.3.2010 – 1 BvR 256/08, NJW 2010, 833 Rn. 205.

20 BVerfG 2.3.2010 – 1 BvR 256/08, NJW 2010, 833 Rn. 210 ff.

21 BVerfG 2.3.2010 – 1 BvR 256/08, NJW 2010, 833 (838 ff.).

22 BVerfG 8.6.2016 – 1 BvR 229/16 u. 1 BvQ 42/15, ZD 2016, 433; 26.3.2017 – 1 BvR 3156/15, 1 BvR 141/16, ZD 2017, 300; 26.3.2017 – 1 BvR 3156/15, BeckRS 2017, 106847.

23 BVerfG 28.9.2017 – 1 BvR 847/16, ZD 2018, 440.

24 Zu möglichen Sonderregeln zur zeitlich begrenzten Anordnung der Speicherung von IP-Adressen der Quelle einer Verbindung EuGH 6.10.2020 – C 511/18 ua ECLI:EU:C:2020:791 = NJW 2021, 531.

25 Zum Ganzen EuGH 8.4.2014 – C-293/12, C-594/12, ECLI:EU:C:2014:238 = NJW 2014, 2169 und EuGH 21.12.2016 – C-203/15, C-698/15, ECLI:EU:C:2016:970 = NJW 2017, 717.

26 Siehe zur EuGH-Rspr. auch Ziebarth ZUM 2017, 398.

27 Siehe zu den konkreten Auswirkungen der EuGH-Entscheidung Wollenschläger NJW 2018, 2532; Derksen NVwZ 2017, 1005; zu relevanter Rspr. des EGMR Boehm/Andrees CR 2016, 146.

28 EuGH 2.3.2021 – C-746/18, ECLI:EU:C:2021:152 = BeckRS 2021, 3003; guter Überblick zur EuGH Rspr. und deren Auswirkungen bei Müller/Schwabenbauer NJW 2021, 2079.

15 **5. Aktuelle rechtliche Lage der Vorratsdatenspeicherung in Deutschland.** Während über die Verfassungsbeschwerden gegen die Neu-Regelungen der §§ 113a ff. TKG aF (ab 1. Dezember 2021: §§ 175 ff. TKG) und § 100g in der Hauptsache noch nicht entschieden wurde, hat das **OVG Münster,** im Anschluss an die beiden o. g. Entscheidungen des EuGH, im Verfahren des einstweiligen Rechtsschutzes entschieden, dass die Regelung in §§ 113a ff. TKG aF (ab 1. Dezember 2021: §§ 175 ff. TKG) nicht mit Europarecht (Art. 15 Abs. 1 der Richtlinie 2002/58/EG im Lichte der Grundrechte der Art. 7, 8, 11 GRC) zu vereinbaren ist.[29] Die **Bundesnetzagentur** reagierte hierauf, indem sie verkündete, bis zur rechtskräftigen Entscheidung im Hauptsacheverfahren vor dem OVG Münster keine Maßnahmen zur Durchsetzung der Speicherpflicht in §§ 113a ff. TKG aF (ab 1. Dezember 2021: §§ 175 ff. TKG) zu ergreifen und auf bußgeldrechtliche Sanktionen bei Verstößen gegen die Pflicht zu verzichten.[30] Zwischenzeitlich hat das **BVerwG,** das aufgrund einer durch die Bundesnetzagentur eingelegten Sprungrevision gegen eine entsprechende Entscheidung des VG Köln im Hauptsachverfahren mit der Sache befasst wurde, **dem EuGH die Sache nach Art. 267 AEUV zur Entscheidung vorgelegt.**[31] Da auch die deutsche Regelung keine Begrenzungen hinsichtlich der erhobenen Verkehrsdaten und der betroffenen Nutzer enthält, spricht vieles dafür, dass der EuGH auch die §§ 113a ff. TKG aF (ab 1. Dezember 2021: §§ 175 ff. TKG) als nicht mit Art. 15 Abs. 1 der Richtlinie 2002/58/EG im Lichte der Art. 7, 8, 11 GRC vereinbar erklären wird.[32] Zu diesem Ergebnis gelangt auch ein aktuelles Gutachten des wissenschaftlichen Dienstes des Bundestags.[33]

16 Trotz der (wahrscheinlichen) Europarechtswidrigkeit der Regelungen in § 113b TKG aF hat der Gesetzgeber die Norm im Telekommunikationsmodernisierungsgesetz erneut (mit lediglich sprachlichen Änderungen) als § 176 TKG aF inhaltsgleich übernommen. Auf die europarechtlichen Bedenken gegen die Regelung wird in der Gesetzesbegründung nicht eingegangen.[34] Die Neuregelung ist – gemeinsam mit dem TTDSG – am 1. Dezember 2021 in Kraft getreten.[35]

17 **6. Anwendbarkeit der §§ 45 ff. BDSG.** Über die Brücke des § 500 Abs. 1 sind die §§ 45 ff. BDSG auch im Rahmen von Maßnahmen nach § 100g zu beachten. Wie bei § 100a spielen vor allem die §§ 48, 64 und 71 f. BDSG eine große Rolle. Bezüglich der Anforderungen an die Datensicherheit (§ 64 BDSG), die datenschutzfreundlichen Voreinstellungen und Maßnahmen (§ 71 BDSG) sowie die Unterscheidung zwischen personenbezogenen Daten verschiedener Arten von Personengruppen (§ 72 BDSG) **kann auf die Ausführungen bei § 100a (→ § 100a Rn. 38 ff.) verwiesen** werden.

18 Auch bei der Erhebung von Verkehrsdaten muss die **strengere Verhältnismäßigkeitsprüfung des § 48 Abs. 1 BDSG** beachtet und müssen geeignete **Schutzmaßnahmen** („Garantien") zum Schutz der „besonderen Kategorien personenbezogener Daten" iSv § 46 Nr. 14 BDSG ergriffen werden. Denn auch aus Verkehrsdaten lassen sich Schlüsse auf Informationen ziehen, die dieser Kategorie unterfallen (zB regelmäßige Kommunikation mit Gewerkschaftsvertretern oder spezialisierten Ärzten, der Besuch von Internetseiten, die Rückschlüsse auf die sexuelle Orientierung zulassen oder die bestimmten Religionsgemeinschaften zugeordnet sind etc). Wie § 100a kommt vor allem eine Löschung oder verschlüs-

[29] OVG Münster 22.6.2017 – 13 B 238/17, NVwZ-RR 2018, 43; siehe auch OVG Münster 25.8.2017 – 13 B 762/17, ZD 2017, 584; VG Köln 20.4.2018 – 9 K 7417/17, CR 2018, 475.

[30] https://www.bundesnetzagentur.de/DE/Sachgebiete/Telekommunikation/Unternehmen_Institutionen/Anbieterpflichten/OeffentlicheSicherheit/Umsetzung110TKG/VDS_113aTKG/VDS.html (Stand: 15.9.2020).

[31] BVerwG 25.9.2019 – 6 C 12/18, NVwZ 2020, 1108 und BVerwG 25.9.2019 – 6 C 13.18, BeckRS 2019, 26126; siehe auch Bär in KMR-StPO § 100g Rn. 19d zu weiteren Verfahren vor dem EuGH.

[32] Vgl. hierzu Roßnagel NJW 2017, 696; ebenso Oehmichen/Mickler NZWiSt 2017, 298, Beukelmann NJW-Spezial 2020, 696.

[33] https://www.bundestag.de/resource/blob/808602/be283d6fa68962957c934f2402f51296/WD-3-240-20-pdf-data.pdf, S. 10 (Stand: 26.12.2020).

[34] BT-Drs. 19/26108, 368.

[35] BT-Drs. 19/28865, 429.

selte, getrennte Speicherung dieser Daten in Betracht, da sie nur selten von Verfahrensrelevanz sein werden (Ausnahmen sind freilich möglich zB religiöse Anschauungen im Rahmen eines Verfahrens wegen islamistischem Terrorismus). Für Details → § 100a Rn. 39.

7. Verhältnis von TKG/TMG und E-Privacy-Richtlinie zur DSGVO. a) Rechtslage vor Inkrafttreten des TTDSG und des TK-Modernisierungsgesetzes. Die mit § 100g vor Inkrafttreten des Gesetzes zur Regelung des Datenschutzes und des Schutzes der Privatsphäre in der Telekommunikation und bei Telemedien (TTDSG)[36] und des Telekommunikationsmodernisierungsgesetzes (TK-Modernisierungsgesetz)[37] korrespondierenden Normen des TKG (§ 96 und §§ 113a–113c TKG aF) basierten auf **verschiedenen europäischen Rechtsakten.** Das Recht zur Datenverarbeitung durch die Telekommunikations-Provider in § 96 TKG aF war die Umsetzung von Art. 6 Abs. 1–4 Richtlinie 2002/58/EG (e-Privacy-Richtlinie). Die Pflicht zur Vorratsdatenspeicherung in §§ 113a–113c TKG aF (bzw. deren für verfassungswidrig erklärte Vorgängernormen) setzten Art. 3 ff. der mittlerweile vom EuGH für ungültig erklärten[38] Richtlinie 2006/24/EG (Vorratsdatenspeicherungs-Richtlinie) um. 19

Durch das Inkrafttreten der Datenschutz-Grundverordnung (DSGVO) stellte sich die Frage, ob und wenn ja, welche der o. g. deutschen Normen durch den **Anwendungsvorrang der DSGVO** als europarechtlicher Sekundärakt[39] verdrängt wurden und nicht mehr anwendbar waren. Eine Antwort darauf lässt sich **Art. 95 DSGVO** entnehmen. Dort heißt es, dass die DSGVO „in Bezug auf die Verarbeitung in Verbindung mit der Bereitstellung öffentlich zugänglicher elektronischer Kommunikationsdienste in öffentlichen Kommunikationsnetzen" natürlichen und juristischen Personen keine neuen Pflichten auferlege, „soweit sie besonderen in der Richtlinie 2002/58/EG festgelegten Pflichten unterliegen, die dasselbe Ziel verfolgen." Entscheidend ist somit zum einen, ob es sich bei den Verpflichteten um die Anbieter von öffentlich zugänglichen elektronischen Kommunikationsdiensten handelt, zum anderen, ob die in der Richtlinie 2002/58/EG niedergelegten Pflichten bzw. deren deutsche Umsetzungsnormen dieselben Ziele verfolgen wie die DSGVO. 20

aa) Rechtslage bzgl. sog. OTT-Dienstleister vor Wirkung von Art. 125 Abs. 3 Richtlinie 2018/1972/EU. Der Begriff des **„elektronischen Kommunikationsdienstes"** ist in der DSGVO nicht definiert. In Art. 2 Abs. 1 der Richtlinie 2002/58/EG wird aber auf die Legaldefinition in Art. 2 Abs. 1c) Richtlinie 2002/21/EG verwiesen. Danach sind elektronische Kommunikationsdienste „gewöhnlich gegen Entgelt erbrachte Dienste, die ganz oder überwiegend in der Übertragung von Signalen über elektronische Kommunikationsnetze bestehen, einschließlich Telekommunikations- und Übertragungsdienste in Rundfunknetzen, jedoch ausgenommen Dienste, die Inhalte über elektronische Kommunikationsnetze und -dienste anbieten oder eine redaktionelle Kontrolle über sie ausüben; nicht dazu gehören die Dienste der Informationsgesellschaft im Sinne von Artikel 1 der Richtlinie 98/34/EG, die nicht ganz oder überwiegend in der Übertragung von Signalen über elektronische Kommunikationsnetze bestehen". Zentrales Tatbestandsmerkmal dieser Definition ist, wie auch der EuGH zuletzt betont hat,[40] die **„Übertragung von Signalen über elektronische Kommunikationsnetze"**, wobei es unerheblich ist, ob die Übertragung über eigene oder fremde Infrastruktur erfolgt. Dementsprechend waren von diesem Begriff des „elektronischen Kommunikationsdienstes" bislang alle Telekommunikationsdienste iSv § 3 Nr. 24 TKG aF erfasst. Sog. OTT-Dienstleister waren nur erfasst, soweit sie nach der einschlägigen Rspr. des EuGH auch elektronischer Kommunikationsdienst in diesem Sinne waren (siehe oben → § 100a Rn. 229 ff.). 21

[36] BGBl. 2021 I 1982.
[37] BGBl. 2021 I 1858.
[38] EuGH 8.4.2014 – C-293/12 und C-594/12, ECLI:EU:C:2014:238 = NJW 2014, 2169.
[39] Zum Anwendungsvorrang allgemein Calliess/Ruffert AEUV Art. 1 Rn. 16 ff. mwN.
[40] EuGH 13.6.2019 – C-193/18, ECLI:EU:C:2019:498 = NJW 2019, 2597; 5.6.2019 – C-142/18, ECLI:EU:C:2019:460 = MMR 2019, 517.

21a Dementsprechend kommt es darauf an, ob § 96 TKG aF bzw. dessen europarechtliche Grundlage in Art. 6 Abs. 1–4 Richtlinie 2002/58/EG „dieselben Ziele" verfolgt wie die DSGVO und den Dienstleistern „besondere Verpflichtungen" hinsichtlich der Verarbeitung von Verkehrsdaten auferlegen. Art. 6 Abs. 1–4 Richtlinie 2002/58/EG und § 96 Abs. 1 TKG aF bilden zum einen eine beschränkte Rechtsgrundlage zur Datenverarbeitung, schreiben zum anderen spezielle Datenschutzpflichten für den Anbieter und Datenschutzrechte für den Nutzer vor. Daher kann davon ausgegangen werden, dass die Normen ebenfalls das Ziel der Regelung des Umgangs mit personenbezogenen Daten und insbesondere die Begrenzung der Verarbeitung und die Regelung von Datenschutzpflichten und -rechten verfolgen. Diese Ziele entsprechen Art. 1 Abs. 1 der DSGVO. Außerdem enthalten die Art. 6 Abs. 1–4 Richtlinie 2002/58/EG und § 96 Abs. 1 TKG aF „besondere Pflichten" im Umgang mit den (personenbezogenen) Verkehrsdaten, sodass auch die zweite Voraussetzung erfüllt ist.

21b Für Telekommunikationsdienste iSv § 3 Nr. 24 TKG aF greift somit hinsichtlich der Verarbeitung von Verkehrsdaten nach § 96 Abs. 1 TKG aF die Bereichsausnahme von Art. 95 DSGVO ein, mithin wurde § 96 Abs. 1 TKG aF für diese Dienstleister nicht von der DSGVO verdrängt.

22 **bb) Auswirkungen von Art. 125 Abs. 3 Richtlinie 2018/1972/EU auf OTT-Dienstleister?** Die Richtlinie 2002/21/EG wurde nunmehr mit Wirkung zum 21.12.2020 durch den sog. europäischen Kodex für elektronische Kommunikation aufgehoben (siehe Art. 125 EU-Richtlinie 2018/1972). Daher tritt an die Stelle der o. g. Definition des elektronischen Kommunikationsdienstes in der aufgehobenen Richtlinie nun die Definition in Art. 2 Nr. 4 EU-Richtlinie 2018/1972 (vgl. Art. 125 Abs. 3 Richtlinie 2018/1972/EU). Danach sind elektronische Kommunikationsdienste gewöhnlich gegen Entgelt über elektronische Kommunikationsnetze erbrachte Dienste, die – mit der Ausnahme von Diensten, die Inhalte über elektronische Kommunikationsnetze und -dienste anbieten oder eine redaktionelle Kontrolle über sie ausüben – folgende Dienste umfassen: a) „Internetzugangsdienste" im Sinne der Begriffsbestimmung des Art. 2 Abs. 2 Nr. 2 der Verordnung (EU) 2015/2120; b) interpersonelle Kommunikationsdienste; c) Dienste, die ganz oder überwiegend in der Übertragung von Signalen bestehen, wie Übertragungsdienste, die für die Maschine-Maschine-Kommunikation und für den Rundfunk genutzt werden. Neu und für die §§ 100a ff. von praktischer Bedeutung ist der Begriff des „interpersonellen Kommunikationsdienstes". Damit ist nach Art. 2 Nr. 5 EU-Richtlinie 2018/1972 ein gewöhnlich gegen Entgelt erbrachter Dienst gemeint, der einen direkten interpersonellen und interaktiven Informationsaustausch über elektronische Kommunikationsnetze zwischen einer endlichen Zahl von Personen ermöglicht, wobei die Empfänger von den Personen bestimmt werden, die die Kommunikation veranlassen oder daran beteiligt sind; nicht dazu zählen allerdings Dienste, die eine interpersonelle und interaktive Kommunikation lediglich als untrennbar mit einem anderen Dienst verbundene untergeordnete Nebenfunktion ermöglichen. Diese Definition umfasst nunmehr auch die sog. OTT-Dienstleister, die selbst keine Kommunikationsnetze betreiben, jedoch elektronische Telekommunikation zwischen Personen ermöglichen (zB Messenger-Dienste, Webmailprovider, Voice-over-IP-Dienste). Da die Richtlinie 2018/1972/EU nun ua die Richtlinie 2002/21/EG ersetzen soll (Erwägungsgrund 1 der Richtlinie 2018/1972/EU) und wie sich aus Art. 125 Abs. 3 Richtlinie 2018/1972/EU ergibt, ist davon auszugehen, dass auch in Art. 95 DSGVO die neue Begriffsdefinition anzuwenden ist und nunmehr auch die interpersonellen Kommunikationsdienste und damit viele der sog. OTT-Dienstleister nicht mehr in den Anwendungsbereich der DSGVO fallen, soweit die übrigen Voraussetzungen des Art. 95 DSGVO erfüllt sind.

22a Hier stellte sich nun das Problem, dass die Richtlinie 2018/1972/EU erst zum 1. Dezember 2021 (mit dem Inkrafttreten des Telekommunikationsmodernisierungsgesetzes) in deutsches Recht umgesetzt wurde. Bis dahin galt für § 96 Abs. 1 TKG aF weiterhin der Begriff des Telekommunikationsdienstes aus § 3 Nr. 24 TKG aF, welcher nur manche, bei weitem aber nicht alle OTT-Dienstleister umfasst (siehe hierzu → § 100a Rn. 229 ff.).

Dementsprechend unterlagen die OTT-Dienstleister, welche nicht von § 3 Nr. 24 TKG aF und daher auch nicht von § 96 Abs. 1 TKG aF erfasst waren, zwar „besonderen Pflichten" hinsichtlich der Verarbeitung von Verkehrsdaten nach Art. 6 Abs. 1–4 Richtlinie 2002/58/EG (für welche nunmehr der „neue" Begriff des elektronischen Kommunikationsdienstes gilt), diese Pflichten sind aber nicht in deutsches Recht umgesetzt. Mit dem Wortlaut von Art. 95 DSGVO, der ausdrücklich auf Pflichten aus der Richtlinie 2002/58/EG abstellt, ließ sich nunmehr argumentieren, dass auch OTT-Dienstleister nun als interpersonelle Kommunikationsdienste von der Bereichsausnahme erfasst waren und die Bereichsausnahme für diese Dienstleister eingriff. Allerdings hätte dies zur Folge gehabt, dass für OTT-Dienstleister, welche weder von der DSGVO erfasst waren noch von §§ 96, 3 Nr. 24 TKG aF, die Verarbeitung von Verkehrsdaten bis zur Umsetzung der Richtlinie nicht geregelt gewesen wäre. Eine mögliche Lösung hierfür wäre es, den Begriff des Telekommunikationsdienstes in §§ 3 Nr. 24, 96 TKG aF im Sinne von Art. 2 Nr. 4 b), Nr. 5 Richtlinie 2018/1972/EU richtlinienkonform auszulegen und so OTT-Dienstleister bereits vor Umsetzung der Richtlinie als „interpersonelle Kommunikationsdienste" mitzuerfassen. Hiergegen spricht jedoch, dass die Einbeziehung der OTT-Dienstleister in den Anwendungsbereich des TKG Verpflichtungen für diese privaten Dienstleister mit sich bringt. Nach der Rspr. des EuGH ist jedoch eine richtlinienkonforme Auslegung nicht zulässig, wenn diese zu Verpflichtungen für Private führt.[41] Dementsprechend ist Art. 95 DSGVO so auszulegen, dass mit den besonderen, durch Richtlinie 2002/58/EG auferlegten Pflichten nur solche gemeint sind, die bereits in nationales Recht umgesetzt sind. Bis zur Umsetzung der Einbeziehung von OTT-Dienstleistern als „interpersonelle Kommunikationsdienste" in den Anwendungsbereich des TKG galt also für diejenigen OTT-Dienstleister, die nicht nach der einschlägigen EuGH-Rspr. bereits vorher Telekommunikationsdienste iSv § 3 Nr. 24 TKG aF waren (siehe → § 100a Rn. 229), weiterhin, dass diese keinen besonderen Pflichten bzgl. der Verkehrsdatenverarbeitung unterlagen und damit der Anwendungsvorrang der DSGVO bis zur Umsetzung der Richtlinie 2018/1972/EU galt. OTT-Dienstleister, welche nicht in den Anwendungsbereich des TKG aF fielen, verarbeiteten bis zur Umsetzung der Richtlinie keine Verkehrsdaten, sondern Nutzungsdaten iSv § 15 TMG in der Fassung bis 1. Dezember 2021 (zum Anwendungsvorrang der DSGVO im Verhältnis zu § 15 TMG, siehe → § 100k Rn. 16).

cc) Unterscheidung zwischen öffentlich zugänglichen Telekommunikationsdiensten und nicht öffentlich zugänglichen Telekommunikationsdiensten. Für Telekommunikationsdienste, welche bereits in den Anwendungsbereich des bis zum 1. Dezember 2021 geltenden TKG fielen, setzte § 3 Nr. 24 TKG aF bislang (bis 1. Dezember 2021) die Definition von Art. 2 Abs. 1c) Richtlinie 2002/21/EG um.[42] Danach sind Telekommunikationsdienste iSd TKG in der Regel gegen Entgelt erbrachte Dienste, die ganz oder überwiegend in der Übertragung von Signalen über Telekommunikationsnetze bestehen, einschließlich Übertragungsdienste in Rundfunknetzen. Hieraus ergibt sich, dass der „Diensteanbieter" in § 96 Abs. 1 TKG aF ein Telekommunikationsanbieter iSv § 3 Nr. 24 TKG aF und damit ein Anbieter von „elektronischen Kommunikationsdiensten" iSv Art. 2 Abs. 1 Richtlinie 2002/58/EG iVm Art. 2 Abs. 1c) Richtlinie 2002/21/EG (bzw. jetzt Art. 2 Nr. 4 und Nr. 5 Richtlinie 2018/1972/EU) ist. Für diese TK-Anbieter iSv § 96 Abs. 1 TKG aF folgte aus der Beschränkung der Bereichsausnahme in Art. 95 DSGVO auf „öffentlich zugängliche" Dienste also **eine gespaltene Auslegung.** Die Anbieter von nicht öffentlich zugänglichen TK-Diensten (zB Anbieter von nicht frei zugänglichen WLANs in Restaurants, Hotels, Krankenhäusern oder Wohnanlagen) fallen nicht unter den Anwendungsbereich von Art. 95 DSGVO. Für sie bestimmte sich ihr Recht zur Verarbeitung von Verkehrsdaten (wie für alle anderen personenbezogenen 23

---

41 EuGH 8.10.1987 – 80/86, ECLI:EU:C:1987:431 = BeckRS 2004, 73753; 11.6.1987 – 14/86, ECLI:EU:C:1987:275 = BeckRS 2004, 71620; 26.9.1996 – C-168/95, ECLI:EU:C:1996:363 = BeckRS 2004, 74624; Nettesheim in Grabnitz/Hilf AEUV Art. 288 Rn. 157 mwN.

42 BT-Drs. 15/2316, 58 (damals noch Nr. 25).

Daten) nun nach der DSGVO und nicht mehr nach § 96 TKG aF. Für die Anbieter öffentlich zugänglicher TK-Dienste kam es darauf an, ob § 96 TKG aF bzw. dessen europarechtliche Grundlage in Art. 6 Abs. 1–4 Richtlinie 2002/58/EG „dieselben Ziele" verfolgt wie die DSGVO. Art. 6 Abs. 1–4 Richtlinie 2002/58/EG und § 96 Abs. 1 TKG aF bilden zum einen eine beschränkte Rechtsgrundlage zur Datenverarbeitung, schreiben zum anderen spezielle Datenschutzpflichten für den Anbieter und Datenschutzrechte für den Nutzer vor. Daher konnte davon ausgegangen werden, dass die Normen ebenfalls das Ziel der Regelung des Umgangs mit personenbezogenen Daten und insbesondere die Begrenzung der Verarbeitung und die Regelung von Datenschutzpflichten und -rechten verfolgt. Diese Ziele entsprechen Art. 1 Abs. 1 der DSGVO. Folgerichtig waren daher die Anbieter öffentlich zugänglicher Telekommunikationsdienste iSv § 3 Nr. 24 TKG vom Anwendungsbereich der DSGVO ausgenommen und für sie galt weiterhin (also bis zum 1. Dezember 2021) § 96 TKG aF. Der Begriff des **„Dienstanbieters" in § 96 Abs. 1 TKG aF** war daher europarechtskonform so auszulegen, dass er nur das Anbieten von öffentlich zugänglichen TK-Dienstleistungen iSv § 3 Nr. 24 TKG aF umfasst. Hinsichtlich der Anbieter nicht öffentlich zugänglicher TK-Dienstleistungen griff dagegen der Anwendungsvorrang der DSGVO ein.

24 **b) Rechtslage seit Inkrafttreten des TTDSG und des TK-Modernisierungsgesetzes.** Der Gesetzgeber hat auf die oben geschilderte komplexe europäische Rechtslage reagiert (im Falle des „Kodex" jedoch erst einige Monate nach Ablauf der Umsetzungsfrist der Richtlinie 2018/1972/EU) und hat das gesamte Telekommunikations- und Telemedienrecht umfassend reformiert und an die europäische Rechtslage angepasst. Das neue TKG und das TTDSG, in welchen sowohl die Richtlinie 2018/1972/EU umgesetzt als auch das Telekommunikations- und Telemedienrecht an die DSGVO angepasst wird, sind gemeinsam zum 1. Dezember 2021 in Kraft getreten. Das TTDSG ergänzt dabei die für Telemediendienste geltenden Datenverarbeitungsregeln der Art. 5 ff. DSGVO (hierzu → § 100k Rn. 28 ff.) um Befugnisse zur Datenübermittlung ua an Strafverfolgungsbehörden im Sinne des sog. Doppeltürmodells in §§ 22 ff. TTDSG (diese sind erst kürzlich durch das Gesetz zur Anpassung der Regelungen über die Bestandsdatenauskunft an die Vorgaben aus der Entscheidung des Bundesverfassungsgerichts vom 27. Mai 2020 in den §§ 15a–15c TMG aF geregelt worden und wurden im Rahmen der umfassenden Reform in das TTDSG (§§ 22–24 TTDSG) eingefügt) und enthält die aus dem TKG herausgelösten Verarbeitungsbefugnisse für Verkehrsdaten (bis 1. Dezember 2021: § 96 TKG) in den §§ 9 ff. TTDSG.

25 Nun ist der Begriff des Telekommunikationsdienstes in § 3 Nr. 61 TKG nF und § 2 Abs. 1 TTDSG iVm § 3 Nr. 61 TKG nF an den Begriff des elektronischen Kommunikationsdienstes iSv Art. 2 Nr. 4 Richtlinie 2018/1972/EU angepasst. Für solche Dienste, die Telekommunikationsdienst in diesem Sinne sind (hierzu noch → Rn. 104 f.), gilt jetzt die Bereichsausnahme des Art. 95 DSGVO, soweit die Dienste öffentlich zugänglich sind und soweit die Regelungen der §§ 9 ff. TTDSG dasselbe Ziel verfolgen wie die DSGVO. Damit sind jetzt vor allem viele praxisrelevante OTT-Dienstleister wie E-Mail-Provider, Voice-over-IP-Dienste, Messenger-Dienste und – nach hier vertretener Auffassung – auch viele Funktionen von Sozialen Medien als „interpersonelle Kommunikationsdienste" nach § 3 Nr. 61 b), Nr. 24 TKG nF von der Bereichsausnahme des Art. 95 DSGVO erfasst. Da § 9 TTDSG weitgehend die Regelung von § 96 TKG (Fassung bis 1. Dezember 2021) übernimmt, kann davon ausgegangen werden, dass auch § 9 TTDSG (wie § 96 TKG früher, → Rn. 21a) dieselben Ziele verfolgt wie Art. 1 Abs. 1 DSGVO und den von § 3 Nr. 61 TKG nF erfassten Telekommunikationsdiensten „besondere Pflichten" iSv Art. 95 DSGVO auferlegt und so weiterhin Richtlinie 2002/58/EG unter Geltung der neuen Begriffsdefinition umsetzt. Die Verarbeitung von Verkehrsdaten durch öffentlich zugängliche Telekommunikationsdienste iSv § 3 Nr. 61 TKG (iVm § 2 Abs. 1 TTDSG) richtet sich daher nun ausschließlich nach §§ 9 ff. TTDSG.

III. Kriminalistische Bedeutung

26 Trotz derzeit ausgesetzter Vorratsdatenspeicherung kommt der Verkehrsdatenabfrage insgesamt eine große kriminalistische Bedeutung zu. Sie zählt zu den **technischen Standardmaßnahmen.** Nach der amtlichen Statistik – die jedoch aufgrund einer uneinheitlichen Erhebungspraxis der Bundesländer unvollständig ist – wurden im Jahr 2018 insgesamt 22.367 Erstanordnungen und 776 Verlängerungsanordnungen in 16.011 Verfahren erlassen. Die tatsächliche Zahl dürfte aufgrund der unvollständigen Erfassung jeweils noch deutlich größer sein. Trotz derzeitiger Aussetzung der Vorratsdatenspeicherung war die Abfrage nur in insgesamt 3.174 Fällen teilweise und in 5.364 Fällen vollständig erfolglos, weil die Daten teilweise oder vollständig nicht (mehr) verfügbar waren. Dies ist insbesondere deshalb bemerkenswert, weil in nicht wenigen Fällen mehrere Wochen oder sogar mehrere Monate alte Verkehrsdaten abgefragt wurden. Der größte Anteil der (teilweise) erfolglosen Abfragen betraf die Mobilfunkkommunikation.[43] Im Berichtsjahr 2019 wurden 26.412 Erstanordnungen und 670 Verlängerungsanordnungen in 19.562 Verfahren erlassen. Auch diese Zahlen sind unvollständig, da die Verfahren aus Hamburg noch nachgemeldet werden müssen. Ein Vergleich mit den Zahlen aus 2018 ist wegen der o. g. unterschiedlichen Erhebungspraxis nicht möglich. Die Zahlen aus 2019 dürften die Realität aber besser abbilden, da hier nur die Zahlen aus Hamburg fehlen.

27 In der Praxis der Ermittlungsbehörden dient die Verkehrsdatenabfrage häufig zur Überprüfung von Alibis, der Rekonstruktion von Telekommunikationsvorgängen, der Ermittlung des vergangenen oder aktuellen Aufenthaltsorts einer Zielperson (Standortdaten), der Erstellung von Bewegungs- und Sozialprofilen (verfassungsrechtlich freilich nur begrenzt zulässig) und zur Ermittlung eines Kreises von Tatverdächtigen (insbesondere bei der sog. Funkzellenabfrage).[44] Die Erhebung von **IP-Adressen** dient in der Regel der **Identifizierung von Tatbeteiligten/Tatverdächtigen/sonstigen Personen** mit Verfahrensrelevanz.[45] Mit der erhobenen IP-Adresse kann mittels einer Abfrage bei öffentlich zugänglichen IP-Adressdatenbanken (in Europa zB www.ripe.net) der Internet-Access-Provider ermittelt werden, welcher die IP-Adresse vergeben hat. Mit dieser Information kann anschließend bei diesem Provider eine Bestandsdatenauskunft nach § 100j Abs. 2 durchgeführt werden, um den konkreten Anschluss (inklusive der Adressdaten und des Anschlussinhabers) zu identifizieren (→ § 100j Rn. 36 ff.).[46]

IV. Reform des TKG, Aufhebung der §§ 11–15 TMG, TTDSG (ab 1. Dezember 2021)

28 Durch das Inkrafttreten der **DSGVO,** die daraus folgende Verdrängung der §§ 11–15 TMG im Wege des europarechtlichen Anwendungsvorrangs und den Ablauf der Umsetzungsfrist für die **Richtlinie 2018/1972/EG** (sog. Kodex) war eine umfassende Reform des deutschen Telekommunikations- und Telemedienrechts notwendig geworden. Im Zuge dieser Reform wurde **mit Wirkung zum 1.12.2021** das TKG **(Telekommunikationsmodernisierungsgesetz)**[47] vollständig überarbeitet und das TTDSG **(Gesetz zur Regelung des Datenschutzes und des Schutzes der Privatsphäre in der Telekommunikation und bei Telemedien)**[48] neu geschaffen. Für den Bereich der §§ 100a–101b sind in inhaltlicher Hinsicht vor allem die Einbeziehung vieler sog. OTT-Dienstleister in den Anwendungsbereich des TKG und deren Einfluss auf die telekommunikationsrechtlichen Mitwirkungspflichten dieser Dienstleister (siehe → Rn. 229 ff., → § 100g Rn. 95 ff. und → § 100j Rn. 53 ff.) relevant. Gleiches gilt für die Aufhebung der – bereits seit 25. Mai

[43] Für weitere Details zur kriminalistischen Bedeutung siehe die mehrere Jahre umfassende Darstellung bei Bär in KMR-StPO § 100g Rn. 3.
[44] von der Grün Verdeckte Ermittlungen S. 57 ff.
[45] Siehe hierzu ausführlich Münch ZRP 2015, 130.
[46] Wernert Internetkriminalität S. 95 ff.
[47] BGBl. 2021 I 1858.
[48] BGBl. 2021 I 1982.

2018 neben der DSGVO nicht mehr anwendbaren – §§ 11–15 TMG, auf welche vormals die Vorschriften zur Bestandsdatenabfrage (§ 100j Abs. 1 S. 1 Nr. 2) und Nutzungsdatenabfrage (§ 100k) bei Telemediendienstleistern verwiesen, durch das TTDSG, um den bereits vorher geltenden Anwendungsvorrang der DSGVO für Telemediendienstleister auch in der deutschen Rechtslage „sichtbar" zu machen (siehe zur Problematik des früheren Verweises der §§ 100j, 100k auf nicht mehr anwendbare Normen des TMG → § 100j Rn. 14, 18 und → § 100k Rn. 16 ff.). Damit einhergehend wurden die Übermittlungsbefugnisse für Telemediendienstleister hinsichtlich Bestands- und Nutzungsdaten (vormals in den §§ 15a-15c TMG geregelt) in das neue TTDSG (in §§ 22–24 TTDSG) überführt. Da die Änderungen zum 1. Dezember 2021 und damit erst kurz vor Erscheinen dieses Bandes in Kraft getreten sind, berücksichtigt die vorliegende Kommentierung sowohl die neue als auch die alte Rechtslage. An Stellen, an denen die Änderungen inhaltliche Auswirkungen auf Auslegungsfragen oder Problemstellungen haben (zB OTT-Dienstleister), wird die alte Rechtslage unter einer eigenen Überschrift mitkommentiert, um Notwendigkeit und Genese der Änderungen zu erläutern. Bei Änderungen der „Hausnummern" durch Änderung der Vorschriftenreihenfolge von TKG-alt zu TKG-neu und Streichung der TMG-Normen sowie Überführung einzelner TMG-Normen in das TTDSG werden hinter der aktuell geltenden Norm des TKG-neu und des TTDSG jeweils die vor dem 1. Dezember 2021 geltende Norm des TKG-alt und/oder des TMG genannt, um eine Arbeit mit der neuen Rechtslage in der Kommentierung zu erleichtern.

B. Erläuterung

I. Gegenstand der Eingriffsbefugnis

29 § 100g gestattet in **sachlicher** Hinsicht die Erhebung der Verkehrsdaten nach **§§ 9, 12 TTDSG (bis 1. Dezember 2021: § 96 Abs. 1 TKG), § 2a Abs. 1 des Gesetzes über die Errichtung einer Bundesanstalt für den Digitalfunk der Behörden und Organisationen mit Sicherheitsaufgaben und § 176 TKG (bis 1. Dezember 2021: § 113b TKG).** In **personaler** Hinsicht ermächtigt die Vorschrift zur Erhebung der entsprechenden Daten „des Betroffenen". Betroffener der Maßnahme ist dabei vorrangig gemäß Abs. 1 S. 1 der „Täter oder Teilnehmer", mithin der **Beschuldigte.** Durch den in § 101a Abs. 1 enthaltenen Verweis auf § 100a Abs. 3 darf die Maßnahme der Verkehrsdatenerhebung indes nicht nur gegen diesen, sondern auch gegen Personen angeordnet werden, von denen aufgrund bestimmter Tatsachen anzunehmen ist, dass sie vom Beschuldigten herrührende oder für diesen bestimmte Tatsachen weitergeben oder entgegennehmen **(Nachrichtenmittler)** oder, dass der Beschuldigte ihren Anschluss **(Anschlussinhaber)** oder ihr informationstechnisches System (**Inhaber eines informationstechnischen Systems)** nutzt.

30 **1. Verkehrsdaten der §§ 9, 12 TTDSG (bis 1. Dezember 2021: § 96 Abs. 1 TKG). a) Die einzelnen Verkehrsdaten der §§ 9, 12 TTDSG (bis 1. Dezember 2021: § 96 Abs. 1 TKG).** Der Gesetzgeber hatte bereits in der Vorgängernorm des § 96 Abs. 1 TKG aF (Fassung bis 1. Dezember 2021) durch die Verwendung des Begriffs „Verkehrsdaten" den bislang in Abs. 1 S. 1 aF verwendeten Begriff der „Verbindungsdaten" aufgeben und damit mehr als nur eine Anpassung an den „im modernen Telekommunikationsrecht üblichen Sprachgebrauch"[49] vorgenommen. Soweit Abs. 1 S. 1 nunmehr auf die Verkehrsdaten der §§ 9, 12 TTDSG (bis 1. Dezember 2021: § 96 Abs. 1 TKG) verweist, werden dadurch **weit mehr Verbindungs- bzw. Verkehrsdaten von § 100g erfasst als noch von § 100g aF.** So werden von §§ 9, 12 TTDSG (bis 1. Dezember 2021: § 96 Abs. 1 TKG) die Nummer oder Kennung der beteiligten Anschlüsse oder der Endeinrichtung, des Weiteren personenbezogene Berechtigungskennungen, bei Verwendung von Kundenkarten auch die Kartennummer, bei mobilen Anschlüssen auch die Standortdaten (§ 9 Abs. 1 Nr. 1

[49] BT-Drs. 16/5846, 51.

TTDSG (bis 1 Dezember 2021: § 96 Abs. 1 Nr. 1 TKG)), Beginn und Ende der jeweiligen Verbindung nach Datum und Uhrzeit und, soweit die Entgelte davon abhängen, auch die übermittelten Datenmengen (Nr. 2), ferner den vom Nutzer in Anspruch genommenen Telekommunikationsdienst (Nr. 3), die Endpunkte von festgeschalteten Verbindungen, ihren Beginn und ihr Ende nach Datum und Uhrzeit und, soweit wiederum die Entgelte davon abhängen, die übermittelten Datenmengen (Nr. 4) und schließlich alle sonstigen zum Aufbau und zur Aufrechterhaltung der Telekommunikation sowie zur Entgeltabrechnung notwendigen Verkehrsdaten (Nr. 5) umfasst.

Durch die Verwendung des Begriffs **„Nummer"** (Nr. 1) statt „Rufnummer" wird 31
verdeutlicht, dass von dem Begriff auch solche Dienste erfasst werden, die über die Sprachtelefonie hinausgehen wie etwa Faxdienste bzw. Voice-mail-Dienste.[50] Ebenfalls erfasst vom Begriff der Nummer bzw. Kennung der Endeinrichtung sind die IMSI-Nummern der SIM-Karten und die IMEI-Nummern von Mobiltelefonen[51] und die (statischen wie dynamischen) IP-Adressen[52] der Beteiligten Anschlusseinrichtungen (zumeist Router). **„Telekommunikationsdienst"** (Nr. 3) ist ein Sammelbegriff für unterschiedliche Dienstleistungen. Ein häufig genutzter Dienst ist die Telefonie, daneben gibt es weitere Dienste wie Telefax oder die Datenfernübertragung mittels Internet. Da gemäß § 2 Abs. 1 TTDSG die Begriffsdefinition in § 3 Nr. 61 TKG auch im TTDSG gilt, fallen hierunter ab dem 1. Dezember 2021 auch interpersonelle Kommunikationsdienste wie Messenger-Dienste und E-Mail-Dienste sowie Dienste für die „Maschine-zu-Maschine"-Kommunikation.

Dem in Abs. 1 S. 1 enthaltenen Verweis auf die Verkehrsdaten der §§ 9, 12 TTDSG 32
(bis 1. Dezember 2021: § 96 Abs. 1 TKG) liegt seitens des Gesetzgebers die Erwägung zugrunde, „dass (all diejenigen) Verkehrsdaten, die der Diensteanbieter für seine Zwecke erheben darf – unter den vorgesehenen engen Voraussetzungen – **auch von den Strafverfolgungsbehörden** erhoben werden dürfen."[53] Bei den vorstehend aufgezählten Verkehrsdaten handelt es sich lediglich um eine Teilmenge der telekommunikationstechnisch generierbaren, dh technisch möglichen „Verkehrsdaten". Diese wurden bis zum 1. Dezember 2021 durch § 3 Nr. 30 TKG aF definiert als Daten, die bei der Erbringung eines Telekommunikationsdienstes erhoben, verarbeitet oder genutzt werden. Ab 1. Dezember 2021 gilt die leicht hiervon abweichende Definition des § 3 Nr. 70 TKG (iVm § 2 Abs. 1 TTDSG). Dieser definiert Verkehrsdaten als „Daten, deren Erhebung, Verarbeitung oder Nutzung bei der Erbringung eines Telekommunikationsdienstes **erforderlich sind**". Hierdurch wird dann klargestellt, dass Verkehrsdaten nur diejenigen Daten sind, welche der Telekommunikationsanbieter zum Zwecke des Angebots seiner Dienstleistungen aus technischen Gründen erheben muss. Weitere Daten, welche der Dienstanbieter (ggf. aufgrund der Einwilligung seines Nutzers) erhebt, sind keine Verkehrsdaten in diesem Sinne.

b) Zu betrieblichen Zwecken generierte Verkehrsdaten. Der in Abs. 1 enthaltene 33
Verweis auf die Verkehrsdaten der §§ 9, 12 TTDSG (bis 1. Dezember 2021: § 96 Abs. 1 TKG) und deren in § 3 Nr. 70 TKG (bis 1. Dezember 2021: § 3 Nr. 30 TKG) enthaltene Legaldefinition verdeutlicht einen weiteren gewichtigen strafprozessualen Aspekt zum sachlichen Anwendungsbereich des § 100g Abs. 1: Die Vorschrift ermöglicht **ausschließlich den Zugriff auf solche Verkehrsdaten, die der betroffene Diensteanbieter zu betrieblichen Zwecken generiert und zum Zeitpunkt des strafprozessualen Zugriffs noch gespeichert hat.**[54] Benötigen die Strafverfolgungsbehörden ein von §§ 9, 12 TTDSG (bis 1. Dezember 2021: § 96 Abs. 1 TKG) erfasstes Verkehrsdatum, welches der betreffende Diensteanbieter indes zu betrieblichen Zwecken nicht benötigt, so ist er

[50] BR-Drs. 300/00, 17.
[51] Köhler in Meyer-Goßner/Schmitt § 100g Rn. 8; Eschelbach in Satzger/Schluckebier/Widmaier StPO § 100g Rn. 8; Bär in BeckOK StPO § 100g Rn. 11.
[52] BGH 20.12.2018 – 2 BvR 2377/16, NStZ-RR 2019, 89; zur Qualität als personenbezogenes Datum: BGH 11.5.2017 – III ZR 92/16, BGHZ 215, 55 = NJW 2017, 2108.
[53] BT-Drs. 16/5846, 51.
[54] Wohlers/Demko StV 2003, 241 (242); Welp GA 2002, 535 (556).

zwar im Rahmen von § 176 TKG (bis 1. Dezember 2021: § 113b TKG) zur Speicherung der dort aufgeführten Verkehrsdaten prinzipiell verpflichtet, die Bundesnetzagentur verzichtet allerdings derzeit auf die Durchsetzung und Sanktionierung dieser Pflicht (→ Rn. 15). Auf nach § 176 TKG (bis 1. Dezember 2021: § 113b TKG) gespeicherte Verkehrsvorratsdaten (wenn ein Dienstanbieter dies derzeit tut, was er nach § 176 TKG (bis 1. Dezember 2021: § 113b TKG) jedenfalls darf) kann allerdings nur unter den strengeren Voraussetzungen des § 100g Abs. 2 zugegriffen werden.

34 Der derzeitige faktische Verzicht auf eine Vorratsdatenspeicherung steht auch nicht (mehr) im Widerspruch zu den Vorgaben der am 3.5.2006 in Kraft getretenen Richtlinie 2006/24/EG des Europäischen Parlaments und des Rates vom 15.3.2006[55] über die **Vorratsspeicherung von Daten.** Denn diese Richtlinie wurde vom EuGH für ungültig erklärt. In Art. 15 Abs. 1 der Richtlinie 2002/58/EG gibt es lediglich eine fakultative Öffnungsklausel. Da die deutsche Regelung auch nach hier vertretener Auffassung (→ Rn. 16) nicht den Vorgaben des EuGH entspricht, ist die derzeitige Nicht-Durchsetzung der Vorratsdatenspeicherung insgesamt EU-rechtskonform.

35 **c) „Qualifizierte" und „nicht qualifizierte" Verkehrsdaten.** Von den „Telekommunikationsverbindungsdaten" des § 100g aF, die in dessen Abs. 3 enumerativ, mithin abschließend aufgezählt und dadurch legaldefiniert worden waren, wurden nicht nur eine Vielzahl der von § 9 Abs. 1 TTDSG (bis 1. Dezember 2021: § 96 Abs. 1 TKG) aufgezählten Verkehrsdaten nicht erfasst, so etwa die übermittelten Datenmengen (Nr. 5). § 100g aF fand zudem nur Anwendung, wenn es sich um Verkehrsdaten handelte, die „im Falle einer Verbindung" entstanden waren. Der Gesetzgeber wollte mit dem Wegfall dieses Erfordernisses in der unmittelbaren Vorgängernorm der aktuellen Fassung des § 100g erreichen, dass **die Anwendung der aktuellen Neuregelung nicht mehr von einer bestehenden Kommunikationsverbindung abhängig ist.** Auch die nun geltende Fassung des § 100g ermöglicht die Erhebung von Standortdaten eines lediglich aktiv geschalteten, mithin sich im Standby-Modus befindlichen Mobiltelefons.[56] Da freilich auch § 9 Abs. 1 TTDSG (bis 1. Dezember 2021: § 96 Abs. 1 TKG) von bestehenden Verbindungen ausgeht, so ist etwa in Nr. 1 von „beteiligten Anschlüssen" und in Nr. 2 von „der jeweiligen Verbindung" die Rede, scheint jedenfalls auf den ersten Blick mit der Neuregelung des § 100g etwas aufgegeben worden zu sein, das durch den Verweis auf § 9 Abs. 1 TTDSG (bis 1. Dezember 2021: § 96 Abs. 1 TKG) wieder eingeführt wird. Allerdings erfasst zumindest § 9 Abs. 1 S. 1 Nr. 5 TTDSG (bis 1. Dezember 2021: § 96 Abs. 1 S. 1 Nr. 5 TKG) auch „sonstige zum Aufbau und zur Aufrechterhaltung der Telekommunikation" erforderlichen Verkehrsdaten. Da der an den Anbieter übermittelte Standort eines Mobiltelefons zum Aufbau einer Verbindung dient, lassen sich diese Standortdaten unproblematisch zumindest unter § 9 Abs. 1 S. 1 Nr. 5 TTDSG (bis 1. Dezember 2021: § 96 Abs. 1 S. 1 Nr. 5 TKG) subsumieren. § 100g aF setzte dagegen über eine rein technische Verbindung, die für den telekommunikationstechnisch auszulegenden § 9 TTDSG (bis 1. Dezember 2021: § 96 TKG) indes genügt, eine gleichsam verfassungsrechtlich qualifizierte technische Verbindung dergestalt voraus, dass diese Verbindung der Übermittlung individueller, von Art. 10 Abs. 1 GG erfasster Kommunikation diente oder im Falle eines lediglich versuchten Verbindungsaufbaus dienen sollte. Dies ergab die historische Auslegung der Norm. So hat die BReg in ihrer Begründung zum „Entwurf eines […] Gesetzes zur Änderung der Strafprozessordnung" vom 1.10.2001[57] ausgeführt, die den § 12 FAG ablösende Neuregelung des § 100g-E beinhalte ein Auskunftsverlangen, mit dem „in das Grundrecht des Fernmeldegeheimnisses eingegriffen wird."[58] In Konsequenz dessen zitierte das auf diesem Entwurf beruhende „Gesetz zur Änderung der Strafprozessordnung" vom 20.12.2001[59] in Entsprechung des Zitiergebotes des Art. 19 Abs. 2 S. 1

[55] ABl. 2006 L 105, S. 54 ff.
[56] BT-Drs. 16/5846, 51.
[57] BT-Drs. 14/7008, 6.
[58] BT-Drs. 14/7008, 6; vgl. zur Frage der Grundrechtsrelevanz auch Korn HRRS 2009, 112 (119).
[59] BGBl. 2001 I 3879.

GG einzig Art. 10 Abs. 1 GG und nicht etwa auch das allgemeine Persönlichkeitsrecht des Art. 2 Abs. 1 GG iVm Art. 1 Abs. 1 GG.

Vom Geltungsbereich des § 100g Abs. 1 in seiner aktuellen Fassung werden nunmehr sämtliche Verkehrsdaten im allein technisch definierten Sinne des § 9 Abs. 1 TTDSG (bis 1. Dezember 2021: § 96 Abs. 1 TKG) erfasst, gleichgültig, ob sie einen menschlich unmittelbar veranlassten Kommunikationsvorgang und damit **„qualifizierte Verkehrsdaten"** oder lediglich solche **„nicht qualifizierten Verkehrsdaten"** erfassen, die nicht im Rahmen einer unmittelbar menschlich veranlassten Telekommunikation, sondern durch rein technische Vorgänge erzeugt werden. Diese Auffassung wird ab dem 1. Dezember 2021 auch durch die explizite Einbeziehung der „Maschine-zu-Maschine"-Kommunikation in den Begriff der Telekommunikationsdienste iSv § 3 Nr. 61 TKG (in der Fassung ab dem 1. Dezember 2021) gestützt. Nach hier vertretener Auffassung fallen allerdings auch solche Verkehrsdaten unter den Schutzbereich des Art. 10 Abs. 1 GG, weil es auf eine unmittelbare menschliche Veranlassung der Telekommunikation hierfür genauso wenig ankommt, wie auf einen intersubjektiven Bezug (hierzu → § 100a Rn. 30 ff.).[60] Verkehrsdaten dieser Art stellen beispielsweise die Standortdaten eines lediglich aktiv geschalteten Mobiltelefons dar (vgl. § 9 Abs. 1 S. 1 Nr. 5 TTDSG). 36

Wenn man jedoch mit der hM und entgegen der hier vertretenen Auffassung die rein technisch erzeugten Standortdaten eines eingeschalteten Mobiltelefons nicht unter den Schutzbereich des Art. 10 Abs. 1 GG subsubsumiert, hat der Gesetzgeber mit dem Wegfall des Erfordernisses „im Fall einer Verbindung" **§ 100g vom Schutzbereich des Art. 10 Abs. 1 GG teilweise entkoppelt.** Ob er diese Konsequenz bedacht hat, darf eingedenk der Tatsache, dass die Gesetzesmaterialien hierzu schweigen, bezweifelt werden. Sein Ziel, die rechtlich umstrittene Maßnahme der „stillen SMS" entbehrlich zu machen (siehe hierzu noch vertiefend die Darstellung bei → § 100i Rn. 28), hat er damit jedenfalls nicht erreicht. Zwar fällt durch die Neufassung des § 100g die Erhebung von Verkehrsdaten des lediglich aktiv geschalteten Mobiltelefons oder, wie es der Ermittlungsrichter beim BGH in seiner Entscheidung vom 21.2.2001[61] zwar einprägsam, indes technisch unzutreffend ausgedrückt hat, des „nicht telefonierenden Handys", unter den Anwendungsbereich des § 100g. Die allein netzseitig generierten und von den Telekommunikationsdienstleistern zu beauskunftenden Standortdaten des aktiv geschalteten Mobiltelefons reichen quantitativ regelmäßig aber nicht aus, um ein präzises Bewegungsbild des das Mobiltelefon mit sich führenden Beschuldigten erstellen zu können. Hierzu bedarf es häufig zusätzlicher Standortdaten, die nach wie vor mittels der „stillen SMS" erzeugt werden (hierzu → § 100i Rn. 28). 37

d) Datenerhebung nicht beim Diensteanbieter (Abs. 5). Die Regelung in Abs. 5 soll klarstellen, dass sich „nach Abschluss des Kommunikationsvorgangs" die Erhebung von Verkehrsdaten nach den allgemeinen Vorschriften richtet. Der Gesetzgeber hatte hier insbesondere die Vorschriften der §§ 94 ff. über die Beschlagnahme im Blick.[62] Die Vorschrift hat klarstellenden und damit rein **deklaratorischen Charakter.** Sie ist eine Reaktion auf jenen Kammerbeschluss des BVerfG aus dem Jahre 2005,[63] in welchem dieses die Auffassung vertreten hatte, die in einem sichergestellten Mobiltelefon gespeicherten bzw. die in schriftlichen Einzelverbindungsnachweisen aufgelisteten Verkehrs(Verbindungs-)daten dürften nur auf der Grundlage einer den §§ 100g, 100h aF entsprechenden Anordnung erhoben werden. Die in dieser Entscheidung vom BVerfG vertretene Rechtsauffassung hatte „das bisherige Verständnis zum Anwendungsbereich der in den §§ 100a, 100b (aF) enthaltenen Ermächtigungen zu Eingriffen in das durch Art. 10 GG geschützte Fernmeldegeheimnis nachhaltig erschüttert".[64] In seinem Urteil vom 2.3.2006[65] hat sich das BVerfG, 38

---

60 AA noch Günther → 1. Aufl. § 100g Rn. 11.
61 BGH 21.2.2001 – 2 BGs 42/2001, NStZ 2002, 103.
62 BT-Drs. 16/5846, 55.
63 BVerfG 4.2.2005 – 2 BvR 308/04, NJW 2005, 1637.
64 Günther NStZ 2005, 485; zu dieser Entscheidung auch kritisch Durner in Dürig/Herzog/Scholz GG Art. 10 Rn. 127; Bär MMR 2005, 523 ff.
65 BVerfG 2.3.2006 – 2 BvR 2099/04, NStZ 2006, 641 ff. mzustAnm Günther.

ohne auf seine Entscheidung aus dem Jahr 2005 ausdrücklich einzugehen, korrigiert und ist zu der Auffassung zurückgekehrt, dass die nach Abschluss des Übertragungsvorgangs im Herrschaftsbereich des Kommunikationsteilnehmers gespeicherten Verkehrsdaten nicht von Art. 10 Abs. 1 GG erfasst werden. Dies entspricht mittlerweile gefestigter Rspr. des BVerfG.[66]

39 Nach Abs. 5 fallen unter den Anwendungsbereich des § 100g mithin diejenigen „qualifizierten" wie „nicht qualifizierten" Verkehrsdaten des § 96 Abs. 1 TKG (ab 1. Dezember 2021: § 9 Abs. 1 TTDSG), die **„beim Telekommunikationsdiensteanbieter" erhoben** werden. Die allgemeinen Vorschriften, insbesondere die der **§§ 94 ff.**, sollen nach dem in Abs. 5 zum Ausdruck gekommenen Willen des Gesetzgebers nur noch dann anzuwenden sein, wenn die Erhebung der Verkehrsdaten nach Abschluss des Kommunikationsvorgangs **in anderer Weise als durch eine Auskunftsanordnung** gegenüber dem Diensteanbieter erfolgt. Das gilt insbesondere auch für die durch das Gesetz zur Fortentwicklung der vom 25. Juni 2021[67] eingeführte Möglichkeit einer „heimlichen Beschlagnahme" nach §§ 94, 95a nF. Auch diese darf nur außerhalb eines laufenden Telekommunikationsvorgangs und nicht beim Telekommunikationsdienstanbieter erfolgen.

40 **e) Problem: Ausreichende Normierung des Doppeltürmodells durch § 9 Abs. 1 S. 4 TTDSG? aa) Rechtslage vor Inkrafttreten des TTDSG (bis 1. Dezember 2021).** Nach den Grundsätzen, die das BVerfG in der Entscheidung zur Bestandsdatenauskunft II aufgestellt hat, erscheint es zweifelhaft, ob § 96 Abs. 1 S. 2 TKG aF als Befugnisnorm zur Auskunftserteilung auf Seiten der Telekommunikationsanbieter die verfassungsrechtlichen Anforderungen erfüllt. Das BVerfG verlangt in der o. g. Entscheidung, dass bereits die Auskunftsnorm selbst „die begrenzende(n) Eingriffsschwellen, die sicherstellen, dass Auskünfte nur bei einem auf tatsächliche Anhaltspunkte gestützten Eingriffsanlass eingeholt werden können", enthält. Für das Strafverfolgungsrecht ist hierfür erforderlich, dass die **Auskunftsbefugnis an einen bestehenden strafprozessualen Anfangsverdacht geknüpft wird.** Nicht ausreichend ist nach diesen Maßstäben, dass diese Anforderung im Fachgesetz des § 100g geregelt ist.[68] § 96 Abs. 1 S. 2 TKG aF gestattet eine Verwendung und damit Auskunft bereits für durch andere gesetzliche Vorschriften begründete Zwecke, womit in erster Linie die Erhebungsbefugnisse der Strafverfolgungs- und Sicherheitsbehörden in den Fachgesetzen gemeint sind.[69] Dort fehlt eine entsprechende Eingrenzung der Auskunftsbefugnis an Strafverfolgungsbehörden auf das Vorliegen eines strafprozessualen Anfangsverdachtes. Dass dieser in § 100g vorausgesetzt wird, kann nach den insofern eindeutigen Aussagen des BVerfG dieses Problem nicht beheben. Es musst daher davon ausgegangen werden, dass § 96 Abs. 1 S. 2 TKG aF keine verfassungsgemäße Auskunftsnorm für Verkehrsdatenerhebungen nach § 100g darstellt.[70]

41 **bb) Rechtslage nach Inkrafttreten des TTDSG (ab 1. Dezember 2021).** Die nicht verfassungsgemäße Regelung des Doppeltürmodells bezüglich der Verkehrsdatenabfrage wurde durch das am 1. Dezember 2021 in Kraft getretene TTDSG nicht behoben. In § 9 Abs. 1 S. 4 TTDSG heißt es: „Die Pflicht zur Verarbeitung von Verkehrsdaten aufgrund von anderen Rechtsvorschriften bleibt unberührt." In der Gesetzesbegründung ist hierzu zu lesen, es handele sich um „redaktionelle Anpassungen".[71] Nunmehr enthält das TTDSG als Fachgesetz also gar keine Verarbeitungsbefugnis zur Herausgabe von Verkehrsda-

[66] Mittlerweile gefestigte Rspr. des BVerfG, siehe BVerfG 2.3.2006 – 2 BvR 2099/04, BVerfGE 115, 166 (184 ff.) = NJW 2006, 976; BVerfG 27.2.2008 – 1 BvR 370, 595/07, BVerfGE 120, 274 (308 f.) = NJW 2008, 822; BVerfG 20.4.2016 – 1 BvR 966, 1140/09, BVerfGE 141, 220 (309) = NJW 2016, 1781.

[67] BGBl. 2021 I 2099.

[68] Zum Ganzen BVerfG 27.5.2020 – 1 BvR 1873/13 und 1 BvR 2618/13, NJW 2020, 2699 (2710 ff.).

[69] BT-Drs. 16/2581, 27 f.; Eckhardt in Spindler/Schuster, Recht der elektronischen Medien, TKG § 96 Rn. 7.

[70] Im Ergebnis wie hier Eckel/Rottmeier NStZ 2021, 1 (8).

[71] BT-Drs. 19/27441, 35.

ten mehr, sondern lediglich eine Vorschrift, welche die Weitergeltung von Verpflichtungen aus anderen Gesetzen (zB § 100g Abs. 1 S. 1) anordnet. Dies entspricht nicht den Vorgaben des BVerfG aus dem Bestandsdatenauskunft-II-Beschluss. Im neuen TKG (nach dem TK-Modernisierungsgesetz ab dem 1. Dezember 2021) ist auch nur für die pflichtmäßig auf Vorrat gespeicherten Verkehrsdaten nach § 176 TKG nF eine Verwendungsregel in § 177 TKG nF enthalten (welche allerdings mangels Beschränkung auf das Vorliegen eines Anfangsverdachts ebenfalls nicht den verfassungsrechtlichen Anforderungen an das sog. Doppeltürmodell genügt).

f) Problem: Verkehrsdaten von Telekommunikationsanbietern, die keine öffentlich zugänglichen Telekommunikationsdienste anbieten. Durch das Inkrafttreten der DSGVO ergibt sich das Problem, ob § 100g auch zur Erhebung von Verkehrsdaten ermächtigt, welche nun nicht mehr auf Grundlage von §§ 9, 12 TTDSG (bis 1. Dezember 2021: § 96 Abs. 1 TKG), sondern **auf Grundlage von Art. 5 ff. DSGVO verarbeitet und gespeichert werden.** Dies betrifft wegen der Beschränkung der Bereichsausnahme in Art. 95 DSGVO auf öffentlich zugängliche TK-Dienste (hierzu ausführlich → Rn. 23) die Erbringer von **nicht öffentlich zugänglichen TK-Diensten** (zB WLANs in Restaurants, Hotels, Krankenhäusern, Wohnanlagen etc). Gegen eine Einbeziehung dieser Verkehrsdaten in den Anwendungsbereich von § 100g spricht zunächst der Wortlaut, in welchem die zu erhebenden Verkehrsdaten auf solche nach §§ 9, 12 TTDSG (bis 1. Dezember 2021: § 96 Abs. 1 TKG) und § 2a Abs. 1 BDBOSG beschränkt werden. Auch der gesetzgeberische Wille spricht für eine solche Auslegung. Bei Erweiterung des § 100g auf solche Verkehrsdaten nach § 2a Abs. 1 BDBOSG wurde ausdrücklich ausgeführt, dass § 100g diese Verkehrsdaten bislang nicht erfasse, sondern auf „die Erhebung von Verkehrsdaten … bei Erbringern öffentlich zugänglicher Telekommunikationsdienste" beschränkt sei.[72] Hieraus ergibt sich, dass der Gesetzgeber den Klammerzusatz hinter dem Begriff der Verkehrsdaten nicht nur als Legaldefinition, sondern als Beschränkung auf die Art der Verkehrsdaten versteht, die nach § 100g erhoben werden dürfen. Hierfür spricht schließlich auch die innere Systematik von § 100g, da die „besonderen" Verkehrs(vorratsdaten), die nach § 176 TKG (bis 1. Dezember 2021: § 113b TKG) zu speichern sind, nur von Maßnahme nach § 100g Abs. 2 erfasst werden. Dies bedeutet, dass sich die Erhebungsbefugnis nach § 100g Abs. 1 tatsächlich auf die nach §§ 9, 12 TTDSG (bis 1. Dezember 2021: § 96 Abs. 1 TKG) und § 2a Abs. 1 BDBOSG verarbeiteten und gespeicherten Verkehrsdaten beschränkt. Eine Erhebung der nach Art. 5 ff. DSGVO verarbeiteten und gespeicherten Verkehrsdaten bei den Erbringern von nicht öffentlich zugänglichen TK-Diensten ist danach nach § 100g nicht möglich. Wegen des erheblichen Eingriffsgewichts einer Verkehrsdatenerhebung und der spezifischen Regelung in § 100g kann für eine solche Erhebung auch nicht auf §§ 161, 163 zurückgegriffen werden. Eine Erhebung dieser Verkehrsdaten ist daher derzeit nur im Rahmen einer Telekommunikationsüberwachung nach § 100a möglich, welche auch die Erhebung von Verkehrsdaten umfasst (→ § 100a Rn. 74). Siehe zur Parallelproblematik hinsichtlich der Verdrängung des § 15 TMG (in der Fassung bis 1. Dezember 2021) bei der Verarbeitung von Nutzungsdaten durch Telemediendienstleister → § 100k Rn. 19 ff. 42

2. Verkehrsdaten nach § 2a Abs. 1 des Gesetzes über die Errichtung einer Bundesanstalt für den Digitalfunk der Behörden und Organisationen mit Sicherheitsaufgaben (BDBOSG). Mit dem Gesetz zur Umsetzung der Richtlinie (EU) 2016/680 im Strafverfahren sowie zur Anpassung datenschutzrechtlicher Bestimmungen an die Verordnung (EU) 2016/679 vom 20.11.2019[73] wurde die Legaldefinition der Verkehrsdaten in § 100g Abs. 1 um solche Verkehrsdaten nach § 2a Abs. 1 des Gesetzes über die Errichtung einer Bundesanstalt für den Digitalfunk der Behörden und Organisationen mit Sicherheitsaufgaben (BDBSOG) erweitert. Erklärtes Ziel des Gesetzgebers war es, die Befugnis nach § 100g auf die Erhebung von Verkehrsdaten bei der Bundesanstalt für den Digitalfunk der 43

[72] BT-Drs. 19/4671, 61.
[73] BGBl. 2019 I 1724.

Behörden und Organisationen mit Sicherheitsaufgaben zu ermöglichen, welche nicht unter § 96 Abs. 1 TKG (ab 1. Dezember 2021: § 9 Abs. 1 TTDSG) fallen.[74] Die in § 2a BDBOSG genannten Verkehrsdaten können nunmehr auch – **zB zur Verfolgung schwerer Straftaten durch Polizeibeamte** – nach § 100g erhoben werden.

44 **3. Vorratsdaten, § 176 TKG (bis 1. Dezember 2021: § 113b TKG). a) Zum Begriff der Vorratsdaten.** Vorratsdaten sind nach dem technisch orientierten Blickwinkel des TKG zunächst Verkehrsdaten iSd § 3 Nr. 70 TKG (bis 1. Dezember 2021: § 3 Nr. 30 TKG), weil sie entsprechend der dort enthaltenen Definition Daten darstellen, „deren Erhebung, Verarbeitung oder Nutzung bei der Erbringung eines Telekommunikationsdienstes erforderlich sind". Ihre Qualifikation als Vorratsdaten erhalten die von der (nach hier vertretener Auffassung europarechtswidrigen) Regelung des § 176 TKG (bis 1. Dezember 2021: § 113b TKG) erfassten Verkehrsdaten dadurch, dass sie **verdachtslos und damit anlassunabhängig** und losgelöst von betrieblichen Zwecken des Telekommunikationsdienstleister, in dessen Netz sie generiert wurden, einzig zu öffentlichen Zwecken, etwa denen der Strafverfolgung, gespeichert werden müssen (zur derzeit faktisch ausgesetzten Pflicht zur Vorratsdatenspeicherung → Rn. 15). Das nach wie vor bestehende Interesse der Strafverfolgungsbehörden an einer anlassunabhängigen Speicherung dieser Daten liegt darin begründet, dass strafrechtlich relevante Verkehrsdaten von den Telekommunikationsdienstleistern zu betrieblichen Zwecken vielfach nur noch für wenige Tage bzw. im Einzelfall überhaupt nicht benötigt und deshalb lediglich kurzzeitig bzw. nicht mehr gespeichert werden. Mit ihrer Löschung lassen sich die betreffenden Telekommunikationsvorgänge indes nicht mehr nachvollziehen. Empirisch bestätigt ist die Notwendigkeit der Vorratsdatenspeicherung bislang jedoch nicht.[75]

45 **b) Zu den nach § 176 TKG (bis 1. Dezember 2021: § 113b TKG) zu speichernden Vorratsdaten.** § 176 TKG (bis 1. Dezember 2021: § 113b TKG) ordnet in seinen Abs. 2–4 verschiedene Speicherpflichten an, die teilweise mit den Verkehrsdaten nach § 9 Abs. 1 TTDSG (bis 1. Dezember 2021: § 96 Abs. 1 TKG) identisch sind, teilweise aber auch über diese hinaus gehen. Nach § 176 Abs. 2 S. 1 Nr. 1 TKG (bis 1. Dezember 2021: § 113b Abs. 2 S. 1 Nr. 1 TKG) sind von Erbringern sog. Sprachkommunikationsdienste iSv § 3 Nr. 55 TKG nF die **Rufnummer** oder eine **andere Kennung** des anrufenden und des angerufenen Anschlusses sowie bei Um- oder Weiterschaltungen jedes weiteren beteiligten Anschlusses zu speichern. Dies entspricht § 9 Abs. 1 S. 1 Nr. 1 TTDSG, erweitert die Speicherpflicht aber um die **Speicherung weiterer Anschlüsse bei Um- und Weiterleitungen.** Nach Nr. 2 müssen **Datum und Uhrzeit** von Beginn und Ende der Verbindung unter Angabe der zugrunde liegenden **Zeitzone,** was § 9 Abs. 1 S. 1 Nr. 2 TTDSG entspricht; die erforderliche Erweiterung um die Zeitzone soll die Einordnung der Verbindung bei weltweiter Kommunikation erleichtern.[76] Nr. 3 entspricht § 9 Abs. 1 S. 1 Nr. 3 TTDSG und ordnet eine Angabe des konkret genutzten **Sprachkommunikationsdienstes** an. Da die Regelung in Abs. 2 S. 1 auf Sprachkommunikationsdienste iSv § 3 Nr. 55 TKG beschränkt ist, und diese Dienste nur „das Führen aus- und eingehender Inlands- oder Inlands- und Auslandsgespräche direkt oder indirekt über eine oder mehrere Nummern eines nationalen oder internationalen Nummernplans" ermöglichen, geht es hier um unterschiedliche Formen des Sprachkommunikationsdienstes wie zB Festnetztelefonie, Mobilfunktelefonie, Voice-over-IP-Telefonie, sofern die Kommunikation direkt oder indirekt über Nummern eines nationalen oder internationalen Nummernplans möglich ist. Nr. 4 enthält Speicherpflichten für die Mobiltelefonie und ordnet die Erfassung und Speicherung der **IMSI- und IMEI-Nummer** der beteiligten Mobilfunkanschlüsse und bei Prepaid-Optionen den Zeitpunkt der ersten Aktivierung an.[77] Bei **Voice-over-IP-Telefonie** ist

---

[74] BT-Drs. 19/4671, 61.
[75] Siehe https://www.mpg.de/5000721/vorratsdatenspeicherung.pdf (Stand: 26.12.2020).
[76] Bär in BeckOK StPO TKG § 176 Rn. 8.
[77] Bär in BeckOK StPO TKG § 176 Rn. 11 ff.

anstelle der Rufnummer nach Nr. 5 die **IP-Adresse** und zugewiesene **Benutzerkennungen** der beteiligten Anschlüsse zu speichern. In § 176 Abs. 2 S. 2 TKG (1. Dezember 2021: § 113b Abs. 2 S. 2 TKG) werden noch einige ergänzende Speicherpflichten für SMS/MMS und erfolglose Verbindungsversuche geregelt.[78]

Von großer praktischer Bedeutung ist (bzw. war) die Speicherpflicht für öffentlich zugängliche Internetzugangsdienste iSv § 3 Nr. 23 TKG bei der Nutzung von Internetkommunikation nach Abs. 3. Nr. 1 verpflichtet zur **Speicherung der statischen und dynamischen IP-Adressen der Internetnutzer.** Um eine spätere Identifizierung der Nutzer trotz vermehrter Verwendung dynamischer und damit verschiedenen Nutzern zu verschiedenen Zeiten zugewiesener IP-Adressen zu ermöglichen, müssen außerdem nach Nr. 2 eine eindeutige **Kennung des Anschlusses,** über den die Internetnutzung erfolgt, sowie eine zugewiesene **Benutzerkennung** gespeichert werden. Schließlich sind auch **Datum und Uhrzeit** von Beginn und Ende der Internetnutzung unter der zugewiesenen Internetprotokoll-Adresse und unter Angabe der zugrunde liegenden Zeitzone nach Nr. 3 zu speichern. Ausdrücklich nicht hiervon erfasst ist die Speicherung der besuchten Websites bzw. URLs, wie sich auch aus der Regelung in § 176 Abs. 5 TKG (bis 1. Dezember 2021: § 113b Abs. 5 TKG) ergibt.[79] 46

In § 176 Abs. 4 TKG (bis 1. Dezember 2021: § 113b Abs. 4 TKG) werden Speicherpflichten (aber nur für vier Wochen, vgl. § 176 Abs. 1 Nr. 2 TKG nF) für den **Mobilfunkverkehr** angeordnet. Nach S. 1 müssen bei Sprachkommunikationsdiensten die Bezeichnungen der **Funkzellen,** die durch den anrufenden und den angerufenen Anschluss bei Beginn der Verbindung genutzt wurden, gespeichert werden. Gleiches gilt bei mobiler Internetnutzung nach S. 2. S. 3 flankiert diese Regelungen, indem dort eine Vorhaltepflicht für die Daten geregelt ist, aus denen sich die **geografische Lage und die Hauptstrahlrichtungen** der die jeweilige Funkzelle versorgenden Funkantennen ergeben. Diese Daten sind erforderlich, um die Bezeichnungen der Funkzellen bestimmten geografischen Bereichen zuordnen zu können. Da es sich nicht um Verkehrsdaten handelt, gilt für sie nicht die Speicherhöchstfrist des § 176 Abs. 1 Nr. 2 TKG (bis 1. Dezember 2021: § 113b Abs. 1 Nr. 2 TKG). Sie dürfen dauerhaft vorgehalten werden.[80] 47

Keine besonderen Speicherpflichten enthält § 176 TKG (bis 1. Dezember 2021: § 113b TKG) für die **E-Mail-Kommunikation „elektronische Post"**, insbesondere ist Abs. 1 Nr. 5 eindeutig auf die Internet-Telefonie beschränkt.[81] 48

4. Betroffene der Maßnahme, § 101a Abs. 1 S. 1 iVm § 100a Abs. 3. Nach **§ 101a Abs. 1 S. 1 iVm § 100a Abs. 3** darf sich die Maßnahme nur gegen den Beschuldigten, Nachrichtenmittler oder die Inhaber von Anschlüssen und informationstechnischen Systemen richten, von denen anzunehmen ist, dass der Beschuldigte sie benutzt. 49

a) Beschuldigte. Maßnahmen nach § 100g richten sich vorrangig gegen die „als **Täter oder Teilnehmer**" (Abs. 1 S. 1) einer Straftat verdächtige Person, mithin gegen den Beschuldigten. Dieser muss im Verdacht stehen, an der Tat als Täter gemäß § 25 Abs. 1 StGB, gleichgültig ob als unmittelbarer (§ 25 Abs. 1 Alt. 1 StGB) bzw. mittelbarer Täter (§ 25 Abs. 1 Alt. 2 StGB) oder aber als Anstifter oder Gehilfe beteiligt gewesen zu sein. Auch Vorbereitungshandlungen, sofern sie als selbstständige Delikte strafbar sind und unter die von § 100g Abs. 1 erfassten Deliktsgruppen subsumiert werden können, sind taugliche Anlasstaten für Maßnahmen nach § 100g. Nichts anderes gilt grundsätzlich für den Versuch der Beteiligung nach § 30 StGB.[82] Dies hat der BGH soweit ersichtlich bisher nur für den Fall des § 100a entschieden,[83] welcher seinem Wortlaut nach indes denselben Personenkreis umfasst wie § 100g. Der Versuch der Beteiligung ist ausschließlich im Falle eines Verbrechens 50

78 Siehe für Details Bär in BeckOK StPO TKG § 176 Rn. 15.
79 BT-Drs. 18/5088, 39; Bär in BeckOK StPO TKG § 176 Rn. 16.
80 Bär in BeckOK StPO TKG § 176 Rn. 18.
81 Hierzu aus ermittlungstaktischer Sicht kritisch Bär in BeckOK StPO TKG § 176 Rn. 19.
82 So auch Köhler in Meyer-Goßner/Schmitt § 100g Rn. 15.
83 BGH 16.6.1983 – 2 StR 837/82, NJW 1983, 2396 (2398).

strafbar, sodass es sich bereits vor diesem Hintergrund regelmäßig um eine Straftat von auch im Einzelfall erheblicher Bedeutung handeln dürfte, auch wenn der Unrechtsgehalt der Tat beim Versuch der Beteiligung aufgrund der geringeren objektiven Gefährlichkeit der Tathandlung regelmäßig deutlich vermindert ist.

51 **b) Nachrichtenmittler, Anschlussinhaber, Inhaber von IT-Systemen.** Darüber hinaus kann sich die Maßnahme gemäß § 101a Abs. 1 S. 1 iVm § 100a Abs. 3 auch gegen einen sog. Nachrichtenmittler bzw. Anschlussinhaber, dh gegen Personen richten, bzgl. derer Anhaltspunkte dafür vorliegen, dass sie **für den Beschuldigten bestimmte oder von ihm herrührende Mitteilungen** entgegennehmen oder weiterleiten oder, dass der Beschuldigte ihren Anschluss nutzt. Seit Einführung der Quellen-TKÜ sind auch Maßnahmen gegen Inhaber von informationstechnischen Systemen denkbar, von denen anzunehmen ist, dass der Beschuldigte diese benutzt. Da jedoch die Verkehrsdaten, insbesondere die IP-Adresse bei der Internetnutzung, idR nicht den einzelnen informationstechnischen Systemen, sondern dem jeweiligen Anschluss zugeordnet sind, dürfte diese Variante für § 100g nur eine untergeordnete Rolle spielen. Der Verweis auf § 100a Abs. 3 erfolgte zum Zweck der Harmonisierung der Vorschrift über die Verkehrsdaten mit denjenigen der Telekommunikationsüberwachung nach § 100a.[84]

52 Verkehrsdaten von anderen als den vorstehend genannten Personen zu erheben, etwa von **Zeugen,** ist unzulässig.[85] In Fällen von „Hacker-Angriffen", bei denen sich die Täter unter Ausnutzung einer Vielzahl von Computernetzwerken einwählen, sind die Betreiber der dazu missbrauchten, zwischengeschalteten Computernetzwerke nach dem Willen des Gesetzgebers als Nachrichtenmittler iSv § 100a Abs. 3 anzusehen.[86]

II. Offene oder verdeckte Ermittlungsmaßnahme?

53 Im Unterschied zu den §§ 100a–100c, 100f und 100h fehlt in § 100g die Wendung „auch ohne Wissen des Betroffenen". Auch in § 101 (Verfahrensregeln für verdeckte Maßnahmen) ist § 100g nicht aufgeführt. Allerdings verweist § 101a Abs. 6 S. 2 auf einige Regelungen des § 101 und § 101a Abs. 6 S. 1 enthält eine Benachrichtigungsvorschrift, wie sie eigentlich nur bei verdeckten Maßnahmen Sinn ergibt. Die gesetzliche Systematik gibt daher keinen klaren Aufschluss darüber, ob § 100g eine offene oder eine verdeckte Maßnahme darstellt. Die Streichung der Wendung „ohne Wissen des Betroffenen" im Vergleich zur Vorgängerregelung des § 100g erfolgte durch den Gesetzgeber bewusst, der damit klarstellen wollte, dass **§ 100g „grundsätzlich" keine verdeckte Maßnahme mehr sei.**[87] Demnach muss das anordnende Gericht dem Betroffenen gem. § 33 bereits vor Erlass der Anordnung rechtliches Gehör gewähren. Hierauf kann nur verzichtet werden, wenn der Untersuchungszweck gefährdet würde (§ 33 Abs. 4). Die mit der Durchführung der Verkehrsdatenerhebung betraute Staatsanwaltschaft hat dementsprechend den Betroffenen vor Durchführung der Maßnahme gem. § 101a Abs. 6 S. 1 zu benachrichtigen. Auch diese Benachrichtigung kann nur zurückgestellt werden, wenn gem.§ 101a Abs. 6 S. 2 iVm § 101 Abs. 5 S. 1 die Benachrichtigung den Untersuchungszweck gefährden sollte. Sowohl bei unterlassener Gewährung des rechtlichen Gehörs als auch bei Zurückstellung der Benachrichtigung ist die Entscheidung jedoch zu begründen.[88] **In der Praxis** wird eine Verkehrsdatenerhebung jedoch häufig früh im Ermittlungsverfahren durchgeführt werden, weil diese Maßnahme oft zur Identifizierung des Tatverdächtigen oder zur Gewinnung von weiteren Spurenansätzen genutzt wird. In diesen Fällen dürfte eine Benachrichtigung regelmäßig den Untersuchungszweck gefährden und einen Verzicht auf rechtliches Gehör bzw. eine Zurückstellung der Benachrichtigung rechtfertigen. Dies darf zwar kein Automatismus sein und ist in jedem Einzelfall zu prüfen, allerdings scheint § 100g auch in der Neufassung

84 BT-Drs. 14/7008, 7.
85 BGH 24.11.2009 – 5 StR 385/09, BeckRS 2009, 88032.
86 Vgl. BT-Drs. 14/7008, 7 hinsichtlich § 100a Abs. 2 S. 2 aF, der § 100a Abs. 3 entspricht.
87 BR-Drs. 249/15, 31.
88 BT-Drs. 18/5088, 36; Köhler in Meyer-Goßner/Schmitt § 101a Rn. 32.

entgegen der Auffassung des Gesetzgebers keine „grundsätzlich“ offene Maßnahme, sondern vielmehr **eine regelmäßig verdeckte Maßnahme zu sein.**[89] Es erscheint allerdings zweifelhaft, ob diese Rechtspraxis mit den Vorgaben des BVerfG zu vereinbaren ist (hierzu → § 101a Rn. 1, 4).

III. Materielle Anordnungsvoraussetzungen der Erhebung der geschäftlich gespeicherten Verkehrsdaten und der zukünftigen und in Echtzeit erhobenen Standortdaten (Abs. 1 S. 1, S. 2, S. 4)

54 § 100g Abs. 1 S. 1, S. 2 gestattet die Erhebung derjenigen Verkehrsdaten, die TK-Anbieter nach §§ 9, 12 TTDSG (bis 1. Dezember 2021: § 96 Abs. 1 TKG) aus geschäftlichen Gründen speichern dürfen sowie der Daten, welche die Bundesanstalt für den Digitalfunk der Behörden und Organisationen mit Sicherheitsaufgaben nach dem BDBOSG speichert. Die Erhebung kann dabei sowohl retrograd (also Beauskunftung der bereits in der Vergangenheit angefallenen und immer noch gespeicherten Verkehrsdaten) als auch in Echtzeit oder für zukünftig anfallende Verkehrsdaten (also Anordnung der Ausleitung der ab einem bestimmten Zeitpunkt anfallenden Verkehrsdaten) erfolgen.[90] Die Herausgabe von Standortdaten darf – wegen der Gefahr der Erstellung von Bewegungsprofilen – dagegen unter den Voraussetzungen des Abs. 1 (zur retrograden Standortdatenerhebung unter den erschwerten Voraussetzungen des Abs. 2 → Rn. 72 ff.) nur für in Echtzeit oder zukünftig anfallende Standortdaten angeordnet werden (S. 3). Der Wortlaut von Abs. 1 ist insofern missglückt bzw. missverständlich, als der Klammerverweis auf §§ 9, 12 TTDSG in Abs. 1 S. 1 und die ausdrückliche Bezugnahme der „in Echtzeit“ oder „zukünftig“ anfallenden Standortdaten in S. 4 den Eindruck erweckt, nur die Erhebung von Standortdaten sei in Echtzeit oder für künftig anfallende Daten möglich, während andere Verkehrsdaten nur retrograd erhoben werden dürfen, nämlich dann, wenn diese nach §§ 9, 12 TTDSG in der Vergangenheit gespeichert wurden. Der Gesetzgeber wollte jedoch ausdrücklich eine umfassende Norm zur Erhebung von Verkehrsdaten (retrograd, in Echtzeit und für künftig anfallende Verkehrsdaten) in § 100g schaffen.[91] Insofern begrenzt der Klammerzusatz (§§ 9, 12 TTDSG) lediglich die Art der nach Abs. 1 zu erhebenden Verkehrsdaten (keine Vorratsdaten nach § 176 TKG; nur solche Verkehrsdaten, für die eine Speicherberechtigung nach § 9, 12 TTDSG besteht) und die Beschränkung auf „in Echtzeit“ und „zukünftig“ anfallende Standortdaten in S. 4 ist als Beschränkung dahingehend zu verstehen, dass Standortdaten – anders als sonstige Verkehrsdaten – nach Abs. 1 gerade nicht retrograd erhoben werden dürfen. **§ 100g Abs. 1 tritt bei der Verkehrsdatenerhebung in Echtzeit somit neben die Befugnis des § 100a Abs. 1,** welche dies ebenfalls ermöglicht. Der Gesetzgeber wollte damit die Verkehrsdatenerhebung in Echtzeit unter weniger strengen Bedingungen zulassen als die Inhaltsdatenerhebung in Echtzeit, die nur nach § 100a Abs. 1 zulässig ist.[92]

55 **Voraussetzung für die Erhebung von Verkehrsdaten** gemäß § 100g Abs. 1 S. 1, S. 2 iVm §§ 9, 12 TTDSG (bis 1. Dezember 2021: § 96 Abs. 1 TKG) bzw. § 2a BDBOSG ist, dass entweder eine Straftat von auch im Einzelfall erheblicher Bedeutung oder aber „eine Straftat mittels Telekommunikation“ begangen wurde, die entsprechenden Verdachtsmomente auf „bestimmte Tatsachen“ gestützt werden können, die Datenerhebung für die Erforschung des Sachverhalts oder die Ermittlung des Aufenthaltsortes des Beschuldigten erforderlich ist und die Erhebung der Daten in einem angemessenen Verhältnis zur Bedeutung der Sache steht.

56 Die **Erhebung von Standortdaten in Echtzeit und zukünftig anfallender Standortdaten** ist nach denselben Voraussetzungen zulässig, allerdings nur in Fällen der Begehung einer erheblichen Straftat nach Abs. 1 S. 1 Nr. 1 (vgl. S. 4).

---

89 So auch Köhler in Meyer-Goßner/Schmitt § 101a Rn. 32.
90 BT-Drs. 16/5846, 50.
91 BT-Drs. 16/5846, 50; BVerfG 20.12.2018 – 2 BvR 2377/16, NJW 2019, 584 (587).
92 BT-Drs. 16/5846, 50.

57 **1. Straftat von erheblicher Bedeutung/Straftat mittels Telekommunikation (Abs. 1 S. 1 Nr. 1 und 2). a) Straftat von erheblicher Bedeutung.** Der **unbestimmte Rechtsbegriff** der „Straftat von erheblicher Bedeutung" wird nach einhelliger Auffassung dahingehend ausgelegt, dass es sich um eine Straftat handeln muss, die zumindest dem mittleren Kriminalitätsbereich zuzuordnen und geeignet ist, den Rechtsfrieden empfindlich zu stören sowie das Gefühl der Rechtssicherheit der Bevölkerung erheblich zu beeinträchtigen.[93] Der Begriff entstammt dem Polizeirecht und hat anlässlich der zunehmenden Verwendung „generalisierenden Deliktskataloge"[94] Aufnahme in die StPO gefunden. In der vorgenannten Definition kumulieren unbestimmte Rechtsbegriffe, die sich einer begrifflichen Präzisierung weitgehend entziehen.[95] Wenngleich der unbestimmte Rechtsbegriff einer Straftat von erheblicher Bedeutung damit wenig praktikabel ist, genügt er nach Auffassung des BVerfG noch den rechtsstaatlichen Erfordernissen der Normenklarheit und Justitiabilität.[96]

58 Soweit das Erfordernis einer Straftat von erheblicher Bedeutung durch die Formulierung „insbesondere eine in § 100a Abs. 2 bezeichnete Straftat" eine gewisse Konkretisierung erfährt, soll der ausdrückliche Hinweis auf die Katalogtaten des § 100a die Anordnungsvoraussetzungen einerseits präzisieren, andererseits die für eine sachgerechte Anwendung der Vorschrift erforderliche Flexibilität gewährleisten.[97] Aus der Verwendung des Wortes „insbesondere" wird deutlich, dass der Hinweis auf den Katalog des § 100a lediglich beispielhaft ist.[98] Berücksichtigt man weiter, dass die Schwere eines Eingriffs nach § 100g regelmäßig hinter der des § 100a zurückbleibt[99] und dessen Katalog auch Vergehen umfasst, werden vielfach bereits Vergehen eine Straftat von erheblicher Bedeutung darstellen. Ausreichend sind Vergehen mittlerer Schwere, wofür eine **Strafrahmenobergrenze von mehr als drei Jahren** zu fordern ist. Die in der Kommentarliteratur[100] vereinzelt vertretene Auffassung, auch ein Delikt mit einer Strafrahmenobergrenze von zwei Jahren könne ausreichen, begegnet aus den vorstehend dargelegten Erwägungen Bedenken. Antrags- und Bagatelldelikte scheiden damit regelmäßig aus.[101] Auch der Diebstahl eines Handys genügt in der Regel nicht.[102] Etwas anderes gilt, wenn Gegenstand des Diebstahls eine Sache von erheblichem Wert ist.[103]

59 Die Straftat muss nicht nur abstrakt, sondern auch **im Einzelfall von erheblicher Bedeutung** sein. Durch dieses zusätzliche Erfordernis sollen Fälle ausgeschieden werden, die zwar eine Straftat von erheblicher Bedeutung zum Gegenstand haben, indes im Einzelfall nicht geeignet sind, einen Eingriff in das Telekommunikationsgeheimnis zu rechtfertigen. Kriterien hierfür sind die Art der Tatbegehung, die Schutzbedürftigkeit der betroffenen Rechtsgüter, Ausmaß und Schwere des eingetreten Schadens für die Tatopfer, die Beteiligung mehrerer potentieller Täter, Zusammenhänge mit anderen Katalogtaten, Straftaten aus dem Bereich des organisierten Verbrechens, eine besondere Tatmotivation (zB terroristische oder extremistische Straftaten, Hasskriminalität etc).[104] Als Maßstab kann hierbei die prognostisch zu erwartende Strafhöhe herangezogen werden.[105]

---

93 Vgl. BVerfG 14.12.2000 – 2 BvR 1741/99, NJW 2001, 878 (880); BGH 7.8.2013 – 1 StR 156/13, BeckRS 2013, 15441; Köhler in Meyer-Goßner/Schmitt § 98a Rn. 5.

94 BT-Drs. 12/2720, 43.

95 So zutreffend Welp GA 2002, 538 (539).

96 BVerfG 14.12.2000 – 2 BvR 1741/99, NJW 2001, 878 (880).

97 BT-Drs. 14/7008, 6.

98 Ebenso Bär in BeckOK StPO § 100g Rn. 7.

99 So auch BVerfG 12.3.2003 – 1 BvR 330/96 und 1 BvR 348/99, NJW 2003, 1787 (1791).

100 So Köhler in Meyer-Goßner/Schmitt § 98a Rn. 5.

101 LG Dortmund 18.3.2002 – 14 (III) Qs 6/02, MMR 2003, 54; Bär in BeckOK StPO § 100g Rn. 7.

102 LG Hildesheim 12.3.2008 – 12 Qs 12/08, Nds. Rpfl. 2008, 148 (149).

103 AG Friedberg 15.3.2006 – 40a Gs 301 Js 43229/06, NStZ 2006, 517.

104 Vgl. auch Bär in KMR-StPO § 100b Rn. 23; siehe Beispielhaft LG Dessau-Roßlau 12.5.2014 – 8 Qs 395 UJs 5616/14 (97/14), juris.

105 Details bei Hauck in Löwe/Rosenberg § 100b Rn. 80; zum Steuerstrafrecht Kramer NJW 2014, 1561 (1562 f.).

60 So dürfte der Verdacht des einfachen **Diebstahls eines Mobiltelefons** sowie weiterer Gegenstände im Gesamtwert von 550 Euro[106] ebenso wenig ausreichen wie der eines Computerbetruges mit einem Schaden von 35 Euro.[107] Der Diebstahl einer Uhr im Wert von 25.000 Euro ist hingegen schon angesichts der Schadenshöhe als Straftat von erheblicher Bedeutung zu qualifizieren. Auch sind die im Gesetz als Strafmilderungsgründe benannten minder schweren Fälle nicht stets ausgeschlossen. Auch ein solcher Fall kann namentlich im Hinblick auf die Folgen der Tat für das Opfer ausreichend schwer wiegen, um im Einzelfall die Erhebung von Verkehrsdaten zu rechtfertigen.[108]

61 **Beispiele, bei denen eine Straftat von auch im Einzelfall erheblicher Bedeutung bejaht wurde:** gewerbsmäßiger Betrug unter Einsatz „falscher Polizisten“,[109] Diebstahl von EC-, Kredit- und Bankkarten mit anschließendem Missbrauch,[110] Wohnungseinbruchsdiebstahl,[111] Vortäuschung eines Brandanschlags im Rathaus durch den Bürgermeister,[112] bandenmäßig begangene Ladungsdiebstähle durch sog. Planenschlitzen.[113] Insgesamt verlangt der BGH vor allem dann eine sorgfältige Prüfung, wenn die Höchststrafe der jeweiligen Tat drei Jahre beträgt und somit ein „Grenzfall“ vorliegt.[114] Verneint wurde das Vorliegen einer Straftat von erheblicher Bedeutung dagegen beim Diebstahl einer am Körper getragenen Bauchtasche mittels Geschicklichkeit und Schnelligkeit.[115]

62 **b) Straftat mittels Telekommunikation (Abs. 1 S. 1 Nr. 2).** Liegen Anhaltspunkte für eine mittels Telekommunikation begangene Straftat vor, also bspw. unter Verwendung eines Telefons, einer E-Mail, eines Messenger-Dienstes oder unter Nutzung des Internets, muss die den Gegenstand des Verfahrens bildende Straftat **nicht eine solche von erheblicher Bedeutung** sein. Es genügt vielmehr jede Straftat, sofern nur im Hinblick auf die Verhältnismäßigkeit des Eingriffs entsprechend dem Erfordernis in S. 1 aE die Erhebung der Daten in einem angemessenen Verhältnis zur Bedeutung der Sache liegt und die Erforschung des Sachverhalts auf andere Weise aussichtslos wäre (strenge Subsidiarität). Der Regelung in Nr. 2 liegt die kriminalpolitische Erwägung zu Grunde, dass derartige Straftaten ohne die Erhebung der Verkehrsdaten, namentlich der Kennung des anrufenden Anschlusses, nicht aufklärbar wären.[116] Diese Erwägung gilt im Rahmen der heute zunehmenden Cyberkriminalität ieS umso mehr (insbesondere hinsichtlich der verwendeten IP-Adressen). Hier dürften Ermittlungen ohne Verkehrsdatenerhebungen im absoluten Regelfall scheitern. Gegen die damit begründete Herabsenkung der Eingriffsvoraussetzungen des § 100g bestehen auch keine verfassungsrechtlichen Bedenken. Nach Auffassung des BVerfG mindert vielmehr derjenige Beschuldigte seinen Anspruch auf Wahrung der Vertraulichkeit des Mediums, der dieses als Tatmittel einsetzt.[117] Als taugliche Anlasstat kommt in diesen Fällen „jede beliebige Straftat“[118] in Betracht, etwa das Nachstellen unter Verwendung von Telekommunikationsmitteln, das „Stalking“ gemäß § 238 StGB, der unbefugte Zugriff auf fremde Daten unter Überwindung von Zugangssicherungen sowie das Ausspähen von Daten nach § 202a StGB. Eine besondere Bedeutung kommt dieser Fallgruppe bei allen Cybercrime-Delikten ieS und iwS (zB Äußerungsdelikte im Internet) zu, bei denen fast immer auch Telekommunikationsmittel als Tatmittel zum Einsatz kommen. Mit deren Bedeutungszuwachs wächst auch die Bedeutung des § 100g Abs. 1 S. 1 Nr. 2.

106 LG Hildesheim 12.3.2008 – 12 Qs 12/08, Nds. Rpfl. 2008, 148.
107 LG Köln 5.2.2002 – 107 Qs 36702, MMR 2002, 562.
108 BT-Drs. 16/5846, 40 hinsichtlich der Begründung zu § 100a.
109 LG Arnsberg 7.6.2019 – 2 Qs-410 UJs 300/19-52/19, ZD 2019, 415.
110 LG Bonn 2.8.2018 – 21 Qs-400 UJs 431/18-62/18, NStZ 2020, 55 zu § 131b.
111 LG Arnsberg 24.11.2017 – II-2 Qs-410 UJs 544/17-67/17, BeckRS 2017, 156191; LG Arnsberg 24.11.2017 – II-2 Qs 67/17, juris; LG Arnsberg 24.2.2017 – 2 Qs 14/17, juris.
112 BGH 7.8.2013 – 1 StR 156/13, NStZ 2014, 281.
113 LG Arnsberg 29.4.2019 – 2 Qs – 410 UJs 254/19 – 43/19, juris.
114 BGH 7.8.2013 – 1 StR 156/13, NStZ 2014, 281.
115 LG Dessau-Roßlau 12.5.2014 – 8 Qs 395 UJs 5616/14 (97/14), juris.
116 BT-Drs. 14/7008, 7.
117 BVerfG 17.6.2006 – 2 BvR 1085/05, NJW 2006, 3197 (3198).
118 BVerfG 17.6.2006 – 2 BvR 1085/05, NJW 2006, 3197 (3198).

63 Sämtliche mittels Telekommunikation begangenen Taten müssen, anders als im Falle von Nr. 1, auch **vollendet sein.** Eine mithin lediglich – sofern überhaupt strafbar – vorbereitete oder versuchte Straftat reicht, sofern diese nicht bereits von erheblicher Bedeutung ist, nicht aus. Dies ergibt sich aus der Verwendung der Begriffe „begangen hat".

64 **2. Den Tatverdacht begründende „bestimmte Tatsachen".** Ebenso wie etwa in den Fällen der §§ 100a, 100c, 100f, 100i muss sich auch im Fall des § 100g der Tatverdacht auf „bestimmte Tatsachen" stützen. Ausreichend ist bereits ein **qualifizierter Anfangsverdacht,** erforderlich ist also weder ein hinreichender Tatverdacht gemäß § 203 noch gar ein dringender Tatverdacht nach § 112. Indes muss sich der Anfangsverdacht aus „bestimmten Tatsachen", dh auf „eine hinreichende Tatsachenbasis" stützen lassen.[119] Reine Spekulationen, Mutmaßungen oder nicht auf tatsächliche Aspekte gestützte „kriminalistische Erfahrungswerte" reichen mithin nicht aus (Für Details zum qualifizierten Tatverdacht → § 100a Rn. 151 ff.).

65 **3. Zweck der Maßnahme nach Abs. 1 S. 1, S. 2.** Verkehrsdaten nach Maßgabe des § 100g dürfen einzig zum Zwecke der **Sachverhaltserforschung** erhoben werden, wobei sich die Maßnahme gemäß § 101a Abs. 1 S. 1 iVm § 100a Abs. 3 auch gegen den Nachrichtenmittler richten darf. Unzulässig ist es hingegen, in einem Verfahren wegen des Verdachts der Brandstiftung Verkehrsdaten im Wege einer so genannten „Funkzellenabfrage" einzig zur Klärung der Frage zu erheben, welche Personen sich zu einem bestimmten Zeitpunkt in einer konkreten Funkzelle aufgehalten haben, um so Anhaltspunkte für die Ermittlung der Identität weiterer und einzig als Zeugen in Betracht kommender Personen zu gewinnen.[120] Nicht mehr zulässig ist die Maßnahme nach Abs. 1 S. 1, S. 2 zur Aufenthaltsermittlung des Beschuldigten.[121] Da hierfür nur Standortdaten relevant sein können, dürfen auch nur diese nach Abs. 1 S. 3 iVm Abs. 2 und Abs. 1 S. 4 zur Aufenthaltsermittlung des Beschuldigten erhoben werden (zur Erhebung der Standortdaten noch → Rn. 70 f. und → Rn. 82)

66 **4. Verhältnismäßigkeit. a) Straftat von erheblicher Bedeutung (Abs. 1 S. 1 Nr. 1).** Im Falle des Verdachts einer Straftat von erheblicher Bedeutung ist die Erhebung von Verkehrsdaten im Hinblick auf den jeden Grundrechtseingriff limitierenden Grundsatz der Verhältnismäßigkeit nach der gesetzgeberischen Wertung nur zulässig, wenn und soweit dies für die zulässigen Untersuchungszwecke **erforderlich** ist. Dies bedeutet konkret, dass bestimmte der von §§ 9, 12 TTDSG (bis 1. Dezember 2021: § 96 Abs. 1 TKG) erfassten Verkehrsdaten für die Ermittlungen benötigt werden und **keine andere, weniger eingriffsintensive Maßnahme** zur Erlangung dieser Daten bzw. zur Herbeiführung eines gleichwertigen Ermittlungserfolges zur Verfügung steht. Die sog. Fangschaltung, sprich die Identifizierung eines unbekannten Anrufers, auf die in der Lit.[122] als Alternative verwiesen wird, ist aufgrund ihrer eingeschränkten Leistungsmerkmale und damit mangels Geeignetheit regelmäßig kein gegenüber § 100g vorrangig zu berücksichtigendes Ermittlungsinstrument. Die Fangschaltung erfasst nur die **eingehende,** nicht hingegen die durchweg ebenfalls beweiserhebliche **abgehende** Telekommunikation.

67 Bei der Beurteilung der Verhältnismäßigkeit einer Maßnahme nach § 100g steht dem anordnenden Richter oder Staatsanwalt wie bei anderen Eingriffsmaßnahmen auch ein **Beurteilungsspielraum** zu. Die revisionsrechtliche Kontrolle beschränkt sich insoweit auf den Maßstab der Vertretbarkeit, weil, wie der BGH zutreffend festgestellt hat, sich „das gesetzliche System der Subsidiaritätsklauseln als derart fein abgestimmt dar(stellt), dass die Übergänge fließend und eindeutige – von den subjektiven Einschätzungen und Wertungen des zur Entscheidung Berufenen unabhängige – Grenzziehungen nicht möglich sind".[123]

---

119 BVerfG 12.3.2003 – 1 BvR 330/96 und 1 BvR 348/99, NJW 2003, 1787 (1791).
120 Vgl. Bitzer DuD 2005, 578.
121 Köhler in Meyer-Goßner/Schmitt § 100g Rn. 16 aE.
122 Hilger GA 2002, 229; Gercke in Gercke/Julius/Temming/Zöller § 100g Rn. 17 aE.
123 BGH 16.2.1995 – 4 StR 729/94, NJW 1995, 1974 (1975).

b) Straftat mittels Telekommunikation (Abs. 1 S. 1 Nr. 2, S. 2). Im Falle einer mittels Telekommunikation begangenen Straftat ist gemäß Abs. 1 S. 2 eine Verkehrsdatenerhebung nur zulässig, wenn die Sachverhaltserforschung oder Aufenthaltsermittlung **„aussichtslos"** wäre. Aussichtslos sind andere Ermittlungsmaßnahmen nur, wenn entweder keine anderen Maßnahmen ersichtlich sind oder diese anderen Maßnahmen keine Aussicht auf relevanten Erkenntnisgewinn bieten.[124] Insbesondere bei nur über das Internet begangenen Straftaten werden allerdings häufig keine anderen Ermittlungsmaßnahmen zur Identifikation des Täters zur Verfügung stehen.[125] 68

c) Angemessenes Verhältnis zur Bedeutung der Sache (Abs. 1 S. 1 aE). Nach der Neuregelung des § 100g Abs. 1 S. 1 muss nunmehr sowohl bei Straftaten von erheblicher Bedeutung nach Nr. 1 als auch bei Straftaten, die mittels Telekommunikation begangen werden (Nr. 2) weiterhin geprüft werden, ob die Erhebung der Verkehrsdaten in einem angemessenen Verhältnis zur Bedeutung der Sache steht (Abs. 1 S. 1 aE). Soweit vereinzelt vertreten wird, diese Voraussetzung beziehe sich nunmehr nur auf Nr. 1 und nicht mehr auf Nr. 2,[126] ist dem zu widersprechen. Die Voraussetzungen des S. 1 gelten für beide Varianten, nur für Nr. 2 ordnet S. 2 zusätzliche Voraussetzungen an. Auch die Gesetzesbegründung spricht davon, dass das Erfordernis des angemessenen Verhältnisses zur Bedeutung der Sache nunmehr „auch" für Fälle der Nr. 1 geregelt wird.[127] Daraus ergibt sich, dass keinesfalls ein Entfallen dieser Voraussetzung für die Fälle der Nr. 2 gewollt war. Das bedeutet, dass selbst in Fällen, in denen eine Verkehrsdatenerhebung „erforderlich" im o. g. Sinne ist und eine auch im Einzelfall erhebliche Straftat vorliegt, **eine weitere Abwägung des mit der Verkehrsdatenerhebung einhergehenden Eingriff in Art. 10 Abs. 1 GG mit der Bedeutung der Sache vorgenommen werden muss.** Der Gesetzgeber wollte damit die Fälle der „leichteren Kriminalität" aus dem Anwendungsbereich des § 100g Abs. 1 S. 1 ausschließen.[128] In Abgrenzung des auch die Verhältnismäßigkeit betreffenden Merkmals der auch im Einzelfall erheblichen Straftat muss hierbei der Blick vor allem auf Qualität (Aussagekräftigkeit) und Quantität der zu erhebenden Verkehrsdaten gerichtet werden. Ggf. müssen Einschränkungen diesbezüglich vorgenommen werden.[129] Insbesondere ergibt sich aus diesem Merkmal, dass eine strafprozessuale Verkehrsdatenerhebung bei Anzeigen der Musik-, Film- und Gaming-Industrie wegen Vergehen nach §§ 106, 108 UrhG in der Regel nicht in Betracht kommt, da diese Anzeigen regelmäßig nur der Durchsetzung zivilrechtlicher Ansprüche dienen sollen und Auskünfte über Verkehrsdaten auf dem Zivilrechtsweg nicht zu erlangen sind.[130] 69

5. Erhebung künftig anfallender Standortdaten und Standortdaten in Echtzeit (Abs. 1 S. 4). Die Erhebung von Standortdaten ist in der aktuellen Fassung des § 100g differenziert geregelt. Während auf bereits gespeicherte Standortdaten (retrograd) nach § 100g Abs. 1 S. 3 iVm Abs. 2 (geschäftlich gespeicherte Standortdaten nach §§ 9, 12 TTDSG bzw. vor dem 1. Dezember 2021: § 96 Abs. 1 TKG) und Abs. 2 (verpflichtend gespeicherte Standortdaten nach § 176 TKG bzw. bis 1. Dezember 2021: § 113b TKG) zugegriffen werden darf, erlaubt Abs. 1 S. 4 eine Erhebung von zukünftig anfallenden Standortdaten und eine Erhebung in Echtzeit. Die Regelungen **schließen** eine durch das zeitliche Auslaufen der Übergangsvorschrift in § 12 Abs. 1 EGStPO und der faktischen Aussetzung der Vorratsdatenspeicherung nach § 113b TKG aF (hierzu → Rn. 15) **entstandene Geset-** 70

[124] Weiter (bereits aussichtslos, wenn Maßnahme nach § 100g „entscheidend höhere" Erfolgsaussichten bietet): Köhler in Meyer-Goßner/Schmitt § 100a Rn. 13 und § 100g Rn. 19.
[125] Bär in BeckOK StPO § 100g Rn. 22; Eschelbach in Satzger/Schluckebier/Widmaier StPO § 100g Rn. 20.
[126] AA bzgl. Nr. 2 Köhler in Meyer-Goßner/Schmitt § 100g Rn. 19.
[127] BT-Drs. 18/5088, 31.
[128] BT-Drs. 16/5846, 52 sowie BT-Drs. 18/5088, 31.
[129] AA (keine weitere eingriffslimitierende Wirkung) noch Günther in der Vorauflage.
[130] AG Offenburg 20.7.2007 – 4 Gs 442/07, CR 2007, 676; Gercke in Gercke/Julius/Temming/Zöller § 100g Rn. 18; Bruns in KK-StPO § 100g Rn. 6 jeweils mwN.

zeslücke. Vor Schaffung der neuen S. 3 und 4 war danach ein retrograder Zugriff auf geschäftlich nach § 96 TKG aF (Fassung bis 1. Dezember 2021) gespeicherte Standortdaten nicht mehr in der Befugnisnorm enthalten, ein Zugriff auf die nach § 113b TKG aF (Fassung bis 1. Dezember 2021) pflichtmäßig gespeicherten Standortdaten nach Abs. 2 scheiterte oftmals daran, dass der Speicherpflicht wegen der fehlenden Sanktionierung durch die Bundesnetzagentur von den Providern nicht nachgekommen wurde.[131] Die dem Vorbehalt des Gesetzes zuwiderlaufende (analoge) und damit rechtswidrige[132] Anwendung des § 100g Abs. 2 durch die Staatsanwaltschaften und zahlreiche Landgerichte[133] zur retrograden Erhebung geschäftsmäßig gespeicherter Standortdaten nach § 96 TKG (in der Fassung bis 1. Dezember 2021) ist hierdurch nun überflüssig geworden.

71 Abs. 1 S. 4 erlaubt die Erhebung von Standortdaten nach §§ 9, 12 TTDSG (bis 1. Dezember 2021: § 96 TKG) nur in Echtzeit oder für zukünftig anfallende Verkehrsdaten. Damit ist eine **„live"-Ausleitung** der Standortdaten an die Strafverfolgungsbehörden gemeint oder die Anordnung der **„gebündelten" Beauskunftung** von Standortdaten ab einem bestimmten (in der Zukunft liegenden) Zeitpunkt durch den Provider.[134] Notwendig hierfür ist, dass die Voraussetzungen des § 100g Abs. 1 S. 1 Nr. 1 vorliegen. Für Straftaten, die mittels Telekommunikation begangen wurden, dabei aber nicht erheblich sind (Nr. 2) ist diese Maßnahme somit nicht zulässig. Anders als die Erhebung sonstiger Verkehrsdaten iSv § 100g Abs. 1 S. 1 ist die Erhebung von Standortdaten nach Abs. 1 S. 4 auch zur Aufenthaltsermittlung des Beschuldigten erlaubt, wenn sie hierfür erforderlich ist (zum Maßstab der Erforderlichkeit → Rn. 66).

IV. Materielle Anordnungsvoraussetzungen der Erhebung von Verkehrsvorratsdaten (Abs. 2), retrograden Standortdaten (Abs. 1 S. 3) und Zugriff auf Verkehrsvorratsdaten zur Funkzellenabfrage (Abs. 3 S. 2)

72 Einheitlich geregelt sind in der aktuellen Fassung des § 100g die Voraussetzungen für die Erhebung von Verkehrsvorratsdaten nach § 113b TKG (ab 1. Dezember 2021: § 176 TKG), inklusive der hiernach pflichtmäßig gespeicherten Standortdaten (Abs. 2), die retrograde Erhebung von geschäftsmäßig gespeicherten Standortdaten nach §§ 9, 12 TTDSG (bis 1. Dezember 2021: § 96 Abs. 1 TKG) gem. Abs. 1 S. 3 und die Erhebung von gespeicherten Standortdaten (→ Rn. 82) im Rahmen einer Funkzellenabfrage (Abs. 3 S. 2). Die **gemeinsamen Voraussetzungen finden sich in Abs. 2.**

73 **1. Besonders schwere Straftat nach Abs. 2 S. 2.** Erforderlich ist zunächst, dass jemand als Täter oder Teilnehmer eine der in Abs. 2 S. 2 bezeichneten besonders schweren Straftaten begangen hat oder in Fällen, in denen der Versuch strafbar ist, eine solche Straftat zu begehen versucht hat. Der Katalog der besonders schweren Straftaten in S. 2 ist dabei **abschließend.** Erfasst werden vollendete und versuchte Taten ebenso wie sämtliche Beteiligungsformen der §§ 25 ff. StGB.[135] Vorbereitungstaten werden nur erfasst, wenn sie ihrerseits in S. 2 genannt sind. Da der BGH auch die Vorschrift des § 30 StGB unter die Begrifflichkeit „durch eine Straftat vorbereitet hat" iSv § 100a Abs. 1 Nr. 1 subsumiert hat,[136] kann § 30 StGB zwar zu einer Erhebung nach § 100g Abs. 1 S. 1 Nr. 1 berechtigen (da dort dieselbe Begrifflichkeit verwendet wird), nicht aber zu einer Erhebung nach § 100g Abs. 2 (und allen Normen die hierauf verweisen), weil dort die entsprechende Begrifflichkeit fehlt.[137] **Die Rechtslage ist daher wie bei §§ 100b und 100c** (→ § 100b Rn. 49 f. und → § 100c Rn. 25).

---

131 Siehe hierzu vertiefend Bär in BeckOK StPO § 100g Rn. 14 ff.

132 So auch der Ermittlungsrichter beim BGH in NStZ 2017, 47; aA Bär in BeckOK StPO § 100g Rn. 16.

133 ZB LG Mannheim 18.1.2018 – 4 Qs 39/17, NStZ 2018, 430 mAnm Bär; weitere Nachweise bei Bär in BeckOK StPO § 100g Rn. 16.

134 BT-Drs. 16/5846, 50 f.; Bär in BeckOK StPO § 100g Rn. 20.

135 Köhler in Meyer-Goßner/Schmitt § 100g Rn. 32 und 15.

136 BGH 16.6.1983 – 2 StR 837/82, NJW 1983, 2396 (2398).

137 Wie hier Eschelbach in Satzger/Schluckebier/Widmaier StPO § 100g Rn. 23; Bär in KMR-StPO § 100g Rn. 40; missverständlich Köhler in Meyer-Goßner/Schmitt § 100g Rn. 32 und 15.

Die Straftat muss auch im Einzelfall besonders schwer wiegen. **Kriterien** hierfür sind die Art der Tatbegehung, die Schutzbedürftigkeit der betroffenen Rechtsgüter, Ausmaß und Schwere des eingetreten Schadens für die Tatopfer, die Beteiligung mehrerer potentieller Täter, Zusammenhänge mit anderen Katalogtaten, Straftaten aus dem Bereich des organisierten Verbrechens, eine besondere Tatmotivation (zB terroristische oder extremistische Straftaten, Hasskriminalität etc).[138] Als Maßstab kann hierbei die **prognostisch zu erwartende Strafhöhe** herangezogen werden.[139] 74

2. Qualifizierter Tatverdacht aufgrund „bestimmter Tatsachen". Wie bei Maßnahmen nach Abs. 1 muss ein **qualifizierter Tatverdacht** aufgrund „bestimmter Tatsachen" – hier bezüglich einer Katalogtat nach Abs. 2 S. 2 – vorliegen. Hierzu → Rn. 64 und vor allem → § 100a Rn. 151 ff. 75

3. Maßnahmezweck. Anders als Abs. 1 differenziert Abs. 2 nicht hinsichtlich der Erhebung von Standortdaten (unter strengeren Voraussetzungen) zur Aufenthaltsermittlung des Beschuldigten und sonstigen Verkehrsdaten zur Erforschung des Sachverhalts. Vielmehr dürfen die nach § 176 TKG (bis 1. Dezember 2021: § 113b TKG) gespeicherten Verkehrsdaten – die auch Standortdaten umfassen, → Rn. 82 – unter den Voraussetzungen des Abs. 2 **zu beiden Zwecken erhoben werden.** 76

4. Subsidiaritätsklausel. Die Subsidiaritätsklausel des Abs. 2 **entspricht** derjenigen in **§ 100a und § 100b** („wesentlich erschwert oder aussichtslos") und ist damit weniger streng als diejenige in § 100c („unverhältnismäßig erschwert oder aussichtslos") und in Abs. 1 S. 2 („aussichtslos"). 77

Aussichtslosigkeit ist gegeben, wenn keine andere Maßnahme als die der Verkehrsdatenabfrage zur Sachverhaltsaufklärung bzw. zur Aufenthaltsermittlung zur Verfügung steht.[140] 78

Wesentlich erschwert wäre die Sachverhaltserforschung bzw. Aufenthaltsermittlung, wenn mit anderen zur Verfügung stehenden Maßnahmen bzw. Mitteln zur Zweckerreichung erheblich mehr Zeit aufgewendet werden müsste bzw. andere Maßnahmen zwar gleich schnell durchgeführt werden könnten, indes zu wesentlich schlechteren Ergebnissen führen würden. 79

Im Übrigen kann auf die **Ausführungen bei → § 100a Rn. 177 ff. und → § 100b Rn. 56 f.** verwiesen werden. 80

5. Angemessenes Verhältnis zur Bedeutung der Sache (Verhältnismäßigkeit). 81
Wie bei Abs. 1 (→ Rn. 69) muss die Verkehrsdatenerhebung auch bei Abs. 2 in einem angemessenen Verhältnis zur Bedeutung der Sache stehen. In Abgrenzung des auch die Verhältnismäßigkeit betreffenden Merkmals der auch im Einzelfall besonders schweren Straftat und der Subsidiaritätsklausel muss hierbei der Blick vor allem auf **Qualität (Aussagekräftigkeit) und Quantität der zu erhebenden Verkehrsdaten** gerichtet werden. Ggf. müssen Einschränkungen diesbezüglich vorgenommen werden.[141] Dies gilt umso mehr, als es sich bei Abs. 2 um die pflichtmäßig zu speichernden Verkehrsvorratsdaten nach § 176 TKG (bis 1. Dezember 2021: § 113b TKG) handelt, deren Abfrage nur unter strengen verfassungs- und europarechtlichen Vorgaben zulässig sein darf.

6. Geltungsbereich der Voraussetzungen von Abs. 2. Die gerade geschilderten Voraussetzungen **gelten nicht nur** für die Verkehrsvorratsdatenabfrage nach Abs. 2, **sondern auch** – systematisch nicht unbedingt leicht verständlich geregelt – für die retrograde Abfrage von geschäftlich gespeicherten Standortdaten nach **Abs. 1 S. 3**[142] und für die Erhe- 82

[138] Vgl. auch Bär in KMR-StPO § 100b Rn. 23.
[139] Details bei Hauck in Löwe/Rosenberg § 100b Rn. 80.
[140] Ebenso Graf in BeckOK StPO § 100a Rn. 111.
[141] AA (keine weitere eingriffslimitierende Wirkung) noch Günther in der Vorauflage.
[142] Siehe zur Rechtslage vor Einfügung des Abs. 1 S. 4 (damals als S. 3): LG Mannheim 18.1.2018 – 4 Qs 39/17; 4 Qs 42/17, ZD 2018, 223; Bär DRiZ 2019, 94.

bung von Verkehrsvorratsdaten im Rahmen einer Funkzellenabfrage nach **Abs. 3 S. 2.** Die **retrograde Erhebung von Nutzungs-Standortdaten** von Telemediendienstanbietern (praktisch relevant zB bei der Verwendung von Fitnesstrackern, Navigationssystemen und sonstigen Tracking- oder Tracing-Applikationen), die mittlerweile in § 100k Abs. 1 S. 2 eigenständig geregelt ist, ist unter den gleichen Voraussetzungen zulässig, da § 100k Abs. 1 S. 2 ebenfalls auf § 100g Abs. 2 verweist (siehe → § 100k Rn. 46).

V. Materielle Anordnungsvoraussetzungen der Funkzellenabfrage von nach § 9 Abs. 1 TTDSG gespeicherten Verkehrsdaten (Abs. 3 S. 1)

83 **1. Kriminalistische Bedeutung der Funkzellenabfrage.** Die Abfrage aller Verkehrsdaten, die in einer (oder auch mehreren) Funkzellen in einem bestimmten Zeitraum angefallenen sind, dient einerseits dazu, die in diesem Zeitraum **eingeloggten Mobiltelefone zu identifizieren.** Mobiltelefone loggen sich zur Herstellung der Betriebsbereitschaft (= Empfang und Versendung von Daten über den Mobilfunk) automatisch in freie Funkzellen ein, die sich in ihrer räumlichen Nähe befinden. Diese Funkzellen verfügen über eine eigene Kennzeichnung („Cell-ID") und mehrere Funkzellen werden mit einem sog. Local Area Code (LAC) identifiziert. Die Daten der eingeloggten Mobiltelefone werden in Datenbanken der Provider gespeichert. Eine Abfrage dieser Daten kann entweder über die Angabe eines geografisch genau bezeichneten Raumes erfolgen oder über die Angabe der Cell-ID und des LAC. Letzteres ist die kostengünstigere Variante, weswegen viele Landeskriminalämter sog. Funkzellenvermessungen durchführen, um die Cell-IDs bestimmten geografischen Räumen zuzuordnen.[143] Die erhobenen Daten können dazu genutzt werden, Informationen darüber zu erhalten, welche Personen sich (unter der Annahme, dass die Eigentümer bzw. berechtigten Besitzer das Telefon bei sich geführt haben und nicht etwa andere Personen) im fraglichen Zeitraum im Bereich der Funkzelle aufgehalten haben, indem anhand der ermittelten **IMSI- und IMEI-Nummern** und Rufnummern eine **Bestandsdatenabfrage** bei den Mobilfunknetzbetreibern nach § 100j gestellt wird.[144] Selbst wenn die Mobiltelefone tatsächlich von anderen Personen als den, den Mobilfunkprovidern bekannten, Inhabern der entsprechenden IMSI- oder IMEI-Nummern und/oder Rufnummern, bei sich geführt wurden, können die Informationen als Spurenansatz genutzt werden (zB für Vernehmungen der eigentlichen Inhaber der IMSI- oder IMEI-Nummern und/oder Rufnummern als Zeugen zur Frage, wer das Mobiltelefon zum fraglichen Zeitpunkt mit sich führte).

84 Zum anderen kann die Funkzellenabfrage auch dazu genutzt werden, die innerhalb der Funkzelle stattfindende bzw. die dort ein- und **ausgehende Kommunikation zu identifizieren** (beispielhaft: Welche Mobilfunkgeräte haben innerhalb der Funkzelle miteinander kommuniziert und welche Geräte haben mit anderen Geräten außerhalb der Funkzelle kommuniziert? Wie lange dauerte die Kommunikation, welche Art der Telekommunikationsdienste wurde genutzt und ggf. welche IP-Adressen wurden den mobilen Endgeräten bei einer Internetnutzung zugewiesen?).[145]

85 Insgesamt hat die Funkzellenabfrage eine **sehr große Streubreite,** weil neben den Verkehrsdaten des Beschuldigten oder sonstiger Personen, gegen welche die Maßnahme nach § 101a Abs. 1 S. 1 iVm § 100a Abs. 3 gerichtet werden darf (zur Problematik der Maßnahmerichtung der Funkzellenabfrage noch → Rn. 94) auch die Verkehrsdaten aller in der betroffenen Funkzelle (ggf. auch mehrere Funkzellen) eingeloggten sonstigen Mobilfunkteilnehmer abgefragt werden.[146]

86 **2. Exkludierung von gespeicherten Standortdaten bei Maßnahmen nach Abs. 3 S. 1.** Unklar ist, ob im Rahmen der Funkzellenabfrage auch die retrograde Abfrage

[143] Zum Ganzen von der Grün, Verdeckte Ermittlungen, S. 68.
[144] Beispielsfall bei LG Dortmund 23.2.2016 – 36 Qs-121 UJs 60/16-25/16, juris.
[145] Für weitere technische Details siehe die Darstellung bei Bär in BeckOK StPO § 100g Rn. 48.
[146] Bär in KMR-StPO § 100g Rn. 46; Köhler in Meyer-Goßner/Schmitt § 100g Rn. 36; siehe auch LG Dortmund 23.2.2016 – 36 Qs-121 UJs 60/16-25/16, juris.

der nach §§ 9, 12 TTDSG (bis 1. Dezember 2021: § 96 Abs. 1 TKG) gespeicherten Standortdaten, der in die Funkzelle eingeloggten Mobiltelefone zulässig ist. Hierfür wird von **Teilen der Rspr. und der Literatur** angeführt, dass Abs. 3 S. 1 gerade keinen Bezug auf Abs. 1 S. 3 nehme und daher die dortige Regelung, dass die retrograde Erhebung von Standortdaten nur unter den Voraussetzungen des Abs. 2 zulässig sei, nicht für die Funkzellenabfrage gelte. Auch der Gesetzesbegründung ließe sich nichts Gegenteiliges entnehmen. Der Gesetzgeber habe vielmehr bei der Differenzierung zwischen der Standortdatenabfrage in Echtzeit und für die Zukunft nach Abs. 1 und der retrograden Erhebung nach Abs. 2 vor allem die Gefahr der Erstellung von Bewegungsprofilen einzelner Mobilfunknutzer durch die Abfrage von länger in die Vergangenheit zurückliegenden Zeiträumen vor Augen gehabt. Bei der Funkzellenabfrage sei es ihm im Rahmen der Verhältnismäßigkeit dagegen um die Erhebung der Daten einer Vielzahl von Unbeteiligten gegangen. Der Gefahr der Erstellung von Bewegungsprofilen wolle der Gesetzgeber wie bisher durch die Notwendigkeit der engen zeitlichen und räumlichen Begrenzung der Maßnahme begegnen.[147]

Dies vermag nicht zu überzeugen. Der Gesetzgeber hat die **Gefahr der Erzeugung von Bewegungsprofilen durch die Funkzellenabfrage** sehr wohl gesehen. In der Gesetzesbegründung heißt es wörtlich „Gleichwohl soll dem Grundsatz der Verhältnismäßigkeit durch eine Präzisierung der Anforderungen für die Anordnung einer Funkzellenabfrage besonders Rechnung getragen werden, um von vornherein zu verhindern, dass Verkehrsdaten Unbeteiligter über das zur Strafverfolgung unerlässliche Maß hinaus erhoben werden und dabei bei den Strafverfolgungsbehörden Bewegungsprofile erstellt werden könnten."[148] Genauso wie durch die Abfrage von lange zurückliegenden Zeiträumen hinsichtlich einzelner Nutzer bei einer Verkehrsdatenabfrage nach § 100g Abs. 1 lassen sich durch mehrfache Abfragen der Daten verschiedener, örtlich zusammenhängender Funkzellen für länger zurückliegende Zeiträume (zB in einem bestimmten Stadtviertel) Bewegungsprofile für eine Vielzahl der sich dort aufhaltenden Personen erstellen. Das Argument, dass dem allein durch eine enge zeitliche und räumliche Begrenzung der Maßnahme begegnet werden kann, ist allein schon deshalb nicht überzeugend, weil dieses Argument auch für eine Begrenzung der Verkehrsdatenabfrage nach § 100g Abs. 1 greifen würde. Dort hat der Gesetzgeber aber bewusst in S. 3 die Erhebung retrograder Standortdaten an die Voraussetzungen des Abs. 2 geknüpft, um der Gefahr der Erstellung von Bewegungsprofilen hinsichtlich einzelner Nutzer zu begegnen. Daher ist die Regelung des Abs. 1 S. 3 erst recht auf Funkzellenabfragen anzuwenden. Denn dort besteht sogar die **Gefahr der Erstellung von Bewegungsprofilen einer Vielzahl von Unbeteiligten.** Dass dies technisch schwieriger zu bewerkstelligen ist, genügt angesichts der Vielzahl potentieller Betroffener nicht, um diese Gefahr soweit auszuschließen, dass es nicht der strengen Voraussetzungen des Abs. 2 bedürfen würde. Bei der Nichterwähnung von Abs. 1 S. 3 in Abs. 3 S. 1 oder S. 2 dürfte es sich vielmehr um ein Redaktionsversehen handeln. Demnach ist auch im Rahmen der Funkzellenabfrage nach Abs. 3 eine retrograde Abfrage von gespeicherten Standortdaten nur unter den Voraussetzungen von Abs. 1 S. 3 iVm Abs. 2 zulässig. Bei Funkzellenabfragen nach Abs. 3 S. 1 ist daher in der Anordnung klarzustellen, dass die Anordnung nicht die Erhebung gespeicherter Standortdaten mitumfasst; bei der Durchführung ist die Aussonderung dieser Daten technisch sicherzustellen.[149] 87

3. Qualifizierter Tatverdacht hinsichtlich einer Straftat von erheblicher Bedeutung (Abs. 3 S. 1 Nr. 1 iVm Abs. 1 S. 1 Nr. 1). Die Funkzellenabfrage darf nur bei Vorliegen eines **qualifizierten Tatverdachts** (→ § 100a Rn. 151 ff.) hinsichtlich der Begehung einer Straftat von einer auch im Einzelfall (→ Rn. 59) **erheblicher Bedeutung** (→ Rn. 57 ff.) angeordnet werden. Versuch genügt ebenso wie die Täterschafts- und Teil- 88

147 LG Stade 26.10.2018 – 70 Qs 133/18, MMR 2019, 257; Bär in KMR-StPO § 100g Rn. 51.
148 BT-Drs. 18/5088, 33.
149 Wie hier BGH 3.8.2017 – 1 BGs 237/17, NStZ 2018, 47 (zur alten Rechtslage, wo die retrograde Abfrage von nach § 96 TKG aF gespeicherter Standortdaten vor Neuregelung des Abs. 1 S. 3 vollständig für unzulässig erklärt wurde); LG Arnsberg 7.6.2019 – 2 Qs-410 UJs 300/19-52/19, ZD 2019, 415.

nahmeformen der §§ 25 ff. StGB, ebenso die Vorbereitung einer solchen Straftat inklusive der Vorstufen der Beteiligung nach § 30 StGB.

89 Dass die Funkzellenabfrage trotz ihrer erheblichen Streubreite „nur" eine Straftat von erheblicher Bedeutung erfordert und damit unter denselben Voraussetzungen wie eine einzelne Verkehrsdatenabfrage nach Abs. 1 S. 1 Nr. 1 zulässig ist, ist **verfassungsrechtlich** – insbesondere hinsichtlich des verfassungsrechtlichen Verhältnismäßigkeitsprinzips – **äußerst fragwürdig.** Der in der Gesetzesbegründung geäußerten Hoffnung, die geltende Regel werde bei der anordnenden Stelle das Bewusstsein dafür schärfen, „dass es im Rahmen der Verhältnismäßigkeitsprüfung stets einer besonderen Abwägung insbesondere im Hinblick darauf bedarf, dass durch die Funkzellenabfrage in regelmäßig unvermeidbarer Weise Verkehrsdaten Dritter erhoben werden",[150] wird vom Gesetzestext, der die Funkzellenabfrage – abgesehen von der Begrenzung auf „erhebliche Straftaten" – unter denselben Voraussetzungen wie eine Einzelverkehrsdatenabfrage nach Abs. 1 S. 1 Nr. 1 zulässt, nicht wirklich zu praktischer Geltung verholfen.

90 **4. Angemessenes Verhältnis zur Bedeutung der Sache.** Zentrale Bedeutung kommt deshalb gerade bei der Funkzellenabfrage dem Prinzip der Verhältnismäßigkeit zu. Die Erhebung muss nach Abs. 3 S. 1 Nr. 2 in einem „angemessenen Verhältnis zur Bedeutung der Sache stehen" (zu den allgemeinen Voraussetzungen des „angemessenen Verhältnisses" und seiner Abgrenzung zur Schwere der Straftat und der Subsidiaritätsklausel → Rn. 81 ff.). Bei der Abwägung zwischen der Bedeutung der Sache und der Quantität und Qualität der erhobenen Verkehrsdaten ist vor allem die **große Streubreite** und die **massenhafte Erfassung von Daten nicht tatverdächtiger Personen** zu berücksichtigen. Ebenfalls sind die Stärke des bestehenden Tatverdachts und die prognostischen Erfolgsaussichten in die Abwägung miteinzubeziehen.[151] Von den Strafverfolgungsbehörden ist zu verlangen, dass sie durch Vorermittlungen den Zeitraum und die Anzahl der Funkzellen, aus denen Verkehrsdaten abgefragt werden, so weit wie möglich eingrenzen (zur Bedeutung dieser Begrenzung hinsichtlich der Maßnahmerichtung noch → Rn. 94).[152]

91 **5. Subsidiaritätsklausel.** Die Funkzellenabfrage ist nach Abs. 3 S. 1 Nr. 3 schließlich nur zulässig, soweit die Erforschung des Sachverhalts oder die Ermittlung des Aufenthaltsortes des Beschuldigten **auf andere Weise aussichtslos oder wesentlich erschwert wäre.** Zur Definition der wesentlichen Erschwerung und der Aussichtlosigkeit → Rn. 78 f. Im Übrigen kann auf die Ausführungen bei → § 100a Rn. 177 ff. und → § 100b Rn. 56 f. verwiesen werden.

VI. Maßnahmerichtung (§ 101a Abs. 1 iVm § 100a Abs. 3, § 100g Abs. 4)

92 Streng genommen systemwidrig ist die Maßnahmerichtung nicht in § 100g, sondern **in § 101a Abs. 1 StPO** bei den Verfahrensvorschriften geregelt. § 101a Abs. 1 S. 1 verweist hierbei auf § 100a Abs. 3.

93 **1. Verkehrs- und Standortdatenabfrage nach Abs. 1, Abs. 2.** Die Anordnung einer Verkehrs- oder Standortdatenabfrage nach Abs. 1 und Abs. 2 darf sich demnach gegen den **Beschuldigten,** sog. **Nachrichtenmittler** und solche Personen richten, von denen anzunehmen ist, dass der Beschuldigte **ihr informationstechnisches System benutzt.** Nur von diesen Personen dürfen die Verkehrsdaten bei den Telekommunikationsanbietern abgefragt werden (hierzu → § 100a Rn. 187 ff.). Die Identität des Beschuldigten muss zum Zeitpunkt der Verkehrsdatenabfrage allerdings noch nicht bekannt sein, diese ist auch zur Identitätsermittlung zulässig.[153] Als Nachrichtenmittler sollen auch Personen angesehen

---

[150] BT-Drs. 18/5088, 33.

[151] AG Dortmund 6.1.2016 – 701 Gs 18/16, juris.

[152] Vorbildlich zur Verhältnismäßigkeit LG Dortmund 23.2.2016 – 36 Qs-121 UJs 60/16-25/16, juris; siehe auch LG Arnsberg 29.4.2019 – 2 Qs – 410 UJs 254/19 – 43/19, juris.

[153] Bär in KMR-StPO § 101a Rn. 5 mwN.

werden, deren Computersystem von Hackern für deren kriminellen Zwecke missbraucht werden (zB sog. Bot-Netzwerke).[154] Da jedoch die betroffenen Personen nicht Nachrichten für den Beschuldigten vermitteln, sondern vielmehr deren IT-System ohne ihr Wissen genutzt wird, sollte diese Fallgruppe seit der Neuregelung nun unter die Verwendung der IT-Systeme durch den Beschuldigten subsumiert werden. Ebenfalls hierunter fallen alle Personen, deren informationstechnische Systeme der Beschuldigte mittels physischen Zugangs zur Straftatenbegehung benutzt (zB Arbeitgeber, Universitäten, Internet-Cafés, WLAN-Hotspots, Mitbewohner).[155]

Zu beachten ist allerdings, dass gem. § 100g Abs. 4 S. 1 Maßnahmen nach § 100g Abs. 2 **93a**
und Abs. 3 S. 2 (also solche, die Verkehrsvorratsdaten nach § 176 TKG betreffen) nicht – auch nicht, wenn diese Personen ansonsten tauglicher Adressat nach § 100a Abs. 3 wären – gegen zeugnisverweigerungsberechtigte Personen nach § 53 Abs. 1 S. 1 Nr. 1–5 gerichtet werden dürfen, wenn Erkenntnisse zu erwarten sind, über welche diese Personen das Zeugnis verweigern dürften. Da Berufsgeheimnisträger bereits darüber das Zeugnis verweigern dürfen, dass eine bestimmte Person überhaupt mit ihnen in ihrer beruflichen Eigenschaft Kontakt aufgenommen hat (sog. Anbahnungsverhältnis),[156] scheidet eine gezielte Verkehrsvorratsdatenerhebung gegen solche Berufsgeheimnisträger in der Regel aus. Eine Ausnahme besteht nach § 100g Abs. 4 S. 6 iVm § 160a Abs. 4 (bzw. § 148 bei Strafverteidigern) nur bei Verstrickungsverdacht (bzw. „echter" Verstrickung bei Strafverteidigern, → § 100a Rn. 294) gegen die Berufsgeheimnisträger. Dass die materielle Anordnungsvoraussetzung der Maßnahmerichtung in § 101a, die Ausnahme hiervon für Berufsgeheimnisträger jedoch in § 100g geregelt ist, ist gesetzessystematisch schwer nachvollziehbar.

2. Funkzellenabfrage nach Abs. 3. Fraglich ist allerdings, wie die Verweisung des **94**
§ 101a Abs. 1 S. 1 auf § 100a Abs. 3 hinsichtlich der Funkzellenabfrage zu verstehen ist. Dabei werden nicht die Verkehrsdaten bestimmter Personen, sondern die in einer Funkzelle angefallenen Verkehrsdaten aller Personen, deren Mobiltelefone in einem bestimmten Zeitraum in einer oder mehreren Funkzellen angemeldet waren, erhoben. Anders als bei einer Telekommunikationsüberwachung sind die Betroffenen, die nicht von der Personengruppe nach § 100a Abs. 3 erfasst sind auch nicht nur die Kommunikationspartner, sondern gänzlich unbeteiligte Personen. Mit dem Verweis auf § 100a Abs. 3 kann damit nur gemeint sein, dass bei der Anordnung der Funkzellenabfrage anzunehmen sein muss, dass **im abgefragten Zeitraum** zumindest **auch Mobiltelefone** der in § 100a Abs. 3 genannten Personen **in der betroffenen Funkzelle eingeloggt** waren.[157] Um pauschale Funkzellenabfragen zu vermeiden, die Betroffenheit von Unbeteiligten auf das notwendige Minimum zu reduzieren und dem Verhältnismäßigkeitsgrundsatz Rechnung zu tragen, sind vor Beantragung einer Funkzellenabfrage Vorermittlungen anzustellen, die den Zeitraum und die Anzahl der betroffenen Funkzellen soweit wie möglich auf diejenigen eingrenzen, in denen tatsächlich Mobiltelefone der in § 100a Abs. 3 genannten Personen eingeloggt waren (siehe hierzu auch noch das spezielle Formerfordernis aus § 101a Abs. 1 S. 3 → § 101a Rn. 39 f.).

VII. Mitwirkungspflichten der Telekommunikationsprovider (§ 101a Abs. 1 iVm § 100a Abs. 4)

Nach § 101a Abs. 1 S. 1 iVm § 100a Abs. 4 hat jeder, der Telekommunikationsdienste **95**
erbringt oder daran mitwirkt, die Durchführung der Verkehrsdatenabfrage zu ermöglichen und die notwendigen Auskünfte zu erteilen. Die Ausgestaltung der Mitwirkungspflichten wird für Telekommunikationsdienstleister durch **§ 170 Abs. 5 TKG (bis 1. Dezember 2021: § 110 Abs. 2 TKG) iVm §§ 30–35 TKÜV** vorgenommen.

---

154 BR-Drs. 702/01; aus der Kommentarliteratur statt vieler Köhler in Meyer-Goßner/Schmitt § 101a Rn. 3.

155 Bär in KMR-StPO § 101a Rn. 5.

156 BGH 18.2.2014 – StB 8/13, NJW 2014, 1314; 4.2.2016 – StB 23/14, NStZ 2016, 740; Huber in BeckOK StPO § 53 Rn. 9.

157 Siehe auch AG Dortmund 6.1.2016 – 701 Gs 18/16, juris.

96 Die im Rahmen des originären Anwendungsbereichs von § 100a Abs. 4 gemachte Unterscheidung zwischen dem strafprozessualen Begriff der Telekommunikationsdienste in S. 1 und dem telekommunikationsrechtlichen Begriff in S. 2 (hierzu → § 100a Rn. 226 ff.) könnte zwar prinzipiell auch über die Verweisung in § 101a Abs. 1 S. 1 auf die Verkehrsdatenabfragen nach § 100g Abs. 1 S. 1, Abs. 2 übertragen werden. Im Ergebnis scheitert eine Übertragung dieser Differenzierung aber daran, dass die Verkehrsdatenabfrage nach § 100g – neben dem Spezialfall in § 2a BDBOSG – auf solche Verkehrsdaten beschränkt ist, die nach §§ 9, 12 TTDSG (bis 1. Dezember 2021: § 96 Abs. 1 TKG) und § 176 TKG (bis 1. Dezember 2021: § 113b TKG) gespeichert werden. Telekommunikationsdienste, die nach §§ 101a Abs. 1 S. 1 iVm 100a Abs. 4 zur Mitwirkung an einer Verkehrsdatenabfrage verpflichtet werden können, können demnach nur solche iSd § 3 Nr. 61 TKG ggf. iVm § 2 Abs. 1 TTDSG (bis 1. Dezember 2021: § 3 Nr. 24 TKG) und die Bundesanstalt für den Digitalfunk der BOS iSd BDBOSG sein. Diese Auffassung wird nunmehr durch die Aufnahme der Nutzungsdatenabfrage in § 100k und § 101a Abs. 1a bestätigt. Hieraus ergibt sich, dass die „entsprechende Anwendung" des § 100a Abs. 4 im Rahmen von § 101a Abs. 1 S. 1 nunmehr auch die Mitwirkungspflichten für Telemediendienste iSv § 2 Abs. 2 Nr. 1 TTDSG (bis 1. Dezember § 2 Nr. 1 TMG) umfasst.

97 **1. Problem: Sog. OTT-Dienstleister. a) Rechtslage vor Inkrafttreten des TTDSG und des TK-Modernisierungsgesetzes (bis 1. Dezember 2021).** Problematisch war die Lage vor Inkrafttreten des TTDSG und des TK-Modernisierungsgesetzes vor allem hinsichtlich der Mitwirkungs- und Vorkehrungspflichten **sog. Over-the-top-Dienstleister (OTT)**, welche zwar Telekommunikationsdienste im weiteren Sinne (bzw. im Sinne von § 100a Abs. 1) – wie zB E-Mail-Provider wie Googlemail, Voice-over-IP-Dienste wie Skype, Messenger-Dienste, aber auch Automobilhersteller bei sog. vernetzten Fahrzeugen[158] – erbringen, jedoch selbst keine Telekommunikationsnetze betreiben und somit nicht selbst die Signalübertragung vornehmen. Die Subsumtion unter den Begriff des „elektronischen Kommunikationsdienstes" iSv Art. 2 lit. c der Richtlinie 2002/21/EG hängt nach Auffassung des EuGH von der konkreten Ausgestaltung der Dienstleistung ab („Verantwortlichkeit" des Dienstes für die Signalübertragung gegenüber seinen Kunden) und kann nicht pauschal beantwortet werden (Googlemail nein, SkypeOut ja, → § 100a Rn. 229). Da § 3 Nr. 24 TKG (in der bis zum 1. Dezember 2021 gültigen Fassung) auf dieser Vorschrift beruht,[159] hängt die Frage, ob OTT-Dienste Telekommunikationsdienste iSd TKG aF erbringen, von dieser europarechtlichen Einordnung ab. Anders als bei § 100a Abs. 4 in seiner unmittelbaren Anwendung bei einer TKÜ nach § 100a Abs. 1 kann bei § 100g Abs. 1 S. 1, Abs. 2 wegen dessen eindeutiger Beschränkung auf nach § 96 TKG aF und § 113b TKG (jeweils in der Fassung bis 1. Dezember 2021) gespeicherte Verkehrsdaten auch nicht argumentiert werden, der Begriff des § 100a Abs. 4 S. 1 sei strafprozessual auszulegen und erfasse damit auch OTT-Dienstleister (zu dieser Argumentation bei der TKÜ → § 100a Rn. 230 f.) völlig unabhängig von der Einordnung ihrer Dienstleistungen nach der Richtlinie 2002/21/EG und § 3 Nr. 24 TKG (in der Fassung bis 1. Dezember 2021). Daher kann auch die entsprechende Entscheidung des BGH zu § 100a Abs. 4 S. 1[160] in seinem unmittelbaren Anwendungsbereich § 100a nicht auf § 100g übertragen werden (→ § 100a Rn. 230).

98 Nach Auffassung der instanzgerichtlichen Rspr. konnten OTT-Dienstleister dennoch auch unter Geltung des TKG in der Fassung bis 1. Dezember 2021 nach § 101a Abs. 1 S. 1 iVm § 100a Abs. 4 S. 1 als Telekommunikationsdienste zur Mitwirkung verpflichtet werden. Für § 100a Abs. 4 S. 1 soll nach deren Auffassung nämlich genügen, dass der Verpflichtete an der Erbringung von Telekommunikationsdiensten „mitwirkt". Unter den Begriff der „Mitwirkung" seien auch die OTT-Dienstleister subsumierbar, solange sie Kommunikati-

158 Siehe hierzu Matsumoto RAW 2020, 118; Werkmeister/Schuler/Böhm RAW 2019, 64.
159 BT-Drs. 15/2316, 58 (damals noch Nr. 25).
160 BGH 28.4.2021 – StB 47/20, MMR 2021, 628.

onsdienste im weiteren Sinne erbringen.[161] Diese Differenzierung wurde auch explizit auf § 101a Abs. 1 S. 1 und damit auf § 100g übertragen.[162] Dies vermag jedoch wegen des Zuschnitts von § 100g Abs. 1 S. 1, Abs. 2 auf die Erhebung von nach § 96 Abs. 1 TKG bzw. § 113b TKG (jeweils in der Fassung bis 1. Dezember 2021) gespeicherten Daten und der damit einhergehenden Beschränkung der Erhebungsbefugnis auf Datenabfragen gegenüber solchen Dienstleistern, die auch tatsächlich Daten nach § 96 Abs. 1 TKG bzw. § 113b TKG (jeweils in der Fassung bis 1. Dezember 2021) speichern, nicht zu überzeugen (siehe auch → § 100a Rn. 232). Soweit OTT-Dienstleister telekommunikationsrechtlich keine Telekommunikationsdienstleister iSv § 3 Nr. 24 TKG (Fassung bis 1. Dezember 2021) sind, speichern sie keine Verkehrsdaten nach § 96 TKG (sondern ggf. Nutzungsdaten nach § 15 TMG, in der Fassung bis 1. Dezember 2021, soweit es sich um Telemediendienste iSv § 1 Abs. 1 TMG handelt). Insofern ist bereits § 100g auf die Erhebung solcher Daten nicht anwendbar, sodass es auf eine etwaige Mitwirkungsverpflichtung zur Herausgabe nicht ankommt.

Das Problem wurde durch die Einführung der Nutzungsdatenerhebung in § 100k im **99** Gesetz zur Bekämpfung des Rechtsextremismus und der Hasskriminalität bzw. das dieses „reparierende“ Gesetz zur Anpassung der Regelungen über die Bestandsdatenauskunft an die Vorgaben aus der Entscheidung des Bundesverfassungsgerichts vom 27. Mai 2020 insofern deutlich entschärft, als hiernach all diejenigen OTT-Dienstleister, die nicht im Rahmen einer Verkehrsdatenerhebung mitwirkungspflichtig sind, dennoch als Telemediendienste im Rahmen der Nutzungsdatenerhebung mitwirkungspflichtig nach §§ 101a Abs. 1a S. 1 iVm § 100a Abs. 4 S. 1 iVm § 15c Abs. 4, Abs. 5 TMG aF (ab 1. Dezember 2021: § 24 Abs. 4, Abs. 5 TTDSG, hierzu → § 100k Rn. 69 ff.).

aa) Folgeproblem bei Erfassung der OTT-Dienstleister als „Mitwirkende“: Speicherberechtigung der OTT-Dienstleister nach § 96 Abs. 1 TKG (in der Fassung bis 1. Dezember 2021)? **100** Soweit man – anders als hier vertreten – die sog. OTT-Dienstleister als „Mitwirkende“ in § 96 Abs. 1 TKG aF erfasst (siehe oben, → Rn. 98), führt die Beschränkung der Erhebungsbefugnis nach § 100g Abs. 1 S. 1 (anders als diejenige nach § 100a Abs. 1 S. 1, die umfassend die Überwachung und Aufzeichnung von Telekommunikation erlaubt) **auf die Erhebung von nach § 96 Abs. 1 TKG aF (ab 1. Dezember 2021: §§ 9, 12 TTDSG) und § 2a BDBOSG gespeicherten Verkehrsdaten bei OTT-Dienstleistern zu einem Folgeproblem.** Ob die Speicherberechtigung nach § 96 Abs. 1 TKG aF (Fassung bis 1. Dezember 2021) für OTT-Dienstleister auch nach Inkrafttreten der DSGVO weiterhin anzuwenden war, konnte weder pauschal bejaht,[163] noch pauschal verneint werden.[164] Dabei war nicht entscheidend, dass der Anwendungsbereich der §§ 91 ff. TKG von § 91 Abs. 1 S. 1 TKG (jeweils in der Fassung bis 1. Dezember 2021) auch auf „Mitwirkende“ erstreckt wird.[165] Denn die Art. 5 ff. DSGVO verdrängten die Speicherregelung des § 96 Abs. 1 TKG (in der Fassung bis 1. Dezember 2021) für alldiejenigen OTT-Dienstleister, welche keine elektronischen Kommunikationsdienste iSd Richtlinie 2002/58/EG sind, im Wege des sog. Anwendungsvorrangs, da die Bereichsausnahme des Art. 95 DSGVO nur für elektronische Kommunikationsdienste iSd Richtlinie 2002/58/EG eingreifen kann. Problematisch ist hierbei, dass diejenigen OTT-Dienstleister, welche nach der insofern alleine maßgeblichen Rspr. des EuGH (hierzu → Rn. 97 und → § 100a Rn. 229)

---

[161] LG München I 4.12.2019 – 9 Qs 15/19, MMR 2020, 336 mAnm Rottmeier/Faber; zustimmend LG Köln BeckRS 2020, 30090 mwN aus der instanzgerichtlichen Rspr.; explizit hiergegen Bäcker Stellungnahme zu dem Entwurf eines Gesetzes zur Anpassung der Regelungen über die Bestandsdatenauskunft an die Vorgaben aus der Entscheidung des Bundesverfassungsgerichts vom 27.5.2020 (BT-Drs. 19/25294), 12.

[162] LG München I 4.12.2019 – 9 Qs 15/19, MMR 2020, 336 mAnm Rottmeier/Faber.

[163] So aber LG München I 4.12.2019 – 9 Qs 15/19, MMR 2020, 336 mAnm Rottmeier/Faber.

[164] So jedoch BT-Drs. 19/17741, 38.

[165] LG München I 4.12.2019 – 9 Qs 15/19, MMR 2020, 336 mAnm Rottmeier/Faber; aA BT-Drs. 19/17741, 38, wo aber offensichtlich übersehen wird, dass „Mitwirkende“ auch von § 96 TKG in der Fassung bis 1. Dezember 2021 erfasst waren.

nicht unter den Begriff des „elektronischen Kommunikationsdienste" iSv Art. 2 lit. c der Richtlinie 2002/21/EG fallen, auch nicht unter den deckungsgleichen Begriff des elektronischen Kommunikationsdienstes iSv Art. 3 Abs. 1 Richtlinie 2002/58/EG subsumiert werden können, weil diese Richtlinie in Art. 2 S. 1 auf die entsprechenden Begriffsdefinitionen in Richtlinie 2002/21/EG verweist. Hieraus folgte bislang, dass diese **OTT-Dienstleister nicht unter die Bereichsausnahme nach Art. 95 DSGVO** fallen und somit die Vorschriften der DSGVO für sie Anwendung finden. Dies wiederrum bedeutete, dass die Berechtigung zur Datenspeicherung in § 96 Abs. 1 S. 1 TKG (in der Fassung bis zum 1. Dezember 2021) durch die Vorschriften der Art. 5 ff. DSGVO verdrängt wurde. Anders als Normen, die rechtliche Verpflichtungen enthalten (zB §§ 111–113 TKG für Bestandsdaten, 113a–113c TKG für Verkehrsdaten, jeweils in der Fassung bis zum 1. Dezember 2021) konnte § 96 TKG (in der Fassung bis zum 1. Dezember 2021) auch nicht als „spezifischere Bestimmungen zur Anpassung der Anwendung der Vorschriften" iSv Art. 6 Abs. 2 DSGVO bzw. als Rechtsgrundlage durch das Recht der Mitgliedstaaten iSv Art. 6 Abs. 3 lit. b DSGVO betrachtet werden. Etwas anders galt nur für die Berechtigung zur Auskunftserteilung nach § 96 Abs. 1 S. 2 TKG (in der Fassung bis zum 1. Dezember 2021), weil die Auskunftsbefugnis iSd sog. Doppeltürmodells der Erfüllung der Auskunftspflichten nach der StPO und Sicherheitsgesetzen und damit einer rechtlichen Verpflichtung iSv Art. 6 Abs. 1 lit. c DSGVO dient.[166] Dementsprechend handelt es sich hierbei um eine „spezifischere Bestimmung zur Anpassung der Anwendung der Vorschriften" der DSGVO iSv Art. 6 Abs. 2 DSGVO bzw. um eine Rechtsgrundlage im Recht der Mitgliedstaaten iSv Art. 6 Abs. 3 lit. b DSGVO. Die Berechtigung zur Speicherung aus § 96 Abs. 1 S. 1 TKG (in der Fassung bis zum 1. Dezember 2021) wurde dagegen für die OTT-Dienstleister, die keine „elektronischen Kommunikationsdienste" sind, durch Art. 6 Abs. 1 lit. b DSGVO verdrängt und war daher nicht mehr anwendbar. Soweit also § 100g Abs. 1 S. 1 auch für solche OTT-Dienstleister, welche nach Auffassung der instanzgerichtlichen Rspr. als „Mitwirkende" an Telekommunikationsdiensten aufgefasst werden können, auf die nach § 96 TKG (in der Fassung bis zum 1. Dezember 2021) erhobenen Daten verweist, lief die Bestimmung – genau wie die Bestimmung zu den nach § 15 TMG (in der Fassung bis zum 1. Dezember 2021) erhobenen Daten, ausführlich → Rn. 19 ff. – wegen des Anwendungsvorrangs der DSGVO-Vorschriften zeitweise ins Leere.

101 Nunmehr ersetzt die **Richtlinie 2018/1972/EU** ausweislich ihres Art. 125 Abs. 3 allerdings ua die Richtlinie 2002/21/EG. Dementsprechend führt der Verweis in Art. 2 S. 1 der Richtlinie 2002/58/EG nun zu Art. 2 Nr. 4 Richtlinie 2018/1972/EU. Dort sind unter lit. b jedoch auch ausdrücklich interpersonelle Kommunikationsdienste iSv Art. 2 Nr. 5 der Richtlinie erfasst. Ein interpersoneller Kommunikationsdienst ist hiernach ein „gewöhnlich gegen Entgelt erbrachter Dienst, der einen direkten interpersonellen und interaktiven Informationsaustausch über elektronische Kommunikationsnetze zwischen einer endlichen Zahl von Personen ermöglicht, wobei die Empfänger von den Personen bestimmt werden, die die Kommunikation veranlassen oder daran beteiligt sind; dazu zählen keine Dienste, die eine interpersonelle und interaktive Kommunikation lediglich als untrennbar mit einem anderen Dienst verbundene untergeordnete Nebenfunktion ermöglichen". Nach Erwägungsgrund 17 der Richtlinie 2018/1072/EU zählen hierzu „herkömmliche Sprachanrufe zwischen zwei Personen, aber auch alle Arten von E-Mails, Mitteilungsdiensten oder Gruppenchats." Entscheidend ist, dass der Dienst die Möglichkeit zur „Antwort" für den Empfänger bereithält. Insofern fallen nicht hierunter: Webseiten, Blogs und Videostreaming-Dienste. Viele Funktionen Sozialer Netzwerke (zB Messenger-Funktion, Antwort- und Kommentarfunktion) sind von dieser Definition, soweit sie eine unmittelbare Kommunikationsmöglichkeit für die Teilnehmer bereithalten (zB Kommentar- oder Antwortfunktion), entgegen den zu pauschalen Ausführungen in Erwägungsgrund 17 jedoch auch erfasst. Hier wird man die europäische Rechtsentwicklung beobachten müssen. Soweit also OTT-Dienstleister nun solche **interpersonellen Kommunikationsdienste** sind, greift für diese

166 Vgl. hierzu Buchner/Petri in Kühling/Buchner DS-GVO Art. 6 Rn. 78 f.

folgerichtig auch die Bereichsausnahme in Art. 95 DSGVO ein, soweit die übrigen Tatbestandsmerkmale von Art. 95 DSGVO erfüllt sind. Erforderlich ist demnach, dass den ausgenommenen Dienstleistern durch die Richtlinie 2002/58/EG „besondere Pflichten" auferlegt werden. Die Richtlinie 2002/58/EG regelt in Art. 6 auch den Umgang mit Verkehrsdaten. Dementsprechend legt die Richtlinie 2002/58/EG den Dienstleistern auch „besondere Pflichten auf". Schließlich ist notwendig, dass diese Pflichten dasselbe Ziel verfolgen wie die DSGVO. Art. 6 der Richtlinie enthält auch und vor allem Regeln des Datenschutzes für den Umgang mit Verkehrsdaten, sodass auch diese Voraussetzung erfüllt ist. Daher wurde für diese Dienstleister seit Geltung von Art. 125 Abs. 3 Richtlinie 2018/1972/EU die Speicherberechtigung nach § 96 Abs. 1 TKG in der Fassung bis zum 1. Dezember 2021 (soweit man diese mit der Instanzrechtsprechung und entgegen der hier vertretenen Auffassung als „Mitwirkende" im Sinne der Vorschrift angesehen werden können, → Rn. 98) nicht durch Art. 5 ff. DSGVO verdrängt. Soweit man – wie hier – jedoch davon ausgeht, dass die OTT-Dienstleister, soweit sie keine Telekommunikationsdienste iSv § 3 Nr. 24 TKG (Fassung bis zum 1. Dezember 2021) sind, auch nicht als „Mitwirkende" erfasst werden können, stellte sich das Problem, dass die „besonderen Pflichten" der Richtlinie 2002/58/EG bis 1. Dezember 2021 nicht in deutsches Recht umgesetzt waren (erst seit 1. Dezember 2021 durch die Inkludierung der „interpersonellen Kommunikationsdienste", siehe hierzu unten → Rn. 104 f.).

bb) Keine Begründung von Mitwirkungspflichten über richtlinienkonforme Auslegung möglich. Dementsprechend stellte sich die Frage, ob eine Einbeziehung der OTT-Dienstleister in die Mitwirkungspflichten nach § 101a Abs. 1 iVm § 100a Abs. 4 durch eine richtlinienkonforme Auslegung des Begriffs des Telekommunikationsdienstes in § 3 Nr. 24 TKG und § 96 Abs. 1 TKG (jeweils in der Fassung bis zum 1. Dezember 2021) möglich ist. Die durch die Richtlinie 2002/21/EG vorgegebene Definition der „elektronischen Kommunikationsdienste", die in § 3 Nr. 24 TKG (Fassung bis zum 1. Dezember 2021) umgesetzt war, ist nunmehr durch die Richtlinie 2018/1972/EU ersetzt worden (ausführlich oben → Rn. 101). Die durch Richtlinie 2018/1972/EU erfolgte ausdrückliche Einbeziehung vieler OTT-Dienstleister als „interpersonelle Kommunikationsdienste" in Art. 2 Nr. 4b) und Nr. 5 der Richtlinie wurde erst zum 1. Dezember 2021 mit Inkrafttreten des Telekommunikationsmodernisierungsgesetzes in §§ 3 Nr. 61, Nr. 24 TKG nF umgesetzt, obwohl die Umsetzungsfrist am 21.12.2020 abgelaufen war. Eine richtlinienkonforme Auslegung des Begriffs des „Telekommunikationsdienstes" in § 3 Nr. 24 TKG (Fassung bis 1. Dezember 2021) kann bis zur Umsetzung der Richtlinie zwar prinzipiell, nicht aber dann in Betracht, wenn sich hieraus Mitwirkungspflichten der dann als „interpersonelle Kommunikationsdienste" erfassten OTT-Dienstleister ergeben hätten. Denn nach der Rspr. des EuGH kann eine richtlinienkonforme Auslegung nicht zu einer Verpflichtung von Privaten zugunsten des Staates führen.[167] Mitwirkungspflichten für OTT-Dienstleister, die „interpersonelle Kommunikationsdienste" sind, konnten somit bis zur Umsetzung der Richtlinie im TK-Modernisierungsgesetz nicht über eine richtlinienkonforme Auslegung begründet werden. 102

cc) Keine Anwendbarkeit der Verpflichtung zur Vorratsdatenspeicherung und keine Anwendung von § 110 TKG (Fassung bis 1. Dezember 2021). Weiterhin besteht für OTT-Dienste, soweit sie keine TK-Dienstleister iSv § 3 Nr. 24 TKG (Fassung bis 1. Dezember 2021) waren (unabhängig von der derzeit faktischen Aussetzung der Vorratsdatenspeicherung und unabhängig von der Frage des Anwendungsvorrangs der DSGVO) **keine Speicherpflicht nach § 113b TKG (Fassung bis 1. Dezember 2021).** Der Begriff des „Erbringers" von TK-Dienstleistungen in § 113a Abs. 1 TKG (Fassung bis 1. Dezember 2021) unterliegt nämlich unmittelbar der Auslegung durch 103

[167] EuGH 8.10.1987 – 80/86, ECLI:EU:C:1987:431 = BeckRS 2004, 73753; 11.6.1987 – 14/86, ECLI:EU:C:1987:275 = BeckRS 2004, 71620; 26.9.1996 – C-168/95, ECLI:EU:C:1996:363 = BeckRS 2004, 74624; Nettesheim in Grabnitz/Hilf AEUV Art. 288 Rn. 157 mwN.

die EuGH-Rspr. Weiterhin ist hier auch keine Einbeziehung von „Mitwirkenden" iSd instanzgerichtlichen Rspr. möglich, da § 113a Abs. 1 TKG (Fassung bis 1. Dezember 2021) die „Mitwirkenden" gerade nicht nennt. Eine europarichtlinienkonforme Auslegung kam, auch nach Ablauf der Umsetzungsfrist der Richtlinie 2018/1972/EU, nicht in Betracht, da dies auch hier zur Auferlegung einer Pflicht zulasten Privater geführt hätte (→ Rn. 102). Dies änderte sich erst mit der Umsetzung der Richtlinie in deutsches Recht zum 1. Dezember 2021.

103a Nicht auf OTT-Dienste, die keine TK-Dienstleister iSv § 3 Nr. 24 TKG (Fassung bis 1. Dezember 2021) waren, anwendbar ist weiterhin die Verpflichtung zum Treffen von Maßnahmen zur Ermöglichung der Mitwirkungspflicht im Vorfeld einer Verkehrsdatenabfrage nach § 101a Abs. 1 S. 1 iVm § 100a Abs. 4 S. 2 iVm § 110 TKG (Fassung bis zum 1. Dezember 2021) iVm §§ 30–35 TKÜV. § 110 Abs. 1 TKG (Fassung bis zum 1. Dezember 2021) setzt nämlich voraus, dass der Verpflichtete der Betreiber einer Telekommunikationsanlage ist, mit der öffentlich zugängliche Telekommunikationsdienste erbracht werden. Auch hier ist der Begriff des § 3 Nr. 24 TKG (Fassung bis zum 1. Dezember 2021) in seiner europarechtlichen Ausprägung zugrunde zulegen. Die „Mitwirkung" iSd instanzgerichtlichen Rspr. an der Erbringung ist hier ebenfalls nicht ausreichend.[168] Diese Differenzierung hat das BVerfG offensichtlich übersehen, als es ohne weitere Problematisierung davon ausging, dass der Anbieter eines (OTT-)E-Mail-Dienstes unter § 110 TKG (ab 1. Dezember 2021: § 170 TKG) zu subsumieren ist.[169] Auch diesbezüglich kommt – aus denselben Gründen wie oben (Auferlegung einer Pflicht für Private) – keine richtlinienkonforme Auslegung des Begriffs des „öffentlich zugänglichen Telekommunikationsdienstes" im Sinne der Richtlinie 2018/1972/EU in Betracht. Die Problematik wurde durch das Gesetz zur Bekämpfung von Rechtextremismus und Hasskriminalität und das zugehörige „Reparaturgesetz" (Gesetz zur Anpassung der Regelungen über die Bestandsdatenauskunft an die Vorgaben aus der Entscheidung des Bundesverfassungsgerichts vom 27. Mai 2020) nur vermeintlich entschärft. Zwar enthält § 100k nun auch die **Befugnis zur Erhebung von Nutzungsdaten bei Telemediendiensten,**[170] sodass die entsprechenden Daten dann selbst bei einer Einordnung eines OTT-Dienstes als Telemedien- und nicht als Telekommunikationsdienstleister iSd TKG erhoben werden können. Allerdings wurde die Norm, welche die OTT-Dienstleister zur Speicherung der Nutzungsdaten berechtigt (§ 15 TMG; mit Wirkung zum 1. Dezember 2021 deshalb aufgehoben) durch Art. 5 ff. DSGVO verdrängt, sodass die neue Befugnis wegen ihrer eindeutigen Beschränkung auf nach § 15 TMG (Fassung bis 1. Dezember 2021) gespeicherte Daten, nach hier vertretener Auffassung bis zum Inkrafttreten des TTDSG und des Telekommunikationsmodernisierungsgesetzes (hierzu sogleich → Rn. 104) ins Leere lief (ausführlich → § 100k Rn. 19 ff.).

104 **b) Rechtslage nach Inkrafttreten von TTDSG und TK-Modernisierungsgesetz (ab 1. Dezember 2021).** Durch die Erweiterung des Begriffs der Telekommunikationsdienste im Rahmen der Umsetzung der Richtlinie 2018/1972/EU in § 3 Nr. 61 TKG nF durch das Telekommunikationsmodernisierungsgesetz[171] werden **ab dem 1. Dezember 2021** viele praktisch bedeutsame **OTT-Dienstleister (zB Messenger-Dienste, E-Mail-Provider, Voice-over-IP-Dienste)** als „interpersonelle Telekommunikationsdienste" nach § 3 Nr. 24 TKG nF erfasst. Interpersonelle Kommunikationsdienste sind hiernach gewöhnlich gegen Entgelt erbrachter Dienste, die einen direkten interpersonellen und interaktiven Informationsaustausch über Telekommunikationsnetze zwischen einer endlichen Zahl von Personen ermöglichen, wobei die Empfänger von den Personen

168 Diese Frage wurde von LG München I 4.12.2019 – 9 Qs 15/19, MMR 2020, 336 mAnm Rottmeier/Faber noch offengelassen.

169 BVerfG 20.12.2018 – 2 BvR 2377/16, NStZ-RR 2019, 89; zu Recht auch kritisch diesbezüglich Rottmeier/Faber MMR 2020, 336.

170 BT-Drs. 19/17741, 37 f.

171 BGBl. 2021 I 1858.

bestimmt werden, die die Telekommunikation veranlassen oder daran beteiligt sind; dazu zählen keine Dienste, die eine interpersonelle und interaktive Telekommunikation lediglich als untrennbar mit einem anderen Dienst verbundene untergeordnete Nebenfunktion ermöglichen. Ausweislich Erwägungsgrund 17 der zugrundeliegenden Richtlinie 2018/1972/EU und der Gesetzesbegründung,[172] sollen hierunter neben verschiedenen Formen der Sprachanrufe, vor allem E-Mails, Mitteilungsdiensten oder Gruppenchats fallen. Dass dagegen „soziale Netzwerke" in Erwägungsgrund 17 der Richtlinie und der Gesetzesbegründung explizit ausgenommen und mit Websites und Blogs dem Bereich der „linearen" Kommunikation ohne Antwortfunktion zugeordnet werden, erscheint nicht in dieser Pauschalität nicht richtig zu sein. Viele Funktionen der sozialen Netzwerke ermöglichen eine direkte Kommunikation zwischen einzelnen Nutzern. Hierzu gehört neben den Messenger-Funktionen auch die Kommentier- und Antwortfunktion bei Beiträgen. Dabei handelt es sich auch nicht um eine nur untergeordnete Funktion, wie zB der (Voice-)Chat bei Videospielen. Dementsprechend wird man davon auszugehen haben, dass zumindest die genannten Funktionen von Sozialen Netzwerken nun ebenfalls als interpersonelle Kommunikationsdienste Telekommunikationsdienste iSv § 3 Nr. 61 TKG nF sind. Soziale Netzwerke können danach sowohl Telekommunikations- als auch Telemediendienste erbringen. Je nachdem in welchem Bereich die von den Strafverfolgungsbehörden gewünschten Daten verarbeitet werden, gelten unterschiedliche Abrufbefugnisse (§ 100g oder § 100k), unterschiedlich ausgestaltete Mitwirkungs- und Vorkehrungspflichten (als Telekommunikations- oder als Telemediendienst) und andere Übermittlungsbefugnisse (§ 9 Abs. 1 S. 4 TTDSG, welcher aber nach hier vertretener Auffassung nicht dem verfassungsrechtlich vorgegebenen Doppeltürmodell entspricht, hierzu → Rn. 40 oder § 24 TTDSG). Vor diesem Hintergrund ist es problematisch, wenn das OLG Frankfurt a.M. die Erhebung von Nutzungsdaten bei Automobilherstellern auf Grundlage von Beschlüssen zur Erhebung von Verkehrsdaten zulässt.[173]

Damit hat sich die Problemlage hinsichtlich derjenigen OTT-Dienstleister, die ab **105**
1. Dezember 2021 **interpersonelle Telekommunikationsdienste** sind, durch die Telekommunikationsrechtsreform erledigt. Dies betrifft viele praktisch relevante Konstellationen. Durch die ebenfalls nun eingeführte Möglichkeit der Nutzungsdatenabfrage bei Telemediendiensten und der damit erfolgten Erstreckung der Mitwirkungspflichten der §§ 101a Abs. 1a iVm 100a Abs. 4 auf Telemediendienste (hierzu noch → § 100k Rn. 63 ff.) spielt die Einordnung von Dienstleistern als Telekommunikations- oder Telemediendienst sowieso „nur" noch bei der Wahl der richtigen Rechtsgrundlage und der Ausdifferenzierung der einzelnen Mitwirkungs- und Vorkehrungspflichten eine Rolle.

2. Ausgestaltung der Vorkehrungspflichten nach dem TKG und der TKÜV. **106**
Nach § 101a Abs. 1 S. 1 iVm § 100a Abs. 4 S. 2 richten sich die Verpflichtungen zum Treffen von Vorkehrungen bei der Verkehrsdatenabfrage von Telekommunikationsdienstleistern nach **§ 170 Abs. 5 TKG (bis 1. Dezember 2021: § 110 Abs. 2 TKG) iVm §§ 30–35 TKÜV.** Zu beachten ist hierbei, dass § 170 TKG (bis 1. Dezember 2021: § 110 TKG) voraussetzt, dass der Verpflichtete der Betreiber einer Telekommunikationsanlage ist, mit der öffentlich zugängliche Telekommunikationsdienste erbracht werden. Somit werden von der Verpflichtung nach § 101a Abs. 1 S. 1 iVm § 100a Abs. 4 S. 2 iVm § 170 TKG (bis 1. Dezember 2021: § 110 TKG) iVm §§ 30–35 TKÜV **weder Dienstleister, deren** Dienstleistungen nicht dem (ab dem 1. Dezember 2021 deutlich weiteren, → Rn. 104) Begriff der Telekommunikationsdienste des § 3 Nr. 61 TKG (bis 1. Dezember 2021: § 3 Nr. 24 TKG) unterfallen (also insbesondere keine Telemediendienste) noch solche Dienstleister erfasst, die keine „öffentlich zugänglichen" TK-Dienste erbringen (zB Restaurants, Hotels, Krankenhäuser etc).

Nach § 31 Abs. 1–3 TKÜV müssen die Verpflichteten die Auskunft in digitaler **107**
Form **unverzüglich** erteilen und sicherstellen, dass sie Anordnungen zur Auskunftser-

[172] BT-Drs. 19/26108, 228.
[173] OLG Frankfurt a.M. 20.7.2021 – 3 Ws 369/21, GRUR-RS 2021, 33281.

teilung jederzeit in elektronischer Form entgegennehmen können. § 31 Abs. 5 TKÜV regelt Sonderregeln für (kleinere) Anbieter mit nicht mehr als 100.000 Kunden. § 32 TKÜV normiert das Verfahren der Auskunftserteilung für zum Anordnungszeitpunkt bereits gespeicherte (Abs. 1) und zukünftig anfallende (Abs. 2) Verkehrsdaten. Bei letzterem kann die anordnende Stelle die Häufigkeit der zu erteilenden Auskünfte bestimmen. Die verpflichteten Anbieter sind nach § 33 iVm § 15 TKÜV zur **Verschwiegenheit** verpflichtet und müssen nach § 35 TKÜV die Zugriffe auf die Einrichtungen zur Verkehrsdatenübermittlung automatisch protokollieren, um Missbräuchen vorzubeugen. Technische Einzelheiten werden in der **Technischen Richtlinie TKÜV der Bundesnetzagentur** geregelt, welche ihre Grundlage in § 170 Abs. 6 TKG (bis 1. Dezember 2021: § 110 Abs. 3 TKG) findet.[174]

108 Wie im Rahmen von § 100a (→ § 100a Rn. 256) wird man davon auszugehen haben, dass Verkehrsdaten beim Anbieter auch dann „vorhanden" iSv § 32 Abs. 1 TKÜV waren (retrograde Erhebung von gespeicherten Verkehrsdaten) bzw. dem Anbieter „vorliegen" iSv § 32 Abs. 2 TKÜV (Verkehrsdatenerhebung in Echtzeit), wenn diese Daten von der Datenverarbeitungsanlage des Anbieter zu geschäftlichen Zwecken verarbeitet und damit **zumindest „flüchtig" gespeichert** werden, auch wenn sich der Anbieter entschließt, sich selbst den Zugriff auf diese Daten zu verwehren.[175] Allerdings kann der Anbieter über § 170 Abs. 5 TKG (bis 1. Dezember 2021: § 110 Abs. 2 TKG) iVm § 32 TKÜV **nicht zu einer Vorratsdatenspeicherung verpflichtet werden,** diese ist ausschließlich in § 176 TKG (bis 1. Dezember 2021: § 113b TKG) geregelt. Dementsprechend kann der Anbieter nur bei der Verkehrsdatenerhebung in Echtzeit bzw. für zukünftig anfallende Verkehrsdaten durch § 32 Abs. 2 TKÜV verpflichtet sein, sich den Zugriff auf die entsprechenden Verkehrsdaten, die in seinen Datenverarbeitungsanlagen verarbeitet werden, zu verschaffen, um einer Anordnung nach § 100g Abs. 1 nachzukommen.[176] Dagegen verpflichtet § 32 Abs. 1 TKÜV den Anbieter nicht, Verkehrsdaten zu speichern, um diese bei einer retrograden Verkehrsdatenerhebung herausgeben zu können. Zu Details hinsichtlich der Art und Zeiträume der zu übermittelnden Daten → § 101a Rn. 27 ff.

109 Bei Nichterteilung von Auskünften können gem.§ 101a Abs. 1 S. 1 iVm § 100a Abs. 4 S. 3 iVm § 95 Abs. 2 iVm § 70 **Zwangsmittel** angeordnet werden.

VIII. Formelle Anordnungsvoraussetzungen (§ 101a Abs. 1 iVm § 100e)

110 Die formellen Anordnungsvoraussetzungen für § 100g wurden nunmehr in **§ 101a geregelt.** Dieser verweist in seinem Abs. 1 umfassend auf die für die §§ 100a–100c geltende Norm des § 100e (siehe insofern die Kommentierung dort → § 100e Rn. 2 ff.), stellt aber auch einige spezifische Anforderungen und Modifikationen für Maßnahmen nach § 100g auf. Für die Darstellung der formellen Anordnungsvoraussetzungen daher jetzt → § 101a Rn. 13 ff. Die gesetzliche Regelungssystematik (formelle Anforderungen für die §§ 100a–100c in § 100e, formelle Anforderungen für § 100g in § 101a mit Verweis auf § 100e) ist verwirrend und unnötig kompliziert. Der Gesetzgeber täte gut daran, eine einheitliche Norm mit formellen Voraussetzungen für die §§ 100a–100c, § 100g zu regeln.

IX. Art der Datenerhebung

111 **1. Retrograde Datenerhebung.** § 100g berechtigt die Strafverfolgungsbehörden zu einer umfassenden Erhebung zurückliegender bzw. zukünftiger Verkehrsdaten (zur Kritik am Wortlaut des § 100g Abs. 1 diesbezüglich, → Rn. 82). Die zurückliegenden Verkehrsdaten werden notwendiger Weise **nachträglich und zumeist gebündelt** erhoben. Der

174 TR TKÜV Ausgabe 7.1 mit Stand 17.10.2018; derzeit wird an Ausgabe 7.2 gearbeitet, die insbesondere die Neuerungen nach dem Telekommunikationsmodernisierungsgesetz (Stichwort: interpersonelle Telekommunikationsdienste) berücksichtigen soll.

175 Vgl. BVerfG 20.12.2018 – 2 BvR 2377/16, NJW 2019, 584 zu einer Anordnung nach § 100a StPO.

176 So auch das BVerfG 20.12.2018 – 2 BvR 2377/16, NJW 2019, 584 für eine Anordnung nach § 100a StPO.

Dienstleister versucht aus Kostengründen vielfach, sämtliche Datensätze gemeinsam (gebündelt) zu übermitteln. Dieses Vorgehen entspricht nunmehr auch der Regelung in § 32 Abs. 1 S. 2 TKÜV („alle“). Technisch bedingt erst nachträglich anfallende Daten, die jedoch dem Auskunftsverlangen der Strafverfolgungsbehörde zuzurechnen sind, müssen die TK-Anbieter unverzüglich nachträglich zur Verfügung stellen (§ 32 Abs. 1 S. 3 TKÜV). Nach § 32 Abs. 1 S. 4 TKÜV können die Strafverfolgungsbehörden hierfür Anordnungen treffen, welche dann nach S. 5 für die nachträgliche Übermittlung maßgeblich sind. Auch ein Verzicht auf nachträgliche Übermittlung ist nach S. 6 möglich. Dies wird vor allem in Betracht kommen, wenn das Beweisziel durch die übermittelten Daten bereits erreicht ist. Die Übermittlung hat gem. 31 Abs. 1 S. 1 TKÜV in digitaler (und verschlüsselter vgl. § 31 Abs. 1 S. 2 iVm § 14 Abs. 1, Abs. 3 TKÜV) Form zu erfolgen.

2. Künftige Verkehrsdaten (Abs. 1 S. 4). § 100g lässt hinsichtlich künftig anfallender Verkehrsdaten sowohl eine Datenausleitung in **Echtzeit als auch eine gebündelte Übersendung der künftigen Verkehrsdaten nach bestimmten Zeitabschnitten** zu. Nach Abs. 1 S. 4 dürfen indes die Standortdaten nur dann in Echtzeit erhoben werden, wenn Gegenstand der Anordnung eine Straftat nach Abs. 1 S. 1 Nr. 1 ist. **112**

Bei der Erhebung in **Echtzeit** bestimmt **§ 32 Abs. 3 TKÜV** für die Verkehrsdatenerhebung bei TK-Dienstleistern, dass nur diejenigen TK-Anbieter, die auch nach § 3 TKÜV Anlagen zur Echtzeitausleitung der Telekommunikation bei einer Anordnung nach § 100a vorhalten müssen, dazu verpflichtet sind, Vorkehrung zur Echtzeitausleitung von Verkehrsdaten bereitzuhalten. Nach § 32 Abs. 3 S. 3 TKÜV können die Anbieter hierfür grundsätzlich auf diejenigen Anlagen zurückgreifen, welche auch bei einer Inhaltsdatenerhebung nach § 7 TKÜV zum Einsatz kommen. Allerdings sieht § 32 Abs. 3 S. 3 TKÜV einige Beschränkungen vor, welche die materiellen Grenzen des § 100g Abs. 1 flankieren. So dürfen die übermittelten Daten keine Nachrichteninhalte enthalten (Nr. 1) und die Übermittlungsanlagen müssen nach Nr. 3 hinsichtlich der Übermittlung von Standortdaten so einschränkbar sein, dass die Vorgaben von § 100g Abs. 1 S. 3, S. 4 (Unterscheidung zwischen Übermittlung von Standortdaten in Echtzeit oder für die Zukunft und Übermittlung gespeicherter Standortdaten) eingehalten werden. **113**

3. Beauskunftung löschungspflichtiger Verkehrsdaten. Verkehrsdaten dürfen nach § 9 Abs. 1 S. 2 und 3 TTDSG (bis 1. Dezember 2021: § 96 Abs. 1 S. 2 und S. 3 TKG) über das Ende einer Verbindung hinaus nur verwendet werden, soweit dies zum Aufbau weiterer Verbindungen oder für die Zwecke nach S. 1 wie Entgeltabrechnung, Erstellung von Einzelverbindungsnachweisen etc erforderlich ist. Eine über § 9 Abs. 1 S. 1 TTDSG hinausgehende Erhebung oder Verwendung der Daten ist nach § 9 Abs. 1 S. 3 TTDSG unzulässig. § 9 Abs. 1 S. 2 TTDSG ordnet eine unverzügliche Löschung dieser Daten an. Vielfach speichern Telekommunikationsdienstleister Daten aber noch länger, sodass sich Maßnahmen nach § 100g im Einzelfall auch auf – nunmehr jedenfalls – (datenschutz)**rechtswidrig gespeicherte Daten** beziehen können. Die BReg. hat in einer Stellungnahme die Auffassung vertreten, die Auskünfte der Dienstleister sollen auf diejenigen Daten beschränkt sein, die „zulässigerweise erhoben und gespeichert werden“.[177] Nach § 32 Abs. 1 S. 1 TKÜV („auf Grundlage der nach dem Telekommunikationsgesetz gespeicherten Daten“) können die TK-Anbieter jedenfalls nicht zur Herausgabe dieser Daten verpflichtet werden. Werden die Daten dennoch von der Strafverfolgungsbehörde erlangt, handelt es sich um Daten, die von einer Privatperson (in diesem Fall den TK-Anbietern) rechtswidrig erhoben bzw. nicht gelöscht wurden. Deren Verwertbarkeit richtet sich nach den allgemeinen Grundsätzen. Dabei ist zu beachten, dass auch § 100g Abs. 1 bei der retrograden Erhebung auf die nach §§ 9, 12 TTDSG rechtmäßig gespeicherten Verkehrsdaten beschränkt ist. Dies ergibt sich daraus, dass der Verweis auf §§ 9, 12 TTDSG im Klammerzusatz umfassend und nicht auf § 9 Abs. 1 S. 1 TTDSG beschränkt ist. Damit sind auch die S. 2 und S. 3 des § 9 Abs. 1 **113a**

---

177 BT-Drs. 14/7258, 2.

TTDSG einbezogen, welche die Nichtverwendung und Löschung der Daten über die Zwecke des § 9 Abs. 1 S. 1 TTDSG hinaus anordnen. Da die Existenz der Spezialregelung des § 100g darüber hinaus auch die Anwendung der §§ 161, 163 zur Erhebung der rechtswidrig nicht gelöschten Verkehrsdaten ausschließt, ergibt sich folgendes Bild:[178]

114 Haben die Strafverfolgungsbehörden den TK-Anbieter rechtswidrig zur Herausgabe der rechtswidrig nicht gelöschten Verkehrsdaten **verpflichtet,** liegt ein eigener Verstoß der Strafverfolgungsbehörden gegen Normen der (nämlich § 100g) vor, deren Folgen hinsichtlich eines Beweisverwertungsverbots sich nach der Abwägungslehre der Rspr. richtet (hierzu → § 100a Rn. 332 ff.).

115 Haben die TK-Anbieter die rechtswidrig nicht gelöschten Daten ohne konkrete Anweisung der Strafverfolgungsbehörden an diese **freiwillig** übermittelt (zB aufgrund einer rechtmäßigen Anordnung nach § 100g „aus Versehen" mitübermittelt), so liegt nur ein Verstoß eines Privaten bei der Datenerhebung und -übermittlung vor. Nach allgemeinen Grundsätzen sind diese Daten verwertbar, da weder die Menschenwürdegarantie berührt ist noch die Verwertung gegen die Gesamtrechtsordnung, insbesondere die Verfassung verstoßen würde.[179]

116 **4. „Quick Freezing".** Die enthält keine Rechtsgrundlage, Telekommunikationsdienstleister verbindlich anzuweisen, bei ihnen noch gespeicherte und zu Beweiszwecken benötigte Verkehrsdaten **bis zur Übersendung einer die Beauskunftung der Daten rechtfertigenden Anordnung nicht zu löschen.** Obwohl Art. 16 Abs. 2 des Übereinkommens über Computerkriminalität des Europarats vom 23.11.2001[180] vorsieht, dass die Vertragsparteien die gesetzgeberischen Grundlagen für eine solche Möglichkeit zu schaffen haben, sah die BReg. eine solche Regelung neben der damals vorgesehenen und schließlich auch umgesetzten Vorratsdatenspeicherung für entbehrlich an.[181] Nach der faktischen Aussetzung der Vorratsdatenspeicherung durch die Bundesnetzagentur als Reaktion auf Entscheidungen des EuGH (→ Rn. 15), wäre die Maßnahme derzeit allerdings eine sinnvolle Ergänzung der Möglichkeiten des § 100g. Umso mehr gilt dies, als die Vorratsdatenspeicherung selbst bei ihrer Invollzugsetzung die Nutzungsdaten von Telemediendiensten nicht umfassen würde (die jetzt nach § 100k erhoben werden können, siehe zum Quick-Freezing bei Nutzungsdaten, → § 100k Rn. 78). Den Strafverfolgungsbehörden dürfte zzt. allein die Möglichkeit zur Verfügung stehen, eine Eilanordnung nach § 101a Abs. 1 S. 1 iVm § 100e Abs. 1 S. 2 durch die Staatsanwaltschaft zu erwirken. Diese Anordnung wird allerdings vielfach zu spät kommen, da die Telekommunikationsdienstleister die Verkehrsdaten, so sie diese denn überhaupt speichern, vielfach bereits nach drei bis sieben Tagen löschen. Dagegen kann eine „Quick-Freeze-Anordnung" weder auf die §§ 161, 163 noch auf §§ 94, 95 gestützt werden.[182] § 100g ist lex specialis für die Erhebung von Verkehrsdaten und schließt eine Anwendung der allgemeinen Vorschriften, abgesehen von den Fällen des § 100g Abs. 5, aus. Insofern ist der Gesetzgeber aufgerufen, eine entsprechende Möglichkeit zu schaffen, insbesondere deshalb, weil mit einer europarechtskonformen Einführung der Vorratsdatenspeicherung in nächster Zeit nicht zu rechnen ist (→ Rn. 16).

116a **5. Erhebung von Verkehrsdaten nach Abschluss eines laufenden Telekommunikationsvorgangs und nicht bei Telekommunikationsdienstleistern (Abs. 5).** Nach § 100g Abs. 5 ist die Erhebung von Verkehrsdaten nach den „allgemeinen Vorschriften"

178 Ähnlich (Abwägungslehre) Bär in KMR-StPO § 100g Rn. 77; andere Differenzierung (bewusste Erhebung rechtswidrig nicht gelöschter Daten immer Verwertungsverbot; sonst Abwägungslehre) Gercke in Gercke/Julius/Temming/Zöller StPO § 100g Rn. 40.

179 Siehe hierzu BGH 22.2.1978 – 2 StR 334/77, BGHSt 27, 357 = NJW 1978, 1390; BGH 12.4-1989 – 3 StR 453/88, BGHSt 36, 172 = NJW 1989, 2760; zum Streitstand mit weiteren Nachweisen Eisenberg Beweisrecht der StPO Rn. 395 ff.

180 BGBl. 2001 II 1242.

181 BT-Drs. 16/5846, 53.

182 Sieber/Brodowski in Hoeren/Sieber/Holznagel MMR-HdB Teil 19.3 Rn. 80.

möglich, wenn die Erhebung nach Abschluss eines laufenden Telekommunikationsvorgangs und (kumulativ!) nicht bei einem Telekommunikationsdienstleister erfolgt. Mit den „allgemeinen Vorschriften" sind vor allem die §§ 94 ff. gemeint. Hauptanwendungsfall ist die Erhebung von Verkehrsdaten auf einem beschlagnahmten Kommunikationsgerät (Smartphone, Tablet, Laptop etc.). § 100g Abs. 5 verhindert dagegen eine Anwendung der §§ 94 ff. auf eine „Beschlagnahme" der Daten bei einem Erbringer von Telekommunikationsdienstleistungen. Insofern kommt eine Umgehung der Voraussetzungen des § 100g durch eine „heimliche Beschlagnahme" von Verkehrsdaten beim Telekommunikationsanbieter gem. §§ 94, 95a nF auch nach dem Inkrafttreten des StPO-Fortentwicklungsgesetzes[183] zum 1. Juli 2021 nicht in Betracht.

X. Verwendbarkeit und Verwertbarkeit

1. Verwendung rechtmäßig erlangter Daten in anderen Verfahren / Zweckänderung. Spezielle Regelungen zur Verwendung rechtmäßig erlangter Daten in anderen Strafverfahren / zu präventiven Zwecken und zur Verwendung aufgrund präventiver Maßnahmen erlangter Verkehrsdaten (insgesamt also zur Zweckänderung von erhobenen Verkehrsdaten) finden sich nunmehr in **§ 101a Abs. 4 und 5,** welche aufgrund gesetzgeberischer Ungenauigkeiten ihrerseits in einem komplexen Konkurrenzverhältnis zu § 479 Abs. 2, Abs. 3 (bis zur Streichung von § 479 Abs. 3 durch das StPO-Fortentwicklungsgesetz zum 1. Juli 2021) stehen bzw. standen. Siehe daher nunmehr die **Kommentierung zu → § 101a Rn. 114 ff.** 117

Zur Frage, wie mit der Verwertung von Daten umzugehen ist, bei denen die **genauen Umstände der ursprünglichen Datenerhebung nicht bekannt** (zB bei der Erhebung von Daten durch ausländische Behörden) sind, siehe detailliert → § 100e Rn. 93a. 117a

2. Materiell und formell rechtswidrige Anordnungen. Die Frage, ob in den gesetzlich nicht geregelten Fällen einer materiell bzw. formell rechtswidrigen Anordnung nach § 100g im Einzelfall ein Verwertungsverbot besteht, ist nach den von der Rspr. entwickelten Grundsätzen der Abwägungslehre zu beantworten. Hierfür ist eine **Abwägung** zwischen dem öffentlichen Strafverfolgungsinteresse einerseits und den individuellen Interessen des hiervon Betroffenen an der Wahrung seiner Rechtsgüter andererseits zu prüfen (→ § 100a Rn. 332 ff.). Entscheidende Bedeutung kommt dabei Art und Gewicht des Verstoßes gegen §§ 100g, 101a zu. 118

Für materiell rechtswidrige Anordnungen kann auf die Ausführungen zu den einzelnen Verstößen (zB fehlerhafte Annahme eines Tatverdachts, fehlender Tatverdacht hinsichtlich einer Katalogtat, Fehler bei der Subsidiaritäts- und Verhältnismäßigkeitsprüfung) **bei § 100a verwiesen werden (→ § 100a Rn. 345 ff.).** Die zu § 100a entwickelten Grundlagen können auf § 100g aufgrund der ähnlichen Regelungssystematik übertragen werden, wobei bei Maßnahmen nach § 100g Abs. 1 häufig ein weniger intensiver Grundrechtseingriff vorliegen wird als bei § 100a, weswegen die Abwägung häufiger zugunsten des Strafverfolgungsinteresses ausgehen wird.[184] Bei der Funkzellenabfrage nach § 100g Abs. 3 werden aufgrund der großen Streubreite dieser Maßnahme bei Verstößen gegen den Verhältnismäßigkeitsgrundsatz eher Beweisverwertungsverbote anzunehmen sein, als bei Maßnahmen nach §§ 100a, 100g Abs. 1, Abs. 2. 119

Beweisverwertungsverbote bei formellen Verstößen werden bei → § 101a Rn. 71 ff. behandelt. 120

XI. Berichtspflicht, § 101b

Die Berichtspflichten zu Maßnahmen nach §§ 100a–100c und § 100g sind nun einheitlich in § 101b geregelt, siehe daher die Kommentierung dort → § 101b Rn. 2 ff. 121

---

183 BGBl. 2021 I 2099.
184 Wie hier Bruns in KK-StPO § 100g Rn., 21.

C. Besondere technische Ermittlungsmaßnahmen

I. Zielwahlsuche

122 Zur Feststellung, welche Anschlüsse einen bestimmten Anschluss angerufen haben, stand vor Einführung der Vorratsdatenspeicherung nur die sog. Zielwahlsuche zur Verfügung, da die TK-Anbieter die Rufnummern, welche einen ihrer Kunden anriefen, zu Abrechnungszwecken nicht bzw. nur speicherten, wenn der Anrufer aus dem Ausland anrief. Bei einer solchen Zielwahlsuche wurden daher **die angefallenen Verkehrsdaten bei allen in Deutschland tätigen TK-Anbietern** daraufhin durchsucht, welche Anschlüsse den in Frage stehenden Anschluss (zB Beschuldigter, aber auch Tatopfer bei einer Lösegelderpressung) in einem bestimmten Zeitraum angerufen hatten. Dieses Vorgehen entsprach einer Art Verkehrsdatenrasterfahndung und war in § 100g Abs. 2 aF geregelt.[185]

123 Mit Einführung der Vorratsdatenspeicherung war diese **Ermittlungsmaßnahme zwischenzeitlich überflüssig geworden,** weil nun die anrufenden Rufnummern von den TK-Anbietern gespeichert werden mussten. Dementsprechend wurde spezielle Befugnisnorm in § 100g Abs. 2 aF ersatzlos gestrichen.[186] Durch die derzeitige **faktische Aussetzung der Vorratsdatenspeicherung** erlangt die Zielwahlsuche allerdings tatsächlich wieder praktische Relevanz. Der Gesetzgeber war bei Streichung des § 100g Abs. 2 aF davon ausgegangen, dass in den (wenigen) Fällen, in denen die Zielwahlsuche weiterhin notwendig war, diese nunmehr auf § 100g Abs. 1 nF gestützt werden könne. Insbesondere sei die Maßnahme nicht eingriffsintensiver als eine „normale" (begrenzte) Verkehrsdatenabfrage, weil ein Grundrechtseingriff nur bei denjenigen Kunden der TK-Anbieter vorläge, bei denen ein „Treffer" ermittelt würde und deren Daten somit den Strafverfolgungsbehörden bekannt würden.[187] Dementsprechend wird auch heute in der Literatur vielfach vertreten, eine Zielwahlsuche sei auf Grundlage des § 100g Abs. 1 möglich.[188] Dieser Auffassung ist zuzugeben, dass der Wortlaut des § 100g Abs. 1 nicht festlegt, von wie vielen Betroffenen die Verkehrsdaten erhoben werden dürfen, sodass eine Massenerhebung und -rasterung nicht von vornherein ausgeschlossen erscheint. Allerdings spricht gegen eine solche Maßnahme bereits, dass die TK-Anbieter – ebenso wenig wie im Rahmen von § 100a Abs. 4 in seiner direkten Anwendung – über § 101a Abs. 1 S. 1 iVm § 100a Abs. 4 S. 1 zur Filterung der Verkehrsdaten verpflichtet werden können (→ § 100a Rn. 238). Den TK-Anbietern ist es nach § 3 Abs. 3 S. 1 TTDSG (bis 1. Dezember 2021: § 88 Abs. 3 S. 1 TKG) auch verboten, sich über das zur Geschäftsabwicklung oder der technischen Sicherung ihrer Anlagen notwendige Maß hinaus Kenntnis von den näheren Umständen der Kommunikation zu verschaffen. Von diesem Verbot entbindet sie auch ihre Mitwirkungspflicht nicht (→ § 100a Rn. 238). Gleichfalls besteht für den mit der Pflicht zur Filterung verbundenen Eingriff in Art. 12 Abs. 1 GG des TK-Anbieters durch Entfallen der Regelung in § 100g Abs. 2 aF **keine hinreichen bestimmte gesetzliche Grundlage mehr.** Schließlich ist auch durch die Änderung der „Nicht-Treffer"-Rspr. des BVerfG davon auszugehen, dass in der staatlich angeordneten Rasterung der Verkehrsdaten auch Grundrechtseingriffe für diejenigen liegen, die nicht als Treffer an die Behörden übermittelt werden.[189] Eine Maßnahme mit derartiger Streubreite bedarf einer hinreichend normenklaren und bestimmten Regelung, welche mit § 100g Abs. 1 und Abs. 2 derzeit nicht vorliegt. Dies gilt nicht zuletzt angesichts der Tatsache, dass mit der Funkzellenabfrage in Abs. 3 eine spezielle Eingriffsgrundlage für eine „Massenverkehrsdatenerhebung" geregelt ist. Die Zielwahlsuche ist demnach **nach geltendem Recht nicht mehr zulässig.**[190]

---

185 Siehe ausführlich Hauck in Löwe/Rosenberg § 100g Rn. 33; Bär in KMR-StPO § 100g Rn. 53 mwN zur alten Rechtslage.
186 BT-Drs. 16/5846, 54.
187 BT-Drs. 16/5846, 54.
188 Bär in KMR-StPO § 100g Rn. 54; Bruns in KK-StPO § 100g Rn. 18; siehe auch Puschke/Singelstein NJW 2008, 113 (115).
189 Siehe BVerfG 18.12.2018 – 1 BvR 142/15, NJW 2019, 827 (829 f.).
190 Kritisch auch Hauck in Löwe/Rosenberg § 100g Rn. 34; bereits Zöller GA 2007, 393 (398 f.).

II. IP-Tracking

Beim sog. IP-Tracking versuchen die Strafverfolgungsbehörden selbst (also ohne die Einschaltung von Dienstleistern) an die IP-Adressen von Personen zu gelangen. Für die Durchführung des IP-Trackings muss den Behörden eine elektronische Kommunikationskennung der betreffenden Personen bekannt sein (zB E-Mail-Adresse, Kennungen von Chat-Diensten oder Sozialen Netzwerken etc). Technisch wird hierzu beispielsweise eine **E-Mail mit Lesebestätigung** oder nachzuladenden Bildern versendet (wenn die Mail-Adresse des Betroffenen bekannt ist) oder Dateien mit Lesebestätigungsfunktion zum Download bereitgestellt.[191] Wird die Lesebestätigung versendet oder die Bilder nachgeladen, wird bei diesem Vorgang auch die **aktuelle IP-Adresse des verwendeten Geräts bzw. des Anschlusses** mitübertragen. Diese IP-Adresse kann dann, zB im Wege der Bestandsdatenabfrage gem. § 100j Abs. 2 beim Internetprovider des Verdächtigen, zur Aufenthaltsermittlung verwendet werden.[192] Die Technik ist jedoch nicht auf die E-Mail-Kommunikation beschränkt, sondern kann auch bei anderen Kommunikationsformen über das Internet eingesetzt werden.[193] 124

Die **Rechtsgrundlage** des IP-Trackings ist in Rspr. und Lit. umstritten. Während der Ermittlungsrichter beim BGH wegen der mit einer Verkehrsdatenerhebung nach § 100g Abs. 1 vergleichbaren Eingriffstiefe in das Recht auf informationelle Selbstbestimmung § 100g als richtige Rechtsgrundlage erachtet,[194] wird in der Literatur für eine Anwendung von § 100h Abs. 1 Nr. 2[195] oder einen Rückgriff auf §§ 161, 163[196] plädiert. Argumentiert wird hierbei vor allem damit, dass der Eingriff in das Recht auf informationelle Selbstbestimmung beim IP-Tracking der Schwere nach nicht demjenigen bei typischen Maßnahmen nach § 100g entspreche, da das Vertrauen des Internetnutzers darin, dass er nicht mit Strafverfolgungsbehörden kommuniziere allgemein nicht schutzwürdig sei und, dass selbst eine Erhebung von Nutzungsdaten (inklusive der IP-Adresse) bei Telemediendiensten nach §§ 161, 163 iVm §§ 14, 15 TMG (in der Fassung bis 1. Dezember 2021) zulässig sei.[197] Außerdem sei allgemein bekannt, dass beim Nachladen von Daten bzw. dem Versenden einer Lesebestätigung die eigene IP-Adresse mitübertragen werde und das Versenden der Lesebestätigung/Nachladen der Bilder basiere mithin auf einer freien Entscheidung des Betroffenen.[198] Schließlich sei § 100g deshalb nicht einschlägig, weil die Erhebung der IP-Adresse nicht beim TK-Anbieter, sondern bei der Zielperson selbst erfolge. 125

Richtigerweise ist aber § 100g Abs. 1 die Rechtsgrundlage für das IP-Tracking.[199] § 100g ist – ausweislich der Gesetzesbegründung zur Neufassung[200] – nunmehr als umfassende Rechtsgrundlage zur Erhebung von Verkehrsdaten ausgestaltet. Auch der Wortlaut des § 100g Abs. 1 („dürfen Verkehrsdaten … erhoben werden") legt dies nahe. Das Argument, § 100g sei nicht einschlägig, weil die Verkehrsdatenerhebung nicht beim TK-Dienstleister erfolge, verfängt nicht. § 100g Abs. 5 legt fest, dass § 100g nur dann nicht einschlägig ist, wenn die Verkehrsdaten „nach Abschluss des Kommunikationsvorgangs" erhoben werden. Damit kann ersichtlich nur gemeint sein, dass diejenigen Verkehrsdaten nach Abschluss des Kommunikationsvorgangs erhoben werden, die durch ebenjenen Kommunikationsvorgang erzeugt wurden. Beim IP-Tracking wird aber gerade die IP-Adresse 126

---

191 Krause NStZ 2016, 139.

192 Bär in BeckOK StPO § 100g Rn. 25.

193 Bär in BeckOK StPO § 100g Rn. 24.

194 BGH 23.9.2014 – 1 BGs 210/14, wistra 2015, 395; zustimmend Köhler in Meyer-Goßner/Schmitt § 100g Rn. 45; Hauck in Löwe/Rosenberg § 100g Rn. 41; Gercke in Gercke/Julius/Temming/Zöller § 100g Rn. 13 aE; Warken NZWiSt 2017, 329 (336).

195 Krause NStZ 2016, 139; Bär in BeckOK StPO § 100g Rn. 25; Bär NZWiSt 2017, 81 (84); Ceffinato JuS 2019, 337 (342).

196 Bär in BeckOK StPO § 100g Rn. 25; wohl auch Graf in BeckOK StPO § 100a Rn. 253.

197 Krause NStZ 2016, 139.

198 Bär in BeckOK StPO § 100g Rn. 25.

199 Wie hier von der Grün, Verdeckte Ermittlungen, S. 74 ff.

200 BT-Drs. 16/5846, 50; BVerfG 20.12.2018 – 2 BvR 2377/16, NJW 2019, 584 (587).

erhoben, die bei der Übermittlung der Lesebestätigung oder dem Abruf der nachzuladenden Dateien übermittelt wird. Dementsprechend findet die Erhebung nicht „nach Abschluss", sondern während des Kommunikationsvorgangs statt. Weiterhin handelt es sich bei der IP-Adresse, welche durch die Ausführung des Lesebestätigungsbefehls oder des Nachladens von Bildern über das Internet an den Behördenrechner gesendet wird, um ein Verkehrsdatum, das nach § 9 Abs. 1 TTDSG (bis 1. Dezember 2021: § 96 Abs. 1 TKG) vom Internetdienstleister gespeichert werden darf. Die Erhebung dieses Verkehrsdatums beim Telekommunikationsanbieter würde sich offensichtlich (und wohl unstreitig) nach § 100g richten. Dies spricht – in Zusammenschau mit dem aus § 100g Abs. 5 herzuleitenden Argument (siehe oben) – dafür, dass auch die Erhebung des Verkehrsdatums unmittelbar vom Betroffenen nach § 100g zu erfolgen hat. Gegen eine Anwendung von § 100h und §§ 161, 163 spricht dementsprechend, dass § 100g die speziellere Rechtsgrundlage für die Erhebung von Verkehrsdaten ist. Dagegen „hinkt" der Vergleich mit der (angeblich) zulässigen Erhebung von Nutzungsdaten bei Telemediendiensten nach §§ 161, 163. Erstens ist die spezielle Rechtsgrundlage zur Nutzungsdatenerhebung nun in § 100k Abs. 1 zu finden (der hinsichtlich der Voraussetzungen im Wesentlichen § 100g Abs. 1 entspricht), zweitens war die Erhebung von Nutzungsdaten nach §§ 161, 163 bereits vor Inkrafttreten der Neuregelung rechtswidrig (detailliert → § 100k Rn. 2).[201] Gegen eine Anwendung der §§ 161, 163 kann schließlich angeführt werden, dass die heimliche Erhebung der IP-Adresse als personenbezogenes Datum, unter Anwendung von Täuschungen („kriminalistischer List") und Instrumentalisierung des Betroffenen gegen sich selbst, jedenfalls kein nur „geringfügiger" Grundrechtseingriff ist.

III. IP-Catching

127 Unter dem Begriff des IP-Catching wird eine Ermittlungsmaßnahme verstanden, bei der die Ermittlungsbehörden **die IP-Adressen der Nutzer einer bestimmten Internetdienstleistung erheben bzw. protokollieren.** Über eine anschließende **Bestandsdatenabfrage** können dann die Standorte und ggf. sogar die Identitäten der Nutzer ermittelt werden. Die Ermittlungsbehörden erheben bei dieser Maßnahme sog. Log-Dateien, in denen Informationen über die Zugriffe auf den Internetdienst, ua die IP-Adressen, von der Datenverarbeitungsanlage des Dienstes gespeichert werden. Bei dem Internetdienst kann es sich um eine Webseite (sog. Webpage-Überwachung), einen E-Mail-Dienstleister, einen Anonymisierungsdienst (zB VPN-Anbieter), Internet-Foren oder jede andere Internetdienstleistung handeln. Da die Maßnahme gleichzeitig die Verkehrsdaten/Nutzungsdaten vieler verschiedener Internetnutzer erhebt, ähnelt sie einer Funkzellenabfrage oder dem Einsatz eines IMSI-Catchers.[202] Die Abfrage kann dabei sowohl in Echtzeit für künftig anfallende IP-Adressen („Live-Ausleitung" durch den Dienstleister) als auch durch Auswertung einer Log-Datei für die Vergangenheit (Übermittlung der Datei durch den Dienstleister) erfolgen. Als in die Zukunft gerichtete Maßnahme gegen einen einzelnen Nutzer ist die Maßnahme auch als sog. Login-Falle verstellbar, bei der nur die IP-Adresse das einzelnen Nutzers erhoben wird.[203]

128 Die Rechtsgrundlage für das IP-Catching wird von Bär und Bruns für alle Fälle in § 100g gesehen.[204] Beim sog. IP-Catching handelt es sich richtigerweise jedoch in vielen Fällen nicht um eine Verkehrsdatenerhebung nach § 100g, sondern (zumindest soweit, wie im Regelfall, die IP-Adressen bei einem Telemediendienstleister erhoben werden) um eine Nutzungsdatenerhebung nach § 100k.[205] § 100g ist vom Gesetzgeber als umfassende Befugnis zur Erhebung von Verkehrsdaten ausgestaltet worden. Lediglich die Erhebung von Verkehrsdaten nach Abschluss des Kommunikationsvorgangs und nicht beim Telekommunikati-

---

201 Wie hier Hauck in Löwe/Rosenberg § 100g Rn. 40.
202 Zum Ganzen Bär in BeckOK StPO § 100g Rn. 26; Bär in KMR-StPO § 100g Rn. 66.
203 Hierzu ausführlich: Brodowski StV 2022, 413.
204 Bär in BeckOK StPO § 100g Rn. 26; Bär NZWiSt 2017, 81 (84); Bruns in KK-StPO § 100g Rn. 20.
205 Ebenso von der Grün Verdeckte Ermittlungen S. 76 f; Brodowski StV 2022, 413 (414 ff.).

onsdienstleister soll hiervon nicht erfasst sein (§ 100g Abs. 5). Ein solcher Fall liegt hier jedoch nicht immer vor. Bis zur Einführung der Nutzungsdatenerhebung bei Telemediendienstleistern in § 100k (hierzu → § 100k Rn. 2) war problematisch, dass die Erhebung von Verkehrsdaten nach § 100g Abs. 1, Abs. 2 auf solche Verkehrsdaten beschränkt war, die nach §§ 96 Abs. 1, 113b TKG aF (ab 1. Dezember 2021: §§ 9, 12 TTDSG, § 176 TKG) oder § 2a BDBOSG erhoben wurden und daher nicht auf die Erhebung von Daten angewendet werden konnte, welche nicht nach diesen Vorschriften erhoben wurden und damit keine Verkehrsdaten iSv § 100g Abs. 1 waren. Die meisten Anbieter von Internetdienstleistungen, bei denen ein IP-Catching in Frage kommt (zB Webseiten, Handelsplattformen, Internetforen, Soziale Medien), sind allerdings keine Telekommunikationsanbieter iSv § 3 Nr. 61 TKG (bis 1. Dezember 2021: § 3 Nr. 24 TKG) und speicherten daher die Verkehrsdaten nicht nach §§ 96 Abs. 1, 113b TKG aF (seit 1. Dezember 2021: §§ 9, 12 TTDSG, § 176 TKG). Es handelt sich vielmehr um Telemedienanbieter iSv § 1 Abs. 1 TMG iVm § 2 Abs. 2 Nr. 1 TTDSG. Dementsprechend speichern diese Provider die IP-Adressen der Nutzer nach Art. 6 Abs. 1 S. 1 DSGVO (früher § 15 TMG, zur Verdrängung von § 15 TMG in der Fassung bis 1. Dezember 2021 durch Art. 6 DSGVO und Streichung der Vorschrift durch das TTDSG seit 1. Dezember 2021, → § 100k Rn. 19 ff.). Die IP-Adressen sind daher in diesen Fällen sog. Nutzungsdaten, deren Erhebung nunmehr nach § 100k erlaubt ist. Ein Rückgriff auf § 100g Abs. 1 ist nur möglich, wenn das IP-Catching bei einem Telekommunikationsdienst iSv § 3 Nr. 24 TKG (bis 1. Dezember 2021) bzw. § 3 Nr. 61 TKG nF (ab 1. Dezember 2021) durchgeführt wird. Daher stellt sich bei sog. OTT-Dienstleistern ein Abgrenzungsproblem hinsichtlich der Wahl der Rechtsgrundlage. Je nachdem, ob diese Telekommunikationsdienst oder Telemediendienst sind, ist § 100g oder § 100k einschlägig. Dementsprechend hat das Inkrafttreten des Telekommunikationsmodernisierungsgesetzes und des TTDSG zum 1. Dezember 2021 hier Auswirkungen auf die Wahl der Rechtsgrundlage.

1. Rechtslage bis zum Inkrafttreten von Telekommunikationsmodernisierungsgesetz und TTDSG (vor 1. Dezember 2021). Problematisch war – bis zum Inkrafttreten des TTDSG – allerdings, dass die Neuregelung in § 100k Abs. 1 bis zum Inkrafttreten des TTDSG am 1. Dezember 2021 ausdrücklich nur die Erhebung von nach § 15 TMG (in der Fassung bis 1. Dezember 2021) gespeicherten Daten erlaubte. Wie ausgeführt, werden die IP-Adressen durch Telemediendienstanbieter jedoch auf Grundlage von Art. 6 Abs. 1 S. 1 DSGVO gespeichert, soweit es sich nicht ausnahmsweise (bei einigen OTT-Dienstleistern) nach der Rspr. des EuGH um Telekommunikationsanbieter iSv § 3 Nr. 24 TKG aF handelt (hierzu → § 100a Rn. 229 und → Rn. 21). Der Verweis in § 100k Abs. 1 führte daher nach hier vertretener Auffassung bis zum Inkrafttreten des TTDSG ins Leere bzw. verstieße eine Lesart, welche den Verweis auf § 15 TMG (in der Fassung bis 1. Dezember 2021) als Verweis auf Art. 6 DSGVO verstehen wollte, gegen den Grundsatz der Normenklarheit und Bestimmtheit und wäre verfassungswidrig (→ § 100k Rn. 24). 128a

2. Rechtslage nach Inkrafttreten von Telekommunikationsmodernisierungsgesetz und TTDSG (ab 1. Dezember 2021). Durch das Inkrafttreten des TTDSG, die Streichung von § 15 TMG und die neue Definition in § 2 Abs. 2 Nr. 3 TTDSG, auf welche § 100k Abs. 1 nun verweist, wird dieses Problem allerdings durch das TTDSG gelöst. Keine große Auswirkung hat dagegen die Einbeziehung von sog. interpersonellen Telekommunikationsdiensten gem. § 3 Nr. 24 TKG nF in den Begriff des Telekommunikationsdienstes nach § 3 Nr. 61 TKG nF in der geltenden Fassung nach dem Telekommunikationsmodernisierungsgesetz auf das IP-Catching. Denn die meisten Anbieter, bei denen ein IP-Catching in Betracht kommt (Webseiten, Handelsplattformen, Host-Provider) sind auch nach Inkrafttreten des Telekommunikationsmodernisierungsgesetzes keine Telekommunikationsdienste. Allerdings kommt § 100g Abs. 1 dann als Rechtsgrundlage in Betracht, wenn das IP-Catching bei einem OTT-Dienstleister, der „interpersoneller Telekommunikationsdienst" iSv 128b

§ 3 Nr. 61 iVm Nr. 24 TKG nF ist, durchgeführt werden soll (zB bei einem Webmail-Provider oder den Nutzern eines Voice-over-IP-Dienstes).

129 **3. Gemeinsames Problem: Große Streubreite der Maßnahme.** Materiell-rechtlich problematisch erscheint außerdem die große Streubreite der Maßnahme, da – ähnlich wie bei einer Funkzellenabfrage nach § 100g Abs. 3 – Verkehrs- oder Nutzungsdaten einer Vielzahl von nichtverdächtigen Personen miterhoben werden, die lediglich durch ein sachliches Kriterium (hier: Nutzung des jeweiligen Internetdienstes) verbunden sind (soweit es nicht um eine nur gegen einen einzelnen Nutzer gerichtete, sog. Login-Falle geht.). Dennoch ist – wenn überhaupt – nicht § 100g Abs. 3, sondern § 100k bzw. § 100g Abs. 1 einschlägig.[206] Abs. 3 ist eine nicht ausdehnbare Spezialvorschrift für die Funkzellenabfrage, die dementsprechend auch nicht analog auf Erhebungen von Verkehrs- oder Nutzungsdaten außerhalb einer Funkzelle angewendet werden kann. **Die große Streubreite ist an zwei Stellen zu berücksichtigen:** Im Rahmen der Verhältnismäßigkeit („angemessenes Verhältnis zur Bedeutung der Sache") ist zu überprüfen, ob die Schwere der Straftat und der Grad des Tatverdachts die Erhebung von Verkehrs- oder Nutzungsdaten einer großen Vielzahl von Personen angemessen erscheinen lässt.[207] Man wird dies – in Anlehnung an die Regelung in § 100g Abs. 3 – grds. nur bei Straftaten nach § 100g Abs. 1 S. 1 Nr. 1 bzw. § 100k Abs. 1 S. 1 Nr. 1 annehmen dürfen. Keinesfalls möglich ist damit eine Anwendung des (nahezu voraussetzungslosen) § 100k Abs. 3. Weiterhin muss die Streubreite bei der Maßnahmerichtung berücksichtigt werden. Nach § 101a Abs. 1 bzw. Abs. 1a iVm § 100a Abs. 3 darf sich die Maßnahme nur gegen den Beschuldigten, Nachrichtenmittler und solche Personen richten, von denen anzunehmen ist, dass der Beschuldigte ihr IT-System benutzt. Dementsprechend ist vor jeder Durchführung einer solchen Maßnahme streng zu prüfen, ob zu erwarten ist, dass sich unter den erhobenen IP-Adressen auch solche der genannten Personengruppen befinden (dass also eine dieser Personen den Internetdienst nutzt). Keinesfalls darf das IP-Catching als „IP-Rasterfahndung" eingesetzt werden, um erst einen Kreis von Verdächtigen zu gewinnen.

129a Die sehr große Streubreite und die damit einhergehende große Eingriffsintensität führen auch zu der Frage, ob nicht nach der Wesentlichkeitslehre des BVerfG[208] der Gesetzgeber über die Zulässigkeit des IP-Catchings gesondert entscheiden muss. Hierfür spricht, dass das IP-Catching hinsichtlich seiner Eingriffsintensität und der Besonderheit der großen Streubreite mit der Funkzellenabfrage nach § 100g Abs. 3 vergleichbar ist. Ähnlich wie dort die Verkehrsdaten von allen in einer (oder mehreren) Funkzellen eingeloggten Mobiltelefonen erhoben werden, werden beim IP-Catching alle IP-Adressen der Nutzer/innen erhoben, die mit einem bestimmten Server kommunizieren bzw. eine bestimmte Internetdienstleistung in Anspruch nehmen. Die sich daher stellenden Fragen hinsichtlich des Ausgleichs der großen Eingriffsintensität dieser Maßnahme durch hinreichende Eingriffsschwellen und Schutzmechanismen im Rahmen der Verhältnismäßigkeit muss der Gesetzgeber beantworten – wie er dies auch für die Funkzellenabfrage in § 100g Abs. 3 getan hat. Es bestehen daher ernstliche Zweifel daran, ob das IP-Catching – unabhängig von der Abgrenzung zwischen Verkehrs- und Nutzungsdatenerhebung sowie Fragen der Verhältnismäßigkeit bei der Einzelfallanwendung – überhaupt auf die bestehenden Rechtsgrundlagen der §§ 100g, 100k gestützt werden kann.

130 **4. Zusammenfassung.** Zusammengefasst kann die Maßnahme des IP-Catchings also nur bei denjenigen Dienstanbietern, die Telekommunikationsanbieter iSv § 3 Nr. 61, 24 TKG (bis 1. Dezember 2021: § 3 Nr. 24 TKG) sind, auf § 100g Abs. 1 S. 1 gestützt werden.

206 So auch Bär in BeckOK StPO § 100g Rn. 26.

207 Ebenso Bär in BeckOK StPO § 100g Rn. 26; Bruns in KK-StPO § 100g Rn. 20.

208 BVerfG 8.8.1978 – 2 BvL 8/77, BVerfGE 49, 89 (126 f.); BVerfG 16.6.1981 – 1 BvL 89/78, BVerfGE 57, 295 (327); BVerfG 27.11.1990 – 1 BvR 402/87, BVerfGE 83, 130 (142); BVerfG 6.7.1999 – 2 BvF 3/90, BVerfGE 101, 1 (34) jeweils mwN aus der vorgehenden verfassungsgerichtlichen Rspr.; Grzesick in Maunz/Dürig GG Art. 20 VI Rn. 105; zur Wesentlichkeitslehre im Strafverfahrensrecht: Hauck, Heimliche Strafverfolgung und Schutz der Privatheit, S. 141.

In der Praxis handelt es sich jedoch bei denjenigen Diensten, bei welchen ein IP-Catching gewinnbringend erscheint, in vielen Fällen um Telemediendienste. Bei den Anbietern, die als Telemediendienst iSv § 1 Abs. 1 TMG iVm § 2 Abs. 2 Nr. 1 TTDSG einzuordnen sind, war ein IP-Catching bis zum Inkrafttreten von TTDSG und Telekommunikationsmodernisierungsgesetz nur möglich, wenn man – anders als hier vertreten – § 100k Abs. 1 trotz des ausdrücklichen Verweises auf § 15 TMG (in der Fassung bis 1. Dezember 2021) auch als Rechtsgrundlage für die Erhebung von nach Art. 6 Abs. 1 S. 1 DSGVO gespeicherten Nutzungsdaten versteht. Nach Inkrafttreten des TTDSG und des Telekommunikationsmodernisierungesetzes am 1. Dezember 2021 kann die Erhebung von IP-Adressen bei Telemediendiensten nun auch nach hier vertretener Auffassung auf § 100k Abs. 1 iVm § 2 Abs. 2 Nr. 3 TTDSG und § 24 TTDSG gestützt werden. Nicht möglich ist es, die weniger strenge Eingriffsnorm des § 100k Abs. 3 anzuwenden, da diese ausweislich ihres eindeutigen Wortlauts („des Nutzers") auf die Abfrage von IP-Adressen von einzelnen Nutzern bei Telemediendiensten beschränkt ist. Nach Inkrafttreten des TTDSG und des Telekommunikationsmodernisierungsgesetzes sind außerdem viele der sog. OTT-Dienstleister als „interpersonelle Telekommunikationsdienste" (§ 3 Nr. 24 TKG nF) Telekommunikationsdienste iSv § 3 Nr. 61 TKG nF. Für diese Dienstleister kann das IP-Catching jetzt auf § 100g Abs. 1 S. 1 Nr. 1 gestützt werden. Insgesamt erscheint es jedoch zweifelhaft, ob die § 100g, 100h vor dem Hintergrund der Wesentlichkeitslehre überhaupt taugliche Rechtsgrundlagen für das sog. IP-Catching sind.

IV. Erhebung von Mautdaten

Die im Rahmen des Autobahnmautsystems für LKW anfallenden Standortdaten der **131**
LKWs fallen zwar prinzipiell unter den Begriff der Verkehrsdaten und der Anbieter Toll Collect könnte auch über § 101a Abs. 1 S. 1 iVm § 100a Abs. 4 zur Mitwirkung verpflichtet werden. Allerdings besteht für die Daten aus dem Mautsystem nach **§ 4 Abs. 3 S. 4, S. 5 und § 7 Abs. 2 S. 2, S. 3 BFStrMG eine strenge Zweckbeschränkung und ein Übermittlungsverbot.** Der Betreiber des Mautsystems kann dementsprechend nicht zur Herausgabe der Mautdaten verpflichtet werden.[209] Werden die Daten freiwillig übermittelt, liegt ein Verstoß des Betreibers gegen die genannten Vorschriften vor. Die Verwertbarkeit richtet sich dann nach den allgemeinen Grundsätzen zu durch Private rechtswidrig erlangte bzw. übermittelte Daten (hierzu → Rn. 115).

V. Ermittlungsmaßnahmen bei Nutzung von Anonymisierungsdiensten

Kriminelle Akteure nutzen in vermehrtem Maße Internet-Technologien, die ihre IP- **132**
Adresse verschleiern. Hierzu gehören zB **VPNs** (Virtual Private Networks), welche dafür sorgen, dass die Betreiber der verwendeten Internetdienstleister nicht die IP-Adresse des Nutzers, sondern nur diejenige des VPN-Dienstes erheben können. Besonders bedeutsam für die Praxis der Strafverfolgung ist die Verwendung des **Tor-Netzwerks.** Hierbei wird das Signal vom Nutzer zu den besuchten Websites über drei verschiedene Relaystationen (sog. Tor Nodes) umgeleitet und überdies dreifach verschlüsselt. Der jeweilige Tor Node kann jeweils nur eine Verschlüsselungsschicht entfernen und erhält dabei nur die Informationen, zu welchem Tor Node die Datenpakete weiterzuleiten sind. So wird nicht nur verhindert, dass der Anbieter der Website die „echte" IP-Adresse des Nutzers erheben kann, sondern auch, dass selbst Abhörmaßnahmen „auf dem Weg" der Datenpakete durch das Internet zu einer Identifikation der IP-Adresse des Nutzers führen. Im Tor-Netzwerk gibt es außerdem die Möglichkeit (technisch deutlich komplexer), dass auch die Anbieter von Websites ihre IP-Adresse gegenüber den Nutzern und allen „Überwachern" auf dem Weg der Datenpakete verschleiern (sog. Hidden Services). Man spricht dann vom **sog. Darknet.** Das Darknet wird heutzutage auch von Kriminellen in weitem Umfang genutzt. Vor allem

[209] Zum Ganzen mit Details zum technischen Ablauf Bär in KMR-StPO § 100g Rn. 67; siehe auch von der Grün Verdeckte Ermittlungen S. 168.

der Handel mit illegalen Gütern (zB Drogen, Waffen) und Dienstleistungen (vor allem „crime-as-a-service") hat sich in großen Teilen in das Darknet verlagert.[210]

133 Die Nutzung solcher Anonymisierungsdienste behindern viele Ermittlungsmaßnahmen, insbesondere die Verkehrsdatenerhebung nach § 100g, weil auch die Telekommunikationsdienstleister häufig nicht über die Daten der Kommunikation verfügen (zB die IP-Adressen der beteiligten Nutzer nicht kennen bzw. nicht einer bestimmten Verbindung zwischen Nutzern zuordnen können). Daher müssen sich die Ermittler hier mit **anderen Ermittlungsmethoden** behelfen.[211] In technischer Nähe zur Verkehrsdatenerhebung und dem IP-Catching steht dabei das **sog. Browser-Fingerprinting,** bei dem vom Betreiber der besuchten Webseite Daten über Systeminformationen des Nutzers (zB verwendeter Browser, Bildschirmgröße, Betriebssystemversion etc) erhoben werden. Diese Daten werden von vielen Webseiten-Betreibern erhoben, um dem Nutzer ein optimal angepasstes Nutzungserlebnis zu ermöglichen.[212] Sind diese Daten beim Webseiten-Betreiber vorhanden, können diese allerdings nicht nach § 100g herausverlangt werden, da es sich nicht um Verkehrsdaten handelt. Mit Einführung der Erhebungsbefugnis für Nutzungsdaten in § 100k (→ § 100k Rn. 2) kann nun allerdings die Erhebung auf § 100k Abs. 1, Abs. 2 gestützt werden, weil es sich um Nutzungsdaten eines Telemediendienstes (= der besuchten Webseite) handelt. Zuvor verblieb nur eine offene Beschlagnahme nach §§ 94 ff. (nach Inkrafttreten des StPO-Fortentwicklungsgesetzes zum 1. Juli 2021[213] ermöglicht § 95a nF unter den dort genannten Voraussetzungen auch eine heimliche Beschlagnahme; an der Vorschrift bestehen jedoch ernste verfassungsrechtliche Zweifel). Gem. § 100k Abs. 5 sind die §§ 94 ff. jetzt allerdings nur noch anwendbar, wenn die Nutzungsdatenerhebung außerhalb eines Nutzungsvorgangs und nicht beim Telemediendienstanbieter erfolgt. Daneben können auch **sog. Zeitkorrelationsangriffe** erfolgversprechend sein.[214] Hierfür muss bereits ein gewisser Verdacht dafür bestehen, dass ein Nutzer eine Darknet-Seite besucht (zB eine Handelsplattform für illegale Güter). Bei Überwachung des sowohl beim Nutzer als auch beim Dienstleister ein- und ausgehenden Internetdatenverkehrs kann über eine zeitliche Korrelation der Datenmengen eine sehr hohe Wahrscheinlichkeit dafür ermittelt werden, dass die beiden Anschlüsse miteinander kommunizieren. Entsprechende Maßnahmen können auf § 100a gestützt werden. Allerdings setzt dies voraus, dass sowohl der Anschluss des Nutzers als auch derjenige des Dienstleisters bekannt sind oder, dass eine Quellen-Telekommunikationsüberwachung durch Infiltration der Systeme (zB bei bekannten E-Mail-Adressen) gelingt. Bislang sind bei Ermittlungen im sog. Darknet jedenfalls andere, eher „klassische" Ermittlungsmethoden erfolgversprechend.[215]

VI. Erhebung der sog. ICCID beim Hersteller von Smartphones

134 Bekanntermaßen erheben viele Hersteller von Smartphones Daten über die Nutzung ihrer Geräte durch ihre Kunden. Unter anderem wird dabei von einigen Herstellern auch die **Kennnummer der SIM-Karte** erhoben, die der Kunde im Gerät verwendet (sog. ICCID).[216] Die Kenntnis darüber, welche SIM-Karte in einem den Strafverfolgungsbehörden bekannten Smartphone (gemeint ist, dass den Ermittlungsbehörden die IMEI-Nummer

210 Zum Ganzen Safferling/Rückert Das Strafrecht und die Underground Economy, abrufbar unter: https://www.kas.de/de/analysen-und-argumente/detail/-/content/das-strafrecht-und-die-underground-economy1; Greco ZIS 2019, 435.

211 Überblick bei: Safferling/Rückert Das Strafrecht und die Underground Economy, abrufbar unter: https://www.kas.de/de/analysen-und-argumente/detail/-/content/das-strafrecht-und-die-underground-economy1; Rückert/Wüst KriPoz 2018, 247.

212 https://browser-fingerprint.cs.fau.de/?lang=de (Stand: 1.10.2020).

213 BGBl. 2021 I 2099.

214 Nasr/Bahrahmali/Houmansadr DeepCorr: Strong Flow Correlation Attacks on Tor Using Deep Learning, abrufbar unter https://arxiv.org/pdf/1808.07285.pdf.

215 Safferling/Rückert Das Strafrecht und die Underground Economy, abrufbar unter: https://www.kas.de/de/analysen-und-argumente/detail/-/content/das-strafrecht-und-die-underground-economy1; Rückert/Wüst KriPoz 2018, 247.

216 Hiéramente/Pfister StV 2017, 477 f.

des Smartphones bekannt ist) verwendet wird, kann durchaus relevant für strafrechtliche Ermittlungen sein. Neben der Verfolgung von **Diebstählen von Smartphones,**[217] ist dies auch zur Ermöglichung von **Telekommunikationsüberwachungsmaßnahmen** oder der Versendung einer **Stillen SMS** an diejenigen Beschuldigten vorteilhaft, die regelmäßig die SIM-Karte des von ihnen genutzten Smartphones austauschen, um Überwachungsmaßnahmen zu erschweren („Kartenspieler").

Für die Abfrage der ICCID bei den Geräteherstellern (sofern diese die Daten überhaupt auf deutschen Servern und damit innerhalb des Zugriffsbereichs deutscher Behörden vorhalten) existiert in der **keine spezifische Rechtsgrundlage.** Ein Rückgriff auf § 100j scheidet schon deshalb aus, weil es sich bei der Frage, welche SIM-Karte in einem bestimmten Mobiltelefon genutzt wird, nicht um ein Bestandsdatum iSv §§ 3 Nr. 6, 172 TKG (bis 1. Dezember 2021: §§ 3 Nr. 3, 95, 111 TKG) handelt. Die Daten über die genutzte SIM-Karte werden erst durch die Verwendung des Mobiltelefons als Kommunikationsmittel erzeugt. Damit kann es sich nur um Verkehrs- oder Nutzungsdaten handeln.[218] Aber auch eine Erhebung nach § 100g oder § 100k scheidet aus, da es sich bei den Geräteherstellern weder um die Erbringer von Telekommunikations- oder Telemediendiensten handelt noch die Gerätehersteller als „Mitwirkende" iSv § 9 Abs. 1 iVm § 3 Abs. 2 S. 1 Nr. 1 TTDSG oder § 24 TTDSG (bis 1. Dezember 2021: § 96 Abs. 1 TKG oder § 15 Abs. 1 TMG) qualifiziert werden können, weil hierfür eine Mitwirkung an der Dienstleistung der Telekommunikation oder der Bereitstellung des Telemediums selbst erforderlich wäre. Eine reine Ermöglichung durch den Verkauf des Geräts und die Aktualisierung der Betriebssoftware genügt hierfür nicht.[219] Angesichts des spezifischen Zuschnitts der §§ 100g, 100k auf genau bezeichnete Daten (§ 9 Abs. 1 TTDSG und § 2 Abs. 2 Nr. 3 TTDSG) scheidet auch eine analoge Anwendung aus.[220] Möglich bleibt dagegen eine **Beschlagnahme der Daten nach §§ 94 ff. als offene Maßnahme,** dh grds. mit vorheriger Information und Anhörung des Betroffenen nach § 33 und unter besonderer Beachtung der Verhältnismäßigkeit wegen der „Nähe" der Maßnahme zu § 100g.[221] Dem steht auch § 100g Abs. 5 nicht entgegen, weil es sich bei den Geräteherstellern gerade nicht um Telekommunikationsdienstleister handelt. Nach Inkrafttreten des StPO-Fortentwicklungsgesetzes zum 1. Juli 2021[222] ermöglicht § 95a nF unter den dort genannten Voraussetzungen eine „heimliche Beschlagnahme". Aufgrund der weiteren Intensitätserhöhung durch die Heimlichkeit der Maßnahme muss dann aber eine noch striktere Verhältnismäßigkeitsprüfung erfolgen. 135

D. Rechtsbehelfe

Gemäß § 101a Abs. 6 S. 2 iVm § 101 Abs. 7 S. 2–4 iVm § 101a Abs. 6 S. 1 können die Beteiligten der Kommunikation gegen richterliche wie gegen nichtrichterliche Anordnungen nach § 100g einen **Antrag auf Überprüfung der Rechtmäßigkeit der Maßnahme sowie der Art und Weise ihres Vollzuges** stellen. Dieser Rechtsbehelf geht als abschließende Sonderregelung der Beschwerde nach § 304 und dem Rechtsbehelf nach § 98 Abs. 2 S. 2 analog vor. Andernfalls würde die gesetzliche Antragsfrist von zwei Wochen in § 101 Abs. 7 S. 2 sowie die Ausgestaltung des gegen diese Entscheidung nach § 101 Abs. 7 S. 3 statthaften Rechtsmittels als sofortige Beschwerde leerlaufen (→ § 101 Rn. 113 ff.). Wie sich aus dem Wortlaut von § 101 Abs. 7 S. 2 ergibt („auch") ist der Rechtsbehelf auch vor Beendigung der Maßnahmen statthaft. Er ist auch in diesem Fall vorrangig zu § 304 und § 98 Abs. 2 S. 2 analog (Details bei → § 101 Rn. 113 ff.).[223] 136

217 Hierzu Hiéramente/Pfister StV 2017, 477 f.
218 Hiéramente/Pfister StV 2017, 477 (479).
219 Vgl. Hiéramente/Pfister StV 2017, 477 (480).
220 Für eine Analogie jedoch Hiéramente/Pfister StV 2017, 477 (481).
221 Vgl. Hiéramente/Pfister StV 2017, 477 (481).
222 BGBl. 2021 I 2099.
223 Köhler in Meyer-Goßner/Schmitt § 101 Rn. 25 aE.

137 Gegen die richterliche Anordnung der Maßnahme oder die richterliche Bestätigung einer staatsanwaltschaftlichen Eilanordnung können andere Betroffene als die an der Kommunikation Beteiligten nach **§ 304 Abs. 2** die **einfache Beschwerde** einlegen. In der Praxis betrifft dies vor allem die TK-Dienstleister, welche zur Auskunft verpflichtet werden (vgl. § 304 Abs. 2). Gegen staatsanwaltschaftliche Eilanordnungen ist zudem ein Antrag auf gerichtliche Entscheidung analog § 98 Abs. 2 S. 2 statthaft. Dies gilt (auch nach Beendigung der Maßnahme) auch für die Fälle, in denen eine Überprüfung der Art und Weise des Vollzugs der Maßnahme begehrt wird.[224]

E. Revision

138 Mit der Revision kann in einer den Anforderungen des § 344 Abs. 2 S. 2 genügenden Weise mit der **Verfahrensrüge** beanstandet werden, das Tatgericht habe bei seiner Entscheidung zu Unrecht Verkehrsdaten verwertet, weil diese entweder bereits rechtswidrig erhoben worden seien oder zwar rechtmäßig erhoben worden seien, indes zu strafprozessualen Zwecken nicht hätten verwertet werden dürfen (→ § 100a Rn. 386 ff.).

139 Eine Übertragung der **Widerspruchslösung** auf § 100g ist bislang durch den BGH nicht erfolgt. Angesichts der Anwendung der Widerspruchslösung bei § 100a ist es jedoch wahrscheinlich, dass der BGH das Widerspruchserfordernis zur Erhaltung der Rügemöglichkeit bei nicht beachteten Beweisverwertungsverboten auch im Rahmen von § 100g zur Anwendung bringen wird (Details und Kritik bei → § 100a Rn. 353 ff.).

§ 100h Weitere Maßnahmen außerhalb von Wohnraum

(1) [1]Auch ohne Wissen der betroffenen Personen dürfen außerhalb von Wohnungen

1. Bildaufnahmen hergestellt werden,

2. sonstige besondere für Observationszwecke bestimmte technische Mittel verwendet werden,

wenn die Erforschung des Sachverhalts oder die Ermittlung des Aufenthaltsortes eines Beschuldigten auf andere Weise weniger erfolgversprechend oder erschwert wäre. [2]Eine Maßnahme nach Satz 1 Nr. 2 ist nur zulässig, wenn Gegenstand der Untersuchung eine Straftat von erheblicher Bedeutung ist.

(2) [1]Die Maßnahmen dürfen sich nur gegen einen Beschuldigten richten. [2]Gegen andere Personen sind

1. Maßnahmen nach Absatz 1 Nr. 1 nur zulässig, wenn die Erforschung des Sachverhalts oder die Ermittlung des Aufenthaltsortes eines Beschuldigten auf andere Weise erheblich weniger erfolgversprechend oder wesentlich erschwert wäre,

2. Maßnahmen nach Absatz 1 Nr. 2 nur zulässig, wenn auf Grund bestimmter Tatsachen anzunehmen ist, dass sie mit einem Beschuldigten in Verbindung stehen oder eine solche Verbindung hergestellt wird, die Maßnahme zur Erforschung des Sachverhalts oder zur Ermittlung des Aufenthaltsortes eines Beschuldigten führen wird und dies auf andere Weise aussichtslos oder wesentlich erschwert wäre.

(3) Die Maßnahmen dürfen auch durchgeführt werden, wenn Dritte unvermeidbar mitbetroffen werden.

(4) § 100d Absatz 1 und 2 gilt entsprechend.

224 Wohlers/Greco in SK-StPO § 98 Rn. 50 f.

Schrifttum: Abdullah/Gercke, Verwertbarkeit privat veranlasster GPS-Peilungen von gestohlenem Gut, CR 2003, 298; Annussek, Automatisierte Kraftfahrzeugkennzeichenüberprüfung in den Ländern – eine verfassungsrechtliche Bewertung unter besonderer Berücksichtigung der Gesetzgebungszuständigkeit, 2018; Bernsmann, Beweisgewinnung unter Verwendung des satellitengestützten Navigationssystems GPS, StV 2001, 382; Brenner, Section Control – Verfassungsrechtliche Vorgaben und kompetenzrechtliche Risiken, DAR 2019, 61; Bull, Sind Video-Verkehrskontrollen unter keinem rechtlichen Aspekt vertretbar?, NJW 2009, 3279; Burghardt, Die neue Übersichtlichkeit – Die Rechtsprechung des BGH zum nachträglichen Rechtsschutz gegen verdeckte Ermittlungen, HRRS 2009, 567; Burhoff, Videomessung im Straßenverkehr – BVerfG – 2 BvR 941/08 und seine Folgen, VRR 2010, 93; Donaubauer, Der polizeiliche Einsatz von Bodycams: Eine Untersuchung aus kriminologischer, verfassungsrechtlicher und menschenrechtlicher Perspektive, 2017; Eisenberg/Singelstein, Zur Unzulässigkeit der heimlichen Ortung per „stiller SMS", NStZ 2005, 62; von der Grün, Verdeckte Ermittlungen, 2018; Hilger, Neues Strafverfahrensrecht durch das OrgKG – Teil 1, NStZ 1992, 457; Hippel/Weiß, Eingriffsqualität polizeilicher Observierungen, JR 1992, 316; Hornung/Schindler, Das biometrische Auge der Polizei: Rechtsfragen des Einsatzes von Videoüberwachung mit biometrischer Gesichtserkennung, ZD 2017, 203; Hunsicker, Wärmebild- bzw. Infrarotaufnahmen und das Global Positioning System (GPS) – Strafverfolgung, Gefahrenabwehr und Hilfe „von oben", Kriminalistik 2019, 440; Keller, Der Einsatz technischer Mittel außerhalb von Wohnungen zu repressiven Zwecken, Kriminalistik 2006, 537; Meyer-Wieck, Rechtswirklichkeit und Effizienz der akustischen Wohnraumüberwachung („großer Lauschangriff") nach § 100c Abs. 1 Nr. 3 StPO, Eine rechtstatsächliche Untersuchung im Auftrag des Bundesministeriums der Justiz; 2004; Müller-ter Jung/Rexin, Datenschutz beim polizeilichen Drohneneinsatz – Die paradoxen Hürden polizeilicher Observation durch Drohnen, CR 2019, 643; Niehaus, Verwertbarkeit von Dashcam-Aufzeichnungen im Straf- und Ordnungswidrigkeitenverfahren, NZV 2016, 551; Ogorek, Risikovorsorgende Videoüberwachung, DÖV 2018, 688; Roggan, Verfassungsrechtliche Grenzen von automatisierten Kfz-Kennzeichenkontrollen zur Fortschreibung der Leitplanken des Sicherheitsrechts durch das BVerfG, NVwZ 2019, 344; Roggan, Die Markierung von Personen mit „künstlicher DNA" im Strafverfahren, KriPoZ 2017, 288; Schairer/Krombacher, Einsatz technischer Mittel, Anmerkung zum Beschluss des Ermittlungsrichters beim BGH vom 11.4.1997 (NJW 1997, 2189) zur Reichweite des § 100c Abs. 1 Nr. 2 StPO, Kriminalistik 1998, 119; Schlegel, Normative Grenzen für internetbasierte Ermittlungsmethoden: zugleich ein Beitrag zur Technikoffenheit strafprozessualer Ermächtigungsgrundlagen, 2019; Schmidt, Abstands-/Geschwindigkeitsmessung bei der Bayer. Polizei – incl. sog. „Elefantenrennen", DAR 2018, 399; Schmidt, Polizeiliche Videoüberwachung durch den Einsatz von Bodycams, 2018; Schmitz, Bildaufnahmen mittels optisch-elektronischer Messverfahren im Straßenverkehr – insbesondere zur Ahndung von Ordnungswidrigkeiten, 2014; Singelstein, Rechtsschutz gegen heimliche Ermittlungsmaßnahmen nach Einführung des § 101 VII 2–4 StPO, NStZ 2009, 481; Singelstein, Bildaufnahmen, Orten, Abhören – Entwicklungen und Streitfragen beim Einsatz technischer Mittel zur Strafverfolgung, NStZ 2014, 305; Soiné, Kriminalistische List im Ermittlungsverfahren, NStZ 2010, 596; Starnecker, Videoüberwachung zur Risikovorsorge: Body-Cam zur Eigensicherung und Dashcam zur Beweissicherung – eine verfassungs- und datenschutzrechtliche Analyse, 2017; Straub, Beobachtung aus der Luft – Grenzen des staatlichen und zivilen Drohneneinsatzes, 2018; Vassilaki, Zulässigkeit der Beweiserhebung und -verwertung bei GPS-Einsatz, CR 2005, 572; Wilcken, § 100h I 1 Nr. 1 StPO als gesetzliche Ermächtigungsgrundlage für sog. „verdachtsunabhängige" Geschwindigkeitsmessungen in der Verkehrsüberwachung, NZV 2011, 67; Ziemann, Strafprozessualer Grundrechtseingriff und Gesetzesbindung, ZStW 130 (2018), 762.

Übersicht

A. Erläuterung

I. Regelungsinhalt des § 100h

1 § 100h gestattet den Strafverfolgungsbehörden, beim Verdacht einer Straftat zur Erforschung derselben oder zur Ermittlung des Aufenthaltsortes eines Beschuldigten auch ohne Wissen des Betroffenen außerhalb von Wohnungen entweder Bildaufnahmen herzustellen (Abs. 1 S. 1 Nr. 1) oder sonstige für Observationszwecke bestimmte **technische Mittel** (Abs. 1 S. 1 Nr. 2) zu verwenden.[1] Der Einsatz der technischen Mittel gemäß Nr. 2 ist nach S. 2 nur zulässig, wenn Gegenstand der Untersuchung eine Straftat von erheblicher Bedeutung ist.

II. Gegenstand der Eingriffsbefugnis

2 Die Vorschrift des § 100h gestattet in **sachlicher** Hinsicht die Erstellung von „Bildaufnahmen" sowie den Einsatz sonstiger „für Observationszwecke bestimmte(r) technische(r) Mittel". Mit dem Einsatz dieser technischen Mittel geht ein Eingriff in das allgemeine Persönlichkeitsrecht des Art. 2 Abs. 1 GG iVm Art. 1 Abs. 1 GG einher. Dass Maßnahmen nach § 100h „außerhalb von Wohnungen" und damit im öffentlichen Raum durchgeführt werden (müssen), berührt den Eingriffscharakter der Maßnahme nicht. Das allgemeine Persönlichkeitsrecht dient nicht nur dem Schutz sensibler Daten aus dem Bereich der Privat- und Intimsphäre. Es trägt in Gestalt des Rechts auf informationelle Selbstbestimmung auch den informationellen Schutzinteressen der sich in der Öffentlichkeit bewegenden Person Rechnung.[2] Das Recht auf informationelle Selbstbestimmung schützt umfassend vor jeder Verarbeitungsart (Erhebung, Speicherung, Auswertung, Übermittlung etc) von personenbezogenen Daten aller Art.[3] Auch steht die bloße „Öffentlichkeit" der Daten, im hier betroffenen Bereich die Bewegung der überwachten Person in der Öffentlichkeit, einem Eingriff in das Recht auf informationelle Selbstbestimmung nach zutreffender Auffassung nicht entgegen.[4] Die vom BVerfG in einigen Entscheidungen vorgenommene Unterscheidung zwischen manueller und automatisierter Erhebung öffentlich zugänglicher Daten dahingehend, dass bei der manuellen Erhebung nur dann ein Eingriff vorläge, wenn die Daten „gezielt zusammengetragen, gespeichert und gegebenenfalls unter Hinzuziehung weiterer Daten ausgewertet werden und sich daraus eine besondere Gefahrenlage für die Persönlich-

1 Zur Übersicht über verdeckte Ermittlungen vgl. Bernsmann StV 2001, 382.
2 BVerfG v. 11.32008 – 1 BvR 2074/05, 1 BvR 1254/07, NJW 2008, 1505 (1506).
3 BVerfG 7.3.1995 – 1 BvR 1564/92, BVerfGE 92, 191 (197) = NJW 1995, 3110; BVerwG 21.3.1986 – 7 C 71/83, BVerwGE 74, 115 (117) = NJW 1986, 2329; di Fabio in Dürig/Herzog/Scholz GG Art. 2 Rn. 176 mwN und Beispielen.
4 Bauer, Soziale Netzwerke und strafprozessuale Ermittlungen, S. 107, 109 ff.; Eisenmenger, Die Grundrechtsrelevanz „virtueller Streifenfahrten", S. 235 ff.; vgl. auch Wölm, Schutz der Internetkommunikation und „heimliche Internetaufklärung", S. 143; aA Di Fabio in Dürig/Herzog/Scholz GG Art. 2 Rn. 176; Böckenförde JZ 2008, 925 (935); Bäcker in Rensen/Brink, Linien der Rechtsprechung des Bundesverfassungsgerichts, S. 133.

keit des Betroffenen ergibt",[5] kann dagegen nicht überzeugen.[6] Die Argumente, welche das BVerfG für einen Eingriff bei automatisierter Erhebung öffentlicher Daten vorbringt (Schutz informationeller Interessen auch in der Öffentlichkeit, keine Einwilligung durch bloße Teilnahme an Öffentlichkeit) gelten für manuelle Datenerhebungen gleichsam. Es muss daher derzeit davon ausgegangen werden, dass dem BVerfG dieser „innere Widerspruch"[7] schlicht bislang entgangen ist und hoffentlich zukünftig korrigiert wird. In **personaler** Hinsicht darf sich die Maßnahme nach Abs. 2 S. 1 sowohl gegen den Beschuldigten als auch gegen andere Personen richten.

1. Bildaufnahmen (Abs. 1 S. 1 Nr. 1). Abs. 1 S. 1 Nr. 1 gestattet die Herstellung 3
von „Bildaufnahmen", wobei von diesem Begriff sowohl Fotos als auch Video- und Filmaufnahmen erfasst werden.[8] Indes findet die Vorschrift **nicht nur Anwendung, wenn derartige Bildaufnahmen zum Zwecke der Observation erstellt werden.** Hierfür könnte der Umstand streiten, dass gemäß Abs. 1 S. 1 „Bildaufnahmen herstellt (und) sonstige besondere für Observationszwecke bestimmte technische Mittel" verwendet werden dürfen und sich die Zweckbestimmung „für Observationszwecke" in Nr. 2 auch auf die Bildaufnahmen in Nr. 1 beziehen könnte. Indes ist auch die Fertigung von Bildaufnahmen für Zwecke der Erforschung des Sachverhalts oder der Ermittlung des Aufenthaltsortes des Beschuldigten an Abs. 1 S. 1 Nr. 1 zu messen. Dies ergibt die grammatische Auslegung (zu den tradierten Auslegungsmethoden vgl. → Einl. Rn. 584 ff.). Das Wort „sonstige" in Nr. 2 bezieht sich einzig auf die dort genannten technischen Mittel und grenzt Maßnahmen nach Nr. 2 gerade von solchen nach Nr. 1 ab. Die Vorschrift ist mithin dahingehend auszulegen, dass zur Erforschung des Sachverhalts bzw. zur Aufenthaltsermittlung zum einen Bildaufnahmen hergestellt und zum anderen darüber hinaus auch alle sonstigen technischen Mittel eingesetzt werden dürfen, die für Observationszwecke geeignet sind.[9] Aus der Entscheidung des BGH vom 29.1.1998[10] ergibt sich nichts Gegenteiliges. In dieser hat der BGH die der heutigen Vorschrift des § 100h entsprechende Regelung des § 100c Abs. Abs. 1 Nr. 1a aF dahingehend ausgelegt, „dass Bildaufzeichnungen gerade oder zumindest auch mit dem Ziel der Observation gemeint sind", ihre Herstellung mithin auch zu anderen durch Abs. 1 eröffneten Zwecke erfolgen kann. Das BVerfG hat die hier vertretene Rechtsauffassung gebilligt.[11]

a) Zulässig: Automatisierte Geschwindigkeits- und Abstandsmessungen. Er- 4
mittlungsergebnisse aus Maßnahmen nach § 100h können auch zum **Nachweis von Verkehrsordnungswidrigkeiten** Verwendung finden.[12] Diese Auslegung der Vorschrift begegnet keinen verfassungsrechtlichen Bedenken. So hat das BVerfG in seiner Entscheidung vom 5.7.2010[13] ausgeführt, die Heranziehung des § 100h Abs. 1 S. 1 Nr. 1 iVm § 46 Abs. 1

---

[5] BVerfG 27.2.2008 – 1 BvR 370, 595/07, BVerfGE 120, 274 (344 f.) = NJW 2008, 822; 10.3.2008 – 1 BvR 2388/03, BVerfGE 120, 351 (361).

[6] BVerfG 18.12.2018 – 1 BvR 142/15, NJW 2019, 827 (829); 11.3.2008 1 BvR 2074/05, 1254/07, BVerfGE 120, 378 (399) = NJW 2008, 1505; 23.2.2007 – 1 BvR 2368/06, NVwZ 2007, 688 (690).

[7] Bauer, Soziale Netzwerke und strafprozessuale Ermittlungen, S. 107 und Eisenmenger, Die Grundrechtsrelevanz „virtueller Streifenfahrten", S. 233.

[8] BT-Drs. 12/989, 58; OLG Bamberg 16.11.2009 – 2Ss OWi 1215/09, NJW 2010, 100 (101).

[9] Im Ergebnis ebenso OLG Bamberg 16.11.2009 – 2Ss OWi 1215/09, NJW 2010, 100 (101); OLG Jena 6.1.2010 – 1 Ss 291/09, NJW 2010, 1093; OLG Stuttgart 29.1.2010 – 4 Ss 1525/09, NJW 2010, 1219; OLG Brandenburg 22.2.2010 – 1 Ss (OWi) 23 Z/10, NJW 2010, 1471; Hauck in Löwe/Rosenberg § 100h Rn. 2; Bär in KMR-StPO § 100h Rn. 5 mwN; aA Eschelbach in Satzger/Schluckebier/Widmaier StPO § 100h Rn. 2; Gercke in Gercke/Julius/Temming/Zöller § 100h Rn. 3; Wolter/Greco in SK-StPO § 100h Rn. 4; Eisenberg Beweisrecht der StPO Rn. 2513a; Köhler in Meyer-Goßner/Schmitt § 100h Rn. 1; OLG Düsseldorf 9.2.2010 – 3 BRs 8/10, NJW 2010, 1216 (1217).

[10] BGH 29.1.1998 – 1 StR 511/97, NJW 1998, 1237 (1238).

[11] BVerfG 5.7.2010 – 2 BvR 759/10, NJW 2010, 2717.

[12] So zutreffend die hM: Siehe statt vieler BVerfG 5.7.2010 – 2 BvR 759/10, NJW 2010, 2717; Hauck in Löwe/Rosenberg § 100h Rn. 6a; Bär in KMR-StPO § 100h Rn. 6 ff.; Hegmann in BeckOK StPO § 100h Rn. 1 jeweils mwN; aA Schmitz, Bildaufnahmen mittels optisch-elektronischer Messverfahren im Straßenverkehr, S. 165 ff.

[13] BVerfG 5.7.2010 – 2 BvR 759/10, NJW 2010, 2717 (2718).

OWiG als Rechtsgrundlage für die Anfertigung von Bildaufnahmen zur Verfolgung (auch) von Ordnungswidrigkeiten begegne keinen Bedenken, eine Beschränkung dieser Rechtsgrundlage auf Observationszwecke sei auch von Verfassungs wegen nicht geboten.[14] Ggf. auf der Aufnahme zu erkennende Beifahrer sind als unvermeidbar mitbetroffene Personen iSv Abs. 3 anzusehen.[15] Voraussetzung hierfür ist allerdings, dass die jeweilige Überwachungsmethode dafür Sorge trägt, dass die Anfertigung von Bild- oder Videoaufnahmen nur bei Bestehen eines Anfangsverdachts (zB Auslösung nur bei Überschreitung der Höchstgeschwindigkeit oder Unterschreitung des Mindestabstands) stattfindet. Für eine anlasslose massenhafte Anfertigung von Bild- und Videoaufnahmen kann § 100h nicht als Grundlage herangezogen werden.[16]

5 Diese Grundsätze sind auch auf den Einsatz **sog. Smart Cameras** zu übertragen, welche einen bestimmten Bereich optisch überwachen, einen Aufzeichnungsvorgang mit der Möglichkeit der Identifizierung von Personen jedoch nur bei Vorliegen eines verdachtsauslösenden Ereignisses starten. Die Definition und Programmierung der genauen Parameter eines solchen verdachtsauslösenden Ereignisses müssen dabei jedoch durch einen menschlichen Ermittler vorgenommen werden und dürfen nicht (semi-)intelligenten Computerprogrammen überlassen werden (siehe auch zum Verbot automatisierter Einzelfallentscheidungen mit nachteiligen Rechtsfolgen § 54 Abs. 1 BDSG, welcher allerdings Art. 11 Abs. 1 der Richtlinie 2016/680 nicht richtlinienkonform umsetzt, weil das Erfordernis der menschlichen Kontrolle nicht im Wortlaut berücksichtigt wird).[17]

6 **b) Unzulässig: Anlasslose automatisierte Kennzeichenerfassung.** Deshalb kann § 100h auch **nicht als Rechtsgrundlage** für die Inbetriebnahme und Inbetriebhaltung von automatisierten Kennzeichenerfassungssystemen herangezogen werden, bei denen die Kennzeichen vorbeifahrender Fahrzeuge automatisch und ohne durch ein konkretes verdachtsstiftendes Verhalten der Fahrer (zB Überschreitung der zulässigen Höchstgeschwindigkeit oder Unterschreitung des Mindestabstands) erfasst werden.[18] Bei dieser Maßnahme erfassen Kameras an bestimmten Orten automatisiert jedes Kennzeichen vorbeifahrender Fahrzeuge und speichern dieses mit Zeitstempel und Angabe über die Fahrtrichtung. Bei einigen Systemen werden anschließend außerdem die erfassten Kennzeichen automatisch mit Fahndungsdatenbanken abgeglichen und das angefertigte Videobild samt gescanntem Kennzeichen werden in polizeilichen Datenbanken gespeichert.[19] Es **fehlt hier an einem verdachtsauslösenden Verhalten des einzelnen Fahrers,** der von der Maßnahme betroffen wird.[20] Dies kann auch nicht dadurch gerechtfertigt werden, dass die Inbetriebnahme der Anlagen (auch) der Erfassung von Kennzeichen von tatverdächtigen Personen diene, welche voraussichtlich (bzw. möglicherweise) den Bereich der automatischen Kennzeichenerfassung passieren werden. § 100h rechtfertigt nämlich nicht die gezielte massenhafte Erfassung von Daten unbeteiligter Personen. Dies ergibt sich zum einen aus den Regelungen in § 100h Abs. 2, Abs. 3. Danach erlaubt § 100h nur gezielt gegen den Beschuldigten oder

---

[14] Zustimmend VerfG Brandenburg 21.6.2019 – VfGBbg 1/19, BeckRS 2019, 17345; AG Lüdinghausen 18.1.2016 – 19 OWi 214/15, juris; OLG Bamberg 4.8.2015 – 3 Ss OWi 874/15, BeckRS 2015, 16742; AG Lüdinghausen 20.7.2015 – 19 OWi 77/15, NZV 2016, 592; dagegen kann § 100h nicht als Rechtsgrundlage für die vorausgehende Erfassung der Durchschnittsgeschwindigkeit oder des Abstandes herangezogen werden, weil zu diesem Zeitpunkt noch kein Anfangsverdacht besteht: VG Hannover 12.3.2019 – 7 A 849/19, ZD 2019, 281; siehe auch Schmidt DAR 2018, 399.

[15] OLG Oldenburg 9.2.2015 – 2 Ss (OWi) 20/15, NJW 2015, 1398.

[16] OLG Bamberg 16.11.2009 – 2 Ss OWi 1215/09, NJW 2010, 100; OLG Jena 6.1.2010 – 1 Ss 291/09, NJW 2010, 1093; Bär in KMR-StPO § 100h Rn. 8; Hauck in Löwe/Rosenberg § 100h Rn. 6a; sehr streng Wilcken NZV 2011, 67; aA (Verdachtsbegründung setzt zwingend menschliche Interaktion voraus) Roggan NJW 2010, 1042 (1044).

[17] Singelnstein NStZ 2014, 305 (306).

[18] Siehe auch LG Frankfurt (Oder) 22.10.2019 – 22 Qs 56/19, NJW-Spezial 2020, 282; https://www.lda.brandenburg.de/cms/detail.php/bb1.c.655845.de (Stand: 13.11.2020).

[19] Von der Grün Verdeckte Ermittlungen S. 166.

[20] Siehe auch VG Hannover 12.3.2019 – 7 A 849/19, SVR 2019, 193; ähnlich wie hier Brenner DAR 2019, 61 (62).

andere in Abs. 2 genannte Personen gerichtete Maßnahmen; unbeteiligte Personen dürfen dagegen nur in Mitleidenschaft gezogen werden, wenn dies „unvermeidbar" ist. Weiterhin spricht auch die Systematik der für die hiesige Auffassung. Danach sind gezielte Maßnahmen gegen eine Vielzahl unbeteiligter Personen nur in speziellen, jeweils mit engen Voraussetzungen ausgestatteten Vorschriften zulässig (§§ 98a, 111, 163d, 163e). § 100h dient dagegen offensichtlich der Observation einzelner in Abs. 2 genannter Personen. Gegen eine Anwendung des § 100h bei der massenhaften Erfassung von Kennzeichen ohne auslösendes, verdachtsstiftendes Verhalten der Fahrer spricht schließlich auch, dass § 100h angesichts der sehr niederschwelligen Voraussetzungen nicht geeignet ist, einen wegen der großen Streubreite schwerwiegenden Grundrechtseingriff zu rechtfertigen, wie er mit der automatischen Kennzeichenerfassung einhergeht.[21] Dies gilt in besonderem Maße, wenn die Daten der unbeteiligten Personen in der Erfassungsanlage nicht technisch-automatisch unmittelbar nach einem Abgleichvorgang wieder gelöscht werden. So müssen Vorschriften, welche die anlasslose automatisierte Kennzeichenüberwachung erlauben, nach der Rspr. des BVerfG dem Schutz von Rechtsgütern mit erheblichem Gewicht dienen.[22] Bildaufnahmen nach § 100h Abs. 1 Nr. 1 dürfen jedoch bei jeder Straftat angefertigt werden. Es erscheint auch zweifelhaft, ob die Begrenzung der Befugnis aus § 100h Abs. 1 Nr. 2 auf die Verfolgung von Straftaten von „erheblicher Bedeutung" dieser Anforderung gerecht wird. Außerdem müssen Regelungen, welche anlasslose automatisierte Kennzeichenerfassungen Regelung zu ihrer örtlichen und zeitlichen Begrenzung enthalten (kein flächendeckender Einsatz).[23] § 100h enthält jedoch (anders als die von §§ 100e, 101a erfassten Ermittlungsmaßnahmen) keine Befristungsregel. Auch örtliche Begrenzungsregeln sind in der Norm nicht vorhanden. Schließlich ist äußerst zweifelhaft, ob dem Wortlaut des § 100h der Einsatz solcher flächendeckenden und für den einzelnen Betroffenen anlasslosen Überwachungsmaßnahmen entnommen werden kann. § 100h würde also nicht die verfassungsrechtlichen Anforderungen an die Verhältnismäßigkeit der Rechtsgrundlage und die Normenklarheit und -bestimmtheit erfüllen. Zusammengefasst können anlasslose automatisierte Kennzeichenerfassungssysteme, bei denen es – im Unterschied zu automatisierten Geschwindigkeits- und Abstandskontrollen (hierzu → Rn. 4) – an einem verdachtsstiftenden Verhalten der einzelnen Fahrer zur Auslösung fehlt, nicht auf § 100h gestützt werden.

Die hier geäußerten Bedenken werden offensichtlich (zumindest zum Teil) auch vom Gesetzgeber geteilt.[24] Mit dem StPO-Fortentwicklungsgesetz trat deshalb zum 1. Juli 2021 der neue § 163g nF in Kraft, in dem die automatische Kennzeichenerfassung inklusive des automatisierten Abgleichs der erfassten Kennzeichen mit Fahndungsdatenbanken explizit geregelt wurde.[25] Die vom Bundesrat geforderte extensivere Regelung nicht nur zu Fahndungs-, sondern auch zu Ermittlungszwecken, inklusive der länger andauernden ungefilterten Speicherung aller erfassten Kennzeichen,[26] wurde vom Bundestag dagegen auf Empfehlung des Rechtsausschusses[27] abgelehnt. Siehe zu § 163g die Kommentierung ebendort → § 163g. Siehe zur korrespondierenden Benachrichtigungsvorschrift → § 101 Rn. 52a. 7

c) Problematisch: Einsatz von Satelliten und Drohnenkameras. Unklar ist, wie weit die Befugnis zur Anfertigung von Bildaufnahmen hinsichtlich des Einsatzes technischer Mittel zur Anfertigung der Aufnahmen geht. Der Einsatz von ortsfesten oder durch Polizeikräfte selbst mitgeführten Kameras ist – egal ob diese manuell oder automatisiert Aufnahmen anfertigen – in den Grenzen von § 100h jedenfalls zulässig. Problematisch ist dagegen, ob die Befugnis auch den Einsatz von Satelliten und Drohnen zu Anfertigung von Bildaufnahmen abdeckt. Solange die Drohnen und Satelliten lediglich zur **Aufnahme von Bildern** an 8

[21] BVerfG 18.12.2018 – 1 BvR 142/15, ZD 2019, 211.
[22] BVerfG 18.12.2018 – 1 BvR 142/15, ZD 2019, 211.
[23] BVerfG 18.12.2018 – 1 BvR 2795/09 und 1 BvR 3187/10, ZD 2019, 222.
[24] BT-Drs. 19/27654, 84.
[25] BGBl. 2021 I 2099.
[26] BR-Drs. 57/1/21, 6 ff.
[27] BT-Drs. 19/30517, 17 f.

einzelnen Orten eingesetzt werden, sind diese Maßnahmen von § 100h Abs. 1 S. 1 Nr. 1 gedeckt. Soweit jedoch Drohnen und Satelliten gleichzeitig automatisch bestimmte Personen verfolgen und fortlaufend Bilder anfertigen, handelt es sich um ein technisches Mittel zur Observation nach § 100h Abs. 1 S. 1 Nr. 2.[28] Wird dabei auch die **Identität** der verfolgten Person automatisch ermittelt (zB durch Datenabgleich mit Personendatenbanken der Polizei und Justiz), werden weitergehende technische Mittel zu anderen Zwecken (zB integrierter IMSI-Catcher) oder wird gar ein Bewegungsprofil angefertigt, sind die Maßnahmen von § 100h insgesamt (weder Nr. 1 noch Nr. 2) nicht gedeckt.[29]

9 **2. Sonstige für Observationszwecke bestimmte technische Mittel (Abs. 1 S. 1 Nr. 2).** Unter den „sonstigen technischen Mitteln" sind solche zu verstehen, die **in Abgrenzung** zu S. 1 Nr. 1 weder der Herstellung von Bildaufzeichnungen noch der Aufzeichnung des nichtöffentlich gesprochenen Wortes innerhalb (§ 100c) oder außerhalb (§ 100f) von Wohnungen dienen. Dass der Gesetzgeber die sonstigen technischen Mittel nicht näher bezeichnet hat, begegnet auch nach Auffassung des BVerfG keinen Bedenken. Insbesondere durch Abgrenzung zu den vorstehend genannten Maßnahmen habe der Gesetzgeber den Anwendungsbereich der Norm hinreichend bestimmt. Das Bestimmtheitsgebot, so das BVerfG weiter, verlange keine gesetzlichen Formulierungen, die jede Einbeziehung kriminaltechnischer Neuerungen ausschließen.[30] Dem ist auch insofern beizupflichten, als es für die Art und Intensität des Grundrechtseingriffs weniger auf das konkret eingesetzte technische Mittel ankommt, sondern darauf, welche Art und welche Menge an Daten und Informationen erhoben werden. Die Technikoffenheit der Vorschrift ermöglicht es den Ermittlungsbehörden, auch in Zukunft neue Technologien zur Strafverfolgung einzusetzen.

10 Zu den sonstigen für Observationszwecke bestimmten technischen Mitteln gehören etwa **Peilsender, Nachtsicht- und Infrarotsichtgeräte,**[31] **Bewegungsmelder, Alarmkoffer,**[32] **Alarmtechnik wie Mobiclick,**[33] **Drohnen**[34] **und vor allem GPS-Sender.**[35] Auch künstliche DNA, mit der betroffene Personen markiert werden, um diese später leichter wiederzuerkennen (der Einsatz bietet sich daher vor allem bei unübersichtlichen Großlagen an, bei denen Straftaten begangen werden), ist ein technisches Mittel in diesem Sinne und kann auf Grundlage von § 100h Abs. 1 S. 1 Nr. 2 eingesetzt werden. Dem kann auch nicht entgegengehalten werden, dass die künstliche DNA selbst kein „technisches" Mittel sei. Denn erstens ist für die Subsumtion unter den Begriff des „technischen Mittels" nicht erforderlich, dass das Mittel „aktiv" Signale aussendet. Zweitens muss die Gesamtmaßnahme in den Blick genommen werden und die eingesetzten Geräte zur Sichtbarmachung der (zunächst unsichtbaren) künstlichen DNA sind zweifellose technische Geräte.[36] Von Abs. 1 S. 1 Nr. 2 werden alle technischen Mittel erfasst, die der Ortung und Aufenthaltsbestimmung dienen. Die Bestimmung des technischen Mittels zu Observationszwecken bezieht sich stets und ausschließlich auf die konkrete Verwendung des Mittels im Strafverfahren. Mit welcher Zweckbestimmung das technische Mittel ursprünglich konzipiert und „auf den Markt" gebracht wurde, ist unerheblich.[37] Die fortschreitende technologische Entwicklung erschwert vielfach die Abgrenzung zwischen den einzelnen Maßnahmen des Abs. 1.[38] So überwachen mit besonderer Sensorik ausgestattete technische Geräte als Bewe-

[28] Daher die Abgrenzung zu Unrecht offenlassend Müller ter-Jung/Rexin CR 2019, 643 (650).
[29] Zum Ganzen siehe auch Singelnstein NStZ 2014, 305 (306); von der Grün Verdeckte Ermittlungen S. 159.
[30] BVerfG 12.5.2005 – 2 BvR 581/01, NJW 2005, 1338 (1340).
[31] BT-Drs. 12/989, 58.
[32] Hilger NStZ 1992, 457 (461) Fn. 89.
[33] Von der Grün Verdeckte Ermittlungen S. 161 f.
[34] Siehe hierzu Bär in KMR-StPO § 100h Rn. 17.
[35] OLG Düsseldorf 12.12.1997 – VI 1/97, NStZ 1998, 268 (269); OLG Hamm 10.11.2015 – III-3 RVs 69/15, juris; Köhler in Meyer-Goßner/Schmitt § 100h Rn. 2; Zu GPS-Sendern vgl. Vassilaki CR 2005, 572; Zur Durchführung von GPS-Peilungen durch private Dritte vgl. Abdallah/Gercke CR 2003, 298.
[36] Zum Ganzen Roggan KriPoZ 2017, 288.
[37] Hauck in Löwe/Rosenberg § 100h Rn. 7.
[38] So zutreffend Bruns in KK-StPO § 100h Rn. 7.

gungsmelder einerseits einzelne Örtlichkeiten und dienen damit der Observation, indem sie sich nur aktivieren, wenn (irgend)eine Person ihren (zuvor definierten) Überwachungsbereich betritt (Abs. 1 S. 1 Nr. 2), andererseits lösen sie je nach Art des Kontaktes die Herstellung einzelner Lichtbilder bzw. ganzer Videosequenzen aus (Abs. 1 S. 1 Nr. 1). Da verdeckte Ermittlungsmaßnahmen vielfach auch kumuliert eingesetzt werden, wird der Gesetzgeber nach Auffassung des BVerfG zu beobachten haben, „ob die bestehenden verfahrensrechtlichen Vorkehrungen auch angesichts zukünftiger Entwicklungen geeignet sind, den Grundrechtsschutz effektiv zu sichern".[39]

Keine technischen Mittel iSv Abs. 1 S. 1 Nr. 2 stellen allgemein gebräuchliche Sicht- 11
hilfen wie etwa Ferngläser dar.[40] Dagegen sind mittels spezieller Technik sichtbar werdende Farbmarkierungen und technische Vorkehrungen, die die Ortung zuvor präparierter Gegenstände ermöglichen „technische Mittel" iSv § 100h. Ihr Einsatz ist damit nicht von §§ 161, 163 gedeckt.[41] Wie oben geschildert (→ Rn. 9), kommt es nicht auf die konkret gewählte Technik an, sondern auf die Art und Menge der erhobenen Daten und Informationen. Standortdaten werden aber auch durch Farbmarkiersysteme und technische Vorkehrungen zur Ortung präparierter Gegenstände erhoben; bei beidem handelt es sich auch um „technische Mittel" zur Aufenthaltsbestimmung.

Nicht zulässig ist die **Infiltration von informationstechnischen Systemen** des Betrof- 12
fenen mit Spionage-Software zur Aufenthaltsüberwachung.[42] Zu einem entsprechenden Eingriff in das IT-System-Grundrecht ermächtigt § 100h nicht.[43] Auch ein Zugriff auf Standortdaten von Telekommunikationsdienstleistern (und ggf. anderen Dienstleistern) ist nur nach §§ 100a, 100g, nicht aber nach § 100h zulässig, weil es sich hierbei um Verkehrsdaten handelt, für deren Erhebung §§ 100a, 100g lex specialis sind.[44]

Ist der Einsatz technischer Mittel Teil einer **längerfristigen Observation,** müssen 13
zusätzlich die materiellen und formellen Anforderungen des § 163f erfüllt sein.[45]

3. Außerhalb von Wohnungen. Maßnahmen nach § 100h dürfen gemäß Abs. 1 S. 1 14
nur außerhalb von Wohnungen durchgeführt werden (zum Wohnungsbegriff → § 100c Rn. 6 ff.).[46] Da § 100c innerhalb von Wohnungen an technischen Maßnahmen einzig die Aufzeichnung des nichtöffentlich gesprochenen Wortes zulässt, sind Bildaufnahmen in Wohnungen zu strafprozessualen Zwecken nicht statthaft. Entscheidend für die Beantwortung der Frage, ob eine Maßnahme innerhalb oder außerhalb „von Wohnungen" vollzogen wird, ist nicht der Standort des technischen Mittels, sondern die **Lage der zu erhebenden Daten.**[47] Wird das Geschehen in einer Privatwohnung durch das Fenster des betreffenden Zimmers hindurch von einem Standort auf der gegenüberliegenden Straßenseite gefilmt, handelt es sich um eine in der nicht vorgesehene Maßnahme. Wird auf vergleichbare Weise mittels eines Richtmikrofons das nichtöffentlich gesprochene Wort aufgezeichnet, bemisst sich die Maßnahme nicht nach § 100f (Abhören außerhalb von Wohnungen), sondern nach § 100c (Wohnraumüberwachung).

4. Betroffene der Maßnahme (Abs. 2 und 3). Abs. 2 beschreibt den Kreis der **Ziel-** 15
personen, mithin derjenigen, gegen die Maßnahmen nach § 100h angeordnet werden dürfen. Die Vorschrift des Abs. 3 stellt klar, dass die Maßnahme auch durchgeführt werden darf, wenn durch diese **Dritte,** mithin keine der in Abs. 2 genannten Zielpersonen, unvermeidbar mitbetroffen werden.

---

39 BVerfG 5.2005 – 2 BvR 581/01, NJW 2005, 1338 (1341).
40 BT-Drs. 12/989, 58.
41 So zutreffend Köhler in Meyer-Goßner/Schmitt § 100h Rn. 2; Eisenberg Rn. 2514; aA noch Günther → 1. Aufl. § 100h Rn. 7 sowie Bruns in KK-StPO § 100h Rn. 7.
42 Singelnstein NStZ 2014, 305 (310).
43 Wie hier Bär in KMR-StPO § 100h Rn. 14.
44 Ebenso wie hier Bär in KMR-StPO § 100h Rn. 16.
45 Singelnstein NStZ 2014, 305 (310).
46 Zum Einsatz technischer Mittel außerhalb von Wohnungen vgl. Keller Kriminalistik 2006, 537.
47 Vgl. BGH (ErR) 14.3.1997 – 1 BGs 65/97, NJW 1997, 2189.

16 **a) Beschuldigte (Abs. 2 S. 1).** Maßnahmen nach § 100h dürfen sich nach Abs. 2 S. 1 „nur" gegen den Beschuldigten, mithin gegen denjenigen richten, welcher der **durch die Maßnahme aufzuklärenden Tat** verdächtig ist (zum Begriff → § 100c Rn. 39 f.).

17 **b) Andere Personen (Abs. 2 S. 2).** Nach Abs. 2 S. 2 Nr. 1 dürfen von anderen Personen **Bildaufnahmen** (Abs. 1 S. 1 Nr. 1) nur unter strengeren Voraussetzungen hergestellt werden. Voraussetzung ist, dass die Erforschung des Sachverhalts oder die Aufenthaltsermittlung des Beschuldigten auf andere Weise erheblich weniger erfolgversprechend oder wesentlich erschwert wäre (→ § 100f Rn. 28).

18 Sonstige besondere **für Observationszwecke bestimmte technische Mittel** (Abs. 1 S. 1 Nr. 2) dürfen gemäß Abs. 2 S. 2 Nr. 2 gegen andere Personen nur unter gegenüber der Regelung in Abs. 2 S. 2 Nr. 1 nochmals verschärften Voraussetzungen eingesetzt werden. Ihr Einsatz ist nur zulässig, wenn aufgrund bestimmter Tatsachen davon auszugehen ist, dass diese anderen Personen mit dem Beschuldigten in Verbindung stehen oder eine solche Verbindung hergestellt werden wird, die Maßnahme zur Erforschung des Sachverhalts oder zur Ermittlung des Aufenthaltsortes des Beschuldigten führen wird und dies auf andere Weise aussichtslos oder wesentlich erschwert wäre. Abs. 2 S. 2 Nr. 2 setzt somit kumulativ voraus, dass aufgrund schlüssigen Tatsachenmaterials davon auszugehen ist, dass der Beschuldigte mit der anderen Person entweder bereits in Kontakt steht oder ein solcher Kontakt hergestellt werden wird **(Kontaktperson),** die Maßnahme zur Erreichung einer der vorgenannten Zwecke führen wird und die Herbeiführung eines solchen Ermittlungserfolges auf andere Weise aussichtslos oder wesentlich erschwert wäre. Entgegen dem missverständlichen Wortlaut „führen wird" ist keine absolute Sicherheit hinsichtlich des Aufklärungserfolgs zu verlangen. Es genügt, wenn eine erhebliche, auf bestimmten Tatsachen basierende Wahrscheinlichkeit dafür besteht, dass ein Aufklärungserfolg durch die Maßnahme eintreten wird. Vage Anhaltspunkte genügen aber nicht.[48] Wie im Rahmen von § 100f bezieht sich das Erfordernis der „bestimmten Tatsachen" sowohl auf die Eigenschaft als Kontaktperson, als auch auf die Wahrscheinlichkeit eines Ermittlungserfolgs (→ § 100f Rn. 18).[49] Auf die Subsidiaritätsklausel bezieht sich das Erfordernis dagegen nicht.[50]

19 Für Überwachungsmaßnahmen gegen die **Berufsgeheimnisträger** des § 53 und deren **Berufshelfer** nach § 53a findet die Regelung des § 160a Anwendung.[51] § 148 findet Anwendung, soweit hierdurch die freie Kommunikation des Strafverteidigers mit seinem Mandanten betroffen ist. Da die freie Kommunikation jedoch auch voraussetzt, dass der Verteidiger ungehinderten und unüberwachten Zugang zu seinem Mandanten hat, gilt § 148 auch für Maßnahmen, welche der Observation des Verteidigers zum Zweck der Aufenthaltsermittlung seines Mandanten dienen. § 148 steht daher Maßnahmen gegen Strafverteidiger in der Regel entgegen.[52]

20 **c) Unvermeidbar Mitbetroffene (Abs. 3).** Neben dem Beschuldigten und den anderen Zielpersonen nach Abs. 2 S. 2 werden durch den Einsatz technischer Mittel regelmäßig und **unvermeidbar auch dritte Personen** betroffen. Bei solchen Drittbetroffenen handelt es sich im Falle des § 100h vielfach um Begleitpersonen des Beschuldigten oder aber um sonstige Personen wie etwa Passanten auf einer belebten Straße, die sich zufällig

48 Köhler in Meyer-Goßner/Schmitt § 100h Rn. 7.

49 Wolter/Greco in SK-StPO § 100h Rn. 15; wohl auch Hilger NStZ 1992, 457 (463); Bär in KMR-StPO § 100h Rn. 21; aA (nur auf die Eigenschaft als Kontaktperson) Köhler in Meyer-Goßner/Schmitt § 100h Rn. 7; wohl ebenso Gercke in Gercke/Julius/Temming/Zöller § 100h Rn. 10; unklar Hegmann in BeckOK StPO § 100h Rn. 16.

50 Wolter/Greco in SK-StPO § 100h Rn. 15; Hilger NStZ 1992, 457 (463); Bär in KMR-StPO § 100h Rn. 21.

51 Gercke in Gercke/Julius/Temming/Zöller § 100h Rn. 10; Köhler in Meyer-Goßner/Schmitt § 100h Rn. 8; Bruns in KK-StPO § 100h Rn. 13. ähnlich Eschelbach in Satzger/Schluckebier/Widmaier StPO § 100h Rn. 12; aA (keine Geltung des § 160a) KMR-StPO/Bär Rn. 27.

52 Wie hier Gercke in Gercke/Julius/Temming/Zöller § 100h Rn. 10; ähnlich Eschelbach in Satzger/Schluckebier/Widmaier StPO § 100h Rn. 12; aA (nur § 160a StPO) Köhler in Meyer-Goßner/Schmitt § 100h Rn. 8; Bruns in KK-StPO § 100h Rn. 13.

in der Nähe des Beschuldigten befinden. Würde in solchen Fällen auf den Einsatz der technischen Mittel verzichtet, liefe die Regelung des § 100h vielfach leer.[53] Unvermeidbar Drittbetroffene können auch **zeugnisverweigerungsberechtigte Angehörige** des Beschuldigten sein.[54]

III. Materielle Anordnungsvoraussetzungen (Abs. 1)

1. Straftat von erheblicher Bedeutung. Maßnahmen nach Abs. 1 S. 1 Nr. 1, mithin die Herstellung von Bildaufnahmen, dürfen beim Verdacht **jedweder Straftat** durchgeführt werden. Zwar kommt auch der Fertigung von Bildern in der Öffentlichkeit im Hinblick auf das Recht auf informationelle Selbstbestimmung (→ Rn. 2) ein Eingriffscharakter zu, indes handelt es sich oftmals nicht um einen schwerwiegenden Eingriff, sodass die niedrigschwelligen Eingriffsvoraussetzungen idR vertretbar erscheinen. Allerdings ist in jedem Einzelfall die Verhältnismäßigkeit der Maßnahme zu prüfen. Dabei kommt es vor allem auf die Dauer der Observationsmaßnahme und die Zuordnung der aufgenommenen Situationen zu verschiedenen Sphären des Betroffenen (Sozial-, Privat-, ggf. sogar Intimsphäre, siehe dazu jetzt jedoch auch Abs. 4) an. 21

Für den Einsatz sonstiger für Observationszwecke geeigneter technischer Mittel muss die Anlasstat eine solche **von erheblicher Bedeutung** und damit mindestens dem Bereich der mittleren Kriminalität zuzuordnen sein (→ § 100g Rn. 57 ff.).[55] Antrags- und Bagatelldelikte scheiden aus. Auf das Erfordernis einer Straftat von auch im Einzelfall erheblicher Bedeutung wie etwa im Falle des § 100g hat der Gesetzgeber hier zwar verzichtet, indes wird eine vergleichbare Abwägung bei der Prüfung der Verhältnismäßigkeit vorzunehmen sein. 22

2. Anfangsverdacht, § 152 Abs. 2. Anders als etwa in den Fällen der §§ 100a, 100c, 100f, 100g und 100i verlangt die einfachgesetzliche Regelung des § 100h nicht einen auf „bestimmte Tatsachen" gestützten qualifizierten Tatverdacht. Wie für alle Ermittlungsmaßnahmen der bedarf es jedoch auch für die Anwendung der Befugnis des § 100h eines Anfangsverdachts iSv § 152 Abs. 2 (→ § 152 Rn. 34 ff.). Die Notwendigkeit eines **Anfangsverdachts** für die Anwendung strafprozessualer Datenerhebungsbefugnisse aus verfassungsrechtlichen Gründen hat kürzlich erst das BVerfG zu Recht hervorgehoben.[56] Reine Spekulationen, Mutmaßungen bzw. nicht auf tatsächliche Aspekte gestützte „kriminalistische Erfahrungswerte" reichen somit nicht aus.[57] 23

3. Zweck der Maßnahme. Personenbezogene Daten wie (fotografische) Bilder oder Bewegungsbilder dürfen nach Maßgabe des § 100h zum Zwecke der **Sachverhaltserforschung** oder **Aufenthaltsermittlung** des Beschuldigten erhoben werden. Die Sachverhaltserforschung durch Observation ist das Sammeln von Erkenntnissen, denen entweder bereits für sich allein oder aber zusammen mit anderen Informationen eine Aussagekraft hinsichtlich der aufzuklärenden Verdachtslage zukommt.[58] In Abgrenzung zur Sachverhaltserforschung dient die Aufenthaltsermittlung jedenfalls vorrangig der **Fahndung** nach einer tatverdächtigen Person. Maßnahmen dieser Art sind nicht auf Fälle beschränkt, in denen die Voraussetzungen für den Erlass eines Haftbefehls vorliegen oder sonstige freiheitsentziehende Maßnahmen durchgeführt werden sollen. 24

4. Subsidiaritätsklausel (Abs. 1 S. 1, Abs. 2 S. 2). Bildaufnahmen (Abs. 1 S. 1 Nr. 1) dürfen erstellt und sonstige zu Observationszwecken geeignete technische Mittel (Abs. 1 S. 1 Nr. 2) gegen den **Beschuldigten** verwendet werden, wenn die Sachverhaltserforschung oder die Aufenthaltsermittlung auf andere Weise weniger erfolgversprechend oder erschwert wäre. Der Gesetzgeber knüpft Maßnahmen dieser Art damit an die niedrigschwel- 25

53 BT-Drs. 12/989, 40.
54 BGH 24.7.1998 – 3 StR 78/98, NStZ 1999, 145 (146).
55 BVerfG 3.3.2004 – 1 BvR 2378/98 und 1 BvR 1084/99, NStZ 2003, 270.
56 BVerfG 27.5.2020 – 1 BvR 1873/13 und 1 BvR 2618/13, NJW 2020, 2699 (2710 f.).
57 BVerfG 12.3.2003 – 1 BvR 330/96 und 1 BvR 348/99, NJW 2003, 1787 (1791).
58 Hauck in Löwe/Rosenberg § 100h Rn. 10.

ligste Subsidiaritätsklausel an und lässt sie bereits zu, wenn sie **zweckmäßig** sind. Der Subsidiaritätsklausel dürfte damit in der Rechtspraxis nur wenig bis keine eingriffslimitierende Wirkung zukommen. Ausgeschlossen sind lediglich Maßnahmen, die offensichtlich keinen Ermittlungserfolg versprechen oder bei denen zum Zeitpunkt der Anordnung die Straftat bereits aufgeklärt ist.

26 Für den Fall, dass sich die Maßnahmen nach Abs. 1 gegen andere Personen als den Beschuldigten richten, enthält Abs. 2 S. 2 eine zwischen den beiden Maßnahmen des Abs. 1 **differenzierende Subsidiaritätsklausel.** Im Fall der Herstellung von Bildaufnahmen muss die Sachverhaltserforschung bzw. Aufenthaltsermittlung „erheblich weniger erfolgversprechend" oder wesentlich erschwert sein. Im Vergleich zur Subsidiaritätsklausel in Abs. 1 ergibt sich damit, dass andere, weniger einschneidende Ermittlungsmethoden entweder deutlich mehr Zeit in Anspruch nehmen würden oder zwar gleich schnell zu Ermittlungsergebnissen führen würden, jedoch einen deutlich geringeren Aufklärungserfolg versprechen. Im Falle des Einsatzes sonstiger für Observationszwecke bestimmter technischer Mittel ist deren Einsatz nur zulässig, wenn die Maßnahme zur Sachverhaltserforschung oder Aufenthaltsermittlung führen wird und dies auf andere Weise „aussichtslos" oder wesentlich erschwert wäre. Die letztgenannte Subsidiaritätsklausel entspricht damit derjenigen in § 100g Abs. 2 (→ § 100g Rn. 77), 100f Abs. 1 (→ § 100f Rn. 28), 100b (→ § 100b Rn. 56 f.) und § 100a (→ § 100a Rn. 177 ff.).

26a **5. Verhältnismäßigkeit.** Der Verhältnismäßigkeit der Maßnahme kommt gerade bei im Übrigen „voraussetzungsarmen" Eingriffsbefugnissen wie § 100h (insbesondere Abs. 1 S. 1 Nr. 1) eine **wichtige grundrechtssichernde Bedeutung** zu. Dabei kommt es vor allem auf die Dauer der Observationsmaßnahme und die Zuordnung der überwachten/aufgenommenen Situationen zu verschiedenen Sphären des Betroffenen (Sozial-, Privat-, ggf. sogar Intimsphäre, siehe dazu jetzt jedoch auch Abs. 4) an. Insbesondere ist darauf zu achten, dass eine Maßnahme nach § 100h in Kombination mit weiteren Maßnahmen nicht zu einer Totalausforschung führt. Für längerfristige Observationen ist im Übrigen § 163f einschlägig.[59]

27 Dem Anordnenden steht bei der Beurteilung der Verhältnismäßigkeit einer Maßnahme nach § 100h wie bei anderen Eingriffsmaßnahmen ein **Beurteilungsspielraum** zu. Die revisionsrechtliche Kontrolle beschränkt sich insoweit auch hier auf den Maßstab der Vertretbarkeit (→ § 100g Rn. 67).[60]

IV. Formelle Anordnungsvoraussetzungen, Aktenführung

28 Maßnahmen nach § 100h unterliegen nicht dem Richtervorbehalt, können mithin sowohl durch die **Polizei** (§ 163) als auch durch die **Staatsanwaltschaft** angeordnet werden. Eine Beschränkung der Anordnungskompetenz auf Ermittlungspersonen der Staatsanwaltschaft enthält § 100h nicht. Auch zu Form und Inhalt der Anordnungen nach Abs. 1 S. 1 Nr. 1 und 2 enthält § 100h keine Vorgaben. Es empfiehlt sich jedoch bereits im Hinblick auf die Regelungen über den nachträglichen Rechtsschutz des § 101 Abs. 7 S. 2–4, die gemäß § 101 Abs. 1 auch auf Maßnahmen nach § 100h Anwendung finden, die Herstellung von Bildaufnahmen bzw. den Einsatz sonstiger technischer Mittel in den Akten zu **dokumentieren.** § 100h enthält weiter keine **Fristen** für die Durchführung der durch ihn eröffneten Maßnahmen, insbesondere lässt die Vorschrift nicht erkennen, dass der Einsatz technischer Mittel nur für kurzfristige Beobachtungen erlaubt werden sollte. Werden indes mit Maßnahmen nach § 100h längerfristige Beobachtungen nach § 163f verknüpft, was in der Praxis vielfach der Fall sein dürfte, sind selbstverständlich auch die dort genannten Eingriffsvoraussetzungen bzw. die in § 163f Abs. 3 S. 3 enthaltene Fristenregelung und der

[59] Singelnstein NStZ 2014, 305 (310).

[60] BGH 16.2.1995 – 4 StR 729/94, NJW 1995, 1974 (1975).

Richtervorbehalt nach § 163f Abs. 3 S. 1 zu beachten.[61] Diese Vorschrift verweist ua auf die in § 100e Abs. 1 S. 4 enthaltene Drei-Monats-Frist.

Hinsichtlich der **Aktenführung** ist zu beachten, dass Entscheidungen oder sonstige Unterlagen zu Maßnahmen nach § 100h nach der Regelung des § 101 Abs. 2 bei der Staatsanwaltschaft zu verwahren und erst dann zu den Akten zu nehmen sind, wenn die Voraussetzungen des § 101 Abs. 5 gegeben sind, mithin eine Benachrichtigung insbesondere ohne Gefährdung des Untersuchungszwecks erfolgen kann. 29

V. Einbau der Technik

Die verdeckte Nutzung der technischen Mittel des § 100h, insbesondere die Verwendung sonstiger für Observationszwecke geeigneter Mittel iSd Abs. 1 S. 1 Nr. 2 setzt namentlich bei der Verwendung von Ortungssystemen auch deren **heimlichen Einbau** in Sachen Dritter, etwa den PKW des Beschuldigten, voraus. Wenngleich § 100h eine ausdrückliche Ermächtigung hierzu nicht enthält, erlaubt die Vorschrift den Strafverfolgungsbehörden im Wege der sog. Annexkompetenz und unter Beachtung des Verhältnismäßigkeitsgrundsatzes, insbesondere der Subsidiaritätsklausel, auch die Vornahme entsprechender Begleitmaßnahmen.[62] Um einen Einbau durchzuführen, darf etwa das Fahrzeug des Beschuldigten kurzzeitig in eine Werkstatt verbracht werden.[63] 30

Zwar wird durch den Einbau etwa eines GPS-Empfängers und der Auswertung seiner Daten in die durch Art. 8 Abs. 1 EMRK geschützte Privatsphäre des von der Maßnahme Betroffenen eingegriffen, § 100h stellt indes ein diesen **Eingriff legitimierendes Gesetz** iSd Art. 8 Abs. 2 EMRK dar. Die Vorschrift gestattet den verdeckten Einbau technischer Mittel und die Nutzung der GPS-Technik. Maßnahmen dieser Art sind auch nach Auffassung des EGMR in einer demokratischen Gesellschaft zum Rechtsgüterschutz unbedingt notwendig.[64] 31

VI. Grundrechtssichernde Regelungen

Durch Maßnahmen nach § 100h erlangte Daten sind nach § 101 Abs. 3 S. 1 zu **kennzeichnen** und gemäß § 101 Abs. 8 S. 1 unverzüglich zu **löschen,** sobald sie für Zwecke der Strafverfolgung nicht mehr erforderlich sind. Durch die Maßnahme betroffene Personen sind nach § 101 Abs. 4–7 zu **benachrichtigen.** 32

VII. Anforderungen der §§ 45 ff. BDSG

Auch bei der Anfertigung von Bild- und Videoaufnahmen und beim Einsatz von sonstiger Observationstechnologie handelt es sich um die Verarbeitung von personenbezogenen Daten iSv **§ 500 Abs. 1 iVm § 45 BDSG.** Dementsprechend sind auch im Rahmen von § 100h die Anforderungen der §§ 45 ff. BDSG nach Maßgabe des § 500 Abs. 1 zu berücksichtigen (Details bei → § 100a Rn. 38 ff.). Wie bei sonstigen strafprozessualen Datenerhebungsbefugnissen dürften auch hier vor allem die Vorgaben aus den §§ 48, 64, 71 ff. BDSG eine Rolle spielen (Details hierzu bei → § 100a Rn. 38 ff.). 33

VIII. Verwertbarkeit

1. Kernbereichsdaten (Abs. 4). Entgegen verbreiteter Auffassung[65] – welche wohl auf einem zu formalistischen Verständnis des Kernbereichs privater Lebensführung beruht – 34

[61] BGH 29.1.1998 – 1 StR 511/97, NStZ 1998, 629 (630); von der Grün Verdeckte Ermittlungen S. 163 f.; Singelnstein NStZ 2014, 305 (310).

[62] Schairer/Krombacher Kriminalistik 1998, 119 (120); Ziemann ZStW 130 (2018), 762 (801 f.); von der Grün Verdeckte Ermittlungen S. 165 f.

[63] BGH 24.1.2001 – 3 StR 324/00, NJW 2001, 1658 (1659) = NStZ 2001, 386 = StV 2001, 216; aA Singelnstein NStZ 2014, 305 (310).

[64] EGMR 12.5.2000 – 35394/97, JZ 2000, 993.

[65] Statt vieler Köhler in Meyer-Goßner/Schmitt § 100h Rn. 12; Bär in KMR-StPO § 100h Rn. 3 jeweils mwN.

kann es bei Maßnahmen nach § 100h sehr wohl typischerweise auch zur Erhebung von Daten und Informationen kommen, welche dem Kernbereich zuzuordnen sind.[66] Daher hat der Gesetzgeber nun in Abs. 4 den Kernbereichsschutz des § 100d Abs. 1 und Abs. 2 auf Maßnahmen nach § 100h erstreckt.[67] Angesichts der zu Recht zunehmenden Entformalisierung des Begriffs des Kernbereichs und des unmittelbar aus der Verfassung folgenden Gebots der Beachtung des Kernbereichsschutzes für die Ermittlungsbehörden, täte der Gesetzgeber gut daran, endlich eine **einheitliche Kernbereichsregelung für alle Ermittlungsmaßnahmen nach der** nach dem Vorbild von § 160a zu regeln. Maßnahmen nach § 100h, welche voraussichtlich allein kernbereichsrelevante Informationen erheben würden, sind nach § 100d Abs. 2 unzulässig. Vorstellbar wäre dies zB bei der Anfertigung von Bildaufnahmen vom Betroffenen, während dieser außerhalb einer Wohnung sexuellen oder religiösen Praktiken nachgeht. Gem. § 100d Abs. 2 sind Kernbereichsdaten, welche mittels Maßnahmen nach § 100h erhoben werden, unverwertbar und unverzüglich zu löschen. Die Löschung ist nach den dort beschriebenen Maßgaben (→ § 100d Rn. 15 ff.) zu dokumentieren.

35 **2. Verwendung hinsichtlich einer anderen Tat.** Personenbezogene Daten in Form von Bildaufnahmen nach Abs. 1 S. 1 Nr. 1 dürfen ohne Einwilligung der von der Maßnahme betroffenen Person zu Beweiszwecken und als Spurenansatz hinsichtlich **jeder anderen strafprozessualen Tat** verwendet werden. Allerdings sind nunmehr die Vorgaben aus § 49 S. 1 BDSG (iVm § 500 Abs. 1) zu beachten. Hiernach muss die Verwendung der Bildaufnahmen in dem anderen Strafverfahren erforderlich und verhältnismäßig sein. Dementsprechend ist zu prüfen, ob der Ermittlungserfolg auch ohne die Verwendung der Bilddaten aus dem Ursprungsverfahren zu erzielen ist, insbesondere, ob dies mit milderen Mitteln gelingen kann. Ferner muss eine Verhältnismäßigkeitsprüfung vorgenommen werden, bei welcher die Schwere der nunmehr verfolgten Straftat und der Grad des bestehenden Tatverdachts mit dem Grundrecht auf informationelle Selbstbestimmung (Art. 2 Abs. 1 iVm Art. 1 Abs. 1 GG) der betroffenen Person abgewogen werden. Dabei ist insbesondere von Belang, ob die ursprüngliche Anfertigung der Bildaufnahme rechtmäßig war.

36 Anders verhält es sich beim Einsatz sonstiger technischer Mittel nach Abs. 1 S. 1 Nr. 2. Dieser setzt eine **Straftat von erheblicher Bedeutung** voraus, weshalb insoweit die Regelung des § 479 Abs. 2 S. 1 iVm § 161 Abs. 3 Anwendung findet und die entsprechenden personenbezogenen Daten somit nur weiterverwendet werden dürfen, wenn Gegenstand des anderen Verfahrens bzw. Sachverhalts ebenfalls eine Straftat von erheblicher Bedeutung ist. Nach zutreffender Auffassung des KG erfasst der Begriff der „bestimmten Straftaten" in § 479 Abs. 2 S. 1 nicht nur enumerativ aufgezählte „Katalogtaten" (wie bei § 100a Abs. 2), sondern auch generalklauselartig umschriebene Delikte, die eine besondere Qualität aufweisen. Für die Straftaten von „erheblicher Bedeutung" hat das KG dies explizit entschieden.[68] Dabei genügt nicht allein das Vorliegen einer Straftat von erheblicher Bedeutung, es sind vielmehr alle materiellen Anordnungsvoraussetzungen von § 100h Abs. 1 S. 1 Nr. 2 hypothetisch unter Zugrundelegung des Sach- und Erkenntnisstandes zum Zeitpunkt der Verwertung/Verwendung in dem anderen Strafverfahren zu prüfen (detaillierte Begründung bei → § 100a Rn. 320).[69] Das Verwendungsverbot erstreckt sich bei verfassungskonformer Auslegung des § 161 Abs. 3 entgegen der hM auch auf eine Verwendung als sog. Spurenansatz (→ § 100a Rn. 321). Im Ausgangsverfahren bzw. hinsichtlich der Anlass für die Maßnahme gebenden prozessualen Tat sind die gewonnenen Erkenntnisse hingegen ohne Einschränkung verwertbar (→ § 100a Rn. 314 ff.). Nicht erforderlich ist schließlich, dass die ursprüngliche Datengewin-

---

[66] So nun zutreffend BVerfG 20.4.2016 – 1 BvR 966, 1140/09, BVerfGE 141, 220 Rn. 176 = NJW 2016, 1781 unter Abkehr von BVerfG 12.4.2005 – 2 BvR 581/01, NJW 2005, 1338 (1340); siehe bereits Singelnstein NStZ 2014, 305 (311).

[67] BT-Drs. 19/4671, 62.

[68] KG 20.12.2018 – 3 Ws 309/18, NStZ 2019, 429.

[69] BGH 26.4.2017 – 2 StR 247/16, NJW 2017, 3173 (3177); 15.11.2017 – 2 StR 128/17, NStZ 2018, 296.

nung im Ausgangsverfahren rechtmäßig erfolgte; dies wird auch von § 49 S. 1 BDSG und Art. 4 Abs. 2 Richtlinie 2016/680 nicht vorausgesetzt. Allerdings ist im Rahmen der hypothetischen Prüfung der Rechtmäßigkeit der Datenneuerhebung bei der Verhältnismäßigkeitsprüfung zu berücksichtigen, ob die ursprüngliche Datenerhebung rechtmäßig war (für Details → § 100a Rn. 329).

Zur Frage, wie mit der Verwertung von Daten umzugehen ist, bei denen die **genauen Umstände der ursprünglichen Datenerhebung nicht bekannt** (zB bei der Erhebung von Daten durch ausländische Behörden) sind, siehe detailliert → § 100e Rn. 93a. 36a

3. Verwendung zu präventiven Zwecken (§ 479 Abs. 2 S. 2). Aus Maßnahmen nach § 100h Abs. 1 S. 1 Nr. 2, S. 2 (sonstige technische Mittel) erlangte personenbezogene Daten dürfen ohne Einwilligung der betroffenen Personen gemäß § 479 Abs. 2 S. 2 verwendet werden zu: a) Zwecken der **Gefahrenabwehr,** soweit sie dafür durch eine entsprechende Maßnahme nach den für die zuständige Stelle geltenden Gesetzen erhoben werden könnten (Nr. 1), b) zur Abwehr einer Gefahr für Leib, Leben oder Freiheit einer Person oder für die Sicherheit oder den Bestand des Bundes oder eines Landes oder für bedeutende Vermögenswerte, wenn sich aus den Daten im Einzelfall jeweils konkrete Ansätze zur Abwehr einer solchen Gefahr erkennen lassen (Nr. 2), c) durch den Bundesverfassungsschutz nach Maßgabe von **§ 18 Bundesverfassungsschutzgesetz** (Nr. 3) (→ § 100a Rn. 331). Die Rechtmäßigkeit der strafprozessualen Datenerhebung ist nur Verwendungsvoraussetzung, wenn das jeweils einschlägige Gefahrenabwehrrecht dies selbst regelt. § 49 S. 1 BDSG und Art. 4 Abs. 2 Richtlinie 2016/680 setzen dies dagegen nicht allgemein voraus (→ § 100a Rn. 331). 37

Aus Maßnahmen nach § 100h Abs. 1 S. 1 Nr. 1 (Bildaufnahmen) erlangte personenbezogene Daten dürfen unter den Voraussetzungen aus § 49 S. 1 BDSG (iVm § 500 Abs. 1) zu präventiven Zwecken verwendet werden. Hiernach muss die Verwendung der Bildaufnahmen zur Gefahrenabwehr erforderlich und verhältnismäßig sein. Dementsprechend ist zu prüfen, ob der Gefahrabwehrerfolg auch ohne die Verwendung der Bilddaten aus dem Strafverfahren zu erzielen ist, insbesondere, ob dies mit milderen Mitteln gelingen kann. Ferner muss eine Verhältnismäßigkeitsprüfung vorgenommen werden, bei welcher die bedrohten Rechtsgüter und der Grad der drohenden Gefahr mit dem Grundrecht auf informationelle Selbstbestimmung (Art. 2 Abs. 1 iVm Art. 1 Abs. 1 GG) der betroffenen Person abgewogen werden. Dabei ist insbesondere von Belang, ob die ursprüngliche Anfertigung der Bildaufnahme im Strafverfahren rechtmäßig war. Die Rechtmäßigkeit der strafprozessualen Datenerhebung ist dagegen nur dann echte Verwendungsvoraussetzung (und nicht nur Abwägungsgesichtspunkt), wenn das jeweils einschlägige Gefahrenabwehrrecht dies selbst regelt. § 49 S. 1 BDSG und Art. 4 Abs. 2 Richtlinie 2016/680 setzen dies dagegen nicht allgemein voraus (→ § 100a Rn. 331). 37a

4. Daten aus präventiven Maßnahmen (§ 161 Abs. 3). Personenbezogene Daten, die durch den präventiv-polizeilichen Einsatz von zu Observationszwecken bestimmten technischen Mitteln erlangt wurden, dürfen als Beweismittel hinsichtlich begangener Straftaten nach Maßgabe des § 161 Abs. 3 verwendet werden, wenn **auch die entsprechende Maßnahmen vorsieht** und die Verwendung der Daten gestattet. Eine solche Maßnahme ist § 100h. Einer Verwertung von durch präventiv-polizeiliche Maßnahmen gewonnen Bildaufnahmen iSv § 100h Abs. 1 Nr. 1 könnte somit allenfalls entgegenstehen, dass die polizeiliche Maßnahme ihrerseits rechtswidrig und in einer ein Verwertungsverbot begründenden Art und Weise durchgeführt worden war. Außerdem ist gem. § 500 Abs. 1 iVm § 49 S. 1 BDSG die Verhältnismäßigkeit der Zweckänderung zu überprüfen (hierzu → Rn. 36). Daten, die beim präventiv-polizeilichen Einsatz sonstiger, für Observationszwecke bestimmter Technologien erlangt wurden, dürfen dagegen nur zur Aufklärung von Straftaten von „erheblicher Bedeutung" (→ Rn. 21 f.) verwendet werden. Dabei genügt nicht allein das Vorliegen einer Straftat von „erheblicher Bedeutung", es sind vielmehr alle materiellen Anordnungsvoraussetzungen von § 100h Abs. 1 Nr. 2 hypothetisch unter Zugrundelegung 38 des Sach- und Erkenntnisstandes zum Zeitpunkt der Verwertung/Verwendung in dem anderen Strafverfahren zu prüfen (detaillierte Begründung bei → § 100a Rn. 320).[70]

39 Nach hier vertretener Auffassung dürfen solche Daten zur Aufklärung anderer Straftaten **auch nicht als sog. Spurenansatz verwendet werden** (verfassungskonforme Auslegung von § 161 Abs. 3, → § 100a Rn. 321).

40 Auch Aufnahmen von präventiv-polizeilich eingesetzten **Bodycams** können demnach verwertet werden. Bei Bodycams handelt es sich um kleine Videokameras, die von Polizeibeamten am Körper getragen werden und Videoaufnahmen des Geschehens unmittelbar vor dem Polizeibeamten anfertigen (idR müssen diese manuell eingeschaltet werden). In der Regel erfolgt der Einsatz von Bodycams auf Grundlage der Polizeigesetze des Bundes oder der Länder, bei Vorliegen eines Anfangsverdachts kommt jedoch auch ein Einsatz nach § 100h in Betracht (zB, wenn bei Ankunft des Polizeibeamten am Tatort noch weitere Tathandlungen stattfinden).[71]

41 Nicht notwendig ist, dass **die ursprüngliche Datenerhebung** nach Gefahrenabwehrrecht rechtmäßig erfolgte. Auch § 49 S. 1 und Art. 4 Abs. 2 der Richtlinie 2016/680 setzen das nicht voraus. Die Rechtswidrigkeit der Datenerhebung ist jedoch ein gewichtiger intensitätserhöhender Faktor bei der vorzunehmenden hypothetischen Verhältnismäßigkeitsprüfung und bei der Abwägung im Rahmen der Beweisverbotslehre des BGH (ausführlich mit Begründung → § 100a Rn. 329).

42 Spezialgesetzliche **Zweckänderungsverbote** gelten auch hier (→ § 100a Rn. 379 und → § 100e Rn. 103).

43 **5. Aufnahme von privat genutzter Videoüberwachung (va Dashcams).** Bei der Verwertung der Aufnahmen von privat genutzten Videoüberwachungssystemen (insbesondere sog. Dashcams zur Aufzeichnung von Unfällen an Kraftfahrzeugen) ist zu differenzieren: War die Aufzeichnung nach DSGVO und sonstigen Datenschutzgesetzen rechtmäßig, **ist eine Verwertung ohne weiteres zulässig.** Handelt es sich um rechtswidrig – insbesondere unter Verstoß gegen Datenschutzgesetze – erlangte Daten, gelten die allgemeinen Grundsätze für durch Privatpersonen rechtswidrig erlangte Beweismittel: Diese Daten sind verwertbar, wenn weder die Menschenwürdegarantie betroffen ist noch die Verwertung gegen die Rechtsordnung, insbesondere die Verfassung verstoßen würde.[72] Demnach kommt ein Verwertungsverbot vor allem bei Videoaufnahmen, welche den Kernbereich privater Lebensführung betreffen, in Betracht.

44 **6. Materiell bzw. formell rechtswidrige Anordnungen.** Die Frage, welche Konsequenzen es für die Verwertbarkeit personenbezogener Daten hat, wenn die der Datenerhebung zu Grunde liegende Anordnung rechtswidrig war, dürfte im Fall des § 100h nur selten relevant werden. So enthält die Vorschrift zum einen **keine formellen Anordnungsvoraussetzungen,** zum anderen dürfte sich die Möglichkeit einer materiell-rechtswidrigen Anordnung auf die Fälle beschränken, in denen entweder **kein Anfangsverdacht** hinsichtlich irgendeiner Straftat (Abs. 1 S. 1 Nr. 1) oder kein Verdacht hinsichtlich einer solchen von erheblicher Bedeutung (Abs. 1 S. 1 Nr. 2) vorlag. In Betracht kommen zwar auch Verstöße gegen den Verhältnismäßigkeitsgrundsatz oder die Subsidiaritätsklauseln, allerdings dürften diese aufgrund der Beschränkung des Kontrollmaßstabs auf eine Vertretbarkeitskontrolle nur in krassen Fällen (zB Willkür) zu Beweisverwertungsverboten führen.

45 Bei **Verstößen gegen § 500 Abs. 1 iVm §§ 45 ff. BDSG** ist zu differenzieren. Handelt es sich um Vorschriften welche die Datensicherheit der Daten betreffen, welche sich

[70] BGH 26.4.2017 – 2 StR 247/16, NJW 2017, 3173 (3177); 15.11.2017 – 2 StR 128/17, NStZ 2018, 296.

[71] Siehe für Details bei Parma DÖV 2016, 809.

[72] Siehe hierzu BGH 22.2.1978 – 2 StR 334/77, BGHSt 27, 357 = NJW 1978, 1390; 12.4.1989 – 3 StR 453/88, BGHSt 36, 172 = NJW 1989, 2760; zum Streitstand mit weiteren Nachweisen Eisenberg Beweisrecht der StPO Rn. 395 ff.; aA zumindest für das OWi-Verfahren (Anwendung der Abwägungslehre) OLG Stuttgart 4.5.2016 – 4 Ss 543/15, NJW 2016, 2280; ebenso Niehaus NZV 2016, 551; von der Grün Verdeckte Ermittlungen S. 168.

in justizieller Obhut befinden (§ 64 BDSG), betreffen diese nicht die verfahrensrechtlichen Interessen des Beschuldigten, sondern allgemeine Interessen an der Sicherheit personenbezogener Daten. Dementsprechend kommt ein Beweisverwertungsverbot hier nicht in Betracht. Anders verhält es sich mit § 48 BDSG (Verarbeitung von Daten, welche der Kategorie der besonderen personenbezogenen Daten angehören). Da es sich hierbei um materielle Zulässigkeitsvoraussetzungen der Verarbeitung dieser Daten handelt, kommt nach den allgemeinen Grundsätzen der Abwägungslehre ein Beweisverwertungsverbot bei bewussten, willkürlichen oder besonders groben Verstößen in Betracht. Angesichts der Unbestimmtheit des Begriffs der „geeigneten Garantien" betrifft dies hauptsächlich das völlige Fehlen einer Entscheidung über die notwendigen Garantien. Unter Abwägungsgesichtspunkten kommen auch bei sonstigen schweren, bewussten oder willkürlichen Verstößen gegen Zulässigkeitsvoraussetzungen der Datenverarbeitung (zB Verwendung datenschutzfreundlicher Technologien nach § 71 BDSG) Beweisverwertungsverbote in Betracht.

B. Rechtsbehelfe

Die Zielperson sowie die durch die Maßnahme erheblich mitbetroffenen Personen 46
(§ 101 Abs. 4 S. 1 Nr. 7) können sowohl vor als auch nach Erledigung der Maßnahme lediglich auf den **Rechtsbehelf des § 101 Abs. 7 S. 2–4** als insoweit abschließende Regelung zurückgreifen. Die Rspr., welche dieses Ergebnis allerdings explizit nur für Rechtsbehelfe nach Erledigung der Maßnahme vertritt, begründet dies mit der Erwägung, dass andernfalls die gesetzliche Antragsfrist in § 101 Abs. 7 S. 2 von zwei Wochen sowie die Ausgestaltung des weiteren Rechtsbehelfs in § 101 Abs. 7 S. 3 als sofortige Beschwerde leerliefe.[73] Zumindest das letzte Argument gilt jedoch auch für die Phase vor Erledigung der Maßnahme. Überdies ist eine entsprechende Anwendung einer Rechtsnorm grundsätzlich nur zulässig, wenn eine Regelungslücke besteht. Da der Rechtsbehelf nach § 101 Abs. 7 S. 2–4 nach dem insoweit eindeutigen Wortlaut („auch") ebenfalls für die Zeit vor Erledigung der Maßnahme gilt, gibt es für die in § 101 Abs. 4 genannten Maßnahmen keine solche Regelunglücke, welche durch eine analoge Anwendung von § 98 Abs. 2 S. 2 zu schließen wäre. Nach wohl hM in der Lit. sollen hingegen die allgemeinen Rechtsbehelfe weiterhin zulässig sein (→ § 101 Rn. 113 ff.).

C. Revision

Mit der Revision kann geltend gemacht werden, dass das Tatgericht seine Beweiswürdi- 47
gung auf **unverwertbare Ermittlungsergebnisse** gestützt hat.[74] Ob ein Widerspruch gegen die Beweisverwertung in der Hauptverhandlung zur Erhaltung der Rügemöglichkeit notwendig ist, hat der BGH bislang – soweit ersichtlich – noch nicht entschieden. Das Oberlandesgericht Hamm geht offenbar von der Anwendbarkeit der Widerspruchslösung aus.[75]

§ 100i Technische Ermittlungsmaßnahmen bei Mobilfunkendgeräten

(1) Begründen bestimmte Tatsachen den Verdacht, dass jemand als Täter oder Teilnehmer eine Straftat von auch im Einzelfall erheblicher Bedeutung, insbesondere eine in § 100a Abs. 2 bezeichnete Straftat, begangen hat, in Fällen, in denen

[73] BGH 8.10.2008 – StB 12 – 15/08, NJW 2009, 454; ebenso Köhler in Meyer-Goßner/Schmitt § 101 Rn. 26a; Hegmann in BeckOK StPO § 101 Rn. 48; aA Burghardt HRRS 2009, 567 (569); Singelstein NStZ 2009, 481 (482).

[74] OLG Hamm 10.11.2015 – III-3 RVs 69/15, juris.

[75] OLG Hamm 11.9.2014 – III-1 RBs 145/14, juris.

der Versuch strafbar ist, zu begehen versucht hat oder durch eine Straftat vorbereitet hat, so dürfen durch technische Mittel
1. die Gerätenummer eines Mobilfunkendgerätes und die Kartennummer der darin verwendeten Karte sowie
2. der Standort eines Mobilfunkendgerätes
ermittelt werden, soweit dies für die Erforschung des Sachverhalts oder die Ermittlung des Aufenthaltsortes des Beschuldigten erforderlich ist.

(2) [1]Personenbezogene Daten Dritter dürfen anlässlich solcher Maßnahmen nur erhoben werden, wenn dies aus technischen Gründen zur Erreichung des Zwecks nach Absatz 1 unvermeidbar ist. [2]Über den Datenabgleich zur Ermittlung der gesuchten Geräte- und Kartennummer hinaus dürfen sie nicht verwendet werden und sind nach Beendigung der Maßnahme unverzüglich zu löschen.

(3) [1]§ 100a Abs. 3 und § 100e Absatz 1 Satz 1 bis 3, Absatz 3 Satz 1 und Absatz 5 Satz 1gelten entsprechend. [2]Die Anordnung ist auf höchstens sechs Monate zu befristen. [3]Eine Verlängerung um jeweils nicht mehr als sechs weitere Monate ist zulässig, soweit die in Absatz 1 bezeichneten Voraussetzungen fortbestehen.

Schrifttum: Albrecht/Dorsch/Krüpe, Rechtswirklichkeit und Effizienz der Überwachung der Telekommunikation und anderer verdeckter Ermittlungsmaßnahmen, Abschlussbericht, Juni 2003; Demkowski, von, Fernmeldeaufklärung durch den IMSI-Catcher, Kriminalistik 2002, 177; Dix, Freiheit braucht Sicherheit – Sicherheit braucht Freiheit; Informations- und Kommunikationskriminalität, 2003; Eisenberg/Singelstein, Zur Unzulässigkeit der heimlichen Ortung per „stiller SMS“, NStZ 2005, 63; Farthofer, Der Einsatz neuer Ermittlungsmethoden, ZIS 2020, 190; Fox, Der IMSI-Catcher, DuD 2002, 212; Gercke, Rechtliche Probleme durch den Einsatz des IMSI-Catchers, MMR, 2003, 453; von der Grün, Verdeckte Ermittlungen: eine praxisorientierte Darstellung der verdeckten Ermittlungsmaßnahmen der StPO mit Ausblick auf landesrechtliche Vorschriften, 2018; Günther, Zur strafprozessualen Erhebung von Telekommunikationsdaten – Verpflichtung zur Sachverhaltsaufklärung oder verfassungsrechtlich unkalkulierbares Wagnis?, NStZ 2005, 485; Günther, Spannungsfeld: Strafverfolgung und Service-Provider, Kriminalistik 2004, 11; Hilger, Gesetzgebungsbericht: Über den neuen § 100i StPO, GA 2002, 557; Malek, Strafsachen im Internet, 2015; Nachbaur, Standortfeststellung und Art. 10 GG – Der Kammerbeschluss des BVerfG zum Einsatz des „IMSI-Catchers“, NJW 2007, 335; Puschke/Singelstein, Telekommunikationsüberwachung, Vorratsdatenspeicherung und (sonstige) heimliche Ermittlungsmaßnahme nach der StPO nach der Neuregelung zum 1.1.2008, NJW 2008, 114; Ruhmannseder, Strafprozessuale Zulässigkeit von Standortermittlungen im Mobilfunkverkehr, JA 2007, 47; Warken, Elektronische Beweismittel im Strafprozessrecht – eine Momentaufnahme über den deutschen Tellerrand hinaus, Teil 2 – Beweisverwertung im Zeitalter der digitalen Cloud und datenspezifische Regelungen in der StPO, NZWiSt 2017, 329.

Übersicht

A. Überblick

I. Entstehungsgeschichte der Norm

Die Vorschrift des § 100i wurde durch das Gesetz zur Änderung der StPO vom 6.8.2002[1] in die StPO eingeführt. Dem lag die Erwägung des Gesetzgebers zu Grunde, dass es namentlich bei der Verfolgung schwerwiegender Straftaten zur Gewährleistung einer effektiven Strafverfolgung geboten sei, auch Maßnahmen zur Telekommunikationsüberwachung durchzuführen, wofür regelmäßig die Rufnummer oder eine andere Kennung des Telekommunikationsanschlusses des Betroffenen benötigt würden. Die entsprechenden Kennungen indes seien den Strafverfolgungsbehörden häufig und insbesondere dann nicht bekannt, wenn die Beschuldigten mit Überwachungsmaßnahmen nach § 100a rechneten und diese dadurch zu umgehen suchten, dass sie regelmäßig ihre Handy-Karten wechselten. Für eine lückenlose Fortführung der Überwachung sei daher die Kenntnis der jeweils aktuellen Rufnummer erforderlich. Des Weiteren sei es zur Vorbereitung einer vorläufigen Festnahme oder Verhaftung von vielfach auch gewaltbereiten Beschuldigten zur Vermeidung von Gefahren für Leib und Leben der Einsatzkräfte geboten, vorher den genauen Aufenthaltsort des Beschuldigten lokalisieren zu können. Mit der Einführung des § 100i sollte der Einsatz des „IMSI-Catchers" zur Vorbereitung von Maßnahmen nach § 100a bzw. zur Ergreifung des Beschuldigten **„aus Gründen der Rechtssicherheit und Rechtsklarheit** auf eine eindeutige Rechtsgrundlage" gestellt werden.[2] 1

§ 100i sah in seiner ursprünglichen Fassung aus dem Jahre 2002 ua vor, dass zum Zwecke der Vorbereitung von Maßnahmen nach § 100a die Geräte- und Kartennummer sowie zur vorläufigen Festnahme oder Ergreifung des Täters der Standort seines aktiv geschalteten Mobilfunkendgerätes ermittelt werden dürfe. Die Vorschrift war **von Anbeginn an sowohl in technischer als auch in rechtlicher Hinsicht umstritten.** So wurde 2

[1] BGBl. 2002 I 3018.
[2] Vgl. BT-Drs. 14/9088, 7.

durch die Mobilfunknetzbetreiber sowie den Bundesbeauftragten für den Datenschutz[3] vorgebracht, der Einsatz des „IMSI-Catchers", auf den die Vorschrift auch damals bereits zugeschnitten war, führe zu Störungen im Netzbetrieb und bedürfe zudem einer Genehmigung durch die (damalige) Regulierungsbehörde für Telekommunikation und Post. Weiterhin wurde vorgebracht, das Gesetz zur Änderung der StPO vom 6.8.2002 zitiere nicht Art. 10 Abs. 1 GG und verstoße daher gegen das Zitiergebot des Art. 19 Abs. 1 S. 2 GG, da der Einsatz des IMSI-Catchers mit einem Eingriff in das Fernmeldegeheimnis verbunden sei.[4]

3 In seiner „IMSI-Catcher"-Entscheidung vom 22.8.2006[5] stellte das BVerfG fest, dass die durch Art. 10 Abs. 1 GG geschützten Rechte des Betroffenen durch Maßnahmen nach § 100i nicht berührt werden.[6] Die Entscheidung, der in Ergebnis und Begründung allerdings zu widersprechen ist (hierzu sogleich → Rn. 5 f.), ist in zweifacher Hinsicht bemerkenswert: Zum einen kommt ihr eine grundlegende Bedeutung dadurch zu, dass das BVerfG in ihr erstmals deutlich zum Ausdruck gebracht hat, **dass nicht alle von Mobiltelefonen generierten Daten vom Schutzbereich des in Art. 10 GG verbürgten Fernmeldegeheimnisses erfasst werden.** In dem Beschluss ist das BVerfG ausdrücklich der (indes mE zutreffenden) Rechtsauffassung des Ermittlungsrichters beim BGH[7] entgegengetreten, wonach die Auskunftserteilung über Standortdaten „nicht telefonierender Mobilgeräte" unter den Schutz des Art. 10 Abs. 1 GG falle. Diese Rspr. des BGH hatte zuvor über Jahre hinweg das Verständnis von Inhalt bzw. Reichweite des Schutzbereichs von Art. 10 Abs. 1 GG im Zusammenhang mit strafprozessualen bzw. telekommunikationsrechtlichen Fragestellungen geprägt und damit auch die Auslegung des § 100a maßgeblich beeinflusst. Die Entscheidung des Ermittlungsrichters beim BGH war Grundlage für die in der Rspr. der Fachgerichte danach herrschende, und mE zutreffende Auffassung, wonach vom Telekommunikationsgeheimnis eben auch solche Daten erfasst würden, die allein den technisch bedingten Datenaustausch zwischen Kommunikationsanlagen bzw. Endgeräten betreffen.

4 Bemerkenswert ist der Beschluss zum anderen insoweit, als mit einer Entscheidung dieses Inhalts nicht zu rechnen war. So hatte das BVerfG noch kurz zuvor in seiner Entscheidung vom 27.7.2005[8] die Auffassung vertreten, der Bundesgesetzgeber habe „mit der Regelung der Telekommunikationsüberwachung in der StPO eine abschließende Regelung getroffen (…)" und habe „(…) die **Überwachung der Telekommunikation zu Zwecken der Strafverfolgung in den §§ 100a, 100b, 100g, 100h und 100i** nach Umfang, Zuständigkeit und Zweck sowie hinsichtlich der für die jeweilige Maßnahme erforderlichen Vorkehrungen umfassend geregelt".[9] In seiner Kammerentscheidung vom 22.8.2006 nimmt das BVerfG auf eben diese Ausführungen Bezug und stellt fest, aus dem Zusammenhang dieser Ausführungen ergebe sich, dass der Erste Senat des BVerfG in seiner Entscheidung vom 27.7.2005 „die besonderen Gegebenheiten der § 100i zu Grunde liegenden Maßnahmen nicht näher behandelt" habe.[10] Dies zeigt, dass auch das BVerfG jedenfalls gelegentlich Schwierigkeiten bei der Bestimmung des sachlichen Anwendungsbereichs der §§ 100a, 100g und § 100i hat. Entsprechendes dürfte auch für die BReg. gelten. Diese hatte in ihrer Antwort vom 10.9.2001 auf eine Kleine Anfrage einzelner Abgeordneter sowie der Fraktion der FDP die Auffassung vertreten, der Einsatz des IMSI-Catchers im strafprozessualen

3 Vgl. Stellungnahme des Bundesbeauftragten für den Datenschutz vom 19.4.2002 für die öffentliche Anhörung zum Entwurf eines Gesetzes zur Änderung der StPO vor dem Rechtsausschuss des Deutschen Bundestages am 24.4.2002.
4 So Dix, Freiheit braucht Sicherheit – Sicherheit braucht Freiheit; Informations- und Kommunikationskriminalität, S. 163.
5 BVerfG 22.8.2006 – 2 BvR 1345/03, NJW 2007, 351.
6 So zuvor bereits Günther Kriminalistik 2004, 11 (15).
7 BGH 21.2.2001 – 2 BGs 42/01, NJW 2001, 1587.
8 BVerfG 27.7.2005 – 1 BvR 668/04, NJW 2005, 2603.
9 BVerfG 27.7.2005 – 1 BvR 668/04, NJW 2005, 2603 (2606).
10 BVerfG 22.8.2006 – 2 BvR 1345/03, NJW 2007, 351 (354).

Bereich sei „durch die §§ 100a ff., 161 StPO gedeckt" und damit die Maßnahme jedenfalls auch dem Anwendungsbereich des § 100a zugeordnet.[11]

Der IMSI-Catcher-Entscheidung des BVerfG ist indes zu widersprechen. Die Ausklammerung der Positionsmeldungen nicht aktiv vom Betroffenen verwendeter Mobiltelefone aus dem Schutzbereich des Art. 10 Abs. 1 GG stützt sich maßgeblich auf das Argument, es fehle an einer notwendigen menschlichen Veranlassung der Übertragung von Standort, IMSI und IMEI durch das Mobiltelefon an die künstliche Funkzelle des IMSI-Catchers. Die lediglich zwischen zwei Geräten stattfindende Übertragung von Daten ohne (unmittelbare) menschliche Veranlassung sei von Art. 10 Abs. 1 GG nicht geschützt.[12] Hiergegen wurde von Teilen der Literatur zu Recht eingewandt, dass bereits eine grundsätzliche menschliche Veranlassung der Kommunikation (hier: das Mitsichführen eines eingeschalteten Mobiltelefons) ausreichen müsse.[13] Indes spricht einiges dafür angesichts der technischen Entwicklung und der Technikoffenheit des **Art. 10 Abs. 1 GG insgesamt auf eine aktuelle menschliche Beeinflussung eines Datenübertragungsvorgangs zu verzichten,** solange die Datenübertragung grundsätzlich durch menschliches Verhalten veranlasst ist (also neben des Mitsichführens eines im Betriebsmodus befindlichen Mobiltelefons zB auch die Aktivierung eines IoT-Gerätes) und die Datenübertragung im Interesse eines Menschen erfolgt (wenn auch ohne dessen Kenntnis). Das Telekommunikationsgeheimnis will den besonderen Gefahren begegnen, denen sich Grundrechtsträger durch die Nutzung moderner Kommunikationstechnik aussetzen, indem sie Nachrichten, Daten und Informationen in die „Hände" Dritter legen, um diese an einen anderen Ort transportieren zu lassen. Diesen Gefahren setzen sich Menschen in zunehmendem Maße durch die Nutzung von vernetzten Geräten wie zB Mobiltelefonen und IoT-Devices aus, ohne davon aktuelle Kenntnis zu haben. Den Grundrechten – nicht zuletzt Art. 10 Abs. 1 GG – kommt auch die Funktion zu, die techno-soziale Entwicklung der Gesellschaft mitzugehen, um einen umfassenden Grundrechtsschutz zu gewährleisten. Dagegen ist kein zwingender Grund ersichtlich, warum das Telekommunikationsgeheimnis auf Fälle beschränkt sein soll, in denen Menschen eine Datenübertragung bewusst in Gang setzen – die Gefahren bei unbewussten, nur mittelbar menschlich veranlassten Übertragungen sind sogar größer, da diese durch den Nutzer unkontrolliert stattfinden. Auf solche Übertragungen sollte Art. 10 Abs. 1 GG daher erst recht angewendet werden.[14] 5

Auch das zweite Argument des BVerfG vermag nicht zu überzeugen. Die Daten würden beim Einsatz des IMSI-Catchers „zudem nicht innerhalb des Herrschaftsbereichs eines Telekommunikationsunternehmens, sondern ohne dessen Mitwirkung durch die Strafverfolgungsbehörden selbst und unmittelbar erhoben". Da jedoch Art. 10 Abs. 1 GG auf den Schutz des Übertragungswegs zugeschnitten sei, seien die auf diesem Weg erhobenen Daten nicht vom Telekommunikationsgeheimnis erfasst. Worauf das BVerfG hinaus will, ist, dass die Daten beim Einsatz des IMSI-Catchers nicht aus einer Übertragung zwischen zwei Kommunikationspartnern (und seien dies auch nur zwei technische Geräte von Bürgern) ausgeleitet werden, sondern, dass der IMSI-Catcher selbst eine Kommunikationsverbindung zum betroffenen Mobiltelefon herstellt und sich die Daten übermitteln lässt. Diesem Argument liegt der – im Ausgangspunkt durchaus zutreffende – Gedanke zu Grunde, dass Art. 10 Abs. 1 GG nicht gegen eine Kommunikationsaufnahme durch den Staat schützt. Allerdings muss beachtet werden, dass die an den IMSI-Catcher versendeten Daten ohne den Einsatz des IMSI-Catchers an die „richtigen" Funkzellen in Reichweite verschickt worden wären. Daher entspricht der Einsatz des IMSI-Catchers bei normativer Betrachtung durchaus dem **„Abfangen" bzw. „Ausleiten" von Daten** (hier Positionsmeldungen, IMSI und IMEI- 6

[11] BT-Drs. 14/6885, 1.

[12] BVerfG 22.8.2006 – 2 BvR 1345/03, NJW 2007, 351 (353 f.).

[13] Vgl. Nachbaur NJW 2007, 335 (337); Schwabenbauer AöR 137 (2012), 1 (22 f.); Kupka, Verfassungs- und verfahrensrechtliche Probleme moderner Fahndungsmethoden am Beispiel der „stillen SMS" – Sicherheit contra Freiheit?, S. 72 ff.; zuneigend Durner in Dürig/Herzog/Scholz GG Art. 10 Rn. 115; siehe auch BGH 21.2.2001 – 2 BGs 42/01, NJW 2001, 1587.

[14] Im Ergebnis wie hier: Huber NJW 2007, 881.

Nummern) aus dem Übertragungsweg (auch wenn das technisch nicht exakt dieselben Vorgänge sind). Dass dieser Vergleich richtig ist, zeigt sich auch daran, dass es mit modernen IMSI-Catchern technisch möglich ist, über das betroffene Mobiltelefon geführte Kommunikation abzuhören und auszuleiten (was allerdings nur nach § 100a, nicht nach § 100i zulässig wäre).[15] Im Ergebnis liegt also – entgegen der Kammerentscheidung des BVerfG und der mittlerweile hM – beim Einsatz des IMSI-Catchers ein Eingriff in Art. 10 Abs. 1 GG vor.[16]

7 Seine jetzige Fassung erhielt die Vorschrift durch das Gesetz zur Neuregelung der Telekommunikation und anderer verdeckter Ermittlungsmaßnahmen sowie zur Umsetzung der Richtlinie 2006/24/EG.[17] Erklärtes Ziel war es, im Rahmen der Neuregelung der verdeckten Ermittlungen **die Vorschrift des § 100i sowie die des § 100g Abs. 1 S. 1 Nr. 1-E einander anzugleichen** und durch den Wegfall des Erfordernisses „im Fall einer Verbindung" den sachlichen Anwendungsbereich des § 100g künftig auch auf solche Daten zu erstrecken, deren Erhebung wie im Falle des § 100i nach hM nicht den Schutzbereich von Art. 10 GG berührt. Schließlich sollte die bisherige Fassung der Vorschrift, die auch ob ihrer schwierigen Lesbarkeit[18] kritisierte worden, redaktionell gestrafft werden.[19] Mit Gesetz vom 17.7.2015 erhielt § 100i (wie andere Normen der) seine amtliche Überschrift.[20] Im Rahmen der Vereinheitlichung der Verfahrensvorschriften in § 100e durch das Gesetz zur effektiveren und praxistauglicheren Gestaltung des Strafverfahrens vom 17.7.2017 wurden die Verweisungen in Abs. 3 angepasst.[21]

II. Rechtstatsachen

8 **1. Funktionsweise des IMSI-Catchers.** Bei dem **IMSI-Catcher** handelt es sich um ein ursprünglich für die Nachrichtendienste[22] entwickeltes „technische(s) Mittel" iSd § 100i, welches in GSM- bzw. in UMTS-Netzen und für die Frequenzbereiche aller, mithin jedweder Mobilfunknetzbetreiber, eine **Funkzelle simuliert.** Die Technologie ist auch im LTE/4G Netz einsetzbar.[23] Bezüglich des neuen 5G-Netzes befürchten Sicherheitsbehörden, dass die bisher eingesetzten IMSI-Catcher dort nicht zu verwenden sind.[24] Daher wurde mit dem Telekommunikationsmodernisierungsgesetz zum 1. Dezember 2021 eine neue Mitwirkungspflicht der Betreiber öffentlicher Mobilfunknetze eingeführt (§ 171 TKG nF). Zur Erzeugung der künstlichen Funkzelle verarbeitet das Gerät zunächst die technischen Parameter der seinen Standort versorgenden Funkzelle des betreffenden Mobilfunknetzbetreibers wie etwa den Funkkanal, auf dem gesendet werden soll, sowie den „Location Area Code (LAC)". Diesen wandelt der IMSI-Catcher ab, um mit dem neuen Zellcode und einer zuvor eingestellten stärkeren Sendeleistung eine diese Funkzelle ebenfalls versorgende Basisstation des betreffenden Mobilfunknetzbetreibers vorzutäuschen. Da Mobiltelefone ständig die sie verbindungsmäßig versorgenden Basisstationen ihrer Umgebung sondieren, um jederzeit zu einer anderen, eine bessere Versorgung gewährleistende Basisstation wechseln zu können, erfassen sie augenblicklich auch die anfänglich mit sehr hoher Leistung arbeitende virtuelle Funkzelle des IMSI-Catchers. Sie identifizieren dessen virtuelle Funk-

[15] EFF Gotta Catch 'Em All, Whitepaper, S. 10 f.; abrufbar: https://www.eff.org/files/2019/07/09/whitepaper_imsicatchers_eff_0.pdf.

[16] Wie hier im Ergebnis: Wolter/Greco in SK-StPO § 100i Rn. 12; Nachbaur NJW 2007, 335 (337); Schwabenbauer AöR 137 (2012), 1 (22 f.); Merten/Papier/Stettner HGR IV § 92 Rn. 61; Kupka, Verfassungs- und verfahrensrechtliche Probleme moderner Fahndungsmethoden am Beispiel der „stillen SMS" – Sicherheit contra Freiheit?, S. 72 ff.; zuneigend Durner in Dürig/Herzog/Scholz GG Art. 10 Rn. 115; siehe auch BGH 21.2.2001 – 2 BGs 42/01, NJW 2001, 1587.

[17] BGBl. I 3198.

[18] Albrecht/Dorsch/Krüpe, Rechtswirklichkeit und Effizienz der Überwachung, S. 204.

[19] BT-Drs. 16/5846, 56.

[20] BGBl. 2015 I 1332.

[21] BGBl. 2017 I 3202.

[22] Vgl. Fox DuD 2002, 212.

[23] https://www.heise.de/newsticker/meldung/36C3-Signal-Overshadowing-Angriff-auf-4G-Mobilfunk-als-besserer-IMSI-Catcher-4624255.html (Stand: 27.12.2020).

[24] https://www.sueddeutsche.de/digital/5g-handy-abhoeren-imsi-catcher-1.4670316 (Stand: 27.12.2020).

zelle anhand der veränderten LAC und versuchen innerhalb von Sekunden, sich in diese einzuloggen. Dabei wird automatisch ein so genanntes „Location Update" generiert, im Rahmen dessen von dem Mobiltelefon dessen IMSI und IMEI an die vermeintliche Basisstation, den IMSI-Catcher, übermittelt werden. Die Daten sämtlicher Handys, die sich einloggen wollen, werden dabei erfasst und auf einem Display des IMSI-Catchers angezeigt. Anschließend wird die Sendeleistung des IMSI-Catchers heruntergefahren, so dass die reale Basisstation mit ihrer nunmehr im Vergleich zum IMSI-Catcher wieder stärkeren Sendeleistung eine bessere Netzverbindung gewährleistet – mit der Folge, dass sich die Mobiltelefone wieder bei dieser einloggen. Lediglich für diesen kurzen Zeitraum von wenigen Sekunden ist das betroffene Handy vom realen Netz getrennt. Bestehende Verbindungen (etwa Gespräche) werden durch den Einsatz des IMSI-Catchers nicht unterbrochen.

In der Folge wird dieser **Vorgang wiederholt,** zumeist nach einem Standort- und 9
damit Funkzellenwechsel der Zielperson. Die Geräte- bzw. Kartennummer, die nunmehr ein zweites bzw. nach einer weiteren Wiederholung ein drittes Mal ausgelesen wird, ist mit sehr hoher Wahrscheinlichkeit diejenige der Zielperson. Aus dieser Vorgehensweise wird deutlich, dass der IMSI-Catcher nur erfolgreich eingesetzt werden kann, wenn die Zielperson ihr Mobiltelefon zumindest eingeschaltet hat („stand-by"-Betrieb) und bekannt ist, an welchem Ort sich die Zielperson ungefähr aufhält. Der IMSI-Catcher muss in ihre Nähe gebracht werden. In der Praxis bedeutet dies regelmäßig, dass der Betroffene zuvor observiert werden muss.

2. IMSI und IMEI. International Mobile Equipment Identity (IMEI): Bei der 10
IMEI handelt es sich um eine vielstellige Seriennummer, die der individuellen Gerätekennung dient und deshalb auch nur ein Mal vergeben wird. Ihr erster Teil besteht aus dem so genannten TAC (Type Approval Code), der unter anderem den Hersteller des Gerätes sowie dessen Seriennummer erkennen lässt. Nach Mitteilung einzelner Telekommunikationsdienstleister sollen in seltenen Fällen Mobiltelefone manipuliert und mit ein und derselben IMEI versehen worden sein.

International Mobile Subscriber Identity (IMSI): Hierunter versteht man die Kar- 11
tenkennung, dh die individuelle Kennung der jeweiligen in das Mobiltelefon eingelegten SIM-Karte. Bezüglich der IMSI sind noch keine Fälle von Mehrfachvergaben bekannt geworden. Sie besteht ebenfalls aus einer Seriennummer, die ua Codes für das Land, den Telekommunikationsdienstleister sowie eine Individualkennung enthält. So steht bei der IMSI 262 01 9789797791 die Nummer 262 für Deutschland, 01 für den Diensteanbieter T-Mobile und die 9789797791 für die individuelle Teilnehmerkennung.

3. Die sog. Stille SMS. Bei einer stillen SMS oder Stealth Ping wird von den Strafver- 12
folgungsbehörden eine spezielle Form der SMS an eine Mobilfunknummer gesendet, die vom Nutzer des Mobiltelefons nicht bemerkt werden kann, da sie im Nachrichteneingang nicht angezeigt wird (daher „still"). Der Empfangsvorgang löst jedoch eine Rückmeldung des Mobiltelefons bei der Funkzelle, in der es eingebucht ist, aus. Hierdurch wird beim Netzbetreiber **ein Verkehrsdatensatz erzeugt,** der auch die Angabe der benutzten Funkzelle beinhaltet. Durch eine nachfolgende bzw. in Echtzeit erfolgende Abfrage dieses Datensatzes beim Netzbetreiber kann der ungefähre Standort des Mobiltelefons im Zeitpunkt des Empfangs der stillen SMS bestimmt werden. Voraussetzung hierfür ist natürlich, dass das betroffene Mobiltelefon eingeschaltet und empfangsbereit ist. Solche durch die Strafverfolgungsbehörden beim Einsatz der Stillen SMS „künstlich" erzeugten Verkehrsdaten erzeugen Mobiltelefone im Betriebsmodus auch in periodischen Abständen selbst. Mobiltelefone melden dem Netzbetreiber in regelmäßigen Abständen, in welcher Local Area (= Gebiete mit einer bestimmten Anzahl von Funkzellen) es gerade eingebucht ist. Ferner wird sofort gemeldet, wenn das Mobiltelefon in eine Funkzelle einer anderen Local Area wechselt. Diese Meldungen dienen der Gewährleistung der Empfangsbereitschaft des Mobiltelefons.[25]

---

[25] BGH 8.2.2018 – 3 StR 400/17, NStZ 2018, 611 mAnm Rückert.

III. Geltung des § 500 Abs. 1 iVm §§ 45 ff. BDSG

13 Auch für nach § 100i erhobene Daten gelten nach § 500 Abs. 1 die Regelungen der §§ 45 ff. BDSG. Die Regelung für besondere Kategorien personenbezogener Daten nach § 48 BDSG kommt nur für Standortbestimmungen in Betracht, wenn sich aus den Standorten Rückschlüsse auf die in § 46 Nr. 14 BDSG genannten Datenkategorien ziehen lassen. Behörden welche IMSI-Catcher einsetzen, haben bei der Einrichtung der Datensicherheit § 64 BDSG zu berücksichtigen. Speziell **§ 71 BDSG** dürfte im Zusammenhang mit dem IMSI-Catcher Bedeutung zukommen. Die eingesetzten Geräte müssen technisch in der Lage sein, die Daten von unbeteiligten Dritten so schnell wie möglich (zB nach dem möglicherweise notwendigen Datenabgleich zwischen den Daten aus mehreren Einsatzstandorten) aus dem Speicher zu löschen.

B. Erläuterung

I. Regelungsinhalt des § 100i

14 § 100i Abs. 1 gestattet den Strafverfolgungsbehörden für den Fall, dass jemand aufgrund bestimmter Tatsachen im Verdacht steht, eine Straftat von auch im Einzelfall erheblicher Bedeutung begangen zu haben, durch technische Mittel die **Gerätenummer** eines Mobilfunkendgerätes, die **Nummer der darin verwendeten Karte** sowie den **Standort des Mobilfunkendgerätes** des Beschuldigten oder des so genannten Nachrichtenmittlers zu ermitteln, soweit diese Maßnahmen zur Erforschung des Sachverhalts oder zur Ermittlung des Aufenthalts des Beschuldigten erforderlich sind. Die Vorschrift ist zwar, wie sich aus ihrer Historie sowie dem geäußerten Willen des Gesetzgebers[26] ergibt, auf dieses Instrument zugeschnitten, ihre Anwendung indes nicht darauf beschränkt. Nach der (zu kritisierenden, hierzu noch → Rn. 28) Rspr. des BGH soll § 100i Abs. 1 auch als Rechtsgrundlage für den Versand der sog. Stillen SMS (zur Technik → Rn. 12) dienen.

15 **Abs. 2** enthält **Verwendungsregelungen** für personenbezogene Daten. Nach dessen S. 2 dürfen solche Daten über den Datenabgleich zur Ermittlung der gesuchten Geräte- und Kartennummer hinaus nicht verwendet werden und sind danach unverzüglich zu löschen.

16 Die Vorschrift des **Abs. 3** enthält mit ihrem Verweis auf § 100a Abs. 3, § 100e Abs. 1 S. 1–3, Abs. 3 S. 1 sowie Abs. 5 S. 1 die für die Anordnung und Durchführung des Geräteeinsatzes maßgeblichen **Verfahrensregelungen.**

II. Gegenstand der Eingriffsbefugnis (Abs. 1)

17 § 100i Abs. 1 gestattet in **sachlicher Hinsicht** die Erhebung der Gerätenummer eines Mobilfunkendgerätes, der Nummer der in das Gerät eingelegten Telefonkarte sowie des Standortes des Gerätes. In **personaler Hinsicht** darf sich die Maßnahme nach Abs. 3 iVm § 100a Abs. 3 gegen den Beschuldigten sowie gegen Personen richten, die für den Beschuldigten bestimmte oder von ihm herrührende Mitteilungen entgegennehmen oder weitergeben (Nachrichtenmittler) bzw. deren Anschluss (Anschlussinhaber) oder deren informationstechnisches System (Systeminhaber) der Beschuldigte benutzt.

18 **1. Eingriff in den Schutzbereich des Art. 10 Abs. 1 GG.** Der Einsatz des IMSI-Catchers ist – entgegen weit verbreiteter und hier auch von Günther in der Vorauflage vertretenen Auffassung – mit einem Eingriff in das Telekommunikationsgeheimnis des Art. 10 GG verbunden. Die vom BVerfG in seiner Kammerentscheidung zum IMSI-Catcher aufgeführten Argumente (Fehlen einer unmittelbaren menschlichen Veranlassung der Kommunikation und keine Erhebung der Daten mit Hilfe des Telekommunikationsanbieters) können – wie oben ausführlich diskutiert (→ Rn. 3 ff.) – nicht überzeugen. Wer – anders

[26] BT-Drs. 16/5846, 56.

als hier vertreten – einen Eingriff in Art. 10 Abs. 1 GG verneint, muss jedenfalls einen Eingriff in das Recht auf informationelle Selbstbestimmung nach Art. 2 Abs. 1 iVm Art. 1 Abs. 1 GG bejahen.[27] Der Eingriff betrifft, unabhängig davon, ob man Telekommunikationsgeheimnis oder Recht auf informationelles Selbstbestimmungsrecht für einschlägig erachtet, **nicht nur die Zielperson, sondern alle Betroffenen, deren Mobiltelefone sich in die vom IMSI-Catcher erzeugte Funkzelle eingewählt haben** und deren IMSI- und IMEI-Nummer sowie deren Standort – zumindest kurzfristig – gespeichert wurden.[28] Für diese Eingriffe stellt § 100i die notwendige Rechtsgrundlage dar. Ein Verstoß gegen das Zitiergebot des Art. 19 Abs. 1 S. 2 GG liegt bezüglich der derzeit geltenden Fassung nicht (mehr) vor, da dieses durch Art. 15 des Gesetzes zur Neuregelung der Telekommunikationsüberwachung und anderer verdeckter Ermittlungsmaßnahmen sowie zur Umsetzung der Richtlinie 2006/24/EG vom 21.12.2007 gewahrt wurde.[29]

Technisch könnten IMSI-Catcher auch zur Gesprächsüberwachung und damit zum **„Mithören"** eingesetzt werden. Ein solcher Einsatz wäre indes nicht durch § 100i gedeckt, es bedürfte vielmehr einer Anordnung nach § 100a.[30] 19

2. Abgrenzung zu Maßnahmen nach §§ 100a, 100b, 100c, 100f, 100g und 100h. 20
Ebenso wie im Falle des § 100i werden auch bei Maßnahmen nach den §§ 100c, 100f und 100h technische Mittel eingesetzt. In keiner der vorgenannten Regelungen, auch nicht in § 100i, werden die technischen Mittel konkret und abschließend benannt. Was die Maßnahmen der §§ 100a, 100b, 100c, 100f, 100g, 100h und 100i voneinander unterscheidet, sind **nicht die technischen Möglichkeiten** der im Rahmen der Vollziehung der Maßnahmen eingesetzten Geräte, **sondern das rechtlich Zulässige.** So sind moderne Versionen des IMSI-Catchers sowohl in der Lage, die Gerätenummer eines Mobilfunkendgerätes zu ermitteln als auch diejenigen Gesprächsinhalte zu überwachen, die von sämtlichen in seiner virtuellen Zelle eingeloggten Handys abgehen. Im erstgenannten Fall ist die Zulässigkeit einer solchen Maßnahme an § 100i, im zweitgenannten Fall an § 100a zu messen.

Unter Verwendung technischer Mittel berechtigt 21
- **§ 100a Abs. 1 S. 1** die Strafverfolgungsbehörden zur Überwachung sowohl des Inhalts als auch der näheren Umstände individueller Kommunikation (→ § 100a Rn. 51),
- **§ 100a Abs. 1 S. 2, S. 3** zur Infiltration von informationstechnischen Systemen zum Zweck der Überwachung und Aufzeichnung (verschlüsselter) Telekommunikation
- **§ 100b** zur Infiltration von informationstechnischen Systemen zum Zweck der Beschlagnahme von Daten und der Überwachung des gesamten informationstechnischen Systems (nicht „bloß" der Kommunikation)
- **§ 100c StPO** zur Aufzeichnung des nichtöffentlich gesprochenen Wortes innerhalb und **§ 100f StPO** außerhalb von Wohnungen,
- **§ 100g StPO** zur Erhebung von Verkehrsdaten nach §§ 9, 12 TTDSG (bis 1. Dezember: § 96 Abs. 1 TKG) und **§ 100k** zur Erhebung von Nutzungsdaten nach § 2 Abs. 2 Nr. 3 TTDSG (bis 1. Dezember 2021: § 15 TMG), wobei §§ 100g, 100k in Abgrenzung zu § 100a nicht die Erhebung von Inhaltsdaten gestattet (bzgl. § 100k ist diese Abgrenzung jedoch nicht trennscharf, da Nutzungsdaten teilweise auch Inhalte der Nutzung des Telemediums umfassen können, vgl. → § 100k Rn. 13 f.) und mit den Daten nach §§ 9, 12 TTDSG (bis 1. Dezember: § 96 Abs. 1 TKG) und § 2 Abs. 2 Nr. 3 TTDSG (bis 1. Dezember 2021: § 15 TMG) auch solche Daten erfasst, die teilweise nicht vom Schutzbereich des Art. 10 GG erfasst werden,
- **§ 100h** in Abgrenzung zu den §§ 100c und 100f zur Erhebung personenbezogener Daten außerhalb von Wohnungen, die nicht das nichtöffentliche gesprochene Wort betreffen, und

[27] So auch das BVerfG 22.8.2006 – 2 BvR 1345/03, NJW 2007, 351 (354 ff.).
[28] BVerfG 22.8.2006 – 2 BvR 1345/03, NJW 2007, 351 (354).
[29] BGBl. 2007 I S. 3198; wie hier Wolter/Greco in SK-StPO § 100i Rn. 13.
[30] Günther, Protokoll der 74. Sitzung des Rechtsausschusses des Deutschen BT v. 19.9.2007, S. 10.

– **§ 100i** in Abgrenzung zu den §§ 100c und 100f weder zur Erhebung des nichtöffentlich gesprochenen Wortes noch in Abgrenzung zu **§ 100h Abs. 1 S. 1 Nr. 1** zur Herstellung von Bildaufnahmen – indes ebenso wie im Falle des § 100h Abs. 1 S. 1 Nr. 2 zur Erhebung von für Observationen relevanter Daten, wobei dies im Falle des **§ 100i Abs. 1 Nr. 2 StPO** durch die Ermittlung des Standortes eines Mobilfunkgerätes erfolgt und diese Regelung daher als lex specialis zur Regelung des § 100h Abs. 1 S. 1 Nr. 1 anzusehen ist.

22 Von den Maßnahmen der §§ 100a, 100b, 100c, 100f, 100g, 100h und 100i darf allein die des § 100c **innerhalb von Wohnungen** iSd Art. 13 GG durchgeführt werden. Zwar befinden sich auch bei Maßnahmen nach §§ 100a, 100b eines bzw. (im Fall der Kommunikation) möglicherweise sogar beide Endgeräte und damit auch die überwachten Personen selbst in Wohnungen, indes zielt weder die Telekommunikationsüberwachung noch die Online-Durchsuchung, anders als die Maßnahme der akustischen Wohnraumüberwachung, auf die Aufzeichnung von Gesprächen zwischen Anwesenden innerhalb derselben Wohnung oder auf Vorgänge innerhalb des räumlich-gegenständlichen Bereichs ab. Dementsprechend dürfen auch bei Maßnahmen nach §§ 100a Abs. 1 S. 2, S. 3, 100b die Sensoren der infiltrierten Systeme nicht gezielt zum Abhören oder Überwachen der Vorgänge in der Wohnung aktiviert werden (zur notwendigen Differenzierung zur Erhebung von Daten, die automatisch oder durch den Nutzer gesteuert durch die Sensoren des Systems aufgezeichnet werden, → § 100b Rn. 43 ff.).

23 In den Fällen der §§ 100a Abs. 1 S. 1 und 100g werden regelmäßig **technische Mittel Dritter,** nämlich die der Telekommunikationsdienstleister, eingesetzt. Aus diesen Grund statuieren deren Verfahrensvorschriften auch in den § 100a Abs. 4 bzw. § 101a Abs. 1 iVm § 100a Abs. 4 entsprechende Mitwirkungspflichten der Dienstleister. Maßnahmen nach §§ 100a Abs. 1 S. 2, S. 3, 100b, 100c, 100f, 100h und 100i werden hingegen mit „eigenen" technischen Mitteln durchgeführt und enthalten daher keine Regelungen zu Mitwirkungspflichten.

24 **3. Die nach Abs. 1 statthaften Maßnahmen.** Unter den Voraussetzungen des § 100i Abs. 1 dürfen durch technische Mittel die Geräte- bzw. Kartennummer sowie der Standort eines Mobilfunkendgeräts ermittelt werden. Das hierzu regelmäßig benutzte Gerät ist der so genannte **„IMSI-Catcher".** In technischer Hinsicht ist Voraussetzung für seinen Einsatz, dass der ungefähre Standort des zu ortenden Mobiltelefons bis auf wenige hundert Meter (in Städten) bzw. wenige Kilometer (auf dem Land) bekannt ist (→ Rn. 8).

25 **a) Ermittlung der Geräte- oder Kartennummer.** Ob die Ermittlung der Geräte- oder Kartennummer des Betroffenen tatsächlich erforderlich ist, kann abschließend vielfach nur unter Berücksichtigung der besonderen Umstände des Einzelfalls beurteilt werden. Eine der wichtigsten Fallgruppen dürfte indes darin bestehen, dass der Verdacht der Beteiligung an einer Katalogtat nach § 100a Abs. 2 besteht und die weitere Aufklärung des Sachverhalts **die Erhebung von Telekommunikationsdaten des Betroffenen nach §§ 100a bzw. 100g StPO** erforderlich macht. Ist es den Strafverfolgungsbehörden bislang noch nicht gelungen, die Nummer des von dem Beteiligten benutzten Mobiltelefons oder die seiner Telefonkarte zu ermitteln, können Maßnahmen nach §§ 100a und 100g nicht durchgeführt werden. Zwar könnte jedenfalls die Ruf- und damit auch die Kartennummer im Rahmen einer Bestandsdatenabfrage nach § 100j iVm §§ 173, 174 TKG (bis 1. Dezember 2021: 112, 113 TKG) festgestellt werden. Straftäter aus dem Bereich der schweren Kriminalität nutzen jedoch oftmals Mobilfunkkarten, die nicht auf ihren Namen eingetragen sind, sodass derartige Anfragen ins Leere laufen. Ist hingegen der ungefähre Aufenthalt des Betroffenen bekannt, kann der IMSI-Catcher in dessen Nähe verbracht und können zur Vorbereitung einer Maßnahme nach § 100a sowohl die Karten- als auch die Rufnummer ausgelesen werden. Entsprechendes gilt auch zur Vorbereitung einer anderen Maßnahme wie der des § 100g. Entgegen § 100i Abs. 1 Nr. 1 aF ist der Einsatz der Technik nunmehr nicht mehr

darauf beschränkt, diese „zur Vorbereitung einer Maßnahme nach § 100a" (so § 100i Abs. 1 Nr. 1 aF) durchzuführen.

b) Feststellung des Standorts. Der IMSI-Catcher darf weiter zur Ermittlung des Standorts eines Mobilfunkendgeräts eingesetzt werden. Technisch ist dies nur möglich, wenn das Mobilfunkendgerät eingeschaltet ist, sich mithin im „stand-by"-Modus befindet und den Strafverfolgungsbehörden die IMSI- bzw. die IMEI-Nummer von Telefonkarte bzw. Handy bereits bekannt sind. Die Standortfeststellung erfolgt vielfach zum Zwecke der **vorläufigen Festnahme** des Beschuldigten nach § 127 Abs. 2 oder zur Ergreifung des Beschuldigten zur Vollstreckung eines Haft- oder Unterbringungsbefehls. Die Maßnahme der Standortfeststellung ist indes, anders noch als nach § 100i Abs. 1 Nr. 2 aF nicht mehr hierauf beschränkt. Eine Standortfeststellung kann vielmehr auch zu dem weiteren Zweck durchgeführt werden, den Beschuldigten anschließend zur Erforschung des Sachverhalts **längerfristig zu observieren.** 26

c) Kumulation beider Maßnahmen. Die nach Abs. 1 statthaften und in Nr. 1 und 2 aufgelisteten Maßnahmen können auch **kumulativ angeordnet** werden. Dies kann aus der Formulierung „sowie" am Ende von Nr. 1 gefolgert werden mit der Konsequenz, dass zunächst die Karten- bzw. Gerätenummer (Nr. 1) ermittelt werden kann, um sodann mit deren Hilfe eine Standortbestimmung (Nr. 2) durchführen zu können.[31] 27

d) Versenden einer sog. Stillen SMS / eines sog. Stealth Pings. Die Rechtsgrundlage für den Einsatz einer sog. Stillen SMS war lange Zeit **umstritten.** Die Strafverfolgungsbehörden des Bundes und der Länder zogen unterschiedliche Rechtsgrundlagen heran: § 100a; §§ 161, 163 für das Versenden der SMS, § 100g oder § 100a für die Datenerhebung; § 100a für das Versenden, § 100g für die Datenerhebung; §§ 100a, 100g kumulativ oder §§ 100g, 100i kumulativ.[32] In der strafprozessualen Literatur wurde außerdem eine Anwendung von § 100h diskutiert[33] oder die Existenz einer Rechtsgrundlage insgesamt verneint.[34] 2018 hat der **3. Senat des BGH** die (in der Praxis drängende) Frage dahingehend entschieden, dass der Versand der SMS auf **§ 100i,** die nachfolgende bzw. in Echtzeit erfolgende Abfrage der Standortdaten auf **§ 100g StPO** gestützt werden könne. Abgelehnt hatten die Bundesrichter eine Anwendung von § 100a (iVm §§ 161, 163), weil es sich bei dem Vorgang mangels menschlicher Beteiligung nicht um Kommunikation iSv § 100a handele und § 100a zwar die Überwachung der Kommunikation, nicht aber die Erzeugung von Kommunikationsdaten gestatte. § 100h käme zwar prinzipiell als Rechtsgrundlage in Betracht, da die Stille SMS ein „sonstiges technisches Mittel" iSv § 100h Abs. 1 Nr. 2 sei, jedoch könne der Versand auch auf § 100i Abs. 1 Nr. 2 gestützt werden und § 100i sei lex specialis.[35] Dieser Auffassung hat sich die überwiegende (Kommentar-)Literatur angeschlossen.[36] 28

Richtigerweise enthält die **derzeit jedoch keine Rechtsgrundlage** für das Versenden einer Stillen SMS.[37] Der BGH hat zu Recht die Anwendung von § 100h Abs. 1 S. 2 abgelehnt, weil die Bestimmung des Standorts eines Mobiltelefons durch technische Mittel (also außerhalb der Abfrage von Verkehrsdaten beim Dienstleister nach § 100g) spezieller und abschließend in § 100i Abs. 1 Nr. 2 geregelt ist. § 100i Abs. 1 Nr. 2 ist jedoch ebenfalls keine taugliche Rechtsgrundlage. Zwar sind Wortlaut und (mittlerweile) amtliche Überschrift offen, was die Spezifikation des „technischen Mittels" angeht. Allerdings muss bei 29

---

31 Ebenso Köhler in Meyer-Goßner/Schmitt § 100i Rn. 11; Bär in KMR-StPO § 100i Rn. 11.

32 Krüger ZJS 2012, 606 (609) mN; Rückert NStZ 2018, 613; Bay-LT-Drs. 16/11003.

33 Wolter/Greco in SK-StPO § 100h Rn. 29.

34 ZB Eisenberg/Singelnstein NStZ 2005, 62.

35 BGH 8.2.2018 – 3 StR 400/17, NStZ 2018, 611 mablAnm Rückert.

36 Köhler in Meyer-Goßner/Schmitt § 100i Rn. 4; Gercke in Gercke/Julius/Temming/Zöller § 100i Rn. 6; Hegmann in BeckOK StPO § 100i Rn. 6; Bruns in KK-StPO § 100i Rn. 6a; Eschelbach in Satzger/Schluckebier/Widmaier StPO § 100i Rn. 4; Bär in KMR-StPO § 100i Rn. 10a; Ruppert JR 2019, 300; Farthofer ZIS 2020, 190.

37 Wie hier Puschke NJW 2018, 2809 (2811 f.).

§ 100i Abs. 1 Nr. 2 der Standort des Mobiltelefons „durch" das technische Mittel bestimmt werden. Diese Formulierung ist auf die Anwendung des IMSI-Catchers (und vergleichbarer technischer Mittel, die den Standort selbst feststellen) zugeschnitten, da bei dessen Einsatz tatsächlich der Standort des Mobiltelefons unmittelbar durch den Einsatz des technischen Mittels bestimmt wird. Beim Einsatz der Stillen SMS wird der Standort des Mobiltelefons den Ermittlungsbehörden jedoch nicht durch den Versand der Stillen SMS, sondern erst durch die anschließende Standortdatenabfrage beim Mobilfunkanbieter nach § 100g bekannt. Es handelt sich beim Versendungsvorgang der Stillen SMS dementsprechend nicht um eine Standortbestimmung „durch" das technische Mittel, sondern um eine Erzeugung von Standortdaten durch das technische Mittel, die erst danach abgefragt werden müssen.[38] Auch eine Auslegung nach dem geäußerten Willen des Gesetzgebers stützt dieses Ergebnis. § 100i war ursprünglich ausschließlich zum Einsatz des IMSI-Catchers ins Gesetz aufgenommen worden.[39] Auch bei Reform der Regelung 2007 wurde in der Gesetzesbegründung – auch und gerade beim Einsatz zur Standortbestimmung – ausschließlich vom Einsatz des IMSI-Catchers gesprochen.[40] In derselben Drucksache wurde der Einsatz der Stillen SMS außerdem als „rechtlich umstrittene" Maßnahme bezeichnet, deren Einsatz sich durch die Reform des § 100g als überflüssig erweisen werde.[41] 2012 hatte die Bundesregierung auf eine Kleine Anfrage hin §§ 161, 163 als Rechtsgrundlage für den Versand einer Stillen SMS genannt, bei der redaktionellen Anpassung der Verfahrensvorschriften 2017 ist im Rahmen von § 100i ebenfalls keine Erwähnung der Stillen SMS in der Begründung zu finden.[42] Dies alles spricht dafür, dass sich der Gesetzgeber bislang überhaupt nicht mit der Frage einer Regulierung der Stillen SMS auseinandergesetzt hat, insbesondere diese nicht als von § 100i Abs. 1 Nr. 2 erfasst ansieht. Da jedoch – insbesondere bei der der in der Praxis verbreiteten Versendung einer Vielzahl von Stillen SMS zur Erstellung eines partiellen Bewegungsprofils – in der, mit der Versendung der Stillen SMS einhergehenden, Erzeugung von Standortdaten ein erheblicher Grundrechtseingriff liegt,[43] ist der Gesetzgeber aufgrund des **verfassungsrechtlichen Wesentlichkeitsvorbehalts** aufgerufen, sich mit den aus dem Einsatz der Stillen SMS ergebenden Grundrechtsfragen selbst zu beschäftigen und dem BGH keine „ersatzgesetzgeberische" Tätigkeit zu überlassen. Deshalb kommt auch eine Anwendung von §§ 161, 163 nicht in Betracht. Nur der Vollständigkeit halber sei erwähnt, dass auch § 100g keine taugliche Rechtsgrundlage ist.[44] § 100g ist eindeutig nur zur Abfrage von bereits gespeicherten Standortdaten vorgesehen, nicht jedoch zur Erzeugung dieser Daten.[45]

30 Geht man – anders als hier vertreten – davon aus, dass es eine Rechtsgrundlage für den Versand der Stillen SMS gibt, so können die erzeugten Verkehrsdaten gem. **§ 100g** Abs. 1 S. 4 (iVm Abs. 2 für retrograd gespeicherte Standortdaten) bzw. (für die Praxis bedeutsamer, § 100g Abs. 1 S. 5 (in Echtzeit) abgefragt werden.

III. Materielle Anordnungsvoraussetzungen (Abs. 1)

31 Maßnahmen nach § 100i dürfen angeordnet werden, wenn aufgrund **bestimmter Tatsachen** der Verdacht einer **Straftat von auch im Einzelfall erheblicher Bedeutung,** insbesondere einer der in § 100a Abs. 2 bezeichneten Straftaten besteht, und die Ermittlung der Geräte- oder Kartennummer bzw. des Standorts des Mobilfunkgerätes für die **Erfor-**

[38] Zu diesem Argument kritisch Ruppert JR 2019, 300; wie hier dagegen Puschke NJW 2018, 2809 (2811 f.).
[39] BT-Drs. 14/9088, 7.
[40] BT-Drs. 16/5846, 56 f.
[41] BT-Drs. 16/5846, 51.
[42] BT-Drs. 18/12785, 58.
[43] Puschke NJW 2018, 2811 f.
[44] So jedoch Bär in BeckOK StPO, 30. Edition 2018 § 100g Rn. 25.
[45] Siehe bereits zum Ganzen Rückert NStZ 2018, 613; im Ergebnis wie hier Singelnstein NStZ 2014, 305 (308); ebenfalls kritisch Puschke NJW 2018, 2811 f.

schung des Sachverhalts oder die Ermittlung des **Aufenthaltsortes des Beschuldigten** erforderlich ist.

1. Anlasstat (Abs. 1). Der hier ebenso wie in den §§ 98a, 100g, 110a, 163e, 163f verwendete unbestimmte Rechtsbegriff der „Straftat von erheblicher Bedeutung" wird nach einhelliger Auffassung dahingehend ausgelegt, dass darunter solche Straftaten zu verstehen sind, die dem **mittleren Kriminalitätsbereich** zuzuordnen und damit geeignet sind, den Rechtsfrieden empfindlich zu stören sowie das Gefühl der Rechtssicherheit der Bevölkerung erheblich zu beeinträchtigen.[46] Wenngleich diese Auslegung ebenso wenig praktikabel ist wie der unbestimmte Rechtsbegriff selbst, genügt letzterer – nach Auffassung des BVerfG – den rechtsstaatlichen Erfordernissen der Normenklarheit und Bestimmtheit (→ § 100g Rn. 57 ff.).[47] Eine „Straftat von auch im Einzelfall erheblicher Bedeutung" muss nicht zwingend eine der in § 100a Abs. 2 bezeichneten Straftaten zum Gegenstand haben.[48] Mit dem Verweis auf diesen Katalog hat der Gesetzgeber lediglich einen bedeutsamen Anwendungsfall für Straftaten von erheblicher Bedeutung hervorgehoben[49] und damit zugleich dessen Anwendungsbereich – wenngleich nicht abschließend – bestimmt. Damit die Regelung nicht gänzlich unbeachtet bleibt, ist in Fällen, in denen keine Katalogtat nach § 100a Abs. 2 vorliegt, jedoch eine besonders strenge Verhältnismäßigkeitsprüfung vorzunehmen. 32

Die Straftat von erheblicher Bedeutung muss schließlich auch **im Einzelfall** von erheblicher Bedeutung sein. Damit sollen im Hinblick auf die verfassungsgerichtliche Rspr.[50] diejenigen Lebenssachverhalte ausgeschieden werden, die zwar eine Straftat von erheblicher Bedeutung zum Gegenstand haben, etwa weil die einschlägigen Straftatbestände eine Höchststrafe von mehr als drei Jahren vorsehen, die indes gleichwohl mangels hinreichender Schwere im konkreten Einzelfall einen Eingriff nach Maßgabe des Abs. 1 in das Telekommunikationsgeheimnis (nach hier vertretener Auffassung) bzw. das allgemeine Persönlichkeitsrecht (nach hM) nicht zu rechtfertigen vermögen. 33

Die durch Abs. 1 umschriebene Verdachtslage muss sich **nicht auf eine vollendete Tat** beziehen. Es genügt vielmehr auch eine in strafbarer Weise versuchte oder vorbereitete Straftat von erheblicher Bedeutung. Soweit die Vorschrift weiter voraussetzt, dass jemand als „Täter oder Teilnehmer" an einer solchen Tat mitgewirkt hat, genügen dem **sämtliche Beteiligungsformen** gemäß den §§ 25 ff. StGB. Der Beschuldigte kann der Tat mithin als Allein- oder Mittäter, Anstifter oder Gehilfe verdächtig sein. 34

2. Verdacht aufgrund bestimmter Tatsachen (Abs. 1). Der Verdacht des Vorliegens einer Straftat von auch im Einzelfall erheblicher Bedeutung muss sich aufgrund bestimmter Tatsachen ergeben, reine Vermutungen bzw. allein kriminalistische Erfahrungssätze reichen nicht aus. Der Tatverdacht muss weder hinreichend iSd § 203 noch dringend iSd § 112 Abs. 1 S. 1 sein.[51] Der Verdacht muss sich jedoch als hinreichend konkret darstellen und sich damit auf sinnlich wahrnehmbare, konkrete Umstände, mithin auf eine schlüssige Tatsachenbasis iS eines **qualifizierten Anfangsverdachts** stützen. Es handelt sich dabei um denselben Verdachtsgrad wie bei § 100a, dh die Qualitätsanforderungen beziehen sich sowohl auf die Tatsachenbasis als auch auf den Wahrscheinlichkeitsmaßstab (siehe für diese Anforderungen die umfassende Kommentierung bei → § 100a Rn. 151 ff.). 35

3. Zweck der Maßnahme, Subsidiarität (Abs. 1). Der Einsatz der technischen Mittel ist weiter nur zulässig, soweit er zur Erforschung des Sachverhalts oder zur Ermittlung des Aufenthaltsortes des Beschuldigten erforderlich ist. Zur **Erforschung des Sachverhalts** 36

46 Vgl. statt vieler BVerfG 14.12.2000 – 2 BvR 1741/99, NJW 2001, 878 (880); BGH 22.3.2012 – 1 StR 359/11, StraFo 2012, 173; Köhler in Meyer-Goßner/Schmitt § 98a Rn. 5.
47 BVerfG 14.12.2000 – 2 BvR 1741/99, NJW 2001, 879 (880).
48 Ebenso Köhler in Meyer-Goßner/Schmitt § 100i Rn. 6; Bruns in KK-StPO § 100i Rn. 7; Bär in KMR-StPO § 100i Rn. 7; zweifelnd Puschke/Singelstein NJW 2008, 114.
49 BVerfG 12.3.2003 – 1 BvR 330/96, NJW 2003, 1787 (1791).
50 BVerfG 2.3.2006 – 2 BvR 2099/04, NJW 2006, 976 (982).
51 So auch Köhler in Meyer-Goßner/Schmitt § 100i Rn. 7 unter Verweis auf § 100a Rn. 9.

ist der Einsatz technischer Mittel zwecks Feststellung der Karten- bzw. Gerätenummer regelmäßig erforderlich, wenn der Beschuldigte zur Erschwerung der Überwachung seiner Telekommunikation regelmäßig seine Telefonkarte („Kartenspieler") bzw. auch sein Mobiltelefon wechselt und die Nummer seiner neuen Karte bzw. seines neuen Handys auf andere Weise nicht schneller bzw. einfacher festgestellt werden kann.

37 Zur genaueren Bestimmung des **Aufenthaltsortes des Beschuldigten** ist der Einsatz technischer Mittel nach § 100i vielfach selbst dann erforderlich, wenn gegen den Beschuldigten aktuell Maßnahmen nach §§ 100a bzw. 100g durchgeführt werden und deshalb regelmäßig im Falle einer Verbindung bzw. nach Maßgabe von § 7 Abs. 1 Nr. 7 TKÜV selbst im Falle des lediglich aktiv geschalteten Handys bereits die betreffende Funkzelle, in der sich das überwachte Gerät gerade befindet, durch den Telekommunikationsdienstleister „in Echtzeit" mitgeteilt wird. Zwar hat der Dienstleister den aktuellen Standort nach der Regelung in § 7 TKÜV mit der „größtmöglichen Genauigkeit" zu benennen, er kann indes technisch bedingt entweder nur die Daten der Funkzelle als Ganzes oder aber die eines größeren Sektor derselben (Abstrahlwinkel) angeben. Eine „punktgenaue" Standortfeststellung ist auf der Grundlage dieser Angaben nicht möglich. Anders verhält es sich mit der nach Abs. 1 Nr. 2 statthaften Peilung mittels des IMSI-Catchers. Hierdurch ist oftmals eine Standortbestimmung mit einer Genauigkeit von wenigen Metern möglich.

38 Zulässig bleibt weiterhin auch der Einsatz der technischen Mittel des § 100i **zur Eigensicherung** der zur vorläufigen Festnahme oder Ergreifung des Täters eingesetzten Polizeibeamten. Der Gesetzgeber hat die entsprechende Regelung des § 100i Abs. 2 S. 3 aF allein deshalb nicht übernommen, weil er dies mit der – vertretbaren – Erwägung für entbehrlich hielt, dass auch der Einsatz des IMSI-Catchers im Rahmen der Eigensicherung letztlich der Ermittlung des aktuellen Aufenthaltsortes des Beschuldigten diene.[52]

39 Hält man – anders als hier vertreten – den Einsatz der **sog. Stillen SMS** für nach § 100i Abs. 1 Nr. 2 statthaft, so ist diese zur Standortbestimmung regelmäßig **vorrangig** vor dem Einsatz des IMSI-Catchers. Im Unterschied zu diesem werden bei der Stillen SMS nämlich nur die Standortdaten des Betroffenen erfasst, nicht auch diejenigen aller anderen Nutzer im Wirkungskreis des IMSI-Catchers (sowie deren IMSI- und IMEI-Nummern). Die Stille SMS weist daher eine geringere Streubreite auf und ist deshalb regelmäßig das mildere Mittel. Dies gilt auch, wenn mittels des mehrfachen Versandes von Stillen SMS ein partielles Bewegungsprofil erstellt werden soll. Denn die Erstellung eines vergleichbaren Profils mittels eines IMSI-Catchers würde wiederrum die Erfassung von Daten einer Vielzahl unbeteiligter Personen erforderlich machen (und wäre in der Praxis mit einem sehr großen Aufwand verbunden bzw. ist in vielen Fällen gar nicht möglich).

40 **4. Verhältnismäßigkeit.** Auch bei Maßnahmen nach § 100i ist der allgemeine Verhältnismäßigkeitsgrundsatz zu berücksichtigen. Dabei kommt Maßnahmen nach **§ 100i Abs. 1 Nr. 2** in der Regel **ein größeres Eingriffsgewicht zu.** Dies gilt insbesondere für die Erstellung partieller Bewegungsprofile durch wiederholte Standortbestimmung (idR durch wiederholten Versand von Stillen SMS). Dabei ist ein besonderes Augenmerk auf die Dauer der Maßnahme und die Intervalle der Standortbestimmung zu legen. Zu sonstigen Kriterien zu Bestimmung der Eingriffsintensität auf der einen und der Schwere der Straftat auf der anderen Seite → § 100a Rn. 180 ff.

41 **5. Adressaten der Maßnahme (Abs. 3 S. 1 iVm § 100a Abs. 3).** Der Einsatz technischer Mittel nach § 100i darf sich nach Abs. 3 S. 1 iVm § 100a Abs. 3 nur gegen den **Beschuldigten** oder gegen Personen richten, von denen aufgrund bestimmter Tatsachen anzunehmen ist, dass sie für den Beschuldigten bestimmte oder von ihm herrührende Mitteilungen entgegennehmen oder weitergeben **(Nachrichtenmittler)** bzw. dass der Beschuldigte ihren Anschluss **(Anschlussinhaber)** oder ihr informationstechnisches System (**Systeminhaber)** benutzt. Der Verweis auf § 100a Abs. 3 erscheint konsequent. Ist es unter den dort genannten Voraussetzungen zulässig, Maßnahmen zur Überwachung der Telekom-

52 BT-Drs. 16/5846, 56; von der Grün Verdeckte Ermittlungen S. 91.

munikation auch gegen so genannte Nachrichtenmittler sowie Anschluss- und Systeminhaber durchzuführen, kann nichts dagegen eingewendet werden, gegen diesen Personenkreis auch Maßnahmen zuzulassen, die wie im Falle von Abs. 1 Nr. 1 der Vorbereitung einer Telekommunikationsüberwachung dienen.

Die sog. Stille SMS kann demnach sowohl an die Telefonnummer des Beschuldigten 42 als auch an Mobilfunkanschlüsse versendet werden, von denen anzunehmen ist, dass der Beschuldigte diese Anschlüsse benutzt.

IV. Formelle Anordnungsvoraussetzungen (Abs. 3)

1. Zuständigkeit für die Anordnung (S. 1 iVm § 100e Abs. 1 S. 1–3). Der Einsatz 43 eines IMSI-Catchers darf im Ermittlungsverfahren grundsätzlich nur auf Antrag der Staatsanwaltschaft durch das gemäß §§ 162, 169 zuständige **Gericht,** mithin durch den Ermittlungsrichter beim Amtsgericht bzw. im Falle des § 169 den Ermittlungsrichter beim Oberlandesgericht oder dem BGH angeordnet werden. In Auslieferungsverfahren ist hier ebenso wie etwa für Maßnahmen nach § 100a stets das Oberlandesgericht zuständig.[53]

Bei Gefahr im Verzug kann die Anordnung nach Abs. 3 S. 1 iVm § 100e Abs. 1 S. 2 44 auch durch die **Staatsanwaltschaft selbst, nicht indes durch deren Ermittlungspersonen** getroffen werden. Wird die Anordnung der Staatsanwaltschaft nicht binnen drei Werktagen durch das Gericht bestätigt, tritt sie außer Kraft. Die bis zu diesem Zeitpunkt gewonnenen Erkenntnisse bleiben gleichwohl verwertbar. Dies gilt auch für den Fall, dass eine Bestätigung der staatsanwaltschaftlichen Eilanordnung durch das Gericht nicht herbeigeführt wird, weil die Maßnahme noch vor Ablauf dieser kurzen Frist beendet wird (für Details → § 100e Rn. 9).[54]

Der Lauf der **3-Tages-Frist** wird bereits durch den Erlass der Anordnung selbst ausge- 45 löst. Wann die Anordnung, die die Staatsanwaltschaft nach § 36 zu vollstrecken hat, tatsächlich umgesetzt wurde, ist für die Fristberechnung ohne Bedeutung. Die Berechnung selbst richtet sich nach §§ 42, 43 Abs. 2 (Details zur Fristberechnung bei → § 100e Rn. 7 f.).

2. Form der Anordnung (S. 1 iVm § 100e Abs. 3 S. 1). Die richterliche Anord- 46 nung hat gemäß Abs. 3 S. 1 iVm § 100e Abs. 3 S. 1 **schriftlich** zu ergehen und ist als anfechtbare Entscheidung nach § 34 zu begründen. Die strengen Begründungserfordernisse des § 100e Abs. 3 S. 2 und Abs. 4 gelten indes mangels Verweises auf diese Vorschriften nicht. Dennoch bietet es sich aus Transparenzgründen an, die Begründung zu Maßnahmen nach § 100i an diesen Vorschriften zu orientieren. Auch die Eilanordnung der Staatsanwaltschaft bedarf – trotz der dann gegebenen Eilbedürftigkeit – stets der Schriftform. Der Gesetzgeber hat keine Ausnahmevorschrift normiert, welche eine mündliche Anordnung der Staatsanwaltschaft zulassen würde (auch → § 100e Rn. 25).

3. Inhalt der Anordnung; Dauer der Maßnahme. Zum Inhalt der Anordnung 47 macht § 100i, dessen Abs. 3 lediglich auf § 100e Abs. 3 S. 1, nicht jedoch auch auf dessen S. 2 verweist, keine Vorgaben. Indes gehört hier ebenso wie bei Maßnahmen nach § 100a zum notwendigen Inhalt der Anordnung die – soweit möglich – Angabe von **Name und Anschrift** des Betroffenen, das **Ziel der Maßnahme,** im Fall von Abs. 1 Nr. 2 die **Geräte- oder Kartennummer** sowie schließlich die **Dauer** der Maßnahme. Diese ist gemäß S. 2 auf höchstens sechs Monate zu befristen und kann nach S. 3 um jeweils sechs weitere Monate verlängert werden. Gemäß Abs. 3 S. 1 iVm § 100e Abs. 5 S. 1 ist der Einsatz der technischen Mittel „unverzüglich zu beenden", wenn die Voraussetzungen der Anordnung nicht mehr vorliegen. Dies ist der Fall liegt, wenn die Eingriffsvoraussetzungen nachträglich entfallen, etwa weil sich die verfahrensgegenständliche Straftat im Verlauf der weiteren Ermittlungen als nicht auch im Einzelfall von erheblicher Bedeutung darstellt oder wenn, der mit der Maßnahme erstrebte Zweck erreicht wird.

[53] OLG Hamm 22.6.1998 – (2) 4 Ausl. 419/97 (30/98), NStZ-RR 1998, 350.
[54] Köhler in Meyer-Goßner/Schmitt § 100e Rn. 4 mwN.

V. Mitwirkungspflichten der Telekommunikationsdienstleister

48 **1. Bis zum Inkrafttreten des Telekommunikationsmodernisierungsgesetzes (bis 1. Dezember 2021).** Maßnahmen nach § 100i werden **gänzlich ohne Mitwirkung der Dienstleister** mit dem eigenen technischen Equipment der Strafverfolgungsbehörden durchgeführt (→ Rn. 8 ff.). Aus diesem Grund enthält Abs. 3 S. 1 auch keinen Verweis auf § 100a Abs. 4 S. 1, wonach bei Maßnahmen der Telekommunikationsüberwachung die Dienstleister den berechtigten Stellen die Durchführung entsprechender Maßnahmen zu ermöglichen haben. Auch für den Versand einer Stillen SMS (soweit man hierfür – anders als hier vertreten – § 100i für einschlägig hält) erfolgt ohne Mitwirkung der Telekommunikationsanbieter. Die Mitwirkungspflicht der Anbieter bei der anschließenden Abfrage der Standortdaten richtet sich nach § 101a Abs. 1 S. 1 iVm § 100a Abs. 4.

49 § 100i enthält im Gegensatz zu § 100i Abs. 4 S. 4 aF keine Verpflichtung der geschäftsmäßig tätigen Telekommunikationsdienstleister, die Geräte- und Kartennummer derjenigen Person mitzuteilen, gegen die sich die Maßnahme richten soll. Auch die umgekehrte Abfrage, nämlich die Angabe der Personen (Namen und Anschriften), welchen die durch den IMSI-Catcher ermittelten IMSI- und IMEI-Nummern zuzuordnen sind, ist in § 100i nicht geregelt. Entsprechende Auskünfte können jedoch nach **§ 100j Abs. 1 S. 1** verlangt werden. Soweit auch nach Inkrafttreten der Regelung des § 100j Abs. 1 S. 1 noch immer vertreten wird, eine Auskunftserteilung könne auch auf die „allgemeinen Befugnisse“ nach §§ 94 ff., 161, 163 gestützt werden,[55] ist dies teilweise unzutreffend. § 100j Abs. 1 S. 1 ist im Verhältnis zu §§ 161, 163 **lex specialis** für das Verlangen von Auskünften über Bestandsdaten iSv § 2 Abs. 2 Nr. 2 TTDSG, §§ 3 Nr. 6, 172 TKG (bis 1. Dezember 2021: §§ 3 Nr. 3, 95, 111 TKG). Da es sich bei Beauskunftungen nach § 100j Abs. 1 S. 1 im Umkehrschluss zu § 100j Abs. 4 um eine heimliche und auch nicht benachrichtigungspflichtige Ermittlungsmaßnahme handelt, können daneben die §§ 94 ff. als offene Ermittlungsmaßnahme (also mit vorheriger oder zeitgleicher Benachrichtigung des Betroffenen) zur Anwendung kommen. Eine praktische Bedeutung neben § 100j Abs. 1 S. 1 dürften die Beschlagnahmevorschriften aber – wegen der Offenheit der Maßnahme – nicht haben. Nach Inkrafttreten des StPO-Fortentwicklungsgesetzes zum 1. Juli 2021[56] ermöglicht § 95a nF auch eine „heimliche Beschlagnahme“ unter den dort genannten Voraussetzungen. Da jedoch die Anforderungen des § 95a nF höher sind als diejenigen nach § 100j Abs. 1 S. 1, kommt dieser Maßnahme für Bestandsdaten wohl kaum praktische Bedeutung zu.

49a **2. Nach dem Inkrafttreten des Telekommunikationsmodernisierungsgesetzes (ab 1. Dezember 2021).** Durch das Telekommunikationsmodernisierungsgesetz wurde zum 1. Dezember 2021 eine neue Mitwirkungspflicht für Telekommunikationsanbieter zur Ermöglichung von Maßnahmen nach § 100i Abs. 1 in § 171 TKG nF geregelt. Nach dieser Vorschrift müssen die Betreiber öffentlicher Mobilfunknetze den Strafverfolgungsbehörden ermöglichen, technische Mittel einzusetzen, um Maßnahmen nach § 100i Abs. 1 durchzuführen. Zweck ist es, technische Schwierigkeiten zu überwinden, welche durch die Verwendung des 5G-Mobilfunkstandards entstehen.[57] Der Begriff des „technischen Mittels“ ist bewusst weit gefasst und erfasst alle technologischen Mittel zur Durchführung von Maßnahmen nach § 100i Abs. 1.[58]

VI. Kennzeichnungs-, Benachrichtigungs- und Löschungsregelung

50 Gemäß § 101 sind auch im Falle einer Maßnahme nach § 100i die dadurch erlangten personenbezogenen **Daten zu kennzeichnen** (§ 101 Abs. 1, Abs. 3 S. 1), wobei diese Kennzeichnung auch nach Übermittlung der Daten an eine andere Stelle durch diese auf-

[55] So Köhler in Meyer-Goßner/Schmitt § 100i Rn. 19 sowie Günther → 1. Aufl. Rn. 39.
[56] BGBl. 2021 I 2099.
[57] BT-Drs. 19/26108, 365.
[58] BT-Drs. 19/26108, 365.

rechtzuerhalten ist (§ 101 Abs. 3 S. 2). Des Weiteren haben die Strafverfolgungsbehörden im Falle einer Maßnahme nach § 100i gemäß § 101 Abs. 4 Nr. 8 die Zielperson der Maßnahme **zu benachrichtigen** und diese auf die Möglichkeit des nachträglichen Rechtsschutzes (§ 101 Abs. 7 S. 2) hinzuweisen. Schließlich sind die personenbezogenen Daten gemäß § 101 Abs. 8 S. 1 **unverzüglich zu löschen,** wenn sie nicht mehr benötigt werden.

VII. Verwertbarkeit

1. Zufallsfunde bzgl. des Adressaten der Anordnung. Ergeben sich gelegentlich der Maßnahme weitere Erkenntnisse bzgl. des Adressaten der Anordnung, mithin entweder hinsichtlich des Beschuldigten oder aber des Nachrichtenmittlers bzw. Anschluss- oder Systeminhabers, so gelten für die Verwertbarkeit dieser Erkenntnisse zu strafprozessualen Zwecken die allgemeinen Grundsätze nach § 479 Abs. 2 S. 1 iVm § 161 Abs. 3. Die gewonnenen Daten können mithin nach Maßgabe dieser Norm **zu Beweiszwecken und als Spurenansatz nur zur Verfolgung von Straftaten, die auch im jeweiligen Einzelfall von erheblicher Bedeutung (insbesondere Katalogtaten nach § 100a Abs. 2) verwendet werden** (→ § 100a Rn. 321). Nach zutreffender Auffassung des KG erfasst der Begriff der „bestimmten Straftaten" in § 479 Abs. 2 S. 1 nicht nur enumerativ aufgezählte „Katalogtaten" (wie bei § 100a Abs. 2), sondern auch generalklauselartig umschriebene Delikte, die eine besondere Qualität aufweisen. Für die Straftaten von „erheblicher Bedeutung" hat das KG dies explizit entschieden.[59] Dabei genügt nicht allein das Vorliegen einer Straftat von auch im Einzelfall erheblicher Bedeutung, es sind vielmehr alle materiellen Anordnungsvoraussetzungen von § 100i hypothetisch unter Zugrundelegung des Sach- und Erkenntnisstandes zum Zeitpunkt der Verwertung/Verwendung in dem anderen Strafverfahren zu prüfen (detaillierte Begründung bei → § 100a Rn. 321).[60] Zur Verfolgung anderer Straftaten dürfen die Erkenntnisse dagegen – bei verfassungskonformer Auslegung von § 161 Abs. 3 (hierzu → § 100a Rn. 321) – nicht, auch nicht als sog. Spurenansatz verwendet werden. Nicht vorausgesetzt (auch nicht von § 49 S. 1 BDSG / Art. 4 Abs. 2 Richtlinie 2016/680) ist dabei, dass die ursprüngliche Datenerhebung rechtmäßig erfolgte. Allerdings ist die Rechtswidrigkeit der ursprünglichen Datenerhebung ein intensitätserhöhender Faktor, der bei der Prüfung der Verhältnismäßigkeit im Rahmen der Prüfung der hypothetischen Datenneuerhebung zu berücksichtigen ist (detailliert mit Begründung bei → § 100a Rn. 329). Die in Abs. 2 S. 2 enthaltene Verwendungsbeschränkung findet nämlich nur auf „personenbezogene Daten Dritter", mithin nicht auf den vorgenannten Personenkreis Anwendung. 51

Zu **präventiven Zwecken** dürfen die Daten nach Maßgabe des § 479 Abs. 2 S. 2 auch ohne Einwilligung der von der Maßnahme betroffenen Person verwendet werden zu: 1) Zwecken der Gefahrenabwehr, soweit sie dafür durch eine entsprechende Maßnahme nach den für die zuständige Stelle geltenden Gesetzen erhoben werden könnten (Nr. 1), 2) zur Abwehr einer Gefahr für Leib, Leben oder Freiheit einer Person oder für die Sicherheit oder den Bestand des Bundes oder eines Landes oder für bedeutende Vermögenswerte, wenn sich aus den Daten im Einzelfall jeweils konkrete Ansätze zur Abwehr einer solchen Gefahr erkennen lassen (Nr. 2), 3) sowie für Zwecke, für die eine Übermittlung nach § 18 des Bundesverfassungsschutzgesetzes zulässig ist (Nr. 3). Für Details siehe die Kommentierung bei → § 100a Rn. 331. Die Rechtmäßigkeit der strafprozessualen Datenerhebung ist nur Verwendungsvoraussetzung, wenn das jeweils einschlägige Gefahrenabwehrrecht dies selbst regelt. § 49 S. 1 BDSG und Art. 4 Abs. 2 Richtlinie 2016/680 setzen dies dagegen nicht allgemein voraus (→ § 100a Rn. 331). 52

2. Personenbezogene Daten Dritter (Abs. 2). Nach Abs. 2 S. 1 dürfen personenbezogene Daten unbeteiligter Dritter nur erhoben werden, wenn und soweit dies aus techni- 53

[59] KG 20.12.2018 – 3 Ws 309/18, NStZ 2019, 429.

[60] BGH 26.4.2017 – 2 StR 247/16, NJW 2017, 3173 (3177); 15.11.2017 – 2 StR 128/17, NStZ 2018, 296.

schen Gründen für Maßnahmen des Datenabgleichs nach Abs. 1 Nr. 1 bzw. der Standortbestimmung nach Abs. 1 Nr. 2 unvermeidbar ist. Dritte iSd Vorschrift sind all diejenigen Personen, die nicht Beschuldigter und weder Nachrichtenmittler noch Anschluss- oder Systeminhaber sind. Nach S. 2 dürfen die im Rahmen der Maßnahme erhobenen IMSI- und IMEI-Nummern Dritter über den Datenabgleich hinaus **für andere Zwecke nicht verwendet werden.** Die Daten sind nach Beendigung der Maßnahme vielmehr unverzüglich zu löschen. Nach dieser, gegenüber der allgemeinen Verwendungsregelung in § 479 Abs. 2 S. 1 gemäß § 479 Abs. 2 S. 3 vorrangigen, Norm können Zufallsfunde weder als Beweismittel noch als Spurenansatz verwendet werden, weil das Verwertungsverbot des Abs. 2 S. 2 selbst keinerlei Einschränkungen enthält.[61]

54 Das Verwendungsverbot in Abs. 2 S. 2 schließt auch die weitere Verwendung der Daten zu **präventiven Zwecken** aus.

55 Die Regelung des Abs. 2 S. 2 verdient **Kritik.** Sie lässt sich weder mit dem Regelungsgehalt des § 479 Abs. 2 S. 1, der als verfahrensübergreifende Regelung die Verwendung personenbezogener Daten auch bei erheblich eingriffsintensiveren Maßnahmen wie etwa der Überwachung der Telekommunikation nach § 100a zulässt, noch mit den Regelungen in §§ 100e Abs. 6, 479 Abs. 3, welche sogar für die eingriffsintensivsten Maßnahmen der §§ 100b, 100c und 100g Abs. 2 eine weitere Verwendung in engen Grenzen zulassen, in Einklang bringen. Nach Abs. 2 S. 2 dürfte selbst die Feststellung nicht verwertet werden, dass ein in einem anderen Verfahren als Mörder gesuchter Beschuldigter (als Dritter) bzw. das von ihm mutmaßlich genutzte Handy im Bereich eines gerade eingesetzten IMSI-Catchers eingeloggt ist und der Gesuchte eigentlich festgenommen werden könnte.[62] Sachgerecht wäre es, die Verwendungsregeln an diejenigen für § 100g Abs. 3 S. 1 (Funkzellenabfrage ohne Verkehrsvorratsdaten) anzugleichen, da beiden Maßnahmen gemein ist, dass sie regelmäßig Daten einer Vielzahl dritter Personen miterheben. Da für § 100g Abs. 3 S. 1 die allgemeine Regelung des § 479 Abs. 2 gilt, wäre eine Einbeziehung des § 100i (durch Streichung des Abs. 2 S. 2) in diese Regelung sinnvoll und angemessen.

56 **3. Verwertung von Daten aus präventiven Maßnahmen.** Personenbezogene Daten aus dem präventiv-polizeilichen Einsatz technischer Mittel zur Standortbestimmung bzw. der Erhebung von Geräte- und Kartennummer dürfen als Beweismittel hinsichtlich begangener Straftaten nach Maßgabe des § 161 Abs. 3 ohne Einwilligung der betroffenen Person als **Beweismittel** verwendet werden, wenn das Polizeirecht eine entsprechende Maßnahme gestattet und es sich bei der begangenen Straftat um eine solche von auch im Einzelfall erheblicher Bedeutung handelt. Dabei genügt nicht allein das Vorliegen einer Katalogtat, es sind vielmehr alle materiellen Anordnungsvoraussetzungen von § 100i hypothetisch unter Zugrundelegung des Sach- und Erkenntnisstandes zum Zeitpunkt der Verwertung/Verwendung in dem anderen Strafverfahren zu prüfen (detaillierte Begründung bei → § 100a Rn. 377).[63] Nicht notwendig ist dagegen, dass die ursprüngliche Datenerhebung nach Gefahrenabwehrrecht rechtmäßig erfolgte. Auch § 49 S. 1 BDSG und Art. 4 Abs. 2 der Richtlinie 2016/680 setzen das nicht voraus. Die Rechtswidrigkeit der Datenerhebung ist jedoch ein gewichtiger intensitätserhöhender Faktor bei der vorzunehmenden hypothetischen Verhältnismäßigkeitsprüfung und bei der Abwägung im Rahmen der Beweisverbotslehre des BGH (ausführlich mit Begründung → § 100a Rn. 380). Bei hier vertretener verfassungskonformer Auslegung des § 161 Abs. 3 (hierzu → § 100a Rn. 321) gilt dasselbe für die Verwendung als Spurenansatz.[64]

57 Spezialgesetzliche **Zweckänderungsverbote** gelten auch hier (→ § 100a Rn. 379 und → § 100e Rn. 103).

---

[61] So Köhler in Meyer-Goßner/Schmitt § 100i Rn. 14; Bär in KMR-StPO § 100i Rn. 14; Hauck in Löwe/Rosenberg § 100i Rn. 30.

[62] So zutreffend Hauck in Löwe/Rosenberg § 100i Rn. 30.

[63] BGH 26.4.2017 – 2 StR 247/16, NJW 2017, 3173 (3177); 15.11.2017 – 2 StR 128/17, NStZ 2018, 296.

[64] AA noch Günther → 1. Aufl. Rn. 46.

4. Verwertungsverbot bei der Erhebung kernbereichsrelevanter Daten. § 100i enthält – mangels Verweises auf § 100d – keine Regelung zur Verwendung kernbereichsrelevanter Daten. Bei der Ermittlung IMEI- und IMSI-Nummer ist dies auch überflüssig. Dagegen kann es bei der **Standortermittlung** und insbesondere bei Erstellung **partieller Bewegungsprofile** durch den wiederholten Versand von Stillen SMS (oder auch des IMSI-Catchers) durchaus zur Erhebung von kernbereichsrelevanten (Standort-)Daten kommen (zB Kenntnis von bestimmten mit der Ausübung kernbereichsrelevanter Tätigkeiten im Zusammenhang stehender Örtlichkeiten wie Kirchen, Moscheen, Swingerclubs, Bordelle, spezialisierte Arztpraxen oder Kliniken etc). Dann greift das **unmittelbar aus der Verfassung** fließende Verwertungsverbot bzgl. dieser kernbereichsrelevanten Daten ein.[65] 58

5. Verwertungsverbote bei rechtswidrigen Anordnungen. Große praktische Bedeutung dürften Beweisverwertungsverbote bei Verstößen gegen § 100i idR nicht haben, weil die gewonnenen Erkenntnisse **regelmäßig nur als Grundlage für weitere Ermittlungsmaßnahmen** und nicht als unmittelbares Beweismittel für die Schuld des Angeklagten in der späteren Hauptverhandlung herangezogen werden. Dementsprechend sind idR die allgemeinen Grundsätze zur Fernwirkung von Beweisverwertungsverboten von Bedeutung (hierzu → § 100a Rn. 368 ff.). 59

a) Materiell-rechtlich rechtswidrige Anordnungen. Bzgl. Verwertungsverboten bei materiell-rechtlich rechtswidrigen Anordnungen gelten die **Ausführungen bei → § 100a Rn. 345 ff. entsprechend.** Ein Verwertungsverbot kommt nach der maßgeblichen Abwägungslehre der Rechtsprechung insbesondere bei Fehlen des Tatverdachts bzw. bei Fehlen des Verdachts einer Straftat von erheblicher Bedeutung und bei schwerwiegender bzw. objektiv willkürlicher Missachtung des Verhältnismäßigkeitsgrundsatzes in Betracht. 60

b) Formell-rechtlich rechtswidrige Anordnungen. Für formell-rechtlich rechtswidrige Anordnungen gilt das **in → § 100e Rn. 105** gesagte entsprechend. Ein Beweisverwertungsverbot kommt daher vor allem bei willkürlichen, bewussten oder sonst schwerwiegenden Umgehungen des Richtervorbehalts in Betracht. 61

c) Verstöße gegen § 500 Abs. 1 iVm §§ 45 ff. BDSG. Verstöße gegen die §§ 45 ff. BDSG können im selben Umfang zu Beweisverwertungsverboten führen wie **bei → § 100a Rn. 352.** In der Praxis dürften aber auch diese möglichen Verwertungsverbote, aufgrund der idR nur im Rahmen der Fernwirkung zu berücksichtigenden Verstöße gegen die §§ 45 ff. BDSG, keine Rolle spielen. 62

C. Rechtsbehelfe

Gemäß § 101 Abs. 7 S. 2 kann die **Zielperson,** mithin nicht nur der Beschuldigte, sondern auch der Nachrichtenmittler sowie der Anschluss- oder Systeminhaber, gegen den sich die Maßnahme gerichtet hat, vor und nach Beendigung der Maßnahme eine gerichtliche Entscheidung über deren Rechtmäßigkeit sowie die Art und Weise ihrer Vollstreckung beantragen. Für diese Personengruppe ist der Rechtsbehelf nach § 101 Abs. 7 S. 2, sowohl vor als auch nach Erledigung der Maßnahme, lex specialis im Vergleich zu § 304 und § 98 Abs. 2 S. 2 analog (hierzu → § 101 Rn. 113 ff.) Gegen diese Entscheidung ist nach § 101 Abs. 7 S. 3 die sofortige Beschwerde statthaft. 63

Andere Personen (also insbesondere „Dritte" iSv Abs. 2) können gegen die entsprechende Anordnung des Gerichts, auch des Oberlandesgerichts bzw. des Ermittlungsrichters beim BGH, Beschwerde nach § 304 einlegen und gegen Anordnungen der Staatsanwalt- 64

[65] BVerfG 20.4.2016 – 1 BvR 966/09 und 1 BvR 1140/09, NJW 2016, 1781 (1786 ff.); 16.6.2009 – 2 BvR 902/06, NJW 2009, 2431 (2436 f.).

schaft Antrag auf gerichtliche Entscheidung gemäß § 98 Abs. 2 S. 2 analog stellen (→ § 100e Rn. 107 f.).

D. Revision

65 Da die aus Maßnahmen nach § 100i gewonnenen Erkenntnisse regelmäßig nur als Ansatz für weitere Ermittlungen genutzt werden, dürfte das Urteil auch nicht auf der Verwertung dieser Erkenntnisse beruhen (anders wohl nur bei Bejahung einer Fernwirkung im Einzelfall, was idR jedoch nicht vorkommen dürfte). Rechtsfehlern im Zusammenhang mit § 100i kommt somit regelmäßig **keine revisionsrechtliche** Bedeutung zu. Anders kann dies insbesondere beim Einsatz der sog. Stillen SMS sein, da die partiellen Bewegungsprofile durchaus Teile eines Tatnachweises sein können. Ob insoweit die sog. Widerspruchslösung zu berücksichtigen ist, hat der BGH bislang – soweit ersichtlich – nicht entschieden.

§ 100j Bestandsdatenauskunft

(1) [1]Soweit dies für die Erforschung des Sachverhalts oder die Ermittlung des Aufenthaltsortes eines Beschuldigten erforderlich ist, darf Auskunft verlangt werden

1. über Bestandsdaten gemäß § 3 Nummer 6 des Telekommunikationsgesetzes und über die nach § 172 des Telekommunikationsgesetzes erhobenen Daten (§ 174 Absatz 1 Satz 1 des Telekommunikationsgesetzes) von demjenigen, der geschäftsmäßig Telekommunikationsdienste erbringt oder daran mitwirkt, und

2. über Bestandsdaten gemäß § 2 Absatz 2 Nummer 2 des Telekommunikation-Telemedien-Datenschutz-Gesetzes (§ 22 Absatz 1 Satz 1 des Telekommunikations-Telemedien-Datenschutz-Gesetzes) von demjenigen, der geschäftsmäßig eigene oder fremde Telemedien zur Nutzung bereithält oder den Zugang zur Nutzung vermittelt.

[2]Bezieht sich das Auskunftsverlangen nach Satz 1 Nummer 1 auf Daten, mittels derer der Zugriff auf Endgeräte oder auf Speichereinrichtungen, die in diesen Endgeräten oder hiervon räumlich getrennt eingesetzt werden, geschützt wird (§ 174 Absatz 1 Satz 2 des Telekommunikationsgesetzes), darf die Auskunft nur verlangt werden, wenn die gesetzlichen Voraussetzungen für die Nutzung der Daten vorliegen. [3]Bezieht sich das Auskunftsverlangen nach Satz 1 Nummer 2 auf als Bestandsdaten erhobene Passwörter oder andere Daten, mittels derer der Zugriff auf Endgeräte oder auf Speichereinrichtungen, die in diesen Endgeräten oder hiervon räumlich getrennt eingesetzt werden, geschützt wird (§ 23 des Telekommunikation-Telemedien-Datenschutz-Gesetzes), darf die Auskunft nur verlangt werden, wenn die gesetzlichen Voraussetzungen für ihre Nutzung zur Verfolgung einer besonders schweren Straftat nach § 100b Absatz 2 Nummer 1 Buchstabe a, c, e, f, g, h oder m, Nummer 3 Buchstabe b erste Alternative oder Nummer 5, 6, 9 oder 10 vorliegen.

(2) Die Auskunft nach Absatz 1 darf auch anhand einer zu einem bestimmten Zeitpunkt zugewiesenen Internetprotokoll-Adresse verlangt werden (§ 174 Absatz 1 Satz 3, § 177 Absatz 1 Nummer 3 des Telekommunikationsgesetzes und § 22 Absatz 1 Satz 3 und 4 des Telekommunikation-Telemedien-Datenschutz-Gesetzes). [2]Das Vorliegen der Voraussetzungen für ein Auskunftsverlangen nach Satz 1 ist aktenkundig zu machen.

(3) [1]Auskunftsverlangen nach Absatz 1 Satz 2 und 3 dürfen nur auf Antrag der Staatsanwaltschaft durch das Gericht angeordnet werden. [2]Im Fall von Auskunftsverlangen nach Absatz 1 Satz 2 kann die Anordnung bei Gefahr im Verzug auch

durch die Staatsanwaltschaft oder ihre Ermittlungspersonen (§ 152 des Gerichtsverfassungsgesetzes) getroffen werden. [3]In diesem Fall ist die gerichtliche Entscheidung unverzüglich nachzuholen. [4]Die Sätze 1 bis 3 finden bei Auskunftsverlangen nach Absatz 1 Satz 2 keine Anwendung, wenn die betroffene Person vom Auskunftsverlangen bereits Kenntnis hat oder haben muss oder wenn die Nutzung der Daten bereits durch eine gerichtliche Entscheidung gestattet wird. [5]Das Vorliegen der Voraussetzungen nach Satz 4 ist aktenkundig zu machen.

(4) [1]Die betroffene Person ist in den Fällen des Absatzes 1 Satz 2 und 3 und des Absatzes 2 über die Beauskunftung zu benachrichtigen. [2]Die Benachrichtigung erfolgt, soweit und sobald hierdurch der Zweck der Auskunft nicht vereitelt wird. [3]Sie unterbleibt, wenn ihr überwiegende schutzwürdige Belange Dritter oder der betroffenen Person selbst entgegenstehen. [4]Wird die Benachrichtigung nach Satz 2 zurückgestellt oder nach Satz 3 von ihr abgesehen, sind die Gründe aktenkundig zu machen.

(5) [1]Auf Grund eines Auskunftsverlangens nach Absatz 1 oder 2 hat derjenige, der geschäftsmäßig Telekommunikationsdienste oder Telemediendienste erbringt oder daran mitwirkt, die zur Auskunftserteilung erforderlichen Daten unverzüglich zu übermitteln. [2]§ 95 Absatz 2 gilt entsprechend.

Schrifttum: s. § 100a und § 100g.

Übersicht

A. Überblick

I. Entstehungsgeschichte der Norm, verfassungsrechtliche Aspekte

1 § 100j wurde durch Art. 2 des **Gesetzes zur Änderung des Telekommunikationsgesetzes und zur Neuregelung der Bestandsdatenauskunft v. 20.6.2013** in die StPO eingeführt und trat am 1.7.2013 in Kraft.[1] Die Regelung ist unmittelbar auf den Beschluss des BVerfG v. 24.1.2012 zurückzuführen.[2] In diesem hat das BVerfG festgestellt, § 113 Abs. 1 S. 2 TKG aF sei mit dem aus Art. 2 Abs. 1 GG iVm Art. 1 Abs. 1 GG abzuleitenden Recht auf informationelle Selbstbestimmung unvereinbar und gelte übergangsweise längstens bis zum 30.6.2013 fort. Diese verfassungswidrige Regelung sah vor, dass Auskunftsersuchen hinsichtlich solcher Daten, durch die der Zugriff auf Endgeräte oder in diesen oder im Netz eingesetzte Speichereinrichtungen geschützt werde, insbesondere auf PIN oder PUK, auf die Aufgabengeneralklausel der §§ 161, 163 gestützt werden können. Zur Begründung seiner Entscheidung hat das BVerfG ua ausgeführt, zwar erfolge durch die Erhebung dieser Daten bzw. von **Bestandsdaten** (zum Begriff der Bestandsdaten → Rn. 12 ff.) kein Eingriff in das durch Art. 10 Abs. 1 GG geschützte Fernmeldegeheimnis, wohl aber in das Recht auf informationelle Selbstbestimmung. Ein Eingriff liege zunächst in der Erhebung und Speicherpflicht nach § 111 TKG aF, ein weiterer, selbstständiger in der Einspeisung der Bestandsdaten in ein automatisiertes Abrufsystem, wozu der Telekommunikationsdienstleister durch § 112 TKG aF verpflichtet werde. Der tatsächliche Abruf dieser Daten stelle schließlich erneut einen (weiteren) Eingriff in dieses Grundrecht dar.[3]

2 Anders verhält es sich bei der identifizierenden Zuordnung einer **dynamischen oder statischen IP-Adresse** (zum Begriff und zu weiteren technischen Aspekten → § 100a Rn. 82 ff.) zu einem bestimmten Nutzer. Solche IP-Adressen erheben die Strafverfolgungsbehörden ua bei Maßnahmen der Telekommunikationsüberwachung nach § 100a, im Rahmen derer sie bspw. die Internetkommunikation einer bestimmten Person überwachen und dabei feststellen, dass diese tatrelevanten Informationen mit einer dritten Person austauscht, bzgl. derer allein die IP-Adresse als Identifizierungsmöglichkeit bekannt wird. Entsprechende Auskunftsersuchen beim zuständigen Internet-Provider stellen nach Auffassung des BVerfG, anders als die Beauskunftung von Bestandsdaten, einen **Eingriff in das Telekom-**

1 BGBl. 2013 I 1602.
2 BVerfG 24.1.2012 – 1 BvR 1299/05, NJW 2012, 1419.
3 BVerfG 24.1.2012 – 1 BvR 1299/05, NJW 2012, 1419 Rn. 124.

munikationsgeheimnis des Art. 10 Abs. 1 GG dar, weil das Telekommunikationsunternehmen für die Identifizierung des hinter der IP-Adresse stehenden Nutzers in einem Zwischenschritt die Verkehrsdaten (zum Begriff der Verkehrsdaten → § 100a Rn. 71 ff.) des betreffenden Kunden sichten und dabei auf dessen konkrete Telekommunikationsvorgänge zugreifen müssen.[4]

Es bestand somit Handlungsbedarf und der Bundestag hatte in seiner Sitzung vom 3 3.5.2013[5] dem vom Deutschen Bundestag am 21.3.2013[6] verabschiedeten Gesetz gemäß Art. 73 Abs. 2 GG zugestimmt. Nachdem der ursprüngliche Gesetzentwurf der BReg. v. 9.1.2013[7] lediglich die jetzigen Absätze 1, 2 und 3 vorsah, fand die Vorschrift ihre endgültige Fassung aufgrund des Beschlusses des Innenausschusses vom 20.3.2013,[8] mit dem eine Änderung des Abs. 2 sowie die Einfügung der Abs. 3 und 4 (der ursprüngliche Abs. 3 wurde Abs. 5) empfohlen worden war. Durch diese Änderungen sollte ua gewährleistet werden, dass **ein heimlicher Zugriff auf die Daten des Betroffenen grundsätzlich nur mit richterlicher Zustimmung** erfolgt.[9]

Mit der erneuten **Einführung der Vorratsverkehrsdatenspeicherung** mit Gesetz 4 vom 10.12.2015[10] wurde die Möglichkeit zur Beauskunftung anhand dynamischer IP-Adressen auf solche erweitert, welche im Rahmen der Vorratsdatenspeicherung nach § 113b TKG aF zu speichern waren.[11] Im Gesetz zur Umsetzung der Richtlinie 2016/680 erfolgte lediglich eine redaktionelle Änderung.[12]

Mit **Beschluss vom 27.5.2020 hat das BVerfG** auch die Neufassung des **§ 113 TKG** 5 **aF** sowie die korrespondierenden sicherheits- und geheimdienstrechtlichen Abrufbefugnisnormen des Bundes (zB §§ 10, 40 BKAG) für **verfassungswidrig** erklärt. Im Urteil hat das BVerfG seine eigenen Grundsätze bestätigt, wonach die Bestandsdatenauskunft in das Recht auf informationelle Selbstbestimmung nach Art. 2 Abs. 1 iVm Art. 1 Abs. 1 GG eingreift, wobei zwischen dem Eingriff, der in der Befugnis zur Auskunftserteilung seitens der Telekommunikationsanbieter nach § 113 TKG aF liegt, und dem Eingriff, welcher in den Abrufregelungen der Fachgesetze liegt, zu unterscheiden sei.[13] Im Falle des Abrufs unter Nutzung einer dynamischen IP-Adresse, dh bei der Zuordnung eines bestimmten Kunden zu einer bestimmten dynamischen IP-Adresse zu einem bestimmten Zeitpunkt, lägen dagegen Eingriffe in das Telekommunikationsgeheimnis nach Art. 10 Abs. 1 Var. 3 GG vor, weil der Telekommunikationsanbieter zur Zuordnung der IP-Adresse in einem Zwischenschritte auf bei ihm gespeicherte Daten über konkrete Kommunikationsvorgänge seiner Kunden zugreifen müsse.[14] Die Regelung des § 113 Abs. 1 S. 1 TKG aF **sei nicht verhältnismäßig** und damit verfassungswidrig, weil sie selbst nicht die notwendigen Schwellen zur Übermittlung der verlangten Auskünfte regelt. Für den Bereich der Gefahrenabwehr muss hierfür in der gesetzlichen Regelung das Vorliegen einer hinreichend konkreten Gefahr verlangt werden. Die Anforderungen an die konkrete Gefahr dürfen zwar – insbesondere für die Abwehr terroristischer Gefahren – abgesenkt werden (zB was den Kausalzusammenhang angeht), Auskünfte dürfen jedoch nicht „ins Blaue hinein" bzw. allein zur Aufgabenerfüllung erteilt werden.[15] Diese Grundsätze gelten auch für geheimdienstliche Beauskunftungen. Hier genügt allerdings bereits, „dass eine Auskunft zur Aufklärung einer bestimmten, nachrichtendienstlich beobachtungsbedürftigen Aktion oder Gruppierung im

[4] BVerfG 24.1.2012 – 1 BvR 1299/05, NJW 2012, 1419 Rn. 116; 27.5.2020 – 1 BvR 1873/13, 1 BvR 2618/13, NJW 2020, 2699 (2705).
[5] BR-Drs. 251/13.
[6] BT-Plenarprotokoll 17/231, 29917 D.
[7] BT-Drs. 17/12034, 6.
[8] BT-Drs. 17/12879, 4.
[9] BT-Drs. 17/12879, 11.
[10] BGBl. 2015 I 2218.
[11] BT-Drs. 18/5088, 33.
[12] BGBl. 2019 I 1724.
[13] BVerfG 27.5.2020 – 1 BvR 1873/13 und 1 BvR 2618/13, NJW 2020, 2699 Rn. 91 ff.
[14] BVerfG 27.5.2020 – 1 BvR 1873/13 und 1 BvR 2618/13, NJW 2020, 2699 Rn. 97 ff.
[15] BVerfG 27.5.2020 – 1 BvR 1873/13 und 1 BvR 2618/13, NJW 2020, 2699 Rn. 144 ff.

Einzelfall geboten ist".[16] Für den – hier besonders interessierenden – Bereich der Strafverfolgung verlangt das BVerfG das **Vorliegen eines Anfangsverdachts,** was ebenfalls bereits in der die Übermittlung erlaubenden Norm als Schwelle geregelt sein muss.[17] Da § 113 Abs. 1 S. 1 TKG aF entgegen dieser Vorgaben bereits Auskunftserteilungen „zur Aufgabenerfüllung" der jeweiligen Behörden zulässt, ist die Norm verfassungswidrig.[18] Auch § 113 Abs. 1 S. 2 TKG aF (Beauskunftung von Zugangsdaten) ist verfassungswidrig, weil die Norm – übrigens genau wie die bereits aus diesem Grund für verfassungswidrig erklärte Vorgängernorm – keine Beschränkung dahingehend enthält, dass die Daten nur übermittelt werden dürfen, wenn die **Voraussetzungen für die Nutzung** der Zugangsdaten durch die abfragende Behörde vorliegen.[19] Dahinter steht die Überlegung, dass Daten nicht „auf Vorrat", sondern für spezifische Zwecke erhoben werden müssen. Schließlich ist auch die Beauskunftung anhand einer dynamischen IP-Adresse wegen Verletzung von Art. 10 Abs. 1 GG verfassungswidrig. Bei dieser Norm fehlt es – neben den bereits oben genannten gesetzlichen Übermittlungsschwellen – an der Beschränkung der Abrufbefugnis auf hinreichend gewichtige Rechtsgüter. Im Bereich des Strafrechts dürfe die Regelung zB, neben der Verfolgung von Straftaten, nur zur Verfolgung besonders gewichtiger Ordnungswidrigkeiten, welche im Gesetz zu benennen sind, eingesetzt werden.[20] Erforderlich sei außerdem – wie oben – das Bestehen eines strafprozessualen Anfangsverdachts – auch hieran fehlt es in der Norm (vgl. § 113 Abs. 2 S. 1 TKG aF).[21]

6 Neben § 113 TKG aF wurden auch **die angegriffenen fachgesetzlichen Abrufbefugnisse** in großen Teilen wegen mangelnder Verhältnismäßigkeit für verfassungswidrig erklärt. Zusammengefasst lag der verfassungsrechtliche Makel auch hier darin begründet, dass die Abrufbefugnisse nicht hinreichend begrenzt waren und zB lediglich die Aufgabenerfüllung als Grund nennen.[22] Sämtliche für verfassungswidrig erklärte Vorschriften wurden im Beschluss jedoch nicht für nichtig, sondern nur mit dem Grundgesetz als nicht vereinbar erklärt und gelten bis 31.12.2021 fort. Der Gesetzgeber war zu einer Neuregelung aufgerufen.[23]

7 Die Norm des **§ 100j** war von dieser Entscheidung zunächst nicht **unmittelbar betroffen.** Mittelbar hätte sich das Auslaufen der Frist des 31.12.2021 freilich ausgewirkt, weil es dann an der auch für § 100j notwendigen korrespondierenden Übermittlungsregelung fehlen würde. Der Gesetzgeber hat in der Zwischenzeit aber reagiert und im Gesetz zur Anpassung der Regelungen über die Bestandsdatenauskunft an die Vorgaben aus der Entscheidung des Bundesverfassungsgerichts vom 27. Mai 2020[24] § 113 TKG aF nach den Vorgaben des BVerfG vollständig neu gefasst.[25] § 100j dürfte nach den im Bestandsdatenauskunft-II-Beschluss genannten Maßstäben auch in seiner geltenden Fassung verfassungsgemäß sein. Sämtliche Befugnisse in der geltenden Fassung (Bestandsdatenauskunft – auch anhand von dynamischen IP-Adressen und Herausgabe von Zugangsdaten) verlangen das Bestehen eines Anfangsverdachts bezüglich einer Straftat. Zugangsdaten dürfen außerdem nur herausgegeben werden, wenn die gesetzlichen Voraussetzungen für die Nutzung der Daten vorliegen.[26] Überdies stellt die Regelung die Beauskunftung von Zugangsdaten unter

[16] BVerfG 27.5.2020 – 1 BvR 1873/13 und 1 BvR 2618/13, NJW 2020, 2699 Rn. 151.
[17] BVerfG 27.5.2020 – 1 BvR 1873/13 und 1 BvR 2618/13, NJW 2020, 2699 Rn. 152 f.
[18] BVerfG 27.5.2020 – 1 BvR 1873/13 und 1 BvR 2618/13, NJW 2020, 2699 Rn. 154 ff.
[19] BVerfG 27.5.2020 – 1 BvR 1873/13 und 1 BvR 2618/13, NJW 2020, 2699 Rn. 159 ff.
[20] BVerfG 27.5.2020 – 1 BvR 1873/13 und 1 BvR 2618/13, NJW 2020, 2699 Rn. 174 ff.
[21] BVerfG 27.5.2020 – 1 BvR 1873/13 und 1 BvR 2618/13, NJW 2020, 2699 Rn. 183 ff.
[22] BVerfG 27.5.2020 – 1 BvR 1873/13 und 1 BvR 2618/13, NJW 2020, 2699 Rn. 204 ff.
[23] BVerfG 27.5.2020 – 1 BvR 1873/13 und 1 BvR 2618/13, NJW 2020, 2699 Rn. 262 ff.
[24] BGBl. 2021 I 448.
[25] BGBl. 2021 I 448.
[26] Bäcker Folgerungen aus dem zweiten Bestandsdatenbeschluss des BVerfG für die durch das Gesetz zur Bekämpfung des Rechtsextremismus und der Hasskriminalität geschaffenen Datenverarbeitungsregelungen, S. 16 f., abrufbar unter https://www.gruene-bundestag.de/fileadmin/media/gruenebundestag_de/themen_az/rechtspolitik/PDF/200917-Baecker-Gutachten-Gesetz_zur_Bekaempfung_des_Rechtsextremismus_und_der_Hasskriminalitaet.pdf (Stand: 13.10.2020).

Richtervorbehalt und sieht als zusätzliche grundrechtssichernde Regelung einer Benachrichtigungspflicht bei der Herausgabe von Zugangsdaten und der Bestandsdatenauskunft anhand von dynamischen IP-Adressen vor. Verfassungswidrig dürfte indes die unbeschränkte Übertragung der Befugnisse auf die Verfolgung von Ordnungswidrigkeiten nach § 46 OWiG sein.[27]

Mit dem Gesetz zur Bekämpfung des Rechtsextremismus und der Hasskriminalität und dem Gesetz zur Anpassung der Regelungen über die Bestandsdatenauskunft an die Vorgaben aus der Entscheidung des Bundesverfassungsgerichts vom 27. Mai 2020 wurde in § 100j nun auch eine Befugnis zur Erhebung von Bestands- und Zugangsdaten von Telemediendiensten (§ 14 TMG aF bzw. ab 1. Dezember 2021: § 2 Abs. 2 Nr. 2 TTDSG) geschaffen. Die Norm hat für die Praxis trotz der Erweiterung des Anwendungsbereiches der Bestandsdatenabfrage von Telekommunikationsdiensten durch das Telekommunikationsmodernisierungsgesetz ab dem 1. Dezember 2021 weiterhin eine enorme Bedeutung. Hinsichtlich der Übermittlungsbefugnisse im TMG aF (ab 1. Dezember 2021 im TTDSG) bestanden nach dem Bestandsdatenauskunft-II-Beschluss des BVerfG erhebliche verfassungsrechtliche Bedenken.[28] Der Bundespräsident hatte sich daher geweigert, das Gesetz auszufertigen. Die verfassungsrechtlichen Probleme wurden nun (zumindest teilweise) im Gesetz zur Anpassung der Regelungen über die Bestandsdatenauskunft an die Vorgaben aus der Entscheidung des Bundesverfassungsgerichts vom 27. Mai 2020 adressiert.[29] § 100j regelt jetzt auch die Beauskunftung von Bestandsdaten und Zugangsdaten von Telemediendienstleistern. 8

Mit Inkrafttreten des Telekommunikations-und-Telemedien-Datenschutz-Gesetzes (TTDSG) und des Telekommunikationsmodernisierungsgesetzes (TK-Modernisierungsgesetz) zum 1. Dezember 2021[30] wurde das TKG vollständig überarbeitet, die §§ 11–15 TMG ersatzlos gestrichen und im TTDSG flankierende Regelungen zur Datenverarbeitung von Telemediendiensten nach Art. 5 ff. DSGVO erlassen. Dementsprechend wurden auch die Verweisungen in § 100j an die neuen Regelungen zur Verarbeitung von Bestandsdaten durch Telekommunikations- und Telemediendienste angepasst (jetzt §§ 3 Nr. 6, 171 ff. TKG und § 2 Abs. 2 Nr. 2, 22 Abs. 1 S. 1 TTDSG), siehe hierzu unten; zu Auswirkungen auf die folgende Kommentierung sogleich → Rn. 9a. 9

II. Reform des TKG, Aufhebung der §§ 11–15 TMG, TTDSG (ab 1. Dezember 2021)

Durch das Inkrafttreten der **DSGVO,** die daraus folgende Verdrängung der §§ 11–15 TMG im Wege des europarechtlichen Anwendungsvorrangs und den Ablauf der Umsetzungsfrist für die **Richtlinie 2018/1972/EG** (sog. Kodex) war eine umfassende Reform des deutschen Telekommunikations- und Telemedienrechts notwendig geworden. Im Zuge dieser Reform wurde **mit Wirkung zum 1.12.2021** das TKG **(Telekommunikationsmodernisierungsgesetz)**[31] vollständig überarbeitet und das TTDSG **(Gesetz zur Regelung des Datenschutzes und des Schutzes der Privatsphäre in der Telekommunika-** 9a

[27] Bäcker Folgerungen aus dem zweiten Bestandsdatenbeschluss des BVerfG für die durch das Gesetz zur Bekämpfung des Rechtsextremismus und der Hasskriminalität geschaffenen Datenverarbeitungsregelungen, S. 16, abrufbar unter https://www.gruene-bundestag.de/fileadmin/media/gruenebundestag_de/themen_az/rechtspolitik/PDF/200917-Baecker-Gutachten-Gesetz_zur_Bekaempfung_des_Rechtsextremismus_und_der_Hasskriminalitaet.pdf (Stand: 13.10.2020).

[28] Bäcker Folgerungen aus dem zweiten Bestandsdatenbeschluss des BVerfG für die durch das Gesetz zur Bekämpfung des Rechtsextremismus und der Hasskriminalität geschaffenen Datenverarbeitungsregelungen, S. 10 ff., abrufbar unter https://www.gruene-bundestag.de/fileadmin/media/gruenebundestag_de/themen_az/rechtspolitik/PDF/200917-Baecker-Gutachten-Gesetz_zur_Bekaempfung_des_Rechtsextremismus_und_der_Hasskriminalitaet.pdf (Stand: 13.10.2020); Wissenschaftlicher Dienst des Bundestages WD 10 – 3000 – 037/20, S. 22 ff., abrufbar unter: https://www.bundestag.de/resource/blob/691848/3be358ed1c526e33c946a453f0b60aaa/WD-10-037-20-pdf-data.pdf (Stand: 13.10.2020).

[29] BGBl. 2021 I 448.

[30] BGBl. 2021 I 1858 und 1982.

[31] BGBl. 2021 I 1858.

tion und bei Telemedien)[32] neu geschaffen. Für den Bereich der §§ 100a–101b sind in inhaltlicher Hinsicht vor allem die Einbeziehung vieler sog. OTT-Dienstleister in den Anwendungsbereich des TKG und deren Einfluss auf die telekommunikationsrechtlichen Mitwirkungspflichten dieser Dienstleister (siehe → § 100a Rn. 229 ff., → § 100g Rn. 95 ff. und → Rn. 53 ff.) relevant. Gleiches gilt für die Aufhebung der – bereits seit 25. Mai 2018 neben der DSGVO nicht mehr anwendbaren – §§ 11–15 TMG, auf welche vormals die Vorschriften zur Bestandsdatenabfrage (§ 100j Abs. 1 S. 1 Nr. 2) und Nutzungsdatenabfrage (§ 100k) bei Telemediendienstleistern verwiesen, durch das TTDSG, um den bereits vorher geltenden Anwendungsvorrang der DSGVO für Telemediendienstleister auch in der deutschen Rechtslage „sichtbar" zu machen (siehe zur Problematik des früheren Verweises der §§ 100j, 100k auf nicht mehr anwendbare Normen des TMG → Rn. 14, 18 und → § 100k Rn. 16 ff.). Damit einhergehend wurden die Übermittlungsbefugnisse für Telemediendienstleister hinsichtlich Bestands- und Nutzungsdaten (vormals in den §§ 15a–15c TMG geregelt) in das neue TTDSG (in §§ 22–24 TTDSG) überführt. Da die Änderungen zum 1. Dezember 2021 und damit erst kurz vor Erscheinen dieses Bandes in Kraft getreten sind, berücksichtigt die vorliegende Kommentierung sowohl die neue als auch die alte Rechtslage. An Stellen, an denen die Änderungen inhaltliche Auswirkungen auf Auslegungsfragen oder Problemstellungen haben (zB OTT-Dienstleister), wird die alte Rechtslage unter einer eigenen Überschrift mitkommentiert, um Notwendigkeit und Genese der Änderungen zu erläutern. Bei Änderungen der „Hausnummern" durch Änderung der Vorschriftenreihenfolge von TKG-alt zu TKG-neu und Streichung der TMG-Normen sowie Überführung einzelner TMG-Normen in das TTDSG werden hinter der aktuell geltenden Norm des TKG-neu und des TTDSG jeweils die vor dem 1. Dezember 2021 geltende Norm des TKG-alt und/oder des TMG genannt, um eine Arbeit mit der neuen Rechtslage in der Kommentierung zu erleichtern.

B. Erläuterung

I. Regelungsinhalt des § 100j

10 **§ 100j Abs. 1** gestattet den Strafverfolgungsbehörden die Erhebung der von den §§ 3 Nr. 6, 172 TKG und §§ 2 Abs. 2 Nr. 2, 22 Abs. 1 S. 1 TTDSG (bis 1. Dezember 2021: §§ 95, 111 TKG und § 14 TMG) erfassten Bestandsdaten durch Abfrage bei den Telekommunikationsdienstleistern bzw. Telemediendienstleistern. **Abs. 2** erlaubt die Erhebung dieser Daten auch anhand der Internetprotokoll-Adresse und damit anders als im Falle des Abs. 1 auch mittels eines Eingriffs in das Telekommunikationsgeheimnis (→ Rn. 2). Die **Absätze 3 und 4** enthalten Verfahrensregelungen und dienen mit dem Richtervorbehalt sowie der Benachrichtigungspflicht vorrangig den Interessen der betroffenen Personen. **Abs. 5** statuiert schließlich eine Mitwirkungspflicht der Telekommunikationsdienstleister bzw. Telemediendienstleister, ohne die der Auskunftsanspruch der Abs. 1 und 2 leerliefe.

11 Die Datenerhebungsbefugnis nach § 100j beschränkt sich ausweislich der eindeutigen Bezugnahme auf § 174 Abs. 1 S. 1 und S. 2 TKG (bis 1. Dezember 2021: § 113 Abs. 1 S. 1 und S. 2 TKG) auf die **sog. manuelle Auskunft** direkt bei Telekommunikations- und Telemediendienstleister nach §§ 174 TKG, 22, 23 TTDSG (bis 1. Dezember 2021: § 113 TKG). Das für Telekommunikationsdienstleister in § 173 TKG (bis 1. Dezember 2021: § 112 TKG) geregelte automatisierte Auskunftsverfahren, welche einen automatisierten Abruf der Daten durch die Bundesnetzagentur und eine Weiterleitung dieser Daten (ua) an die Strafverfolgungsbehörden ermöglicht, korrespondiert in der mit der allgemeinen Datenerhebungsnorm der §§ 161, 163.[33]

[32] BGBl. 2021 I 1982.

[33] Siehe hierzu BVerfG 24.1.2012 – 1 BvR 1299/05, NJW 2012, 1419 Rn. 144, 150, 153; von der Grün Verdeckte Ermittlungen, S. 97.

II. Gegenstand der Eingriffsbefugnis (Abs. 1 S. 1–3)

1. Bestandsdaten und Zugriffscodes von Telekommunikationsdienstleistern (Abs. 1 S. 1 Nr. 1, S. 2, §§ 3 Nr. 6, 172, 174 TKG). Die Regelungen in Abs. 1 S. 1 Nr. 1 und S. 2 gestatten in sachlicher Hinsicht die Abfrage von „Bestandsdaten gemäß § 3 Nummer 6 des Telekommunikationsgesetzes und über die nach § 172 des Telekommunikationsgesetzes erhobenen Daten" von allen, die geschäftsmäßig Telekommunikationsdienste erbringen oder daran mitwirken. Bestandsdaten sind nach § 3 Nr. 6 TKG (bis 1. Dezember 2021: § 3 Nr. 3 TKG) diejenigen Daten eines Teilnehmers, die für die Begründung, inhaltliche Ausgestaltung, Änderung oder Beendigung eines Vertragsverhältnisses über Telekommunikationsdaten erhoben werden (vgl. weiterführend → § 100a Rn. 78 ff.). Die Berechtigung zur Verarbeitung und Speicherung der Bestandsdaten richtet sich nach Art. 5 ff. DSGVO. § 3 Nr. 6 TKG (bis 1. Dezember 2021: § 3 Nr. 3 TKG) definiert aus dem von den Telekommunikationsdienstleistern nach Art. 5 ff. DSGVO verarbeiteten Daten diejenigen, welche als Bestandsdaten nach § 100j Abs. 1 S. 1 Nr. 1 erhoben werden dürfen. § 172 TKG (bis 1. Dezember 2021: § 111 TKG) verpflichtet darüber hinaus die Dienstleister, bestimmte Bestandsdaten für Auskunftsersuchen der Sicherheitsbehörden noch vor Freischaltung des Anschlusses zu erheben und unverzüglich zu speichern. Im Einzelnen handelt es sich dabei um folgende Daten: **Rufnummern und Anschlusskennungen, Name und Anschrift des Anschlussinhabers,** bei natürlichen Personen deren **Geburtsdatum,** bei Festnetzanschlüssen die **Anschrift des Anschlusses,** bei der Überlassung eines Mobilfunkgerätes die **Gerätenummer** sowie das **Datum des Vertragsbeginns.** Mit der Regelung von § 100j sowie der Novellierung insbesondere des § 113 Abs. 2 S. 1 TKG aF, wonach es für den Abruf von Bestandsdaten einer qualifizierten Rechtsgrundlage für die abrufende Stelle bedarf, hat der Gesetzgeber den Vorgaben des BVerfG Rechnung getragen, welches das Bild einer Doppeltür benutzt und ausgeführt hatte, es bedürfe einer Norm für die Datenübermittlung (erste Tür) sowie einer davon zu unterscheidenden Abrufnorm (zweite Tür).[34] § 113 TKG aF ist allerdings erneut für verfassungswidrig erklärt worden (→ Rn. 5 ff.). 12

a) Doppeltürmodell: Manuelle Auskunftsbefugnis über Bestandsdaten nach § 174 TKG. § 174 TKG (bis 1. Dezember 2021: § 113 TKG) wurde nunmehr unter Berücksichtigung der Vorgaben aus dem Bestandsdatenauskunft II-Beschluss des BVerfG neugefasst.[35] Nach § 174 Abs. 2 TKG (ab 1. Dezember 2021: § 113 Abs. 2 TKG) darf die Auskunft nur erteilt werden, soweit die um die Auskunft ersuchende Stelle dies im Einzelfall unter Angabe einer gesetzlichen Bestimmung verlangt, die ihr eine Erhebung der in § 174 Abs. 1 TKG (bis 1. Dezember 2021: § 113 Abs. 1 TKG) in Bezug genommenen Daten (= Bestandsdaten der Telekommunikationsdienstleister) erlaubt. Das Auskunftsverlangen muss dabei grds. schriftlich oder elektronisch (zB per E-Mail) gestellt werden. Bei Gefahr im Verzug ist auch eine Antragsstellung in anderer Form (zB fernmündlich) möglich, dann muss aber das Verlangen unverzüglich schriftlich oder elektronisch bestätigt werden. Dies dient Dokumentations- und Transparenzzwecken. Unmittelbare Folge der verfassungsrechtlichen Beanstandung der Vorgängernorm ist die nun in § 174 Abs. 3 Nr. 1 TKG (bis 1. Dezember 2021: § 113 Abs. 3 Nr. 1 TKG) geregelte Voraussetzung des Vorliegens eines Anfangsverdachts. Betrifft das Auskunftserlangen Passwörter oder andere Zugangscodes nach § 174 Abs. 1 S. 2 TKG (bis 1. Dezember 2021: § 113 Abs. 1 S. 2 TKG), so darf die Auskunft nach § 174 Abs. 4 TKG (bis 1. Dezember 2021: § 113 Abs. 4 TKG) nur erteilt werden, wenn die Voraussetzungen für die Nutzung der Daten vorliegen. Dies entspricht § 100j Abs. 1 S. 2. Soll die Auskunft anhand einer IP-Adresse erteilt werden (§ 174 Abs. 1 S. 3 TKG, bis 1. Dezember 2021: § 113 Abs. 1 S. 3 TKG), so ist dies nur bei einem Anfangsverdacht einer Straftat zulässig, nicht hingegen bei einer Ordnungswidrigkeit (§ 174 Abs. 5 Nr. 1 TKG, bis 1. Dezember 2021: § 113 Abs. 5 Nr. 1 TKG). 13

[34] Vgl. BT-Drs. 17/12034, 12.
[35] BT-Drs. 19/25294, 57; ausführlich hierzu: Großmann StV-S 2021, 31.

14 **b) Problem: Verhältnis nationaler Normen zur Verarbeitung von Bestandsdaten zur DSGVO. aa) Alte Rechtslage vor Inkrafttreten des Telekommunikationsmodernisierungsgesetzes und des TTDSG (vor 1. Dezember 2021): Verdrängung von § 95 Abs. 1 TKG aF durch die DSGVO.** Problematisch war bis zum Inkrafttreten des Telekommunikationsmodernisierungsgesetzes zum 1. Dezember 2021, dass § 95 Abs. 1 TKG aF, auf dessen Grundlage bisher die Bestandsdaten durch die Telekommunikationsanbieter erhoben werden durften, seit Inkrafttreten der DSGVO von dieser verdrängt wurde. Die Bereichsausnahme des Art. 95 DSGVO gilt ausdrücklich nur für Bereiche, in denen die Richtlinie 2002/58/EG die Pflichten für die Telekommunikationsanbieter regelt. Die Richtlinie sieht jedoch gerade keine Speicherberechtigung hinsichtlich Bestandsdaten vor (bzw. regelt die Bestandsdatenerhebung überhaupt nicht). Daher gilt die Bereichsausnahme nicht für § 95 Abs. 1 TKG aF (sondern nur für § 95 Abs. 2 S. 2 und 3 sowie Abs. 4 TKG aF, die aber für das hiesige Problem nicht relevant sind).[36] Dementsprechend stellt sich hier ein ähnliches Problem wie im Rahmen von § 100k bzgl. der Erhebung von Nutzungsdaten nach § 15 TMG in der Fassung bis 1. Dezember 2021 (→ § 100k Rn. 19 ff.). § 100j Abs. 1 S. 1 (in der Fassung bis 1. Dezember 2021) erlaubt explizit nur die Erhebung von Bestandsdaten, die nach § 95 TKG aF oder § 111 TKG aF erhoben worden sind. Seit Inkrafttreten der DSGVO regeln jedoch die Art. 5 ff., insbesondere Art. 6 Abs. 1 lit. a, b und f DSGVO, die Erhebung von Daten, die für die Begründung, inhaltliche Ausgestaltung, Änderung oder Beendigung eines Vertragsverhältnisses notwendig sind. Aus denselben Gründen wie bei § 100k (innere Systematik der Vorschrift, klare Bezugnahme im Wortlaut auf die nach § 95 TKG erhobenen Daten und korrespondierende „Gebe"-Normen im TKG, nämlich § 113 TKG aF, aber nicht in der DSGVO, detailliert bei → § 100k Rn. 19 ff.) ist auch hier keine Auslegung derart möglich, dass sich § 100j Abs. 1 S. 1 (in der Fassung bis 1. Dezember 2021) auf die nach Art. 5 ff. DSGVO gespeicherten Daten bezieht und der Verweis auf § 95 TKG aF lediglich die Art der Daten per Legaldefinition beschreibt. **Die bis zum 1. Dezember 2021 geltende Fassung des § 100j Abs. 1 S. 1 ging damit ebenso wie § 100k (in der bis 1. Dezember 2021 geltenden Fassung) ins Leere, soweit sie sich auf § 95 TKG aF bezieht.** Dasselbe galt im Übrigen auch für die korrespondierende Befugnis zur Auskunftserteilung in § 113 Abs. 1 TKG aF. Auch dort heißt es ausdrücklich, dass die TK-Dienstleister „die nach §§ 95 und 111 erhobenen Daten" zur Erfüllung von Auskunftspflichten übermitteln dürfen. Angesichts dieses eindeutigen Wortlauts kann die Norm daher auch nicht als Befugnis zur Verarbeitung iSv Art. 6 Abs. 2, Abs. 3 DSGVO verstanden werden, da hierfür ein Verweis auf die nach Art. 6 DSGVO erhobenen Daten notwendig gewesen wäre. §§ 111–113 TKG aF waren von der Problematik nicht betroffen. Soweit nämlich die §§ 111, 112 TKG aF rechtliche Verpflichtungen enthalten, können diese Vorschriften als „spezifischere Bestimmungen zur Anpassung der Anwendung der Vorschriften" iSv Art. 6 Abs. 2 DSGVO bzw. als Rechtsgrundlage durch das Recht der Mitgliedstaaten iSv Art. 6 Abs. 3 lit. b DSGVO betrachtet werden. Sie blieben somit insofern als Konkretisierung von Art. 6 Abs. 1 lit. c, Abs. 2, Abs. 3 lit. b DSGVO anwendbar. Dasselbe galt auch für die Berechtigung zur Auskunftserteilung nach § 113 TKG aF, weil die Auskunftsbefugnis iSd sog. Doppeltürmodells der Erfüllung der Auskunftspflichten nach der und Sicherheitsgesetzen und damit einer rechtlichen Verpflichtung iSv Art. 6 Abs. 1 lit. c DSGVO diente.[37]

15 **bb) Rechtslage nach Inkrafttreten des Telekommunikationsmodernisierungsgesetzes und des TTDSG (ab 1. Dezember 2021).** Das neue TKG enthält ab 1. Dezember 2021 konsequenterweise keine eigene Befugnisnorm zur geschäftsmäßigen Verarbeitung und Speicherung von Bestandsdaten durch die Telekommunikationsdienstleister, da diese sich nach Art. 5 ff. DSGVO, insbesondere Art. 6 Abs. 1 S. 1b), e) und f) DSGVO richtet. Da die DSGVO keine Definition der Datenkategorie der Bestandsdaten enthält, ist

[36] Zum Ganzen Eckhardt in Spindler/Schuster TKG § 95 Rn. 32 mwN.
[37] Vgl. hierzu Buchner/Petri in Kühling/Buchner DS-GVO Art. 6 Rn. 78 f.

diese jedoch in § 3 Nr. 6 TKG nF enthalten. Der Verweis auf § 3 Nr. 6 TKG nF in § 100j Abs. 1 S. 1 Nr. 1 nF (ab 1. Dezember 2021) dient daher der Begrenzung der Datenerhebungsbefugnis auf einen genau umrissenen Teilbereich der von den Dienstleistern nach Art. 6 Abs. 1 S. 1 DSGVO verarbeiteten Daten. Wie oben geschildert (→ Rn. 14) wurden bereits die §§ 111–113 TKG aF nicht von der DSGVO verdrängt. Dasselbe gilt daher auch für die Nachfolgenormen der §§ 172–174 TKG. **§ 100j Abs. 1 S. 1 Nr. 1 enthält** damit ab 1. Dezember 2021 eine normenklare und **hinreichend bestimmte Regelung zur Abfrage von Bestandsdaten bei Telekommunikationsanbietern.**

c) Zugriffscodes und Passwörter. Gemäß Abs. 1 S. 2 sind die Strafverfolgungsbehörden weiter berechtigt, Auskunft über solche „Daten, mittels derer der Zugriff auf Endgeräte oder auf Speichereinrichtungen" erfolgen kann, zu verlangen. Es handelt sich hierbei um personenbezogene Berechtigungskennungen iSv § 9 Abs. 1 S. 1 Nr. 1 TTDSG (bis 1. Dezember 2021: § 96 Abs. 1 S. 1 Nr. 1 TKG) und damit um Zugangssicherungen wie sie etwa **Passwörter sowie PIN und PUK**[38] darstellen. Nach der weiteren Regelung in S. 2 darf die Auskunft über derartige Zugangssicherungen nur verlangt werden, wenn auch die gesetzlichen Voraussetzungen für die Nutzung der durch die Codes gesicherten Daten vorliegen. Soll bspw. mit der PIN die Sperre eines Mobiltelefons aufgehoben werden, so können die sich bereits im Endgerät befindlichen Telekommunikationsdaten wie bspw. bereits übertragene, indes noch gespeicherte E-Mails, Messengerdienstnachrichten und Kurznachrichten (SMS) auf der Grundlage der §§ 94 ff. beschlagnahmt werden. Soll hingegen mit einem Passwort ein heimlicher, dem Beschuldigten nicht bekannt gegebener Abruf von auf dem Server des E-Mail-Providers des Beschuldigten noch zwischengespeicherter Nachrichten erfolgen, wäre diese Maßnahme an § 100a zu messen (hierzu → § 100a Rn. 96 ff.) und bedürfte entsprechend der Regelung in § 100e Abs. 1 S. 1 grundsätzlich einer richterlichen Anordnung.[39] Dasselbe gilt nach Inkrafttreten des StPO-Fortentwicklungsgesetzes zum 1. Juli 2021,[40] wenn eine „heimliche Beschlagnahme" nach § 95a nF durchgeführt werden soll. Auch diese muss nach § 95a Abs. 2 von einem Gericht angeordnet werden. Die **praktische Bedeutung** der Beauskunftung von Zugangsdaten durch Telekommunikationsprovider ist indes **gering.** Denn diejenigen Zugangscodes, welche die „klassischen" TK-Anbieter (Access-Provider wie die Telekom und Vodafone) übermitteln können, sind oftmals wenig ergiebig.[41] So ist die Übermittlung der PIN einer SIM-Karte dann wenig erfolgversprechend, wenn die meisten relevanten Daten im Speicher des Smartphones (oder auf verschlüsselten SD-Karten) enthalten sind und dieses mit einem dem TK-Anbieter regelmäßig nicht bekannten Passwort gesichert und der Speicher verschlüsselt ist. Soweit OTT-Dienstleister (zB E-Mail-Provider, Voice-over-IP-Dienste oder Messenger-Dienste) ab dem 1. Dezember 2021 als „interpersoneller Telekommunikationsdienst" iSv § 3 Nr. 61, Nr. 24 TKG nF (Fassung ab dem 1. Dezember 2021) und nunmehr auch Telemediendienste (wie Social-Media-Plattformbetreiber) zur Beauskunftung verpflichtet sind (s. sogleich, → Rn. 18 ff.), sind deren Zugangscodes (zB zu E-Mail-Postfächern und Social-Media-Accounts) für Ermittlungen deutlich hilfreicher. Jedoch liegen diese Zugangscodes bei den Providern in aller Regel nicht im Klartext, sondern nur in Hashform oder verschlüsselt vor, sodass diese ebenfalls von den Strafverfolgungsbehörden nicht unmittelbar genutzt werden können. Ob und wie oft eine „Zurückberechnung" der Hashwerte für die Strafverfolgungsbehörden möglich ist, ist unklar.[42] 16

2. Bestandsdaten und Passwörter von Telemedienanbietern (Abs. 1 S. 1 Nr. 2, S. 3, §§ 22, 23 TTDSG). a) Frühere Rechtslage. § 100j Abs. 1 S. 1 aF war ausweislich seines eindeutigen Wortlauts auf die Erhebung von Bestandsdaten, die nach §§ 95, 111 17

[38] BT-Drs. 17/12879, 11.
[39] BVerfG 24.1.2012 – 1 BvR 1299/05, NJW 2012, 1419 Rn. 184.
[40] BGBl. 2021 I 2099.
[41] Dies verkennt Dalby CR 2013, 361 (367).
[42] https://www.golem.de/news/nutzerdaten-wie-sicher-sind-gehashte-passwoerter-2004-148121.html (Stand: 13.10.2020).

TKG aF (ab 1. Dezember 2021: §§ 3 Nr. 6, 172 TKG) gespeichert werden, beschränkt. Durch eine weite Auslegung der „Mitwirkenden" an der Erbringung von Telekommunikationsdiensten in beiden Vorschriften, konnten nach Auffassung der Instanzrechtsprechung zwar einige sog. OTT-Dienstleister wie Webmail-Provider oder Voice-over-IP- bzw. Videotelefonie-Anbieter hiervon erfasst werden (detailliert noch → Rn. 60 f.). Keinesfalls erfasst waren jedoch „klassische" Telemedienanbieter wie Host- und Content Provider (zB Social Media- und Handelsplattformen). Die Erhebung von Bestandsdaten bei diesen Anbietern hatte jedoch eine ebenso große praktische Bedeutung erlangt, wie bei klassischen Telekommunikationsanbietern.[43] Teilweise wurde eine Anwendung der §§ 161, 163 zur Erhebung der Bestandsdaten von Telemediendiensten befürwortet.[44] Zwar wiegt der Eingriff bei der Erhebung von Bestandsdaten nicht so schwer wie bei Nutzungsdaten (hierzu → § 100k Rn. 5), sodass eine Anwendung der Generalklauseln nicht bereits aus diesem Grund ausschied. Es ist jedoch zweifelhaft, ob die §§ 161, 163 nach den Maßstäben des **sog. Doppeltürmodells** des BVerfG bei der Datenabfrage eine hinreichend normenklare fachrechtliche Abrufbefugnis darstellen.[45] Deshalb ist im Gesetz zur Bekämpfung des Rechtsextremismus und der Hasskriminalität (und dessen Ergänzung durch das Gesetz zur Anpassung der Regelungen über die Bestandsdatenauskunft an die Vorgaben aus der Entscheidung des Bundesverfassungsgerichts vom 27. Mai 2020) eine Erweiterung des § 100j auf die Erhebung von Bestandsdaten vorgenommen worden.[46] Im Rahmen des Telekommunikationsmodernisierungsgesetzes wurde außerdem (in Umsetzung von Art. 2 Nr. 4b), Nr. 5 Richtlinie 2018/1972/EU) zum 1. Dezember 2021 der Begriff des Telekommunikationsdienstes iSd TKG um interpersonelle Telekommunikationsdienste (§ 3 Nr. 24, Nr. 61 TKG nF) erweitert. Nun fallen viele praktisch relevante OTT-Dienstleister (wie zB E-Mail-Provider, Voice-over-IP-Dienste und Messenger-Dienste) unter den Begriff des Telekommunikationsdienstes. Von diesen Dienstleistern können daher jetzt nach § 100j Abs. 1 S. 1 Nr. 1 Bestandsdaten erhoben werden.

18 **b) Rechtslage nach dem Gesetz zur Bekämpfung des Rechtsextremismus und der Hasskriminalität und dem Gesetz zur Anpassung der Regelungen über die Bestandsdatenauskunft an die Vorgaben aus der Entscheidung des Bundesverfassungsgerichts vom 27. Mai 2020. aa) Bestandsdatenabfrage von Telemediendienstanbietern.** Durch das **Gesetz zur Bekämpfung des Rechtsextremismus und der Hasskriminalität und das dieses „reparierende" Gesetz zur Anpassung der Regelungen über die Bestandsdatenauskunft an die Vorgaben aus der Entscheidung des Bundesverfassungsgerichts vom 27. Mai 2020** wurde die Erhebung von nach § 2 Abs. 2 Nr. 2, 22 TTDSG (bis 1. Dezember 2021: §§ 14, 15a TMG) gespeicherten Bestandsdaten ausdrücklich in § 100j Abs. 1 S. 1 Nr. 2 aufgenommen. Die Bestandsdatenabfrage wurde dabei ausdrücklich auf solche Telemediendienstleister beschränkt, die Telemedien geschäftsmäßig zur Nutzung bereithalten oder geschäftsmäßig den Zugang zu solchen Dienstleistungen vermitteln. Damit fallen aus dem Anwendungsbereich – im Unterschied zu § 100a Abs. 4 S. 1 (→ § 100a Rn. 226 ff.) – solche Dienstleister heraus, die nicht geschäftsmäßig Telemediendienste in Hotels, Krankenhäusern, Betrieben und größeren Wohnanlagen anbieten.[47] Nach der Legaldefinition des § 2 Abs. 2 Nr. 2 TTDSG (bis 1. Dezember 2021: § 14 TMG) sind Bestandsdaten personenbezogene Daten, soweit deren Erhebung für die Begründung, inhaltliche Ausgestaltung oder Änderung eines Vertragsverhältnisses zwischen dem Diensteanbieter und dem Nutzer über die Nutzung von Telemedien erforderlich sind. Mit dieser Abrufnorm korrespondieren die neu geschaffenen Befugnisse zur Herausgabe

---

43 Bär in KMR-StPO § 100j Rn. 31; Rebehn DRiZ 2019, 208.

44 Bär in KMR-StPO § 100j Rn. 30; Graf in BeckOK StPO 38. Edition 2020 § 100j Rn. 10; von der Grün Verdeckte Ermittlungen S. 101; differenzierend Bauer, Soziale Netzwerke und strafprozessuale Ermittlungen, S. 338 ff.

45 BT-Drs. 19/17741, 38.

46 BT-Drs. 19/17741, 38.

47 Hauck in Löwe/Rosenberg § 100j Rn. 27; Bär MMR 2013, 700 (704).

dieser Daten in §§ 15a, 15b TMG aF (sog. Doppeltürmodell). Diese Vorschriften mussten nach der Entscheidung des BVerfG zur Bestandsdatenauskunft noch einmal überarbeitet werden und sind nun im Gesetz zur Anpassung der Regelungen über die Bestandsdatenauskunft an die Vorgaben aus der Entscheidung des Bundesverfassungsgerichts vom 27. Mai 2020 enthalten. Nach § 22 Abs. 1 Abs. 3 Nr. 1 TTDSG (bis 1. Dezember 2021: § 15a Abs. 1, Abs. 3 Nr. 1 TMG) dürfen die nach § 2 Abs. 2 Nr. 2 TTDSG (bis 1. Dezember 2021: § 14 TMG) erhobenen Nutzungsdaten (dazu, dass es nach § 14 TMG erhobene Nutzungsdaten wegen Anwendungsvorrangs der DSGVO nicht mehr gibt, sogleich → Rn. 22) von den Dienstleistern zur Beauskunftung von auf § 100j Abs. 1 S. 1 Nr. 2 gestützten Auskunftsverlangen der Strafverfolgungsbehörden verwendet werden, wenn ein entsprechender Anfangsverdacht besteht. Voraussetzung ist nach § 22 Abs. 2 TTDSG (bis 1. Dezember 2021: 15a Abs. 2 TMG), dass die auskunftsverlangende Behörde die Beauskunftung schriftlich oder elektronisch und unter Angabe der gesetzlichen Bestimmung zum Datenabruf verlangt. Bei Gefahr im Verzug ist auch ein (fern-)mündliches Auskunftsverlangen möglich. Die Auskunft darf bei der Verfolgung von Straftaten (nicht bei Ordnungswidrigkeiten!) auch anhand einer zu einem bestimmten Zeitpunkt zugewiesenen IP-Adresse verlangt werden (§ 22 Abs. 1 S. 3, Abs. 4 Nr. 1 TTDSG (bis 1. Dezember 2021: § 15a Abs. 1 S. 3, Abs. 4 Nr. 1 TMG)).

bb) Zugangsdatenabfrage von Telemediendienstanbietern. Ebenso wie von TK- 19
Anbietern können nach Abs. 1 S. 3 nun auch von Telemediendienstanbietern Zugangsdaten (PINs, PUKs, Passwörter etc) herausverlangt werden. Damit hat sich auch der vormals bestehende Streit darüber erledigt, ob über § 100j aF auch Zugangsdaten von Cloud-Dienstleistern abgerufen werden konnten.[48] Mit diesen Daten können Strafverfolgungsbehörden **Zugriff auf die Accounts der Nutzer von Telemediendiensten** erlangen. Die Beauskunftung von Zugangsdaten ist jedoch nur zulässig, wenn zum Zeitpunkt des Herausgabeverlangens bereits die gesetzlichen Voraussetzungen zur Nutzung der Zugangsdaten zur Verfolgung einer besonders schweren Straftat nach § 100b Abs. 2 Nr. 1 lit. a, b, d, e, f, g oder l, Nr. 3 lit. b Alt. 1 oder Nr. 5, 6, 9 oder 10 vorliegen. Damit ist nicht gemeint, dass Beauskunftung nur verlangt werden darf, wenn die Behörde die Nutzung der Daten auf die Befugnis des § 100b stützt. Vielmehr kommen auch andere Befugnisse in Betracht (zB §§ 94, 110 Abs. 3, 100a). Jedoch dürfen die Zugangsdaten nur abgefragt werden, wenn das entsprechende Strafverfahren der Verfolgung einer im Katalog des § 100b Abs. 2 Nr. 1 lit. a, b, d, e, f, g oder l, Nr. 3 lit. b Alt. 1 oder Nr. 5, 6, 9 oder 10 genannten Straftat dient. Die Beschränkung auf nur einen Teil der in § 100b Abs. 2 genannten Straftaten ist Ergebnis der Verhandlungen des Vermittlungsausschusses zum Gesetz zur Anpassung der Regelungen über die Bestandsdatenauskunft an die Vorgaben aus der Entscheidung des Bundesverfassungsgerichts vom 27. Mai 2020.[49] Das führt zu dem kuriosen Ergebnis, dass die Auskunft über Zugangsdaten zu Telemediendiensten – welche selbst keine sensiblen personenbezogenen Daten erhebt, sondern eine solche Erhebung nur ermöglicht – nur bei einem engeren Katalog von verfolgten Straftaten zulässig ist – als die Online-Durchsuchung und die akustische Wohnraumüberwachung, welche unmittelbar sensible personenbezogene Daten erheben und – im Fall von § 100b – sogar das heimliche Eindringen in informationstechnische Systeme gestatten. Da auch der Zugriff auf Telemediendienste im Wege von § 100b möglich ist (→ § 100b Rn. 33 ff.), ist in diesen Fällen die Erlangung der Zugangsdaten – was die verfolgte Straftat angeht – an strengere Voraussetzungen gebunden als die sich anschließende Online-Durchsuchung.

Mit der Erhebungsbefugnis für Zugangscodes korrespondiert die neue Befugnis zur 20
Auskunftserteilung in § 23 TTDSG (bis 1. Dezember 2021: § 15b TMG). § 23 Abs. 2 Nr. 1 TTDSG (bis 1. Dezember 2021: § 15b Abs. 2 Nr. 1 TMG) beschränkt dabei die Auskunftsbefugnis entsprechend der Regelung in § 100j Abs. 1 S. 3 auf solche Fälle, in

48 Großmann StV-S 2021, 31 (32); Bruns in KK-StPO § 100j Rn. 3; Eschelbach in SSW-StPO § 100j Rn. 10 jeweils mwN.

49 BT-Drs. 19/27900, 6.

denen die Strafverfolgungsbehörde die Beauskunftung „unter Berufung auf eine gesetzliche Bestimmung, die ihr eine Erhebung der in Absatz 1 genannten Daten zur Verfolgung besonders schwerer Straftaten nach § 100b Absatz 2 Nummer 1 Buchstabe a, b, d, e, f, g oder l, Nummer 3 Buchstabe b erste Alternative, Nummer 5, 6, 9 oder 10 der Strafprozessordnung erlaubt". Damit ist auch hier nicht gemeint, dass die Übermittlung nur erfolgen darf, wenn die Behörde die Nutzung der Daten auf die Befugnis des § 100b stützt. Vielmehr kommen auch andere Befugnisse in Betracht (zB §§ 94, 110 Abs. 3, 100a). Jedoch dürfen die Zugangsdaten nur übermittelt werden, wenn das entsprechende Strafverfahren der Verfolgung einer im Katalog des § 100b Abs. 2 Nr. 1 lit. a, b, d, e, f, g oder l, Nr. 3 lit. b Alt. 1 oder Nr. 5, 6, 9 oder 10 genannten Straftat dient.

21 **cc) Geringe praktische Bedeutung.** Die praktische Bedeutung sowohl der Bestandsdatenauskunft als auch der Beauskunftung von Zugangsdaten bei Telemediendiensten dürfte **dennoch eher gering sein.** Dies liegt zum einen daran, dass die meisten der „großen" Telemediendienste wie Soziale Medien, Voice-over-IP-Dienstleister (sofern diese – insbesondere nach Inkrafttreten des neuen TKG zum 1. Dezember 2021 – nicht zu den TK-Diensten zählen), Webmail-Anbieter (soweit nicht TK-Dienste) und Handelsplattformen weder ihren Sitz noch ihre Datenspeicher auf deutschem Boden unterhalten. Bedeutung kann § 100j Abs. 1 S. 1 Nr. 2 jedoch ggü deutschen Automobilherstellern erlangen, soweit diese Telemedien in ihren Fahrzeugen anbieten.[50] Für diejenigen Dienste, welche ihren Sitz und ihre Datenspeicher in Deutschland haben, gilt außerdem Art. 32 DSGVO (welcher in seinem Anwendungsbereich § 13 TMG verdrängt, hierzu → Rn. 57 sowie sogleich → Rn. 22), wonach die Dienstleister ihre Dienste, wenn dies möglich und zumutbar ist, anonym oder zumindest unter Nutzung eines Pseudonyms anbieten müssen. Gleichfalls gebietet Art. 32 DSGVO (welcher in seinem Anwendungsbereich § 13 Abs. 7 TMG in der Fassung bis 1. Dezember 2021 verdrängt, hierzu → Rn. 57 sowie sogleich → Rn. 22), dass die Passwörter und andere Zugangscodes auch für den Dienstanbieter selbst nicht in klar lesbarer Form gespeichert werden bzw. vorliegen (sondern nur deren Hashwert).[51] In diesem Fall können die Dienstanbieter das Passwort selbst gar nicht herausgeben und eine Rückrechnung vom Hash-Wert zum Passwort ist nur in seltenen Fällen technisch möglich. Ebenso besteht keine Pflicht des Telemedienanbieters zur Entschlüsselung von bei ihm in verschlüsselter Form vorliegender Daten (§ 23 Abs. 3 S. 2 TTDSG (bis 1. Dezember 2021: § 15b Abs. 3 S. 2 TMG)).

22 **dd) Problem: Verdrängung von § 14 TMG aF durch Art. 5 ff. DSGVO (bis 1. Dezember 2021).** Genau wie im Rahmen von § 100k (→ § 100k Rn. 19 ff.) stellte sich auch bei § 100j Abs. 1 S. 1 Nr. 2, S. 3 aF das Problem, dass die Norm explizit auf die Erhebung von Bestandsdaten, die nach § 14 TMG (in der Fassung bis 1. Dezember 2021) gespeichert werden beschränkt ist. § 100j Abs. 1 S. 1 Nr. 2 aF erlaubte ausdrücklich nur das Verlangen von Auskunft „über die nach § 14 Absatz 1 Telemediengesetz erhobenen Daten". Wie bei § 100k (→ § 100k Rn. 19 ff.) ausführlich gezeigt, **verdrängen die Art. 5 ff. DSGVO** seit ihrem Inkrafttreten die §§ 11–15 TMG in der Fassung bis 1. Dezember 2021 (mit Ausnahme der §§ 15a bis 15c TMG, dazu detailliert → Rn. 18) und damit auch § 14 Abs. 1 TMG (in der Fassung bis 1. Dezember 2021).[52] Dementsprechend wurden seitdem keine Bestandsdaten mehr auf Grundlage von § 14 Abs. 1 TMG (in der Fassung bis 1. Dezember 2021) gespeichert. Aus denselben Gründen wie bei § 100k (innere Systematik der Vorschrift, klare Bezugnahme im Wortlaut auf die *nach § 14 Abs. 1 TMG gespeicherten*

---

[50] Matsumoto RAW 2021, 106.

[51] Siehe hierzu auch Löffelmann Stellungnahme zum Gesetzentwurf der Fraktionen der CDU/CSU und SPD Entwurf eines Gesetzes zur Anpassung der Regelungen über die Bestandsdatenauskunft an die Vorgaben aus der Entscheidung des Bundesverfassungsgerichts vom 27.5.2020, S. 3; Bundesdatenschutzbeauftragter Stellungnahme des Bundesbeauftragten für den Datenschutz und die Informationsfreiheit für die öffentliche Anhörung des Ausschusses für Inneres und Heimat des Deutschen Bundestages am 25.1.2021, BT-Drs. 19/25294; Großmann StV-S 2021, 31.

[52] Überblick über den datenschutzrechtlichen Streitstand bei Sesing MMR 2019, 347.

Daten und korrespondierende „Gebe"-Normen im TMG, die ebenfalls nur auf die nach § 14 Abs. 1 TMG (in der Fassung bis 1. Dezember 2021) erhobenen Daten, nicht aber auf die DSGVO verweist, detailliert bei → § 100k Rn. 24) war auch hier keine Auslegung derart möglich, dass sich § 100j Abs. 1 S. 1 Nr. 2 aF auf die nach Art. 5 ff. DSGVO gespeicherten Daten bezog und der Verweis auf § 14 Abs. 1 TMG (in der Fassung bis 1. Dezember 2021) lediglich die Art der Daten per Legaldefinition beschrieb. Da die Norm auch verabschiedet wurde, während die DSGVO schon in Kraft war und dem Gesetzgeber damit die Problematik der Verdrängung der Normen hätte bekannt sein müssen, war eine Überdehnung des klaren Wortlauts auch aus dieser Perspektive nicht geboten. **Die bis zum 1. Dezember 2021 geltende Fassung des § 100j Abs. 1 S. 1 Nr. 2 ging damit ebenso wie § 100kStPO in der bis zum 1. Dezember 2021 geltenden Fassung ins Leere. Eine Lesart, welche den eindeutigen Verweis auf § 14 TMG (in der Fassung bis 1. Dezember 2021) auch als Verweis auf die nach Art. 6 DSGVO gespeicherten Daten verstehen wollte, wäre wegen Verstoßes gegen den Grundsatz der Normenklarheit und Bestimmtheit verfassungswidrig und würde auch nicht den Vorgaben des BVerfG an die normenklare Regelung des „Doppeltürmodells" entsprechen.** Dies gilt insbesondere auch deshalb, weil auch die korrespondierenden Befugnisse zur Auskunftserteilung in §§ 15a–15c TMG aF keinen Verweis auf die nach Art. 6 DSGVO gespeicherten Daten enthielten. Auch dort hieß es ausdrücklich, dass die TM-Dienstleister „die nach § 14 Absatz 1 erhobenen Bestandsdaten" zur Erfüllung von Auskunftspflichten verwenden dürfen. Angesichts dieses eindeutigen Wortlauts kann die Norm daher auch nicht als Befugnis zur Verarbeitung iSv Art. 6 Abs. 2, Abs. 3 DSGVO verstanden werden, da hierfür ein Verweis auf die nach Art. 6 DSGVO erhobenen Daten notwendig gewesen wäre. Auch in der Gesetzesbegründung zu §§ 15a, 15b TMG aF ist nichts hierzu zu finden, was dafürspricht, dass der Gesetzgeber die Verdrängungsproblematik bei Verabschiedung des Gesetzes zur Bekämpfung des Rechtextremismus und der Hasskriminalität und des Gesetzes zur Anpassung der Regelungen über die Bestandsdatenauskunft an die Vorgaben aus der Entscheidung des Bundesverfassungsgerichts vom 27. Mai 2020 insgesamt übersehen hat.

Es kam auch **keine Ausnahme nach Art. 95 DSGVO** für diejenigen Telemedien- 23
dienstleister, die unter den Begriff des **„interpersonellen Kommunikationsdienst" nach Art. 2 Nr. 4b), Nr. 5 Richtlinie 2018/1972/EU** subsumiert werden können, ohne „Telekommunikationsdienst" iSv § 3 Nr. 24 TKG aF zu sein, in Betracht. Ausweislich ihres Art. 125 Abs. 3 ersetzt zwar die Richtlinie 2018/1972/EU die Verweisungen ua auf Richtlinie 2002/21/EG, welche in Art. 2c) bislang den Begriff des elektronischen Kommunikationsdienstes für die Richtlinie 2002/58/EG und damit für Art. 95 DSGVO definierte. Für die Zwecke des Art. 95 DSGVO galt daher bereits vor Umsetzung der Richtlinie, dass diese nunmehr von der Richtlinie 2002/58/EG erfasst wurden. Allerdings wurden auch für diese „interpersonellen Kommunikationsdienste" wie zB Voice-over-IP-Dienstleister, Webmail-Provider oder Messenger-Dienstanbieter die §§ 11 ff. TMG (in der Fassung bis 1. Dezember 2021) verdrängt und § 100j Abs. 1 S. 1 Nr. 2 ging auch insoweit ins Leere. Denn die Einbeziehung der „personellen Kommunikationsdienste" in den Anwendungsbereich der Richtlinie 2002/58/EG ändert nichts daran, dass die **Richtlinie 2002/58/EG den Bereich der Bestandsdatenerhebung nicht reguliert** und insofern auch diese Dienstleister keinen „besonderen Pflichten" aus der Richtlinie unterliegen, wie es Art. 95 DSGVO für die Bereichsausnahme voraussetzt.

Ein daran anknüpfendes Problem bestand darin, ob **Art. 6 Abs. 1 lit. e DSGVO** 24
eine dem Doppeltürmodell des BVerfG genügende **„Gebe"-Norm** für Bestandsdaten von Telemediendienstleistern darstellte. Dies war angesichts der mangelnden Bestimmtheit der Norm unter Berücksichtigung der Grundsätze aus der Entscheidung des BVerfG zur Bestandsdatenauskunft II[53] äußerst zweifelhaft. Der Gesetzgeber musste daher von der Öffnungsklausel nach Art. 6 Abs. 2 und Abs. 3 DSGVO Gebrauch machen und eine den Anforderungen des BVerfG genügende normenklare „Gebe"-Norm schaffen.

[53] BVerfG 27.5.2020 – 1 BvR 1873/13, ZD 2020, 580.

25 **c) Rechtslage nach Inkrafttreten des TTDSG (ab 1. Dezember 2021).** Der Gesetzgeber hat die oben beschriebene Verdrängungsproblematik im zum 1. Dezember 2021 in Kraft getretenen TTDSG adressiert. Er hat die verdrängten §§ 11–15 TMG aufgehoben, die §§ 15a, 15b TMG aF als §§ 22, 23 TTDSG modifiziert übernommen und § 100j angepasst. Die Verarbeitung und Speicherung von Bestandsdaten durch Telemediendienstanbieter richtet sich ausschließlich nach Art. 5 ff. DSGVO. §§ 22, 23 TTDSG regeln eine Übermittlungsbefugnis der in § 2 Abs. 2 Nr. 2 TTDSG legaldefinierten Bestandsdaten von Telemediendiensten. Die Bestandsdaten iSv § 2 Abs. 2 Nr. 2 TTDSG stellen dabei eine klar definierte Teilmenge der von Telemediendiensten nach Art. 5 ff. DSGVO verarbeiteten personenbezogenen Daten dar. § 100j Abs. 1 S. 1 Nr. 2 wurde dementsprechend angepasst und verweist für die Bestandsdatenerhebung nun nicht mehr auf den (zunächst verdrängten, dann aufgehobenen) § 14 TMG, sondern auf § 2 Abs. 2 Nr. 2 und § 22 TTDSG. Für die Passwortherausgabe verweist Abs. 1 S. 3 nur noch auf „Bestandsdaten" und damit auf Abs. 1 S. 1 Nr. 2 sowie auf § 23 TTDSG als Herausgabebefugnis. Somit stellt sich nach aktueller Rechtslage die vormals bestehende Verdrängungsproblematik nicht mehr. Der Gesetzgeber hat schließlich normenklare und bestimmte Abruf- und Übermittlungsnormen im Sinne des Doppeltürmodells geschaffen.

26 **3. (Keine) abschließende Regelung hinsichtlich Zugangsdaten.** § 100j Abs. 1 S. 2, S. 3 stellt nur insofern eine abschließende Regelung zur Erhebung von Zugangsdaten dar, als der Gesetzgeber eindeutig zum Ausdruck gebracht hat, dass er die Erhebung solcher Daten als hinreichend gewichtig betrachtet (mit Recht!), um eine Anwendung der §§ 161, 163 auszuschließen. Dementsprechend kann auch von sonstigen Personen, die keine Telekommunikations- oder Telemedienanbieter sind und damit nicht unter § 100j fallen, eine Herausgabe von Passwörtern nicht auf Grundlage der Ermittlungsgeneralklauseln verlangt werden. Möglich bleibt daneben aber die **Erhebung von Zugangsdaten im Rahmen anderer spezifischer Ermittlungsbefugnisse,** soweit die jeweilige Ermittlungsbefugnis auch die Erhebung von Zugangsdaten auf dem in der Befugnis vorgesehenen Weg erlaubt. Beispiele sind die Erhebung von Zugangsdaten aus einer Datenübertragung nach § 100a Abs. 1 S. 1, die Ausleitung von Passwörtern und Schlüsseln bei einer Online-Durchsuchung nach § 100b oder die offene und punktuelle Beschlagnahme eines Datensatzes, der auch Zugangsdaten enthält nach §§ 94 ff.. Aufgrund der hohen Voraussetzungen von § 100j Abs. 1 S. 3 erscheint es dagegen äußerst zweifelhaft, ob eine heimliche Beschlagnahme von Zugangsdaten bei Telemediendienstleistern nach §§ 94, 95a nF nach Inkrafttreten des StPO-Fortentwicklungsgesetzes zum 1. Juli 2021[54] verfassungsrechtlich zulässig ist. Man wird hier einen Vorrang von § 100j Abs. 1 S. 3 anzunehmen haben, der eine Anwendung von §§ 94, 95a nF ausschließt. Andernfalls könnte die Voraussetzung, dass ein Tatverdacht hinsichtlich einer in § 100j Abs. 1 S. 3 genannten Straftat vorliegen muss, umgangen werden. Der Gesetzgeber hat es offensichtlich versäumt, in § 100j nach der Neuregelung der Erhebungsbefugnis in § 100j Abs. 1 S. 3 eine mit §§ 100g Abs. 5, 100k Abs. 5 vergleichbare Regelung zu schaffen, die eine Anwendung anderer Befugnisse gegenüber Telemediendienstleistern zur Erhebung von Zugangsdaten ausschließt.

27 Nicht überzeugend ist es ferner, wenn in der Literatur vertreten wird, dass die Existenz von § 100j Abs. 1 S. 2, S. 3 andere Methoden des „Passwort-Knackens" auf technischem Wege (vor allem sog. Brute-Force-Attacken) ausschließe.[55] § 100j Abs. 1 S. 2, S. 3 regelt ausschließlich die Beauskunftung von Zugangscodes durch TK- und TM-Provider. Keine Aussage trifft die Norm jedoch zu der Frage, ob im Rahmen anderer Ermittlungsbefugnisse „virtueller unmittelbarer Zwang" zur **„Öffnung" von Datenspeichern** angewendet werden darf. Dies zeigt sich bereits daran, dass § 100j nur einen sehr engen Anwendungsbereich hat (nur Telekommunikations- und Telemedienprovider) und der praktische Nutzen der Passwortherausgabe von den dort regulierten Dienstanbietern sehr gering ist (hierzu

---

54 BGBl. 2021 I 2099.

55 So Hauck StV 2014, 360 (362); Graf in BeckOK StPO § 100j Rn. 20 (letzterer will aber das Knacken zulassen, wenn der Ermittlungsrichter dies anordnet).

→ Rn. 21). Es erscheint daher sehr unwahrscheinlich, dass der Gesetzgeber mit dieser partikularen Regelung die praktisch viel bedeutsameren Möglichkeiten der Umgehung des Passwortschutzes von Datenspeichern (zB im Rahmen von §§ 94 ff., 110 Abs. 3) vollständig ausschließen wollte. Derartiges lässt sich auch den Gesetzesbegründungen nicht entnehmen. Der Gesetzgeber wollte mit der Regelung lediglich die vom BVerfG in der Entscheidung „Bestandsdatenauskunft-I" aufgestellten Voraussetzungen zum Zugriff auf solche Zugangscodes umsetzen.[56] Diese Anforderungen bestehen darin, dass die Voraussetzungen für die Nutzung der Passwörter vorliegen müssen, wenn diese erhoben werden.[57] Darüber hinaus lässt sich der Begründung jedoch keinesfalls entnehmen, dass hier eine abschließende Regelung getroffen werden sollte. Über Maßnahmen zum Knacken von Passwörtern in anderem Zusammenhang hat sich der Gesetzgeber offenbar keine Gedanken gemacht. Dies war auch insofern nicht notwendig, als die Voraussetzungen für die „Nutzung" der Passwörter bei Begleitmaßnahmen zum Knacken von Passwörtern vorliegen. Das **Knacken von Passwörtern als Begleitmaßnahme** wird eingesetzt, wenn die Daten nach anderen Befugnisnormen erhoben werden sollen (zB §§ 94 ff., 110 Abs. 3, 100a). Methoden zum Knacken oder zur Umgehung von Passwörtern, um an nach Vorschriften der rechtmäßig zu erhebende Daten zu gelangen, sind als Annexkompetenzen von den jeweiligen Vorschriften umfasst. Es handelt sich wegen der zunehmenden Nutzung von Verschlüsselungen und Passwörtern um typische Begleitmaßnahmen der Datenerhebung und der Grundrechtseingriff ist, im Vergleich zur von der Befugnisnorm erlaubten eigentlichen Erhebung der Daten, als deutlich milder zu bewerten. Es ist kein Grund ersichtlich, warum Realweltbefugnisse wie §§ 102 ff. die Anwendung von unmittelbarem Zwang zur Öffnung des Durchsuchungsobjekts umfassen sollen, Befugnisse zur Datenerhebung jedoch nicht die Befugnis zur Umgehung von Passwörtern.

4. Beschuldigter und Dritte als Betroffene der Maßnahme. In **personaler Hinsicht** darf sich die Maßnahme sowohl gegen den Beschuldigten als auch gegen sonstige „betroffene Person(en)" und damit gegen Dritte richten. Soweit die in Abs. 1 S. 1 enthaltene Zweckbestimmung regelt, Auskünfte dürften „zur Erforschung des Sachverhalts oder zur Ermittlung des Aufenthaltsortes des Beschuldigten" verlangt werden, kann daraus nicht der Schluss gezogen werden, Ersuchen nach § 100j seien auf die Erhebung von Bestandsdaten des Beschuldigten beschränkt. In Abs. 3 S. 4 und Abs. 4 S. 1 ist von „Betroffene(n)" bzw. „betroffene(n) Person(en)" die Rede und § 100e Abs. 3 Nr. 1 macht deutlich, dass der Gesetzgeber mit „Betroffenen" den Personenkreis umschreibt, gegen den sich die Maßnahme richtet. Dieser besteht nicht nur aus dem Beschuldigten. 28

§ 100j **schränkt** den damit weiten **Kreis möglicher Betroffener nicht ein.**[58] Die Vorschrift enthält keine § 100a Abs. 3 bzw. den § 101a Abs. 1 S. 1, Abs. 1a und § 100i Abs. 3 (jeweils iVm mit § 100a Abs. 3) vergleichbare Regelung, wonach sich ein Auskunftsersuchen nur gegen den Beschuldigten bzw. gegen Personen richten darf, die für den Beschuldigten bestimmte oder von ihm herrührende Mitteilungen entgegennehmen oder weitergeben (Nachrichtenmittler) bzw. deren Anschluss (Anschlussinhaber) oder informationstechnisches System (Systeminhaber) der Beschuldigte benutzt.[59] Einer solchen Einschränkung bedarf es im Falle von Abs. 1 nicht, weil mit Maßnahmen dieser Art ein eher milder Eingriff in das Recht auf informationelle Selbstbestimmung verbunden ist. Die Datenerhebung beschränkt sich nämlich auf die in § 3 Nr. 6 TKG, § 2 Abs. 2 Nr. 2 TTDSG (bis 1. Dezember 2021: §§ 95 TKG, 14 TMG) definierten geschäftsmäßig nach den Art. 5 ff. DSGVO verarbeiteten bzw. die nach § 172 TKG (bis 1. Dezember 2021: 111 TKG) pflichtmäßig gespeicherten Daten, welche in der Regel keine besonders sensiblen Bereiche des Lebens des Betroffenen berühren. Freilich muss bei der Anordnung gegen dritte Personen 29

56 BT-Drs. 17/12034, 13.
57 BVerfG 24.1.2012 – 1 BvR 1299/05, NJW 2012, 1419 Rn. 183 ff.
58 Hierzu zu Recht kritisch Hauck StV 2014, 360 f.
59 Kritisch Hauck in Löwe/Rosenberg § 100j Rn. 5.

das Verhältnismäßigkeitsprinzip besonders beachtet werden.[60] Dabei kommt vor allem der Tatsache Bedeutung zu, ob die betroffene Person die Abfrage durch ein ihr zurechenbares Verhalten verursacht hat oder nicht.

30 Anders könnte es sich mit Ersuchen nach Abs. 2 verhalten, die mit einem erheblicheren Eingriff in das Telekommunikationsgeheimnis einhergehen. Da der Telekommunikationsanbieter/Telemedienanbieter für die Zuordnung der dynamischen IP-Adresse nämlich auf konkrete Kommunikations- oder Nutzungsvorgänge des Betroffenen zugreifen muss, sind hierbei deutlich sensiblere (Verkehrs- und Nutzungs-)Daten betroffen. In Fällen dieser Art könnte aus rechtsstaatlichen Gesichtspunkten eine verfassungskonforme enge Auslegung der Eingriffsnorm des Abs. 2 dahingehend geboten sein, dass eine mögliche Regelungslücke durch die analoge Anwendung des § 100a Abs. 3 geschlossen würde. Zwar hat sich der Gesetzgeber, soweit ersichtlich, im Gesetzgebungsverfahren mit dieser Problematik nicht befasst, sodass auch vom Vorliegen einer ausfüllungsbedürftigen Regelungslücke ausgegangen werden könnte. Die Vorschrift des Abs. 2 könnte indes vor dem Hintergrund noch als verfassungskonform erachtet werden, dass der Telekommunikationsdienstleister/Telemediendienstleister zur Beantwortung des Auskunftsersuchens der Strafverfolgungsbehörden zwar auf die bei ihm gespeicherten Verkehrs- oder Nutzungsdaten zugreifen muss und damit ein Eingriff in Art. 10 GG erfolgt, indes nicht diese qualifizierten Telekommunikationsdaten (zum Begriff → § 100a Rn. 71 ff.) selbst, sondern lediglich Bestandsdaten übermittelt. Da jedoch der Telekommunikationsanbieter/Telemediendienstanbieter aufgrund staatlicher Anordnung auf die Verkehrsdaten zugreift, ist dem Staat dieser Zugriff zuzurechnen. Es ist deshalb bei der Auswahl der von einer solchen Abfrage betroffenen Personen von der anordnenden Stelle eine strenge Verhältnismäßigkeitsprüfung vorzunehmen. Diese dürfte im Regelfall dazu führen, dass nur der in § 100a Abs. 3 genannte Personenkreis als Adressaten in Frage kommt (wobei Ausnahmen im Einzelfall mangels Regelung durch den Gesetzgeber möglich bleiben). Ausgeschlossen ist eine Abfrage nach Abs. 2 jedenfalls gegenüber Personen, die durch ihr Verhalten keinerlei Anlass für die Abfrage gegeben haben.

III. Materielle Anordnungsvoraussetzungen (Abs. 1, Abs. 2)

31 **1. Verwendungszweck.** Auskunftsersuchen dürfen gemäß S. 1 nur zur **Erforschung des Sachverhalts oder zur Ermittlung des Aufenthaltsortes des Beschuldigten** erfolgen (→ § 100a Rn. 166 ff.). Damit trägt der Gesetzgeber auch in § 100j dem Gebot der hinreichend präzisen Umgrenzung des Verwendungszwecks der erhobenen Daten Rechnung. Nach ständiger Rspr. des BVerfG muss jede Vorschrift, die zu Eingriffen in das Recht auf informationelle Selbstbestimmung berechtigt, derartige eingriffslimitierende Verwendungsregelungen enthalten.[61] Die Notwendigkeit der Zweckbestimmung bei strafprozessualer Datenverarbeitung ergibt sich nunmehr auch aus § 47 Nr. 2 BDSG und Art. 4 Abs. 1 lit. b Richtline EU 2016/680.

32 **2. Anlasstat.** § 100j verlangt grds. (zur Ausnahme bei Zugangsdaten von Telemediendiensten sogleich) eine verfahrensgegenständliche Tat, die **weder erheblich iSv § 100g** sein **noch schwer oder gar besonders schwer** wiegen muss wie in den Fällen der Telekommunikationsüberwachung nach § 100a Abs. 2 bzw. der Online-Durchsuchung nach § 100b oder der Wohnraumüberwachung nach § 100c. Aus diesem Grunde dürfen anders als etwa im Falle des § 100g (→ § 100g Rn. 58) Auskunftsersuchen nach § 100j auch zur Aufklärung von Antrags- bzw. Bagatelldelikten gestellt werden. Die unbegrenzte Anwendung zur Aufklärung von Ordnungswidrigkeiten nach § 46 OWiG ist dagegen verfassungsrechtlich bedenklich (→ Rn. 5). Die Übermittlung von **Zugangsdaten/Passwörtern durch Telemediendienste** ist jedoch nun auf die Verfolgung von Straftaten beschränkt,

---

60 Für eine Beachtung des Übermaßverbotes auch Bär in KMR-StPO § 100j Rn. 9.

61 BVerfG 24.1.2012 – 1 BvR 1299/05, NJW 2012, 1419 Rn. 169; 27.5.2020 – 1 BvR 1873/13 und 1 BvR 2618/13, NJW 2020, 2699 Rn. 130; siehe auch BVerfG 2.3.2010 – 1 BvR 256, 263, 586/08, BVerfGE 125, 260 (333) = NJW 2010, 833; 133, 277 (373) = NJW 2013, 1499; 141, 220 (375) = NJW 2016, 1781.

die im engen Katalog nach § 100b Abs. 2 Nr. 1 lit. a, b, d, e, f, g oder l, Nr. 3 lit b Alt. 1 oder Nr. 5, 6, 9 oder 10 genannt sind.

Die Anlasstat muss sich **nicht auf eine vollendete Tat** beziehen. Es genügt auch hier eine in strafbarer Weise versuchte oder vorbereitete Straftat. Weiter lässt die Vorschrift **sämtliche Beteiligungsformen** genügen. Der Beschuldigte kann der Tat mithin als Allein- oder Mittäter, Anstifter oder Gehilfe verdächtig sein. 33

3. Tatverdacht. Weil die Vorschrift keine besonderen Anforderungen an die Verdachtslage stellt, genügt hier das Vorliegen eines hinreichend konkreten **Anfangsverdachts** iSv § 152 Abs. 2.[62] Dieser Verdacht muss sich aufgrund bestimmter Tatsachen ergeben, sich mithin auf eine **schlüssige Tatsachenbasis** stützen (→ § 100a Rn. 151 ff.). Reine Vermutungen bzw. allein kriminalistische Erfahrungssätze reichen nicht aus. Jedoch muss der Tatverdacht weder hinreichend iSd § 203 noch dringend iSd § 112 Abs. 1 S. 1 sein. Sowohl hinsichtlich Tatsachenbasis als auch Wahrscheinlichkeitsgrad (zu diesen Begriffen → § 100a Rn. 153 f.) sind weniger strenge Anforderungen zu stellen als bei denjenigen Vorschriften, die explizit einen Tatverdacht aufgrund „bestimmter Tatsachen" (qualifizierter Verdacht) verlangen (→ § 100a Rn. 151). Der Anfangsverdacht ist die niedrigste Stufe des Tatverdachts in der StPO. 34

4. Auskunft über Zugangsdaten nur bei Vorliegen der gesetzlichen Voraussetzung für deren Nutzung (Abs. 1 S. 2 und S. 3). Wie es das BVerfG verlangt (→ Rn. 5), erlauben § 100j Abs. 1 S. 2 und S. 3 die Erhebung von Zugangsdaten nur, wenn im Zeitpunkt der Erhebung bereits die gesetzlichen Voraussetzungen für die Nutzung der Zugangsdaten vorliegen. Dies dürfte zumindest bei **Nutzung der Zugangsdaten zur Beschlagnahme von Daten** (in verschlüsselten Datenträgern) stets der Fall sein, weil §§ 94 ff. keine höheren Anforderungen stellen als § 100j Abs. 1. Die Beschränkung auf die Verfolgung von Straftaten aus dem Katalog von § 100b Abs. 2 Nr. 1 lit. a, b, d, e, f, g oder l, Nr. 3 lit b Alt. 1 oder Nr. 4 bis 7 (ab 1. Juli 2021: Nr. 5, 6, 9 oder 10) für **Zugangsdaten von Telemediendiensten nach Abs. 1 S. 3** lässt dabei auch die Verwendung der so erhobenen Daten bei anderen Ermittlungsmaßnahmen als § 100b zu, jedoch muss auch bei den anderen Maßnahmen (zB § 94) ein Tatverdacht hinsichtlich einer Katalogtat nach § 100b Abs. 2 Nr. 1 lit. a, b, d, e, f, g oder l, Nr. 3 lit b Alt. 1 oder Nr. 4 bis 7 (ab 1. Juli 2021: Nr. 5, 6, 9 oder 10) vorliegen. 35

5. Auskunft mittels IP-Adresse (Abs. 2). Nach Abs. 2 S. 1 darf die Auskunft über Bestandsdaten bzw. Zugangscodes auch anhand „einer zu einem bestimmten Zeitpunkt zugewiesenen Internetprotokoll-Adresse" verlangt werden. Als Spuren der Kommunikation werden vielfach IP-Adressen festgestellt, die über ein entsprechendes Auskunftsersuchen einen Rückschluss auf die Identität des Kommunikationsteilnehmers ermöglichen. Mit der Einführung von IPv6 und der damit einhergehenden deutlichen Erhöhung der Anzahl möglicher IP-Adressen, ist es nunmehr möglich, auch privaten Nutzern eine **statische IP-Adresse** zuzuweisen (zum Begriff → § 100a Rn. 82 f.). Diese werden in den nächsten Jahren mithin häufiger auch von Beschuldigten genutzt werden. Derzeit nutzen laut einer Google-Statistik ca. 50 % aller deutschen Internetnutzer bereits IPv6.[63] Vor diesem Hintergrund erscheint es im Sinne einer geordneten und effektiven Strafverfolgung verfehlt, den Anwendungsbereich des Abs. 2 auf **dynamische IP-Adressen** gleichsam zu verkürzen.[64] Eine solche Auslegung ist auch von Rechts wegen nicht geboten. Der Gesetzgeber hatte bei der Vorschrift des § 100j Abs. 2 bzw. der Neufassung des § 113 Abs. 1 TKG aF zwar vorwiegend die dynamische IP-Adresse im Blick.[65] Der von ihm in Abs. 2 sowie nunmehr 36

[62] BT-Drs. 17/12034, 10; Hauck in Löwe/Rosenberg § 100j Rn. 3; Bär in KMR-StPO § 100j Rn. 9; Eschelbach in Satzger/Schluckebier/Widmaier StPO § 100j Rn. 6.
[63] https://www.google.com/intl/en/ipv6/statistics.html#tab=per-country-ipv6-adoption (Stand: 13.10.2020).
[64] So wohl Köhler in Meyer-Goßner/Schmitt § 100j Rn. 4.
[65] Vgl. BT-Drs. 17/12034, 10.

in § 174 Abs. 1 S. 3 TKG (bis 1. Dezember 2021: § 113 Abs. 1 S. 3 TKG) verwendete Wortlaut, nämlich dem der einem Nutzer „zu einem bestimmten Zeitpunkt zugewiesenen" IP-Adresse, erfasst indes auch die statische IP-Adresse. Auch sie ist dem Nutzer lediglich zu einem bestimmten Zeitpunkt, dem ihrer Nutzung und darüber hinaus für die Laufzeit seines Vertrages mit dem Internet-Zugangs-Provider zugewiesen. Eine solche Auslegung trägt der Regelung in Abs. 2 auch unter teleologischen Gesichtspunkten Rechnung. Das Merkmal „zu einem bestimmten Zeitpunkt" spiegelt allein den tatsächlichen Umstand, dass dynamische IP-Adressen sukzessive verschiedenen Nutzern zugewiesen werden und allein durch die Mitteilung auch der Nutzungszeit der jeweilige Nutzer identifiziert werden kann. Das in Abs. 2 zum Ausdruck gebrachte strafprozessuale Interesse an der Identifizierung des Nutzers einer IP-Adresse besteht jedoch unabhängig von der Frage, ob dieser im Zeitalter von IPv6 noch eine dynamische oder bereits eine statische IP-Adresse nutzt. Kriminalpolitisch bezweckt ist die Identifizierung der Nutzer von IP-Adressen ungeachtet des zufälligen und allein technisch bedingten Umstandes, welche „Internet Protocol Version" diese nutzen und, ob – bei Nutzung von IPv6 – eine statische oder dennoch eine dynamische IP-Adresse verwendet wird. Bei der Schaffung der zu § 100j Abs. 1 S. 1 Nr. 2 korrespondierenden Auskunftsvorschrift in § 22 Abs. 1 S. 3, S. 4 TTDSG (bis 1. Dezember 2021: § 15a Abs. 1 S. 3, S. 4 TMG) hat der Gesetzgeber zwar nicht in der Norm selbst, wohl aber in der Begründung indes auch nur von „IP-Adresse" gesprochen, ohne diesen Begriff auf die dynamischen IP-Adressen einzuengen.[66] Dies spricht dafür, dass der Gesetzgeber zumindest nunmehr auch die statischen IP-Adressen einbeziehen möchte. Dies scheint angesichts der Zunahme von statischen IP-Adressen bei IPv6 auch notwendig zu sein.[67]

37 Bedeutsam ist die Einschränkung **„zu einem bestimmten Zeitpunkt"** dennoch. Dies bedeutet nämlich, dass die Auskunft nicht für ein größeres Zeitfenster, sondern nur für einen (möglichst) genau bestimmten Zeitpunkt (= Zeitstempel der verfahrensrelevanten Internetkommunikation) verlangt werden darf. Dies stellt sicher, dass bei der Erhebung nicht zahlreiche Daten von Unbeteiligten miterhoben werden (denen die dynamische IP-Adresse während eines größeren Zeitfensters ebenfalls zugewiesen war).[68]

38 Umstritten ist, inwieweit auch die IP-Adressen selbst, welche dem Betroffen bzw. dessen Internetanschluss (Router) durch den Telekommunikationsanbieter zugewiesen sind, nach § 100j erhoben werden können. Unstreitig unterfällt die statische IP-Adresse einer Bestandsdatenauskunft nach § 100j Abs. 1 S. 1 Nr. 1, weil der Begriff der „anderen Anschlusskennung" in § 172 TKG (bis 1. Dezember 2021: § 111 TKG) auch statische IP-Adressen als „fest zugewiesene" Anschlusskennungen erfasst und für die Beauskunftung auch kein Zugriff auf konkrete Kommunikationsvorgänge notwendig ist.[69] **Strittig** ist dagegen, ob auch die von einem bestimmten Betroffenen genutzten **dynamischen IP-Adressen** nach § 100j Abs. 2 vom **Telekommunikationsdienstleister erhoben werden können.** Teilweise wird dies unter Verweis auf den insoweit offenen Wortlaut, die gleichbleibende Qualität der Information (Eingriffstiefe) und den ähnlichen Vorgang (Zugriff auf konkrete Kommunikationsvorgänge) bejaht.[70] Richtigerweise enthält § 100j Abs. 2 (und auch nicht Abs. 1 S. 1) eine entsprechende Befugnis jedoch nicht.[71] Hierfür lässt sich bereits der eindeutige Wortlaut der Vorschrift („anhand einer zu einem bestimmten Zeitpunkt zugewiesenen Internetprotokoll-Adresse") einwenden.[72] „Anhand" bedeutet laut Duden „mithilfe".[73] Dementsprechend ist eindeutig eine Abfrage unter Zuhilfenahme der

---

66 BT-Drs. 19/17741, 40.
67 Siehe auch Dalby CR 2013, 361 (367).
68 Graf in BeckOK StPO § 100j Rn. 27; Bär in KMR-StPO § 100j Rn. 18; Bär DRiZ 2015, 432 (436).
69 Nur Köhler in Meyer-Goßner/Schmitt § 100j Rn. 2; Eckhardt in Geppert/Schütz TKG § 111 Rn. 13; siehe auch BT-Drs. 16/6979, 46; BT-Drs. 16/5846, 69.
70 Bär in KMR-StPO § 100j Rn. 18; Graf in BeckOK StPO § 100j Rn. 28 sowie bereits Dalby CR 2013, 361 (365).
71 Wie hier Köhler in Meyer-Goßner/Schmitt § 100j Rn. 4.
72 Ebenso Hauck in Löwe/Rosenberg § 100j Rn. 14.
73 https://www.duden.de/rechtschreibung/anhand_Praeposition (Stand: 13.10.2020).

dynamischen IP-Adresse gemeint. Diese muss also zwingend schon bekannt sein. Auch systematische Argumente sprechen für eine solche Auslegung. So sind dynamische IP-Adressen gerade keine „sonstigen Anschlusskennungen" iSv § 172 Abs. 1 Nr. 1 Alt. 2 TKG (bis 1. Dezember 2021: § 111 Abs. 1 Nr. 2 TKG).[74] Nach der Regelungssystematik des TKG handelt es sich vielmehr um Verkehrsdaten (siehe § 176 Abs. 3 Nr. 1, Nr. 3 TKG, bis 1. Dezember 2021: § 113b Abs. 3 Nr. 1, Nr. 3 TKG).[75] Dementsprechend gilt für die Erhebung von dynamischen IP-Adressen anhand der Angaben zur Identität einer bestimmten Person (also den umgekehrten Fall zu § 100j Abs. 2) die Befugnis des § 100g (dort → § 100g Rn. 29).[76] Für die neue Befugnis zur Erhebung von Bestandsdaten beim Telemediendienst gilt dementsprechend folgendes: § 100j Abs. 2 enthält aus denselben Gründen wie beim Telekommunikationsdienstleister keine Rechtsgrundlage zur Erhebung der dynamischen IP-Adresse. Anders als § 172 TKG (bis 1. Dezember 2021: § 111 TKG) enthält § 2 Abs. 2 Nr. 2 TTDSG (bis 1. Dezember 2021: § 14 TMG) auch keine Nennung von „Anschlusskennungen" als Bestandsdaten. Dies erklärt sich daraus, dass Telemediendienste gerade nicht (überwiegend) in der Übertragung von Signalen bestehen und sie somit idR keine Anschlusskennung zur Begründung, inhaltlichen Ausgestaltung oder Änderung eines Vertragsverhältnisses (vgl.: § 2 Abs. 2 Nr. 2 TTDSG (bis 1. Dezember 2021: § 14 Abs. 1 TMG)) benötigen. Regelmäßig sind daher auch statische IP-Adressen kein Bestandsdatum iSv § 2 Abs. 2 Nr. 2 TTDSG (bis 1. Dezember 2021: § 14 Abs. 1 TMG). Sollte dies aufgrund der spezifischen Ausgestaltung des Telemediendienstes anders sein, gilt das zu den Telekommunikationsanbietern ausgeführte entsprechend. Statische und dynamische IP-Adressen unterfallen bei Telemediendiensten regelmäßig dem Begriff der Nutzungsdaten aus § 2 Abs. 2 Nr. 3 lit. a TTDSG (bis 1. Dezember 2021: § 15 Abs. 1 S. 2 Nr. 1 TMG) (Merkmale zur Identifikation des Nutzers), zumindest dann, wenn es sich um einen personalisierten Telemediendienst handelt. Dementsprechend sind IP-Adressen bei Telemediendiensten regelmäßig nach § 100k zu erheben (→ § 100k Rn. 14). Diese Sichtweise wird nun auch von der neuen Erhebungsbefugnis (hauptsächlich) für IP-Adressen von Telemediendiensten in § 100k Abs. 3 bestätigt.

Unklar ist, was mit der – gemeinsam mit der Erweiterung der Beauskunftung auf **39**
Bestandsdaten von Telemediendiensten ins Gesetz gekommenen – formellen Anforderung in Abs. 2 S. 2 gemeint ist. Hiernach ist das Vorliegen der „Voraussetzungen für ein Auskunftsverlangen nach Satz 1 aktenkundig zu machen". Satz 1 stellt jedoch überhaupt keine besonderen Voraussetzungen auf, sondern erlaubt – ohne über die Voraussetzungen von Abs. 1 hinausgehende Anforderungen – die Verwendung der IP-Adresse zur Beauskunftung. Daher kann damit eigentlich nur gemeint sein, dass die grundlegenden Voraussetzungen des Auskunftsverlangens nach Abs. 1 aktenkundig zu machen sind.[77] Inwieweit dies über die allgemeine Begründungspflicht nach § 34 hinausgeht, erschließt sich nicht unmittelbar.

6. Verhältnismäßigkeit. Schließlich ist der verfassungsrechtliche Verhältnismäßig- **39a**
keitsgrundsatz zu beachten. Die Maßnahme darf nur angeordnet werden, wenn im konkreten Einzelfall der staatliche Strafverfolgungsanspruch die grundrechtlich geschützten Positionen der betroffenen Personen (hier aus Art. 2 Abs. 1 iVm Art. 1 Abs. 1 GG oder – bei Verwendung dynamischer IP-Adressen – Art. 10 GG) überwiegt. Die Gewichtigkeit des staatlichen Interesses an der Strafverfolgung hängt von der Bedeutung der Sache (Art und Schwere der Straftat, Anzahl der Opfer, Art und Ausmaß des verursachten Schadens, Grad der Störung des öffentlichen Friedens etc), dem erwarteten Erfolg der Maßnahme (Auffindewahrscheinlichkeit und prognostische Verfahrensrelevanz) und der Stärke des Tatverdachts ab (siehe vertiefend → § 100a Rn. 180 ff.). Die konkrete Intensität des Grundrechtseingriffs ist maßgeblich von der Heimlichkeit der Maßnahme bestimmt. Daneben ist zu beachten,

---

74 BVerfG 24.1.2012 – 1 BvR 1299/05, NJW 2012, 1419 Rn. 139; Eckhardt in Geppert/Schütz TKG § 111 Rn. 13.

75 LG München 12.1.2012 – 17 HK O 1398/11, ZD 2012, 281.

76 Wie hier Köhler in Meyer-Goßner/Schmitt § 100j Rn. 4 aE.

77 BT-Drs. 19/25294, 50.

dass die Bestandsdatenabfrage in aller Regel eine Beziehung von Informationen zu einer ganz bestimmten Person oder zumindest einer Personengruppe herstellt. Der Verhältnismäßigkeitsgrundsatz gebietet es jedenfalls, vor einer Bestandsdatenauskunft zu ermitteln, welche Telekommunikationsteilnehmer oder Telemediennutzer für das Strafverfahren tatsächlich de-anonymisiert werden müssen. Nicht zulässig ist es jedenfalls pauschal alle Nutzer/innen bestimmter Plattformen, auf denen (auch) Straftaten begangen werden, abzufragen.

IV. Formelle Anordnungsvoraussetzungen (Abs. 3)

40 **1. Zuständigkeit für die Anordnung. a) Auskunftsverlangen von Telekommunikationsanbietern.** Anträge auf **Auskunft über Zugangscodes von Telekommunikations- und Telemedienanbietern ohne Wissen des Betroffenen** dürfen gemäß Abs. 3 S. 1 grundsätzlich **nur auf Antrag der Staatsanwaltschaft durch** das gemäß §§ 162, 169 **zuständige Gericht,** mithin durch den Ermittlungsrichter beim Amtsgericht bzw. im Falle des § 169 den Ermittlungsrichter beim Oberlandesgericht bzw. dem BGH beschlossen werden. Bei Gefahr im Verzug kann die Auskunftserteilung nach Abs. 3 S. 2 auch durch die **Staatsanwaltschaft bzw. deren Ermittlungspersonen** (§ 152 GVG) angeordnet werden. Gemäß S. 2 ist in diesen Fällen die gerichtliche Entscheidung unverzüglich nachzuholen. Anders als § 100e Abs. 1 S. 3 regelt die Vorschrift kein Außerkrafttreten bei Nichtnachholung der richterlichen Anordnung. Eine solche Regelung wäre auch in der Praxis schwierig umsetzbar, wenn die richterliche Entscheidung nicht wie in § 100e nach drei Werktagen, sondern wie hier „unverzüglich" nachzuholen ist. Dies würde die Rechtspraxis während der Durchführung der Maßnahme vor kaum auflösbare Schwierigkeiten stellen, da die ausführenden Polizeibeamten/Staatsanwälte den Zeitpunkt, zu dem das „Unverzüglichkeitsfenster" verstrichen ist, kaum verlässlich bestimmen können. Da es jedoch bei der Frage eines Beweisverwertungsverbots nicht mehr um die praktische Durchführbarkeit der Maßnahme, sondern um die Folgen eines Verstoßes gegen die Verfahrensvorschriften geht, kommt bei Versäumnis der Nachholung durchaus ein Beweisverwertungsverbot in Betracht (noch → Rn. 71). Dagegen ist es nicht mit dem eindeutigen Wortlaut des Gesetzes (und insbesondere dem Vergleich zur Regelung in § 100e) zu vereinbaren, wenn in der Lit. teilweise angenommen wird, die gerichtliche Entscheidung sei innerhalb von drei Werktagen nachzuholen, andernfalls werde die polizeiliche/staatsanwaltschaftliche Anordnung unwirksam.[78] Ersuchen um Auskunft über Bestandsdaten nach Abs. 1 S. 1 bzw. in den Fällen des Abs. 3 S. 4 können von der Staatsanwaltschaft bzw. auch ihren Ermittlungspersonen angeordnet werden.

41 Nimmt man in den Blick, dass es das erklärte Ziel des Gesetzgebers ist, ein harmonisches Gesamtsystem der strafprozessualen heimlichen Ermittlungsmethoden zu schaffen,[79] so dürfte eine **Disharmonie darin liegen,** dass Auskünfte nach Abs. 1 S. 2 und S. 3 unter Richtervorbehalt gestellt werden, solche nach Abs. 2 indes nicht.[80] Auskunftsersuchen nach Abs. 2 berühren nach Auffassung des BVerfG den Schutzbereich von Art. 10 GG (→ Rn. 2), solche nach Abs. 1 S. 2 und S. 3 hingegen nicht. Um die Auskünfte nach Abs. 2 erteilen zu können, muss der Telekommunikationsdienstleister auf konkrete Telekommunikationsvorgänge seiner Kunden zugreifen. Zugangscodes enthalten für sich genommen dagegen so gut wie keine persönlichen Informationen. Da sowohl für die Erhebung als auch die Nutzung der Zugangscodes die gesetzlichen Voraussetzungen für die Nutzung erfüllt sein müssen und – je nach Nutzung – noch vor dem konkreten Einsatz der Zugangsdaten noch einmal eine richterliche oder staatsanwaltschaftliche Kontrolle stattfindet, dürfte im Regelfall die Auskunftserteilung nach Abs. 2 eingriffsintensiver sein, als diejenige nach Abs. 1 S. 2 und S. 3 (dessen praktische Bedeutsamkeit überdies äußerst zweifelhaft ist → Rn. 21). Hier besteht gesetzgeberischer Handlungsbedarf. Gleichwohl ist anzuerkennen,

---

78 So jedoch Hauck in Löwe/Rosenberg § 100j Rn. 19; wie hier Graf in BeckOK StPO § 100j Rn. 31.

79 Vgl. BT-Drs. 16/5846, 1.

80 Zu Recht auch kritisch deshalb Hauck StV 2014, 360 (362).

dass die geltende Regelung den (im gleichen Maße unzutreffenden)[81] Vorgaben des BVerfG entspricht.[82]

42 Gemäß S. 4 ist ein richterlicher Beschluss ausnahmsweise entbehrlich, **wenn der Betroffene vom Auskunftsverlangen bereits Kenntnis erlangt hat bzw. haben muss** oder, wenn die Nutzung der Daten bereits durch eine gerichtliche Entscheidung gestattet worden ist. Zu denken ist hier insbesondere an eine gerichtliche Beschlagnahmeanordnung nach den §§ 94, 98, eine Anordnung zur Durchsicht elektronischer Speichermedien nach § 110 Abs. 3, die Anordnung einer Quellen-TKÜ nach § 100a Abs. 1 S. 2, S. 3 oder einer Online-Durchsuchung nach § 100b. Weiter ist eine gerichtliche Anordnung nach S. 1 entbehrlich, wenn der Betroffene in die Verwendung der Zugangssicherung ausdrücklich eingewilligt hat oder mit einer Nutzung rechnen muss, weil sein Mobiltelefon bereits beschlagnahmt wurde oder ein Auskunftsersuchen an seinen Provider ihm zuvor durch die Strafverfolgungsbehörden zur Kenntnis gebracht wurde. Ausreichend ist gemäß S. 4 insoweit auch, wenn der Betroffene zwar tatsächlich keine Kenntnis hat, er aber Kenntnis haben müsste. Gemeint sind hier Fälle, in denen die Mitteilung zwar dem Betroffenen zugegangen ist (zB postalisch), dieser die Mitteilung aber tatsächlich nicht zur Kenntnis genommen hat.[83]

43 Da es äußerst zweifelhaft erscheint, dass die Kenntnis von einer Maßnahme die grundrechtssichernde Wirkung einer präventiven gerichtlichen Kontrolle überflüssig machen soll, die Variante des „Kennenmüssens" – systemfremd – **Obliegenheiten zur Informationsbeschaffung durch den Beschuldigten** formuliert und die vorherige richterliche Kontrolle nur dann hinreichenden Schutz bietet, wenn die gerichtliche Kontrolle dieselben Prüfmaßstäbe anlegt, wie der Ermittlungsrichter vor Anordnung der Erhebung der Zugangsdaten, sind die Ausnahmeregelungen bzgl. des Richtervorbehalts äußerst restriktiv auszulegen.[84] Hinsichtlich der vorherigen gerichtlichen Entscheidung sind jedenfalls nur Anordnungen strafprozessualer Maßnahmen durch die Gerichte nach §§ 162, 169 gemeint, nicht etwa zivilgerichtliche Beschlüsse.[85] Die Fallgruppe des „Kennenmüssens" ist auf Fälle zu beschränken, in denen die Strafverfolgungsbehörden einen Zugang der Information beim Betroffenen bewirkt haben und lediglich die tatsächliche Kenntnisnahme der Information durch den Betroffenen nicht eindeutig nachweisbar ist.

44 **b) Auskunftsverlangen von Telemediendiensten.** Anträge auf **Auskunft über Zugangscodes von Telemediendienstanbietern ohne Wissen des Betroffenen dürfen** gemäß Abs. 3 S. 1 **nur auf Antrag der Staatsanwaltschaft** durch das gemäß §§ 162, 169 **zuständige Gericht,** mithin durch den Ermittlungsrichter beim Amtsgericht bzw. im Falle des § 169 den Ermittlungsrichter beim Oberlandesgericht bzw. dem BGH beschlossen werden. Eine Ausnahme bei Gefahr im Verzug ist hier – angesichts der größeren Sensibilität der mittels dieser Passwörter zu erlangenden Daten zu Recht – im Unterschied zur Passwortherausgabe von Telekommunikationsdiensten – nicht vorgesehen. Mit Einbeziehung der sog. interpersonellen Telekommunikationsdienste gem. § 3 Nr. 24 TKG nF in den Begriff des Telekommunikationsdienstes nach § 3 Nr. 61 TKG nF im Rahmen der Umsetzung von Art. 2 Nr. 4b), Nr. 5 Richtlinie 2018/1972/EU im Telekommunikationsmodernisierungsgesetz wurden auch viele der besonders praxisrelevanten OTT-Dienstleister wie E-Mail-Provider, Messenger-Dienste, Voice-over-IP-Dienste und – nach hier vertretener Auffassung (hierzu → § 100a Rn. 235) auch diejenigen Funktionen sozialer Netzwerke, welche eine Antwort- oder Kommentarmöglichkeit bieten – von der Gefahr-im-Verzug-Klausel des Abs. 3 S. 2 erfasst. Hierdurch entsteht ein Wertungswiderspruch, weil Zugangscodes zu

81 Zur Kritik auch Hauck in Löwe/Rosenberg § 100j Rn. 18; Greco in SK-StPO § 100j Rn. 14.
82 BVerfG 2.3.2010 – 1 BvR 256/08, NJW 2010, 833 Rn. 255 ff.
83 Vgl. BT-Drs. 17/12879, 11.
84 So überzeugend Greco in SK-StPO § 100j Rn. 16 und Hauck in Löwe/Rosenberg § 100j Rn. 22; ebenfalls für restriktive Auslegung Bär in KMR-StPO § 100j Rn. 20; Graf in BeckOK StPO § 100j Rn. 32; Gercke in Gercke/Julius/Temming/Zöller § 100j Rn. 8; siehe auch Hauck StV 2014, 360 (364).
85 Hauck in Löwe/Rosenberg § 100j Rn. 22; Hauck StV 2014, 360 (364).

diesen Dienstleistungen in aller Regel nicht weniger sensible Informationen zu Tage fördern als die noch verbleibenden Telemediendienste wie zB Handelsplattformen, Host-Provider, Teilfunktionen der sozialen Netzwerke und Websites.

45 **2. Form der Anordnung.** Wenngleich sich § 100j hierzu nicht verhält, hat die richterliche Anordnung grundsätzlich **schriftlich** zu ergehen und ist als anfechtbare Entscheidung nach § 34 zu begründen. Auch die Eilanordnung der Staatsanwaltschaft bedarf aus Gründen der Rechtssicherheit grundsätzlich der Schriftform.[86] Die praktische Notwendigkeit der schriftlichen Ausfertigung ergibt sich auch aus § 174 Abs. 2 S. 2–4 TKG (bis 1. Dezember 2021: § 113 Abs. 2 S. 2–4 TKG) und § 22 Abs. 2 S. 2–4 TTDSG (bis 1. Dezember 2021: § 15a Abs. 2 S. 2–4 TMG) wonach die Telekommunikationsanbieter bzw. Telemediendienstanbieter grds. die Auskünfte nur erteilen dürfen, wenn die Anfrage in Textform vorliegt. Schließlich ist gemäß Abs. 3 S. 5 das Vorliegen der Voraussetzungen des Abs. 3 S. 4 (→ Rn. 42) aktenkundig zu machen.

V. Benachrichtigungspflicht (Abs. 4)

46 Gemäß § Abs. 4 ist der **Betroffene** im Falle einer Beauskunftung von Zugangssicherungscodes nach Abs. 1 S. 2 und S. 3 sowie bei Auskünften anhand von IP-Adressen über die Maßnahme zu benachrichtigen, sofern hierdurch der Zweck der Maßnahme nicht vereitelt wird. Durch die Benachrichtigungspflicht soll dem Grundsatz der Transparenz Rechnung getragen und die Möglichkeit der Inanspruchnahme nachträglichen Rechtsschutzes eröffnet werden. Der Gesetzgeber sah sich aufgrund der durch das BVerfG in seiner Entscheidung v. 24.1.2013 (angeblich) vorgegebenen Gesetzessystematik (fälschlicherweise) gehalten, die Benachrichtigungspflicht nunmehr in der Befugnisnorm selbst (und nicht in § 101) zu regeln.[87] **Diese Annahme ist jedoch unzutreffend.**[88] Weder in der Entscheidung zur Vorratsdatenspeicherung noch zur Bestandsdatenauskunft I hat das BVerfG entschieden, dass die Benachrichtigungspflicht gesetzestechnisch unmittelbar bei der jeweiligen Befugnisnorm zu regeln ist. Vielmehr heißt es in der Vorratsdatenspeicherungsentscheidung bezüglich der Benachrichtigungspflicht: „Der Bundesgesetzgeber durfte diese mit dem Abruf der Daten im Zusammenhang stehenden Regelungen aber der jeweiligen Ausgestaltung durch die Fachgesetze und damit gegebenenfalls auch durch Landesgesetze überlassen."[89] In derselben Entscheidung werden auch die für alle (anderen) verdeckten Ermittlungsmaßnahmen geltenden Benachrichtigungspflichten in § 101 Abs. 4 diskutiert und mit keinem Wort festgestellt, dass diese Pflichten bei den jeweiligen Befugnisnormen zu regeln wären.[90] In der vom Gesetzgeber in der Gesetzesbegründung angeführten Entscheidung wird auf diese Passage Bezug genommen und ausgeführt: „Aus den Anforderungen des Verhältnismäßigkeitsgrundsatzes ergibt sich für Auskünfte gem. § 112 und § 113 TKG [in der Fassung bis 1. Dezember 2021, Anmerkung des Verfassers] – auch auf der Ebene der fachrechtlichen Abrufnormen, wo solche Regelungen kompetenzrechtlich anzusiedeln wären (vgl. BVerfGE 125, 260 [346 f.] = NJW 2010, 833) – kein flächendeckendes Erfordernis zur Benachrichtigung der von der Auskunft Betroffenen."[91] Wie der Gesetzgeber hieraus schließen konnte, dass die Benachrichtigung von nun ab zwingend bei der jeweiligen Befugnisnorm zu regeln ist, ist unklar.[92] Für die übrigen verdeckten Ermittlungsmaßnahmen hat der Gesetzgeber systematisch sinnvoll die Benachrichtigungspflichten in § 101 Abs. 4 konzentriert.[93]

---

[86] Für Schriftform auch Hauck in Löwe/Rosenberg § 100j Rn. 16.
[87] BT-Drs. 17/12879, 11.
[88] AA Graf in BeckOK StPO § 100j Rn. 33.
[89] BVerfG 2.3.2010 – 1 BvR 256/08, NJW 2010, 833 Rn. 286.
[90] BVerfG 2.3.2010 – 1 BvR 256/08, NJW 2010, 833 Rn. 281.
[91] BVerfG 24.1.2012 – 1 BvR 1299/05, NJW 2012, 1419 Rn. 187.
[92] So auch Hauck in Löwe/Rosenberg § 100j Rn. 25; Hauck StV 2014, 360 (364); ebenfalls kritisch Greco in SK-StPO § 100j Rn. 17; Bär MMR 2013, 700 (704).
[93] Kritisch zur Sonderregelung auch Kahmen, Die Vorschriften zur Benachrichtigungspflicht gemäß § 101 IV-VI StPO und ihre praktische Umsetzung, S. 153 ff.

Für eine **zeitliche Zurückstellung der Benachrichtigung** genügt hier bereits, dass der „Zweck der Auskunft", mithin der mit der Auskunft bezweckte Ermittlungserfolg, vereitelt würde. Die Nichtnennung der übrigen in § 101 Abs. 5 S. 1 genannten Gründe (Gefährdung des Lebens, der körperlichen Unversehrtheit und der persönlichen Freiheit einer Person und von bedeutenden Vermögenswerten) ist in der Sache nicht nachvollziehbar und offenbar auf ein Versehen des Gesetzgebers zurückzuführen. Ihre Einbeziehung zur Zurückstellung der Benachrichtigung auch bei § 100j lässt sich indes über eine sehr weite Auslegung des „Zwecks der Auskunft" (nämlich auch der zumindest mittelbare Schutz der genannten Rechtsgüter) oder eine **analoge Anwendung von § 101 Abs. 5 S. 1 StPO** zur Schließung dieser unbeabsichtigten Regelungslücke bewerkstelligen.[94] Lehnt man beides ab, bliebe noch der Weg über § 500 Abs. 1 iVm § 56 Abs. 2 Nr. 3 BDSG, welcher auch eine Zurückstellung bei Gefährdung der Rechtsgüter Dritter zulässt. Da § 101 Abs. 5 S. 1 die Zurückstellung jedoch auf bestimmte Rechtsgüter beschränkt, ist diese Regelung sowohl spezieller als § 56 Abs. 2 Nr. 3 BDSG als auch mit einem höhere Schutzniveau für den Betroffenen versehen. Daher kann die Regelung des § 56 Abs. 2 Nr. 3 BDSG gem. § 500 Abs. 2 Nr. 1 nur insoweit Anwendung finden, als die Regelung des § 101 Abs. 5 S. 1 reicht (vgl. zur Anwendbarkeit des § 500 Abs. 1 Nr. 2 nur insoweit, als die ein höheres Schutzniveau als die Richtlinie EU 2016/680 und Teil 3 des BDSG bietet → § 100a Rn. 37). Aus demselben Grund können auch § 56 Abs. 2 Nr. 1 und Nr. 2 keine Zurückstellungen über die Regelung in § 100j Abs. 4 S. 2 und § 101 Abs. 5 S. 1 hinaus rechtfertigen. Insbesondere kann keine Zurückstellung mit einer Gefährdung der öffentlichen Sicherheit oder allein der Aufgabenerfüllung der Strafverfolgungsbehörden begründet werden (näher hierzu noch → § 101 Rn. 71 ff.). 47

Die Vorschrift in S. 3, wonach eine Benachrichtigung unterbleiben kann, wenn ihr schutzwürdige Belange Dritter oder der betroffenen Person selbst entgegenstehen, ist offensichtlich der Regelung in § 101 Abs. 4 S. 3 nachgebildet, es gelten dementsprechend die Ausführungen bei → § 101 Rn. 60 ff. § 100j enthält jedoch keine § 101 Abs. 4 S. 2 vergleichbare Regelung, wonach auf die Möglichkeit des nachträglichen Rechtsschutzes hinzuweisen ist. Bei Zurückstellung oder endgültigem Absehen von der Benachrichtigung sind die Gründe hierfür gem. S. 4 aktenkundig zu machen. Im Vergleich zu § 101 Abs. 6 enthält § 100j Abs. 4 keine Regelung zur gerichtlichen Überprüfung der Zurückstellung, also auch keine Frist, ab welcher weitere Zurückstellungen der gerichtlichen Überprüfung bedürfen. Die Entscheidung ist somit allein der **verfahrensführenden Staatsanwaltschaft** überlassen. 48

Die **inhaltliche** Ausgestaltung der Benachrichtigung ist nunmehr durch Art. 13 Abs. 2 Richtlinie EU 2016/680 und dessen Umsetzung in **§ 500 Abs. 1 iVm § 56 Abs. 1 BDSG** vorgegeben. Demnach muss die Benachrichtigung mindestens folgende Angaben enthalten: Allgemeine Informationen (§ 55 BDSG) über die Zwecke der von den Strafverfolgungsbehörden vorgenommenen Verarbeitungen, Informationen über die datenschutzrechtlichen Rechte der betroffenen Personen, den Namen und die Kontaktdaten des Verantwortlichen und der oder des Datenschutzbeauftragten, eine Aufklärung über das Recht, die Landesbeauftragte oder den Landesbeauftragten anzurufen, und die Erreichbarkeit der oder des Landesbeauftragten (Nr. 1); die Nennung von § 100j als Rechtsgrundlage der Datenverarbeitung (Nr. 2); die in § 489 genannten Kriterien für eine Löschung der Daten (Nr. 3); die Kategorien der Empfänger der beauskunfteten Daten in einer Art und Weise, unter der sich der Betroffene etwas vorstellen kann,[95] zB Benennung der befassten Gerichte, Staatsanwaltschaften und Polizeidienststellen (Nr. 4). Unter „sonstigen Informationen" iSv Nr. 5 ist zunächst eine Angabe zu verstehen, woher die Bestandsdaten stammen (Benennung des Providers).[96] Erforderliche Information iSv Nr. 5 zur Wahrnehmung der Rechte der 49

[94] Im Ergebnis ebenso jedoch ohne dogmatische Begründung Gercke in Gercke/Julius/Temming/Zöller § 100j Rn. 18; unklar Hauck in Löwe/Rosenberg § 100j Rn. 26.
[95] Vgl. Paschke in Gola/Heckmann BDSG § 56 Rn. 13.
[96] Paschke in Gola/Heckmann BDSG § 56 Rn. 14.

betroffenen Person im Zusammenhang mit heimlichen Datenerhebungen ist außerdem der Hinweis auf die Rechtsschutzmöglichkeiten (§ 304 gegen gerichtliche Anordnungen, § 98 Abs. 2 S. 2 analog gegen staatsanwaltschaftliche oder polizeiliche Anordnungen).[97] Dementsprechend ist durch Geltung des § 56 BDSG nunmehr diesbezüglich ein Gleichklang mit Benachrichtigungen nach § 101 Abs. 4 S. 2 hergestellt.

50 **Kennzeichnungs- bzw. Löschungspflichten** sah der Gesetzgeber für § 100j offenbar vor dem Hintergrund nicht vor, dass sich die Auskünfte jedenfalls in den Fällen von Abs. 1 S. 1 Nr. 1 bzw. Abs. 2 auf Bestandsdaten beziehen, die der Telekommunikationsdienstleister nach § 172 TKG (bis 1. Dezember 2021: § 111 TKG) ohnehin zu speichern hat. Diese Argumentation kann allerdings nicht auf die Bestandsdatenauskunft von Telemediendiensten übertragen werden, da dort keine entsprechende Speicherpflicht besteht. Art. 17 DSGVO (der für Telemediendienstanbieter gilt, → Rn. 14) sieht vor, dass die betroffenen Nutzer von den Telemediendiensten die Löschung der sie betreffenden personenbezogenen Daten unter den dort genannten Voraussetzungen verlangen können. § 58 Abs. 2 BDSG iVm § 500 Abs. 1 gibt den Betroffenen einen entsprechenden Löschungsanspruch gegen die Strafverfolgungsbehörden. Allerdings ist problematisch, dass für die Bestandsdatenauskunft nach § 100j nur in den Fällen des Abs. 1 S. 2, S. 3 und Abs. 2 (und damit nicht für Fälle des Abs. 1 S. 1) Benachrichtigungspflichten vorgesehen sind. Diese wären jedoch Voraussetzung für eine effektive Nutzung des „Rechts auf Vergessenwerden". Daher besteht hier eine datenschutzrechtliche Regelungslücke, welche durch eine entsprechende Anwendung von § 101 Abs. 8 zu schließen ist.

51 Im Falle von Abs. 1 S. 2, S. 3 werden darüber hinaus sensible Zugangsdaten beauskunftet, die, wie bspw. die PUK, nach ihrer Beauskunftung und damit Offenlegung von dem Betroffenen zwecks weiterer Nutzung als Zugangssicherungscodes und anders als die PIN nicht selbst verändert werden können und welche ggf. Zugang zu großen und oftmals sensiblen personenbezogenen Daten gewähren. In derartigen Fällen ist ein berechtigtes Interesse der Betroffenen an einer unverzüglichen Löschung des Datums zwecks weiterer Nutzung als Zugangskennung **entsprechend der Regelung in § 101 Abs. 8 anzuerkennen,** welches neben dem Löschungsanspruch nach § 58 Abs. 2 BDSG Geltung beansprucht. Im Übrigen gilt die allgemeine Regel des § 489.

52 Das Fehlen von Kennzeichnungsvorschriften war bislang unschädlich, weil § 100j nicht auf die Verfolgung von Straftaten mit bestimmter Qualität beschränkt war. Jedoch sieht nunmehr **§ 100j Abs. 1 S. 3 eine Beschränkung der Auskunftserteilung von Zugangsdaten von Telemediendienstleistern auf die Verfolgung von Straftaten nach § 100b Abs. 2 Nr. 1 lit. a, b, d, e, f, g oder l, Nr. 3 lit. b Alt. 1 oder Nr. 5, 6, 9 oder 10 vor.** Da mit dieser Beschränkung richtigerweise eine Beschränkung der Zweckumwidmung nach §§ 479 Abs. 2 S. 1, 161 Abs. 3 einhergeht (→ Rn. 66 und 68), hätte konsequenterweise eine Kennzeichnungspflicht zur formellen Absicherung der Zweckbeschränkung mitgeregelt werden müssen. Dies ist aus unbekannten Gründen unterblieben, es ist ein redaktionelles Versehen zu vermuten. Die hierdurch entstandene planwidrige Regelungslücke ist mit einer analogen Anwendung von § 101 Abs. 3 zu schließen, welcher auch für § 100b gilt.

VI. Mitwirkungspflicht der Telekommunikations- und Telemediendienstleister (Abs. 5)

53 Auskunftsersuchen nach § 100j setzten zwingend die Mitwirkung derjenigen voraus, die geschäftsmäßig Telekommunikations- oder Telemediendienste erbringen oder daran mitwirken. Sie werden dementsprechend durch Abs. 1 S. 1 verpflichtet. Folgerichtig sieht Abs. 5 S. 1 ihre **Verpflichtung zur unverzüglichen Übermittlung** der erforderlichen Daten vor. Zur wirksamen Durchsetzung dieser Verpflichtung erklärt Abs. 5 S. 2 die Vorschrift des § 95 Abs. 2 für entsprechend anwendbar und eröffnet damit die Möglichkeit,

[97] Paschke in Gola/Heckmann BDSG § 56 Rn. 14.

gegen die Telekommunikationsdienstleister im Falle einer unberechtigten Weigerung die in § 70 bestimmten **Ordnungs- und Zwangsmittel** festzusetzen.

Auffällig ist zunächst, dass § 100j Abs. 5 im Gegensatz zu § 100a Abs. 4 S. 1 auf **„geschäftsmäßig"** handelnde Betreiber und Mitwirkende beschränkt ist. Damit fallen aus dem Anwendungsbereich – im Unterschied zu § 100a Abs. 4 (→ § 100a Rn. 228) – solche Dienstleister heraus, die nicht geschäftsmäßig Kommunikations- oder Telemediendienste in Hotels, Krankenhäusern, Betrieben und größeren Wohnanlagen anbieten.[98] 54

1. Telekommunikationsrechtliche Mitwirkungspflichten. Gemäß **§ 172 Abs. 1 TKG (bis 1. Dezember: § 111 Abs. 1 TKG)** muss jeder, der nummerngebundene interpersonelle Telekommunikationsdienste (iSv § 3 Nr. 24, Nr. 27 TKG in der Fassung ab 1. Dezember 2021), Internetzugangsdienste oder Dienste, die ganz oder überwiegend in der Übertragung von Signalen bestehen, erbringt und dabei Rufnummern oder andere Anschlusskennungen vergibt oder Telekommunikationsanschlüsse für von anderen vergebene Rufnummern oder andere Anschlusskennungen bereitstellt, die in § 172 Abs. 1 S. 1 Nr. 1–7 TKG bis 1. Dezember 2021: § 111 Abs. 1 S. 1 Nr. 1–6 TKG) genannten Bestandsdaten seiner Kunden erheben und speichern. Im Fall von Prepaid-Tarifen müssen die Angaben der Kunden anhand von vorgelegten Ausweisdokumenten überprüft werden (§ 172 Abs. 2 TKG, bis 1. Dezember 2021: § 111 Abs. 2 TKG). 55

a) Rechtslage vor Inkrafttreten des Telekommunikationsmodernisierungsgesetzes (bis 1. Dezember 2021). Bis 1. Dezember 2021 galt außerdem: Die Daten nach § 111 Abs. 1 S. 1 Nr. 1 und Nr. 2 TKG aF, also Rufnummern, Name und Anschrift des Nutzers, mussten auch von geschäftsmäßigen Erbringern öffentlich zugänglichen Dienste der elektronischen Post (öffentlich zugängliche E-Mail-Provider) gespeichert werden, wobei an die Stelle der Rufnummer die Kennung des elektronischen Postfachs (zB die E-Mail-Adresse) und an die Stelle des Anschlussinhabers der Inhaber des elektronischen Postfachs tritt (§ 111 Abs. 2 TKG aF). Die Speicherpflicht trat jedoch nur ein, wenn der E-Mail-Dienst die genannten Daten von sich aus erhebt, eine Erhebungsverpflichtung wurde von § 111 Abs. 2 TKG aF nicht geregelt. 55a

Die **notwendigen Vorkehrungen** zur Erfüllung der Auskunftspflichten für Telekommunikationsdienstleister regelten die §§ 112, 113 TKG aF. Im Rahmen des **sog. automatisierten Auskunftsverfahrens** durch die Bundesnetzagentur mussten die Erbringer öffentlich zugänglicher Telekommunikationsdienste genannten und in § 111 Abs. 1 und Abs. 2 TKG näher spezifizierten Bestandsdaten in sog. Kundendateien eintragen und gem. § 112 Abs. 1 S. 5 Nr. 1 und Nr. 2 TKG aF sicherstellen, dass die Bundesnetzagentur jederzeit Daten hieraus abrufen und auch sog. Ähnlichkeitsabfragen vornehmen kann. Im Rahmen des **sog. manuellen Auskunftsverfahrens** durch die Strafverfolgungsbehörden selbst mussten die geschäftsmäßigen Erbringer von Telekommunikationsdiensten und die hieran geschäftsmäßig Mitwirkenden (= Verpflichtete nach § 100j Abs. 1 S. 1 Nr. 1) nach § 113 Abs. 6 TKG aF gegenüber den Betroffenen und Dritten Stillschweigen über das Auskunftsverfahren bewahren. § 113 Abs. 7 S. 1 TKG aF verpflichtete die geschäftsmäßig handelnden TK-Dienstleister und Mitwirkende (=Verpflichtete nach § 100j Abs. 1 S. 1 Nr. 1) zum Treffen von zur Auskunftserteilung erforderlichen Vorkehrungen auf eigene Kosten. Wer mehr als 100 000 Kunden hat, musste außerdem gem. § 113 Abs. 7 S. 2 TKG aF nach Maßgabe der nach § 110 Abs. 3 TKG aF erlassenen Technischen Richtlinie eine gesicherte Schnittstelle zur elektronischen Datenübertragung bereithalten. In der nach § 110 Abs. 2 TKG aF erlassenen **TKÜV waren bis zur Reform des TKG durch das Telekommunikationsmodernisierungsgesetz (siehe hierzu unten → Rn. 56) keine spezifischen Regelungen für eine Bestandsdatenauskunft vorhanden,** wie sich nicht zuletzt aus dem Anwendungsbereich in § 1 (insbesondere Nr. 8) TKÜV ersehen lässt.[99] Mit dem neuen 55b

[98] Hauck in Löwe/Rosenberg § 100j Rn. 27; Bär MMR 2013, 700 (704).

[99] AA offenbar Hauck in Löwe/Rosenberg § 100j Rn. 27 und StV 2014, 360 (365), der § 110 Abs. 1 Nr. 1 TKG in der Fassung bis 1. Dezember 2021 und die Vorschriften der TKÜV für die Telekommunikationsüberwachung anwenden will.

TKG werden viele der Vorschriften über die Verkehrsdatenabfrage für entsprechend anwendbar erklärt (siehe unten → Rn. 56).

55c Die **Speicherpflicht des § 111 TKG aF** stellt nach Auffassung des EGMR zwar einen Eingriff in Art. 8 EMRK (Schutz des Privatlebens) dar, der Eingriff sei jedoch durch die hinreichend bestimmten und verhältnismäßigen Normen der §§ 111–113 TKG aF gerechtfertigt.[100] Bemerkenswert hieran ist, dass der EGMR in weiten Passagen der ersten Entscheidung des BVerfG zur Bestandsdatenauskunft aus dem Jahr 2012 zustimmt. Das BVerfG hat jedoch zwischenzeitlich § 113 TKG aF für verfassungswidrig erklärt (→ Rn. 5). Offenbar divergieren die Vorstellungen des BVerfG und des EGMR hinsichtlich der notwendigen Bestimmtheit und Verhältnismäßigkeit von Normen zur Auskunftserteilung über gespeicherte personenbezogene Daten derzeit.

55d **b) Rechtslage nach Inkrafttreten des Telekommunikationsmodernisierungsgesetzes (ab 1. Dezember 2021). Ab 1. Dezember 2021 gilt:** Die Daten nach § 172 Abs. 1 S. 1 Nr. 1, Nr. 3, Nr. 4 und Nr. 7 TKG, also Rufnummern, Name, Anschrift und Geburtsdatum des Nutzers sowie Datum der Rufnummernvergabe und ggf. des hiervon abweichenden Vertragsbeginns, müssen auch von nummernunabhängigen interpersonellen Telekommunikationsdiensten (zB Messenger-Dienste, E-Mail-Provider, Voice-over-IP-Dienste) gespeichert werden, wobei an die Stelle der Rufnummer die Kennung des Dienstes (zB die E-Mail-Adresse) und an die Stelle des Anschlussinhabers der jeweilige Nutzer tritt (§ 172 Abs. 3 TKG). Die Erweiterung dieser Speicherpflicht von E-Mail-Providern (§ 111 Abs. 2 TKG aF) auf alle interpersonellen Telekommunikationsdienste iSv § 3 Nr. 24 TKG hat den Kreis der Speicherverpflichteten deutlich erweitert und viele praktisch relevante OTT-Dienstleister einbezogen. Auch nach neuem TKG gilt: Speichern muss nur, wer die Daten von sich aus erhebt (in der Praxis allerdings sicherlich bei vielen Dienstleistern aus geschäftlichen Gründen der Fall); eine Erhebungspflicht wird auch hier nicht reguliert.

56 Die **notwendigen Vorkehrungen** zur Erfüllung der Auskunftspflichten für Telekommunikationsdienstleister regeln die §§ 173, 174 TKG. Im Rahmen des **sog. automatisierten Auskunftsverfahrens** durch die Bundesnetzagentur müssen die Erbringer nummerngebundener interpersoneller Telekommunikationsdienste oder von Diensten, die ganz oder überwiegend in der Übertragung von Signalen bestehen, die in § 173 Abs. 1 S. 1 TKG genannten und in § 172 Abs. 1 und Abs. 2 TKG näher spezifizierten Bestandsdaten in sog. Kundendateien eintragen und gem. § 173 Abs. 2 S. 1 Nr. 1 und Nr. 2 TKG sicherstellen, dass die Bundesnetzagentur jederzeit Daten hieraus abrufen und auch sog. Ähnlichkeitsabfragen vornehmen kann. Im Rahmen des **sog. manuellen Auskunftsverfahrens** durch die Strafverfolgungsbehörden selbst müssen die geschäftsmäßigen Erbringer von Telekommunikationsdiensten und die hieran geschäftsmäßig Mitwirkenden (= Verpflichtete nach § 100j Abs. 1 S. 1 Nr. 1) nach § 174 Abs. 6 S. 2 TKG gegenüber den Betroffenen und Dritten Stillschweigen über das Auskunftsverfahren bewahren. § 174 Abs. 1 S. 5 TKG verpflichtet die geschäftsmäßig handelnden TK-Dienstleister und Mitwirkende (=Verpflichtete nach § 100j Abs. 1 S. 1 Nr. 1) zum Treffen von zur Auskunftserteilung erforderlichen Vorkehrungen auf eigene Kosten. Wer öffentlich zugängliche Telekommunikationsdienste iSv § 3 Nr. 61 TKG erbringt, muss außerdem gem. § 174 Abs. 7 S. 1 TKG nach Maßgabe der nach § 170 Abs. 5 TKG erlassenen TKÜV und der nach § 170 Abs. 6 TKG erlassenen Technischen Richtlinie eine gesicherte Schnittstelle zur elektronischen Datenübertragung bereithalten. Gem. § 174 Abs. 7 S. 2 und S. 3 TKG gilt dabei die Pflicht zur Vorhaltung der elektronischen Datenschnittstelle nur für Dienstleister mit über 100.000 Kunden. Darunter muss nur das E-Mail-basierte Übermittlungsverfahren zur Verfügung stehen. In § 174 Abs. 7 S. 4 TKG werden weiterhin viele der bislang nur für die Verkehrsdatenabfrage geltenden Verfahrensvorschriften der TKÜV für entsprechend anwendbar erklärt (zB Technische Sicherungen, Nachweise und Protokollierungen). Schließlich ist eine Überprüfung der eingehenden Auskunftsersuchen bzgl. der Anforderungen aus § 174 Abs. 2 TKG durch eine

[100] EMGR 30.1.2020 – 50001/12, ECLI:CE:ECHR:2020:0130JUD005000112 = BeckRS 2020, 477.

Fachkraft sicherzustellen (§ 174 Abs. 7 S. 5 TKG), wobei auch eine automatische Prüfung durch die elektronische Schnittstelle zulässig ist (§ 174 Abs. 7 S. 6 TKG). In der nach § 170 Abs. 5 TKG erlassenen **TKÜV sind über die in § 174 Abs. 7 S. 4 TKG für entsprechend anwendbar erklärten Vorschriften hinaus bislang keine spezifischen Regelungen für eine Bestandsdatenauskunft vorhanden,** wie sich nicht zuletzt aus dem Anwendungsbereich in § 1 (insbesondere Nr. 8) TKÜV ersehen lässt.[101]

Die **Speicherpflicht des § 172 TKG** stellt nach Auffassung des EGMR zwar einen Eingriff in Art. 8 EMRK (Schutz des Privatlebens) dar, der Eingriff sei jedoch durch die hinreichend bestimmten und verhältnismäßigen Normen der §§ 171–173 TKG gerechtfertigt.[102] Bemerkenswert hieran ist, dass der EGMR in weiten Passagen der ersten Entscheidung des BVerfG zur Bestandsdatenauskunft aus dem Jahr 2012 zustimmt. Das BVerfG hat jedoch zwischenzeitlich § 113 TKG aF für verfassungswidrig erklärt (→ Rn. 5). Offenbar divergieren die Vorstellungen des BVerfG und des EGMR hinsichtlich der notwendigen Bestimmtheit und Verhältnismäßigkeit von Normen zur Auskunftserteilung über gespeicherte personenbezogene Daten derzeit. 56a

2. Mitwirkungspflichten für Telemediendienstanbieter. Mit dem Gesetz zur Bekämpfung des Rechtsextremismus und der Hasskriminalität und das dieses ergänzende bzw. reparierende Gesetz zur Anpassung der Regelungen über die Bestandsdatenauskunft an die Vorgaben aus der Entscheidung des Bundesverfassungsgerichts vom 27. Mai 2020 wurden die Mitwirkungspflichten **auf die geschäftsmäßig handelnden Telemediendienstleister erstreckt.**[103] Für sie gelten nun ebenfalls strafprozessuale Mitwirkungspflichten wie für Telekommunikationsdienstleister (→ Rn. 55 ff.). Art und Weise der Übermittlung werden in **§ 22 Abs. 5 TTDSG (bis 1. Dezember 2021: § 15a Abs. 5 TMG)** geregelt. Danach haben die geschäftsmäßig handelnden TM-Dienstleister die geforderten Daten unverzüglich und vollständig zu übermitteln. Keine Pflicht besteht dagegen, die möglicherweise verschlüsselt gespeicherten Daten zu entschlüsseln oder an ihrer Entschlüsselung mitzuwirken. Über das Auskunftsersuchen und die Auskunftserteilung haben die Dienstleister gegenüber den Betroffenen sowie Dritten Stillschweigen zu wahren. Nach **§§ 22 Abs. 6 TTDSG (bis 1. Dezember 2021: § 15a Abs. 6 TMG)** müssen die geschäftsmäßig handelnden TM-Dienstleister außerdem auf ihre Kosten die erforderlichen technischen und organisatorischen Vorkehrungen für eine Auskunftserteilung treffen. Mit der Neuregelung ist nunmehr in **§ 23 TTDSG (bis 1. Dezember 2021: § 15b TMG)** auch eine Verpflichtung von geschäftsmäßigen Telemediendienstanbietern zur Herausgabe von Passwörtern zu Endgeräten und hiervon getrennten Speichereinrichtungen (zB Cloud Services) reguliert.[104] Die Ausgestaltung der Herausgabepflichten ist in § 23 Abs. 3, Abs. 4 TTDSG (bis 1. Dezember 2021: § 15b Abs. 3, Abs. 4 TMG) in vergleichbarer Art und Weise wie in § 22 TTDSG (bis 1. Dezember 2021: § 15a TMG) geregelt. Die praktische Bedeutsamkeit hängt jedoch davon ab, ob die Anbieter überhaupt selbst Zugriff auf die Passwörter im Klartext haben. Da eine Speicherung in Hash-Form bzw. verschlüsselt dem technischen State-of-the-Art und der Pflicht nach Art. 32 DSGVO entspricht, dürfte dies eher selten der Fall sein (hierzu bereits → Rn. 21). § 23 Abs. 3 S. 2 TTDSG (bis 1. Dezember 2021: § 15b Abs. 3 S. 2 TMG) regelt überdies, dass eine Verschlüsselung der Daten unberührt bleibt, dh es besteht keine Verpflichtung der Telemediendienstanbieter zur Mitwirkung an der Entschlüsselung der Passwortdaten. 57

3. Mitwirkungspflichten für sog. OTT-Dienstleister. Die Regelung der Erhebung von Bestandsdaten auch bei TM-Dienstleistern und die sie betreffenden Mitwirkungspflichten haben das nach alter Rechtslage bestehende Problem der Mitwirkungspflichten von **sog.** 58

---

101 AA offenbar Hauck in Löwe/Rosenberg § 100j Rn. 27 und StV 2014, 360 (365), der § 110 Abs. 1 Nr. 1 TKG in der Fassung bis 1. Dezember 2021 und die Vorschriften der TKÜV für die Telekommunikationsüberwachung anwenden will.

102 EMGR 30.1.2020 – 50001/12, ECLI:CE:ECHR:2020:0130JUD005000112 = BeckRS 2020, 477.

103 BT-Drs. 19/17741, 9; BGBl. 2021 I 448.

104 Siehe zur früheren Rechtslage Wicker MMR 2014, 298.

OTT-Dienstleistern für den Bereich der Bestandsdaten entschärft bzw. die Problemlage verschoben (Konkurrenzproblem → Rn. 64). Relevant ist die Frage nun noch bezüglich der Wahl der richtigen Rechtsgrundlage (§ 100j Abs. 1 S. 1 Nr. 1 oder Nr. 2). Durch die Erweiterung des Begriffs des Telekommunikationsdienstes in § 3 Nr. 61 TKG um sog. interpersonelle Telekommunikationsdienste nach § 3 Nr. 24 TKG durch das Telekommunikationsmodernisierungsgesetz wurden mit Inkrafttreten des neuen TKG zum 1. Dezember 2021 außerdem viele der praxisrelevanten OTT-Dienstleister wie zB Messenger-Dienste, E-Mail-Provider und Voice-over-IP-Dienste in die Mitwirkungspflichten für Telekommunikationsdienste einbezogen.

59 **a) Rechtslage vor Inkrafttreten des TTDSG und des Telekommunikationsmodernisierungsgesetzes (bis 1. Dezember 2021).** Bezüglich sog. OTT-Dienstleister stellte sich **vor Inkrafttreten von TTDSG und Telekommunikationsmodernisierungsgesetz** – wie im Rahmen von § 100a und § 100g (→ § 100a Rn. 226 und → § 100g Rn. 97 sowie → § 101a Rn. 10) die Frage, ob auch diese Dienstleister, welche selbst keine Kommunikationsnetze betreiben, jedoch die Telekommunikationsnetze anderer Dienstanbieter zur Erbringung von Telekommunikationsdiensten im weiteren Sinne (im Sinne von § 100a Abs. 1) nutzen (zB E-Mail-Dienste, Messenger-Dienste, Voice-over-IP-Dienste, aber auch Automobilhersteller bei sog. vernetzten Fahrzeugen[105]), von der Mitwirkungspflicht in § 100j Abs. 5 S. 1 Var. 1 aF („Telekommunikationsdienste") erfasst waren. Die Subsumtion unter den Begriff des „elektronischen Kommunikationsdienstes" iSv Art. 2 lit. c der Richtlinie 2002/21/EG hängt nach Auffassung des EuGH von der konkreten Ausgestaltung der Dienstleistung ab und kann nicht pauschal beantwortet werden (Googlemail nein, SkypeOut ja, → § 100a Rn. 229). Da § 3 Nr. 24 TKG (in der Fassung bis 1. Dezember 2021) auf dieser Vorschrift beruht,[106] hängt die Frage, ob OTT-Dienste Telekommunikationsdienste iSd TKG aF erbringen von dieser europarechtlichen Einordnung ab. Anders als bei § 100a Abs. 4 S. 1 konnte bei § 100j Abs. 5 S. 1 Var. 1 wegen der eindeutigen Beschränkung der korrespondierenden Erhebungsbefugnis des § 100j Abs. 1 S. 1 Nr. 1 auf nach § 95 TKG aF und § 111 TKG aF gespeicherte Bestandsdaten (dies gilt durch die Bezugnahme des S. 1 auch für Abfragen nach Abs. 1 S. 2) auch nicht argumentiert werden, der Begriff des Telekommunikationsdienstleisters in § 100j Abs. 5 S. 1 Var. 1 sei strafprozessual auszulegen und erfasse damit auch OTT-Dienstleister (zu dieser Argumentation bei der TKÜ → § 100a Rn. 230) völlig unabhängig von der Einordnung ihrer Dienstleistungen nach der Richtlinie 2002/21/EG und § 3 Nr. 24 TKG (in der Fassung bis 1. Dezember 2021). Aus denselben Gründen kann auch die Entscheidung des BGH zu § 100a Abs. 4 S. 1[107] in seinem originären Anwendungsbereich nicht auf § 100j übertragen werden (→ § 100a Rn. 230).

60 Nach Auffassung **der instanzgerichtlichen Rspr.** sollten OTT-Dienstleister nach § 100j Abs. 5 S. 1 Var. 1 aF als Telekommunikationsdienstleister dennoch zur Mitwirkung verpflichtet werden können. Für § 100j Abs. 5 S. 1 Var. 1 aF soll nach deren Auffassung (genau wie für § 100a Abs. 4 S. 1) genügen, dass der Verpflichtete an der Erbringung von Telekommunikationsdiensten „mitwirkt".[108] Eine solche Mitwirkung ist nach Auffassung einiger Landgerichte auch bei OTT-Dienstleistern gegeben.[109] Dies kann jedoch angesichts der Beschränkung der Erhebungsbefugnis in § 100j Abs. 1 S. 1 Nr. 1 aF auf Bestandsdaten, die nach dem TKG aF (§§ 95 und 111 in der Fassung bis 1. Dezember 2021) gespeichert werden, nicht überzeugen. Die Erhebungsbefugnis ist selbst (anders als § 100a, bei dem dementsprechend auch der Begriff des Telekommunikationsdienstleisters weiter auszulegen ist, hierzu → § 100a Rn. 230) auf die Erhebung von Daten bei Dienstleistern beschränkt,

105 Siehe hierzu Matsumoto RAW 2020, 118; Werkmeister/Schuler/Böhm RAW 2019, 64.
106 BT-Drs. 15/2316, 58 (damals noch Nr. 25).
107 BGH 28.4.2021 – StB 47/20, MMR 2021, 628.
108 Eckel/Rottmeier NStZ 2021, 1 (9).
109 LG München I 4.12.2019 – 9 Qs 15/19, MMR 2020, 336 mAnm Rottmeier/Faber; zustimmend LG Köln BeckRS 2020, 30090 mwN aus der instanzgerichtlichen Rspr.

die tatsächlich Daten nach §§ 95, 111 TKG aF (in der Fassung bis 1. Dezember 2021) speichern.

Unklar ist in diesem Zusammenhang, ob und inwieweit die geschilderte instanzgerichtliche Rspr. zu an TK-Dienstleistungen „Mitwirkenden" ihre Auffassung auch auf die korrespondierenden Normen des TKG aF übertragen würden. Dies betrifft neben der Speicherberechtigung nach § 95 TKG (in der Fassung bis 1. Dezember 2021), auch die Speicherverpflichtungen in § 111 TKG (in der Fassung bis 1. Dezember 2021) und die Übermittlungsbefugnisse nach §§ 112, 113 TKG aF. Das LG München I hat dies im Zusammenhang mit § 100g aF für § 96 TKG in der Fassung bis 1. Dezember 2021 (Verkehrsdaten) ausdrücklich bejaht. Es ist davon auszugehen, dass diese Rspr. auch für § 95 TKG (in der Fassung bis 1. Dezember 2021) gilt, da insgesamt der Anwendungsbereich der §§ 91 ff. TKG (in der Fassung bis 1. Dezember 2021) von § 91 Abs. 1 S. 1 TKG (in der Fassung bis 1. Dezember 2021) auf „Mitwirkende" erstreckt wird.[110] Gleiches gilt für die Speicherpflicht aus § 111 TKG (in der Fassung bis 1. Dezember 2021), da auch dort „Mitwirkende" ausdrücklich genannt sind. Bezüglich der **Verpflichtungen aus §§ 112, 113 TKG (in der Fassung bis 1. Dezember 2021) wäre auf Grundlage dieser Rspr. bei den OTT-Dienstleistern wohl zu differenzieren.** Der Anwendungsbereich des § 112 TKG (in der Fassung bis 1. Dezember 2021) ist auf die Erbringer öffentlich zugänglicher Telekommunikationsdienste (iSd § 3 Nr. 24 TKG in der Fassung bis 1. Dezember 2021 und damit ein elektronischer Kommunikationsdienst im Sinne von Art. 2 lit. c der Richtlinie 2002/21/EG, zur Auslegung durch den EuGH hinsichtlich OTT-Dienstleister → § 100a Rn. 229) beschränkt. Da OTT-Dienstleister auch nach der Rspr. des LG München I nur als „Mitwirkende" in diesem Sinne betrachtet werden können (→ § 100a Rn. 232), scheidet eine Anwendung des § 112 TKG (in der Fassung bis 1. Dezember 2021) aus. § 113 TKG (in der Fassung bis 1. Dezember 2021) ist dagegen auch auf geschäftsmäßig an der Erbringung von Telekommunikationsdiensten im o. g. Sinne „Mitwirkende" anwendbar. § 113 TKG (in der Fassung bis 1. Dezember 2021) müsste daher konsequenterweise auf Grundlage der Rspr. des LG München I auch für OTT-Dienstleister gelten (→ § 100a Rn. 232). Da allerdings die grundlegende Begriffsdefinition des Telekommunikationsdienstes in § 3 Nr. 24 TKG (in der Fassung bis 1. Dezember 2021) für alle vorgenannten Vorschriften gilt und § 3 Nr. 24 TKG (in der Fassung bis 1. Dezember 2021) auf dem Begriff des „elektronischen Kommunikationsdienstes" iSv Art. 2 lit. c Richtlinie 2002/21/EG basiert (→ Rn. 55), muss die Rspr. des EuGH zum Begriff des „elektronischen Kommunikationsdienstes" für das TKG insgesamt gelten. Der „dogmatische Taschenspielertrick" des Ausweichens auf die „Mitwirkenden" – in den Vorschriften, in denen sie genannt sind – wäre hier eine Umgehung der europarechtlichen Vorgaben. Die hier geschilderten Probleme bei der Übertragung der „Mitwirkungs"-Rspr. auf die unterschiedlichen Normen des TKG zeigt überdies logische Brüche auf. 61

Eine **Sonderregelung enthielt § 111 TKG** (in der Fassung bis 1. Dezember 2021) allerdings für die geschäftsmäßigen Erbringer von öffentlich zugänglichen E-Mail-Diensten (elektronische Post). Da der Gesetzgeber hier ersichtlich nicht den Begriff des Telekommunikationsdienstes verwendet, greift hier die Auslegung des EuGH nicht ein, sodass diese OTT-Dienstleister bereits nach dieser Regelung die dort genannten Bestandsdaten (Anschlusskennung, Name und Anschrift soweit der Erbringer diese Daten selbst speicherten, was jedenfalls bezüglich der Anschlusskennung technisch zwingend notwendig ist[111]) speichern mussten. Hieraus ergibt sich damit auch, dass zumindest die Anbieter solcher E-Mail-Dienste Telekommunikationsanbieter iSv § 100j Abs. 5 S. 1 Var. 1 aF sind. 62

Problematisch ist weiterhin, dass § 95 TKG (in der Fassung bis 1. Dezember 2021) auch für die OTT-Dienstleister vom Anwendungsvorrang der DSGVO verdrängt wurde 63

[110] LG München I 4.12.2019 – 9 Qs 15/19, MMR 2020, 336 mAnm Rottmeier/Faber; aA BT-Drs. 19/17741, 38, wo aber offensichtlich übersehen wird, dass „Mitwirkende" auch von § 96 TKG in der Fassung bis 1. Dezember 2021 erfasst waren.

[111] Graf in BeckOK StPO TKG, 40. Ed. 2021, § 111 Rn. 7.

(siehe allgemein zur Verdrängung von § 95 TKG (in der Fassung bis 1. Dezember 2021) durch die DSGVO → Rn. 14). Soweit sog. **OTT-Dienstleister** keine „elektronischen Kommunikationsdienste" iSv Art. 2 lit. c der Richtlinie 2002/21/EG sind (und damit auch keine Telekommunikationsdienstleister iSv § 3 Nr. 24 TKG in der Fassung bis 1. Dezember 2021 sind, → § 100a Rn. 229), waren sie auch vor Aufhebung der Richtlinie 2002/21/EG durch die Richtlinie 2018/1972/EU zum 21.12.2020 keine elektronischen Kommunikationsdienste iSv Art. 3 Abs. 1 Richtlinie 2002/58/EG, weil diese Richtlinie in Art. 2 S. 1 auf die entsprechenden Begriffsdefinitionen in Richtlinie 2002/21/EG verweist. Hieraus folgte, dass diese OTT-Dienstleister nicht unter die Bereichsausnahme nach Art. 95 DSGVO fielen und somit die **Vorschriften der DSGVO** für sie **Anwendung fanden.** Dies wiederrum bedeutete, dass die Datenverarbeitungsnormen in §§ 95, 111, 112, 113 TKG (in der Fassung bis 1. Dezember 2021) durch die Vorschriften der Art. 5 ff. DSGVO grds. verdrängt wurden. Soweit jedoch die §§ 111, 112 TKG (in der Fassung bis 1. Dezember 2021) rechtliche Verpflichtungen enthalten, konnten diese Vorschriften, soweit sie auf OTT-Dienstleister anwendbar waren (→ Rn. 61), als „spezifischere Bestimmungen zur Anpassung der Anwendung der Vorschriften" iSv Art. 6 Abs. 2 DSGVO bzw. als Rechtsgrundlage durch das Recht der Mitgliedstaaten iSv Art. 6 Abs. 3 lit. b DSGVO betrachtet werden. Sie blieben somit insofern als Konkretisierung von Art. 6 Abs. 1 lit. c, Abs. 2, Abs. 3 lit. b DSGVO anwendbar. Dasselbe galt auch für die Berechtigung zur Auskunftserteilung nach § 113 TKG (in der Fassung bis 1. Dezember 2021), weil die Auskunftsbefugnis iSd sog. Doppeltürmodells der Erfüllung der Auskunftspflichten nach der und Sicherheitsgesetzen und damit einer rechtlichen Verpflichtung iSv Art. 6 Abs. 1 lit. c DSGVO dienen.[112] Die Berechtigung zur Speicherung aus § 95 TKG (in der Fassung bis 1. Dezember 2021) wurde dagegen für die OTT-Dienstleister, die keine „elektronischen Kommunikationsdienste" waren, durch Art. 6 Abs. 1 lit. b DSGVO verdrängt und war daher nicht mehr anwendbar. Soweit also § 100j Abs. 1 S. 1 Nr. 1 auch für solche OTT-Dienstleister, welche nach Ansicht der instanzgerichtlichen Rspr. als „Mitwirkende" an Telekommunikationsdiensten aufgefasst werden können, auf die nach § 95 TKG (in der Fassung bis 1. Dezember 2021) erhobenen Daten verwies, lief die Bestimmung – genau wie die Bestimmung zu den nach § 14 TMG in der Fassung bis 1. Dezember 2021 erhobenen Daten, ausführlich → Rn. 22 – wegen des Anwendungsvorrangs der DSGVO-Vorschriften ins Leere.

63a An dieser Rechtslage hatte sich durch die **Aufhebung der Richtlinie 2002/21/EG durch die Richtlinie 2018/1972/EU** nichts geändert. Nunmehr (seit 21.12.2020) ersetzte zwar die Richtlinie 2018/1972/EU ua die Richtlinie 2002/21/EG und ausweislich Art. 125 Abs. 3 Richtlinie 2018/1972/EU führten sämtliche Verweise in anderen europäischen Rechtsnormen auf die Richtlinie 2002/21/EG nun in die entsprechenden Normen der Richtlinie 2018/1972/EU. Daher waren die OTT-Dienstleister, welche „interpersonelle Kommunikationsdienste" iSv Art. 2 Nr. 4b), Nr. 5 Richtlinie 2018/1972/EU sind, nunmehr „elektronische Kommunikationsdienste" iSv Art. 2 S. 1 Richtlinie 2002/58/EG. Allerdings enthält die Richtlinie 2002/58/EG keine Regelungen zur Speicherung oder Herausgabe von Bestandsdaten (bereits → Rn. 23). Daher erlegt sie den Dienstleistern auch hinsichtlich des Umgangs mit Bestandsdaten gerade keine „besonderen Pflichten" iSv Art. 95 DSGVO auf. Damit galt die Bereichsausnahme des Art. 95 DSGVO auch nicht für diejenigen OTT-Dienstleister, die unter den Begriff des „interpersonellen Kommunikationsdienstes" iSv Art. 2 Nr. 4 lit. b, Nr. 5 Richtlinie 2018/1972 subsumiert werden können, soweit es um die Verarbeitungs- und Speicherbefugnis nach § 95 TKG (in der Fassung bis 1. Dezember 2021) ging. Dies betraf vor allem Messenger-Dienste, E-Mail-Provider und Voice-over-IP- oder Videotelefonie-Anbieter (hierzu auch → Rn. 23).

64 **b) Rechtslage nach Inkrafttreten von TTDSG und Telekommunikationsmodernisierungsgesetz (ab 1. Dezember 2021).** Nach Umsetzung der Richtlinie 2018/1972/EU in deutsches Telekommunikationsrecht durch das Telekommunikationsmoderni-

[112] Vgl. hierzu Buchner/Petri in Kühling/Buchner DS-GVO Art. 6 Rn. 78 f.

sierungsgesetz werden durch die Einbeziehung von sog. interpersonellen Telekommunikationsdiensten (Art. 2 Nr. 4 lit. b und Nr. 5 der Richtlinie) in den Begriff des Telekommunikationsdienstes gem. § 3 Nr. 61, Nr. 24 TKG nunmehr viele (und vor allem praxisrelevante) OTT-Dienstleister vom TKG nF und damit unmittelbar von den Verpflichtungen aus §§ 172 ff. TKG erfasst, ohne, dass der dogmatisch zweifelhafte „Umweg" über die „Mitwirkenden" jetzt noch erforderlich ist. Für diese interpersonelle Telekommunikationsdienste wie Messenger-Dienste, Voice-over-IP-Dienste, E-Mail-Provider gelten damit nun unmittelbar die Ausführungen zu den Mitwirkungspflichten für Telekommunikationsdienste (ausführlich → Rn. 55d ff.). Die weiterhin von der DSGVO verdrängte Verarbeitungs- und Speicherbefugnis für geschäftliche Zwecke (§ 95 TKG aF) wurde konsequenterweise ersatzlos gestrichen. § 100j Abs. 1 S. 1 Nr. 1 verweist jetzt auf die Definition der Bestandsdaten als Teilmenge der nach Art. 5 ff. DSGVO verarbeiteten Daten in § 3 Nr. 6 TKG nF. Für die OTT-Dienstleister, welche keine Telekommunikationsdienste, sondern Telemediendienste sind, gelten die Mitwirkungspflichten für Telemediendienstleister (→ Rn. 57).

VII. Verwertbarkeit

65 **1. Verwertung in anderen Strafverfahren (Zufallsfunde).** Da die Bestandsdatenauskunft grds. keine besondere Qualität der verfolgten Straftat voraussetzt, sind die Daten (arg. e contrario § 479 Abs. 2 S. 1) **grds. unbeschränkt auch zur Verfolgung anderer prozessualer Taten verwendbar.** Allerdings sind dabei die **Voraussetzungen von § 49 S. 1 BDSG** zu beachten. Hiernach muss die Verwendung der Bestandsdaten im anderen Strafverfahren erforderlich (= milde Subsidiaritätsklausel) und verhältnismäßig sein. Bei der Abwägung im Rahmen der Verhältnismäßigkeit ist vor allem zu berücksichtigen, ob die ursprüngliche Bestandsdatenerhebung rechtmäßig erfolgte. Die Rechtmäßigkeit der ursprünglichen Datenerhebung ist dagegen keine zwingende Voraussetzung für eine Zweckumwidmung (ausführlich → § 100a Rn. 327).

66 Etwas anderes gilt jedoch für Zugangsdaten von Telemediendienstleistern. Nach § 100j Abs. 1 S. 3 ist die Beauskunftung dieser Daten auf die Verfolgung von Straftaten nach § 100b Abs. 2 Nr. 1 lit. a, b, d, e, f, g oder l, Nr. 3 lit. b Alt. 1 oder Nr. 5, 6, 9 oder 10 beschränkt. Dementsprechend gilt hier der Grundsatz des hypothetisch rechtmäßigen Ersatzeingriffs nach §§ 479 Abs. 2 S. 1 iVm § 161 Abs. 3. Dabei ist zum einen zu beachten, dass nicht nur ein Tatverdacht bzgl. einer Straftat nach § 100b Abs. 2 Nr. 1 lit. a, b, d, e, f, g oder l, Nr. 3 lit. b Alt. 1 oder Nr. 5, 6, 9 oder 10 vorliegen muss, sondern alle materiellen Anordnungsvoraussetzungen einer Abfrage nach § 100j Abs. 1 S. 1 Nr. 2, S. 3 unter Zugrundelegung des Sach- und Ermittlungsstandes im Zeitpunkt der Datenverwendung vorliegen müssen (→ § 100a Rn. 320). Zum anderen sind Zugangsdaten von Telemediendienstleistern nach hier vertretener Auffassung zur Verfolgung von anderen, nicht in § 100b Abs. 2 Nr. 1 lit. a, b, d, e, f, g oder l, Nr. 3 lit. b Alt. 1 oder Nr. 5, 6, 9 oder 10 genannten Taten auch nicht als sog. Spurenansatz verwendbar. Der anderslautende Wortlaut von § 161 Abs. 3 ist nach hier vertretener Auffassung verfassungswidrig (→ § 100a Rn. 321).

66a Zur Frage, wie mit der Verwertung von Daten umzugehen ist, bei denen die **genauen Umstände der ursprünglichen Datenerhebung nicht bekannt** (zB bei der Erhebung von Daten durch ausländische Behörden) sind, siehe detailliert → § 100e Rn. 93a.

67 **2. Verwertung von Daten aus präventiven Maßnahmen.** Da mangels vorausgesetzter Qualität der verfolgten Straftat auch § 161 Abs. 3 grds. nicht eingreift, können auch präventiv erlangte Bestandsdaten unbeschränkt zur Strafverfolgung verwendet werden. Allerdings sind auch hier die **Voraussetzungen von § 49 S. 1 BDSG zu beachten.** Hiernach muss die Verwendung der Bestandsdaten im anderen Strafverfahren erforderlich (= milde Subsidiaritätsklausel) und verhältnismäßig sein. Bei der Abwägung im Rahmen der Verhältnismäßigkeit ist vor allem zu berücksichtigen, ob die ursprüngliche Bestandsdatenerhebung rechtmäßig (nach Gefahrabwehrrecht) erfolgte (ausführlich → § 100a Rn. 380).

68 Etwas anderes gilt auch hier bzgl. der Beauskunftung von Zugangscodes von Telemediendienstleistern nach § 100j Abs. 1 S. 1 Nr. 2, S. 3. Da diese nur zur Verfolgung von Straftaten nach § 100b Abs. 2 Nr. 1 lit. a, b, d, e, f, g oder l, Nr. 3 lit. b Alt. 1 oder Nr. 5, 6, 9 oder 10 verwendet werden dürfen, greift hier § 161 Abs. 3 ein. Daher müssen alle materiellen Eingriffsvoraussetzungen nach § 100j Abs. 1 S. 1 Nr. 2, S. 3 zum Zeitpunkt der Datenverwendung hypothetisch vorliegen.

69 Spezialgesetzliche **Zweckänderungsverbote** gelten auch hier (→ § 100a Rn. 379 und → § 100e Rn. 103).

69a **3. Verwertung strafprozessual erlangter Daten zu präventiven Zwecken.** Aus Maßnahmen nach § 100j Abs. 1 erlangte personenbezogene Daten dürfen – mit Ausnahme der nach § 100j Abs. 1 S. 3 erlangten Zugangsdaten von Telemediendienstleistern – unter den Voraussetzungen aus § 49 S. 1 BDSG (iVm § 500 Abs. 1) zu präventiven Zwecken verwendet werden. Hiernach muss die Verwendung der Bildaufnahmen zur Gefahrenabwehr erforderlich und verhältnismäßig sein. Dementsprechend ist zu prüfen, ob der Gefahrabwehrerfolg auch ohne die Verwendung der Bilddaten aus dem Strafverfahren zu erzielen ist, insbesondere, ob dies mit milderen Mitteln gelingen kann. Ferner muss eine Verhältnismäßigkeitsprüfung vorgenommen werden, bei welcher die bedrohten Rechtsgüter und der Grad der drohenden Gefahr mit dem Grundrecht auf informationelle Selbstbestimmung (Art. 2 Abs. 1 iVm Art. 1 Abs. 1 GG) der betroffenen Person abgewogen werden. Dabei ist insbesondere von Belang, ob die ursprüngliche Anfertigung der Bildaufnahme im Strafverfahren rechtmäßig war. Die Rechtmäßigkeit der strafprozessualen Datenerhebung ist dagegen nur dann echte Verwendungsvoraussetzung (und nicht nur Abwägungsgesichtspunkt), wenn das jeweils einschlägige Gefahrenabwehrrecht dies selbst regelt. § 49 S. 1 BDSG und Art. 4 Abs. 2 Richtlinie 2016/680 setzen dies dagegen nicht allgemein voraus (→ § 100a Rn. 331).

69b Für nach § 100j Abs. 1 S. 3 erlangten Zugangsdaten von Telemediendienstleistern gilt § 479 Abs. 2 S. 2. Personenbezogene Daten aus solchen Maßnahmen dürfen ohne Einwilligung der betroffenen Personen gemäß § 479 Abs. 2 S. 2 verwendet werden zu: a) Zwecken der **Gefahrenabwehr,** soweit sie dafür durch eine entsprechende Maßnahme nach den für die zuständige Stelle geltenden Gesetzen erhoben werden könnten (Nr. 1), b) zur Abwehr einer Gefahr für Leib, Leben oder Freiheit einer Person oder für die Sicherheit oder den Bestand des Bundes oder eines Landes oder für bedeutende Vermögenswerte, wenn sich aus den Daten im Einzelfall jeweils konkrete Ansätze zur Abwehr einer solchen Gefahr erkennen lassen (Nr. 2), c) durch den Bundesverfassungsschutz nach Maßgabe von **§ 18 Bundesverfassungsschutzgesetz** (Nr. 3) (→ § 100a Rn. 331). Inwieweit es sich bei Zugangsdaten überhaupt um personenbezogene Daten iSv § 500 Abs. 1 iVm § 46 Nr. 1 BDSG handelt, ist in jedem Einzelfall zu prüfen. Bei reinen Passwörtern und PINs wird dies nur der Fall sein, wenn das Passwort selbst ein personenbezogenes Datum ist (zB ein Geburtsdatum oder ein Name). Zugangsdaten im Sinne von „Login-Kennungen“ sind dagegen häufig personenbezogene Daten, weil hier häufig die Namen der Berechtigten zumindest in Teilen erkennbar sind. Die Rechtmäßigkeit der strafprozessualen Datenerhebung ist nur Verwendungsvoraussetzung, wenn das jeweils einschlägige Gefahrenabwehrrecht dies selbst regelt. § 49 S. 1 BDSG und Art. 4 Abs. 2 Richtlinie 2016/680 setzen dies dagegen nicht allgemein voraus (→ § 100a Rn. 331).

70 **4. Verwertungsverbote bei rechtswidriger Anordnung. a) Materiell-rechtlich rechtswidrige Anordnungen.** Nach der **Abwägungslehre** (→ § 100a Rn. 332) werden unselbständige Beweisverwertungsverbote bei Verstößen gegen die materiell-rechtlichen Voraussetzungen des § 100j nur selten in Betracht kommen. Möglich erscheint dies bei völligem Fehlen des Tatverdachts oder bei willkürlicher oder bewusster Missachtung des § 100j Abs. 1 S. 2 (bei Erhebung bereits gesetzliche Voraussetzungen zur Nutzung vorliegend).

b) Formell-rechtlich rechtswidrige Anordnungen. Im Bereich der Verfahrensvorschriften kommt ein Beweisverwertungsverbot vor allem bei **willkürlicher oder bewusster Umgehung des Richtervorbehalts** (zB willkürliche Annahme von Gefahr im Verzug) in § 100j Abs. 3 in Betracht. Gleiches gilt bei bewusster oder willkürlicher Nichtnachholung der richterlichen Genehmigung bei Anordnung durch die Staatsanwaltschaft/Polizei bei Annahme von Gefahr im Verzug (in den Fällen von Abs. 1 S. 2) nach Abs. 3 S. 3. Es gelten die bei → § 100a Rn. 339 ff. und → § 100e Rn. 105 ausgeführten Grundsätze. 71

C. Rechtsbehelfe

Da § 100j in § 101 Abs. 4 nicht genannt ist, kann der Betroffene nicht auf den Rechtsbehelf nach § 101 Abs. 7 S. 2 zurückgreifen.[113] Stattdessen stehen ihm die allgemeinen Rechtsbehelfe des **§ 304** (gegen eine richterliche Anordnung) und **§ 98 Abs. 2 S. 2 analog** (bei staatsanwaltschaftlicher oder polizeilicher Anordnung) zur Verfügung, da diese bei § 100j nicht von § 101 Abs. 7 S. 2 verdrängt werden.[114] 72

Auch die zur Mitwirkung verpflichteten Telekommunikations- und Telemediendienstleister sind grundsätzlich beschwerdebefugt.[115] Sie können **gegen gerichtliche Entscheidungen nach Maßgabe des § 304 StPO** vorgehen und Beschwerde einlegen. Zwecks Ausschlusses einer Popularbeschwerde gilt hier wie in den Fällen des § 100e (→ § 100e Rn. 109), dass der Telekommunikationsdienstleister ein besonderes schutzwürdiges Interesse an einer gerichtlichen Überprüfung haben muss (= Betroffenheit iSv § 304 Abs. 2). 73

D. Revision

Da die aus Maßnahmen nach § 100j gewonnenen Erkenntnisse ebenso wie im Falle des § 100i regelmäßig lediglich als Ansatz für weitere Ermittlungen genutzt werden, dürfte das Urteil regelmäßig nicht auf ihrer ggf. rechtswidrigen Verwertung beruhen. Rechtsfehlern im Zusammenhang mit § 100j dürfte daher regelmäßig **keine revisionsrechtliche** Bedeutung zukommen. Zu denken wäre allenfalls an einen Verstoß gegen den Richtervorbehalt in Abs. 3 S. 1, S. 2, der dann mit einer den Anforderungen des § 344 Abs. 2 S. 2 genügenden Verfahrensrüge geltend gemacht werden müsste. Gleichsam kommt ein Beweisverwertungsverbot bei völligem Fehlen eines Tatverdachts in Betracht. Ob die Widerspruchslösung hier Geltung beansprucht, hat der BGH bislang nicht entschieden. 74

§ 100k Erhebung von Nutzungsdaten bei Telemediendiensten

(1) [1]Begründen bestimmte Tatsachen den Verdacht, dass jemand als Täter oder Teilnehmer eine Straftat von auch im Einzelfall erheblicher Bedeutung, insbesondere eine in § 100a Absatz 2 bezeichnete Straftat, begangen hat, in Fällen, in denen der Versuch strafbar ist, zu begehen versucht hat oder durch eine Straftat vorbereitet hat, dürfen von demjenigen, der geschäftsmäßig eigene oder fremde Telemedien zur Nutzung bereithält oder den Zugang zur Nutzung vermittelt, Nutzungsdaten (§ 2 Absatz 2 Nummer 3 des Telekommunikation-Telemedien-Datenschutz-Gesetzes) erhoben werden, soweit dies für die Erforschung des Sachverhalts erforderlich ist und die Erhebung der Daten in einem angemessenen Verhältnis zur Bedeutung

113 Greco in SK-StPO § 100j Rn. 22; Gercke in Gercke/Julius/Temming/Zöller § 100j Rn. 13; Köhler in Meyer-Goßner/Schmitt § 100j Rn. 8; unklar Graf in BeckOK StPO § 100j Rn. 41; aA Bär in KMR-StPO § 100j Rn. 28; Eschelbach in Satzger/Schluckebier/Widmaier StPO § 100j Rn. 22; für eine analoge Anwendung Hauck in Löwe/Rosenberg § 100j Rn. 29; Hauck StV 2014, 360 (365 f.).

114 AA (Verdrängung durch § 101 Abs. 7 S. 2) Bär in KMR-StPO § 100j Rn. 28.

115 AA (nur gegen Zwangsmaßnahmen) Greco in SK-StPO § 100j Rn. 22.

der Sache steht. [2]Die Erhebung gespeicherter (retrograder) Standortdaten ist nur unter den Voraussetzungen von § 100g Absatz 2 zulässig. [3]Im Übrigen ist die Erhebung von Standortdaten nur für künftig anfallende Nutzungsdaten oder in Echtzeit zulässig, soweit sie für die Erforschung des Sachverhalts oder die Ermittlung des Aufenthaltsortes des Beschuldigten erforderlich ist.

(2) [1]Soweit die Straftat nicht von Absatz 1 erfasst wird, dürfen Nutzungsdaten auch dann erhoben werden, wenn bestimmte Tatsachen den Verdacht begründen, dass jemand als Täter oder Teilnehmer mittels Telemedien eine der folgenden Straftaten begangen hat und die Erforschung des Sachverhalts auf andere Weise aussichtslos wäre:

1. aus dem Strafgesetzbuch
   a) Verwenden von Kennzeichen verfassungswidriger Organisationen nach § 86a,
   b) Anleitung zur Begehung einer schweren staatsgefährdenden Gewalttat nach § 91,
   c) Öffentliche Aufforderung zu Straftaten nach § 111,
   d) Straftaten gegen die öffentliche Ordnung nach den §§ 126, 131 und 140,
   e) Beschimpfung von Bekenntnissen, Religionsgesellschaften und Weltanschauungsvereinigungen nach § 166,
   f) Verbreitung, Erwerb und Besitz kinderpornographischer Inhalte nach § 184b,
   g) Beleidigung, üble Nachrede und Verleumdung nach den §§ 185 bis 187 und Verunglimpfung des Andenkens Verstorbener nach § 189,
   h) Verletzungen des persönlichen Lebens- und Geheimbereichs nach den §§ 201a, 202a und 202c,
   i) Nachstellung nach § 238,
   j) Bedrohung nach § 241,
   k) Vorbereitung eines Computerbetruges nach § 263a Absatz 3,
   l) Datenveränderung und Computersabotage nach den §§ 303a und 303b Absatz 1,

2. aus dem Gesetz über Urheberrecht und verwandte Schutzrechte Straftaten nach den §§ 106 bis 108b,

3. aus dem Bundesdatenschutzgesetz nach § 42.

[2]Satz 1 gilt nicht für die Erhebung von Standortdaten.

(3) Abweichend von Absatz 1 und 2 darf die Staatsanwaltschaft ausschließlich zur Identifikation des Nutzers Auskunft über die nach § 2 Absatz 2 Nummer 3 Buchstabe a des Telekommunikation-Telemedien-Datenschutz-Gesetzes erhobenen Daten verlangen, wenn ihr der Inhalt der Nutzung des Telemediendienstes bereits bekannt ist.

(4) Die Erhebung von Nutzungsdaten nach Absatz 1 und 2 ist nur zulässig, wenn aufgrund von Tatsachen die Annahme gerechtfertigt ist, dass die betroffene Person den Telemediendienst nutzt, den derjenige, gegen den sich die Anordnung richtet, geschäftsmäßig zur Nutzung bereithält oder zu dem er den Zugang zur Nutzung vermittelt.

(5) Erfolgt die Erhebung von Nutzungsdaten oder Inhalten der Nutzung eines Telemediendienstes nicht bei einem Diensteanbieter, der geschäftsmäßig Telemedien zur Nutzung bereithält, bestimmt sie sich nach Abschluss des Kommunikationsvorgangs nach den allgemeinen Vorschriften.

Schrifttum: Siehe § 100g.

Übersicht

A. Grundlagen

I. Gesetzgebungsgeschichte

1 Die Nutzungsdatenabfrage – nun im neuen § 100k geregelt – hat eine kurze, aber bewegte Gesetzgebungsgeschichte. Am 18.6.2020 war vom Bundestag das **Gesetz zur Bekämpfung von Rechtsextremismus und Hasskriminalität** beschlossen worden.[1] Darin war erstmals eine explizite Befugnis zur Erhebung von Nutzungsdaten von Telemediendienstanbietern in § 100g Abs. 1 S. 2 unter denselben Voraussetzungen wie eine Verkehrsdatenerhebung nach S. 1 vorgesehen. Daneben wurde die Bestandsdatenerhebung beim Telemediendienst in § 100j Abs. 1 S. 1 Nr. 2 aufgenommen (siehe hierzu → § 100j Rn. 17 ff.). Wegen verfassungsrechtlicher Bedenken hinsichtlich einiger fachgesetzlicher Abrufnormen in Sicherheitsgesetzen und der vorgesehenen Übermittlungsbefugnisse im TMG hatte sich der Bundespräsident geweigert, das Gesetz auszufertigen. Die berechtigten Bedenken des Bundespräsidenten hatten sich aus der kurz zuvor ergangenen Entscheidung des BVerfG zur Bestandsdatenauskunftsnorm in § 113 TKG aF (siehe zu den nunmehr erfolgten Änderungen an § 113 TKG → § 100j Rn. 8 f.) ergeben.[2] In einem „Reparaturgesetz", schließlich betitelt als **Gesetz zur Anpassung der Regelungen über die Bestandsdatenauskunft an die Vorgaben aus der Entscheidung des Bundesverfassungsgerichts vom 27. Mai 2020** sollten die verfassungsrechtlichen Probleme adressiert werden. Dieses Gesetz wurde am 28.1.2021 vom Bundestag verabschiedet.[3] Dort war die Nutzungsdatenabfrage – wie zuvor im ursprünglichen Gesetz – weitgehend unverändert in § 100g Abs. 1 S. 2-Entwurf vorgesehen. Im Bundesrat fand das Gesetz jedoch nicht die erforderliche Mehrheit, sodass der Vermittlungsausschuss angerufen werden musste. Der vom Ausschuss erarbeitete Kompromissvorschlag wurde schließlich am 30. März 2021 verabschiedet und trat am 3.4.2021 in Kraft.[4] Nunmehr ist die Nutzungsdatenabfrage – auch inhaltlich verändert – **im neuen § 100k geregelt.** Änderungen ergeben sich für § 100k – wie für §§ 100g und 100j mit dem Inkrafttreten des Telekommunikationsmodernisierungsgesetz[5] und des TTDSG[6] zum 1. Dezember 2021. Dort wurden die Datenverarbeitungsbefugnisse für Telekommunikations- und Telemediendienstleister grundlegend reformiert und an die neue europäische Rechtslage (DSGVO und Richtlinie 2018/1972/EU) angepasst und die Verweise dorthin in § 100k angepasst.

1 BT-Drs. 19/17741.
2 BVerfG 27.5.2020 – 1 BvR 1873/13 und 1 BvR 2618/13, NJW 2020, 2699.
3 BT-Drs. 19/25294.
4 BGBl. 2021 I 448; zur Gesetzgebungsgeschichte auch Bär in BeckOK StPO § 100k Rn. 8 ff.
5 BGBl. 2021 I 1858.
6 BGBl. 2021 I 1982.

II. Normzweck

2 Mit § 100k enthält die nun erstmals eine **explizite Befugnisnorm zur Erhebung von sog. Nutzungsdaten von Telemediendienstanbietern.** Im gleichen Gesetz wurde auch die Bestandsdatenabfrage bei Telemediendienstanbietern in § 100j aufgenommen, sodass nunmehr die Abfragebefugnisse weitgehend mit denen gegenüber Telekommunikationsanbietern parallel geregelt sind. Die Bestandsdatenauskunft nach § 100j war zuvor auf TK-Anbieter nach dem TKG beschränkt, eine Erhebung von Nutzungsdaten nach dem TMG war in der StPO bislang nirgendwo vorgesehen.[7] Dies war für die Strafverfolgungsbehörden aus zwei Gründen höchst problematisch: 1) sind auch gerade die Daten bei Telemediendiensten für die Strafverfolgung von großer Bedeutung (zB Äußerungsdelikte in sozialen Medien). 2) verschwimmt die Abgrenzung von Telekommunikationsdienst und Telemediendienst nicht zuletzt im Angesicht der Rspr. des EuGH zu den sog. OTT-Dienstleistern wie E-Mail-Internetprovidern und Voice-over-IP-Diensten (siehe oben → § 100g Rn. 97). Vor der nunmehr explizit erfolgten Regelung war teilweise vertreten worden, dass sowohl die Erhebung von Nutzungsdaten als auch von Bestandsdaten bei Telemediendiensten auf die Ermittlungsgeneralklauseln nach §§ 161, 163 gestützt werden könne.[8] Teilweise wurde aber auch die Existenz einer Rechtsgrundlage vollständig verneint.[9] Letzterer Auffassung war (bis zur Neuregelung in §§ 100k und 100j, siehe oben) zuzustimmen. §§ 161, 163 lassen Datenerhebungen nur zu, wenn 1) keine speziellere Regelung durch den Gesetzgeber erfolgte und 2) es sich lediglich um einen „geringfügigen" Grundrechtseingriff handelt.[10] Bezüglich der Erhebung von Nutzungsdaten lagen beide Voraussetzungen nicht vor.[11] Angesichts der hohen Regelungsdichte der §§ 100a, 100b, 100g, 100j bezüglich der Erhebung spezifischer Datenarten im Zusammenhang mit IT-Technologie und dem Internet sowie insbesondere der expliziten Bezugnahme auf das TKG in § 100g und § 100j war es fernliegend, davon auszugehen, dass der Gesetzgeber nicht bewusst auf eine Regelung zur Erhebung der Nutzungsdaten von Telemediendiensten in der verzichtet hatte. Hierfür spricht auch, dass der Gesetzgeber nun eine neue Regelung in § 100k getroffen hat. Angesichts der Tatsache, dass sich aus den Nutzungsdaten iSv § 2 Abs. 2 Nr. 3 TTDSG (bis 1. Dezember 2021: § 15 TMG) vielfältige und zum Teil tiefgehende Informationen über das Nutzungsverhalten der betroffenen Person ziehen lassen, liegt in der Erhebung dieser Daten regelmäßig kein nur „geringfügiger" Grundrechtseingriff. **Nutzungsdaten entsprechen in ihrer datenschutzrechtlichen Sensibilität mindestens den Verkehrsdaten,** regelmäßig geht sie sogar darüber hinaus (und liegt in der Nähe der Inhaltsdaten).[12] Schließlich entsprechen die Ermittlungsgeneralklauseln auch nicht den Anforderungen des sog. Doppeltürmodells.[13] Die Ermittlungsgeneralklauseln waren nach alledem nicht anwendbar. Diese Regelungslücke ist nunmehr geschlossen worden.

III. Kriminalistische Bedeutung

3 Die kriminalistische Bedeutung der Nutzungsdaten von Telemediendiensten ist prinzipiell als hoch einzuschätzen. Durch die zunehmende Bedeutung der Nutzung von Telemediendiensten durch alle Bürgerinnen und Bürger nimmt auch die **Bedeutung der von den Telemediendiensten über die Nutzung ihrer Dienste gespeicherten Daten** – wie etwa Beginn und Ende einer Nutzung, Merkmale zur Identifikation der Nutzer (zB.

---

[7] Siehe aber auch Eckel/Rottmeier NStZ 2021, 1 (9).

[8] KMR/Bär § 100g Rn. 68; Eckel/Rottmeier NStZ 2021, 1 (9); zuneigend KK/Bruns § 100g Rn. 3; siehe auch BT-Drs. 19/17741, 38.

[9] Karg DuD 2015, 85 (88); Warken NZWiSt 2017, 329 (337); Bauer, Soziale Netzwerke und strafprozessuale Ermittlungen, S. 358 f.

[10] BGH 31.1.2007 – StB 18/06, BGHSt 51, 211 (218) = MMR 2007, 237; Meyer-Goßner/Schmitt § 161 Rn. 1; Löwe/Rosenberg/Erb § 161 Rn. 2.

[11] AA Bär in BeckOK StPO § 100k Rn. 6.

[12] Siehe Karg DuD 2015, 85 ff.

[13] Bär in BeckOK StPO § 100k Rn. 7.

IP-Adressen) oder der **konkret genutzte Telemediendienst** – für die Strafverfolgung zu. Getrübt werden die Erfolgsaussichten der Nutzungsdatenerhebung in der Praxis freilich häufig dadurch, dass die Telemediendienstanbieter sowohl ihren Sitz als auch ihre Datenspeicher im Ausland unterhalten, was einer direkten Abfrage durch deutsche Strafverfolgungsbehörden (bislang) entgegensteht und entweder die freiwillige Mitarbeit der Telemediendienstanbieter bei der Strafverfolgung oder die Stellung eines Rechtshilfeersuchens erforderlich macht (zu den Möglichkeiten der Rechtshilfe allgemein → § 100a Rn. 45 ff.). Darüber hinaus hängt die tatsächliche Bedeutung der Nutzungsdatenerhebung – im Verhältnis zur Verkehrsdatenerhebung nach § 100g – auch davon ab, welche Dienstleister als Telekommunikationsdienstleister im Sinne des TKG eingeordnet werden und damit aus dem Anwendungsbereich des TMG herausfallen (siehe § 1 Abs. 1 TMG). Dies war bis zum Inkrafttreten des Telekommunikationsmodernisierungsgesetzes am 1. Dezember 2021 – nicht zuletzt aufgrund der europarechtlichen Grundlage des § 3 Nr. 24 TKG aF (ab 1. Dezember 2021: § 3 Nr. 61 TKG) in Art. 2 lit. c der Richtlinie 2002/21/EG – teilweise kompliziert (siehe hierzu detailliert → § 100g Rn. 97 ff.). Bis zum 1. Dezember 2021 waren jedenfalls noch zahlreiche sog. OTT-Dienstleister (zum Begriff → § 100a Rn. 229 und → § 100g Rn. 97) wie beispielsweise Webmail-Provider und Messenger-Dienste als Telemediendienste einzuordnen, weshalb der Nutzungsdatenabfrage hier eine große Bedeutung zukam. Das änderte sich mit der Umsetzung der Richtlinie 2018/1972/EU in deutsches Recht mit **Inkrafttreten des Telekommunikationsmodernisierungsgesetzes am 1. Dezember 2021.** Hierdurch wird der Anwendungsbereich des TKG ausgedehnt und zahlreiche OTT-Dienstleister einbezogen (siehe hierzu noch unten → Rn. 65). Dadurch schrumpft der Anwendungsbereich und damit die kriminalistische Bedeutung der Nutzungsdatenabfrage. Weiterhin wichtig wird sie jedoch für „klassische" Telemediendienste wie Handelsplattformen, Suchmaschinen und – nach strittiger Auffassung des europäischen Normgebers (siehe hierzu noch unten → Rn. 66) – Soziale Medien sein.

IV. Verfassungsrechtliche Grundlagen

4 Bislang hat das BVerfG – soweit ersichtlich – noch nicht explizit entschieden, durch welches Grundrecht „Nutzungsdaten" iSv § 2 Abs. 2 Nr. 3 TTDSG (bis 1. Dezember 2021: § 15 Abs. 1 TMG) grundrechtlich geschützt sind. Richtigerweise handelt es sich bei Nutzungsdaten teilweise um Inhalte einer Telekommunikation, teilweise um Umstände eines Telekommunikationsvorgangs (Wann? Wer mit wem? Wie?). Zweifelhaft könnte höchstens sein, ob es sich beim Vorgang der Nutzung von Telemedien um Telekommunikation iSv Art. 10 Abs. 1 GG handelt. Problematisch ist, dass es sich in vielen Fällen (Ausnahmen können zB Bestellvorgänge sein, bei denen ein klassischer Informationsaustausch zwischen Nutzer und Dienstleister vorliegt) um einen einseitigen Kommunikationsvorgang handelt, weil der Nutzer hier nicht mit dem Telemediendienstanbieter kommuniziert (es ist kein Informationsaustausch mit dem Anbieter gewollt), sondern einseitig Daten abruft und sendet, um eine bestimmte Leistung in Anspruch zu nehmen. Richtigerweise ist für die Eröffnung des Schutzbereichs jedoch nicht zu verlangen, dass zwei natürliche Personen am Telekommunikationsvorgang beteiligt sind. Es genügt auch der einseitige Datenup- und -download, um den Schutzbereich des Telekommunikationsgeheimnisses zu eröffnen (siehe für Details zum Streitstand und Nachweise → § 100a Rn. 30 und 126). Dementsprechend sind auch **Nutzungsdaten als Inhalte und Umstände von Telekommunikation von Art. 10 Abs. 1 GG geschützt.** Wer dies anders sieht, muss zumindest einen Schutz über das Recht auf informationelle Selbstbestimmung (Art. 2 Abs. 1 iVm Art. 1 Abs. 1 GG) bejahen.[14]

5 Verfassungsrechtlich sind die neuen Vorschriften zur Nutzungsdatenabfrage (§§ 100k, 101a Abs. 1a) – die auch politisch hoch umstritten waren und eine Anrufung des Vermittlungsausschusses notwendig machten – zumindest **problematisch.** Die geltende Regelung bildet nicht hinreichend ab, dass Nutzungsdaten in ihrer **datenschutzrechtlichen Sensibilität**

[14] Offenlassend Brodowski in BeckOK IT-Recht § 100k Rn. 1.

nicht stets den Verkehrsdaten gleichzustellen sind, sondern in vielen Fällen Auskunft darüber geben, welchen Inhalt die Nutzung des Telemediums hatte. So fallen unter den Begriff der Nutzungsdaten nach § 2 Abs. 2 Nr. 3 TTDSG (bis 1. Dezember 2021: § 15 Abs. 1 TMG) – je nach konkret genutztem Telemedium und je nach konkreter Nutzungsart – auch die aufgerufenen URLs, Eingaben in Webformulare, konkrete Anfragen an Suchmaschinen, heruntergeladene (oder hochgeladene) Dateien und sogar sog. Clickstreams, bei denen der Telemedien-Dienstleister den Aufenthalt auf einer Webseite „mitschneidet" (siehe ausführlich noch unten → Rn. 12 ff.).[15] Der Abruf dieser Daten entspricht damit einer zeitlich und sachlich beschränkten Telekommunikationsüberwachung und nicht einer „bloßen" Abfrage von Verkehrsdaten. Dem werden die neuen Vorschriften nicht gerecht: § 100k Abs. 1 erlaubt eine umfassende Erhebung von Nutzungsdaten unter denselben Voraussetzungen wie § 100g Abs. 1 S. 1 Nr. 1, § 100k Abs. 2 nimmt im Vergleich zu § 100g Abs. 1 S. 1 Nr. 2 nur leichte Verschärfungen vor, da der Straftatenkatalog weitestgehend diejenigen Straftaten abdeckt, die nicht von § 100k Abs. 1 erfasst sind und mittels Telemedien begangen werden. In der Praxis wird der Katalog daher keine effektive einschränkende Wirkung haben. § 100k Abs. 3 lässt dagegen eine Abfrage von Nutzungsdaten, welche regelmäßig den Verkehrsdaten gleichstehen (zur Identifizierung wird in aller Regel eine IP-Adresse und Nutzungszeiträume benötigt) unter im Vergleich zu § 100g stark abgesenkten Voraussetzungen (nur Anfangsverdacht, Verhältnismäßigkeit und Kenntnis des Inhalts der Nutzung) zu.

Auch die verfahrensrechtlichen Sicherungen sind im Vergleich zu § 100g Abs. 1 abgesenkt. So wird die Geltung des Richtervorbehalts und der Mindestanforderungen an Inhalt und Begründung der Anordnung aus § 100e zwar für § 100g insgesamt angeordnet, bei der Nutzungsdatenabfrage jedoch nur für § 100k Abs. 1 und Abs. 2 (§ 101a Abs. 1a). Für § 100k Abs. 3 ist dagegen eine Zuständigkeit der Staatsanwaltschaft (systemfremd in § 100k Abs. 3 selbst) geregelt. Auch die datenschutzsichernden Vorschriften zur Kennzeichnung und unverzüglichen Auswertung der erhobenen Daten nach § 101a Abs. 3 gelten zwar für § 100g insgesamt, bei § 100k aber nur für dessen Abs. 1 und Abs. 2. Und schließlich wird auch der nachträgliche Rechtsschutz unterhalb des Niveaus von § 100g ausgestaltet. Die strengen Vorschriften mit richterlicher Zuständigkeit für Zurückstellung und Unterbleiben nach § 101a Abs. 6 gelten nur für § 100k Abs. 1 und Abs. 2, für § 100k Abs. 3 ist eine deutlich schwächere Benachrichtigungsnorm in § 101a Abs. 7 vorgesehen. 6

Zusammenfassend wurde die Nutzungsdatenabfrage an einer – praktisch voraussichtlich nicht besonders relevanten – Stelle strenger als die Verkehrsdatenabfrage geregelt (Straftatenkatalog des § 100k Abs. 2), hinsichtlich § 100k Abs. 1, Abs. 2 weitgehend parallel zu § 100g Abs. 1, verfahrensrechtlich hinsichtlich Abs. 3 jedoch deutlich weniger streng. Angesichts der Tatsache, dass die Nutzungsdatenabfrage in einigen Fällen einer (beschränkten) Telekommunikationsüberwachung gleichsteht, in allen anderen Fällen zumindest der Verkehrsdatenabfrage, erscheint diese Regelung **verfassungsrechtlich unzureichend.** Alternativ wäre eine gesplittete Regelung unter den Voraussetzungen für § 100a (für Inhalts-Nutzungsdaten) und den Voraussetzungen für § 100g Abs. 1 (für verkehrsdatenähnliche Nutzungsdaten) möglich gewesen, welche der datenschutzrechtlichen Bedeutung der Nutzungsdaten gerecht werden würde. Die Probleme waren in der ersten (fehlerhaft) veröffentlichten Fassung des BGBl. sogar noch verschärft vorhanden, weil dort die besonderen Verfahrensregeln auf § 100k Abs. 1 beschränkt waren. Dieser Fehler ist mittlerweile allerdings korrigiert (siehe sogleich → Rn. 8). 7

V. Fehler bei der Erstveröffentlichung und Berichtigungsverfahren

Bei der erstmaligen Veröffentlichung von § 100k und den Änderungen an § 101a (insbesondere dessen neuen Abs. 1a) im Bundesgesetzblatt wurde eine andere Gesetzesfassung veröf- 8

[15] Roßnagel/Dix/Schaar TMG § 15 Rn. 43; BGH 11.5.2017 – III ZR 92/16, BGHZ 215, 55 = NJW 2017, 2108; Hanloser ZD 2018, 213; Plath/Hullen/Roggenkamp TMG § 15 Rn. 7; Plath/Hullen/Roggenkamp TMG § 15 Rn. 8; Heckmann/Heckmann/Scheurer Kapitel 9 Rn. 751; Bierekoven ITRB 2015, 114 (116).

fentlicht als von Bundestag[16] und Bundesrat[17] beschlossen wurde.[18] Die Unterschiede betrafen die Verweisung in § 101a auf § 100k. Während in der von Bundestag und Bundesrat veröffentlichten Fassung in § 101a Abs. 1a die Geltung von § 100e sowohl für § 100k Abs. 1 als auch Abs. 2 angeordnet wurde, war dies in der erstmalig im BGBl veröffentlichten Fassung nur für § 100k Abs. 1 der Fall. Auch die Begründungspflichten in § 101a Abs. 2 und die Kennzeichnungspflicht und die Verpflichtung zur unverzüglichen Auswertung in § 101a Abs. 3 sollten nach der vom Parlament beschlossenen Fassung sowohl für Maßnahmen nach § 100k Abs. 1 als auch für solche nach § 100k Abs. 2 gelten, in der veröffentlichten Fassung waren die Verweise auf § 100k Abs. 1 beschränkt. Bei den Benachrichtigungspflichten sollte § 101a Abs. 6 nach der beschlossenen Fassung für Maßnahmen nach § 100k Abs. 1 und Abs. 2 gelten, Abs. 7 für Maßnahmen nach § 100k Abs. 3. In der Fassung des BGBl galt § 101a Abs. 6 nur für § 100k Abs. 1, § 101a Abs. 7 nur für § 100k Abs. 2 und für § 100k Abs. 3 war keine Benachrichtigungspflicht vorgesehen. Insgesamt waren also alle Verweise, welche in der verabschiedeten Fassung sowohl § 100k Abs. 1 als auch Abs. 2 umfassen sollten, auf Abs. 1 reduziert worden und die Verweise, mit denen eigentlich § 100k Abs. 3 gemeint war, auf § 100k Abs. 2 geändert.[19] Wie es zu dieser Änderung gekommen ist, ist unklar. Es handelt sich offensichtlich um ein redaktionelles Versehen. Hierdurch entstanden durch die in der veröffentlichten Fassung mangelhafte verfahrensrechtliche Absicherung (noch stärkere, vgl. → Rn. 12) verfassungsrechtliche Zweifel an §§ 100k, 101a. Diese konnten durch eine analoge Anwendung der Verweise auf § 100k Abs. 1 auf § 100k Abs. 2 und derjenigen auf § 100k Abs. 2 auf § 100k Abs. 3 ausgeräumt und die durch das redaktionelle Versehen entstandenen Gesetzeslücken geschlossen werden. Dies ließ sich damit begründen, dass zum einen die Interessenlage jeweils vergleichbar war, weil die Maßnahmen nach § 100k Abs. 1 und Abs. 2 hinsichtlich der Eingriffstiefe (mindestens) den Maßnahmen nach § 100g Abs. 1 S. 1 Nr. 1 und Nr. 2 entsprechen, sodass ein Gleichlauf der Verfahrensvorschriften angezeigt ist. Auch der Wille des Gesetzgebers war durch die von Bundestag und Bundesrat beschlossene Gesetzesfassung des Vermittlungsausschusses bekannt und hinreichend dokumentiert. Mittlerweile wurde die fehlerhafte (Erst-)Veröffentlichung durch die **Berichtigung des Gesetzes zur Anpassung der Regelungen über die Bestandsdatenauskunft an die Vorgaben aus der Entscheidung des Bundesverfassungsgerichts vom 27. Mai 2020[20] korrigiert.**[21] Jetzt entspricht die veröffentlichte Fassung der verabschiedeten. Die o.g. Analogieschlüsse sind somit nicht mehr notwendig.

VI. Geltung der §§ 45 ff. BDSG

9 Über die Brücke des § 500 Abs. 1 sind die §§ 45 ff. BDSG auch im Rahmen von Maßnahmen nach § 100k zu beachten. Wie bei § 100a spielen vor allem die §§ 48, 64 und 71 f. BDSG eine große Rolle. Bezüglich der Anforderungen an die Datensicherheit (§ 64 BDSG), die datenschutzfreundlichen Voreinstellungen und Maßnahmen (§ 71 BDSG) sowie die Unterscheidung zwischen personenbezogenen Daten verschiedener Arten von Personengruppen (§ 72 BDSG) **kann auf die Ausführungen bei § 100a (→ § 100a Rn. 37 ff.) verwiesen** werden.

10 Auch bei der Erhebung von Nutzungsdaten muss die **strengere Verhältnismäßigkeitsprüfung des § 48 Abs. 1 BDSG** beachtet und müssen geeignete **Schutzmaßnahmen** („Garantien") zum Schutz der „besonderen Kategorien personenbezogener Daten" iSv § 46 Nr. 14 BDSG ergriffen werden. Denn gerade aus Nutzungsdaten (wegen deren teilweise bestehender Nähe zu den Inhaltsdaten, siehe hierzu noch unten → Rn. 13) lassen sich Schlüsse auf Informationen ziehen, die dieser Kategorie unterfallen (zB regelmäßige

[16] BT-Plenarprotokoll 19/219, 27712.
[17] BR-Plenarprotokoll 1002, 105.
[18] Bär in BeckOK StPO § 100k Rn. 10.
[19] Siehe BGBl. 2021 I 448 (458) einerseits und BT-Drs. 19/27900, 8.
[20] BGBl. 2021 I 1380.
[21] Zur Zulässigkeit der Berichtigung: Brodowski in BeckOK IT-Recht § 101a Rn. 2; siehe auch BVerfG 15.2.1978 – 2 BvL 8/74, BVerfGE 48, 1 (18).

Nutzung von Foren und Webseiten von Gewerkschaften, Krankenkassen oder spezialisierten Ärzten, der Besuch von Internetseiten, die Rückschlüsse auf die sexuelle Orientierung zulassen, Nutzung von Internetforen oder Gruppen in Sozialen Medien die bestimmten Religionsgemeinschaften zugeordnet sind, Eingabe entsprechender Suchbegriffe in eine Suchmaschine, Bestellung von Waren mit Beziehung zu den einzelnen Kategorien, zB bei Online-Apotheken etc). Wie § 100a kommt vor allem eine Löschung oder verschlüsselte, getrennte Speicherung dieser Daten in Betracht, da sie nur selten von Verfahrensrelevanz sein werden (Ausnahmen sind freilich möglich zB religiöse Anschauungen im Rahmen eines Verfahrens wegen islamistischem Terrorismus). Für Details siehe → § 100a Rn. 39.

VII. Reform des TKG, Aufhebung der §§ 11–15 TMG, TTDSG (ab 1. Dezember 2021)

Durch das Inkrafttreten der DSGVO, die daraus folgende Verdrängung der §§ 11–15 TMG 11
im Wege des europarechtlichen Anwendungsvorrangs und den Ablauf der Umsetzungsfrist für die **Richtlinie 2018/1972/EG** (sog. Kodex) war eine umfassende Reform des deutschen Telekommunikations- und Telemedienrechts notwendig geworden. Im Zuge dieser Reform wurde **mit Wirkung zum 1.12.2021** das TKG **(Telekommunikationsmodernisierungsgesetz)**[22] vollständig überarbeitet und das TTDSG **(Gesetz zur Regelung des Datenschutzes und des Schutzes der Privatsphäre in der Telekommunikation und bei Telemedien)**[23] neu geschaffen. Für den Bereich der §§ 100a–101b sind in inhaltlicher Hinsicht vor allem die Einbeziehung vieler sog. OTT-Dienstleister in den Anwendungsbereich des TKG und deren Einfluss auf die telekommunikationsrechtlichen Mitwirkungspflichten dieser Dienstleister (siehe → § 100a Rn. 229 ff., → § 100g Rn. 95 ff. und → § 100j Rn. 53 ff.) relevant. Gleiches gilt für die Aufhebung der – bereits seit 25. Mai 2018 neben der DSGVO nicht mehr anwendbaren – §§ 11–15 TMG, auf welche vormals die Vorschriften zur Bestandsdatenabfrage (§ 100j Abs. 1 S. 1 Nr. 2) und Nutzungsdatenabfrage (§ 100k) bei Telemediendienstleistern verwiesen, durch das TTDSG, um den bereits vorher geltenden Anwendungsvorrang der DSGVO für Telemediendienstleister auch in der deutschen Rechtslage „sichtbar" zu machen (siehe zur Problematik des früheren Verweises der §§ 100j, 100k auf nicht mehr anwendbare Normen des TMG → § 100j Rn. 14, 18 und → Rn. 16 ff.). Damit einhergehend wurden die Übermittlungsbefugnisse für Telemediendienstleister hinsichtlich Bestands- und Nutzungsdaten (vormals in den §§ 15a–15c TMG geregelt) in das neue TTDSG (in §§ 22–24 TTDSG) überführt. Da die Änderungen zum 1.12.2021 und damit erst kurz vor Erscheinen dieses Bandes in Kraft getreten sind, berücksichtigt die vorliegende Kommentierung sowohl die neue als auch die alte Rechtslage. An Stellen, an denen die Änderungen inhaltliche Auswirkungen auf Auslegungsfragen oder Problemstellungen haben (zB OTT-Dienstleister), wird die alte Rechtslage unter einer eigenen Überschrift mitkommentiert, um Notwendigkeit und Genese der Änderungen zu erläutern. Bei Änderungen der „Hausnummern" durch Änderung der Vorschriftenreihenfolge von TKG-alt zu TKG-neu und Streichung der TMG-Normen sowie Überführung einzelner TMG-Normen in das TTDSG werden hinter der aktuell geltenden Norm des TKG-neu und des TTDSG jeweils die vor dem 1. Dezember 2021 geltende Norm des TKG-alt und/oder des TMG genannt, um eine Arbeit mit der neuen Rechtslage in der Kommentierung zu erleichtern.

B. Erläuterung

I. Gegenstand der Eingriffsbefugnis: Nutzungsdaten

1. Begriff der Nutzungsdaten, § 2 Abs. 2 Nr. 3 TTDSG. Nach der Legaldefini- 12
tion des § 2 Abs. 2 Nr. 3 TTDSG (bis 1. Dezember 2021: § 15 Abs. 1 TMG) sind Nutzungs-

[22] BGBl. 2021 I 1858.
[23] BGBl. 2021 I 1982.

daten alle personenbezogenen Daten des Nutzers eines Telemediendienstes, deren Erhebung durch den Telemediendienst erforderlich ist, um die Inanspruchnahme von Telemedien zu ermöglichen und abzurechnen. Insbesondere umfasst der Begriff der Nutzungsdaten nach § 2 Abs. 2 Nr. 3 Hs. 2 TTDSG (bis 1. Dezember 2021: § 15 Abs. 1 TMG) Merkmale zur Identifikation des Nutzers (lit. a), Angaben über Beginn und Ende sowie des Umfangs der jeweiligen Nutzung (lit. b) und Angaben über die vom Nutzer in Anspruch genommenen Telemedien (lit. c). Was hiervon konkret erfasst ist, **hängt von der konkreten Ausgestaltung des Telemediendienstes ab.** Beispiele für Nutzungsdaten sind: konkrete in den Browser eingegebene URLs von Internetseiten (hierdurch kann im Wege der Nutzungsdatenabfrage im Unterschied zur Verkehrsdatenabfrage die konkrete vom Betroffenen aufgerufene Internetseite ermittelt werden),[24] Eingaben in Web-Formulare, Suchanfragen bei Suchmaschinenanbieter, an den Telemediendienst übertragene Systemeinstellungen wie verwendeter Browser, Spracheinstellungen, Betriebssystem, Bildschirmgrößen etc.,[25] Zeitpunkte des Abrufs bestimmter Webseiten oder Dateien, heruntergeladene Dateien und übertragene Datenmengen,[26] Geräte-Identifier (Cookies, Daten aus Fingerprint-Algorithmen und sog. Werbe-IDs bei mobilen Endgeräten).[27] Als Merkmale zur Identifikation der Nutzer von personalisierten Telemediendiensten fallen unter den Begriff der Nutzungsdaten Benutzername und Passwort, E-Mail-Adressen, statische und dynamische IP-Adressen (bei letzteren ggf. inklusive Zeitstempel der Nutzung), aber auch Personendaten wie Name, Geburtsdatum, Adresse, Telefon- und Kundennummern.[28] Beispiele für Nutzungsdaten, welche Beginn, Ende und Umfang der Nutzung und Angaben über die vom Nutzer in Anspruch genommenen Dienste enthalten, sind aufgerufene Artikel in einem Online-Shop oder ein sog. Clickstream, also eine Aufzeichnung des Verlaufs des Besuchs einer Webseite.[29] Bestimmte Telemediendienste wie zB Google oder Facebook sammeln Daten über das Nutzerverhalten (zB über besuchte Webseiten, Aufenthaltsdauer auf bestimmten Webseiten etc.) unter Einbindung verschiedener Partner-Webseiten oder eigener Tracking-Tools.[30] Bei Gesundheits-Apps und Fitnesstrackern gehört zu den Nutzungsdaten auch der Standort und ggf. sogar ein Bewegungsprofil, während die von der App aufgezeichneten medizinischen Daten als Inhaltsdaten zu qualifizieren sind, da diese nicht zur Nutzung der App benötigt werden.[31] Ebenfalls zu den Nutzungsdaten zählen GPS-Positionsdaten bei Nutzung von Telemedien in PKW, wenn die Standortdaten zur Nutzung erforderlich sind.[32] Die Daten weisen in vielen Fällen eine gewisse Nähe zu Verkehrsdaten nach § 9 TTDSG (bis 1. Dezember 2021: § 96 TKG) auf, gehen allerdings in Teilbereichen darüber hinaus und sind in der Nähe von Inhaltsdaten, welche nach § 100a erhoben werden können, zu verorten (zB aufgerufene URLs, Suchmaschinenanfragen, heruntergeladene Dateien). Die Eingriffsintensität kann daher nicht abstrakt bestimmt und keinesfalls stets mit der derjenigen von Verkehrsdatenabfragen gleichgesetzt werden. Es ist deshalb zweifelhaft, ob § 100k, welcher die Erhebung von Nutzungsdaten unter denselben (Abs. 1), nur leicht schärferen (Abs. 2) oder sogar niedrigeren (Abs. 3) Voraussetzungen zulässt, wie/als die Erhebung von Verkehrsdaten nach § 100g, verfassungskonform ist.[33]

13 **2. Abgrenzung zu Inhalts- und Verkehrsdaten.** Der Begriff der Nutzungsdaten überschneidet sich teilweise sowohl mit den sog. Inhaltsdaten iSv §§ 100a, 100b und den

[24] Zur praktischen Bedeutung: Bär in BeckOK StPO § 100k Rn. 12.
[25] Roßnagel/Dix/Schaar TMG § 15 Rn. 43.
[26] BGH 11.5.2017 – III ZR 92/16, BGHZ 215, 55 = NJW 2017, 2108.
[27] Hanloser ZD 2018, 213.
[28] Plath/Hullen/Roggenkamp TMG § 15 Rn. 7.
[29] Plath/Hullen/Roggenkamp TMG § 15 Rn. 8.
[30] Heckmann/Heckmann/Scheurer Kapitel 9 Rn. 751.
[31] Bierekoven ITRB 2015, 114 (116).
[32] OLG Frankfurt a.M. 20.7.2021 – 3 Ws 369/21, GRUR-RS 2021, 33281.
[33] Bäcker Gutachten: Folgerungen aus dem zweiten Bestandsdatenbeschluss des BVerfG für die durch das Gesetz zur Bekämpfung des Rechtsextremismus und der Hasskriminalität geschaffenen Datenverarbeitungsregelungen zum damaligen Entwurf in § 100g Abs. 1 S. 2 StPO.

Verkehrsdaten iSv § 100g.[34] Die **Abgrenzung zu Inhaltsdaten** erfolgt danach, ob die Erhebung der Daten erforderlich ist, um die Inanspruchnahme von Telemedien zu ermöglichen und abzurechnen. Beispielsweise sind Angaben zu den konkret erworbenen Waren, die Rechnungs- und Lieferanschrift bei Online-Shops keine Angaben, die zur Inanspruchnahme oder Abrechnung des Telemediendienstes erforderlich ist und somit den Inhaltsdaten zuzuordnen. Bei Sozialen Medien sind die nutzergenerierten Inhalte (zB Texteinträge, Bilder, Videos etc.) dementsprechend ebenfalls den Inhaltsdaten zuzurechnen.[35] In Teilbereichen ist die Abgrenzung schwierig bis unmöglich. So wären viele der oben genannten Beispiele für Telemediennutzungsdaten, wie zB konkret aufgerufene URLs, Eingaben in Web-Formulare, Suchanfragen bei Suchmaschinenanbieter und heruntergeladene Dateien, im Fall einer Telekommunikationsüberwachung eindeutig den sog. Inhaltsdaten zuzuordnen. Angesichts dieser oftmals vorliegenden Nähe zu den sog. Inhaltsdaten und damit einhergehenden größeren Sensibilität im Vergleich zu Verkehrsdaten erscheint es äußerst zweifelhaft, ob die Ermöglichung der Nutzungsdatenerhebung unter denselben Voraussetzungen wie denjenigen für eine Verkehrsdatenerhebung verfassungsgemäß ist. In Rede steht hier einerseits der Grundsatz der Verhältnismäßigkeit, andererseits der Bestimmtheitsgrundsatz bei dieser (unausgesprochenen) partiellen Gleichstellung von Nutzungs- und Inhaltsdaten bei der Datenabfrage von Telemediendiensten.

Zu den **Verkehrsdaten erfolgt die Abgrenzung** (zB bei der Erhebung dynamischer IP-Adressen) danach, ob die Datenverarbeitung durch den Dienstanbieter auf Grundlage der §§ 9, 12 TTDSG (bis 1. Dezember 2021: § 96 TKG), also durch Telekommunikationsanbieter iSv § 2 Abs. 1 TTDSG iVm § 3 Nr. 61 TKG (bis 1. Dezember 2021: § 3 Nr. 24 TKG) oder auf Basis von (früher) § 15 Abs. 1 TMG aF (ab 1. Dezember 2021: aufgehoben) bzw. jetzt nach Art. 5 ff. DSGVO (siehe zum Geltungsvorrang der Art. 5 ff. DSGVO für die Datenverarbeitung von Telemediendiensten unten, → Rn. 16), also durch Telemedienanbieter nach § 2 Abs. 2 Nr. 1 TTDSG iVm §§ 1 Abs. 1, 2 Nr. 1 TMG erfolgt.[36] In der Sache kann es sich allerdings um die gleichen Daten handeln. 14

3. Korrespondierende Erlaubnisnorm zur Auskunftserteilung (sog. Doppeltürmodell), § 24 TTDSG. Nachdem die ursprünglich im Gesetz zur Bekämpfung des Rechtsextremismus und der Hasskriminalität vorgesehene Erlaubnisnorm zur Auskunftserteilung für den Telemediendienstleister (§ 15a TMG-Entwurf) aufgrund der Verletzung der Vorgaben aus dem Urteil des BVerfG zur Bestandsdatenauskunft II[37] vom Bundespräsidenten nicht ausgefertigt wurde,[38] enthielt das Gesetz zur Anpassung der Regelungen über die Bestandsdatenauskunft an die Vorgaben aus der Entscheidung des Bundesverfassungsgerichts vom 27. Mai 2020 vom 30.3.2021[39] eine überarbeitete Übermittlungsvorschrift in **§ 15c TMG nF.** Diese Übermittlungsvorschrift wurde durch das TTGDSG[40] **ab 1. Dezember 2021 in § 24 TTDSG** übernommen. Nach § 24 Abs. 1, Abs. 3 Nr. 1 TTDSG (bis 1. Dezember 2021: § 15c Abs. 1, Abs. 3 Nr. 1 TMG) dürfen die erhobenen Nutzungsdaten von den Dienstleistern zur Beauskunftung von auf § 100k gestützten Auskunftsverlangen der Strafverfolgungsbehörden verwendet werden, wenn ein entsprechender Anfangsverdacht besteht. Voraussetzung ist nach Abs. 2, dass die auskunftsverlangende Behörde die Beauskunftung schriftlich oder elektronisch und unter Angabe der gesetzlichen Bestimmung zum 15

[34] Löffelmann Stellungnahme zum Gesetzentwurf der Fraktionen der CDU/CSU und SPD Entwurf eines Gesetzes zur Anpassung der Regelungen über die Bestandsdatenauskunft an die Vorgaben aus der Entscheidung des Bundesverfassungsgerichts vom 27. Mai 2020 BT-Drs. 19/25294, S. 4.

[35] Siehe zum Ganzen Plath/Hullen/Roggenkamp TMG § 15 Rn. 12 f. mwN.

[36] Plath/Hullen/Roggenkamp TMG § 15 Rn. 14.

[37] Wissenschaftlicher Dienst des Bundestages Gutachten WD 10 – 3000 – 037/20 sowie Bäcker Gutachten: Folgerungen aus dem zweiten Bestandsdatenbeschluss des BVerfG für die durch das Gesetz zur Bekämpfung des Rechtsextremismus und der Hasskriminalität geschaffenen Datenverarbeitungsregelungen.

[38] https://www.sueddeutsche.de/politik/gesetz-hasskriminalitaet-steinmeier-bundesregierung-1.5058806 (Stand: 29.10.2020).

[39] BGBl. 2021 I 448.

[40] BGBl. 2021 I 1858.

Datenabruf verlangt. Bei Gefahr im Verzug ist auch ein (fern-)mündliches Auskunftsverlangen möglich.

16 **4. Beschränkung auf nach § 15 Abs. 1 TMG aF erhobene Nutzungsdaten. a) Rechtslage bis zur Streichung von § 15 Abs. 1 TMG aF und Inkrafttreten des TTDSG (bis 1. Dezember 2021).** Ausweislich des eindeutigen Wortlauts von § 100k Abs. 1 aF („Nutzungsdaten (§ 15 Absatz 1 des Telemediengesetzes)") und vor allem von § 15c Abs. 1, Abs. 3 Nr. 1 TMG („darf die nach § 15 Absatz 1 erhobenen Nutzungsdaten") in der Fassung bis 1. Dezember 2021 war die Erhebung von Nutzungsdaten nach § 100k aF **auf solche Nutzungsdaten beschränkt, welche der Telemediendienstleister nach § 15 Abs. 1 TMG (in der Fassung bis 1. Dezember 2021) erhoben hat.** Dementsprechend waren sowohl die Befugnis zur Erhebung der Daten nach § 100k aF durch die Strafverfolgungsbehörden als auch die Befugnis zur Datenübermittlung nach § 15c TMG (in der Fassung bis 1. Dezember 2021) auf solche Nutzungsdaten beschränkt, welche der Dienstleister auf Grundlage von § 15 Abs. 1 TMG (in der Fassung bis 1. Dezember 2021) erhoben hat. Nicht erfasst waren dementsprechend solche Daten, die zwar die Nutzung des Telemediums betreffen, aber nicht auf Grundlage von § 15 Abs. 1 TMG (in der Fassung bis 1. Dezember 2021), sondern zB auf Grundlage einer Einwilligung des Nutzers, erhoben wurden. Diese Daten konnten daher nicht nach § 100k aF erhoben werden. In vielen Fällen war hier auch keine Anwendung von §§ 161, 163 möglich, weil der Grundrechtseingriff aufgrund des starken Personenbezugs und der Sensibilität der Daten nicht nur „geringfügig" ist.[41]

17 Dieses Problem stellte sich jedoch nur dann, wenn man – anders als hier vertreten, siehe → Rn. 24 – davon ausgeht, dass der Verweis in § 100k aF auf § 15 TMG (in der Fassung bis 1. Dezember 2021) nicht sowieso „ins Leere ging", weil § 15 TMG (in der Fassung bis 1. Dezember 2021) vom Anwendungsvorrang der Art. 5 ff. DSGVO verdrängt wurde und nicht mehr anwendbar war. Vertritt man dagegen, dass auch nach Inkrafttreten der DSGVO der Verweis auf § 15 TMG (in der Fassung bis 1. Dezember 2021) trotz dessen Verdrängung den Anforderungen an das Doppeltürmodell des BVerfG entsprach, muss auch die Beschränkung des Verweises gelten, wonach nur Daten, die nach § 15 TMG in der Fassung bis 1. Dezember 2021 (und nicht auf Grundlage einer Einwilligung o.ä.) erhoben wurden, von § 100k aF erfasst waren.

18 **b) Rechtslage ab Streichung von § 15 Abs. 1 TMG aF und Inkrafttreten des TTDSG (ab 1. Dezember 2021).** Mit Inkrafttreten des TTDSG wurde § 15 TMG ersatzlos gestrichen und somit der Anwendungsvorrang der Art. 5 ff. DSGVO im deutschen Recht sichtbar gemacht (siehe hierzu → Rn. 20 ff. und → Rn. 11). Jetzt verweist § 100k auf § 2 Abs. 2 Nr. 3 TTDSG. Auch dort ist die Definition der Nutzungsdaten weiterhin auf solche Daten beschränkt, deren Erhebung „erforderlich ist, um die Inanspruchnahme von Telemedien zu ermöglichen und abzurechnen". Dementsprechend gilt auch nach der neuen Rechtslage weiterhin, dass die Erhebungsbefugnis nach § 100k auf solche Nutzungsdaten beschränkt ist, deren Erhebung in diesem Sinne notwendig ist. Weitere Nutzungsdaten, die von den Telemediendienstleistern über die Erforderlichkeit hinaus – zB auf Grundlage einer Einwilligung – erhoben werden, sind weder von der Erhebungsbefugnis noch von der Übermittlungsbefugnis in § 24 TTDSG umfasst und dürfen daher weder erhoben noch übermittelt werden. Diese Daten können daher nicht nach § 100k erhoben werden. In vielen Fällen wird hier auch keine Anwendung von §§ 161, 163 möglich sein, weil der Grundrechtseingriff aufgrund des starken Personenbezugs und der Sensibilität der Daten nicht nur „geringfügig" ist.[42]

---

[41] Zu diesem Erfordernis: BGH 31.1.2007 – StB 18/06, BGHSt 51, 211 (218) = MMR 2007, 237; Meyer-Goßner/Schmitt § 161 Rn. 1; Löwe/Rosenberg/Erb § 161 Rn. 2.

[42] Zu diesem Erfordernis: BGH 31.1.2007 – StB 18/06, BGHSt 51, 211 (218) = MMR 2007, 237; Meyer-Goßner/Schmitt § 161 Rn. 1; Löwe/Rosenberg/Erb § 161 Rn. 2.

5. Problem: Geltungsvorrang der DSGVO und Auswirkungen auf § 100k. a) Rechtslage vor Inkrafttreten des TTDSG und des TK-Modernisierungsgesetzes (bis 1. Dezember 2021). Die mit § 100k bis zum Inkrafttreten des Gesetzes zur Regelung des Datenschutzes und des Schutzes der Privatsphäre in der Telekommunikation und bei Telemedien (TTDSG) und des Telekommunikationsmodernisierungsgesetzes (TK-Modernisierungsgesetz) zum 1. Dezember 2021 korrespondierenden Normen des TMG (§ 15 TMG) basierten auf der mittlerweile durch die **DSGVO** abgelösten **Datenschutzrichtlinie 95/46/EG.** 19

aa) Verdrängung der §§ 11–15 TMG aF durch die DSGVO. Durch das Inkrafttreten der Datenschutz-Grundverordnung (DSGVO) stellte sich die Frage, ob § 15 TMG (in der Fassung bis 1. Dezember 2021) durch den **Anwendungsvorrang der DSGVO** als europarechtlicher Sekundärakt[43] verdrängt wurde und nicht mehr anwendbar war. Eine Antwort darauf lässt sich **Art. 95 DSGVO** entnehmen. Dort heißt es, dass die DSGVO „in Bezug auf die Verarbeitung in Verbindung mit der Bereitstellung öffentlich zugänglicher elektronischer Kommunikationsdienste in öffentlichen Kommunikationsnetzen" natürlichen und juristischen Personen keine neuen Pflichten auferlege, „soweit sie besonderen in der Richtlinie 2002/58/EG festgelegten Pflichten unterliegen, die dasselbe Ziel verfolgen." Entscheidend ist somit zum einen, ob es sich bei den Verpflichteten um die Anbieter von öffentlich zugänglichen elektronischen Kommunikationsdiensten handelt, zum anderen, ob die in der Richtlinie 2002/58/EG niedergelegten Pflichten bzw. deren deutsche Umsetzungsnormen dieselben Ziele verfolgen wie die DSGVO. 20

Der Begriff des **„elektronischen Kommunikationsdienstes"** ist in der DSGVO nicht definiert. In Art. 2 Abs. 1 der Richtlinie 2002/58/EG wird aber auf die Legaldefinition in Art. 2 Abs. 1 c) Richtlinie 2002/21/EG verwiesen. Danach sind elektronische Kommunikationsdienste „gewöhnlich gegen Entgelt erbrachte Dienste, die ganz oder überwiegend in der Übertragung von Signalen über elektronische Kommunikationsnetze bestehen, einschließlich Telekommunikations- und Übertragungsdienste in Rundfunknetzen, jedoch ausgenommen Dienste, die Inhalte über elektronische Kommunikationsnetze und -dienste anbieten oder eine redaktionelle Kontrolle über sie ausüben; nicht dazu gehören die Dienste der Informationsgesellschaft im Sinne von Artikel 1 der Richtlinie 98/34/EG, die nicht ganz oder überwiegend in der Übertragung von Signalen über elektronische Kommunikationsnetze bestehen". Zentrales Tatbestandsmerkmal dieser Definition ist, wie auch der EuGH zuletzt betont hat,[44] die **„Übertragung von Signalen über elektronische Kommunikationsnetze"**, wobei es unerheblich ist, ob die Übertragung über eigene oder fremde Infrastruktur erfolgt. 21

§ 1 Abs. 1 des TMG (in der Fassung bis 1. Dezember 2021) definiert den Anwendungsbereich der TMG-Normen und damit auch für § 15 TMG (in der Fassung bis 1. Dezember 2021). Danach gilt das Gesetz für alle elektronischen Informations- und Kommunikationsdienste, soweit sie nicht Telekommunikationsdienste nach § 3 Nr. 24 TKG (in der Fassung bis 1. Dezember 2021), die ganz in der Übertragung von Signalen über Telekommunikationsnetze bestehen, telekommunikationsgestützte Dienste nach § 3 Nr. 25 TKG (in der Fassung bis 1. Dezember 2021) oder Rundfunk nach § 2 des Rundfunkstaatsvertrages sind (Telemedien). Aufgrund der ausdrücklichen Abgrenzung von TK-Dienstleistern iSv § 3 Nr. 24 TKG (in der Fassung bis 1. Dezember 2021) sind die „elektronischen Kommunikationsdienste" iSv Art. 2 Abs. 1 Richtlinie 2002/58/EG iVm Art. 2 Abs. 1 c) Richtlinie 2002/21/EG vom Anwendungsbereich des TMG explizit ausgenommen. Darüber hinaus sind auch die Regelungsgegenstände unterschiedlich: Während die Richtlinie lediglich den Umgang mit Verkehrs- und Standortdaten reguliert, betrifft das TMG die Behandlung von Bestands- und Nutzungsdaten.[45] Eine Umsetzung der e-Privacy-Richtlinie im deutschen 22

43 Zum Anwendungsvorrang allgemein Calliess/Ruffert Art. 1 AEUV Rn. 16 ff. mwN.
44 EuGH 13.6.2019 – C-193/18, ECLI:EU:C:2019:498, NJW 2019, 2597; 5.6.2019 – C-142/18, ECLI:EU:C:2019:460, MMR 2019, 517.
45 Jandt ZD 2018, 405 (406 f.).

TMG ist dagegen nie erfolgt.[46] Dies bedeutet, dass die Bereichsausnahme von Art. 95 DSGVO für die Anbieter von Telemediendiensten iSv § 1 Abs. 1 und damit auch § 15 TMG (in der Fassung bis 1. Dezember 2021) nicht gilt. Ferner können die §§ 11 ff. TMG (in der Fassung bis 1. Dezember 2021) auch nicht als Umsetzung von Öffnungsklauseln der DSGVO (es ist bereits strittig, ob die DSGVO solche Öffnungsklauseln überhaupt enthält[47]) angesehen werden, weil das TMG im Rahmen der Änderungsgesetze zur Anpassung des deutschen Rechts an die DSGVO nicht geändert wurde.[48] Die **§§ 11–15 TMG in der Fassung bis 1. Dezember 2021 (und damit auch § 15 TMG) wurden daher nach zutreffender hM im Datenschutzrecht von der DSGVO verdrängt** und waren seit Inkrafttreten der DSGVO nicht länger anwendbar. Die Rechte zur Verarbeitung von Nutzungsdaten richteten sich daher für Telemediendienste nicht mehr nach § 15 TMG (in der Fassung bis 1. Dezember 2021), sondern nach Art. 5 ff. DSGVO, im Besonderen nach Art. 6 lit. a, lit. b und lit. f DSGVO.[49]

23 **bb) Auswirkungen der Richtlinie 2018/1972/EU und deren Nichtumsetzung im deutschen Recht (bis 1. Dezember 2021).** Die Richtlinie 2002/21/EG wurde mit Wirkung zum 21.12.2020 durch den sog. europäischen Kodex für elektronische Kommunikation aufgehoben (siehe Art. 125 EU-Richtlinie 2018/1972). Daher tritt an die Stelle der og Definition des elektronischen Kommunikationsdienstes in der aufgehobenen Richtlinie nun die Definition in Art. 2 Nr. 4 EU-Richtlinie 2018/1972. Danach sind elektronische Kommunikationsdienste gewöhnlich gegen Entgelt über elektronische Kommunikationsnetze erbrachte Dienste, die – mit der Ausnahme von Diensten, die Inhalte über elektronische Kommunikationsnetze und -dienste anbieten oder eine redaktionelle Kontrolle über sie ausüben – folgende Dienste umfassen: a) „Internetzugangsdienste“ im Sinne der Begriffsbestimmung des Art. 2 Abs. 2 Nr. 2 der Verordnung (EU) 2015/2120; b) interpersonelle Kommunikationsdienste; c) Dienste, die ganz oder überwiegend in der Übertragung von Signalen bestehen, wie Übertragungsdienste, die für die Maschine-Maschine-Kommunikation und für den Rundfunk genutzt werden. Neu und für die §§ 100a ff. **von praktischer Bedeutung** ist der Begriff des **„interpersonellen Kommunikationsdienstes“.** Damit ist nach Art. 2 Nr. 5 EU-Richtlinie 2018/1972 ein gewöhnlich gegen Entgelt erbrachter Dienst gemeint, der einen direkten interpersonellen und interaktiven Informationsaustausch über elektronische Kommunikationsnetze zwischen einer endlichen Zahl von Personen ermöglicht, wobei die Empfänger von den Personen bestimmt werden, die die Kommunikation veranlassen oder daran beteiligt sind; nicht dazu zählen allerdings Dienste, die eine interpersonelle und interaktive Kommunikation lediglich als untrennbar mit einem anderen Dienst verbundene untergeordnete Nebenfunktion ermöglichen. Diese Definition umfasst nunmehr auch die sog. OTT-Dienstleister, die selbst keine Kommunikationsnetze betreiben, jedoch elektronische Telekommunikation zwischen Personen ermöglichen (zB Messenger-Dienste, Webmailprovider). Da die Richtlinie 2018/1972/EU nun ua die Richtlinie 2002/21/EG ersetzen soll (Erwägungsgrund 1 der Richtlinie 2018/1972/EU) und wie sich aus Art. 125 Abs. 3 Richtlinie 2018/1972/EU ergibt, ist davon auszugehen, dass nunmehr die og Definition des elektronischen Kommunikationsdienstes, welche auch zahlreiche OTT-Dienstleister umfasst, auch für die Richtlinie 2002/58/EG gilt. Damit ist auch für die Bereichsausnahme in Art. 95 DSGVO die neue Begriffsdefinition anzuwenden. Allerdings verlangt Art. 95 DSGVO darüber hinaus, dass den ausgenommenen Dienstleistern durch die Richtlinie 2002/58/EG „besondere Pflichten“ auferlegt werden. Wie bereits gezeigt,

[46] Nink in Spindler/Schuster, Recht der elektronischen Medien, § 15 TMG Rn. 2 f.

[47] Details bei Jandt ZD 2018, 405 (407); Nink in Spindler/Schuster, Recht der elektronischen Medien, § 15 TMG Rn. 4 mwN.

[48] BGBl. 2018 I 1626; Nink in Spindler/Schuster, Recht der elektronischen Medien, § 15 TMG Rn. 4.

[49] Nink in Spindler/Schuster, Recht der elektronischen Medien, § 15 TMG Rn. 4; Tinnefeld/Buchner in BeckOK Datenschutzrecht Syst. I. Datenschutz in Medien und Telekommunikation Rn. 82 ff.; Jandt ZD 2018, 405 (406 ff.); Gola/Pilz DSGVO Art. 95 Rn. 19; Keppeler MMR 2015, 779; einschränkend Spindler/Schmitz TMG Vor §§ 11 ff. Rn. 10; aA aber Spindler/Schmitz TMG § 15 Rn. 10; Überblick über den datenschutzrechtlichen Streitstand bei Sesing MMR 2019, 347.

regelt die Richtlinie 2002/58/EG lediglich die Behandlung von Verkehrs- und Standortdaten, nicht jedoch die Behandlung von Nutzungs- und Bestandsdaten von Telemedien. Zwar sind nach europäischem Rechtsverständnis nunmehr zahlreiche OTT-Dienstleister „elektronische Kommunikationsdienste“ und verarbeiten daher nicht mehr „Nutzungsdaten“, sondern „Verkehrsdaten“ iSd Richtlinie 2002/58/EG. Allerdings wurde diese Änderung erst zum 1. Dezember 2021 in deutsches Recht umgesetzt. Die „interpersonellen Telekommunikationsdienste“ waren bis 1. Dezember 2021 in Deutschland daher noch nicht „Telekommunikationsdienste“ iSv § 3 Nr. 24 TKG aF. Die Bereichsausnahme von Art. 95 DSGVO kann jedoch nur dann eingreifen, wenn die vom Anwendungsbereich der DSGVO ausgenommenen „elektronischen Kommunikationsdienste“ tatsächlich durch eigene, auf der Richtlinie 2002/58/EG basierenden Vorschriften reguliert sind. Andernfalls drohte – in Ländern ohne entsprechende Regulierung – eine Nichtregulierung dieser Dienstleister. Da die §§ 11–15 TMG (in der Fassung bis 1. Dezember 2021) nicht auf der Richtlinie 2002/58/EG basieren und keine spezifische Regelung für Verkehrs- und Standortdaten enthalten, greift die Bereichsausnahme von Art. 95 DSGVO auch unter Eindruck der Änderung des Begriffs des „elektronischen Kommunikationsdienstes“ in der Richtlinie 2002/58/EG nicht für OTT-Dienstleister ein, die zwar nach Verständnis der Richtlinie 2018/1972/EU nunmehr als interpersonelle Kommunikationsdienste auch elektronische Kommunikationsdienste sind, nicht jedoch nach der Systematik des TKG und TMG (bis 1. Dezember 2021). Zur (zu verneinenden) Frage einer richtlinienkonformen Auslegung der Vorschriften des TKG zur Einbeziehung der interpersonellen Kommunikationsdienste in die Vorschriften des TKG, siehe → § 100a Rn. 234, → § 100g Rn. 102 und → § 100j Rn. 63a. Dementsprechend änderte das Inkrafttreten der Richtlinie 2018/1972/EU nichts an der Verdrängung der §§ 11–15 TMG (in der Fassung bis 1. Dezember 2021) durch die DSGVO.

cc) Auswirkungen auf die Datenerhebungsbefugnis in § 100k. Wie oben ausführlich geschildert (→ Rn. 19 ff.) wurden die §§ 11–15 TMG (in der Fassung bis 1. Dezember 2021) und damit auch die Berechtigung zur Speicherung der Nutzungsdaten in § 15 TMG (in der Fassung bis 1. Dezember 2021) vom Anwendungsvorrang der Art. 5 ff. DSGVO verdrängt.[50] Dies bedeutete, dass **seit Geltung der DSGVO Telemediendienste die Nutzungsdaten** nicht mehr auf Grundlage des § 15 TMG (in der Fassung bis 1. Dezember 2021), sondern **nur noch auf Grundlage der Art. 5 ff., insbesondere Art. 6 lit. a, lit. b und lit. f DSGVO verarbeiten und speichern durften.** Fraglich war indes, wie sich dies auf § 100k aF auswirkte, welcher (bis 1. Dezember 2021) ausdrücklich die Erhebung von Nutzungsdaten iSv § 15 Abs. 1 TMG aF erlaubte, dagegen keine Bezugnahme auf die Art. 5 ff. DSGVO enthielt. Zwar ließe sich bei isolierter Betrachtung von § 100k Abs. 1 aF vertreten, dass der Verweis auf § 15 Abs. 1 TMG (in der Fassung bis 1. Dezember 2021) lediglich eine Eingrenzung und Bestimmung der Art der Daten enthielt, die mittels § 100k Abs. 1 – Abs. 3 aF erhoben werden dürfen und die Nichtbezugnahme auf die Art. 5 ff. DSGVO unschädlich war. Hierfür ließe sich auch anführen, dass Art. 5 ff. DSGVO für alle Arten von Daten gelten und somit ein Verweis hierauf keine taugliche Eingrenzung hinsichtlich des Grundsatzes der Normenbestimmtheit und Normenklarheit wäre. Allerdings spricht gegen diese Sichtweise die Systematik der §§ 100g, 100j, 100k aF. § 100g Abs. 1 S. 1, S. 2, S 4, Abs. 3 S. 1 aF statuierten niederschwelligere Voraussetzungen für die Erhebung von Verkehrsdaten, die nach § 96 Abs. 1 TKG aF gespeichert wurden, während § 100g Abs. 1 S. 3, Abs. 2, Abs. 3 S. 2 aF aufgrund verfassungsgerichtlicher (in der Fassung bis 1. Dezember 2021) Rechtsprechung höhere Anforderungen an die Erhebung von nach § 113b TKG (in der Fassung bis 1. Dezember 2021) gespeicherte Verkehrsdaten regulierten. § 100j aF knüpfte die Erhebung von Bestandsdaten, die nach § 95 TKG (in der Fassung bis 1. Dezember 2021) bzw. § 14 TMG (in der Fassung bis 1. Dezember 2021) 24

[50] Tinnefeld/Buchner in BeckOK Datenschutzrecht Syst. I. Datenschutz in Medien und Telekommunikation Rn. 82 ff.; Datenschutzkonferenz (DSK), Orientierungshilfe der Aufsichtsbehörden für Anbieter von Telemedien, März 2019, S. 4; Böhm/Halim MMR 2021, 651.

gespeichert wurden, an deutlich niedrigere Voraussetzungen, gerade weil die Erhebungsbefugnis „nur" auf Bestandsdaten nach § 95 TKG (in der Fassung bis 1. Dezember 2021) bzw. § 14 TMG (in der Fassung bis 1. Dezember 2021) beschränkt war. § 100k aF stellte die Erhebung von Nutzungsdaten nach § 15 Abs. 1 TMG (in der Fassung bis 1. Dezember 2021) dabei grds. der Erhebung von nach § 96 Abs. 1 TKG (in der Fassung bis 1. Dezember 2021) gespeicherten Verkehrsdaten gleich (mit Ausnahmen in Abs. 2 und Abs. 3). Hieraus lässt sich der Schluss ziehen, dass die Verweisungen in §§ 100g, 100j, 100k aF auf die Speichervorschriften des TKG aF und des TMG aF nicht lediglich der Einbeziehung der Legaldefinitionen hinsichtlich Verkehrs-, Bestands- und Nutzungsdaten und damit nicht nur der Erfüllung der Voraussetzungen der Normenklarheit und Bestimmtheit dienten, sondern vielmehr ein differenziertes Voraussetzungsmodell hinsichtlich ganz bestimmter, nach ganz bestimmten Vorschriften gespeicherter Daten bildeten. Das bedeutet, dass **§ 100k in der damaligen Fassung** (bis 1. Dezember 2021) nach dem Gesetz zur Bekämpfung des Rechtsextremismus und der Hasskriminalität und des Gesetzes zur Anpassung der Regelungen über die Bestandsdatenauskunft an die Vorgaben aus der Entscheidung des Bundesverfassungsgerichts vom 27. Mai 2020 **nur die Erhebung von Nutzungsdaten zulässt, die auf Grundlage von § 15 Abs. 1 TMG (in der Fassung bis 1. Dezember 2021) gespeichert wurden.** Dieses Ergebnis findet auch eine Stütze in der Gesetzesbegründung zum Gesetz zur Bekämpfung der Hasskriminalität und des Rechtsextremismus. Dort heißt es zum einen, dass die Nutzungsdaten von Telemediendiensten bislang auf Grundlage von § 100g Abs. 1 aF „im Verbund mit § 96 Telekommunikationsgesetz erhoben (wurden), soweit der Telemediendienst auch in der Übermittlung von Signalen bestand".[51] Zum anderen ist dort zu lesen, dass „durch die Erweiterung von § 100g aF auf Nutzungsdaten nach § 15 Absatz 1 TMG (…) eine normenklare und verhältnismäßige Rechtsgrundlage für die Erhebung von Metadaten bei Telemediendienstanbietern geschaffen" werde.[52] Hieraus lässt sich schließen, dass auch der Gesetzgeber die Verweise in § 100g aF auf bestimmte Speichernormen des TKG aF und des (damals noch in § 100g Abs. 1 S. 2-Entwurf vorgesehen, nun in § 100k geregelt) TMG aF nicht lediglich als „Entleihung" der dortigen Legaldefinitionen, sondern vielmehr die einzelnen Maßnahmen in § 100g aF auf die Erhebung von nach ganz bestimmten Normen gespeicherte Daten beschränkte.[53] Und schließlich spricht für dieses Ergebnis auch die verfassungsrechtliche Notwendigkeit des Zusammenspiels zwischen „Gebe"- und „Nehme"-Normen (sog. Doppeltürmodell), das in §§ 96 Abs. 1 S. 2, 113c TKG (in der Fassung bis 1. Dezember 2021) und §§ 15a – c TMG (in der Fassung bis 1. Dezember 2021) umgesetzt war. Nach den genannten Normen waren die Telekommunikations- und die Telemedienanbieter berechtigt, gerade die nach § 96 Abs. 1 S. 2, 113b TKG (in der Fassung bis 1. Dezember 2021) und §§ 14 Abs. 1, 15 Abs. 1 TMG (in der Fassung bis 1. Dezember 2021) gespeicherten Daten an die Strafverfolgungsbehörden unter den dort genannten Voraussetzungen zu übermitteln. In dem hier entscheidenden § 15c Abs. 1 TMG (in der Fassung bis 1. Dezember 2021) heißt es wörtlich, dass „die nach § 15 Absatz 1 erhobenen Nutzungsdaten (…) zur Erfüllung von Auskunftspflichten gegenüber den in Absatz 3 genannten Stellen verwenden" dürfen. Auch die „Gebe"-Norm beschränkte sich ausdrücklich auf die nach § 15 Abs. 1 TMG (in der Fassung bis 1. Dezember 2021) erhobenen Daten. Zusammengefasst beschränkte sich § 100k aF auf die Erhebung von nach § 15 Abs. 1 TMG (in der Fassung bis 1. Dezember 2021) gespeicherten Nutzungsdaten. Seit dem Inkrafttreten der DSGVO am 25.5.2018 gingen jedoch die Art. 5 ff. DSGVO der Speicherberechtigung in § 15 Abs. 1 TMG (in der Fassung bis 1. Dezember 2021) vor, letzterer war nicht mehr anwendbar (siehe ausführlich oben → Rn. 19 ff.). **Die Erhebungsnorm des § 100k aF ging damit bis zum Inkrafttreten des TTDSG und des TK-Modernisierungsgesetz am 1. Dezember 2021 (siehe dazu sogleich, → Rn. 26) ins Leere. Eine Lesart, welche den eindeutigen Verweis in § 100k Abs. 1 aF auf § 15**

51 BT-Drs. 19/17741, 37, Klammerzusatz durch den Verfasser.
52 BT-Drs. 19/17741, 38.
53 So auch Großmann StV 2019, 369 (370).

TMG (in der Fassung bis 1. Dezember 2021) auch als Verweis auf Art. 6 Abs. 1 S. 1 DSGVO verstehen wollte, würde mE gegen die Grundsätze der Normenklarheit und Bestimmtheit – insbesondere im Rahmen des sog. Doppeltürmodells – verstoßen und wäre daher verfassungswidrig. Dasselbe galt im Übrigen auch für die korrespondierende Befugnis zur Auskunftserteilung in § 15c TMG (in der Fassung bis 1. Dezember 2021). Auch dort heißt es ausdrücklich, dass die TM-Dienstleister „die nach § 15 Absatz 1 erhobenen Nutzungsdaten" zur Erfüllung von Auskunftspflichten verwenden darf. Angesichts dieses eindeutigen Wortlauts konnte die Norm daher auch nicht als Befugnis zur Verarbeitung iSv Art. 6 Abs. 2, Abs. 3 DSGVO verstanden werden, da hierfür ein Verweis auf die nach Art. 6 DSGVO erhobenen Daten notwendig gewesen wäre. Auch in der Gesetzesbegründung des Gesetzes zur Bekämpfung der Hasskriminalität und des Rechtsextremismus sowie des Gesetzes zur Anpassung der Regelungen über die Bestandsdatenauskunft an die Vorgaben aus der Entscheidung des Bundesverfassungsgerichts vom 27. Mai 2020 zu § 15c TMG aF ist nichts hierzu zu finden, was dafürspricht, dass der Gesetzgeber die Verdrängungsproblematik insgesamt übersehen hat.

Auch für **OTT-Dienstleister,** welche unter Berücksichtigung der Rspr. des EuGH bislang keine Telekommunikationsdienstleister iSv § 3 Nr. 24 TKG (in der Fassung bis 1. Dezember 2021) waren, galt hier **keine Ausnahme** durch das Inkrafttreten der Richtlinie 2018/1972/EU. Zwar ist der Begriff des elektronischen Kommunikationsdienstes für die Richtlinie 2002/58/EG nunmehr der Richtlinie 2018/1972/EU zu entnehmen (siehe Art. 125 Abs. 3 der Richtlinie) und damit prinzipiell der Anwendungsbereich der Bereichsausnahme von Art. 95 DSGVO eröffnet. Daher sind nunmehr insbesondere „interpersonelle Kommunikationsdienste" iSv Art. 2 Nr. 4 b), Nr. 5 Richtlinie 2018/1972/EU von der Bereichsausnahme des Art. 95 DSGVO prinzipiell erfasst. Dies betrifft viele praktisch bedeutsame OTT-Dienstleister wie zB Messenger-Dienste, E-Mail-Provider und Voice-over-IP-Dienste. Allerdings behob dies nicht das Problem, dass die Richtlinie 2002/58/EG Pflichten hinsichtlich Verkehrs- und Standortdaten statuiert, das TMG aF jedoch die Behandlung von Nutzungs- und Bestandsdaten regulierte und nicht auf der Richtlinie 2002/58/EG basierte. Da die §§ 11–15 TMG (in der Fassung bis 1. Dezember 2021) nicht auf der Richtlinie 2002/58/EG basierten und keine spezifische Regelung für Verkehrs- und Standortdaten enthielten, greift die Bereichsausnahme von Art. 95 DSGVO auch unter Eindruck der Änderung des Begriffs des „elektronischen Kommunikationsdienstes" in der Richtlinie 2002/58/EG nicht für OTT-Dienstleister ein, die nach Verständnis der Richtlinie 2018/1972/EU nunmehr als interpersonelle Kommunikationsdienste auch elektronische Kommunikationsdienste sind. Zur (zu verneinenden) Frage einer richtlinienkonformen Auslegung der Vorschriften des TKG aF zur Einbeziehung der interpersonellen Kommunikationsdienste in die Vorschriften des TKG aF, siehe → § 100a Rn. 234, → § 100g Rn. 102 und → § 100j Rn. 63a. Dementsprechend änderte das Inkrafttreten der Richtlinie 2018/1972/EU nichts an der Verdrängung der §§ 11–15 TMG (in der Fassung bis 1. Dezember 2021) durch die DSGVO. Bestands- und Nutzungsdaten wurden daher auch nach Inkrafttreten der Richtlinie 2018/1972/EU durch Telemediendienstleister ausschließlich nach den Art. 5 ff. DSGVO verarbeitet. 25

b) Rechtslage nach Inkrafttreten des TTDSG und des TK-Modernisierungsgesetzes (ab 1. Dezember 2021). Der Gesetzgeber hat mit der Verabschiedung von **TTDSG** und **Telekommunikationsmodernisierungsgesetz** auf die geschilderte komplexe Rechtslage reagiert, das gesamte Telekommunikations- und Telemedienrecht umfassend reformiert und an die europäische Rechtslage angepasst. Die Änderungen traten zum 1. Dezember 2021 in Kraft.[54] Das TTDSG ergänzt dabei die für Telemediendienste geltenden Datenverarbeitungsregeln der Art. 5 ff. DSGVO (siehe hierzu oben → Rn. 15) um Befugnisse zur Datenübermittlung ua an Strafverfolgungsbehörden im Sinne des sog. Doppeltürmodells in §§ 22 ff. TTDSG (diese waren vormals in den §§ 15a – c TMG (in der 26

[54] BR-Drs. 325/21, 197 und BR-Drs. 433/21, 32.

Fassung bis 1. Dezember 2021) enthalten und wurden im Rahmen der umfassenden Reform in das TTDSG eingefügt) und Legaldefinitionen der Bestands- und Nutzungsdaten (§ 2 Abs. 2 Nr. 2 und Nr. 3 TTDSG). Die jetzt aus dem TKG herausgelösten Verarbeitungsbefugnisse für Verkehrsdaten (bislang § 96 TKG) wurden in §§ 9 ff. TTDSG überführt.

27 Zum 1. Dezember 2021 wurde der Begriff des Telekommunikationsdienstes in § 3 Nr. 61 TKG nF und § 2 Abs. 1 TTDSG iVm § 3 Nr. 61 TKG nF an den Begriff des elektronischen Kommunikationsdienstes iSv Art. 2 Nr. 4 Richtlinie 2018/1972/EU angepasst. Insbesondere wurden zahlreiche OTT-Dienstleister wie Messenger-Dienste, Webmail Provider und Voice-over-IP-Dienstleister als **sog. interpersonelle Telekommunikationsdienste nach § 3 Nr. 24 TKG nF** dem Begriff des Telekommunikationsdienstes nach § 3 Nr. 61 TKG nF unterstellt. Für solche Dienste, die Telekommunikationsdienste in diesem Sinne sind, gilt nun die Bereichsausnahme des Art. 95 DSGVO, soweit die Dienste öffentlich zugänglich sind und soweit die Regelungen der §§ 9 ff. TTDSG dasselbe Ziel verfolgen wie die DSGVO. Damit sind vor allem viele praxisrelevante **OTT-Dienstleister wie E-Mail-Provider, Voice-over-IP-Dienste, Messenger-Dienste** und – nach hier vertretener Auffassung – auch viele Funktionen von Sozialen Medien als „interpersonelle Kommunikationsdienste" nach § 3 Nr. 61 b), Nr. 24 TKG nF von der Bereichsausnahme des Art. 95 DSGVO erfasst. Da § 9 TTDSG weitgehend die Regelung von § 96 TKG aF übernimmt, kann davon ausgegangen werden, dass auch § 9 TTDSG (wie § 96 TKG aF früher, siehe oben → § 100g Rn. 100) dieselben Ziele verfolgt wie Art. 1 Abs. 1 DSGVO. Die Verarbeitung von Verkehrsdaten durch öffentlich zugängliche Telekommunikationsdienste iSv § 3 Nr. 61 TKG nF (iVm § 2 Abs. 1 TTDSG) richtet sich danach nach §§ 9 ff. TTDSG. Dementsprechend sind viele OTT-Dienstleister wie E-Mail-Provider, Messenger-Dienste und Voice-over-IP-Dienste als „interpersonelle Telekommunikationsdienste" Telekommunikationsdienstleister iSd § 3 Nr. 61, Nr. 24 TKG nF und iSv § 9 TTDSG. Für Auskunftsverlangen von diesen Dienstleistern gilt § 100g und nicht § 100k, weil es sich um eine Verkehrsdatenerhebung (und nicht um eine Nutzungsdatenerhebung) handelt. Die mit § 100g korrespondierenden §§ 9, 12 TTDSG werden nicht von der DSGVO verdrängt, weil hierfür die Bereichsausnahme aus Art. 95 DSGVO eingreift. Die Reform „verschiebt" somit viele Dienstleister, welche bislang als Telemediendienst eingestuft wurden, hinsichtlich der Beauskunftung von Meta-Daten der Kommunikation, von der Nutzungsdatenerhebung nach § 100k in die Verkehrsdatenerhebung nach § 100g.

28 Durch das TTDSG wurden die **§§ 11–15 TMG insoweit aufgehoben,** als sie Befugnisse zur Datenverarbeitung durch Telemediendienste enthalten (anders zB § 14 TMG, dessen Abs. 2 ff. sich ab 1. Dezember 2021 in § 21 TTDSG finden) und die **§§ 15a-15c TMG wurden als §§ 22–24 TTDSG in das TTDSG überführt.** Damit ist auch im nationalen Recht klargestellt, dass sich die Datenverarbeitung durch Telemediendienste (sowohl für Bestands- als auch für Nutzungsdaten) nunmehr nach der DSGVO richtet, weil die Bereichsausnahme des Art. 95 DSGVO für diese Dienste nicht gilt. Die §§ 22–24 TTDSG, welche im Sinne des Doppeltürmodells die Befugnis zur Übermittlung von Bestands-, Zugangs- und Nutzungsdaten ua an Strafverfolgungsbehörden regeln, sind nach Art. 6 Abs. 1 S. 1 c), Abs. 2, Abs. 3 DSGVO zulässig und weiterhin anwendbar.

29 Mit Inkrafttreten des TTDSG zum 1. Dezember 2021 wurde somit auch § 15 TMG aufgehoben. Im TTDSG findet sich keine Befugnis mehr für Telemediendienste zur Erhebung und Verarbeitung von Nutzungsdaten für geschäftliche Zwecke. Der Gesetzgeber passt damit die nationale Rechtslage an den Anwendungsvorrang der Art. 5 ff. DSGVO für die Datenverarbeitung von Telemediendiensten an. § 2 Abs. 2 Nr. 3 TTDSG enthält nur noch eine Legaldefinition der Nutzungsdaten. § 100k verweist ab 1. Dezember 2021 zur Eingrenzung der nach dieser Vorschrift erhebbaren Daten auf diese Legaldefinition, welche der früheren Definition in § 15 Abs. 1 TMG aF entspricht. In § 24 TTDSG findet sich schließlich eine Übermittlungsbefugnis für Nutzungsdaten. Diese ist auch notwendig, da weder **Art. 6 Abs. 1 lit. f iVm Abs. 4 DSGVO**[55] noch § 24 BDSG eine dem **Doppeltürmodell**

[55] Bell, Strafverfolgung und die Cloud, S. 144.

des BVerfG genügende „Gebe"-Norm für Nutzungsdaten darstellen würde. Ausweislich von Erwägungsgrund 50 S. 9 der DSGVO soll der Hinweis auf mögliche Straftaten grundsätzlich zu einem berechtigten Interesse des Verantwortlichen zur Weitergabe der Daten an die Strafverfolgungsbehörden führen.[56] Ob allerdings Art. 6 Abs. 1 lit. f iVm Abs. 4 DSGVO angesichts der mangelnden Bestimmtheit der Norm unter Berücksichtigung der Grundsätze aus der Entscheidung des BVerfG zur Bestandsdatenauskunft II[57] eine taugliche „Gebe"-Norm darstellt, ist äußerst zweifelhaft. Weiterhin hat der Gesetzgeber von der Möglichkeit der Spezifizierung der Zweckänderungsmöglichkeiten durch nationales Recht nach Art. 6 Abs. 4 iVm Art. 23 Abs. 1 DSGVO[58] bzw. Art. 6 Abs. 1 lit. e, Abs. 2, Abs. 3[59] Gebrauch gemacht und in § 24 Abs. 1 Nr. 1 BDSG eine Befugnis zur Zweckänderung von nach der DSGVO erhobenen Daten geschaffen, welche ua dann einschlägig ist, wenn die Zweckänderung zur Strafverfolgung erforderlich ist. Auch diesbezüglich erscheint jedoch zweifelhaft, ob die Norm, den Anforderungen aus der Entscheidung „Bestandsdatenauskunft-II" und den allgemeinen Grundsätzen der Normenklarheit und Bestimmtheit genügt. Problematisch erscheint ua, dass **§ 24 BDSG** seinen Anwendungsbereich nicht hinreichend definiert, insbesondere nicht darlegt, welche Daten von welchen Dienstleistern zur Strafverfolgung weitergegeben werden dürfen. Bei § 24 BDSG handelt es sich vielmehr um eine **Generalklausel zur Zweckänderung** von sämtlichen nach der DSGVO erhobenen Daten für alle Adressaten der DSGVO. Zu Recht wird daher vielfach von einer Europarechtswidrigkeit der Norm ausgegangen oder zumindest eine restriktive Handhabung befürwortet.[60] Eine Auskunftsbefugnisnorm in § 24 TTDSG ist daher auch nach Aufhebung der §§ 11–15 TMG erforderlich, um den Anforderungen an das Doppeltürmodell gerecht zu werden. § 24 TTDSG kann dabei auf die Öffnungsklausel nach Art. 6 Abs. 2, Abs. 3 DSGVO gestützt werden, weil die Weiterleitung der Daten eine Verarbeitung nach Art. 6 Abs. 1 lit. e DSGVO darstellt und die Anwendung von Art. 6 Abs. 1 lit. e DSGVO nicht auf öffentliche Stellen beschränkt ist.[61] § 24 TTDSG enthält daher den nach Auffassung des BVerwG notwendigen staatlichen Übertragungsakt der öffentlichen Aufgabe.[62]

Mit dem Inkrafttreten des TTDSG zum 1. Dezember 2021 zielt § 100k nicht mehr ins Leere. Er erlaubt die Erhebung des Teils der von Telemediendiensten nach Art. 6 DSGVO erhobenen und verarbeiteten Daten, welche als Nutzungsdaten iSv § 2 Abs. 2 Nr. 3 TTDSG zu qualifizieren sind. Mit § 24 TTDSG existiert ab 1. Dezember 2021 auch eine normenklare Erlaubnisnorm zur Datenübermittlung für die Telemediendienste. Durch die Einbeziehung vieler OTT-Dienste in den Begriff des Telekommunikationsdienstes iSv § 3 Nr. 61 TKG nF als „interpersonelle Kommunikationsdienste" (zB E-Mail-Provider, Messenger-Dienste, Voice-over-IP-Dienste) durch das TK-Modernisierungsgesetz hat sich der Anwendungsbereich von § 100k jedoch merklich verkleinert (siehe hierzu noch unten → Rn. 64 ff.), da jetzt viele praxisrelevante Dienstleister unter die Verkehrsdatenerhebung nach § 100g fallen. 30

II. Offene oder verdeckte Maßnahme?

Wie bei § 100g (siehe dort → § 100g Rn. 53) fehlt auch bei § 100k die Wendung „auch ohne Wissen des Betroffenen". Auch in § 101 (Verfahrensregeln für verdeckte Maßnahmen) ist § 100k nicht aufgeführt. Allerdings verweist § 101a Abs. 6 S. 2 auch für die Nutzungsdatenabfrage nach § 100k auf einige Regelungen des § 101 und § 101a Abs. 6 S. 1 enthält eine Benachrichtigungsvorschrift, wie sie eigentlich nur bei verdeckten Maßnahmen Sinn ergibt. Die gesetzliche Systematik gibt daher keinen klaren Aufschluss darüber, ob 31

56 Siehe Bell, Strafverfolgung und die Cloud, S. 144.
57 BVerfG 27.5.2020 – 1 BvR 1873/13, ZD 2020, 580.
58 Es ist strittig, ob Art. 6 Abs. 4 DSGVO überhaupt eine Öffnungsklausel darstellt, vgl. Kühling/Buchner/Herbst BDSG § 24 Rn. 10.
59 Hierfür Kühling/Buchner/Herbst BDSG § 24 Rn. 10.
60 Gola/Heckmann/Heckmann/Scheurer BDSG § 24 Rn. 4; Paal/Pauly/Frenzel BDSG § 24 Rn. 2.
61 Kühling/Buchner/Herbst BDSG § 24 Rn. 10.
62 BVerwG 27.3.2019 – 6 C 2/18, NJW 2019, 2556 (2261 f.).

§ 100g eine offene oder eine verdeckte Maßnahme darstellt. Da die Nutzungsdatenabfrage sowohl in materiellen Voraussetzungen als auch hinsichtlich der Verfahrensregeln stark an § 100g orientiert ist, ist mE davon auszugehen, dass auch § 100k bewusst als offene Maßnahme geregelt wurde.[63] Demnach muss das anordnende Gericht dem Betroffenen gem. § 33 bereits vor Erlass der Anordnung rechtliches Gehör gewähren. Hierauf kann nur verzichtet werden, wenn der Untersuchungszweck gefährdet würde (§ 33 Abs. 4). Die mit der Durchführung der Verkehrsdatenerhebung betraute Staatsanwaltschaft hat dementsprechend den Betroffenen vor Durchführung der Maßnahme gem. § 101a Abs. 6 S. 1 zu benachrichtigen. Auch diese Benachrichtigung kann nur zurückgestellt werden, wenn gem.§ 101a Abs. 6 S. 2 iVm § 101 Abs. 5 S. 1 die Benachrichtigung den Untersuchungszweck gefährden sollte. Sowohl bei unterlassener Gewährung des rechtlichen Gehörs als auch bei Zurückstellung der Benachrichtigung ist die Entscheidung jedoch zu begründen.[64] **In der Praxis** wird eine Nutzungsdatenerhebung jedoch häufig früh im Ermittlungsverfahren durchgeführt werden, weil diese Maßnahme oft zur Identifizierung des Tatverdächtigen (siehe insbesondere § 100k Abs. 3) oder zur Gewinnung von weiteren Spurenansätzen genutzt wird. In diesen Fällen dürfte eine Benachrichtigung regelmäßig den Untersuchungszweck gefährden und einen Verzicht auf rechtliches Gehör bzw. eine Zurückstellung der Benachrichtigung rechtfertigen. Dies darf zwar kein Automatismus sein und ist in jedem Einzelfall zu prüfen, allerdings scheint § 100k ebenso wie § 100g keine prinzipiell offene Maßnahme, sondern vielmehr **eine regelmäßig verdeckte Maßnahme zu sein.**[65] Es erscheint allerdings zweifelhaft, ob diese Rechtspraxis mit den Vorgaben des BVerfG zu vereinbaren ist (siehe hierzu → § 101a Rn. 4).

III. Materielle Eingriffsvoraussetzungen der Nutzungsdatenabfrage nach Abs. 1

32 Die Eingriffsvoraussetzungen in § 100k Abs. 1 entsprechen den Eingriffsvoraussetzungen der Verkehrsdatenerhebung nach § 100g Abs. 1 Nr. 1, S. 3, S. 4. Die Erhebung kann dabei sowohl retrograd (also Beauskunftung der bereits in der Vergangenheit angefallenen und immer noch gespeicherten Nutzungsdaten) als auch in Echtzeit oder für zukünftig anfallende Nutzungsdaten (also Anordnung der Ausleitung der ab einem bestimmten Zeitpunkt anfallenden Nutzungsdaten) erfolgen. Anders als zu § 100g hat sich der Gesetzgeber hierzu zwar nicht explizit geäußert,[66] ursprünglich (im Gesetz zur Bekämpfung der Hasskriminalität und des Rechtsextremismus) war jedoch die Nutzungsdatenabfrage als Befugnis innerhalb des § 100g vorgesehen,[67] sodass davon auszugehen ist, dass diese Ausführungen auch für die jetzige Regelung in § 100k gelten sollen. Die Herausgabe von Standortdaten darf – wegen der Gefahr der Erstellung von Bewegungsprofilen – dagegen unter den Voraussetzungen des § 100k Abs. 1 (zur retrograden Standortdatenerhebung unter den erschwerten Voraussetzungen des § 100g Abs. 2 siehe → Rn. 46) nur für in Echtzeit oder zukünftig anfallende Standortdaten angeordnet werden (S. 3). Der Wortlaut von Abs. 1 ist insofern missglückt bzw. missverständlich, als der Klammerverweis auf § 2 Abs. 2 Nr. 3 TTDSG (bis 1. Dezember 2021: § 15 Abs. 1 TMG) in Abs. 1 S. 1 und die ausdrückliche Bezugnahme der „in Echtzeit" oder „zukünftig" anfallenden Standortdaten in S. 3 den Eindruck erweckt, nur die Erhebung von Standortdaten sei in Echtzeit oder für künftig anfallende Daten möglich, während andere Nutzungsdaten nur retrograd erhoben werden dürfen, nämlich dann, wenn diese nach § 2 Abs. 2 Nr. 3 TTDSG (bis 1. Dezember 2021: § 15 Abs. 1 TMG) in der Vergangenheit gespeichert wurden. Bezüglich der Verkehrsdatenerhebung in § 100g wollte der Gesetzgeber jedenfalls ausdrücklich eine umfassende Norm zur Erhebung von Verkehrsdaten (retrograd, in Echtzeit und für künftig anfallende Verkehrsdaten) schaffen.[68]

63 So auch Bär in BeckOK StPO § 100k Rn. 16.
64 BT-Drs. 18/5088, 36; Köhler in Meyer-Goßner/Schmitt § 101a Rn. 32.
65 So auch Köhler in Meyer-Goßner/Schmitt § 101a Rn. 32.
66 BT-Drs. 16/5846, 50.
67 BT-Drs. 19/17741, 37 f.
68 BT-Drs. 16/5846, 50; BVerfG 20.12.2018 – 2 BvR 2377/16, NJW 2019, 584 (587).

Dasselbe wird auch für die nun in § 100k verortete Befugnis zur Erhebung der Nutzungsdaten gelten. Insofern begrenzt der Klammerzusatz (§ 2 Abs. 2 Nr. 3 TTDSG (bis 1. Dezember 2021: § 15 Abs. 1 TMG)) lediglich die Art der nach Abs. 1 zu erhebenden Nutzungsdaten und die Beschränkung auf „in Echtzeit" und „zukünftig" anfallende Standortdaten in S. 3 ist als Beschränkung dahingehend zu verstehen, dass Standortdaten – anders als sonstige Nutzungsdaten – nach Abs. 1 gerade nicht retrograd erhoben werden dürfen. **§ 100k Abs. 1 – Abs. 3 tritt bei der Nutzungsdatenerhebung in Echtzeit somit neben die Befugnis des § 100a Abs. 1,** welche dies ebenfalls ermöglicht, wenn die Nutzungsdaten bei einem von § 100a erfassten Telekommunikationsvorgang mitübertragen werden. Die Nutzungsdatenerhebung in Echtzeit ist somit unter weniger strengen Bedingungen zulässig als die Inhaltsdatenerhebung in Echtzeit, die nur nach § 100a Abs. 1 möglich ist. Mit Inkrafttreten des TTDSG zum 1. Dezember 2021 wird diese Rechtsauffassung nun auch im Wortlaut von § 100k Abs. 1 deutlich. Dort wurde der Verweis auf § 2 Abs. 2 Nr. 3 TTDSG geändert. Dieser enthält jedoch keine Verarbeitungsbefugnis mehr, sondern lediglich eine Legaldefinition für die erhebbare Teilmenge der nach Art. 5 ff. DSGVO verarbeiteten Daten.

Voraussetzung für die Erhebung von Nutzungsdaten nach § 100k Abs. 1 iVm § 2 Abs. 2 Nr. 3 TTDSG (bis 1. Dezember 2021: § 15 Abs. 1 TMG) ist, dass eine Straftat von auch im Einzelfall erheblicher Bedeutung, die entsprechenden Verdachtsmomente auf „bestimmte Tatsachen" gestützt werden können, die Datenerhebung für die Erforschung des Sachverhalts oder die Ermittlung des Aufenthaltsortes des Beschuldigten erforderlich ist und die Erhebung der Daten in einem angemessenen Verhältnis zur Bedeutung der Sache steht. 33

Die **Erhebung von Standortdaten in Echtzeit und zukünftig anfallender Standortdaten** ist nach denselben Voraussetzungen zulässig. Die **retrograde Erhebung von Standortdaten** ist nur unter den strengeren Voraussetzungen des § 100g Abs. 2 zulässig. 34

1. Straftat von erheblicher Bedeutung. Der **unbestimmte Rechtsbegriff** der „Straftat von erheblicher Bedeutung" wird nach einhelliger Auffassung dahingehend ausgelegt, dass es sich um eine Straftat handeln muss, die zumindest dem mittleren Kriminalitätsbereich zuzuordnen und geeignet ist, den Rechtsfrieden empfindlich zu stören sowie das Gefühl der Rechtssicherheit der Bevölkerung erheblich zu beeinträchtigen.[69] Der Begriff entstammt dem Polizeirecht und hat anlässlich der zunehmenden Verwendung „generalisierenden Deliktskataloge"[70] Aufnahme in die gefunden. In der vorgenannten Definition kumulieren unbestimmte Rechtsbegriffe, die sich einer begrifflichen Präzisierung weitgehend entziehen.[71] Wenngleich der unbestimmte Rechtsbegriff einer Straftat von erheblicher Bedeutung damit wenig praktikabel ist, genügt er nach Auffassung des BVerfG noch den rechtsstaatlichen Erfordernissen der Normenklarheit und Justitiabilität.[72] 35

Soweit das Erfordernis einer Straftat von erheblicher Bedeutung durch die Formulierung „insbesondere eine in § 100a Abs. 2 bezeichnete Straftat" eine gewisse Konkretisierung erfährt, soll der ausdrückliche Hinweis auf die Katalogtaten des § 100a die Anordnungsvoraussetzungen einerseits präzisieren, andererseits die für eine sachgerechte Anwendung der Vorschrift erforderliche Flexibilität gewährleisten.[73] Aus der Verwendung des Wortes „insbesondere" wird deutlich, dass der Hinweis auf den Katalog des § 100a lediglich beispielhaft ist.[74] Berücksichtigt man weiter, dass die Schwere eines Eingriffs nach § 100g regelmäßig hinter der des § 100a zurückbleibt[75] und dessen Katalog auch Vergehen umfasst, werden vielfach bereits Vergehen eine Straftat von erheblicher Bedeutung darstellen. Ausreichend 36

69 Vgl. BVerfG 14.12.2000 – 2 BvR 1741/99, NJW 2001, 878, 880; BGH 7.8.2013 – 1 StR 156/13, BeckRS 2013, 15441; Köhler in Meyer-Goßner/Schmitt § 98a Rn. 5.
70 BT-Drs. 12/2720, 43.
71 So zutreffend Welp GA 2002, 538 (539).
72 BVerfG 14.12.2000 – 2 BvR 1741/99, NJW 2001, 878 (880).
73 BT-Drs. 14/7008, 6.
74 Ebenso Bär in BeckOK StPO § 100k Rn. 18.
75 So auch BVerfG 12.3.2003 – 1 BvR 330/96 und 1 BvR 348/99, NJW 2003, 1787 (1791).

sind Vergehen mittlerer Schwere, wofür eine **Strafrahmenobergrenze von mehr als drei Jahren** zu fordern ist.[76] Die in der Kommentarliteratur[77] vereinzelt vertretene Auffassung, auch ein Delikt mit einer Strafrahmenobergrenze von zwei Jahren könne ausreichen, begegnet aus den vorstehend dargelegten Erwägungen Bedenken. Antrags- und Bagatelldelikte scheiden damit regelmäßig aus.[78] Auch der Diebstahl eines Handys genügt in der Regel nicht.[79] Etwas anderes gilt, wenn Gegenstand des Diebstahls eine Sache von erheblichem Wert ist.[80]

37 Die Straftat muss nicht nur abstrakt, sondern auch **im Einzelfall von erheblicher Bedeutung** sein. Durch dieses zusätzliche Erfordernis sollen Fälle ausgeschieden werden, die zwar eine Straftat von erheblicher Bedeutung zum Gegenstand haben, indes im Einzelfall nicht geeignet sind, einen Eingriff in das Telekommunikationsgeheimnis zu rechtfertigen. Kriterien hierfür sind die Art der Tatbegehung, die Schutzbedürftigkeit der betroffenen Rechtsgüter, Ausmaß und Schwere des eingetreten Schadens für die Tatopfer, die Beteiligung mehrerer potentieller Täter, Zusammenhänge mit anderen Katalogtaten, Straftaten aus dem Bereich des organisierten Verbrechens, eine besondere Tatmotivation (zB terroristische oder extremistische Straftaten, Hasskriminalität etc).[81] Als Maßstab kann hierbei die prognostisch zu erwartende Strafhöhe herangezogen werden.[82]

38 So dürfte der Verdacht des **einfachen Diebstahls** eines Mobiltelefons sowie weiterer Gegenstände im Gesamtwert von 550 Euro[83] ebenso wenig ausreichen wie der eines **Computerbetruge**s mit einem Schaden von 35 Euro.[84] Der Diebstahl einer Uhr im Wert von 25.000 Euro ist hingegen schon angesichts der Schadenshöhe als Straftat von erheblicher Bedeutung zu qualifizieren. Auch sind die im Gesetz als Strafmilderungsgründe benannten minder schweren Fälle nicht stets ausgeschlossen. Auch ein solcher Fall kann namentlich im Hinblick auf die Folgen der Tat für das Opfer ausreichend schwer wiegen, um im Einzelfall die Erhebung von Nutzungsdaten zu rechtfertigen.[85]

39 **Beispiele,** bei denen eine **Straftat** von auch im Einzelfall **erheblicher Bedeutung bejaht wurde:** gewerbsmäßiger Betrug unter Einsatz „falscher Polizisten", [86] Diebstahl von EC-, Kredit- und Bankkarten mit anschließendem Missbrauch,[87] Wohnungseinbruchsdiebstahl,[88] Vortäuschung eines Brandanschlags im Rathaus durch den Bürgermeister,[89] bandenmäßig begangene Ladungsdiebstähle durch sog. Planenschlitzen.[90] Insgesamt verlangt der BGH vor allem dann eine sorgfältige Prüfung, wenn die Höchststrafe der jeweiligen Tat drei Jahre beträgt und somit ein „Grenzfall" vorliegt.[91] Verneint wurde das Vorliegen einer Straftat von erheblicher Bedeutung dagegen beim Diebstahl einer am Körper getragenen Bauchtausche mittels Geschicklichkeit und Schnelligkeit.[92]

40 Ausreichend ist der Tatverdacht hinsichtlich aller Täterschafts- und Teilnahmeformen der **§§ 25 ff. StGB,** ebenso wie der **Versuch** oder die **Vorbereitung,** soweit die Vorbereitungshandlung selbst einen Straftatbestand erfüllt.

---

76 So auch Bär in BeckOK StPO § 100k Rn. 19.

77 So Köhler in Meyer-Goßner/Schmitt § 98a Rn. 5.

78 LG Dortmund 18.3.2002 – 14 (III) Qs 6/02, MMR 2003, 54; Bär in BeckOK StPO § 100k Rn. 19.

79 LG Hildesheim 12.3.2008 – 12 Qs 12/08, Nds.Rpfl. 2008, 148 (149).

80 AG Friedberg 15.3.2006 – 40a Gs 301 Js 43229/06, NStZ 2006, 517.

81 Vgl. auch KMR/Bär § 100b Rn. 23; siehe beispielhaft LG Dessau-Roßlau 12.5.2014 – 8 Qs 395 UJs 5616/14 (97/14).

82 Details bei Löwe/Rosenberg/Hauck § 100b Rn. 80; zum Steuerstrafrecht Kramer NJW 2014, 1561 (1562 f.).

83 LG Hildesheim 12.3.2008 – 12 Qs 12/08, NdsRpfl. 2008, 148.

84 LG Köln 5.2.2002 – 107 Qs 36702, MMR 2002, 562.

85 BT-Drs. 16/5846, 40 hinsichtlich der Begründung zu § 100a.

86 LG Arnsberg 7.6.2019 – 2 Qs-410 UJs 300/19-52/19, ZD 2019, 415.

87 LG Bonn 2.8.2018 – 21 Qs-400 UJs 431/18-62/18, NStZ 2020, 55 zu § 131b.

88 LG Arnsberg 24.11.2017 – II-2 Qs-410 UJs 544/17-67/17, BeckRS 2017, 156191; LG Arnsberg24.11.2017 – II-2 Qs 67/17; LG Arnsberg24.2.2017 – 2 Qs 14/17.

89 BGH 7.8.2013 – 1 StR 156/13, NStZ 2014, 281.

90 LG Arnsberg 29.4.2019– 2 Qs – 410 UJs 254/19 – 43/19.

91 BGH 7.8.2013 – 1 StR 156/13, NStZ 2014, 281.

92 LG Dessau-Roßlau 12.5.2014– 8 Qs 395 UJs 5616/14 (97/14).

40a **2. Den Tatverdacht begründende „bestimmte Tatsachen".** Ebenso wie etwa in den Fällen der §§ 100a, 100c, 100f, 100g, 100i muss sich auch im Fall des § 100k der Tatverdacht auf „bestimmte Tatsachen" stützen. Ausreichend ist bereits ein **qualifizierter Anfangsverdacht,** erforderlich ist also weder ein hinreichender Tatverdacht gemäß § 203 noch gar ein dringender Tatverdacht nach § 112. Indes muss sich der Anfangsverdacht aus „bestimmten Tatsachen", dh auf „eine hinreichende Tatsachenbasis" stützen lassen.[93] Reine Spekulationen, Mutmaßungen oder nicht auf tatsächliche Aspekte gestützte „kriminalistische Erfahrungswerte" reichen mithin nicht aus (Für Details zum qualifizierten Tatverdacht siehe → § 100a Rn. 151 ff.).

41 **3. Zweck der Maßnahme nach Abs. 1 S. 1, S. 3.** Nutzungsdaten nach Maßgabe des § 100k dürfen – wie Verkehrsdaten nach § 100g Abs. 1 S. 1 – einzig zum Zwecke der **Sachverhaltserforschung** erhoben werden, wobei sich die Maßnahme gemäß § 101a Abs. 1a S. 1 iVm § 100a Abs. 3 auch gegen den Nachrichtenmittler richten darf. Nicht zulässig ist die Maßnahme nach Abs. 1 S. 1 zur Aufenthaltsermittlung des Beschuldigten.[94] Da hierfür nur Standortdaten relevant sein können, dürfen auch nur diese nach Abs. 1 S. 2 iVm Abs. 2 und Abs. 1 S. 3 zur Aufenthaltsermittlung des Beschuldigten erhoben werden (zur Erhebung der Standortdaten siehe noch → Rn. 46 und → Rn. 34).[95]

42 **4. Verhältnismäßigkeit. a) Allgemeines/Erforderlichkeit.** Im Falle des Verdachts einer Straftat von erheblicher Bedeutung ist die Erhebung von Nutzungsdaten im Hinblick auf den jeden Grundrechtseingriff limitierenden Grundsatz der Verhältnismäßigkeit nach der gesetzgeberischen Wertung nur zulässig, wenn und soweit dies für die zulässigen Untersuchungszwecke **erforderlich** ist. Dies bedeutet konkret, dass bestimmte der von § 2 Abs. 2 Nr. 3 TTDSG (bis 1. Dezember 2021: § 15 Abs. 1 TMG) erfassten Nutzungsdaten für die Ermittlungen benötigt werden und **keine andere, weniger eingriffsintensive Maßnahme** zur Erlangung dieser Daten bzw. zur Herbeiführung eines gleichwertigen Ermittlungserfolges zur Verfügung steht.

43 Bei der Beurteilung der Verhältnismäßigkeit einer Maßnahme nach § 100k steht dem anordnenden Richter oder Staatsanwalt wie bei anderen Eingriffsmaßnahmen auch ein **Beurteilungsspielraum** zu. Die revisionsrechtliche Kontrolle beschränkt sich insoweit auf den Maßstab der Vertretbarkeit, weil, wie der BGH zutreffend festgestellt hat, sich „das gesetzliche System der Subsidiaritätsklauseln als derart fein abgestimmt dar(stellt), dass die Übergänge fließend und eindeutige – von den subjektiven Einschätzungen und Wertungen des zur Entscheidung Berufenen unabhängige – Grenzziehungen nicht möglich sind".[96]

44 **b) Angemessenes Verhältnis zur Bedeutung der Sache (Abs. 1 S. 1 aE).** Nach § 100k Abs. 1 S. 1 aE muss weiterhin geprüft werden, ob die Erhebung der Verkehrsdaten in einem angemessenen Verhältnis zur Bedeutung der Sache steht (Abs. 1 S. 1 aE). Das bedeutet, dass selbst in Fällen, in denen eine Verkehrsdatenerhebung „erforderlich" im og Sinne ist und eine auch im Einzelfall erhebliche Straftat vorliegt, **eine weitere Abwägung des mit der Nutzungsdatenerhebung einhergehenden Grundrechtseingriffs mit der Bedeutung der Sache vorgenommen werden muss.** Es ist davon auszugehen, dass der Gesetzgeber – ebenso wie bei § 100g Abs. 1 S. 1 (siehe dort → § 100g Rn. 69) damit die Fälle der „leichteren Kriminalität" aus dem Anwendungsbereich des § 100k Abs. 1 S. 1 ausschließen wollte.[97] In Abgrenzung des auch die Verhältnismäßigkeit betreffenden Merkmals der auch im Einzelfall erheblichen Straftat muss hierbei der Blick vor allem auf Qualität (Aussagekräftigkeit) und Quantität der zu erhebenden Nutzungsdaten gerichtet werden. Ggf. müssen Einschränkungen diesbezüglich vorgenommen werden.[98] Insbeson-

---

93 BVerfG 12.3.2003 – 1 BvR 330/96 und 1 BvR 348/99, NJW 2003, 1787 (1791).
94 Köhler in Meyer-Goßner/Schmitt § 100g Rn. 16 aE. zur Parallelnorm in § 100g Abs. 1 S. 1 StPO.
95 Bär in BeckOK StPO § 100k Rn. 22.
96 BGH 16.2.1995 – 4 StR 729/94, NJW 1995, 1974 (1975).
97 BT-Drs. 16/5846, 52 sowie BT-Drs. 18/5088, 31 zu § 100g StPO.
98 AA (keine weitere eingriffslimitierende Wirkung) noch Günther in der Vorauflage.

dere ergibt sich aus diesem Merkmal, dass eine strafprozessuale Nutzungsdatenerhebung bei Anzeigen der Musik-, Film- und Gaming-Industrie wegen Vergehen nach §§ 106, 108 UrhG in der Regel nicht in Betracht kommt, da diese Anzeigen regelmäßig nur der Durchsetzung zivilrechtlicher Ansprüche dienen sollen und Auskünfte über Verkehrsdaten auf dem Zivilrechtsweg nicht zu erlangen sind.[99]

45 **5. Erhebung künftig anfallender Standortdaten und Standortdaten in Echtzeit (Abs. 1 S. 3).** Die Erhebung von Standortdaten ist in § 100k – wie in § 100g – differenziert geregelt. Während auf bereits gespeicherte Standortdaten (retrograd) nach § 100k Abs. 1 S. 2 iVm Abs. 2 zugegriffen werden darf, erlaubt Abs. 1 S. 3 eine Erhebung von zukünftig anfallenden Standortdaten und eine Erhebung in Echtzeit. Damit ist eine **„live"-Ausleitung** der Standortdaten an die Strafverfolgungsbehörden gemeint oder die Anordnung der **„gebündelten" Beauskunftung** von Standortdaten ab einem bestimmten Zeitpunkt durch den Provider.[100] Notwendig hierfür ist, dass die Voraussetzungen des § 100k Abs. 1 S. 1 vorliegen. Für Straftaten, die mittels Telemedien begangen wurden, dabei aber nicht erheblich sind (Abs. 2 S. 1), ist diese Maßnahme somit nicht zulässig, vgl. Abs. 2 S. 2.[101] Anders als die Erhebung sonstiger Nutzungsdaten iSv § 100k Abs. 1 S. 1 ist die Erhebung von Standortdaten nach Abs. 1 S. 3 auch zur Aufenthaltsermittlung des Beschuldigten erlaubt, wenn sie hierfür erforderlich ist (zum Maßstab der Erforderlichkeit siehe oben → Rn. 42).

45a Unter den Begriff der Nutzungs-Standortdaten, welche im Rahmen von § 100k Abs. 1 S. 2 und S. 3 erhoben werden können, fallen insbesondere die Positionsmeldungen von Geräten, welche für die Nutzung von Telemediendiensten erforderlich sind. Dazu gehören zB GPS-Koordinaten für die Nutzung von Fitness- und Wander-Apps sowie von Navigationsgeräten in Kraftfahrzeugen.[102] Soweit diese Daten im Einzelfall für die Nutzung oder Abrechnung des Telemediums „erforderlich" iSv § 2 Abs. 2 Nr. 3 TTDSG (bis 1. Dezember 2021: § 15 Abs. 1 TMG) sind, können diese als Nutzungsdaten nach § 100k Abs. 1 S. 2 oder S. 3 herausverlangt werden.

46 **6. Retrograde Erhebung von Standortdaten (Abs. 1 S. 2).** Aus der Erwägung heraus, dass durch die retrograde Erhebung von Standortdaten Bewegungsprofile erstellt werden können, ist die Erhebung von **Nutzungs-Standortdaten** nur unter den strengen Voraussetzungen von **§ 100g Abs. 2** zulässig. Für die einzelnen Voraussetzungen sei auf die entsprechende Kommentierung verwiesen, → § 100g Rn. 72 ff.

IV. Materielle Eingriffsvoraussetzungen der Nutzungsdatenabfrage nach Abs. 2

47 Liegt kein Tatverdacht bzgl. einer Straftat von erheblicher Bedeutung vor, dürfen nach Abs. 2 ebenfalls Nutzungsdaten bei Telemediendienstanbietern abgefragt werden, wenn bestimmte Tatsachen den Verdacht begründen, dass jemand als Täter oder Teilnehmer mittels Telemedien eine der in Abs. 2 enumerativ aufgezählten Straftaten begangen hat und die Erforschung des Sachverhalts auf andere Weise aussichtslos wäre.

48 **1. Straftatbegehung mittels Telemedien.** Liegen Anhaltspunkte für eine mittels Telemedien begangene Straftat vor, also bspw. unter Verwendung einer Handelsplattform, Webseite, Social Media Plattform, eines Internetforums oder einer File Sharing Plattform, muss die den Gegenstand des Verfahrens bildende Straftat **nicht eine solche von erheblicher Bedeutung** sein. Es genügt vielmehr der im Katalog des Abs. 2 genannten Straftaten, sofern nur im Hinblick auf die Verhältnismäßigkeit des Eingriffs entsprechend dem Erfordernis in S. 1 aE die Erhebung der Daten in einem angemessenen Verhältnis zur Bedeutung

99 AG Offenburg 20.7.2007 – 4 Gs 442/07, CR 2007, 676; Gercke in Gercke/Julius/Temming/Zöller § 100g Rn. 18; Bruns in KK-StPO § 100g Rn. 6 jeweils mwN und jeweils zu § 100g StPO.

100 BT-Drs. 16/5846, 50 f. (zu § 100g StPO); Bär in BeckOK StPO § 100k Rn. 28.

101 Siehe auch Brodowski in BeckOK IT-Recht § 100k Rn. 10.

102 Bär in BeckOK StPO § 100k Rn. 25.

der Sache liegt und die Erforschung des Sachverhalts auf andere Weise aussichtslos wäre (strenge Subsidiarität). Zweck der Regelung in Abs. 2 ist es, die Verfolgung von Straftaten zu ermöglichen, die überwiegend oder ausschließlich unter Nutzung von Telemedien begangen werden. Diese Straftaten wären ohne einen Zugriff auf die Nutzungsdaten des Telemediums als Tatmittel – insbesondere bei der Straftat verwendete IP-Adressen, Inhalte der Nutzung, Dauer und Zeitpunkt der Nutzung – kaum oder nur schwer aufklärbar. Diese Erwägung gilt im Rahmen der heute zunehmenden Cyberkriminalität ieS und der im Internet begangenen Äußerungs- und Verbreitungsdelikte umso mehr (insbesondere hinsichtlich der verwendeten IP-Adressen).[103] Hier dürften Ermittlungen ohne Nutzungsdatenerhebungen im absoluten Regelfall scheitern. Gegen die damit begründete Herabsenkung der Eingriffsvoraussetzungen des § 100k bestehen auch keine verfassungsrechtlichen Bedenken. Nach Auffassung des BVerfG mindert vielmehr derjenige Beschuldigte seinen Anspruch auf Wahrung der Vertraulichkeit des Mediums, der dieses als Tatmittel einsetzt.[104]

Taugliche Anlasstat können – anders als im Falle von § 100g Abs. 1 S. 1 Nr. 2 – nur solche sein, die im **Katalog des § 100k Abs. 2** aufgeführt sind. Die Nutzungsdatenabfrage ist somit restriktiver geregelt als das Pendant in § 100g Abs. 1 S. 1 Nr. 2 (Verkehrsdatenabfrage). Dies erscheint angesichts der Tatsache, dass Nutzungsdaten in vielen Fällen deutlich sensiblere Informationen enthalten als Verkehrsdaten, folgerichtig. Der Straftatenkatalog enthält dabei vornehmlich solche Delikte, die typischerweise mittels Telemedien begangen werden, aber nicht in allen Fällen die Erheblichkeitsschwelle des Abs. 1 erreichen. Dazu zählen Äußerungsdelikte, Stalking-Delikte und Cybercrime-Delikte ieS. In welchen Fällen allerdings – vor allem seit der drastischen Strafrahmenerhöhung durch das Gesetz zur Bekämpfung der sexualisierten Gewalt gegen Kinder[105] – Delikte nach § 184b StGB die notwendige Erheblichkeitsschwelle für die Anwendung des Abs. 1 nicht erreichen sollten, erscheint fraglich (denkbar allenfalls bei Besitz von sog. Posing-Bildern). Neben Straftaten aus dem Kernstrafrecht sind auch die §§ 106 ff. UrhG taugliche Anlasstat für eine Nutzungsdatenerhebung. Dies erscheint deshalb zweifelhaft, weil hier zu befürchten steht, dass Strafanzeigen ausschließlich zum Zweck der Beweismittelgewinnung für private Rechtsverfolgung gestellt werden und die Strafverfolgungsbehörden personell unnötig belastet werden. Folgerichtig erscheint dagegen die Aufnahme von § 42 BDSG; hier wird es vor allem um das sog. Doxxing (ungewollte Veröffentlichung privater Informationen Dritter im Internet) gehen. 49

Sämtliche mittels Telemedien begangenen Taten müssen, anders als im Falle von Abs. 1, auch **vollendet sein.**[106] Eine mithin lediglich – sofern überhaupt strafbar – vorbereitete oder versuchte Straftat reicht, sofern diese nicht bereits von erheblicher Bedeutung ist, nicht aus. Dies ergibt sich aus der Verwendung der Begriffe „begangen hat". 50

2. Den Tatverdacht begründende „bestimmte Tatsachen". Ebenso wie etwa in den Fällen der §§ 100a, 100c, 100f, 100g, 100i muss sich auch im Fall des § 100k Abs. 2 der Tatverdacht hinsichtlich einer Katalogtat auf „bestimmte Tatsachen" stützen. Ausreichend ist bereits ein **qualifizierter Anfangsverdacht,** erforderlich ist also weder ein hinreichender Tatverdacht gemäß § 203 noch gar ein dringender Tatverdacht nach § 112. Indes muss sich der Anfangsverdacht aus „bestimmten Tatsachen", dh auf „eine hinreichende Tatsachenbasis" stützen lassen.[107] Reine Spekulationen, Mutmaßungen oder nicht auf tatsächliche Aspekte gestützte „kriminalistische Erfahrungswerte" reichen mithin nicht aus (Für Details zum qualifizierten Tatverdacht siehe → § 100a Rn. 151 ff.). 51

3. Strenge Subsidiaritätsklausel. Nicht übersehen werden darf, dass Abs. 2 nur zur Anwendung kommen darf, wenn die Ermittlungen auf andere (also mildere) Weise „aus- 52

[103] Vgl. Bär in BeckOK StPO § 100k Rn. 31.
[104] BVerfG 17.6.2006 – 2 BvR 1085/05, NJW 2006, 3197 (3198).
[105] BT-Drs. 19/23707.
[106] So auch Brodowski in BeckOK IT-Recht § 100k Rn. 8.
[107] BVerfG 12.3.2003 – 1 BvR 330/96 und 1 BvR 348/99, NJW 2003, 1787 (1791).

sichtslos" wären. **Aussichtslosigkeit** ist nur gegeben, wenn keine andere Maßnahme als die der Nutzungsdatenabfrage zur Sachverhaltsaufklärung zur Verfügung steht.[108] In Betracht gezogen werden müssen hier vor allem die Verkehrsdatenabfrage nach § 100g Abs. 1, weil diese häufig im Vergleich zur Nutzungsdatenabfrage weniger sensible Informationen umfasst als eine Nutzungsdatenabfrage. Ebenso berücksichtigt werden müssen sog. OSINT-Ermittlungen, also die Erhebung und Auswertung von öffentlich zugänglichen Informationen.

53 **4. Keine Standortdatenerhebung.** Unter den erleichterten Voraussetzungen des Abs. 2 können keine Nutzungs-Standortdaten erhoben werden (Abs. 2 S. 2)

V. Die Nutzungsdatenabfrage zur Identifikation des Nutzers nach Abs. 3

54 Neu durch den Vorschlag des Vermittlungsausschusses eingefügt worden ist die Möglichkeit für die Staatsanwaltschaft, ausschließlich zu Zwecken der Identifikation des Nutzers Auskunft über die nach § 2 Abs. 2 Nr. 3 lit. a TTDSG (bis 1. Dezember 2021: § 15 Abs. 1 S. 2 Nr. 1 TMG) erhobenen Daten zu verlangen, wenn ihr der Inhalt der Nutzung des Telemediendienstes bereits bekannt ist. **Wichtigster Anwendungsfall** dürfte die **Abfrage** einer verwendeten **IP-Adresse** oder einer **Nutzerkennung** (zB Account) inklusive der genauen Angabe über Beginn und Ende der Nutzung des Telemediums (zB eines Forums, eines Streaming-Dienstes, einer Filesharing Plattform) sein, um anschließend den Nutzer über eine Bestandsdatenabfrage beim entsprechenden Telemediendienst oder einem Telekommunikationsanbieter nach § 100j zu identifizieren.

55 **1. Zweck: Identifikation des Nutzers.** Die unter deutlich abgesenkten Voraussetzungen mögliche Abfrage der Nutzungsdaten nach § 2 Abs. 2 Nr. 3 lit. a TTDSG (bis 1. Dezember 2021: § 15 Abs. 1 S. 2 Nr. 1 TMG) ist **ausschließlich zur Identifikation des Nutzers zulässig.** Dies beschränkt gleichzeitig auch die Art der Daten, die mittels dieser Maßnahme abgefragt werden dürfen. Über die Beschränkung auf Daten nach § 2 Abs. 2 Nr. 3 lit. a TTDSG (bis 1. Dezember 2021: § 15 Abs. 1 S. 2 Nr. 1 TMG) hinaus muss daher in jedem Einzelfall geprüft werden, welche Daten zur Identifikation des Nutzers tatsächlich notwendig sind. Darüber hinausgehende Daten dürfen nach Abs. 3 nicht erhoben werden.

56 **2. Inhalt der Nutzung bereits bekannt.** Weitere Voraussetzung ist, dass der Inhalt der Nutzung der Strafverfolgungsbehörden bereits bekannt ist (iSv „sicherer Kenntnis").[109] Das bedeutet zunächst, dass sich aus den zu erhebenden Daten keine Rückschlüsse auf den Inhalt der Nutzung ziehen lassen dürfen. Andernfalls bestünde die Gefahr, die Voraussetzung der Bekanntheit des Inhalts zu umgehen. Zum anderen ist fraglich was der „Inhalt" der Nutzung ist bzw. was dieser Begriff umfasst. In Abgrenzung zu verkehrsdatenähnlichen Nutzungsdaten sind mit „Inhalten" diejenigen Daten gemeint, welche nicht die Umstände der Nutzung, sondern die **Nutzung des Telemediums selbst** umfassen (zB konkrete Eingaben in Suchmaschinen, Postings in Foren und Sozialen Medien, eingegebene URLs etc.). Es geht also um die Daten, welche Nutzer und Telemediendienst miteinander austauschen, um die Ansprüche des Nutzers gegen den Telemediendienst zu erfüllen.[110] Praktisch bedeutsam dürfte die Eingriffsbefugnis nach Abs. 3 deshalb vor allem für die **Identifikation von Nutzern von öffentlich oder zumindest leicht zugänglichen Plattformen** wie zB Foren oder Sozialen Medien sein.[111]

57 **3. Beschränkung auf Nutzungsdaten nach § 2 Abs. 2 Nr. 3 lit. a TTDSG.** Die Datenerhebung nach Abs. 3 ist – angesichts des Zwecks der Maßnahme naheliegend – auf diejenigen Nutzungsdaten beschränkt, die in § 2 Abs. 2 Nr. 3 lit. a TTDSG (bis 1. Dezem-

108 Ebenso BeckOK StPO/Graf § 100a Rn. 111; Bruns in KK-StPO § 100a Rn. 31; Bär in BeckOK StPO § 100k Rn. 33.
109 Brodowski in BeckOK IT-Recht § 100k Rn. 13.
110 Spindler/Schmitz/Schmitz, TMG, § 15 Rn. 75.
111 Bär in BeckOK StPO § 100k Rn. 35.

ber 2021: § 15 Abs. 1 S. 2 Nr. 1 TMG) genannt sind (Merkmale zur Identifikation des Nutzers). In der Praxis kann es sich dabei sowohl um **IP-Adressen als auch um Nutzernamen, Accountbezeichnungen, E-Mail-Adressen oder Telefonnummern** handeln.[112] Zu beachten ist dabei allerdings zweierlei: Zum einen sind Telemediendienste nach Art. 25 DSGVO (früher § 13 Abs. 6 TMG) dazu verpflichtet, technische und organisatorische Datenschutzmaßnahme zu ergreifen und insbesondere den Nutzern eine pseudonyme oder sogar anonyme Nutzung der Telemedien zu ermöglichen (in der Praxis ist freilich auch oft der Telemediendienst an der Erhebung personenbezogener Daten seiner Nutzer interessiert und verarbeitet diese auf Basis einer Einwilligung der Nutzer), sodass die Daten zur Identifikation beim jeweiligen Telemediendienst nicht zwingend vorhanden sein müssen. Zum anderen steht auch § 2 Abs. 2 Nr. 3 lit. a TTDSG (bis 1. Dezember 2021: § 15 Abs. 1 S. 2 Nr. 1 TMG) unter dem Erforderlichkeitsvorbehalt aus § 2 Abs. 2 Nr. 3 Hs. 1 TTDSG (bis 1. Dezember 2021: § 15 Abs. 1 S. 1 TMG), sodass eine Erhebung nach § 2 Abs. 2 Nr. 3 lit. a TTDSG (bis 1. Dezember: § 15 Abs. 1 S. 2 Nr. 1 TMG)) nur erlaubt ist, wenn die Erhebung der Identifikationsmerkmale zur Dienstleistung oder Abrechnung erforderlich ist. Da § 100k Abs. 3 eindeutig auf nach § 2 Abs. 2 Nr. 3 lit. a TTDSG (bis 1. Dezember 2021: § 15 Abs. 1 S. 2 Nr. 1 TMG) erhobene Daten beschränkt ist, können mit dieser Vorschrift nicht diejenigen Daten zur Identifikation des Nutzers erhoben werden, welche gerade nicht zur Inanspruchnahme oder Abrechnung des Telemediums erforderlich sind, sondern auf Basis einer Einwilligung des Nutzers darüber hinaus erhoben werden. Dies ist in jedem Einzelfall zu prüfen, wobei zu beachten ist, dass die „Erforderlichkeit" in § 2 Abs. 2 Nr. 3 TTDSG (bis 1. Dezember 2021: § 15 Abs. 1 TMG) restriktiv auszulegen ist. Daher dürfte der Anwendungsbereich von § 100k Abs. 3 praktisch begrenzt sein: IP-Adressen sind idR nicht zur Identifikation von Nutzern durch Telemediendienste „erforderlich".[113] Zur Problematik, dass § 15 TMG (in der Fassung bis 1. Dezember 2021) von der DSGVO verdrängt wurde und daher auch die auf „nach § 15 Abs. 1 S. 2 Nr. 1 erhobene Daten" beschränkte Befugnis in Abs. 3 bis zum Inkrafttreten des TTDSG am 1. Dezember 2021 ins Leere lief, siehe → Rn. 19 ff.

4. Zuständigkeit: Staatsanwaltschaft. In Abs. 3 ist eine **alleinige Zuständigkeit der Staatsanwaltschaft** geregelt. Eine Anordnung durch die Polizei, auch die Ermittlungspersonen der Staatsanwaltschaft scheidet damit aus.[114] Auch existiert keine Gefahr im Verzug-Regelung, welche die Polizei ermächtigen würde. Eine Durchführung durch die Polizei nach Anordnung der Maßnahme durch die Staatsanwaltschaft ist aber möglich.[115] Diese Regelung war in der zunächst im BGBl. veröffentlichten (inzwischen korrigierten) Gesetzesfassung systematisch widersinnig. § 101a Abs. 1a, welcher die Verfahrensvorschriften für § 100k enthält, regelte in dieser Erstfassung zwar für Maßnahmen nach Abs. 1 durch einen Verweis auf § 100e Abs. 1 einen Richtervorbehalt, die Maßnahmen nach Abs. 2 und Abs. 3 waren jedoch von diesem Verweis explizit ausgenommen. Das hatte zur Folge, dass Maßnahmen nach Abs. 2 nach dieser Fassung durch die Staatsanwaltschaft oder die Polizei getroffen werden konnten. Die vom Gesetzgeber offensichtlich als weniger eingriffsintensiv bewertete Maßnahme nach Abs. 3 (da voraussetzungsärmer), konnte nach dieser Fassung nun nur von der Staatsanwaltschaft, nicht jedoch von der Polizei angeordnet werden. Dieser offensichtliche Wertungswiderspruch war durch einen Fehler bei der Veröffentlichung der von Bundestag und Bundesrat auf Vorschlag des Vermittlungsausschusses verabschiedeten Fassung entstanden. In der vom Parlament beschlossenen Fassung, umfasst die Verweisung in § 101a Abs. 1a auf § 100e auch Maßnahmen nach Abs. 2.[116] Dieser Fehler wurde nunmehr durch die Berichtigung des Gesetzes zur Anpassung der Regelungen über die Bestandsdatenauskunft an die Vorgaben aus der Entscheidung des Bundesverfassungsgerichts vom 27. Mai 58

112 Bär in BeckOK StPO § 100k Rn. 36; Brodowski in BeckOK IT-Recht § 100k Rn. 14.
113 Brodowski StV 2022, 413 (415).
114 Brodowski in BeckOK IT-Recht § 100k Rn. 12.
115 Bär in BeckOK StPO § 100k Rn. 39.
116 Siehe BGBl. 2021 I 448 (458) einerseits und BT-Drs. 19/27900, 8.

2020[117] korrigiert (siehe hierzu ausführlich → Rn. 8). Jetzt ergibt die Anordnung einer Zuständigkeit der Staatsanwaltschaft für Maßnahmen nach § 100k Abs. 3 Sinn, weil für Maßnahmen nach § 100k Abs. 1 und Abs. 2 einheitlich der Richtervorbehalt aus § 101a Abs. 1a iVm § 100e Abs. 1 gilt. Der Wertungswiderspruch konnte bis zur Berichtigung nach hier vertretener Auffassung durch eine analoge Anwendung des § 101a Abs. 1a iVm § 100e Abs. 1 auf Maßnahmen nach § 100k Abs. 2 beseitigt werden (siehe ausführlich → Rn. 8). Diese Analogie ist nun nicht mehr notwendig.

59 **5. Anfangsverdacht.** Wie jede andere Ermittlungsmaßnahme ohne abweichend geregelten Verdachtsgrad, ist für die Anordnung einer Maßnahme nach Abs. 3 das Vorliegen **eines Anfangsverdachts iSv § 152 Abs. 2** notwendig (siehe → § 152 Rn. 34 ff.).

60 **6. Verhältnismäßigkeit.** Da der Verhältnismäßigkeitsgrundsatz unmittelbar aus der Verfassung fließt, ist auch im Rahmen einer Maßnahme nach Abs. 3 die Verhältnismäßigkeit zu prüfen. Dabei ist insbesondere die **Schwere des Eingriffs in die Rechte der betroffenen Personen mit dem staatlichen Interesse an Strafverfolgung bzw. der Durchsetzung des staatlichen Strafanspruchs abzuwägen.** Angesichts der starken Begrenzung der abgefragten Daten wiegt der Eingriff idR nicht besonders schwer. Nicht zu vernachlässigen ist allerdings, dass durch den Eingriff regelmäßig ein starker Personenbezug hergestellt wird oder zumindest die Herstellung durch weitere Maßnahmen (zB nach § 100j) ermöglicht wird.

VI. Maßnahmerichtung, §§ 100k Abs. 4, 101a Abs. 1a iVm § 100a Abs. 3

61 Gem. § 101a Abs. 1a ist für alle Maßnahmen nach § 100k die Adressatenregelung von § 100a Abs. 3 anzuwenden. Dementsprechend dürfen sich die Maßnahmen nur gegen den **Beschuldigten** oder gegen Personen richten, von denen auf Grund bestimmter Tatsachen anzunehmen ist, dass sie für den Beschuldigten bestimmte oder von ihm herrührende Mitteilungen entgegennehmen oder weitergeben (sog. **Nachrichtenmittler**) oder dass der Beschuldigte ihren Anschluss oder ihr informationstechnisches System benutzt (sog. **IT-System-Inhaber**). Für Details zur Auslegung der Vorschrift des § 100a Abs. 3, siehe → § 100a Rn. 187 ff.

62 Darüber hinaus verlangt § 100k Abs. 4, dass Maßnahmen nach § 100k Abs. 1 und Abs. 2 (nicht Abs. 3!) nur dann angeordnet werden dürfen, wenn aufgrund von Tatsachen die Annahme gerechtfertigt ist, **dass die betroffene Person den Telemediendienst nutzt, den derjenige, gegen den sich die Anordnung richtet,** geschäftsmäßig zur Nutzung bereithält oder zu dem er den Zugang zur Nutzung vermittelt. Es müssen also (bereits ermittelte) Tatsachen darauf hindeuten, dass der Beschuldigte, ein Nachrichtenmittler oder ein von § 100a Abs. 3 erfasster IT-Systeminhaber **tatsächlich ein Nutzer des Telemediendienstes ist,** von dem die Nutzungsdaten abgefragt werden. Die Vorschrift soll somit Abfragen „ins Blaue hinein", möglicherweise auch an viele verschiedene Telemediendienste verhindern und die Nutzungsdatenabfrage auf Fälle begrenzen, in denen die Ermittlungsbehörden bereits Tatsachen ermittelt haben, welche die Annahme rechtfertigen, dass sich beim abgefragten Telemediendienst tatsächlich Nutzungsdaten des Betroffenen finden. Letztlich begrenzt die Vorschrift somit die Streubreite der Maßnahme.

VII. Mitwirkungspflichten der Telemediendienstanbieter

63 **1. Allgemeines.** Auch hinsichtlich der Mitwirkungspflichten erklärt § 101a Abs. 1a die für die Telekommunikationsüberwachung geltende Vorschrift des § 100a Abs. 4 für anwendbar. Die Vorschrift muss dabei unter dem Eindruck von § 100k gelesen werden. Danach hat jeder, der geschäftsmäßig eigene oder fremde Telemedien zur Nutzung bereithält oder den Zugang zur Nutzung vermittelt oder an solchen Vorgängen mitwirkt, dem Gericht, der Staatsanwaltschaft und ihren im Polizeidienst tätigen Ermittlungspersonen

[117] BGBl. 2021 I 1380.

(§ 152 des Gerichtsverfassungsgesetzes) **die jeweilige Maßnahme nach § 100k zu ermöglichen und die erforderlichen Auskünfte unverzüglich zu erteilen** (§ 100a Abs. 4 S. 1). Diese strafprozessuale Mitwirkungspflicht (siehe hierzu → § 100a Rn. 224 ff.) verpflichtet die Telemedien-Provider, die abgefragten Nutzungsdaten herauszugeben. Das „Wie" der Herausgabe wird im Rahmen von § 100a nach dessen Abs. 4 S. 2 im TKG und der TKÜV geregelt (siehe hierzu → § 100a Rn. 243 ff.). Da weder das TKG noch die TKÜV für Telemediendienste anwendbar sind, richtet sich das „Wie" der Herausgabe für Telemediendienste nach § 24 TTDSG (bis 1. Dezember 2021: § 15c TMG).

2. Begriff des Telemediendienstleisters. Telemediendienstanbieter ist nach der Legaldefinition des **§ 2 Nr. 1 TMG iVm § 2 Abs. 1 TTDSG** „jede natürliche oder juristische Person, die eigene oder fremde Telemedien zur Nutzung bereithält oder den Zugang zur Nutzung vermittelt; bei audiovisuellen Mediendiensten auf Abruf ist Diensteanbieter jede natürliche oder juristische Person, die die Auswahl und Gestaltung der angebotenen Inhalte wirksam kontrolliert". Als Telemedien definiert § 1 Abs. 1 TMG „alle elektronischen Informations- und Kommunikationsdienste, soweit sie nicht Telekommunikationsdienste nach § 3 Nummer 61 des Telekommunikationsgesetzes, telekommunikationsgestützte Dienste nach § 3 Nummer 63 des Telekommunikationsgesetzes oder Rundfunk nach § 2 des Rundfunkstaatsvertrages sind". Unter elektronischen Informations- und Kommunikationsdiensten sind solche zu verstehen, „deren Nutzen darin besteht, Information und Kommunikation auf elektronischem Wege, insbesondere via Internet, zu vermitteln."[118] Von dieser sehr umfassenden Definition werden Telekommunikationsanbieter iSv § 3 Nr. 61 TKG (bis 1. Dezember 2021: § 3 Nr. 24 TKG) ausgenommen (siehe hierzu umfassend → Rn. 27 und → § 100a Rn. 245). Dementsprechend fallen insbesondere die sog. Access-Provider (also die Telefon- und Internetanbieter im engeren Sinne) nicht unter das TMG. 64

Bei **sog. OTT-Diensten** wie Voice-over-IP, Messenger-Diensten, Webmail-Providern kommt es damit auf die Einordnung als „elektronischer Kommunikationsdienste" und damit als Telekommunikationsdienstleister nach der maßgeblichen Rspr. des EuGH an (siehe hierzu → § 100a Rn. 229). Durch die zum 1. Dezember 2021 durch § 3 Nr. 61 und § 3 Nr. 24 TKG nF in deutsches Recht umgesetzte Einbeziehung auch „interpersoneller Kommunikationsdienste" in den Begriff des elektronischen Kommunikationsdienstes durch Art. 2 Nr. 4 lit. b, Nr. 5 Richtlinie 2018/1972/EU werden ab 1. Dezember 2021 viele der OTT-Dienstleister wie zB E-Mail-Provider und Voice-over-IP-Telefonie-Anbieter vom Anwendungsbereich des reformierten TKG erfasst und fallen somit nicht mehr unter den Begriff der Telemedien (§ 3 Nr. 61 iVm § 3 Nr. 24 TKG). Fällt der OTT-Dienst unter den Begriff des „elektronischen Kommunikationsdienstes", fällt er aus dem Anwendungsbereich des TMG heraus. Ebenfalls nicht unter den Begriff der Telemedien fallen die sog. „telekommunikationsgestützten Dienste" nach § 3 Nr. 63 TKG (bis 1. Dezember 2021: § 3 Nr. 25 TKG). Hierunter sind Telekommunikationsdienstleistungen zu verstehen, die zusätzlich eine Inhaltsleistung zum Gegenstand haben, wie die in § 3 Nr. 5, 51, 26 – 28, 47 TKG (bis 1. Dezember 2021: § 3 Nr. 2a, 8a, 8b, 11a–d, 12b, 17c TKG) aufgezählten Dienstleistungen.[119] Nicht erfasst ist weiterhin der Rundfunk iSv § 2 des Rundfunkstaatsvertrages. 65

In der Praxis kommt daher dem Begriff des Telemediendienstleisters eine **wichtige Auffangfunktion** vor allem bei **Internetdienstleistungen** zu, die nicht dem TKG unterfallen. Dies hat nicht zuletzt Bedeutung für zahlreiche sog. OTT-Dienstleistungen (zB Webmail-Provider, Messenger-Dienste, Voice-over-IP-Dienste), welche nach der Rspr. des EuGH teilweise nicht dem TKG unterfallen (siehe hierzu detailliert → § 100a Rn. 229). Der Anwendungsbereich hat sich nach Umsetzung der Richtlinie 2018/1972/EU zum 1. Dezember 2021 jedoch deutlich verkleinert, wenn jetzt die gerade genannten OTT-Dienstleister weitgehend dem TKG unterfallen. Praktisch bedeutsame Telemediendienstleister sind neben den bereits genannten OTT-Diensten (die jetzt aber weitgehend dem TKG 66

[118] Martini in BeckOK InfoMedienR TMG § 1 Rn. 8.
[119] Ricke in Spindler/Schuster, Recht der elektronischen Medien, TKG § 3 Rn. 51.

nF unterfallen) vor allem Webseiten-Betreiber, Soziale Medien und andere Host-Provider, Online-Handelsplattformen, Foren-Betreiber, Internet-Suchmaschinen, Cloud-Dienstleister[120] etc.[121] Zunehmende Bedeutung erlangen auch Automobilhersteller, wenn sie in ihren Fahrzeugen Telemedien wie zB Navigationssysteme anbieten und dabei Nutzungsdaten (zB GPS-Standortdaten) erheben.[122] Dabei wird in der Praxis häufig problematisch sein, wer innerhalb eines Konzerns der richtige Mitwirkungsverpflichtete ist.[123]

67 **3. Beschränkung auf geschäftsmäßige Telemedienanbieter.** Zu beachten ist schließlich, dass sich, wie sich auch aus § 100k selbst ergibt, Nutzungsdaten nur von „geschäftsmäßig" handelnden Telemediendiensten abgefragt werden dürfen. **Der Begriff der Geschäftsmäßigkeit ist weder in der noch im Telemediengesetz legaldefiniert.** Auch in der Gesetzesbegründung wird nicht klar, was der Gesetzgeber unter „geschäftsmäßigem" Anbieten von Telemedien versteht. Dort werden lediglich „gemeinnützige" oder „rein private" Angebote ausgenommen.[124] Während mit der Ausnahme der „rein privaten" Anbieter von Telemedien noch auf das Begriffsverständnis aus § 3 Nr. 10 TKG aF und § 100b Abs. 3 aF zurückgegriffen hätte werden können, stellt der Ausschluss der „gemeinnützigen" Telemediendienstanbieter eindeutig auf die Gewinnerzielungsabsicht ab. In § 100b Abs. 3 aF und in § 3 Nr. 10 TKG aF kam es für die Geschäftsmäßigkeit zwar auf die Nachhaltigkeit im Sinne einer gewissen Dauer und den Zugang zu den Diensten für Dritte an,[125] gerade jedoch nicht auf die Gewinnerzielungsabsicht. Trotz der Erwähnung der „gemeinnützigen" Telemedienanbieter ist eher nicht davon auszugehen, dass der Gesetzgeber hier ein völlig neues Verständnis der „Geschäftsmäßigkeit" einführen wollte. Dementsprechend kann hier die Definition aus § 3 Nr. 10 TKG aF herangezogen werden. Danach handelt geschäftsmäßig, wer Telemedien für Dritte nachhaltig anbietet, unabhängig davon, ob er mit oder ohne Gewinnerzielungsabsicht handelt.

68 **4. Art und Weise der Beauskunftung und Pflicht zum Treffen von Vorkehrungen. a) Keine Vorkehrungspflichten nach § 101a Abs. 1a S. 1 iVm § 100a Abs. 4 S. 2.** Nicht auf Telemediendienstanbieter anzuwenden ist dagegen die Vorschrift des § 101a Abs. 1a S. 1 iVm § 100a Abs. 4 S. 2, welche für die Telekommunikationsdienstleister bei der Verkehrsdatenabfrage Vorkehrungspflichten nach § 170 TKG (bis 1. Dezember 2021: § 110 TKG), und der TKÜV anordnet (→ § 100g Rn. 95). Denn Telemediendienstleister fallen gerade **nicht in den Anwendungsbereich des TKG** (sonst handelt es sich um Telekommunikationsanbieter und nicht um Telemediendienstanbieter) und damit auch nicht in denjenigen der TKÜV. Daran vermag auch der – insofern missverständliche – pauschale Verweis auf § 100a Abs. 4 (und damit auch auf S. 2 der Vorschrift) in § 101a Abs. 1 S. 1 nichts zu ändern. Denn der telekommunikationsrechtliche Begriff des Telekommunikationsdienstes in § 3 Nr. 61 TKG (bis 1. Dezember 2021: § 3 Nr. 24 TKG) ist europarechtlich determiniert und Telemediendienste iSd TMG sind gerade keine Telekommunikationsdienste iSd TKG.

69 **b) Übermittlungs- und Vorkehrungspflichten nach § 24 Abs. 4 und Abs. 5 TTDSG.** Für **geschäftsmäßige Telemediendienstanbieter** ist allerdings eine Pflicht zum Treffen der für die Auskunftserteilung erforderlichen Vorkehrungen auf eigene Kosten in § 24 Abs. 5 TTDSG (bis 1. Dezember 2021: § 15c Abs. 5 TMG) geregelt. Zur Art und Weise der Übermittlung regelt § 24 Abs. 4 TTDSG (bis 1. Dezember 2021: § 15c Abs. 4 TMG), dass die Nutzungsdaten unverzüglich und vollständig zu übermitteln sind und über das Auskunftsersuchen Stillschweigen zu wahren ist. Der fehlende Verweis auf diese Normen in § 101a Abs. 1a S. 1 in Kombination mit dem dortigen Verweis auf den (nicht anwendba-

120 Vgl. Großmann StV-S 2021, 31 (32).
121 Martini in BeckOK InfoMedienR TMG § 1 Rn. 7.
122 OLG Frankfurt a.M. 20.7.2021 – 3 Ws 369/21, GRUR-RS 2021, 33281.
123 Hiéramente, jurisPR StrafR 1/2022 Anm. 4.
124 BT-Drs. 19/17741, 38.
125 Ricke in Spindler/Schuster, Recht der elektronischen Medien, TKG § 3 Rn. 22.

ren) § 100a Abs. 4 S. 2 ist zwar verwirrend und handwerklich misslungen, im Ergebnis aber unschädlich.

Nach § 24 Abs. 4 S. 1 TTDSG (bis 1. Dezember 2021: § 15c Abs. 4 S. 1 TMG) müssen die Daten unverzüglich und vollständig übermittelt werden. Wie im Rahmen von § 100a (siehe dort → § 100a Rn. 238) umfasst die Beauskunftung nur die Übergabe einer **1:1-Kopie** der angeforderten Daten. Die Filterung der Daten nach bestimmten Informationen muss durch die Strafverfolgungsbehörden selbst erfolgen und darf nicht den Telemedienanbietern überlassen werden. Nach § 24 Abs. 4 S. 2 TTDSG (bis 1. Dezember 2021: § 15c Abs. 4 S. 2 TMG) **bleibt dabei eine etwaig bestehende Verschlüsselung der Daten unberührt.** Die Telemediendienstanbieter können also im Rahmen ihrer Mitwirkungspflicht nicht zur Entschlüsselung der Daten gezwungen werden. Das ist insofern bemerkenswert, als im Rahmen einer Telekommunikationsüberwachung nach § 100a bekannte Schlüssel zur Entschlüsselung herausgegeben werden müssen (§ 7 Abs. 1 S. 1 Nr. 10 TKÜV). Da es an einer solchen Regelung für die Nutzungsdatenherausgabe fehlt, wird diese praktisch leerlaufen, wenn der betroffene Dienstleister die Nutzungsdaten seiner Nutzer verschlüsselt speichert. Schließlich hat der Dienstleister über das Auskunftsersuchen nach § 24 Abs. 4 S. 3 (bis 1. Dezember 2021: § 15c Abs. 4 S. 3 TMG) Stillschweigen zu bewahren. Systematisch eigentlich zur Art und Weise der Beauskunftung und damit zu § 24 Abs. 4 TTDSG (bis 1. Dezember 2021: § 15c Abs. 4 TMG) gehörend, hat der Gesetzgeber außerdem in § 24 Abs. 5 S. 2 und S. 3 TTDSG (bis 1. Dezember 2021: § 15c Abs. 5 S. 2 und S. 3 TMG) geregelt, dass jedes eingehende Auskunftsersuchen von einer verantwortlichen Fachkraft daraufhin zu überprüfen ist, ob es die (allerdings nur formalen) Anforderungen aus § 24 Abs. 2 TTDSG (bis 1. Dezember 2021: § 15c Abs. 2 TMG) einhält und, dass eine Übermittlung erst nach Feststellung der Einhaltung der Voraussetzungen des Abs. 2 zulässig ist. 70

Ebenfalls deutlich weniger differenziert geregelt als für Maßnahmen nach §§ 100a und 100g ist die Frage, **ob und welche Vorkehrungen** Telemediendienstleister für die Beauskunftung von Nutzungsdaten treffen müssen. **§ 24 Abs. 5 TTDSG (bis 1. Dezember 2021: § 15c Abs. 5 TMG)** regelt hierzu, dass geschäftsmäßig handelnde Telemediendienstanbieter die in seinem Verantwortungsbereich liegenden, für die Auskunftserteilung erforderlichen Vorkehrungen auf seine Kosten zu treffen hat. Anders als für die Übermittlung von Daten bei der Telekommunikationsüberwachung nach § 100a und der Verkehrsdatenabfrage nach § 100g, enthält das TMG keine dem § 170 TKG (bis 1. Dezember 2021: § 110 TKG) vergleichbare Vorschrift und auch weder eine Detailregelung über eine der TKÜV vergleichbare Verordnung noch technische Regeln in technischen Richtlinien, wie in § 170 Abs. 5 und Abs. 6 TKG (bis 1. Dezember 2021: § 110 Abs. 2 und Abs. 3 TKG) vorgesehen.[126] Die Auslegung des Begriffs der „erforderlichen" Vorkehrungen ist daher problematisch. Ob die Regelung – unter Eindruck des Eingriffs in die Berufsfreiheit der Telemediendienstanbieter – dem verfassungsrechtlichen Bestimmtheitsgrundsatz genügt, ist dementsprechend zweifelhaft. Für die Praxis wird man derzeit davon ausgehen müssen, dass die Telemediendienstleister dem Stand der Technik entsprechende Maßnahmen ergreifen müssen, um a) eingehende Ersuchen der Strafverfolgungsbehörden in elektronischer Form entgegenzunehmen (zB erreichbare E-Mail-Adresse) und b) die Nutzungsdaten ihrer Nutzer unverzüglich den Strafverfolgungsbehörden zu übermitteln. Die genaue Art der Maßnahmen bleibt dabei den Dienstleistern überlassen, sie müssen aber dem jeweiligen Stand der Technik (zB hinsichtlich der verschlüsselten Übertragung) entsprechen. Außerdem müssen – wie sich aus § 24 Abs. 5 S. 2 und S. 3 TTDSG (bis 1. Dezember 2021: § 15c Abs. 5 S. 2 und S. 3 TMG) ergibt, verantwortliche Fachkräfte zur Bearbeitung der Ersuchen geschult und organisatorisch klar benannt werden. 71

[126] Für eine entsprechende Anwendung der Regeln für die Verkehrsdatenübermittlung in der TKÜV: Bär in BeckOK StPO § 100k Rn. 28.

72 **5. Zwangsmittel.** Gem. § 101a Abs. 1a S. 1 iVm § 100a Abs. 4 S. 3 iVm § 95 Abs. 2 können bei verweigerter Mitwirkung durch den Telemediendienstleister die in § 70 vorgesehenen **Zwangsmittel** angeordnet werden.

VIII. Formelle Anordnungsvoraussetzungen

73 Die formellen Anordnungsvoraussetzungen für § 100k wurden nunmehr weitgehend parallel zu denen des § 100g in **§ 101a geregelt.** Dieser verweist in seinem Abs. 1a auf Teile des § 100e (siehe insofern die Kommentierung dort → § 100e Rn. 1 ff.), stellt aber auch einige spezifische Anforderungen und Modifikationen für alle Maßnahmen nach § 100k auf. Siehe für die Darstellung der formellen Anordnungsvoraussetzungen daher jetzt → § 101a Rn. 79 ff.

IX. Art der Datenerhebung

74 **1. Retrograde Datenerhebung.** § 100k berechtigt die Strafverfolgungsbehörden zu einer umfassenden Erhebung zurückliegender bzw. zukünftiger Nutzungsdaten (zur Kritik am Wortlaut des § 100k diesbezüglich, siehe oben → Rn. 32). Die zurückliegenden Nutzungsdaten werden notwendiger Weise **nachträglich und zumeist gebündelt** erhoben. Aus Kostengründen wird es für den Telemediendienstanbieter häufig sinnvoll sein, die Daten auch gebündelt zu beauskunften. Spezifische Regeln zu Art und Weise der Beauskunftung gibt es – mangels Anwendbarkeit der TKÜV – nicht. Für geschäftsmäßig handelnde Telemediendienstleister regelt § 24 Abs. 4 TTDSG (bis 1. Dezember 2021: § 15c Abs. 4 TMG) lediglich, dass diese die Nutzungsdaten **„unverzüglich und vollständig"** übermitteln müssen. Die Vollständigkeit der Übermittlung bezieht sich dabei auf die von den Strafverfolgungsbehörden abgefragten Daten, sodass auch hier (ohne spezifische Regelung wie in der TKÜV) technisch bedingt erst nachträglich anfallende Daten, die aber vom Auskunftsverlangen umfasst sind, übermittelt werden müssen.

75 **2. Künftige Nutzungsdaten (Abs. 1 S. 3).** § 100k lässt hinsichtlich künftig anfallender Nutzungsdaten sowohl eine Datenausleitung in **Echtzeit als auch eine gebündelte Übersendung der künftigen Nutzungsdaten nach bestimmten Zeitabschnitten** zu. Nach Abs. 1 S. 3 dürfen indes die Standortdaten nur dann in Echtzeit erhoben werden, wenn Gegenstand der Anordnung eine Straftat nach Abs. 1 S. 1 ist und die Beauskunftung für die Erforschung des Sachverhalts oder die Ermittlung des Aufenthaltsortes des Beschuldigten erforderlich ist. Nach Abs. 2 (siehe Abs. 2 S. 2) und Abs. 3 dürfen keinerlei Standortdaten erhoben werden.

76 Für die Beauskunftung künftig anfallender **Nutzungsdaten** durch Telemediendienstanbieter regelt **§ 24 Abs. 5 TTDSG** (bis 1. Dezember 2021: § 15c Abs. 5 TMG) lediglich, dass geschäftsmäßig agierende Anbieter die für die Beauskunftung erforderlichen Vorkehrungen auf eigene Kosten zu treffen hat. Nicht vorhalten müssen Telemediendienstanbieter allerdings technische Anlagen zur Echtzeitausleitung. Dies ergibt sich daraus, dass selbst die ausdrücklich angeordnete Pflicht für Telekommunikationsanbieter in § 32 Abs. 3 TKÜV auf solche TK-Anbieter beschränkt ist, die auch nach § 3 TKÜV Anlagen zur Echtzeitausleitung von Telekommunikation (§ 100a) vorhalten müssen. Die Existenz dieser speziell in der TKÜV ausgestalteten und differenzierten Pflichten zeigt, dass eine allgemeine Verpflichtung zum Vorhalten von Anlagen zur Echtzeitausleitung sich nicht einmal aus der sehr ausdifferenzierten Vorhaltungsregel des § 170 Abs. 1 TKG (bis 1. Dezember 2021: § 110 Abs. 1 TKG) ergibt. Erst recht muss dies für die sehr allgemein gehaltene Verpflichtung aus § 24 Abs. 5 TTDSG (bis 1. Dezember 2021: § 15c Abs. 5 TMG) gelten.

77 **3. Beauskunftung löschungspflichtiger Nutzungsdaten.** Wie bei Verkehrsdaten (siehe hierzu → § 100g Rn. 113a) dürfen auch Nutzungsdaten nicht über das zur Nutzung des Telemediums und zur Abrechnung der Dienste erforderliche Maß hinaus verwendet werden. Dies ergibt sich richtigerweise **aus Art. 6 Abs. 1 lit. b, lit f DSGVO,** da die

Vorschriften der DSGVO die Datenverwendungsregeln der §§ 11–15 TMG aF (ab 1. Dezember 2021: gestrichen) verdrängten (siehe hierzu ausführlich → Rn. 19 ff.) und diese mit Inkrafttreten des TTDSG ersatzlos gestrichen wurden. Vor Inkrafttreten der DSGVO gelangte man über § 15 Abs. 1 S. 1 TMG (in der Fassung bis 1. Dezember 2021) aber zum selben Ergebnis. Dementsprechend dürfen die Daten auch nur solange verarbeitet und damit gespeichert werden, wie dies für Nutzungs- und Abrechnungszwecke erforderlich ist. Daher gilt für Nutzungsdaten von Telemediendiensten dasselbe wie für Verkehrsdaten von Telekommunikationsdienstleistern (siehe → § 100g Rn. 114 f.): Eine bewusste Erstreckung der Herausgabeanordnung auf rechtswidrig gespeicherte Nutzungsdaten ist ein Verstoß gegen § 100k und kann nach den Grundsätzen der Abwägungslösung zu einem Beweisverwertungsverbot führen. Geben dagegen Dienstleister freiwillig die rechtswidrig gespeicherten Nutzungsdaten heraus, richtet sich die Verwertbarkeit nach den bei → § 100g Rn. 115 beschriebenen Grundsätzen über rechtswidrig von Privaten erlangte Beweismittel.

4. „Quick Freezing“. Die enthält keine Rechtsgrundlage, Telemediendienstleister verbindlich anzuweisen, bei ihnen noch gespeicherte und zu Beweiszwecken benötigte Nutzungsdaten **bis zur Übersendung einer die Beauskunftung der Daten rechtfertigenden Anordnung nicht zu löschen.** Obwohl Art. 16 Abs. 2 des Übereinkommens über Computerkriminalität des Europarats vom 23.11.2001[127] vorsieht, dass die Vertragsparteien die gesetzgeberischen Grundlagen für eine solche Möglichkeit zu schaffen haben, sah die BReg. eine solche Regelung neben der damals vorgesehenen und schließlich auch umgesetzten Vorratsdatenspeicherung für Verkehrsdaten als entbehrlich an.[128] Da – unabhängig von der derzeitigen Außervollzugsetzung der Vorratsdatenspeicherung für Verkehrsdaten (siehe → § 100g Rn. 15) – keine Vorratsdatenspeicherung für Nutzungsdaten gesetzlich geregelt ist, wäre eine Quick-Freeze-Regelung für Nutzungsdaten für die Strafverfolgung von großer praktischer Bedeutung. Möglich ist es zwar für Ermittlungsrichter und/oder Staatsanwaltschaft bei Maßnahmen nach § 100k Eilanordnungen zu erlassen (zur Zuständigkeit siehe → § 101a Rn. 85) Auch diese (Eil-)Anordnung wird allerdings vielfach zu spät kommen, da davon auszugehen ist, dass auch die Telemediendienstleister die Nutzungsdaten, so sie diese denn überhaupt speichern, vielfach bereits nach einigen Tagen löschen. Wie lange Telemediendienste Nutzungsdaten speichern, dürfte stark vom einzelnen Anbieter und der Art der angebotenen Telemedien abhängen. Dagegen kann eine „Quick-Freeze-Anordnung“ weder auf die §§ 161, 163 noch auf §§ 94, 95 gestützt werden.[129] § 100k ist lex specialis für die Erhebung von Nutzungsdaten und schließt eine Anwendung der allgemeinen Vorschriften, abgesehen von den Fällen des § 100k Abs. 5, aus. Insofern ist der Gesetzgeber aufgerufen, eine entsprechende Möglichkeit zu schaffen. 78

5. Erhebung von Nutzungsdaten nach Abschluss eines laufenden Telekommunikationsvorgangs und nicht bei Telekommunikationsdienstleistern (Abs. 5). Nach § 100k Abs. 5 ist die Erhebung von Nutzungsdaten nach den „allgemeinen Vorschriften“ möglich, wenn die Erhebung nach Abschluss eines laufenden Telekommunikationsvorgangs und (kumulativ!) nicht bei einem geschäftsmäßig handelnden Telemediendienstleister erfolgt. Mit den „allgemeinen Vorschriften“ sind vor allem die §§ 94 ff. gemeint.[130] Hauptanwendungsfall ist die Erhebung von Nutzungsdaten auf einem beschlagnahmten Kommunikationsgerät (Smartphone, Tablet, Laptop etc.). § 100g Abs. 5 verhindert dagegen eine Anwendung der §§ 94 ff. auf eine „Beschlagnahme“ der Daten bei einem Erbringer von Telemediendienstleistungen. Insofern kommt eine Umgehung der Voraussetzungen des § 100k durch eine „heimliche Beschlagnahme“ von Nutzungsdaten bei Telemediendienstanbietern gem. §§ 94, 95a nF auch nach dem Inkrafttreten des StPO-Fortentwicklungsgesetzes[131] zum 1. Juli 2021 nicht in Betracht. 79

[127] BGBl. 2001 II 1242.
[128] BT-Drs. 16/5846, 53.
[129] Sieber/Brodowski in Hoeren/Sieber/Hauenberg MMR-HdB Teil 19.3 Rn. 80.
[130] Vgl. Bär in BeckOK StPO § 100k Rn. 42.
[131] BGBl. 2021 I 2099.

X. Verwertbarkeit und Verwendbarkeit

80 **1. Verwendung von Erkenntnissen zur Anlasstat.** Personenbezogene Daten, die sich auf diejenige Tat beziehen, zu deren Aufklärung die Maßnahme angeordnet wurde, unterliegen hinsichtlich ihrer **Verwertbarkeit keinerlei Beschränkungen.** Dies gilt selbst dann, wenn die Qualität der Anlasstat als Straftat von erheblicher Bedeutung (Abs. 1) bzw. als Katalogtat (Abs. 2) im Verlauf der Ermittlungen entfallen sollte (vgl. zu dieser Problematik § 100a Rn. 318). Gleiches gilt für Abs. 2, wenn sich (was in der Praxis allerdings selten der Fall sein dürfte) herausstellt, dass die Tat nicht „mittels Telemedien" begangen wurde. Für Maßnahmen nach Abs. 3 bestehen bei rechtmäßiger Erlangungen keinerlei Beschränkungen für die Verwertbarkeit hinsichtlich der Anlasstat.

81 **2. Verwendung von Erkenntnissen zu einer anderen Tat (§ 479 Abs. 2 S. 1). a) Maßnahmen nach § 100k Abs. 1 und Abs. 2.** § 101a enthält für die Nutzungsdatenabfrage keine Spezialregelung zur Verwertbarkeit. Die durch Maßnahmen nach § 100k Abs. 1 oder Abs. 2 erlangten personenbezogenen Daten dürfen daher ohne Einwilligung der von der Maßnahme betroffenen Personen gemäß § 479 Abs. 2 S. 1 iVm § 161 Abs. 3 hinsichtlich anderer strafprozessualer Taten (iSv § 264) verwendet werden, wenn auch hinsichtlich dieser anderen Taten Maßnahmen nach § 100k Abs. 1 oder Abs. 2 hätten angeordnet werden dürfen. Der Regelung des § 479 Abs. 2 S. 1 iVm § 161 Abs. 3 liegt damit der Gedanke des **hypothetischen Ersatzeingriffs** zu Grunde. Handelt es sich bei der anderen Straftat nicht um eine taugliche Anlasstat nach § 100k Abs. 1 oder Abs. 2 oder liegen die sonstigen materiellen Anordnungsvoraussetzungen für eine (hypothetische) Maßnahme nach § 100k Abs. 1 oder Abs. 2 im Zeitpunkt der Verwertung der Daten in dem anderen Strafverfahren nicht vor (siehe hierzu → § 100a Rn. 320),[132] so dürfen die personenbezogenen Daten **entgegen der hM[133] weder zu Beweiszwecken noch als sog. Spurenansatz verwendet werden**. Der anderslautende Wortlaut von § 161 Abs. 3 verstößt gegen die Verfassung (→ § 100a Rn. 321). § 163 Abs. 3 und damit § 479 Abs. 2 S. 1 sind dementsprechend verfassungskonform dahingehend auszulegen, dass insgesamt für die Verwertbarkeit (also auch als Spurenansatz) das Vorliegen einer tauglichen Anlasstat und aller sonstigen materiellen Anordnungsvoraussetzungen der Maßnahme notwendig ist (→ § 100a Rn. 320 f.). Nach zutreffender Auffassung des KG erfasst der Begriff der „bestimmten Straftaten" in § 479 Abs. 2 S. 1 nicht nur enumerativ aufgezählte „Katalogtaten" (wie bei § 100a Abs. 2), sondern auch generalklauselartig umschriebene Delikte, die eine besondere Qualität aufweisen. Für die Straftaten von „erheblicher Bedeutung" hat das KG dies explizit entschieden.[134] Diese Auffassung ist jedoch auch auf die Straftaten, die mittels Telemedien begangen werden (§ 100k Abs. 2) zu erstrecken. Dies gebietet der Gedanke der hypothetisch rechtmäßigen Ersatzerhebung. Da es sich bei der Zweckänderung der Daten zur Verwendung zur Verfolgung der anderen Straftat um einen eigenständigen Grundrechtseingriff handelt, kann dieser nur gerechtfertigt werden, wenn zum Zeitpunkt der Umwidmung alle Voraussetzungen einer gesetzlichen Eingriffsgrundlage vorliegen (siehe hierzu vertiefend → § 100a Rn. 320). Hierzu gehört auch jede Eingrenzung hinsichtlich der Straftaten, wegen welcher die Maßnahme hätte angeordnet werden dürfen.[135]

82 **b) Maßnahmen nach § 100k Abs. 3.** Personenbezogene Daten aus einer Maßnahme nach § 100k Abs. 3 dürfen ohne Einwilligung der von der Maßnahme betroffenen Person zu Beweiszwecken und als Spurenansatz hinsichtlich **jeder anderen strafprozessualen Tat** verwendet werden. Allerdings sind nunmehr die Vorgaben aus § 49 S. 1 BDSG (iVm § 500 Abs. 1) zu beachten. Hiernach muss die Verwendung der Bildaufnahmen in dem

---

132 BGH 26.4.2017 – 2 StR 247/16, NJW 2017, 3173 (3177); 15.11.2017 – 2 StR 128/17, NStZ 2018, 296; Köhler in Meyer-Goßner/Schmitt § 101a Rn. 24; Bär in KMR-StPO § 101a Rn. 23.

133 Vgl. BT-Drs. 16/5846, 64; Köhler in Meyer-Goßner/Schmitt § 479 Rn. 4; Wittig in BeckOK StPO § 479 Rn. 5a; wie hier Singelstein ZStW 120, 853 (887) allerdings noch zur alten Rechtslage.

134 KG 20.12.2018 – 3 Ws 309/18, NStZ 2019, 429.

135 Siehe hierzu auch Singelnstein ZStW 120 (2008), 854 (878).

anderen Strafverfahren erforderlich und verhältnismäßig sein. Dementsprechend ist zu prüfen, ob der Ermittlungserfolg auch ohne die Verwendung der Nutzungsdaten iSv § 2 Abs. 2 Nr. 3 lit. a TTDSG (bis 1. Dezember 2021: § 15 Abs. 1 S. 2 Nr. 1 TMG) aus dem Ursprungsverfahren zu erzielen ist, insbesondere, ob dies mit milderen Mitteln gelingen kann. Ferner muss eine Verhältnismäßigkeitsprüfung vorgenommen werden, bei welcher die Schwere der nunmehr verfolgten Straftat und der Grad des bestehenden Tatverdachts mit dem Grundrecht auf informationelle Selbstbestimmung (Art. 2 Abs. 1 iVm Art. 1 Abs. 1 GG) bzw. (im Regelfall) Art. 10 Abs. 1 GG der betroffenen Person abgewogen werden. Dabei ist insbesondere von Belang, ob die ursprüngliche Nutzungsdatenerhebung rechtmäßig war.

c) Keine strenge Rechtmäßigkeitsprüfung. Die **Rechtmäßigkeit** der ursprünglichen Datenerhebung ist dagegen nicht – auch nicht im Hinblick auf § 49 S. 1 BDSG (iVm § 500 Abs. 1) – erforderlich, jedoch im Rahmen der Verhältnismäßigkeit als intensitätsbestimmender Faktor zu berücksichtigen (siehe → § 100a Rn. 325 ff.). 83

Zur Frage, wie mit der Verwertung von Daten umzugehen ist, bei denen die **genauen Umstände der ursprünglichen Datenerhebung nicht bekannt** (zB bei der Erhebung von Daten durch ausländische Behörden) sind, siehe detailliert → § 100e Rn. 93a. 84

3. Verwendung der Erkenntnisse zur Gefahrenabwehr. a) Maßnahmen nach § 100k Abs. 1 und Abs. 2. Aus strafprozessualen Maßnahmen nach § 100k Abs. 1 und Abs. 2 erlangte personenbezogene Daten dürfen ohne Einwilligung der von der Maßnahme betroffenen Personen nach **§ 479 Abs. 2 S. 2 StPO** nur wie folgt verwendet werden: zu Zwecken der Gefahrenabwehr, soweit sie dafür durch eine entsprechende Maßnahme nach den für die zuständige Stelle geltenden Gesetzen erhoben werden könnten (Nr. 1, Gedanke des rechtmäßig hypothetischen Ersatzeingriffs); zur Abwehr einer Gefahr für Leib, Leben oder Freiheit einer Person oder für die Sicherheit oder den Bestand des Bundes oder eines Landes oder für bedeutende Vermögenswerte, wenn sich aus den Daten im Einzelfall jeweils konkrete Ansätze zur Abwehr einer solchen Gefahr erkennen lassen (Nr. 2); für Zwecke, für die eine Übermittlung nach § 18 des Bundesverfassungsschutzgesetzes zulässig ist (Nr. 3). Der Begriff der „verwertbaren" Daten bedeutet, dass etwaige Verwertungsverbote, die sich im Ausgangsverfahren (zB nach der Abwägungslehre der Rspr.) ergeben haben, auch einer Verwertbarkeit zur Gefahrenabwehr entgegenstehen.[136] Die Rechtmäßigkeit der ursprünglichen Datenerhebung ist nur dann Voraussetzung für die Verwendbarkeit der Daten zur Gefahrenabwehr, wenn dies durch das jeweilige Gefahrenabwehrrecht selbst vorausgesetzt wird, § 49 S. 1 BDSG iVm § 500 Abs. 1 macht dies nicht zur Voraussetzung (siehe → § 100a Rn. 331). 85

b) Maßnahmen nach § 100k Abs. 3. Da auch § 479 Abs. 2 S. 2 voraussetzt, dass die strafprozessuale Maßnahme, aus der die Daten erlangt wurden, nur bei dem Verdacht bestimmter Straftaten angeordnet werden darf, können Nutzungsdaten nach § 2 Abs. 2 Nr. 3 lit. a TTDSG (bis 1. Dezember 2021: § 15 Abs. 1 S. 2 Nr. 1 TMG), die nach § 100k Abs. 3 abgefragt wurden, prinzipiell unbeschränkt zur Gefahrenabwehr übermittelt und verwendet werden. Allerdings sind auch bei der Übermittlung zu Gefahrabwehrzwecken nunmehr die **Vorgaben aus § 49 S. 1 BDSG** zu beachten. Hiernach muss die Verwendung der Nutzungsdaten zur Gefahrabwehr erforderlich und verhältnismäßig sein. Dementsprechend ist zu prüfen, ob der Gefahrabwehrerfolg auch ohne die Verwendung der Nutzungsdaten aus dem Ursprungsverfahren zu erzielen ist, insbesondere, ob dies mit milderen Mitteln gelingen kann. Ferner muss eine Verhältnismäßigkeitsprüfung vorgenommen werden, bei welcher die Schwere der nunmehr verfolgten Straftat und der Grad des bestehenden Tatverdachts mit dem Grundrecht auf informationelle Selbstbestimmung (Art. 2 Abs. 1 iVm Art. 1 Abs. 1 GG) bzw. (im Regelfall) mit Art. 10 Abs. 1 GG der betroffenen Person abgewogen 86

[136] Bär in KMR-StPO § 101a Rn. 22.

werden. Dabei ist insbesondere von Belang, ob die ursprüngliche Nutzungsdatenabfrage rechtmäßig war.

87 **4. Verwendung von Nutzungsdaten, die durch eine polizeirechtliche Maßnahme erlangt wurden.** Für aus präventiv-polizeirechtlichen Maßnahmen erlangte personenbezogene und Nutzungsdaten iSv § 2 Abs. 2 Nr. 3 TTDSG (bis 1. Dezember 2021: § 15 Abs. 1 TMG) gelten **unterschiedliche Regelungen** für die (hinsichtlich der Datenart und -menge) unbeschränkten Erhebungsnormen nach § 100k Abs. 1 und Abs. 2 auf der einen sowie die beschränkte Erhebungsnorm nach § 100k Abs. 3 auf der anderen Seite.

88 **a) Unbeschränkte Erhebungsnormen nach § 100k Abs. 1 und Abs. 2.** Präventiv-polizeilich unbeschränkt erhobene Nutzungsdaten (vergleichbar den Daten, die mit einer Maßnahme nach § 100k Abs. 1 und Abs. 2 erhoben werden können) können unter den Voraussetzungen des § 161 Abs. 3 für strafprozessuale Zwecke verwendet werden. Auch diese Vorschrift knüpft an den Grundsatz des **hypothetischen Ersatzeingriffs** an und lässt eine Umwidmung der Daten zu, wenn zum Zeitpunkt der Verwertung der Daten im Strafverfahren hypothetisch alle materiellen Anordnungsvoraussetzungen einer Maßnahme nach § 100k Abs. 1 und Abs. 2 vorliegen (siehe die Begründung bei → § 100a Rn. 377).[137] Diese Beschränkungen gelten entgegen der hM aus verfassungsrechtlichen Gründen sowohl für die Verwendung zu Beweiszwecken als auch als sog. Spurenansatz (→ § 100a Rn. 377). Eine rechtmäßige Datenerhebung nach Polizeirecht ist dagegen für die Verwendung im Strafverfahren nicht zwingend vorausgesetzt. Auch § 49 S. 1 BDSG iVm § 500 Abs. 1 und Art. 4 Abs. 2 der Richtlinie 2016/680 setzen dies richtigerweise nicht voraus. Die Rechtswidrigkeit ist jedoch als intensitätserhöhender Faktor bei der im Rahmen der Prüfung des hypothetisch rechtmäßigen Ersatzeingriffs vorzunehmenden hypothetischen Verhältnismäßigkeitsprüfung zur Verwendung im Strafverfahren und ebenfalls im Rahmen der Abwägung bei der Frage eines Beweisverwertungsverbots zu berücksichtigen (siehe oben → § 100a Rn. 380).

89 **b) Beschränkte Erhebungsnorm nach § 100k Abs. 3.** Sofern eine Norm aus dem Polizei- und Sicherheitsrecht vergleichbar zu § 100k Abs. 3 eine auf Nutzungsdaten nach § 2 Abs. 2 Nr. 3 lit. a TTDSG (bis 1. Dezember 2021: § 15 Abs. 1 S. 2 Nr. 1 TMG) beschränkte Nutzungsdatenerhebung zulässt, ist eine Verwendung dieser Daten unter den Voraussetzungen von **§ 49 S. 1 BDSG** (also hauptsächlich Verhältnismäßigkeitsprüfung der Zweckänderung) zulässig (siehe hierzu oben → Rn. 88).

90 **5. Beweisverwertungsverbote.** Die Frage, ob in den gesetzlich nicht geregelten Fällen einer materiell bzw. formell rechtswidrigen Anordnung nach § 100k im Einzelfall ein Verwertungsverbot besteht, ist nach den von der Rspr. entwickelten Grundsätzen der Abwägungslehre zu beantworten. Hierfür ist eine **Abwägung** zwischen dem öffentlichen Strafverfolgungsinteresse einerseits und den individuellen Interessen des hiervon Betroffenen an der Wahrung seiner Rechtsgüter andererseits zu prüfen (→ § 100a Rn. 332 ff.). Entscheidende Bedeutung kommt dabei Art und Gewicht des Verstoßes gegen §§ 100k, 101a zu.

91 Für materiell rechtswidrige Anordnungen der Maßnahmen nach § 100k Abs. 1 und Abs. 2 kann auf die Ausführungen zu den einzelnen Verstößen (zB fehlerhafte Annahme eines Tatverdachts, fehlender Tatverdacht hinsichtlich einer Katalogtat, Fehler bei der Subsidiaritäts- und Verhältnismäßigkeitsprüfung) **bei § 100a verwiesen werden (→ § 100a Rn. 345 ff.).** Die zu § 100a entwickelten Grundlagen können auf § 100k aufgrund der ähnlichen Regelungssystematik übertragen werden, wobei bei Maßnahmen nach § 100k Abs. 1 und Abs. 2 dann häufig ein weniger intensiver Grundrechtseingriff vorliegen wird als bei § 100a, wenn es sich bei den abgefragten Nutzungsdaten um verkehrsdatenähnliche Nutzungsdaten (also solche, welche die Umstände der Telemediennutzung und nicht deren Inhalt betreffen) handelt. In diesen Fällen wird die Abwägung häufiger zugunsten des Straf-

[137] BGH 26.4.2017 – 2 StR 247/16, NJW 2017, 3173 (3177); 15.11.2017 – 2 StR 128/17, NStZ 2018, 296; Köhler in Meyer-Goßner/Schmitt § 161 Rn. 18b f.

verfolgungsinteresses ausgehen.[138] Handelt es sich dagegen um Nutzungsdaten, welche Aufschlüsse über den Inhalt der Nutzung des Telemediendienstes geben, gelten dieselben Maßstäbe wie bei § 100a.

Bei Maßnahmen nach § 100k Abs. 3 liegt bei Verstößen im Regelfall ein Grundrechts- 92
verstoß vor, der **mit einer einzelnen Verkehrsdatenabfrage nach § 100g vergleichbar ist.** Dementsprechend gelten die dort genannten Maßstäbe für die Abwägung (siehe → § 100g Rn. 118 ff.).

Beweisverwertungsverbote bei formellen Verstößen werden bei → § 101a Rn. 71 ff. 93
behandelt.

XI. Berichtspflicht, § 101b

Auch für die Maßnahmen nach § 100k ist eine – vergleichsweise detaillierte – **Berichts-** 94
pflicht in § 101b vorgesehen (siehe → § 101b Rn. 7a f.).

C. Rechtsbehelfe

Gemäß § 101a Abs. 6 S. 2 iVm § 101 Abs. 7 S. 2 bis 4 iVm § 101a Abs. 6 S. 1 können 95
die betroffenen Nutzer des Telemediendienstes gegen richterliche wie gegen nichtrichterliche Anordnungen nach § 100k Abs. 1 einen **Antrag auf Überprüfung der Rechtmäßigkeit der Maßnahme sowie der Art und Weise ihres Vollzuges** stellen. Dieser Rechtsbehelf geht als abschließende Sonderregelung der Beschwerde nach § 304 und dem Rechtsbehelf nach § 98 Abs. 2 S. 2 analog vor. Andernfalls würde die gesetzliche Antragsfrist von zwei Wochen in § 101 Abs. 7 S. 2 sowie die Ausgestaltung des gegen diese Entscheidung nach § 101 Abs. 7 S. 3 statthaften Rechtsmittels als sofortige Beschwerde leerlaufen (→ § 101 Rn. 113 ff.). Wie sich aus dem Wortlaut von § 101 Abs. 7 S. 2 ergibt („auch") ist der Rechtsbehelf auch vor Beendigung der Maßnahmen statthaft. Er ist auch in diesem Fall vorrangig zu § 304 und § 98 Abs. 2 S. 2 analog (Details bei → § 101 Rn. 114).[139]

Gegen die richterliche Anordnung der Maßnahme oder die richterliche Bestätigung 96
einer staatsanwaltschaftlichen Eilanordnung können andere Betroffene als die betroffenen Nutzer des Telemediendienstes nach **§ 304 Abs. 2** die **einfache Beschwerde** einlegen. In der Praxis betrifft dies vor allem die Telemedien-Dienstleister, welche zur Auskunft verpflichtet werden (vgl. § 304 Abs. 2). Gegen staatsanwaltschaftliche Eilanordnungen ist zudem ein Antrag auf gerichtliche Entscheidung analog § 98 Abs. 2 S. 2 statthaft. Dies gilt (auch nach Beendigung der Maßnahme) auch für die Fälle, in denen eine Überprüfung der Art und Weise des Vollzugs der Maßnahme begehrt wird.[140]

Unklar war bis vor Kurzem, ob für Maßnahmen nach § 100k Abs. 2 und Abs. 3 ebenfalls 97
der Verweis in § 101a Abs. 6 S. 2 auf § 101 Abs. 7 S. 2–4 gilt und die betroffenen Nutzer der Telemedien daher den Spezialrechtsbehelf einlegen können. Die Nichtnennung von § 100k Abs. 2 in § 101a Abs. 6 S. 1 in der ursprünglich im Bundesgesetzblatt veröffentlichten Fassung beruhte auf einem Redaktionsversehen (siehe hierzu oben → Rn. 8 und → § 101a Rn. 84). In der von Bundestag und Bundesrat verabschiedeten Gesetzesfassung war § 100k Abs. 2 dort noch genannt. Die durch das redaktionelle Versehen entstandene Gesetzeslücke war bis zur Korrektur durch die Berichtigung des Gesetzes zur Anpassung der Regelungen über die Bestandsdatenauskunft an die Vorgaben aus der Entscheidung des Bundesverfassungsgerichts vom 27. Mai 2020[141] im Wege einer analogen Anwendung von § 101a Abs. 6 auf Maßnahmen nach § 100k Abs. 2 zu schließen (ausführliche Begründung der Analogie und Nachweis der Diskrepanz zwischen Bundesgesetzblatt und verabschiedeter Fassung

[138] Wie hier Bruns in KK-StPO § 100g Rn. 21.
[139] Köhler in Meyer-Goßner/Schmitt § 101 Rn. 25 aE.
[140] Wohlers/Greco in SK-StPO § 98 Rn. 50 f.
[141] BGBl. 2021 I 1380.

→ Rn. 8 und → § 101a Rn. 84). Gegen eine Einbeziehung von Maßnahmen nach § 100k Abs. 3 sprach dagegen bereits vor der Berichtigung, dass sich § 101a Abs. 6 S. 2 in systematischer Hinsicht nur auf § 101a Abs. 6 S. 1 beziehen kann und sich damit auf Maßnahmen nach § 100k Abs. 1 (und nach hier vertretener Auffassung Abs. 2) beschränkte, weil in § 101a Abs. 7 eine spezielle Benachrichtigungsvorschrift ohne Verweis auf § 101 Abs. 7 S. 2–4 geregelt ist, die nach hier vertretener Auffassung (siehe → § 101a Rn. 134) bis zur Berichtigung für Maßnahmen nach § 100k Abs. 3 im Wege eines Analogieschlusses galt, für Maßnahmen nach § 100k Abs. 2 dagegen nicht (teleologische Reduktion). Diese Rechtsauffassung wurde nunmehr durch die Berichtigung bestätigt, da in der berichtigten Fassung § 101a Abs. 6 S. 1 ausdrücklich nur für Maßnahmen nach § 100k Abs. 1 und Abs. 2 gilt, nicht jedoch für § 100k Abs. 3. **Daher ist davon auszugehen, dass der Rechtsbehelf des § 101 Abs. 7 S. 2–4 nur für Maßnahmen nach § 100k Abs. 1 und Abs. 2 anwendbar ist.** Für Maßnahmen nach § 100k Abs. 3 verbleibt es daher bei den allgemeinen Rechtsbehelfen nach § 304 (Beschwerde) und § 98 Abs. 2 S. 2 (richterliche Entscheidung gegen staatsanwaltschaftliche oder polizeiliche Maßnahmen).

D. Revision

98 Mit der Revision kann in einer den Anforderungen des § 344 Abs. 2 S. 2 genügenden Weise mit der **Verfahrensrüge** beanstandet werden, das Tatgericht habe bei seiner Entscheidung zu Unrecht Nutzungsdaten verwertet, weil diese entweder bereits rechtswidrig erhoben worden seien oder zwar rechtmäßig erhoben worden seien, indes zu strafprozessualen Zwecken nicht hätten verwertet werden dürfen (→ § 100a Rn. 386 ff.).

99 Eine Übertragung der **Widerspruchslösung** auf § 100k ist bislang durch den BGH nicht erfolgt. Angesichts der Anwendung der Widerspruchslösung bei § 100a ist es jedoch wahrscheinlich, dass der BGH das Widerspruchserfordernis zur Erhaltung der Rügemöglichkeit bei nicht beachteten Beweisverwertungsverboten auch im Rahmen von § 100k zur Anwendung bringen wird (Details und Kritik bei → § 100a Rn. 358 ff.)

§ 101 Verfahrensregelungen bei verdeckten Maßnahmen

(1) Für Maßnahmen nach den §§ 98a, 99, 100a bis 100f, 100h, 100i, 110a, 163d bis 163g gelten, soweit nichts anderes bestimmt ist, die nachstehenden Regelungen.

(2) ¹Entscheidungen und sonstige Unterlagen über Maßnahmen nach den §§ 100b, 100c, 100f, 100h Abs. 1 Nr. 2 und § 110a werden bei der Staatsanwaltschaft verwahrt. ²Zu den Akten sind sie erst zu nehmen, wenn die Voraussetzungen für eine Benachrichtigung nach Absatz 5 erfüllt sind.

(3) ¹Personenbezogene Daten, die durch Maßnahmen nach Absatz 1 erhoben wurden, sind entsprechend zu kennzeichnen. ²Nach einer Übermittlung an eine andere Stelle ist die Kennzeichnung durch diese aufrechtzuerhalten.

(4) ¹Von den in Absatz 1 genannten Maßnahmen sind im Falle
1. des § 98a die betroffenen Personen, gegen die nach Auswertung der Daten weitere Ermittlungen geführt wurden,
2. des § 99 der Absender und der Adressat der Postsendung,
3. des § 100a die Beteiligten der überwachten Telekommunikation,
4. des § 100b die Zielperson sowie die erheblich mitbetroffenen Personen,
5. des § 100c
   a) der Beschuldigte, gegen den sich die Maßnahme richtete,
   b) sonstige überwachte Personen,
   c) Personen, die die überwachte Wohnung zur Zeit der Durchführung der Maßnahme innehatten oder bewohnten,

6. des § 100f die Zielperson sowie die erheblich mitbetroffenen Personen,
7. des § 100h Abs. 1 die Zielperson sowie die erheblich mitbetroffenen Personen,
8. des § 100i die Zielperson,
9. des § 110a
   a) die Zielperson,
   b) die erheblich mitbetroffenen Personen,
   c) die Personen, deren nicht allgemein zugängliche Wohnung der Verdeckte Ermittler betreten hat,
10. des § 163d die betroffenen Personen, gegen die nach Auswertung der Daten weitere Ermittlungen geführt wurden,
11. des § 163e die Zielperson und die Person, deren personenbezogene Daten gemeldet worden sind,
12. des § 163f die Zielperson sowie die erheblich mitbetroffenen Personen
13. des § 163g die Zielperson

zu benachrichtigen. [2]Dabei ist auf die Möglichkeit nachträglichen Rechtsschutzes nach Absatz 7 und die dafür vorgesehene Frist hinzuweisen. [3]Die Benachrichtigung unterbleibt, wenn ihr überwiegende schutzwürdige Belange einer betroffenen Person entgegenstehen. [4]Zudem kann die Benachrichtigung einer in Satz 1 Nummer 2 und 3 bezeichneten Person, gegen die sich die Maßnahme nicht gerichtet hat, unterbleiben, wenn diese von der Maßnahme nur unerheblich betroffen wurde und anzunehmen ist, dass sie kein Interesse an einer Benachrichtigung hat. [5]Nachforschungen zur Feststellung der Identität einer in Satz 1 bezeichneten Person sind nur vorzunehmen, wenn dies unter Berücksichtigung der Eingriffsintensität der Maßnahme gegenüber dieser Person, des Aufwands für die Feststellung ihrer Identität sowie der daraus für diese oder andere Personen folgenden Beeinträchtigungen geboten ist.

(5) [1]Die Benachrichtigung erfolgt, sobald dies ohne Gefährdung des Untersuchungszwecks, des Lebens, der körperlichen Unversehrtheit und der persönlichen Freiheit einer Person und von bedeutenden Vermögenswerten, im Fall des § 110a auch der Möglichkeit der weiteren Verwendung des Verdeckten Ermittlers möglich ist. [2]Wird die Benachrichtigung nach Satz 1 zurückgestellt, sind die Gründe aktenkundig zu machen.

(6) [1]Erfolgt die nach Absatz 5 zurückgestellte Benachrichtigung nicht binnen zwölf Monaten nach Beendigung der Maßnahme, bedürfen weitere Zurückstellungen der gerichtlichen Zustimmung. [2]Das Gericht bestimmt die Dauer weiterer Zurückstellungen. [3]Es kann dem endgültigen Absehen von der Benachrichtigung zustimmen, wenn die Voraussetzungen für eine Benachrichtigung mit an Sicherheit grenzender Wahrscheinlichkeit auch in Zukunft nicht eintreten werden. [4]Sind mehrere Maßnahmen in einem engen zeitlichen Zusammenhang durchgeführt worden, so beginnt die in Satz 1 genannte Frist mit der Beendigung der letzten Maßnahme. [5]Bei Maßnahmen nach den §§ 100b und 100c beträgt die in Satz 1 genannte Frist sechs Monate.

(7) [1]Gerichtliche Entscheidungen nach Absatz 6 trifft das für die Anordnung der Maßnahme zuständige Gericht, im Übrigen das Gericht am Sitz der zuständigen Staatsanwaltschaft. [2]Die in Absatz 4 Satz 1 genannten Personen können bei dem nach Satz 1 zuständigen Gericht auch nach Beendigung der Maßnahme bis zu zwei Wochen nach ihrer Benachrichtigung die Überprüfung der Rechtmäßigkeit der Maßnahme sowie der Art und Weise ihres Vollzugs beantragen. [3]Gegen die Entscheidung ist die sofortige Beschwerde statthaft. [4]Ist die öffentliche Klage erhoben und der Angeklagte benachrichtigt worden, entscheidet über den Antrag das mit der Sache befasste Gericht in der das Verfahren abschließenden Entscheidung.

(8) [1]Sind die durch die Maßnahme erlangten personenbezogenen Daten zur Strafverfolgung und für eine etwaige gerichtliche Überprüfung der Maßnahme nicht mehr erforderlich, so sind sie unverzüglich zu löschen. [2]Die Löschung ist aktenkundig zu machen. [3]Soweit die Löschung lediglich für eine etwaige gerichtliche Überprüfung der Maßnahme zurückgestellt ist, dürfen die Daten ohne Einwilligung der betroffenen Personen nur zu diesem Zweck verwendet werden; ihre Verarbeitung ist entsprechend einzuschränken.

Schrifttum: Blenk, Der Rechtsbehelf gegen heimliche Ermittlungsmaßnahmen gemäß § 101 Abs. 7 S. 2–4 StPO: eine Analyse problematischer Fallkonstellationen anhand der bisherigen höchstrichterlichen Rechtsprechung sowie eine Gesetzesauslegung von ausgewählten Problemkreisen, 2017; Burghardt, Die neue Unübersichtlichkeit – Die Rechtsprechung des BGH zum nachträglichen Rechtsschutz gegen verdeckte Ermittlungsmaßnahmen, HRRS 2009, 569; Hiéramente, Die Verwertbarkeit von Zufallsfunden bei der (Email-)Telekommunikationsüberwachung in Straf- und Zivilverfahren, wistra 2015, 9; Hilger, Über Vernichtungsregeln in der StPO, NStZ 1997, 371 ff.; Hilger, Neues Strafverfahren durch das OrgKG – 2. Teil, NStZ 1992, 523 ff; Kahmen, Die Vorschriften zur Benachrichtigungspflicht gemäß § 101 IV-VI StPO und ihre praktische Umsetzung, 2017; Löffelmann, Nachträglicher Rechtsschutz gegen bereits erledigte verdeckte polizeiliche Überwachungsmaßnahmen nach §§ 20g bis § 20n BKAG ff, wenn auch Strafverfolgung stattgefunden hat, JR 2018, 45; Löffelmann, Der Rechtsschutz gegen Ermittlungsmaßnahmen, StV 2009, 378; Löffelmann, Zum Übergang der Zuständigkeit zur Entscheidung über Rechtsbehelfe gegen Ermittlungsmaßnahmen des erkennenden Gerichts und andere Absonderlichkeiten des Rechtsschutzsystems im Ermittlungsverfahren, ZIS 2009, 495; Mertens, Das Gesetz gegen die Organisierte Kriminalität, eine unerträgliche Geschichte, ZRP 1992, 205 ff.; Meyer/Rettenmaier, Die Praxis des nachträglichen Rechtsschutzes gegen strafprozessuale Zwangsmaßnahmen – Rückkehr der strafprozessualen Überholung?, NJW 2009, 1238 ff; Neuhöfer/Steinbeck, Benachrichtigungspflicht bei E-Mail-Beschlagnahme, jurisPR-Compl 2 2016, Anmerkung 1; Puschke/Singelstein, Telekommunikationsüberwachung, Vorratsdatenspeicherung und (sonstige) heimliche Ermittlungsmaßnahmen der StPO nach der Neuregelung zum 1.1.2008, NJW 2008, 113 ff.; Schnarr, Über die Pflicht zur Vernichtung von Unterlagen nach § 100b Abs. 5 Satz 1 StPO, MDR 1987, 1; Simitis (Hrsg.), Kommentar zum Bundesdatenschutzgesetz, 6. Auflage, 2006; Singelstein, Rechtsschutz gegen heimliche Ermittlungsmaßnahmen nach Einführung des § 101 VII 2-4 StPO, NStZ 2009, 481; Strate, Annexion des Strafverfahrens durch die Polizei, ZRP 1990, 143 ff; Weisser, Strafprozessuale Auskunftsersuchen über Postsendungen, wistra 2016, 387; ders., Auskunftsverlangen über Postsendungen nach § 99 Abs. 2 StPO – ein Überblick nach der Reform, NZWiSt 2021, 372; Wesemann, Die Neuregelungen des § 101 StPO, StraFo 2009, 505; Wettley/Nöding, Akteneinsicht in Telekommunikationsdaten, NStZ 2016, 633.

Übersicht

A. Erläuterung

§ 101 beinhaltet für sämtliche der in Abs. 1 aufgeführten Ermittlungsmaßnahmen, mithin für die Maßnahmen nach den §§ 98a, 99, 100a–100f, 100h, 100i, 110a sowie für diejenigen der §§ 163d–163f einheitlich all diejenigen verfahrensrechtlichen Vorschriften, die bisher maßnahmenspezifisch und mitunter auch voneinander abweichend geregelt waren.[1] Für Maßnahmen nach § 100g sind die Verfahrensregeln nunmehr (und nicht gerade der Übersichtlichkeit dienlich) in § 101a geregelt. § 101 regelt für alle dort genannten Maßnahmen im Lichte der aktuellen Rechtsprechung des BVerfG die (getrennte) **Aktenführung** (Abs. 1), die **Kennzeichnung** der aufgrund der vorgenannten Maßnahmen gewonnenen personenbezogenen Daten (Abs. 3), maßnahmenspezifisch die **Benachrichtigung** der Betroffenen (Abs. 4) bzw. die Möglichkeit sowie Voraussetzungen für eine zeitweise **Zurückstellung dieser Benachrichtigung** (Abs. 5), die **gerichtliche Kontrolle** der in Abs. 5 normierten Gründe für eine Zurückstellung der Benachrichtigung (Abs. 6), die **Zuständigkeit** für die nach Abs. 6 zu treffenden Entscheidungen (Abs. 7) sowie die **Löschung** der durch die Maßnahmen erlangten, indes nicht mehr benötigten personenbezogenen Daten (Abs. 8). 1

I. Anwendungsbereich (Abs. 1)

Von der Vorschrift des Abs. 1 werden mit der Rasterfahndung (§ 98a), dem Verfahren bei der Postbeschlagnahme (§ 99), der Telekommunikationsüberwachung inklusive der 2

[1] Zur Neuregelung vgl. Löffelmann StV 2009, 379; Löffelmann ZIS 2009, 495; Wesemann StraFo 2009, 505.

Quellen-Telekommunikationsüberwachung (§ 100a), der Online-Durchsuchung, der akustischen Wohnraumüberwachung (100c), den Maßnahmen der akustischen Überwachung außerhalb von Wohnungen (§ 100f), dem Einsatz besonderer technischer Mittel (§ 100h), dem Einsatz des sogenannten „IMSI-Catcher" und nunmehr – zumindest nach Auffassung des BGH (→ § 100i Rn. 28) – der sogenannten Stillen SMS (§ 100i), dem Einsatz eines Verdeckten Ermittlers (§ 110a), der Schleppnetzfahndung (§ 163d), der Ausschreibung zur polizeilichen Beobachtung (§ 163e) sowie der längerfristigen Observation (§ 163f) **alle verdeckten** Ermittlungsmaßnahmen erfasst. Die Verkehrsabfrage nach § 100g soll zwar nach dem Willen des Gesetzgebers keine verdeckte Ermittlungsmaßnahme sein, ist es faktisch aber dennoch (→ § 100g Rn. 53). Die Verfahrensregeln für § 100g finden sich nun in § 101a. Aus der Perspektive des Gesetzgebers, der die Verkehrsdatenabfrage nicht als verdeckte Ermittlungsmaßnahme betrachtet (→ § 100g Rn. 53), ergibt die Ausklammerung des § 100g aus § 101 aufgrund der neuen amtlichen Überschrift von § 101 Sinn. Dieselben Erwägungen gelten nun auch für den neuen § 100k (→ § 100k Rn. 31.).

3 **Vereinzelte bereichsspezifische Regelungen** zu den vorgenannten Maßnahmen finden sich noch in § 98b Abs. 3 sowie § 100i Abs. 2 S. 2. Die nunmehr in § 100d enthaltenen Regelungen, wonach kernbereichsrelevante Daten nicht erhoben werden dürfen und, wenn sie doch erhoben wurden, nicht verwertet werden dürfen sowie unverzüglich zu löschen sind und die Tatsache ihrer Erlangung und Löschung aktenkundig zu machen ist, sollten vom Gesetzgeber ebenfalls in § 101 verschoben werden. Das Verbot der Erhebung und Verwertung kernbereichsrelevanter Informationen ist als verfassungsrechtliches Gebot unmittelbar von den Strafverfolgungsbehörden bei jeder Ermittlungsmaßnahmen zu beachten. Zwar verlangt das BVerfG eine ausdrückliche gesetzliche Regelung von Kernbereichsvorschriften nur bei Maßnahmen, bei denen es „typischerweise" zur Erhebung von Kernbereichsdaten kommt (→ § 100d Rn. 2). Angesichts der fortschreitenden und zu begrüßenden Entformalisierung des Kernbereichsbegriffs und einer Rückführung zu einem materiellen Begriff des Kernbereichs privater Lebensführung (→ § 100d Rn. 5 ff.) kann jedoch diese Typizität für alle in § 101 genannten Maßnahmen bejaht werden. Diese Entwicklung ist bereits an § 100h Abs. 4 zu erkennen.

4 Von der Einbeziehung der **DNA-Analyse** nach § 81e Abs. 1 in § 101 hat der Gesetzgeber mit der zutreffenden Erwägung Abstand genommen, dass es sich hierbei um keine verdeckte Ermittlungsmaßnahme handelt. Bei der molekularbiologischen Untersuchung einer aufgefundenen, anonymen Spur nach § 81e Abs. 2 kommt zudem eine Benachrichtigung (jedenfalls zunächst) nicht in Betracht.[2]

5 Die am 1.1.2008 in Kraft getretene Regelung des § 101 findet auch auf sogenannte Altfälle Anwendung, mithin auf diejenigen Verfahren, in denen die verdeckten Maßnahmen bereits vor Inkrafttreten der neuen Regelung durchgeführt worden waren. Ändern sich im Laufe eines Ermittlungsverfahrens strafprozessuale Vorschriften, so ist für das weitere Verfahren grundsätzlich **die neue Rechtslage maßgeblich.**[3] Maßgebliche Änderungen von § 101 sind durch die Aufnahme von § 100b[4] und das Herausfallen von § 100g erfolgt (Verfahrensregelungen jetzt isoliert in § 101a).[5] Im Übrigen wurde § 101 lediglich um eine amtliche Überschrift ergänzt[6] und redaktionelle Änderungen vorgenommen.[7]

II. Getrennte Aktenführung (Abs. 2)

6 **1. Zweck und Wechselwirkung der getrennten Aktenführung.** § 101 Abs. 2 flankiert § 101 Abs. 4 S. 3, Abs. 5 und führt in Fällen, in denen eine Benachrichtigung aus berechtigten staatlichen oder persönlichen Geheimhaltungsinteressen zurückgestellt wird

---

[2] BT-Drs. 16/5846, 57.
[3] BGH 27.11.2008 – 3 StR 342/08, NJW 2009, 791 (792).
[4] BGBl. 2017 I 3202.
[5] BGBl. 2015 I 2218.
[6] BGBl. 2015 I 1332.
[7] Zuletzt BGBl. 2019 I 1724.

oder ganz unterbleibt dazu, dass die Geheimhaltung nicht durch das **Akteneinsichtsrecht nach § 147 und die Vorlegungspflicht nach § 199 Abs. 2 S. 2 StPO** unterlaufen wird. Hierdurch beschränkt § 101 Abs. 2 gleichzeitig jedoch das für eine **effektive Verteidigung** wichtige Akteneinsichtsrecht und behindert die materielle Wahrheitsfindung durch das Gericht. Die getrennte Aktenführung ist deshalb verfassungsrechtlich problematisch, wenngleich nach Auffassung des BVerfG in der geltenden Fassung mit dem Grundgesetz zu vereinbaren.[8] Zu beachten ist allerdings, dass die Verfassungsmäßigkeit von der Abwägung des fair-trial-Prinzips (als Grundlage des Akteneinsichtsrechts) und der Rechtsgüter, welche die Geheimhaltung bedingen, abhängt. Dementsprechend sind die Gründe für eine Zurückstellung oder für ein vollständiges Absehen von einer Benachrichtigung, welche über § 101 Abs. 2 auch zu einer Beeinträchtigung des Akteneinsichtsrechts führen, stets eng auszulegen und die Strafverfolgungsbehörden sind verpflichtet, auf einen Wegfall der Gründe für eine getrennte Aktenführung aktiv hinzuwirken.[9]

2. Statthaftigkeit der getrennten Aktenführung. Nach Abs. 2 S. 1 sind bei Maß- 7
nahmen der **Onlinedurchsuchung** gemäß § 100b, der **Wohnraumüberwachung** gemäß § 100c, des **Abhörens außerhalb von Wohnungen** nach § 100f, des **Einsatzes technischer Mittel** nach § 100h im Falle der Verwendung sonstiger besonderer für Observationszwecke bestimmter technischer Mittel (§ 100h Abs. 1 Nr. 2) sowie des **Einsatzes Verdeckter Ermittler** nach § 110a die diesbezüglichen „Entscheidungen" und „sonstigen Unterlagen" bei der Staatsanwaltschaft zu verwahren. Zu den Akten sind sie gemäß Abs. 1 S. 2 erst zu nehmen, wenn die Voraussetzungen einer Benachrichtigung nach Abs. 5 erfüllt sind. Auffällig ist, dass zwar die Online-Durchsuchung, nicht aber die Quellen-Telekommunikationsüberwachung nach § 100a Abs. 1 S. 2, S. 3 aufgeführt ist. Dies erscheint deshalb widersinnig, weil die Geheimhaltungsinteressen bei § 100b keine anderen sein dürften als diejenigen bei § 100a Abs. 1 S. 2, S. 2 – nämlich die Bezeichnung, Funktionalität und der Quellcode des eingesetzten Spähprogramms. Im Umkehrschluss aus der Regelung in Abs. 2 S. 1 ergibt sich für die Quellen-TKÜ jedenfalls nach geltender Gesetzeslage, dass die Unterlagen wie bei einer „normalen" TKÜ sofort zu den Akten zu nehmen sind und nicht in getrennten Sonderheften geführt werden dürfen.

In Abs. 2 wurden damit die vormals in § 100d Abs. 9 S. 5 aF, § 101 Abs. 4 iVm § 100f 8
Abs. 2 aF, § 101 Abs. 4 iVm § 100f Abs. 1 Nr. 2 aF und § 110d Abs. 2 aF eröffneten Möglichkeiten einer getrennten Aktenführung zentral zusammengefasst und auf die neugeschaffene Befugnis zur Online-Durchsuchung erweitert. Die Vorschrift erfasst damit lediglich einzelne und mit den §§ 100b, 100c, 100f und 110a drei der gewichtigsten, freilich nicht sämtliche der verdeckten Ermittlungsmaßnahmen. Auf die praxisrelevanteste unter den eingriffsintensiven Maßnahmen, **die Telekommunikationsüberwachung nach § 100a, findet Abs. 2 keine Anwendung.** Zwar hat der Gesetzgeber bedacht, dass eine getrennte Aktenführung namentlich nach Anklageerhebung zu „einer nicht unerheblichen Beschränkung des Akteneinsichtsrechts" führt[10] und wollte aus diesem Grund den Anwendungsbereich der Norm auf diejenigen Fälle beschränken, für die „aus der Praxis (…) Bedarf bekundet" wurde.[11] Gerade im Falle der Telekommunikationsüberwachung dürften indes die in Abs. 5 genannten und nach Abs. 2 S. 2 eine getrennte Aktenführung rechtfertigenden Gründe nicht seltener vorliegen als im Falle des § 100f. Insgesamt ist die Begrenzung der getrennten Aktenführung zwar aus rechtsstaatlichen Gesichtspunkten zu begrüßen, die Auswahl der Vorschriften, auf welche sie anwendbar ist, erscheint dagegen nicht sachgerecht.

3. Gegenstand der getrennten Aktenführung. Abs. 2 erfasst „Entscheidungen" und 9
„sonstige Unterlagen". Der Begriff der **„Entscheidung"** iS dieser Vorschrift ist nicht

8 BVerfG 3.3.2004 – 1 BvR 2378/98, NJW 2004, 999 (1017).

9 BVerfG 3.3.2004 – 1 BvR 2378/98, NJW 2004, 999 (1017); Gercke in Gercke/Julius/Temming/Zöller § 101 Rn. 2; ausführliche verfassungsrechtliche Kritik bei Hauck in Löwe/Rosenberg § 101 Rn. 5 ff.; siehe auch Wolter/Jäger in SK-StPO § 101 Rn. 4.

10 BT-Drs. 16/5846, 58.

11 BT-Drs. 16/5846, 58.

gleichzusetzen mit dem strafprozessualen Entscheidungsbegriff, wie er etwa in § 33 Verwendung findet. Dieser erfasst sämtliche Urteile, Beschlüsse und Verfügungen des erkennenden bzw. entscheidenden Gerichts[12] und damit jede Entscheidung, durch die entweder in die sachlich-rechtliche oder verfahrensrechtliche Stellung eines Prozessbeteiligten eingegriffen wird. Der Begriff der Entscheidung iSd Abs. 2 geht inhaltlich hierüber hinaus. Er umfasst auch die dienstinternen Entscheidungen der an der Maßnahme beteiligten Exekutivbehörden wie Polizei und Staatsanwaltschaft, die im Zusammenhang mit den von Abs. 2 erfassten Maßnahmen stehen. Auch muss den von Abs. 2 erfassten Daten, wie sich aus der wenig glücklichen Formulierung **„sonstige Unterlagen"** ergibt, kein Regelungscharakter zukommen. Zu ihnen gehören ua die Anregungen der Polizei auf den Einsatz entsprechender Ermittlungsmaßnahmen, die diesbezüglichen Anträge der Staatsanwaltschaft, die Aktenvermerke eines VE-Führers über die von dem Verdeckten Ermittler erlangten Informationen[13] ebenso wie die von der Staatsanwaltschaft zu fertigenden Vermerke über die Gespräche mit der Polizei bzgl. des Einsatzes des Verdeckten Ermittlers[14] sowie sämtliche aufgrund der Maßnahme erlangten weiteren Ermittlungsergebnisse.

10 Die vorgenannten Unterlagen sind gemäß Abs. 2 S. 1 bei der **Staatsanwaltschaft zu verwahren** und werden dort in entsprechenden „Sonderakten" bzw. „Sonderheften" geführt. Nach Abs. 2 S. 2 sind diese erst dann zu den (Haupt)Akten zu nehmen, wenn die Voraussetzungen für die Benachrichtigung der von der Maßnahme Betroffenen gegeben sind. Beide Vorgänge haben mithin grundsätzlich zum selben Zeitpunkt zu erfolgen. In tatsächlicher Hinsicht wird die Maßnahme nach Abs. 2 S. 2 im Ermittlungsverfahren dadurch umgesetzt, dass die entsprechenden Sonderbände nicht mehr getrennt, sondern nunmehr zusammen mit den Akten geführt werden. Nach Anklageerhebung werden die Sonderbände dem Gericht übersandt. Erst ab dem Zeitpunkt ihrer Offenlegung unterliegen die entsprechenden Unterlagen der Regelung des § 147. Bis zu diesem Zeitpunkt geht die Regelung in Abs. 2 S. 1 hingegen der des § 147 Abs. 2 vor.[15] Es bedarf im Falle einer von Abs. 2 S. 1 erfassten Maßnahmen bis zum Zeitpunkt des Abs. 5 auch keines Hinweises oder gar Vermerkes, dass die **Akteneinsicht** beschränkt sei.

11 **4. Dauerhafte Aktentrennung.** Auch wenn Abs. 6 S. 3 in Abs. 2 S. 1 nicht explizit genannt ist, wird in der Literatur vertreten, dass die getrennte Aktenführung dauerhaft bestehen bleibt, wenn nach dieser Vorschrift von der Benachrichtigung endgültig abgesehen wird.[16] Dem ist allerdings zu widersprechen. Die Offenlegung in Abs. 2 S. 2 knüpft nicht an eine formelle Entscheidung zur Benachrichtigung oder zu deren Unterbleiben an, sondern explizit an **das (materielle) Bestehen der Voraussetzungen der Benachrichtigung** und damit schlicht an das Nichtbestehen der in Abs. 5 genannten Zurückstellungsgründe. Dementsprechend endet die getrennte Aktenführung in dem Moment, in dem diese Gründe nicht mehr bestehen. Auf eine formelle Entscheidung des Gerichts, dass die Benachrichtigung endgültig unterbleibt, kommt es dagegen hierfür nicht an.

12 **5. Keine aktiven Täuschungshandlungen.** Das durch Abs. 2 S. 1 gesetzlich legitimierte ermittlungstaktische Bestreben von Polizei und Staatsanwaltschaft, die von dieser Vorschrift erfassten Maßnahmen selbst nach Offenlegung des Ermittlungsverfahrens als solches noch geheim zu halten, **berechtigt die vorgenannten Stellen freilich nicht** dazu, zum Zwecke der Verschleierung oder weiteren Geheimhaltung der Maßnahme unwahre Sachverhalte darzustellen bzw. falsche Erklärungen abzugeben. Ein solches Vorgehen verstieße gegen den „Fair-trial"-Grundsatz.[17] Zulässig ist es hingegen, zu entsprechenden Nachfragen Verfahrensbeteiligter keine Erklärungen abzugeben.

---

12 Vgl. hierzu Maul in KK-StPO § 33 Rn. 2; Köhler in Meyer-Goßner/Schmitt § 33 Rn. 1.
13 Hilger NStZ 1992, 523 ff. Fn. 163.
14 Richtlinien für das Strafverfahren und das Bußgeldverfahren (RiStBV), Anlage D 2, 7.
15 AA wohl Hegmann in BeckOK StPO § 101 Rn. 5.
16 Köhler in Meyer-Goßner/Schmitt § 101 Rn. 2; Bär in KMR-StPO § 101 Rn. 5 mwN.
17 BGH 11.2.2010 – 4 StR 436/09, NStZ 2010, 294.

Auf die mit einer getrennten Aktenführung **einhergehenden Gefahr** wurde in anderem Zusammenhang namentlich seitens der Strafverteidiger[18] zu Recht bereits früh hingewiesen. Der Strafprozess werde aufgespaltet in einen offiziellen Teil, von dem die Verfahrensbeteiligten irrtümlich meinten, er sei das Ganze, und ein Geheimverfahren.[19] Auch sei eine effektive (nachträgliche) Überprüfung der tatbestandlichen Voraussetzungen vielfach nicht möglich.[20] 13

6. Unterrichtung von Ermittlungsrichter und Prozessgericht. Ein besonderes Problem bzgl. der Auflösung des Konflikts zwischen fair-trial-Prinzip und Geheimhaltungsinteressen ergibt sich durch die Geltung der getrennten Aktenführung auch gegenüber Ermittlungsrichtern und dem Prozessgericht. Gegenüber dem Ermittlungsrichter bzw. der Spezialkammer im Fall von §§ 100b, 100c ist die getrennte Aktenführung aus mehreren Gründen misslich. Bei der Prüfung des Tatverdachts als Voraussetzung für unter Richtervorbehalt stehende Zwangsmaßnahmen soll der Ermittlungsrichter die Entscheidung auf Grundlage der zum Anordnungszeitpunkt bekannten Tatsachen treffen. Die Tatsachenbasis ist jedoch ohne die in den Sonderheften enthaltenen Informationen nicht vollständig. Dies kann einerseits dazu führen, dass ein eigentlich bestehender Tatverdacht abgelehnt und die beantragten Maßnahmen nicht veranlasst werden.[21] Andererseits können die Sonderhefte jedoch auch Informationen enthalten, welche den Tatverdacht widerlegen oder unterhalb die für die jeweilige Maßnahme notwendige Schwelle abschwächen, sodass zu Unrecht Maßnahmen angeordnet werden. Ein ähnliches Problem stellt sich bei der Verhältnismäßigkeitsprüfung: Da ein Gesichtspunkt der Verhältnismäßigkeitsprüfung, die durch die Kumulation von Eingriffsmaßnahmen steigende Eingriffsintensität ist, kann die Prüfung nicht vollständig durchgeführt werden, wenn der Ermittlungsrichter gar keine Kenntnis von allen aktuell laufenden Überwachungsmaßnahmen hat. Und schließlich kann der Ermittlungsrichter seiner nach § 34 oder insbesondere § 100e Abs. 3, Abs. 4 bestehenden Begründungspflicht nicht nachkommen, wenn er nicht die vollständige Sachlage kennt und nicht einmal weiß, dass er die vollständige Sachlage nicht kennt.[22] Es obliegt dabei der Verantwortung des mit den Maßnahmen befassten **Ermittlungsrichters,** sämtliche ihm noch erforderlich erscheinenden Informationen einzuholen bzw. die Vorlage der entsprechenden Sonderakten zu verlangen.[23] Ergeben sich die die Maßnahme rechtfertigenden Umstände aus den Sonderakten und begründen diese zugleich einen der in Abs. 5 genannten Zurückstellungsgründe, besteht ein klassisches Dilemma. Der Ermittlungsrichter kann jedenfalls dann, wenn absehbar ist, dass die Gründe des Abs. 5 auch nach Anklageerhebung noch fortbestehen, nicht zugleich seine Entscheidung rechtsbehelfsfest begründen und dem Geheimhaltungsinteresse Rechnung tragen. Keine Lösung dieses Problems liegt jedenfalls darin, nur dem Ermittlungsrichter Einblick in die Sonderhefte zu geben, diese aber weiterhin nicht als Bestandteil der Akten zu betrachten und somit dem Akteneinsichtsrecht zu entziehen. Diese Vorgehensweise wäre mit einem Verstoß gegen das Recht auf rechtliches Gehör nach Art. 103 Abs. 1 GG verbunden.[24] Außerdem wird nach Rspr. des BGH alles Aktenbestandteil, was dem zuständigen Gericht vorliegt und das Akteneinsichtsrecht erstreckt sich auch auf diese Informationen.[25] Eine durchweg überzeugende Lösung für dieses Problem ist in der Literatur noch nicht gefunden worden.[26] Am überzeugendsten scheint es, eine ungeschriebene Ausnahme von Abs. 2 anzunehmen, wenn der Ermittlungsrichter die Vorlage der Sonderhefte verlangt, um eine entsprechende Entscheidung über die Maßnahme treffen 14

[18] Strate ZRP 1990, 143 (145); Mertens ZRP 1992, 205 (207).
[19] Strate ZRP 1990, 143.
[20] Mertens ZRP 1992, 205 (207).
[21] Wolter/Jäger in SK-StPO § 101 Rn. 6a.
[22] Zum Ganzen auch Hauck in Löwe/Rosenberg § 101 Rn. 9.
[23] BGH 23.3.1996 – 1 StR 685/96, BGHSt 42, 103 (106) = NJW 1996, 2518 (2519).
[24] BVerfG 26.5.1981 – 2 BvR 215/81, NJW 1981, 1719 (1724 aE).
[25] BGH 7.3.1996 – 1 StR 688/95, NStZ 1997, 43 (44) mwN.
[26] Siehe zu Lösungsvorschlägen zB Hauck in Löwe/Rosenberg § 101 Rn. 9 ff.; Bruns in KK-StPO § 101 Rn. 8; Wolter/Jäger in SK-StPO § 101 Rn. 6a.

zu können.[27] Wird die Herausgabe verweigert, muss er die Anordnung der Maßnahme ablehnen, da er nicht sehenden Auges auf nicht vollständiger (zu diesem Zeitpunkt bekannter) Tatsachenbasis entscheiden darf. Dies läuft am Endes des Tages darauf heraus, dass die Staatsanwaltschaft bereits bei Beantragung der neuen Zwangsmaßnahme darüber zu entscheiden haben wird, ob sie bereit ist, die Sonderhefte offenzulegen oder aber mit der Beantragung der Maßnahme noch warten will (sofern das Legalitätsprinzip dies zulässt).[28]

15 Mit Anklageerhebung geht die Zuständigkeit für sämtliche Ermittlungsmaßnahmen auf das **Prozessgericht** über. Die Staatsanwaltschaft darf dieses nicht isoliert (also ohne gleichzeitige Unterrichtung des Angeklagten und seines Verteidigers) über die noch nicht offengelegten Ermittlungen unterrichten. Eine solche Vorgehensweise stellt einen Verstoß gegen den verfassungsrechtlich in Art. 103 Abs. 1 GG verankerten Anspruch der Verfahrensbeteiligten auf rechtliches Gehör dar.[29] Auf diesen Grundsatz kann der Angeklagte auch nicht verzichten, er gehört vielmehr zum „Kern einer rechtsstaatlichen Verfahrensgestaltung".[30] Eine derartige, Parallelen zum „in camera-Verfahren" des § 99 Abs. 1 VwGO aufweisende, Vorgehensweise kommt für den Bereich des Strafverfahrens nicht in Betracht, auch wenn diese Vorschrift in ihrem Wortlaut der des § 96 weitgehend entspricht.[31]

16 Liegen die Voraussetzungen der Zurückstellung einer Benachrichtigung sogar **bis zum Abschluss des Erkenntnisverfahrens** vor, so geraten die Geheimhaltungsinteressen mit der Pflicht des Prozessgerichts zur **Ermittlung der materiellen Wahrheit** (§ 244 Abs. 2) in Konflikt. Die Sonderhefte können dabei sowohl belastendes als auch entlastendes Material enthalten. Finden sich in den zurückgehaltenen Aktenteilen lediglich belastende Beweise, so mag eine Abwägung durch die Staatsanwaltschaft, ob sie die Beweismittel im Prozess einsetzen will, ein gangbarer – wenn auch im Hinblick auf das Legalitätsprinzip nicht unbedingt idealer – Weg sein. Sind dagegen auch entlastende Informationen enthalten, berührt die getrennte Aktenführung während der Hauptverhandlung den fair-trial-Grundsatz aus Art. 20 Abs. 3 GG, 6 Abs. 1 EMRK. In diesem Fall ist § 101 Abs. 2 S. 2 iVm Abs. 5 verfassungskonform dahingehend auszulegen, dass die bestehende Gefährdungslage wegen derer die Geheimhaltung notwendig ist, gegen die Pflicht zur Ermittlung der materiellen Wahrheit und das fair-trial-Prinzip abzuwägen ist. Wichtige Abwägungskriterien sind die Art des bedrohten Rechtsguts und das Ausmaß und die Dringlichkeit der drohenden Gefahr sowie die Frage, ob die Gefahr (unmittelbar oder mittelbar) durch den Angeklagten droht (dies spräche tendenziell für eine weitere Geheimhaltung) oder durch Dritte (dies spräche tendenziell gegen eine Geheimhaltung). Keinesfalls kann die weitere Verwendung eines Verdeckten Ermittlers die Geheimhaltung von entlastenden Indizien rechtfertigen, ggf. kann jedoch die Identität des Verdeckten Ermittlers geheim gehalten werden, die Ermittlungsergebnisse jedoch herausgegeben werden.[32]

17 Unproblematisch ist das weiterbestehende Geheimhaltungsinteresse der Strafverfolgungsbehörden mithin nur dann, wenn das Verfahren entweder eingestellt wird oder aber die Staatsanwaltschaft weitere Maßnahmen bzw. die Anklageerhebung **so lange zurückstellt,** bis die geheimhaltungsbedürftigen Umstände offengelegt werden können.[33]

III. Kennzeichnungspflicht (Abs. 3 und §§ 500 Abs. 1 iVm 72 f. BDSG)

18 Durch Abs. 3 wird die erhebende Stelle verpflichtet, sämtliche aus Maßnahmen nach Abs. 1 gewonnenen personenbezogenen Daten maßnahmespezifisch zu kennzeichnen. Personenbezogene Daten sind nach der nunmehr für die gültigen Legaldefinition in § 500 Abs. 1 iVm § 46 Nr. 1 BDSG „alle Informationen, die sich auf eine identifizierte oder

---

27 Ähnlich Köhler in Meyer-Goßner/Schmitt § 101 Rn. 2 aE; Bär in KMR-StPO § 101 Rn. 9.
28 Bruns in KK-StPO § 101 Rn. 8.
29 BVerfG 26.5.1981 – 2 BvR 215/81, NJW 1981, 1719 (1721).
30 BGH 7.3.1996 – 1 StR 688/95, NJW 1996, 2171.
31 Vgl. BGH 11.2.2000 – 3 StR 377/99, NStZ 2000, 265 (266).
32 Siehe auch Hauck in Löwe/Rosenberg § 101 Rn. 13.
33 So zutreffend Bruns in KK-StPO § 101 Rn. 8.

identifizierbare natürliche Person (betroffene Person) beziehen; als identifizierbar wird eine natürliche Person angesehen, die direkt oder indirekt, insbesondere mittels Zuordnung zu einer Kennung wie einem Namen, zu einer Kennnummer, zu Standortdaten, zu einer Online-Kennung oder zu einem oder mehreren besonderen Merkmalen, die Ausdruck der physischen, physiologischen, genetischen, psychischen, wirtschaftlichen, kulturellen oder sozialen Identität dieser Person sind, identifiziert werden kann". Eine solch maßnahmenspezifische Kennzeichnung ist geboten, weil alle in Abs. 1 aufgeführten verdeckten Ermittlungsmaßnahmen (im Falle von § 100h jedoch nur in Abs. 1 Nr. 2) mit Ausnahme der Postbeschlagnahme nach § 99 nur bei bestimmten, in den jeweiligen Eingriffsermächtigungen im Einzelnen benannten Anlasstaten zulässig sind und ihm Hinblick auf die eine weitere Verwendung der gewonnenen Daten ermöglichende Regelung des § 479 Abs. 2 S. 1 **Klarheit bestehen muss, aus welcher der verschiedenen Ermittlungsmaßnahmen das weiter zu verwendende Datum stammt** und welche Anlasstat der jeweiligen Maßnahme zugrunde lag. Der Gesetzgeber hat mit dieser Kennzeichnungspflicht denjenigen Vorgaben des BVerfG entsprochen, die dieses anlässlich seiner Grundsatzentscheidung zum „Großen Lauschangriff" vom 3.3.2004[34] aufgestellt hat. In diesem Urteil hat das BVerfG ausgeführt, die Vorschrift des § 100d aF sei mit dem Grundgesetz unvereinbar, weil es der Gesetzgeber versäumt habe, eine Pflicht zur Kennzeichnung der Daten vorzusehen. Anderenfalls könnten diese Daten mit anderen Daten „vermischt" und dadurch im Gesetz vorgesehene Verwendungsbeschränkungen unterlaufen werden.[35]

Die Pflicht zur Kennzeichnung personenbezogener Daten trifft nicht **nur die datenerhebende, sondern auch die datenempfangende** Stelle. Wie diese Kennzeichnung zu erfolgen hat, gibt § 101 indes nicht vor. Bei papiernen Aktenbestandteilen reicht es bspw. aus, die entsprechenden personenbezogenen Daten zu entsprechenden „Sonderakten" bzw. „Sonderheften" zu nehmen. Bei Daten und elektronischen Dokumenten (zB im Rahmen der künftigen elektronischen Aktenführung) müssen Techniken verwendet werden, welche die (versehentliche oder absichtliche) Entfernung der Kennzeichnungen verhindern. Ein Beispiel hierfür sind wahrnehmbare digitale Wasserzeichen. 19

Neue **Kennzeichnungspflichten** ergeben sich jenseits des Abs. 3 außerdem aus **§ 500 Abs. 1 iVm § 72 und § 73 BDSG.** § 72 BDSG schreibt die Unterscheidung zwischen personenbezogenen Daten von Personen verschiedener Kategorien (Tatverdächtige, Gefährder, Opfer, Zeugen, sonstige Personen etc) vor. Eine Maßnahme, um diese Unterscheidung sicherzustellen ist die Kennzeichnung der Daten in den Akten nach den o.g. Grundsätzen. § 73 BDSG verlangt die Unterscheidung zwischen solchen personenbezogenen Daten, die auf Tatsachen beruhen und solchen, die auf persönlichen Einschätzungen basieren. Nach § 73 S. 2 BDSG müssen letztere als auf persönlichen Einschätzungen basierende Daten gekennzeichnet werden. Diese Vorschriften gelten nicht nur für die in § 101 genannten verdeckten Ermittlungsmaßnahmen, sondern für alle strafprozessualen Datenverarbeitungsvorgänge. 20

IV. Benachrichtigung (Abs. 4–6)

Abs. 4 regelt im Einzelnen, welche Personen jeweils maßnahmenspezifisch zu benachrichtigen sind und dass dabei auf die Möglichkeit des nachträglichen Rechtsschutzes hinzuweisen ist bzw. unter welchen Voraussetzungen von einer solchen Benachrichtigung ausnahmsweise abgesehen werden kann. Die Benachrichtigung dient dabei neben der Transparenz des Verfahrens für die Betroffenen auch der Ermöglichung der Inanspruchnahme von nachträglichem Rechtsschutz.[36] **Abs. 5** legt fest, zu welchem Zeitpunkt die Benachrichtigung zu erfolgen hat und dass im Falle ihrer Zurückstellung die hierfür maßgeblichen Gründe aktenkundig zu machen sind. Erfolgt die nach Abs. 5 zurückgestellte Benachrichtigung nicht binnen zwölf Monaten bzw. in den Fällen des § 100b und des 21

---
34 BVerfG 3.3.2004 – 1 BvR 2378/98 und 1 BvR 1084/99, NJW 2004, 999 ff.
35 BVerfG 3.3.2004 – 1 BvR 2378/98 und 1 BvR 1084/99, NJW 2004, 999 (1120).
36 EGMR 27.4.2017 – 73607/13, ZD 2017, 524.

§ 100c nicht binnen sechs Monaten nach Beendigung der Maßnahme, so bedürfen gemäß **Abs. 6** weitere Zurückstellungen der Zustimmung des Gerichts. Dieses bestimmt zugleich die weitere Dauer der Zurückstellung und kann unter bestimmten Voraussetzungen auch einem endgültigen Absehen von der Benachrichtigung zustimmen.

22 Neben der Benachrichtigungspflicht aus Abs. 4 steht den Betroffenen außerdem nunmehr das **Auskunftsrecht aus § 57 BDSG** zu, das allerdings gem. § 57 Abs. 4 iVm § 56 Abs. 2 BDSG unter ähnlichen Voraussetzungen beschränkt werden kann, wie die Benachrichtigungen nach Abs. 4. Gegen die Anwendung des § 57 BDSG kann indes nicht eingewendet werden, dass mit den Benachrichtigungsvorschriften des § 101 Abs. 4 speziellere Vorschriften in der eine Anwendung nach § 500 Abs. 2 Nr. 1 ausschließen würden. Denn der lex-specialis-Vorbehalt in § 500 Abs. 2 Nr. 1 ist europarechtskonform dahingehend auszulegen, dass er nur greift, wenn die ein höheres Schutzniveau für den Betroffenen garantiert (→ § 100a Rn. 37). Da § 57 BDSG für alle Ermittlungsmaßnahmen gilt und außerdem dem Betroffenen ein von der formalen Benachrichtigungsentscheidung der Behörde unabhängig bestehendes Recht zum Verlangen der Auskunft gibt, ist das Schutzniveau der nicht höher.

23 **1. Benachrichtigungspflicht, zu unterrichtende Personen (Abs. 4).** Gemäß Abs. 4 sind die von Maßnahmen nach Abs. 1 betroffenen Personen **grundsätzlich** zu benachrichtigen. Zugleich führt die Vorschrift maßnahmenspezifisch die jeweils zu benachrichtigenden Personen auf. Mit dieser Aufzählung hat der Gesetzgeber dem Umstand Rechnung getragen, dass es in der Vergangenheit insbesondere durch die bislang verwendeten Begriffe des „Betroffenen" in § 100b Abs. 2 S. 2 aF bzw. der „Beteiligten" in § 101 aF immer wieder zu Unsicherheiten kam und diese Begriffe als Definitions- bzw. Abgrenzungskriterien der Praxis keine verlässlichen Anhaltspunkte dafür zu liefern vermochten, wer im Einzelnen jeweils zu benachrichtigen war.[37]

24 **a) Rasterfahndung nach § 98a (Nr. 1).** Im Falle einer Rasterfahndung sind gemäß Nr. 1 diejenigen Personen zu benachrichtigen, „gegen die nach Auswertung der Daten weitere Maßnahmen geführt werden". Damit hat der Gesetzgeber wörtlich die für die Rasterfahndung geltende Altregelung des § 98b Abs. 4 S. 1 aF iVm § 163d Abs. 5 aF übernommen. Sowohl die am Wortlaut orientierte grammatische (zu den tradierten Auflegungsmethoden → Einl. Rn. 584 ff.) als auch die historische Auslegung[38] legen ein Verständnis dieser Regelung dahingehend nahe, dass damit all diejenigen Personen gemeint sind, gegen die sich aufgrund der Datenverarbeitung **ein Tatverdacht ergeben** hatte, gleich ob sich dieser letztlich bestätigt hat oder nicht.[39] Personen, deren personenbezogenen Daten zwar verarbeitet wurden, gegen die sich indes aufgrund dieser Maßnahme zu keinem Zeitpunkt ein Tatverdacht ergeben hat, sind dementsprechend nicht zu benachrichtigen.[40]

25 **b) Postbeschlagnahme gemäß § 99 (Nr. 2).** Bei dieser Maßnahme sind gemäß Nr. 2 „**Absender und Adressat** der Postsendung" zu benachrichtigen. Der Gesetzgeber hat bewusst den Begriff „Adressat" statt des auch in Betracht kommenden Begriffs „Empfänger" verwandt und damit dem Umstand Rechnung getragen, dass die zu benachrichtigende Person, an die die Postsendung gerichtet war, diese aufgrund der Beschlagnahme gerade nicht empfangen hat.[41]

26 Wenngleich § 99 (entgegen seines missverständlichen Wortlauts) lediglich das bei der Postbeschlagnahme anzuwendende und damit das der eigentlichen Beschlagnahme nach § 94 vorausgehende Verfahren (nämlich die Anweisung an die Postdienstleister, die entspre-

---

37 BT-Drs. 16/5846, 58.

38 Vgl. insoweit BT-Drs. 10/5128, 8.

39 Ebenso Köhler in Meyer-Goßner/Schmitt § 101 Rn. 7; Hauck in Löwe/Rosenberg § 101 Rn. 18; Kahmen, Die Vorschriften zur Benachrichtigungspflicht gemäß § 101 IV-VI StPO und ihre praktische Umsetzung, S. 105 f.

40 So auch Hegmann in BeckOK StPO § 101 Rn. 9; Kahmen, Die Vorschriften zur Benachrichtigungspflicht gemäß § 101 IV-VI StPO und ihre praktische Umsetzung, S. 105 f.

41 BT-Drs. 16/5846, 58.

chenden Sendungen auszusondern und an die Strafverfolgungsbehörden auszuliefern)[42] regelt, ist die Vorschrift teleologisch dahingehend zu interpretieren, dass eine Benachrichtigung lediglich **im Falle einer nach § 94 tatsächlich auch erfolgten Beschlagnahme** zu erfolgen hat.[43] Von dieser Auslegung ist offensichtlich auch der Gesetzgeber ausgegangen. So hat er in den Materialen ausgeführt, „Absender und Adressat **der beschlagnahmten Postsendung**" seien zu benachrichtigen.[44] Hierfür spricht auch, dass der vormals in der Norm enthaltene Begriff des „Empfängers" durch den Begriff des „Adressaten" ersetzt wurde und der Gesetzgeber damit der zum alten Begriff vertretenen weiteren Auffassung, welche aus dem Begriff des „Empfängers" geschlossen hat, dass es sich dabei auch um denjenigen handele, der tatsächlich die geöffnete Postsendung empfängt, eine Absage erteilt.[45] § 101 Abs. 1 ist mithin dahingehend auszulegen, dass er auch auf Maßnahmen der Beschlagnahme nach § 94 Anwendung findet, sofern sich diese auf eine Postsendung iSd § 99 bezieht. Dementsprechend bedarf es auch keiner Benachrichtigung, wenn es nur zu einer Auslieferung und Öffnung des Briefes, nicht aber zu einer Beschlagnahme nach § 94 kommt.[46] Das die Sendung befördernde Postunternehmen ist nach Nr. 2 nicht zu benachrichtigen. Diesem gegenüber legitimieren die Strafverfolgungsbehörden ihre Maßnahme bereits durch Vorlage der Beschlagnahmeanordnung nach § 99.

Vor diesem Hintergrund (Anwendbarkeit des § 101 in Fällen des § 99 nur, wenn Post- **26a**
sendung nach Öffnung tatsächlich beschlagnahmt wird) ist das Verhältnis von § 101 Abs. 4 S. 1 Nr. 2 zum neuen § 95a problematisch. Vom Wortlaut her ist § 95a nämlich auch auf die Konstellation der Postbeschlagnahme anwendbar, da sich die Postsendung als zu beschlagnahmender Gegenstand im Gewahrsam einer nicht beschuldigten Person (nämlich des Postunternehmens) befindet. Daher ist zu klären, nach welcher Vorschrift sich Benachrichtigung, Zurückstellung und Absehen von der Benachrichtigung richten. Zwar findet sich in § 101 Abs. 1 ein Hinweis auf die grundlegende Subsidiarität der Regelungen des § 101 („soweit nichts anderes bestimmt ist"). Allerdings ist mit dieser Wendung nicht eine allgemeine Nachrangigkeit des § 101 gegenüber anderen Regelungen wie § 95a gemeint, sie soll vielmehr abweichende Regelungen in § 101 selbst sowie in den in § 101 Abs. 1 genannten Vorschriften ermöglichen.[47] § 101 Abs. 4 S. 1 Nr. 2 ist damit weiterhin die spezielle Benachrichtigungsvorschrift für Maßnahmen nach § 99. Hierfür spricht auch, dass § 101 Abs. 4 S. 1 Nr. 2 nach Lesart der hM (nur Benachrichtigung, wenn auf zweiter Stufe tatsächlich Beschlagnahme erfolgt) neben § 95a keinerlei Anwendungsbereich mehr hätte. Dementsprechend verbleibt es für Maßnahmen nach § 99 – auch für die Beschlagnahme der Postsendung auf zweiter Stufe nach Anhalten und Öffnen – bei der Benachrichtigung nach § 101 Abs. 4 S. 1 Nr. 2 und den entsprechenden weiteren Vorschriften in § 101. § 95a ist daher auf die Konstellation der Postbeschlagnahme nicht anwendbar anders aber → § 100 Rn. 38 ff.

Fraglich ist, wie beim Zugriff auf beim Server des Providers **zwischengespeicherte** **27**
E-Mails zu verfahren ist. Dabei ist danach zu differenzieren, ob die Beschlagnahme offen oder heimlich erfolgt. Nach der hier vertretenen Auffassung sind heimliche Zugriffe nur unter den Voraussetzungen des § 100a statthaft (→ § 100a Rn. 96 ff.). Dementsprechend sind die Regelungen in Abs. 4 S. 1 Nr. 3, S. 2–5, Abs. 5–8 einschlägig. Entsprechendes gilt (Anwendung von Nr. 2), wenn man in § 99 die einschlägige Rechtsgrundlage für eine

---

42 Köhler in Meyer-Goßner/Schmitt § 99 Rn. 5.

43 HM, statt vieler Bruns in KK-StPO § 101 Rn. 12; Hegmann in BeckOK StPO § 101 Rn. 11; Köhler in Meyer-Goßner/Schmitt § 101 Rn. 8.

44 BT-Drs. 16/5846, 58.

45 Kahmen, Die Vorschriften zur Benachrichtigungspflicht gemäß § 101 IV-VI StPO und ihre praktische Umsetzung, S. 117 f.

46 So im Ergebnis wohl BT-Drs. 16/5846, 58; ebenso Eschelbach in Satzger/Schluckebier/Widmaier StPO § 101 Rn. 10; Kahmen, Die Vorschriften zur Benachrichtigungspflicht gemäß § 101 IV-VI StPO und ihre praktische Umsetzung, S. 117 f.; Bruns in KK-StPO § 101 Rn. 12; Hegmann in BeckOK StPO § 101 Rn. 11; Köhler in Meyer-Goßner/Schmitt § 101 Rn. 8.

47 BT-Drs. 16/5846, 57 („soweit nicht bereichsspezifisch etwas anderes geregelt ist").

heimliche E-Mail-Beschlagnahme sieht (hierzu auch → § 99 Rn. 13).[48] Der BGH hat hingegen in seiner Entscheidung vom 24.11.2009[49] die Auffassung vertreten, die Überwachung des E-Mail-Accounts eines Beschuldigten durch Zugriff auf dessen zwischengespeicherte Mails sei an § 94 zu messen. Hierbei handele es sich um eine offene Ermittlungsmaßnahme, deren Anordnung den Betroffenen sowie den Verfahrensbeteiligten bekannt zu machen seien (§§ 33 Abs. 1, 35 Abs. 2). Der Beschuldigte sei daher selbst dann von der Beschlagnahme der in seinem elektronischen Postfach gelagerten E-Mail-Nachrichten zu unterrichten, wenn die Daten durch einen Zugriff beim Provider auf dessen Mailserver sichergestellt würden.[50] Eine Anwendung der Zurückstellungsregelungen des § 101 Abs. 5 kommt in diesen Fällen nicht (auch nicht analog) in Betracht.[51] Wer – abweichend von der hier vertretenen Auffassung – eine heimliche Beschlagnahme der E-Mails nach § 99 zulässt, muss konsequenterweise die Benachrichtigungsvorschrift des § 101 Abs. 1 Nr. 2 anwenden. Als „Adressat" hat dabei jede Person zu gelten, welche im Adressfeld, CC-Feld oder BCC-Feld der beschlagnahmten Mails genannt ist. Wird entgegen der hier vertretenen Auffassung (→ § 100a Rn. 104 und 118) nach Inkrafttreten des StPO-Fortentwicklungsgesetzes zum 1. Juli 2021[52] eine Anwendung von §§ 94,95a nF auf eine heimliche E-Mail-Beschlagnahme beim Provider befürwortet, gelten die in § 95a genannten Benachrichtigungs- und Zurückstellungsvorschriften.

28 Da § 101 nicht vorschreibt, auf welchem Weg die Benachrichtigung zu erfolgen hat, ist es bei der E-Mail-Beschlagnahme auch unschädlich, wenn den Strafverfolgungsbehörden Name und Anschrift des Beschuldigten nicht bekannt sind (in der Praxis ist dies häufig dann der Fall, wenn es sich um mehr oder weniger „anonyme" E-Mail-Dienste handelt oder der Nutzer offensichtlich falsche Angaben gegenüber dem E-Mail-Provider gemacht hat). Eine vorherige Bekanntgabe der offenen Beschlagnahme oder eine Benachrichtigung nach § 101 Abs. 4 muss dann eben über die **Versendung einer entsprechenden E-Mail** an die bekannte E-Mail-Adresse des Betroffenen erfolgen.

28a Seit Erweiterung der Befugnis des § 99 um die sog. Sendungsauskunft in Abs. 2 im StPO-Fortentwicklungsgesetz[53] stellt sich die Frage, ob vor dem Hintergrund der einschränkenden Auslegung der Benachrichtigungspflicht bzgl. § 99 Abs. 1 (nur bei erfolgter Beschlagnahme, → Rn. 26) eine Benachrichtigungspflicht nach § 101 Abs. 4 S. 1 Nr. 2 für Maßnahmen nach § 99 Abs. 2 besteht. Hiergegen ließe sich anführen, dass die Benachrichtigung für Maßnahmen nach Abs. 1 nach auch hier vertretener hM nur dann erforderlich ist, wenn es nach Öffnung der Postsendung tatsächlich zu deren Beschlagnahme gekommen ist (→ Rn. 26). Diese Auffassung wurde oben mit der Änderung des Wortlauts von „Empfänger" zu „Adressat" begründet. Mit derselben Argumentation könnte man daher eine Benachrichtigungspflicht für Maßnahmen nach § 99 Abs. 2 verneinen, weil es hier nicht zu einer Beschlagnahme der Sendung, sondern nur zu einer Abfrage der Sendungsdaten kommt. Allerdings hat der Gesetzgeber die Änderung des Wortlauts von § 101 Abs. 4 S. 1 Nr. 2 vor der Einführung von § 99 Abs. 2 nF vorgenommen. Er hat also die Möglichkeit einer Sendungsauskunft damals nicht berücksichtigt. Da es sich bei der Sendungsauskunft nach § 99 Abs. 2 um eine Art „Verkehrsdatenauskunft" für Postsendungen handelt (wer schickt wem was?), spricht viel dafür, eine Benachrichtigungspflicht, wie sie auch für die echte Verkehrsdatenerhebung in § 101a Abs. 6 S. 1 vorgesehen ist, auch für die Sendungsauskunft nach § 99 Abs. 2 zu bejahen.[54] Hierfür spricht auch der Wortlaut von § 101 Abs. 4 S. 1 Nr. 2, der keine Begrenzung auf § 99 Abs. 1 vornimmt. Die entstehende Friktion mit der beschränkten Benachrichtigungspflicht für Maßnahmen nach § 99 Abs. 1 sollte der Gesetzgeber jedoch baldmöglichst beseitigen (entweder durch eine Beschränkung der

[48] So etwa Bär in KMR-StPO § 100a Rn. 52 ff.
[49] BGH 24.11.2009 – StB 48/09, NStZ 2010, 345.
[50] BGH 24.11.2009 – StB 48/09, NStZ 2010, 345.
[51] AA noch Günther → 1. Aufl. Rn. 22.
[52] BGBl. 2021 I 2099.
[53] BGBl. 2021 I 2099.
[54] Im Ergebnis wie hier Weisser NZWiSt 2021, 372 (375).

Benachrichtigungspflicht auf Maßnahmen nach § 99 Abs. 1 oder – besser – durch eine ausdrückliche Erweiterung der Benachrichtigungspflicht für Maßnahmen nach § 99 Abs. 1 auf Fälle, in denen keine nachfolgende Beschlagnahme erfolgt).

c) Überwachung der Telekommunikation nach § 100a (Nr. 3). Im Falle der Telekommunikationsüberwachung sind gemäß Nr. 3 „die Beteiligten der überwachten Telekommunikation" zu benachrichtigen. Damit sind **diejenigen Personen gemeint, „die telekommuniziert haben",**[55] mithin an der überwachten Kommunikation teilgenommen haben. Dieser Kreis ist im Rahmen einer an Art. 10 GG ausgerichteten Betrachtungsweise zu bestimmen. Beteiligter kann zunächst nur sein, wer rein tatsächlich an der überwachten Telekommunikation beteiligt war, mithin (bewusst) das Kommunikationsmittel (mit)benutzt hat. Hierfür reicht bereits der Versuch der Kommunikationsaufnahme, dh ein Anwählversuch aus. Der Schutzbereich von Art. 10 GG erfasst bereits den Versuch, mit Dritten mittels Telekommunikation in Kontakt zu treten (→ § 100a Rn. 27 ff.). Wenngleich in dogmatischer Hinsicht auch der einen Anwählversuch Vornehmende als Beteiligter der Telekommunikation anzusehen ist, dürften in Fällen dieser Art die Voraussetzungen von Abs. 4 S. 4 vorliegen und der anwählende Beteiligte regelmäßig nur unerheblich betroffen sein, sodass jedenfalls von einer Benachrichtigung abgesehen werden kann. Anders ist dies allerdings, wenn sich aus dem angewählten Anschluss Rückschlüsse auf sensible Informationen ziehen lassen (zB Anrufsversuch bei einem Arzt, Seelsorger, Psychotherapeuten, Strafverteidiger etc). 29

Zwar werden zu den Beteiligten der überwachten Telekommunikation regelmäßig der **Beschuldigte** und der Inhaber des überwachten Anschlusses, der **Anschlussinhaber,** zählen. Allein die Stellung als Beschuldigter, gegen den sich gemäß § 100a Abs. 3 die Überwachungsanordnung richtet, begründet indes anders als nach Nr. 5 im Falle der akustischen Wohnraumüberwachung keine Benachrichtigungspflicht. Der Beschuldigte ist vielmehr nur dann zu benachrichtigen, wenn er auch tatsächlich in der vorstehend dargelegten Art und Weise an der überwachten Kommunikation beteiligt war. Gleiches dürfte für den Inhaber des überwachten Anschlusses gelten,[56] auch wenn es sich bei diesem um einen Nachrichtenmittler iSd § 100a Abs. 3 handeln sollte. Er ist mithin nur zu benachrichtigen, wenn er den auf ihn eingetragenen und überwachten Anschluss tatsächlich auch genutzt hat.[57] Vertretbar erscheint indes auch die Auffassung, den Anschlussinhaber stets dann zu benachrichtigen, wenn dieser in der Anordnung benannt ist, da er ansonsten keine Kenntnis davon erlangen würde, dass ein Beschluss gegen ihn ergangen ist, weil der Beschuldigte seinen Anschluss genutzt hat. 30

Für die Frage der Beteiligung spielt es keine Rolle, welchen Inhalt die Kommunikation hatte oder ob sie beweisrelevant ist. Hierdurch wird der Kreis der Beteiligten bei länger andauernden Überwachungsmaßnahmen sehr groß. Aufgrund des **schwerwiegenden Grundrechtseingriffs,** der mit der heimlichen Aufzeichnung (auch nicht beweisrelevanter) Telekommunikationsdaten einhergeht, ist dies jedoch kein Grund die Benachrichtigungspflicht von vornherein zu beschränken.[58] Bedenken hinsichtlich der Schonung von Justizressourcen und des weiteren Eingriffs in das Recht auf informationelle Selbstbestimmung durch die Ermittlung der Identitäten, wird hinreichend durch die Regelungen in Abs. 4 S. 4 und S. 5 Rechnung getragen. 31

Nicht zum Kreis der Beteiligten iSv Nr. 3 dürften hingegen diejenigen Personen zählen, deren Stimmen im Rahmen einer Überwachungsmaßnahme nach § 100a lediglich bei Gelegenheit eines Gespräches aufgezeichnet wurden, welches diese ausschließlich mit dritten, sich ebenfalls im Raume befindlichen Personen geführt haben (reine **Raumgespräche**) und ohne selbst an der überwachten Telekommunikation beteiligt gewesen zu sein. Zwar 32

---

[55] BT-Drs. 16/5846, 58.
[56] BT-Drs. 16/5846, 58.
[57] HM, statt vieler siehe Wolter/Jäger in SK-StPO § 101 Rn. 17; Köhler in Meyer-Goßner/Schmitt § 101 Rn. 9; Bär in KMR-StPO § 101 Rn. 15.
[58] So jedoch Hauck in Löwe/Rosenberg § 101 Rn. 20.

setzt nach Auffassung des BGH die Beteiligung an einem Telekommunikationsvorgang nicht voraus, dass der von der Maßnahme Betroffene die Technik (noch) bewusst nutzt. Im entschiedenen Fall ging der Gesprächspartner irrtümlich davon aus, das Gespräch durch Drücken der Auflegetaste beendet zu haben.[59] In den Fällen reiner Raumgespräche haben die hieran Beteiligten indes überhaupt keine Telekommunikationsmittel genutzt.

33 Bei einer **sog. Quellen-TKÜ** nach § 100a Abs. 1 S. 2 oder S. 3 ist der Inhaber des betroffenen IT-Systems immer als Beteiligter anzusehen und zu benachrichtigen. Denn bei dieser Maßnahme wird durch die Infiltration des IT-Systems in dessen Integrität und damit in das Recht auf Vertraulichkeit und Integrität informationstechnischer Systeme des Inhabers des IT-Systems eingegriffen. Gleiches gilt für alle Personen, welche das betroffene IT-System „als eigenes"[60] (mit-)benutzen, sofern nicht lediglich eine völlig untergeordnete Nutzung vorliegt (hierzu auch noch → Rn. 37). Nicht zu benachrichtigen sind demnach auch Mitbenutzer, welche die überwachten Kommunikationswege (zB E-Mail, Voice-over-IP, Messengerdienste) nicht benutzen, sondern nur andere Funktionen des überwachten Systems (zB reine Speichernutzung), da sie von der eng begrenzten Maßnahme der Quellen-TKÜ dann nicht betroffen und auch keine „Beteiligten" an der überwachten Kommunikation sind.

34 Neue Fragen bzgl. der Benachrichtigungspflicht nach Nr. 3 werden durch moderne Kommunikationsformen aufgeworfen. Soweit **Gruppenchats über Messenger-Dienste** und der Nachrichtenaustausch über (geschlossene) Foren und Boards unter den Begriff der Telekommunikation nach § 100a fallen (→ § 100a Rn. 119 und 121) sind alle an diesen Kommunikationsvorgängen Beteiligte zu benachrichtigen. Auch ein unerhebliches Betroffensein iSv Abs. 4 S. 4 wird bei diesen Kommunikationsformen, an denen sich viele Personen aktiv beteiligen, zumindest bei länger andauernden Maßnahmen häufig nicht vorliegen. Größerer Bedeutung kommt demnach den Begrenzungen der Nachforschungspflichten zur Identität der beteiligten Personen nach Abs. 4 S. 5 zu. Während bei Messenger-Chat-Diensten über Smartphones anhand der beteiligten Telefonnummern noch relativ leicht die Identitäten ermittelt werden können, dürfte dies bei der Verwendung von Nicknames in Online-Foren seltener der Fall sein. Wie groß der zu treibende Aufwand zur Identitätsermittlung ist, ist Einzelfallfrage.

35 Da auch der „bloße" **Abruf von Internetseiten** Telekommunikation iSv § 100a ist (→ § 100a Rn. 126), sind bei Überwachung entsprechender Telekommunikation grds. auch die Betreiber der Internetseiten zu benachrichtigen. In der Regel dürfte allerdings ein Fall des Abs. 4 S. 4 vorliegen und es kann auf eine Benachrichtigung verzichtet werden.

36 Nach hier vertretener Auffassung sind schließlich auch **Datenaustauschvorgänge zwischen sog. IoT-Geräten Telekommunikation iSv § 100a** (→ § 100a Rn. 131 f.). Die an dieser Telekommunikation „Beteiligten" sind dabei die Eigentümer oder berechtigten Besitzer der miteinander kommunizierenden IoT-Geräte bzw. die Betreiber der Webseiten, mit denen die IoT-Geräte kommunizieren. Freilich wird auch hier häufig ein Fall des Abs. 4 S. 4 vorliegen oder zumindest die Identitätsermittlung unverhältnismäßig iSv Abs. 4 S. 5 sein.

37 **d) Online-Durchsuchung gemäß § 100b (Nr. 4).** Im Fall der Online-Durchsuchung nach § 100b sind gem. Nr. 4 **die Zielperson** sowie die erheblich mitbetroffenen Personen zu benachrichtigen. Die Zielperson ist diejenige Person, gegen die sich die Ermittlungsmaßnahme richtet, welche also überwacht werden soll.[61] Es handelt sich dabei um die nach § 100e Abs. 3 S. 2 Nr. 1 zu bezeichnende Person. Schwieriger zu bestimmen sind die „erheblich mitbetroffenen Personen". Offensichtlich kommt es auf die **Erheblichkeit des Grundrechtseingriffs** an. Stets erheblich mitbetroffen sind danach der Inhaber und die Hauptnutzer des informationstechnischen Systems, da in deren Recht auf Vertraulichkeit und Integrität informationstechnischer Systeme durch die Online-Durchsuchung in erheblichem

[59] BGH 14.3.2003 – 2 StR 341/02, NStZ 2003, 668 ff.
[60] BVerfG 27.2.2008 – 1 BvR 370, 595/07, BVerfGE 120, 274 (315) = NJW 2008, 822.
[61] Hauck in Löwe/Rosenberg § 101 Rn. 24 mwN.

Maße (→ § 100b Rn. 14) eingegriffen wird. Nicht „erheblich“ mitbetroffen sind dagegen diejenigen Personen, deren personenbezogene Daten zwar auf dem überwachten System gespeichert oder verarbeitet werden, bei denen jedoch weder aufgrund der Datenmenge noch der Sensibilität der verarbeiteten Daten eine erhebliche Betroffenheit anzunehmen ist (zB einzelne unverfängliche Bilder, auf denen die Person abgebildet ist, eine Eintragung des Namens in einem Terminkalender oder die Eintragung von Name, Telefonnummer und Adresse in einem elektronischen Adressbuch).

e) Akustische Wohnraumüberwachung gemäß § 100c (Nr. 5). Bei einer Maß- 38
nahme der Wohnraumüberwachung ist nach Maßgabe von Nr. 5a) und unabhängig davon, ob auch Gespräche von ihm überwacht wurden, der **Beschuldigte,** gegen den sich die Maßnahme richtet, zu benachrichtigen.

Darüber hinaus sind gemäß Nr. 4b) und c) sonstige überwachte Personen sowie Perso- 39
nen, die die überwachte Wohnung zur Zeit der Durchführung der Maßnahme innehatten oder bewohnten, zu benachrichtigen. **Überwachte Person** ist jede, deren Äußerungen, gleich ob diesen eine Beweisrelevanz zukommt oder nicht, aufgezeichnet wurden und gleichgültig, ob sich diese Person als Gast oder Bewohner, mithin dauerhaft oder nur vorübergehend in der Wohnung aufgehalten hat.

Zu benachrichtigen sind schließlich weiter sämtliche Personen, die die überwachte 40
Wohnung zur Zeit der Überwachungsmaßnahme **„innehatten oder bewohnten“,**[62] auch wenn sie selbst nicht direkt überwacht wurden. Durch diese bereits in § 100d Abs. 8 S. 3 aF enthaltene und auf die Rspr. des BVerfG zur akustischen Wohnraumüberwachung[63] zurückgehende Differenzierung soll auch der Fall des Mieters erfasst werden, der seine Wohnung zur Zeit der Überwachung zwar nicht selbst bewohnt, seine Rechte an dieser Wohnung indes nicht aufgegeben hat. Er ist ebenso wie ein Bewohner, dem für diese Zeit die faktische Möglichkeit der Nutzung der überwachten Wohnung eingeräumt wurde, in eigenen Rechten betroffen und damit schutzwürdig.

f) Akustische Überwachung außerhalb von Wohnungen nach § 100f (Nr. 6). 41
Im Falle der akustischen Überwachung außerhalb von Wohnungen sind nach Nr. 5 die „Zielperson sowie die erheblich mitbetroffenen Personen“ zu benachrichtigen. Unter der **Zielperson** ist diejenige Person zu verstehen, die überwacht, dh deren nichtöffentlich gesprochenes Wort mit technischen Mitteln (§ 100f Abs. 1) abgehört und aufgezeichnet wurde. Entsprechend der Regelung in § 100f Abs. 2, die den personalen Anwendungsbereich dieser Maßnahme eingrenzt, kann es sich bei der Zielperson nur um den Beschuldigten selbst oder aber um eine Person handeln, von der aufgrund bestimmter Tatsachen anzunehmen ist, dass sie mit dem Beschuldigten in Verbindung steht oder aber eine solche Verbindung hergestellt werden wird. Gemäß § 100f Abs. 4 iVm § 100e Abs. 3 S. 2 Nr. 1 muss, soweit möglich, diese Person ebenso wie die Zielperson mit Namen und Anschrift in der Anordnung bezeichnet werden.

Mit der Beschränkung der Benachrichtigungspflicht auf die lediglich **„erheblich mit-** 42
betroffenen Personen“ wollte der Gesetzgeber dem Umstand Rechnung tragen, dass durch die Streubreite von Maßnahmen nach § 100f häufig eine Vielzahl von Personen in vergleichsweise unerheblicher Weise betroffen werden.[64] Hierbei hatte der Gesetzgeber diejenigen Fällen im Blick, in denen die Maßnahme an Orten durchgeführt wird, an denen sich regelmäßig unbeteiligte Dritte aufhalten wie etwa öffentliche Parks, Cafés und Restaurants und wo im Rahmen der Überwachung häufig nur einzelne Sätze, Wörter oder gar nur „Wortfetzen“ dieser unbeteiligten Personen mit erfasst werden. In derartigen Fällen erschien es dem Gesetzgeber „weder sachgerecht noch aus verfassungsrechtlichen Gründen

[62] ZB Inhaber eines überwachten Gästehauses, siehe BGH 29.10.2020 – StB 30/20, BeckRS 2020, 31637.
[63] BVerfG 3.3.2004 – 1 BvR 2378/98 u. 1 BvR 1084/99, NJW 2004, 999.
[64] BT-Drs. 16/5846, 58; kritisch zur Umsetzung unter den Aspekten der Normenklarheit und -bestimmtheit Kahmen, Die Vorschriften zur Benachrichtigungspflicht gemäß § 101 IV-VI StPO und ihre praktische Umsetzung, S. 130 ff.

geboten, diese „vorbeispazierenden" Personen von der Maßnahme zu benachrichtigen".[65] Demgegenüber dürften die Gesprächspartner der Zielperson, selbst wenn jene nur zufällig getroffen sein und auch keine verfahrensrelevanten Inhalte thematisiert haben sollten, regelmäßig erheblich betroffen sein, sofern der Inhalt des Gesprächs über soziale Floskeln hinausging.

43 **g) Einsatz technischer Mittel gemäß § 100h (Nr. 7).** Hier sind ebenso wie bei der akustischen Überwachung außerhalb von Wohnungen nach § 100f die **„Zielperson sowie die erheblich mitbetroffenen Personen"** zu benachrichtigen. Es kann mithin auf die dort gemachten Ausführungen (→ Rn. 38 ff.) verwiesen werden. Von den beiden tatbestandlichen Alternativen des § 100h Abs. 1 dürften die mitbetroffenen Personen regelmäßig durch Maßnahmen der ersten Alternative, nämlich der Herstellung von Bildaufzeichnungen nach § 100h Abs. 1 Nr. 1, mithin durch einen Eingriff in das Recht am eigenen Bild betroffen sein.

43a Beim Einsatz von **automatischen Kennzeichenerfassungssystemen** sind nach Auffassung des VerfG Brandenburg alle Personen, deren Kennzeichen bei der Maßnahme erfasst wurde, als „erheblich mitbetroffene Personen" zu behandeln und zu benachrichtigen. Dies ergäbe sich daraus, dass das BVerfG zu Recht davon ausgeht, dass auch im „Nicht-Treffer"-Fall durch die Erfassung des Kennzeichens und den Abgleich mit einem Fahndungsdatenbestand eine „Verdichtung" des staatlichen Datenerhebungsinteresses und damit ein Eingriff in das Recht auf informationelle Selbstbestimmung vorliegt.[66] Das BVerfG selbst hat allerdings für den präventiv-polizeilichen Bereich sogar eine Benachrichtigungspflicht für „Treffer-Fälle" aufgrund der nicht erheblichen Qualität des Grundrechtseingriffs verneint.[67] Mit dem StPO-Fortentwicklungsgesetz vom 25. Juni 2021[68] (inkraftgetreten zum 1. Juli 2021) wurde die automatische Kennzeichenerfassung eigenständig in § 163g geregelt. Die Benachrichtigungspflicht findet sich dann in § 101 Abs. 4 S. 1 Nr. 13 geregelt (siehe die Kommentierung hierzu → Rn. 52a).

44 **h) Einsatz des IMSI-Catchers nach § 100i (Nr. 8).** Über den Einsatz des IMSI-Catchers ist nach der Regelung in Nr. 8 einzig **die Zielperson** zu benachrichtigen. Von einer Pflicht zur Benachrichtigung der durch eine solche Maßnahme regelmäßig mitbetroffenen Personen hat der Gesetzgeber abgesehen, weil hinsichtlich dieser Personen der Maßnahme nur eine geringe Eingriffsintensität zukomme,[69] sie somit nicht erheblich mitbetroffen seien. Zwar ist mit dem Einsatz des IMSI-Catchers nach hier vertretener Ansicht und entgegen der hM ein Eingriff in Art. 10 Abs. 1 GG verbunden, jedoch wiegt dieser Eingriff hinsichtlich derjenigen Personen, deren Daten nur für einen kurzen Zeitraum miterhoben und dann wieder gelöscht werden, nicht besonders schwer. Zudem werden, worauf in den Gesetzesmaterialien zutreffend hingewiesen wurde, die Daten der mitbetroffenen Personen nur im Rahmen des Unvermeidbaren erhoben.[70] Auch können die erhobenen Daten ohne weitere Ermittlungen regelmäßig noch keiner bestimmten Person zugeordnet werden.[71] Schließlich dürfen diese Daten nach § 100i Abs. 2 S. 2 über den Datenabgleich zur Ermittlung der gesuchten Geräte- und Kartennummer hinaus nicht verwendet werden und sind nach Beendigung der Maßnahme unverzüglich zu löschen.

45 Anders verhält es sich hinsichtlich der Daten der Zielperson. Die durch die Maßnahme erhobene Gerätenummer des Mobiltelefons bzw. die Nummer der darin verwendeten Karte werden ebenso wie der Standort des Gerätes zu **Beweiszwecken gespeichert bzw. sind Grundlage weiterer Ermittlungsmaßnahmen.**

65 BT-Drs. 16/5846, 58.
66 VerfG Bbg 19.3.2021 – VfGBbg 62/19, BeckRS 2021, 6929.
67 BVerfG 18.12.2018 – 1 BvR 142/15, NJW 2019, 827 Rn. 154.
68 BGBl. 2021 I 2099.
69 BVerfG 22.8.2006 – 2 BvR 1345/03, NJW 2007, 351 (356).
70 BT-Drs. 16/5846, 59.
71 Bär in KMR-StPO § 101 Rn. 18.

Gewisse Friktionen entstehen beim Einsatz der **sog. Stillen SMS.** Nach (hier abgelehnter) Auffassung des BGH und der hL ist Grundlage für den Versand des Stealth Pings § 100i, für die sich anschließende Abfrage der Standortdaten beim Telekommunikationsprovider § 100g. Die Benachrichtigungspflicht nach § 101 Abs. 4 Nr. 8 für den Versand der Stillen SMS würde demnach nur für die Zielperson gelten, die anschließende Verkehrsdatenabfrage muss jedoch gem. § 101a Abs. 6 S. 1 „den Beteiligten der betroffenen Telekommunikation" mitgeteilt werden. Trägt tatsächlich während des Versendungszeitraums (in der Praxis werden häufig auch mehrfache Stille SMS versendet, um ein partielles Bewegungsprofil zu erstellen bzw. den aktuellen Weg des Betroffenen nachverfolgen zu können) die Zielperson das betroffene Mobiltelefon, ist demnach diese zu benachrichtigen. Problematisch wird es, wenn nicht die Zielperson der Maßnahme, sondern ein Dritter das Mobiltelefon bei sich trägt. Dann wird der Aufenthaltsort dieses Dritten ermittelt bzw. für diesen Dritten ein partielles Bewegungsprofil erstellt. Nach § 101 Abs. 4 Nr. 8 wäre aber dennoch zunächst nur die Zielperson vom Versand der Stillen SMS zu benachrichtigen. Als die „Beteiligten der betroffenen Telekommunikation" können bei der anschließenden Verkehrsdatenabfrage allerdings (neben den Strafverfolgungsbehörden, die sich selbst freilich keine Mitteilung machen müssen) sowohl der eigentliche Inhaber des Mobiltelefons als auch der tatsächliche Träger betrachtet werden. Diese müssten dann jedoch nur „isoliert" über die Verkehrsdatenabfrage benachrichtigt werden, nicht jedoch über den Versand der Stillen SMS. Dies ist widersinnig, wenn ein Dritter das Mobiltelefon im Moment des Versandes der Stillen SMS bei sich trägt. Daher ist der Begriff der „Zielperson" in § 101 Abs. 4 Nr. 8 beim Einsatz der Stillen SMS so auszulegen, dass hierunter diejenige Person zu verstehen ist, welche das Mobiltelefon im Moment des Versandes bei sich trägt. Im Übrigen spricht die hier geschilderte Gesetzessystematik (neben den bereits bei → § 100i Rn. 28 ff.) genannten Argumenten gegen § 100i als Rechtsgrundlage für den Versand der Stillen SMS. 46

i) Einsatz eines Verdeckten Ermittlers gemäß § 110a (Nr. 9). Von dem Einsatz eines Verdeckten Ermittlers sind gemäß Nr. 9a)–c) die Zielperson, die erheblich mitbetroffenen Personen sowie ferner all diejenigen Personen zu benachrichtigen, deren „**nicht allgemein zugängliche Wohnung** der Verdeckte Ermittler betreten hat". 47

Zum Begriff der **„Zielperson"** wird auf die vorstehenden Ausführungen (→ Rn. 41) verwiesen. Zu den sonstigen **erheblichen mitbetroffenen Personen** im Sinne von b) zählen all diejenigen Personen, die in Abgrenzung zu den von Nr. 9c) erfassten Personen nicht bereits dadurch erheblich betroffen sind, dass der Verdeckte Ermittler deren nicht allgemein zugängliche Wohnung betreten hat. Zum Kreis der sonstigen erheblich mitbetroffenen Personen sind mithin die Personen zu zählen, die der Verdeckte Ermittler entsprechend seiner maßnahmespezifischen Vorgehensweise durch Verwendung seiner Legende in erheblicher Weise getäuscht hat. Die bloße Vorstellung unter Verwendung der Legende oder die bloße Pflege der üblichen sozialen Kontakte zur Aufrechterhaltung der Legende (zB Begrüßung und Verabschiedung sowie „Small Talk") reichen hierfür nicht aus.[72] Aus der Benachrichtigungspflicht nach b) und c) folgt mittelbar eine Verpflichtung des Verdeckten Ermittlers, entsprechende Aufzeichnungen zu führen, welche die Benachrichtigung ermöglichen.[73] Andernfalls liefen diese Benachrichtigungen in der Praxis weitgehend leer. 48

j) Schleppnetzfahndung nach § 163d (Nr. 10). Bei der Schleppnetzfahndung sind nach Nr. 10 die von der Maßnahme **„betroffenen Personen"** zu benachrichtigen. Hierbei handelt es sich um diejenigen Personen, gegen die nach Auswertung der bei den entsprechenden Massenkontrollen erhobenen und kurzfristig gespeicherten Daten weitere Ermittlungen geführt wurden. Inhaltlich entspricht die Regelung damit der bisherigen Bestimmung in § 163d Abs. 5 aF. 49

k) Ausschreibung zur polizeilichen Beobachtung, § 163e (Nr. 11). Bei dieser Maßnahme sind ebenso wie etwa im Falle von Nr. 5 die „Zielperson" sowie diejenigen 50

[72] Ähnlich Eschelbach in Satzger/Schluckebier/Widmaier StPO § 101 Rn. 18.
[73] So Köhler in Meyer-Goßner/Schmitt § 101 Rn. 13.

Personen zu benachrichtigen, „deren personenbezogene Daten gemeldet worden sind". Zum Begriff der **Zielperson** kann zunächst auf die vorstehenden Ausführungen (→ Rn. 41) verwiesen werden. Auch im Falle der polizeilichen Beobachtung kann Zielperson gemäß § 163e Abs. 1 S. 3 zum einen der Beschuldigte selbst, zum anderen jede weitere Person sein, bzgl. derer aufgrund bestimmter Tatsachen davon auszugehen ist, dass sie mit dem Täter in Verbindung standen.

51 Bei Personen, **„deren personenbezogene Daten gemeldet worden sind"**, handelt es sich ua um diejenigen Personen, die namentlich zunächst nicht bekannt waren und gemäß § 163e Abs. 2 und 3 ein zur Beobachtung ausgeschriebenes Fahrzeug oder sonstigen Gegenstand geführt oder genutzt haben bzw. die bei Antreffen der ausgeschriebenen Zielperson als deren Begleiter festgestellt wurden.

52 **l) Längerfristige Observation nach § 163f (Nr. 12).** Nach einer längerfristigen Observation sind wie im Falle der akustischen Überwachung mit technischen Mitteln (§ 100f) gemäß Nr. 12 **„die Zielperson sowie die erheblich mitbetroffenen Personen"** zu benachrichtigen. Auf die vorstehenden Ausführungen (→ Rn. 41 f.) kann daher Bezug genommen werden. Nicht erheblich mitbetroffen sind bei Observationsmaßnahmen namentlich all diejenigen Personen, die entweder nur kurzfristig, etwa als Begleitperson der Zielperson oder als deren zufällige Kontaktperson observiert wurden.

52a **m) Automatische Kennzeichenerfassung nach § 163g (Nr. 13).** Mit dem-Fortentwicklungsgesetz vom 25. Juni 2021[74] (inkraftgetreten am 1. Juli 2021) wurde in **§ 163g eine neue Rechtsgrundlage für die automatische Erfassung und den automatischen Abgleich von Kennzeichen eingeführt** (zur neuen Norm siehe die Kommentierung bei → § 163). Da es sich um eine verdeckte Ermittlungsmaßnahme handelt, wurde in § 101 Abs. 4 S. 1 Nr. 13 eine Benachrichtigungspflicht geregelt. Hiernach ist nur die „Zielperson" zu benachrichtigen. Mit der Zielperson ist diejenige Person gemeint, deren Kennzeichen bei der Maßnahme (Erfassung und automatischer Abgleich) „gesucht" wird. Das sind diejenigen, gegen die sich die Maßnahme nach § 163g richten darf, mithin der Beschuldigte oder die in § 163g Abs. 2 S. 1 Nr. 1 oder Nr. 2 genannten Kontaktpersonen.[75] **Nicht benachrichtigt** werden müssen dagegen alle anderen Personen, deren Kennzeichen zwar bei der Maßnahme erfasst und mit dem Fahndungsdatenbestand abgeglichen wurde, bei denen aber kein „Treffer" gemeldet wurde und deren Daten daher nach § 163g Abs. 2 S. 4 „sofort und spurenlos" (im Regelfall automatisiert) zu löschen sind. Dahinter steckt die Erwägung, dass eine Benachrichtigung aller von dieser Maßnahme betroffenen Personen in der Praxis kaum durchführbar wäre.[76] Ob eine Benachrichtigung verfassungsrechtlich notwendig ist, wird unterschiedlich beurteilt. Das BVerfG hat im Rahmen der präventiv-polizeilichen Kennzeichenerfassung sogar eine Benachrichtigung der „Trefferfälle" aufgrund der niedrigen Eingriffsintensität für überflüssig erklärt.[77] Das Verfassungsgericht Brandenburg hat dagegen – im Rahmen eines auf § 100h gestützten Einsatzes eines Kennzeichenüberwachungssystems – eine Benachrichtigung aller erfasster Personen (also sowohl „Treffer" als auch „Nicht-Treffer") als für verfassungsrechtlich notwendig erachtet.[78]

53 **n) Benachrichtigungspflichten nach § 74 BKAG. Weitere Benachrichtigungspflichten** ergeben sich aus § 74 BKAG. Danach sind über Maßnahmen nach § 45 Abs. 2 Nr. 1–3 bzw. § 62 Abs. 2 Nr. 1 und 2 BKAG (längerfristige Observation, Bild- und Tonaufnahmen, technische Observationsmittel) die Zielperson sowie die erheblich mitbetroffenen Personen, über Maßnahmen gemäß § 45 Abs. 2 Nr. 4 und 5 sowie § 64 Abs. 2 Nr. 3 BKAG (Einsatz von Vertrauenspersonen und Verdeckten Ermittlern) die Zielperson, die erheblich mitbetroffenen Personen sowie diejenigen Personen, deren Wohnungen betreten wurden,

74 BGBl. 2021 I 2099.
75 BT-Drs. 19/27654, 72.
76 BT-Drs. 19/27654, 72.
77 BVerfG 18.12.2018 – 1 BvR 142/15, NJW 2019, 827 Rn. 154.
78 VerfG Bbg 19.3.2021 – VfGBbg 62/19, BeckRS 2021, 6929.

über Maßnahmen nach § 46 BKAG (Wohnraumüberwachung) die Zielperson, sonstige überwachte Personen sowie Personen, die die überwachte Wohnung zur Zeit der Durchführung der Maßnahme innehatten oder bewohnten, über Maßnahmen nach § 47 BKAG (Ausschreibung) die Zielperson und diejenigen Personen, deren personenbezogenen Daten gemeldet worden sind und schließlich über Maßnahmen nach § 48 BKAG (Rasterfahndung) die betroffenen Personen, gegen die nach Auswertung der Daten weitere Maßnahmen getroffen worden sind, zu benachrichtigen. Bei Maßnahmen nach § 49 BKAG (Verdeckter Eingriff in informationstechnische Systeme) sind die Zielperson sowie die mitbetroffenen Personen, bei Maßnahmen nach § 50 BKAG (Postbeschlagnahme) sind Absender und Adressat, bei Maßnahmen nach § 51 BKAG (Telekommunikationsüberwachung) und § 52 Abs. 1 BKAG (Verkehrsdatenerhebung) sind die an der überwachten/betroffenen Kommunikation Beteiligten zu benachrichtigen. Bei der in der jetzt neu in § 100k vorgesehenen, im BKAG aber schon länger enthaltenen Maßnahme nach § 52 Abs. 2 BKAG (Nutzungsdatenerhebung) ist der betroffene Nutzer und bei Maßnahmen nach § 53 BKAG (IMSI-Catcher) ist die Zielperson zu benachrichtigen. Die Benachrichtigungspflichten laufen damit weitgehend parallel zur denjenigen der.

Werden hinsichtlich der diesen präventiv-polizeilichen Maßnahmen zugrunde liegenden Lebenssachverhalte strafprozessuale Ermittlungsmaßnahmen geführt, so haben die Staatsanwaltschaften gemäß § 74 Abs. 2 S. 3 BKAG **eine den Vorschriften des Strafverfahrens entsprechende Benachrichtigung** vorzunehmen. 54

2. Benachrichtigungsverfahren. a) Zuständigkeit für die Benachrichtigung. Zuständig für die Benachrichtigung der in Abs. 4 S. 1 benannten Personen ist nach wohl einhelliger Auffassung die **Staatsanwaltschaft.**[79] Als die Maßnahmen vollstreckende Behörde erlangt sie durch die Polizei unmittelbar Kenntnis vom tatsächlichen Umfang der Maßnahme und ist als Verbindungsglied zwischen dem die Maßnahme anordnenden Gericht und der sie umsetzenden Polizei und als sowohl mit rechtlicher als auch maßnahmenspezifischer Kompetenz ausgestattete Behörde am verlässlichsten in der Lage, die sich bei der Anwendung des § 101 im Einzelfall ergebenden Fragestellungen zu beantworten. Zudem sind allein ihre Ermittlungspersonen in der Lage, mit einem noch leistbaren Mehraufwand bei Durchführung der Maßnahme zugleich die Anschriften der mutmaßlich zu benachrichtigenden Personen zu ermitteln. 55

b) Form und Inhalt der Benachrichtigung (Abs. 4 S. 1 und 2). Die Benachrichtigung muss schon aus Gründen der Rechtssicherheit **schriftlich** erfolgen.[80] Nur so kann sich der Betroffene einen Überblick über Art und Umfang der Maßnahme verschaffen und es ist später substanziell überprüfbar, ob und in welchem Umfang er tatsächlich unterrichtet wurde. Ist eine schriftliche Benachrichtigung mangels Kenntnis der Strafverfolgungsbehörden von der Anschrift der betroffenen Person und mangels diesbezüglich verhältnismäßiger Nachforschungsmöglichkeiten nicht möglich, ist auch eine **Benachrichtigung auf andere Art und Weise,** va per E-Mail oder anderer elektronischer Textkommunikationsmöglichkeit (zB Messenger-Dienste, Direktnachrichtenfunktion in Sozialen Medien und Foren) möglich. Dementsprechend kann eine Benachrichtigung bei Kenntnis der Strafverfolgungsbehörden von solchen Kontaktmöglichkeiten auch nicht mit dem Argument unterbleiben, es ließe sich (mit verhältnismäßigem Aufwand) Name und Anschrift der betroffenen Person nicht ermitteln. Diese Problematik hat eine erhebliche praktische Bedeutung, wenn es um Ermittlungsmaßnahmen geht, bei denen die betroffenen Personen zunächst nur anhand ihrer E-Mail-Adressen, Nicknames oder sonstiger Pseudonyme bekannt sind. 56

Die Vorschrift des Abs. 4 regelt nicht im Einzelnen den Inhalt der Benachrichtigung. In den S. 1 und 2 ist lediglich maßnahmenspezifisch festgelegt, wer „von den in Abs. 1 genannten Maßnahmen“ zu benachrichtigen und dass dabei auf die Möglichkeit des **nach-** 57

[79] BGH 29.11.1989 – 2 StR 264/89, NJW 1990, 584 (585); Köhler in Meyer-Goßner/Schmitt § 101 Rn. 5; Bär in KMR-StPO § 101 Rn. 21.

[80] Ebenso Hegmann in BeckOK StPO § 101 Rn. 46.

träglichen Rechtsschutzes nach Abs. 7 und die dafür vorgesehene Frist hinzuweisen ist. Dies erfordert zum einen, dass die konkrete Frist (zwei Wochen ab Zugang der Benachrichtigung), zum anderen, dass das zuständige Gericht konkret benannt wird.[81] Ein bloßer Verweis auf die gesetzlichen Vorschriften, aus denen sich Frist und zuständiges Gericht ergeben, genügt dagegen nicht.[82] Da die über eine Maßnahme zu benachrichtigenden „erheblich mitbetroffenen Personen" regelmäßig weder den Akteninhalt noch die Hintergründe und näheren Umstände der Maßnahme kennen, können sie eine Vorprüfung, ob sie von der Möglichkeit des nachträglichen Rechtsschutzes Gebrauch machen sollen, nur vornehmen, wenn ihnen **neben der Durchführung der Maßnahme als solcher auch deren Umfang** mitgeteilt wird. Wenngleich das BVerfG dies im Rahmen seiner Entscheidung vom 11.5.2007[83] „lediglich" für die Maßnahme der akustischen Wohnraumüberwachung ausdrücklich festgestellt hat, kann zur Gewährleistung eines effektiven Rechtsschutzes für die übrigen von § 101 erfassten Maßnahmen nichts grundsätzlich anderes gelten.[84]

58 Nach alledem hat die Benachrichtigung unter Angabe des **Aktenzeichens** des Verfahrens, in dem die Maßnahme angeordnet und durchgeführt wurde, des Weiteren Angaben dazu zu enthalten, welcher **Tatverdacht** bestand und **welche** der in Abs. 1 genannten Maßnahmen innerhalb welches **Zeitraums** durchgeführt wurden. Weiterhin muss der Beschluss, mit dem die Maßnahme angeordnet wurde, exakt bezeichnet werden und, ob es sich um eine staatsanwaltschaftliche oder richterliche Anordnung handelt.[85] Ob auch Mitteilung darüber gemacht wird, gegen wen sich die Ermittlungen richteten, ist eine Frage des Einzelfalles. In Betracht kommt die Mitteilung der Person des Beschuldigten jedenfalls nur dann, wenn diese Information für die Inanspruchnahme von Rechtsschutz durch den Betroffenen (der nicht selbst der Beschuldigte ist) und die Überprüfung der Rechtmäßigkeit der Maßnahme notwendig ist. Ist dies der Fall, ist dennoch stets eine Abwägung mit schutzwürdigen Interessen des Beschuldigten durchzuführen. Insbesondere, wenn sich der Tatverdacht nicht erhärtet hat oder sogar widerlegt wurde, ist in der Regel die Person des Beschuldigten nicht mitzuteilen.[86] Jedenfalls ist dem Betroffenen mitzuteilen, ob die Maßnahme gegen ihn als Beschuldigten oder als sonstigen direkt Betroffenen (zB Nachrichtenmittler) gerichtet war oder, ob er lediglich als Drittbetroffener zufällig miterfasst wurde.[87] Diese Mindeststandards sind namentlich auch deshalb einzuhalten, weil sich das Akteneinsichtsrecht von Betroffenen, denen nicht zugleich die Stellung als Verfahrensbeteiligte im Ermittlungs- bzw. Strafverfahren zukommt, nach Auffassung des BGH nach den Grundsätzen der §§ 475 ff. richtet.[88] Drittbetroffenen steht danach, im Hinblick auf die insoweit vorrangigen Interessen der von der Akteneinsicht betroffenen Personen, kein Anspruch auf eine umfassende Einsicht in die Verfahrensakten zu.

59 Weitere Vorgaben für die inhaltliche Ausgestaltung der Benachrichtigungen sind nunmehr durch Art. 13 Abs. 2 Richtlinie EU 2016/680 und dessen Umsetzung in **§ 500 Abs. 1 iVm § 56 Abs. 1 BDSG** vorgegeben. Demnach muss die Benachrichtigung (zusätzlich zu den o. g. geschilderten Inhalten) mindestens folgende Angaben enthalten: Allgemeine Informationen (§ 55 BDSG) über die Zwecke der von den Strafverfolgungsbehörden vorgenommenen Verarbeitungen, Informationen über die datenschutzrechtlichen Rechte der betroffenen Personen, den Namen und die Kontaktdaten des Verantwortlichen und der oder des Datenschutzbeauftragten, eine Aufklärung über das Recht, die Landesbeauftragte oder den Landesbeauftragten anzurufen, und die Erreichbarkeit der oder des Landesbeauftragten (Nr. 1); die Nennung der Befugnisnorm als Rechtsgrundlage der Datenverarbeitung

---

81 LG Nürnberg-Fürth 18.1.2018 – 5 Ks 113 Js 1822/16, BeckRS 2018, 30484.
82 LG Nürnberg-Fürth 18.1.2018 – 5 Ks 113 Js 1822/16, BeckRS 2018, 30484.
83 BVerfG 11.5.2007 – 2 BvR 543/06, NJW 2007, 2753 (2757).
84 Ebenso Hegmann in BeckOK StPO § 101 Rn. 46; Köhler in Meyer-Goßner/Schmitt § 101 Rn. 15; aA Singelstein NStZ 2009, 481 (485).
85 LG Nürnberg-Fürth 18.1.2018 – 5 Ks 113 Js 1822/16, BeckRS 2018, 30484.
86 Siehe auch Hauck in Löwe/Rosenberg § 101 Rn. 28.
87 LG Nürnberg-Fürth 18.1.2018 – 5 Ks 113 Js 1822/16, BeckRS 2018, 30484.
88 BGH 22.9.2009 – StB 28/09, BeckRS 2009, 86260.

(Nr. 2); die in § 101 Abs. 8 und § 489 genannten Kriterien für eine Löschung der Daten (Nr. 3); die Kategorien der Empfänger der erhobenen Daten in einer Art und Weise, unter der sich der Betroffene etwas vorstellen kann,[89] zB Benennung der befassten Gerichte, Staatsanwaltschaften und Polizeidienststellen (Nr. 4). Unter „sonstigen Informationen" iSv Nr. 5 ist zunächst eine Angabe zu verstehen, aus welcher konkreten Datenquelle die Daten stammen.[90] Erforderliche Information iSv Nr. 5 zur Wahrnehmung der Rechte der betroffenen Person im Zusammenhang mit heimlichen Datenerhebungen ist außerdem der Hinweis auf die Rechtsschutzmöglichkeiten, wie es allerdings auch bereits durch § 101 Abs. 4 S. 2 vorgesehen ist.[91]

c) Unterbleiben der Benachrichtigung (Abs. 4 S. 3–5). Nach Abs. 4 kann die Benachrichtigung unter Berücksichtigung **unterschiedlicher Interessenlagen** unterbleiben, wenn ihr überwiegende schutzwürdige Belange einer betroffenen Person entgegenstehen (S. 3), die zu benachrichtigende Person nur unerheblich betroffen und anzunehmen ist, dass sie an einer Benachrichtigung kein Interesse hat (S. 4) bzw. Nachforschungen der Feststellung der Identität betroffener Personen nicht geboten erscheinen (S. 5). 60

aa) S. 3. S. 3 berücksichtigt mit den „schutzwürdige(n) Belange(n) einer betroffenen Person" **die Interessen anderer als der nach S. 1 zu benachrichtigenden Personen.** Gemeint sind damit vorrangig diejenigen Personen, gegen die sich die Maßnahme gerichtet hat, mithin der Beschuldigte oder aber auch Dritte, wie zB der sogenannte Nachrichtenmittler im Falle einer nach § 100a Abs. 3 gegen diesen gerichteten Überwachungsmaßnahme. Die Feststellung, dass überwiegende schutzwürdige Interessen des Beschuldigten oder Dritter einer Benachrichtigung der in S. 1 Genannten entgegenstehen, erfordert in jedem Einzelfall eine Abwägung der widerstreitenden Interessen, die einer weitergehenden gesetzlichen Regelung nicht zugänglich sind.[92] Das BVerfG hat insoweit festgestellt, dass der Beschuldigte hinsichtlich der Mitteilung des gegen ihn bestehenden Tatverdachts im Ermittlungsverfahren besonders schutzwürdig ist, da sich dort die Verdachtslage noch nicht soweit verdichtet hat, dass sie bereits zu einem hinreichenden Tatverdacht (iSv § 203) zur Eröffnung des Hauptverfahrens verdichtet hat.[93] Hieraus kann der Schluss gezogen werden, dass Bestehen und Stärke des Verdachtsgrads gegen den Beschuldigten ein gewichtiges Abwägungskriterium bei der Frage des Unterbleibens einer Benachrichtigung sind. 61

Berücksichtigt man weiter, dass bis zu einer rechtskräftigen Verurteilung des Beschuldigten für diesen die Unschuldsvermutung streitet, so werden vielleicht nicht „in aller Regel",[94] freilich jedoch vielfach die **Interessen des Beschuldigten überwiegen,** Dritte über die gegen ihn bestehende Verdachtslage nicht zu informieren. Vor diesem Hintergrund kann im Rahmen einer Interessenabwägung selbst dann von einer Benachrichtigung abgesehen werden, wenn ein Interesse des Betroffenen an einer Benachrichtigung erkennbar ist. Gleichzeitig ist die Interessensposition des Beschuldigten nicht absolut abwägungsfest. Selbst bei fehlender Bestätigung der Verdachtslage oder sogar Widerlegung des Tatverdachts kann die Benachrichtigung einer mitbetroffenen Person geboten sein, wenn von dieser durch die Maßnahme **in erheblichem Umfang höchstpersönliche Daten** erhoben wurden. Geboten erscheint eine Benachrichtigung ferner in den Fällen, in denen durch die Maßnahme, entgegen dem in § 160a Abs. 1 normierten Verbot, in das besonders geschützte Vertrauensverhältnis zwischen dem Beschuldigten und den in § 53 Abs. 1 S. 1 Nr. 1, 2 und 4 genannten Berufsgeheimnisträgern, einem Rechtsanwalt oder einem Kammerrechtsbeistand eingegriffen wurde. 62

---

[89] Vgl. Paschke in Gola/Heckmann BDSG § 56 Rn. 13.
[90] Paschke in Gola/Heckmann BDSG § 56 Rn. 14.
[91] Paschke in Gola/Heckmann BDSG § 56 Rn. 14.
[92] BT-Drs. 16/5846, 59.
[93] BVerfG 12.10.2011 – 2 BvR 236/08, NJW 2012, 833 (839).
[94] Hegmann in BeckOK StPO § 101 Rn. 26.

63 **bb) S. 4.** Gemäß **S. 4** „kann" in den Fällen der Postbeschlagnahme nach § 99 und der Telekommunikationsüberwachung nach Maßgabe des § 100a von der Benachrichtigung von Personen, „gegen die sich die Maßnahme nicht gerichtet hat", abgesehen werden, wenn diese Personen von der Maßnahme entweder nur **unerheblich betroffen** wurden oder aber anzunehmen ist, dass sie **kein Interesse** an einer Benachrichtigung haben.

64 In S. 4 hat der Gesetzgeber dem Umstand Rechnung getragen, dass durch die Maßnahmen der Postbeschlagnahme und der Telekommunikationsüberwachung zwar regelmäßig in die Grundrechte zahlreicher Personen eingegriffen wird, dies indes vielfach „in einer **vergleichsweise so geringfügigen Weise,** dass ein Interesse an einer Benachrichtigung oftmals nicht anzunehmen ist".[95] Im Blick hatte der Gesetzgeber dabei in den Fällen der Telekommunikationsüberwachung ua Alltagsgeschäfte, etwa Terminvereinbarungen mit Handwerkern und telefonische Bestellungen bei Lieferfirmen.

65 **cc) Verfassungsrechtliche Beurteilung des Fehlens einer gerichtlichen Kontrolle bei Unterbleiben der Benachrichtigung.** Anders als für die Zurückstellung der Benachrichtigung nach Abs. 5 ist für die Fälle des endgültigen Unterbleibens der Benachrichtigung nach Abs. 4 S. 3, S. 4 keine gerichtliche Kontrolle vorgesehen. Dies hat das BVerfG für den Bereich der Erhebung von Verkehrsvorratsdaten ausdrücklich beanstandet, soweit sich eine Datenabfrage unmittelbar auf Verkehrsdaten einer bestimmten Person bezieht und die Benachrichtigung nach Abs. 4 S. 3 aufgrund überwiegender schutzwürdiger Belange einer anderen betroffenen Person unterbleibt.[96] Dagegen bedarf es keiner richterlichen Kontrolle, sofern es um ein Unterbleiben wegen Unerheblichkeit des Eingriffs und mutmaßlichem Fehlen eines Rechtsschutzinteresses bei der Erhebung von Daten von Personen, gegen die sich die Maßnahmen nicht unmittelbar richtet, geht.[97] Der Gesetzgeber hat hierauf reagiert und in § 101a Abs. 6 S. 2 Nr. 1 nunmehr eine gerichtliche Entscheidung über das Unterbleiben der Benachrichtigung nach § 101 Abs. 4 S. 3 (nicht aber S. 4) für alle Fälle der Verkehrsdatenerhebung (und künftig auch der Nutzungsdatenerhebung) nach § 100g geregelt.[98] Das Argument des BVerfG (Hoher Stellenwert der Benachrichtigung für eine transparente Datenverwendung) trifft jedoch nicht nur auf die Verkehrsdatenerhebung, welche grundsätzlich (aber auch → § 100g Rn. 53) als offene Maßnahme mit vorheriger Benachrichtigung ausgestaltet ist, **sondern in besonderem Maße auf die heimlichen Ermittlungsmaßnahmen zu, die in § 101 genannt sind.** Viele dieser Maßnahmen, insbesondere die §§ 100a–100c stehen einer Verkehrsdatenerhebung hinsichtlich der Eingriffsintensität nicht nur nicht nach, sie sind sogar regelmäßig eingriffsintensiver. Daher gilt das verfassungsmäßige Gebot der richterlichen Kontrolle zugunsten von denjenigen Personen, gegen die sich die Maßnahme richtet, auch für die in § 101 genannten heimlichen Ermittlungsmaßnahmen. Nur für solche Personen, gegen die sich die Maßnahme nicht unmittelbar richtet, kann es aus verfassungsrechtlicher Perspektive bei der alleinigen Entscheidungskompetenz der Staatsanwaltschaft verbleiben.[99] Abs. 4 S. 3 ist somit insoweit verfassungswidrig, als er auf eine richterliche Kontrolle auch bei Unterbleiben einer Benachrichtigung an eine Person verzichtet, gegen die sich die Maßnahme richtete. Praktisch bedeutsam ist dies vor allem in Fällen, in denen es mehrere Maßnahmeadressaten gibt (zB mehrere Beschuldigte oder Beschuldigter und Anschlussinhaber oder Kontaktperson) und in denen die schutzwürdigen Belange des einen Adressaten (zB des Beschuldigten) dazu führen, dass eine Benachrichtigung der anderen Adressaten (zB Anschlussinhaber, Wohnungsinhaber, Kontaktpersonen) unterbleibt. Angesichts des eindeutigen Ausnahmecharak-

95 BT-Drs. 16/5846, 59.

96 BVerfG 2.3.2010 – 1 BvR 256/08, NJW 2010, 833 (848).

97 BVerfG 2.3.2010 – 1 BvR 256/08, NJW 2010, 833 (843); 12.10.2011 – 2 BvR 236/08, NJW 2012, 833 (839).

98 BT-Drs. 18/5088, 36.

99 Siehe BVerfG 2.3.2010 – 1 BvR 256/08, NJW 2010, 833 Rn. 245 einerseits und Rn. 282 andererseits und BVerfG 2.10.2011 – 2 BvR 236/08 ua, NJW 2012, 833 Rn. 231 „In Bezug auf diese Personengruppe", gemeint sind die Nichtadressaten der Maßnahme.

ters der Vorschrift des § 101a Abs. 6 S. 2 Nr. 1 kann auch nicht von einer planwidrigen Regelungslücke in § 101 Abs. 4 S. 3 ausgegangen werden, sodass eine analoge Anwendung von § 101a Abs. 6 S. 2 Nr. 1 ausscheidet. Gleiches gilt auch für die Regelung in Abs. 6, welche ausdrücklich auf die Zurückstellung nach Abs. 5 beschränkt ist. Daher ist auch eine verfassungskonforme Auslegung nicht möglich. **Die Norm des § 101 Abs. 4 S. 3 ist partiell verfassungswidrig.** Der Gesetzgeber muss daher eine differenzierte Regelung schaffen, in welcher eine gerichtliche Kontrolle des Unterbleibens wegen schutzbedürftiger Belange betroffener Personen bei Unterbleiben der Benachrichtigung an einen Maßnahmeadressaten geregelt ist. Freilich wäre er auch nicht gehindert allgemein (also für alle Benachrichtigungsberechtigten) eine richterliche Kontrolle nach dem Vorbild von § 101a Abs. 6 S. 2 Nr. 1 zu schaffen.[100]

d) Ermittlungen zur Identitätsfeststellung Betroffener (S. 5). Ist die Identität einer der in S. 1 benannten Personen nicht bekannt, so sind nach der in hohem Maße praxisrelevanten Regelung des S. 5 Nachforschungen zur Feststellung ihrer Identität nur vorzunehmen, „wenn dies **unter Berücksichtigung der Eingriffsintensität** der Maßnahme gegenüber dieser Person, des Aufwands für die Feststellung ihrer Identität sowie der daraus für diese oder andere Personen folgenden Beeinträchtigungen geboten ist". 66

Die Regelung ist im Lichte der Entscheidung des BVerfG vom 16.9.2009[101] weit auszulegen. Nach dieser Entscheidung kann selbst bei einer erheblicheren Eingriffsintensität regelmäßig von einer Benachrichtigung abgesehen werden, wenn die mitbetroffenen Personen **allein zum Zwecke der Benachrichtigung** erst noch identifiziert werden müssten. Derartige Ermittlungen sind weder unter datenschutz- noch verfassungsrechtlichen Gesichtspunkten geboten.[102] So hat das BVerfG in dieser Entscheidung weiter ausgeführt, mit der Namhaftmachung der Betroffenen würde der Rechtseingriff zusätzlich vertieft, weshalb es einer weitergehenden Recherche auch in den sichergestellten Datenbeständen nicht bedürfe. Vor diesem Hintergrund gebietet S. 5 Nachforschungen nur in besonders gelagerten Ausnahmefällen. Die Tatsache, dass kernbereichsrelevante Daten einem absoluten Verwertungsverbot unterliegen, führt dazu, dass solche Ausnahmefälle gerade bei den eingriffsintensivsten Fällen, der Erhebung derartiger Daten, regelmäßig nicht gegeben sind. Es gilt, eine weitere Intensivierung des Eingriffs allein zum Zwecke der Identifizierung bislang noch unbekannter Betroffener bzw. zur Feststellung, dass bekannte Personen von einem solchen Eingriff betroffen wurden, zu vermeiden. Den Kernbereich privater Lebensgestaltung betreffende Daten sind vielmehr unverzüglich zu löschen, sodass es auch einer Identifizierung allein zum Zwecke der Benachrichtigung nicht bedarf. 67

Bei den „Beeinträchtigungen" iSv S. 5 ist vor allem zu beachten, dass bei der Erhebung und Verarbeitung personenbezogener Daten **die „Stärke" des Personenbezugs der Daten** ein wichtiges Kriterium zur Bestimmung der Eingriffstiefe ist. Wird also der Personenbezug der Daten durch eine namentliche Identifizierung der Betroffenen verstärkt, wird gleichzeitig die Eingriffstiefe erhöht. 68

Eine große praktische Bedeutung dürfte dieser Regelung auch bei modernen Formen der Telekommunikation zukommen, bei denen in geschlossenen Benutzergruppen (daher § 100a, → § 100a Rn. 123) über das Internet Kommunikation zwischen einer Vielzahl an Beteiligten stattfindet, die jedoch unter **Pseudonymen** handeln (zB Nicknames). Häufig werden die Ermittlungsbehörden zu diesen Personen neben den Pseudonymen nur deren (ggf. auch nur zeitweise verwendeten) IP-Adressen kennen. Eine Zuordnung der Pseudonyme und IP-Adressen zu tatsächlichen Personen würde den bestehenden Grundrechtseingriff durch die persönliche Identifizierung und damit die Verstärkung des Personenbezugs erheblich intensivieren. 69

Schließlich ist zu beachten, dass nach hier vertretener Auffassung (→ Rn. 56) eine Benachrichtigung nicht zwingend schriftlich vorzunehmen ist, sondern ggf. **auch über die** 70

[100] Ähnlich Bär in KMR-StPO § 101 Rn. 32a.
[101] BVerfG 16.6.2009 – 2 BvR 902/06, MMR 2009, 673 ff.
[102] Simitis/Mallmann BDSG § 19a aF Rn. 18, 44.

den Ermittlungsbehörden bekannten Kommunikationskanäle (zB E-Mail-Adressen, Accounts ins Sozialen Medien und Foren/Plattformen) vorgenommen werden kann, ohne dass hierfür Name und Anschrift der Betroffenen ermittelt werden müssten. Dies ermöglicht den Betroffenen einerseits Kenntnis von den sie betreffenden Ermittlungsmaßnahmen zu erlangen, verhindert andererseits aber eine weitere Eingriffsintensivierung durch eine persönliche Identifizierung.

71 **e) Zeitpunkt der Benachrichtigung (Abs. 5 S. 1).** Sind die in Abs. 4 S. 1 genannten Betroffenen zu benachrichtigen, was nur der Fall ist, wenn die sachlogisch vorrangig zu prüfenden Vorschriften in Abs. 4 S. 3–5 über das endgültige Unterbleiben einer Benachrichtigung nicht greifen, hat diese Benachrichtigung nach Abs. 5 S. 1 zu erfolgen, sobald eine **Gefährdung des Untersuchungszwecks,** des **Lebens, der körperlichen Unversehrtheit und der persönlichen Freiheit einer Person** bzw. von **bedeutenden Vermögenswerten** nicht mehr zu besorgen ist. Im Falle des Einsatzes eines **Verdeckten Ermittlers** rechtfertigt auch die Möglichkeit seines weiteren Einsatzes eine Zurückstellung der Benachrichtigung. Die vormals bestehende Möglichkeit, von einer Benachrichtigung entsprechend der Regelung in § 101 Abs. 1 S. 1 aF auch wegen Gefährdung der öffentlichen Sicherheit abzusehen, hat der Gesetzgeber aufgrund der Vorgaben in der Entscheidung des BVerfG zur akustischen Wohnraumüberwachung[103] nicht in Abs. 5 übernommen. Das BVerfG hielt die im Polizei- und Ordnungsrecht verwendete Generalklausel der Gefährdung der öffentlichen Sicherheit für zu unbestimmt. Die jetzt in § 101 Abs. 5 S. 1 enthaltenen Zurückstellungsgründe sind nach der Rspr. des BVerfG mit dem Grundgesetz zu vereinbaren.[104] Sie entsprechen auch den in § 56 Abs. 2 BDSG bzw. Art. 13 Abs. 3 Richtlinie EU 2016/680 genannten Zurückstellungsgründen (diese sind sogar weiter gefasst) und sind daher auch europarechtskonform.

72 Die Zurückstellungsvorschriften können nicht – auch nicht im Wege richterlicher Rechtsfortbildung – auf **offene Maßnahmen** wie die Beschlagnahme nach §§ 94 ff. übertragen werden. Dies gilt insbesondere dann, wenn sich die Ermittlungsbehörden bei einer E-Mail-Beschlagnahme zu einem offenen Vorgehen über §§ 94 ff. entschieden haben.[105] Nach Inkrafttreten des StPO-Fortentwicklungsgesetzes zum 1. Juli 2021[106] ermöglicht jedoch § 95a nF eine „heimliche Beschlagnahme“ unter den dort genannten Voraussetzungen.

73 **aa) Gefährdung des Untersuchungszwecks.** Eine Gefährdung des Untersuchungszwecks ist so lange gegeben, wie die begründete Erwartung besteht, dass durch die verdeckte Ermittlungsführung weitere beweiserhebliche Erkenntnisse gewonnen werden können.[107] Dabei ist eine Abwägung zwischen den Belangen einer funktionierenden Strafrechtspflege und dem Rechtsschutzinteresse des Betroffenen durchzuführen. Das Gewicht der Interessen des Betroffenen nimmt mit Zeitablauf zu.[108] Da Untersuchungszweck die **Erforschung des Sachverhalts,** mithin die Klärung des gegen den Beschuldigten bestehenden Tatverdachts mittels aller zulässigen Untersuchungshandlungen ist, kann dieser Zurückstellungsgrund entgegen vereinzelter Stimmen in der Kommentarliteratur[109] nicht maßnahmenspezifisch ausgelegt werden. Werden mehrere verdeckte Untersuchungshandlungen nach Abs. 1 in demselben Ermittlungsverfahren parallel oder sukzessive durchgeführt, so kann auch nach Beendigung einer Maßnahme deren Bekanntgabe zunächst unterbleiben, weil eine entsprechende Mitteilung die weitere Erforschung des Sachverhalts im Hinblick auf eine andere, noch verdeckt geführte Maßnahme gefährden könnte.[110] So kann nach der hier

[103] BVerfG 3.3.2004 – 1 BvR 2378/98 und 1 BvR 1084/99, NJW 2004, 999 (1015).
[104] BVerfG 12.10.2011 – 2 BvR 236/08, NJW 2012, 833 (839 f.).
[105] BGH 4.8.2015 – 3 StR 162/15, ZD 2016, 173.
[106] BGBl. 2021 I 2099.
[107] So zutreffend Köhler in Meyer-Goßner/Schmitt § 101 Rn. 19.
[108] BGH 29.4.2021 – 6 BGs 19/21, NStZ-RR 2021, 287; 3.2.2021 – 6 BGs 4/21, BeckRS 2021, 24458.
[109] Hauck in Löwe/Rosenberg Rn. 39; Wolter/Jäger in SK-StPO § 101 Rn. 29.
[110] So jetzt auch BGH 29.4.2021 – 6 BGs 19/21, NStZ-RR 2021, 287; 3.2.2021 – 6 BGs 4/21, BeckRS 2021, 24458.

vertretenen Auffassung auch im Falle der Postbeschlagnahme nach §§ 99, 94 (→ Rn. 25 ff.) eine Benachrichtigung zurückgestellt und muss der Betroffene erst dann von einer der in Abs. 1 genannten Maßnahmen in Kenntnis gesetzt werden, wenn auch hinsichtlich der zuletzt durchgeführten Maßnahme eine Gefährdung des Untersuchungszweckes durch die Bekanntgabe der bereits seit geraumer Zeit beendeten Maßnahmen nicht mehr zu besorgen ist.[111] Allerdings ist der Untersuchungszweck verfahrensspezifisch auszulegen. Das bedeutet, dass eine Zurückstellung nur solange gerechtfertigt ist, wie der Erfolg von heimlichen Maßnahmen zur Erforschung des Sachverhalts derselben prozessualen Tat iSv § 264 durch eine Mitteilung gefährdet werden könnte. Eine solche Auslegung wird durch den Begriff „des Untersuchungszwecks" geboten. Denn damit kann sprachlogisch nur der Untersuchungszweck der angeordneten Maßnahmen, wegen derer eine Benachrichtigung notwendig ist, gemeint sein. Dieser ist damit auf das jeweilige Strafverfahren beschränkt.[112]

bb) Gefährdung des Lebens, der körperlichen Unversehrtheit oder der persönlichen Freiheit einer Person. Diese Regelung dient vorrangig dem Schutz der von den **Strafverfolgungsbehörden eingesetzten und nicht offen agierenden Personen,** mithin der soggenannten Vertrauensperson (VP), des Verdeckten Ermittlers (VE) sowie jedes sonstigen nicht offen ermittelnden Polizeibeamten (NoeP). Die Möglichkeit der Zurückstellung ist freilich nicht auf diesen Personenkreis beschränkt. In Frage kommen auch andere Personen, etwa Angehörige eines Verdeckten Ermittlers oder eines NoeP.[113] In Anbetracht der Tatsache, dass mit Maßnahmen nach Abs. 1 vielfach schwere Grundrechtseingriffe einhergehen und der damit korrespondierenden Bedeutung der Möglichkeit eines nachträglichen Rechtsschutzes der Betroffenen sind an die Feststellung des Bestehens einer – häufig nur sehr schwer einzuschätzenden – Gefährdungslage strenge Maßstäbe anzulegen. Keinesfalls kann „ins Blaue hinein" von einer Gefährdung ausgegangen werden, nur weil es sich um ein Ermittlungsverfahren im Bereich der organisierten Kriminalität handelt oder schwere Gewaltkriminalität Gegenstand des Ermittlungsverfahrens ist. 74

cc) Gefährdung von bedeutenden Vermögenswerten. Nach Auffassung des BVerfG ist auch die Einbeziehung von „bedeutenden Vermögenswerten" **verfassungskonform.**[114] Insbesondere ist der Begriff hinreichend bestimmt, weil er in zahlreichen weiteren Vorschriften Verwendung findet und dadurch weiter konturiert wird. Die fachgerichtliche Rspr. könne für die Auslegung zB auf die „Sachen von bedeutendem Wert" iSv §§ 315 ff. StGB zurückgreifen.[115] Angesichts der Tatsache, dass an das Bestehen einer Gefährdungslage strenge Maßstäbe anzulegen sind (→ Rn. 73), welche bei der Bedrohung von „nur" Vermögenswerten wohl noch strenger zu fassen sein dürften, erschließt sich die praktische Bedeutung dieser Variante nicht. Es ist nicht ersichtlich in welchen Fällen zwar Anhaltspunkte für eine Gefährdung von bedeutenden Vermögenswerten, nicht jedoch gleichzeitig für Leib, Leben oder Freiheit einer Person bestehen sollen. 75

dd) Möglichkeit der weiteren Verwendung eines Verdeckten Ermittlers. Das BVerfG hat in seinem Urteil zum Großen Lauschangriff vom 3.3.2004 die Möglichkeit der Zurückstellung einer Benachrichtigung zum Zwecke der weiteren Verwendung „eines eingesetzten nicht offen ermittelnden Beamten" (NoeP oder VE) als mit Art. 13 Abs. 1 GG, Art. 19 Abs. 4 GG sowie Art. 2 Abs. 1 GG iVm Art. 1 Abs. 1 GG unvereinbar erklärt. Begründet hat es dies mit der Erwägung, der weitere Einsatz beziehe sich nicht nur auf das Verfahren, in dem die Maßnahme der Wohnraumüberwachung angeordnet worden sei. Zur Erfüllung des Kriteriums „weitere Verwendung" solle bereits ausreichen, dass „infolge der Benachrichtigung jede weitere Verwendung des verdeckt ermittelnden Beamten auch im 76

111 So implizit auch OLG Stuttgart 13.7.2016 – 6 – 2 StE 1/14 Rn. 18, NJW-Spezial 2015, 89.
112 AA BGH 29.4.2021 – 6 BGs 19/21, NStZ-RR 2021, 287; 3.2.2021 – 6 BGs 4/21, BeckRS 2021, 24458.
113 So zutreffend Schäfer in Löwe/Rosenberg, 26. Aufl., § 101 Rn. 9.
114 Kritisch hierzu mit beachtlichen Argumenten Wolter/Jäger in SK-StPO § 101 Rn. 31.
115 BVerfG 12.10.2011 – 2 BvR 236/08, NJW 2012, 833 (839 f.).

Zusammenhang mit anderen Ermittlungsverfahren gefährdet wäre". Damit löse sich dieses Kriterium, so das BVerfG weiter, von dem jeweiligen Verfahren, innerhalb dessen die Überwachungsmaßnahme durchgeführt worden sei.[116] Die in Abs. 5 S. 1 enthaltene Neuregelung berücksichtigt diese Bedenken und sieht eine entsprechende Möglichkeit der Zurückstellung der Benachrichtigung **nur noch für den Verdeckten Ermittler vor.**[117] In Anbetracht der verhältnismäßigen strengen Voraussetzungen, die § 110a an den Einsatz eines Verdeckten Ermittlers knüpft und dieses Ermittlungsinstrument damit eine gewissen Exklusivität besitzt, während ein nicht offen ermittelnder Polizeibeamter nach der noch herrschenden Rspr. bereits auf der Grundlage der Aufgabengeneralklausel der §§ 161, 163 eingesetzt werden kann (→ § 110a Rn. 24), ist die Regelung nach Auffassung des Gesetzgebers verfassungskonform, zumal „die Ausbildung Verdeckter Ermittler, die Schaffung der erforderlichen Legende und das – nicht ohne weiteres reproduzierbare – Heranführen und Einschleusen eines Verdeckten Ermittlers in Kreise etwa der organisierten Kriminalität (…) mit einem ganz erheblichen zeitlichen, organisatorischen und finanziellen Aufwand verbunden" ist.[118] Dieser Ansicht hat sich auch das **BVerfG** angeschlossen. Der Verhinderung, Verfolgung und Aufklärung von Straftaten komme nach dem Grundgesetz eine hohe Bedeutung zu und gerade zur Aufklärung besonders gefährlicher Kriminalitätsfelder seien die Strafverfolgungsbehörden auf den Einsatz Verdeckter Ermittler angewiesen. Die Wahrung der geheimen Identität dieser Verdeckten Ermittler sei für deren weiteren Einsatz notwendig. Die Regelung in § 101 Abs. 5 S. 1 sei damit ein angemessener Ausgleich zwischen den Benachrichtigungsinteressen der Betroffenen und den Strafverfolgungsinteressen des Staates. Im Unterschied zum Einsatz eines nicht offen ermittelnden Polizeibeamten sei der Einsatz eines Verdeckten Ermittlers an hohe Hürden gebunden und läge nicht in den Händen der Polizei. Daher stünde auch die Entscheidung zur akustischen Wohnraumüberwachung diesem Ergebnis nicht entgegen.[119]

77 Zu beachten ist, dass vor der vollständigen Zurückstellung der Benachrichtigung stets zu prüfen ist, ob eine **Benachrichtigung ohne Offenlegung der Identität** des Verdeckten Ermittlers in Betracht kommt. Dabei ist allerdings auch zu berücksichtigen, dass bereits die Mitteilung, dass ein Verdeckter Ermittler in einem bestimmten Zeitraum eingesetzt wurde, häufig Rückschlüsse auf dessen Identität zulässt.[120]

78 **f) Dokumentation der Zurückstellung (Abs. 5 S. 2).** Nach Abs. 5 S. 2 sind sowohl die Tatsache der Zurückstellung als auch die hierfür maßgeblichen Gründe **aktenkundig** zu machen. Diese Dokumentationspflicht dient sowohl der Selbst- als auch der Fremdkontrolle. So fördert sie zum einen eine ordnungsgemäße Handhabung der Zurückstellungsregelung durch den Zurückstellenden selbst. Zum anderen eröffnet der Rückgriff auf die die Zurückstellungsentscheidung tragenden Erwägungen eine effiziente gerichtliche Kontrolle nach Abs. 6. Die Dokumentation der Zurückstellung und ihrer Gründe gehört zu den „Unterlagen" iSv Abs. 2 und können dementsprechend bis zum Wegfall der Zurückstellungsgründe in Sonderheften aufbewahrt werden.[121] Dagegen erlaubt weder Abs. 5 noch Abs. 2 die Darstellung falscher Tatsachen in den Ermittlungsakten oder die aktive Täuschung von Verfahrensbeteiligten.[122]

V. Gerichtliche Kontrolle der Zurückstellung (Abs. 6)

79 Werden die nach Abs. 4 S. 1 zu benachrichtigenden Personen nicht binnen zwölf bzw. in den Fällen von § 100b und § 100c nicht binnen sechs Monaten (S. 5) nach Beendigung einer Maßnahme unterrichtet, so bedarf jede weitere Zurückstellung gleich welcher Dauer

[116] BVerfG 3.3.2004 – 1 BvR 2378/98 und 1 BvR 1084/99, NJW 2004, 999 (1015).
[117] BT-Drs. 16/5846, 60.
[118] BT-Drs. 16/5846, 60.
[119] BVerfG 12.10.2011 – 2 BvR 236/08, NJW 2012, 833 (840).
[120] Hauck in Löwe/Rosenberg § 101 Rn. 42.
[121] Köhler in Meyer-Goßner/Schmitt § 101 Rn. 19; Bruns in KK-StPO § 101 Rn. 24.
[122] BGH 11.2.2010 – 4 StR 436/09, NStZ 2010, 294; Köhler in Meyer-Goßner/Schmitt § 101 Rn. 19.

der **gerichtlichen Zustimmung** (S. 1), wobei das Gericht zugleich die weitere Dauer der Zurückstellung bestimmen (S. 2) und letztlich auch dem endgültigen Absehen von der Benachrichtigung zustimmen kann (S. 3). Sind mehrere Maßnahmen in einem engen zeitlichen Zusammenhang durchgeführt worden, so beginnt die Frist nach S. 1 bzw. S. 5 mit Beendigung der letzten Maßnahme (S. 4).

Die vorstehenden Regelungen sollen eine angemessene gerichtliche Kontrolle der ver- 80
fassungsrechtlich gebotenen Benachrichtigungspflichten in den Fällen gewährleisten, in denen die Benachrichtigung der Betroffenen nach Abs. 5 zurückgestellt wurde. Freilich findet damit eine gerichtliche Kontrolle der staatsanwaltschaftlichen Zurückstellung **nur und erst dann statt,** wenn die nach §§ 42 ff. zu berechnenden Fristen überschritten wurden. Diese Tatsache und, im Falle der akustischen Wohnraumüberwachung, die Frist von sechs Monaten hat das BVerfG nicht beanstandet.[123] Vor diesem Hintergrund ging der Gesetzgeber offenkundig davon aus, im Falle der übrigen in Abs. 1 genannten Maßnahmen die Frist auf zwölf Monate ausdehnen zu können, da diese regelmäßig weniger eingriffsintensiv sind. Ob die o. g. Verkürzung der Frist auch bei einer Online-Durchsuchung verfassungsgemäß ist, hat das BVerfG noch nicht entschieden. Dies erscheint vor dem Hintergrund zweifelhaft, dass a) die Online-Durchsuchung ein noch schwererer Grundrechtseingriff ist als die akustische Wohnraumüberwachung (→ § 100b Rn. 14) und b), insbesondere die heimliche Infizierung des IT-Systems des Betroffenen mit einem sog. Staatstrojaner deshalb besonders mitteilungsbedürftig ist, weil der Betroffene auch die Möglichkeit haben muss, zu überprüfen, ob das Spähprogramm restlos von seinem System entfernt wurde und seine IT-Sicherheit nunmehr nicht mehr (von staatlicher Seite) beeinträchtigt ist. Für die nach S. 2 durch das Gericht zu bestimmende Dauer der weiteren Zurückstellung hat der Gesetzgeber keine bestimmte Frist vorgesehen.

Die gerichtliche Kontrolle dient dabei auch der Sicherung der Grundrechte der betrof- 81
fenen Personen und der Wahrung der Verhältnismäßigkeit der Zurückstellung iSv **Art. 13 Abs. 3 Richtlinie EU 2016/680.**

1. Zuständiges Gericht (Abs. 7 S. 1). Entscheidungen nach Abs. 6 trifft gemäß 82
Abs. 7 S. 1 Hs. 1 **das für die Anordnung zuständige Gericht,** im Übrigen nach Abs. 7 S. 1 Hs. 2 „das Gericht am Sitz der zuständigen Staatanwaltschaft". Dies ist im Falle des Hs. 1 gemäß § 162 Abs. 1 S. 1 in der Regel das Amtsgericht, in dessen Bezirk die Staatsanwaltschaft oder ihre den Antrag stellende Zweigstelle ihren Sitz hat. Im Falle der akustischen Wohnraumüberwachung nach § 100c und der Online-Durchsuchung nach § 100b ist die in § 74a Abs. 4 GVG bestimmte Kammer des Landgerichts zuständig. Dies gilt auch in den Fällen, in denen die Durchführung der Maßnahme nicht durch das zuständige Gericht, sondern wegen Gefahr im Verzug von der Staatsanwaltschaft angeordnet und eine gerichtliche Bestätigung nicht herbeigeführt worden war. Mit Abs. 7 S. 1 Hs. 2 wird, soweit im Übrigen das Gericht am Sitz der Staatsanwaltschaft zuständig ist, eine an § 162 Abs. 1 angelehnte Auffangzuständigkeit begründet.[124] Diese Regelung trägt dem Umstand Rechnung, dass es für bestimmte Maßnahmen keiner (zB § 100h) und für manche Maßnahmen nur in bestimmten Fällen (zB § 110b Abs. 2) einer gerichtlichen Anordnung bedarf. Die Zuständigkeit für Entscheidungen nach Abs. 6 geht auch nach Erhebung der öffentlichen Klage **nicht auf das Hauptsachegericht über.** Das ergibt sich zum einen aus einem Erst-Recht-Schluss aus der Regelung in Abs. 7 S. 4. Dort wird die Zuständigkeit für die Entscheidung über den Antrag im Rechtsschutz nach Abs. 7 S. 2 erst dann auf das Hauptsachegericht übertragen, wenn es zu einer Benachrichtigung gekommen ist. Hierdurch soll vermieden werden, dass das Prozessgericht von Tatsachen Kenntnis erlangt, von denen der Beschuldigte nichts weiß und zu denen er sich dementsprechend auch nicht äußern kann, wenn er dies wünscht.[125] Diese Erwägung muss erst recht für Entscheidungen über weitere Zurückstellungen der Benachrichtigung gelten, auch hier wäre das Recht auf rechtliches

123 BVerfG 3.3.2004 – 1 BvR 2378/98 und 1 BvR 1084/99, NJW 2004, 999 (1016).
124 BT-Drs. 16/6979, 44.
125 Hauck in Löwe/Rosenberg § 101 Rn. 58.

Gehör des Angeklagten verletzt, wenn das Prozessgericht von Umständen Kenntnis hätte, die seiner Kenntnis noch entzogen sind. Daher verbleibt die Zuständigkeit über Entscheidungen zur weiteren Zurückstellung auch nach Anklageerhebung bei den in Abs. 7 S. 1 genannten Gerichten.[126]

83 **2. Prüfungsumfang, weitere Zurückstellung (Abs. 6 S. 1 und 2).** Das Gericht hat zu prüfen, ob im konkreten Einzelfall die nach Abs. 5 **zulässigen Zurückstellungsgründe tatsächlich vorliegen.** Bejahendenfalls hat es seine Zustimmung, verneinenden falls seine Ablehnung zu der weiteren Zurückstellung auszusprechen. Stimmt das Gericht einer Zurückstellung nicht zu, löst dies seitens der Staatsanwaltschaft die Benachrichtigungspflicht aus, sofern sie die gerichtliche Entscheidung nicht mit der Beschwerde nach Maßgabe des § 304 angreift und der Beschwerde nicht nach § 307 Abs. 2 eine vollzugshemmende Wirkung zukommen sollte.

84 Stimmt das Gericht der weiteren Zurückstellung hingegen zu, bestimmt es deren **weitere Dauer nach seinem pflichtgemäßen Ermessen.** Diesem Ermessen sind indes im Hinblick auf die in Art. 19 Abs. 4 GG verbürgte Rechtsschutzgarantie Grenzen gesetzt. Deshalb kann die in den Gesetzesmaterialien enthaltene Empfehlung, in aller Regel werde sich eine Zurückstellung über mehr als ein weiteres Jahr nicht empfehlen,[127] in Anbetracht der Tatsache, dass damit eine Zurückstellung über einen Zeitraum von insgesamt zwei Jahren erfolgen würde und die Benachrichtigung der Gewährleistung eines effektiven Rechtsschutzes dient, allenfalls als Höchstfrist angesehen werden. In diesem Zusammenhang ist weiter zu bedenken, dass nach der ersten noch weitere gerichtliche Zurückstellungen statthaft sind und die erste Zurückstellungsdauer mithin gefahrlos auch kürzer bemessen werden kann. Zwar verhält sich Abs. 6 hierzu nicht, der Gesetzgeber hatte in § 101 Abs. 1 S. 2 Hs. 2-StPO-Entwurf indes solche „Verlängerungen der Zurückstellungsdauer" ausdrücklich für zulässig erklärt. Mit dessen Streichung sollte diese Möglichkeit nicht entfallen, sondern S. 2 ohne inhaltliche Änderung lediglich kürzer gefasst werden.[128] Zudem sind derartige Verlängerungen auch vor dem Hintergrund als statthaft anzusehen, als das Gericht gemäß Abs. 6 S. 3 auch dem endgültigen Absehen von der Benachrichtigung zustimmen kann. Dagegen sind wenig Gründe dafür ersichtlich, eine Zurückstellung regelmäßig für ein weiteres Jahr zu beschließen. Vor dem Hintergrund, dass heimliche Ermittlungsmaßnahmen eine **besondere Eingriffsintensität** besitzen und damit dem nachträglichen Rechtsschutz eine besondere Bedeutung zukommt, sollten die Zurückstellungsfristen in der Regel deutlich kürzer als ein Jahr ausfallen. Bei Maßnahmen nach §§ 100b, 100c tritt an die Stelle der o. g. Höchstfrist von einem Jahr eine Höchstfrist von 6 Monaten, dem Rechtsgedanken von Abs. 6 S. 5 und der besonderen Eingriffsintensität Rechnung tragend.[129] Sind zwei Jahre bzw. bei Maßnahmen nach §§ 100b, 100c zweimal sechs Monate verstrichen, verkürzen sich die Fristen weiterer Verlängerungen, um Art. 19 Abs. 4 GG zu genügen. Auch wenn das Gesetz keine ausdrückliche Regelung enthält, ist das entscheidende Gericht dennoch an die Garantie des Rechtsschutzes aus Art. 19 Abs. 4 GG gebunden.

85 **3. Fristberechnung bei mehreren Maßnahmen (Abs. 6 S. 4).** Gemäß Abs. 6 S. 4 beginnt die in S. 1 genannte Frist von zwölf Monaten mit Beendigung der letzten Maßnahme, wenn mehrere Maßnahmen in einem engen zeitlichen Zusammenhang durchgeführt wurden. Weder dem Wortlaut der Vorschrift noch den Gesetzesmaterialen[130] kann entnommen werden, ob die Vorschrift einengend dahingehend auszulegen ist, dass sie lediglich auf die **wiederholte Anordnung ein und derselben Maßnahme,** etwa mehrerer nacheinander erfolgender Anordnungen zur Überwachung der Telekommunikation,

[126] Wie hier Köhler in Meyer-Goßner/Schmitt § 101 Rn. 22; Bruns in KK-StPO § 101 Rn. 28; aA Günther → 1. Aufl. Rn. 62; Bär in KMR-StPO § 101 Rn. 33; Eschelbach in Satzger/Schluckebier/Widmaier StPO § 101 Rn. 29.
[127] BT-Drs. 16/5846, 61.
[128] BT-Drs. 16/6979, 44.
[129] AA Köhler in Meyer-Goßner/Schmitt § 101 Rn. 23 aE.
[130] BT-Drs. 16/5846, 61.

Anwendung findet. Dafür könnte sprechen, dass dem Verhältnis verschiedenartiger Maßnahmen bereits durch Abs. 5 S. 1 ausreichend Rechnung getragen werde, wonach eine Benachrichtigung ua erst zu erfolgen hat, wenn dies ohne Gefährdung des Untersuchungszwecks möglich ist.[131] Eine solche Auslegung würde in der Praxis jedoch zu kaum überwindbaren Schwierigkeiten bei der Rechtsanwendung führen. So müsste für jede Maßnahme eine isolierte Überprüfung dahingehend vorgenommen werden, ob bereits eine maßnahmenbezogene „Teilbenachrichtigung" den Untersuchungszweck gefährden könnte. Die Frage der Gefährdung des Untersuchungszwecks ist jedoch einer solch isolierten Betrachtung nicht zugänglich. Der Wortlaut („mehrere Maßnahmen") lässt eine extensive Auslegung jedenfalls zu, da der Gesetzgeber andernfalls hätte schreiben können „mehrere gleichartige Maßnahmen". Um die Rechtsschutzmöglichkeiten der Betroffenen nicht zu sehr zu verkürzen, sollte der Begriff des „engen zeitlichen Zusammenhangs" jedoch restriktiv ausgelegt werden. Der „enge zeitliche Zusammenhang" ist in der Regel daher nur bei einigen Tagen oder wenigen Wochen zu bejahen, nicht dagegen, wenn bis zur Durchführung der nächsten Maßnahme mehrere Wochen oder sogar Monate vergehen.[132]

4. Endgültiges Absehen von der Benachrichtigung (Abs. 6 S. 3). Das Gericht 86
kann nach Abs. 6 S. 3 auch dem endgültigen Absehen von einer Benachrichtigung zustimmen, wenn die Voraussetzungen für eine Benachrichtigung mit an Sicherheit grenzender Wahrscheinlichkeit auch in Zukunft nicht eintreten werden. Wenngleich für diese Entscheidung – anders als noch in § 101 Abs. 7-Entwurf, der hierfür voraussetzte, dass die Benachrichtigung bereits für insgesamt fünf Jahre zurückgestellt worden war[133] – **keine besondere Frist** vorgesehen ist, kann eine Entscheidung dahingehend, dass von einer Benachrichtigung endgültig abgesehen wird, **nicht bereits unmittelbar nach Beendigung der Maßnahme** ergehen.[134] Dies ergibt bereits die systematische Auslegung. Die Möglichkeit eines endgültigen Absehens wird in S. 3 erst eröffnet, nachdem in S. 2 festgelegt wurde, dass das Gericht die Dauer der weiteren Zurückstellungen bestimmt. Die Entscheidung der Zurückstellung hat jener des Absehens von einer Benachrichtigung mithin vorauszugehen.[135] Diese Auslegung gebietet sich schließlich auch vor dem Hintergrund, dass sich die unmittelbar nach Beendigung der Maßnahme getroffene Einschätzung, die Voraussetzungen für ein endgültiges Absehen von der Benachrichtigung lägen vor, durch Zeitablauf und währenddessen eingetretener, vielfach nicht vorhersehbarer Veränderungen relativieren kann. Im Ergebnis kommt daher ein endgültiges Absehen von der Benachrichtigung erst nach einigen Jahren (jedenfalls aber nach mindestens einer gerichtlichen Zurückstellungsentscheidung) in Betracht.[136]

VI. Nachträglicher Rechtsschutz (Abs. 7)

Durch Abs. 7 S. 2 wird den in Abs. 4 S. 1 genannten Personen nachträglicher Rechts- 87
schutz gewährt. Danach können diejenigen Personen, die von den in Abs. 1 (abschließend)[137] aufgeführten, „regelmäßig in nicht unerheblicher Weise eingriffsintensiven verdeckten Ermittlungsmaßnamen"[138] betroffen wurden, binnen zwei Wochen nach ihrer Benachrichtigung bei dem nach S. 1 zuständigen Gericht, auch **nach Beendigung der Maßnahme,** sowohl die Überprüfung der Rechtmäßigkeit der Maßnahme als auch eine Überprüfung der Art und Weise ihres Vollzugs beantragen.

---

131 Ebenso Bär in KMR-StPO Rn. 30.
132 Puschke/Singelnstein NJW 2008, 113 (116); ähnlich Köhler in Meyer-Goßner/Schmitt § 101 Rn. 21 aE; Gercke in Gercke/Julius/Temming/Zöller § 101 Rn. 13.
133 BT-Drs. 16/5846, 14.
134 So jedoch BT-Drs. 16/6979, 44; Bär in KMR-StPO § 101 Rn. 32; Bruns in KK-StPO § 101 Rn. 27.
135 Im Ergebnis ebenso Puschke/Singelnstein NJW 2008, 113 (116); Gercke in Gercke/Julius/Temming/Zöller § 101 Rn. 13.
136 So auch Wolter/Jäger in SK-StPO § 101 Rn. 36.
137 BGH 26.1.2017 – StB 26 und 28/14, NJW 2017, 2631 (2632).
138 BT-Drs. 16/5846, 61.

88 Für **erledigte präventiv-polizeiliche Maßnahmen,** zB nach den §§ 38 ff. BKAG, ist grds. nicht der Weg zu den ordentlichen Gerichten, **sondern der Verwaltungsrechtsweg nach § 40 Abs. 1 VwGO** eröffnet. § 101 Abs. 7 enthält keine abweichende Rechtswegzuordnung. Dies gilt auch, wenn, wie zB in § 74 Abs. 2 S. 3 BKAG, die Entscheidung über die Benachrichtigung bei Führung eines strafrechtlichen Ermittlungsverfahrens in derselben Sache den Strafverfolgungsbehörden zusteht. Etwas anderes würde nur dann gelten, wenn das Sicherheitsgesetz, nach dem die Maßnahmen angeordnet wurden, eine eindeutige Verweisung auf die Vorschrift des § 101 Abs. 7 enthielte und damit explizit auf den nachträglichen Rechtsschutz vor den ordentlichen Gerichten verwiesen würde.[139]

89 **1. Gegenstand der gerichtlichen Überprüfung.** Gegenstand der gerichtlichen Kontrolle ist die Überprüfung der **Rechtmäßigkeit der Maßnahme,** mithin die Frage, ob zum Zeitpunkt ihrer Anordnung die entsprechenden materiellen und formellen Voraussetzungen vorgelegen haben. Darüber hinaus kann auch die **Art und Weise ihres Vollzugs** zur gerichtlichen Überprüfung gestellt werden. Hierzu gehört die Frage der Rechtmäßigkeit der Benachrichtigung und damit auch die Frage der Rechtzeitigkeit der Unterrichtung.[140] Dies kann zwanglos aus der Erwägung abgeleitet werden, dass ohne eine zeitnahe Benachrichtigung des von der Maßnahme Betroffenen ein effektiver Rechtsschutz durch diesen nicht mehr oder nur eingeschränkt erlangt werden kann.[141]

90 Die von dem Gericht zu treffende Entscheidung soll nach dem Willen des Gesetzgebers hingegen keine Entscheidung darüber enthalten, ob die aus der Maßnahme gewonnenen Erkenntnisse **verwertbar** sind. Über diese Frage hat vielmehr im Rahmen eines etwaigen Hauptverfahrens erst das erkennende Gericht zu befinden.[142] Diese Regelung ergibt Sinn, da die StPO keine allgemeine Vorschrift des Inhalts kennt, dass Rechtsverstöße – gleich ob gegen materielles oder formelles Recht – stets ein Verwertungsverbot nach sich ziehen. Vielmehr ist die Frage eines Beweisverwertungsverbotes in jedem Einzelfall gesondert zu prüfen, häufig von verfassungsrechtlichen Fragestellungen überlagert, etwa bei § 100a der Reichweite des Telekommunikationsgeheimnisses in Art. 10 Abs. 1 GG, und kann im Einzelfall zu unterschiedlichen, indes sämtlich von Rechts wegen vertretbaren Ergebnissen führen (auch noch → Rn. 102).

91 **2. Zuständiges Gericht iSv Abs. 7 S. 2. a) Grundsätzliches.** Vor Anklageerhebung ist gemäß § 101 Abs. 7 S. 1 das die Maßnahme anordnende Gericht zuständig. Nach Abs. 7 S. 4 geht die Zuständigkeit, wenn „die öffentliche Klage erhoben und der Angeklagte benachrichtigt" wurde, auf das für die **Hauptsache zuständige Gericht** über.[143] Voraussetzung ist indes, dass jedenfalls hinsichtlich des Angeklagten beide der vorgenannten Voraussetzungen, Anklageerhebung und Benachrichtigung, kumulativ gegeben sind. Dabei tritt ein Zuständigkeitswechsel auch ein, wenn der Antrag auf gerichtliche Überprüfung nach einer Benachrichtigung des Betroffenen zwar noch beim Anordnungsgericht eingegangen ist, indes noch vor dessen Entscheidung über den Antrag Anklage gegen den Beschuldigten erhoben wurde.[144]

92 Nach **rechtskräftigem Abschluss** des Strafverfahrens ist für die Maßnahme des nachträglichen Rechtsschutzes (wieder) das Gericht zuständig, das die Maßnahme angeordnet hat.[145] Grund hierfür ist, dass dann keine Gefahr divergierender Entscheidungen mehr gegeben ist und auch keine Hauptsache mehr anhängig ist, innerhalb derer die entsprechende Entscheidung getroffen werden könnte.

[139] Siehe zum Ganzen (allerdings noch zum alten BKAG) BGH 26.1.2017 – StB 26 und 28/14, JR 2018, 45 mAnm Löffelmann, auch zum Verhältnis zum Rechtsschutz nach FamFG.
[140] OLG Celle 24.2.2012 – 2 Ws 43/12, BeckRS 2010, 06440.
[141] Ebenso Köhler in Meyer-Goßner/Schmitt § 101 Rn. 25; Bruns in KK-StPO § 101 Rn. 30.
[142] BT-Drs. 16/5846, 62.
[143] Vgl. zur entsprechenden Anwendung dieser Norm im Vereinsrecht im Falle eines Vereinsverbotes VG Freiburg (Breisgau) 7.5.2018 – 4 K 780/18, BeckRS 2018, 1505.
[144] BGH 8.10.2008 – StB 12 – 15/08, NStZ 2009, 104 (105).
[145] Ebenso OLG Koblenz 19.5.2010 – 1 AR 19/10, StV 2010, 562 (L) = BeckRS 2010, 13361.

Die Zuständigkeitsregelung in Abs. 7 S. 4 findet nicht nur auf den Angeschuldigten bzw. den dort genannten „Angeklagten", sondern auch auf sonstige bereits benachrichtigte Betroffene, **mithin auf den gesamten übrigen nach Abs. 4 S. 1 zu benachrichtigenden Personenkreis,** Anwendung. Anderenfalls wäre für diesen weiterhin das anordnende Gericht zuständig. Diese Möglichkeit einer „gesplitteten Zuständigkeit" wurde ausweislich der Gesetzesbegründung zwar erwogen, indes zur Vermeidung divergierender Entscheidungen zwischen Anordnungs- und Beschwerdegericht einerseits bzw. Hauptsache- und Rechtmittelgericht andererseits sowie zur Gewährleistung einer effizienten Verfahrensführung durch Konzentration der Entscheidungszuständigkeit verworfen.[146] Im vorstehend dargelegten Sinne wird S. 4 sowohl durch den BGH[147] als auch durch die Lit.[148] ausgelegt. Das Ergebnis kann auch auf den **Wortlaut von Abs. 7 S. 4** gestützt werden. Dort wird der Angeklagte nur im Rahmen der Voraussetzungen (nämlich, dass der Angeklagte benachrichtigt wurde) genannt, die Rechtsfolge (nämlich der Zuständigkeitsübergang) ist jedoch gerade nicht auf den Angeklagten beschränkt. Um den ggf. später benachrichtigten anderen Betroffenen den Zugang zu leicht zu erreichendem Rechtsschutz zu gewähren, wird in der Literatur zu Recht vertreten, dass der Antrag – auch bei einem Zuständigkeitswechsel – stets beim anordnenden Gericht eingelegt werden kann.[149] Schließlich tritt der Zuständigkeitswechsel auch für bereits anhängige Anträge ein.[150] 93

b) Fälle parallel geführter Ermittlungsverfahren. In seinem Beschluss vom 22.1. 2009[151] verneinte der BGH „die Gefahr divergierender Entscheidungen" in einem Fall, in dem der Generalbundesanwalt ein – allein gegen den nachträglichen Rechtsschutz begehrenden Beschwerdeführer geführtes – Verfahren wegen des Verdachts der Mitgliedschaft in einer terroristischen Vereinigung nach § 170 Abs. 2 eingestellt, gut zwei Monate später indes ein zeitweilig parallel und stets getrennt geführtes weiteres Ermittlungsverfahren gegen drei Beschuldigte wegen des Verdachts der Mitgliedschaft in derselben terroristischen Vereinigung durch Erhebung der öffentlichen Klage abgeschlossen hatte. Auch hier sah der BGH das die Maßnahme gegen den Betroffenen anordnende Gericht als für den nachträglichen Rechtsschutz zuständig an. Zur Begründung hat er ausgeführt, es sei nicht erkennbar, dass im Verlauf der **„durch die vom Betroffenen angegriffenen heimlichen Ermittlungsmaßnahmen Erkenntnisse gewonnen worden wären, die in dem gegen die drei vor dem KG angeklagten Beschuldigten von Bedeutung sein könnten".**[152] 94

Diesem Grundsatz folgend gelangt der BGH nach Maßgabe seiner weiteren Entscheidung vom 29.10.2009 folgerichtig in all denjenigen Fällen zu einem Übergang der Zuständigkeit vom Anordnungs- auf das Hauptsachegericht, in denen **„sich bei formaler Betrachtung das Rechtsschutzbegehren (einer Person) nach § 101 Abs. 7 S. 2 gegen eine Maßnahme richtet, die in dem zur Anklage (gegen eine andere Person) führenden Verfahren angeordnet worden ist".**[153] Hiervon erfasst werden zunächst diejenigen Fälle, in denen (hinsichtlich des angeklagten Verfahrens) ein sogenannter Drittbetroffener, mithin weder der Angeklagte noch ein sonstiger Verfahrensbeteiligter, die nachträgliche Überprüfung einer heimlichen Ermittlungsmaßnahme begehrt, von der er unmittelbar betroffen wurde und deren Erkenntnisse zugleich auch dem Nachweis der dem Angeklagten zur Last gelegten Straftat dienen sollen. Über den Antrag des Drittbetroffenen entscheidet mithin das in der Hauptsache für den Angeklagten zuständige Gericht. 95

[146] BT-Drs. 16/5846, 63.
[147] BGH 8.10.2008 – StB 12 – 15/09, NStZ 2009, 104 (105) unter Verweis auf BT-Drs. 16/5846, 63; BGH 29.10.2020 – StB 30/20, BeckRS 2020, 31637; zustimmend OLG Celle 20.12.2016 – 1 Ws 604/16, BeckRS 2016, 114347.
[148] Köhler in Meyer-Goßner/Schmitt § 101 Rn. 25a.
[149] Hauck in Löwe/Rosenberg § 101 Rn. 58.
[150] BGH 8.10.2008 – StB 12–15/08, NStZ 2009, 104.
[151] BGH 22.1.2009 – StB 24/09, NStZ 2009, 399 ff.
[152] BGH 22.1.2009 – StB 24/09, NStZ 2009, 399 (400).
[153] BGH 29.10.2009 – StB 20/09, NStZ 2010, 225 (226).

96 **c) Identität der Maßnahme als entscheidendes Kriterium.** Aus den vorstehenden Entscheidungen ist nicht zweifelsfrei erkennbar, ob die gegen die jeweiligen Beschwerdeführer einerseits bzw. die Angeklagten andererseits geführten Ermittlungen stets auch denselben Prozessgegenstand betrafen. Dies kann indes dahingestellt bleiben. Entscheidend für die Abgrenzungsfrage und damit für den Übergang der Zuständigkeit ist vielmehr die Identität der Maßnahme. Ihrer Überprüfung hinsichtlich Rechtmäßigkeit sowie der Art und Weise ihres Vollzuges dient der Rechtsbehelf des § 101 Abs. 7 S. 2. Nur wenn **dieselbe Maßnahme nach Abs. 1 Gegenstand sowohl des einen wie des anderen, angeklagten Verfahrens ist,** dürfte in den vorstehend dargelegten Fällen ein Übergang der Zuständigkeit überhaupt in Betracht kommen. Nicht entscheidend ist hingegen, ob Gegenstand dieser Verfahren auch dieselbe Tat ist. So können Erkenntnisse aus ein und derselben Ermittlungsmaßnahme hinsichtlich verschiedener Taten ermittlungs- bzw. entscheidungsrelevant sein. Die Gefahr divergierender Entscheidungen tritt jedenfalls nur bei Bewertung derselben Maßnahme ein, unabhängig davon, ob die Erkenntnisse aus der Maßnahme bezüglich einer oder mehrerer prozessualer Taten verwertet werden.

97 **3. Zeitpunkt der Entscheidung – Vorrang des Hauptsacheverfahrens.** Insbesondere in Fällen, in denen mehrere Drittbetroffene bei dem Gericht der Hauptsache um nachträglichen Rechtsschutz antragen und uU noch durch verschiedene Maßnahmen betroffen sind, können derartige Anträge zu einer erheblichen zusätzlichen Belastung und damit zu einer Verzögerung des Hauptsacheverfahrens führen. Eine solche Verzögerung ist indes in Anbetracht des vom Gesetzgeber bewusst favorisierten Aspekts der Vermeidung widersprüchlicher Entscheidungen[154] hinzunehmen. Gleichwohl gebührt dem Hauptsacheverfahren der **zeitliche Vorrang.** Dieser Umstand kann aus dem auch in § 398 enthaltenen Rechtsgedanken abgeleitet werden, wonach der Fortgang des Hauptverfahrens durch die Geltendmachung Rechter Dritter, hier die Anschlusserklärung des Nebenklägers, nicht gehemmt werden soll.[155] Überdies streitet für diesen Vorrang auch die Gefahr einer so erheblichen Verzögerung des Hauptsacheverfahrens, dass es zu einer Verletzung des Beschleunigungsgrundsatzes und damit des Rechts auf ein faires Verfahren nach Art. 20 Abs. 3 GG und Art. 6 Abs. 1 S. 1 EMRK kommen kann.[156] Das Gericht der Hauptsache kann seine Entscheidung sogar noch nach Urteilsverkündung treffen. So hat der BGH in seiner vorstehend dargelegten Entscheidung vom 29.10.2009 (→ Rn. 95) das Gericht der Hauptsache hinsichtlich des fristgerecht und noch vor Urteilsverkündung gestellten, indes unbeschieden gebliebenen Antrages eines Drittbetroffenen auch noch nach Verkündung des Urteils gegen die Angeklagten weiterhin für zuständig erachtet.[157] Das Problem stellt sich dann nicht, wenn die Rechtmäßigkeitsfragen aufgrund eines möglichen Beweisverwertungsverbots durch das Hauptsachegericht im Urteil zu erörtern sind. Keinesfalls darf der gesonderte Beschluss jedoch vor dem Schluss der Hauptverhandlung ergehen, da es andernfalls – bei noch in der Hauptverhandlung zu Tage tretenden neuen Umständen – zu divergierenden Entscheidungen in Beschluss und Urteil kommen kann.[158]

98 Bei Anträgen des Angeklagten ist der Gesetzgeber, wie sich aus Abs. 7 S. 4 ergibt, im Übrigen selbst davon ausgegangen, dass die Entscheidung erst im **zeitlichen Zusammenhang mit der Urteilsverkündung** ergeht.

99 **4. Form der Entscheidung.** Das die **Maßnahme anordnende Gericht** entscheidet durch Beschluss.

100 Nach Erhebung der öffentlichen Klage befindet das **Gericht der Hauptsache** nach Abs. 7 S. 4 über den Antrag des Angeklagten „in der das Verfahren abschließenden Entscheidung". Orientiert man sich bei der Auslegung dieser Regelung an der des § 100d Abs. 10

154 BT-Drs. 16/5846, 63.
155 Bruns in KK-StPO § 101 Rn. 37; im Ergebnis ebenso Bär in KMR-StPO § 101 Rn. 35.
156 Bruns in KK-StPO § 101 Rn. 37; Hauck in Löwe/Rosenberg § 101 Rn. 58.
157 BGH 29.10.2009 – StB 20/09, NStZ 2010, 225 (226).
158 OLG Celle 20.12.2016 – 1 Ws 604/16, BeckRS 2016, 114347.

aF, der sie regelungstechnisch nachgebildet ist,[159] müsste S. 4, ebenso wie § 100d Abs. 10 aF,[160] dergestalt ausgelegt werden, dass das Gericht seine Entscheidung jedenfalls hinsichtlich des Angeklagten nicht ausschließlich im Urteil selbst, sondern entweder in diesem oder in einem das Urteil begleitenden Beschluss verkünden kann. Da es sich bei dem Verfahren des nachträglichen Rechtsschutzes indes um ein selbstständiges Verfahren handelt,[161] kann das Gericht der Hauptsache stets durch Beschluss entscheiden. In diesem Sinne wird S. 4 auch durch den BGH[162] sowie die herrschende Meinung in der Lit.[163] ausgelegt. Mit dem **Wortlaut der Vorschrift** ist diese Auslegung jedenfalls nicht vollständig in Einklang zu bringen. Da es jedoch jedenfalls bei Anträgen Drittbetroffener (also nicht des Angeklagten) mangels Rechtsmittelbefugnis dieser Personen keinen anderen Weg gibt, dem Drittbetroffenen Rechtsschutz gegen die Entscheidung zu gewähren (§ 304),[164] umfasst der vom Gesetzgeber gewählte Wortlaut offensichtlich auch begleitende Beschlüsse. „In" der das Verfahren abschließenden Entscheidung bedeutet aber jedenfalls, dass, wenn das Gericht die Form eines Beschlusses wählt, dieser Beschluss nicht bereits vor dem Urteil in der Hauptsache ergehen darf. Andernfalls wäre nämlich die Gefahr divergierender Entscheidungen (bei Verwertung von Beweisen aus der Maßnahme) bzw. einer „Vorbindung" des Gerichts gegeben.[165]

Die Möglichkeit einer **Wahl zwischen Urteil oder Beschluss** hat das Gericht der 101
Hauptsache indes nur, wenn es sich bei dem Antragsteller um den Angeklagten handelt. Ersucht eine andere Person, etwa ein Drittbetroffener um nachträglichen Rechtsschutz, so ist das Gericht der Hauptsache stets gehalten, durch Beschluss und außerhalb der Hauptverhandlung zu entscheiden.[166] Geht der Antrag erst nach Verkündung des Urteils, aber noch vor dessen Rechtskraft ein (nach Rechtskraft ist wieder das anordnende Gericht zuständig, → Rn. 92), so bleibt nur eine Entscheidung im Wege des Beschlusses (auch wenn es sich um einen Antrag des Angeklagten handelt).[167]

5. Bindungswirkung der Entscheidung des anordnenden Gerichts. Das Gesetz 102
sieht **keine Bindungswirkung** dergestalt vor, dass das erkennende Gericht an diejenige Entscheidung gebunden wäre, die das anordnende Gericht im Verfahren des nachträglichen Rechtsschutzes zur Frage der Rechtmäßigkeit bzw. der Art und Weise des Vollzugs der Maßnahme getroffen hat. Der Gesetzgeber hat in diesem Zusammenhang zutreffend bedacht, dass Fragen der Rechtmäßigkeit bzw. Verwertbarkeit oft sehr schwierig sind, das Verfahren des nachträglichen Rechtsschutzes regelmäßig indes nur eine instanzgerichtliche Rechtsprechung ermöglicht und damit eine höchstrichterliche Klärung dieser Fragen vielfach ausgeschlossen ist.[168]

So nachvollziehbar die fehlende Bindungswirkung aus systematischen Gründen ist, sie 103
führt jedenfalls dazu, dass der Rechtsbehelf nach § 101 Abs. 7 S. 2 abgesehen von der Feststellung der Rechtswidrigkeit einer Maßnahme, **keine unmittelbaren, konkreten Rechtsfolgen nach sich zieht.**

6. Akteneinsichtsrecht Drittbetroffener (§ 475 Abs. 1 S. 1). Die in Abs. 4 S. 1 104
genannten Personen, insbesondere jedoch Drittbetroffene können ihre Rechte auf nachträglichen Rechtsschutz nur wahrnehmen, wenn ihnen in dem Umfang Einsicht in die Ermittlungsakten gewährt wird, wie dies zur Beurteilung der Rechtmäßigkeit der sie betreffenden

[159] BT-Drs. 16/5846, 62.
[160] Vgl. zu dessen Auslegung Wolter in SK-StPO § 100d Rn. 59.
[161] Vgl. BT-Drs. 16/5846, 62, Singelstein NStZ 2009, 481 (485).
[162] So hinsichtlich der Form der Entscheidung BGH 24.6.2009 – 4 StR 188/09, NJW 2009, 3177 (3178).
[163] Köhler in Meyer-Goßner/Schmitt § 101 Rn. 25a; aA Singelstein; NStZ 2009, 481 (484).
[164] Siehe hierzu OLG Celle 20.12.2016 – 1 Ws 604/16, NJW-Spezial 2017, 153.
[165] Vgl. OLG Celle 20.12.2016 – 1 Ws 604/16, NJW-Spezial 2017, 153; Hauck in Löwe/Rosenberg § 101 Rn. 58a.
[166] Bruns in KK-StPO § 101 Rn. 37; OLG Celle 20.12.2016 – 1 Ws 604/16, NJW-Spezial 2017, 153.
[167] Singelnstein NStZ 2008, 481 (485).
[168] BT-Drs. 16/5846, 62 sowie BGH 8.10.2008 – StB 12–15/08, NStZ 2009, 104 (105) und LG Dresden 10.2.2014 – 15 Qs 34/12, juris.

Maßnahme erforderlich ist. Der Gesetzgeber hat es indes versäumt, das Akteneinsichtsrecht für Drittbetroffene zu regeln. Diesen steht damit, anders als den Verfahrensbeteiligten wie etwa dem Beschuldigten nach Maßgabe von § 147, dem Privatkläger gemäß § 385 Abs. 3, dem Nebenkläger nach § 406e oder gar dem Einziehungsbeteiligten nach § 427 Abs. 1 **kein eigenständiges Akteneinsichtsrecht** zu.

105 Wenngleich Drittbetroffenen dennoch ein Akteneinsichtsrecht unstreitig zuzubilligen ist, ist dessen **dogmatische Ableitung umstritten.** So wird in der Lit. sowohl die Auffassung vertreten, dieses Akteneinsichtsrecht sei aus den §§ 475 ff. abzuleiten[169] als auch die, dass sich das Akteneinsichtsrecht Drittbetroffener unmittelbar aus Art. 103 Abs. 1 GG ergebe.[170]

106 Der BGH hat hierzu in seiner Entscheidung vom 22.9.2009[171] Stellung bezogen und zutreffend angemerkt, Drittbetroffene könnten ihr Recht auf Akteneinsicht aus § 475 Abs. 1 S. 1 ableiten, da sie weder Beschuldigte noch sonstige Verfahrensbeteiligte und damit Privatpersonen seien, für die der Gesetzgeber in den §§ 475 ff. abschließende Regelungen zur Verfügung gestellt habe. Danach steht Drittbetroffenen ein **eingeschränktes Akteneinsichtsrecht** in dem Umfang zu, wie es für eine effektive Durchführung des Verfahrens nach Abs. 7 S. 2 erforderlich ist. Dem Rechtsanwalt des Drittbetroffenen ist daher nicht nur die zur Überprüfung gestellte Entscheidung, vielmehr sind ihm sämtliche Aktenbestandteile zugänglich zu machen, auf die sich die Entscheidung stützt und in denen die aufgrund der Maßnahme gewonnenen und den Drittbetroffenen betreffenden Erkenntnisse dokumentiert sind.

107 Über das **Akteneinsichtsgesuch** entscheidet im Ermittlungsverfahren und nach rechtskräftigem Abschluss des Verfahrens gemäß § 480 Abs. 1 S. 1 Hs. 1 allein die Staatsanwaltschaft und nicht das die Maßnahme anordnende Gericht. Ist die einen bestimmten Drittbetroffenen berührende Maßnahme bereits beendet, das Ermittlungsverfahren aber noch nicht abgeschlossen, wird dessen Akteneinsichtsgesuch regelmäßig abzulehnen sein. In derartigen Fällen gebietet es der Rechtsstaatsgedanke, dass eine Entscheidung nicht ergeht, bevor der von der strafprozessualen Eingriffsmaßnahme Betroffene Gelegenheit erhalten hat, sich nach erfolgter Akteneinsicht zu äußern.[172] Gegen die Entscheidung der Staatsanwaltschaft kann im Fall des § 475 – und damit auch durch den Drittbetroffenen – gerichtliche Entscheidung beantragt werden (§ 480 Abs. 3). Die Entscheidung des Gerichts ist der Anfechtbarkeit entzogen, solange die Ermittlungen noch nicht abgeschlossen sind (§ 480 Abs. 3 S. 3). Soweit nach § 480 Abs. 1 S. 1 Hs. 2 „im Übrigen der Vorsitzende des mit der Sache befassten Gerichts" zur Entscheidung berufen ist, ist damit, wie sich aus dem Regelungszusammenhang ergibt, der Vorsitzende des erkennenden Gerichts gemeint.[173] Auf diesen geht die Zuständigkeit mit Anklageerhebung über. Gegen die Entscheidungen des Vorsitzenden des zuständigen Gerichts ist die Beschwerde nach § 304 möglich.[174]

108 Neben dem Akteneinsichtsrecht aus § 475 steht den Betroffenen außerdem nunmehr das **Auskunftsrecht aus § 57 BDSG** zu, das allerdings gem. § 57 Abs. 4 iVm § 56 Abs. 2 BDSG beschränkt werden kann. Dieses Auskunftsrecht umfasst allerdings nur die in § 57 Abs. 1 BDSG genannten Informationen und geht damit idR nicht so weit wie das strafprozessuale Akteneinsichtsrecht. Gegen die Anwendung des § 57 BDSG kann indes nicht eingewendet werden, dass mit den Benachrichtigungsvorschriften des § 101 Abs. 4 und dem Akteneinsichtsrecht nach § 475 speziellere Vorschriften in der eine Anwendung nach § 500 Abs. 2 Nr. 1 ausschließen würden. Zum einen ist der lex-specialis-Vorbehalt in § 500 Abs. 2 Nr. 1 europarechtskonform dahingehend auszulegen, dass er nur greift, wenn die ein höheres Schutzniveau für den Betroffenen garantiert (→ § 100a Rn. 37). Zum

169 Bär in KMR-StPO § 101 Rn. 37; Köhler in Meyer-Goßner/Schmitt § 101 Rn. 25 f.
170 Singelstein NStZ 2009, 481 (485).
171 BGH 22.9.2009 – StB 28/09, BeckRS 2009, 86260.
172 BVerfG 7.9.2007 – 2 BvR 1009/07, NStZ-RR 2008, 16 (17).
173 BGH 22.9.2009 – StB 28/09, BeckRS 2009, 86260.
174 BVerfG 29.6.2015 – 2 BvR 2048/12, BeckRS 2015, 50921.

anderen sind Auskunftsrechte über die Verarbeitung personenbezogener Daten und Akteneinsichtsrechte zwei inhaltlich verschiedene Ansprüche. Diese stehen nicht in einem lex-specialis-Verhältnis, sondern nebeneinander.

7. Anfechtung der Entscheidung (Abs. 7 S. 3). S. 3 gestattet die sofortige Beschwerde gegen Entscheidungen nach S. 2. Wurde diese Entscheidung von dem **die Maßnahme anordnenden Gericht,** mithin nicht von dem Gericht der Hauptsache getroffen, so richtet sich das weitere Verfahren nach § 311. 109

Aus dem Regelwerk in Abs. 7 geht indes nicht klar hervor, ob der Gesetzgeber die Möglichkeit der sofortigen Beschwerde auch für den Fall eröffnet hat, dass die Entscheidung nach S. 2 entsprechend der Zuständigkeitsregelung in S. 4 von dem **Gericht der Hauptsache** getroffen wurde. Dagegen könnte unter regelungssystematischen Aspekten der Umstand sprechen, dass die die sofortige Beschwerde eröffnende Regelung derjenigen in S. 4 vorangestellt ist und deshalb in den Fällen, in denen das Gericht der Hauptsache entschieden hat, keine Anwendung finden soll. Für eine solche Auslegung könnte weiter streiten, dass auch im Falle des § 100d Abs. 10 aF, dem Abs. 7 nachgebildet ist, der Gesetzgeber davon ausging, dass gegen Entscheidungen des Gerichts der Hauptsache keine sofortige Beschwerde, sondern einzig die Rechtsmittel der Berufung bzw. der Revision statthaft sein sollten.[175] 110

Der **BGH**[176] legt die Vorschrift allerdings mit überzeugenden Argumenten dahingehend aus, dass auch gegen Entscheidungen des Gerichts der Hauptsache stets die sofortige Beschwerde statthaft ist. Zur Begründung hebt er darauf ab, dass ein Drittbetroffener sonst jedenfalls regelmäßig keine Anfechtungsmöglichkeit hätte und auch dem Angeklagten eine Überprüfung der Entscheidung des Gerichts der Hauptsache in den Fällen versagt bliebe, in denen das Urteil nicht auf aus der Maßnahme gewonnenen Erkenntnissen beruht. Dem Drittbetroffenen in derartigen Fällen gleichsam als Ausgleich ebenfalls die Möglichkeit der Revision zu eröffnen, sei mit der Systematik des Revisionsrechts unvereinbar.[177] Ein weiteres Argument für diese Auslegung lässt sich darin finden, dass es an einer den §§ 305a Abs. 2, 464 Abs. 3 S. 3 entsprechende Sonderregelung für die Zuständigkeit des Revisionsgerichts fehlt.[178] 111

Hat also das Gericht der Hauptsache bzgl. des Angeklagten im Urteil über die Rechtmäßigkeit der Maßnahme bzw. die Art und Weise des Vollzugs derselben befunden, entscheidet über die hiergegen gerichtete sofortige Beschwerde nicht das Revisionsgericht, sondern die nach Maßgabe der §§ 73 Abs. 1, 74a Abs. 3, 74b S. 2, 74c Abs. 2, 121 Abs. 1 Nr. 2 bzw. des § 135 Abs. 2 GVG **zuständigen Beschwerdegerichte.**[179] Dabei schließt weder § 336 S. 2 – wonach der Beurteilung des Revisionsgerichts solche dem Urteil vorausgegangene Entscheidungen entzogen sind, die mit der sofortigen Beschwerde angefochten werden können – die Überprüfung der Verwertbarkeit der gewonnen Erkenntnisse durch das Revisionsgericht aus, noch steht § 305 S. 1 der Beschwerdemöglichkeit nach § 101 Abs. 7 gegen die in oder neben dem Urteil getroffene Entscheidung entgegen. Damit lassen sich zwar entgegen der vom Gesetzgeber angestrebten Intention „divergierende Entscheidungen über die Rechtmäßigkeit der(selben) Ermittlungsmaßnahmen nicht vermeiden".[180] Indes ist der Prüfungsmaßstab ein unterschiedlicher und mancher Widerspruch nur vordergründig. So gilt es einerseits im Rahmen der Revision, die Frage nach der Verwertbarkeit der aus der Maßnahme gewonnenen Erkenntnisse, im Rahmen des nachträglichen Rechtsschutzes nach Abs. 7 S. 2 und 3 die nach der Rechtmäßigkeit der Maßnahme bzw. der Art und Weise ihres Vollzugs und gerade nicht die der Verwertbarkeit zu beantworten. Andererseits folgt 112

175 BT-Drs. 15/4533, 19.
176 BGH 24.6.2009 – 4 StR 188/09, NJW 2009, 3177 ff.
177 BGH 24.6.2009 – 4 StR 188/09, NJW 2009, 3177 (3178); ebenso Hegmann in BeckOK StPO § 101 Rn. 58; Köhler in Meyer-Goßner/Schmitt § 101 Rn. 25e.
178 OLG Celle 20.12.2016 – 1 Ws 604/16, NJW-Spezial 2017, 153.
179 Köhler in Meyer-Goßner/Schmitt § 101 Rn. 25e.
180 BGH 24.6.2009 – 4 StR 188/09, NJW 2009, 3177 (3178).

aus der Rechtswidrigkeit einer Ermittlungsmaßnahme nicht notwendiger Weise die Unverwertbarkeit der aus ihr gewonnenen Erkenntnisse.

113 **8. Verhältnis zu anderen Rechtsbehelfen.** Ausweislich der Gesetzesmaterialien sollte dem nachträglichen Rechtsschutz nach Abs. 7 „im Wesentlichen" die Funktion zukommen, den Betroffenen im Einzelfall den **Nachweis eines Rechtsschutzbedürfnisses** zu ersparen. Die Vorschrift sollte hingegen nicht „die schon bislang anerkannten Rechtsbehelfe" verdrängen. Der von einer noch andauernden verdeckten Ermittlungsmaßnahme Betroffene soll daher, so er von dieser Kenntnis erlangt, stets Rechtsschutz entsprechend § 98 Abs. 2 S. 2 verlangen können.[181] Im Blick hatte der Gesetzgeber im Hinblick auf die bislang anerkannten Rechtsbehelfe weiterhin die Regelung des § 304.

114 Aus der Formulierung in Abs. 7 S. 2, wonach die Betroffenen „auch nach Beendigung der Maßnahme" den durch diese Vorschrift eröffneten Rechtsbehelf nutzen können sollen, wollte Günther in der Vorauflage schließen, dass die Vorschrift für den antragsberechtigten Personenkreis lediglich „nachträglichen Rechtsschutz"[182] gewähren soll.[183] Der BGH hat insoweit entschieden, dass zumindest nach Beendigung der Maßnahme § 101 Abs. 7 S. 2 die allgemeinen Rechtsbehelfe des § 304 und § 98 Abs. 2 S. 2 analog verdrängt. Dabei hat er offengelassen, ob dies auch bereits vor Beendigung der Maßnahmen gilt.[184] Der BGH argumentiert damit, dass andernfalls die zweiwöchige Frist ab Benachrichtigung leerliefe und die Anordnung der sofortigen Beschwerde als statthaftes Rechtsmittel nach Abs. 7 S. 3 gegenstandlos wäre.[185] Zumindest das letzte Argument gilt jedoch auch für Rechtsbehelfe vor Beendigung der Maßnahme. Richtigerweise ergibt sich weiterhin aus der Formulierung „auch nach Beendigung", dass der Rechtsbehelf bereits vor Beendigung der Maßnahme statthaft ist. Eine Umgehung der Frist – falls es (was in der Praxis allerdings zugegebenermaßen selten vorkommen dürfte) vor Beendigung der Maßnahme zu einer Benachrichtigung gekommen ist – und der Statthaftigkeit der sofortigen Beschwerde als Rechtsmittel droht jedoch auch vor Beendigung der Maßnahme. **§ 101 Abs. 7 S. 2 verdrängt mithin auch bereits vor Beendigung der Maßnahme die Rechtsmittel nach § 304 und § 98 Abs. 2 S. 2 analog.**[186] Dieses Ergebnis lässt sich gegenüber § 304 auch mit dem lex-specialis-Grundsatz begründen, da § 304 für alle Arten von erlassenen Beschlüssen und Verfügungen des Vorsitzenden statthaft ist, während der Anwendungsbereich des § 101 Abs. 7 S. 2 auf die in § 101 genannten Maßnahmen beschränkt ist. Gegenüber § 98 Abs. 2 S. 2 analog lässt sich argumentieren, dass eine analoge Anwendung ausscheidet, wenn keine planwidrige Regelungslücke besteht. § 101 Abs. 7 S. 2 stellt einen Rechtsbehelf zur Überprüfung der Art und Weise des Vollzugs zur Verfügung, es besteht mithin nicht nur keine planwidrige Regelungslücke, es besteht gar keine Regelungslücke, die es zu schließen gilt.[187]

115 Im Falle seiner Benachrichtigung muss der Betroffene nach Abs. 7 S. 2 binnen zwei Wochen um nachträglichen Rechtsschutz antragen. Versäumt er diese Frist, **kann er nicht auf die unbefristeten Rechtsbehelfe zurückgreifen.** Ansonsten liefe die Ausgestaltung des Rechtsbehelfs in Abs. 7 S. 3 als sofortige Beschwerde leer. Diese Konsequenz ist aus verfassungsrechtlicher Sicht nicht zu beanstanden. So kann eine verspätete Geltendmachung gegen den auch im Prozessrecht anerkannten Grundsatz von Treu und Glauben namentlich dann verstoßen, wenn der Betroffene über einen angemessenen Zeitraum hinweg untätig geblieben ist.[188]

---

181 BT-Drs. 16/5846, 62.
182 BT-Drs. 16/5846, 61.
183 Günther → 1. Aufl. Rn. 92.
184 BGH 8.10.2008 – StB 12–15/08, NStZ 2009, 104.
185 BGH 8.10.2008 – StB 12–15/08, NStZ 2009, 104.
186 Wie hier Hegmann in BeckOK StPO § 101 Rn. 48; aA Löffelmann StV 2009, 379 (383); Zöller StraFo 2008, 15 (23); aA bzgl. § 98 Abs. 2 S. 2 analog Köhler in Meyer-Goßner/Schmitt § 101 Rn. 26a; aA hinsichtlich § 304 allerdings mit Übertragung der Zwei-Wochen-Frist und der Erleichterung bzgl. des Rechtsschutzinteresses Singelnstein NStZ 2009, 481 (483).
187 So auch Singelnstein NStZ 2009, 481 (483).
188 BVerfG 4.3.2009 – 2 BvR 2111 und 2112/07, NStZ 2009, 166 (167).

Wurden die betroffenen Personen (noch) nicht benachrichtigt, erlangen sie jedoch auf andere Weise Kenntnis von der Maßnahme, steht ihnen ebenfalls der Rechtsbehelf nach § 101 Abs. 7 S. 2 zu.[189] Die **Benachrichtigung ist nicht als Statthaftigkeitsvoraussetzung geregelt,** sondern setzt lediglich den Fristlauf in Gang. Ohne Benachrichtigung läuft also keine Frist für die betroffenen Personen. Dennoch verdrängt § 101 Abs. 7 S. 2 auch in diesen Fällen die §§ 304 und 98 Abs. 2 S. 2 analog,[190] da sonst die Statthaftigkeit der sofortigen Beschwerde nach § 101 Abs. 7 S. 3 als Rechtsbehelf umgangen würde. Gegenüber § 98 Abs. 2 S. 2 analog lässt sich auch hier einwenden, dass keine Regelungslücke besteht. 116

VII. Löschung und Sperrung personenbezogener Daten (Abs. 8)

1. Löschung der Daten (S. 1 und 2). a) Löschungsvoraussetzungen (S. 1). 117
Gemäß S. 1 sind „die durch die Maßnahme erlangten personenbezogenen Daten (…) unverzüglich zu löschen", sobald sie weder für strafprozessuale Beweiszwecke noch für eine etwaige gerichtliche Überprüfung der verdeckten Ermittlungsmaßnahme benötigt werden. Diese Voraussetzungen müssen **positiv feststehen.** Bestehen noch Zweifel, unterbleibt die Löschung bzw. Vernichtung dieser Daten.[191]

Eine weitergehende Regelung des Inhalts, dass selbst beweiserhebliches Material vernichtet werden muss, wenn sein Inhalt inzwischen durch andere Beweismittel bestätigt worden ist, kann weder Abs. 8 noch allgemeinen Rechtsgrundsätzen entnommen werden.[192] Zudem lässt sich die Tatsache einer solch **parallelen Erkenntnisgewinnung** nur schwer beurteilen. Gleiches gilt für die sich sodann stellende Frage, auf welche von mehreren Ermittlungsmaßnahmen und den aus ihnen jeweils resultierenden Ergebnissen denn (besser) verzichtet werden könnte und, ob hinsichtlich der letztlich ausgewählten und damit später einzig noch zur Verfügung stehenden Maßnahme ein Beweisverwertungsverbot verlässlich ausgeschlossen werden kann. So könnte ein zunächst möglicher Schuldnachweis nicht mehr geführt werden, würde hinsichtlich der am Ende noch gespeicherten Daten ein zunächst nicht erkanntes Beweisverwertungsverbot greifen und wären die aufgrund anderer verdeckter Maßnahmen gewonnenen Erkenntnisse, die ebenfalls einen Schuldnachweis ermöglicht hätten, gelöscht worden. 118

Die durch Maßnahmen nach Abs. 1 gewonnenen personenbezogenen Daten dürfen auch weiter gespeichert werden, wenn die Löschungsvoraussetzungen zwar hinsichtlich des Beschuldigten und aller Drittbetroffenen eingetreten sind, die gewonnenen Erkenntnisse indes als so genannte **Zufallsfunde** nach § 479 Abs. 2 S. 1 in einem anderen Strafverfahren den Verdacht begründen, eine Person habe eine andere Straftat begangen, wegen derer die betreffende Maßnahme ebenfalls hätte angeordnet werden können.[193] Dagegen dürfen Daten nicht allein deshalb weiterhin gespeichert werden, weil sie zu Zwecken der Gefahrenabwehr (vgl. § 100e Abs. 6, § 479 Abs. 2 S. 2 und Abs. 3) weiterhin benötigt werden, wenn nicht mit den Maßnahmen zur Gefahrenabwehr gleichzeitig eine Strafverfolgung verknüpft wird.[194] Der Wortlaut von § 101 Abs. 8 S. 1 ist insofern eindeutig. 119

b) Löschungsumfang. Die Vorschrift gebietet, entgegen ihres Wortlauts, nicht nur, dass die „erlangten personenbezogenen Daten (…) zu löschen" sind. Sie ist teleologisch dahingehend auszulegen, dass sie die Strafverfolgungsbehörden grundsätzlich zur Vernichtung sämtlicher personenbezogener Erkenntnisse aus Maßnahmen nach Abs. 1 verpflichtet, **gleich in welcher Form und wo** diese verkörpert sind. S. 2 dient vorrangig dem Schutz des Persönlichkeitsrechts der von diesen Maßnahmen Betroffenen. In das Persönlichkeitsrecht greift indes ein auf Papier verzeichnetes personenbezogenes Datum in gleicher Weise 120

---

[189] AA noch Günther → 1. Aufl. Rn. 94; LG Wiesbaden 1.9.2021 – 6 KLs – 1111 Js 18753/21, StV 2021, 741.
[190] AA hinsichtlich § 98 Abs. 2 S. 2 analog Hegmann in BeckOK StPO § 101 Rn. 49.
[191] Hilger NStZ 1997, 371 (373).
[192] Nun ebenso Köhler in Meyer-Goßner/Schmitt § 101 Rn. 27.
[193] BGH 27.11.2008 – 3 StR 342/08, NJW 2009, 791 (792).
[194] Wie hier Wolter/Jäger in SK-StPO § 101 Rn. 47; aA Köhler in Meyer-Goßner/Schmitt § 101 Rn. 27; Bär in KMR-StPO § 101 Rn. 39.

ein wie ein elektronisches.[195] Da unter „Löschung" im Sinne von S. 1 allein die dauerhafte Vernichtung zu verstehen ist, müssen Dateien ebenso wie herkömmliche auf Papier verkörperte Informationen auch so vernichtet bzw. gelöscht werden, dass eine Rekonstruktion der Dateien weitgehend ausgeschlossen ist.

121 Dieser Grundsatz lässt sich jedoch **nicht ausnahmslos** umsetzen. So wird der Inhalt löschungspflichtiger Daten bzw. Informationen vielfältig wiedergegeben bzw. zitiert, etwa in Anklageschriften, gerichtlichen Beschlüssen und Urteilen. Es wäre namentlich in umfangreichen Verfahren weder tatsächlich umsetzbar noch rechtlich vertretbar, die entsprechenden Daten auch dort zu „löschen" oder gar, trotz ihrer Beweisrelevanz, nicht in die Urteilsurkunde aufzunehmen. Dies wäre mit § 267 Abs. 3 unvereinbar.

122 Wurden **löschungspflichtige Daten im Rahmen der Akteneinsicht an Verteidiger herausgegeben,** so gebietet die Existenz der Löschungsverpflichtung aus § 101 Abs. 8 S. 1 und die Stellung der Verteidiger als Organe der Rechtspflege, dass diese die erhaltenen Daten sowie sämtliche ggf. angefertigte Kopien spätestens mit Eintritt der Löschungsverpflichtung an das Gericht (bis zum rechtskräftigen Abschluss des Verfahrens) oder an die Staatsanwaltschaft (nach rechtskräftigem Verfahrensabschluss) herausgeben.[196] Alternativ wird wohl auch eine vollständige und endgültige Löschung durch die Verteidiger selbst möglich sein, wenn diese entsprechend dokumentiert und durch eine anwaltliche Versicherung dem Gericht gegenüber aktenkundig gemacht wird. Zur Diskussion im Rahmen des Akteneinsichtsrechts → § 147 Rn. 47.

123 **c) Löschungsfristen.** Eigenständige Löschungsprüffristen hat der Gesetzgeber in Abs. 8 bewusst **nicht vorgesehen,** weil sich entsprechende Prüf- und Löschungsfristen vielfach schon aus anderen Vorschriften wie etwa den der §§ 484, 489 Abs. 3–5 bzw. § 77 BKAG ergeben.[197] Sind aus Maßnahmen nach Abs. 1 gewonnene personenbezogene Daten in den Akten enthalten, so soll hinsichtlich dieser Daten ausweislich der Gesetzesbegründung eine „fortlaufende Kontrolle durch die aktenbearbeitende Stelle" dahingehend erfolgen, ob und welche Aktenbestandteile im Hinblick auf S. 1 zu vernichten sind.[198] Diese Anforderung ergibt sich nunmehr auch aus § 75 Abs. 4 BDSG (iVm § 500 Abs. 1). Da der hierfür erforderliche Aufwand in Umfangsverfahren beträchtlich ist, empfiehlt es sich, über die Regelung in Abs. 2 S. 1 hinaus und damit nicht nur in den Fällen der §§ 100b, 100c, 100f, 100h Abs. 1 Nr. 2 sowie § 110a personenbezogene Daten aus Maßnahmen nach Abs. 1 stets in entsprechenden Sonderbänden bzw. Sonderheften abzulegen, um diese bei Vorliegen der Voraussetzungen des S. 1 ohne zusätzlichen Recherche- und Aussonderungsaufwand vernichten zu können.

124 **d) Zuständigkeit für die Löschungsanordnung.** Aufgrund ihrer Sachleitungsbefugnis gemäß §§ 152, 160 ist bis zur Rechtshängigkeit des Verfahrens allein die **Staatsanwaltschaft** für die Anordnung der Löschung zuständig. Diese Zuständigkeit geht ab Rechtshängigkeit zugleich mit dem Übergang der Verfahrensherrschaft bis zum rechtskräftigen Abschluss des Verfahrens auf das **Gericht der Hauptsache** über.[199] Nach Rechtskraft des Urteils hat eine abschließende Überprüfung der Löschung zu erfolgen, für die nunmehr wieder die Staatsanwaltschaft zuständig ist.[200]

125 **e) Aktenvermerk (S. 2).** Nach S. 2 ist die „Löschung (…) aktenkundig zu machen". Die Vorschrift verhält sich im Übrigen weder dazu, wie die Löschung konkret durchzuführen

[195] Vgl. Hilger NStZ 1997, 771 (772).
[196] OLG Zweibrücken 11.1.2017 – 1 Ws 348/16, StV 2017, 437 mAnm Wölky; Wettley/Nöding NStZ 2016, 633 (636); aA OLG Celle 24.7.2015 – 2 Ws 116/15, StV 2016, 146; zur Problematik siehe auch OLG Nürnberg 11.2.2015 – 2 Ws 8/15, wistra 2015, 246 mAnm Wesemann; OLG Celle 24.7.2015 – 2 Ws 116/15, NStZ 2016, 305; KG 15.3.2015 – 2 StE 14/15-8, NStZ 2016, 693; OLG Hamburg 16.2.2016 – 3 Ws 11-12/16, NStZ 2016, 695; OLG Frankfurt a. M. 11.8.2015 – 3 Ws 438/15, StV 2016, 148; LG Bremen 16.6.2015 –4 KLs 500 Js 63429/14, StV 2015, 682.
[197] BT-Drs. 16/5846, 63.
[198] BT-Drs. 16/5846, 63 zu § 101 Abs. 10 S. 2 Entwurf, der inhaltsgleich ist mit der Gesetz gewordenen Fassung.
[199] Schnarr MDR 87, 1 (4).
[200] Ebenso Köhler in Meyer-Goßner/Schmitt § 101 Rn. 28.

und der Vermerk inhaltlich auszugestalten ist, noch wo der Aktenvermerk anzubringen ist. In dem Aktenvermerk ist u. a aufzunehmen, aufgrund welcher der in Abs. 1 genannten **Maßnahme** die gelöschten Daten erhoben wurden, der **Umfang** der vernichteten Daten sowie zumindest ein allgemeiner Hinweis zu ihrem **Inhalt.** Dabei darf jedoch kein Rückschluss auf die gelöschten personenbezogenen Daten möglich sein. Bei der Löschung elektronischer Daten sollte aus dem Vermerk weiter hervorgehen, dass diese **dauerhaft** und nicht etwa nur die logischen Verknüpfungen zu den entsprechenden Dateien gelöscht wurden.

Der **Aufsicht der Staatsanwaltschaft** unterliegt diese Löschung anders noch als nach 126 § 100b Abs. 6 aF nicht mehr.[201]

2. Datensperrung zur Überprüfung der Maßnahme (S. 3). Wird die Löschung 127 der Daten allein zum Zwecke einer etwaigen gerichtlichen Überprüfung der Maßnahme zurückgestellt, so dürfen diese Daten nach S. 3 Hs. 1 „ohne Einwilligung des Betroffenen nur zu diesem Zweck verwendet werden". Gemäß S. 3 Hs. 2 sind die Daten „entsprechend zu sperren". Erfolgt die Datenspeicherung mithin allein zum Zwecke einer gerichtlichen Überprüfung, dürfen die Daten nach dem eindeutigen Wortlaut des S. 3 ohne Einwilligung des Betroffenen zur Strafverfolgung nicht mehr verwendet werden. Es besteht insoweit ein **Beweisverwertungsverbot.** Dies gilt selbst dann, wenn sich im Nachhinein herausstellen sollte, dass der Sperrvermerk zu früh angebracht wurde. Nach Ablauf der Frist in Abs. 7 S. 2 wird regelmäßig davon auszugehen sein, dass die Daten nicht mehr für eine gerichtliche Überprüfung benötigt werden, da nach zutreffender Auffassung die allgemeinen Rechtsbehelfe des § 304 und § 98 Abs. 2 S. 2 durch § 101 Abs. 7 S. 2 verdrängt werden (→ Rn. 113 ff.). Die Sperrung anstelle der Löschung ist mit Art. 16 Abs. 3 der Richtlinie EU 2016/680 zu vereinbaren.

3. Verhältnis zu § 160a Abs. 1 S. 5 iVm S. 3. Nach zutreffender Auffassung der 128 Rspr. **geht die Löschungsregel des § 160a Abs. 1 S. 5 iVm S. 3 der Regelung in § 101 Abs. 8 insgesamt vor.** Die bewusste gesetzgeberische Entscheidung, die nach § 160a Abs. 1 S. 5 iVm S. 3 zu löschenden Daten damit auch einem etwaigen Rechtsschutzverfahren zu entziehen, sei von den Fachgerichten zu respektieren.[202] Dieselben Überlegungen müssen auch für § 100d Abs. 2 S. 2 und Abs. 3 S. 2 gelten, sodass auch die Löschungspflicht für Kernbereichsdaten der Regelung in § 101 Abs. 8 vorgeht.[203]

B. Rechtsbehelfe

Gegen Verstöße der Staatsanwaltschaft gegen § 101 (zB fehlende Benachrichtigung, 129 fehlerhafte Nichtfreigabe der Unterlagen nach Abs. 2, Nichtlöschung der Daten nach Abs. 8 etc) kann die betroffene Person mit dem Rechtsbehelf des **§ 98 Abs. 2 S. 2 analog** vorgehen. Eine Sperrwirkung entfaltet der insoweit nicht einschlägige § 101 Abs. 7 S. 2 nicht.[204]

C. Revision

Verstöße gegen rein **formale Vorschriften** (Kennzeichnungspflicht nach Abs. 3 oder 130 Pflicht zur Aktenkundigmachung nach Abs. 8 S. 2) führen in aller Regel nicht zu einem in der Revision geltend zu machenden Beweisverwertungsverbot. Bei einer nicht erfolgten Benachrichtigung nach Abs. 4 S. 1 oder einer fehlerhaft zurückgestellten Benachrichtigung unter Verstoß gegen Abs. 5 wird es häufig am notwendigen **Beruhen** (§ 337) des Urteils auf dem Verfah-

[201] BT-Drs. 15/4533, 17.
[202] BGH 18.2.2014 – StB 8/13, NJW 2014, 1314.
[203] Wie hier Hauck in Löwe/Rosenberg § 101 Rn. 61.
[204] Wolter/Jäger in SK-StPO § 101 Rn. 50.

rensverstoß fehlen.[205] Anders kann dies allerding sein, wenn die fehlerhaft unterlassene Benachrichtigung gezielt unterlassen wurde, um den Betroffenen nicht von einem weiteren Verhalten abzuhalten, das möglicherweise Erkenntnisse im Rahmen der jeweils einschlägigen Maßnahme erbringt (zB weitere Nutzung der überwachten Kommunikationsmittel).[206] Ein Verstoß gegen das **Verwertungsverbot des § 101 Abs. 8 S. 3** oder die Verwendung von fehlerhaft nicht gelöschten Daten kann dagegen regelmäßig im Rahmen der Revision nach § 344 Abs. 2 S. 2 gerügt werden.[207] Wurden Unterlagen nach Abs. 2 S. 2 nicht zur Verfügung gestellt, obwohl die Voraussetzungen für eine Benachrichtigung gegeben waren, so begründet dies eine Aufklärungsrüge wegen Verstoßes gegen § 244 Abs. 2.[208] In Betracht kommt auch eine unzulässige Beschränkung der Verteidigung nach § 338 Nr. 8.[209]

§ 101a Gerichtliche Entscheidung; Datenkennzeichnung und -auswertung; Benachrichtigungspflichten bei Verkehrs- und Nutzungsdaten

(1) [1]Bei Erhebungen von Verkehrsdaten nach § 100g gelten § 100a Absatz 3 und 4 und § 100e entsprechend mit der Maßgabe, dass

1. **in der Entscheidungsformel nach § 100e Absatz 3 Satz 2 auch die zu übermittelnden Daten und der Zeitraum, für den sie übermittelt werden sollen, eindeutig anzugeben sind,**
2. **der nach § 100a Absatz 4 Satz 1 zur Auskunft Verpflichtete auch mitzuteilen hat, welche der von ihm übermittelten Daten nach § 176 des Telekommunikationsgesetzes gespeichert wurden.**

[2]In den Fällen des § 100g Absatz 2, auch in Verbindung mit § 100g Absatz 3 Satz 2, findet abweichend von Satz 1 § 100e Absatz 1 Satz 2 keine Anwendung. [3]Bei Funkzellenabfragen nach § 100g Absatz 3 genügt abweichend von § 100e Absatz 3 Satz 2 Nummer 5 eine räumlich und zeitlich eng begrenzte und hinreichend bestimmte Bezeichnung der Telekommunikation.

(1a) Bei der Erhebung und Beauskunftung von Nutzungsdaten eines Telemediendienstes nach § 100k gilt § 100a Absatz 3 und 4, bei der Erhebung von Nutzungsdaten nach § 100k Absatz 1 und 2 zudem § 100e Absatz 1 und 3 bis 5 entsprechend mit der Maßgabe, dass in der Entscheidungsformel nach § 100e Absatz 3 Satz 2 an die Stelle der Rufnummer (§ 100e Absatz 3 Satz 2 Nummer 5), soweit möglich eine eindeutige Kennung des Nutzerkontos des Betroffenen, ansonsten eine möglichst genaue Bezeichnung des Telemediendienstes tritt, auf den sich das Auskunftsverlangen bezieht.

(2) Wird eine Maßnahme nach § 100g oder § 100k Absatz 1 oder Absatz 2 angeordnet oder verlängert, sind in der Begründung einzelfallbezogen insbesondere die wesentlichen Erwägungen zur Erforderlichkeit und Angemessenheit der Maßnahme, auch hinsichtlich des Umfangs der zu erhebenden Daten und des Zeitraums, für den sie erhoben werden sollen, darzulegen.

(3) [1]Personenbezogene Daten, die durch Maßnahmen nach § 100g oder § 100k Absatz 1 oder Absatz 2 erhoben wurden, sind entsprechend zu kennzeichnen und unverzüglich auszuwerten. [2]Bei der Kennzeichnung ist erkennbar zu machen, ob es sich um Daten handelt, die nach § 176 des Telekommunikationsgesetzes gespeichert waren. [3]Nach einer Übermittlung an eine andere Stelle ist die Kennzeichnung durch diese aufrechtzuerhalten. [4]Für die Löschung personenbezogener Daten gilt § 101 Absatz 8 entsprechend.

---

205 Hauck in Löwe/Rosenberg § 101 Rn. 63.
206 Vgl. BGH 4.8.2015 – 3 StR 162/15, ZD 2016, 173 zu Beschlagnahme von E-Mails.
207 Wolter/Jäger in SK-StPO § 101 Rn. 50.
208 Hauck in Löwe/Rosenberg § 101 Rn. 64.
209 Gercke in Gercke/Julius/Temming/Zöller § 101 Rn. 22.

(4) [1]Verwertbare personenbezogene Daten, die durch Maßnahmen nach § 100g Absatz 2, auch in Verbindung mit § 100g Absatz 1 Satz 3 oder Absatz 3 Satz 2, erhoben wurden, dürfen ohne Einwilligung der Beteiligten der betroffenen Telekommunikation nur für folgende andere Zwecke und nur nach folgenden Maßgaben verwendet werden:

1. in anderen Strafverfahren zur Aufklärung einer Straftat, auf Grund derer eine Maßnahme nach § 100g Absatz 2, auch in Verbindung mit § 100g Absatz 1 Satz 3 oder Absatz 3 Satz 2, angeordnet werden könnte, oder zur Ermittlung des Aufenthalts der einer solchen Straftat beschuldigten Person,

2. Übermittlung zu Zwecken der Abwehr von konkreten Gefahren für Leib, Leben oder Freiheit einer Person oder für den Bestand des Bundes oder eines Landes § 177 Absatz 1 Nummer 2 des Telekommunikationsgesetzes).

[2]Die Stelle, die die Daten weiterleitet, macht die Weiterleitung und deren Zweck aktenkundig. [3]Sind die Daten nach Satz 1 Nummer 2 nicht mehr zur Abwehr der Gefahr oder nicht mehr für eine vorgerichtliche oder gerichtliche Überprüfung der zur Gefahrenabwehr getroffenen Maßnahmen erforderlich, so sind Aufzeichnungen über diese Daten von der für die Gefahrenabwehr zuständigen Stelle unverzüglich zu löschen. [4]Die Löschung ist aktenkundig zu machen. [5]Soweit die Löschung lediglich für eine etwaige vorgerichtliche oder gerichtliche Überprüfung zurückgestellt ist, dürfen die Daten nur für diesen Zweck verwendet werden; für eine Verwendung zu anderen Zwecken sind sie zu sperren.

(5) Sind verwertbare personenbezogene Daten, die nach § 176 des Telekommunikationsgesetzes gespeichert waren, durch eine entsprechende polizeirechtliche Maßnahme erlangt worden, dürfen sie in einem Strafverfahren ohne Einwilligung der Beteiligten der betroffenen Telekommunikation nur zur Aufklärung einer Straftat, auf Grund derer eine Maßnahme nach § 100g Absatz 2, auch in Verbindung mit Absatz 3 Satz 2, angeordnet werden könnte, oder zur Ermittlung des Aufenthalts der einer solchen Straftat beschuldigten Person verwendet werden.

(6) [1]Die Beteiligten der betroffenen Telekommunikation und die betroffenen Nutzer des Telemediendienstes sind von der Erhebung der Verkehrsdaten nach § 100g oder der Nutzungsdaten nach § 100k Absatz 1 und 2 zu benachrichtigen. [2]§ 101 Absatz 4 Satz 2 bis 5 und Absatz 5 bis 7 gilt entsprechend mit der Maßgabe, dass

1. das Unterbleiben der Benachrichtigung nach § 101 Absatz 4 Satz 3 der Anordnung des zuständigen Gerichts bedarf;

2. abweichend von § 101 Absatz 6 Satz 1 die Zurückstellung der Benachrichtigung nach § 101 Absatz 5 Satz 1 stets der Anordnung des zuständigen Gerichts bedarf und eine erstmalige Zurückstellung auf höchstens zwölf Monate zu befristen ist.

(7) [1]Die betroffene Person ist in den Fällen des § 100k Absatz 3 über die Beauskunftung zu benachrichtigen. [2]Die Benachrichtigung erfolgt, soweit und sobald hierdurch der Zweck der Beauskunftung nicht vereitelt wird. [3]Sie unterbleibt, wenn ihr überwiegende schutzwürdige Belange Dritter oder der betroffenen Person selbst entgegenstehen. [4]Wird die Benachrichtigung nach Satz 2 zurückgestellt oder nach Satz 3 von ihr abgesehen, sind die Gründe aktenkundig zu machen.

Schrifttum: s. Schrifttum bei § 100g.

Übersicht

A. Grundlagen

I. Gesetzgebungsgeschichte

1 § 101a ist erstmals mit dem Gesetz zur Einführung einer Speicherpflicht und einer Höchstspeicherfrist für Verkehrsdaten vom 10.12.2015 ins Gesetz gekommen.[1] Der Gesetzgeber folgte damit[2] der Auffassung des BVerfG in seinem Urteil zur Vorratsdatenspeicherung, wonach die **Verkehrsdatenerhebung zumindest im Bereich der Strafverfolgung grundsätzlich als offene Maßnahme** erfolgen müsse.[3] Eine heimliche Erhebung sei dagegen nur dann (ausnahmsweise) zulässig, wenn diese erforderlich sei und von einem Richter angeordnet werde.[4] Die Verfahrensvorschriften für § 100g finden sich nunmehr nicht mehr in § 100g und § 101, sondern gesammelt in § 101a. Nach Reformierung der verfahrensrechtlichen Regelungen der Telekommunikationsüberwachung und deren Zusammenfassung mit den Verfahrensregeln zu den Maßnahmen nach §§ 100b und 100c, wurden die Verweisungen in § 101a im Gesetz zur effektiveren und praxistauglicheren Ausgestaltung des Strafverfahrens vom 17.8.2017 angepasst.[5] Weitere Änderungen ergeben sich durch das Gesetz zur Bekämpfung des Rechtsextremismus und der Hasskriminalität und das Gesetz zur Anpassung der Regelungen über die Bestandsdatenauskunft an die Vorgaben aus der Entscheidung des Bundesverfassungsgerichts vom 27. Mai 2020 im Rahmen der Einführung der Nutzungsdatenerhebung bei Telemediendiensten nach § 100k.[6] Die Verfahrensregeln für diese neue Befugnis wurden in § 101a integriert und weitestgehend an diejenigen für die Verkehrsdatenabfrage angepasst.

II. Verweisungstechnik

2 § 101a enthält zunächst **viele Verweisungen** auf die für die Telekommunikationsüberwachung geltenden Adressaten- und Verfahrensregeln sowie Mitwirkungspflichten von denen jedoch einige Ausnahmen gemacht werden. Hinzutreten Spezialregeln für

1 BGBl. I 2218.
2 BT-Drs. 18/5088, 34.
3 BVerfG 2.3.2010 – 1 BvR 256/08, NJW 2010, 833 Rn. 243.
4 BVerfG 2.3.2010 – 1 BvR 256/08, NJW 2010, 833 Rn. 243.
5 BGBl. 2017 I 3202.
6 BGBl. 2021 I 448.

die Verkehrsdatenerhebung, insbesondere sofern es um solche Verkehrsdaten geht, die pflichtmäßig als Vorratsdaten von den Providern gespeichert wurden. Die Regelung ist damit unübersichtlich und teilweise schwierig verständlich. Das Problem wird durch Verweise auf die gleichfalls **unübersichtlich gestaltete Regelung des § 100g StPO** hinsichtlich verschiedener Verkehrsdatenerhebungen vergrößert. Weiterhin ist zu kritisieren, dass es sich bei der Adressatenregelung in Abs. 1 S. 1 iVm § 100a Abs. 3 um eine materielle Anordnungsvoraussetzung für Maßnahmen nach § 100g handelt, welche eigentlich in § 100g hätte geregelt werden müssen. Schließlich ist der pauschale Verweis auf § 100e in Abs. 1 S. 1 Var. 3 offenbar ein redaktionelles Versehen. So sollte hinsichtlich der Anordnungszuständigkeit lediglich auf § 100e Abs. 1 und nicht (auch oder alternativ) auf § 100e Abs. 2 verwiesen werden. Gleichfalls enthält Abs. 4 eine eigene Regelung zur Verwertbarkeit der nach § 100g erlangten Erkenntnisse in anderen Verfahren. Der Verweis auf § 100e sollte damit wohl auch nicht dessen Abs. 6 miteinschließen (jeweils näher → Rn. 51 ff.). Vor der Zusammenfassung der Verfahrensregeln für die §§ 100a–100c in § 100e enthielt § 101a ausschließlich Verweisungen auf die Verfahrensregeln für die Telekommunikationsüberwachung in § 100b aF. Hieran sollte sich ausweislich der Gesetzesbegründung zur Änderung der Verweisung in § 101a nF („redaktionelle Änderungen") nichts ändern.[7]

3 Bei der Integration der Verfahrensregeln für die Nutzungsdatenerhebung nach § 100k wurden zwar im neuen Abs. 1a des § 101a die Verweisungen auf § 100e für diese Eingriffsbefugnis präziser gefasst. Allerdings wurde die pauschale Verweisung im Rahmen des Abs. 1 (für § 100g) nicht korrigiert. Außerdem wurde bei der ersten Veröffentlichung der Änderungen an § 101a für die Nutzungsdatenerhebung im Bundesgesetzblatt Fehler gemacht und nicht exakt die Fassung der Norm veröffentlicht, wie sie von Bundestag und Bundesrat beschlossen wurde. Die Fehler betrafen dabei die Verweisungen in § 101a auf § 100k Abs. 1–Abs. 3 (siehe hierzu noch detailliert → Rn. 79). Mittlerweile ist eine Korrektur durch die Berichtigung des Gesetzes zur Anpassung der Regelungen über die Bestandsdatenauskunft an die Vorgaben aus der Entscheidung des Bundesverfassungsgerichts vom 27. Mai 2020[8] erfolgt.

III. §§ 100g, 100k als offene verdeckte Maßnahmen?

4 § 101a soll § 100g von den in § 101 genannten „verdeckten" Maßnahmen abgrenzen, um der verfassungsgerichtlichen Forderung nach einer im Strafverfahren grundsätzlich offen vorzunehmenden Verkehrsdatenerhebung nachzukommen (→ Rn. 1). Bei offenen Maßnahmen ist jedoch der Betroffene nach **§ 33 Abs. 3 StPO** vor Erlass der Anordnung der entsprechenden Maßnahme anzuhören. § 33 Abs. 4 S. 1 gestattet allerdings ein Absehen von der vorherigen Anhörung, wenn durch die Anhörung der Zweck der Anordnung der Maßnahme gefährdet würde. Als Beispiele nennt § 33 Abs. 4 S. 1 die Untersuchungshaft und die Beschlagnahme. Diese beiden Maßnahmen unterscheiden sich jedoch von einer Verkehrsdatenerhebung dadurch, dass der Betroffene sich bzw. den zu beschlagnahmenden Gegenstand bei einer vorherigen Anhörung der Maßnahme entziehen kann. Dies ist bei den, von den Providern gespeicherten Verkehrsdaten nicht möglich. Daher kann auch der Zweck der Anordnung, nämlich die Erlangung der entsprechenden Verkehrsdaten, nicht durch eine vorherige Anhörung gefährdet werden. Insofern scheint die Argumentation mit § 33 Abs. 4 S. 1 zumindest zweifelhaft. § 101a enthält durch den Verweis in Abs. 6 S. 1 auf § 101 Abs. 4 dementsprechend auch eine eigene Benachrichtigungsvorschrift, welche auch einen Verweis auf Abs. 5 und damit eine Zurückstellung der Benachrichtigung solange begründet, wie der Untersuchungszweck gefährdet wäre. Der Zweck der Untersuchung ist dabei ein anderer Begriff als der Begriff des Zwecks der Anordnung in § 33 Abs. 4 S. 1. Er erstreckt sich auf die gesamte Ermittlung und nicht nur isoliert auf den Zweck der Erlangung der Verkehrsdaten. Dies ergibt sich aus einem systematischen

7 BT-Drs. 18/12785, 58.
8 BGBl. 2021 I 1380.

Vergleich mit der in Bezug genommenen Vorschrift des § 101 Abs. 5. Dort geht es gerade darum, die Ermittlungshandlung selbst zu verbergen, um einerseits die Erlangung der Informationen durch die Ermittlungsmaßnahme nicht zu gefährden, andererseits aber auch eine „Vorwarnung" des Betroffenen zu vermeiden, um etwaigen Verschleierungsmaßnahmen entgegenzuwirken (→ § 101 Rn. 73). Dementsprechend kann durch § 101a Abs. 6 S. 2 iVm § 101 Abs. 5 S. 1 begründet werden, dass auch die Verkehrsdatenerhebung verdeckt und ohne Benachrichtigung vor der Erhebung erfolgt, wenn andernfalls die weiteren Ermittlungen durch zu erwartende Verschleierungshandlungen gefährdet würden. Da in der Praxis **Verkehrsdaten in der Regel als Spurenansatz** bzw. zur Bestätigung oder Widerlegung eines Anfangsverdachts und nicht zur Beweisführung über Schuld und Unschuld dienen, erfolgt eine Verkehrsdatenerhebung idR sehr früh im Ermittlungsverfahren. In diesem Verfahrensstadium dürfte eine Zurückstellung der Benachrichtigung oftmals mit der Gefährdung des Untersuchungszwecks begründbar sein. Daher führt der Verweis auf die Zurückstellunggründe in § 101 Abs. 5 S. 1 dazu, dass es sich bei Maßnahmen nach § 100g entgegen der Gesetzessystematik, des Wortlauts von § 100g (Fehlen des Terminus „ohne Wissen des Betroffenen" wie zB in § 100a) und des gesetzgeberischen Willens nicht um eine in der Regel offene, **sondern um eine in der Regel verdeckte Ermittlungsmaßnahme handelt.** Dies widerspricht allerdings der vom Verfassungsgericht geforderten Regel-Ausnahme-Systematik (→ Rn. 1). An der Verfassungsmäßigkeit der Regelung in § 101a Abs. 6 S. 2 bestehen somit hinsichtlich des Verweises auf § 101 Abs. 5 S. 1 zumindest erhebliche Zweifel.[9]

Auch bei der neuen Befugnis zur Nutzungsdatenerhebung in § 100k wurde ebenfalls **5** auf die Wendung „auch ohne Wissen des Betroffenen" verzichtet. Auch die Verfahrensvorschriften für § 100k finden sich nicht in § 101, sondern in § 101a. Dementsprechend stellt sich für diese Befugnisnorm dieselbe Problematik wie für § 100g (siehe oben → Rn. 4).

IV. Reform des TKG, Aufhebung der §§ 11–15 TMG, TTDSG (ab 1. Dezember 2021)

Durch das Inkrafttreten der **DSGVO,** die daraus folgende Verdrängung der §§ 11–15 **6** TMG im Wege des europarechtlichen Anwendungsvorrangs und den Ablauf der Umsetzungsfrist für die **Richtlinie 2018/1972/EG** (sog. Kodex) war eine umfassende Reform des deutschen Telekommunikations- und Telemedienrechts notwendig geworden. Im Zuge dieser Reform wurde mit **Wirkung zum 1.12.2021** das TKG **(Telekommunikationsmodernisierungsgesetz)**[10] vollständig überarbeitet und das TTDSG **(Gesetz zur Regelung des Datenschutzes und des Schutzes der Privatsphäre in der Telekommunikation und bei Telemedien)**[11] neu geschaffen. Für den Bereich der §§ 100a–101b sind in inhaltlicher Hinsicht vor allem die Einbeziehung vieler sog. OTT-Dienstleister in den Anwendungsbereich des TKG und deren Einfluss auf die telekommunikationsrechtlichen Mitwirkungspflichten dieser Dienstleister (siehe → § 100a Rn. 229 ff., → § 100g Rn. 95 ff. und → § 100j Rn. 53 ff.) relevant. Gleiches gilt für die Aufhebung der – bereits seit 25.5.2018 neben der DSGVO nicht mehr anwendbaren – §§ 11–15 TMG, auf welche vormals die Vorschriften zur Bestandsdatenabfrage (§ 100j Abs. 1 S. 1 Nr. 2) und Nutzungsdatenabfrage (§ 100k) bei Telemediendienstleistern verwiesen, durch das TTDSG, um den bereits vorher geltenden Anwendungsvorrang der DSGVO für Telemediendienstleister auch in der deutschen Rechtslage „sichtbar" zu machen (siehe zur Problematik des früheren Verweises der §§ 100j, 100k auf nicht mehr anwendbare Normen des TMG → § 100j Rn. 14, 18 und → § 100k Rn. 16 ff.). Damit einhergehend wurden die Übermittlungsbefugnisse für Telemediendienstleister hinsichtlich Bestands- und Nutzungsdaten (vormals in den §§ 15a-15c TMG geregelt) in das neue TTDSG (in §§ 22–24 TTDSG) überführt. Da die Änderungen zum 1. Dezember 2021 und damit erst kurz vor Erscheinen dieses Bandes

[9] Siehe zum Ganzen auch von der Grün Verdeckte Ermittlungen S. 65 f.
[10] BGBl. 2021 I 1858.
[11] BGBl. 2021 I 1982.

in Kraft getreten sind, berücksichtigt die vorliegende Kommentierung sowohl die neue als auch die alte Rechtslage. An Stellen, an denen die Änderungen inhaltliche Auswirkungen auf Auslegungsfragen oder Problemstellungen haben (zB OTT-Dienstleister), wird die alte Rechtslage unter einer eigenen Überschrift mitkommentiert, um Notwendigkeit und Genese der Änderungen zu erläutern. Bei Änderungen der „Hausnummern" durch Änderung der Vorschriftenreihenfolge von TKG-alt zu TKG-neu und Streichung der TMG-Normen sowie Überführung einzelner TMG-Normen in das TTDSG werden hinter der aktuell geltenden Norm des TKG-neu und des TTDSG jeweils die vor dem 1.12.2021 geltende Norm des TKG-alt und/oder des TMG genannt, um eine Arbeit mit der neuen Rechtslage in der Kommentierung zu erleichtern.

B. Erläuterung der Verfahrensregelungen für Verkehrsdatenerhebungen nach § 100g

7 § 101a enthält verschiedene **verfahrensrechtliche Regelungen** für § 100g und nun auch § 100k, allerdings mit der **Adressatenregelung** auch eine materielle Voraussetzung für die Verkehrs- und Nutzungsdatenerhebung (Abs. 1 S. 1 Var. 1 bzw. Abs. 1a Var. 1 iVm § 100a Abs. 3). In Abs. 1 S. 1 Var. 2 bzw. Abs. 1a Var. 2 iVm § 100a Abs. 4 wird dieselbe Mitwirkungspflicht für Telekommunikations- und Telemedienanbieter geregelt wie in § 100a. Abs. 1 S. 1 Var. 3 verweist für die Verkehrsdatenerhebung umfassend auf die Verfahrensregelungen in § 100e, wobei in S. 2 Abweichungen hinsichtlich der Anordnungskompetenz geregelt sind, in S. 3 solche bezüglich des notwendigen Inhalts bei Funkzellenabfragen. Für die Nutzungsdatenerhebung nach § 100k enthält Abs. 1a Var. 3 jeweils vergleichbare Regelungen. Abs. 2 enthält schließlich eine spezielle Regelung zur Begründung der Maßnahmen nach § 100g und § 100k, deren Verhältnis zu § 100e Abs. 4 allerdings unklar ist (→ Rn. 41). Eine spezielle Kennzeichnungsregelung enthält Abs. 3 S. 1–3, während für die Löschungsvorschriften in Abs. 3 S. 4 auf § 101 Abs. 8 verwiesen wird. Eine spezielle Regelung zur Verwertbarkeit der Verkehrsvorratsdaten in anderen Verfahren enthält Abs. 4, welche in ein unklares Konkurrenzverhältnis zu § 479 Abs. 2 und Abs. 3 (Fassung bis 1. Juli 2021) tritt. Dieses problematische **Konkurrenzverhältnis** wurde hinsichtlich § 479 Abs. 3 durch das StPO-Fortentwicklungsgesetz aufgehoben.[12] In Abs. 5 ist eine im Verhältnis zu § 161 Abs. 3 speziellere Regelung zur Verwertbarkeit polizeirechtlich erlangter Verkehrsvorratsdaten enthalten und Abs. 6 verweist für Maßnahmen nach § 100g und einige der Befugnisse in § 100k weitestgehend auf die Benachrichtigungsregeln des § 101 Abs. 4–7, ergänzt diese jedoch um wichtige abweichende Regelungen. Im neuen Abs. 7 werden weitere Benachrichtigungspflichten für die in Abs. 6 nicht genannten Befugnisse nach § 100k geregelt.

I. Adressaten der Befugnisse nach § 100g (Abs. 1 S. 1 Var. 1 iVm § 100a Abs. 3)

8 Durch den Verweis in Abs. 1 S. 1 Var. 1 auf § 100a Abs. 3 gelten für § 100g dieselben Regeln bezüglich der Adressaten einer Verkehrsdatenerhebung wie für die Telekommunikationsüberwachung. Die Maßnahme darf damit gegen den **Beschuldigten,** sog. **Nachrichtenmittler** und **IT-Systeminhaber** gerichtet werden. Bei Nachrichtenmittlern ist erforderlich, dass auf Grund bestimmter Tatsachen anzunehmen ist, dass sie für den Beschuldigten bestimmte oder von ihm herrührende Mitteilungen entgegennehmen oder weitergeben, bei IT-Systeminhabern muss auf Grund bestimmter Tatsachen davon auszugehen sein, dass der Beschuldigte ihren Anschluss oder ihr informationstechnisches System benutzt. Für Details kann auf die Kommentierung bei → § 100a Rn. 187 ff. verwiesen werden. Zu beachten ist allerdings, dass gem. § 100g Abs. 4 S. 1 Maßnahmen nach § 100g Abs. 2 und

[12] BGBl. 2021 I 2099.

Abs. 3 S. 2 (also solche, die Verkehrsvorratsdaten nach § 176 TKG (bis 1. Dezember 2021: § 113b TKG) betreffen) nicht – auch nicht, wenn diese Personen ansonsten tauglicher Adressat nach § 100a Abs. 3 wären – gegen zeugnisverweigerungsberechtigte Personen nach § 53 Abs. 1 S. 1 Nr. 1–5 gerichtet werden dürfen, wenn Erkenntnisse zu erwarten sind, über welche diese Personen das Zeugnis verweigern dürften. Da Berufsgeheimnisträger bereits darüber das Zeugnis verweigern dürfen, dass eine bestimmte Person überhaupt mit ihnen in ihrer beruflichen Eigenschaft Kontakt aufgenommen hat (sog. Anbahnungsverhältnis),[13] scheidet eine gezielte Verkehrsvorratsdatenerhebung gegen solche Berufsgeheimnisträger in der Regel aus. Eine Ausnahme besteht nach § 100g Abs. 4 S. 6 iVm § 160a Abs. 4 (bzw. § 148 bei Strafverteidigern) nur bei Verstrickungsverdacht (bzw. „echter" Verstrickung bei Strafverteidigern, → § 100a Rn. 294) gegen die Berufsgeheimnisträger. Dass die materielle Anordnungsvoraussetzung der Maßnahmerichtung in § 101a, die Ausnahme hiervon für Berufsgeheimnisträger jedoch in § 100g geregelt ist, ist gesetzessystematisch schwer nachvollziehbar.

Ergänzend sei auf die **Kommentierung bei → § 100g Rn. 92 ff.** verwiesen. Dort finden sich auch Ausführungen zur Problematik der Adressatenregelung bei der sog. Funkzellenabfrage. 9

II. Mitwirkungspflichten der Telekommunikationsdienstanbieter (Abs. 1 S. 1 Var. 2 iVm § 100a Abs. 4)

Durch den umfassenden Verweis in Abs. 1 S. 1 Var. 2 auf § 100a Abs. 4 gelten für Maßnahmen nach § 100g dieselben **Mitwirkungspflichten** für die Erbringer von Telekommunikationsdienstleistungen wie im Rahmen von § 100a. 10

Die Mitwirkungspflichten, insbesondere die Differenzierung zwischen Telekommunikationsanbietern im strafprozessualen und im telekommunikationsrechtlichen Sinn, die Problematik bei sog. OTT-Dienstleistern und die nach § 100a Abs. 4 S. 2 iVm § 170 TKG (bis 1. Dezember 2021: § 110 TKG) und §§ 30 ff. TKÜV geltenden Vorkehrungspflichten sind **umfassend bei → § 100g Rn. 95 ff. kommentiert.** 11

Eine **Sonderregelung** enthält § 101a Abs. 1 S. 1 Nr. 2 dahingehend, dass die nach § 100a Abs. 4 S. 1 zu erteilende Auskunft auch die Information enthalten muss, ob und ggf. welche Verkehrsdaten solche nach § 176 TKG (bis 1. Dezember 2021: § 113b TKG) pflichtmäßig und auf Vorrat gespeicherte Daten sind. Diese Regelung soll die Möglichkeit zur Kennzeichnung dieser Daten nach Abs. 3 ermöglichen und dient darüber hinaus der Erfüllung der Berichts- und Statistikpflichten aus § 101b.[14] 12

III. Verfahrensregelungen für die Befugnisse nach § 100g (Abs. 1 S. 1–3, Abs. 2 iVm § 100e)

1. Zuständigkeit. Für die Anordnungszuständigkeit verweist Abs. 1 S. 1 Var. 3 umfassend auf **§ 100e.** Dieser enthält jedoch zwei unterschiedliche Zuständigkeitsregelungen in Abs. 1 und Abs. 2. Gemeint ist mit dem Verweis in § 101a Abs. 1 S. 1 Var. 3 auf § 100e aber **nur dessen Abs. 1.** Dies ergibt sich zum einen daraus, dass in der Ausnahmeregelung in Abs. 1 S. 2 nur auf § 100e Abs. 1 S. 2 Bezug genommen wird, zum anderen daraus, dass vor der Zusammenführung der Verfahrensregeln in § 100e durch das Gesetz zur effektiveren und praxistauglicheren Ausgestaltung des Strafverfahrens der Verweis auf § 100b Abs. 1 aF enthalten war, welcher heute § 100e Abs. 1 entspricht (während § 100e Abs. 2 dem alten § 100d Abs. 1 aF entspricht).[15] Dementsprechend gilt für Maßnahmen nach § 100g gem. § 101a Abs. 1 S. 1 Var. 3 nur die Zuständigkeitsregel des § 100e Abs. 1.[16] 13

---

13 BGH 18.2.2014 – StB 8/13, NJW 2014, 1314; 4.2.2016 – StB 23/14, NStZ 2016, 740; Huber in BeckOK StPO § 53 Rn. 9.

14 BT-Drs. 18/5088, 34.

15 BT-Drs. 18/12785, 57 und 18/5088, 34.

16 So auch Brodowski in BeckOK IT-Recht § 101a Rn. 5.

14 Zuständig ist demnach im Ermittlungsverfahren gemäß § 162 das **Amtsgericht,** in dessen Bezirk die den Antrag stellende Staatsanwaltschaft oder ihre Zweigstelle ihren Sitz hat. In den Fällen, die nach § 120 GVG zur Zuständigkeit des OLG im ersten Rechtszug gehören, ist nach § 169 Abs. 1 S. 1 auch der Ermittlungsrichter beim OLG zuständig. Führt der GBA die Ermittlungen, so ist nach § 169 Abs. 1 S. 2 alternativ auch der Ermittlungsrichter beim BGH zuständig. Das zuständige Gericht darf eine Anordnung nach § 100g nur auf Antrag der Staatsanwaltschaft erlassen. Bei Gefahr im Verzug besteht nach Abs. 1 S. 1 Var. 3 iVm § 100e Abs. 1 S. 2 und 3 eine **Eilzuständigkeit der Staatsanwaltschaft,** deren Anordnung binnen drei Werktagen außer Kraft tritt, wenn sie nicht vom Gericht bestätigt wird.

15 Eine Sonderregelunge enthält Abs. 1 S. 2 bezüglich solcher Maßnahmen die **Verkehrsvorratsdaten** nach § 176 TKG (bis 1. Dezember 2021: § 113b TKG) betreffen (§ 100g Abs. 2, Abs. 3 S. 2). Hier besteht keine Eilandordnungskompetenz der Staatsanwaltschaft, sondern ein **absoluter Richtervorbehalt,** weil § 100e Abs. 1 S. 2 für unanwendbar erklärt wird. Auch ohne, dass dies in § 101a Abs. 2 explizit erwähnt ist, findet folgerichtig auch § 100e Abs. 1 S. 3 keine Anwendung.

16 **2. Dauer der Maßnahme.** Für die Dauer der Maßnahme gilt gem. Abs. 1 S. 1 Var. 3 die Regelung des **§ 100e Abs. 1 S. 4, S. 5.** Dementsprechend ist die Maßnahme zunächst auf **drei Monate** zu befristen und eine Verlängerung um jeweils weitere drei Monate ist möglich, sofern die Anordnungsvoraussetzungen zum Zeitpunkt der Verlängerungsentscheidung, unter Berücksichtigung des zu diesem Zeitpunkt bestehenden Ermittlungsstandes und insbesondere der neu gewonnenen Erkenntnisse, fortbesteht.

17 Die Fristberechnung richtet sich nach den allgemeinen Vorschriften der §§ 42, 43. Nach § 100e Abs. 3 S. 2 Nr. 3 ist dabei stets, gleich ob es sich um eine Erst- oder eine Verlängerungsanordnung handelt, zugleich auch der **Endzeitpunkt** der Maßnahme zu benennen. Was auf den ersten Blick den Eindruck einer überflüssigen Regelung erweckt, weil bereits mit der Bestimmung der Dauer einer Maßnahme auch deren Endzeitpunkt festgelegt scheint, stellt sich auf den zweiten Blick als Notwendigkeit dar und ist der Tatsache geschuldet, dass verschiedene Telekommunikationsdienstleister in der Vergangenheit vielfach jeweils den Endzeitpunkt ein und derselben, ihnen allen übermittelten Überwachungsanordnung unterschiedlich berechnet haben. Gleichsam potenziert hat sich diese Ungenauigkeit bei der Fristberechnung in den Fällen sogenannter „Kettenanordnungen", wenn mithin dieselben Überwachungsanordnungen (jeweils wiederholt) verlängert wurden. Hier war nicht selten ein regelrechtes „Tohuwabohu"[17] festzustellen. Die Berechnung des sich aus der Dauer ergebenden Endzeitpunktes muss deshalb nunmehr **durch das Gericht** selbst erfolgen. Dieses hat bei seiner Berechnung darauf Bedacht zu nehmen, dass – auch bei Verlängerungsanordnungen – der Fristenlauf durch die Anordnung selbst und nicht erst durch deren späteren Vollzug ausgelöst wird[18] und sich die Fristberechnung im Übrigen nach den oben (→ § 100a Rn. 7 ff.) dargelegten Grundsätzen richtet.

18 **3. Form und Inhalt der Entscheidung.** Form und Inhalt der Entscheidung richten sich gem. Abs. 1 S. 1 Var. 3 grundsätzlich nach **§ 100e Abs. 3 StPO** mit einigen spezifischen Besonderheiten der Verkehrsdatenabfrage aus Abs. 1 S. 1 Nr. 1 und Abs. 1 S. 3.

19 **a) Form.** Die Anordnung muss nach § 100e Abs. 3 S. 1 **schriftlich** ergehen, gleich ob es sich um eine richterliche oder staatsanwaltschaftliche Anordnung handelt. Zu den weiteren sich aus der Schriftform ergebenden Anforderungen → § 163f Rn. 26.

20 Durch die notwendigen Angaben, die die Anordnungen der Maßnahmen nach § 100e Abs. 3 und 4 enthalten müssen, sollen die Gerichte veranlasst werden, die für die Anordnung maßgeblichen Gesichtspunkte im Anordnungsbeschluss **transparent und nachvollziehbar** zum Ausdruck zu bringen. Die Anordnung der Maßnahme hat deshalb zunächst nach Abs. 3

[17] Günther Kriminalistik 2006, 683.
[18] BGH 11.11.1998 – 3 StR 181/98, NJW 1999, 959 (960).

S. 1 schriftlich zu erfolgen. Die Schriftform gewährleistet zudem der Staatsanwaltschaft als zuständiger Vollstreckungsbehörde bzw. sonstigen mit der Maßnahme befassten Dritten eine Überprüfung dahingehend, ob die Anordnung auch von dem zuständigen Gericht erlassen wurde.

b) Inhalt. Gemäß Abs. 3 S. 2 sind in der „Entscheidungsformel" anzugeben: Wie bei Maßnahmen nach §§ 100a–100c soweit möglich **Name und Anschrift des Betroffenen,** der **Tatvorwurf,** auf Grund dessen die Maßnahme angeordnet wird, **Art, Umfang, Dauer und Endzeitpunkt** der Maßnahme, die **Art der** durch die Maßnahme zu erhebenden **Informationen** und ihre **Bedeutung für das Verfahren.** Nicht aus dem Wortlaut von § 101a Abs. 1 S. 1 Var. 3 (welcher umfassend auf § 100e Abs. 3 verweist), sondern aus Sinn und Zweck der Formerfordernisse ergibt sich, dass sich der Verweis auf § 100e Abs. 3 S. 2 zwar auf Nr. 5 Hs. 1, nicht jedoch auf Nr. 5 Hs. 2, Nr. 6 und Nr. 7 bezieht. Die Angaben nach Nr. 5 Hs. 2, Nr. 6 und Nr. 7 ergeben nämlich bei Maßnahmen nach § 100g keinen Sinn. Dementsprechend muss die Entscheidungsformel auch Angaben enthalten über die **Rufnummer oder eine andere Kennung** des zu überwachenden Anschlusses oder des Endgerätes, sofern sich nicht aus bestimmten Tatsachen ergibt, dass diese zugleich einem anderen Endgerät zugeordnet ist. 21

Mit der Einschränkung **„soweit möglich"** bezogen auf die Bezeichnung des Beschuldigten hat der Gesetzgeber der Tatsache Rechnung getragen, dass namentlich zu Beginn verdeckter Ermittlungen vielfach einzelne Beschuldigte noch nicht identifiziert sind und die Angabe ihrer vollständigen Personalien daher noch nicht möglich ist.[19] Dies gilt insbesondere bei Maßnahmen wie § 100g, die häufig zu Beginn eines Ermittlungsverfahrens durchgeführt werden. Bei Funkzellenabfragen nach § 100g Abs. 3 dürfte es sogar dem Regelfall entsprechen, dass noch keine exakten Angaben zu Name und Anschrift der Zielperson gemacht werden können. 22

aa) Name und Anschrift des Betroffenen. Mit „Name" sind in erster Linie die Namen des Betroffenen, mithin **Vor- und Familiennamen** gemeint. Sind diese (noch) nicht bekannt, genügt auch die Angabe von Alias- oder Spitznamen bzw. sonstigen Bezeichnungen und Beschreibungen, die die Person ausreichend individualisieren. 23

Betroffener iSv § 100e Abs. 3 S. 2 Nr. 1 wird regelmäßig der **Beschuldigte,** mithin derjenige sein, gegen den sich die Ermittlungen richten. Betroffener kann indes auch der **aktive oder passive Nachrichtenmittler** bzw. eine Person sein, deren **Anschluss** oder **informationstechnisches System der Beschuldigte nutzt** (§§ 101a Abs. 1 S. 1 iVm 100a Abs. 3). Die Personen dieser Gruppe sind von jenen Personen zu unterscheiden, deren Verkehrsdaten allein deshalb aufgezeichnet werden, weil sie mit den Betroffenen iSv S. 2 Nr. 1 in Kontakt stehen bzw. deren Mobiltelefone in derselben Funkzelle eingeloggt sind/waren wie dasjenige der Zielperson (§ 100g Abs. 3). Jene gehören somit nicht zu den Betroffenen nach § 100e Abs. 3 S. 2 Nr. 1. 24

Die **Anschrift** bzw. der tatsächliche Aufenthalt des Betroffenen ist anzugeben, wenn und soweit diese Daten den Strafverfolgungsbehörden bekannt sind. Ihre Mitteilung dient der weiteren Individualisierung des Betroffenen. 25

bb) Tatvorwurf. Nach § 100e Abs. 3 S. 2 Nr. 2 ist weiter der Tatvorwurf, auf Grund dessen die Maßnahme angeordnet wurde, anzugeben. Das BVerfG hat in seinem Urteil vom 3.3.2004 angemerkt, eine Anordnung zur akustischen Wohnraumüberwachung genüge den aus Art. 13 GG abzuleitenden Anforderungen nur, wenn sie ua Angaben zum Tatvorwurf enthalte.[20] Der Gesetzgeber hat diese Anforderungen nun nicht nur auf die Online-Durchsuchung und die Telekommunikationsüberwachung, sondern auch auf die Verkehrsdatenabfrage übertragen. In Abgrenzung zu § 100e Abs. 4 S. 2 Nr. 1 (der gem. § 101a Abs. 1 S. 1 Var. 3 ebenfalls gilt) und der dort enthaltenen Bestimmung, wonach die Begründung 26

---

19 BT-Drs. 16/5846, 46; siehe auch LG Dortmund 23.2.2016 – 36 Qs 25/15, BeckRS 2016, 117114.
20 BVerfG 3.3.2004 – 1 BvR 2378/98, 1 BvR 1084/99, BeckRS 2004, 21087 Rn. 277.

der Anordnung auch Angaben zu denjenigen „bestimmten Tatsachen" enthalten muss, die den Tatverdacht begründen, ist hier mit dem anzugebenden „Tatvorwurf" die **Bezeichnung des gesetzlichen Tatbestandes** gemeint, der unter Benennung der einschlägigen Norm anzugeben ist. Die konkrete Bezeichnung des Tatbestandes ist im Hinblick auf die Notwendigkeit einer Straftat von „erheblicher Bedeutung" nach § 100g Abs. 1 Nr. 1 und den Straftatenkatalog in § 100g Abs. 2 S. 2 von Bedeutung.

27 **cc) Art, Umfang und Dauer der Maßnahme. (1) Art und Umfang der Verkehrsdatenerhebung, § 100g.** Art und Umfang der einzelnen Daten, welche der nach § 101a Abs. 1 S. 1 Var. 2 iVm § 100a Abs. 4 verpflichtete Telekommunikationsdienstleister den Strafverfolgungsbehörden zu übermitteln hat, werden in § 100g hinsichtlich der Art der Daten auf Verkehrsdaten iSv §§ 9, 12 TTDSG (bis 1. Dezember 2021: § 96 Abs. 1 TKG), § 2a BDBOS (Abs. 1) bzw. iSv § 176 TKG (bis 1. Dezember 2021: § 113b TKG) (Abs. 2) beschränkt. Weiterhin ist – da § 100g Befugnisse für verschiedene Maßnahmen enthält – auch anzugeben, **welche der Maßnahmen nach § 100g Abs. 1–3 angeordnet wird.**[21] Insbesondere muss natürlich angegeben werden, ob Verkehrsdaten, die nach §§ 9, 12 TTDSG (bis 1. Dezember 2021: § 96 Abs. 1 TKG) oder solche, die nach § 176 TKG (bis 1. Dezember 2021: § 113b TKG) gespeichert wurden, erhoben werden sollen.[22] Was den Umfang betrifft, so regelt § 101a Abs. 1 S. 1 Nr. 1, dass in der Entscheidungsformel auch die zu übermittelnden Daten und der Zeitraum, für den sie erhoben werden sollen, eindeutig anzugeben ist. Der Gesetzgeber wollte durch diese Vorschrift der Forderung des BVerfG Rechnung tragen, dass „der Umfang der zu übermittelnden Daten in der Anordnung in einer dem Verhältnismäßigkeitsgrundsatz entsprechenden Weise hinreichend selektiv und für die Diensteanbieter eindeutig" zu beschreiben ist.[23] Bei der Bezeichnung der zu übermittelnden Daten kann sich das Gericht **an den Kategorien in §§ 9, 12 TTDSG (bis 1. Dezember 2021: § 96 Abs. 1 TKG) und § 176 Abs. 2–4 TKG (bis 1. Dezember 2021: § 113b Abs. 2–4 TKG) orientieren.** Das Gericht muss hierbei exakt bezeichnen, welche Arten der dort aufgeführten Daten übermittelt werden müssen.[24] Dabei ist zu beachten, dass sich die Einschränkungen hinsichtlich der zu übermittelnden Datenarten an der Art der Maßnahme und der Prognose hinsichtlich eines verfahrensrelevanten Erkenntnisgewinns orientieren müssen. Bei Nutzung der sog. Stillen SMS (→ § 100i Rn. 28) sind die Daten beispielsweise auf die Standortdaten des Mobiltelefons zu beschränken, weil es hier ausschließlich um eine Standortbestimmung geht. Bei der Bezeichnung des Zeitraums, für den die Daten zu übermitteln sind, ist präzise nach Datum und Uhrzeit der Zeitraum zu umgrenzen, für den die Verkehrsdaten erhoben werden sollen.[25] Diese Regelung gilt für alle Arten der Verkehrsdatenerhebung und somit nunmehr auch für die retrograde Erhebung gespeicherter Verkehrsdaten.[26] Dabei muss die anordnende Stelle Überlegungen dazu anstellen, welche Zeiträume prognostisch verfahrensrelevante Daten enthalten könnten. Eine pauschale Erhebung aller gespeicherten Verkehrsdaten ist damit jedenfalls im Regelfall ausgeschlossen.[27]

28 Weitere Details hinsichtlich der Übermittlung der Verkehrsdaten regelt **§ 32 TKÜV,** welcher mit § 101a Abs. 1 S. 1 Nr. 1 wechselwirkt. Nach § 32 Abs. 1 TKÜV haben die verpflichteten Telekommunikationsanbieter (→ Rn. 10) alle dem Auskunftsverlangen zuzuordnenden Datensätze bereitzustellen, die ihnen zum Zeitpunkt der Auskunftserteilung vorliegen. Datensätze, die erst nach einer technisch bedingten Wartezeit zur Verfügung stehen und einem bereits beauskunfteten Auskunftsverlangen zuzuordnen sind, sind unverzüglich nachträglich zu übermitteln. Die anordnende Stelle kann bereits bei der erstmaligen

[21] Zutreffend Hauck in Löwe/Rosenberg § 101a Rn. 12.
[22] Vgl. AG Dortmund 6.1.2016 – 701 Gs 18/16, juris.
[23] BVerfG 2.3.2010 – 1 BvR 256/08, NJW 2010, 833 Rn. 284.
[24] Beispiel zur Unterscheidung bei einer Funkzellenabfrage bei LG Arnsberg 7.6.2019 – 2 Qs 52/19, juris.
[25] Hauck in Löwe/Rosenberg § 101a Rn. 12.
[26] BT-Drs. 18/5088, 34.
[27] BT-Drs. 18/5088, 34.

Übermittlung des Auskunftsverlangens Anforderungen zur nachträglichen Übermittlung von Datensätzen festlegen. Die berechtigte Stelle kann im Einzelfall auch auf die nachträgliche Übermittlung verzichten. Nach § 32 Abs. 2 TKÜV haben die TK-Anbieter bei einer Erhebung zukünftig anfallender Verkehrsdaten Auskünfte über die der Anordnung zuzuordnenden Datensätze zu erteilen, die ihnen zum Zeitpunkt der Auskunftserteilung vorliegen. Die Häufigkeit und der Zeitabstand der jeweiligen Anforderungen liegen im ausschließlichen Ermessen der berechtigten Stelle. Die Häufigkeit und Zeitabstände kann die anordnende Stelle entweder bereits in der Anordnung selbst festlegen oder später durch einzelne Anforderungen an die TK-Anbieter konkretisieren.

Die Vorschrift des **§ 32 Abs. 2 S. 3 Hs. 1 TKÜV,** wonach im Rahmen von Anordnungen zur Erteilung von Auskünften über zukünftige Verkehrsdaten auch Auskünfte über Verkehrsdaten verlangt werden können, die nach den Vorschriften des Telekommunikationsgesetzes nicht gespeichert, aber im Rahmen des Telekommunikationsvorganges erhoben werden, widerspricht jedoch § 100g, welcher für den Begriff der Verkehrsdaten auf §§ 9, 12 TTDSG (bis 1. Dezember 2021: § 96 Abs. 1 TKG) (§ 100g Abs. 1) und § 176 TKG (bis 1. Dezember 2021: § 113b TKG) (§ 100g Abs. 2) Bezug nimmt. Damit beschränkt sich die Verkehrsdatenerhebung nach § 100g auf die nach §§ 9, 12 TTDSG (bis 1. Dezember 2021: § 96 Abs. 1 TKG) oder § 176 TKG (bis 1. Dezember 2021: § 113b TKG) gespeicherten oder zukünftig zu speichernden Verkehrsdaten. Eine Erweiterung auf anfallende, aber nicht nach diesen Vorschriften zu speichernde Verkehrsdaten in der TKÜV ist auch nicht möglich, weil § 170 Abs. 5 TKG (bis 1. Dezember 2021: § 110 Abs. 2 TKG), welcher die nach Art. 80 Abs. 1 GG erforderliche Rechtsgrundlage für die TKÜV ist, keine Grundlage dafür liefert, die Art der zu erhebenden Verkehrsdaten über die Definition in § 100g hinaus zu erweitern. **Hierfür hätte es vielmehr einer Ergänzung des § 100g selbst durch ein Parlamentsgesetz bedurft.** Die Erhebung von Verkehrsdaten nach § 100g bleibt danach auf solche Verkehrsdaten beschränkt, die nach §§ 9, 12 TTDSG (bis 1. Dezember 2021: § 96 Abs. 1 TKG) gespeichert werden dürfen und solche, die nach § 176 TKG (bis 1. Dezember 2021: § 113b TKG) gespeichert werden müssen. Darüber hinaus anfallende, aber nicht nach diesen Vorschriften gespeicherte bzw. in Zukunft zu speichernde Verkehrsdaten dürfen dagegen nicht erhoben werden (auch nicht nach §§ 161, 163, weil § 100g diesbezüglich abschließend ist und auch ein nicht nur geringfügiger Grundrechtseingriff vorliegt). 29

(2) Dauer der Maßnahme. Gemäß § 100e Abs. 3 S. 2 Nr. 3 ist in der Maßnahmenanordnung auch die „Dauer der Maßnahme unter **Benennung des Endzeitpunktes**" anzugeben. Der zuständige Richter kann die Frist von Rechts wegen nach Stunden, Tagen, Wochen oder – was regelmäßig der Fall ist – Monaten bemessen. Die Fristberechnung selbst erfolgt nach Maßgabe der §§ 42, 43.[28] Auch der Endzeitpunkt muss konkret benannt werden. Dieser lässt sich anhand des fristauslösenden Ereignisses, dem Erlass der Anordnung, und der bestimmten Dauer ohne große Schwierigkeiten berechnen. Dabei gelten folgende Grundsätze: Das die Frist auslösende Ereignis ist die Anordnung selbst, nicht ihr unter Umständen erst Tage oder gar Wochen später erfolgender Vollzug. Der Tag der Anordnung zählt bei der Fristberechnung nicht mit, dh der Fristenlauf beginnt erst am darauffolgenden Tag um 0 Uhr. Die weitere Berechnung der Wochen- oder Monatsfrist erfolgt nach § 43. 30

Auch nach der Verpflichtung zur Benennung des Endzeitpunktes der Maßnahme dürfte die Vorschrift des § 43 Abs. 2 bis auf einen **Ausnahmefall** weiterhin Anwendung finden. Diese Vorschrift sieht vor, dass eine Frist, fiele ihr Ende auf einen Sonntag, allgemeinen Feiertag oder Sonnabend, nicht an diesem Tag, sondern erst mit Ablauf des nächsten Werktages endet. Wird die Maßnahme auf den jeweils längst möglichen Zeitraum von drei Monaten befristet und stellt der Anordnende, der den konkreten Endzeitpunkt der Maßnahme in seine Überlegungen mit einzubeziehen hat, fest, dass das Fristende auf einen von § 43 Abs. 2 erfassten Sonnabend, Sonntag oder allgemeinen Feiertag fiele, muss er die Frist am letzten 31

---

28 Eingehend zur Fristberechnung Günther Kriminalistik 2006, 683.

vorgelagerten Werktag enden lassen. Ansonsten würde er sich – gleichsam „sehenden Auges“ und regelmäßig vermeidbar – über die gesetzgeberische Entscheidung hinwegsetzen, dass eine Maßnahme längstens drei Monate andauern darf. In allen anderen Fällen kann er, § 43 Abs. 2 berücksichtigend, das Fristende auf den nachfolgenden Werktag legen, sofern nur die Höchstfrist von drei Monaten eingehalten wird.

32 Soll eine retrograde, dh eine Verkehrsdatenerhebung hinsichtlich bereits vergangener Telekommunikationsvorgänge erfolgen, so kommt eine Befristung der Maßnahme naturgemäß nicht in Betracht. In diesen Fällen ist daher die Begrenzung hinsichtlich Art und Zeitraum der zu erhebenden Verkehrsdaten nach § 101a Abs. 1 S. 1 Nr. 1 besonders relevant (hierzu → Rn. 27). Die **Befristung der Maßnahme** entfaltet daher ihre eingriffsbegrenzende Wirkung nur bei Verkehrsdatenerhebungen in Echtzeit oder für künftig anfallende Verkehrsdaten.

33 **dd) Art der zu erhebenden Informationen.** Die Anordnung hat sich weiter zur „Art der durch die Maßnahme zu erhebenden Informationen und ihre(r) Bedeutung für das Verfahren“ zu verhalten. Gemeint ist damit nicht die Art im eigentlichen Wortsinn, etwa einer Typisierung der Information oder der Daten (diese steht im Rahmen der Verkehrsdatenerhebung bereits dem Grunde nach fest und ist nach der Spezialnorm des § 101a Abs. 1 S. 1 Nr. 1 noch genauer zu spezifizieren → Rn. 27), sondern **die mutmaßlichen Schlüsse, die sich aus den Verkehrsdaten werden ziehen lassen und deren Bedeutung** im Hinblick auf den gemäß Nr. 2 ebenfalls zu benennenden Tatvorwurf.

34 **ee) Rufnummer oder andere Kennung. (1) Rufnummer.** Bei dem Begriff der „Rufnummer“ handelt es sich um einen rein technischen Terminus, weshalb hier unmittelbar auf die Begriffsbestimmung des § 3 Nr. 49 TKG (bis 1. Dezember 2021: § 3 Nr. 18 TKG) zurückgegriffen werden kann. Danach ist unter der Rufnummer entsprechend dem allgemeinen Sprachgebrauch **eine Nummer des Nummernraums für das öffentliche Telekommunikationsnetz** oder eines Nummernraums für Kurzwahldienste.

35 **(2) Andere Kennung.** Alle übrigen **telekommunikationstechnischen Adressierungen,** die ebenfalls dazu dienen, eine Verbindung zu einem bestimmten Ziel aufzubauen, stellen eine „andere Kennung“ selbst dann dar, wenn es sich bei ihnen, wie bei der Rufnummer, um eine reine Nummernfolge handelt. Unter den Begriff der „anderen Kennung“ fallen ua IMSI, IMEI sowie E-Mail-Adresse als eindeutige Zieladressierung im E-Mail-Verkehr.[29]

36 Bei der **IMSI,** der „International Mobile Subscriber Identity“, handelt es sich um die aus höchstens 15 Ziffern bestehende individuelle Kennung der in das Gerät eingelegten Telefonkarte. Diese Kennung wird weltweit gleich durch welchen der zahlreichen Telekommunikationsdienstleister nur einmal vergeben. Es sind noch keine Fälle bekannt geworden, in denen Telefonkarten manipuliert und dabei mehrere Karten mit derselben IMSI versehen wurden. Bezieht sich die Überwachungsanordnung gemäß §§ 100g, 101a, 100e auf die kartenbezogene Rufnummer oder IMSI, können sich die von der Maßnahme Betroffenen einer Überwachung dadurch entziehen, dass sie in ihr Mobiltelefon eine andere Karte einlegen („Kartenspieler“). Die Betroffenen einer solch kartenbezogenen Überwachung können dieser damit so lange entgehen, bis die Strafverfolgungsbehörden die „Rufnummer“ oder „IMSI“ der neuen Karte ermittelt und für diese erneut einen richterlichen Beschluss und dessen technische Umsetzung durch den Telekommunikationsdienstleister herbeigeführt haben.

37 Um derartigen Überwachungslücken zu begegnen, kann die Verkehrsdatenerhebung auch auf die **IMEI,** die „International Mobile Equipment Identity“ bezogen werden. Diese Mobiltelefon-Kennung besteht ebenso wie die IMSI aus einer mehrstelligen Zahlenkombination, stellt ebenfalls wie die IMSI eine „andere Kennung“ dar und ist als solche in der Überwachungsanordnung anzugeben. Eine IMEI-basierte und damit an die Endgeräteken-

[29] Bruns in KK-StPO § 100e Rn. 14.

nung anknüpfende Verkehrsdatenerhebung ermöglicht indes eine ununterbrochene Telekommunikationsüberwachung auch in den Fällen, in denen die in dem Gerät einliegende Karte und mit dieser die auf die Karte bezogene Rufnummer bzw. IMSI (aus)gewechselt werden. Da in den vergangenen Jahren wiederholt Fälle aufgetreten sind, in denen Endgeräte manipuliert und viele mit derselben IMEI versehen wurden, bestimmt Abs. 3 S. 2 Nr. 5 weiter, dass eine IMEI-bezogene Telekommunikationsüberwachung nur angeordnet werden darf, wenn sich nicht aus „bestimmten Tatsachen" ergibt, dass die betreffende IMEI mehreren Endgeräten zuzuordnen ist. Entgegen der in der Kommentarliteratur vereinzelt vertretenen Auffassung, wonach grundsätzlich vor Antragsstellung eine solche Überprüfung durch eine entsprechende Anfrage beim Telekommunikationsdienstleister durchzuführen sei,[30] bedarf es im Falle des Fehlens konkreter Anhaltspunkte einer solchen Abklärung nicht. Sollte die betreffende IMEI tatsächlich mehrfach vergeben sein, werden dies entweder der verpflichtete Telekommunikationsdienstleister oder aber die berechtigte Stelle, hier die Strafverfolgungsbehörden, augenblicklich feststellen. In diesem Fall ist die Überwachungsmaßnahme unverzüglich auf eine allein dem Betroffenen zuzuordnende Rufnummer oder andere Kennung umzustellen bzw. zu beschränken.

Eine „andere Kennung" im Sinne von Abs. 3 S. 2 Nr. 5 stellen weiter die dem Internet- 38
nutzer fest oder – wie regelmäßig der Fall – lediglich vorübergehend zugewiesene **IP-Adresse**[31] oder die **E-Mail-Adresse** dar. Bei der E-Mail-Adresse handelt es sich, wie bei der Telefon-Rufnummer, um die eindeutige Adresse eines Nutzers von E-Mail-Diensten wie Outlook oder Webmail-Diensten wie web.de. Eine E-Mail-Adresse besteht aus einem vor dem „Klammeraffen" stehenden lokalen Teil (local-part) und einem danach angehängten globalen Teil (domain-part). Der lokale Teil dient der – vielfach anonymen – Bezeichnung des Nutzers, der globale bezeichnet den Host-Namen des E-Mail-Servers, Beispiel: Renate.Mustermann@web.de. Die Verwendung von anderen Bezeichnungen wie der E-Mail-Adresse kommt insbesondere immer dann in Betracht, wenn – mangels Kenntnis – Name und/oder Rufnummer nicht zur Bezeichnung verwendet werden können.

(3) Funkzellenabfragen. § 101a Abs. 1 S. 3 bestimmt, dass bei Funkzellenabfragen[32] 39
nach § 100g Abs. 3 anstelle der (dabei naturgegeben nicht möglichen bzw. nicht zielführenden) Angabe von Rufnummer oder anderer Kennung, **eine räumlich und zeitlich eng begrenzte und hinreichend bestimmte Bezeichnung der Telekommunikation anzugeben ist.** Die Regelung dient der Sicherstellung der Verhältnismäßigkeit des mit einer sehr großen Streubreite ausgestatteten Grundrechtseingriff nach § 100g Abs. 3 (→ § 100g Rn. 83 ff.). Wie eng die Grenzen im Einzelfall zu ziehen sind, hängt daher von der Schwere der verfolgten Straftat und der Qualität des bestehenden Tatverdachts einerseits und der zu erwartenden Zahl an betroffenen Personen andererseits ab.[33] Bzgl. der räumlichen Begrenzung empfiehlt Hauck zu Recht eine geografische Bezeichnung der Standorte der Funkzellen.[34] Die zeitliche Begrenzung hat anhand genauer Datums- und Uhrzeitangaben (von…bis) zu erfolgen.[35]

Die räumliche Lokalisierung des Ortes der Telekommunikation ist aufgrund der vielfach 40
verhältnismäßig genauen Kenntnis der Strafverfolgungsbehörden über den Ereignis- bzw. Tatort meist recht präzise möglich. Dies bedeutet hingegen nicht, dass damit auch sicher die diesen Ort zum Ereigniszeitpunkt versorgende Funkzelle feststeht. Dieselben geographischen Punkte werden vielfach nicht nur von verschiedenen Mobilfunknetzen versorgt, auch innerhalb desselben Netzes eines bestimmten Mobilfunkbetreibers kann es zu „Überlagerungen" kommen. So werden viele geographische Punkte von mehreren Funkzellen dessel-

[30] So wohl Köhler in Meyer-Goßner/Schmitt § 100e Rn. 14.
[31] Vgl. Bär HdB EDV-Beweissicherung S. 217.
[32] Zu den kriminalistischen Möglichkeiten vgl. Rauschenberger Kriminalistik 2009, 273.
[33] Ähnlich Hauck in Löwe/Rosenberg § 101a Rn. 13; siehe auch BT-Drs. 14/7258, 4, 5.
[34] Hauck in Löwe/Rosenberg § 101a Rn. 13; beispielhafter Beschluss bei LG Dortmund 23.2.2016 – 36 Qs-121 UJs 60/16-25/16, juris; sowie LG Dortmund 23.22016 – 36 Qs 25/15, BeckRS 2016, 117114.
[35] Vgl. LG Arnsberg 29.4.2019 – 2 Qs – 410 UJs 254/19 – 43/19, BeckRS 2019, 8528.

ben Betreibers abgedeckt, um etwa Belastungsspitzen einzelner Funkzellen ausgleichen zu können. Auch kann sich der Versorgungsbereich einer bestimmten Funkzelle wetterbedingt oder aufgrund topografischer bzw. baulicher Maßnahmen verändern. Aus diesem Grunde empfiehlt es sich vielfach, zur genauen Eingrenzung des Versorgungsbereichs einer Funkzelle diese zu vermessen, mithin eine so genannte. **„Funkzellenvermessung"** durchzuführen. Ähnlich verhält es sich mit der Ereignis- bzw. Tatzeit. Sie kann zur Zeit der Antragstellung häufig nur ungenau bestimmt werden. Entsprechend groß ist das Zeitfenster, innerhalb dessen sich die Tat ereignet haben kann. Um zu vermeiden, dass unbeteiligte Dritte in größerer Zahl betroffen werden, ist das Zeitfenster so klein wie möglich zu fassen. Hinzukommt, dass sich die Größen von Funkzellen je nach Datenverkehrsauslastung verändern können.[36]

IV. Begründung der Entscheidung (Abs. 2, Abs. 1 S. 1 Var. 2 iVm § 100e Abs. 4 S. 1, S. 2 Nr. 1 und Nr. 2)

41 § 101a Abs. 2 und § 101a Abs. 1 S. 1 Var. 3 iVm § 100e Abs. 4 S. 1, S. 2 Nr. 1 und Nr. 2 statuieren besondere – über die allgemeine Pflicht aus § 34 hinausgehende – **Begründungspflichten** für die anordnende Stelle. § 101a Abs. 2 stellt dabei die speziellere Regelung im Vergleich zu § 100e Abs. 4 S. 2 Nr. 2 dar, sodass im Ergebnis über den Verweis in § 101a Abs. 1 S. 1 Var. 3 nur § 100e Abs. 4 S. 1, S. 2 Nr. 1 zur Anwendung kommt. Auch diese regulatorische Gemengelage ist ein Beispiel für die handwerklich misslungene Verweisungstechnik in § 101a.

42 Nach Abs. 1 S. 1 Var. 3 iVm § 100e Abs. 4 S. 1 ist es zunächst erforderlich, das **Bestehen der Voraussetzungen für eine Maßnahme nach § 100g darzulegen.** Dies erfasst nach § 100e Abs. 4 S. 2 Nr. 1 zunächst die bestimmten Tatsachen, die den Tatverdacht begründen. Dabei ist auch die Beweislage zum Anordnungszeitpunkt darzustellen, ggf. unter konkreter Bezugnahme auf Akteneile.[37] Hierzu gehört bei Maßnahmen nach § 100g Abs. 2, Abs. 1 S. 3 und Abs. 3 S. 2 die Darlegung des Tatverdachts bezüglich einer Katalogtat nach Abs. 2, bei Maßnahmen nach § 100g Abs. 1 S. 1 Nr. 1 des Tatverdachts bezüglich einer Straftat von erheblicher Bedeutung und im Fall des § 100g Abs. 1 S. 1 Nr. 2 des Tatverdachts bezüglich einer mittels Telekommunikation begangenen Straftat.[38] Zu den darzulegenden Voraussetzungen zählt auch als negative Voraussetzung, dass die Maßnahme entsprechend § 100g Abs. 5 S. 1 keine Erkenntnisse bringen wird, über welche ein dort genannter Berufsgeheimnisträger das Zeugnis verweigern dürfte.

43 Gem. Abs. 2 sind für Maßnahmen nach § 100g in der Begründung der Anordnung oder Verlängerung einzelfallbezogen insbesondere die **wesentlichen Erwägungen zur Erforderlichkeit und Angemessenheit der Maßnahme,** auch hinsichtlich des Umfangs der zu erhebenden Daten und des Zeitraums, für den sie erhoben werden sollen, darzulegen. Die anordnende Stelle muss also ihre Erwägungen zur Verhältnismäßigkeit der Maßnahme transparent niederlegen. In die vorzunehmende Abwägung fließen auf Seiten des staatlichen Strafverfolgungsanspruch die Schwere der zu verfolgenden Straftat, die Qualität des Tatverdachts und die Prognose hinsichtlich zu erlangender verfahrensrelevanter Informationen ein (zu den Kriterien hinsichtlich der Schwere der Straftat → § 100a Rn. 180 ff. und zur Bestimmung der Qualität des Tatverdachts → § 100a Rn. 151 ff.). Auf der Seite der hiergegen abzuwägenden Intensität des Grundrechtseingriffs sind (neben den in → § 100a Rn. 182 f. genannten Kriterien) insbesondere Menge und Art der erhobenen Verkehrsdaten und die aus diesen Daten zu generierenden Informationen, die Streubreite der Maßnahme (insbesondere bei der Funkzellenabfrage) und die Frage zu berücksichtigen, ob die Verkehrsdatenabfrage offen (wie der Gesetzgeber es als Regelfall vorgesehen hat, hierzu aber → Rn. 4) oder heimlich (wie in der Regel in der Rechtspraxis zu Beginn des Ermittlungs-

[36] LG Dortmund 23.2.2016 – 36 Qs-121 UJs 60/16-25/16, juris; LG Dortmund 23.2.2016 – 36 Qs 25/15, BeckRS 2016, 117114.

[37] Köhler in Meyer-Goßner/Schmitt § 101a Rn. 11.

[38] Vgl. Köhler in Meyer-Goßner/Schmitt § 101a Rn. 11.

verfahrens) erfolgt. Bei Standortdaten ist im Besonderen zu prüfen, ob sich die Erhebung auf einige wenige Standortdaten unter ermittlungstaktischen Gesichtspunkten beschränken lässt, um die Erstellung von Bewegungsprofilen zu vermeiden, sofern diese nicht unbedingt zur Sachverhaltsaufklärung oder Aufenthaltsbestimmung erforderlich sind.[39]

V. Beendigung der Maßnahme

Liegen die Voraussetzungen für die Erhebung der Verkehrsdaten nicht mehr vor, so sind die aufgrund der Anordnung ergriffenen Maßnahmen gemäß § 101a Abs. 1 S. 1 Var. 3 iVm § 100e Abs. 5 S. 1 **unverzüglich** zu beenden. Die Regelung gilt für die retrograde Erhebung wie für die Erhebung zukünftiger Verkehrsdaten gleichermaßen. Im erstgenannten Fall ist der verpflichtete Telekommunikationsdienstleister darüber zu unterrichten, dass er die erbetene Auskunft nicht mehr bzw. nicht weiter zu erteilen hat, im zweitgenannten Fall ist diesem aufzugeben, die weitere Ausleitung der Daten einzustellen. 44

Durch den Verweis in § 101a Abs. 1 S. 1 Var. 3 auf § 100e Abs. 5 S. 2 ist nunmehr auch für Maßnahmen nach § 100g vorgesehen, dass das **anordnende Gericht** (welches auch dasjenige sein kann, dass die staatsanwaltschaftliche Eilanordnung bestätigt hat) nach Beendigung der Maßnahme **über deren Ergebnisse zu unterrichten ist.** Keine Geltung beanspruchen dagegen die Spezialregelungen in § 100e Abs. 5 S. 3–5. Der umfassende Verweis auf § 100e Abs. 5 ist insofern ein (weiteres) **redaktionelles Versehen.** Vor der Zusammenfassung der Verfahrensregeln für die §§ 100a–100c in § 100e enthielt § 101a ausschließlich Verweisungen auf die Verfahrensregeln für die Telekommunikationsüberwachung in § 100b aF. Hieran sollte sich ausweislich der Gesetzesbegründung zur Änderung der Verweisung in § 101a nF („redaktionelle Änderungen") nichts ändern.[40] 45

VI. Kennzeichnungs- und Löschungspflichten (Abs. 3)

Abs. 3 schreibt zahlreiche Pflichten für den **Umgang mit den erhobenen Verkehrsdaten** vor. Diese müssen als aus Maßnahmen nach § 100g stammende Daten nach S. 1 Var. 1 gekennzeichnet werden, wobei nach S. 2 auch eine Kennzeichnung dahingehend erforderlich ist, ob es sich um nach § 176 TKG (bis 1. Dezember 2021: § 113b TKG) pflichtmäßig gespeicherte Verkehrsdaten handelt. S. 3 erstreckt die Pflicht zur Erhaltung dieser Kennzeichnung auch auf jede Stelle, welcher die Daten übermittelt wurden. Für Löschungspflichten verweist S. 4 auf § 101 Abs. 8. Schließlich schreibt S. 1 Var. 2 eine „unverzügliche" Auswertung der erhobenen Verkehrsdaten vor. 46

1. Kennzeichnungsflicht. Gem. S. 1 sind alle aus einer Maßnahme nach § 100g erlangten personenbezogenen Daten zu kennzeichnen. **Personenbezogene Daten** sind nach der nunmehr für die gültigen Legaldefinition in **§ 500 Abs. 1 iVm § 46 Nr. 1 BDSG** „alle Informationen, die sich auf eine identifizierte oder identifizierbare natürliche Person (betroffene Person) beziehen; als identifizierbar wird eine natürliche Person angesehen, die direkt oder indirekt, insbesondere mittels Zuordnung zu einer Kennung wie einem Namen, zu einer Kennnummer, zu Standortdaten, zu einer Online-Kennung oder zu einem oder mehreren besonderen Merkmalen, die Ausdruck der physischen, physiologischen, genetischen, psychischen, wirtschaftlichen, kulturellen oder sozialen Identität dieser Person sind, identifiziert werden kann". Die Kennzeichnungspflicht dient zur Identifizierung der nach § 100g erlangten Daten in anderen Strafverfahren oder zur Gefahrenabwehr, da nach dem **§ 479 Abs. 2 S. 1 StPO** zugrundliegenden Gedanken des **rechtmäßig hypothetischen Ersatzeingriffs,** die Daten aus Maßnahmen nach § 100g nur zur Verfolgung solcher Straftaten in anderen Verfahren verwendet werden dürfen, für welche eine Maßnahme nach § 100g auch dort hätte angeordnet werden dürfen. Da für verschiedene Maßnahmen nach § 100g verschiedene Voraussetzungen hinsichtlich der Anlasstat erfüllt sein müssen (→ § 100g 47

[39] BT-Drs. 18/5088, 35; Bär in BeckOK StPO § 101a Rn. 27; Köhler in Meyer-Goßner/Schmitt § 101a Rn. 13; Hauck in Löwe/Rosenberg § 101a Rn. 17.

[40] BT-Drs. 18/12785, 58.

Rn. 54 ff.), ist die Kennzeichnungspflicht so auszulegen, dass die exakte Maßnahme nach § 100g (Abs. 1 S. 1 Nr. 1 oder Nr. 2, Abs. 1 S. 4 iVm S. 1 Nr. 1, Abs. 2, Abs. 1 S. 3 iVm Abs. 2, Abs. 3 S. 1 iVm Abs. 1 S. 1 Nr. 1, Abs. 3 S. 2 iVm Abs. 2) in die Kennzeichnung mit aufzunehmen ist.[41] Andernfalls kann die Kennzeichnung ihren Zweck nicht erfüllen.

48 Eine **spezielle Kennzeichnung** hat nach S. 2 für solche Verkehrsdaten zu erfolgen, die nach **§ 176 TKG (bis 1. Dezember 2021: § 113b TKG)** pflichtmäßig gespeichert wurden. Dies war aus Sicht des Gesetzgebers notwendig, „um die enge Zweckbindung, die für diese Daten gilt, umfassend gewährleisten zu können und dafür sorgen zu können, dass die Verwendung ausschließlich für die Wahrnehmung der Aufgaben erfolgt, derentwegen ein Zugriff auf diese Daten auch unmittelbar zulässig wäre."[42] Insofern flankiert die spezielle Kennzeichnungsregel auch die Zweckbeschränkungsregel in Abs. 4. Sowohl die allgemeine als auch die spezielle Kennzeichnung muss durch dritte Stellen, denen die erhobenen Verkehrsdaten übermittelt wurden, aufrechterhalten werden (S. 3).

49 **2. Löschungspflicht/Einschränkung der Verarbeitung.** S. 4 verweist für die Löschung der Daten auf die Vorschrift in § 101 Abs. 8. Dementsprechend kann auf die **Kommentierung in → § 101 Rn. 117 ff.** verwiesen werden. Der Verweis umfasst entgegen des missverständlichen Wortlauts („für die *Löschung* personenbezogener Daten gilt § 101 Abs. 8") auch die Regelungen in § 101 Abs. 8 S. 3 zur Einschränkung der Verarbeitung, wenn die Daten noch für eine gerichtliche Überprüfung der Rechtmäßigkeit der Maßnahmen benötigt werden.[43] Denn durch den Verweis in Abs. 6 S. 2 auf § 101 Abs. 7 gelten für Maßnahmen nach § 100g dieselben Rechtsschutzmöglichkeiten wie für die Maßnahmen, die in § 101 Abs. 1 genannt sind. Deshalb gibt es auch keinen sachlichen Grund, die Vorschriften zur weiteren Aufbewahrung mit Einschränkung der Verarbeitung nicht auch im Rahmen von § 101a anzuwenden.

50 **3. Pflicht zur unverzüglichen Auswertung.** Um eine schnellstmögliche Löschung der Verkehrsdaten zu ermöglichen und dadurch eine Perpetuierung des Grundrechtseingriffs durch eine langandauernde Speicherung zu verhindern,[44] schreibt S. 1 Var. 2 eine unverzügliche Auswertung der Daten vor. Werden die Verkehrsdaten ggf. für eine spätere Beweisführung im Hauptverfahren oder die Überprüfung der Rechtmäßigkeit der Maßnahme benötigt, dürfen sie freilich auch nach der Auswertung gespeichert bleiben. Die frühe Auswertung führt jedoch dann zumindest dazu, dass so bald wie möglich die (offensichtlich) nicht für das Verfahren relevanten Daten ausgesondert und gelöscht werden können. Gleichsam können durch eine frühe Auswertung auch **Kernbereichsdaten** (bei Verkehrsdaten eher selten, nicht jedoch ausgeschlossen, → § 100g Rn. 6, bei Nutzungsdaten nach § 100k jedenfalls häufiger der Fall, siehe hierzu noch unten → Rn. 113) gelöscht oder Maßnahmen zum Schutz von **besonderen Kategorien personenbezogener Daten iSv §§ 48, 46 Nr. 14 BDSG (iVm § 500 Abs. 1)** getroffen werden. Das Erfordernis einer unverzüglichen Auswertung von Daten trägt dem Verhältnismäßigkeitsprinzip Rechnung und gilt von Verfassungs wegen auch für andere Ermittlungsmaßnahmen, bei denen dies (noch) nicht explizit angeordnet ist.

VII. Verwertbarkeit von nach § 100g erlangten Daten, insbesondere Regeln zur Weiterleitung dieser Daten (Abs. 4 / § 479 Abs. 2, Abs. 3)

51 **1. Erkenntnisse zur Anlasstat.** Personenbezogene Daten, die sich auf diejenige Tat beziehen, zu deren Aufklärung die Maßnahme angeordnet wurde, unterliegen hinsichtlich ihrer **Verwertbarkeit keinerlei Beschränkungen.** Dies gilt selbst dann, wenn die Qualität der Anlasstat als Straftat von erheblicher Bedeutung (Abs. 1) bzw. als besonders schwere

---

[41] Im Ergebnis wie hier Hauck in Löwe/Rosenberg § 101a Rn. 30.
[42] BT-Drs. 18/5088, 35.
[43] So wohl auch Hauck in Löwe/Rosenberg § 101a Rn. 35; ebenso Bär in KMR-StPO § 101a Rn. 21 allerdings ohne Problematisierung des Wortlauts.
[44] BT-Drs. 18/5088, 35.

Straftat (Abs. 2) im Verlauf der Ermittlungen entfallen sollte (vgl. zu dieser Problematik → § 100a Rn. 318). Gleiches gilt, wenn sich (was in der Praxis allerdings selten der Fall sein dürfte) herausstellt, dass die Tat nicht „mittels Telekommunikation" begangen wurde.

2. Erkenntnisse zu einer anderen Tat (§ 101a Abs. 4 S. 1 Nr. 1/§ 479 Abs. 2 S. 1). a) Maßnahmen nach § 100g Abs. 1 S. 1, S. 2, S. 4, Abs. 3 S. 1. Die durch Maßnahmen nach § 100g Abs. 1 S. 1, S. 2, S. 4, Abs. 3 S. 1 erlangten personenbezogenen Daten dürfen ohne Einwilligung der von der Maßnahme betroffenen Personen gemäß § 479 Abs. 2 S. 1 iVm § 161 Abs. 3 hinsichtlich anderer strafprozessualer Taten (iSv § 264) verwendet werden, wenn auch hinsichtlich dieser anderen Taten Maßnahmen nach § 100g Abs. 1 S. 1, S. 2, S. 4, Abs. 3 S. 1 hätten angeordnet werden dürfen. Der Regelung des § 479 Abs. 2 S. 1 iVm § 161 Abs. 3 liegt damit der Gedanke des **hypothetischen Ersatzeingriffs** zu Grunde. Handelt es sich bei der anderen Straftat nicht um eine taugliche Anlasstat nach § 100g Abs. 1 S. 1, S. 2, S. 4, Abs. 3 S. 1 oder liegen die sonstigen materiellen Anordnungsvoraussetzungen für eine (hypothetische) Maßnahme nach § 100g Abs. 1 S. 1, S. 2, S. 4, Abs. 3 S. 1 im Zeitpunkt der Verwertung der Daten in dem anderen Strafverfahren nicht vor (hierzu → § 100a Rn. 320),[45] so dürfen die personenbezogenen Daten **entgegen der hM[46] weder zu Beweiszwecken noch als sog. Spurenansatz verwendet werden**. Der anderslautende Wortlaut von § 161 Abs. 3 verstößt gegen die Verfassung (→ § 100a Rn. 321). § 163 Abs. 3 und damit § 479 Abs. 2 S. 1 sind dementsprechend verfassungskonform dahingehend auszulegen, dass insgesamt für die Verwertbarkeit (also auch als Spurenansatz) das Vorliegen einer tauglichen Anlasstat und aller sonstigen materiellen Anordnungsvoraussetzungen der Maßnahme notwendig ist (→ § 100a Rn. 320). Nach zutreffender Auffassung des KG erfasst der Begriff der „bestimmten Straftaten" in § 479 Abs. 2 S. 1 nicht nur enumerativ aufgezählte „Katalogtaten" (wie bei § 100a Abs. 2), sondern auch generalklauselartig umschriebene Delikte, die eine besondere Qualität aufweisen. Für die Straftaten von „erheblicher Bedeutung" hat das KG dies explizit entschieden.[47] Diese Auffassung ist jedoch auch auf die Straftaten, die mittels Telekommunikation begangen werden (§ 100g Abs. 1 S. 1 Nr. 2), zu erstrecken. Dies gebietet der Gedanke der hypothetisch rechtmäßigen Ersatzerhebung. Da es sich bei der Zweckänderung der Daten zur Verwendung zur Verfolgung der anderen Straftat um einen eigenständigen Grundrechtseingriff handelt, kann dieser nur gerechtfertigt werden, wenn zum Zeitpunkt der Umwidmung alle Voraussetzungen einer gesetzlichen Eingriffsgrundlage vorliegen (hierzu vertiefend → § 100a Rn. 320). Hierzu gehört auch jede Eingrenzung hinsichtlich der Straftaten, wegen welcher die Maßnahme hätte angeordnet werden dürfen.[48] 52

Die **Rechtmäßigkeit** der ursprünglichen Datenerhebung ist dagegen nicht – auch nicht im Hinblick auf § 49 S. 1 BDSG (iVm § 500 Abs. 1) – erforderlich, jedoch im Rahmen der Verhältnismäßigkeit als intensitätsbestimmender Faktor zu berücksichtigen (→ § 100a Rn. 329). 53

Zur Frage, wie mit der Verwertung von Daten umzugehen ist, bei denen die **genauen Umstände der ursprünglichen Datenerhebung nicht bekannt** (zB bei der Erhebung von Daten durch ausländische Behörden) sind, siehe detailliert → § 100e Rn. 93a. 54

b) Maßnahmen nach § 100g Abs. 1 S. 3, Abs. 2, Abs. 3 S. 2. Für Maßnahmen nach § 100g Abs. 1 S. 3 (iVm Abs. 2), Abs. 3, Abs. 3 S. 2 (iVm Abs. 2), also für alle Maßnahmen, welche nach § 176 TKG (bis 1. Dezember 2021: § 113b TKG) gespeicherte Verkehrsdaten betreffen, hat der Gesetzgeber in § 101a Abs. 4 S. 1 Nr. 1 eine spezielle Verwendungsregel geschaffen, **welche der allgemeinen Verwendungsregel nach § 479 Abs. 2 S. 1** 55

[45] BGH 26.4.2017 – 2 StR 247/16, NJW 2017, 3173 (3177); 15.11.2017 – 2 StR 128/17, NStZ 2018, 296; Köhler in Meyer-Goßner/Schmitt § 101a Rn. 24; Bär in KMR-StPO § 101a Rn. 23.

[46] Vgl. BT-Drs. 16/5846, 64; Köhler in Meyer-Goßner/Schmitt § 479 Rn. 4; Wittig in BeckOK StPO § 479 Rn. 5a; wie hier Singelstein ZStW 120, 853 (887) allerdings noch zur alten Rechtslage.

[47] KG 20.12.2018 – 3 Ws 309/18, NStZ 2019, 429.

[48] Siehe hierzu auch Singelnstein ZStW 120 (2008), 854 (878).

vorgeht.[49] Die Norm galt bereits vor Inkrafttreten des StPO-Modernisierungsgesetzes über ihren Wortlaut hinaus **auch für Maßnahmen nach § 100g Abs. 1 S. 3,** da dieser seinerseits auf die Voraussetzungen von § 100g Abs. 2 verweist und auch die Norm des § 479 Abs. 3 S. 1 Nr. 3 (Fassung bis 1. Juli 2021) zeigt, dass der Gesetzgeber diese Maßnahmen mit den anderen genannten Maßnahmen gleichbehandeln wollte. Die Nichtaufnahme in § 101a Abs. 4 Nr. 1 dürfte daher auf einem Redaktionsversehen beruht haben.[50] Mit dem-Fortentwicklungsgesetz vom 25. Juni 2021[51] (inkraftgetreten am 1. Juli 2021) wurde das Redaktionsversehen auf Vorschlag des Rechtsausschusses des Bundestags[52] nun auch korrigiert. Jetzt verweist § 101a Abs. 4 S. 1 Nr. 1 auch explizit auf § 100g Abs. 1 S. 3. Hiernach dürfen verwertbare personenbezogene Daten aus solchen Maßnahmen ohne Einwilligung der an der betroffenen Telekommunikation Beteiligten in anderen Strafverfahren nur zur Aufklärung einer Straftat, auf Grund derer eine Maßnahme nach § 100g Abs. 2, auch in Verbindung mit § 100g Abs. 1 S. 3 oder Abs. 3 S. 2, hätte angeordnet werden können, oder zur Ermittlung des Aufenthalts der einer solchen Straftat verdächtigen Person verwendet werden. Auch hier gilt also das Prinzip des hypothetisch rechtmäßigen Ersatzeingriffs, dh es müssen im Zeitpunkt der Datenverwertung in dem anderen Strafverfahren hypothetisch die materiellen Anordnungsvoraussetzungen für eine Maßnahme nach § 100g Abs. 1 S. 3, Abs. 2 oder Abs. 3 S. 2 vorliegen (detaillierte Begründung bei → § 100a Rn. 320).[53] Bei dieser Verwendungsregel ist auch nach hM die Verwendung insgesamt auf taugliche Anlasstaten beschränkt. Somit sind die betroffenen Daten bei der Verfolgung anderer Straftaten bei Nichtvorliegen einer tauglichen Anlasstat oder Nichtvorliegen sonstiger materieller Anordnungsvoraussetzungen auch nicht als Spurenansatz verwendbar, da in dieser Norm der Terminus „zu Beweiszwecken" fehlt.[54] Wie sich aus der Norm außerdem ergibt, ist eine Verwendung mit Einwilligung nur möglich, wenn alle an der betroffenen Kommunikation Beteiligten in die Verwendung eingewilligt haben. Für eine solche Einwilligung gelten außerdem die Voraussetzungen des § 51 BDSG iVm § 500 Abs. 1.[55]

56 Der Begriff der **„verwertbaren" Daten** bedeutet, dass etwaige Verwertungsverbote, die sich im Ausgangsverfahren (zB nach der Abwägungslehre der Rspr.) ergeben haben, auch einer Verwertbarkeit in dem anderen Strafverfahren entgegenstehen.[56] Die **Rechtmäßigkeit** der ursprünglichen Datenerhebung ist dagegen nicht – auch nicht im Hinblick auf § 49 S. 1 BDSG iVm § 500 Abs. 1 – erforderlich, jedoch im Rahmen der Verhältnismäßigkeit als gewichtiger intensitätsbestimmender Faktor zu berücksichtigen (→ § 100a Rn. 329).

57 Zur Frage, wie mit der Verwertung von Daten umzugehen ist, bei denen die **genauen Umstände der ursprünglichen Datenerhebung nicht bekannt** (zB bei der Erhebung von Daten durch ausländische Behörden) sind, siehe detailliert → § 100e Rn. 93a.

58 **3. Verwendung der Erkenntnisse zur Gefahrenabwehr. a) Maßnahmen nach § 100g Abs. 1 S. 1, S. 2, S. 4, Abs. 3 S. 1.** Aus strafprozessualen Maßnahmen nach § 100g Abs. 1 S. 1, S. 2, S. 4, Abs. 3 S. 1 erlangte personenbezogene Daten dürfen ohne Einwilligung der von der Maßnahme betroffenen Personen nach **§ 479 Abs. 2 S. 2 StPO** nur wie folgt verwendet werden: zu Zwecken der Gefahrenabwehr, soweit sie dafür durch eine entsprechende Maßnahme nach den für die zuständige Stelle geltenden Gesetzen erhoben werden könnten (Nr. 1, Gedanke des rechtmäßig hypothetischen Ersatzeingriffs); zur Abwehr einer Gefahr für Leib, Leben oder Freiheit einer Person oder für die Sicherheit oder den Bestand des Bundes oder eines Landes oder für bedeutende Vermögenswerte,

[49] Köhler in Meyer-Goßner/Schmitt § 101a Rn. 26.
[50] Zum Ganzen Köhler in Meyer-Goßner/Schmitt, 64. Aufl. 2021, § 101a Rn. 27.
[51] BGBl. 2021 I 2099.
[52] BT-Drs. 19/30517, 3.
[53] BGH 26.4.2017 – 2 StR 247/16, NJW 2017, 3173 (3177); 15.11.2017 – 2 StR 128/17, NStZ 2018, 296; Köhler in Meyer-Goßner/Schmitt § 101a Rn. 27; Bär in KMR-StPO § 101a Rn. 23.
[54] Köhler in Meyer-Goßner/Schmitt § 101a Rn. 27.
[55] Siehe hierzu Singelnstein NStZ 2020, 639.
[56] Bär in KMR-StPO § 101a Rn. 22.

wenn sich aus den Daten im Einzelfall jeweils konkrete Ansätze zur Abwehr einer solchen Gefahr erkennen lassen (Nr. 2); für Zwecke, für die eine Übermittlung nach § 18 des Bundesverfassungsschutzgesetzes zulässig ist (Nr. 3). Der Begriff der „verwertbaren" Daten bedeutet, dass etwaige Verwertungsverbote, die sich im Ausgangsverfahren (zB nach der Abwägungslehre der Rspr.) ergeben haben, auch einer Verwertbarkeit zur Gefahrenabwehr entgegenstehen.[57] Die Rechtmäßigkeit der ursprünglichen Datenerhebung ist nur dann Voraussetzung für die Verwendbarkeit der Daten zur Gefahrenabwehr, wenn dies durch das jeweilige Gefahrenabwehrrecht selbst vorausgesetzt wird, § 49 S. 1 BDSG iVm § 500 Abs. 1 macht dies nicht zur Voraussetzung (→ § 100a Rn. 327).

b) Maßnahmen nach § 100g Abs. 1 S. 3, Abs. 2, Abs. 3 S. 2. Verwertbare 59 (→ Rn. 56) personenbezogene Daten aus Maßnahmen nach **§ 100g Abs. 1 S. 3, Abs. 2, Abs. 3 S. 2 StPO** dürfen nach den insoweit gleichlautenden Vorschriften der **§ 101a Abs. 4 S. 1 Nr. 2 und § 479 Abs. 3 S. 1 Nr. 3 (Fassung bis 1. Juli 2021)** zu Zwecken der Abwehr von konkreten Gefahren für Leib, Leben oder Freiheit einer Person oder für den Bestand des Bundes oder eines Landes verwendet werden. Auch nach der zum 1. Juli 2021 durch das StPO-Fortentwicklungsgesetz[58] erfolgten Streichung des § 479 Abs. 3 gilt dies weiterhin für Maßnahmen nach § 100g Abs. 1 S. 3. Deren bisherige Nichtnennung in § 101a Abs. 4 S. 1 Nr. 2 beruhte auf einem redaktionellen Versehen (→ Rn. 55). Dieses Versehen wurde durch das StPO-Fortentwicklungsgesetz korrigiert (siehe oben → Rn. 55). Der Verweis auf § 177 Abs. 1 Nr. 2 TKG (bis 1. Dezember 2021: § 113c Abs. 1 Nr. 2 TKG) ist lediglich ein deklaratorischer Hinweis auf die entsprechende Zweckbindungsnorm aus dem TKG. Die Rechtmäßigkeit der ursprünglichen Datenerhebung ist nur dann Voraussetzung für die Verwendbarkeit der Daten zur Gefahrenabwehr, wenn dies durch das jeweilige Gefahrenabwehrrecht selbst vorausgesetzt wird. § 49 S. 1 BDSG iVm § 500 Abs. 1 macht dies nicht zur Voraussetzung (→ § 100a Rn. 327).

c) Dokumentation der Weiterleitung, Löschungspflichten und Einschränkung der Verarbeitung. 60 § 101a Abs. 4 S. 2–5 enthalten spezielle Dokumentations- und Löschungspflichten bei einer Weiterleitung von personenbezogenen Daten aus Maßnahmen nach § 100g Abs. 1 S. 3, Abs. 2, Abs. 3 S. 2. Die Stelle, welche die personenbezogenen Daten an eine andere Stelle zu Zwecken der Gefahrabwehr weiterleitet, muss sowohl den Akt der Weiterleitung als auch die Zwecke der Weiterleitung **aktenkundig** machen. Dies dient sowohl der Transparenz der Weiterleitung von Daten aus dem Zuständigkeitsbereich der Strafverfolgungsbehörden heraus als auch der **Überprüfbarkeit der Zweckbindungsregelungen.** Bezüglich der Löschungs- und Dokumentationspflichten hinsichtlich der Löschung entspricht § 101a Abs. 4 S. 3–5 den Regelungen in § 100e Abs. 6 Nr. 2 S. 3–5 und (bis zu deren Streichung durch das StPO-Fortentwicklungsgesetz zum 1. Juli 2021) in § 479 Abs. 3 S. 2–4 (Fassung bis 1. Juli 2021). Die Begriffe der „Einschränkung" und „Sperrung" dürften insoweit denselben Inhalt haben. § 101a Abs. 4 S. 3 bestimmt, dass die zur Gefahrenabwehr bzw. zur Überprüfung damit zusammenhängender Rechtsfragen nicht mehr benötigten Daten unverzüglich, mithin nach der subjektiv erforderlichen Vorbereitungszeit, zu löschen sind. Dies ist nach § 101a Abs. 4 S. 4 aktenkundig zu machen. § 101a Abs. 4 S. 5 legt schließlich fest, dass diejenigen Daten nicht für andere Zwecke verwendet werden dürfen, deren Löschung lediglich für eine etwaige vorgerichtliche oder gerichtliche Überprüfung zurückgestellt worden war und, dass die Daten für eine andere Verwendung zu sperren sind (die Sperrung entspricht dabei in der Praxis der „Einschränkung der Verarbeitung" iSv § 479 Abs. 3 S. 4 in der Fassung bis 1. Juli 2021).

4. Altfälle: Verwertung von Vorratsdaten zu Beweiszwecken nach Erklärung der Verfassungswidrigkeit der §§ 113a, 113b TKG aF. 61 Siehe zur Verwertung von Verkehrsvorratsdaten, welche nach den 2010 für verfassungswidrig erklärten §§ 113a, 113b

[57] Bär in KMR-StPO § 101a Rn. 22.
[58] BGBl. 2021 I 2099.

TKG aF gespeichert wurden und aufgrund von ermittlungsrichterlichen Beschlüssen vor der Entscheidung des BVerfG in der Hauptsache erhoben wurden Günther → **1. Aufl. § 100g Rn. 53 ff.** Angesichts des langen Zeitablaufs dürften diese Fälle heute keine oder nur noch eine sehr geringe praktische Bedeutung haben.

VIII. Verwertbarkeit polizeirechtlich erlangter Verkehrsdaten (Abs. 5)

62 **1. Nach § 176 TKG gespeicherte Verkehrsdaten, die durch eine polizeirechtliche Maßnahme erlangt wurden.** Für die Verwendung von nach § 176 TKG (bis 1. Dezember 2021: § 113b TKG) pflichtmäßig gespeicherten personenbezogenen Verkehrsdaten, die durch eine polizeirechtliche Maßnahme erlangt wurden, im Strafverfahren trifft Abs. 5 eine besondere Regelung, **die der allgemeinen Regelung in § 161 Abs. 3 als lex specialis vorgeht.** Diese personenbezogenen Verkehrsdaten dürfen im Strafverfahren ohne Einwilligung der an der Kommunikation beteiligten Personen nur zur Aufklärung einer Straftat, auf Grund derer eine Maßnahme nach § 100g Abs. 2, auch in Verbindung mit Absatz 3 Satz 2, angeordnet werden könnte, oder zur Ermittlung des Aufenthalts der einer solchen Straftat beschuldigten Person verwendet werden. Auch hier dürfte es sich bei der Nichtnennung von Abs. 1 S. 3 iVm Abs. 2 um ein redaktionelles Versehen handeln, sodass die Regelung auch für hypothetische strafprozessuale Maßnahmen nach dieser Regelung gilt.[59] Eine Verwertung ist danach nur zulässig, wenn zum Zeitpunkt der Verwertung der Verkehrsdaten im Strafverfahren hypothetisch die Voraussetzungen einer Maßnahme nach § 100g Abs. 1 S. 3, Abs. 2 oder Abs. 3 S. 2 vorliegen.[60] Da auch hier die Wendung „zu Beweiszwecken" fehlt, geht hier auch die hM davon aus, dass die Daten bei hypothetischem Nichtvorliegen der Voraussetzungen der strafprozessualen Maßnahmen **auch nicht als sog. Spurenansatz verwendet werden dürfen.**[61] Der Begriff der „verwertbaren" Daten bezieht sich hier darauf, dass etwaige polizeirechtliche Verwertungsverbote auch einer Verwertung der Daten im Strafverfahren entgegenstehen würden, ohne dass es auf eine erneute Abwägung nach strafprozessualen Gesichtspunkte im Rahmen der Abwägungslehre der Rspr. (→ § 100a Rn. 332 ff.) ankommt. Eine rechtmäßige Datenerhebung nach Polizeirecht ist dagegen für die Verwendung im Strafverfahren nicht zwingend vorausgesetzt. Auch § 49 S. 1 BDSG iVm § 500 Abs. 1 und Art. 4 Abs. 2 der Richtlinie 2016/680 setzen dies richtigerweise nicht voraus. Die Rechtswidrigkeit ist jedoch als gewichtiger intensitätserhöhender Faktor bei der, im Rahmen der Prüfung des hypothetisch rechtmäßigen Ersatzeingriffs vorzunehmenden, hypothetischen Verhältnismäßigkeitsprüfung zur Verwendung im Strafverfahren und ebenfalls im Rahmen der Abwägung bei der Frage eines Beweisverwertungsverbots zu berücksichtigen (→ § 100a Rn. 329).

63 **2. Nicht nach § 176 TKG gespeicherte Verkehrsdaten, die durch eine polizeirechtliche Maßnahme erlangt wurden.** Aus präventiv-polizeirechtlichen Maßnahmen erlangte personenbezogene sonstige Verkehrsdaten (also insbesondere solche, die nach §§ 9, 12 TTDSG bzw. bis 1. Dezember 2021 nach § 96 Abs. 1 TKG gespeichert wurden) können unter den Voraussetzungen des § 161 Abs. 3 für strafprozessuale Zwecke verwendet werden. Auch diese Vorschrift knüpft an den Grundsatz des **hypothetischen Ersatzeingriffs** an und lässt eine Umwidmung der Daten zu, wenn zum Zeitpunkt der Verwertung der Daten im Strafverfahren hypothetisch alle materiellen Anordnungsvoraussetzungen einer Maßnahme nach § 100g Abs. 1 S. 1, S. 2, S. 4 oder Abs. 3 S. 1 vorliegen (siehe die Begründung bei → § 100a Rn. 320).[62] Diese Beschränkungen gelten entgegen der hM aus verfassungsrechtlichen Gründen sowohl für die Verwendung zu Beweiszwecken als auch als sog. Spu-

---

[59] Wie hier Köhler in Meyer-Goßner/Schmitt § 101a Rn. 29.

[60] BGH 26.4.2017 – 2 StR 247/16, NJW 2017, 3173 (3177); 15.11.2017 – 2 StR 128/17, NStZ 2018, 296; Köhler in Meyer-Goßner/Schmitt § 101a Rn. 29; Bär in KMR-StPO § 101a Rn. 24; aA Hauck in Löwe/Rosenberg § 101a Rn. 56.

[61] Köhler in Meyer-Goßner/Schmitt § 101a Rn. 29.

[62] BGH 26.4.2017 – 2 StR 247/16, NJW 2017, 3173 (3177); 15.11.2017 – 2 StR 128/17, NStZ 2018, 296; Köhler in Meyer-Goßner/Schmitt § 161 Rn. 18b f.

renansatz (→ § 100a Rn. 321). Eine rechtmäßige Datenerhebung nach Polizeirecht ist dagegen für die Verwendung im Strafverfahren nicht zwingend vorausgesetzt. Auch § 49 S. 1 BDSG iVm § 500 Abs. 1 und Art. 4 Abs. 2 der Richtlinie 2016/680 setzen dies richtigerweise nicht voraus. Die Rechtswidrigkeit ist jedoch als intensitätserhöhender Faktor bei der im Rahmen der Prüfung des hypothetisch rechtmäßigen Ersatzeingriffs vorzunehmenden hypothetischen Verhältnismäßigkeitsprüfung zur Verwendung im Strafverfahren und ebenfalls im Rahmen der Abwägung bei der Frage eines Beweisverwertungsverbots zu berücksichtigen (→ § 100a Rn. 329).

IX. Benachrichtigungspflichten (Abs. 6)

Abs. 6 enthält Benachrichtigungspflichten, die grundsätzlich **den Benachrichtigungspflichten für verdeckte Ermittlungsmaßnahmen nach § 101 Abs. 4–7 nachgebildet** sind. Besondere Regelungen bestehen jedoch bezüglich der Zuständigkeit für eine Entscheidung über das Unterbleiben der Benachrichtigung (S. 2 Nr. 1) und über eine Zurückstellung der Benachrichtigung. S. 2 Nr. 2 enthält außerdem eine abweichende Befristungsregelung für die Zurückstellung. 64

1. Benachrichtigungspflicht (S. 1). Nach S. 1 sind die an der betroffenen Telekommunikation beteiligten Personen von der Verkehrsdatenerhebung zu benachrichtigen. Da es sich bei Maßnahmen nach § 100g nach dem Willen des Gesetzgebers (→ Rn. 4) um offene Maßnahmen handelt, ist den Betroffenen **eigentlich gem. § 33 bereits vor Anordnung der Maßnahme rechtliches Gehör** zu gewähren. In der Praxis liegt jedoch regelmäßig – vor allem bei einer Verkehrsdatenerhebung zu Beginn eines Ermittlungsverfahrens – eine Gefährdung des Zwecks der Anordnung gem. § 33 Abs. 4 S. 1 vor. Praktisch handelt es sich daher, entgegen den Vorgaben des Bundesverfassungsgerichts (hierzu ebenfalls → Rn. 1), um eine **regelmäßig heimlich durchgeführte Maßnahme.** Daher kommt der Benachrichtigungspflicht nach S. 1 besondere Bedeutung zu. Zum Begriff der Beteiligten an der Kommunikation → § 101 Rn. 29 ff. Zu Zuständigkeit, Form und Inhalt der Benachrichtigung siehe die Kommentierung bei → § 101 Rn. 55 ff. In der Praxis erweist sich vor allem die Benachrichtigung der Betroffenen bei **Funkzellenabfragen** nach § 100g Abs. 3 als problematisch, da hier regelmäßig mehrere hundert oder sogar tausend Personen betroffen sind und von diesen Personen zunächst nur die Mobilfunknummern sowie ggf. IMSI- und IMEI-Nummern bekannt sind. Eine Abfrage aller Bestandsdaten dieser Personen bei allen Mobilfunkanbietern allein zu Benachrichtigungszwecken würde einerseits den Grundrechtseingriff vertiefen, andererseits die Staatsanwaltschaften vor erhebliche Ressourcenprobleme stellen. Daher wird hier bislang häufig ein Anwendungsfall von § 101 Abs. 4 S. 4 bejaht. Dies führt jedoch in der Praxis dazu, dass regelmäßig nur diejenigen benachrichtigt werden, gegen die sich weitere Ermittlungen richten. Dieses Vorgehen ist aus Gründen der Transparenz gerade bei der eingriffsintensiven Maßnahme der Funkzellenabfrage rechtsstaatlich fragwürdig.[63] 65

2. Entsprechende Anwendung der Regelungen in § 101 Abs. 4 S. 2–5, Abs. 5–7 und § 56 Abs. 1 BDSG. Gem. S. 2 gelten für den Mindestinhalt der Benachrichtigung, das Unterbleiben einer Benachrichtigung, die Zurückstellung einer Benachrichtigung und den nachträglichen Rechtsschutz die Regelungen in § 101 Abs. 4 S. 2–5, Abs. 5–7 entsprechend. Es sei daher **grundlegend auf die Kommentierung bei → § 101 Rn. 55 ff.** verwiesen. Aufgrund der ausdrücklichen Inbezugnahme gelten die Sonderregelungen zum Unterbleiben der Benachrichtigung bei nur unerheblicher Betroffenheit (§ 101 Abs. 4 S. 4) auch für Maßnahmen nach § 100g. Dies erscheint stimmig, da auch im Übrigen die Verfahrensregeln für Maßnahmen nach § 100g an diejenigen für Maßnahmen nach § 100a angeglichen sind. 66

Weitere Vorgaben für die inhaltliche Ausgestaltung der Benachrichtigungen werden nunmehr durch Art. 13 Abs. 2 Richtlinie EU 2016/680 und dessen Umsetzung in **§ 500** 67

[63] Siehe zum Ganzen Buermeyer DRiZ 2019, 10.

Abs. 1, Abs. 2 Nr. 2 iVm § 56 Abs. 1 BDSG gemacht. Demnach muss die Benachrichtigung (zusätzlich zu den bei → § 101 Rn. 56 ff. kommentierten Inhalten) mindestens folgende Angaben enthalten: Allgemeine Informationen (§ 55 BDSG) über die Zwecke der von den Strafverfolgungsbehörden vorgenommenen Verarbeitungen, Informationen über die datenschutzrechtlichen Rechte der betroffenen Personen, den Namen und die Kontaktdaten des Verantwortlichen und der oder des Datenschutzbeauftragten, eine Aufklärung über das Recht, die Landesbeauftragte oder den Landesbeauftragten anzurufen, und die Erreichbarkeit der oder des Landesbeauftragten (Nr. 1); die Nennung der Befugnisnorm als Rechtsgrundlage der Datenverarbeitung (Nr. 2); die in § 101a Abs. 3 S. 4 iVm § 101 Abs. 8 und § 489 genannten Kriterien für eine Löschung der Daten (Nr. 3); die Kategorien der Empfänger der erhobenen Daten in einer Art und Weise, unter der sich der Betroffene etwas vorstellen kann,[64] zB Benennung der befassten Gerichte, Staatsanwaltschaften und Polizeidienststellen (Nr. 4). Unter „sonstigen Informationen" iSv Nr. 5 ist zunächst eine Angabe zu verstehen, aus welcher konkreten Datenquelle die Daten stammen.[65] Erforderliche Information iSv Nr. 5 zur Wahrnehmung der Rechte der betroffenen Person im Zusammenhang mit heimlichen Datenerhebungen ist außerdem der Hinweis auf die Rechtsschutzmöglichkeiten, wie es allerdings auch bereits durch § 101 Abs. 4 S. 2 vorgesehen ist.[66]

68 **3. Abweichende Regelungen in S. 2 Nr. 1 und Nr. 2.** Besondere Regelungen für Benachrichtigungen nach § 101a Abs. 6 S. 1 werden in S. 2 Nr. 1 und Nr. 2 aufgestellt. Nach Nr. 1 darf die Anordnung des vollständigen Unterbleibens einer Benachrichtigung nach § 101 Abs. 4 S. 3 **nur durch das zuständige Gericht,** nicht wie bei § 101 durch die Staatsanwaltschaft ohne gerichtliche Kontrollmöglichkeit erfolgen (→ § 101 Rn. 55). Diese besondere Zuständigkeitszuweisung gilt angesichts des klaren Wortlauts dagegen nicht für ein Unterbleiben wegen nur geringfügiger Betroffenheit / mangelnden Interesses nach § 101 Abs. 4 S. 4. Das Fehlen einer richterlichen Kontrolle des Unterbleibens der Benachrichtigung wegen überwiegender schutzwürdiger Belange Dritter hatte das BVerfG für den Bereich der Erhebung von Verkehrsvorratsdaten ausdrücklich beanstandet, soweit sich eine Datenabfrage unmittelbar auf Verkehrsdaten einer bestimmten Person bezieht und die Benachrichtigung nach Abs. 4 S. 3 aufgrund überwiegender schutzwürdiger Belange einer anderen betroffenen Person unterbleibt.[67] Dagegen bedarf es keiner richterlichen Kontrolle, sofern es um ein Unterbleiben wegen Unerheblichkeit des Eingriffs und mutmaßlichen Fehlens eines Rechtsschutzinteresses bei der Erhebung von Daten von Personen, gegen die sich die Maßnahmen nicht unmittelbar richten, geht.[68] Der Gesetzgeber hat hierauf reagiert und in § 101a Abs. 6 S. 2 Nr. 1 nunmehr eine gerichtliche Entscheidung über das Unterbleiben der Benachrichtigung nach § 101 Abs. 4 S. 3 (nicht aber S. 4) für alle Fälle der Verkehrsdatenerhebung nach § 100g geregelt.[69] Nach hier vertretener Auffassung sollte die Regelung aus verfassungsrechtlichen Gründen zumindest auch auf die eingriffsintensiven, in § 101 genannten, verdeckten Ermittlungsmaßnahmen (wie zB §§ 100a–100c) erstreckt werden (→ Rn. 70). Welches Gericht konkret zuständig ist, bestimmt sich nach § 101a Abs. 6 S. 2 iVm § 101 Abs. 7 S. 1 (→ § 101 Rn. 82).

69 Anders als bei den in § 101 genannten verdeckten Maßnahmen ordnet S. 2 Nr. 2 an, dass auch Entscheidungen über die **Zurückstellung** der Benachrichtigung bereits von Anfang an (und nicht erst nach 12 Monaten seit der Beendigung) allein durch das nach § 101 Abs. 7 S. 1 zuständige **Gericht** (und nicht durch die Staatsanwaltschaft) getroffen werden müssen. Außerdem darf die erstmalige Zurückstellung maximal 12 Monate betra-

---

64 Vgl. Paschke in Gola/Heckmann BDSG § 56 Rn. 13.
65 Paschke in Gola/Heckmann BDSG § 56 Rn. 14.
66 Paschke in Gola/Heckmann BDSG § 56 Rn. 14.
67 BVerfG 2.3.2010 – 1 BvR 256/08, NJW 2010, 833 (848).
68 BVerfG 2.3.2010 – 1 BvR 256/08, NJW 2010, 833 (843); 12.10.2011 – 2 BvR 236/08, NJW 2012, 833 (839).
69 BT-Drs. 18/5088, 36.

gen. Für weitere Zurückstellungen und das endgültige Absehen von der Benachrichtigung gilt dann § 101a Abs. 6 S. 2 iVm § 101 Abs. 6 S. 2 und S. 3.

Die Sonderregelungen für Verkehrsdatenabfragen nach § 100g lassen sich nicht vollständig in das strafprozessuale System zur Erhebung von Verkehrsdaten integrieren. Werden Verkehrsdaten im Rahmen einer Telekommunikationsüberwachung erhoben, gelten (zumindest im Verhältnis zu den Anforderungen aus § 100g Abs. 1) zwar in materieller Hinsicht schärfere Voraussetzungen, jedoch greifen schwächere Schutzmechanismen hinsichtlich der Benachrichtigung. Umgekehrt können Verkehrsdaten, zumindest soweit es sich nicht um Verkehrsdaten nach § 176 TKG (bis 1. Dezember 2021: § 113b TKG) handelt, unter milderen Voraussetzungen nach § 100g Abs. 1 erhoben werden, es gelten jedoch schärfere Regelungen für die nachträgliche Benachrichtigung im Falle einer heimlichen Erhebung, obwohl es sich eigentlich nach dem Willen des Gesetzgebers um eine offene Maßnahme handeln soll.[70] Insgesamt bedürfen die Verfahrensvorschriften der §§ 100e, 101 und 101a dringend **weiterer gesetzgeberischer Harmonisierung.** 70

X. Verwertungsverbote bei Verstößen gegen die Verfahrensregelungen des § 101a

Die Frage, ob in den gesetzlich nicht geregelten Fällen einer formell rechtswidrigen Anordnung bei Verstößen gegen § 101a im Einzelfall ein Verwertungsverbot besteht, ist nach den von der Rspr. entwickelten Grundsätzen durch eine **Abwägung** zwischen dem öffentlichen Interesse an einer Aufklärung und ggf. Ahndung der Tat einerseits und Art und Gewicht des Rechtsverstoßes sowie dem individuellen Interesse des hiervon Betroffenen an der Wahrung seiner Rechtsgüter andererseits zu prüfen (→ § 100a Rn. 332 ff.). 71

Verstöße gegen einfache **Formvorschriften** (zB entgegen § 101a Abs. 1 Var. 3 iVm § 100e Abs. 3 S. 1 keine Schriftform, Verstöße gegen die Kennzeichnungspflicht nach Abs. 3) führen dabei angesichts ihres geringen Gewichts in aller Regel nicht zu einem Beweisverwertungsverbot. 72

Wird die zulässige Höchstdauer (bei der Erhebung von künftig anfallenden Verkehrsdaten bzw. einer Erhebung in Echtzeit) einer Maßnahme nach § 100g durch irrtümliche **Fristüberschreitung** nicht beachtet (§ 101a Abs. 1 Var. 3 iVm § 100e Abs. 1 S. 3 und S. 4), gelten die zu § 100a ausgeführten Grundsätze (→ § 100a Rn. 340): Im Rahmen der vorzunehmenden Abwägung sind kurze irrtümliche Fristüberschreitungen zumindest bei Maßnahmen unter den Voraussetzungen nach § 100g Abs. 1 S. 1 Nr. 1, Abs. 2 idR unbeachtlich, da es bei verfolgten Straftaten im Zusammenhang mit diesen Verkehrs- oder Nutzungsdatenerhebungen stets um auch im Einzelfall erhebliche (Abs. 1 S. 1 Nr. 1) bzw. sogar besonders schwere Straftaten (Abs. 2) geht. Bewusste Fristüberschreitungen (solange sie nicht wirklich sehr kurzfristig sind) sind dagegen mit einer bewussten Durchführung der Verkehrsdatenabfrage ohne richterliche Anordnung gleichzusetzen und führen daher idR zu einem Beweisverwertungsverbot. Denn für den Zeitraum der bewussten Fristüberschreitung handeln die Ermittlungsbehörden ohne eine entsprechende Anordnung. Gleiches gilt für irrtümliche lange Fristüberschreitungen, wobei es hier auf eine konkrete Abwägung unter Berücksichtigung der konkreten Umstände des Einzelfalles ankommt. Fehlt eine Befristung in der Anordnung wird – wie der BGH für § 100f entschieden hat[71] – kein Beweisverwertungsverbot in Betracht kommen, solange die Maßnahme nicht länger als 3 Monate (vgl. § 100e Abs. 1 S. 4) durchgeführt wurde.[72] 73

Die Verkehrsdatenabfrage – gänzlich – **ohne richterliche Anordnung** und damit unter Verstoß gegen § 101a Abs. 1 S. 1 Var. 3 iVm § 100e Abs. 1 S. 1 auf Veranlassung der Polizei begründet hingegen – wie bei Maßnahmen nach § 100a (dort zur Rspr. → § 100a Rn. 341) – ein Beweisverwertungsverbot. Auch eine rückwirkende richterliche Genehmi- 74

---

[70] Kritisch zum Ganzen auch Bär in BeckOK StPO § 101a Rn. 41.
[71] BGH 29.4.2009 – 1 StR 701/08, NJW 2009, 2463 (2464).
[72] Großmann JA 2019, 241 (247).

gung kommt nicht in Betracht.[73] Ebenso wenig kann – angesichts des intensiven Eingriffs in das Telekommunikationsgeheimnis durch eine Verkehrsdatenabfrage – auf den Gedanken des hypothetisch rechtmäßigen Ersatzeingriffs zurückgegriffen werden, um ein Beweisverwertungsverbot abzulehnen.[74]

75 Anders verhält es sich, wenn seitens der Staatsanwaltschaft gegen den Richtervorbehalt durch **irrtümliche Annahme von Gefahr im Verzug** verstoßen wurde. Die Staatsanwaltschaft ist, anders als die Polizei, in Ausnahmefällen anordnungsbefugt. Fälle dieser Art führen deshalb regelmäßig nicht zu einem Beweisverwertungsverbot.[75] Dies gilt indes nicht für den Fall, dass die Annahme von Gefahr im Verzug willkürlich oder grob fahrlässig erfolgte.[76] Bei der Prüfung dieser Frage durch den Tatrichter ist Folgendes zu beachten: Wegen der grundrechtssichernden Schutzfunktion des Richtervorbehalts ist der Begriff „Gefahr im Verzug" eng auszulegen. In Fällen einer Eilanordnung fehlt die präventive Kontrolle durch den neutralen und unabhängigen Richter. Andererseits soll die Zuweisung einer Eilanordnungskompetenz im Einzelfall ein schnelles und situationsgerechtes Handeln der Exekutive zur Vermeidung von Beweisverlusten gewährleisten. Der Tatrichter hat die von den Strafverfolgungsbehörden getroffene Einschätzung der konkreten Situation nachzuvollziehen. Beruht diese Einschätzung auf Tatsachen und war sie in der Situation naheliegend bzw. plausibel, so darf bzw. hat sie der Tatrichter bei seiner Entscheidung als zutreffend zu Grunde zu legen.[77]

76 Die in der strafprozessualen Praxis am häufigsten vorkommenden formellen Mängel dürften indes **Begründungsdefizite in der ermittlungsrichterlichen Anordnung** darstellen. Auch Anordnungen nach § 100g sind gemäß § 34 zu begründen. Die inhaltlichen Anforderungen an die Begründung ergeben sich aus § 101a Abs. 2 und § 101a Abs. 1 Var. 3 iVm § 100e Abs. 4. Diese Anforderungen an die Begründung sind verfassungsrechtlich geboten.[78] Vor gesetzlicher Normierung der Begründungsanforderungen aufgrund verfassungsgerichtlicher Rspr. vertrat der BGH die Ansicht, dass in Fällen der fehlenden Begründung nicht automatisch eine Unverwertbarkeit eintrete, vielmehr habe der Tatrichter den Ermittlungsstand zum Zeitpunkt der ermittlungsrichterlichen Anordnung zu rekonstruieren und auf dieser Grundlage die Frage der Vertretbarkeit der Anordnung zu prüfen.[79] Dieser Standpunkt ist angesichts der verfassungsrechtlichen Gebotenheit der Begründungsanforderungen nicht mehr zu halten. Fehlt eine Begründung vollständig, spricht viel für ein Beweisverwertungsverbot, das nur bei der Verfolgung besonders schwerer Straftaten im Rahmen der Abwägung überwunden werden kann. Bei kleineren Mängeln der Begründung ist dagegen idR von der Verwertbarkeit auszugehen.

77 Selbst eine **wortlautgleiche Übernahme der Antragsbegründung der Staatsanwaltschaft** durch den Richter soll nach der Rspr. des BVerfG nicht automatisch den Schluss zulassen, dass der Richter den Antrag nicht eigenständig geprüft, sondern lediglich „abgenickt" habe. Hierfür müssten sich konkrete Anhaltspunkte – wie offensichtlich nicht korrigierte Fehler im Antrag – ergeben.[80] Ist bereits die Antragsbegründung der Staatsanwaltschaft unter rechtsstaatlichen Gesichtspunkten überzeugend und ausführlich, erscheint dies vertretbar. Anders ist dies jedoch insbesondere dann, wenn die Staatsanwaltschaft in ihrer Antragsbegründung die Position und Interessen der Zielperson / des Beschuldigten nicht

---

73 Hauck in Löwe/Rosenberg § 100a Rn. 231.

74 Zu § 100a: Bruns in KK-StPO § 100a Rn. 53; Hauck in Löwe/Rosenberg § 100a Rn. 232; Großmann JA 2019, 241 (247) jeweils mwN; BGH NJW 6.10.2016 – 2 StR 46/15, 2017, 1332 (1335) zumindest in Fällen der „groben Verkennung" des Richtervorbehalts.

75 Zu § 100a: Bär in KMR-StPO § 100a Rn. 100.

76 Vgl. BVerfG 20.2.2001 – 2 BvR 1444/00, NJW 2001, 1121; BT-Drs. 16/6979, 43. BGH 6.10.2016 – 2 StR 46/15, NJW 2017, 1332 (1335) für § 105 StPO.

77 BVerfG 20.2.2001 – 2 BvR 1444/00, NJW 2001, 1124.

78 BVerfG 20.4.2016 – 1 BvR 966/09 und 1 BvR 1140/09, NJW 2016, 1781 Rn. 118, 235; Graf in BeckOK StPO § 100e Rn. 11.

79 BGH 1.8.2002 – 3 StR 122/02, NStZ 2003, 215 (216) = BGHSt 47, 362 (366).

80 BVerfG 1.8.2014 – 2 BvR 200/14, NJW 2015, 851; Köhler in Meyer-Goßner/Schmitt § 100e Rn. 18; siehe beispielhaft LG Paderborn 12.7.2021 – O2 KLs 6 Js 44/19 – 3/19, NZWiSt 2021, 366.

hinreichend würdigt und gewichtet. Dann ist eine wortlautgleiche Übernahme ein starkes Indiz dafür, dass der Ermittlungsrichter gegen seine Begründungspflicht verstoßen hat, da hierdurch gerade diese Interessen berücksichtigt werden sollen.

Während Verstöße gegen die **Kennzeichnungspflicht** aus Abs. 3 S. 1–3 als einfacher Formverstoß in aller Regel nicht zu einem Beweisverwertungsverbot führen, ist bei **fehlerhafter Nichtlöschung** von Daten entgegen § 101a Abs. 3 S. 4 iVm § 101 Abs. 8 idR von einem Verwertungsverbot auszugehen, weil die entsprechenden Daten bei rechtmäßigem Vorgehen für das Verfahren nicht mehr zur Verfügung stehen sollten. Gleiches gilt für eine Verwendung entgegen der Verwendungseinschränkung nach § 101 Abs. 8 S. 3. Dieselben Grundsätze gelten bei einer Nichtlöschung durch Sicherheitsbehörden, denen die Daten weitergeleitet wurden, entgegen § 101a Abs. 4 S. 3–5. Da die Pflicht zur unverzüglichen Auswertung der Daten nach Abs. 3 S. 1 Var. 2 die Löschungspflichten flankiert, sind Beweisverwertungsverbote zumindest bei willkürlichen Verstößen in Betracht zu ziehen. 78

C. Erläuterung der Verfahrensregelungen für die Nutzungsdatenerhebung nach § 100k

§ 101a enthält – teilweise konzentriert in Abs. 1a und Abs. 7, teilweise auch über den § 101a verstreut – seit Inkrafttreten des Gesetzes zur Anpassung der Regelungen über die Bestandsdatenauskunft an die Vorgaben aus der Entscheidung des Bundesverfassungsgerichts vom 27. Mai 2020[81] **auch die Verfahrensvorschriften für die Nutzungsdatenerhebung nach § 100k.** Nach Inkrafttreten der Neuregelung in § 101a herrschte (bis zur vor Kurzem erfolgten Korrektur der veröffentlichten Fassung) große Verwirrung, weil der im Bundesgesetzblatt veröffentlichte Text[82] der Norm nicht der vom Vermittlungsausschuss vorgeschlagenen und von Bundestag[83] und Bundesrat[84] verabschiedeten Norm[85] entsprach.[86] Dies betraf vor allem die Verweisungen auf § 100k Abs. 1 – Abs. 3. Während die verabschiedete Form die Befugnisse in § 100k Abs. 1 und Abs. 2 verfahrensrechtlich weitgehend gleichstellt hatte und nur für Abs. 3 abweichende (weniger strenge) Regelungen vorsah, enthielt die im Bundesgesetzblatt veröffentlichte Fassung nur für § 100k Abs. 1 strenge Verfahrensregeln, für § 100k Abs. 2 dagegen die ursprünglich für Abs. 3 vorgesehenen Regeln und für § 100k Abs. 3 überhaupt keine Verfahrensregeln. Dies führte zu Widersprüchlichkeiten zwischen den einzelnen Befugnissen und den für sie geltenden Verfahrensregeln. Da die von Bundestag und Bundesrat verabschiedeten Regelungen insgesamt schärfere Verfahrensregeln vorsahen und somit günstiger für die Betroffenen waren als die im Bundesgesetzblatt ursprünglich (fehlerhaft) veröffentlichten Regelungen, war jeweils eine Erstreckung der Regelungen, die für Abs. 1 gelten auf Abs. 2 und der Regelungen, die für Abs. 2 gelten auf Abs. 3 (jeweils des § 100k) im Wege des Analogieschlusses bzw. der extensiven Auslegung unter Berücksichtigung des gesetzgeberischen Willens möglich. Dies ließ sich damit begründen, dass offensichtlich eine planwidrige Regelungslücke bestand und die Interessenlage jeweils vergleichbar war, weil die Maßnahmen nach § 100k Abs. 1 und Abs. 2 hinsichtlich der Eingriffstiefe (mindestens) den Maßnahmen nach § 100g Abs. 1 S. 1 Nr. 1 und Nr. 2 entsprechen, sodass ein Gleichlauf der Verfahrensvorschriften angezeigt war. Auch der Wille des Gesetzgebers war durch die von Bundestag und Bundesrat beschlossene Gesetzesfassung des Vermittlungsausschusses bekannt und hinreichend dokumentiert. Mittlerweile wurde der Fehler bei der Veröffentlichung durch die **Berichtigung des Gesetzes zur Anpassung der Regelungen über die Bestandsdatenauskunft an die Vorgaben aus** 79

[81] BGBl. 2021 I 448.
[82] BGBl. 2021 I 448.
[83] BT-Plenarprotokoll 19/219, 27712.
[84] BR-Plenarprotokoll 1002, 105.
[85] BT-Drs. 19/27900, 8.
[86] Brodowski in BeckOK IT-Recht § 101a Rn. 2.

der Entscheidung des Bundesverfassungsgerichts vom 27. Mai 2020[87] korrigiert. Jetzt entspricht die veröffentlichte Fassung der vom Parlament verabschiedeten Fassung, sodass die o.g. Analogieschlüsse nicht mehr notwendig sind.

I. Maßnahmerichtung und Mitwirkungspflichten, § 101a Abs. 1a Hs. 1 iVm § 100a Abs. 3, Abs. 4

80 § 101a Abs. 1a Hs. 1 ordnet für die Nutzungsdatenerhebung die Geltung von § 100a Abs. 3 bezüglich der Maßnahmerichtung sowie § 100a Abs. 4 bezüglich der Mitwirkungspflichten der Telemediendienste an.

81 Durch den Verweis in Abs. 1 Hs. 1 auf § 100a Abs. 3 gelten für § 100k dieselben Regeln bezüglich der Adressaten einer Nutzungsdatenerhebung wie für die Telekommunikationsüberwachung. Die Maßnahme darf damit gegen den **Beschuldigten,** sog. **Nachrichtenmittler** und **IT-Systeminhaber** gerichtet werden. Bei Nachrichtenmittlern ist erforderlich, dass auf Grund bestimmter Tatsachen anzunehmen ist, dass sie für den Beschuldigten bestimmte oder von ihm herrührende Mitteilungen entgegennehmen oder weitergeben, bei IT-Systeminhabern muss auf Grund bestimmter Tatsachen davon auszugehen sein, dass der Beschuldigte ihren Anschluss oder ihr informationstechnisches System benutzt. Für Details kann auf die Kommentierung bei → § 100a Rn. 187 ff. sowie → § 100k Rn. 61 f. verwiesen werden.

82 Keinen Eingang in § 100k hat das Anordnungsverbot nach § 100g Abs. 4 gefunden (welches für Maßnahmen gilt, welche sich auf Verkehrsvorratsdaten beziehen, siehe hierzu oben → Rn. 8), sodass für Maßnahmen nach § 100k nur die allgemeine Regelung in § 160a Abs. 1 S. 1 gilt, welche Maßnahmen gegen bestimmte Berufsgeheimnisträger wie Strafverteidiger und Rechtsanwälte für unzulässig erklärt, wenn die Maßnahme voraussichtlich Erkenntnisse bringen würde, über welche die genannten Berufsgeheimnisträger das Zeugnis verweigern dürften (siehe für Details → § 160a Rn. 1 ff.).

83 Die nunmehr explizit auch für Telemediendienstleister geltenden Mitwirkungspflichten beheben vor allem das Problem um die Mitwirkungspflicht sog. OTT-Dienstleister wie Messenger-Dienste, Webmail-Provider und Voice-over-IP-Dienste (siehe → § 100a Rn. 225 ff. und → § 100g Rn. 95 ff.). Durch die zum 1. Dezember 2021 in Kraft tretende Reform des Telekommunikationsrechts werden viele der OTT-Dienstleister jedoch nun von der Verkehrsdatenabfrage und den telekommunikationsrechtlichen Mitwirkungspflichten erfasst. Für eine umfassende Kommentierung zu den Mitwirkungspflichten bei § 100k sei auf → § 100k Rn. 63 ff. verwiesen.

II. Verfahrensregelungen für Nutzungsdatenabfragen nach § 100k Abs. 1, Abs. 2

84 Eine detaillierte Regelung der Verfahrensvorschriften hatte in der zunächst im Bundesgesetzblatt veröffentlichten Gesetzesfassung nur die Nutzungsdatenabfrage nach § 100k Abs. 1 erfahren. Wie oben erläutert (→ Rn. 79) bestand hinsichtlich des Verweises auf die Regelungen nach § 100e Abs. 1, Abs. 3–5 eine Diskrepanz zwischen der im Bundesgesetzblatt ursprünglich veröffentlichten und der von Bundestag und Bundesrat verabschiedeten Version, wie sie im Vermittlungsausschuss vorgeschlagen wurde. Letztere Version ordnet die Geltung von § 100e Abs. 1, Abs. 3–5 auch für Maßnahmen nach § 100k Abs. 2 an. Dies erscheint insofern sinnvoll, weil andernfalls für Maßnahmen nach § 100k Abs. 2 trotz ihrer erheblichen Eingriffsintensität und ihrer Vergleichbarkeit mit Maßnahmen nach § 100g Abs. 1 S. 1 Nr. 2 keine speziellen Regelungen über die Anordnungszuständigkeit, Inhalt und Begründung der Entscheidung sowie Beendigungsregeln vorhanden wären, wie sie für § 100g Abs. 1 S. 1 Nr. 2 gelten. Dies erscheint vor allem deshalb problematisch, weil die Anordnungszuständigkeit für Maßnahmen nach § 100k Abs. 3 (systemfremd) unmittelbar dort auf die Staatsanwaltschaft beschränkt ist, während die schärferen Befugnisse nach § 100k

[87] BGBl. 2021 I 1380.

Abs. 2 nach der ursprünglich im Bundesgesetzblatt veröffentlichten Fassung des § 101a auch von der Polizei hätten angeordnet werden dürften. Es handelte sich bei der in der veröffentlichten Fassung fehlenden Verweisung in § 101a Abs. 1a Hs. 2 auch auf § 100k Abs. 2 offensichtlich um ein redaktionelles Versehen. In der vom Vermittlungsausschuss vorgeschlagenen und von Bundestag und Bundesrat verabschiedeten Fassung war die Regelung in § 101a Abs. 1a Hs. 2 ausdrücklich auch auf Maßnahmen nach § 100k Abs. 2 erstreckt worden.[88] Für die Zeit der bestehenden Diskrepanz zwischen veröffentlichter und beschlossener Fassung konnte die Regelung in § 101a Abs. 1a Hs. 2 im Wege extensiver Auslegung oder eines Analogieschlusses auf die Befugnisse nach § 100k Abs. 2 ausgedehnt werden, weil es sich offensichtlich um ein redaktionelles Versehen und damit um eine planwidrige Regelungslücke handelte und der Wille des Gesetzgebers insofern bekannt war (siehe ausführlich → Rn. 79). Mittlerweile ist der Fehler bei der Veröffentlichung durch die **Berichtigung des Gesetzes zur Anpassung der Regelungen über die Bestandsdatenauskunft an die Vorgaben aus der Entscheidung des Bundesverfassungsgerichts vom 27. Mai 2020**[89] korrigiert.[90] Jetzt entspricht die veröffentlichte Version derjenigen, die vom Parlament verabschiedet wurde. Die o.g. Analogieschlüsse sind somit nicht mehr notwendig. § 101a Abs. 1a Hs. 2 iVm § 100e Abs. 1, Abs. 3–5 gilt nun auch für § 100k Abs. 2.

1. Richtervorbehalt, § 101a Abs. 1a Hs. 2 iVm § 100e Abs. 1 S. 1–3. Für die 85
Anordnungszuständigkeit verweist Abs. 1a Hs. 2 auf **§ 100e Abs. 1.** Zuständig ist demnach im Ermittlungsverfahren gemäß § 162 das **Amtsgericht,** in dessen Bezirk die den Antrag stellende Staatsanwaltschaft oder ihre Zweigstelle ihren Sitz hat. In den Fällen, die nach § 120 GVG zur Zuständigkeit des OLG im ersten Rechtszug gehören, ist nach § 169 Abs. 1 S. 1 auch der Ermittlungsrichter beim OLG zuständig. Führt der GBA die Ermittlungen, so ist nach § 169 Abs. 1 S. 2 alternativ auch der Ermittlungsrichter beim BGH zuständig. Das zuständige Gericht darf eine Anordnung nach § 100k Abs. 1, Abs. 2 nur auf Antrag der Staatsanwaltschaft erlassen. Bei Gefahr im Verzug besteht nach Abs. 1a S. 1 Hs. 2 iVm § 100e Abs. 1 S. 2 und 3 eine **Eilzuständigkeit der Staatsanwaltschaft,** deren Anordnung binnen drei Werktagen außer Kraft tritt, wenn sie nicht vom Gericht bestätigt wird.

2. Dauer der Maßnahme, § 101a Abs. 1a Hs. 2 iVm § 100e Abs. 1 S. 4, S. 5. 86
Für die Dauer der Maßnahme gilt gem. Abs. 1a Hs. 2 die Regelung des **§ 100e Abs. 1 S. 4, S. 5.** Dementsprechend ist die Maßnahme zunächst auf **drei Monate** zu befristen und eine Verlängerung um jeweils weitere drei Monate ist möglich, sofern die Anordnungsvoraussetzungen zum Zeitpunkt der Verlängerungsentscheidung, unter Berücksichtigung des zu diesem Zeitpunkt bestehenden Ermittlungsstandes und insbesondere der neu gewonnenen Erkenntnisse, fortbesteht. Eine zeitliche Befristung für die Zukunft – wie sie § 100e Abs. 1 S. 4, S. 5 meint – ergibt im Rahmen von § 100k Abs. 1, Abs. 2 nur bei der Anordnung einer andauernden Ausleitung von künftig anfallenden Nutzungsdaten Sinn.[91] Bei retrograder Nutzungsdatenerhebung geht es vielmehr um die Begrenzung des Zeitraums, in dem die Nutzungsdaten angefallen sind (siehe hierzu sogleich → Rn. 101).

Die Fristberechnung richtet sich nach den allgemeinen Vorschriften der §§ 42, 43. 87
Nach § 100e Abs. 3 S. 2 Nr. 3 ist dabei stets, gleich ob es sich um eine Erst- oder eine Verlängerungsanordnung handelt, zugleich auch der **Endzeitpunkt** der Maßnahme zu benennen. Die Berechnung des sich aus der Dauer ergebenden Endzeitpunktes muss **durch das Gericht** selbst erfolgen, um Missverständnisse des verpflichteten Telemediendienstes zu vermeiden. Dieses hat bei seiner Berechnung darauf Bedacht zu nehmen, dass – auch bei Verlängerungsanordnungen – der Fristenlauf durch die Anordnung selbst und nicht erst

[88] BT-Drs. 19/27900, 8.
[89] BGBl. 2021 I 1380.
[90] Zur Zulässigkeit: Brodowski in BeckOK IT-Recht § 101a Rn. 2; siehe auch BVerfG 15.2.1978 – 2 BvL 8/74, BVerfGE 48, 1 (18).
[91] Vgl. auch Bär in BeckOK StPO § 101a Rn. 23.

durch deren späteren Vollzug ausgelöst wird[92] und sich die Fristberechnung im Übrigen nach den bei § 100e (→ § 100e Rn. 7 ff.) dargelegten Grundsätzen richtet.

88 **3. Form und Inhalt der Entscheidung.** Form und Inhalt der Entscheidung richten sich gem. Abs. 1a Hs. 2 grundsätzlich nach **§ 100e Abs. 3 StPO** mit einigen spezifischen Besonderheiten der Nutzungsdatenabfrage aus Abs. 1a aE.

89 **a) Form.** Die Anordnung muss nach § 100e Abs. 3 S. 1 **schriftlich** ergehen, gleich ob es sich um eine richterliche oder staatsanwaltschaftliche Anordnung handelt. Zu den weiteren sich aus der Schriftform ergebenden Anforderungen → § 163f Rn. 26.

90 Durch die notwendigen Angaben, die die Anordnungen der Maßnahmen nach § 100e Abs. 3 und 4 enthalten müssen, sollen die Gerichte veranlasst werden, die für die Anordnung maßgeblichen Gesichtspunkte im Anordnungsbeschluss **transparent und nachvollziehbar** zum Ausdruck zu bringen Die Anordnung der Maßnahme hat deshalb zunächst nach Abs. 3 S. 1 schriftlich zu erfolgen. Die Schriftform gewährleistet zudem der Staatsanwaltschaft als zuständiger Vollstreckungsbehörde bzw. sonstigen mit der Maßnahme befassten Dritten eine Überprüfung dahingehend, ob die Anordnung auch von dem zuständigen Gericht erlassen wurde.

91 **b) Inhalt.** Gemäß Abs. 3 S. 2 sind in der „Entscheidungsformel" anzugeben: wie bei Maßnahmen nach §§ 100a–100c und § 100g soweit möglich **Name und Anschrift des Betroffenen,** der **Tatvorwurf,** auf Grund dessen die Maßnahme angeordnet wird, **Art, Umfang, Dauer und Endzeitpunkt** der Maßnahme, die **Art der** durch die Maßnahme zu erhebenden **Informationen** und ihre **Bedeutung für das Verfahren.** Nicht aus dem Wortlaut von § 101a Abs. 1a Hs. 2 (welcher umfassend auf § 100e Abs. 3 verweist), sondern aus Sinn und Zweck der Formerfordernisse ergibt sich, dass sich der Verweis auf § 100e Abs. 3 S. 2 zwar auf Nr. 5 HS. 1, nicht jedoch auf Nr. 5 HS. 2, Nr. 6 und Nr. 7 bezieht. Die Angaben nach Nr. 5 HS. 2, Nr. 6 und Nr. 7 ergeben nämlich bei Maßnahmen nach § 100k Abs. 1 und Abs. 2 keinen Sinn. And die Stelle der „Rufnummer" oder „Anschlusskennung" tritt dabei gemäß Abs. 1a aE soweit möglich eine eindeutige Kennung des Nutzerkontos des Betroffenen, ansonsten eine möglichst genaue Bezeichnung des Telemediendienstes, auf den sich das Auskunftsverlangen bezieht.

92 **aa) Name und Anschrift des Betroffenen.** Mit „Name" sind in erster Linie die Namen des Betroffenen, mithin **Vor- und Familiennamen** gemeint. Sind diese (noch) nicht bekannt, genügt auch die Angabe von Alias- oder Spitznamen bzw. sonstigen Bezeichnungen und Beschreibungen, die die Person ausreichend individualisieren.

93 Betroffener iSv § 100e Abs. 3 S. 2 Nr. 1 wird regelmäßig der **Beschuldigte,** mithin derjenige sein, gegen den sich die Ermittlungen richten. Betroffener kann indes auch der **aktive oder passive Nachrichtenmittler** bzw. eine Person sein, deren **Anschluss** oder **informationstechnisches System der Beschuldigte nutzt** (§ 101a Abs. 1a Hs. 1 iVm § 100a Abs. 3).

94 Die **Anschrift** bzw. der tatsächliche Aufenthalt des Betroffenen ist anzugeben, wenn und soweit diese Daten den Strafverfolgungsbehörden bekannt sind. Ihre Mitteilung dient der weiteren Individualisierung des Betroffenen.

95 Mit der Einschränkung **„soweit möglich"** bezogen auf die Bezeichnung des Beschuldigten hat der Gesetzgeber der Tatsache Rechnung getragen, dass namentlich zu Beginn verdeckter Ermittlungen vielfach einzelne Beschuldigte noch nicht identifiziert sind und die Angabe ihrer vollständigen Personalien daher noch nicht möglich ist.[93] Dies gilt insbesondere bei Maßnahmen wie § 100k Abs. 1 und Abs. 2, die häufig zu Beginn eines Ermittlungsverfahrens durchgeführt werden.

96 **bb) Tatvorwurf.** Nach § 100e Abs. 3 S. 2 Nr. 2 ist weiter der Tatvorwurf, auf Grund dessen die Maßnahme angeordnet wurde, anzugeben. Das BVerfG hat in seinem Urteil

[92] BGH 11.11.1998 – 3 StR 181/98, NJW 1999, 959 (960).

[93] BT-Drs. 16/5846, 46; siehe auch LG Dortmund 23.2.2016 – 36 Qs 25/15.

vom 3.3.2004 angemerkt, eine Anordnung zur akustischen Wohnraumüberwachung genüge den aus Art. 13 GG abzuleitenden Anforderungen nur, wenn sie ua Angaben zum Tatvorwurf enthalte.[94] Der Gesetzgeber hat diese Anforderungen nun nicht nur auf die Online-Durchsuchung und die Telekommunikationsüberwachung, sondern auch auf Nutzungsdatenabfrage übertragen. In Abgrenzung zu § 100e Abs. 4 S. 2 Nr. 1 (der gem. § 101a Abs. 1a Hs. 2 ebenfalls gilt) und der dort enthaltenen Bestimmung, wonach die Begründung der Anordnung auch Angaben zu denjenigen „bestimmten Tatsachen" enthalten muss, die den Tatverdacht begründen, ist hier mit dem anzugebenden „Tatvorwurf" die **Bezeichnung des gesetzlichen Tatbestandes** gemeint, der unter Benennung der einschlägigen Norm anzugeben ist. Die konkrete Bezeichnung des Tatbestandes ist im Hinblick auf die Notwendigkeit einer Straftat von „erheblicher Bedeutung" nach § 100k Abs. 1 bzw. einer Katalogtat nach § 100k Abs. 2, die mittels Telemedien begangen wurde, wichtig.

c) Art, Umfang und Dauer der Maßnahme. aa) Art und Umfang der Nutzungsdatenerhebung, § 100k Abs. 1, Abs. 2. Art und Umfang der einzelnen Daten, welche der nach § 101a Abs. 1a Hs. 1 iVm § 100a Abs. 4 verpflichtete Telemediendienstleister den Strafverfolgungsbehörden zu übermitteln hat, werden in § 100k Abs. 1, Abs. 2 hinsichtlich der Art der Daten auf Nutzungsdaten iSv § 2 Abs. 2 Nr. 3 TTDSG (bis 1. Dezember 2021: § 15 TMG) beschränkt. Was den Umfang betrifft, so fehlt es in § 101a Abs. 1a an einer mit § 101a Abs. 1 S. 1 Nr. 1 vergleichbaren, für die Verkehrsdatenerhebung nach § 100g geltenden Regelung. Für Maßnahmen nach § 100g gilt, dass in der Entscheidungsformel auch die zu übermittelnden Daten und der Zeitraum, für den sie erhoben werden sollen, eindeutig anzugeben sind (siehe oben → Rn. 27). Der Gesetzgeber wollte durch diese Vorschrift zu § 100g der Forderung des BVerfG Rechnung tragen, dass „der Umfang der zu übermittelnden Daten in der Anordnung in einer dem Verhältnismäßigkeitsgrundsatz entsprechenden Weise hinreichend selektiv und für die Diensteanbieter eindeutig" zu beschreiben ist.[95] Sachlich ist kein Grund ersichtlich, warum diese verfassungsrechtlichen Argumente nicht auch für die Nutzungsdatenabfrage gelten sollten. Im Gegenteil: Die Abfrage von Nutzungsdaten fördert in vielen Fällen sensiblere Informationen zu Tage als eine Verkehrsdatenabfrage (siehe → § 100k Rn. 12 ff.). Verfassungsrechtlich ist es damit erst recht geboten, auch bei einer Nutzungsdatenabfrage nach § 100k Abs. 1, Abs. 2 in der Entscheidungsformel die zu übermittelnden Daten und den exakten Zeitraum, für den sie erhoben werden sollen, anzugeben. Vieles spricht auch dafür, dass die Nichtübernahme der für § 100g geltenden Regeln in den Abs. 1a ein redaktionelles Versehen ist. Zum einen wird in Abs. 2 auch für Maßnahmen nach § 100k angeordnet, dass in der Begründung auf die Verhältnismäßigkeit der Maßnahme gerade auch unter dem Gesichtspunkt des Umfangs der Datenerhebung und des Zeitraums, für den die Daten erhoben werden sollen, einzugehen ist. Zum anderen war in der ersten Fassung der Regelung zur Nutzungsdatenauskunft (vor den Änderungen durch den Vermittlungsausschuss), die Nutzungsdatenerhebung noch in § 100g integriert, was zur Folge hatte, dass dieselben Verfahrensregeln galten, wie für § 100g.[96] Dementsprechend ist eine **verfassungskonforme Auslegung von § 101a Abs. 1a** in der Weise zulässig, dass auch für die Nutzungsdatenabfrage analog zu § 101a Abs. 1 S. 1 Nr. 1 in der Entscheidungsformel die zu übermittelnden Daten und der Zeitraum, für welchen die Daten übermittelt werden sollen, möglichst exakt zu bezeichnen sind. Da es – in Abhängigkeit von Telemediendienst und konkreter Nutzung – sehr viele verschiedene Arten von Nutzungsdaten gibt, ist auch die konkrete Art der Nutzungsdaten, welche der Herausgabe unterliegen, anzugeben. Eine **Orientierung kann dabei an den in § 2 Abs. 2 Nr. 3 lit. a–c TTDSG (bis 1. Dezember 2021: § 15 Abs. 1 S. 2 Nr. 1–3 TMG) aufgeführten Kategorien** erfolgen. Das Gericht muss hierbei exakt bezeichnen, welche Arten der dort aufgeführten Daten übermittelt werden müssen.[97] Dabei ist zu 97

[94] BVerfG 3.3.2004 – 1 BvR 2378/98, 1 BvR 1084/99, BeckRS 2004, 21087 Abs. Nr. 277.
[95] BVerfG 2.3.2010 – 1 BvR 256/08, NJW 2010, 833 (849 Rn. 284).
[96] BT-Drs. 19/17741, 9.
[97] Beispiel zur Unterscheidung bei einer Funkzellenabfrage nach § 100g Abs. 3 StPO bei LG Arnsberg, Beschluss v. 7.6.2019 – 2 Qs 52/19.

beachten, dass sich die Einschränkungen hinsichtlich der zu übermittelnden Datenarten an der Art der Maßnahme und der Prognose hinsichtlich eines verfahrensrelevanten Erkenntnisgewinns orientieren müssen. Da der Begriff der „Nutzungsdaten" durch § 2 Abs. 2 Nr. 3 TTDSG (bis 1. Dezember 2021: § 15 Abs. 1 TMG) weniger klar definiert wird als es für den Begriff der Verkehrsdaten durch §§ 9, 12 TTDSG, 176 TKG (bis 1. Dezember 2021: §§ 96, 113b TKG) der Fall ist, muss das Gericht hier selbst mehr Konkretisierung hinsichtlich der konkret zu erhebenden Nutzungsdaten vornehmen. Bei der Bezeichnung des Zeitraums, für den die Daten zu übermitteln sind, ist präzise nach Datum und Uhrzeit der Zeitraum zu umgrenzen, für den die Nutzungsdaten erhoben werden sollen.[98] Diese Regelung gilt für alle Arten der Nutzungsdatenerhebung und somit nunmehr auch für die retrograde Erhebung gespeicherter Nutzungsdaten.[99] Dabei muss die anordnende Stelle Überlegungen dazu anstellen, welche Zeiträume prognostisch verfahrensrelevante Daten enthalten könnten. Eine pauschale Erhebung aller gespeicherten Nutzungsdaten ist damit jedenfalls im Regelfall ausgeschlossen.[100]

98 Regelungen zu Art und Umfang der Nutzungsdatenübermittlung durch Telemediendienste finden sich in **§ 24 Abs. 4, Abs. 5 TTDSG** (bis 1. Dezember 2021: § 15c Abs. 4, Abs. 5 TMG). Hiernach müssen die geschäftsmäßigen Telemediendienstanbieter die Nutzungsdaten **„unverzüglich und vollständig"** übermitteln. Weiterhin muss vor jeder Übermittlung durch eine Fachkraft überprüft werden, ob die Übermittlungsvoraussetzungen vorliegen und das Herausgabeverlangen darf erst nach erfolgter und positiv verlaufener Prüfung bearbeitet werden.

99 **bb) Dauer der Maßnahme.** Gemäß § 100e Abs. 3 S. 2 Nr. 3 ist in der Maßnahmenanordnung auch die „Dauer der Maßnahme unter **Benennung des Endzeitpunktes**" anzugeben. Der zuständige Richter kann die Frist von Rechts wegen nach Stunden, Tagen, Wochen oder – was regelmäßig der Fall ist – Monaten bemessen. Die Fristberechnung selbst erfolgt nach Maßgabe der §§ 42, 43.[101] Auch der Endzeitpunkt muss konkret benannt werden. Dieser lässt sich anhand des fristauslösenden Ereignisses, dem Erlass der Anordnung, und der bestimmten Dauer ohne große Schwierigkeiten berechnen. Dabei gelten folgende Grundsätze: Das die Frist auslösende Ereignis ist die Anordnung selbst, nicht ihr unter Umständen erst Tage oder gar Wochen später erfolgender Vollzug. Der Tag der Anordnung zählt bei der Fristberechnung nicht mit, dh der Fristenlauf beginnt erst am darauffolgenden Tag um 0 Uhr. Die weitere Berechnung der Wochen- oder Monatsfrist erfolgt nach § 43.

100 Auch nach der Verpflichtung zur Benennung des Endzeitpunktes der Maßnahme dürfte die Vorschrift des § 43 Abs. 2 bis auf einen **Ausnahmefall** weiterhin Anwendung finden. Diese Vorschrift sieht vor, dass eine Frist, fiele ihr Ende auf einen Sonntag, allgemeinen Feiertag oder Sonnabend, nicht an diesem Tag, sondern erst mit Ablauf des nächsten Werktages endet. Wird die Maßnahme auf den jeweils längst möglichen Zeitraum von drei Monaten befristet und stellt der Anordnende, der den konkreten Endzeitpunkt der Maßnahme in seine Überlegungen mit einzubeziehen hat, fest, dass das Fristende auf einen von § 43 Abs. 2 erfassten Sonnabend, Sonntag oder allgemeinen Feiertag fiele, muss er die Frist am letzten vorgelagerten Werktag enden lassen. Ansonsten würde er sich – gleichsam „sehenden Auges" und regelmäßig vermeidbar – über die gesetzgeberische Entscheidung hinwegsetzen, dass eine Maßnahme längstens drei Monate andauern darf. In allen anderen Fällen kann er, § 43 Abs. 2 berücksichtigend, das Fristende auf den nachfolgenden Werktag legen, sofern nur die Höchstfrist von drei Monaten eingehalten wird.

101 Soll eine **retrograde,** dh eine Nutzungsdatenerhebung hinsichtlich in der Vergangenheit liegender Nutzungen des Telemediums erfolgen, so kommt eine Befristung der Maßnahme naturgemäß nicht in Betracht. In diesen Fällen ist daher die Begrenzung hinsichtlich Art und Zeitraum der zu erhebenden Nutzungsdaten nach § 101a Abs. 1 S. 1 Nr. 1 analog

[98] Löwe/Rosenberg/Hauck § 101a Rn. 12 zu § 100g StPO.
[99] BT-Drs. 18/5088, 34 zu § 100g StPO.
[100] BT-Drs. 18/5088, 34 zu § 100g StPO.
[101] Eingehend zur Fristberechnung Günther Kriminalistik 2006, 683.

besonders relevant (siehe hierzu oben → Rn. 97). Die **Befristung der Maßnahme** entfaltet daher ihre eingriffsbegrenzende Wirkung nur bei Nutzungsdatenerhebungen in Echtzeit oder für künftig anfallende Nutzungsdaten.

d) Art der zu erhebenden Informationen. Die Anordnung hat sich weiter zur „Art der durch die Maßnahme zu erhebenden Informationen und ihre(r) Bedeutung für das Verfahren" zu verhalten. Gemeint ist damit nicht die Art im eigentlichen Wortsinn, etwa einer Typisierung der Information oder der Daten (diese steht im Rahmen der Nutzungsdatenerhebung bereits dem Grunde nach fest und ist nach der Spezialnorm des § 101a Abs. 1 S. 1 Nr. 1 analog noch genauer zu spezifizieren → Rn. 97), sondern **die mutmaßlichen Schlüsse, die sich aus den Verkehrsdaten werden ziehen lassen und deren Bedeutung** im Hinblick auf den gemäß Nr. 2 ebenfalls zu benennenden Tatvorwurf. 102

e) Eindeutige Kennung des Nutzerkontos oder Bezeichnung des Telemediendienstes. Gem. § 101a Abs. 1a Hs. 2 aE tritt an die Stelle der Rufnummer oder Anschlusskennung iSv § 100e Abs. 3 S. 2 Nr. 5 die eindeutige Bezeichnung des Nutzerkontos oder – wenn dies nicht möglich ist – die möglichst genaue Bezeichnung des Telemediendienstes. Die „eindeutige Kennung des Nutzerkontos" muss dabei derart verstanden werden, dass in der Entscheidungsformel diejenigen **Merkmale des Nutzers** anzugeben sind, welche dem verpflichteten Telemediendienst die **Identifizierung des Nutzer-Accounts** ermöglichen, zu welchem die Nutzungsdaten herausgegeben werden sollen. Dabei kann es sich um die zur Anmeldung verwendete E-Mail-Adresse, den sog. Nickname oder eine andere eindeutig zuordenbare Bezeichnung des jeweiligen Accounts handeln. Bei nicht-personalisierten Telemedien ist dagegen zB eine IP-Adresse, mit welcher auf den Telemediendienst zugegriffen wurde oder ein anderes Identifizierungsmerkmal (zB der sog. Browser-Fingerprint, soweit verfügbar) anzugeben. Unklar ist, was damit gemeint ist, dass „ansonsten" der Telemediendienst möglichst genau bezeichnet werden soll. Wenn eine Angabe von Identifizierungsmerkmalen bzgl. des Nutzers, dessen Nutzungsdaten abgefragt werden sollen, nicht möglich ist, hilft auch die Bezeichnung des genutzten Telemediendienstes in aller Regel nicht weiter, weil Telemediendienste regelmäßig sehr viele Nutzer haben. Da sich die Maßnahme aber nur gegen die in § 100a Abs. 3 genannten Personen richten darf (siehe oben → Rn. 81), ist eine Abfrage der Nutzungsdaten aller Nutzer eines bestimmten Telemediendienstes nicht zulässig. Ohne Angabe von Identifizierungsmerkmalen hinsichtlich des betroffenen Nutzers kann also einen Nutzungsdatenabfrage nicht durchgeführt werden. 103

III. Begründung der Entscheidung (Abs. 2, Abs. 1a Hs. 2 iVm § 100e Abs. 4 S. 1, S. 2 Nr. 1 und Nr. 2)

§ 101a Abs. 2 und § 101a Abs. 1a Hs. 2 iVm § 100e Abs. 4 S. 1, S. 2 Nr. 1 und Nr. 2 statuieren besondere – über die allgemeine Pflicht aus § 34 hinausgehende – **Begründungspflichten** für die anordnende Stelle. § 101a Abs. 2 stellt dabei die speziellere Regelung im Vergleich zu § 100e Abs. 4 S. 2 Nr. 2 dar, sodass im Ergebnis über den Verweis in § 101a Abs. 1a Hs. 2 nur § 100e Abs. 4 S. 1, S. 2 Nr. 1 zur Anwendung kommt. Auch diese regulatorische Gemengelage ist ein Beispiel für die handwerklich misslungene Verweisungstechnik in § 101a. 104

Nach Abs. 1a Hs. 2 iVm § 100e Abs. 4 S. 1 ist es zunächst erforderlich, das **Bestehen der Voraussetzungen für eine Maßnahme nach § 100k Abs. 1, Abs. 2 darzulegen.** Dies erfasst nach § 100e Abs. 4 S. 2 Nr. 1 zunächst die bestimmten Tatsachen, die den Tatverdacht begründen. Dabei ist auch die Beweislage zum Anordnungszeitpunkt darzustellen, ggf. unter konkreter Bezugnahme auf Aktenteile.[102] Hierzu gehört bei Maßnahmen nach § 100k Abs. 1 S. 1, S. 3 die Darlegung des Tatverdachts bezüglich einer Straftat von erheblicher Bedeutung, in den Fällen von § 100k Abs. 1 S. 2 iVm § 100g Abs. 2 bezüglich 105

[102] Köhler in Meyer-Goßner/Schmitt § 101a Rn. 11.

einer in § 100g Abs. 2 genannten Katalogtat[103] und bei Maßnahmen nach § 100k Abs. 2 bzgl. einer dort genannten Katalogtat und der Begehungsweise mittels Telemedien.

106 Gem. Abs. 2 sind für Maßnahmen nach § 100k Abs. 1, Abs. 2 in der Begründung der Anordnung oder Verlängerung einzelfallbezogen insbesondere die **wesentlichen Erwägungen zur Erforderlichkeit und Angemessenheit der Maßnahme,** auch hinsichtlich des Umfangs der zu erhebenden Daten und des Zeitraums, für den sie erhoben werden sollen, darzulegen. Die anordnende Stelle muss also ihre Erwägungen zur Verhältnismäßigkeit der Maßnahme transparent niederlegen. In die vorzunehmende Abwägung fließen auf Seiten des staatlichen Strafverfolgungsanspruch die Schwere der zu verfolgenden Straftat, die Qualität des Tatverdachts und die Prognose hinsichtlich der Gewinnung verfahrensrelevanter Daten durch die Maßnahme ein (siehe zu den Kriterien hinsichtlich der Schwere der Straftat → § 100a Rn. 180 ff. und zur Bestimmung der Qualität des Tatverdachts → § 100a Rn. 151 ff.). Auf der Seite der hiergegen abzuwägenden Intensität des Grundrechtseingriffs sind (neben den in → § 100a Rn. 180 ff. genannten Kriterien) insbesondere Menge und Art der erhobenen Nutzungsdaten und die aus diesen Daten zu generierenden Informationen, die Streubreite der Maßnahme (insbesondere Anzahl der Betroffenen und Mitbetroffenen) und die Frage zu berücksichtigen, ob die Nutzungsdatenabfrage offen (wie der Gesetzgeber es als Regelfall vorgesehen hat, siehe hierzu aber → Rn. 4 f.) oder heimlich (wie in der Regel in der Rechtspraxis zu Beginn des Ermittlungsverfahrens) erfolgt. Bei Standortdaten ist im Besonderen zu prüfen, ob sich die Erhebung auf einige wenige Standortdaten unter ermittlungstaktischen Gesichtspunkten beschränken lässt, um die Erstellung von Bewegungsprofilen zu vermeiden, sofern diese nicht unbedingt zur Sachverhaltsaufklärung oder Aufenthaltsbestimmung erforderlich sind.[104] Da insbesondere die Informationsdichte und -vielfalt, welche sich aus den sog. Nutzungsdaten gewinnen lässt, sehr großen Schwankungen je nach konkretem Telemediendienst und je nach der Art und Menge der Nutzungsdaten unterliegen, muss die anordnende Stelle bei Nutzungsdatenerhebungen insbesondere darlegen, **warum gerade die zu erhebende Art der Nutzungsdaten für die Strafverfolgung notwendig und die Erhebung angemessen ist. Dies gilt in besonderem Maße, wenn es sich um inhaltsdatenähnliche Nutzungsdaten handelt.**

IV. Beendigung der Maßnahme

107 Liegen die Voraussetzungen für die Erhebung der Nutzungsdaten nicht mehr vor, so sind die aufgrund der Anordnung ergriffenen Maßnahmen nach § 100k Abs. 1 und Abs. 2 gemäß § 101a Abs. 1a Hs. 2 iVm § 100e Abs. 5 S. 1 **unverzüglich** zu beenden. Die Regelung gilt für die retrograde Erhebung wie für die Erhebung zukünftiger Nutzungsdaten gleichermaßen. Im erstgenannten Fall ist der verpflichtete Telemediendienstleister darüber zu unterrichten, dass er die erbetene Auskunft nicht mehr bzw. nicht weiter zu erteilen hat, im zweitgenannten Fall ist diesem aufzugeben, die weitere Ausleitung der Daten einzustellen.

108 Durch den Verweis in § 101a Abs. 1a Hs. 2 auf § 100e Abs. 5 S. 2 ist nunmehr auch für Maßnahmen nach § 100k Abs. 1, Abs. 2 vorgesehen, dass das **anordnende Gericht** (welches auch dasjenige sein kann, dass die staatsanwaltschaftliche Eilanordnung bestätigt hat) nach Beendigung der Maßnahme **über deren Ergebnisse zu unterrichten ist.** Keine Geltung beanspruchen dagegen die Spezialregelungen in § 100e Abs. 5 S. 3–5. Der umfassende Verweis auf § 100e Abs. 5 ist insofern ein **redaktionelles Versehen.** Vor der Zusammenfassung der Verfahrensregeln für die §§ 100a–100c in § 100e enthielt § 101a ausschließlich Verweisungen auf die Verfahrensregeln für die Telekommunikationsüberwachung in § 100b aF. Hieran sollte sich ausweislich der Gesetzesbegründung zur Änderung der Verweisung in § 101a nF („redaktionelle Änderungen") nichts ändern.[105]

[103] Vgl. Köhler in Meyer-Goßner/Schmitt § 101a Rn. 11 zur Anwendung bei § 100g StPO.
[104] BT-Drs. 18/5088, 35; Bär in BeckOK StPO § 101a Rn. 27; Köhler in Meyer-Goßner/Schmitt § 101a Rn. 13; Hauck in Löwe/Rosenberg § 101a Rn. 17 jeweils zu § 100g StPO.
[105] BT-Drs. 18/12785, 58.

V. Kennzeichnungs- und Löschungspflichten (Abs. 3)

109 Abs. 3 schreibt zahlreiche Pflichten für den **Umgang mit den erhobenen Nutzungsdaten** vor. Diese müssen als aus Maßnahmen nach § 100k Abs. 1, Abs. 2 stammende Daten nach S. 1 Var. 1 gekennzeichnet werden. S. 3 erstreckt die Pflicht zur Erhaltung dieser Kennzeichnung auch auf jede Stelle, welcher die Daten übermittelt wurden. Für Löschungspflichten verweist S. 4 auf § 101 Abs. 8. Schließlich schreibt S. 1 Var. 2 eine „unverzügliche" Auswertung der erhobenen Nutzungsdaten vor.

110 **1. Kennzeichnungspflicht.** Gem. S. 1 sind alle aus einer Maßnahme nach § 100k Abs. 1, Abs. 2 erlangten personenbezogenen Daten zu kennzeichnen. **Personenbezogene Daten** sind nach der nunmehr für die gültigen Legaldefinition in **§ 500 Abs. 1 iVm § 46 Nr. 1 BDSG** „alle Informationen, die sich auf eine identifizierte oder identifizierbare natürliche Person (betroffene Person) beziehen; als identifizierbar wird eine natürliche Person angesehen, die direkt oder indirekt, insbesondere mittels Zuordnung zu einer Kennung wie einem Namen, zu einer Kennnummer, zu Standortdaten, zu einer Online-Kennung oder zu einem oder mehreren besonderen Merkmalen, die Ausdruck der physischen, physiologischen, genetischen, psychischen, wirtschaftlichen, kulturellen oder sozialen Identität dieser Person sind, identifiziert werden kann". Die Kennzeichnungspflicht dient zur Identifizierung der nach § 100k Abs. 1, Abs. 2 erlangten Daten in anderen Strafverfahren oder zur Gefahrenabwehr, da nach dem **§ 479 Abs. 2 S. 1 StPO** zugrundliegenden Gedanken des **rechtmäßig hypothetischen Ersatzeingriffs,** die Daten aus Maßnahmen nach § 100k Abs. 1, Abs. 2 nur zur Verfolgung solcher Straftaten in anderen Verfahren verwendet werden dürfen, für welche eine Maßnahme nach § 100k Abs. 1, Abs. 2 auch dort hätte angeordnet werden dürfen. Da für verschiedene Maßnahmen nach § 100k verschiedene Voraussetzungen hinsichtlich der Anlasstat erfüllt sein müssen (siehe → § 100k Rn. 32 ff.), ist die Kennzeichnungspflicht so auszulegen, dass die exakte Maßnahme nach § 100k (Abs. 1 S. 1, Abs. 1 S. 2 iVm § 100g Abs. 2, Abs. 1 S. 3 oder Abs. 2) in die Kennzeichnung mit aufzunehmen ist.[106] Andernfalls kann die Kennzeichnung ihren Zweck nicht erfüllen.

111 Nach S. 3 muss die Kennzeichnung durch dritte Stellen, denen die erhobenen Verkehrsdaten übermittelt wurden, aufrechterhalten werden.

112 **2. Löschungspflicht / Einschränkung der Verarbeitung.** S. 4 verweist für die Löschung der Daten auf die Vorschrift in § 101 Abs. 8. Dementsprechend kann auf die **Kommentierung in → § 101 Rn. 117 ff.** verwiesen werden. Der Verweis umfasst entgegen des missverständlichen Wortlauts („für die Löschung personenbezogener Daten gilt § 101 Abs. 8") auch die Regelungen in § 101 Abs. 8 S. 3 zur Einschränkung der Verarbeitung, wenn die Daten noch für eine gerichtliche Überprüfung der Rechtmäßigkeit der Maßnahmen benötigt werden.[107] Denn durch den Verweis in Abs. 6 S. 2 auf § 101 Abs. 7 gelten für Maßnahmen nach § 100k Abs. 1, Abs. 2 dieselben Rechtsschutzmöglichkeiten wie für die Maßnahmen, die in § 101 Abs. 1 genannt sind. Deshalb gibt es auch keinen sachlichen Grund, die Vorschriften zur weiteren Aufbewahrung mit Einschränkung der Verarbeitung nicht auch im Rahmen von § 101a anzuwenden.

113 **3. Pflicht zur unverzüglichen Auswertung.** Um eine schnellstmögliche Löschung der nicht verfahrensrelevanten Nutzungsdaten zu ermöglichen und dadurch eine Perpetuierung des Grundrechtseingriffs durch eine langandauernde Speicherung zu verhindern,[108] schreibt S. 1 Var. 2 eine unverzügliche Auswertung der Daten vor. Werden die Nutzungsdaten ggf. für eine spätere Beweisführung im Hauptverfahren oder die Überprüfung der Rechtmäßigkeit der Maßnahme benötigt, dürfen sie freilich auch nach der Auswertung gespeichert bleiben. Die frühe Auswertung führt jedoch dann zumindest dazu, dass so bald

106 Im Ergebnis wie hier Löwe/Rosenberg/Hauck § 101a Rn. 30 für Maßnahmen nach § 100g StPO.

107 So wohl auch Löwe/Rosenberg/Hauck § 101a Rn. 35; ebenso Bär in KMR-StPO § 101a Rn. 21 allerdings ohne Problematisierung des Wortlauts.

108 BT-Drs. 18/5088, 35.

wie möglich die (offensichtlich) nicht für das Verfahren relevanten Daten ausgesondert und gelöscht werden können. Gleichsam können durch eine frühe Auswertung auch **Kernbereichsdaten** (bei Nutzungsdaten im Vergleich zu Verkehrsdaten durchaus häufiger der Fall, siehe → § 100k Rn. 13) gelöscht oder Maßnahmen zum Schutz von **besonderen Kategorien personenbezogener Daten iSv §§ 48, 46 Nr. 14 BDSG (iVm § 500 Abs. 1)** getroffen werden. Das Erfordernis einer unverzüglichen Auswertung von Daten trägt dem Verhältnismäßigkeitsprinzip Rechnung und gilt von Verfassungs wegen auch für andere Ermittlungsmaßnahmen, bei denen dies (noch) nicht explizit angeordnet ist.

VI. Verwertbarkeit von nach § 100k erlangten Daten, insbesondere Regeln zur Weiterleitung dieser Daten (§ 479 Abs. 2, Abs. 3)

114 **1. Erkenntnisse zur Anlasstat.** Personenbezogene Daten, die sich auf diejenige Tat beziehen, zu deren Aufklärung die Maßnahme angeordnet wurde, unterliegen hinsichtlich ihrer **Verwertbarkeit keinerlei Beschränkungen.** Dies gilt selbst dann, wenn die Qualität der Anlasstat als Straftat von erheblicher Bedeutung (Abs. 1) bzw. als Katalogtat (Abs. 2) im Verlauf der Ermittlungen entfallen sollte (vgl. zu dieser Problematik § 100a Rn. 318). Gleiches gilt, wenn sich (was in der Praxis allerdings selten der Fall sein dürfte) herausstellt, dass die Tat nicht „mittels Telemedien" (§ 100k Abs. 2) begangen wurde.

115 **2. Erkenntnisse zu einer anderen Tat (§ 479 Abs. 2 S. 1). a) Maßnahmen nach § 100k Abs. 1 oder Abs. 2.** Die durch Maßnahmen nach § 100k Abs. 1 oder Abs. 2 erlangten personenbezogenen Daten dürfen ohne Einwilligung der von der Maßnahme betroffenen Personen gemäß § 479 Abs. 2 S. 1 iVm § 161 Abs. 3 hinsichtlich anderer strafprozessualer Taten (iSv § 264) verwendet werden, wenn auch hinsichtlich dieser anderen Taten Maßnahmen nach § 100k Abs. 1 oder Abs. 2 hätten angeordnet werden dürfen. Der Regelung des § 479 Abs. 2 S. 1 iVm § 161 Abs. 3 liegt damit der Gedanke des **hypothetischen Ersatzeingriffs** zu Grunde. Handelt es sich bei der anderen Straftat nicht um eine taugliche Anlasstat nach § 100k Abs. 1 oder Abs. 2 oder liegen die sonstigen materiellen Anordnungsvoraussetzungen für eine (hypothetische) Maßnahme nach § 100k Abs. 1 oder Abs. 2 im Zeitpunkt der Verwertung der Daten in dem anderen Strafverfahren nicht vor (siehe hierzu → § 100a Rn. 320),[109] so dürfen die personenbezogenen Daten **entgegen der hM[110] weder zu Beweiszwecken noch als sog. Spurenansatz verwendet werden**. Der anderslautende Wortlaut von § 161 Abs. 3 verstößt gegen die Verfassung (→ § 100a Rn. 321). § 163 Abs. 3 und damit § 479 Abs. 2 S. 1 sind dementsprechend verfassungskonform dahingehend auszulegen, dass insgesamt für die Verwertbarkeit (also auch als Spurenansatz) das Vorliegen einer tauglichen Anlasstat und aller sonstigen materiellen Anordnungsvoraussetzungen der Maßnahme notwendig ist (→ § 100a Rn. 320). Nach zutreffender Auffassung des KG erfasst der Begriff der „bestimmten Straftaten" in § 479 Abs. 2 S. 1 nicht nur enumerativ aufgezählte „Katalogtaten" (wie bei § 100a Abs. 2), sondern auch generalklauselartig umschriebene Delikte, die eine besondere Qualität aufweisen. Für die Straftaten von „erheblicher Bedeutung" hat das KG dies explizit entschieden.[111] Diese Auffassung ist jedoch auch auf die Straftaten, die mittels Telemedien begangen werden (§ 100k Abs. 2) zu erstrecken. Dies gebietet der Gedanke der hypothetisch rechtmäßigen Ersatzerhebung. Da es sich bei der Zweckänderung der Daten zur Verwendung zur Verfolgung der anderen Straftat um einen eigenständigen Grundrechtseingriff handelt, kann dieser nur gerechtfertigt werden, wenn zum Zeitpunkt der Umwidmung alle Voraussetzungen einer gesetzlichen Eingriffsgrundlage vorliegen (siehe hierzu vertiefend → § 100a Rn. 320).

---

[109] BGH 26.4.2017 – 2 StR 247/16, NJW 2017, 3173 (3177); 15.11.2017 – 2 StR 128/17, NStZ 2018, 296; Meyer-Goßner/Schmitt/Köhler § 101 Rn. 24; Bär in KMR-StB § 101a Rn. 23.

[110] Vgl. BT-Drs. 16/5846, 64; Köhler in Meyer-Goßner/Schmitt § 479 Rn. 4; Wittig in BeckOK StPO § 479 Rn. 5; wie hier Singelstein ZStW 120, 853 (887) allerdings noch zur alten Rechtslage.

[111] KG 20.12.2018 – 3 Ws 309/18, NStZ 2019, 429.

Hierzu gehört auch jede Eingrenzung hinsichtlich der Straftaten, wegen welcher die Maßnahme hätte angeordnet werden dürfen.[112]

b) Maßnahmen nach § 100k Abs. 3. Personenbezogene Daten aus einer Maßnahme nach § 100k Abs. 3 dürfen ohne Einwilligung der von der Maßnahme betroffenen Person zu Beweiszwecken und als Spurenansatz hinsichtlich **jeder anderen strafprozessualen Tat** verwendet werden. Allerdings sind nunmehr die Vorgaben aus § 49 S. 1 BDSG (iVm § 500 Abs. 1) zu beachten. Hiernach muss die Verwendung der Bildaufnahmen in dem anderen Strafverfahren erforderlich und verhältnismäßig sein. Dementsprechend ist zu prüfen, ob der Ermittlungserfolg auch ohne die Verwendung der Nutzungsdaten iSv § 2 Abs. 2 Nr. 3 lit. a TTDSG (bis 1. Dezember 2021: § 15 Abs. 1 S. 2 Nr. 1 TMG) aus dem Ursprungsverfahren zu erzielen ist, insbesondere, ob dies mit milderen Mitteln gelingen kann. Ferner muss eine Verhältnismäßigkeitsprüfung vorgenommen werden, bei welcher die Schwere der nunmehr verfolgten Straftat und der Grad des bestehenden Tatverdachts mit dem Grundrecht auf informationelle Selbstbestimmung (Art. 2 Abs. 1 iVm Art. 1 Abs. 1 GG) bzw. (im Regelfall) Art. 10 Abs. 1 GG der betroffenen Person abgewogen werden (zu grundrechtlichen Fragen, siehe oben → § 100k Rn. 4 ff.). Dabei ist insbesondere von Belang, ob die ursprüngliche Nutzungsdatenerhebung rechtmäßig war. 116

c) Keine strenge Rechtmäßigkeitsprüfung. Die **Rechtmäßigkeit** der ursprünglichen Datenerhebung ist dagegen nicht – auch nicht im Hinblick auf § 49 S. 1 BDSG (iVm § 500 Abs. 1) – erforderlich, jedoch im Rahmen der Verhältnismäßigkeit als intensitätsbestimmender Faktor zu berücksichtigen (siehe → § 100a Rn. 329). 117

d) Keine Anwendung von § 101a Abs. 4 auf Maßnahmen nach § 100k Abs. 1 S. 2. Unklar ist, ob für Maßnahmen nach § 100k Abs. 1 S. 2 (retrograde Erhebung von Standort-Nutzungsdaten) die – im Verhältnis zu § 479 Abs. 2 S. 1 speziellere und damit vorrangige (siehe → Rn. 55) – Regelung des § 101a Abs. 4 angewendet werden kann. Dafür könnte sprechen, dass § 100k Abs. 1 S. 2 auf die Voraussetzungen des § 100g Abs. 2 verweist und § 101a Abs. 4 für Maßnahmen nach § 100g Abs. 2 gilt. Im Rahmen von § 100g Abs. 1 S. 3 (retrograde Erhebung von Standort-Verkehrsdaten) wurde hier bereits vor dem Inkrafttreten des StPO-Fortentwicklungsgesetzes[113] vertreten, dass § 101a Abs. 4 auch für diese Maßnahmen gilt, obwohl § 100g Abs. 1 S. 3 im Wortlaut von § 101a Abs. 4 nicht erwähnt war – es handelte sich dort um ein redaktionelles Versehen, wie die Gleichbehandlung in § 479 Abs. 3 Nr. 3 (Fassung bis 1. Juli 2021) zeigt. Durch das StPO-Fortentwicklungsgesetz wurde § 100g Abs. 1 S. 3 nun ausdrücklich in § 101a Abs. 4 S. 1 Nr. 1 aufgenommen (siehe oben → Rn. 55). Für Maßnahmen nach § 100k Abs. 1 S. 2 scheint ein redaktionelles Versehen dagegen fernliegend. Auch in § 479 Abs. 3 Nr. 3 (Fassung bis 1. Juli 2021) ist keine Einbeziehung der Maßnahmen nach § 100k Abs. 1 S. 2 vorgesehen. Angesichts der im Übrigen ausdifferenzierten „Einarbeitung" des § 100k in 101a, ist ein redaktionelles Versehen eher unwahrscheinlich (wenngleich freilich möglich). Derzeit ist also davon auszugehen, dass die Nichtaufnahme von § 100k Abs. 1 S. 2 in § 101a Abs. 4 bewusst erfolgte. Hierfür spricht auch, dass im StPO-Fortentwicklungsgesetz[114] zwar § 100g Abs. 1 S. 3, nicht aber § 100k Abs. 1 S. 2 in § 101a Abs. 4 S. 1 Nr. 1 aufgenommen wurde. § 101a Abs. 4 ist daher auf Maßnahmen nach § 100k Abs. 1 S. 2 nicht anzuwenden. Auch für diese Maßnahmen gilt daher die Regelung von § 479 Abs. 2 S. 1 iVm § 161 Abs. 3. 118

3. Verwendung der Erkenntnisse zur Gefahrenabwehr. a) Maßnahmen nach § 100k Abs. 1, Abs. 2. Aus strafprozessualen Maßnahmen nach § 100k Abs. 1 oder Abs. 2 erlangte personenbezogene Daten dürfen ohne Einwilligung der von der Maßnahme betroffenen Personen nach **§ 479 Abs. 2 S. 2 StPO** nur wie folgt verwendet werden: zu Zwecken der Gefahrenabwehr, soweit sie dafür durch eine entsprechende Maßnahme nach den für 119

112 Siehe hierzu auch Singelnstein ZStW 120 (2008), 854 (878).
113 BGBl. 2021 I 2099.
114 BGBl. 2021 I 2099.

die zuständige Stelle geltenden Gesetzen erhoben werden könnten (Nr. 1, Gedanke des rechtmäßig hypothetischen Ersatzeingriffs); zur Abwehr einer Gefahr für Leib, Leben oder Freiheit einer Person oder für die Sicherheit oder den Bestand des Bundes oder eines Landes oder für bedeutende Vermögenswerte, wenn sich aus den Daten im Einzelfall jeweils konkrete Ansätze zur Abwehr einer solchen Gefahr erkennen lassen (Nr. 2); für Zwecke, für die eine Übermittlung nach § 18 des Bundesverfassungsschutzgesetzes zulässig ist (Nr. 3). Der Begriff der „verwertbaren" Daten bedeutet, dass etwaige Verwertungsverbote, die sich im Ausgangsverfahren (zB nach der Abwägungslehre der Rspr.) ergeben haben, auch einer Verwertbarkeit zur Gefahrenabwehr entgegenstehen.[115] Die Rechtmäßigkeit der ursprünglichen Datenerhebung ist nur dann Voraussetzung für die Verwendbarkeit der Daten zur Gefahrenabwehr, wenn dies durch das jeweilige Gefahrenabwehrrecht selbst vorausgesetzt wird, § 49 S. 1 BDSG iVm § 500 Abs. 1 macht dies nicht zur Voraussetzung (siehe → § 100a Rn. 327). Für Maßnahmen nach § 100k Abs. 1 S. 2 kommt weder § 101a Abs. 4 S. 1 Nr. 2 noch § 479 Abs. 3 S. 1 Nr. 3 (bis zu dessen Streichung zum 1. Juli 2021 durch das StPO-Fortentwicklungsgesetz[116]) zur Anwendung (siehe oben → Rn. 118).

120 **b) Maßnahmen nach § 100k Abs. 3.** Da mangels vorausgesetzter Qualität der verfolgten Straftat § 479 Abs. 2 S. 2 nicht eingreift, können Nutzungsdaten, die aus Maßnahmen nach § 100k Abs. 3 erlangt wurden grds. unbeschränkt zur Gefahrenabwehr verwendet werden. Allerdings sind auch hier die **Voraussetzungen von § 49 S. 1 BDSG zu beachten.** Hiernach muss die Verwendung der Nutzungsdaten zur Gefahrenabwehr erforderlich (= milde Subsidiaritätsklausel) und verhältnismäßig sein. Bei der Abwägung im Rahmen der Verhältnismäßigkeit ist vor allem zu berücksichtigen, ob die ursprüngliche Bestandsdatenerhebung rechtmäßig (nach Strafprozessrecht) erfolgte (siehe ausführlich oben → § 100a Rn. 329).

121 Spezialgesetzliche **Zweckänderungsverbote** gelten auch hier (→ § 100a Rn. 379 und → § 100e Rn. 103)

VII. Verwertbarkeit polizeirechtlich erlangter Nutzungsdaten

122 Aus präventiv-polizeirechtlichen Maßnahmen erlangte personenbezogene sonstige Nutzungsdaten iSv § 2 Abs. 2 Nr. 3 TTDSG (bis 1. Dezember 2021: § 15 TMG) können unter den Voraussetzungen des § 161 Abs. 3 für strafprozessuale Zwecke verwendet werden. Auch diese Vorschrift knüpft an den Grundsatz des **hypothetischen Ersatzeingriffs** an und lässt eine Umwidmung der Daten zu, wenn zum Zeitpunkt der Verwertung der Daten im Strafverfahren hypothetisch alle materiellen Anordnungsvoraussetzungen einer Maßnahme nach § 100k Abs. 1, Abs. 2 vorliegen (siehe die Begründung bei → § 100a Rn. 320).[117]

123 Wenn bei der polizeirechtlichen Maßnahme lediglich **Nutzungsdaten iSv § 100k Abs. 3,** also lediglich zu Identifizierungszwecken Daten nach § 2 Abs. 2 Nr. 3 lit. a TTDSG (bis 1. Dezember 2021: § 15 Abs. 1 S. 2 Nr. 1 TMG), erhoben werden, können diese Daten unbegrenzt im Strafverfahren verwendet werden, weil dann die Voraussetzung der begrenzenden Norm von § 161 Abs. 3 nicht vorliegen.

124 Die Beschränkungen nach § 161 Abs. 3 gelten (soweit sie eingreifen) **entgegen der hM aus verfassungsrechtlichen Gründen sowohl für die Verwendung zu Beweiszwecken als auch als sog. Spurenansatz** (→ § 100a Rn. 321). Eine rechtmäßige Datenerhebung nach Polizeirecht ist dagegen für die Verwendung im Strafverfahren nicht zwingend vorausgesetzt. Auch § 49 S. 1 BDSG iVm § 500 Abs. 1 und Art. 4 Abs. 2 der Richtlinie 2016/680 setzen dies richtigerweise nicht voraus. Die Rechtswidrigkeit ist jedoch als intensitätserhöhender Faktor bei der im Rahmen der Prüfung des hypothetisch rechtmäßigen

[115] Bär in KMR-StPO § 101a Rn. 22.
[116] BGBl. 2021 I 2099.
[117] BGH 26.4.2017 – 2 StR 247/16, NJW 2017, 3173 (3177); 15.11.2017 – 2 StR 128/17, NStZ 2018, 296; Meyer-Goßner/Schmitt/Köhler § 161 Rn. 18b f.

Ersatzeingriffs vorzunehmenden hypothetischen Verhältnismäßigkeitsprüfung zur Verwendung im Strafverfahren und ebenfalls im Rahmen der Abwägung bei der Frage eines Beweisverwertungsverbots zu berücksichtigen (siehe oben → § 100a Rn. 329).

VIII. Benachrichtigungspflichten (Abs. 6, Abs. 7)

Abs. 6 und Abs. 7 enthalten Benachrichtigungspflichten, die grundsätzlich **den Benachrichtigungspflichten für verdeckte Ermittlungsmaßnahmen nach § 101 Abs. 4–7 nachgebildet** sind. Besondere Regelungen bestehen für Maßnahme nach § 100k Abs. 1 und Abs. 2 in Abweichung von § 101 bezüglich der Zuständigkeit für eine Entscheidung über das Unterbleiben der Benachrichtigung (S. 2 Nr. 1) und über eine Zurückstellung der Benachrichtigung. S. 2 Nr. 2 enthält außerdem eine abweichende Befristungsregelung für die Zurückstellung. 125

Wie oben ausführlich dargelegt (→ Rn. 79) **entsprach die im Bundesgesetzblatt ursprünglich veröffentlichte Fassung nicht der vom Vermittlungsausschuss vorgeschlagenen und von Bundestag und Bundesrat verabschiedeten Gesetzesfassung.** In der verabschiedeten Fassung galt die Benachrichtigungspflicht des Abs. 6 für Maßnahmen nach § 100k Abs. 1 und Abs. 2, Abs. 7 gilt für Maßnahmen nach § 100k Abs. 3. In der zunächst veröffentlichten Fassung war dagegen die Benachrichtigungspflicht auf Maßnahmen nach § 100k Abs. 1 beschränkt, diejenige nach Abs. 7 galt für Maßnahmen nach § 100k Abs. 2 und für § 100k Abs. 3 waren gar keine Benachrichtigungspflichten vorgesehen. Die veröffentlichte Fassung war daher ein redaktionelles Versehen und die Benachrichtigungspflicht nach Abs. 6 konnte im Wege extensiver Auslegung bzw. eines Analogieschlusses (offensichtlich planwidrige Regelungslücke, vergleichbare Interessenlage und bekannter Wille des Gesetzgebers, siehe ausführlich → Rn. 79) auch auf Maßnahmen nach § 100k Abs. 2 angewendet werden. Entsprechendes galt für eine Anwendung der Benachrichtigungspflicht nach Abs. 7 auf Maßnahmen nach § 100k Abs. 3. Die Nichtanwendung der Benachrichtigungspflicht nach Abs. 7 auf Maßnahmen nach § 100k Abs. 2 konnte im Wege einer entsprechenden teleologischen Reduktion erfolgen. 126

Vor Kurzem wurde **der Fehler bei der ursprünglichen Veröffentlichung durch die Berichtigung des Gesetzes zur Anpassung der Regelungen über die Bestandsdatenauskunft an die Vorgaben aus der Entscheidung des Bundesverfassungsgerichts vom 27. Mai 2020[118] korrigiert**. Nunmehr gilt auch ausweislich des veröffentlichten Gesetzeswortlauts die Benachrichtigungspflicht von § 101a Abs. 6 für Maßnahmen nach § 100k Abs. 1 und Abs. 2, Abs. 7 gilt dagegen für Maßnahmen nach § 100k Abs. 3. 127

1. Benachrichtigungspflichten bei Maßnahmen nach § 100k Abs. 1 und Abs. 2. a) Benachrichtigungspflicht (Abs. 6 S. 1). Nach Abs. 6 S. 1 sind die die betroffenen Nutzer des Telemediendienstes von der Nutzungsdatenerhebung nach § 100k Abs. 1 und Abs. 2 zu benachrichtigen. Wie bei Maßnahmen nach § 100g handelt es sich auch bei Maßnahmen nach § 100k um grds. offene Maßnahmen (siehe → § 100k Rn. 31). Daher ist dem Betroffenen **eigentlich gem. § 33 bereits vor Anordnung der Maßnahme rechtliches Gehör** zu gewähren. In der Praxis liegt jedoch regelmäßig – vor allem bei einer Nutzungsdatenerhebung zu Beginn eines Ermittlungsverfahrens – eine Gefährdung des Zwecks der Anordnung gem. § 33 Abs. 4 S. 1 vor. Praktisch handelt es sich daher entgegen den Vorgaben des Bundesverfassungsgerichts (siehe hierzu → Rn. 1, die Erwägungen des BVerfG zur Verkehrsdatenabfrage können mE auf die Nutzungsdatenabfrage übertragen werden) um eine **regelmäßig heimlich durchgeführte Maßnahme.** Daher kommt der Benachrichtigungspflicht nach S. 1 besondere Bedeutung zu. Zum Begriff der Beteiligten an der Kommunikation siehe → § 101 Rn. 29 ff. Zu Zuständigkeit, Form und Inhalt der Benachrichtigung siehe die Kommentierung bei → § 101 Rn. 55 ff. 128

b) Entsprechende Anwendung der Regelungen in § 101 Abs. 4 S. 2–5, Abs. 5–7 und § 56 Abs. 1 BDSG. Gem. Abs. 6 S. 2 gelten für den Mindestinhalt der Benachrich- 129

[118] BGBl. 2021 I 1380.

tigung, das Unterbleiben einer Benachrichtigung, die Zurückstellung einer Benachrichtigung und den nachträglichen Rechtsschutz die Regelungen in § 101 Abs. 4 S. 2–5, Abs. 5–7 entsprechend. Es sei daher **grundlegend auf die Kommentierung bei → § 101 Rn. 56 ff.** verwiesen. Aufgrund der ausdrücklichen Inbezugnahme gelten die Sonderregelungen zum Unterbleiben der Benachrichtigung bei nur unerheblicher Betroffenheit (§ 101 Abs. 4 S. 4) auch für Maßnahmen nach § 100k Abs. 1 und Abs. 2. Dies erscheint stimmig, da auch im Übrigen die Verfahrensregeln für Maßnahmen nach § 100k Abs. 1 und Abs. 2 (nach der Korrektur des redaktionellen Versehens, siehe hierzu → Rn. 79) an die für § 100g geltenden Regeln angelehnt sind, welche sich ihrerseits an denjenigen für Maßnahmen nach § 100a orientieren.

130 Weitere Vorgaben für die inhaltliche Ausgestaltung der Benachrichtigungen werden nunmehr durch Art. 13 Abs. 2 Richtlinie EU 2016/680 und dessen Umsetzung in **§ 500 Abs. 1, Abs. 2 Nr. 2 iVm § 56 Abs. 1 BDSG** gemacht. Demnach muss die Benachrichtigung (zusätzlich zu den bei → § 101 Rn. 56 ff. kommentierten Inhalten) mindestens folgende Angaben enthalten: Allgemeine Informationen (§ 55 BDSG) über die Zwecke der von den Strafverfolgungsbehörden vorgenommenen Verarbeitungen, Informationen über die datenschutzrechtlichen Rechte der betroffenen Personen, den Namen und die Kontaktdaten des Verantwortlichen und der oder des Datenschutzbeauftragten, eine Aufklärung über das Recht, die Landesbeauftragte oder den Landesbeauftragten anzurufen, und die Erreichbarkeit der oder des Landesbeauftragten (Nr. 1); die Nennung der Befugnisnorm als Rechtsgrundlage der Datenverarbeitung (Nr. 2); die in § 101a Abs. 3 S. 4 iVm § 101 Abs. 8 und § 489 genannten Kriterien für eine Löschung der Daten (Nr. 3); die Kategorien der Empfänger der erhobenen Daten in einer Art und Weise, unter der sich der Betroffene etwas vorstellen kann,[119] zB Benennung der befassten Gerichte, Staatsanwaltschaften und Polizeidienststellen (Nr. 4). Unter „sonstigen Informationen" iSv Nr. 5 ist zunächst eine Angabe zu verstehen, aus welcher konkreten Datenquelle die Daten stammen.[120] Erforderliche Information iSv Nr. 5 zur Wahrnehmung der Rechte der betroffenen Person im Zusammenhang mit heimlichen Datenerhebungen ist außerdem der Hinweis auf die Rechtsschutzmöglichkeiten, wie es allerdings auch bereits durch § 101 Abs. 4 S. 2 (iVm § 101a Abs. 6 S. 2) vorgesehen ist.[121]

131 **c) Abweichende Regelungen in S. 2 Nr. 1 und Nr. 2.** Besondere Regelungen für Benachrichtigungen nach § 101a Abs. 6 S. 1 werden in S. 2 Nr. 1 und Nr. 2 aufgestellt. Nach Nr. 1 darf die Anordnung des vollständigen Unterbleibens einer Benachrichtigung nach § 101 Abs. 4 S. 3 **nur durch das zuständige Gericht,** nicht wie bei § 101 durch die Staatsanwaltschaft ohne gerichtliche Kontrollmöglichkeit erfolgen (→ § 101 Rn. 55). Diese besondere Zuständigkeitszuweisung gilt angesichts des klaren Wortlauts dagegen nicht für ein Unterbleiben wegen nur geringfügiger Betroffenheit / mangelnden Interesses nach § 101 Abs. 4 S. 4. Das Fehlen einer richterlichen Kontrolle des Unterbleibens der Benachrichtigung wegen überwiegender schutzwürdiger Belange Dritter hatte das BVerfG für den Bereich der Erhebung von Verkehrsvorratsdaten ausdrücklich beanstandet, soweit sich eine Datenabfrage unmittelbar auf Verkehrsdaten einer bestimmten Person bezieht und die Benachrichtigung nach Abs. 4 S. 3 aufgrund überwiegender schutzwürdiger Belange einer anderen betroffenen Person unterbleibt.[122] Dagegen bedarf es keiner richterlichen Kontrolle, sofern es um ein Unterbleiben wegen Unerheblichkeit des Eingriffs und mutmaßlichen Fehlens eines Rechtsschutzinteresses bei der Erhebung von Daten von Personen, gegen die sich die Maßnahmen nicht unmittelbar richten, geht.[123] Der Gesetzgeber hat hierauf reagiert und in § 101a Abs. 6 S. 2 Nr. 1 nunmehr eine gerichtliche Entscheidung über das Unterblei-

119 Vgl. Gola/Heckmann/Paschke BDSG § 56 Rn. 13.
120 Gola/Heckmann/Paschke BDSG § 56 Rn. 14.
121 Gola/Heckmann/Paschke BDSG § 56 Rn. 14.
122 BVerfG 2.3.2010 – 1 BvR 256/08, NJW 2010, 833 (848).
123 BVerfG 2.3.2010 – 1 BvR 256/08, NJW 2010, 833 (843); 12.10.2011 – 2 BvR 236/08, NJW 2012, 833 (839).

ben der Benachrichtigung nach § 101 Abs. 4 S. 3 (nicht aber S. 4) für alle Fälle der Verkehrsdatenerhebung nach § 100g geregelt.[124] Diese Regelungen gelten nunmehr auch für § 100k Abs. 1 und Abs. 2. Nach hier vertretener Auffassung sollte die Regelung aus verfassungsrechtlichen Gründen zumindest auch auf die eingriffsintensiven, in § 101 genannten, verdeckten Ermittlungsmaßnahmen (wie zB §§ 100a–100c) erstreckt werden (→ Rn. 70). Welches Gericht konkret zuständig ist, bestimmt sich nach § 101a Abs. 6 S. 2 iVm § 101 Abs. 7 S. 1 (siehe → § 101 Rn. 82).

Anders als bei den in § 101 genannten verdeckten Maßnahmen ordnet S. 2 Nr. 2 an, dass auch Entscheidungen über die **Zurückstellung** der Benachrichtigung bereits von Anfang an (und nicht erst nach 12 Monaten seit der Beendigung) allein durch das nach § 101 Abs. 7 S. 1 zuständige **Gericht** (und nicht durch die Staatsanwaltschaft) getroffen werden müssen. Außerdem darf die erstmalige Zurückstellung maximal 12 Monate betragen. Für weitere Zurückstellungen und das endgültige Absehen von der Benachrichtigung gilt dann § 101a Abs. 6 S. 2 iVm § 101 Abs. 6 S. 2 und S. 3. **132**

An dieser Stelle wirkte sich die **Konsequenz des redaktionellen Versehens bei der ursprünglichen Veröffentlichung der neuen Regelungen des § 101a** bzgl. der Nutzungsdatenabfrage im Bundesgesetzblatt besonders deutlich aus (siehe hierzu oben → Rn. 79). Die Übertragung der Sonderregeln (nur) auf die Nutzungsdatenabfrage nach § 100k Abs. 1 hätte sich – ebenso wenig schon die Einführung von Sonderregeln für die Verkehrsdatenabfrage (siehe hierzu oben → Rn. 131) – in das System der Verfahrensregelungen für die Normen der §§ 100a ff. nicht stimmig eingefügt. Neben den oben dargelegten (→ Rn. 70) Erwägungen käme bzgl. § 100k hinzu, dass die Nutzungsdatenerhebung bei Straftaten „mittels Telemedien" (§ 100k Abs. 2) materiell nur unter strengeren Voraussetzungen als eine Verkehrsdatenerhebung bei Straftaten „mittels Telekommunikation" zulässig wäre, auf Verfahrensebene jedoch strengere Regelungen für die Verkehrsdatenerhebung nach § 100g Abs. 1 S. 1 Nr. 2 gelten würden als für die Nutzungsdatenabfrage nach § 100k Abs. 2. Diese Widersprüche wurden vermieden, wenn man – wie hier vertreten, siehe → Rn. 79 – die Verfahrensregelungen für § 100k Abs. 1 insgesamt auch auf § 100k Abs. 2 erstreckt, wie es in der vom Vermittlungsausschuss vorgeschlagenen und von Bundestag und Bundesrat verabschiedeten Fassung vorgesehen ist. Durch die zwischenzeitlich durch die **Berichtigung des Gesetzes zur Anpassung der Regelungen über die Bestandsdatenauskunft an die Vorgaben aus der Entscheidung des Bundesverfassungsgerichts vom 27. Mai 2020**[125] erfolgte Korrektur ist dieser Wertungswiderspruch nun wieder entfallen. **133**

2. Benachrichtigungspflichten bei Maßnahmen nach § 100k Abs. 3 (Abs. 7). Spezielle Benachrichtigungspflichten sind in Abs. 7 geregelt. Nach der ursprünglich im Bundesgesetzblatt veröffentlichten Fassung, sollten diese für Maßnahmen nach § 100k Abs. 2 gelten. Wie oben ausführlich dargelegt (→ Rn. 79), handelte es sich dabei jedoch um ein redaktionelles Versehen. **In der von Bundestag und Bundesrat verabschiedeten Fassung, wird eine Geltung des Abs. 7 für Maßnahmen nach § 100k Abs. 3 angeordnet** (während für Maßnahmen nach § 100k Abs. 2 die Benachrichtigungspflichten des Abs. 6 gelten). Nach hier vertretener Auffassung war deshalb Abs. 6 bis zur Berichtigung analog auf Maßnahmen nach § 100k Abs. 2 anzuwenden, Abs. 7 dementsprechend teleologisch zu reduzieren und nur (analog) auf Maßnahmen nach § 100k Abs. 3 anzuwenden (siehe → Rn. 79). Hierdurch wurden (bis zur Korrektur) Wertungswidersprüche zwischen Maßnahmen der Verkehrsdatenabfrage nach § 100g und der Nutzungsdatenabfrage nach § 100k verhindert. Mittlerweile wurde die veröffentlichte Fassung durch die **Berichtigung des Gesetzes zur Anpassung der Regelungen über die Bestandsdatenauskunft an die Vorgaben aus der Entscheidung des Bundesverfassungsgerichts vom 27. Mai 2020**[126] an die verabschiedete Fassung angepasst. Nun gilt Abs. 7 ausdrücklich ausschließlich für Maßnahmen nach § 100k Abs. 3. **134**

---

[124] BT-Drs. 18/5088, 36.
[125] BGBl. 2021 I 1380.
[126] BGBl. 2021 I 1380.

135 Abs. 7 schreibt vor, dass die **Betroffenen einer Maßnahme nach § 100k Abs. 3 zu benachrichtigen sind (S. 1).** Die Benachrichtigung soll erst dann und nur insoweit erfolgen, wenn der Zweck der Beauskunftung hierdurch nicht beeinträchtigt wird. Im Vergleich zu den Formulierungen in § 33 Abs. 4 und § 101 Abs. 5 („gefährden") genügt für eine Zurückstellung der Benachrichtigung bei Abs. 7 bereits, wenn **der Untersuchungszweck „beeinträchtigt"** würde. Hierfür ist bereits ausreichend, wenn eine Benachrichtigung prognostisch dazu führen könnte, dass weitere Untersuchungshandlungen durch eine Kenntnis des Betroffenen von der Maßnahme (und daher vom Ermittlungsverfahren) in ihrer Wirksamkeit vermindert werden könnten. In der Praxis wird dies dazu führen, dass Benachrichtigungen nach dieser Vorschrift in aller Regel erst spät im Ermittlungsverfahren bzw. ggf. sogar erst mit dessen Abschluss erfolgen werden, da häufig ein Bekanntwerden einer Nutzungsdatenabfrage zur Beeinträchtigung weiterer Ermittlungshandlungen führen wird (zB durch Löschen/Verändern verfahrensrelevanter Daten durch die Betroffenen, Ergreifen von Anti-Forensik-Maßnahmen etc.). Die Benachrichtigung kann vollständig unterbleiben, wenn eine Abwägung mit schutzwürdigen Belangen Dritter (zB Gefährdung von Leib und Leben) oder der betroffenen Person selbst (zB größere Belastung durch Bekanntwerden der Maßnahme bei der Person als durch Maßnahme selbst) ergibt, dass die schutzwürdigen Belange das Informationsinteresse der betroffenen Person überwiegen. Diese Abwägung ist in jedem Einzelfall vorzunehmen und kann nicht nur auf pauschale, abstrakte Erwägungen gestützt werden. Es müssen jedenfalls konkrete Anhaltspunkte für das tatsächliche Bestehen der schutzwürdigen Abwägungsbelange bestehen. Reine Vermutungen über deren Bestehen reichen nicht aus. Zurückstellungen und endgültiges Unterbleiben einer Benachrichtigung sind aus Transparenz- und Kontrollgründen nach S. 4 aktenkundig zu machen.

136 Ein **Hinweis auf Rechtsschutzmöglichkeiten ist in der Benachrichtigung nicht vorgesehen,** da für Maßnahmen nach § 100k Abs. 3 nicht der Spezialrechtsbehelf des § 101 Abs. 7 S. 2–4 gilt, sondern die allgemeinen Rechtsbehelfe nach § 98 Abs. 2 S. 2 analog und § 304 (siehe hierzu sogleich → Rn. 140). Dennoch muss die Benachrichtigung Hinweise auf die Rechtsschutzmöglichkeiten nach §§ 98 Abs. 2 S. 2, 304 enthalten, da dies nun in § 56 Abs. 1 Nr. 5 BDSG iVm § 500 Abs. 1 vorgesehen sind (siehe sogleich → Rn. 137).

137 Weitere Vorgaben für die inhaltliche Ausgestaltung der Benachrichtigungen werden nunmehr durch Art. 13 Abs. 2 Richtlinie EU 2016/680 und dessen Umsetzung in **§ 500 Abs. 1, Abs. 2 Nr. 2 iVm § 56 Abs. 1 BDSG** gemacht. Demnach muss die Benachrichtigung mindestens folgende Angaben enthalten: Allgemeine Informationen (§ 55 BDSG) über die Zwecke der von den Strafverfolgungsbehörden vorgenommenen Verarbeitungen, Informationen über die datenschutzrechtlichen Rechte der betroffenen Personen, den Namen und die Kontaktdaten des Verantwortlichen und der oder des Datenschutzbeauftragten, eine Aufklärung über das Recht, die Landesbeauftragte oder den Landesbeauftragten anzurufen, und die Erreichbarkeit der oder des Landesbeauftragten (Nr. 1); die Nennung der Befugnisnorm als Rechtsgrundlage der Datenverarbeitung (Nr. 2); die in § 489 genannten Kriterien für eine Löschung der Daten (Nr. 3); die Kategorien der Empfänger der erhobenen Daten in einer Art und Weise, unter der sich der Betroffene etwas vorstellen kann,[127] zB Benennung der befassten Gerichte, Staatsanwaltschaften und Polizeidienststellen (Nr. 4). Unter „sonstigen Informationen" iSv Nr. 5 ist zunächst eine Angabe zu verstehen, aus welcher konkreten Datenquelle die Daten stammen.[128] Erforderliche Information iSv Nr. 5 zur Wahrnehmung der Rechte der betroffenen Person im Zusammenhang mit heimlichen Datenerhebungen ist außerdem der Hinweis auf die Rechtsschutzmöglichkeiten.[129] Da § 101a Abs. 7 einen solchen Hinweis selbst nicht vorsieht, muss nach § 56 Abs. 1 Nr. 5 BDSG iVm § 500 Abs. 1 ein Hinweis auf die Rechtsschutzmöglichkeiten nach §§ 98 Abs. 2 S. 2, 304 erteilt werden.

---

127 Vgl. Gola/Heckmann/Paschke BDSG § 56 Rn. 13.
128 Gola/Heckmann/Paschke BDSG § 56 Rn. 14.
129 Gola/Heckmann/Paschke BDSG § 56 Rn. 14.

IX. Beweisverwertungsverbote bei Verstößen gegen Verfahrensvorschriften

Bei Verstößen gegen die Verfahrensvorschriften für die Nutzungsdatenabfrage aus § 101a können sich auf Grundlage der Abwägungslehre der Rspr. Beweisverwertungsverbote ergeben. Für Details wird auf die Kommentierung in Binnenverweis auf → Rn. 71 ff. verwiesen. 137a

D. Rechtsbehelfe

Gemäß § 101a Abs. 6 S. 2 iVm § 101 Abs. 7 S. 2–4 iVm § 101a Abs. 6 S. 1 können die betroffenen Nutzer des Telemediendienstes gegen richterliche, wie gegen nichtrichterliche Anordnungen nach § 100k Abs. 1 und Abs. 2 einen **Antrag auf Überprüfung der Rechtmäßigkeit der Maßnahme sowie der Art und Weise ihres Vollzuges** stellen. Dieser Rechtsbehelf geht als abschließende Sonderregelung der Beschwerde nach § 304 und dem Rechtsbehelf nach § 98 Abs. 2 S. 2 analog vor. Andernfalls würde die gesetzliche Antragsfrist von zwei Wochen in § 101 Abs. 7 S. 2 sowie die Ausgestaltung des gegen diese Entscheidung nach § 101 Abs. 7 S. 3 statthaften Rechtsmittels als sofortige Beschwerde leerlaufen (→ § 101 Rn. 113 ff.). Wie sich aus dem Wortlaut von § 101 Abs. 7 S. 2 ergibt („auch") ist der Rechtsbehelf auch vor Beendigung der Maßnahmen statthaft. Er ist auch in diesem Fall vorrangig zu § 304 und § 98 Abs. 2 S. 2 analog (Details bei → § 101 Rn. 113 ff.).[130] 138

Gegen die richterliche Anordnung der Maßnahme oder die richterliche Bestätigung einer staatsanwaltschaftlichen Eilanordnung können andere Betroffene als die betroffenen Nutzer des Telemediendienstes nach **§ 304 Abs. 2** die **einfache Beschwerde** einlegen. In der Praxis betrifft dies vor allem die Telemedien-Dienstleister, welche zur Auskunft verpflichtet werden (vgl. § 304 Abs. 2). Gegen staatsanwaltschaftliche Eilanordnungen ist zudem ein Antrag auf gerichtliche Entscheidung analog § 98 Abs. 2 S. 2 statthaft. Dies gilt (auch nach Beendigung der Maßnahme) auch für die Fälle, in denen eine Überprüfung der Art und Weise des Vollzugs der Maßnahme begehrt wird.[131] 139

Unklar war bis zur Korrektur der ursprünglich veröffentlichten Fassung des § 101a durch die **Berichtigung des Gesetzes zur Anpassung der Regelungen über die Bestandsdatenauskunft an die Vorgaben aus der Entscheidung des Bundesverfassungsgerichts vom 27. Mai 2020,**[132] ob für Maßnahmen nach § 100k Abs. 2 und Abs. 3 ebenfalls der Verweis in § 101a Abs. 6 S. 2 auf § 101 Abs. 7 S. 2–4 galt und die betroffenen Nutzer der Telemedien daher den Spezialrechtsbehelf einlegen konnten. Die Nichtnennung von § 100k Abs. 2 in § 101a Abs. 6 S. 1 in der ursprünglich im Bundesgesetzblatt veröffentlichten Fassung beruhte auf einem Redaktionsversehen. In der von Bundestag und Bundesrat verabschiedeten Gesetzesfassung war § 100k Abs. 2 dort noch genannt. Die durch das redaktionelle Versehen entstandene Gesetzeslücke war bis zur Korrektur durch eine analoge Anwendung von § 101a Abs. 6 auf Maßnahmen nach § 100k Abs. 2 zu schließen (ausführliche Begründung der Analogie und Nachweis der Diskrepanz zwischen Bundesgesetzblatt und verabschiedeter Fassung → Rn. 79). Gegen eine Einbeziehung von Maßnahmen nach § 100k Abs. 3 sprach dagegen, dass sich § 101a Abs. 6 S. 2 in systematischer Hinsicht nur auf § 101a Abs. 6 S. 1 beziehen kann und sich damit auf Maßnahmen nach § 100k Abs. 1 (und nach hier vertretener Auffassung Abs. 2) beschränkte, weil in § 101a Abs. 7 eine spezielle Benachrichtigungsvorschrift ohne Verweis auf § 101 Abs. 7 S. 2–4 geregelt ist, die nach hier vertretener Auffassung (siehe → Rn. 79) für Maßnahmen nach § 100k Abs. 3 im Wege eines Analogieschlusses galt, für Maßnahmen nach § 100k Abs. 2 dagegen nicht (teleologi- 140

130 Meyer-Goßner/Schmitt/Köhler § 101 Rn. 25 aE.
131 Wohlers/Greco in SK-StPO § 98 Rn. 50 f.
132 BGBl. 2021 I 1380.

sche Reduktion). **Daher war davon auszugehen, dass der Rechtsbehelf des § 101 Abs. 7 S. 2–4 auch schon vor der Korrektur der veröffentlichten Fassung nur auf Maßnahmen nach § 100k Abs. 1 und Abs. 2 anwendbar war.** Diese Rechtsauffassung wurde nun durch die erfolgte Korrektur durch die Berichtigung des Gesetzes zur Anpassung der Regelungen über die Bestandsdatenauskunft an die Vorgaben aus der Entscheidung des Bundesverfassungsgerichts vom 27. Mai 2020[133] bestätigt: **Nunmehr ordnet § 101a Abs. 6 S. 2 (iVm S. 1) explizit eine Geltung nur für Maßnahmen nach § 100k Abs. 1 und Abs. 2 an.** Für Maßnahmen nach § 100k Abs. 3 verbleibt es daher bei den allgemeinen Rechtsbehelfen nach § 304 (Beschwerde) und § 98 Abs. 2 S. 2 (richterliche Entscheidung gegen staatsanwaltschaftliche oder polizeiliche Maßnahmen).

E. Revision

141 Die Revision kann mit einer nach § 344 Abs. 2 S. 2 zu begründenden **Verfahrensrüge** darauf gestützt werden, dass Beweismittel trotz eines, wegen eines Verstoßes gegen Vorschriften aus § 101a bestehenden, Verwertungsverbotes im Urteil verwertet wurden (Verstoß gegen § 261). Ob bei Verstößen gegen § 101a die sog. **Widerspruchslösung** anzuwenden ist, hat der BGH bislang noch nicht entschieden. Es ist allerdings – angesichts der sachlichen Nähe zur TKÜ – von einer Übertragung der Widerspruchslösung auch auf § 100g, § 100k und § 101a auszugehen.[134] Bei Verstößen gegen die ausdrücklich normierten Verwendungsregeln in § 101a Abs. 4 Nr. 1 (für Maßnahmen nach § 100g Abs. 1 S. 3, Abs. 2, Abs. 3 S. 2) ebenso wie bei Verstößen gegen §§ 479 Abs. 2 S. 1, 161 Abs. 3 (für Maßnahmen nach § 100g Abs. 1 S. 1, S. 2, S. 4, Abs. 3 S. 1 und § 100k Abs. 1, Abs. 2) muss dagegen – genauso wenig wie bei Verstößen gegen § 100d (→ § 100d Rn. 13) – keinesfalls ein Widerspruch erfolgen, da diese Verwertungsverbote stets von Amts wegen zu beachten sind.[135] Gleiches gilt für die Verwendungsbeschränkungen in § 101a Abs. 3 S. 4 iVm § 101 Abs. 8 und § 101a Abs. 4 S. 3–5.

§ 101b Statistische Erfassung; Berichtspflichten

(1) [1]Die Länder und der Generalbundesanwalt berichten dem Bundesamt für Justiz kalenderjährlich jeweils bis zum 30. Juni des dem Berichtsjahr folgenden Jahres über in ihrem Zuständigkeitsbereich angeordnete Maßnahmen nach den §§ 100a, 100b, 100c,100g und § 100k Absatz 1 und 2. [2]Das Bundesamt für Justiz erstellt eine Übersicht zu den im Berichtsjahr bundesweit angeordneten Maßnahmen und veröffentlicht diese im Internet. [3]Über die im jeweils vorangegangenen Kalenderjahr nach § 100c angeordneten Maßnahmen berichtet die Bundesregierung dem Deutschen Bundestag vor der Veröffentlichung im Internet.

(2) In den Übersichten über Maßnahmen nach § 100a sind anzugeben:
1. **die Anzahl der Verfahren, in denen Maßnahmen nach § 100a Absatz 1 angeordnet worden sind;**
2. **die Anzahl der Überwachungsanordnungen nach § 100a Absatz 1, unterschieden nach Erst- und Verlängerungsanordnungen;**
3. **die jeweils zugrunde liegende Anlassstraftat nach der Unterteilung in § 100a Absatz 2;**
4. **die Anzahl der Verfahren, in denen ein Eingriff in ein von dem Betroffenen genutztes informationstechnisches System nach § 100a Absatz 1 Satz 2 und 3**

133 BGBl. 2021 I 1380.
134 So auch Köhler in Meyer-Goßner/Schmitt § 101a Rn. 38; Gercke in Gercke/Julius/Temming/Zöller § 101a Rn. 31; Hauck in Löwe/Rosenberg § 101a Rn. 64.
135 Noch weiter Eschelbach in Satzger/Schluckebier/Widmaier StPO § 100e Rn. 32.

a) im richterlichen Beschluss angeordnet wurde und
b) tatsächlich durchgeführt wurde.

(3) In den Übersichten über Maßnahmen nach § 100b sind anzugeben:
1. die Anzahl der Verfahren, in denen Maßnahmen nach § 100b Absatz 1 angeordnet worden sind;
2. die Anzahl der Überwachungsanordnungen nach § 100b Absatz 1, unterschieden nach Erst- und Verlängerungsanordnungen;
3. die jeweils zugrunde liegende Anlassstraftat nach Maßgabe der Unterteilung in § 100b Absatz 2;
4. die Anzahl der Verfahren, in denen ein Eingriff in ein vom Betroffenen genutztes informationstechnisches System tatsächlich durchgeführt wurde.

(4) In den Berichten über Maßnahmen nach § 100c sind anzugeben:
1. die Anzahl der Verfahren, in denen Maßnahmen nach § 100c Absatz 1 angeordnet worden sind;
2. die jeweils zugrunde liegende Anlassstraftat nach Maßgabe der Unterteilung in § 100b Absatz 2;
3. ob das Verfahren einen Bezug zur Verfolgung organisierter Kriminalität aufweist;
4. die Anzahl der überwachten Objekte je Verfahren nach Privatwohnungen und sonstigen Wohnungen sowie nach Wohnungen des Beschuldigten und Wohnungen dritter Personen;
5. die Anzahl der überwachten Personen je Verfahren nach Beschuldigten und nichtbeschuldigten Personen;
6. die Dauer der einzelnen Überwachung nach Dauer der Anordnung, Dauer der Verlängerung und Abhördauer;
7. wie häufig eine Maßnahme nach § 100d Absatz 4, § 100e Absatz 5 unterbrochen oder abgebrochen worden ist;
8. ob eine Benachrichtigung der betroffenen Personen (§ 101 Absatz 4 bis 6) erfolgt ist oder aus welchen Gründen von einer Benachrichtigung abgesehen worden ist;
9. ob die Überwachung Ergebnisse erbracht hat, die für das Verfahren relevant sind oder voraussichtlich relevant sein werden;
10. ob die Überwachung Ergebnisse erbracht hat, die für andere Strafverfahren relevant sind oder voraussichtlich relevant sein werden;
11. wenn die Überwachung keine relevanten Ergebnisse erbracht hat: die Gründe hierfür, differenziert nach technischen Gründen und sonstigen Gründen;
12. die Kosten der Maßnahme, differenziert nach Kosten für Übersetzungsdienste und sonstigen Kosten.

(5) In den Übersichten über Maßnahmen nach § 100g sind anzugeben:
1. unterschieden nach Maßnahmen nach § 100g Absatz 1, 2 und 3
a) die Anzahl der Verfahren, in denen diese Maßnahmen durchgeführt wurden;
b) die Anzahl der Erstanordnungen, mit denen diese Maßnahmen angeordnet wurden;
c) die Anzahl der Verlängerungsanordnungen, mit denen diese Maßnahmen angeordnet wurden;
2. untergliedert nach der Anzahl der zurückliegenden Wochen, für die die Erhebung von Verkehrsdaten angeordnet wurde, jeweils bemessen ab dem Zeitpunkt der Anordnung
a) die Anzahl der Anordnungen nach § 100g Absatz 1;
b) die Anzahl der Anordnungen nach § 100g Absatz 2;
c) die Anzahl der Anordnungen nach § 100g Absatz 3;

d) die Anzahl der Anordnungen, die teilweise ergebnislos geblieben sind, weil die abgefragten Daten teilweise nicht verfügbar waren;
e) die Anzahl der Anordnungen, die ergebnislos geblieben sind, weil keine Daten verfügbar waren.

(6) In den Übersichten über Maßnahmen nach § 100k sind jeweils unterschieden nach Maßnahmen nach den Absätzen 1 und 2 anzugeben:
1. die Anzahl der Verfahren, in denen Maßnahmen angeordnet worden sind;
2. die Anzahl der Anordnungen, unterschieden nach Erst- und Verlängerungsanordnungen;
3. untergliedert nach der Anzahl der zurückliegenden Wochen, für die die Erhebung von Nutzungsdaten angeordnet wurde, jeweils bemessen ab dem Zeitpunkt der Anordnung
a) die Anzahl der Anordnungen, die teilweise ergebnislos geblieben sind, weil die abgefragten Daten teilweise nicht verfügbar waren;
b) die Anzahl der Anordnungen, die ergebnislos geblieben sind, weil keine Daten verfügbar waren.

Schrifttum: Bär, Die Neuregelung zur Erhebung von Verkehrsdaten (§ 100g StPO) – Inhalt und Auswirkungen, NZWiSt 2017, 81; Roßnagel, Die neue Vorratsdatenspeicherung – Der nächste Schritt im Ringen um Sicherheit und Grundrechtsschutz, NJW 2016, 533; Sandkuhl, Verteidigung und Rechtspolitik – Aktuelles aus der Gesetzgebung für die Praxis, StraFo 2016, 97.

A. Gesetzgebungsgeschichte

1 Die vormals in verschiedenen Vorschriften enthaltenen Regelungen zu **Berichtspflichten** wurden mit dem Gesetz zur effektiveren und praxistauglicheren Gestaltung des Strafverfahrens vom 17.8.2017[1] in § 101b **zusammengefasst.** Neu eingefügt wurden außerdem Berichtspflichten zu den in ebenjenem Gesetz neu eingefügten Maßnahmen der Quellen-Telekommunikationsüberwachung und der Online-Durchsuchung. Die Neufassung gilt gem. § 16 EGStPO erstmals für das Berichtjahr 2019, für die vorherigen Jahre gelten weiterhin die Alt-Vorschriften. Mit dem Gesetz zur Anpassung der Regelungen über die Bestandsdatenauskunft an die Vorgaben aus der Entscheidung des Bundesverfassungsgerichts vom 27. Mai 2020 vom 30. März 2021 wurden die Berichtspflichten auf die Nutzungsdatenabfrage nach § 100k erstreckt.[2]

B. Erläuterung

I. Allgemeines (Abs. 1)

2 Die Berichts- und Veröffentlichungspflichten dienen einerseits der Schaffung von mehr **Transparenz** bei Anwendung besonders eingriffsintensiver verdeckter Maßnahmen, andererseits der **Evaluierung** der berichtspflichtigen Ermittlungsmaßnahmen.[3] Berichtspflichtig sind nach Abs. 1 S. 1 die Länder für die durch ihre Polizei- und Justizbehörden angeordneten bzw. durchgeführten Maßnahmen und der GBA für die in seinem Zuständigkeitsbereich beantragten, angeordneten und durchgeführten Maßnahmen.

3 Aus den bis zum 30.6. des Folgejahres beim Bundesamt für Justiz einzureichenden **Statistiken** erstellt dieses gem. Abs. 1 S. 2 eine bundesweite Übersicht und veröffentlicht

1 BGBl. 2017 I 3202.
2 BGBl. 2021 I 448 und Berichtigung in BGBl. 2021 I 1380.
3 BT-Drs. 18/5088, 36; Bär NZWiSt 2017, 81 (86).

diese im **Internet.**[4] Eine Besonderheit gilt gem. Abs. 1 S. 3 für Maßnahmen der **akustischen Wohnraumüberwachung.** Gem. Art. 13 Abs. 6 S. 1 GG muss die Bundesregierung den Bundestag jährlich über den Einsatz von technischen Mitteln zur Wohnraumüberwachung unterrichten, um eine parlamentarische Kontrolle durch ein gewähltes Gremium zu gewährleisten (Art. 13 Abs. 6 S. 2 GG). Dieselbe Pflicht trifft nach Art. 13 Abs. 6 S. 3 die Landesregierungen. Dementsprechend ordnet § 101b Abs. 1 S. 3 an, dass die Bundesregierung dem Bundestag über Maßnahmen nach § 100c noch vor der Veröffentlichung des bundesweiten Berichts auf der Homepage des Bundesamtes für Justiz Bericht erstattet.[5]

II. Inhalt der Berichte (Abs. 2–5)

Die Abs. 2–5 legen, gegliedert nach den einzelnen Maßnahmen der §§ 100a–100c, 100g, den Inhalt der Berichte fest. Besonderheiten bestehen bei den Maßnahmen der Quellen-Telekommunikationsüberwachung, der Online-Durchsuchung, der akustischen Wohnraumüberwachung und der Verkehrsdatenabfrage. Mitzuteilen sind dabei jeweils rein **statistische, nicht jedoch personenbezogene Daten.** 4

Bei den Maßnahmen der **Quellen-Telekommunikationsüberwachung** und der **Online-Durchsuchung** sind nach Abs. 2 Nr. 4 bzw. Abs. 3 Nr. 4 nicht nur die Anzahl der Anordnungen der Eingriffe in informationstechnische Systeme anzugeben, sondern auch, wie oft diese Eingriffe tatsächlich durchgeführt wurden. Anhand dieser Daten kann ausgewertet werden, wie effektiv es den Strafverfolgungsbehörden gelingt, tatsächlich in die IT-Systeme einzudringen. Dies ist nämlich mit zahlreichen technischen und tatsächlichen Schwierigkeiten verbunden (→ § 100a Rn. 9 und → § 100b Rn. 3 f.). Hierdurch wird eine Evaluation der praktischen Bedeutsamkeit der Maßnahmen möglich.[6] 5

Abs. 4 ordnet für die Maßnahmen der **akustischen Wohnraumüberwachung** zahlreiche sehr detaillierte Berichtspflichten an. So müssen die Anzahl der überwachten Objekte, Personen und die Dauer der einzelnen Überwachungsmaßnahmen ebenso angegeben werden, wie Angaben zu Unterbrechungen oder sogar der Abbruch des Abhörens nach § 100d Abs. 4 und § 100e Abs. 5. Berichtet werden muss ebenfalls über Benachrichtigungen und die Kosten der Überwachung sowie, ob die Maßnahme relevante Erkenntnisse erbracht hat. Hinsichtlich des Berichts über Benachrichtigungen geäußerte Bedenken, dass diese die Zwecke einer Zurückstellung oder des Absehens von der Benachrichtigung konterkarieren könnten,[7] sind nicht überzeugend. Aus den durch das Bundesamt für Justiz veröffentlichten rein statistischen Daten lassen sich keinerlei Rückschlüsse auf konkrete Maßnahmen ziehen. Bei der Auswahl der Inhalte der Berichtspflichten für Maßnahmen nach § 100c hat sich der Gesetzgeber an den Kriterien orientiert, die auch im Rahmen der von der BReg. beim Max-Planck-Institut in Auftrag gegebenen Studie zur Frage der praktischen Handhabung und Effizienz der akustischen Wohnraumüberwachung erhoben worden waren.[8] Da diese Daten die wissenschaftliche Evaluation der Überwachungsmaßnahme und eine effektive Kontrolle der Maßnahmen durch die Öffentlichkeit ermöglichen, wären entsprechende Berichtspflichten auch für die anderen in § 101b genannten Überwachungsmaßnahmen wünschenswert, wenn auch freilich mit nicht unerheblichem Personalaufwand verbunden.[9] 6

---

[4] https://www.bundesjustizamt.de/DE/Themen/Buergerdienste/Justizstatistik/Telekommunikation/Telekommunikationsueberwachung_node.html und https://www.bundesjustizamt.de/DE/Themen/Buergerdienste/Justizstatistik/Wohnraum/Wohnraumueberwachung_node.html (Stand jeweils 28.10.2020).

[5] Zu den nach Art. 13 Abs. 6 GG, § 100e vorliegenden Berichten für die Jahre 1998 bis 2001 und deren Auswertung vgl. Meyer-Wieck Rechtswirklichkeit und Effizienz der akustischen Wohnraumüberwachung („großer Lauschangriff") nach § 100c Abs. 1 Nr. 3 StPO, Eine rechtstatsächliche Untersuchung im Auftrag des Bundesministeriums der Justiz, S. 53 ff.

[6] Siehe auch Bär in BeckOK StPO § 101b Rn. 10 f.

[7] Bär in BeckOK StPO § 101b Rn. 13.

[8] Vgl. Meyer-Wieck Rechtswirklichkeit und Effizienz der akustischen Wohnraumüberwachung („großer Lauschangriff") nach § 100c Abs. 1 Nr. 3 StPO, Eine rechtstatsächliche Untersuchung im Auftrag des Bundesministeriums der Justiz, S. 8 ff.

[9] Für eine Erweiterung der einzelnen Berichtspflichten auch Hauck in Löwe/Rosenberg § 101b Rn. 4, 10.

Zur Überprüfung der Normeffizienz gehört sowohl die Auseinandersetzung mit der Frage, ob Maßnahmen nach § 100c die **Strafverfolgung verbessern** als auch eine Prüfung dahingehend, ob die gesetzgeberischen Maßnahmen zum Schutz der Grundrechte in der strafprozessualen Praxis ihre **Wirkung entfalten.**[10]

7 Für **Maßnahmen nach § 100g StPO** (Erhebung von Verkehrsdaten) muss gem. Abs. 5 zwischen den Einzelmaßnahmen nach § 100g Abs. 1, Abs. 2 und Abs. 3 unterschieden werden. Unklar bleibt dabei, wie mit den Maßnahmen nach § 100g Abs. 1 S. 3 und § 100g Abs. 3 S. 2 umgegangen werden soll. Diese Maßnahmen sind zwar formal Abs. 1 bzw. Abs. 3 zugeordnet, werden jedoch unter den Voraussetzungen des Abs. 2 angeordnet. Auch aus den bislang veröffentlichten Statistiken lässt sich dies nicht ersehen. Kritisiert wird an der Regelung auch, dass sich die Effektivität der Maßnahmen zur Kriminalitätsbekämpfung nicht aus den Statistiken ersehen lässt.[11]

8 Neu ist die **Berichtspflicht für die Nutzungsdatenerhebung nach § 100k.** Problematisch war hier zunächst, dass – wie bei § 101a (siehe hierzu → § 101a Rn. 79) – die im Bundesgesetzblatt ursprünglich veröffentlichte Version des Gesetzes nicht derjenigen entsprach, die von Bundestag[12] und Bundesrat[13] (auf Vorschlag des Vermittlungsausschusses) verabschiedet wurde.[14] Der Unterschied bestand darin, dass in der vom Parlament verabschiedeten Fassung die Berichtspflichten für Maßnahmen nach § 100k Abs. 1 und Abs. 2 galten, in der veröffentlichten Version nur für Maßnahmen nach § 100k Abs. 1. Wie im Rahmen von § 101a lag auch hier ein offensichtliches redaktionelles Versehen bei der Veröffentlichung des Gesetzes im Bundesgesetzblatt vor. Da für Maßnahmen nach § 100k Abs. 2 somit hinsichtlich der Berichtspflichten eine planwidrige Regelungslücke vorlag, der Wille des Gesetzgebers bekannt und dokumentiert war und auch keine Beeinträchtigung grundrechtlich geschützter Rechtspositionen zu befürchten war (die Berichtspflichten dienen der Transparenz und richten sich an staatliche Behörden), war auch hier eine analoge Anwendung von § 101b Abs. 6 auf Maßnahmen nach § 100k Abs. 2 zulässig, um die Regelungslücke zu schließen. Die Vergleichbarkeit der Interessenlage ließ sich dabei auch darauf stützen, dass die Berichtspflichten der Evaluierung der grundrechtsintensiven Maßnahmen des § 100k Abs. 1 und Abs. 2 dienen sollen, welche in ihrer Intensität zwischen § 100a und § 100g angesiedelt sind, für welche ebenfalls Berichtspflichten angeordnet sind. Mittlerweile ist der **Fehler bei der Veröffentlichung im Bundesgesetzblatt durch die Berichtigung des Gesetzes zur Anpassung der Regelungen über die Bestandsdatenauskunft an die Vorgaben aus der Entscheidung des Bundesverfassungsgerichts vom 27. Mai 2020**[15] **korrigiert** und die veröffentlichte Fassung entspricht jetzt der vom Parlament verabschiedeten Fassung. Die Berichtspflichten gelten jetzt explizit für Maßnahmen nach § 100k Abs. 1 und Abs. 2.

9 Die **Berichtspflichten für Maßnahmen nach § 100k Abs. 1 und Abs. 2** entsprechen dabei weitgehend denjenigen für Maßnahmen nach § 100g. Anzugeben sind daher – unterschieden nach Maßnahmen gem. § 100k Abs. 1 und Abs. 2 – die Anzahl der Verfahren, in denen Maßnahmen der Nutzungsdatenabfrage angeordnet wurden, die Anzahl der Erst- und Verlängerungsanordnungen sowie Angaben darüber, in wie vielen Fällen die Anordnungen aufgrund teilweise oder vollständig nicht mehr vorhandener Nutzungsdaten die Anordnungen (teilweise) ergebnislos blieben.

§ 102 Durchsuchung bei Beschuldigten

Bei dem, welcher als Täter oder Teilnehmer einer Straftat oder der Datenhehlerei, Begünstigung, Strafvereitelung oder Hehlerei verdächtig ist, kann eine Durchsuchung der Wohnung und anderer Räume sowie seiner Person und der ihm gehö-

10 Papier in Dürig/Herzog/Scholz GG Art. 13 Rn. 113.
11 Roßnagel NJW 2016, 533 (537).
12 BT-Plenarprotokoll 19/219, 27712.
13 BR-Plenarprotokoll 1002, 105.
14 Siehe BGBl. 2021 I 448 (458) einerseits und BT-Drs. 19/27900, 10f. andererseits.
15 BGBl. 2021 I 1380.

renden Sachen sowohl zum Zweck seiner Ergreifung als auch dann vorgenommen werden, wenn zu vermuten ist, daß die Durchsuchung zur Auffindung von Beweismitteln führen werde.

Schrifttum: Auffermann/Vogel, Wider die Betriebsblindheit – Verhalten bei Durchsuchungen in Arztpraxen und Krankenhäusern, NStZ 2016, 387; Bär, Polizeilicher Zugriff auf kriminelle Mailboxen, CR 1995, 489; Benfer, Die strafprozessuale Haussuchung als implizierte Befugnis?, NJW 1980, 1611; Beulke/Meininghaus, Verdeckte Durchsuchung eines Computers mittels heimlich installiertem Computerprogramm, StV 2007, 63; Brüning, Der Schutz der Pressefreiheit im Straf- und Strafprozessrecht, wistra 2007, 333; Buermeyer, Die „Online-Durchsuchung". Technischer Hintergrund des verdeckten hoheitlichen Zugriffs auf Computersysteme, HRRS 2007, 154; Cerny/Fickentscher, Die Rechtsprechung des BGH zu legendierten Kontrollen – eine „drohende Gefahr" für den Rechtsstaat?, NStZ 2019, 697; Ciolek-Krepold, Durchsuchung und Beschlagnahme in Wirtschaftsstrafsachen, 2000; v. Coelln, Der Mandant in der Insolvenz, StraFo 2019, 143; Dann, Durchsuchung und Beschlagnahme in der Anwaltskanzlei, NJW 2015, 2609; Ellbogen/Erfurth, Strafrechtliche Folgen von Ping- oder Lockanrufen auf Mobiltelefone, CR 2008, 635; Erb, Putativnotwehr bei nächtlicher Durchsuchung unter heimlichem Eindringen, JR 2012, 204; Fincke, Zum Begriff des Beschuldigten und den Verdachtsgraden, ZStW 95 (1983), 918; Fluck, Anwendung und Auslegung der DNA-Identifizierung, NJW 2001, 2295; Geerds, Durchsuchungen von Personen, Räumen und Sachen, Festschrift Dünnebier, 1982, 171; Gercke, Heimliche Online-Durchsuchung: Anspruch und Wirklichkeit, CR 2007, 245; Graalmann-Scheerer, Molekulargenetische Untersuchung im Strafverfahren, ZRP 2002, 72; Graf, Internet – Straftaten und Strafverfolgung, DRiZ 1999, 281; Gramse, Verkehrsstraftat, Führerscheinbeschlagnahme, Wohnungsdurchsuchung, NZV 2002, 345; Hansen/Pfitzmann/Roßnagel, Online-Durchsuchung, DRiZ 2007, 225; Hauck, Lauschangriff in der U-Haft, NStZ 2010, 17; Heuchemer, Die Praxis der Hausdurchsuchung und Beschlagnahme und die Wirksamkeit von Rechtsbehelfen im Wirtschaftsstrafrecht, NZWiSt 2012, 137; Hofmann, Die Online-Durchsuchung – staatliches „Hacken" oder zulässige Ermittlungsmaßnahme?, NStZ 2005, 121; Hoven, Die Grenzen des Anfangsverdachts – Gedanken zum Fall Edathy, NStZ 2014, 361; Jahn, Strafprozessuale Eingriffsmaßnahmen im Lichte der aktuellen Rechtsprechung des BVerfG – Unter besonderer Berücksichtigung der in BVerfGK 1–5 veröffentlichten Entscheidungen, NStZ 2007, 255; Jahn/Kudlich, Die strafprozessuale Zulässigkeit der Online-Durchsuchung, JR 2007, 57; Jaeschke, Durchsuchung besetzter Häuser nach der Strafprozessordnung, NJW 1983, 434; Kaiser, Notwendigkeit eines Durchsuchungsbefehls bei strafprozessualen Zwangsmaßnahmen?, NJW 1980, 875; Kemper, Die Voraussetzungen einer Wohnungsdurchsuchung in Steuerstrafsachen, wistra 2007, 249; Kemper, Anforderungen und Inhalt der Online-Durchsuchung bei der Verfolgung von Straftaten, ZRP 2007, 105; Krekeler, Beweisverwertungsverbote bei fehlerhaften Durchsuchungen, NStZ 1993, 263; Krekeler/Schütz, Die Durchsuchung von beziehungsweise in Unternehmen, wistra 1995, 296; Matthes, Zwischen Durchsuchung und Rasterfahndung – Verdachtsbegründung und Ermittlungsmöglichkeiten der Steuerfahndung, wistra 2008, 10; Müller, Rechtsgrundlagen und Grenzen zulässiger Maßnahmen bei der Durchsuchung von Wohn- und Geschäftsräumen, 2003; Müller/Römer, Legendierte Kontrollen – Die gezielte Suche nach dem Zufallsfund, NStZ 2012, 543; Nelles, Strafprozessuale Eingriffe in das Hausrecht von Angehörigen, StV 1991, 488; Oğlakcıoğlu, Betäubungsmittelrechtliche Entscheidungen des BVerfG sowie der Ober- und Instanzgerichte – 2. Teil, NStZ-RR 2018, 329; Park, Handbuch Durchsuchung und Beschlagnahme, 4. Aufl., 2018; Rabe v. Kühlewein, Neue Regeln für Wohnungsdurchsuchungen, NStZ 2015, 618; Rengier, Praktische Fragen bei Durchsuchungen, insbesondere in Wirtschaftsstrafsachen, NStZ 1981, 372; Röß, Die Durchsuchung von Arztpraxen beim Verdacht des Abrechnungsbetruges, NZWiSt 2018, 483; Rosengarten/Römer, Der „virtuelle verdeckte Ermittler" in sozialen Netzwerken und Internetboards, NJW 2012, 1764; Sommermeyer, Die materiellen und formellen Voraussetzungen der strafprozessualen Hausdurchsuchung, Jura 1992, 449; Stoffers, Einführung eines „Krisenmanagements" bei Unternehmen im Hinblick auf mögliche Strafverfahren, wistra 2009, 379; Walter, Die strafprozessuale Hausdurchsuchung, JA 2010, 32; Warda, Die Durchsuchung bei Verdächtigen und bei anderen Personen nach den §§ 102, 103 StPO, Diss. 1986; Weiler, Beweissichernde Durchsuchung und die Folgen von Verfahrensfehlern, Gedächtnisschrift Meurer, 2002, 395; Weiß, Online-Durchsuchungen im Strafverfahren, Diss. Hamburg 2009; Werwigk, Zur Geltung des Richtervorbehalts bei der Durchsuchung von besetzten Häusern, NJW 1983, 2366; Wiese, Zum Richtervorbehalt nach Art. 13 Abs. 2 GG und zum Verhältnismäßigkeitsprinzip im steuerstrafrechtlichen Ermittlungsverfahren, wistra 2006, 417; Zöller, Verdachtslose Recherchen und Ermittlungen im Internet, GA 2000, 563.

Übersicht

I. Überblick

1 **1. Normzweck.** Die nach Art. 1 Nr. 9 des Gesetzes vom 10.12.2015 (BGBl. 2015 I 2218) mWv 18.12.2015 zuletzt geänderte Vorschrift § 102 betrifft die Durchsuchung beim Verdächtigen und gestattet einen Eingriff in das Grundrecht aus Art. 13 Abs. 1 GG, das die Unverletzlichkeit der Wohnung garantiert.[1] Dem Gewicht dieses gravierenden Eingriffs und der verfassungsrechtlichen Bedeutung des Schutzes der räumlichen Privatsphäre entspricht es, dass Art. 13 Abs. 2 GG die Anordnung einer Durchsuchung grds. unter Richtervorbehalt stellt. Die Durchsuchung der Person des Verdächtigen sowie seiner Sachen kann zudem einen Eingriff in das allgemeine Persönlichkeitsrecht aus Art. 2 Abs. 1 GG in Verbindung mit Art. 1 GG begründen.[2]

2 **2. Anwendungsbereich.** § 102 regelt die Voraussetzungen der Durchsuchung beim Verdächtigen, § 103 dagegen die Durchsuchung beim Nichtverdächtigen, die nur unter engeren Voraussetzungen angeordnet werden darf. Die Anordnungsbefugnis ist in § 105 Abs. 1, die Durchführung der Durchsuchung in den §§ 104–110 normiert. Bei den Vorschriften §§ 105 Abs. 2, 106 Abs. 1, 107 handelt es sich um wesentliche Formvorschriften, da die Durchsuchung eine **offene Ermittlungsmaßnahme** darstellt.[3] Unzulässig ist ein heimliches Betreten und Ausforschen der Wohnung. § 108 Abs. 1 gestattet die einstweilige Beschlagnahme von Zufallsfunden. § 109 regelt die Kennzeichnung beschlagnahmter Gegenstände. § 110 betrifft die offene Durchsicht von Papieren einschließlich elektronischer Speichermedien.

3 **3. Durchsuchungszweck.** Die Durchsuchung darf nicht dem Zweck dienen, Verdachtsgründe gegen bisher noch unbekannte Dritte zu finden oder mit Hilfe von Ausforschungen einen Tatverdacht erst zu begründen.[4] Sie dient allein der Ergreifung des Verdächtigen **(Ergreifungsdurchsuchung)** oder dem Auffinden von Beweismitteln **(Ermittlungsdurchsuchung).**

4 Die **Ergreifungsdurchsuchung** umfasst jede Festnahme mit dem Ziel der Durchführung einer zum Zeitpunkt der Anordnung der Durchsuchung gesetzlich zugelassenen Zwangsmaßnahme. Das gilt für die vorläufige Festnahme nach § 127 oder für die Vollstreckung eines Haftbefehls nach § 112 oder § 230 Abs. 2, eines Vorführungsbefehls nach § 134, § 236 oder § 329 Abs. 4 S. 1 oder eines Unterbringungsbefehls nach § 126a. Eine Ergreifung ist auch möglich zum Zwecke der Identitätsfeststellung nach § 163b oder einer körperlichen Untersuchung nach § 81a sowie der erkennungsdienstlichen Behandlung für die Durchführung des Strafverfahrens nach § 81b. Ist die Entnahme von Körperzellen mittels einer Blutprobe angeordnet, leistet der Betroffene der Vorladung aber keine Folge, so darf die Durch-

[1] BVerfG 30.4.1997 – 2 BvR 817/90 ua, BVerfGE 96, 27 (40) = NJW 1997, 2163 (2164); 20.2.2001 – 2 BvR 1444/00, BVerfGE 103, 142 (150 f.) = NJW 2001, 1121 (1122); 13.11.2005 – 2 BvR 728/05 + 758/05, NStZ-RR 2006, 110; 5.3.2012 – 2 BvR 1345/08, NJW 2012, 209; 24.1.2013 – 2 BvR 376/11, StV 2013, 609; 9.9.2013 – 2 BvR 533/13, juris = BeckRS 2013, 56596; Rabe v. Kühlewein NStZ 2015, 618.

[2] BVerfG 29.10.2003 – 2 BvR 1745/01, NJW 2004, 1728 (1729); 18.3.2009 – 2 BvR 1036/08, NJW 2009, 2518.

[3] BVerfG 2.3.2006 – 2 BvR 2099/04, BVerfGE 115, 166 (195) = NJW 2006, 976 (981); BGH 31.1.2007 – StB 18/06, BGHSt 51, 211 (212 f.) = NJW 2007, 930; 2.11.2011 – 2 StR 375/11, NStZ 2012, 272 mAnm Erb JR 2012, 204 (209); Beulke/Meininghaus StV 2007, 63 (64); Müller/Römer NStZ 2012, 543 (544); Heuchemer NZWiSt 2012, 197 (137 ff.); Bruns in KK-StPO Rn. 1.

[4] BVerfG 5.8.1966 – 1 BvR 586/62, 610/63, 512/64, NJW 1966, 1603 (1608); 29.7.2020 – 2 BvR 1188/18, BeckRS 2020, 18937; 27.7.2020 – 2 BvR 2132/19, BeckRS 2020, 18770; Hegmann in BeckOK StPO Rn. 3.

suchung seiner Wohnung zum Zwecke seiner Ergreifung angeordnet werden. Die Anordnung muss dann von einem Richter getroffen werden.[5] Zulässiger Zweck der Durchsuchung ist auch der Vollzug eines Vorführungs- oder Vollstreckungshaftbefehls (§ 457 Abs. 2, 3)[6] oder eines Sicherungshaftbefehls nach § 453c Abs. 1 sowie die Festnahme des Betroffenen zur Einlieferung in den Maßregelvollzug nach § 463 Abs. 1.[7]

Die **Ermittlungsdurchsuchung** dient dem Auffinden von **Beweismitteln,** insbesondere Sachen, die unmittelbar oder mittelbar für die Tat Beweis erbringen können,[8] und von Spuren.[9] Zu den Beweismitteln zählen weiter Personen, die zu Beweiszwecken in Augenschein genommen werden sollen. Darunter fallen jedoch nicht Personen, die nur als Zeugen gesucht werden.[10] §§ 102 ff. sind entsprechend anwendbar, wenn die Durchsuchung dem Auffinden von **Einziehungsgegenständen** oder der **Unbrauchbarmachung** dient, um diese anschließend zu beschlagnahmen (§ 111b Abs. 2).[11] In **Bußgeldverfahren** kann ebenfalls eine Durchsuchung in Betracht kommen. Hier sind jedoch deutlich höhere Anforderungen an die Verhältnismäßigkeit zu stellen.[12] 5

Eine Durchsuchung liegt in Abgrenzung zu bloßen Betretungs-, Besichtigungs- und Kontrollrechten vor, wenn ein Betreten der Wohnung der **ziel- und zweckgerichteten Suche** nach Personen oder Sachen oder zur Ermittlung eines nicht bereits offenkundigen Sachverhalts, dh dem Aufspüren dessen dient, was der Wohnungseigentümer von sich aus nicht herausgeben oder offen legen will.[13] Dagegen ist eine **Nachschau** aufgrund eines gesetzlichen Betretungs- und Besichtigungsrechts keine Durchsuchung iSd Vorschrift.[14] Eine Nachschau liegt in Abgrenzung zur Durchsuchung vor, wenn sichere Kenntnis darüber besteht, dass sich der Gesuchte in einer bestimmten Wohnung aufhält,[15] bspw. wenn Polizeibeamte im Zuge der Vollstreckung einer Ersatzfreiheitsstrafe eine Wohnung betreten haben, um den Widerstand leistenden Wohnungsinhaber festzunehmen.[16] Obwohl die Nachschau ebenfalls einen Eingriff in Art. 13 Abs. 1 GG bewirkt, ist sie nicht an die Voraussetzung des Art. 13 Abs. 2 GG gebunden.[17] 6

Eine Durchsuchung kann im Zeitraum von der Einleitung des Ermittlungsverfahrens bis zu seinem rechtskräftigen Abschluss erfolgen.[18] Wenn es um die Vollziehung eines Sicherungs- oder Vollstreckungshaftbefehls geht (§§ 453c, 457), ist gemäß § 457 Abs. 3 die Durchsuchung zwar auch im **Strafvollstreckungsverfahren** zulässig.[19] Beweismittel dürfen jedoch nur bis zum rechtskräftigen Abschluss des Verfahrens, nicht dagegen für Zwecke der Strafvollstreckung sichergestellt werden. Durchsuchungs- und Beschlagnahmeanordnungen zur Überwachung der Lebensführung während der Bewäh- 7

[5] LG Hamburg 11.3.2005 – 602 Qs 11/05, NStZ 2005, 407; Graalmann-Scheerer ZRP 2002, 72 (75); aA LG Frankfurt a. M. 17.9.2003 – 5/6 Qs 51/03, StV 2003, 610; Fluck NJW 2001, 2295.
[6] Park Durchsuchung Rn. 51.
[7] Tsambikakis in Löwe/Rosenberg Rn. 19.
[8] Löffelmann in AK-StPO Rn. 5.
[9] Köhler in Meyer-Goßner/Schmitt Rn. 13; Bruns in KK-StPO Rn. 4; Ladiges in Radtke/Hohmann Rn. 16; Geerds FS Dünnebier, 1982, 171 (174).
[10] Köhler in Meyer-Goßner/Schmitt Rn. 13.
[11] Gramse NZV 2002, 345 (349).
[12] Burhoff StrafREV-HdB Rn. 1058.
[13] BVerfG 5.5.1987 – 1 BvR 1113/85, BVerfGE 75, 318 (327) = NJW 1987, 2500 (2501); BVerfG 19.11.1999 – 1 BvR 2017/97, NJW 2000, 943 (944); 18.9.2008 – 2 BvR 683/08, wistra 2008, 463; BGH 24.2.2011 – V ZB 280/10, MDR 2011, 631; Müller Durchsuchung von Wohn- und Geschäftsräumen S. 68; Weiler GS Meurer, 2002, 398; Hartmann in HK-GS Rn. 1.
[14] BVerfG 13.10.1971 – 1 BvR 280/66, NJW 1971, 2299; 15.3.2007 – 1 BvR 2138/05, NVwZ 2007, 1049; aA Gercke in Gercke/Julius/Temming/Zöller Rn. 11.
[15] Ladiges in Radtke/Hohmann Rn. 5.
[16] KG 19.2.1999 – 1 Ss 363/98, juris; Kaiser NJW 1980, 875 (876); Köhler in Meyer-Goßner/Schmitt Rn. 8.
[17] BVerfG 5.5.1987 – 1 BvR 1113/85, BVerfGE 75, 318 (327) = NJW 1987, 2500 (2501); BVerwG 7.6.2006 – 4 B 36/06, NJW 2006, 2504; BGH 10.8.2006 – I ZB 126/05, NJW 2006, 3352 (3353), Ladiges in Radtke/Hohmann Rn. 5; Benfer NJW 1980, 1611 (1612).
[18] Köhler in Meyer-Goßner/Schmitt Rn. 1.
[19] Wohlers/Jäger in SK-StPO Rn. 4.

rungszeit, bspw. zur Begründung eines Bewährungswiderrufs, sieht das Gesetz nicht vor.[20]

7a Es ist nicht zu beanstanden, wenn die Polizei im Rahmen einer polizeirechtlich zulässigen Durchsuchungsmaßnahme strafrechtlich relevante Beweise erhebt **(doppelfunktionale Maßnahme).**[21] Es gibt weder einen allgemeinen Vorrang der Strafprozessordnung gegenüber dem Gefahrenabwehrrecht noch umgekehrt (Zu legendierten Kontrollen → § 108 Rn. 7.). Polizeibehörden dürfen auch während eines bereits laufenden Ermittlungsverfahrens auf Grund präventiver Ermächtigungsgrundlagen zum **Zwecke der Gefahrenabwehr** tätig werden.[22] Die Rechtmäßigkeit der Maßnahme ist dann ausschließlich nach den gefahrenabwehrrechtlichen Voraussetzungen zu beurteilen. Die Verwertbarkeit der dabei gewonnenen Beweismittel im Strafverfahren bestimmt sich nach § 161 Abs. 2 S. 1.[23] Zum Gebot der Aktenwahrheit und -vollständigkeit bei Hintergrundermittlungen ist allerdings anzumerken, dass im Hinblick auf den Fair-trial-Grundsatz und das Gebot der Aktenwahrheit und der Aktenvollständigkeit nicht unbedenklich ist, wenn ein Verhalten einer Ermittlungsbehörde, insbesondere Hintergrundermittlungen, nicht gleich aktenkundig gemacht werden. Grundsätzlich muss sich aus den Akten ergeben, welche konkreten Ermittlungsmaßnahmen durchgeführt worden sind und welchen Erfolg sie gehabt haben. Das im Vorverfahren tätige Gericht, insbesondere der Ermittlungsrichter, ggf. auch das Beschwerdegericht, muss den Gang des Verfahrens ohne Abstriche nachvollziehen können, denn es muss in einem rechtsstaatlichen Verfahren schon der bloße Anschein vermieden werden, die Ermittlungsbehörden wollten etwas verbergen. So verstoßen diese schwerwiegend gegen die Pflicht zur Führung vollständiger Akten, wenn es die Polizei beispielsweise versäumte, bei Vorlage der Akten an die Staatsanwaltschaft darauf hinzuweisen, dass sie bereits vor Eingang der anonymen Anzeige einen Fahndungsaufruf in der örtlichen Tageszeitung veröffentlicht hatte, in dem alle vom anonymen Hinweisgeber mitgeteilten Informationen enthalten waren; damit verliert die anonyme Anzeige nahezu ihr gesamtes Gewicht und konnte keinen Anfangsverdacht begründen.[24] Eine etwaige Aktenunvollständigkeit hat die Staatsanwaltschaft als Herrin des Ermittlungsverfahrens grundsätzlich zu vertreten. Sie hat für ein justizförmiges Verfahren – auch durch ihre Ermittlungspersonen – zu sorgen.[25] Sie trägt die Grundverantwortung für die rechtlich einwandfreie Beschaffung der Beweismittel.[26] Unter Umständen besteht zwar nach § 147 Abs. 2 die vorläufige Möglichkeit für die Staatsanwaltschaft, dem Verteidiger vor Abschluss der Ermittlungen die Einsicht in die Akten insgesamt oder teilweise zu versagen, so dass dieser und damit Beschuldigte über etwaige Hintergrundermittlungen zunächst keine Kenntnis erhalten und auch weitere verdeckte Ermittlungen damit nicht offengelegt werden müssen. Zu berücksichtigen ist jedoch, dass im Falle einer Beschwerde gegen gerichtlich angeordnete Maßnahmen, etwa Beschlagnahme- und Durchsuchungsanordnungen, nachteilige gerichtliche Entscheidung im Beschwerdeverfahren nur auf Tatsachen und Beweismittel gestützt werden dürfen, die dem Beschuldigten durch Akteneinsicht bekannt sind und zu denen er sich äußern konnte.[27] Spätestens zu diesem Zeitpunkt ist von der Staatsanwaltschaft zu prüfen, ob etwaige Hintergrundinformationen unter Berücksichtigung des Fair-trial-Grundsatzes zu den Akten zu nehmen sind. Welche Konsequenzen sich aus einem Verstoß gegen die vorskizzierten Maßstäbe ergeben würden, ob beispielsweise die Verteidigungsrechte des Angeklagten in der Hauptverhandlung berührt werden oder ob ein Beweisverwertungsverbot anzunehmen ist, entzieht sich einer schematischen Betrachtung und hängt stets von den Umständen des Einzelfalls ab.[28]

---

20 KG 5.5.1999 – 2 AR 26/99 – 3 Ws 116/99, NJW 1999, 2979 (2980).
21 BGH 26.4.2017 – 2 StR 247/16, NJW 2017, 3173; Bruns in KK-StPO Rn. 1.
22 Zur legendierten Kontrolle nach § 10 ZollVG vgl. auch BGH 15.11.2017 – 2 StR 128/17, NStZ 2018, 296.
23 BGH 17.1.2018 – 2 StR 180/17, NStZ-RR 2018, 146.
24 BVerfG 14.7.2016 – 2 BvR 2474/14, BeckRS 2016, 50709.
25 BGH 26.4.2017 – 2 StR 247/16, NJW 2017, 3173, kritisch vgl. Cerny/Fickentscher NStZ 2019, 697 (699).
26 BVerfG 14.7.2016 – 2 BvR 2474/14, BeckRS 2016, 50709.
27 Vgl. BVerfG 9.9.2013 – 2 BvR 533/13, WM 2013, 1990.
28 Vgl. auch BGH 26.4.2017 – 2 StR 247/16, NJW 2017, 3173.

II. Erläuterung

8 **1. Verdächtiger.** Verdächtiger ist diejenige Person, von der aufgrund tatsächlicher Anhaltspunkte oder kriminalistischer Erfahrungen angenommen werden kann,[29] dass sie als Täter oder Teilnehmer (nicht aber nur als notwendiger Teilnehmer)[30] einer verfolgbaren Straftat in Betracht kommt. Eine Durchsuchung darf nicht der Ermittlung von Tatsachen dienen, die zur Begründung eines Verdachts erforderlich sind, denn die Maßnahme setzt bereits einen Verdacht voraus.[31] Erforderlich ist somit der **personenbezogene, qualifizierte Anfangsverdacht** einer Straftat,[32] also zureichende tatsächliche Anhaltspunkte, dass der Verdächtige eine bestimmte Straftat begangen hat.[33] Im Gegensatz zu § 103 ist bereits die begründete Aussicht, relevante Beweismittel zu finden, ausreichend,[34] nicht jedoch vage Anhaltspunkte.[35] Auch bloße Vermutungen,[36] zB aufgrund mehrerer einschlägiger Vorahnungen des Beschuldigen,[37] genügen nicht.[38] Ein ausreichender konkreter Verdacht kann allein durch die Angaben eines Zeugen begründet werden, wenn weitere Ermittlungen den Tatverdacht weder erhärten noch entkräften konnten, es sei denn es handelt sich um eine augenscheinliche Falschbelastung.[39] Steht fest, dass eine Straftat begangen wurde, kann aus einem **legalen Verhalten** einer Person, wie beispielsweise dem Erwerb eines Messers, ohne Weiteres auf einen Anfangsverdacht geschlossen werden. Ist dagegen eine konkrete Straftat noch nicht bekannt, lassen bestimmte legale Handlungen einer Person es jedoch nach kriminalistischer Erfahrung möglich erscheinen, dass sich die Person strafbar gemacht hat, kann in solchen Fällen ein Anfangsverdacht für die Begehung einer Straftat durch ein an sich legales Verhalten begründet werden, wenn weitere Anhaltspunkte hinzutreten.[40]

9 Für die Zulässigkeit einer in einem frühen Stadium der Ermittlungen in Betracht kommenden Durchsuchung reicht der über bloße Vermutungen hinausreichende, auf bestimmte tatsächliche Anhaltspunkte gestützte konkrete Verdacht aus, dass eine Straftat begangen worden ist und der Verdächtige als Täter oder Teilnehmer in Betracht kommt. Dabei können **Behördenzeugnisse** der Verfassungsschutzämter des Bundes und der Länder dazu beitragen, einen konkreten Verdacht zu begründen, wobei der konkrete Beweiswert des Zeugnisses von seinem Inhalt und davon abhängig ist, ob es lediglich dem Beleg eines Anfangsverdachts oder der Begründung eines höheren Verdachtsgrades dient.[41] Regelmäßig handelt es sich bei Behördenzeugnissen nur um **sekundäre Beweismittel,** welche die unmittelbaren Quellen der dort wiedergegebenen Erkenntnisse nicht oder nur unvollständig offen legen und daher einer vorsichtigen Würdigung und der Heranziehung weiterer zur Verfügung stehender Erkenntnismöglichkeiten bedürfen. Dies nimmt Behördenzeugnissen jedoch nicht von vornherein den zur Begründung des Anfangsverdachts jeglichen Beweis-

---

29 BGH 23.11.1987 – I BJs 55/81 – 4 – I BGs 517/87, StV 1988, 90.

30 Köhler in Meyer-Goßner/Schmitt Rn. 5.

31 BVerfG 27.2.2007 – 1 BvR 538/06, NJW 2007, 1117 (1119); 11.6.2010 – 2 BvR 3044/09, wistra 2010, 404; 5.5.2011 – 2 BvR 1011/10, NJW 2011, 2275; 25.10.2011 – 2 BvR 2674/10, NJW 2012, 1065; 24.1.2013 – 2 BvR 376/11, StV 2013, 609; LG Zweibrücken 11.6.1990 – 1 Qs 105/90, NJW 1990, 2760; LG Oldenburg 15.9.1997 – Qs 114/97, StV 1997, 626.

32 BVerfG 23.1.2004 – 2 BvR 766/03, NStZ-RR 2004, 143; BGH 15.10.1999 – 2 BJs 20/97 – 2 – StB 9/99, NStZ 2000, 154.

33 BGH 18.12.2008 – StB 26/08, NStZ-RR 2009, 142; Krekeler/Schütz wistra 1995, 296; Sommermeyer JURA 1992, 449 (450 f.).

34 BVerfG 28.4.2003 – 2 BvR 358/03, NJW 2003, 2669 (2670); BGH 21.11.2001 – 3 BJs 22/04-4 (9) – StB 20/01, NStZ 2002, 215 (216).

35 Vgl. auch Oğlakcıoğlu NStZ-RR 2018, 329.

36 BGH 26.6.2019 – StB 10/19, NStZ-RR 2019, 282.

37 BVerfG 11.6.2010 – 2 BvR 3044/09, wistra 2010, 404; 24.1.2013 – 2 BvR 376/11, StV 2013, 609.

38 BVerfG 15.12.2005 – 2 BvR 372/05, StV 2006, 565; 8.4.2009 – 2 BvR 945/08, StV 2009, 452 (453); 11.6.2010 – 2 BvR 3044/09, StV 2010, 665; 10.9.2010 – 2 BvR 2561/08, NJW 2011, 291; 5.5.2011 – 2 BvR 1011/10, NJW 2011, 2275; BGH 15.12.2016 – StB 36/16, BeckRS 2016, 111347; Köhler in Meyer-Goßner/Schmitt Rn. 2; umfassend Hoven NStZ 2014, 361.

39 BGH 26.6.2019 – StB 10/19, NStZ-RR 2019, 282.

40 BVerfG 20.9.2018 – 2 BvR 708/18, NJW 2018, 3571; 15.8.2014 – 2 BvR 969/14, NJW 2014, 3085.

41 BGH 6.2.2019 – 3 StR 280/18, GSZ 2019, 2189.

wert. Der Umfang ihrer Beweiskraft bedarf vielmehr einer Prüfung im Einzelfall.[42] Für die Begründung des Anfangsverdachts kann es beispielsweise auch ausreichend sein, wenn der Inhalt des Behördenzeugnisses auf weitere objektive Erkenntnisse, etwa polizeiliche Observationsberichte oder Erkenntnisse zur Person des Beschuldigten, gestützt werden kann.

9a Eine **genaue Tatkonkretisierung** ist nicht erforderlich.[43] Der Betroffene braucht formal noch nicht Beschuldigter zu sein, gleichwohl wird dieser Status durch eine Durchsuchung konstituiert. Dient die Maßnahme dem Ziel, gegen den Verdächtigen wegen einer Straftat strafrechtlich vorzugehen und für seine Überführung geeignete Beweismittel zu gewinnen, wird dieser bereits durch die Anordnung zum Beschuldigten.[44]

9b Nicht ausreichend ist, wenn der Anfangsverdacht allein auf Erkenntnissen beruht, die aus Telefonüberwachungsmaßnahmen stammen, sofern der Tatverdacht sich nicht auf eine Katalogtat richtet (vgl. auch § 161 Abs. 3).[45] Unzulässig ist ferner, aus einem Fehlverhalten den Schluss auf ein generelles Fehlverhalten und damit auf eine Straftat zu schließen. Nicht statthaft ist die Durchsuchung, wenn sich plausible Gründe nicht mehr finden lassen, so dass ihr Ergebnis bei verständiger Würdigung der das Grundgesetz beherrschenden Gedanken nicht mehr verständlich ist und sich somit der Schluss auf Willkür aufdrängt.[46] Der Verdacht muss bereits durch auf einen bestimmten Tatvorwurf bezogene Tatsachen individualisiert sein.[47] Das ist bei einer „Ausforschungsdurchsuchung" nicht der Fall.[48]

10 **Einzelfälle:** Es fehlt an einem ausreichenden Tatverdacht wegen **Unterhaltspflichtverletzung,** wenn weder die Höhe der Unterhaltspflicht noch die Einkünfte, die der Beschuldigte erzielt haben soll, konkretisiert werden.[49] Auch wenn bei einem Insassen eines PKWs **Rauschgift** sichergestellt wird, begründet dieses ohne weitere konkrete Anhaltspunkte nicht den erforderlichen Tatverdacht für eine Wohnungsdurchsuchung beim Mitfahrer.[50] Im Falle der Einstellung von **Links (Hyperlinks) im Internet** durch Dritte, die zu urheberrechtlich geschützten Werken führen, handelt ein Forenbetreiber nur dann vorsätzlich iSd §§ 106, 109 UrhG, wenn er die Links tatsächlich zur Kenntnis genommen oder sogar gebilligt hat. Es müssen konkrete Anhaltspunkte dafür vorliegen, dass der Betroffene in strafrechtlich relevanter Weise für die Veröffentlichung der verfahrensgegenständlichen Links verantwortlich war.[51] Bei der Prüfung und Entscheidung, ob ein Anfangsverdacht wegen **Geldwäsche** (§ 261 StGB) gegen einen Strafverteidiger vorliegt, ist auf die Gefahren für die betroffenen, verfassungsrechtlich geschützten Rechtsgüter (Berufsausübungsfreiheit/Institut der Wahlverteidigung) zu achten. Die Entgegennahme von Honorar ist nur dann als Geldwäsche strafbar, wenn der Verteidiger im Zeitpunkt der Annahme der Vergütung sichere Kenntnis von der Herkunft des Geldes aus illegalen Einnahmequellen seines Mandanten hat.[52] Es ist nicht erforderlich, dass die Geldwäsche bereits in ihren Einzelheiten bekannt ist. Wenn der Anfangs-

---

42 BGH 12.8.2015 – StB 8/15, BeckRS 2015, 15121; vgl. auch BGH 26.6.2019 – StB 10/19, NStZ-RR 2019, 282.

43 BVerfG 28.9.2008 – 2 BvR 1800/07, ZAP Fach 23, 797.

44 BGH 28.2.1997 – StB 14/96, NStZ 1997, 398 (399); 3.7.2007 – 1 StR 3/07, BGHSt 51, 367 (370 f.) = NJW 2007, 2706 (2707); Fincke ZStW 1983, 918 (972); Warda S. 168; Müller Durchsuchung von Wohn- und Geschäftsräumen S. 29 ff.; Matthes wistra 2008, 10; Rengier NStZ 1981, 372 (373).

45 LG Freiburg 31.7.2013 – 3 Qs 67/12, juris = BeckRS 2014, 13106.

46 BVerfG 10.11.1981 – 2 BvR 1118/80, BeckRS 1981, 1944; 26.10.2011 – 2 BvR 15/11, wistra 2012, 63.

47 BVerfG 27.6.2005 – 2 BvR 2428/04, BVerfGK 5, 347 (355); 3.7.2006 – 2 BvR 2030/04, BVerfGK 8, 332 (335); BGH 13.10.1999 – StB 7, 8 (99), NJW 2000, 84 (85).

48 BVerfG 5.8.1966 – 1 BvR 586/62 ua, BVerfGE 20, 162 (192) = NJW 1966, 1603; 23.3.1994 – 2 BvR 396/94, NJW 1994, 2079; 18.3.2009 – 2 BvR 1036/08, BeckRS 2009, 32749; 29.7.2020 – 2 BvR 1188/18, BeckRS 2020, 18937; 27.7.2020 – 2 BvR 2132/19, BeckRS 2020, 18770; Wiese wistra 2006, 416 (417); Gercke in Gercke/Julius/Temming/Zöller Rn. 2; Köhler in Meyer-Goßner/Schmitt Rn. 2.

49 BVerfG 10.11.1981 – 2 BvR 1118/80, BVerfGE 59, 95 (97) = MDR 1982, 291; 26.10.2011 – 2 BvR 15/11, wistra 2012, 63 (64).

50 BVerfG 11.6.2010 – 2 BvR 3044/09, wistra 2010, 404.

51 BVerfG 8.4.2009 – 2 BvR 945/08, ZUM 2009, 552.

52 BVerfG 14.1.2005 – 2 BvR 1975/03, BVerfGK 5, 25 (29) = NJW 2005, 1707; BVerfG 18.4.2007 – 2 BvR 2094/05, NJW 2007, 2749.

verdacht für die Begehung von Straftaten nach **§§ 184b, 184c StGB** auf den möglichen Besitz kinder- oder jugendpornografischer Dateien gestützt wird, der lange Zeit zurückliegt, so erfordert der Verhältnismäßigkeitsgrundsatz eine nähere Begründung in einem Durchsuchungs- oder Bestätigungsbeschluss für die Annahme einer dauerhaften Störung der Sexualpräferenz des Betroffenen.[53] Im Übrigen kann der Anfangsverdacht des Besitzes kinderpornografischer Schriften damit begründet werden, dass das beim Betroffenen gefundene, über das Internet besorgte Bildmaterial vermeintliche Alltagssituationen mit selbstzweckhaften Fokussierungen auf Geschlechtsteile ohne einen erkennbaren Handlungskontext darstellt. Nach Auffassung des BVerfG im Fall Edathy bedeutet es keine Verkennung der Reichweite des durch Art. 13 GG gewährleisteten Schutzes, wenn von dem kriminalistischen Erfahrungssatz ausgegangen wird, dass die Grenze zur strafbaren Kinderpornografie bei dem Bezug von als strafrechtlich relevant einschätzbarer Medien über das Internet – jedenfalls bei Anbietern, die auch eindeutig strafbares Material liefern – nicht zielsicher eingehalten werden kann und regelmäßig auch überschritten wird.[54] Der Anfangsverdacht stützt sich somit zutreffend auf die Anknüpfungstatsache, dass der Betroffene Kontakt mit einem Anbieter aufnimmt, der eindeutig rechtswidriges Material zur Verfügung stellt.[55]

Kommt als Vortat eine **Steuerhinterziehung** in Betracht, ist den Darlegungsanforde- 11
rungen nicht Genüge getan, wenn ohne Bezeichnung der Steuerart und des steuerbaren Gegenstands lediglich behauptet wird, Einnahmen seien nicht versteuert worden.[56] Die vom Schuldner im Rahmen seiner Mitwirkungspflichten im **Insolvenzverfahren**[57] erteilten Auskünfte dürfen ohne seine Zustimmung nicht für die Begründung eines Anfangsverdachts verwendet werden. Ein Durchsuchungsbeschluss bei einer Nebenbetroffenen in einem **Kartellverfahren** ist nach § 102 als Durchsuchung beim Beschuldigten dann statthaft, wenn er sich zugleich auch auf Mitarbeiter der Nebenbetroffenen erstreckt. Ein Tatverdacht, im Falle einer Beteiligung an einer gemeinschaftlichen Bestechung ausländischer oder inländischer Amtsträger ergibt sich nicht ohne Weiteres daraus, dass sich der Leiter einer Rechtsabteilung, nachdem staatsanwaltliche Ermittlungen im Umfeld des Unternehmens durch einen Presseartikel bekannt geworden waren, zur Aufarbeitung des Sachverhalts und zur Vorbereitung des Verteidigungsvorbringens des Unternehmens veranlasst gesehen hat.[58]

Erhöhte Anforderungen an die Begründung des Tatverdachts ergeben sich aus dem 12
Verhältnismäßigkeitsgrundsatz, insbesondere durch pauschale Angaben in einer **anonymen Anzeige**[59] oder von **zweifelhaften Zeugen.**[60] Bei der Begründung des für eine Durchsuchung erforderlichen, auf konkreten Tatsachen beruhenden Anfangsverdachts sind Angaben anonymer Hinweisgeber als Verdachtsquelle nicht generell ausgeschlossen; als Grundlage für eine stark in Grundrechtspositionen eingreifende Zwangsmaßnahme wie eine Durchsuchung kann eine anonyme Aussage aber nur genügen, wenn sie von beträchtlicher sachlicher Qualität ist oder mit ihr zusammen schlüssiges Tatsachenmaterial vorgelegt wurde.[61] Die herausgehobene Bedeutung der Berufsausübung eines **Rechtsanwalts**[62] für die Rechtspflege und für die Wahrung der Rechte seiner Mandanten gebietet die besonders sorgfältige Beachtung der Eingriffsvoraussetzungen und des Grundsatzes der Verhältnismäßigkeit, auch wenn die Beschlagnahme und die auf sie gerichtete Durchsuchung bei einem als Strafverteidiger tätigen Rechtsanwalt durch § 97 nicht ausgeschlossen ist, wenn dieser Beschuldigter in einem gegen ihn gerichteten Strafverfahren ist.[63] Bei **Journalisten** sind erhöhte Anforde-

[53] BVerfG 20.11.2019 – 2 BvR 31/19, 2 BvR 886/19, NJW 2020, 384.
[54] BVerfG 15.8.2014 – 2 BvR 969/14, NJW 2014, 3085; kritisch Hoven NStZ 2014, 361.
[55] Vgl. auch Wohlers/Jäger in SK-StPO Rn. 25a.
[56] BVerfG 4.7.2006 – 2 BvR 950/05, NJW 2006, 2974.
[57] Von Coelln StraFo 2019, 149.
[58] BVerfG 13.3.2014 – 2 BvR 974/12, NJW 2014, 1650.
[59] LG Bremen 8.1.2009 – 7 Qs 514/08, StraFo 2009, 416.
[60] Vgl. aber auch BGH 26.6.2019 – StB 10/19, NStZ-RR 2019, 282.
[61] BVerfG 14.7.2016 – 2 BvR 2474/14, BeckRS 2016, 50709.
[62] BVerfG 20.5.2010 – 2 BvR 1413/09, NJW 2010, 2937; 31.8.2010 – 2 BvR 223/10, BayVBl. 2011, 315 mAnm Höhne jurisPR-ITR 23/2010 Anm. 6.
[63] BVerfG 4.7.2006 – 2 BvR 950/05, NJW 2006, 2974; 5.5.2008 – 2 BvR 1801/06, NJW 2008, 2422.

rungen an den Tatverdacht zu stellen, selbst wenn das Beschlagnahmeverbot nach § 97 Abs. 5 S. 2, Abs. 2 S. 2 entfällt, weil einzelne Mitarbeiter des Presseunternehmens einer Straftat verdächtig sind. Auch dann bleibt Art. 5 Abs. 1 S. 2 GG für die Anwendung und Auslegung der strafprozessualen Normen bei Durchsuchungen in Redaktionen oder bei Journalisten einschränkend von Bedeutung.[64]

13 Verdächtige sind ausweislich § 102 auch solche Personen, die der **Datenhehlerei,**[65] **Begünstigung, Strafvereitelung oder Hehlerei** verdächtigt werden. Die ausdrückliche Nennung dieser Tatbestände ist historisch bedingt.[66] Der Verdacht der Hehlerei (§ 259 StGB) setzt voraus, dass die Sache durch einen Diebstahl oder ein anderes Vermögensdelikt erlangt worden ist. Wird der Tatverdacht allein darauf gestützt, dass der Verdächtige in kurzer Zeit eine große Anzahl von Mobiltelefonen, von denen einige originalverpackt gewesen sind, über die Internetplattform eBay versteigert und dabei Verkaufserlöse erzielt hat, die in der Regel unter dem Preis der billigsten Anbieter gelegen haben, handelt es sich noch nicht um zureichende tatsächliche Anhaltspunkte dafür, dass die Mobiltelefone aus einer gegen fremdes Vermögen gerichtete Tat stammten. Allein aus der Anzahl der verkauften Mobiltelefone kann nicht unmittelbar auf eine Straftat geschlossen werden.[67]

14 Das **Werben für Mitglieder und Unterstützer einer ausländischen terroristischen Vereinigung** iSd § 129a Abs. 5 S. 2, § 129b Abs. 1 StGB und die öffentliche Aufforderung zu deren Unterstützung nach § 111 StGB setzen einen Bezug der Äußerung zu einer konkreten – oder zumindest anhand der Umstände konkretisierbaren – terroristischen Vereinigung voraus.[68] Zur Anordnung einer Durchsuchung aufgrund Anfangsverdachts der mitgliedschaftlichen Beteiligung am „IS" vgl. BGH 28.6.2018 – StB 10/18, BeckRS 2018, 16629. Zu beachten ist in diesem Zusammenhang auch nach § 129b Abs. 1 S. 2 StGB das Erfordernis einer erforderlichen Ermächtigung zur Verfolgung von Straftaten im Zusammenhang mit der terroristischen Vereinigung (vgl. OLG München 29.4.2020 – 7 St 9/19, BeckRS 2020, 28596 Rn. 44, 45). Hierfür gelten gemäß § 77e die §§ 77, 77d entsprechend. Die Ermächtigung ist von der zuständigen Staatsanwaltschaft von Amts wegen einzuholen. In der Zeit zwischen Antragstellung und Erteilung sind lediglich diejenigen strafprozessualen Maßnahmen zulässig, die wegen **Gefahr im Verzug** geboten sind.[69]

15 Die Anordnung der Durchsuchung ist unzulässig, wenn **nicht behebbare Verfahrenshindernisse bestehen oder offensichtlich Rechtfertigungs-, Entschuldigungs- oder persönliche Strafausschließungsgründe** vorliegen.[70] Strafunmündige können keine „Verdächtige" sein. Daher kann bei diesen nicht nach § 102, sondern nur nach § 103 durchsucht werden.[71] Auch in Verfahren gegen „Unbekannt" ist lediglich eine Durchsuchung nach § 103 zulässig.[72] Nicht statthaft sind Zwangsmaßnahmen gegen Personen, gegen die sich sogenannte Vorermittlungen zur Prüfung eines Anfangsverdachts richten.[73]

16 Auf eine nach **EU- oder Verfassungsrecht** nicht anwendbare Strafnorm kann der Anfangsverdacht nicht gestützt werden.[74]

17 **2. Gegenstände der Durchsuchung. a) Wohnungen und Räume.** Der Begriff Wohnung ist im Hinblick auf Art. 13 Abs. 1 GG weit auszulegen. Hierzu gehören auch der allgemeinen Zugänglichkeit durch Abschottung entzogene Räume, die so zur Stätte privaten

---

[64] BVerfG 10.12.2010 – 1 BvR 1739/04, NJW 2011, 1859.
[65] § 102 geänd. mWv 18.12.2015 durch G v. 10.12.2015 (BGBl. I S. 2218).
[66] Ladiges in Radtke/Hohmann Rn. 7; Geerds FS Dünnebier, 1982, 171 (173).
[67] BVerfG 10.9.2010 – 2 BvR 2561/08, NJW 2011, 291.
[68] BGH 28.10.2004 – StB 5/04, NStZ-RR 2005, 73 (74); 19.7.2012 – 3 StR 218/12, NStZ-RR 2013, 171; 20.9.2012 – 3 StR 314/12, StraFo 2013, 123.
[69] Schäfer in MüKoStGB StGB § 129b Rn. 23.
[70] Köhler in Meyer-Goßner/Schmitt Rn. 4.
[71] OLG Bamberg 31.3.1987 – Ws 176/86, NStZ 1989, 40; Bruns in KK-StPO Rn. 1; Tsambikakis in Löwe/Rosenberg Rn. 10.
[72] LG Trier 22.3.2006 – 5 Qs 40/06, StraFo 2007, 371.
[73] Hadamitzky in Satzger/Schluckebier/Widmaier StPO Rn. 5.
[74] BVerfG 29.6.2009 – 2 BvR 174/05, BeckRS 2009, 36277.

Wirkens gemacht wurden.[75] Wohnungen sind alle Räumlichkeiten, in denen sich der Verdächtige tatsächlich aufhält, die er nicht nur vorübergehend (mit-)benutzt,[76] unabhängig ob feststehend, fahrbar oder stehend. Dazu zählen Wohnräume im engeren Sinne, zudem auch nicht allgemein zugängliche Arbeits-, Betriebs- und Geschäftsräume von privaten oder öffentlichen Einrichtungen,[77] Schiffskabinen,[78] Hotelzimmer[79] und Wohnmobile.[80] Ferner umfasst der Begriff Nebenräume, wie Garagen, Kellerräume und Dachböden,[81] sowie das befriedete Besitztum.[82]

Es ist unerheblich, ob die Räumlichkeiten im **Allein- oder Mitbesitz** des Verdächtigen stehen,[83] ob die betreffende Person Eigentümer oder zur Nutzung berechtigt ist[84] oder ob ein Hausrecht besteht.[85] Entscheidend ist, dass der Betreffende die Räumlichkeit tatsächlich innehat.[86] Daher sind auch Hausbesetzer Wohnungsinhaber bei tatsächlicher Nutzung der besetzten Räume über einen längeren Zeitraum.[87] Bei **Wohngemeinschaften** kommen lediglich die vom Verdächtigen bewohnten sowie die gemeinschaftlich genutzten Räume als Durchsuchungsobjekte in Betracht.[88] § 102 verliert deshalb nicht seine Bedeutung als Eingriffsgrundlage, wenn weitere Personen Mitinhaber der tatsächlichen Herrschaft über Räumlichkeiten sind, die der Verdächtige bewohnt.[89] Bei Mitbenutzung oder Mitgewahrsam mehrerer Personen gilt § 102. Anders liegt der Fall, wenn eine eindeutige Zuordnung zum verdächtigen Mitbewohner unmöglich ist.[90] 18

Bei **gemeinsamer Nutzung** von Räumen an der Arbeitsstelle, die dem Verdächtigen von seinem Arbeitgeber zur Arbeitsausübung überlassen worden sind, können diese auch dann nach § 102 durchsucht werden, wenn eine genaue Zuordnung der einzelnen Räume nicht möglich ist.[91] Bei Gemeinschaftsräumen in einem Mietshaus ist ebenfalls § 102 anwendbar. 19

Keine Wohnungen im engeren Sinne, aber **andere Räume** im Sinne der Vorschrift, sind befriedetes Besitztum, wie Hofplätze und Gärten, sowie Räumlichkeiten, die der Verdächtige nicht zum Wohnen, sondern nur gelegentlich nutzt, ohne dass er darin seinen Lebensmittelpunkt hat, zB Lagerräume oder Büros.[92] 20

Der öffentliche Zugangsbereich zur Wohnung und der davor liegende Gehweg sind kein Teil der Wohnung,[93] anders aber der durch eine Hecke abgegrenzte Garten. **Kraftfahrzeuge** – mit Ausnahme von Wohnwagen oder Campingfahrzeugen – dienen nicht der Behausung des Menschen, sondern der Fortbewegung. Es sind damit keine Wohnungen iSd § 102.[94] 21

---

75 BVerfG 26.5.1993 – 1 BvR 208/93, BVerfGE 89, 1 (12) = NJW 1993, 2035 (2037); BGH 10.8.2005 – 1 StR 140/05, BGHSt 50, 206 (210 f.) = NJW 2005, 3295 (3296); Ladiges in Radtke/Hohmann Rn. 10.

76 BVerfG 9.2.2005 – 2 BvR 984/04 ua, NStZ-RR 2005, 203 (205); BGH 15.10.1985 – 5 StR 338/85, NStZ 1986, 84 (85); Sommermeyer JURA 1992, 449; Köhler in Meyer-Goßner/Schmitt Rn. 7.

77 BVerfG 13.10.1971 – 1 BvR 280/66, BVerfGE 32, 54 = NJW 1971, 2299; 26.3.2007 – 2 BvR 1006/01, NVwZ 2007, 1047 (1048).

78 LG Bremen 20.4.2005 – 1 Qs 47/05, StV 2005, 318 (319).

79 Ladiges in Radtke/Hohmann Rn. 10; Köhler in Meyer-Goßner/Schmitt Rn. 7.

80 Park Durchsuchung Rn. 53.

81 Ladiges in Radtke/Hohmann Rn. 10.

82 BGH 14.3.1997 – 1 BGs 65/97, NStZ 1998, 157.

83 BGH 15.10.1985 – 5 StR 338/85, NStZ 1986, 84.

84 BVerfG 7.2.2009 – 2 BvR 2225/08, NJW 2009, 3225 (3226).

85 Stoffers wistra 2009, 379 (380); aA Nelles StV 1991, 488 (489).

86 BVerfG 9.8.2019 – 2 BvR 1684/18, NJW 2019, 3633; BGH 15.10.1985 – 5 StR 338/85, NStZ 1986, 84; Köhler in Meyer-Goßner/Schmitt Rn. 7; Bruns in KK-StPO Rn. 9.

87 LG Bremen 22.7.2005 – 11 Qs 112/05, StV 2006, 571 (572); Werwigk NJW 1983, 2366; aA Jaeschke NJW 1983, 434.

88 LG Heilbronn 16.12.2004 – 5 Ns 41 Js 26937/02, StV 2005, 380; Ladiges in Radtke/Hohmann Rn. 9.

89 OLG Köln 26.1.2018 – 1 RVs 3/18, BeckRS 2018, 6002.

90 BVerfG 9.8.2019 – 2 BvR 1684/18, NJW 2019, 3633.

91 BVerfG 25.7.2007 – 2 BvR 2282/06, BeckRS 2007, 25581.

92 Zu Wohnungen zählend: Hadamitzky in Satzger/Schluckebier/Widmaier StPO Rn. 11.

93 BGH 29.1.1998 – 1 StR 511/97, BGHSt 44, 13 (16) = NStZ 1998, 629 (630).

94 BGH 11.4.1997 – 1 BGs 88/97, NStZ 1998, 157.

22 Gemeinschaftliche Unterkunftsräume von Soldaten und Polizisten,[95] mit Ausnahme des ausschließlich für persönliche Dinge genutzten Spinds, fallen nicht unter § 102. Das gilt auch für **Hafträume** von Strafgefangenen[96] und Besuchsräume in der JVA.[97] Hier liegt kein Gewahrsam der betreffenden Personen vor, so dass eine Durchsuchungsanordnung nach § 102 nicht erforderlich ist.[98] Vielmehr ist ein Herausgabeverlangen an die JVA ausreichend.

23 Bei Räumlichkeiten von **Unternehmen und juristischen Personen** ist wie folgt zu unterscheiden: Räumlichkeiten und Sachen, die dem Verdächtigen selbst persönlich zugeordnet werden können, sind nach § 102 zu durchsuchen.[99] Dagegen ist bei Räumen und Sachen, an denen der Verdächtige keinen Mitgewahrsam hat, § 103 anzuwenden.[100] Bei der Durchsuchung eines Büros kann der Durchsuchungsbeschluss sowohl auf § 102 und auch auf § 103 gestützt werden, jeweils differenzierend nach den Durchsuchungsobjekten innerhalb dieses Büros. Im Übrigen gilt, dass die **Nebenbetroffene als juristische Person nach § 30 OWiG** wie ein Täter zu behandeln ist, wenn Verstöße gegen das Kartellrecht durch ihre Organe begangen werden. Die juristische Person ist dann selbst verdächtig iSv § 102.[101] Bei einer **Arztpraxis** in Form einer Organisationsgemeinschaft hat der verdächtige Arzt Gewahrsam im Sinne von § 102 an seinen eigenen Abrechnungs- und Patientenunterlagen sowie an den Räumlichkeiten, die ihm entweder ausschließlich zugewiesen oder zur gemeinsamen Nutzung bestimmt sind. Bei Patienten- und Abrechnungsunterlagen des nicht verdächtigen Arztes sowie Räume, die diesem zur ausschließlichen Nutzung überlassen sind, kann einer Durchsuchung nur auf § 103 gestützt werden.[102]

24 **b) Personen und Sachen.** Zur Durchsuchung von **Personen** gehört die Suche nach Sachen oder Spuren an der Kleidung oder am Körper. Abzugrenzen ist die Durchsuchung der Person des Verdächtigen von der körperlichen Untersuchung (§§ 81a ff.), die sich auf die Suche nach Gegenständen oder Spuren im Körperinneren bezieht. § 102 betrifft hingegen die Durchsuchung der am Körper getragenen Kleidungsstücke und die ohne Eingriff mit medizinischen Hilfsmitteln mögliche Einsicht in Körperöffnungen (bspw. die Mundhöhle).[103] § 81d ist bei der körperlichen Durchsuchung vor dem Hintergrund des Schutzes des Schamgefühls zu beachten.[104] Hinsichtlich der erforderlichen Anwendung von Zwang zur Durchsetzung der Personendurchsuchung besteht eine Annex-Kompetenz (→ § 105 Rn. 31).[105]

25 Unter den Begriff **Sachen** fallen alle Gegenstände des Verdächtigen, die sich in seinem Besitz, Gewahrsam oder Mitgewahrsam und in seinem Einflussbereich befinden.[106] Unerheblich ist, ob sie in seinem Eigentum stehen oder ob der Gewahrsam berechtigt oder unberechtigt ausgeübt wird. Entscheidend sind die faktischen Verhältnisse.[107] Besonderheiten sind bei der Durchsuchung von Datenverarbeitungsanlagen des Verdächtigen zu beachten. Diese stellt sich meist als Durchsicht von Papieren und elektronischen Speichermedien dar (vgl. § 110).

26 Als Sachen kommen ferner **Computer** und andere EDV-Anlagen sowie Datenträger auf Mobiltelefonen in Betracht. Diese dürfen bereits vor Ort eingeschaltet und aktiviert werden, wenn es der Durchsuchungszweck erfordert.[108] Da die nach Abschluss des Übertra-

[95] BGH 10.8.2005 – 1 StR 140/05, BGHSt 50, 206 (211) = NJW 2005, 3295 (3297).
[96] BVerfG 30.5.1996 – 2 BvR 727/94, NStZ 1996, 511.
[97] BGH 24.7.1998 – 3 StR 78/98, BGHSt 44, 138 = NJW 1998, 3284; BGH 29.4.2009 – 1 StR 701/08, BGHSt 53, 294 (300) = NJW 2009, 2463 (2464) mAnm Hauck NStZ 2010, 17 (18).
[98] Hadamitzky in Satzger/Schluckebier/Widmaier StPO Rn. 12.
[99] BGH 22.8.1996 – 5 StR 159/96, wistra 1997, 107 (108).
[100] Krekeler/Schütz wistra 1995, 296 (297).
[101] BGH 23.1.2014 – KRB 48/13, GWR 2014, 154.
[102] Röß NZWiSt 2018, 483.
[103] OLG Celle 5.11.1996 – 3 Ss 140/96, NJW 1997, 2463.
[104] Bruns in KK-StPO Rn. 10.
[105] OLG Celle 5.11.1996 – 3 Ss 140/96, NJW 1997, 2463 (2464).
[106] BGH 21.2.2006 – 3 BGs 31/06, StV 2007, 60 (61).
[107] LG Bremen 22.7.2005 – 11 Qs 112/05, StV 2006, 571 (572).
[108] Köhler in Meyer-Goßner/Schmitt Rn. 10a.

gungsvorgangs im Herrschaftsbereich des Kommunikationsteilnehmers gespeicherten Verbindungsdaten nicht durch Art. 10 Abs. 1 GG, sondern durch das Recht auf informationelle Selbstbestimmung (Art. 2 Abs. 1 iVm Art. 1 Abs. 1 GG) und gegebenenfalls durch Art. 13 Abs. 1 GG geschützt werden, kann § 102 auch zur **Ermittlung von Kommunikationsdaten** zur Anwendung kommen.[109] Die Durchsicht von Papieren und elektronischen Speichermedien nach § 110 ist der endgültigen Entscheidung über den Umfang der Beschlagnahme vorgelagert und **Bestandteil der Durchsuchung.**[110] Insoweit ist vor Abschluss der Auswertung des Speichermediums die Durchsuchung noch nicht abgeschlossen.[111] Ist allerdings eine richterliche Bestätigung der vorläufigen Sicherstellung zum Zwecke der Durchsicht nach § 98 Abs. 2 Satz 1 analog ergangen, so ist allein diese als beschwerdefähig anzusehen.[112]

Die Grundsätze, die für die Beschlagnahme von Datenträgern gelten, können auf die Durchsuchung und Sicherstellung von auf dem Mailserver des Providers gespeicherten **E-Mails** sowie auf die Durchsuchung von Internet-Providern entsprechend angewendet werden. Eine solche Durchsuchung kommt in Betracht, wenn Anhaltspunkte dafür bestehen, dass der jeweilige Dienstanbieter den strafrechtlichen Inhalt bewusst in seinem Angebot bereithält (so bei sog. Content-Providern) bzw. mit dem Urheber des strafrechtlich relevanten Inhalts zusammenarbeitet. Ermöglicht jemand als sog. „Presence- bzw. Host-Provider“ Dritten, Inhalte im Internet zu präsentieren, indem er ihnen Speicherplatz auf einem Server zur Verfügung stellt, ohne jedoch Kenntnis von den Inhalten zu haben oder auf diese Einfluss zu nehmen, so richten sich die Anforderungen an die Durchsuchungsanordnung nach § 103.[113] Insbesondere bei der Beschlagnahme von E-Mails ist das Grundrecht auf Gewährleistung des Fernmeldegeheimnisses aus Art. 10 Abs. 1 GG stets zu berücksichtigen. Die spezifische Gefährdungslage und der Zweck der Freiheitsverbürgung von Art. 10 Abs. 1 GG bestehen auch dann weiter, wenn E-Mails nach Kenntnisnahme beim Provider gespeichert bleiben (→ § 98 Rn. 21).[114] Zu beachten ist, dass die §§ 94, 102 als offene Ermittlungsmaßnahme ergänzt werden durch die Norm § 100a Abs. 1 S. 1, die auch den verdeckten Zugriff auf Telekommunikationsinhalte erlaubt.[115] 27

Keine Rechtsgrundlage bildete vor Einführung des § 100b (neu gef. mWv 24.8.2017 durch G v. 17.8.2017 (BGBl. I 3202)) die Vorschrift § 102 in Verbindung mit § 110 für die Anordnung einer verdeckt über das Internet angelegten **Online-Durchsuchung** mittels spezieller „Spionage“-Software, da die Durchsuchung stets den Charakter einer offenen Ermittlungsmaßnahme hat.[116] 28

3. Verhältnismäßigkeit. Der Verhältnismäßigkeitsgrundsatz ist sowohl bei der Anordnung und als auch bei der Durchführung der Durchsuchung zu beachten.[117] Das Übermaß- 29

---

109 BVerfG 2.3.2006 – 2 BvR 2099/04, NJW 2006, 976.

110 BVerfG 18.3.2009 – 2 BvR 1036/08, NJW 2009, 2518; 28.4.2003 – 2 BvR 358/03, NJW 2003, 2669.

111 Entgegen Gercke in Gercke/Julius/Temming/Zöller Rn. 19.

112 BVerfG 27.6.2018 – 2 BvR 1405/17, NJW 2018, 2385; 9.5.2019 – 2 BvQ 46/19, juris Rn. 5; BGH 18.5.2022 – StB 17/22, BeckRS 2022, 13068.

113 LG Saarbrücken 23.4.2009 – 2 Qs 9/09, MMR 2010, 205; LG Stuttgart 7.5.2001 – 9 Qs 23/01, NStZ-RR 2002, 241; Gercke in Gercke/Julius/Temming/Zöller Rn. 22.

114 BVerfG 16.6.2009 – 2 BvR 902/06, NJW 2009, 2431.

115 BGH 14.10.2020 – 5 StR 229/19, BeckRS 2020, 36910.

116 Vgl. zur Diskussion vor Einführung des § 100b: BVerfG 2.3.2006 – 2 BvR 2099/04, NJW 2006, 976 (980); 27.2.2008 – 1 BvR 370/07, 1 BvR 595/07, NJW 2008, 822; BGH 31.1.2007 – StB 18/06, NStZ 2007, 279; ebenso Sieber in Hoeren/Sieber/Holznagel MMR-HdB Teil 19.3 Rn. 704; Bär EDV-Beweissicherungen-HdB CR 1995, 489 (494); Zöller GA 2000, 563 (572 f.); Böckenförde Ermittlung S. 222 f.; aA Hofmann NStZ 2005, 121 (123 ff.); Graf DRiZ 1999, 281 (285). Zur Online-Durchsuchung: Jahn/Kudlich JR 2007, 57; Hansen/Pfitzmann/Roßnagel DRiZ 2007, 225; Gercke CR 2007, 245; Buermeyer HRRS 2007, 154; Kemper ZRP 2007, 105; Weiß Online-Durchsuchungen S. 57 ff.; zu polizeilichen Ermittlungen in sozialen Netzwerken und Internetboards vgl. Rosengarten, Römer NJW 2012, 1764.

117 BVerfG 5.8.1966 – 1 BvR 586/62, 610/63, 512/64, BVerfGE 20, 167 (187) = NJW 1966, 1603 (1607); 26.5.1976 – 2 BvR 294/76, BVerfGE 42, 212 (220) = NJW 1976, 1735; BVerfGE 59, 95; 2.3.2006 – 2 BvR 2099/04, NStZ 2006, 641; Jahn NStZ 2007, 255 (259); Bruns in KK-StPO Rn. 12.

verbot verbietet Grundrechtseingriffe, die ihrer Intensität nach außer Verhältnis zur Bedeutung der Sache stehen. Grundrechte und Grundrechtsbegrenzungen sind in ein angemessenes Verhältnis zu bringen.[118] In die Abwägung einzustellen sind zum einen die Intensität des Grundrechtseingriffs und zum anderen die Schwere der Tat, der Verdachtsgrad und die Erfolgsaussichten alternativer Ermittlungsmethoden.[119] Die jeweilige Maßnahme hat einen verfassungsrechtlich legitimen Zweck zu verfolgen. Insgesamt muss sie zur Erreichung des angestrebten Ziels geeignet, angemessen und erforderlich sein.

Im Einzelnen:

30 **a) Geeignetheit.** Die Durchsuchung muss geeignet sein, die gesuchten Beweismittel oder Personen aufzufinden.[120] Hierbei sind die Bedeutung des potentiellen Beweismittels für das Strafverfahren sowie der Grad des auf verfahrenserhebliche Informationen bezogenen Anfangsverdachts zu berücksichtigen.[121] Je geringer die Wahrscheinlichkeit ist, dass die Durchsuchung zum Erfolg führt, umso eher ist eine Verhältnismäßigkeit zu verneinen. Bei länger zurückliegenden Ereignissen ist die Auffindewahrscheinlichkeit besonders sorgfältig zu prüfen.[122] Ungeeignet ist eine Durchsuchung, wenn die Auffindungsvermutung fehlt,[123] ein nicht behebbares Verfahrenshindernis besteht oder ein Beschlagnahmeverbot bzw. sonstiges Verwertungsverbot hinsichtlich des zu beschlagnahmenden Gegenstandes vorliegt.

31 **b) Erforderlichkeit.** Ein Grundrechtseingriff ist unverhältnismäßig, wenn naheliegende grundrechtsschonende Ermittlungsmaßnahmen ohne greifbare Gründe unterbleiben oder zurückgestellt werden und die vorgenommene Maßnahme außer Verhältnis zur Stärke des in diesem Verfahrensabschnitt vorliegenden Tatverdachts steht.[124] Das ist gegeben, wenn der Betroffene bereit ist, die im Durchsuchungsbeschluss konkret benannten Gegenstände freiwillig herauszugeben.[125] Als milderes Mittel kommen zudem die Vernehmung von Zeugen, die Beiziehung von Akten, die Verwertung von Urkunden[126] oder die Einholung (behördlicher) Auskünfte in Betracht.[127] Eine Anfrage bei einem Internet-Provider, die die Identität eines hinter einer E-Mail-Adresse stehenden Verdächtigen betrifft, kann als Maßnahme unter Umständen vorrangig sein. Gleiches gilt für die nahe liegende Verfolgung eines per Nachnahme gezahlten Geldbetrages an den Verdächtigen per Bankanfrage.[128]

32 **c) Angemessenheit.** Der mit der Durchsuchung verbundene Eingriff muss angemessen sein und nicht außer Verhältnis zur Bedeutung der Sache und zur Stärke des bestehen-

---

[118] BVerfG 12.4.2005 – 2 BvR 1027/02, NJW 2005, 1917 (1921).

[119] EGMR 28.4.2005 – 41 604/98, NJW 2006, 1495; BVerfG 6.5.2008 – 2 BvR 384/07, NJW 2008, 1937; Hartmann/Schmidt, Strafprozessrecht, Rn. 159.

[120] Jahn NStZ 2007, 255 (259).

[121] BVerfG 2.3.2006 – 2 BvR 2099/04, NJW 2006, 976 (982); 3.7.2006 – 2 BvR 299/06, NJW 2007, 1804; 28.9.2008 – 2 BvR 1800/07, ZAP Fach 23, 797.

[122] BVerfG 15.12.2004 – 2 BvR 1873/04, BVerfGK 5, 56; 25.1.2005 – 2 BvR 1467/04, BVerfGK 5, 56; 18.4.2007 – 2 BvR 2094/05, NJW 2007, 2749 (2752); LG Koblenz 17.11.2008 – 2 Qs 87/08, NStZ-RR 2009, 105 (106). Zu weitgehend LG Berlin 24.9.2002 – 508 Qs 115/02, NStZ 2004, 102, wonach auch der Erlass eines Durchsuchungsbeschlusses, der auf bekannte Verdachtsgründe gestützt wird, die mehr als 6 Monate zurückliegen, rechtswidrig sein soll.

[123] BVerfG 27.5.1997 – 2 BvR 1992/92, BVerfGE 96, 44 (51) = NJW 1997, 2165 (2166); 25.1.2005 – 2 BvR 1467/04, BVerfGK 5, 56 (59).

[124] BVerfG 29.11.2004 – 2 BvR 1034/02, NJW 2005, 1640; 13.11.2005 – 2 BvR 728/05 + 758/05, NStZ-RR 2006, 110; 10.1.2018 – 2 BvR 2993/14, NStZ 2019, 351; 29.7.2020 – 2 BvR 1188/18, BeckRS 2020, 18937; Walther JA 2010, 32 (35).

[125] LG Saarbrücken 2.2.2010 – 2 Qs 1/10, NStZ 2010, 534; LG Limburg 22.6.2012 – 1 Qs 72/12, juris = BeckRS 2012, 15499; LG Saarbrücken 12.3.2013 – 2 Qs 15/13, NStZ-RR 2013, 183; Ciolek-Krepold Durchsuchung Rn. 144.

[126] BVerfG 11.7.2008 – 2 BvR 2016/06, NJW 2009, 281 (282); 15.12.2005 – 2 BvR 372/05, StV 2006, 565.

[127] OLG Dresden 30.1.2007 – 1 Ws 15/07 ua, StraFo 2007, 329 (persönliche und wirtschaftliche Verhältnisse des Angeklagten); Köhler in Meyer-Goßner/Schmitt Rn. 15.

[128] BVerfG 13.11.2005 – 2 BvR 728/05 + 758/05, NStZ-RR 2006, 110.

den Tatverdachts stehen.[129] Die Geringfügigkeit der zu ermittelnden Straftat, eine schwache Beweisbedeutung der zu beschlagnahmenden Objekte sowie die Vagheit des Anfangsverdachts können im Einzelfall der Verhältnismäßigkeit entgegenstehen.[130] Auch wenn es der Verhältnismäßigkeitsgrundsatz nicht gebietet, bei der Verfolgung von Ordnungswidrigkeiten von der Durchsuchungsanordnung abzusehen, können bspw. bei Erwerb und Besitz von Cannabisprodukten in geringen Mengen zum gelegentlichen Eigenkonsum[131] oder bei Verstößen gegen die HandwO und das SchwarzArbG,[132] unter Umständen durchgreifende Bedenken an der Verhältnismäßigkeit des Grundrechtseingriffs bestehen.[133] Das gilt auch, wenn nur eine geringfügige Strafe zu erwarten ist.[134] Die Frage, ob eine Durchsuchung zum Auffinden einer Fahrtenschreiberscheibe etc. im Rahmen der Aufklärung einer **Verkehrsordnungswidrigkeit** zulässig ist, ist im Einzelnen umstritten. Teilweise wird bei „leichteren" Verkehrsordnungswidrigkeiten eine Durchsuchungsanordnung als unverhältnismäßig angesehen.[135] Da der Gesetzgeber gemäß § 46 Abs. 1 OWiG in Verbindung mit §§ 102, 103 grundsätzlich auch im Bußgeldverfahren eine Durchsuchung vorgesehen hat, verbietet sich eine schematische Untergrenze für intensivere Eingriffsmaßnahmen etwa im Hinblick auf die Bußgeldhöhe; vielmehr ist eine Abwägung im konkreten Einzelfall vorzunehmen.[136] Dabei sind die Schwere der Tat und die Stärke des Tatverdachts, die Auffindewahrscheinlichkeit, etwa bereits vorliegendes oder anderweitig zu gewinnendes Beweismaterial, Inhalt und Umfang der Anordnung, Voreintragungen des Betroffenen im Verkehrszentralregister, die Art der betroffenen Räumlichkeiten und Schutzvorkehrungen zur Beschränkung der Maßnahme zu berücksichtigen.

Die **Interessen von Dritten,** hierzu zählen Verletzte und andere Unbeteiligte, fallen 33
bei der Abwägung mehr ins Gewicht als die des Beschuldigten, da Eingriffe in Rechte von Unverdächtigen in besonderer Weise rechtfertigungsbedürftig sind.[137]

Richtet sich eine strafrechtliche Ermittlungsmaßnahme gegen einen **Berufsgeheim-** 34
nisträger in der räumlichen Sphäre seiner Berufsausübung, besteht die Gefahr, dass Daten von Nichtbeschuldigten, etwa von Mandanten eines Rechtsanwalts, Steuerberaters oder Notars,[138] zur Kenntnis der Ermittlungsbehörden gelangen, die die Betroffenen in der Sphäre des Berufsgeheimnisträgers sicher wähnen durften.[139] Der Schutz der Vertrauensbeziehung zwischen Anwalt und Mandant liegt im Interesse der Allgemeinheit an einer wirksamen und geordneten Rechtspflege.[140] Bei der Anwendung strafprozessualer Eingriffsermächtigungen ist ferner das Ausmaß der Beeinträchtigung der beruflichen Tätigkeit des Rechtsanwalts (Art. 12 Abs. 1 GG) besonders zu berücksichtigen.[141] Das gilt auch bei der Beschlagnahme von Akten in der Rechtsanwaltskanzlei oder der Kopie von EDV-Daten. In diesen Fällen ist der Schutzbereich des Art. 2 Abs. 1 GG und Art. 14 Abs. 1 GG eröffnet.

---

129 BVerfG 12.4.2005 – 2 BvR 1027/02, NJW 2005, 1917 (1920); 2.3.2006 – 2 BvR 2099/04, NJW 2006, 976 (980 ff.); 16.6.2009 – 2 BvR 902/06, NJW 2009, 2431 (2434 ff.); 10.12.2010 – 1 BvR 2020/04, NJW 2011, 1863 (1864); BGH 23.10.2008 – StB 18/08, NStZ-RR 2009, 56; Jahn NStZ 2007, 255.

130 BVerfG 13.11.2005 – 2 BvR 728/05 + 758/05, NStZ-RR 2006, 110; 13.11.2005 – 2 BvR 728/05 + 758/05, NStZ-RR 2006, 110; 8.4.2009 – 2 BvR 945/08, StV 2009, 452 (453 f.).

131 OLG Hamburg 23.3.2007 – 1 Ss 5/07, StV 2008, 12 (13); LG Köln 9.8.1993 – 108 Qs 42/92, StV 1993, 574 (576); LG Kaiserslautern 2.6.2006 – 8 Qs 13/06, NStZ 2007, 424.

132 BVerfG 24.7.2007 – 2 BvR 1545/03, NStZ 2008, 103.

133 EGMR 28.4.2005 – 41 604/98, NJW 2006, 1495; BVerfG 24.7.2007 – 2 BvR 1545/03, NStZ 2008, 103; Kemper wistra 2007, 249 (252); Jahn NStZ 2007, 255 (260).

134 BVerfG 6.5.2008 – 2 BvR 384/07, NJW 2008, 1937; bei OWi: BVerfG 7.9.2006 – 2 BvR 1141/05; BVerfG 7.9.2006 – 2 BvR 1141/05, NJW 2006, 3411.

135 Tsambikakis in Löwe/Rosenberg § 105 Rn. 67.

136 BVerfG 14.7.2016 – 2 BvR 2748/14, BeckRS 2016, 49958.

137 Köhler in Meyer-Goßner/Schmitt § 94 Rn. 18; Ellbogen/Erfurth CR 2008, 635 (638).

138 BVerfG 29.2.2012 – 2 BvR 1954/11, NJW 2012, 2096; vgl. insgesamt auch Dann NJW 2015, 2609 (2612).

139 BVerfG 5.5.2008 – 2 BvR 1801/06, NJW 2008, 2422; 18.3.2009 – 2 BvR 1036/08, NJW 2009, 2518; 5.5.2011 – 2 BvR 1011/10, NJW 2011, 2275.

140 BVerfG 12.4.2005 – 2 BvR 1027/02, BVerfGE 113, 29 = NJW 2005, 1917.

141 BVerfG 31.8.2010 – 2 BvR 223/10, NJOZ 2011, 781.

Es verstößt nicht gegen Verfassungsrecht, dass das Beweiserhebungsverbot aus **§ 160a** im Bereich der Beschlagnahme bzw. der dieser vorausgehenden Sicherstellung zur Durchsicht wegen der Spezialregelung § 97 nicht anwendbar ist.[142] Die Zulässigkeit von Beschlagnahmen bei Berufsgeheimnisträgern ist somit allein an § 97 zu messen.[143] Eine Durchsuchung beim **Insolvenzverwalter** ist nur dann verhältnismäßig, wenn gewichtige Anhaltspunkte dafür vorliegen, dass Beweismittel ohne Durchsuchung verloren gehen könnten und dadurch die Ermittlungen beeinträchtigt werden.[144] Bei Durchsuchungen in **Arztpraxen** sind ebenfalls besonders hohe Anforderungen an die Verhältnismäßigkeit zu stellen,[145] vor allem in Bezug auf die Wahrung des geschützten Vertrauensverhältnisses der Berufsgeheimnisträger zu ihren Patienten.[146] Das gilt auch, wenn die Gefahr besteht, dass unter dem Schutz des Art. 2 Abs. 1 iVm Art. 1 Abs. 1 GG stehende Daten von Nichtbeschuldigten, etwa Patienten eines Arztes, zur Kenntnis der Ermittlungsbehörden gelangen.[147] Entsprechendes gilt grundsätzlich bei der Verhältnismäßigkeitsprüfung im Zusammenhang mit Maßnahmen gegen nichtbeteiligte Dritte,[148] zudem bei Kirchen, Gewerkschaften und politischen Parteien,[149] wobei das Parteienprivileg gemäß Art. 21 Abs. 2 GG nicht schlechthin vor Durchsuchungen schützt.[150]

35 Bei Durchsuchungen in **Presse- oder Rundfunkunternehmen** und bei ihren Mitarbeitern[151] ist der Eingriff in Art. 5 Abs. 1 S. 2 GG zu berücksichtigen.[152] Die vom Grundrecht der Presse- und Rundfunkfreiheit umfasste Vertraulichkeit der Redaktionsarbeit verwehrt es staatlichen Stellen, sich einen Einblick in die Vorgänge zu verschaffen, die zur Entstehung von Nachrichten oder Beiträgen führen. Besonders fallen Unterlagen über eigene journalistische Recherchen sowie redaktionelles Datenmaterial einschließlich der im Zuge von Recherchen hergestellten Kontakte, organisationsbezogene Unterlagen eines Presse- oder Rundfunkunternehmens, aus denen sich redaktionelle Arbeitsabläufe, Projekte oder auch die Identität der Mitarbeiter einer Redaktion ergeben, unter das Redaktionsgeheimnis. Sind bei einer Sicherstellung Unterlagen betroffen, die einen Inhalt aufweisen, der vor staatlicher Kenntnisverschaffung geschützt ist, greift auch die Anfertigung von Ablichtungen zu Zwecken des Strafverfahrens – ungeachtet einer späteren Rückgabe der Originale an den Betroffenen – in die Rundfunkfreiheit ein.[153] Die Durchsuchung in Redaktionsräumen oder Wohnungen von Journalisten darf nicht vorrangig dem Zweck dienen, den Verdacht von Straftaten durch Informanten aufzuklären.[154]

36 Die einschränkenden Regelungen über die allgemeine Zeugnispflicht von Medienangehörigen nach § 53 Abs. 1 Nr. 5 sowie nach §§ 97 Abs. 5 sind bei der Anordnung der Durchsuchung mit dem Ziel der Beschlagnahme zu beachten. Aber auch dann, wenn ein Beschlagnahmeverbot nicht vorliegt, ist **Art. 5 Abs. 1 S. 2 GG** für die Anwendung

---

142 Vgl. BVerfG 27.6.2018 – 2 BvR 1405/17, 2 BvR 1780/17, NJW 2018, 2385.

143 Vgl. auch Griesbaum in KK-StPO § 160a Rn. 21; Hegmann in BeckOK StPO § 102 Rn. 21.

144 LG Bonn 22.12.2016 – 27 Qs 23/16, BeckRS 2016, 116395.

145 BVerfG 21.1.2008 – 2 BvR 1219/07, NStZ-RR 2008, 176 (177).

146 BVerfG 7.9.2006 – 2 BvR 1219/05, NJW 2007, 1443; vgl. auch Auffermann/Vogel NStZ 2016, 387; Röß NZWiSt 2018, 483.

147 Steiner in Spickhoff/Steiner Medizinrecht GG Art. 2 Rn. 9.

148 BVerfG 7.9.2006 – 2 BvR 1141/05, NJW 2006, 3411; 7.9.2006 – 2 BvR 1219/05, NJW 2007, 1443; 11.7.2008 – 2 BvR 2016/06, NJW 2009, 281 (282).

149 Wohlers/Jäger in SK-StPO Rn. 37.

150 BVerfG 26.3.1984 – 2 BvR 201/84, wistra 1984, 221; Ladiges in Radtke/Hohmann Rn. 22.

151 BVerfG 10.12.2010 – 1 BvR 1739/04, NJW 2011, 1859.

152 BVerfG 5.8.1966 – 1 BvR 586/62, 610/63, 512/64, NJW 1966, 1603; 22.8.2000 – 1 BvR 77/96, NJW 2001, 507 (508); umfassend zu den verfassungsrechtlichen Anforderungen an die Ausgestaltung eines publizistischen Zeugnisverweigerungsrechts und Beschlagnahmeverbots sowie an eine Anordnung der Durchsuchung von Redaktionsräumen vgl. BVerfG 10.12.2010 – 1 BvR 1739/04, NJW 2011, 1859; vgl. auch Brüning wistra 2007, 333.

153 BVerfG 27.2.2007 – 1 BvR 536/06 ua, BVerfGE 117, 244 = NJW 2007, 1117; 10.12.2010 – 1 BvR 2020/04, NJW 2011, 1859 (1863).

154 BVerfG 13.7.2015 – 1 BvR 1089/13, 1 BvR 1090/13, NJW 2015, 3430.

und Auslegung der strafprozessualen Normen über Durchsuchungen und Beschlagnahmen, die in Redaktionen oder bei Journalisten durchgeführt werden, einschränkend zu beachten.[155]

4. Zufallsfunde. Während einer Durchsuchung zufällig aufgefundene Beweismittel, die Anlass zu weiteren Ermittlungen geben, werden nach § 108 Abs. 1 sichergestellt.[156] Eine gezielte Suche nach Zufallsfunden ist allerdings unzulässig (→ § 108 Rn. 7).[157] Zufällig angetroffene Personen, bei denen Identifizierungsmaßnahmen nach § 163b erforderlich erscheinen, können zu diesem Zweck festgehalten werden. Wird dann jemand aufgefunden, bei dem Anhaltspunkte dafür bestehen, dass sich an seinem Körper Spuren befinden, so werden die erforderlichen Maßnahmen nach § 81c veranlasst.[158] 37

III. Verwertungsverbote, Rechtsbehelfe, Revision

→ § 105 Rn. 36 ff., 46. 38

§ 103 Durchsuchung bei anderen Personen

(1) [1]Bei anderen Personen sind Durchsuchungen nur zur Ergreifung des Beschuldigten oder zur Verfolgung von Spuren einer Straftat oder zur Beschlagnahme bestimmter Gegenstände und nur dann zulässig, wenn Tatsachen vorliegen, aus denen zu schließen ist, daß die gesuchte Person, Spur oder Sache sich in den zu durchsuchenden Räumen befindet. [2]Zum Zwecke der Ergreifung eines Beschuldigten, der dringend verdächtig ist, eine Straftat nach § 89a oder § 89c Absatz 1 bis 4 des Strafgesetzbuchs oder nach § 129a, auch in Verbindung mit § 129b Abs. 1, des Strafgesetzbuches oder eine der in dieser Vorschrift bezeichneten Straftaten begangen zu haben, ist eine Durchsuchung von Wohnungen und anderen Räumen auch zulässig, wenn diese sich in einem Gebäude befinden, von dem auf Grund von Tatsachen anzunehmen ist, daß sich der Beschuldigte in ihm aufhält.

(2) Die Beschränkungen des Absatzes 1 Satz 1 gelten nicht für Räume, in denen der Beschuldigte ergriffen worden ist oder die er während der Verfolgung betreten hat.

Schrifttum: Beukelmann, Durchsuchung beim Strafverteidiger, NJW-Spezial 2015, 56; Eisenberg, Zur Rechtsstellung von Kindern im polizeilichen Ermittlungsverfahren, StV 1989, 554; Groß, Verteidiger, Abgeordnete und Journalisten als verbotene unfreiwillige Medien zur strafprozessualen Aufklärung, StV 1996, 559; Gusy, Grundgesetzliche Anforderungen an Durchsuchungsbeschlüsse iSd. Art. 13 Abs. 2 GG, NStZ 2010, 353; Herrmann/Soiné, Durchsuchung persönlicher Datenspeicher und Grundrechtsschutz, NJW 2011, 2922; Jarass, Rechtsfragen der Öffentlichkeitsarbeit. Zugleich ein Beitrag zum Thema „Werbung und Recht", NJW 1981, 193; Joecks, Die Stellung der Kreditwirtschaft im steuerstrafrechtlichen Ermittlungsverfahren gegen Kunden, WM 1998, Sonderbeilage Nr. 1/1998 zu Heft 20; Krekeler, Beweisverwertungsverbote bei fehlerhaften Durchsuchungen, NStZ 1993, 263; Kurth, Identitätsfeststellung, Einrichtung von Kontrollstellen und Gebäudedurchsuchung nach neuem Recht, NJW 1979, 1377; Michalke, Durchsuchung und Beschlagnahme – Verfassungsrecht im Alltag, StraFo 2014, 89; Nelles, Strafprozessuale Eingriffe in das Hausrecht von Angehörigen, StV 1991, 488; Park, Durchsuchung und Beschlagnahme, 4. Aufl. 2018; Röß, Die Durchsuchung von Arztpraxen beim Verdacht des Abrechnungsbetruges, NZWiSt 2018, 483; Schroeder, Die Durchsuchung im Strafprozess, JuS 2004, 858; Sterzinger, Durchsuchung von Büro- und Kanzleiräumen durch die Steuerfahndung, NJOZ 2010, 1766; Vogel, Strafverfahrensrecht und Terrorismus – eine Bilanz, NJW 1978, 1217.

155 BVerfG 10.12.2010 – 1 BvR 1739/04, NJW 2011, 1859 (1861); 13.7.2015 – 1 BvR 1089/13, 1 BvR 1090/13, NJW 2015, 3430.
156 Köhler in Meyer-Goßner/Schmitt Rn. 17.
157 Müller/Römer NStZ 2012, 543 (544).
158 Köhler in Meyer-Goßner/Schmitt Rn. 17.

Übersicht

I. Überblick

1 Die Vorschrift regelt die **Durchsuchung bei Nichtverdächtigen,**[1] in deren Rechte ein Eingriff nur unter engeren Voraussetzungen als nach § 102 zulässig ist.[2] Die Durchsuchung ist nach § 103 anzuordnen, wenn konkrete Tatsachen vermuten lassen, dass sich bestimmte, als Beweismittel dienende Gegenstände in den Räumen des Nichtverdächtigen befinden. Beim Beschuldigten ist es demgegenüber bereits nach der Lebenserfahrung in einem gewissen Grade wahrscheinlich, dass bei ihm Beweisgegenstände zu finden sind, die zur Prüfung der Verdachtsannahme beitragen können. Durch die Verknüpfung des personenbezogenen Tatverdachts mit einem abstrakten Auffindeverdacht wird ein ausreichender Eingriffsanlass geschaffen. Fehlt dagegen ein gegen den von der Durchsuchung Betroffenen selbst gerichteter Verdacht der Beteiligung an der Tat, muss der Eingriffsanlass hinsichtlich des Durchsuchungsziels näher konkretisiert sein, um die staatliche Inanspruchnahme des Betroffenen zu rechtfertigen.[3] Allein die pauschale, allgemeine Erwartung, irgendein relevantes Beweismittel zu finden, rechtfertigt einen solchen Eingriff in die Rechte eines Dritten, insbesondere in Art. 13 Abs. 1 GG,[4] nicht. Der Durchsuchungsbeschluss muss Zweck und Umfang der Durchsuchungsmaßnahme in einem ausreichenden Maße erkennen lassen und zugleich auch die Beweismittel, nach denen gesucht werden soll, hinreichend konkretisieren, so dass wegen der damit einhergehenden Umgrenzungswirkung keine Zweifel über die zu suchenden Gegenstände bestehen bleiben.[5] Das dient der äußeren Begrenzung der Maßnahme und soll ihre Durchführung messbar und von vornherein kontrollierbar gestalten.[6] Sind im Einzelfall ausreichende Gründe dafür gegeben, dass Beweisgegenstände einer bestimmten Kategorie auch bei einem Nichtverdächtigen zu finden sind, zB Unterlagen und Datenträger bei einer Steuerberatungsgesellschaft im Rahmen eines Ermittlungsverfahrens gegen deren Mandanten, so ist es zulässig, wenn aus demselben Grunde sowohl bei einem Nichtverdächtigen als auch bei dem Beschuldigten durchsucht wird. Es kann dann in zugleich ergehenden Durchsuchungsbeschlüssen nach § 102 und § 103 eine Auffindevermutung bezüglich derselben Beweismittel zu Grunde gelegt werden.[7]

2 Wird die Durchsuchungsanordnung auf § 103 gestützt, obwohl sie **auch nach § 102** gerechtfertigt gewesen wäre, weil es sich tatsächlich um eine Durchsuchung bei einem Verdächtigen handelte, ist sie deshalb nicht rechtswidrig, denn die Duldungspflicht des

[1] Vgl. zu einem iSd § 10 TMG privilegierten Host-Provider LG Saarbrücken 23.4.2009 – 2 Qs 9/09.
[2] BVerfG 9.11.2001 – 2 BvR 436/01, NStZ 2002, 212; BGH 21.11.2001 – 3 BJs 22/04-4 (9) – StB 20/01, NStZ 2002, 215; LG Limburg 15.2.2011 – 1 Qs 20/11, PStR 2011, 112; Herrmann/Soiné NJW 2011, 2922 (2924); Schroeder JuS 2004, 858 (860).
[3] BVerfG 11.1.2016 – 2 BvR 1361/13, NJW 2016, 1645.
[4] Vgl. zur Grundrechtsrelevanz BVerfG 24.1.2013 – 2 BvR 376/11, StV 2013, 609; Michalke StraFo 2014, 89.
[5] BGH 28.6.2018 – StB 14/18, BeckRS 2018, 15495.
[6] BVerfG 6.3.2002 – 2 BvR 1619/00, DStRE 2002, 1092 (1093); 9.2.2005 – 2 BvR 984/04, NStZ-RR 2005, 203 (204); LG Limburg 15.2.2011 – 1 Qs 20/11, PStR 2011, 112.
[7] BVerfG 28.4.2003 – 2 BvR 358/03, NJW 2003, 2669.

Verdächtigen ist größer als die des Unverdächtigen.[8] Im Übrigen ist zu beachten, dass nach Abs. 2 die Beschränkungen des Abs. 1 S. 1 nicht für Räume gelten, deren Inhaber selbst zwar unverdächtig ist, in denen der Beschuldigte aber ergriffen oder sich während seiner Flucht aufgehalten hat.

Die **Anordnungsbefugnis** ist in § 105 geregelt. Vorschriften zur **Durchführung** der Durchsuchung sind in den §§ 104–107, 109, 110 normiert. Hervorzuheben ist, dass grundsätzlich dem Beschuldigten wie auch dem Drittbetroffenen die vollständige richterliche Durchsuchungsanordnung bei Vollzug derselben auszuhändigen ist. **§ 95a** eröffnet als Ausnahme zum Grundsatz der Offenheit der Beschlagnahme die Möglichkeit, bei einer Beschlagnahme eines Gegenstandes, der sich im Gewahrsam einer nichtbeschuldigten Person befindet, die Benachrichtigung des Beschuldigten (in diesem Fall nicht Gewahrsamsinhaber) unter Beachtung des Verhältnismäßigkeitsgebots zurückzustellen, um sonstige verdeckt geführte Ermittlungsmaßnahmen nicht zu gefährden. Wird die Zurückstellung der Benachrichtigung des Beschuldigten angeordnet, kann im Einzelfall unter Würdigung aller Umstände und nach Abwägung der Interessen der Beteiligten zugleich angeordnet werden, dass der Betroffene für die Dauer der Zurückstellung gegenüber dem Beschuldigten und Dritten die Beschlagnahme sowie eine ihr vorausgehende Durchsuchung nach den §§ 103 und 110 oder Herausgabeanordnung nach § 95 nicht offenbaren darf. 3

Darüber hinaus kann die **Bekanntgabe der (vollständigen) Gründe der Anordnung** gegenüber dem Gewahrsamsinhaber nach Beginn der offenen Ermittlungsmaßnahme in Ausnahmefällen zurückgestellt werden, wenn hierdurch der Untersuchungszweck gefährdet wäre. Das ist dann der Fall, wenn der Drittbetroffene im Anschluss an die Durchsuchungsmaßnahme als Zeuge vernommen werden soll und daher die Gefahr besteht, dass die Bekanntgabe der vollständigen Gründe der Durchsuchungsanordnung den Inhalt der Aussage beeinflussen könnte. Der sofortigen Bekanntgabe der vollständigen Gründe können auch schutzwürdige Belange des Beschuldigten entgegenstehen. „Eine Bekanntgabe des vollständigen Tatvorwurfes gegen den Beschuldigten in diesem Verfahrensstadium kann gerade im Fall besonders stigmatisierender Sachverhalte oder sensibler Beziehungen zu dem Drittbetroffenen, wie etwa im Fall einer Durchsuchung bei dem Arbeitgeber oder Geschäftspartner des Beschuldigten, zu einer irreparablen Brandmarkung des Beschuldigen führen und nach dem Rechtsgedanken des § 477 Abs. 3 zunächst zurückzustellen sein (…) Dem Betroffenen ist stets eine Ausfertigung der richterlichen Entscheidung zu übergeben, in der die Gegenstände, auf die sich die Maßnahme erstecken soll, konkret bezeichnet werden. Denn nur so kann der Betroffene die Durchsuchung kontrollieren und etwaigen Ausuferungen im Rahmen seiner rechtlichen Möglichkeiten von vorneherein entgegentreten (vgl. BVerfGE 103, 142 Rn. 35). Für den Drittbetroffenen im Sinne des § 103 ergibt sich dies auch aus dem Umstand, dass der Verhältnismäßigkeitsgrundsatz hier gebieten kann, dem Betroffenen eine **Abwendungsbefugnis** durch freiwillige Herausgabe der gesuchten Gegenstände einzuräumen."[9] Besteht bei dem Drittbetroffenen eine Bereitschaft zur freiwilligen Herausgabe, ist dieser zur freiwilligen Herausgabe der Gegenstände aufzufordern, wenn der Ermittlungszweck dadurch nicht gefährdet wird.[10] Das gilt vor allem dann, wenn es nicht auf einen Überraschungseffekt bei der Durchsuchung ankommt bzw. wenn kein Anlass zu der Vermutung besteht, dass der Betroffene zur freiwilligen Mitwirkung nicht bereit ist und auch Verdunkelungsmaßnahmen nicht zu besorgen sind.[11] Eine ausdrückliche Abwendungsbefugnis ist bei Anordnungen gegen Dritte nicht erforderlich und kann sogar unzweckmäßig sein, wenn sich erst am Durchsuchungsort herausstellt, dass der Betroffene nicht erreichbar ist.[12] Ein schriftliches Herausgabeverlangen ist bei der Durchsuchung von 3a

8 BGH 13.6.1978 – 1 BJs 93/77, StB 51/78, NJW 1978, 1815; Köhler in Meyer-Goßner/Schmitt Rn. 1; aA Krekeler NStZ 1993, 263 (266).

9 BGH 28.6.2017 – 1 BGs 148/17, BeckRS 2017, 116722 Rn. 15; Röß NZWiSt 2018, 483 (487).

10 LG Braunschweig 11.7.2016 – 16 Qs 135/16, BeckRS 2016, 121385 = StraFo 2016, 413 mAnm Albrecht jurisPR-StrafR 13/2017 Anm. 5.

11 BGH 18.11.2021 – StB 6+7/21, NStZ 2022, 306.

12 LG Hamburg 18.9.2018 – 608 Qs 26/18.

Diensträumen einer obersten Bundes- und wohl auch Landesbehörde nur entbehrlich, wenn eine Ablehnung sicher zu erwarten, eine Vernichtung von Beweismitteln zu befürchten oder eine besondere Dringlichkeit anzunehmen ist.[13] § 103 ist entsprechend bei Beschlagnahmen zur Sicherung der **Einziehung oder Unbrauchbarmachung** anzuwenden (§ 111b Abs. 2). Nach § 46 Abs. 1 OWiG ist (sinngemäß) § 103 auch bei der Verfolgung von **Ordnungswidrigkeiten** anwendbar. Hier gelten allerdings deutlich höhere Anforderungen an die Verhältnismäßigkeit, denn im Hinblick darauf, dass der Vorwurf einer Ordnungswidrigkeit stets weniger schwer wiegt als der einer Straftat, ist in Ordnungswidrigkeitenverfahren beim Gebrauch von Eingriffsbefugnissen der Grundsatz der Verhältnismäßigkeit besonders zu berücksichtigen. Der **Verhältnismäßigkeitsgrundsatz** verlangt jedoch nicht, dass bei Ordnungswidrigkeiten generell von einer Durchsuchung (und Beschlagnahme) abgesehen wird. Eine schematische Untergrenze für Durchsuchungsanordnungen nach § 46 Abs. 1 OWiG in Verbindung mit §§ 102, 103 etwa im Hinblick auf die Bußgeldhöhe existiert nicht; vielmehr ist jeweils eine Abwägung im konkreten Einzelfall vorzunehmen. Bei der Abwägung sind unter anderem die Schwere der Tat und die Stärke des Tatverdachts, die Auffindewahrscheinlichkeit, etwa bereits vorliegendes oder anderweitig zu gewinnendes Beweismaterial, Inhalt und Umfang der Anordnung, Voreintragungen des Betroffenen im Verkehrszentralregister, die Art der betroffenen Räumlichkeiten und Schutzvorkehrungen zur Beschränkung der Maßnahme zu berücksichtigen.[14]

II. Erläuterung

4 **1. Gegenstand der Durchsuchung. a) Andere Personen.** Nach Abs. 1 S. 1 gehören zu „anderen Personen" zum einen natürliche Personen, die nicht tat- oder teilnahmeverdächtig sind oder aus sonstigen Gründen wegen Vorliegens von Straf- oder Schuldausschließungsgründen strafrechtlich nicht verfolgt werden können.[15] Erforderlich ist, dass überhaupt ein Strafverfahren gegen eine bestimmte Person durchgeführt werden kann. Daher ist eine Durchsuchung unzulässig, wenn lediglich ein Strafunmündiger als Täter in Betracht kommt.[16] Ferner zählen zu anderen Personen juristische Personen, zB Banken[17] oder Provider bezüglich eines auf dortigen Datenträgern gespeicherten, den Beschuldigten betreffenden Datenbestands.[18]

5 Ist das Organ einer **juristischen Person** selbst verdächtig, kommt eine Durchsuchung der Büroräume der betreffenden Person auch nach § 102 in Betracht, wenn diese an den Räumen Gewahrsam ausübt.[19] Bei einer Nebenbetroffenen in einem Kartellverfahren ist eine Durchsuchung nach § 102 statthaft, wenn der Beschluss sich zugleich auch auf Mitarbeiter der Nebenbetroffenen erstreckt. Dies beschränkt sich jedoch auf Privaträume der Mitarbeiter, über die das Unternehmen Mitgewahrsam hat, da grundsätzlich die Durchsuchung von Privaträumen von Mitarbeitern, die nicht selbst Verdächtige iSd § 102 sind, an § 103 zu messen ist.[20] Nach § 103 können Rechtsanwalts- und Steuerberatungskanzleien und die Dienstgebäude und -räume von **Behörden** durchsucht werden (vgl. auch § 105 Abs. 3 S. 3),[21] wenn vorher – ohne Gefährdung des Ermittlungszwecks – die Herausgabe

13 LG Osnabrück 9.2.2022 – 1 Qs 32/21, NJW 2022, 882.
14 BVerfG 14.7.2016 – 2 BvR 2748/14, NJOZ 2017, 580.
15 Ladiges in Radtke/Hohmann Rn. 3.
16 Köhler in Meyer-Goßner/Schmitt Rn. 1; Ladiges in Radtke/Hohmann Rn. 4; Eisenberg StV 1989, 554 (556).
17 BVerfG 1.3.2002 – 2 BvR 971/00, NStZ 2002, 373; Bruns in KK-StPO Rn. 1.
18 LG Saarbrücken 23.4.2009 – 2 Qs 9/09, MMR 2010, 205.
19 BGH 22.8.1996 – 5StR 159/96, wistra 1997, 107 (108); Bruns in KK-StPO Rn. 1; Joecks WM 1998, Sonderbeilage Nr. 1/1998, 23. Auf das Hausrecht abstellend Gercke in Gercke/Julius/Temming/Zöller Rn. 12.
20 BGH 23.1.2014 – KRB 48/13 (OLG Düsseldorf), BeckRS 2014, 5858.
21 KG 22.6.1989 – 4 Ws 110/89, NStZ 1989, 541; LG Saarbrücken 13.6.2002 – 8 Qs 127/02, NStZ-RR 2002, 267; zur Durchsuchung bei Behörden vgl. Löffelmann in AK-StPO Rn. 5.

des Beweisgegenstands erfolglos versucht worden ist.[22] Dabei sind die aus § 96 abzuleitenden Grundsätze zu beachten, die die Zulässigkeit einer Durchsuchung in behördlichen Räumen einengen und die durch die Durchsuchung nicht umgangen werden dürfen.[23] Vor Durchführung der Durchsicht der Behördenakten nach § 110 ist eine Beschlagnahme nicht statthaft. Nicht zulässig ist die Beschlagnahme- bzw. Durchsuchungsanordnung durch das Gericht, die auf die Aufzeichnungen des **Sitzungsvertreters der Staatsanwaltschaft** abzielt.[24]

b) Durchsuchungsobjekte. Wohnungen und alle anderen vom Unverdächtigen genutzten Räume sowie seine Kraftfahrzeuge und Sachen (auch eine EDV-Anlage) können, wie bei § 102, Objekt der Durchsuchung sein. Eine körperliche Durchsuchung des Unverdächtigen ist ebenfalls zulässig. § 81c lässt die intensivere körperliche Untersuchung bei Unverdächtigen zu.[25] 6

2. Zweck der Durchsuchung. Die Durchsuchung kann der Ergreifung des Beschuldigten oder dem Auffinden von Spuren und Beweismitteln dienen. Im Einzelnen: 7

a) Ergreifungsdurchsuchung. Voraussetzung für die Ergreifungsdurchsuchung ist, dass die verdächtige Person Beschuldigter ist. Hierfür ist der Anfangsverdacht einer Straftat erforderlich. Die namentliche Identität des Beschuldigten braucht noch nicht bekannt sein.[26] Es ist ausreichend, dass die Beschuldigteneigenschaft erst mit der Anordnung der Durchsuchung entsteht.[27] Der rechtskräftig Verurteilte steht dem Beschuldigten gleich.[28] Es sind konkrete Tatsachen erforderlich, bspw. Zeugenbekundungen oder vormalige Beobachtungen über Lebensgewohnheiten des Beschuldigten,[29] aus denen „zu schließen" ist, dass die gesuchte Person sich in den zu durchsuchenden Räumen befindet.[30] Der Durchsuchungserfolg muss wahrscheinlich sein.[31] Unzureichend ist nach allgemeiner Auffassung eine Auffindungsvermutung, die nur auf kriminalistische Erfahrung gestützt wird.[32] Die Ergreifungsdurchsuchung kann auch in den Räumen einer Anwaltskanzlei, etwa in den Büros des Verteidigers des flüchtigen Beschuldigten, erfolgen.[33] 8

b) Auffinden von Spuren und Beschlagnahme von Beweismitteln. Für die Zulässigkeit einer Durchsuchung genügt zunächst einmal der über bloße Vermutungen hinausreichende, auf **bestimmte tatsächliche Anhaltspunkte gestützte konkrete Verdacht,** dass eine Straftat begangen worden ist und der Verdächtige als Täter oder Teilnehmer an dieser Tat in Betracht kommt.[34] Die Durchsuchung bei einer nicht tatverdächtigen Person ist nur zulässig, wenn bestimmte Tatsachen den Schluss zulassen, dass bei der Durchsuchung hinreichend individualisierte (bestimmte) Beweismittel für die den Gegenstand des Verfahrens bildenden Straftaten aufgefunden werden.[35] Anders als bei § 102 ist die allgemeine 9

---

[22] BGH 18.11.2021 – StB 6/21, StB 7/21, NStZ 2022, 306; LG Osnabrück 9.2.2022 – 12 Qs 32/21, BeckRS 2022, 1559.
[23] OLG Jena 20.11.2000 – 1 Ws 313/00, NJW 2001, 1290 (1291).
[24] OLG Schleswig 20.2.2013 – 2 Ws 566/12 (8/13), BeckRS 2013, 16593).
[25] Ladiges in Radtke/Hohmann Rn. 5; Köhler in Meyer-Goßner/Schmitt Rn. 3; Schroeder JuS 2004, 858 (860).
[26] Nelles StV 1991, 488.
[27] Eisenberg Beweisrecht StPO Rn. 2424.
[28] Köhler in Meyer-Goßner/Schmitt Rn. 5.
[29] KG 8.9.1971 – 1 VAs 43/70, JR 1972, 297 (300).
[30] LG Saarbrücken 13.6.2002 – 8 Qs 127/02, NStZ-RR 2002, 267 (268).
[31] OLG Düsseldorf 26.2.2008 – III 5 Ss 203/07 – 93/07 I, StraFo 2008, 238.
[32] OLG Celle 16.7.1982 – 3 VAs 18/81, StV 1982, 561 (562).
[33] BVerfG 27.2.2003 – 2 BvR 1120/02, NVwZ-RR 2003, 495; LG Saarbrücken 13.6.2002 – 8 Qs 127/02, NStZ-RR 2002, 267.
[34] BGH 31.7.2019 – StB 17/19, BeckRS 2019, 17948.
[35] BVerfG 4.3.1981 – 2 BvR 195/81, NJW 1981, 971; 28.4.2003 – 2 BvR 358/03, NJW 2003, 2669 (2670); BGH 9.4.2009 – StB 6/09, BeckRS 2009, 11063; BGH 9.2.2021 – StB 9/20, StB 10/20, BeckRS 2021, 3096. LG Braunschweig 11.9.2012 – 9 Qs 136/12, Nds. Rpfl. 2013, 54.

Aussicht, irgendwelche relevanten Beweismittel zu finden, nicht ausreichend.[36] Die Beweismittel müssen im Durchsuchungsbeschluss insoweit konkretisiert werden, dass weder bei dem Betroffenen noch bei dem die Durchsuchung vollziehenden Beamten Zweifel über die zu suchenden und zu beschlagnahmenden Gegenstände entstehen können. Nicht notwendig ist, dass diese in allen Einzelheiten beschrieben werden. Sofern daher ein unmittelbarer Bezug der gesuchten Gegenstände zum Ermittlungsverfahren gegeben ist, reicht eine eingegrenzte, aber doch **gattungsmäßige Beschreibung** der gesuchten Unterlagen aus.[37] Soweit die Durchsuchung dem Auffinden von Gegenständen dient, die keinen unmittelbaren Bezug zum Ermittlungsverfahren aufweisen, bedarf es besonderer Gründe, aus denen sich die Bedeutung der gesuchten Gegenstände für das Ermittlungsverfahren und die Rechtfertigung für den Eingriff in die Rechte des unbeteiligten Dritten ergeben.[38]

10 Es ist grundsätzlich zulässig, Räumlichkeiten und Sachen von Personen, denen ein **Zeugnisverweigerungsrecht** nach §§ 52, 53 zusteht, zum Auffinden von Spuren und zur Beschlagnahme von Beweismitteln zu durchsuchen.[39] Die Durchsuchung darf allerdings nicht mit dem Ziel vorgenommen werden, nach **§ 97 beschlagnahmefreie Gegenstände** aufzufinden.[40] Die Durchsuchung ist von vornherein unzulässig, wenn die Gegenstände erkennbar beschlagnahmefrei (§ 97, § 160a Abs. 5) sind.[41] Die Durchsicht und vorläufige Sicherstellung von Unterlagen zum Zwecke der Prüfung (§ 110) ist dagegen zulässig, wenn sich bei der Durchsuchung noch nicht sofort feststellen lässt, ob ein Gegenstand der Beschlagnahme unterliegt oder nicht.[42] Stellt sich die mangelnde Beschlagnahmefähigkeit heraus, muss der Gegenstand unverzüglich zurückgegeben werden.[43] **Im Einzelnen gilt:** Buchhaltungsunterlagen eines Verdächtigen beim Steuerberater sind solange beschlagnahmefrei, als sie der Steuerberatung dienen, längstens bis zur Erstellung und Freigabe des jeweiligen Jahresabschlusses.[44] Des Weiteren können Gegenstände, die bei einem **Verteidiger** sichergestellt werden sollen, einem Beschlagnahmeverbot unterliegen, bspw. dem an das Zeugnisverweigerungsrecht des Verteidigers nach § 53 Abs. 1 Nr. 2 anknüpfenden Beschlagnahmeverbot nach § 97 Abs. 1 Nr. 3.[45] Demzufolge sind Gegenstände vor der Beschlagnahme geschützt, wenn ihr Aussagegehalt das Vertrauensverhältnis betrifft. Unter das Beschlagnahmeverbot fallen auch Urkunden, die ein Dritter dem Verteidiger zum Zwecke der Verteidigung übergeben hat, da die durch diese Unterlagen zu beweisenden Tatsachen von dem Zeugnisverweigerungsrecht umfasst werden. Das gilt auch dann, wenn aus bestimmten Umständen darauf geschlossen werden kann, dass es sich um Unterlagen handelt, die der Entlastung des Verdächtigen dienen. Eine weitere Ausnahme von der Beschlagnahmefreiheit kommt in Betracht, wenn der Verteidiger seine privilegierte Stellung offensichtlich missbraucht, um Akten, Schriftstücke oder andere Gegenstände dem Zugriff der Strafverfol-

36 BVerfG 3.7.2006 – 2 BvR 299/06, NJW 2007, 1804; 29.2.2012 – 2 BvR 1954/11, NJW 2012, 2096; BGH 15.10.1999 – 2 BJs 20/97 – 2 – StB 9/99, NStZ 2000, 154 (155); 21.11.2001 – 3 BJs 22/04-4 (9) – StB 20/01, NStZ 2002, 215; 5.6.2019 – StB 6/19, BeckRS 2019, 14495.

37 BVerfG 28.4.2003 – 2 BvR 358/03, NJW 2003, 2669 (2670); 11.1.2016 – 2 BvR 1361/13, NJW 2016, 1645; BGH 13.1.1989 – StB 1/89; BGH 21.11.2001 – StB 20/01, NStZ 2002, 215 (216); 28.6.2018 – StB 14/18, BeckRS 2018, 15495 Rn. 14; 5.6.2019 – StB 6/19, BeckRS 2019, 14495; BGH 18.11.2021 – StB 6+7/21, NStZ 2022, 306; BGH 9.2.2021 – StB 9/20, StB 10/20, BeckRS 2021, 3096. OLG Celle 16.7.1982 – 3 VAs 18/81, StV 1982, 561 (562).

38 BVerfG 18.3.2009 – 2 BvR 1036/08, NJW 2009, 2518.

39 Köhler in Meyer-Goßner/Schmitt Rn. 7; Sterzinger NJOZ 2010, 1766.

40 BVerfG 27.2.2003 – 2 BvR 1120/02, NVwZ-RR 2003, 495; OLG Frankfurt a. M. 21.6.2005 – 3 Ws 499 und 501/05, NJW 2006, 302; LG Essen 12.8.2009 – 56 Qs 7/09, NStZ-RR 2010, 150; Köhler in Meyer-Goßner/Schmitt Rn. 7; Gusy NStZ 2010, 353 (358); Jarass NJW 1981, 193 (197).

41 BVerfG 29.3.2007 – 2 BvR 224/07, juris; LG Fulda 12.10.1999 – 2 Qs 51/99, NJW 2000, 1508 (1509); LG Ulm 15.1.2007 – 2 Qs 2002/07, NJW 2007, 2056; Groß StV 1996, 559 (563); Gusy NStZ 2010, 353 (358).

42 Vgl. auch OLG Jena 20.11.2000 – 1 Ws 313/00, NJW 2001, 1290 (1292).

43 Bruns in KK-StPO Rn. 7.

44 LG Essen 12.8.2009 – 56 Qs 7/09, NStZ-RR 2010, 150.

45 BVerfG 6.11.2014 – 2 BvR 2928/10, BeckRS 2014, 59255; vgl. hierzu auch BVerfG 27.6.2018 – 2 BvR 1405/17, 2 BvR 1780/17, NJW 2018, 2385; OLG Frankfurt a. M. 21.6.2005 – 3 Ws 499 und 501/05, NJW 2006, 302; vgl. auch Beukelmann NJW-Spezial 2015, 56.

gungsbehörden zu entziehen. Das gilt jedoch nur, wenn feststeht, dass mit dem Verteidigerprivileg ausschließlich ein von der Verfahrensordnung missbilligtes Ziel verfolgt wird und keinerlei Gesichtspunkte erkennbar sind, die eine verfahrensfremde Rechtsverwirklichung noch hinnehmbar erscheinen lassen, wobei im Zweifel eine Vermutung zu Gunsten der Zulässigkeit selbst missbräuchlicher Ausnutzung von Verfahrensrechten besteht (→ § 97 Rn. 29 ff., 64).[46]

3. Gebäudedurchsuchung (Abs. 1 S. 2). a) Einleitung. Die Gebäudedurchsuchung wurde durch das Antiterrorismusgesetz vom 14.4.1978 (BGBl. I 497) zwecks Erleichterung bei der Fahndung nach Terroristen eingeführt.[47] Der Verdächtigte muss dringend einer Straftat nach § 89a StGB, seit dem 20.6.2015 auch § 89c Abs. 1–4 StGB,[48] nach § 129a StGB (auch iVm § 129b Abs. 1 StGB) oder einer der in dieser Vorschrift bezeichneten Katalogtat verdächtig sein. Ferner ist erforderlich, dass aufgrund konkreter Tatsachen – nicht aufgrund bloßer Vermutungen – anzunehmen ist, dass sich der Beschuldigte in dem Gebäude aufhält. Bei der Durchsuchung der Wohnung eines Nichtbeschuldigten gebietet die Schutzwirkung des Art. 13 Abs. 1 GG, dass der Durchsuchungserfolg aus Sicht der Ermittlungspersonen wahrscheinlich sein muss. Danach muss mehr für als gegen den momentanen Aufenthalt des Beschuldigten in der Wohnung des anderen sprechen.[49] 11

b) Gebäude. Unter einem Gebäude ist eine räumlich abgegrenzte, selbständige bauliche Einheit zu verstehen. Es muss sich nicht um ein einzelnstehendes Haus oder um ein Gebäude mit nur einem Aufgang handeln.[50] Wenn allerdings mehrere Gebäude durch eine gemeinsame Versorgungseinrichtung oder eine Tiefgarage verbunden sind, werden sie nicht allein dadurch zu einer Einheit zusammengeschlossen. Auch eine Reihenhauszeile ist kein einheitliches Gebäude.[51] Soweit nicht ersichtlich ist, ob ein größerer Wohnblock ein oder mehrere Gebäude enthält, könnte als Abgrenzungsmerkmal dienen, ob der Gebäudeteil einen eigenen Eingang und eine eigene Hausnummer hat. Die Durchsuchung kann auf Teile des Gebäudes beschränkt werden, wenn eindeutig ein Teil als Aufenthaltsort des Beschuldigten ausscheidet.[52] Bestehen Hinweise, dass sich der Beschuldigte in einem von mehreren Gebäuden aufhält, darf nicht die gleichzeitige Durchsuchung aller Gebäude angeordnet werden. Vielmehr muss die Durchsuchung zunächst bei dem wahrscheinlicheren Aufenthaltsort des Gesuchten anfangen.[53] Allerdings kann zugleich für den Fall der Erfolglosigkeit eine Durchsuchungsanordnung für weitere Gebäude erlassen werden.[54] 12

Die Gebäudedurchsuchung dient allein der **Ergreifungsdurchsuchung,** nicht der Suche nach Beweismitteln oder Spuren. Besteht Grund zu der Annahme, dass sich Unterlagen finden lassen, die die Ergreifung des Beschuldigten ermöglichen, dürfen auch kleinere Behältnisse durchsucht werden.[55] 13

4. Die Ausnahmeregelung (Abs. 2). Abs. 2 hebt die Beschränkungen des Abs. 1 S. 1 bei der Durchsuchung von Räumen auf, in denen der entflohene Beschuldigte oder Verurteilte,[56] durch Strafverfolgungsorgane oder nach § 127 Abs. 1 durch Privatpersonen[57] ergriffen worden ist oder sich dort während seiner Flucht, wenn auch nur vorübergehend, aufgehalten hat, ohne dass er dort tatsächlich ergriffen worden ist. Die Durchsuchung dieser 14

[46] OLG Frankfurt a. M. 21.6.2005 – 3 Ws 499 und 501/05, NJW 2006, 302; Köhler in Meyer-Goßner/Schmitt § 97 Rn. 30, 36 ff., 39.
[47] Vogel NJW 1978, 1217 (1226); Kurth NJW 1979, 1377 (1383).
[48] Abs. 1 Satz 2 geänd. mWv 20.6.2015 durch G v. 12.6.2015 (BGBl. I S. 926).
[49] OLG Düsseldorf 26.2.2008 – III-5 Ss 203/07 – 93/07 I, StraFo 2008, 238; Hegmann in BeckOK StPO Rn. 14.
[50] Hegmann in BeckOK StPO Rn. 12; Köhler in Meyer-Goßner/Schmitt Rn. 12; Kurth NJW 1979, 1377 (1383).
[51] Ladiges in Radtke/Hohmann Rn. 12; Riegel BayVBl. 1978, 589 (597).
[52] Wohlers/Jäger in SK-StPO Rn. 21.
[53] Ladiges in Radtke/Hohmann Rn. 12.
[54] Wohlers/Jäger in SK-StPO Rn. 22.
[55] Hegmann in BeckOK StPO Rn. 16; Vogel NJW 1978, 1217 (1226).
[56] OLG Düsseldorf 27.7.1981 – 2 Ws 289/81, NJW 1981, 2133.
[57] Köhler in Meyer-Goßner/Schmitt Rn. 15.

Räume kann dann unter den Voraussetzungen des § 102 erfolgen.[58] Die Anordnung der Durchsuchung (§ 105) ist erforderlich.

15 Es bedarf **keiner weiteren Tatsachen,** die die Ergreifung wahrscheinlicher machen. Denn kraft der gesetzlichen Vermutung liegt die Annahme nahe, dass irgendein denkbarer Durchsuchungszweck, die Ergreifung des Beschuldigten oder das Auffinden von Zeugen oder Beweismitteln, erreicht werden kann.[59]

16 **5. Verhältnismäßigkeit.** Der Richter darf die Durchsuchung nur anordnen, wenn er sich auf Grund eigenverantwortlicher Prüfung der Ermittlungen überzeugt hat, dass die Maßnahme verhältnismäßig ist.[60] Der Eingriff muss stets in einem **angemessenen Verhältnis** zu der Schwere der Straftat und der Stärke des Tatverdachts stehen. Hierbei sind auch die Bedeutung des potenziellen Beweismittels für das Strafverfahren sowie der Grad des auf verfahrenserhebliche Informationen bezogenen Auffindeverdachts zu bewerten. Im Einzelfall können die Geringfügigkeit der zu ermittelnden Straftat, eine mangelnde Beweisbedeutung sowie die Vagheit des Auffindeverdachts der Maßnahme entgegenstehen. Die Durchsuchung muss im Hinblick auf den bei der Anordnung verfolgten gesetzlichen Zweck erfolgversprechend (geeignet) sein. Zudem muss die Maßnahme zur Ermittlung und Verfolgung der Straftat erforderlich sein. Das ist nicht der Fall, wenn andere, **weniger einschneidende Mittel** zur Verfügung stehen. Der Grundsatz der Verhältnismäßigkeit gebietet, in jedem Verfahrensstadium das jeweils mildeste Mittel anzuwenden.[61] Die Durchsuchung bei einem Nichtbeschuldigten, der durch sein Verhalten keinen Anlass zu den Ermittlungsmaßnahmen gegeben hat, stellt über die allgemeinen Erwägungen hinaus erhöhte Anforderungen an die Prüfung der Verhältnismäßigkeit.[62] Deshalb ist der nichtverdächtige Betroffene vor der Vollstreckung des Durchsuchungsbeschlusses grundsätzlich zur **freiwilligen Herausgabe** des Gegenstandes aufzufordern.[63] Eine Abwendungsbefugnis ist regelmäßig, abhängig von der Kooperationsbereitschaft bzw. -pflicht des Adressaten, in die Anordnungsentscheidung aufzunehmen.[64] Des Weiteren kommt das Verlangen auf Einblick in die Geschäftsunterlagen, die Anforderung entsprechender Kopien oder ein Auskunftsersuchen in Betracht,[65] solange aufgrund der Eigenart des Verdachts keine Verdunkelungshandlungen, bspw. durch bislang unbekannte weitere involvierte Personen, zu befürchten sind, wenn diese durch derart eingeschränkte Ermittlungsmaßnahmen von der Einleitung eines Strafverfahrens erfahren würden.[66] Zudem ist bei der Anordnung der Durchsuchung und Beschlagnahme bspw. bei einem unverdächtigen Insolvenzverwalter äußerste Zurückhaltung geboten, da dieser als unabhängige Rechtsperson, verpflichtet ist, mit den Ermittlungsbehörden zu kooperieren. Vor Anordnung der Durchsuchung der Kanzleiräume eines Insolvenzverwalters ist zu prüfen, ob zuvor ein Beschluss nach § 95 in Betracht kommt.[67] Eine Durchsuchung beim Insolvenzverwalter ist erst dann möglich, wenn gewichtige Anhaltspunkte dafür

[58] Wohlers/Jäger in SK-StPO Rn. 18.
[59] Köhler in Meyer-Goßner/Schmitt Rn. 15.
[60] BVerfG 27.5.1997 – 2 BvR 1992/92, BVerfGE 96, 44 (51) = NJW 1997, 2165; BVerfG 2.3.2006 – 2 BvR 2099/04, NJW 2006, 976 (982); 5.5.2011 – 2 BvR 1011/10, NJW 2011, 2275.
[61] BVerfG 29.2.2012 – 2 BvR 1954/11, NJW 2012, 2096.
[62] BVerfG 3.7.2006 – 2 BvR 299/06, NJW 2007, 1804 (1805); 18.3.2009 – 2 BvR 1036/08, NJW 2009, 2518 (2519).
[63] BVerfG 18.9.2008 – 2 BvR 683/08, wistra 2008, 463; LG Kaiserlautern 19.3.1981 – 5 Os 346/80, NStZ 1981, 438 (439); LG Mühlhausen 15.11.2006 – 6 Qs 9/06, wistra 2007, 195; Zuzustimmen ist Tsambikakis in Löwe/Rosenberg Rn. 8, wonach ein Verstoß gegen den Grundsatz der Verhältnismäßigkeit die Rechtswidrigkeit der Maßnahme zur Folge hat. Allerdings folgt hieraus nicht ohne Weiteres ein Beweisverwertungsverbot.
[64] BGH 18.11.2021 – StB 6/21, StB 7/21, NStZ 2022, 306.
[65] LG Neubrandenburg 9.11.2009 – 8 Qs 190/09, NJW 2010, 691; LG Braunschweig 11.9.2012 – 9 Qs 136/12, Nds. RPl 2013, 54; LG Limburg 22.6.2012 – 1 Qs 72/12, juris = BeckRS 2012, 15499; LG Saarbrücken 12.3.2013 – 2 Qs 15/13, NStZ-RR 2013, 183.
[66] BVerfG 23.3.1994 – 2 BvR 396/94, NJW 1994, 2079 (2080 f.).
[67] LG Dresden 27.11.2013 – 5 Qs 113/13, NZI 2014, 236; LG Saarbrücken 2.2.2010 – 2 Qs 1/10, NStZ 2010, 534.

vorliegen, dass Beweismittel ohne Durchsuchung verloren gehen könnten.[68] Das ist der Fall, wenn konkrete Anhaltspunkte dafür vorliegen, dass ein besonderes Näheverhältnis zwischen dem Insolvenzverwalter und dem Beschuldigten oder dessen Umfeld besteht, das besorgen lässt, dass eine Anfrage bei dem Insolvenzverwalter dem Beschuldigten zur Kenntnis gelangt und dort oder bei einem Dritten zu einem Beweismittelverlust führen wird (Verdunklungsgefahr) oder wenn bereits vor Beantragung und Erlass eines Durchsuchungsbeschlusses deutlich wird, dass der Insolvenzverwalter zur Herausgabe nicht bereit ist (→ Rn. 3a).[69]

Als weniger eingriffsintensive Maßnahme zur Sicherung beweiserheblicher **E-Mails** 17 unter Vermeidung der Gewinnung überschießender und vertraulicher, für das Verfahren bedeutungsloser Informationen kann die Beschlagnahme eines Teils des Datenbestands unter Eingrenzung der ermittlungsrelevanten E-Mails anhand bestimmter Sender- oder Empfängerangaben oder anhand von Suchbegriffen in Betracht kommen.[70] Auch ist zu prüfen, ob die vorläufige Sicherstellung des gesamten E-Mail-Bestands im Rahmen einer Durchsuchung beim Provider in Betracht zu ziehen ist, an die sich eine Durchsicht des sichergestellten Datenmaterials nach § 110 Abs. 1 und 3 zur Feststellung der Beweiserheblichkeit und -verwertbarkeit anzuschließen hat, um im Anschluss an dieses Verfahrensstadium die endgültige Entscheidung über den erforderlichen und zulässigen Umfang der Beschlagnahme treffen zu können.[71] Das Sichtungsverfahren ist noch Teil der Durchsuchung.[72] Da es sich nicht nur bei der Durchsuchung, sondern auch bei der Sicherstellung und Beschlagnahme um **offene Ermittlungsmaßnahmen** handelt, ist deren Anordnung den Betroffenen und Verfahrensbeteiligten jeweils bekannt zu machen (§ 33 Abs. 1, § 35 Abs. 2; **Unterrichtungspflicht**). Der Beschuldigte ist auch dann von der Beschlagnahme der in seinem elektronischen Postfach gelagerten E-Mail-Nachrichten zu unterrichten, wenn die Daten auf Grund eines Zugriffs beim Provider auf dessen Mailserver sichergestellt wurden. Eine Ausnahme von der Unterrichtungspflicht besteht allerdings, wenn unter den Voraussetzungen des § 95a eine Zurückstellung der Benachrichtigung des Beschuldigten angeordnet worden ist. Im Übrigen ist ein verdeckter Zugriff auf (ruhende) E-Mails beim Provider grdsl. auch unter den Voraussetzungen des § 100a zulässig (→ § 98 Rn. 21).[73] Zum verdeckten Zugriff der Polizei im Rahmen der Gefahrenabwehr auf den Inhalt von E-Mails, die auf dem Server eines Providers gespeichert sind, vgl. OVG Koblenz 5.9.2013 – 7 F 10930/13, BeckRS 2013, 56061.

Richtet sich die Durchsuchung gegen einen **Berufsgeheimnisträger** in der räumli- 18 chen Sphäre seiner Berufsausübung, ist stets der Umstand zu berücksichtigen, dass Daten von Nichtbeschuldigten, insbesondere Daten von unbeteiligten Mandanten, zur Kenntnis der Ermittlungsbehörden gelangen könnten, die die Betroffenen in der Sphäre des Berufsgeheimnisträgers sicher wähnen durften.[74] Für die Durchsuchung bei nicht verdächtigen Berufsgeheimnisträgern ist § 97, § 160a zu beachten.[75] Auch die einschränkenden Regelungen über die allgemeine Zeugnispflicht von Medienangehörigen in § 53 Abs. 1 S. 1 Nr. 5 und korrespondierend hierzu über die Beschlagnahmen bei Journalisten sowie in Redaktionsräumen in § 97 Abs. 5 S. 1 und über ein Beschlagnahmeverbot in § 97 Abs. 5 S. 2, Abs. 2 S. 3 bei strafrechtlicher Verstrickung des Zeugen oder der Sache sind bei Maßnahmen nach § 103 in den Blick zu nehmen.[76] Bei der Anwendung strafprozessualer

[68] LG Neubrandenburg 9.11.2009 – 8 Qs 190/09, NJW 2010, 691 (692); LG Berlin 9.4.2008 – 523 Qs 35/08, ZinsO 2008, 865 = BeckRS 2009, 06178; LG Potsdam 8.1.2007 – 25 Qs 60/06, ZIP 2008, 287 = BeckRS 2007, 16068.

[69] LG Bonn 22.12.2016 – 27 Qs 23/16, NZI 2017, 410.

[70] BGH 24.11.2009 – StB 48/09, NJW 2010, 1297.

[71] BVerfG 16.6.2009 – 2 BvR 902/06, NJW 2009, 2431 (2436 f.).

[72] BGH 18.5.2022 – StB 17/22, BeckRS 2022, 13068.

[73] BGH 14.10.2020 – 5 StR 229/19, BeckRS 2020, 36910.

[74] BVerfG 18.3.2009 – 2 BvR 1036/08, NJW 2009, 2518.

[75] BVerfG 6.11.2014 – 2 BvR 2928/10; Saucken in Esser/Rübenstahl/Saliger/Tsambikakis StPO § 103 Rn. 2.

[76] BVerfG 10.12.2010 – 1 BvR 1739/04, NJW 2011, 1859; vgl. Durchsuchung bei Presseunternehmen auch BVerfG 27.2.2007 – 1 BvR 538/06, NJW 2007, 1117.

Eingriffsermächtigungen ist ferner das Ausmaß der (mittelbaren) Beeinträchtigung der beruflichen Tätigkeit des Rechtsanwalts (Art. 12 Abs. 1 GG) zu berücksichtigen. Der Schutz der Vertrauensbeziehung zwischen Anwalt und Mandant liegt im Interesse der Allgemeinheit an einer wirksamen und geordneten Rechtspflege.[77] Unzulässig ist auf Grundlage von § 103 die Durchsuchung der Kanzleiräume von Rechtsanwälten, die den Beschuldigten nach Auffassung der Ermittlungsbehörde hinsichtlich bestimmter steuerrechtlicher Fragestellungen beraten haben sollen, um Unterlagen über die Beratung von Mandanten, die mit dem Ermittlungsverfahren in keinem Zusammenhang stehen, zu erhalten und um hieraus Rückschlüsse auf den Inhalt der Beratung des Beschuldigten zu ziehen. Die Suche nach Beratungsunterlagen hinsichtlich unverdächtiger Mandanten steht in einem offenkundigen Missverhältnis zu der damit verbundenen Beeinträchtigung des Grundrechts auf informationelle Selbstbestimmung (Art. 2 Abs. 1 iVm Art. 1 Abs. 1 GG) sowie der auch im Interesse der Allgemeinheit liegenden Vertrauensbeziehung zwischen Anwalt und Mandant. Eine strafprozessuale Durchsuchung einer Rechtsanwalts- oder Steuerberaterkanzlei zur flächendeckenden Aufklärung, wie dort Mandanten hinsichtlich bestimmter steuerrechtlicher Fragestellungen beraten wurden, ist nur zulässig, wenn und soweit sich das steuerstrafrechtliche Ermittlungsverfahren gegen in der Kanzlei tätige Berufsträger richtet, hinreichende tatsächliche Anhaltspunkte für eine flächendeckende Beteiligung an Straftaten der Mandanten vorliegen und auch die weiteren (verfassungs-) rechtlichen Voraussetzungen für eine Durchsuchung beim beschuldigten Berufsgeheimnisträger gegeben sind.[78]

III. Verwertungsverbote, Rechtsbehelfe, Revision

19 → § 105 Rn. 36 ff., 46.

§ 104 Durchsuchung von Räumen zur Nachtzeit

(1) Zur Nachtzeit dürfen die Wohnung, die Geschäftsräume und das befriedete Besitztum nur in folgenden Fällen durchsucht werden:
1. bei Verfolgung auf frischer Tat,
2. bei Gefahr im Verzug,
3. wenn bestimmte Tatsachen den Verdacht begründen, dass während der Durchsuchung auf ein elektronisches Speichermedium zugegriffen werden wird, das als Beweismittel in Betracht kommt, und ohne die Durchsuchung zur Nachtzeit die Auswertung des elektronischen Speichermediums, insbesondere in unverschlüsselter Form, aussichtslos oder wesentlich erschwert wäre oder
4. zur Wiederergreifung eines entwichenen Gefangenen.

(2) Diese Beschränkung gilt nicht für Räume, die zur Nachtzeit jedermann zugänglich oder die der Polizei als Herbergen oder Versammlungsorte bestrafter Personen, als Niederlagen von Sachen, die mittels Straftaten erlangt sind, oder als Schlupfwinkel des Glücksspiels, des unerlaubten Betäubungsmittel- und Waffenhandels oder der Prostitution bekannt sind.

(3) Die Nachtzeit umfasst den Zeitraum von 21 bis 6 Uhr.

Schrifttum: Amelung, Probleme der Einwilligung in strafprozessuale Grundrechtsbeeinträchtigungen, StV 1985, 257; Amelung, Grundfragen der Verwertungsverbote bei beweissichernden Haussuchungen im Strafverfahren, NJW 1991, 2533; Eisenberg, Aspekte der Durchsuchung (§§ 102 ff. StPO) im Verhältnis zu ethologischen Grundbedürfnissen, Festschrift Rolinski, 2002, 165; Jahn, Strafprozessrecht: Ausgestaltung des strafrichterlichen Bereitschaftsdienstes bei nächtlicher Wohnungsdurchsuchung, JuS 2019, 822; Muckel, Grundrechtliche Anforderungen an den richterlichen Bereitschaftsdienst für die Anordnung von Wohnungsdurchsuchun-

[77] BVerfG 12.4.2005 – 2 BvR 1027/02, BVerfGE 113, 29 = NJW 2005, 1917.
[78] BVerfG 18.3.2009 – 2 BvR 1036/08, NJW 2009, 2518; Gusy NStZ 2010, 353 (359).

gen, JA 2019, 471; Rabe v. Kühlewein, Die Nachtruhe des Ermittlungsrichters, NStZ 2019, 501; Ransiek, Durchsuchung, Beschlagnahme und Verwertungsverbot, StV 2002, 565; Sachs, Grundrechte: Richtervorbehalt bei Wohnungsdurchsuchung, JuS 2019, 1039; Sommermeyer, Die materiellen und formellen Voraussetzungen der strafprozessualen Hausdurchsuchung, Jura 1992, 449; Walther, Die strafprozessuale Hausdurchsuchung, JA 2010, 32.

Übersicht

I. Überblick

Normzweck und Anwendungsbereich. Die Norm beschränkt die Durchsuchungen von Wohnungen, Geschäftsräumen und des befriedeten Besitztums zur Nachtzeit (Abs. 1, 3). Nach dem Regelungskonzept der §§ 102 ff. sollen Durchsuchungen in erster Linie zur Tageszeit erfolgen, wohingegen sie zur Nachtzeit nur unter den erhöhten Voraussetzungen des § 104 Abs. 1 zulässig sind (v.a. bei Verfolgung des Beschuldigten auf frischer Tat und bei Gefahr im Verzug). Gewährleistet wird damit ein besonderer Schutz des Bürgers vor Zugriffen der Ermittlungsbehörden zur Nachtzeit, weil in diesem Zeitraum regelmäßig die Nachtruhe und die damit verbundene besondere Privatsphäre betroffen sind.[1] Der Wohnungsbegriff ist wie in §§ 102, 103 auszulegen,[2] daher können Personen und die ihnen gehörenden Sachen, auch der Pkw, jederzeit durchsucht werden, solange nicht zugleich auch Räumlichkeiten durchsucht werden sollen.[3] Dagegen dürfen Wohnmobile und Wohnwagen sowie die genutzte Schlafkabine eines LKWs zur Nachtzeit nur nach Maßgabe des Abs. 1 durchsucht werden.[4] Die Vorschrift wird entsprechend bei der Durchsuchung zum Auffinden von Einziehungsgegenständen angewendet (§ 111b Abs. 2). Die richterliche Anordnung der Durchsuchung kann bereits den Zusatz enthalten, dass sie zur Nachtzeit vollstreckt werden darf.[5] Wenn der Durchsuchungsbeschluss eine dahingehende Anordnung nicht enthält, entscheidet der die Anordnung vollstreckende Beamte bzw. die vollstreckenden Organe über die Zulässigkeit der nächtlichen Hausdurchsuchung. 1

Sind die für eine Durchsuchung zur Nachtzeit erforderlichen Voraussetzungen nach Abs. 1 nicht gegeben, kommt eine Durchsuchung nur bei **Einwilligung** des Betroffenen in Betracht. Eine wirksame Einwilligung setzt entweder beim Betroffenen die Kenntnis aller hierfür maßgeblichen Umstände[6] oder eine ausdrückliche Belehrung über die „Freiwilligkeit" der Maßnahme voraus, wobei der Betroffene darüber zu belehren ist, dass die Durchsuchung nicht ohne Weiteres durchgeführt werden kann, sofern ihr nicht zugestimmt werde.[7] Eine verweigerte Einwilligung führt nicht ohne Weiteres zur Annahme von Gefahr im Verzug. 2

Der Gesetzgeber hat mit Wirkung vom 1.7.2021 durch Gesetz vom 25.6.2021 (BGBl. I 2099) in Abs. 3 den Begriff der Nachtzeit neu gefasst. Sie beginnt danach um 21.00 Uhr und endet nach 6.00 Uhr morgens. Die Umstellung auf eine jahreszeiteneinheitliche Regelung trägt der veränderten Lebenswirklichkeit in der modernen Arbeitsgesellschaft Rechnung und setzt zugleich die verfassungsrechtlichen Anforderungen um, insbesondere dass der bisher geltende § 104 den gemäß Art. 13 Abs. 1 GG gebotenen Schutz vor nächtlichen 3

[1] Vgl. auch BT-Drs. 19/27654, 73.
[2] Gercke in Gercke/Julius/Temming/Zöller Rn. 2; Bruns in KK-StPO Rn. 3.
[3] Köhler in Meyer-Goßner/Schmitt Rn. 1.
[4] Wohlers/Jäger in SK-StPO Rn. 1.
[5] BGH 31.10.1963 – 3 StB 12/63, MDR 1964, 71; Köhler in Meyer-Goßner/Schmitt Rn. 1.
[6] LG Saarbrücken 28.4.2003 – 8 Qs 70/03, wistra 2004, 34.
[7] BVerfG 21.10.2003 – 2 BvR 1500/03, juris = BeckRS 2003, 25078; LG Hamburg 30.6.2010 – 706 Ns 17/10, StV 2011, 528; Amelung StV 1985, 257 (262 f.).

Wohnungsdurchsuchungen „nur unvollkommen gewähre", soweit er die Nachtzeit in den Sommermonaten bereits um 4.00 Uhr enden lasse.[8] Während der Nachtzeit ist ein ermittlungsrichterlicher Bereitschaftsdienst jedenfalls bei einem Bedarf einzurichten, der über den Ausnahmefall hinausgeht.[9] Hat eine Durchsuchung vor 21.00 Uhr begonnen, darf sie in die Nacht hinein fortgesetzt werden, auch wenn die Voraussetzungen des Abs. 1 oder Abs. 2 nicht vorliegen, um einen drohenden Beweismittelverlust abzuwenden.[10] Die Durchsuchung sollte jedoch so rechtzeitig beginnen, dass vor Beginn der Nachtzeit mit ihrer Beendigung gerechnet werden kann.[11]

4 § 104 Abs. 2, 3 wird durch § 45 Abs. 2 BPolG sowie entsprechende Einzelbefugnisnormen in den **polizeirechtlichen Regelungen** der Länder (ua § 36 Abs. 4 PolG BW, Art. 23 Abs. 2 BayPAG, § 41 Abs. 2 PolG NRW, § 19 Abs. 2 SPolG) ergänzt.

II. Erläuterung

5 **1. Abs. 1.** Die nächtliche Hausdurchsuchung ist bei der Verfolgung auf frischer Tat, bei Gefahr im Verzug, wenn bestimmte Tatsachen den Verdacht begründen, dass während der Durchsuchung auf ein elektronisches Speichermedium zugegriffen werden wird, das als Beweismittel in Betracht kommt, und ohne die Durchsuchung zur Nachtzeit die Auswertung des elektronischen Speichermediums, insbesondere in unverschlüsselter Form, aussichtslos oder wesentlich erschwert wäre oder zur Wiederergreifung eines entwichenen Gefangenen zulässig.

6 Für die **Verfolgung auf frischer Tat (Nr. 1)** ist es ausreichend, wenn unmittelbar nach der Tatentdeckung die Verfolgung aufgenommen wird. Das Ziel der Verfolgung braucht nicht die Ergreifung des Täters sein, vielmehr kann sie auch der Sicherstellung der Beute oder dem Auffinden sonstiger Beweismittel dienen.[12]

7 **Gefahr im Verzug (Nr. 2)** im Sinne des Abs. 1 liegt vor, wenn der Aufschub der Durchsuchung bis zum Tagesbeginn ihren Erfolg wahrscheinlich gefährden würde, bspw. wenn im Falle der Freilassung des auf frischer Tat angetroffenen Beschuldigten die Gefahr eines drohenden Beweisverlustes durch die Vernichtung etwaiger in seiner Wohnung befindlicher Drogen besteht.[13] Zur Frage der Einrichtung eines ermittlungsrichterlichen Bereitschaftsdienstes zur Nachtzeit – der Bedarf für einen nächtlichen Eildienst ist von den betreffenden Gerichtspräsidien in eigener Verantwortung zu ermitteln, hierbei steht ihnen ein Beurteilungs- und Prognosespielraum zu – vgl. näher BVerfG 12.3.2019 – 2 BvR 675/14, NStZ 2019, 534.[14]

8 Im Zusammenhang mit **elektronischen Speichermedien (Nr. 3)** ist eine Durchsuchung zur Nachtzeit möglich, wenn **bestimmte Tatsachen** den Verdacht begründen, dass während der Durchsuchung auf ein elektronisches Speichermedium zugegriffen werden wird und ohne die Durchsuchung zur Nachtzeit die Auswertung des elektronischen Speichermediums (vgl. hierzu auch § 110 Abs. 3), insbesondere in unverschlüsselter Form, aussichtslos oder wesentlich erschwert wäre. Die Durchsuchung zur Nachtzeit kann aufgrund der strengen verfassungsrechtlichen Vorgaben[15] nicht von einer rein abstrakten Unterteilung der Delikte in solche, die typischerweise nachts oder typischerweise tagsüber begangen werden, abhängig gemacht werden. Vielmehr müssen die Umstände des Einzelfalls in den Blick genommen

---

8 BVerfG 12.3.2019 – 2 BvR 675/14, NStZ 2019, 534; vgl. auch BVerfG 24.7.2018 – 2 BvR 309/15, 2 BvR 502/16, NJW 2018, 2619 Rn. 100; Rabe v. Kühlewein NStZ 2019, 501; Jahn JuS 2019, 822; Sachs Jus 2019, 1039; Krumm NJW 2019, 1428; Muckel JA 2019, 471.

9 Vgl. auch Anm. Krumm NJW 2019, 1428.

10 BVerfG 24.5.1977 – 2 BvR 988/75, BVerfGE 44, 353 (369) = NJW 1977, 1489; Hegmann in BeckOK StPO Rn. 4.

11 Sommermeyer JURA 1992, 449 (457).

12 Köhler in Meyer-Goßner/Schmitt Rn. 3; Hartmann in HK-GS Rn. 3.

13 BVerfG 12.3.2019 – 2 BvR 675/14, NStZ 2019, 534; OLG Hamm 18.8.2009 – 3 Ss 293/08, NJW 2009, 3109 (3111); Ladiges in Radtke/Hohmann Rn. 4; Löffelmann in AK-StPO Rn. 1.

14 Vgl. auch Rabe v. Kühlewein NStZ 2019, 501.

15 BVerfG 12.3.2019 – 2 BvR 675/14, Rn. 61, NStZ 2019, 534.

werden. Nur wenn **konkrete Anhaltspunkte** dafür vorliegen, dass in den zu durchsuchenden Räumlichkeiten oder auf dem zu durchsuchenden befriedeten Besitztum während der Durchsuchung zur Nachtzeit auf ein elektronisches Speichermedium zugegriffen werden soll, und wenn bei einer Durchsuchung zur Tagzeit die Auswertung, insbesondere in unverschlüsselter Form, aussichtslos oder wesentlich erschwert wäre, stellt sich ein Eingriff in den durch Art. 13 Abs. 1 GG garantierten besonderen Schutz der Nachtruhe als angemessen dar. Hintergrund dieser Regelung ist, dass in Deliktsbereichen, die vorwiegend durch die Nutzung von Computern und Ähnlichem begangen werden, die Ermittlungsbehörden vor dem Problem stehen, dass die Täter ihre Datenträger durch den Einsatz von Verschlüsselungstechnologien vor dem Zugriff durch die Strafverfolgungsbehörden schützen. Gelingt die Entschlüsselung nicht und zeigt sich der Beschuldigte auch nicht kooperativ, hat dies zur Folge, dass eine digital-forensische Auswertung nicht erfolgen kann. Dies betrifft insbesondere die Fälle, in denen der Betroffene seine Endgeräte in der Regel nachts nutzt und ein Zugriff auf die Daten des Systems aufgrund der Verschlüsselungstechnik nur im laufenden Betrieb möglich ist. Diese Problematik stellt sich gerade bei Ermittlungen im Bereich der Kinderpornographie und des sexuellen Missbrauchs von Kindern immer wieder.[16]

Zur Wiederergreifung eines entwichenen Gefangenen (Nr. 4): Der Begriff Gefangener umfasst gemäß § 120 Abs. 1 und Abs. 4 StGB jeden, der auf Grund behördlicher Anordnung in einer Anstalt verwahrt wird.[17] Zum Wiederergreifen gehören auch Durchsuchungsmaßnahmen, um Anhaltspunkte für seinen Verbleib zu gewinnen.[18] 8a

2. Abs. 2. Die in Abs. 2 genannten Räume unterliegen nicht den Beschränkungen des Abs. 1. Dazu gehören alle Räume, die zur Nachtzeit jedermann zugänglich sind, unabhängig davon, ob der Zugang nur gegen Entgelt oder mit Einlasskontrolle gewährt wird,[19] bspw. Herbergen, Gaststätten, Diskotheken, Bars, Bordelle, Theater, Kinos, Bahnhöfe, Wartesäle und Flughäfen. Ein vorzeitiges Schließen, um gezielt die Durchsuchung zu verhindern, ist unbeachtlich.[20] Abs. 2 gilt nur für die Dauer der Öffnungszeit und nicht für Bereiche, die eindeutig von allgemein zugänglichen Bereichen abgetrennt sind. Somit fallen Clubs und Vereinsheime, zu denen von vornherein nur einem bestimmten Personenkreis Zutritt gewährt wird, nicht unter die Vorschrift, es sei denn, es handelt sich um Räume, die der Polizei als Herbergen oder Versammlungsorte bestrafter Personen, als Niederlagen von Sachen, die mittels Straftaten erlangt sind, oder als Schlupfwinkel des Glücksspiels, des unerlaubten Betäubungsmittel- und Waffenhandels oder der Prostitution bekannt sind. Das ist der Fall, wenn sie der Polizei jedenfalls einmal zu einem der genannten Zwecke als Schwerpunkte bestimmter krimineller und sozialschädlicher Aktivitäten aufgefallen und keine Anhaltspunkte für eine Änderung ihrer Verwendungsbestimmung ersichtlich sind.[21] Der Begriff Schlupfwinkel setzt das Merkmal der „Heimlichkeit" voraus.[22] 9

III. Rechtsbehelfe, Verwertungsverbote, Revision

Verstöße gegen § 104 können entsprechend § 98 Abs. 2 S. 2 gerügt werden. Im Ergebnis führt ein Verstoß gegen die Norm in der Regel nicht zu einem Verwertungsverbot hinsichtlich der gefundenen Beweismittel,[23] denn der Schutzzweck der Norm ist der erhöhte Schutz der Unverletzlichkeit der Wohnung durch Sicherung der Nachtruhe, nicht jedoch, die in der Wohnung befindlichen Beweismittel dem Zugriff der Strafverfolgungsbehörden zu entzie- 10

---

16 BT-Drs. 19/30517, 19.
17 Köhler in Meyer-Goßner/Schmitt Rn. 5.
18 Tsambikakis in Löwe/Rosenberg Rn. 7; Hartmann in HK-GS Rn. 3.
19 Hadamitzky in Satzger/Schluckebier/Widmaier StPO Rn. 4.
20 Wohlers/Jäger in SK-StPO Rn. 12.
21 Krit. Eisenberg FS Rolinski, 2002, 165 (171 f.).
22 Ladiges in Radtke/Hohmann Rn. 6.
23 BVerfG 24.5.1977 – 2 BvR 988/75, BVerfGE 44, 353 (369) = NJW 1977, 1489; Löffelmann in AK-StPO Rn. 4.

hen.[24] Ein Verwertungsverbot kann im Ausnahmefall vorliegen, wenn der zur Fehlerhaftigkeit der Ermittlungsmaßnahme führende Verstoß schwerwiegend war oder bewusst oder willkürlich begangen wurde und kein besonderes Allgemeininteresse an der Tataufklärung besteht.[25] Insoweit wäre die Annahme eines Verwertungsverbots – so OLG Hamm –,[26] das maßgebend auf einer fehlerhaften Missachtung des Richtervorbehalts durch die Justizverwaltung wegen fehlender Gewährleistung eines richterlichen Eildienstes zur Nachtzeit beruht, verfehlt. Selbst wenn das Fehlen eines nächtlichen richterlichen Bereitschaftsdienstes der Inanspruchnahme der Eilkompetenz entgegenstünde, folgt daraus von Verfassungs wegen kein Beweisverwertungsverbot. Die Strafgerichte können darauf verweisen, dass die handelnden Polizeibeamten in einem solchen Fall den Richtervorbehalt nicht willkürlich oder zielgerichtet umgehen.[27] Im Übrigen → § 105 Rn. 36 ff., 46.

§ 105 Verfahren bei der Durchsuchung

(1) [1]Durchsuchungen dürfen nur durch den Richter, bei Gefahr im Verzug auch durch die Staatsanwaltschaft und ihre Ermittlungspersonen (§ 152 des Gerichtsverfassungsgesetzes) angeordnet werden. [2]Durchsuchungen nach § 103 Abs. 1 Satz 2 ordnet der Richter an; die Staatsanwaltschaft ist hierzu befugt, wenn Gefahr im Verzug ist.

(2) [1]Wenn eine Durchsuchung der Wohnung, der Geschäftsräume oder des befriedeten Besitztums ohne Beisein des Richters oder des Staatsanwalts stattfindet, so sind, wenn möglich, ein Gemeindebeamter oder zwei Mitglieder der Gemeinde, in deren Bezirk die Durchsuchung erfolgt, zuzuziehen. [2]Die als Gemeindemitglieder zugezogenen Personen dürfen nicht Polizeibeamte oder Ermittlungspersonen der Staatsanwaltschaft sein.

(3) [1]Wird eine Durchsuchung in einem Dienstgebäude oder einer nicht allgemein zugänglichen Einrichtung oder Anlage der Bundeswehr erforderlich, so wird die vorgesetzte Dienststelle der Bundeswehr um ihre Durchführung ersucht. [2]Die ersuchende Stelle ist zur Mitwirkung berechtigt. [3]Des Ersuchens bedarf es nicht, wenn die Durchsuchung von Räumen vorzunehmen ist, die ausschließlich von anderen Personen als Soldaten bewohnt werden.

Schrifttum: Ahlbrecht, Die Europäische Ermittlungsanordnung – oder: EU-Durchsuchung leicht gemacht, StV 2013, 114; Amelung, Probleme der Einwilligung in strafprozessuale Grundrechtsbeeinträchtigungen, StV 1985, 257; Amelung, Die Entscheidung des BVerfG zur Gefahr im Verzug iS des Art. 13 Abs. 2 GG, NStZ 2001, 337; Amelung, Rechtsweg für die Überprüfung von Art und Weise des Vollzugs einer abgeschlossenen richterlich angeordneten Durchsuchung, JR 2000, 479; Amelung/Mittag, Beweislastumkehr bei Haussuchungen ohne richterliche Anordnung gemäß § 105 StPO, NStZ 2005, 614; Asbrock, Ungehorsamshaft im Berufungsverfahren, StV 2001, 322; Beichel, Kieninger, „Gefahr im Verzug" auf Grund Selbstausschaltung des erreichbaren, jedoch „unwilligen" Bereitschaftsrichters? NStZ 2003, 10; Benfer, Anordnung von Grundrechtseingriffen durch Richter und Staatsanwalt und die Verpflichtung zum Vollzug, NJW 1981, 1245; Beukelmann, Update: Europäisches Strafrecht, NJW Spezial 2011, 760; Berg, Zum Rechtsbegriff „Gefahr im Verzuge" bei Wohnungsdurchsu-

---

[24] BVerfG 12.3.2019 – 2 BvR 675/14, NJW 2019, 1428; Amelung NJW 1991, 2533 (2536); Ransiek StV 2002, 565 (569); Walther JA 2010, 32 (38).

[25] BVerfG 12.4.2005 – 2 BvR 1027/02, BVerfGE 113, 29 (61) = NJW 2005, 1917 (1923); 16.3.2006 – 2 BvR 954/02, NJW 2006, 2684 (2686); 2.7.2009 – 2 BvR 2225/08, NJW 2009, 3225; BGH 18.4.2007 – 5 StR 546/06, BGHSt 51, 285 (293) = NJW 2007, 2269 (2273); LG Hamburg 30.6.2010 – 706 Ns 17/10, StV 2011, 528; viel weitergehend als BVerfG 12.3.2019 – 2 BvR 675/14, NJW 2019, 1428 dagegen OLG Hamm 18.8.2009 – 3 Ss 293/08, NStZ 2010, 165. Die generell fehlende Einrichtung eines richterlichen Bereitschaftsdienstes in einem Gerichtsbezirk kann nicht gleichgesetzt werden mit einem willkürlichen Verstoß im konkreten Fall. Hinzu kommt, dass Zweck des § 104 nicht ist, die in der Wohnung befindlichen Beweismittel dem Zugriff der Strafverfolgungsorgane zu entziehen; vgl. hierzu auch kritisch v. Kühlewein NStZ 2010, 167.

[26] So OLG Hamm 18.8.2009 – 3 Ss 293/08.

[27] Vgl. auch BVerfG 24.2.2011 – 2 BvR 1596, 2346/10, BeckRS 2011, 48523.

chungen, StraFo 2007, 74; Bittmann, Gefahr im Verzug, wistra 2001, 451; Börner, Grenzfragen der Akteneinsicht nach Zwangsmaßnahmen, NStZ 2010, 417; Börner, Akteneinsicht nach Durchsuchung und Beschlagnahme, NStZ 2007, 680; Brocke, Richtervorbehalt und Gefahr im Verzug bei Blutentnahmen gem. § 81a StPO, NStZ 2009, 671; Brodowski, Strafrechtsrelevante Entwicklungen in der Europäischen Union – ein Überblick, ZIS 2011, 940; Burhoff, Durchsuchung und Beschlagnahme, StraFo 2005, 140; Cassardt, Zur Gültigkeitsdauer ermittlungsrichterlicher Durchsuchungsanordnungen, NJW 1996, 554; Ciolek-Krepold, Durchsuchung und Beschlagnahme in Wirtschaftsstrafsachen, 2000; Einmahl, Gefahr im Verzug und Erreichbarkeit des Ermittlungsrichters bei Durchsuchungen und Beschlagnahmen, NJW 2001, 1393; Fezer, Effektiver Rechtsschutz bei Verletzung der Anordnungsvoraussetzung „Gefahr im Verzug", Festschrift-Rieß, 2002, 93; Fickenscher/Dingelstadt, Richterlicher Bereitschaftsdienst „rund um die Uhr"? NJW 2009, 3473; Gottschalk, Kann ein Haftbefehl zur Nachtzeit in der Wohnung des Beschuldigten vollstreckt werden?, NStZ 2002, 568; Gusy, Zum Richtervorbehalt nach Art. 13 Abs. 2 GG, JZ 2001, 1033; Gusy, Verfassungsfragen des Strafprozessrechts, StV 2002, 153; Gusy; Grundgesetzliche Anforderungen an Durchsuchungsbeschlüsse iSd. Art. 13 Abs. 2 GG, NStZ 2010, 353; Harms, Kann ein richterlicher Durchsuchungsbeschluss auch mündlich erlassen werden?, DRiZ 2004, 25; Harms, Warum eine mündliche Durchsuchungsanordnung des Richters rechtswidrig ist und welche Konsequenzen eine lediglich mündliche Anordnung für das weitere Verfahren hat, StV 2006, 215; Hiéramente, „Räumliche" Grenzen von (IT-)Durchsuchungen im Unternehmen – Ein Beitrag zur Abgrenzung zwischen § 102 StPO und § 103 StPO, NStZ 2021, 390; Höfling, Fernmündliche Durchsuchungsanordnungen durch den Richter gem. § 102 ff StPO, JR 2003, 408; Hofmann, Der „unwillige" Bereitschaftsrichter und Durchsuchungsanordnungen wegen Gefahr im Verzug, NStZ 2003, 230; Jahn, Strafprozessuale Eingriffsmaßnahmen im Lichte der aktuellen Rechtsprechung des BVerfG, NStZ 2007, 255; Jahn, Strafprozessrecht: Ausgestaltung des strafrichterlichen Bereitschaftsdienstes bei nächtlicher Wohnungsdurchsuchung, JuS 2019, 822; Kemper, Die Beschlagnahme von Beweisgegenständen bei fehlender Beschlagnahmeanordnung, wistra 2006, 171; Krehl, Richtervorbehalt und Durchsuchungen außerhalb gewöhnlicher Dienstzeiten, NStZ 2003, 461; Krehl, Die Bindungswirkung verfassungsgerichtlicher Entscheidungen und richterlicher Bereitschaftsdienst bei Gefahr im Verzug, wistra 2002, 294; Krekeler, Beweisverwertungsverbote bei fehlerhaften Durchsuchungen, NStZ 1993, 263; Krekeler, Probleme der Verteidigung in Wirtschaftsstrafsachen, wistra 1983, 43; Kruis/Wehowsky, Verfassungsgerichtliche Leitlinien zur Wohnungsdurchsuchung, NJW 1999, 682; Mahnkopf/Funk, Zur Frage des Anwesenheitsrechtes von Sachverständigen bei strafprozessualen Durchsuchungsmaßnahmen im Zusammenhang mit ärztlichen Abrechnungsbetrügereien, NStZ 2001, 519; Matthes, Zwischen Durchsuchung und Rasterfahndung – Verdachtsbegründung und Ermittlungsmöglichkeiten der Steuerfahndung, wistra 2008, 10; Metz, Rangverhältnis der Staatsanwaltschaft zu ihren Ermittlungspersonen bei Gefahr im Verzug, NStZ 2012, 242; Michalke, Wenn der Staatsanwalt klingelt – Verhalten bei Durchsuchung und Beschlagnahme, NJW 2008, 1490; Moldenhauer/Wenske, Aktuelle Entwicklungen der Rechtsprechung zur Gefahr in Verzug, JA 2017, 206; Mosbacher, Verwertungsverbot bei Durchsuchungsanordnung des Staatsanwalts, NJW 2007, 3686; Müller/Trurnit, Eilzuständigkeiten der Staatsanwaltschaft und des Polizeivollzugsdienstes in der StPO, StraFo 2008, 144; Obenhaus, Cloud Computing als neue Herausforderung für Strafverfolgungsbehörden und Rechtsanwaltschaft, NJW 2010, 651; Rabe v. Kühlewein, Normative Grundlagen der Richtervorbehalte, GA 2002, 637; Ransiek, Durchsuchung, Beschlagnahme und Verwertungsverbot, StV 2002, 565; Rengier, Praktische Fragen bei Durchsuchungen, insbesondere in Wirtschaftsstrafsachen, NStZ 1981, 372; Röß, Die Durchsuchung von Arztpraxen beim Verdacht des Abrechnungsbetruges, NZWiSt 2018, 483; Schelzke, Die „Vereinbarung" anlässlich einer Durchsuchung, NZWiSt 2017, 142; Schmidt, Die unzureichende Begründung ermittlungsrichterlicher Anordnungen und deren Auswirkung auf die Beweisverwertung im Strafprozessrecht, StraFo 2009, 448; Schuhmann, Durchsuchung und Beschlagnahme im Steuerstrafverfahren, wistra 1994, 93; Schulz, Letztmals: Der „unwillige" Bereitschaftsrichter und Durchsuchungsanordnungen wegen Gefahr im Verzug, NStZ 2003, 635; Trück, Die revisionsrechtliche Einordnung der Rüge rechtsfehlerhafter Anwendung des Richtervorbehalts bei Durchsuchung und Blutprobenentnahme, NStZ 2011, 202; Trück, Mündliche Entscheidung des Ermittlungsrichters ohne Akten? – Überlegungen zu Zweck und Tragweite des strafprozessualen Richtervorbehalts am Beispiel von Durchsuchung und Blutprobenentnahme, JZ 2010, 1106; Weiler, Beweissichernde Durchsuchung und die Folgen von Verfahrensfehlern, Gedächtnisschrift Meurer, 2002, 395; Werwigk, Zur Geltung des Richtervorbehalts bei der Durchsuchung von besetzten Häusern, NJW 1983, 2366; Wohlers, Die Nichtbeachtung des Richtervorbehalts, StV 2008, 434.

Übersicht

I. Überblick

1 Abs. 1 regelt die Anordnung der Durchsuchung nach §§ 102, 103. Der **Richtervorbehalt** bezweckt eine vorbeugende Kontrolle der Durchsuchungsanordnungen durch eine unabhängige neutrale Instanz.[1] Als „Kontrollorgan der Strafverfolgungsbehörden" prüft das Gericht eigenverantwortlich die Voraussetzungen für den Erlass einer Durchsuchungsanordnung.[2] Bei **Gefahr im Verzug** kann die Anordnung durch die Ermittlungsbehörden, namentlich die Staatsanwaltschaft und ihre Ermittlungspersonen, getroffen werden (Ausnahme Abs. 1 S. 2).[3] Die Durchführung der Durchsuchungsmaßnahme ist in Abs. 2 (Herbeiziehung von Durchsuchungszeugen) und Abs. 3 (Durchsuchung von Dienstgebäuden, Einrichtungen oder Anlagen der Bundeswehr) geregelt. Zu **legendierten Kontrollen** → § 108 Rn. 7.

2 Einer Anordnung nach Abs. 1 bedarf es nicht, wenn der Betroffene, idR der tatsächliche Gewahrsamsinhaber, darin **ausdrücklich** und frei von Zwang **einwilligt.**[4] Ein rechtfertigungsbedürftigter Eingriff in Grundrechte ist dann ausgeschlossen. Soweit die an sich freiwillige Einwilligung auf einem Irrtum seitens des Betroffenen beruht, ist das unschädlich, solange der Irrtum nicht seitens der staatlichen Sphäre, etwa durch (fahrlässige) Täuschung, verursacht wurde.[5] Auch beim Einsatz verdeckt operierender Polizeibeamter ist eine besondere Prüfung angezeigt. § 110c S. 2 bildet keine Ermächtigungsgrundlage, da diese Norm nur eine Wohnungsbetretung gestattet. Zudem setzt die Durchsuchung stets ein offenes Vorgehen voraus.[6] § 95a (auch wenn die Vorschrift im engeren Sinne die Beschlagnahme von Gegenständen im Gewahrsam eines Dritten betrifft) kann nicht zu einer verdeckten Durchsuchung von (Mit-)gewahrsambereiches des Beschuldigten berechtigen. Zur Einwilligung ist jeder Inhaber oder Bewohner eines Wohnraums, unabhängig davon, auf welchem Rechtsverhältnis die Nutzung des Wohnraums beruht berechtigt.[7] Der Mieter des Hauses kann als Inhaber des Mitgewahrsams bzw. des Hausrechts an den gemeinschaftlich genutzten Hausfluren die Einwilligung erteilen.[8] Bei (Mit-)Gewahrsamsbereich muss jeder (Mit-)-Gewahrsamsinhaber die Einwilligung erteilen.[9] Die Einwilligung kann auch im Rahmen einer Stellvertretung erklärt werden. Bei juristischen Personen ist hierfür der gesetzliche Vertreter im Rahmen seiner Vertretungsmacht zuständig.[10] Ausreichend ist eine formlose Zustimmung des Betroffenen, die durch konkludentes Verhalten erteilt werden kann.[11] Eine stillschweigende Duldung reicht hingegen nicht aus, wenn sie aus der Perspektive eines

[1] BVerfG 16.6.1981 – 1 BvR 1094/80, BVerfGE 57, 346 (355) = NJW 1981, 2111; BVerfG 16.6.1987 – 1 BvR 1202/84, BVerfGE 76, 83 (91) = NJW 1987, 2499.

[2] BVerfG 20.2.2001 – 2 BvR 1444/00, BVerfGE 103, 142 (151) = NJW 2001, 1121; BVerfG 20.4.2004 – 2 BvR 2043/03 ua, NJW 2004, 3171.

[3] Müller/Trurnit StraFo 2008, 144.

[4] BGH 27.9.2018 – 4 StR 135/18, NStZ-RR 2019, 26; Gola/Strobel GSZ 2019, 140 (142); Gercke in Gercke/Julius/Temming/Zöller Rn. 7; Löffelmann in AK-StPO Rn. 3; Werwigk NJW 1983, 2366.

[5] Tsambikakis in Löwe/Rosenberg Rn. 5; vgl. auch LG Bremen 20.4.2005 – 1 Qs 47/05, LSK 2005, 300413.

[6] Hadamitzky in Satzger/Schluckebier/Widmaier StPO Rn. 1.

[7] Hadamitzky in Satzger/Schluckebier/Widmaier StPO Rn. 1.

[8] BGH 27.9.2018 – 4 StR 135/18, NStZ-RR 2019, 26.

[9] Hartmann in HK-GS Rn. 1; Amelung StV 1985, 257 (260).

[10] Gercke in Gercke/Julius/Temming/Zöller Rn. 7.

[11] BayObLG 26.10.2004 – 3 ZBR 160/04, BayVBl. 2005, 348; Hartmann in HK-GS Rn. 1.

objektiven Dritten ohne entsprechende Aussagekraft ist.[12] Liegen die Voraussetzungen nach § 102 nicht vor und wurde der betroffene Gewahrsamsinhaber darüber (auch über den Zweck der Durchsuchung) nicht qualifiziert informiert, ist die Einwilligung unwirksam.[13] Teilweise wird vertreten, dass die Wirksamkeit der Einwilligung davon abhängt, ob zuvor eine Belehrung nach § 500 Abs. 1 StPO iVm § 51 Abs. 3, 4 BDSG erfolgt ist.[14] Dem kann nicht gefolgt werden. Zum einen ist fraglich, ob es bei der Durchsuchung überhaupt primär um die Verarbeitung von personenbezogenen Daten iSd § 51 Abs. 1 BDSG geht. Vielmehr dient die Maßnahme zunächst einmal nur dem Auffinden von Beweismitteln. Bei der anschließenden Frage der Beschlagnahme von Beweismitteln ist die Möglichkeit der freiwilligen Herausgabe übrigens in § 94 Abs. 2 geregelt. Zum anderen ist zu berücksichtigen, dass die Möglichkeit, auf bestimmte Rechtsposition zu verzichten, in der StPO einen „übergreifenden Grundsatz" darstellt, der nicht zuletzt im Verhältnismäßigkeitsgrundsatz zum Ausdruck kommt.[15] Die Einwilligung darf **nicht widerrufen** worden sein. Ein solcher Widerruf ist als Antrag analog § 98 Abs. 2 S. 2 auszulegen.[16]

3 Für die Durchsuchung der Wohnung zur Ergreifung eines Beschuldigten bzw. Verurteilten aufgrund von Haftbefehlen (§ 112, § 453c Abs. 1, § 457 Abs. 2), Hauptverhandlungshaft (§ 127b), Unterbringungsbefehlen (§ 126a), Vorführungsbefehlen nach § 134 Abs. 2, § 230 Abs. 2 § 236, § 329 Abs. 4 S. 1 bedarf es keiner weiteren Anordnung nach § 105 Abs. 1.[17] In diesen Fällen ist die Anordnung der Ergreifungsdurchsuchung zugleich konkludent mit dem Erlass des Haftbefehls erfolgt.[18] Die Befugnis zur Durchsuchung gilt in den oben genannten Fällen auch zur Nachtzeit.[19] Die Durchsuchung von **Räumen Dritter** bedarf allerdings einer gesonderten Anordnung.[20] Die stillschweigende Anordnung der Durchsuchung der Wohnung des Verurteilten zwecks Ingewahrsamnahme des aufgrund eines Fahrverbots nach § 44 StGB herauszugebenden Führerscheins ist ebenfalls konkludent in dem Urteil oder Strafbefehl enthalten, in dem das Fahrverbot ausgesprochen wurde.[21]

4 Zulässig ist die Verbindung der Durchsuchungsanordnung mit einer **Beschlagnahmeanordnung** und ggf. auch mit einer Anordnung nach § 95a. Die Gegenstände, die beschlagnahmt werden sollen, sind in der Anordnung genau zu bezeichnen.[22]

5 Gemäß § 111b Abs. 2 ist die Vorschrift entsprechend bei **Einziehungsgegenständen** anzuwenden.

II. Erläuterung

6 **1. Anordnungskompetenz. a) Regelfall: Richterliche Anordnung.** Aus Art. 13 Abs. 2 GG folgt, dass die **richterliche Anordnung** der Durchsuchung die Regel, die nichtrichterliche bei Gefahr im Verzug die Ausnahme darstellt.[23] Zuständig **im Ermitt-**

---

12 OLG Köln 27.10.2009 – 81 Ss 65/09, BeckRS 2010, 00255.

13 BGH 9.7.1987 – 4 StR 223/87, BGHSt 34, 397 (400) = NJW 1988, 1037; OLG Hamburg 23.3.2007 – 1 Ss 5/07, StV 2008, 12; vgl. auch LG Bremen 20.4.2005 – 1 Qs 47/05, LSK 2005, 300413; Tsambikakis in Löwe/Rosenberg Rn. 5.

14 Vgl. LG Kiel 19.8.2021 – 10 Qs 43/21, BeckRS 2021, 40530; Singelnstein NStZ 2020, 639.

15 Köhler in Meyer-Goßner/Schmitt § 161 Rn. 1a; Mosbacher Jus 2022, 726.

16 OLG Düsseldorf 18.9.1996 – 1 Ws 788/96, wistra 1997, 77.

17 OLG Frankfurt a. M. 26.11.1963 – 3 Ws 62/63, NJW 1964, 785 (786); OLG Düsseldorf 27.7.1981 – 2 Ws 289/81, NJW 1981, 2133 (2134); Köhler in Meyer-Goßner/Schmitt Rn. 6; aA Ladiges in Radtke/Hohmann Rn. 2; Gercke in Gercke/Julius/Temming/Zöller Rn. 10; Rabe v. Kühlewein GA 2002, 637 (651 f.).

18 Hegmann in BeckOK StPO Rn. 3; einschränkend bei Haftbefehlen, die lediglich von einer Vollstreckungsbehörde erlassen wurden vgl. Gercke in Gercke/Julius/Temming/Zöller Rn. 10.

19 Gottschalk NStZ 2002, 568 ff.; Köhler in Meyer-Goßner/Schmitt Rn. 6.

20 VerfGH Berlin 13.11.2013 – VerfGH 24/11, NJW 2014, 682.

21 Köhler in Meyer-Goßner/Schmitt Rn. 6; Wohlers/Jäger in SK-StPO Rn. 9.

22 Köhler in Meyer-Goßner/Schmitt Rn. 7; Kemper wistra 2006, 171.

23 BVerfG 20.2.2001 – 2 BvR 1444/00, NStZ 2001, 382; 9.11.2001 – 2 BvR 436/01, NStZ 2002, 212; Amelung NStZ 2001, 337; Asbrock StV 2001, 322; Berg StraFo 2007, 74; Bittmann wistra 2001, 451; Einmahl NJW 2001, 1393 (1394); Gusy JZ 2001, 1033 (1034); Gusy StV 2002, 153 (156); Krehl wistra 2002, 294; Ransiek StV 2002, 565; Gercke in Gercke/Julius/Temming/Zöller Rn. 47.

lungsverfahren ist der Ermittlungsrichter beim zuständigen Amtsgericht (§§ 162, 169).[24] In Staatsschutzstrafsachen werden die richterlichen Befugnisse im vorbereitenden Verfahren von Ermittlungsrichtern des Oberlandesgerichts ausgeübt, die neben den Richtern beim Amtsgericht, allerdings ohne örtliche Beschränkung, zuständig sind. Führt der Generalbundesanwalt die Ermittlungen, ist der Ermittlungsrichter des Bundesgerichtshofs zuständig (§ 169).[25] Der Ermittlungsrichter entscheidet auf Antrag der Staatsanwaltschaft oder der Straf- und Bußgeldstelle der Finanzbehörde, wenn diese das Ermittlungsverfahren wegen einer Steuerstraftat selbständig führt (§ 386 AO).[26] Antragsbefugt sind auch die Kartellbehörde (§ 36 Abs. 1 Nr. 1, § 46 Abs. 2 OWiG iVm § 82 GWB), nicht jedoch Ermittlungspersonen der Staatsanwaltschaft (§ 152 GVG) oder der Steuerfahndung (§ 404 AO).[27] Deren Anträge an das Gericht können lediglich als Anregung für eine richterliche Nothandlung nach § 165 ausgelegt werden.[28] **Nach Anklageerhebung** ist das mit der Sache befasste Gericht für die Durchsuchungsanordnung zuständig, die in Bezug auf die angeklagte Tat erfolgt. Ein Antrag der Staatsanwaltschaft ist in diesem Verfahrensstadium nicht erforderlich, da die Verfahrensherrschaft auf das Gericht übergangen ist.[29] Im Berufungsverfahren ist ab dem Zeitpunkt des Zugangs der Akten (§ 321) das Berufungsgericht zuständig. Im Revisionsverfahren verbleibt es bei der Zuständigkeit des letzten Tatrichters. Bei Durchsuchungsmaßnahmen **nach Rechtskraft** ist das Gericht des ersten Rechtszugs zuständig.[30]

7 **b) Gefahr im Verzug. aa) Anforderungen.** Bei Gefahr im Verzug sind die Staatsanwaltschaft und ihre Ermittlungspersonen, dazu gehören auch die Beamten des Zollfahndungsdienstes und der Steuerfahndung (§ 404 S. 2 AO), zur Anordnung der Durchsuchung befugt.[31] Bei Ermittlungspersonen gilt diese Befugnis in Fällen des § 103 Abs. 1 S. 2 nicht. Durchsuchungen einer Redaktion, eines Verlages, einer Druckerei oder einer Rundfunkanstalt nach Gegenständen, die nur entsprechend § 97 Abs. 5 S. 2, Abs. 2 S. 3 beschlagnahmt werden dürfen, erfordern stets eine richterliche Anordnung (§ 98 Abs. 1 S. 2 analog).[32] Zur Anordnung einer Durchsuchung durch den Untersuchungsführer in einem förmlichen Disziplinarverfahren bei Gefahr im Verzug vgl. BGH 15.5.2008 – 2 ARs 452/07, BeckRS 2008, 12335).

8 Wegen des Ausnahmecharakters der nichtrichterlichen Anordnung und der grundrechtssichernden Schutzfunktion des Richtervorbehalts ist der **Begriff Gefahr im Verzug** eng auszulegen, denn die Inanspruchnahme der Eilkompetenz bewirkt eine erhebliche Minderung des Schutzes aus Art. 13 Abs. 1 GG.[33] Gefahr im Verzug ist nur anzunehmen, wenn die richterliche Anordnung nicht mehr eingeholt werden kann, ohne dass der Zweck der Maßnahme (regelmäßig die Sicherstellung von Beweismitteln) gefährdet wird.[34] Die Strafverfolgungsbehörden sollen dadurch in die Lage versetzt werden, einen **Beweismittelverlust zu verhindern.**[35] Dies entspricht der verfassungsrechtlichen Gewährleistung einer rechtsstaatlich geordneten Rechtspflege, die sich, bei nachhaltiger Sicherung der Rechte

[24] BVerfG 4.3.2008 – 2 BvR 103/04, wistra 2008, 339.
[25] Monka in BeckOK StPO § 169 Rn. 1.
[26] LG Essen 31.5.2012 – 35 Qs 306 AR 55/12 – 33/12, ZWH 2012, 379.
[27] LG Berlin 8.2.1988 – 514 Qs 1/88, wistra 1988, 203; Krekeler wistra 1983, 43 (45).
[28] LG Hildesheim 10.11.1980 – 22 Qs 3/80, BB 1981, 356.
[29] Gercke in Gercke/Julius/Temming/Zöller Rn. 16.
[30] OLG Düsseldorf 27.7.1981 – 2 Ws 289/81, NJW 1981, 2133 (2134); Gercke in Gercke/Julius/Temming/Zöller Rn. 17.
[31] BVerfG 4.2.2005 – 2 BvR 308/04, NJW 2005, 1637 (1638); BGH 19.1.2010 – 3 StR 530/09, wistra 2010, 231; OLG Köln 27.10.2009 – 81 Ss 65/09, StV 2010, 14; Burhoff StraFo 2005, 140.
[32] BGH 13.1.1999 – 2 Bfs 71-93-2 StB 14/98, NJW 1999, 2051.
[33] BVerfG 16.6.2015 – 2 BvR 2718/10, 2 BvR 1849/11, 2 BvR 2808/11, NJW 2015, 2787; 20.2.2001 – 2 BvR 1444/00, NStZ 2001, 382; Gercke in Gercke/Julius/Temming/Zöller Rn. 48.
[34] BVerfG 16.6.2015 – 2 BvR 2718/10, 2 BvR 1849/11, 2 BvR 2808/11, NJW 2015, 2787; 12.3.2019 – 2 BvR 675/14, NJW 2019, 1428; BGH 6.10.2016 – 2 StR 46/15; BGH 17.1.2018 – 2 StR 180/17, NStZ-RR 2018, 146.
[35] BVerfG 12.3.2019 – 2 BvR 675/14, NJW 2019, 1428; BGH 4.6.2020 – 4 StR 15/20, NStZ 2020, 621.

des Beschuldigten, auch auf eine wirksame Strafverfolgung erstreckt.[36] Daher müssen die Strafverfolgungsbehörden die Entscheidung, ob aufgrund der konkreten Umstände von der Gefahr eines Beweismittelverlusts auszugehen ist, so rechtzeitig treffen können, dass dieser Gefahr wirksam begegnet werden kann.[37]

Bei der **Prüfung der Voraussetzungen** von Gefahr im Verzug steht es nicht im Belieben der Strafverfolgungsbehörden, wann sie eine Antragstellung in Erwägung ziehen.[38] Sie dürfen die tatsächlichen Voraussetzungen von Gefahr im Verzug nicht selbst herbeiführen,[39] indem sie so lange mit einem Antrag an den Ermittlungsrichter zuwarten, bis die Gefahr eines Beweismittelverlusts tatsächlich entstanden ist, um die Regelzuständigkeit des Richters zu unterlaufen.[40] Reine Spekulationen, hypothetische Erwägungen oder auf kriminalistische Alltagserfahrungen gestützte, fallunabhängige Vermutungen sind nicht ausreichend, um Gefahr im Verzug zu begründen.[41] Die Strafverfolgungsbehörden müssen regelmäßig versuchen, eine Anordnung des instanziell und funktionell zuständigen Richters zu erlangen, bevor sie eine Durchsuchung beginnen. Das gilt insbesondere, wenn zwischen Anordnung und Durchführung der Maßnahme noch geraume Zeit verstreicht.[42] Der abstrakte Hinweis, eine richterliche Entscheidung sei gewöhnlicherweise zu einem bestimmten Zeitpunkt oder innerhalb einer bestimmten Zeitspanne nicht zu erlangen, ist für die Begründung von Gefahr im Verzug nicht ausreichend. Da die Regelzuständigkeit des Richters in der Praxis effektiv bleiben muss[43] und auf eine vorbeugende Kontrolle der Maßnahme durch eine unabhängige und neutrale Instanz abzielt, haben die Strafverfolgungsbehörden grds. den Versuch zu unternehmen, zuvor eine richterliche Anordnung zu erwirken.[44] Der **Versuch einer telefonischen Kontaktaufnahme** genügt.[45] Lediglich in Ausnahmesituationen, wenn die zeitliche Verzögerung zu einem Verlust des Beweismittels führt, dürfen die Strafverfolgungsbehörden die Anordnung wegen Gefahr im Verzug selbst treffen, ohne sich zuvor um eine richterliche Entscheidung bemüht zu haben.[46] Gefahr in Verzug wäre anzunehmen, wenn bspw. Polizeibeamte vor Ort in nicht vorhersehbarer Weise mit einer neuen Verdachtssituation konfrontiert werden und eine Beweismittelvernichtung bereits begonnen hat.[47] Für die Frage, ob die Ermittlungsbehörden eine richterliche Entscheidung rechtzeitig erreichen konnten, kommt es stets auf den Zeitpunkt an, zu dem die Staatsanwaltschaft oder ihre Ermittlungspersonen die Durchsuchung für erforderlich hielten.[48] Die Ermittlungspersonen sind anschließend nicht verpflichtet, hinsichtlich einer rechtmäßig auf Gefahr in Verzug gestützten und noch laufenden Durchsuchung eine richterliche Genehmigung zu erwirken.[49] 9

[36] BVerfG 1.10.1987 – 2 BvR 1434/86, BVerfGE 77, 65 (76 f.).
[37] BVerfG 20.2.2001 – 2 BvR 1444/00, NStZ 2001, 382.
[38] BVerfG 30.8.2011 – 3 StR 210/11, NStZ 2012, 104.
[39] BVerfG 20.2.2001 – 2 BvR 1444/00, NStZ 2001, 382.
[40] BVerfG 20.2.2001 – 2 BvR 1444/00, NStZ 2001, 382; 3.12.2002 – 2 BvR 1845/00, NStZ 2003, 319; 4.2.2005 – 2 BvR 308/04, NJW 2005, 1637; 12.3.2019 – 2 BvR 675/14, NJW 2019, 1428; BGH 30.8.2011 – 3 StR 210/11, NStZ 2012, 104; 6.10.2016 – 2 StR 46/15, NStZ 2017, 367.
[41] BVerfG 16.6.2015 – 2 BvR 2718/10, 2 BvR 1849/11, 2 BvR 2808/11, NStZ 2015, 529.
[42] BGH 3.5.2011 – 3 StR 277/10, StV 2012, 3.
[43] BVerfG 20.2.2001 – 2 BvR 1444/00, BVerfGE 103, 142 = NJW 2001, 1121; Jahn NStZ 2007, 255 (259); Gusy NStZ 2010, 353; Hartmann in HK-GS Rn. 4.
[44] BVerfG 12.2.2007 – 2 BvR 273/06, NJW 2007, 1345 (1346); BGH 11.8.2005 – 5 StR 200/05, NStZ 2006, 114 (115); 18.4.2007 – 5 StR 546/06, NStZ 2007, 601 (602); Jahn NStZ 2007, 255 (259 f.).
[45] VerfG Brandenburg 21.11.2002 – VfGBbg 94/02, NJW 2003, 2305; LG Berlin 30.8.2007 – 506 Qs 140/07, StV 2008, 244; AG Essen 27.2.2008 – 44 Gs 1518/08, StraFo 2008, 199; AG Bremen 10.1.2012 – 75 Ls 570 Js 14531/10 (8/11), NStZ 2012, 287.
[46] BVerfG 20.2.2001 – 2 BvR 1444/00, NStZ 2001, 382; 4.2.2005 – 2 BvR 308/04, NJW 2005, 1637; BGH 15.5.2008 – 2 ARs 452/07, NSW StPO § 98; BayObLG 29.10.2002 – 4 St RR 104/02, NStZ-RR 2003, 142 Anm. Krehl JR 2003, 302, Gusy NStZ 2010, 353.
[47] LG Limburg 9.4.2018 – 1 Qs 21/18, 1 Qs 38/18.
[48] BGH 18.4.2007 – 5 StR 546/06, NStZ 2007, 601 (602); 30.8.2011 – 3 StR 210/11, NStZ 2012, 104; 17.1.2018 – 2 StR 180/17, NStZ-RR 2018, 146.
[49] BGH 15.3.2017 – 2 StR 23/16, NStZ 2017, 713; 18.7.2018 – 5 StR 547/17, BeckRS 2018, 17706.

10 Falls der zuständige Staatsanwalt bei einer nächtlichen Durchsuchungsanordnung von der Existenz eines ermittlungsrichterlichen Bereitschaftsdienstes keine Kenntnis hat, stellt sich unter Umständen die Frage nach etwaigen **Organisationsmängeln,** die im Tätigwerden mit den Verhältnissen nicht vertrauter Behördenvertreter liegen könnten.[50] Die Polizei hat, falls eine richterliche Entscheidung nicht herbeigeführt werden kann, aufgrund der besonderen Eingriffsintensität der Durchsuchung zunächst eine staatsanwaltschaftliche Anordnung einzuholen, obwohl § 105 der Staatsanwaltschaft ausdrücklich keinen generell-abstrakten Vorrang gegenüber der Polizei einräumt.[51] Lehnt die Staatsanwaltschaft die Annahme von Gefahr in Verzug ab, dürfen die Ermittlungspersonen nicht selbst die Durchsuchung wegen Gefahr in Verzug anordnen. Das folgt daraus, dass die Staatsanwaltschaft zur justizgemäßen Sachleitung der polizeilichen Ermittlungen berechtigt und verpflichtet ist. Die Staatsanwaltschaft leitet das Ermittlungsverfahren und trägt die Gesamtverantwortung für eine rechtsstaatliche, faire und ordnungsgemäße Durchführung des Verfahrens, auch soweit es durch die Polizei geführt wird. Auf Grund dieser umfassenden Verantwortung steht der Staatsanwaltschaft gegenüber ihren Ermittlungspersonen ein uneingeschränktes Weisungsrecht in Bezug auf ihre auf die Sachverhaltserforschung gerichtete strafverfolgende Tätigkeit zu (vgl. § 161 Abs. 1 S. 2 StPO, § 152 Abs. 1 GVG). Dabei kann sie konkrete Einzelweisungen zu Art und Durchführung einzelner Ermittlungshandlungen erteilen (Nr. 3 Abs. 2, Nr. 11 RiStBV) oder ihre Leitungsbefugnis im Rahmen der Aufklärung von Straftaten unabhängig vom Einzelfall durch allgemeine Weisungen im Voraus in Anspruch nehmen.[52] Die Missachtung des vorrangigen Antragsrechtes der Staatsanwaltschaft sowie Zuständigkeitsverstöße im Verhältnis der Ermittlungsbehörden untereinander führen jedoch nicht ohne weiteres zu einem Verwertungsverbot.[53] Die mit dem Richtervorbehalt bezweckte präventive Kontrolle erfolgt in diesem Fall gerade durch die Beteiligung des Richters.[54]

11 Vom Grundsatz gilt, dass mit der **Befassung des zuständigen Ermittlungs- oder Eilrichters** durch die Stellung eines Antrags auf Erlass einer Durchsuchungsanordnung und der dadurch eröffneten Möglichkeit präventiven Grundrechtsschutzes durch den Richter die Eilkompetenz der Ermittlungsbehörden endet. Befasst wird der Ermittlungsrichter in dem Zeitpunkt, in dem es ihm auf der Grundlage eines Antrags der Strafverfolgungsbehörden möglich ist, in eine Sachprüfung der Tatbestandsmerkmale der Durchsuchungsanordnung und der Verhältnismäßigkeit einzutreten.[55] Die Eilkompetenz der Ermittlungsbehörden kann nur dann neu begründet werden, wenn nach der Befassung des Richters tatsächliche Umstände eintreten oder bekannt werden, die sich nicht aus dem Prozess der Prüfung und Entscheidung über diesen Antrag ergeben, und hierdurch die Gefahr eines Beweismittelverlusts in einer Weise begründet wird, die der Möglichkeit einer rechtzeitigen richterlichen Entscheidung entgegensteht. Soweit während des durch den Richter in Anspruch genommenen Entscheidungszeitraums nach dessen Befassung die Gefahr eines Beweismittelverlusts eintritt, etwa weil dieser auf ein mündlich gestelltes Durchsuchungsbegehren hin die Vorlage schriftlicher Antragsunterlagen oder einer Ermittlungsakte fordert, Nachermittlungen anordnet oder bis zum Eintritt der Gefahr eines Beweismittelverlusts noch nicht entschieden hat, lebt die Eilkompetenz der Ermittlungsbehörden nicht wieder auf.[56] Sieht sich der Ermittlungsrichter außerstande, die Anordnung ohne Vorlage der Akte

---

50 BGH 3.5.2011 – 3 StR 277/10, StV 2012, 3.

51 BVerfG 8.3.2006 – 2 BvR 1114/05, NJW 2006, 3267; 11.6.2010 – 2 BvR 1046/08, NStZ 2011, 289; Metz NStZ 2012, 242.

52 BGH 27.5.2009 – 1 StR 99/09, NStZ 2009, 648; Griesbaum in KK-StPO § 163 Rn. 2.

53 Griesbaum in KK-StPO § 165 Rn. 6 mwN.

54 Gercke in Gercke/Julius/Temming/Zöller Rn. 51; Ausführlich zum Rangverhältnis der Staatsanwaltschaft zu ihren Ermittlungspersonen bei Gefahr im Verzug vgl. Metz NStZ 2012, 242 (247).

55 BVerfG 16.6.2015 – 2 BvR 2718/10, 2 BvR 1849/11, 2 BvR 2808/11, NJW 2015, 2787; OLG Köln 25.10.2016 – 1 RVs 227/16, BeckRS 2016, 20547.

56 BVerfG 16.6.2015 – 2 BvR 2718/10, 2 BvR 1849/11, 2 BvR 2808/11, NJW 2015, 2787; Moldenhauer/Wenske JA 2017, 206 (207).

zu erlassen, ist für eine staatsanwaltschaftliche Prüfung des Vorliegens von Gefahr im Verzug ebenfalls regelmäßig kein Raum.[57] Dabei ist zu berücksichtigen, dass die Vorlage schriftlicher Unterlagen zur Herbeiführung einer richterlichen Eilentscheidung jedoch nicht ausnahmslos erforderlich ist und vom Ermittlungsrichter eingefordert werden kann. Insbesondere in einfach gelagerten Fällen, in denen allein auf Grund der mündlichen Darstellung des Sachverhalts eine sachangemessene Entscheidung möglich ist, würde ein solches Erfordernis weder der gesetzlichen Intention noch der Bedeutung des Richtervorbehalts für den Grundrechtsschutz des Einzelnen gerecht.[58] Dagegen kann bei komplexen Sach- und Rechtslagen, hier ist ohnehin schon aufgrund des zeitlichen Vorlaufs solcher Ermittlungsverfahren eine Situation von Gefahr in Verzug kaum denkbar, jedoch ein Antrag auf schriftliche Entscheidung unter Vorlage der Akten erforderlich sein.[59] Das drängt sich insbesondere bei umfangreichen Wirtschaftsstrafsachen oder bei Ermittlungen auf, die bereits seit geraumer Zeit bei der Polizei geführt werden. Der komplexe Sachverhalt muss dem Ermittlungsrichter dann auch in **plausibler Form** und unter Umständen auch **mit Angabe von Fundstellen** in der Akte dargelegt werden. Unternimmt die Staatsanwaltschaft in solchen Fällen nicht einmal den in der Sachakte zu dokumentierenden Versuch, die Akten beizubringen, drängt sich eine Verkennung des Richtervorbehalts auf.[60] Die Staatsanwaltschaft ist allerdings regelmäßig nicht gehalten, dem Ermittlungsrichter mit ihrem Antrag auch sämtliche Akten eines zugleich geführten Strukturverfahrens vorzulegen, wie es beispielsweise im Rahmen von Staatsschutz- oder OK-Verfahren häufig der Fall ist. Sie hat aber gewissenhaft dafür Sorge zu tragen, dass der Ermittlungsrichter seine Entscheidungen auf der Grundlage aller maßgebenden, bis zu dem jeweiligen Zeitpunkt angefallenen – be- und entlastenden – Ermittlungsergebnisse treffen kann.[61] Der Ermittlungsrichter ist in diesem Zusammenhang befugt zu verlangen, dass die Staatsanwaltschaft Akten, bevor sie sie ihm vorlegt, grundsätzlich mit fortlaufenden Blattzahlen zu versehen hat. Dies folgt aus § 3 Abs. 1 S. 3 der „Anweisung für die Verwaltung des Schriftguts in Rechtssachen bei den Geschäftsstellen der Gerichte und Staatsanwaltschaften" (Aktenordnung). Die Paginierung der Akten entspricht auch der einheitlichen Handhabung in den Ländern (s. etwa § 3 Abs. 2 S. 4 BayAktO). Eine solche Praxis kann dazu beitragen, dass der Aktenbestand, so wie er bei der Beschlussfassung über die Ermittlungsmaßnahme vorliegt, rekonstruierbar bleibt.[62] Im Übrigen kann auf die (mangelhafte) Ausgestaltung der justizinternen Organisation die Eilzuständigkeit der Ermittlungsbehörden nicht gestützt werden.[63]

Lehnt der Ermittlungsrichter nach erfolgter Prüfung abschließend die Durchsuchungsanordnung ab, kommt die Annahme von Gefahr im Verzug nicht in Betracht, auch wenn die betreffende Ermittlungsbehörde die Ablehnung für unzutreffend hält.[64] Davon zu unterscheiden ist allerdings der Fall, wenn sich der Ermittlungsrichter **unzulässig verweigert,** sich überhaupt mit dem Antrag zu befassen und der Verlust der Beweismittel zeitnah droht. Der Ermittlungsrichter darf sein Tätigwerden nicht unter Hinweis auf die fehlende Aktenkenntnis schlichtweg verweigern.[65] Bei dieser Sachlage fehlt es an einer eigenverantwortlichen Prüfung und Entscheidung durch das Gericht, was es der Staatsanwaltschaft verwehren würde, anstelle des Gerichts die Durchsuchung anzuordnen. Anders liegt der Fall jedoch, wenn der Ermittlungsrichter bewusst von 11a

57 BGH 6.10.2016 – 2 StR 46/15, NStZ 2017, 367.
58 BVerfG 16.6.2015 – 2 BvR 2718/10, 2 BvR 1849/11, 2 BvR 2808/11, NJW 2015, 2787.
59 Köhler in Meyer-Goßner/Schmitt Rn. 2b; Rabe v. Kühlewein NStZ 2015, 618 (621).
60 BGH 6.10.2016 – 2 StR 46/15, NStZ 2017, 367.
61 BGH 11.3.2010 – StB 16/09, NStZ 2010, 711.
62 Zur Notwendigkeit einer späteren Rekonstruktion des Ermittlungsstands vgl. BGH 7.3.2006 – 1 StR 316/05, BGHSt 51, 1 Rn. 18; ferner BGH 24.10.2006 – 3 StR 370/06, NStZ 2007, 117; 11.8.2016 – StB 12/16, juris Rn. 9.
63 BVerfG 16.6.2015 – 2 BvR 2718/10, 2 BvR 1849/11, 2 BvR 2808/11, NJW 2015, 2787; vgl. insoweit auch OLG Oldenburg 20.6.2016 – 2 Ss OWi 152/16, BeckRS 2016, 13296; hierzu kritisch Moldenhauer/Wenske JA 2017, 206 (207).
64 Gercke in Gercke/Julius/Temming/Zöller Rn. 52.
65 Beichel/Kieninger NStZ 2003, 10; Fikenscher/Dingelstadt NJW 2009, 3473 (3475).

der Staatsanwaltschaft unvollständig unterrichtet worden ist, um eine Ablehnung eines richterlichen Beschlusses zu provozieren und um dadurch die Eilkompetenz zu begründen (→ § 98 Rn. 12).[66]

11b Die **frühere Ablehnung der Durchsuchungsanordnung durch das Gericht,** schließt die Annahme von Gefahr im Verzug im Falle einer veränderten Sachlage, insbesondere aufgrund neuer Erkenntnisse, nicht aus, wenn eine rechtzeitige richterliche Entscheidung nicht zu erreichen ist, bspw. weil der Ermittlungsrichter nicht erreicht werden kann oder ihm die Prüfung aus sonstigen Gründen unmöglich ist und sich das Verhalten der Staatsanwaltschaft nicht als rechtsmissbräuchlich darstellt.[67] Die Eilkompetenz der Ermittlungsbehörden kann nur dann neu begründet werden, wenn nach der Befassung des Richters tatsächliche Umstände eintreten oder bekannt werden, die sich nicht aus dem Prozess der Prüfung und Entscheidung über diesen Antrag ergeben, und hierdurch die Gefahr eines Beweismittelverlusts in einer Weise begründet wird, die der Möglichkeit einer rechtzeitigen richterlichen Entscheidung entgegensteht.[68]

11c Durchsucht die Polizei eine Wohnung wegen Gefahr im Verzug, bedarf es nach Abschluss dieser Maßnahme einer richterlichen Durchsuchungsanordnung, wenn das zwischenzeitlich von den Bewohnern verlassene und zudem von der Polizei bewachte Objekt erneut einer Durchsuchung unterzogen werden soll.[69]

12 **bb) Gerichtsorganisation.** Die Gewährleistung des Richtervorbehalts als Grundrechtssicherung erfordert eine möglichst weitgehende Erreichbarkeit des Ermittlungsrichters.[70] Es besteht die verfassungsrechtliche Verpflichtung der Gerichte, die Erreichbarkeit eines Ermittlungsrichters, auch durch die **Einrichtung eines Eil- oder Notdienstes,** zu sichern.[71] Es ist ein funktionierender richterlicher Not- bzw. Eildienst (§ 22c GVG) auch zur Nachtzeit einzurichten,[72] wenn hierfür ein praktischer Bedarf besteht, der über den Ausnahmefall hinausgeht.[73] Die Landesjustiz- und die Gerichtsverwaltungen müssen die Voraussetzungen für eine wirksame präventive richterliche Kontrolle der Wohnungsdurchsuchung schaffen, um im Rahmen des Möglichen sicherzustellen, dass in der Masse der Alltagsfälle die in der Verfassung vorgesehene Regelzuständigkeit des Richters gewahrt bleibt.[74] Ob und inwieweit ein über den Ausnahmefall hinausgehender Bedarf an nächtlichen Durchsuchungsanordnungen die Einrichtung eines ermittlungsrichterlichen Bereitschaftsdienstes zur Nachtzeit erfordert, haben die Gerichtsverwaltungen nach pflichtgemäßem Ermessen in eigener Verantwortung zu entscheiden. Für die Art und Weise der Bedarfsermittlung steht ihnen ein Beurteilungs- und Prognosespielraum zu.[75] Es liegt auf der Hand, dass insbesondere in Großstädten oder bei bekannten Kriminalitätsschwerpunkten in bestimmten Gerichtsbezirken, zB in Grenznähe, oder bei Großereignissen ein solcher Bereitschaftsdienst einzurichten ist.[76]

66 BGH 11.8.2005 – 5 StR 200/05, NStZ 2006, 114; Hofmann NStZ 2003, 230 (232); Schulz NStZ 2003, 635 (636); Brocke/Herb NStZ 2009, 671 (674); Burhoff StraFo 2005, 140; Höfling JR 2003, 408 (410); Hofmann NStZ 2003, 230; aA LG Berlin 30.11.2009 – 522a – 2/09, NStZ 2010, 415; Beichel/Kieninger NStZ 2003, 10; Mosbacher Jus 2010, 127 (131); Krehl NStZ 2003, 461 (463).

67 BVerfG 16.6.2015 – 2 BvR 2718/10, 2 BvR 1849/11, 2 BvR 2808/11, NJW 2015, 2787.

68 BVerfG 16.6.2015 – 2 BvR 2718/10, 2 BvR 1849/11, 2 BvR 2808/11, NJW 2015, 2787.

69 BGH 4.6.2020 – 4 StR 15/20, NStZ 2020, 621.

70 BVerfG 20.2.2001 – 2 BvR 1444/00, NStZ 2001, 382; 10.12.2003 – 2 BvR 1481/00, NJW 2004, 1442; 12.3.2019 – 2 BvR 675/14, NJW 2019, 1428.

71 BVerfG 20.2.2001 – 2 BvR 1444/00, NStZ 2001, 382; 12.3.2019 – 2 BvR 675/14, NJW 2019, 1428.

72 Vgl. § 22c GVG; BVerfG 20.2.2001 – 2 BvR 1444/00, NJW 2001, 1121 (1123); 28.9.2006 – 2 BvR 876/06, NJW 2007, 1444; 18.4.2007 – 5 StR 546/06, NStZ 2007, 601; 16.6.2015 – 2 BvR 2718/10, 2 BvR 1849/11, 2 BvR 2808/11, NJW 2015, 2787; OLG Hamm 18.8.2009 – 3 Ss 293/08, NJW 2009, 3109 (3110) mAnm Rabe v. Kühlewein NStZ 2010, 167.

73 BVerfG 10.12.2003 – 2 BvR 1481/00, NJW 2004, 1442; 4.2.2005 – 2 BvR 308/04, NJW 2005, 1637 (1638); 28.9.2006 – 2 BvR 876/06, NJW 2007, 1444; BVerfG 12.3.2019 – 2 BvR 675/14, NJW 2019, 1428; BGH 25.4.2007 – 1 StR 135/07, NStZ-RR 2007, 242 (243).

74 BVerfG 28.9.2006 – 2 BvR 876/06, NJW 2007, 1444.

75 BVerfG 12.3.2019 – 2 BvR 675/14, NJW 2019, 1428; vgl. Jahn JuS 2019, 822.

76 Hegmann in BeckOK StPO Rn. 6.

Auf die tatsächliche Ausgestaltung der justizinternen Organisation kann die Eilzuständigkeit der Ermittlungsbehörden jedenfalls nicht gestützt werden. Der gleichzeitigen Befassung des zuständigen Ermittlungs- oder Eilrichters mit einem Antrag der Ermittlungsbehörden auf Erlass einer Durchsuchungsanordnung und anderweitigen Dienstgeschäften ist gegebenenfalls durch Geschäftsordnungs- und Vertretungsregelungen Rechnung zu tragen, die eine rechtzeitige Entscheidung über den Durchsuchungsantrag regelmäßig gewährleisten. Dies ergibt sich aus der Verpflichtung der staatlichen Organe, dafür Sorge zu tragen, dass ausreichende personelle und sachliche Ressourcen zur Verfügung gestellt werden, um die effektive Durchsetzung des präventiven Richtervorbehalts einerseits und die Wahrung des Verfassungsgebots einer funktionstüchtigen Strafrechtspflege andererseits zu gewährleisten.[77] Verletzen die Gerichtspräsidien ihre Pflicht zur Einrichtung eines das Regel-Ausnahme-Verhältnis des Art. 13 Abs. 2 GG wahrenden ermittlungsrichterlichen Bereitschaftsdienstes und stützen die Ermittlungsbehörden ihre Anordnungskompetenz deswegen auf Gefahr im Verzug, führt dies zur Rechts- und Verfassungswidrigkeit der Durchsuchungsanordnung.[78] (→ Rn. 38). 12a

cc) Gerichtliche Überprüfbarkeit. Die Gewährleistung effektiven Rechtsschutzes ist nur möglich, wenn bei der nachträglichen gerichtlichen Überprüfung die Voraussetzungen der Anordnung einer Durchsuchung vollständig eigenverantwortlich nachgeprüft werden können.[79] Nach allgemeiner Ansicht ist das Merkmal Gefahr im Verzug ein **unbestimmter Rechtsbegriff,** der keinen Beurteilungsspielraum einräumt.[80] Das Vorliegen der Voraussetzungen untersteht einer uneingeschränkten richterlichen Überprüfung.[81] Die nachträgliche gerichtliche Überprüfung dieser Entscheidung erfolgt im Wege des Freibeweises.[82] Die Gerichte sind jedoch gehalten, der besonderen Entscheidungssituation der Ermittlungsbehörden mit ihren situationsbedingten Grenzen von Erkenntnismöglichkeiten Rechnung zu tragen. Für die Frage, ob die Ermittlungsbehörden eine richterliche Entscheidung rechtzeitig erreichen können, kommt es auf den Zeitpunkt an, zu dem die StA oder ihre Hilfsbeamten die Durchsuchung für erforderlich hielten, zB bei einer nicht vorhersehbaren Angreifsituation.[83] Es ist eine aus der **ex-ante-Position** vorzunehmende Gefahrenprognose durchzuführen, die sich auf eine einzelfallbezogene, nachweisbar vorhandene konkrete Tatsachenbasis stützen muss. 13

dd) Dokumentationspflicht. Die Eingriffsvoraussetzung müssen mit einzelfallbezogenen Tatsachen begründet werden. Eine wirksame gerichtliche Nachprüfung der Maßnahme, das folgt aus Art. 19 Abs. 4 GG, setzt voraus, dass vor oder jedenfalls unmittelbar nach der Maßnahme für den Eingriff bedeutsame Erkenntnisse und Annahmen in den Ermittlungsakten **dokumentiert** werden.[84] Unter Bezeichnung des Tatverdachts und der gesuchten Beweismittel müssen die Umstände darlegt werden, auf die die Gefahr des Beweismittelverlusts gestützt werden, insbesondere warum eine richterliche Anordnung zu spät gekommen wäre und von dem Versuch abgesehen wurde, eine solche Entscheidung zu erlangen.[85] Allgemeine Formulierungen, die lediglich die juristische Definition von Gefahr im Verzug wiedergeben, reichen für die Begründung der Eilkompetenz nicht aus.[86] 14

---

77 BVerfG 16.6.2015 – 2 BvR 2718/10, 2 BvR 1849/11, 2 BvR 2808/11, NJW 2015, 2787; Rabe v. Kühlewein NStZ 2015, 618.

78 BVerfG 12.3.2019 – 2 BvR 675/14, NJW 2019, 1428.

79 BVerfG 27.5.1997 – 2 BvR 1992/92, BVerfGE 96, 44 (52) = NJW 1997, 2165.

80 BGH 19.1.2010 – 3 StR 530/09, wistra 2010, 231; Gusy JZ 2001, 1035.

81 BVerfG 20.2.2001 – 2 BvR 1444/00, NStZ 2001, 382; 22.1.2002 – 2 BvR 1473/01, StV 2002, 348 (349); BGH 30.8.2011 – 3 StR 210/11, NStZ 2012, 104; AG Essen 27.2.2008 – 44 Gs 1518/08, StraFo 2008, 199; Gusy JZ 2001, 1035; Rabe v. Kühlewein GA 2002, 637 (654).

82 Gercke in Gercke/Julius/Temming/Zöller Rn. 56.

83 BGH 17.1.2018 – 2 StR 180/17, NStZ-RR 2018.

84 BVerfG 16.6.2015 – 2 BvR 2718/10, 2 BvR 1849/11, 2 BvR 2808/11, NJW 2015, 2787; 12.2.2004 – 2 BvR 1687/02, StV 2004, 633; BGH 13.1.2005 – 1 StR 531/04, NJW 2005, 1060; LG Köln 6.5.2013 – 116 Qs 12/13, 116 Js 788/12, GRUR-RR 2013, 380.

85 BGH 3.5.2011 – 3 StR 277/10, StV 2012, 3.

86 OLG Zweibrücken 18.6.2018 – 1 OLG 2 Ss 3/18, NStZ 2019, 301.

Das gilt auch für fallunabhängige Vermutungen, die auf die bloße Möglichkeit eines Beweismittelverlustes, reine Spekulationen, hypothetische Erwägungen oder lediglich auf kriminalistische Alltagserfahrung gestützt werden.[87]

14a Eine wirksame gerichtliche Nachprüfung einer **nichtrichterlichen Durchsuchungsanordnung wegen Gefahr im Verzug** setzt voraus, dass die für den Eingriff bedeutsamen Erkenntnisse und Annahmen in den Ermittlungsakten vermerkt sind.[88] Die Ermittlungsbeamten haben die Bezeichnung des Tatverdachts, die gesuchten Beweismittel, die tatsächlichen Umstände, auf die die Gefahr des Beweismittelverlustes gestützt werden, sowie die Bemühungen, einen Ermittlungsrichter zu erreichen, in einem vor der Durchsuchung oder unverzüglich danach gefertigten Vermerk vollständig zu dokumentieren.[89] Allgemeine Formulierungen oder eine Wiederholung des abstrakten Maßstabes von Gefahr im Verzug sind nicht ausreichend.[90] Das bedeutet, dass die Bemühungen um eine richterliche Entscheidung nicht durch den bloßen Hinweis verzichtbar werden, diese sei zur maßgeblichen Zeit gewöhnlicherweise nicht mehr zu erlangen. Die Erwägung, es sei bspw. zu erwarten gewesen, dass Dritte von der Festnahme der Angeklagten erfahren und belastendes Material aus den betreffenden Wohnungen entfernen, ist dann nicht plausibel, wenn die Ermittlungsbehörden anschließend keine Anstrengungen unternommen haben, die Durchsuchungsanordnung unverzüglich zu vollziehen.[91] Die Gerichte dürfen bei einer unterbliebenen Dokumentation eine eigene nachträgliche Einschätzung der Lage an die Stelle der Einschätzung des handelnden Beamten setzen.[92] Im Einzelfall kann ein zeitnaher polizeilicher Vermerk zu den Umständen einer vom Bereitschaftsstaatsanwalt angeordneten Durchsuchung zur Information des Gerichts ausreichen.[93] Von einer schriftlichen Dokumentation der Eingriffsvoraussetzungen kann nur gänzlich abgesehen werden, wenn die Dringlichkeit der Durchsuchung evident ist.[94] Dokumentationsmängel führen nicht zur Rechtswidrigkeit der Anordnung[95] und damit auch nicht ohne weiteres zu einem Verwertungsverbot,[96] wobei jedoch zu beachten ist, dass eine objektiv willkürliche Annahme staatsanwaltschaftlicher Eilkompetenz ein Verbot der Verwertung der bei den Durchsuchungen erhobenen Beweise nach sich zöge.[97]

15 **2. Durchsuchungsanordnung. a) Form.** Aus § 34 folgt, dass für die **richterliche Durchsuchungsanordnung** eine schriftliche Begründung zwar im Grundsatz geboten ist.[98] Allerdings sieht § 105 für die richterliche Anordnung keine bestimmte Form vor.[99] Sie kann daher in Eilfällen vorab auf telefonischen Antrag der Staatsanwaltschaft mündlich ergehen,[100] wenn aus Zeitgründen, bspw. bei Gefahr eines Beweismittelverlusts,[101] eine Übermittlung der Entscheidung mittels Telefax oder E-Mail nicht möglich ist.[102] Ein solches

---

87 BVerfG 16.6.2015 – 2 BvR 2718/10, 2 BvR 1849/11, 2 BvR 2808/11, NJW 2015, 2787.
88 BVerfG 20.2.2001 – 2 BvR 1444/00, NStZ 2001, 382; 12.2.2004 – 2 BvR 1687/02, StV 2004, 634.
89 BVerfG 8.3.2006 – 2 BvR 1114/05, NVwZ 2006, 925 (926).
90 Gercke in Gercke/Julius/Temming/Zöller Rn. 59.
91 BGH 3.5.2011 – 3 StR 277/10, StV 2012, 3.
92 BVerfG 20.2.2001 – 2 BvR 1444/00, BVerfGE 103, 142 (155) = NJW 2001, 1121 (1121); BVerfG 12.2.2004 – 2 BvR 1687/02, BeckRS 2004, 21090; Ladiges in Radtke/Hohmann Rn. 18.
93 BVerfG 10.12.2003 – 2 BvR 1481/02, NJW 2004, 1442.
94 BVerfG 11.6.2010 – 2 BvR 1046/08, NJW 2010, 2864; Trück NStZ 2011, 202; Ladiges in Radtke/Hohmann Rn. 18.
95 BGH 13.1.2005 – 1 StR 531/04, NStZ 2005, 392.
96 Hartmann in HK-GS Rn. 6.
97 BVerfG 2.7.2009 – 2 BvR 2225/08, NJW 2009, 3225; BGH 18.4.2007 – 5 StR 546/06, BGHSt 51, 285; 3.5.2011 – 3 StR 277/10, StV 2012, 3.
98 BVerfG 20.2.2001 – 2 BvR 1444/00, BVerfGE 103, 142 (154) = NJW 2001, 1121 (1122 f.); Gercke in Gercke/Julius/Temming/Zöller Rn. 43; Harms DRiZ 2004, 25 (29); Höfling JR 2003, 408 (409).
99 BVerfG 13.1.2005 – 1 StR 531/04, NStZ 2005, 392; Beichel/Kieninger NStZ 2003, 10 (12).
100 BVerfG 23.7.2007 – 2 BvR 2267/06, StRR 2007, 242 = BeckRS 2007, 25604; BGH 13.1.2005 – 1 StR 531/04, NJW 2005, 1060 (1061); 18.4.2007 – 5 StR 546/06, BGHSt 51, 285 (295) = NJW 2007, 2269 (2273); LG Mühlhausen 15.11.2006 – 6 Qs 9/06, wistra 2007, 195; Köhler in Meyer-Goßner/Schmitt Rn. 3; Joecks in Radtke/Hohmann Rn. 8; Ritzert in BeckOK StPO Rn. 3; aA Harms StV 2006, 215 ff.; Trück JZ 2010, 1106.
101 LG Tübingen 1.10.2007 – 1 Qs 38/07, NStZ 2008, 589 (591).
102 Köhler in Meyer-Goßner/Schmitt Rn. 3.

Vorgehen ermöglicht jedenfalls eine vorbeugende richterliche Kontrolle und stellt einen effektiveren Rechtsschutz dar als die Wahrnehmung der Eilkompetenz mit nachträglicher richterlicher Bestätigung.[103] Die mündliche richterliche Anordnung ist zeitnah in den Ermittlungsakten zu vermerken. Insbesondere sind die tatsächlichen Anhaltspunkte des Durchsuchungsverdachts, die Zielrichtung der Durchsuchung, **die Umstände, die den Eilfall begründeten, zu dokumentieren.**[104] Das gilt auch für die Dringlichkeitsgründe, die die mündliche Durchsuchungsanordnung erforderlich machten.[105] Ein zeitnaher polizeilicher Vermerk reicht ausnahmsweise bei Evidenz des Falles aus, wenn dieser die tatsächlichen Anhaltspunkte des Durchsuchungsverdachts, die Zielrichtung der Durchsuchung sowie die Umstände, die einen Eilfall begründeten, hinreichend erkennen lässt.[106]

b) Inhalt. Dem Gewicht des Eingriffs und der verfassungsrechtlichen Bedeutung des Schutzes der räumlichen Privatsphäre entspricht es, dass Art. 13 Abs. 2 GG die Anordnung einer Durchsuchung grundsätzlich dem Richter vorbehält. Diesen trifft als Kontrollorgan der Verfolgungsbehörden die Pflicht, durch eine geeignete Formulierung des Durchsuchungsbeschlusses im Rahmen des Möglichen und Zumutbaren sicherzustellen, dass der Eingriff in die Grundrechte **messbar und kontrollierbar** bleibt.[107] Dazu muss der Beschluss insbesondere den Tatvorwurf so beschreiben, dass der äußere Rahmen abgesteckt wird, innerhalb dessen die Zwangsmaßnahme durchzuführen ist. Der Richter muss die aufzuklärende Straftat, wenn auch kurz, doch so genau umschreiben, wie es nach den Umständen des Einzelfalls möglich ist. Dies versetzt den von der Durchsuchung Betroffenen zugleich in den Stand, die Durchsuchung seinerseits zu kontrollieren und etwaigen Ausuferungen im Rahmen seiner rechtlichen Möglichkeiten von vornherein entgegenzutreten. Der Schutz der Privatsphäre, die auch von übermäßigen Maßnahmen im Rahmen einer an sich zulässigen Durchsuchung betroffen sein kann, darf nicht allein dem Ermessen der mit der Durchführung der Durchsuchung beauftragten Beamten überlassen bleiben.[108] Im Einzelnen: 16

Das Gericht hat für eine **angemessene Begrenzung** der Zwangsmaßnahme Sorge zu tragen.[109] Damit die Unverletzlichkeit der Wohnung durch eine vorbeugende richterliche Kontrolle gewahrt werden kann, hat es die Durchsuchungsvoraussetzungen, insbesondere die Verhältnismäßigkeit der Maßnahme, nach Aktenlage **eigenverantwortlich** zu prüfen.[110] Dieses muss der Beschluss zur Erfüllung der Rechtsschutzfunktion des Richtervorbehalts nach Art. 13 Abs. 2 auch erkennen lassen.[111] Erforderlich ist eine konkret formulierte, formelhafte Wendungen vermeidende Anordnung, die zugleich den Rahmen der Durchsuchung abstecken und eine Kontrolle durch das Rechtsmittelgericht ermöglichen kann.[112] Die Verwendung von Formularen kann Anlass zu Zweifeln hinsichtlich einer eigenständigen Prüfung geben.[113] Es widerspricht jedoch nicht einer solchen Prüfung, wenn das Gericht 17

---

103 BVerfG 23.7.2007 – 2 BvR 2267/06, StRR 2007, 242 = BeckRS 2007, 25604.

104 BVerfG 20.2.2001 – 2 BvR 1444/00, BVerfGE 103, 142 (154) = NJW 2001, 1121 (1122 f.); BVerfG 3.12.2002 – 2 BvR 1845/00, NJW 2003, 2303; 23.7.2007 – 2 BvR 2267/06, StRR 2007, 242 = BeckRS 2007, 25604; BGH 18.4.2007 – 5 StR 546/06, BGHSt 51, 285 (295) = NJW 2007, 2269 (2273).

105 LG Tübingen 1.10.2007 – 1 Qs 38/07, NStZ 2008, 589 (591).

106 BVerfG 23.7.2007 – 2 BvR 2267/06, StRR 2007, 242 = BeckRS 2007, 25604.

107 BVerfG 17.3.2009 – 2 BvR 1940/05, NJW 2009, 2516; 5.3.2012 – 2 BvR 1345/08, NJW 2012, 328; 4.4.2017 – 2 BvR 2551/12, DStR 2017, 982; 29.7.2020 – 2 BvR 1324/15, BeckRS 2020, 20135.

108 BVerfG 4.4.2017 – 2 BvR 2551/12, DStR 2017, 982; 29.7.2020 – 2 BvR 1324/15, BeckRS 2020, 20135.

109 BVerfG 3.7.2006 – 2 BvR 2030/04, NJOZ 2006, 3082 (3083).

110 BVerfG 27.5.1997 – 2 BvR 92/92, BVerfGE 96, 51; 7.9.2006 – 2 BvR 1219/05, StraFo 2006, 450.

111 BVerfG 17.3.2009 – 2 BvR 1940/05, BeckRS 2009, 32489.

112 BVerfG 26.5.1976 – 2 BvR 294/76, BVerfGE 42, 212 (220) = NJW 1976, 1735; BVerfG 27.5.1997 – 2 BvR 1992/92, BVerfGE 96, 44 (52) = NJW 1997, 2165; 20.2.2001 – 2 BvR 1444/00, BVerfGE 103, 142 (154) = NJW 2001, 1121.

113 BVerfG 28.9.2004 – 2 BvR 2105/03, NJW 2005, 275; LG Siegen 25.10.2010 – 10 Qs 104/09, NStZ-RR 2011, 316.

in seinem Beschluss Passagen wörtlich aus der Antragsschrift der Staatsanwaltschaft übernimmt.[114] Die Beschlussbegründung darf unterbleiben, wenn die Bekanntgabe der wesentlichen Verdachtsmomente den Untersuchungszweck gefährdet. Eine unzureichende Begründung des Durchsuchungsbeschlusses führt für sich nicht zur Rechtswidrigkeit der Durchsuchungsanordnung, wenn diese in ihrer Gesamtheit in ausreichendem Maße erkennen lässt, dass der Ermittlungsrichter die Voraussetzungen für seinen Erlass eigenständig geprüft hat.[115] Die Beschlussbegründung kann, wenn der Erstrichter die Voraussetzungen für den Erlass der Durchsuchungsanordnung erkennbar eigenständig geprüft hat, in der Beschwerdeinstanz nachgeholt werden.[116] Mängel, die ein Durchsuchungsbeschluss bei der Umschreibung des Tatvorwurfs und der zu suchenden Beweismittel aufweist, können im Beschwerdeverfahren allerdings nicht geheilt werden. Die Funktion des Richtervorbehalts, eine vorbeugende Kontrolle der Durchsuchung durch eine unabhängige und neutrale Instanz zu gewährleisten, würde andernfalls unterlaufen. Auch kann eine Begrenzung der Durchsuchungsmaßnahme, die durch die Formulierung des Durchsuchungsbeschlusses präventiv erreicht werden soll, durch eine erst nach der Durchführung ergehende Entscheidung nicht mehr herbeigeführt werden.[117]

18 Das Gericht entscheidet in der Regel auf **Grundlage** der vollständigen und aktuellen Ermittlungsakte.[118] Eine Einschränkung dahingehend, dass der Erlass eines Durchsuchungsbeschlusses, der auf bekannte Verdachtsgründe gestützt wird, die mehr als sechs Monate zurückliegen, rechtswidrig ist,[119] ist abzulehnen. Eine solche Befristung ist dem Strafprozessrecht fremd. Sie würde auch dem Prinzip der Verfahrensherrschaft der Staatsanwaltschaft widersprechen.[120] Diese hat unter Beachtung des Verhältnismäßigkeitsgrundsatzes einen **Ermessensspielraum** hinsichtlich des Zeitpunktes und der Ausgestaltung der Durchsuchung. Um eine wirksame gerichtliche Überprüfung zu gewährleisten, muss aus der Ermittlungsakte ersichtlich sein, welche konkreten Aktenbestandteile dem Gericht zum Zeitpunkt der Entscheidung vorgelegt wurden. Das Gericht darf keine eigenen Ermittlungen vornehmen und auch keine weiteren selbständigen Ermittlungen veranlassen.[121] Es ist nur dann befugt, die Zweckmäßigkeit der Durchsuchung zu prüfen, wenn nach Anklageerhebung die Verfahrensherrschaft übergegangen ist.[122] An die Rechtsauffassung der Staatsanwaltschaft oder der Ermittlungspersonen ist das Gericht nicht gebunden.[123]

19 Der **Tatvorwurf** muss – auch vor dem Hintergrund der verjährungsunterbrechenden Wirkung – im Durchsuchungsbeschluss, soweit ohne Gefährdung des Ermittlungszwecks möglich, mittels Angaben über den tatsächlichen Lebenssachverhalt so genau wie möglich beschrieben werden,[124] damit der äußere Rahmen, innerhalb dessen die Zwangsmaßnahme durchzuführen ist, abgesteckt wird.[125] Der Betroffene ist in den Stand zu versetzen, die Durchsuchung seinerseits zu kontrollieren und etwaigen Ausuferungen im Rahmen seiner rechtlichen Möglichkeiten von vornherein entgegenzutreten.[126] Die bloße Angabe des der

114 BGH 11.3.2010 – StB 16/09, BeckRS 2010, 13121.
115 BVerfG 31.8.2007 – 2 BvR 1681/07, BeckRS 2007, 26565.
116 BGH 18.12.2008 – StB 26/08, NStZ-RR 2009, 142.
117 BVerfG 5.7.2016 – 2 BvR 1710/15, BeckRS 2016, 48485; 19.6.2018 – 2 BvR 1260/16, BeckRS 2018, 26668.
118 Gercke in Gercke/Julius/Temming/Zöller Rn. 26.
119 LG Berlin 24.9.2002 – 508 Qs 115/02, StV 2003, 69.
120 Heghmann NStZ 2004, 102.
121 Weiler GS Meurer, 2002, 395 (406); Ladiges in Radtke/Hohmann Rn. 5.
122 Benfer NJW 1981, 1245 (1246); Gercke in Gercke/Julius/Temming/Zöller Rn. 25; aA zur Zweckmäßigkeitsprüfung OLG Düsseldorf 12.6.1989 – OGs 13/89, NStZ 1990, 145.
123 OLG Düsseldorf 12.6.1989 – OGs 13/89, NStZ 1990, 145.
124 BVerfG 5.5.2000 – 2 BvR 2212/99, NStZ 2000, 601; 8.3.2004 – 2 BvR 27/04, NJW 2004, 1517; 17.3.2009 – 2 BvR 1940/05, NJW 2009, 2516; 4.4.2017 – 2 BvR 2551/12, DStR 2017, 982; 29.7.2020 – 2 BvR 1324/15, BeckRS 2020, 20135; Gusy NStZ 2010, 353 (357); Kruis/Wehowsky NJW 1999, 682 (683).
125 BVerfG 7.9.2007 – 2 BvR 260/03, juris; BVerfG 5.3.2012 – 2 BvR 1345/08, NJW 2012, 2097.
126 BVerfG 5.3.2012 – 2 BvR 1345/08, NJW 2012, 2097 mAnm Buse AO-StB 2012, 171; BVerfG 11.2.2015 – 2 BvR 1694/14, NJW 2015, 1585; Wegner PStR 2012, 211.

Maßnahme zugrundeliegenden Straftatbestandes ohne Beschreibung des Tatvorwurfs, des Tatzeitraums sowie des Bezugspunkts der strafbaren Handlungen genügen nicht den gesetzlichen Anforderungen.[127] Ein gerichtlicher Durchsuchungsbeschluss muss Angaben zum Tatzeitraum enthalten, um den verfassungsrechtlichen Anforderungen und insbesondere der Begrenzungsfunktion zu genügen.[128] Bei Steuerstraftaten sind Ausführungen zu den Steuerarten und Veranlagungszeiträumen notwendig.[129] Bei einer Vielzahl von Taten ist die zusammenfassende Angabe kennzeichnender Merkmale ausreichend.[130] In Wirtschaftsstrafsachen ist es ausreichend, wenn in einem frühen Ermittlungsstadium der Tatverdacht zunächst weiter gefasst ist, die Einzeltaten aber unter zusammenfassenden kennzeichnenden Merkmalen bestimmbar sind.[131]

Erforderlich ist die Benennung der den Tatvorwurf stützenden wesentlichen **Verdachtsgründe,** die über vage Anhaltspunkte und bloße Vermutungen hinausreichen.[132] Nur hierdurch wird dem Betroffenen eine sachgerechte, umfassende Prüfung ermöglicht, ob der Beschluss rechtmäßig ergangen ist, oder ob dies nicht der Fall war und es daher angezeigt erscheint, hiergegen im Wege der Beschwerde vorzugehen. Zudem bezweckt das Gebot der umfassenden Begründung des Durchsuchungsbeschlusses die Erleichterung der Überprüfung der Rechtmäßigkeit der Anordnung durch das Beschwerdegericht. Die Angabe der wesentlichen Verdachtsmomente darf nur dann unterbleiben, wenn die Bekanntgabe den Untersuchungszweck gefährden würde und daher den Zwecken der Strafverfolgung abträglich wäre.[133] Eine Durchsuchung darf somit nicht der Ermittlung von Tatsachen dienen, die zur Begründung eines Anfangsverdachts erst erforderlich sind, denn sie setzt einen Verdacht bereits voraus.[134] Die Angabe von **Indiztatsachen,** auf die der Verdacht gestützt wird, ist im Durchsuchungsbeschluss nicht zwingend erforderlich. Dies gilt allerdings nur, wenn diese nicht zur Begrenzung der richterlichen Durchsuchungsgestattung notwendig sind, weil sich etwa erst in der Zusammenschau mit der Umschreibung der aufzufindenden Beweismittel ergibt, worauf die mit der Durchsuchung beauftragten Beamten ihr Augenmerk zu lenken haben.[135] 20

Art und vorgestellter Inhalt derjenigen **Beweismittel,** nach denen gesucht werden soll, sollten so genau wie möglich bezeichnet werden.[136] Nur dies führt zu einer angemessenen rechtsstaatlichen Begrenzung der Durchsuchung, falls eine fast unübersehbare Anzahl von Gegenständen als Beweismittel für den aufzuklärenden Sachverhalt in Frage kommen kann.[137] Ausreichend ist, wenn die erwarteten Beweismittel wenigstens annäherungsweise beschrieben werden,[138] dagegen ist die Suche nach einer „unbestimmten Vielzahl denkbarer Unterlagen" unzulässig.[139] 21

Damit der Betroffene die Möglichkeit hat, den Umfang der Durchsuchung zu kontrollieren, ist auch das **Durchsuchungsobjekt** mit Ort, Straße und Hausnummer genau zu bezeichnen.[140] Art. 13 Abs. 1 GG verlangt, dass der gerichtliche Durchsuchungsbeschluss 22

---

127 BVerfG 8.4.2004 – 2 BvR 1821/03, StV 2005, 643.
128 BVerfG 4.4.2017 – 2 BvR 2551/12, BeckRS 2017, 107842; 24.5.2006 – 2 BvR 1872/05, BeckRS 2006, 23354.
129 BVerfG 29.7.2020 – 2 BvR 1324/15, BeckRS 2020, 20135; 9.2.2005 – 2 BvR 984/94 ua, NStZ-RR 2005, 203 (204); BGH 5.4.2000 – 5 StR 226/99, NStZ 2000, 427 (428); Matthes wistra 2008, 10 (12).
130 BGH 22.8.2006 – 1 StR 547/05, NStZ 2007, 213.
131 Vgl. auch zur verjährungsunterbrechenden Wirkung; BGH 7.6.2021 – 1 StR 314/20, wistra 2021, 494.
132 BGH 18.12.2008 – StB 26/08, NStZ-RR 2009, 142.
133 BGH 18.12.2008 – StB 26/08, NStZ-RR 2009, 142.
134 BVerfG 27.7.2020 – 2 BvR 2132/19, BeckRS 2020, 18770.
135 BVerfG 7.9.2007 – 2 BvR 620/02, juris = BeckRS 2007, 26571; BVerfG 18.12.2008 – StB 26/08, NStZ-RR 2009, 142; 5.3.2012 – 2 BvR 1345/08, NJW 2012, 2097.
136 BGH 28.6.2018 – StB 14/18, BeckRS 2018, 15495; BVerfG 29.7.2020 – 2 BvR 1324/15, BeckRS 2020, 20135.
137 BVerfG 4.3.2008 – 2 BvR 103/04, wistra 2008, 339.
138 BVerfG 29.1.2002 – 2 BvR 1245/01, NStZ-RR 2002, 172; LG Duisburg 12.12.2012 – 34 Qs 144 Js 151/12 – 42/12, juris.
139 BVerfG 29.7.2020 – 2 BvR 1324/15, BeckRS 2020, 20135.
140 Gercke in Gercke/Julius/Temming/Zöller Rn. 37; Krepold in Schimansky/Bunte/Lwowski BankR-HdB, Kap. 6 § 39 Rn. 154.

die räumliche Sphäre beschreibt, in der die Durchsuchung stattfinden soll; wird daher die Durchsuchung der Geschäftsräume mit Nebenräumen und Garagen angeordnet, erstreckt sich dies nicht auf Wohnräume des Betroffenen, mag dies vom Gericht auch zusätzlich gewollt gewesen sein.[141] Bei der Durchsuchung großer Gebäudekomplexe ist die Anordnung auf einzelne Räume zu begrenzen, wenn aufgrund konkreter Anhaltspunkte die Möglichkeit des Auffindens von Beweismitteln in bestimmten Räumen ausgeschlossen werden kann.[142] Bei der Durchsuchung von Geschäftsräumen ist die betroffene Gesellschaft genau zu bezeichnen; es reicht nicht, wenn die Bestimmbarkeit erst durch den Rückgriff auf die Ermittlungsakten erreicht werden kann.[143]

23 Schließlich muss der Beschluss erkennen lassen, dass sich der Richter von der **Verhältnismäßigkeit** der Maßnahme im engeren Sinne überzeugt hat.[144] Sie muss im konkreten Fall zur Ermittlung und Verfolgung der vorgeworfenen Tat erforderlich sein. Das ist nicht der Fall, wenn andere, **weniger einschneidende Mittel** zur Verfügung stehen. Die Maßnahme muss zudem in einem angemessenen Verhältnis zur Schwere der Straftat und der Stärke des Tatverdachts stehen.[145] Besondere Anforderungen an die Verhältnismäßigkeitsprüfung sind bei Maßnahmen gegen Berufsgeheimnisträger zu stellen.[146]

24 **c) Anhörung und Bekanntgabe.** Der Betroffene ist vor der Anordnung der Durchsuchung nicht anzuhören (§ 33 Abs. 4).[147] Der Anordnungsbeschluss ist diesem jedoch unmittelbar vor Vollziehung der Maßnahme zur Wahrung der Rechtsschutzmöglichkeit vollständig bekanntzugeben.[148] Die Bekanntmachung der Gründe kann nicht entsprechend § 101 Abs. 5 S. 2 zurückgestellt werden, auch wenn der Untersuchungszweck dadurch gefährdet wird, da es sich bei der Durchsuchung um eine offene Ermittlungsmaßnahme handelt. Im Zusammenhang mit der Beschlagnahme von Gegenständen im Gewahrsam eines Dritten ist § 95a zu beachten. Mit dieser Vorschrift wurde die Möglichkeit geschaffen, bei einer richterlichen Beschlagnahme eines Gegenstandes, der sich im Gewahrsam einer nichtbeschuldigten Person befindet, die Benachrichtigung des Beschuldigten zurückzustellen, um sonstige verdeckt geführte Ermittlungsmaßnahmen nicht zu gefährden. Der Erlass und die anschließende Vollstreckung eines Durchsuchungsbeschlusses nach § 103 lösen selbst noch keine Benachrichtigungs- oder Belehrungspflichten des Beschuldigten aus, da nur der Dritte und nicht auch automatisch auch der Beschuldigte betroffen ist.[149] Von der Durchsuchungsmaßnahme ist dieser allerdings betroffen, wenn und soweit die durchsuchten Räumlichkeiten auch seiner Privatsphäre zuzuordnen sind[150] oder seinen Mitgewahrsam bzw. seine Mitbenutzung betreffen. Die Bekanntgabe des Durchsuchungsbeschlusses gegenüber dem Beschuldigten kann insbesondere in Fällen des Mitgewahrsams nicht dadurch umgangen werden, indem die Maßnahme statt auf § 102 auf § 103 gestützt wird.[151] Der Beschuldigte kann auch durch eine vorläufige Sicherstellung oder Sicherung bzw. seine Mitbenutzung zur Durchsicht oder Beschlagnahme betroffen sein (§ 110). Werden bei einem Dritten Papiere iSd § 110 zur Durchsicht mitgenommen oder Daten vorläufig gesichert, gelten die § 95a und § 98 Abs. 2 entsprechend (vgl. § 110 Abs. 4), so dass auch im Rahmen einer offenen Maßnahme unter den Voraussetzungen des § 95a eine zeitlich befristete Zurückstel-

[141] BVerfG 13.3.2018 – 2 BvR 2990/14, BeckRS 2018, 26650.
[142] Kruis/Wehowsky NJW 1999, 682.
[143] BVerfG 16.4.2015 – 2 BvR 440/14, NJW 2015, 2870.
[144] BVerfG 6.5.2008 – 2 BvR 384/07, NJW 2008, 1937; 11.7.2008 – 2 BvR 2016/06, NJW 2009, 281; 10.12.2010 – 1 BvR 1739/04 und 1 BvR 2020/04, NJW 2011, 1863; 10.1.2018 – 2 BvR 2993/14, NStZ 2019, 351.
[145] BVerfG 11.7.2008 – 2 BvR 2016/06, NJW 2009, 281.
[146] BVerfG 12.4.2005 – 2 BvR 1027/02, NJW 2005, 1917.
[147] BVerfG 11.10.1978 – 2 BvR 1055/76, BVerfGE 49, 329 (342) = NJW 1979, 154; BVerfG 3.4.1979 – 1 BvR 994/76, BVerfGE 51, 97 (111) = NJW 1979, 1539; LG Stuttgart 7.3.2013 – 6 Qs 2/13, juris = BeckRS 2013, 4700. Im Grundsatz auch BVerfG 21.8.2009 – 1 BvR 2104/06, BVerfGK 16, 142.
[148] BGH 7.11.2002 – 2 BJs 27/02 – 5 StB 16/2, NStZ 2003, 273.
[149] KG 7.7.1999 – 3 Ws 368/99; offengelassen: BGH 31.7.2019 – StB 17/19.
[150] BVerfG 16.4.2015 – 2 BvR 2279/13.
[151] BVerG 9.8.2019 – 2 BvR 1684/18, NJW 2019, 3633 sowie Hiéramente NStZ, 390 2021.

lung der Benachrichtigung des Beschuldigten erfolgen kann. § 106 Abs. 2 S. 1 gilt (nur) in den Fällen des § 103 Abs. 1 (zur legendierten Durchsuchung vgl. → § 108 Rn. 7). In Ausnahmefällen kann die Bekanntgabe der **vollständigen Gründe der Anordnung** zurückgestellt werden, wenn hierdurch der Untersuchungszweck gefährdet wäre.[152] Eine Gefährdung des Untersuchungszwecks kann bei einer Maßnahme gegen einen Dritten iSd § 103 unter anderem dann in Betracht kommen, wenn dieser im Anschluss an die Durchsuchungsmaßnahme als Zeuge vernommen werden soll und daher die Gefahr besteht, dass die Bekanntgabe der vollständigen Gründe der Durchsuchungsanordnung den Inhalt der Aussage beeinflussen könnte. Neben der Gefährdung des Untersuchungszweckes können im Falle einer Durchsuchung bei einem Dritten der sofortigen Bekanntgabe der vollständigen Gründe aber auch schutzwürdige Belange des Beschuldigten entgegenstehen.[153] Dem Betroffenen ist stets eine Ausfertigung der richterlichen Entscheidung zu übergeben, in der die Gegenstände, auf die sich die Maßnahme erstecken soll, konkret bezeichnet werden. Denn nur so kann der Betroffene die Durchsuchung kontrollieren und etwaigen Ausuferungen im Rahmen seiner rechtlichen Möglichkeiten von vorneherein entgegentreten.[154]

3. Durchführung der Durchsuchung. Der Vollzug der Durchsuchung ist in § 105 25
Abs. 2 und in den §§ 106–110 geregelt.

a) Zuständigkeit. Die richterliche Anordnung wird gemäß § 36 Abs. 2 S. 1 grds. von 26
der Staatsanwaltschaft vollzogen.[155] Sie kann andere Ermittlungsbehörden (Polizei-, Zoll-, Steuerbehörden, § 152 GVG, § 404 AO) mit dem Vollzug der Anordnung beauftragen.[156] Nach Erhebung der Anklage entscheidet allein das Gericht über die Recht- und Zweckmäßigkeit der Durchsuchung.

b) Frist. Im Ermittlungsverfahren (anders im Zwischen- und Hauptverfahren)[157] steht 27
es im Ermessen der Staatsanwaltschaft, ob und wann sie den von ihr beantragten Durchsuchungsbeschluss vollstreckt.[158] Art. 13 Abs. 2 GG lässt es zwar zu, von dem Vollzug einer Durchsuchungsanordnung aus ermittlungstaktischen Gründen vorläufig abzusehen. Nicht davon gedeckt ist allerdings, dass die Staatsanwaltschaft sich eine Durchsuchungsanordnung auf Vorrat besorgt oder diese vorrätig hält. Eine richterliche Ermächtigung zu einem Grundrechtseingriff, der im Zeitpunkt der Entscheidung oder Durchführung nicht erforderlich und zumutbar ist, wäre unverhältnismäßig.[159] Die Befugnis der Staatsanwaltschaft, von der einmal erteilten Durchsuchungsanordnung nach ihrem Ermessen zu einem späteren Zeitpunkt Gebrauch zu machen, ist vielmehr durch objektive Merkmale begrenzt. Wie lange eine richterliche Durchsuchungsanordnung die Durchführung einer konkreten Durchsuchungsmaßnahme trägt, richtet sich unter anderem nach der Art des Tatverdachts, der Schwierigkeit der Ermittlungen, auch nach der Anzahl der Beschuldigten und der Beweismittel sowie der sonstigen Besonderheiten des Falles. Spätestens nach **Ablauf eines halben Jahres** ist davon auszugehen, dass die richterliche Prüfung nicht mehr die rechtlichen Grundlagen einer beabsichtigten Durchsuchung gewährleistet und die richterliche Anordnung nicht mehr den Rahmen, die Grenzen und den Zweck der Durchsuchung iSe effektiven Grundrechtsschutzes sichert. Ein Durchsuchungsbeschluss hat dann seine rechtfertigende Kraft verloren.[160] Unzulässig ist die Vollstreckung zudem, wenn sich die

---

152 BGH 7.11.2002 – 2 BJs 27/02 – 5 – StB 16/2, NStZ 2003, 273.

153 BGH 28.6.2017 – 1 BGs 148/17, BeckRS 2017, 116722 Rn. 15–18; vgl. auch Röß NZWiSt 2018, 483 (486).

154 BGH 28.6.2017 – 1 BGs 148/17, BeckRS 2017, 116722 Rn. 15–18.

155 BVerfG 27.5.1997 – 2 BvR 1992/92, BVerfGE 96, 44 (52) = NJW 1997, 2165 (2166).

156 Ladiges in Radtke/Hohmann Rn. 23; Gercke in Gercke/Julius/Temming/Zöller Rn. 63.

157 Gercke in Gercke/Julius/Temming/Zöller Rn. 65.

158 Hartmann in HK-GS Rn. 10 f.; Benfer NJW 1981, 1245 (1247); Cassardt NJW 1996, 554 (555).

159 BVerfG 27.5.1997 – 2 BvR 1992/92, NJW 1997, 2165 (2166); LG Braunschweig 21.2.2007 – 6 Qs 23/07, StraFo 2007, 288; Ladiges in Radtke/Hohmann Rn. 25.

160 BVerfG 27.5.1997 – 2 BvR 1992/92, NJW 1997, 2165. Unwesentliche Überschreitungen um zwei Tage sind nach Auffassung des LG Zweibrücken 23.9.2002 – Qs 103/02, NJW 2003, 156 unschädlich. Kritisch hierzu Ladiges in Radtke/Hohmann Rn. 26. Vgl. auch Hartmann in HK-GS Rn. 2.

Ermittlungslage so geändert hat, dass sie eine Durchsuchung nicht mehr rechtfertigt, da auch im Zeitpunkt des Vollzugs die Anordnungsvoraussetzungen vorliegen müssen.[161] Auf Antrag der Staatsanwaltschaft kann der Ermittlungsrichter nach Fristende allerdings die Fortgeltung der Anordnung bestätigen.[162]

28 **c) Beendigung.** Die Anordnung berechtigt zu einer einmaligen, einheitlichen Durchsuchung, die in einem Zug, wenn auch mit Pausen, durchgeführt werden kann.[163] Das gilt ferner, wenn die Durchsuchung auf Basis einer Einwilligung des Betroffenen stattgefunden hat oder die gesuchten Gegenstände freiwillig herausgegeben worden sind.[164] Für eine weitere Durchsuchung ist stets eine erneute Anordnung erforderlich.[165] Die Anordnung einer mehrmonatigen, regelmäßigen Dauerdurchsuchung ist unzulässig.[166] Die Durchsuchung endet durch ausdrückliches oder konkludentes Verhalten der Durchsuchungsbeamten, zB durch Verlassen des Durchsuchungsobjekts.[167] Eine Unterbrechung zur Nachtzeit ist unschädlich.[168] Soll die Durchsuchung unterbrochen und am nächsten Tag fortgesetzt werden, ist dieses dem Betroffenen bekannt zu geben. Ansonsten gilt die Anordnung als verbraucht.[169] Die Durchsuchung ist jedoch noch nicht beendet, solange die sichergestellten Papiere und Unterlagen nach § 110 Abs. 1 durchgesehen werden.[170]

29 **d) Durchsuchung bei der Bundeswehr.** Für die Durchsuchungen in landfesten Einrichtungen der Bundeswehr enthält Abs. 3 Sonderregelungen. Die Durchführung der Maßnahme obliegt der vorgesetzten Bundeswehrdienststelle auf Ersuchen der Strafverfolgungsbehörde. Das gilt nicht bei der Durchsuchung von Räumen, die ausschließlich von anderen Personen als Soldaten bewohnt werden.[171]

30 **e) Anfertigung von Foto- und Videoaufnahmen.** Die Anfertigung von Foto- und Videoaufnahmen während der Durchsuchung ist zulässig, wenn das Dokumentationsinteresse das Persönlichkeitsrecht des Betroffenen überwiegt, zB wegen der Bedeutung der Straftat und der voraussichtlichen Bedeutung der Bilder als Beweismittel für den gerichtlichen Augenschein.[172] Das Fotografieren ist als mildere Maßnahme statthaft, wenn hierdurch eine Beschlagnahme des Gegenstandes vermieden werden kann.[173] Nicht zulässig ist die fotografische Dokumentation, allein um die Rechtmäßigkeit der Art und Weise der Durchführung der Durchsuchung zu belegen. Hierfür kommt als mildere Maßnahme die Zuziehung von Zeugen in Betracht.[174]

31 **f) Anwendung von unmittelbarem Zwang.** Die Durchsuchungsanordnung nach Abs. 1 gestattet zur Durchsetzung einer rechtmäßigen Durchsuchungsanordnung als Annex-Kompetenz unerlässliche und zugleich verhältnismäßige Begleitmaßnahmen,[175] wie die

[161] LG Osnabrück 1.10.1986 – 22 Qs 101 c/86, NStZ 1987, 522.
[162] BVerfG 9.10.2003 – 2 BvR 1785/02, juris = BeckRS 2003, 24633; Ladiges in Radtke/Hohmann Rn. 24 ff.; Gercke in Gercke/Julius/Temming/Zöller Rn. 68.
[163] LG Hamburg 5.5.2003 – 620 Qs 29/03, wistra 2004, 36; Rengier NStZ 1981, 372 (377); Hartmann in HK-GS Rn. 12.
[164] Gercke in Gercke/Julius/Temming/Zöller Rn. 69; Schuhmann wistra 1994, 93 (95).
[165] BVerfG 12.2.2004 – 2 BvR 1687/02, StV 2004, 634; Hartmann in HK-GS Rn. 12; Fezer StV 1989, 290 (293); Roxin NStZ 1989, 376 (378).
[166] LG Hamburg 5.5.2003 – 620 Qs 29/03, wistra 2004, 36.
[167] Hartmann in HK-GS Rn. 12.
[168] BGH 5.2.1989 – 2 StR 402/88, NStZ 1989, 375 (376).
[169] Ritzert in BeckOK StPO Rn. 22; Rengier NStZ 1981, 372 (377).
[170] BVerfG 30.1.2002 – 2 BvR 2248/00, NStZ 2002, 377; BGH 5.2.1989 – 2 StR 402/88, NStZ 1989, 375; BGH 18.5.2022 – StB 17/22; BeckRS 2022, 13068; LG Frankfurt a. M. 4.9.1996 – 5/29 Qs 16/96, NStZ 1997, 564; Ladiges in Radtke/Hohmann Rn. 33.
[171] Ladiges in Radtke/Hohmann Rn. 35.
[172] LG Hamburg 19.3.2004 – 622 Qs 11/04, StV 2004, 368.
[173] Gercke in Gercke/Julius/Temming/Zöller Rn. 80; Tsambikakis in Löwe/Rosenberg Rn. 128.
[174] OLG Celle 11.1.1985 – 3 VAs 20/84, StV 1985, 137; Gercke in Gercke/Julius/Temming/Zöller Rn. 80; Ladiges in Radtke/Hohmann Rn. 32.
[175] Gercke in Gercke/Julius/Temming/Zöller Rn. 77.

Anwendung unmittelbaren Zwangs in Form von **körperlicher Gewalt** gegen Sachen, bspw. durch gewaltsames Öffnen von Türen oder verschlossenen Behältnissen.[176] Auch wenn eine Durchsuchungsanordnung im Wege einer Annexkompetenz dazu ermächtigt, als Vorbereitungs- oder Begleitmaßnahme zum Vollzug der Durchsuchung unmittelbaren Zwang anzuwenden, gilt dies nur im Rahmen des verfassungsrechtlich verankerten Verhältnismäßigkeitsgrundsatzes. Dieser gebietet als mildere Maßnahme grds. die Einschaltung eines Schlüsseldienstes. Ein gewaltsames Sich-Zutritt-Verschaffen zur Wohnung zum Zweck des Auffindens von Beweismitteln kommt unter dem Gesichtspunkt der Erforderlichkeit lediglich in Betracht, wenn der Betroffene den Zutritt verweigert oder ein nicht-gewaltsames Vorgehen aus anderen Gründen, wie zB der Abwesenheit des Betroffenen, nicht möglich ist. Die abstrakte Gefahr eines unkooperativen Verhaltens des Betroffenen genügt nicht.[177] Von der Durchsuchungsanordnung gedeckt ist zudem die **Absicherung** der Durchsuchungsräume durch Verschließen oder Wachen.[178] Auch die Anwendung von unmittelbarem Zwang gegenüber konkreten „Störern" kann zur Absicherung der Durchsuchung im Rahmen der Verhältnismäßigkeit zulässig sein (§ 164).[179] Sie hat allerdings zurückhaltend zu erfolgen und ist grundsätzlich nur zulässig, um eine andernfalls konkret zu befürchtende Beeinträchtigung oder Vereitelung des Zwecks der Durchsuchung zu verhindern.[180] Maßnahmen, wie das Festhalten von Personen in den zu durchsuchenden Räumen und die zeitweise Untersagung von Telefongesprächen (außer mit dem Verteidiger) und Computerbenutzung, sind ebenfalls im Rahmen der Verhältnismäßigkeit zulässig, wenn der Erfolg der Ermittlungen konkret gefährdet ist.[181] Die bloße durch Tatsachen gestützte Erwartung, dass es zu einer Störung kommen könnte, rechtfertigt hingegen keine Maßnahmen nach § 164. Die vorsorgliche **Einschränkung der Bewegungsfreiheit** von sämtlichen bei der Durchsuchung anwesenden Personen, allein um diese am Beiseiteschaffen von Beweismitteln und Vermögenswerten angesichts einer unmittelbar bevorstehenden Durchsuchung zu hindern (sog. „Stubenarrest" oder „präventive Durchsuchungshaft"), ist mangels gesetzlicher Grundlage unzulässig.[182]

g) Durchsuchungszeugen. Bei der Durchsuchung der Wohnung, der Geschäfts- 32
räume oder des befriedeten Besitztums ohne Beisein eines Richters oder Staatsanwalts, denen der Amtsanwalt[183] oder der Vertreter der Finanzbehörden nach § 399 Abs. 1 AO gleichsteht,[184] müssen mit Beginn des Vollzugs der Durchsuchung „wenn möglich" ein Gemeindebeamter oder zwei Mitglieder der Gemeinde hinzugezogen werden (§ 105 Abs. 2).[185] Der Begriff Gemeindebeamter bezieht sich nicht auf die statusrechtliche Beamteneigenschaft, sondern erfasst auch Gemeindeangestellte.[186] Nicht zugleich Zeugen iSd Vorschrift können die Inhaber der nach § 103 durchsuchten Räume[187] sowie (ausländische) Polizeibeamte und andere mit den Ermittlungen befasste Personen (Abs. 2 S. 2) sein.[188] Diese Zeugen müssen aus Sicht des Betroffenen Gewähr für Neutralität bieten.[189] Vgl. zur Zuziehung Dritter → § 106 Rn. 9.

---

176 BGH 17.2.2016 – 2 StR 25/15, NStZ 2016, 551; 2.11.2011 – 2 StR 375/11, NStZ 2012, 272; OLG Stuttgart 13.10.1983 – 3 Ss 535/83, MDR 1984, 249; zur Entschlüsselung von Datenspeichern, um sich damit Zugang zu dort gesicherten Daten zu verschaffen, vgl. Obenhaus NJW 2010, 651 (653).

177 BGH 2.11.2011 – 2 StR 375/11, NStZ 2012, 272.

178 Hartmann in HK-GS Rn. 14.

179 Gercke in Gercke/Julius/Temming/Zöller Rn. 78.

180 BGH 11.10.2018 – 5 BGs 48/18, StraFo 2019, 66.

181 OLG Karlsruhe 26.6.1996 – 2 VAs 11/96, StraFo 1997, 13; Rengier NStZ 1981, 372 (375).

182 LG Frankfurt a. M. 26.2.2008 – 5/26 Qs 6/08, NJW 2008, 2201.

183 Hartmann in HK-GS Rn. 16.

184 LG Koblenz 1.3.2004 – 10 Qs 61/03, wistra 2004, 438 (440).

185 BGH 9.5.1963 – 3 StR 6/63, NJW 1963, 1461; OLG Celle 11.11.1985 – 3 VAs 20/84, StV 1985, 137.

186 Ladiges in Radtke/Hohmann Rn. 29.

187 OLG Celle 11.1.1985 – 3 VAs 209/84, StV 1985, 137; Hartmann in HK-GS Rn. 16.

188 OLG Karlsruhe 20.9.1990 – 2 VAs 1/90, NStZ 1991, 50.

189 OLG Bremen 23.10.1998 – VAs 1/98, wistra 1999, 74 (75); LG Landshut 31.8.2011 – 6 Qs 92/11, NJW-Spezial 2012, 601; Ladiges in Radtke/Hohmann Rn. 29.

33 Die Vorschrift schützt die Interessen der Betroffenen, denen ein korrektes Vorgehen der Ermittlungsbeamten gewährleistet werden soll. Zudem dient sie dem **staatlichen Interesse** als vorbeugender Schutz vor unberechtigten Vorwürfen seitens Betroffener wegen der Art und Weise des Vollzugs.[190] Auch wenn diese auf die Beachtung von Abs. 2 aus Gründen des Schutzes der Privat- bzw. Geschäftssphäre verzichten können,[191] ist das Interesse des Staates vor unberechtigten Vorwürfen mit dem Interesse des Betroffenen an der Geheimhaltung der Durchsuchung abzuwägen (→ Rn. 40).[192]

34 Die Zuziehung nach Abs. 2 S. 1 ist eine **wesentliche Förmlichkeit** der Durchsuchung und steht nicht nur zur beliebigen Disposition der Ermittlungsorgane.[193] Von ihrer Beachtung hängt die Rechtmäßigkeit der Durchsuchung ab. Etwas anderes ergibt sich auch nicht aus der Einschränkung „wenn möglich" in Abs. 2. Unmöglich ist die Beiziehung von Zeugen nur dann, wenn die durch Tatsachen begründete naheliegende Möglichkeit besteht, dass die Suche nach bereiten Zeugen den Erfolg der Durchsuchung vereiteln würde.[194] Sie darf nicht aus ermittlungstaktischen Erwägungen unterbleiben, um den Tatverdächtigen über die Durchsuchung sowie die gegen ihn geführten Ermittlungen in Unkenntnis zu halten.[195] Von der Zuziehung von Zeugen darf abgesehen werden, wenn geeignete Zeugen nicht zur Verfügung stehen oder mögliche Zeugen die Teilnahme verweigern oder wenn diese gefährdet würden.[196] Über ein solches Absehen hat der leitende Durchsuchungsbeamte nach pflichtgemäßem Ermessen zu entscheiden, was gerichtlich uneingeschränkt überprüfbar[197] und daher zu dokumentieren ist.[198] Irrt der gewissenhaft prüfende Durchsuchungsbeamte über die Möglichkeit der Zeugenzuziehung, führt ein Unterlassen nicht zur Rechtswidrigkeit der Durchsuchungsmaßnahme.[199] Verstößt der Beamte allerdings bewusst gegen die Vorschrift, steht dem Betroffenen ein Notwehrrecht und Widerstandsrecht zu.[200]

35 **h) Zuziehung von Sachverständigen.** Es ist nicht ausgeschlossen, dass der Durchsuchung aufgrund behördlichen Auftrags sachkundige Personen (Sachverständige und sachverständige Zeugen) beiwohnen, wenn eine Förderung der sachgerechten Erledigung der Maßnahme aufgrund ihres besonderen Sachwissens zu erwarten ist.[201] Fehlt der Staatsanwaltschaft die nötige Sachkenntnis, ist die Zuziehung von Sachverständigen zu der Durchsuchung gegenüber der Alternative einer blinden Sicherstellung aller auf den ersten Blick potentiell beweiserheblichen Gegenstände und einer sich erst anschließenden Durchsicht unter Zuhilfenahme von Sachverständigen vorzugswürdig.[202] Die Zuziehung von sachkundigen Personen bei der Durchsuchung kann allerdings rechtswidrig sein, wenn die Ermittlungsbehörden dadurch gegen das **Gebot der Unparteilichkeit** verstoßen bzw. ihr Handeln beim Bürger einen nachvollziehbaren Verdacht dahingehend entstehen lassen kann.[203]

---

190 Eisenberg Beweisrecht StPO Rn. 2440; vgl. auch EGMR 9.4.2009 – 19856/04, NJW 2010, 2109.

191 BGH 9.5.1963 – 3 StR 6/63, NJW 1963, 1461; OLG Stuttgart 13.10.1983 – 3 Ss (14) 535/83, MDR 1984, 249; OLG Celle 1.11.1985 – 3 VAs 20/84, StV 1985, 137 (139); OLG Hamm 16.1.1986 – 1 VAs 94/85, NStZ 1986, 326 (327); LG Koblenz 16.12.2003 – 1 Qs 421/03, StraFo 2004, 95; Michalke NJW 2008, 1490 (1491); Gercke in Gercke/Julius/Temming/Zöller Rn. 75.

192 Hartmann in HK-GS Rn. 16; Rengier NStZ 1981, 372 (374).

193 BGH 31.1.2007 – 2 StB 18/07, BGHSt 51, 211 (213) = NJW 2007, 930; BayObLG 23.11.1979 – RReg. 5 St387/79, JZ 1980, 109; OLG Celle 1.11.1985 – 3 VAs 20/84, StV 1985, 137 (138); OLG Karlsruhe 20.9.1990 – 2 VAs 1/90, NJW 1992, 642 (645); LG München I 10.2.2009 – 4 Qs 2/09, StraFo 2009, 146; aA Hofmann NStZ 2005, 121 (124).

194 BGH 15.10.1985 – 5 StR 338/85, NStZ 1986, 84.

195 BGH 31.1.2007 – 2 StB 18/07, BGHSt 51, 211 (213) = NJW 2007, 930.

196 OLG Stuttgart 13.10.1983 – 3 Ss (14) 535/83, Justiz 1984, 24.

197 Ladiges in Radtke/Hohmann Rn. 30.

198 LG München I 10.2.2009 – 4 Qs 2/09, StraFo 2009, 146; Eisenberg Beweisrecht StPO Rn. 2440.

199 BayOBLG 23.11.1979 – RReg. 5 St 387/79, JZ 1980, 109.

200 Hartmann in HK-GS Rn. 16.

201 OLG Bremen 23.10.1998 – VAs 1/98, wistra 1999, 74; OLG Hamm 16.1.1986 – 1 VAs 94/85, NStZ 1986, 326; LG Stuttgart 10.6.1997 – 10 Qs 36/97, wistra 1997, 279; LG Berlin 3.5.2012 – 526 Qs 10-11/12, wistra 2012, 410.

202 LG Berlin 3.5.2012 – 526 Qs 10-11/12, wistra 2012, 410.

203 Vgl. auch Hadamitzky in Satzger/Schluckebier/Widmaier StPO Rn. 35.

Dafür gibt es keine Anhaltspunkte bei Zuziehung eines **Betriebsprüfers,** der als Beamter der Finanzbehörde gesetzlich zur objektiven und unparteilichen Ermittlung der Besteuerungsgrundlagen verpflichtet ist.[204] Keine Bedenken bestehen zudem bei **Beamten der Steuerfahndung**[205] und **ausländischen Ermittlungsbeamten,** die über besondere Sachkunde verfügen oder aufgrund eigener Ermittlungen sachdienliche Hinweise zu Zweck und Durchführung der Durchsuchung geben können.[206] Dagegen ist die Zuziehung von Personen, die selbst ein Interesse am Ausgang des Verfahrens haben, kritisch zu beurteilen.[207] Das gilt insbesondere für solche Personen, die die dem Verfahren zugrunde liegende Strafanzeige erstattet haben. Die Zuziehung von Zeugen als Sachverständige ist abzulehnen, wenn diese Mitarbeiter einer Anzeigenerstatterin sind, die zugleich Mitbewerberin im selben Markt ist, und die bei der Durchsicht der Geschäftsunterlagen möglicherweise Geschäftsgeheimnisse wahrnehmen können.[208] Die Unparteilichkeit ist im Einzelfall nicht gewahrt bei der Teilnahme von Mitarbeitern der Gesellschaft für Urheberrechtsverletzungen.[209] Unter bestimmten Umständen kann die Zuziehung von nicht neutralen sachkundigen Personen an Durchsuchungsmaßnahmen jedoch geboten sein, bspw. wenn Diebesgut allein durch den Geschädigten und nur vor Ort identifiziert werden kann oder bei Angestellten von Krankenkassen im Zusammenhang mit ärztlichen Abrechnungsbetrügereien.[210] Vgl. zur Zuziehung Dritter → § 106 Rn. 9.

i) „Vereinbarung" anlässlich einer Durchsuchung. Soweit im Rahmen einer Durchsuchungsmaßnahme die Strafverfolgungsbehörde und das von der Durchsuchung betroffene Unternehmen eine „Kooperations- Vereinbarung" darüber trifft, welche Dokumente und Daten das Unternehmen zu einem späteren Zeitpunkt übergeben wird (bspw. bestimmte Postfächer, persönliche Laufwerke oder bestimmte Daten, auf die ein Beschuldigter Zugriff hatte bzw. die Übergabe von Verträgen, die in dem durchsuchten Unternehmensstandort nicht vorhanden sind, sondern an anderen Unternehmensstandorten), handelt es sich um keinen (einseitigen oder gegenseitigen – privatrechtlichen oder öffentlich-rechtlichen) Vertrag, weil hierdurch kein Schuldverhältnis bzw. Rechtsverhältnis zwischen dem betroffenen Unternehmen und den Strafverfolgungsbehörden begründet, geändert oder aufgehoben werden soll. Die Rechte und Pflichten des von der Durchsuchung betroffenen Unternehmens und den Strafverfolgungsbehörden ergeben sich weiterhin aus der StPO.[211] **35a**

4. Verwertungsverbote. Nicht jeder Verstoß gegen Beweiserhebungsvorschriften zieht ein strafprozessuales Verwertungsverbot nach sich.[212] Die Frage des Beweisverwertungsverbots ist grundsätzlich jeweils nach den Umständen des Einzelfalls, insbesondere nach der Art des Verbots und dem Gewicht des Verstoßes unter Abwägung der widerstreitenden Interessen zu entscheiden.[213] Ein Beweisverwertungsverbot stellt eine Ausnahme dar, die nur nach ausdrücklicher gesetzlicher Vorschrift oder aus übergeordneten wichtigen Gründen **36**

[204] OLG Bremen 23.10.1998 – VAs 1/98, wistra 1999, 74 (75); vgl. auch OLG Hamm 16.1.1986 – 1 VAs 94/85, NStZ 1986, 326; OLG Karlsruhe 20.9.1990 – 2 VAs 1/90, NJW 1992, 642; LG Kiel 14.8.2006 – 37 Qs 54/06, NJW 2006, 3224 (3225).

[205] OLG Hamm 16.1.1986 – 1 VAs 94/85, NStZ 1986, 326.

[206] OLG Karlsruhe 20.9.1990 – 2 VAs 1/90, NStZ 1991, 50.

[207] LG Berlin 3.5.2012 – 526 Qs 10-11/12, BeckRS 2012, 10609; LG Kiel 14.8.2006 – 37 Qs 54/06, NJW 2006, 3224.

[208] OLG Hamm 16.1.1986 – 1 VAs 94/85, NStZ 1986, 326 mAnm Kiehl StV 1988, 49; Brüning StV 2008, 103.

[209] LG Kiel 14.8.2006 – 37 Qs 54/06, NStZ 2007, 169.

[210] Mahnkopf/Funk NStZ 2001, 519 (521 f.).

[211] Vgl. umfassend Schelzke NZWiSt 2017, 142.

[212] BVerfG 2.7.2009 – 2 BvR 2225/08, NJW 2009, 3225; 20.5.2011 – 2 BvR 2072/10, NJW 2011, 2783; so auch nicht BVerfG 12.3.2019 – 2 BvR 675/14, NJW 2019, 1428.

[213] BVerfG 28.7.2008 – 2 BvR 784/08, NJW 2008, 3053; BGH 11.11.1998 – 3 StR 181/98, BGHSt 44, 243 = NJW 1999, 959; 18.4.2007 – 5 StR 546/06, BGHSt 51, 285 = StV 2007, 337; 10.7.2014 – 3 StR 140/14, NStZ-RR 2014, 318; OLG Frankfurt a. M. 29.7.2011 – 2 Ss-Owi 887/10, Blutalkohol 48, 360; LG Dresden 11.1.2011 – 14 KLs 201 Js 33570/09, StV 2012, 13; Gercke in Gercke/Julius/Temming/Zöller Rn. 69; Ransiek StV 2002, 565.

im Einzelfall anzuerkennen ist.[214] Es ist daher nur bei Eingriffen ohne Rechtsgrundlage anzunehmen, die eine so massive Beeinträchtigung enthalten, dass dadurch rechtsstaatliche Grundsätze nachhaltig geschädigt werden und folglich jede andere Lösung als ein Beweisverwertungsverbot unerträglich wäre. Zumindest bei **schwerwiegenden, bewussten oder willkürlichen Verfahrensverstößen,** bei denen die grundrechtlichen Sicherungen planmäßig oder systematisch außer Acht gelassen worden sind, ist ein Beweisverwertungsverbot geboten.[215] Insbesondere in Fällen der bewussten Missachtung oder gleichgewichtig **groben Verkennung** der Voraussetzungen des für Wohnungsdurchsuchungen bestehenden **Richtervorbehalts** sind nach der Rechtsprechung des BGH die erlangten Beweismittel unverwertbar.[216] Eine Verwertung würde hier auch gegen die Grundsätze des fairen Verfahrens verstoßen. War es allerdings polizeirechtlich erlaubt, die Wohnungstür zur Gefahrenabwehr zu öffnen und die einzelnen Räumlichkeiten zu durchsuchen (etwa nach hilfsbedürftigen Personen), so kommt der wegen Verstoßes gegen den Richtervorbehalt verfahrensfehlerhaften Fortführung der Durchsuchung im Rahmen der gebotenen Abwägung ein minderes Gewicht zu.[217] Ist die Durchsuchung gefahrenrechtlich zulässig, unabhängig davon, ob dafür eine richterliche Anordnung erforderlich ist, so können grdsl. die daraus gewonnenen Erkenntnisse auch im Strafverfahren verwendet werden. Anders liegt der Fall, bei einer rechtsmissbräuchlichen Umgebung des Richtervorbehalts unter dem Deckmantel einer tatsächlich nicht bezweckten Gefahrenabwehr.[218] Ein absolutes Beweisverwertungsverbot unmittelbar aus den Grundrechten ist zudem für solche Fälle anerkannt, in denen der **absolute Kernbereich privater Lebensgestaltung** berührt ist.[219] Im Einzelnen:

37 Da das Eingreifen eines Beweisverwertungsverbots von einer umfassenden Abwägung des Interesses der Allgemeinheit an wirksamer Strafverfolgung gegen die Belange des Betroffenen abhängt, darf grundsätzlich die **Möglichkeit einer hypothetisch rechtmäßigen Beweiserlangung** unter Beachtung des Richtervorbehalts berücksichtigt werden.[220] Bei **nicht schwerwiegenden Rechtsverstößen** kann im Grundsatz darauf abgestellt werden, ob die betreffenden Beweismittel auch bei einem hypothetisch rechtmäßigen Ermittlungsverlauf hätten gewonnen werden können, insbesondere darf dann grundsätzlich die **hochwahrscheinliche Möglichkeit** einer hypothetisch rechtmäßigen Beweiserlangung unter Beachtung des Richtervorbehalts nach § 105 berücksichtigt werden.[221] Ein Beweisverwertungsverbot kommt bei Vorliegen dieser Voraussetzungen nicht in Betracht.

38 Dem Aspekt der hypothetisch rechtmäßigen Beweiserlangung kann allerdings **bei grober Verkennung des Richtervorbehalts** im Rahmen der Abwägungsentscheidung über

---

[214] BGH 11.11.1998 – 3 StR 181/98, BGHSt 44, 243 = NJW 1999, 959; 18.4.2007 – 5 StR 546/06, BGHSt 51, 285 = NJW 2007, 2269.

[215] BVerfG 20.5.2011 – 2 BvR 2072/10, NJW 2011, 2783; BGH 3.5.2018 – 3 StR 390/17, NStZ 2019, 227; 6.10.2016 – 2 StR 46/15, BGHSt 61, 266 = NJW 2017, 1332 = NStZ 2017, 367; 21.4.2016 – 2 StR 394/15, StV 2016, 539 = NJW-Spezial 2016, 441; v. 30.8.2011 – 3 StR 210/11, NStZ 2012, 104; OLG Zweibrücken, 18.6.2018 – 1 OLG 2 Ss 3/18, NStZ 2019, 301; OLG Koblenz 4.3.2021 – 1 Ws 53/21, NStZ-RR 2021, 144.

[216] BVerfG 20.5.2011 – 2 BvR 2072/10, NJW 2011, 2783 (2784); BGH 4.6.2020 – 4 StR 15/20, NStZ 2020, 621; 27.11.2018 – 5 StR 566/18, NStZ-RR 2019, 94 (95); 6.10.2016 – 2 StR 46/15, NStZ 2017, 367 Rn. 24; 30.8.2011 – 3 StR 210/11, NStZ 2012, 104 Rn. 9.

[217] BGH 27.11.2018 – 5 StR 566/18, NStZ-RR 2019, 94; 3.5.2018 – 3 StR 390/17, NStZ 2019, 227 mAnm Arnoldi.

[218] BGH 10.6.2021 – 5 StR 377/20, BeckRS 2021, 18075.

[219] BVerfG 12.4.2005 – 2 BvR 1027/02, BVerfGE 113, 29 (61) = NJW 2005, 1917; 16.3.2006 – 2 BvR 954/02, NJW 2006, 2684 (2686); 9.11.2010 – 2 BvR 2101/09, NJW 2011, 2417; 20.5.2011 – 2 BvR 2072/10, NJW 2011, 2783; BGH 25.4.2007 – 1 StR 135/07, NStZ-RR 2007, 242 (243); 30.8.2011 – 3 StR 210/11, NStZ 2012, 104; OLG Frankfurt a. M. 29.7.2011 – 2 Ss-OWi 887/10, BeckRS 2011, 22781; OLG Dresden 11.5.2009 – 1 Ss 90/09, NJW 2009, 2149 (2159); ausführlich Krekeler NStZ 1993, 263; Trück NStZ 2011, 202.

[220] BGH 17.2.2016 – 2 StR 25/15, NStZ 2016, 551.

[221] Vgl. hier zur Abwägung im konkreten Fall auch BVerfG 20.9.2018 – 2 BvR 708/18, NStZ-RR 2019, 118; BGH 17.2.2016 – 2 StR 25/15, NStZ 2016, 551 mAnm Schneider; OLG Zweibrücken 18.6.2018 – 1 OLG 2 Ss 3/18, NStZ 2019, 301.

ein Beweisverwertungsverbot keine Bedeutung zukommen, da die Einhaltung der durch Art. 13 Abs. 2 GG, § 105 Abs. 1 S. 1 festgelegten Kompetenzregelung bei Anerkennung des hypothetisch rechtmäßigen Ersatzeingriffs als Abwägungskriterium bei der Prüfung des Vorliegens eines Beweisverwertungsverbots stets unterlaufen werden würde und der Richtervorbehalt letztlich sinnlos wäre.[222] Das ist insbesondere bei einem **schwerwiegenden Verstoß gegen den Richtervorbehalt** der Fall, in dem durch **bewusst gesteuertes oder grob nachlässiges** polizeiliches Ermittlungsverhalten die Gefahr im Verzug gleichsam heraufbeschworen und damit der **Richtervorbehalt gezielt oder leichtfertig umgangen** wird.[223] Zur Verdeutlichung: Ein solcher erheblicher Verstoß gegen den Richtervorbehalt wurde vom BGH in einem Fall angenommen, in dem sich der Vertreter der Staatsanwaltschaft bei seiner Annahme, eine richterliche Entscheidung sei innerhalb einer bestimmten Zeitspanne nicht zu erlangen, auf Erfahrungswerte bezüglich der Erlangung von Durchsuchungsbeschlüssen gestützt hat. Hierbei handelt es sich um nicht auf konkrete Tatsachen gestützte Vermutungen. Angesichts einer solchen groben Missachtung des Richtervorbehalts kommt es dann nicht mehr darauf an, dass bei richtiger Verfahrensweise ein Durchsuchungsbeschluss mit hoher Wahrscheinlichkeit zu erlangen gewesen wäre.[224] Ein schwerwiegender Verfahrensverstoß, der zu einem Beweisverwertungsverbot führt, liegt bspw. dann vor, wenn die Staatsanwaltschaft während üblicher Dienststunden wegen Gefahr im Verzug die Durchsuchung eines PKWs anordnet, ohne einen Versuch zu unternehmen, den Ermittlungsrichter zu erreichen, und wenn die der Anordnung zugrunde liegende Tat bereits 10 Tage zurückliegt und der Beschuldigte sich in Untersuchungshaft befindet.[225] Entsprechendes gilt auch, wenn die richterliche Anordnungskompetenz durch ein Hinausschieben der Antragstellung bis zum drohenden Beweismittelverlust **bewusst unterlaufen** wird.[226] Von einer groben Verkennung der Voraussetzungen des Richtervorbehalts ist ebenfalls auszugehen, wenn sich die einschreitenden Polizeikräfte überhaupt nicht mit der Frage des Einholens eines Durchsuchungsbeschlusses beschäftigt haben, obwohl zwischen der erstmaligen Erwägung der Wohnungsdurchsuchung und ihrer Durchführung mehrere Stunden lagen, in denen zumindest eine fernmündliche Genehmigung eines Ermittlungsrichters hätte eingeholt werden können.[227] Es steht nicht im Belieben der Strafverfolgungsbehörden, wann sie eine Antragstellung in Erwägung ziehen. Sie dürfen nicht so lange mit dem Antrag an den Ermittlungsrichter warten, bis die Gefahr eines Beweismittelverlusts tatsächlich eingetreten ist und damit die von Verfassungs wegen vorgesehene Regelzuständigkeit des Richters unterlaufen.[228] Erst recht dürfen Polizeibeamte nicht zielgerichtet die tatsächliche Voraussetzung einer Gefahr im Verzuge selbst herbeiführen. Das Beweisverwertungsverbot erstreckt sich nach der zu weit gehenden Auffassung des OLG Düsseldorf aufgrund eines schwerwiegenden Verstoßes nicht nur auf alle in der Wohnung vorgefundenen Beweismittel, sondern unter Umständen auch auf die Angaben, die der Beschuldigte nach dem Betreten seiner Wohnung durch die Polizeibeamten im Rahmen der Durchsuchung gemacht hat bzw. die Bekundungen der Polizeibeamten, die sich zu diesen Angaben des Beschuldigten verhalten.[229] Eine solche Fernwirkung von Beweisverwertungsverboten in dem Sinne, dass neben

222 BGH 8.4.2007 – 5 StR 546/06, NJW 2007, 2269 (2273); 30.8.2011 – 3 StR 210/11, NStZ 2012, 104 (105); 6.10.2016 – 2 StR 46/15, NStZ 2017, 367; 4.6.2020 – 4 StR 15/20, NStZ 2020, 621 mAnm Malsy FD-StrafR 2020, 430784; OLG Düsseldorf 23.6.2016 – III-3 RVs 46/16, BeckRS 2016, 13617; Ransiek StV 2002, 565 (566); Krehl NStZ 2003, 461 (463 f.); Mosbacher NJW 2007, 3686 (3687); Wohlers StV 2008, 434; zur Beweislastumkehr in Fällen ohne richterliche Anordnung vgl. Amelung/Mittag NStZ 2005, 614.

223 BGH 19.1.2010 – 3 StR 530/09, wistra 2010, 231; 30.8.2011 – 3 StR 210/11, NStZ 2012, 104; OLG Düsseldorf 23.6.2016 – III-3 RVs 46/16, BeckRS 2016, 13617.

224 BGH 4.6.2020 – 4 StR 15/20, NStZ 2020, 621; vgl. auch OLG Koblenz 4.3.2021 – 1 Ws 53/21, NStZ-RR 2021, 144.

225 BGH 21.4.2016 – 2 StR 394/15, BeckRS 2016, 11272.

226 BVerfG 20.2.2001 – 2 BvR 1444/00, NStZ 2001, 382; BGH 30.8.2011 – 3 StR 210/11, NStZ 2012, 104.

227 AG Bremen 27.6.2011 – 75 Ls 570 Js 14531/10 (8/11), 75 Ls 8/11, NStZ 2012, 287.

228 BGH 30.8.2011 – 3 StR 210/11, NStZ 2012, 104.

229 OLG Düsseldorf 23.6.2016 – III-3 RVs 46/16, BeckRS 2016, 13617.

der Verwertung der unmittelbar unter Verstoß gegen ein Beweiserhebungsverbot erlangten Informationen auch die Verwertung aller weiteren Beweismittel verboten ist, die auf Grund solcher Informationen erlangt worden sind, ist der deutschen Strafprozessrecht weitestgehend fremd[230] und wird in der Rspr. auch grundsätzlich verneint.[231] Ein Verfahrensfehler, der ein Verwertungsverbot für ein Beweismittel herbeiführt, kann nicht ohne weiteres dazu führen, dass das gesamte Strafverfahren lahmgelegt wird.[232] Die aufgefundenen Beweismittel sind allerdings dann unverwertbar, wenn die Voraussetzungen einer Durchsuchung gemäß §§ 102 ff. überhaupt nicht vorgelegen haben, bspw. wenn keine Anhaltspunkte für einen Anfangsverdacht bestanden bzw. bei Unverhältnismäßigkeit der Maßnahme, und der Wohnungsinhaber auch nicht in ausreichender Weise über die Freiwilligkeit der Durchsuchung belehrt worden ist.[233]

39 Die Frage, ob ein schwerwiegender **Organisationsmangel** und damit ein Verstoß gegen den Richtervorbehalt auch darin begründet sein kann, wenn für die Nachtzeit **kein richterlicher Bereitschaftsdienst** eingerichtet wurde, obwohl ein solcher in einem Gerichtsbezirk in einer Großstadt in der Zeit von 21.00 Uhr bis 6.00 Uhr veranlasst gewesen wäre, ist umstritten.[234] Im Ergebnis ist ein Verwertungsverbot jedoch abzulehnen. Ein willkürliches oder zielgerichtetes Umgehen des Richtervorbehalts, vergleichbar mit einem bewussten Unterlaufen der Anordnungskompetenz des Ermittlungsrichters durch die handelnden Ermittlungspersonen, ist in solchen Fällen nicht ersichtlich[235] (vgl. hierzu näher → § 104 Rn. 10). Im Zusammenhang mit konkreten Organisationsmängeln bei Ermittlungsbehörden (bspw. bei mangelnder Kenntnis über einen tatsächlich bestehenden richterlichen Bereitschaftsdienst) kann allerdings im Zusammenhang mit dem Tätigwerden mit den Verhältnissen nicht vertrauter Behördenvertreter ein Beweisverwertungsverbot durch Organisationsverschulden unter Umständen in Betracht kommen, zB bei fehlender Bekanntmachung von richterlichen Bereitschaftsdienstplänen.[236]

40 Zu keinem Verwertungsverbot führt das **Unterlassen der Zuziehung von Zeugen** nach Abs. 2.[237] Das gilt auch bei **fehlender oder unzureichender Dokumentation** der Anordnung wegen Gefahr im Verzug.[238] Die einstweilige Beschlagnahme von Gegenständen, die einem **Beschlagnahmeverbot** nach § 97 unterliegen, führt dagegen zu einem Verwertungsverbot, nicht jedoch jeder Verstoß gegen § 108.

41 **5. Rechtsbehelfe. a) Gegen richterliche Durchsuchungsanordnungen.** Gegen richterliche Anordnungen und ihre Ablehnung ist die Beschwerde nach § 304 statthaft. § 305 S. 2 gilt entsprechend.[239] Erforderlich ist, dass der Betroffene beschwert ist, denn jede an einen Antrag gebundene gerichtliche Entscheidung setzt ein Rechtsschutzbedürfnis voraus, abgeleitet aus dem auch im Prozessrecht geltenden Gebot von Treu und Glauben, dem Verbot des Missbrauchs prozessualer Rechte sowie dem Grundsatz der Effizienz staatli-

[230] Monka in BeckOK StPO § 136a Rn. 33.

[231] OLG Koblenz 12.6.2017 – 1 OLG 4 Ss 173/15, BeckRS 2017, 146246; OLG Köln 10.11.2000 – Ss 462/00 Z, NZV 2001, 137; vgl. aber auch BGH 18.4.1980 – 2 StR 731/79, NJW 1980, 1700; siehe auch Jahn JuS 2016, 1138 und Radtke NStZ 2017, 177.

[232] Vgl. auch OLG Koblenz 12.6.2017 – 1 OLG 4 Ss 173/15, BeckRS 2017, 146246.

[233] LG Berlin 27.6.2008 – 525 Qs 102/08, BeckRS 2011, 2302; Bruns in KK-StPO Rn. 21.

[234] BVerfG 10.12.2003 – 2 BvR1481/00, NJW 2004, 1442; BGH 19.1.2010 – 3 StR 530/09, wistra 2010, 231 (232); 30.8.2011 – 3 StR 210/11, NStZ 2012, 104; BVerfG 12.3.2019 – 2 BvR 675/14, NJW 2019, 1428; von einem Verwertungsverbot ausgehend OLG Hamm 18.8.2009 – 3 Ss 293/08, NJW 2009, 3109 (3111 f.); 22.12.2009 – 3 Ss 497/09, NStZ-RR 2010, 148 bejaht ein Verwertungsverbot, wenn die Nichtbeachtung des Richtervorbehalts wegen Nichteinrichtung eines richterlichen Eildienstes auf einer „groben Fehlbeurteilung oder nicht mehr vertretbaren Missachtung der Bedeutung des Richtervorbehalts" beruht; aA OLG Zweibrücken 23.9.2010 – 1 SsBs 6/10, StraFo 2010, 464; Hadamitzky in Satzger/Schluckebier/Widmaier StPO Rn. 47.

[235] Vgl. auch BVerfG 24.2.2011 – 2 BvR 1596, 2346/10, BeckRS 2011, 48523.

[236] BGH 3.5.2011 – 3 StR 277/10, StV 2012, 3.

[237] BGH 31.1.2007 – 2 StB 18/07, BGHSt 51, 211 (213) = NJW 2007, 930.

[238] BGH 13.1.2005 – 1 StR 531/04, NStZ 2005, 392.

[239] Ladiges in Radtke/Hohmann Rn. 36; Köhler in Meyer-Goßner/Schmitt Rn. 15; Park Durchsuchung StRR 2008, 4 ff.

chen Handelns.[240] Auch der mittelbar Betroffene kann von der Durchsuchung beschwert sein, so der Kontoinhaber bei der Beschlagnahme von Kontounterlagen bei einer Bank.[241] Eine Beschwerdebefugnis von Privatpersonen bei der Durchsuchung von Geschäftsräumen besteht nach Auffassung des BVerfG allerdings nur, wenn und soweit die Räumlichkeiten der Privatsphäre der natürlichen Person zuzuordnen sind.[242] Die Durchsicht von Papieren (§ 110) ist Bestandteil der noch andauernden Durchsuchung.[243] Der Betroffene kann daher wegen der Art und Weise der Vollstreckung von richterlichen oder nichtrichterlichen Durchsuchungsanordnungen Antrag auf richterliche Entscheidung entsprechend § 98 Abs. 2 S. 2 stellen.[244] Gegen die richterliche Entscheidung ist wiederum die Beschwerde zulässig (→ Rn. 44). Gegen die Anordnung der Wohnungsdurchsuchung zum Zweck der Ergreifung ist die Beschwerde auch dann zulässig, wenn es sich nur um eine begleitende Maßnahme handelt, etwa um eine Anordnung nach § 81a durchzusetzen, die nicht dem Ausnahmekatalog des § 304 Abs. 4 S. 2 unterfällt.[245]

Auch wenn sich die **Durchsuchungsanordnung mit ihrem Vollzug erledigt hat** 41a
und das Ermittlungsverfahren gegen den Beschuldigten eingestellt worden ist, besteht das Rechtsschutzinteresse an einer Feststellung der Verfassungswidrigkeit der Durchsuchungsanordnung fort. Allein deshalb darf die Beschwerde nicht unter dem Gesichtspunkt prozessualer Überholung als unzulässig verworfen werden.[246] Bei Durchsuchungen von Wohn-, Geschäfts- und auch Redaktionsräumen ist schon wegen des Gewichts des Eingriffs in das Grundrecht des Art. 13 Abs. 1 sowie des Art. 5 Abs. 1 S. 2 GG ein Rechtsschutzinteresse des Betroffenen für eine nachträgliche Beschwerdeentscheidung zu bejahen.[247] Entscheidende Kriterien für das Fortbestehen eines Rechtsschutzbedürfnisses können weiter sein, dass eine Wiederholung der angegriffenen Maßnahme zu besorgen ist oder die aufgehobene oder gegenstandslos gewordene Maßnahme den Beschwerdeführer weiterhin beeinträchtigt.[248] Das Rechtsschutzbedürfnis kann entfallen, wenn die verspätete Geltendmachung eines Anspruchs gegen Treu und Glauben verstößt, etwa weil der Berechtigte sich verspätet auf das Recht beruft und unter Verhältnissen untätig geblieben ist, unter denen vernünftigerweise etwas zur Wahrung des Rechts unternommen zu werden pflegt.[249] Der Antrag kann deshalb nicht nach Belieben hinausgezogen oder verspätet gestellt werden, ohne unzulässig zu werden, zB wenn dieser nahezu zwei Jahre nach dem Vollzug der Durchsuchung und nach dem endgültigen Abschluss des gesamten Verfahrens durch Einstellung gestellt wird.[250] Das BVerfG hat im Zusammenhang mit § 110 entschieden, dass für eine verfassungsgerichtliche Prüfung eines Durchsuchungsbeschlusses kein Rechtsschutzinteresse mehr besteht, wenn dieser im Wege der nachfolgenden gerichtlichen Bestätigung der bei der Durchsuchung erfolgten vorläufigen Sicherstellung zum Zwecke der Durchsicht gem. § 98 Abs. 2 S. 2 analog prozessual überholt worden ist. Insoweit ist der Beschluss im Wege der nachfol-

---

240 BVerfG 4.3.2008 – 2 BvR 2111 und 2112/07, NStZ 2009, 166 (167); Eisenberg Beweisrecht StPO Rn. 2460.

241 KG 5.5.1999 – 2 AR 26-99 – 3 Ws 116-99, NJW 1999, 2979; vgl. auch LG Köln 25.4.1983 – 117 Qs 3/83, wonach der Beschuldigte, der Kunde der Bank ist, den Durchsuchungsbeschluss betreffend eine als Dritte angegangene Bank nicht anfechten kann. Offen gelassen BGH 31.7.2019 – StB 17/19, BeckRS 2019, 17948.

242 BVerfG 16.4.2015 – 2 BvR 2279/13, NJW 2015, 2869.

243 BGH 5.8.2003 – 2 BJs 11/03-5 – StB 7/03, NStZ 2003, 670.

244 BVerfG 29.1.2002 – 2 BvR 94/01, NStZ-RR 2002, 144; 18.3.2009 – 2 BvR 1036/08 – 2 BvR 1036/08, NJW 2009, 2518; BGH 18.5.2022 – StB 17/22, BeckRS 2022, 13068.

245 BGH 5.4.2018 – StB 2/18, BeckRS 2018, 18037.

246 BVerfG 18.12.2002 – 2 BvR 1660/02, NJW 2003, 1514; vgl. auch BGH 9.2.2021 – StB 9/20, StB 10/20, BeckRS 2021, 3096.

247 BVerfG 24.3.1998 – 1 BvR 1935/96 ua, NJW 1998, 2131; 29.6.2009 – 2 BvR 1499/05, NVwZ-RR, 2009, 785.

248 BVerfG 29.6.2009 – 2 BvR 1499/05, NVwZ-RR, 2009, 785; 9.9.2013 – 2 BvR 533/13, WM 2013, 1990.

249 BVerfG 4.3.2008 – 2 BvR 2111 und 2112/07, NStZ 2009, 166.

250 BVerfG 18.12.2002 – 2 BvR 1660/02, NJW 2003, 1514; Hadamitzky in Satzger/Schluckebier/Widmaier StPO Rn. 42.

genden Bestätigung der Sicherstellung als Grundlage des Sichtungsverfahrens an die Stelle des Durchsuchungsbeschlusses getreten.[251] Eine bereits eingelegte Beschwerde ist ab dem Zeitpunkt des Abschlusses der Sichtung als auf die Feststellung der Rechtswidrigkeit der Durchsuchung gerichtet anzusehen.[252]

41b Ein Durchsuchungsbeschluss kann in eng umgrenzten Fällen als **Zwischenentscheidung** im Strafverfahren mit der Verfassungsbeschwerde angegriffen werden, wenn diese in weiteren Instanzen nicht mehr nachgeprüft und korrigiert werden können. Zu den Ausnahmefällen gehört auch die Durchsuchung, die gemäß § 305 S. 2 von der fachgerichtlichen Beschwerde ausgeschlossen ist. Diese wird dadurch charakterisiert, dass die bereits eingetretene Beschwer des Betroffenen durch eine Anfechtung des Urteils nicht mehr beseitigt werden kann.[253]

41c Die **Prüfungskompetenz des Beschwerdegerichts** (§ 308 Abs. 2, § 309 Abs. 2) wird durch die Funktion des Richtervorbehalts eingeschränkt.[254] Um der Funktion einer vorbeugenden Kontrolle der Durchsuchung durch eine unabhängige und neutrale Instanz gerecht zu werden, darf das Beschwerdegericht seine Entscheidung nicht auf Gründe stützen, die dem Ermittlungsrichter unbekannt waren und die erst durch die Durchsuchung gewonnen worden sind.[255] Prüfungsmaßstab bleibt im Beschwerdeverfahren die Sach- und Rechtslage zur Zeit des Erlasses des Durchsuchungsbeschlusses. Die Kontrollfunktion des Richtervorbehalts verbietet es, mangelhafte Umschreibungen des Tatvorwurfs oder der zu suchenden Beweismittel nachträglich zu heilen, denn beide Angaben dienen den durchsuchenden Beamten zur Begrenzung des Eingriffs auf das zur Zweckerreichung erforderliche Maß.[256] Die Heilung einer vollzogenen Durchsuchungsanordnung kommt somit nicht in Betracht, wenn diese dem mit der Begrenzungsfunktion des Durchsuchungsbeschlusses bezweckten Schutz des von der Durchsuchung Betroffenen zuwiderliefe.[257] Nicht ausgeschlossen ist jedoch, die Begründung des Beschlusses in den Grenzen zu ergänzen, die die Funktion der präventiven Kontrolle wahren. Zulässig ist auch, eine andere rechtliche Beurteilung an die damals vorliegenden tatsächlichen Erkenntnisse zu knüpfen. Lässt der Durchsuchungsbeschluss in seiner Gesamtheit in ausreichendem Maße erkennen, dass der Ermittlungsrichter die Voraussetzungen für seinen Erlass eigenständig geprüft hat, können anfängliche Mängel bei der Prüfung der Verdachtslage oder der Darstellung geheilt werden, indem das Beschwerdegericht die Konkretisierung der den Akten zu entnehmenden, den Anfangsverdacht belegenden Umstände in seiner Beschwerdeentscheidung nachholt.[258]

42 **b) Gegen nichtrichterliche Durchsuchungsanordnungen.** Gegen nichtrichterliche Anordnungen ist die gerichtliche Entscheidung entsprechend § 98 Abs. 2 S. 2 zulässig.[259] Die hierauf ergehende Entscheidung kann mit der Beschwerde gemäß § 304 Abs. 1 angefochten werden.[260] Die Beschwerdeentscheidung ist nach § 310 Abs. 2 nicht anfechtbar. Auch nach Erledigung der Maßnahme, insbesondere in Fällen der Durchsuchung bei Gefahr im Verzug, besteht ein Rechtsschutzbedürfnis auf Feststellung der Rechtswidrigkeit

[251] BVerfG 27.6.2018 – 2 BvR 1405/17, 2 BvR 1780/17, NJW 2018, 2385; BGH 18.5.2022 – StB 17/22, BeckRS 2022, 13068.

[252] BGH 9.2.2021 – StB 9/20, StB 10/20, BeckRS 2021, 3096.

[253] BVerfG 30.7.2015 – 1 BvR 1951/13, BeckRS 2015, 52608.

[254] Ladiges in Radtke/Hohmann Rn. 37; Köhler in Meyer-Goßner/Schmitt Rn. 15a.

[255] BVerfG 16.6.1981 – 1 BvR 1094/80, BVerfGE 57, 346 (355) = NJW 1981, 2111; 16.6.1987 – 1 BvR 1202/84, BVerfGE 76, 83 (91) = NJW 1987, 2499; 20.2.2001 – 2 BvR 1444/00, BVerfGE 103, 142 (154) = NJW 2001, 1121; 10.9.2010 – 2 BvR 2561/08, NJW 2011, 291; Jahn NStZ 2007, 255 (261).

[256] BVerfG 20.4.2004 – 2 BvR 2043/03 ua, NJW 2004, 3171; 10.9.2010 – 2 BvR 2561/08, NJW 2011, 291; LG Halle 5.5.2008 – 22 Qs 8/08, wistra 2008, 280; Kruis/Wehowsky NJW 1999, 682 (683); Ladiges in Radtke/Hohmann Rn. 38; Schmidt StraFo 2009, 448.

[257] BVerfG 18.3.2009 – 2 BvR 1036/08, NJW 2009, 2518 (2520).

[258] BVerfG 28.4.2003 – 2 BvR 358/03, NJW 2003, 2669; 10.9.2010 – 2 BvR 2561/08, NJW 2011, 291; BGH 18.12.2008 – StB 26/08, NStZ-RR 2009, 142.

[259] Gercke in HK-GS Rn. 83.

[260] BVerfG 22.1.2002 – 2 BvR 1473/01, NJW 2002, 1333; Asbrock StV 2001, 322 (323).

(→ Rn. 41a). Das Gebot effektiven Rechtsschutzes bezieht sich auch auf Dokumentations- und Begründungspflichten der anordnenden Stelle, die eine umfassende und eigenständige nachträgliche gerichtliche Überprüfung der Anordnungsvoraussetzungen ermöglichen sollen.[261] Ein gerichtlich nicht überprüfbarer Auslegungs-, Ermessens- oder Beurteilungsspielraum besteht für die Ermittlungsbehörden bei der Annahme von Gefahr im Verzug nicht.[262] Verneint das Gericht, dass Gefahr im Verzug vorlag, so hebt es die Durchsuchungsanordnung auf. Ist die Maßnahme noch nicht beendet, wird der Abbruch anzuordnen sein, ansonsten ist bei vollzogener Durchsuchung die Rechtswidrigkeit der Maßnahme festzustellen.[263]

c) Gegen die Art und Weise der Durchführung der Durchsuchung. Unabhängig davon, ob die Durchsuchung richterlich oder nichtrichterlich angeordnet wurde, ist, wenn die Art und Weise der abgeschlossenen Durchsuchung beanstandet wird, der Antrag auf gerichtliche Entscheidung entsprechend § 98 Abs. 2 S. 2 zulässig, die wiederum mit der Beschwerde nach § 304 Abs. 1 angefochten werden kann.[264] Das gilt auch, wenn die konkrete Ausgestaltung des Vollzugs der Durchsuchung nicht ausdrücklicher und evidenter Bestandteil der richterlichen Anordnung war, wobei Entscheidungen des Ermittlungsrichters des BGH oder eines erstinstanzlich zuständigen OLG über Einwendungen gegen die Ausführung Durchsuchung – anders als die Anordnung der Durchsuchung selbst – grds. nicht mit der Beschwerde anfechtbar sind.[265] Daher betrifft die Entscheidung über die Bekanntgabe der Gründe einer Durchsuchungsanordnung nicht eine „Durchsuchung" selbst im Sinne des § 304 Abs. 5, sondern die Art und Weise deren Vollzugs.[266] Ist die Art und Weise des Vollzuges bereits in der richterlichen Anordnung geregelt worden, kommt nur die Beschwerde nach § 304 in Betracht.[267] Entgegen der früheren Rechtsprechung ist der subsidiäre Rechtsweg nach §§ 23 ff. EGGVG nicht gegeben.[268] 43

d) Akteneinsicht im Beschwerdeverfahren. Eine nachteilige gerichtliche Entscheidung im Beschwerdeverfahren darf nur auf Tatsachen und Beweismittel gestützt werden, die dem Beschuldigten durch Akteneinsicht (§ 147) bekannt sind und zu denen er sich äußern konnte.[269] Zum Anspruch auf Gehör vor Gericht gehört auch die Information über die entscheidungserheblichen Beweismittel. Die Übermittlung polizeilicher Ermittlungsberichte, die keine hinreichende Unterrichtung über die von den Gerichten für die Entscheidung herangezogenen Tatsachen und Beweismittel ermöglichen, reicht ebenso wenig aus wie eine genaue Bezeichnung oder Beschreibung der in oder bei den Ermittlungsakten verwahrten Beweisstücke in den Gründen einer im Ermittlungsverfahren ergehenden Gerichtsentscheidung.[270] Die Versagung der Akteneinsicht durch die Staatsanwaltschaft nach § 147 Abs. 2 aufgrund von Geheimhaltungsinteressen rechtfertigt es nicht, im Beschwerdeverfahren auf der Grundlage eines Akteninhalts zu entscheiden, der dem Beschuldigten nicht zugänglich ist. Ist das Beschwerdegericht nach § 147 Abs. 5 an die Entscheidung der Staatsanwaltschaft zur Versagung von Akteneinsicht gebunden, muss es die **Entscheidung über die Beschwerde aufschieben.** Das Geheimhaltungsinteresse 44

---

261 BVerfG 28.7.2008 – 2 BvR 784/08, NJW 2008, 3053.
262 BVerfG 20.2.2001 – 2 BvR 1444/00, BVerfGE 103, 142 (154) = NJW 2001, 1121; BVerfG 22.1.2002 – 2 BvR 1473/01, NJW 2002, 1333; Hartmann in HK-GS Rn. 19; Ladiges in Radtke/Hohmann Rn. 36; Amelung NStZ 2001, 337 (340).
263 Köhler in Meyer-Goßner/Schmitt Rn. 16; Fezer FS Rieß, 2002, 93 (93 ff.); Gercke in Gercke/Julius/Temming/Zöller Rn. 83.
264 BGH 7.12.1998 – 5 AR (VS) 2/98, BGHSt 44, 265 = NStZ 1999, 200; 13.10.1999 – StB 7, 8/99, NJW 2000, 84.
265 BGH 25.8.1999 – 5 AR VS 1/99, NJW 1999, 3499.
266 BGH 18.11.2021 – StB 6+7/21, NStZ 2022, 306.
267 Amelung JR 2000, 479 (481); Fezer NStZ 1999, 151; Köhler in Meyer-Goßner/Schmitt Rn. 17; aA Katholnigg NStZ 2000, 155 (156).
268 BGH 25.8.1999 – 5 AR VS 1/99, NJW 1999, 3499; 13.10.1999 – StB 7, 8/99, NJW 2000, 84.
269 Vgl. BVerfG 9.9.2013 – 2 BvR 533/13, WM 2013, 1990.
270 BVerfG 9.11.2010 – 2 BvR 2101/09, NJW 2011, 2417; 19.1.2006 – 2 BvR 1075/05, NStZ 2006, 459; Börner NStZ 2010, 417; Börner NStZ 2007, 680; aA LG Saarbrücken 24.8.2005 – 8 Qs 81/05, NStZ-RR 2006, 80; LG Berlin 16.12.2005 – 505 Qs 217/05, NStZ 2006, 472.

kann ein sachgerechter Verzögerungsgrund sein.[271] Eine der Gewährung von Akteneinsicht entgegenstehende Gefährdung des Untersuchungszwecks gemäß § 147 Abs. 2 S. 1 kann sich daraus ergeben, dass durch die beantragte Akteneinsicht der Untersuchungszweck in einem anderen Strafverfahren gefährdet würde.[272] Verweigert die Staatsanwaltschaft Akteneinsicht, kann der Verteidiger nach 147 Abs. 5 S. 2 nur in den dort genannten Fällen eine gerichtliche Entscheidung herbeiführen. Eine analoge Anwendung dieser Vorschrift in anderen Fällen scheidet aus.[273]

III. Revision

45 Mit der **Aufklärungsrüge** kann geltend gemacht werden, dass das erkennende Gericht eine bestimmte Durchsuchung unterlassen und bestimmte Beweismittel nicht verwertet habe. Eine Verletzung der Aufklärungspflicht nach § 244 Abs. 2 kann bspw. darin bestehen, wenn das Gericht den Antrag der Verteidigung, den mit dem Ermittlungsverfahren befassten Staatsanwalt zu der Behauptung zu vernehmen, ihm sei zum Zeitpunkt der von ihm angeordneten Durchsuchung die Einrichtung eines richterlichen Nachtbereitschaftsdienstes bekannt gewesen, ablehnt und keine Gründe dafür ersichtlich sind, dass allein schon die telefonische Erkundigung nach dem diensthabenden Richter und die anschließende fernmündliche Kontaktaufnahme mit diesem eine solche Verzögerung bedeutet hätte, dass der Durchsuchungserfolg gefährdet gewesen wäre.[274] Darüber hinaus kann die Revision auf die **unzulässige Verwertung von Erkenntnissen aus einer Durchsuchung** gestützt werden, bspw. aufgrund eines Verstoßes gegen den Verhältnismäßigkeitsgrundsatz oder gegen ein bestehendes Beschlagnahmeverbot. Die Zulässigkeit einer Verfahrensrüge, mit der ein Beweisverwertungsverbot wegen Fehlern bei einer Durchsuchung zur Sicherstellung von Sachbeweisen geltend gemacht wird, setzt einen – jedoch nicht auf den Zeitpunkt des § 257 Abs. 1 befristeten – Widerspruch des verteidigten Angeklagten gegen die Verwertung voraus.[275] In Betracht kommt auch die willkürliche Annahme von Gefahr im Verzug (Umgehung des Richtervorbehalts).[276] Der Angeklagte kann einen Verstoß gegen den Richtervorbehalt aus § 105 Abs. 1 nicht mit Aussicht auf Erfolg rügen, wenn die Maßnahme auf eine Durchsuchung der Wohnung eines Dritten im Sinne von § 103 gerichtet war. Ist der Angeklagte weder Bewohner noch Inhaber des durchsuchten Objekts, tangiert der Grundrechtseingriff nicht seinen Rechtskreis.[277] Soweit die Nichtverwertbarkeit des aufgefundenen Beweismittels mit dem Umstand der fehlenden Einrichtung eines Not- bzw. Eildienstes gerügt wird, soll es unschädlich sein, wenn die Revision kein Zahlenmaterial über den tatsächlichen Anfall von Maßnahmen in dem betreffenden Landgerichtsbezirk zur Nachtzeit iSd § 104 Abs. 3 vorträgt. Zum notwendigen Revisionsvorbringen gehören nur solche Umstände, die dem Revisionsführer allgemein oder als Verfahrensbeteiligtem zugänglich sind.[278] Die Verfahrensrüge setzt nach § 344 Abs. 2 S. 2 auch die Wiedergabe des Inhalts des Durchsuchungs- und Sicherstellungsprotokolls sowie die Angabe voraus, auf welchem Wege die Ergebnisse der Durchsuchung in die Hauptverhandlung eingeführt worden sind, welche Beweiserhebung konkret gerügt wird und ob der Verwertung rechtzeitig widersprochen worden ist.[279] Wenn sich dem angefochtenen Urteil nicht entnehmen lässt, welche

[271] BVerfG 4.12.2006 – 2 BvR 1290/05, NStZ 2007, 274; 9.9.2013 – 2 BvR 533/13, juris = BeckRS 2013, 56596; LG Neubrandenburg 16.8.2007 – 9 Qs 107/07, NStZ 2008, 655.

[272] BGH 26.1.2011 – 4 BGs 1/11, NStZ-RR 2012, 16.

[273] Vgl. Wessing in BeckOK StPO § 147 Rn. 37; aA OLG Rostock 7.7.2015 – 20 Vas 2/15, NStZ 2016, 371.

[274] BGH 3.5.2011 – 3 StR 277/10, StV 2012, 3.

[275] BGH 6.10.2016 – 2 StR 46/15, NStZ 2017, 367; 9.5.2018 – 5 StR 17/18, NJW 2018, 2279.

[276] BGH 30.8.2011 – 3 StR 210/11, NStZ 2012, 104; Hadamitzky in Satzger/Schluckebier/Widmaier StPO Rn. 49.

[277] BGH 24.9.2020 – 4 StR 144/20, NStZ 2021, 59.

[278] BGH 1.2.1979 – 4 StR 657/78, NJW 1979, 1052; 13.12.1979 – 4 StR 632/79, NJW 1980, 951; OLG Hamm 7.11.2001 – 3 Ss 426/01, StV 2002, 474; 18.8.2009 – 3 Ss 293/08, NJW 2009, 3109.

[279] BGH 1.2.2022 – 5 StR 373/22, BeckRS 2022, 2102; BGH 16.6.2009 – 3 StR 6/09, NStZ 2009, 648; 2.12.2010 – 4 StR 464/10, juris = BeckRS 2011, 1254; Schmitt in Meyer-Goßner/Schmitt § 136 Rn. 25.

der verwerteten Beweismittel aus einer vom Beschwerdeführer als rechtswidrig bezeichneten und welche aus einer von ihm nicht angegriffenen Beschlagnahme stammen, so sind im Rahmen der Verfahrensrüge, mit der die Verwertung zu Unrecht beschlagnahmter Beweismittel angegriffen wird, nicht nur die Tatsachen zur Fehlerhaftigkeit der Beschlagnahme vorzutragen, sondern auch die verwerteten Beweismittel zu bezeichnen und die fehlenden tatrichterlichen Feststellungen zu ihrer Gewinnung im Rahmen der rechtswidrigen Beschlagnahme mit der Aufklärungsrüge zu beanstanden.[280] Für einen erschöpfenden Vortrag kann unter Umständen die Angabe erforderlich sein, dass eine bestimmte Tatsache nicht geschehen ist, die der erhobenen Verfahrensrüge den Boden entziehen würde.[281] So hat die Revision den Inhalt eines polizeilichen Vermerks mitzuteilen, wenn auf diesen in den Gründen des angefochtenen Durchsuchungsbeschlusses ergänzend Bezug genommen wird, soweit es für die Frage, ob die Rechtswidrigkeit des Beschlusses ein Verwertungsverbot für die bei der Durchsuchung aufgefundenen Beweismittel nach sich zöge, auf den Inhalt dieses Vermerks ankäme.[282]

§ 106 Hinzuziehung des Inhabers eines Durchsuchungsobjekts

(1) [1]Der Inhaber der zu durchsuchenden Räume oder Gegenstände darf der Durchsuchung beiwohnen. [2]Ist er abwesend, so ist, wenn möglich, sein Vertreter oder ein erwachsener Angehöriger, Hausgenosse oder Nachbar zuzuziehen.

(2) [1]Dem Inhaber oder der in dessen Abwesenheit zugezogenen Person ist in den Fällen des § 103 Abs. 1 der Zweck der Durchsuchung vor deren Beginn bekanntzumachen. [2]Diese Vorschrift gilt nicht für die Inhaber der in § 104 Abs. 2 bezeichneten Räume.

Schrifttum: Buchholz, Das Anwesenheitsrecht bei der Durchsicht von Datenbeständen nach § 110 Abs. 1 StPO, NZWiSt 2021, 369; Eisenberg, Aspekte der Durchsuchung (§§ 102 ff. StPO) im Verhältnis zu ethologischen Grundbedürfnissen, Festschrift Rolinski, 2002, 165; Hofmann, Die Online-Durchsuchung – staatliches „Hacken" oder zulässige Ermittlungsmaßnahme?, NStZ 2005, 121; Michalke, Wenn der Staatsanwalt klingelt – Verhalten bei Durchsuchung und Beschlagnahme, NJW 2008, 1490; Park, Durchsuchung und Beschlagnahme, 4. Auflage 2018; Peters, Anwesenheitsrechte bei der Durchsicht gemäß § 110 StPO: Bekämpfung der Risiken und Nebenwirkungen einer übermächtigen Ermittlungsmaßnahme, NZWiSt 2017, 465; Rengier, Praktische Fragen bei Durchsuchungen, insbesondere in Wirtschaftsstrafsachen, NStZ 1981, 371; Stoffers, Einführung eines „Krisenmanagements" bei Unternehmen im Hinblick auf mögliche Strafverfahren, wistra 2009, 379; Sommermeyer, Neuralgische Aspekte der Betroffenenrechte und ihres Rechtsschutzes bei strafprozessualen Hausdurchsuchungen, NStZ 1991, 257; Taschke, Verteidigung von Unternehmen – Die wirtschaftsstrafrechtliche Unternehmensberatung, StV 2007, 495; Weisser, Durchsuchungsarreste, präventive Ingewahrsamsnahmen und Kontaktsperren zur Ermöglichung von Anschlussdurchsuchungen, wistra 2014, 212.

Übersicht

I. Überblick

§ 106 sieht ein Recht des Inhabers der zu durchsuchenden Räume oder Gegenstände 1
auf Anwesenheit vor und spiegelt damit den **offenen Charakter der Durchsuchung** nach §§ 102, 103 wieder. Die Norm ist als wesentliche Förmlichkeiten zwingendes Recht und

[280] BayObLG 10.9.2002 – 4 St RR 70/2002, NStZ-RR 2003, 90.
[281] OLG Hamm 18.8.2009 – 3 Ss 293/08, NJW 2009, 3109.
[282] BGH 18.4.2007 – 5 StR 546/06, NJW 2007, 2269; 24.1.2012 – 4 StR 493/11, BeckRS 2012, 04733.

nicht lediglich eine Ordnungsvorschrift.[1] Ein Verstoß gegen diese Regelung führt allerdings nicht zu einem Beweisverwertungsverbot.[2] Gleichwohl steht ihre Befolgung nicht zur Disposition der Ermittlungsbehörden. Das kann auch nicht aus der Formulierung „wenn möglich" (Abs. 1 S. 2) geschlossen werden. Dieser Schluss würde die Frage nach den Voraussetzungen für eine rechtmäßige Durchsuchung mit der nach den Rechtsfolgen einer rechtswidrig durchgeführten Maßnahme vermischen.[3] Im Einzelfall ist allerdings zu beachten, dass bei schwerwiegenden, bewussten oder willkürlichen Verfahrensverstößen ein Beweisverwertungsverbot als Folge einer fehlerhaften Durchsuchung geboten sein kann.[4]

2 § 106 gilt entsprechend bei Durchsuchungen zur Sicherstellung von Einziehungsgegenständen **(§ 111b Abs. 2).**

II. Erläuterung

3 **1. Anwesenheitsrecht (Abs. 1 S. 1).** Inhaber ist jeder, der die zu durchsuchenden Räume tatsächlich innehat oder der an den Durchsuchungsgegenständen Gewahrsam hat. Bei Mietwohnungen oder Hotelzimmern gehört dazu der tatsächliche Nutzer der Räume.[5] Auf die **Eigentumsverhältnisse** des Inhabers kommt es nicht an.[6] Bei **Mitgewahrsam** hat jeder Mitgewahrsamsinhaber ein eigenes Anwesenheitsrecht.[7] Beschuldigte, die nicht Inhaber der Durchsuchungsobjekte sind, haben keinen eigenständigen Anspruch auf Anwesenheit.[8]

4 Der Inhaber kann nicht verlangen, dass mit dem Beginn der Durchsuchung solange **gewartet** wird, bis er eintrifft.[9] Wenn er jedoch sein Kommen zuvor telefonisch angekündigt hat, sollte, soweit nicht der Untersuchungszweck gefährdet ist, seine Ankunft abgewartet werden.[10] Erscheint er allerdings verspätet, so kann eine bereits begonnene Durchsuchung fortgeführt werden. Der Inhaber kann auf sein Anwesenheitsrecht **verzichten** oder Dritte (bspw. einen Rechtsanwalt) mit der Wahrnehmung seiner Interessen beauftragen.[11]

5 **Verteidiger** haben keinen originären Anspruch auf Anwesenheit bei der Durchsuchung.[12] Der Inhaber kann dem Verteidiger jedoch (auch konkludent) den Zutritt zu den Räumlichkeiten gestatten.[13] Erscheint der Verteidiger am Durchsuchungsort und kann er seine anwaltliche Mandatierung versichern, was nicht notwendigerweise schriftlich erfolgen muss, ist grds. zu vermuten, dass der Inhaber ihm die Anwesenheit tatsächlich gestattet hat.[14] Hat der Verteidiger sein zeitnahes Kommen bereits vor der Durchsuchung angekündigt, ist sein Eintreffen abzuwarten, wenn der Untersuchungszweck dadurch nicht gefährdet wird und keine erhebliche Verzögerung dadurch eintreten wird. Dieses gebietet der Grundsatz auf ein faires Verfahren.[15]

[1] BGH 31.1.2007 – StB 18/06, BGHSt 51, 211 (213 f.) = NJW 2007, 930; Tsambikakis in Löwe/Rosenberg Rn. 15; aA BGH 30.3.1983 – 2 StR 173/82, NStZ 1983, 375; Hofmann NStZ 2005, 121 (124); Köhler in Meyer-Goßner/Schmitt Rn. 1; Buchholz NZWiSt 2021, 369.

[2] BGH 30.3.1983 – 2 StR 173/82, NStZ 1983, 375; 31.1.2007 – StB 18/06, BGHSt 51, 211 (214 f.) = NJW 2007, 930 (930 f.); Jäger Beweisverwertung S. 204; Ladiges in Radtke/Hohmann Rn. 2; aA AG Bremen 19.8.2008 – 91 Gs 817/08, StV 2008, 589; Sommermeyer NStZ 1991, 257 (264).

[3] BGH 31.1.2007 – StB 18/06, BGHSt 51, 211 (214 f.) = NJW 2007, 931.

[4] BVerfG 12.4.2005 – 2 BvR 1027/02, BVerfGE 113, 29 (61) = NJW 2005, 1917 (1923); 16.3.2006 – 2 BvR 954/02, NJW 2006, 2684 (2686).

[5] Hadamitzky in Satzger/Schluckebier/Widmaier StPO Rn. 3.

[6] Gercke in Gercke/Julius/Temming/Zöller Rn. 2.

[7] Tsambikakis in Löwe/Rosenberg Rn. 2.

[8] Sommermeyer NStZ 1991, 257 (258).

[9] Michalke NJW 2008, 1490 (1491); Köhler in Meyer-Goßner/Schmitt Rn. 2; Gercke in Gercke/Julius/Temming/Zöller Rn. 3.

[10] Gercke in Gercke/Julius/Temming/Zöller Rn. 3.

[11] Köhler in Meyer-Goßner/Schmitt Rn. 2; Taschke StV 2007, 495 (498); Stoffers wistra 2009, 379 (382).

[12] Rengier NStZ 1981, 371 (375); ausführlich Burhoff StrafREV-HdB Rn. 1103.

[13] Wohlers/Jäger in SK-StPO Rn. 10.

[14] Gercke in Gercke/Julius/Temming/Zöller Rn. 6.

[15] Wohlers/Jäger in SK-StPO Rn. 10; Gercke in Gercke/Julius/Temming/Zöller Rn. 7.

Der Schutzbereich des Art. 13 GG umfasst nicht **Hafträume einer Justizvollzugsanstalt,**[16] deshalb ist die Norm bei einer Durchsuchung gemäß § 84 Abs. 1 S. 1 StVollzG nicht entsprechend, auch nicht bei der Durchsuchung der Zelle eines U-Haftgefangenen, anzuwenden.[17] Straf- und Untersuchungsgefangene können somit nicht beanspruchen, dass sie bei der Durchsuchung ihres Haftraumes anwesend sind.[18] Aufgrund des Hausrechts der Anstalt und der damit verbundenen Befugnis, dass Vollzugsbedienstete den Haftraum ohne Vorankündigung betreten und von ihren Überwachungs- und Eingriffsbefugnissen Gebrauch machen können,[19] sind die Straf- und Untersuchungsgefangenen nicht als Inhaber des Haftraums anzusehen.[20] Zu beachten ist, dass der Gefangene Mitgewahrsam an den Gegenständen haben kann, die in seinem Eigentum stehen oder ihm von Dritten zur Benutzung zur Verfügung gestellt worden sind.[21] Aus diesem Grund ist ein Anwesenheitsrecht zumindest bei der Durchsuchung ihm gehörender Sachen zu bejahen.[22] **Verteidiger- und Abgeordnetenpost** sowie Verteidigungsunterlagen dürfen nicht aus dem Haftraum entfernt werden.[23] Die Befugnis, den Haftraum nach § 84 StVollzG zu durchsuchen, erstreckt sich nicht auf die weder funktionell noch räumlich der Vollzugsanstalt zuzuordnende Wohnung eines im offenen Vollzug befindlichen Strafgefangenen.[24] Diese für die Durchsuchung der Hafträume von Strafgefangenen entwickelten Maßstäbe sind, soweit es die Frage der Anwesenheit von Sicherungsverwahrten bei der Durchsuchung ihres Unterkunftsbereiches betrifft, auch auf diese zu übertragen. Ebenso wie der Haftraum des Strafgefangenen unterfällt auch der Unterkunftsbereich des Sicherungsverwahrten nicht dem Schutzbereich des Art. 13 GG. Ein in der **Sicherungsverwahrung** Untergebrachter hat somit ebenfalls keinen Anspruch darauf, bei der Durchsuchung seines Unterkunftsbereichs anwesend sein zu dürfen. Er kann – wie auch der Straf- und Untersuchungsgefangene – lediglich beanspruchen, dass die Vollzugsbehörde bei der Entscheidung, ob er bei der Durchsuchung anwesend sein darf, das ihr zustehende Ermessen fehlerfrei ausübt.[25] 6

Anders als bei Hafträumen in einer Justizvollzugsanstalt verhält es sich bei **Krankenzimmern,** die unter den Schutzbereich des Art. 13 GG fallen, auch wenn diese Räumlichkeiten nur zu bestimmten Zwecken der Unterbringung vorübergehend überlassen wurden. Zwar gilt bei Krankenzimmern wie bei Geschäftsräumen nicht der volle Schutz des Art. 13 GG zu Gunsten der Wahrung der räumlichen Privatsphäre wie bei der Wohnung im engeren Sinne, weil den Krankenhausärzten und dem übrigen Krankenhauspersonal auf Grund ihres Heil- und Betreuungsauftrags Betretungs-, Überwachungs- und Kontrollbefugnisse zustehen. Diese Rechte heben jedoch den Privatcharakter des Krankenzimmers nicht auf.[26] 7

Der Inhaber kann sich während der Durchsuchung grundsätzlich frei in seinen Räumen bewegen.[27] Er darf allerdings dieses Recht nicht dazu missbrauchen, den Durchsuchungszweck zu gefährden oder zu vereiteln.[28] Stört der anwesende Inhaber die Durchsuchung, kann gegen ihn unter den Voraussetzungen des § 164 vorgegangen werden.[29] Erforderlich 8

16 BVerfG 30.5.1996 – 2 BvR 727/94, NJW 1996, 2643.
17 OLG Celle 23.10.2017 – 3 Ws 483/17 BeckRS 2017, 137504; OLG Hamm 15.12.2009 – 1 Vollz (Ws) 757/09, juris Rn. 4; OLG Frankfurt a. M. 7.6.1979 – 3 Ws 390/79, MDR 1980, 80; Hartmann in HK-GS Rn. 1.
18 OLG Stuttgart 27.8.1984 – 4 VAs 24/84, NStZ 1984, 574; OLG Karlsruhe 17.10.1985 – 3 Ss 127/85, StV 1986, 10 (11); aA AG Mannheim 16.1.1985 – 5 Ls 45/84, StV 1985, 276 (277); Eisenberg FS Rolinski, 2002, 165 (169); Gercke in Gercke/Julius/Temming/Zöller Rn. 2.
19 BGH 29.4.2009 – 1 StR 701/08, BGHSt 53, 294 (300) = NJW 2009, 2463 (2465).
20 Ladiges in Radtke/Hohmann Rn. 3.
21 Bruns in KK-StPO Rn. 1; Hadamitzky in Satzger/Schluckebier/Widmaier StPO Rn. 3.
22 Ladiges in Radtke/Hohmann Rn. 3.
23 KG 23.5.2003 – 5 Ws 99/03, NStZ 2004, 611.
24 LG Koblenz 10.2.2003 – 7 StVK 452/00, NStZ 2004, 231.
25 OLG Celle 23.10.2017 – 3 Ws 483/17, BeckRS 2017, 137504.
26 BGH 10.8.2005 – 1 StR 140/05, BGHSt 50, 206 = NJW 2005, 3295.
27 OLG Stuttgart 26.10.1992 – 4 VAs 5/92, wistra 1999, 120.
28 Ladiges in Radtke/Hohmann Rn. 5.
29 Rengier NStZ 1981, 371 (375); vgl. weitergehend auch Weisser wistra 2014, 215.

hierfür ist zumindest ein unmittelbares Ansetzen zu einer **störenden Handlung.**[30] Nicht ausreichend ist die Kontaktaufnahme des beschuldigten Inhabers zum Verteidiger.[31]

9 **2. Zuziehung Dritter (Abs. 1 S. 2).** Ist der Inhaber der zu durchsuchenden Räume oder Gegenstände abwesend, sind, „wenn möglich", andere Personen in der von Abs. 1 S. 2 vorgegebenen Reihenfolge zuzuziehen. Diese Personen haben, im Unterschied zu Durchsuchungszeugen nach § 105 Abs. 2 S. 1, die Interessen des Inhabers zu vertreten.[32] Vertreter iSd Vorschrift ist derjenige, der den Inhaber aufgrund besonderer Vollmacht vertritt.[33] Darüber hinaus ist Vertreter, wer den Inhaber kraft allgemeinen Auftrags oder üblicherweise, bspw. als Ehegatte oder eingetragenen Partners, vertritt. Verzichtet der anwesende Vertreter auf eine Teilnahme an der Durchsuchung, ist kein weiterer Vertreter hinzuzuziehen.[34] Das gilt auch, wenn der Inhaber auf die Teilnahme verzichtet. Wird der Vertreter wegen Störung aufgrund einer Anordnung nach § 164 entfernt, so ist er, wenn möglich, durch einen anderen Vertreter zu ersetzen. Diese Regelung gilt nicht, wenn der Inhaber wegen Störung entfernt worden ist, da dieser dann sein Anwesenheitsrecht verwirkt hat.[35] Auf die Hinzuziehung eines Dritten ist im Übrigen zu verzichten, wenn die Anwesenheit bei der Durchsuchung für ihn gefährlich ist.[36]

10 **Erwachsen** iSd Abs. 1 S. 2 ist jeder, der nach seiner körperlichen Entwicklung und dem äußeren Erscheinungsbild „erwachsen" ist (→ § 98 Rn. 25).

11 Nach den Regelungen der § 105 Abs. 2 S. 1, § 106 Abs. 1 S. 2 ist nicht ausgeschlossen, dass der Durchsuchung aufgrund behördlichen Auftrags **sachkundige Personen** (Sachverständige und sachverständige Zeugen) beiwohnen, wenn eine Förderung der sachgerechten Erledigung der Maßnahme aufgrund ihres besonderen Sachwissens zu erwarten ist (→ § 105 Rn. 35).

12 Im Übrigen ergibt sich das **Anwesenheitsrecht des Richters und Staatsanwalts** bei der Vollstreckung des Durchsuchungsbeschlusses aus den Vorschriften § 105 Abs. 2 S. 1 und § 36 Abs. 2 S. 1, die die Vollstreckung der richterlichen Beschlüsse durch die Staatsanwaltschaft regeln. Die zuständige Finanzbehörde (§ 86 Abs. 1 S. 2 AO) hat gemäß § 403 Abs. 1 S. 1 AO ein eigenständiges Anwesenheitsrecht bei Durchsuchungen die Steuerstraftaten betreffen. Die Befugnisse der Zollfahndung und der Steuerfahndung richten sich nach § 404 S. 1 AO.[37]

13 **3. Bekanntmachung.** Abs. 2 sieht vor, dass in den Fällen des § 103 Abs. 1 dem Inhaber oder der nach Abs. 1 S. 2 hinzugezogenen Person vor Beginn der Durchsuchung der Zweck der Maßnahme bekannt zu geben ist. Ein schriftlicher Durchsuchungsbeschluss ist dem Betroffenen grundsätzlich durch Aushändigung einer Ausfertigung mit vollständiger Begründung bekannt zu machen, soweit dies den Erfolg der Maßnahme nicht gefährdet.[38] Ggf. sind die Gründe abgekürzt bekannt zu geben. In den Fällen einer Durchsuchung von Räumlichkeiten nach § 103 Abs. 2 und § 104 Abs. 2 gilt die Bekanntgabepflicht nicht.[39]

III. Rechtsbehelf und Revision

14 Sowohl bei richterlichen als auch nichtrichterlichen Entscheidungen kann der Inhaber, da § 106 die Art und Weise der Durchsuchung betrifft, entsprechend **§ 98 Abs. 2 S. 2**

[30] LG Frankfurt a. M. 26.2.2008 – 5/26 Qs 6/08, NStZ 2008, 591 = NJW 2008, 2201 (2202).
[31] Rengier NStZ 1981, 372 (375); Wohlers/Jäger in SK-StPO Rn. 10, 18.
[32] Tsambikakis in Löwe/Rosenberg Rn. 7.
[33] Bruns in KK-StPO Rn. 2.
[34] Köhler in Meyer-Goßner/Schmitt Rn. 4.
[35] RG 4.5.1900 – 1155/00, RGSt 33, 251 (252); Ladiges in Radtke/Hohmann Rn. 7.
[36] Köhler in Meyer-Goßner/Schmitt Rn. 4; Gercke in Gercke/Julius/Temming/Zöller Rn. 10; Hartmann in HK-GS Rn. 2.
[37] Hadamitzky in Satzger/Schluckebier/Widmaier StPO Rn. 9.
[38] BGH 28.6.2017 – 1 BGs 148/17, NJW 2017, 2359; 7.11.2002 – 2 BJs 27/02 – 5 – StB 16/2, NStZ 2003, 273 (274).
[39] Köhler in Meyer-Goßner/Schmitt Rn. 5.

richterliche Entscheidung beantragen.[40] Das gilt auch nach Beendigung der Durchsuchung.[41] Eine **Revision** bleibt bei Verletzung des § 106, auch wenn die Norm keine bloße Ordnungsvorschrift darstellt, ohne Aussicht auf Erfolg, da die Verletzung des Anwesenheitsrechts nach Abs. 1 S. 1 kein Verwertungsverbot zur Folge hat.[42]

§ 107 Durchsuchungsbescheinigung; Beschlagnahmeverzeichnis

[1]Dem von der Durchsuchung Betroffenen ist nach deren Beendigung auf Verlangen eine schriftliche Mitteilung zu machen, die den Grund der Durchsuchung (§§ 102, 103) sowie im Falle des § 102 die Straftat bezeichnen muß. [2]Auch ist ihm auf Verlangen ein Verzeichnis der in Verwahrung oder in Beschlag genommenen Gegenstände, falls aber nichts Verdächtiges gefunden wird, eine Bescheinigung hierüber zu geben.

Schrifttum: Kemper, Das Beschlagnahmeverzeichnis nach § 109 StPO in Wirtschafts- und Steuerstrafsachen, wistra 2008, 96; Krekeler, Probleme der Verteidigung in Wirtschaftsstrafsachen, wistra 1983, 43; Michalke, Wenn der Staatsanwalt klingelt – Verhalten bei Durchsuchung und Beschlagnahme, NJW 2008, 1490; Park, Durchsuchung und Beschlagnahme, 4. Aufl. 2018; Rengier, Praktische Fragen bei Durchsuchungen, insbesondere in Wirtschaftsstrafsachen, NStZ 1981, 371; Stoffers, Einführung eines „Krisenmanagements" bei Unternehmen im Hinblick auf mögliche Strafverfahren, wistra 2009, 379.

I. Überblick

§ 107 S. 1 normiert **Mitteilungspflichten** über den Grund der Durchsuchung, insbesondere über die Anordnung und Durchführung der Maßnahme. Zur allgemeinen Pflicht über die Bekanntmachung richterlicher Durchsuchungsanordnung vgl. auch § 35. Dem von der Durchsuchung Betroffenen ist nach deren Beendigung auf Verlangen eine schriftliche (gebührenfreie) Durchsuchungsbescheinigung zu erteilen. Das setzt voraus, dass ihm zeitnah die Kenntnis von der erfolgten Durchsuchung vermittelt wird. Entsprechende Anwendung findet die Vorschrift bei Durchsuchungen zur Sicherstellung von Einziehungsgegenständen (§ 111b Abs. 2). 1

Antragsberechtigt ist jeder (Mit-)Inhaber der durchsuchten Räume oder Gegenstände. Wenn der Inhaber nicht anwesend ist, so ist jede nach § 106 zugezogene Person berechtigt, den Antrag nach § 107 S. 1 bzw. S. 2 zu stellen.[1] Im Übrigen sind die Mitteilungen dem Inhaber von Amts wegen zuzuleiten.[2] 2

§ 107 dient der **Sicherung des rechtlichen Gehörs** und der Gewährleistung, dass der Betroffene unmittelbar nach Beendigung der Maßnahme über den Grund der Durchsuchung informiert wird, um dadurch Gelegenheit zu erhalten, deren Rechtmäßigkeit zu überprüfen und ggf. nachträglich Rechtsschutz in Anspruch zu nehmen.[3] Die Erstellung eines Beschlagnahmeverzeichnisses (S. 2) dient dazu, den Verbleib der durch die Ermittlungsbehörden in Verwahrung genommenen Gegenstände festzustellen. Zudem soll der Betroffene die Gelegenheit erhalten, gegen die Beschlagnahme bezüglich einzelner Gegenstände substantiiert Einwendungen zu erheben und die Vollständigkeit bei späterer Rückgabe kontrollieren zu können. Adressat der Norm sind die Durchsuchungsbeamten sowie die Personen, die die Durchsuchung angeordnet haben.[4] Die Regelungen sind nach ihrem Wortlaut sowie nach ihrem Sinn und Zweck **als wesentliche Förmlichkeiten zwingen-** 3

[40] BGH 7.12.1998 – 5 AR (VS) 2/98, BGHSt 44, 265 = NJW 1999, 730; BGH 25.8.1999 – 5 AR (VS) 1/99, BGHSt 45, 183 = NJW 1999, 3499.
[41] Hadamitzky in Satzger/Schluckebier/Widmaier StPO Rn. 18.
[42] BGH 30.3.1983 – 2 StR 173/82, NStZ 1983, 375; 31.1.2007 – StB 18/06, NJW 2007, 930; aA AG Bremen 19.8.2008 – 91 Gs 817/08 (540 Js 900049/08), 91 Gs 817-08 (540 Js 900049/08), StV 2008, 589.
[1] Hartmann in HK-GS Rn. 1.
[2] Wohlers/Jäger in SK-StPO Rn. 3.
[3] Hadamitzky in Satzger/Schluckebier/Widmaier StPO Rn. 1; Peters NZWiSt 2017, 465 (470).
[4] Köhler in Meyer-Goßner/Schmitt Rn. 4.

des Recht und nicht lediglich Vorschriften, die zur beliebigen Disposition der Ermittlungsorgane stehen. Von ihrer Beachtung hängt die Rechtmäßigkeit der Durchsuchung ab.[5] Gleichwohl führt ein Verstoß gegen § 107 **nicht zu einem Verwertungsverbot,** zumal der Anspruch auf Mitteilung erst nach der Durchsuchung fällig wird und daher keinen Einfluss auf die zuvor durchgeführten Durchsuchungshandlungen hat.[6]

II. Erläuterung

4 **1. Bescheinigung über die Durchsuchung (S. 1).** Nach dem Wortlaut der Norm ist dem Betroffenen spätestens nach Beendigung der Durchsuchung auf Verlangen der Durchsuchungszweck mitzuteilen, wobei bereits unmittelbar vor der zwangsweisen Durchsetzung, mit Ankündigung der Maßnahme, der mit Gründen versehene **richterliche Durchsuchungsbeschluss,** in dem die zugrunde liegende Straftat konkretisiert wird, vollständig bekannt zu geben ist.[7] Dieses Erfordernis ergibt sich auch aus der Garantie effektiven Rechtsschutzes (Art. 19 Abs. 4 GG). Es reicht nicht aus, wenn lediglich die Beschlussformel übermittelt wird.[8] Die Bekanntmachung der Gründe kann in Ausnahmefällen zurückgestellt werden, wenn durch sie der Untersuchungszweck gefährdet wäre. In Fällen, in denen diese Gefährdung bereits dadurch ausgeräumt werden kann, dass in der auszuhändigenden Ausfertigung vom Abdruck einzelner Passagen der Begründung abgesehen wird, darf auch eine in den Gründen unvollständige Ausfertigung übergeben werden. In jedem Fall muss aber aus Gründen eines effektiven Rechtsschutzes und zur Vermeidung unnötiger Rechtsmittel in der dem Betroffenen überlassenen Ausfertigung auf die (vollständige oder teilweise) Weglassung der Gründe in geeigneter Form hingewiesen werden. Bei einer richterlichen Anordnung nach § 36 Abs. 1 obliegt dem Gericht die Entscheidung über die Art der Bekanntmachung. Dieses hat entsprechend § 101 Abs. 1 auch dafür Sorge zu tragen, dass dem Betroffenen eine vollständige Ausfertigung übermittelt wird, sobald das ohne Gefährdung des Untersuchungszwecks verantwortet werden kann.[9]

5 Bei der **nichtrichterlichen Durchsuchungsanordnung** ist ebenfalls der Grund und Zweck der Durchsuchung sowie in Fällen des § 102 die zugrunde liegende Straftat zumindest mündlich mitzuteilen. Das ist auch aktenkundig zu machen.[10]

6 **2. Beschlagnahmeverzeichnis (S. 2).** Dem Betroffenen ist auf Verlangen ein Verzeichnis über die sichergestellten oder beschlagnahmten Gegenstände von den Durchsuchungsbeamten oder der anordnenden Behörde zu erstellen und sodann auszuhändigen. Diesen Anspruch hat der Betroffene auch, wenn keine Gegenstände in behördliche Verwahrung genommen werden. In diesem Fall ist eine sog. Negativbescheinigung auszustellen.[11] Ein **Strafgefangener,** das gilt entsprechend auf für eine in der **Sicherungsverwahrung** untergebrachte Person,[12] hat keinen Anspruch auf Erteilung einer Bescheinigung über eine ergebnislose Haftraumdurchsuchung. S. 2 ist auf die Durchsuchung des Haftraums gemäß § 84 Abs. 1 S. 1 StVollzG nicht entsprechend anwendbar (→ § 106 Rn. 6).[13]

7 Ein Beschlagnahmeverzeichnis ist auch dann anzufertigen, wenn keine Originaldokumente, sondern lediglich **Kopien**[14] oder Gegenstände sichergestellt wurden, die lediglich

[5] BGH 31.1.2007 – StB 18/06, BGHSt 51, 211 (213) = NJW 2007, 930; Bruns in KK-StPO Rn. 5; aA KG 12.1.2000 – 1 AR 1264/99 – 4 VAs 41/99, juris = BeckRS 2000, 15731.

[6] OLG Stuttgart 26.10.1992 – 4 VAs 5/92, StV 1993, 235 (236); Köhler in Meyer-Goßner/Schmitt Rn. 1; Bruns in KK-StPO Rn. 5; Hartmann in HK-GS Rn. 1.

[7] Rengier NStZ 1981, 371 (373 f.); weitergehend Wohlers/Jäger in SK-StPO Rn. 6, der die Mitteilung aller Umstände verlangt, auf die die Durchsuchung nach §§ 102, 103 gegründet worden ist.

[8] BGH 3.9.1997 – StB 12/97, BGHR StPO § 105 Zustellung 1; 7.11.2002 – 2 BJs 27/02 – 5 -StB 16/2, NStZ 2003, 273 (274); Bruns in KK-StPO Rn. 3; Gercke in Gercke/Julius/Temming/Zöller Rn. 3.

[9] BGH 7.11.2002 – 2 BJs 27/02 – 5 – StB 16/2, NStZ 2003, 273 (274).

[10] Tsambikakis in Löwe/Rosenberg Rn. 2.

[11] Hartmann in HK-GS Rn. 3.

[12] OLG Celle 23.10.2017 – 3 Ws 483/17, BeckRS 2017, 137504.

[13] KG 5.9.2008 – 2 Ws 408/08, juris = BeckRS 2009, 5933.

[14] LG Stade 3.9.2001 – 12 Qs 3/01, 12 Qs 3/2001, wistra 2002, 319.

zur **Durchsicht (§ 110)** mitgenommen wurden. Die beschlagnahmten Gegenstände müssen nach Art und Zahl identifizierbar in dem Verzeichnis aufgelistet werden (§ 109).[15] Es ist nicht ausreichend, beschlagnahmte Schriftstücke lediglich als „schriftliche Unterlagen", „diverse Schriftstücke" oder „Ordner mit Schriftstücken" zu bezeichnen.[16] Eine detaillierte Beschreibung oder eine Paginierung der schriftlichen Unterlagen ist jedoch nicht erforderlich.[17] Das Verzeichnis sollte nach Möglichkeit gleich am Durchsuchungsort angefertigt und dem Betroffenen zeitnah übergeben werden.[18] Das ergibt sich aus der Funktion der Bescheinigung nach Abs. 2. Der Betroffene soll in die Lage versetzt werden, beweisen zu können, dass bei ihm durchsucht wurde und dass bestimmte Gegenstände sichergestellt oder beschlagnahmt wurden („Quittungsfunktion"). In der Bescheinigung ist daher auch die Adresse der durchsuchten Räume sowie Datum und Uhrzeit der Durchsuchung zu vermerken.[19]

III. Rechtsbehelf und Revision

Solange die Durchsicht der bei einer Durchsuchung sichergestellten Geschäftsunterla- 8
gen noch nicht abgeschlossen ist, ist die Durchsuchungsmaßnahme nicht abschließend vollzogen (vgl. § 110). Wendet sich in diesem Verfahrensstadium der Betroffene gegen die angebliche Unvollständigkeit des ihm übergebenen Verzeichnisses, ist nicht der – subsidiäre – Rechtsweg über §§ 23 ff. EGGVG, sondern **entsprechend § 98 Abs. 2 S. 2** der Antrag auf gerichtliche Entscheidung zulässig.[20] Der Antrag nach § 23 Abs. 2 EGGVG ist statthaft, wenn sich nach der Beendigung der Durchsuchung die anordnende Behörde weigert, eine Bescheinigung nach Abs. 1 oder ein Verzeichnis nach Abs. 2 auszustellen.[21]

Eine Revision bleibt bei Verletzung des § 107, auch wenn die Norm keine bloße 9
Ordnungsvorschrift darstellt, ohne Aussicht auf Erfolg, denn die Verletzung der Norm hat mangels Schwere des Verstoßes kein Verwertungsverbot zur Folge.[22]

§ 108 Beschlagnahme anderer Gegenstände

(1) [1]Werden bei Gelegenheit einer Durchsuchung Gegenstände gefunden, die zwar in keiner Beziehung zu der Untersuchung stehen, aber auf die Verübung einer anderen Straftat hindeuten, so sind sie einstweilen in Beschlag zu nehmen. [2]Der Staatsanwaltschaft ist hiervon Kenntnis zu geben. [3]Satz 1 findet keine Anwendung, soweit eine Durchsuchung nach § 103 Abs. 1 Satz 2 stattfindet.

(2) Werden bei einem Arzt Gegenstände im Sinne von Absatz 1 Satz 1 gefunden, die den Schwangerschaftsabbruch einer Patientin betreffen, ist ihre Verwertung zu Beweiszwecken in einem Strafverfahren gegen die Patientin wegen einer Straftat nach § 218 des Strafgesetzbuches unzulässig.

(3) Werden bei einer in § 53 Abs. 1 Satz 1 Nr. 5 genannten Person Gegenstände im Sinne von Absatz 1 Satz 1 gefunden, auf die sich das Zeugnisverweigerungsrecht der genannten Person erstreckt, ist die Verwertung des Gegenstandes zu Beweiszwecken in einem Strafverfahren nur insoweit zulässig, als Gegenstand dieses Straf-

15 Michalke NJW 2008, 1490 (1493); Stoffers wistra, 2009, 379 (383).
16 Krekeler wistra 1983, 43 (46).
17 OLG Karlsruhe 26.6.1996 – 2 VAs 11/96, StraFo 1997, 13 (15); Ladiges in Radtke/Hohmann Rn. 6; Bruns in KK-StPO Rn. 4.
18 OLG Stuttgart 26.10.1992 – 4 VAs 5/92, StV 1993, 235.
19 Hartmann in HK-GS Rn. 4.
20 OLG Karlsruhe 28.9.1994 – 2 VAs 12/94, NJW 1979, 882; LG Gießen 12.8.1999 – 2 Qs 200/99, 2 Qs 201/99, wistra 2000, 76; Kemper wistra 2008, 96; Köhler in Meyer-Goßner/Schmitt Rn. 5; aA Wohlers/Jäger in SK-StPO Rn. 9; Ladiges in Radtke/Hohmann Rn. 7.
21 BGH 21.11.1978 – 1 BJs 93/77; StB 210/78, NJW 1979, 882.
22 OLG Stuttgart 26.10.1992 – 4 VAs 5/92, StV 1993, 235; KG 12.1.2000 – 1 AR 1264/99, juris = BeckRS 2000, 15731; Bruns in KK-StPO Rn. 5; Gercke in Gercke/Julius/Temming/Zöller Rn. 9.

verfahrens eine Straftat ist, die im Höchstmaß mit mindestens fünf Jahren Freiheitsstrafe bedroht ist und bei der es sich nicht um eine Straftat nach § 353b des Strafgesetzbuches handelt.

Schrifttum: Albrecht, Zur Rechtmäßigkeit legendierter Kontrollen, Festschrift Rogall, 2018, 435; Amelung, Grundfragen der Verwertungsverbote bei beweissichernden Haussuchungen im Strafverfahren, NJW 1991, 2533; Bandemer, Zufallsfunde bei Zollkontrolle – Zweifel an der Zwangslage, wistra 1988, 136; Bilsdorfer, Die Offenbarungsbefugnis der Finanzbehörde in Steuerstraf- und Bußgeldverfahren, wistra 1984, 8; Cerny/Fickentscher, Die Rechtsprechung des BGH zu legendierten Kontrollen – eine „drohende Gefahr" für den Rechtsstaat?, NStZ 2019, 697; Cordes/Pannenborg, Strafprozessuale und verfassungsrechtliche Grenzen im Umgang mit Zufallsfunden, NJW 2019, 2973; Janssen, Rechtliche Grundlagen und Grenzen der Beschlagnahme, 1995; Kalf, Die planmäßige Suche nach Zufallsfunden, Die Polizei 1986, 413; Krekeler, Zufallsfunde bei Berufsgeheimnisträgern und ihre Verwertbarkeit, NStZ 1987, 199; Krekeler, Beweisverwertungsverbote bei fehlerhaften Durchsuchungen, NStZ 1993, 263; Matzky, Zugriff auf EDV im Strafprozess, 1999; Müller/Römer, Legendierte Kontrollen – Die gezielte Suche nach dem Zufallsfund, NStZ 2012, 543; Nowrousian, Darf der Staat aktiv täuschen, um verdeckte Ermittlungsmaßnahmen geheim zu halten?, Kriminalistik 2011, 370; Nowrousian, Noch einmal zur aktiven Täuschung: Legendierte Kontrollen, Kriminalistik 2012, 174; Nowrousian, Legendierte Kontrollen zum Verhältnis von Ermittlungsverfahren und Gefahrenabwehr, Kriminalistik 2013, 105; Park, Durchsuchung und Beschlagnahme, 4. Aufl. 2018; Rosengarten/Römer, Der „virtuelle verdeckte Ermittler" in sozialen Netzwerken und Internetboards, NJW 2012, 1764; Ruhmannseder, Die Vertrauensbeziehung zwischen Strafverteidiger und Mandant – (k)ein beschlagnahme- und beleidigungsfreier Raum? NJW 2009, 2647; Singelnstein, Strafprozessuale Verwendungsregelungen zwischen Zweckbindungsgrundsatz und Verwertungsverboten, ZStW 120 (2008), 854; Soiné, Kriminalistische List im Ermittlungsverfahren, NStZ 2010, 596; Vogel, Strafverfahrensrecht und Terrorismus – eine Bilanz, NJW 1978, 1217.

Übersicht

I. Überblick

1 Abs. 1 regelt die einstweilige Beschlagnahme und Verwertbarkeit von **Zufallsfunden** mit dem Ziel einer Sicherstellung für ein anderes Verfahren. Es handelt sich dabei um bei Gelegenheit am Durchsuchungsort aufgefundene Beweismittel für andere Straftaten als diejenigen, die den Anlass für die Durchsuchung gegeben haben. Zufallsfunde, die ersichtlich mit dem einer Durchsuchung zugrunde liegenden Tatvorwurf in Verbindung stehen, von der Zielrichtung einer Durchsuchungsanordnung aber nicht umfasst werden, können hingegen nach §§ 94 ff. beschlagnahmt werden oder sie können sichergestellt werden, wenn die Voraussetzungen der §§ 111b ff. vorliegen. Es darf aber nicht nachträglich die Eingrenzung des zu vollstreckenden Durchsuchungsbeschlusses ausgehöhlt werden.[1] § 108 umfasst die Fälle, in denen vor Ort die Beweisbedeutung der aufgefundenen Sache oder das Vorliegen von Gefahr im Verzug nicht eingeschätzt werden kann.[2] Etwaige Funde einer systematischen Suche nach Gegenständen, auf die sich die Durchsuchungsanordnung nicht bezieht, dürfen dagegen nicht ohne Weiteres beschlagnahmt werden. Insoweit kann unter Umständen ein Beweisverwertungsverbot vorliegen.

2 Den Ermittlungsbehörden soll durch die Möglichkeit der einstweiligen Beschlagnahme von Zufallsfunden die **Gelegenheit zur Prüfung des (Anfangs-)Verdachts** bezüglich eines weiteren Ermittlungsverfahrens gegen den von der Durchsuchung Betroffenen oder einen Dritten gegeben werden. Die Vorschrift ist in einem engen Zusammenhang mit dem

[1] LG Kiel 25.4.2016 – 7 Qs 24/16, BeckRS 2016, 14055.
[2] Hartmann in HK-GS Rn. 1.

Legalitätsprinzip zu sehen.[3] Steht die Beweisbedeutung für eine andere Straftat fest, so ist im Falle von Gefahr im Verzug die Beschlagnahme des Gegenstandes nach § 94 anzuordnen.

Gemäß § 111b Abs. 2 gilt § 108 auch bei Durchsuchungen, die der Auffindung von **Einziehungsgegenständen** sowie der Rückgewinnungshilfe in demselben oder in einem anderen Verfahren dienen.[4] Die Vorschrift gilt zudem entsprechend für bei der **Briefkontrolle** eines Gefangenen gefundene Beweismittel in Bezug auf ein anderes Strafverfahren.[5] 3

Abs. 2 und 3 normieren ausdrückliche Verwertungsverbote. Sie bleiben von § 479 Abs. 2 S. 3 unberührt. 4

II. Erläuterung

1. Zuständigkeit. Für die Maßnahme nach Abs. 1 ist jeder zuständig, der die Durchführung der Durchsuchung vornimmt, somit Richter (unabhängig von § 165), Staatsanwälte und ihre Ermittlungsbeamten.[6] Gefahr im Verzug muss nicht vorliegen. Auch in Fällen, in denen der Richter ausschließlich für die Anordnung der Beschlagnahme zuständig ist (vgl. § 98 Abs. 1 S. 2), können Polizeibeamte und Staatsanwälte nach § 108 eine einstweilige Beschlagnahme vornehmen, zumal diese anschließend richterlich zu bestätigen ist.[7] Nicht erforderlich ist, dass Polizeibeamte, die die einstweilige Beschlagnahme anordnen, Ermittlungspersonen der Staatsanwaltschaft iSv § 152 GVG sind.[8] 5

2. Beschlagnahmefähige Gegenstände (Abs. 1 S. 1). Ein Gegenstand kann als Zufallsfund beschlagnahmt werden, wenn aus ihm selbst oder wegen der Umstände seines Auffindens Anhaltspunkte für eine andere Straftat herrühren. Die Vorschrift betrifft somit Zufallsfunde, die auf Verübung anderer Straftaten hindeuten, mithin gerade nicht den Ausgangstatvorwurf betreffen.[9] Das kann eine bisher unbekannte Straftat sein. Der Gegenstand kann aber auch in Beschlag genommen werden, wenn er in einem anderen Ermittlungsverfahren als Beweismittel oder als Einziehungsgegenstand (§ 111b Abs. 2) von Bedeutung sein kann. Ausreichend dafür ist ein ungewisser Verdacht bzw. die naheliegende Möglichkeit einer anderen Straftat. Ein Anfangsverdacht iSd § 152 muss nicht bestehen.[10] Erforderlich ist zudem, dass die Gegenstände zum Beweis der Straftat geeignet sind, auch wenn sie nicht selbst, sondern nur die Umstände verdächtig sind, unter denen sie gefunden werden.[11] Eine Beschlagnahme von Zufallsfunden ist nicht ausgeschlossen, wenn in einer Durchsuchungsanordnung die zu beschlagnahmenden Gegenstände konkret aufgeführt sind.[12] 6

Die Durchsuchung darf nicht Vorwand dafür sein, systematisch nach Gegenständen zu durchsuchen, die in der Durchsuchungsanordnung nicht genannt sind[13] oder die mit der Anlasstat nicht in einem Zusammenhang stehen.[14] Abs. 1 S. 1 erweitert lediglich die 7

---

[3] Gercke in Gercke/Julius/Temming/Zöller Rn. 1.

[4] Köhler in Meyer-Goßner/Schmitt Rn. 3.

[5] BVerfG 5.2.1981 – 2 BvR 646/80, BVerfGE 57, 170 (180 f.) = NJW 1981, 1943 (1944); BGH 14.3.1979 – StB 6/79, BGHSt 28, 349 (350) = NJW 1979, 1418 (1419); OLG Hamm 6.9.1984 – 1 Ws 234/84, NStZ 1985, 93; OLG Düsseldorf 2.9.1993 – 3 Ws 466/93, NJW 1993, 3278; LG Tübingen 14.2.2007 – 1 KLs 42 Js 13000/06, NStZ 2008, 653 (655).

[6] Köhler in Meyer-Goßner/Schmitt Rn. 6.

[7] BGH 4.8.1964 – 3 StB 12/63, BGHSt 19, 374 (376); Ladiges in Radtke/Hohmann Rn. 5; Köhler in Meyer-Goßner/Schmitt Rn. 6; Tsambikakis in Löwe/Rosenberg Rn. 10.

[8] Hartmann in HK-GS Rn. 2.

[9] LG Kiel 25.4.2016 – 7 Qs 24/16, BeckRS 2016, 14055.

[10] Hadamitzky in Satzger/Schluckebier/Widmaier StPO Rn. 1.

[11] Köhler in Meyer-Goßner/Schmitt Rn. 2; Tsambikakis in Löwe/Rosenberg Rn. 8; Hartmann in HK-GS Rn. 3; aA Ladiges in Radtke/Hohmann Rn. 5.

[12] Köhler in Meyer-Goßner/Schmitt Rn. 1; Hentschel NStZ 2000, 274; aA LG Freiburg 4.3.1999 – VIII Qs 17-98, NStZ 1999, 582 (583).

[13] OLG Karlsruhe 17.10.1985 – 3 Ss 127/85, StV 1986, 109; LG Berlin 15.1.2004 – 518 Qs 44/03, NStZ 2004, 571; Köhler in Meyer-Goßner/Schmitt Rn. 1.

[14] BGH 14.12.1999 – 2 BJs 82/98-3, CR 1999, 292 (293); LG Baden-Baden 16.5.1989 – 1 Qs 321/88, wistra 1990, 118; LG Berlin 15.1.2004 – 518 Qs 44/03, NStZ 2004, 571 (572 f.); Janssen Beschlagnahme Rn. 152.

Beschlagnahmerechte der Durchsuchungsbeamten, nicht jedoch die Durchsuchungsrechte.[15] Unzulässig ist daher die **gezielte Suche nach Zufallsfunden,**[16] da diese Gegenstände nicht „bei Gelegenheit" der Durchsuchung entdeckt worden wären. Zulässig sind dagegen sog. **legendierte Kontrollen.** Darunter sind Durchsuchungen von Räumen, Sachen (insbesondere von Kraftfahrzeugen, Koffern ua) und Personen im Rahmen von allgemeinen Verkehrskontrollen durch die Polizei oder zufällige Zollkontrollen zu verstehen, die aber tatsächlich vor dem Hintergrund eines bereits bestehenden konkreten Tatverdachts unter einem Vorwand („legendiert") ohne Durchsuchungsanordnung durchgeführt werden, um bspw. umfangreiche verdeckte strafrechtliche Ermittlungen nicht gegenüber den betreffenden Personen offenbaren zu müssen. Das ermittlungstaktische Bestreben der Strafverfolgungsbehörden, die Durchführung verdeckter Ermittlungsmaßnahmen weder dem Beschuldigten noch seinem Verteidiger gegenüber aufzudecken, berechtigt zwar mit Blick auf den fair trial-Grundsatz nicht dazu, die wahren Zusammenhänge in den Ermittlungsakten durch Darstellung unwahrer Sachverhalte zu verschleiern.[17] Bei legendierten Kontrollen liegt der Fall nach Auffassung des BGH jedoch anders.[18] Es gibt weder einen allgemeinen Vorrang der Strafprozessordnung gegenüber dem Gefahrenabwehrrecht noch umgekehrt.[19] Die Polizei kann somit während eines bereits laufenden Ermittlungsverfahrens aufgrund präventiver Ermächtigungsgrundlagen zum Zwecke der Gefahrenabwehr tätig werden. Die aufgrund der gefahrenabwehrrechtlich zulässigen Durchsuchung gewonnenen Erkenntnisse können nach § 161 Abs. 2 S. 1 gegen den Beschuldigten im Strafverfahren verwendet werden. Dem steht nicht entgegen, wenn beispielsweise die zollrechtliche Kontrolle des Fahrzeugs nach § 10 ZollVG – anders als eine Durchsuchung nach §§ 102, 105 – ohne richterlichen Durchsuchungsbeschluss zulässig ist. Entscheidend ist, dass ein Ermittlungsrichter bei hypothetischer Betrachtung einen entsprechenden richterlichen Durchsuchungsbeschluss erlassen hätte.[20] Zu beachten ist jedoch, dass die Staatsanwaltschaft im weiteren Verlauf nicht gegen die Grundsätze der Aktenwahrheit und -klarheit verstoßen darf, indem sie den präventiven Charakter der Durchsuchung nicht oder verspätet dokumentiert. Revisionsrechtlich handelt es sich der Sache nach um die Rüge einer Verletzung des fairen Verfahrens.[21]

7a In der Literatur wird gegen die Auffassung des BGH zur Zulässigkeit der legendierten Durchsuchung im Wesentlichen vorgebracht, dass die Grenzen bei heimlich angelegten Maßnahmen und der Anwendung von kriminalistischer List sich aus dem Recht auf ein faires Verfahren, dem Grundsatz der Selbstbelastungsfreiheit und dem Täuschungsverbot gemäß § 136a ergeben.[22] Die Durchführung von legendierten Kontrollen darf vor allem nicht der gezielten Umgehung der gesetzlichen Voraussetzungen der Durchsuchung, insbesondere des Richtervorbehalts (§ 105), dienen, was letztlich für die Annahme eines **Verwertungsverbots** sprechen würde.[23] Des Weiteren wird kritisiert, dass die Rechtsprechung des BGH zu einer bedenklichen Ausweitung des Straf- und Polizeirechts

[15] LG Bremen 22.7.2005 – 11 Qs 112/2005, 11 Qs 112/05, StV 2006, 571 (573); Tsambikakis in Löwe/Rosenberg Rn. 3.

[16] LG Berlin 15.1.2004 – 518 Qs 44/03, NStZ 2004, 571; LG Kiel 25.4.2016 – 7 Qs 24/16, BeckRS 2016, 14055; vgl. zu legendierten Kontrollen bei Drogentransporten ausführlich Müller/Römer NStZ 2012, 543; Cordes/Pannenborg NJW 2019, 2973, 2975.

[17] BGH 11.2.2010 – 4 StR 436/09, NStZ 2010, 294.

[18] BGH 26.4.2017 – 2 StR 247/16, NStZ 2017, 651; 15.11.2017 – 2 StR 128/17, NStZ 2018, 296; aA Cerny/Fickentscher NStZ 2019, 697; Müller/Römer NStZ 2012, 543.

[19] Vgl. auch BGH 10.6.2021 – 5 StR 377/20, BeckRS 2021 mwN.

[20] BGH 15.11.2017 – 2 StR 128/17, NStZ-RR 2018, 84; 17.1.2018 – 2 StR 180/17, NStZ-RR 2018, 146.

[21] BGH 17.1.2018 – 2 StR 180/17, NStZ-RR 2018, 146.

[22] Soiné NStZ 2010, 596; vgl. zur Zulässigkeit heimlicher Ermittlungsmaßnahmen auch EGMR (III. Sektion) 18.10.2011 – 21218/09, NStZ 2013, 175 – Prado Bugallo ./. Spanien sowie Rosengarten/Römer NJW 2012, 1764.

[23] Vgl. auch Nowrousian Kriminalistik 2011, 370; Nowrousian Kriminalistik 2012, 174; 2013, 105.

führe.[24] Dem ist im Ergebnis nicht zuzustimmen.[25] Anders als bei der legendierten Kontrolle erfolgt die (heimliche) gezielte Suche nach Zufallsfunden anlassunabhängig und ohne erkennbare (nicht einmal präventiv ausgerichtete, gefahrenabwehrrechtliche) Rechtsgrundlage. Sollte allerdings die legendierte Kontrolle ohne Rechtsgrundlage erfolgt bzw. rechtswidrig gewesen sein, kommt eine Verwertung der daraus gewonnenen Beweise insbesondere bei **schwerwiegenden, bewussten oder willkürlichen Verfahrensverstößen** nicht in Betracht (→ Rn. 12).

Bei der Sicherstellung und Durchsuchung von **elektronischen Datenträgern** (vgl. 8 auch § 110 Abs. 3) und den darauf vorhandenen Daten ist zu bedenken, dass durch die strafprozessuale Maßnahme wegen der Vielzahl verfahrensunerheblicher Daten zahlreiche Personen und Sachverhalte in den Wirkungsbereich der Maßnahme mit einbezogen werden, die in keiner Beziehung zu dem Tatvorwurf stehen und den Eingriff durch ihr Verhalten nicht veranlasst haben.[26] Hinzu kommt die besondere Schutzbedürftigkeit der von einem überschießenden Datenzugriff mitbetroffenen **Vertrauensverhältnisse.** Der eingriffsintensive Zugriff auf Datenträger – insbesondere bei **Berufsgeheimnisträgern** – bedarf daher im Einzelfall in besonderer Weise einer regulierenden Beschränkung. Es ist darauf zu achten, dass die Gewinnung überschießender, für das Verfahren bedeutungsloser und dem Beschlagnahmeverbot nach § 97 unterliegender Daten vermieden wird.[27] Eine **Recherche der Datenträger mittels spezifischer Programme und Schlüsselwörter** darf nicht einer gezielten Suche nach „Zufallsfunden" nahe kommen (→ Rn. 12). Räumt ein Provider den Ermittlungsbehörden allerdings freiwillig und ohne inhaltliche Beschränkung einen Gastzugang zum E-Mail-Account eines Beschuldigten ein und werden während dieses Gastzugangs Hinweise bezüglich noch nicht erfasster Straftaten bekannt, so handelt es sich dabei um verwertbare Zufallsfunde.[28]

3. Beschlagnahmeverbote. Für den zufällig aufgefundenen Gegenstand ergeben sich 9 aus § 97 Beschlagnahmeverbote.[29] In einem Strafverfahren gegen einen Strafverteidiger stehen weder § 97 Abs. 1 Nr. 1 noch § 148 Abs. 1 der einstweiligen Beschlagnahme nach § 108 und der anschließenden Verwertung, zB eines Schreibens des Verteidigers an seinen Mandanten, entgegen.[30]

Eine einstweilige Beschlagnahme ist nach **Abs. 1 S. 3** bei Gebäudedurchsuchungen 10 (§ 103 Abs. 1 S. 2) unzulässig, da diese Vorschrift nur der Ergreifung des Beschuldigten dient.[31] Abs. 1 S. 3 bezieht sich nur auf eine Durchsuchung der Wohnung eines Dritten zum Zweck der Ergreifung des Beschuldigten.[32] Allerdings kann die Staatsanwaltschaft oder der nach § 98 Abs. 1 S. 1 dazu befugte Polizeibeamte Gegenstände, die als Beweismittel für eine andere Straftat dienen können, bei Gefahr im Verzug nach den allgemeinen Vorschriften (§§ 94, 98) beschlagnahmen.[33] Die Polizeibeamten sind in diesem Fall nach § 163 Abs. 2 S. 1 verpflichtet, der Staatsanwaltschaft das Auffinden und die Beschlagnahme der Zufallsfunde mitzuteilen. Abs. 1 S. 2 gilt hier nicht, da diese Regelung sich ausdrücklich nur auf die einstweilige Beschlagnahme bezieht.[34]

---

[24] Cerby/Fikentscher NStZ 2019, 697 (702).
[25] Umfassend hierzu Albrecht FS Rogall 2018, 435.
[26] BVerfG 12.4.2005 – 2 BvR 1027/02, BVerfGE 113, 29 (54 ff.) = NJW 2005, 1917 (1920 f.); Matzky Zugriff auf EDV im Strafprozess S. 216 ff.
[27] BGH 24.11.2009 – StB 48/09 (a), NJW 2010, 1297 (1298); Kalf Die Polizei 1986, 413.
[28] LG Mannheim 12.10.2010 – 24 Qs 2/10, StV 2011, 352; hierzu krit. Kelnhofer/Nadeborn StV 2011, 352.
[29] BGH 24.11.2009 – StB 48/09 (a), NJW 2010, 1297 (1298); Krekeler NStZ 1987, 199 (199 ff.).
[30] BGH 27.3.2009 – 2 StR 302/08, BGHSt 53, 257 (262) = NStZ 2009, 517 mAnm Gössel NStZ 2010, 288 (289); Ruhmannseder NJW 2009, 2647.
[31] Hartmann in HK-GS Rn. 3.
[32] OLG Koblenz 4.3.2021 – 1 Ws 53/21, NStZ-RR 2021, 144.
[33] Köhler in Meyer-Goßner/Schmitt Rn. 5; Kurth NJW 1979, 1377 (1384); Vogel NJW 1978, 1217 (1227).
[34] Ladiges in Radtke/Hohmann Rn. 11.

11 In einem **Zoll- oder Steuerstrafverfahren** ist § 108 uneingeschränkt anwendbar. Auch aus dem **Steuergeheimnis** (§ 30 Abs. 1 AO) begründet sich kein Beschlagnahmeverbot, wenn die Voraussetzungen des § 30 Abs. 4, 5 AO vorliegen.[35] Im Übrigen ist bei der Durchsuchung eines Kreditinstituts wegen Verdachts der Steuerhinterziehung eines Bankkunden § 108 grds. anwendbar.[36]

12 **4. Verwertungsverbote.** Die einstweilige Beschlagnahme von Gegenständen, die einem Beschlagnahmeverbot nach § 97 unterliegen, begründet ein Verwertungsverbot. Darüber hinaus führt nicht jeder Verstoß gegen § 108 ohne Weiteres zu einem Verwertungsverbot.[37] Die StPO stellt kein grundsätzliches Beschlagnahmeverbot für Fälle fehlerhafter Durchsuchungen auf, die zur Sicherstellung von Beweisgegenständen führen. Erst bei schwerwiegenden, bewussten oder willkürlichen Verfahrensverstößen, in denen die Beschränkung auf den Ermittlungszweck der Beschlagnahme planmäßig oder systematisch außer Acht gelassen wird und bei Abwägung aller Umstände das Interesse des Betroffenen das staatliche Strafverfolgungsinteresse überwiegt, ist ein Beweisverwertungsverbot als Folge einer fehlerhaften Durchsuchung und Beschlagnahme geboten.[38] Zufallsfunde und -erkenntnisse, die bei einer polizeilich angeordneten Wohnungsdurchsuchung wegen Gefahr im Verzug gewonnen wurden, unterliegen einem Verwertungsverbot, wenn die Durchsuchungsanordnung objektiv willkürlich war und kein besonderes Allgemeininteresse an der Tataufklärung besteht.[39] Unverwertbarkeit können Informationen aus einem bei einer Durchsuchung nach § 103 gefundenen Testament sein, wenn diese dem **Kernbereich privater Lebensgestaltung** zuzuordnen sind.[40] Zulässig ist dagegen die Verwertung von Zufallsfunden, die bspw. bei einer Überprüfung eines elektronischen Datenbestandes aufgefunden wurden, wenn die Suche mit dem Tatvorwurf in einem Zusammenhang stand. Wird dagegen im Rahmen eines Steuerstrafverfahrens der beschlagnahmte Computer des Beschuldigten gezielt mit einem Programm zum Auffinden kinderpornographischer Schriften durchsucht, ohne dass zuvor Anlass zu einem derartigen Vorgehen bestand oder ein Bezug zu der Steuerstrafsache ersichtlich war, handelt sich um ein nach § 108 **unzulässiges gezieltes Durchsuchen** im Hinblick auf weitere Straftaten, was zu einem Beweisverwertungsverbot führen kann.[41]

13 **Spezielle Verwertungsverbote sind in Abs. 2 und 3 normiert.** Werden bei einem Arzt Gegenstände im Sinne von Abs. 1 S. 1 gefunden, bspw. **Patientenunterlagen,** die den Schwangerschaftsabbruch einer Patientin betreffen, dürfen diese nach Abs. 2 nicht als Beweismittel in einem Strafverfahren gegen die Patientin wegen einer Straftat nach § 218 StGB verwertet werden. Abs. 2 dient dem Schutz des Vertrauensverhältnisses zwischen Arzt und Patientin.[42] Verwertbar bleiben die Gegenstände allerdings in einem Strafverfahren gegen den Arzt. Wie § 479 Abs. 2 erfasst Abs. 2 nur die unmittelbare Verwertung zu Beweiszwecken.[43]

14 **Abs. 3** wurde mit dem Gesetz zur Neuregelung der Telekommunikationsüberwachung und anderer verdeckter Ermittlungsmaßnahmen vom 21.12.2007 eingefügt. Die Vorschrift

[35] Bilsdorfer wistra 1984, 8 (10); Bandemer wistra 1988, 136; Ladiges in Radtke/Hohmann Rn. 12; Köhler in Meyer-Goßner/Schmitt Rn. 4; Randt in Joecks/Jäger/Randt AO § 386 Rn. 50.

[36] BVerfG 1.3.2002 – 2 BvR 972/00, NStZ 2002, 371 (372).

[37] AA Krekeler NStZ 1993, 263 (268).

[38] EGMR 3.3.2016 – 7215/10 (Prade/Deutschland), NJW 2017, 2811. BVerfG 12.4.2005 – 2 BvR 1027/02, BVerfGE 113, 29 (54 ff.) = NJW 2005, 1917 (1920 f.); 16.3.2006 – 2 BvR 954/02, NJW 2006, 2684; 2.7.2009 – 2 BvR 2225/08, NJW 2009, 3225; BVerfG 20.5.2011 – 2 BvR 2072/10, NJW 2011, 2783; BGH 3.5.2018 – 3 StR 390/17, NStZ 2019, 227; 6.10.2016 – 2 StR 46/15, BGHSt 61, 266 = NJW 2017, 1332 = NStZ 2017, 367; 21.4.2016 – 2 StR 394/15, StV 2016, 539 = NJW-Spezial 2016, 441; v. 30.8.2011 – 3 StR 210/11, NStZ 2012, 104; OLG Zweibrücken, 18.6.2018 – 1 OLG 2 Ss 3/18, NStZ 2019, 301; OLG Koblenz 4.3.2021 – 1 Ws 53/21, NStZ-RR 2021, 144; Cordes/Pannenborg NJW 2019, 2973, 2976.

[39] OLG Koblenz 6.6.2002 – 1 Ss 93/02, NStZ 2002, 660.

[40] LG Koblenz 8.4.2010 – 4 Qs 10/10, NJW 2010, 2229.

[41] LG Hamburg 6.8.2008 – 632 Qs 33/08, BeckRS 2010, 27509; Amelung NJW 1991, 2533 (2538).

[42] Gercke in Gercke/Julius/Temming/Zöller Rn. 17.

[43] Köhler in Meyer-Goßner/Schmitt Rn. 9; aA Jahn Gutachten für den 67. Deutschen Juristentag 2008, C 96; Singelnstein ZStW 120 (2008), 854 (869 f.).

steht im Zusammenhang mit dem Beschlagnahmeprivileg des § 97 Abs. 5 und betrifft die einstweilige Sicherstellung von Zufallsfunden, die sich im Besitz oder Gewahrsam von **Presseangehörigen** iSd § 53 Abs. 1 S. 1 Nr. 5 befinden. Zulässig ist danach ihre Verwertung in einem anderen Strafverfahren, wenn es dort um eine Straftat mit einer Mindesthöchststrafe von fünf Jahren Freiheitsstrafe und nicht um die Verletzung des Dienstgeheimnisses nach § 353b StGB geht.[44] Die Regelung dient insgesamt der Stärkung des Informantenschutzes und der Pressefreiheit.[45] Entsprechend § 97 Abs. 5 erstreckt sich der Schutz auch auf Gegenstände, die von Presseangehörigen in Räume der Redaktion bzw. des Verlages eingebracht wurden. § 94 bleibt durch Abs. 3 allerdings unberührt.[46]

5. Verfahren. Nach der einstweiligen Beschlagnahme von Zufallsfunden ist die Staatsanwaltschaft darüber nach Abs. 1 S. 2 zu informieren. Diese hat anschließend binnen einer angemessenen Frist zu prüfen, ob sie den Gegenstand entweder freigibt oder ob dieser in einem anderen Ermittlungsverfahren nach §§ 94, 98 beschlagnahmt werden soll. Die Staatsanwaltschaft hat ggf. die richterliche Beschlagnahmeanordnung zu beantragen. Die Entscheidung trifft dann der für das andere Ermittlungsverfahren zuständige Richter. Soweit die Staatsanwaltschaft innerhalb einer angemessenen Frist kein neues Ermittlungsverfahren einleitet und die endgültige Beschlagnahme beantragt, ist die einstweilige Beschlagnahme aufzuheben.[47] **15**

III. Rechtsbehelfe

In entsprechender Anwendung des § 98 Abs. 2 S. 2 kann der Betroffene gegen die vorläufige Beschlagnahme richterliche Entscheidung beantragen. Zuständig hierfür ist das Gericht, das für das andere (oder neue) Ermittlungsverfahren zuständig ist.[48] Wurde binnen angemessener Frist kein neues Verfahren eingeleitet, ist der Richter zuständig, der für das Ursprungsverfahren zuständig war. Das Gericht kann die Beschlagnahme anordnen oder zunächst nur die vorläufige Maßnahme bestätigen. Gegen die richterliche Entscheidung oder die endgültige Beschlagnahme durch den zuständigen Richter ist die Beschwerde zulässig. Das gilt nicht in den Fällen des § 304 Abs. 4 und Abs. 5.[49] **16**

IV. Revision

Auf eine Verletzung von § 108 kann die Revision nur dann gestützt werden, wenn der Fehler zu einem Verwertungsverbot geführt hat und der Gegenstand dennoch in der Hauptverhandlung verwertet worden ist.[50] **17**

§ 109 Kenntlichmachung beschlagnahmter Gegenstände

Die in Verwahrung oder in Beschlag genommenen Gegenstände sind genau zu verzeichnen und zur Verhütung von Verwechslungen durch amtliche Siegel oder in sonst geeigneter Weise kenntlich zu machen.

Schrifttum: Graulich, Die Sicherstellung von während einer Durchsuchung aufgefundenen Gegenständen – Beispiel Steuerstrafverfahren, wistra 2009, 299; Kemper, Das Beschlagnahmeverzeichnis nach § 109 StPO in Wirtschaft- und Steuerstrafverfahren, wistra 2008, 96; Krekeler, Beweisverwertungsverbote bei fehlerhaften Durchsuchungen, NStZ 1993, 263; Michalke, Wenn der Staatsanwalt klingelt – Verhalten bei Durchsuchung und Beschlagnahme, NJW 2008, 1490; Sommermeyer, Schutz der Wohnung gegenüber strafprozessualen Zwangsmaßnahmen, ein Phänomen?, JR 1990, 493.

---

44 BVerfG 27.2.2007 – 1 BvR 538/06, NJW 2007, 1117.
45 BT-Drs. 16/6979, 44.
46 Köhler in Meyer-Goßner/Schmitt Rn. 11.
47 BGH 4.8.1964 – 3 StB 12/63, BGHSt 19, 374 (376); 14.3.1979 – 1 StE 7/78, BGHSt 28, 349 (350) = NJW 1979, 1418 (1419); 11.5.1979 – StB 26/79, BGHSt 29, 15; Ladiges in Radtke/Hohmann Rn. 13.
48 Bruns in KK-StPO Rn. 9; aA Tsambikakis in Löwe/Rosenberg Rn. 21.
49 BGH 14.3.1979 – StB 6/97, BGHSt 28, 349 (350) = NJW 1979, 1418 (1419).
50 Gercke in Gercke/Julius/Temming/Zöller Rn. 21.

I. Überblick

1 § 109 ist auf alle Fälle der Sicherstellung und Beschlagnahme nach §§ 94 ff., 99, 108 und gemäß § 111b Abs. 2 auch auf Einziehungsgegenstände sowie gem. § 111e Abs. 5 beim Vermögensarrest anwendbar. Die Vorschrift kommt zudem bei der Mitnahme der Gegenstände zur Durchsicht nach § 110 zur Anwendung.[1] Sie gilt für bewegliche und unbewegliche Sachen, für Forderungen und andere Vermögensrechte nach § 111c Abs. 2.[2] Die Kennzeichnungspflicht gilt auch für lediglich kopierte Unterlagen.[3] Sie geht über die Mitteilungspflicht nach § 107 S. 2 hinaus. § 109 ist eine **Ordnungsvorschrift,** auf deren Durchführung der Betroffene keinen Einfluss hat und die für die Wirksamkeit der Beschlagnahme nicht von Bedeutung ist. Das Verzeichnis hat keine Beweiskraft für oder gegen jedermann.[4]

II. Erläuterung

2 Die **Anforderungen** an die Kennzeichnung, insbesondere im Hinblick auf die Identifizierbarkeit der Gegenstände, entsprechen § 107 S. 2 (→ § 107 Rn. 6).[5] Die Gegenstände sind in ein Verzeichnis aufzunehmen und durch ein amtliches Siegel oder in einer anderen geeigneten Weise kenntlich zu machen, bspw. durch Einschließen der Gegenstände in einem besonders bezeichneten Behältnis.[6] Bei der Sicherstellung von Datenträgern ist zwar eine Kennzeichnung einzelner Dateien kaum möglich, allerdings ist aus Gründen der Beweisführung und zur Erleichterung des Aussonderung nicht verfahrensrelevanter Daten der Speicherort und der Umfang der zu beschlagnahmenden Dateien möglichst genau zu bezeichnen.[7] Ein auf behördliche Datenträger kopierter Datenbestand ist nicht im ganzen Beweismittel, vielmehr muss eine Durchsicht der einzelnen Datensätze auf ihre Beweisbedeutung erfolgen. Die potenziell bedeutsamen Datensätze sind herauszufiltern und dann so konkret wie möglich in einem Verzeichnis zu bezeichnen, dass eine Unsicherheit über den Umfang der beantragten Beschlagnahme nicht auftreten kann.[8] Die pauschale Bezeichnung „E-Mails" bzw. „E-Mail-Accounts" genügt den Anforderungen nicht.[9]

3 Die Vorschrift **§ 9 der Aktenordnung** für die Gerichte und Staatsanwaltschaften, die in den Bundesländern weitgehend identisch normiert ist, regelt die Einzelheiten zur Kennzeichnung und listenmäßigen Erfassung. Weitere Regelungen der Bundesländer zum Umgang mit beschlagnahmten Gegenständen finden sich jeweils in Anweisungen für die Behandlung der in amtlichen Gewahrsam gelangten Gegenstände (Gewahrsamssachenanweisungen).[10]

III. Rechtsbehelfe und Revision

4 Weigert sich die Behörde, ein detailliertes Verzeichnis über die Gegenstände zu erstellen, die sie aufgrund einer richterlichen Beschlagnahmeanordnung oder mit Zustimmung des Beschuldigten in Verwahrung genommen hat, ist der Rechtsweg nach **§ 23 Abs. 1 S. 1 EGGVG** eröffnet.[11]

5 Da ein Verstoß keinen Einfluss auf die Rechtsmäßigkeit der Beschlagnahme und die Verwertbarkeit von in die Hauptverhandlung eingeführten Beweismitteln hat,[12] kann auf

---

1 Graulich wistra 2009, 299 (302).
2 Hartmann in HK-GS Rn. 1.
3 Vgl. LG Stade 3.9.2001 – 12 Qs 3/2001, wistra 2002, 319.
4 Gercke in Gercke/Julius/Temming/Zöller Rn. 2.
5 Michalke NJW 2008, 1490 (1493).
6 Hartmann in HK-GS Rn. 2.
7 Kemper wistra 2008, 96 (99).
8 LG Bonn 17.6.2003 – 37 Qs 20/03, wistra 2005, 76.
9 Hadamitzky in Satzger/Schluckebier/Widmaier StPO Rn. 2.
10 Kemper wistra 2008, 96.
11 LG Gießen 12.8.1999 – 2 Qs 200, 201/99, wistra 2000, 76.
12 Tsambikakis in Löwe/Rosenberg Rn. 5; aA Pelzer, Die Vorschriften zur Form der Durchführung einer Durchsuchung im Strafprozess, 2008, S. 98; Krekeler NStZ 1993, 263 (268); Sommermeyer JR 1990, 493 (499).

eine Verletzung der Norm die **Revision** nicht gestützt werden.[13] Ein Verstoß kann jedoch Schadensersatzansprüche aus öffentlich-rechtlicher Verwahrung begründen.[14]

§ 110 Durchsicht von Papieren und elektronischen Speichermedien

(1) Die Durchsicht der Papiere des von der Durchsuchung Betroffenen steht der Staatsanwaltschaft und auf deren Anordnung ihren Ermittlungspersonen (§ 152 des Gerichtsverfassungsgesetzes) zu.

(2) [1]Im Übrigen sind Beamte zur Durchsicht der aufgefundenen Papiere nur dann befugt, wenn der Inhaber die Durchsicht genehmigt. [2]Andernfalls haben sie die Papiere, deren Durchsicht sie für geboten erachten, in einem Umschlag, der in Gegenwart des Inhabers mit dem Amtssiegel zu verschließen ist, an die Staatsanwaltschaft abzuliefern.

(3) [1]Nach Maßgabe der Absätze 1 und 2 ist auch die Durchsicht von elektronischen Speichermedien bei dem von der Durchsuchung Betroffenen zulässig. [2]Diese Durchsicht darf auch auf hiervon räumlich getrennte Speichermedien erstreckt werden, soweit auf sie von dem elektronischen Speichermedium aus zugegriffen werden kann, wenn andernfalls der Verlust der gesuchten Daten zu befürchten ist. [3]Daten, die für die Untersuchung von Bedeutung sein können, dürfen gesichert werden.

(4) Werden Papiere zur Durchsicht mitgenommen oder Daten vorläufig gesichert, gelten die §§ 95a und 98 Absatz 2 entsprechend.

Schrifttum: Bär, Telekommunikationsüberwachung und andere verdeckte Ermittlungsmaßnahmen – Gesetzliche Neuregelung zum 1.1.2008, MMR 2008, 215; Bär, EDV-Beweissicherung im Strafverfahren bei Computern, Handy, Internet, DRiZ 2007, 218; Bär, Transnationaler Zugriff auf Computerdaten, ZIS 2011, 53; Beukelmann, Surfen ohne strafrechtliche Grenzen, NJW 2012, 2617; Böckenförde, Auf dem Weg zur elektronischen Privatsphäre, JZ 2008, 925; Braun, Die Durchsicht elektronischer Speichermedien: Zugriff auf Speichermedien andernorts zulässig, PStR 2012, 86; Brodowski, Strafprozessualer Zugriff auf E-Mail-Kommunikation, JR 2009, 402; Buchholz, Das Anwesenheitsrecht bei der Durchsicht von Datenbeständen nach § 110 Abs. 1 StPO, NZWiSt 2021, 369; Ciolek-Krepold, Durchsuchung und Beschlagnahme in Wirtschaftsstrafsachen, 2000; Cordes/Pannenborg, Strafprozessuale und verfassungsrechtliche Grenzen im Umgang mit Zufallsfunden, NJW 2019, 2973; Doege, Das Anwesenheitrecht des Betroffenen und seines Rechtsbeistandes bei Durchsicht gem. § 110 StPO, NStZ 2022, 466; Gaede, Der grundrechtliche Schutz gespeicherter E-Mails beim Provider und ihre weltweite strafprozessuale Überwachung, StV 2009, 96; Gercke, Zur Zulässigkeit sog. Transborder Searches – Der strafprozessuale Zugriff auf im Ausland gespeicherte Daten, StraFo 2009, 271; Glock, Unterlagen, deren richterliche Beschlagnahme noch nicht angeordnet oder bestätigt wurde, dürfen seitens der Ermittlungsbehörden nicht verwendet werden, NStZ 2019, 248; Graulich, Die Sicherstellung von während einer Durchsuchung aufgefundenen Gegenständen – Beispiel Steuerstrafverfahren, wistra 2009, 299; Herrmann/Soiné, Durchsuchung persönlicher Datenspeicher und Grundrechtsschutz, NJW 2011, 2922; Kasiske, Neues zur Beschlagnahme von Emails beim Provider, StraFo 2010, 228; Knauer/Wolf, Zivilprozessuale und strafprozessuale Änderungen durch das Erste Justizmodernisierungsgesetz: Teil 2: Änderungen der StPO, NJW 2004, 2932; Knierim, Fallrepetitorium zur Wohnraumüberwachung und anderen verdeckten Eingriffen nach neuem Recht, StV 2009, 206; Krekeler, Beweisverwertungsverbote bei fehlerhaften Durchsuchungen, NStZ 1993, 263; Kudlich, Strafverfolgung im Internet, GA 2011, 193; Kudlich, Straftaten und Strafverfolgung im Internet, StV 2012, 560; Kunz, Durchsuchung und Beschlagnahme in Steuerstrafverfahren, BB 2000, 438; Kutzner, Die Beschlagnahme von Daten bei Berufsgeheimnisträgern, NJW 2005, 2652; Hoffmann/Wißmann, Zur zulässigen Dauer von Durchsuchungsmaßnahmen, NStZ 1998, 443; Hohmann, Zur Frage, ob bei Beschlagnahme von Behördenakten zuvor die Herausgabe des Schriftgutes erfolglos versucht sein muss, zur Durchsicht nach § 110 StPO und zu den Voraussetzungen für eine Beschlagnahme, wistra 2001, 196; Mahnkopf/Funk, Zur Frage des Anwesenheitsrechtes von Sachverständigen bei strafprozessualen Durchsuchungsmaßnahmen im Zusammenhang mit ärztlichen Abrechnungsbetrügereien, NStZ 2001, 519; Matzky, Zugriff auf EDV im Strafprozess, 1999; Meininghaus, Der Zugriff auf E-Mails im strafrechtlichen Ermittlungsverfahren, 2007; Michalke, Durchsuchung und Beschlagnahme – Verfassungsrecht im Alltag, StraFo 2014, 91; Mildeberger/Riveriro,

[13] Klug Presseschutz S. 91 ff.
[14] Gercke in Gercke/Julius/Temming/Zöller Rn. 2.

Zur Durchsicht von Papieren gem. § 110 StPO, StraFo 2004, 45; Obenhaus, Cloud Computing als neue Herausforderung für Strafverfolgungsbehörden und Rechtsanwaltschaft, NJW 2010, 651; Park, Der Anwendungsbereich des § 110 StPO bei Durchsuchungen in Wirtschafts- und Steuerstrafsachen, wistra 2000, 453; Peters, Anwesenheitsrechte bei der Durchsicht gemäß § 110 StPO: Bekämpfung der Risiken und Nebenwirkungen einer übermächtigen Ermittlungsmaßnahme, NZWiSt 2017, 465; Rau, Beschlagnahme von elektronischen Daten bei Rechtsanwälten und Steuerberatern, WM 2006, 1281; Schlegel, „Online-Durchsuchung light" – Die Änderung des § 110 StPO durch das Gesetz zur Neuregelung der Telekommunikationsüberwachung, HRRS 2008, 23; Schlegel, Warum die Festplatte keine Wohnung ist – Art. 13 GG und die „Online-Durchsuchung", GA 2007, 648; Schuster, Telekommunikationsüberwachung in grenzüberschreitenden Strafverfahren nach Inkrafttreten des EU-Rechtshilfeübereinkommens, NStZ 2006, 657; Sieber, Straftaten und Strafverfolgung im Internet, NJW-Beil. 2012, 86; Singelnstein, Möglichkeiten und Grenzen neuerer strafprozessualer Ermittlungsmaßnahmen – Telekommunikation, Web 2.0, Datenbeschlagnahme, polizeiliche Datenverarbeitung & Co, NStZ 2012, 593; Soiné, Die strafprozessuale Online-Durchsuchung, NStZ 2018, 497; Sommer, Moderne Strafverteidigung, StraFo 2004, 295; Spatscheck, Beschlagnahme von Computerdaten und E-Mails beim Berater, Festschrift Hamm, 2008, 733; Streck, Erfahrungen bei der Anfechtung von Durchsuchungs- und Beschlagnahmebeschlüssen in Steuerstrafsachen, StV 1984, 348; Warken, Elektronische Beweismittel im Strafprozessrecht – eine Momentaufnahme über den deutschen Tellerrand hinaus, Teil 1, NZWiSt 2017, 289; Wenzl, Die Datenlieferungsvereinbarung, NStZ 2021, 395; Wicker, Durchsuchung in der CloudNutzung von Cloud-Speichern und der strafprozessuale Zugriff deutscher Ermittlungsbehörden, MMR 2013, 765; Wolter, Repressive und präventive Verwertung tagebuchartiger Aufzeichnungen, StV 1990, 175; Zerbes/El-Ghazi, Zugriff auf Computer: Von der gegenständlichen zur virtuellen Durchsuchung, NStZ 2015, 425.

Übersicht

I. Überblick

1 Die Durchsicht von Papieren und elektronischen Speichermedien nach § 110 ist der endgültigen Entscheidung über den Umfang der Beschlagnahme vorgelagert und **Bestandteil der Durchsuchung.**[1] Für die Rechtmäßigkeit der richterlichen Bestätigung der vorläufigen Sicherstellung kommt es darauf an, ob die Voraussetzungen für eine Durchsuchung im Zeitpunkt der Entscheidung noch vorliegen. Sind diese Voraussetzungen zum Zeitpunkt der Durchsicht nicht mehr gegeben, ist auch die Durchsicht als Teil der Durchsuchung nicht zulässig.[2] Es muss also zum Zeitpunkt der Maßnahme ein auf konkreten Tatsachen beruhender Anfangsverdacht bestehen (vage Anhaltspunkte und bloße Vermutungen reichen hierfür nicht aus).[3] Zudem muss die Durchsicht zur Auffindung von Beweismitteln geeignet und verhältnismäßig sein. Unzulässig ist die Durchsicht, wenn Beweismittel aufgespürt werden sollen, die einem Beschlagnahmeverbot (§ 97) oder einem sonstigen Verwertungsverbot unterliegen.[4] Das gilt auch für die gezielte (somit willkürliche) Suche nach Zufallsfunden,[5]

[1] BVerfG 30.11.2021 – 2 BvR 2038/18, BeckRS 2021, 39283; BGH 18.5.2022 – StB 17/22, BeckRS 2022, 13068; BVerfG 18.3.2009 – 2 BvR 1036/08, NJW 2009, 2518; 28.4.2003 – 2 BvR 358/03, NJW 2003, 2669; Hadamitzky in Satzger/Schluckebier/Widmaier StPO Rn. 5.

[2] BVerfG 30.11.2021 – 2 BvR 2038/18, BeckRS 2021, 39283; BVerfG 20.11.2019 – 2 BvR 886/19 u.a., NJW 2020, 384 Rn. 39; 20.9.2018 – 2 BvR 708/18, NJW 2018, 3571 Rn. 25; 30.1.2002 – 2 BvR 2248/00, NJW 2002, 1410, 1411; BGH 20.5.2021 – StB 21/21 –, Rn. 12, juris; 5.8.2003 – StB 7/03, NStZ 2003, 670 Rn. 2.

[3] Vgl. auch Glock NStZ 2019, 248 (249).

[4] BVerfG 20.9.2018 – 2 BvR 708/18, NStZ-RR 2019, 118; 20.11.2019 – 2 BvR 31/19, 2 BvR 886/19, NJW 2020, 384.

[5] LG Berlin 15.1.2004 – 518 Qs 44/03, NStZ 2004, 571; LG Kiel 25.4.2016 – 7 Qs 24/16, BeckRS 2016, 14055; vgl. zu legendierten Kontrollen bei Drogentransporten ausführlich Müller/Römer NStZ 2012, 543; Cordes/Pannenborg NJW 2019, 2973 (2975).

da diese Gegenstände nicht „bei Gelegenheit" der Durchsuchung im Sinne des § 108 entdeckt worden wären (vgl. → § 108 Rn. 7 f.). Die mit einer Sicherstellung zum Zwecke der Durchsicht verbundene Belastung durch die Entziehung des Besitzes ist an Art. 14 Abs. 1 GG zu messen. Sofern Daten betroffen sind, liegt in der Regel ein Eingriff in das Recht auf informationelle Selbstbestimmung aus Art. 2 Abs. 1 iVm Art. 1 Abs. 1 GG vor, das die Befugnis des Einzelnen gewährleistet, grundsätzlich selbst über die Preisgabe und Verwendung seiner persönlichen Daten zu bestimmen.[6] Sind von der Maßnahme beim Provider gespeicherte E-Mails betroffen, kommt zudem – jedenfalls bei aktiven E-Mail-Konten – ein Eingriff in das Fernmeldegeheimnis in Betracht.[7] Art. 13 Abs. 1 GG wird dagegen durch die Maßnahme in der Regel nicht (mehr) tangiert.[8] Die Durchsicht bezweckt die Wahrung des Verhältnismäßigkeitsgrundsatzes,[9] insbesondere den Schutz der Persönlichkeitsrechte und der Privat- und geschäftlichen Geheimnissphäre des von der Durchsuchung Betroffenen.[10] Im Rahmen des Vertretbaren sollen lediglich diejenigen Informationen der Beschlagnahme zugeführt werden, die tatsächlich verfahrensrelevant und verwertbar sind. Der Umfang der Beschlagnahme wird durch die vorhergehende Durchsicht begrenzt.[11] § 110 gilt für Papiere und elektronische Speichermedien, die bei einer Durchsuchung aufgefunden wurden. Anwendbar ist die Vorschrift auch, wenn Gegenstände zunächst durchgesehen werden sollen, um sie erst anschließend bei festgestellter Verfahrensrelevanz dem Inhaber gegen seinen Willen zu entziehen.[12] Entsprechend § 111b Abs. 2 gilt die Vorschrift auch bei Durchsuchungen zum Auffinden von Einziehungsgegenständen und bei Maßnahmen nach § 111e Abs. 5.

II. Erläuterung

1. Zuständigkeit. Für die Durchsicht nach Abs. 1 sind die **Staatsanwaltschaft** und (auf deren Anordnung) ihre Ermittlungspersonen (§ 152 GVG) zuständig.[13] Der Staatsanwaltschaft steht hierbei als „Herrin des Ermittlungsverfahrens" die Sachleitungsbefugnis zu. Die Entscheidung, in welchem Umfang eine inhaltliche Durchsicht potentieller Beweismittel nach § 110 notwendig ist, wie sie im Einzelnen zu gestalten und wann sie zu beenden ist, obliegt allein dem Ermessen der Staatsanwaltschaft.[14] Die Anordnung der Staatsanwaltschaft auf Durchsicht kann formlos (auch fernmündlich oder per E-Mail) und bereits vor der Durchsuchung erfolgen.[15] Die Beauftragung von Ermittlungspersonen braucht im Einzelfall von der Staatsanwaltschaft nicht näher begründet zu werden.[16] Sie kann auf bestimmte Beamte und bestimmte Papiere beschränkt und jederzeit widerrufen werden.[17] 2

[6] BVerfG 20.9.2019 – 2 BvR 708/18, Rn. 23; 20.11.2019 – 2 BvR 31/19, 2 BvR 886/19, NJW 2020, 384; 31.1.2020 – 2 BvR 2992/14, Rn. 34.
[7] BVerfG 16.6.2009 – 2 BvR 902/06, Rn. 42, 49.
[8] BVerfG 20.9.2018 – 2 BvR 708/18, NStZ-RR 2019, 118.
[9] Ladiges in Radtke/Hohmann Rn. 1.
[10] Hartmann in HK-GS Rn. 1; Gercke in Gercke/Julius/Temming/Zöller Rn. 2; Park Durchsuchung wistra 2000, 453; Burhoff StrafREV-HdB Rn. 1141.
[11] BVerfG 30.1.2002 – 2 BvR 2248/00, NJW 2002, 1410 (1411); 12.4.2005 – 2 BvR 1027/02, NJW 2005, 1917 (1921 f.); OLG Jena 20.11.2000 – 1 Ws 313/00, NJW 2001, 1290 (1293); LG Bonn 17.6.2004 – 37 Qs 20/03, wistra 2005, 76 (77); Park Durchsuchung wistra 2000, 453; Köhler in Meyer-Goßner/Schmitt Rn. 2; Ladiges in Radtke/Hohmann Rn. 3.
[12] Hartmann in HK-GS Rn. 2; Tsambikakis in Löwe/Rosenberg Rn. 3; Park Durchsuchung wistra 2000, 453 (454).
[13] BR-Drs. 378/03, 55; kritisch dazu Knauer/Wolf NJW 2004, 2932 (2937); Gercke in Gercke/Julius/Temming/Zöller Rn. 2; Schlegel GA 2007, 648 (661 f.); Sommer StraFo 2004, 295 (296); Löffelmann in AK-StPO Rn. 2.
[14] BVerfG 28.4.2003 – 2 BvR 358/03, NJW 2003, 2669, 2671; 30.1.2002 – 2 BvR 2248/00, NJW 2002, 1410, 1411; BGH 20.5.2021 – StB 21/21 –, Rn. 18; 5.8.2003 – StB 7/03, NStZ 2003, 670 Rn. 7; LG Saarbrücken 20.9.2016 – 2 Qs 26/16, NStZ-RR 2016, 346, 347.
[15] Ladiges in Radtke/Hohmann Rn. 4.
[16] BR-Drs. 378/03, 55.
[17] Hartmann in HK-GS Rn. 6.

3 Zuständig für die Durchsicht sind neben der Staatsanwaltschaft und ihren **Ermittlungspersonen** auch der **Richter,** wenn dieser sich die Anwesenheit bei der Durchsuchung und die Durchsicht der Papiere vorbehalten hat oder wenn die Anklageschrift bei Gericht eingegangen und damit die Verfahrensherrschaft auf ihn übergegangen ist.[18] Vor Ort kann der Richter die Durchsicht gemäß § 36 Abs. 2 S. 1 auf die Staatsanwaltschaft übertragen. Diese kann anschließend die Durchsicht von ihren Ermittlungspersonen durchführen lassen.[19]

4 Die **Finanzbehörde** ist zuständig, wenn sie das Verfahren selbständig führt (§ 386 Abs. 1 S. 2, Abs. 2 AO). In Steuerstrafsachen sind gemäß § 399 Abs. 1, § 404 S. 2 AO die Steuerfahndungs- bzw. Zollbehörden zuständig. Das gilt auch, wenn das Verfahren zugleich andere Straftatbestände zum Gegenstand hat.[20]

5 Im Übrigen sind Ermittlungsbeamte zur Durchsicht der aufgefundenen Papiere nur dann befugt, wenn der Inhaber oder sein Vertreter die Durchsicht genehmigen (Abs. 2 S. 1) und der Betroffene über die Möglichkeit der Verweigerung zuvor belehrt worden ist.[21] Diese Genehmigung kann jederzeit widerrufen oder sachlich und persönlich beschränkt werden.[22]

6 **2. Durchsicht von Papieren und elektronischen Speichermedien. a) Durchsuchungsobjekte.** Der Begriff „Papiere" ist vor dem Hintergrund des Schutzes der Geheimsphäre weit auszulegen.[23] Er erfasst alle Gegenstände, die wegen ihres Gedankeninhalts Bedeutung haben, vor allem privates und berufliches Schriftgut, aber auch Mitteilungen und Aufzeichnungen aller Art, gleichgültig auf welchem Informationsträger sie festgehalten sind.[24] Im Einzelnen gehören dazu auf Papier geschriebene gedankliche Erklärungen, Buchhaltungsunterlagen, Tagebücher, Inventarlisten, Farbbänder einer Schreibmaschine,[25] Zeichnungen, Diagramme, Skizzen,[26] nicht aber zur massenhaften Verbreitung bestimmte Bücher und andere Druckwerke.[27] Auch Manuskripte und Druckfahnen sind Papiere iSd Vorschrift, solange sie noch nicht so vervielfältigt worden sind, dass sie Verbreitung finden können, und aus Gründen der Aktualität bis zur Veröffentlichung noch geheim gehalten werden.[28] Urkunden, die zur Vorlage bei einer Behörde bestimmt sind (zB Ausweise und Führerscheine), werden nicht vom Schutzzweck der Norm erfasst.[29] Der Anwendungsbereich der Norm erstreckt sich auch auf alle **elektronischen Speichermedien (vgl. nunmehr klarstellend Abs. 3 S. 1),**[30] mit denen Gedankenerklärungen und sonstige Aufzeichnungen festgehalten werden,[31] hierzu zählen Laufwerke (externe und interne) Festplatten (zB. Speicherkarten, USB-Sticks, sonstige EDV-Geräte[32] sowie Datenspeicher in einem Mobilte-

---

[18] OLG Jena 20.11.2000 – 1 Ws 313/00, NJW 2001, 1290 (1293); Köhler in Meyer-Goßner/Schmitt Rn. 3.
[19] Hartmann in HK-GS Rn. 6.
[20] LG Gießen 12.8.1999 – 2 Qs 200/99, 2 Qs 201/99, wistra 2000, 77; Streck StV 1984, 348 (348 ff.); Mildeberger/Riveiro StraFo 2004, 45; krit. Gercke in Gercke/Julius/Temming/Zöller Rn. 3.
[21] Hadamitzky in Satzger/Schluckebier/Widmaier StPO Rn. 9.
[22] Ladiges in Radtke/Hohmann Rn. 5.
[23] Gercke in Gercke/Julius/Temming/Zöller Rn. 6; Köhler in Meyer-Goßner/Schmitt Rn. 1.
[24] BGH 5.8.2003 – 2 BJs 11/03-5 – StB 7/03, NStZ 2003, 670.
[25] LG Berlin 9.5.1983 – 512a/512 Qs 18/83, StV 1987, 97 (98).
[26] Hartmann in HK-GS Rn. 3.
[27] Köhler in Meyer-Goßner/Schmitt Rn. 1.
[28] Tsambikakis in Löwe/Rosenberg Rn. 6.
[29] Ladiges in Radtke/Hohmann Rn. 6.
[30] BT-Drs. 19/27654, 74.
[31] BVerfG 12.4.2005 – 2 BvR 1027/02, NJW 2005, 1917; BGH 5.8.2003 – 2 BJs 11/03 – 5 – StB 7/03, NStZ 2003, 670 (671); LG Berlin 15.1.2004 – 518 Qs 44/03, NStZ 2004, 571 (573); Ladiges in Radtke/Hohmann Rn. 6.
[32] BVerfG 30.1.2002 – 2 BvR 2248/00, NJW 2002, 1410; BGH 23.11.1987 – 1 BJs 55/81 – 4 – 1 BGs 517/87, StV 1988, 90; 14.12.1999 – 2 BJs 82/98 – 3, CR 1999, 292 (293); 5.8.2003 – 2 BJs 11/03 – 5 – StB 7/03, NStZ 2003, 670 (671); Matzky Zugriff auf EDV im Strafprozess S. 224 ff.; Schlegel HRRS 2008, 23 (25); Bär EDV-Beweissicherungen-HdB Rn. 401 ff.; Spatscheck FS Hamm 2008, 733.

lefon),[33] optische Speicher (zB. CD-, DVD- sowie BD-ROMS) und Cloud-Speicher (vgl. hierzu Abs. 3 S. 2),

Die Papiere und elektronischen Speichermedien müssen nicht im Eigentum des von der 7
Durchsuchung Betroffenen stehen.[34] Ausreichend ist, dass sie sich in seinem **Gewahrsam** befinden[35] oder in sonstiger Weise in den Gewahrsam der Strafverfolgungsbehörden gelangt sind, unabhängig davon, ob es sich um zuvor sichergestellte oder beschlagnahmte Dokumente handelt.[36] Der Cloud-Speicher steht aufgrund der faktischen Verfügungsbefugnis über die dort gespeicherten Daten zumindest im Mitgewahrsam des Cloud-Nutzers sowie im Gewahrsam des Cloud-Anbieters.[37]

b) Durchführung der Durchsicht. Die Durchsicht ist das Mittel, die als Beweismittel 8
in Betracht kommenden Papiere inhaltlich darauf zu prüfen, ob eine richterliche Beschlagnahme zu beantragen oder ob die Rückgabe zu veranlassen ist.[38] Sie erfolgt grds. an Ort und Stelle im Anschluss an die Durchsuchung (§§ 102, 103), um sofort über die Beschlagnahme zu entscheiden. Ist wegen des Umfangs der Papiere eine abschließende Sichtung nicht sogleich möglich, so können diese zur Durchsicht mitgenommen oder in einem separaten Raum verwahrt werden.[39] Das gilt zudem auch für EDV-Anlagen, wenn der vollständige Datenspeicher zur späteren Auswertung kopiert wird.[40] Zu den Möglichkeiten einer Datenlieferungsvereinbarung vgl. Wenzl NStZ 2021, 395. Auch bei E-Mails wird eine sorgfältige Sichtung und Trennung nach ihrer Verfahrensrelevanz am Zugriffsort in der Praxis kaum möglich sein. Sofern die Umstände des jeweiligen strafrechtlichen Vorwurfs und die (technische) Erfassbarkeit des Datenbestands eine unverzügliche Zuordnung nicht erlauben, muss die vorläufige Sicherstellung größerer Teile oder sogar des gesamten Datenbestandes erwogen werden, an die sich eine Durchsicht zur Feststellung der potenziellen Beweiserheblichkeit und -verwertbarkeit der E-Mails anschließt.[41]

Kann die Durchsicht wegen des Umfangs der Asservate vor Ort nicht abgeschlossen 9
werden, ist, sofern der Betroffene mit der Durchsicht nicht einverstanden ist, die **richterliche Bestätigung der vorläufigen Sicherstellung** der Gegenstände zum Zwecke der Durchsicht beim Ermittlungsrichter zu beantragen. Kommen die Papiere nach Sichtung dann als Beweismittel in Betracht, so beantragt die Staatsanwaltschaft anschließend die richterliche Beschlagnahme der Gegenstände bzw. der betreffenden Daten oder E-Mails (§§ 94, 98).[42] § 110 ist eine offene Ermittlungsmaßnahme. Das hat zur Folge, dass die Anordnung der Durchsicht dem Betroffenen bekanntzugeben ist (§ 33 Abs. 2, § 35 Abs. 2). Im Fall der vorläufigen Sicherstellung eines Gegenstandes, den eine nicht beschuldigte Person im Gewahrsam hat, kann entsprechend § 95a (vgl. § 110 Abs. 4) die Benachrichtigung des von der Beschlagnahme betroffenen Beschuldigten zurückgestellt werden, solange sie den Untersuchungszweck gefährden würde, wenn bestimmte Tatsachen den Verdacht begründen, dass der Beschuldigte als Täter oder Teilnehmer eine Straftat von auch im Einzelfall erheblicher Bedeutung, insbesondere eine in § 100a Absatz 2 bezeichnete Straftat, begangen, in Fällen, in denen der Versuch strafbar ist, zu begehen versucht, oder durch eine Straftat

---

33 BVerfG 2.3.2006 – 2 BvR 2099/04, NJW 2006, 976.

34 Hegmann in BeckOK StPO Rn. 4; Park Durchsuchung wistra 2000, 453 (455); Gercke in Gercke/Julius/Temming/Zöller Rn. 5.

35 LG Bremen 22.7.2005 – 1 Qs 112/05, StV 2006, 571 (572); Bruns in KK-StPO Rn. 3.

36 Tsambikakis in Löwe/Rosenberg Rn. 3; Gercke in Gercke/Julius/Temming/Zöller Rn. 5.

37 Wicker MMR 2013, 765.

38 BVerfG 30.11.2021 – 2 BvR 2038/18, BeckRS 2021, 39283; BVerfG 16.6.2009 – 2 BvR 902/06, NJW 2009, 2431 (2438); BGH 18.5.2022 – StB 17/22, BeckRS 2022, 13068; 20.5.2021 – StB 21/21, NStZ 2021, 623.

39 Wohlers/Jäger in SK-StPO Rn. 16.

40 Ciolek-Krepold Durchsuchung Rn. 150.

41 BVerfG 30.11.2021 – 2 BvR 2038/18, BeckRS 2021, 39283; BVerfG 16.6.2009 – 2 BvR 902/06, NJW 2009, 2431 (2436); 15.8.2014 – 2 BvR 969/14, NJW 2014, 3085; BGH 20.5.2021 – StB 21/21, NStZ 2021, 623; BGH 5.6.2019 – StB 6/19, BeckRS 2019, 14495; Zerbes/El-Ghazi NStZ 2015, 425 (426).

42 BGH 5.8.2003 – 2 BJs 11/03-5 – StB 7/03, NStZ 2003, 670.

vorbereitet hat und die Erforschung des Sachverhalts oder die Ermittlung des Aufenthaltsortes des Beschuldigten auf andere Weise wesentlich erschwert oder aussichtslos wäre.

10 Die vom BVerfG zur zeitlichen Geltung von Durchsuchungsbeschlüssen aufgestellten Grundsätze[43] sind auf die Phase der Durchsicht von Unterlagen nach § 110 nicht entsprechend anzuwenden. **Die Durchsicht muss nicht innerhalb von 6 Monaten beendet sein.** Eine vom Gesetz nicht vorgesehene zeitliche Befristung der gerichtlichen Bestätigung der vorläufigen Sicherstellung des Gegenstandes der Durchsicht scheidet aufgrund des Ermessensspielraums der Staatsanwaltschaft (vgl. hierzu → Rn. 2) aus. In aller Regel lässt sich der erforderliche und unter Verhältnismäßigkeitsgesichtspunkten statthafte Umfang von weiteren Sichtungsmaßnahmen nicht vorab bestimmen. Einerseits kann sich aus Erkenntnissen, die bei einer fortschreitenden Durchsicht erlangt werden, die Gebotenheit weiterer Sichtungsmaßnahmen ergeben. Andererseits können neue Erkenntnisse, etwa überraschende Erfolge bei einer Dekryptierung von Daten oder die Erlangung von Passwörtern, die erforderliche Zeitdauer einer Durchsicht erheblich verkürzen. Die richterliche Festlegung einer Frist für eine Durchsicht eines vorläufig sichergestellten Gegenstandes könnte sich mithin auch zum Nachteil des Betroffenen auswirken. Eine gerichtliche Befristung der Dauer einer vorläufigen Sicherstellung potentiell beweisrelevanter Gegenstände ist daher nicht statthaft.[44] In der Phase der Durchsicht kommt es im Übrigen zu keinem Eingriff in den Schutzbereich des Art. 13 GG, wenn sich die zu sichtenden Unterlagen bereits in amtlicher Verwahrung befinden. Vielmehr beschränkt sich die Eingriffswirkung auf die Fortdauer des Sachentzugs, so dass eine Gefahr, dass der Richtervorbehalt nach Art. 13 Abs. 2 GG infolge Zeitablaufs leer läuft, nicht besteht.[45] Aus dem **Grundsatz der Verhältnismäßigkeit,** der den Ermessensspielraum der Staatsanwaltschaft begrenzt, folgt, dass die Durchsicht **zügig** durchgeführt werden muss, um abhängig von der Komplexität der Ermittlungen, von der Menge des vorläufig sichergestellten Materials sowie der Schwierigkeit seiner Auswertung (bspw. Übersetzung der Asservate, Entschlüsselung von Passwörtern)[46] in angemessener Zeit zu dem Ergebnis zu gelangen, was als potenziell beweiserheblich dem Gericht zur Beschlagnahme angetragen und was wieder herausgegeben werden kann.[47] Eine Überlastung von Ermittlungsbehörden, in der Praxis bei der Polizei häufig im Bereich der EDV-Auswertung oder infolge von Personalmangel gegeben, stellt keinen Grund für eine erheblich verzögerte Durchsicht dar.[48]

11 Bei der Durchsicht können **sachkundige Dritte** (bspw. Sachverständige oder Zeugen mit Spezialkenntnissen) zu Auswertungszwecken von der Staatsanwaltschaft zugezogen werden, ua Dolmetscher, EDV-Spezialisten oder Sachverständige einer Berufskammer,[49] soweit die Verantwortung für die Durchsicht durch die Staatsanwaltschaft oder Ermittlungspersonen iSd § 152 GVG sichergestellt ist. Vorbehaltlich der zu wahrenden Anforderungen an Vertraulichkeit und Datenschutz beschreibt § 110 mit der Zuordnung der „Durchsicht" zum Aufgabenbereich der Staatsanwaltschaft und der Ermittlungsbeamten gem. § 152 GVG eine Aufgabe und die Verantwortung für diese Aufgabe, nicht aber einzelne Modalitäten ihrer Wahrnehmung. Die Kosten der Auswertung beschlagnahmter Datenträger durch einen externen Dienstleister können nicht als Auslagen für ein Sachverständigengutachten iSd KV-GKG Nr. 9005 angesetzt werden, wenn dieses Gutachten nur eine technische Dienst-

[43] BVerfG 27.5.1997 – 2 BvR 1992/92, NJW 1997, 2165: Vollstreckung von Durchsuchungsbeschlüssen innerhalb von 6 Monaten.

[44] BGH 20.5.2021 – StB 21/21, Rn. 17–20.

[45] BVerfG 30.1.2002 – 2 BvR 2248/00, NJW 2002, 1410; Graulich wistra 2009, 299 (302); aA Hoffmann/Wissmann NStZ 1998, 443 (444).

[46] OLG Koblenz 30.3.2021 – 5 Ws 16/21, NZWiSt 2021, 386; Hadamitzky in Satzger/Schluckebier/Widmaier StPO Rn. 9.

[47] BGH 5.8.2003 – 2 BJs 11/03-5 – StB 7/03, NStZ 2003, 670; LG Köln 17.5.2002 – 109 Qs 219/02, StV 2002, 413 (sieben Monate bei Geschäftsunterlagen); LG Mühlhausen 3.3.2002 – 6 Qs 56/03, StraFo 2003, 237; Köhler in Meyer-Goßner/Schmitt Rn. 2; Hartmann in HK-GS Rn. 10.

[48] Wohlers/Jäger in SK-StPO Rn. 24.

[49] OLG Schleswig 10.1.2017 – 2 Ws 441/16, NStZ-RR 2017, 127; LG München I 2.5.1967 – VI Qs 94/67, MDR 1967, 687; Hartmann in HK-GS Rn. 7; Mahnkopf/Funk NStZ 2001, 519 (524).

leistung zur Erleichterung der Durchsicht des Datenbestandes im Ermittlungsverfahren darstellt.[50] Die Zuziehung eines sachkundigen Dritten ist rechtswidrig, wenn die Ermittlungsbehörden dadurch gegen das Gebot der Unparteilichkeit verstoßen, zB bei Hinzuziehung eines Vertreters des geschädigten Unternehmens.[51] Den sachkundigen Dritten darf die Durchsicht nicht vollständig und eigenverantwortlich übertragen werden.[52] Die Staatsanwaltschaft muss zunächst selbst oder durch ihre Ermittlungspersonen zumindest eine Sichtung vornehmen, um die Notwendigkeit einer sachverständigen Begutachtung beurteilen zu können.[53]

Verteidiger haben kein Recht zur Einsicht in vorläufig sichergestelltes Schriftgut von Dritten bzw. in die gesicherten Daten und damit kein Teilnahmerecht an der Durchsicht. 12
Den berechtigten Interessen des Inhabers des sichergestellten Schriftguts daran, dass die Kenntnisnahme von dessen Inhalt auf den vom Gesetz vorgesehenen Personenkreis beschränkt bleibt (Schutz der Geheim- und Privatsphäre des Dritten), kommt im Übrigen vorrangige Bedeutung zu. Bei der Durchsicht von Mandantenunterlagen steht dem Verteidiger ebenfalls kein Anwesenheitsrecht zu, da sich nach § 147 Abs. 1 die Befugnis zur Akteneinsicht darauf erstreckt, die Akten einzusehen, die dem Gericht vorliegen, sowie die amtlich verwahrten Beweisstücke zu sichten.[54] Zu solchen Beweisstücken wird das im Rahmen der Durchsuchung vorläufig sichergestellte Schriftgut erst, wenn die Durchsicht erfolgt und eine Beschlagnahmeanordnung ergangen ist.[55]

Nach § 97 beschlagnahmefreie Papiere müssen ungelesen sofort wieder herausgegeben werden, wenn sie aufgrund äußerer Merkmale eindeutig als solche erkennbar sind.[56] 13
Ihre Durchsicht ist unzulässig.[57] Wird die Beschlagnahmefreiheit erst während der Durchsicht erkannt, ist diese unverzüglich abzubrechen.[58] Bei der Durchsicht von Daten, die auf einem Computer der Ermittlungsbehörden gespeichert wurden, erfolgt die „Herausgabe" durch Löschung der Daten.[59] Bei elektronischen Datenbeständen, die bei Berufsgeheimnisträgern sichergestellt wurden, ist zudem auf besonders geschützte Informationen Rücksicht zu nehmen. Aus dem Recht auf eine effektive Verteidigung als Ausprägung des Anspruchs auf ein faires Verfahren (Art. 2 Abs. 1 iVm Art. 20 Abs. 3 GG) ergibt sich, dass – über den Wortlaut des § 97 Abs. 1 hinaus – Unterlagen, die sich ein Beschuldigter erkennbar zu seiner Verteidigung in dem gegen ihn laufenden Strafverfahren anfertigt, weder beschlagnahmt noch gegen seinen Widerspruch verwertet werden dürfen. Das Medium, auf dem sich diese Unterlagen befinden, ist in entsprechender Anwendung des § 11 Abs. 3 StGB gleichgültig, so dass darunter auch lesbare Aufzeichnungen von Computerdaten fallen. Einem Beschuldigten ist es verwehrt, die Beschlagnahme von Unterlagen schon dadurch zu verhindern, dass er diese einfach als Verteidigungsunterlagen bezeichnet oder mit solchen Unterlagen vermischt. Entscheidend ist, ob ein Beschuldigter die Aufzeichnungen erkennbar, also für einen Außenstehenden nachvollziehbar, zum Zwecke der Verteidigung angefertigt hat. Ist nicht sofort feststellbar, ob die einzelnen Aufzeichnungen, die bei einer Durchsuchung gefunden werden, der Verteidigung dienen, so können sie vorläufig sichergestellt werden. Eine Pflicht zur sofortigen und ungelesenen Herausgabe besteht nur, wenn die Eigenschaft als Verteidigungsunterlage offensichtlich ist; andernfalls erfordern bereits die

---

50 OLG Schleswig 10.1.2017 – 2 Ws 441/16, NStZ-RR 2017, 127.

51 OLG Bremen 23.10.1998 – VAs 1/98, wistra 1999, 74; OLG Hamm 16.1.1986 – 1 VAs 94/85, NStZ 1986, 326; LG Kiel 14.8.2006 – 37 Os 54/06, NJW 2006, 3224; Hadamitzky in Satzger/Schluckebier/Widmaier StPO Rn. 12.

52 Bruns in KK-StPO Rn. 4.

53 LG Kiel 14.8.2006 – 37 Os 54/06, NJW 2006, 3224.

54 Für ein weit gehendes Anwesenheitsrecht vgl. Peters NZWiSt 2017, 465.

55 BGH 29.10.2021 – 5 StR 443/19, NStZ-RR 2022, 77; OLG Koblenz 30.3.2021 – 5 Ws 16/21, NZWiSt 2021, 386.

56 BVerfG 30.1.2002 – 2 BvR 2248/00, NJW 2002, 1410; Köhler in Meyer-Goßner/Schmitt Rn. 2.

57 BVerfG 27.6.2018 – 2 BvR 1405/17, 2 BvR 1780/17, NJW 2018, 2385; 30.11.2021 – 2 BvR 2038/18, DStR 2022, 799.

58 Ladiges in Radtke/Hohmann Rn. 10; Welp JZ 1972, 423 (425).

59 Burhoff StrafREV-HdB Rn. 1144.

rein tatsächlichen Umstände eine Durchsicht.[60] Der Zugriff auf den gesamten Datenbestand einer Rechtsanwaltssozietät oder einer Steuerberatungsgesellschaft beeinträchtigt wegen seines Umfangs in schwerwiegender Weise das für das jeweilige Mandatsverhältnis vorausgesetzte und rechtlich geschützte Vertrauensverhältnis zwischen den Mandanten und den für sie tätigen Berufsträgern. In diesen Fällen kann eine Zuordnung der Daten nach ihrer Verfahrensrelevanz unter Umständen die Verwendung geeigneter Suchbegriffe oder -programme erforderlich machen.[61] Im Übrigen ist zu beachten, dass ein Tatverdacht gegen den Berufsgeheimnisträger, um sich auf § 97 Abs. 2 S. 2 berufen zu können, zum Zeitpunkt der Entscheidung über die Durchsicht vorliegen muss.[62] Wenn ein **verfassungsrechtliches Beschlagnahme- bzw. Verwertungsverbot** in Betracht kommt, ist „größtmögliche Zurückhaltung" geboten.[63] Es besteht allerdings im Rahmen der Strafverfolgung nicht von vornherein ein verfassungsrechtliches Hindernis, solche Schriftstücke daraufhin durchzusehen, ob sie der prozessualen Verwertung zugängliche Informationen enthalten. Besteht Anlass zu der Annahme, dass die durchgesehenen Aufzeichnungen auch über strafbare Handlungen Aufschluss geben, so bestehen keine verfassungsrechtlichen Bedenken, solche Schriftstücke im Strafverfahren zu verwerten. Bei Zweifeln, ob ein Beschlagnahmeverbot vorliegt, sollten die Papiere entsprechend Abs. 2 S. 2 versiegelt und dem Richter zur Entscheidung vorgelegt werden.[64]

14 Nach Abs. 2 S. 1 dürfen andere als die in Abs. 1 genannten Beamten die Papiere nur mit **Genehmigung** des Inhabers durchsehen. Nicht ausreichend ist die Genehmigung des Vertreters (§ 106 Abs. 1 S. 2).[65] Der Gewahrsamsinhaber kann die Genehmigung auf bestimmte Beamte oder bestimmte Papiere beschränken und auch vollständig oder teilweise widerrufen. Ansonsten dürfen die Papiere lediglich nach äußeren Kriterien (Standort, äußere Beschriftung) durchgesehen und nur solche ausgesondert werden, bei denen eine inhaltliche Prüfung durch den Staatsanwalt geboten erscheint.[66] Eine inhaltliche Grobsichtung ist unzulässig.[67] Nach Abs. 2 S. 2 sind die Papiere, deren Durchsicht der Beamte, der kein Durchsichtsrecht hat, für geboten erachtet, in einem Umschlag, der in Gegenwart des Gewahrsamsinhabers oder seines Vertreters (§ 106 Abs. 1 S. 2) mit dem **Amtssiegel** zu verschließen ist, an die Staatsanwaltschaft abzuliefern.[68] Mit dem Begriff „Umschlag" werden auch verschließbare Behältnisse erfasst.[69] Bei der Mitnahme von elektronischen Daten sind entsprechende Maßnahmen zu ergreifen, um die Daten vor einem unberechtigten Zugriff zu schützen.[70] Nach § 110 Abs. 3 Hs. 1 aF war dem Inhaber noch die Beidrückung eines eigenen Siegels gestattet. Dieses ist nach dem Ersten Gesetz zur Modernisierung der Justiz vom 24.8.2004 (BGBl. I S. 2198) nicht mehr möglich. Die Regelung eines **Anwesenheitsrechts des Inhabers der durchzusehenden Papiere und Daten** in § 110 Abs. 3 aF wurde ersatzlos gestrichen. Zur Teilnahme und Durchsicht ist der Inhaber nicht mehr aufzufordern.[71] IRd Verhältnismäßigkeit ist es im Einzelfall jedoch geboten, den Inhaber des betreffenden Datenbestands (bspw. bei der Durchsicht

---

60 BVerfG 30.1.2002 – 2 BvR 2248/00, NStZ 2002, 377.

61 BVerfG 12.4.2005 – 2 BvR 1027/02, NJW 2005, 1917; Kutzner NJW 2005, 2652; Rau WM 2006, 1281.

62 BVerfG 30.11.2021 – 2 BvR 2038/18, BeckRS 2021, 39283.

63 BVerfG 14.9.1989 – 2 BvR 1062/87, NJW 1990, 563; 17.11.2007 – 2 BvR 518/07, FD-StrafR 2008, 249505; Köhler in Meyer-Goßner/Schmitt Rn. 2. Für eine Einschaltung des Ermittlungsrichters vgl. Hartmann in HK-GS Rn. 8; Wolter StV 1990, 175 (177).

64 Gercke in Gercke/Julius/Temming/Zöller Rn. 11.

65 Köhler in Meyer-Goßner/Schmitt Rn. 4; Gercke in Gercke/Julius/Temming/Zöller Rn. 12; Hegmann in BeckOK StPO Rn. 9.

66 Mildeberger/Riveiro StraFo 2004, 46; Gercke in Gercke/Julius/Temming/Zöller Rn. 12.

67 OLG Celle 11.1.1985 – 2 VAs 20/84, StV 137 (139); aA bei Durchsicht von EDV-Daten Bruns in KK-StPO Rn. 7.

68 Köhler in Meyer-Goßner/Schmitt Rn. 5.

69 Ladiges in Radtke/Hohmann Rn. 13; Park Durchsuchung wistra 2000, 453 (456).

70 Bruns in KK-StPO Rn. 5.

71 Köhler in Meyer-Goßner/Schmitt Rn. 5; aA Peters NZWiSt 2017, 465.

sichergestellter E-Mails) in die Prüfung der Verfahrenserheblichkeit sichergestellter Daten einzubeziehen. Konkrete, nachvollziehbare und überprüfbare Angaben vor allem Nichtverdächtiger zur Datenstruktur und zur Relevanz der jeweiligen Daten können deren materielle Zuordnung vereinfachen und den Umfang der sicherzustellenden Daten reduzieren.[72] Von Verfassungs wegen ist es allerdings nicht erforderlich, in jedem Fall eine Teilnahme an der Sichtung sichergestellter E-Mails vorzusehen. Ob eine solche Teilnahme geboten ist, ist im Einzelfall unter Berücksichtigung einer wirksamen Strafverfolgung einerseits und der Intensität des Datenzugriffs andererseits zu beurteilen.[73] Ein Anwesenheitsrecht und damit auch eine Pflicht zur Unterrichtung über die bevorstehende Durchsicht kann jedenfalls nicht aus § 106 abgeleitet werden.[74]

3. Durchsicht und Sicherung von Daten auf räumlich getrennte (elektronische) Speichermedien (Abs. 3, 4). Durch das Gesetz zur Neuregelung der Telekommunikationsüberwachung und anderer verdeckter Ermittlungsmaßnahmen sowie zur Umsetzung der Richtlinie 2006/24/EG vom 21.12.2007 (BGBl. I 3198 (3204)) wurde Abs. 3 (sog. Online-Sichtung) eingefügt.[75] Dadurch wurde Art. 19 Abs. 2 des Übereinkommens über Computerkriminalität (Cybercrime-Konvention) des Europarats vom 23.11.2001 umgesetzt.[76] Mit Wirkung vom 1.7.2021 wurde durch Gesetz vom 25.6.2021 (BGBl. I 2099) in Abs. 3 S. 1 nunmehr klargestellt, dass nach Maßgabe der Abs. 1 und 2 auch die Durchsicht elektronischer Speichermedien zulässig ist (vgl. → Rn. 6). Weiterhin darf unverändert unter den bereits bekannten Voraussetzungen auf räumlich von den Systemen des Betroffenen getrennte Speichermedien zugegriffen werden (Abs. 3 S. 2). In Abs. 4 wird auf § 95a und auf § 98 Abs. 2 verwiesen. 15

In Erweiterung zu Abs. 1 ist nach Abs. 3 S. 2 die Durchsicht eines elektronischen Speichermediums nach verfahrensrelevantem Material nicht auf Daten zu beschränken, die sich im Herrschaftsbereich des von der Durchsuchung Betroffenen befinden, vielmehr darf **offen** auf räumlich getrennte Speichermedien (bspw. ein Server im Intra- oder Internet) zugegriffen werden.[77] Das setzt allerdings voraus, dass der externe Speicherplatz vom durchsuchten Gerät aus zugänglich sein muss, dh dieses Computersystem muss so konfiguriert sein, dass eine Erweiterung der Durchsicht auf andere über ein Netzwerk angeschlossene Speichermedien technisch möglich ist (bspw. beim angemieteten (filehoster) Speicherplatz,[78] beim sog. Cloud Computing[79] und bei E-Mail-Postfächern beim Provider).[80] Werden bei der Durchsuchung Passwörter für den Zugang zu den externen Speichermedien gefunden, ist ein Abruf der gespeicherten Informationen zulässig.[81] Eine Online-Sichtung ist abzugrenzen von einem Zugriff auf fremde Computersysteme im Rahmen der **(verdeck-** 16

---

72 OLG Koblenz – 30.3.2021 – 5 Ws 16/21, NZWiSt 2021, 386; LG Kiel 16.6.2021 – 3 Qs 14/21; Doege NStZ 2022, 466; Buchholz NZWiSt 2021, 369. BVerfG 12.4.2005 – 2 BvR 1027/02, NJW 2005, 1917 (1922); BVerfG 16.6.2009 – 2 BvR 902/06, BeckRS 2009, 35860.

73 BVerfG 16.6.2009 – 2 BvR 902/06, NJW 2009, 2431 (2437); zu weitreichend Burhoff StrafREV-HdB Rn. 1152. § 106 Abs. 1 S. 1 verlangt grundsätzlich keine Hinzuziehung des Inhabers, sondern gilt nur, wenn dieser sich bereits vor Ort befindet, vgl. auch Ladiges in Radtke/Hohmann Rn. 14.

74 aA Michalke StraFo 2014, 91 mwN; Peters NZWi 2017, 465 (470).

75 Zur Verfassungsmäßigkeit vgl. BVerfG 12.10.2011 – 2 BvR 236/08 ua, NJW 2012, 833; im Allgemeinen: Schlegel HRRS 2008, 23 ff.; Bär EDV-Beweissicherungen-HdB ZIS 2011, 53; Knierim StV 2009, 206 (211).

76 Zur Zulässigkeit einer Verfassungsbeschwerde gegen das Zustimmungsgesetz zum Übereinkommen des Europarats vom 23.11.2001 über Computerkriminalität (CCC) vgl. BVerfG 21.6.2016 – 2 BvR 637/09, NJOZ 2017, 599.

77 Singelnstein NStZ 2012, 593 (598); Obenhaus NJW 2010, 651 (652); Brodowski JR 2009, 402 (408); Böckenförde JZ 2008, 925 (631); Braun PStR 2012, 86 (89); Gercke in Gercke/Julius/Temming/Zöller Rn. 16.

78 Bär EDV-Beweissicherungen-HdB ZIS 2011, 53 (54).

79 Kudlich GA 2011, 193 (207 f.); Kudlich StV 2012, 560 (565); Obenhaus NJW 2010, 651 (652); vgl. auch Warken NZWiSt 2017, 289 (295).

80 Burhoff StrafREV-HdB Rn. 1159; Obenhaus NJW 2010, 651 (652); Knierim StV 2009, 206 (211).

81 Gercke in Gercke/Julius/Temming/Zöller Rn. 24; Bär EDV-Beweissicherungen-HdB ZIS 2011, 53 (54); Schlegel HRRS 2008, 23 (28); Ladiges in Radtke/Hohmann Rn. 17.

ten) Online-Durchsuchung durch heimliche Infiltration eines informationstechnischen Systems, mittels derer die Nutzung des Systems überwacht und Speichermedien ausgelesen werden können.[82] Die Online-Sichtung wird aber noch nicht dadurch zu einer (verdeckten) Online-Durchsuchung, wenn sie gegenüber dem Gewahrsamsinhaber der online zugänglichen Daten, also aus Sicht des Dritten, heimlich erfolgt, solange dieser Zugriff auf Grund der Konfiguration des Computersystems des Betroffenen technisch möglich ist. Den Dritten schützt Abs. 4 Hs. 2 durch die Anwendung von § 98 Abs. 2 S. 2 analog.[83]

17 Voraussetzung für die Durchsicht ist weiter, dass vor der körperlichen Sicherstellung des externen Speichermediums mit einem **Daten- bzw. Beweismittelverlust** durch kurzfristige Löschung zu rechnen ist, weil die Sicherstellung am Ort der Datenhaltung mit zeitlichen Verzögerungen verbunden ist.[84] Das **mehrmalige bzw. wiederholte Abfragen des externen Datenbestandes** ist nicht zulässig. Das würde dem Charakter der Sicherstellung als offene Ermittlungsmaßnahme widersprechen und käme „einer kontinuierlichen Überwachung des Datenverkehrs" gleich.[85]

18 Die Daten müssen sich zudem auf Speichermedien im **Inland** befinden.[86] In diesem Zusammenhang ist zu beachten, dass, insbesondere beim Cloud-Computing aufgrund der Verteilung der Daten eines Nutzers auf verschiedene Computer des Cloud-Storage-Anbieters, die Lokalisierung des physikalischen Speicherorts schwierig sein kann.[87] Eine Bestimmung des Standorts des Servers kann unter Umständen durch trace-routing erfolgen.[88] Soweit der physikalische Speicherort nicht feststellbar ist, ob sich der Server und damit die Daten im In- oder Ausland befinden, kann jedenfalls ein Speicherort im Inland grundsätzlich nicht ausgeschlossen werden. Allein die Möglichkeit eines Standorts im Ausland kann keine Rechtshilfeverpflichtung auslösen, zumal in diesen Fällen nicht bestimmbar ist, welches Land davon eigentlich betroffen sein wird.[89] Wird allerdings tatsächlich festgestellt, dass sich das betreffende Speichermedium im **Ausland befindet,** ist ein sog. transborder-search als einseitiger unmittelbarer Zugriff auf gespeicherte Daten in dem betreffenden Staat ausgeschlossen, dann ist zunächst zwischen öffentlich zugänglich gespeicherten Computerdaten und nicht frei zugänglichen Computerdaten zu unterscheiden. Ein **grenzüberschreitender Zugriff auf offene Quellen,** damit sind alle Daten erfasst, die einem unbestimmten Kreis von Nutzern zugänglich gemacht werden, ohne dass es einer gesonderten Zugangsberechtigung bedarf, ist nach Art. 32a der Cybercrime-Konvention bzw. nach internationalem Gewohnheitsrecht ohne Genehmigung des anderen Vertragsstaates möglich.[90] Im Übrigen stellt der grenzüberschreitende Zugriff nach Abs. 3, wenn es um **zugangsgeschützte Computerdaten** geht, einen Eingriff in die Hoheitssphäre des ausländischen Staates dar (Verletzung des Territorialprinzips, vgl. Art. 25 GG).[91] Nach Art. 32b der Cybercrime-Konvention ist ein Zugriff und die Sicherung der Daten ohne Zustimmung des Vertragsstaates nur mit freiwilliger Zustimmung des Verfügungsberechtigten möglich.[92] Ansonsten fehlt

---

[82] Vgl. hierzu BVerfG 27.2.2008 – 1 BvR 370/07, 1 BvR 595/07, NJW 2008, 822; BGH 31.1.2007 – StB 18/06, NStZ 2007, 279; Burhoff StrafREV-HdB Rn. 1155.

[83] Gercke in Gercke/Julius/Temming/Zöller Rn. 25; Bär EDV-Beweissicherungen-HdB ZIS 2011, 53 (54).

[84] Köhler in Meyer-Goßner/Schmitt Rn. 6; Löffelmann in AK-StPO Rn. 4.

[85] Köhler in Meyer-Goßner/Schmitt Rn. 6; Zerbes/El-Ghazi NStZ 2015, 425 (432).

[86] Bär EDV-Beweissicherungen-HdB ZIS 2011, 53 (54); Trautmann in Schomburg/Lagodny CKÜ Art. 32 Rn. 5 ff.

[87] Kudlich StV 2012, 560 (565); Ladiges in Radtke/Hohmann Rn. 19.

[88] Unter Traceroute ist ein Computerprogramm zu verstehen, mit denen der Standort des Servers festgestellt werden kann, insbesondere über welche IP-Router die übermittelten Datenpakete zum Zielrechner gelangen. Das Ergebnis kann allerdings ua durch Firewalls, fehlerhafte Implementierungen des IP-Stacks und IP-Tunnel verfälscht werden, so dass der Standort des Servers nicht immer eindeutig bestimmbar ist.

[89] Soiné NStZ 2018, 497 (500); Bruns in KK-StPO § 110 Rn. 8a.

[90] Köhler in Meyer-Goßner/Schmitt Rn. 7a; Gercke StraFo 2009, 271 (272); Trautmann in Schomburg/Lagodny CKÜ Art. 32 Rn. 5.

[91] Hegmann in BeckOK StPO Rn. 15.

[92] Gaede StV 2009, 96 (101); Köhler in Meyer-Goßner/Schmitt Rn. 7.

es an einer Rechtsgrundlage.[93] Es bedarf dann eines förmlichen Rechtshilfeersuchens an den Vertragsstaat.[94] In der Regel besteht durch den Verweis auf den Rechtshilfeweg nicht die Gefahr eines Beweismittelverlustes, da die umgehende Sicherung der Daten nach Art. 29 der Cybercrime-Konvention bewirkt werden kann. Danach kann der Vertragsstaat ohne vorheriges förmliches Rechtshilfeersuchen um Anordnung oder anderweitige Bewirkung der umgehenden Sicherung von Daten ersucht werden (vgl. auch Art. 16 und 17 der Cybercrime-Konvention). Das Ersuchen kann formlos durch schnelle Kommunikationsmittel einschließlich Telefax oder elektronische Post (Art. 25 Abs. 3 der Cybercrime-Konvention) übermittelt werden. Nicht zulässig und aufgrund der vorgenannten Regelung auch nicht erforderlich ist die vorläufige Sicherung ohne oder erst nach anschließender Beteiligung des ausländischen Vertragsstaates.[95] Außerhalb des Anwendungsbereichs der Cybercrime-Konvention richtet sich der Zugriff auf öffentlich zugänglich gespeicherte Computerdaten nach internationalem Gewohnheitsrecht.[96] Für alle weiteren Eingriffe in die Hoheitssphäre eines ausländischen Staates, insbesondere bei zugangsgeschützten Computerdaten, ist grds. der förmliche Rechtshilfeweg erforderlich.[97] Eine vorläufige Sicherung von Daten auf Servern in EU-Mitgliedstaaten kann bspw. auf Art. 20 Abs. 4 EuRhÜbK analog gestützt werden. Darüber hinaus kommt als weitere Rechtsgrundlage auch Art. 5 des Rahmenbeschlusses 2003/ 577/JI des Rates v. 22.7.2003 über die Vollstreckung von Entscheidungen über die Sicherstellung von Vermögensgegenständen oder Beweismitteln in der Europäischen Union (ABl. 2003 L 196, S. 45, BGBl. 2008 I 995) in Betracht.[98]

Wird gegen das Souveränitätsrecht fremder Staaten verstoßen und das Gebot der Stellung eines Rechtshilfeersuchens nicht beachtet, führt dieses nicht ohne Weiteres zu der Annahme eines strafprozessualen **Verwertungsverbots.** Ein Beweisverwertungsverbot ist von Verfassungs wegen nur bei schwerwiegenden, bewussten oder willkürlichen Verfahrensverstößen, bei denen die grundrechtlichen Sicherungen planmäßig oder systematisch außer Acht gelassen worden sind, geboten.[99] Es kommt somit nicht in Betracht, wenn sich erst im Fortgang der Ermittlungen herausstellt, dass der betreffende Server sich im Ausland befunden hat. Im Übrigen ist zu beachten, dass sich Beweisverwertungsverbote im Zusammenhang mit Beweisrechtshilfe entweder aus der inländischen Rechtsordnung des ersuchenden Staates oder aus völkerrechtlichen Grundsätzen ergeben können.[100] Ein aus der Verletzung des Völkerrechts abgeleitetes inländisches Verwertungsverbot kann sich bei unzulässigen Eingriffen in das Souveränitätsrecht eines anderen Staates ergeben,[101] insbesondere wenn der betreffende Staat einer Verwertung der erlangten Beweismittel bereits im Vorfeld **widersprochen** hat.[102] Ansonsten unterliegen Beweise trotz Nichteinhaltung der maßgeblichen rechtshilferechtlichen Bestimmungen keinem Beweisverwertungsverbot, wenn die Beweise auch bei Beachtung des Rechtshilferechts durch den ersuchten und den ersuchenden Staat hätten erlangt werden können. Ein auf die Nichteinhaltung der rechtshilferechtlichen Bestimmungen über die Beweiserhebung im Ausland gestütztes Verwertungsverbot kann zudem nicht aus dem individualschützenden Charakter der entspre- 19

[93] Bär EDV-Beweissicherungen-HdB ZIS 2011, 53 (54).

[94] Gaede StV 2009, 96 (101); Singelnstein NStZ 2012, 593 (598); ausführlich Gercke in Gercke/Julius/Temming/Zöller Rn. 26 ff.

[95] Köhler in Meyer-Goßner/Schmitt Rn. 7; Gercke in Gercke/Julius/Temming/Zöller Rn. 28; Gaede StV 2009, 96 (101); Gercke StraFo 2009, 271 (273); Kasiske StraFo 2010, 228 (234); aA Ladiges in Radtke/Hohmann Rn. 19.

[96] Hadamitzky in Satzger/Schluckebier/Widmaier StPO Rn. 27; Gercke StraFo 2009, 271 (273).

[97] Beukelmann NJW 2012, 2617; Sieber NJW-Beil. 2012, 86; Schuster NStZ 2006, 657.

[98] Hegmann in BeckOK StPO Rn. 15; Bär EDV-Beweissicherungen-HdB ZIS 2011, 53 (55).

[99] BGH 8.4.2007 – 5 StR 546/06, NJW 2007, 2269; Löffelmann in AK-StPO Rn. 17.

[100] BGH 4.3.1992 – 3 StR 460/91, NStZ 1992, 394; 21.11.2012 – 1 StR 310/12, wistra 2013, 282; Ambos Beweisverwertungsverbote S. 81; Gleß Beweisrechtsgrundsätze einer grenzüberschreitenden Strafverfolgung S. 141 ff.

[101] BGH 8.4.1987 – 3 StR 11/87, BGHSt 34, 334 (342 f.) = NJW 1987, 2168; BGH 21.11.2012 – 1 StR 310/12, ZD 2013, 278.

[102] Bär EDV-Beweissicherungen-HdB ZIS 2011, 53 (59); Hegmann in BeckOK StPO Rn. 16.

chenden Regelungen bzw. aus völkerrechtlichen Grundsätzen wie dem allgemeinen Fairnessgebot des Art. 6 Abs. 1 EMRK hergeleitet werden.[103]

20 Die Durchsicht der aufgefundenen Dateien unterliegt stets dem Gebot der **Verhältnismäßigkeit.** Die Maßnahme muss in einem angemessenen Verhältnis zu der Schwere der Straftat und der Stärke des Tatverdachts stehen.[104]

21 Wenn verfahrensrelevante Daten gefunden werden, die für die Untersuchung von Bedeutung sein können, dürfen diese nach **Abs. 3 S. 3** gesichert werden.[105] **Abs. 4** ordnet zur Wahrung der Rechte des Dritten die entsprechende Anwendung des § 98 Abs. 2 an.[106] Danach ist innerhalb von **drei Werktagen** die gerichtliche Bestätigung der Sicherung der aufgefundenen Daten zu beantragen. Dadurch soll der Inhaber des externen Speichers von der Maßnahme Kenntnis und Gelegenheit erhalten, um entsprechend § 98 Abs. 2 S. 2 seine rechtlichen Interessen wahrzunehmen.[107] Die Belehrungspflicht folgt aus § 98 Abs. 2 S. 5 analog. Zu beachten ist in diesem Zusammenhang, dass im Falle einer Zurückstellung der Benachrichtigung des Beschuldigten entsprechend § 95a Abs. 3 S. 1 (vgl. Abs. 4) von einer Belehrung des von der Durchsicht betroffenen Beschuldigten nach § 98 Abs. 2 S. 5 abgesehen werden kann. Im Verfahren nach § 98 Abs. 2 bedarf es dann keiner vorherigen Anhörung des Beschuldigten durch das Gericht (§ 33 Abs. 3). Nach § 95a Abs. 4 S. 1 (entsprechend) hat die zurückgestellte Benachrichtigung des Beschuldigten jedoch zu erfolgen, sobald dies ohne Gefährdung des Untersuchungszweckes möglich ist (vgl. zum Begriff „Gefährdung des Untersuchungszweckes" auch § 101 Abs. 5). Wird die gerichtliche Bestätigung von dem nach § 98 Abs. 2 S. 3–5 zuständigen Gericht nicht erteilt, sind die gespeicherten Daten zu löschen, notfalls ist der Datenträger zu vernichten, um den zuvor bestandenen Zustand wiederherzustellen.[108] Das gilt auch, wenn die Daten für die Strafverfolgung nicht mehr benötigt werden.[109]

III. Rechtsbehelfe, Verwertungsverbote und Revision

22 Da die vorläufige Sicherstellung von Papieren und elektronischen Speichermedien zum Zwecke der Durchsicht noch keine Beschlagnahme darstellt, sondern noch Teil der Durchsuchung ist,[110] kann der Betroffene wegen der Art und Weise der Vollstreckung von richterlichen oder nichtrichterlichen Durchsuchungsanordnungen Antrag auf richterliche Entscheidung **entsprechend § 98 Abs. 2 S. 2** (vgl. § 110 Abs. 4) stellen oder die Durchsuchungsanordnung auch mit der Beschwerde angreifen. Durch Auslegung ist das Ziel des Antrags zu ermitteln.[111] Der Inhaber des externen Speichermediums, der sich gegen die Datensicherung wendet, kann bspw. rügen, dass die Durchsicht durch einen Nichtberechtigten erfolgt ist.[112] Gerichtliche Entscheidungen, die keine Ausführungen zur konkreten Beweiseignung der gesichteten Gegenstände enthalten, sind als Bestätigung der vorläufigen Sicherstellung zur Durchsicht entsprechend § 98 Abs. 2 S. 2 auszulegen. Ist eine solche richterliche Bestätigung ergangen, so ist diese alleine als beschwerdefähig anzusehen.[113] Für die Rechtmäßigkeit der richterlichen Bestätigung der vorläufigen Sicherstellung kommt es darauf an, ob die Voraussetzungen für eine Durchsuchung im Zeitpunkt der

[103] Im Einzelnen BGH 21.11.2012 – 1 StR 310/12, wistra 2013, 282; vgl. auch NJW-Spezial 2013, 185.
[104] Herrmann/Soiné NJW 2011, 2922 (2925).
[105] Vgl. BT-Drs. 16/6979, 65 f.
[106] Köhler in Meyer-Goßner/Schmitt Rn. 8.
[107] Wohlers/Jäger in SK-StPO Rn. 9.
[108] BT-Drs. 16/6979, 66; Herrmann/Soiné NJW 2011, 2922 (2925).
[109] Hartmann in HK-GS Rn. 5.
[110] BVerfG 30.11.2021 – 2 BvR 2038/18, BeckRS 2021, 39283; BGH 20.5.2021 – StB 21/21, NStZ 2021, 623; BGH 18.5.2022 – StB 17/22, BeckRS 2022, 13068; Herrmann/Soiné NJW 2011, 2922 (2925).
[111] BGH 18.5.2022 – StB 17/22, BeckRS 2022, 13068; BVerfG 29.1.2002 – 2 BvR 94/01, NStZ-RR 2002, 144; 18.3.2009 – 2 BvR 1036/08, NJW 2009, 2518; vgl. auch BVerfG 24.5.2017 – 2 BvQ 27/17, BeckRS 2017, 110985 Rn. 5.
[112] OLG Jena 20.11.2000 – 1 Ws 313/00, NJW 2001, 1290 (1294).
[113] BGH 18.5.2022 – StB 17/22, BeckRS 2022, 13068.

Entscheidung noch vorliegen.[114] Sind diese Voraussetzungen zum Zeitpunkt der Durchsicht ersichtlich nicht mehr gegeben, dann ist die Durchsicht als Teil der Durchsuchung nicht mehr zulässig.[115] Es muss also weiterhin ein Anfangsverdacht bestehen und die Durchsicht zur Auffindung von Beweismitteln geeignet und verhältnismäßig sein. Ungeeignet ist die Durchsicht insbesondere, wenn Beweismittel aufgespürt werden sollen, die einem Beschlagnahmeverbot oder einem sonstigen Verwertungsverbot unterliegen.[116] Gegen die richterliche Entscheidung ist wiederum die Beschwerde zulässig.

Zu berücksichtigen ist sowohl bei der gerichtlichen Entscheidung als auch bei der Beschwerde, dass der Staatsanwaltschaft bei der Gestaltung der inhaltlichen Durchsicht ein **Ermessensspielraum** zugebilligt wird,[117] der uneingeschränkt gerichtlich überprüfbar ist.[118] Bei der Rechtskontrolle ist allein darüber zu befinden, ob zum Entscheidungszeitpunkt die vorläufige Sicherstellung des betreffenden Gegenstandes für eine (weitere) Durchsicht zum Zwecke des Auffindens von Beweismitteln rechtmäßig ist. Eine eigenständige prognostische Bewertung des erforderlichen und verhältnismäßigen sachlichen und zeitlichen Umfangs noch ausstehender beziehungsweise möglicher weiterer Auswertungen ist ihm versagt.[119] Die Rechtskontrolle durch den Ermittlungsrichter beschränkt sich deshalb darauf, ob die Staatsanwaltschaft im Entscheidungszeitpunkt die Grenzen des ihr zukommenden Ermittlungsermessens überschritten hat. Jedwede gerichtliche Entscheidung über einen Zeitpunkt, bis zu dem die Durchsicht eines vorläufig sichergestellten Gegenstandes abgeschlossen sein muss, enthielte – so zutreffend der BGH – eigene Wertungen des Ermittlungsrichters hinsichtlich des Umfangs der in der Sache gebotenen Ermittlungen und griffe daher in den Ermessenspielraum der Staatsanwaltschaft ein (vgl. → Rn. 10).[120] Mit Abschluss der Sichtung der sichergestellten Unterlagen (§ 110 Abs. 1) ist die Durchsuchung abgeschlossen. Eine bereits eingelegte Beschwerde ist ab diesem Zeitpunkt als auf die Feststellung der Rechtswidrigkeit der Durchsuchung gerichtet anzusehen.[121] 23

Die **Revision** kann lediglich darauf gestützt werden, dass **schwerwiegende, bewusste oder willkürliche Verfahrensverstöße** zu einem **Beweisverwertungsverbot** als Folge einer fehlerhaften Durchsuchung und Beschlagnahme geführt haben.[122] Hierfür kommt in Betracht die Durchsicht von beschlagnahmefreien Gegenständen (bspw. nach § 97),[123] der fehlende Anfangsverdacht,[124] wenn bei den durchgesehenen Papieren offensichtlich die potentielle Beweisbedeutung nicht vorliegt[125] oder falls die Bestellung eines Sachverständigen der Finanzbehörde für Buchungsfragen lediglich als Vorwand zur Recherche verfahrensfremder Steuerstraftaten dient.[126] Darüber hinaus kann ein Verwertungsverbot vorliegen, wenn bei der Auswahl von Sachverständigen oder Hilfskräften bewusst gegen das Neutralitätsgebot verstoßen worden ist.[127] Aus der bloßen Unzulässigkeit oder Rechtswidrigkeit einer Beweiserhebung (etwa die fehlende Einschränkung des Tatvorwurfs des sexuellen Missbrauchs von Kindern zeitlich und in Bezug auf das Opfer) folgt ebenfalls nicht ohne 24

---

114 BVerfG 20.9.2018 – 2 BvR 708/18, NStZ-RR 2019, 118; BVerfG 30.11.2021 – 2 BvR 2038/18, BeckRS 2021, 39283.

115 Vgl. auch BVerfG 19.6.2008 – 2 BvR 1111/08, BeckRS 2008, 37758; 18.3.2009 – 2 BvR 1036/08, NJW 2009, 2518.

116 BVerfG 20.9.2018 – 2 BvR 708/18, NStZ-RR 2019, 118.

117 BGH 5.8.2003 – 2 BJs 11/03-5 – StB 7/03, NStZ 2003, 670; BGH 20.5.2021 – StB 21/21, NStZ 2021, 623.

118 Gercke in Gercke/Julius/Temming/Zöller Rn. 36.

119 BGH 20.5.2021 – StB 21/2, NStZ 2021, 623.

120 BGH 20.5.2021 – StB 21/21, NStZ 2021, 623.

121 BGH 9.2.2021 – StB 9/20, BeckRS 2021, 3096.

122 BVerfG 12.4.2005 – 2 BvR 1027/02, NJW 2005, 1917.

123 Vgl. BVerfG 30.11.2021 – 2 BvR 2038/18, BeckRS 2021, 39283.

124 Löffelmann in AK-StPO Rn. 6; Gercke in Gercke/Julius/Temming/Zöller Rn. 35.

125 Krekeler NStZ 1993, 263 (268); Park Durchsuchung wistra 2000, 453 (458).

126 LG Stuttgart 10.6.1997 – 10 Qs 36/97, NStZ-RR 1998, 54 (55); Kunz BB 2000, 438 (443); Gercke in Gercke/Julius/Temming/Zöller Rn. 35.

127 Gercke in Gercke/Julius/Temming/Zöller Rn. 35; Mahnkopf/Funk NStZ 2001, 519 (525); Krekeler NStZ 1993, 263 (267).

weiteres ein Beweisverwertungsverbot. Ob ein solches Verbot vorliegt, ist jeweils nach den Umständen des Einzelfalls, insbesondere nach der Art des Verbots und dem Gewicht des Verstoßes unter Abwägung der widerstreitenden Interessen zu entscheiden.[128]

§ 110a Verdeckter Ermittler

(1) [1]Verdeckte Ermittler dürfen zur Aufklärung von Straftaten eingesetzt werden, wenn zureichende tatsächliche Anhaltspunkte dafür vorliegen, daß eine Straftat von erheblicher Bedeutung
1. auf dem Gebiet des unerlaubten Betäubungsmittel- oder Waffenverkehrs, der Geld- oder Wertzeichenfälschung,
2. auf dem Gebiet des Staatsschutzes (§§ 74a, 120 des Gerichtsverfassungsgesetzes),
3. gewerbs- oder gewohnheitsmäßig oder
4. von einem Bandenmitglied oder in anderer Weise organisiert
begangen worden ist. [2]Zur Aufklärung von Verbrechen dürfen Verdeckte Ermittler auch eingesetzt werden, soweit auf Grund bestimmter Tatsachen die Gefahr der Wiederholung besteht. [3]Der Einsatz ist nur zulässig, soweit die Aufklärung auf andere Weise aussichtslos oder wesentlich erschwert wäre. [4]Zur Aufklärung von Verbrechen dürfen Verdeckte Ermittler außerdem eingesetzt werden, wenn die besondere Bedeutung der Tat den Einsatz gebietet und andere Maßnahmen aussichtslos wären. [5]§ 100d Absatz 1 und 2 gilt entsprechend.

(2) [1]Verdeckte Ermittler sind Beamte des Polizeidienstes, die unter einer ihnen verliehenen, auf Dauer angelegten, veränderten Identität (Legende) ermitteln. [2]Sie dürfen unter der Legende am Rechtsverkehr teilnehmen.

(3) Soweit es für den Aufbau oder die Aufrechterhaltung der Legende unerläßlich ist, dürfen entsprechende Urkunden hergestellt, verändert und gebraucht werden.

Schrifttum: Bader, Zum Einsatz von Verdeckten Mitarbeitern und von Vertrauensleuten auf Grundlage der neu geschaffenen §§ 9a und 9b BVerfSchG, HRRS 2016, 293; Bernsmann/Jansen, Heimliche Ermittlungsmethoden und ihre Kontrollen – Ein systematischer Überblick, StV 1998, 217; Blome/Sellmeier, Die neuen Regeln für den Einsatz von Vertrauensleuten durch das Bundesamt für Verfassungsschutz, DÖV 2016, 881; Ceasar, Das Gesetz gegen die Organisierte Kriminalität, ZRP 1991, 241; Ceffinato, Einführung in das Internetstrafrecht, JuS 2019, 337; Eisenberg, Straf(verfahrens-)rechtliche Maßnahmen gegenüber „Organisierten Verbrechern, NJW 1993, 1033; Erfurth, Verdeckte Ermittlungen, 1997; Eschelbach, Rechtsfragen zum Einsatz von V-Leuten, StV 2000, 390; Gercke, Die Entwicklung des Internetstrafrechts 2009/2010, ZUM 2010, 633; ders., Gesetzliche Regelung des Einsatzes von V-Leuten im Rahmen der Strafverfolgung?, StV 2017, 615; Gleß, Zur Verwertung von Erkenntnissen aus verdeckten Ermittlungen im Ausland in ausländischen Strafverfahren, NStZ 2000, 57; Hund, Verdeckte Ermittlungen – ein gelöstes Problem?, StV 1993, 379; Jäger, Die Legende lebt, JA 2020, 231; Kaiafa-Gbandi, Verschiedene Systeme des Einsatzes „Verdeckter Ermittler" am Beispiel des griechischen und deutschen Rechts – Gemeinsame Probleme für den Rechtsstaat, Festschrift für Bemmann 1997; Keller/Griesbaum, Das Phänomen der vorbeugenden Bekämpfung von Straftraten, NStZ 1990, 416; Kirkpatrick, Der Einsatz von Verdeckten Ermittlern in Wirtschaftsstrafverfahren, NStZ 2019, 177; Krey, Rechtsprobleme des Einsatzes qualifizierter Scheinaufkäufer im Strafverfahrensrecht, 1994; Hilger, Neues Strafverfahrensrecht durch das OrgKG – 1. Teil, NStZ 1992, 457; ders., Neues Strafverfahrensrecht durch das OrgKG – 2. Teil, NStZ 1992, 523; Hofmann/Ritzert, Zur Strafbarkeit des Einsatzes nachrichtendienstlicher V-Personen in terroristischen Vereinigungen, extremistischen Organisationen und verbotenen Gruppierungen, NStZ 2014, 177; Hohnerlein, Verdeckte Ermittler – verdeckter Rechtsstaat?, NVwZ 2016, 511; Krause, Ermittlungen im Darknet – Mythos und Realität, NJW 2018, 678; Kreysel, Der V-Mann, MDR 1996, 991; Lammer, Verdeckte Ermittlungen im Strafprozeß, 1992; Marscholleck, Das Gesetz zur Verbesserung der Zusammenarbeit im Bereich des Verfassungsschutzes, NJW 2015, 3611; Möhrenschlager, Das OrgKG – eine Übersicht nach amtlichen Materialien, wistra 1992, 594; Nowrousian, Darf der Beschuldigte im Ermittlungsverfahren getäuscht werden? – Zur grundsätzlichen Zulässigkeit aktiver Täuschung im Ermittlungsverfahren, NStZ 2015, 625; Quentin, Der Verdeckte Ermittler i.S. der §§ 110a ff. StPO, JuS 1999, 134; Ranft, Verdeckte Ermittler im Strafverfahren nach dem Inkrafttreten des OrgKG, Jura 1993, 449; Rogall, Informationseingriffe

[128] BVerfG 20.9.2018 – 2 BvR 708/18, NStZ-RR 2019, 118.

und Gesetzesvorbehalt im Strafprozess, 1992; Roggan/Hammer, Das Gesetz zum besseren Informationsaustausch bei der Bekämpfung des internationalen Terrorismus, NJW 2016, 3063; Roggan, Legislative Ergänzungen im Bereich der „Terrorismusbekämpfung", ZRP 2017, 208; Rosengarten/Römer, Der „virtuelle verdeckte Ermittler" in sozialen Netzwerken und Internetboards, NJW 2012, 1764; Safferling, Verdeckte Ermittler im Strafverfahren – deutsche und europäische Rechtsprechung im Konflikt, NStZ 2006, 75; Schmitz, Rechtliche Probleme des Einsatzes Verdeckter Ermittler, 1996; Schneider, Ausgewählte Rechtsprobleme des Einsatzes Verdeckter Ermittler, NStZ 2004, 359; Schwarzburg, Einsatzbedingte Straftaten, NStZ 1995, 469; Sinn/Maly, Zu den strafprozessualen Folgen einer rechtsstaatswidrigen Tatprovokation – Zugleich Besprechung von EGMR, Urt. v. 23.10.2014 – 54648/09 (Furcht v. Germany), NStZ 2015, 379; Soiné, Verdeckte Ermittler als Instrument zur Bekämpfung von Kinderpornographie im Internet, NStZ 2003, 225; ders., Erkenntnisgewinnung von Informanten und V-Personen der Nachrichtendienste in Strafverfahren, NStZ 2007, 247; ders., Personale verdeckte Ermittlungen in sozialen Netzwerken zur Strafverfolgung, NStZ 2014, 248; ders., Die Vertrauensperson im Polizeirecht, NJW 2020, 2850; ders., Der Einsatz von V-Personen im Ermittlungsverfahren, ZRP 2021, 47; Unterreitmeier, Der Einsatz von V-Leuten und verdeckten Mitarbeitern zwischen sicherheitspolitischer Notwendigkeit und verfassungsrechtlichen Grenzen, GSZ 2019, 233; Weisser, Zum Betretungsrecht von Wohnungen bzw. Hotelzimmern durch einen nicht offen ermittelnden Polizeibeamten (noeP), NZWiSt 2018, 59.

Übersicht

A. Erläuterung

I. Regelungsinhalt

Abs. 1 legt fest, unter welchen Voraussetzungen Verdeckte Ermittler eingesetzt werden dürfen und bestimmt, dass deren Einsatz nur zur Aufklärung im Einzelnen benannter Katalogstraftaten von erheblicher Bedeutung bzw. von Verbrechen zulässig ist (S. 1). Darüber hinaus muss im Falle von Vergehen die Aufklärung der Tat auf andere Weise aussichtslos oder wesentlich erschwert sein (S. 3). Zur Aufklärung von Verbrechen dürfen Verdeckte Ermittler auch eingesetzt werden, wenn die Gefahr der Wiederholung besteht (S. 2) oder die besondere Bedeutung der Tat den Einsatz gebietet und andere Maßnahmen aussichtslos wären (S. 4). Wenn Erkenntnisse aus dem Kernbereich privater Lebensgestaltung erlangt wurden, so gilt § 100d Abs. 1 und 2 entsprechend (S. 5).[1] 1

Die Vorschrift des **Abs. 2** S. 1 enthält eine Legaldefinition des Verdeckten Ermittlers und definiert diesen als Beamten des Polizeidienstes, der unter einer ihm auf Dauer verliehe- 2

[1] Abs. 1 Satz 5 angef. mWv 26.11.2019 durch G v. 20.11.2019 (BGBl. I S. 1724).

nen veränderten Identität ermittelt und der gemäß S. 2 unter dieser Legende am Rechtsverkehr teilnehmen darf.

3 **Abs. 3** gestattet schließlich, die für den Aufbau oder die Aufrechterhaltung der Legende des Verdeckten Ermittlers erforderlichen Urkunden herzustellen, zu verändern oder zu gebrauchen.

II. Gegenstand der Eingriffsbefugnis

4 In **sachlicher Hinsicht** erlaubt § 110a Abs. 1 den Strafverfolgungsbehörden, Verdeckte Ermittler „zur Aufklärung von Straftaten" einzusetzen, bei denen es sich entweder um solche des in S. 1 enthaltenen Katalogs oder aber gemäß S. 2 um Verbrechen handeln muss. Hinsichtlich der konkreten Art der zulässigen Emittlungstätigkeit enthält die Vorschrift keine weitergehenden Einschränkungen. Verdeckte Ermittler dürfen unter Eingriff in das allgemeine Persönlichkeitsrecht des Art. 2 Abs. 1 iVm Art. 1 Abs. 1 GG[2] insbesondere Beschuldigte (zu möglichen Beweisverwertungsverboten → Rn. 42) und Zeugen unter Verheimlichung ihrer ermittelnden Tätigkeit zur Tat befragen oder Personen und Örtlichkeiten beobachten. Der Verdeckte Ermittler, dessen Einsatz sich nach § 110b Abs. 2 Nr. 1 gegen einen bestimmten Beschuldigten richtet, darf diesen „zur Aufklärung von Straftaten" auch längerfristig iSd § 163f beobachten, ohne dass es dazu einer gesonderten Anordnung bedarf. Diese Befugnis wird von den §§ 110a, 110b Abs. 2 Nr. 1 mit umfasst. Alle übrigen heimlichen Ermittlungsmaßnahmen der §§ 98a, 99, 100a ff., 163d und 163e bedürfen indes einer gesonderten Anordnung.

5 Eine bestimmte Tätigkeit des Verdeckten Ermittlers, nämlich das offene **Betreten der Wohnung des Beschuldigten** unter Verwendung seiner Legende, wurde wegen der Schwere des damit verbundenen Grundrechtseingriffs gesondert in § 110c geregelt.[3]

6 Auch in **personaler Hinsicht** enthält die Vorschrift keine weitergehende Einschränkung. Verdeckte Ermittler können mithin sowohl gegen einen bestimmten Beschuldigten als auch gegen Dritte eingesetzt werden.

7 **1. Zureichende tatsächliche Anhaltspunkte (Abs. 1 S. 1).** Der Einsatz eines Verdeckten Ermittlers setzt das Vorliegen „zureichender tatsächlicher Anhaltspunkte" hinsichtlich einer der im Katalog des Abs. 1 aufgeführten Straftaten voraus. Der **Tatverdacht** muss auf konkreten, sinnlich wahrnehmbaren Tatsachen beruhen. Der Tatverdacht braucht weder hinreichend iSd § 170 Abs. 1 noch dringend iSd § 112 Abs. 1 zu sein. Es reicht der über bloße Vermutungen hinausreichende, auf bestimmte tatsächliche Anhaltspunkte gestützte konkrete Verdacht aus, dass eine Straftat begangen worden ist. Dabei können auch **Behördenzeugnisse** zur Begründung eines Anfangsverdachts grundsätzlich herangezogen werden, wobei der konkrete Beweiswert des Zeugnisses von seinem Inhalt und davon abhängig ist, ob es lediglich dem Beleg eines Anfangsverdachts oder der Begründung eines höheren Verdachtsgrades dient (vgl. weiterführend §§ 102 Rn. 8 ff., 98a Rn. 22 ff.).[4] Der Anfangsverdacht muss insgesamt auf konkretem schlüssigem Tatsachenmaterial beruhen und in diesem Sinne ein gewisses Maß an Konkretisierung und Verdichtung erreicht haben.[5] Die Durchsuchung darf daher nicht der Ermittlung von Tatsachen dienen, die zur Begründung eines Anfangsverdachts erst erforderlich sind.[6]

8 Probleme bereiten vielfach diejenigen Fälle, in denen ein Verdeckter Ermittler zunächst auf **polizeilich-präventiver Grundlage** und damit nach Polizeirecht im Rahmen der Gefahrenabwehr eingesetzt wurde[7] und sich im Verlaufe dieses Einsatzes ein strafprozessualer Anfangsverdacht ergeben hat **(Gemengelage).** In derartigen Fällen sind die einschlägigen straf- und strafverfahrensrechtlichen Vorschriften zu beachten und ist eine allein polizeirecht-

[2] Lammer S. 24 ff.; Rogall S. 92; Schmitz S. 45; Erfurth S. 49.
[3] BT-Drs. 12/989, 43.
[4] BGH 6.2.2019 – 3 StR 280/18. NStZ 2019, 546.
[5] BGH 28.6.2018 – StB 10/18, BeckRS 2018, 16629.
[6] BVerfG 10.1.2018 – 2 BvR 2993/14, NStZ 2019, 351.
[7] Vgl. hierzu weiterführend und kritisch Hohnerlein NVwZ 2016, 511.

liche Beurteilung nicht mehr möglich.[8] Es greifen mithin das Legalitätsprinzip des § 152 Abs. 2 sowie die materiellen und formellen Einsatzvoraussetzungen der §§ 110a, 110b. Die Polizei hat unverzüglich gemäß § 163 Abs. 2 S. 1 die Staatsanwaltschaft zu unterrichten, die sodann ihrerseits zu prüfen hat, ob die gesetzlichen Einsatzvoraussetzungen vorliegen und ggf. eine gerichtliche Zustimmung nach § 110b Abs. 2 herbeizuführen ist.

2. Straftatenkatalog (Abs. 1 S. 1). Abs. 1 S. 1 legt die einzelnen Straftaten von erheblicher Bedeutung fest, zu deren Erforschung Verdeckte Ermittler eingesetzt werden dürfen. Es handelt sich hierbei um einen **abschließenden Katalog,** der teilweise von § 98a Abs. 1 übernommen wurde, weshalb an dieser Stelle auf die entsprechenden Ausführungen zu § 98a Rn. 29 ff. verwiesen werden.[9] 9

In jedem Einzelfall muss die unter den Katalog in S. 1 zu subsumierende Straftat eine solche von **erheblicher Bedeutung** sein. Hierbei handelt es sich um Straftaten, die mindestens der mittleren Kriminalität zuzurechnen sind, den Rechtsfrieden empfindlich stören und geeignet sind, das Gefühl der Rechtssicherheit in der Bevölkerung zu beeinträchtigen (→ § 100g Rn. 24).[10] 10

3. Aufklärung von Verbrechen (Abs. 1 S. 2). S. 2 enthält gegenüber S. 1 eine **eigenständige Eingriffsermächtigung** und berechtigt die Strafverfolgungsbehörden auch zur Aufklärung solcher Verbrechen einen Verdeckten Ermittler einzusetzen, die von dem in S. 1 enthaltenen Katalog nicht erfasst werden. Voraussetzung hierfür ist, dass „auf Grund bestimmter Tatsachen die Gefahr der Wiederholung besteht". 11

Auch diese **Wiederholungsgefahr** muss sich aus „schlüssigem Tatsachenmaterial" ergeben (→ Rn. 7). Für die Auslegung des Begriffs kann im Wesentlichen auf den in § 112a Abs. 1 verwendeten Begriff der Wiederholungsgefahr zurückgegriffen werden.[11] Danach ist eine Wiederholungsgefahr gegeben, wenn eine so starke innere Neigung des Beschuldigten zu Straftaten vorliegt, dass die Besorgnis begründet ist, er werde in absehbarer Zeit weitere Verbrechen begehen.[12] Anders als im Falle des § 112a wird hier nicht zu fordern sein, dass es sich um gleichartige Straftaten oder solche der in § 112a Abs. 1 genannten Art handelt. Für S. 2 reicht vielmehr eine entsprechende Besorgnis hinsichtlich jedweder Straftat aus, sofern es sich dabei nur um ein Verbrechen handelt. 12

4. Subsidiaritätsklausel (Abs. 1 S. 3 und 4) und Kernbereich (Abs. 1 S. 5). 13
Abs. 1 enthält eine **differenzierende** Subsidiaritätsregelung. Diese betrifft im Wesentlichen die generelle Subsidiarität von heimlichen Ermittlungen gegenüber offenen Maßnahmen.[13] Im Falle des Vorliegens einer Katalogtat nach S. 1 ist der Einsatz eines Verdeckten Ermittlers nach S. 3 zulässig, wenn die Aufklärung auf andere Weise **aussichtslos oder wesentlich erschwert** wäre. Diese Subsidiaritätsklausel entspricht der in § 100a Abs. 1 Nr. 3. In den Fällen, in denen ein Verbrechen weder unter den Katalog des S. 1 zu subsumieren ist, noch Wiederholungsgefahr besteht, greift die strengere Regelung des S. 4. Zur Aufklärung solcher Straftaten ist der Einsatz eines Verdeckten Ermittlers nur zulässig, wenn die besondere Bedeutung der Tat den Einsatz gebietet und andere Maßnahmen aussichtslos wären. Soweit es sich in den Fällen des S. 4 ausnahmslos um solche Verbrechen handeln muss, in denen die **besondere Bedeutung** der Tat den Einsatz eines Verdeckten Ermittlers gebietet, ist eine Orientierung an dem entsprechenden Begriff in § 24 Abs. 1 Nr. 3 GVG möglich.[14] Danach liegt eine Straftat von besonderer Bedeutung

[8] BGH 7.3.1995 – 1 StR 685/94, NJW 1995, 2237 (2239); BGH 18.11.1999 – 1 StR 221/99, NJW 2000, 1123 (1124).
[9] Kritisch hierzu siehe Eschelbach in Satzger/Schluckebier/Widmaier StPO Rn. 15 f.
[10] Möhrenschläger wistra 1992, 327.
[11] Ebenso Köhler in Meyer-Goßner/Schmitt Rn. 12; Hegmann in BeckOK-StPO Rn. 14.
[12] Vgl. auch OLG Bremen 11.5.2020 – 1 Ws 44/20, BeckRS 2020, 12058.
[13] Eschelbach in Satzger/Schluckebier/Widmaier StPO Rn. 18.
[14] So zutreffend Bruns in KK-StPO Rn. 21.

vor, wenn sie sich im Vergleich mit gleichartigen Straftaten aus der Masse der durchschnittlichen Taten nach oben hervorhebt.[15]

14 Der **Kernbereichschutz (Abs. 1 S. 5)** wurde mit Wirkung vom 26.11.2019 durch Gesetz vom 20.11.2019 (BGBl. I S. 1724) ergänzt. § 100d Abs. 1 und 2 gilt daher entsprechend beim Einsatz des Verdeckten Ermittlers. Liegen somit tatsächliche Anhaltspunkte für die Annahme vor, dass durch die Maßnahme allein Erkenntnisse aus dem Kernbereich privater Lebensgestaltung erlangt werden, ist die Maßnahme unzulässig. Erkenntnisse aus dem Kernbereich privater Lebensgestaltung, die durch den Einsatz des Verdeckten Ermittlers erlangt wurden, dürfen nicht verwertet werden. Aufzeichnungen über solche Erkenntnisse sind unverzüglich zu löschen. Die Tatsache ihrer Erlangung und Löschung ist in der Akte zu dokumentieren.

III. Verdeckter Ermittler (Abs. 2 S. 1)

15 Der Begriff des Verdeckten Ermittlers wird in Abs. 2 S. 1 legal definiert als „**Beamte des Polizeidienstes,** die unter einer ihnen verliehenen, auf Dauer angelegten, veränderten Identität (Legende) ermitteln". Verdeckte Ermittler sind nur Beamte im Sinne der §§ 2, 35 ff. BeamtStG. Dies verlangen nicht nur die besondere Ermittlungstätigkeit und die damit einhergehende Gefährdung, sondern auch die erforderliche straffe Führung sowie die wirksame, auch disziplinarrechtliche Dienstaufsicht über den Verdeckten Ermittler.[16] Die Nutzung gerade der auf Dauer angelegten, veränderten Identität sollte nach dem Willen des Gesetzgebers[17] den Verdeckten Ermittler von denjenigen Polizeibeamten unterscheiden, die nur gelegentlich verdeckt ermitteln und dabei ihre Identität nicht offenlegen (sogenannter nicht offen ermittelnde Polizeibeamte, kurz NoeP, → Rn. 19). Beamte im polizeirechtlichen Sinne sind auch die Beamten des Steuer- und Zollfahndungsdienstes.

16 Das Definitionselement der **„auf Dauer angelegten, veränderten Identität"** beschreibt nach dem Wortlaut der Norm nicht das temporäre Moment des Einsatzes, sondern das der Legende und deren Ausrichtung dahingehend, dass alle legendenbildenden Faktoren dauerhaft, mithin über einen längeren Zeitraum und auch wiederholt Verwendung finden sollen.[18] Ob der Einsatz eines unter einem Decknamen tätigen Beamten den strengen Auflagen der §§ 110a ff. unterliegt, ist im Rahmen einer **Gesamtwürdigung aller Umstände** zu beurteilen. Dabei ist bedeutsam, „ob der Ermittlungsauftrag über einzelne wenige, konkret bestimmte Ermittlungshandlungen hinausgeht, ob es erforderlich sein wird, eine unbestimmte Vielzahl von Personen über die wahre Identität des verdeckt operierenden Polizeibeamten zu täuschen, und ob wegen der Art und des Umfanges des Auftrages von vornherein abzusehen ist, dass die Identität des Beamten in künftigen Strafverfahren auf Dauer geheim gehalten werden muss. Dabei ist darauf abzustellen, ob der allgemeine Rechtsverkehr oder die Beschuldigtenrechte in künftigen Strafverfahren eine mehr als nur unerhebliche Beeinträchtigung durch den Einsatz des verdeckt operierenden Polizeibeamten erfahren können".[19] Legende im Sinne des Abs. 2 S. 1 ist somit **nicht jede kurzfristige Veränderung der Identität,** selbst wenn diese durch die Verwendung von Tarnpapieren perpetuiert sein sollte. Eine **qualifizierte** Legende iSv Abs. 2 S. 1 liegt vielmehr erst vor, wenn – was mit einem beträchtlichen organisatorischen sowie finanziellen Aufwand verbunden ist und deshalb regelmäßig Monate in Anspruch nimmt – einem Polizeibeamten zum Zwecke seiner auf Dauer angelegten Tarnung nicht nur ein fiktiver Name mit entsprechenden Ausweispapieren wie Personalausweis, Führerschein etc. zur Verfügung gestellt werden, sondern auch ein zu dieser veränderten Identität passender Lebenslauf mit den dazugehöri-

---

15 Vgl. Quentin JuS 1999, 134.
16 BGH 20.6.2007 – 1 StR 251/07, Rn. 5.
17 BT-Drs. 12/989, 42.
18 BGH 7.3.1995 – 1 StR 685/94, NStZ 1995, 516; vgl. auch Kirkpatrick NStZ 2019, 177 (178); Weisser NZWiSt 2018, 59 (60).
19 BGH 6.2.1996 – 1 StR 544/95, NStZ 1996, 450; Ceffinato JuS 2019, 337 (342).

gen Eintragungen in den entsprechenden Registern. Erforderlich sind weiter entsprechende aktuelle Lebensverhältnisse wie Wohnung, soziales Umfeld, Beruf ua mit den wiederum hierfür erforderlichen Eintragungen etwa in das Handels- oder Kraftfahrzeugregister. Selbst (Schein)Firmen mit realem Geschäftsbetrieb werden erforderlichenfalls gegründet. Qualifizierte Legenden werden in den dienstinternen Richtlinien der Polizeibehörden über den Einsatz Verdeckter Ermittler vielfach unterteilt in die so genannte **„Grundlegende"** sowie die **„anlassbezogene Legende".** Mit ersterer ist die eigentliche Legende iSd Legaldefinition, mit zweiterer die diese lediglich ergänzende und auf den konkreten Ermittlungsanlass zugeschnittene Legende gemeint.

Dass auch der Gesetzgeber in Abs. 2 S. 1 bei der Verwendung des Begriffs „Legende" **17**
von Legenden dieser Art ausgegangen ist, ergibt sich aus dem Kontext der **Gesetzesmaterialien.** Danach soll für den Verdeckten Ermittler wesentlich sein, dass er unter „einer auf Dauer angelegten" Identität ermittelnd tätig wird. Die Materialien lassen indes nicht erkennen, dass der Gesetzgeber von der Vorstellung ausgegangen ist, der Verdeckte Ermittler müsse auch tatsächlich dauerhaft ermitteln.[20]

Zusammenfassend ist danach festzustellen, dass der Einsatz einer verdeckt ermitteln- **18**
den Person den Voraussetzungen der §§ 110a ff. unterliegt, wenn kumulativ die nachfolgenden Kriterien erfüllt sind: 1. Bei der Person muss es sich um einen Beamten des **Polizeidienstes** handeln. 2. Der Beamte muss **zu strafprozessualen Zwecken** und damit zur Aufklärung von Straftaten tätig sein. 3. Zur Erfüllung dieses Zweckes muss ihm eine **Legende** verliehen worden sein. 4. Diese Legende muss **auf Dauer** angelegt sein (Grundlegende). 5. Der Beamte muss **unter Einsatz dieser Legende** ermitteln, wobei ermitteln in diesem Sinne bedeutet, dass sich die Tätigkeit des Beamten nicht auf dienstinterne Verrichtungen beschränken darf. Ob sich diese Ermittlungstätigkeit indes auf eine einzige Handlung beschränkt oder aber sich als dauerhafter und komplexer Einsatz darstellt, ist de lege lata nach der hier und auch von anderen Stimmen in der **Lit.**[21] vertretenen Auffassung unbeachtlich.

IV. Sonstige verdeckt ermittelnde Personen

Die sonstigen nur gelegentlich verdeckt ermittelnden Beamten werden, je nachdem, **19**
ob man eine funktionale oder statusrechtliche Betrachtungsweise bei der Charakterisierung bevorzugt, als **Scheinaufkäufer, qualifizierter Scheinaufkäufer** oder als **Gelegenheits-VE, NOP** bzw. **NoeP** bezeichnet. Die Bezeichnungen NOP und NoeP stehen beide für „Nicht offen ermittelnder Polizeibeamter".[22] Schließlich gibt es neben den Verdeckten Ermittlern und den nur gelegentlich verdeckt ermittelnden Beamten noch eine dritte Gruppe verdeckt agierender Personen, die sich von den beiden zuvor genannten dadurch unterscheidet, dass die Mitglieder dieser Gruppe keine Beamten des Polizeidienstes sind. Es handelt sich hierbei um sogenannte **Informanten, operative Zeugen, Augenblickshelfer** sowie **Vertrauenspersonen (VP).**[23] Schwierigkeiten bereitet dabei die Abgrenzung zwischen den beiden erstgenannten Personengruppen, den verdeckten Ermittlern des Abs. 2 sowie den nur gelegentlich verdeckt ermittelnden Polizeibeamten (→ Rn. 20 ff.).

1. Sonstige Polizeibeamte. a) Erscheinungsformen. (Schlichte) **Scheinaufkäu-** **20**
fer, qualifizierte Scheinaufkäufer, Gelegenheits-VE sowie **NOP** bzw. **NoeP,**[24] bezeichnen, wobei die zuletzt genannten Begriffe den Status des Ermittelnden als Polizeibeamten hervorheben, sämtlich den operativ eingesetzten und nicht offen ermittelnden Poli-

---

20 Vgl. BT-Drs. 12/989, 42.

21 Schneider NStZ 2004, 359.

22 BGH 6.2.1997 – 1 StR 527/96, NStZ 1997, 448; vgl. zum Scheinkäufer auch Ceffinato JuS 2019, 337 (342); Nowrousian NStZ 2015, 625.

23 Zum aktuellen Stand vgl. Soiné ZRP 2021, 47.

24 Ungenau in der Terminologie Safferling NStZ 2006, 75, der offenbar unter den Begriff des Verdeckten Ermittlers auch private Informanten der Polizei einordnet; vgl. auch Rosengarten/Römer NJW 2012, 1764.

zeibeamten (NoeP). Diese Form verdeckter strafprozessualer Ermittlungen sollte zur Vermeidung von Unklarheiten künftig einheitlich als NoeP bezeichnet werden. Der Begriff NoeP enthält eine sachlich zutreffende Abstrahierung und hat zudem in die Gemeinsamen Richtlinien der Justizminister über den Einsatz von Vertrauenspersonen und Verdeckten Ermittlern Eingang gefunden.[25]

21 Zur **Unterscheidung zwischen schlichten und qualifizierten** Scheinaufkäufern nimmt Krey[26] in einer Studie zu den Rechtsproblemen des Einsatzes qualifizierter Scheinaufkäufer folgende funktional ausgerichtete und sich begrifflich an Kraushaar[27] orientierende Begriffsbestimmungen vor: „Schlichte Scheinaufkäufer" seien Strafverfolgungsbeamte, „die zwar verdeckt, jedoch nicht unter einer Legende (veränderte Identität) ermitteln". Sie stünden im Strafverfahren als Zeuge grundsätzlich zur Verfügung. Qualifizierte Scheinaufkäufer ermittelten hingegen unter einer Teillegende, erhielten daher zu ihrer Sicherheit meist Tarnpapiere wie etwa Personalausweis und Führerschein, mit denen sie jedoch nicht am Rechtsverkehr teilnehmen. Qualifizierte Scheinaufkäufer nutzten mithin in dem Sinne eine Dauerlegende, als sie über einen längeren Zeitraum hinweg mit denselben Tarnpersonalien eingesetzt würden. Umschrieben wird damit die Handlungsweise von nicht offen ermittelnden Polizeibeamten jedenfalls in denjenigen „klassischen Fällen", in denen inkriminierte Waren wie etwa Betäubungsmittel, illegale Waffen oder unversteuerte Zigaretten aufgekauft werden, um auf diese Weise insbesondere Gegenstände, die für die Allgemeinheit gefährlich sind, in behördlichen Gewahrsam zu überführen. Zugleich sollen derartige Aufkäufe vielfach dazu dienen, das Vertrauen der Verkäufer zu gewinnen und so den weiteren Vertriebsweg dieser Waren sowie die diesen organisierenden Hintermännern feststellen und damit auch sogenannte „Strukturermittlungen" führen zu können. Derartige Käufe werden vielfach auch als „Vertrauenskäufe" bezeichnet.

22 Der Einsatzbereich eines „modernen" NoeP geht über den des Scheinkaufs hinaus. Das **Internet** bringt eine Fülle neuer Formen von Straftaten[28] hervor und erfordert adäquate Ermittlungsformen.[29] Zu diesen gehört, dass Polizeibeamte etwa „Internetstreifen" durchführen, dh anlassunabhängige Recherchen und präventiv-polizeilich einzuordnende Sichtungen des „Internets" durchführen. Polizeibeamte werden indes im Netz auch auf Grundlage der Ermittlungsgeneralklausel repressiv tätig.[30] Sie versuchen strafrechtlich relevante Sachverhalte weiter zu erforschen und nehmen zu diesem Zweck auch an Internetkommunikationen teil, ohne ihre wahre Identität bzw. ihre Ermittlungstätigkeit zu offenbaren. Grundsätzlich unterliegt ein Polizeibeamter bei Ermittlungen im Internet, insbesondere in sozialen Netzwerken, der versucht, anonym zu bleiben und daher seine wahre Identität und seine Ermittlungstätigkeit verschweigt, nicht gleich den Regeln im Sinne des § 110a ff.[31] Zu beachten ist in diesem Zusammenhang, dass ein Eingriff in Grundrechte, etwa in das Recht auf informationelle Selbstbestimmung, nicht schon dann vorliegt, wenn eine staatliche Stelle sich unter einer Legende in eine Kommunikationsbeziehung zu einem Grundrechtsträger begibt, wohl aber, wenn sie dabei ein **schutzwürdiges Vertrauen** des Betroffenen in die Identität und die Motivation seines Kommunikationspartners ausnutzt, um persönliche Daten zu erheben, die sie ansonsten nicht erhalten würde.[32] Ermittelt somit der Beamte für längere Zeit unter aktiver Teilnahme in einem Internet-Chat unter Nutzung einer aufwändigen Legende, so ist er grundsätzlich als verdeckter Ermittler anzusehen. Im Rahmen der Gesamtwürdigung spielt dabei eine wesentliche Rolle, ob das Vertrauen in die Identität der Teilnehmer schutzwürdig ist und ob eine dauerhafte und aktive Täuschung

---

[25] Vgl. dort II und auch Weisser NZWiSt 2018, 59 (60).
[26] Krey S. 18.
[27] Kraushaar Kriminalistik 1994, 481.
[28] Soiné NStZ 2003, 225.
[29] Ceffinato JuS 2019, 337 (342).
[30] BVerfG 12.10.2011 – 2 BvR 236/08, NJW 2012, 833; vgl. auch Rosengarten/Römer NJW 2012, 1764 (1766); Hauck in Löwe/Rosenberg Rn. 26a.
[31] Eschelbach in Satzger/Schluckebier/Widmaier StPO Rn. 9.
[32] BVerfG 27.2.2008 – 1 BvR 370/07, 1 BvR 595/07, NJW 2008, 822; Soiné NStZ 2014, 248.

eines unbestimmten Personenkreises erfolgt.[33] Dagegen agieren im sog. **Darknet** im Gegensatz zum offenen Internet alle Teilnehmer nur unter Pseudonymen. Wenn keine Möglichkeiten zur Überprüfung der Identitäten bestehen, ist auch das Vertrauen Einzelner in die Identität der Darknet-Pseudonyme nicht schutzwürdig ist. Somit ist die aktive Kommunikation verdeckt agierender Beamter im Darknet als NoeP-Einsatz einzustufen, der sich nach den Generalnormen der §§ 161, 163 richtet.[34]

Der Einsatz **ausländischer verdeckt ermittelnder Polizeibeamter** ist nicht an den 23
Vorschriften der §§ 110a ff. zu messen. Sie sind beamtenrechtlich nicht der deutschen Rechtsordnung unterstellt. Solange es keine gesetzliche Regelung gibt, die Polizeibeamte einer ausländischen Behörde ausdrücklich Beamten gleichstellt, sind ausländische Polizeibeamte wie von der Polizei eingesetzte Vertrauenspersonen zu behandeln.[35]

b) Rechtsgrundlagen. In der Rspr. des BGH ist seit jeher anerkannt, dass Polizeibe- 24
amte zur Aufklärung schwerer Straftaten auch verdeckt ermitteln dürfen. Hieran hat sich durch die Einfügung der §§ 110a ff. bzgl. der „NoeP" nichts geändert. Auf „NoeP" sind die Vorschriften der §§ 110a ff. weder unmittelbar noch entsprechend anwendbar.[36] Für den Einsatz verdeckt ermittelnder Polizeibeamter unterhalb der Schwelle des Verdeckten Ermittlers bedarf es nach der Rspr. des BGH auch weiterhin keiner besonderen gesetzlichen Ermittlungsgrundlage. Ihr Einsatz soll auf die Aufgabengeneralklausel der **§§ 161, 163** gestützt werden können (zur Kritik → Rn. 28).[37]

2. Privatpersonen. a) Erscheinungsformen. Eine Definition der Begriffe des 25
„Informanten" sowie der „Vertrauensperson" (VP bzw. V-Personen) enthalten die Gemeinsamen Richtlinien[38] der Justizminister/-senatoren sowie der Innenminister/-senatoren über die Inanspruchnahme von Informanten und dem Einsatz von Vertrauenspersonen und Verdeckten Ermittlern. Danach ist ein **Informant** eine Person, die im Einzelfall bereit ist, gegen die Zusicherung der Vertraulichkeit der Strafverfolgungsbehörde Informationen zu geben. Im Unterschied zu Vertrauenspersonen werden Informanten nicht „geführt". Sie können nicht gezielte Informationen nach Weisung beschaffen, sondern liefern diese lediglich bei Gelegenheit.[39] Eine **Vertrauensperson**[40] hingegen ist eine Person, die ohne einer Strafverfolgungsbehörde anzugehören, bereit ist, diese bei der Aufklärung von Straftaten auf längere Zeit vertraulich zu unterstützen und deren Identität ebenfalls grundsätzlich geheim gehalten wird.[41] § 28 Abs. 2 Nr. 3 BPolG versteht darunter explizit den Einsatz von Personen, die nicht der Bundespolizei angehören und deren Zusammenarbeit mit der Bundespolizei Dritten nicht bekannt ist (vgl. entsprechend auch § 45 Abs. 2 Nr. 4 BKAG). Vertrauenspersonen werden in der Regel förmlich zur Verschwiegenheit verpflichtet, was bedeutet, dass sie ohne Genehmigung der zuständigen Stelle keine Aussagen über Umstände machen dürfen, die ihnen im Rahmen ihrer Tätigkeit für die Polizei bekannt geworden sind. Zum Schutz ihrer Identität im Strafverfahren kann ggfs. eine Sperrerklärung nach § 96 in Betracht kommen.

---

33 Rosengarten/Römer NJW 2012, 1764.

34 Krause NJW 2018, 678; Hauck in Löwe/Rosenberg Rn. 26b; kritisch Eschelbach in Satzger/Schluckebier/Widmaier StPO Rn. 10.

35 BGH 20.6.2007 – 1 StR 251/07, NStZ 2007, 713; Hegmann in BeckOK-StPO Rn. 8; Bruns in KK-StPO Rn. 5; Gleß NStZ 2000, 57.

36 BGH 6.2.1997 – 1 StR 527/96, NJW 1997, 1516.

37 BGH 6.2.1997 – 1 StR 527/96, NJW 1997, 1516 (1518); vgl. auch Weisser NZWiSt 2018, 59 (60).

38 Gemeinsame Richtlinien der Justizminister/-senatoren und der Innenminister/-senatoren der Länder über die Inanspruchnahme von Informanten sowie über den Einsatz von Vertrauenspersonen (V-Personen) und Verdeckten Ermittlern im Rahmen der Strafverfolgung, Anlage D RiStBV.

39 Vgl. I. 2.1 der Richtlinien; vgl. zur Abgrenzung auch Blome/Sellmeier DÖV 2016, 881 (882).

40 Zu den mit dem Einsatz einhergehenden Fragestellungen vgl. Eschelbach StV 2000, 390; zur Problematik des V-Manns vgl. Kreysel MDR 1996, 991; Soiné ZRP 2021, 47; Zum Begriff des „V-Mann" auch Gercke StV 2017, 615.

41 BGH 22.12.2020 – 1 StR 165/19, NStZ-RR 2021, 175; vgl. I 2.2 der Richtlinien.

26 Neben diesen beiden Formen verdeckt ermittelnder Personen gibt es noch eine weitere, nämlich den selten eingesetzten **„operativen Zeugen"**, der auch als „Augenblickshelfer" bezeichnet wird und der sich von dem Informanten sowie der Vertrauensperson dadurch unterscheidet, dass er lediglich in (dem) einem Ermittlungsverfahren eingesetzt wird und nach Übergang in die offene Ermittlungsphase anders als Informanten und Vertrauensperson, deren jeweilige Identität in der Regel geheim gehalten wird, offen als Zeuge zur Verfügung steht. Der operative Zeuge wird indes ebenso wie die Vertrauensperson auf Veranlassung der Strafverfolgungsbehörden tätig. Ein solcher Fall war Gegenstand der Entscheidung des GSSt vom 13.5.1996.[42] In dem entschiedenen Fall hatte die Polizei einen Zeugen, dem gegenüber der (fremdsprachige) Angeklagte die Tat eingeräumt hatte, veranlasst, erneut mit dem Angeklagten zu telefonieren. Das Telefonat ließ sie von einem Dolmetscher mithören. Dessen Bekundungen über den Inhalt des Telefonats legte das Tatgericht seinem Urteil zugrunde. Der GSSt hat festgestellt, dass die Aussagen von Zeugen in derartigen Fällen jedenfalls dann verwertet werden dürfen, wenn es um die Aufklärung einer Straftat von erheblicher Bedeutung geht und die Erforschung des Sachverhalts unter Einsatz anderer Ermittlungsmethoden erheblich weniger erfolgversprechend oder wesentlich erschwert wäre.

27 **b) Rechtsgrundlagen.** Die Polizeigesetze des Bundes (BKAG, BPolG) und der Länder beinhalten unterschiedlich detaillierte Ermächtigungsgrundlagen für den Einsatz von Vertrauenspersonen (V-Personen) zur Gefahrenabwehr.[43] Polizeigesetzliche Regelungen über die Verwendung von V-Personen erfolgten als Reaktion auf das Urteil des BVerfG vom 20.4.2016 zum Bundeskriminalamtgesetz.[44] Die Rechtsgrundlage für den Einsatz von Informanten, Vertrauenspersonen und operativen Zeugen durch die Strafverfolgungsbehörden ist nach allgA in Rspr.[45] und Lit.[46] (lediglich) in der Ermittlungsgeneralklausel der §§ 163, 161 zu sehen. In der StPO befinden sich keine weiteren ihren Einsatz näher ausgestaltende Verfahrensregelungen.[47] Für Informanten sowie Vertrauenspersonen sind Regelungen über die Voraussetzungen ihres Einsatzes und das dabei zu beachtende Verfahren indes in den Gemeinsamen Richtlinien der Justizminister/-senatoren sowie der Innenminister/-senatoren Gemeinsamen Richtlinien enthalten.[48] Danach entscheidet über die Inanspruchnahme von Informanten sowie den Einsatz von Vertrauenspersonen auf Seiten der Staatsanwaltschaft der Behördenleiter oder ein von ihm besonders zu bezeichnender Staatsanwalt. Im Bereich der Polizei trifft die Entscheidung ein Beamter „mindestens auf der Ebene des Leiters der sachbearbeitenden Organisationseinheit".[49] Der Einsatz verdeckter Mitarbeiter und von Vertrauensleuten durch das Bundesamt für Verfassungsschutz ist in §§ 9a, 9b BVerfSchG normiert.[50]

28 Die hM verdient **Kritik.**[51] Der Gesetzgeber hat es bei den Beratungen über das Gesetz zur Bekämpfung des illegalen Rauschgifthandels und anderer Erscheinungsformen organisierter Kriminalität (OrgKG) noch abgelehnt, eine spezialgesetzliche Rechtsgrundlage für

---

42 BGH GSSt 13.6.1996 – GSSt 1/96, NJW 1996, 2940.

43 Vgl. etwa § 28 Abs. 2 Nr. 3 BPolG; § 45 Abs. 2 Nr. 4 BKAG; Roggan/Hammer NJW 2016, 3063.

44 BVerfG 20.4.2016 – 1 BvR 966/09, 1 BvR 1140/09, NJW 2016, 1781; umfassend hierzu Soiné NJW 2020, 2850.

45 BVerfG 20.4.2016 – 1 BvR 966/09, 1 BvR 1140/09, NJW 2016, 1781; BGH 18.11.1999 – 1 StR 221/99, NJW 2000, 1123; BGH GSSt 13.6.1996 – GSSt 1/96, NJW 1996, 2940 ff., BGH 22.2.1995 – 3 StR 552/94, NStZ 1995, 513.

46 Bruns in KK-StPO Rn. 9; Hegmann BeckOK-StPO Rn. 7; krit. Bernsmann/Jansen StV 1998, 230; Hund StV 1993, 380; Hilger NStZ 1992, 521 (523).

47 BGH 22.12.2020 – 1 StR 165/19, NStZ-RR 2021, 175; umfassend hierzu Soiné ZRP 2021, 47 unter Bezugnahme auf BVerfG 20.4.2016 – 1 BvR 966/09, 1 BvR 1140/09, NJW 2016, 1781.

48 Vgl. I 5 der Richtlinien.

49 Vgl. I 5.1 der Richtlinien.

50 Vgl. auch Bader HRRS 2016, 293; Blome/Sellmeier DÖV 2016, 881; Roggan ZRP 2017, 208 (211); Marscholleck NJW 2015, 3611 (3614).

51 Vgl. hierzu umfassend auch Gercke StV 2017, 615.

den Einsatz von Vertrauenspersonen zu schaffen.[52] In seiner Rspr.[53] hat das BVerfG jedoch deutlich gemacht, dass jedenfalls beim Übergang von der passiven Informationserlangung ohne Eingriffscharakter zur aktiven Informationsbeschaffung durch eine Vertrauensperson mittels einer gezielten Befragung eine strafprozessuale Maßnahme vorliege, die, so das BVerfG weiter, eine spezielle gesetzliche Ermächtigungsgrundlage erforderlich mache. Auch im Rahmen des Gesetzgebungsverfahrens zum Gesetz über die Neuregelung der Telekommunikationsüberwachung und anderer verdeckter Ermittlungsmaßnahmen wurde anlässlich der Expertenanhörung[54] unter Hinweis auf die Rechtsprechung des BVerfG auf das Fehlen einer den Einsatz von Vertrauenspersonen näher ausgestaltenden Vorschrift hingewiesen.[55] Die Notwendigkeit der Schaffung einer normenklaren Rechtsgrundlage für den Einsatz von V-Personen im Rahmen der Strafverfolgung indiziert auch das Urteil des BVerfG zum Bundeskriminalamtgesetz vom 20.4.2016. So führt das BVerfG aus, dass das Ausnutzen von Vertrauen bei Einsätzen von V-Personen einen sehr schwerwiegenden Grundrechtseingriff bewirke.[56] Die Anordnung der Einsätze, die mitunter tief in die Privatsphäre eindringen, müsse einer unabhängigen Instanz etwa in Form einer richterlichen Anordnung vorbehalten bleiben.[57] In den vorerwähnten Richtlinien über den Einsatz von Vertrauenspersonen fehlt es an solchen Verfahrensvorschriften, die deren Einsatz hinreichend konkret ausgestalten. Die vorhandenen Regelungen beinhalten lediglich Ausführungen zur Notwendigkeit dieses Ermittlungsinstruments, zu seiner Definition und zu den Einsatzvoraussetzungen. Auch handelt es sich hierbei um reine Verwaltungsvorschriften. All dies hat zur Folge, dass jedenfalls über die konkrete Ausgestaltung des Einsatzes von Vertrauenspersonen häufig allein die Polizei befindet und dieses Ermittlungsinstrument somit keiner ausreichenden justiziellen Kontrolle unterliegt. So werden durch den Einsatz von Vertrauenspersonen regelmäßig eine Vielzahl strafrechtlich relevanter personenbezogener Daten erhoben, die von der Vertrauensperson ihrem polizeilichen Führungsbeamten, dem sogenannten „VP-Führer", übermittelt werden. Zwar handelt es sich bei diesem um einen dem Legalitätsprinzip des § 152 Abs. 2 verpflichteten Polizeibeamten. VP-Führer vermögen indes die sich vielfach ergebenden Konflikte zwischen dem Gebot der Strafverfolgung einerseits und dem Schutz der Vertrauenspersonen andererseits nicht zu lösen. In der Praxis werden VP-Führern immer wieder Sachverhalte bekannt, die einerseits den Anfangsverdacht selbst schwerer Straftaten begründen und andererseits von den VP-Führern nicht an die insoweit zur abschließenden Entscheidung allein berufenen Staatsanwaltschaften weitergeleitet werden, weil die VP-Führer der Auffassung sind, eine Offenlegung der gewonnenen Erkenntnisse ließe einen sicheren Rückschluss auf die Identität des Hinweisgebers zu und führe zu einer nicht vertretbaren Gefährdung für dessen Leib und Leben. Insgesamt sollte somit schon aufgrund der Eingriffsintensität der Maßnahme der Einsatz von Vertrauenspersonen grundsätzlich unter Richtervorbehalt gestellt (in Ausnahmefällen unter Einbeziehung einer Regelung von Gefahr im Verzug)[58] und – entsprechend § 110a – an das Vorliegen zureichender tatsächlicher Anhaltspunkte für eine „Straftat von erheblicher Bedeutung" (vgl. insoweit auch § 163e, f) geknüpft werden. Ein Einsatz bei Bagatelldelikten käme dann auch aufgrund der notwendigen Verhältnismäßigkeit der Maßnahme nicht in Betracht. Unabdingbar erscheint zudem, dass auch beim Einsatz einer V-Person der **Schutz des Kernbereichs privater Lebensgestaltung** entsprechend § 110 a Abs. 1 S. 5 zu beachten sein muss, so dass die Maßnahme bei Vorliegen

---

52 BT-Drs. 12/989, 41.

53 BVerfG 1.3.2000 – 2BvR 2017/94 und 2 BvR 2039/94, NStZ 2000, 489; vgl. weiter auch BVerfG 20.4.2016 – 1 BvR 966/09, 1 BvR 1140/09, NJW 2016, 1781; zur Frage der gesetzlichen Regelung ebenso Gercke StV 2017, 615.

54 Vgl. Günther, Protokoll der 74. Sitzung des Rechtsausschusses des Deutschen BTag v. 19.9.2007 S. 10.

55 BVerfG 1.3.2000 – 2 BvR 2017/94, NStZ 2000, 489 (490).

56 Kritisch Unterreitmeier GSZ 2019, 233, danach liegt in der willentlichen Preisgabe von Informationen, wenn auch unter irrigen Vorstellungen über die Identität und Motive des Kommunikationspartners, in der die Kommunikation stattfindet, kein Grundrechtseingriff vor.

57 BVerfG 20.4.2016 – 1 BvR 966/09, 1 BvR 1140/09, NJW 2016, 1781; Soiné ZRP 2021, 47 (48).

58 BVerfG 20.4.2016 – 1 BvR 966/09, 1 BvR 1140/09, NJW 2016, 1781.

tatsächlicher Anhaltspunkte für die Annahme, dass allein Erkenntnisse aus dem Kernbereich privater Lebensgestaltung erlangt werden, grundsätzlich unzulässig wäre.[59]

29 Schließlich ist im Zusammenhang mit dem Einsatz von V-Personen stets kritisch, dass solche Personen, die etwa in terroristische oder kriminelle Vereinigungen eingeschleust werden, sich nach §§ 129, 129 a, 129 b StGB **strafbar** machen können, wenn sie sich darin mitgliedschaftlich betätigen oder diese unterstützen. Gleiches gilt für Begleittaten, wie Schleusungs- oder Propagandadelikte sowie andere milieutypische Straftaten, etwa im Bereich von BtM-Delikten. Etwas anderes gilt nur unter den Voraussetzungen besonderer Erlaubnistatbestände (zB § 4 BtMG) oder in Fällen, in denen nach den Grundsätzen eines tatprovozierenden Verhaltens eine Straflosigkeit in Betracht kommt. Die in den Einsatz und die Führung der V-Personen involvierten Mitarbeiter der Polizei- und Nachrichtendienste können sich unter Umständen wegen Unterstützung einer terroristischen oder kriminellen Vereinigung oder wegen Anstiftung oder Beihilfe zu begangenen Straftaten strafbar machen.[60]

V. Abgrenzung zwischen Verdecktem Ermittler und NoeP

30 **1. Rechtsprechung des BGH.** Mit der Frage der Abgrenzung zwischen Verdecktem Ermittler und NoeP hat sich der BGH erstmals in einem Urteil des 1. Strafsenats vom 7.3.1995[61] befasst. In dieser Entscheidung hat der BGH ausgeführt, dass die Frage, ob der Einsatz eines verdeckt ermittelnden Polizeibeamten den strengen Regelungen der §§ 110a ff. unterliege, durch eine **Gesamtwürdigung aller Umstände** festzustellen sei. Dabei sei entscheidend, ob der Ermittlungsauftrag über einzelne wenige, konkret bestimmte Ermittlungshandlungen hinausgehe, ob es erforderlich sein werde, eine unbestimmte Vielzahl von Personen über die wahre Identität des verdeckt operierenden Polizeibeamten zu täuschen, und ob wegen der Art und des Umfanges des Auftrages von vornherein abzusehen sei, dass die Identität des Beamten in künftigen Verfahren auf Dauer geheim gehalten werden müsse.[62] Der BGH orientiert sich mithin entscheidend, wie derselbe Senat in seiner weiteren Entscheidung vom 6.2.1996 hervorgehoben hat, an dem „Auftreten nach außen" und dem „Kontakt zu(m) Beschuldigten". Maßgeblich sei, so der BGH weiter, „ob er (der verdeckt ermittelnde Beamte) also unter seiner Legende über einen längeren Zeitraum mit einzelnen oder mehreren Personen z. B. über den Erwerb von Betäubungsmitteln verhandelt oder ob er unter veränderter Identität auf Dauer im Sinne einer Milieurecherche ermittelt". Nicht ausreichend sei es, wenn der Polizeibeamte lediglich als „gelegentlicher Scheinaufkäufer" auftrete, insbesondere wenn der eingesetzte Polizeibeamte nur kurzzeitig in eine andere Rolle geschlüpft war, um ein konkret ins Auge gefasstes Rauschgiftgeschäft durchzuführen.[63] Auf die **„auf Dauer eingerichtete verdeckte Tätigkeit"**, so der BGH weiter, komme es entscheidend an.[64]

31 **2. Kritik.** Diese Rechtsauffassung findet keine Stütze in der Legaldefinition des § 110a Abs. 2 S. 1. Dort wird weder auf die Dauer des Einsatzes noch auf Art und Umfang des Auftrages abgehoben. Maßstab soll vielmehr – einzig – der Umstand sein, dass der verdeckt ermittelnde Polizeibeamte unter seiner ihm verliehenen, **auf Dauer angelegten Legende** ermittelt. Die Argumentation des BGH entfernt sich, worauf in der Lit.[65] zutreffend hingewiesen wird, vom Gesetzeswortlaut. Soweit der 1. Strafsenat seine Rechtsauffassung in seiner

---

59 So zutreffend Soiné ZRP 2021, 47.

60 BGH 22.12.2020 – 1 StR 165/19, NStZ-RR 2021, 175; vgl. OLG Düsseldorf 6.9.2011 – 5 Sts 5/10 NStZ 2013, 590 und eingehend hierzu Hofmann/Ritzert NStZ 2014, 177; Blome/Sellmeier DÖV 2016, 881.

61 BGH 7.3.1995 – 1 StR 685/94, NStZ 1995, 516; vgl. auch Ceffinato JuS 2019, 337 (343); Schneider NStZ 2004, 359.

62 BGH 7.3.1995 – 1 StR 685/94, NStZ 1995, 516; so auch Köhler in Meyer-Goßner/Schmitt Rn. 2.

63 BGH 6.2.1997 – 1 StR 527/96.

64 BGH 6.2.2006 – 1 StR 544/95, NJW 1996, 2108 (2109).

65 Schneider NStZ 2004, 359 (361).

Entscheidung vom 6.2.1996 weiter damit begründet hat, Einzelmaßnahmen würden bereits deshalb nicht unter den Anwendungsbereich der §§ 110a ff. fallen, weil gemäß § 110b der Einsatz des Verdeckten Ermittlers zu beenden sei, wenn die Maßnahme nicht binnen drei (Werk)Tagen richterlich bestätigt werde, vermag diese Argumentation nicht zu überzeugen. Der Vorschrift liegt ebenso wie der Fristenregelung des § 110b Abs. 1 S. 2 die Erwägung zu Grunde, dass die entsprechenden Ermittlungsmaßnahmen regelmäßig länger als drei Tage andauern, freilich indes auch eher enden und sich auch auf eine einzelne Ermittlungshandlung beschränken können.

Die vom BGH vorgenommene Auslegung entfernt sich vom Wortlaut des § 110a Abs. 2 S. 1 und dürfte daher **die Grenzen einer zulässigen Auslegung berühren.** Sie verlangt im Ergebnis statt der Verwendung einer auf Dauer angelegten Legende eine auf Dauer eingerichtete legendierte Tätigkeit, für die es keiner sogenannten „Grundlegende" im vorstehend dargelegten Sinne bedarf (→ Rn. 16). 32

Die Rechtsauffassung des BGH führt zudem zu erheblichen **Schwierigkeiten,** weil die danach maßgeblichen Kriterien in Zweifelsfällen keine trennscharfe Abgrenzung ermöglichen. So lässt sich zu Beginn des Einsatzes eines Verdeckten Ermittlers häufig noch nicht zuverlässig abschätzen, wie lange dieser im konkreten Verfahren tätig werden muss, bevor der Tatverdacht ausreichend überprüft ist und ob, sollte ein eine Anklage rechtfertigender hinreichender Tatverdacht festgestellt werden, die Identität des Verdeckten Ermittlers in künftigen Verfahren und auf Dauer geheim gehalten werden kann.[66] Unklar bleibt weiter, wann ein Ermittlungsauftrag über einzelne wenige, konkret bestimmte Ermittlungshandlungen hinausgeht, was genau unter einer unbestimmten Vielzahl von ggf. zu täuschenden Personen zu verstehen ist bzw. wie im Kontext der unterschiedlichen Abgrenzungskriterien die auf Dauer eingerichtete verdeckte Tätigkeit letztlich zu bestimmen ist. 33

VI. Teilnahme am Rechtsverkehr (Abs. 2. S. 2)

Verdeckte Ermittler dürfen gemäß Abs. 2 S. 2 unter ihrer Legende am Rechtsverkehr teilnehmen. Sie sind mithin auch berechtigt, ihre Tätigkeit als Ermittlungsbeamte zu verschweigen.[67] Der Begriff des „Rechtsverkehrs" ist inhaltsgleich mit dem des § 267 Abs. 1 StGB.[68] Der Verdeckte Ermittler darf unter seiner Legende **vertragliche Verpflichtungen eingehen,** mithin Kauf-, Miet- oder Werkverträge abschließen und sich in öffentliche Register wie Handelsregister und Grundbuch eintragen lassen.[69] Er kann unter seiner Legende klagen und verklagt werden. 34

Hat der Verdeckte Ermittler durch seine legendierte Tätigkeit einen **Schaden verursacht,** so ist es die Aufgabe seines Dienstherrn dafür Sorge zu tragen, dass die Geschädigten keinen Nachteil erleiden.[70] Wenngleich den Gesetzesmaterialien zu entnehmen ist, dass es in der Vergangenheit insoweit zu keinen Schwierigkeiten gekommen sein soll,[71] dürfte der Geschädigte bereits Probleme haben, den richtigen Anspruchsgegner zu verklagen. Insoweit kann der Geschädigte eine Stufenklage erheben und zunächst die Auskunftserteilung beantragen.[72] 35

Ein **Amtshaftungsanspruch** nach § 839 BGB iVm Art. 34 GG scheidet indes wegen fehlender Rechtswidrigkeit bzw. fehlenden Verschuldens regelmäßig aus.[73] Zudem ist in diesem Zusammenhang die Entscheidung des Amtsträgers allein daraufhin zu überprüfen, ob sie vertretbar war.[74] In Frage kommt eher ein Aufopferungsanspruch bzw. ein Anspruch 36

[66] Ebenso Hund StV 1993, 379 (381).
[67] BGH 6.2.1996 – 1 StR 544/95, NStZ 1996, 450.
[68] So zutreffend Bruns in KK-StPO Rn. 11.
[69] Vgl. Hilger NStZ 1993, 523 Fn. 142.
[70] BT-Drs. 12/989, 42.
[71] BT-Drs. 12/989, 41 ff.
[72] BGH 25.9.1980 – III ZR 74/78, NJW 1981, 675.
[73] BGH 21.4.1988 – III ZR 255/86, NStZ 1988, 510.
[74] Vgl. BGH 21.4.1988 – III ZR 255/86, NStZ 1988, 510.

aus privatrechtlicher Staatshaftung gemäß §§ 89, 30, 31, 831 BGB bzw. ein vertraglicher Erfüllungsanspruch.[75]

VII. Ermächtigung zur Herstellung, Veränderung und zum Gebrauch von Urkunden (Abs. 3)

37 § 110a Abs. 3 enthält die Ermächtigung, zum Aufbau oder zur Aufrechterhaltung der Legende **Urkunden** herzustellen, zu verändern oder zu gebrauchen, soweit dies zur Legendierung des Verdeckten Ermittlers unerlässlich ist. Die Vorschrift beinhaltet weder eine weitergehende Konkretisierung hinsichtlich der Art von Urkunden, die hergestellt oder verändert werden dürfen, noch eine Benennung der hierzu berechtigten Personen. Evident hingegen ist, dass die hergestellten oder veränderten Urkunden von dem Verdeckten Ermittler jedenfalls gebraucht werden dürfen.

38 Ein Blick in die Materialen[76] führt zu keiner Klarstellung. So kurz gehalten wie die Vorschrift des Abs. 3 selbst teilen sie lediglich mit, die Regelung enthalte die Ermächtigung zur Herstellung der **„erforderlichen Urkunden".** Im Kontext der regelungsgegenständlichen Legendenbildung sind dies vorrangig Personaldokumente wie Personalausweis, Reisepass, Führerschein aber auch alle weiteren Urkunden, die geeignet sind, die Legende des Verdeckten Ermittlers in religiöser, schulischer, beruflicher, politischer oder welcher Hinsicht auch immer zu belegen.

VIII. Aktenführung und Benachrichtigungspflicht (§ 101)

38a Entscheidungen über Maßnahmen nach § 110a werden nach § 101 Abs. 2 bei der Staatsanwaltschaft verwahrt. Zu den Akten sind sie erst zu nehmen, wenn die Voraussetzungen für eine Benachrichtigung nach § 101 Abs. 5 erfüllt sind. Sind die erlangten Erkenntnisse zur Strafverfolgung und für eine etwaige gerichtliche Überprüfung der Maßnahme nicht mehr erforderlich, so sind sie nach § 101 Abs. 8 unverzüglich zu löschen.[77]

IX. Internationalrechtliche Grundlagen

39 Länderübergreifende Regelungen hinsichtlich des Einsatzes Verdeckter Ermittler finden sich ua in **Art. 14 EU-RhÜbk.** vom 29.5.2000.[78] Nach der allgemein gehaltenen Regelung in Art. 14 Abs. 1 EU-RhÜbk. können sich die Mitgliedsstaaten der Europäischen Union[79] einander durch verdeckt oder unter falscher Identität operierende Beamte unterstützen. Art. 14 Abs. 2 S. 2 EU-RhÜbk. sieht vor, dass die genauen Voraussetzungen des Einsatzes sowie die Rechtsstellung der betreffenden Beamten zwischen den Mitgliedsstaaten unter Beachtung innerstaatlichen Rechts vereinbart werden. Derartige bilaterale Regelungen hat die Bundesrepublik Deutschland ua. mit Österreich, den Niederlanden, der Schweiz, der Tschechischen Republik, Belgien, Dänemark, Luxemburg, Polen, Frankreich sowie den Vereinigten Staaten von Amerika geschlossen.[80] Wird ein Verdeckter Ermittler länderübergreifend eingesetzt, so richten sich dessen Befugnisse nach der Rechtsordnung des Landes, in dem er tätig wird. Im Übrigen gilt: Solange es keine gesetzliche Regelung gibt, die Polizeibeamte einer ausländischen Behörde ausdrücklich Beamten im Sinne der §§ 2, 35 ff. BeamtStG (§§ 4, 60 ff. BBG) gleichstellt, richtet sich deren verdeckter Einsatz nicht nach

[75] Bruns in KK-StPO Rn. 12; Bockemühl in KMR-StPO Rn. 21.
[76] BT-Drs. 12/989, 42; zum Gesetzentwurf vgl. Caesar ZRP 1991, 241.
[77] Bruns in KK-StPO Rn. 15.
[78] BGBl. II Nr. 16 S. 650; Gleß/Wahl in Schauburg/Lagodny/Gleß/Hackner, 6. Aufl. 2020, EU-RhÜbk Art. 14 Rn. 1.
[79] Zum Rechtsvergleich zwischen Griechenland und der Bundesrepublik Deutschland vgl. Kaiafa-Gbandi FS Rebmann, 560 ff.
[80] Vgl. BT-Drs. 17/4333, 3 (4).

den Vorschriften der §§ 110a ff. Verdeckt ermittelnde Beamte des ausländischen Polizeidienstes sind zu behandeln wie von der Polizei eingesetzte Vertrauenspersonen.[81]

Im Bereich des Zollfahndungsdienstes ermöglicht **Art. 23 des Neapel II Abkommens** zwischen den Mitgliedsstaaten der Europäischen Union den Einsatz Verdeckter Ermittler zum Zwecke der Strafverfolgung. Voraussetzung hierfür ist ua, dass ohne den Einsatz dieses Ermittlungsinstruments die Aufklärung des Sachverhalts wesentlich erschwert wäre. Der Einsatz soll zeitlich begrenzt durchgeführt werden, eine zeitliche Obergrenze sieht das Abkommen hingegen nicht vor. 40

Regelungen über den internationalen Einsatz Verdeckter Ermittler finden sich weiter in **Art. 20 UNTOC,** dem Übereinkommen der Vereinten Nationen vom 15.11.2000 gegen die grenzüberschreitende organisierte Kriminalität, welches bislang mehr als 140[82] Staaten unterzeichnet haben. Soweit keine bi- oder multilateralen Regelungen existieren, wäre eine Zusammenarbeit mit Drittstaaten auch auf **vertragsloser Grundlage** möglich. 41

B. Verwertungsverbote, Rechtsbehelfe und Revision

Zu möglichen Verwertungsverboten sowie hinsichtlich der statthaften Rechtsbehelfe wird auf die Ausführungen § 110b Rn. 29 ff., 40 ff. und 42 ff. Bezug genommen. Zur Verwertbarkeit bei Tatprovokation vgl. § 110c Rn. 41 ff. 42

§ 110b Verfahren beim Einsatz eines Verdeckten Ermittlers

(1) [1]Der Einsatz eines Verdeckten Ermittlers ist erst nach Zustimmung der Staatsanwaltschaft zulässig. [2]Besteht Gefahr im Verzug und kann die Entscheidung der Staatsanwaltschaft nicht rechtzeitig eingeholt werden, so ist sie unverzüglich herbeizuführen; die Maßnahme ist zu beenden, wenn nicht die Staatsanwaltschaft binnen drei Werktagen zustimmt. [3]Die Zustimmung ist schriftlich zu erteilen und zu befristen. [4]Eine Verlängerung ist zulässig, solange die Voraussetzungen für den Einsatz fortbestehen.

(2) [1]Einsätze,
1. die sich gegen einen bestimmten Beschuldigten richten oder
2. bei denen der Verdeckte Ermittler eine Wohnung betritt, die nicht allgemein zugänglich ist,
bedürfen der Zustimmung des Gerichts. [2]Bei Gefahr im Verzug genügt die Zustimmung der Staatsanwaltschaft. [3]Kann die Entscheidung der Staatsanwaltschaft nicht rechtzeitig eingeholt werden, so ist sie unverzüglich herbeizuführen. [4]Die Maßnahme ist zu beenden, wenn nicht das Gericht binnen drei Werktagen zustimmt. [5]Absatz 1 Satz 3 und 4 gilt entsprechend.

(3) [1]Die Identität des Verdeckten Ermittlers kann auch nach Beendigung des Einsatzes geheim gehalten werden. [2]Die Staatsanwaltschaft und das Gericht, die für die Entscheidung über die Zustimmung zu dem Einsatz zuständig sind, können verlangen, daß die Identität ihnen gegenüber offenbart wird. [3]Im übrigen ist in einem Strafverfahren die Geheimhaltung der Identität nach Maßgabe des § 96 zulässig, insbesondere dann, wenn Anlaß zu der Besorgnis besteht, daß die Offenbarung Leben, Leib oder Freiheit des Verdeckten Ermittlers oder einer anderen Person oder die Möglichkeit der weiteren Verwendung des Verdeckten Ermittlers gefährden würde.

Schrifttum: s. bei § 110a

81 BGH 20.6.2007 – 1 StR 251/07, Rn. 5.
82 So Gercke ZUM 2010, 633 (636).

Übersicht

A. Erläuterung

I. Regelungsinhalt

1 Die Vorschrift des § 110b regelt das beim strafprozessualen Einsatz eines Verdeckten Ermittlers (VE) **zu beachtende Verfahren.** Wenngleich sich die Vorschrift hierzu nicht verhält, kann die Staatsanwaltschaft gegen den Willen der Polizei den Einsatz eines Verdeckten Ermittlers nicht gerichtlich anordnen lassen (→ Rn. 4).[1]

2 Hinsichtlich der Zuständigkeit für die Zustimmung zum Einsatz enthält § 110b eine differenzierende Regelung, je nachdem, ob es sich um einen „schlichten“ **(Abs. 1)** oder um einen „qualifizierten“ Einsatz **(Abs. 2)** handelt. Eine solch qualifizierte Maßnahme gemäß Abs. 2 liegt vor, wenn sich der Einsatz des Verdeckten Ermittlers gegen einen bestimmten Beschuldigten richtet oder vorsieht, dass der Verdeckte Ermittler eine nicht allgemein zugängliche Wohnung betreten soll. Schließlich enthält die Vorschrift weitere Regelungen zum Schutz des Verdeckten Ermittlers sowie zur Gewährleistung seiner weiteren Verwendung und ermöglicht deshalb die Geheimhaltung seiner Identität auch nach Beendigung des Einsatzes **(Abs. 3). Kernbereichsschützende Regelungen** ergeben sich aus 100a Abs. 1 S. 5, wonach § 100d Abs. 1 und II entsprechend gilt.[2]

II. Verfahren bei „Schlichteinsätzen“ (Abs. 1)

3 Richtet sich der Einsatz eines Verdeckten Ermittlers **weder gegen einen bestimmten Beschuldigten** und soll der Verdeckte Ermittler auch **keine nicht allgemein zugängliche Wohnung** betreten („Schlichteinsatz“), so bedarf es nach Abs. 1 S. 1 lediglich der Zustimmung der Staatsanwaltschaft.

4 **1. Zustimmung der Staatsanwaltschaft (S. 1).** Nach S. 1 ist für so genannte „Schlichteinsätze“ eines Verdeckten Ermittlers lediglich die Zustimmung, nicht hingegen

[1] Köhler in Meyer-Goßner/Schmitt Rn. 1.
[2] Vgl. hierzu auch BVerfG 20.4.2016 – 1 BvR 966/09, 1 BvR 1140/09, NJW 2016, 1781 Rn. 176; BT-Drs. 19/4671 S 70.

eine Anordnung der Staatsanwaltschaft erforderlich. Der Gesetzgeber hielt eine **Anordnung für entbehrlich,** weil er davon ausging, dass der Einsatz eines Verdeckten Ermittlers niemals gegen den Willen der Polizei durchgeführt werden kann.[3] Diese Einschätzung liegt in den Besonderheiten des Ermittlungsinstruments begründet. Es handelt sich hier wie beim Einsatz eines nicht offen ermittelnden Polizeibeamten (NoeP) um ein personales Ermittlungsinstrument, dem gegenüber der Dienstherr in einer besonderen Fürsorge- und Schutzpflicht steht. Anders als beim NoeP ist der Einsatz eines Verdeckten Ermittlers indes konzeptionell stets auf Dauer ausgerichtet und bedarf deshalb hinsichtlich Legendenbildung bzw. -nutzung besonderer, zeit- und kostenintensiver Vorbereitung und Planung, für die allein die jeweilige Landes- oder Bundespolizeibehörde zuständig ist. Sie allein kann beurteilen, ob ihr im Hinblick auf die konkreten Umstände des Einzelfalls ein geeigneter Verdeckter Ermittler mit einer einsatzadäquaten Legende zur Verfügung steht bzw., wenn dies nicht der Fall sein sollte, ob es sinnvoll erscheint, sich einen solchen bei einer anderen VE-Dienststelle eines anderen Bundeslandes „auszuleihen“. Schließlich kann allein die Polizei prüfen, ob der Einsatz des Verdeckten Ermittlers im Hinblick auf die damit einhergehenden Gefahren für den Verdeckten Ermittler verantwortet werden kann.

Die Zustimmung der Staatsanwaltschaft ist dabei stets – außer bei Gefahr im Verzug – **vor Beginn des Einsatzes** einzuholen. Die Staatsanwaltschaft als „Herrin des Ermittlungsverfahrens“ hat vorrangig zu entscheiden, ob die rechtlichen Voraussetzungen für den Einsatz des Verdeckten Ermittlers nach § 110a Abs. 1 vorliegen. Sie hat ferner darüber zu wachen, dass der weitere Einsatz prozessordnungsgemäß verläuft und ist jeder Zeit befugt, den Abbruch des Einsatzes anzuordnen. 5

2. Einsatz bei Gefahr im Verzug (S. 2). a) Eilanordnungskompetenz der Polizei. Bei Gefahr im Verzug kann nach S. 2 mit dem Einsatz des Verdeckten Ermittlers auch ohne vorherige Zustimmung der Staatsanwalt begonnen werden. **Gefahr im Verzug liegt vor,** wenn der Aufklärungserfolg, den sich die Strafverfolgungsbehörden von dem Einsatz des Verdeckten Ermittlers versprechen, durch die Verzögerung, welche mit der Einholung der Zustimmung der Staatsanwaltschaft verbunden ist, gefährdet wäre. Da aufgrund der regelmäßig engen Zusammenarbeit zwischen Polizei und Staatsanwaltschaft der Einsatz eines Verdeckten Ermittlers durchweg bereits im Vorfeld gemeinsam konzipiert wird, der Verdeckte Ermittler regelmäßig erst an sein operatives Umfeld langsam herangeführt werden muss und der zuständige Staatsanwalt in Verfahren dieser Art stets auch außerhalb der üblichen Dienstzeiten zu erreichen ist, dürften Fälle von Gefahr im Verzug selten praktische Bedeutung erlangen. 6

Wegen der Zustimmungsregelung hat der Gesetzgeber in Abs. 1 anders als etwa bei Maßnahmen der Beschlagnahme nach § 98 Abs. 1 bzw. der längerfristigen Observation nach § 163f eine **Eilanordnungskompetenz** der zuständigen Polizeibehörde bzw. des Verdeckten Ermittlers selbst nicht ausdrücklich vorgesehen. Indes ist eine ausdrückliche Entscheidung zum Einsatz des Verdeckten Ermittlers gleich wer sie trifft aus Gründen der Rechtssicherheit unverzichtbar. Kann die zuständige Staatsanwaltschaft sie nicht treffen, so ist die Polizei dazu berufen.[4] Soweit die RiStBV in der Anlage D unter II. Nr. 2.4 für den Regelfall der Zustimmung durch die Staatsanwaltschaft eine kumulativ zu erteilende Zustimmung auch durch die Polizei vorsehen und insoweit weiter regeln, dass Entscheidungen „über den Einsatz“ eines Verdeckten Ermittlers auf einer möglichst hohen Ebene, mindestens auf der Ebene des Leiters der sachbearbeitenden Organisationseinheit zu treffen sind, findet diese Regelung nebst der in Nr. 2.7 auch (entsprechende) Anwendung, wenn die Zustimmung der Staatsanwaltschaft nicht rechtzeitig herbeigeführt werden kann. Auch die Polizei hat mithin in Fällen dieser Art nach Möglichkeit auf Leitungsebene ihre ausdrückliche Zustimmung zum Einsatz des Verdeckten Ermittlers zu erklären und hierüber einen entsprechenden Vermerk zu fertigen. 7

---

[3] BT-Drs. 12/989, 43.

[4] Ebenso Bruns in KK-StPO Rn. 2.

8 **b) Nachträgliche Einholung der staatsanwaltschaftlichen Entscheidung.** Im Falle einer polizeilichen Eilanordnung hat deren zuständige Behörde nach Abs. 1 S. 2 die Entscheidung der Staatsanwaltschaft unverzüglich herbeizuführen. Dabei wird **„unverzüglich" in der Regel mit augenblicklich gleichgesetzt** werden können, da die Eilanordnung durchweg durch den Dienststellenleiter getroffen wird und dieser regelmäßig sogleich danach in der Lage sein dürfte, um die staatsanwaltschaftliche Zustimmung anzutragen.

9 Nach Abs. 1 S. 2 Hs. 2 ist die **Maßnahme zu beenden,** wenn die Staatsanwaltschaft nicht binnen drei Werktagen zustimmt. Die 3-Tages-Frist berechnet sich nach Maßgabe der § 42, 43, so dass der Tag nicht mitgerechnet wird, auf den der Zeitpunkt oder das Ereignis fällt, nach dem sich der Anfang der Frist richtet. Durch die Bezeichnung „Werktage" wird klargestellt, dass für das Fristende § 43 Abs. 2 gilt, mithin Sonntage, allgemeine Feiertage oder Sonnabende nicht mitzählen.[5]

10 Stimmt die Staatsanwaltschaft nicht zu oder wird der Einsatz des Verdeckten Ermittlers noch vor deren Zustimmung beendet, so bleiben die rechtmäßig gewonnenen Erkenntnisse gleichwohl **verwertbar.**[6] Dies deshalb, weil die Polizei bzgl. des Einsatzes eines Verdeckten Ermittlers anders als etwa für Maßnahmen der Telekommunikationsüberwachung nach § 100a anordnungsbefugt ist. Bestehen im Einzelfall Zweifel, ob die Polizei ihre Eilanordnungskompetenz zu Recht in Anspruch genommen hat bzw. ob die nachträglich erteilte Zustimmung der Staatsanwaltschaft rechtmäßig war, so entscheidet das Tatgericht. War die Maßnahme rechtswidrig, kommt für die Verwendung der erlangten Erkenntnisse unter Umständen ein Beweisverwertungsverbot in Betracht.[7]

III. „Qualifizierte Einsätze" (Abs. 2)

11 Einsätze eines Verdeckten Ermittlers, die sich gegen einen **bestimmten Beschuldigten** richten (Nr. 1) oder bei denen der Verdeckte Ermittler eine **nicht allgemein zugängliche Wohnung** betritt („qualifizierte Einsätze"), bedürfen nach Abs. 2 S. 1 der Zustimmung des Gerichts.

12 **1. Zuständiges Gericht.** Im Ermittlungsverfahren ist dies gemäß § 162 Abs. 1 S. 1 das **AG,** an dem die den Antrag stellende Staatsanwaltschaft bzw. deren Zweigstelle ihren Sitz hat. In Verfahren, für die gemäß § 120 GVG im ersten Rechtszug die Zuständigkeit des **OLG** gegeben ist, besteht nach § 169 Abs. 1 S. 1 eine alternative Zuständigkeit auch des Ermittlungsrichters des OLG. In Fällen dieser Art kann die Staatsanwaltschaft zwischen dem Ermittlungsrichter des AG und dem Ermittlungsrichter des OLG wählen. Führt in den Verfahren nach § 120 GVG der Generalbundesanwalt die Ermittlungen, so ist nach § 169 Abs. 1 S. 2 der Ermittlungsrichter des **BGH** das für die Anordnung zuständige Gericht.

13 Bei **Gefahr im Verzug** genügt gemäß Abs. 2 S. 2 die Zustimmung der Staatsanwaltschaft. Die Zustimmung ist nach Abs. 2 S. 5 iVm Abs. 1 S. 3 schriftlich zu erteilen. Kann die Entscheidung der Staatsanwaltschaft nicht rechtzeitig eingeholt werden, so ist sie nach Abs. 2 S. 3 unverzüglich, dh ohne schuldhaftes Verzögern herbeizuführen. Schließlich ist gemäß Abs. 2 S. 5 der Einsatz zu beenden, wenn das zuständige Gericht nicht binnen drei Werktagen zugestimmt. Dies gilt in den Fällen von Abs. 2 S. 3 auch dann, wenn zwischenzeitlich die Entscheidung der Staatsanwaltschaft herbeigeführt wurde.

14 Erkenntnisse aus dem Einsatz des Verdeckten Ermittlers nach Abs. 2 S. 1 bleiben wie im Falle der Telekommunikationsüberwachung nach § 100a auch dann verwertbar, wenn die **gerichtliche Zustimmung gemäß Abs. 2 S. 1 nicht erteilt** wurde. Die Staatsanwaltschaft nimmt bei Ausübung ihrer Eilkompetenz nach Abs. 2 S. 2 neben der fortbestehenden vorrangigen Zuständigkeit des Gerichts eine ihr vom Gesetz übertragene Befugnis in eigener Zuständigkeit wahr. Sieht das Gesetz wie im Falle von Abs. 2 S. 4 ein Außerkrafttreten der

---

[5] Eingehend zur Fristberechnung Günther Kriminalistik 2006, 683.
[6] BGH 7.3.1995 – 1 StR 685/94, NJW 1995, 2237.
[7] Hilger NStZ 1992, 457.

Eilanordnung wegen Fehlens der gerichtlichen Zustimmung vor, so wird dadurch nicht der staatsanwaltschaftlichen Entscheidung, hier ihrer Zustimmung, sondern lediglich der Fortdauer der Maßnahme die Rechtsgrundlage entzogen.[8]

2. Bestimmter Beschuldigter (Abs. 2 S. 1 Nr. 1). Der Einsatz eines Verdeckten Ermittlers erfolgt im weiteren Sinne ausschließlich im sogenannten subjektiven, dh in einem gegen eine bestimmte Person gerichteten Verfahren. Ziel seines Einsatzes ist mithin, den Täter einer der in § 110a Abs. 1 genannten Anlasstaten zu ermitteln bzw. den Sachverhalt hinsichtlich des gegen eine bestimmte Person bestehenden Tatverdachts zu erforschen. Liegen nicht nur zureichende tatsächliche Anhaltspunkte auf eine (von einem Unbekannten begangene) Straftat vor, sondern richten sich die Ermittlungen bereits gegen einen **individualisierten Tatverdächtigen,** so bedarf der Einsatz eines Verdeckten Ermittlers nach Abs. 2 S. 1 der gerichtlichen Zustimmung. Beschuldigter in einem Strafverfahren ist nach der so genannten „subjektiven Beschuldigtentheorie" diejenige Person, gegen die aufgrund eines entsprechenden Willensaktes der Strafverfolgungsbehörden ein Ermittlungsverfahren als Beschuldigter geführt wird.[9] Dabei erlangt die Stellung als Beschuldigter auch diejenige Person, die zwar in dem Ermittlungsverfahren nicht formal als Beschuldigter geführt wird, gegen die indes faktische Maßnahmen ergriffen werden, die erkennbar darauf abzielen, gegen sie wegen des Verdachts einer Straftat vorzugehen.[10] 15

Richten sich die Ermittlungen in diesem Sinne gegen eine bestimmte Person, so ist hierfür die richterliche Zustimmung zum Einsatz eines Verdeckten Ermittlers nicht erst dann erforderlich, wenn die Person, gegen die ermittelt wird, namentlich bekannt ist. Gegen einen „bestimmten Beschuldigten" iSv Abs. 2 S. 1 Nr. 1 richten sich die Ermittlungen vielmehr bereits dann, wenn der Beschuldigte individualisiert ist.[11] Trifft sich der Beschuldigte – einmalig – mit **zuvor nicht bestimmbaren weiteren Tatbeteiligten,** so deckt die Zustimmung zum Einsatz des Verdeckten Ermittlers gegen diesen auch die Ermittlungen gegen solche Kontaktpersonen ab. Sollen sich indes nunmehr die Ermittlungen nicht nur gegen den ursprünglichen Beschuldigten, sondern gezielt auch gegen dessen Kontaktpersonen richten, so ist eine entsprechende Zustimmung auch hinsichtlich dieser Personen herbeizuführen.[12] 16

3. Nicht allgemein zugängliche Wohnung (Abs. 2 S. 1 Nr. 2). Der Begriff der Wohnung iSv Abs. 2 S. 1 Nr. 2 ist weit auszulegen und entspricht dem von Art. 13 GG bzw. § 100c (→ § 100c Rn. 6 ff.). Die Zustimmung des Gerichts ist stets dann einzuholen, wenn der Verdeckte Ermittler nach der weiteren Einsatzkonzeption eine solche, **„nicht allgemein zugänglich(e)"** Wohnung betreten soll. Soll der Verdeckte Ermittler hingegen Räumlichkeiten betreten, die dem allgemeinen Publikumsverkehr offenstehen, so bedarf es keiner gerichtlichen Zustimmung.[13] Hierunter fallen insbesondere Restaurants, Cafés, Hotels, Bars, Spielhallen etc. während der allgemeinen Öffnungs- und Geschäftszeiten.[14] 17

§ 110b Abs. 2 Nr. 2 berechtigt den Verdeckten Ermittler indes auch nach Erteilung der gerichtlichen Zustimmung nicht zum heimlichen Betreten der nicht allgemein zugänglichen Wohnung. Er ist vielmehr nur berechtigt, **die Wohnung unter seiner Legende und mit Einverständnis des Berechtigten** zu betreten. Ist der Verdeckte Ermittler auf diese einzig zulässige Art und Weise in die Wohnung gelangt, so ist er nicht berechtigt, während einer vorübergehenden Abwesenheit des Beschuldigten, während derer er sich mit dessen Einwilligung weiter in der Wohnung aufhält, diese heimlich zu durchsuchen. 18

Da häufig zu Beginn des Einsatzes eines Verdeckten Ermittlers zwar vorhersehbar ist, dass dieser auch Wohnungen betreten soll, vielfach jedoch noch nicht festgelegt werden 19

8 BGH 7.3.1995 – 1 StR 685/94, NJW 1995, 2237.
9 BGH 28.2.1997 – StB 14/97, NJW 1997, 1591.
10 BGH 28.2.1997 – StB 14/97, NJW 1997, 1591.
11 BGH 12.12.1996 – 4 StR 499/96, NStZ 1997, 294; Hilger NStZ 1992, 523 (524).
12 BGH 15.6.1999 – 1 StR 203/99, NStZ-RR 1999, 340.
13 Hegmann in BeckOK-StPO Rn. 4.
14 Bruns in KK-StPO Rn. 6.

kann, um welche konkrete Wohnung es sich dabei handelt, muss diese anders als im Fall des namentlich bekannten Beschuldigten **auch nicht näher bezeichnet** werden. So darf der Verdeckte Ermittler etwa ermächtigt werden, noch nicht näher bekannte Wohnungen zu betreten.[15] Eine solche Blankettermächtigung sollte indes auf die unbedingt notwendigen Fälle beschränkt werden. Sofern möglich, sind die voraussichtlich zu betretenden Räumlichkeiten genau zu umgrenzen. Praktikabel erscheint es, diese dadurch näher zu konkretisieren, dass der Verdeckte Ermittler etwa berechtigt wird, diejenigen Wohnungen zu betreten, in denen sich der Beschuldigte bzw. dessen Kontaktpersonen aufhalten.[16]

IV. Zuständigkeit, Form und Inhalt der Zustimmung (Abs. 1 S. 3)

20 Zuständig ist gemäß §§ 162, 169 der Ermittlungsrichter beim Amtsgericht oder, sofern im ersten Rechtszug die Zuständigkeit des OLG gegeben ist, der Ermittlungsrichter des OLG bzw. BGH. Gemäß S. 3 ist die Zustimmung durch die Staatanwaltschaft bzw. das Gericht **schriftlich** zu erteilen und zu befristen.[17] Der Schriftform genügt bereits die handschriftliche Niederlegung der Anordnung. Nach II. Nr. 2. 4 RiStBV ist für die Zustimmung auf Seiten der Staatsanwaltschaft der Behördenleiter oder ein von ihm besonders bezeichneter Staatsanwalt zuständig.

21 Als nach § 34 anfechtbare Entscheidung bedarf die richterliche Zustimmung einer Begründung. Diese darf zwar Bezugnahmen namentlich auf entsprechende Ausführungen in polizeilichen Anregungen oder in staatsanwaltschaftlichen Anträgen enthalten. **Inhaltlich** muss die Begründung indes sämtliche materiellen und prozessualen Voraussetzungen der §§ 110a, 100b einschließlich der in Bezug genommenen Vorschriften abdecken und darf sich nicht auf die Wiedergabe der Eingriffsnormen beschränken. Die Begründung ist mit einzelfallbezogen Tatsachen zu belegen und muss dadurch gleichsam korrigierend gewährleisten, dass mögliche Interessen der vorher nicht angehörten Betroffenen bedacht werden.[18] Entsprechendes gilt auch für die Zustimmung der Staatsanwaltschaft.[19]

V. Befristung und Verlängerung (Abs. 1 S. 3 und 4)

22 Nach S. 3 ist die Zustimmung der Staatsanwaltschaft zu befristen, anders aber als etwa in den Fällen der §§ 100a ff., 100e sieht § 110b für den Einsatz eines Verdeckten Ermittlers **keine Höchstfrist** vor. Der Gesetzgeber wollte der strafprozessualen Praxis damit die Möglichkeit einräumen, „die Umstände des Einzelfalles angemessen zu berücksichtigen".[20] Auch würden, so der Gesetzgeber weiter, Höchstfristen der Erfahrung der Praxis widersprechen, dass es häufig erst nach längerer Einsatzzeit möglich sei, Zusammenhänge zu erkennen und zu bewerten und von den Zielpersonen aufgrund des mit der Zeit gewachsenen Vertrauens richtige und wichtige Informationen zu erhalten. Auch wirke die begrenzte Verfügbarkeit Verdeckter Ermittler einsatzbegrenzend.[21]

23 Wenngleich all diese Erwägungen zutreffend sind, vermögen sie einen Verzicht auf eine gesetzliche Höchstfrist nicht zu rechtfertigen. Die gesetzgeberischen Motive für ein Absehen von ihr treffen auch auf andere Ermittlungsmaßnahmen wie etwa die Telekommunikationsüberwachung nach § 100a, e zu. Weiter ist zu bedenken, dass insbesondere im Falle des § 110a Abs. 2 Nr. 2 personenbezogene Daten aufgrund von Maßnahmen in Wohnungen und damit im gegenständlichen Schutzbereich von Art. 13 GG erhoben werden und dabei eine sich § 100c annähernde Eingriffsintensität erreicht werden kann. Vor diesem Hintergrund dürfte der Verzicht auf eine Höchstfrist mit den Grundsätzen der Entscheidung des

15 BGH 23.3.1996 – 1 StR 685/96, NStZ 1997, 249.
16 So zutreffend Bruns in KK-StPO Rn. 6.
17 Vgl. Hauck in Löwe/Rosenberg Rn. 16, der die Grundsätze des BGH zum Fristbeginn (§ 100e) entsprechend anwenden will.
18 BGH 23.3.1996 – 1 StR 685/96, NStZ 1997, 249; Hilger JR 1990, 485.
19 So zutreffend Bruns in KK-StPO Rn. 8.
20 BT-Drs. 12/989, 42.
21 BT-Drs. 12/989, 42.

BVerfG zur akustischen Wohnraumüberwachung vom 3.3.2004 (→ § 100c Rn. 53 ff.) von Rechts wegen nicht vereinbar sein.

VI. Geheimhaltung der Identität (Abs. 3)

Zum **Schutze des Verdeckten Ermittlers sowie zur Gewährleistung seiner weiteren Verwendung** sieht Abs. 3 S. 1 vor, dass die Identität des Verdeckten Ermittlers auch nach Beendigung seines Einsatzes geheim gehalten werden kann. Zwar findet in Strafverfahren § 96 analoge Anwendung, wenn Auskünfte über Namen und Anschrift eines Zeugen verlangt, die Identität der Person jedoch zur Wahrung öffentlicher Interessen geheim gehalten werden soll.[22] Diese Vorschrift wird durch Abs. 3 S. 3 für bestimmte Fälle der persönlichen Gefährdung des Verdeckten Ermittlers und ihm nahestehender Personen sowie der Gefährdung der weiteren Verwendung des Verdeckten Ermittlers dahingehend ergänzt, dass eine Geheimhaltung insbesondere dann zulässig ist, wenn Anlass zu der Besorgnis besteht, dass die Offenbarung der Identität Leben, Leib oder Freiheit des vorgenannten Personenkreises gefährden würde. 24

Die Regelung in Abs. 3 S. 2, wonach Staatsanwaltschaft und das Gericht, welches für die Entscheidung über die Zustimmung zum Einsatz des Verdeckten Ermittlers zuständig sind, die **Offenbarung der Identität** des Verdeckten Ermittlers verlangen können, ist dahingehend auszulegen, dass diese eine entsprechend Mitteilung bereits vor dessen Einsatz verlangen können.[23] Die gegen diese Regelung im Hinblick auf das mit der Mitteilung einhergehende erhöhte Sicherheitsrisiko vorgebrachte Kritik[24] ist nicht unberechtigt.[25] Je größer der Kreis derjenigen Personen, die um die wahre Identität des Beamten wissen, desto höher ist das Risiko, dass diese Identität bekannt und damit einhergehend für den Verdeckten Ermittler eine nicht mehr kontrollierbare Gefährdungslage entstehen könnte. Dieses (theoretische) Risiko ist im Hinblick auf eine effektive justizielle Kontrolle indes hinzunehmen. Staatsanwaltschaft und Gericht tragen eine Mitverantwortung für den Einsatz des Verdeckten Ermittlers. Zudem wird durch Staatsanwaltschaften und Gerichte von der Offenbarungspflicht in Abs. 3 S. 2 nur in denjenigen seltenen Ausnahmefällen tatsächlich Gebrauch gemacht, in denen diese Mitverantwortung eine Namhaftmachung geboten erscheinen lässt. 25

Soweit Abs. 3 S. 3 regelt, die Geheimhaltung der Identität des Verdeckten Ermittlers sei „nach Maßgabe des § 96 zulässig“, legt er sogleich weiter fest, dass in derartigen Fällen eine **Sperrerklärung der obersten Dienstbehörde** erforderlich ist. Dies sind nicht die Justizminister, sondern im Falle eines Verdeckten Ermittlers der Landespolizei bzw. der Polizeibehörden des Bundes die jeweiligen Landes- bzw. der Bundesinnenminister, im Falle eines Verdeckten Ermittlers des Zollfahndungsdienstes der Bundesfinanzminister.[26] Die Sperrerklärung darf dabei nicht schematisch getroffen werden, sondern muss alle Umstände des konkreten Einzelfalls berücksichtigen und die gegenläufigen Interessen von Justiz (an einer offenen Einvernahme des Verdeckten Ermittlers als Zeuge) und Exekutive (an seinem Schutz und der Geheimhaltung seiner Identität zwecks weiterer Verwendung) gegeneinander abwägen.[27] 26

Die **Gründe für die Geheimhaltung** des Verdeckten Ermittlers sind dem Tatgericht mitzuteilen, damit dieses ggf. in die Lage versetzt wird, die Rechtmäßigkeit der Weigerung zumindest auf offensichtliche (Abwägungs-) Fehler überprüfen und um ggf. auf die Beseitigung der einer offenen Vernehmung entgegenstehenden Umstände hinwirken zu können.[28] Das Tatgericht muss indes nicht die Rechtmäßigkeit der Sperrerklärung vollumfänglich und 27

[22] Vgl. BGH 1.7.1983 – 1 StR 138/83, NJW 1984, 1973; Köhler in Meyer-Goßner/Schmitt § 96 Rn. 12.
[23] So zutreffend Hilger NStZ 1992, 523, 524.
[24] Krüger Kriminalistik 1992, 594, 597.
[25] Vgl. Hauck in Löwe/Rosenberg Rn. 21.
[26] Vgl. BGH 16.2.1995 – 4 StR 733/94, NStZ 1996, 287.
[27] BT-Drs. 12/989, 43.
[28] Hilger NStZ 1992, 523 (524).

unter jedem rechtlichen Gesichtspunkt überprüfen. Maßstab ist vielmehr auch hier, ob die Entscheidung der obersten Dienstbehörde willkürlich oder offensichtlich fehlerhaft ist.[29]

28 Als Alternative zu einer Sperrerklärung ist regelmäßig auch die Frage zu prüfen, ob die **audiovisuelle Vernehmung** einer Gewährsperson bzw. des Verdeckten Ermittlers in Verbindung mit deren optischer und akustischer Verfremdung in Betracht kommt.[30]

VII. Verwertbarkeit

29 **1. Allgemeine Anmerkungen.** Das Fehlen der materiellen Eingriffsvoraussetzungen des § 110a oder ein Verstoß gegen die in § 110b enthaltenen Verfahrensvorschriften kann zu einem Beweisverwertungsverbot führen. Indes führt **nicht jeder Verstoß** gegen diese Vorschriften und damit jedwede materiell oder formell rechtswidrige Anordnung zu einem Beweisverwertungsverbot. Insoweit gelten dieselben Grundsätze wie etwa bei Maßnahmen der Telekommunikationsüberwachung des § 100a.

30 Bei der Frage, ob der Einsatz des Verdeckten Ermittlers materiell oder formell rechtswidrig war, ist der **Prüfungsmaßstab** sowohl des Tatrichters als auch des Revisionsgerichts nach wohl herrschender und zutreffender Auffassung beschränkt.[31] So kommt es nicht darauf an, wie der Tatrichter oder das Revisionsgericht zum Zeitpunkt der Erteilung der Zustimmung die Verdachtslage sowie die Möglichkeiten einer anderweitigen Erforschung des Sachverhaltes bewertet hätten. Entscheidend ist vielmehr, ob bei einer Betrachtung ex-ante die Erteilung der Zustimmung durch die Staatsanwaltschaft bzw. durch das nach Abs. 2 S. 1 vormals zuständige Gericht als willkürlich oder grob fehlerhaft erscheinen.[32]

31 **2. Kasuistik.** Die Tatgerichte sowie der BGH hatten in den vergangenen Jahren wiederholt Gelegenheit, sich mit der Verwertungsproblematik im Zusammenhang mit den §§ 110a ff. auseinanderzusetzen. Nachfolgend sollen die für die **Praxis bedeutsamen Fälle** kurz beleuchtet werden.

32 Der Einsatz eines NoeP bzw. eines Verdeckten Ermittlers kann nach der Rspr. des BGH bei **Verstößen gegen gewichtige Verfahrensgrundsätze,** etwa einem Verstoß gegen die **Selbstbelastungsfreiheit,** zu einem Beweisverwertungsverbot führen. Dies gilt vor allem für den Fall, dass der Beschuldigte im Rahmen der Ermittlungen zunächst verantwortlich vernommen worden war, dabei von seinem Schweigerecht Gebrauch gemacht hatte und erst danach gegen diesen ein Verdeckter Ermittler eingesetzt wurde. Drängte der Verdeckte Ermittler den Beschuldigten sodann zu selbstbelastenden Äußerungen, so ist ein solches Gespräch „als funktionales Äquivalent einer staatlichen Vernehmung" anzusehen und führt die unterlassene Belehrung zu einem Beweisverwertungsverbot.[33] Eine solche Beweisgewinnung unter **Ausnutzung eines geschaffenen Vertrauensverhältnisses** durch den verdeckten Ermittler verstößt insbesondere gegen den Grundsatz, dass niemand verpflichtet ist, sich selbst zu belasten.[34] Es stellt ebenfalls einen ein Beweisverwertungsverbot nach sich ziehenden Verstoß gegen das Recht auf ein faires Verfahren dar, wenn ein Beschuldigter **in der Strafhaft** von einem nicht offen ermittelnden Polizeibeamten mit der vorgetäuschten Drohung des Todes einer Unbeteiligten zu einer Aussage gedrängt wird.[35]

---

[29] BGH 31.3.1989 – 2 StR 706/88, NJW 1989, 3291 = NStZ 1989, 380.

[30] BGH 7.3.2007 – 1 StR 646/06, NStZ 2007, 477, 478 = NJW 2007, 228.

[31] So etwa Bruns in KK-StPO Rn. 12; Köhler in Meyer-Goßner/Schmitt Rn. 11, Bockenmühl in KMR-StPO; Hegmann in BeckOK-StPO Rn. 12; aA Anm. Bernsmann NStZ 1997, 250; Anm. Weßlau StV 1996, 579.

[32] BGH 23.3.1996 – 1 StR 685/95, NJW 1996, 2518 für den Einsatz eines Verdeckten Ermittlers; für Maßnahmen nach § 100a, indes auch die Regelung in 110a mit einbeziehend: BGH 16.2.1995 – 4 StR 729/94, NJW 1995, 1974 (1975).

[33] So BGH 27.1.2009 – 4 StR 296/08, NStZ 2009, 343.

[34] BGH 26.7.2007 – 3 StR 104/07, NJW 2007, 3138; vgl. auch OLG Jena 31.7.2019 – 1 Ws 242/19, BeckRS 2019, 24214; vgl. unter Bezugnahme auf Art. 2 Abs. 1 GG i.V.m. Art. 1 Abs. 1 GG und Art. 6 Abs. 1 EMRK weitergehend Wolter/Jäger in SK-StPO Rn. 3b.

[35] BGH 18.5.2010 – 5 StR 51/10, JuS 2010, 832.

32a Allein der Einsatz der Legende durch einen Verdeckten Ermittler kann grundsätzlich nicht als Täuschung im Sinne des **§ 136a Abs. 1** bewertet werden, denn mit der Beeinträchtigung der Willensentschließungsfreiheit durch Misshandlung, Ermüdung, körperlichen Eingriff, Verabreichung von Mitteln oder Quälerei lässt sich eine verdeckte Befragung des Beschuldigten nicht vergleichen.[36] Der Verdeckte Ermittler ist auch nicht gehalten ist, den Beschuldigten über sein Schweigerecht (§ 136) zu belehren. Das ergibt sich bereits aus dem Wesen des von der Strafprozessordnung zugelassenen Einsatzes von Verdeckten Ermittlern. Seine Befugnisse richten sich nach § 110c S. 3 nach der Strafprozessordnung und anderen Rechtsvorschriften.[37] Unter Umständen kann ein Verwertungsverbot jedoch dann aus § 136a (vgl. § 163a Abs. 4 S. 2) folgen, wenn der Verdeckte Ermittler durch den **Aufbau einer Drohkulisse** für den Verdächtigen eine Lage schafft, in der die Täuschung eine besondere Wirkung entfalten kann.[38] Die auf einen solchen Verstoß beruhende Verfahrensrüge, eine Aussage sei durch verbotene Vernehmungsmethoden zustande gekommen (§ 136a Abs. 1), kann auch dann zulässig erhoben werden, wenn der Angeklagte der Verwertung der Aussage in der Hauptverhandlung nicht widersprochen hat.[39]

33 Wird ein Verdeckter Ermittler aufgrund einer **willkürlichen Verfahrensführung** ohne staatsanwaltschaftliche oder richterliche Zustimmung tätig, führt dies regelmäßig zu einem Beweisverwertungsverbot.[40] In seinen Entscheidungen vom 5.5.1995[41] und 6.2.1997[42] hat der BGH die Frage, welche Konsequenzen sich aus dem Fehlen der nach § 110b Abs. 2 S. 1 erforderlichen **richterlichen Zustimmung** ergeben, ausdrücklich offen gelassen. Deutlich gemacht hat er in dieser Entscheidung indes, dass sich im Falle der Bejahung eines Verwertungsverbotes dieses „allenfalls" auf die Aussagen der Verdeckten Ermittler erstrecken würde, nicht indes auf ein Geständnis des Angeklagten, selbst wenn zwischen diesem und dem Einsatz des Verdeckten Ermittlers „eine ursächliche Verknüpfung" bestehen sollte.[43]

34 Wird hingegen die nach Abs. 1 erforderliche **staatsanwaltschaftliche Zustimmung** entgegen der Formvorschrift in Abs. 1 S. 3 nur mündlich erteilt, so liegt darin zwar ein Rechtsverstoß, dieser begründet indes kein Verwertungsverbot.[44] Fehlte von vornherein der **Verdacht einer Katalogtat,** so führt dies nach allgM zu einem Beweisverwertungsverbot.[45] Die irrtümliche Annahme von **Gefahr im Verzug** begründet hingegen kein Beweisverwertungsverbot.[46]

VIII. Verwendungsregelungen

35 **1. Verwendung von Zufallsfunden.** Für die Verwendung von Zufallsfunden gilt § 479 Abs. 2 S. 1 iVm § 161 Abs. 3. Die durch den Einsatz des Verdeckten Ermittlers gewonnenen personenbezogenen Erkenntnisse können daher in einem anderen Strafverfahren zu **Beweiszwecken** verwendet werden, wenn Gegenstand dieses Verfahrens eine Straftat ist, zu dessen Aufklärung ein Verdeckter Ermittler ebenfalls hätte eingesetzt werden dürfen. Dieser Vorschrift liegt somit der **Gedanke des hypothetischen Ersatzeingriffs** zugrunde.

36 Als **Spurenansatz,** mithin nicht zu Beweiszwecken, können Zufallsfunde bzgl. anderer Strafverfahren ohne Einschränkung verwendet werden.

---

36 BGH 26.7.2007 – 3 StR 104/07, Rn. 17, NJW 2007, 3138.
37 Jäger JA 2020, 231.
38 OLG Jena 31.7.2019 – 1 Ws 242/19, BeckRS 2019, 24214; Jäger JA 2020, 231.
39 BGH 3.2.2016 – 4 StR 561/15, BeckRS 2016, 3965.
40 Ebenso Köhler in Meyer-Goßner/Schmitt Rn. 11; Bruns in KK-StPO Rn. 13.
41 BGH 5.5.1995 – 2 StR 183/95, NStZ 1996, 48.
42 BGH 6.2.1997 – 1 StR 527/96, NJW 1997, 1516 (1518).
43 BGH 5.5.1995 – 2 StR 183/95, NStZ 1996, 48.
44 BGH 5.5.1995 – 2 StR 183/95, NStZ 1996, 48.
45 AG Koblenz 17.5.1995 – 3113 Js 26307/94, StV 1995, 518; Köhler in Meyer-Goßner/Schmitt Rn. 11; Bruns in KK-StPO Rn. 13.
46 Köhler in Meyer-Goßner/Schmitt Rn. 11.

37 **2. Verwendung zu präventivpolizeilichen Zwecken.** Die durch besondere strafprozessuale Ermittlungsmaßnahmen gewonnenen personenbezogenen Daten dürfen nach Maßgabe des § 479 Abs. 2 S. 2 zu präventiven Zwecken verwendet werden, wenn die weitere Verwendung der **Abwehr einer erheblichen Gefahr** für die öffentliche Sicherheit dienen soll. Eine Verwendung der Daten zur Abwehr einer Gefahr für die öffentliche Ordnung ist hingegen nicht statthaft.[47] Die Verwendung der Daten als Spurenansatz ist auch hier ohne Einschränkung möglich.[48]

38 **3. Verwertung von Erkenntnissen aus präventiven Maßnahmen.** Außer zu repressiven, somit zu Zwecken der Strafverfolgung, kann der Einsatz eines Verdeckten Ermittlers auch auf polizeirechtlicher Grundlage erfolgen. Sämtliche Polizeigesetze der Länder und des Bundes gestatten ebenfalls eine Datenerhebung durch den – präventiven – Einsatz eines Verdeckten Ermittlers. Die dadurch erlangten personenbezogenen Daten können nach Maßgabe des § 161 Abs. 3 **auch zu Beweiszwecken** in einem Strafverfahren verwendet werden.

39 **4. Schutz von Berufsgeheimnisträgern.** Für den Schutz von **Berufsgeheimnisträgern** und deren Helfer gilt § 160a.

B. Rechtsbehelfe

40 Der Beschluss, mit welchem die gerichtliche Zustimmung gemäß Abs. 2 S. 1 erteilt wird, kann durch den Betroffenen nach § 304 Abs. 2 mit der **einfachen Beschwerde** angefochten werden. Gegen die Erteilung der staatsanwaltschaftlichen Zustimmung nach Abs. 1 S. 1 bzw. Abs. 2 S. 2 im Falle von Gefahr im Verzug ist ein **Antrag auf gerichtliche Entscheidung analog § 98 Abs. 2 S. 2** statthaft. Dies gilt bis zur Beendigung der Maßnahme auch für diejenigen Fälle, in denen eine Überprüfung der Art und Weise des Vollzugs der Maßnahme begehrt wird.[49]

41 Gemäß § 101 Abs. 4 S. 1 Nr. 9, Abs. 7 S. 2 bis 4 können die Zielperson, die erheblich mitbetroffenen Personen sowie diejenigen Personen, deren nicht allgemein zugängliche Wohnung der Verdeckte Ermittler betreten hat, gegen die richterliche wie gegen die staatsanwaltschaftliche Zustimmung zum Einsatz eines Verdeckten Ermittlers einen **Antrag auf Überprüfung der Rechtmäßigkeit der Maßnahme sowie der Art und Weise ihres Vollzuges** stellen. Dieser Rechtsbehelf geht als abschließende Sonderregelung der Beschwerde nach § 304 vor. Andernfalls würde die gesetzliche Antragsfrist von zwei Wochen in § 101 Abs. 7 S. 2 sowie die Ausgestaltung des gegen diese Entscheidung nach § 101 Abs. 7 S. 3 statthaften Rechtsmittels als sofortige Beschwerde leerlaufen (→ § 101 Rn. 91 ff.).

C. Revision

42 Verstöße gegen § 110b können im Rahmen der Revision mit einer den Anforderungen des § 344 Abs. 2 genügenden Verfahrensrüge geltend gemacht werden. Der Beschwerdeführer hat **alle den behaupteten Verfahrensverstoß begründenden Tatsachen** mitzuteilen. Wird etwa gerügt, die durch einen Verdeckten Ermittler gewonnenen Erkenntnisse dürften nicht verwertet werden, weil entgegen der Regelung in Abs. 2 S. 1 die erforderliche richterliche Zustimmung fehle, so hat der Beschwerdeführer im Falle eines gegen weitere Mitbeschuldigte geführten Verfahrens auch darzulegen, dass sich das Verfahren zum Zeitpunkt

[47] Bruns in KK-StPO Rn. 24.
[48] BT-Drs. 16/5846, 64.
[49] Rudolphi § 98 Rn. 35 ff.

des Einsatzes der Verdeckten Ermittler auch bereits gegen ihn als „bestimmte Person" iSd § 110b Abs. 1 S. 1 Nr. 1 gerichtet hat.[50]

Weiter wird der Beschwerdeführer mit der Revision je nach Sachlage nur durchdringen, 43
wenn er unter Beachtung der sogenannten Widerspruchslösung der Verwertung der entsprechenden Erkenntnisse bereits in der Hauptverhandlung bis zu dem in § 257 Abs. 1 genannten Zeitpunkt **widersprochen** hat.[51]

§ 110c Befugnisse des Verdeckten Ermittlers

[1]Verdeckte Ermittler dürfen unter Verwendung ihrer Legende eine Wohnung mit dem Einverständnis des Berechtigten betreten. [2]Das Einverständnis darf nicht durch ein über die Nutzung der Legende hinausgehendes Vortäuschen eines Zutrittsrechts herbeigeführt werden. [3]Im übrigen richten sich die Befugnisse des Verdeckten Ermittlers nach diesem Gesetz und anderen Rechtsvorschriften.

Schrifttum: Amelung, Probleme der Einwilligung in strafprozessuale Grundrechtsbeeinträchtigungen, StV 1998, 257; Duttge, Strafprozessualer Einsatz von V-Personen und Vorbehalt des Gesetzes, JZ 1996, 556; Ambos/Zien, Zur Strafbarkeit von Schulfotografen wegen Bestechung oder Vorteilsgewährung gemäß §§ 333, 334 StGB, NStZ 2008, 498; Eisenberg, Straf(verfahrens-)rechtliche Maßnahmen gegenüber „Organisiertem Verbrechen", 1993, 1033; Frister, Zur Frage der Vereinbarkeit verdeckter Ermittlungen in Privatwohnungen mit Art. 13 GG, StV 1993, 151; Hilger, FS für Hanack 1999: Verdeckte Ermittler, V-Leute; ders., Neues Strafverfahrensrecht durch das OrgKG – 2. Teil; NStZ 1992, 523; Hund, Beteiligung Verdeckter Ermittler am unerlaubten Glücksspiel, NStZ 1993, 571; Jäger, Die Legende lebt, JA 2020, 231; Konnecke, Die Strafbarkeit Verdeckter Ermittler im Hinblick auf einsatzbedingte Straftaten, 2001, Lammer, Verdeckte Ermittlungen im Strafprozess 1992; Mitsch, Strafprozessuale Beweisverbote im Spannungsfeld zwischen Jurisprudenz und realer Gefahr; NJW 2008, 2295; Payandeh, EMRK: Agent provocateur und faires Strafverfahren, JuS 2021, 185; Rogall, Selbstbelastungsfreiheit und vernehmungsähnliche Befragung durch Verdeckte Ermittler, NStZ 2008, 110; Roxin, Nemo tenetur: die Rechtsprechung am Scheideweg, NStZ 1995, 465; ders., Zum Einschleichen polizeilicher Scheinaufkäufer in Privatwohnungen, StV 1998, 43; Ruppert, Die rechtsstaatswidrige Tatprovokation im Lichte des EGMR, StraFo 2020, 445; Schneider, Ausgewählte Probleme des Einsatzes verdeckter Ermittler – Eine Zwischenbilanz, NStZ 2004, 359; Schwarzburg, Einsatzbedingte Straftaten Verdeckter Ermittler, NStZ 1995, 469; Weisser, Zum Betretungsrecht von Wohnungen bzw. Hotelzimmern durch einen nicht offen ermittelnden Polizeibeamten (noeP), NZWiSt 2018, 59; Zaczyk, Prozeßsubjekte oder Störer? Die Strafprozessordnung nach dem OrgKG – dargestellt an der Regelung des Verdeckten Ermittlers, StV 1993, 490;

Übersicht

[50] BGH 12.12.1996 – 4 StR 499/96, NStZ 1997, 294.

[51] BGH 12.7.2000 – 1 StR 113/00, NStZ-RR 2001, 257; 260 Bruns in KK-StPO Rn. 20, Hegmann in BeckOK-StPO Rn. 17.

Erläuterung

I. Regelungsinhalt des § 110c

1 § 110c S. 1 gestattet einem Verdeckten Ermittler (VE) unter Verwendung seiner Legende **mit Einverständnis des Betroffenen Wohnungen zu betreten.** Dieses Einverständnis darf gemäß S. 2 nicht „durch ein über die Nutzung der Legende hinausgehendes Vortäuschen eines Zutrittsrechts herbeigeführt werden". S. 3 stellt schließlich klar, dass sich die weiteren Befugnisse des Verdeckten Ermittlers nach den allgemeinen Gesetzen und damit nach den jeweiligen Polizeigesetzen, die den Einsatz eines Verdeckten Ermittlers ebenfalls vorsehen, bzw. der StPO richten.

2 Ausweislich der Gesetzesmaterialien steht hinter der Regelung des § 110c die Erwägung, dass Verdeckten Ermittlern, die unter ihrer Legende keine Wohnung betreten dürfen, kein Einsatzwert zukomme.[1] Die Verfasser des Gesetzentwurfs wollten die Regelung des § 110c im Hinblick auf das durch Art. 13 GG geschützte Grundrecht der Unverletzlichkeit der Wohnung mithin als **Ermächtigungsgrundlage** verstanden wissen.

II. Gegenstand der Eingriffsbefugnis

3 **1. Wohnungsbegriff des § 110c S. 1.** S. 1 ermächtigt Verdeckte Ermittler zum Betreten von „Wohnungen". Der hier verwendete Wohnungsbegriff ist **identisch mit dem verfassungsrechtlichen Wohnungsbegriff** des Art. 13 GG sowie dem in § 100c verwendeten Wohnungsbegriff (→ § 100c Rn. 6 ff.). Er umfasst mithin jeden nicht allgemein zugänglichen, feststehenden, fahrenden oder gar schwimmenden Raum, der zur Stätte des Aufenthalts oder Wirkens von Menschen dient. Losgelöst vom umgangssprachlichen Wohnungsbegriff erstreckt er sich auch auf umzäunte oder in sonstiger Weise einer öffentlichen Nutzung entzogene Bereiche außerhalb der eigentlichen Wohnräume wie Gärten, Garagen, Schuppen, Büroräume etc.[2]

4 Träger des Grundrechts ist jeder Bewohner oder Inhaber der „Wohnung", der diese als Stätte des Aufenthalts oder Wirkens **berechtigt nutzt,** gleich auf welcher Rechtsgrundlage seine Nutzungsberechtigung im Einzelnen beruht und unabhängig davon, ob sich der in diesem Sinne Berechtigte zum Zeitpunkt des Betretens der Wohnung durch den Verdeckten Ermittler in dieser aufhält oder nicht. Den Schutz aus Art. 13 GG erfährt so etwa der Mieter, nicht indes der während des Vermietungszeitraums nicht (mit)nutzungsberechtigte Eigentümer. Auch sich in der Wohnung unberechtigt aufhaltende Personen sind nicht geschützt.[3] Dies gilt unbestritten jedenfalls dann, wenn Personen zur Durchführung eines Wohnungseinbruchsdiebstahls iSd § 244 Abs. 1 Nr. 3 StGB widerrechtlich in eine Wohnung eingedrungen sind, mithin die Wohnung nicht als Stätte des Wohnens und Aufenthalts nutzen wollen. Umstr. ist hingegen, ob der im Rahmen einer verbotenen Eigenmacht etwa aufgrund einer Hausbesetzung erlangte, mithin der von dem Willen einer dauerhaften Nutzung getragene Besitz an einer Wohnung den Schutz durch Art. 13 GG erfährt.[4]

5 Neben natürlichen können auch **juristische Personen** des Privatrechts Träger des Grundrechts aus Art. 13 GG sein, da diese ebenso wie natürliche Personen Rechte an Wohnungen begründen können.[5]

6 **2. Berechtigung zum Betreten der Wohnung.** § 110c berechtigt ebenso wie die Vorschriften der §§ 102 ff. nach übereinstimmender Auffassung[6] ausschließlich **zum offenen Betreten** der geschützten Räumlichkeiten und zum Verweilen zum Zwecke des bloßen Aufenthalts. Verwehrt ist es dem Verdeckten Ermittler während seines Aufenthalts die Woh-

---

1 BT-Drs. 12/989, 43.
2 Papier in Dürig/Herzog/Scholz, GG Art. 13 Rn. 10.
3 Papier in Dürig/Herzog/Scholz, GG Art. 13 Rn. 12.
4 Weiterführend Epping/Hillgruber BeckOK-GG, GG Art. 13 Rn. 4.
5 Papier in Dürig/Herzog/Scholz, GG Art. 13 Rn. 17.
6 Vgl. statt vieler Köhler in Meyer-Goßner/Schmitt Rn. 1; Hauck in Löwe/Rosenberg Rn. 3.

nung oder sich in ihr befindliche Sachen zu den von § 102 erfassten Zwecken, etwa zum Auffinden von Beweismitteln, heimlich zu durchsuchen. Dies würde über die durch § 110c eröffnete Eingriffsmöglichkeit des Verdeckten Ermittlers hinausgehen. Eine solche Handlungsweise wäre nach der zutreffenden Auslegung des § 102 durch die Rspr. des BGH[7] auch nicht durch diese Vorschrift gedeckt, weil es sich um eine heimliche Durchsuchung und damit um eine Maßnahme handeln würde, die nach der StPO nicht statthaft ist.

Der Regelungsgehalt des § 110c erschöpft sich darin, dem Verdeckten Ermittler allein 7
zum Zwecke der Aufrechterhaltung seiner Legende das Betreten von Wohnungen zu gestatten. Was er **gelegentlich eines solchen Aufenthalts** in der Wohnung wahrnimmt, etwa aufgrund von Gesprächen mit dem Beschuldigten bzw. sonstigen Personen, des Sich-Umschauens und Sichtens von offen in der Wohnung befindlichen Gegenständen kann hingegen – sofern man § 110c für verfassungskonform erachtet (s. unten 3.) – zu strafprozessualen Zwecken verwertet werden. Über die Inhalte derartiger Gespräche könnten sowohl der Verdeckte Ermittler (offen wie verdeckt) als auch der seinen Einsatz operativ begleitende (weitere) Polizeibeamte als Zeuge (letzterer vom Hörensagen) vernommen werden. Auf der Grundlage der Beobachtungen des Verdeckten Ermittlers könnte bei Vorliegen der weiteren Voraussetzungen auch ein (dann offen zu vollstreckender) Durchsuchungsbeschluss erwirkt werden.

3. Verfassungsrechtliche Aspekte. „Verfassungsrechtliche **Bedenken**" gegen das 8
Betreten von Wohnungen iSv. Art. 13 GG sahen die Verfasser des Entwurfs eines Gesetzes zur Bekämpfung des illegalen Rauschgifthandels und anderer Erscheinungsformen der Organisierten Kriminalität (OrgKG) „unter Berücksichtigung des hohen Rangs der zu schützenden Rechtsgüter und wegen der Beachtung des Verhältnismäßigkeitsgrundsatzes beim Einsatz des Verdeckten Ermittlers" offenbar nicht.[8] Welche weitergehenden Erwägungen tatsächlicher oder rechtlicher Art dieser Bewertung zu Grunde lagen, ist der Begründung des Gesetzentwurfs jedenfalls nicht zu entnehmen. Über die vorstehend zitierten Erwägungen hinaus referieren die Materialien lediglich den Inhalt der durch das vorgenannte Gesetz v. 15.7.1992[9] ebenfalls eingeführten Regelungen der §§ 110a und 110b. Das OrgKG zitiert als nachkonstitutionelles Recht weder in seinem mit „Zitiergebot" überschriebenen Art. 11 – hier findet lediglich Art. 10 GG Erwähnung – noch an sonstiger Stelle das durch Art. 13 GG geschützte Recht der Unverletzlichkeit der Wohnung. Im Gesetzgebungsverfahren wurde die Frage, inwieweit Maßnahmen nach § 110c den gegenständlichen Schutzbereich von Art. 13 GG berühren, nicht vertiefend diskutiert. Tatsächlich zitierte zunächst der Entwurf des OrgKG[10] in Art. 11 als durch dieses Gesetz eingeschränktes Grundrecht auch Art. 13 GG. Dieser Hinweis wurde jedoch wieder gestrichen, nachdem die zunächst auch für dieses Gesetz vorgesehene Regelung des so genannten kleinen Lauschangriffs fallen gelassen worden war.

a) Rechtsprechung des Bundesgerichtshofs. Auch der BGH hat die Frage, ob bzw. 9
inwieweit die Regelungen der §§ 110b Abs. 2 S. 1 Nr. 2, 110c gegen das Zitiergebot des Art. 19 Abs. 1 S. 2 GG verstoßen und bereits deshalb verfassungswidrig sind, noch nicht entschieden. In seiner Entscheidung vom 6.2.1997[11] hat er ua ausgeführt, Anlass, einen **Grundrechtseingriff zu verneinen,** biete der Umstand, dass der Wohnungsinhaber den Eintritt freiwillig gewähre. Der BGH hat dabei im Blick gehabt, dass ein Vergleich mit der tatbestandsausschließenden Wirkung der Einwilligung des Berechtigten beim Hausfriedensbruch nach § 123 StGB nicht ohne weiteres möglich ist, da sich strafrechtlich und verfassungsrechtlich geschützte Bereiche nicht decken müssen. Weiter hat der BGH bedacht, dass der Gesetzgeber mit dem Richtervorbehalt in § 110b Abs. 2 S. 1 Nr. 2 eine dem

[7] BGH 31.1.2007 – StB 18/06, NJW 2007, 930 = BGHSt 51, 211.
[8] BT-Drs. 12/989, 43.
[9] BGBl. 1992 I 1302.
[10] BT-Drs. 12/2720, 37.
[11] BGH 6.2.1997 – 1 StR 527/96, NJW 1997, 1516 (1517).

Schrankenvorbehalt des Art. 13 Abs. 2 GG jedenfalls angenäherte Bestimmung geschaffen hat, wenngleich im OrgKG Art. 13 GG nicht als eingeschränktes Grundrecht zitiert wird.[12]

10 **b) Auffassung der Literatur. Zahlreiche Stimmen** in der Lit. sehen in dem Betreten einer Wohnung durch einen Verdeckten Ermittler einen Eingriff in Art. 13 GG, der von den darin enthaltenen Schranken nicht erfasst werde und deshalb verfassungswidrig sei. Zur Begründung wird ua ausgeführt, das Betreten einer Wohnung durch einen Verdeckten Ermittler werde weder von der in Art. 13 Abs. 2 GG geregelten Maßnahme der Wohnungsdurchsuchung, die als offene Ermittlungsmaßnahme ausgestaltet sei, noch von der in Art. 13 Abs. 3 GG enthaltenen Schranke erfasst. Diese erfasse ausschließlich präventive Maßnahmen, während die Vorschrift des § 110c ausschließlich repressiv ausgerichtet sei.[13] **Andere Stimmen in der Lit.** vertreten hingegen die Auffassung, der nutzungberechtigte Wohnungsinhaber disponiere durch die von ihm erteilte Zustimmung über seinen Schutz durch Art. 13 GG, sodass die hiervon erfasste Privatsphäre durch den bloßen Zutritt etwa einer Vertrauensperson jedenfalls „nicht gegen den Willen des Berechtigten" betroffen werde.[14] Es fehle deshalb bereits an einer hoheitlichen, grundrechtsbezogenen Maßnahme, sodass es insoweit keiner gesetzlichen Regelung bedürfe.[15]

11 **Vermittelnd wird in der Lit.** weiter die Auffassung vertreten, der Gesetzgeber habe das Betreten einer Wohnung durch den Verdeckten Ermittler nicht als hoheitliche Maßnahme angesehen und deshalb auch Art. 13 GG nicht zitiert.[16] Das bloße Mitgehen des Verdeckten Ermittlers in eine Wohnung – und mehr erlaube die Vorschrift nicht – sei noch kein hoheitlicher Eingriff, weil der Verdeckte Ermittler nicht von sich aus in seiner hoheitlichen Funktion tätig werde und auch nicht zielgerichtet das Betreten der Wohnung anstrebe, sondern lediglich einer Aufforderung oder einem Geschehen gleichsam folge.[17] § 110c ist nach dieser vermittelnden Auffassung nicht als gesetzliche Ermächtigung zum Betreten von Wohnungen zu verstehen. Vielmehr solle diese Regelung lediglich klarstellen, dass auch der unter seiner Legende operierende Verdeckte Ermittler wie jede andere Privatperson auch mit Einverständnis des Berechtigten befugt sei, Wohnungen zu betreten. Voraussetzung sei indes, um – insoweit – eine hoheitliche Handlung und damit einen Eingriff in die Unverletzlichkeit der Wohnung auszuschließen, dass der Verdeckte Ermittler nicht von sich aus den Wunsch äußern dürfe, die Wohnung betreten zu wollen. Er dürfe auch nicht in anderer, subtilerer Weise auf ein Betreten der Wohnung hinwirken. Ein Verdeckter Ermittler darf nach dieser vermittelnden Auffassung weder auf ein Betreten einer Wohnung drängen noch ein solches gezielt arrangieren. Seine Tätigkeit muss sich insoweit „vielmehr auf ein bloßes Mitgehen in die Wohnung nach Einladung durch den Berechtigten" beschränken.[18]

12 Auch die **Kommentarlit.** bietet kein durchgehend einheitliches Bild. Sie hält sich überwiegend mit eigenen Bewertungen zurück[19] bzw. verweist vereinzelt – und erkennbar mit dem Gedanken sympathisierend – darauf, dass jedenfalls der (einfache) Gesetzgeber eine gesonderte Ermächtigung für entbehrlich hielt.[20] Vereinzelt verneint auch sie die Eingriffsqualität der Maßnahme.[21]

13 **c) Eigene Auffassung.** In Anbetracht des Schutzzwecks von Art. 13 GG, der ebenso wie Art. 10 GG die private Lebensgestaltung, indes darüber hinaus auch die **räumliche**

---

12 BGH 6.2.1997 – 1 StR 527/96, NJW 1997, 1516 (1517).

13 Roxin StV 1998, 44; Eisenberg NJW 1993, 1033 (1038); Frister StV 1993, 151; Nitz JR 1998, 209 (211 f.).

14 Duttge JZ 1996, 556 (562).

15 Duttge JZ 1996, 556 (562); Kühne StPO Rn. 535.

16 Hilger NStZ 1997, 448 (449).

17 Hilger NStZ 1997, 448 (449 f.).

18 So zutreffend Hilger, FS Hanack, 1999, 207 (217).

19 Köhler in Meyer-Goßner/Schmitt Rn. 1; Hauck in Löwe/Rosenberg Rn. 23; Hegmann in BeckOK-StPO Rn. 1.

20 Bruns in KK-StPO Rn. 3.

21 Bockemühl in KMR-StPO Rn. 7.

Integrität der Wohnung als Manifestation der Privatsphäre schützen will,[22] dürften die besseren Argumente dafür streiten, das Betreten einer Wohnung durch einen Verdeckten Ermittler als einen Eingriff in den Schutzbereich des Art. 13 GG zu qualifizieren.[23] So enthält Art. 13 GG als anti-etatistisches Abwehrrecht[24] in seinem Kern das Verbot gegenüber Trägern öffentlicher Gewalt, gegen den Willen des Wohnungsinhabers in die geschützten Räumlichkeiten einzudringen.[25] Zutreffend wird in der Lit. darauf verwiesen, dass Art. 13 die Privatsphäre in ihrer räumlich formalisierten Form schütze und deshalb nicht erst durch das eigentliche Ausforschen, sondern bereits durch das Betreten der Wohnung der Grundrechtseingriff konkretisiert werde.[26]

Ein auf entsprechenden Wunsch des Verdeckten Ermittlers erklärtes **Einverständnis** 14
des Berechtigten zum Betreten der Wohnung wäre anders als im Zusammenhang mit § 123 StGB unwirksam, weil durch die Legende erschlichen. Der Verdeckte Ermittler kann sich als staatliches Organ zur Rechtfertigung seines Handelns bzw. zum Ausschluss eines sonst gegebenen Rechtsverstoßes nicht auf die Wirksamkeit einer von ihm selbst manipulierten Einwilligung des Grundrechtsträgers berufen.[27] Die Frage nach einer möglichen Strafbarkeit und die nach der Berührung des gegenständlichen Schutzbereichs eines bestimmten Grundrechts sind dogmatisch vielmehr strikt voneinander zu trennen. Der Grundrechtsschutz würde leer laufen, wenn der Staat das Erfordernis einer Ermächtigungsgrundlage durch Täuschungen umgehen könnte.[28]

Die Befugnis zum Betreten von Wohnungen nach § 110c wird schließlich aus den 15
vorstehend dargelegten Gründen (→ Rn. 13 f.) auch nicht von den in Art. 13 Abs. 2 und 3 **enthaltenen Schranken** erfasst. Auch die Erwägung, die Vorschrift des § 100c lasse sich verfassungsrechtlich durch eine in Art. 13 GG enthaltene **ungeschriebene Schranke** legitimieren, vermag nicht zu greifen. Diesen Gedanken versuchen einzelne Autoren[29] mit der weiteren Erwägungen fruchtbar zu machen, jedes Grundrecht finde seine Schranken in den Freiheitsrechten anderer bzw. auch in dem Wohl der Allgemeinheit dienenden Verfassungsgütern wie etwa der Funktionstüchtigkeit einer geordneten Strafrechtspflege. Dieser kommt nach der Rspr. des BVerfG ebenfalls Verfassungsrang zu.[30] Vorliegend ist indes zu bedenken, dass Art. 13 GG einen qualifizierten Gesetzesvorbehalt enthält, der Verfassungsgeber mithin Aspekte der Kollision gesehen und diese in der vorliegenden Art und Weise in Art. 13 geregelt hat. In Fällen dieser Art einen ungeschriebenen Gesetzvorbehalt anzuerkennen, würde den in Art. 13 GG enthaltenen qualifizierten Gesetzesvorbehalt gleichsam konterkarieren.[31]

Den Stimmen in der Lit., die die Auffassung vertreten, dem legendenbasierten Betreten 16
einer Wohnung durch einen Verdeckten Ermittler käme keine Eingriffsqualität zu, stellt sich die Frage nach Sinn und Zweck des in § 110b Abs. 2 S. 1 Nr. 2 **enthaltenen Richtervorbehalts.** Zudem müssten sie auch das Betreten von Wohnungen durch nicht offen ermittelnde Polizeibeamte bzw. durch Vertrauenspersonen zulassen.[32]

III. Materielle Eingriffsvoraussetzungen (S. 1)

Sofern man die Vorschrift des § 110c als verfassungskonform erachtet, gestattet sie 17
Verdeckten Ermittlern unter den weiteren Voraussetzungen des § 110a Abs. 1 (→ Rn. 7 ff.)

22 Papier in Dürig/Herzog/Scholz, GG Art. 13 Rn. 149.
23 Ebenso Hauck in Löwe/Rosenberg Rn. 23; Schneider NStZ 2004, 359 (366); aA Bruns in KK-StPO Rn. 3; Bockemühl in KMR-StPO Rn. 7; Hegmann in BeckOK-StPO Rn. 1.
24 So Schneider NStZ 2004, 359 (366).
25 Papier in Dürig/Herzog/Scholz, GG Art. 13 Rn. 1.
26 Frister StV 1993, 151 (152).
27 Hauck in Löwe/Rosenberg Rn. 17.
28 So zutreffend Frister StV 1993, 151 (152).
29 Lammer 210 ff.
30 BVerfG 26.5.1981 – 2 BvR 215/81, NJW 1981, 1719 = BVerfGE 57, 250, (283 ff.).
31 So zutreffend Frister StV 1993, 151 (154).
32 So zutreffend Schneider NStZ 2004, 359 (366).

das Betreten von Wohnungen unter Verwendung ihrer Legende sowie mit Einverständnis des Berechtigten.

18 **1. Verdeckter Ermittler.** § 110c S. 1 ermächtigt seinem Wortlaut nach **lediglich Verdeckte Ermittler** (zum Begriff → § 110a Rn. 15 ff.) zum Betreten von Wohnungen. Umstr. ist, ob auch andere zur Aufklärung von Straftaten eingesetzte nicht offen ermittelnde Polizeibeamte (NoeP) in entsprechender Anwendung des § 110c ebenfalls zum Betreten von Wohnungen berechtigt sind. Der Einsatz nicht offen ermittelnder Polizeibeamter wird durch die Rspr.[33] auf die Ermittlungsgeneralklausel der §§ 161, 163 StPO gestützt. In der Lit. hingegen wird die Frage, ob diese Vorschriften als Ermächtigungsgrundlage für den Einsatz nicht offen ermittelnder Polizeibeamter herangezogen werden können, kontrovers diskutiert.[34] Entsprechendes gilt für den Einsatz von Vertrauenspersonen.

19 **a) Keine analoge Anwendung auf nicht offen ermittelnde Polizeibeamte.** Mit der Frage einer analogen Anwendung des § 110c auf nicht offen ermittelnde Polizeibeamte war der **BGH** soweit ersichtlich erstmals 1997 und damit wenige Jahre nach Inkrafttreten dieser Vorschrift befasst.[35] Zu bewerten hatte er den Fall, dass ein „ansonsten nicht verdeckt ermittelnder" Polizeibeamter einen der Haschischabnehmer des als Verkäufer verdächtigen Beschuldigten in die Wohnung des Beschuldigten begleitete. Der Haschischabnehmer hatte sich zuvor bereit erklärt, an der Überführung des Beschuldigten mitzuwirken. Er rief diesen deshalb vor dem Kauf an und kündigte sein Erscheinen in Begleitung eines Freundes an. In der Wohnung kauften der Abnehmer sowie der Polizeibeamte gemeinsam zum Zwecke der Überführung des Beschuldigten von diesem rund 90 g Haschisch. Nach diesem Kauf wurde die Wohnung des Beschuldigten durchsucht. Dort wurden weitere Betäubungsmittel sichergestellt. Das Landgericht, welches den Beschuldigten später aufgrund des vorrätig Haltens dieser weiteren Betäubungsmittelmengen zum Zwecke des gewinnbringenden Weiterverkaufs wegen unerlaubtem Handeltreiben mit Betäubungsmitteln in nicht geringer Menge verurteilte, hat es abgelehnt, eine Verurteilung auch auf die zuvor erworbene Menge von rund 90g Haschisch zu stützen. Der Polizeibeamte, so die Auffassung des Landgerichts, habe die Wohnung des Beschuldigten entgegen § 110b Abs. 2 S. 1 Nr. 2 und § 110c und damit unberechtigt betreten.

20 Der BGH hat die hier nicht entscheidungserhebliche Frage, ob nicht offen ermittelnden Polizeibeamten mangels ausdrücklicher gesetzlicher Ermächtigung das Betreten von Wohnungen „generell verwehrt" ist oder ob für bestimmte Ermittlungshandlungen „mit geringerem Gewicht" eine besondere gesetzliche Ermächtigung nicht erforderlich ist und die Maßnahme des Betretens der Wohnung durch den nicht offen ermittelnden Polizeibeamten auf § 163 gestützt werden kann,[36] noch **offen gelassen.**

21 Die Maßnahme war nach **hiesiger Auffassung** rechtswidrig. D**ie Vorschrift des § 110c berechtigt allein Verdeckte Ermittler** iSd § 110a Abs. 2 zum Betreten von Wohnungen. Auch wenn für die Ermittlungsinstrumentarien des Informanten, der Vertrauensperson sowie des nicht offen ermittelnder Polizeibeamter spezialgesetzliche Ermächtigungsgrundlagen fehlen, erscheint bereits methodologisch eine analoge Anwendung des § 110c auf diese Ermittlungsinstrumentarien ausgeschlossen.[37] So war sich der Gesetzgeber der Tatsache, dass die StPO keine speziellen Regelungen für den Einsatz von Informanten und Vertrauenspersonen enthält, im Rahmen der Erörterungen zum Entwurf eines Gesetzes zur Bekämpfung des illegalen Rauschgifthandels und anderer Erscheinungsformen der Organisierten Kriminalität (OrgK), durch welche ua die Vorschriften der §§ 110a–110c in die StPO eingefügt worden waren, durchaus bewusst. Er hat gleichwohl davon Abstand genommen, für den Einsatz von Informanten und Vertrauenspersonen besondere Regelungen zu

[33] BGH 6.2.1997 – 1 StR 527/96, NStZ 1997, 448.
[34] Für einen Rückgriff auf §§ 161, 163 beim Einsatz nicht offen ermittelnder Polizeibeamter Bruns in KK-StPO § 110a Rn. 6.
[35] BGH 6.2.1997 – 1 StR 527/96, NJW 1997, 1516.
[36] BGH 6.2.1997 – 1 StR 527/96, NJW 1997, 1516 (1518).
[37] Eschelbach in SSW-StPO Rn. 1; AA Hilger, FS Hanack, 1999, 207 (219).

schaffen.[38] Es fehlt mithin an einer planwidrigen Regelungslücke, sodass eine entsprechende Anwendung des § 110c auf Informanten und Vertrauenspersonen nicht in Betracht kommt.[39]

22 Zwar hat sich der Gesetzgeber mit der Frage, ob bzw. inwieweit die Vorschriften der §§ 110a–110c auch auf **nicht offen ermittelnde Polizeibeamte** Anwendung finden, im Gesetzgebungsverfahren zum OrgKG soweit erkennbar nicht befasst. Indes scheidet auch insoweit nach der hier vertretenen Auffassung eine direkte bzw. analoge Anwendung des § 110c aus.[40] Die schwierige Gratwanderung zwischen einem unzulässigen Drängen zum Betreten der Wohnung des Beschuldigten und einem zulässigen Betreten der Wohnung als schlicht situationsadäquate Handlung kann verlässlich allein ein Verdeckter Ermittler vornehmen, der regelmäßig über Monate hinweg auf seinen legendierten Einsatz vorbereitet wird und besonders geschult ist.

23 **b) Keine analoge Anwendung auf Vertrauenspersonen.** Auf **Vertrauenspersonen bzw. Informanten** (→ § 110a Rn. 25 ff.) finden die Vorschriften der §§ 110a ff. nach hA keine Anwendung.[41] Begründet wird dies mit der zutreffenden Erwägung, mit den Vorschriften der §§ 110a ff. habe der Gesetzgeber insoweit keine durch ihre analoge Anwendung auszufüllende Gesetzeslücke geschaffen. Dem ist zuzustimmen. Der Gesetzgeber hat sich im Rahmen des Gesetzgebungsverfahrens mit dieser Problematik befasst, indes bewusst davon Abstand genommen, den vorgenannten Personenkreis in die Regelung der §§ 110a ff. mit einzubeziehen.[42]

24 **2. Legendenbasierter Einsatz.** Für den Einsatz eines Verdeckten Ermittlers ist die **Verwendung einer Legende iSd § 110a Abs. 2** (→ § 110a Rn. 16 f.) **konstitutiv.** Fraglich ist jedoch, in welchen Fällen Verdeckte Ermittler „unter Verwendung ihrer Legende" tätig sind.

25 Nach der vom **BGH[43] vertretenen Auffassung,** nach der es für die Bewertung einer Ermittlungstätigkeit als der eines Verdeckten Ermittlers entscheidend sein soll, „ob der Ermittlungsauftrag über einzelne wenige, konkret bestimmte Ermittlungshandlungen hinausgeht, ob es erforderlich sein wird, eine unbestimmte Vielzahl von Personen über die wahre Identität des verdeckt operierenden Polizeibeamten zu täuschen und ob wegen der Art und des Umfanges des Auftrages von vornherein abzusehen ist, dass die Identität des Beamten in künftigen Verfahren auf Dauer geheim gehalten werden muss", erscheint es fraglich, ob ein als Verdeckter Ermittler bei den zuständigen Fachdienststellen der Länder- bzw. Bundespolizeibehörden geführter Beamter unter Verwendung seiner „veränderten Identität (Legende)" die Wohnung des Beschuldigten betreten darf, wenn sich sein Ermittlungsauftrag (von vornherein) auf das einmalige Betreten der Wohnung beschränken soll. In einem solchen Fall würde es bereits an einem entsprechenden, auf Dauer angelegten, über einzelne wenige Ermittlungstätigkeiten hinausgehenden Auftrag fehlen. Auch würden nur eine bzw. wenige Personen über die wahre Identität des Beamten getäuscht.

26 Anders nach der **hier vertretenen Auffassung[44]** würde sich auch ein solcher Einsatz als der eines Verdeckten Ermittlers darstellen. Danach kommt es für die Frage der Abgrenzung zwischen dem Einsatz eines Verdeckten Ermittlers und dem eines (sonstigen) nicht offen ermittelnden Polizeibeamten nicht auf die Anzahl der einzelnen „Außenaktivitäten"

---

[38] BT-Drs. 12/989, 41.

[39] AA Weisser NZWiSt 2018, 59, der bei „Täuschung über die Identität des Interaktionspartners" – ungeachtet, ob diese durch Ermittlungsbehörden gezielt veranlasst worden ist – bereits keinen Eingriff in Art. 13 GG erkennen will. Ein Grundrechtsverzicht oder eine sonst rechtswirksame Gestattung ist auf Grundlage einer gezielten Täuschung des Wohnungsinhabers allerdings abzulehnen, vgl. auch Eschelbach in SSW-StPO Rn. 1.

[40] Hauck in Löwe/Rosenberg Rn. 24 f.

[41] BGH 22.2.1995 – 3 StR 552/94, NJW 1995, 2236; Eschelbach in SSW-StPO Rn. 1; Hauck in Löwe/Rosenberg Rn. 24 f.; vgl. auch Soiné ZRP 2021, 47; aA Nitz JR 1009, 211.

[42] BT-Drs. 12/989, 41.

[43] BGH 6.2.1996 – 1 StR 544/95, NStZ 1996, 450.

[44] Ebenso Schneider NStZ 2004, 359 (361 ff.).

und damit auf die voraussichtliche tatsächliche Dauer des Einsatzes, sondern „auf die Dauer der Veränderung der Identität“[45] und damit darauf an, ob der Beamte beim Betreten der Wohnung seine ihm verliehene und auf Dauer angelegte Identität – selbst wenn es gegenüber diesem Beschuldigten bei einem einmaligen Einsatz bleiben sollte – benutzt.

27 **3. Umfang des Betretensrechts (S. 1 und 2).** Der Verdeckte Ermittler darf die Wohnung nach S. 1 nur „mit dem **Einverständnis** des Berechtigten betreten“. Die Vorschrift gestattet mithin ausschließlich das **offene Betreten** der Wohnung mit dem „ertäuschten Willen“[46] des Berechtigten. Nach der gesetzlichen Regelung limitiert das Einverständnis damit zugleich den Umfang des Betretensrechts, gleichgültig, ob man § 110c einen Eingriffscharakter zuerkennt oder nicht. Andererseits setzt S. 1 nicht zwingend voraus, dass der Berechtigte stets zugegen ist, wenn der Verdeckte Ermittler die Wohnung betritt. So wäre es mit § 110c vereinbar, wenn der dem Verdeckten Ermittler ein solches Vertrauen entgegenbringt, dass er diesem seinen Wohnungsschlüssel übergibt und etwa für die Dauer seiner Abwesenheit bittet, in der Wohnung zu deren Unterhalt bzw. Betrieb bestimmte Verrichtungen vorzunehmen. Unter – strenger – Beachtung dieser Vorgaben dürfte der Verdeckte Ermittler die Wohnung so häufig betreten, wie es dem ausdrücklich erklärten oder verlässlich zu erschließenden mutmaßlichen Willen des Berechtigten entspräche. Der Verdeckte Ermittler darf die Wohnung indes auch nicht ein einziges Mal zu anderen Zwecken betreten.

28 S. 2 verbietet dem Verdeckten Ermittler das Einverständnis des Betroffenen durch eine **über die Nutzung der Legende hinausgehende Täuschung** herbeizuführen. Er darf sich mithin weder als „Gas- oder Wassermann“, der die entsprechenden Zähler ablesen müsse, noch als Schornsteinfeger oder Angehöriger einer sonstigen Berufsgruppe ausgeben, mit deren Berufsausübung üblicherweise ein Betreten von Wohnungen einhergeht. Mit der insoweit bisher veröffentlichten Meinung[47] ist S. 2 dahingehend auszulegen, dass das dort enthaltene Verbot auch dann gilt, wenn der von dem Verdeckten Ermittler im Rahmen seiner Legende „ausgeübte Beruf“ zu dem Betreten der Wohnung berechtigen würde.

IV. Sonstige Befugnisse des Verdeckten Ermittlers (S. 3)

29 S. 3 legt fest, dass sich „im Übrigen (…) die Befugnisse des Verdeckten Ermittlers nach diesem Gesetz und anderen Rechtsvorschriften“ richten. Der Aussagehalt dieser Regelung erscheint auf den ersten Blick als juristische Plattitüde. Die Regelung scheint eine „Selbstverständlichkeit“[48] zum Ausdruck zu bringen. Aus diesem Grunde wurde im Gesetzgebungsverfahren versucht, S. 3 zu streichen. Die Vorschrift hat deklaratorische Bedeutung und kann einerseits als Appell des Gesetzgebers dahingehend verstanden werden, dass einem Verdeckten Ermittler außer dem Betretensrecht nach S. 1 und der Befugnis nach § 110a Abs. 3 im Verhältnis zu sonstigen Beamten des Polizeidienstes keine weitergehenden Befugnisse zustehen. Andererseits soll durch S. 3 verdeutlicht werden, „dass bei strafverfolgender Tätigkeit **begleitende Maßnahmen im Rahmen der Prävention nicht ausgeschlossen** seien“ und „die Einsatzbefugnisse aus dem Polizeirecht“ nicht abgeschnitten werden.[49]

30 **1. Legalitätsprinzip.** Als Beamter des Polizeidienstes unterliegt auch der Verdeckte Ermittler der Strafverfolgungspflicht nach Maßgabe des § 163 Abs. 1.[50] Diese gebietet indes regelmäßig kein augenblickliches Einschreiten. Vielmehr können Strafverfolgungsmaßnahmen zurückgestellt, somit zu einem späteren Zeitpunkt durchgeführt werden. Vorrangig zu treffende Maßnahmen, etwa bei Gefahr für Leib oder Leben, hat die Polizei und als ihr Angehöriger auch der Verdeckte Ermittler zwar zu veranlassen. Im Übrigen gilt aber auch

---

45 Schneider NStZ 2004, 359 (361).
46 Hauck in Löwe/Rosenberg Rn. 3; Eschelbach in SSW-StPO Rn. 2.
47 Hauck in Löwe/Rosenberg Rn. 2; Hilger NStZ 1992, 523 (525 Fn. 160).
48 BT-Drs. 12/2720, 47.
49 BT-Drs. 12/2720, 47.
50 BGH 22.2.1995 – 3 StR 552/94, NJW 1995, 2236 (2237); Bruns KK-StPO Rn. 7.

für den Verdeckten Ermittler der **Grundsatz der freien Gestaltung des Ermittlungsverfahrens.** Der Verdeckte Ermittler soll nicht Gefahr laufen, sich unter Umständen wegen Strafvereitelung im Amt (§§ 258a, 258, 13 StGB) strafbar zu machen.[51] Nicht nur der innerdienstliche, auch der äußere Ablauf eines Ermittlungsverfahrens muss zur Gewährleistung bestmöglicher Effizienz der Ermittlungen Spielräume auch für ermittlungstaktische Erwägungen lassen.[52] Der Richtliniengeber hat diese Problematik in den RiStBV, Anlage D, unter Ziff. 2.6.2. aufgegriffen und – rechtlich zutreffend – ausgeführt: „Neu hinzukommenden zureichenden Anhaltspunkten für strafbare Handlungen braucht der Verdeckte Ermittler solange nicht nachzugehen, als dies ohne Gefährdung seiner Ermittlungen nicht möglich ist; dieses gilt nicht, wenn sofortige Ermittlungsmaßnahmen wegen der Schwere der neu entdeckten Taten geboten sind." Entsprechendes gilt hinsichtlich der Abwehr von Gefahren für Leib, Leben oder bedeutende Vermögenswerte.

2. Maßnahmen der Strafverfolgung. a) Belehrung nach § 136 Abs. 1 S. 2. aa) Grundsätzliches. Eine Verpflichtung des Verdeckten Ermittlers, einen noch nicht als Beschuldigten vernommenen Tatverdächtigen bei selbstbelastenden Äußerungen nach Maßgabe des § 136 Abs. 1 S. 2 iVm § 163a Abs. 1 zu belehren, besteht nicht.[53] Zwar ist diese Belehrungspflicht eine Ausprägung des aus dem Rechtsstaatsprinzip abzuleitenden Grundsatzes, dass sich niemand selbst belasten muss (nemo-tenetur-Prinzip) und können Verstöße gegen diese Belehrungspflicht nach der Grundsatzentscheidung des 5. Strafsenats des BGH vom 27.2.1992[54] ein Verwertungsverbot begründen, wenn der Vernehmung des Beschuldigten nicht der Hinweis vorausgegangen ist, wonach es ihm freistehe, sich zu der Beschuldigung zu äußern oder nicht zur Sache auszusagen. Auf heimliche Befragungen von Beschuldigten durch Polizeibeamte sind diese Vorschriften indes nicht anwendbar. Sie gelten **nur für „offene" Vernehmungen** und sollen nach der Entscheidung des Großen Senats für Strafsachen vom 13.5.1996[55] sicherstellen, „dass der Beschuldigte vor der irrtümlichen Annahme einer Aussagepflicht bewahrt wird, zu der er möglicherweise eben durch Konfrontation mit dem amtlichen Auskunftsverlangen veranlasst werden könnte".[56] Zur irrtümlichen Annahme einer Aussagepflicht kann der Beschuldigte bei selbstbelastenden Äußerungen gegenüber dem Verdeckten Ermittler indes nicht gelangen, weil er gerade nicht um dessen Tätigkeit in amtlicher Eigenschaft weiß. 31

bb) Kein Drängen auf Selbstbelastung nach Berufung auf Schweigerecht. Anders verhält es sich, wenn ein Verdeckter Ermittler einen Beschuldigten unter Ausnutzung eines geschaffenen Vertrauensverhältnisses beharrlich zu selbstbelastenden Äußerungen drängt, nachdem sich dieser bereits anlässlich seiner verantwortlichen Vernehmung oder aber durch ausdrückliche Erklärung außerhalb einer solchen auf sein Schweigerecht berufen hat. Der BGH hatte sich in der Vergangenheit wiederholt mit dieser Fragestellung zu befassen. In seinen Entscheidungen vom 26.7.2007[57] und 27.1.2009[58] hat er derartige selbstbelastende und erst auf Drängen der Ermittlungsbehörden erfolgte Äußerungen von Beschuldigten als unverwertbar angesehen und ausgeführt, solche Gesprächssituationen stellten sich wegen der vorausgegangenen Einwirkungen als **„funktionales Äquivalent einer staatlichen Vernehmung"** dar.[59] 32

---

[51] BGH 22.12.2020 – 1 StR 165/19, NStZ-RR 2021, 175.
[52] Bruns in KK-StPO Rn. 11.
[53] OLG Jena 31.7.2019 – 1 Ws 242/19, BeckRS 2019, 24214.
[54] BGH 27.2.1992 – 5 StR 190/91, NJW 1992, 1463.
[55] BGH 13.5.1996 – GSSt 1/96, BGHSt 42, 139 (145); BGH 6.3.2018 – 1 StR 277/17, NJW 2018, 1986.
[56] BGH 13.5.1996 – GSSt 1/96, BGHSt 42, 139 (147).
[57] BGH 26.7.2007 – 3 StR 104/07, NJW 2007, 3138 (3140).
[58] BGH 27.1.2009 – 4 StR 296/08, NStZ 2009, 343; vgl. auch zu Verdeckte Ermittlungen nach der sog. „Cold-Case-Technik" (Herstellung eines Vertrauensverhältnisses zum Verdächtigten durch seine Einbeziehung in eine ihm vorgetäuschte verbrecherische Organisation, wobei er gegen Entgelt zur Begehung vermeintlicher Straftaten veranlasst wird) OLG Zweibrücken 26.5.2010 – 1 Ws 241/09, NStZ 2011, 113.
[59] BGH 26.7.2007 – 3 StR 104/07, NJW 2007, 3138 (3141); BGH 27.1.2009 – 4 StR 296/08, NStZ 2009, 343 (344); vgl. hierzu Rogall NStZ 2008, 110; Mitsch NJW 2008, 2295.

33 Der Entscheidung aus dem Jahre 2009 **lag folgender Fall zu Grunde:** Die Beschuldigte stand im Verdacht, ihre drei Kinder getötet zu haben und hatte sich im Rahmen ihrer verantwortlichen Vernehmung auf ihr Schweigerecht berufen. Danach geführte weitere Ermittlungen verliefen ergebnislos. Schließlich wurde ein Verdeckter Ermittler eingesetzt, der zunächst das Vertrauen der Beschuldigten gewann und, als sich die Beschuldigte nicht von sich aus zu den Tatvorwürfen äußerte, dergestalt auf sie einwirkte, dass er ihr wahrheitswidrig erklärte, im Alter von circa 20 Jahren seine Schwester getötet zu haben. Erst daraufhin äußerte sich die Beschuldigte überhaupt zum Tod ihrer Kinder, bezichtigte indes ihren Mann eines der Kinder getötet zu haben. Nachdem die Beschuldigte in einem Café von der Polizei nochmals offen in Anwesenheit des Verdeckten Ermittlers mit dem Tatverdacht gegen sie konfrontiert worden war, um dem Verdeckten Ermittler dadurch Gelegenheit zu geben, die Beschuldigte direkt auf die ihm nunmehr durch Dritte bekannt gewordenen Vorwürfe ansprechen zu können, räumte die Beschuldigte gegenüber dem (weiterhin verdeckt agierenden) Verdeckten Ermittler ein, eines der Kinder getötet zu haben. Auf Nachfrage äußerte sie sich auch zu ihrem Motiv und den weiteren Einzelheiten der Tatausführung.

34 Eine derartige Vorgehensweise verstößt nach Auffassung des BGH aus den vorstehend dargelegten Gründen (→ Rn. 31) **nicht gegen die §§§ 163a, 136 Abs. 1.** Dem ist uneingeschränkt zuzustimmen. Die Belehrungspflicht des § 136 Abs. 1 berücksichtigt den Umstand, dass Menschen zur Selbstbelastung neigen, wenn sie durch die Strafverfolgungsbehörden mit dem gegen sie bestehenden Tatverdacht und den diesen begründenden Beweisen konfrontiert werden.[60] Der Hinweis auf die Aussagefreiheit, der dieses psychologische Moment weder ausgleichen kann noch soll, dient dem Zweck, dem Beschuldigten in der Situation der Vernehmung vor Augen zu führen, dass er nicht zu einer Aussage verpflichtet ist, sich mithin nicht zur Sache äußern muss, obwohl er – für ihn erkennbar – durch ein Strafverfolgungsorgan befragt wird. Es ist evident, dass derjenige Beschuldigte, dem die strafverfolgende Funktion des Verdeckten Ermittlers nicht bekannt ist, einem solchen Irrtum nicht erliegen kann.

35 Der Einsatz eines Verdeckten Ermittlers begründet für sich genommen auch **kein Beweisverwertungsverbot nach § 136a.**[61] Allein der Einsatz der Legende durch einen Verdeckten Ermittler kann grundsätzlich nicht als Täuschung im Sinne des **§ 136a Abs. 1** bewertet werden.[62] Die Vorschrift schützt die Freiheit der Willensentschließung und -betätigung gegen Beeinträchtigungen ua durch Misshandlung, Ermüdung, körperliche Eingriffe, Quälerei, Täuschung oder Hypnose.[63] § 136a findet im Grundsatz nur Anwendung, wenn „das staatliche Vernehmungsorgan als solches hervortritt und eine amtliche Anhörung des Beschuldigten durchführt“, also für Vernehmungen.[64] Auch eine analoge Anwendung des § 136a scheidet in Fällen der vorliegenden Art aus, weil die Vorschrift die Freiheit der Willensentschließung bzw. -betätigung schützt und diese in Fällen der vorliegenden Art nicht berührt wird. Der Beschuldigte, der nicht um die strafverfolgende Funktion des Verdeckten Ermittlers weiß, ist keinem Geständnisdruck ausgesetzt.[65] Das Täuschungsverbot des § 136a wird zwar durch §§ 110 a ff. insoweit suspendiert, als der Verdeckte Ermittler unter einer Legende an den Beschuldigten herantreten darf. Gleichwohl dürfen Verdeckte Ermittler grundsätzlich keine Straftaten (zB. mittels eines als Nötigung mit einem empfindlichen Übel im Sinne des § 240 Abs. 1 StGB zu qualifizierenden Eingriffs in die Freiheit der Willensentschließung und Willensbetätigung geschehen) begehen (vgl. auch Rn. 39), etwa wenn der Beschuldigte mit der vorgetäuschten Drohung des Todes einer Unbeteiligten zu einer Aussage gedrängt wird.[66] Auch ansonsten sind die § 136a zugrundeliegenden Grund-

[60] Rogall in KK-StPO Vor § 133 Rn. 166 f.
[61] So BGHGS 13.5.1996 – GSSt 1/96, BGHSt 42, 139 (149).
[62] BGH 26.7.2007 – 3 StR 104/07 Rn. 17, NJW 2007, 3138.
[63] BGH 13.1.2021 – 3 StR 410/20, NStZ 2021, 431; Magnus NStZ 2022, 393.
[64] Roxin NStZ 1995, 465; BGH 12.12.2019 – 5 StR 464/19, NStZ-RR 2020, 112.
[65] Ebenso Roxin NStZ 1995, 465 (466).
[66] BGH 18.5.2010 – 5 StR 51/10, JuS 2010, 832.

sätze entsprechend zu beachten. Dazu gehört vor allem, dass der Beschuldigte Beteiligter und nicht Gegenstand des Verfahrens ist. Seinen verfassungsmäßig gewährleisteten Anspruch auf Achtung der Menschenwürde verliert er nicht, auch wenn er einer Straftat verdächtig ist.[67] Das heißt im Ergebnis, dass im Rahmen des Einsatzes von Verdeckten Ermittlern auch solche Täuschungen nicht erlaubt sind und zu einem Beweisverwertungsverbot führen müssen, die über die Nutzung der Legende hinausgehen, etwa wenn der Verdeckte Ermittler durch den Aufbau einer Drohkulisse für den Verdächtigen eine Lage schafft, in der die Täuschung eine besondere Wirkung entfalten kann.[68]

Nach Auffassung des BGH begründet das Drängen zur Abgabe selbstbelastender Äuße- 36
rungen einen Verstoß gegen den aus Art. 1, Art. 2 Abs. 1 GG abzuleitenden Grundsatz, dass sich niemand selbst belasten muss **(„nemo-tenetur se ipsum accusare").** Nach bisheriger Auffassung[69] des BGH besteht der Kern dieses Grundsatzes in dem **Verbot von Zwang zur Aussage oder Mitwirkung in einem Strafverfahren,** während dieser Grundsatz vom EuGH dahingehend ausgelegt wird, dass er die prinzipielle Freiheit einer jeden Person schützt, selbst darüber zu entscheiden, ob sie bei Vernehmungen durch die Strafverfolgungsbehörden aussagen oder schweigen wolle.[70] Nach Auffassung des BGH verdichtet sich in den Fällen, in denen der Beschuldigte gegenüber den Ermittlungsbehörden erklärt hat, schweigen zu wollen, der Grundsatz der Aussagefreiheit dahingehend, „dass die Strafverfolgungsbehörden seine Entscheidung für das Schweigen grundsätzlich zu respektieren haben".[71]

b) Ermittlungsmaßnahmen. Ein Verdeckter Ermittler kann etwa bei Gefahr im Ver- 37
zug und Vorliegen der weiteren formellen und materiellen Voraussetzungen als Ermittlungsperson der Staatsanwaltschaft **offene Ermittlungsmaßnahmen** wie etwa nach § 81a Abs. 2 die körperliche Untersuchung des Beschuldigten, nach § 98 Abs. 1 S. 1 die Beschlagnahme, gemäß §§ 102 ff. die Durchsuchung von Wohnungen, Personen und Sachen, nach § 127 Abs. 2 die vorläufige Festnahme eines Tatverdächtigen sowie sonstige nach der Ermittlungsgeneralklausel des § 163 Abs. 1 zulässige Maßnahmen anordnen und durchführen.

Gleiches gilt für **bestimmte verdeckte Ermittlungsmaßnahmen,** wie etwa den 38
Einsatz technischer Mittel nach § 100h oder eine längerfristige Observation nach § 163 f. Er wird von der Anordnung derartiger offener bzw. verdeckter Ermittlungsmaßnahmen zum Schutze seiner Legende indes regelmäßig Abstand nehmen.

c) Verbot der Begehung von Straftaten. Verdeckte Ermittler dürfen nach allgM 39
keine Straftaten begehen.[72] Diese Problematik ist im Rahmen des Gesetzgebungsverfahrens zum OrgKG wiederholt thematisiert worden, gleichwohl hat der Gesetzgeber keine entsprechende Ermächtigung geschaffen.[73] Dieses Verbot, welches auch unter Ziffer II. 2., 2.2 Eingang in die Richtlinien über den Einsatz Verdeckter Ermittler[74] gefunden hat, gilt **allumfassend.** Es gilt damit sowohl für so genannte milieutypische Straftaten wie Glücksspiel bzw. Zuhälterei als auch für die Beteiligung an Straftaten allein zu dem Zweck, näher an die Hintermänner einer kriminellen Organisation heranzurücken. Allenfalls kommt in Betracht, dass Verdeckte Ermittler mit Zustimmung der Staatsanwaltschaft vorübergehend

---

67 BGH 14.6.1960 – 1 StR 683/59, NJW 1960, 1580; vgl. auch BGH 6.3.2018 – 1 StR 277/17, NJW 2018, 1986.

68 OLG Jena 31.7.2019 – 1 Ws 242/19, BeckRS 2019, 24214; Jäger JA 2020, 231.

69 BGH 13.5.1996 – GSSt 1/96, BGHSt 42, 139 (151 f.); BGH 18.5.2010 – 5 StR 51/10, BeckRS 2010, 13972; BGH 6.3.2018 – 1 StR 277, 17, NJW 2018, 1986; Magnus NStZ 2022, 393.

70 So EGMR 5.11.2002 – 48539/99, StV 2003, 257 (259).

71 BGH 26.7.2007 – 3 StR 104/07, NJW 2007, 3138 (3140); vgl. auch OLG Jena 31.7.2019 – 1 Ws 242/19, BeckRS 2019, 24214 mAnm Jäger JA 2020, 231.

72 Bruns in KK-StPO Rn. 6; Köhler in Meyer-Goßner/Schmitt Rn. 4; Hegmann in BeckOK-StPO Rn. 7; Eisenberg NJW 1993, 1033 (1039); vgl. auch BGH 18.5.2010 – 5 StR 51/10, JuS 2010, 832.

73 Protokoll. zur 42 Sitzung des Deutschen Bundestages vom 20.9.1991, 3487, 3508.

74 Vgl. die Gemeinsamen Richtlinien der Justizminister/-senatoren und der Innenminister/-senatoren der Länder über die Inanspruchnahme von Informanten sowie über den Einsatz von Vertrauenspersonen (V-Personen) und Verdeckten Ermittlern im Rahmen der Strafverfolgung, Anlage D RiStBV.

gegen Straftaten nicht einschreiten und nur beobachten, wenn dieses zur Erforschung wesentlich schwerer Straftaten erforderlich erscheint. Dann sollen sie sich nicht nach §§ 258a, 258, 13 StGB strafbar machen.[75] Das Verbot der Begehung von Straftaten engt die Einsatzmöglichkeiten eines Verdeckten Ermittlers insofern ein, als es ihm auch verwehrt ist, sich zur schützenden Abdeckung seiner eigenen Person an bestimmten Straftaten, so genannten „Keuschheitsproben", zu beteiligen. Deshalb gelingt es Verdeckten Ermittlern regelmäßig nicht, in die innersten Kreise derjenigen kriminellen Organisationen einzudringen, deren Zugehörigkeit ein delinquentes Vorleben voraussetzt. Diese Tatsache ist indes im Hinblick auf den hohen Stellenwert des Legalitätsprinzips hinzunehmen.[76]

40 Verdeckte Ermittler können sich gleichwohl auch nach geltendem Recht halbwegs adäquat im kriminellen Milieu bewegen. Bereits die Tatsache, dass Verdeckte Ermittler als Angehörige der Strafverfolgungsbehörden zur Aufklärung von Straftaten tätig sind, führt vielfach zu ihrer **Straflosigkeit.** So sind sie nach § 4 Abs. 2 BtMG als Mitglieder von Bundes- oder Landespolizeibehörden hinsichtlich des dienstlichen Umgangs mit Betäubungsmitteln von der Erlaubnispflicht des § 3 BtMG befreit. Auch in anderen Deliktsbereichen ist vielfach eine „sachgerechte Eingrenzung der Strafbarkeit" zu erreichen. So scheidet eine Strafbarkeit wegen Geldfälschung nach § 146 StGB aus, weil ein Verdeckter Ermittler, der dieses unter dem Vorbehalt der späteren Sicherstellung übernimmt, sich das Falschgeld nicht iSd § 146 Abs. 1 Nr. 2 StGB verschafft.[77] Auf den rechtfertigenden bzw. den entschuldigenden Notstand der §§ 34 und 35 StGB wird sich der Verdeckte Ermittler nur in besonders gelagerten und situativ nicht vorhersehbaren Einzelfällen berufen können.[78]

41 **d) Tatprovokation.** Eine Tatprovokation bzw. ein Lockspitzeleinsatz durch einen verdeckten Ermittler, nicht offen ermittelnden Polizeibeamten oder eine V-Person ist nach gefestigter Rspr. des BGH in Anwendung des Grundsatzes des fairen Verfahrens (Art. 6 Abs. 1 S. 1 EMRK) selbst unter Berücksichtigung der Rspr. des EGMR grundsätzlich zulässig, wenn die Maßnahme gegen eine Person eingesetzt wird, gegen die ein Anfangsverdacht (iSv § 152 Abs. 2, § 160) hinsichtlich einer bereits begangenen Straftat besteht oder die verdächtig ist, zu einer zukünftigen Straftat bereit zu sein.[79] Tatprovokationen stellen heimliche Maßnahmen der Strafverfolgung dar und sind zur Bekämpfung besonders gefährlicher und schwer aufklärbarer Kriminalität, zu der ua die Betäubungsmittelkriminalität zählt, **notwendig und zulässig.**[80] Bezüglich der im Einzelfall auftretenden Fragen, wann eine unzulässige Tatprovokation vorliegt und welche Rechtsfolgen daran geknüpft sind, sind zum Teil unterschiedliche Nuancierungen zwischen EGMR und BGH erkennbar.[81]

42 **aa) Tatprovokation – Auffassung des EGMR.** Nach der Rechtsprechung des EGMR liegt eine nach Art. 6 Abs. 1 S. 1 EMRK unzulässige Tatprovokation vor, wenn ein dem Staat zurechenbares Verhalten sich nicht auf eine weitgehend **passive Strafermittlung** beschränkt, sondern die betroffene Person derart beeinflusst, dass diese zur Begehung einer Straftat verleitet wird, die sie andernfalls nicht begangen hätte,[82] und zwar mit dem Zweck – durch Beweiserbringung und Einleitung einer Strafverfolgung – die Feststellung einer Straftat zu ermöglichen. Entsprechendes gilt, wenn verdeckte Ermittler zu der Straftat angestiftet

---

[75] BGH 22.12.2020 – 1 StR 165/19, NStZ-RR 2021, 175.

[76] So zutreffend Bruns in KK-StPO Rn. 6.

[77] Vgl. Schwarzburg NStZ 1995, 469 (470); Hund NStZ 1993, 571 (572).

[78] Vgl. Hilger NStZ 1992, 523 (525 Fn. 161); Köhler in Meyer-Goßner/Schmitt Rn. 4.

[79] Vgl. BGH 16.3.1995 – 4 StR 111/95, NStZ 1995 (506); BGH 30.5.2001 – 1 StR 42/01, NJW 2001, 2981; BGH 10.6.2015 – 2 StR 97/14, NJW 2016, 91; BGH 19.1.2016 – 4 StR 252/15, NStZ 2016, 232; BGH 7.12.2017 – 1 StR 320/17, NStZ 2018, 355; BGH 4.7.2018 – 5 StR 650/17, BeckRS 2018, 17767; Vgl. EGMR 9.6.1998 Teixiera de Castro ./. Portugal 25829/94 Nr. 38 f., EuGRZ 1999, 660 (663 f.); EGMR 23.10.2014 Furcht ./. Deutschland 54648/09 Nr. 49 ff., NJW 2015, 3631; EGMR 15.10.2020 – 40495/15, 40913/15, 37273/15, BeckRS 2020, 28627; Hegmann in BeckOK StPO Rn. 9.

[80] BGH 17.3.1994 – 1 StR 1/94, NStZ 1994, 335.

[81] Vgl. auch Ruppert StraFo 2020, 445, 449.

[82] EGMR 15.10.2020 – 40495/15, 40913/15, 37273/15, BeckRS 2020, 28627.

haben und nichts dafür spricht, dass diese Taten ohne ihr Eingreifen begangen worden wären.[83] Unter Umständen kommt auch eine **mittelbare Tatprovokation** in Betracht, insbesondere wenn es für die Polizei/Ermittler vorhersehbar war, dass die Person, die direkt zur Begehung der Straftat angeregt wurde, wahrscheinlich andere Personen zur Teilnahme an der Straftat kontaktieren würde.[84] Bei der Frage, ob das staatliche Verhalten „weitgehend passiv" und damit zulässig war, sind die Gründe im Einzelfall zu prüfen, auf denen die verdeckte Maßnahme beruhte, sowie das Verhalten der Beamten, die die Maßnahme durchgeführt haben. Hier stellt sich die Frage, ob die Ermittler lediglich das Geschehen begleiteten oder eine aktive, die Begehung begünstigende Rolle eingenommen haben.[85] Insbesondere ist in den Blick zu nehmen, ob es objektive Anhaltspunkte für den Verdacht gab, dass die betroffene Person an kriminellen Tätigkeiten beteiligt oder tatgeneigt war (z.B. aufgrund von Vorstrafen, früheren Ermittlungen, der Vertrautheit mit aktuellen Preisen von Betäubungsmitteln)[86] und ob auf sie Druck ausgeübt wurde, die Straftat zu begehen.[87] In Rauschgiftfällen verhalten sich verdeckte Ermittler dann nicht mehr passiv, wenn sie von sich aus Kontakt zu der betroffenen Person aufnehmen, wenn sie ihr Angebot trotz einer anfänglichen Ablehnung erneuern oder darauf beharren, wenn sie sie mit Preisen, die den Marktwert übersteigen, ködern oder wenn sie durch Vorspiegelung von Entzugserscheinungen das Mitleid der betroffenen Person erregen.[88] Dagegen soll keine unzulässige Tatprovokation vorliegen, wenn die verdeckten Ermittler sich bei einem im Handel mit Betäubungsmittel erkennbar erfahrenen Beschuldigten lediglich wie „normale" Kunden eines Drogenhändlers verhalten.[89]

bb) Tatprovokation – Auffassung des BGH. Nach Auffassung des BGH liegt ebenfalls eine unzulässige Tatprovokation vor, wenn eine unverdächtige und zunächst nicht tatgeneigte Person durch eine von einem Amtsträger geführte Vertrauensperson in einer dem Staat zurechenbaren Weise zu einer Straftat verleitet wird und dies zu einem Strafverfahren führt.[90] Im Übrigen unterscheidet sich der Maßstab des BGH im Gegensatz zur Auffassung des EGMZ in Bezug auf die Intensität der Tatprovokation. Die Grenze der Zulässigkeit ist demnach bei der Tatprovokation erreicht, wenn eine polizeiliche Vertrauensperson in Richtung auf das Wecken der Tatbereitschaft oder eine Intensivierung der Tatplanung **mit einiger Erheblichkeit stimulierend** auf den Täter einwirkt.[91] Auch bei anfänglich bereits bestehendem Anfangsverdacht kann eine rechtsstaatswidrige Tatprovokation vorliegen, soweit die Einwirkung im Verhältnis zum Anfangsverdacht **„unvertretbar übergewichtig"** ist, so wenn die Bereitschaft des Täters geweckt wurde, eine Tat mit einem erheblich höheren Unrechtsgehalt zu begehen.[92] Im Rahmen der erforderlichen Abwägung sind insbesondere Grundlage und Ausmaß des gegen den Betroffenen bestehenden Verdachts, Art, Intensität und Zweck der Einflussnahme sowie die eigenen, nicht fremdgesteuerten 43

[83] EGMR 9.6.1998 Teixiera de Castro ./. Portugal 25829/94 Nr. 38 f., EuGRZ 1999, 660 (663 f.); EGMR GK 5.2.2008 Ramanauskas ./. Litauen 74420/01 Nr. 55, NJW 2009, 3565; 4.11.2010 Bannikova ./. Russland 18757/06 Nr. 37; Lohse/Jakobs in KK-StPO, MRK Art. 6 Rn. 60; Eschelbach in Satzger/Schluckebier/Widmaier StPO Rn. 11.

[84] EGMR 15.10.2020 – 40495/15, 40913/15, 37273/15 (Rn. 117), BeckRS 2020, 28627.

[85] Lohse/Jakobs in KK-StPO, MRK Art. 6 Rn. 60.

[86] EGMR 23.10.2014 Furcht ./. Deutschland 54648/09 Nr. 49 ff., NJW 2015, 3631; 18.12.2014 Scholer ./. Deutschland 14212/10 Nr. 80 ff., EuGRZ 2015, 454.

[87] EGMR 23.10.2014 Furcht ./.Deutschland 54648/09 Nr. 49 ff., NJW 2015, 3631; 18.12.2014 Scholer ./. Deutschland 14212/10 Nr. 82, EuGRZ 2015, 454.

[88] EGMR 23.10.2014 Furcht ./. Deutschland 54648/09 Nr. 49 ff., NJW 2015, 3631; 18.12.2014 Scholer ./. Deutschland 14212/10 Nr. 82, EuGRZ 2015, 454; EGMR 15.10.2020 – 40495/15, 40913/15, 37273/15, BeckRS 2020, 28627; Payandeh JuS 2021, 185; Lohse/Jakobs in KK-StPO, MRK Art. 6 Rn. 60.

[89] EGMR 18.12.2014 Scholer ./. Deutschland 14212/10 Nr. 88, EuGRZ 2015, 454; Lohse/Jakobs in KK-StPO, MRK Art. 6 Rn. 60.

[90] BGH 19.1.2016 – 4 StR 252/15, NStZ 2016, 232.

[91] BGH 7.2.2022 – 5 StR 542/20, NJW 2022, 1826.

[92] BGH 16.12.2021 – 1 StR 197/21, BeckRS 2021, 42005.

Aktivitäten des Betroffenen in den Blick zu nehmen.[93] Hinsichtlich der Reichweite der unzulässigen Tatprovokation werden auch **nur mittelbar** verleitete Personen einbezogen, wenn deren Verstrickung im Zeitpunkt der unzulässigen staatlichen Tätigkeit vorhergesehen worden war.[94]

Keine unzulässige Tatprovokation liegt dagegen vor, wenn eine polizeiliche Vertrauensperson eine betroffene Person ohne sonstige Einwirkung lediglich darauf anspricht, ob diese Betäubungsmittel beschaffen könne.[95] Entsprechendes gilt, wenn eine Vertrauensperson nur die offen erkennbare Bereitschaft eines anderen zur Begehung von Straftaten ausnutzt.[96] Wenn eine Vertrauensperson eine vorhandene Tatbereitschaft aufklärungsorientiert aufgreift und den Betreffenden zu einem Geschäft mit Betäubungsmitteln von höherer Gefährlichkeit als bisher veranlasst, ist nicht bereits deshalb eine Tatprovokation zu bejahen, weil ein individueller Verdacht in diesem Sinne bisher nicht manifest geworden ist. Es kommt dann vielmehr darauf an, ob sich der Täter auf die ihm angesonnene Intensivierung der Tatplanung ohne Weiteres einlässt, sich also geneigt zeigt, auch die Tat mit dem höheren Unrechtsgehalt zu begehen.[97]

44 **cc) Rechtsfolgen einer unzulässigen Tatprovokation.** Nach früherer Auffassung des BGH war die unzulässige Tatprovokation allein bei der Strafzumessung zu berücksichtigen (Strafzumessungslösung).[98] Das BVerfG erachtet die Strafzumessungslösung grundsätzlich als verfassungskonform, wobei jedoch in extremen Ausnahmefällen ein aus dem Rechtsstaatsprinzip hergeleitetes Verfahrenshindernis denkbar ist.[99] Nach der Auffassung des EGMR muss dagegen eine nach Art. 6 Abs. 1 S. 1 EMRK unzulässige Tatprovokation zur Einstellung des Strafverfahrens führen, ein Beweisverbot im Hinblick auf mit der Tatprovokation in Zusammenhang stehende Beweismittel begründen oder vergleichbare Konsequenzen nach sich ziehen.[100] Vor diesem Hintergrund hat der 2. Strafsenat des BGH entschieden, dass die rechtsstaatswidrige Provokation durch Angehörige von Strafverfolgungsbehörden oder von ihnen gelenkte Dritte – in dem zu entscheidenden Fall bestand gegen den Angeklagten allerdings ein nur vager Tatverdacht – regelmäßig ein Verfahrenshindernis zur Folge hat.[101] Der 1. und 5. Strafsenat sind dagegen bislang weiter dem Maßstab des BVerfG gefolgt,[102] so dass ein aus einer rechtsstaatswidrigen Tatprovokation erwachsendes Verfahrenshindernis nur **in extremen Ausnahmefällen,** wenn beispielsweise mit erheblichen Verlockungen und Druck auf den Betroffenen von staatlicher Seite eingewirkt wird, in Betracht kommt.[103] Dem ist zuzustimmen, denn Verfahrenshindernisse stellen in Strafverfahren bislang eine äußerst seltene Ausnahme dar,[104] denn das Rechtsstaatsgebot schützt vor allem auch das Interesse an einer der materiellen Gerechtigkeit dienenden Strafverfol-

93 BGH 4.7.2018 – 5 StR 650/17, BeckRS 2018, 17767; 7.12.2017 – 1 StR 320/17, NStZ 2018, 355, (356); 19.1.2016 – 4 StR 252/15, NStZ 2016, 232; 19.5.2015 – 1 StR 128/15, BGHSt 60, 238; 10.6.2015 – 2 StR 97/14, BGHSt 60, 276 (284 f.), 11.12.2013 – 5 StR 240/13, NStZ 2014, 277 (279); 23.5.1984 – 1 StR 148/84, BGHSt 32, 345 (346 f.); Hauck in Löwe/Rosenberg § 110a Rn. 75 f.

94 BGH 11.12.2013 – 5 StR 240/13, NStZ 2014, 277; Lohse/Jakobs in KK-StPO MRK Art. 6 Rn. 64; Ruppert StraFo 2020, 445 (450).

95 BGH 4.7.2018 – 5 StR 650/17, BeckRS 2018, 17767; BGH 13.3.2018 – 4 StR 614/17, NStZ 2018, 458; 7.12.2017 – 1 StR 320/17, NStZ 2018, 355 (357); 19.1.2016 – 4 StR 252/15, NStZ 2016, 232; 19.5.2015 – 1 StR 128/15, BGHSt 60, 238; 18.11.1999 – 1 StR 221/99, BGHSt 45, 321.

96 BGH 30.5.2001 – 1 StR 42/01, NJW 2001, 2981.

97 BGH 28.2.2018 – 4 StR 640/17, BeckRS 2018, 3349.

98 BGH 21.1.2009 – 1 StR 727/08, NStZ 2009, 405; BGH 18.11.1999 – 1 StR 221/99, NJW 2000, 1123.

99 BVerfG 18.12.2014 – 2 BvR 209/14, 2 BvR 240/14, 2 BvR 262/14, NJW 2015, 1083.

100 EGMR 23.10.2014 Furcht ./. Deutschland 54648/09 Nr. 49 ff., NJW 2015, 3631; EGMR 15.10.2020 – 40495/15, 40913/15, 37273/15, BeckRS 2020, 28627; Payandeh JuS 2021, 185.

101 BGH 10.6.2015 – 2 StR 97/14, NJW 2016, 91.

102 Offen insoweit der 4. Strafsenat, vgl. BGH 19.1.2016 – 4 StR 252/15, NStZ 2016, 232; vgl. auch Zeyher NZWiSt 2022, 197.

103 BGH 4.7.2018 – 5 StR 650/17, BeckRS 2018, 17767 Rn. 38; BGH 13.12.2021 – 1 StR 197/21, BeckRS 2021, 42005; BGH 7.2.2022 – 5 StR 542/20, NJW 2022, 1826.

104 Vgl. hierzu auch Schneider in KK-StPO § 206a Rn. 8.

gung.[105] In diesem Zusammenhang ist anzumerken, dass der Gesetzgeber selbst bei einem Verstoß gegen § 136a Abs. 1 bislang keinen Anlass gesehen hat, ein Verfahrenshindernis anzunehmen. Vielmehr sieht § 136a Abs. 3 S. 2 nur ein (nicht disponibles) Verwertungsverbot vor.[106] Solange im Einzelfall die rechtsstaatswidrige Tatprovokation ein entsprechendes Niveau nicht erreicht, ist somit die Tatprovokation (lediglich) im Rahmen der Beweiswürdigung und der Strafzumessung zu berücksichtigen.[107]

3. Maßnahmen der Prävention. Befugnisse aus „anderen Rechtsvorschriften" gemäß S. 3 sind insbesondere solche, die sich aus dem Recht der Gefahrenabwehr und damit maßgeblich aus den Polizeigesetzen des Bundes und der Länder ergeben. Da der Verdeckte Ermittler als Polizeibeamter repressiv wie präventiv tätig werden kann, entstehen nicht selten „doppelfunktionale Gemengelage",[108] die die schwierige Frage aufwerfen, nach welcher Vorschrift sich die Tätigkeit des Verdeckten Ermittlers in dieser Situation richtet. Zumeist wird entscheidend sein, wo der Schwerpunkt des Einsatzes liegt.[109] Im Zweifel bemisst sich die Rechtmäßigkeit eines Lockspitzeleinsatzes bei einer **präventiv-repressiven „Gemengelage"** einheitlich an den strengeren Regeln der StPO.[110] 45

§ 110d Besonderes Verfahren bei Einsätzen zur Ermittlung von Straftaten nach den §§ 176e und 184b des Strafgesetzbuches

[1]Einsätze, bei denen entsprechend § 176e Absatz 5 oder 184b Absatz 6 des Strafgesetzbuches Handlungen im Sinne des § 176e Absatz 1 und 3 oder § 184b Absatz 1 Satz 1 Nummer 1, 2 und 4 sowie Satz 2 des Strafgesetzbuches vorgenommen werden, bedürfen der Zustimmung des Gerichts. [2]In dem Antrag ist darzulegen, dass die handelnden Polizeibeamten auf den Einsatz umfassend vorbereitet wurden. [3]Bei Gefahr im Verzug genügt die Zustimmung der Staatsanwaltschaft. [4]Die Maßnahme ist zu beenden, wenn nicht das Gericht binnen drei Werktagen zustimmt. [5]Die Zustimmung ist schriftlich zu erteilen und zu befristen. [6]Eine Verlängerung ist zulässig, solange die Voraussetzungen für den Einsatz fortbestehen.

Schrifttum: Ceffinato, Aktuelles Internetstrafrecht, JuS 2021, 311; Rückert/Goger, Neue Waffe im Kampf gegen Kinderpornografie im Darknet – Neuregelung von § 184b Abs. 5 S. 2 StGB und § 110d StPO, MMR 2020, 373; Soiné, Personale verdeckte Ermittlungen wegen Verbreitung, Erwerb und Besitz kinderpornografischer Inhalte, NStZ 2022, 321.

A. Erläuterung

I. Regelungsinhalt des § 110d

§ 110d und § 184b Abs. 5 S. 2 StGB sind im Zuge des 57. Gesetzes zur Änderung des Strafgesetzbuches – Versuchsstrafbarkeit des Cybergroomings v. 3.3.2020 (BGBl. I 431) neu eingefügt worden. Das Gesetz ist am 13.3.2020 in Kraft getreten.[1] Mit Wirkung zum 1.7.2021 wurde die Norm insoweit angepasst, in dem die materiellen Voraussetzungen nunmehr in § 184b Abs. 6 StGB geregelt sind.[2] Im Übrigen wurde mit Wirkung zum 22.9.2021 § 176e Abs. 5 StGB eingefügt.[3] § 110d wurde entsprechend mit Wirkung zum 1

[105] BVerfG 18.12.2014 – 2 BvR 209/14, 2 BvR 240/14, 2 BvR 262/14, NJW 2015, 1083; BGH 7.12.2017 – 1 StR 320/17, NStZ 2018, 355 mAnm Esser.
[106] BGH 6.9.2016 – 1 StR 104/15, Rn. 30; BGH 4.7.2018 – 5 StR 650/17, Rn. 14.
[107] Vgl. auch Ruppert StraFo 2020, 445 (450).
[108] Hauck in Löwe/Rosenberg § 110a Rn. 9.
[109] Hauck in Löwe/Rosenberg § 110a Rn. 9.
[110] BGH 18.11.1999 – 1 StR 221/99, NJW 2000, 1123; Mosbacher JuS 2018, 129.
[1] BGBl. I 2020 431-432; vgl. insgesamt Soiné NStZ 2022, 321 (322).
[2] BGBl. 2021 I 1810.
[3] BGBl. 2021 I 4250.

2.4.2022 berichtigt.[4] Zur effektiven Bekämpfung der Kinderpornographie ist es den Ermittlungsbeamten nunmehr möglich, computergeneriertes kinderpornografisches Material herzustellen und zu verbreiten.[5] Danach scheidet eine Strafbarkeit nach § 184b Abs. 1 S. 1 Nr. 1, 2 und 4 und S. 2 StGB, § 176e Abs. 1 und 3 aus, wenn die Handlung, die sich auf einen kinderpornographischen Inhalt bzw. auf Anleitungen zu sexuellem Missbrauch von Kindern bezieht, eine dienstliche Handlung im Rahmen eines strafrechtlichen Ermittlungsverfahrens ist. Voraussetzung dafür ist, dass die in Rede stehende Handlung kein tatsächliches Geschehen wiedergibt und auch nicht unter Verwendung einer Bildaufnahme eines Kindes oder Jugendlichen hergestellt worden ist. Zudem muss die Aufklärung des Sachverhalts auf andere Weise aussichtslos oder wesentlich erschwert sein. Die dafür erforderliche richterliche Zustimmung zur Verwendung des künstlichen kinderpornografischen Materials zu Ermittlungszwecken wird strafprozessual in § 110d geregelt. Die genannten Vorschriften sind ein wichtiges Instrument im Kampf gegen die Kinderpornografie und gegen den sexuellen Missbrauch von Kindern. Die Ermittlungsbehörden sind damit in der Lage, sich im Rahmen einer strafrechtlichen Ermittlung Zugang zu Onlinetauschplattformen für kinderpornografisches Material zu verschaffen,[6] denn solche Foren gewähren neuen Nutzern regelmäßig nur dann Zutritt, wenn sie selbst kinderpornografisches Material als „Vertrauensbeweis" zur Verfügung stellen.[7]

II. Materielle Eingriffsvoraussetzungen

2 § 110d stellt Einsätze grundsätzlich unter einen Richtervorbehalt (§ 110d S. 1). Zudem begrenzt die Norm den Kreis der Handelnden auf umfassend vorbereitete Polizeibeamte (§ 110d S. 2). Schließlich setzt die Vorschrift spezifische Anforderungen an den Antrag und die Befristung der Maßnahme voraus (§ 110d S. 5).

3 **1. Richtervorbehalt.** § 110d S. 1 stellt jeden Einsatz, bei dem computergeneriertes Material hergestellt oder als Anleitung zu sexuellem Missbrauch von Kindern verbreitet oder der Öffentlichkeit zugänglich gemacht werden soll, unter Richtervorbehalt. Dies erfasst sowohl das Herstellen als auch das Verbreiten von computergeneriertem kinderpornographischen Material.[8] Zweck des Richtervorbehalts ist es, die Verbreitung von kinderpornografischem Material zu begrenzen und zu kontrollieren, denn auch, wenn es sich um künstlich hergestelltes Material handelt, geht mit der Herstellung und Verbreitung stets eine **Rechtsgutsgefährdung** einher.[9] Daher soll das Gericht vor dem Hintergrund des Ultima-Ratio-Grundsatzes das Vorliegen der in §§ 176e Abs. 5, 184b Abs. 6 StGB genannten Voraussetzungen prüfen.[10]

4 Der Richtervorbehalt muss auf konkrete Einsätze beschränkt werden. Daraus folgt, dass nicht jeder einzelne Upload genehmigt werden muss. „Dauer-Genehmigungen" für bestimmte Ermittler sind allerdings nicht zulässig.[11] Ein konkreter Einsatz liegt vor, wenn das Material im Rahmen des Ermittlungsverfahrens genutzt wird, für welches der Antrag auf richterliche Genehmigung gestellt wurde. Zudem darf das Material nur für die im Antrag genannten Austauschplattformen und Kommunikationskanäle benutzt werden. Das Material darf außerdem nur von den im Antrag benannten Polizeibeamten verbreitet werden.[12] Bei **Gefahr im Verzug** genügt die Zustimmung der Staatsanwaltschaft (§ 110d S. 3). Die richterliche Genehmigung ist nach § 110d S. 4 innerhalb von drei Werktagen

4 BGBl. 2022, 571, 587.
5 BT-Drs. 19/16543, 10 f.
6 BT-Drs. 19/16543, 10; Rückert/Goger MMR 2020, 373 (374).
7 BT-Drs. 19/16543, 10; Rückert/Goger MMR 2020, 373 (374); Soiné NStZ 2022, 321.
8 BT-Drs. 19/16543, 10.
9 BT-Drs. 19/16543, 11; Ziegler in BeckOK-StPO Rn. 2; Rückert/Goger MMR 2020, 373 (377).
10 BT-Drs. 19/16543, 11.
11 Rückert/Goger MMR 2020, 373 (377); Ziegler in BeckOK-StPO Rn. 2.
12 Rückert/Goger MMR 2020, 373 (377).

einzuholen, andernfalls ist die Maßnahme zu beenden. Das Gericht darf die Zustimmung nur verweigern, wenn es den Einsatz für rechtswidrig erachtet. Eine eigenständige prognostische Bewertung hinsichtlich des Zwecks und der Erfolgsaussichten der Maßnahme würde in den Ermessensspielraum der Staatsanwaltschaft eingreifen.[13]

2. Personenkreis. Im Antrag an das Gericht muss nach § 110d S. 2 dargelegt werden, dass die handelnden Polizeibeamten umfassend – im Sinne einer besonderen Qualifikation – auf den Einsatz vorbereitet wurden. Der Polizeibeamte muss namentlich oder zumindest funktional individualisierbar im Antrag bezeichnet werden.[14] Die Norm beschränkt die Erlaubnis für die Vornahme der Maßnahme nicht auf verdeckte Ermittler, sondern erfasst auch nicht offen ermittelnde Polizeibeamte.[15] Auch wenn § 110d S. 2 nur Polizeibeamte nennt, bezieht sich der Tatbestandsausschluss in § 176e Abs. 5 und § 184b Abs. 6 StGB in personeller Hinsicht neben Polizeibeamten auch auf Staatsanwälte und sonstige Ermittlungspersonen der Staatsanwaltschaft. Daher ist nach dem Zweck der Vorschrift auch Staatsanwälten und sonstigen Ermittlungspersonen der Staatsanwaltschaft die Vornahme der Maßnahme möglich.[16] Das Erfordernis der besonderen Qualifikation wurde geschaffen, da die Herstellung und Verbreitung von computergeneriertem kinderpornographischem Material mit besonderen Risiken verbunden ist und auch für die handelnden Polizeibeamten eine erhebliche Belastung darstellen können.[17] 5

3. Form und Frist. Die Zustimmung ist nach § 110d S. 5 **schriftlich** zu erteilen. Aus der Anordnung muss hervorgehen, dass das Gericht eine Abwägung auf Grundlage der Umstände des Einzelfalls vorgenommen hat. Insbesondere muss das Gericht die Prüfung des Ultima-Ratio-Grundsatzes erkennen lassen.[18] Des Weiteren muss der Einsatz **befristet** werden (§ 110d S. 5). Die Frist ist unter Berücksichtigung der Umstände des Einzelfalls nach dem Verhältnismäßigkeitsgrundsatz zu bestimmen.[19] Die Frist kann bei Fortbestehen der Voraussetzungen für den Einsatz nach § 110d S. 6 jederzeit verlängert werden. 6

B. Verwertungsverbote, Rechtsbehelfe und Revision

I. Verwertbarkeit

Ein Verstoß gegen § 110d führt nicht ohne Weiteres zur Strafbarkeit der handelnden Beamten.[20] Das Handeln der Ermittlungsbehörden fällt weiterhin unter den Tatbestandsausschluss des § 176e Abs. 5 und des § 184b Abs. 6 StGB. Jedoch kann ein Verstoß gegen § 110d unter Umständen zu einem Beweisverwertungsverbot führen, was allerdings – wie auch bei sonstigen Verstößen gegen Verfahrensrecht – im Rahmen einer umfassenden Abwägung zu bestimmen ist.[21] Insbesondere ein Verstoß gegen den Richtervorbehalt führt nicht automatisch zur Unverwertbarkeit der solchermaßen rechtswidrig erlangten Beweismittel. Das Eingreifen eines Beweisverwertungsverbots hängt von einer umfassenden Abwägung des Interesses der Allgemeinheit an wirksamer Strafverfolgung gegen die Belange des Betroffenen ab. Dabei darf grundsätzlich die hochwahrscheinliche Möglichkeit einer hypothetisch rechtmäßigen Beweiserlangung unter Beachtung des Richtervorbehalts berücksichtigt werden.[22] Kein Verwertungsverbot ist jedenfalls bei Zuziehung weiterer Beamter anzunehmen, die nicht in der richterlichen Genehmigung aufgeführt sind, oder die leichte oder unbe- 7

---

13 Vgl. auch Köhler in Meyer-Goßner/Schmitt Rn. 2.
14 Ziegler in BeckOK-StPO, Rn. 4.
15 Rückert/Goger MMR 2020, 373 (377).
16 Ziegler in BeckOK-StPO Rn. 4.
17 BT-Drs. 19/16543, 12.
18 Köhler in Meyer-Goßner/Schmitt Rn. 3; Ziegler in BeckOK-StPO Rn. 5.
19 Ziegler in BeckOK-StPO, Rn. 6; Köhler in Meyer-Goßner/Schmitt Rn. 4.
20 Rückert/Goger MMR 2020, 373 (377).
21 Köhler in Meyer-Goßner/Schmitt Rn. 6.
22 BGH 17.2.2016 – 2 StR 25/15, NStZ 2016, 551.

wusste Überschreitung der zeitlichen Befristung der Maßnahme.[23] Wird nach der Zustimmung der Staatsanwaltschaft bei Gefahr im Verzug die richterliche Genehmigung nicht erteilt, so bleiben die bereits gewonnenen Erkenntnisse verwertbar. Nur bei einer bewussten oder willkürlichen Missachtung des Richtervorbehalts führt ein Irrtum über das Vorliegen von Gefahr im Verzug zur Unverwertbarkeit. Ein Verstoß gegen den Ultima-Ratio-Grundsatz führt ebenfalls zu einem Verwertungsverbot, wenn die Entscheidung **willkürlich oder unvertretbar** erscheint.[24] Ein Verstoß gegen das Erfordernis der Schriftform oder das Fehlen der umfassenden Vorbereitung der handelnden Ermittlungsbeamten führt dagegen nicht zur Unverwertbarkeit.[25]

II. Rechtsbehelfe und Revision

8 Der Einsatz nach § 110d fällt nicht unter § 101. Die Beschwerde (§ 304) ist statthaft gegen die richterliche Zustimmung. Nach Erledigung besteht die Möglichkeit eines Antrags auf Feststellung der Rechtswidrigkeit.[26] Entsprechend § 98 Abs. 2 S. 2 kann gegen die Zustimmung der Staatsanwaltschaft die gerichtliche Entscheidung beantragt werden.[27]

9 Eine Revision kann auf ein vorliegendes Beweisverwertungsverbot gestützt werden. Der Beschwerdeführer muss alle den behaupteten Verfahrensverstoß begründenden Tatsachen darlegen. Weiterhin muss der Beschwerdeführer der Verwertung der betroffenen Erkenntnisse nach der Widerspruchslösung bereits in der Hauptverhandlung bis zu dem in § 257 StPO genannten Zeitpunkt widersprochen haben.[28]

§ 111 Errichtung von Kontrollstellen an öffentlich zugänglichen Orten

(1) [1]Begründen bestimmte Tatsachen den Verdacht, daß eine Straftat nach § 89a oder § 89c Absatz 1 bis 4 des Strafgesetzbuchs oder nach § 129a, auch in Verbindung mit § 129b Abs. 1, des Strafgesetzbuches, eine der in dieser Vorschrift bezeichneten Straftaten oder eine Straftat nach § 250 Abs. 1 Nr. 1 des Strafgesetzbuches begangen worden ist, so können auf öffentlichen Straßen und Plätzen und an anderen öffentlich zugänglichen Orten Kontrollstellen eingerichtet werden, wenn Tatsachen die Annahme rechtfertigen, daß diese Maßnahme zur Ergreifung des Täters oder zur Sicherstellung von Beweismitteln führen kann, die der Aufklärung der Straftat dienen können. [2]An einer Kontrollstelle ist jedermann verpflichtet, seine Identität feststellen und sich sowie mitgeführte Sachen durchsuchen zu lassen.

(2) Die Anordnung, eine Kontrollstelle einzurichten, trifft der Richter; die Staatsanwaltschaft und ihre Ermittlungspersonen (§ 152 des Gerichtsverfassungsgesetzes) sind hierzu befugt, wenn Gefahr im Verzug ist.

(3) Für die Durchsuchung und die Feststellung der Identität nach Absatz 1 gelten § 106 Abs. 2 Satz 1, § 107 Satz 2 erster Halbsatz, die §§ 108, 109, 110 Abs. 1 und 2 sowie die §§ 163b und 163c entsprechend.

Schrifttum: Achenbach, Vorläufige Festnahme; Identifizierung und Kontrollstelle im Strafprozess, JA 1981, 660; Benfer, Grundrechtseingriffe im Ermittlungsverfahren, 2. Aufl., 1990; Eisenberg/Puschke/Singelstein, Überwachung mittels RFID-Technologie – Aspekte der Ausforschung und Kontrolle mit neuartigen Funk-Chips, ZRP 2005, 9; Guckelberger, Zukunftsfähigkeit landesrechtlicher Kennzeichenabgleichsnormen, NVwZ 2009, 352; Kuhlmann, Kontrollstellen – Probleme um § 111, DRiZ 1978, 238; Kurth, Identitätsfeststellung, Einrichtung von Kontrollstellen und Gebäudedurchsuchung nach neuem Recht, NJW 1979, 1377;

[23] Rückert/Goger MMR 2020, 373 (378).
[24] Köhler in Meyer-Goßner/Schmitt Rn. 6.
[25] Rückert/Goger MMR 2020, 373 (378).
[26] Ziegler in BeckOK-StPO Rn. 8; Köhler in Meyer-Goßner/Schmitt Rn. 7.
[27] Ziegler in BeckOK-StPO Rn. 8.
[28] Köhler in Meyer-Goßner/Schmitt Rn. 8.

Riegel, Inhalt und Bedeutung des neuen § 111, NJW 1979, 148; Sangenstedt, Gesetzessystematischen und verfassungsrechtliche Probleme der strafprozessualen Kontrollregelung (§ 111 StPO), StV 1985, 117; „Gehören Vorbereitungshandlungen nach § 30 StGB zum Deliktsbereich von Katalogtaten", NStZ 1990, 257; Schröder, Eine funktionale Analyse der strafprozessualen Zwangsmittel, JZ 1998, 1028.

Übersicht

A. Erläuterung

I. Regelungsinhalt des § 111

Die Vorschrift gestattet zum Zwecke der Ergreifung des Täters oder zur Sicherstellung 1
von Beweismitteln, auf Straßen, Plätzen oder an anderen öffentlichen Orten so genannte Kontrollstellen einzurichten. Dies sind Stellen, an denen nach Abs. 1 S. 2 **jedermann, gleich ob Verdächtiger oder Unverdächtiger verpflichtet ist, seine Identität feststellen und sich sowie von ihm mitgeführte Sachen** durchsuchen zu lassen.[1] Voraussetzung für die Einrichtung derartiger Stellen ist der Verdacht der Begehung bestimmter Staatsschutzdelikte, etwa solcher nach den §§ 89a, 89c oder 129a, b StGB.

II. Gegenstand der Eingriffsbefugnis

Maßnahmen gemäß § 111 greifen in das Grundrecht der **Freiheit der Person** nach 2
Art. 2 Abs. 2 S. 2 GG ein. Dieser Artikel wird im Hinblick auf das Zitiergebot des Art. 19 Abs. 1 S. 2 GG in Art. 4 des Gesetzes zur Änderung der StPO vom 14.4.1978,[2] mit dem § 111 in die StPO eingestellt worden war, zitiert.

III. Materielle Eingriffsvoraussetzungen (Abs. 1)

Voraussetzung für die Einrichtung von Kontrollstellen ist, dass auf Grund **bestimmter** 3
Tatsachen der Verdacht besteht, dass eine **Straftat der in S. 1 genannten Art** begangen wurde und weiter tatsächliche Anhaltspunkte dafür vorliegen, dass die Maßnahme entweder zur **Ergreifung des Täters** oder zur **Sicherstellung von Beweismitteln** führen wird. Als in die Grundrechte Dritter eingreifende Maßnahme muss die Anordnung einer Kontrollstelle auch **verhältnismäßig** sein.

[1] Achenbach JA 1981, 660.
[2] BGBl. 1978 I 497.

4 **1. Anlasstatenkatalog (S. 1).** Zu den in S. 1 **abschließend aufgeführten Straftaten** zählen ua. § 89a (Vorbereitung einer schweren staatsgefährdenden Gewalttat), § 89c Abs. 1 bis 4 (Terrorismusfinanzierung), § 129a (Bildung terroristischer Vereinigungen), § 129b (kriminelle oder terroristische Vereinigungen im Ausland), eine der zahlreichen in § 129a bezeichneten Straftaten, ua Mord und Totschlag nach §§ 211, 212 StGB, Völkermord gemäß § 6 des VStGB, der erpresserische Menschenraub bzw. die Geiselnahme nach §§ 239a, 239b StGB, bestimmte gemeingefährliche Straftaten sowie der schwere Raub nach § 250 Abs. 1 Nr. 1 StGB.

5 Taugliche Anlasstat sind **sämtliche von § 250 Abs. 1 Nr. 1 StGB erfassten Begehungsvarianten,** mithin auch das Mitsichführen eines Werkzeugs iSv Nr. 1b bzw. die Herbeiführung der Gefahr einer schweren Körperverletzung für eine andere Person nach Nr. 1c. In diesem Zusammenhang wird auch die Auffassung vertreten, eine Kontrollstelle dürfe im Falle des § 250 Abs. 1 Nr. 1 nur angeordnet werden, wenn der Verdacht der Verwendung einer Schusswaffe bestehe.[3] Begründet wird dies mit der Erwägung, § 250 Abs. 1 Nr. 1 StGB habe zum Zeitpunkt des Inkrafttretens des § 111 allein diese Begehungsweise erfasst, der Gesetzgeber mithin allein sie im Blick gehabt. Bei der Erweiterung des § 250 Abs. 1 Nr. 1 StGB durch das sechste Strafrechtsänderungsgesetz sei es versäumt worden, die Regelung des § 111 einschränkend anzupassen. Diese historisch orientierte Auslegung ist jedoch mit dem Wortlaut des § 111 nicht vereinbar. Er erfasst ohne Einschränkung „eine Straftat nach § 250 Abs. 1 Nr. 1" und hat mit der Erweiterung dieser Strafrechtsnorm auch eine Ausdehnung seines Anwendungsbereichs erfahren.

6 Da nach § 255 StGB der Täter einer **räuberischen Erpressung** „gleich einem Räuber zu bestrafen" ist, soll die Einrichtung einer Kontrollstelle nach abzulehnender Auffassung[4] auch bei einer räuberischen Erpressung und Verwendung einer Schusswaffe zulässig sein. Diese Auffassung ist mit dem Wortlaut der Vorschrift nicht vereinbar und deshalb abzulehnen.[5]

7 Auch der **Versuch** einer der Katalogtaten des § 111 rechtfertigt nach zutreffender allgA die Anordnung von Kontrollstellen.[6] Dies gilt nach allgM[7] allerdings nicht für den **Versuch der Beteiligung** nach § 30 StGB.[8]

8 **2. Verdacht auf Grund bestimmter Tatsachen (S. 1).** Wie andere Eingriffsnormen, etwa die der Telekommunikationsüberwachung nach § 100a Abs. 1 S. 1 bzw. die akustische Überwachung außerhalb von Wohnraum gemäß § 100f Abs. 1, verlangt auch § 111, dass „bestimmte Tatsachen" den Verdacht einer Katalogtat nach § 111 begründen. Der Tatverdacht muss dabei nach allgM[9] weder hinreichend iSd § 203 noch dringend iSd § 112 sein. Erforderlich ist indes, dass der Verdacht auf **schlüssiges Tatsachenmaterial** gestützt werden kann und damit über vage Anhaltspunkte oder bloße Vermutungen hinausgeht. Auf der Grundlage eines solchen Tatsachenmaterials kann dann basierend auf der kriminalistischen Erfahrung geschlossen werden, dass eine der in S. 1 genannten Anlasstaten des § 111 begangen wurde.

9 **3. Erfolgsprognose (S. 1).** Die Einrichtung einer Kontrollstelle ist nach Abs. 1 S. 1 nur zulässig – mag die Maßnahme letztlich auch erfolglos bleiben –, wenn **„Tatsachen die Annahme rechtfertigen,** dass diese Maßnahme zur Ergreifung des Täters oder zur Sicherstellung von Beweismitteln führen kann". Auch die Erfolgsprognose erfordert mithin

---

[3] Hauck in Löwe/Rosenberg Rn. 8.

[4] Für eine Anwendung in diesen Fällen: Köhler in Meyer-Goßner/Schmitt Rn. 3.

[5] Ebenso: Hauck in Löwe/Rosenberg Rn. 8; Wolter in SK-StPO Rn. 4; Achenbach JA 1981, 655; Kurth NJW 1979, 1382.

[6] Hauck in Löwe/Rosenberg Rn. 8; Köhler in Meyer-Goßner/Schmitt Rn. 3; Huber in BeckOK-StPO Rn. 2.

[7] Ebenso Bruns in KK-StPO Rn. 4; Köhler in Meyer-Goßner/Schmitt Rn. 3; Huber in BeckOK-StPO Rn. 2; aA Hauck in Löwe/Rosenberg Rn. 8.

[8] Zur Problematik grundsätzlich: Schnarr NStZ 1990, 257; Wolter in SK-StPO Rn. 4.

[9] Köhler in Meyer-Goßner/Schmitt Rn. 4; Hauck in Löwe/Rosenberg Rn. 10; aA Sangenstedt StV 1985, 117 (124).

auf der Grundlage sinnlich wahrnehmbarer, konkreter Umstände die Erwartung, dass die beabsichtigte Kontrollstelle an dem vorgesehenen Ort während eines bestimmten Zeitraums zur Ergreifung des Täters oder zur Sicherstellung von Beweismitteln führen könnte. Erforderlich ist somit eine **gewisse Wahrscheinlichkeit,** dass der mit der Maßnahme beabsichtigte Erfolg eintritt. Diese Prognose muss sich zur Gewährleistung einer auf den Einzelfall bezogenen Prüfung zwingend ebenfalls auf **tatbezogene Umstände** stützen. So müssen Maßnahmen zum Zwecke der Ergreifung des Täters regelmäßig einen örtlichen Bezug entweder zum Tat- oder aber zum mutmaßlichen Aufenthaltsort des Täters haben. Kontrollstellen in Tatortnähe müssen darüber hinaus anders als solche in (der späteren) Aufenthaltsnähe zudem in einem engen zeitlichen Zusammenhang mit der Tat durchgeführt werden. Kontrollstellen an vermuteten Aufenthaltsorten bedürfen konkreter Anhaltspunkte dafür, dass sich die gesuchte Person tatsächlich in dieser Umgebung aufhält.

4. Zweck der Maßnahme (S. 1). Kontrollstellen dürfen einzig zur Ergreifung des Täters oder zur Sicherstellung von Beweismitteln durchgeführt werden. § 111 rechtfertigt mithin **keine allgemeinen Polizeikontrollen.**[10] 10

a) Ergreifung des Täters. „Täter" im Sinne von Abs. 1 S. 1 – wobei der Gesetzgeber hier einen wenig glücklichen Begriff verwendet – ist jeder, der im Verdacht steht, eine Anlasstat begangen zu haben. Der Begriff des Täters ist weit auszulegen und umfasst entsprechend der Dichotomie der Beteiligungsformen nach Maßgabe der §§ 25 ff. StGB Täter wie Teilnehmer, **mithin die an der Tat Beteiligten.** Dies kann unmittelbar aus Abs. 1 abgeleitet werden. So erfordert dessen S. 1 Hs. 1 den Verdacht, dass bestimmte „Straftaten (…) begangen wurden", eine weitergehende Eingrenzung auf eine bestimmte Form der Beteiligung, etwa eine täterschaftliche Begehungsweise nach § 25 StGB, hat der Gesetzgeber nicht vorgenommen. Miterfasst sind deshalb nach wohl allgM auch die Anstiftung (§ 26 StGB) und die Beihilfe (§ 27 StGB).[11] Die Ergreifung des mutmaßlichen Täters gleich in welcher der vorgenannten Formen er an der Tat beteiligt war, entspricht dem Sinn dieser Vorschrift; eine Einschränkung des Inhalts, dass die Maßnahme allein zur Ergreifung des Täters iSd § 25 StGB dienen soll, findet weder im Gesetzeswortlaut noch in den Gesetzesmaterialien eine Stütze.[12] 11

b) Sicherstellung von Beweismitteln. Nach Abs. 1 S. 1 dürfen Kontrollstellen auch zur Sicherstellung solcher Beweismittel eingerichtet werden, „die zur Aufklärung der Straftat dienen können". Diese Funktion ist freilich jedem Beweismittel immanent. Der Gesetzgeber wollte mit dieser Umschreibung vielmehr zum Ausdruck bringen, dass es sich um **besonders wichtige Beweismittel** handeln muss.[13] Soll eine Kontrollstelle einzig diesem Zweck dienen, erfordert der Grundsatz der Verhältnismäßigkeit eine besonders eingehende Prüfung. In Fällen dieser Art wird dem Verhältnismäßigkeitsgebot in noch stärkerem Maße als bei der Einrichtung von Kontrollstellen zur Ergreifung des Täters eine eingriffslimitierende Wirkung zukommen. 12

5. Verhältnismäßigkeit. Wie jede Eingriffsmaßnahme muss auch die Einrichtung einer Kontrollstelle im konkreten Einzelfall zur Zweckerreichung geeignet, erforderlich und im engeren Sinne verhältnismäßig sein. Dem Gesichtspunkt der **Erforderlichkeit,** mithin der Frage, ob im Einzelfall tatsächlich kein eignungsgleiches Mittel mit geringerer Eingriffsintensität zur Verfügung steht, ist bei Kontrollstellen schon deshalb besondere Aufmerksamkeit zu widmen, weil der Maßnahme eine erhebliche Breitenwirkung zukommt. Sie betrifft weitestgehend und im Falle ihrer Erfolgslosigkeit (mit Ausnahme des Falles, dass der kontrollierte Täter unentdeckt geblieben ist) ausschließlich unbeteiligte Dritte. Unter allen Zwangs- 13

---

[10] Benfer S. 701; gegen die Heranziehung von § 111 als Rechtsgrundlage für Maßnahmen des Kennzeichenabgleichs Guckelberger NVwZ 2009, 352 (355), Eisenberg/Puschke/Singelstein ZRP 2005, 9 (11).

[11] Ebenso Huber in BeckOK-StPO Rn. 4; Schroeder JZ 85, 1032; aA Wolter in SK-StPO Rn. 6; Köhler in Meyer-Goßner/Schmitt Rn. 5.

[12] BT-Drs. 8/1482, 9 f.

[13] Kurth NJW 1979, 1382.

maßnahmen kommt ihr damit eine atypische Breitenwirkung zu.[14] Aus diesem Grund wird die Einrichtung einer Kontrollstelle allein zur Sicherstellung von Beweismitteln nur ausnahmsweise und insbesondere in den Fällen in Betracht kommen, in denen den gesuchten Gegenständen zugleich ein Gefährdungspotential innewohnt, wie dies etwa bei Schusswaffen oder Betäubungsmitteln der Fall ist.[15]

IV. Formelle Eingriffsvoraussetzungen

14 **1. Zuständigkeit für die Anordnung (Abs. 2).** Zuständig für die Anordnung der Maßnahme ist nach Abs. 2 grundsätzlich „der Richter", dh das **Ermittlungsgericht** gemäß §§ 162, 169. Bei **Gefahr im Verzug** (zum Begriff → § 105 Rn. 7) sind auch die Staatsanwaltschaft und ihre Ermittlungspersonen (§ 152 GVG) zur Anordnung einer Kontrollstelle befugt. Wenngleich der Ermittlungsrichter nach § 162 Abs. 1 S. 1 grundsätzlich erst auf Antrag der Staatsanwaltschaft tätig wird, kann jener unter den Voraussetzungen des § 165 die Maßnahme auch ohne einen Antrag der Staatsanwaltschaft anordnen. Polizeibeamte sollten auf Grund des Umstandes, dass die Maßnahme ganz überwiegend in Grundrechte unbeteiligter Dritter eingreift und deshalb auf eine weitestgehende Justizförmigkeit des Verfahrens Bedacht zu nehmen ist, die Maßnahme nur dann anordnen, wenn weder ein Ermittlungsrichter noch ein Staatsanwalt zu erreichen ist.[16] Für Fälle dieser Art sieht Abs. 2 eine richterliche Bestätigung nicht vor. Sie ist mithin entgegen anderslautender Stimmen,[17] die sich für eine entsprechende Anwendung des § 100e Abs. 1 S. 3 aussprechen, nicht erforderlich. Auch wenn der Gesetzgeber für vergleichbare oder gar weniger eingriffsintensive Maßnahmen wie die der Beschlagnahme nach § 98 Abs. 2 S. 1 eine richterliche Bestätigung vorgesehen hat und der Verzicht auf eine solche im Falle des § 111 unverständlich erscheint, kommt eine analoge Anwendung des § 100e Abs. 1 S. 3 bereits deshalb nicht in Betracht, weil vorliegend nicht von einer planwidrigen und damit auslegungsbedürftigen Regelungslücke auszugehen ist.[18]

15 **2. Form der Anordnung.** Die richterliche Anordnung hat durch einen **schriftlichen und gemäß § 34 zu begründenden Beschluss** zu ergehen. Dies schließt nicht aus, dass der Ermittlungsrichter in eilbedürftigen Fällen die vom ihm getroffene Entscheidung der Polizei vorab mündlich (in der Regel telefonisch oder per E-Mail) übermittelt und sie erst sodann schriftlich niederlegt. Staatsanwaltschaft und Polizei können ihre Entscheidung ebenfalls mündlich treffen. Sie sind dann gehalten, Inhalt und Gründe ihrer Anordnung in den Akten zu dokumentieren.

16 **3. Inhalt der Anordnung.** Zwar enthält § 111, anders als die Vorschrift des § 100e Abs. 3 S. 2, keine Vorgaben hinsichtlich des Inhalts der Entscheidungsformel. Indes gebieten rechtsstaatliche Aspekte und hier insbesondere der Richtervorbehalt nach Auffassung des BGH,[19] dass auch in den Fällen des § 111 **„der Richter die nach Sachlage möglichen und notwendigen Begrenzungen** in dem Anordnungsbeschluss selbst festlegt". Es sei – so der BGH – mit dem Gesetzeszweck nur schwer vereinbar, wenn die Polizei ermächtigt würde, für einen längeren Zeitraum und nach ihrem Ermessen zu jeder Tages- und Nachtzeit und an allen öffentlich zugänglichen Orten der Bundesrepublik Kontrollstellen einzurichten. Es müssen mithin zumindest Lage und Dauer der Kontrollstellen präzisiert werden. Die Angabe der genauen Anzahl der einzelnen Kontrollpunkte und deren präzise geografischen Lage wird indes vielfach zum Zeitpunkt der Anordnung noch nicht möglich sein,

[14] Sangenstedt StV 1985, 117 (123).
[15] Vgl. Kurth NJW 1979, 1382.
[16] Ebenso Hauck in Löwe/Rosenberg Rn. 17; Köhler in Meyer-Goßner/Schmitt Rn. 15.
[17] Sangenstedt StV 85, 126; Wolter in SK-StPO Rn. 18.
[18] So auch Hauck in Löwe/Rosenberg Rn. 19; Köhler in Meyer-Goßner/Schmitt Rn. 15.
[19] BGH 30.9.1988 – 1 BJs 193/84, NStZ 1989, 81 (82).

sondern sich erst im Zuge der Umsetzung der Anordnung ergeben und kann deshalb auch nicht gefordert werden.[20]

Entgegen weit verbreiteter Auffassung[21] muss die Anordnung unabdingbar eine **zeitliche Beschränkung** enthalten, weil ansonsten der Richtervorbehalt ins Leere liefe. Aus diesem Grund muss auch die Lage der Kontrollstellen **jedenfalls so genau bezeichnet** werden, dass eine eindeutige Überprüfung dahingehend vorgenommen werden kann, ob die sodann tatsächlich eingerichteten Kontrollpunkte noch von der Anordnung gedeckt sind. 17

V. Eingriffshandlungen

§ 111 berechtigt die Strafverfolgungsbehörden, „auf öffentlichen Straßen und Plätzen und an anderen öffentlich zugänglichen Orten Kontrollstellen" einzurichten, an denen nach Maßgabe von S. 2 „jedermann verpflichtet (ist), seine **Identität feststellen** und sich sowie mitgeführte **Sachen durchsuchen** zu lassen." 18

1. Kontrollstellen. Unter den Anwendungsbereich des § 111 fallen ausschließlich solche Kontrollstellen, an denen aufgrund einer entsprechenden Anordnung zu strafprozessualen Zwecken entweder nach dem Beschuldigten gefahndet oder nach Beweismitteln gesucht wird. Allein für diesen Fall werden den die Maßnahme vollziehenden Beamten die weitreichenden Befugnisse nach Abs. 1 S. 2 eingeräumt, wonach sie **verdächtige wie unverdächtige Personen** einer Identitätskontrolle unterziehen und sämtliche dieser Personen sowie die von ihnen mitgeführten Sachen durchsuchen dürfen. 19

Kontrollstellen iSd § 111 dürfen ausschließlich **an öffentlich zugänglichen Orten** errichtet werden. Die in S. 1 genannten öffentlichen Straßen und Plätze sind lediglich signifikante, indes nicht abschließend aufgezählte Beispiele für solche Orte. Öffentlich zugänglich sind **alle dem öffentlichen Verkehr gewidmeten bzw. tatsächlich öffentlich zugänglichen Orte.** Dass deren Zugang im Einzelfall nach Zweck und Zeit beschränkt ist, ist unbeachtlich. Befriedetes privates Besitztum wie etwa die Verkaufsräume eines Geschäftes oder die Räume einer Gaststätte stellen hingegen keine öffentlichen Orte iS dieser Vorschrift dar.[22] 20

2. Befugnisse an den Kontrollstellen (Abs. 1 S. 2). Rechtsgrundlage für die anlässlich einer Kontrollstelle durchgeführten **einzelnen Identitätsfeststellungen und Durchsuchungen** ist die Anordnung nach § 111. Die Verpflichtung der Betroffenen, derartige Maßnahmen zu dulden, ergibt sich unmittelbar aus Abs. 1 S. 2. Es bedarf mithin keiner weiteren richterlichen Anordnung etwa nach Maßgabe der §§ 102 bzw. 103.[23] Der aus diesen beiden Vorschriften abzuleitende Umstand, dass der Verdächtige die Durchsuchung seiner Person und seiner Sachen in einem weitergehenden Umfang hinnehmen muss als der Unverdächtige, gilt für Durchsuchungen im Rahmen einer Kontrollstelle somit nicht. Dies würde dem Sinn der Maßnahme widersprechen.[24] 21

Da es sich um eine offene Ermittlungsmaßnahme handelt und die mit ihrem Vollzug beauftragten Polizeibeamten die ihnen zustehenden Rechte nicht ohne weitere Erklärung gegenüber den Betroffenen ausüben dürfen, sind alle betroffenen Personen über die Maßnahme als solches, den Grund ihrer Anordnung und die Person des Beschuldigten entsprechend der Regelung in § 69 Abs. 1 S. 2 **zu unterrichten.** Dies ergibt sich für den Fall der Identitätsfeststellung auf Grund des Verweises in § 163b Abs. 2 S. 1 auf jene Vorschrift. Auch wenn § 111 Abs. 3 für den Fall der Durchsuchung nicht auf § 107 S. 1 verweist, wonach den von einer Durchsuchung gemäß §§ 102, 103 Betroffenen nach Beendigung 22

[20] So zutreffend Hauck in Löwe/Rosenberg Rn. 20; zu Schwierigkeiten bei der Lokalisierung vgl. Kuhlmann DRiZ 1978, 238 (239).
[21] Hauck in Löwe/Rosenberg Rn. 20; Köhler in Meyer-Goßner/Schmitt Rn. 16.
[22] Huber in BeckOK-StPO Rn. 7.
[23] BT-Drs. 8/1482, 10; Kurth NJW 1979, 1382.
[24] Hauck in Löwe/Rosenberg Rn. 25.

auf Verlangen eine schriftliche Mitteilung ua über den Grund der Maßnahme zu machen ist, kann ein entsprechender Anspruch auf Unterrichtung im Fall des § 111 unmittelbar aus dem allgemeinen Persönlichkeitsrecht des Art. 2 Abs. 1 GG iVm Art. 1 Abs. 1 GG abgeleitet werden. In welcher Weise die die Maßnahme vollziehenden Polizeibeamten diese Unterrichtung vornehmen, ob durch Einzelhinweise oder in allgemeiner Form durch Informationsblätter, Stelltafeln oder Lautsprecherdurchsagen, bleibt ihnen überlassen.

23 **a) Identitätsfeststellung.** Die von einer Kontrollstelle betroffenen Personen sind im Rahmen ihrer Identitätsfeststellung nicht verpflichtet, weitergehende Angaben zu machen als dies § 111 OWiG vorsieht. Sie müssen somit Angaben zu **Vor-, Familien- oder Geburtsnamen, Ort und Tag ihrer Geburt, Familienstand, Beruf, Wohnort sowie ihrer Staatsangehörigkeit** machen. Darüber hinausgehende Mitwirkungspflichten bestehen nicht. Kann ihre Identität nicht (verlässlich) oder vor Ort nur mit erheblichen Schwierigkeiten festgestellt werden, dürfen die Betroffenen nach § 163b Abs. 1 S. 2 auch vorübergehend festgehalten und nach § 163b Abs. 1 S. 3 zum Zwecke der Identitätsfeststellung durchsucht bzw. erkennungsdienstliche Maßnahmen an ihnen durchgeführt werden. Gemäß § 163c Abs. 1 S. 1 dürfen die Betroffenen dabei in keinem Fall länger festgehalten werden, als dies zur Feststellung ihrer Identität unerlässlich ist. Im Falle des Festhaltens sind die Betroffenen nach § 163c Abs. 1 S. 2 unverzüglich dem Richter vorzuführen. Dies ergibt sich aus Abs. 3, wonach die Regelungen der „§§ 163b und 163c entsprechend(e) Anwendung“ finden.

24 Während nach Abs. 1 S. 2 **„jedermann“**, mithin Verdächtige wie unverdächtige Personen verpflichtet sind, ihre Identität feststellen zu lassen, differenziert der gemäß Abs. 3 entsprechend anzuwendende § 163b in seinen beiden Absätzen zwischen Verdächtigen (§ 163b Abs. 1) und Nichtverdächtigen (§ 163b Abs. 2) und lässt bei den Letztgenannten eine Identitätsfeststellung nur zu, „wenn und soweit dies zur Aufklärung einer Straftat geboten ist“.

25 Die **entsprechende Anwendbarkeit des § 163b** führt nach Auffassung einzelner Stimmen[25] dazu, dass die in § 163b Abs. 1 S. 2 genannten Maßnahmen nach § 111 auch gegen Unverdächtige gleichermaßen und damit losgelöst von der Beschränkung in § 163b Abs. 1 S. 1 durchgeführt werden dürfen. Demgegenüber vertreten andere Stimmen[26] die Auffassung, das Festhalten eines Unverdächtigen und dessen erkennungsdienstliche Behandlung sei vielmehr nur unter den Voraussetzungen des § 163b Abs. 2 S. 2 zulässig.

26 Dem Zweck des § 111 trägt nach der hier vertretenen Ansicht allein eine vermittelnde Position Rechnung. Auszugehen ist zunächst vom eindeutigen Wortlaut des Abs. 1 S. 2, wonach ohne weitere Einschränkung zunächst „jedermann“ zur Identitätsfeststellung verpflichtet ist. Diese Regelung ist gegenüber dem für „entsprechend“ anwendbar erklärten Regelungsgehalt des § 163b vorrangig. Gleichwohl erscheint bei der Anwendung des § 111 in Anbetracht der Regelung in dessen Abs. 3, der § 163b für entsprechend anwendbar erklärt, eine „gewisse“ Differenzierung geboten, da ein solcher Verweis sonst überflüssig wäre. Eine Differenzierung zwischen dem Verdächtigen und dem Nichtverdächtigen im klassischen Sinne des § 163b kann nur Sinn machen, **wenn der Tatverdächtige bereits identifiziert** ist. In diesen Fällen ist beim Vollzug der Maßnahme in Anbetracht ihrer erkennbaren Anwendungsbreite und sofern keine gegenteiligen Anhaltspunkte vorliegen, bei jeder zu kontrollierenden Person zunächst davon auszugehen, dass es sich um eine nicht der Tat verdächtige Person handelt. Es liegt mithin ein § 163b Abs. 2 vergleichbarer Fall vor. Die Identität einer Person darf hier nur in dem Umfang festgestellt werden, wie dies zur Feststellung erforderlich ist, ob eine Personenidentität mit dem gesuchten Tatverdächtigen besteht. Hierfür reichen regelmäßig Vor- und Familienname sowie Geburtsdatum aus.

27 Anders liegt der Fall, wenn sich die Maßnahme gegen einen **noch unbekannten Täter richtet.** Hier ist auch eine weitergehende Identitätsfeststellung entsprechend § 163b

25 Köhler in Meyer-Goßner/Schmitt Rn. 11; Riegel NJW 1979, 148.
26 Bruns in KK-StPO Rn. 14.

Abs. 1 und damit in einem mit § 111 OWiG vergleichbaren Umfang zulässig,[27] wenngleich die Frage der Geeignetheit in diesen Fällen einer besonders kritischen Prüfung bedarf. In Fällen dieser Art findet § 163b Abs. 2 nur auf solche Personen entsprechende Anwendung, die evident als Täter ausgeschlossen werden können. Auf alle übrigen Personen muss hingegen § 163b Abs. 1 entsprechende Anwendung finden, soll die Maßnahme nach § 111 nicht leerlaufen.

b) Durchsuchung. Mit Durchsuchung iSv Abs. 1 ist ausschließlich eine solche **zum Zwecke des Auffindens von Beweismitteln** gemeint. Dies kann bereits dem Wortlaut von Abs. 1 S. 2 entnommen werden, der die Maßnahme der Identitätsfeststellung einerseits und die der Durchsuchung der Person des Betroffenen und seiner mitgeführten Sachen andererseits einander gegenüberstellt. Auch die Gesetzesmaterialien[28] sprechen für diese Auslegung. Zudem ergibt sich das Recht der Durchsuchung zum Zwecke der Identitätsfeststellung bereits aus § 163b.[29] 28

An einer Kontrollstelle haben sich alle Personen, bei denen eine Verbindung mit den gesuchten Tätern **nicht von vornherein ausgeschlossen** werden kann, durchsuchen zu lassen.[30] Werden im Rahmen der Durchsuchung Beweismittel feststellt und nicht freiwillig herausgegeben, sind diese nach Maßgabe der §§ 94, 98 zu beschlagnahmen. 29

Vor Beginn der Durchsuchung bei der Tat nicht verdächtigen Personen ist entweder der Gewahrsamsinhaber der Sache oder eine in dessen Abwesenheit zugezogene Person auf Grund des in Abs. 3 enthaltenen Verweises auf § 106 Abs. 2 S. 1 über den Zweck der Maßnahme **zu unterrichten.** Nach § 107 S. 2 Hs. 1 ist dem von der Maßnahme Betroffenen ein Verzeichnis der beschlagnahmten Gegenstände zu übergeben, nach § 108 können Zufallsfunde in Beschlag genommen werden, gemäß § 109 müssen sämtliche beschlagnahmten Gegenstände genau bezeichnet werden und entsprechend der Regelung in § 110 Abs. 1 dürfen Papiere nur durch die Staatsanwaltschaft bzw. auf deren Anordnung von ihren Ermittlungspersonen durchgesehen werden, sofern der Inhaber der Papiere deren Durchsicht nicht genehmigt (§ 110 Abs. 2). 30

Bei der Durchsuchung von Personen ist § 81d zu beachten. Danach ist eine Durchsuchung, sofern sie das **Schamgefühl** der betroffenen Person verletzen kann, durch eine Person desselben Geschlechts durchzuführen bzw. von einem Arzt oder einer Ärztin vorzunehmen. 31

c) Speicherung personenbezogener Daten (§ 163d Abs. 1). Gemäß § 163d Abs. 1 dürfen die anlässlich einer Kontrollstelle anfallenden Daten über die Identität von Personen sowie Umstände, die für die Aufklärung der Straftat oder für die Ergreifung des Täters von Bedeutung sein können, in einer Datei gespeichert werden. Voraussetzung hierfür ist, dass Tatsachen die Annahme rechtfertigen, dass die Auswertung der Daten zur **Ergreifung des Täters oder zur Aufklärung der Straftat** führen kann und die Maßnahme nicht außer Verhältnis zur Bedeutung der Sache steht. 32

B. Rechtsbehelfe

Gegen die **bloße Anordnung** einer Kontrolle ist mangels Beschwer kein Rechtsmittel statthaft. Die Anordnung als solche greift noch nicht in Rechte Dritter ein; sie bildet lediglich die Rechtsgrundlage für die im Rahmen ihres Vollzuges durch die Polizei zu treffenden konkreten Anordnungen zur Identitätsfeststellung bzw. zur Durchsuchung.[31] Da der StPO eine Popularklage fremd ist, ist antragsbefugt nur, wer geltend macht, von einer 33

27 Vgl. Köhler in Meyer-Goßner/Schmitt Rn. 4.
28 BT-Drs. 8/1482, 10.
29 Ebenso Hauck in Löwe/Rosenberg Rn. 30.
30 So zutreffend Köhler in Meyer-Goßner/Schmitt Rn. 12.
31 BGH 30.11.1988 – 1 BJs 89/86, NJW 1989, 1170.

in Vollzug der richterlichen Anordnung nach § 111 durchgeführten (konkreten) Maßnahme in eigenen Rechten betroffen zu sein.[32]

34 Wendet sich ein Betroffener gegen die Rechtmäßigkeit derartiger in **Vollzug der Anordnung getroffener Einzelmaßnahmen,** so hat hierüber nicht das Beschwerdegericht, sondern in entsprechender Anwendung des § 98 Abs. 2 S. 2 der für die Anordnung der Kontrollstelle zuständige Richter zu entscheiden.[33] Erst gegen diese Entscheidungen kann sich der Betroffene mit der Beschwerde nach § 304 wenden.

35 Gegen die **Ablehnung eines Antrages auf Erlass** einer Kontrollstelle steht der Staatsanwaltschaft das Rechtsmittel der Beschwerde gemäß § 304 zu. Mit der Beschwerde angefochten werden können nach der Regelung in § 304 Abs. 4 S. 2 Nr. 1, Abs. 5 auch diejenigen erstinstanzlich durch das OLG bzw. vom Ermittlungsrichter des BGH angeordneten Entscheidungen, die zu einer Durchsuchung geführt haben.

36 Für die Fälle, dass eine Kontrollstelle auf Grund von Gefahr im Verzug gemäß Abs. 2 durch die Staatsanwaltschaft oder deren Ermittlungspersonen angeordnet worden war, sieht § 111 **eine richterliche Bestätigung nicht** vor.

C. Revision

37 Auf Fehler bei der Anordnung einer Kontrollstelle kann **die Revision nicht gestützt** werden. Zudem würden Fehler in diesem Zusammenhang regelmäßig nicht zu einem Beweisverwertungsverbot führen.[34]

§ 111a Vorläufige Entziehung der Fahrerlaubnis

(1) [1]Sind dringende Gründe für die Annahme vorhanden, daß die Fahrerlaubnis entzogen werden wird (§ 69 des Strafgesetzbuches), so kann der Richter dem Beschuldigten durch Beschluß die Fahrerlaubnis vorläufig entziehen. [2]Von der vorläufigen Entziehung können bestimmte Arten von Kraftfahrzeugen ausgenommen werden, wenn besondere Umstände die Annahme rechtfertigen, daß der Zweck der Maßnahme dadurch nicht gefährdet wird.

(2) Die vorläufige Entziehung der Fahrerlaubnis ist aufzuheben, wenn ihr Grund weggefallen ist oder wenn das Gericht im Urteil die Fahrerlaubnis nicht entzieht.

(3) [1]Die vorläufige Entziehung der Fahrerlaubnis wirkt zugleich als Anordnung oder Bestätigung der Beschlagnahme des von einer deutschen Behörde ausgestellten Führerscheins. [2]Dies gilt auch, wenn der Führerschein von einer Behörde eines Mitgliedstaates der Europäischen Union oder eines anderen Vertragsstaates des Abkommens über den Europäischen Wirtschaftsraum ausgestellt worden ist, sofern der Inhaber seinen ordentlichen Wohnsitz im Inland hat.

(4) Ist ein Führerschein beschlagnahmt, weil er nach § 69 Abs. 3 Satz 2 des Strafgesetzbuches eingezogen werden kann, und bedarf es einer richterlichen Entscheidung über die Beschlagnahme, so tritt an deren Stelle die Entscheidung über die vorläufige Entziehung der Fahrerlaubnis.

(5) [1]Ein Führerschein, der in Verwahrung genommen, sichergestellt oder beschlagnahmt ist, weil er nach § 69 Abs. 3 Satz 2 des Strafgesetzbuches eingezogen werden kann, ist dem Beschuldigten zurückzugeben, wenn der Richter die vorläufige Entziehung der Fahrerlaubnis wegen Fehlens der in Absatz 1 bezeichneten Voraussetzungen ablehnt, wenn er sie aufhebt oder wenn das Gericht im Urteil

[32] BGH 30.9.1988 – 1 BJs 193/84, NStZ 1989, 81.
[33] BGH 30.9.1988 – 1 BJs 193/84, NStZ 1989, 81.
[34] Bruns in KK-StPO Rn. 21.

die Fahrerlaubnis nicht entzieht. [2]Wird jedoch im Urteil ein Fahrverbot nach § 44 des Strafgesetzbuches verhängt, so kann die Rückgabe des Führerscheins aufgeschoben werden, wenn der Beschuldigte nicht widerspricht.

(6) [1]In anderen als in Absatz 3 Satz 2 genannten ausländischen Führerscheinen ist die vorläufige Entziehung der Fahrerlaubnis zu vermerken. [2]Bis zur Eintragung dieses Vermerkes kann der Führerschein beschlagnahmt werden (§ 94 Abs. 3, § 98).

Schrifttum: Albrecht, Das neue Fahreignungsseminar bei Mehrfachtäter, DAR 2013, 13; Backmann, Ausnahmen vom Entzug der Fahrerlaubnis und vom Fahrverbot – Europarechtlicher Rahmen, SVR 2010, 281; Busch, Richtervorbehalt bei der Blutprobe, ZRP 2012, 79; Buschbell, Ausnahmen vom Entzug der Fahrerlaubnis und vom Fahrverbot, SVR 2010, 3; Blum, Ausländische Fahrerlaubnisse, NZV 2008, 176; Bode, Entziehung der Fahrerlaubnis im Strafverfahren und Besserung der Kraftfahreignung auffälliger Kraftfahrer, NZV 2004, 7; Bouska/Laeverenz, Fahrerlaubnisrecht – Straßenverkehrsgesetz, Fahrerlaubnis-Verordnung, Strafgesetzbuch, Strafprozessordnung, Internationale Regelungen, 3. Aufl., 2004; Cierniak, Beschwerde gegen die vorläufige Entziehung der Fahrerlaubnis und Revision, NZV 1999, 324; Duttge, Die notwendige Begrenzung der strafgerichtlichen Entziehung der Fahrerlaubnis nach § 69 Abs. 1 StGB, JZ 2006, 102; Fickenscher/Dingelstadt, Der Richtervorbehalt nach § 81a Abs. 2 StPO bei Trunkenheitsfahrten, NStZ 2009, 124; Freyschmidt/Krumm, Verteidigung in Straßenverkehrssachen, 11. Aufl., 2019; Fromm, Strafverteidigung in § 111a StPO-Verkehrsstrafverfahren, DV 2012, 93; Fromm/Schmidt, Die Beschränkung der verwaltungsbehördlichen Zuständigkeit nach § 3 III 1 StVG – Der Vorrang des Strafverfahrens bei der Fahrerlaubnisentziehung, NZV 2007, 217; Gebhardt, Die Nachschulung alkoholauffälliger Kraftfahrer und die gerichtliche Praxis, DAR 1981, 107; Geppert, Polizeiliche Sicherstellung von Kraftfahrzeugen im Rahmen der Verkehrsüberwachung?, DAR 1988, 12; Gramse, Verkehrsstraftat, Führerscheinbeschlagnahme, Wohnungsdurchsuchung, NZV 2002, 345; Gübner/Krumm, Verteidigungsstrategien bei drohender Fahrerlaubnisentziehung, NJW 2007, 2801; Güntge, Straßenverkehrsrecht – Beweisverwertungsverbote im Straf- und Ordnungswidrigkeitenverfahren, SchlHA 2011, 149; Habetha, Zur Anfechtbarkeit der vorläufigen Entziehung der Fahrerlaubnis nach Verurteilung durch die Strafkammer, NZV 2008, 605; Hentschel, Trunkenheit, Fahrerlaubnisentziehung, Fahrverbot im Straf- und Ordnungswidrigkeitenrecht, 10. Aufl., 2006; Hentschel, Ausnahme von der Fahrerlaubnissperre für Lkw und Busse?, NZV 2004, 285; Hentschel, Aufhebung der vorläufigen Entziehung der Fahrerlaubnis nach § 111a Abs. 2 StPO, DAR 1976, 9; Hentschel, Die vorläufige Entziehung der Fahrerlaubnis, DAR 1980, 168; Hentschel, Vorläufige Entziehung der Fahrerlaubnis – eine Übersicht zur Anwendung des § 111a StPO, DAR 1988, 89; Hentschel/Krumm, Fahrerlaubnis und Alkohol, 5. Aufl., 2010; Herzog, Aus dem Verkehr ziehen – Eine Maßnahme der allgemeinen Verbrechensbekämpfung?, StV 2004, 151; Hillmann, Verteidigungsstrategien in Verkehrsstrafsachen im Hinblick auf die MPU, DAR 2008, 376; Himmelreich, Auswirkungen von Nachschulungen und Therapie bei Trunkenheitsdelikten im deutschen Strafrecht, DAR 1997, 465; Himmelreich, Psychologische oder therapeutische Schulungs-Maßnahmen zwecks Reduzierung oder Aufhebung der Fahrerlaubnis-Sperre (§ 69a StGB) – ein Irrgarten für Strafrichter?, DAR 2005, 130; Himmelreich, Bindungswirkung einer strafgerichtlichen Eignungs-Beurteilung gegenüber der Fahrerlaubnisbehörde bei einem Trunkenheitsdelikt mit einer BK von 1,6 ‰, NZV 2005, 337; Himmelreich/Krumm/Staub, „Ausnahmecharakter" der Tat oder der Person widerlegt Regelfall des Fahrerlaubnis-Entzugs gem. § 69 Abs. 2 StGB, DAR 2014, 46; Kerkmann, Trunkenheitsfahrt mit E-Scooter, NZV 2020, 161; Kerkmann, Trunkenheitsfahrt mit E-Scooter (II), NZV 2020, 560; Koch, Reformbedürftigkeit von Fahrerlaubnisentzug und Fahrverbot?, DAR 1977, 90; Kotz, Entschädigung für die (vorläufige) Entziehung der Fahrerlaubnis bzw. Sicherstellung oder Beschlagnahme des Führerscheins, VRR 2009, 367; Kropp, Zur Dauer der Ungeeignetheit im Rahmen des § 111a StPO, NStZ 1997, 471; Krumm, Die (Regel-) Beschränkung der vorläufigen Fahrerlaubnisentziehung auf „anlassbezogene" Kraftfahrzeugarten, NZV 2006, 234; Krumm; Fahrverbot und Fahrerlaubnisentziehung bei langer Verfahrensdauer, NJW 2004, 1627; Krumm, Ausnahmen vom Entzug der Fahrerlaubnis und vom Fahrverbot, ZRP 2010, 11; Krumm, Beweisverwertungsverbot bei Anordnung der Blutentnahme durch Staatsanwaltschaft und Polizei?, SVR 2008, 297; Krumm, Verteidigung gegen drohende Fahrerlaubnisentziehung, DAR 2013, 418; Larsen, Die Bedeutung der Nachschulung für die Verteidigung in Strafsachen wegen Trunkenheit im Verkehr mit hoher Blutalkoholkonzentration mit Blick auf die Vermeidung und/oder Vorbereitung auf die MPU, StraFo 1997, 298; Meyer, Ist das Gericht an einen Antrag der Staatsanwaltschaft auf Aufhebung der vorläufigen Entziehung der Fahrerlaubnis gebunden?, DAR 1986, 47; Mitsch, Fahren ohne Fahrerlaubnis und ohne Führerschein, NZV 2012, 512; Müller/Trurnit; Eilzuständigkeiten der Staatsanwaltschaft und des Polizeivollzugsdienstes in der StPO, StraFo 2008, 144; Schäpe, Ausnahmen vom Entzug der Fahrerlaubnis und vom Fahrverbot, Blutalkohol 47, 194 (2010); Schmid, Zur Kollision der sog „111a-Beschwerde" mit Berufung und Revision, Blutalkohol 33, 357 (1996); Seier, Verteidigung in Straßenverkehrssachen, 2011; Staub, Strategien bei Entziehung der Fahrerlaubnis und bei Beschlagnahme des Führerscheins, DAR 2020, 407; Trupp, Widersprüchliches zur Führerscheinbeschlagnahme durch die Staatsanwaltschaft und ihre Hilfsbeamten, NZV 2004, 389; Winkler, Verbrechen und Vergehen gegen das Betäubungsmittelgesetz, NStZ 2006, 328; Wittschier, Antrag der Staatsanwaltschaft auf Aufhebung der vorläufigen Entziehung der

Fahrerlaubnis im Ermittlungsverfahren, NJW 1985, 1324; Wolffgramm, Beschlagnahme des Führerscheins durch die Polizei, AnwBl BE 1995, 269.

Übersicht

I. Überblick

1 Die Regelung wurde durch das 1. StVSichG v. 19.12.1952 (BGBl. I 832) eingeführt und durch das 2. StVSichG v. 26.11.1964 (BGBl. I 921) geändert. Die Ausnahme nach Abs. 1 S. 2 wurde aufgrund des EGOWiG v. 24.4.1968 (BGBl. I 503) eingefügt. Zuletzt wurden Abs. 3 und 6 durch das StVGÄndG v. 28.4.1998 (BGBl. I 747) in Bezug auf die Umsetzung der Richtlinie 91/439/EWG des Rates v. 29.7.1991 geändert.[1]

2 Nach § 111a besteht die Möglichkeit, bereits vor einem rechtskräftigen Urteil die zu erwartende Entziehung der Fahrerlaubnis nach § 69 StGB (oder im Sicherungsverfahren nach § 71 Abs. 2 StGB, §§ 413 ff.) durchzusetzen. Die Maßnahme dient der Sicherung des Straßenverkehrs und stellt eine an zukünftiger Gefahr auszurichtende Maßregel der Besserung und Sicherung nach § 61 Nr. 5 StGB dar.[2] Es handelt es sich somit um eine **Präventivmaßnahme** zum Schutz der Allgemeinheit (entsprechend § 112a, § 126a, § 132a) vor gefährliche Verkehrsstraftaten durch ungeeignete Kraftfahrer.[3] Ermittlungsverfahren, in denen eine vorläufige Entziehung der Fahrerlaubnis angeordnet wird, müssen mit besonderer Beschleunigung durchgeführt werden.[4]

3 Die Maßnahme hat nicht den Charakter einer Nebenstrafe.[5] Nicht ausreichend ist lediglich die Erwartung, dass ein Fahrverbot nach § 44 StGB verhängt wird.[6] Der endgültige Fahrerlaubnisentzug und damit auch die vorläufige Entziehung der Fahrerlaubnis sind **aus-**

[1] Zur Entstehungsgeschichte vgl. ausführlich Rogall in SK-StPO Rn. 7; Harrendorf in Satzger/Schluckebier/Widmaier StPO Rn. 1.

[2] BVerfG 7.6.2005 – 2 BvR 401/05, NStZ-RR 2005, 276; KG 1.4.2011 – 3 Ws 153/11 – 1 AR 446/11, StraFo 2011, 353; OLG München 27.7.1979 – 2 Ws 514/79, NStZ 1980, 1860; LG Kleve 21.4.2011 – 120 Qs 40/11, Blutalkohol 48, 249; Pegel in Radtke/Hohmann Rn. 1; Köhler in Meyer-Goßner/Schmitt Rn. 1; Rogall in SK-StPO Rn. 1; Geppert NStZ 2003, 288 (289); nach Bruns in KK-StPO Rn. 1 dient die Maßnahme auch der Strafverfolgung und späteren Strafvollstreckung. Zu den Verteidigungsstrategien vgl. Gübner/Krumm NJW 2007, 2801; Fromm DV 2012, 93; Freyschmidt/Krumm VerkehrsStrafR S. 226.

[3] BVerfG 4.9.1981 – 2 BvR 908/81, NStZ 1982, 78; BVerfG 25.9.2000 – 2 BvQ 30/00, NJW 2001, 357; 15.3.2005 – 2 BvR 364/05, NJW 2005, 1767; OLG München 27.7.1979 – 2 Ws 514/79, NJW 1980, 1860; Pfeiffer Rn. 1; Harrendorf in Satzger/Schluckebier/Widmaier StPO Rn. 2; Hauck in Löwe/Rosenberg Rn. 2; Herzog StV 2004, 151.

[4] OLG Karlsruhe 2.3.2021 – 2 Ws 57/21, BeckRS 2021, 5020; OLG Nürnberg 14.2.2006 – 1 Ws 119/06, BeckRS 2007, 2256; LG Berlin 17.7.2014 – 525 Qs 74/14, BeckRS 2015, 3589.

[5] OLG Stuttgart 20.11.2003 – 1 Ws 335/03, StraFo 2004, 27.

[6] Hauck in Löwe/Rosenberg Rn. 8; Rogall in SK-StPO Rn. 15.

geschlossen, wenn der Beschuldigte nicht mehr im Besitz einer Fahrerlaubnis ist und nur eine selbständige Sperre nach § 69a Abs. 1 S. 3 StGB in Betracht kommt.[7]

4 Gegen die Anordnung der Maßnahme nach § 111a bestehen aufgrund der besonderen Gefahren, die ansonsten durch die Teilnahme ungeeigneter Kraftfahrer am Straßenverkehr drohen, **keine durchgreifenden verfassungsrechtlichen Bedenken.**[8] Nachteile, die einem Beschuldigten in beruflicher oder in privater Hinsicht durch die vorläufige Entziehung der Fahrerlaubnis entstehen, müssen von ihm in Kauf genommen werden.[9] Das gilt insbesondere für die damit zusammenhängende Gefahr des Arbeitsplatzverlustes.[10] Aufgrund der präventiven Zielrichtung kann sich die vorläufige Entziehung der Fahrerlaubnis auch gegen **Schuldunfähige** richten.[11] Die Anlasstat, die im Zusammenhang mit dem Führen eines Kraftfahrzeugs erfolgt sein muss, darf nicht verjährt sein. Im Rahmen der Verhältnismäßigkeitsprüfung sind zudem das Beschleunigungsgebot[12] und die Unschuldsvermutung[13] als Ausprägung des Rechtsstaatsprinzips zu beachten (→ Rn. 17).[14]

5 **§ 51 Abs. 1, 5 StGB** regelt die Anrechnung der vorläufigen Entziehung der Fahrerlaubnis auf das Fahrverbot nach § 44 StGB (vgl. zu den Ausnahmen der Anrechnung und zur Gleichstellung bei Verwahrung, Sicherstellung oder Beschlagnahme des Führerscheins nach § 94 auch § 25 Abs. 6 StVG).[15] **§ 69a Abs. 5 S. 2 StGB** betrifft die Anrechnung auf die endgültige Entziehung. Die Sperre beginnt mit der Rechtskraft des Urteils. In die Frist wird die Zeit einer wegen der Tat angeordneten vorläufigen Entziehung eingerechnet, soweit sie nach Verkündung des Urteils verstrichen ist, in dem die der Maßregel zugrunde liegenden tatsächlichen Feststellungen letztmals geprüft werden konnten. Darüber hinaus ist die Dauer der vorläufigen Entziehung bei der Bemessung der Sperrfrist zu berücksichtigen. Vgl. auch § 69a Abs. 4 StGB zur Verkürzung des Mindestmaßes der Sperre um die Zeit, in der die vorläufige Entziehung wirksam war. Das Mindestmaß darf drei Monate nicht unterschreiten.[16]

6 **§ 3 Abs. 3 S. 1 StVG** normiert den Vorrang strafgerichtlicher Verfahren in denen auch eine vorläufige Entziehung der Fahrerlaubnis nach § 111a in Betracht kommt.[17] § 3 Abs. 3 S. 1 StVG untersagt der Fahrerlaubnisbehörde, abgesehen von den Ausnahmen des § 3 Abs. 3 S. 2 StVG, den Sachverhalt, der Gegenstand des Strafverfahrens ist, in einem Entziehungsverfahren zu berücksichtigen. Die Norm hindert die Behörde aber nicht daran, dem Inhaber während eines Strafverfahrens die Fahrerlaubnis wegen eines anderen Sachverhalts zu entziehen, für den die Sperre des § 3 Abs. 3 S. 1 StVG nicht gilt.[18]

II. Erläuterung

7 **1. Voraussetzungen für die vorläufige Entziehung.** Erforderlich sind nach § 111a Abs. 1 S. 1 dringende Gründe (vgl. hierzu auch § 111b Abs. 1 S. 2, § 126a Abs. 1, § 132a Abs. 1 S. 1), die die Annahme rechtfertigen, dass die Fahrerlaubnis nach § 69 StGB oder nach § 71

[7] KG 21.6.1999 – 1 AR 681/99 – 3 Ws 315/99, BeckRS, 16132.
[8] BVerfG 4.9.1981 – 2 BvR 908/81, NStZ 1982, 78; 25.9.2000 – 2 BvQ 30/00, NJW 2001, 357; 7.6.2005 – 2 BvR 401/05, NStZ-RR 2005, 276; 8.11.2017 – 2 BvR 2129/16, BeckRS 2017, 138885; Pegel in Radtke/Hohmann Rn. 1; Buschbell SVR 2010, 3.
[9] LG Dresden 6.4.2020 – 3 Qs 16/20.
[10] BVerfG 25.9.2000 – 2 BvQ 30/00, NJW 2001, 357; Thüringer OLG 31.7.2008 – 1 Ws 315/08, VRS 115, 353; unzutr. AG Bad Homburg 3.2.1984 – 15 Js 28673/83-8 Cs.
[11] Huber in BeckOK-StPO Rn. 1.
[12] BVerfG 7.6.2005 – 2 BvR 401/05, NStZ-RR 2005, 276; KG 1.4.2011 – 3 Ws 153/11 – 1 AR 446/11, StraFo 2011, 353; OLG Karlsruhe 2.3.2021 – 2 Ws 57/21, BeckRS 2021, 5020.
[13] BVerfG 26.3.1987 – 2 BvR 589/79, 2 BvR 740/81, 2 BvR 284/85, BVerfGE 74, 358 = NJW 1987, 2427.
[14] BVerfG 7.6.2005 – 2 BvR 401/05, NStZ-RR 2005, 276; Fromm NZV 2018, 5 (6).
[15] Köhler in Meyer-Goßner/Schmitt Rn. 1.
[16] Hauck in Löwe/Rosenberg Rn. 4.
[17] VGH München 15.9.2015 – 11 CS 15.1682, BeckRS 2015, 52663 Rn. 17; Fromm/Schmidt NZV 2007, 217.
[18] VGH Baden-Württemberg 19.2.2007 – 10 S. 3032/06, NZV 2007, 326.

Abs. 2 StGB endgültig entzogen wird.[19] „Dringende Gründe" sind im Sinne eines „dringenden Tatverdachts" (vgl. § 112 Abs. 1 S. 1, § 112a Abs. 1 S. 1) zu verstehen.[20] Nach dem bisherigen Ermittlungsergebnis muss somit eine große Wahrscheinlichkeit für eine Anlasstat im Sinne des § 69 StGB bestehen (→ Rn. 8 f.).[21] Aus dieser muss sich ergeben, dass der Beschuldigte zum Führen von Kraftfahrzeugen ungeeignet ist (→ Rn. 10 ff.).[22] Das Gericht kann sodann die Fahrerlaubnis in Ausübung pflichtgemäßen Ermessens vorläufig entziehen (§ 111a Abs. 1 S. 1), wobei der Grundsatz der Verhältnismäßigkeit unter besonderer Berücksichtigung des Normzwecks und der Eingriffstiefe zu beachten ist (→ Rn. 15 ff.).

8 **a) Anlasstat.** Die Entziehung der Fahrerlaubnis nach § 69 StGB erfordert, dass der Beschuldigte wegen einer **rechtswidrigen Anlasstat (§ 11 Abs. 1 Nr. 5 StGB),**[23] die er bei oder im Zusammenhang mit dem Führen eines Kraftfahrzeugs oder unter Verletzung der Pflichten eines Kraftfahrzeugführers im Straßenverkehr[24] begangen hat, verurteilt wird, oder nur wegen erwiesener oder nicht auszuschließender Schuldunfähigkeit (vgl. §§ 20, 71 Abs. 2 StGB) nicht verurteilt werden wird.[25] Maßstab für die Entscheidung über die Entziehung der Fahrerlaubnis ist allein die Gefährlichkeit des Kraftfahrers für den allgemeinen Straßenverkehr.

9 Der dringende Tatverdacht ist zu verneinen, wenn aufgrund von **Beweisverwertungsverboten,** etwa aufgrund eines Verstoßes gegen die aus den § 136 Abs. 1, § 163a Abs. 4 folgende Belehrungsverpflichtung der Ermittlungspersonen über das Schweigerecht, belastende Angaben des Beschuldigten im Ergebnis unverwertbar sind.[26] Dies hat zur Folge, dass ein Beschluss über die vorläufige Entziehung der Fahrerlaubnis aufzuheben ist, sofern keine anderweitigen Anzeichen gegeben sind, aus denen auf eine alkoholbedingte Fahruntüchtigkeit des Beschuldigten zum Tatzeitpunkt geschlossen werden kann.[27] Anders ist unter Umständen die Frage des Beweisverwertungsverbots bei sog. Spontanäußerungen zu beurteilen, auch nach Gebrauchmachen eines Zeugnisverweigerungsrechts.[28] Wird eine Blutprobe ohne richterliche Anordnung durchgeführt, so kann ebenfalls ein Beweisverwertungsverbot gegeben sein, wenn eine willkürliche Annahme von Gefahr im Verzug, die bewusste Umgehung oder Missachtung des Richtervorbehalts und/oder andere besonders schwer wiegende Fehler vorliegen.[29]

---

[19] OLG Düsseldorf 7.10.2013 – III-1 RVs 51/13, NStZ-RR 2014, 16; OLG Hamm 4.9.2012 – III – 1 Ws 464/12, NStZ-RR 2012, 376; KG 1.4.2011 – 3 Ws 153/11 – 1 AR 446/11, StraFo 2011, 353; König in Hentschel/König/Dauer Rn. 3, 5; Köhler in Meyer-Goßner/Schmitt Rn. 2.

[20] BVerfG 8.11.2017 – 2 BvR 2129/16, BeckRS 2017, 138885 Rn. 14; LG Stuttgart 13.3.2013 – 18 Qs 14/13, Blutalkohol 50, 140; LG Ansbach 4.3.2009 – Qs 20/2009, StraFo 2009, 331; LG Meiningen 20.8.2009 – 2 Qs 152/09, Blutalkohol 46, 428; AG Lübeck 9.12.2011 – 61 Gs 125/11, NStZ-RR 2012, 124; Hentschel Trunkenheit Rn. 849.

[21] BVerfG 25.4.1995 – 2 BvR 1847/94, VRS 90, 1; OLG Düsseldorf 12.11.1991 – 3 Ws 614/91, StV 1992, 219; Blutalkohol 51, 28; LG Saarbrücken 27.5.2013 – 6 Qs 61/13, ZfSch 2013, 590; LG Ansbach 4.3.2009 – Qs 20/2009, StraFo 2009, 331; LG Zweibrücken 14.2.2008 – Qs 19/08, NZV 2008, 259; LG Stuttgart 12.3.2021 – 18 Qs 15/21, BeckRS 2021, 4320; Burhoff StrafREV-HdB Rn. 3308.

[22] LG Nürnberg-Fürth 28.8.2018 – 5 Qs 58/18, Rn. 8: „hohe Wahrscheinlichkeit für die körperliche oder charakterliche Ungeeignetheit zum Führen von Kraftfahrzeugen".

[23] Hauck in Löwe/Rosenberg Rn. 2; Duttge JZ 2006, 102.

[24] BGH 27.4.2005 – GSSt 2/04, NStZ 2005, 503; vgl. im Einzelnen zur Anlasstat Athing in MüKoStGB StGB § 69 Rn. 24 ff.; Zum Zusammenhang von Anlasstat und Straßenverkehr vgl. Heuchemer in BeckOK StGB StGB § 69 Rn. 14 ff.

[25] Harrendorf in Satzger/Schluckebier/Widmaier StPO Rn. 4; Bruns in KK-StPO Rn. 3a.

[26] LG Saarbrücken 27.5.2013 – 6 Qs 61/13, ZfSch 2013, 590; LG Koblenz 2.5.2002 – 1 Qs 82/02, NZV 2002, 422; LG Zweibrücken 16.2.1995 – 1 Qs 21/95, VRS 88, 436; AG Offenbach 9.10.1992 – 44 Js 76899.2/92 – 27 Gs, StV 1993, 123.

[27] LG Frankfurt 2.6.2010 – 5/9a Qs 37/10, StV 2010, 628.

[28] OLG Saarbrücken 6.2.2008 – Ss 70/07 (78/07), NStZ 2009, 287; OLG Frankfurt a. M. 13.10.1993 – 3 Ss 290/93, StV 1994, 117; Harrendorf in Satzger/Schluckebier/Widmaier StPO Rn. 7.

[29] vgl. BVerfG 24.2.2011 – 2 BvR 1596/10, 2 BvR 2346/10, StraFo 2011, 145; 11.6.2010 – 2 BvR 1046/08, NJW 2010, 2864; i.ü. OLG Schleswig 25.6.2013 – 1 Ss 60/13 (87/13), BeckRS 2014, 01426; OLG Köln 13.11.2012 – III-1 RVs 228/12, BeckRS 2013, 01693; OLG München 21.2.2011 – 4St RR 18/11, DAR 2012, 89; LG Frankfurt 2.6.2010 – 5/9a Qs 37/10, StV 2010, 628; LG Hamburg 6.5.2010 – 603 Qs 165/10, LSK 2011, 050071; vgl. zur aktuellen Entwicklung auch Güntge SchlHA 2011, 149; Fickenscher/Dingelstadt NStZ 2009, 124; Krumm SVR 2008, 297; Müller/Trurnit StraFo 2008, 144; Busch ZRP 2012, 79.

b) Ungeeignetheit. Aus der Anlasstat muss sich ergeben, dass der Beschuldigte mit hoher Wahrscheinlichkeit **zum Führen von Kraftfahrzeugen iSv § 1 Abs. 2 StVG** (hierzu zählen unter anderem auch E-Scooter;[30] dagegen sind „Pedelecs strafrechtlich nicht als Kraftfahrzeuge einzuordnen, vgl. hierzu § 1 Abs. 3 StVG[31]) **ungeeignet** ist.[32] 10

Soll einem Täter wegen einer anderen Straftat, die **nicht in dem Katalog des § 69 Abs. 2 StGB** enthalten ist, die Fahrerlaubnis entzogen werden, muss das Tatgericht eine Gesamtwürdigung der Tatumstände und der Täterpersönlichkeit vornehmen, mit der die fehlende **Eignung** belegt wird, wobei der Umfang der Darlegung vom Einzelfall abhängt.[33] Allein die Benutzung eines Kraftfahrzeugs anlässlich der Tat belegt die Ungeeignetheit nicht. Vielmehr muss die Anlasstat tragfähige Rückschlüsse darauf zulassen, dass der Täter bereit ist, die Sicherheit des Straßenverkehrs seinen eigenen kriminellen Interessen unterzuordnen.[34] Die Ungeeignetheit liegt vor, wenn eine Würdigung der **körperlichen, geistigen oder charakterlichen** Voraussetzungen des Beschuldigten und der sie wesentlich bestimmenden objektiven und subjektiven Umstände ergibt, dass seine Teilnahme am Kraftfahrzeugverkehr zu einer nicht hinnehmbaren Gefährdung der Verkehrssicherheit führen würde.[35] Großzügige Maßstäbe bei der Eignungsbeurteilung sind unangebracht.[36] Erhebliche charakterliche Mängel sind regelmäßig bei Rücksichtslosigkeit oder Gleichgültigkeit gegenüber Interessen oder Rechtsgütern anderer sowie Bedenkenlosigkeit gegenüber den durch das eigene Fehlverhalten verursachten Gefährdungen anzunehmen, insbesondere wenn dieses auf verfestigten Fehleinstellungen beruht. So ist derjenige, der dazu neigt, Auseinandersetzungen im Straßenverkehr durch Anwendung von Gewalt zu lösen, in der Regel als zum Führen von Kraftfahrzeugen charakterlich ungeeignet anzusehen.[37] Da die Beurteilung der Ungeeignetheit stets vor dem Hintergrund des Normzwecks zu erfolgen hat – denn Maßstab ist einzig die Gefährlichkeit des Kraftfahrers für den allgemeinen Straßenverkehr –, ist bspw. allein der Transport von Betäubungsmitteln nicht ausreichend für die Annahme eines **verkehrsspezifischen Zusammenhangs.**[38] Anders liegt der Fall, wenn der Fahrer unter Betäubungsmitteln das Fahrzeug geführt oder Überlegungen für eine Polizeiflucht bei einer eventuellen Kontrolle angestellt hat.[39] 11

Für die Feststellung der Ungeeignetheit darf nur das im **Zeitpunkt der Entscheidung** bereits angefallene, verwertbare Beweismaterial verwendet werden. Etwas anderes kann gelten, wenn Ermittlungen noch ausstehen und bereits erste Anhaltspunkte für das erwartete Ergebnis solcher Ermittlungen vorliegen.[40] Charaktermängel, die erst nach der Tat zu Tage getreten sind, aber in dieser selbst keinen Ausdruck gefunden haben, müssen somit außer Betracht bleiben. Eine nach der Tat aufgetretene psychische Erkrankung des Beschuldigten kann daher allenfalls der Verwaltungsbehörde Anlass bieten, ihm die Fahrerlaubnis zu entziehen.[41] 12

---

30 LG Stuttgart 12.3.2021 – 18 Qs 15/21; vgl. auch LG München I 30.10.2019 – 1 J Qs 24/19 jug, BeckRS 2019, 38560; s. auch LG Münster 19.12.2019 – 3 Qs-62 Js 7713/19-61/19, BeckRS 2019, 35480; LG Dresden 27.3.2020 – 16 Qs 14/20, BeckRS 2020, 7598; vgl. auch Kerkmann NZV 2020, 161 und 560.

31 OLG Karlsruhe 15.10.2020 – 2 Rv 35 Ss 175/20, BeckRS 2020, 28773.

32 BGH 15.5.2001 – 4 StR 306/00, NJW 2001, 3134; Himmelreich/Krumm/Staub DAR 2014, 46 (47); Krumm DAR 2013, 418 (419).

33 BGH 17.5.2000 – 3 StR 167/00, NStZ-RR 2000, 297, 298 mwN; 23.11.2017 – 4 StR 427/17; BGH 2.9.2020 – 5 StR 82/20, BeckRS 2020, 25473 Rn. 12; v. Heintschel-Heinegg/Huber in MüKoStGB StGB § 69 Rn. 53.

34 BGH 2.9.2020 – 5 StR 82/20, BeckRS 2020, 25473; BGH 27.4.2005 – GSSt 2/04, NJW 2005, 1957; Harrendorf in Satzger/Schluckebier/Widmaier StPO Rn. 4 ff.; Himmelreich/Krumm/Staub DAR 2014, 46 (48).

35 BGH 27.4.2005 – GSSt 2/04, NJW 2005, 1957.

36 Thüringer OLG 31.7.2008 – 1 Ws 315/08, VRS 115, 353.

37 LG Berlin 16.12.2011 – 517 Qs 142/11, VRS 122, 225.

38 BGH 4.11.2014 – 1 StR 233/14, NStZ 2015, 579.

39 Winkler NStZ 2006, 328 (331).

40 LG Ansbach 4.3.2009 – Qs 20/2009, StraFo 2009, 331.

41 OLG Frankfurt a. M. 3.4.1996 – 3 Ws 271/96, NStZ-RR 1996, 235.

13 **Regelentziehung (§ 69 Abs. 2 StGB):** § 69 Abs. 2 enthält einen Katalog rechtswidriger Taten, bei deren Vorliegen das Gesetz in typisierter Weise annimmt, der Täter sei „in der Regel" als ungeeignet zum Führen von Kfz anzusehen.[42] Das Fachgericht, dass eine Entscheidung gemäß § 111a Abs. 1 S 1 trifft, darf die Frage, ob die Regelvermutung des § 69 Abs. 2 Nr. 3 StGB vorliegt, nicht offenlassen. Es kann sich dieser Prognose nicht mit dem Hinweis auf eine etwaige spätere Hauptverhandlung entziehen, sondern muss auf Basis des gegenwärtigen Standes der Ermittlungen in die Prüfung der Voraussetzungen des § 69 Abs. 1, Abs. 2 StGB eintreten.[43] In den Fällen des **§ 69 Abs. 2 StGB** wird die Ungeeignetheit grds. vermutet, soweit sich im Ausnahmefall (idR. in Bagatellfällen) nicht gewichtige Gegengründe aufdrängen.[44] Von der Entziehung der Fahrerlaubnis kann nur dann abgesehen werden, wenn besondere Umstände vorliegen, die den seiner allgemeinen Natur nach schweren und gefährlichen Verstoß in einem anderen Licht erscheinen lassen als den Regelfall, oder die nach der Tat die Eignung günstig beeinflusst haben.[45]

13a Die Ungeeignetheit ist im Regelfall bei Polizeiflucht als Teilnahme an einem **nicht erlaubten Kraftfahrzeugrennen (§ 315d StGB)** anzunehmen.[46] Bei der **Trunkenheit im Verkehr (§ 316 StGB)** kann eine Ausnahme von der Regelentziehung bei einer sehr kurzen Fahrstrecke,[47] bei bloßem Umparken des Wagens[48] oder bei Notstand vorliegen.[49] Die Regelvermutung der Fahruntauglichkeit in § 69 Abs. 2 Nr. 2 StGB ist unter Umständen widerlegt, wenn die von dem alkoholisierten Angeklagten mit dem E-Scooter zurückgelegte Fahrtstrecke nur 150–200 Meter beträgt.[50] In diesem Zusammenhang ist zu beachten, dass bei E-Scootern nicht der höher liegende Grenzwert der BAK für Fahrradfahrer anzusetzen ist, da es sich bei einem E-Scooter um ein Kraftfahrzeug handelt.[51] Dagegen gibt es derzeit keinen wissenschaftlich begründeten Erfahrungssatz, wonach Pedelec-Fahrer (das Pedelec gilt nicht als Kraftfahrzeug) unterhalb des für Fahrradfahrer geltenden Grenzwertes von 1,6 Promille BAK absolut fahruntüchtig sind.[52] Bei **Gefährdung des Straßenverkehrs (§ 315c StGB)** führt nicht jede Ermüdung eines Fahrzeugführers zur Bejahung der Tatbestandsvoraussetzungen.[53] Ein Ausbrechen des Fahrzeuges bei einem leichten Kurvenverlauf und feuchter, jedoch griffiger Fahrbahnoberfläche, deutet nicht ohne Weiteres auf einen alkoholtypischen Fahrfehler hin, sofern andere Ursachen, wie eine Ermüdung des Fahrers, als mögliche und plausible Unfallgründe in Betracht kommen.[54] Unter Umständen kann eine Übermüdung (abzugrenzen von der bloßen Ermüdung) einen geistigen oder körperlichen Mangel im Sinne der Vorschrift darstellen.[55] Das gilt auch für die Feststellung der Fahruntüchtigkeit nach dem Konsum von Drogen, wenn der Beschuldigte bei seiner ärztli-

---

42 Heuchemer in BeckOK StGB StGB § 69 Rn. 35.

43 BVerfG 8.11.2017 – 2 BvR 2129/16, BeckRS 2017, 13885.

44 OLG Nürnberg 24.1.2007 – 2 St OLG Ss 280/06, StraFo 2007, 339; LG Meiningen 20.8.2009 – 2 Qs 152/09, Blutalkohol 46, 428; AG Lübeck 9.12.2011 – 61 Gs 125/11, NZV 2012, 256, juris; Pegel in Radtke/Hohmann Rn. 1; Hentschel DAR 1980, 168 (171); Hentschel DAR 1988, 89 (90); Hentschel/Krumm Fahrerlaubnis Rn. 770 ff.; König/Seitz DAR 2008, 361; Buschbell SVR 2010, 3 (4); Krumm DAR 2013, 419. Ausführlich zur Regelvermutung vgl. Athing in MüKoStGB StGB § 69 Rn. 65 ff.

45 Vgl. BT-Drs. IV/651, 17.

46 LG Osnabrück 1.3.2021 – 13 Ns 16/2.

47 OLG Stuttgart 7.1.1997 – 4 Ss 672/96, NZV 1997, 317.

48 Einzelfallabhängig: vgl. OLG Stuttgart 15.10.1986 – 5 Ss 683/86, NJW 1987, 142; AG Fürstenfeldbruck 26.3.2003 – 3 Ds 57 Js 21317/02, ZfSch 2003, 470; AG Lüneburg 26.3.1996 – 13 Cs 24 Js 19862/95, StV 1996, 439; dagegen vgl. AG Westerstede 10.4.2012 – 42 Cs 32/12 (375 Js 67793/11), NZV 2012, 304.

49 OLG Koblenz 19.12.2007 – 1 Ss 339/07, NZV 2008, 367; Krumm DAR 2013, 418 (420).

50 AG Frankfurt a. M. 16.6.2020 – 661 Js 59155/19, BeckRS 2020, 13863.

51 LG Stuttgart 12.3.2021 – 18 Qs 15/21, BeckRS 2021, 4320 Rn. 11.

52 OLG Karlsruhe 15.10.2020 – 2 Rv 35 Ss 175/20, BeckRS 2020, 28773.

53 LG Traunstein 8.7.2011 – 1 Qs 225/11, BeckRS 2011, 19317.

54 LG Bonn 5.9.2012 – 227 Js 824/12 – 24 Qs 64/12, DAR 2013, 38, mAnm Krumm DAR 2013, 39; LG Frankfurt (Oder) 15.10.2009 – 21 Qs 152/09, BeckRS 2010/09490; LG Hamburg 13.1.2009 – 603 Qs 10/09.

55 LG Gießen 9.12.2013 – 7 Qs 196/13, BeckRS 2014, 02446.

chen Untersuchung vor der Blutentnahme keine Ausfallerscheinungen gezeigt hat.[56] Bei **unerlaubtem Entfernen vom Unfallort (§ 142 StGB),** soweit ein bedeutender Fremd-Sachschaden entstanden ist,[57] können besondere Umstände in der Tat oder in der Persönlichkeit des Täters vorliegen, die die Eignung nach der Tat günstig beeinflusst haben oder die den seiner generellen Natur nach schweren Verstoß in einem weniger gefährlichen Licht als den Regelfall erscheinen lassen, etwa wenn von einem einmaligen Augenblicksversagen auszugehen ist, der Bundeszentralregisterauszug des Beschuldigten keine Eintragungen aufweist und auch der Verkehrszentralregisterauszug keine ähnlich gelagerten Verstöße enthält.[58] Tätige Reue des Beschuldigten nach § 142 Abs. 4 StGB widerlegt die gesetzliche Vermutung der Ungeeignetheit zum Führen von Kraftfahrzeugen.[59] Im Übrigen setzt § 111a voraus, dass der Beschuldigte wissen konnte, dass er bei dem Unfall einen bedeutenden Fremdschaden verursacht hat.[60]

Der **Einwand einer längeren unbeanstandeten Verkehrsteilnahme** steht bei Vorlie- 14
gen eines Regelfalles nach § 69 Abs. 2 StGB der Anordnung nach § 111a grds. nicht entgegen. Vertrauensschutzerwägungen zu Gunsten des Beschuldigten können allein wegen des Zeitablaufs und sein seitdem unauffälliges Verhalten im Straßenverkehr nicht höher gewertet werden als das Interesse der Allgemeinheit auf Schutz vor einem ungeeigneten Fahrer.[61] Charaktermängel werden nicht allein durch Zeitablauf beseitigt. Das gilt vor allem bei Trunkenheitstätern, denen die Fahrerlaubnis schon einmal entzogen worden ist, wenn nicht auszuschließen ist, dass das tatsächliche Wohlverhalten gerade durch den Druck des Strafverfahrens beeinflusst worden ist.[62] Zu berücksichtigen ist in diesem Zusammenhang ferner, dass es wie beim Fahren im Straßenverkehr unter alkoholischer Beeinflussung auch beim Fahren unter Drogeneinfluss eine **hohe Dunkelziffer** gibt.[63] Der **bloße Zeitablauf** seit der Tat kann im Einzelfall dazu führen, dass der Eignungsmangel nicht mehr wird festgestellt werden kann, so dass die Anordnung nicht zulässig ist, wenn die endgültige Entziehung wegen Zeitablaufs unwahrscheinlich wird.[64] Das gilt grds. jedoch nicht, wenn der Beschuldigte erneut alkoholbedingt auffällig geworden ist.[65] Insgesamt ist festzuhalten, dass mit einer rein schematischen oder kasuistischen Rechtsanwendung im Abwägungsfall keine geeigneten Ergebnisse zu erzielen sind. Die Ungeeignetheit ist vielmehr aufgrund einer Gesamtabwägung nach den jeweiligen Umständen des Einzelfalls zu beurteilen.[66] Persönliche Belastungen wie berufliche, wirtschaftliche oder finanzielle Nachteile, die der Täter infolge der Entziehung der Fahrerlaubnis in Zukunft zu erwarten hat, sind dagegen im Rahmen der Frage der Eignung bzw. der Entziehung der Fahrerlaubnis in der Regel zwar nicht berücksichtigungsfähig. Allerdings können im Rahmen der Gesamtabwägung unter

56 LG Waldshut-Tiengen 4.6.2012 – 4 Qs 12/12, Blutalkohol 49, 222; LG Zweibrücken 10.3.2008 – Qs 17/08, BeckRS 2008, 16661.

57 Hierzu LG Hamburg 12.9.2016 – 603 Qs 251/16, BeckRS 2016, 135035; eingehend Himmelreich/Krumm/Staub DAR 2014, 46 (47).

58 LG Dortmund 21.9.2012 – 45 Ns 173/12, 206 Js 2293/11, BeckRS 2013, 04426; AG Bielefeld 9.10.2013 – 402 Js 3422/13 – 9 Gs 5435/13, StraFo 2013, 502.

59 vgl. LG Köln 20.10.2009 – 103 Qs 86/09, VRR 2010, 110 (freiwillige nachträgliche Ermöglichung von Feststellungen).

60 LG Kaiserslautern 25.6.2012 – 5 Qs 72/12, VRR 2012, 282.

61 BVerfG 7.6.2005 – 2 BvR 401/05, NStZ-RR 2005, 276; Winkler in HdB Fa Verkehrsrecht Kap. 33 Rn. 316; Hauck in Löwe/Rosenberg Rn. 23 ff.

62 LG Kleve 21.4.2011 – 120 Qs 40/11, Blutalkohol 48, 249; König in Hentschel/König/Dauer Rn. 5; aA unter Berufung auf den Vertrauensschutz LG Bonn 22.1.2010 – 24 Qs 112 Js 376/09 – 5/10, NZV 2010, 214; bzw. auf den Verhältnismäßigkeitsgrundsatz vgl. LG Lüneburg 7.10.2003 – 26 Qs 219/03, ZfSch 2004, 38.

63 BVerwG 24.1.1989 – 7 B 9/89, NJW 1989, 1623; VG des Saarlandes 4.12.2013 – 6 L 1977/13, DV 2014, 66; vgl. auch Gebhardt DAR 1981, 107; Koch DAR 1977, 90.

64 OLG Stuttgart 22.10.2021 – 1 Ws 153/21, BeckRS 2021, 33751; OLG Hamm 4.9.2012 – III-1 Ws 464/12, NStZ-RR 2012, 376; LG Nürnberg-Fürth 13.4.2000 – 5 Qs 57/2000, DAR 2000, 374; LG Zweibrücken 17.7.2012 – Qs 73/12, NZV 2012, 499; Bruns in KK-StPO Rn. 3; Tepperwien NStZ 2009, 3 (3 f.).

65 KG 1.4.2011 – 3 Ws 153/11 – 1 AR 446/11, StraFo 2011, 353; LG Bonn 22.12.2010 – 112 Js 376/09, 24 Qs 5/10, NZV 2010, 214; Pegel in Radtke/Hohmann Rn. 6; Burhoff StrafREV-HdB Rn. 3321.

66 Krumm NJW 2004, 1627 (1630).

einem prognostischen Blickwinkel auch solche persönlichen Umstände berücksichtigt werden, insbesondere wenn zu erwarten ist, dass sich der Beschuldigte die Maßregel aufgrund dessen in besonderem Maße zur Warnung diesen lassen wird und hierdurch die Eignungsmängel früher beseitigt werden.[67] So kann etwa in besonderen Ausnahmefällen der drohende Verlust der Existenzgrundlage die Erwartung begründen, so dass von dem derart beeindruckten Beschuldigten keine Gefahr für die Verkehrssicherheit mehr ausgeht.[68] Zur Berücksichtigung des **Nachtatverhaltens** bei der Frage der Ungeeignetheit, wenn der Beschuldigte erfolgversprechende **verkehrstherapeutischen Maßnahmen** in Anspruch genommen hat → Rn. 34.

15 **c) (Gebundenes) Ermessen und Verhältnismäßigkeit.** Liegen die Voraussetzungen des § 111a vor, kann das Gericht die Fahrerlaubnis vorläufig entziehen. Die Anordnung steht im pflichtgemäßen Ermessen des Richters.[69] Aufgrund des Regelungsgrundes der Norm wird der Ermessensspielraum jedoch bei Vorliegen der tatbestandlichen Voraussetzungen der Vorschrift meist auf „Null" reduziert sein.[70] Insbesondere darf bei der Regelvermutung des § 69 Abs. 2 StGB nur aufgrund besonderer Umstände von der Anordnung abgesehen werden und setzt eine konkret-individuelle Betrachtung und damit auch eine entsprechende Begründung voraus.[71]

16 Im Rahmen der Ermessensausübung ist selbstverständlich der **Verhältnismäßigkeitsgrundsatz** zu beachten. Hierbei ist die Erforderlichkeit der Maßnahme zu prüfen. Wenn der Beschuldigte den Führerschein freiwillig herausgegeben oder bei der Beschlagnahme keinen Widerspruch erhoben und später auch keine richterliche Entscheidung beantragt hat, kann das Gericht im Einzelfall von der vorläufigen Entziehung der Fahrerlaubnis absehen. Auf die vorläufige Entziehung der Fahrerlaubnis kann verzichtet werden, wenn tatsächliche Hindernisse wie Krankheit und Inhaftierung es dem Inhaber auf absehbare Zeit unmöglich machen, ein Kraftfahrzeug zu führen.[72] Im Vordergrund steht aber auch hier stets der Sicherungszweck der Vorschrift.[73]

17 Wann die Maßnahme nach längerem **Zeitablauf zwischen Anlasstat und Anordnung** aus Gründen der Verhältnismäßigkeit nicht mehr zulässig ist, wird von der Rechtsprechung nicht einheitlich beurteilt.[74] Die Ablehnung der Maßnahme kann, wie auch bei der Beurteilung der Ungeeignetheit (→ Rn. 10 ff.), nicht schematisch mit dem Überschreiten einer bestimmten Verfahrensdauer begründet werden.[75] Bei der Entscheidung gemäß § 111a Abs. 2 sind vielmehr die Sicherheitsbelange der Allgemeinheit und die weiteren Umstände des Einzelfalls, namentlich die Gründe des eingetretenen Zeitablaufs, in den Blick zu nehmen.[76] Grds. ist die Anordnung nach § 111a in allen Verfahrensabschnitten bis zur Rechts-

---

[67] BayObLG 24.7.2020 – 205 StRR 216/20, SVR 2020, 397.

[68] Hauck in Löwe/Rosenberg Rn. 12.

[69] BVerfG 8.11.2017 – 2 BvR 2129/16; Huber in BeckOK StPO Rn. 4.

[70] BVerfG 8.11.2017 – 2 BvR 2129/16, BeckRS 2017, 138885 Rn. 19; Thüringer OLG 31.7.2008 – 1 Ws 315/08, VRS 115, 353, juris; OLG Karlsruhe 18.3.2004 – 1 Ws 35/04, DAR 2004, 408; Janker in Burmann/Heß/Hühnermann/Jahnke Rn. 6; Hauck in Löwe/Rosenberg Rn. 8.

[71] LG Hannover 19.2.2020 – 46 Qs 11/20; Rogall in SK-StPO Rn. 18; Harrendorf in Satzger/Schluckebier/Widmaier StPO Rn. 8.

[72] Rogall in SK-StPO Rn. 19; König in Hentschel/König/Dauer Rn. 5; aA Bruns in KK-StPO Rn. 4; Hauck in Löwe/Rosenberg Rn. 15.

[73] BVerfG 4.9.1981 – 2 BvR 908/81, NStZ 1982, 78; 25.9.2000 – 2 BvQ 30/00, NJW 2001, 357; 15.3.2005 – 2 BvR 364/05, NJW 2005, 1767; OLG München 27.7.1979 – 2 Ws 514/79, NJW 1980, 1860; Pfeiffer Rn. 1.

[74] Vgl. BVerfG 15.3.2005 – 2 BvR 364/05, NJW 2005, 1767; Aktuelle Beispiele: KG 8.2.2017 – 3 Ws 39/17 – 121 AR 22/17, BeckRS 2017, 113772; KG 1.4.2011 – 3 Ws 153/11 – 1 AR 446/11, StraFo 2011, 353 (2 Jahre); OLG Hamm 4.9.2012 – III-1 Ws 464/12, NStZ-RR 2012, 376 (1 Jahr); LG Berlin 16.12.2011 – 517 Qs 142/11, NStZ-RR 2012, 219 (1 Jahr); LG Zweibrücken 17.7.2012 – Qs 73/12, NZV 2012, 499 (mehrere Monate); LG Frankfurt 23.1.2012 – 5/9a Qs 11/12 – 533 Js 16737/11, DAR 2012, 275 (mehr als 6 Monate); LG Kiel 20.7.2009 – 46 Qs 64/09, StV 2010, 300; (2 Monate); AG Montabaur 24.2.2012 – 2020 Js 12711/11 – 42 Cs, StraFo 2012, 185 (14 Monate).

[75] KG Berlin 8.2.2017 – 3 Ws 39/17; vgl. auch Fromm DV 2012, 93.

[76] So zutr. auch Hauck in Löwe/Rosenberg Rn. 24a; vgl. auch LG Erfurt 23.10.2014 – 7 Qs 199/14.

kraft des Urteils möglich.[77] Mit zunehmender Verfahrensdauer erlangt die Frage an Bedeutung, ob der Maßregelzweck durch die vorläufige Entziehung erreicht wurde und daher ein Fortbestehen des Eignungsmangels nicht mehr anzunehmen ist (→ Rn. 14).[78] Bei der vorzunehmenden Abwägung gewinnen vor allem auch das **Beschleunigungsgebot** und die **Unschuldsvermutung** als Ausprägung des Rechtsstaatsprinzips an Bedeutung. Schon wegen der erheblichen Nachteile für den Betroffenen in beruflicher oder privater Hinsicht ist darauf zu achten, dass Verfahren, in denen die Fahrerlaubnis vorläufig entzogen wurde, in angemessener Weise beschleunigt zu führen sind.[79] Eine vollständige Übertragung der im Zusammenhang mit dem Beschleunigungsgrundsatz für den Vollzug der Untersuchungshaft geltenden gesetzlichen Bestimmungen und in der Rechtsprechung entwickelten Grundsätze kommt aufgrund des unterschiedlichen Gewichts des jeweiligen Eingriffs in die persönliche Freiheit und der Zweckbestimmung der Maßregel allerdings nicht in Betracht.[80] Das bedeutet im Ergebnis, dass die Aufrechterhaltung der einstweiligen Entziehung der Fahrerlaubnis nur bei **groben Pflichtverletzungen** gegen den Beschleunigungsgrundsatz und **erheblichen Verzögerungen** unverhältnismäßig und damit unzulässig wird.[81]

Ist in einem **Strafbefehl** die Anwendung des § 69 StGB ausdrücklich verneint worden, 18
kann nach Einspruch das Gericht die Anordnung nur aufgrund neuer Tatsachen oder Beweismittel oder bei gleichzeitigem Entzug der Fahrerlaubnis treffen.[82] Das gilt auch für das **Berufungsgericht,** wenn die Vorinstanz die Voraussetzungen des § 69 StGB verneint hatte,[83] es sei denn, die erstinstanzliche Entscheidung weist so grobe und offensichtliche Fehler auf, dass das Absehen von der (vorläufigen) Entziehung der Fahrerlaubnis eindeutig falsch war.[84] Hat das erstinstanzliche Gericht wegen einer Anlasstat nach § 69 StGB verurteilt, aber **versehentlich** keine vorläufige Entziehung der Fahrerlaubnis nach § 111a angeordnet oder das Revisionsgericht hatte die Nichtentziehung als Rechtsfehler gewertet, dann kann die Anordnung später nachgeholt werden.[85]

2. Ausnahmen für bestimmte Arten von Kraftfahrzeugen (§ 111a Abs. 1 S. 2). 19
Von der vorläufigen Entziehung können bestimmte Arten von Kraftfahrzeugen ausgenommen werden, wenn besondere Umstände die Annahme rechtfertigen, dass der Zweck der Maßnahme dadurch nicht gefährdet wird (vgl. hierzu die entsprechende Vorschrift § 69a Abs. 2 StGB).[86] Die Einschränkung bezieht sich nur auf **bestimmte Arten** von Kraftfahr-

[77] OLG Düsseldorf 7.10.2013 – III-1 RVs 51/13, NStZ-RR 2014, 16; OLG Braunschweig 13.11.2012 – Ws 321/12, NStZ-RR 2013, 95; OLG Zweibrücken 23.4.2009 – 1 Ws 102/09, Blutalkohol 46, 284; LG Berlin 16.12.2011 – 517 Qs 142/11, VRS 122, 225; Pegel in Radtke/Hohmann Rn. 6; Harrendorf in Satzger/Schluckebier/Widmaier StPO Rn. 9.

[78] BVerfG 7.6.2005 – 2 BvR 401/05, NStZ-RR 2005, 276; vgl. Hentschel in Hentschel/König/Dauer 38. Aufl. § 111a Rn. 9 mwN).

[79] OLG Stuttgart 22.10.2021 – 1 Ws 153/21, BeckRS 2021, 33751; Burhoff StrafREV-HdB Rn. 4921.

[80] BVerfG 15.3.2005 – 2 BvR 364/05, NJW 2005, 1767 (1768); KG 1.4.2011 – 3 Ws 153/11 – 1 AR 446/11, StraFo 2011, 353; OLG Hamm 21.3.2007 – 4 Ws 152, NJW 2007, 3299; OLG Köln 28.3.2008 – 2 Ws 136/08, OLGSt StGB § 69a Nr. 21; Harrendorf in Satzger/Schluckebier/Widmaier StPO Rn. 2; aA OLG Hamm 7.11.2006 – 4 Ws 556/06, Blutalkohol 44, 379; LG Frankfurt am Main 30.9.2002 – 5/9 Qs 70/02, StV 2003, 69; LG Frankfurt am Main 23.1.2012 – 5/9a Qs 11/12 – 533 Js 16737/11, DAR 2012, 275; LG Würzburg 2.6.2005 – 1 Qs 150/05, StV 2005, 545; mit Einschränkung OLG Karlsruhe 9.2.2005 – 2 Ws 15/05, NStZ 2005, 402 und LG Stuttgart 13.3.2013 – 18 Qs 14/13, Blutalkohol 50, 140.

[81] OLG Köln 15.2.1991 – 2 Ws 80/91, NZV 1991, 243; OLG Köln 28.3.2008 – 2 Ws 136/08, OLGSt StGB § 69a Nr. 21; OLG Hamm 27.3.2007 – 4 Ws 152/07, NStZ-RR 2007, 351; LG Stuttgart 13.3.2013 – 18 Qs 14/13, Blutalkohol 50, 140; Seier Verteidigung S. 84.

[82] Lohse in Krekeler/Löffelmann/Sommer Rn. 6.

[83] BVerfG 24.5.1994 – 2 BvR 862/94, NJW 1995, 124.

[84] OLG Braunschweig 20.5.2003 – Ws 105/03, NdsRpfl 2003, 357; Bruns in KK-StPO Rn. 9.

[85] OLG Oldenburg 30.9.2009 – 1 Ws 522/09, SVR 2010, 226.

[86] OLG Koblenz 15.3.1983 – 1 Ws 160/83, Blutalkohol 20, 533; LG Berlin 3.8.2005 – 509 Qs 34/05; Gübner/Krumm NJW 2007, 2801 (2804); Winkler in HdB Fa Verkehrsrecht Kap. 33 Rn. 318; § 69a Rn. 29; als Ausprägung des Verhältnismäßigkeitsgrundsatzes vgl. Hentschel NZV 2004, 285 (288). Für eine weite Auslegung vgl. Krumm NZV 2006, 234; Krumm ZRP 2010, 11.

zeugen (vgl. § 6 Abs. 1 S. 3 FeV), nicht jedoch auf bestimmte Tageszeiten, Orten und Gebiete. Dem steht bereits der Wortlaut des § 111a Abs. 1 S. 2 entgegen.[87]

20 Bei **erheblichen Charaktermängeln,** wie sie bei Fahren in fahruntüchtigem Zustand oder bei schwerwiegenden Verstößen gegen § 142 StGB zum Ausdruck kommen, ist der Täter in der Regel als ungeeignet zum Führen aller Arten von Kraftfahrzeugen anzusehen, so dass eine Ausnahme nach § 111a Abs. 1 S. 2 nur unter ganz besonderen Umständen in Betracht kommen kann.[88] Hierfür reichen allein wirtschaftliche Gründe nicht aus.[89] Vielmehr müssen weitere objektive und subjektive Momente vorliegen, die die Annahme rechtfertigen, dass sich der Charaktermangel bei der Benutzung des von der Entziehung ausgenommenen Fahrzeugs nicht in einer für die Allgemeinheit sicherheitsgefährdenden Weise auswirken wird.[90] Ungeachtet einer ansonsten langjährigen beanstandungsfreien Teilnahme am Straßenverkehr ist bei Blutalkoholwerten über 1,6‰ BAK und auch bei Wiederholungstätern eine Ausnahmegenehmigung für den eingeschränkten Fahrerlaubnisbereich kaum denkbar.[91] Lastkraftwagen, deren Führung ein erhöhtes Verantwortungsbewusstsein erfordert, können nur in ganz besonders gelagerten Fällen von der vorläufigen Fahrerlaubnisentziehung ausgenommen werden.[92] Besondere Umstände können eine Ausnahme bei einem langjährigen Führerscheininhaber rechtfertigen, wenn es sich bspw. um eine erstmalige Trunkenheitsfahrt eines bisher verkehrsrechtlich unbelasteten Berufskraftfahrers mit seinem Privatfahrzeug handelt, bei dem die Wahrscheinlichkeit einer Trunkenheitsfahrt mit seinem Dienstfahrzeug als äußerst gering zu veranschlagen ist.[93] Eine Ausnahme kommt in besonderen Fällen auch dann in Betracht, wenn der Arbeitgeber scharfe Kontrollen, insbesondere auf Alkoholgenuss, durchführt.[94]

20a **§ 9 FeV,** der nach § 9 Abs. 3 FeV für § 69a Abs. 2 StGB gilt, ist aufgrund des vergleichbaren Normzwecks auch auf § 111a anzuwenden, denn § 111a Abs. 1 S. 2 kann nicht weitreichender als die spätere Ausnahme von der Sperrfrist auszulegen sein.[95] Relevant wird die Ausnahmevorschrift bei vorläufiger Entziehung der FE-Klasse B in der Praxis somit allenfalls für die FE-Klassen T und L und nicht für die FE-Klassen C, C1, D, D1.[96]

21 Der Führerschein ist im Falle einer Ausnahmeerteilung nach § 111a Abs. 1 S. 2 in **amtliche Verwahrung** zu nehmen. Die vorläufige Entziehung der Fahrerlaubnis wirkt auch bei Erteilung einer Ausnahme nach § 111a Abs. 1 S. 2 als Anordnung oder Bestätigung der Beschlagnahme des Führerscheins nach § 111a Abs. 3 S. 1. Die Fahrerlaubnis bleibt allerdings in dem Umfang bestehen, in dem die Ausnahme erfolgt.[97] Die Verwaltungsbehörde hat für die Dauer der vorläufigen Entziehung der Fahrerlaubnis einen beschränkten Ersatzführerschein für die Ausnahmen auszustellen.[98] Bei endgültiger Entziehung der Fahrerlaubnis erlischt die Ausnahmeregelung.

22 **3. Zuständigkeit und Verfahren.** Im **Vorverfahren** ist für die Maßnahme nach Antrag der Staatsanwaltschaft (Ausnahme § 165) der Ermittlungsrichter (§ 162 Abs. 1

[87] Hauck in Löwe/Rosenberg Rn. 28.
[88] LG Berlin 3.8.2005 – 509 Qs 34/05; LG Kaiserslautern 3.2.2004 – 5 Qs 12/04, BeckRS 2004, 08420.
[89] Burhoff StrafREV-HdB Rn. 3326.
[90] LG Kaiserslautern 3.2.2004 – 5 Qs 12/04, BeckRS 2004, 08420.
[91] LG Saarbrücken 13.2.1997 – 3 Qs 22/97, ZfSch 1998, 152; OLG Koblenz 3.3.1989 – 1 Ws 112/89, Blutalkohol 26, 294; Hauck in Löwe/Rosenberg Rn. 30 hält eine Ausnahme in der Regel bei Trunkenheitsfahrten mit über 1‰ BAK für ausgeschlossen.
[92] LG Osnabrück 27.3.1998 – 6 Qs 35/98, ZfSch 1998, 273.
[93] AG Frankfurt a.M. 25.10.2006 – 920 Cs – 213 Js 23993/06, NZV 2007, 264.
[94] LG Hamburg 13.12.1995 – 603 Qs 742/95, DAR 1996, 108; Janker in Burmann/Heß/Hühnermann/Jahnke Rn. 3.
[95] Vgl. auch VG Berlin 21.6.2000 – 11 A 297.00, NZV 2001, 139.
[96] Harrendorf in Satzger/Schluckebier/Widmaier StPO Rn. 11; Janker in Burmann/Heß/Hühnermann/Jahnke Rn. 3; Backmann SVR 2010, 281 (283); Schäpe Blutalkohol 47, 194; Hentschel NZV 2004, 285.
[97] Hentschel Trunkenheit Rn. 858.
[98] Pegel in Radtke/Hohmann Rn. 20; Rogall in SK-StPO Rn. 29; Harrendorf in Satzger/Schluckebier/Widmaier StPO Rn. 12; Janker in Burmann/Heß/Hühnermann/Jahnke Rn. 3.

S. 1, § 169) zuständig, in dessen Bezirk der Führerschein beschlagnahmt werden soll bzw. wo die Staatsanwaltschaft oder ihre den Antrag stellende Zweigstelle ihren Sitz hat.[99] Der fehlende Antrag der Staatsanwaltschaft kann im Beschwerdeverfahren geheilt werden.[100] Im Falle der Bestätigung der Beschlagnahme nach § 111a Abs. 3 ist nach § 98 Abs. 2 S. 3 das Gericht zuständig, in dessen Bezirk die Beschlagnahme stattgefunden hat.[101] Nach Ablehnung des Antrags ist ein neuer Antrag der Staatsanwaltschaft bei einem neuen Amtsgericht nur aufgrund neuer Tatsachen zulässig. Im **Strafbefehlsverfahren** kann der Antrag auf vorläufige Entziehung der Fahrerlaubnis **unter der Bedingung** gestellt werden, dass der Beschuldigte Einspruch gegen den Strafbefehl einlegt.[102]

Nach Anklageerhebung ist nach § 162 Abs. 3 S. 1 das mit der Sache befasste Gericht 23 zuständig.[103] Im gerichtlichen Verfahren kann das jeweils zuständige Gericht die Maßnahme auch von Amts wegen treffen. In der Hauptverhandlung erfolgt die Entscheidung unter Mitwirkung der Schöffen und kann als Anhangsbeschluss zusammen mit dem Urteil verkündet werden.[104] Das **Berufungsgericht** ist zur Beschlussfassung nach § 111a zuständig, wenn ihm die Akte nach § 321 S. 2 vorgelegt worden ist.[105]

Im **Revisionsverfahren** bleibt für die Anordnung der Maßnahme nach § 111a regel- 24 mäßig der letzte Tatrichter zuständig.[106] Das Revisionsgericht ist nur dann zuständig, wenn es die Entziehung der Fahrerlaubnis durch eigene Sachentscheidung endgültig aufhebt,[107] wenn es das Verfahren endgültig einstellt oder analog § 126 Abs. 3 verfährt.[108] § 120 Abs. 3 S. 1 gilt entsprechend.[109]

Durchbricht die **Wiedereinsetzung die Rechtskraft** einer gerichtlichen Entschei- 25 dung (auch in Fällen des § 356a, 357) gilt § 47 Abs. 3.[110] Vormalige Anordnungen, die zum Zeitpunkt des Eintritts der Rechtskraft bestanden haben, werden wieder wirksam. Das die Wiedereinsetzung gewährende Gericht ordnet die Aufhebung der Maßnahme an, wenn die Voraussetzungen dafür nicht mehr vorliegen.

Die vorläufige Entziehung der Fahrerlaubnis erfolgt durch **Beschluss.** Soweit kein 26 Antrag der Staatsanwaltschaft vorliegt, ist diese nach § 33 Abs. 2 anzuhören. Die **Anhörung** des Beschuldigten folgt aus § 33 Abs. 3. Dem ist Rechnung getragen, wenn der Beschuldigte an Ort und Stelle Gelegenheit hatte, sich zu den maßgeblichen Tatsachen vor der Polizei zu äußern, insbesondere wenn er sich mit der Einbehaltung seines Führerscheins einverstanden erklärt hat.[111] Der Beschluss ist nach § 34 zu **begründen.** Ausreichend sind dafür eine knappe Mitteilung des Sachverhalts, seine strafrechtliche Würdigung, Ausführungen zum dringenden Tatverdacht und die Angabe der Umstände, aus denen sich die Ungeeignetheit zum Führen von Kraftfahrzeugen ergibt.[112] Der bloße Hinweis auf die Vorschrift des § 111a

99 LG Zweibrücken 25.11.1993 – 2 AR 31/93, NZV 1994, 293; Bruns in KK-StPO Rn. 6a.
100 LG Gera 27.2.1996 – 4 Qs 14/96, NStZ-RR 1996, 235.
101 Hauck in Löwe/Rosenberg Rn. 45.
102 LG Stuttgart 17.3.2011 – 18 Qs 22/11, DAR 2011, 419; aA AG Montabaur 1.9.2010 – 2040 Js 30257/10 42 Cs, NZV 2011, 214.
103 OLG Düsseldorf 26.11.1991 – 3 Ws 634/91, NZV 1991, 243; LG Zweibrücken 25.11.1993 – 2 AR 31/93.
104 OLG Karlsruhe 1.2.1985 – 1 Ws 25/85, VRS 68 (1985), 360; Rogall in SK-StPO Rn. 22.
105 OLG Sachsen-Anhalt 5.9.2002 – 1 Ws 381/02, Blutalkohol 41, 79; OLG Stuttgart 26.2.2002 – 4 Ws 38/02, DAR 2002, 279.
106 BGH 25.11.1977 – 3 StR 442/77, NJW 1978, 384; OLG Zweibrücken 11.11.2019 – 2 Ss 77/19, BeckRS 2019, 29003; OLG Koblenz 19.12.2007 – 1 Ss 339/07, NZV 2008, 367; Schwarzer NZV 1995, 239; Huber in BeckOK StPO Rn. 11; Krenberger jurisPR-VerkR 3/2020 Anm. 3.
107 BayObLG 6.4.1993 – 1St RR 59/93, NZV 1993, 239.
108 Köhler in Meyer-Goßner/Schmitt Rn. 14; König in Hentschel/König/Dauer Rn. 6; Habetha NZV 2008, 605.
109 Hauck in Löwe/Rosenberg Rn. 49.
110 Rogall in SK-StPO Rn. 25.
111 LG Mainz 26.5.1967 – 2 Qs 111/67, NJW 1968, 414; Dahs NJW 1968, 415; Köhler in Meyer-Goßner/Schmitt Rn. 6; Hentschel DAR 1980, 168 (170); Harrendorf in Satzger/Schluckebier/Widmaier StPO Rn. 13; Hentschel DAR 1988, 89 (90); Rogall in SK-StPO Rn. 24; aA Hauck in Löwe/Rosenberg Rn. 58.
112 Bruns in KK-StPO Rn. 6.

ersetzt die Begründung nicht.[113] Die Anordnung kann zugleich mit dem Urteil ergehen. Das Fehlen einer gesonderten Begründung ist dann unschädlich.[114]

27 Das Verbot, fahrerlaubnispflichtige Kraftfahrzeuge aller Art zu führen, wird erst mit der **Bekanntgabe** der Anordnung an den Beschuldigten wirksam.[115] Ausreichend für die Bekanntmachung ist die formlose Mitteilung nach § 35 Abs. 2 S. 2.[116] Diese bedarf der Schriftform, entweder durch Aushändigung einer Beschlussausfertigung, -abschrift bzw. durch schriftliche Mitteilung des Beschlussinhalts. Wird der Beschluss nur fernmündlich oder lediglich bei einer Verkehrskontrolle durch einen Polizeibeamten (ohne entsprechenden Auftrag des Richters oder der Vollstreckungsbehörde) mündlich mitgeteilt, so wird er nicht bekanntgemacht und damit nicht wirksam.[117] Der Beschluss sollte jedoch bereits deshalb förmlich bekannt gegeben werden, da der Beschuldigte sich bei einem Verstoß gegen das Verbot nach § 21 Abs. 1 Nr. 1 StVG strafbar macht.[118] Sein Fahrzeug kann nach § 21 Abs. 3 Nr. 1 StVG eingezogen werden. Der Beschluss ist grds. nach § 36 Abs. 2 S. 1 über die Staatsanwaltschaft zu vollstrecken.[119] Vollstreckungsmaßnahmen der Staatsanwaltschaft sind bei bereits erfolgter Sicherstellung des Führerscheins nicht erforderlich. Gleichwohl verbleibt es bei den **Mitteilungspflichten** nach §§ 12 ff. EGGVG iVm MiStra Nr. 45 Abs. 1 Nr. 1, Abs. 3, Abs. 4.

28 **4. Wirkungen der Anordnung.** Die vorläufige Entziehung der Fahrerlaubnis auf der Grundlage von § 111a ist nicht anders zu behandeln als ein Fahrverbot nach § 44 StGB oder die polizeiliche Ingewahrsamnahme eines Führerscheins.[120] Mit der vorläufigen Entziehung der Fahrerlaubnis verliert der Betroffene, auch wenn die Fahrerlaubnis noch nicht erlischt, die Berechtigung zum Führen eines Kraftfahrzeugs.[121] Die Verwaltungsbehörde darf daher keine neue Fahrerlaubnis erteilen oder die bestehende beschränken.[122] Die Fahrerlaubnis selbst bleibt bis zur Rechtskraft der endgültigen Entscheidung bestehen (§ 69 Abs. 3 S. 1 StGB).[123]

29 Die Anordnung nach § 111a **unterbricht die Verjährung** nach § 78c Abs. 1 Nr. 4 StGB, da sie gleichzeitig als Anordnung oder Bestätigung der Beschlagnahme des von einer deutschen Behörde erteilten Führerscheins wirkt (§ 111a Abs. 3).[124] Dies gilt auch, wenn der Führerschein von einer Behörde eines Mitgliedstaates der Europäischen Union oder eines anderen Vertragsstaates des Abkommens über den Europäischen Wirtschaftsraum ausgestellt worden ist, sofern der Inhaber seinen ordentlichen Wohnsitz im Inland hat.

30 Nach § 50 Abs. 2 Nr. 2a StVG wird jedes Fahrverbot im **Fahreignungsregister** eingetragen.[125] Bei Dienstfahrzeugen der Bundeswehr gilt § 62 StVG (Register über die Dienstfahrerlaubnisse der Bundeswehr).

31 **5. Aufhebung der Anordnung (§ 111a Abs. 2). a) Zuständigkeit und Verfahren.** Für die Aufhebung ist im Vorverfahren das anordnende Gericht zuständig, später dann das mit der Sache befasste Tatgericht.[126] § 120 Abs. 3 S. 1 ist nach hM im Ermittlungsverfahren aufgrund der Verfahrensherrschaft der Staatsanwaltschaft entsprechend anwendbar. Vor Anklageerhebung ist das Gericht daher an einen Aufhebungsantrag der Staatsanwaltschaft

---

[113] LG Zweibrücken 17.9.2010 – Qs 94/10, Blutalkohol 48, 182 (2011); Hauck in Löwe/Rosenberg Rn. 49; Köhler in Meyer-Goßner/Schmitt Rn. 6; Bruns in KK-StPO Rn. 6.
[114] OLG Koblenz 18.2.1986 – 1 Ws 120/86, VRS 71, 39.
[115] Freyschmidt/Krumm VerkehrsStrafR Rn. 618.
[116] Hentschel DAR 1988, 89 (91).
[117] LG Hildesheim 21.4.1987 – 13 Qs 83/87, ZfSch 1989, 215; OLG Hamm 5.12.1978 – 6 Ss 1137/78, VRS 57, 125.
[118] BGH 24.9.1962 – II ZR 84/62, NJW 1962, 2104; 26.7.2001 – 4 StR 170/00, NJW 2001, 3347; OLG Stuttgart 22.3.1990 – 1 Ss 135/90, Justiz 1990, 369; LG Meiningen 20.8.2009 – 2 Qs 152/09, Blutalkohol 46, 428.
[119] Bruns in KK-StPO Rn. 6b.
[120] BVerwG 16.1.2020 – 3 B 51/18, Rn. 17.
[121] Bouska/Laeverenz S. 110.
[122] Gercke in Gercke/Julius/Temming/Zöller Rn. 12.
[123] Harrendorf in Satzger/Schluckebier/Widmaier StPORn. 14.
[124] Hauck in Löwe/Rosenberg Rn. 5.
[125] Pegel in Radtke/Hohmann Rn. 5; Köhler in Meyer-Goßner/Schmitt Rn. 1.
[126] OLG Düsseldorf 18.2.1987 – Ws 86/87, VRS 72, 370, 40; Pegel in Radtke/Hohmann Rn. 18.

gebunden.[127] Im Berufungsverfahren ist das Berufungsgericht für die Aufhebung der Maßnahme zuständig.[128] Der letzte Tatrichter bleibt für die Aufhebung auch nach Einlegung der Revision grds. zuständig (→ Rn. 24).[129] § 126 Abs. 2 normiert den allgemeinen Grundsatz, dass dem Revisionsgericht eine tatrichterliche Würdigung versagt ist.[130] Nur dann, wenn das Revisionsgericht die angefochtene Entziehung der Fahrerlaubnis endgültig aufhebt,[131] weil die Voraussetzungen der Maßregel gemäß § 69 StGB nicht vorliegen, kann das Revisionsgericht selbst entsprechend dem Grundgedanken des § 126 Abs. 3 iVm § 120 Abs. 1 auch den Beschluss des Amtsgerichts nach § 111a Abs. 2 aufheben.[132]

Es ergeht **keine Entscheidung über Kosten und notwendige Auslagen nach § 464,** da die Aufhebung der Maßnahme keinen Verfahrensabschnitt endgültig beendet. Nicht zu den verfahrensabschließenden Entscheidungen gehören gerichtliche Entscheidungen in unselbstständigen Zwischenverfahren, also Verfahrensabschnitten, die nur eine vorläufige Regelung treffen.[133] 32

b) Aufhebungsgründe. Nach **§ 111 Abs. 2** ist die vorläufige Entziehung der Fahrerlaubnis aufzuheben, wenn das **Gericht im Urteil die Fahrerlaubnis nicht entzieht.**[134] Bei einer rechtskräftigen Entscheidung dient die aufhebende Entscheidung lediglich der Klarstellung.[135] Bei nicht rechtskräftigen Urteilen ist die Aufhebung durch Beschluss auszusprechen.[136] Durch die Einlegung eines Rechtsmittels, auch zuungunsten des Beschuldigten, darf die Aufhebung der Maßnahme nicht aufgehalten werden (§ 120 Abs. 2 entsprechend).[137] Bei Verfahrensbeendigung durch Beschluss (§§ 206a, 206b) wird die Aufhebung selbst im Beschluss verfügt.[138] 33

Die Maßnahme ist zudem von Amts wegen aufzuheben, wenn der **Grund der Anordnung weggefallen** ist, insbesondere wenn keine dringenden Gründe für die Annahme vorhanden sind, dass die Fahrerlaubnis endgültig entzogen werden wird.[139] Es besteht eine fortdauernde Pflicht des Gerichts und der Staatsanwaltschaft zur Überwachung der Anordnungsvoraussetzungen.[140] Die Vermutung der Ungeeignetheit kann in den Fällen des § 69 Abs. 2 StGB durch die Teilnahme an anerkannten Aufbauseminaren bzw. Schulungen für alkoholauffällige Fahrer oder Verkehrstherapien nur im besonderen Ausnahmefall, bei greifbaren Anhaltspunkten für die gewandelte Einstellung des Beschuldigten, beseitigt werden.[141] 34

---

127 Hauck in Löwe/Rosenberg Rn. 49; auch Meyer DAR 1986, 47; Wittschier NJW 1985, 1324; Bruns in KK-StPO Rn. 7; aA König in Hentschel/König/Dauer Rn. 9; Köhler in Meyer-Goßner/Schmitt Rn. 14; AG Münster 8.3.1971 – 23 Gs 158/71, MDR 1972, 166; § 120 Abs. 3 S. 1 gilt nicht entsprechend.

128 OLG Karlsruhe 8.10.1973 – 2 Ws 204/73, MDR 1974, 159; LG Zweibrücken 19.6.1992 – 1 Qs 98/92 , NZV 1992, 499.

129 BGH 25.11.1977 – 3 StR 442/77, NJW 1978, 384; OLG Koblenz 8.11.1982 – 1 Ws 882/82, VRS 64, 262.

130 Hauck in Löwe/Rosenberg Rn. 48.

131 König in Hentschel/König/Dauer Rn. 6.

132 OLG Koblenz 19.12.2007 – 1 Ss 339/07, NZV 2008, 367; Bayerisches Oberstes Landesgericht 6.4.1993 – 1St RR 59/93, NZV 1993, 239; Pegel in Radtke/Hohmann Rn. 18; Pfeiffer Rn. 3; Bruns in KK-StPO Rn. 13.

133 KG 8.2.2017 – 3 Ws 39/17 – 121 AR 22/17, BeckRS 2017, 113772; OLG Frankfurt a. M. 7.9.1981 – 2 Ws 189/80, MDR 1982, 954; OLG Hamburg 29.10.1990 – 2 Ws 385/90, 2 Ws 386/90, NStZ 1991, 100.

134 OLG Nürnberg 27.9.2010 – 1 Ws 514/10, StraFo 2011, 91; OLG Stuttgart 19.4.2011 – 2 Ss 14/11, StV 2012, 23.

135 BGH 25.2.2003 – 4 StR 515/02, BeckRS 2003, 02873; Bruns in KK-StPO Rn. 8.

136 BVerfG 24.5.1994 – 2 BvR 862/94, NJW 1995, 124.

137 Vgl. 120 Abs. 2; Bruns in KK-StPO Rn. 8.

138 Köhler in Meyer-Goßner/Schmitt Rn. 13.

139 LG Nürnberg-Fürth 28.8.2018 – 5 Qs 58/18 –, Rn. 8.

140 LG Bückeburg 30.6.1987 – Qs 73/87, NdsRpfl 1987, 200; Staub DAR 2014, 422 (423).

141 BVerfG 20.6.2006 – 2 BvR 1082/06, Blutalkohol 44, 242; OLG des Landes Sachsen-Anhalt 6.9.2000 – 2 Ss 272/00, DAR 2001, 379; OLG Karlsruhe 4.8.2004 – 1 Ss 79/04, NStZ-RR 2004, 371; Hentschel Trunkenheit Rn. 635; Larsen StraFo 1997, 298; Himmelreich, DAR 1997, 465; Himmelreich DAR 2005, 130; Himmelreich NZV 2005, 337; Gübner/Krumm NJW 2007, 2801; Bode NZV 2004, 7 (9); Hillmann DAR 2008, 376.

Ein Fahrer, der im Straßenverkehr ein Fahrzeug mit einer Blutalkoholkonzentration von 1,6 ‰ oder mehr führt, kann erst wieder als zum Führen von Kraftfahrzeugen geeignet angesehen werden kann, wenn er durch ein nach den Grundsätzen der Begutachtungsrichtlinien erstelltes medizinisch-psychologisches Gutachten nachweist, dass er seinen Alkoholmissbrauch beendet hat und die Änderung des Trinkverhaltens gefestigt ist (§ 13 Nr. 2c FeV iVm Anlage 4 FeV Ziff. 8 „Alkohol").[142] Dieser Nachweis kann auch nicht durch bloßen Zeitablauf, der grds. keinen Indizwert für eine Veränderung des Alkoholkonsums hat, und die Teilnahme an Aufbaukursen ersetzt werden. Das gilt besonders, wenn der Täter ohne deutlich erkennbare starke Ausfallerscheinungen eine Blutalkoholkonzentration von über 2 ‰ erreicht hat, was nicht nur eine hohe Alkoholgewöhnung beweist, sondern bereits einen Hang zum übermäßigen Alkoholkonsum nahelegt.[143]

35 Der **zwischenzeitliche Zeitablauf der erstinstanzlich angeordneten Sperrfrist** während des Berufungsverfahrens und auch des Revisionsverfahrens rechtfertigt als solcher nicht die Annahme, die endgültige Entziehung der Fahrerlaubnis werde nicht mehr angeordnet werden.[144] Wer gegen ein Urteil, in dem die Entziehung der Fahrerlaubnis mit einer Sperrfrist für deren Neuerteilung angeordnet worden ist, Rechtsmittel einlegt, muss damit rechnen, dass die Entziehung der Fahrerlaubnis länger als die Sperrfrist dauert, die das Amtsgericht festgesetzt hat.[145] Der Strafrichter trifft keine Entscheidung darüber, dass der Beschuldigte nach Ablauf der Sperrfrist wieder als geeignet zum Führen eines Fahrzeugs anzusehen ist.[146] Die Entziehung der Fahrerlaubnis und die Festsetzung einer Sperre bewirken vielmehr, den Verurteilten für eine bestimmte Zeit vom Führen von Kraftfahrzeugen auszuschließen und ihn dazu erst wieder zuzulassen, wenn nach Rechtskraft des Urteils die Verwaltungsbehörde nach eigener Prüfung seine Eignung dazu bejaht hat.[147] Mit dieser Zielsetzung wäre es unvereinbar, wenn der Angeklagte, der im Strafverfahren als unzuverlässig beurteilt werden musste, wieder als Fahrzeugführer am Straßenverkehr teilnehmen dürfte, bevor er sich den dafür vorgesehenen Kontrollen unterzogen hat. Nur wenn durch schwerwiegende **Verstöße gegen das Beschleunigungsgebot** (grobe Pflichtverletzungen) eine erhebliche Verzögerung des Verfahrens eintritt, ist die Maßnahme selbst dann aufzuheben, wenn nicht nur der dringende Tatverdacht, sondern auch der – trotz der seit der angeklagten Tat verstrichenen Zeit – Eignungsmangel nach § 69 StGB und damit ein dringender Grund für eine Maßnahme nach § 111a fortbesteht.[148]

36 Es stellt **keinen Verstoß gegen das Verschlechterungsgebot** dar, wenn das Berufungsgericht die Entscheidung über die endgültige Entziehung der Fahrerlaubnis und die vom Amtsgericht verhängte Sperrfrist bestätigt.[149] Die Sperre beginnt erst mit der Rechts-

---

[142] OLG Köln 1.3.2013 – III-1 RVs 36/13, DAR 2013, 393 mAnm Staub DAR 2014, 422; OLG Köln 4.9.2012 – III-1 RVs 154/12, DAR 2012, 649.

[143] OLG des Landes Sachsen-Anhalt 6.9.2000 – 2 Ss 272/00, ZfSch 2000, 554; vgl. OLG Köln 31.3.1981 – 1 Ss 1085/80-96, ZfSch 1981, 189. Vgl. zur aktuellen Entwicklung bzgl. Fahreignungsseminar auch Albrecht DAR 2013, 13.

[144] OLG Düsseldorf 7.10.2013 – III-1 RVs 51/13, NStZ-RR 2014, 16; OLG Hamm 4.9.2012 – III-1 Ws 464/12, NStZ-RR 2012, 376; LG Zweibrücken 17.7.2012 – Qs 73/12, NZV 2012, 499; aA bezogen auf das Revisionsverfahren: vgl. Harrendorf in Satzger/Schluckebier/Widmaier StPO Rn. 17; Rogall in SK-StPO Rn. 42 mit der Begründung, dass mit Ablauf dieser Frist der Zweck der Maßnahme erreicht ist. Vgl. auch OLG Köln 22.4.2003 – 1 Ws 9/03 (Rn. 8), Blutalkohol 41, 530.

[145] OLG Hamm 4.9.2012 – III-1 Ws 464/12, DAR 2013, 160; OLG Köln 28.3.2008 – 2 Ws 136/08, OLGSt StGB § 69a Nr. 21; OLG Hamm 27.3.2007 – 4 Ws 152/07, NStZ-RR 2007, 351; OLG Düsseldorf 18.3.1999 – 1 Ws 191/99, NZV 1999, 246; Hentschel DAR 1976, 9; Hentschel DAR 1988, 89 (91); Köhler in Meyer-Goßner/Schmitt Rn. 11 mwN.; Hentschel Trunkenheit Rn. 866, 867.

[146] BVerfG 18.11.1966 – 1 BvR 173/63, NJW 1967, 29; OLG Hamm 27.3.2007 – 4 Ws 152/07, NStZ-RR 2007, 351.

[147] Pegel in Radtke/Hohmann Rn. 14.

[148] OLG Düsseldorf 7.10.2013 – III-1 RVs 51/13, NStZ-RR 2014, 16 („konventionswidriger Verstoß"); KG 1.4.2011 -3 Ws 153/11 – 1 AR 446/11, StraFo 2011, 353; OLG Hamm 27.3.2007 – 4 Ws 152/07, NStZ-RR 2007, 351; OLG Nürnberg 14.2.2006 – 1 Ws 119/06, StV 2006, 685; LG Berlin 17.7.2014 – 525 Qs 74/14, BeckRS 2015, 3589.

[149] Bruns in KK-StPO Rn. 11;Huber in BeckOK StPO Rn. 9.

kraft des Urteils. In die Frist wird die Zeit einer wegen der Tat angeordneten vorläufigen Entziehung eingerechnet, soweit sie nach Verkündung des Urteils verstrichen ist, in dem die der Maßregel zugrunde liegenden tatsächlichen Feststellungen letztmals geprüft werden konnten (§ 69a Abs. 5 StGB).[150]

6. Sicherstellung des Führerscheins (§ 111a Abs. 3 bis 5). Nach § 69 Abs. 3 S. 2 StGB wird ein von einer deutschen Behörde ausgestellter Führerschein im Urteil eingezogen, wenn die Fahrerlaubnis rechtskräftig entzogen worden ist. Das Revisionsgericht kann nach § 354 Abs. 1 StGB die Einziehung nachholen.[151] **§ 111a Abs. 3** bezweckt die Sicherstellung der späteren Einziehung.[152] Danach wirkt die vorläufige Entziehung der Fahrerlaubnis zugleich als Anordnung oder Bestätigung der Beschlagnahme des von einer inländischen Behörde ausgestellten Führerscheins (§ 111a Abs. 3 S. 1). Dies gilt auch, wenn der Führerschein von einer Behörde eines Mitgliedstaates der Europäischen Union oder eines anderen Vertragsstaates des Abkommens über den Europäischen Wirtschaftsraum ausgestellt worden ist, sofern der Inhaber seinen ordentlichen Wohnsitz im Inland hat (§ 111a Abs. 3 S. 2). Die Beschlagnahmeanordnung wird von der Staatsanwaltschaft vollstreckt. Der Führerschein wird in amtlichen Gewahrsam genommen. Die Sicherstellung oder Beschlagnahme des Führerscheins ist der vorläufigen Entziehung der Fahrerlaubnis weitgehend rechtlich gleichgestellt (vgl. auch § 25 Abs. 6 StVG) und führt zu einem gemäß § 21 Abs. 2 Nr. 2 StVG mit Strafe belegten Fahrverbot.[153] Die **Gleichstellung** besteht auch bei der Anrechnung auf das Fahrverbot (§ 51 Abs. 5 S. 2 StGB) und der Verhängung der Mindestsperre (§ 69a Abs. 6 StGB). 37

Bei **Gefahr im Verzug** können Staatsanwaltschaft und Polizei einen Führerschein nach § 94 Abs. 3, § 98 Abs. 1 beschlagnahmen oder sicherstellen (wenn dieser freiwillig herausgegeben wird), sofern die Voraussetzungen des § 111a Abs. 1 gegeben sind.[154] Die Beschlagnahme des Führerscheins eines bei einer Trunkenheitsfahrt betroffenen Kraftfahrers ist danach zulässig, wenn die Gefahr besteht, er werde ohne die Abnahme des Führerscheins weitere Trunkenheitsfahrten unternehmen oder sonst Verkehrsvorschriften in schwerwiegender Weise verletzen, so dass zur **Sicherung der Allgemeinheit** die Wegnahme des Führerscheins erforderlich ist.[155] Im Falle der Sicherstellung oder Beschlagnahme des Führerscheins ist dem Beschuldigten das Führen von Kraftfahrzeugen untersagt. Bei Zuwiderhandlung kommt eine strafrechtliche Ahndung nach § 21 Abs. 2 Nr. 2 StVG in Betracht. Ein lediglich mündlich erteiltes Fahrverbot ohne Wegnahme des Führerscheins ist nicht wirksam.[156] Die Beschlagnahme wegen Gefahr im Verzug ist auch in Fällen möglich, in denen ohne die Beschlagnahme der Verlust des Führerscheins als Beweismittel oder die Vereitelung seiner späteren Einziehung durch Vernichtung oder Beiseiteschaffung zu befürchten wäre. Der Beschlagnahme steht nicht die Annahme entgegen, der Richter werde später die Ausnahmeregelung des § 111a Abs. 1 S. 2 anwenden, soweit bis zu dieser Entscheidung die Gefahr besteht, der Beschuldigte werde die ihm unbeschränkt erteilte Fahrerlaubnis nutzen.[157] Die **Durchsuchung** der Wohnung des Beschuldigten nach § 102 zur Auffindung seines nach § 111a Abs. 3 Satz 1 beschlagnahmten Führerscheins ist zulässig.[158] Bei einer 38

[150] Harrendorf in Satzger/Schluckebier/Widmaier StPO Rn. 17.
[151] Bruns in KK-StPO Rn. 14.
[152] Gercke in Gercke/Julius/Temming/Zöller Rn. 19.
[153] AG Saalfeld 11.8.2004 – 630 Js 23230/04 – 2 Ds jug, Blutalkohol 42, 175; Hentschel Trunkenheit Rn. 855; Seier Verteidigung S. 83; Huber in BeckOK StPO Rn. 4; weitergehend Bruns in KK-StPO Rn. 9, der neben der Prävention primär die Sicherung der Strafverfolgung und späteren Strafvollstreckung als Normzweck bestimmt und daher bei tatsächlichen Hindernissen sowie freiwilliger Herausgabe nicht von der Maßnahme absieht. Umfassend zur Strafbarkeit bei Fahren ohne Fahrerlaubnis Mitsch NZV 2012, 512.
[154] OLG Stuttgart 11.12.1968 – 1 Ss 666/68, NJW 1969, 760; eingehend Gramse NZV 2002, 345.
[155] BGH 23.5.1969 – 4 StR 585/68, NJW 1969, 1308; Harrendorf in Satzger/Schluckebier/Widmaier StPO Rn. 21.
[156] OLG Zweibrücken 20.1.2016 – 1 OWi 1 SsBs 3/16; BeckRS 2016, 12320.
[157] Bruns in KK-StPO Rn. 16.
[158] OLG Oldenburg 26.1.2009 – 1 Ws 56/09, Blutalkohol 46, 223; ausführlich Gramse NZV 2002, 345.

freiwilligen Herausgabe des Führerscheins bedarf es keiner förmlichen Beschlagnahme. Die von der Staatsanwaltschaft oder der Polizei angeordnete Beschlagnahme ist auf Antrag des Beschuldigten gemäß § 98 Abs. 2 S. 1 richterlich zu bestätigen. Auch kann der Beschuldigte nach § 98 Abs. 2 S. 2 die richterliche Entscheidung über die Beschlagnahme beantragen. Ist ein Führerschein beschlagnahmt, weil er nach § 69 Abs. 3 S. 2 StGB eingezogen werden kann, so entscheidet das Gericht nicht über die Zulässigkeit der Beschlagnahme, sondern über die vorläufige Entziehung der Fahrerlaubnis **(§ 111a Abs. 4)**.

39 In Ausnahmefällen kann die Polizei zur unmittelbaren Gefahrenabwehr den Führerschein auch nach den **Polizei- und Ordnungsgesetzen der Länder** beschlagnahmen.[159] So kann die Wegnahme des Zündschlüssels unter Umständen als mildere Maßnahme ausreichend sein.[160]

40 **7. Rückgabe des Führerscheins (§ 111a Abs. 5).** Ein (von einer deutschen Behörde ausgestellter, vgl. § 111a Abs. 6) Führerschein, der in Verwahrung genommen, sichergestellt oder beschlagnahmt worden ist, ist nach § 111a Abs. 5 zurückzugeben, wenn der Richter die vorläufige Entziehung der Fahrerlaubnis **wegen Fehlens der in § 111a Abs. 1 bezeichneten Voraussetzungen** ablehnt, wenn er sie aufhebt oder wenn das Gericht im Urteil die Fahrerlaubnis nicht entzieht. Die Fahrerlaubnis lebt dann wieder auf. Bei nicht rechtskräftigen Urteilen ist die Aufhebung durch Beschluss auszusprechen (vgl. → Rn. 33).[161] Bis zur Erhebung der Anklage ist die Staatsanwaltschaft für die Rückgabe zuständig. Danach ist das mit der Sache befasste Gericht und nach Rechtskraft des Urteils die Vollstreckungsbehörde zuständig.[162] § 36 Abs. 2 S. 1 gilt nicht, da die Rückgabe keine Vollstreckung ist.[163] Die Vorschrift erfasst auch nicht Führerscheine, die als Beweismittel, etwa wegen einer Fälschung, beschlagnahmt wurden.[164]

41 Wird im Urteil lediglich ein Fahrverbot nach **§ 44 StGB** verhängt, kann die Rückgabe des Führerscheins aufgeschoben werden (§ 111a Abs. 5 S. 2), wenn der Beschuldigte nicht widerspricht. Das hat zur Folge, dass die Zeit bis zur rechtskräftigen Anordnung des Fahrverbots unverkürzt angerechnet wird (§ 450 Abs. 2).[165]

42 **8. Ausländische Führerscheine (§ 111a Abs. 6).** Eine Gleichstellung mit Inhabern deutscher Fahrerlaubnisse erfolgt nach § 111a Abs. 3 S. 2, wenn der Führerschein von einer Behörde eines Mitgliedstaates der Europäischen Union oder eines anderen Vertragsstaates des Abkommens über den Europäischen Wirtschaftsraum ausgestellt worden ist, sofern der Inhaber seinen ordentlichen Wohnsitz im Inland hat (vgl. § 2 Abs. 2 StVG).

43 Für alle anderen ausländischen Führerscheine gilt § 111a Abs. 6 S. 1 (vgl. zu den Rechtsfolgen der endgültigen Entziehung der Fahrerlaubnis im Urteil bei ausländischen Führerscheinen auch § 69b Abs. 2 S. 2 StGB).[166] Die vorläufige Entziehung der Fahrerlaubnis ist in diesen Führerscheinen zu vermerken. Der Vermerk bewirkt eine Aberkennung des Rechts von der Fahrerlaubnis im Inland Gebrauch zu machen.[167] Der Führerschein ist anschließend unverzüglich zurückzugeben. Die Vollstreckung der Entscheidung erfolgt durch die Staatsanwaltschaft.[168] Bis zur Eintragung des Vermerks kann der Führerschein nach § 94 Abs. 3, § 98 kurzfristig beschlagnahmt werden (§ 111a Abs. 6 S. 2). Ist aufgrund der Beschaffenheit des Führerscheins die Eintragung eines solchen Vermerks nicht möglich, ist dieser gesondert zu erstellen und mit dem Führerschein fest zu verbinden (§ 56 Abs. 2

---

[159] Vgl. auch BGH 27.10.1960 – III ZR 149/59, NJW 1961, 264; OLG Köln 9.1.1968 – 1 Ss 534/67, NJW 1968, 666; Trupp NZV 2004, 389.
[160] Köhler in Meyer-Goßner/Schmitt Rn. 16; Bruns in KK-StPO Rn. 15.
[161] BVerfG 24.5.1994 – 2 BvR 862/94, NJW 1995, 124.
[162] Gercke in Gercke/Julius/Temming/Zöller Rn. 24.
[163] Köhler in Meyer-Goßner/Schmitt Rn. 17.
[164] Hauck in Löwe/Rosenberg Rn. 73.
[165] Bayerisches Oberstes Landesgericht 29.12.1986 – RReg 1 St 313/86, JR 1987, 511; Hentschel Trunkenheit Rn. 878.
[166] Vgl. auch Blum NZV 2008, 176.
[167] Ludovisy DAR 1997, 80; Dauer NJW 2010, 1830; Backmann SVR 2010, 281.
[168] Bruns in KK-StPO Rn. 21a.

S. 4 StVollstrO).[169] Gemäß Art. 9 Abs. 6b des Nato-Truppenstatut-Zusatzabkommens gilt das vorgenannte auch für Personen, die dem **NATO-Truppenstatus** unterfallen. Danach ist die Entziehung der Fahrerlaubnis auf dem Führerschein, der dem Inhaber zu belassen ist, zu vermerken.

Unionsrecht gebietet nicht, einen ausländischen EU-Führerschein anzuerkennen, der 43a
in der Zeit der vorläufigen Entziehung der deutschen Fahrerlaubnis ausgestellt wurde, wenn sowohl die vorläufige Entziehung nach § 111a als auch die nachfolgende Entziehung nach § 69 Abs. 1 StGB aus Gründen gerechtfertigt waren, die zum Zeitpunkt der Ausstellung des ausländischen EU-Führerscheins bereits vorlagen.[170]

9. Immunität. Die Maßnahme nach § 111a sowie die Beschlagnahme des Führer- 44
scheins nach § 94 Abs. 3 setzt, auch wenn der Abgeordnete auf frischer Tat betroffen wurde, die Aufhebung der Immunität voraus (Art. 46 GG; §§ 18 ff. GVG; RiStBV Nr. 192 ff.).[171] Der Deutsche Bundestag sowie die gesetzgebenden Körperschaften der Länder pflegen regelmäßig zu Beginn einer neuen Wahlperiode eine allgemeine Genehmigung zur Durchführung von Ermittlungsverfahren gegen Abgeordnete zu erteilen. Diese umfasst die vorläufige Entziehung der Fahrerlaubnis (RiStBV Nr. 192a Abs. 2e S. 2). Sie wird im Einzelfall erst wirksam, nachdem dem Präsidenten der gesetzgebenden Körperschaft eine Mitteilung nach RiStBV Nr. 192a Abs. 3 zugegangen ist. Es ist zulässig, wenn die Polizei den Abgeordneten fragt, ob dieser seinen Führerschein freiwillig in amtliche Verwahrung geben will. Zur Gefahrenabwehr bleibt nach Polizeirecht eine Beschlagnahme des Führerscheins, Fahrzeugs oder Fahrzeugschlüssels möglich.[172]

10. Rechtsbehelfe. Gegen die vorläufige Entziehung ist die Beschwerde (§ 304 Abs. 1, 45
§ 305) zulässig. Beschwerdeberechtigt ist die Staatsanwaltschaft, wenn der Antrag auf Anordnung der vorläufigen Entziehung der Fahrerlaubnis abgelehnt worden ist.[173] Der Beschuldigte ist auch beschwerdebefugt, bspw. wenn er geltend macht, dass „dringende Gründe" nicht gegeben oder zwischenzeitlich weggefallen sind.[174] Der Nebenkläger ist dagegen nicht beschwerdeberechtigt, da die Maßnahme dem Schutz der Allgemeinheit dient und daher keine eigene Beschwer vorliegt. Bei Entscheidungen des Oberlandesgerichts im ersten Rechtszug ist unter den Voraussetzungen des § 111a Abs. 3 ebenfalls die Beschwerde statthaft (§ 304 Abs. 4 S. 2 Nr. 1, Abs. 5).[175] Eine Aussetzung der Vollziehung gemäß § 307 Abs. 2[176] sowie eine weitere Beschwerde nach § 310 Abs. 2 sind ausgeschlossen.[177]

Hat der Ermittlungsrichter die Maßnahme angeordnet, entscheidet über die gegen den 46
Beschluss eingelegte Beschwerde **nach Anklageerhebung,** wenn über die Beschwerde noch nicht entschieden worden ist, nicht die Strafkammer, sondern in der Regel zunächst der nunmehr zuständige Strafrichter. Die Beschwerde ist in einen Antrag auf Aufhebung des Beschlusses umzudeuten. Die sodann ergehende Entscheidung des Strafrichters unterliegt der Anfechtung.[178] Unerledigte Beschwerden gegen erstinstanzliche Entscheidungen sind nach Vorlage der Akten gemäß § 321 S. 2 an das Berufungsgericht als Antrag auf

---

169 Gercke in Gercke/Julius/Temming/Zöller Rn. 27.
170 BVerwG 16.1.2020 – 3 B 51/18.
171 Köhler in Meyer-Goßner/Schmitt Rn. 20.
172 BGH 27.10.1960 – III ZR 149/59, NJW 1961, 264; Geppert DAR 1988, 12; Wolffgramm AnwBl BE 1995, 269.
173 LG Zweibrücken 23.10.1997 – Qs 134/97, NStZ-RR 1998, 249.
174 Gercke in Gercke/Julius/Temming/Zöller Rn. 28.
175 Köhler in Meyer-Goßner/Schmitt Rn. 19.
176 LG Köln 27.7.1983 – 105 Qs 706/83, ZfSch 1984, 29; Hentschel DAR 1988, 89 (92); Janker in Burmann/Heß/Hühnermann/Jahnke Rn. 9.
177 Radtke/Hohmann/Pegel Rn. 24; Köhler in Meyer-Goßner/Schmitt Rn. 19.
178 OLG Düsseldorf 18.2.1987 – 3 Ws 534/91, NZV 1992, 202; OLG Celle 10.5.2000 – 3 ARs 9/00, StraFo 2001, 134; LG Berlin 12.5.2009 – 510 Qs 51/09, BeckRS 2009, 87733; LG Arnsberg 3.11.2009 – 2 Qs 150 Js 424/09 – 87/09, NZV 2010, 367; LG Darmstadt 31.1.2011 – 3 Qs 66/11 – 1100 Js 95011/10, NStZ-RR 2011, 217; LG Kiel 10.10.2010 – 38 Qs 49/10, VRR 2011, 112; Harrendorf in Satzger/Schluckebier/Widmaier StPO Rn. 25.

Aufhebung der Maßnahme zu behandeln.[179] Gegen die Entscheidung des Berufungsgerichts ist dann die Beschwerde statthaft.[180]

47 Umstritten ist, ob im **Revisionsverfahren** der Beschluss nach § 111a gesondert angefochten werden kann.[181] Teilweise wird vertreten, dass eine solche isolierte Beschwerde grds. unzulässig ist. Danach soll im Rahmen des Beschwerdeverfahrens keine Vorabentscheidung über die Rechtmäßigkeit der Maßregel nach § 69 StGB getroffen werden, die unter Umständen zu divergierenden Entscheidungen zwischen Beschwerde- und Revisionsverfahren führt.[182] Zum Teil wird auch vertreten, dass das Beschwerdegericht eine umfassende Prüfungskompetenz hat, so dass neue Tatsachen und Beweismittel oder eine vom Tatgericht abweichende Tatsachenbeurteilung nicht außer Betracht zu bleiben haben.[183] Nach zutreffender hM ist die isolierte Beschwerde allerdings nur unter Berücksichtigung einer beschränkten Prüfungskompetenz statthaft.[184] Hierzu gelten im Einzelnen folgende Grundsätze:

47a Nach § 304 Abs. 1 ist die Beschwerde gegen alle von den Gerichten im ersten Rechtszug oder im Berufungsverfahren erlassenen Beschlüsse zulässig, soweit sie das Gesetz nicht ausdrücklich einer Anfechtung entzieht. Letzteres ist für eine gegen die vorläufige Entziehung der Fahrerlaubnis gerichtete Beschwerde – von dem Fall ihrer prozessualen Überholung abgesehen – nicht der Fall. Jedoch ist zu berücksichtigen, dass die Prüfungskompetenz des Beschwerdegerichts grds. dort endet, wo diejenige des Revisionsgerichts beginnt.[185] Die Entscheidung darüber, ob dringende Gründe für die Annahme vorhanden sind, dass dem Angeklagten nach § 69 StGB die Fahrerlaubnis entzogen werden wird, hängt letztlich nur noch davon ab, ob die entsprechende Anordnung im Urteil einer Überprüfung nach revisionsrechtlichen Kriterien standhält, was bedeutet, dass neue Tatsachen und Beweismittel oder eine vom Tatgericht abweichende Tatsachenbeurteilung durch den Revisionsführer außer Betracht zu bleiben haben.[186] Mit der Beschwerde gegen die Anordnung der vorläufigen Entziehung der Fahrerlaubnis nach § 111a kann keine inzidente Vorentscheidung über die gegen das Berufungsurteil eingelegte Revision erreicht werden.[187] Das Beschwerdegericht darf somit nur unter **revisionsrechtlichen Gesichtspunkten** prüfen, ob die materiell-rechtlichen Voraussetzungen des § 69 StGB vorliegen und die Strafkammer von dem ihr im Rahmen der Entscheidung nach § 111a zustehenden Ermessen rechtsfehlerfrei Gebrauch gemacht hat.[188] Die Prüfung der Geeignetheit zum Führen von Kraftfahrzeugen ist dem Beschwerdegericht daher entzogen. Worauf sich die Überprüfung durch das Beschwerdegericht in diesem Rahmen erstrecken muss, bedarf somit keiner Entscheidung, wenn eine hohe Wahrscheinlichkeit dafür besteht, dass das tatgerichtliche Urteil in der Revision Bestand haben wird.[189] Teilweise wird vertreten, dass in die Prüfung des Beschwerdegerichts

---

179 OLG Stuttgart 26.2.2002 – 4 Ws 38/02, Justiz 2002, 248.

180 Köhler in Meyer-Goßner/Schmitt Rn. 19.

181 Vgl. Schmid Blutalkohol 33, 357; Schwarzer NZV 1995, 239.

182 OLG Düsseldorf 9.8.1995 – 3 Ws 436/95, StraFo 1995, 119; Brandenburgisches OLG 25.1.1996 – 2 Ws 249/95, NStZ-RR 1996, 170; Cierniak NZV 1999, 324.

183 OLG Hamm 11.9.2014 – 3 Ws 303/14, NStZ-RR 2014, 384; OLG Düsseldorf 11.11.1999 – 2 Ws 348/99, NStZ-RR 2000, 240.

184 BVerfG 11.9.2002 – 2 BvR 1369/02, NStZ-RR 2002, 377; KG 11.4.2001 – 1 AR 371/01 – 3 Ws 198/01, DAR 2001, 374; KG 14.3.2006 – 1 AR 231/06 – 3 Ws 101/06, NJ 2006, 421; OLG Karlsruhe 2.11.2016 – 2 Ws 325/16, NZV 2017, 230; Thüringer OLG 31.7.2008 – 1 Ws 315/08, VRS 115, 353; OLG Hamm 4.9.2012 – III-1 Ws 464/12, NStZ-RR 2012, 376; OLG Hamburg 8.3.2007 – 2 Ws 43/07, ZfSch 2007, 409; eingehend Habetha NZV 2008, 605; Harrendorf in Satzger/Schluckebier/Widmaier StPO Rn. 25; Rogall in SK-StPO Rn. 60 f.; Köhler in Meyer-Goßner/Schmitt Rn. 19.

185 KG 11.4.2001 – 1 AR 371/01 – 3 Ws 198/01, DAR 2001, 374; vgl. hierzu auch BVerfG 11.9.2002 – 2 BvR 1369/02, NStZ 2002, 377; eingehend Habetha NZV 2008, 605.

186 OLG Karlsruhe 2.11.2016 – 2 Ws 325/16, NZV 2017, 230.

187 OLG Hamm 4.9.2012 – III-1 Ws 464/12, NStZ-RR 2012, 376; OLG Hamburg 8.3.2007 – 2 Ws 43/07, ZfSch 2007, 409.

188 OLG Karlsruhe 18.3.2004 – 1 Ws 35/04, DAR 2004, 408; Thüringer OLG 31.7.2008 – 1 Ws 315/08.

189 KG 14.3.2006 – 1 AR 231/06 – 3 Ws 101/06, NJ 2006, 421.

die Erfolgsaussichten einer Revision einzubeziehen seien. Wenn daher mit hoher Wahrscheinlichkeit die Aufhebung des angefochtenen Urteils aufgrund von (offensichtlichen) Verstößen gegen das formelle und/oder materielle Recht zu erwarten ist, soll das Beschwerdegericht nicht (mehr) gehindert sein, die Beschwerde umfassend zu prüfen.[190] Diese Auffassung ist abzulehnen, denn das liefe auf eine inzidente revisionsrechtliche Überprüfung der tatrichterlichen Entscheidung im Beschwerdeverfahren hinaus.

Soweit umstritten ist, ob für das **Berufungsgericht** vor Durchführung der Berufungs- 47b
hauptverhandlung eine Bindung an die Feststellungen im erstinstanzlichen Urteil besteht oder diesen Feststellungen zumindest eine Indizwirkung zukommt,[191] gilt nach hM. folgendes zur Bindungswirkung: Hat das Erstgericht vom vorläufigen Entzug der Fahrerlaubnis abgesehen, so kommt es nicht ohne Weiteres in Betracht, vor dem Berufungsurteil den erstinstanzlich festgestellten Sachverhalt nach Aktenlage in anderer Weise zu würdigen als das Erstgericht.[192] Das gilt nicht, wenn neue Tatsachen oder Beweismittel bekanntgeworden sind, aus denen sich nunmehr die Ungeeignetheit ergibt und von denen mit hoher Wahrscheinlichkeit anzunehmen ist, dass sie zur Verhängung der endgültigen Maßregel führen werden.[193] Eine Bindungswirkung ist zudem abzulehnen, wenn die Voraussetzungen für die Maßregelanordnung nach § 69 StGB offensichtlich fehlen, weil etwa schon die erstinstanzlichen Feststellungen eine Verurteilung wegen fahrlässiger Trunkenheit im Verkehr nicht tragen.[194]

11. Entschädigung. Die vorläufige Entziehung der Fahrerlaubnis ist eine **entschädi-** 48
gungsfähige Maßnahme gem. § 2 Abs. 2 Nr. 5 StrEG, soweit eine endgültige Einziehung der Fahrerlaubnis unterbleibt, bspw. weil der Beschuldigte freigesprochen oder das Verfahren eingestellt wurde.[195] Das gilt auch, wenn das Gericht die Eröffnung des Hauptverfahrens gegen den Beschuldigten ablehnt (§ 2 Abs. 1 StrEG) oder wenn die Entschädigung der Billigkeit entspricht (§§ 3, 4 StrEG).[196] Im Gegensatz zu der in § 1 StrEG geregelten Entschädigung für Urteilsfolgen sieht das Gesetz in § 2 StrEG vor, dass eine Entschädigung für vorläufige Strafverfolgungsmaßnahmen von deren Vollzug abhängt. Sonstige, nicht aus dem Vollzug, sondern infolge der bloßen Anordnung einer Maßnahme entstandenen Schäden sind demnach schon dem Grunde nach nicht entschädigungsfähig.[197] Wird das Verfahren gem. § 153 Abs. 2 in der Berufungsinstanz eingestellt, kommt ein Entschädigungsanspruch des Beschuldigten nach § 3 StrEG wegen vorläufiger Entziehung der Fahrerlaubnis in der 1. Instanz nur dann in Betracht, wenn sich der Beschluss nach § 111a als grob unverhältnismäßig oder rechtsmissbräuchlich darstellt.[198] Nach § 5 Abs. 1 Nr. 3 Alt. 2 StrEG ist eine Entschädigung für die vorläufige Entziehung der Fahrerlaubnis ausgeschlossen, wenn von der endgültigen Anordnung der Entziehung der Fahrerlaubnis nur deshalb abgesehen worden ist, weil ihre Voraussetzungen nicht mehr vorlagen.[199] Ein Ausschluss der Entschädigung nach § 5 Abs. 1 Nr. 3 Alt. 2 StrEG setzt die Erledigung einer Strafverfolgungsmaß-

---

190 Hauck in Löwe/Rosenberg Rn. 92.

191 Vgl. hierzu OLG Karlsruhe 2.3.2021 – 2 Ws 57/21, BeckRS 2021, 5020; OLG Jena 22.2.2006 – 1 Ws 54/06, BeckRS 2006, 5935.

192 BVerfG 24.5.1994 – 2 BvR 862/94, NJW 1995, 124; LG Zweibrücken 23.10.1997 – Qs 134/97; Harrendorf in Satzger/Schluckebier/Widmaier StPO Rn. 18; kritisch zur hM. insbesondere Rogall in SK-StPO Rn. 39 mit dem Hinweis auf eine umfassende Prüfungs- und Kognitionspflicht des Berufungsgerichts.

193 Hauck in Löwe/Rosenberg Rn. 19; Rogall in SK-StPO Rn. 38 mwN.

194 OLG Jena 22.2.2006 – 1 Ws 54/06, BeckRS 2006, 5935; OLG Hamm 11.9.2014 – 3 Ws 303/14, NStZ-RR 2014, 384; vgl. auch BVerfG 11.9.2002 – 2 BvR 1369/02, 2 BvQ 42/02, NStZ-RR 2002, 377.

195 Bayerischer VGH 15.7.2008 – Vf. 91-VI-07, BayVBl. 2008, 693; OLG Schleswig 25.4.1996 – 11 U 46/95, VersR 1997, 841; LG Aachen 30.1.2012 – 71 Ns – 507 Js 513/10 – 227/10, Blutalkohol 49, 112; Kotz VRR 2009, 367; Köhler in Meyer-Goßner/Schmitt Rn. 1.

196 Bruns in KK-StPO Rn. 3.

197 LG Koblenz 16.12.2020 – 2 Qs 73/20, BeckRS 2020, 36840.

198 OLG Braunschweig 13.11.2012 – Ws 321/12, NZV 2014, 137.

199 OLG Düsseldorf 26.9.2000 – 1 Ws 514/00, DAR 2001, 38, juris.

nahme (hier: Sicherstellung eines Führerscheins) voraus, die vom Verfahrensergebnis (ex post) gedeckt ist, also materiell berechtigt war. Dass die Maßnahme bei ihrer Durchführung (ex ante) rechtmäßig war, weil in diesem Zeitpunkt dringende Gründe dafür bestanden, dass die Fahrerlaubnis später endgültig entzogen werden würde, genügt nicht.[200] Ein Entschädigungsanspruch wegen der vorläufigen Entziehung der Fahrerlaubnis ist gemäß § 5 Abs. 2 Satz 1 StrEG ausgeschlossen, wenn der Angeklagte diese Strafverfolgungsmaßnahme grob fahrlässig verursacht hat.[201] Eine solche grobe Fahrlässigkeit liegt grds. vor bei nicht unerheblichem Alkohol- oder Drogenkonsum, bei sonstigem unbesonnenen Verhalten, das den Verdacht einer Straftat heraufbeschwört und bei Nachtrunk.[202] Eine Entschädigung für die Sicherstellung eines Führerscheins ist nach § 5 Abs. 2 Satz 1 StrEG auch ausgeschlossen, wenn sich der (frühere) Beschuldigte durch entsprechende geständige Erklärungen im Rahmen seiner ersten Vernehmung durch die Polizei dem Verdacht ausgesetzt hat, im Zustand absoluter Fahrunsicherheit ein Kraftfahrzeug im öffentlichen Straßenverkehr geführt zu haben, und diese Einlassung später widerruft.[203] Hat der Täter bei der Tat ein Carsharing-Fahrzeug benutzt, so steht dem zunächst der Tat verdächtigten Inhaber des benutzten Accounts eine Entschädigung für die vorläufige Entziehung der Fahrerlaubnis nicht zu, wenn aufgrund lebensnaher Betrachtung davon auszugehen ist, dass er seine Zugangsdaten entweder nicht sorgfältig genug unter Verschluss gehalten oder dem tatsächlichen Nutzer unberechtigt überlassen hat.[204] Einem Dritten die eigenen Personenstandsurkunden zu überlassen, stellt eine die Entschädigung nach § 5 Abs. 2 Satz 1 StrEG ausschließende grob fahrlässige Verursachung von Strafverfolgungsmaßnahmen dar, wenn der Dritte alsdann eine Straftat begeht und sich falsch ausweist. Dies gilt selbst dann, wenn der zu Unrecht Beschuldigte zum Zeitpunkt des Überlassens noch keine Kenntnis von der konkreten Verwendungsabsicht des Dritten hatte.[205] Die Entschädigung kann schließlich nach § 6 Abs. 1 Nr. 2 Alt. 1 StrEG ausgeschlossen sein, wenn der Beschwerdeführer nur deshalb nicht verurteilt worden ist, weil er im Zustand der Schuldunfähigkeit gehandelt hat.[206]

Vorbemerkung §§ 111b–111q

Schrifttum: Asensio Pagán, Die staatliche Einziehung im Spannungsfeld zum Insolvenzverfahren – eine Zwischenbilanz zwei Jahre nach der Reform, ZInsO 2019, 1554; Bittmann, Was wird nach welcher Vorschrift eingezogen und wie zuvor gesichert?, NZWiSt 2019, 445; Bittmann, Tatertrag – Das unbekannte Wesen – Abgrenzung zu von § 74 StGB erfassten tatbedingten Zuflüssen, NZWiSt 2021, 133; Bittmann/Tschakert, Strafrechtliche Vermögensabschöpfung und Insolvenzrecht – Stärkung des Justizfiskus, der Verletzten oder aller Gläubiger?, ZInsO 2017, 2657; Bittmann/Köhler/Seeger/Tschakert, Handbuch der strafrechtlichen Vermögensabschöpfung, 2020; Blankenburg, Reform der strafrechtlichen Vermögensabschöpfung – Neue Möglichkeiten der Staatsanwaltschaft im Insolvenzverfahren, ZInsO 2017, 1453; Buchholz/Weber, Die Vollziehungsfrist des Vermögensarrests, NZWiSt 2020, 306; Cordes, Formelle und materielle Anforderungen an die Anordnung eines strafprozessualen Vermögensarrestes, NZWiSt 2021, 45; Corsten/Schilling, Vermögensabschöpfung und Opferentschädigung, in Münchener Anwaltshandbuch Wirtschafts- und Steuerstrafrecht, 3. Aufl., 2020, § 13; Faust, Das strafprozessuale Abschöpfungsrecht – Die Sicherstellung von Vermögenswerten zugunsten des Verfalls, des Wertersatzverfalls und der Verletzten 2008 (Diss.); Francke/Schwarz, Abschied von der Rückgewinnungshilfe – Ein Blick auf die Reform der Opferentschädigung mit Fokus auf die Insolvenz, in Bergmann, Beiträge zur strafrechtlichen Vermögensabschöpfung 2020; Gericke, Die neuen Regelungen zur Einziehung – erste Erfahrungen, StraFo 2021, 274; Gerlach/Manzke, Verzichtserklärung und Einziehung nach der Reform der strafrechtlichen Vermögensabschöpfung, StraFo 2018, 101; Hansen, Die Rückgewinnungshilfe – Die Vermögensabschöpfung gemäß §§ 111b ff. StPO zugunsten der Geschädigten unter besonderer Berücksichtigung des Spannungsverhältnisses zwischen Strafprozess- und Insolvenzrecht in der Insolvenz des Täters 2013 (Diss.); Hellerbrand, Der dingliche Arrest zur Sicherung des Verfalls von Wertersatz im Ermittlungsverfahren, wistra 2003, 201; Huber, Strafrechtlicher Verfall und Rückgewinnungshilfe bei der Insolvenz des Täters, 2011, Dissertation München 2010); Kempf/Schilling, Vermögensabschöpfung 2007;

200 KG Berlin 13.10.2015 – 3 Ws 524/15.
201 LG Aachen 30.1.2012 – 507 Js 513/10 – 227/10, BeckRS 2012, 18247, Blutalkohol 49, 112.
202 Vgl. mwN Janker in Burmann/Heß/Hühnermann/Jahnke Rn. 16.
203 LG Saarbrücken 1.12.2017 – 8 Qs 129/17, BeckRS 2017, 158300.
204 AG Berlin-Tiergarten 17.8.2018 – 297 Ds 235 Js 567/18 (14/18), NZV 2019, 157.
205 LG Limburg 24.4.2018 – 1 Qs 65/18.
206 KG Berlin 13.10.2015 – 3 Ws 524/15.

Köhler/Burkhard, Die Reform der strafrechtlichen Vermögensabschöpfung, NStZ 2017, 665; Köllner/Mück, Reform der strafrechtlichen Vermögensabschöpfung, NZI 2017, 593; Korte, Vermögensabschöpfung reloaded, wistra 2018, 1; Laroche, Das Insolvenzantragsrecht der Staatsanwaltschaft in der Praxis, ZInsO 2017, 1245; Madauß, Das neue Recht der strafrechtlichen Vermögensabschöpfung und Steuerstrafverfahren – Fragen aus der Sicht der Praxis, NZWiSt 2018, 28; Madauß, Vermögensabschöpfung und Steuerstrafrecht – weiter streitige Einzelaspekte, NZWiSt 2019, 49; Markgraf, Der Grundsatz der par conditio creditorum im Spannungsverhältnis zu der strafrechtlichen Vermögensabschöpfung, 2008 (Dissertation Köln 2007/2008); Malitz, Die Berücksichtigung privater Interessen bei vorläufigen strafprozessualen Maßnahmen gemäß §§ 111b ff. StPO, NStZ 2002, 337; Malitz, Beendigung von Zwangsmaßnahmen und Freigabe von Vermögenswerten, NStZ 2003, 61; Meißner, Das neue Modell der Opferentschädigung – aus Sicht eines (dritt)betroffenen Unternehmens, NZWiSt 2018, 239; Meißner, Die neuen Regelungen zur Einziehung – erste Erfahrungen, StraFo 2021, 266; Meißner/Schütrumpf, Vermögensabschöpfung – Ein Praxisleitfaden, 2. Aufl. 2022; Peters/Bröckers, Vermögensabschöpfung im Strafverfahren, 2019; Reh, Praxisprobleme im Umgang mit dem neuen Recht der Vermögensabschöpfung aus staatsanwaltschaftlicher Sicht, NZWiSt 2018, 20; Reichhart, Die Vermögensabschöpfung im Strafverfahren 2008 (Diss.); Rettke, Rechtsschutz nach Vollziehung einer Beschlagnahme oder eines Vermögensarrests – Die gerichtliche Entscheidung im Sinne des § 111k Abs. 3 StPO, NJW 2020, 2898; Rettke, Der Drittschuldner und die Staatsanwaltschaft, NJW 2020, 3641; Rettke, Funktionelle Zuständigkeit im Bereich der strafrechtlichen Vermögensabschöpfung, SchlHA 2018, 10; Rönnau, Vermögensabschöpfung in der Praxis, 2. Aufl. 2015; Rhode, Die strafrechtliche Opferentschädigung im neuen Gewand, wistra 2018, 65 und 102; Savini, Das noch unbekannte Vollstreckungsverbot nach § 111h Absatz 2 StPO nF, RPfleger 2018, 177; Schlachetzki, Das Ermessen bei der Zurückgewinnungshilfe, wistra 2011, 41; Schmid/Winter, Vermögensabschöpfung in Wirtschaftsstrafverfahren – Rechtsfragen und praktische Erfahrungen, NStZ 2002, 8; Schmidt, Vermögensabschöpfung – Handbuch für das Straf- und Ordnungswidrigkeitenverfahren, 2. Aufl. 2019; Ullenboom, Praxisleitfaden Vermögensabschöpfung, 2. Aufl. 2021; Ullenboom, Das „kleine Opferentschädigungsverfahren" gem. §§ 111n, 111o StPO nF, NZWiSt 2020, 470; Weitzell/Wolfer, Das Spannungsfeld zwischen Straf- und Insolvenzverfahren nach der Reform der strafrechtlichen Vermögensabschöpfung, NZI 2018, 734; Zivanic, Etwas erlangt (§ 73 Abs. 1 StGB) in Fällen nur vorübergehender Verfügungsgewalt, NStZ 2021, 264.

Übersicht

I. Allgemeines

Vermögensabschöpfung ist **Rechtsanwendung.**[1] Das gilt sowohl für die Entscheidung 1
über die Einziehung als solcher, für die verfahrensrechtlich der Zweifelssatz gilt,[2] als auch für das Ergreifen vorläufiger Sicherungsmaßnahmen. An sich sollte ein derartiger Hinweis überflüssig sein. Allerdings zeigt die Praxis der Tatsacheninstanzen von den Staatsanwaltschaften bis zumindest den Landgerichten, dass sich die **Strafjustiz** mit der keinen Strafcharakter tragenden[3] Restitutions-Aufgabe **schwertut.** Bis zum 30.6.2017 wurden die seinerzeit geltenden Bestimmungen zur Vermögensabschöpfung nahezu ausnahmslos nur in

[1] Das betont mahnend auch Johann in Löwe/Rosenberg Vor §§ 111b ff. Rn. 24 aE.
[2] BGH 25.5.2022 – 4 StR 89/22, Rn. 5.
[3] Statt aller: BVerfG 10.2.2021 – 2 BvL 8/19, BVerfGE 156, 354 Rn. 103–129; einschr. für § 76a Abs. 4 Rönnau/Begemeier NStZ 2021, 705; s.a. Reichling/Lange/Borgel NStZ 2021, 417; Rübenstahl/Weißbeck ZWH 2021, 274.

speziellen Fällen und damit von den Staatsanwälten und Richtern angewandt, die sich mit der Materie näher beschäftigt hatten. Die allerdings wenigen von der Justiz erzielten Ergebnisse ließen sich in der Gesamtschau als inhaltlich ausgewogen betrachten. Mit dem Gesetz zur „Reform der strafrechtlichen Vermögensabschöpfung" vom 13.4.2017[4] sollten Kompliziertheit und Anwendungsdefizite des früheren Rechts überwunden werden. Die flächendeckende Ausweitung der Einziehung überfordert die Praxis jedoch leider zu oft.

2 Als eine wesentliche Folge der Umgestaltung der Rechtslage ist partiell ein **Mentalitätswandel** eingetreten. Soweit er sich in konsequenter Anwendung des neuen Rechts niederschlägt, entspricht dies den Intentionen des Reformgesetzgebers. Allerdings beschränkt sich die Praxis nicht durchweg darauf, sondern ist zuweilen bestrebt, möglichst hohe Werte einzuziehen und zuvor zu sichern. Den Umgang insbesondere mit großen Geldsummen ist die Strafjustiz jedoch nicht gewohnt. Im Bestreben, der Intention des Gesetzgebers Rechnung zu tragen (und wohl auch eigene Haftungsrisiken für den Fall zu zögerlicher Rechtsanwendung zu vermeiden), scheint sich zuweilen der **Abschöpfungszweck zu verabsolutieren.**[5]

3 Bedenken werden dann ebenso hintangestellt wie Gegenargumente voreilig abgetan als unwahre Schutzbehauptung. Insbesondere vorläufige Maßnahmen und hier va der Vermögensarrest werden routinemäßig angeordnet und vollzogen, ohne dass mehr als eine floskelhafte Bejahung des Vorliegens eines Sicherungsbedürfnisses und der Wahrung des Grundsatzes der Verhältnismäßigkeit festzustellen wäre. Unter Verweis darauf, einfache Gründe würden genügen, wird vielfach das Überwiegen des staatlichen Sicherungsinteresses selbst vor legitimen Belangen von der Maßnahme schwer getroffener Drittempfänger bejaht. Nicht nur Staatsanwaltschaften, sondern auch Ermittlungsrichter und Beschwerdekammern zeigen zu selten Neigung, einmal gesichertes Geld (oder sonstige Werte) wieder frei- und herauszugeben. Manchmal drängt sich angesichts sehr schwacher bis widersprüchlicher Argumentation der Eindruck auf, die Justiz wolle mit allen Mitteln trotz veränderten Erkenntnisstands dauerhaft behalten, was sie auf unsicherer Tatsachenbasis anfangs einmal vereinnahmt hat. Begegnete die Strafjustiz bis zum 30.6.2017 dem Gedanken der Vermögensabschöpfung mit übergroßer Zurückhaltung, so ist diese nunmehr einer teils übermäßigen Anwendung gewichen.

4 Im **Reformgesetz** 2017 war eine derartige **einseitige Anwendung** allerdings **nicht angelegt.** Obwohl Einziehungslücken geschlossen werden sollten und es das ausdrückliche Ziel des Gesetzgebers war, sichernde Maßnahmen früher und häufiger als zuvor ergreifen zu lassen, war dem Gesetzestext ebenso wenig wie der Begründung zum Reformentwurf eine Einseitigkeit zu entnehmen. Das allerdings hat sich mit einigen verfahrensrechtlichen Änderungen aufgrund des StPO-Fortentwicklungsgesetzes,[6] insbesondere der damit verbundenen Beseitigung eigenständiger Relevanz der Entreicherung in § 459g Abs. 5 S. 1 durchaus geändert. Bestandteil auch des geänderten neuen Rechts ist jedoch **keine methodische Anweisung** zu **abschöpfungsfreundlichster Auslegung.** Trotz Intensivierung der Vermögensabschöpfung 2017 sollte ausdrücklich die **Notwendigkeit eines Sicherungsbedürfnisses** erhalten bleiben.[7] Die nach Erkenntnisstand und Zeitablauf variierenden **Voraussetzungen** für das Ergreifen einstweiliger Sicherungsmaßnahmen sollten gegenüber dem früheren § 111b zwar **flexibilisiert,** jedoch **keineswegs beseitigt** werden.[8] Die Reform bezweckte demnach zwar eine Steigerung sowohl der Einziehungsanordnungen als auch der vorläufigen Sicherungsmaßnahmen, strebte dies jedoch nicht unter Mindergewichtung der Belange der Betroffenen an, sondern betonte (in den Gesetzesmaterialien) ausdrücklich, dass deren Interessen im selben Maße wie zuvor in den Abwägungsprozess

---

4 BGBl. 2017 I 872.

5 Ähnlich Heuchemer NZWiSt 2019, 209.

6 BGBl. 2021 I 2099, dazu Bittmann NStZ 2022, 8.

7 BT-Drs. 18/9525, 49, 75 und 76 f.

8 BT-Drs. 18/9525, 49 und 77. Für Gleicheit der Maßstäbe in § 917 ZPO einerseits und §§ 111b und 111e andererseits Meißner/Schütrumpf Praxisleitfaden Vermögensabschöpfung, Rn. 217.

einzugehen hätten, allerdings teilweise unter einem neuen dogmatischen Gesichtspunkt und zu einem anderen Zeitpunkt als zuvor.

Die **korrekte Gesetzesanwendung** ist demnach nicht die möglichst scharfe, sondern die **konsequente.** Die unterschiedlichen Belange, dh auch die legitimen Interessen der Betroffenen, sind **sachlich** gegeneinander **abzuwägen.** Insbesondere die **Nebenwirkungen** einstweiliger Sicherungsmaßnahmen sind zu **berücksichtigen.** Das „Einfrieren" wesentlicher Teile des Vermögens drittbetroffener Unternehmen führt allzu leicht in die Insolvenz[9] und ist (wie zB der immaterielle Reputationsschaden) nicht wiedergutzumachen. Selbst wenn dringende Gründe für die spätere Einziehung sprechen, steht das Ergreifen einer Sicherungsmaßnahme weiterhin im, wenngleich eingeschränkten **Ermessen** der **Strafjustiz.** Das gilt erst recht bei Gründen im Gewicht eines lediglich einfachen Verdachts. Gerade bei vorläufigen Maßnahmen ist das **Bewusstsein** der Strafjustiz für die **ungesicherte Tatsachenbasis** erforderlich. Jede solche Sicherung stellt einen **Eingriff** in die **Grundrechte** des **Betroffenen** dar und **bedarf** daher einer **Rechtfertigung,** die vor der Bedeutung des in concreto eingeschränkten Grundrechts Bestand hat. Dazu gehört ganz wesentlich die Wahrung des Grundsatzes der Verhältnismäßigkeit, innerhalb dessen Rahmens auch die (im Ermittlungsverfahren freilich nur eingeschränkt geltende) **Unschuldsvermutung** ernst zu nehmen ist. 5

Die **Beschlagnahme** bezieht sich auf einen konkreten Gegenstand. Dessen Bedeutung für das Verfahren, den Betroffenen, etwaige Opfer und die Allgemeinheit variiert jedoch. Für die Anwendung der §§ 111b–111d auf Original-Tatertrag ist zu unterscheiden zwischen dem **Ertrag** aus einer Straftat mit **individuellem Verletzten** und solchem aus einem **Gemeindelikt** sowie dem **Grad der Einziehungserwartung,** § 111b Abs. 1 S. 1. Die Spannbreite der zu treffenden Entscheidung reicht demgemäß von der sicheren Erwartung der Rückführung entzogenen Vermögens an das individuelle Opfer als dem einen Extrem bis hin zur lediglich denkbaren Einziehung des Ertrags aus einem Gemeindelikt. 6

Voraussetzung für die Zulässigkeit einer **sichernden Maßnahme** ist ein über bloße Vermutungen hinausgehendes **Sicherungsbedürfnis.** Es besteht, wenn aufgrund fallbezogener Erkenntnisse zu befürchten ist, dass ohne Beschlagnahme die Durchsetzung der Einziehung nicht möglich wäre. Die lediglich allgemeine Vermutung, niemand werde abwarten, bis ihm sein ergaunertes Vermögen wieder abgenommen werde, genügt nicht. Sie beruht auf einem Zirkelschluss, steht die Kontaminierung des Gegenstands doch noch gar nicht fest. Zudem hat nicht jeder Verdächtige ein Interesse daran, seine Stellung gegenüber der Justiz selbst zu desavouieren. Sind oder werden allerdings Tatsachen bekannt, die auf Verschleierungsbemühungen hindeuten, so ist regelmäßig das Sicherungsbedürfnis zu bejahen. 7

Die Beschlagnahme des einem Anspruchsinhaber (→ Rn. 21–24a) als materiell-rechtlich individuell Verletztem entzogenen Gegenstands stellt den normativen und hoffentlich auch empirischen Regelfall dar. Davon **abgesehen** werden darf daher im Interesse des **Opferschutzes** nur in seltenen **Ausnahmefällen,** in denen die Einziehungserwartung deshalb gering ist, weil für die Berechtigung des Betroffenen ernsthafte und tatsachengestützte Gründe vorliegen und bekannt sind. Steht hingegen der Ertrag aus einem Gemeindelikt zur Sicherung an, so spricht zwar das öffentliche Interesse an der späteren Vollstreckung der Einziehungsentscheidung für die Beschlagnahme. Es fehlt aber der zusätzliche Aspekt des Opferschutzes, so dass den Interessen des Betroffenen zwangsläufig ein höheres Gewicht zukommt. 8

In den Fällen des **Vermögensarrests** wird zwar nicht durchweg, wohl aber regelmäßig **legales Vermögen** belastet (→ § 111f Rn. 3 f.).[10] Alle vollstreckungssichernden Maßnahmen treffen zunächst **(noch) nicht** rechtskräftig **Verurteilte.** Deshalb steht auch die Beschlagnahme unter dem allgemeinen Vorbehalt der Verhältnismäßigkeit.[11] Zugunsten des 9

[9] Hagenkötter NJW 2019, Editorial Heft 19; zu Kollateralschäden in Steuerstrafverfahren Meinecke DStR 2018, 2387; s. allgemein Lindemann/Bauerkamp in Leitner/Rosenau, Wirtschafts- und Steuerstrafrecht, 2. Aufl. 2022, Vor §§ 73 ff. StGB, Rn. 17.

[10] Bei fehlendem Eigentum droht Pfändung ins Leere zu gehen, Rönnau Vermögensabschöpfung Rn. 28.

[11] BGH 18.8.2021 – 5 StR 39/21, NStZ-RR 2021, 378 Rn. 44.

Beschuldigten, reflexartig auch für sonstige Betroffene, streitet zudem mit Art. 6 Abs. 2 EMRK die **Unschuldsvermutung.**[12] Beachtung verlangen auch die **Grundrechte** aus Art. 2 Abs. 1 iVm Art. 20 Abs. 3, 5 Abs. 1 S. 2, 12 und 14 GG.[13] Das Recht auf Eigentum bezieht sich nicht allein auf den Wert, sondern erstreckt sich auch auf die Befugnisse zur Nutzung und Verfügung.[14] Es gilt der strikte **Vorbehalt des Gesetzes.**[15] Die sehr detailreiche Rechtslage ist zwar weitgehend verfassungsgemäß, ihrer Anwendung, konkreten Eingriffen wie deren Fortbestand, setzt aber das **Übermaßverbot** Grenzen.[16]

10 Die allgemeinen verfassungsrechtlichen Anforderungen wirken tatbestands- und fallspezifisch. Sie sind vom Gericht selbst (ohne Bindung an die Einschätzung der Staatsanwaltschaft) einzelfallbezogen zu prüfen und im Wesentlichen im anordnenden oder aufrechterhaltenden Beschluss, zumindest aber in der Akte, zu dokumentieren. Zu berücksichtigen sind insbesondere etwaige trotz möglicher Ersatzansprüche nach dem StrEG irreversible Folgen für persönlichen Ruf, Vermögen und (bei Unternehmen) wirtschaftlichen Bestand.[17] Je größer der **Prozentsatz** ist, zu dem das **Gesamtvermögen** arretiert ist, und je länger die Maßnahme aufrechterhalten wird, desto höher steigen die Anforderungen an ihre Angemessenheit.[18] Bloße **Vermutungen genügen nie.** Der erforderliche Grad der Gewissheit der für die Abschöpfung sprechenden Tatsachen steigt proportional zu den Folgen der vorläufigen Maßnahmen für den Betroffenen.[19]

II. Grundzüge der Reform 2017

11 **1. Struktur.** Die §§ 111b ff. folgen einer **inneren Logik,** korrespondieren mit den materiellrechtlichen Vorschriften des StGB über die Einziehung, §§ 73 ff. und 74 ff. StGB (im subjektiven wie im selbständigen Verfahren[20]) und weisen systematische Gemeinsamkeiten auf mit den Bestimmungen über den zivilprozessualen dinglichen Arrest, §§ 916 ff. ZPO. Die Schnittstelle zum Insolvenzrecht ist nunmehr gesetzlich geregelt, jedoch nicht en bloc, sondern in verschiedenen Einzelbestimmungen.

11a Nicht geregelt ist jedoch das **Verhältnis** zwischen **Insolvenzrecht** und **Geldwäschestrafbarkeit.** Die Gesetzesbegründung begnügt sich dazu mit dem Hinweis, die Verlängerung der Beschlagnahme in das Insolvenzverfahren, § 111d Abs. 2 S. 1, mindere das Risiko des Insolvenzverwalters, sich nach § 261 StGB strafbar zu machen.[21] Da für die Kontamination jedoch ausreicht, dass ein Gegenstand aus einer Tat herrührt und dafür ein wirtschaftlicher Zusammenhang genügt, berührt das Thema auch die Verwaltung des Werts von Taterträgen sowie den Erwerb aus der Insolvenzmasse. Es gibt etliche Begründungsansätze, den Anwendungsbereich des § 261 StGB entsprechend zu beschränken und damit zugleich zu vermeiden, § 111i ad absurdum zu führen.[22] Die **Lösung** folgt bereits aus der **Normenhierarchie:** Was gesetzlich erlaubt ist, kann nicht zugleich strafbar sein. Da einerseits Straftäter

---

12 Johann in Löwe/Rosenberg § 111b Rn. 92 und 106.

13 BVerfG 14.6.2004 – 2 BvR 1136/03, wistra 2004, 378 Rn. 40 ff.; 7.6.2005 – 2 BvR 1822/04, StraFo 2005, 338 Rn. 36 ff.; 3.5.2005 – 2 BvR 1378/04, NJW 2005, 3630 Rn. 17 ff.; 29.5.2006 – 2 BvR 820/06, NStZ 2006, 639 Rn. 19 ff.; 17.7.2008 – 2 BvR 2182/06, WM 2008, 1588 Rn. 12; Rogall in SK-StPO Vor §§ 111b ff. Rn. 25.

14 Cordes NZWiSt 2021, 45 (46).

15 BVerfG 17.7.2008 – 2 BvR 2182/06, WM 2008, 1588 f.: Nur das ‚Erlangte' ist maßgeblich (ca. 13 T EUR), nicht die zivilrechtliche Haftung (fast 1,3 Mio. EUR).

16 Gercke in Gercke/Julius/Temming/Zöller Vor §§ 111b ff. Rn. 4; Rogall in SK-StPO Vor §§ 111b Rn. 25 f.

17 Auflistung der Abwägungsparameter bei Faust AbschöpfungsR S. 149 (durch die mögliche Straftat entstandener Schaden; Quote gesichertes zu frei bleibendem Vermögen; Nutzung des Vermögens, zB zu produktiven Zwecken; potentielle Ersatzfähigkeit; immaterielle Folgen, Vorleben des Betroffenen und Kosten der Maßnahme).

18 Faust AbschöpfungsR S. 162.

19 Zum Ganzen ausführlich Faust AbschöpfungsR S. 56 ff., 136 ff., 159 ff. und 228 ff.

20 Spillecke in KK-StPO § 111b Rn. 5.

21 BT-Drs. 18/9525, 76 („bedenkliche Nähe zum Straftatbestand der Geldwäsche").

22 Vgl. Köllner NZI 2021, 316; Schorn/von Hebel NZI 2021, 465 (467 f. mN in Fn. 23–28).

Insolvenzschuldner sein können (§ 11 Abs. 1 InsO: jede natürliche Person) und andererseits die StPO den Vorrang des Insolvenzrechts ausdrücklich anerkennt, kann ein **Handeln auf Basis der InsO** von vorn herein **nicht allein strafbarkeitsbegründend** sein und zwar weder für den Insolvenzverwalter noch für den Erwerber von Massegut. Das bedeutet aber nicht, dass Verwalter wie Erwerber sich nicht nach § 261 StGB strafbar machen könnten. Voraussetzung dafür ist jedoch das **Hinzutreten** solcher **zusätzlicher Unstände,** die zur Tatbestandsmäßigkeit des Handelns führen (zB die zumindest leichtfertige Anerkennung vorgetäuschter Forderungen, die aus dem Freundeskreis des kriminellen Insolvenzschuldners angemeldet wurden). Das bedeutet: Insolvenzverwaltung ist keine Geldwäsche, erlaubt sie aber nicht etwa.

2. Früheres Recht. Der Kern der Bestimmungen über vollstreckungssichernde Maßnahmen beruht auf dem EGStGB vom 2.3.1974,[23] ergänzt durch Gesetz vom 25.7.1975[24] mit Einfügung der früheren §§ 111m und 111n (jetzt: § 111q). Das Gesetz vom 28.2.1992[25] erweiterte den Anwendungsbereich der seinerzeitigen §§ 111b ff. Gemäß Gesetz vom 15.7.1992[26] wurde der erweiterte Verfall, § 73d StGB (nunmehr erweiterte Einziehung, § 73a StGB), geschaffen und sicherungsfähig. Änderungen hinsichtlich Intensität der Prognosewahrscheinlichkeit und der dafür maßgeblichen Zeiträume brachte das Gesetz vom 4.5.1998[27] mit sich. Den inzwischen wieder aufgehobenen Auffangrechtserwerb gemäß § 111i aF schuf das Gesetz vom 24.10.2006 mit Wirkung vom 1.1.2007.[28] Es bedarf deshalb der genauen Prüfung, auf welchen Rechtszustand sich Literatur und Rechtsprechung jeweils beziehen und ob ihre Aussagen nicht inzwischen **überholt** sind. 12

3. Geltendes Recht. a) Neuerungen (Schwerpunkt: materielles Recht). Das Reformgesetz 2017 entwickelte das materiellrechtliche Abschöpfungsrecht gegenüber dem Rechtszustand bis zum 30.6.2017 weitgehend behutsam[29] fort, fügte aber auch einige neue Elemente ein. Erhalten geblieben ist die **Zweiteilung** zwischen Einziehung, früher: Verfall, von **Taterträgen,** §§ 73 ff. StGB, einerseits und von **Tatprodukten, Tatmitteln** und **Tatobjekten,** §§ 74 ff. StGB, andererseits. Schon aus sachlogischen Gründen heraus ließ sich an der Differenzierung zwischen **Taterträgen** im **Original,** § 73 StGB, und deren **Wert,** § 73c StGB, nichts ändern. Materiellrechtlich ist die (gegenständliche oder ersatzweise wertmäßige) Einziehung zwingend. Prozessual besteht aber die Möglichkeit des Absehens, § 421. Zudem lässt der BGH weiterhin die sog. „formlose Einziehung" mittels Verzichts zu, die jedoch gefahrenträchtig und häufig komplizierter als die förmliche ist.[30] 13

---

[23] BGBl. 1974 I 469 ff.; vgl. Johann in Löwe/Rosenberg § 111b, vor Rn. 1.
[24] BGBl. 1975 I 1973 ff.
[25] BGBl. 1992 I 375 ff.
[26] BGBl. 1992 I 1302 ff.
[27] BGBl. 1998 I 845 ff.
[28] BGBl. 2007 I 2350 ff.
[29] Köhler in Meyer-Goßner/Schmitt Vor § 111b Rn. 1; demgegenüber betont Johann in Löwe/Rosenberg Vor §§ 111b ff. Rn. 1, 3 und 12 sowie § 111e Rn. 9 die wesentlichen dogmatischen Veränderungen; das Gesetzgebungsverfahren zusammenfassend dokumentierend Vor §§ 111b ff., Rn. 18–25.
[30] BGH 11.12.2018 – 5 StR 198/18, BGHSt 63, 305 (dazu Habetha NJW 2019, 1642; Hiéramente NZWiSt 2019, 312); bestätigend BGH 6.2.2019 – 5 StR 560/18, wistra 2020, 60 Rn. 4; ferner BGH 11.10.2017 – 2 StR 365/17, Rn. 5; 7.3.2018 – 2 StR 127/17, Rn. 4; 10.4.2018 – 5 StR 611/17, BGHSt 63, 116 (dazu Laustetter jurisPR-StrafR 12/2018 Anm. 5); 9.5.2018 – 4 StR 92/18, Rn. 2; 16.5.2018 – 2 StR 51/18; 7.6.2018 – 4 StR 63/18, Rn. 17; 19.7.2018 – 5 StR 301/18, Rn. 10; 1.8.2018 – 5 StR 320/18, Rn. 2, StV 2020, 361; 12.9.2018 – 5 StR 400/18, Rn. 13; 20.9.2018 – 1 StR 316/18, NStZ 2019, 416; 10.10.2018 – 5 StR 488/18 Rn. 3; 8.11.2018 – 4 StR 297/18, NStZ 2019, 271, Rn. 10–12; 27.11.2018 – 5 StR 445/18, Rn. 7; 10.12.2018 – 5 StR 539/18; 10.12.2018 – 5 StR 590/18; 13.12.2018 – 3 StR 307/18, BGHSt 63, 314 Rn. 6–27 (dazu L. Hansen NZWiSt 2019, 353); 6.2.2019 – 5 StR 560/18, wistra 2020, 60, Rn. 5; 6.3.2019 – 5 StR 546/18, Rn. 6 f.; 19.3.2019 – 5 StR 104/19, Rn. 7 f.; 20.3.2019 – 3 StR 67/19, JR 2020, 187; 16.4.2019 – 5 StR 86/19, NStZ-RR 2019, 210; 4.7.2019 – 4 StR 590/18, Rn. 18; 30.7.2019 – 5 StR 265/19; 13.8.2019 – 4 StR 338/19; 29.8.2019 – 5 StR 411/19; 11.9.2019 – 5 StR 338/19; 12.9.2019 – 5 ARs 21/19; 25.9.2019 – 5 StR 242/19, Rn. 3; 17.10.2019 – 3 StR 521/18, NStZ 2020, 271, Rn. 61; 22.10.2019 – 4 ARs 11/19; 27.2.2020 – 4 StR 552/19, NStZ-RR 2020, 168, Rn. 13; 20.5.2020 – 4 StR 539/19, Rn. 3; 30.6.2020 –

14 Die **Entstehung** des staatlichen Anspruchs auf Einziehung knüpft das Gesetz nunmehr an das **Erlangen** des Ertrags im Original, bei Drittempfängern auch wertmäßig. Für Täter und Teilnehmer kommt es für die Wertbestimmung auf den Zeitpunkt der Wandlung zum ersatzweisen Anspruch auf Einziehung des Werts des Tatertrags an.[31] Für die Klassifizierung als Insolvenzforderung ist aber auch insoweit der Moment des Erlangens maßgeblich.[32] Die gerichtliche Einziehungsanordnung begreift es als **Vollstreckungstitel.**[33] Während das Objekt bei der Einziehung des Tatertrags im Original feststeht, ist die **Bestimmung** des ersatzweise einzuziehenden **Werts,** § 73c StGB, nunmehr **zweistufig** vorzunehmen: Zunächst ist zu prüfen, was von wem als Tatertrag (im Original) erlangt wurde. Anschließend sind Aufwendungen abzuziehen, soweit sie nicht vorsätzlich für die Vorbereitung oder Begehung der Tat eingesetzt wurden, § 73d Abs. 1 StGB. Demgemäß gilt für die **Vorsatztat** das **Brutto**-, für das **Fahrlässigkeitsdelikt** das **Nettoprinzip.** Eine **Mischform** stellt § 73d Abs. 1 S. 2 Var. 2 StGB dar: Der Wert der Gegenleistung ist selbst nach einer Vorsatztat abziehbar, sofern sie das Opfer freiwillig behält. Entreicherung als solche war bis zum 30.6.2021 (außer für gutgläubige Drittempfänger, § 73e Abs. 2 StGB) im Grundsatz erst im Vollstreckungsverfahren relevant (§ 459g Abs. 5 als Ersatz der Härteklausel des § 73c StGB aF). Seit dem 1.7.2021 soll sie jedoch (in Fällen des Verprassens[34]) nur noch in seltenen, va schicksalsbedingten Fällen[35] als Unteraspekt der Unverhältnismäßigkeit Anerkennung finden können. Jedoch ist die Einziehung von Erträgen aus Straftaten gegen ein Individualrechtsgut insoweit **ausgeschlossen,** wie der Anspruch des Opfers (mittels Erfüllung oder Verzichts, zB im Wege eines Vergleichs, nicht aber aufgrund Verjährung) **erloschen** ist, § 73e Abs. 1 StGB.

15 Neu ist die gesetzliche Normierung sowohl des **Verschiebungs**- wie auch des Erfüllungsfalls, § 73b Abs. 1 S. 1 Nr. 2, lit. a und b StGB. Zudem können Taterträge nunmehr auch beim **Erben** und **Pflichtteilsberechtigten** bzw. **Vermächtnisnehmer** eingezogen werden, § 73b Abs. 1 S. 1 Nr. 3 StGB. Die selbstständige Einziehung, § 76a Abs. 1–3 StGB ist jetzt auch zulässig, wenn gegen eine bestimmte natürliche Person aus Rechts- (und nicht mehr nur wie früher: aus tatsächlichen) Gründen kein Strafverfahren geführt werden kann. Erstmals ist in Deutschland zudem die **erweiterte selbständige Einziehung** (non-conviction-based Confiscation) möglich, § 76a Abs. 4 StGB.[36] Sie verzichtet im Gegensatz zur erweiterten Einziehung, § 73a StGB, auch auf das Erfordernis einer Verurteilung wegen der Anlasstat, dh dem Geschehen, das die Strafjustiz hat aufmerksam werden und eine Sicherungsmaßnahme ergreifen lassen. Zudem fallen nach neuem Recht die **Verjährungs-**

---

6 StR 111/20; 1.7.2020 – 6 StR 96/20, Rn. 4; 17.11.2020 – 4 StR 373/20, Rn. 3; 19.1.2021 – 5 StR 418/20, Rn. 3; 4.2.2021 – 4 StR 457/20, Rn. 11; 10.2.2021 – 3 StR 486/20, Rn. 12; 9.3.2021 – 6 StR 48/21, NStZ-RR 2021, 220 Rn. 8–13; LG Bochum 13.11.2019 – 10 KLs 49 Js 123/18 – 12/19, PStR 2020, 145, Rn. 10–14 und 437–439; LG Bonn 9.8.2017 – 23 KLs 220 Js 1548/15 – 33/16; LG Hildesheim 27.10.2017 – 22 KLs 14 Js 10671/14, Rn. 239; LG Tübingen 8.1.2018 – 1 KLs 42 Js 11065/17, Rn. 139; LG Bremen 21.9.2020 – 51 Ns 560 Js 14399/18 (54/19), StV-S 2021, 17, Rn. 132; zu den damit verbundenen Schwierigkeiten, vgl. Köhler in Bittmann/Köhler/Seeger/Tschakert Strafrechtl. Vermögensabschöpfung-HdB Rn. 221–226; Bittmann in Bittmann/Köhler/Seeger/Tschakert Strafrechtl. Vermögensabschöpfung-HdB Rn. 295–299; Tschakert in Bittmann/Köhler/Seeger/Tschakert Strafrechtl. Vermögensabschöpfung-HdB Rn. 1665–1736; Seeger in Bittmann/Köhler/Seeger/Tschakert Strafrechtl. Vermögensabschöpfung-HdB Rn. 1990–1998; sehr krit. auch, dem BGH aber i.Erg. zust. Johann in Löwe/Rosenberg § 111b Rn. 14 und 15; s. auch Gerlach/Manzke StraFo 2018, 101; Gerlach/Manzke Strafo 2019, 257; Reitemeier ZJJ 2017, 354 (363); Rönnau/Begemeier JR 2019, 471. Die von der Rechtsprechung neben dem Verzicht auf die Rückgabe von Drogengeld akzeptierte ggf. deklaratorische Einziehung hat eine doppelte zu sein, → Vor §§ 111b-q Rn. 75a–75 f.

[31] BT-Drs. 18/11640, 86; Spillecke in KK-StPO § 111i Rn. 12.

[32] BGH 18.2.2021 – IX ZB 6/20, NJW 2021, 1469 Rn. 7 und 9.

[33] BGH 18.2.2021 – IX ZB 6/20, NJW 2021, 1469 Rn. 7–12; Meißner NZWiSt 2018, 239 f.

[34] Zur Notwendigkeit dieser Beschränkung Bittmann NStZ 2022, 8 (14-17); zum vom Gesetzgeber verkannten Verhältnis zu §§ 812 ff. BGB vgl. Lindemann/Bauerkamp in Leitner/Rosenau, Wirtschafts- und Steuerstrafrecht, 2. Aufl. 2022, Vor §§ 73 ff. StGB, Rn. 24.

[35] BT-Drs. 19/27654, 112.

[36] Seit dem 18.3.2021 in der geänderten Fassung des Gesetzes zur Verbesserung der strafrechtlichen Bekämpfung der Geldwäsche vom 9.3.2021, BGBl. 2021 I 327.

fristen für die Bestrafung und die Anordnung von Maßregeln der Besserung und Sicherung einerseits und der Einziehung andererseits auseinander. § 76b Abs. 1 StGB legt die einziehungsrechtliche Regelverjährung auf 30 Jahre fest und § 76b Abs. 2 StGB beseitigte die einziehungsrechtliche Verjährung, soweit (auch) keine strafrechtliche Verjährung eingreift (Mord, Völkermord). Für die Zeit nach Eintritt strafrechtlicher Verjährung oder Einstellung des subjektiven Verfahrens aus anderen Gründen hat das StPO-Fortentwicklungsgesetz mit § 435 Abs. 4 eine eigenständige Ermittlungskompetenz der Staatsanwaltschaft zwecks Vorbereitung eines Antrags auf Einziehung im selbständigen Verfahren geschaffen. Sie zwingt die Staatsanwaltschaften zur Prüfung auch schon weggelegter Akten mit Tatzeiten ab 1.7.1991.

Die Reform 2017 überführte die nach dem früheren Recht *Beziehungsgegenstände* **16** genannten **Tatobjekte** mit der Legaldefinition in § 74 Abs. 2 StGB in das StGB. Es handelt sich dabei um Gegenstände, die anders als **Tatprodukte** nicht erst mittels der Straftat hervorgebracht wurden, die aber auch nicht, anders als **Taterträge,** Tatbeute darstellen, sondern **passive** gegenständliche **Objekte** des kriminellen Handelns waren (zB geschmuggelte Waren oder im Wege der Geldwäsche weitergeleitete Taterträge[37]), während **aktiv** eingesetzte Gegenstände als **Tatmittel** zu behandeln sind.[38] Im Gegensatz zu Tatprodukten und Tatmitteln ist die Einziehung von Tatobjekten nur aufgrund besonderer Verweisungsnorm zulässig. Dies ergibt sich nunmehr direkt aus § 74 Abs. 2 StGB.

Die **Wirkung rechtskräftiger Einziehung** unterscheidet sich danach, ob ein Gegen- **17** stand oder dessen Wert eingezogen wird. Ersterenfalls geht das **Eigentum** vom Betroffenen oder einem bösgläubigen Dritten mit Rechtskraft auf den Staat (als Justizfiskus) über, § 75 Abs. 1 Satz 1 StGB, anderenfalls, dh insbesondere in den (Diebstahls-)Fällen, in denen der materiellrechtlich Verletzte Eigentümer geblieben ist, erst nach Ablauf von sechs Monaten, wenn der Berechtigte binnen dieser Frist seinen Anspruch nicht bei der Staatsanwaltschaft als Vollstreckungsbehörde angemeldet hat, § 75 Abs. 1 Satz 2 StGB. Ist hingegen der **Wert** einzuziehen, so hat die Staatsanwaltschaft die rechtskräftige Anordnung als **Geldforderung** gegen den Betroffenen zu vollstrecken – wie eine Geldstrafe, allerdings ohne Ersatzfreiheitsstrafe, § 459g Abs. 2. Mischformen stellen Nutzungen, Surrogate, § 73 Abs. 2 und 3 StGB, sowie die §§ 73b Abs. 2 und 76a Abs. 4 S. 2 StGB dar. Unter den jeweiligen gesetzlichen Kautelen sind auch solche Gegenstände als solche einzuziehen, die nicht selbst, d.h. im Original „durch" die Tat erlangt wurden, wohl aber wertmäßig aus Straftaten herrühren. Ohne die Sonderregelungen wären sie lediglich Objekte, in die eine ersatzweise angeordnete Einziehung des Werts von Taterträgen vollstreckt werden könnte. Deshalb sind sie solange per Vermögensarrest zu sichern, wie nicht sicher ist, dass sie aufgrund eines der Ausnahmefälle gegenständlich einzuziehen sind.

b) Opferentschädigung (Grundzüge). aa) Leitgedanken. Das frühere Recht war **18** noch weitgehend von der Trennung zwischen Zivil- und Strafrecht geprägt. Das mit der Reform 2017 in den Vordergrund getretene kriminalpolitische Ziel, **Verbrechen** dürfe sich **nicht lohnen,** wohnte dem strafrechtlichen Denken bis 1975 bestenfalls rudimentär inne und wurde lediglich als eine von mehreren Funktionen der Geldstrafe begriffen. Möglichkeiten der Vermögensabschöpfung zogen nur Schritt für Schritt in StGB und StPO ein. Sie fristeten dort jahrzehntelang ein Dasein als Fremdkörper. Das lag nicht zuletzt daran, dass die Ausgestaltung der Schnittstellen zwischen beiden Rechtsgebieten nur partiell gelungen war. Gewisse Brüche halten sich sogar bis ins geltende Recht hinein.

Das bis zum 30.6.2017 geltende Recht der strafrechtlichen Vermögensabschöpfung **19** betrachtete die Funktion des Strafverfahrens in Bezug auf einen materiellrechtlich Verletzten bestenfalls als Unterstützung von dessen eigenen zivilrechtlichen Bemühungen. Es beschränkte sich demgemäß darauf, Vermögenswerte zu sichern, in die der zivilrechtliche

---

[37] Nach der Reform des Geldwäscheparagrafen, BGBl. 2021 I 327, ist die Einziehung gemäß §§ 73 ff. StGB nunmehr vorrangig, § 261 Abs. 10 StGB, Bittmann ZWH 2021, 157 (162 f.); ausführlich Bittmann NStZ 2022 (im Erscheinen); weitere Aspekte bei Corsten/Stauder wistra 2021, 439, das Konkurrenzverhältnis aber offenlassend.

[38] Einzelheiten bei Bittmann NZWiSt 2021, 133.

Anspruch würde erfolgreich vollstreckt werden können. Daher lautete der Terminus: Rückgewinnungshilfe. Das Reformgesetz 2017 betrachtet es demgegenüber als **eigenständiges strafrechtliches Ziel,** dem **Täter** den **Ertrag** aus seinen Straftaten wieder **zu entziehen** und auch **Dritte** davon nicht mehr als unvermeidlich profitieren zu lassen. Dieses Ziel gilt vorrangig und allgemein,[39] also sowohl für Straftaten mit wie solche ohne individuellen materiellrechtlich Verletzten.

20 Entzieht der Staat dem Täter, Teilnehmer oder Drittempfänger den Ertrag, der aus einer Straftat zum Nachteil eines individuellen Opfers stammt, so mindert dies dessen Chancen auf Durchsetzung seiner berechtigten Ansprüche. Da es zudem eine doppelte Inanspruchnahme des Betroffenen (Staat einerseits, materiellrechtlich Verletzter andererseits) zu vermeiden gilt, ist es konsequent, die staatliche Einziehung mit dem **nachrangigen Ziel**[40] nachfolgender **Entschädigung** zu kombinieren. Demgemäß trat an die Stelle der Rückgewinnungshilfe das **Modell** der **Opferentschädigung,** §§ 459h–459o.

21 **bb) Früher: Verletzte, jetzt: Anspruchsinhaber (Beziehung zur Tat).** Zu **entschädigen** sind **Verletzte,** die das Gesetz bis zum 30.6.2021 auch so bezeichnete. Um welchen Personenkreis es sich dabei handelt, ließ sich schon diesem Begriff als solchem nicht entnehmen. Das StPO-Fortentwicklungsgesetz hat den „Verletzten" verbal mit Wirkung vom 1.7.2021 zwar nicht aus dem materiellen, wohl aber aus dem sich auf die Vermögensabschöpfung beziehenden Verfahrensrecht eliminiert. Der Grund dafür besteht darin, dass sich der Gesetzgeber EU-rechtlich gehalten sah, eine allgemeine Definition des Begriffs des Verletzten (in § 373b) vorzunehmen, diese aber für die einziehungsrechtlichen prozessualen Bestimmungen unpassend ist. Um an diesen inhaltlich nichts zu ändern, umschrieb der Gesetzgeber in den einschlägigen Vorschriften den dort zuvor verwendeten Begriff des Verletzten – leider nicht einheitlich und zudem ohne spezifische ergänzende gesetzliche Definition.

21a Da an mehreren Stellen der früher als „Verletzter" Bezeichnete **Anspruchsinhaber** genannt wird, scheint dies der ersetzende und nunmehr gesetzlich maßgebliche Begriff zu sein. Der materiellrechtlich Verletzte wird daher verfahrensrechtlich dann als Anspruchsinhaber bezeichnet, wenn eine zu seinen Lasten begangenen Tat, **„durch"** die ein Täter, Teilnehmer oder Dritter etwas erlangt hat, aktuell zum Verfahrensgegenstand gehört. **Gleichgestellt** sind bestimmte Dritte (→ Rn. 24a). Wie § 111l Abs. 4 belegt, ist für das Begriffsverständnis das in concreto einschlägige Sicherungsinstrument, Beschlagnahme oder Vermögensarrest, irrelevant. Dass in § 111l Abs. 3 nur derjenige angesprochen wird, der einen finanziellen Anspruch auf Ersatz des Werts des ihm tatbedingt Entzogenen geltend machen könnte, ist dem auf den Vermögensarrest beschränkten Regelungsgegenstand dieses Absatzes geschuldet, ist daher unabhängig vom Verständnis des Begriffs des Anspruchsinhabers und schränkt ihn daher nicht allgemein ein. Allerdings bezeichnet § 111l Abs. 4 S. 3 unbekannte Anspruchsinhaber nicht als solche, wohl aber bekannte Anspruchsinhaber unbekannten Aufenthalts. Der Grund dafür ist dunkel. Er kann nicht darin liegen, dass ein Unbekannter keine verfahrensrechtliche Stellung einnimmt. Das gilt auch für den Bekannten unbekannten Aufenthalts. Beide eint, dass sie mit Erfolg Entschädigung verlangen könnten. Daher sind beide Anspruchsinhaber.

21b Die allein auf den Prozess beschränkte Stellung als Anspruchsinhaber bewirkt durchweg nichts anderes als die **Chance** auf Berücksichtigung des eigenen zivilrechtlichen Wiederherstellungsanspruchs (→ Rn. 25–27) im laufenden Ermittlungs- oder Strafverfahren, ohne dass damit jedoch die Gewissheit verbunden wäre, sie bestehe bis zur Einziehungsentscheidung fort. Verfahrensgegenständlichkeit besagt nicht zugleich (Mit-)Bestimmung des Umfangs ergriffener oder intendierter Abschöpfungsbemühungen. Insbesondere das Opfer einer erst im Laufe des schon anhängigen Verfahrens bekanntgewordenen Tat kann Anspruchsinhaber sein, ohne dass der Ertrag aus der Tat zu seinen Lasten bereits im Original

[39] Gercke in Gercke/Julius/Temming/Zöller Vor §§ 111b ff. Rn. 7.
[40] BGH 13.12.2018 – 3 StR 307/18, BGHSt 63, 314 Rn. 21; Gercke in Gercke/Julius/Temming/Zöller Vor §§ 111b ff. Rn. 7; Meißner StraFo 2021, 266 (268 f.).

oder wertmäßig gesichert oder auch nur angesprochen wurde. Das wirft bei Einziehung und Beschlagnahme keine zusätzlichen Probleme auf, weil sie nur zulässig sind, ist der Ertrag gegenständlich und unveränderlich identifiziert. Er ist entweder beschlagnahmt oder ist es nicht. Nachholen ist rechtlich bis zur Rechtskraft möglich, anschließend Vollstreckung. Gelingt dies nicht, so ist die Einziehung seines Werts in Betracht zu ziehen, § 76 StGB.

Schwierigere Aufgaben stellen sich hingegen bei Sicherung der Vollstreckung der gerade nicht gegenstandsbezogenen Einziehung des Werts von Taterträgen. Ein Vermögensarrest schützt nicht per se die Vollstreckung des einziehungsfähigen Werts des Ertrags aus *allen* verfahrensgegenständlichen Taten. Kommt nach ergangenem Vermögensarrest ein weiteres Delikt hinzu, so dienen die an den Vollziehungsobjekten entstandenen Sicherungsrechte der Einziehung aus der zusätzlichen Tat nur dann, wenn der Vermögensarrest selbst auf die Sicherung der Vollstreckung des Werts des *auch* aus *dieser* Tat generierten Ertrags erweitert wurde. Bedeutsam ist das für den Umfang der Vollziehung zwar meist nicht, wenn und weil schon zuvor nicht ausreichend Vermögensgegenstände aufgefunden worden waren, in die der Vermögensarrest hätte vollständig vollzogen werden können. **21c**

Wesentlich ist der Schutzumfang aber im (erst im Stadium der Vollstreckung anstehenden) Entschädigungsverfahren, §§ 459h Abs. 2, 459k. Es steht nur dem nach materiellem Recht Verletzten offen, dessen Forderung in Form seiner Kehrseite als Wert erlangten Tatertrags zum Inhalt der Einziehungsforderung wurde. In verfahrensrechtlicher Terminologie lässt sich ein solches Opfer als **einziehungssummenrelevanter Anspruchsinhaber** bezeichnen. Nur Letztere können auf Entschädigung im vereinfachten strafprozessualen Verfahren hoffen (→ § 111i Rn. 69). Strukturell nicht anders verhält es sich in Bezug auf das Sicherungsinstrument: Mittelbar geschützt ist nur, wessen Anspruch in der genannten Weise Eingang in den Vermögensarrest gefunden hat. Bis maximal zur Rechtskraft ist er **arrestsummenrelevanter Anspruchsinhaber.** Deckt sich der Kreis mittelbar Geschützter, so handelt es sich in der Zeit zwischen Einziehungsanordnung und deren Rechtskraft um arrest- und einziehungssummenrelevante Anspruchsinhaber. **21d**

Diese Stellung ist jeweils unabhängig vom tatsächlichen Verlangen nach Entschädigung im Vollstreckungsstadium. In dem Moment, zu dem es jedoch die Staatsanwaltschaft erreicht, handelt es beim Begehrenden um einen **forderungsverfolgenden Anspruchsinhaber.** Damit wiederum ist nicht automatisch verbunden, dass sein Wiederherstellungsanspruch im Vermögensarrest auch tatsächlich kehrseitig berücksichtigt ist. Daher können beide Eigenschaften ohne die jeweils andere vorhanden sein. Müssen sie jedoch (wie für § 111i Abs. 2) kumulativ vorliegen, so **verengt** sich der Begriffsinhalt auf **arrestsummenrelevante und forderungsverfolgende Anspruchsinhaber.** Macht ein Opfer einen Wiederherstellungsanspruch aus einer Tat geltend, die nicht oder nicht mehr Verfahrensgegenstand ist, so ist er zwar forderungsverfolgend, aber kein Anspruchsinhaber. **21e**

Die Verwendung des abstrakten Begriffs „Anspruchsinhaber" ist insoweit ehrlicher, als er die Offenheit des damit bezeichneten Personenkreises offenbart. Er grenzt ihn allerdings nicht ein. Damit verweist er zwar nicht ins Nirvana, aber eben auch nicht expressis verbis auf die einschlägigen Vorschriften. Zum Verständnis gehört zunächst die Einsicht, dass es sich beim „Anspruchsinhaber" um einen **rein verfahrensbezogenen Begriff** handelt. Sein konkreter Inhalt ist nicht allgemein für sämtliche abschöpfungsverfahrensrechtlichen Situationen definierbar, sondern wird immer auch von der konkret einschlägigen prozessualen Norm mitbestimmt. Eine gewisse Orientierung mag folgende Übersicht bieten: **21f**

<u>Materielles Strafrecht:</u> (materiellrechtlich) *Verletzter;* synonym: *Opfer*
<u>Strafverfahrensrecht:</u> Mindestvoraussetzung: (materiellrechtlich) Verletzter = Opfer, dazu: Gleichgestellte (zB Rechtsnachfolger)

a) Anspruchsinhaber = Tat zu eigenem Nachteil gehört aktuell zum Verfahrensgegenstand
b) *arrestsummenrelevanter,* nach Rechtskraft: *einziehungssummenrelevanter Anspruchsinhaber* = a) + eigener Wiederherstellungsanspruch bestimmt die Höhe der Arrestsumme zumindest mit
c) *forderungsverfolgender Anspruchsinhaber* = a) + Geltendmachung des eigenen Anspruchs auf Wiederherstellung gegenüber der Staatsanwaltschaft
d) *arrestsummenrelevanter und forderungsverfolgender Anspruchsinhaber* = a) + b) + c)

22 Unter der ursprünglichen Fassung des Reformgesetzes 2017 wurde vertreten, für die Eigenschaft als **Verletzter** sei nur noch der verwirklichte **materiellrechtliche Tatbestand** maßgebend.[41] Gölte dies ausnahmslos, so führte das partiell zu Unzuträglichkeiten (va entschädigungsrechtlich). Die Gesetzesbegründung selbst war denn auch durchaus vorsichtiger formuliert.[42] Sie stellt den Bezug zwischen dem materiellen Straftatbestand und der verfahrensrechtlichen Stellung als *Verletzter* lediglich in Bezug auf den jeweils aktuell der Kognitionspflicht unterliegenden Verfahrensstoff her. Jenseits dessen darf keine Einziehungsentscheidung getroffen werden.[43] Die Materialen enthalten sich aber jeder weitergehenden inhaltlichen Begriffsbestimmung. Die darin bereits angelegte Differenzierung zwischen materiell-rechtlichem Verletzten und seiner Stellung im Verfahren wird mit der Eliminierung des **Verletzten** aus dem abschöpfungsrechtlichen Prozessrecht seit dem 1.7.2021 noch deutlicher.

22a Das Gesetz selbst hat dem Begriff **Anspruchsinhaber** allerdings keine Konturen verliehen. Trotz seiner ausschließlichen Bedeutung für das Verfahren und sich darin auswirkender Rechtsfolgen genügt die Lektüre der einschlägigen prozessualen Normen zum Erkennen des gemeinten Personenkreises und des jeweiligen Regelungsgegenstand nicht aus, sondern bedarf es des Rückgriffs auf materielles Straf- und Zivilrecht.

22b Im Ausgangspunkt ist festzustellen, wer durch die Straftat materiellrechtlich verletzt wurde. Die Antwort bietet der jeweilige Tatbestand und damit das von ihm geschützte **Rechtsgut.** Eine **Tat im prozessualen Sinne** kann sich allerdings auf verschiedene Straftatbestände im materiellen Sinne erstrecken: Ertrag bei betrügerischem Verkauf verbotener Arzneimittel – aus § 263 StGB, dem AMG oder aus beiden? Noch über den prozessualen Tatbegriff hinaus reichte der von der Rechtsprechung bis zum 30.6.2017 verwendete materiell-abschöpfungsrechtlich **eigenständige Begriff** des **Verletzten,** der **sämtliche Dritte** einschloss, die aufgrund der Straftat über **irgendwelche Ersatzansprüche** verfügten (wie zB ein Umweltamt nach Bodenverseuchung).

22c Das ist auch weiterhin sachgerecht, denn nur so lassen sich zwei gegensätzliche Ziele des Täters und des Opfers miteinander vereinbaren: **Keine Abschöpfung** zum **Nachteil** des **Letzteren** – und **keine doppelte Inanspruchnahme.** Die reformierten Vorschriften gewährleisten das Erreichen beider Ziele jedoch nicht mehr selbst. Sie lassen sich jedoch auf Anwendungsebene erreichen – wenn man das will. Dafür genügt es nicht, für sämtliche Konstellationen beim materiell-rechtlichen Tatbegriff zu verharren: Beim Umweltsünder (Gemeindelikt) würde der Wert seiner tatbedingt ersparten Aufwendungen auch dann eingezogen, hätte er die Schäden wieder beseitigt oder der Verwaltung die Kosten ersetzt. Umgekehrt könnte die Umweltbehörde von ihm selbst noch nach vollstreckter Einziehung die Kosten für die Ersatzvornahme der Beseitigung verlangen – vielleicht vergebens, weil der Verurteilte dafür nach Erfüllung der Einziehungsforderung der Justiz nicht mehr über ausreichend Mittel verfügte. Aus dem eingezogenen Betrag erhielte die Umweltbehörde jedenfalls nichts: Sie wäre bei alleiniger Maßgeblichkeit des materiellen Strafrechts niemand von **denjenigen,** denen iSv. § 459h Abs. 2 ein Ersatzanspruch zustünde! Umverteilung aus dem Umwelt- in den Justizhaushalt?

22d Das Ergebnis kann nicht ernsthaft streitig sein: Hier **muss** § 459h Abs. 2 ebenso wie § 459k **Anwendung** finden. Es bedarf dazu keiner Analogie, versteht man den Begriff des *Anspruchsinhabers* nicht nur dynamisch in Bezug auf verschiedene Verfahrenssituationen (→ Rn. 28), sondern auch im Hinblick auf durchaus unterschiedliche Einflüsse des einschlägigen Straftatbestands. Das Beispiel des Umweltdelikts zeigt, dass es „Anspruchsinhaber" selbst nach einem Gemeindelikt geben kann. Bei tateinheitlichem Zusammentreffen von Gemein- und Individualdelikt genießen (im Fall umfassender Kognitionspflicht[44]) im Konfliktfall die Regeln für Letzteres nicht nur dann den Vorrang, wurde der Ertrag wie

[41] Köhler/Burkhard NStZ 2017, 665 (679); Johann in Löwe/Rosenberg § 111b Rn. 78, auch 80.
[42] BT-Drs. 18/9525, 50 f.
[43] BGH 8.3.2022 – 1 StR 360/21, Rn. 21.
[44] BGH 2.12.2020 – 2 StR 203/20.0; 2.12.2020 – 2 StR 203/20.1 Rn. 3.

bei Betrug nebst AMG-Verstoß aus der Verwirklichung beider Tatbestände generiert, sondern auch, stammt wie beim Verkauf einer Überdosis Betäubungsmittel Ertrag aus dem Gemeindelikt (= BtmG), löste aber das Individualdelikt (= § 223 StGB) den Ersatzanspruch aus.

Der **verwirklichte Straftatbestand bestimmt** demnach nicht allein, aber doch wesentlich **mit,** wer **Anspruchsinhaber** (Verletzter) ist. Spiegelt der Tatertrag (wie für Vermögensdelikte[45] typisch) die erlittene Einbuße, so orientieren sich einerseits die spezifisch strafrechtlichen Folgen ebenso wie die Einziehungsforderung (insoweit auch bei Gemeindelikten) und andererseits die Anspruchsinhaberschaft sämtlich am vom **Rechtsgut** mitbestimmten **Schutzzweck** des verwirklichten Straftatbestands.[46] Das lässt sich verallgemeinern: Verlangt es der Schutzzweck, so unterliegt nicht nur das in strafbarer Weise Entzogene der Einziehung, sondern auch der Erlös (zB aus dem Verkauf von Doping-Substanzen an Eingeweihte). Demgegenüber sind tatbedingte, nicht aber zugleich auch schutzzweckwidrige Zuwendungen[47] keine (original oder wertmäßigen) Erträge, zB Spenden an eine kriminelle Vereinigung,[48] bei Begleitverstößen (Insiderhandel, Hawala-Banking oder KWG-widrig gewährte wie zurückgeführte Darlehen[49] oder fehlender, aber erteilungsfähiger Genehmigung.[50] **Abschöpfbar** sind Erträge aus der Verletzung des Strafgrunds eines tatbestandlich geschützten Rechtsguts, **nicht aber** für sich **beanstandungsfreie Leistungen.**[51] 23

Bei der Bestimmung des **Anspruchsinhabers** (Verletztem) gem. dem verwirklichten Tatbestand handelt es sich um eine nur **notwendige, nicht** aber auch um eine **hinreichende Bedingung.** Seine spezifisch verfahrensrechtliche Bedeutung erlangt der Begriff aufgrund seiner Beschränkung auf den Kreis derjenigen, die Opfer einer solchen Straftat wurden, die aktuell **Gegenstand** des **Verfahrens** ist. Wer nach materiellem Recht tatbestandlich Verletzter ist, ist abschöpfungsverfahrensrechtlich daher zunächst lediglich potenzieller Anspruchsinhaber. Wer einmal Anspruchsinhaber war, hat keine Gewähr dafür, dass er dies im weiteren Verlauf des Verfahrens auch bleibt. Umgekehrt hat ein noch nicht verfahrensbeteiligter materiellrechtlich Verletzter die Möglichkeit, zum für das Prozessrecht maßgeblichen Anspruchsinhaber zu werden (zum dynamischen Begriff → Rn. 28). 24

Anspruchsinhaber kann **nicht nur** der nach **materiellem Recht Verletzte** sein, sondern auch ein **Dritter,**[52] zB der Versicherer, der das Opfer entschädigte und im Gegenzug das Eigentum am Diebesgut erlangt hatte, der Insolvenzverwalter, der Einzel- (Bank, die Kunden gegen Abtretung seines Anspruchs entschädigte[53]) oder Universalrechtsnachfolger (Erbe), aber auch ein lediglich schuldrechtlich Befugter (Pflichtteilsberechtigter, Vermächtnisnehmer oder Inhaber eines Besitzübertragungsanspruchs), so zumindest in den Fällen der Herausgabe, § 111n Abs. 3 (→ § 111n Rn. 34); bei der Notveräußerung, § 111p, sind sogar bestimmte Interessierte ohne jegliche bürgerlich-rechtliche Rechtsposition Inhaber von 24a

---

45 Für § 263 StGB: BGH 27.5.2020 – 5 StR 433/19, wistra 2021, 22 Rn. 29.

46 Johann in Löwe/Rosenberg § 111b Rn. 11 f. nebst Fn. 49; Bittmann NZWiSt 2021, 133.

47 Bei illegalen Spielautomaten erlangt der Betreiber über programmgesteuerte Gewinnauszahlungen keine Mitverfügungsgewalt, vgl. BGH 9.11.2020 – 4 StR 626/19, Rn. 3, NStZ 2021, 171 (betreffend die Wirksamkeit der Pfändung des Geldbetrags als Voraussetzung für Verstrickungsbruch, § 136 StGB).

48 BGH 15.6.2022 – 3 StR 295/21, Rn. 9, 14, 16 und 23 (stattdessen: Tatmittel).

49 Insiderhandel: BGH 14.10.2020 – 5 StR 229/19, NJW 2021, 1252 Rn. 5 und 7; 25.2.2021 – 1 StR 423/20, NJW 2021, 1829 Rn. 3; Meißner/Schütrumpf Praxisleitfaden Vermögensabschöpfung Rn. 86; Hawala-Banking als Tatobjekte: ausführlich BGH 28.6.2022 – 3 StR 403/20, Rn. 6, 22 f., 36, 38, 40; zuvor bereits 29.7.2021 – 3 StR 156/20, NStZ-RR 2021, 388 Rn. 3, 27–36; 11.8.2021 – 3 StR 268/20, NStZ-RR 2022, 13 Rn. 6, 15, 26–34, insbes. Rn. 27 f.; Eggers/van Cleve NZWiSt 2020, 426; KFW-widriger Kredit als Tatobjekt BGH 20.7.2022 – 3 StR 390/21, Rn. 11–15, 20 f.

50 AA BGH 1.7.2021 – 3 StR 518/19, NZWiSt 2021, 478 Rn. 59–74 und 96–106 (dazu Bittmann NZWiSt 2021, 464 (467 f.)); LG Aurich 11.11.2020 – 15 KLs 940 Js 10756/15 (3/17), Rn. 83 und 85.

51 Grätsch in Müller-Gugenberger WirtschaftsStrafR-HdB, 7. Aufl. 2021, Rn. 21.21; Johann in Löwe/Rosenberg § 111b Rn. 12 (beide in Bezug auf abziehbare Aufwendungen; sa Rübenstahl/Weißbeck WiJ 2020, 90 (hauptsächlich im Blick auf cum-ex-Sachverhalte).

52 BT-Drs. 19/27654, 75 f.

53 Vgl. OLG Hamm 22.9.2020 – III – 5 RVs 63/20, NStZ 2021, 430 Rn. 20.

Beteiligungsrechten (→ § 111p Rn. 10 und 16). Anspruchsinhaber ist nach einem Verletzungs-Gemeindelikt auch die öffentliche Stelle, die tatbedingt Ersatz verlangen kann, und der individuell, aber nicht am Vermögen Geschädigte in Bezug auf den Ertrag aus einem tateinheitlich verwirklichten Gemeindelikt (→ Rn. 22–22d).

25 **cc) Wiederherstellungsprinzip.** Neben diesen personellen schränken auch **sachlich-inhaltliche Grenzen** den **Kreis** der **Anspruchsinhaber** ein. Die Einziehung folgt dem **Wiederherstellungsprinzip.**[54] Sie ist daher sowohl im Original als auch wertmäßig auf die **Rückführung** dessen beschränkt, was dem Opfer an Vermögenswerten **entzogen** und auf diese Weise **im selben Umfang** zum **Tatertrag** wurde, erstreckt sich also **nicht** auf den **gesamten zivilrechtlichen Schadenersatzanspruch.**[55] Demgemäß ist auch eine weitergehende vorläufige Sicherung nicht möglich. An Letzterem ändert sich auch dann nichts, wenn – über das Wiederherstellungsprinzip hinausgehend – der nicht am Vermögen Verletzte aus dem abgeschöpften Ertrag eines tateinheitlich verwirklichten (Gemein-)Delikts vorrangig entschädigt wird (→ Rn. 22b–22c).

26 Beschädigte der Dieb eines wertvollen Bildes die Eingangstür, die Alarmanlage und zerstörte mittels verwüstender Aktivitäten weitere wertvolle Gegenstände, so bietet das Abschöpfungsrecht Hilfe nur für entweder die Rückgabe des Bildes oder den Ausgleich seines Wertes. Ersatz des weitergehenden Schadens kann ein Opfer im Adhäsionsverfahren beantragen oder muss dafür den Zivilrechtsweg beschreiten. Gleiches gilt für Verletzte von Taten im materiellen Sinne, die nicht (auch nicht tateinheitlich) mit dem Entzug von Vermögenswerten verbunden sind, besonders bei sämtlichen Delikten gegen die körperliche Integrität.

27 Der inhaltlich mögliche **Umfang** der strafrechtlichen Vermögensabschöpfung ist also keineswegs deckungsgleich mit der Reichweite der **zivilrechtlichen Ersatzansprüche,** sondern **bleibt** deutlich **dahinter zurück.** Nachteile erleidet ein Anspruchsinhaber (Verletzter) dadurch sowohl, erhält er seine weitergehenden zivilrechtlichen Ansprüche zwar im Erkenntnisverfahren tituliert, ohne sie aber im Rahmen der Zwangsvollstreckung durchsetzen zu können, als auch dann, wenn er ohne vorherigen, über seinen eigenen Wiederherstellungsanspruch hinausgehenden Zugriff der Strafjustiz bessere Befriedigungschancen hätte. Jedenfalls dieser weitergehenden Ansprüche wegen sollte **jedes Tatopfer** ungeachtet möglicher Unterstützung in einem Ermittlungs- und/oder Strafverfahren seine **gesamten zivilrechtlichen Ansprüche schnellstmöglich selbst verfolgen,** titulieren und vollstrecken lassen.[56]

28 **dd) Dynamischer Begriff des (früher) „Verletzten", jetzt „Anspruchsinhabers".** Wer **Anspruchsinhaber** (Verletzter) ist, ist folglich **variabel** und kann von Verfahrensstadium zu Verfahrensstadium **wechseln.** Verfahrensrechtlich handelt es sich folglich um einen **dynamischen Begriff.**[57] Nur wer auch noch im Opferentschädigungsverfahren diesen Status genießt, hat zumindest die theoretische Chance auf vereinfachte Entschädigung, §§ 459h, 459i und 459k. Bei Verlagerung der Opferentschädigung in das Insolvenzverfahren können allerdings auch rein materiellrechtlich Verletzte dort die Chance auf quo-

---

54 Köhler in Bittmann/Köhler/Seeger/Tschakert Strafrechtl. Vermögensabschöpfung-HdB vor Rn. 57; Johann in Löwe/Rosenberg § 111b Rn. 77 und § 111i Rn. 6 und 31.

55 Gercke in Gercke/Julius/Temming/Zöller § 111i Rn. 2; Heine in SSW StPO § 111i Rn. 6 f.; Spillecke in KK-StPO § 111i Rn. 4.

56 Köllner/Mück NZI 2017, 593 (597 f.); Nicola WM 2017, 2141; Rhode wistra 2018, 102 (103); zum Vorgehen Corsten/Schilling Vermögensabschöpfung und Opferentschädigung, in Münchener Anwaltshandbuch Wirtschafts- und Steuerstrafrecht, § 13 Rn. 162–165.

57 Bittmann/Tschakert in Bittmann/Köhler/Seeger/Tschakert Strafrechtl. Vermögensabschöpfung-HdB Rn. 733–738; Francke/Schwarz Abschied von der Rückgewinnungshilfe – Ein Blick auf die Reform der Opferentschädigung mit Fokus auf die Insolvenz, in Bergmann, Beiträge zur strafrechtlichen Vermögensabschöpfung S. 59 f.; Johann in Löwe/Rosenberg § 111b Rn. 75–80 und § 111i Rn. 5; Köhler/Burkhard NStZ 2017, 665 (679); Köllner/Mück NZI 2017, 593 (594 und 597); Laroche ZInsO 2017, 1245 (1246 f.); Mandörfer jM 2017, 122 (125 f.); Retemeyer in HWiStR Teil 14, Rn. 38 f.; Rhode wistra 2018, 65 (66 f.); Ullenboom Vermögensabschöpfung Rn. 372.

tale Befriedigung wahrnehmen. Das folgt allerdings nicht aus dem Straf(prozess)recht, sondern setzt die **zusätzliche** Anmeldung der Ansprüche des tatbestandlich Verletzten im Insolvenzverfahren voraus. Das ist jedoch auch für Anspruchsinhaber im verfahrensrechtlichen Sinn hilfreich, weil die zivilrechtlichen Forderungen regelmäßig weiterreichen, während die strafprozessuale Opferentschädigung auf die reine Restitution bzw. ihren Wert beschränkt ist.

ee) Opferfreundliche Verfahrensgestaltung. Der dynamische Begriff des Anspruchsinhabers (Verletzten) ermöglicht es der Staatsanwaltschaft, ihre prozessualen **Gestaltungsrechte** so auszuüben, dass einige materiellrechtlich Verletzte in den **Genuss** des vereinfachten Entschädigungsverfahrens gelangen können, während anderen dies **verwehrt** bleibt. Da den Staatsanwaltschaften jedoch ebensowenig wie den Strafgerichten die Befugnis zusteht, die materielle Güterzuordnung nach eigenem Gusto zu beeinflussen, hat die Strafjustiz **aus Rechtsgründen allen materiellrechtlich Verletzten gleiche Entschädigungsmöglichkeiten** zu **bieten.**[58] Das ist nach einer Beschränkung des Verfahrensstoffs gem. §§ 154 oder 154a **im selbständigen Verfahren** mit sich anschließender **gemeinsamer Entschädigung** möglich, wird allerdings aus Kapazitätsgründen nicht oder nur selten in vollem Umfang veranlasst.[59] Zur Wahrung des Gleichbehandlungsgrundsatzes genügt es jedoch schon, das Verfahren so zu gestalten, dass, die Opferentschädigung im Insolvenzverfahren möglich wird. 29

Rechtsdogmatisch mindestens genauso problematisch, rechtsethisch jedoch deutlich **unangebrachter** ist die zumindest formal eröffnete Variante, die Strafverfolgung auf **Gemeindelikte** zu **beschränken.**[60] Das muss nicht in sachwidriger Absicht geschehen, ist es doch zB viel schwieriger, einen Betrug an Erwerbern von Dopingmitteln nachzuweisen als den damit verbundenen Verstoß gegen das AMG. Kann aber dieser rein pragmatische, also jenseits der juristischen Wertungen angesiedelte Umstand es rechtfertigen, die Taten nur unter dem Gesichtspunkt des Gemeindelikts zu verfolgen und bei Insolvenz des Betroffenen ggf. das insolvenzfeste Sicherungsrecht mit der Folge der Nichteröffnung des Insolvenzverfahrens (oder – im Eröffnungsfall – einer minimalen Quote) geltend zu machen? 30

Müsste es dann nicht umgekehrt als Wohltat empfunden werden, beschränkte sich die Strafverfolgung einmal nicht allein auf das Gemeindelikt? Sollen die Gläubiger des Betroffenen, auch die Opfer, Staatsanwaltschaft und Strafgericht anbetteln müssen, damit diese von einer Verfahrensgestaltung Abstand nehmen, die es erlauben würde, die zu erwartende **Einziehungsforderung wirtschaftlich allein zu Lasten** der **Gläubiger** im faktisch weitestmöglichen Umfang durchzusetzen, obwohl der **Justizfiskus** in **seinen finanziellen Interessen gar nicht beeinträchtigt** ist? Diese von der Gesetzesfassung ermöglichte Einseitigkeit gilt es anwendungsrechtlich zu vermeiden. 31

Das ist mittels **Differenzierung**[61] der Wirkungen einer verfahrensrechtlichen Beschränkung der Strafverfolgung gemäß § 154a erreichbar: Bezieht sich die Entscheidung auf **tatsächliche Umstände,** namentlich auf Einzelakte eines uneigentlichen Organisationsdelikts, so beeinflusst dies zwar nicht das Thema „Gesamtschuld",[62] begrenzt aber **horizontal** die Zulässigkeit der Einziehung (im subjektiven Verfahren). Demgegenüber berührt die **(vertikale) rechtliche** Beschränkung auf Straftaten gegen die Allgemeinheit unter Ausschluss der Verfolgung von Individualdelikten abschöpfungsrechtlich nicht das Vorhan- 32

[58] Zumindest ähnlich Meißner/Schütrumpf Praxisleitfaden Vermögensabschöpfung, Rn. 291; Retemeyer in HWiStR Teil 14, Rn. 39.

[59] Reh NZWiSt 2018, 20 (25); Rhode wistra 2018, 65 (67 m. Fn. 25).

[60] Strikt ablehnend Johann in Löwe/Rosenberg § 111b Rn. 80; aber als Folge geltenden Rechts anerkennend, § 111i Rn. 12; krit. auch Rhode wistra 2018, 102 (104–106).

[61] Vgl. Köhler in Meyer-Goßner/Schmitt § 111b Rn. 3 sowie § 111i Rn. 5 (in Rn. 2 – wohl – irrtümlich auf § 154a erstreckt); angelegt auch bei Spillecke in KK-StPO § 111i Rn. 4 mit dem Abstellen auf die Tat im prozessualen Sinne einerseits und dem Ausscheiden der Abschöpfung nach einer Beschränkungsentscheidung andererseits.

[62] BGH 30.3.2022 – 2 StR 151/21, Rn. 25.

densein mindestens eines Anspruchsinhabers (Verletzten) aus der Tat, § 111i Abs. 1 S. 1.[63] **Mischdelikte** sind und **bleiben** dann **Taten mit individuellen Anspruchsinhabern** (Verletzten).[64] Nicht allein im Wege der Auslegung lässt sich allerdings verhindern, dass gemäß § 154 oder horizontaler Beschränkung nach § 154a nur noch Gemeindedelikte als Verfahrensgegenstand übrigbleiben. Insoweit ist jedenfalls die **Dienstaufsicht** der Staatsanwaltschaft gefragt, um sicherzustellen, dass der Ertrag aus mindestens **einem** der nachweisbar erscheinenden **Individualdelikte Gegenstand** zunächst des Vermögensarrests wird und es in der Folge auch der gerichtlichen Anordnung der ersatzweisen **Einziehung** des Werts von Taterträgen bleibt. Beruht eine Teileinstellung auf **Ermessensfehlgebrauch,** so stehen durchaus **Amtshaftungsansprüche** in Rede

33 **ff) Wahrnehmung und Durchsetzung der Interessen von Opfern.** Dass ein materiellrechtlich Verletzter, der kein Anspruchsinhaber ist, sein Interesse auf einem der strafprozessual zur Verfügung gestellten Rechtszüge verfolgen könnte, ist bislang nicht vorgesehen.[65] Die Reform 2017 zwingt allerdings zu einem Umdenken, diente doch der Strafprozess zuvor nicht derart manifesten finanziellen Interessen der Opfer wie nunmehr. **Art. 19 Abs. 4 GG** verlangt die Möglichkeit des **Rechtschutzes** zumindest gegen von der Staatsanwaltschaft wahrgenommene Gestaltungsspielräume des geltenden Rechts. Alles andere stellte zudem einen Wertungswiderspruch dazu dar, dass der BGH dem Betroffenen den Rechtsweg gem. § 23 EGGVG direkt zum Oberlandesgericht gegen einen Antrag der Staatsanwaltschaft auf Eröffnung des Insolvenzverfahrens über sein Vermögen bahnte.[66]

34 Was am gewählten Modell der Opferentschädigung strukturell so einfach nicht nur klingt, sondern auch ist, erweist sich in den Details als außerordentlich diffizil. Es ist deshalb fraglich, ob sich das neue Recht für die materiellrechtlich **Verletzten wirklich bewährt.** Zumindest nicht jede praktische Erfahrung spricht dafür. Relativ einfach gestaltet sich ihre Entschädigung im Fall der gegenständlichen Restitution, dh wenn es gelungen ist, Taterträge im Original sicherzustellen, die sich zurückgeben lassen. Dazu bedurfte es nach früherem Recht des Fortbestands der dinglichen Berechtigung. Jetzt ist auch eine Rückübertragung möglich, § 75 Abs. 2 StGB, § 459h Abs. 1 S. 1. Bewegliche Sachen lassen sich sogar vor Anordnung der Einziehung zurückgeben, § 111n, ohne dass die Praxis dessen Potenzial jedoch ausschöpfte. Strafrechtspraktiker treffen ersichtlich ungern zivilrechtliche Entscheidungen.

35 Zeichnen sich in den empirisch wenigen Fällen, in denen Tatertrag im Original gesichert zu werden vermochte, immerhin befriedigende Entschädigungsmöglichkeiten ab, so ist es im forensischen Normalfall (laut mancher Angaben: 95 %) der bestenfalls zu erwartenden ersatzweisen Einziehung des Werts von Taterträgen, gesichert per Vermögensarrest, weiterhin sehr hürdenreich, bevor ein materiellrechtlich Verletzter, selbst ein Anspruchsinhaber, wenigstens über einen Teil seines ihm tatbedingt entzogenen Vermögens wieder wertmäßig verfügen kann. Soweit dies strukturbedingt ist, lässt sich daran selbst mittels noch so wohlwollender strafrechtlicher oder strafprozessualer Regeln nichts ändern: Ist der Tatertrag nicht mehr zugriffsfähig im Original vorhanden, so gilt gleiches sehr häufig auch für mögliche Surrogate. Beim Täter oder Teilnehmer lassen sich nur in seltenen Fällen adäquate Werte sichern. Wohin sich der Tatertrag oder dessen Wert verflüchtigt hat, ist nicht immer aufklärbar. Selbst wenn dies gelingt, bleibt die Frage, ob eine zumindest wertmäßige Sicherung und Entschädigung nachfolgen kann. Diese Grenzen wünschenswerter Restitution sind quasi **straftatimmanent.**

---

[63] Johann in Löwe/Rosenberg § 111i Rn. 12; Köhler/Burkhard NStZ 2017, 665 (678); Mayer in KMR-StPO § 111i Rn. 1; Ullenboom Vermögensabschöpfung Rn. 384; Bittmann in Bittmann/Köhler/Seeger/Tschakert Strafrechtl. Vermögensabschöpfung-HdB Rn. 953–969.

[64] Köhler in Meyer-Goßner/Schmitt § 111i Rn. 5 (ohne nähere Begründung und im Gegensatz zur allgemeinen Dogmatik des § 111i: nur bei Eröffnung des Insolvenzverfahrens auf Antrag des individuellen Verletzten, dh des nunmehrigen Anspruchsinhabers).

[65] Johann in Löwe/Rosenberg § 111e Rn. 30.

[66] BGH 10.6.2020 – 5 ARs 17/19, NJW 2020, 3123 mAnm Rettke; Bittmann ZWH 2020, 269; noch weitergehend als Vorinstanz OLG Hamm 3.6.2019 – 1 VAs 38/19, NStZ 2020, 49 mAnm Tschakert.

Trotz Einsatzes des strafprozessualen Instrumentariums ist die **Entschädigung** eines Opfers nur in dem **Maße** möglich, wie es der Strafjustiz gelingt, **Vermögenswerte zu sichern.** Vermeidbar ist deswegen lediglich, vor der tatsächlichen (und realistischerweise lediglich möglichen Teil-) Entschädigung die **rechtlichen Hürden** so **niedrig** wie möglich zu halten. Eben dies versucht das Reformgesetz 2017 mit der Einführung eines **vereinfachten Entschädigungsverfahrens,** §§ 459h-459o. Dahinter steht der Gedanke, dass das Strafurteil den Anspruchsinhaber (Verletzten) bezeichnet, so dass der Vollstreckungsrechtspfleger der Staatsanwaltschaft genau ersehen kann, was und wieviel er wem auszukehren hat. Dies verlangt aber eine in Strafurteilen zu selten anzutreffende Präzision der schriftlichen Urteilsgründe. Der Bestimmtheitsgrundsatz des Zwangsvollstreckungsrechts prägt halt nicht den Alltag der Strafrichter. 36

Insbesondere bei **mehreren Geschädigten** zeigen sich **erhebliche Schwierigkeiten.** Das fängt schon damit an, dass der strafprozessual in den §§ 154, 154a niedergelegte Rationalisierungsgedanke nicht mit den Entschädigungsinteressen aller Opfer kompatibel ist. Diesen trüge die Strafjustiz nur Rechnung, zöge sie den Wert des Ertrags aller Straftaten ein. Eine Pflicht dazu lässt sich unter dem Gesichtspunkt **mangelnder Befugnis** der Strafjustiz zur **Einteilung** der **Opfer in zwei Klassen** zwar **rechtlich** ohne weiteres **begründen,**[67] **nicht** aber **faktisch durchsetzen.** Verführe die Strafjustiz so, so minderte dies nicht nur die Rationalisierungseffekte vorgenommener Beschränkungen des Verfahrensstoffs, sondern sprengte auch die Kapazitätsgrenzen. Es besteht daher ein **Anreiz,** im Strafverfahren eine **Übereinstimmung** ausgeurteilter Taten, ersatzweise angeordneter Einziehung des Werts von Taterträgen und bereits geltend gemachter Ersatzforderungen von Anspruchsinhabern herzustellen. Für den Rechtsvertreter eines materiellrechtlich Verletzten bedeutet dies, dass er die Rückforderungsansprüche seines Mandanten frühestmöglich bei der Staatsanwaltschaft anmelden und sich periodisch immer wieder in Erinnerung bringen sollte. 37

Weil der Erfolg nicht kalkulierbar ist, sollte jedes Opfer (auch) eines Vermögensdelikts **so schnell wie möglich zivilrechtlich** gegen sämtliche bekannten Täter und Teilnehmer vorgehen und jeweils einen Zwangsvollstreckungstitel erwirken, um ihn hurtig zumindest vorläufig vollstrecken zu lassen. Nur dies bietet ihm die Möglichkeit, ein **werthaltiges Sicherungsrecht** zu seinen Gunsten zu erwirken. Liegt hingegen ein Vermögensarrest vor, so ist es die Aufgabe der Staatsanwaltschaft, ihn auf alle materiell-rechtlich Verletzten ausdehnen zu lassen und ihn in möglichst vollem Umfang in sämtliche dafür zur Verfügung stehenden Objekte der Betroffenen zu vollziehen. Dies gelingt regelmäßig nur partiell. Demzufolge steht dann kein freies Vermögen mehr zur Verfügung, in welches ein Verletzter, und sei er Anspruchsinhaber, vollstrecken könnte. Es wurde ihm sogar rechtlich unmöglich gemacht, selbst eine nur nachrangige Sicherung zu erwirken, § 111h Abs. 2 S. 1. 38

Das Gesetz enthält keinen Mechanismus zur Organisation der Opferentschädigung vor Rechtskraft des Strafurteils in Fällen lediglich zu erwartender ersatzweiser Einziehung des Werts von Taterträgen. Weder die Herausgabe gemäß § 111n noch die Notveräußerung, § 111p, führt zu vorzeitiger Verteilung. Allerdings **bleibt** eine **einvernehmliche Regelung** mit der Folge des Erlöschens gem. § 73e Abs. 1 S. 1 StGB möglich. Sinnvoll ist sie allemal und zwar sowohl für einen geständigen Beschuldigten als auch für Anspruchsinhaber und sonstige materiellrechtlich Verletzte. Ersterer verschafft sich Strafmilderung und Letztere verhindern eine weitere Senkung der in ferner Zukunft zu erwartenden Entschädigungsquote aufgrund hoher Verfahrenskosten. Es genügt jedoch ein einziger nicht ausreichend kompromissbereiter notwendig zu Beteiligender, um diesen Weg zu verstellen. 39

Gibt es mehrere Anspruchsinhaber (Verletzte), so ist es ein seltener Glücksfall, können sie sämtlich entschädigt werden. Das Gesetz sieht deshalb unterschiedliche Wege der Opferentschädigung vor: Soweit es gelingt, Vermögensgegenstände im Umfang aller geltendgemachten wertmäßigen Restitutionsansprüche strafprozessual zu sichern, liegt ein sog. **Deckungsfall** vor. Dann verwertet die Staatsanwaltschaft nach Eintritt der Rechtskraft ihre Sicherungsrechte, zieht im Idealfall das arretierte Kontoguthaben ein und verteilt es an die 40

[67] Retemeyer in HWiStR Teil 14, Rn. 39.

Anspruchsinhaber. In aller Regel gelingt es aber nicht, ausreichend werthaltige Sicherungsrechte zu begründen. Dieser Umstand konstituiert den sog. **Mangelfall** (→ § 111i Rn. 28–28b und 30). Eine Verteilung des Erlöses allein unter die Anspruchsinhaber (mit ihren deliktischen Ersatzansprüchen) würde der insolvenzrechtlichen Wertung widersprechen. Sie genießen dort zunächst keinen Vorrang und werden (auf Antrag) lediglich von der Restschuldbefreiung ausgenommen.

41 Konsequenterweise sieht das Reformgesetz 2017 deshalb für den **Mangelfall** die **Entschädigung** im **Insolvenzverfahren** vor. Wie allgemein bekannt verfügen ungesicherte Insolvenzgläubiger jedoch typischerweise nur über die Aussicht auf eine relativ **geringe Befriedigungsquote.** Da allerdings die Staatsanwaltschaft dem Insolvenzverwalter die von ihr gesicherten Vermögenswerte zur Verfügung zu stellen hat, könnte die Quote in solchen Fällen durchaus nennenswert ausfallen. Geschmälert wird sie aber aufgrund der vorrangigen Erfüllung der Kosten des Insolvenzverfahrens einschließlich der Vergütung des Insolvenzverwalters. Überdies versucht das Gesetz mit § 111h Abs. 2 S. 2 auch noch, den Abgabenforderungen der öffentlichen Hand den Vorrang vor Privatgläubigern zu sichern.

42 Besonders attraktiv für Anspruchsinhaber (Verletzte) ist deshalb der Verweis auf das Insolvenzverfahren mitnichten. **Abhilfe** können Sie sich selbst schaffen, jedoch nur, wenn sie **untereinander einig** sind. Sie können dann einen **Gläubigerpool** bilden, an den sie ihre Forderungen abtreten. Ist somit nur (noch) ein Anspruchsinhaber vorhanden, so ist die Staatsanwaltschaft befugt, selbst die Opferentschädigung vorzunehmen und den Erlös an eben den Pool auszukehren.[68] Auf diesem Weg kann es den Anspruchsinhabern gelingen, ihre Verweisung auf das Insolvenzverfahren zu vermeiden – falls denn kein anderer Antragsberechtigter, zB der Betroffene, selbst einen Eröffnungsantrag stellt.

43 **De lege ferenda** wäre es wünschenswert, der Gesetzgeber würde Möglichkeiten zu einer Entschädigung in der Zeit deutlich vor dem Vollstreckungsverfahren und zur Vermeidung von Insolvenzverfahren schaffen. Die Spielräume dafür sind allerdings sehr eng. Denkbar erscheint es immerhin, **Anreize** für **freiwillige Lösungen** zu bieten. Hilfreich könnte es diesbezüglich sein, den zivilrechtlichen Sachverstand des Bundesministeriums der Justiz einerseits und die Sachkenntnis der Opferverbände andererseits zwecks Konstituierung kreativer Lösungen zusammenzuführen.

44 **c) Verfahrensrecht.** Die das Recht der Vermögensabschöpfung betreffenden verfahrensrechtlichen Bestimmungen sind in der Strafprozessordnung an drei verschiedenen Stellen zu finden. Die §§ 111b–111q sowie § 421 gelten bereits für das **Ermittlungsverfahren** und sind auch für das **Hauptverfahren** von Bedeutung, teilweise sogar für das **Vollstreckungsstadium.** Besondere Bestimmungen für die **Hauptverhandlung** enthalten die §§ 422–439. Geregelt sind darin va die Partizipationsrechte der Einziehungsbeteiligten, §§ 424–434 und des Nebenbetroffenen, § 438, an der Hauptverhandlung sowie das **Nachverfahren,** §§ 433 f., und das **selbstständige Einziehungsverfahren,** §§ 435–437 Im **Vollstreckungsverfahren** gelten die §§ 459g–459o. § 459g Abs. 4 ergänzt § 73e Abs. 1 StGB für die Fälle, in denen Forderungen von Anspruchsinhabern insbesondere, aber nicht nur in der Zeit nach dem Urteilsspruch erfüllt wurden. Soweit die Einziehung zwingend ist (gegenständliche oder wertmäßige Taterträge, §§ 73, 73c StGB; Sicherungseinziehung, § 74c StGB) ist eine **Verständigung** iSv § 257c zwar unzulässig, nicht aber auch über das Absehen gem. § 421.[69]

45 Nach § 459g Abs. 5 ist von der Vollstreckung abzusehen, wenn die Vollstreckung den Betroffenen **unverhältnismäßig** träfe, zB weil er **entreichert** ist. §§ 459h–459k sowie 459m befassen sich mit der **Entschädigung der Opfer.** Über Ansprüche desjenigen Betroffenen, der vor der Vollstreckung einen Anspruchsinhaber (Verletzten) entschädigt hat,

---

[68] Johann in Löwe/Rosenberg § 111i Rn. 24; Bittmann/Tschakert ZInsO 2017, 2657 (2664).

[69] Meißner/Schütrumpf Praxisleitfaden Vermögensabschöpfung, Rn. 32; Retemeyer in HWiStR Teil 14, Rn. 37; Meißner StraFo 2021, 266 (272–274); Rettke NZWiSt 2019, 338; zu den Folgen tatsächlicher Verständigung im Besteuerungsverfahren Madauß NZWiSt 2019, 49 (50 f.); Madauß ZWH 2019, 248; Spatscheck/Spilker DB 2018, 2593 (2595 f.); Wilke DStR 2018, 108; Wilke wistra 2019, 81 (85).

verhält sich § 459l. Das Recht der strafrechtlichen Vermögensabschöpfung erschließt sich am besten über das materielle Recht, §§ 73–76b StGB und wird nur im Blick auf alle drei erwähnten StPO-Blöcke verständlich.

Die verfahrensrechtlichen Bestimmungen der strafrechtlichen Vermögensabschöpfung sind im Kern akzessorisch zum materiellen Abschöpfungsrecht gestaltet. **Wiewohl in der forensischen Praxis nicht durchweg beachtet,** gilt: Beschlagnahme, §§ 111b-111d, sichert Tatertrag im Original, dessen Wert sichert hingegen der Vermögensarrest, §§ 111e-111i. Beides **trifft** sowohl für das subjektive **als auch für** das selbstständige Einziehungsverfahren **zu und gilt** für die (einfache wie erweiterte) Einziehung bei Tätern, Teilnehmern und Drittbeteiligten. Die Differenzierung setzt sich bei der **Entschädigung** fort: Originaltatertrag wird gegenständlich zurückgeführt, § 459h Abs. 1, nach Einziehung des Werts der Taterträge erhält der Anspruchsinhaber hingegen den Verwertungserlös, § 459h Abs. 2. 46

Seinem Wortlaut ist jedoch leider nicht zu entnehmen, dass das Gesetz diese zwar nicht zwingende, aber klare Trennung konsequent durchhalten würde. Die Sonderregeln der §§ 73 Abs. 2 und 3, 73b Abs. 2 und § 76a Abs. 4 S. 2 StGB deuten auf gegenständliche Einziehung, obwohl der materiellrechtlich Verletzte die betroffenen Gegenstände selbst nie besaß, dies zumindest nicht Voraussetzung ist.[70] Der Anspruchsinhaber (Verletzte) erhielte im Wege vereinfachter Entschädigung einen **fremden** Gegenstand. Opfer eines Enkeltricks oder falscher Polizisten könnten zB nur den mit ihrem Geld beschafften Sportwagen bekommen – ohne ihn nutzen zu wollen (oder zu können). Dieser dem Gesetz innewohnende **dogmatische Widerspruch** lässt sich auf der Anwendungsebene auflösen. Dazu gibt es zwei Varianten, ohne dass dem Gesetz eine Präferenz für eine davon zu entnehmen wäre. 47

Dogmatisch konsequent ist es, § 73c StGB dahingehend zu interpretieren, dass **andere Gründe,** die der gegenständlichen Einziehung entgegenstehen, **auch rechtliche** sein können, hier in concreto **§ 459h.** Dies führt durchgängig zu ersatzweiser Einziehung des Werts von Taterträgen, zu sichern mittels Vermögensarrests. Die Bedeutung der Sonderregeln erschöpft sich in der Anordnung vorrangiger Vollstreckung in die vorgefundenen Vermögensgegenstände. Das Ergebnis ist stringent, praktikabel, aber halt allein von der Systematik getragen. 48

Die Alternative besteht darin, in den Fällen der in Rn. 47 angeführten Sonderregeln die Einziehung zwar gegenständlich anzuordnen, sie aber (nur) entschädigungsrechtlich als Einziehung des Werts von Taterträgen anzusehen und sie dort dem § 459h Abs. 2 zuzuordnen. Das jedoch erforderte eine die Grenzen des Wortlauts sprengende Interpretation contra legem. Im Einklang mit dem Gesetz, aber im Gegensatz zu dessen Intentionen bliebe nur die prioritäre Entschädigung gem. § 459m nach Vorlage eines gegen den Betroffenen zu erstreitenden zivilprozessualen Zwangsvollstreckungstitels. 49

Angesichts dessen führt nur die **erste Variante** zu einem im **Einklang** mit den **Zielen** des **Gesetzes** stehenden **Ergebnis.** Demnach ist auch in den Fällen der §§ 73 Abs. 2 und 3, 73b Abs. 2 und 76a Abs. 4 S. 2 StGB ersatzweise der Wert von Taterträgen einzuziehen, zu sichern per Vermögensarrest. 50

Die Ermittlungspraxis präferiert hingegen eindeutig die **Beschlagnahme.** Hinnehmbar[71] ist das noch in den Fällen des § 76a Abs. 4 StGB, weil hier der gegenständlichen Einziehung mangels Bekanntseins kein Verfahren zur Entschädigung eines Opfers folgt. Solange allerdings Ermittlungen wegen der unbekannten Herkunftstat geführt werden, können sie wie bei § 73a StGB zu der Erkenntnis führen, dass die entdeckten Gegenstände aus 51

---

70 Vgl. Meißner/Schütrumpf Praxisleitfaden Vermögensabschöpfung, Rn. 210 (andere Akzente aber in Rn. 237); verkannt von OLG Düsseldorf 28.11.2019 – III – 1 Ws 233–237/19, wistra 2020 474 Rn. 9 f.; OLG Hamm 22.4.2020 – 5 Ws 59/20, NZWiSt 2020, 482 Rn. 22 f.; demgegenüber LG Hildesheim 20.4.2020 – 22 Qs 4/20, NJW-Special 2020, 378 Rn. 45–57: Keine Beschlagnahme, sondern Vermögensarrest zwecks erweiterter Einziehung bei Herrühren aus Sozialhilfebetrug.

71 Von mir noch akzeptiert in NZWiSt 2019, 445 (453 f.).

dem Ertrag dieser Tat beschafft wurden. Dann fehlt es an aktueller Erwartung späterer gegenständlicher Einziehung, sei es nach § 73, sei es nach § 76a Abs. 4 StGB. Zutreffendes Sicherungsmittel ist demgemäß der Vermögensarrest[72] wie durchgängig für §§ 73 Abs. 2 und 3 sowie für § 73b Abs. 2.[73] Der Rechtsweg gegen unzutreffende Beschlagnahme folgt gem. dem **Meistbegünstigungsprinzip** und dem Rechtsgedanken des **§ 300**[74] den für den Vermögensarrest geltenden Regeln und führt über § 310 Abs. 1 Nr. 3 bis zum Oberlandesgericht.

52 Die Entscheidung, ob Tatertrag im Original oder dessen Wert gesichert werden soll, ist für das Ergreifen einstweiliger Sicherungsmaßnahmen **zwingend.** Es handelt sich dabei allerdings lediglich um eine notwendige, nicht aber um eine auch hinreichende Bedingung. Vielmehr bedarf es einer **sehr viel genaueren Abgrenzung.** Sie kann nicht erst im Nachhinein, dh aufgrund Rechtsbehelfs oder gar erst in der Hauptverhandlung vorgenommen werden. Aufgrund der deutlichen Unterschiede der Rechtsfolgen von Beschlagnahme und Vermögensarrest (insbesondere in der Insolvenz) ist es (anders als nach früherem Recht, bei dem eine Alternativentscheidung tolerabel war[75]) **erforderlich,** dass **bereits im ersten Zugriff** das von Rechts wegen **zutreffende Sicherungsinstrument** ergriffen wird.

53 Ordnet ein Polizeibeamter (auch als Ermittlungsperson der Staatsanwaltschaft, § 152 GVG) wegen Gefahr im Verzug einen Vermögensarrest an, so ist dies **unwirksam,**[76] weil dazu nur der Staatsanwalt befugt ist. Nichts anderes kann gelten, wenn er zwar die Beschlagnahme anordnete, diese aber gerade unstatthaft ist, weil die Sicherung nur im Wege eines Vermögensarrests vorgenommen werden dürfte. Da die Abgrenzung im Einzelnen schwierig ist, sollten die Einsatzkräfte der Polizei tunlichst um eine staatsanwaltschaftliche Entscheidung bemüht sein. Ordnet ein **Staatsanwalt** fälschlich Beschlagnahme statt Vermögensarrest an, so ist eine **rückwirkende**[77] **Umwandlung**[78] auf den Anordnungszeitpunkt und damit der Erhalt der sichernden Wirkung des Veräußerungsverbots möglich[79] (s. auch → § 111j Rn. 31), während ein Pfändungspfandrecht lediglich ex nunc entsteht, dh erst mit der die Vollziehung der Beschlagnahme vertretenden (mangels Eilbedürftigkeit: gerichtlichen) Umwandlung.

54 Die **Obergrenze** dessen, was gegenständlich oder wertmäßig eingezogen und zuvor gesichert werden kann, beschreibt § 73 Abs. 1 StGB mit dem **erlangten Etwas.** Damit erfasst das Gesetz den Zuwachs im Vermögen aufgrund Verwirklichung des Strafgrunds des erfüllten Tatbestands[80] und damit einen geringeren Umfang als die hM annimmt. Laut Regierungsentwurf[81] ist zumindest auf den Zufluss aus der **Verwirklichung** des Tatbestands abzustellen. Der BGH lässt aber zuweilen noch extensiver jeden tatbedingten Zufluss ausreichen.[82] Ungeachtet dessen gilt, dass nicht nur **Gegenstände** iSv § 90 BGB eingezogen werden können, sondern auch **unterbliebene Vermögensminderungen** (wie im Fall

---

72 Näher dazu Bittmann NZWiSt 2019, 445 (452 f.).

73 Vgl. OLG Frankfurt a.M. 28.10.2021 – 3 Ws 506/21, NStZ-RR 2022, 71, das sich jedoch zu Unrecht auch auf § 73b Abs. 2 StGB stützt; da kein bestimmter Gegenstand gesichert werden soll, sondern die ersatzweise Einziehung des auf jemand Drittes transferierten Werts von Taterträgen, folgt das Ergebnis direkt aus §§ 73b Abs. 1 S. 1 Nr. 2 (vermutlich: lit. a) iVm 73c S. 1 StGB, vgl. Bittmann wistra 2020, 265 (268 f.).

74 Vgl. BGH 19.9.2019 – 1 StR 317/19, Rn. 5 mwN.

75 Johann in Löwe/Rosenberg § 111b Rn. 89.

76 Gercke in Gercke/Julius/Temming/Zöller § 111j Rn. 2; Spillecke in KK-StPO § 111j Rn. 3.

77 Bittmann in Bittmann/Köhler/Seeger/Tschakert Strafrechtl. Vermögensabschöpfung-HdB Rn. 351–361; Heine in SSW StPO § 111j Rn. 9 aE; aA Johann in Löwe/Rosenberg § 111j Rn. 28; er lehnt überdies sogar die Ersetzung der Rechtsgrundlage nach Übergang in das selbständige Verfahren nach § 76a Abs. 4 StGB ab, Johann in Löwe/Rosenberg § 111b Rn. 66.

78 Heine in SSW StPO § 111b Rn. 7 hält zunächst die (kumulative) Anordnung und Vollziehung eines Vermögensarrests für erforderlich und erst anschließend die Aufhebung der Beschlagnahme für nötig, ohne festgelegte Reihenfolge § 111j Rn. 9 aE.

79 Ebenso Johann in Löwe/Rosenberg § 111d Rn. 7.

80 Bittmann NZWiSt 2021, 133.

81 BT-Drs. 18/9525, 56 und 67.

82 ZB BGH 9.6.2021 – 4 StR 503/20, BeckRS 2021, 17919 Rn. 5.

ersparter Aufwendungen) und rein **wertmäßige Zuwächse** (zB Marktvorteile oder aufgrund besserer Auslastung vorhandener Maschinen). Dieser umfassende Begriff des Tatertrags als ‚erlangtes Etwas' differenziert sich im Hinblick auf die Rechtsfolgen vielfältig aus.

Die gegenständliche Einziehung gemäß **§ 73 Abs. 1 StGB** beschränkt sich auf solche Taterträge, die ohne Wechsel ihres *Aggregatszustands* abgeschöpft werden können, also auf Taterträge im **Original.** Allerdings ist nicht jeder Original-Tatertrag gem. § 73 Abs. 1 StGB einziehungsfähig, sondern nur dann, wenn dies tatsächlich möglich ist. Das ist nur bei Gegenständen iSv § 90 BGB der Fall. Darunter fallen körperliche Sachen und Rechte. Ist die Einziehung des Tatertrags im Original aus tatsächlichen Gründen unmöglich, so tritt an deren Stelle ersatzweise die Einziehung des Werts des Original-Tatertrags, § 73c S. 1 StGB. Die Abgrenzung ist dann einfach, wenn die Original-Einziehung aufgrund der **Beschaffenheit** des Erlangten rein faktisch unmöglich ist. Das Gesetz sieht die ersatzweise Einziehung des Werts jedoch auch dann vor, wenn die Einziehung des Originals **aus anderen Gründen** (als der Beschaffenheit) ausscheidet. Die Gründe dafür sind vielfältig, zB das nicht-mehr-Vorhandensein beim Täter, Teilnehmer oder Drittempfänger, und kann bei mehreren Beteiligten die Einziehungserwartung auf je unterschiedlicher Rechtsgrundlage begründen, sich zB beim nicht mehr besitzenden Täter auf ersatzweise Einziehung des Werts und beim besitzenden Drittempfänger auf Einziehung im Original beziehen – mit schwierigen Konkurrenzverhältnissen.[83] Da ersparte Steueraufwendungen seit der Neufassung des § 261 StGB zum 18.3.2021 keine tauglichen Tatobjekte der Geldwäsche mehr sind,[84] stellt sich für Unternehmenssteuern umso deutlicher die Frage, ob es möglich ist, den vom Täter (als zB Gesellschaftergeschäftsführer) in sein Privatvermögen verschobenen Wert dort abzuschöpfen. 55

Es konkurrieren aber nicht nur verschiedene Rechtsgrundlagen im Hinblick auf die **Einziehung** des **Tatertrags** (im Original oder wertmäßig), sondern es gilt auch, das **Verhältnis** der Einziehung gem. §§ 73 ff. StGB zur **Einziehung** als **Tatprodukt, Tatmittel** oder **Tatobjekt,** §§ 74 ff. StGB, im Auge zu behalten. Mit Ausnahme von § 261 Abs. 10 StGB genießt die Einziehung nach den **§§ 74 ff.** StGB den **Vorrang** vor der Einziehung nach den §§ 73 ff. StGB.[85] Demzufolge ist nicht nur für die vom Gericht zu treffende Einziehungsentscheidung, sondern bereits im Vorhinein **beim Ergreifen einer Sicherungsmaßnahme** zu **prüfen,** ob nicht vorrangig eine Einziehung als Tatprodukt, Tatmittel oder Tatobjekt zu sichern ist. 56

Problematisch erweist sich dabei, dass es weder ausreichend verlässliche Definitionen der verschiedenen Begriffe gibt[86] (s. bereits → Rn. 11), noch Konsens über ihre Abgrenzung zueinander herrscht. Hier bleibt die Entwicklung der Rechtsprechung zum materiellen Recht abzuwarten. Über diese hat sich der Rechtsanwender deshalb vor Anordnen oder Ergreifen einer Sicherungsmaßnahme einzelfallbezogen kundig zu machen, sobald die Einordnung fraglich ist. **Vorrangig** ist (mit Ausnahme von § 261 Abs. 10 StGB) die Sicherung der **Einziehung** nach **§§ 74 ff. StGB.** Auch hier kehrt die Differenzierung zwischen gegenständlicher Einziehung, § 74 StGB, und ersatzweise von deren Wert wieder. Letzteres erlaubt § 74c StGB nur unter gegenüber § 73c StGB deutlich eingeschränkteren Voraussetzungen. 57

III. Überblick über die §§ 111b–111q

1. Aufgabe, Funktion, Systematik. a) Überblick. Die §§ 111b–111m und § 111q umschreiben den rechtlichen Rahmen **einstweiliger vollstreckungssichernder Maßnahmen** zwecks **tatsächlicher Durchsetzung später rechtskräftig** anzuordnender **Ver-** 58

[83] ZB BGH 28.5.2020 – 3 StR 364/19, BGHSt 65, 28; dazu Bittmann NStZ 2021, 102; Gehm NZWiSt 2021, 29; Habetha NJW 2020, 3049.

[84] OLG Saarbrücken 26.5.2021 – 4 Ws 53/21, DStR 2021, 1504 Rn. 6 f.

[85] ZB BGH 3.11.2020 – 6 StR 258/20, NStZ-RR 2021, 105 Rn. 5; weitere Aspekte bei Corsten/Stauder wistra 2021, 439, das Konkurrenzverhältnis aber offenlassend.

[86] Näher Bittmann NZWiSt 2021, 133; Bittmann wistra 2021, 257 mit Beispielen.

mögensabschöpfung oder Einziehung gem. §§ 74 ff. StGB, von Burghart[87] anschaulich „System der Vollstreckungssicherung durch Sicherungsvollstreckung“ bezeichnet, wenngleich Sicherungsanordnungen voll*zogen* und nicht voll*streckt* werden. Nach der Neuregelung erfolgt jegliche Sicherung zu Gunsten des **Fiskus.** Ist Tatertrag (oder dessen Wert) aus einem Delikt mit individuellem materiellrechtlich Verletzten gesichert, so bleibt das eingezogene Vermögen jedoch nicht dort. Die Entschädigung des **Opfers** geschieht allerdings regelmäßig erst im Vollstreckungsstadium. Unter den Voraussetzungen des § 111n können bewegliche Sachen aber auch schon zuvor herausgegeben werden. Prinzipiell kommen vollstreckungssichernde Maßnahmen nicht nur in **jedem Verfahrensstadium** (Ermittlungs-, Zwischen- und Hauptverfahren) in Betracht, sondern für Tatertrag (im Original oder wertmäßig) auch noch danach bis zum Eintritt der Verjährung, § 76b StGB, selbst nach Straftaten von Kindern[88] und sonstigen Schuldunfähigen. Keine **Verfahrensart** ist grundsätzlich ausgenommen, auch nicht die (insoweit allerdings weitgehend bedeutungslosen Privatklage- und beschleunigten Verfahren. Gewisse Einziehungsentscheidungen sind seit dem 1.7.2021 auch im Sicherungsverfahren, §§ 413 ff. zulässig.[89] Zuvor[90] kam das mangels gesetzlicher Grundlage nicht in Betracht,[91] so dass ggf. ein (paralleles oder anschließendes) selbständiges Verfahren, geführt werden musste. Dieser Möglichkeit wegen durften sichernde Maßnahmen auch bei sich abzeichnendem Sicherungsverfahren ergriffen werden. Nunmehr differenziert § 413 zwischen zulässiger Einziehung als Neben**folge** und dort weiterhin unzulässiger Einziehung als Neben**strafe.**[92] Letzteres tritt auf die Fälle der §§ 74 und 74c StGB zu. Im Umkehrschluss bedeutet dies: Da die (auch erweiterte) Einziehung von Taterträgen oder deren Wert, § 73–§ 73e StGB (ggf. auch § 76a Abs. 4 StGB), die Sicherungseinziehung, § 74b StGB, und die Einziehung von Gedanken*verkörperungen,* vulgo Schriften, § 74d StGB, keinen Strafcharakter tragen, dürfen sie daher jetzt auch im subjektiven Sicherungsverfahren angeordnet werden. Obwohl mit Inkrafttreten sofort geltendes Verfahrensrecht[93] verhindert die Neuregelung die Aufhebung in der Revisionsinstanz nicht, wenn die Einziehung als Nebenfolge vor dem 1.7.2021 in einem Sicherungsverfahren angeordnet worden war, weil eine Anordnung vor diesem Datum unwirksam war und nur vom Tatgericht getroffen werden darf.

59 Beschlagnahme und Vermögensarrest gestatten bereits vor Eintritt der Rechtskraft der (meist, aber nicht zwingend noch ausstehenden) Einziehungsentscheidung, Vorkehrungen zu treffen zur Sicherung des Erfolgs ihrer erwarteten Vollstreckung in das Vermögen des (dann rechtskräftig) **Verurteilten** oder des **sonstigen Betroffenen.** Sie erinnern damit an die Vorschriften über **einstweilige Anordnungen,** § 123 Abs. 1 S. 1 VwGO, und den **einstweiligen Zivilrechtsschutz** gemäß §§ 916 ff. ZPO. Der früher umfassende Verweis auf die Regelungen der ZPO über den **dinglichen Arrest** ist weitgehend, aber nicht vollständig eigenen Regelungen in der StPO gewichen, die jedoch inhaltlich kaum von den Schwesterbestimmunen der ZPO abweichen. Die §§ 111b ff. befassen sich demgemäß nicht mit der Vollstreckung rechtskräftiger Entscheidungen. Dafür gilt § 459g Abs. 1–3, ggf. nebst JBeitrG und EBAO. Die isolierte Vollstreckung von Kosten obliegt hingegen der Gerichtskasse.[94]

---

87 Burghart in SSW StPO, 1. Aufl. 2014, § 111b Rn. 2.

88 Pegel in Radtke/Hohmann § 111b Rn. 1.

89 BGH 8.12.2021 – 5 StR 312/21, NStZ 2022, 250: ohne Antrag auf selbständige Einziehung.

90 Bis einschließlich 30.6.2021: BGH 30.6.2021 – 6 StR 278/21.

91 Köhler in Meyer-Goßner/Schmitt Vor § 111b Rn. 6 (ohne Berücksichtigung der Neuregelung).

92 In der Gesetzesbegründung erst bei § 421 Abs. 1 Nr. 2 erläutert, BT-Drs. 19/27654, 109; BGH 23.11.2021 – 3 StR 322/21; ausführlich 8.12.2021 – 5 StR 312/21, NStZ 2022, 250; unklar 27.1.2022 – 1 StR 453/21, Rn. 15.

93 BGH 8.12.2021 – 5 StR 312/21, Rn. 14, NStZ 2022, 250.

94 Huber in BeckOK StPO § 111k Rn. 6; Johann in Löwe/Rosenberg § 111k Rn. 10; Rogall in SK-StPO § 111f Rn. 12 (sämtlich unter Hinweis darauf, dass für die Beitreibung [nur] der Kosten des BGH das Bundesamt für Justiz zuständig ist); Gercke in Gercke/Julius/Temming/Zöller § 111k Rn. 6; Spillecke in KK-StPO § 111k Rn. 3; Köhler in Meyer-Goßner/Schmitt § 111k Rn. 9. Das gilt auch für die Vollziehung dinglichen Arrests, wenn er nur zur Sicherung der Verfahrenskosten ausgebracht wurde, Kiethe in Radtke/Hohmann § 111f Rn. 5.

Der von einer vollstreckungssichernden Maßnahme in seinen Rechten (potenziell) Berührte wird als **Betroffener** bezeichnet. Er kann personengleich mit dem Beschuldigten (ggf. Angeklagten oder Verurteilten) sein. Sichernde wie endgültige Maßnahmen können aber auch gegen einen Dritten angeordnet werden. Die Wirksamkeit einer vollstreckungssichernden Maßnahme ist vom Eigentum (oder einer sonstigen dinglichen Berechtigung) unabhängig. Es kann daher mehrere Betroffene geben. Dann ist jeder für sich **rechtschutzbefugt. Betroffensein** als prozessuale Zulässigkeitsvoraussetzung ist aber **nicht gleichbedeutend** mit **Verletztsein.** Für die Rechtschutzbefugnis genügt daher die schlüssige Behauptung einer Rechtsverletzung. Ob sie tatsächlich vorliegt, ist keine Frage der Zulässigkeit, sondern der Begründetheit. 60

b) Instrumente zur Sicherung der Vollstreckung aus materiellrechtlichen Einziehungstatbeständen. Die **Beschlagnahme** sichert die **gegenständliche,** der **Vermögensarrest** die **wertmäßige** Einziehung. Beides ist nur noch zugunsten des Justizfiskus möglich, erfolgt bei Individualdelikten aber auch im **Entschädigungsinteresse des Opfers.**[95] Voraussetzung ist ein (sachbezogen divergierendes) **Sicherungsbedürfnis.** Die Folgen beider Sicherungsinstrumente unterscheiden sich bei der Entschädigung, in der Insolvenz und in der Anwendbarkeit weiterer Bestimmungen: §§ 111n und 111o befassen sich mit der **Rückgabe** beweis- (§ 94) und/oder vollstreckungssichernd (§ 111b, c) beschlagnahmter beweglicher Sachen, gelten aber nicht für den Vermögensarrest. Notveräußerung, § 111p, ist für beide Sicherungsinstrumente, nicht aber für Beweismittel vorgesehen. § 111q enthält ergänzende Regelungen für die Beschlagnahme von (nunmehr *Verkörperung* genannten) Schriften und korrespondiert mit § 74d StGB. 61

Der gesetzlich bestimmten Unterschiede wegen gibt es kein **Wahlrecht** zwischen verschiedenen **Rechtsgrundlagen** einer Einziehung[96] und **ebensowenig** ein solches zwischen den Sicherungsinstrumenten. Zur ersten Orientierung bietet sich folgende Aufteilung an: 62

(1) § 73 Abs. 1, Var. 2, ggf. iVm § 73c StGB (**„für“** eine rechtswidrige Tat): 63
Sicherungsmittel: Beschlagnahme im Original; Vermögensarrest, wenn Original nicht eingezogen werden kann.

(2) § 73 Abs. 1, Var. 1, ggf. iVm § 73c StGB, auch je iVm § 73a StGB (**„durch“** eine rechtswidrige Tat = **Tatertrag**): 64
Sicherungsmittel: Beschlagnahme im Original; Vermögensarrest, wenn Original nicht eingezogen werden kann; etwaige, nicht konsentierte **Ausnahmen:** Beschlagnahme gegenständlicher Nichtoriginale bei **Feststehen** einer Konstellation gem. § 73 Abs. 2 oder 3, § 73b Abs. 2 oder § 76a Abs. 4 StGB (zu vermischtem Drogengeld → Rn. 75–75f).

(3) Ebenfalls **noch ungeklärt,** ob „für“ oder „durch“, wenn ein Beteiligter „für“ seine Mitwirkung Teile des „durch“ die Tat Erlangten erhält; im Übrigen wie (1). 65

(4) § 73 Abs. 2 StGB (**Nutzungen** aus dem **Erlangten,** dh **nur** des **Originals, nicht** auch aus einem an dessen Stelle getretenen Surrogat oder **Wert**[97]): 66
Sicherungsmittel: Vermögensarrest, nach hM beschränkt auf Unmöglichkeit der Originaleinziehung.

---

95 Johann in Löwe/Rosenberg § 111b Rn. 86.

96 BGH 29.7.2021 – 4 StR 536/20, Rn. 6; für die erweiterte Einziehung, § 73a StGB: BGH 4.5.2021 – 3 StR 67/21, Rn. 3; 26.5.2021 – 3 StR 58/21, Rn. 6; 18.8.2021 – 5 StR 199/20, NStZ 2022, 55 Rn. 18 Zu Unrecht will BGH 25.8.2021 – 3 StR 148/21, NStZ-RR 2021, 373 Rn. 5 f. (Ls), eine Ausnahme für nach § 111d Abs. 3 S. 1 eingezahltes Bargeld zulassen: Wahl zwischen gegenständlicher Einziehung des Rückzahlungsanspruchs und ersatzweiser Einziehung des Werts, ggf. gar „des“ (nicht mehr individualisiert) vorhandenen Bargelds. Obwohl das Original-Bargeld nicht mehr als solches eingezogen werden kann, ist aufgrund der Surrogation nur der Rückzahlungsanspruch einzuziehen.

97 Verkannt in der cum/ex-Entscheidung BGH 28.7.2021 – 1 StR 519/20, wistra 2021, 479 Rn. 46, 91, 98 f., 111 und 123, gutgeheißen von Lindemann/Bauerkamp wistra 2021, 487 (488); Saliger, NJW 2022, 17; zum Thema zuvor bereits Rübenstahl/Weißbeck WiJ 2020, 90; Sabel/Kusche ZWH 2021, 195 und ZWH 2021, 242; Wolf NStZ 2020, 257.

67 (5) § 73 Abs. 3 StGB **(Surrogat):**
Sicherungsmittel:
Erste Surrogation: Wie bei Nutzungen.

Ab zweiter Surrogation: Keine Sicherung zulässig; aber erlaubt bleibt die Sicherung des Werts des **Tatertrags**[98] (**nicht:** des Werts des **ersten Surrogats**[99]) per Vermögensarrest.

68 (6) **Tatobjekte** (§ 74 Abs. 2 StGB, aber nur bei Vorhandensein einer darauf verweisenden oder einer bereichsspezifischen Sondernorm); **Tatprodukte, Tatmittel** (§ 74 Abs. 1 StGB):

Sicherungsmittel: Beschlagnahme im Original; Vermögensarrest, wenn Original nicht eingezogen werden kann und nur unter den gegenüber § 73c StGB engeren Voraussetzungen des § 74c StGB; sind Tatprodukte nicht legal verkehrsfähig, so ist ihr Wert Null;[100] wurden sie trotzdem verkauft, so ist die Gegenleistung oder deren Wert gleichwohl unter den Voraussetzungen des § 74c StGB einziehungsfähig und darf deshalb per Vermögensarrest gesichert werden.

69 **c) Aufwendungen.** Ihr Abzug ist zwar bei der Einziehung des Tatertrags im Original begrifflich unmöglich, bei der ersatzweisen Einziehung ihres Werts aber vorbehaltlich § 73d Abs. 1 S. 1 Var. 1 StGB geboten. Eine gesetzliche Definition fehlt. Inhaltlich besteht jedoch eine leider weitgehend[101] unbeachtete **Übereinstimmung** mit **Tatmitteln** und **Tatobjekten.** Allen drei Phänomenen ist als **gemeinsamer Nenner** eigen, zu rechtswidrigen Zwecken **dienlich gemacht zu werden.**[102]

70 **Aktiv** zur Vorbereitung oder Durchführung der Tat eingesetzte **Aufwendungen** (zB Kosten für das Ausspionieren des Tatorts; die Anreise; den eingesetzten Brandbeschleuniger) sind, obwohl sie so typischerweise nicht bezeichnet werden, begrifflich ebenso **Tatmittel** wie der Hammer oder die Schusswaffe. Die unterschiedliche Klassifizierung als Aufwendung oder Tatmittel richtet sich danach, ob das, was eingesetzt wurde, nach der Tat **noch vorhanden** ist oder **nicht.**

71 Für die allein regelungsbedürftigen Fälle des § 73c StGB gliedert das Gesetz die nicht mehr vorhandenen aktiven Aufwendungen aus dem Regelungszusammenhang der §§ 74 ff. StGB aus und in denjenigen der §§ 73 ff. StGB ein. An der inhaltlichen Verwandtschaft aktiver Aufwendungen mit Tatmitteln ändert das nichts und rechtfertigt es einerseits, beides so weit wie möglich gleichzubehandeln und andererseits innerhalb von § 73d Abs. 1 StGB zwischen allgemeinen und tatbezogenen Aufwendungen zu **differenzieren.**

72 Sind die eingesetzten Tatmittel jedoch nach der Tat noch vorhanden, so stellt sich **nicht** die Frage des **Abzugs** vom Wert des Tatertrags, sondern des zusätzlichen **gegenständlichen Entzugs** aus der Verfügungsgewalt des (im weiten Sinne) Tatbeteiligten, also ihrer Einziehung. Sie ist (in den Grenzen der Verhältnismäßigkeit) gem. § 74 StGB ausnahmslos zulässig und ermöglicht auf diese Weise die wertmäßige Gleichbehandlung mit aktiven Aufwendungen. Die rechtstechnische Trennung beider wirft trotzdem Folgefragen auf: Unabhängig vom Verschulden kein Abzug von Aufwendungen, während schuldhaftes Handeln Voraussetzung für die Einziehung noch vorhandener Tatmittel ist. Die Einziehung Letzterer ist

[98] BGH 3.11.2020 – 6 StR 258/20, NStZ-RR 2021, 105 Rn. 7; 1.6.2021 – 1 StR 675/18, wistra 2021, 396; 21.9.2021 – 3 StR 158/21, wistra 2022, 83 Rn. 14 f.

[99] BGH 3.7.2018 – 2 StR 117/18, NStZ 2018, 654 Rn. 6; 2.6.2020 – 4 StR 184/20, Rn. 2; 26.5.2021 – 5 StR 529/20, Rn. 14; 1.7.2021 – 3 StR 518/19, NZWiSt 2021, 478 Rn. 107–114 (dazu Bittmann NZWiSt 2021, 464 (469)); Johann in Löwe/Rosenberg § 111b Rn. 20.

[100] Allgemein Grätsch in Müller-Gugenberger WirtschaftsStrafR-HdB, 7. Aufl. 2021, Rn. 21.15: Werthaltig ist nur Legalvermögen.

[101] BGH 24.2.2021 – 1 StR 127/20 NZWiSt 2021, 282, Rn. 18 (mkritAnm Lubini; ferner Bittmann NStZ 2021, 669) betrachtet den Empfang von Beträgen aufgrund zum Zwecke späteren Subventionsbetrugs überhöht ausgestellter Rechnungen als Tatmittel, ohne die Abgrenzung zu Tatobjekten zu thematisieren, zust. Corsten/Hübner wistra 2021, 316; s. bereits oben Rn. 23. Von einem anderen Beteiligten erstattete Aufwendungen können zur Vermeidung doppelter Belastung weder als Wert von Taterträgen, so aber BGH 28.6.2022 – 2 StR 47/22, Rn. 5, noch als Wert von Tatmitteln, so BGH 26.7.2022 – 3 StR 193/22, Rn. 9 3 StR, eingezogen werden.

[102] Bittmann NZWiSt 2021, 133 (141 f.); zust. Lubini NZWiSt 2021, 284 (285).

strafzumessungsrelevant, während dies für den fehlenden Abzug tatbezogener Aufwendungen nicht anerkannt ist.[103] Diese dürfen zudem nicht abgezogen werden, während die Einziehung von Tatmitteln im Ermessen des Gerichts steht. Auch im Hinblick auf den Umgang unter dem Aspekt der Entreicherung bestehen Unterschiede: Während der Wert nach der Tat noch vorhandener, im Urteilszeitpunkt aber dem Zugriffsbereich des Angeklagten bereits entzogener Tatmittel nur unter den engen Voraussetzungen des § 74c StGB eingezogen werden kann (aber nicht muss), hindern selbst noch so hohe Aufwendungen die Vollstreckung der ersatzweise angeordneten Einziehung des Werts erlangter Taterträge bis zum Erreichen des vollen Nennwerts nur im Fall (vom Gesetzgeber als seltener Ausnahmefall verstandener) Unverhältnismäßigkeit, § 459g Abs. 5 S. 1. Dort wird zwar seit dem 1.7.2021 die Entreicherung nicht mehr besonders erwähnt, kann aber trotzdem weiterhin zu (ggf. nur partieller) Unverhältnismäßigkeit der Vollstreckung führen. Einen sachlichen Unterschied zwischen anfänglicher Entreicherung aufgrund Investition und nachträglicher (z.B. aufgrund von Beuteteilung) gibt es nicht. Beides ist in gewissem Maße sogar austauschbar, so bei Vorfinanzierung der Aufwendungen mittels Kredits, um ihn später aus dem Ertrag zurückzuführen.

Passiv für die Tat eingesetzte **Aufwendungen** (unversteuerte und unverzollte Zigaretten; Verwendung oder Transfer legalen Vermögens unter strafbaren Umständen, zB unerlaubtes Hawala-Banking) sind begrifflich **Tatobjekte.** Sie sind (im Gegensatz zu noch vorhandenen Tatmitteln) nur aufgrund einer bereichsspezifischen Sonder- oder einer die konkrete Straftat erfassenden Verweisungsnorm einziehungsfähig, § 74 Abs. 2 StGB. Da nicht mehr vorhandene Tatobjekte im Anwendungsbereich der §§ 74 ff. StGB verbleiben, darf aufgrund des allgemeinen Vorrangs der Regelungen der §§ 74 ff. StGB vor denjenigen der §§ 73 ff. StGB (insoweit problematische, aber in ihren Auswirkungen begrenzte und entschädigungsrechtlich, → Rn. 81, für den Betroffenen günstige) Ausnahme: § 261 Abs. 10 StGB) der **Wert nicht mehr vorhandener Tatobjekte nur** unter den gegenüber § 73c StGB engeren Voraussetzungen der **§§ 74 Abs. 2, 74c StGB eingezogen** und zuvor **gesichert werden.** 73

d) Materiell- und verfahrensrechtliche Konkurrenzen. Abschöpfungsrechtliche **Konkurrenzen:** 74

Für die **Einziehung** gilt:

(a) §§ 74 ff. StGB (in allen sich in der Anwendung gegenseitig ausschließenden 3 Alternativen) vor §§ 73 ff. StGB; Ausnahme Geldwäsche mit § 261 Abs. 10 StGB als lex specialis: § 73 (auch iVm § 73c) StGB vor § 74 StGB = keine Einziehung tatgenerierten Ertrags (als Original oder im Wert) nach §§ 74 ff. StGB.
(b) § 73 Abs. 1 vor § 73a und 76a Abs. 4 StGB.
(c) § 73 Abs. 1 und § 73 Abs. 2 StGB (kumulativ).
(d) § 73 Abs. 1 oder § 73 Abs. 3 StGB.
(e) § 73 und § 73a StGB vor § 73c StGB.
(f) § 73a, auch iVm § 73c vor § 76a Abs. 4 StGB.
(g) Nicht mehr vorhandenes erstes Surrogat führt nicht direkt zu § 73c StGB, sondern zunächst zurück zu § 73 StGB und erst dann zu § 73c StGB; Folge: Ersatz des Werts des Tatertrags und nicht des ggf. davon abweichenden Werts des nicht mehr abschöpfbaren ersten Surrogats.[104]

Diese Reihenfolge entspricht der Rechtsprechung und wird auch in der Literatur nicht ernsthaft in Frage gestellt.

Ganz anders verhält es sich mit der **Konkurrenz** der beiden **Sicherungsinstrumente.** Sie zeitigen unterschiedliche, teils gegensätzliche Rechtsfolgen. Maßgeblich ist die **Einziehungserwartung.** Sie hängt vom wandlungsfähigen Erkenntnisstand ab. Gegenständlich einziehungsfähig ist zunächst **nur** das **Original.** Gleichgestellt sind aus praktischen Gründen 75

[103] Vgl. BGH 9.6.2021 – 2 StR 355/20, NStZ-RR 2021, 308, Rn. 28.
[104] ZB BGH 19.1.2021 – 5 StR 291/20 Rn. 12; aA Johann in Löwe/Rosenberg § 111b Rn. 20.

acht Konstellationen von Nicht-Original-Tatertrag: (1) Nutzungen, (2) Gegenstände als erstes Surrogat von Original-Tatertrag, (3) § 73b Abs. 1 S. 1 Nr. 2 lit. b bzw. (4) Abs. 2 und (5) § 76a Abs. 4 StGB) sowie die gesetzlichen Fälle dinglicher Surrogation (6) § 111d Abs. 2 S. 2, (7) § 111d Abs. 3 S. 2 (auch iVm § 111e Abs. 4 S. 2 und § 111g Abs. 1) ferner (8) § 111p Abs. 1 S. 2. Nur wenn sich sich eine dieser Varianten mit überwiegender Wahrscheinlichkeit abzeichnet, ist **Beschlagnahme** statthaft. Anderenfalls kommt nur die ersatzweise Einziehung des Werts von Taterträgen in Betracht, zu sichern per **Vermögensarrest.** Das gilt zB für **Vermischungsfälle,** in denen vorgefundene Gegenstände zwar aus mehreren Straftaten herrühren (sollen), sich einzelne Scheine, Münzen oder Überweisungen aber keiner der verschiedenen Erwerbstaten zuordnen lassen.[105]

75a Besonderheiten gelten bei Erträgen aus **per se verbotenen Geschäften,** praxisrelevant v.a. in Fällen vorgefundenen **„Drogengelds“,**[106] meist vermischt aus verschiedenen Einzeltaten. Der BGH[107] propagiert hier in stillschweigender Suspendierung vom Erfordernis der Zuordnung zu bestimmter Tat die Einziehung gem. § 73 Abs. 1 StGB. Mit Rechtskraft erwirbt damit zwar der Justizfiskus gem. § 75 Abs. 1 Nr. 2 StGB Eigentum. Der Sache nach handelt es sich jedoch um eine **analoge** Anwendung von § 73 StGB zu Lasten des Betroffenen. Sie anzuordnen ist jedoch allein Sache des Gesetzgebers.

75b Der des Drogenhandels Beschuldigte hat an „Drogengeld“ aufgrund der Gesetzeswidrigkeit auch des dinglichen Geschäfts **kein Eigentum** erwerben können, **§ 134 BGB.** Das ihm fehlende Recht am vorgefundenen Geld allein würde der Einziehung nach § 73 StGB zwar nicht entgegenstehen.[108] Wie § 75 Abs. 1 Nr. 2 StGB zeigt, folgt das Gesetz hier nämlich einer tatsächlichen Betrachtungsweise. Typischerweise ist aber **unklar,** ob es sich wirklich um den (wenngleich vermischten) **Original-Erlös** aus **verfahrensgegenständlichen Taten** handelt. Es wird sich häufig nicht ausschließen lassen, dass das konkrete Geld aus legalen Quellen stammt oder kraft Vermischung zu Eigentum des Beschuldigten geworden ist. Das gleiche Problem stellt sich im Hinblick auf die Vollstreckung und vorherige Sicherung ersatzweiser Einziehung des Werts dieser Taterträge, denn **Vollziehungs**- und **Vollstreckungsobjekte** sind nur **eigene** Gegenstände des Betroffenen. Aus der **Sicht** des **Käufers** ist das Geld **Tatmittel.**[109] Gegen den des Drogenhandels Beschuldigten kann es trotzdem nicht als solches eingezogen werden, weil nicht er es verwendete und zudem nicht, wie von § 74 Abs. 3 S. 1 StGB verlangt, dessen Eigentümer war oder ist. Aufgrund der tatsächlichen Unklarheiten lässt sich noch nicht einmal sicher feststellen, dass es sich bei dem Geld um die **konkreten Tatmittel** des oder der Drogenkäufer(s) handelt. Daher scheidet auch die Sicherungseinziehung des Geldes gem. § 74 Abs. 1 Nr. 2 StGB aus. Zudem scheitert die Anwendung von § 76a Abs. 4 S. 3 Nr. 6 StGB an der Subsidiaritätsklausel, denn der Verkäufer kann wegen der Anlasstat verurteilt werden.

75c **Gegen** eine **bestimmte Person** kann zwar **nur,** aber immerhin **all** das an Vermögenswerten[110] **eingezogen werden,** was **ihr gehört** oder **zusteht** und „durch“ die **Tat erlangt** wurde. Das ist beim des Drogenhandels Angeklagten jedenfalls der Besitz und auch das *eventuelle* Eigentum am vorgefundenen Geld. Steht es nicht in seinem Eigentum (oder

---

[105] Francke/Schwarz Abschied von der Rückgewinnungshilfe – Ein Blick auf die Reform der Opferentschädigung mit Fokus auf die Insolvenz, in Bergmann, Beiträge zur strafrechtlichen Vermögensabschöpfung S. 63; Johann in Löwe/Rosenberg § 111b Rn. 83; Köhler in Meyer-Goßner/Schmitt Vor § 111b Rn. 4.

[106] Ausführlich dazu Bittmann NZWiSt 2022, 188 (Teil 1) und 231 (Teil 2).

[107] BGH 24.9.2019 – 5 StR 269/19, NStZ 2020, 25 Rn. 8 mablAnm Bittmann; BGH 26.5.2021 – 5 StR 529/20, wistra 2022, 83 Rn. 13.

[108] Meißner/Schütrumpf Praxisleitfaden Vermögensabschöpfung, Rn. 104; anders evtl. BGH 23.10.2018 – 1 StR 503/18, NStZ 2019, 141 Rn. 4, falls nämlich nicht nur unklare Gewahrsamsverhältnisse für die Aufhebung ursächlich gewesen sein sollten.

[109] LG Kleve 11.1.2021 – 120 KLs – 102 Js 122/20 – 37/20, Rn. 45.

[110] Der Umgang mit verkehrsunfähigen Gegenständen ist noch nicht konsentiert: Dass derjenige nichts erlangt hat, dem gem. § 134 BGB nichtige Verbindlichkeiten aus Drogenkäufen erlassen wurden, BGH 19.10.2021 – 3 StR 331/21, Rn. 3 f., ist nicht vereinbar mit der Einziehung des Werts geraubter, aber nicht mehr vorhandener Drogen, BGH 12.1.2021 – 4 StR 280/20, BGHSt 65, 221 Rn. 10, und des Verkaufspreises unversteuerter und unverzollter Zigaretten, zB BGH 11.2.2020 – 1 StR 622/19, Rn. 4.

dem eines unbeteiligten Dritten), so handelt es sich hingegen zwingend um die von den Drogenkäufern verwendeten, d.h. ebenfalls *eventuellen* Tatmittel. Stünde das Eigentum fest, so wäre der Zugriff darauf unproblematisch: beim Angeklagten zwecks Vollstreckung der zwingenden Einziehung des Werts der Taterträge, bei den Käufern aufgrund pflichtgemäß auf Null reduziertem Ermessen als Tatmittel. Aufgrund der **strikten Alternativität** gebührt das Bargeld weder einem Verkäufer noch einem Käufer von Drogen. Keiner von beiden darf es be- oder (wieder) erhalten. Diese Situation erinnert an die Wahlfeststellung, betrifft hier jedoch nicht nur divergierende Tatbestände, sondern unterschiedliche Personen – denen aber mit der Einziehung kein Unrecht geschehen kann, weil ihnen ja beiden die Dauerhaftigkeit etwaiger eigener Berechtigung fehlt. Es bedarf daher lediglich eines rechtssicheren Wegs, beiden ihre **potenzielle Berechtigung** zu **entziehen** und dem **Justizfiskus** entweder unmittelbar das Eigentum oder zumindest die Vollstreckungsbefugnis **zu verschaffen.**

Unter der Annahme, es handele sich bei dem vorgefundenen Bargeld um Eigentum des des Drogenhandels Angeklagten, dient es als **Vollstreckungsobjekt** für die gegen ihn ergehende Anordnung der Einziehung des Werts von Taterträgen und unter der umgekehrten Annahme, den Drogenkäufern verbliebenen Eigentums, kann es bei diesen als **Tatmittel** eingezogen werden. Es genügt demnach nicht eine einzige **Einziehungsentscheidung,** sondern es bedarf vielmehr derer **zwei.** Da die Drogenkäufer typischerweise unbekannt sind, ist insoweit ein staatsanwaltschaftlicher Antrag auf Einziehung im **selbständigen Verfahren,** § 435 StPO, erforderlich. Das Gericht kann beide Verfahren miteinander verbinden und deshalb einheitlich entscheiden. **75d**

Mit Rechtskraft verlieren die Drogenkäufer ihr etwaiges Eigentum. Es geht aber wegen der Ungewissheit noch nicht auf den Justizfiskus über. Vielmehr ist im Zuge der Vollstreckung der Einziehungsforderung gegen den wegen Drogenhandels Verurteilten (im Fall darüberhinausgehender Einziehungsforderung: zunächst) auf das vorgefundene Bargeld zuzugreifen. Das Vollstreckungspfandrecht erlaubt die Verwertung – bei sichergestelltem Bargeld mittels schlichter Anordnung seitens des Vollstreckungsrechtspflegers. Erst, aber jedenfalls damit verliert auch der Verurteilte sein etwaiges Eigentum und erwirbt es der Justizfiskus. Dieser Weg erspart die Verwertung als Fundsache, § 983 BGB (→ § 111n Rn. 37).[111] Da gegen den des Drogenhandels Beschuldigten nur die ersatzweise Einziehung des Werts von Taterträgen in Betracht kommt, ist der Vermögensarrest das zutreffende Sicherungsinstrument. **75e**

Am Anfang eines Verfahrens herrscht meist Unklarheit in verschiedener Hinsicht. Kann die Eigentumsvermutung, **§ 1006 BGB,** nicht widerlegt werden, so ist das Bargeld als Eigentum des Besitzers zu behandeln. Bei (äußerst seltener) Separierung der Erträge aus bestimmten Taten kommt gegen den des Drogenhandels Verdächtigen sogar die Einziehung nach § 73 StGB in Betracht. Bleibt offen, ob es sich tatsächlich **insgesamt** um „Drogengelder" handelt, so kann nur weniger als der Nennwert des Bargelds eingezogen werden. Umgekehrt geht die Einziehungsforderung darüber hinaus, handelt es sich nur um einen Teil des Werts der Gesamterträge. Dann lässt sich meist nicht ausschließen, dass **Erträge** (oder deren Wert) aus verfahrensgegenständlichen Taten mit solchen aus anderen, auch **unbekannten Taten vermischt** wurden. In solcher Konstellation kommt nach der Rechtsprechung des BGH nur eine **einheitliche erweiterte, ggf. Wert-Einziehung** in Betracht, § 73a StGB, ggf. i.V.m. § 73c StGB.[112] Da die Geldforderung aus § 73c StGB wiederum nur in Eigentum oder Rechte des Verurteilten vollstreckt werden darf, ist auch hier doppelte Einziehung vonnöten. **75f**

Trotz materiellrechtlichen Vorrangs gegenständlicher Einziehung kehrt sich die Priorität also um, steht zwar das Herrühren aus der Tat fest, verbleiben aber Zweifel über die **76**

---

[111] Zur präventiven Sicherstellung nach Polizeirecht → Rn. 88–93.

[112] BGH 4.3.2021 – 5 StR 447/20, wistra 2021, 318 Rn. 7; 8.9.2021 – 3 StR 179/21, wistra 2022, 34; 21.9.2021 – 3 StR 158/21, wistra 2022, 34 Rn. 6; 5.10.2021 – 3 StR 294/21, Rn. 5; 26.10.2021 – 5 StR 327/21, Rn. 3 f.; 24.11.2021 – 4 StR 358/21, Rn. 4 (zu lit. d) – nicht durchweg zwischen Ertrag (§ 73a StGB) und lediglich dessen Wert (§ 73a StGB iVm § 73c StGB) differenzierend.

Eigenschaft als Original-Tatertrag. Weil diese materiellrechtliche Zweifelsregelung auf die Wahl des Sicherungsinstruments vorwirkt, scheidet Beschlagnahme immer schon dann aus, spricht für die Anordnung ersatzweiser Einziehung des Werts die gleiche oder eine höhere Wahrscheinlichkeit als für die gegenständliche Einziehung. **Im Zweifel** gilt daher: **Vermögensarrest,** nicht Beschlagnahme. Das führt (bei Zuordnung der §§ 73 Abs. 2 und 3, 73b Abs. 2 und 76a Abs. 4 S. 2 StGB zur ersatzweisen Einziehung des Werts, → Rn. 51, 64, 75 und 76) zu folgender, zugleich rechtlich die Grenze ihrer in der Praxis beliebten Bevorzugung markierenden Faustregel: *Die Beschlagnahme kommt nur dann in Betracht, wenn der Gegenstand konkret zur Sachfahndung ausgeschrieben werden könnte und nach einem Individualdelikt die Rückführung an den Anspruchsinhaber (Verletzten) möglich wäre. Steht das nicht fest, so ist der Vermögensarrest das zutreffende Sicherungsinstrument.*[113]

77 Das (anfangs häufig unter Zeitdruck) gewählte Sicherungsinstrument beruht auf einer **strukturell** ungewisseren **Tatsachengrundlage** als die spätere Einziehungsentscheidung. Da diese erst am Ende des Verfahrens ergeht, lässt sich folglich weder praktisch noch theoretisch die **ausnahmslose Konnexität** zwischen **Einziehungsentscheidung** und **Sicherungsinstrument** gewährleisten. Sie ist aber vor der Einziehungsentscheidung herzustellen, weil Beschlagnahme und Vermögensarrest zumindest insolvenzrechtlich auch nach Rechtskraft fortwirken, das aber sehr unterschiedlich. Falls erforderlich, hat das Tatgericht deshalb die bestehende, aber unzutreffende Sicherung **umzuwandeln.** Bis zum 30.6.2021 war die **Änderung** des **Sicherungsmittels** auch nach Einzahlung **beschlagnahmten Bargelds** auf ein **Justizkonto** geboten, weil insoweit keine dingliche Surrogation angeordnet war (anders als bei § 111d Abs. 2 S. 1 und 2 und § 111p Abs. 1 S. 2; iErg auch bei Hinterlegung, §§ 111e Abs. 4 S. 2 iVm § 233 BGB). Da der Auszahlungsanspruch nicht mehr Original-Tatertrag ist, kam nur die ersatzweise Einziehung des Werts in Betracht,[114] zu sichern mittels Vermögensarrests. Das ist seit Inkrafttreten des § 111d Abs. 3 anders. Dessen S. 2 ordnet nun dingliche Surrogation nach Einzahlung von Bargeld auf ein Konto der Justiz an. Die Beschlagnahme am Bargeld setzt sich demnach de jure und ohne gesonderte Anordnung als Beschlagnahme an der Auszahlungsforderung des Betroffenen gegen die Justiz fort, ohne dass es auf die länderspezifischen Besonderheiten des Hinterlegungsrechts ankäme (→ § 111d Rn. 25–35).

78 Der Griff im Zweifel zum Vermögensarrest **vermeidet** von vorn herein das Auftreten verschiedener **Probleme.** Ordnet eine Ermittlungsperson unzutreffend Beschlagnahme statt Vermögensarrest an, so entsteht **eine Sicherungslücke** (→ Rn. 53 und → § 111j Rn. 5–7). Selbst wenn die fälschliche Beschlagnahme vom Staatsanwalt oder gerichtlich angeordnet wurde, kann das Arrestpfandrecht bzw. die Sicherungshypothek frühestens mit der Existenz des Vermögensarrests wirksam werden – also nicht mehr bei Insolvenz des Betroffenen.

79 Das Veräußerungsverbot bleibt bei umgekehrtem Wandel rangwahrend erhalten,[115] ohne dass dieser dem Opfer die größere **Sicherheit** der Beschlagnahme in der **Insolvenz,** §§ 111d Abs. 1 S. 2 StPO, 75 Abs. 4 StGB, verstellen würde, denn sie kann **trotz** Insolvenzverfahrens bewirkt werden.[116]

80 Die Rechtsgrundlage der späteren Einziehungsentscheidung wird vom gewählten Sicherungsmittel zwar nicht gleichsam „vorprogrammiert", sendet aber Signale über die Sicht der Justiz aus, so dass sich die übrigen Beteiligten darauf sowohl einstellen als auch Gegenvorstellungen verlautbaren können. Damit steigt die **Richtigkeitsgewähr** der späteren Einziehungsentscheidung.

---

113 Ausführlich zum Ganzen Bittmann NZWiSt 2019, 445 (452 f.).

114 Retemeyer in HWiStR Teil 14, Rn. 91.

115 Für den Wandel von Beschlagnahme zu Vermögensarrest: Schmidt Vermögensabschöpfung-HdB Rn. 759; iErg ebenso Mayer in KMR-StPO § 111d Rn. 8, aber auf „ununterbrochene Verstrickung" abstellend und damit (wohl) nicht auf ein sicherndes Recht. BGH 17.4.2019 – 5 StR 603/18, NStZ 2020, 661 Rn. 18, ordnete Einziehung des Werts der Taterträge nach erstinstanzlich zu Unrecht erweitert eingezogenem Surrogat an, ohne dass in den Gründen etwaige Sicherungen erwähnt wurden.

116 Bittmann in Bittmann/Köhler/Seeger/Tschakert Strafrechtl. Vermögensabschöpfung-HdB Rn. 658–653.

Seit 18.3.2021 genießt die Einziehung nach §§ 73 ff. StGB den Vorrang vor der Einziehung als Objekt der Geldwäsche, § 261 Abs. 10 S. 3 StGB. Demgegenüber hatte der BGH[117] unter dem früheren Recht die Einziehung des Ertrags aus der Vortat gem. § 73, ggf. iVm § 73c StGB als von §§ 261 Abs. 7 StGB aF, 74 Abs. 2 StGB gesperrt betrachtet und nur die Einziehung als Tatobjekte der Geldwäsche zugelassen. Nunmehr lässt sich der Wert des Ertrags aus der Vortat mittels Vermögensarrests sichern. Die Neuregelung erhebt materiellrechtlich Verletzte des Ausgangsdelikts zu Anspruchsinhabern im Prozess gegen Geldwäscher und eröffnet ihnen damit das Verfahren vereinfachter Opferentschädigung, so dass sich die Frage analoger Anwendung der §§ 459h ff. insoweit nicht mehr stellt. 81

IV. Verhältnis zur Beweissicherung

Derselbe Vermögensgegenstand kann im konkreten Ermittlungs- oder Strafverfahren (ähnlich zivilrechtlicher Anspruchskonkurrenz) **sowohl Beweiszwecken** (insoweit ggf. auch nach formloser Sicherstellung) **als auch** der **Vollstreckungssicherung** (nur nach förmlicher Beschlagnahme,[118] ggf. auch nach vollzogenem Vermögensarrest) dienen. Verkörpert das sichergestellte Beweismittel einen wirtschaftlichen Wert, so entspricht es, weil **belastungsmindernd,** dem Übermaßverbot, wird es **zugleich** der (ebenfalls vorgesehenen) Vollstreckungssicherung dienlich gemacht.[119] **Rechtmäßigkeit und Wirksamkeit** sind nach den jeweils einschlägigen, durchaus unterschiedlichen[120] und im Bedarfsfall sämtlich zu wahrenden Regeln **unabhängig** voneinander zu **beurteilen.**[121] 82

Soll ein wegen seiner Beweiserheblichkeit beschlagnahmter Gegenstand später abgeschöpft werden, so erfordert die Sicherung die ggf. **erneute, nun** vollstreckungssichernde **Beschlagnahme** oder die Vollziehung eines **Vermögensarrests.**[122] Nur dies führt zu einer **Beschränkung der Verfügungsbefugnis**[123] und hindert Verkauf oder Belastung mit beschränkten dinglichen Rechten seitens des mittelbar besitzenden Eigentümers, während die Beschlagnahme zu Beweiszwecken diesem zwar den unmittelbaren Besitz entziehen kann, aber nicht vor Veräußerung oder Belastung schützt, weil die rechtlichen Verhältnisse am Gegenstand unberührt bleiben. In umgekehrter Weise ist es unproblematisch, gesichertes Gut als Beweismittel zu verwenden, weil es dazu keines förmlichen Beschlusses bedarf.[124] Bei doppelter Sicherung genießt der **Beweiszweck Vorrang.**[125] In solchem Fall scheidet eine Austauschpfändung schon deshalb aus. 83

---

[117] ZB BGH 7.4.2020 – 6 StR 34/20, wistra 2020, 287 Rn. 6 f.; weitere Aspekte bei Corsten/Stauder wistra 2021, 439, das Konkurrenzverhältnis aber offenlassend.

[118] AllgM, zB Schmidt Vermögensabschöpfung-HdB Rn. 682–686, 755 und 757. Auch konkludentes Handeln kann die Form wahren, zB die nach den Umständen zu Sicherungszwecken erfolgende Inverwahrnahme beweglicher Sachen, BGH 25.2.1985 – 1 StE 4/85, NStZ 1985, 262 (262); OLG Frankfurt a. M. 17.7.1996 – 3 Ws 541/96, NStZ-RR 1996, 301 (302); Johann in Löwe/Rosenberg § 111j Rn. 12; Köhler in Meyer-Goßner/Schmitt § 111j Rn. 3; Spillecke in KK-StPO § 111b Rn. 14.

[119] Reichhart Vermögensabschöpfung S. 108.

[120] Achenbach NJW 1976, 1068; Greven in KK-StPO § 94 Rn. 2; Rogall in SK-StPO Vor §§ 111b ff. Rn. 27.

[121] Achenbach NJW 1976, 1068; Faust AbschöpfungsR S. 104 ff.; Johann in Löwe/Rosenberg § 111b Rn. 110, § 111c Rn. 1 und § 111j Rn. 12; Peters in Peters/Bröckers Vermögensabschöpfung Rn. 457; Rönnau Vermögensabschöpfung Rn. 320; Rogall in SK-StPO Vor §§ 111b ff. Rn. 28; Schmidt Vermögensabschöpfung-HdB Rn. 685 f.

[122] Corsten/Schilling Vermögensabschöpfung und Opferentschädigung, in Münchener Anwaltshandbuch Wirtschafts- und Steuerstrafrecht, § 13 Rn. 96; Greven in KK-StPO § 94 Rn. 2; Heine in SSW StPO § 111b Rn. 14; Rogall in SK-StPO § 111c Rn. 1; s. auch Rönnau Vermögensabschöpfung Rn. 320; aA Köhler in Meyer-Goßner/Schmitt § 94 Rn. 2 (Gegenstände stünden jeweils für beide Arten der Beschlagnahme zur Verfügung).

[123] LG Flensburg 15.4.2004 – I Qs 26/04, StV 2004, 644 mAnm Jung; Köhler in Meyer-Goßner/Schmitt § 94 Rn. 2; Johann in Löwe/Rosenberg § 111j Rn. 12.

[124] Köhler in Meyer-Goßner/Schmitt § 94 Rn. 1 und 12; Mayer in KMR-StPO § 111b Rn. 12.

[125] Achenbach NJW 1976, 1068 (1070); Rogall in SK-StPO Vor §§ 111b ff. Rn. 27; Schmidt Vermögensabschöpfung-HdB Rn. 684.

84 Entfällt der Zweck der Vollstreckungssicherung mit nachfolgender Aufhebung, so gilt es im Fall fortbestehender Beweisqualität, auf das Unterbleiben vorzeitiger Herausgabe (zB gem. § 111n) zu achten. Dazu bedarf es nunmehr der Beschlagnahme zu Beweiszwecken, § 94, falls der Betroffene nicht mit der (weiteren) Sicherstellung einverstanden ist.

85 Zwangsvollstreckung wie Vollziehung eines zivilprozessualen dinglichen Arrests oder einer vollstreckungssichernden strafprozessualen Maßnahme ist in bereits als **Beweismittel** sichergestellte Gegenstände selbst mittels **Pfändung** oder **Beschlagnahme** möglich,[126] während die Pfändung des Herausgabeanspruchs, § 847 Abs. 1 ZPO,[127] nicht rangwahrend vor weiterer Vollziehung sichernder Maßnahmen direkt in den Gegenstand schützt.[128] Nach **Vollstreckungssicherung** ist zu differenzieren: Ein **Vermögensarrest** löst das Vollstreckungsverbot des § 111h Abs. 2 S. 1 aus. Die Rechtsfolgen im Fall seiner Missachtung sind noch nicht abschließend geklärt (→ § 111h Rn. 5–12). Ein aufgrund in einen **beschlagnahmten** Gegenstand ohne weiteres zulässiger Nachpfändung entstandenes Sicherungsrecht ist gegenüber dem **Veräußerungsverbot,** § 111d Abs. 1 S. 1, bzw. § 111h Abs. 1 S. 1, relativ unwirksam und wird im Fall der Einziehung bzw. Verwertung kraftlos, erlangt hingegen mit etwaiger Aufhebung der strafprozessualen Maßnahmen seine volle Wirkung.

86 Unbeschränkt **abgetreten** oder **gepfändet** werden kann der **Anspruch** auf **Rückführung** zu Beweis- oder Sicherungszwecken[129] unter amtliche Herrschaft gestellter Gegenstände. Altbekannt ist das bei gezahlter Kaution, gilt aber selbst nach vollzogenem Vermögensarrest, weil § 111h Abs. 2 S. 1 allein die Vollstreckung *in* den arretierten Gegenstand untersagt. Bei Hinterlegung der Lösungssumme, § 111e Abs. 4, oder Einzahlung sichergestellten Bargelds auf ein Justizkonto bestand bis zum 30.6.2021 eine Schutzlücke, weil der Rückzahlungsanspruch für die Justiz jedenfalls nicht ohne weiteres gesichert war.[130] Das ist nun aufgrund von § 111d Abs. 3 S. 2 und der damit verbundenen dinglichen Surrogation anders (→ § 111d Rn. 25–35). Insoweit ist nun eine Gleichstellung mit § 111d Abs. 2 S. 1 und 2 und § 111p Abs. 1 S. 2 zu verzeichnen: Die Werthaltigkeit all dieser Ansprüche erweist sich erst bei Freigabe. Bei der Austauschpfändung, § 111d Abs. 2 S. 1, kann sich die vorherige Abtretung oder Pfändung des Herausgabeanspruchs allerdings bereits im Zeitpunkt dieses Wandels als vorteilhaft erweisen, ggf. jedoch nur im Umfang der Wertdifferenz.

V. Vollstreckungssicherung jenseits der StPO

87 Die Anordnung vollstreckungssichernder Maßnahmen ist auch zulässig, wenn deren Vollziehung absehbar im Ausland nötig ist. Für die Übermittlung sind die länderspezifischen Regeln des **Internationalen Rechtshilfeverkehrs in Strafsachen** einzuhalten. Das gilt auch im umgekehrten Fall:[131] Deutschland darf also für ein ausländisches Strafverfahren Vermögenswerte einstweilen sichern. Gem. § 46 Abs. 1 OWiG gelten §§ 111b ff. auch im **Ordnungswidrigkeitenverfahren.**[132]

---

[126] OLG Frankfurt a. M. 18.1.2005 – 3 Ws 1095/04, NStZ-RR 2005, 144 (145); Gercke in Gercke/Julius/Temming/Zöller § 111c Rn. 5; Johann in Löwe/Rosenberg § 111c Rn. 4 und § 111f Rn. 9; Köhler in Meyer-Goßner/Schmitt § 111f Rn. 4; Rogall in SK-StPO § 111c Rn. 8; Schmidt Vermögensabschöpfung-HdB Rn. 960.

[127] VG Augsburg 6.12.2013 – Au 1 S 13.1306, Rn. 8.

[128] AA Schmidt Vermögensabschöpfung-HdB Rn. 960.

[129] LG Aachen 17.7.2020 – 60 KLs 4/20, Rn. 15 und 31 (Beschlagnahme des Anspruchs auf Rückzahlung des bei der Gerichtskasse eingezahlten Drogengelds).

[130] BT-Drs. 19/30517, 20.

[131] Vgl. zum Thema LG Frankfurt a. M. – 29.5.2012 – 5/28 Qs 15/12, NJW-Spezial 2012, 410; Corsten/Schilling Vermögensabschöpfung und Opferentschädigung, in Münchener Anwaltshandbuch Wirtschafts- und Steuerstrafrecht, § 13 Rn. 172–175; Gercke in Gercke/Julius/Temming/Zöller Vor §§ 111b ff. Rn. 9; Rönnau Vermögensabschöpfung Rn. 481–595; Rogall in SK-StPO Vor §§ 111b ff. Rn. 30 ff. und § 111c Rn. 10.

[132] Johann in Löwe/Rosenberg Vor § 111b ff. Rn. 28; Krumm NJW 2011, 196 f.; Spillecke in KK-StPO § 111b Rn. 5; s. auch Corsten/Schilling Vermögensabschöpfung und Opferentschädigung, in Münchener Anwaltshandbuch Wirtschafts- und Steuerstrafrecht, § 13 Rn. 166–168.

Jenseits des Strafprozessrechts kann eine Sicherung auch aus **präventiv-polizeilichen Gründen** erfolgen, soweit dies aufgrund gesonderter Rechtsgrundlage landesrechtlich oder bundeseinheitlich (zB gem. 40 Abs. 1 Nr. 2 ZFDG) zulässig ist.[133] Das **Nebeneinander unterschiedlicher Sicherungsbefugnisse** ist aufgrund der abweichenden Zielrichtungen, StPO repressiv aufgrund vergangenen Geschehens, polizeirechtlich zwecks Entgegenwirkens gegenwärtiger oder zukünftiger Gefahren, **konsequent.**[134] Angesichts dessen ist es nicht per se problematisch, erfolgt parallel zum justitiellen Verfahren eine polizeirechtliche Sicherung, für welche die StPO keine Basis bietet. Zwecks Vermeidung unzulässiger Vermischung und Kumulation verschiedener Kompetenzen bedarf es aber genauer Abschichtungen. 88

Jede Behörde darf nur auf Basis der **für sie geltenden Bestimmungen agieren.** Das gilt auch, soweit eine Polizeibehörde **Doppelfunktionen** ausübt. So darf die Zollverwaltung sowohl ein eigenes Verfahren führen als auch zugleich Ermittlungsaufgaben in Amtshilfe für eine Staatsanwaltschaft übernehmen. **Keineswegs** ist damit jedoch eine **Dopplung** von Befugnissen in den Parallelverfahren verbunden. Vielmehr darf der Datenaustausch nur auf dem dafür gesetzlich vorgesehen Weg und im normativ festgelegten Umfang vorgenommen werden. Das verlangt organisatorisch das Errichten von „chinese walls" und steht personenidentischer Bearbeitung entgegen. Rechtswidrig ist daher die formlose Verwendung von Informationen aus dem einem Verfahren im anderen **zu Lasten** eines **Betroffenen.** Umgekehrt jedoch bemisst sich die Verhältnismäßigkeit nach der Gesamtdauer vorläufiger amtlicher Verwahrung. Daher scheidet jedenfalls die Anordnung sofortigen Vollzugs einer polizeilichen Sicherstellungsanordnung aus, wurde zuvor mangels erhärteter Einziehungserwartung die strafprozessuale Sicherung nach 3 Jahren und vorheriger zollrechtlicher Grenzbeschlagnahme aufgehoben. 89

Es bedarf zudem der genauen Prüfung, welcher **polizeirechtlichen Gefahr begegnet** werden soll. Wurden zB Anhaftungen von Betäubungsmitteln an Bargeld festgestellt, so kann es ihretwegen eine Gefahr darstellen. In solchem Fall droht sie vom **Gegenstand** selbst. Er dürfte daher polizeirechtlich sichergestellt werden, selbst wenn ihn die Justiz freigegeben haben sollte. Zu prüfen wäre jedoch, ob es ausreichte, würden die Scheine von der Bundesbank gegen neu ausgegebene ausgetauscht. 90

Ganz anders verhielte es sich, begründete der Besitz derartigen Bargeldes wegen dessen **potenzieller krimineller Herkunft** eine (Geldwäsche-)Gefahr, weil Gutgläubige an bemakeltem **Geld** Eigentum und Besitz erwerben können (und dies tagtäglich an Wechselgeld in Großstädten geschieht), § 261 Abs. 1 S. 2 StGB, auch § 73b Abs. 1 S. 2 StGB. Diese Gefahr liegt in der **Verbindung zwischen Person und** potenziell kontaminiertem, nicht notwendig gegenstandsbezogenem **Vermögen** als Wert. Sie kann aus Erkenntnissen über die Verwendung zu sich konkret abzeichnenden kriminellen Zwecken folgen. Fehlen derartige Anhaltspunkte und stützt sich der Verdacht nur auf eine von der Person bereits begangenen Straftat, so genügt das jedenfalls dann keinesfalls, wenn diese Tat nicht bewiesen ist. Von der Polizei bejahte Verdachtsmomente reichen dafür schon deshalb nicht aus, weil die Beurteilung vergangenen Geschehens als kriminell **alleinige** Aufgabe der **Strafjustiz** ist. 91

Erklärt die Strafjustiz die **Freigabe,** weil sie den Verdacht gegen den Besitzer (und ggf. Eigentümer) nicht (mehr) in einem für die strafprozessuale Sicherung ausreichenden Maße aufrechtzuerhalten vermag, so **bindet** dies die **Polizei** folglich dahingehend, dass sie sich nicht in Widerspruch zur Justiz begeben darf. Das gilt während wie nach Abschluss des justiziellen Verfahrens. Es ist der **Polizei verwehrt,** ihre abweichende Sicht an die Stelle 92

[133] VGH Kassel 25.4.2018 – 8 B 538/18, NJW 2018, 3401 Rn. 15–21; VG Frankfurt a. M. 16.1.2019 – 5 K 2846/18 F, PStR 2019, 215; VG Köln 3.5.2018 – 20 K 7407/16, Rn. 57; 6.12.2018 – 20 K 2592/17; VG Augsburg 6.12.2013 – Au 1 S 13.1306; Artkämper Die Kriminalpolizei 1/2013, 24; Hunsicker Die Kriminalpolizei 1/2012, 13; Hunsicker StV 2010, 212 (gegen Thiée StV 2009, 102 und 2010, 215); Rogall in SK-StPO Vor §§ 111b ff. Rn. 38 ff.; krit. Gercke in Gercke/Julius/Temming/Zöller Vor §§ 111b ff. Rn. 10.

[134] Für Verfassungswidrigkeit hingegen Johann in Löwe/Rosenberg Vor §§ 111b ff., Rn. 29–34 und § 111h Rn. 13.

derjenigen der ausschließlich zuständigen Justiz zu setzen und deswegen einen von dieser freigegebenen Gegenstand selbst zu sichern, weil sie anders als die Justiz von Tat und Täterschaft überzeugt ist. Sollte sie aufgrund neuer strafrechtlich relevanter Tatsachen berechtigterweise eine Eilmaßnahme ergriffen haben, so hat sie die Justiz unverzüglich davon in Kenntnis zu setzen, denn nur diese hat über die etwaigen Konsequenzen zu entscheiden. Weitergehende Kompetenzen stehen ihr nicht zu. Polizeipflichtigkeit einer Person aufgrund von Umständen, die nur die Justiz zu beurteilen hat und die für einen strafprozessualen Eingriff nicht genügen, ist in einem Rechtstaat ausgeschlossen und wäre Ausdruck eines mit Inkrafttreten des Grundgesetzes überwundenen polizeistaatlichen Denkens.[135]

93 **Anders** verhält es sich jedoch, liegt ein vom justiziellen Verfahren unabhängiger Grund vor. ZB darf die Polizei einen von ihr erlassenen Kostenbescheid in einen justizseits freigegebenen Gegenstand vollstrecken. Präventiv darf sie ihn hingegen nur sichern, liegt eine Gefahr vor, die sich auf Gründe stützt, die nicht in Widerspruch zur Beurteilung seitens der dafür allein zuständigen Justiz stehen. Für das Vorhandensein einer solchen Gefahr trägt zudem die **Behörde** die objektive **Beweislast** und nicht der (ggf. potentielle) Adressat.

VI. Verhältnis straf- und strafverfahrensrechtliche Vermögensabschöpfung zum Insolvenzrecht

94 Das Verhältnis zwischen strafrechtlicher Vermögensabschöpfung und Insolvenzrecht war bis zum 30.6.2017 nicht gesetzlich geregelt. Die Rechtsprechung der Oberlandesgerichte schwankte zwischen dem Vorrang des einen und dem Prä des anderen.[136]

95 Das Reformgesetz traf Regelungen[137] für die **Schnittstelle** zwischen beiden Rechtsbereichen in den §§ 75 Abs. 4 StGB, 111d Abs. 1 S. 2; 111h, 111i, 459h Abs. 2 S. 2 und 459m. Weil die §§ 73 ff. StGB kein originäres Strafrecht darstellen, sondern vermögenszuordnenden Charakter tragen, dh hoheitlich bürgerliche Rechte zuweisen, ist das Ansinnen sachgerecht, das Recht der strafrechtlichen Vermögensabschöpfung harmonisch in das Zivilrecht einzufügen. Daher verlangt der Grundsatz der **Widerspruchsfreiheit** der **Rechtsordnung** den prinzipiellen **Vorrang** des **Insolvenzrechts.**

96 Demzufolge gilt Insolvenzrecht, bestimmt nicht das Straf- oder Strafprozessrecht ausdrücklich Abweichendes. Das ist (weder konsequent noch inhaltlich überzeugend) va zu Gunsten hoheitlicher Forderungen der Fall (§ 111h: Insolvenzfestigkeit von Sicherungen nach Allgemeindelikten einerseits, § 111i: nach Individualdelikten Erlöschen der Sicherungen andererseits; aber Ausnahme vom Vollstreckungsverbot für bestimmte Steuerforderungen, § 111h Abs. 2 S. 2). Keine Sanierung aus Betrug: Diesen pathetisch hochgehaltenen Grundsatz, nimmt der Staat zu seinen Gunsten in Anspruch, schmälert oder entzieht zugleich aber ungesicherten privaten Gläubigern nach Allgemeindelikten sogar noch die unbemakelte Haftungsmasse aufgrund der Insolvenzfestigkeit des strafprozessual erwirkten Sicherungsrechts,[138] obwohl die öffentliche Hand am eigenen Vermögen nicht geschädigt ist. Dem Finanzminister war da wohl der eigene Rock näher als das fremde Hemd privater Gläubiger. Dass diese Ungleichbehandlung zugunsten der öffentlichen Hand vor **Art. 3 Abs. 1 GG** bestehen könnte, ist nicht ersichtlich.

97 Im Verhältnis zwischen zivilprozessualer und strafprozessualer Sicherung gilt das **Prioritätsprinzip.**[139] Das Grundbuchamt darf daher begonnener Vermögensabschöpfung keine Vorwirkung beimessen, muss also die Einträge auch dann gemäß der zeitlichen Abfolge ihres Eingangs vornehmen, wenn dadurch ein materiellrechtlich Verletzter, selbst wenn er

[135] Darin liegt der sehr berechtigte Kern der von Johann in Löwe/Rosenberg Vor §§ 111b ff., Rn. 29–34 geäußerten Bedenken.

[136] Einzelheiten → 1. Aufl. 2014, Rn. 7–13 Vor §§ 111b–111q mN.

[137] Krit. zu diesen Weitzell/Wolfer NZI 2018, 734; Übersicht bei Asensio Pagan ZInsO 2019, 1554.

[138] Johann in Löwe/Rosenberg § 111h Rn. 18 und § 111i Rn. 39.

[139] Johann in Löwe/Rosenberg § 111h Rn. 15 und § 111i Rn. 5 aE; Tschakert in Bittmann/Köhler/Seeger/Tschakert Strafrechtl. Vermögensabschöpfung-HdB Rn. 930–932.

Anspruchsinhaber ist, vor anderen begünstigt wird.[140] Dem **Opfer,** das **vor** Vollziehung des Vermögensarrests die Vollziehung eines eigenen dinglichen Arrests oder die Zwangsvollstreckung aus einem Vollstreckungstitel erfolgreich betrieben hat, steht ein Arrest- oder Pfändungspfandrecht[141] bzw. eine Sicherungs- oder Zwangshypothek zur Seite – mit Vorrang vor dem strafprozessual erwirkten Sicherungsrecht. Damit hat es die Chance auf **abgesonderte Befriedigung,** §§ 49 ff. InsO. § 50 Abs. 1 InsO erfasst auch das Arrestpfandrecht gemäß § 930 Abs. 1 S. 2 ZPO.[142] Der Insolvenzverwalter kann die Verwertung selbst betreiben, §§ 165 ff. InsO, hat dann aber den Erlös (abzüglich Kostenpauschalen) an das Opfer auszukehren. Ein von diesem erlangtes Sicherungsrecht bleibt jedoch nur solange **wirksam,** wie es nicht **insolvenzrechtlich beseitigt** wird, automatisch aufgrund **Rückschlagsperre,**[143] § 88 InsO, wenn es im Monat vor dem Eröffnungsantrag entstanden ist, bei Wirksamwerden später als drei Monate im Wege der **Insolvenzanfechtung,** § 131 Abs. 1 Nr. 2 InsO. Wegen §§ 89, 91 InsO kann er auch keine **Rechtsveränderungen** zu **seinen Gunsten** mehr erwirken.

Zivilprozessuales Vorgehen **nach** vollzogenem Vermögensarrest scheitert an § 111h Abs. 2 Satz 1. Ein erwirktes Sicherungsrecht des Opfers wäre ohnehin nachrangig. Seine Befriedigung hängt in diesem Fall von den strafprozessualen Entwicklungen ab. Während die Verteilung der eingezogenen Erlöse im sog. **Deckungsfall** Aufgabe des Rechtspflegers der Staatsanwaltschaft ist, bleibt Anspruchsinhabern (Verletzten) im sog. **Mangelfall,** § 111i Abs. 2, nur die Chance auf **Befriedigung** im **Insolvenzverfahren.** Sie konkurrieren dabei mit den sonstigen Gläubigern des Schuldners, nicht nur mit anderen materiellrechtlich Verletzten, und erhalten zumeist nur eine **geringe Quote** ihrer Forderung ausgekehrt – wenn überhaupt. 98

Nach einem **Diebstahl** besteht im Insolvenzverfahren ein **Aussonderungsrecht,** §§ 47 f. InsO. Dem angenähert ist jetzt – trotz Verlusts seines Eigentums – die Stellung des Opfers eines **Betrugs,** aber nur, wenn der Einziehung des Gegenstands dessen Beschlagnahme vorausgegangen war, §§ 111d Abs. 1 S. 2, 75 Abs. 4 StGB. Ihre Vornahme ist trotz Eröffnung des Insolvenzverfahrens zulässig und wirksam möglich. Da die Beschlagnahme jedoch nicht zu einem Aussonderungsrecht führt, bedarf es selbst nach Herausgabe an den Anspruchsinhaber (Verletzten) der Einziehung, § 73 Abs. 1 StGB, und Rückübertragung des Eigentums, § 459h Abs. 1 S. 1. Das gem. § 75 Abs. 3 StGB mit Anordnung der Einziehung entstehende relative Veräußerungsverbot, §§ 135 f. BGB, nutzt ihm hingegen im Insolvenzfall nichts, weil es dort keine Wirkung entfaltet, § 80 Abs. 1 S. 2 InsO.[144] 99

§§ 73 ff. und §§ 74 ff. StGB bleiben trotz **Eröffnung des Insolvenzverfahrens** über das Vermögen des Betroffenen[145] **anwendbar.**[146] Die Einziehung eines Gegenstands, ersatz- 100

140 OLG München 17.12.2020 – 3 W 1783/20, Rn. 6.
141 Zu Letzterem vgl. Hees ZIP 2004, 298 (301).
142 KG Berlin 11.7.2008 – 3 Ws 137/08, 1 AR 129/08 StraFo 2008, 511; OLG Brandenburg 10.7.2013 – 7 U 90/12, MDR 2013, 1249 Rn. 22; OLG Nürnberg 15.3.2013 – 2 Ws 561 und 590/12, ZInsO 2013, 882 Rn. 47; ebenso für die Sicherungshypothek OLG Hamm 20.6.2013 – III-2 WS 80/13, ZInsO 2013, 1790 Rn. 21; Brinkmann in Uhlenbruck InsO § 50 Rn. 54; Heine in SSW StPO § 111i Rn. 24 und § 111h Rn. 4; Johann in Löwe/Rosenberg § 111h Rn. 5 und 7.
143 Nur daran scheiterte der materiellrechtlich Verletzte im Fall BGH 24.5.2007 – IX ZR 41/05, NJW 2007, 3350.
144 BGH 24.5.2007 – IX ZR 41/05, NJW 2007, 3350 Rn. 23.
145 Maßgeblich ist § 11 InsO. Bei Eröffnung zB über das Vermögen einer BGB-Gesellschaft ist nur diese insolvent, § 11 Abs. 2 Nr. 1 InsO, während das nicht gesellschaftlich gebundene Vermögen der einzelnen Gesellschafter von der Insolvenz der Gesellschaft nicht betroffen ist. Ohne gesondertes Insolvenzverfahren über das Vermögen des einzelnen Gesellschafters können zu dessen Lasten vollstreckungssichernde Maßnahmen ohne rechtliche Einschränkung ergriffen werden, OLG Saarbrücken 29.7.2009 – 1 Ws 118/09, ZInsO 2009, 1704, Leitsatz 4, als Bestätigung von LG Saarbrücken 22.4.2009 – 2 Qs 8/09, ZIP 2009, 1638 Rn. 30.
146 BGH 18.2.2021 – IX ZB 6/20, NJW 2021, 1469 Rn. 11 f.; zum früheren Recht BGH 2.12.2005 – 5 StR 119/05, BGHSt 50, 299 Rn. 23; 30.5.2008 – 1 StR 166/07, BGHSt 52, 227 Rn. 114; 13.2.2014 – 1 StR 336/13, Rn. 10 und 18.

weise seines Werts, darf im Strafurteil weiter allgemein angeordnet werden und nicht nur, wenn er verboten oder per se gefährlich, deshalb verkehrsunfähig[147] und damit in der Insolvenz nicht liquidierbar ist und sich darauf beziehende Rechtsgeschäfte nichtig wären. Letztgenannte Fälle sind ebenso wie die Einziehung eines zuvor zu Sicherungszwecken nach einem Individualdelikt beschlagnahmten Gegenstands, § 111d Abs. 1 S. 2 StPO iVm § 75 Abs. 4 StGB, uneingeschränkt auch während des laufenden Insolvenzverfahrens vollstreckbar.

101 Gleiches gilt für sonstige während des Insolvenzverfahrens getroffene Einziehungsanordnungen nach dessen **Aufhebung.** Stimmig und zugleich wirtschaftlich interessant ist das aber nur nach entfallener Insolvenzlage, § 212 InsO, bei hohen weiteren Kosten des Insolvenzverfahrens ggf. auch bei Masselosigkeit, § 208 InsO, oder aufgrund Zustimmung der Gläubiger, § 213 InsO. Anderenfalls ist das Vermögen verteilt, so dass kein geeignetes Objekt mehr vorhanden ist, in welches vollstreckt werden könnte. Das Gesetz betrachtet die Aufhebung des Insolvenzverfahrens nach verteiltem Vermögen jedoch nicht als gleichbedeutend mit Unverhältnismäßigkeit der Vollstreckung, § 459g Abs. 5 S. 1, zB aufgrund von **Entreicherung,** denn die insolvenzrechtlich nachrangige Einziehungsforderung, § 39 Abs. 1 Nr. 3 InsO, ist von der Restschuldbefreiung ausgenommen, § 302 Nr. 2 InsO. Eine Sperre für die Anwendung von § 459g Abs. 5 S. 1 liegt darin freilich nicht. Solange aber kein gerichtlicher Ausschluss der Vollstreckung angeordnet ist, darf die Staatsanwaltschaft nach der Insolvenz versuchen, die Einziehungsentscheidung in toto zu vollstrecken.

102 Diese **Sonderbehandlung** ist es jedoch, die **systemwidrig** ist – ganz im Gegensatz zum Fortbestand der Zahlungsforderung aufgrund festgesetzter Geldstrafe. Letztere trägt repressiven Charakter. Dazu passte es nicht, sich ihrer Vollstreckung mittels eines Insolvenzverfahrens entziehen zu können. Nimmt man jedoch den vermögenszuordnenden Charakter einer auf Basis der §§ 73 ff. StGB getroffenen Einziehungsanordnung ernst, so lässt sich das Fortbestehen ihrer Vollstreckbarkeit, noch dazu im Wege des Versuchs ihrer Durchsetzung unter Einsatz von Zwangsmitteln, trotz abgeschlossenen Insolvenzverfahrens kaum schlüssig begründen. Eigenes strafbares Verhalten liegt nicht jeder Einziehungsanordnung zugrunde (fehlend bei § 73b Abs. 1 Nr. 1 StGB, auch nicht Voraussetzung für dessen Nr. 2). Nach dem (ab 1.7.2021 strafprozessual – allerdings zu Unrecht – beseitigten) Grundsatz **Weg ist weg,**[148] § 459g Abs. 5 S. 1, Var. 1 aF, ist der Betroffene **tatsächlich entreichert.** Diese Realität hat das Strafrecht anzuerkennen. Anspruchsinhaber (Verletzte) würden dadurch nicht entrechtet, bliebe doch ihre (als solche angemeldete) deliktische Forderung weiterhin von der Restschuldbefreiung ausgenommen und daher vollstreckbar. Entfallen würde dabei lediglich die bisherige, ohnehin schleppende staatliche Hilfe.

103 Einziehung während des **eröffneten Insolvenzverfahrens** anzuordnen, ist im Hinblick auf strafprozessual gesicherte und nicht an den Insolvenzverwalter abzuliefernde Gegenstände sinnvoll und verschafft insbesondere Betrugsopfern Sicherheit, § 111d Abs. 1 S. 2, § 75 Abs. 4 StGB, § 459h Abs. 1, auch dem Steuerfiskus unter den Voraussetzungen des § 111d Abs. 2 S. 2, sowie erlaubt der Staatsanwaltschaft in den Fällen der §§ 111f und 111h Abs. 1 die Verwertung. Klaffen die Ist- und die Soll-Masse (ggf. drastisch) auseinander, insbesondere aufgrund **beiseitegeschaffter** oder **verheimlichter** Bestandteile des Vermögens des Schuldners, so bieten vorläufige Sicherung wie endgültige Einziehung die strafprozessuale Basis für etwaige sichernde Zugriffe seitens der Staatsanwaltschaft – ggf. zugunsten der Masse (Näheres → § 111i Rn. 22g–22o). Im Übrigen, insbesondere bei gesicherter Soll-Masse, belastet die verbleibende Vollstreckbarkeit (speziell einer Einziehungsforderung nach § 73c StGB) Verurteilte, hemmt im Widerspruch zum Insolvenzrecht ihren Neustart und dient aus tatsächlichen Gründen Opfern regelmäßig nur sehr begrenzt. Daher liegt Unverhältnismäßigkeit weiterer Vollstreckung sehr nahe.

---

[147] Gercke in Gercke/Julius/Temming/Zöller § 111d Rn. 3; Rogall in SK-StPO § 111c Rn. 19.
[148] Ewert/Rettke wistra 2020, 312; zust. Bittmann wistra 2021, 257 (259).

§ 111b [Beschlagnahme zur Sicherung der Einziehung oder Unbrauchbarmachung]

(1) [1]Ist die Annahme begründet, dass die Voraussetzungen der Einziehung oder Unbrauchbarmachung eines Gegenstandes vorliegen, so kann er zur Sicherung der Vollstreckung beschlagnahmt werden. [2]Liegen dringende Gründe für diese Annahme vor, so soll die Beschlagnahme angeordnet werden. 3 § 94 Absatz 3 bleibt unberührt.

(2) Die §§ 102 bis 110 gelten entsprechend.

Übersicht

I. Systematik

1 Die Strafprozessordnung kennt **kein einheitliches Instrument** zur **Sicherung** der Vollstreckung **aller** der auf unterschiedlichen Rechtsgrundlagen denkbaren späteren **Einziehungsanordnungen.** Das Reformgesetz hat die **dualistische Aufteilung** beibehalten. Für die Sicherung eines als solchen einziehungsfähigen **Vermögensgegenstands** ist die **Beschlagnahme** vorgesehen, §§ 111b–111d. Ist zwar die Abschöpfung wahrscheinlich, erlaubt der jeweils aktuelle Erkenntnisstand aber nicht die Annahme, es werde eher die gegenständliche als die wertmäßige Einziehung angeordnet, so richtet sich die Erwartung auf die ersatzweise Einziehung des **Werts** von Taterträgen, § 73c StGB, oder von Tatprodukten, Tatmittel oder Tatobjekten, § 74c StGB, und damit auf eine zu vollstreckende **Geldforderung.** Das einschlägige Sicherungsmittel ist dann der Vermögensarrest, §§ 111e–111i (näher zur Abgrenzung → Vor §§ 111b–111q Rn. 46–53). **Im Zweifel** gilt daher: **Vermögensarrest, nicht Beschlagnahme.**

2 Die Zuständigkeitsregeln für Anordnung von Beschlagnahme und Vermögensarrest finden sich in den §§ 111j und 111 k. Die Durchführung richtet sich nach §§ 111c und 111d und für **Presseerzeugnisse** ergänzend nach § 111q (Beschlagnahme) bzw. §§ 111f–111i (Vermögensarrest).

3 Gemäß Abs. 1 S. 3 bleibt § 94 Abs. 3 unberührt. **Führerscheine** unterliegen zwar der **Einziehung** im Urteil. Die Beschlagnahme richtet sich aber nicht nach §§ 111b ff. Anwendung finden vielmehr die **Regeln über die Beweissicherung.** Bei **Einverständnis** mit der Sicherstellung kann daher auf eine **förmliche Beschlagnahme verzichtet** werden. Nach Widerspruch entscheidet das Gericht über die vorläufige Entziehung der Fahrerlaubnis, § 111a Abs. 4. Eine derartige Anordnung wirkt im Hinblick auf den Führerschein zugleich als Bestätigung der Beschlagnahme, § 111a Abs. 3. Die Erleichterung erklärt sich aus der Tatsache, dass der Führerschein selbst (im Gegensatz zur Fahrerlaubnis!) keinen (legalen) Wert repräsentiert, seine Verkehrsfähigkeit folglich nicht erst verhindert werden muss.[1] Die Funktion, die Berechtigung zum Führen bestimmter Kraftfahrzeuge zu beweisen, ist jedoch bereits mit der Überführung in amtliche Verwahrung aufgehoben.

4 **Bestimmte Gegenstände,** die einen eigenen **Bezug zur Erwerbstat** aufweisen,[2] unterliegen der Einziehung als Erträge „durch“ oder für die Tat bzw. als Tatprodukt, Tatmit-

[1] Rogall in SK-StPO Rn. 21.
[2] Vgl. Rönnau Vermögensabschöpfung Rn. 29.

tel oder Tatobjekt. Es handelt sich demnach um die Sicherung von Gegenständen, auf die in irgendeiner Weise entweder selbst ein **Makel** fällt oder die mit einem solchen zumindest in Berührung kamen. Ohne eine derartige Verbindung darf hingegen grundsätzlich **keine gegenständliche Einziehung** angeordnet werden, sei es wegen der Beschaffenheit des Erlangten (ersparte Aufwendungen[3] zB für Urlaubsreise[4] <zu einer Ausnahme → § 111n Rn. 35>, nur wertmäßig verbliebene Nutzungen, Verbindung oder Vermischung gem. §§ 946, 947, 950 BGB[5]) sei es aus sonstigen Gründen. In diesen Fällen tritt an die Stelle des an sich betroffenen Gegenstands dessen **Wert,** der als **Zahlungsforderung ersatzweise einzuziehen** ist, bei Veräußerung zB eines gestohlenen Kraftfahrzeugs, § 73c StGB, oder eines eingesetzten (eigenen, § 74 Abs. 3 S. 1 StGB) Tatmittels, § 74c StGB. Dieser Anspruch des Justizfiskus kann ebenfalls **vorläufig gesichert** werden und zwar im Wege der Anordnung und Vollziehung eines **Vermögensarrests.** Im Gegensatz zur Beschlagnahme besteht dabei **kein** (notwendiger) **Bezug zwischen Tat und** zu Haftungszwecken **in Anspruch genommenem** vermögenswertem **Gegenstand.** Der Vermögensarrest besagt lediglich, dass Sicherungsmaßnahmen getroffen werden dürfen. Die Vollziehung gleicht derjenigen der Vollstreckung von Geldforderungen, allerdings nur mit dem Ziel der Sicherung und nicht bereits zwecks Befriedigung. Die Auswahl der zu Haftungszwecken betroffenen Gegenstände geschieht hier erst bei **Vollziehung** des Vermögensarrests. Dafür steht das **gesamte Vermögen** des Betroffenen zur Verfügung, also auch und gerade das **legale.** Ausnahmsweise darf (oder muss) auch Nicht-Tatertrag gegenständlich eingezogen werden, Nutzungen, Gegenstände als erstes Surrogat von Original-Tatertrag, § 73b Abs. 1 S. 1 Nr. 2 lit. b bzw. Abs. 2, § 76a Abs. 4 S. 2 StGB, sowie in Fällen der dinglichen Surrogation, §§ 111d Abs. 2 S. 2, 111d Abs. 3 S. 2 (auch iVm § 111e Abs. 4 S. 2 und § 111g Abs. 1) sowie § 111p Abs. 1 S. 2. Erst wenn für das Vorliegen eines solchen Ausnahmefalls eine überwiegende Wahrscheinlichkeit besteht, ist auch insoweit die Beschlagnahme das einschlägige Sicherungsinstrument (→ Vor §§ 111b–111q Rn. 51, 64, 75 und 76).

II. Anordnungsvoraussetzungen

5 **1. Gegenstände.** Zu den gem. bürgerlichem Recht[6] zu verstehenden **Gegenständen** zählen **bewegliche**[7] und **unbewegliche Sachen,** § 90 BGB, sowie prinzipiell sämtliche **dinglichen**[8] wie **obligatorischen**[9] **Rechte,** insbesondere Ansprüche, § 194 Abs. 1 BGB, auch Immaterialgüterrechte.[10] Zu den beweglichen Sachen gehören ferner **Wertpapiere,** welche durch Indossament übertragen werden, also auch Wechsel.[11] **Daten** sind selbst keine Gegenstände.[12] Sie sind mittels „Spiegelung" zu sichern.[13] Nur wenn dies unmöglich (oder im Einzelfall, zB bei Altgeräten, zu unsicher) ist, darf das Trägermedium (kraft Annexbefugnis oder als Beweismittel) als bewegliche Sachen (mit-) beschlagnahmt werden.[14] Tiere, § 90a BGB, sind beweglichen Sachen gleichgestellt.[15]

3 BGH 23.10.2013 – 5 StR 505/12, NStZ 2014, 89 Rn. 46 mwN; Faust AbschöpfungsR S. 204; Köhler in Bittmann/Köhler/Seeger/Tschakert Strafrechtl. Vermögensabschöpfung-HdB Rn. 75.

4 Rogall in SK-StPO Rn. 9.

5 Johann in Löwe/Rosenberg Rn. 83; Kiethe in Radtke/Hohmann § 111k Rn. 5; Lohse in LK-StGB § 73c Rn. 6.

6 Johann in Löwe/Rosenberg Rn. 83; Spillecke in KK-StPO Rn. 8.

7 Laut Heine in SSW StPO (§ 111c Rn. 4) kann Zubehör (§ 97 BGB) anders als gemäß § 865 Abs. 2 S. 1 ZPO auch dann als bewegliche Sache beschlagnahmt werden, wenn es gemäß § 1120 BGB einem Grundpfandgläubiger haftet.

8 ZB Grundschulden, dazu BGH 14.7.2021 – 1 StR 176/21; Schmidt Vermögensabschöpfung-HdB Rn. 1039–1055.

9 Faust AbschöpfungsR S. 43.

10 Markgraf, Der Grundsatz der par conditio creditorum im Spannungsverhältnis zu der strafprozessualen Vermögensabschöpfung (Insolvenzrecht in Forschung und Praxis), 2008, S. 66.

11 Rogall in SK-StPO § 111c Rn. 4; Schmidt Vermögensabschöpfung-HdB Rn. 793.

12 LG Hamburg 2.9.2013 – 629 Qs 34/13, II 1 b, NJW 2013, 3458 ff. mAnm Busch.

13 Johann in Löwe/Rosenberg § 111c Rn. 2 mit Fn. 18.

14 Schmidt Vermögensabschöpfung-HdB Rn. 794; Spillecke in KK-StPO § 111c Rn. 2.

15 Schmidt Vermögensabschöpfung-HdB Rn. 361.

6 Bei **Geld** handelt es sich um eine Summenschuld, die ohne Rücksicht auf die Identität ihrer Verkörperung der Beschlagnahme unterworfen werden **kann.** Das sah die Rechtsprechung vor der Reform 2017 anders[16] und mit dieser hatte der Gesetzgeber diese Sicht übernommen.[17] Davon ist er mit dem StPO-Fortentwicklungsgesetz zwar nicht abgerückt, wendete die Rechtslage aber trotzdem mit der Surrogationsregelung in § 111d Abs. 3 S. 2 um 180 Grad: Zahlt die Staatsanwaltschaft Geld, das sie beschlagnahmt hat, auf ein Justizkonto ein, so tritt an die Stelle der Beschlagnahme der Scheine und Münzen die Beschlagnahme des Rückforderungsanspruchs des Betroffenen (näher → § 111d Rn. 25–35). Während vor dem 1.7.2021 der Wert des ursprünglichen Bargelds nach § 73c S. 1 StGB einzuziehen und in den Auszahlungsanspruch zu vollstrecken war,[18] ist nunmehr das Giralgeld selbst als Forderung einzuziehen. Ist beschlagnahmtes Bargeld auf ein Justizkonto eingezahlt worden, so gilt insoweit für § 73 StGB nicht mehr das Bestimmtheits- als strenges **Identitätsgebot.** So vorzugehen ist der Staatsanwaltschaft immer dann gestattet, wenn dem Bargeld keine (zusätzliche) Beweisfunktion zukommt. Auf die Voraussetzungen des länderspezifischen Hinterlegungsrechts kommt es dabei nicht an. Demgegenüber sind Scheine und Münzen nach wie vor wie jede andere bewegliche Sache zu beschlagnahmen. Das träfe auf der Basis der Rechtsauffassung des 3. Strafsenats des BGH jedoch nicht mehr zu, der aus dem Charakter von Geld als Wertsummenschuld eine allgemeine Surrogationsbefugnis unabhängig von § 73 Abs. 3 StGB und § 73b Abs. 3 StGB folgerte.[19] Der Einziehung stehen gem. § 439 Vernichtung, Unbrauchbarmachung und Beseitigung eines rechtswidrigen Zustands, § 74d Abs. 1 S. 2 bzw. Abs. 3 S. 2 iVm § 74f Abs. 2 StGB, letztere Vorschrift auch für sich, § 43 KUG und § 144 Abs. 4 MarkenG, gleich, aber auch die Abführung des Mehrerlöses gemäß §§ 8 ff. WiStG.[20]

7 Objekt einer Beschlagnahme kann jeder **Gegenstand**[21] sein, dessen Rechtsträgerschaft im Fall der Rechtskraft gem. § 75 Abs. 1 StGB auf den Staat übergeht. Bei Veränderungen kommt es auf die nach der Verkehrsanschauung zu beurteilende Wahrung der ursprünglichen Identität an.[22] Mehrere Gegenstände sind gem. dem sachenrechtlichen Bestimmtheitsgrundsatz je für sich einzuziehen. Lässt sich ihre strafrechtliche Relevanz aber abstrakt, zB gattungsmäßig beschreiben, so ist ihre allgemeine Beschlagnahme auch jenseits von § 111q zulässig,[23] und genügt auch ein die Individualisierung nicht selbst vornehmender, wohl aber ermöglichender Tenor. Die **Beschlagnahmeanordnung** ergeht im Kern **ad rem,** gleichwohl nicht ohne **Rücksicht** auf die am Gegenstand bestehenden **Rechte** und die **faktischen Umstände** (zB Tatertrag, entsprechendes Wissen<-müssen> des Drittempfängers bei § 73b Abs. 1 S. 1 Nr. 2 lit b StGB, Eigentum des Anspruchsinhaber oder Betroffenen, Verwendung bei der Tat).

8 Der beschlagnahmte Gegenstand muss nicht zum **Vermögen** des **Beschuldigten** gehören. Maßgeblich ist das materielle Strafrecht. Auf Tatertrag im Besitz des Beschuldigten ist zuzugreifen, verblieb das Eigentum wie beim Diebstahl beim materiell-rechtlich Verletz-

[16] Verkannt von BGH 25.8.2021 – 3 StR 148/21, NStZ-RR 2021, 373 Rn. 4 (Ls.); wie hier OLG Hamm 28.2.2012 – III-3 RVs 7/12, Rn. 11 f.; Johann in Löwe/Rosenberg Rn. 41; s. auch Retemeyer in HWiStR Teil 14, Rn. 91; einschr. BGH 14.7.1993 – 3 StR 251/93, NStZ 1993, 538 Rn. 7, für den Sonderfall der Einzahlung bei der Gerichtskasse: Verfall; ebenso LG Aachen 17.7.2020 – 60 KLs 4/20, Rn. 31 (hier war sogar „Drogengeld" eingezahlt: Sicherung des Anspruchs auf Rückzahlung als Surrogat per Beschlagnahme.

[17] BT-Drs.; ebenso Johann in Löwe/Rosenberg § 111n Rn. 23 f.

[18] So auch noch BGH 11.1.2022 – 6 StR 513/21, Rn. 7 f.

[19] BGH 25.8.2021 – 3 StR 148/21, NStZ-RR 2021, 373 Rn. 4 (Ls.). Der Senat betrachtet § 111d Abs. 3 S. 2 nicht als konstitutiv, sondern als deklaratorischen Ausdruck einer allgemeinen Regel. Für § 111d Abs. 2 S. 2 und § 111p Abs. 1 S. 2 kann dann nichts anderes gelten. Für dieses Verständnis von Geld als Wertsummenschuld sprechen gute Sachgründe, nicht aber die Sichtweise des Gesetzgebers.

[20] Johann in Löwe/Rosenberg Rn. 73; Rogall in SK-StPO Rn. 13.

[21] Johann in Löwe/Rosenberg Rn. 21 und § 111c Rn. 3; Rogall in SK-StPO Rn. 8. Heine in SSW StPO Rn. 3 verweist zutreffend darauf, dass der Begriff *Gegenstände* hier umfassender als in § 94 verwandt wird.

[22] Johann in Löwe/Rosenberg Rn. 41 (für § 74 ff. StGB).

[23] Pegel in Radtke/Hohmann Rn. 7.

ten, aber auch, ging es wie beim Betrug in das Eigentum des Beschuldigten über. Gleiches gilt unter den Voraussetzungen des § 73b StGB bei einem **Drittempfänger** von Tatertrag. Gem. § 74a StGB wird das Vermögen eines **Nichtbeschuldigten** in Anspruch genommen, gehört ihm ein bei der Tat verwendeter Gegenstand. Drogengeld ist doppelt, beim Besitzer wertmäßig und gegenüber den Drogenkäufern als Tatmittel (sind diese unbekannt: im selbständigen Verfahren) einzuziehen (→ Vor §§ 111b–111q Rn. 75a–75e).

9 **2. Einziehungserwartung. a) Flexibilisierung: Grundsatz der Verhältnismäßigkeit statt fester Fristen und Verdachtsgrade.** Anders als § 111b aF verzichtet die Neufassung auf spezielle Regelungen ua zur zeitlichen Dimension der Beschlagnahme, zum Verdachtsgrad und zum Verhältnis beider zueinander. Kraft ausdrücklicher Formulierung in der Gesetzesbegründung ist damit jedoch **keine inhaltliche Änderung** verbunden. Die **Maßstäbe** der früheren Fassung **gelten** als Konkretisierung des allgemeinen Gebots der **Verhältnismäßigkeit fort.**[24] Das verlangt, sich die früheren ausdrücklichen Anforderungen zu vergegenwärtigen:

10 Allgemeine Voraussetzung war das Vorliegen von **Gründen** für die Annahme einer späteren Abschöpfungsentscheidung, § 111b Abs. 1 aF. Nach 6 Monaten Sicherungsdauer bedurfte es hingegen grundsätzlich **dringender Gründe,** § 111b Abs. 3 S. 1 aF. Wegen besonderer Schwierigkeiten oder aufgrund des Umfangs durften die Maßnahmen vom **Gericht** jedoch selbst bei Fehlen dringender Gründe über 6 Monate hinaus aufrechterhalten werden, § 111b Abs. 3 S. 2 aF, aber nicht länger als 12 Monate, § 111b Abs. 3 S. 3 aF. Danach war die Sicherung aufzuheben, es sei denn, nunmehr ließen dringende Gründe die spätere Abschöpfung erwarten.

11 Der Inhalt des früheren gilt im jetzigen Recht allerdings nur insoweit fort, wie dies in den neuen Vorschriften Ausdruck gefunden hat oder er integrierter Bestandteil des Grundsatzes der Verhältnismäßigkeit ist. Das ist hinsichtlich der formalisierten gerichtlichen Kontrolle nach 6 und 12 Monaten Sicherungsdauer nicht der Fall. Es gibt nicht nur keine **feste,** sondern **überhaupt keine vorgeschriebene gerichtliche Kontrolle** mehr.[25] Sie hängt nunmehr weitgehend von der **Initiative** des **Betroffenen** ab, der sie jedoch weiterhin jederzeit veranlassen kann. Von der Initiative ist die den Inhalt der Entscheidung betreffende Beweislast zu unterscheiden:[26] Diese trifft die **Staatsanwaltschaft,** die überdies die Berechtigung des Fortbestands flexibel, aber jederzeit von Amts wegen zu prüfen hat.

12 Die **Übernahme** des früheren Rechts beschränkt sich demzufolge auf die **inhaltlichen Maßstäbe.** Sie lassen sich so zusammenfassen, dass es um effizienter Vermeidung des Beiseiteschaffens willen zulässig ist, einen Gegenstand **zunächst** auf sogar **ungesicherter Tatsachengrundlage** zu beschlagnahmen, falls denn dessen Einziehung mehr als nur theoretisch denkbar ist. Diese anfangs äußerst niedrige Hürde **erhöht** sich jedoch mit **zunehmender Sicherungsdauer,** bis sie nach etwa einem Jahr das Erfordernis **dringender Gründe** erreicht haben muss. Dies ist aber nicht der Endpunkt. Vielmehr steigen die Anforderungen mit weiter zunehmender Zeitdauer zusätzlich kontinuierlich an.[27]

---

24 BT-Drs. 18/9525, 49; KG Berlin 2.6.2020 – 4 Ws 21/20, Rn. 25; OLG Karlsruhe 11.2.2019 – 3 Ws 37/19; OLG Köln 13.6.2019 – 2 Ws 244 und 245/19, wistra 2019, 431 Rn. 14 f.; OLG Stuttgart 25.10.2017 – 1 Ws 163/17, NJW 2017, 3731 Rn. 15–18; LG Bremen 22.11.2019 – 4 Qs 391/19, StraFo 2020, 22 (dazu Schelzke jurisPR-StraFR 8/2020, Anm. 4); Corsten/Schilling Vermögensabschöpfung und Opferentschädigung, in Münchener Anwaltshandbuch Wirtschafts- und Steuerstrafrecht, § 13 Rn. 99; Gercke in Gercke/Julius/Temming/Zöller Rn. 14; Heine in SSW StPO Rn. 1 a.E. und 17, sowie § 111e Rn. 13; Schmidt Vermögensabschöpfung-HdB Rn. 885 und 906; Spillecke in KK-StPO § 111e Rn. 9.

25 Meißner/Schütrumpf Praxisleitfaden Vermögensabschöpfung, Rn. 251, verlangen trotzdem nach 6 Monaten das Vorliegen dringender Gründe.

26 Im Ergebnis besteht daher trotz verbalen Widerspruchs von Meißner/Schütrumpf Praxisleitfaden Vermögensabschöpfung, Rn. 249–252, keine inhaltliche Differenz.

27 LG Berlin 27.7.2020 – 506 Qs 57/20, wistra 2021, 127; Johann in Löwe/Rosenberg § 111e Rn. 43; detailliert Bittmann in Bittmann/Köhler/Seeger/Tschakert Strafrechtl. Vermögensabschöpfung-HdB Rn. 371–391.

b) Einfaches Recht. Die **Normenhierarchie** gebietet es, vor dem Rückgriff auf das verfassungsrechtliche Verhältnismäßigkeitsgebot die **einfach-rechtlichen Anordnungsvoraussetzungen** zu prüfen. Abs. 1 S. 1 verlangt insoweit einerseits wie früher die **begründete Annahme,** dass die Voraussetzungen der Einziehung oder Unbrauchbarmachung eines Gegenstands vorliegen. Die Vorschrift lässt andererseits die Beschlagnahme nur **zur Sicherung** der **Vollstreckung** zu. 13

Die erste Voraussetzung, **begründete Annahme,** ist nicht wörtlich zu nehmen. Die Einziehung muss noch nicht **gegenwärtig** zulässig sein. Gemeint ist vielmehr die Erwartung **zukünftigen** Eintritts der Voraussetzungen zur Korrektur unrechtmäßiger Zuordnung von Vermögen (→ Rn. 22),[28] ggf. mittels einer die Einziehung anordnen Entscheidung. Es ist demnach eine **Prognose** anzustellen.[29] Sie muss sich darauf beziehen, ob erforderlichenfalls das erkennende Gericht zur vollen Überzeugung vom Vorliegen **sämtlicher** Voraussetzungen eines der in Betracht kommenden Einziehungstatbestände gelangen wird.[30] Dazu gehört für die Beschlagnahme auch die Aussicht auf gegenständliche Einziehung gerade des gesicherten Objekts. Die Wiederherstellung rechtmäßiger Vermögenszuordnung muss allerdings, insbesondere gegenüber Anspruchsinhabern (Verletzten), nicht mittels förmlicher Einziehung, sondern kann auch freiwillig geschehen. Bloße Verhandlungen darüber zwingen noch nicht zu staatsanwaltschaftlicher Freigabe.[31] Die weitere Vollziehung der Sicherungsmaßnahme hindert eine mögliche Einigung nicht, denn der Betroffene kann seinen Herausgabeanspruch gegenüber der Strafjustiz an den Anspruchsinhaber (Verletzten) abtreten.[32] Im (eher seltenen) Einzelfall kann sogar schon das Aufeinanderzugehen beider das Sicherungsbedürfnis bereits vor dem Erlöschen gem. § 73e Abs. 1 StGB entfallen lassen. 14

Zum Zeitpunkt der Anordnung der Beschlagnahme ist die Einziehungserwartung schon *begründet,* wenn wie früher **Gründe** lediglich im Grade **einfachen Verdachts** für die spätere Einziehung sprechen.[33] Dieses Maß entspricht demjenigen, welches erforderlich, aber auch ausreichend ist, um förmliche Ermittlungen aufzunehmen, also dem (bei der Geldwäsche auch nach der Neufassung: doppelten[34]) **Anfangsverdacht** iSd § 152 Abs. 2. Damit scheiden bloße Vermutungen zwar aus.[35] Aber es genügt jede Annahme späterer Einziehung, falls sie sich auf dafür sprechende konkrete Tatsachen stützen kann. Zu diesem Zweck lassen sich auch die Kriterien des § 437 heranziehen,[36] ebenso unplausible Erklärungen zu behaupteter Makelfreiheit.[37] Das Verhalten eines vorsichtigen und ordentlichen Beamten taugt allerdings nicht als allgemeiner Rechtmäßigkeits-Maßstab. Insbesondere sind Bargeschäfte in anderen Teilen der Welt schon mangels rechtstaatlicher Verhältnisse legitim und dürfen daher auch in Deutschland nicht per se als verdächtig angesehen werden. Wer dies 15

---

28 Johann in Löwe/Rosenberg Rn. 72 und § 111e Rn. 13.

29 Peters in Peters/Bröckers Vermögensabschöpfung Rn. 418; Retemeyer in HWiStR Teil 14, Rn. 73 (zum Vermögensarrest).

30 Peters in Peters/Bröckers Vermögensabschöpfung Rn. 427–432.

31 So jedoch tendenziell Johann in Löwe/Rosenberg Rn. 74.

32 Johann in Löwe/Rosenberg Rn. 88.

33 OLG Bamberg 19.3.2018 – 1 Ws 111/18, ZWH 2018, 341 Rn. 10; OLG Hamburg 26.10.2018 – 2 Ws 183/18 – 1 OBL 94/18, NZWiSt 2019, 106 Rn. 29; OLG Hamm 18.8.2020 – III – 2 Ws 107-109/20 Rn. 27–40; OLG Stuttgart 25.10.2017 – 1 Ws 163/17, NJW 2017, 3731 Rn. 10 f.; LG Berlin 29.1.2019 – 511 Qs 126/18 Rn. 35; LG Hamburg 3.8.2018 – 632 Qs 28/18, PStR 2018, 277 Rn. 7; s. auch LG Krefeld 10.8.2020 – 24 Qs 6/20 Rn. 1 und 11; Heine in SSW StPO Rn. 10; Johann in Löwe/Rosenberg Rn. 72; zum früheren Recht OLG Celle 11.2.2008 – 1 Ws 50/08 NStZ-RR 2008, 203 (204); OLG Celle 13.2.2013 – 1 Ws 54/13 Rn. 8, ZWH 2013, 374; Schmidt Vermögensabschöpfung-HdB Rn. 723 bzw. 894.

34 BVerfG 31.1.2020 – 2 BvR 2992/14, NJW 2020, 1351 Rn. 40; 4.7.2006 – 2 BvR 950/05, NJW 2006, 2974 Rn. 16; LG Berlin 27.7.2020 – 506 Qs 57/20, wistra 2021, 127; speziell zur Neufassung: Bittmann ZWH 2021, 157 (160 f.).

35 BVerfG 31.1.2020 – 2 BvR 2992/14 NJW 2020, 1351 Rn. 40; LG Berlin 27.7.2020 – 506 Qs 57/20, wistra 2021, 127; Johann in Löwe/Rosenberg Rn. 72.

36 Vgl. BGH 16.7.2020 – 4 StR 91/20, Rn. 9 („dealertypische Stückelung").

37 BGH 23.5.2020 – StB 17/20. Bargeld allein genügt im Fall legaler Einkunftsquellen nicht, BGH 4.3.2021 – 2 StR 440/20, Rn. 9 f.

verkennt, verkehrt zu Unrecht die auf den früheren Rechtzustand bezogene Beobachtung Podolsky/Brenners,[38] die Praxis mache die Sicherung vom Vorliegen **dringender Gründe** abhängig, in ihr rechtstaatswidriges Gegenteil.

16 Die Prognose bezieht sich entgegen dem Wortlaut des Gesetzes nicht bloß auf die Voraussetzungen später zulässiger Einziehung, sondern auf den Inhalt des zu erwartenden Urteils oder der Entscheidung im selbständigen Verfahren, § 76a StGB. Es müssen dafür nach dem jeweiligen Erkenntnisstand, nach „Lage der Akten“, nicht nur die **rechtlichen Voraussetzungen** vorliegen, sondern es muss **auch** eine solche Anordnung tatsächlich zu **erwarten** sein.

17 Zunächst ist zu klären, **welcher Einziehungstatbestand** in Betracht kommt. Dabei kommt es nicht auf die **materielle Hierarchie** (→ Vor §§ 111b–111q Rn. 74) allein an, sondern **worauf** der **jeweilige Erkenntnisstand aktuell hinweist.** Ohne ausreichend sichere Prognose gegenständlicher Einziehung ist die ersatzweise Einziehung des Werts zu erwarten ist, zu sichern per Vermögensarrest (→ Vor §§ 111b–111q Rn. 51, 64, 75 und 76).

18 Diese **Prognose** hat sich auf **sämtliche Voraussetzungen** des jeweils in Betracht kommenden Einziehungstatbestands zu erstrecken und unterscheidet sich daher in ihren Bezugspunkten entsprechend. Im Fall der Beschlagnahme wegen erwarteter Einziehung gem. § 73 Abs. 1 StGB sind dies **Tatverdacht, Tatertrag** (bzw. Tatlohn) und **Verfügungsgewalt.**[39] In den Fällen der **erweiterten** Einziehung, § 73a StGB, hat sich die Prognose stattdessen auf das Vorliegen einer **Anlasstat** und die **Herkunft** aus einer noch nicht nach § 76b StGB verjährten anderen Straftat zu beziehen. Steht § 74 StGB in Rede, so muss sich für **Tatprodukte** die **Tat als Quelle** abzeichnen, für **Tatmittel** die **Verwendung** bei der Tat (oder die Bestimmung dazu) und bei **Tatobjekten** sowohl, dass sich die Tat auf sie **bezog** als auch auf das Vorhandensein einer **Verweisungsnorm** gem. § 74 Abs. 2 StGB.

19 In Fällen vorhandenen **Ermessens** (§ 73 Abs. 3; §§ 74, 74c StGB) muss sich die Prognose ferner darauf beziehen, in welcher Weise es das Gericht vermutlich ausüben wird. Dabei sind anfangs nicht individuelle Vorstellungen bestimmter Richter, sondern die Grundsätze maßgeblich, die sich in der Rechtsprechung allgemein herausgebildet haben. Endet der Rechtszug voraussichtlich beim Oberlandesgericht, so ist es zulässig, nur dessen Rechtsprechung zugrunde zu legen. Sieht das Berufungsgericht nach vorläufiger Bewertung keinen gegen die erstinstanzlich abgelehnte Ermessens-Einziehung sprechenden Grund, so fehlt es deshalb an der Einziehungserwartung.[40] Nach den Umständen des Einzelfalls sind verfahrensrechtlich auch die **Sachurteilsvoraussetzungen** einzubeziehen. Für Taterträge oder ihres Werts und betreffs die Sicherungseinziehung muss sich die Prognose mangels Einziehungsrelevanz allerdings nicht auch auf die Schuld erstrecken.

20 Soweit es für die Anwendung des materiellen Rechts auf die Wahrung des **Übermaßverbots** ankommt, ist dessen Beachtung ebenfalls prognoserelevant. In solcher Lage hat demnach eine **doppelte Prüfung der Verhältnismäßigkeit** zu erfolgen:[41] Zum einen ist zu prognostizieren, ob die **endgültige** Anordnung verhältnismäßig wäre, insbesondere, ob sie den Grundsatz der Angemessenheit wahren würde oder stattdessen ein Ausscheiden gem. § 421 Abs. 1 naheläge. Zum anderen ist zusätzlich zu prüfen, ob die **Sicherungsmaßnahme** als solche angesichts des konkreten Verfahrensstands dem Übermaßverbot gerecht würde. Darin liegt ein ernstzunehmendes **Korrelat** dafür, dass sich das Gesetz mit einer außerordentlich niedrigen Anfangshürde begnügt.

---

[38] III 5.1; ebenso Hansen Rückgewinnungshilfe S. 27.

[39] OLG Celle 11.2.2008 – 1 Ws 50/08 NStZ-RR 2008, 203 (204); OLG Köln 23.11.2009 – 2 Ws 559 und 560/09 (dazu Tierel jurisPR-StrafR 10/2010, Anm. 1); LG Münster 9.3.2011 – 9 Qs 6/11 StV 2012, 157; Mayer in KMR-StPO Rn. 27 erwähnt Tat und Einziehung; Pegel in Radtke/Hohmann Rn. 4 nennt 3 Bezugspunkte: Tatverdacht, Abschöpfungsvoraussetzungen und Ermessen; s. auch Heine in SSW StPO Rn. 7.

[40] Beispiel: OLG Hamm 18.8.2020 – III – 2 Ws 107–109/20, DAR 2021, 343 insbes. Rn. 37–40.

[41] Rogall in SK-StPO Rn. 15; Spillecke in KK-StPO Rn. 12.

3. Sicherungsbedürfnis. Voraussetzung für das Ergreifen jeder vollstreckungssichernden Maßnahme ist das Vorliegen eines **Sicherungsbedürfnisses.**[42] Das gilt in Bezug auf Beschuldigte und erst recht Drittempfänger iSv § 73b StGB betreffend.[43] Das **Ergreifen** ist nur als **Folge** eines bestehenden Sicherungsbedürfnisses gestattet. Selbst Vermögen unklarer Herkunft darf daher nur gesichert werden, besteht bereits der Verdacht einer Katalogtat (und sei es aufgrund seiner Entdeckung).[44] Es wäre daher **rechtswidrig,** einen **Anfangsverdacht** *nur* deshalb zu bejahen, um **dadurch** die **Voraussetzungen** des § 76a Abs. 4 S. 1 StGB zu **schaffen.**[45] Dessen Neufassung hat am Erfordernis des Verdachts einer Katalogtat nichts geändert. Die für die Sicherstellung nötige Prognose muss sich zudem auf das Erstarken des Verdachts bis hin zur Überzeugung des Gerichts vom Herrühren aus irgendeiner Straftat beziehen. 21

Das Erfordernis eines Sicherungsbedürfnisses normierte § 111d Abs. 2 aF für den dinglichen Arrest mit der Verweisung auf § 917 ZPO ausdrücklich (→ § 111e Rn. 13). Das **neue Recht** beschreibt nur noch das **Ziel: Zur Sicherung der Vollstreckung** und bezieht sich auf die Beschlagnahme gem. § 111b Abs. 1 S. 1. Damit ist jedoch nicht mehr als **der rechtmäßige Anlass beschrieben.** Inhaltliche Anforderungen an die Erforderlichkeit von Anordnung und Vornahme lassen sich dieser Passage nicht entnehmen.[46] Die Streichung des § 73 Abs. 1 S. 2 StGB aF und das Schaffen von § 73e Abs. 1 StGB verdeutlichen, dass die Sicherung der Vollstreckung der erwarteten Einziehungsanordnung nur das Mittel zum Erreichen des inhaltlichen Ziels rechtmäßiger Güterzuordnung ist.[47] 22

Die Verfolgung dieses Ziels rechtfertigt für sich allein das Ergreifen eines Sicherungsinstruments aber noch nicht. Die Gesetzgebungsmaterialien[48] stellen vielmehr klar, dass auch insoweit keine Änderung zum früheren Recht eingetreten ist. Das Anstreben des **Ziels** stellt danach **keine hinreichende,** wohl **aber** eine **notwendige Bedingung** dar. Diese legitimiert lediglich das Ziel, besagt aber nichts über die Voraussetzungen zum Ergreifen des Mittels. Ist das Erreichen des Ziels nicht gefährdet, so kann der Einsatz eines strafprozessualen Sicherungsmittels keinen **Zweck** erfüllen, ist damit überflüssig, also nicht erforderlich und deshalb (entsprechend dem früheren Rechtszustand bei der Beschlagnahme) unverhältnismäßig.[49] Es fehlt das Bedürfnis strafprozessualer Sicherung. Das kann bei ausreichenden finanziellen Verhältnissen von Anfang an so sein. Vertrauensbildende Maßnahmen des Betroffenen können im Verlauf des Verfahrens aber auch erst die **Gegengründe** schaffen,[50] die das allgemeine **Sicherungsbedürfnis kompensieren**[51] und (ggf. nachträglich) entfallen lassen. 23

Das der Zweck-Komponente des Sicherungsbedürfnis immanente Abwägungsgebot konkretisiert das verfassungsrechtliche Übermaßverbot. Es ist daher nicht von praktischer Relevanz, ob (schulmäßig) die einschlägigen Parameter innerhalb der Prüfung des Sicherungsbedürfnisses oder erst im Zuge der nachfolgenden weitergehenden Verhältnismäßigkeitsprüfung gegeneinander abgewogen werden. 24

---

[42] Umfang: Tatertrag oder dessen Wert, LG Münster 9.3.2011 – 9 Qs 6/11 StV 2012, 157; ausführlich Faust AbschöpfungsR S. 131 ff.; Rogall in SK-StPO Rn. 16.

[43] LG Kiel 27.2.2020 – 7 Qs 77/19, wistra 2021, 40 Rn. 2.

[44] Bittmann ZWH 2021, 157 (163 f.).

[45] Johann in Löwe/Rosenberg Rn. 67 (noch zu § 76a Abs. 4 StGB aF).

[46] Inhaltlich ebenso Peters in Peters/Bröckers Vermögensabschöpfung Rn. 436; Rettke wistra 2017, 417 (419).

[47] Johann in Löwe/Rosenberg § 111e Rn. 13; → Rn. 14.

[48] BT-Drs. 18/9525, 49 und 76 f.; ebenso Cordes NZWiSt 2021, 45 (47); Köhler in Meyer-Goßner/Schmitt § 111e Rn. 5; Korte wistra 2018, 1 (11); Madauß NZWiSt 2018, 28 (30); Spillecke in KK-StPO Rn. 13 und § 111e, Rn. 4.

[49] Bittmann in Bittmann/Köhler/Seeger/Tschakert Strafrechtl. Vermögensabschöpfung-HdB Rn. 315; iErg ebenso Heine in SSW StPO Rn. 12; Johann in Löwe/Rosenberg § 111e Rn. 11; Peters in Peters/Bröckers Vermögensabschöpfung 436; Rettke wistra 2017, 417 (419 f.). Für Deckungsgleichheit des Maßstabs mit § 917 ZPO: Meißner/Schütrumpf Praxisleitfaden Vermögensabschöpfung, Rn. 217.

[50] Heine in SSW StPO Rn. 15.

[51] Bittmann in Bittmann/Köhler/Seeger/Tschakert Strafrechtl. Vermögensabschöpfung-HdB Rn. 318.

25 Wiewohl das Gesetz das Ziel unterschiedslos für **Beschlagnahme** und **Vermögensarrest,** dort § 111e Abs. 1 S. 1, beschreibt und auch für beide Sicherungsinstrumente das Übermaßverbot gilt, **decken** sich die jeweiligen **Voraussetzungen** für das Vorliegen eines **Sicherungsbedürfnisses keineswegs.** Die Hürden liegen für die **Beschlagnahme** aufgrund des Tatbezugs (→ Vor §§ 111b-q Rn. 4) **deutlich niedriger.**[52] Das betrifft vor allem Erwerbstaten mit individuellem Geschädigten, weil insoweit der **Opferentschädigung** mittels Rückführung des konkret entzogenen Gegenstands ein **besonders hohes Gewicht** zukommt. Steht die Einziehung eines **gefährlichen Gegenstands** iSd § 74b StGB als Tatmittel in Rede, so kommt es zudem nicht darauf an, ob die spätere Einziehung gefährdet erscheint. Soweit sie das materielle Recht bereits für den Fall der Annahme erlaubt, der Gegenstand werde (in Zukunft) zu weiteren strafbaren Handlungen genutzt, begründet eine solche **Wiederholungsgefahr** das Sicherungsbedürfnis schon allein für sich (zB beharrliches Fahren ohne Fahrerlaubnis). Es wäre widersprüchlich, die Gefährdung ohne rechtliche Konsequenz bis zur Rechtskraft hinzunehmen. Gleiches gilt für **Tatprodukte,** denen zumindest regelmäßig die legale Verkehrsfähigkeit fehlt. Daher ist im Anschluss an Taten mit individuell Geschädigten die **Beschlagnahme** des (selbst geringwertigen) **Tatertrags** ebenso die **absolute Regel** wie bei Tatprodukten (hier außer bereits im Besitz von Verbrauchern befindlichen) und gefährlichen Tatmitteln. In diesen Konstellationen **genügt** typischerweise das Vorliegen des **Sicherungsziels.**

26 Die Qualifizierung als Verletzter, seit 1.7.2021: Anspruchsinhaber (→ Vor §§ 111b–111q Rn. 21–24a), warf vor dem Reformgesetz 2017 etliche Fragen auf. Weil das Modell der Opferentschädigung die ehemalige Rückgewinnungshilfe abgelöst hat, bedarf es jetzt mancher Antwort jedoch erst im Vollstreckungsstadium. Anspruchsinhaber (Verletzte) können sein natürliche Personen, Personengemeinschaften, juristische Personen und Institutionen der öffentlichen Hand (nicht diese als solche). Zu diesem Kreis gehört auch der **Steuerfiskus,**[53] obwohl der Steueranspruch – ebenso wie ein „weggeschwindelter" bürgerlich-rechtlicher Anspruch – vor Tatbegehung entstanden war.[54] In solchen Fällen besteht die zur Ersatzberechtigung führende Handlung im Unterbleiben der Erfüllung. Spiegelbildlich kann der Wert der vom Täter ersparten Aufwendung abgeschöpft werden, zu sichern per Vermögensarrest.

27 Da das Bestehen von Ersatzansprüchen materiell-rechtlich Verletzter den seinerzeitigen Verfall ausschloss, § 73 Abs. 1 S. 2 StGB aF, nicht aber die vorherige Sicherung, § 111b Abs. 5 aF, war unter dem aufgehobenen Recht auch das eigene **Engagement** des **Opfers** für das Bestehen eines Sicherungsbedürfnisses bedeutsam. Kümmerten sie sich nicht um die Verfolgung und Durchsetzung ihrer Rechte, so minderte dies die Erwartung zukünftiger Abschöpfung oder ließ sie ganz entfallen. Das verbliebene Interesse am Auffangerwerb gem. § 111i Abs. 5 aF konnte den fehlenden Opferschutz nicht adäquat aufwiegen. Nunmehr geschieht jegliche Einziehung zugunsten des Justizfiskus, steht das Ziel im Vordergrund, Verbrechen dürfe sich nicht lohnen, während der Opferschutz lediglich einen, wiewohl erwünschten Nebeneffekt darstellt. Daher kann mangelndes Engagement des Anspruchsinhabers (Verletzten) jetzt die Einziehung nicht mehr verhindern. Auf dessen Aktivitäten kommt es also für das Bestehen eines Sicherungsbedürfnisses als solches de jure überhaupt nicht mehr an.[55]

28 Daraus folgt allerdings keineswegs, dass die Interessen eines Anspruchsberechtigten (Verletzten) völlig irrelevant wären – im Gegenteil: Die **Stärkung** des **Schutzes** der **Opfer** war eines der (jedoch nur partiell erreichten) Ziele der Reform. Ihnen wurde die Last

---

52 Johann in Löwe/Rosenberg § 111e Rn. 24 – andere Akzente aber § 111b Rn. 92.

53 BGH 28.11.2000 – 5 StR 371/00, NJW 2001, 693; 6.2.2014 – 1 StR 577/13 NZWiSt 2014, 432 Rn. 53; 6.2.2014 – 1 StR 578/13, ZWH 2014, 318 Rn. 31; BFH 8.10.2013 – XR 3/10, ZWH 2014, 113 Rn. 20 mAnm Stahl.

54 Bittmann/Tschakert NZWiSt 2020, 40, krit. zu BGH 24.10.2019 – 1 StR 173/19, wistra 2020, 107 (zu § 73e StGB aF).

55 Heine in SSW StPO Rn. 13; Mayer in KMR-StPO § 111e Rn. 9, allerdings eine Ausnahme für die Fälle des § 324 AO befürwortend.

privater Rechtsverfolgung (mit vagen Aussichten der Durchsetzung) weitgehend abgenommen und mit den §§ 459h–459k ein vereinfachtes Entschädigungsverfahren zur Verfügung gestellt. Über die Beschlagnahme genießen sie selbst in der Insolvenz des Betroffenen die Chance gegenständlicher Restitution trotz tatbedingten Verlusts dinglicher Berechtigung, § 75 Abs. 4 StGB, § 111d Abs. 1 S. 2. Beim Vermögensarrest mindert zudem das Vollstreckungsverbot ihren verfassungsrechtlichen Justizgewährungsanspruch,[56] § 111h Abs. 2 S. 1. Das erfordert als Kompensation diesen Verlust ausgleichende Anstrengungen der Strafjustiz. Den **Belangen Anspruchsberechtigter** (Verletzter) kommt also jedenfalls **kein geringeres Gewicht zu als zuvor.**

29 **Interessen Anspruchsberechtigter** (Verletzter) können das **Sicherungsbedürfnis** konstituieren.[57] Es entfällt nicht mehr aufgrund ihrer Passivität, sondern verleiht umgekehrt ihren Ansprüchen auf zivilrechtliche **Entschädigung** den **für** die **Beschlagnahme** sprechenden Umständen **besonderes Gewicht,** weshalb die **Ablehnung** der Beschlagnahme nur **höchst selten** als **vertretbar** angesehen werden kann. Es wirkt darüber hinaus fort und bildet ein **Gegengewicht gegen** die **mit Zeitablauf schwerer wiegenden Belange** des **Betroffenen** und kann den Ausschlag für die Aufrechterhaltung auch nach längerem Bestand der Maßnahme geben. Dem Restitutionsinteresse kommt daher strukturbedingt das gleiche Gewicht zu wie der Sicherung von Tatprodukten und gefährlichen Gegenständen. Das hebt diese Fälle gegenüber sonstigen, insbesondere Gemeindelikten, ab, wirkt aber nur **zugunsten** des Anspruchsberechtigten (Verletzten). Daher ist die Beschlagnahme (unabhängig von § 111n) **aufzuheben,** ermöglicht ihm dies zivilrechtliche Vollstreckung, die zu **früherer Befriedigung** führt als erst im Stadium der Strafvollstreckung.[58]

30 Dass das **Entschädigungsinteresse** eines Anspruchsberechtigten (Verletzten) **originäre Quelle** des **Sicherungsbedürfnisses** sein kann, sichert selbst im Fall nur einer Tat mit lediglich einem Opfer diesem die Rückführung auch in der Insolvenz, § 75 Abs. 4 StGB, § 111d Abs. 1 S. 2, und ist zudem bei Serientaten va im Hinblick auf einen Vermögensarrest sehr praxisrelevant (→ § 111e Rn. 39–46).

31 Fehlt das besondere Gewicht der Sicherung der Restitution, von Tatprodukten oder gefährlichen Gegenständen, so rechtfertigt allein die **Zielverfolgung** das Ergreifen eines Sicherungsinstruments noch nicht. Der **Sicherungszweck** erfordert ihren Einsatz nur, wenn anderenfalls die **Vollstreckung** der zu erwartenden späteren Einziehungsanordnung als **gefährdet** erschiene.[59] Ist das nicht der Fall, so ist der Zweck bereits erreicht und es bedarf keiner quasi Vorwegnahme der Hauptsache. Es ist daher das Interesse des Betroffenen gegenüber den Erfordernissen einer effizienten rechtstaatlichen Abschöpfung individuell anhand der **Umstände des Einzelfalls**[60] **abzuwägen.**[61] Die jeweiligen Besonderheiten sind umfassend zu würdigen und eine **innerhalb des Rahmens** der **Vertretbarkeit liegende plausible Entscheidung** zu treffen. Das verbietet es, der abstrakt-allgemeinen und daher nie mit Sicherheit auszuschließenden Gefahr des Beiseiteschaffens quasi **routinemäßig vorzubeugen.** Vor Anordnung einer Sicherung bei einem **wirtschaftlich gesunden,** aber aufgrund der Arrestvollziehung insolvenzbedrohten[62] **Drittempfänger** von Tatertrag aus einem Allgemeindelikt, speziell in den Fällen des § 73b Abs. 1 S. 1 Nr. 1 und Nr. 2 lit. b StGB, bedarf die Bejahung von Sicherungsbedürfnis und Verhältnismäßigkeit **besonders**

---

[56] BGH 17.12.2020 – IX ZB 4/18, ZInsO 2021, 306 Rn. 44.

[57] Johann in Löwe/Rosenberg § 111e Rn. 26–30, der die Position des Anspruchsinhabers (Verletzten) jedoch für ambivalent hält, weil Möglichkeiten eigener Rechtsverfolgung zum Verneinen eines Sicherungsbedürfnisses führen könnten, § 111b Rn. 86; zu Recht betont er, dass strafprozessuale Sicherungsmaßnahmen nicht gegen die Interessen des Verletzten vorgenommen oder aufrechterhalten werden dürften, § 111b Rn. 88 und § 111e Rn. 15.

[58] Peters in Peters/Bröckers Vermögensabschöpfung Rn. 450.

[59] Spillecke in KK-StPO Rn. 13; aA OLG Stuttgart 25.10.2017 – 1 Ws 163/17, NJW 2017, 3731 Rn. 15 f.; Retemeyer in HWiStR Teil 14, Rn. 80.

[60] Johann in Löwe/Rosenberg Rn. 85.

[61] Johann in Löwe/Rosenberg Rn. 92.

[62] OLG Frankfurt a.M. 28.10.2021 – 3 Ws 506/21, NStZ-RR 2022, 71 Rn. 26 (Ertrag aus Individualdelikt).

sorgfältiger Prüfung – auch in Bezug auf die hier möglicherweise schon im Erkenntnisverfahren relevante Entreicherung, § 73e Abs. 2 StGB.

III. Fortbestehensvoraussetzungen

32 Das Vorliegen eines Sicherungsbedürfnisses ist immer nur eine zeit- und umständeabhängige **Momentaufnahme.** Daher können neue Erkenntnisse und Entwicklungen durchaus zu einem anderen Ergebnis führen. Die Stelle, die die Verfahrensherrschaft ausübt, hat daher von Amts wegen[63] stetig zu prüfen, ob es noch **fortbesteht.** Von selbst tritt eine vollstreckungssichernde Maßnahme im anhängigen Verfahren nicht außer Kraft, auch nicht nach Ablauf bestimmter Fristen.

33 Prüfungsmaßstab im **weiteren Verlauf** des Verfahrens ist zunächst, ob die **Voraussetzungen** der Erstanordnung noch vorliegen – allerdings nicht notwendig aufgrund derselben Tatsachen. Zudem ist stets die **Verhältnismäßigkeit**[64] und damit im Auge zu behalten, dass es sich bei der Beschlagnahme um einen strafprozessualen Grundrechtseingriff handelt und deshalb das Gewicht der Belange des Betroffenen im Verlauf des Verfahrens mit **fortschreitender Zeit** in **zunehmendem Maße wächst.**[65]

34 Genügen zunächst selbst solche tatsächlichen Anhaltspunkte, die noch der Überprüfung bedürfen, so muss zwar weder nach Ablauf von 6 noch von 12 Monaten hinreichender oder dringender Tatverdacht vorliegen, wohl aber bedarf es **aussagekräftiger,** für den Tatverdacht sprechender **Beweise** mit der Tendenz zum Grad dringender Gründe.

35 Die **Prognose** ist jedoch selbst dann noch **nicht automatisch** mit der Folge gebotener Aufhebung der Beschlagnahme **widerlegt,** wenn das Gericht im **Urteil nicht** auf **Einziehung** erkennt. Vielmehr ist zu prüfen, ob ein **selbständiges Verfahren** nachfolgen wird. Ein solches ist gem. § 76a Abs. 1 StGB auch dann gestattet, wenn rechtliche Gründe der Einziehung im subjektiven Verfahren entgegenstehen, soweit über die Einziehung nicht bereits iSv § 76a Abs. 1 S. 3 StGB rechtskräftig entschieden ist. Daher kann die Einziehungserwartung auch ohne im Urteil angeordnete Einziehung zunächst fortbestehen. Jedoch wird sie typischerweise entfallen sein, so dass die Beschlagnahme aufzuheben ist.

36 Die **Praxis** ist im Hinblick auf die Bedeutung des Zeitablaufs **deutlich großzügiger** geworden. Tolerierten manche Gerichte keinen Erkenntnis-Stillstand von 2 Monaten,[66] so deuten die wenigen veröffentlichten Entscheidungen[67] nunmehr auf einen **Spielraum von ca. 2 Jahren** hin. Das aber ist wegen der **Grundrechtsrelevanz nicht vertretbar.** Greift der Staat in Rechte Privater ein, so bedarf es dazu nicht nur einer formalen Rechtsgrundlage, sondern auch einer inhaltlichen Rechtfertigung, die vor den beeinträchtigten Grundrechten Bestand hat. Sie kann im Fall von Tatertrag aus Individualdelikten im **Opferschutz** liegen, weil den Grundrechten des Betroffenen die **Schutzfunktion der Grundrechte** des materiellrechtlich Verletzten gegenübersteht. Sie rechtfertigt den Fortbestand der Beschlagnahme auch nach langer Verfahrensdauer, ginge das Opfer anderenfalls leer aus.

37 Eine nach einem **Offizialdelikt** eintretende **Verzögerung** und die damit verbundene Fortdauer des Eingriffs in seine Grundrechte ist jedoch dem Betroffenen nur in **engen**

[63] Johann in Löwe/Rosenberg § 111e Rn. 25.

[64] Johann in Löwe/Rosenberg Rn. 104–106.

[65] Heine in SSW StPO § 111e Rn. 13–15; Johann in Löwe/Rosenberg § 111e Rn. 25.

[66] OLG Hamburg 27.11.2008 – 2 Ws 197/08, StV 2009, 122.

[67] OLG Frankfurt a. M. 14.6.2018 – 3 Ws 425/17 Rn. 8; 15.2.2022 – 3 Ws 34/22, StraFo 2022, 151; OLG Nürnberg 31.8.2021 – Ws 718/21, StraFo 2021, 469 Rn. 13–16; OLG Rostock 12.4.2018 – 20 Ws 42/18, StraFo 2018, 350; LG Bremen 22.11.2019 – 4 Qs 391/19 (334 Js 18858/18), StraFo 2020, 22; LG Düsseldorf 3.8.2020 – 018 Qs – 140 Js 489/17 – 30/20; dagegen schlichte Bestätigung nach 3 1/2 jähriger Beschlagnahme und erstinstanzlicher Ablehnung der Einziehung LG Berlin 20.12.2021 – 526 Qs 26/21, wistra 2022, 210; Übersichten bei Cordes NZWiSt 2021, 45 (49 f. m. Fn. 74–81); und Spillecke in KK-StPO § 111e Rn. 9; s. auch Johann in Löwe/Rosenberg § 111e Rn. 25; OLG Hamm 18.8.2020 – III-2 Ws 107-109/20, DAR 2021, 343 Rn. 26: Freigabe trotz Beweisbedeutung nach 17 Monaten wegen unterbliebener Auswertung (und unabhängig davon fehlender Einziehungserwartung).

Grenzen und damit jedenfalls **nicht** allein aufgrund **allgemeiner Überlastung** der Justiz **zuzumuten.**[68] Es ist nicht seine Sache, ein ausgewogenes Verhältnis zwischen Aufgaben- und Personalzuweisung herzustellen. Abstufungen sind in Grenzen denkbar. Selbst der Verdacht schwerster Delikte (Organisierte Kriminalität, Geldwäsche, Terrorismus) erlaubt es aber nicht, statt zügiger Aufklärung auf die Macht des Faktischen zu setzen. Gerade Gefährlichkeit verlangt die Mobilisierung angemessener Reserven – so wie auf Bundesebene sichtbar. Zwar braucht die Justiz keine derart hohen Kapazitäten vorzuhalten, um Ermittlungen nach jedem Grundrechtseingriff mit Hochdruck führen zu können. Aber bei **Passivität** über mehr als **einen Monat** scheidet die Aufrechterhaltung aus, jedenfalls bei fehlender verlässlicher Zeitperspektive (zum Vermögensarrest → § 111e Rn. 75).

Die ebenfalls **Verfassungsrang** genießenden **Belange effektiver Strafverfolgung**[69] **38** erfordern es jedoch, der Justiz die Zeit einzuräumen, die zum Aufklären nötig ist. Verzögerungen außerhalb ihres Einflussbereichs, zB bei der Erledigung Internationaler Rechtshilfeersuchen, lassen sich ihr deshalb nur begrenzt zurechnen. Kann allerdings das konkrete Verfahren länger als über eine noch akzeptable kurze Dauer nicht gefördert werden, so verwirklicht sich die in den Risikobereich der hohen Hand fallende **Unwucht** zwischen übertragenen Aufgaben und Sach- bzw. Personalzuweisung.

Verfassungsgemäße Gründe für das Fortbestehen der Sicherung sind **besondere** **39** **Schwierigkeiten** der **Ermittlungen,** ihr **überdurchschnittlicher Umfang** oder **andere wichtige Gründe,** zB Anzahl der Beschuldigten, Zeugen (nebst Erreichbarkeit wie Gesundheit) und Taten sowie deren Art und Begehungsweise, Komplexität der Ermittlungen, Notwendigkeit von Gutachten, Übersetzung und Auswertung analoger wie elektronischer Unterlagen, Verfügbarkeit des Verteidigers (begrenzt auch dessen Strategie) sowie unvorhergesehene Belastungen des Spruchkörpers.[70] Voraussetzung ist, dass einem der genannten Umstände für sich oder im Zusammenwirken mit anderen ein **Gewicht** zukommt, das die wegen Zeitablaufs gestiegenen Belange des Betroffenen (va bei zweifelhafter Einziehungserwartung hoher gesicherter Werte) weiterhin **überwiegt** und für die Verzögerung kausal[71] geworden ist. Daran fehlt es zB bei Zögerlichkeit, inadäquater Reaktion auf Überraschungen und unnötigem Aufwand.

Die Aufgabe steter Prüfung, ob die Sicherung weiterhin aufrechterhalten werden **40** darf,[72] fällt im Ermittlungsverfahren der **Staatsanwaltschaft** zu. Sie ist in gleicher Weise wie das Gericht an Recht und Gesetz gebunden. Zwar trifft den Ermittlungsrichter keine Pflicht zu selbständiger Kontrolle nach der Anordnung[73] (offen ist, ob er über eine solche Befugnis verfügt). Aber es steht dem Betroffenen frei, jederzeit die gerichtliche Überprüfung zu veranlassen (→ § 111j Rn. 44 und 49). Mit Anklageerhebung wechselt die Pflicht zu amtswegiger Prüfung auf das **Gericht,** das nunmehr die Verfahrensherrschaft innehat.

Als **Faustregel** bieten sich folgende, aus dem Zusammenwirken von Sicherungsbedürf- **41** nis und Grundsatz der Verhältnismäßigkeit ableitbare Korrelationen an:
- **Anfangs: einfache Gründe,** die für eine spätere Einziehung sprechen.
- Nach etwa **2 Monaten** dürfen nur noch **weniger Gründe** als bei Anordnung **gegen** die Erwartung späterer Einziehung sprechen.[74]
- Sowohl nach Ablauf von komplexabhängig **6–12 Monaten** als auch unabhängig davon bei **Anklageerhebung** (oder Antrag auf selbständige Einziehung)[75] müssen die für die

[68] Cordes NZWiSt 2021, 45 (49 f.); Heine in SSW StPO Rn. 18 und § 111e Rn. 15.
[69] BVerfG 19.3.2013 – 2 BvR 2628/10, 2 BvR 2883/10, 2 BvR 2155/11 BVerfGE 133, 168 Rn. 57; 15.1.2020 – 2 BvR 1763/16, NJW 2020, 675 Rn. 34–42.
[70] Heine in SSW StPO Rn. 18; Rogall in SK-StPO Rn. 29 ff. Aufzählung bei Pegel in Radtke/Hohmann Rn. 5.
[71] OLG Rostock 19.10.2012 – 1 Ws 254/12, wistra 2013, 76 Rn. 16.
[72] Johann in Löwe/Rosenberg § 111j Rn. 44.
[73] Weitergehend Rogall in SK-StPO Rn. 34.
[74] Gercke in Gercke/Julius/Temming/Zöller Rn. 11 aE.
[75] Für diesen (von der Dauer des Verfahrens allerdings unabhängigen) Zeitpunkt verlangt das OLG Bamberg 22.5.2018 – 1 Ws 169/18, Rn. 8 das Vorliegen hinreichender Gründe.

Einziehung sprechenden Gründe ein deutliches **Übergewicht** gegenüber den Gegengründen aufweisen.[76]
- Nach etwa **einem Jahr** erfordert die Aufrechterhaltung **besonders gewichtige** oder **dringende Gründe,** zB des Opferschutzes.
- Spätestens nach **zwei Jahren** bedarf es zusätzlich einer mit **an Sicherheit grenzenden Wahrscheinlichkeit** nachfolgender Einziehung.

42 Das **Übermaßverbot** entfaltet über das Sicherungsbedürfnis hinaus **selbständige Bedeutung.**[77] Die Justizorgane sind allgemein zu steter Prüfung verpflichtet, ob es (noch) gewahrt ist. Das ist selbst dann nicht zwingend so, wenn zu erwarten ist, dass ohne Sicherung die spätere Einziehungsanordnung nicht vollstreckt werden kann. Damit ist nämlich nicht automatisch das Überwiegen des öffentlichen vor dem privaten Interesse des Betroffenen verbunden. Es ist zB kaum einzusehen, bei einem bislang keine Sozialleistungen beziehenden Kleindealer aufgefundene 500 Euro zu beschlagnahmen, deren Wert dieser nach mit entsprechenden, vom Staat zu finanzierendem Aufwand vom Jobcenter sogleich quasi zurückerlangt. Wenn Privaten und damit Grundrechtsträgern zugemutet wird, jahrelang auf ihr Recht zu warten und die Risiken fehlender Durchsetzbarkeit zu tragen, so gibt es im Anschluss an ein Allgemeindelikt keine verfassungsrechtliche Rechtfertigung für das Anlegen für den Staat günstigerer Maßstäbe.

IV. Ermessen

43 Es steht nicht im **Ermessen** des erkennenden Gerichts, ob es im **Urteil** auf **Einziehung** von Tatertrag (ggf. ersatzweise seines Werts) erkennt: Liegen die Voraussetzungen vor, so **muss** es die Anordnung treffen (vorbehaltlich Absehens, § 421, oder „formloser Einziehung", → Vor §§ 111b–111q Rn. 13). Es ist allerdings weiterhin eine **Ermessensentscheidung,** ob zuvor **vollstreckungssichernde Maßnahmen** ergriffen werden. Daher ist **strikt zu unterscheiden** zwischen deren **rechtlichen Voraussetzungen** und der erst anschließenden Entscheidung über das **Gebrauchmachen** von der **Gestattung.**[78] Nur **Ersteres** ist (dies aber selbst bei der Konkretisierung unbestimmter Rechtsbegriffe) voller gerichtlicher Kontrolle unterliegende reine **Rechtsanwendung.**

44 Anders verhält es sich in Bezug auf das **Handlungsermessen.** Es stellt die Brücke zwischen der Bejahung des rechtlichen Dürfens und dessen Transfer in die Wirklichkeit dar. Es ist verpflichtend auszuüben und zwar (nur) von der Stelle, welche die Verfahrensherrschaft innehat. Das ist im **Vorverfahren** die **Staatsanwaltschaft,**[79] **nach Anklageerhebung** das (potenziell) erkennende **Gericht,** ohne dass sich Ermittlungsrichter bzw. Beschwerdegericht an ihre Stelle setzen dürften. Die Entscheidung liegt nicht im freien, sondern ist nach pflichtgemäßem Ermessen zu treffen.[80] Das Reformgesetz 2017 hat nichts an der Trennung zwischen allein nach Rechtskriterien zu beurteilendem Eingriffsrecht (wie zB dem Sicherungsbedürfnis[81]) und dem nachfolgendem Handlungsermessen geändert, macht für Letzteres aber **Vorgaben** für den Fall, dass für[82] die Anordnung späterer Einziehung **dringende Gründe**[83] sprechen. Dann **soll** gesichert werden. Im Übrigen ist das Ermessen wie nach früherem Recht auszuüben.

---

[76] Rettke wistra 2017, 417 (421), verlangt nach 6 Monaten dringende Gründe.
[77] Meißner NZWiSt 2018, 239 (242 f.).
[78] Bittmann in Bittmann/Köhler/Seeger/Tschakert Strafrechtl. Vermögensabschöpfung-HdB Rn. 332.
[79] Rettke wistra 2017, 417 (421); Rettke NJW 2020, 2898; Bittmann in Bittmann/Köhler/Seeger/Tschakert Strafrechtl. Vermögensabschöpfung-HdB Rn. 334 und 336 sowie Rn. 395–397; wohl auch Retemeyer in HWiStR Teil 14, Rn. 73; aA Heine in SSW StPO Rn. 15, die das Ermessen zu den rechtlichen Voraussetzungen zählt und es als vom Legalitätsprinzip eingeschränkt ansieht.
[80] Rogall in SK-StPO Rn. 20, auch Rn. 23; aA Peters in Peters/Bröckers Vermögensabschöpfung Rn. 449.
[81] Die zum Bejahen zu überwindenden Hürden sind entgegen LG Nürnberg-Fürth 9.7.2021 – 12 Qs 26/21, Rn. 31, nicht gesenkt.
[82] Johann in Löwe/Rosenberg Rn. 94 betont den Bezug zur Einziehungserwartung (sie kann allerdings nicht ohne Rückgriff auf den Tatverdacht beurteilt werden).
[83] Nur für diesen Fall hält Johann in Löwe/Rosenberg Rn. 96, vorläufige Sicherungsmaßnahmen für legitim.

Es ist daher rechtswidrig, aus der neuen Soll-Regelung kurzerhand zu schließen, Tatertrag sei bei dringendem **Tatverdacht** (oder gar bereits bei bestehendem Sicherungsbedürfnis[84]) **ohne** Erfordernis der **Beachtung** weiterer Umstände **regelmäßig** zu **beschlagnahmen.** Vielmehr gilt nach wie vor, dass zunächst die rechtlich gebundenen Voraussetzungen sehr ernsthaft zu prüfen sind. Nur wenn **feststeht,** auf welchen **Einziehungstatbestand** die aktuellen Erkenntnisse weisen, zudem einfache oder dringende Gründe eine **positive Einziehungserwartung** begründen, die auch etwaiges, nach materiellem Recht erforderliches Ermessens einschließt, und ein **Sicherungsbedürfnis**[85] besteht, stellt sich überhaupt erst die Frage, ob die deswegen eröffnete Handlungsmöglichkeit genutzt werden soll.[86] 45

Bei der gebotenen **einzelfallbezogenen**[87] **Ermessensentscheidung** sind alle in concreto berührten Interessen gegeneinander abzuwägen, nach einem **Offizialdelikt** das staatliche Interesse an der Durchsetzung des Grundsatzes fehlenden Sich-Lohnens von Verbrechen gegen Belange des Betroffenen. Nur soweit letztere sowohl legitim als auch ausreichend schwergewichtig sind, können sie überwiegen. Das ist bei erhärtetem Tatverdacht oft erst nach einer gewissen Sicherstellungsdauer der Fall. 46

Nach einem **Individualdelikt** neigt sich die Waage stärker zugunsten der Sicherung, weil zu den allgemeinen öffentlichen auch noch die zivilrechtlichen Interessen des Opfers hinzutreten. Diese haben Staatsanwaltschaft bzw. Gericht bei der gebotenen **Ermessen**entscheidung sachgerecht zu berücksichtigen[88] (zB wirtschaftliche Leistungsfähigkeit; Informationsstand; [Un-]Möglichkeit, Rechte selbst zu wahren) Ein Anspruchsinhaber verfügt zwar über kein subjektives Recht auf sicherndes Tätigwerden der Strafjustiz. Das Gebot pflichtgemäßen, bei dringenden Gründen sogar gebundenen Ermessens besteht jedoch nicht nur im öffentlichen Interesse, sondern dient auch ihm. 47

Daher hat jeder materiellrechtlich Verletzte einen öffentlich-rechtlichen **Anspruch** auf **pflichtgemäße Ausübung** des **Ermessens** schon betreffend die Beschränkung der Kognitionspflicht, §§ 154, 154a StPO, und jeder Anspruchsinhaber zusätzlich auch in Bezug auf das Ergreifen einer strafprozessualen vollstreckungssichernden Maßnahme.[89] Im Einzelfall kann das Ermessen **auf Null reduziert** sein, zB wenn dringende Gründe dafür sprechen, dass das Opfer seine berechtigten Ansprüche andernfalls nicht oder nur eingeschränkt bzw. nur als Ersatz des Werts des entzogenen Gegenstands anstatt gegenständlicher Rückführung würde durchsetzen können. Das von ihm angerufene (Beschwerde-)Gericht darf zwar nicht selbst sein Ermessen walten lassen, wohl aber die Rechtskonformität des Vorgangs der Ermessensentscheidung überprüfen.[90] Ermessensfehler[91] können zudem **Amtshaftungsansprüche** begründen,[92] ohne dass insoweit für das Gericht das Richterspruchprivileg, § 839 Abs. 2 S. 1 BGB, gölte.[93] Hier zeigt sich die Notwendigkeit ausreichender Dokumentation. 48

---

84 So aber LG Hamburg 2.5.2019 – 618 Qs 9/19, NZWiSt 2020, 78 Rn. 20; Mayer in KMR-StPO Rn. 32 (abgeleitet vom insoweit aber gerade nicht geltenden Legalitätsprinzip).

85 Eines Sicherungsbedürfnisses bedarf es selbst beim Vorliegen dringender, für eine Einziehungsanordnung sprechender Gründe, Johann in Löwe/Rosenberg Rn. 97, auch § 111e Rn. 6.

86 Johann in Löwe/Rosenberg § 111e Rn. 6.

87 Johann in Löwe/Rosenberg Rn. 92 und 95.

88 Köhler in Meyer-Goßner/Schmitt § 111e Rn. 12 mN; Schlachetzki wistra 2011, 41; Spillecke in KK-StPO Rn. 13 (für die Beschlagnahme); Wilk/Stewen wistra 2013, 409 (411).

89 Johann in Löwe/Rosenberg Rn. 30.

90 Vgl. OLG Celle 25.9.2012 – 2 Ws 214/12, wistra 2013, 39 Rn. 8; Wilk/Stewen wistra 2013, 409 (412) (das Anrufen des Oberlandesgerichts gemäß § 23 EGGVG für statthaft, aber regelmäßig unbegründet haltend).

91 Schmidt Vermögensabschöpfung-HdB Rn. 727.

92 Und zwar sowohl bei zu Unrecht veranlasstem oder aufrechterhaltenem Arrest als auch bei fehlerhaft unterlassenem, Theile StV 2009, 161 (164); vgl. dazu und zu anderen Haftungsgrundlagen umfassend Kempf/Schilling Vermögensabschöpfung Rn. 417 ff.; Reichhart Vermögensabschöpfung S. 171 ff.; Rönnau Vermögensabschöpfung Rn. 459–473.

93 Schlachetzki wistra 2011, 41 (46 Fn. 46).

49 Trotz des hohen Gewichts der Belange des Opfers herrscht **kein** zur **Beschlagnahme** zwingender **Automatismus.**[94] Insbesondere kann ein nur vager Verdacht einen sachlichen und ausreichenden Gegengrund darstellen. Berücksichtigungsfähig sind auch Gründe der **Prozessökonomie.**[95] Aufwand und mögliche Zweckerreichung müssen in einem ausgewogenen Verhältnis zueinander stehen. Es kann allerdings auch bei kleineren Schäden vorliegen, wenn dem auf frischer Tat betroffenen Beschuldigten zB die gestohlene Flasche Schnaps wieder abgenommen und dem Anspruchsinhaber (Verletzten) zudem gem. § 111n zurückgegeben wird, während hier eine Sicherung nicht zu erfolgen braucht, bedürfte es dazu einer Durchsuchung. Hohe Kosten der Aufbewahrung hindern hingegen die Sicherung grundsätzlich nicht. Sie lassen sich mittels Kennzeichnung ohne Ortsveränderung (→ § 111c Rn. 2) oder (zB Standkosten für Kraftfahrzeuge) im Wege der Notveräußerung mindern, § 111p.

50 Stellt die Staatsanwaltschaft einen Antrag auf gerichtliche Beschlagnahme (bzw. deren Bestätigung) oder tritt sie einem Aufhebungsantrag entgegen, so haben der **Ermittlungsrichter** (ebenso wie ggf. die Beschwerdekammer) sowohl die rechtlichen Voraussetzungen als **auch** zu prüfen, ob der **Staatsanwalt** von seinem Ermessen **rechtmäßig Gebrauch** gemacht hat. Dazu gehört zuvörderst die Klärung, ob er sich **bewusst war,** eine **Ermessensentscheidung zu treffen** und ob er sie **tatsächlich** auch als solche **getroffen** hat. Die einschlägigen Umstände muss er mit zutreffender Stoßrichtung in den Abwägungsprozess eingebracht und sachgerecht gegeneinander abgewogen haben.

51 Wegen der Grundrechtsrelevanz und damit gem. Art. 19 Abs. 4 GG haben also Ermittlungsrichter und ggf. Beschwerdegericht eine inhaltlich **gespaltene Entscheidung** zu treffen. Über das Vorliegen oder Fehlen der rechtlichen Voraussetzungen haben sie **eigenständig** zu befinden. Darüber hinaus müssen sie auch den Weg prüfen, der zum Antrag (bzw. zur Anordnung) geführt hat, dies aber nur in Bezug auf **Ermessensfehler,** wobei sie insoweit bei deren Fehlen jedes vertretbare **Ergebnis** zu **akzeptieren** haben. Beide Stränge, Rechts- und Ermessensprüfung, sind strikt auseinander zu halten. Sie folgen unterschiedlichen Regeln, wenngleich mancher tatsächliche Umstand doppelrelevant ist.

52 Die entscheidungsbezogenen Aspekte sind zu **dokumentieren.** Die Voraussetzungen für den jeweiligen Erlaubnistatbestand müssen aktenkundig sein, sowohl der zu sichernde staatliche quasi-**Anspruch,** als auch **Sicherungsbedürfnis** und **Verhältnismäßigkeit.** Unverzichtbar ist zudem die **Darlegung** der Erwägungen, die in Bezug auf das **Handlungsermessen** maßgeblich waren, weil es ebenfalls der gerichtlichen Kontrolle unterliegt, wenngleich auf Ermessensfehler beschränkt.

53 Sinnvoll ist es, für die Staatsanwaltschaften und va auch für die Polizeibehörden, die oft als erste mit dem Thema Vollstreckungssicherung befasst sind, allgemeine ermessensleitende Verwaltungsanweisungen zu treffen. Dies ist seitens des Landesjustizministeriums, des Generalstaatsanwalts oder der örtlichen Behördenleitung möglich und sollte im Benehmen mit den korrespondierenden Polizeibehörden geschehen. Sie ändern allerdings nichts an der Notwendigkeit pflichtgemäßer Ermessensausübung und deren Dokumentation in jedem Einzelfall.

V. Vollziehungsvoraussetzungen

54 Weil Aufgabe weder mit Zuständigkeit, letzte mit Befugnis gleichzusetzen ist und diese wiederum nicht sämtliche denkbaren Mittel gestattet,[96] bedürfte es an sich zum Tätigwerden der Strafjustiz zum Zwecke der Vermögensabschöpfung einer dafür wesentliche Teile zumindest der §§ 160–168e für entsprechend anwendbar erklärenden Vorschrift. Der Gesetzgeber erachtete jedoch eine solche bislang nicht für erforderlich. Immerhin lässt sich sein Wille seit dem 1.7.2021 inhaltlich mittelbar § 435 Abs. 4 S. 1 und § 459g Abs. 3 S. 2 iVm § 457 Abs. 1 entnehmen: Dass die Vorschriften über das Strafverfahren für die Vorbereitung des vom Gericht zu führenden selbständigen Verfahrens und zwecks Vollstreckung sinngemäß gelten, bedeutet

94 Johann in Löwe/Rosenberg Rn. 97; Malitz NStZ 2002, 337 (339); Pegel in Radtke/Hohmann Rn. 14.
95 Schlachetzki wistra 2011, 41 (43, 45 und 47).
96 Nur mit Letzterem befasst sich Gleizer GA 2021, 395.

zweierlei: Mit „Strafverfahren" kann § 435 Abs. 4 S. 1 nicht den engeren Begriff des Verfahrens vor Gericht meinen. Vielmehr ist das Stadium der Ermittlungen mitumfasst. Und wenn Zuständigkeit wie Befugnisse sogar in Vorbereitung eines selbständigen Verfahrens und zur Vollstreckung gelten, dann müssen sie das Verfolgen abschöpfungsrechtlicher Ziele als Annex zu einem der Strafverfolgung dienenden staatsanwaltschaftlichen Ermittlungsverfahren erst recht erlauben. Demnach sind auf § 161 Abs. 1 gestützte zB (Sach-)Fahndungsmaßnahmen und Auskunftsersuchen auch zum Zwecke der Vollstreckungssicherung zulässig, aufgrund der dynamischen Verweisungen in § 68 Abs. 1 S. 1 und § 73 SGB X selbst dann, wenn sie in das Sozialgeheimnis eingreifen. Im Übrigen erklärt Abs. 2 nur die §§ 102–110 für entsprechend anwendbar. In das Wohnungsgrundrecht, Art. 13 GG, darf nicht schon aufgrund der Beschlagnahmeanordnung, sondern regelmäßig allein auf Basis eines **gesonderten** richterlichen **Beschlusses** eingegriffen werden, Abs. 2, § 105,[97] falls beide Maßnahmen verhältnismäßig sind. Durchsuchungen zur Nachtzeit sind insbesondere bei Verfolgung auf frischer Tat und aufgrund von Erkenntnissen über begonnene bzw. unmittelbar bevorstehende Verschiebungen denkbar, etwa wenn eine Durchsuchung Hinweise auf andernorts Verborgenes erbrachte, das es vor dem Beiseiteschaffen zu sichern gilt, Abs. 2, § 104 Abs. 1 Nrn. 1 und 2. Mit dem Verweis auf die §§ 108 und 110 überträgt das Gesetz die Regelung über Zufallsfunde und die Durchsicht von Papieren auch auf die Vollstreckungssicherung. Die Zwangsmaßnahmen dürfen zwei verschiedenen Zwecken (alternativ oder kumulativ) dienen.

Zum **einen** darf bereits vor Anordnung der Beschlagnahme durchsucht werden. Die Rechtsgrundlage dafür ist deshalb systematisch zutreffend verortet. Ziele können zB Hinweise über den Verbleib des Ertrags sein. Das ist im Beschluss **explizite** zum Ausdruck zu bringen. Anderenfalls ist zielgerichtetes Forschen allein nach Beweisen für die Tat erlaubt. Tatertrag und Belege über dessen Verbleib lassen sich dann aber als Zufallsfunde vorläufig sichern, weil Abs. 2 auch auf § 108 verweist. Führt ein solcher Beleg zu Gefahr im Verzug, so darf auch eine Ermittlungsperson Durchsuchung und Beschlagnahme (beweglicher Sachen) anordnen. Zum **anderen** ist Durchsuchung zum Zwecke der (im **Ermessen** der Staatsanwaltschaft stehenden[98]) Vollziehung angeordneter Beschlagnahme zulässig. 55

Die für die Anordnung einer Durchsuchung erforderliche **Auffindevermutung** hat sich hier also nicht auf Beweismittel, sondern je nach Zielrichtung entweder auf die Möglichkeit des Zugriffs auf einen zwecks **Vollstreckungssicherung** zu beschlagnahmenden Gegenstand **(Tatertrag, Tatprodukt, Tatmittel, Tatobjekt)** zu beziehen oder auf **Belege,** die die **Beschlagnahme an anderer Stelle** ermöglichen,[99] zB Schlüssel zum Bankschließfach, Hinweise auf den Verbleib der fraglichen Gegenstände oder daran bestehender Rechte (Kaufvertrag; Grundbuchauszug; Kontounterlagen). 56

Bei einem **Beschuldigten** darf unter den erleichterten Voraussetzungen der Abs. 2, § 102 durchsucht werden. Die Auffindevermutung muss hier noch nicht konkretisiert sein und es bedarf auch noch keiner bestimmten Anhaltspunkte für deren Existenz, soweit es naheliegt, dass er Gesuchtes in Gewahrsam hat. Ein in der Rechtsform einer juristischen Person betriebenes **Unternehmen** darf hingegen, auch dann, wenn es möglicherweise drittbegünstigt iSd § 73b Abs. 1 S. 1 Nr. 1 StGB ist, nur unter den engeren Voraussetzungen der Abs. 2, **§ 103** durchsucht werden. 57

In jedem Fall einer Durchsuchung bei einem **Dritten** bedarf es einer **konkreten** Auffindevermutung. Die diese begründenden bestimmten **Tatsachen** können identisch sein mit denjenigen, die auf die Eigenschaft als Drittempfänger von Tatertrag, § 73b StGB, schließen lassen. Die Hinweise müssen bestimmt genug sein und in tatsächlicher Hinsicht auf den Gewahrsam an dem zu beschlagnahmenden Gegenstand deuten. Eine Durchsuchung gemäß § 111b Abs. 2, § 103 kommt zB bei einem aus früheren Fällen bekannten Hehler in Betracht oder wenn Hinweise darauf bestehen, der Beschuldigte habe den gestohlenen Sportwagen in der Garage eines Familienmitglieds abgestellt. 58

---

97 Spillecke in KK-StPO Rn. 15.

98 Schlachetzki wistra 2011, 41 (46 f.).

99 Mayer in KMR-StPO § 111n Rn. 34 und § 111e Rn. 21.

59 Abs. 2, **§ 108**[100] erlauben es, sowohl vollstreckungssichernd bei einer beweissichernden als auch umgekehrt beweissichernd bei einer vollstreckungssichernden Durchsuchung tätig zu werden und im letzten Fall sowohl aufgefundene Beweismittel (für eine verfahrensgegenständliche wie für eine sonstige Tat) **vorläufig sicherzustellen,** als auch Gegenstände, die in einem anderen Verfahren abgeschöpft werden müssten, zB Ertrag aus einer schon angeklagten oder einer Tat, deren Verfolgung nach § 154 eingestellt ist. Abs. 2, **§ 110** erlauben die **Sichtung von Unterlagen** und elektronischen Speichermedien zum Zwecke des Gewinnens von Aufschluss über den Verbleib eines zu beschlagnahmenden Gegenstands.

60 Der Befugnis vorläufiger Sicherung bedarf es etwa, stellt sich im Zuge einer Durchsuchung heraus, dass der Tatertrag nicht mehr im Original vorhanden ist, zB aufgrund Vermischung, und es deshalb nun nötig ist, die Vollstreckung der deswegen nunmehr zu erwartenden ersatzweisen Einziehung seines Werts zu sicheren. Dann bedarf es zwar zu dauerhafter Sicherung zumindest der staatsanwaltschaftlichen Eilanordnung eines Vermögensarrests, der sogleich anschließend mittels Pfändung in aufgefundene Gegenstände (zB Bargeld oder Wertpapiere in einem Safe; Schmuck; wertvolle Kunst) vollzogen werden darf. **Polizeibeamte** dürfen diese aber bereits zuvor, dh **ohne angeordneten Vermögensarrest, einstweilen** gem. Abs. 2, § 108 rein gegenständlich **sichern,** ohne dass bereits damit Veräußerungsverbot und Arrestpfandrecht einträten. Gleiches gilt für Unterlagen mit Hinweisen auf das Vorhandensein andernorts befindlicher Vermögenswerte (zuvor unbekannte Kontoverbindungen im Ausland, die Bezeichnung des Kontoinhabers, zB einer Stiftung ohne namentlichen Hinweis auf den Beschuldigten, eventuell auch Passwörter oder Codenummern).

61 Über Art und Weise der **Vollziehung** vollstreckungssichernder Maßnahmen trifft das Gesetz keine abschließende Regelung. Meist wird konkludent der Einsatz der üblicher- oder typischerweise mit ihrer Vollziehung verbundenen **Zwangsmittel** (zB Brechen von Widerstand, Öffnen von Verpackungen, Hilfspfändung etwa von Schlüsseln, Kfz-Brief[101] und -Schein) als annexartig gestattet angesehen.[102] Es ist allerdings zweifelhaft, ob diese Sicht einer verfassungsrechtlichen Prüfung standhielte. Weil bei Beschlagnahme ein bestimmter Gegenstand gesucht wird, stellt sich das Thema Auswahlermessen hier nicht.

§ 111c [Vollziehung der Beschlagnahme]

(1) [1]Die Beschlagnahme einer beweglichen Sache wird dadurch vollzogen, dass die Sache in Gewahrsam genommen wird. [2]Die Beschlagnahme kann auch dadurch vollzogen werden, dass sie durch Siegel oder in anderer Weise kenntlich gemacht wird.

(2) [1]Die Beschlagnahme einer Forderung oder eines anderen Vermögensrechtes, das nicht den Vorschriften über die Zwangsvollstreckung in das unbewegliche Vermögen unterliegt, wird durch Pfändung vollzogen. [2]Die Vorschriften der Zivilprozessordnung über die Zwangsvollstreckung in Forderungen und andere Vermögensrechte sind insoweit sinngemäß anzuwenden. [3]Die Aufforderung zur Abgabe der in § 840 Absatz 1 der Zivilprozessordnung bezeichneten Erklärungen ist in den Pfändungsbeschluss aufzunehmen.

(3) [1]Die Beschlagnahme eines Grundstücks oder eines Rechts, das den Vorschriften über die Zwangsvollstreckung in das unbewegliche Vermögen unterliegt, wird durch ihre Eintragung im Grundbuch vollzogen. [2]Die Vorschriften des Gesetzes über die Zwangsversteigerung und Zwangsverwaltung über den Umfang der Beschlagnahme bei der Zwangsversteigerung gelten entsprechend.

(4) [1]Die Beschlagnahme eines Schiffes, eines Schiffsbauwerks oder eines Luftfahrzeugs wird nach Absatz 1 vollzogen. [2]Ist der Gegenstand im Schiffs- oder Schiffsbauregister oder im Register für Pfandrechte an Luftfahrzeugen eingetragen, ist

[100] Schmidt Vermögensabschöpfung-HdB Rn. 1269–1271 ff.; Spillecke in KK-StPO Rn. 15.
[101] Schmidt Vermögensabschöpfung-HdB Rn. 963.
[102] Faust AbschöpfungsR S. 167 ff.; Versuch einer Systematisierung bei Gleizer GA 2021, 395.

die Beschlagnahme in diesem Register einzutragen. [3]Zu diesem Zweck können eintragungsfähige Schiffsbauwerke oder Luftfahrzeuge zur Eintragung angemeldet werden; die Vorschriften, die bei der Anmeldung durch eine Person, die auf Grund eines vollstreckbaren Titels eine Eintragung im Register verlangen kann, anzuwenden sind, gelten hierbei entsprechend.

Übersicht

I. Regelungsgegenstand

1 § 111c regelt die Vollziehung der vollstreckungssichernden **Beschlagnahme,** bezieht sich also auf **Gegenstände,** die der Einziehung unterliegen, weil sie selbst **mit** einer **Straftat** in **Zusammenhang** stehen sollen (→ § 111b Rn. 4). Ergänzend kann auf die Parallelvorschriften der ZPO (zB §§ 808 f.) zurückgegriffen werden. Die Durchführung eines **Vermögensarrests** zwecks **Sicherung** der ersatzweisen Einziehung des **Werts** von **Taterträgen** regelt dagegen nicht § 111c, sondern **§ 111f.** Die Anordnung der Beschlagnahme verlangt die genaue Bezeichnung der betroffenen Gegenstände. Diesem **Gebot der Bestimmtheit** würde zB weder die Beschlagnahme „aller" auf den Beschuldigten zugelassener Kraftfahrzeuge noch „des Lagers"[1] oder „gem. Liste der Überführungsstücke"[2] gerecht. Bei der Beschlagnahme eines Raumes nebst Inhalt[3] muss auch Letzterer in zumindest individualisierbarer Weise bezeichnet werden. Zu unbestimmte Anordnungen sind nicht etwa rechtswidrig, sondern führen schlicht zur Unwirksamkeit der Anordnung.[4] Der **Unterschiedlichkeit** der **Vollziehungsobjekte**[5] trägt das Gesetz mit differenzierten Regeln über die Art und Weise ihrer Beschlagnahme Rechnung.

II. Zu sichernde Gegenstände

2 **1. Bewegliche Sachen.** § 111c Abs. 1 befasst sich mit der Beschlagnahme **beweglicher** körperlicher[6] **Sachen** (zu den *Gegenständen* iSv § 111b → § 111b Rn. 5 f.). Es besteht Begriffsidentität mit § 808 Abs. 1 ZPO.[7] Die Wirkungen knüpfen noch nicht an die Anordnung an, sondern erst an die Durchführung der Beschlagnahme[8] im Wege der **Pfändung** mittels **Ingewahrsamnahme** oder **Kennzeichnung** (als **symbolische Besitzergreifung**).[9] Für Letzteres nennt das Gesetz zwei Varianten, das Anbringen eines **Siegels** oder das **Markieren in anderer Weise** (zB Verplombung, Hinweis an der Stallbox des gepfändeten Reitpferds, Ausbau funktionsnotwendiger nebst Kennzeichnung verbleibender Teile[10]). Verbotenes Beseitigen führt weder zur Enthaftung noch zur Entstrickung.[11] Die Ingewahrsam-

1 Johann in Löwe/Rosenberg Rn. 5; Rogall in SK-StPO Rn. 4 mit Fn. 6.
2 OLG Frankfurt a. M. 18.1.2005 – 3 Ws 1095/04, NStZ-RR 2005, 144 (145).
3 Kiethe in Radtke/Hohmann Rn. 3.
4 Johann in Löwe/Rosenberg Rn. 2 hebt auf Unzulässigkeit ab.
5 Hansen Rückgewinnungshilfe S. 38.
6 Rogall in SK-StPO Rn. 4.
7 Johann in Löwe/Rosenberg Rn. 2.
8 Johann in Löwe/Rosenberg Rn. 6.
9 Sie dient nicht dem Interesse des Betroffenen am Besitz, Corsten/Schilling Vermögensabschöpfung und Opferentschädigung, in Münchener Anwaltshandbuch Wirtschafts- und Steuerstrafrecht, § 13 Rn. 103; Johann in Löwe/Rosenberg Rn. 6; aA Ullenboom Vermögensabschöpfung Rn. 413 keine Möglichkeit sichernder Beschlagnahme mittels Kennzeichnung.
10 Johann in Löwe/Rosenberg Rn. 6; Köhler in Meyer-Goßner/Schmitt Rn. 7; Schmidt Vermögensabschöpfung-HdB Rn. 802.
11 Johann in Löwe/Rosenberg Rn. 7 f.

nahme ist nur bei Geld, Kostbarkeiten und Wertpapieren zwingend, vgl. § 808 Abs. 1 und 2 ZPO.[12] Andere Sachen sind zivilprozessual regelmäßig im Gewahrsam des Schuldners zu belassen und nur zu kennzeichnen. Strafprozessual ist hingegen zwecks Begegnung der **höheren Gefahr des Beiseiteschaffens** typischerweise eine Besitzentziehung geboten: Eine Pfändung im Wege der Markierung ist nur zulässig, wenn dadurch die Vollstreckung der zu erwartenden Einziehungsanordnung nicht als gefährdet erscheint. Strafprozessual ist die **Ingewahrsamnahme** daher der **faktische Regelfall.**[13] Von der Ingewahrsamnahme ist die **tatsächliche Aufbewahrung** als Frage der Verwaltung iSv § 111m abzugrenzen.

3 Wird der zu beschlagnahmende **Gegenstand** beim im Durchsuchungsbeschluss aufgeführten **Gewahrsamsinhaber** gefunden, so kann er dort gepfändet werden. Finden sich stattdessen lediglich Hinweise auf den **Gewahrsam eines Dritten,** so verlangt die Pfändung bei diesem **zivilprozessual** dessen Herausgabebereitschaft, § 809 Alt. 2 ZPO. Im Weigerungsfall bleibt dem Gläubiger nur der Weg über die Pfändung des Herausgabeanspruchs. Das ist **strafprozessual anders,**[14] weil die StPO anders als die ZPO eine eigenständige Rechtsgrundlage für die Durchsuchung beim Dritten enthält. Unter den Voraussetzungen der § 111b Abs. 2, § 103 darf ein Gegenstand, dessen Beschlagnahme angeordnet ist, daher auch vollzogen werden, wenn er sich im Gewahrsam eines **Dritten** befindet. Hier zeigt sich der **ad-rem**-Charakter der Beschlagnahme. Allerdings müssen ihre Voraussetzungen noch bestehen. Das ist bei Erwerb in gutem Glauben zu verneinen, § 73b Abs. 1 S. 2 StGB.

4 Eine **eigenständige Durchsuchungsanordnung,** § 111b Abs. 1, § 103, ist in allen Fällen erforderlich, in denen die Einziehung nach §§ 73b 74a bzw. 74b StGB bei einem anderem als einem Täter oder Teilnehmer gesichert werden soll, nicht nur, wenn dessen Gewahrsam erst im Zuge eines anderweiten Versuchs der Vollziehung bekannt wird. Ist der Dritte eines Anschlussdelikts (§§ 257, 259 f., 261 StGB) verdächtig, so weisen die betreffenden Gegenstände einen Bezug nicht nur zu fremder, sondern auch zu eigener Tat auf. Aufgrund des all-crime-Ansatzes des 2021 neu gefassten § 261 StGB ist dies die Regel in den Fällen rechtsgrundlosen oder unentgeltlichen Erwerbs, § 73b Abs. 1 S. 1 Nr. 2 lit. a StGB. Der Durchsuchungsbeschluss kann sich dann auf § 111b Abs. 2, § 102 stützen.

5 **2. Forderungen und Rechte.** Gegenstand des Abs. 2 ist die **Forderungspfändung.**[15] Das gilt allerdings nur vorbehaltlich der vorrangigen Sonderregelungen des Abs. 3 und 4. Abs. 2 S. 1 erfasst auch alle sonstigen **Vermögensrechte,** welche nicht den Vorschriften über die Zwangsvollstreckung in das unbewegliche Vermögen unterliegen. Damit sind ua Ansprüche auf **Herausgabe** von Gegenständen gemeint, §§ 846–849 ZPO, ggf. iVm § 857 Abs. 1 ZPO.[16] Letztgenannte Bestimmung enthält allerdings (wie § 111c Abs. 2 S. 1 selbst) ebenfalls nur eine (inhalts-, jedoch nicht wortgleiche) negative Abgrenzung. Gemeint sind zB **Anwartschaftsrechte,**[17] Ansprüche auf **Rückübertragung** und **Miteigentumsanteile,** auch **Bitcoins.**[18]

---

[12] Johann in Löwe/Rosenberg Rn. 6.

[13] Ähnlich Greven in KK-StPO § 94 Rn. 16; Rogall in SK-StPO Rn. 5 f.; Schmidt Vermögensabschöpfung-HdB Rn. 801; aA Peters in Peters/Bröckers Vermögensabschöpfung Rn. 497.

[14] Schmidt Vermögensabschöpfung-HdB Rn. 796; s. auch Rn. 1094; aA Johann in Löwe/Rosenberg Rn. 3; Mayer in KMR-StPO Rn. 4; Rogall in SK-StPO Rn. 4.

[15] Frohn RPfleger 2001, 10 ff.; Schmidt Vermögensabschöpfung-HdB Rn. 843–867.

[16] Johann in Löwe/Rosenberg Rn. 10.

[17] Mangalia, ZWH 2022, 44; das LG Verden 7.4.2022 – 4 Qs 9/22, verkannte die Notwendigkeit, im Fall einer Sicherungsübereignung das Anwartschaftsrecht und/oder den Übereignungsanspruch beschlagnahmen zu müssen und beließ es bei der Sachbeschlagnahme, obwohl die Einziehung nach § 74 StGB grundsätzlich das vorliegend fehlende Eigentum des Betroffenen voraussetzt.

[18] Vgl. BGH 27.7.2017 – 1 StR 412/16, NStZ 2018, 401 (dazu Greier/Hartmann jurisPR-StrafR 21/2018 Anm. 1); 23.1.2019 – 5 StR 479/18, wistra 2019, 338 Rn. 5 und 19; Gercke in Gercke/Julius/Temming/Zöller § 111f Rn. 3; Greier wistra 2016, 249; Heine in SSW StPO § 111f Rn. 4; Köhler in Meyer-Goßner/Schmitt § 111b Rn. 4, Rn. 8 und § 111f Rn. 3; Rettke NZWiSt 2020, 45; Krüger ZInsO 2022, 1261 (Besonderheiten in der Insolvenz); zu einem Sonderfall LG Dresden 18.5 2021 – 17 Qs 9/21, StraFo 2022, 116.

6 Für die **Durchführung** der Pfändung von Forderungen und sonstiger Rechte enthält die StPO keine eigenen Bestimmungen. Vielmehr verweist Abs. 2 S. 2 auf die sinngemäße Anwendung der Vorschriften der ZPO über die Zwangsvollstreckung in Forderungen und andere Vermögensrechte. Der Zweck bloßer Sicherung erlaubt noch keine **Verwertung** (Ausnahme: Notveräußerung, § 111q). Die §§ 829 ff., 846 ff. und 857 ff. ZPO[19] sind demgemäß nur insoweit anwendbar, wie sie auf **Sicherung** abzielen. Sie bestimmen lediglich, **wie** die gemäß § 111c Abs. 2 S. 1 allein gestattete **Pfändung vorzunehmen** ist.[20] Demgegenüber **unterbleibt** im Rahmen des Abs. 2 (anders als bei zivilistischer Zwangsvollstreckung) zB die **Überweisung** der Forderung zur Einziehung oder an Zahlungs statt, § 835 ZPO. Eine Vorpfändung gemäß § 845 ZPO ist im Rahmen des § 111c nicht möglich,[21] aber aufgrund Vorhandenseins aller Vollziehungsvoraussetzungen auch nicht nötig.

7 § 829 Abs. 1 ZPO verlangt, dem Drittschuldner ein **Zahlungsverbot,** S. 1, und zugleich dem Schuldner, nach strafprozessualer Terminologie also dem Betroffenen, ein **Verfügungsverbot,** S. 2, zu erteilen. Die Zuständigkeitsregeln des § 829 Abs. 2 ZPO treten hinter §§ 111j und 111k zurück. Es gilt jedoch § 829 Abs. 3 ZPO mit der Folge, dass mit der Zustellung die Pfändung als bewirkt anzusehen ist. Die im Zwangsvollstreckungsrecht der ZPO für Sonderfälle wie zB der Pfändung einer Hypothekenforderung, § 830 ZPO,[22] getroffenen ergänzenden Vorschriften sind auch im Rahmen des § 111c Abs. 2 S. 2 zu beachten. Im Gegensatz zu Eigentümergrundschulden, auch solchen nach Rückzahlung einer gesicherten Forderung, lassen sich Fremdgrundschulden, die auf dem Grundstück des Betroffenen lasten, nicht als solche pfänden, da sie nicht dem Betroffenen zustehen. Möglich ist es aber, dessen schuldrechtlichen Anspruch auf (bedingte) Rückübertragung zu pfänden.[23] Pfändbar ist zudem die einem Betroffenen als Gläubiger zustehende Grundschuld.[24]

8 Abs. 2 S. 3 schreibt nicht mehr nur ausdrücklich vor, dass mit der Beschlagnahme, dh der Pfändung mittels Zustellung der Anordnung an den **Drittschuldner,** die **Aufforderung** an diesen zu verbinden ist, die **Erklärungen** gemäß § 840 Abs. 1 ZPO abzugeben, sondern verlangt zudem, sie in den Text des Pfändungsbeschlusses aufzunehmen. Beides, Aufforderung und Aufnahme, ist zwingend, aber keine Wirksamkeitsvoraussetzung, so dass die Staatsanwaltschaft die Fristsetzung nachholen kann.[25] Dem Drittschuldner obliegt es, **binnen zwei Wochen** zu erklären, ob und wieweit er die gepfändete Forderung anerkennt und zu zahlen bereit ist, ob Dritte Ansprüche erheben, ggf. welche, und ob die Forderung bereits anderweit gepfändet ist. Gibt er keine Erklärung ab, so kann er dazu zwar nicht gezwungen werden, riskiert aber, Schadenersatz leisten zu müssen.[26] Wer ein gepfändetes **Konto** führt, hat auch die Angaben gem. § 840 Abs. 1 Nr. 4 und 5 ZPO zu machen. Zweifelhaft ist, ob die Haftungsregelung, § 840 Abs. 2 S. 2 ZPO, gilt.[27] Das StrEG ist wohl als lex specialis anzusehen.

9 **3. Grundstücke.** Zur Beschlagnahme eines Grundstücks und diesen insoweit gemäß § 864 Abs. 1 ZPO gleichgestellter Rechte[28] enthält **§ 111c Abs. 3** pauschale Rechtsgrund-

[19] Johann in Löwe/Rosenberg Rn. 11.
[20] Rogall in SK-StPO Rn. 8.
[21] Johann in Löwe/Rosenberg Rn. 12 aE; Rogall in SK-StPO Rn. 8.
[22] Schmidt Vermögensabschöpfung-HdB Rn. 868–874 und 1030–1038. (Grundschulden: Rn. 1039–1086).
[23] Schmidt Vermögensabschöpfung-HdB Rn. 1077–1081.
[24] BGH 14.7.2021 – 1 StR 176/21.
[25] Johann in Löwe/Rosenberg Rn. 11 und 14 sowie § 111k Rn. 8; Bittmann in Bittmann/Köhler/Seeger/Tschakert Strafrechtl. Vermögensabschöpfung-HdB Rn. 412 f.
[26] Ablehnend Heine in SSW StPO Rn. 8.
[27] So Rettke NJW 2020, 3641 Rn. 21; für andere als potenzielle Einziehungsbeteiligte auch Johann in Löwe/Rosenberg Rn. 14; verneinend Rogall in SK-StPO Rn. 9.
[28] Gercke in Gercke/Julius/Temming/Zöller Rn. 6 (Erbbaurecht, Wohnrecht, Bergwerkseigentum, Fischerei- und Realgemeinderechte); Johann in Löwe/Rosenberg Rn. 16; Köhler in Meyer-Goßner/Schmitt Rn. 9; Schmidt Vermögensabschöpfung-HdB Rn. 826 (für Hypothekenforderungen: Rn. 830–841). Inhaber eine Grundschuld wird mit Rechtskraft der Einziehung der Staat, § 75 Abs. 1 S. 1 Nr. 1 StGB, der sie auf Antrag anschließend gem. § 459j auf den Geschädigten überträgt, BGH 14.7.2021 – 1 StR 176/21.

verweisungen auf das Zivilrecht. Die nach **S. 1** gebotene Eintragung im Grundbuch[29] entzieht gutem Glauben an die Verfügungsbefugnis des Eigentümers den rechtlichen Schutz. Für den Umfang der Beschlagnahme verweist **S. 2** auf die § 20 Abs. 2 und § 21 ZVG.[30] Abs. 3 begrenzt zugleich die Anwendbarkeit der Bestimmungen über die Forderungspfändung, Abs. 2. Keine Gefahr der Kollision besteht mit Abs. 1 und Abs. 4.

10 Eintragungen im Grundbuch sind der Strafjustiz mangels eigenen Zugangs selbst nicht möglich. Vielmehr bedarf es eines Antrags (auch während Anhängigkeit bei Gericht:) der Staatsanwaltschaft, § 111k Abs. 1 S. 2,[31] an das zuständige Grundbuchamt, die angeordnete Beschlagnahme des Grundstücks (oder des gleichstehenden Rechts) in das Grundbuch einzutragen. Dem hat das Grundbuchamt gem. § 38 GBO nachzukommen. Der Antrag bedarf der Form des § 29 Abs. 3 GBO, muss also unterschrieben und mit einem Siegel oder Stempel versehen sein. Das Grundbuchamt ist gehalten, im Fall mehrerer Anträge die **chronologische Reihenfolge** nach Maßgabe des § 45 GBO zu wahren. Das bedeutet auch, dass es die Eintragung des Beschlagnahmevermerks nicht vorziehen darf.[32]

11 **4. Andere Register.** Schiffe, Schiffsbauwerke und Luftfahrzeuge sind bewegliche Sachen und deshalb gem. Abs. 4 S. 1 nach § 111c Abs. 1 zu beschlagnahmen.[33] Im Fall einer Eintragung in einem einschlägigen **Register**[34] ist dort auch die bereits wirksam[35] durch Ingewahrsamnahme oder Markierung erfolgte **Beschlagnahme** zum Ausschluss des lastenfreien gutgläubigen Erwerbs **zu vermerken,** Abs. 4 S. 2. Bei fehlender Eintragung, aber Eintragungsfähigkeit von Schiffsbauwerken und Luftfahrzeugen, kann die Anmeldung zum Zweck der Eintragung der Beschlagnahme nachgeholt werden, Abs. 4 S. 3 Hs. 1.[36] Auch hier sind wiederum (wie beim Grundbuchamt in den Fällen des Abs. 3) Anträge der Staatsanwaltschaft, § 111k Abs. 1 S. 2, an die registerführende Stelle zu richten. Gem. § 111c Abs. 4 S. 3 Hs. 2 gelten die bei Vollstreckung aus einem zivilprozessualen Titel einzuhaltenden Vorschriften entsprechend.

§ 111d [Wirkung der Vollziehung der Beschlagnahme; Rückgabe beweglicher Sachen]

(1) [1]Die Vollziehung der Beschlagnahme eines Gegenstandes hat die Wirkung eines Veräußerungsverbotes im Sinne des § 136 des Bürgerlichen Gesetzbuchs. [2]Die Wirkung der Beschlagnahme wird von der Eröffnung des Insolvenzverfahrens über das Vermögen des Betroffenen nicht berührt; Maßnahmen nach § 111c können in einem solchen Verfahren nicht angefochten werden.

(2) [1]Eine beschlagnahmte bewegliche Sache kann dem Betroffenen zurückgegeben werden, wenn er einen den Wert der Sache entsprechenden Geldbetrag beibringt. [2]Der beigebrachte Betrag tritt an die Stelle der Sache. [3]Sie kann dem Betroffenen auch unter dem Vorbehalt jederzeitigen Widerrufs zur vorläufigen weiteren Benutzung bis zum Abschluss des Verfahrens überlassen werden; die Maßnahme kann davon abhängig gemacht werden, dass der Betroffene Sicherheit leistet oder bestimmte Auflagen erfüllt.

---

[29] Johann in Löwe/Rosenberg Rn. 16; s. auch Huber Strafrechtlicher Verfall und Rückgewinnungshilfe bei der Insolvenz des Täters S. 53.

[30] Corsten/Schilling Vermögensabschöpfung und Opferentschädigung, in Münchener Anwaltshandbuch Wirtschafts- und Steuerstrafrecht, § 13 Rn. 105; Johann in Löwe/Rosenberg Rn. 17; Schmidt Vermögensabschöpfung-HdB Rn. 828; Überblick bei Heine in SSW StPO Rn. 11.

[31] Klarstellend eingefügt mit dem StPO-Fortentwicklungsgesetz.

[32] Bittmann in Bittmann/Köhler/Seeger/Tschakert Strafrechtl. Vermögensabschöpfung-HdB Rn. 417; Heine in SSW StPO Rn. 12; Johann in Löwe/Rosenberg Rn. 16 und 18; → Vor §§ 111b–111q Rn. 97.

[33] Einzelheiten zu allen Dreien bei Schmidt Vermögensabschöpfung-HdB Rn. 804–821.

[34] Näher Johann in Löwe/Rosenberg Rn. 19.

[35] Heine in SSW StPO Rn. 5; Johann in Löwe/Rosenberg Rn. 19; Rogall in SK-StPO Rn. 11.

[36] Rogall in SK-StPO Rn. 13; Schmidt Vermögensabschöpfung-HdB Rn. 815–817.

Übersicht

I. Rechtsfolgen der Beschlagnahme

1 **1. Rechtslage außerhalb der Insolvenz, Abs. 1 S. 1.** Die Folgen einer **Beschlagnahme**[1] nach § 111c Abs. 1–4 regelt § 111d Abs. 1 dahingehend, dass **kein Pfändungspfandrecht** entsteht,[2] sondern **allein** die Wirkung eines **Veräußerungsverbotes** iSv § 136 BGB eintritt.[3] Das bedeutet, dass die Wirkung lediglich **relativ** ist, § 135 Abs. 1 BGB. Jedoch **verhindert** es nicht nur die Wirksamkeit einer Veräußerung, sondern auch sonstiger **vermögensmindernder Verfügungen** (zB unentgeltliche, ebenso Belastungen mit dinglichen Rechten[4]), außer zugunsten des Justizfiskus.[5] Aufgrund von § 135 Abs. 1 S. 2 BGB sind ferner nachfolgende **Zwangsvollstreckungs-**[6] und Maßnahmen zur **Arrestvollziehung** (relativ) **unwirksam.** Das Veräußerungsverbot bietet zwar keinen Schutz gegen **gutgläubigen Erwerb,** § 135 Abs. 2 BGB,[7] Wegnahme nach gekennzeichneter Beschlagnahme ist aber Abhandenkommen, so das gutgläubiger Erwerb wegen § 935 BGB praktisch ausscheidet (s. auch → § 111h Rn. 7 f.).[8]

2 Das **Verfügungsverbot** tritt (unter Strafrechtschutz, § 136 StGB[9]) in Kraft, wenn die Beschlagnahme **wirksam** wird.[10] Das geschieht in den Fällen des § 111c Abs. 1 und 4 bei **Ingewahrsamnahme** oder **Markierung,** bei § 111c Abs. 2 mit **Zustellung** an den Drittschuldner und bei § 111c Abs. 3 mit **Eintragung im Grundbuch.** Beim Wechsel des Sicherungsinstruments uno actu (Beschlagnahme statt Vermögensarrest oder umgekehrt) bleibt es **rangwahrend** erhalten.[11] Mit Verkündung des Urteils gilt das Veräußerungsverbot gem. § 75 Abs. 3 StGB. Es löst jedoch das Veräußerungsverbots gem. § 111d Abs. 1 nicht ab,[12] tritt vielmehr ergänzend hinzu, denn es zeitigt eingeschränktere Rechtsfolgen. **Nur** der **Fortbestand** des in Vollziehung des Vermögensarrests entstandenen Veräußerungsverbots **wahrt** den **Rang** im Fall etwaiger nur relativ unwirksamer Zwischenverfügungen, verhindert damit dessen sonst eintretenden Verlust seiner Sicherungsfunktion, ist **insolvenzfest** und allein die Beschlagnahme als seine Basis gestattet auch die **Ausübung staatlichen**

[1] Nicht bereits der Anordnung, sondern erst der Durchführung, zB Pfändung, Heine in SSW StPO Rn. 2.
[2] Rogall in SK-StPO § 111c Rn. 8.
[3] Bittmann in Bittmann/Köhler/Seeger/Tschakert Strafrechtl. Vermögensabschöpfung-HdB Rn. 431–436; Spillecke in KK-StPO Rn. 3 mN.
[4] Die frühere ausdrückliche Erwähnung dieser Erstreckung in der StPO strich der Ausschuss für Recht und Verbraucherschutz des Deutschen Bundestages als überflüssig, weil sie direkt aus dem BGB ergibt, BT-Drs. 18/11640, S. 81 und 85. Beispiel: OLG Schleswig 21.9.1993 – 1 Ws 283/93, NStZ 1994, 99: Werkunternehmerpfandrecht an mit geraubtem Geld erworbenen Kraftfahrzeug.
[5] BGH 9.3.2021 – 6 StR 48/21, NStZ 2021, 220 Rn. 9.
[6] Einschließlich Zwangsverwaltung, LG Berlin 11.11.2021 – 502 Qs 36/21, Rn. 33 f.
[7] BGH 25.2.1985 – 1 StE 4/85, NStZ 1985, 262 (mit Bezug auf RGZ 90, 335 ff., 338); umfassend die verschiedenen tatsächlichen Konstellationen und Vorschriften betrachtend Heine in SSW StPO Rn. 2; Huber Strafrechtlicher Verfall und Rückgewinnungshilfe bei der Insolvenz des Täters S. 52 ff.; Rogall in SK-StPO § 111c Rn. 17; Schmidt Vermögensabschöpfung-HdB Rn. 761.
[8] Mayer in KMR-StPO Rn. 2.
[9] Spillecke in KK-StPO Rn. 3.
[10] Johann in Löwe/Rosenberg Rn. 6; Rogall in SK-StPO § 111c Rn. 16; Spillecke in KK-StPO Rn. 3.
[11] Johann in Löwe/Rosenberg Rn. 6.
[12] AA Heine in SSW StPO Rn. 2 aE: Nahtloses Anschließen; wohl ebenso Mayer in KMR-StPO Rn. 5; offengelassen von Johann in Löwe/Rosenberg Rn. 6.

Gewahrsams über eine bewegliche Sache.[13] Das Veräußerungsverbot nach § 75 Abs. 3 StGB erlangt daher selbständige Bedeutung nur bei unterbliebener Sicherung späterer Einziehung mittels Beschlagnahme. Beide Verfügungsverbote enden mit Aufhebung oder bei Eintritt der Rechtskraft der Einziehung.[14] Unterbleibt sie, so werden Zwischenverfügungen vollwirksam.[15]

3 Gewahrsam aufgrund **Beschlagnahme** führt zu einem **öffentlich-rechtlichen Verwahrverhältnis.**[16] Die Justiz, regelmäßig die Staatsanwaltschaft, **vermittelt** ihren **Besitz** weder dem Eigentümer noch dem vor der Beschlagnahme letzten Gewahrsamsinhaber, sondern besitzt für sich.[17] Ein von ihr eingeschalteter Fremdverwahrer vermittelt ihr allerdings den Besitz.

4 **2. Rechtslage im Insolvenzfall, Abs. 1 S. 2. a) Das verlängerte Veräußerungsverbot.** Während die Bestimmung des Abs. 1 S. 1 aus dem früheren Recht (§ 111c Abs. 5 aF) ohne inhaltliche Änderungen übernommen wurde, schuf erst das Reformgesetz 2017 die **Verlängerung** der **Wirkung** des **Veräußerungsverbots in die Insolvenz,** Abs. 1 S. 2.[18] Es handelt sich dabei zwar um eine Vorschrift, deren Rechtsfolgen hauptsächlich insolvenzrechtlicher Natur sind, deren Kenntnis jedoch für die forensische Praxis der Strafjustiz ebenfalls von Bedeutung ist, weil sie die strafprozessualen Sicherungsmöglichkeiten ausweitet und damit insbesondere der Staatsanwaltschaft im Ermittlungsverfahren zusätzliche Rechte gegenüber dem Insolvenzverwalter einräumt.

5 Da das Veräußerungsverbot nach bürgerlichem Recht im Insolvenzverfahren keine Wirkung (mehr) zeitigt, § 80 Abs. 2 InsO, vermittelte § 111c Abs. 5 aF dem Anspruchsinhaber (Verletzten) mangels Pfändungspfandrechts im Insolvenzverfahren über das Vermögen des Betroffenen (insbesondere eines Täters oder Teilnehmers) trotz strafprozessualer Beschlagnahme keinerlei Schutz. Nur der **Inhaber** eines **Rechts** (zB einer Forderung) oder der **Eigentümer** hatte aufgrund Aussonderungsrechts, § 47 InsO, die **Chance auf Rückführung** ihm entzogener Gegenstände. Das **half** dem **Bestohlenen, nicht** aber auch dem **Betrogenen.** Nur wenn es diesem aufgrund eigener zivilrechtlicher Bemühungen vorinsolvenzlich und insolvenzfest gelungen war, erneut Eigentum zu erwerben, stand er einem Bestohlenen gleich. Darauf, ob dies auf freiwilliger Rückübertragung, Zwangsvollstreckung oder erfolgreicher Anfechtung auch der Übereignungserklärung nach § 123 BGB beruhte, kam es allerdings nicht an.

6 Nunmehr gleicht die **Rechtsstellung** eines Betrogenen zwar weiterhin nicht derjenigen eines Bestohlenen. Sie ist ihm aber **weitgehend angenähert.** Das Gesetz erreicht dies dadurch, dass es ein strafprozessual aufgrund vollstreckungssichernder Beschlagnahme erwirktes Veräußerungsverbot in das Insolvenzverfahren verlängert, Abs. 2 S. 2. Der erste Satzteil ordnet an, dass die Wirkung der Beschlagnahme von der Eröffnung des Insolvenzverfahrens über das Vermögen des Betroffenen (Täter, Teilnehmer, Drittempfänger) unberührt bleibt und die Rückschlagsperre des § 88 InsO nicht greift, während ergänzend der zweite Satzteil insoweit auch die Insolvenzanfechtung ausschließt. Im Ergebnis führt dies zu einer Rechtsstellung **wie** im Fall des Bestehens eines **Aussonderungsrechts.**

7 **Nur** das **aufgrund Beschlagnahme eingetretene** (relative) **Veräußerungsverbot** ist insolvenzfest, nicht auch das nach erstinstanzlicher Entscheidung einsetzende Veräußerungsverbot des § 75 Abs. 3 StGB (→ Rn. 2). Weil das Beschreiten des Zivilrechtswegs eine im Hinblick auf die Sicherungsnotwendigkeit zu lange Dauer in Anspruch nähme,

---

[13] Heine in SSW StPO § 111j Rn. 17; Johann in Löwe/Rosenberg § 111j Rn. 34.

[14] Johann in Löwe/Rosenberg Rn. 6, der aber nach rechtskräftiger Einziehung Aufhebung verlangt.

[15] Johann in Löwe/Rosenberg Rn. 6.

[16] BGH 3.2.2005 – III ZR 271/04 NJW 2005, 988 (988); ausführlich Reichhart Vermögensabschöpfung S. 161 ff.; zur Pflicht des Staates, den Wert zu erhalten vgl. Johann in Löwe/Rosenberg § 111m Rn. 5.

[17] Gercke in Gercke/Julius/Temming/Zöller § 111c Rn. 2; Johann in Löwe/Rosenberg Rn. 4; Rogall in SK-StPO § 111c Rn. 18; Schmidt Vermögensabschöpfung-HdB Rn. 803; Spillecke in KK-StPO § 111c Rn. 2.

[18] Bittmann/Tschakert in Bittmann/Köhler/Seeger/Tschakert Strafrechtl. Vermögensabschöpfung-HdB Rn. 632–635, 641–647 und 658–664.

besteht das **Sicherungsbedürfnis** gem. § 111b auch bei relativ **geringem Wert** und ist das eingeräumte Ermessen dann meist pro Beschlagnahme auszuüben.

Unter insolvenzrechtlichem Blickwinkel erscheint Abs. 1 S. 2 als problematisch, Die Ausnahmen von der Rückschlagsperre und der Geltung der Regeln über die Insolvenzanfechtung entziehen den beschlagnahmten Gegenstand der Verwertung im Insolvenzverfahren, vermindern die Teilungsmasse und damit die Befriedigungsquote der ungesicherten Insolvenzgläubiger. Das schränkt den Gleichbehandlungsgrundsatz ein. Der Gesetzgeber hat sich jedoch ausdrücklich für die Privilegierung des Anspruchsinhabers (Verletzten) einer Straftat entschieden. Dies ist insolvenzrechtlich hinzunehmen. 8

Der **Ausschluss** der **Verwertbarkeit** im Insolvenzverfahren allein ermöglicht dem Anspruchsinhaber aber **noch nicht** das **Wiedergewinnen** seines ihm tatbedingt entzogenen Eigentums. Dazu dient jedoch die ergänzende Regelung des **§ 75 Abs. 4 StGB.** Sie durchbricht konsequenterweise § 91 InsO und ermöglicht so für die Fälle des § 111d Abs. 1 S. 2 die Begründung dinglicher Rechte an Gegenständen der Masse. Zu ihr gehört ein ertrogener Gegenstand zwar zunächst, verbleibt darin aber nicht. Vielmehr geht **mit Rechtskraft** der **Einziehungsentscheidung** das **Eigentum** auf den Justizfiskus über. Aufgrund des vorherigen, die Verwertung verhindernden Veräußerungsverbots schmälert dieser Eigentumsübergang die Verteilungsmasse nicht, erst recht nicht die nachfolgende **Rückübertragung** des Eigentums an den Anspruchsinhaber, § 459h Abs. 1 S. 1 (oder – kaum einmal praktisch: S. 2). 9

b) Anwendungsbereich. Der **Anwendungsbereich** des Abs. 1 S. 2 lässt sich dem Wortlaut allein nicht entnehmen. **Unbestritten** fällt die Konstellation unter die Regelung, in welcher die **Beschlagnahme** vor dem Insolvenzantrag vorgenommen worden war. Die Gesetzgebungsmaterialien verhalten sich nicht zu Sachverhalten der **Beschlagnahme nach** einem solchen **Antrag,** weder in der Variante der Bestellung eines bloßen Gutachters noch bei Anordnung eines Veräußerungs- und Verfügungsverbots mit oder ohne Bestellung eines vorläufigen (schwachen, halbstarken oder starken) Insolvenzverwalters, auch nicht zur Rechtslage **bei** der **Eröffnung** des **Insolvenzverfahrens nachfolgender Beschlagnahme.** 10

Strafprozessual ist die **Beschlagnahme** bis zur **Rechtskraft** der Einziehung **zulässig.** Dem **Insolvenzrecht** lassen sich insoweit **keine Einschränkungen** entnehmen. Die Beschlagnahme zeitigt für sich keine dinglichen Wirkungen und fällt demgemäß nicht unter § 89 InsO.[19] Auch vorläufige Maßnahmen gemäß § 21 Abs. 2 Nr. 3 InsO schmälern ihre Wirksamkeit nicht. Angesichts dessen unterliegt es keinem durchgreifenden Zweifel, dass die strafprozessuale vollstreckungssichernde Beschlagnahme selbst nach eröffnetem Insolvenzverfahren zulässig und wirksam ist. Eine andere Frage ist es, ob sich auch an eine nach Eröffnung des Insolvenzverfahrens vorgenommene wirksame Beschlagnahme die Rechtsfolgen der § 75 Abs. 4 StGB, § 111d Abs. 1 S. 2 anschließen können, zeitigt die Einziehung doch anders als die Beschlagnahme sehr wohl dingliche Wirkung. 11

Aus der Sicht des Insolvenzrechts liegt es nahe, die Reichweite des Abs. 1 S. 2 so klein wie möglich halten zu wollen. Obermüller/Obermüller berufen sich dazu auf eine angebliche methodische Regel, derzufolge Ausnahmebestimmungen eng auszulegen seien.[20] Dabei verkennen sie jedoch, dass die juristische Methodik keineswegs verlangt, deren Anwendungsbereich auf den Begriffskern (oder sogar noch weiter) zu reduzieren. Maßgeblich ist vielmehr der mit der konkreten Vorschrift verfolgte Zweck. Demgemäß ist zu prüfen, wie weit das Gesetz dessen Verfolgung verlangt. Reicht der Zweck über den Begriffskern hinaus, so ist die Ausnahmeregelung auch insoweit anwendbar. Umgekehrt gilt sie nicht, soweit es die Zweckverfolgung selbst innerhalb des Begriffskerns nicht erfordert. Da die Beschlagnahme trotz Insolvenz zulässig ist, ist zu prüfen, ob der Anwendungsbe- 12

[19] Verkannt von Köhler in Meyer-Goßner/Schmitt Vor § 111b Rn. 5; zum Vermögensarrest → § 111i Rn. 17–21 und Rn. 22c.

[20] Manfred Obermüller/Martin Obermüller ZInsO 2017, 2676 (2682).

reich des § 75 Abs. 4 StGB teleologisch auf die Fälle vorinsolvenzlicher Beschlagnahme zu reduzieren ist.

13 Der Gesetzgeber verfolgte mit den § 75 Abs. 4 StGB, § 111d Abs. 1 S. 2 das Ziel, den **Opferschutz** zu stärken. Dazu wählte er den Weg der Privilegierung gegenständlicher Restitution gegenüber dem bloßen finanziellen Ersatz dessen, was dem Anspruchsinhaber (Verletzten) tatbedingt entzogen wurde. Einen Gegenstand soll er auch dann zurückerhalten können, wenn er seine dingliche Berechtigung daran verloren hat. Dieses auf den Original-Tatertrag beschränkte Rückführungsinteresse des Tatopfers stellte der Gesetzgeber über den Grundsatz der Gleichbehandlung der Gläubiger im Insolvenzverfahren. Damit steht der **Inhalt** der Regelung im **Vordergrund** und es findet sich weder im Gesetz selbst noch in den Materialien ein Anhaltspunkt dafür, dass das vorrangige Interesse des Anspruchsinhabers in unterschiedlichen Verfahrenskonstellationen und -stadien unterschiedlich schwer gewichtet werden solle.

14 Für das **Tatopfer** steht die **Rückführung** im Vordergrund. Dafür ist wichtig, dass dies so schnell wie möglich geschieht. Verfahrensrechtliche Besonderheiten spielen dabei keine Rolle. Das bedeutet, dass der vom Gesetzgeber mit den Bestimmungen der § 75 Abs. 4 StGB, § 111d Abs. 1 S. 2 verfolgte **Zweck** einer **Differenzierung** aufgrund unterschiedlicher Verfahrensabläufe **nicht zugänglich** ist. Es wäre sachwidrig, hinge die Rechtstellung des Opfers vom – aus seiner Sicht – Zufall des zeitlichen Ineinandergreifens von Ermittlungs- bzw. Straf- und Insolvenzverfahren ab. Opfer verfügen zwar in beiden Verfahren über verschiedene Antragsrechte, nicht aber über direkten gestaltenden Einfluss.

15 Um der Aushöhlung des noch vorhandenen Vermögens am wirksamsten vorzubeugen, ist es wünschenswert, einen unumgänglichen Insolvenzantrag so früh wie möglich zu stellen. Das Vermögen des Betroffenen kann nicht nur aufgrund Manipulation abnehmen, sondern auch im Rahmen der üblichen Lebensführung. Da dem Interesse der Massesicherung zuwiderlaufend, wäre es daher (auch) insolvenzrechtlich kontraproduktiv, müsste der Anspruchsinhaber (Verletzte) zur Wahrung seines Integritätsinteresses am entzogenen Gegenstand mit seinem Insolvenzantrag warten, bis die Beschlagnahme vollzogen ist.

16 Der **Wortlaut** des Abs. 1 S. 2 **deckt** ohne weiteres auch die der Insolvenzeröffnung **nachfolgende Beschlagnahme.** Sonstiges nationales oder internationales Recht steht diesem Verständnis nicht entgegen. Die Neuregelung verlangt demgemäß Geltung auch nach Eröffnung des Insolvenzverfahrens. Der Insolvenzverwalter hat die **Beschlagnahme** eines **zur Masse gehörenden,** dem Anspruchsinhaber (Verletzten) entzogenen **Gegenstands** deshalb (wenn nötig: im Rahmen einer Durchsuchung) zu dulden, weil die Vollziehung auch in dieser Phase ein **Veräußerungsverbot** als Voraussetzung für den nachfolgenden **Eigentumserwerb** des Justizfiskus kraft Einziehung bewirkt. Im Ergebnis bedeutet dies, dass die Vollziehung **jeglicher** strafprozessualen vollstreckungssichernden Beschlagnahme nicht nur wirksam ist, sondern auch die **Rechtsfolgen** der § 75 Abs. 4 StGB, § 111d Abs. 1 S. 2 **zeitigt,** dh auch nach eröffnetem Insolvenzverfahren, erst recht in der Zeit zwischen Antrag und Eröffnung.[21]

17 Dem Opfer via Beschlagnahme trotz eröffneten Insolvenzverfahrens die gegenständliche Restitution ermöglichen zu können, zeitigt unmittelbare Folgen für das Pflichtenprogramm der Strafjustiz. Die **verfahrensführende Stelle,** Staatsanwaltschaft oder Tatgericht, **ist gehalten,** ab Kenntnis von der Eröffnung des Insolvenzverfahrens über das Vermögen dessen, der (Original) Tatertrag innehat, **zu prüfen,** ob eine bislang noch nicht erfolgte Beschlagnahme **anzuordnen** und **vorzunehmen** ist.

18 Zu dieser Prüfung gehört auch die Klärung, ob ein etwaig ausgebrachter **Vermögensarrest** das **zutreffende Sicherungsmittel** ist. Angesichts der Präferenz der Praxis für die Beschlagnahme wird zwar eher selten der Vermögensarrest anstatt zutreffender Beschlag-

[21] Bittmann/Tschakert in Bittmann/Köhler/Seeger/Tschakert Strafrechtl. Vermögensabschöpfung-HdB Rn. 658–663; Bittmann/Tschakert ZInsO 2017, 2657 (2661); Lüke in Kübler/Prütting/Bork (3/2018) InsO § 91 Rn. 12; Schmidt Vermögensabschöpfung-HdB Rn. 1895; offengelassen von Johann in Löwe/Rosenberg Rn. 11; aA wohl Rhode wistra 2018, 65 (69).

nahme gewählt worden sein. Das kommt aber nicht nur in einem zu vernachlässigenden Ausmaß vor. Insbesondere das **erkennende Gericht hat** im **unmittelbaren zeitlichen Vorfeld** seiner **Einziehungsentscheidung** zu prüfen, ob ihr nicht der Restitutionsfolge wegen eine (erstmalige oder modifizierende) **Beschlagnahmeanordnung vorauszugehen** hat, ggf. um an die Stelle eines etwaig bestehenden Vermögensarrests zu treten. Da die Wirkung des § 111c Abs. 1 S. 2 nicht bereits an die Anordnung der Beschlagnahme anknüpft, sondern erst an deren Durchführung (→ Rn. 2), ist das erkennende Gericht zudem gehalten, mit seiner **Einziehungsentscheidung abzuwarten, bis** der betroffene Gegenstand beim Insolvenzverwalter tatsächlich **beschlagnahmt** wurde (zumindest mittels Kenntlichmachung).

c) Keine Geltung für Erträge aus Gemeindelikten und für nicht per se bemakelte Tatmittel bzw. Tatobjekte. Die § 75 Abs. 4 StGB, § 111d Abs. 1 S. 2 dienen dem **Opferschutz.** Ihr Zweck kann daher nach einem **Gemeindelikt** von vornherein **nicht erreicht** werden. Ihre Anwendung ginge wirtschaftlich zu Lasten der Masse, ohne einem (individuellen) Tatopfer zugutezukommen. Die einseitige Belastung sämtlicher Gläubiger, auch solcher, die mit dem strafrechtlichen Geschehen nichts zu tun haben, ist mit der Neuregelung der Insolvenzfestigkeit der Beschlagnahme nicht intendiert. Sie wäre auch sachlich nicht vertretbar, weil der Justizfiskus einen Vermögenszuwachs erführe, ohne zuvor finanziell geschädigt worden zu sein. Das zwingt zu **teleologischer Reduktion:** Die Verlängerung des Veräußerungsverbots in das Insolvenzverfahren gilt nur, wenn der in Rede stehende Tatbestand **ein individuelles Rechtsgut** schützt. Hingegen ist nach **Gemeindelikten,** in denen der Justizfiskus die eingezogenen Gegenstände im Rahmen der Vollstreckung verwerten und den Erlös für sich behalten darf, die **Beschlagnahme** gem. § 111b **nicht insolvenzfest.** 19

Für die Fälle des **§ 74 StGB** ist zu **differenzieren.** Von vornherein **nicht** in die **Insolvenzmasse** fallen **verkehrsunfähige Gegenstände,** § 74b StGB, zB Falschgeld als **Tatprodukt** oder das Equipment einer Hanfplantage als **Tatmittel.** Beides darf weder dem Betroffenen noch seinen Gläubigern zugutekommen darf. **Tatobjekte** sind nur kraft gesonderter Vorschrift und deshalb einziehungsfähig, wenn und weil sie dem Geschäftsverkehr zu entziehen sind. Demgemäß fallen unversteuerte und unverzollte Zigaretten eines Steuerhehlers entweder schon gar nicht in die Masse oder verbleiben jedenfalls nicht dort. Ihre Beschlagnahme ist deswegen nicht insolvenzfest. **Anders** verhält es sich bei **Tatmitteln,** die nicht per se gefährlich sind. Das beim Zustechen verwendete Küchenmesser wird sicherlich nicht das Interesse des Insolvenzverwalters wecken, wohl aber das bei einem zum Transport von Betäubungsmitteln verwendete Kraftfahrzeug, erst recht das Grundstück, auf dem Hanf gezüchtet worden war. Beider Wert den **Gläubigern vorzuenthalten,** liegt **nicht** innerhalb des **Zwecks** des § 111d Abs. 1 S. 2. Die Strafjustiz hat daher derartige Gegenstände oder jedenfalls deren Erlös der Masse zur Verfügung zu stellen. 20

II. Quasi – Austauschpfändung, Abs. 2

Abs. 2 ermöglicht als Ausfluss des Übermaßverbots eine Art **Austauschpfändung** (vgl. § 811a ZPO). **S. 1** gestattet es, nach pflichtgemäßem Ermessen eine per § 111c beschlagnahmte bewegliche Sache an den Betroffenen, auch wenn er der Beschuldigte ist,[22] gegen Beibringung ihres Wertes **zurückzugeben,** soweit sie nicht zu Beweiszwecken gebraucht wird (dann ist sie, falls noch nicht geschehen, ergänzend gem. § 94 zu beschlagnahmen[23]) oder verkehrsunfähig ist, § 74b StGB.[24] Diese Befugnis steht allerdings in einem gewissen Spannungsfeld zum Ziel privilegierter Original-Restitution.[25] Der beigebrachte Betrag tritt 21

22 Johann in Löwe/Rosenberg Rn. 13; Rogall in SK-StPO § 111c Rn. 20.
23 Rogall in SK-StPO § 111c Rn. 20.
24 Rogall in SK-StPO § 111c Rn. 20; Schmidt Vermögensabschöpfung-HdB Rn. 1364.
25 Heine in SSW StPO Rn. 6.

Zug-um-Zug an die Stelle der ursprünglich beschlagnahmten Sache, Abs. 2 S. 2. Damit[26] tritt **dingliche Surrogation** ein, die rangsichernd wirkt,[27] ebenso wie eine weitere, die gem. Abs. 3 möglich ist (→ Rn. 26; → § 111n Rn. 29 f. und → § 111p Rn. 15) (und oft wünschenswert). Die ursprünglich beschlagnahmte Sache wird mit der Folge der Entstrickung und Außerkrafttreten des auf sie bezogenen Veräußerungsverbots an den Betroffenen zurückgegeben. Dieser Wechsel des Sicherungsguts ist nicht nur vorübergehender Natur. Objekt der Einziehung kann nur noch der beigebrachte Betrag sein.[28] Dieser Weg kann anstelle einer Notveräußerung, § 111q, oder aus anderen Gründen beschritten werden, verlangt aber **Einvernehmen** über die **Wertbestimmung.**[29]

22 Abs. 2 **S. 3** lässt dagegen die Beschlagnahme der beweglichen Sache unberührt. Der Betroffene erhält jedoch den **unmittelbaren Besitz** zur **vorläufigen** weiteren Benutzung **überlassen,** obwohl das Sicherungsbedürfnis fortbesteht. Um das Risiko[30] ihres Untergangs, spürbarer Wertminderung oder des Verkaufs mit der Folge gutgläubigen Erwerbs seitens des Käufers zu mindern, kann deshalb die vorläufige Besitzüberlassung von einer **Sicherheitsleistung** oder der Erfüllung bestimmter, also: zu bestimmender **Auflagen** abhängig gemacht werden, Abs. 2 S. 3 Hs. 2.[31] Diesen Weg zu beschreiten kann nicht nur sinnvoll sein, erscheint eine vorbehaltene Einziehung gemäß § 74f Abs. 1 S. 2 und 3 StGB nebst bereits vor Urteilsverkündung erteilter Auflagen als ausreichend, sondern auch dann, wenn mit Nutzung der beweglichen Sache geldwerte Gebrauchsvorteile in nennenswertem Umfang verbunden sind und/oder mit der Aufbewahrung (wie bei Kraftfahrzeugen) der Verfall ihres Werts verbunden wäre (auch unterhalb der Schwelle des § 111p).

23 Das Gesetz sieht die Rückgabe nur **zugunsten des Betroffenen** als demjenigen vor, bei dem die Sache beschlagnahmt wurde. Das ist allerdings intentionswidrig gegenüber dem Ziel gegenständlicher Rückführung, das die Reform 2017 gestärkt und auf die Fälle tatbedingt verlorenen Eigentums wie beim Betrug erweitert hat. Das Gesetz schützt also nicht nur das finanzielle Interesse des Anspruchsinhabers (Verletzten). Daher darf von einer Ermessensentscheidung nach Abs. 2 S. 1 oder S. 3 nur im Einverständnis mit dem Betroffenen Gebrauch gemacht werden und kann auch in den Fällen des Abs. 2 S. 3 ermessensfehlerfrei nur selten auf eine Sicherheitsleistung verzichtet werden. Bei Abs. 2 S. 1 erfüllt der beigebrachte Betrag die Sicherungsfunktion.

24 Leider hat der Gesetzgeber die Neuregelung nicht zum Anlass genommen, im Gesetz selbst auch die Zulässigkeit **einstweiliger Rückgabe an** das **Opfer** oder an einen **Dritten** als (jeweils) potenziell in eigenen Rechten Berührte vorzusehen. Vermutlich sah er § 111n als ausreichend an. Das wird allerdings den Bedürfnissen der Praxis nicht gerecht. Des Offenkundigkeitserfordernisses wegen scheuen Gerichte und Staatsanwaltschaften die zwar nicht rechtsändernde, aber nicht sicherungsfähige Rückgabe. Daher besteht neben § 111n ein **manifestes Bedürfnis** nach **einstweiliger Rückgabe** an den **Anspruchsinhaber** (oder **Dritten**) gegen Sicherheit. Mangels ausdrücklicher Erwähnung in den Gesetzgebungsmaterialien und damit fehlender gesetzgeberischer Ablehnung ist eine **Analogie** zu Abs. 2 zugunsten des Anspruchsinhabers (Verletzten) oder eines Dritten methodisch zulässig. Sie kommt bei einem zivilrechtlich komplexen Sachverhalt in Betracht (zB fraglicher gutgläubiger Erwerb; Streit über den Wertausgleich für Aufbereitungsmaßnahmen an einem evtl. in hehlerischer Weise erworbenen Oldtimer). Bedarf es keiner Sicherheitsleistung seitens des Anspruchsinhabers (oder Dritten), so wird jedoch § 111n allerdings meist direkt anwendbar sein.

---

26 Anders in Bezug auf einen Schadenersatzanspruch im Fall des Untergangs der beschlagnahmten beweglichen Sache, die sich in amtlicher Verwahrung befand, Johann in Löwe/Rosenberg Rn. 7.

27 Die Insolvenzfestigkeit soll sich allerdings nicht fortsetzen, Johann in Löwe/Rosenberg Rn. 15.

28 Johann in Löwe/Rosenberg Rn. 15.

29 Johann in Löwe/Rosenberg Rn. 14.

30 Birgt die Besitzüberlassung ausnahmsweise kein Risiko der Entwertung des Sicherungsrechts, so bedarf es keiner Sicherheitsleistung, ohne dass zugleich das Sicherungsbedürfnis entfiele, aA Johann in Löwe/Rosenberg Rn. 19.

31 BGH 18.8.2021 – 5 StR 39/21, NStZ-RR 2021, 378 Rn. 43 f. (zu § 111c Abs. 6 StPO aF).

III. Gestattete Einzahlung von Barmitteln, Abs. 3

Seit dem 1.7.2021 ist Abs. 3 hinzugekommen. Er knüpft systematisch an die in Abs. 2 geregelte quasi-Austauschpfändung an. Dort geht es um die konkrete bewegliche Sache, die möglicherweise einzuziehen ist. In der Variante des Abs. 2 S. 1 ersetzt sie ein Geldbetrag, in der Alternative des Abs. 2 S. 3 erhält sie der Betroffene nur vorläufig zurück, fakultativ gegen Sicherheitsleistung oder Auflagen. Hier steht das Interesse des Betroffenen, ggf. auch des Opfers im Vordergrund. 25

Demgegenüber lässt Abs. 3 S. 1 den **Tausch sichergestellten Bargelds** zu gegen eine **wertgleiche Forderung** an jede Stelle, die das Justizkonto führt, auf welches das Geld eingezahlt wurde (→ Vor §§ 111b–111q Rn. 77 und 86 sowie → § 111b Rn. 6). Dies dient der Verwaltungsvereinfachung nebst größerer Sicherheit gegenüber Einbruchs- oder sonstigen Diebstählen in der Asservatenkammer (Stichwort: Zollfahndungsamt Emmerich, s.auch bereits oben → § 111b Rn. 6).[32] Die ursprüngliche Beschlagnahme der Geldscheine und Münzen entfällt. Die freie Verfügungsgewalt darüber verschafft dies – anders als bei Abs. 2 S. 1 – jedoch nicht dem Betroffenen, sondern der das Justizkonto führenden Stelle. Anstatt Geld in Form beweglicher Sachen ist anschließend die Rückforderung des Betroffenen beschlagnahmt, Abs. 3 S. 2. Das hindert zwar nicht deren Abtretung oder Pfändung, sichert der Justiz aber den vorrangigen Zugriff.[33] Diese Anordnung dinglicher Surrogation knüpft an die Vorbilder der Abs. 2 S. 2 und § 111p Abs. 1 S. 2 an und gestattet nach Beibringung oder Notveräußerungserlös in bar eine zweite dingliche Surrogation (→ § 111n Rn. 29 f. und → § 111p Rn. 15). 26

Abs. 3 darf **nicht** dahingehend verstanden werden, dass sichergestelltes Bargeld auf ein Justizkonto eingezahlt werden **müsste.**[34] Derartige Bestimmungen gibt es zwar innerdienstlich (auch und gerade für formlos sichergestelltes Geld). Sie stehen aber, ebenso wie es Abs. 3 vorsieht, unter dem **Vorbehalt allein wertmäßigen Interesses aller Interessierter** am beschlagnahmten Bargeld. Dient es darüber hinausgehenden Belangen, so darf es nicht eingezahlt werden. Der Gesetzgeber hatte dabei nicht die Interessen Betroffener im Blick,[35] die sich auf einem Schein vielleicht etwas notiert hatten, oder weil dieser in künstlerischer Weise (wie bei Bargeldgeschenken zur Hochzeit) gefaltet war, und deshalb ein Affektionsinteresse besteht. Ob derartige Belange einen Austausch rechtfertigen, ist eine Frage des Einzelfalls. 27

Rechtlich geschützt ist jedoch das **Beweisinteresse.** Es kann vielfältig sein und sich auf Stückelung ebenso wie auf Beschaffenheit oder Seriennummern von Scheinen beziehen. Dass die Einzahlung auf ein Justizkonto strafprozessual fakultativ ist, sichert dieses Beweisinteresse und dieses zwingt die zuständige Staatsanwaltschaft zu (sicherer) gegenständlicher Verwahrung der Scheine und Münzen. Hauptanwendungsgebiet dürfte sog. **Drogengeld** sein, bei dem Anhaftungen von Rauschgiftspuren Beweiswert zukommt. Die Stückelung ließe sich photographisch dokumentieren oder mittels Zeugen belegen. Aber sämtliche sichergestellten Scheine, zuweilen in fünf- oder sechsstelliger Höhe auf Anhaftungen untersuchen zu lassen, ist nur erforderlich, wenn Stichproben keine verlässlichen Schlüsse erlauben und die bemakelte Herkunft bestritten ist. In solchen Fällen scheidet die Einzahlung zwar nicht zwingend aus. Die Aufbewahrung erscheint jedoch meist als rationeller. 28

Die Vorschrift gilt nur für **beschlagnahmtes Bargeld.** Das ist systematisch konsequent, weil die formlose Sicherstellung keine vollstreckungssichernde Wirkung zu entfalten vermag, diese vielmehr immer von förmlicher Beschlagnahme abhängt. Die Beschränkung auf vorangegangene Beschlagnahme folgte daher bereits aus dem systematischen Zusammenhang der Stellung der Vorschrift. Die Formulierung verhindert jedoch auch jeden theoretischen Zweifel an ihrer Geltung für zu Beweiszwecken gesichertes Bargeld. 29

---

32 BT-Drs. 19/30517, 20.
33 BT-Drs. 19/30517, 20.
34 BT-Drs. 19/30517, 20.
35 BT-Drs. 19/30517, 20.

30 Wörtlich genommen beschreibt das verwendete **„kann"** eine Banalität. Dass Bargeld auf ein Konto eingezahlt werden **kann,** folgt nicht erst aus § 111d Abs. 3 S. 1. Die Wahl der Begrifflichkeit erklärt sich wohl aus dem Umstand, dass der seinerzeitige Ausschuss für Recht und Verbraucherschutz den nicht zwingenden Charakter der Bestimmung im Auge gehabt haben dürfte und befürchtet haben könnte, das inhaltlich gemeinte **darf** stünde in der Gefahr, als voraussetzungslose Gestattung missinterpretiert zu werden. Die Vorschrift besagt folglich, beschlagnahmtes Bargeld dürfe einziehungsrechtlich eingezahlt werden, belässt der Staatsanwaltschaft aber Raum, darauf zu verzichten, wenn dies aus anderen rechtlich anerkannten Gründen geboten oder auch nur zulässig ist.

31 Der Anwendungsbereich des Abs. 3 erstreckt und beschränkt sich zugleich auf ein jegliches **Justizkonto.** Die **beschränkende Bedeutung** liegt weniger im (selbstverständlichen) Verbot der Nutzung eines Privatkontos, sondern im Ausschluss von Konten anderer öffentlicher Stellen, namentlich von Polizeibehörden. Das beschlagnahmte Geld verbleibt im Geschäftsbereich des Justizministeriums und schließt damit den Zugriff seitens der Innenschiene aus.

32 Nicht so eindeutig ist, ob es sich um ein Konto einer der Strafjustiz im staatsrechtlichen Sinne zuzuordnenden Stelle handeln muss. Relevant ist dies für die Fälle, in denen Verfahren wegen Abgabe- und Delikten illegaler Beschäftigung von einer Steuer- oder Zollbehörde selbständig geführt und zum Teil auch abgeschlossen werden, ohne dass Staatsanwaltschaft und Gericht jemals involviert gewesen wären. Hier übt die Finanzbehörde justitielle Funktionen aus. Es hätte schon ausdrücklicher Erwähnung bedurft, hätte der Gesetzgeber gleichwohl für diese Konstellation die Einzahlung nur auf ein Konto einer originären Justizbehörde gestatten wollen. Daher kann auch eine **Finanzbehörde** ein **Justiz**konto führen.

33 Das bedeutet allerdings nicht, dass es einer das Verfahren selbständig führenden Finanzbehörde gestattet wäre, eine derartige Einzahlung auf ein beliebiges ihrer Konten vorzunehmen. Die Beschränkung auf ein **nur Justizzwecken dienendes Konto** wirkt sich hier dahingehend aus, dass die jeweilige Finanzbehörde die Einzahlung von ihr beschlagnahmten Bargelds nur auf ein speziell und ausschließlich diesen Zwecken dienendes Konto vornehmen darf. Es darf allerdings von mehreren Finanzbehörden gemeinschaftlich genutzt werden, so dass nicht jedes einzelne Amt ein gesondertes Justizkonto einrichten muss. Diese Grenze trägt nicht nur den Charakter einer innerdienstlichen Anweisung. Vielmehr kann die Einzahlung auf ein auch noch anderen als justitiellen Zwecken dienendes Konto einer Finanzbehörde die Rechtsfolge des Abs. 3 S. 2 nicht entfalten: Die dingliche Surrogation tritt nicht ein. Der Rückforderungsanspruch des Betroffenen bleibt ungesichert, kann also wirksam abgetreten oder gepfändet werden.

34 Allerdings ist die **praktische Relevanz** dieser Befugnis einer **Steuerbehörde** eher **gering.** Zum einen ist sie auf Beschlagnahmungen beschränkt. Diese scheiden in den hauptsächlichen Fällen ersparter Steueraufwendungen aus, weil diese nicht im Original, sondern nur wertmäßig eingezogen werden können. Es bleiben Steuererstattungen, die jedoch in den wenigsten Fällen bar ausgezahlt werden. **Häufiger** kann eine förmliche Beschlagnahme von Original-Ertrag seitens einer **Zollbehörde** jedoch im bargelddominierten Bereich **illegaler Beschäftigung** vorkommen, falls nach materiellem Recht nicht nur der Wert ersparter Steuer- und Sozialversicherungsabgaben, sondern auch gegenständlich der Schwarz- sowie zB vom Bauherrn erbrachter Werklohn und Zahlungen auf Scheinrechnungen wie deren partielle Rückführungen der Einziehung unterliegen sollten.[36] Wird die Zollbehörde in anderen Fällen repressiv tätig (zB in den sog. **Flughafenfällen** der unangemeldeten Ein- oder Ausfuhr von Barmitteln, sofern damit Geldwächeverdacht verbunden ist), so geschieht dies nicht in eigener Zuständigkeit, sondern zur Unterstützung der Staatsanwaltschaft. Diese darf unter solchen Umständen die Gelder nach regelmäßig gerichtlicher Beschlagnahme auf kein anderes als auf ein Justizkonto einzahlen.

[36] Zumindest für den entschiedenen Fall verneinend BGH 24.2.2021 – 1 StR 127/20, NStZ 2021, 668 (mAnm Bittmann; ferner Lubini NZWiSt 2021, 284; Corsten/Hübner wistra 2021, 316).

Die **Erstreckungsfunktion** besteht darin, dass ein **jegliches** Justizkonto genügt und auch keine weiteren Voraussetzungen normiert sind. Demgemäß genügt das bloße Einzahlen, ohne dass die länderspezifischen Voraussetzungen des Hinterlegungsrechts beachtet werden müssten. Das hat der seinerzeitige Ausschuss für Recht und Verbraucherschutz genau so gewollt.[37] Demzufolge gilt § 111d Abs. 3 zwar auch, aber nicht nur für die Fälle der Hinterlegung nach § 111e Abs. 4 S. 2 und § 111g Abs. 1. Es genügt vielmehr jeder rechtmäßige Grund, auch die Einzahlung allein aus eigenem Interesse der Justizbehörde an sicherer Verwahrung. 35

§ 111e [Vermögensarrest zur Sicherung der Wertersatzeinziehung]

(1) [1]Ist die Annahme begründet, dass die Voraussetzungen der Einziehung von Wertersatz vorliegen, so kann zur Sicherung der Vollstreckung der Vermögensarrest in das bewegliche und unbewegliche Vermögen des Betroffenen angeordnet werden. [2]Liegen dringende Gründe für diese Annahme vor, so soll der Vermögensarrest angeordnet werden.

(2) Der Vermögensarrest kann auch zur Sicherung der Vollstreckung einer Geldstrafe und der voraussichtlichen Kosten des Strafverfahrens angeordnet werden, wenn gegen den Beschuldigten ein Urteil ergangen oder ein Strafbefehl erlassen worden ist.

(3) Zur Sicherung der Vollstreckungskosten ergeht kein Arrest.

(4) [1]In der Anordnung ist der zu sichernde Anspruch unter Angabe des Geldbetrages zu bezeichnen. [2]Zudem ist in der Anordnung ein Geldbetrag festzusetzen, durch dessen Hinterlegung der Betroffene die Vollziehung des Arrestes abwenden und die Aufhebung der Vollziehung des Arrestes verlangen kann; § 108 Absatz 1 der Zivilprozessordnung gilt entsprechend.

(5) Die §§ 102 bis 110 gelten entsprechend.

(6) Die Möglichkeit einer Anordnung nach § 324 der Abgabenordnung steht einer Anordnung nach Absatz 1 nicht entgegen.

Übersicht

[37] BT-Drs. 19/30517, 20, auch die Abweichung von der Position des Bundesrats betonend.

I. Systematik

1 **1. Vermögensarrest; Abgrenzung zur Beschlagnahme.** Der **Vermögensarrests** stellt ein eigenständiges strafprozessuales Institut dar. Der früher weitgehend pauschale Verweis auf die Bestimmungen zum zivilprozessualen dinglichen Arrest ist entfallen. Wiewohl sich die wesentlichen Regelungen für Anordnung und Vollziehung nunmehr in der **StPO** finden, decken sie sich **weitgehend** mit denjenigen der **ZPO** oder sind ihnen angenähert.[1] Auf Letztere darf deshalb nur noch kraft ausdrücklicher **Verweisung** zurückgegriffen werden, auf zu ihr ergangene **Rechtsprechung** und in ihr enthaltene **Rechtsgedanken** jedoch auch zum Schließen etwaiger **Lücken.**

2 Ebenso wie statt der Original-Einziehung in ca. 90–95 % der einschlägigen Fälle die ersatzweise Einziehung von Taterträgen anzuordnen ist, **sollte** auch der **Vermögensarrest** das **statistisch** weit **überwiegende Sicherungsinstrument** darstellen. Rechtlich ist das sogar im Zweifel geboten (→ Vor §§ 111b–111q Rn. 51, 64, 75 und 76). Die Praxis (insbesondere der Polizei im ersten Zugriff) bevorzugt jedoch das einfacher zu handhabende und sinnlich leichter erfassbare Mittel der Beschlagnahme – und ordnet Letztgenannte daher auch dann immer mal wieder an, wenn das einzig statthafte Sicherungsmittel der Vermögensarrest ist. Es wäre Aufgabe der Staatsanwaltschaft, diese Praxis, die eigene wie die der Polizei, schleunigst zu korrigieren, weil sich die **Rechtsfolgen** von Beschlagnahme und Vermögensarrest deutlich **unterscheiden,** va für den Anspruchsinhaber (Verletzten) bei Insolvenz des Betroffenen. Leider ist die Bereitschaft, dem zutreffenden Sicherungsinstrument die gebotene Aufmerksamkeit zu widmen, bei Staatsanwaltschaften und den im Rechtsmittelverfahren zuständigen Gerichten nicht selten zu gering ausgeprägt, sicherlich auch, weil die Abgrenzung im Einzelnen streitig ist.

3 Bezieht sich § 111b Abs. 1 auf die gegenständliche Einziehung, so dient **§ 111e Abs. 1** der **Sicherung** prinzipiell jeder noch nicht vollstreckbaren **Geldforderung** des (Straf-)Justizfiskus, dh sowohl der **Einziehung des Werts** entweder von Taterträgen, § 73c StGB (auch nach Umwandlung gem. § 76 StGB[2]) oder von Tatprodukten, Tatmitteln bzw. Tatobjekten bei Tätern, Teilnehmern oder Dritten, § 74c StGB, als auch von **Verfahrenskosten** und **Geldstrafe.** Die Zuständigkeitsregeln für die Anordnung und Durchführung eines Vermögensarrests finden sich (wie für die Beschlagnahme) in den §§ 111j und 111k. Die Art und Weise der Vollziehung ist Gegenstand der §§ 111f und 111g. Mit seiner Wirkung befasst sich § 111h und deren Modifikationen im Insolvenzfall regelt § 111i.

4 Anders als in den Fällen des § 111b Abs. 1 sind bei § 111e Abs. 1 **keine** zuvor **bestimmten Gegenstände** zu sichern, sondern Teile des Vermögens des Betroffenen in einem Umfang, der nach h.M. einen **Verwertungserlös** in Höhe der zu erwartenden Einziehungsforderung verspricht. Gemäß dem Grundgedanken des Rechts der strafrechtli-

1 Heine in SSW StPO Rn. 1–3.
2 Johann in Löwe/Rosenberg Rn. 21 und 42.

chen Vermögensabschöpfung, demzufolge sich Straftaten nicht lohnen dürfen, kann es jedoch bei Gemeindelikten allein auf die Entziehung des Werts des Tatertrags ankommen und nicht auf die Höhe des Verwertungserlöses. Ungeachtet dessen ergeht der Vermögensarrest im Gegensatz zur Beschlagnahme **nicht ad rem.** Der Unterschied gleicht der Zwangsvollstreckung wegen Geldforderungen, §§ 802a-882i ZPO, einerseits und zwecks Herausgabe, §§ 883–885 ZPO andererseits.

Das Sicherungsziel verbindet § 111b Abs. 1 mit § 111e Abs. 1. Daher gelten trotz Verschiedenheit der **Wege** für die **Anordnung** eines Vermögensarrests zunächst die gleichen Grundvoraussetzungen wie für die Beschlagnahme: **Einziehungserwartung, Sicherungsbedürfnis, Ermessensabwägung, Verhältnismäßigkeit** in Bezug auf Verdachtsgrad, Umfang, Dauer, Grundrechtseinschränkungen (zB mit Eigentum beliebig verfahren, § 906 BGB, es also nutzen zu dürfen[3]) und stete **Zunahme** des Gewichts der Belange des Betroffenen bei **Fortbestehen** der Maßnahme (→ § 111b Rn. 33 f. und 41). 5

Die konkreten **Abwägungsparameter unterscheiden** sich jedoch **sehr.** Betrifft die Beschlagnahme einen ggf. zu entziehenden und bei Individualdelikten zurückzuführenden bestimmten Gegenstand, so zielt der Vermögensarrest auf **Haftung.** Trotzdem dient dieses Instrument zwar nach einem Gemeindelikt uneingeschränkt späterer Abschöpfung, liegt aber nach einem Individualdelikt **nicht durchweg** auch **im Interesse** des **Opfers,** selbst wenn es nur eines gibt. Nur die Vollziehung oder Vollstreckung eines eigenen Titels verspricht ihm nämlich ein insolvenzfestes Pfändungspfandrecht, das im Gegensatz zu einem strafprozessual erwirkten nicht mit Eröffnung des Insolvenzverfahrens gem. § 111i Abs. 1 erlischt. Mit dieser Folge ist immer zu rechnen, weil weitere Anspruchsinhaber (Verletzte; zum Begriff → Vor §§ 111b–111q Rn. 21–24a) hinzutreten können oder es von Anfang an mehrere gab und Allgemeingläubiger wie Betroffener jederzeit einen Eröffnungsantrag stellen können. Besteht jedoch bereits ein Sicherungsrecht zugunsten des Justizfiskus, so verstärkt dies allerdings das Sicherungsbedürfnis[4] im Hinblick auf jeden weiteren Anspruchsinhaber (Verletzten) in einer Art perpetuum mobile, weil dieser dann gem. § 111h Abs. 2 S. 1 gehindert ist, selbst in einen strafprozessual gesicherten Gegenstand zu vollstrecken. 6

Ein **Vermögensarrest** setzt nicht nur voraus, dass sich Tatertrag nicht (mehr) gegenständlich sichern lässt, sondern es ist auch oft unbekannt, ob und in welchem Umfang der Wert der Taterträge noch im Vermögen des potenziell Betroffenen vorhanden ist (zu den Folgen der Entreicherung für das Sicherungsbedürfnis → Rn. 28–35a). Weil es daran häufig, statistisch wohl sogar meist fehlt, binden die ersten Vollziehungsmaßnahmen nicht selten das **gesamte Vermögen,** das dem Betroffenen noch zur Verfügung steht und das er für ganz andere, durchaus legale Zwecke dringend benötigt. Da die Arrestsumme in solchen Fällen oft nicht erreicht wird, engt dies auch die zukünftigen wirtschaftlichen Spielräume ggf. massiv ein. Dem Betroffenen wird bereits auf relativ unsicherer Tatsachenbasis und ohne seine Position zuvor verdeutlichen zu können, mittelbar angesonnen, das Vermögen, welches mangels Vorhandenseins nicht gesichert werden kann, zukünftig zum Zwecke weiterer Vollziehung des Vermögensarrests neu zu schaffen.[5] Belassen wird es ihm im Rahmen der Vollziehung jedoch lediglich bis zur Pfändungsfreigrenze, während diese übersteigende Beträge nur der weiteren Vollziehung des Vermögensarrests dienen. Unabhängig vom bisherigen Lebensstandard zwingt ihn eine bloß vorläufige und allein der Sicherung dienende Maßnahme, ab sofort ein Leben auf Sozialhilfeniveau zu führen. Das trifft den Adressaten viel stärker als eine Beschlagnahme und **erhöht** deshalb die **Zulässigkeitshürden** bereits vor **Anordnung,** weil die Belastungen aufgrund Vollziehung absehbar sind. 7

Gegen Vollziehungsmaßnahmen kann der Betroffene zwar das Gericht anrufen, § 111k Abs. 3. Das Gesetz enthält aber keinerlei Kriterien, wie den ganz unterschiedlichen persönlichen und wirtschaftlichen Verhältnissen Rechnung zu tragen ist. Dafür gilt wiederum nur der einzelfallbezogene Grundsatz der Verhältnismäßigkeit. Der Adressat kann unter Hinweis 7a

---

[3] Johann in Löwe/Rosenberg Rn. 25.
[4] Zutreffend Johann in Löwe/Rosenberg Rn. 7.
[5] In Frageform ähnlich Meißner StraFo 2021, 266 (269, auch 271).

darauf sowohl versuchen, eine Herabsetzung der Arrestanordnung zu erreichen, ggf. auf die Vollziehungssumme abzüglich eines variabel beschränkten (ggf. monatlichen) Betrags zu freier Verfügung, als auch die gerichtliche Anhebung der gesetzlichen Pfändungsfreigrenzen zu erwirken. Da das Gericht mangels Kenntnis – auch aufgrund nicht zu gewährenden vorherigen rechtlichen Gehörs – die konkrete Lage des Betroffenen und seine legitimen Interessen nicht verlässlich erkennen kann, bietet der Rechtsweg erstmals die Möglichkeit, die Vollziehung in einem ausgewogenen Verhältnis zwischen Sicherungs- und privatem Interesse zu gestalten. Besser weil flexibler als per Gerichtsbeschluss ist es jedoch, eine derartige Absprache zwischen Staatsanwaltschaft und dem Adressaten (bzw. dessen Rechtsvertreter) zu treffen.

8 Adressat und damit **Betroffener** eines Vermögensarrests **muss nicht** der (wegen Täterschaft oder Teilnahme) **Beschuldigte** sein. In den Fällen des § 73b iVm § 73c StGB ist es vielmehr der **Drittempfänger.** Da nach der Rechtsprechung des BGH derjenige, der den Ertrag zuerst erlangt hatte, neben dem oder den Folgeempfänger(n) haftet,[6] können die Grundlagen für die Anordnung einer Sicherungsmaßnahme **auseinanderfallen:** Die Anordnung der Beschlagnahme des Original-Tatertrags beim Folgeempfänger hindert nicht die parallele Anordnung eines Vermögensarrests gegen den Erstempfänger. Im Zuge der Vollziehung sind allerdings doppelte und damit Übersicherungen zu vermeiden.

9 **2. Dogmatische Grundzüge.** Gemäß der zivilprozessualen Dogmatik, die mit § 111d aF auch in die StPO Einzug gehalten hatte und vom neuen Recht übernommen wurde, ist zwischen **Arrestanspruch** und **Arrestgrund** zu **unterscheiden.**

10 **a) Arrestanspruch.** Zu sichern ist der noch nicht titulierte staatliche Anspruch auf **ersatzweise Einziehung des Werts** (zur Entstehung → Vor §§ 111b–111q Rn. 14; auch → § 111i Rn. 42), entweder von Taterträgen § 73c StGB, oder von Tatprodukten, Tatmittel bzw. Tatobjekten, § 74c StGB (→ Vor §§ 111b-111p Rn. 57 und → § 111b Rn. 1). Der etwaige **Ausgleichsanspruch** eines Gesamtschuldners gegen den anderen, § 426 BGB, fällt nicht darunter.[7]

11 **b) Arrestgrund = Sicherungsbedürfnis.** Den **Arrestgrund** bildet beim Vermögensarrest das bejahte **Sicherungsbedürfnis** (wie bei der Beschlagnahme). Aus der Unterscheidung zwischen **Arrestanspruch** und **Arrestgrund** folgt, dass beide **nicht gleichgesetzt** werden dürfen. Mit der Bejahung eines Arrestanspruchs steht demnach **nicht zugleich** auch das Vorhandensein eines Arrestgrundes fest. Die Anforderungen an das Vorliegen eines Sicherungsbedürfnisses sind vielmehr sachverhaltsabhängig zu beurteilen bzw. zu bestimmen. Wie bei der Beschlagnahme genügen zunächst einfache Gründe[8] gemäß dem Maßstab für den **Anfangsverdacht,** § 152 Abs. 2 StPO, die sich jedoch im weiteren Verlauf eines Ermittlungs-, erst recht eines Strafverfahrens weiter **verdichten** müssen.[9]

12 **aa) Ziel: Zur Sicherung der „Vollstreckung“.** Das Erfordernis eines **Sicherungsbedürfnisses** bringt § 111e Abs. 1 S. 1 ebenso wie § 111b Abs. 1 S. 1 lediglich mit der Formulierung zum Ausdruck, ein Vermögensarrest dürfe (erg.: nur) **„zur Sicherung der Vollstreckung“** ergehen. Diese **veränderte Regelungstechnik** zeigt die **Zielrichtung** an, mit der ein Vermögensarrest angeordnet werden darf, und stellt damit zugleich eine **allgemeine Vermutung** auf, die es zuvor nicht gab: Die Durchsetzung des angenommenen Arrestanspruchs unterliegt Gefahren. Diesen muss jedoch nicht mittels Vermögensarrests begegnet werden, wenn **Gegengründe** in concreto die Annahme rechtfertigen, die spätere Einziehung des Werts von Taterträgen lasse sich auch ohne vorherige Sicherung durchset-

6 BGH 28.5.2020 – 3 StR 364/19, BGHSt 65, 28; dazu Bittmann NStZ 2021, 102; Gehm NZWiSt 2021, 29; Habetha NJW 2020, 3049.

7 Gercke in Gercke/Julius/Temming/Zöller Rn. 6; Heine in SSW StPO § 111i Rn. 9.

8 Beispiel: LG Hamburg 24.1.2022 – 630 Qs 24/21, Rn. 20 und Rn. 24: vorläufige Schätzung des Steuerschadens, Bargeschäfte ohne Quittung.

9 Retemeyer in HWiStR Teil 14, Rn. 73.

zen.[10] Damit verbunden ist weder eine Umkehrung der Beweislast noch genügen Pauschalvermutungen. Allerdings, aber auch lediglich bei der gebotenen **Abwägung** zwischen den öffentlichen und den Interessen des (potenziell) Betroffenen wirkt die allgemeine Vermutung zugunsten Ersterer.

bb) Zweck: Zur „Sicherung" der Vollstreckung. Das neue Recht anerkennt nicht nur die allgemeinen Gefahren für die Durchsetzung, sondern verweist auch nicht mehr auf § 917 ZPO. Obwohl die Gesetzesbegründung ausdrücklich hervorhebt, dass damit keine Abkehr von dessen **Maßstäben** verbunden sei, sie vielmehr **fortgölten,**[11] folgten die Gerichte dem nicht unterschiedslos.[12] Der **BGH** stellte jedoch **zu Recht** klar, auch ein Vermögensarrest komme nur bei **Besorgnis** in Betracht, ohne ihn werde die **Vollstreckung vereitelt** oder **wesentlich erschwert** werden.[13] **Neben** der **Zielsetzung** bedarf es also weiterhin eines **Sicherungszwecks.** Wie bei der Beschlagnahme so gilt auch für den Vermögensarrest, dass er dann nicht ausgebracht werden darf, erscheint die Vollstreckung der prognostisch titulierten Einziehungsforderung als **gesichert** (zu den Einzelheiten → § 111b, Rn. 9–20).[14] Trotz anerkannter allgemeiner Gefahren für das Ziel, Sicherung der Vollstreckung, darf ein Vermögensarrest nur dann angeordnet werden, wenn dies zum Erreichen des Ziels **erforderlich,** dieser Zweck also überhaupt vorhanden und deshalb erreichbar ist. 13

Das Gesetz selbst belässt es bei diesem sehr abstrakt skizzierten Rahmen. Die Materialien[15] betrachten es als Anwendungsaufgabe, ihn gemäß dem Grundsatz der **Verhältnismäßigkeit** auszufüllen. Obwohl, ja gerade weil dies empirisch nicht unter Ausblenden der Eigeninteressen der Beteiligten geschieht, auch nicht denen der Justiz, ist es ein Gebot intellektueller Redlichkeit, sich der Gefahr, als Inhalt des Gesetzes eigene Wünsche auszugeben, bewusst zu sein und ihnen begegnen zu wollen. Das erfordert, sich zunächst Klarheit über die Beteiligten und ihre legitimen Interessen zu verschaffen, bevor es gilt, sie zu gewichten und gegeneinander abzuwägen. Die Entscheidung ist bei Gemeindelikten zwischen den Polen **effiziente Sicherung späterer Vollstreckung** der Abschöpfungsentscheidung einerseits und andererseits **grundrechtschonendem Agieren** zur Vermeidung nicht intendierter Nebenwirkung zu treffen. Als dritter Pol tritt bei Individualdelikten das **Integritätsinteresse** des **Anspruchsinhabers** (Verletzten) hinzu. 14

II. Effiziente Sicherung späterer Vollstreckung

1. Kein Schutz vor Gläubigerkonkurrenz. Die inhaltliche Fortgeltung der Maßstäbe des § 917 ZPO erstreckt sich auf dessen Grenzen. Intendiert ist allein Schutz gegen Verschlechterung gegenüber der gegenwärtigen Lage, nicht aber, einzelne Gläubiger unter- 15

[10] So der Sache nach OLG Hamburg 26.10.2018 – 2 Ws 183/18 – 1 OBL 94/18, NZWiSt 2019, 106 Rn. 54–62; LG Hildesheim 3.12.2018 – 22 Qs 8/18, NdsRpfl 2019, 95 Rn. 11.

[11] BT-Drs. 18/9525, 77; Gercke in Gercke/Julius/Temming/Zöller Rn. 10–12; Heine in SSW StPO Rn. 8.

[12] Vgl. OLG Bamberg 19.3.2018 – 1 Ws 111/18, ZWH 2018, 341 Rn. 11; OLG Celle 2.3.2018 – 1 Ws 19/18 wistra 2018, 440; OLG Hamburg 26.10.2018 – 2 Ws 183/18 – 1 OBL 94/18, NZWiSt 2019, 106 Rn. 54–62; OLG Rostock 12.4.2018 und 7.6.2018, je 20 Ws 42/18 StraFo 2018, 350 bzw. PStR 2019, 58; OLG Schleswig 25.10.2018 – 2 Ws 271/18 (85/18) wistra 2019, 254 Rn. 4 und 10–17; 31.1.2019 – 1 Ws 274/18 (165/18); 9.7.2019 – 2 Ws 68/19, wistra 2020, 86 Rn. 4; OLG Stuttgart 25.10.2017 – 1 Ws 163/17, NJW 2017, 3731 Rn. 15 f.; LG Frankfurt a. M. 29.7.2020 – 5/14 Qs 9/20 – 7500 Js 233740/19, wistra 2021, 336 Rn. 5–11 (Ls.); LG Hamburg 16.5.2018 – 618 Qs 14/18, wistra 2018, 446 Rn. 12 f.; 2.5.2019 – 618 Qs 9/19, NZWiSt 2020, 78 Rn. 17 (dazu Bürger NZWiSt 2020, 80); LG Hildesheim 3.12.2018 – 22 Qs 8/18, NdsRpfl 2019, 95 Rn. 11; LG Offenburg 8.1.2018 – 3 Qs 118/17 Rn. 32–35.

[13] BGH 19.1.2021 – StB 46/20, Rn. 6; LG Hamburg 8.3.2022 – 618 Qs 3/22, Rn. 9 f. und Rn. 48; 24.1.2022 – 630 Qs 24/21, Rn. 34; Corsten/Schilling Vermögensabschöpfung und Opferentschädigung, in Münchener Anwaltshandbuch Wirtschafts- und Steuerstrafrecht, § 13 Rn. 114; Ullenboom Vermögensabschöpfung Rn. 331.

[14] BGH 19.1.2021 – StB 46/20, Rn. 6.

[15] BT-Drs. 18/9525, 49 und 76 f.

einander besserzustellen.[16] Vorhandene oder zu erwartende **Gläubigerkonkurrenz** reicht daher **nicht** aus.[17] Beengte finanzielle Verhältnisse,[18] vorhandene Schulden,[19] und bereits gegenwärtige Leistungsunfähigkeit, dh weder gute noch schlechte Vermögensverhältnisse begründen für sich den Sicherungszweck,[20] und zwar selbst dann nicht, wenn der Wert des noch vorhandenen Tatertrags bis zum Eintritt der Vollstreckbarkeit der Einziehungsforderung im Zuge der bisherigen allgemeinen Lebensführung vermutlich verbraucht sein wird.[21] Allerdings können knappe Finanzen einen Anreiz bieten, tatbedingte **Reserven beiseitezuschaffen.** Derartigen Bestrebungen darf die Strafjustiz selbstverständlich vorbeugen – wenn denn dafür sprechende Anhaltspunkte vorliegen.

16 **2. Anerkannte Sicherungsinteressen.** Gemäß der fortgeltenden Grundsätze des § 917 ZPO liegt der Sicherungszweck bei zu erwartender **Auslandsvollstreckung** vor, vgl. § 917 Abs. 2 ZPO. Eine Ausnahme besteht nicht nur bei Vollziehung in ein Schiff, vgl. § 917 Abs. 2 S. 2 ZPO, sondern auch bei verbürgter Gegenseitigkeit[22] wie im Rahmen der EU und (vorbehaltlich bilateraler Besonderheiten) im Verhältnis zu allen Ländern, welche die Europaratsübereinkommen oder vergleichbare völkerrechtliche Vereinbarungen ratifiziert haben.

17 Im Übrigen sind die **Umstände des jeweiligen Einzelfalls** maßgeblich.[23] Die Annahme der Gefährdung der Vollstreckung verlangt das Vorhandensein sachverhaltsspezifisch-konkreter[24] **tatsächlicher Anhaltspunkte.** Generelle Überlegungen und kriminalistische Erfahrungen dürfen selbstverständlich berücksichtigt werden, jedoch genügt das allgemeine Wissen mangelnder Begeisterung über drohende Wegnahme angesichts des verfassungsrechtlichen Bedeutungsgebots (quasi-)tatbestandlicher Anforderungen nicht aus.

18 Anleihen beim **Haftrecht** sind durchaus sachgerecht.[25] Die relevanten Umstände müssen hier wie dort nicht bereits bewiesen sein.[26] Vielmehr bedarf es einer **Prognose** über die Gefahr für die (potenzielle) Vollstreckung.[27] Sie ist im Wege einer Gesamtabwägung aller

16 Buchholz/Weber NZWiSt 2020, 306 (307 f.); Gercke in Gercke/Julius/Temming/Zöller Rn. 12 aE; Johann in Löwe/Rosenberg Rn. 19; Meißner NZWiSt 2018, 239 (242); Rönnau Vermögensabschöpfung Rn. 200; Rogall in SK-StPO § 111d Rn. 15; evtl. weitergehend BGH 19.1.2021 – StB 46/20, Rn. 8.

17 OLG Bamberg 12.11.2012 – 4 U 168/12, WM 2013, 649 Rn. 59; OLG Frankfurt a. M. 13.3.2014 – 4 W 12/14, ZWH 2014, 325 Rn. 15 (mAnm Bülte); OLG Zweibrücken 8.4.2009 – 1 Ws 339/08, wistra 2009, 484 (486); Johann in Löwe/Rosenberg Rn. 19.

18 Evtl. weitergehend BGH 19.1.2021 – StB 46/20, Rn. 8; Köhler in Meyer-Goßner/Schmitt Rn. 7 („gewichtiges Indiz"); wie hier Gercke in Gercke/Julius/Temming/Zöller Rn. 12; Rönnau Vermögensabschöpfung Rn. 200.

19 Zu pauschal daher BGH 23.6.2020 – StB 17/20, Rn. 17.

20 Cordes NZWiSt 2021, 45, 48; Heine in SSW StPO Rn. 9; Johann in Löwe/Rosenberg Rn. 19; Peters in Peters/Bröckers Vermögensabschöpfung Rn. 439; Retemeyer in HWiStR Teil 14, Rn. 81 aE; Rogall in SK-StPO § 111d Rn. 14 f.; Schmidt Vermögensabschöpfung-HdB Rn. 908; Spillecke in KK-StPO Rn. 6; Wehnert/Mosiek StV 2005, 568 (570); unzutreffend OLG Hamm 23.6.2022 – 5 Ws 94/22, Rn. 30, unter zweifelhafter Berufung auf Köhler in Meyer-Großner/Schmitt, Rn. 6; Greier ZIP 2007, 953 (955).

21 LG Kiel 27.2.2020 – 7 Qs 77/19, wistra 2021, 40 Rn. 4 f., betreffend Unterhaltszahlungen und die Nutzung eines überlassenen, möglicherweise kontaminierten PKW seitens einer Drittempfängerin.

22 Spillecke in KK-StPO Rn. 5; s. auch Schmidt Vermögensabschöpfung-HdB Rn. 907 m. Fn. 222; aA Johann in Löwe/Rosenberg Rn. 20 (trotz Abstellens auf Gegenseitigkeit unter Hinweis auf rechtliche und faktische Schwierigkeiten).

23 Rönnau Vermögensabschöpfung Rn. 196; Rogall in SK-StPO § 111d Rn. 12 f. mit Beispielen Rn. 16. Weitere Beispiele bei Retemeyer in HWiStR Teil 14, Rn. 81.

24 LG Hamburg 8.3.2022 – 618 Qs 3/22 Rn. 48; Rogall in SK-StPO § 111d Rn. 12.

25 Bittmann/Kühn wistra 2002, 248 (249); Köhler in Meyer-Goßner/Schmitt Rn. 17; Rogall in SK-StPO § 111d Rn. 12 mit Fn. 25; weitere Beispiele bei Hellerbrand wistra 2003, 201 (202 f.).

26 Missverständlich Johann in Löwe/Rosenberg, § 111b Rn. 85 und § 111e Rn. 6: Natürlich muss sich der Beschuldigte nicht entlasten, es bedarf aber auch keines justitiellen Beweises wirklicher Gefahr für die spätere Vollstreckung.

27 Rogall in SK-StPO § 111d Rn. 12; so auch Johann in Löwe/Rosenberg Rn. 6 unter Betonung der staatlichen Darlegungspflicht.

erkennbaren Umstände über das nach Erfahrungswerten **wahrscheinlichste zukünftige Verhalten** des (potentiell) Betroffenen **und** unter Berücksichtigung des **sonstigen Verfahrensgeschehens** aufzustellen. Einschlägig sind etwa Hinweise auf Auslandstransfers, sonstiges Verschleiern,[28] Flucht, wirtschaftswidriges Beiseiteschaffen oder Verschleudern von Vermögenswerten, deren dingliche Belastung zugunsten Nahestehender, ebenso die bevorzugte Tilgung ihrer (tatsächlichen oder vermeintlichen) Forderungen. Wiewohl allgemeine Vermutungen nicht genügen, bedarf es keiner Feststellung bereits geschehener manipulativer Handlungen.[29] Allerdings indiziert vergangenes Verwirklichen eines der einschlägigen Umstände, insbesondere illegale Verminderung oder Verschleiern von Vermögen, die Erwartung **weiterer** Aktivitäten, welche die Vollstreckung wesentlich erschweren oder gar vereiteln könnten.[30]

Zwischen **Tatverdacht** und der **Höhe** des in Rede stehenden **Erlangten** einerseits 19
und der **Person** sowie deren **Vermögens**- und sonstigen **Lebensverhältnissen** andererseits, besteht durchaus eine **Korrelation,** die Anhaltspunkte für Verschleierungshandlungen bieten kann, zumal da in subjektiver Hinsicht Vereitelungs**absicht** nicht erforderlich ist.[31] Obwohl **Kooperation** tendenziell fraglos gegen das Vorliegen eines Arrestgrunds spricht,[32] ist nicht die Bekundung oder freundliches Auftreten, sondern das Verhalten maßgeblich. Es ist sehr genau auf die Übereinstimmung zwischen Wort und Tat zu achten, zB ob sich nachtatlich beschworene Rechtstreue etwa in Wiedergutmachungsleistungen manifestiert.

Das gilt insbesondere beim Verdacht eines eigennützigen Vermögensdelikts. Allerdings 20
ist die Frage nach der **Bedeutung** der **in Rede stehenden Tat** nach wie vor **nicht konsentiert.** Sie wird innerhalb der breiten Palette von Gleichsetzung[33] bis unbeachtlich[34] beantwortet.[35] Beide Extreme überzeugen nicht. Es gibt keinen Grund, für den Tatverdacht sprechende Gründe im Sinne eines gesetzlich nicht angeordneten Doppelverwertungsverbots für die Entscheidung über das Vorliegen eines Arrestgrundes auszublenden. Wird einem Beschuldigten eine auf mangelnder Transparenz beruhende, gar eine auf Verschleierung zielende Straftat vorgeworfen, so wäre die Annahme abwegig, er werde sein (legal oder illegal erworbenes) Vermögen ohne weiteres zwecks Abschöpfung bereithalten. Es gibt zwar keinen Automatismus: Eine verschleiernde Vermögensstraftat begründet selbst bei dringendem Verdacht nicht per se einen Arrestgrund. Ein solcher **kann** aber (auch **allein**[36]) aus **Umständen** folgen, die auch den **Tatverdacht begründen.** Das ist verfassungsrechtlich

[28] OLG Frankfurt a. M. 18.1.2005 – 3 Ws 1095/04, NStZ-RR 2005, 144 (145).

[29] BGH 19.1.2021 – StB 46/20, Rn. 7.

[30] Gercke in Gercke/Julius/Temming/Zöller Rn. 11 f.; Rogall in SK-StPO § 111d Rn. 17; Schmidt Vermögensabschöpfung-HdB Rn. 908; s. auch Johann in Löwe/Rosenberg Rn. 17 f.

[31] Daher vermögen auch das zu befürchtende Verhalten Dritter oder sonstige Gründe (zB Witterungseinflüsse) einen Arrestgrund zu begründen, Rogall in SK-StPO § 111d Rn. 12.

[32] OLG Bamberg 12.11.2012 – 4 U 168/12, WM 2013, 649 Rn. 57; Rogall in SK-StPO § 111d Rn. 14: Transparenz als Gegenspieler eines Arrestgrundes.

[33] OLG Frankfurt a. M. 21.1.2005 – 3 Ws 42/05, NStZ-RR 2005, 111; OLG Karlsruhe 11.2.2019 – 3 Ws 37/19; OLG Stuttgart 21.1.2008 – 2 Ws 328/07, NJW 2008, 1605 Rn. 19; LG Augsburg 2.11.2020 – 10 Qs 1054/20 Rn. 40 f.; Schmidt Vermögensabschöpfung-HdB Rn. 907; ebenso, aber wohl aufgrund der Besonderheit des konkreten Falls BGH 7.4.2020 – StB 8/20 Rn. 17.

[34] OLG Hamburg 5.5.2020 – 2 Ws 44/20, StV 2020, 734; Brockhaus StRR 2011, 309; Gercke in Gercke/Julius/Temming/Zöller Rn. 12; Johann in Löwe/Rosenberg Rn. 17 (mit dem unzutreffenden Vorwurf eines Zirkelschlusses); Rönnau Vermögensabschöpfung Rn. 201; Rönnau/Hohn wistra 2002, 445 (451).

[35] Vgl. auch KG Berlin 2.6.2020 – 4 Ws 21/20 Rn. 26; OLG Schleswig 9.7.2019 – 2 Ws 68/19, wistra 2020, 86 Rn. 5; LG Frankfurt a. M. 29.7.2020 – 5/14 Qs 9/20 – 7500 Js 233740/19, wistra 2021, 336 Rn. 12–23 (Ls.); LG Hamburg 16.5.2018 – 618 Qs 14/18, wistra 2018, 446 Rn. 15; 3.8.2018 – 632 Qs 28/18, PStR 2018, 277 Rn. 9; 2.5.2019 – 618 Qs 9/19, NZWiSt 2020, 78 Rn. 18 f.; 8.11.2021 – 618 Qs 16/21, Rn. 36; Köhler in Meyer-Goßner/Schmitt Rn. 6; Übersicht bei Cordes NZWiSt 2021, 45 (47 f.) m. Fn. 39–43 und 55–57.

[36] BGH 19.1.2021 – StB 46/20, Rn. 6 f.; OLG Hamm 23.6.2022 – 5 Ws 94/22, Rn. 30 (in concreto aber zweifelhaft); LG Lübeck 3.2.2022 – 6 Qs 40/21 Rn. 22 f.; Köhler in Meyer-Goßner/Schmitt Rn. 6; Madauß NZWiSt 2019, 49, 53 aA Johann in Löwe/Rosenberg § 111b Rn. 85 und § 111e Rn. 18.

unbedenklich,[37] bedarf allerdings der Prüfung, Feststellung und Darlegung in jedem Einzelfall.[38]

21 **Weitergehend** soll nach dem OLG Karlsruhe,[39] dem OLG Celle,[40] dem OLG München,[41] dem LG Augsburg[42] und dem AG Frankfurt a.M.[43] bereits der Verdacht einer vermögensbezogenen Straftat **grundsätzlich,** laut LG Hamburg[44] **regelmäßig** das Bedürfnis nach Sicherung der Vollstreckung begründen. Im (allerdings besonders exponierten) Fall des getöteten Kasseler Regierungspräsidenten hielt sich der 3. Strafsenat des BGH mit der Prüfung des Sicherungsbedürfnisses nicht lange auf und folgerte es schlicht aus der (nicht weiter belegten) Annahme, bei Herausgabe stehe zu befürchten, dass ein Zugriff anschließend nicht mehr möglich wäre.[45]

22 In einer anderen Entscheidung bejahte der 3. Senat das Vorliegen ausreichender Hinweise für eine Vollstreckungsvereitelungsabsicht bei einer Überzeugungstäterin, die den Fortbestand ihrer Verbundenheit zur verbotenen Vereinigung bekundet und durch mehrere Spenden dokumentiert hatte.[46] Laut BGH bedeute das Gebot eines Handelns zur Sicherung späterer Vollstreckung[47] nach dem Wortlaut des Gesetzes und den gesetzgeberischen Motiven, dass der allgemeine Grundsatz der Verhältnismäßigkeit, das **Übermaßverbot** und die bisherige Rechtsprechung zum **Arrestgrund** weiterhin zu **beachten** seien.[48] Das Erfordernis der Sicherung könne sich bereits aus der Tat als solcher ergeben,[49] allerdings werde ihr Gewicht allein nur in besonderen Ausnahmefällen ausreichen. Um einen Arrestgrund bejahen zu können, seien vielmehr regelmäßig Erkenntnisse auch aus dem **Verhalten nach der Tat,** insbesondere unter dem Eindruck des laufenden Verfahrens, als Beleg einer entsprechenden Vollstreckungsvereitelungsabsicht vonnöten.[50] Demgegenüber spreche das jahre-

---

37 BVerfG 7.6.2005 – 2 BvR 1822/04, StraFo 2005, 338 Rn. 49.

38 OLG Bamberg 12.11.2012 – 4 U 168//12, WM 2013, 649 Rn. 52 ff.; zust. Bülte ZWH 2013, 293; KG Berlin 20.12.2013 – 25 W 39/13, ZWH 2014, 165; dazu Bülte ZWH 2014, 166; KG Berlin 3.5.2017 – 4 Ws 61/17, wistra 2017, 501 (dazu Lampe jurisPR-StrafR 16/2017, Anm. 4); OLG Braunschweig 5.5.2014 – 1 Ws 103/14, wistra 2014, 327 Rn. 46 („widerlegliche Vermutung"); OLG Karlsruhe 19.2.2014 – 13 U 108/13; OLG Nürnberg 16.4.2013 – 2 Ws 533/12, 2 Ws 10 und 11/13, wistra 2013, 327 Rn. 53 ff. (LS.) mit umfänglichen Nachweisen; OLG Rostock 19.12.2013 – Ws 320/13, ZWH 2014, 440 Rn. 28 mAnm Burghart; LG Kiel 16.7.2004 – 37 Qs 44/04 wistra 2004, 440; LG Nürnberg-Fürth 9.7.2021 – 12 Qs 26/21, Rn. 31; LG Hamburg 8.3.2022 – 618 Qs 3/22, Rn. 49 f.; 24.1.2022 – 630 Qs 24/21, Rn. 34; wohl auch OLG Köln 6.1.2010 – III-2 Ws 636 und 642/09 StV 2011, 145; Bittmann in Bittmann/Köhler/Seeger/Tschakert Strafrechtl. Vermögensabschöpfung-HdB Rn. 321; Johann in Löwe/Rosenberg Rn. 18; Rettke wistra 2017, 417 (420); Rogall in SK-StPO § 111d Rn. 13 f., 17 Schlachetzki wistra 2011, 41 (45); Spillecke in KK-StPO Rn. 7. OLG Hamburg 27.11.2008 – 2 Ws 197/08 StV 2009, 122 Rn. 33, spricht von Indizwirkung; ebenso Heine in SSW StPO Rn. 9; Retemeyer in HWiStR Teil 14, Rn. 81.

39 OLG Karlsruhe 11.2.2019 – 3 Ws 37/19.

40 OLG Celle 8.7.2020 – 2 Ws 200/20, wistra 2021, 210 Rn. 103 mAnm Rettke (für einfache Steuerhinterziehung).

41 OLG München 11.11.2021 – 8 U 5670/21, WM 2021, 2433 Rn. 31.

42 LG Augsburg 2.11.2020 – 10 Qs 1054/20, Rn. 40 f.

43 AG Frankfurt a.M 4.12.2020 – 2401 Js 254499/20 – 931 Gs, Rn. 12.

44 LG Hamburg 8.11.2021 – 618 Qs 16/21, Rn. 37.

45 BGH 7.4.2020 – StB 8/20, Rn. 17.

46 BGH 19.1.2021 – StB 46/20, Rn. 6 f.

47 OLG Stuttgart 25.10.2017 – 1 Ws 163/17, NJW 2017, 3731 Rn. 15 f.; auch OLG Celle 2.3.2018 – 1 Ws 19/18 wistra 2018, 440; OLG Rostock 12.4.2018 und 7.6.2018, je Ws 42/18 StraFo 2018, 350 bzw. PStR 2019, 58 Rn. 20–22; LG Hamburg 16.5.2018 – 618 Qs 14/18, wistra 2018, 446 Rn. 12 f.; LG Frankfurt a. M. 29.7.2020 – 5/14 Qs 9/20 – 7500 Js 233740/19, wistra 2021, 336 Rn. 5–11 (Ls.); einschr. LG Hamburg 2.5.2019 – 618 Qs 9/19, NZWiSt 2020, 78 Rn. 16 (finale Verknüpfung genügt).

48 BGH 19.1.2021 – StB 46/20, Rn. 6.

49 Eindrucksvoll LG Hamburg 16.5.2018 – 618 Qs 14/18, wistra 2018, 446 Rn. 15; 3.8.2018 – 632 Qs 28/18, PStR 2018, 277 Rn. 9; 2.5.2019 – 618 Qs 9/19, NZWiSt 2020, 78 Rn. 18 f.; LG Frankfurt a. M. 29.7.2020 – 5/14 Qs 9/20 – 7500 Js 233740/19, wistra 2021, 336 Rn. 12–23 (Ls.) offenlassend KG Berlin 2.6.2020 – 4 Ws 21/20, Rn. 26.

50 BGH 19.1.2021 – StB 46/20, Rn. 6; OLG Schleswig. 9.7.2019 – 2 Ws 68/19, wistra 2020, 86 Rn. 5; OLG Hamburg 5.5.2020 – 2 Ws 44/20 StV 2020, 734; ebenso LG Frankfurt a. M. 29.7.2020 – 5/14 Qs 9/20 – 7500 Js 233740/19, wistra 2021, 336 (Ls.) Rn. 12–23, verneint für schlichten Insiderhandel.

lange Fehlen von Verschleierungshandlungen gegen das Vorliegen eines Sicherungsbedürfnisses.[51]

III. Interesse des Betroffenen an grundrechtschonendem Vorgehen

1. Allgemeine mit einem Vermögensarrest verbundene Belastungen. Auch im Stadium der Vollstreckung kann das Interesse des Verurteilten, die rechtskräftig titulierte Forderung nicht erfüllen zu müssen, durchaus verständlich sein. Einfach-rechtlichen Schutz genießt es jedoch nur insoweit, wie die Vollstreckung aufgrund Unverhältnismäßigkeit zu unterbleiben hat, § 459g Abs. 5 S. 1. Erfüllt der Betroffene seine Zahlungspflicht nicht freiwillig, so trifft ihn die ergänzende Pflicht, Maßnahmen zur gesetzlich vorgesehenen Zwangsvollstreckung zu dulden. Der Staat darf sein Recht aber nur in möglichst grundrechtschonender Weise durchsetzen. Das gilt erst recht im Fall der Vollziehung eines vorläufigen Sicherungstitels wie einem Vermögensarrest, weil eine verbindliche Entscheidung über das Bestehen der Einziehungsforderung noch aussteht. 23

Der **Unterschied** zwischen Durchsetzung einer **endgültigen** und einer **vorläufigen Anordnung** ist deutlich: Ein Urteil fußt auf einer viel **verlässlicheren Grundlage** (→ Rn. 70). Die ihn tragenden tatsächlichen Umstände konnten in der (relativen) Ruhe eines Gerichts ausführlich überprüft werden. Dagegen beruht ein Vermögensarrest, va dann, wenn er zu Beginn eines Ermittlungsverfahrens aufgrund einfachen Tatverdachts erlassen wurde, auf noch nicht in wirklich belastbarer Weise überprüften Tatsachenannahmen. Sollte die Einziehung unterbleiben oder nur in deutlich geringerer Höhe angeordnet werden, so sind die Lasten vorläufiger Sicherung längst eingetreten und deren Folgen lassen sich oft nicht wieder beseitigen. Zudem ist die Wahrscheinlichkeit dafür, dass die legitimen Belange des Betroffenen überwiegen, viel größer als bei einer Beschlagnahme. Demzufolge darf ein **Vermögensarrest keineswegs** auf **allzu vager Basis** und ohne Bedacht der drohenden Nebenwirkungen beantragt und erlassen werden. 24

Die Folgen eines Vermögensarrests treffen den **Betroffenen** zwar erst im Zuge der Vollziehung. Seine **Belange** sind aber bei der Anordnung nicht etwa auszublenden. Vielmehr sind sie, soweit sie sich absehen lassen (und im Gegensatz zu den Vollstreckungsschutzbestimmungen, → § 111j Rn. 14), **vor** dem Stellen des **Antrags** von der Staatsanwaltschaft, vom Gericht **vor** der **Anordnung** zu **beachten** und daraufhin zu prüfen, ob sie die strafprozessualen Sicherungsinteressen überwiegen. Der Grund dafür besteht darin, dass die Anordnung nicht nur auf die Vollziehung abzielt, sondern bei der Durchführung auch als Legitimation dient, deren Grundlage selbst nicht mehr in Frage steht. Die Abwägung verschiedener legitimer Interessen ist zudem nicht die Aufgabe derer, denen die Vollziehung obliegt. Kein Vermögensarrest schützt den potenziell Betroffenen so sicher vor jeglichen mit seiner Existenz verbundenen Nachteilen, wie ein unterbliebener. 25

Erhebliche Anstrengungen der Justiz, einen Vermögensarrest möglichst früh zu erwirken und zu vollziehen, zeigen ihr Interesse, Fakten zu schaffen. Es ist rechtlich aber nur bei ernsthafter Gefahr für die Vollstreckung gedeckt, nicht schon zwecks Arbeitserleichterung, zum Aufbau einer Position der Stärke und erst recht nicht, um einen Betroffen unter Druck zu setzen. Dem **großen Interesse der Justiz** an schneller Vollziehung steht ein **ebenso großes Gegeninteresse** potenziell **Betroffener** gegenüber. Wer will schon seinen und seiner Familie wirtschaftlichen Spielraum ohne Rücksicht auf bisherige Lebensverhältnisse mit einem Schlag auf die Pfändungsfreigrenze reduziert sehen (→ Rn. 7 und 7a)? Ohne Möglichkeit vorzusorgen, sind wirtschaftliche Dispositionen von einem Moment zum anderen Makulatur, für den Betroffenen wegen Vollziehung vor Bekanntgabe zunächst ohne ersichtlichen Grund. 26

Was im **Vollstreckungsinteresse** als **Vorteil** erscheint, bedroht Betroffene **existenziell.** Manche Bank pflegt aufgrund jeglicher strafprozessualer Pfändung die Kontoverbindung ohne Ansehen der Person des Kunden zu kündigen. Dessen Konten zu sperren, könnte 27

---

[51] OLG Hamburg 5.5.2020 – 2 Ws 44/20 StV 2020, 734; Köhler in Meyer-Goßner/Schmitt Rn. 6.

seine wirtschaftliche Handlungsfähigkeit aber nicht nur beeinträchtigen, sondern sie (mit oder ohne Insolvenz, → § 111h Rn. 16–18) beenden – und sei es allein aufgrund von Reputationsschäden. Es drohen nicht wiedergutzumachende Nebenwirkungen. Diese sind generell zu vermeiden, soweit es irgendwie geht.

27a Insbesondere gilt das in Bezug auf ein Unternehmen, noch dazu, wenn es sich dabei um einen haftenden, aber **straflosen Drittempfänger** handelt.[52] Sicherungsmaßnahmen träfen Arbeitnehmer als gänzlich Unbeteiligte und wirtschaftlich nicht immer nur Beschuldigte, zB wenn ein nicht zum Kreise der Gesellschafter gehörender Geschäftsführer Tatertrag über Konten des Unternehmens generierte und anschließend für sich abzweigte. War die bemakelte Herkunft noch nicht einmal zu erkennen, so ist Einziehung in den Fällen der § 73b Abs. 1 S. 1 Nr. 2 lit. b, § 73c StGB unzulässig. Dann droht keine Anordnung und damit erst recht keine Vollstreckung, die es per Vermögensarrest zu sichern gölte. Die Prüfung **mangelnder Fahrlässigkeit** kann allerdings komplex sein und schwierige Zurechnungsprobleme aufwerfen.

27b Für die Entscheidung über die Anordnung eines Vermögensarrests kann auf allgemeine Grundsätze des einstweiligen Rechtschutzes (→ Rn. 56–58) zurückgegriffen werden: Ist die spätere Einziehung lediglich eine Möglichkeit, so mag sie zwar dennoch selbst unterhalb einer Wahrscheinlichkeit von 50 % noch iSv § 111e Abs. 1 zu erwarten sein, wäre aber nicht verhältnismäßig. Die bei offener Prognose gebotene Rechtsfolgenabschätzung spricht für die Anordnung, wenn die Folgen der Unmöglichkeit späterer Vollstreckung schwerer wögen als die beim Betroffenen zu Unrecht eingetretenen, bliebe die Einziehung aus, und dagegen, wären Letztere gravierender.

27c Noch größere Zurückhaltung ist geboten, steht nur **fahrlässiges Handeln** im Raum. Es erlaubt zwar die Einziehung, allerdings nur gemäß dem Nettoprinzip. Die Sicherung der Vollstreckung mittels Vermögensarrests kann schon für sich **nur** unter **besonderen Umständen verhältnismäßig** sein und ist es jedenfalls kaum gegenüber einem wirtschaftlich gesunden und im Kern seriösen Unternehmen, schon gar nicht zum Nennwert des Erlangten bzw. der ersparten Aufwendungen, denn bei fahrlässigem Handeln ist der Wert getätigter Aufwendungen abzuziehen, § 73d Abs. 1 S. 1 StGB, deren Umfang die Strafjustiz vor Einblick in die Kalkulation, der bei Anordnung typischerweise aussteht, aber noch nicht einmal ihre Größenordnung nach abzuschätzen vermag.

28 **2. Vorwirkung: Kein Sicherungsbedürfnis bei absehbarem Unterbleiben der Vollstreckung.** Nach dem mit Ablauf des 30.6.2017 außer Kraft getretenen Recht minderte sich der Umfang des zu sichernden Betrags, soweit sich absehen ließ, dass eine der Härtefallklauseln des § 73c StGB aF zur Anwendung gelangen würde. Nunmehr ist Entreicherung im Erkenntnisverfahren nur noch zugunsten eines gutgläubigen Empfängers, § 73e Abs. 2 StGB, im Übrigen Unverhältnismäßigkeit nur noch im Stadium der Vollstreckung zu berücksichtigen. Blieben diese Umstände nunmehr im Gegensatz zu früher in Bezug auf die Arrestsumme außer Betracht, so bestünde die **Gefahr** von Belastungen des Betroffenen aufgrund von **Nebenwirkungen,** die ihn nicht nur nach dem außer Kraft getretenen Recht nicht treffen konnten, sondern die auch vom 2017 reformierten Recht der Vermögensabschöpfung **nicht intendiert** sind. Daran hat die (im Gegensatz zu abwägenden Gesetzesmaterialien 2017 stehende, zuvor also erfreulicherweise vermiedene, aber immerhin nur auf den Eigenverbrauch des Werts von Taterträgen bezogene) Einseitigkeit des in der Begründung zum StPO-Fortentwicklungsgesetz 2021 betonten Vollstreckungsinteresses, das zur Eliminierung der herausgehobenen Bedeutung der Entreicherung in § 459g Abs. 5 S. 1 führte, nichts geändert.

29 Das vom Reformgesetz 2017 geschaffene **Spannungsverhältnis** zwischen Anordnung (ohne Rücksicht auf Verhältnismäßigkeit der Durchsetzung) und Vollstreckung (vorbehaltlich genau dieser Rücksicht) betrifft die Einziehung, ist jedoch für den **Vermögensarrest**

[52] Vgl. OLG Frankfurt a. M. 28.10.2021 – 3 Ws 506/21, NStZ-RR 2022, 71 Rn. 26; Lindemann/Bauerkamp in Leitner/Rosenau, Wirtschafts- und Steuerstrafrecht, 2. Aufl. 2022, Vor §§ 73 ff. StGB, Rn. 17.

irrelevant. § 111e Abs. 1 dient **nicht** der Sicherung der Anordnung der Einziehung, **sondern** stellt ausschließlich auf die **Sicherung** der späteren **Vollstreckung** der Einziehungsforderung ab.[53] Sobald und soweit im Verlauf des Verfahrens Umstände bekannt werden, die der Vollstreckung voraussichtlich dauerhaft entgegenstünden, **fehlt** die **Erwartung** späterer **Vollstreckung** ersatzweiser Einziehung des Werts von Taterträgen.[54] Es handelt sich dabei zunächst um Rechtsgründe wie fehlender Tatverdacht, mangelnde Mitverfügungsgewalt oder Erfüllung, die schon der Anordnung entgegenstehen. Der Wortlaut umfasst aber Geschehnisse ebenso, die zwar nicht die Anordnung, wohl aber die Vollstreckung hindern (wie zB die ersatzweise Einziehung des Werts ersparter Steueraufwendungen nur bis zur Höhe der Ansprüche des Finanzamts vollstreckt werden können, weil dann dessen Forderung ungeachtet des Kompensationsverbots erloschen ist.[55]

Ob und wenn ja, welche rein vollstreckungsbezogenen Umstände eine **Vorwirkung** auf die Zulässigkeit der Anordnung eines Vermögensarrests entfalten, ist ungeklärt. Der Gesetzgeber hat sich dazu weder im Reformgesetz 2017 noch im StPO-Fortentwicklungsgesetz 2021 positioniert. Seine insbesondere dabei verwandte Diktion ist aber wohl dahingehend zu verstehen, dass er der Vollstreckung entgegen dem Wortlaut des § 111e Abs. 1 S. 1 keine Bedeutung für den Vermögensarrest beimisst. Das jedoch wäre ein Irrtum, weil sehenden Auges in Kauf genommen würde, einem Betroffenen aufgrund vorläufiger Entscheidung **stärkeren Belastungen** und **Einschränkungen** auszusetzen **als** ihn **nach Rechtskraft** der Hauptsache erwarteten (→ Rn. 7, 7a und 26 f.). Ein solch tiefgreifenderer Eingriff könnte sich ggf. über eine sehr lange Verfahrensdauer auswirken und entbehrte selbst dann materieller Berechtigung, wenn eine deckungsgleiche Einziehungsanordnung rechtkräftig würde, aber nicht in vollem Umfang vollstreckt werden dürfte – und selbst dann wären die Folgen geringer, weil sich der Betroffene auf ihren Eintritt vorbereiten könnte. Das Gebot, derartige Folgen, die allein auf die Verfahrensgestaltung zurückzuführen wären, zu vermeiden, ist evident bei einem **Drittempfänger,** der haften kann, ohne sich selbst strafbar gemacht zu haben, gilt aber darüber hinaus allgemein, weil der Rechtstaat **repressive Folgen** im **materiellen Recht festlegt.** Vermeidbare mit dem Verfahren verbundene Lasten sind daher rechtswidrig. 30

Allerdings ist auch mit dem novellierten § 459g Abs. 5 S. 1 **nicht geklärt,** unter welchen Umständen die **Vollstreckung unverhältnismäßig** ist. In der zwischen dem 1.7.2017 und dem 30.6.2021 gültigen Fassung bildete die Entreicherung ein in § 459g Abs. 5 S. 1 gesondert angeführtes Beispiel, das zwingend zur Unverhältnismäßigkeit führte, aber sowohl in einem gewissen Spannungsfeld zur in S. 2 angeordneten Wiederaufnahme der Vollstreckung nach eingetretener Leistungsfähigkeit stand, als auch offenließ, wie der Begriff *Entreicherung* zu verstehen war: Sollte er bereicherungsrechtlich oder als Synonym für Verarmung ausgelegt werden? Galt die Rechtsprechung zu § 73c StGB aF zur Notwendigkeit der Berücksichtigung des Brunnens, in dem die Entreicherung versickerte, fort? Wie war in Fällen ersparter Aufwendungen zu verfahren, wenn zwar jedes Surrogat von Taterträgen im Vermögen des Beschuldigten getilgt, darin gleichwohl aber deren Wert noch vorhanden war? Ewert/Rettke hatten überzeugend den Grundsatz **weg ist weg** entwickelt.[56] Nunmehr unterbleibt die Vollstreckung nur noch bei Unverhältnismäßigkeit. Zu klären, unter welchen Voraussetzungen dies der Fall ist, hat der Gesetzgeber ausdrücklich der **Rechtsprechung überlassen.**[57] 31

Das zutreffende Verständnis des § 459g Abs. 5 S. 1 lässt sich nicht allein aus der Vorschrift allein entwickeln, sondern verlangt einen Blick auf die systematischen und historischen Zusammenhänge. § 73 StGB als erstmalige allgemeine Regelung über die seinerzeit als Verfall bezeichnete Einziehung von Taterträgen folgte in seiner Erstfassung ab dem 32

[53] AA Köhler in Meyer-Goßner/Schmitt § 111b Rn. 10.
[54] Johann in Löwe/Rosenberg § 111j Rn. 44; aA Köhler in Meyer-Goßner/Schmitt Rn. 10.
[55] Wohl aA OLG Hamm 29.7.2021 – 3 Ws 265 und 282/21, Rn. 21 mN.
[56] Ewert/Rettke wistra 2020, 312; zustimmend Bittmann wistra 2021, 257 (258 f.).
[57] BT-Drs. 19/27654, 112 aE.

1.1.1975 dem Nettoprinzip und betraf die Abschöpfung von **Gewinnen** aus Straftaten. Dies erweiterte der Gesetzgeber mit Wirkung vom 7.3.1992 auf den Verfall des gesamten Erlangten. Das Gesetz folgt damit seitdem dem Bruttoprinzip. Wie dies zu verstehen ist, regelt jedoch nicht § 73 StGB allein. Bis zum 30.6.2017 ergab sich die Höhe der Verfallsforderung aus dem Zusammenwirken mit der Härteklausel, § 73c StGB aF Diese verlagerte die Reform 2017 in das Vollstreckungsverfahren – und ordnete das Unterbleiben der Vollstreckung nunmehr zwingend an. Trotz Verlagerung auf unterschiedliche Verfahrensabschnitte erschließt sich der gesetzliche Inhalt des **materiell-rechtlichen Bruttoprinzips** daher erst aus dem **Zusammenwirken von § 73 Abs. 1 StGB und § 459g Abs. 5.**[58] Daran hat die Novelle 2021 nichts geändert, wenngleich die maßgeblichen Faktoren jetzt nur noch das Erlangte einerseits und die Unverhältnismäßigkeit andererseits bilden.

33 Die markigen und moralisierenden Formulierungen, mit denen der Regierungsentwurf die Streichung der herausgehobenen Funktion der Entreicherung begründete,[59] dürfen nicht darüber hinwegtäuschen, dass er sich dabei allein auf die Konstellation des (übermäßigen) **Eigenverbrauchs** des Werts erlangter Taterträge bezog, speziell auf das Verprassen. Dies ist aber weder die einzige noch die in der Praxis vorherrschende Situation der Entreicherung. Diese besteht vielmehr in der Weiterleitung von Taterträgen namentlich bekannter Untergeordneter an andere Beteiligte, namentlich an namentlich unbekannte Hintermänner.[60] Angeklagten solcher Fälle verbleibt typischerweise ein nur sehr geringer prozentualer Anteil oder ein marginaler Tatlohn.

33a Der **Unterschied** zwischen solchen Fällen und luxuriösem Verprassen **ist deutlich.** Es kann daher nicht angenommen werden, dass der Gesetzgeber beides gleichsetzen wollte. Vielmehr ist die **Änderung** als **Beseitigung des Automatismus** bei Entreicherung entfallender Vollstreckung und damit als **Wiederherstellung früherer Flexibilität** dahingehend zu verstehen, dass die **Ursache eingetretener Entreicherung wieder berücksichtigt** werden darf. Die Vollstreckung hat nicht zu unterbleiben, hatte sich der Betroffene vom Tatertrag und damit unverdient auf Kosten Dritter **ein schönes Leben** gemacht.

33b Dies schließt es jedoch keineswegs aus, sondern verlangt es sogar, justizseits der aus **anderen Gründen eingetretenen Entreicherung** entgegenkommender zu begegnen. Angesichts dessen führt die geltende Fassung des § 459g Abs. 5 S. 1 **inhaltlich zurück zur früheren Härteklausel des § 73c** aF **StGB:** Schon diese verstand die Rechtsprechung dahingehend, Entreicherung führe nicht zwingend zum Unterbleiben der Abschöpfung. Im Ergebnis war folglich diese Alternative bereits überflüssig. Sie gewann erst mit dem Reformgesetz 2017 eigenständige Bedeutung. Diese ist nun wieder entfallen. Damit ist insoweit die Rückkehr zum früheren Rechtszustand verbunden – nur die seit 2017 bestehende Aufteilung zwischen Erkenntnis- und Vollstreckungsverfahren ist geblieben.

33c Aufgrund der auch materiell-rechtlichen Bedeutung des § 459g Abs. 5 S. 1 für das Brutto-Prinzip (→ Rn. 32) ist für den **zeitlichen Anwendungsbereich § 2 Abs. 3 StGB** einschlägig. Es gilt das bei Beendigung der Tat (im materiell-rechtlichen Sinne) geltende Gesetz, wenn es milder ist. Für vor dem 1.7.2021 beendete Taten gilt daher § 459g Abs. 5 S. 1 in der Fassung des Reformgesetzes 2017, weil danach das Unterbleiben der Vollstreckung im Fall der Entreicherung zwingend galt. Das ist für den Betroffenen günstiger als eine auf Abwägung hinauslaufende Prüfung der Verhältnismäßigkeit.

34 Da Fehlendes rein faktisch nicht entzogen werden kann, insoweit also keine Möglichkeit besteht, Gegenwärtiges zu sichern, sinnt die Einziehungsanordnung zwar **jedem leistungs-**

---

[58] Bittmann wistra 2021, 257 (259 f.).

[59] BT-Drs. 19/27654, 111 f. In seiner Entscheidung zur Anwendbarkeit des Rechts der strafrechtlichen Vermögensabschöpfung im Jugendstrafrecht betonte der Große Strafsenat des BGH in Strafsachen allgemein die Ungerechtigkeit des Unterbleibens der Wiederaufnahme der Vollstreckung im Fall nachhaltiger Verbesserung der Vermögensverhältnisse, ohne sich vertieft mit speziell dieser Thematik und damit den Ursachen für die gewonnene Leistungsfähigkeit befassen zu müssen, BGH (GS) Beschl. v. 20.1.2021 – GSSt 2/20, BGHSt 65, 242 Rn. 36 (dazu Kölbel/Sonnen NStZ 2021, 683).

[60] Gericke StraFo 2021, 274 (276) (beschränkt auf lediglich transitorischen Besitz); Meißner StraFo 2021, 266 (269, auch 271).

unfähigen Betroffenen zunächst an, in **Zukunft** die fehlenden Mittel zum Erfüllen zu **verdienen** (s. bereits → Rn. 7).[61] Sie steht aber unter dem **Vorbehalt** einer Entscheidung des erkennenden Gerichts über das **Unterbleiben** der **Vollstreckung,** § 459g Abs. 5 S. 1. Das setzt **Unverhältnismäßigkeit** voraus. Diese wiederum liegt bei schicksalhafter Entreicherung vor (z.B. bei Finanzierung von Heilungskosten). Das sieht die Begründung des Regierungsentwurfs genauso.[62]

Zu Unrecht will sie jedoch den Anwendungsbereich des § 459g Abs. 5 S. 1 im Wesentlichen auf derartige Fälle beschränken. Diese Sicht steht schon im Widerspruch zu der der Rechtsprechung übertragenen Aufgabe der Bildung von Fallgruppen[63] und es ist va kein sie vor der Verfassung rechtfertigender Grund ersichtlich. Neue Werte schaffen zu müssen, um Forderungen anderer Privater erfüllen oder in Anspruch genommene öffentliche Leistungen begleichen zu können, ist die Kehrseite der Privatautonomie. Nicht mehr vorhandene Werte von Taterträgen aus nicht vermögensschädigenden Gemeindelikten einzutreiben, lässt sich jedoch beim besten Willen nicht mehr als bloße „Vermögenszuordnung" oder mit dem Gedanken rechtfertigen, Straftaten dürften sich nicht lohnen. Die Argumente, mit denen das BVerfG den fehlenden Strafcharakter der Einziehung gem. §§ 73 ff. StGB[64] (und die Zulässigkeit echter Rückwirkung) begründete, setzen sämtlich noch verbliebene Erträge, in erheblichem Maße sogar weiterhin vorhandene Gewinne voraus. **34a**

Demnach ist zu **differenzieren** und zwar zunächst nach der **Art der Erwerbstat.** Richtete sie sich gegen ein Individualrechtsgut, so hat der Betroffene schon nach bürgerlichem oder Verwaltungs-Recht Ersatz zu leisten. Die Vollstreckung der ersatzweisen Anordnung des Werts von Taterträgen hat er daher schon deshalb in stärkerem Maße zu ertragen, weil damit die Wirkung teilweiser Erfüllung seiner zivil- oder abgabenrechtlichen Verbindlichkeit einhergeht. Weiterhin ist zu differenzieren nach den **Gründen der Entreicherung.** Anzuführen sind neben den vom Regierungsentwurf genannten, nicht vorwerfbaren Gründen, die zur Entreicherung führten, als berücksichtigungsfähige weitere Umstände etwa (nicht nur in Bezug auf Jugendliche und Heranwachsende[65]) **Resozialisierungsgründe,**[66] die z.B. bei Alkohol- und sonstigen Drogenabhängigen eine wesentliche Therapiemotivation bilden können; untunlich **erdrosselnde Wirkung** nicht nur gegenüber Drittempfängern, sondern auch zum Nachteil von Randfiguren, deren Verurteilung zu quasi lebenslanger Armut führte; sowie allgemein die **Vermeidung desozialisierender Wirkungen.** **34b**

Diese Erwägungen sprechen nicht durchweg für Unverhältnismäßigkeit, sondern können einander neutralisierende Wirkungen zeitigen. Es handelt sich um Topoi, über deren Bedeutung im Einzelfall zu entscheiden ist. Eben aus diesem Grunde sind auch **zeitbezogene Umstände** einschlägig. Wenn selbst einem Mörder aus verfassungsrechtlichen Gründen eine Chance auf Wiedergewinnung der Freiheit geboten werden muss, dann darf selbst einem Betroffenen, der Tatertrag eigensüchtig verprasst hat, die Chance auf Unterbleiben der Weitervollstreckung **nicht auf Dauer** verwehrt werden. **34c**

Die inhaltliche Rückkehr zu den Maßstäben des § 73c StGB aF hat an der **Vorwirkung** absehbar unverhältnismäßiger Vollstreckung auf den Vermögensarrest nichts geändert. Seine Funktion besteht weiterhin nicht in der **Sicherung** der materiellrechtlichen Einziehungsanordnung, sondern nur von deren **Durchsetzung.** Allein in diesem Umfang besteht die Einziehungserwartung als zu verwirklichende Belastung des Betrofffenen. Mit überschießender Höhe wären stärkere Nebenwirkungen verbunden als mit der Hauptsache. Diese **35**

61 In Frageform ähnlich Meißner StraFo 2021, 266 (269, auch 271).

62 BT-Drs. 19/27654, 112.

63 Anregend dazu Meißner StraFo 2021, 266 (271 f.).

64 BVerfG 10.2.2021 – 2 BvL 8/19, BVerfGE 156, 354 Rn. 103–129.

65 Zur Bedeutung der Anerkennung der Entreicherung für die Vereinbarkeit des Abschöpfungs- mit dem Jugendstrafrecht eindrucksvoll LG Aurich 12.2.2021 – 13 KLs 510 Js 11923/19, Rn. 101–115.

66 OLG München 3.11.2017 – 3 Ws 861/17, BeckRS 2017, 136057; OLG Schleswig 30.1.2020 – 2 Ws 69/19. Die Abweichung von der gegenteiligen Wertung der §§ 812 ff. BGB (dazu Lindemann/Bauerkamp in Leitner/Rosenau, Wirtschafts- und Steuerstrafrecht, 2. Aufl. 2022, Vor §§ 73 ff. StGB, Rn. 24) verhindert Demotivierung mit der möglichen Folge lebenslangen Abgleitens in die sozialen Systeme.

Folgen sind demnach für die Realisierung des Bruttoprinzips nicht erforderlich und müssen daher minimiert werden. Zeichnet sich vor oder nach Anordnung ab, dass die Vollstreckung ganz oder teilweise zu unterbleiben hätte, so **mindert** dies schon das **Sicherungsbedürfnis, begrenzt** jedenfalls den Umfang der **Vollziehbarkeit** des Vermögensarrests.

35a Demnach kann an der **Vorwirkung** von § 459g Abs. 5 S. 1 auf (je nach Sachlage) Bestand oder Umfang des Vermögensarrests kein durchgreifender Zweifel bestehen.[67] Darin liegt aber nicht das Hauptproblem. Es besteht vielmehr darin, dass die Erkenntnisbasis insbesondere im dynamischen Ermittlungsstadium unsicher ist und daher die Bewertung der schon ermittelten Umstände schwieriger als bei der Hauptsacheentscheidung fällt. Zugrunde gelegt werden können immer nur die für die Unverhältnismäßigkeit der Vollstreckung einschlägigen Umstände, die bereits bekannt sind. Irrelevant sind für die Anordnung eines Vermögensarrests Erwägungen, die erst nach längerer Dauer der Vollstreckung zur Unverhältnismäßigkeit der Fortsetzung führen können. Die sonstigen bekannten Tatsachen sind mit der gebotenen Vorsicht zu gewichten. Der bestehenden Ungewissheiten wegen ist auch hier auf die allgemeinen Grundsätze einstweiligen Rechtschutzes zurückzugreifen (→ Rn. 56–58).

36 **3. Feststellung der Belange des potenziell Betroffenen.** Die mit einem Vermögensarrest allgemein verbundene Last ist in aller Regel erheblich. Deshalb ist schon vor Anordnung **sorgfältig** zu **prüfen,** ob und wenn ja, in welchem Maße die **Belange** des (potenziellen) Betroffenen **Berücksichtigung verlangen.** Sie zu bedenken, ist nur insoweit möglich, wie sie bekannt sind. Soweit dies ohne Gefährdung der Maßnahme möglich ist, müssen sich die Ermittlungen auch auf die maßgeblichen Umstände erstrecken, die für den Betroffenen sprechen. Sollte dies nicht ausreichend geschehen sein, so hat der Ermittlungsrichter erforderlichenfalls entsprechende Nachermittlungen zu veranlassen, bevor er über den Antrag entscheidet.

37 Regelmäßig veranlasst die Staatsanwaltschaft Finanzermittlungen bereits vor dem Antrag auf Erlass eines Arrestbefehls. Bereits daraus können sich Hinweise auf Entreicherung ergeben. Unter Geltung des vor dem 1.7.2021 geltenden Rechts hatten (und haben in Übergangsfällen der Beendigung der Tat vor diesem Datum weiterhin) derartige Erkenntnisse zur **Deckelung** des Vermögensarrests auf den **Umfang** des noch **vorhandenen Vermögens** zu führen. Die Ermittlungen durften selbstverständlich fortgeführt werden, denn der Einsatz der Maßnahmen, die § 111e Abs. 5 zulässt, ist nicht auf die Vollziehung eines Vermögensarrests beschränkt. Sie dürfen vielmehr auch allein zum Zwecke des Erkenntnisgewinns eingesetzt werden (Hinweise auf beiseitegeschaffte Werte des Tatertrags; zur Vollstreckung offenstehende Vermögensbestandteile) (→ Rn. 107).

38 Weil mit Durchsuchung und nachfolgender Beschlagnahme (eingeschränkt nur in den Fällen des seit dem 1.7.2021 geltenden § 95a) der Übergang in offene Ermittlungen verbunden ist, macht die Praxis von diesen Möglichkeiten als Erstzugriff typischerweise nur Gebrauch, wenn bereits ein Vermögensarrest erwirkt wurde, den es zu vollziehen gilt. Vor dessen Erlass wird die Strafjustiz jedenfalls nicht immer über verlässliche Erkenntnisse über den Grund für auch nur etwaige Hinweise auf Entreicherung verfügen, so dass der Umfang der Vorwirkung (→ Rn. 28–35a) nicht sicher beurteilt werden kann.

38a Es ist deshalb sinnvoll, im Fall bestehender Anhaltspunkte für (partielle) Unverhältnismäßigkeit der zu erwartenden Einziehungsentscheidung die **Vollziehung abstrakt** auf Gegenstände zu **beschränken,** die beim Betroffenen am **Tag der Erstdurchsuchung** noch **vorhanden** sind oder waren. Sollte anschließend weiteres Vermögen bekannt werden, so können entweder Vollziehbarkeit oder der Vermögensarrest selbst erweitert werden.

38b Besteht umgekehrt keine Aussicht mehr, einen angeordneten Vermögensarrest weiterzuvollziehen, so ist er spätestens zu diesem Zeitpunkt auf den gesicherten **und** den Wert etwaigen weiteren bekannten noch vorhandenen Vermögens herabzusetzen. Eine **Abwägung findet** insoweit **nicht statt,** weil damit keine Gefahr für die Ermittlungen und die

[67] A.A. LG Hamburg 8.3.2022 – 618 Qs 3/22, Rn. 57 aE; LG Lübeck 3.2.2022 – 6 Qs 40/21, Rn. 24.

zu erwartende Vollstreckung verbunden ist. Zugleich **begrenzt** diese Vorgehensweise den **Eingriff** in die **Grundrechte** des Betroffenen auf das Maß des strafprozessual Erforderlichen und verringert so den steten Druck auf ihn, trotz des nur Vorläufigkeit tragenden Charakters eines Vermögensarrests Vermögensgegenstände zu schaffen – nur um in diese den Vermögensarrest sogleich weitervollziehen zu lassen (→ Rn. 7 und 34–34c).

IV. Legitime Interessen der Anspruchsinhaber (Verletzten)

1. Integritätsinteresse. Ein **Sicherungsbedürfnis ganz anderer Art** besteht seitens Verletzter als forderungsverfolgende **Anspruchsinhaber.** Für sie steht der Ausgleich ihres finanziellen Schadens im Vordergrund und damit ggf. strafprozessuale Unterstützung (im Rahmen des Wiederherstellungsprinzips, → Vor §§ 111b–111q Rn. 25–27). Nur wenn sie ausnahmslos bereits befriedigt sind, scheitert ein Vermögensarrest an § 73e Abs. 1 S. 1 StGB. Selbst bei ihrer bloßen Sicherung bietet es sich allerdings an, auf abschöpfende Maßnahmen zu verzichten, weil sie ihnen nicht dienen können. Ein bereits erwirkter Vermögensarrest ist aufzuheben, verspricht ein zivilrechtlicher Titel Befriedigung zeitlich vor dem Stadium der Strafvollstreckung.[68] Anders verhält es sich, ist auch nur ein Anspruchsinhaber noch nicht befriedigt oder zumindest vollständig gesichert. Dann ist die Staatsanwaltschaft zwar nicht verpflichtet, einen Vermögensarrest zu erwirken und zu vollziehen. Sie darf zunächst prüfen, ob auch dieses Opfer voraussichtlich seine Rechte selbst erfolgreich durchsetzen wird. Ist dies nicht der Fall, so ist jedoch die ersatzweise **Einziehung** der noch verbliebenen Differenz gemäß § 73 Abs. 1, § 73c S. 1 StGB **zwingend.** Strafprozessual **soll** ein **Vermögensarrest** im Fall dringender, für die Einziehung sprechender Gründe im **Interesse** der **Gesamtheit** der **Anspruchsinhaber** und ihrer Gleichbehandlung erwirkt und möglichst auch vollzogen werden. 39

Da die Erfüllung ihrer Ersatzforderungen im Einklang mit der Rechtsordnung steht, wiegen die **Belange** der **Anspruchsinhaber schwer.** Melden sie ihre Ansprüche gegenüber der Staatsanwaltschaft an, so hat diese sie nach pflichtgemäßem Ermessen aufzugreifen (näher → Rn. 41–55a). Zugleich verleihen sie dem **Interesse** an Erwirkung und Vollziehung eines **Vermögensarrests** zusätzlich erhebliches **Gewicht.** Solange er noch nicht besteht, kann zwar noch jedes einzelne Opfer seine Hoffnung in die eigene Verfolgung seiner Rechte setzen. Weder Erfolgsaussichten noch Kosten lassen sich allerdings sicher absehen. Es ist zwar nicht hilfreich, aber sehr verständlich, wenn natürliche Personen hier eigene zivilprozessuale Initiative scheuen. Besteht ein Vermögensarrest jedoch erstmal, so steigert dies das Gewicht ihrer berechtigten Interessen noch weiter: Das Veräußerungs- und Vollstreckungsverbot des § 111h nimmt ihnen faktisch die Chance, ihre Rechte individuell durchzusetzen (→ § 111h Rn. 18–23). 40

2. Gesetzliche Beschränkungsmöglichkeiten. a) Abhängigkeit der materiellrechtlich Verletzten von der Strafjustiz. Strafprozessuale Unterstützung hängt vom jeweiligen aktuellen verfahrensrechtlichen **Status** des Opfers als **Anspruchsinhaber** (Verletzter) (→ Vor §§ 111b–111q Rn. 21–24a) ab. Dieser ist jedoch **volatil** (→ Vor §§ 111b–111q Rn. 28 und → § 111i Rn. 8–11), hängt vom Vorgehen der Strafjustiz ab – und ist damit von deren verfahrensrechtlichen Entscheidungen **bedroht.** 41

Das zeigt sich va bei **Serientaten.** Nicht nur in Fällen von Internetbetrügereien mit einer Anzahl Geschädigter im vierstelligen Bereich liegt dann eine **Konzentration** des **Verfahrensstoffs** gem. §§ 154 ff. nahe. Es ist unmittelbar einsichtig, dass in diesem Moment die justitiellen Interessen an einem handhabbaren und möglichst zügigen Verfahren im Gegensatz zu den Interessen der Opfer stehen: Im subjektiven Verfahren ist die **Einziehung nur korrespondierend** mit dem **Verfahrensgegenstand** zulässig, sogar noch enger beschränkt auf den **Umfang** der **gerichtlichen Kognitionspflicht,**[69] die (im Gegensatz 42

[68] Vgl. Peters in Peters/Bröckers Vermögensabschöpfung Rn. 450.
[69] Für eine Ausnahme bei Einstellung wegen Verjährung erst im Urteil, § 260a StPO: BGH, Anfragebeschl. v. 10.8.2021 – 3 StR 474/19, NStZ 2022, 252; keine Ausnahme hingegen im Fall des Todes des Angeklagten, BGH 28.4.2021 – 4 StR 500/20, Rn. 2.

zum Thema „Gesamtschuld"[70]) auch von einer Verfolgungsbeschränkung gemäß § 154a StPO begrenzt wird.[71] Das bedeutet, dass im Verfahren gegen den oder die Angeklagten die ersatzweise Einziehung des Werts von Taterträgen nur insoweit möglich ist, wie sie aus den nämlichen Taten bzw. Tatteilen generiert wurden.

43 Sonstigen materiellrechtlich Verletzten bleibt allein die eigene Verfolgung ihrer Rechte. Schon das ist ein Nachteil gegenüber den strafprozessual unterstützten Opfern und zudem erfolgreich bestenfalls bei uneingeschränkter Leistungsfähigkeit zumindest eines der Täter. Wann aber ist das schon einmal der Fall? In aller Regel leben wegen Vermögens- oder Eigentumsdelikten Angeklagte entweder in beengten oder zugriffssicher verschleierten wirtschaftlichen Verhältnissen. Im **empirischen Normalfall** können demzufolge **nicht alle Opfer** mit der **vollständigen Erfüllung** ihrer Ansprüche **rechnen,** meist nicht einmal die materiellrechtlich Verletzten der Taten, die Gegenstand des subjektiven Verfahrens (geblieben) sind, selbst wenn sie die privilegierte verfahrensrechtliche Stellung eines forderungsverfolgenden Anspruchsinhabers einnehmen.

44 Wurde in solchen Fällen wie naheliegend und wohl pflichtgemäß ein Vermögensarrest gegen jeden der Angeklagten ausgebracht, so kann dies im Zuge der Vollziehung zur vollständigen **Sicherung** ihres **sämtlichen pfändbaren Vermögens zugunsten** des **Justizfiskus** führen. Für nachfolgende Vollstreckungsversuche **sonstiger Gläubiger,** auch von Opfern, steht dann **kein** weiteres **Vermögen** mehr zur Verfügung. Überdies verhindert die gesetzliche Vollstreckungssperre, § 111h Abs. 2 S. 1, selbst eine nachrangige Pfändung in die Gegenstände, in die ein Vermögensarrest vollzogen wurde.

45 Vorläufige Einstellungen gemäß § 154 und Beschränkungen der Strafverfolgung gemäß § 154a bergen demnach die **hohe Gefahr,** dass die **Strafjustiz zwei Klassen** materiellrechtlich **Verletzter schafft:** Diejenigen, die nach Einziehungsentscheidung und Verwertung am Erlös (ggf. bis zur vollständigen Befriedigung) **partizipieren,** und die anderen, die **gänzlich leer ausgehen.** Aus der Sicht eines Opfers, das die Entscheidung der Staatsanwaltschaft nicht beeinflussen kann, ist deren Auswahl willkürlich. Jedenfalls gehört es **nicht** zu den **gesetzlichen Aufgaben der Strafjustiz,** aus Gründen der Verfahrensstraffung materiellrechtlich **Verletzte um** ihre **quotenmäßige Entschädigungschance** zu **bringen.** Allerdings würden sie dadurch nicht entrechtet, stünde ihnen doch weiterhin der Weg frei, zivilrechtlich gegen jeden Angeklagten vorzugehen und bei erfolgloser Zwangsvollstreckung Insolvenzantrag zu stellen. Rein faktisch ändert das allerdings nichts daran, dass sie regelmäßig das Nachsehen haben,[72] zumal dann, wenn die Zivilgerichte den Ausgang des Strafverfahrens abwarten.

46 An der **Ungleichbehandlung** als solcher ändert sich selbst dann nichts, wenn es einem Opfer, das es nicht zum verfahrensrechtlichen Status eines arrestsummenrelevanten Anspruchsinhabers gebracht hat, rechtzeitig gelungen ist, einen zulässigen Insolvenzantrag zu stellen:[73] Den materiellrechtlich Verletzten der Taten, die der gerichtlichen Kognitionspflicht unterliegen, den Anspruchsinhabern, erspart der Staat den erheblichen Aufwand an Nerven, Kosten und Ungewissheit eigener Rechtsverfolgung. Im Fall des Unterbleibens eines Insolvenzverfahrens steht sogar nur den privilegierten Verletzten als Anspruchsinhaber

---

[70] BGH 30.3.2022 – 2 StR 151/21, Rn. 25.

[71] BGH 21.6.2018 – 4 StR 599/17.1, Rn. 8; 25.8.2020 – 6 StR 216/20, Rn. 5; 2.12.2020 – 2 StR 203/20.0; 2.12.2020 – 2 StR 203/20.1, Rn. 3; 15.12.2020 – 2 StR 476/19.1, Rn. 2; 27.1.2021 – 3 StR 471/20, Rn. 4; 27.1.2021 – 6 StR 468/20, Rn. 2; 3.2.2021 – 4 StR 305/20, StraFo 2021, 214 Rn. 4; 2.3.2021 – 4 StR 126/20, Rn. 1 und 5; 20.4.2021 – 3 StR 34/21, Rn. 2; 9.6.2021 – 4 StR 523/20.3, wistra 2021, 441 Rn. 13; 18.8.2021 – 5 StR 199/20, NStZ 2022, 55 Rn. 19; 13.10.2021 – 4 StR 270/21, Rn. 2; 2.11.2021 – 3 StR 324/21, Rn. 5; 21.12.2021 – 3 StR 381/21, wistra 2022, 254, Rn. 15; 12.1.2022 – 1 StR 436/21, NStZ 2022, 416, Rn. 28; 26.1.2022 – 1 StR 461/21, Rn. 6; 8.3.2022 – 3 StR 3/22, Rn. 6 f.

[72] Sehr deutlich Retemeyer in HWiStR Teil 14, Rn. 39 und 72.

[73] Ebenso Blankenburg ZInsO 2017 1453, 1465; Francke/Schwarz Abschied von der Rückgewinnungshilfe – Ein Blick auf die Reform der Opferentschädigung mit Fokus auf die Insolvenz, in Bergmann, Beiträge zur strafrechtlichen Vermögensabschöpfung S. 60; Trüg NJW 2017, 1913 (1918); s. auch Köllner/Mück NZI 2017, 593 (597).

ein zur Befriedigung sicher ausreichendes Vermögen zur Verfügung (zudem noch im gem. § 459h Abs. 2 S. 1, § 459k vereinfachten Opferentschädigungsverfahren). Ob das Streben nach möglichst zügiger Durchführung des Ermittlungs- und Strafverfahrens einen sachlichen Grund für diese Ungleichbehandlung darstellt, ist sehr zweifelhaft angesichts der Eigentumsrelevanz des faktischen Verlusts an Vollstreckungsmöglichkeiten der nicht zu den Anspruchsinhabern aufgestiegenen Opfer.

b) Abhilfe mittels Verfahrensgestaltung. Unabhängig davon, wie die verfassungsrechtliche Antwort ausfällt, ist es jedenfalls **sachgerecht,** das auf Basis der StPO geführte Verfahren so zu gestalten, dass derartige **Ungleichheiten ausscheiden** oder jedenfalls deutlich verringert werden. Für beides stehen verschiedene Wege zur Verfügung. 47

Handelt es sich um einen der seltenen Fälle **vollständiger Leistungsfähigkeit** des Betroffenen, so besteht für sämtliche materiellrechtlich Verletzten die Chance auf Durchsetzung ihrer Ansprüche. Strafprozessuale Unterstützung kann willkommen sein, zwingend benötigt wird sie jedoch selten bis nie. Vergleichbares gilt, sofern das **Insolvenzverfahren** über das Vermögen des Betroffenen bereits **eröffnet** ist. In diesem Fall sind strafprozessual erwirkte Sicherungsrechte an Gegenständen der Istmasse ohnehin erloschen und darf die Staatsanwaltschaft nur auf dem Einflussbereich des Insolvenzverwalters entzogene Gegenstände zugreifen, falls ihr dies möglich ist, muss diese aber unverzüglich der Masse zur Verfügung stellen (→ § 111i Rn. 22, 22a, 22h und 22k–22q). 48

Im Fall fehlender oder eingeschränkter Leistungsfähigkeit des Betroffenen kann die Staatsanwaltschaft eine annähernde Gleichbehandlung dadurch herbeiführen, dass sie die den Verfahrensstoff beschränkende Entscheidung so **zuschneidet,** dass auch die verbleibenden forderungsverfolgenden Anspruchsinhaber nicht mit vollständiger Befriedigung rechnen können. In der Konsequenz liegt dann der staatsanwaltschaftliche Insolvenzantrag, § 111i Abs. 2. Wird das Verfahren eröffnet, so erlöschen die strafprozessual erwirkten Sicherungsrechte, § 111i Abs. 1, und fällt das gesamte Vermögen des Betroffenen in die Masse. Diese steht dann sämtlichen Gläubigern und damit auch allen nicht zu den Anspruchsinhabern zählenden Opfern zu gleicher Befriedigungsquote zur Verfügung. Als Alternative zu einem eigenen Insolvenzantrag darf die Staatsanwaltschaft versuchen, einen **anderen Berechtigten** zum Stellen eines Eröffnungsantrags zu veranlassen. Das kann irgendein Gläubiger sein, selbst wenn es sich dabei nicht um ein Opfer handelt. In Betracht kommt aber auch der Betroffene. Ob dieser Weg für ihn attraktiv ist, muss er natürlich selbst entscheiden, sinnvollerweise unter sachkundiger Beratung. Ein derartiger Eigenantrag hätte den Vorteil fehlender Vorschusspflicht. 48a

Die **Ungleichbehandlung entfällt** jedoch bei Beschränkungsentscheidungen **nicht vollständig,** weil die strafprozessualen Ermittlungen nicht spezifisch auf Verfahrensstoff ausgerichtet werden, der der Kognitions**pflicht** entzogen ist, dieser aber va für die Opfer von Bedeutung ist, die nicht (mehr) den Status eines arrestsummenrelevanten Anspruchsinhabers genießen. Immerhin können sich für sie strafprozessual gewonnene allgemeine Erkenntnisse auch als zivilprozessual hilfreich erweisen. Allerdings wird der Insolvenzverwalter aus der Einziehungsanordnung, vielleicht sogar schon aus einem Vermögensarrest ersichtliche Ansprüche **anerkennen,** während die Wahrscheinlichkeit des **Bestreitens** der Berechtigung der Forderungen anderer Opfer deutlich höher liegt. Da aber niemand, auch kein Opfer über ein unbedingtes Recht auf Betreiben der Strafverfolgung verfügt und es ihm freisteht, den Zivilrechtsweg zu beschreiten, dürfte diese **Ungleichbehandlung vor Art. 3 Abs. 1 GG noch Bestand** haben. Die Staatsanwaltschaft kann sie weiter mindern, indem sie ausgeschiedenen Verfahrensstoff bei ihren Ermittlungen nicht völlig ausblendet. Da insoweit gewonnene Erkenntnisse jedenfalls strafzumessungsrelevant sind und gemäß § 435 Abs. 4 auch in Vorbereitung eines selbständigen Verfahrens ermittelt werden darf, verfügt sie über die Befugnis, Informationen auch über Geschehnisse zu erheben, die sie nicht als weitere Taten anzuklagen beabsichtigt. Derart zu verfahren bietet sich an, soweit dies ressourcenschonend möglich ist (zB mittels Ergänzungsfragen bei Vernehmungen oder Einbeziehen allein materiellrechtlich Verletzter in Fragebogenermittlungen). 49

50 Die Ungleichheit ganz zu vermeiden ist dadurch möglich, dass die Staatsanwaltschaft bis zur Erhebung der Anklage befugt ist, ihre beschränkenden Verfügungen zurückzunehmen. Von dieser Möglichkeit vollständig Gebrauch zu machen, wird zwar kaum einmal Anlass und Bereitschaft bestehen. Wohl aber ist partielles Wiederaufgreifen möglich und bei sachlichem Grund zulässig, wenn zB ein Verletzter kaum in der Lage ist, sein Recht selbst zu verfolgen. Ebenso beseitigt es die Ungleichheit insgesamt, betreibt die Staatsanwaltschaft hinsichtlich der Opfer solcher Taten oder Tatteile, die nicht (oder nicht mehr) der Kognitionspflicht des Gerichts unterliegen, die Einziehung im selbständigen Verfahren. Da dies allerdings erhebliche justitielle Kapazitäten in Beschlag nimmt und so den Rationalisierungseffekt der beschränkenden Verfügung gemäß § 154 oder § 154a minimiert, meidet sie diesen Weg, wo es geht.

51 Wird jedoch für Opfer ausgeschiedener Taten oder Tatteile das selbständige Verfahren betrieben, so kann es während der fortbestehenden Anhängigkeit des subjektiven Verfahrens mit diesem verbunden werden. Es findet dabei allerdings keine Verschmelzung statt, sondern es verbleibt (wie in den Fällen des § 237) bei der rechtlichen Selbständigkeit beider Verfahren. Dem Gericht ist es jedoch möglich, eine einheitliche Einziehungsentscheidung zu treffen. Deshalb kann es entweder einen weiteren Vermögensarrest erlassen unter Anpassung des bestehenden oder diesen unverändert bestehen lassen bzw. die Arrestsumme, war sie bereits gesenkt worden, wieder heraufsetzen.

52 Diese Vorgehensweise bietet den materiellrechtlich Verletzten, seien sie im subjektiven oder im selbständigen Verfahren **Anspruchsinhaber** (→ Vor §§ 111b–111q Rn. 21–21f), im Rahmen des Wiederherstellungsprinzips (→ Vor §§ 111b–111q Rn. 25–27) die gleiche Chance zur Durchsetzung ihrer Forderungen. Sie bilden eine **einheitliche Gläubigergemeinschaft.**[74] Im – höchst seltenen – Deckungsfall ist die Verteilung Sache der Staatsanwaltschaft, im empirisch weit überwiegenden Mangelfall (zur Unterscheidung zum Deckungsfall → Vor §§ 111b–111q Rn. 40 und → § 111i Rn. 28–31) hat diese regelmäßig Insolvenzantrag zu stellen, § 111i Abs. 2, ggf. iVm § 459h Abs. 2 S. 2 (→ § 111i Rn. 61 f. und 69–71).[75]

53 Eine das subjektive und das selbständige Verfahren umfassende einheitliche Einziehungsentscheidung ist zwar wünschenswert, aber nicht zwingend vorgeschrieben. Die Vorgehensweise ist zudem unabhängig von etwaigen Sicherungsmaßnahmen. Diese können vorausgehen, müssen es aber nicht. Das Gericht ist befugt, einen gemeinsamen Vermögensarrest anzuordnen. Es können derer aber auch unterschiedliche gebildet oder belassen werden. Ferner kann der Kreis der Anspruchsinhaber (Verletzten) zwischen Vermögensarrest(en) und Einziehungsentscheidung auseinanderfallen (näher → § 111h Rn. 33–33b).

54 Selbst wenn keine einheitliche gerichtliche Einziehungsentscheidung getroffen wurde, ist die Staatsanwaltschaft im Rahmen der Vollstreckung gehalten, eine einheitliche Gläubigergemeinschaft herzustellen und dabei alle forderungsverfolgenden Anspruchsinhaber einzubeziehen, deren Belange in einer einheitlichen gerichtlichen Entscheidung hätten Berücksichtigung finden können. Das bezieht Verfahren anderer Staatsanwaltschaften mit ein. Nachfolgend erwirkte Vermögensarreste hat sie vor Eintritt der Rechtskraft (auch) in Gegenstände zu vollziehen, in die bereits ein vorausgegangenener vollzogen wurde. Dem steht § 111h Abs. 2 S. 1 nicht entgegen (→ § 111h Rn. 34–36). Die Vorschrift verbietet zwar die Zwangsvollstreckung (und auch die Vollziehung sonstiger Arreste) in Gegenstände, die bereits auf strafprozessualer Grundlage arretiert sind, hindert aber die Vollziehung weiterer Vermögensarreste nicht, gerade weil das schon bestehende Sicherungsrecht allein zugunsten des Justizfiskus wirkt und Zwangsmaßnahmen Dritter verboten sind. Deswegen erleiden dadurch auch andere Gläubiger, die ungesichert sind, keine Rechtsnachteile.

54a Daher hat die Staatsanwaltschaft im Vollstreckungsstadium zu versuchen, allen Anspruchsinhabern aus subjektiven wie selbständigen Verfahren zu gleicher Befriedigungsquote

[74] Näher dazu Tschakert in Bittmann/Köhler/Seeger/Tschakert Strafrechtl. Vermögensabschöpfung-HdB Rn. 970–972.

[75] Zur Abgrenzung s. Bittmann/Tschakert in Bittmann/Köhler/Seeger/Tschakert Strafrechtl. Vermögensabschöpfung-HdB Rn. 791–793.

dadurch zu verhelfen, dass sie aus jeder Einziehungsanordnung auch in bereits gesicherte Gegenstände vollstreckt. Da dies für einen Vermögensarrest so vorgesehen ist, muss dies erst recht für die Vollstreckung gelten. Das beeinträchtigt das jeweilige Pfändungspfandrecht nicht, weil es niemand anderem als dem nunmehr weitervollstreckenden Justizfiskus zusteht. Dieser ist insoweit als Einheit zu betrachten, auch wenn verschiedene Gebietskörperschaften (Bund bzw. Länder) betroffen sind. Im Fall vollständiger Leistungsfähigkeit erleidet ohnehin niemand finanzielle Einbußen. Solche drohen allerdings denjenigen forderungsverfolgenden Anspruchsinhabern, die bei isolierter Vollstreckung mit vollständiger Befriedigung, nun aber nur noch mit einer ggf. geringen Insolvenzquote rechnen können. Eben dieser Effekt liegt jedoch in der gewollten Konsequenz des auf Gleichbehandlung ausgerichteten Opferentschädigungsverfahrens und tritt weitgehend auch bei selbständiger Vollstreckung ein, weil die jederzeit drohende Insolvenz auch die erst aufgrund Vollstreckung erwirkten Sicherungsrechte erfasst, § 459h Abs. 2 S. 2 iVm § 111i Abs. 2. Die Grenze der Gleichbehandlung ist jedoch erreicht, soweit eine Staatsanwaltschaft Verwertungserlös bereits an forderungsverfolgende Anspruchsinhaber ausgekehrt hat. Weil dies aus dem Vermögen des Justizfiskus geschah, scheidet Insolvenzanfechtung aus, es sei denn, der Empfänger kannte die vorherige Anfechtbarkeit, § 145 Abs. 2 Nr. 1 InsO.[76]

Zu geschehen hat eine derartige quasi nachträgliche Gesamteinziehung im Fall nachträglicher Gesamtstrafenbildung, weil dann unter Addition der eingezogenen Werte der Erträge aus allen zugrundeliegenden Taten eine einheitliche Einziehungsanordnung zu treffen ist.[77] Durchaus organisierbar ist das nicht nur vor Beginn der Verteilung der Erlöse an forderungsverfolgende Anspruchsinhaber, sondern selbst dann, wenn die dort forderungsverfolgenden Anspruchsinhaber im einbezogenen Verfahren bereits befriedigt wurden. Im Fall (selten) fortbestehender Leistungsfähigkeit entschädigt die Staatsanwaltschaft nun auch noch die forderungsverfolgenden Anspruchsinhaber aus dem nachfolgenden Verfahren. Sofern dies nicht möglich ist, folgt der Insolvenzantrag, ohne dass nun jedoch auch noch die Gleichbehandlung dieses gesamten Personenkreises erreicht werden könnte: Wer schon entschädigt ist, bleibt unbehelligt. Die anderen sind auf die Insolvenzquote verwiesen. **55**

Eine solche nachträgliche Gesamteinziehung kann größere Auswirkungen zeitigen, wenn auf diese Weise Vermögensarreste oder Einziehungsentscheidungen zusammentreffen, von denen sich eine(r) oder einige nur auf den Wert der Einziehung des Ertrags aus Gemein-, andere aber zumindest auch aus Individualdelikten beziehen. Bei ersterenfalls eingetretener Insolvenzfestigkeit verbliebe der Erlös bei isolierter Vollstreckung dem Justizfiskus, während das Zusammenführen dazu führt, dass der Ertrag auch aus zumindest einem Individualdelikt betroffen ist, sodass nunmehr § 111i Abs. 1 S. 1 gilt. Auf diese Weise kann die Insolvenzquote für alle Gläubiger ggf. deutlich höher ausfallen. **55a**

V. Berücksichtigung gegenläufiger Interessen als Verfassungsgebot

1. Entscheidungsgebot. Die Justiz steht vor einem **Dilemma:** Sie muss entscheiden, welchen je für sich legitimen und deswegen potenziell ausschlaggebenden Interessen, Sicherung einerseits, Nebenwirkungen zu vermeiden andererseits, sie in welchem Maße Rechnung trägt, obwohl an sich noch keine Entscheidungsreife besteht. Gerade zu Beginn des Verfahrens sind Bestehen wie Höhe des Arrestanspruchs ungewiss, ebenso der Arrestgrund, auch im Hinblick auf drohende Nebenwirkungen, und der Umfang zulässiger Vollstreckung. Letzteres ist nicht etwa ein Scheinproblem, denn noch vorhandenes Vermögen schließt Unverhältnismäßigkeit keineswegs aus. **56**

---

[76] Tschakert in Bittmann/Köhler/Seeger/Tschakert Strafrechtl. Vermögensabschöpfung-HdB Rn. 1081–1086.

[77] BGH 3.4.2019 – 5 StR 87/19, NStZ-RR 2019, 218 Rn. 25; 19.6.2019 – 5 StR 123/19, Rn. 5; 1.8.2019 – 4 StR 477/18, wistra 2020, 75 Rn. 18 f.; 19.11.2019 – 4 StR 449/19, NStZ 2020, 600 Rn. 12; 29.7.2020 – 6 StR 211/20, Rn. 11–13; 9.2.2021 – 6 StR 459/20, Rn. 2 f.; 9.2.2021 – 6 StR 470/20, Rn. 1; 3.3.2021 – 5 StR 521/20, Rn. 3 f.; 29.4.2021 – 2 StR 6/21, Rn. 2; 10.6.2021 – 2 StR 154/21, Rn. 4.

57 Je geringer die Sicherung, desto größer die Gefahr für die Vollstreckung versus je höher die Sicherung, desto belastender für den Betroffenen. Eben diese Spreizung ist jedoch typisch für gebotene, aber zunächst nur vorläufig zu treffende Regelungen. Nach allgemeinen Grundsätzen des einstweiligen Rechtschutzes hat ein Gericht in solcher Situation eine **Ergebnisprognose** anzustellen: Je wahrscheinlicher die ersatzweise Einziehung des Werts von Taterträgen, desto eher hat ein Arrestbefehl zu ergehen. Das **hilft** jedoch in einer Lage der Ungewissheit **nicht weiter** – zumal dann nicht, wenn wie beim Vermögensarrest die Eilmaßnahme den Betroffenen härter treffen könnte als die Anordnung in der Hauptsache.

58 Angesichts dessen ist eine **Folgenabschätzung** vorzunehmen und zu prüfen, welche Folgen weniger zumutbar wären: Einbußen bei der Vollstreckung aufgrund fehlender Sicherung oder umgekehrt, in concreto drohende Nebenwirkungen trotz ausbleibender Einziehung? Die Antworten hängen von der Anzahl der Beteiligten, deren individuell feststellbarer Lage und dem Gewicht drohender Nachteile ab. Was überwiegt, steht nicht von vorn herein fest, allgemeine Aussagen verbieten sich ebenso wie die einseitige Betonung des einen oder des anderen Interesses. Vielmehr bedarf es der genauen Analyse einschlägiger Umstände nebst Abwägung im Bewusstsein, dass sich Unsicherheiten in die eine wie in die andere Richtung auflösen und sich vorgetragene Argumente als zutreffend erweisen können.

59 **2. Verfahrensgegenstand: Nur Gemeindelikte.** Im **Duopol** Strafjustiz – Betroffener ist des Letzteren legitimen Belangen ohnehin soweit Rechnung zu tragen, wie dies ohne Beeinträchtigung des Sicherungsinteresses möglich ist (→ Rn. 23–27c). Im Einzelfall ist aus Gründen der Verhältnismäßigkeit darüberhinausgehende Rücksichtnahme geboten. Sie wird meist erst im Rahmen des Handlungsermessens, also bei der Vollziehung, zu üben sein, ist deswegen aber auf der Ebene der Anordnung nicht etwa ausgeschlossen – zB wenn trotz noch vagen Verdachts dem potenziell Betroffenen erhebliche Nachteile drohen, zumal einem nicht beschuldigten Drittempfänger.

60 § 111d Abs. 1 S. 3 aF bestimmte ausdrücklich **einschränkend,** dass wegen geringfügiger Beträge (zu orientieren am Verwaltungsaufwand, daher nicht einheitlich bestimmbar: zB bei sofortigem Zugriff wie bei BtM-Erlösen: ca. 20 EUR; mehr als 750 EUR aber nie geringfügig, arg. § 866 Abs. 3 S. 1 ZPO) kein strafprozessualer Arrest ergeht, gemeint: ergehen dürfe (der aber von einem Opfer uneingeschränkt unter den Voraussetzungen der §§ 916 ff. ZPO erwirkt werden konnte und weiterhin kann[78]). Nach der Reform 2017 ist auch die **Größenordnung** der Einziehungserwartung im Rahmen der **Verhältnismäßigkeit** zu berücksichtigen. Zudem hat eine rechtstechnische Verlagerung weg von den Anordnungs- hin zu den Absehensvoraussetzungen stattgefunden. Nunmehr kann von der Einziehungsanordnung (und damit auch deren Sicherung mittels eines Vermögensarrests) nach **§ 421 Abs. 1 Nr. 1,** im Ermittlungsverfahren gem. Abs. 3, abgesehen werden, wenn das Erlangte nur einen geringen Wert hatte. Es bietet sich an, sich dabei an den für § 111d Abs. 1 S. 3 aF erarbeiteten flexiblen Maßstäben zu orientieren. Demgegenüber lehnt sich das Schrifttum meist an § 248 StGB an und befürwortet eine starre Grenze zwischen 30 und 50 Euro. Die Sicherung geringfügiger Beträge wird jenseits des ersten Zugriffs selten verhältnismäßig sein.

61 **3. Verfahrensgegenstand: (auch oder nur) Individualdelikte.** Steht zumindest auch ein Individualdelikt in Rede, so wird aus dem Duopol ein **Dreieck.** Neben den Interessen der Strafjustiz und den Belangen des Betroffenen ist auch die Situation des materiellrechtlich **Verletzten** zu berücksichtigen. Als verfahrensrechtlicher Anspruchsinhaber (→ Vor §§ 111b–111q Rn. 21–24a) **verstärkt er** die **Position** der **Strafjustiz.** Das kann zum Teil ausschlaggebend sein und ggf. für sich zur Fortdauer des Vermögensarrests führen, sogar nach Versäumnissen der Justiz, die für sich gesehen die Aufhebung des Vermögensarrests bedingten. Das gilt va bei ohne Sicherung bestehender ernsthafter Gefahr für die Durchsetzbarkeit der Forderung des Anspruchsinhabers. Anders kann es regelmäßig nur bei

[78] Gercke in Gercke/Julius/Temming/Zöller Rn. 8 mN. – unterhalb der (früheren) strafprozessualen Grenze von 20 Euro aber nicht praktisch relevant.

ersthaften Zweifeln an deren Bestehen sein (→ Vor §§ 111b–111q Rn. 19 f., → § 111b Rn. 29 und → § 111e Rn. 40).

4. Abwägung. a) Inhaltliche Aspekte. Es ist verfassungsrechtlich unumgänglich, dass die Strafjustiz die für die Abschöpfungsentscheidung einschlägigen, dh gesetzlich maßgeblichen Tatsachen unvoreingenommen zusammenträgt. Zum Zweck der Sicherung ihrer Durchsetzung ist die sachgerechte Nutzung des gesetzlichen Instrumentariums ein angemessen scharfes Mittel (va gegen auf Bereicherung abzielende organisierte Kriminalität). Dessen **Voraussetzungen** müssen jedoch mit **genügender Wahrscheinlichkeit** und ausreichendem **Gewicht** vorliegen. Belange des Betroffenen dürfen nicht überwiegen. Sind sie vorgetragen oder sonst bekannt, bedarf es ihrer Prüfung und sie müssen ernstgenommen werden, um den Eingriff in die Grundrechte sowohl zu rechtfertigen als auch zu minimieren, die dem Betroffenen ja auch in seiner Rolle als (vermutlich) „Böser" verbleiben. **Die allgemeine** Vermutung tricksenden Verhaltens **jedes Individuums** und die vorschnelle oder einseitige Betonung[79] des Sicherungsinteresses der Strafjustiz kennt das Gesetz nicht. 62

Selbst wenn ein Sicherungsbedürfnis **vorliegt,** ist die **Anordnung** eines Vermögensarrests **nicht zwingend.** Zum einen ist das **Übermaßverbot** zu wahren – und zwar sowohl in Bezug auf das **Ob** als auch die **Höhe** betreffend.[80] Zum anderen ist im Bewusstsein zu behalten, dass es sich bereits bei dem **Antrag** auf Erlass eines Vermögensarrests um eine **Ermessensentscheidung** handelt. Beiden Aspekten ist die Notwendigkeit der Berücksichtigung gegenläufiger Interessen immanent. 63

b) Grundrechtsrelevante verfahrensrechtliche Umstände. aa) Rechtliches Gehör. Da sowohl Beschlagnahme als auch Vermögensarrest ein Sicherungsbedürfnis voraussetzen, ist es konsequent, vor ihrer Vollziehung und damit eben auch vor ihrer Anordnung dem Betroffenen kein rechtliches Gehör zu gewähren, ihm also nichts von der ihm drohenden Einschränkung seiner wirtschaftlichen Bewegungsfreiheit mitzuteilen. 64

Angesichts dessen kommt jedoch der Möglichkeit **nachträglichen rechtlichen Gehörs überragende Bedeutung** zu. Die Vollziehung eines Vermögensarrests greift zumindest in das Eigentumsgrundrecht des Betroffenen aus Art. 14 GG ein. Unbeschadet dessen, ob man das Grundrecht auf effektiven Rechtsschutz allein aus Art. 19 GG ableitet oder ob man es zusätzlich auch als Annex der Gewährung einzelner Grundrechte betrachtet, ist es jedenfalls unter dem zusätzlichen Gesichtspunkt des Art. 103 Abs. 1 GG **zwingend,** im direkten Anschluss an den Grundrechtseingriff, besser noch: währenddessen, also zur Zeit der Vollziehung, der Verteidigung unverzüglich **Akteneinsicht** zu gewähren.[81] 65

Technische Schwierigkeiten stehen der Durchführung nicht entgegen. Die elektronische (Doppel)Akte kann dem Verteidiger binnen Minuten bis zum aktuellen Stand übermittelt werden. Aufgrund der Anwesenheit der Ermittler am Sicherstellungsort begründet dies keine Verschleierungsgefahr. Aktenteile, die auf zukünftige weitere noch geheimhaltungsbedürftige Zwangsmaßnahmen deuten, lassen sich ohne weiteres von der Akteneinsicht ausnehmen. 66

Die Gewährung von Akteneinsicht ist die Voraussetzung dafür, um dem Betroffenen anschließend, dem **Fairnessgebot** entsprechend, dh ernsthaft und offenen Herzens die Gelegenheit einzuräumen, seine Sicht der Dinge darzustellen, wenn er es denn möchte. Jedenfalls hat die Justiz dem Betroffenen **schnellstmöglich** die Chance zu bieten, mit ihr zu **kommunizieren** über Bestand und Folgen der Maßnahme.[82] Nur so wird dem Sinn 67

---

[79] Wie im Fall LG Berlin 16.12.2020 – 514 Qs 29/20, NZWiSt 2021, 286 Rn. 15 (mAnm Rettke); tendentiell ebenso OLG Celle 8.7.2020 – 2 Ws 200/20, wistra 2021, 210 Rn. 103 (mAnm Rettke).

[80] LG Münster 9.3.2011 – 9 Qs 6/11, StV 2012, 157 (und kann bei deutlich geminderter Höhe des Arrestanspruchs, ca. 20 T EUR anstatt ca. 1,3 Mio. EUR) zum Entfallen des Arrestgrunds führen.

[81] Peters in Peters/Bröckers Vermögensabschöpfung Rn. 459–461; enger Rettke NJW 2020, 2898 (2900 f.), der das Akteneinsichtsrecht nicht beschuldigter Betroffener erst vor der Beschwerdeentscheidung bejaht und ihn zuvor auf sich nicht auf den Tatverdacht erstreckende Auskünfte gem. § 475 Abs. 1 verweist.

[82] Ersichtlich nicht geschehen im Fall LG Berlin 16.12.2020 – 514 Qs 29/20, NZWiSt 2021, 286 (mAnm Rettke).

der Gewährung rechtlichen Gehörs und der verfahrensrechtlichen Ausprägung des **Grundrechts** auf **effektiven Rechtsschutz** ausreichend Rechnung getragen.

68 Es ist eine Frage des Einzelfalls, welche Konsequenzen sich anschließen. Falls überhaupt, so müssen sie sich keineswegs auf den Bestand des Vermögensarrests und dessen Höhe beziehen oder beschränken, sondern können durchaus allein die Art und Weise der Vollziehung betreffen (→ § 111k Rn. 12, 36 und 41), schließlich geht es in diesem Stadium **nicht** darum, **effektive Strafverfolgung** zu **behindern,** denn die Sicherung besteht entweder bereits oder der Betroffene kann ihre Vornahme nicht mehr verhindern. Notwendig ist es allerdings, das **justitielle Vorgehen grundrechtschonend** zu gestalten. Rechtfertigt das Gebot der Sicherung die Maßnahme als solche, so gilt das nicht auch für Nebenwirkungen und keineswegs für solche, die nicht wiedergutzumachen sind.

69 Mangels vorherigen rechtlichen Gehörs nimmt der Betroffene zwangsläufig mit seiner Verteidigung die Rolle des Angreifers auf die Rechtmäßigkeit der Maßnahme ein. **Ob er** wirklich **Unrecht** begangen hat, **bedarf** aber erst noch der **Prüfung.** Insbesondere das **Ermittlungsverfahren** dient zuvörderst der **Klärung** des Sachverhalts. Daher ist den damit einhergehenden Unsicherheiten Rechnung zu tragen und zu bedenken, dass die Angaben des Betroffenen genauso richtig sein können wie die eines Opfers oder sonstigen Zeugen, selbst wenn sie vom Beschuldigten stammen anstatt von einem unverdächtigen Drittempfänger.[83]

70 Weil ein Vermögensarrest nicht offen vorbereitet und erwirkt wird, ist es geradezu zwingend, dass den Behörden bei der ersten Vollziehungsmaßnahme noch nicht sämtliche Informationen vorliegen. Die Einseitigkeit ihres Wissensstands ist im Kern unumgänglich, weil sie sich von den gerade auch legitimen Belangen des Betroffenen, noch keine tiefere Kenntnis verschaffen konnten. Persönliche und wirtschaftliche Interna, drohende Härten, eingetretene Entreicherung: Verlässliche Klärung ist ohne offene Ermittlungen nicht zu erwarten. Gerade **deswegen** ist es **zwingend,** das Informationsdefizit von Amts wegen zu beseitigen, also besonderes Augenmerk auf die Belange des Betroffenen zu legen, um auf der Basis des zusätzlichen Wissens zB aus dem Vorbringen des Betroffenen und aufgrund sonstiger Erkenntnisse, etwa aus der Sichtung von Kontounterlagen, Arrestanspruch und -grund nochmals sehr **ernsthaft zu prüfen** und gebotene Anpassungen zwecks Unterbindung vermeidbarer Nebenwirkungen schnellstmöglich vorzunehmen, so wie es das verfassungsrechtliche Übermaßverbot gebietet.

71 Stattdessen mit Zähnen und Klauen die einmal getroffene Sicherungsanordnung zu verteidigen und jeden dagegen vorgetragenen Aspekt als von vornherein dubioses Verteidigungsverhalten anzusehen, das lediglich der Verschleierung der Verantwortlichkeit für in Wirklichkeit begangenes Unrecht dient, würde das einfache Recht ebenso wie die Bedeutung der Grundrechte verkennen, dh **rechtstaatliche Mindestanforderungen** verfehlen. Ein derartiges Rollenverständnis wäre Ausdruck vorurteilsbeladener Einseitigkeit, unterminierte das Vertrauen in die Unparteilichkeit der Strafjustiz und ggf. die berechtigte Erwartung richterlicher Unabhängigkeit. Nur wer sich selbst an die für ihn geltenden Regeln hält, kann das legitimerweise auch von anderen erwarten, noch dazu unter Strafdrohung. Konsequentes Agieren heißt konsequente Orientierung am Gesetz und nicht irgendwo, sondern dort Zupacken, wo es **rechtlich** geboten ist.

72 Selbstverständlich kann, darf und soll die Strafjustiz nicht aufgrund jedes Hüstelns eines Betroffenen erschreckt zusammenzucken und mit den Worten um Verständnis oder gar Verzeihung bitten, es ja gar nicht so gemeint zu haben. Nebelwurf statt Argument: Kann sein, muss aber nicht. Vorbringen muss sich einer Überprüfung stellen. Die Justiz darf Verständnis dafür und die dafür notwendige Zeit vom Betroffenen erwarten. Aufbringen kann er es aber nur, spürt er die Bereitschaft zu wirklich **ergebnisoffener** Klärung und **Ermittlung.** Dazu gehören Anpassungen an den aktualisierten Verfahrensstand. Darin liegt daher alles andere als das Eingeständnis von Fehlern, sondern es ist schlicht Ausdruck souveräner Seriosität.

[83] Übergangen von LG Leipzig 22.10.2020 – 13 Qs 68/20, Medstra 2021, 129 Rn. 17 mkritAnm Meißner.

Staatsanwaltschaften und Strafgerichte verfügen über genügend wirksame Mittel, zumindest nicht profihafte Verbrecher etwaige Versuche, sie **an der Nase herum zu führen,** schmerzhaft spüren zu lassen. Dem **Menschenbild des Grundgesetzes** entspricht es, auch **Beschuldigte** und deren Vorbringen **ernst zu nehmen.** Das verbietet rein punitiv oder sonst allein repressiv orientiertes Vorgehen. Gnadenlosigkeit ist keine Kategorie des deutschen Strafverfahrensrechts. Wohin auf das Erreichen vordergründiger angeblicher staatlicher Zwecke beschränkte Zielverfolgung führt, zeigt sich in jeder autoritär organisierten Einheit. Macht vor Recht – unbeschadet der Wirklichkeit – und das mit stetig steigender Tendenz, bis Skrupel in zuvor nicht gekannter Weise beiseitegeschoben werden. Ein Blick in die Welt zeigt, dass demokratische Staaten leider vor solchen Entwicklungen nicht gefeit sind. Sie existieren gemäß der Böckenförde-Erkenntnis auf Voraussetzungen, die sie nicht selbst garantieren können. Umso nötiger ist es, nach außen wie nach innen die die Freiheit Dritter sichernde Funktion des Strafrechts und als deren Spiegelbild ihre ultima-ratio-Funktion anzuerkennen und zu betonen. Dazu gehört das Bewusstsein, dass strafprozessuale Zwangsmaßnahmen **Grundrechtseingriffe** darstellen und sie es sind, die der **Rechtfertigung bedürfen.** Notwendig dafür ist folglich ein auch vor der Verfassung genügender Anlass. Obwohl das Reformgesetz vermehrter Einziehung und deren häufigerer Sicherung dient, **bezweckt** es **nicht,** mit der Vollziehung von Beschlagnahme oder Vermögensarrest **vollendete Tatsachen** zu **schaffen** und es **Betroffenen** zu **überlassen, sich** zu **entlasten.** 73

bb) Dauer. Das Gebot der **Abwägung** endet nicht mit erlassenem Vermögensarrest und beschränkt sich danach auch keineswegs auf Themen seiner Vollziehung. Vielmehr verlangt die fortdauernde Einschränkung der Grundrechte des Betroffenen die stete Prüfung seiner Aufrechterhaltung. Nach neuem Recht ist die **Dauer** seines Bestands eine Frage der **Verhältnismäßigkeit,**[84] in der die **Fristen** des § 111b Abs. 3 aF aufgegangen sind.[85] Obwohl der Maßstab der Angemessenheit hier eher demjenigen gleicht, der an vollzogene Führerscheinmaßnahmen denn an vorgenommene Freiheitsentziehungen anzulegen ist, rechtfertigen über längere Zeit hinweg nur zügige und sachgerechte Ermittlungen (noch dazu wesentliche) Eingriffe in des Betroffenen wirtschaftliche Bewegungsfreiheit und damit seine Grundrechte, zumindest dasjenige aus Art. 14 GG. Seine **Belange** erlangen daher im Lauf der **Zeit** ein **zunehmend höheres Gewicht,** das den Fortbestand der Anordnung des Vermögensarrests ganz oder teilweise in Frage stellen kann (vgl. dazu bereits → Rn. 5 sowie → § 111b Rn. 12, 33 und 41). Genügt anfangs beim zB Verdacht des Anlagebetrugs die Geschäftseinstellung zum „Einfrieren" der noch vorhandenen Einlagen, so ist nach einem gewissen, sachverhaltsabhängigen Zeitablauf die Kenntnis darüber erforderlich, ob und wie Versprechungen und Handlungen auseinanderfielen. Zeichnen sich Täuschung, Irrtum und Vermögensverfügung ausreichend sicher ab, so kann die Maßnahme selbst dann aufrechterhalten bleiben, sind Einzelheiten der (schwierigen) Schadensberechnung noch unter sachverständiger Hilfe aufzuklären. 74

Im Fall von Verzögerungen gelten die Maßstäbe für die Beschlagnahme (→ § 111b Rn. 37–40) verschärft, selbst im Fall von Individualdelikten, weil das Gesetz dem gegenständlichen Restitutionsinteresse ein höheres Gewicht beimisst als dem wertmäßigen. Das gilt auch für Steuerdelikte. Sie weisen zwar einen individuellen Geschädigten auf. Weil es sich dabei aber um die Allgemeinheit handelt, unterscheidet sich ihr Gewicht nicht von dem der Gemeindelikte. Dadurch ersparte Aufwendungen lassen sich mittels Vermögensarrests sichern. Auch er ist daher aufzuheben nach einer der **justiziellen Sphäre zuzuordnenden Bearbeitungspause** des Ermittlungs-,[86] Zwischen- oder Hauptverfahrens von mehr als 75

[84] OLG Stuttgart 25.10.2017 – 1 Ws 163/17, NJW 2017, 3731 Rn. 15 f.; KG Berlin 2.6.2020 – 4 Ws 21/20 Rn. 25.

[85] OLG Stuttgart 25.10.2017 – 1 Ws 163/17, NJW 2017, 3731 Rn. 18.

[86] OLG Frankfurt a. M. 14.6.2018 – 3 Ws 425/17, Rn. 8; 15.2.2022 – 3 Ws 34/22, StraFo 2022, 151; OLG Nürnberg 31.8.2021 – Ws 718/21, StraFo 2021, 469 Rn. 13–16; LG Bremen 22.11.2019 – 4 Qs 391/19 (334 Js 18858/18), StraFo 2020, 22; LG Düsseldorf 3.8.2020 – 018 Qs – 140 Js 489/17 – 30/20; Retemeyer in HWiStR Teil 14, Rn. 73; noch enger Johann PStR 2018, 295.

einem Monat (zur Beschlagnahme → § 111b Rn. 37), erst recht nach etwa **zwei Jahren Vollziehungsdauer** – regelmäßig selbst im Fall dringenden Verdachts einer gravierenden Tat, etwa Steuerhinterziehung in großem Ausmaß (s. oben die Faustregel-Liste → § 111b Rn. 41).[87] Der BGH in Zivilsachen[88] deutete leise, aber selbst mangels aus den veröffentlichten Gründen ersichtlichen Anlasses trotzdem vernehmliche Zweifel an der Verhältnismäßigkeit eines 22 Monate andauernden Vermögensarrests an; weil er für die Entscheidung darüber allerdings nicht zuständig war, musste er sich dazu jedoch nicht festlegen.

76 Nicht maßgeblich ist hingegen der Abstand der Anordnung des Vermögensarrests zu Tat oder Bekanntgabe des Ermittlungsverfahrens. Entscheidend ist erst der **Beginn seiner belastenden Auswirkungen.** Er darf daher auch noch nach Jahren angeordnet werden, wenn dazu aufgrund erstmals bekanntgewordenen Vermögens (Freigabe der Kaution) zuvor kein Anlass bestand.[89]

77 Ein gesetzliches **Spannungsverhältnis** besteht zwischen der Einhaltung des **Beschleunigungsgebots** einerseits und andererseits dem **Nachrang** der erweiterten selbständigen Einziehung, § 76a Abs. 4 StGB, die erst zulässig ist, wenn die Einziehung in keinem subjektiven Verfahren gegen irgendeine natürliche Person möglich ist.[90] Selbst wenn die übrigen Einziehungsvoraussetzungen „auf der Hand liegen", scheidet daher bereits ein Antrag auf selbständige Einziehung solange aus, wie die auf rein strafrechtliche Rechtsfolgen ausgerichteten Ermittlungen andauern, selbst wenn sie sich als zeitaufwändig erweisen.

78 Ob eine Verzögerung vorliegt, kann deshalb nicht ohne Berücksichtigung der Subsidiarität des § 76a StGB beurteilt werden: Dass ohne die auf Abschöpfung in einem subjektiven Verfahren abzielenden Ermittlungen die selbständige Einziehung sehr viel früher hätte beantragt werden können, zwingt deshalb nicht für sich, sondern nur dann zur Aufhebung des Vermögensarrests, wenn das subjektive Verfahren selbst unzureichend gefördert worden war. Das zügige Führen des selbständigen Verfahrens allein rechtfertigt daher die Zulässigkeit des Fortbestands der Maßnahme ebensowenig wie nunmehr eintretende Verzögerungen (selbst nach schleunigen Ermittlungen zuvor).

79 Eine Regelung über die Dauer des Bestands eines Vermögensarrests oder über sein Außerkrafttreten ohne ausdrückliche Aufhebung existiert nicht. Seine Wirkung endet zwar grundsätzlich mit Rechtskraft der Anordnung über die ersatzweise Einziehung der Taterträge.[91] Sie überdauert diesen Zeitpunkt aber als Rechtsgrundlage für den Rang des mit Rechtskraft umgewandelten Sicherungsrechts (Pfändungspfandrecht statt Arrestpfandrecht; Zwangshypothek statt Sicherungshypothek). In den Fällen des § 76 und des § 111e Abs. 2 ist es sogar möglich, einen Vermögensarrest nach Rechtskraft der Einziehungsanordnung zu erlassen.[92]

VI. Abs. 2 und 3

80 **1. Funktion und Bedeutung.** Die Vorschrift des Abs. 2 ist zwar inhaltlich nicht neu, gestattet nun aber selbständig die Anordnung eines Vermögensarrests zur Sicherung der Vollstreckung von Geldstrafe und Verfahrenskosten. Sie **erweitert** den **Kreis** der per Vermögensarrest **sicherungsfähigen Forderungen** des Justizfiskus über Abs. 1 hinaus und stellt

[87] OLG Rostock 12.4.2018 – 20 Ws 42/18 StraFo 2018, 350; weitergehend LG Berlin 20.12.2021 – 526 Qs 26/21, wistra 2022, 210 (Bestätigung nach 3 1/2 Jahren und erstinstanzlicher Ablehnung der Einziehung). Aus der früheren Rechtsprechung: OLG Koblenz 15.1.2014 – 2 Ws 609/13, NStZ-RR 2014, 114 Rn. 11 ff. (Ls); OLG Köln 10.2.2004 – 2 Ws 704/03, NStZ 2005, 400 Rn. 13 ff.; 2.9.2013 – 2 Ws 311/13, wistra 2014, 118; OLG Saarbrücken 29.7.2009 – 1 Ws 118/09, ZInsO 2009, 1704; OLG Jena 27.7.2004 – 1 Ws 234-236/04, wistra 2005, 114; OLG Naumburg 31.5.2010 – 1 Ws 3/10; OLG Hamburg 27.11.2008 – 2 Ws 197/08, StV 2009, 122 Rn. 26 (2 Monate); OLG Rostock 19.12.2013 – Ws 320/13, ZWH 2014, 440 Rn. 45 f. mAnm Burghart.

[88] BGH 21.11.2019 – V ZB 75/18, NZWiSt 2020, 193 Rn. 18.

[89] OLG Karlsruhe 11.2.2019 – 3 Ws 37/19.

[90] OLG Stuttgart 1.7.2020 – 7 Ws 49/20, wistra 2020 477 und 523; dazu Hüls ZWH 2021, 153.

[91] Köhler in Meyer-Goßner/Schmitt, Rn. 17; teilweise abweichend Johann in Löwe/Rosenberg Rn. 55.

[92] Bittmann in Bittmann/Köhler/Seeger/Tschakert Strafrechtl. Vermögensabschöpfung-HdB Rn. 457.

damit ein Unikat,[93] ja eine Art Fremdkörper dar, fehlt hier doch der in den Fällen der §§ 73 ff. und 74 ff. StGB, auch iVm § 73c bzw. § 74c StGB vorhandene wenigstens mittelbare Bezug zur Tat und damit zum zumindest objektiven Unrecht. Die Interessen des Justizfiskus an der Durchsetzung einer nicht-deliktischen Forderung wiegen für den Gesetzgeber ersichtlich schwerer als private Interessen zur Sicherung späterer Vollstreckung eines deliktischen Anspruchs. Wie in der Vergangenheit so sind jedoch auch weiterhin **Vollstreckungskosten nicht** per strafprozessualem (Vermögens-)Arrest sicherungsfähig, Abs. 3. Der enumerative und damit abschließende Charakter des § 111e Abs. 2 steht der Sicherung auch sonstiger Forderungen des Justizfiskus per Vermögensarrest oder in unmittelbarer Anwendung der §§ 916 ff. ZPO entgegen.[94]

Zum Zwecke der Sicherung der **Geldstrafe**[95] und/oder der (auch im Wege der Schät- 81
zung erst noch zu erwartenden[96]) **Verfahrenskosten**[97] (Gebühren und Auslagen, § 464a Abs. 1 S. 2[98]) darf der Arrest **nur** (und nicht auch gegen Privat- und Nebenkläger, gesetzliche Vertreter sowie Einziehungsbeteiligte und Nebenbetroffene[99]) **gegen den Beschuldigten** (als Betroffenem) und erst angeordnet werden, wenn ein auf Strafe (nicht auch auf Buße[100]) lautendes zumindest erstinstanzliches **Urteil** ergangen ist, § 111e Abs. 2, und Bestand hat, also im Rechtsmittelverfahren (zumindest noch) nicht aufgehoben wurde.[101] Anlass für einen Vermögensarrest nach § 111e Abs. 2 kann die Freigabe eines werthaltigen Beweismittels ebenso bieten wie die Herabsetzung der Arrestsumme auf die sie unterschreitende Einziehungsforderung.[102]

Die unter dem früheren Recht streitige Frage, ob dem Urteil ein **Strafbefehl gleich-** 82
steht, beantwortete der Gesetzgeber mit der Neuregelung bejahend. Besteht Grund zur Annahme, ein Beschuldigter werde versuchen, sich der Vollstreckung der Geldstrafe (nebst Kosten) zu entziehen, so kann daher versucht werden, deren Einbringlichkeit bereits vor der Zustellung des Strafbefehls mittels Vollziehung des dem Beschuldigten noch unbekannten und erst zugleich mit dem Strafbefehl bekanntzugebenden Vermögensarrests zu sichern, um damit evtl. Verschleierungsmaßnahmen wirksamer vorzubeugen.[103]

Die Anordnung eines Vermögensarrests zur Sicherung von Geldstrafe und/oder Kosten 83
bedarf keines Antrags der Staatsanwaltschaft. Das **erkennende Gericht** darf darüber **von Amts wegen** und ohne Kenntnis anderer Verfahrensbeteiligter entscheiden. Gründe der Verhältnismäßigkeit sprechen für eine Untergrenze von ca. 1.000 Euro und ein Absehen bei beengten Vermögensverhältnissen.[104] Die **Wirksamkeit** dieses Vermögensarrests dauert bis zum **Eintritt auch der Vollstreckbarkeit** der **Kosten** fort,[105] ist aber ggf. auf deren erwartbare Höhe herabzusetzen. Die unterschiedliche Wirkungsdauer spricht dagegen, Taterträge und Kosten mit demselben Vermögensarrest anstatt mit zwei selbständigen zu sichern.[106]

---

93 Niemann wistra 2019, 396, spricht von „Nebenzweck".
94 Johann in Löwe/Rosenberg Rn. 3 und § 111j Rn. 48.
95 Das Sicherungsbedürfnis bedarf aufgrund der Möglichkeit der Anordnung von Ersatzfreiheitsstrafe des Vorliegens besonderer Umstände.
96 Johann in Löwe/Rosenberg Rn. 35 f.; Köhler in Meyer-Goßner/Schmitt Rn. 13; Rogall in SK-StPO § 111d Rn. 9.
97 Eine Bestrafung ist nicht erforderlich, zB im Sicherungsverfahren oder bei Freispruch unter Anordnung einer Maßregel gemäß §§ 63 oder 64 StGB, Johann in Löwe/Rosenberg Rn. 33.
98 Gercke in Gercke/Julius/Temming/Zöller Rn. 7; Johann in Löwe/Rosenberg Rn. 35, der allerdings zwischen Auslagen der Staatskasse und solchen der Verfahrensbeteiligten differenziert und nur erstere für sicherungsfähig ansieht.
99 Für Einziehungsbeteiligte aA Johann in Löwe/Rosenberg Rn. 35.
100 Johann in Löwe/Rosenberg Rn. 33.
101 Heine in SSW StPO Rn. 7; Johann in Löwe/Rosenberg Rn. 33; bei Teilaufhebung genügt Anpassung.
102 Niemann wistra 2019, 396; Schmidt Vermögensabschöpfung-HdB Rn. 904.
103 Heine in SSW StPO § 111e Rn. 7.
104 Niemann wistra 2019, 396.
105 Gercke in Gercke/Julius/Temming/Zöller Rn. 7; Johann in Löwe/Rosenberg Rn. 36; Mayer in KMR-StPO § 111g Rn. 7; Rogall in SK-StPO § 111d Rn. 9.
106 Niemann wistra 2019, 396 (398).

84 Auch dieser Vermögensarrest fällt unter § 33 Abs. 4 und enthebt das Gericht des Gebots eigener Bekanntgabe mit dem Urteil oder nach späterer Anordnung. Die Staatsanwaltschaft vollzieht den Beschluss und hat ihn nach zumindest teilweisem Erfolg dem Betroffenen nachträglich zuzustellen. Das unterbleibt allerdings leider zu oft, gerade nach Forderungspfändung. Damit ist der Betroffene zur Prüfung seiner Rechtschutzmöglichkeiten allein auf die Gewährung von Akteneinsicht verwiesen.

85 **2. Strengeres Sicherungsbedürfnis.** Ein allgemeines **Sicherungsbedürfnis** erkennt das Gesetz hier nicht an, weil im Gegensatz zu § 111e Abs. 1 ein Vermögensarrest gem. § 111e Abs. 2 nach jeder, nicht nur einer auf Bereicherung gerichteten Straftat ergehen darf und auch nicht jeder Angeklagte aus einer Vermögensstraftat etwas erlangt oder auch nur erstrebt hatte.[107] Es bedarf hier daher neben der wie allgemein fallbezogen zu begründenden Gefahr für die Erfüllung der Forderung auch der Darlegung tatsächlicher Anhaltspunkte für ein spezifisches Manipulationsmoment.

86 In einem allzu pauschalen **obiter dictum** verneinte der **BGH** allerdings nicht nur zutreffend das Erfordernis vorangegangener Vereitelungshandlungen,[108] sondern hielt zum Begleichen fehlende finanzielle Potenz eher für einen das Sicherungsbedürfnis bestätigenden Grund (in Abweichung zur Rechtsprechung zu § 917 ZPO) und es zudem für möglich, zu dessen Bejahung auf das (mit manipulativem Finanzgebaren nicht durchweg korrelierende) Tatverhalten zu rekurrieren,[109] obwohl dieses generell nur in seltenen Ausnahmefällen allein die Entscheidung zu tragen vermöge.[110] Tragend war für den Senat hingegen das verbale Bekenntnis der erstinstanzlich Verurteilten zur unterstützten verbotenen Vereinigung, welche sich auch in mehrfachen Spenden ausgedrückt hatte.

87 Das OLG Hamm[111] schlussfolgerte das Sicherungsbedürfnis aus dem Verkauf der Hälfte des Familienheims an die Ehefrau, obwohl der erstinstanzlich Verurteilte den Erlös auf sein Konto überwiesen und gerade nicht verschleiert hatte. Selbstverständlich kann darin eine das beabsichtigte Beiseiteschaffen vorbereitende Handlung gelegen haben. Denkbar ist jedoch auch das Motiv, vorsorglich Deckung zum Begleichen der Kostenforderung schaffen zu wollen. Der Straftäter, wenn denn die Verurteilung in Rechtskraft erwachsen sollte, haftet nur für die Kosten und ist nicht zugleich zum Tragen des Wertverlusts aufgrund Zwangsversteigerung oder auch nur wegen Verkaufs zur Unzeit verurteilt worden. Selbstverständlich ist Naivität fehl am Platze. Gleiches gilt aber auch für die pauschale umgekehrte Annahme, jeder erstinstanzlich Verurteilte trachte danach, der Justiz ein Schnippchen zu schlagen: Er kann sehr wohl bemüht sein, weiteren Ärger zu vermeiden. Es ist zumindest ernsthaft zu prüfen, ob die **Vermögensumschichtung** wirklich den ersten Schritt zum Beiseiteschaffen darstellte.

VII. Abs. 4

88 **1. Inhalt des Arrestbefehls: Abs. 4 S. 1. a) Antrag und Entscheidungsfreiheit.** Der auf Anordnung eines Vermögensarrests gerichtete Antrag heißt **Arrestgesuch.** Ein solches ist entbehrlich, wenn die Stelle, welche die Verfahrensherrschaft innehat, den Arrest selbst anordnet (wegen Gefahr im Verzug die Staatsanwaltschaft, § 111j Abs. 1 S. 2, oder nach Anklageerhebung das Gericht). Nach dem im alten Recht in Bezug genommenen § 920 Abs. 1 ZPO musste das Gesuch den **Arrestanspruch in Geld oder Wert** (vollständig oder bis zur gewünschten Höhe der Sicherung; ggf. unter Angabe von Schätzungsgrundlagen) sowie den **Arrestgrund** (nebst tatsachengestützter Begründung) aufführen. Diese gesetzliche Pflicht der Staatsanwaltschaft besteht nicht mehr.

[107] AA Niemann wistra 2019, 396.
[108] BGH 19.1.2021 – StB 46/20, Rn. 7.
[109] BGH 19.1.2021 – StB 46/20, Rn. 8.
[110] BGH 19.1.2021 – StB 46/20, Rn. 6.
[111] OLG Hamm 4.6.2020 – III-4 Ws 97/20 (zu II 3 b).

Gleichwohl ist es sowohl ein nobile officium als auch im eigenen Interesse der Staatsanwaltschaft liegend, diese Umstände im Gesuch anzuführen.[112] Das erleichtert dem Gericht die Arbeit und führt zu schnellerer wie präziserer, folglich verlässlicherer Entscheidung. Dazu kann es auf den gesamten Akteninhalt zurückgreifen und auch eigenständig weitere Recherchen anstellen oder veranlassen. An den Antrag der Staatsanwaltschaft ist das **Gericht** bereits aus verfassungsrechtlichen Gründen **nicht gebunden.** Es hat vielmehr die Voraussetzungen **selbst** zu prüfen,[113] um sich eine ausreichende **Überzeugung** für das Vorliegen von Arrestanspruch und -grund zu verschaffen.[114] Das BVerfG setzt gerichtlichen Prüfungskompetenz mit -pflicht gleich. 89

Gibt das Gericht dem staatsanwaltschaftlichen Antrag statt, so erlässt es in Beschlussform (zumindest) einen **Arrestbefehl.**[115] Er bedarf regelmäßig der Schriftform. In der Begründung hat das Gericht zu dokumentieren, dass es seiner Prüfungspflicht tatsächlich nachgekommen ist. Die in der Praxis nicht selten vorkommende Übernahme auch der Schreibfehler in Anträgen[116] beweist zwar den Pflichtverstoß nicht, indiziert ihn jedoch. 90

b) Präzisierungserfordernisse. Das Gericht unterliegt hohen, allerdings nach den Umständen des Einzelfalles variablen Anforderungen an die **Begründung** seiner Entscheidung, § 34.[117] Pauschalierende und allgemeine Floskeln genügen keinesfalls.[118] Im **Tenor** sind das **betroffene Vermögen,** eventuelle Beschränkungen, der Arrestanspruch nebst Höhe und die Lösungssumme anzugeben. Die **Gründe** müssen Angaben zum **Arrestgrund,** dh dem bejahten **Sicherungsbedürfnis** enthalten.[119] Sie müssen zudem erkennen lassen, dass das Gericht die maßgeblichen Umstände zur Kenntnis genommen, selbständig bewertet, gegeneinander abgewogen und die Verhältnismäßigkeit des Vermögensarrests eigenständig bejaht hat. Je belastender die Maßnahme sich auswirken kann, desto eingehender muss die schriftliche Begründung ausfallen. 91

Auch im Hinblick auf die von Abs. 4 S. 1 im Arrestbefehl geforderten Angaben genügen keine pauschalen Bezeichnungen. Vielmehr sind **Tat** und **Ertrag** in zumindest erkennbarer Weise wenigstens knapp, aber **ausreichend bestimmt** anzuführen. Im Fall von Serientaten ist es zulässig, auf eine als Anhang beigefügte Liste zu verweisen, während es bei im wesentlichen gleichförmigem Vorgehen entbehrlich ist, jeden einzelnen Posten anzuführen.[120] Insoweit reichen **zusammenfassende Beschreibungen** (zB im Tatzeitraum … in mindestens … Fällen … in Höhe von mindestens …). Anzugeben ist zudem der **Geldbetrag,** der dem **Mindestwert des Erlangten** entspricht, aber deutlich darunter liegen kann, wenn entweder auch Original-Ertrag beschlagnahmt ist oder werden soll[121] oder ein Teil der Forderung des (oder von) Anspruchsinhabern erloschen ist, § 73e Abs. 1 S. 1 StGB. 92

Hat das Gericht dazu Anlass und verfügt es über entsprechendes Wissen (etwa aus den Akten), so ist es zur Vermeidung übermäßiger Belastung des Betroffenen befugt, bei Anordnung die Vollziehung auf den am Tag der Vollziehung noch vorhandenen Wert der Taterträge (→ Rn. 38–38b) oder auf bestimmte Gegenstände zu beschränken oder andere, zB das Betriebsvermögen, auszuschließen.[122] 93

2. Notwendige, aber schwierige Bewertung. Der **Tatertrag** kann schwierige Bewertungsfragen aufwerfen, besteht er nicht in Geld. Für einen gestohlenen oder ertroge- 94

---

112 Johann in Löwe/Rosenberg Rn. 44.
113 Hellerbrand wistra 2003, 201 (202).
114 Rogall in SK-StPO § 111d Rn. 20 und 23.
115 Die StPO bedient sich dieses Begriffs nicht, Johann in Löwe/Rosenberg § 111j Rn. 18.
116 Johann in Löwe/Rosenberg Rn. 44; s. auch → § 111j Rn. 19.
117 Cordes NZWiSt 2021, 45 (46); Heine in SSW StPO § 111e Rn. 14; Johann in Löwe/Rosenberg, § 111b Rn. 85; Peters in Peters/Bröckers Vermögensabschöpfung Rn. 414–416; Retemeyer in HWiStR Teil 14, Rn. 82.
118 Cordes NZWiSt 2021, 45 (48); Johann in Löwe/Rosenberg § 111b Rn. 92 und 105, § 111e Rn. 43 sowie § 111j Rn. 1 und 19.
119 Cordes NZWiSt 2021, 45, 46; Johann in Löwe/Rosenberg Rn. 46 und 51.
120 Strenger Johann in Löwe/Rosenberg Rn. 45.
121 Johann in Löwe/Rosenberg Rn. 45.
122 Johann in Löwe/Rosenberg Rn. 42 und 51.

nen Kraftwagen mag ein Blick in die Schwacke-Liste genügen. Für Schmuckstücke oder Kunstgegenstände ist hingegen wenigstens eine fachkundige Auskunft (zB eines Händlers) erforderlich. Im Bedarfsfall muss der Mindestumfang des zu sichernden Anspruchs **geschätzt** werden. Auch wenn dazu die Einschaltung eines Sachverständigen geboten sein mag, bedarf es zunächst keines zu Eilbedürftigkeit und Vorläufigkeit nicht passenden aufwendigen Gutachtens:[123] Sachkundige Schätzung auf der Basis von Erfahrungswissen genügt.

95 **3. Lösungssumme: Abs. 4 S. 2. a) Festlegung.** Gemäß Abs. 4 S. 2 (entsprechend § 923 ZPO) ist im Arrestbefehl die **Lösungssumme** festzusetzen.[124] Sie entspricht regelmäßig der Summe der zu sichernden Forderung[125] und markiert damit zugleich die Höchstgrenze der Vollziehung. Die Lösungssumme darf nur unter den Voraussetzungen des Abs. 2 auch die Geldstrafe und die Kosten umfassen.[126] Sie ist einheitlich zu bestimmen und setzt sich aus der Addition der Arrestansprüche zusammen, also je nach Sachverhalt aus den Werten aller (oder auserwählter) Taterträge, der Geldstrafe und der Kosten.

96 Mit Hinterlegung der Lösungssumme erhält der Betroffene die Befugnis, die ggf. weitere **Vollziehung** des angeordneten Vermögensarrests **abzuwenden.** Die Einzelheiten hängen davon ab, wie weit das Arrestverfahren vorangeschritten ist. Ist der Arrestbefehl ausnahmsweise noch gar **nicht vollzogen,** so **hemmt** die Hinterlegung seine **Vollziehung** entweder vollständig oder im Umfang des hinterlegten Betrags.[127] Ist er hingegen wie typischerweise **bereits ganz oder teilweise vollzogen,** so hat der Betroffene das Recht, im Maß der Hinterlegung von der Staatsanwaltschaft die (ggf. partielle) **Aufhebung** der **Vollziehungsmaßnahmen** zu verlangen.[128] Der **Arrestbefehl selbst bleibt aufrechterhalten.**[129] Während seiner Existenz ist deshalb der Betroffene gehindert, die Rückgabe der Lösungssumme zu verlangen. Bei teilweiser Vollziehung des Vermögensarrests ist nach Hinterlegung der gesamten Lösungssumme nicht nur die weitere Vollziehung gehemmt, sondern es sind zudem die durchgeführten Vollziehungsmaßnahmen wieder aufzuheben, diese Sicherheiten also freizugeben.

97 Abs. 4 S. 2 Hs. 2 verweist auf § 108 ZPO und stellt die Deponierung von Wertpapieren bzw. die Gestellung einer selbstschuldnerische Bankbürgschaft[130] der Hinterlegung von Geld[131] gleich. Von diesen Möglichkeiten Gebrauch zu machen, bietet sich allerdings nur bei fehlender Eilbedürftigkeit an, weil die Prüfung der Werthaltigkeit und der Bonität gehörige Zeit in Anspruch zu nehmen pflegen.

98 **b) In der Praxis auftretende Hürden.** Es empfiehlt sich die Einzahlung bei der Hinterlegungsstelle am Sitz der Staatsanwaltschaft. Sonst ist mit Verzögerungen zu rechnen, va bei Beteiligung mehrerer Bundesländer. Es sind allerdings nicht sämtliche zuständigen Justizbehörden ausreichend auf bekundeten Hinterlegungswillen vorbereitet. Staatsanwaltschaften pflegen kein Geld anzunehmen. Die gerichtliche Hinterlegungsstelle ist zuweilen zentralisiert.

99 Das bei Hinterlegung auszufüllende **Formular** kann die Frage enthalten, ob der Hinterleger auf die **Rückforderung verzichtet.**[132] Die zutreffende Antwort lautet: Nein. Der Verzicht, § 376 Abs. 2 Nr. 1 BGB, ist nur für Fälle befreiender Leistung vorgesehen, § 378 BGB, nicht jedoch bei bloßer Hinterlegung zur Sicherheit. Der Gläubiger ist mit dem **Pfandrecht am Rückforderungsanspruch,** § 376 Abs. 1, § 233 BGB, **ausreichend** und

[123] Rogall in SK-StPO § 111d Rn. 23.
[124] Für spätere Nachholbarkeit Gercke in Gercke/Julius/Temming/Zöller Rn. 22; Johann in Löwe/Rosenberg Rn. 47 und 53.
[125] Johann in Löwe/Rosenberg Rn. 47; Rogall in SK-StPO § 111d Rn. 24.
[126] Heine in SSW StPO Rn. 20; Peters in Peters/Bröckers Vermögensabschöpfung Rn. 413.
[127] Johann in Löwe/Rosenberg Rn. 50 und § 111g Rn. 3.
[128] Johann in Löwe/Rosenberg § 111g Rn. 3 und § 111p Rn. 14 mit dem Hinweis, teilweise Hinterlegung könne die weitere Vollziehung unverhältnismäßig werden lassen.
[129] Johann in Löwe/Rosenberg Rn. 47.
[130] Meißner NZWiSt 2018, 239 (244).
[131] Johann in Löwe/Rosenberg § 111g Rn. 3; Rogall in SK-StPO § 111d Rn. 24.
[132] Bach NZWiSt 2021, 182.

vollständig gesichert.[133] Es gilt nichts Abweichendes gegenüber einer Kaution zum Zwecke der Außervollzugsetzung eines Haftbefehls.

Zuweilen besteht die Staatsanwaltschaft trotzdem auf der Verzichtserklärung im Glauben, anderenfalls könne der Hinterleger tricksen und sich nach Freigabe der justiziellen Sicherheiten einseitig den Hinterlegungsbetrag wieder auszahlen lassen. Diese Angst ist jedoch unbegründet, weil die Hinterlegungsstelle zur **Rückzahlung** der zur Sicherheit hinterlegten Summe aufgrund des entstandenen gesetzlichen Pfandrechts nur auf **Anweisung** oder mit **Zustimmung** des **Begünstigten** berechtigt ist. Da dies jedenfalls der Hinterlegungsstelle bekannt ist, besteht rechtlich wie faktisch keine Gefahr der Rückgewähr auf bloßen Wunsch des Hinterlegers. **100**

Wiewohl eine Staatsanwaltschaft kein Recht dazu hat, die Aufhebung der Vollziehungsmaßnahmen von der Verzichtserklärung abhängig zu machen, bringt ein solches Verlangen den Betroffenen jedenfalls dann in eine Zwickmühle, wenn er die Lösungssumme bereits hinterlegt hat: In diesem Fall steht ihm wirtschaftlich weder diese noch das in Vollziehung des Vermögensarrests Gepfändete zur Verfügung, bewegliche Sachen meist auch nicht zum Zwecke der Nutzung. Da die Hinterlegungsstelle den eingezahlten Betrag nicht auf bloßen Wunsch des Betroffenen zurückzahlen darf, ist dieser auch insoweit auf die Zustimmung der Staatsanwaltschaft angewiesen. Dazu ist diese aufgrund der Übersicherung verpflichtet – es kann jedoch dauern, bis sie erteilt wird. Die Alternative besteht im Ankreuzen der **Verzichtsvariante.** Ein **Rechtsverlust** ist damit **nicht verbunden.** Wird der hinterlegte Betrag **nicht eingezogen,** so ist er von der Staatsanwaltschaft **zurückzugewähren,** weil sie trotz des vom Einzahler erklärten Verzichts auf die Rückforderung kein Recht zum Behalten mehr hat. **101**

Verzögerungen treten auf, ist die auf Gerichtsebene (ggf.: zentralisierte) Hinterlegungsstelle nicht befugt, selbst den eingezahlten Betrag zu verwalten, sondern verpflichtet, ihn an eine andere regionale oder landesweite Stelle weiterzuleiten, die allein befugt ist, den **Hinterlegungsschein** auszustellen, der Voraussetzung dafür ist, dass die Staatsanwaltschaft ihre zuvor erwirkten Sicherheiten freigibt. Da sich jede Behörde nach Maßgabe ihrer eigenen Kapazitäten der Sache widmet, können durchaus 6 Wochen zwischen Einzahlung und Freigabe liegen: Keine angemessene Handhabung, **intendiert** doch § 111 Abs. 4 die **zügige** Rückgewinnung der wirtschaftlichen und tatsächlichen Handlungsfähigkeit. **102**

Die **Odyssee** kann sich fortsetzen, gebietet die Einstellung des Verfahrens die Rückzahlung der Lösungssumme. War eine ortsfremde Hinterlegungsstelle gewählt worden, so mag die Verwaltung des Betrags dort verblieben sein. Es kann aber dauern, bis ihr die Freigabeverfügung vorliegt, va wenn der Rechtspfleger die staatsanwaltschaftliche Zustimmung zur Auszahlung der örtlichen Gerichtskasse gegenüber erklärt, diese vergeblich nach einem Vorgang gesucht und das Begehren deshalb mangels eigener Zuständigkeit an die Staatsanwaltschaft zurückgeleitet hatte. **103**

Es obliegt wesentlich der **Eigeninitiative** des **Betroffenen,** sich die Lösungssumme von dort **zurückzuholen,** wo sie verwaltet wird. Manche überregionale Stelle kommuniziert mit ihm nur über die örtlicher Hinterlegungsstelle. Bis ihm sein Geld tatsächlich wieder zur Verfügung steht, können noch einmal vier oder mehr Wochen vergehen. Rationelle Verwaltung in Ehren – aber nicht einseitig zu Lasten von jemandem, dem man Fehlveralten zu Unrecht vorgeworfen hatte. Hier besteht **dringender Bedarf** zur **Nachjustierung** unter Nutzung elektronischer Kommunikationswege. Da es (nicht nur) Verbrechern gelingt, binnen Minuten Gelder von einem Winkel der Welt zum anderen zu transferieren, ist es unverständlich, wenn die Justiz im Inland dafür Wochen oder Monate benötigt. **104**

VIII. Abs. 5

Ebenso wenig wie für die Beschlagnahme gibt es für den Vermögensarrest einen allgemeinen Verweis auf die Vorschriften über das Strafverfahren und die damit verbundenen **105**

[133] LG Gera 16.4.2021 – 4 O 1999/19, ZInsO 2021, 2749; Heine in SSW StPO Rn. 20; Johann in Löwe/Rosenberg Rn. 48.

Befugnisse und zu ihrer Wahrnehmung zur Verfügung stehenden Mittel (zur damit verbundenen Problematik → § 111b Rn. 54). Gem. § 111e Abs. 5 gelten die §§ 102–110 entsprechend. Die Anordnungsvoraussetzungen gleichen grundsätzlich denen der Parallelverweisung in § 111b Abs. 2 (→ § 111b Rn. 54–61). Eingriffe in **Art. 13 GG** setzen einen vom (Ermittlungs-)Richter auf der Basis der § 111e Abs. 5, § 105 und entweder § 102 oder § 103 erlassenen **Durchsuchungsbeschluss** voraus.[134] Er ist **neben** dem Arrestbefehl notwendig[135] und kann zum einen der Beschaffung von Informationen (1) entweder für die Vollziehung an anderer Stelle oder der Prüfung dienen, ob (2) ein weiterer Vermögensarrest (zB gegen einen Folgeempfänger) angezeigt ist. Zum anderen kann (3) ein angeordneter Vermögensarrest im Zuge einer Durchsuchung vollzogen werden. Die Konstellationen (1) und (3) schlagen die Brücke von Anordnung zu Durchführung und die Beschlüsse nach § 111e und § 105 können **gleichzeitig** ergehen.[136] Den Vermögensarrest in der Variante (3) darf ggf. die Staatsanwaltschaft aufgrund von Gefahr im Verzug selbst anordnen.

106 Früher galten für die Vollziehung eines strafprozessualen dinglichen Arrests (trotz Zuständigkeit des Richters in Strafsachen) die Bestimmungen der ZPO. Allerdings gingen auch ihnen im Konfliktfall die ausdrücklichen Regelungen der §§ 102–110 vor. Nunmehr enthält die StPO selbst Regeln über die Vollziehung eines Vermögensarrests. Zum Zwecke des Füllens verbliebener Lücken darf allerdings weiterhin ergänzend auf in der **ZPO** normierte **Rechtsgedanken zurückgegriffen** werden.

107 **1. Auffindevermutung.** Bezugspunkte der für die Anordnung einer Durchsuchung erforderlichen **Auffindevermutung** sind hier nicht Beweismittel, sondern entweder **Unterlagen** als Erkenntnisquellen, sei es als Voraussetzung für die Anordnung eines Vermögensarrests, sei es zu dessen Vollziehung an anderer Stelle (zB Kontopfändung) oder **Vermögenswerte,** in die der Vermögensarrest **vollzogen** werden kann. Gesucht werden darf auch nach Hinweisen auf die wirtschaftliche Quelle in der Wohnung gefundener Sachen.

108 Ein **Unternehmen** in der Rechtsform einer juristischen Person darf auch dann, wenn es (möglicherweise) **drittbegünstigt** iSd § 73b StGB ist, nur unter den Voraussetzungen der § 111e Abs. 5, **§ 103** durchsucht werden. Durchsuchungen zur Nachtzeit, § 111e Abs. 5, § 104 Abs. 1 Nr. 1 und Nr. 3, sind bei Erkenntnissen über begonnene bzw. unmittelbar bevorstehende Verschiebungen denkbar, oder wenn eine Durchsuchung Hinweise auf andernorts Verborgenes erbrachte, auf das sogleich zugegriffen werden muss, bevor es der Betroffene woanders versteckt oder Dritte damit beauftragt.

109 In den Fällen der § 111e Abs. 5, § 102 genügt die Erwartung, dass in den Räumlichkeiten des Beschuldigten geeignete Vermögenswerte, Hinweise auf deren Verbleib (etwa Kontounterlagen, Schließfachschlüssel) oder über Rechte an Gegenständen (zB Kaufvertrag, Grundbuchauszug) vorhanden sein werden. Die Erwartung muss noch nicht konkretisiert sein und es muss auch noch keine tatsächlichen Anhaltspunkte für deren Existenz geben.

110 Die **Auffindevermutung** für die Durchsuchung bei einem **Dritten** verlangt **vorherige spezifische** tatsachengestützte **Hinweise** sowohl auf diesen selbst als auch auf in seinem Gewahrsam befindliche Gegenstände, die aus **bemakelten Quellen** herrühren, zB plötzlicher Vermögenszuwachs bei Freunden oder Familienangehörigen des Tatverdächtigen; Tipp, der mit Taterträgen finanzierte Oldtimer sei in der Scheune des Nachbarn abgestellt. Selbst in Fällen sog. **Clan-Kriminalität** ist es daher nicht gestattet, schlicht aufgrund familiärer Bindungen zu durchsuchen und zu beschlagnahmen. Zudem trägt auch bei derartigem Hintergrund die **Strafjustiz** die **objektive Beweislast** für den Empfang des Werts speziell von Taterträgen. Ferner darf – **trotz Eigentumsvermutung,** § 1006 BGB – ein Vermögensarrest nicht in einen beim nichtbeschuldigten Wohnungsinhaber vorgefundenen Gegenstand vollzogen werden, gibt es ernsthafte Anhaltspunkte für legales Eigentum eines Dritten.

---

134 Heine in SSW StPO § 111b Rn. 20 und § 111e Rn. 22.

135 Spillecke in KK-StPO Rn. 13 unter Verweis auf § 111b Rn. 15.

136 Johann in Löwe/Rosenberg § 111 Rn. 54.

2. Zufallsfunde. Selbst in Bezug auf Vermögensgegenstände des Beschuldigten ist der Verweis in § 111e Abs. 4 auf 108 nicht nur deklaratorisch.[137] Dabei mag dahinstehen, ob ein Beweismittel im Zuge einer nur zwecks Vollstreckungssicherung angeordneten Durchsuchung wegen Gefahr im Verzug allein nach § 98 beschlagnahmt werden darf. Nur auf Basis des **§ 108** darf jedoch auch ein **Polizeibeamter** während beweissichernder Durchsuchung einen werthaltigen Gegenstand **einstweilen sichern. Anschließend** kann ein **Vermögensarrest** vom Gericht **angeordnet** und **in diesen Gegenstand vollzogen** werden. Erst damit treten die Sicherungswirkungen von Veräußerungsverbot und Arrestpfandrecht ein. 111

Der Verweis auf § 108 erlaubt es zudem, bei einer **vollstreckungssichernden Durchsuchung** sowohl aufgefundene **Beweismittel** für verfahrensfremde Taten vorläufig sicherzustellen als auch **Gegenstände** oder **Werte** zwecks Abschöpfung in einem **anderen,** zB in der Hauptverhandlung befindlichen **Verfahren.** § 111e Abs. 5, § 110[138] gestatten die Sichtung von Kontobelegen und die Prüfung von (auch elektronisch gespeicherten) Unterlagen nach Hinweisen auf das Vorhandensein andernorts zu sichernder Vermögenswerte (zuvor unbekannte Kontoverbindungen im Ausland, die Bezeichnung des Kontoinhabers, zB einer Stiftung ohne namentlichen Hinweis auf den Beschuldigten, eventuell auch Passwörter oder Codenummern). Sie dürfen zudem zumindest einstweilen gesichert werden. 112

IX. Abs. 6

1. Ausnahmecharakter. Jedenfalls seit dem Reformgesetz 2017 steht dem Erwirken einer strafprozessualen Sicherung für Steuerdelikte die Regelung des **§ 324 AO** über den steuerrechtlichen dinglichen Arrest **nicht entgegen,** Abs. 6.[139] Dessen engerer Voraussetzungen bedarf es strafprozessual nicht.[140] 113

Die Selbständigkeit beider Sicherungswege[141] erleichtert die Verfolgungspraxis, verschärft allerdings die Lage für Betroffene, jedoch nicht über das Maß des aufgehobenen Rechts hinaus, denn überwiegend wurde die Parallelität bereits vor 2017 bejaht. Weil § 324 AO keinen Straftatverdacht voraussetzt, ist es nicht system- oder wertungswidrig, **strafprozessual weitergehende** und (etwa bei Vollziehung im Ausland) **schneller wirksam** werdende Sicherungsmöglichkeiten vorzuhalten. Für unterschiedliche Anspruchsinhaber (zB Landesfiskus, Gemeinde [bei der Gewerbesteuer] und ggf. verschiedene Einzugsstellen der Sozialversicherungsträger) kann zudem nur strafprozessual ein einheitlicher Arrest erwirkt werden. Die **Steuerbehörden bevorzugen**[142] den **Vermögensarrest,** wohl zum einen wegen der damit verbundenen Verlagerung ihrer Aufgaben auf die Justiz, zum anderen, weil anders als bei § 324 AO keine **Verzinsung**[143] und **Haftung** nach § 945 ZPO **droht.**[144] Allerdings riskieren sie damit den Verlust ihrer (mittelbaren) **Sicherheit,** die im Fall der **Insolvenz** gem. § 111i Abs. 1 **erlischt** – (im Gegensatz zu einem vollzogenen Arrest nach § 324 AO).[145] 114

---

137 AA Spillecke in KK-StPO § 111b Rn. 15; s. auch Schmidt Vermögensabschöpfung-HdB Rn. 1269 f.

138 Schmidt Vermögensabschöpfung-HdB Rn. 1273–1277.

139 OLG Hamburg 26.10.2018 – 2 Ws 183/18 – 1 OBL 94/18, NZWiSt 2019, 106 Rn. 67 (dazu Struckmeyer/St. Hansen NZWiSt 2019, 111); OLG Schleswig 19.7.2017 – 1 Ws 301/17 (211/17); OLG Stuttgart 25.10.2017 – 1 Ws 163/17, NJW 2017, 3731 Rn. 19 und 22; LG Hamburg 16.5.2018 – 618 Qs 14/18, wistra 2018, 446 Rn. 18 ff.; 3.8.2018 – 632 Qs 28/18, PStR 2018, 277 Rn. 10; 2.5.2019 – 618 Qs 9/19, NZWiSt 2020, 78 Rn. 21 (dazu Bürger NZWiSt 2020, 80); Madauß NZWiSt 2018, 28 (28 f.); Madauß NZWiSt 2019, 49 (53 f.); Roth Stbg 2017, 454; einschr. Johann PStR 2018, 277; Meißner/Schütrumpf Praxisleitfaden Vermögensabschöpfung, Rn. 223 f. und Rn. 531; zur Parallelvollstreckung von Staatsanwaltschaft und Finanzamt Schubert wistra 2021, 349.

140 KG Berlin 2.6.2020 – 4 Ws 21/20, Rn. 27 f.; aA Johann in Löwe/Rosenberg, Rn. 57–59.

141 Zur Parallelvollstreckung von Staatsanwaltschaft und Finanzamt Schubert wistra 2021, 349.

142 Meinecke DStR 2018, 2387 (2387 f.); entgegen der mit § 111h Abs. 2 S. 2 verbundenen Hoffnung von Johann in Löwe/Rosenberg § 111h Rn. 19.

143 Meinecke DStR 2018, 2387, 2390 (§ 233a Abs. 1, § 238 AO: 6 % p.a.).

144 Johann in Löwe/Rosenberg Rn. 57 aE.; zur Parallelvollstreckung von Staatsanwaltschaft und Finanzamt Schubert wistra 2021, 349.

145 Johann in Löwe/Rosenberg Rn. 59 und § 111i Rn. 39 aE; Ullenboom Vermögensabschöpfung Rn. 345. Daher wiesen bereits Köhler/Burkhard NStZ 2017, 665 (678 f.), auf das Gebot zügigen und mit der Staatsanwaltschaft abgestimmten Handelns der Steuerbehörden hin.

115 **2. Besonderheiten aufgrund des Steuer(straf)rechts.** Nach Steuerdelikten scheidet die gegenständliche Einziehung regelmäßig aus. Denkbar ist sie bei faktisch nicht vorkommender bar ausgezahlter oder per Scheck angewiesener Steuererstattung und sofortigem strafprozessualem Zugriff. Schon bei Vermischung mit anderen Vermögensgegenständen kommt allein noch die Einziehung ihres Werts in Betracht, zu sichern per Vermögensarrest. Dieser ist das einzige Sicherungsinstrument nach Unterbleiben der Festsetzung der Steuer in rechtlich gebotener Höhe als Taterfolg des § 370 AO. Der Ertrag einer solchen Steuerhinterziehung besteht in der für den Steuerpflichtigen zu günstigen Festsetzung und entsprechend ersparter Erfüllungsaufwendungen. Letztere können rein faktisch nicht im Original eingezogen werden, wohl aberihr von der Rechtsprechung mit der Festsetzungsdifferenz unabhängig von der Leistungsfähigkeit des Steuerpflichtigen gleichgesetzter (Nominal-)Wert, zuvor sicherungsfähig per **Vermögensarrest.**

116 Es ist keineswegs selbstverständlich, dass sich **Arrestsumme** und **tatbestandlicher Steuerschaden** decken. Die Verjährung der Steuerforderung spielt allerdings seit Inkrafttreten des § 375a AO am 1.7.2020, zum 1.1.2021 abgelöst von § 73e Abs. 1 S. 2 StGB, keine Rolle mehr. Beide Beträge können jedoch aus zwei Gründen voneinander **abweichen.**

117 Zum einen gilt tatbestandlich das **Kompensationsverbot,** § 370 Abs. 4 S. 3 AO. Da aber der Steuerfiskus individuell Geschädigter der Steuerhinterziehung ist, scheidet die Einziehung aus, soweit die Steuerforderung erloschen ist, § 73e Abs. 1 StGB (außer durch Verjährung, § 73e Abs. 1 S. 2 StGB). Da das Kompensationsverbot jedoch steuerrechtlich nicht gilt, kann für Einziehung und Vermögensarrest nur die Differenz zwischen Ist-Festsetzung (bzw. deren Fehlen) und der gemäß dem materiellen Steuerrecht zutreffend festzusetzenden Summe maßgebend sein.

118 Zum anderen ist zu berücksichtigen, dass sich der Steuerpflichtige aufgrund des Steuerdelikts **nur ersparen kann, was** er **zu leisten in der Lage** gewesen wäre. Wer ein Umsatzsteuerkarussell nicht organisierte, kann zwar aufgrund bloßer Teilnahme daran hohe tatbestandlich relevante Steuerschäden anrichten. Er wäre aber auch bei steuerehrlichem Verhalten zum Begleichen der Steuerforderungen allein nie in der Lage gewesen. Weil seine Vermögensbilanz demgemäß nicht besser wurde, hat er „durch" das Steuerdelikt **nichts** im Sinne ersparter Aufwendungen **erlangt.** Allerdings ist diese Sicht nicht anerkannt, insbesondere nicht in der Praxis der Finanz- und Justizbehörden. Grenzen bestehen trotzdem, weil Vermögensarrest wie Einziehungsforderung allein im Rahmen der Leistungsfähigkeit des Betroffenen faktisch und innerhalb der Pfändungsfreibeträgen rechtlich durchsetzbar sind.

§ 111f [Vollziehung des Vermögensarrestes]

(1) [1]Der Vermögensarrest in eine bewegliche Sache, in eine Forderung oder ein anderes Vermögensrecht, das nicht der Zwangsvollstreckung in das unbewegliche Vermögen unterliegt, wird durch Pfändung vollzogen. [2]Die §§ 928 und 930 der Zivilprozessordnung gelten sinngemäß. 3 § 111c Absatz 2 Satz 3 gilt entsprechend.

(2) [1]Der Vermögensarrest in ein Grundstück oder ein Recht, das den Vorschriften über die Zwangsvollstreckung in das unbewegliche Vermögen unterliegt, wird durch Eintragung einer Sicherungshypothek bewirkt. [2]Die §§ 928 und 932 der Zivilprozessordung gelten sinngemäß.

(3) [1]Der Vermögensarrest in ein Schiff, ein Schiffsbauwerk oder ein Luftfahrzeug wird nach Absatz 1 bewirkt. [2]Ist der Gegenstand im Schiffs- oder Schiffsbauregister oder im Register für Pfandrechte an Luftfahrzeugen eingetragen, gelten die §§ 928 und 931 der Zivilprozessordung sinngemäß.

(4) In den Fällen der Absätze 2 und 3 Satz 2 wird auch das Veräußerungsverbot nach § 111h Absatz 1 Satz 1 in Verbindung mit § 136 des Bürgerlichen Gesetzbuchs eingetragen.

Übersicht

I. Systematik

Während § 111c die Vollziehung der Beschlagnahme regelt, befasst sich **§ 111f** in Parallele dazu mit der **Vollziehung** eines **Vermögensarrests.** Erstmals enthält die StPO selbst die dafür einschlägigen Vorschriften. Der bis zum 30.6.2017 geltende dingliche Arrest war gemäß dem Verweis in § 111d Abs. 2 aF in sinngemäßer Anwendung der einschlägigen Bestimmungen der ZPO zu vollziehen. § 111f beschränkt sich demgegenüber auf die ausdrücklich und nur spezifisch in Bezug genommenen §§ 928, 930 und 932 ZPO. Sollten sich allerdings strafprozessuale **Regelungslücken** zeigen, so darf jedoch auch auf sonstige **Rechtsgedanken** der **§§ 916 ff. ZPO zurückgegriffen** werden. 1

§ 111f betrifft die Sicherung erwarteter Vollstreckung der mit ersatzweiser **Einziehung** des **Werts** von **Taterträgen titulierten Geldforderung,** § 73c StGB. Die sich darin ausdrückende **Haftung** verwirklicht sich (anders als bei Original-Einziehung) nicht mittels Zugriffs auf einen zuvor feststehenden bestimmten Gegenstand. Vielmehr steht dafür das **gesamte Vermögen** des **Betroffenen** zur Verfügung, wenngleich nur in den Grenzen der Vollstreckungsschutzbestimmungen. 2

An sich kann Haftung nur mittels Zugriffs auf legal erworbenes und damit dem Betroffenen auch rechtlich zustehenden Vermögen verwirklicht werden. Die Einziehung im Original dient jedoch gerade dem Entzug ihm nicht zustehenden Vermögens. Es ist deshalb **konsequent,** dass daher für den Ersatz des **Werts** der **Taterträge** nicht nur „sauber", sondern **auch bemakelt erworbenes Vermögen haftet** und zwar unabhängig davon, ob es einen Bezug zu einer verfahrensgegenständlichen oder sonstigen Tat aufweist, sofern es dem Betroffenen gehört oder zusteht. Weil Vollziehung auch in vor und damit völlig unabhängig von der Tat erstandenes Vermögen gestattet ist,[1] bedarf es (Ausnahme: im Original noch vorhandener Ertrag, denn der wäre zu beschlagnahmen) nie der Klärung, woher ein vorgefundener Gegenstand stammt, sondern nur, ob er dem Betroffenen gehört oder zusteht. Das ist bei *Drogengeld* nicht der Fall (→ Vor §§ 111b–111q Rn. 75–75f). Eigene Rechte kann ein Dritter gem. § 111k Abs. 3 verfolgen. 3

Mangels Prüfung der Herkunft kann nie ausgeschlossen werden, dass die Vollziehung (wie später die Vollstreckung) in völlig legal beschaffte Vermögensbestandteile des Betroffenen vorgenommen wird. Weil ihm zwar der Wert des Tatertrags nicht belassen werden soll, aber mit der Abschöpfung keine zusätzliche Minderung seines Vermögens intendiert ist, bedarf es deutlich **erhöhter Rücksichtnahme** auf dessen Belange als es im Fall der Beschlagnahme geboten ist. Das Legalvermögen dient zwar *auch* der Haftung, zumeist aber vorrangig anderen rechtmäßigen Zwecken und wird dafür nicht selten dringend benötigt. Zudem lässt sich das vorhandene finanzielle Potenzial bei Zwangsverwertung nur höchst selten ausschöpfen. Deswegen droht die Verschleuderung von Vermögen. Auch diese Nebenwirkung ist zu minimieren. Es gilt das **Prinzip grundrechtschonender Vollziehung.** 4

Vorrangig ist auf untrennbar **vermischte Erträge** aus **verschiedenen Taten** oder auf solche **Vermögensgegenstände** zuzugreifen, die der Betroffene mit **aus der Herkunftstat stammenden Mitteln beschafft** hat, ohne dass es allerdings auch dabei auf einen Bereiche- 5

[1] Unzutreffend BGH 15.5.2018 – 1 StR 651/17, wistra 2018, 431 Rn. 57.

rungszusammenhang[2] ankäme und die Pfändung von Vermögensbestandteilen, die keinerlei Bezug zur Tat aufweisen, ausgeschlossen wäre. Der Zugriffsvorrang besteht vielmehr nur, falls sich ein Zusammenhang Tat – Gegenstand zeigt, zB weil der Betroffene selbst darauf hinwies.

6 **Wie** die titulierte Geldforderung, § 73c StGB, durchzusetzen und auf welche Art und Weise dementsprechend der deren Vollstreckung sichernde Vermögensarrest zu **vollziehen** ist, richtet sich nach dem **jeweiligen Haftungsgegenstand.** Dessen innere Struktur bestimmt die sachlogischen Möglichkeiten der Sicherung. Es gibt dazu rein faktisch nur wenige Varianten, aus denen das Recht eine Auswahl treffen oder die es kombinieren kann, ohne dabei aber zu wesentlich unterschiedlichen Ergebnissen gelangen zu können. § 111f schafft damit eine bessere Orientierung, mag auch die Rechtsanwendung etwas erleichtern, betritt aber kein Neuland. Demzufolge kennt auch das neue Recht die Unterscheidung der Vollstreckung wegen Geldforderung in **bewegliche Gegenstände** (einschließlich **Forderungen** und **andere Rechte**) nach den Regeln über die **Mobiliarvollstreckung** (auch im Fall der Eintragung in **Register)** und in **Grundstücke** (nebst gleichstehender Rechte).

II. Abs. 1

7 **1. Teilverweis auf die ZPO. Abs. 1** befasst sich mit der Arrestvollziehung in **bewegliche Sachen, Forderungen** und **andere Rechte,** die nicht der Zwangsvollstreckung in das unbewegliche Vermögen unterliegen. Aus dieser Negativabgrenzung folgt, dass bei der Vollziehung in Rechte zunächst zu prüfen ist, ob insoweit die Bestimmungen über die Immobiliarvollstreckung anzuwenden sind. Darin liegt jedoch keine Aussage über die Rangfolge der Vollziehungsobjekte, sondern nur über die anwendbaren Regeln, wenn, dh nachdem ein Vollziehungsobjekt ausgewählt oder zumindest in Betracht gezogen wurde.

8 Wie die Vollziehung im Wege der **Pfändung** im Einzelnen vonstatten zu gehen hat, **beschreibt** weiterhin **nicht die StPO selbst.** Abs. 1 verweist dazu wie früher auf die **ZPO,** wenngleich nunmehr nur noch auf wenige ihrer Vorschriften, die allerdings ebenfalls nicht selbst die Einzelheiten der Arrestvollziehung festlegen. Der von Abs. 1 S. 2 in Bezug genommene § 928 ZPO erklärt vielmehr seinerseits die Vorschriften über die Zwangsvollstreckung für sinngemäß anwendbar, allerdings unter dem Vorbehalt des Vorrangs der ihm nachfolgenden Paragraphen.

9 § 928 ZPO verweist zwar auf §§ 803 ff. ZPO, gestattet aber, dem bloßen Sicherungscharakter des Vermögensarrests entsprechend, **lediglich** die **Pfändung, nicht** auch die **Verwertung,** bei der Forderungspfändung also nicht die Überweisung der gepfändeten Forderung, §§ 835 f. ZPO. Mit den Auskunftspflichten der §§ 806a, 806b und 807 ZPO darf der strafprozessuale nemo-tenetur-Grundsatz nicht unterlaufen werden. Dies zwingt aber nicht dazu, sie ganz[3] oder zum Teil[4] aus der Verweisung auszunehmen, denn es greift nach den Grundsätzen des Gemeinschuldnerbeschlusses des Bundesverfassungsgerichts[5] ein Beweisverwertungsverbot.[6]

10 Für die Durchführung der strafprozessual angeordneten Pfändung verweist § 111f Abs. 1 S. 2 auf § 930 ZPO. Dessen Abs. 1 sieht die Pfändung in bewegliches (gegenständliches) Vermögen[7] und in Forderungen[8] vor (nicht auch im Wege der Vorpfändung, → § 111c

[2] Zur Bedeutung in Verschiebungsfällen BGH 1.7.2021 – 3 StR 518/19, NZWiSt 2021, 478 Rn. 162–178 (dazu Bittmann NZWiSt 2021, 464 (470–472)); OLG Frankfurt a.M. 28.10.2021 – 3 Ws 506/21, NStZ-RR 2022, 71 Rn. 16–20; Bittmann/Tschakert wistra 2020, 217 (221–223); Madauß, ZWH 2020, 295; Meißner/Schütrumpf Praxisleitfaden Vermögensabschöpfung, Rn. 118; aA, jedoch ohne abweichendes Ergebnis in vorliegendem Zusammenhang Rettke wistra 2020, 433 (engagiert, aber ergebnisorientiert und verkennend, dass nur weitergegeben werden kann, was noch vorhanden ist).

[3] So aber Gercke in Gercke/Julius/Temming/Zöller Rn. 2; Johann in Löwe/Rosenberg, Rn. 2.

[4] So Rogall in SK-StPO § 111d Rn. 26.

[5] BVerfG 13.1.1981 – 1 BvR 116/77 BVerfGE 56, 37.

[6] Bittmann in Bittmann/Köhler/Seeger/Tschakert Strafrechtl. Vermögensabschöpfung-HdB Rn. 1153.

[7] Einzelheiten bei Schmidt Vermögensabschöpfung-HdB Rn. 958–1216.

[8] Rogall in SK-StPO § 111d Rn. 30. Einzelheiten bei Schmidt Vermögensabschöpfung-HdB Rn. 1002–1015; Beispiele bei Rönnau Vermögensabschöpfung Rn. 211 (Lebensversicherung, Wertpapierdepot, Konto, Darlehensansprüche, Gesellschaftsanteile, Bausparguthaben, Lohnansprüche und solche aus Vermietung oder Verpachtung).

Rn. 6). Im Wege der **Hilfspfändung,** § 836 Abs. 3 S. 2 ZPO,[9] lassen sich auch Legitimationspapiere und sonstige dokumentierende Urkunden (Kraftfahrzeugbrief und -schein, Sparbücher, Hypothekenbriefe, Versicherungspolicen etc., bei Computern ggf. auch Softwarelizenzen) sichern. Möglich und zulässig ist auch die Pfändung **offener Kreditlinien.**[10] Gepfändetes Geld ist gemäß § 930 Abs. 2 ZPO zu hinterlegen.

§ 930 Abs. 1 S. 2, Satzteil 1 ZPO verweist weiter auf die für jede andere Pfändung 11 geltenden Vorschriften, dh. mittels Kettenverweises auf §§ 803 ff. ZPO für die Mobiliarzwangsvollstreckung, §§ 829–834 ZPO für die Forderungspfändung und für die Immobiliarzwangsvollstreckung auf §§ 864–871 ZPO.[11] Dem **Drittschuldner** ist im Fall der Forderungspfändung zu **verbieten,** an den **Schuldner zu zahlen,** § 929 Abs. 1 S. 1 ZPO, und Letzterem zu gebieten, sich **jeglicher Verfügung,** insbesondere der Einziehung, zu **enthalten,** § 929 Abs. 1 S. 2 ZPO. Gem. § 111f Abs. 1 S. 3, § 111c Abs. 2 S. 3 ist die Aufforderung zur Abgabe der in § 840 ZPO bezeichneten Erklärungen in den Pfändungsbeschluss aufzunehmen (→ § 111c Rn. 8). Die Zuständigkeitsbestimmung in § 930 Abs. 1 S. 3 ZPO wird von der lediglich sinngemäßen Verweisung seitens § 111f Abs. 1 S. 2 nicht erfasst.

Ist die Pfändungsverfügung der **Staatsanwaltschaft** als **Drittschuldnerin zuzustellen,** § 930 Abs. 1 S. 2, § 829 Abs. 2 S. 1 ZPO, (zB im Fall einer Kaution), so hat der 12 pfändende Rechtspfleger sie an diese nicht als Strafverfolgungs-, sondern als Verwaltungsbehörde zu richten, bezeichnet als „Der Leitende Oberstaatsanwalt“ oder „Die Leitende Oberstaatsanwältin“ (bzw. die sonstige vom Landesrecht festgelegte Bezeichnung). Vergleichbares gilt bei (jeder) Pfändung einer sichergestellten oder beschlagnahmten beweglichen Sache des Betroffenen im Drittgewahrsam der Staatsanwaltschaft.

2. Vollziehungsfrist. § 111f kennt (anders[12] als § 929 Abs. 2 ZPO mit dort einem 13 Monat) keine Frist zur Vollziehung. Mit ihr darf zwar bereits vor Zustellung des Arrestbefehls begonnen werden (trotz fehlenden Verweises auch auf § 929 Abs. 3 S. 1 ZPO[13]), aber nach dessen Erlass **zeitlich nicht unbeschränkt.**[14] Zu denken ist an die Übertragung der verfassungsgebotenen Höchstfrist der Vollstreckung eines zu Beweiszwecken ergangenen Durchsuchungs- und ggf. auch Beschlagnahmebeschlusses von 6 Monaten seit seinem Ergehen.[15] Das hätte zwar den Vorteil der Anwendungsparallelität und würde die Praxis belastende Differenzierungen vermeiden, aber den vorhandenen strukturellen Unterschieden nicht ausreichend Rechnung tragen: Im Hinblick auf den dynamischen, tatsächlichen und prozessrechtlichen Entwicklungen ausgesetzten Sicherungszweck erscheint eine pauschale Frist von **6 Monaten** von vorn herein als **zu lang.** Zudem mindert das Unterbleiben der Vollziehung das Sicherungsbedürfnis[16] zumindest dann, wenn der Betroffene Kenntnis vom Verfahren hat und weist der Vermögensarrest eine stärkere Grundrechtsrelevanz auf als der zivilprozessuale dingliche Arrest.

Das spricht für eine verfassungskonforme analoge Anwendung der zivilprozessualen 14 **Vollziehungsfrist von einem Monat.**[17] Bei der Übertragung ist allerdings zu berücksich-

[9] Schmidt Vermögensabschöpfung-HdB Rn. 963.

[10] Retemeyer in HWiStR Teil 14, Rn. 96.

[11] Johann in Löwe/Rosenberg, Rn. 2; Beispiele: VG Augsburg 6.12.2013 – Au 1 S 13.1306, Rn. 8 (Vollziehung des dinglichen Arrests eines Allgemeingläubigers in den Herausgabeanspruch des Beschuldigten gegen die Staatsanwaltschaft nach vollstreckungssichernder Beschlagnahme; Vorrang hat die Sachpfändung, → Vor §§ 111b–111q Rn. 85 und 88); Pfändung ideeller Anteile an Wertpapieren in Girosammelverwahrung, §§ 857, 829 ff. ZPO; Rönnau/Höhn wistra 2001, 445 (447 f.); zur Pfändung von Gesellschaftsanteilen Schmidt Vermögensabschöpfung-HdB Rn. 1171–1198, eines Anwartschaftsrechts Rn. 1200–1204, von Herausgabeansprüchen, § 847 ZPO 1092–1099.

[12] OLG Celle 19.3.2018 – 18 W 20/18, ZInsO 2018, 1263 Rn. 15–20 (dazu Johann PStR 2018, 146).

[13] Heine in SSW StPO § 111e Rn. 21 und § 111f Rn. 3.

[14] BVerfG 7.6.2005 – 2 BvR 1822/04, StraFo 2005, 338 Rn. 53 ff.; aA Huber in BeckOK StPO Rn. 1; für eine flexible Lösung über das Sicherungsbedürfnis Heine in SSW StPO Rn. 3; für reine Verhältnismäßigkeitsprüfung OLG Hamm 23.6.2022 – 5 Ws 94/22, Rn. 33.

[15] Bejahend Cordes NZWiSt 2021, 45 (50); Faust AbschöpfungsR S. 177 ff., 210; Rogall in SK-StPO § 111d Rn. 28.

[16] OLG Zweibrücken 8.4.2009 – 1 Ws 339/08 wistra 2009, 484 (486); Johann in Löwe/Rosenberg, Rn. 3.

[17] Buchholz/Weber NZWiSt 2020, 306 (307–309).

tigen, dass bei Vorbereitung der Vollziehung den gesamten Umständen des jeweiligen Verfahrens Rechnung zu tragen ist, zB das noch nicht erreichte Stadium offener Ermittlungen, es im Zuge einer Durchsuchung lediglich möglich war, die Arrestsumme teilweise zu sichern und erst die Auswertung zu Beweiszwecken oder per Hilfspfändung sichergestellter Gegenstände Aufschluss über weitere Vollziehungsobjekte erbrachte.

15 Bedarf es einerseits zum Schutz der Grundrechte des Betroffenen der Geltung einer Vollziehungsfrist von einem Monat, so verlangen andererseits die Belange effektiver Verfahrensführung sachgerechte Berücksichtigung. Sie stehen der Annahme entgegen, die Vollziehung müsse binnen Monatsfrist abgeschlossen sein. Vielmehr genügt es, wenn mit der **Vollziehung binnen Monatsfrist zu beginnen versucht wurde.** Für eine darüber hinausgehende zeitliche Beschränkung besteht jedoch kein Anlass. Mit Kenntnis vom Vollziehungsversuch ist der Betroffene in der Lage, eigeninitiativ Rechtschutz zu suchen. Bei entfallenem Sicherungszweck ist der Arrestbefehl ohnehin von Amts wegen aufzuheben.

16 Im Ergebnis heißt das: Die Staatsanwaltschaft muss binnen Monatsfrist nach seinem Ergehen zumindest versucht haben, den Vermögensarrests zu vollziehen.[18] Ist dies jedoch geschehen, so bleibt er (im Übrigen) weiterhin vollziehbar, bis die Voraussetzungen für seine Aufhebung eintreten oder er aus anderen Gründen seine Wirksamkeit verliert.

17 **3. Rechtsfolgen: Veräußerungsverbot und Arrestpfandrecht.** Die mit Pfändung eintretende **Verstrickung** begründet ein **relatives Veräußerungsverbot** gemäß §§ 136, 135 BGB. Das folgt nunmehr nicht länger aus sinngemäßer Anwendung der ZPO, sondern ist in § 111h Abs. 1 S. 1 angeordnet. § 930 Abs. 1 S. 2, Satzteil 2, bestimmt, dass bei Vollziehung (nicht bereits mit der Anordnung[19]) auch ein **Arrestpfandrecht** mit den in § 804 ZPO bestimmten Folgen begründet wird.[20] **Verstrickt** ist **nur** der **gepfändete Teil** einer betroffenen Forderung.[21] Diesen zuzüglich des Pfändungsfreibetrags übersteigende Anteile darf der Drittschuldner erfüllen und der Schuldner bleibt insoweit verfügungsbefugt. Das Arrestpfandrecht **erstarkt** mit **Rechtskraft** der Entscheidung über den Arrestanspruch kraft Gesetzes zu einem **Vollstreckungspfandrecht.**[22] Erst dieses gestattet dem Gläubiger, also der Staatsanwaltschaft, die **Verwertung.**

III. Abs. 2 und 3

18 Gem. Abs. 3 S. 1 wird ein Vermögensarrest in ein (im (Flug-)Hafen, damit nicht auf Reise befindliches, § 870a Abs. 1 S. 2, § 930 Abs. 4, § 931 Abs. 7 ZPO[23]) Schiff, Schiffsbauwerk oder Flugzeug ebenfalls nach § 111f Abs. 1 bewirkt, dh nach den Bestimmungen über die Arrestvollziehung in bewegliche Sachen, also im Wege der Pfändung.[24] Im Fall der Eintragung in ein **Register** gelten über § 111f Abs. 3 S. 2 auch, allerdings nicht als Wirksamkeitsvoraussetzung (→ § 111c Rn. 11), die ergänzenden Sonderbestimmungen des § 931 ZPO. Das **Pfändungspfandrecht** hat dann zB die Wirkung einer **Schiffshypothek,** § 931 Abs. 2 ZPO. Sie ist eintragungs-, § 931 Abs. 6 ZPO, und vormerkungsfähig, § 931 Abs. 3 ZPO. Damit wird dem gutgläubigen Erwerb vorgebeugt. Zuvor, dh kumulativ, hatte der **Gerichtsvollzieher** das Schiff oder Schiffsbauwerk in Bewachung und Verwahrung zu nehmen, § 931 Abs. 4 ZPO. Ergänzend verweist § 931 Abs. 6 S. 2 ZPO auf die für die Zwangsvollstreckung maßgeblichen Bestimmungen des § 867 Abs. 1 und 2 sowie auf § 870a

---

[18] Auch Faust AbschöpfungsR S. 181 stellt allein auf den Beginn der Vollziehung ab.
[19] Johann in Löwe/Rosenberg, Rn. 1.
[20] Johann in Löwe/Rosenberg, Rn. 2; Rogall in SK-StPO § 111d Rn. 29; Schmidt Vermögensabschöpfung-HdB Rn. 1224–1237 (wiewohl von Pfändungspfandrecht sprechend); aA Gercke in Gercke/Julius/Temming/Zöller Rn. 2, sofern dem arretierten Gegenstand auch Beweisbedeutung zukommt (unter unzutreffender Berufung auf andere Quellen).
[21] Johann in Löwe/Rosenberg, Rn. 8.
[22] Gercke in Gercke/Julius/Temming/Zöller Rn. 6 und § 111h Rn. 1; Heine in SSW StPO § 111h Rn. 2; Johann in Löwe/Rosenberg, Rn. 2, § 111h Rn. 3 und § 111i Rn. 39.
[23] Mayer in KMR-StPO Rn. 10; Ullenboom Vermögensabschöpfung Rn. 351.
[24] Schmidt Vermögensabschöpfung-HdB Rn. 1212–1216.

ZPO, während sich § 931 Abs. 5 auf Rangfragen bezieht. Die Bestimmungen gelten im Wesentlichen analog bei Pfändung von Luftfahrzeugen.[25]

Zum **unbeweglichen Vermögen** gehören Grundstücke und diesen vollstreckungsrechtlich gleichgestellte Rechte,[26] auch eine Eigentümergrundschuld nach Tilgung der Hypothekenforderung (zur Fremdgrundschuld → § 111c Rn. 7). Die Arrestvollziehung wird insoweit mittels Eintragung einer Sicherungshypothek in das Grundbuch bewirkt, Abs. 2 S. 1. Das bedeutet, dass die Eintragung hier konstitutiv wirkt (also anders als in den Fällen des Abs. 3 die Eintragung in die Register für Schiffe und Luftfahrzeuge). Daher setzt die Wirkung der Vollziehung des Vermögensarrests (trotz § 932 Abs. 3 ZPO) erst mit der Eintragung und nicht bereits mit Eingang des Gesuchs beim Grundbuchamt ein. Ergänzend bestimmt Abs. 2 S. 2 die sinngemäße Anwendung der §§ 928 und 932 ZPO. In das Grundbuch ist eine **Höchstbetragssicherungshypothek** einzutragen, welche auf mehr als 750 EUR lauten muss, § 932 Abs. 2, § 866 Abs. 3 S. 1 ZPO. Sie führt weder vor der Valutierung zur Umwandlung in eine Eigentümergrundschuld[27] noch löst sie, ist sie nicht mehr valutiert, die Löschungsfolgen der §§ 1179a und b BGB aus, § 932 Abs. 1 S. 2 ZPO. 19

Einschlägig sind auch die von § 932 Abs. 2 ZPO ebenfalls in Bezug genommenen Bestimmungen der § 867 Abs. 1 und 2 ZPO im Hinblick auf Eintragungen in Grundbuch und auf dem Arrestbefehl sowie § 868 ZPO zum Erwerb der Arresthypothek seitens des Eigentümers in bestimmten Fällen nach Aufhebung des Arrests. Die rechtskräftige Zuerkennung der Arrestforderung führt zur Umwandlung der Arrest- in eine Zwangshypothek. Diese berechtigt den Gläubiger, die **Zwangsversteigerung** zu beantragen, § 867 Abs. 3 ZPO.[28] 20

§ 111f Abs. 4 ergänzt sowohl Abs. 2 als auch Abs. 3. Demgemäß ist in die einschlägigen **Register auch** das **Veräußerungsverbot** des § 111h Abs. 1 S. 1 nebst Hinweises auf § 136 BGB **einzutragen.** Die Bedeutung der Inbezugnahme ist für Abs. 2 und Abs. 3 unterschiedlich: Die Eintragung in die Register für Schiffe bzw. Luftfahrzeuge ist davon abhängig, dass dort auch Vermögensarrest und Arrestpfandrecht gem. § 111f Abs. 3 erfasst werden. Da deren Erfassung im Register nur teilweise geboten und rein **deklaratorischer Natur** ist, kann für die Eintragung des Veräußerungsverbots nichts Abweichendes gelten. Demgegenüber ist bei der **Immobilarvollstreckung** die **Eintragung** des **Veräußerungsverbots** gem. § 111f Abs. 2 **zwingend.** Weil die Erfassung im Grundbuch jedoch auf gesonderter Bestimmung in der StPO beruht, handelt es sich allerdings – im **Gegensatz** zur **Eintragung** der **Sicherungshypothek** – auch insoweit **nicht** um einen für das **Wirksamwerden** der Sicherungsfolgen **konstitutiven Grundbuchvermerk.** 21

IV. Aufhebung

Der Arrestbefehl ist aufzuheben, sobald eine notwendige Anordnungsvoraussetzung entfällt. Er bleibt anderenfalls bis zum Eintritt der Rechtskraft der erwarteten ersatzweisen Einziehung des Werts von Taterträgen wirksam, teilweise auch noch darüber hinaus (→ § 111j Rn. 57 f.). Die Bestimmung des **§ 945 ZPO** über die **Schadenersatzpflicht** bei zu Unrecht ergangenem Arrest **gilt nicht.**[29] Insoweit ist strafprozessual allein das **StrEG anwendbar.**[30] 22

---

25 Schmidt Vermögensabschöpfung-HdB Rn. 1216; Rogall in SK-StPO § 111d Rn. 32.

26 Johann in Löwe/Rosenberg, Rn. 11.

27 Rogall in SK-StPO § 111d Rn. 33.

28 Rogall in SK-StPO § 111d Rn. 34; s. auch Rönnau Vermögensabschöpfung Rn. 209.

29 BGH 13.9.2018 – III ZR 339/17, NJW 2019, 227 Rn. 32 f.

30 Gercke in Gercke/Julius/Temming/Zöller § 111g Rn. 8; Johann in Löwe/Rosenberg Rn. 2 und § 111g Rn. 12; Rogall in SK-StPO § 111d Rn. 26. Die Entschädigung kann auch eingetretenen Wertverlust umfassen, dem Betroffenen aber nicht das Spekulationsrisiko abnehmen, Rönnau/Hohn wistra 2002, 445 (448 f.). Für die Fälle eines steuerlichen Arrests neigt BGH 13.9.2012 – III ZR 249/11, wistra 2013, 36 Rn. 3 ff., zur Anwendung von § 945 ZPO, der aber keine Kursverluste nach Eintritt der Vollziehbarkeit von Steuerbescheiden erfasst, selbst wenn ein dinglicher Arrest vorausgegangen ist.

§ 111g [Aufhebung der Vollziehung des Vermögensarrestes]

(1) Hinterlegt der Betroffene den nach § 111e Absatz 4 festgesetzten Geldbetrag, wird die Vollziehungsmaßnahme aufgehoben.

(2) Ist der Arrest wegen einer Geldstrafe oder der voraussichtlich entstehenden Kosten des Strafverfahrens angeordnet worden, so ist eine Vollziehungsmaßnahme auf Antrag des Beschuldigten aufzuheben, soweit der Beschuldigte den Pfandgegenstand zur Aufbringung der Kosten seiner Verteidigung, seines Unterhalts oder des Unterhalts seiner Familie benötigt.

I. Folgen hinterlegter Lösungssumme

1 § 111g Abs. 1 weist einen, aber nicht den einzig möglichen Weg[1] zur **Aufhebung** in Vollziehung eines Vermögensarrests entstandener **Sicherungsrechte.** Die Regelung korrespondiert mit § 111e Abs. 4 und bestimmt als zwingende, aber nicht automatisch wirkende Rechtsfolge der Hinterlegung[2] der **Lösungssumme** (zur Anpassung im Fall der Hinterlegung nur eines Teilbetrags → § 111e Rn. 96, oder eines, wenngleich nicht ausdrücklich angeführten zulässigen Surrogats[3] → § 111e Rn. 97) die Aufhebung aller Vollziehungsmaßnahmen. Der Justizfiskus ist aufgrund eines Pfandrechts am Hinterlegten gesichert, § 233 BGB.[4] Die **Anordnung** des **Vermögensarrests** bleibt **bestehen.**[5] Aufhebung oder Außerkrafttreten richten sich nach den dafür auch sonst einschlägigen Vorschriften.[6]

II. Besonderer Schuldnerschutz für § 111e Abs. 2

2 Das allgemeine **Schutzniveau** (Übermaßverbot; Grundrechtschonung, über § 111f Abs. 1 S. 2 anwendbare Schuldnerschutzbestimmungen der § 803 Abs. 1 S. 1, §§ 811 ff., 850 ff. ZPO) erweitert § 111g Abs. 2 im Fall der Vollziehung eines Vermögensarrests zur Sicherung der Durchsetzbarkeit von **Geldstrafe** und **Kosten,** § 111e Abs. 2. Diese zusätzliche Beschränkung der Vollziehung setzt zwar einen **Antrag** voraus, ist bei Vorliegen der quasi-tatbestandlichen Voraussetzungen aber **zwingend.**[7]

3 Die Vollstreckung eines Vermögensarrests allein zur Sicherung der Vollstreckung von Geldstrafe und/oder der Kosten des Verfahrens darf sich nach entsprechendem Antrag nicht auf Mittel erstrecken, die der Betroffene zum Aufbringen seines und des **Unterhalts** seiner Familie oder der **Kosten** seiner **Verteidigung** benötigt. Wurde der Arrest in verschiedene Gegenstände vollzogen, so **wählt** das **Gericht** – möglichst grundrechtschonend – aus, welche davon es freigibt.[8] Es sollte möglichst eine gepfändete Kontoforderung in angemessener Höhe sein. **Kein Freigabeanspruch** besteht jedoch nach mittels Verdunkelungshandlungen **selbst verursachter Finanzknappheit.**[9] Für illegitimes Verhalten gibt es keine Quasi-Prämie. Das allgemeine Vollziehungsschutzniveaus reduziert die Bedeutung des

[1] Johann in Löwe/Rosenberg, Rn. 1.
[2] Ob die Verzinsung des Steueranspruchs, § 233a AO, mit Hinterlegung endet, so *Bach* NZWiSt 2021, 182 f., ist von der Rechtsprechung noch nicht entschieden.
[3] Johann in Löwe/Rosenberg, Rn. 3.
[4] LG Gera 16.4.2021 – 4 O 1999/19, ZInsO 2021, 2749; Johann in Löwe/Rosenberg, Rn. 3.
[5] AA Corsten/Schilling Vermögensabschöpfung und Opferentschädigung, in Münchener Anwaltshandbuch Wirtschafts- und Steuerstrafrecht, § 13 Rn. 120.
[6] Johann in Löwe/Rosenberg, Rn. 1.
[7] Gercke in Gercke/Julius/Temming/Zöller Rn. 5; Johann in Löwe/Rosenberg Rn. 7; Rogall in SK-StPO § 111d Rn. 37.
[8] Rogall in SK-StPO § 111d Rn. 37; einschr. Johann in Löwe/Rosenberg § 111 Rn. 4: Der Betroffene habe Anspruch auf Freigabe der Gegenstände, mit denen er den Notstand glaube am besten beseitigen zu können.
[9] Ablehnend Johann in Löwe/Rosenberg, Rn. 7.

§ 111g Abs. 2 ohnehin im Wesentlichen auf die Bedeutung der Sicherung der – nicht nur iSv § 464a Abs. 2 Nr. 2 iVm § 91 Abs. 2 ZPO notwendigen, aber nicht übermäßigen[10] – Kosten des eigenen Wahlverteidigers.

4 Das Gesetz regelt die Antragsabhängigkeit, schweigt aber zur Begründetheit. **Vollbeweis** ist **nicht erforderlich.** Mangels Bezugnahme auf § 294 ZPO[11] muss der Betroffene die Voraussetzungen nicht glaubhaft machen. Unter Berücksichtigung seines Vortrags und aller zugänglichen im Verfahren gewonnen Erkenntnisse genügt aber das der Glaubhaftmachung entsprechende Maß an Überzeugung.

5 Während etwaige für den eigenen oder den **Unterhalt** der Familie benötigte Mittel dem Betroffenen **zur freien Verfügung** gestellt werden müssen, ist dies zur Sicherung oder Begleichung der vom Wahlverteidiger in Rechnung gestellten Kosten anders.[12] Um die **zweckgerichtete Verwendung** zu **sichern** kann die Strafjustiz vom Betroffenen verlangen, seinen Frei- und Herausgabeanspruch an den Wahlverteidiger **abzutreten,** so dass sie die Mittel direkt an diesen auskehren kann.

6 Die Vorschrift gilt nicht nur bei Ergehen eines auf die Sicherung der Vollstreckung von Geldstrafe und Kosten beschränkten Vermögensarrests, sondern **immer** schon dann, wenn dieser **zumindest auch** deren Durchsetzung dient. Kombinierte Sicherung lässt das **Schutzniveau** unverändert und **erstreckt** es **nicht** etwa auf die ebenfalls gesicherte Erwartung der Einziehung des Werts von Taterträgen. Hier erlangt Abs. 2 seine Bedeutung für den Betroffenen daher erst bei Vollziehung über den gem. § 111e Abs. 1 S. 1 angeordneten Betrag hinaus.

7 In der Praxis dürfte der Schutz in Kombinationsfällen oft **leerlaufen.** Das folgt zum einen aus dem Umstand, dass es der Staatsanwaltschaft **selten** gelingt, einen Vermögensarrest in **voller Höhe** der erwarteten Einziehungsforderung zu **vollziehen.** Zum anderen stellen sich außer bei der Pfändung von (Bar- oder Giralgeld) **Bewertungsfragen.** Weil sie sich erst im Zuge der Verwertung endgültig lösen lassen, fallen zuvor die Interessen von Staatsanwaltschaft und Betroffenem deutlich auseinander: Wo letzterer Übersicherung vermutet, pocht Erstere auf die ungewisse Höhe des Verwertungserlöses. Darüber einen Rechtstreit zu führen und Bewertungsfragen gutachterlich klären zu lassen, kostet Zeit und mindert die Fähigkeit des Betroffenen zur Finanzierung seiner weiteren Verteidigung erst recht.

§ 111h [Wirkung der Vollziehung des Vermögensarrestes]

(1) [1]Die Vollziehung des Vermögensarrestes in einen Gegenstand hat die Wirkung eines Veräußerungsverbots im Sinne des § 136 des Bürgerlichen Gesetzbuchs. [2]Für das Sicherungsrecht, das in Vollziehung des Vermögensarrestes entsteht, gilt § 80 Absatz 2 Satz 2 der Insolvenzordnung.

(2) [1]Zwangsvollstreckungen in Gegenstände, die im Wege der Arrestvollziehung gepfändet worden sind, sind während der Dauer der Arrestvollziehung nicht zulässig. [2]Die Vollziehung einer Arrestanordnung nach § 324 der Abgabenordnung bleibt unberührt, soweit der Arrestanspruch aus der Straftat erwachsen ist.

Übersicht

[10] Gercke in Gercke/Julius/Temming/Zöller Rn. 4; Johann in Löwe/Rosenberg Rn. 5; Köhler in Meyer-Goßner/Schmitt Rn. 4; Rogall in SK-StPO § 111d Rn. 38; Spillecke in KK-StPO Rn. 4; krit. Heine in SSW StPO Rn. 3.

[11] Darauf abstellend Köhler in Meyer-Goßner/Schmitt Rn. 6; Spillecke in KK-StPO Rn. 6; demgegenüber betont Johann in Löwe/Rosenberg Rn. 7 den Grundsatz der Amtsermittlung einschließlich der Finanzermittlungen.

[12] Ablehnend Johann in Löwe/Rosenberg Rn. 8.

I. Systematik

1 Die §§ 111h und 111i wurden mit der Reform 2017 Gesetz. Sie sind Ausdruck der **Ablösung** der früheren **Rückgewinnungshilfe** vom nunmehrigen Modell der **Opferentschädigung.** Dieses entfaltet sein gesamtes Potenzial allerdings nur dann, wenn die Staatsanwaltschaft den vollen Wert der erlangten Taterträge einzutreiben vermag. Endgültig ist das zwar erst im Stadium der Vollstreckung möglich. Zuvor ist aber die Sicherung per Vermögensarrest zulässig. Im Anschluss an Gemeindelikte gelten nur die Regeln des § 111h.

1a Nach einem Individualdelikt können hingegen die insolvenzrechtlichen Modifikationen des § 111i eingreifen. Im Interesse der Opfer liegt es, den Vermögensarrest im Nennwert der zu erwartenden Einziehungsforderung zu erwirken und zu vollziehen, weil nur dies die wertmäßige Restitution all dessen gewährleistet, was ihnen tatbedingt entzogen wurde. Gelingt hingegen (wie empirisch zumeist) die Vollziehung nur teilweise, haben aber zumindest zwei Anspruchsinhaber (Verletzte; zum Begriff → Vor §§ 111b–111q Rn. 21–24a und → § 111i Rn. 2) ihre Forderungen gegenüber der Staatsanwaltschaft in einem kumulativ über die gesicherten Werte hinausgehenden Umfang angemeldet, so liegt ein **Mangelfall** vor, für den das Gesetz die Befriedigung im Insolvenzverfahren vorsieht. In einem solchen konkurrieren die Opfer mit Allgemeingläubigern und sämtliche Insolvenzgläubiger können nur mit einer – meist leider nur sehr geringen – Befriedigungsquote rechnen. Ähnlich wie dem Zwangsvollstreckungs- und dem Insolvenzrecht so kommt deshalb auch den **§§ 111h und 111i** nicht nur eine verfahrensrechtliche, sondern **auch** eine **materiellrechtliche Wirkung** zu.

2 Während **Abs. 2 S. 2** eine auf bestimmte **Steuerdelikte** beschränkte **Sonderregelung** enthält, gelten die Bestimmungen des Abs. 1 und Abs. 2 S. 1 für jeden Vermögensarrest. Eine Unterscheidung danach, ob ihm mindestens ein Individualdelikt zugrunde liegt oder ausschließlich Taten gegen die Allgemeinheit, findet insoweit nicht statt. Dabei bleibt es allerdings nur solange, wie kein Insolvenzverfahren über das Vermögen des Betroffenen eröffnet wird. Lediglich dann, wenn Gegenstand des Verfahrens **allein Allgemeindelikte** sind, verbleibt es bei der Regelung des § 111h.[1]

3 Im Fall der Sicherung des Ertrags auch **nur eines Individualdelikts ergänzen und modifizieren** hingegen die Regelungen des **§ 111i** die Bestimmungen des **§ 111h.** Das ist insbesondere relevant für Abs. 1 S. 2 und bedeutet, dass aufgrund mindestens drei Monate vor dem Insolvenzantrag mittels Arrestvollziehung entstandene Arrestpfandrechte oder erwirkte Sicherungshypotheken insolvenzfest sind, wenn der Vermögensarrest **ausschließlich** den Wert des Ertrags aus **Allgemeindelikten** sichert,[2] während eben diese Sicherungsrechte mit Insolvenzeröffnung **außer Kraft treten, erstreckt** sich der Vermögensarrest auf den Wert des Ertrags auch nur aus **einer Tat mit mindestens einem** materiellrechtlich **Verletzten** (näher → § 111i Rn. 2). § 111h ist insgesamt problematisch und nicht durchweg verfassungsgemäß.

[1] Heine in SSW StPO Rn. 5.
[2] Johann in Löwe/Rosenberg Rn. 8.

II. Abs. 1

§ 111h Abs. 1 trifft Bestimmungen über die **Rechtsfolgen** der Vollziehung eines Vermögensarrests: **Veräußerungsverbot,** S. 1, und **dingliche Sicherheit** (Arrestpfandrecht oder Sicherungshypothek), S. 2. Die Vorschrift knüpft systematisch an die Regelungen des § 111f an und entspricht in ihrer Bedeutung dem § 111d Abs. 1 S. 1 für die Beschlagnahme. 4

1. Abs. 1 S. 1. Anders als in der Vergangenheit löst nunmehr auch die Vollziehung eines Vermögensarrests ein **relatives Veräußerungsverbot** für die betroffenen Vollziehungsobjekte aus. Es ist jedoch einerseits weitgehend[3] **überflüssig,** weil es die Ziele, die es erreichen soll, entweder nicht erreichen kann oder die Erfüllung des verfolgten Zwecks bereits auf andere Weise gesichert ist, und zeitigt andererseits **unerwünschte Nebenfolgen.** Ebenso wie das Vollstreckungsverbot, § 111h Abs. 2 S. 1, erschwert es nämlich die Rechtsverfolgung der Gläubiger des Betroffenen und damit auch der Anspruchsinhaber selbst dort, wo die Nachteile nicht von Vorteilen für die Durchsetzung der ersatzweisen Einziehung des Werts von Erträgen aus Individualdelikten und der nachfolgenden Opferentschädigung aufgewogen werden. 5

Für das **Veräußerungsverbot** nach Abs. 1 S. 1 **gelten ausschließlich** die Regeln des **BGB.** Es erfasst sämtliche dinglich wirkenden **Verfügungen** und hindert daher nicht nur den rechtsgeschäftlichen Übergang des **Eigentums,** sondern erstreckt sich auch auf die Unwirksamkeit der Begründung **beschränkter dinglicher Rechte,** § 135 Abs. 1 S. 1 BGB. Demzufolge entstünde auch in einer etwaigen Zwangsvollstreckung kein Pfandrecht, § 135 Abs. 1 S. 2 BGB, und würde der Ersteher im Rahmen der Verwertung ohne besondere Vertrauensschutzregeln das Eigentum nicht erwerben. 6

Allgemein steht die Schutzwirkung des Veräußerungsverbots zwar unter dem **Vorbehalt** des **guten Glaubens** an sein Nichtbestehen, § 135 Abs. 2 BGB. Dieser wird aber regelmäßig vom **Akt** der **Publizität** (Pfändung oder Eintragung im Grundbuch) zerstört, der das **Veräußerungsverbot** erst **wirksam** entstehen lässt. Die Eintragung im Grundbuch steht dem guten Glauben des Erwerbers de jure entgegen. Gleiches gilt beim Abhandenkommen eines per Kennzeichnung gepfändeten Gegenstands, § 935 BGB. Abtretung des Herausgabeanspruchs nach Überführung einer gepfändeten Sache in amtlichen Gewahrsam, § 931 BGB, führt nicht zu lastenfreiem Erwerb, § 936 Abs. 1 S. 3 BGB. Der Drittschuldner haftet für den im Untergang der Forderung bestehenden Schaden, zahlt er trotz Verbots an seinen Gläubiger. 7

Der Gesetzgeber hielt die Anordnung eines Veräußerungsverbots (allein) im Hinblick auf § 111i Abs. 1 für erforderlich. Da Arrestpfandrecht und Sicherungshypothek mit Eintritt des Insolvenzbeschlags erlöschen, wenn sie nach mindestens einem Individualdelikt erwirkt wurden, soll das Veräußerungsverbot gewährleisten, dass das Vollstreckungsobjekt **lastenfrei** in die Masse fällt.[4] Dazu ist es jedoch gar **nicht in der Lage.** Abgesehen davon, dass es einem (seltenen) gutgläubigen Erwerb nicht entgegensteht, § 135 Abs. 2 BGB, hindert es immerhin, aber auch **nur** die **vollständige** (inter omnes) Wirksamkeit einer nach der Vollziehung des Vermögensarrests getroffenen rechtsgeschäftlichen Verfügung[5] und/oder Zwangsvollstreckung – und das in ein Objekt, das als Haftungsgrundlage anderen Gläubigern ohnehin entzogen ist, Abs. 2 S. 1. 8

Die Missachtung des Verbots gem. Abs. 2 S. 1 führt nicht zur Unwirksamkeit der zwangsweisen Vollziehungs- oder Vollstreckungsmaßnahmen (→ Rn. 37–44). Wegen nur **relativer** Wirkung des Veräußerungsverbots, Abs. 1 S. 1, allein zugunsten des Justizfiskus entsteht ungeachtet der Unzulässigkeit der Maßnahme eine **dingliche Belastung,** zwar zunächst im Rang hinter dem strafprozessual erwirkten Sicherungsrecht, deren Nachrang 9

---

[3] Konstitutiv wirkt es hingegen bei vorinsolvenzlich wirksamer, obwohl unzulässiger Nachpfändung, → Rn. 10, und bei falsch gewähltem Vermögensarrest, weil es nach Umwandlung in Beschlagnahme fortbesteht, dh trotz neuer Rechtsgrundlage ex tunc wirksam bleibt, → Vor §§ 111b–111q Rn. 53, 78 und → § 111j Rn. 6 f.

[4] BT-Drs. 18/11640, 28 und 85.

[5] BT-Drs. 18/11640, 85.

aber in dem Moment entfällt, in welchem die Vollziehungswirkungen des Vermögensarrests enden. Das ist in Bezug auf das Veräußerungsverbot mit Eröffnung des Insolvenzverfahrens der Fall, § 136 BGB iVm § 80 Abs. 2 S. 1 InsO, weil seine **Wirkung** (anders als bei der Beschlagnahme, § 111d Abs. 1 S. 2) **nicht** in das **Insolvenzverfahren** über das Vermögen des Betroffenen **verlängert** ist. Es tritt jedenfalls nicht später als das Arrestpfandrecht und/oder die Sicherungshypothek außer Kraft, die entweder gleichzeitig zu wirken aufhören oder zeitlich noch darüber hinaus bestehen, bis das Vollziehungsobjekt zur Istmasse gezogen werden konnte (→ § 111i Rn. 22, 22a, 22h und 22k–q). Ab spätestens dem Moment, zu dem auch das der Fall ist, **bleibt** allein das nun **nicht mehr nachrangige Sicherungsrecht übrig,** das aufgrund unzulässiger, aber wirksamer zivilprozessualer Vollziehung oder Vollstreckung entstanden war.

9a Das Erstarken des zuvor relativ unwirksamen Sicherungsrechts zu einem vollwirksamen scheitert nicht an § 91 InsO: Das Sicherungsrecht selbst entstand ja nicht erst nach Insolvenzeröffnung, sondern bereits zuvor. Weil es den Gegenstand bereits als nur gegenüber dem Justizfiskus, also relativ unwirksames Recht in gleichem Maße gemeinschaftlicher Befriedigung entzog, liegt im Aufrücken zum absoluten Recht auch keine Gläubigerbenachteiligung. Falls ein Rechtsmittel des Insolvenzverwalters das Sicherungsrecht wieder beseitigen kann, dann wäre dies auch ohne Veräußerungsverbot so. Für die Anordnung der Einziehung des Werts von Taterträgen gem. § 73c StGB bedurfte es folglich zur Wahrung der Belange von Justizfiskus, Insolvenzverwalter und Opfer der Einführung eines relativen Veräußerungsverbots nicht.

10 Das relative **Veräußerungsverbot** schränkt die Wirksamkeit einer es verletzenden Verfügung **nicht gegenüber Dritten,** sondern **nur gegenüber** dem **Justizfiskus** ein und wirkt demnach nicht gegen diesen. Es wäre ja auch geradezu widersinnig, stünde es der Wirksamkeit des zugleich mit der Pfändung entstehenden Arrestpfandrechts (bzw. der Sicherungshypothek) entgegen. Beide Rechtsfolgen **hindern** aber auch die von der Rechtsprechung anerkannte **formlose Einziehung nicht,** weil der Betroffene wirksam auf einen gepfändeten Gegenstand zugunsten des Justizfiskus verzichten oder ihm ein Angebot auf rechtsgeschäftliche Übertragung unterbreiten kann, mit dessen Annahme er trotz Veräußerungsverbots Eigentümer oder Rechtsinhaber wird[6] – und zwar lastenfrei, weil die Wirksamkeit etwaiger (unzulässiger) Nachpfändung zwar nicht vom dinglichen Sicherungsrecht verhindert würde, sie aber wegen des Veräußerungsverbots keine Wirkung gegenüber dem Justizfiskus zu entfalten vermöchte.

10a Nicht näher thematisiert hat der BGH, ob der Justizfiskus im Fall eines Individualdelikts das Opfer auch im Anschluss an eine derartige sog. formlose Einziehung (ggf.: vereinfacht) **entschädigen** darf bzw. muss. Es spricht allerdings viel dafür, dass er dies grundsätzlich für selbstverständlich hält. Vorinsolvenzlich ist der Justizfiskus ungeschmälerter Vollrechtsinhaber, dh Eigentümer des Gegenstands oder des Verwertungserlöses. Er darf darüber in solchem Fall nach eigenem Gusto im Rahmen der einschlägigen Vorschriften verfügen.

10b Im Insolvenzfall kommt es darauf an, ob der Erwerb des Vollrechts 3 Monate (oder früher) vor dem Insolvenzantrag stattfand oder ihm ein auf strafprozessualer Grundlage erwirktes **insolvenzfestes Sicherungsrecht** vorausging. In beiden Fällen scheidet Insolvenzanfechtung aus, Letzterenfalls im Umfang des Sicherungsrechts jedenfalls mangels Begünstigung des Justizfiskus als Gläubiger. Dann **darf** er einen Anspruchsinhaber (Verletzten) **entschädigen – muss** es wohl sogar. Untreue kann darin nicht gesehen werden, denn die materiellen Wertungen des Gesetzes dürfen nicht aufgrund formlosen Handelns unterlaufen werden. War der Erwerb des Voll- oder des Sicherungsrechts hingegen noch **nicht insolvenzfest,** so gebühren – je nach Verfahrensstand – Gegenstand oder Erlös dem **Insolvenzverwalter,** sei es aufgrund Rückschlagsperre, § 88 InsO, sei es aufgrund Insolvenzanfechtung (allgemein für die Folgen eines Vermögensarrests → Rn. 14 f.). Hatte der Justizfiskus Entschädigungsforderungen jedoch zuvor bereits erfüllt, so kann der Insol-

[6] BGH 9.3.2021 – 6 StR 48/21, NStZ-RR 2021, 220 Rn. 9 (zu § 111d Abs. 1, eine gepfändete Kontoforderung betreffend).

venzverwalter den Empfang gegenüber einem Anspruchsinhaber (Verletzten) nicht wirksam anfechten (auch → § 111e Rn. 54a).[7]

11 Das aufgrund Arrestvollziehung entstandene **Veräußerungsverbot,** Abs. 1 S. 1, wird **mit Insolvenzeröffnung unwirksam.**[8] Dies ist gem. § 80 Abs. 2 S. 1 InsO die allgemeine Rechtsfolge der §§ 135 f. BGB. Von ihr macht allerdings § 111d Abs. 1 S. 2 eine Ausnahme für die vollstreckungssichernde Beschlagnahme. Das ist die Voraussetzung dafür, dass der Anspruchsinhaber (Verletzte), der seine dingliche Berechtigung am tatbedingt entzogenen Vermögensgegenstand verloren hatte, diese im Zuge der Opferentschädigung wieder zurückerlangen kann, § 75 Abs. 4 StGB. Weil die Beschlagnahme kein sicherndes Pfandrecht auslöst, bedarf es insoweit zum Erreichen dieses gesetzgeberischen Ziels einer Regelung im Zusammenhang mit dem Veräußerungsverbot. Es ist deshalb für die **Beschlagnahme** in das **Insolvenzverfahren verlängert** worden.

12 Beim **Vermögensarrest** dagegen ist die Sachlage eine **andere.** Mit seiner Vollziehung entsteht (wie früher beim dinglichen Arrest) an beweglichen Gegenständen ein **Arrestpfandrecht** (bzw. eine **Sicherungshypothek** bei Vollziehung nach den Regeln über die Vollstreckung in unbewegliches Vermögen). Beide werden bereits nach insolvenzrechtlichen Regeln **insolvenzfest,** wenn sie mindestens drei Monate vor dem Insolvenzantrag entstanden waren. Sie bieten zwar keine Handhabe zur Übertragung des Eigentums an den Anspruchsinhaber (Verletzten). Dieser war aber ja schließlich auch zuvor nicht Eigentümer der gepfändeten Sache oder des belasteten Grundeigentums. Wohl aber ist die allein mögliche **Insolvenzfestigkeit** des **Sicherungsrechts** bereits **von** der **Insolvenzordnung gewährleistet.** Angesichts dessen hielt es der Gesetzgeber für überflüssig, auch hier das Veräußerungsverbot in das Insolvenzverfahren zu verlängern.[9] Eine solche Ausdehnung wäre auch mit dem von § 111i verfolgten Ziel gleichmäßiger Befriedigung der Anspruchsinhaber unvereinbar.

13 **2. Abs. 1 S. 2. a) Insolvenzfestigkeit des dinglichen Sicherungsrechts.** Die Vorschrift trifft selbst keine Bestimmung über die Rechtsfolge eines Vermögensarrests. Dies ist vielmehr alleinige Aufgabe des § 111f, ergänzt von § 111h Abs. 1 S. 1 um das (nicht insolvenzfeste) Veräußerungsverbot. Demgegenüber **setzt Abs. 1 S. 2** ein mittels Arrestvollziehung bereits **entstandenes** dingliches **Sicherungsrecht** voraus (Arrestpfandrecht in Fällen des § 111f Abs. 1 und 3, Sicherungshypothek bei Vollziehung in unbewegliches und gleichgestelltes Vermögen). Für beide Arten dinglicher Sicherung verweist Abs. 1 S. 2 auf die Geltung des § 80 Abs. 2 S. 2 InsO.

14 Während **§ 80 Abs. 2 S. 1 InsO** die **mangelnde Wirkung** eines **relativen Veräußerungsverbots** im Insolvenzverfahren bestimmt, hebt **§ 80 Abs. 2 S. 2 InsO** hervor, dass dort die Vorschriften über die Wirkung einer Pfändung oder einer Beschlagnahme im Wege der Zwangsvollstreckung unberührt bleiben. Das hat deren **Insolvenzfestigkeit** zur Folge, wenn und soweit nicht insolvenzrechtliche Regelungen zum Gegenteil führen.[10] Dies ist zum einen der Fall, wenn die **Rückschlagsperre** eingreift, § 88 InsO. Danach entfällt kraft Gesetzes, d.h. automatisch die Wirkung von binnen Monatsfrist vor dem Insolvenzantrag (zunächst) wirksam gewordener Maßnahmen der Zwangsvollstreckung oder (trotz Nichterwähnung;[11] gleiches Schweigen findet sich in § 111h Abs. 2 S. 1, → Rn. 27) der Vollziehung eines Arrests. In der Zeit von einem Monat bis zu drei Monaten vor dem Insolvenzantrag entstandene Sicherungsrechte werden zwar nicht per se mit Insolvenzeröffnung kraftlos, unterliegen aber der **Insolvenzanfechtung,** § 130 f. InsO. Die wirksam erklärte Anfechtung begründet die Pflicht zur Rückführung an die Masse, § 143 InsO. Weiter in die

[7] Näher dazu Tschakert in Bittmann/Köhler/Seeger/Tschakert Strafrechtl. Vermögensabschöpfung-HdB Rn. 1081–1085.
[8] AA Ullenboom Vermögensabschöpfung Rn. 368.
[9] AA Ullenboom Vermögensabschöpfung Rn. 368.
[10] Johann in Löwe/Rosenberg Rn. 5 und 8 sowie § 111i Rn. 6.
[11] Vgl. Bittmann/Tschakert in Bittmann/Köhler/Seeger/Tschakert Strafrechtl. Vermögensabschöpfung-HdB Rn. 702.

Vergangenheit zurückreichende Anfechtungsrechte sind zwar denkbar, spielen aber für die Fälle strafprozessualer Vollstreckung bzw. Vollziehung keine Rolle.

15 Im praktischen Ergebnis bedeutet dies: Drei Monate vor dem[12] Insolvenzantrag (oder noch früher) im Wege der Zwangsvollstreckung oder der Arrestvollziehung entstandene **Sicherungsrechte** sind **insolvenzfest.** Diese Rechtsfolge beruht allein auf dem **Insolvenzrecht.** Es gibt weder abweichende strafprozessuale Regeln noch andere als zivilprozessuale Sicherungsrechte. Demzufolge wohnt **§ 111h Abs. 1 S. 2 keine konstitutive Wirkung** inne. Die Bestimmung stellt jedoch klar, dass ein zivilrechtliches Sicherungsrecht insolvenzrechtlich weder besser noch schlechter dasteht, entstand es in Vollziehung eines Vermögens- oder eines dinglichen Arrests.

16 **b) Herbeiführung der Insolvenzreife mittels Vermögensarrests.** Der Arrestbefehl trifft den Betroffenen ungeachtet seiner wirtschaftlichen Lage. Es kann sein, dass er schon zuvor nicht sämtlichen seiner Verbindlichkeiten nachzukommen vermochte. Dann ist für ihn die Höhe der Einziehungsforderung nebensächlich: Er kann weder 30.000 EUR noch 300.000 EUR bezahlen. Oft erfüllte er jedoch seine laufenden Zahlungspflichten noch (zB Miete und Nebenkosten, Kreditraten, Autoversicherung). Dafür mag sogar sein legales Vermögen ausgereicht haben, während er sich den darüber hinausgehenden Lebensstandard nur der Taterträge wegen leisten konnte. Die Vollziehung des Vermögensarrests setzt ihn in solcher Lage typischerweise außerstande, nicht nur seinen Luxuskonsum weiterfinanzieren zu können, sondern auch seine laufenden Kosten. Kredite werden gekündigt und es summieren sich unbeglichene Forderungen – bis hin zur Insolvenz.

17 Diese Folge ist für den Betroffenen nicht deshalb problematisch, weil die Finanzierung seines Lebensstandards oberhalb des Existenzminimums aus Taterträgen unter rechtlichem Schutz stünde, wohl aber deswegen, weil **endgültige Folgen** eintreten, obwohl sich Bestand und Höhe der Einziehungsforderung noch nicht verlässlich beurteilen lassen, sie sich in der Praxis vielfach niedriger als die Arrestsumme erweist und zudem noch die Vollstreckung gemäß § 459g Abs. 5 S. 1 (ganz oder teilweise) unterbleiben kann: Ein Beleg für das Gebot der Anerkennung von dessen Vorwirkung (→ § 111e Rn. 28–35a).

18 **c) Wirtschaftlich Belastete: Unbeteiligte Fremdgläubiger.** Der Betroffene ist nicht der Einzige, den Nebenfolgen intentionswidrig treffen (können). Bereits vor der Insolvenz haben Gläubiger, auch solche von Dauerschulden, die vor Ergehen des Vermögensarrests beglichen wurden, wegen des Vollstreckungsverbots, Abs. 2 S. 1, praktisch keine Vollstreckungschance mehr. Mit Insolvenzantrag kann sich ihre Lage weiter verschlechtern. Die **eingetretene Insolvenzfestigkeit** eines strafprozessual erwirkten Sicherungsrechts (Arrestpfandrecht oder Sicherungshypothek) hat zwar **keinen Bestand,** sofern es (**auch** oder **nur**) der Sicherung der späteren ersatzweisen Einziehung des Werts von **Erträgen** aus auch nur einem **Individualdelikt** dient, § 111i Abs. 1. Bezweckt es hingegen die Sicherung späterer Einziehung des Werts der Erträge allein aus **Gemeindedelikten,** so gelten die Regeln der Insolvenzordnung über den Bestand dinglicher Rechte im Insolvenzverfahren **ohne** strafprozessuale **Modifikation.** Die Einziehungsforderung des Justizfiskus ist daher vor den Forderungen aller anderen ungesicherten Insolvenzgläubiger zu erfüllen.

19 Im **Insolvenzantragsverfahren** kann sich herausstellen, dass aufgrund der Vollziehung des Vermögensarrests kein freies Vermögen vorhanden ist, welches die Kosten des Insolvenzverfahrens decken würde. Dann wird die Eröffnung mangels Masse abgelehnt, § 26 InsO. Kann der **Justizfiskus** immerhin mit dem Erlös aus der Verwertung nach Einziehung rechnen, so gehen die **übrigen Insolvenzschuldner** völlig **leer aus.** Kommt es hingegen zur Eröffnung des Insolvenzverfahrens, so werden die in Vollziehung des Vermögensarrests gesicherten Gegenstände verwertet und der **Erlös** vorrangig an den **Justizfiskus** ausgekehrt. Da auch die Kosten des Insolvenzverfahrens vor der Verteilung der sonstigen Erlöse an die Insolvenzgläubiger der Masse entnommen werden, können diese in den meisten Fällen

[12] Bei mehreren Insolvenzanträgen ist der erste begründete maßgeblich, § 139 Abs. 2 S. 1 InsO, Bittmann/Tschakert in Bittmann/Köhler/Seeger/Tschakert Strafrechtl. Vermögensabschöpfung-HdB Rn. 704.

nicht einmal mit einer quotalen Befriedigung rechnen. Da ihre Forderungen nicht deliktischer Natur sind, unterfallen sie zudem der **Restschuldbefreiung** und können also auch nach Aufhebung des Insolvenzverfahrens nicht mehr durchgesetzt werden.

Bei rein **juristischer** Betrachtung befriedigt sich der Justizfiskus (regelmäßig: partiell) 20 am **Vermögen** des **Betroffenen.** Dieser ist zwar aufgrund der Notwendigkeit, der Einziehungsforderung wegen das Insolvenzverfahren über sein Vermögen hinnehmen zu müssen, selbst wirtschaftlich betroffen, vorrangig wird jedoch die Teil-**Befriedigung des Justizfiskus** von den **allgemeinen Gläubigern des Insolvenzschuldners finanziert,** obwohl diese **keinerlei (Mit-)Verantwortung** für dessen Straftaten tragen. Sie haben ihre Leistungen erbracht. Auf Seiten des Justizfiskus ist demgegenüber festzuhalten, dass der **Staat** aufgrund von **Allgemeindelikten keinen Vermögensschaden erlitten** hat. Es ist deshalb sachlich und damit vor Art. 3 Abs. 1 GG nicht gerechtfertigt, dass er im Insolvenzverfahren zumindest teilweise Befriedigung erfährt, während die Insolvenzgläubiger leer ausgehen. Diese Ungleichbehandlung lässt sich jedoch einfach-rechtlich mittels Auslegung vermeiden – und damit zugleich die Verfassungswidrigkeit dieser Bestimmung (→ Rn. 29).

Das Gesetz führt hier zu einer **Überprivilegierung des Justizfiskus.**[13] Diese ist 21 jedoch **nicht erforderlich,** um das Ziel zu erreichen, Verbrechen solle sich nicht lohnen: Angesichts der Insolvenz steht der Ertrag dem Betroffenen gar nicht mehr zur Verfügung. Folglich gibt es keinen strafrechtsimmanenten Grund dafür, die allgemeinen Gläubiger des Betroffenen wirtschaftlich für dessen Verfehlungen zugunsten des nicht am Vermögen geschädigten Justizfiskus in Anspruch zu nehmen. Diese Regelung propagiert der Gesetzgeber mit großem Pathos eher politisch-moralisch als juristisch: Keine Sanierung durch Straftaten! Im Ergebnis bedeutet dies: Sanierung öffentlicher Finanzen durch Btm- oder Pillenhandel. Hingegen fällt der Wert des Tatertrags nach Begehung eines Delikts mit individuellem Verletzten in die Insolvenzmasse und kommt unter Gleichbehandlung deliktischer wie sonstiger Ansprüche insolvenzrechtlich konsequent pro rata jedem Insolvenzgläubiger zugute.

Demnach greift die **Insolvenzfestigkeit** eines strafprozessual erwirkten Rechts zur 22 Sicherung der Einziehung des Werts allein aus Gemeindedelikten erlangten Tatertrags ohne rechtfertigende Gründe **in Grundrechte** der **übrigen Insolvenzgläubiger** ein und belastet zudem auch den Betroffenen unnötig. **Angemessen wäre** stattdessen der **Nachrang** der Forderung des **Justizfiskus.** Das sieht § 39 Abs. 1 Nr. 3 InsO genauso. Dessen Wertung wird jedoch mit dem insolvenzfesten Sicherungsrecht des Justizfiskus **ausgehebelt.** Eben dies ist in dieser Form nicht akzeptabel.

Wohlgemerkt: Die Überprivilegierung besteht nur nach Straftaten ohne individuellen 23 Geschädigten, also nicht auch nach Abgabedelikten. Diese gehen wirtschaftlich sehr wohl zu Lasten der öffentlichen Hand. Aus diesem Grunde ist sie vermögensabschöpfungsrechtlich individuell Geschädigte. Mit Insolvenzbeschlag erlöschen daher die deswegen strafprozessual erwirkten Sicherungsrechte, § 111i Abs. 1, und können aus diesem Grunde nicht zum Vorrang des Fiskus führen. Dieser wird aber trotzdem in wiederum ungleicher Weise privilegiert, soweit ihm § 111h Abs. 2 S. 2 die Vollziehung eines steuerlichen Arrests, § 324 AO, in einen strafprozessual gesicherten Gegenstand gestattet (→ Rn. 51–59).

III. Abs. 2

Abs. 2 S. 1 ergänzt die sichernde Funktion strafprozessual erwirkter Sicherungshypo- 24 theken und Arrestpfandrechte **mittels** eines **Vollstreckungsverbots,** das allerdings für die in Abs. 2 S. 2 angeführten Steuerstraftaten nicht gilt. Es hindert zwar weder die Rechtsverfolgung gegen den Arrestschuldner noch verbietet es per se die Zwangsvollstreckung in dessen Vermögen, lässt aber regelmäßig keine freien Vollziehungsobjekte mehr übrig (außer

[13] Bittmann/Tschakert in Bittmann/Köhler/Seeger/Tschakert Strafrechtl. Vermögensabschöpfung-HdB Rn. 711–732; Bittmann in Bittmann/Köhler/Seeger/Tschakert Strafrechtl. Vermögensabschöpfung-HdB Rn. 820–855; krit. auch Heine in SSW StPO § 111i Rn. 4.

etwaigen Amtshaftungs- und Ansprüchen nach dem StrEG)[14] und ist daher auch aus der Sicht der Opfer problematisch.[15] Die Privilegierung des Steuerfiskus verletzt zudem den allgemeinen Gleichheitssatz, **Art. 3 Abs. 1 GG.**[16]

25 **1. Abs. 2 S. 1. a) Wirkungsweise nachrangiger Sicherungen.** Die Zwangsvollstreckung oder Arrestvollziehung auf Basis der ZPO hindern nicht die Begründung weiterer beschränkter dinglicher Rechte am selben Objekt, auch nicht im Wege nachfolgender Zwangsmaßnahmen. Diese begründen vielmehr **gleichartige** Sicherungsrechte wie die vorherigen, stehen allerdings **nicht gleichwertig** neben ihnen, sondern sind aufgrund des **Prioritätsprinzips** nachrangig. Der Verwertungserlös wird daher erst dann an einen nachrangig Begünstigten ausbezahlt, wenn und soweit nach vollständiger Befriedigung vorrangiger Gläubigers noch Mittel vorhanden sind. Je nach Wert des Vollstreckungsobjekts und Verwertungserfolg kann ein nachrangiges Sicherungsrecht wirtschaftlich vollwertig oder wertlos sein. Seine Hauptbedeutung erlangt eine nachrangige Sicherheit va dann, wenn die vorrangigen Rechte entfallen.

26 Nachrangige Sicherheiten gehen im Zuge der **Verwertung** des Vollstreckungsobjekts unter und setzen sich nicht etwa am an den vorrangig Gesicherten ausgekehrten Erlös fort. Für Letzteren stellt daher eine nachrangige Belastung keinen wirtschaftlichen oder rechtlichen Nachteil dar. Gleichwohl erklärt Abs. 2 S. 1 eine derartige nachrangige Zwangsvollstreckung in Gegenstände, in die eine Vermögensarrest vollzogen wurde, für unzulässig.[17]

27 **b) Reichweite des Vollstreckungsverbots.** Die **Reichweite** dieses **Vollstreckungsverbots** ist dem Wortlaut des Gesetzes nicht zu entnehmen. Es erwähnt in Abs. 2 S. 1 **nur** die **Zwangsvollstreckung,** schweigt aber zur **Arrestvollziehung** (Vergleichbar der Rückschlagsperre, → Rn. 14). Der Begründung des Regierungsentwurfs[18] ist allerdings mittelbar zu entnehmen, dass die Vollziehung auf rein zivilistischer Basis[19] erwirkter dinglicher Arreste (anders als weitere Vermögensarreste → Rn. 34–36) **ebenfalls unzulässig** sein soll. Obwohl alles andere widersinnig wäre, hätte es der Praxis geholfen, den Umfang des Vollstreckungsverbots im Gesetzestext selbst klar zum Ausdruck zu bringen. Es galt zudem bis zum 30.6.2021 nach dem Wortlaut **nur** für **gepfändete** Objekte, dh nur bei Mobiliarvollstreckung. Der BGH in Zivilsachen betrachtete dies als Redaktionsversehen und korrigierte es.[20] Seit 1.7.2021 verweist nun jedoch auch der Wortlaut des § 111h Abs. 2 S. 1 auf sämtliche nach § 111f **gesicherte** Gegenstände. Danach lösen nicht nur **Arrestpfandrechte,** sondern auch **Sicherungshypotheken** die Vollstreckungssperre aus. Die unerwünschten Nebenwirkungen des Vollstreckungsverbots werden damit nur umso deutlicher: Die Vollziehung eines Vermögensarrests über 1.000 Euro kann den Gläubigern ein Vollstreckungsobjekt im Wert von 1 Mio Euro entziehen.[21] Entgegen der Auffassung des BGH tritt dieser Effekt gerade nicht schon aufgrund des Veräußerungsverbots ein, weil dies nur relative Wirkung enfaltet.[22]

[14] Johann in Löwe/Rosenberg Rn. 14.

[15] Bittmann in Bittmann/Köhler/Seeger/Tschakert Strafrechtl. Vermögensabschöpfung-HdB Rn. 506–509; Köllner NZI 2017.

[16] Bittmann/Tschakert inBittmann/Köhler/Seeger/Tschakert Strafrechtl. Vermögensabschöpfung-HdB Rn. 711–732, Bittmann in Bittmann/Köhler/Seeger/Tschakert Strafrechtl. Vermögensabschöpfung-HdB Rn. 820–855.

[17] Heine in SSW StPO Rn. 6; Übersicht bei Savini RPfleger 2018, 177.

[18] BT-Drs. 18/9525, 78 f.

[19] Für öffentlich-rechtliche Vollstreckungen und Vollziehungsmaßnahmen kann nichts anderes gelten, Johann in Löwe/Rosenberg Rn. 13 (für die präventive Gewinnabschöpfung).

[20] BGH 28.5.2020 – V ZB 56/19 NJW 2020, 2337 Rn. 7–13, gegen Bittmann in Bittmann/Köhler/Seeger/Tschakert Strafrechtl. Vermögensabschöpfung-HdB Rn. 504 f. (zur Senatsentscheidung Bittmann Rpfleger 2020, 609; A.K. Wilke NJW 2020, 2340).

[21] Johann in Löwe/Rosenberg Rn. 14; Bittmann in Bittmann/Köhler/Seeger/Tschakert Strafrechtl. Vermögensabschöpfung-HdB Rn. 504; Forderungspfändungen will OLG München 8.9.2021 – 8 W 1216/21, NZI 2021, 1035 Rn. 15–18; und OLG München 5.10.2021 – 3 W 1414/21, Rn. 9, jenseits der Summe des Vermögensarrests zulassen.

[22] BGH 28.5.2020 – V ZB 56/19, NJW 2020, 2337 Rn. 13.

Das **Vollstreckungsverbot** des Abs. 2 S. 1 soll **allein** der **Sicherung gleichmäßiger Befriedigung** der **Anspruchsinhaber auch** im **Insolvenzverfahren** dienen. Dies ist nicht nur in den Gesetzgebungsmaterialien ausdrücklich so ausgeführt, sondern auch Folge der Ablösung der früheren Rückgewinnungshilfe vom nunmehrigen Modell der Opferentschädigung. Das hat Konsequenzen für den Anwendungsbereich. Nach dem reinen Wortlaut der Bestimmung gilt das Vollstreckungsverbot uneingeschränkt, dh also auch dann, wenn der vollzogene Vermögensarrest ausschließlich Erträge aus Straftaten wegen **Gemeindelikten** sichert. In diesen Fällen besteht allerdings **keinerlei Konkurrenz verschiedener Anspruchsinhaber (**Verletzter) untereinander. Die ersatzweise Einziehung des Werts der Taterträge wird also nicht nur allein zugunsten des Justizfiskus vorgenommen, sondern der Erlös verbleibt diesem auch. 28

Demzufolge lässt sich der mit Abs. 2 S. 1 verfolgte **Zweck** in Fällen **ausschließlicher** Sicherung des Werts von Erträgen aus **Gemeindelikten** von vornherein **nicht erreichen.** Der Gesetzeswortlaut geht hier also über den Gesetzeszweck hinaus. Dass das Vollstreckungsverbot in diesen Fällen den Allgemeingläubigern des Betroffenen die ihnen ansonsten zur Verfügung stehende Vollstreckungsmasse ohne rechtfertigenden Grund schmälerte oder gar entzöge, erfordert eine **teleologische Reduktion** des Anwendungsbereichs: **Abs. 2 S. 1 gilt nicht,** sofern der vollzogene Vermögensarrest **ausschließlich** den Wert von Erträgen aus Gemeindelikten sichert.[23] Dieses Auslegungsergebnis hindert zudem die ansonsten aufgrund Unvereinbarkeit mit Art 3 Abs. 1 GG bestehende Verfassungswidrigkeit von Abs. 2 S. 1. Die auch mit dem Veräußerungsverbot abstrakt verbundene Gefahr der Ungleichheit bannt jedoch schon dessen nur relative und rein vorinsolvenzliche Wirkung (→ Rn. 8 f.). 29

c) Veränderter Verfahrensstand. Nicht ausdrücklich geregelt ist zudem, ob und wenn ja, wie auf **Veränderungen** reagiert werden kann, darf oder muss. Sie können im Kreis der Anspruchsinhaber (Verletzten) (→ Vor §§ 111b–111q Rn. 21–24a) auftreten, aber auch aufgrund Hinzukommens weiterer oder fehlender Nachweisbarkeit ursprünglich angenommener (Einzel-)Taten, weswegen der Wert der Taterträge aus diesen, deren Einziehung ebenfalls erwartet worden war, die Arrestsumme mitbestimmte. Neben diesen Entwicklungen innerhalb desselben Verfahrens kann es sein, dass dieselbe oder eine andere Staatsanwaltschaft wegen anderer Taten ermittelt und in dem eigenständigen anderen Verfahren ebenfalls einen Vermögensarrest erwirkt. 30

Wie die Reaktion auf neue Erkenntnisse auszufallen hat, ist sachverhaltsabhängig. Weil die erwartete Einziehung des Werts von Taterträgen immer nur **zugunsten** des **Justizfiskus** gesichert ist, entfalten Veränderungen in der Höhe der Taterträge und damit auch ihres Wertes keine unmittelbaren Auswirkungen auf den Bestand des Vermögensarrests. Es kann aber immer nur der Wert des Ertrags aus bestimmten Taten gesichert werden. Er ist daher anzupassen, wenn Erträge aus **weiteren Taten** gesichert werden sollen – und zwar selbst dann, wenn er bisher nicht in voller Höhe vollzogen werden konnte. Umgekehrt sind entfallene Einziehungserwartungen Anlass, die Arrestsumme herabsetzen zu lassen. Vergleichbares gilt, wenn sich herausstellt, dass der angenommene Wert des Tatertrags geringer ist und deshalb die bisherige Einziehungserwartung unterschreitet.[24] Ggf. bedarf es im Anschluss daran der Freigabe einzelner Sicherungsrechte, bis keine Übersicherung mehr vorliegt. 31

Kommen **weitere Anspruchsinhaber** (Verletzte) hinzu, so darf der Vermögensarrest nur erweitert werden, wenn dadurch auch die Einziehungserwartung, dh die Höhe des **Gesamt**werts des zu sichernden Ertrags gestiegen ist. Ungeachtet dessen sichert der Vermögensarrest jedoch die aufgrund derselben Tat prognostizierte **staatliche** Zahlungsforderung gegen den Betroffenen unabhängig von der Zusammensetzung des Kreises der Anspruchsinhaber (Verletzten). Ist an die Stelle des einen ein anderer getreten (zB Tochterunternehmen statt Muttergesellschaft) oder wurden weitere Geschädigte erst später bekannt, so sind sie 32

[23] Bittmann/Tschakert in Bittmann/Köhler/Seeger/Tschakert Strafrechtl. Vermögensabschöpfung-HdB Rn. 665–671.
[24] Spillecke in KK-StPO § 111e Rn. 15.

zwar (wie alle anderen auch) nicht unmittelbar gesichert, wohl aber erstreckt sich der mittelbare Schutz der in Vollziehung des Vermögensarrests entstandenen Sicherungsrechte **automatisch** auch auf sie, sobald sie ihre Forderung gegenüber der Staatsanwaltschaft anmelden und der Vermögensarrest auf die zugrundeliegende Tat erweitert wurde. Das gilt unabhängig von einer Änderung der Arrestsumme. Sie kann ungeachtet der Insolvenz erhöht werden, weil der Vermögensarrest als solcher keine dingliche Wirkung entfaltet. Die Insolvenzfestigkeit nachfolgend, ggf. ergänzend begründeter Sicherungsrechte beurteilt sich jedoch nach deren Entstehungszeitpunkt.

33 Eine **niedrigere Arrestsumme** hindert die ersatzweise **Einziehung** des **höheren Werts** der Taterträge nicht. Gelingt die Vollstreckung vollständig, so kann die Staatsanwaltschaft alle Anspruchsinhaber (Verletzten) gänzlich bedienen, selbst wenn deren Forderung die Höhe des Vermögensarrests nicht mitbestimmt hatte. Bleibt der Erlös zwar hinter der Einziehungsforderung zurück, so kann trotzdem ein **Deckungsfall** vorliegen, denn dafür sind nur die Begehren der forderungsverfolgenden Anspruchsinhaber (zum Begriff → Vor §§ 111b–111q Rn. 21e) maßgebend. Dafür müssen also zwei Voraussetzungen kumulativ vorliegen: Geltendmachung gegenüber der Staatsanwaltschaft *und* Eigenschaft als Anspruchsinhaber.

33a Deren Kreis bestimmt bis zur Rechtskraft der Vermögensarrest, danach die Einziehungsanordnung. Beides kann personell und im Umfang auseinanderfallen. Unterblieb die Einziehung des Ertrags einer Tat, der gesichert worden war, so endet die Eigenschaft als Anspruchsinhaber, weshalb kein Anspruch auf einen Anteil am Erlös besteht. Umgekehrt ist Anspruchsinhaber ein materiellrechtlich Verletzter, dessen Forderungen zwar nicht die Arrestsumme mitbestimmte, auf die sich aber die Einziehungsanordnung erstreckt. Hatte er sie zuvor nicht gegenüber der Staatsanwaltschaft geltend gemacht, so bietet ihm die Mitteilung gem. § 459i dazu noch die Gelegenheit, denn sie ist ihrem Wortlaut nach an alle zu richten, denen ein zivilrechtlicher Anspruch auf Rückgewähr des Erlangten **aus der Tat** erwachsen ist. Gemeint ist damit die Tat, deren Ertrag gegenständlich oder wertmäßig eingezogen wurde. Materiell-rechtliche Verletzte dieser Tat sind also zumindest aufgrund der Einziehung Anspruchsinhaber. Die Mitteilung ist daher gerade für noch nicht forderungsverfolgende Anspruchsinhaber von besonderer Bedeutung.

33b Veränderungen können nicht nur in Bezug auf die Zusammensetzung der die Einziehungserwartung bzw. -forderung begründenden Taten eintreten. Neu können vielmehr auch Erkenntnisse über den oder die materiellrechtlich Verletzten einer bestimmten Tat sein. Diese können zwar den Umfang der einzuziehenden Summe beeinflussen (zB aufgrund unterschiedlicher zivilrechtlicher Ersatzleistungen), müssen es aber keineswegs zwingend. Dann spiegeln sie sich nicht im gleichgebliebenem Betrag, wohl aber im veränderten Kreis der zu Entschädigenden. Wer allerdings trotz der nun gewonnenen Stellung als Anspruchsinhaber seine Forderung gar nicht geltend macht und sie auch zuvor nicht bei der Staatsanwaltschaft angemeldet hatte, bleibt im (vereinfachten) Entschädigungsverfahren ebenso unberücksichtigt wie jemand, der von der (oder einer) Tat nur verletzt schien, selbst wenn er in dieser Annahme einen Anteil am Verwertungserlös begehrt hatte (oder ihn auch weiterhin verlangt), also lediglich Schein-Anspruchsinhaber ist. Entfällt er, meldet aber der tatsächliche Anspruchsinhaber seine Forderung nicht an, so kann dies im Einzelfall aus einem Mangel- einen Deckungsfall werden lassen.

34 Im Gesetz ist die **Konkurrenz** von **Vermögensarresten** aus verschiedenen Verfahren nicht geregelt. Die Gründe für die Einbeziehung zivilprozessualer dinglicher Arreste in die Vollstreckungssperre, § 111h Abs. 2 S. 1, treffen auf die Vollziehung eines weiteren Vermögensarrests nicht nur nicht zu, sondern verlangen vielmehr das Gegenteil, dh die Ausdehnung der Sicherungsfunktion auf Erträge aus allen einem Beschuldigten zu Last gelegten Taten, weil sich das Ziel der **Gleichbehandlung** nicht auf die Anspruchsinhaber (Verletzten) aus derselben Tat (im materiell-rechtlichen Sinn) beschränkt. **Gleichermaßen** lassen sie sich **sämtlich** aber nur befriedigen, gilt im Verhältnis verschiedener Vermögensarreste untereinander das **Prioritätsprinzip nicht.**

Schon weil der Wortlaut nur **Zwangsvollstreckungen** anführt, steht er diesem Verständnis nicht entgegen. Daran ändert es auch nichts, dass diesen (nur!) die zivilprozessualen dinglichen Arreste gleichgestellt sind (→ Rn. 14 und 27). Es vermeidet überdies unterschiedliche Ergebnisse aufgrund von Zufälligkeiten, die zu beeinflussen den Anspruchsinhabern (gemäß der Einziehungsanordnungen) selbst nicht möglich ist (wie Gesamtstrafenbildung bzw. Aufteilung oder Zusammenführung von Verfahren) und die deren Ungleichbehandlung untereinander daher sachlich nicht zu rechtfertigen vermögen. 35

Das **Verbot** der Schaffung materiellrechtlich **Verletzter verschiedener Klassen,** das die Einziehung im selbständigen Verfahren nach Beschränkungsentscheidungen gem. §§ 154, 154a gebietet (→ Vor §§ 111b–111q Rn. 37 und → § 111e Rn. 41–55a), verlangt im Deckungsfall auch die gleichmäßige zunächst Sicherung und später Entschädigung sämtlicher in irgendeinem Parallelverfahren forderungsverfolgender Anspruchsinhaber und hat demgemäß zur Folge, dass **mehrere Vermögensarreste** in **dasselbe Objekt vollzogen** werden dürfen, ggf. müssen.[25] Unterblieb dies, so ist die Gleichbehandlung auf der Ebene der Vollstreckung zu organisieren (zur Durchführung → § 111e Rn. 54–55a). Lässt sie sich strafprozessual nicht gewährleisten, so hat die Staatsanwaltschaft regelmäßig beim zuständigen Insolvenzgericht einen Eröffnungsantrag über das Vermögen des Betroffenen zu stellen, § 111i Abs. 2 S. 1. 36

d) Unzulässigkeit und relative Unwirksamkeit. Gemäß der Vollstreckungssperre des Abs. 2 S. 1 sind Zwangsvollstreckungen **nicht zulässig,** dies aber nur während der *Dauer* der Arrestvollziehung. Damit ist nicht nur die Phase des Akts der Vollziehung des Vermögensarrests gemeint, sondern der deutlich längere Zeitraum der Wirksamkeit der jeweiligen Vollziehungsmaßnahme.[26] Da nach etwaiger Aufhebung die Vollziehung oder Vollstreckung Dritter wieder möglich ist, sind sie schon zuvor nicht gehindert, einen zivilrechtlichen Titel zu erwirken.[27] Nach dem Wortlaut des Gesetzes ist das Vollstreckungsobjekt insgesamt erfasst. Unter Hinweis darauf, Forderungspfändungen seien regelmäßig nur Teilpfändungen, sah sich das OLG München nicht an der Pfändung für einen Gläubiger jenseits der Summe des Vermögensarrests gehindert.[28] So verständlich das ist, so wenig ist dies für Pfändungen Verletzter mit dem § 111h Abs. 2 S. 1 vereinbar. 37

Unzulässigkeit verbietet Vollstreckungs- bzw. Vollziehungsmaßnahmen (zur Gleichstellung → Rn. 27): Sie **dürfen nicht** vorgenommen werden – wie dargelegt (→ Rn. 28 f.) aber nur, wenn der Vermögensarrest (zumindest: auch) die Einziehung des Werts aus einem Individualdelikt sichert. Das Verbot als solches besagt noch nichts über die **Rechtsfolgen** eines **Verstoßes** dagegen. In sachlicher Hinsicht sind allein gem. § 111f gesicherte Gegenstände betroffen. Nur diese stehen für die vom Gläubiger begehrte Maßnahme nicht zur Verfügung. Vollstreckungs- bzw. Vollziehungsorgane sind daher nicht etwa gehalten, die ihnen erteilten Aufträge zurückzugeben. Verboten sind Vollstreckung bzw. Vollziehung ja nicht als solche, sondern dürfen sehr wohl in Gegenstände vorgenommen werden, in die ein Vermögensarrest nicht oder nicht mehr vollzogen ist. Deswegen hindert Abs. 2 S. 1 weder das Grundbuchamt, nachfolgende Eintragungsanträge zu sammeln und bei strafprozessualer Freigabe des Grundstücks diese nach dem Prioritätsprinzip abzuarbeiten, noch den Gerichtsvollzieher, ihm erteilte Vollstreckungsaufträge nach Freigabe weiter auszuführen – nunmehr ggf. mittels Pfändung zuvor strafprozessual gesicherter Gegenstände. 38

Die Vollstreckungssperre wird weniger bewusst als irrtumsbedingt missachtet. Ein Gläubiger kann selten ausschließen, dass in die beim Drittschuldner gepfändete Forderung zuvor ein Vermögensarrest vollzogen wurde. Eine in sonstiger Weise gekennzeichnte Pfändung 39

---

[25] Bittmann in Bittmann/Köhler/Seeger/Tschakert Strafrechtl. Vermögensabschöpfung-HdB Rn. 501; Bittmann/Tschakert in Bittmann/Köhler/Seeger/Tschakert Strafrechtl. Vermögensabschöpfung-HdB Rn. 741–745; aA Savini RPfleger 2018, 177, 179.

[26] BGH 28.5.2020 – V ZB 56/19, NJW 2020, 2337 Rn. 14; Johann in Löwe/Rosenberg Rn. 12.

[27] OLG München 11.11.2021 – 8 U 5670/21, WM 2021, 2344 Rn. 35.

[28] OLG München 8.9.2021 – 8 W 1216/21, NZI 2021, 1035 Rn. 15–18 mzustAnm. Köllner; OLG München 5.10.2021 – 3 W 1414/21, Rn. 9.

kann mal übersehen werden. Aus der **Verletzung** von Abs. 2 S. 1 folgt jedoch **nicht** die **Unwirksamkeit** der Arrestvollziehung oder Zwangsvollstreckung.[29] Dieses Ergebnis hält die Gegenauffassung[30] für unvereinbar mit der bezweckten Gewährleistung gleichen Rangs aller Anspruchsinhaber mit Außerkrafttreten des Sicherungsrechts aufgrund Insolvenzbeschlags, § 111i Abs. 1. Sie übersieht dabei jedoch, dass der Ausschuss für Recht und Verbraucherschutz des Deutschen Bundestages extra zum Erreichen dieses Ziels Abs. 1 S. 1, das Veräußerungsverbot, in den Entwurf eingefügt hat.[31] Das wäre überflüssig gewesen, führte ein Verstoß gegen Abs. 2 S. 1 zu Nichtigkeit und Unwirksamkeit der Maßnahme.

40 Als Folge der **lediglich relativen** Wirkung des **Veräußerungsverbots** ist eine unter Verstoß gegen die Vollstreckungs**sperre** vorgenommene **Maßnahme** nicht **gänzlich un**-, aber auch **nicht vollständig wirksam.** Das entstandene Sicherungsrecht beschränkt zwar den Zugriff des (Dritt-)Gläubigers, wirkt aber nicht gegen den Justizfiskus (→ Rn. 9 und 10). Im Ergebnis **verhindern** daher **weder** die Verletzung der Vollstreckungssperre **noch** das Veräußerungsverbot die **Entstehung** des **Sicherungsrechts** als solches.[32] Dieses entfaltet demgemäß (wenngleich begrenzte) Wirkungen zu Lasten des Betroffenen und zugunsten nachrangig gesicherter Gläubiger und wird mit Aufhebung des in Vollziehung des Vermögensarrests entstandenen Sicherungsrechts vollwirksam.

41 Ein Verstoß gegen die Vollstreckungssperre des Abs. 2 S. 1 ist trotzdem nicht folgenlos und muss nicht einfach hingenommen werden. Das entstandene – wenngleich relativ, aber eben nur gegenüber dem Justizfiskus unwirksame – Sicherungsrecht beschwert den Betroffenen. Dessen **konstitutive Aufhebung** kann er daher nachträglich vom gem. § 111k Abs. 3 zuständigen Gericht aufgrund bereits ursprünglicher Unzulässigkeit unter Hinweis auf § 111h Abs. 2 S. 1 verlangen.

41a Als gleichermaßen antragsbefugt wird man die Staatsanwaltschaft anzusehen haben. Das Sicherungsrecht beschwert zwar nicht den Justizfiskus. Aufgabe der Staatsanwaltschaft ist es aber ungeachtet eigener Beschwer, für die korrekte Anwendung des Strafprozessrechts Sorge zu tragen. Anerkannt ist das für Zwecke der Strafverfolgung. Es ist daher nicht selbstverständlich, dass sich diese Befugnis zu allgemeiner Rechtskontrolle auch auf Maßnahmen der Vermögenszuordnung erstreckt. Dafür spricht jedoch, dass das Reformgesetz 2017 abweichend vom allgemeinen Zivilrecht das Ziel gleicher Befriedigung forderungsverfolgender Anspruchsinhaber (Verletzter; zum Begriff → Vor §§ 111b–111q Rn. 21–24a) als Teil strafrechtlicher Vermögensabschöpfung ausgestaltet hat.

41b Es ist allerdings **nicht** ersichtlich, dass **auch Dritte** ein zwischenzeitlich verbotswidrig eingetragenes Recht erfolgreich angreifen könnten.[33] Es gibt unabhängig von der Insolvenzlage weder einen strafprozessualen noch einen sonstigen Grund, der dem Erstarken eines relativ unwirksamen Zwischenrechts entgegenstehen würde – erst recht nicht einem von Anfang an vollwirksamen Sicherungsrecht, das nach Vollziehung eines allein den Wert aus dem Ertrag eines Gemeindelikts (oder deren mehrerer) sichernden Vermögensarrests entstanden und deswegen von der Vollstreckungssperre nicht erfasst ist.

42 Ein Gläubiger, dessen Sicherungsrecht bei Unwirksamkeit des dem Seinen vorrangigen aufrücken würde, kann die Aufhebung nicht verlangen, war die Eintragung zu seinen Gunsten ebenfalls aufgrund der Vollstreckungssperre unzulässig: Der vorrangig gesicherte Gläubiger könnte ihm mit gleicher Berechtigung die Unwirksamkeit seiner Sicherung und damit des Fehlens der Beeinträchtigung seiner Rechte entgegenhalten. Ein nachfolgender Gläubiger, der in diesen nun nicht mehr strafprozessual gesicherten Gegenstand vollstrecken oder einen dinglichen Arrest vollziehen ließ, kann die Aufhebung ebenfalls nicht mit der Begründung ursprünglicher Unzulässigkeit der Eintragung verlangen, weil er über kein subjektives

[29] Savini RPfleger 2018, 177 (180).
[30] Rettke NJW 2020, 3641 (Rn. 7 f.).
[31] BT-Drs. 18/11640, S. 85.
[32] AA Blankenburg ZInsO 2017 1453 (1457), der jedoch allein das dingliche Sicherungsrecht betrachtet und zudem nicht zwischen Unzulässigkeit und Unwirksamkeit differenziert.
[33] Varianten bei Savini RPfleger 2018, 177 (180 f.).

Recht auf Behebung des „Geburtsfehlers“ des vorrangigen Sicherungsrechts verfügt. Das Vollstreckungsverbot des Abs. 2 S. 1 diente nicht seinem Schutz. Ein nach Außerkrafttreten der strafprozessualen Sicherheit, aber vor seiner Maßnahme entstandenes Zwischenrecht genösse ihm gegenüber ebenfalls den Vorrang.

Das erstarkte ursprünglich relativ unwirksame Sicherungsrecht kann auch der **Insolvenzverwalter** nicht strafprozessual beseitigen. Sowohl das Veräußerungsverbot als auch die (verletzte) Vollstreckungssperre dienen ausschließlich den Interessen forderungsverfolgender Anspruchsinhaber (Verletzter), nicht aber der Gesamtheit der Gläubiger. Diese haben nach Wegfall beider strafprozessual erwirkter Sicherungen das Erstarken des ehedem relativ unwirksamen Sicherungsrechts nach den allgemeinen Regeln und daher unabhängig vom strafprozessualen Ursprung zu akzeptieren. Voraussetzung dafür ist allerdings eingetretene Insolvenzfestigkeit. Sie besteht, wenn das Sicherungsrecht mindestens 3 Monate vor dem Insolvenzantrag entstanden ist. Auf den späteren Zeitpunkt seines Erstarkens kann es nicht ankommen, weil das nicht in das Insolvenzverfahren verlängerte Veräußerungsverbot des Abs. 1 S. 1 schon zuvor gegenüber allen anderen Gläubigern wirksam war. Es wirkte lediglich nicht gegen den Justizfiskus. Dieser Schutzzweck endet jedoch mit dem Entfallen der strafprozessualen Sicherung. Die bereits zuvor bestehende Wirksamkeit im Übrigen bleibt davon gänzlich unberührt. 43

Die (nur in Ausnahmefällen wirklich eintretende und in Übereinstimmung mit allgemeinem Zivilrecht stehende) Priorisierung des zunächst nachrangigen Gläubigers, die ihn zudem nur mit einem solchen gleichstellt, der in einen Vermögensgegenstand pfändet, in den ein die Einziehung des Wert nur aus Allgemeindelikten generierten Ertrags sichernder Vermögensarrest vollzogen wurde, ist grundsätzlich nicht unbillig, denn er hat die fehlerhafte Entstehung seines Sicherungsrechts nicht selbst verschuldet, liegt doch die Vollziehung in Händen hoheitlicher Organe. Bei deren Einschaltung lässt sich für ihn, selbst wenn er kein juristischer Laie ist und sogar um die rechtlichen Folgen des Abs. 2 S. 1 weiß, nicht absehen, ob das noch gar nicht feststehende und noch auszuwählende Vollziehungsobjekt der Vollstreckungssperre unterliegt. Selbst wenn ein Informierter die Vollziehung in einen in einem Register erfassten Gegenstand in Kenntnis der dort eingetragenen Vollziehung eines auch nach zumindest einem Individualdelikt erwirkten Vermögensarrests betreiben lässt, greift er damit nicht in Rechte Dritter ein und verstößt nach Freigabe nicht mehr gegen den Zweck der Vollstreckungssperre. Es ist daher offen, ob der vorangegangene zeitweise Gesetzesverstoß die Unwirksamkeit der Maßnahme nach sich zieht. 44

e) Auswirkungen der Insolvenzeröffnung. Wird das Insolvenzverfahren über das Vermögen des Arrestschuldners eröffnet, so ist maßgebend, ob der Vermögensarrest zumindest auch Werte von Erträgen aus zumindest einem Individualdelikt sichert. Ist das der Fall, so gilt nicht nur das Veräußerungsverbot in der Insolvenz nicht, sondern sind auch in Vollziehung eines Vermögensarrests entstandene Sicherungsrechte erloschen, § 111i (→ § 111i Rn. 12–16). Ein der Arrestvollziehung nachfolgendes, trotz der Vollstreckungssperre des Abs. 2 S. 1 entstandenes Sicherungsrecht wird dann nach allgemeinen insolvenzrechtlichen Regeln als nachrangige Sicherheit behandelt (→ Rn. 9–10b und → Rn. 40–44). In den Fällen des § 111i spricht daher nichts gegen den Fortbestand eines nachrangigen Sicherungsrechts auch in der Insolvenz. 45

Das Veräußerungsverbot tritt mit Insolvenzeröffnung allgemein außer Kraft, dh auch dann, wenn der Vermögensarrest die Einziehung des Werts von Erträgen ausschließlich aus Gemeindelikten sichert. In solchem Fall gilt auch die Vollstreckungssperre des Abs. 2 S. 1 richtigerweise und zwar von Anfang an nicht (→ Rn. 28 f.). Nur wer dies entgegen den hier dargelegten Gründen anders sieht, kann Anlass zur Überlegung haben, ob von Gläubigern – unter dieser Annahme: entgegen der Vollstreckungssperre – erwirkte nachrangige Sicherungsrechte auch unter diesem Umständen in der Insolvenz Bestand haben, d.h. wenn der Vermögensarrest Erträge ausschließlich aus einem Gemeindelikt (oder deren mehrerer) sichert. 46

47 **aa) Keine strafprozessualen Hindernisse.** Das Veräußerungsverbot hindert das Entstehen eines, wiewohl relativ unwirksamen Sicherungsrechts trotz Verstoßes gegen die Vollstreckungssperre vorinsolvenzlich **nicht.** Allerdings können Betroffener und Staatsanwaltschaft via § 111k Abs. 3 seine gerichtliche Aufhebung erreichen. Solange dies nicht geschehen ist und es auch insolvenzrechtlich nicht beseitigt ist (Rückschlagsperre; Anfechtung), besteht es jedoch fort und ist Dritten gegenüber **wirksam** – auch in der **Insolvenz:** Das Veräußerungsverbot steht nicht entgegen, denn es verliert mit Insolvenzeröffnung seine Wirkung und das Erstarken des zuvor relativ unwirksamen Sicherungsrechts verletzt auch bei alleiniger Sicherung von Erträgen aus Gemeindelikten keine Rechte Dritter, zB nachpfändender Gläubiger (für Delikte mit individuellem Verletzten → Rn. 9–10b und → Rn. 40–44).

48 Auch mit strafprozessualen Zielen und damit verbundenen Erwägungen besteht kein Zielkonflikt. Der Gesetzgeber wollte mit dem relativen Veräußerungsverbot die **Gleichbehandlung** der **Anspruchsinhaber** auch in der Insolvenz sicherstellen und Sonderrechte dieses Personenkreises durch prioritäre eigene Zwangsvollstreckungsmaßnahmen verhindern. Eben dieses **Thema** stellt sich jedoch im Fall der Sicherung des Werts von Erträgen ausschließlich aus **Gemeindelikten** gar **nicht.**

49 Es gibt auch keine **positive** Begründung für die Annahme fehlender Erstarkung, zumal keine, die eine Erklärung für die Unterschiedlichkeit der Ergebnisse für ein vor einem ausschließlich zivilistischen Hintergrund entstandenes und ein auf strafprozessualer Grundlage erwirktes Sicherungsrecht bieten würde, obwohl der Grund, weshalb es die strafrechtliche Sonderbestimmung des Abs. 2 S. 1 überhaupt gibt, in concreto irrelevant ist. Ein nach Entfallen des Veräußerungsverbots vollwirksam gewordenes Sicherungsrecht beeinträchtigt auch keine Rechte oder Interessen des Justizfiskus, denn dessen in Vollziehung eines Vermögensarrests gem. § 111f entstandenes Sicherungsrecht ist vorrangig. Sollte es nicht insolvenzfest sein, entfällt es ohnehin (wie dann auch das nachrangige).

50 **bb) Einfluss des Insolvenzrechts auf den Bestand des Sicherungsrechts.** Das in Vollziehung des Vermögensarrests entstandene **Sicherungsrecht erlischt** als solches, wenn es später als einen Monat vor dem Insolvenzantrag erwirkt worden war, § 88 InsO: Rückschlagsperre. **Gleiches** gilt für ein verbotswidrig nachträglich entstandenes **Zwischenrecht,** weil es notwendigerweise ebenfalls **innerhalb der Monatsfrist entstanden** war. War ein Sicherungsrecht hingegen vor Beginn der Monatsfrist entstanden, so besteht es trotz Insolvenzeröffnung zunächst fort. Das strafprozessual erwirkte Sicherungsrecht kann allerdings ebenso wie das (nach hiesiger Auffassung ohnehin nach nur Gemeindelikten nicht verbotswidrig) entstandene nachrangige Sicherungsrecht mittels **Insolvenzanfechtung** beseitigt werden, falls der Vermögensarrest nicht bereits drei Monate vor dem Insolvenzantrag in den betreffenden Gegenstand vollzogen worden war. Allerdings wird der Insolvenzverwalter zu diesem Zweck sowohl das strafprozessual erwirkte als auch das Zwischenrecht jeweils **gesondert anfechten** müssen. Das Unwirksamwerden des einen zieht nicht automatisch auch die Beseitigung des anderen nach sich. Vielmehr kann einerseits das Sicherungsrecht des Justizfiskus Bestand haben, wurde es früher als drei Monate vor dem Insolvenzantrag erwirkt, während andererseits ein erst innerhalb dieses Zeitraums entstandenes nachrangiges Sicherungsrecht wirksam angefochten werden kann.

51 **2. Abs. 2 S. 2. a) Gesetzgeberischer Zweck.** Stellen das Veräußerungsverbot, Abs. 1 S. 1, und die Vollstreckungssperre, Abs. 2 S. 1 den (allerdings nicht ganz geglückten) Versuch dar, die Gleichheit der Befriedigungschancen der Anspruchsinhaber zu sichern, so zeigt der Gesetzgeber mit Abs. 2 S. 2, dass er den Steuerfiskus doch für etwas gleicher als gleich hält, ihm also das „Hemd näher sitzt als die Hose".[34] Die **Ausnahmevorschrift** gestattet es, in bestimmten Fällen einen steuerlichen Arrest, erst recht die Vollziehung eines (nicht notwendig: rechtskräftigen) Bescheids,[35] auch in solche Gegenstände zu vollziehen, die bereits per

[34] Rhode wistra 2018, 65 (67 f.), spricht von apokrypher Zielsetzung.
[35] Rettke NJW 2020, 3641 (Rn. 12).

Vermögensarrest gesichert wurden.[36] Dieses Privileg kommt laut Gesetzesbegründung[37] **nur Steuer-**, **nicht** auch **anderen** unter **Verweis auf § 324 AO** sicherungsfähigen öffentlichen Forderungen[38] zu Gute.[39] Wieweit sich diese trotzdem verbleibende **Ungleichbehandlung** im Ergebnis **auswirkt,** hängt davon ab, ob es sich entschädigungsrechtlich um einen **Deckungs- oder** um einen **Mangelfall** handelt, weil § 370 AO ein **Individualdelikt** ist, sodass § 111i gilt (zur Ungleichheit → Vor §§ 111b–111q Rn. 96).

Der gesetzgeberische Zweck des Abs. 2 S. 2 besteht darin, den Finanzbehörden rechtlich den **Vorteil** zu sichern, welchen ihnen unter dem bis zum 30.6.2017 geltenden Recht die Möglichkeit zu **eigenständiger Titelerrichtung** faktisch verschafft hatte: Sie waren in der Lage, viel früher als Privatgläubiger zu vollstrecken, die erst auf dem Zivilrechtsweg einen Vollstreckungstitel erwirken mussten. Aufgrund des vorrangigen Sicherungsrechts des Steuerfiskus und dessen meist recht hoher Ansprüche erwiesen sich die nachrangigen Sicherungsrechte Privater schon seinerzeit oft als wirtschaftlich wertlos, weil auf sie kein Erlös mehr entfiel. Daran hat sich nichts geändert. 52

Aufgrund der erleichterten strafprozessualen Sicherungsmöglichkeiten, deren Kosten zudem aus dem Justiz- und nicht aus dem Haushalt des Finanzministeriums zu decken sind, nahm der Gesetzgeber ersichtlich an, unter dem neuen Recht werde ein **Vermögensarrest** regelmäßig **schneller** erwirkt **als** ein **steuerlicher Arrest** gemäß § 324 AO.[40] Dann stünde jedoch die Vollstreckungssperre, Abs. 2 S. 1, der nachträglichen Vollziehung eines Steuerarrests entgegen. Eben dies zu verhindern, ist Aufgabe der Ausnahmeregelung des Abs. 2 S. 2. Sie soll nicht nur die Gleichbehandlung mit privaten Opfern verhindern, sondern vor allem das Entfallen der strafprozessual erwirkten Sicherheit mit Eröffnung des Insolvenzverfahrens ausgleichen, die den Steuerfiskus auf die Ebene aller ungesicherter Insolvenzgläubiger versetzte. Dieses Aufrücken lässt sich unabhängig von insolvenzrechtlichen Entwicklungen vorziehen, wenn die Staatsanwaltschaft der zwar nicht im Gesetz, wohl aber in der Begründung ausgeführten Vorstellung des Gesetzgebers gemäß den Vermögensarrest nach Vollziehung des steuerlichen Arrests aufheben lässt. Dafür genügt sogar die ihr eigenständig mögliche Aufhebung bloßer Vollziehungsmaßnahmen. Um den Steuerfiskus vor dem Verlust der Sicherung aufgrund Insolvenzeröffnung zu bewahren, bedurfte es jedoch keiner Ausnahmenorm, weil die Staatsanwaltschaft dies zugunsten jedes Einzelopfers ermöglichen kann, es aber auch de lege lata bei einer Mehrzahl von Anspruchsinhabern keineswegs muss. Zum Erreichen des Ziels genügt koordiniertes Vorgehen: Vollziehung des Titels des (privaten oder hoheitlichen) Anspruchsinhabers unmittelbar im Anschluss an die Aufhebung des Vermögensarrests. Weil bei Achtung der Vollstreckungssperre gar kein Zwischenrecht entstanden sein kann, ist der Anspruchsinhaber dann in genau dem Rang gesichert, den die Ausnahmevorschrift des Abs. 2 S. 2 nur dem Steuerfiskus sichern will, dies Ziel aber nur partiell zu erreichen ermöglicht (und ihn damit immerhin nicht auch noch besserstellt als es ohnehin schon möglich ist). 53

b) Praktische Handhabung. Dem gewünschten Vorgehen stehen allerdings sowohl **handwerkliche Mängel** des Gesetzes als auch die **profane Wirklichkeit** oftmals entgegen. Schon die Ausgangsthese, unter dem aufgehobenen Recht seien die vom Steuerfiskus vollzogenen eigenen Arreste werthaltiger gewesen als diejenigen zugunsten Privater, ist gewagt. Zum einen setzt § 324 AO dem Ergehen eines steuerlichen Arrests einige Hürden entgegen. Überdies ordnete in der Vergangenheit manche Steuerbehörde entweder keinen oder erst 54

---

[36] Die von Johann in Löwe/Rosenberg Rn. 19 erhoffte Stärkung von § 324 AO scheint empirisch nicht eingetreten zu sein.

[37] BT-Drs. 18/9525, 79.

[38] Bei weiter Auslegung ist es ebenso konsequent (wie ein zusätzliches Argument gegen diese Auffassung), auch alternativ nach ZPO vollstreckte Forderungen zu privilegieren, Rettke NJW 2020, 3641 (Rn. 13).

[39] Bittmann in Bittmann/Köhler/Seeger/Tschakert Strafrechtl. Vermögensabschöpfung-HdB Rn. 837, aA Feindt/Rettke DStR 2018, 2357 (2358); Johann in Löwe/Rosenberg Rn. 16; Meißner/Schütrumpf Praxisleitfaden Vermögensabschöpfung, Rn. 224; Rettke Die Kriminalpolizei 2018, 13 (18); Rettke NJW 2020, 3641 Rn. 11.

[40] Eine Bestätigung seitens der Praxis konstatiert Meinecke DStR 2018, 2387.

spät den eigenen dinglichen Arrest an – manchmal erst nach Anregung seitens der Staatsanwaltschaft. Die **Strafjustiz** erwirkte nicht selten ihren dinglichen Arrest **früher.** Mit einem nachträglich angeordneten steuerlichen Arrest gelang es den Finanzbehörden jedoch zuweilen, die Zulassung gem. §§ 111g und 111h, je aF und damit das Aufrücken in den Rang des strafprozessual erwirkten und vollzogenen dinglichen Arrests vor anderen Opfern zu erwirken. Manch sonstiger Gläubiger konnte erst später und daher mit Nachrang pfänden.

55 Das neue Recht **hindert** die **Finanzbehörden nicht,** selbst einen **steuerlichen Arrest anzuordnen** und zu **vollziehen, bevor** die **Strafjustiz tätig** wird. Zudem sichert auch schon die Vollziehung eines im Anschluss an Steuerstraftaten erwirkten Vermögensarrests die Vollstreckung der erwarteten Einziehung des Werts der ersparten Steueraufwendungen. Der **Vermögensarrest dient** folglich mittelbar auch dem **Steuerfiskus,** der – wie jeder andere forderungsverfolgende Anspruchsinhaber (Verletzte) auch – im Opferentschädigungsverfahren, §§ 459h ff., auf Ausgleich hoffen darf. Abs. 2 S. 2 kann also nur helfen, wenn die Strafjustiz schneller ist als die Fachbehörde und entfaltet seine Wirkung nur im Fall der Wiederaufhebung der strafprozessualen Vollziehungsmaßnahme.

56 Die **Steuerbehörde,** die mit der Vollziehung eines eigenen Titels ein **nachrangiges Sicherungsrecht erworben** hat, verfügt über keinerlei Anspruch gegenüber der **Staatsanwaltschaft,** von ihr **gesicherte Gegenstände** zu Gunsten des Steuerfiskus **freizugeben,** erst recht nicht auf Aufhebung des Vermögensarrests. Darüber hat die Staatsanwaltschaft nach pflichtgemäßem Ermessen zu befinden. Dabei hat sie zwar die Belange der Steuerverwaltung zu bedenken. Diese sind aber jedenfalls dann **nicht allein ausschlaggebend,** wenn der Vermögensarrest zugleich auch wegen anderer Delikte ergangen war. In Fällen der Schwarzarbeit treffen typischerweise Umsatz- und Lohnsteuerhinterziehung, § 370 AO, mit Beitragsvorenthaltung, § 266a StGB, zusammen. Eine Privilegierung des Steuerfiskus gegenüber Sozialversicherungsträgern wäre sachlich nicht gerechtfertigt. Gleiches gilt, wenn ein wegen Steuerstraftaten erwirkter Vermögensarrest auch der Sicherung der Vollstreckung aus späterer Einziehung des Werts von Erträgen aus Straftaten zum Nachteil Privater dient. Wiewohl letztere Konstellation nicht allzu oft vorkommen mag, besteht nicht selten ein in einem anderen Verfahren angeordneter Vermögensarrest, sodass sämtliche Opfer eine Gläubigergesamtheit (→ § 111e Rn. 50–55a) bilden und gleichermaßen zu entschädigen sind. Im Deckungsfall besteht demnach kein wirklicher **Bedarf für** die **Ausnahmevorschrift** des § 111h Abs. 2 S. 2, während sie im Mangelfall einen gleichheitswidrigen Fremdkörper darstellt.

57 **c) Begrenzte Reichweite.** Überdies ist die **Gesetzesfassung verunglückt.** Das Privileg gilt nämlich nach Abs. 2 S. 2 Hs. 2 nur „soweit der **Arrestanspruch aus der Straftat erwachsen** ist". Diese Voraussetzung erfüllen jedoch nur pflichtwidrig erwirkte Steuererstattungen und amtlich nicht geltend gemachte Zinsen und Zuschläge. Im Übrigen ist es **nicht** die **Straftat, aus der der Arrestanspruch erwachsen** ist, **sondern der steuerbare Vorgang,** also der vom Steuerpflichtigen erfüllte Besteuerungstatbestand, und sei dies eine für sich strafbare Handlung: Die **Steuerpflicht setzt** in diesen Fällen immer **vor dem Begehen** der **Steuerstraftat ein.**[41] Dass dies so ist, veranlasste den Gesetzgeber, mit Wirkung vom 1.7.2014 den § 302 Nr. 1 InsO zu ändern. In seiner ursprünglichen Fassung nahm er nur **aus Straftaten herrührende Steueransprüche** von der Restschuldbefreiung aus – und erfasste daher aus den genannten Gründen gerade nicht den typischen Fall der Steuerhinterziehung.[42] Seit der Novellierung stellt die InsO auf die rechtskräftige Verurteilung ab. Es ist kein Grund dafür ersichtlich, einziehungsrechtlich ein gegenüber dem vom

[41] BGH 1.10.2020 – IX ZR 199/19, ZInsO 2020, 2711 Rn. 16 mN aus der Rspr. des BFH; Bittmann in Bittmann/Köhler/Seeger/Tschakert Strafrechtl. Vermögensabschöpfung-HdB Rn. 828 und 834 f.; Madauß NZWiSt 2018, 28 (31 f.); ebenso Johann in Löwe/Rosenberg Rn. 22 f.; Ullenboom Vermögensabschöpfung Rn. 363 f., die darin jedoch keine Hürde sehen, die Vorschrift auf alle Steuerhinterziehungen anzuwenden.

[42] BFH 19.8.2008 – VII R 6/07, NJW 2008, 3807; Grunicke ZVI 2014, 361.

BFH entwickelten und vom BGH in Zivilsachen übernommenen abweichendes Verständnis zugrunde zu legen.

Allerdings hatte der BGH in Strafsachen zum inzwischen veränderten Verjährungsrecht entschieden, mit der Verjährung einer Steuerforderung sei der aus der Steuerstraftat entstandene Anspruch erloschen und deshalb scheitere die Einziehung an § 73e Abs. 1 S. 1 StGB.[43] Diese Auslegung **zu Gunsten** des Betroffenen verhinderte, dass der Justizfiskus den Wert der nicht erbrachten Steuerleistungen für sich beanspruchen konnte. Diese Situation ist nicht vergleichbar mit einer dahingehenden Auslegung des § 111h Abs. 2 S. 2 **zu Lasten** des Betroffenen, der mit einem steuerlichen Arrest gem. § 324 AO gesicherte Steueranspruch sei aus der Steuerstraftat erwachsen.[44] 58

Wenn der Gesetzgeber sein erkennbar angestrebtes Ziel erreichen will, dann muss er den **Gesetzestext** ebenfalls **ändern** – so wie dies bei der Bestimmung über die Restschuldbefreiung in der InsO geschehen ist. Trotz Änderung etlicher Vorschriften zum Verfahrensrecht der Vermögensabschöpfung hat der Gesetzgeber im StPO-Fortentwicklungsgesetz Abs. 2 S. 2 unverändert gelassen und damit die Begrenztheit des Anwendungsbereichs dieser Ausnahmevorschrift bestätigt. Ungeachtet dessen verlangt insbesondere das den Steuerbehörden nahestehende Schrifttum[45] die Auslegung des Abs. 2 S. 2 im Sinne einer dem ursprünglichen gesetzgeberischen Willen Geltung verschaffenden Extension. Nach unbestrittener juristischer Methodenlehre ist jedoch eine Auslegung zulasten eines Grundrechtsträgers **nur innerhalb des möglichen Wortsinns** einer Vorschrift zulässig. Mit **Arrestanspruch** kann nicht derjenige gemeint sein, der dem Vermögensarrest zugrunde liegt, denn dieser ist immer nur zur Sicherung der Vollstreckung des Werts von Erträgen aus Straftaten zulässig, sodass es dafür dieser Einschränkung nicht bedarf. Demgemäß ist der dem steuerlichen Arrest zugrunde liegende Steueranspruch gemeint. Auf diesen bezieht sich demnach das Erfordernis, aus der Straftat erwachsen zu sein. Der Wortlaut ist eindeutig und dementsprechend **nicht in sein Gegenteil auslegungsfähig.** 59

d) Ertrag aus einer Steuerstraftat. Unabhängig von der Reichweite des Abs. 2 S. 2 stellt sich bereits für die Anordnung des Vermögensarrests die Frage, **worin** der **Ertrag** der Steuerstraftat **liegt** und in welchem Umfang die Sicherung der Vollstreckung der daraus resultierenden Einziehungsforderung in Betracht kommt. Der Erfolg einer Steuerstraftat besteht im nicht (rechtzeitigen) Festsetzen der Steuerforderung, § 370 Abs. 4 S. 1 AO. Der Tatertrag besteht allerdings nicht im (vorübergehend) unterbliebenen richtigen Steuerbescheid, so dass auch sein nachträgliches Ergehen nicht etwa zur Erfüllung iSv § 73e Abs. 1 StGB führt. 60

Tatbedingt erspart hat der Steuerpflichtige die **Aufwendungen,** die er **zum Erfüllen** der **Steuerforderung** hätte tätigen müssen. Erst und nur im Umfang des Ausgleichs des Anspruchs des Finanzamts liegt daher Erfüllung gem. § 73e Abs. 1 StGB vor. Allerdings lässt sich **nur ersparen, was** aus tatsächlichen Gründen **hätte erfüllt werden können.** Nur bei einem uneingeschränkt leistungsfähigen Steuerschuldner decken sich demnach die Höhe von Steuerschuld und ersparten Aufwendungen. Da die wirkliche Leistungsfähigkeit des potentiellen Adressaten eines Vermögensarrests im Vorhinein selten verlässlich bekannt ist, stellt sich die Frage nach der Höhe der Arrestsumme, die dem Vermögensarrest zugrunde gelegt werden darf. Eine im Rechtssinne korrekte Antwort lässt sich zwar bestenfalls nachträglich geben, eine ausreichend pragmatische besteht aber in der Fiktion, dass sich die Leistungsfähigkeit einer Person nicht zwischen ihrer Inanspruchnahme als Steuer- oder Arrestschuldner unterscheidet. Daher ist es zunächst zulässig, den Vermögensarrest in Höhe der nominellen Steuerforderung anzuordnen, denn im **Umfang erfolgreicher Vollstreckung wäre** auch die **Erfüllung der Steuerforderung möglich** gewesen. 61

Ob es geboten ist, bei nur teilweise erfolgreicher Vollziehung des Vermögensarrests die **Arrestsumme herabzusetzen** oder ob **Versuche weiterer Vollziehung** unternommen 62

[43] BGH 24.10.2019 – 1 StR 173/19, wistra 2020, 107.
[44] Bittmann/Tschakert NZWiSt 2020, 40.
[45] Madauß NZWiSt 2018, 28 (31 f.).

werden dürfen, hängt von den Umständen ab. Wenn allerdings ersichtlich wird, dass auch die Steuerforderung nicht über den per Vermögensarrest gesicherten Umfang hinaus hätte erfüllt werden können, so **sinkt** damit die **Erwartung** an die **Höhe** erfolgreicher Vollstreckung der erwarteten Anordnung ersatzweiser **Einziehung** des Werts der ersparten Aufwendungen, so dass die **Arrestsumme** in entsprechendem Maße **anzupassen** ist. Auf diese Weise kann die Arrestsumme des Vermögensarrests deutlich unter den im dinglichen Steuerarrest vorläufig titulierten Betrag sinken. Dem Steuerfiskus entsteht dadurch jedoch kein Schaden, weil er selbstverständlich weiterhin eigene Versuche unternehmen darf und muss, seine Steuerforderung durchzusetzen. Er kann diese Aufgabe nur nicht mehr länger auf die Strafjustiz delegieren.

63 Im Wortlaut des § 111h Abs. 2 S. 2 ist die Rede vom „Arrestanspruch **aus** der Straftat". Demzufolge besteht keine Deckungsgleichheit mit dem im Zuge der Reform 2017 vorgenommenen Wandel in § 73 StGB von „**aus** der Straftat" in „**durch** die Straftat". Allerdings ist nicht ersichtlich, dass mit dem unterschiedlichen Wortlaut unterschiedliche Inhalte verbunden wären. Beide Formulierungen sind demgemäß **synonym** zu verstehen. Überdies bezieht sich die Formulierung in § 111h Abs. 2 S. 2 anders als in § 73 StGB nicht auf eine die Einziehung regelnde Bestimmung, sondern auf den steuerlichen dinglichen Arrest. Probleme bereiten die unterschiedlichen Formulierungen also nicht.

§ 111i [Insolvenzverfahren]

(1) [1]Ist mindestens einem Verletzten aus der Tat ein Anspruch auf Ersatz des Wertes des Erlangten erwachsen und wird das Insolvenzverfahren über das Vermögen des Arrestschuldners eröffnet, so erlischt das Sicherungsrecht nach § 111h Absatz 1 an dem Gegenstand oder an dem durch dessen Verwertung erzielten Erlös, sobald dieser vom Insolvenzbeschlag erfasst wird. [2]Das Sicherungsrecht erlischt nicht an Gegenständen, die in einem Staat belegen sind, in dem die Eröffnung des Insolvenzverfahrens nicht anerkannt wird. [3]Die Sätze 1 und 2 gelten entsprechend für das Pfandrecht an der nach § 111g Absatz 1 hinterlegten Sicherheit.

(2) [1]Gibt es mehrere Verletzte und reicht der Wert des in Vollziehung des Vermögensarrestes gesicherten Gegenstandes oder des durch dessen Verwertung erzielten Erlöses nicht aus, um die Ansprüche der Verletzten auf Ersatz des Wertes des Erlangten, die ihnen aus der Tat erwachsen sind und von ihnen gegenüber der Staatsanwaltschaft geltend gemacht werden, zu befriedigen, stellt die Staatsanwaltschaft einen Antrag auf Eröffnung des Insolvenzverfahrens über das Vermögen des Arrestschuldners. [2]Die Staatsanwaltschaft sieht von der Stellung eines Eröffnungsantrags ab, wenn begründete Zweifel daran bestehen, dass das Insolvenzverfahren auf Grund des Antrags eröffnet wird.

(3) [1]Verbleibt bei der Schlussverteilung ein Überschuss, so erwirbt der Staat bis zur Höhe des Vermögensarrestes ein Pfandrecht am Anspruch des Schuldners auf Herausgabe des Überschusses. [2]In diesem Umfang hat der Insolvenzverwalter den Überschuss an die Staatsanwaltschaft herauszugeben.

Übersicht

I. Systematik

Bedeutung und Anwendungsbereich lassen sich nur im Blick auf den Platz der Vorschrift 1
im Gefüge der vollstreckungssichernden Vorschriften begreifen. **§ 111i** normiert eine **Ausnahme** von **§ 111h Abs. 1 S. 2** und bezieht sich demgemäß auf in Vollziehung eines **Vermögensarrests** entstandene **dingliche Sicherungsrechte.** Das zusätzliche Veräußerungsverbot, § 111h Abs. 1 S. 1, ist indes **hier** deshalb **bedeutungslos,** weil es im Insolvenzverfahren ohnehin keine Wirkungen zeitigt und überdies rein schuldrechtlicher Natur ist.

§ 111i gilt lediglich **ab Eröffnung** des **Insolvenzverfahrens** über das Vermögen des 2
Betroffenen, dies allerdings **nur** dann, wenn **jemandem** aus der Tat ein Anspruch auf Ersatz des Wertes des Erlangten erwachsen ist. Diese abstrakte Formulierung löste zum 1.7.2021 das vorangegangene Abstellen auf *mindestens einen Verletzten* verbal ab, nicht aber inhaltlich. Gemeint ist weiterhin nicht der strafrechtliche Anspruch aus § 73c StGB, sondern der bürgerlich-rechtliche mindestens eines **materiellrechtlich Verletzten.** Das allein genügt freilich nicht. Nötig ist vielmehr auch die verfahrensrechtliche Stellung als **Anspruchsinhaber.** Sie beruht auf dem Verdacht, „durch" eine zum Nachteil des Opfers begangene Tat, die aktuell zum Verfahrensgegenstand gehört, habe der Betroffene Ertrag im Original oder dessen Wert erlangt (näher → Vor §§ 111b–111q Rn. 21–24). Dem Opfer gleichgestellt sind bestimmte Dritte (→ Vor §§ 111b–111q Rn. 24a). Weil ein Vermögensarrest nur im Anschluss an eine Tat ergehen darf, die zum Verfahrensgegenstand gehört, war schon vor der Änderung zum 1.7.2021 nicht jeder materiellrechtlich Verletzte gemeint, sondern nur ein solcher, der Opfer einer Tat war, derentwegen das laufende Verfahren geführt wurde **und** dessen Wiederherstellungsanspruch wertmäßig die Arrestsumme (mit-)bestimmte. **§ 111i Abs. 1** betrifft also allein **arrestsummenrelevante Anspruchsinhaber.** Der Kreis der Adressaten des **§ 111i Abs. 2** ist demgegenüber **enger** und beschränkt sich auf **arrestsummenrelevante und forderungsverfolgende Anspruchsinhaber** (→ Vor §§ 111b–111q Rn. 21e).

Demgegenüber ist Voraussetzung für die Anwendung **aller** Varianten und Regelungen 2a
des § 111i ein Vermögensarrest, der die Vollstreckung der erwarteten **Einziehung** des **Werts** von **Ertrag** aus (zumindest: auch) einem **Individualdelikt** sichert (insgesamt gemäß § 73c S. 1 StGB oder als Wertdifferenz, § 73c S. 2 StGB[1]). Abs. 2 betrifft die Zuständigkeit für die **Opferentschädigung.** Sie liegt grundsätzlich bei der **Staatsanwaltschaft** (Rechtspfleger). Rechtlich ausnahmsweise wird sie in das **Insolvenzverfahren** verlagert, wenn der (erwartete) Erlös aus der Verwertung der strafprozessual erwirkten Sicherungsrechte nicht ausreichen wird, die arrestsummenrelevanten und forderungsverfolgenden Anspruchsinhaber vollständig zu befriedigen (Mangelfall). Der Insolvenzverwalter wird dadurch nicht zum nach § 261 StGB strafbaren Geldwäscher (→ Vor §§ 111b–p Rn. 11a). Wird das Insolvenzverfahren nicht eröffnet, so fällt die Zuständigkeit für die Entschädigung an die Staatsanwaltschaft zurück. Solchenfalls gilt jedoch das Prioritätsprinzip, § 111m. § 111i Abs. 3 stellt einen **Auffangtatbestand** dar für den Fall, dass die Staatsanwaltschaft ihre Ansprüche im Insolvenzverfahren nicht (rechtzeitig) angemeldet hatte.

---

1 Johann in Löwe/Rosenberg Rn. 6; zur Struktur Laroche ZInsO 2022, 62.

II. Abs. 1

3 **1. „Jemand" = Mindestens ein arrestsummenrelevanter Anspruchsinhaber (Verletzter).** Abs. 1 S. 1 beschränkt den Anwendungsbereich der Vorschrift auf das **Vorhandensein mindestens eines arrestsummenrelevanten Anspruchsinhabers** aus einer oder mehrerer Tat(en).[2] Ob er seine Forderung gegenüber der Staatsanwaltschaft **geltend macht** (oder Verjährung eingetreten ist[3]), ist für Abs. 1 **irrelevant.**[4] Wäre es anders, so zwänge ihn dies nicht nur zu frühzeitiger Entscheidung, sondern führte auch zu Rechtsunsicherheit. Der Verlauf von Insolvenz- und Ermittlungs-bzw. Strafverfahren hingen von seiner Entscheidung ab. Abhängigkeit in umgekehrter Richtung besteht allerdings aufgrund der Geltung des **dynamischen Begriffs** des **Anspruchsinhabers** (Verletzten) im Abschöpfungsrecht (→ Vor §§ 111b–111q Rn. 28). Maßgeblich ist folglich, ob der Vermögensarrest zum Zeitpunkt der Eröffnung des Insolvenzverfahrens (auch oder nur) die Vollstreckung der erwarteten Einziehung des **Werts** von **Ertrag** aus mindestens einem **Individualdelikt** sichert. Das ist jedoch selbst dann der Fall, wenn bei tateinheitlichem Zusammentreffen mit einem solchen die Strafverfolgung gemäß § 154a **vertikal** auf ausschließlich Gemeindelikte **beschränkt** wurde (→ Vor §§ 111b–111q Rn. 32).

4 Die Eingangsformulierung stellt klar, dass *nicht* etwa gemeint ist, *nur* ein Jemand. Damit löst **jeder arrestsummenrelevante Anspruchsinhaber** die Rechtsfolgen des § 111i Abs. 1 aus. Ob es sich um ein einziges Opfer oder derer viele handelt, ist demgemäß irrelevant. Es reicht jedoch **weder** aus, dass es sich um einen **rein materiellrechtlich Verletzten** (→ Vor §§ 111b–111q Rn. 24a) handelt noch um einen **Anspruchsinhaber,** dessen Entschädigungsforderung **keinen Einfluss** auf die Höhe der **Arrestsumme** entfaltete. Darauf, ob er seine Forderung strafprozessual verfolgt, kommt es jedoch für Abs. 1 nicht an.

5 Kein Fall des § 111i liegt vor, wenn im selben Verfahren wegen Drogendelikten und tatmehrheitlicher (anders bei Tateinheit, → Vor §§ 111b–111q Rn. 22b, 22d und 24) Körperverletzung ermittelt wird. Gleiches gilt, wenn zB der in einem gegen einen Kleindealer geführten Ermittlungsverfahren erwirkte Vermögensarrest nur der Sicherung der erwarteten Einziehung des Werts der (geschätzten) Verkaufserlöse dient. Selbst wenn die Ermittlungen auf verschiedene der Beschaffung dienende Individualdelikte erstreckt werden, so führt allein dies im Insolvenzfall des Betroffenen nicht zur Anwendung des Abs. 1. Allerdings ist die **Staatsanwaltschaft** dann **gehalten,** unverzüglich nach Hinzutreten des ersten Individualdelikts den **Vermögensarrest** auf den Wert des daraus erlangten Tatertrags (und ggf. aus weiteren Taten) **erstrecken** zu lassen (→ Vor §§ 111b–111q Rn. 32).

6 Ausreichend ist ferner nicht jeder tatbedingte Ersatzanspruch. **Geschützt** ist vielmehr **ausnahmslos** die Forderung auf **wertmäßige Restitution** (Wiederherstellungsprinzip, → Vor §§ 111b–111q Rn. 25–27). Das Gesetz bringt dies mit der Formulierung zum Ausdruck, Voraussetzung für die Anwendung von § 111i Abs. 1 sei nur ein aus der Tat erwachsener Anspruch **auf Ersatz des Wertes des Erlangten.** Maßgebend ist daher nicht die Minderung im Vermögen des Geschädigten, sondern der Zuwachs im Vermögen des Betroffenen. Demgemäß ist weder ein irgendwie gearteter Schadenersatzanspruch des Opfers einer Körperverletzung noch das verständliche Verlangen des Eigentümers auf Ersatz des beim Einbruchdiebstahls angerichteten Sachschadens erfasst. Insoweit wiederholt § 111i Abs. 1 jedoch nur, was ohnehin gilt: Strafrechtliche Vermögensabschöpfung dient allein dem Ausgleich tatbedingt entzogener Vermögenswerte, ohne sich aber auf sämtliche Schadenersatzansprüche von Opfern zu erstrecken (→ Vor §§ 111b–111q Rn. 25–27).

7 **2. Eröffnung des Insolvenzverfahrens.** Maßgeblich ist die Eröffnung des **Insolvenzverfahrens** über das Vermögen des **Arrestschuldners.** Es handelt sich dabei um den

---

[2] Johann in Löwe/Rosenberg Rn. 6; Bittmann/Tschakert in Bittmann/Köhler/Seeger/Tschakert Strafrechtl. Vermögensabschöpfung-HdB Rn. 717–721.

[3] Johann in Löwe/Rosenberg Rn. 11.

[4] Zweifelnd, iErg. aber ebenso Johann in Löwe/Rosenberg Rn. 7–10.

Betroffenen des Vermögensarrests. Ob er der Täterschaft oder Teilnahme an der Erwerbstat verdächtig ist, § 73 StGB, oder ob es sich um einen Drittbeteiligten, § 73b StGB handelt, ist irrelevant. Hat der Justizfiskus **Sicherungsrechte** in Vollziehung von Vermögensarresten gegen verschiedene Betroffene erwirkt, so entfallen sie nicht sämtlich, sondern **nur** soweit sie Vermögen des **insolventen Betroffenen** belasten. Sicherungsrechte zu Lasten des Vermögens anderer Arrestschuldner bleiben hingegen unberührt und damit bestehen. Gesamtschuldner müssen überdies mit weiteren Vollziehungsmaßnahmen der Staatsanwaltschaft rechnen, bis diese wieder über ausreichend werthaltige Sicherheiten verfügt (→ § 111k Rn. 19–26a). Gelingt dies nicht im Maße der von Anspruchsinhabern angemeldeten Forderungen, so droht sogar nun auch ihnen die Insolvenz, Abs. 2.

3. Gestaltungsmöglichkeiten der Strafjustiz. Es kommt nur auf die **Eröffnung** des Insolvenzverfahrens an, nicht auch darauf, **wer** den zugrunde liegenden Eröffnungs**antrag gestellt** hat. Es kann sich folglich sowohl um einen Eigenantrag des Betroffenen handeln als auch um einen Fremdantrag, sei es der Staatsanwaltschaft, Abs. 2, sei es irgendeines sonstigen Gläubigers – Opfer, Anspruchsinhaber bzw. eine sonstige Forderung verfolgend. Den Begriff „Tat" verwendet Abs. 1 S. 1 im materiell-rechtlichen Sinn. Auf den Umfang ihrer Verfolgung kommt es demnach nicht an. Deswegen sichert der Vermögensarrest zwar nicht bei einer horizontal, wohl aber nach einer **vertikal** wirkenden **Beschränkung** der Strafverfolgung gem. § 154a (→ Vor §§ 111b–111q Rn. 32) auf **Gemeindelikte** nicht **allein** Ertrag aus Taten zu Lasten der **Allgemeinheit.** Vielmehr gilt § 111i Abs. 1 trotzdem und es **erlöschen** die in Vollziehung eines Vermögensarrests erwirkten Sicherungsrechte. Der Ertrag gilt weiterhin als aus (mindestens) einem Individualdelikt stammend. Daher hat immerhin auch **jeder** allein materiellrechtlich **Verletzte** (ebenso wie der Betroffene) die Möglichkeit, mit einem **eigenen Insolvenzantrag** die ihm andernfalls drohenden **Nachteile** zu **mindern:** Die Sicherungsrechte des Justizfiskus erlöschen mit Insolvenzeröffnung. Ihr Wert fällt in die Masse, der Erlös kommt allen Berechtigten zugute. Das verhindert finanzielle Opfer auch völlig unbeteiligter Gläubiger, wie sie bei vorrangiger Deckung der Einziehungsforderung einträten. 8

Stellt ein Opfer solcher Taten oder Tatteile, die gem. § 154 nicht weiterverfolgt oder gem. § 154a horizontal aus der Verfolgung ausgenommen wurden, oder ein anderer **Allgemeingläubiger** einen Eröffnungsantrag, so wird er **nicht deswegen** auch zu einem **Jemand** iSv § 111i Abs. 1 S. 1: Es fehlt ihm weiterhin die strafverfahrensrechtliche Stellung als Anspruchsinhaber (Verletzter). Die justiziellen Sicherungsrechte erlöschen trotzdem, falls sie (zumindest: auch) die Einziehung des Werts von Erträgen aus jedenfalls einem Individualdelikt sichern. Diese Schutzrichtung kommt folglich auch solchen Gläubigern reflexartig zu Gute, die keine Anspruchsinhaber sind oder tatunabhängige Forderungen erheben. 9

Trotz Eröffnung des Insolvenzverfahrens lässt sich der Schutzumfang eines nur wegen Allgemeindelikten erwirkten **Vermögensarrests** auf vom Betroffenen erlangte Werte von Erträgen aus Individualdelikten erweitern. Zwar erlaubt dies keine neuerlichen Vollziehungsakte, lässt aber sämtliche auf diesen erweiterten Vermögensarrest zurückgehenden, also gerade die vorinsolvenzlich entstandenen Sicherungsrechte erlöschen. Dieses Vorgehen ist insolvenzrechtlich nicht nur unbedenklich, weil der Masse keine Nachteile entstehen, sondern es liegt vielmehr im Gegenteil sogar in ihrem Interesse: Via Abs. 1 S. 1 **erlöschen** die strafprozessual erwirkten **Sicherungsrechte.** Ihr Wert **erhöht** die Masse und damit die **Befriedigungsquote** sämtlicher Insolvenzgläubiger. 10

Dies liegt allerdings nicht im wirtschaftlichen Interesse des Justizfiskus. Die **Staatsanwaltschaft** kann daher von dieser Möglichkeit nicht im eigenen, sondern nur im **altruistischen Interesse Gebrauch** machen. Ihre Neigung dazu wird deshalb selbst bei Vorliegen dringender Gründe iSv § 111e Abs. 1 S. 2 und der damit verbundenen Sollensanforderung keine sehr deutlich ausgeprägte sein. Ob im Weigerungsfalle der Ermittlungsrichter sie auf ein Rechtsmittel eines allein materiellrechtlich Verletzten hin dazu verpflichten könnte, hängt von der Antwort auf die Frage nach dem Umfang gerichtlichen Rechtsschutzes ab (→ Vor §§ 111b–111q Rn. 33). 11

12 **4. Rechtsfolge: Erlöschen des Sicherungsrechts.** Die **Rechtsfolge** besteht darin, dass das **Sicherungsrecht** nach § 111h Abs. 1 **erlischt.**[5] Die Formulierung ist **irreführend.** § 111h Abs. 1 besteht aus zwei Sätzen, die zwei verschiedene Sicherungen betreffen. Demzufolge ist entweder der Singular („das" Sicherungsrecht) missverständlich oder der Verweis in § 111i Abs. 1 S. 1 auf beide Sätze des § 111h Abs. 1. Was gemeint ist, erhellt ein Blick auf das Zustandekommen des Gesetzes. Der Regierungsentwurf enthielt als § 111h Abs. 1 nur dessen heutigen S. 2. Darauf bezog sich der unverändert gebliebene Verweis in § 111i Abs. 1 S. 1. Der seinerzeitige Ausschuss für Recht und Verbraucherschutz nahm die naheliegende Folgeänderung in § 111i Abs. 1 S. 1 nicht vor. Inhaltlich falsch ist der Verweis dennoch nicht, endet mit Insolvenzeröffnung doch auch die Wirkung des relativen Veräußerungsverbots.

13 Das **Sicherungsrecht,** auf welches **Abs. 1 S. 1** verweist, ist also dasjenige des § 111h Abs. 1 S. 2. Ganz präzis ist aber auch dieser Verweis nicht. Entstanden ist das gemeinte und nach § 111i Abs. 1 S. 1 erlöschende Sicherungsrecht nämlich nicht (erst) gem. § 111h Abs. 1 S. 2, sondern, wie seit dem 1.7.2021 auch dessen Wortlaut zu entnehmen ist, zuvor bereits in Vollziehung des Vermögensarrests gemäß § 111f, nach dessen Abs. 1 und 3 als Arrestpfandrecht, nach dessen Abs. 2 als Sicherungshypothek. In ausformulierter Langfassung lautet demgemäß die Rechtsfolge des Abs. 1 S. 1: … erlischt **das Sicherungsrecht nach § 111f Abs. 1–3.**

14 Abs. 1 S. 1 bezieht sich **nur** auf die **im selben Verfahren** zugunsten des Justizfiskus erwirkten dinglichen Sicherungsrechte aus der Vollziehung des Vermögensarrests in das Vermögen des nunmehr insolventen Betroffenen. Etwaige in **anderen Verfahren** erwirkte Sicherungsrechte des Justizfiskus oder auch eines materiellrechtlich Verletzten, sei er verfahrensrechtlich Anspruchsinhaber oder nicht, bleiben **unberührt.** Da jedoch allein die Eröffnung des Insolvenzverfahrens maßgeblich ist, können die Voraussetzungen des Abs. 1 S. 1 in **mehreren** unterschiedlichen **Verfahren** vorliegen und jeweils ebenso zum Erlöschen der dort erwirkten Sicherungsrechte führen (zur Bildung einer nachträglichen Gesamteinziehung → § 111e Rn. 55a).

14a Die Erlöschensfolge tritt **auch** an dem **Erlös** aus einer **Notveräußerung** ein. Das stellt Abs. 1 S. 1 ausdrücklich klar. Konstitutiv ist allerdings allein die Anordnung dinglicher Surrogation in § 111p Abs. 1 S. 2.

14b Mangels Einschränkung erlischt das Sicherungsrecht auch insoweit, wie es nicht nur wegen des Werts von Taterträgen, sondern gem. **§ 111e Abs. 2** zudem **auch** zur Sicherung der Vollstreckung von Geldstrafe und/oder Kosten ergangen sein sollte. Grundsätzlich nichts anderes gilt bei einem isolierten solchen Vermögensarrest. Nur dies vermeidet abweichende materielle Folgen der freien Entscheidung der Justiz zwischen einem kumulierten und zwei isolierten Vermögensarresten. Steht aber nichts zur Wahl, zB wenn der Arrestschuldner „durch" die Tat nichts erlangt hat und nur Geldstrafe und/oder Kosten gesichert sind, so erlöschen in Vollziehung eines isolierten Vermögensarrests erwirkte Sicherungsrechte nach § 111e Abs. 2 ausnahmsweise nicht nach Abs. 1 S. 1, weil ihr Fortbestand keine Befriedigungsinteressen der Opfer schmälert.

15 Das in Abs. 1 S. 1 angeordnete **Erlöschen entfaltet** lediglich **schwebende Unwirksamkeit.** Es wirkt (im Gegensatz zur bloß relativen Wirkung eines Veräußerungsverbots) zwar absolut und damit für und gegen jedermann, aber nicht notwendig auf Dauer, sondern lediglich bei Verwertung innerhalb des Insolvenzverfahrens. Endet hingegen der Insolvenzbeschlag (Freigabe; Einstellung gem. §§ 207 ff. InsO), so gilt zwar nicht § 47 Abs. 3 S. 1. Gleichwohl bedarf es keiner erneuten Vollziehung des Vermögensarrests.[6] Von der Insolvenzeröffnung bleibt nämlich nicht nur der Bestand des Vermögensarrests unberührt, sondern sie entfaltet nach der Rechtsprechung des BGH in Zivilsachen[7] überdies in Bezug auf ein aufgrund seiner Vollziehung ent-

[5] Bittmann/Tschakert in Bittmann/Köhler/Seeger/Tschakert Strafrechtl. Vermögensabschöpfung-HdB Rn. 786–790.

[6] So aber Heine in SSW StPO Rn. 15; Johann in Löwe/Rosenberg Rn. 19.

[7] BGH 19.11.2020 – IX ZR 210/19, NJW-RR 2021, 238 Rn. 10–12; ausführlich und verallgemeinernd BGH, 19.11.2020 – IX ZB 14/20, ZInsO 2021, 784 Rn. 8–19 mAnm Wipperfürth/Gajek; dazu auch Bast/Becker NZI 2021, 481.

standenes Sicherungsrecht lediglich materiellrechtliche Wirkung, **hebt** also **nicht auch** die öffentlich-rechtliche **Verstrickung auf.** Mit dem Ende des Insolvenzbeschlags lebt die materiellrechtliche Wirkung wieder auf und tritt zur fortbestehenden verfahrensrechtlichen Sicherungsfunktion erneut hinzu, falls die Ausgangsentscheidung, d.h. die Vollziehungsmaßnahme, ggf. und/oder der Vermögensarrest, nicht zwischenzeitlich aufgehoben wurde.

Im Fall einer vorinsolvenzlich eingetragenen, insolvenzfest gewordenen Sicherungshy- **15a** pothek ist demgemäß nach der jeweiligen Verfahrenslage zu unterscheiden: Sicherte sie den Wert von Tatertrag allein aus Gemeindelikten, so blieb sie trotz Insolvenzeröffnung bestehen und erstarkte mit Rechtskraft zu einer die Verwertung gestattenden Zwangshypothek. Ein Anspruch auf Löschung besteht selbst nach gewährter Restschuldbefreiung nicht.[8] In jedem solchen Fall der Verwertung steht der Erlös dem Justizfiskus zu. Sicherte der Vermögensarrest hingegen den Wert von Tatertrag auch aus mindestens einem Individualdelikt, so erlosch die Sicherungshypothek mit Insolvenzeröffnung. Der Erlös aus der Verwertung des Grundstücks im Insolvenzverfahren gebührt ungeschmälert der Masse. Sollte das Grundstück jedoch im Insolvenzverfahren nicht verwertet worden sein, so gewinnt die Sicherungs- oder Zwangshypothek ihre materiell-rechtliche Wirkung zurück. Nach Rechtskraft der Einziehungsentscheidung darf der Justizfiskus die Verwertung zu eigenen Gunsten betreiben.

Hebt das Rechtsmittelgericht die **Eröffnungsentscheidung** des Amtsgerichts wieder **16** auf, so wirkt dieser Beschluss **ex tunc.** De jure war daher iSv Abs. 1 S. 1 kein Insolvenzverfahren über das Vermögen des Arrestschuldners eröffnet worden, das an sich betroffene **Sicherungsrecht** folglich **nie erloschen.** Hat der Insolvenzverwalter in der Zwischenzeit über einen scheinbar zur Masse gehörigen Gegenstand verfügt, so gebührt der **Erlös** nach materiellem Zivilrecht wie gem. dem Rechtsgedanken des § 111i Abs. 1 S. 1 Var. 2 dem **Justizfiskus,** vor Rechtskraft der Einziehungsentscheidung allerdings lediglich zu Sicherungszwecken. Eine nennenswerte Sicherungslücke entsteht daher aufgrund des Rechtsscheins des Insolvenzbeschlags vor Rechtskraft der Eröffnungsentscheidung nicht.

5. Zeitpunkt des Erlöschens. Zum **Zeitpunkt** des Erlöschens enthält Abs. 1 **aus- 17 drückliche Bestimmungen** und knüpft damit die **Wirkung nicht allein** an die **Eröffnungsentscheidung** des Insolvenzgerichts.[9] Der Insolvenzbeschlag setzt nach (zumindest deutschem) Insolvenzrecht kraft Gesetzes im Moment der Eröffnung des Insolvenzverfahrens ein. Diese Rechtswirkung ist jedoch nicht gleichzusetzen mit der Möglichkeit, sämtliche vom Insolvenzbeschlag erfassten Vermögensgegenstände des (Insolvenz-)Schuldners tatsächlich verwalten zu können.[10] Abs. 1 knüpft die Erlöschensfolge an die **tatsächliche Herrschaft** des Insolvenzverwalters über den betreffenden Vermögensgegenstand.

Die Möglichkeit des **Auseinanderfallens** von **Sein** und **Sollen** ist insbesondere für **18** Fälle der Vermögenskriminalität von besonderer Relevanz, weil es nicht das vorrangige Interesse des Straftäters ist, seine Beute entweder der Staatsanwaltschaft oder dem Insolvenzverwalter auszuliefern. **Beiseite geschaffte** oder **verheimlichte Gegenstände** des Betroffenen = Schuldners sind folglich de jure verstrickt, weil sie vom Insolvenzschlag erfasst sind, stehen dem **Insolvenzverwalter** und damit der Masse jedoch **nicht zur Verfügung.**

Anerkennt ein **ausländischer Staat** den **deutschen Insolvenzbeschlag nicht** oder **19** noch nicht, so führt dies **ebenfalls** zur **Diskrepanz** zwischen der Folge des deutschen Insolvenzrechts und den faktischen Möglichkeiten des Insolvenzverwalters. Deshalb kämpfte ein Insolvenzverwalter (unter dem früheren Recht und vergebens) um den Fortbestand des strafprozessual erwirkten Sicherungsrechts. Er wollte damit (weitere) Verschleierungshand-

8 BGH 10.12.2020 – IX ZR 24/20, ZInsO 2021, 85 Rn. 9 f.

9 Tschakert in Bittmann/Köhler/Seeger/Tschakert Strafrechtl. Vermögensabschöpfung-HdB Rn. 605 f.; Bittmann/Tschakert in Bittmann/Köhler/Seeger/Tschakert Strafrechtl. Vermögensabschöpfung-HdB Rn. 753–770; Mayer in KMR-StPO Rn. 4; Köhler in Meyer-Goßner/Schmitt Rn. 7; Schmidt Vermögensabschöpfung-HdB Rn. 1901; offengeblieben bei Johann in Löwe/Rosenberg Rn. 2, 13 und 15, eher unzutreffend Rn. 14.

10 Zur Inbesitznahme seitens des Insolvenzverwalters Kor ZInsO 2020, 2256.

lungen verhindern, allerdings natürlich nur bis zu dem Zeitpunkt, zu dem er sein Verwaltungsrecht würde effektiv ausüben können.[11]

20 Eine derartige **Sicherungslücke** besteht nach neuem Recht nicht mehr. Der letzte Halbsatz des Abs. 1 S. 1 schränkt (**nur** für den Anwendungsbereich der Vorschrift) die Wirkung des Eröffnungsbeschlusses dahingehend ein, dass die in Vollziehung eines Vermögensarrests erwirkten **Sicherungsrechte erst** dann **erlöschen,** wenn der Insolvenzbeschlag die belasteten **Gegenstände** nicht nur **rechtlich** erfasst, sondern sie auch **faktisch** dem **Zugriff** des Insolvenzverwalters **unterliegen.**[12]

21 Dieser Bedeutungsinhalt erschließt sich wiederum nicht unmittelbar aus dem Wortlaut. Da jedoch der letzte Halbsatz entbehrlich wäre, wiederholte er lediglich die ohnehin insolvenzrechtlich angeordnete Rechtsfolge der Eröffnung, und weil der Gesetzgeber die Sicherungslücke schließen wollte, ist dieses Verständnis zwingend. Da den Insolvenzverwalter schon Abs. 1 S. 1, letzter Halbsatz, schützt, ist doch die mangelnde Anerkennung des deutschen Insolvenzbeschlags im ausländischen Recht der belegenen Sache ein Muster für fehlenden effektiven Verwaltungs-Zugriff, hätte es der beispielhaften **deklaratorischen** Hervorhebung[13] in **Abs. 1 S. 2** gar nicht bedurft.

22 Die mit dem neuen Recht verbundenen Änderungen beschränken sich nicht auf das Schicksal bereits strafprozessual sichergestellter Gegenstände, auch nicht auf nach staatsanwaltschaftlichem Antrag eröffnete Insolvenzverfahren und ebensowenig auf Ermittlungen wegen mindestens eines Individualdelikts. **Ermittlungs**- und **Strafverfahren** werden zwar **ungeachtet** des eröffneten **Insolvenzverfahrens fortgeführt.**[14] Die Strafjustiz hat dabei aber etwaige **zivilrechtliche Änderungen** zu **berücksichtigen.**

22a Sofern man das bis zum 30.6.2017 geltende Recht dahingehend verstand, zur Soll-Masse gehörende Gegenstände seien strafprozessual auch dann freizugeben, wenn der Insolvenzverwalter sie noch nicht zur Ist-Masse ziehen konnte, war es konsequent, der Staatsanwaltschaft in gleichem Umfang auch jeglichen **Erstzugriff** zu verweigern. Da nunmehr jedoch eindeutig nicht bereits der Insolvenzbeschlag als bloße Änderung im Recht die maßgebliche **Zäsur** darstellt, sondern erst der vom Insolvenzverwalter tatsächlich ausgeübte Insolvenzbeschlag, darf die Staatsanwaltschaft jedenfalls gemäß dem seit 1.7.2017 geltenden Recht auf **Gegenstände zugreifen,** die zur Soll-Masse gehören, aber noch nicht Teil der Ist-Masse sind, sobald ihr deren Aufbewahrungsort bekannt wird und ihr dies (etwa im Ausland) schneller als dem Insolvenzverwalter möglich ist.

22b Eine andere Frage ist es, welche **Rechtsfolgen** welcher nach eröffnetem Insolvenzverfahren erfolgte Zugriff nach sich zieht.[15] Bei der (auch in dieser Phase zulässigen und wirksamen (→ § 111d Rn. 11–14) **Beschlagnahme** ist dies ein **Veräußerungsverbot,** das gem. § 111d Abs. 1 S. 2 auch im Insolvenzverfahren gilt, nach zutreffender Meinung jedoch nur bei zugrundeliegendem **Individualdelikt** (→ § 111d Rn. 19). Demgemäß verbleibt es für Gemeindelikte bei § 89 Abs. 1 und § 91 Abs. 1 InsO, sodass schon gar kein Veräußerungsverbot entsteht. Die Beschlagnahme nach § 111b zeitigt hier demnach keine Wirkungen, die über diejenigen der beweissichernden Beschlagnahme hinausgehen. Im Ergebnis Gleiches gilt für das von vorn herein nicht insolvenzfeste, bei Vollziehung eines Vermögensarrests ansonsten entstehende Veräußerungsverbot, §§ 111h Abs. 1 S. 1.

22c Die Vollziehung eines **Vermögensarrests** führt im Normalfall neben dem Veräußerungsverbot auch zu einem **Sicherungsrecht,** § 111f und § 111h Abs. 1 S. 2. § 89 Abs. 1 und § 91 Abs. 1 Inso sehen vor, dass auch ein solches im eröffneten **Insolvenzverfahren nicht** entstehen kann. Gölte dies nicht nur für Verfahren ausschließlich wegen **Gemeindelikten,** sondern auch für die Vollziehung eines im Anschluss an mindestens ein **Individual-**

---

11 OLG Nürnberg 15.3.2013 – 2 Ws 561 und 590/12 ZInsO 2013, 882.

12 Näher dazu Bittmann/Tschakert in Bittmann/Köhler/Seeger/Tschakert Strafrechtl. Vermögensabschöpfung-HdB Rn. 757–770; iErg auch Spillecke in KK-StPO Rn. 6 f.

13 Mayer in KMR-StPO Rn. 4.

14 Für die Anordnung ersatzweiser Einziehung des Tatertrags aus Bankrott, Beiseiteschaffen: BGH 18.2.2021 – IX ZB 6/20, NJW 2021, 1469.

15 Zum Ganzen ausführlich Bittmann ZInsO 2022, 53.

delikt erwirkten Vermögensarrests, so könnte die mit Abs. 1 S. 1 bezweckte Schutzwirkung des Außerkrafttretens des strafprozessualen Sicherungsrechts *erst* mit tatsächlichem Verwaltungszugriff des Insolvenzverwalters in diesen Fällen mangels entstandenen Sicherungsrechts gar nicht eintreten. Das liefe nicht nur der Intention des Gesetzgebers zuwider, weil dann die Sicherungslücke (→ Rn. 17–21) partiell offenbliebe,[16] sondern auch den berechtigten Interessen des Insolvenzverwalters. Daher wird man Abs. 1 S. 1 auch als Ausnahme von § 89 Abs. 1 und jedenfalls von § 91 Abs. 1 InsO verstehen müssen mit der Folge, dass mit dem strafprozessualen Zugriff nach mindestens einem Individualdelikt das Sicherungsrecht (Arrestpfandrecht oder Sicherungshypothek) entsteht, es aber in dem Moment wieder erlischt, in dem die Staatsanwaltschaft dem Insolvenzverwalter pflichtgemäß den Verwaltungszugriff einräumt. Es erfüllt daher lediglich eine **Brückenfunktion** und vermeidet zugunsten der Masse eine Sicherungslücke während der Dauer ausschließlich strafprozessualen Zugriffs.

Sofern sich in der Ist-Masse aus vorangegangenen Straftaten herrührendes und damit **kontaminiertes** Vermögen befindet, ist zu unterscheiden, ob es im Original oder wertmäßig vorhanden ist. Letzterenfalls gehört es dem Schuldner oder steht ihm (dinglich) zu. Ebenso wie Ersatzansprüche Verletzter stellt die Einziehungsforderung aus § 73c StGB eine Insolvenzforderung dar. Beide unterscheiden sich allerdings dahingehend, dass nur Letztere nachrangig ist, § 39 Abs. 1 Nr. 3 InsO. **22d**

Soweit es sich um Taterträge im Original handelt, ist nach der Eigentumslage zu differenzieren. Ist der **Verletzte Eigentümer** geblieben, so verfügt er insolvenzrechtlich über einen **Aussonderungsanspruch,** § 47 InsO. Weil der Gegenstand deswegen nicht zur Soll-Masse gehört, kann er zudem eingezogen und anschließend dem Verletzten zurückgegeben werden. Insolvenzrechtliche Hürden bestehen insoweit nicht. **22e**

Verlor hingegen der **Verletzte** sein **Eigentum,** wie es typisch für einen Betrug ist, so ist eine strafprozessuale **Beschlagnahme insolvenzfest,** § 111d Abs. 1 S. 2, und führt im Fall der Einziehung zum Eigentumserwerb des Justizfiskus, § 75 Abs. 4 und Abs. 1 StGB. Gegen diesen steht dem Verletzten anschließend ein Rückübertragungsanspruch zu, § 459h Abs. 1 S. 1 oder 2. Ohne vorhergehende Beschlagnahme nach § 111b scheitert eine dingliche Rechtsänderung während des Insolvenzverfahrens an § 91 InsO. Den Verbleib des entzogenen Gegenstands in der Masse und die damit verbundene Steigerung der Befriedigungsquote der Gläubiger kann der Verletzte allerdings verhindern, ficht er seine Übereignungserklärung wirksam gem. § 123 BGB an. **22f**

Hatte der Schuldner jedoch den Betrug nicht selbst begangen, so ist zu prüfen, ob er den Gegenstand **wirksam erworben** hatte. Vor durchgreifender Anfechtungserklärung des Verletzten, § 123 BGB, fand ein Erwerb vom Berechtigten statt; danach kommt ein gutgläubiger Erwerb nach § 932 BGB in Betracht. In beiden Fällen ist der Schuldner strafrechtlich **Drittempfänger** und die Einziehung hängt von den Voraussetzungen des § 73b Abs. 1 S. 1 Nr. 2 lit. b StGB ab. Nach dessen Wortlaut scheidet systemwidrig über den auf grobe Fahrlässigkeit abstellenden § 932 BGB hinaus die Einziehung nur dann aus, kann dem Erwerber nicht einmal der Vorwurf leichter Fahrlässigkeit gemacht werden.[17] **22g**

Hat der Schuldner unter den Voraussetzungen des § 283 Abs. 1 Nr. 1 StGB oder vorinsolvenzlich der §§ 288, 289 StGB Vermögensbestandteile **beiseitegeschafft** oder **verheimlicht** oder ist dies im Wege der Schuldnerbegünstigung, § 283d StGB geschehen, d.h. nach einem **Verdunkelungsdelikt,** so gehören sie zur Soll-Masse. Es ist originäre Aufgabe des Insolvenzverwalters, sie zur Ist-Masse zu ziehen.[18] Solange dies nicht geschehen ist, handelt es sich um Original-Tatertrag, der der strafprozessualen Beschlagnahme unterliegt. **22h**

Die Staatsanwaltschaft kann in Zusammenarbeit mit dem Insolvenzverwalter von ihrer einfache **Fahndungsmaßnahmen** einschließenden Ermittlungsgeneralklausel des § 161 **22i**

---

16 Verkannt von Köhler in Meyer-Goßner/Schmitt § 111e Rn. 2.

17 Für Angleichung an § 932 BGB Rübenstahl/Weißbeck WiJ 2020, 90 (95).

18 Diese Aufgabe hat ihm das Verwehren einer Klage gegen den Schuldner im Fall vorinsolvenzlicher Verdunkelung sicher nicht erleichtert, BGH 21.10.2021 – IX ZR 265/20, Rn. 8–20.

Abs. 1 S. 1[19] Gebrauch machen und in der Ist-Masse fehlende (beiseitegeschaffte oder verheimlichte) konkrete Gegenstände zur Sachfahndung ausschreiben. Dafür genügt eine Beschlagnahmeanordnung (zB wegen des Bankrott-Delikts[20]). Die Möglichkeit der Ausschreibung besteht auch nach Rechtskraft der Einziehungsanordnung. Auf diese Weise lässt sich – unabhängig davon, ob es gekauft, geleast oder ertrogen worden war – zB bei einer einfachen Verkehrskontrolle ein zum Fuhrpark des insolventen Unternehmens gehörendes Kraftfahrzeug sichern, das dem Insolvenzverwalter nicht ausgeliefert worden war.

22j In anderen Konstellationen bieten Vermögensarrest bzw. angeordnete ersatzweise Einziehung des Werts von Taterträgen den Anlass zur Ausschreibung, vollzieh- bzw. vollstreckbar in jeden dem Betroffenen gehörenden oder zustehenden Gegenstand. Zur Verdeutlichung dieser Befugnisse sollte sich **de lege ferenda** an Abs. 1 S. 1 die Klarstellung anschließen, dass bis zum Erfassen vom Insolvenzbeschlag § 111b Abs. 2 und § 111e Abs. 5 fortgelten.

22k Die Beschlagnahme im Anschluss an ein **Verdunkelungsdelikt** ist insolvenzfest, weil es sich bei diesen um **Individualdelikte** handelt. Eigentümer ist der Schuldner, der allerdings zugleich Täter des Bankrotts oder Teilnehmer der Schuldnerbegünstigung ist, soweit Letztere ausnahmsweise nicht konkurrenzrechtlich zurücktritt. Er ist demnach nicht Verletzter des Verdunkelungsdelikts. Daher fehlt ihm trotz seiner Eigentümerstellung die **Empfangszuständigkeit.** Diese liegt stattdessen beim Insolvenzverwalter. Da im Ergebnis Gleiches auch nach nicht-insolvenzfester oder ohne vorangehende Beschlagnahme gilt, kommt es insoweit auf die Insolvenzfestigkeit der Beschlagnahme allerdings gar nicht an.

22l Sind die beiseitegeschafften (oder ggf. auch verheimlichte) Gegenstände nicht mehr im ursprünglichen Zustand vorhanden, so kann an deren Stelle ein **Surrogat** getreten sein oder deren **Wert** mit dem übrigen Vermögen vermischt worden sein. In beiden Fällen handelt es sich nicht um Original-Tatertrag aus dem vorausgegangenen Verdunkelungsdelikt. Trotzdem bedarf es für ihre Sicherung und Abschöpfung nicht der Beschlagnahme und Einziehung als Surrogat bzw. der Vollziehung eines Vermögensarrests und nachfolgender ersatzweiser Einziehung ihres Werts. Da seitens des Schuldners in Person aus der Soll-Masse **Erworbenes** gleichfalls zu dieser gehört, hat er es dem Insolvenzverwalter zur Verfügung zu stellen. Unterlässt er dies, so liegt darin eine erneute Tat des Verheimlichens, § 283 Abs. 1 Nr. 1 StGB. Die erworbenen Gegenstände sind daher Original-Tatertrag dieses neuerlichen Insolvenzdelikts.

22m Hatte der Schuldner aus **anderen,** eigenen oder fremden **Taten stammende Erträge** gegenständlich oder wertmäßig in Besitz, die vorinsolvenzlich per Beschlagnahme oder in Vollziehung eines Vermögensarrests **gesichert** worden waren, und findet der Insolvenzverwalter sie nicht mehr vor (praxisrelevant nach Pfändung im Wege bloßer Markierung oder aufgrund Diebstahls aus der Asservatenkammer, s. Zollamt Emmerich), so kommt es abschöpfungsrechtlich darauf an, ob sie zur **Soll-Masse** gehören oder nicht.

22n Fehlte es an einem Eigentumserwerb des Schuldners oder ist dieser wegen insolvenzfester **Beschlagnahme** nach (zumindest auch) einem Individualdelikt nicht von Bestand, so stehen einem etwaig möglich werdenden Zugriff der Staatsanwaltschaft, zB im Zuge einer Durchsuchung nach § 103, keine rechtlichen Hürden im Weg. Sie kann anschließend das Opfer der Ausgangstat nach § 459h Abs. 1, § 459j entschädigen. Nach Beschlagnahme ausschließlich wegen Gemeindelikten wurde ein aus vorinsolvenzlichen Taten stammender Gegenstand hingegen Teil der Soll-Masse (→ § 111d Rn. 19). Ein solches Vollziehungsobjekt stellt im Fall seines Beiseiteschaffens oder Verheimlichens Original-Tatertrag aus dem Insolvenzdelikt dar und die Staatsanwaltschaft hat es nach strafprozessualem Zugriff dem Insolvenzverwalter zur Verfügung zu stellen.

22o Gleiches gilt grundsätzlich auch, war ein Gegenstand der Masse entzogen worden, der als Vollziehungsobjekt für einen Vermögensarrest diente – und nach Wiederauffinden weiter dient, weil die entstandenen Sicherungsrechte dann mit der Beschlagnahme wegen des

[19] Köhler in Meyer-Goßner/Schmitt § 161 Rn. 1 m.N.
[20] Vgl. die Konstellation BGH 18.2.2021 – IX ZB 6/20, NJW 2021, 1469.

Insolvenzdelikts zusammentreffen. Dem Insolvenzverwalter steht jedoch aufgrund der Beschlagnahme nicht mehr zu als ohne die Entziehung mittels des begangenen Verdunkelungsdelikts. Demnach richtet sich das weitere Schicksal des Vollziehungsobjekts nach den Bestimmungen über den Vermögensarrest. Dient er der Sicherung der ersatzweisen Einziehung des Werts von Erträgen aus (zumindest auch) einem Individualdelikt, so gilt Abs. 1 S. 1: Die Staatsanwaltschaft hat betroffene Gegenstände dem Insolvenzverwalter zu überlassen. Mit Ausübung von dessen Gewahrsam erlöschen die in Vollziehung des Vermögensarrests entstandenen Sicherungsrechte. War hingegen ein ausschließlich wegen Gemeindelikten ergangener Vermögensarrest vollzogen worden, so kommt es auf die Insolvenzfestigkeit des jeweiligen Sicherungsrechts an. Fehlt sie, so sind die Gegenstände Teil der Soll-Masse. Greift hingegen die Rückschlagsperre nicht ein und scheidet Insolvenzanfechtung aus, so hat die sonach eingetretene Insolvenzfestigkeit des Sicherungsrechts auch strafprozessual Bestand. Aufgrund des Verwertungsrechts des Justizfiskus hat die Staatsanwaltschaft das Vollziehungsobjekt (vorbehaltlich einer gegenteiligen Absprache mit dem Insolvenzverwalter) selbst zu verwalten, § 111m.[21] Der Erlös kommt dem Justizhaushalt zu Gute.

Nach gelungener strafprozessualer Beschlagnahme im Anschluß an das Verdunkelungsdelikt übt zunächst die Staatsanwaltschaft den Gewahrsam aus und hat für sich strafprozessual und in Kooperation mit dem Insolvenzverwalter über die Rechtslage zu befinden. Dabei ist über den Verbleib jedes einzelnen konkreten Gegenstands gesondert zu entscheiden, weil zB unterschiedliche Vollziehungszeitpunkte zu gegensätzlichen Konsequenzen führen können. **22p**

Hat die Verwertung aus irgendeinem der angeführten Gründe im Insolvenzverfahren zu geschehen, so hat die Staatsanwaltschaft die von ihr gesicherten, aber zur Soll-Masse gehörende Gegenstände aufgrund der den strafprozessualen Vorschriften inhärenten **schuldrechtlichen Komponente**[22] schnellstmöglich in das Insolvenzverfahren zu überführen. Ihr Handeln **dient** damit nicht nur der **Allgemeinheit** und einzelnen **Verletzten,** sondern manifest **auch** den Interessen des **Insolvenzverwalters** und damit denen der **Insolvenzgläubiger.** **22q**

6. Abs. 1 S. 3. Abs. 1 S. 3 hat erst der Ausschuss für Recht und Verbraucherschutz in den seinerzeitigen Entwurf eingefügt.[23] Der damit verfolgte Zweck ist eindeutig: Vergleichbar mit der Erstreckung der Erlöschenswirkung gemäß Abs. 1 S. 1, Var. 2, auf den Erlös aus der Notveräußerung soll auch die **Ablösesumme,** die die (ggf. weitere) Vollziehung eines Vermögensarrest hemmt, im Fall der Insolvenz des Betroffenen **an** den **Insolvenzverwalter überführt** werden. Die Zielsetzung ist konsequent. Sie fügt sich in die Gesetzessystematik harmonisch ein. Der damit verbundene Schutz der Masse ist jedoch lückenhaft, weil vorinsolvenzlich die Abtretung und den Gläubigern die Pfändung des mit Freigabe fälligen Auszahlungsanspruchs möglich und beides ggf. insolvenzfest ist. Während § 111d Abs. 3 das vergleichbare Schlupfloch bei der Beschlagnahme geschlossen hat, besteht es in den Fällen des § 111e Abs. 4 fort. **23**

Dass der gewählte Wortlaut das Ziel des § 111i Abs. 1 S. 3 auch tatsächlich erreicht, erschließt sich jedoch nicht auf den ersten Blick.[24] Ähnlich wie an die Stelle des Verweises in Abs. 1 S. 1 auf § 111h Abs. 1 ein solcher auf § 111f Abs. 1–3 hätte treten müssen, verweist Abs. 1 S. 3 mit § 111g Abs. 1 auf die **falsche Vorschrift.** Dort ist die Rede von der Aufhebung der Vollziehung des Vermögensarrests. Dies ist die Folge der Hinterlegung und setzt ein zuvor entstandenes Sicherungsrecht voraus. Dieses selbst ist wiederum Folge der Vollziehung gemäß § 111f Abs. 1–3. **24**

[21] Zur Konkurrenz der Verwaltungsrechte von Staatsanwaltschaft und Insolvenzverwalter vgl. Tschakert in Bittmann/Köhler/Seeger/Tschakert Strafrechtl. Vermögensabschöpfung-HdB Rn. 1228–1234; s. auch Johann in Löwe/Rosenberg Rn. 18.

[22] Vgl. für § 111i Bittmann/Tschakert in Bittmann/Köhler/Seeger/Tschakert Strafrechtl. Vermögensabschöpfung-HdB Rn. 780 f.

[23] BT-Drs. 18/11640, 86.

[24] Bittmann in Bittmann/Köhler/Seeger/Tschakert Strafrechtl. Vermögensabschöpfung-HdB Rn. 811–818.

25 Mit der **Anordnung** eines **Vermögensarrests** ist die Festsetzung der **Lösungssumme** verbunden, § 111e Abs. 4 S. 2. Die unmittelbare Rechtsfolge dessen besteht in der Befugnis des Betroffenen, mit Hinterlegung entweder bereits die Vollziehung des Arrests selbst abzuwenden oder die Aufhebung der Vollziehungsmaßnahmen zu verlangen. Die Vorschrift enthält folglich **zwei Varianten.** Demgegenüber befasst sich die Verweisungsnorm, § 111g Abs. 1, **allein** mit der **zweiten Alternative** des § 111e Abs. 4 S. 1. Das **korrespondiert nicht** mit dem Wortlaut des § 111i Abs. 1 S. 3, der sich allgemein auf das Erlöschen des Pfandrechts am hinterlegten Gegenstand bezieht.

26 Was damit **gemeint** ist, **regelt** nicht Abs. 1 S. 3 und auch weder die Verweisungsnorm § 111g Abs. 1 noch die dahinterstehende Anordnung gem. § 111e Abs. 4 S. 2. Die Gesetzesbegründung verweist insoweit auf das allgemeine Hinterlegungsrecht und damit konkret auf **§ 233 BGB.**[25] Danach besteht am hinterlegten **Betrag immer,** d.h. auch im Fall des § 111e Abs. 4 S. 2 HS 1 **Var. 1,** ein **Pfandrecht** zugunsten des oder der Prätendenten, vorliegend also des Justizfiskus. Dieses **Pfandrecht soll** Kraft der Anordnung in § 111i Abs. 1 S. 3 **erlöschen** – und damit nicht nur nach Freigabe im Falle ihr vorausgegangener Vollziehung eines Vermögensarrests, § 111e Abs. 4 S. 2 HS 1 **Var. 2.** Ob dies mit der verwirrenden Verweisung auf § 111g Abs. 1 im Gesetz selbst ausreichend klar zum Ausdruck kommt, mag bezweifelt werden. Allerdings steht einer **analogen Anwendung auf** die **erste Alternative** des § 111e Abs. 4 S. 2 HS 1 **nichts entgegen:** Typischerweise liegt das Erlöschen im Interesse des Betroffenen, erst recht seiner Gläubiger und damit auch der Verletzten,[26] handele es sich um Anspruchsinhaber oder nicht.

27 Ausdrücklich angesprochen ist in Abs. 1 S. 3 das **Pfandrecht** an der **hinterlegten Sicherheit.** Dies allerdings trifft das **Gemeinte präzis.** Zwar gelten die §§ 111e Abs. 4 S. 2 und 111g Abs. 1 sowohl für Arrestpfandrechte als auch für Sicherungshypotheken. Diese Unterscheidung setzt sich jedoch nicht in der hinterlegten Arrestsumme fort. Es ist vielmehr irrelevant, ob sie die Vollziehung nach den Regeln über die Mobiliar- oder die Immobiliarvollstreckung hindert oder ablöst. Demgemäß besteht das Pfandrecht in beiden Fällen an der erst nach Freigabe durchsetzbaren Rückforderung des Hinterlegers an der hinterlegten Summe.

III. Abs. 2

28 **1. Deckungs- und Mangelfall. Abs. 2 impliziert** einige **Bestimmungen,** die durchaus in eigenständigen Vorschriften hätten explizite geregelt werden können. Geboten ist eine rein prozessuale und regelungsspezifische Betrachtung in personeller und sachlicher Hinsicht. **Verwertung** der zu strafprozessualen Zwecken erwirkten Sicherungsrechte und **Entschädigung** der Opfer, sei es in Geld, sei es im Wege der Rückführung eingezogener Gegenstände, sind grundsätzlich Aufgaben der **Staatsanwaltschaft** (Rechtspfleger) im vereinfachten Entschädigungsverfahren, §§ 459h Abs. 2, 459 k. Dabei bleibt es, lassen sich alle im Rahmen des Wiederherstellungsprinzips (→ Vor §§ 111b–111q Rn. 25–27) erhobenen Forderungen erfüllen, sog. **Deckungsfall.**

28a Ist das jedoch nicht möglich, weil beim Betroffenen (im Fall der Gesamtschuldnerschaft bei allen[27]) keine Vermögensgegenstände in ausreichendem Wert gesichert zu werden vermochten, so bedarf es der Festlegung der Umstände, unter denen sich die Strafjustiz eines solchen **Mangelfalls**[28] annimmt. Dessen Konturierung in personeller und sachlicher Hin-

[25] BT-Drs. 18/11640, 86.

[26] Vgl. näher dazu Bittmann in Bittmann/Köhler/Seeger/Tschakert Strafrechtl. Vermögensabschöpfung-HdB Rn. 814–817.

[27] Johann in Löwe/Rosenberg Rn. 29.

[28] Gercke in Gercke/Julius/Temming/Zöller Rn. 9; Johann in Löwe/Rosenberg Rn. 29; *Laroche* ZInsO 2017, 1245, 1246; Spillecke in KK-StPO Rn. 11; ausführlich Tschakert in Bittmann/Köhler/Seeger/Tschakert Strafrechtl. Vermögensabschöpfung-HdB Rn. 860–863; Tschakert bzw. Bittmann in Bittmann/Köhler/Seeger/Tschakert Strafrechtl. Vermögensabschöpfung-HdB Rn. 903–987 sowie zum Vollstreckungsstadium Tschakert in Bittmann/Köhler/Seeger/Tschakert Strafrechtl. Vermögensabschöpfung-HdB Rn. 988 und Seeger in Bittmann/Köhler/Seeger/Tschakert Strafrechtl. Vermögensabschöpfung-HdB Rn. 1974–1987.

sicht ist die Hauptaufgabe des § 111i Abs. 2. Was die Vorschrift nicht aufnimmt, gliedert sie zugleich spiegelbildlich aus dem Anwendungsbereich der Strafprozessordnung aus.

Grundlegend ist die Entscheidung, Regelungen insoweit allein für den Fall der **Konkurrenz** zu treffen. Ein Mangelfall wird daher wie ein Deckungsfall abgewickelt, wenn **nur ein Opfer** Entschädigung begehrt, seine Forderung aber den (absehbaren) Verwertungserlös übersteigt. Die Regelung dient demnach in erster Linie der **Gleichbehandlung** der **Opfer.** An deren Rivalität, die nur entweder nach dem Prioritätsprinzip oder dem Gleichbehandlungsgrundsatz gelöst werden könnte, fehlt es, liegt nur ein Wunsch vor (und sei er von einem **Gläubigerpool** geäußert worden, zu dem sich mehrere materiell-rechtlich Verletzte zusammengeschlossen haben, → Vor §§ 111b–111q Rn. 42). Erstreckt sich der Vermögensarrest auf den Ertrag aus mehreren Individualdelikten oder zwar nur aus einem, aber mit mehreren Opfern, so kann es zwar zu einem Mangel kommen. Gibt es aber **nur einen Entschädigungswilligen,** so ist **Abs. 2** trotzdem **nicht anwendbar:**[29] Die Staatsanwaltschaft kehrt dann aus, was sie erlöst hat. Den darüber hinausgehenden Schaden kann der Anspruchsinhaber (Verletzte) nur noch zivilrechtlich geltend machen. 28b

In **sachlicher Hinsicht** erstreckt sich Abs. 2 nicht durchweg auf den gesamten Umfang des **Werts erlangter Taterträge,** wie er sich nach § 73 und § 73d StGB bemisst. Deren aufsummierte Höhe bildet für Abs. 2 lediglich die Obergrenze möglicher Restitutionsforderungen. In welchem Umfang sie maßgebend sind, lässt sich nicht ohne Rücksicht auf den **personellen Anwendungsbereich** bestimmen. Die Vorschrift bezieht nicht etwa alle tatbestandlich Verletzten ein, sondern erstreckt sich ausschließlich auf Anspruchsinhaber (Verletzte), die eine Forderung auf wertmäßige Entschädigung gegenüber der Staatsanwaltschaft geltend gemacht haben (s. auch → Rn. 2)[30] und deren Anmeldung die Höhe der Arrestsumme mitbestimmt, dh auf **forderungsverfolgende und arrestsummenrelevante Anspruchsinhaber** (→ Vor §§ 111b–111q Rn. 21–24a, auch → Rn. 28). Sollten sie nur einen Teil des ihnen zustehenden Entschädigungsanspruchs geltend gemacht haben, so ist nur dieser zu berücksichtigen. Die für § 111i Abs. 2 maßgebliche Summe erreicht in solchem Fall nicht den gesamten Wert erlangter Taterträge. 29

Auch Abs. 2 wurde mit dem StPO-Fortentwicklungsgesetz zum 1.7.2021 im Wortlaut, nicht aber inhaltlich geändert. Ob die nur hier verwendete Bezeichnung **Anspruchsberechtigte** (Plural) eine inhaltliche Differenz zum sonst üblichen Begriff der **Anspruchsinhaber** ausdrücken soll, lässt sich den Gesetzgebungsmaterialien nicht entnehmen. Sachlich berechtigt ist die Einschränkung auf von mehreren „Anspruchsberechtigten" geltend gemachte Ansprüche. Der Verweis auf Abs. 1 S. 1 ist hingegen geeignet, Missverständnisse hervorzurufen, weil der von beiden Absätzen erfasste **Personenkreis** nicht deckungsgleich ist: Während es für die Anwendung des **Abs. 1 S. 1 ausreicht,** dient der Vermögensarrest mittelbar zumindest einem einzigen materiell-rechtlich individuell Verletzten als arrestsummenrelevanter, nicht unbedingt auch forderungsverfolgender Anspruchsinhaber, zieht **Abs. 2** den Kreis der personell Betroffenen deutlich **enger** und trifft eine Regelung nur für den Fall (1) bloß teilweise erfolgreicher Vollziehung eines Vermögensarrests[31] in pfändbare Gegenstände[32] und (2) des Vorhandenseins mehrerer Anspruchsinhaber, dh mindestens zweier natürlicher oder juristischer Personen,[33] die (3) in die Arrestsumme eingeflossene (4) Forderungen im Rahmen des Wiederherstellungsprinzips (→ Vor §§ 111b–111q Rn. 25–27) geltend gemacht haben,[34] die aber (5) aus den gesicherten Vermögensgegenständen nicht vollständig erfüllt werden können (**Mangelfall** iSv Abs. 2). 30

[29] Johann in Löwe/Rosenberg Rn. 24.
[30] Heine in SSW StPO Rn. 17; Spillecke in KK-StPO Rn. 10.
[31] Johann in Löwe/Rosenberg Rn. 25 f.
[32] Johann in Löwe/Rosenberg Rn. 26. Bei Hinterlegung der gesamten Lösungssumme liegt kein Mangelfall vor. Erst nach Wertverfall (zB von Wertpapieren) stellt sich die Frage nötiger Hinterlegung der Differenz oder zulässiger Nachpfändung, dazu; → § 111k Rn. 17. Bejaht man sie, ist aber keine weitere Sicherung möglich, so darf die Staatsanwaltschaft Insolvenzantrag stellen, aA Johann in Löwe/Rosenberg Rn. 28.
[33] Spillecke in KK-StPO Rn. 10.
[34] Johann in Löwe/Rosenberg Rn. 24.

31 Im **Mangelfall** sind **Opfer,** seien sie auch Anspruchsinhaber, vorrangig im **Insolvenzverfahren** zu **entschädigen.** Mit dessen Eröffnung endet grundsätzlich die Möglichkeit der Staatsanwaltschaft, sie im Rahmen des Wiederherstellungsprinzips zu befriedigen,[35] weil strafprozessual erwirkte Sicherungsrechte erlöschen und die Vollziehungsobjekte dem Insolvenzverwalter zu überlassen sind, Abs. 1 S. 1. Auf diese Weise ist die Gleichbehandlung gewahrt, obwohl die Forderungen nicht mehr wie im Deckungsfall zu 100 %, sondern nur zur deutlich niedrigeren Insolvenzquote erfüllt werden. Weil nicht in jedem (absehbaren) Mangelfall bereits das Insolvenzverfahren über das Vermögen des Betroffenen eröffnet ist, sieht Abs. 2 S. 1 vor, dass die **Staatsanwaltschaft** den erforderlichen **Eröffnungsantrag** stellt,[36] soweit das gesetzlich zulässig ist (dafür zB kein Monopol der Bundesanstalt für Finanzdienstleistungsaufsicht betreffend Banken und Versicherungen besteht[37]). Eine Chance auf vollständige Befriedigung besteht dann nur noch, wenn der Insolvenzantrag zurückgenommen werden kann, weil kein Mangelfall mehr vorliegt, nach Einstellung des Insolvenzverfahrens gem. § 212 InsO aufgrund Wegfalls des Eröffnungsgrunds[38] oder weil der Insolvenzverwalter – selten[39] – genügend Masse generiert. Keinen Antrag stellt die Staatsanwaltschaft jedoch ausnahmsweise, ist zu **erwarten,** dass er **nicht** zur **Eröffnung** des Insolvenzverfahrens **führen würde,** § 111i Abs. 2 S. 2. Die Entschädigung der Opfer bleibt dann zwar ihre Sache, erfolgt aber nicht mehr im vereinfachten Verfahren, sondern setzt die Vorlage eines Vollstreckungstitels voraus und geschieht nach dem **Prioritätsprinzip,** § 459m Abs. 1 S. 4 iVm S. 1. Die **Gleichbehandlung** der Opfer ist damit an ihre Grenzen gestoßen.

32 **2. Bewertungsfragen.** Am heikelsten sind **Bewertungsfragen.** Dies gilt in **zweierlei Hinsicht,** zum einen in Bezug auf den **Wert** des dem Opfer **Entzogenen,** zum anderen die bei Vollziehung des Vermögensarrests **gesicherten Gegenstände** betreffend. Zu Beginn eines Verfahrens besteht typischerweise ein erheblicher Unsicherheitsfaktor, obwohl die Polizei über viel Erfahrung mit Schätzungen[40] verfügt.

33 Für nicht verbrauchbare Güter (Schmuck, Kunst, Gemälde) sind die **Wiederbeschaffungskosten** maßgeblich. Um zu befriedigenden Ergebnissen zu gelangen, lässt sich hingegen bei der Abnutzung unterliegenden Gegenständen nicht allein auf deren **Marktwert** nebst **Abschlags neu für alt** abstellen. Das könnte Anspruchsinhabern selbst bei ungeschmälertem Gebrauchswert eine ggf. drastische Beteiligung an den Kosten aufzwingen oder umgekehrt zu einer (zu) günstigen Finanzierung führen, bestand ohnehin Ersetzungsbedarf. In beiden Fällen ist der Marktwert daher (ggf. im Wege der **Schätzung** mit sachverständiger Hilfe) unter **realistischer** Berücksichtigung des Gebrauchswerts zu korrigieren. In Anerkennung dessen, dass der Wiederbeschaffungswert nicht undifferenziert zugrundegelegt werden kann, hält der 6. Senat des BGH für die Bestimmung des der Einziehung unterliegenden Geldbetrages den gewöhnlichen Verkaufspreis für Waren gleicher Art und Güte, dessen Höhe sich nach dem Verkehrswert bestimmt, für maßgebend.[41]

34 Auf **Verwertungsseite** sind die **Unsicherheiten** eher **noch größer.** Hier kommt es nicht auf irgendwelche theoretischen Bewertungen an, sondern letztlich allein auf den tatsächlich erzielten **Erlös.** Zuvor kann er lediglich **prognostiziert** werden (→ § 111e Rn. 94 und → § 111k Rn. 29 f.).

35 Zielmarke ist auch insoweit nicht immer der gesamte Tatertrag, sondern die Summe der von den arrestsummenrelevanten forderungsverfolgenden Anspruchsinhabern geltend gemachten Entschädigungsbeträge. Weil der Erlös regelmäßig den noch vollstreckbaren

35 Tschakert in Bittmann/Köhler/Seeger/Tschakert Strafrechtl. Vermögensabschöpfung-HdB Rn. 1073.

36 Tschakert in Bittmann/Köhler/Seeger/Tschakert Strafrechtl. Vermögensabschöpfung-HdB Rn. 864–902 und 996–1034.

37 Gondert WM 2018, 845; Ullenboom Vermögensabschöpfung Rn. 380.

38 Johann in Löwe/Rosenberg Rn. 38 aE.

39 Beispiel KG Berlin 10.6.2013 – 2 Ws 190713, 141 AR 168/13, ZInsO 2013, 2444.

40 Zu den Anforderungen bei § 73d Abs. 2 StGB Sander FS Eisenberg 2019, 497 (503 f.); Beispiel: LG Bielefeld 31.8.2020 – 3 KLs 153/11, Rn. 398–417.

41 BGH 16.12.2020 – 6 StR 386/20, Rn. 2.

Einziehungsbetrag mindert, ist die Verwertung allerdings auch im Übrigen möglichst optimal vorzunehmen, An diesem Gebot ändert sich auch nichts, wenn weder die Interessen von Anspruchsinhabern noch von Betroffenen zu berücksichtigen sind (ggf. nach Beschlagnahme oder aufgrund Verzichts), weil auch das Haushaltsrecht einer Verschleuderung (unter Strafdrohung wegen Untreue) entgegensteht.

3. Geltendmachung des Entschädigungsanspruchs gegenüber der Staatsanwaltschaft. Das Gesetz kennt keine näheren Bestimmungen über die **Anforderungen** an die **Geltendmachung** des Entschädigungsanspruchs gegenüber der Staatsanwaltschaft. Er kann demzufolge **formlos** angemeldet werden, sinnvollerweise schriftlich. Zumindest anzugeben sind (1) **Forderungsverfolgender,** (2) **Tatzeit,** (3) das tatbedingt **Entzogene** und (4) dessen **Mindestwert.** Es wäre sinnvoll, dazu ein (vielleicht sogar: bundeseinheitliches) Formular zu entwickeln. Ein Begehren unter Angabe jedenfalls der vier genannten Aspekte ist allerdings in jedem Fall ausreichend. 36

Die **Wirksamkeit** der Anmeldung **hängt nicht** von **vorherigen Mitteilungen** nach § 111l oder (im Vollstreckungsstadium) gem. § 459i **ab.** Diese sollen dem materiell-rechtlich Verletzten einen Kenntnisstand vermitteln, der es ihm erlaubt, seine Entschädigungsansprüche gegenüber der Staatsanwaltschaft geltend zu machen. Sie stellen also eine **Hilfe** für ihn dar. Aus der Pflicht zur Mitteilung kann daher nicht auf einen Ausschluss der Anmeldung zu einer Zeit vor deren Ergehen geschlossen werden. Die aufgrund der Mitteilung gemäß § 459i in Gang gesetzte Frist schließt sich zwar an deren Zustellung an, die Wirksamkeit einer vorangegangenen Anmeldung aber nicht aus.[42] Um in einem etwaigen **Insolvenzverfahren** berücksichtigt zu werden, müssen Opfer ihre Ansprüche darin **(nochmals)** geltend machen.[43] Das erübrigt sich nicht, soweit sie bei der Staatsanwaltschaft deckungsgleiche Forderungen angemeldet hatten. Sinnvoll ist es allerdings, beim Insolvenzverwalter auch die über das Wiederherstellungsprinzip hinausgehenden Ersatzforderungen aufzuführen. 37

Um den Überblick über angemeldete Entschädigungsansprüche zu behalten, insbesondere solche, die unabhängig von einer Mitteilung gem. § 111l oder § 459i geltend gemacht wurden, sollte die Staatsanwaltschaft sie von Anfang an in einem analogen Sonderheft oder einer Exceltabelle erfassen. 38

4. Insolvenzantrag der Staatsanwaltschaft. a) Befugnis der Staatsanwaltschaft. Als **Rechtsfolge** eines **Mangelfalls** stellt die Staatsanwaltschaft einen **Eröffnungsantrag.**[44] Zum **Zeitpunkt** dafür verhält sich das Gesetz nicht. In den Materialien wird die **Anklageerhebung** als ein, aber nicht als der einzig mögliche Zeitpunkt genannt.[45] **Phänomenologisch vorgegeben** ist ein **Zielkonflikt:** Je eher das Insolvenzverfahren eröffnet wird, desto größer sind der Insolvenzgläubiger Chancen auf Teil-Befriedigung. Umgekehrt sind die rechtlichen und tatsächlichen Ungewissheiten umso größer, je früher ein Eröffnungsantrag gestellt wird. Da die Einziehungserwartung zumindest am Anfang lediglich im Grad eines Anfangsverdachts zu bestehen braucht, ist sowohl die Realitätsnähe von Bewertungen als auch offen, ob der für eine Anklage erforderliche hinreichende Tatverdacht oder die für die Verurteilung gebotene sichere richterliche Überzeugung gewonnen werden wird. 39

Als **Daumenregel** bietet es sich für die Staatsanwaltschaft an, den Insolvenzantrag **unverzüglich** zu stellen, **sobald** sich das Vorliegen eines **Mangelfalls** verlässlich **abzeichnet.** Das ist nicht schon bei einer Einziehungserwartung im Grade eines Anfangsverdachts der Fall, aber auch nicht zwingend erst bei Vorliegen hinreichenden Tatverdachts, sondern schon dann, wenn mit ausreichender Gewissheit zu erwarten ist, dass Anklage erhoben 40

---

42 Johann in Löwe/Rosenberg Rn. 30 (allerdings sind Opfer dazu faktisch oft erst nach Erhalt einer Mitteilung in der Lage, Rn. 27); Bittmann in Bittmann/Köhler/Seeger/Tschakert Strafrechtl. Vermögensabschöpfung-HdB Rn. 1201–1203; aA Gercke in Gercke/Julius/Temming/Zöller Rn. 9; Heine in SSW StPO Rn. 17: maßgeblich seien nur Anmeldungen nach erfolgter Mitteilung.

43 Johann in Löwe/Rosenberg Rn. 38 und 41.

44 Asensio Pagán ZInsO 2019, 1554 (1558–1561); Köhler FS Graf-Schlicker 2018, 511; Laroche ZInsO 2017, 1245 (1247–1254).

45 BT-Drs. 18/9525, 81; vgl. Ullenboom Vermögensabschöpfung Rn. 389.

werden wird. Sobald ihr zudem mindestens zwei berechtigt erscheinende Entschädigungsforderungen vorliegen, die in der Summe den Wert der gesicherten (und ggf. realistischerweise noch zu sichernden) Vollstreckungsobjekte übersteigen, ist der Insolvenzantrag der Staatsanwaltschaft sachgerecht.[46]

41 Wiewohl der Wortlaut auf einen Zwang deutet, nimmt die hM (→ Rn. 43) eher eine **Befugnis** an.[47] Jedenfalls haben sich derartige Anträge nicht zu einem Massenphänomen entwickelt. Es scheint sich vielmehr aus der Sicht sowohl der Staatsanwaltschaft als auch der Insolvenzgerichte eher um ein **„ungeliebtes Kind"** zu handeln. Nicht sämtliche dafür maßgeblichen Gründe lassen sich auf das Beharrungsvermögen der Justiz zurückführen. Die **Kosten** eines **Insolvenzverfahrens** beeinträchtigen die Aussichten der Opfer auf Gleichmäßigkeit ihrer Befriedigung zwar nicht, senken aber die Höhe ihrer **Quote.** Um die Zahlung eines bei einem Fremdantrag anfallenden Kostenvorschusses zu vermeiden, wird zudem zuweilen versucht, den Betroffenen zum Stellen eines **Eigenantrags** zu **animieren.** Kein Hindernis ist hingegen das Gebot, Geldstrafe vor der Einziehungsforderung zu vollstrecken, wollte man aus § 459b überhaupt ein solches folgern,[48] darf doch die Staatsanwaltschaft den Eröffnungsantrag bereits im Ermittlungsverfahren stellen.

42 Keine Voraussetzung eines staatsanwaltschaftlichen Insolvenzantrags ist nach Abs. 2 S. 1 das Vorliegen einer Einziehungsentscheidung. Das ist deshalb konsequent, weil der **strafrechtliche Anspruch auf Einziehung mit** dem **Erlangen von Tatertrag** seitens des Täters, Teilnehmers oder Drittbetroffenen **entsteht.**[49] Dieser Anspruch auf Einziehung im Original **wandelt** sich in dem Moment in einen Zahlungsanspruch des Justizfiskus auf Ersatz des Werts des Tatertrags, zu dem die Einziehung beim Empfänger nicht oder nicht mehr möglich ist.[50] Daher sichert ein Vermögensarrest keinen zukünftigen Anspruch, sondern einen bereits gegenwärtigen, den die **Einziehungsanordnung tituliert.** Sie trägt folglich keinen gestaltenden Charakter. Mit Rechtskraft entfaltet sie im eröffneten Insolvenzverfahren zwar Bindungswirkung wie ein rechtskräftiges Urteil.[51] Ein Vollstreckungstitel ist aber nach der InsO keine zwingende Voraussetzung für einen Eröffnungsantrag.

43 Insolvenzrechtlich ermöglicht es allein schon der **Zahlungsanspruch** dem **Justizfiskus,** einen **Insolvenzantrag** gegen den Betroffenen **zu stellen – unabhängig** von den **Voraussetzungen** des Abs. 2 S. 1.[52] Im Blick auf die Systematik liegt deshalb an sich ein Verständnis des Abs. 2 dahingehend nahe, dass bei Vorliegen von dessen Voraussetzungen aus dem Recht der Staatsanwaltschaft eine Amtspflicht wird. Demgegenüber versteht die wohl hM **Abs. 2 als Einschränkung** des insolvenzrechtlich allgemeinen Rechts, Insolvenzeröffnung zu beantragen. Sie stellt damit diese Befugnis unter sowohl insolvenzrechtliche als auch strafprozessuale Voraussetzungen. Für diese Sicht spricht, dass die Pflicht der Staatsanwaltschaft zum Stellen eines Eröffnungsantrags – trotz des Wortlauts des Abs. 2 S. 1 – im Blick auf Abs. 2 S. 2 **der Sache nach** einer Pflicht zu **ermessensfehlerfreier Entscheidung** gleich- oder doch nahekommt,[53] wobei das Ermessen durchaus (in beide Richtungen) auf Null reduziert sein kann.[54]

44 **b) Absehen vom Insolvenzantrag.** Keinen Insolvenzantrag stellt die Staatsanwaltschaft, wenn begründete **Zweifel** an der **Eröffnung** des Insolvenzverfahrens bestehen, Abs. 2 S. 2, dh für die Staatsanwaltschaft erkennbar ist, dass das **Vermögen** des Betroffenen

46 Zur Rechtslage bei Entstehen der Einziehungsforderung erst nach Insolvenzeröffnung Bittmann in Bittmann/Köhler/Seeger/Tschakert Strafrechtl. Vermögensabschöpfung-HdB Rn. 1100–1105.

47 Mayer in KMR-StPO Rn. 8.

48 Mit guten Gründen hält Rettke NZWiSt 2019, 338 (339–342), umgekehrt die Einziehungsforderung für vorrangig vollstreckbar.

49 BT-Drs 18/11640, 80; BGH 18.2.2021 – IX ZB 6/20, NJW 2021, 1469 Rn. 9–12; Heine in SSW StPO Rn. 18.

50 Gercke in Gercke/Julius/Temming/Zöller Rn. 7.

51 Ullenboom Vermögensabschöpfung Rn. 389.

52 Blankenburg ZInsO 2017 1453 (1458); Rettke NZWiSt 2019, 338 (341 f.); *Rhode* wistra 2018, 65 (71).

53 Gercke in Gercke/Julius/Temming/Zöller Rn. 14.

54 Mayer in KMR-StPO Rn. 8.

nicht ausreicht, um die vorrangig zu befriedigenden **Kosten** des Insolvenzverfahrens zu **decken.** In einem solchen Fall würde der Eröffnungsantrag **mangels Masse abgewiesen,** § 26 InsO.[55] Bei fehlender Erfolgsaussicht stellte der Antrag nichts als überflüssigen Verwaltungsaufwand dar. Er ist deshalb strafprozessual (zumindest faktisch) zwingend untersagt.[56]

Soweit als ein weiterer Fall des Absehens die Unmöglichkeit der Staatsanwaltschaft angeführt wird, auf **Auslandsvermögen** zuzugreifen,[57] ist allerdings zu **differenzieren:** Wäre das auch einem Insolvenzverwalter nicht möglich, so handelt es sich nicht um Vermögensbestandteile, die massemehrend zur Steigerung der quotenmäßigen Befriedigung der Insolvenzgläubiger beizutragen vermöchten. Derartige Vermögensbestandteile **ändern nichts** am **Vorliegen** der **Insolvenzreife.** Aufgrund dessen scheidet auch die Eröffnung nicht mangels Eröffnungsgrunds aus. Demzufolge liegt jedenfalls **nicht deshalb ein** Fall des Abs. 2 S. 2 vor. Nur dann, wenn zwar der Strafjustiz der **Zugriff** nicht, er wohl aber dem **Insolvenzverwalter** und va im Rahmen der zivilprozessualen Zwangsvollstreckung möglich wäre, kann das Auslandsvermögen der Annahme von Insolvenzreife entgegenstehen. Nur in dieser (eher seltenen) Konstellation schlüpft der Betroffene evtl. durch eine Lücke: Die Staatsanwaltschaft kann nicht zugreifen, die Bestellung eines zugriffsbefugten Insolvenzverwalters scheitert am fehlenden Insolvenzgrund – und Privatgläubiger scheuen die Kosten der Auslandsvollstreckung. 45

c) Rechtschutz gegen den Insolvenzantrag. Da das Insolvenzgericht die Zulässigkeit eines Eröffnungsantrags prüft, versteht sich ein Bedarf nach dessen isolierter Anfechtung nicht von selbst. Die Auffassung als Einschränkung allgemeiner Zulässigkeit eines Eröffnungsantrags der Staatsanwaltschaftlichen bietet jedoch dem Verständnis als eigenständiger, damit selbständig angreifbarer Eingriff in die Rechte des Betroffenen etwas Nahrung. 46

aa) § 23 EGGVG. Der **BGH**[58] **bejahte** den **Eingriffscharakter** und betrachtete den staatsanwaltschaftlichen Eröffnungsantrag als **Justizverwaltungsakt.** Unter Verneinen der Rechtsschutzmöglichkeiten nach den § 111k und 459n. sah er deshalb – in sich konsequent – den Rechtsweg gem. **§ 23 EGGVG** zum Oberlandesgericht für eröffnet und den **Prüfungsumfang** als beschränkt nur auf das Vorliegen der **Voraussetzungen** des **Abs. 2** an – im Gegensatz zum OLG Hamm[59] als Vorinstanz. Es hatte das Bestehen des Einziehungsanspruchs nach Grund und Höhe auf Basis des noch nicht rechtskräftigen erstinstanzlichen tatrichterlichen Urteils geprüft – und damit, das Rechtsmittelsystem sprengend, in einem weiteren Umfang als in jedem Beschwerde- oder Revisionsverfahren. 47

Betrachtet man die quasi-tatbestandlichen Merkmale des Abs. 2 S. 1 und 2 als einschränkende Zulässigkeitsvoraussetzungen, so fehlt es ihnen jedoch gleichwohl am **drittschützenden Charakter.** Ihr Zweck besteht in der Abgrenzung von Zuständigkeiten:[60] Für die Opferentschädigung ist die Staatsanwaltschaft im Vollstreckungsstadium nur im Deckungsfall zuständig. Sobald sich jedoch ein Mangelfall abzeichnet soll im Interesse der Insolvenzgläubiger und damit auch der Gleichheit der Opfer das Insolvenzverfahren eingeleitet werden. Die **Zuständigkeit als solche greift** jedoch **nicht** in grundrechtlich geschützte **Belange** des **Betroffenen** ein. Die im Insolvenzverfahren weitergehende Beschränkung der wirtschaftlichen Bewegungsfreiheit ist erst eine Folge der Eröffnungsentscheidung. 48

bb) Insolvenzeröffnungsverfahren. Auch bei diesem vom BGH abweichenden Verständnis bliebe der Betroffene nicht ohne Rechtsschutz. Die Voraussetzungen für die Zulas- 49

55 Gercke in Gercke/Julius/Temming/Zöller Rn. 13.
56 Mayer in KMR-StPO Rn. 8.
57 Gercke in Gercke/Julius/Temming/Zöller Rn. 13.
58 BGH 10.6.2020 – 5 ARs 17/19, NJW 2020, 3123 (dazu Rettke NJW 2020, 3126; Bittmann ZWH 2020, 269).
59 OLG Hamm 3.6.2019 – 1 VAs 38/19, NStZ 2020, 49 (dazu Tschakert NStZ 2020, 53).
60 Bittmann/Tschakert in Bittmann/Köhler/Seeger/Tschakert Strafrechtl. Vermögensabschöpfung-HdB Rn. 632–819 ausführlich zur Schnittstelle zwischen Straf(vollstreckungs)- und Insolvenzverfahren; zu den Rechten der Staatsanwaltschaft im Insolvenzverfahren Tschakert in Bittmann/Köhler/Seeger/Tschakert Strafrechtl. Vermögensabschöpfung-HdB Rn. 1091–1099.

sigkeit eines Insolvenzverfahrens würden nur nicht strafprozessual **überprüft,** sondern im **Insolvenzeröffnungsverfahren.** Dort erhält der Betroffene ohnehin rechtliches Gehör und kann Rechtsschutz ggf. auch gegen die Eröffnungsentscheidung suchen. Damit ist seinen rechtlich geschützten Interessen ausreichend Rechnung getragen.[61]

50 Voraussetzung für die Zulässigkeit eines Fremdantrags ist die **Glaubhaftmachung** sowohl der **Forderung** des Gläubigers **als auch** eines **Eröffnungsgrundes,** § 14 InsO. Für Ersteres genügt der **Vermögensarrest,**[62] für letzteres der Beleg über das Misslingen der Sicherung von Vermögenswerten im Umfang der vollen Arrestsumme. Ein dies ausweisendes zeitnahes[63] Durchsuchungsprotokoll erfüllt dieselbe Funktion wie die (ebenfalls verwendbare[64]) Fruchtlosigkeitsbescheinigung eines Gerichtsvollziehers.[65] **Weitergehende Voraussetzungen bestehen nicht.**[66] Der Rechtspfleger der Staatsanwaltschaft muss sich über insolvenzrechtliche Voraussetzungen keine vertieften Gedanken machen,[67] weil darüber das Insolvenzgericht entscheidet. Etwaige **Angaben** eines **beschuldigten** Betroffenen im Insolvenz(eröffnungs)verfahren unterliegen einem **Beweisverwertungsverbot,** § 97 Abs. 1 S. 3 InsO.[68] Die **Einziehungsforderung** muss im Insolvenzeröffnungsverfahren auch **nicht** etwa **bewiesen** werden.[69] Das wäre nur der Fall, wenn lediglich ein einziger Anspruch bestünde, so dass die Insolvenzreife allein von dessen Bestehen abhinge. Da der staatsanwaltschaftliche Insolvenzantrag jedoch Folge eines **Mangelfalls** ist, dieser aber die **Konkurrenz** mindestens zweier arrestsummenrelevanter forderungsverfolgender **Anspruchsinhaber** voraussetzt, liegen dem Antrag immer mindestens zwei Forderungen zugrunde, selbst wenn man aufgrund des identischen wirtschaftlichen Ziels die Einziehungsforderung des Justizfiskus und die Entschädigungsansprüche der Gläubiger nicht kumulativ berücksichtigt.[70]

IV. Abs. 3

51 Die **praktische Bedeutung** des Abs. 3 ist **gering.**[71] Die Vorschriften stellen eine Reaktion auf einen Beschluss des KG Berlin zum alten Recht dar.[72] Eine Serie zahlreicher Taten mit je für sich nur geringem Schaden bzw. als Kehrseite nur kleinem Ertrag bot der Staatsanwaltschaft Anlass zur (damaligen) Rückgewinnungshilfe. In Vollziehung ihres dinglichen Arrests sicherte sie mehr als der Insolvenzverwalter zu verteilen in der Lage war,

[61] Bittmann/Tschakert ZInsO 2017, 2557 (2665–2669); Tschakert in Bittmann/Köhler/Seeger/Tschakert Strafrechtl. Vermögensabschöpfung-HdB Rn. 996–1041; Bittmann ZWH 2020, 269; Tschakert NStZ 2020, 53.

[62] AA Blankenburg ZInsO 2017 1453 (1460 f.); Johann in Löwe/Rosenberg Rn. 34 (aufgrund zutreffenden Hinweises auf die zu Verfahrensbeginn meist bestehenden Unsicherheiten über die Höhe der Arrestforderung, einem allerdings rein tatsächlichen und nicht rechtlich maßgeblichen Umstand); Köhler in Meyer-Goßner/Schmitt Rn. 13, der (pragmatisch, aber unvereinbar mit der bereits im Ermittelungsverfahren zulässigen Antragstellung) Glaubhaftmachung im Grad hinreichenden Tatverdachts verlangt; Laroche ZInsO 2017, 1245 (1251); Retemeyer in HWiStR Teil 14, Rn. 114 aE, auf die Glaubhaftmachung der Forderung des Anspruchsinhabers (Verletzten) abstellend.

[63] Es sollte nicht älter als maximal 6 Monate sein. Da im Mangelfall der Vermögensarrest nicht vollständig vollzogen ist, kann die Staatsanwaltschaft kurz vor dem in Aussicht genommenen Insolvenzantrag einen Versuch weiterer Vollziehung unternehmen, aA Heine in SSW StPO Rn. 19 aE.

[64] Spillecke in KK-StPO Rn. 14.

[65] Gercke in Gercke/Julius/Temming/Zöller Rn. 13; aA Johann in Löwe/Rosenberg Rn. 35 für ungeprüfte Einschätzungen eines Ermittlers.

[66] AA LG Bad Kreuznach 12.4.2019 – 1 T 29/19, ZWH 2019, 223 (abl. Tschakert ZInsO 2019, 2148; Bittmann ZWH 2019, 226); eng auch Blankenburg ZInsO 2017, 1453; Laroche ZInsO 2017, 1245.

[67] AA Ullenboom Vermögensabschöpfung Rn. 393.

[68] Johann in Löwe/Rosenberg Rn. 34.

[69] AA Blankenburg ZInsO 2017 1453 (1462 f.); Laroche ZInsO 2017, 1245 (1252 f.); Rhode wistra 2018, 65 (72).

[70] Dazu BGH 14.1.2021 – IX ZB 12/20, ZInsO 2021, 377 Rn. 7 und 9 mAnm Tschakert ZInsO 2022, 74.

[71] Tschakert in Bittmann/Köhler/Seeger/Tschakert Strafrechtl. Vermögensabschöpfung-HdB Rn. 1110–1136.

[72] KG Berlin 10.6.2013 – 2 Ws 190713, 141 AR 168/13, ZInsO 2013, 2444.

hatten im Insolvenzverfahren doch nur wenige Opfer ihre (wenn überhaupt einmal ernsthaft eingeforderten und damit insolvenzrechtlich fälligen) Ansprüche angemeldet: Der Insolvenzverwalter befriedigte sämtliche am Verfahren teilnehmenden Gläubiger vollständig – und saß trotzdem noch „auf einem Haufen Geld". Dem insolvenzrechtlichen Gebot der Rückgabe an die Täter, § 199 InsO (bei nachfolgender Restschuldbefreiung: § 200 InsO), soll Abs. 3 entgegenwirken. Dieser Hintergrund dürfte mitverantwortlich für die systematische Stellung der Vorschrift als Teil des § 111i sein. Dies schließt nicht nur die Geltung für Fälle der Beschlagnahme aus, sondern beschränkt ihren Anwendungsbereich zudem auf solche **Vermögensarreste,** die nach zumindest einem **Individualdelikt** ergingen. Sind **nur** Ansprüche auf ersatzweise Einziehung des Werts von Erträgen aus **Gemeindelikten** gesichert und ist das strafprozessual erwirkte Sicherungsrecht insolvenzfest (zu fehlender Insolvenzfestigkeit → Rn. 53), so kann der **Justizfiskus** sein **Recht** auf abgesonderte Befriedigung **im Insolvenzverfahren** geltend machen – und muss es auch, ohne von Abs. 3 abgesichert zu sein.

52 Abs. 3 S. 1 **bezieht** sich ausschließlich auf den vorläufigen Titel, **Vermögensarrest,** und schweigt zum endgültigen, der Anordnung der ersatzweisen Einziehung des Werts von Taterträgen. Allerdings berechtigt nur deren Rechtskraft zur Vollstreckung und damit zur Auskehr des Erlöses an den von der Staatsanwaltschaft vertretenen Justizfiskus. Ungeachtet dessen ordnet Abs. 3 S. 2 als Rechtsfolge die Herausgabe des Überschusses an die Staatsanwaltschaft an. Solange die Hauptsache nicht rechtskräftig ist, dh während der Zeit, in der nur der Vermögensarrest vollziehbar ist, kann es sich daher bei der Herausgabe aus systematischen Gründen **nicht** um die **Übertragung** des **Vollrechts** handeln. Die Staatsanwaltschaft empfängt den Überschuss vielmehr lediglich zu **Sicherungszwecken** und gewinnt damit in tatsächlicher Hinsicht eine Stellung wie aufgrund Vollziehung eines Vermögensarrests, allerdings ohne rechtlich damit verbundenes Veräußerungsverbot oder Pfändungspfandrecht; Letzteres ersetzt das gegen den Schuldner wirkende gesetzliche Pfandrecht aus Abs. 3 S. 1. War an genau dem herausgegebenen Gegenstand aufgrund Vollziehung eines Vermögensarrests ein (mit Insolvenzeröffnung erloschenes) Pfändungspfandrecht entstanden, so lebt es mit dem Ende des Insolvenzbeschlags wieder auf (→ Rn. 15) und besteht dann neben dem gesetzlichen. Die **rechtskräftige Einziehungsanordnung** macht den Weg zur **Verwertung** frei. Bleibt sie aus, so erlischt das Pfandrecht kraft Gesetzes – ein ggf. fortbestehendes Pfändungspfandrecht mit pflichtgemäßem Aufheben der Vollziehungsmaßnahme aufgrund des nun nicht mehr bestehenden Vermögensarrests. Da das Insolvenzverfahren beendet sein wird, ist nun Freigabe zugunsten des Betroffenen geboten, auch wenn es sich um den früheren Beschuldigten handelt.

53 Schon seinem Wortlaut gemäß ist Abs. 3 **nicht anwendbar,** hat die Staatsanwaltschaft (erg.: trotz in Rede stehenden Individualdelikts) **keinen Vermögensarrest erwirkt.** Das ist aber nicht gleichbedeutend mit mangelnder Durchsetzbarkeit der Einziehungsforderung, wie bereits der Umstand zeigt, dass für § 111i Abs. 3 frühestens bei bevorstehendem Ende des Insolvenzverfahrens Platz ist. Zuvor gilt es, die **Möglichkeiten im Insolvenzverfahren** zu **nutzen.** Das betrifft nicht nur ein insolvenzfestes Sicherungsrecht (→ Rn. 51), sondern gilt für die Einziehungsforderung allgemein. Obwohl sie nur im Rang des § 39 Abs. 1 Nr. 3 befriedigt werden darf, hindert allein schon ihre Anmeldung die vorherige Auskehr vom Insolvenzverwalter erwirtschafteter Erlöse an den Schuldner, weil ihm dies erst gestattet ist, wenn er auch alle nachrangigen Insolvenzforderungen erfüllt hat. Deshalb hat das Insolvenzgericht alle nachrangigen Gläubiger (mit Ausnahme des Schuldners oder im Fall einer juristischen Person seiner Anteilseigner) gem. § 174 Abs. 3 InsO aufzufordern, ihre Forderungen im Insolvenzverfahren anzumelden. Adressat ist auch die Staatsanwaltschaft mit ihrer Einziehungsforderung. Erkennt sie der Insolvenzverwalter an und erfüllt sie, so ist mangels Anspruchs Abs. 3 nicht einschlägig. Gleiches gilt iErg, deckt die Zahlung nur einen Teil ab: Dann entsteht kein Überschuss. Das bedeutet: **Erfüllen alle Beteiligten** ihre **Aufgaben im Insolvenzverfahren,** so kommt es erst gar **nicht** zu der von Abs. 3 geregelten **Situation.**

54 Selbst bei Versäumnissen im Insolvenzverfahren hinge die Durchsetzbarkeit der Einziehungsforderung nicht von Abs. 3 ab, weil die Staatsanwaltschaft den vom Insolvenzverwalter erwirtschafteten Überschuss pfänden kann.[73] Sie darf ferner versuchen, die Einziehungsforderung nach Ende des Insolvenzverfahrens **weiter beizutreiben,** da diese an der **Restschuldbefreiung** nicht teilnimmt, § 302 Nr. 2 InsO. Rechtliche Hindernisse bestehen dafür folglich nicht, faktische typischerweise schon.

55 Abs. 3 stellt demnach so etwas wie **„die letzte Rettung"** vor der Rückgabe von Tatertrag an den Schuldner und damit rechtlich oder wirtschaftlich an den Betroffenen dar. Sie greift ein, wenn es entweder der Insolvenzverwalter versäumt hatte, die nachrangigen Gläubiger zur Anmeldung ihrer Ansprüche aufzufordern, oder die Staatsanwaltschaft diese Gelegenheit hat verstreichen lassen. Da es ihr unbenommen ist, den Anspruch des Betroffenen auf Auskehr des Überschusses zu pfänden, erspart ihr Abs. 3 im Grunde nur die dazu erforderliche Korrespondenz mit dem Insolvenzverwalter. Der Bedarf für ein derartiges Auffangnetz dürfte daher nicht größer sein als für ein solches nach einem vom Anwendungsbereich jedoch ausgenommen Gemeindelikt.

56 **„Wasserdicht"** ist die **Regelung** jedoch **nicht.** Zeichnet sich ein Überschuss ab, so entfällt damit die Insolvenzreife und der Schuldner kann die Einstellung des Insolvenzverfahrens beantragen, § 212 InsO. Diesen Fall erfasst Abs. 3 nicht. Allerdings kann die Staatsanwaltschaft nach erfolgter Einstellung versuchen, den Vermögensarrest wieder in das Vermögen des Schuldners zu vollziehen. Sollte sich dann erneut ein Mangelfall abzeichnen, so wird der Verzicht auf das Stellen staatsanwaltschaftlichen Insolvenzantrags in Betracht zu ziehen sein, Abs. 2 S. 2.

57 Die Anwendung von Abs. 3 (für das Vollstreckungsstadium → Rn. 72–76) **setzt** demnach **voraus,** dass die **Staatsanwaltschaft** am **Insolvenzverfahren nicht teilgenommen** hat und dort bei der Schlussverteilung ein **Überschuss** verblieb. Neben diesen beiden Voraussetzungen ist zusätzlich **erforderlich,** dass der **Vermögensarrest noch besteht,** dh dessen Anordnung nicht aufgehoben ist. Auf den Stand der Vollziehung kommt es jedoch nicht an[74] und kann es schon deshalb nicht ankommen, weil etwaige Sicherungsrechte mit Eintritt des Insolvenzbeschlags erloschen sind.

58 Liegen diese drei Umstände vor, so erwirbt der Justizfiskus ein Pfandrecht am Anspruch des Schuldners auf Herausgabe des Überschusses. Mit dem Verbum erwirbt verweist der Gesetzestext allerdings nicht etwa in die Zukunft. Vielmehr **entsteht** mit der Feststellung des Überschusses **eo ipso** das **gesetzliche Pfandrecht.**

59 Die vorsichtige Formulierung des Gesetzes, Pfandrecht „bis zur Höhe des Vermögensarrests", belegt die Möglichkeit des **Auseinanderfallens** der per **Pfandrecht gesicherten** und der **Arrestsumme.** Letztere bildet zwar die Obergrenze. Ein etwaiger darüberhinausgehender Teil der Einziehungsforderung bliebe daher ungesichert. Das **Pfandrecht** kann aber nur sichern, was dem Justizfiskus maximal noch zusteht. Wurde der Vermögensarrest zB nicht an inzwischen erbrachte **Erfüllungsleistungen** angepasst, so mindern diese dennoch die verbliebene Einziehungsforderung, § 73e Abs. 1 S. 1 StGB; abzusetzen sind auch Zahlungen des Insolvenzverwalters. Weil § 111i Abs. 3 nur für den Fall eines Überschusses gilt, hat der Insolvenzverwalter Opfer, die ihre Insolvenzforderungen angemeldet hatten, vollständig befriedigt. Einziehungsfähig ist daher nur noch der von den verbliebenen arrestsummenrelevanten forderungsverfolgenden Anspruchsinhabern (→ Vor §§ 111b–111q Rn. 21e) nur bei der Staatsanwaltschaft, nicht auch beim Insolvenzverwalter angemeldete Gesamtbetrag. Nur in diesem Umfang maximal ist der Vermögensarrest noch quasi valutiert. Mehr kann daher das gesetzliche Pfandrecht gem. Abs. 3 S. 1 nicht sichern. Maßgeblich ist also der zum Zeitpunkt des Entstehens des Überschusses **berechtigte Umfang** des **Vermögensarrests.** Er kann unterhalb des Nominalwerts liegen. Wurde die Arrestsumme aufgrund neuer Erkenntnisse ausgeweitet, so kann jedoch umgekehrt der berechtigte

[73] Johann in Löwe/Rosenberg Rn. 40; Bittmann in Bittmann/Köhler/Seeger/Tschakert Strafrechtl. Vermögensabschöpfung-HdB Rn. 1129 f.

[74] AA Johann in Löwe/Rosenberg Rn. 40.

Umfang des Vermögensarrests dessen frühere, zum Zeitpunkt der Eröffnung des Insolvenzverfahrens bestehende Höhe durchaus übersteigen.

Das Pfandrecht entfaltet nicht lediglich eine passive Sicherungsfunktion, sondern verpflichtet in Höhe seines Bestands den Insolvenzverwalter zur Herausgabe des Überschusses an die Staatsanwaltschaft, § 111i Abs. 3 S. 2. Spiegelbildlich ist diese berechtigt, vom Insolvenzverwalter Herausgabe zu verlangen. Da weder der Insolvenzverwalter aus eigener Kenntnis den berechtigten Umfang des Vermögensarrests kennt, noch umgekehrt die Staatsanwaltschaft von Amts wegen vom Überschuss erfährt, das Pfandrecht aber kraft Gesetzes entsteht, bedarf es **beiderseitiger sachdienlicher Kommunikation.** 60

V. Verweis in § 459h Abs. 2 S. 2 auf Abs. 1–3

1. Allgemeiner Anwendungsbereich. Für den Vermögensarrest gilt § 111i direkt. Seine rangsichernde Funktion entfaltet sich sogar erst während der Vollstreckung. Weil insoweit nicht erst ein gesonderter Verweis seine Anwendung sichert, ist § 459h Abs. 2 S. 2 erst einschlägig, wenn und soweit ihn die rechtskräftige Einziehungsanordnung **ablöst.** Das ist schon vor Eröffnung des Insolvenzverfahrens über das Vermögen des Betroffenen möglich, entfaltet dann aber nur begrenzte Wirkung. Nach Abs. 1 S. 1 erloschene Sicherungsrechte sind für die Vollstreckung (bis zu ihrem etwaigen Wiederaufleben, → Rn. 15 und Rn. 52) irrelevant. Im Übrigen ersetzt die rechtskräftige Einziehungsforderung den Vermögensarrest als Bezugsobjekt. Bedeutsamer ist § 459h Abs. 2 S. 2, wird erst im Stadium der **Vollstreckung** über das Vermögen des Betroffenen das **Insolvenzverfahren eröffnet.**[75] Die Vorschrift lautet kurz, bündig, aber insbesondere für Abs. 3 nur schwer verständlich: § 111i gilt entsprechend. Die Verweisung bezieht sich also auf Abs. 1–3. 61

Wird das Insolvenzverfahren erst nach Rechtskraft eröffnet, so gilt es, vier verschiedene Stadien zu unterscheiden: 62
(1) zwischen Rechtskraft und Vollstreckung
(2) zwischen Vollstreckung und Verwertung
(3) zwischen Verwertung und Auskehr
(4) nach Entschädigung.

2. § 459h Abs. 2 S. 2 iVm § 111i Abs. 1. Der Verweis des § 459h Abs. 2 S. 2 auf § 111i Abs. 1 nimmt das aufgrund Vollstreckung entstandene Sicherungsrecht in Bezug und die übrigen Aspekte in **gleicher Weise wie** bei **unmittelbarer Geltung:** Erfordernis des Vorhandenseins mindestens eines – nun nicht mehr arrestsummenrelevanten, sondern **einziehungssummenrelevanten Anspruchsinhabers,** Eröffnung des Insolvenzverfahrens, Erlöschen der strafprozessual erwirkten Sicherheit (zB umgewandeltes oder aufgrund Vollstreckung originär entstandenes Pfändungspfandrecht). 63

Mit Eröffnung des Insolvenzverfahrens in den Stadien (1) und (2) **erlischt jegliches Sicherungsrecht** unabhängig davon, ob ein Vermögensarrest bestand und aufgehoben worden war, bis zur Insolvenz noch bestand oder es erst im Zuge der Vollstreckung der Einziehungsforderung entstand. 64

Im Stadium (3) bestehen keine **Sicherungsrechte** mehr: Sie sind im Zuge der **Verwertung** erloschen. Kraft der in § 459h Abs. 2 S. 2 angeordneten entsprechenden Wirkung von § 111i Abs. 1 hat jedoch die Staatsanwaltschaft den Erlös aus der Verwertung der von ihr im Zuge der Vollstreckung erwirkten Sicherungsrechte an den Insolvenzverwalter abzuführen. Dies erspart ihm die Anfechtung. Im Umfang der **Deckungsgleichheit** von Einziehungsforderung und Wert der zuvor aufgrund Vollziehung eines Vermögensarrests entstandenen Sicherungsrechte wäre sie ohnehin erfolglos, soweit es insolvenzfest war – und bis zu seinem Erlöschen aufgrund Verwertung auch blieb. Obwohl die Staatsanwaltschaft dem- 65

[75] Bittmann/Tschakert in Bittmann/Köhler/Seeger/Tschakert Strafrechtl. Vermögensabschöpfung-HdB Rn. 792, 1071 und 1133; Bittmann/Tschakert ZInsO 2017, 2657 (2675); übersehen, im Ergebnis gleichwohl zutreffend entschieden vom AG Hamburg 4.11.2020 – 19 C 215/20, ZInsO 2020, 2451 (→ § 111i Rn. 67 aE).

nach in Parallele zur unmittelbaren Anwendung des § 111i Abs. 1 S. 1 **insolvenzrechtlich** schon **„auf der sicheren Seite"** war, darf sie diesen Teil des Erlöses weder behalten noch an Anspruchsinhaber auskehren, sondern muss ihn an den Insolvenzverwalter weiterleiten.[76] Auch § 459 Abs. 2 S. 2 geht also inhaltlich über die Anfechtung hinaus. Verletzte können Entschädigung dann also selbst im Stadium (3) nur quotal erhalten – meist in nur geringem Umfang.

66 **Bestand** haben jedoch im Stadium (4) erbrachte strafprozessuale Entschädigungsleistungen. Der Insolvenzverwalter kann sie **nicht anfechten,** weil die Empfänger rechtlich aus Justiz- und **nicht** aus dem **Vermögen** des **Betroffenen** befriedigt wurden,[77] es sei denn, sie kannten die vorherige Anfechtbarkeit, § 145 Abs. 2 Nr. 1 InsO (→ § 111e Rn. 54a) Das gilt unabhängig davon, ob aus dem Vermögensarrest stammende, mit Rechtskraft umgewandelte oder erst im Rahmen der Vollstreckung erwirkte Sicherungsrechte verwertet wurden. Erfolgreiche Anfechtung scheidet auch gegenüber der Staatsanwaltschaft aus, weil bei ihr die aus dem Vermögen des Betroffenen stammenden Gegenstände sowohl physisch als auch wertmäßig **nicht mehr vorhanden** sind. Anders als im Stadium (3) reicht das Strafprozessrecht, §§ 459h Abs. 2 S. 2, 111i Abs. 1 S. 1, im Stadium (4) **nicht weiter als das Insolvenzrecht,** begründet also für den Empfänger kein Rückforderungsrisiko. Das folgt aus § 459h Abs. 2 S. 1. Die Vorschrift bestimmt, dass der Erlös zu verteilen und dafür im (vorinsolvenzlichen) Deckungsfall die Staatsanwaltschaft zuständig ist. Genau, aber auch nur daran anknüpfend erschöpft sich der Regelungsgehalt des § 459h Abs. 2 S. 2 mit dem Verweis auf § 111i darin, für die **Verteilung** im Mangelfall den insolvenzrechtlichen Maßstab und die Zuständigkeit des Insolvenzverwalters festzulegen. Demgemäß ist nach abgeschlossener Auskehrung seitens der Staatsanwaltschaft der Anwendungsbereich des § 459h Abs. 2 S. 2 gar nicht erst eröffnet: Weil gar **keine weitere Verteilung** ansteht, gibt es kein Bezugsobjekt mehr für irgendeine Regelung über Zuständigkeit und Maßstab. In Betracht käme lediglich die Rückforderung. Eine Rechtsgrundlage dafür enthält aber weder die Strafprozessordnung noch das BGB oder die InsO: Der tatbedingte Entschädigungsanspruch steht der Annahme ungerechtfertigter Bereicherung entgegen. Es gibt also in keinem Gesetz eine Norm, die es erlauben würde, den Empfängern das (ihnen gebührende) Erhaltene wieder zu entziehen.

67 Soweit der Insolvenzverwalter im Stadium (3) ein (wegen §§ 459h Abs. 2 S. 2, 111i Abs. 1 dort jedoch nicht ausschlaggebendes) Anfechtungsrecht besaß, weil der Erlös aus der Verwertung erst während der Vollstreckung erwirkter Sicherungsrechte stammte, diese aber noch nicht insolvenzfest waren, haftet jedoch der Justizfiskus ihm gegenüber aus ungerechtfertigter Bereicherung aufgrund seines mit Auskehr nicht mehr durchsetzbaren Anfechtungsanspruchs. Es handelt sich dabei jedoch nicht um eine reine Erfolgshaftung. Vielmehr ist **haftungsauslösend** gem. §§ 819 Abs. 1, 818 Abs. 4 BGB lediglich **Bösgläubigkeit.** Dafür aber genügt bereits **einfache Fahrlässigkeit.** Wann genau sie anzunehmen ist, ist eine Frage des Einzelfalls. Es genügt jedoch die **Kenntnis** von Hinweisen auf eingetretene oder **bevorstehende Insolvenzreife,** zB wenn der Betroffene vereinbarte Raten nur verspätet oder gar nicht mehr zahlt. Daher hat der **Rechtspfleger** der Staatsanwaltschaft beim Übergang zwischen den Stadien (3) und (4) **besondere Sorgfalt** walten zu lassen. Er sollte sich vor Auskehr zumindest erkundigen, ob beim Vollstreckungsgericht unerledigte Aufträge und beim Insolvenzgericht Eröffnungsanträge vorliegen.[78] Das war in einem Fall des AG Hamburg[79] ersichtlich unterblieben, so dass es trotz fälschlich auf § 88 Abs. 2 iVm § 111i Abs. 1 S. 1 Inso gestützter Bejahung der Anfechtungsvoraussetzungen gegenüber der Staatsanwaltschaft zum richtigen, aus dem Bereicherungsrecht folgenden Ergebnis gelangte.

---

[76] Bittmann/Tschakert in Bittmann/Köhler/Seeger/Tschakert Strafrechtl. Vermögensabschöpfung-HdB Rn. 793.

[77] Tschakert in Bittmann/Köhler/Seeger/Tschakert Strafrechtl. Vermögensabschöpfung-HdB Rn. 1083.

[78] Tschakert in Bittmann/Köhler/Seeger/Tschakert Strafrechtl. Vermögensabschöpfung-HdB Rn. 1087–1090.

[79] AG Hamburg 4.11.2020 – 19 C 215/20, ZInsO 2020, 2451.

Entschädigt der Justizfiskus tatsächlich einmal den Insolvenzverwalter, so endet in diesem Umfang die Erfüllung der Einziehungsforderung, die deswegen gem. §§ 143 f. InsO **wiederauflebt** – allerdings nur in dem Umfang, in welchem sie nach Entschädigung und Insolvenzverfahren noch fortbesteht, § 73e Abs. 1 S. 1 StGB. Das ist durchaus konsequent, denn zur Erfüllung führt nur eine Leistung, die der Empfänger auch behalten darf. Es verhält sich wirtschaftlich nicht anders als beim Entfallen des strafprozessual erwirkten Sicherungsrechts mit Insolvenzeröffnung. Dann ist das Vollziehungsobjekt dem Insolvenzverwalter zur Verfügung zu stellen, ohne dass dies den Grund der Einziehungsforderung berühren würde (wohl aber ggf. deren Umfang). 68

3. § 459h Abs. 2 S. 2 iVm § 111i Abs. 2. Die strafprozessualen Voraussetzungen eines im Stadium der Vollstreckung gestellten Antrags der **Staatsanwaltschaft auf Eröffnung des Insolvenzverfahrens** sind bei direkter und entsprechender Anwendung von § 111i Abs. 2 im Wesentlichen gleich. Den maßgeblichen Personenkreis zur Entscheidung über das Vorliegen eines Deckungs- oder eines Mangelfalls bilden nun allerdings ausschließlich die **einziehungs**relevanten forderungsverfolgenden Anspruchsinhaber (→ Vor §§ 111b–111q Rn. 21e). Seine Zusammensetzung kann sich gegenüber dem schon in sich dynamischen, weil von der Entwicklung des Verfahrens abhängigen Kreis der **arrestsummen**relevanten forderungsverfolgenden Anspruchsinhaber unterscheiden. Es können welche (zB aufgrund Erfüllung) weggefallen und/oder neue hinzugekommen sein. Die Einziehungsrelevanz richtet sich allein nach der rechtskräftigen Einziehungsentscheidung (→ Vor §§ 111b–111q Rn. 21d). Es kommt daher nicht darauf an, ob den Schutz eines von ihr Erfassten auch bereits der Vermögensarrest intendiert hatte. 69

Der Personenkreis, den der Vermögensarrest erfasste, kann sich mit dem nun maßgeblichen allerdings selbst dann decken, wenn der Verfahrensstoff zwischenzeitlich gem. §§ 154, 154a beschränkt worden war, der Wert des Ertrags aus diesen (Teilen der) Taten aber im selbständigen Verfahren eingezogen wurde, so dass sie zusammen eine Gläubigergemeinschaft bilden (→ § 111e Rn. 52, 54 und 54a). 70

Maßgeblicher Zeitpunkt für die Beurteilung eines Mangelfalls ist grundsätzlich derjenige des **„Kassensturzes"** am Ende der **6-Monats-Frist** zum Geltendmachen der Entschädigungsforderung im vereinfachten Verfahren, § 459k Abs. 1.[80] 71

4. § 459h Abs. 2 S. 2 iVm § 111i Abs. 3. Der Verweis in § 459h Abs. 2 S. 2 auch auf § 111i Abs. 3 begrenzt – regelungstechnisch unglücklich – den Umfang des Pfandrechts auf die Höhe des Vermögensarrests. Dieser aber besteht nach Rechtskraft gar nicht mehr und seine Voraussetzungen können auch im Übrigen überholt sein. Maßgeblich kann im **Vollstreckungsstadium** nur die inhaltliche **Korrelation** zwischen **Einziehungsanordnung** und **Pfandrecht** sein. Das Gesetz besagt dies jedoch leider nicht. 72

Methodisch korrekt lässt sich der Verweis auf einen solchen **früheren Vermögensarrest** beziehen,[81] der erst mit Rechtskraft erlosch (frühere Aufhebung schlösse schon die Anwendung von § 111i Abs. 3 aus, → Rn. 57). Dieser Bezugspunkt **bestimmt** aber **nicht** zugleich **automatisch** auch den **Umfang** des **Pfandrechts** der Staatsanwaltschaft. Korrekturbedarf kann nicht nur aufgrund von (Teil-)Befriedigung verbliebener Anspruchsinhaber bestehen. 73

Konsequenterweise bildet zwar die frühere niedrigere Arrestsumme die Obergrenze, selbst wenn die Einziehungsanordnung sie übersteigt. Im umgekehrten Fall kann aber die höhere Arrestsumme nicht maßgeblich sein, markiert doch die niedrigere Einziehungsanordnung die Obergrenze dessen, was dem Justizfiskus zusteht. Etwaige vorinsolvenzliche oder aus insolvenzfreiem Schonvermögen erbrachte Erfüllungsleistungen sind von der Höhe der Einziehungsanordnung noch zusätzlich abzuziehen. 74

---

[80] Seeger in Bittmann/Köhler/Seeger/Tschakert Strafrechtl. Vermögensabschöpfung-HdB Rn. 1974–1987.

[81] Bittmann in Bittmann/Köhler/Seeger/Tschakert Strafrechtl. Vermögensabschöpfung-HdB Rn. 1128–1132.

75 Die Alternative zu dieser komplexen Rechtslage, der Herr (oder Dame) zu werden nur mit viel Mühe möglich erscheint, besteht darin, die **Entsprechungsklausel** nicht nur als **Verweisung** auf Pfandrecht und staatsanwaltschaftlichen Auskehranspruch, sondern in Korrektur des Wortlauts auch auf die rechtskräftige **Einziehungsforderung** zu beziehen. Das erleichterte zwar die Rechtsanwendung, weil nachträgliche Erfüllungsleistungen ohnehin abzuziehen sind, führte aber dazu, dass Kraft Verweisung ein höheres Pfandrecht als bei unmittelbarer Anwendung entstünde, lag die Arrestsumme unterhalb der Einziehungsforderung. Eine solche Extension wortlautkorrigierend herzuleiten, wäre methodisch zumindest unsauber. Die Gelegenheit einer Korrektur im StPO-Fortentwicklungsgesetz hat der Gesetzgeber verstreichen lassen

76 Die Ergebnisse beide Verständnisalternativen können demnach nicht wirklich überzeugen. Allerdings tritt diese Dilemma-Lage gar nicht erst ein, macht die Staatsanwaltschaft nach Aufforderung gem. § 174 Abs. 3 InsO ihre nachrangige Einziehungsforderung im Insolvenzverfahren geltend. Dann bedarf es des § 111i Abs. 3 weder in direkter noch in entsprechender Anwendung. Allerdings ist er gerade für den Fall der Versäumnis geschaffen. Als Ausweg bleibt der Staatsanwaltschaft jedoch die Pfändung des Anspruchs des Betroffenen gegen den Insolvenzverwalter auf Auskehrung des Überschusses, es sei denn, zuvor hatte ihn ein anderer Gläubiger bereits gepfändet oder der Betroffene ihn abgetreten.

§ 111j [Verfahren bei der Anordnung der Beschlagnahme und des Vermögensarrestes]

(1) [1]Beschlagnahme und Vermögensarrest werden durch das Gericht angeordnet. [2]Bei Gefahr im Verzug kann die Anordnung auch durch die Staatsanwaltschaft erfolgen. [3]Unter der Voraussetzung des Satzes 2 sind zur Beschlagnahme einer beweglichen Sache auch die Ermittlungspersonen der Staatsanwaltschaft (§ 152 des Gerichtsverfassungsgesetzes) befugt.

(2) [1]Hat die Staatsanwaltschaft die Beschlagnahme oder den Arrest angeordnet, so beantragt sie innerhalb einer Woche die gerichtliche Bestätigung der Anordnung. [2]Dies gilt nicht, wenn die Beschlagnahme einer beweglichen Sache angeordnet ist. [3]Der Betroffene kann in allen Fällen die Entscheidung des Gerichts beantragen. [4]Die Zuständigkeit des Gerichts bestimmt sich nach § 162.

Übersicht

I. Regelungsgegenstand

§ 111j befasst sich mit Fragen der **Zuständigkeit** für die **Anordnung** von Beschlagnahme, § 111b–§ 111d, und Vermögensarrest, § 111e–§ 111i. Ergänzende Besonderheiten für (inzwischen *Verkörperungen* geheißene) Schriften finden sich in § 111q Abs. 4. Die Zuständigkeit für die Vollziehung der getroffenen Anordnung ist hingegen nicht Regelungsinhalt des § 111j, sondern Gegenstand von § 111k. 1

II. Anordnungskompetenz

1. Richter. Die **Regelkompetenz** für die Anordnung von Beschlagnahme, §§ 111c–111e, und Vermögensarrest, § 111d–§ 111i, liegt beim **Gericht,** § 111j Abs. 1 S. 1. Die örtliche Zuständigkeit wechselt im Fall der Abgabe des Verfahrens.[1] Die sachliche Zuständigkeit richtet sich nach § 162.[2] Im Vorverfahren ist der Ermittlungsrichter, §§ 162 Abs. 1, 169, zuständig, der nur auf **Antrag** der Staatsanwaltschaft tätig wird (Ausnahme: Handeln als Notstaatsanwalt, § 165). Er **prüft** die Begründetheit des Antrags ohne Bindung an die Auffassung der Staatsanwaltschaft, also **selbständig,**[3] allerdings nur in rechtlicher Hinsicht, Ermessensentscheidungen daher nur auf Vertretbarkeit. Über deren reine Zweckmäßigkeit befindet die Staatsanwaltschaft allein.[4] Mit Erhebung der Anklage geht die **Verfahrensherrschaft** auf das **erkennende Gericht** über. Es entscheidet im Zwischen- und Hauptverfahren, auch nach der Hauptverhandlung,[5] § 162 Abs. 3 S. 1, von Amts wegen bzw. auf Antrag der Staatsanwaltschaft oder anderer Verfahrensbeteiligter.[6] Das Amtsgericht bleibt zuständig bis zum Eingang der Akten beim Berufungsgericht, im Revisionsverfahren der iudex a quo, § 162 Abs. 3 S. 2. 2

2. Nicht richterliche Ermittlungsorgane. Eine allgemeine **Eilzuständigkeit** sieht das Gesetz für die **Staatsanwaltschaft** vor, § 111j Abs. 1 S. 2. Sie ist folglich bei **Gefahr im Verzug** im gleichen Umfang[7] anordnungsbefugt wie das Gericht. **Ermittlungspersonen**[8] der Staatsanwaltschaft iSd § 152 GVG verfügen hingegen nur über eine in doppelter Weise beschränkte Eilkompetenz: Sie gilt zum einen **nur** für **Beschlagnahmungen,** nicht auch für Vermögensarreste, und erstreckt sich zum anderen nicht auf Forderungen und Grundstücke, sondern bezieht sich lediglich auf **bewegliche Sachen,** Abs. 1 S. 3; die frühere Ausnahme für registerfähige Schiffe, Schiffsbauwerke und Luftfahrzeuge (jetzt § 111c Abs. 4) ist entfallen, so dass eine Ermittlungsperson nunmehr **sämtliche** beweglichen Sachen im Eilfall beschlagnahmen darf. Eine Situation, in der sie von ihrer Eilkompetenz 3

[1] OLG Hamm 11.10.2018 – III – 4 Ws 133/18, Rn. 10–14. Der Senat hält das zuvor zuständige Amtsgericht aber für befugt, bis zur Befassung des zuständig gewordenen Gerichts die Arrestsumme zu senken.
[2] Heine in SSW StPO Rn. 2.
[3] Johann in Löwe/Rosenberg Rn. 27.
[4] Hellerbrand wistra 2003, 201 (204); str., vgl. Faust AbschöpfungsR S. 113 mN zum Streitstand in Fn. 551, auch S. 154 ff. Demgegenüber ist die selbständige rechtliche Prüfung seitens der Gerichte verfassungsrechtlich geboten, BVerfG 14.6.2004 – 2 BvR 1136/03, wistra 2004, 378 Rn. 47; 7.6.2005 – 2 BvR 1822/04, StraFo 2005, 338 Rn. 43; 3.5.2005 – 2 BvR 1378/04, NJW 2005, 3630 Rn. 18; 29.5.2006 – 2 BvR 820/06, NStZ 2006, 639 Rn. 21; Pegel in Radtke/Hohmann § 111b Rn. 11; s. auch Rogall in SK-StPO § 111d Rn. 23 und § 111e Rn. 6 f.
[5] LG Aachen 17.7.2020 – 60 KLs 4/20, Rn. 31.
[6] Johann in Löwe/Rosenberg Rn. 4.
[7] Johann in Löwe/Rosenberg Rn. 17 mahnt überdies aufgrund Grundrechtsrelevanz eine restriktive Handhabung an.
[8] Rogall in SK-StPO § 111e Rn. 11. Ermittlungspersonen sind zwar an Vorgaben der Staatsanwaltschaft gebunden und haben den Vorrang des anwesenden Staatsanwalts zu berücksichtigen, sind aber auch bei Erreichbarkeit eines Staatsanwalts anordnungsbefugt, weil der abwesende Staatsanwalt (regelmäßig) sowieso nur auf der Basis der Angaben der Ermittlungsperson entscheiden könnte, ggf. mit rechtlich abweichendem Ergebnis (das trifft aber auch im Verhältnis Staatsanwalt-Richter zu; in Zweifelsfällen sollte die Polizei allerdings den Bereitschaftsstaatsanwalt zu Rate ziehen); vgl. dazu allgemein Metz NStZ 2012, 242 ff.; aA und für „Staatsanwaltsvorbehalt" Heine in SSW StPO Rn. 6; Köhler in Meyer-Goßner/Schmitt § 98 Rn. 6, § 105 Rn. 2 und § 111j Rn. 2; Johann in Löwe/Rosenberg § 111j Rn. 5 und 16 sowie § 111p Rn. 17; Rönnau Vermögensabschöpfung Rn. 168.

für registerfähige bewegliche Sachen Gebrauch machen könnte, ist aber kaum denkbar. Eine **unzulässige Umgehung** des Richtervorbehalts wäre es, anstatt einen Vermögensarrest gerichtlich zu erwirken, bewegliche Sachen zunächst **als Beweismittel** zu **beschlagnahmen,** obwohl sie keine Beweisbedeutung haben.[9] Selbst wenn das, wie nicht selten,[10] in geringem Maße der Fall ist, rechtfertigt das keine Beschlagnahme, wenn zB photographische Sicherung genügt.

4 **a) Umgang mit unnötigen praktischen Schwierigkeiten.** Die **Eilkompetenz** zur Beschlagnahme beweglicher Sachen ist va bedeutsam für **Kriminalpolizisten,** die im Zuge von Durchsuchungen wie auch von Personenkontrollen ihre Anordnung sogleich **selbst vollziehen** dürfen (und es oft auch können).[11] Es ist selbst im Zeitalter elektronischer Kommunikation sinnvoll, den im Einsatz befindlichen Beamten die rechtliche Möglichkeit einzuräumen, tatsächliche wie rechtlich wirksame Verfügungen über einen beweglichen Gegenstand mit sofortiger Wirkung zu unterbinden. Insbesondere der gesetzliche Richter lässt sich häufig nur mit Verzögerung erreichen, weil er aufgrund Befassung mit anderen Sachen vorübergehend unabkömmlich ist, ohne dass ein Vertretungsfall vorläge. Zudem kann jemand, der nicht am Ort zugegen ist, ausreichend sorgfältig nur entscheiden, wenn er sich ein eigenes Bild gemacht hat. Das ist dem Richter aber nur in rechtlicher, nicht auch in tatsächlicher Hinsicht möglich, wenn er sich auf eine fernmündliche Darstellung stützen muss, sei es unmittelbar diejenige des eingesetzten Polizisten, sei es vermittelt über einen Staatsanwalt (und damit verbundener Gefahren „stiller Post").

5 Allerdings wird die **Beschränkung** der **Eilkompetenz** der Ermittlungspersonen der Staatsanwaltschaft **auf** die Anordnung der Beschlagnahme den **Bedürfnissen** der **Praxis** nicht **gerecht** und führt faktisch zur **Erosion** der Unterscheidung zwischen Beschlagnahme und Vermögensarrest. Da Beschlagnahme nur dann das zutreffende Sicherungsinstrument ist, wenn die gegenständliche Einziehung zu erwarten ist, **im Zweifel** hingegen die vorläufige Sicherung per **Vermögensarrest** vorgenommen werden muss (→ Vor §§ 111b–111q Rn. 51, 64, 75 und 76), besteht ein unabweisbares Bedürfnis, den Ermittlungspersonen auch die Eilkompetenz zur Anordnung eines sogleich in aufgefundene bewegliche Sachen zu vollziehenden Vermögensarrests einzuräumen: Dabei handelt es sich um den einsatztypischen und rechtlichen **Normalfall.**

6 Der **Rationalisierungseffekt** der **Eilkompetenz** der Ermittlungspersonen **verkehrt sich** aufgrund der Beschränkung auf die Beschlagnahme in sein **Gegenteil:** Da während eines Einsatzes und aufgrund der in diesem Stadium meist nur begrenzten Informationsbasis nicht verlässlich über das in concreto zutreffende Sicherungsinstrument entschieden, die Beschlagnahme aber in eigener Kompetenz angeordnet werden kann, geschieht dies allzu häufig auch dann, wenn allein ein Vermögensarrest statthaft ist. Dann wird das Veräußerungsverbot **nicht wirksam** und nachfolgende Verfügungen des Berechtigten verhindern die Einziehung des Werts des nur scheinbar gesicherten Gegenstands, damit ggf. auch die **Entschädigung** von Opfern aus dem Erlös. Die schnell nötige staatsanwaltschaftliche Korrektur verursachte Doppelarbeit – wenn sie denn geschähe oder in die Wege geleitet würde.

7 Selbst mit **zu Unrecht** angeordnetem **Vermögensarrest** wird das **Veräußerungsverbot wirksam** und bleibt es **auch nach Umwandlung** des Vermögensarrests in eine **Beschlagnahme.** Hielte man Ermittlungspersonen für überfordert, zwischen Beschlagnahme und Vermögensarrest zu unterscheiden, weil sie keine Volljuristen sind, so gölte dies auch für das geltende Recht, das ihnen die eilige Erkenntnis abverlangt, es handele sich um keinen Fall des Vermögensarrests. Wären sie **im Eilfall** für **beide Anordnungen zuständig,** so wäre ein Rechtsirrtum immerhin regelmäßig folgenlos reparabel. Wirklich gerecht

---

[9] Vgl. Johann in Löwe/Rosenberg Rn. 16.

[10] Rettke Die Kriminalpolizei 2018, 13 (17) (in Bezug auf § 111b).

[11] Heine in SSW StPO Rn. 5; Johann in Löwe/Rosenberg § 111k Rn. 6 (betrachtet die Befugnis zum Vollziehen auf den örtlichen Zuständigkeitsbereich der Ermittlungsperson beschränkt, Rn. 5); Schmid/Winter NStZ 2002, 8 (8 f.).

würde den Bedürfnissen der Praxis aber erst eine vom Gesetzgeber zu schaffende einheitliche strafprozessuale Verfügungssperre, da sich schwierige Abgrenzungsprobleme dann gar nicht erst stellten.[12]

b) Gefahr im Verzug. Gefahr ist nur dann im Verzug, wenn das aufgrund der Einschaltung des Richters absehbare (ggf. weitere) Zuwarten den **Erfolg** der Maßnahme **gefährden** würde. Dafür müssen **konkrete,** fall- und umständebezogene Tatsachen sprechen. Bloße, noch dazu allgemeine Vermutungen reichen nicht.[13] Die Gründe sind zudem unverzüglich (regelmäßig nicht am Einsatzort, aber nach Rückkehr in die Dienststelle) **aktenkundig** zu machen.[14] Dazu gehört auch der genaue Zeitpunkt,[15] weil dieser im Hinblick auf mögliche Rechtsfolgen entscheidend sein kann, zB im Fall einer Abtretung. 8

Gemäß der Verweisungen in § 111b Abs. 2 und § 111e Abs. 5 auch auf § 105 ist der Maßstab zur Beurteilung von Gefahr im Verzug der gleiche wie bei beweissichernden Durchsuchungen.[16] Der jeweilige Bezugspunkt weicht hingegen ab. Die Prüfung hat für **jede** einzelne **Maßnahme gesondert** zu erfolgen.[17] Die Entscheidung kann deshalb für die Durchsuchung anders ausfallen als für die Beschlagnahme: Mag für die Anordnung Ersterer durchaus Zeit genug bestanden haben, um eine richterliche Entscheidung herbeizuführen, so kann wegen des Veräußerungsverbots gleichwohl die Eilbeschlagnahme eines während der Durchsuchung aufgefundenen Gegenstands geboten sein. 9

Zu **allgemeinen Dienstzeiten** und bei eingerichtetem **richterlichen Bereitschaftsdienst** ist **nur** unter **besonderen Umständen Gefahr im Verzug.** Für die Entscheidung der nichtrichterlichen Organe, ob allein schon der, ggf. weitere Versuch, den Richter zu erreichen, zu einer inakzeptablen Verzögerung führt, gilt ein sehr **strenger Maßstab.** Im Fall seiner Erreichbarkeit obliegt es dem zuständigen Richter zu beurteilen, ob in der bis zum Vorliegen seiner Entscheidung verstreichenden Zeit der Erfolg der in Rede stehenden Maßnahme gefährdet ist.[18] Nur wenn er diese Gefahr bejaht, fällt die Zuständigkeit, über die Eilbedürftigkeit zu befinden, an die nichtrichterlichen Ermittlungsorgane zurück. 10

Ein gewisser Ausgleich für diese Strenge besteht in der stillschweigenden Akzeptanz der praeter legem in Anspruch genommenen Kompetenz nichtrichterlicher Ermittlungsorgane, dem **Betroffenen** den **Zugriff** auf vorgefundene Gegenstände bereits während der Phase zwischen Einschaltung des Richters und dessen Entscheidung zu **verwehren.** So lässt sich zwar physisches Beiseiteschaffen verhindern, nicht aber die Wirksamkeit etwaiger in dieser Zeit getroffener Verfügungen unterbinden. § 164 bietet dafür keine Rechtsgrundlage, da sich sein Schutz nicht auf den Erfolg **bloß potenzieller** Maßnahmen erstreckt[19] und Telefonieren das Warten auf die Entscheidung des Richters nicht stört. Innehalten kann daher den Erfolg nicht nur der Beweissicherung anderenorts, sondern auch die Vermögensabschöpfung gefährden. Trotzdem bejaht das BVerfG die Eilkompetenz nur aufgrund neuer Entwicklungen seit Erreichen des Richters. 11

Nach der restriktiven Judikatur des BVerfG ist praktisch nie Gefahr im Verzug, es sei denn, es liegen konkrete Hinweise auf bevorstehende Vereitelungshandlungen vor, zB dann, wenn ein eingesetzter Polizeibeamter Zeuge eines Telefonats wird, in dem der (potenzielle) Betroffene den Gegenstand zu veräußern trachtet; beim sog. **„ersten Zugriff“**[20] die feh- 12

---

12 Dafür bereits Bittmann ZInsO 2016, 873 (889 f.).
13 Johann in Löwe/Rosenberg Rn. 6 und 16; Peters in Peters/Bröckers Vermögensabschöpfung Rn. 409.
14 Heine in SSW StPO Rn. 10; Johann in Löwe/Rosenberg Rn. 7; Köhler in Meyer-Goßner/Schmitt Rn. 3.
15 Johann in Löwe/Rosenberg Rn. 8.
16 Gercke in Gercke/Julius/Temming/Zöller Rn. 3; Peters in Peters/Bröckers Vermögensabschöpfung Rn. 407–409; Rönnau Vermögensabschöpfung Rn. 169–172; im Wesentlichen ebenso Rogall in SK-StPO § 111e Rn. 9 f., für Mobilien, auch Forderungen aus (Bank-)Konten, angesichts ihrer Flüchtigkeit insoweit prinzipiell Gefahr im Verzug annehmend, Rn. 8.
17 Johann in Löwe/Rosenberg Rn. 7.
18 BVerfG 16.6.2015 – 2 BvR 2718/10, BVerfGE 139, 245 (dazu Bittmann NJW 2015, 2794).
19 Vgl. El Duwiak in BeckOK-StPO § 164 Rn. 5 aE.
20 Ebenso Rogall in SK-StPO § 111e Rn. 8 und 11.

lende Rückkehr eines Beschuldigten nebst dessen mangelnder Erreichbarkeit ebenfalls verdächtigen Mitbewohnern Anlass zum Abtransportieren (oder Vernichten) von Rauschgift bieten könnte, oder involvierte Dritte von einer Durchsuchung Kenntnis erlangten und über ein dabei entdecktes, noch nicht arretiertes Konto verfügungsbefugt sind.

13 Darf ausnahmsweise ohne richterliche Anordnung **durchsucht** werden, so erstreckt sich die Eilkompetenz auf die **Beschlagnahme,** ist deren Vornahme ebenfalls sowohl sofort nötig und möglich. Anders liegt es jedoch in aller Regel in Bezug auf einen **Vermögensarrest.** Agiert die Polizei allein, so verstreicht bis zum Erreichen des Staatsanwalts und dessen Entschluss unvermeidlich Zeit. Ihm die Eilanordnung gestattend ist Gefahr aber nur dann in Verzug, wenn nicht weiter auch noch auf das Ergehen der richterlichen Anordnung gewartet werden könnte. Das aber ist bei Erreichbarkeit des Richters nur höchst selten der Fall.

III. Rechtsform, Richtervorlage

14 **1. Regelfall: Schriftlicher Beschluss.** Der Richter entscheidet im Normalfall in Form eines **schriftlichen Beschlusses.** Darin lehnt er den Antrag entweder ab oder er ordnet Beschlagnahme bzw. Vermögensarrest an. Eine Kombination ist möglich, jedoch nur für unterschiedliche Ziele, weil weder materiell- noch verfahrensrechtlich ein Wahlrecht zwischen beiden Instrumenten besteht. Der Tenor muss jede einzelne Maßnahme konkret bezeichnen, bei der Beschlagnahme auch ihren Zweck[21] (Beweis- und/oder Vollstreckungssicherung).

15 **2. Notwendigkeit individueller Begründung bei Anordnung.** Die Anforderungen an die (notwendige, § 34) **Begründung** sind abhängig vom Sachverhalt,[22] sodass schematisches Anordnen und formelhaftes Begründen ausscheidet.[23] Vielmehr muss das Gericht seine individuellen Erwägungen aufzeigen. Bei Ablehnung muss es nur einen Grund nennen, der der Anordnung entgegensteht. Es ist nicht seine Aufgabe, unter Auflistung der ihm als unzureichend vorkommenden Aspekte das Arbeitsprogramm der Staatsanwaltschaft zu formulieren. Die Begründung anordnender Beschlüsse hat die Zweiteilung in Rechts- und Ermessensprüfung zu spiegeln.

16 Die für die **Rechtsprüfung** maßgeblichen Umstände enthalten § 111b Abs. 1 S. 1 und § 111e Abs. 1 S. 1. Demgemäß hat das Gericht selbst zu klären, ob es sich bei der beantragten um die **zutreffende Sicherungsmaßnahme** handelt. An den Antrag der Staatsanwaltschaft ist es dabei nicht gebunden. Zwar ordnet das Gericht eine Beschlagnahme oder einen Vermögensarrest nur auf Antrag der Staatsanwaltschaft hin an. Dies Erfordernis bezieht sich aber nur auf das Begehren um Erlass einer sichernden Maßnahme an sich. Nach dem Grundsatz jura novit curia ist das **Gericht** daher **befugt,** zum **zutreffenden Sicherungsinstrument** zu greifen und statt einer beantragten Beschlagnahme einen Vermögensarrest anzuordnen – oder umgekehrt.[24]

17 Die Beschlussgründe müssen das Vorhandensein eines **Sicherungsbedürfnisses ausweisen.** Wiederum genügen allgemeine Erwägungen und Vermutungen nicht. Vielmehr bedarf es auch insoweit des **Anführens fallspezifischer Umstände.** Ähnliche Aspekte können selbstverständlich auch in anderen Fällen maßgeblich sein. Zu dokumentieren sind aber die in concreto ausschlaggebenden Tatsachen.

18 Prüfung und Begründung der zu wahrenden **Verhältnismäßigkeit** der Maßnahme schenkt die Praxis (zu) selten die ihnen gebührende Aufmerksamkeit. Stattdessen finden sich **Floskeln,** die Anordnung sei „der Höhe des Schadens wegen auch verhältnismäßig", ohne Belange der und Folgen für die Grundrechtsträger auch nur zu erwähnen.[25] Eine

---

[21] Johann in Löwe/Rosenberg Rn. 12.

[22] Zu verfassungsrechtlichen Erfordernissen BVerfG 14.6.2004 – 2 BvR 1136/03, wistra 2004, 378 Rn. 47, 7.6.2005 – 2 BvR 1822/04, StraFo 2005, 338 Rn. 43; 3.5.2005 – 2 BvR 1378/04, NJW 2005, 3630 Rn. 18; 29.5.2006 – 2 BvR 820/06, NStZ 2006, 639 Rn. 21; zu weiteren Einzelheiten Faust AbschöpfungsR S. 121 ff.; s. auch Gercke in Gercke/Julius/Temming/Zöller § 111e Rn. 20.

[23] Heine in SSW StPO Rn. 3; Johann in Löwe/Rosenberg § 111e Rn. 43 sowie § 111j Rn. 1 und 19.

[24] LG Aachen 17.7.2020 – 60 KLs 4/20, Rn. 30.

[25] Sie beklagend auch Johann in Löwe/Rosenberg § 111b Rn. 105.

derartige **Scheinbegründung** ist **unzulässig** und führt zur **Rechtswidrigkeit** der Anordnung. Vielmehr verlangen Rechtschutzgarantie, Art. 19 Abs. 4 GG, und Grundrechtsrelevanz des Eingriffs **fallbezogene Erwägungen** und deren Dokumentation in den Gründen. Nur so ist die Anordnung verfassungskonform und im Rechtsmittelzug inhaltlich überprüfbar. Die Gründe müssen erkennen lassen, dass das Gericht die unterschiedlichen Interessen erfasst und sie im Bewusstsein für die Schwere des Eingriffs, dessen Folgen sowie der Grundrechtsrelevanz beider gegeneinander **abgewogen** hat.

Am Beginn der **Ermessensprüfung** steht die Frage, ob der Staatsanwaltschaft klar 19
war, einen in ihrem Ermessen stehenden Antrag zu stellen. Wurde das nicht oder das Gegenteil deutlich, so ist der Antrag zurückzugeben, denn das Gericht darf fehlendes Ermessen der Staatsanwaltschaft nicht durch eigenes ersetzen. Hatte es Letztere ausgeübt, so ist es jedoch nur auf etwaige Ermessensfehler hin zu prüfen, dh ob alle wesentlichen Umstände in zutreffender Bedeutung für oder gegen die Maßnahme angeführt und gegeneinander abgewogen wurden, während das Gericht jedes dabei gewonnene plausible Ergebnis zu akzeptieren hat.

3. Begründungserfordernisse bei Aufrechterhaltung. Der in der Vollziehung 20
einer Maßnahme liegende **Grundrechtseingriff** wiegt umso **schwerer,** je länger er **andauert.** Deshalb muss auch das Gewicht der die Fortdauer rechtfertigenden Gründe stetig steigen. Gleichermaßen wachsen die Anforderungen an Prüfung und Begründung. Auch hier hinkt die Praxis vielfach den (auch: verfassungs-)rechtlichen Anforderungen hinterher, verweist auf frühere Beschlüsse und betont die Gefahr des Beiseiteschaffens, ohne auf die Auswirkungen des Verlusts der Nutzungsmöglichkeiten der Gegenstände nach amtlicher Sicherung einzugehen.

Das Bestreben, verdachtsgerechte Abschlüsse zu treffen, führt zwangsläufig zur Kon- 21
zentration auf das Überwinden der aufgrund hohen Arbeitsdrucks entstandenen Sachzwänge. Belange anderer Beteiligter geraten deswegen allzu schnell aus dem Blick. Wiewohl verständlich, ist dies alles andere als situationsgemäß. Die saloppe Formulierung vorläufiger Sicherung als **Untersuchungshaft für Gegenstände** verweist zutreffend auf deren Grundrechtsrelevanz. Zwar wiegt der Eingriff in die Freiheit mittels Untersuchungshaft schwerer als der Entzug der Nutzungsmöglichkeit persönlicher Vermögensgegenstände. Der Unterschied ist aber lediglich quantitativer Natur. Verfassungsrechtlich bedarf zweifelsfrei auch deren **Sicherung** bzw. ihre **Fortdauer** der **Rechtfertigung.** Gewisse Schmälerungen grundrechtlicher Freiheiten sind zwar selbstverständlich zur Gewährleistung effektiver Strafverfolgung, nicht aber aufgrund bedarfswidriger Kapazitätsengpässe hinzunehmen.

Vollstreckungssichernde vorläufige Maßnahmen verlangen demzufolge ähnlich wie 22
Untersuchungshaft **zügige Bearbeitung.**[26] Es gelten zwar nicht die formellen Grenzen des § 121, wohl aber vermindert jegliche zögerliche Bearbeitung das Gewicht der für die Fortdauer einer sichernden Maßnahme sprechenden Umstände. Untersagt der Staat die Nutzung des Eigentums einem de jure Unschuldigen vorübergehend, so ist dies nur solange **erforderlich,** wie das Verfahren **schnellstmöglich** einer abschließenden **Klärung** zugeführt wird. In einem die Fortdauer der Maßnahme anordnenden Beschluss muss demzufolge auch die fehlende Verzögerung der Bearbeitung dargelegt werden. Zeiten unterbliebener Förderung des Verfahrens müssen ebenso wie bei Haftentscheidungen (und strafzumessungsrelevanter rechtsstaatswidriger Verzögerungen) dokumentiert werden. Einzubeziehen sind sie sowohl in die Beurteilung des Sicherungsbedürfnisses als auch va der Verhältnismäßigkeit. Je länger die Bearbeitungspausen, desto niedriger das Interesse an der Fortdauer der Maßnahme. Dazu müssen sich die Gründe nicht erst nach Ablauf einer bestimmten Dauer verhalten, sondern bereits immer dann, wenn das Verfahren nicht konstant gefördert wurde.

4. Ausnahme: (Fern-)Mündlich erlassener Beschluss. Die Befugnis, in Eilfällen 23
den Beschluss **(fern-)mündlich** zu erlassen,[27] befreit von der Schriftform, nicht aber von

[26] Johann in Löwe/Rosenberg, § 111b Rn. 106.
[27] Johann in Löwe/Rosenberg Rn. 11.

der Prüfung der übrigen Wirksamkeitsvoraussetzungen wie Vollstreckungssicherung als Zweck der Maßnahme, Sicherungsbedürfnis, Verhältnismäßigkeit, Ermessensfehlerfreiheit und der Festlegung von Umfang und Reichweite des Eingriffs.

24 Einer **(fern-)mündlichen Anordnung** hat die **nachträgliche schriftliche Dokumentation** der maßgeblichen Gründe zu folgen. Sie kann bei Ablehnung stichwortartig aus- oder gänzlich entfallen, wenn kein Rechtsmittel der Staatsanwaltschaft angekündigt oder zu erwarten ist. Bei Anordnung hat der Richter, obwohl er damit die Umgrenzungsfunktion seiner Anordnung nicht mehr sichern kann, den allgemeinen Begründungsanforderungen nachträglich Rechnung tragen.[28] Nur so lassen sich leichtsinnige Entscheidungen vermeiden und die Rechtmäßigkeit der Anordnung nachprüfen.

25 Zwar sind die einschlägigen Gesichtspunkte und die ausschlaggebenden Erwägungen für die Anordnung und ihren Umfang, die Notwendigkeit unverzüglicher und deshalb (fern-)mündlich getroffener Entscheidung und etwaige sonstige Besonderheiten sämtlich in den Akten zu vermerken,[29] in aller Ausführlichkeit aber nur im Fall zu erwartender oder gar bereits eingelegter Rechtsmittel. Nicht zur Begründung gehören nachträgliche Überlegungen und Erkenntnisse, die jedoch als solche aktenkundig gemacht werden dürfen (zB übersehene, der Anordnung entgegenstehende Aspekte).

26 An die Stelle der tatsächlich unmöglichen Übergabe eines (fern-)mündlichen Beschlusses an die Staatsanwaltschaft zur Vollstreckung, § 36 Abs. 2 S. 1, tritt die **(fern-)mündliche Unterrichtung.** Ein nachträglich schriftlich abgefasster Beschluss mit Begründung oder der Vermerk über die Eilbedürftigkeit sowie ggf. weiterer Umstände sind anschließend auf dem Bürowege der Staatsanwaltschaft als aktenführender Stelle zuzuleiten. Diese hat sie spätestens bei eingelegtem Rechtsmittel der Verteidigung vollständig zugänglich zu machen.

27 Für **nichtrichterliche Anordnungen** gelten die Regeln für richterliche Eilentscheidungen im Kern entsprechend.[30] Bei Selbstvollziehung kann sich der Zweck aus den Umständen ergeben (→ Vor §§ 111b–111q Rn. 82). Für die anderen Fälle ist (Fern-)Mündlichkeit typisch für Anfrage, Entscheidung und Übermittlung. Die zu Beginn entbehrliche Schriftform ist unverzüglich nach Anordnung und ggf. Durchführung der Maßnahme nachzuholen.[31] Für die Unterrichtung der Verteidigung gilt nichts Abweichendes.

IV. Rechtliches Gehör

28 **1. Regelfall: Nachträgliche Anhörung.** Den Betroffenen vor der richterlichen Entscheidung anzuhören, ist zwar nicht aus Rechtsgründen ausgeschlossen, kommt aber aufgrund der tatsächlichen Umstände **regelmäßig nicht in Betracht,**[32] weil sie den **Zweck** der Anordnung **gefährden** würde, § 33 Abs. 4 S. 1. Ausnahmen sind zB denkbar, ist der Betroffene in amtlicher Verwahrung und hat auch keine Möglichkeit, Dritte zu kontaktieren.[33] Ohne vorherige Anhörung ergangene Gerichtsbeschlüsse **stellt** die Staatsanwaltschaft dem Betroffenen im Zuge der **Vollziehung zu,** § 36 Abs. 2 S. 1, sinnvollerweise verbunden mit einem Hinweis auf das Verfügungsverbot, § 111d Abs. 1 bzw. § 111h Abs. 1 S. 1.[34] Nach eingelegter **Beschwerde** ist der Verteidigung unter Gewährung von Akteneinsicht rechtliches Gehör nachträglich einzuräumen.[35]

29 Nichtrichterliche Organe haben vor einer Eilanordnung, insbesondere einer solchen, die sie sogleich selbst vollziehen, dem Betroffenen rechtliches Gehör mündlich zu gewähren,

[28] Johann in Löwe/Rosenberg Rn. 11.
[29] Heine in SSW StPO Rn. 10; Rogall in SK-StPO § 111e Rn. 12.
[30] Rogall in SK-StPO § 111e Rn. 13.
[31] Johann in Löwe/Rosenberg Rn. 11; Köhler in Meyer-Goßner/Schmitt Rn. 3.
[32] Gercke in Gercke/Julius/Temming/Zöller § 111e Rn. 20; Huber RPfleger 2002, 285 (290); Rogall in SK-StPO § 111e Rn. 12; Spillecke in KK-StPO Rn. 9. Das ist verfassungsgemäß, BVerfG 5.5.2004 – 2 BvR 1012/02, NJW 2004, 2443 Rn. 24.
[33] Faust AbschöpfungsR S. 124 ff.; Heine in SSW StPO Rn. 12.
[34] Johann in Löwe/Rosenberg Rn. 12; Köhler in Meyer-Goßner/Schmitt Rn. 3.
[35] Johann in Löwe/Rosenberg Rn. 22 und 29; Spillecke in KK-StPO § 111e Rn. 12; → § 111e Rn. 65–67 und → Rn. 53.

wenn er zugegen ist und keine Gefahr für den Zugriff besteht. Demgegenüber ist der Betroffene selbst vor gerichtlicher Entscheidung über den Bestätigungsantrag nach staatsanwaltschaftlicher Anordnung, § 111j Abs. 2 S. 1, nicht anzuhören, wenn die Vollziehung noch aussteht, sonst aber immer.[36]

30 **2. Belehrung?** Anders als im Fall der Beschlagnahme zu Beweiszwecken, § 98 Abs. 2 S. 5, schreibt das Gesetz für die Vollziehung einer sichernden Maßnahme nicht vor, den Betroffenen **zu belehren,** insbesondere über sein Recht jederzeitigen Anrufens des Gerichts. Gegen eine **Analogie** spricht zwar, dass der Gesetzgeber mehrere Gelegenheiten verstreichen ließ, eine solche Belehrungspflicht auch in § 111j einzuführen. Sie ist trotzdem **geboten,** weil ihr Unterbleiben wertungsmäßig im Widerspruch zu § 232 ZPO stünde. Diese Vorschrift beschränkt die Pflicht zwar auf unverteidigte bzw. nicht anwaltlich vertretene Betroffene. Da aber bei Durchführung oft unklar ist, ob ein Verteidigungsmandat besteht, wäre diese Einschränkung strafprozessual kaum praktikabel. Gemäß der seit langem hM ist daher jeder von der Vollziehung einer vollstreckungssichernden Beschlagnahme oder eines Vermögensarrests Betroffene analog § 98 Abs. 2 S. 5 **zu belehren.**[37]

V. Richtervorlage, Abs. 2 S. 1 und 2

31 **1. Notwendigkeit und Umfang.** Die Voraussetzungen, unter denen die richterliche Bestätigung einer Eilanordnung beantragt werden muss, unterscheiden sich nach der Zweckrichtung – vollstreckungs- oder beweissichernd. Für Erstere gelten die Einschränkungen des § 98 Abs. 2 S. 1 nicht, sondern ist **gerichtliche Bestätigung immer** binnen Wochenfrist, § 43, zu beantragen, Abs. 2 S. 1, **nie** aber nach Beschlagnahme einer **beweglichen Sache,** Abs. 2 S. 2. Solchenfalls bedarf es der amtswegigen Vorlage an das Gericht nur dann und unter den dafür bestehenden Voraussetzungen, wenn die Beschlagnahme zugleich Beweiszwecken dienen soll. Entscheidet aber das Gericht einen Fall des Abs. 2 S. 2, so ist das weder rechtswidrig noch unwirksam, weil es nach (ggf. schon in einem Widerspruch liegender) Anrufung seitens des dazu jederzeit befugten Betroffenen, Abs. 2 S. 3, auch insoweit über die nötige Entscheidungskompetenz verfügt.[38]

32 Die Wochenfrist, § 43,[39] **beginnt** dem Wortlaut gemäß bereits mit der **Anordnung** der Maßnahme zu laufen und nicht erst mit deren Vollziehung.[40] Das ist insoweit konsequent, als eine nicht unverzüglich versuchte Vollziehung die Eilbedürftigkeit der Anordnung widerlegt.[41] Die Frist gilt allein für die Einschaltung des Gerichts, nicht auch für das Ergehen der richterlichen Entscheidung.[42] Einerseits ist sie zwingend, ihr Versäumen aber lässt die Maßnahme andererseits mangels einer Regelung wie zB § 111q Abs. 4 S. 3 nicht iS einer auflösenden Bedingung automatisch außer Kraft treten.[43]

33 Zuständig ist das Gericht, welches für den **Regelfall anordnungsbefugt** gewesen wäre.[44] Zunächst hat es sich über den Prüfungsgegenstand Gewissheit zu verschaffen und

---

36 Corsten/Schilling Vermögensabschöpfung und Opferentschädigung, in Münchener Anwaltshandbuch Wirtschafts- und Steuerstrafrecht, § 13 Rn. 142; Johann in Löwe/Rosenberg Rn. 22 und 29.

37 Faust AbschöpfungsR S. 157; Heine in SSW StPO Rn. 7; Johann in Löwe/Rosenberg Rn. 13 und 25; Köhler in Meyer-Goßner/Schmitt Rn. 7; Rönnau Vermögensabschöpfung Rn. 333; Rogall in SK-StPO § 111e Rn. 13; Schmidt Vermögensabschöpfung-HdB Rn. 748 und 933; Spillecke in KK-StPO Rn. 5 und 9; einschr. Gercke in Gercke/Julius/Temming/Zöller Rn. 3.

38 Johann in Löwe/Rosenberg Rn. 1 und 24; Rogall in SK-StPO § 111e Rn. 15.

39 Spillecke in KK-StPO Rn. 5.

40 Faust AbschöpfungsR S. 114; Rogall in SK-StPO § 111e Rn. 16.

41 Ähnlich Faust AbschöpfungsR S. 114.

42 Heine in SSW StPO Rn. 8.

43 Gercke in Gercke/Julius/Temming/Zöller Rn. 6; Heine in SSW StPO Rn. 8 f.; Johann in Löwe/Rosenberg Rn. 24; Köhler in Meyer-Goßner/Schmitt Rn. 6; Retemeyer in HWiStR Teil 14, Rn. 75; Rogall in SK-StPO § 111e Rn. 16; Schmidt Vermögensabschöpfung-HdB Rn. 749 und 934; Spillecke in KK-StPO Rn. 5 und 7; Wilk/Stewen wistra 2013, 409 (411).

44 Die funktionelle Zuständigkeit regelt § 162, OLG Düsseldorf 30.9.2013 – III-2 Ws 434/13, NStZ-RR 2014, 85 Rn. 7 (Ls.) ausweislich Leitsatz 1 auch für die Arrestanordnung; Rogall in SK-StPO § 111e Rn. 17.

zu klären, ob die Kontrolle der Anordnung der Durchsuchung, von vollstreckungs- und/oder beweissichernder Beschlagnahme oder eines Vermögensarrests begehrt wird. Für die Durchsuchung gelten die Kriterien des § 105 unter Berücksichtigung des bei § 111b Abs. 2 bzw. § 111e Abs. 5 abweichenden Ziels des Eingriffs. Wurde die Umgrenzungsfunktion nicht gewahrt, so hat dies das Gericht als rechtswidrig festzustellen. Im Rahmen des § 111j Abs. 2 prüft es allein die **Anordnung,** nur bei gesondertem Antrag gem. § 111k Abs. 3 auch **Vollziehungsmaßnahmen.**[45]

34 **2. Richterlicher Prüfungsumfang.** Eilanordnungen unterliegen gerichtlicher **Kontrolle** im allgemeinen Umfang (→ Rn. 2), ihre Zweckmäßigkeit also nur im Hinblick auf das Vorliegen etwaiger Ermessensfehler. Gegenstand ist sowohl die Vertretbarkeit des **Ergebnisses** als auch die Frage, ob es willkür- und ermessensfehlerfrei zustande kam, zB ob der anordnenden Person überhaupt bewusst war, eine Entscheidung zu treffen, die in ihrem Ermessen stand und ob sie hinsichtlich Entschließung und Auswahl die ihr gesetzten Grenzen gewahrt hat.[46]

35 Die angenommene Eilbedürftigkeit ist hingegen umfassend, vollständig und ohne jegliche Bindung an die vorangegangene Entscheidung des nichtrichterlichen Ermittlungsorgans zu überprüfen. Das Gericht entscheidet, ob der **schriftliche Vermerk** nachträglich korrekt gefertigt wurde[47] und ob zuvor die für die Inanspruchnahme der Eilkompetenz erforderlichen Voraussetzungen (→ Rn. 3 f., → Rn. 8–13 und → Rn. 26) vorlagen. Nicht maßgeblich dafür ist das Ergebnis unternommener Vollziehungsversuche. Stehen weitere Vollziehungsmaßnahmen **noch aus,** so widerlegt dies allein folglich nicht die bei Anordnung angenommene Gefahr im Verzug.

36 **a) Bestandsgefährdend fehlerhafte Eilanordnungen.** Eine Bestätigung verlangt das Vorliegen der **Voraussetzungen** der **angeordneten Maßnahme,** entweder Beschlagnahme, § 111b, oder Vermögensarrest, § 111e, dh auch, ob das zutreffende Sicherungsinstrument gewählt und wirksam angeordnet wurde, zB ausreichend bestimmt und letzterenfalls nicht von einer Ermittlungsperson.[48]

37 Hat die Staatsanwaltschaft das Gericht allein zum Zwecke der Bestätigung der Eilmaßnahme eingeschaltet, so darf es die Eilanordnung nur bestätigen oder dies verweigern, nicht aber selbst die zutreffende Anordnung treffen, denn es fehlt der dazu erforderliche Antrag. Bei Ablehnung hat es mindestens einen festgestellten Rechtsfehler in den Gründen zu beschreiben (etwa mangelnde Bestimmtheit, unzutreffendes Sicherungsinstrument, fehlende Anordnungszuständigkeit) und regelmäßig die Anordnung aufzuheben. Um aber potenziell wirksamen Zwischenverfügungen vorzubeugen, kann das Gericht eine fehlerhafte Anordnung und die darauf gestützte Maßnahme, falls das erfolgversprechend sein sollte, für eine begrenzte Frist aufrechterhalten, bis es auf Antrag der Staatsanwaltschaft die rechtlich zulässige Anordnung zu treffen in der Lage ist.[49]

38 Im Zweifel begehrt die Staatsanwaltschaft nicht nur Bestätigung, sondern hilfsweise gerichtliche Anordnung. Das (auch: Beschwerde- → Rn. 43, 47 und 51 f.) **Gericht** darf dann zB einen Vermögensarrest, ggf. in Umwandlung unzutreffender Beschlagnahme, **selbst anordnen.**[50] Löst dies **neue Rechtswirkungen** aus, so entfalten sich diese jedoch nur für die **Zukunft.** Maßgeblich ist noch nicht das Unterzeichnen, sondern das das Ziel des auf-den-Weg-Bringens der Endfassung zwecks Zustellung oder Bekanntgabe an den Adressaten

[45] Schmidt Vermögensabschöpfung-HdB Rn. 752.

[46] Johann in Löwe/Rosenberg Rn. 27; weitergehend Faust AbschöpfungsR S. 151, 154 ff.

[47] Gercke in Gercke/Julius/Temming/Zöller Rn. 8; Johann in Löwe/Rosenberg Rn. 27; Rogall in SK-StPO § 111e Rn. 17; aA Huber in BeckOK StPO Rn. 6.

[48] Gercke in Gercke/Julius/Temming/Zöller Rn. 2.

[49] Vgl. LG Hildesheim 20.4.2020 – 22 Qs 4/20 Rn. 47–60 (Verzicht auf Auszahlungsanweisung); das OLG Düsseldorf 28.11.2019 – III – 1 Ws 233-237/19 wistra 2020, 474, und das OLG Hamm 22.4.2020 – III – 5 Ws 59/20 NZWiSt 2020, 482, verfügten jedoch selbst den Wechsel von Vermögensarrest zu Beschlagnahme.

[50] Rogall in SK-StPO § 111e Rn. 17, auch Rn. 32. Um dem Betroffenen keine Instanz zu nehmen, darf das Beschwerdegericht aber nicht den Beschlagnahmegrund auswechseln (§§ 94 ff. anstatt §§ 111b ff.).

dokumentierende Eintreffen in der Geschäftsstelle des Gerichts. Dort ist dieser Zeitpunkt auf dem Original zu vermerken und zudem (zB mittels Kopie) aktenkundig zu machen.

b) Vermeidung sachwidriger Nebenfolgen. Im Fall einer Umwandlungsentscheidung muss das Gericht auch die Folgen seines Vorgehens berücksichtigen. **Eingriffen** in Grundrechte Betroffener stehen grundgesetzlich geschützte **Belange** der Allgemeinheit gegenüber, in Fällen der Sicherung von Erträgen (oder deren Wert) nach Taten mit individuellem Geschädigten regelmäßig auch Grundrechte der Opfer. Das Gericht ist demnach gehalten, die zweckgerecht eingetretenen Schutzwirkungen trotz seitens nichtrichterlicher Organe begangener Rechtsverstöße tunlichst zu erhalten. 39

Es wäre daher weder sachgerecht, zunächst die angeordnete falsche Maßnahme aufzuheben und erst später die richtige Entscheidung zu treffen, noch genügte die umgekehrte Reihenfolge dem Gesetz. Angemessen ist vielmehr eine einzige **Wechselanordnung mit Ersetzungswirkung uno actu.** Ist der Erhalt des erreichten Schutzniveaus möglich, so ist es damit allerdings nur dann gesichert, wenn kein vollkommen neuer Vollziehungsakt erforderlich ist.[51] Es ist jedoch häufig möglich, auf dem Vorausgegangenen aufzubauen. So lässt sich zB die erste amtliche Inbesitznahme als vorweggenommene Vollziehung der Wechselanordnung auffassen. Diese verleiht mit dem Zeitpunkt ihres Ergehens den früheren Vornahmehandlungen ihre rechtmäßige Wirkung. 40

Die Ersetzung eines Vermögensarrests durch eine Beschlagnahme führt zwar zum Untergang des Pfändungspfandrechts, stellt das relative **Veräußerungsverbot** aber lediglich auf eine neue rechtliche Grundlage – **ohne Zäsur** in seiner Wirkung. So bleiben Zwischenverfügungen relativ unwirksam und gehen im Rang dem Veräußerungsverbot weiterhin nach. War die Beschlagnahme im umgekehrten Fall zwar fehlerhaft, aber wirksam (also nicht von einem unzuständigen Organ) angeordnet worden, so bleibt das Verfügungsverbot wiederum erhalten, während das **Pfändungspfandrecht erst** mit Anordnung des Vermögensarrests, die Sicherungshypothek sogar erst mit ihrer Eintragung im Grundbuch **entsteht.** 41

c) Rechtswidrige, aber wirksame Eilanordnungen. Hat das **prinzipiell zuständige Organ gehandelt,** so steht selten die Alternative Wirksamkeit oder Nichtigkeit in Rede. Zwar nicht bloße Mängel nachträglicher Dokumentation, wohl aber sonstige Rechtsfehler können ggf. zivilrechtliche Amts- oder innerdienstliche Schadenersatz- bzw. Regressansprüche auslösen, führen jedoch meist **nicht** zur **Unwirksamkeit** von Beschlagnahme oder Vermögensarrest.[52] Ihre Anordnung ist vielmehr regelmäßig lediglich **anfechtbar.** Hier existiert kein Automatismus: „Ermessens- oder sonstiger Fehler beim Entscheidungsvorgang = Rechtswidrigkeit der angeordneten Maßnahme" und in der Folge „Rechtswidrigkeit = Aufhebung". Vielmehr ist die Möglichkeit etwaiger gerichtlicher Heilung zu prüfen und ggf. zu veranlassen. 42

Liegen die Voraussetzungen vor, so kann das Gericht sowohl die **Rechtswidrigkeit** der vorausgegangenen Anordnung **feststellen** (zB weil die Eilkompetenz zu Unrecht in Anspruch genommen worden war) **als auch** die lediglich rechtswidrige, aber wirksame Anordnung unter rückwirkender Heilung ihrer Mängel **bestätigen.**[53] Selbst ohne Feststellung der Rechtswidrigkeit gilt diese Entscheidung als richterliche Anordnung. Erforderlichenfalls trifft das Gericht eine uno-actu-Wechselentscheidung, mit der es die zutreffende Maßnahme einerseits mit Wirkung ex nunc in Kraft setzt, andererseits aber die Schutzwir- 43

[51] Für nötig haltend Johann in Löwe/Rosenberg Rn. 31.

[52] Ein Verwendungsverbot besteht nicht. Die Frage nach einem Verwertungsverbot, Rogall in SK-StPO § 111e Rn. 5, kann sich nur stellen, wurde Anordnung entweder vor der Hauptverhandlung nicht angefochten oder will das erkennende Gericht von einer im Ermittlungsverfahren getroffenen gerichtlichen Entscheidung abweichen.

[53] OLG Rostock 19.12.2013 – Ws 320/13, ZWH 2014, 440 Rn. 17 mAnm Burghart (maßgeblich ist die Sach- und Rechtslage zum Entscheidungszeitpunkt); Heine in SSW StPO Rn. 9; aA Johann in Löwe/Rosenberg Rn. 28.

kung der vorausgegangenen Vollziehung der Eilanordnung weitgehend aufrechterhält.[54] Fehlt allein ein (ausreichender) nachträglicher schriftlicher Vermerk über die für eine Eilentscheidung maßgeblichen Erwägungen, so ist nur die insoweit zu bejahende Rechtswidrigkeit auszusprechen, ohne dass dies Folgen für die Wirksamkeit der Anordnung hätte.

VI. Abs. 2 S. 3

44 Der Betroffene kann gegen sämtliche **nichtrichterlichen Anordnungen gerichtliche Entscheidung** beantragen, **jederzeit,** dh nicht fristgebunden, Abs. 2 S. 3 – unabhängig davon, ob von Amts wegen um gerichtliche Bestätigung nachgesucht werden muss, Abs. 2 S. 1, oder dies bei Beschlagnahme einer beweglichen Sache nicht notwendig ist, Abs. 2 S. 2. Dieser **ausschließliche Rechtsbehelf** verstellt den Weg zu den Zivilgerichten.[55] Das Rechtschutzbedürfnis beschränkt sich regelmäßig auf eine in Kraft befindliche Anordnung,[56] es sei denn, ein tiefgreifender Grundrechtseingriff verlangt nach gerichtlicher Kontrolle trotz prozessualer Überholung (→ Rn. 50) oder es reihten sich missbräuchlich geringfügig veränderte Arrestanordnungen aneinander.[57]

45 Der Kreis möglicher **Betroffener** beschränkt sich nicht auf den Adressaten der Maßnahme. Er lässt sich bei (originärer oder nachholender) Schriftform meist feststellen. Das beantwortet aber nicht, ob der **Gemeinte** zutreffend angeführt wurde. Ist nur **eine Firma** genannt, so ist die Vollziehung allein in das Vermögen der so bezeichneten Gesellschaft gestattet, nicht aber auch in dasjenige verbundener Verbände, selbst wenn sie dieselbe Anschrift aufweisen, oder in das Privatvermögen des benannten Vertretungsberechtigten. Wurden die so gezogenen Grenzen nicht eingehalten, so zählen auch diejenigen zu den **Betroffenen,** die in der Anordnung **nicht angeführt** sind. Sie können zwar nicht deren Aufhebung erreichen, müssen sich aber auch nicht auf einen Angriff gegen konkrete Vollziehungsmaßnahmen beschränken. Ihr berechtigtes Rechtschutzziel ist die Feststellung, die Anordnung habe sich nicht gegen sie gerichtet. Betroffene können auch vom Adressaten abweichende Eigentümer, Besitzer oder sonstige Befugte sein, seien sie Beschuldigte[58] oder nicht.

46 Ein **Beschuldigter** kann **rechtsmittelbefugt** sein, obwohl sich die Anordnung gegen jemand anderen richtet, sofern nur die Maßnahme sich auf seine Rechtstellung auswirkt (als Gesamtschuldner oder auf die Erfüllungswirkung einer Leistung an den als Drittempfänger in Anspruch genommenen Adressaten, § 73b Abs. 1 S. 1 Nr. 2 lit. b StGB). Es genügt das Vorbringen, **mangels Straftat** könne auch kein Ertrag (oder dessen Wert) gesichert werden. Hingegen fehlt das **Rechtschutzinteresse,** wenn eine (selbst) höherinstanzliche Parallelentscheidung zwar wesentliche, aber nur tatsächliche Auswirkungen zeitigen kann.

47 Der **Prüfungsumfang** hängt nicht davon ab, ob die Staatsanwaltschaft eine Anordnung begehrt, die von ihr getroffene bestätigt wissen will oder der Betroffene das Gericht angerufen hat. Letzterer kann allerdings den Prüfungsumfang **beschränken.** Es steht ihm frei, lediglich die Annahme eines Eilfalls zu beanstanden, die Maßnahme als solche aber zu akzeptieren. Möglich ist auch, allein das Fehlen ausreichender Begründung für entweder das Handeln nichtrichterlicher Organe oder für (fern-)mündlich getroffene richterliche Anordnungen anzugreifen, ferner allein die fehlende Prüfung der Verhältnismäßigkeit oder unterbliebenes oder Fehl-Ermessen zu rügen. Das Rechtschutzinteresse dafür kann in der Vorbereitung späterer weitergehender Angriffe begründet sein.

48 Regelmäßig erstrebt der Betroffene die **Aufhebung** der Anordnung. Der **Prüfungsgegenstand** ist zeitnah nach der Anordnung kein anderer als bei Aktenvorlage. Allerdings

[54] AA Johann in Löwe/Rosenberg Rn. 28.

[55] Amtsermittlung im Freibeweisverfahren gilt auch für zivilrechtliche Vorfragen, OLG Düsseldorf 10.11.2008 – III-4 Ws 590/08, wistra 2009, 207 insbesondere Rn. 19; → § 111k Rn. 35. Zur Möglichkeit der Umdeutung von Rechtsbehelfen OLG Braunschweig 5.5.2014 – 1 Ws 103/14, wistra 2014, 327 Rn. 11 ff.

[56] OLG Oldenburg 9.6.2020 – 1 Ws 187/20, StraFo 2020, 368 Rn. 13–15.

[57] OLG Hamm 11.9.2018 – III – 4 Ws 133/18, zust. zitiert von Heuchemer NZWiSt 2019, 209 (210 f.).

[58] Johann in Löwe/Rosenberg Rn. 49; Rogall in SK-StPO § 111e Rn. 34.

ändert sich der Maßstab mit zunehmender Verfahrensdauer. Es steigen dabei nicht nur die mit der Anordnung (und ggf. erst recht, deren Vollziehung) verbundenen Belastungen, sondern diese entfalten auch ein zunehmend stärkeres Gegengewicht gegen die (legitimen) Belange effektiver Strafverfolgung und können das Fortbestehen von **Sicherungsbedürfnis** und **Verhältnismäßigkeit** in Frage stellen (→ § 111b Rn. 33, → § 111e Rn. 5 und 74 sowie → § 111j Rn. 20).

Die gerichtliche Entscheidung erwächst **nicht** in **materielle Rechtskraft.** Das gilt sowohl für Beschlüsse des Ermittlungsrichters als auch für solche des erkennenden Gerichts ebenso wie für Beschwerdeentscheidungen. Nach Ablehnung kann daher die Staatsanwaltschaft einen zweiten Antrag stellen. Der **Betroffene** kann nach richterlicher Bestätigung das **Gericht erneut anrufen.** Ziel ist dann die nunmehrige Aufhebung. Dafür sind allerdings **neue Tatsachen vorzubringen.**[59] Anträgen unter schlichter oder zu kurzfristiger Wiederholung schon beschiedener Gründe fehlt das Rechtschutzinteresse. **Ausreichen** kann allerdings nennenswerter weiterer **Zeitablauf,** weil schon allein dieser zu neuer Beurteilung der Verhältnismäßigkeit führen kann, insbesondere bei zögerlicher Führung des Verfahrens. 49

Grundsätzlich werden mit Eintritt der **Rechtkraft** noch nicht beschiedene, sich auf vollstreckungssichernde und nicht fortwirkende Maßnahmen beziehende Anträge aufgrund **prozessualer Überholung** unzulässig.[60] Das gilt auch für verfassungsrechtlich anerkannte Rehabilitierungsgründe nach gerichtlichen wie nichtrichterlichen Anordnungen, denen zuvor im Hauptverfahren hätte Rechnung getragen werden können. Nach Rechtskraft besteht das Rechtschutzinteresse zur Prüfung eines **schwerwiegenden Grundrechtseingriffs**[61] daher nur noch ganz ausnahmsweise. 50

VII. Beschwerde

Anordnungen und bestandsbezogene Erstentscheidungen des **Ermittlungsrichters** (selbst des BGH) und solche des erkennenden (auch: Oberlandes-)Gerichts unterliegen (ebenso wie verwehrte Wiedereinsetzung[62]) der **einfachen Beschwerde,** § 304.[63] ISv § 304 gilt **Vermögensarrest** als **„Beschlagnahme".**[64] Einzulegen ist die Beschwerde beim anordnenden Gericht. Dieses ist gem. §§ 306 Abs. 2 S. 1, 310 Abs. 2 S. 2 **abhilfebefugt** und hat die **Pflicht, diese ernsthaft zu prüfen.**[65] Bleibt es bei seiner Entscheidung, so legt es die Akten dem Beschwerdegericht vor. Dort ist die Wirtschaftsstrafkammer zuständig, wird eine Wirtschaftssache voraussichtlich mindestens zum Schöffengericht angeklagt werden.[66] Das Beschwerdegericht darf zwar das Sicherungsinstrument, nicht aber den Beschlagnahmegrund auswechseln (zB §§ 94 ff. anstatt §§ 111b ff.), um dem Betroffenen keine Instanz zu nehmen.[67] 51

---

[59] Huber RPfleger 2002, 285 (290); Spillecke in KK-StPO Rn. 5; Bittmann in Bittmann/Köhler/Seeger/Tschakert Strafrechtl. Vermögensabschöpfung-HdB Rn. 1144; grundsätzlich auch Rogall in SK-StPO § 111e Rn. 31, aber einschränkend nach einer Beschwerdeentscheidung, sofern keine weitere Beschwerde statthaft sei; s. auch Heine in SSW StPO § 111b Rn. 17 aE.

[60] Rogall in SK-StPO § 111e Rn. 30.

[61] Grundlegend: BVerfG 30.4.1997 – 2 BvR 817/90, 728/92, 802/95 und 1065/95, BVerfGE 96, 27; Johann in Löwe/Rosenberg Rn. 40; Rönnau Vermögensabschöpfung Rn. 340 f.; Rogall in SK-StPO § 111e Rn. 33 und Rn. 34; Schmidt Vermögensabschöpfung-HdB Rn. 1448; für die weitere Beschwerde ablehnend OLG Frankfurt a. M. 5.2.2018 – 2 Ws 745 und 746/17 Rn. 4.

[62] BGH 20.5.2020 – 2 ARs 307/19 – 1 AR 204/19, NStZ-RR 2020, 252.

[63] BGH 23.6.2020 – StB 17/20 Rn. 8; Johann in Löwe/Rosenberg Rn. 52. Der Vollzug kann gemäß § 307 Abs. 2 auch vom Beschwerdegericht ausgesetzt werden; § 120 Abs. 2 ist nicht analog anwendbar, BGH 16.6.2009 – StB 19/09 NStZ 2010, 343. Bloße materiell-rechtlich Verletzte sind am Verfahren nicht zu beteiligen, OLG Oldenburg 14.4.2011 – 1 Ws 109/11 StraFo 2011, 224 (zw. → Vor §§ 111b–111p Rn. 33.

[64] BGH 19.1.2021 – StB 46/20, Rn. 3.

[65] KG Berlin 2.6.2020 – 4 Ws 21/20, Rn. 13.

[66] LG Hildesheim 3.12.2018 – 22 Qs 8/18 NdsRpfl 2019, 95 Rn. 7–9.

[67] Schmidt Vermögensabschöpfung-HdB Rn. 685.

52 Die **weitere Beschwerde** ist nur[68] bei einer Arrestsumme von mehr als 20.000 EUR und gegen eine Arrestanordnung bzw. Bestätigung ihrer Fortdauer oder eine Ablehnungsentscheidung statthaft, § 310 Abs. 1 Nr. 3. Wäre statt der angeordneten Beschlagnahme einzig ein Vermögensarrest in Betracht gekommen, so ist die weitere Beschwerde nach den Rechtsgedanken der **§ 300** und des **Meistbegünstigungsprinzips** statthaft.[69] Ordnet erst das Beschwerdegericht die Beschlagnahme oder den Vermögensarrest an (auch in zulässiger (→ Rn. 43) Umwandlung des zuvor unzutreffenden Sicherungsinstruments), so spricht zwar das Gebot effektiven Rechtschutzes dafür, dies entgegen der hM als beschwerdefähige Erstanordnung zu behandeln.[70] § 111j Abs. 2 S. 3 bietet aber selbst auf Basis der hM mangels eingetretener Rechtskraft alsbald die Möglichkeit erneuter gerichtlicher Kontrolle. Der Prüfungsmaßstab ist für die Abhilfe- ebenso wie für die Entscheidung des Gerichts der weiteren Beschwerde der gleiche wie zuvor: Vollständige Rechtsprüfung, eingeschränkte Kontrolle von Ermessensentscheidungen.

53 Im Beschwerdeverfahren ist dem Verteidiger oder dem Rechtsvertreter eines Betroffenen bereits im Stadium der Ermittlungen **Akteneinsicht** zumindest in dem Umfang zu gewähren, wie es das konkrete Rechtsschutzinteresse verlangt.[71] Das kann zwecks Prüfung des Tatverdachts und der Wahrung des Übermaßverbots sehr weit reichen. Ausgenommen sind nur solche Aktenteile, die Hinweise auf bevorstehende weitere Ermittlungsmaßnahmen enthalten. Die Einzelheiten sind streitig (→ § 147 Rn. 24 ff.).

VIII. Aufhebungsentscheidungen

54 Vollstreckungssichernde Anordnungen sind vom Gericht **aufzuheben,**[72] sobald eine ursprünglich vorhandene notwendige Voraussetzung für ihre Anordnung entfallen ist. An die Stelle nicht mehr bestehender tragender Gründe können jedoch gleichwertige neue getreten sein. Das Beschwerdegericht darf die Arrestsumme erhöhen, weil das Verschlechterungsverbot nicht gilt.[73] Nach Ablauf eines Monats endet die Vollziehbarkeit zwar kraft Gesetzes (→ § 111f Rn. 13–16). Wird dies jedoch zu Unrecht bestritten, so ist der Vermögensarrest aufzuheben.[74] Im Ermittlungsverfahren ist das Gericht analog § 120 Abs. 3 S. 1 an einen Aufhebungsantrag der Staatsanwaltschaft gebunden.[75] Diese kann zudem bewegliche

[68] Für erledigte Anordnungen ablehnend OLG Frankfurt a. M. 5.2.2018 – 2 Ws 745 und 746/17 Rn. 4.

[69] AA OLG Köln 8.5.2020 – 2 WS 53 und 55/20. Die Begründung des BGH 19.1.2021 – StB 46/20 Rn. 3, bei beiden Instrumenten würden Gegenstände für den Staat mit Beschlag belegt, streitet unzweideutig für generelle Gleichstellung der Beschlagnahme.

[70] Johann in Löwe/Rosenberg Rn. 52.

[71] BVerfG 5.5.2004 – 2 BvR 1012/02, NJW 2004, 2443 Rn. 25 ff.; 19.1.2006 – 2 BvR 1075/05 NJW 2006, 1048; 4.12.2006 – 2 BvR 1290/05 NJW 2007, 274; sa. EGMR 13.2.2001 – 24479/94 NJW 2002, 2013; 13.2.2001 – 23541/94 NJW 2002, 2018; 13.12.2007 – 11364/03; BVerfG 9.3.1965 – 2 BvR 176/63, BVerfGE 18, 399 (407); 11.7.1994 – 2 BvR 777/94, NJW 1994, 3219; LG Kiel 14.6.2006 – 46 Qs 42/06; LG Ravensburg 27.11.2006 – 1 Qs 160/06; Rettke NJW 2020, 2898 (2901). Wird aus Ermittlungsgründen keine Akteneinsicht gewährt, so findet kein „in-camera-Verfahren" statt, sondern ist die Beschwerdeentscheidung zurückzustellen, BVerfG 9.9.2013 – 2 BvR 533/13 NStZ-RR 2013, 379; Corsten/Schilling Vermögensabschöpfung und Opferentschädigung, in Münchener Anwaltshandbuch Wirtschafts- und Steuerstrafrecht, § 13 Rn. 142; Spillecke in KK-StPO § 111e Rn. 12. Demgegenüber sehen Meißner/Schütrumpf, Praxisleitfaden Vermögensabschöpfung, Rn. 441 aE, das Beschwerdegericht als befugt an, eigenständig über ein Akteneinsichtsgesuch des Betroffenen bzw. von dessen Rechtsvertreter zu befinden.

[72] Faust AbschöpfungsR S. 199, 215 f.; Johann in Löwe/Rosenberg Rn. 37 und 43; Rönnau Vermögensabschöpfung Rn. 331; Rogall in SK-StPO § 111e Rn. 22; Willsch wistra 2013, 9 (12). Die Aufhebung ist konstitutiv, wirkt daher nicht auf den Zeitpunkt zurück, zu dem sie hätten aufgehoben werden können oder gar müssen.

[73] LG Hamburg 24.1.2022 – 630 Qs 24/21, Rn. 11.

[74] Davon wird der Betroffene regelmäßig erst im Zuge eines Vollziehungsversuchs Kenntnis erlangen. Trotzdem ist entgegen Buchholz/Weber NZWiSt 2020, 306 (309), nicht § 111k Abs. 3 einschlägig, weil nicht nur eine Vollziehungsmaßnahme, sondern mit der Vollziehbarkeit als solcher die Anordnung selbst betroffen ist.

[75] Johann in Löwe/Rosenberg Rn. 33 und 43; Rogall in SK-StPO § 111e Rn. 22.

Sachen gemäß § 111n herausgeben. Nach Hinterlegung der Lösungssumme, § 111e Abs. 4 S. 2, bleibt der Vermögensarrest selbst bestehen, e contrario § 111g Abs. 1.

Freispruch oder **Verurteilung ohne Abschöpfung** führen de jure **nicht zwingend** zur **Aufhebung** von Beschlagnahme oder Vermögensarrest. Einziehungserwartung[76] und Sicherungsbedürfnis können nämlich fortbestehen, zB weil die Anordnung auf ein Rechtsmittel der Staatsanwaltschaft hin oder im selbständigen Verfahren noch nachgeholt werden kann (→ § 111b Rn. 35).[77] Beim Wechsel in dieses bedarf es keiner Neuanordnung einer Sicherungsmaßnahme,[78] sondern eine bestehende gilt fort, so dass keine Rangnachteile drohen. Im Übrigen widerlegt jedoch meist eine instanzabschließende Entscheidung ohne Abschöpfung die zuvor positive Einziehungserwartung. Weil damit allerdings sichernde Anordnungen nicht automatisch enden, sind sie dann vom Gericht aufzuheben[79] und die Staatsanwaltschaft hat durchgeführte Vollziehungsmaßnahmen rückabzuwickeln. Eine Verurteilung kann hingegen, trotz des dadurch ausgelösten, aber nicht insolvenzfesten Veräußerungsverbots, § 75 Abs. 3 StGB (→ § 111d Rn. 2 und 7), umgekehrt Anlass zur Anordnung vollstreckungssichernder Maßnahmen bieten. 55

Der Eintritt der **Rechtskraft** zeitigt auf das Schicksal vollstreckungssichernder Maßnahmen **unterschiedliche Folgen.**[80] 56

Außer nach einer Vorbehaltsentscheidung gem. § 74f Abs. 1 S. 2 StGB[81] **endet** die **Beschlagnahme** beweglicher Sachen kraft Gesetzes mit **Rechtskraft.** Die Anordnung der Einziehung führt zum Eigentumsübergang gem. § 75 Abs. 1 S. 1 StGB.[82] Auch für die Fälle des § 75 Abs. 1 S. 2 StGB bedarf es der Beschlagnahme nicht mehr, denn das Recht zu weiterer amtlicher Verwahrung beruht auf der rechtskräftigen Einziehungsanordnung.[83] Entschied sich das Gericht gegen die Einziehung, blieb aber die Beschlagnahme bestehen, so wird sie mit Rechtskraft des Urteils (oder ggf. des Beschlusses) gegenstandslos, da prozessual überholt.[84] Ihre Aufhebung hätte nur deklaratorische Wirkung. Sie ist demnach **nicht geboten,**[85] aber aus Gründen der Rechtsklarheit durchaus **sachgerecht,**[86] ein entsprechender Antrag nicht unzulässig,[87] insbesondere wenn die Aufhebung der Anordnung die Freigabe der gesicherten Gegenstände zu fördern verspricht. 57

Ein die ersatzweise **Einziehung** des **Werts** von **Taterträgen** sichernder **Vermögensarrest** tritt mit Rechtskraft **automatisch außer Kraft.**[88] Bei Ablehnung ist er gegenstandslos, also prozessual überholt. Bei Anordnung endet seine **Wirkung** allerdings nicht ganz. Sie sichert fortan den **Rang** des nunmehr die Verwertung gestattenden, de jure gewandelten Sicherungsrechts (Pfändungspfandrecht oder Zwangshypothek statt Arrestpfandrecht oder Sicherungshy- 58

---

76 Johann in Löwe/Rosenberg Rn. 45; aA Köhler in Meyer-Goßner/Schmitt Rn. 11.

77 LG Berlin 20.12.2021 – 526 Qs 26/21, wistra 2022, 210 Rn. 4 und 8; Heine in SSW StPO Rn. 18 f.; Johann in Löwe/Rosenberg Rn. 38 und 45; Spillecke in KK-StPO Rn. 16 (anders aber Rn. 13); aA Willsch wistra 2013, 9.

78 Johann in Löwe/Rosenberg Rn. 36.

79 Heine in SSW StPO Rn. 18 und 20; Johann in Löwe/Rosenberg Rn. 35 aE und 38; Spillecke in KK-StPO Rn. 16.

80 Vgl. Bittmann in Bittmann/Köhler/Seeger/Tschakert Strafrechtl. Vermögensabschöpfung-HdB Rn. 365 und Rn. 456–458; Corsten/Schilling Vermögensabschöpfung und Opferentschädigung, in Münchener Anwaltshandbuch Wirtschafts- und Steuerstrafrecht, § 13 Rn. 129, sprechen demgegenüber einheitlich von automatischem Außerkrafttreten wegen Gegenstandslosigkeit.

81 Gercke in Gercke/Julius/Temming/Zöller § 111b Rn. 1; Johann in Löwe/Rosenberg § 111b Rn. 107.

82 Heine in SSW StPO Rn. 17; Johann in Löwe/Rosenberg Rn. 34; Kiethe in Radtke/Hohmann § 111e Rn. 6; Pegel in Radtke/Hohmann § 111b Rn. 8; Spillecke in KK-StPO, Rn. 13; für die Notwendigkeit einer Aufhebung Rogall in SK-StPO § 111e Rn. 20.

83 AA Mayer in KMR-StPO § 111d Rn. 5.

84 AA Johann in Löwe/Rosenberg Rn. 35: Aufhebung nötig.

85 Johann in Löwe/Rosenberg Rn. 34, aber beschränkt auf die Fälle des § 75 Abs. 1 StGB.

86 Gercke in Gercke/Julius/Temming/Zöller Rn. 9; Schmidt Vermögensabschöpfung-HdB Rn. 768.

87 Johann in Löwe/Rosenberg Rn. 50.

88 AA Johann in Löwe/Rosenberg § 111e Rn. 55 sowie § 111j Rn. 41 und 43 (Aufhebung bei Vorlage [an wen?] vollstreckbarer Urteilsausfertigung bzw. vollstreckbarer Kostenforderung); für den Vermögensarrest Rn. 45; Mayer in KMR-StPO § 111g Rn. 5: Aufhebung nötig.

pothek). Der Vermögensarrest endet auch, soweit die Einziehungsforderung der hinterlegten Lösungssumme entspricht oder darüber hinausgeht, da die für die Rückzahlung an den Hinterleger erforderliche Bedingung nicht mehr eintreten kann.[89] Soweit der hinterlegte Betrag die Einziehungsforderung jedoch überschreitet, wird mit Rechtskraft auch das Pfandrecht gem. § 233 BGB (teil-)unwirksam. Ein Vermögensarrest zur Sicherung von **Geldstrafe** und **Kosten** bleibt hingegen bis zu deren Vollstreckbarkeit **in Kraft** (→ § 111e Rn. 83), ein solcher zur Sicherung einer Umwandlungsentscheidung gem. **§ 76 StGB** bis zu deren **Rechtskraft.**

§ 111k [Verfahren bei der Vollziehung der Beschlagnahme und des Vermögensarrestes]

(1) [1]Beschlagnahme und Vermögensarrest werden durch die Staatsanwaltschaft vollzogen. [2]Soweit ein Arrest nach den Vorschriften über die Pfändung in bewegliche Sachen zu vollziehen ist, kann dies durch die in § 2 des Justizbeitreibungsgesetzes bezeichnete Behörde, den Gerichtsvollzieher, die Staatsanwaltschaft oder durch deren Ermittlungspersonen (§ 152 des Gerichtsverfassungsgesetzes) vollzogen werden. [3]Die Beschlagnahme beweglicher Sachen kann auch durch die Ermittlungspersonen der Staatsanwaltschaft (§ 152 des Gerichtsverfassungsgesetzes) vollzogen werden. [4]§ 98 Absatz 4 gilt entsprechend.

(2) [1]Für die Zustellung gilt § 37 Absatz 1 mit der Maßgabe, dass auch die Ermittlungspersonen der Staatsanwaltschaft (§ 152 des Gerichtsverfassungsgesetzes) mit der Ausführung beauftragt werden können. [2]Für Zustellungen an ein im Inland zum Geschäftsbetrieb befugtes Kreditinstitut gilt § 174 der Zivilprozessordnung entsprechend.

(3) Gegen Maßnahmen, die in Vollziehung der Beschlagnahme oder des Vermögensarrestes getroffen werden, kann der Betroffene die Entscheidung des nach § 162 zuständigen Gerichts beantragen.

Übersicht

I. Regelungsgegenstand

1 § 111j befasst sich mit der Zuständigkeit für die **Anordnung** von sichernden Maßnahmen. Eine solche Entscheidung trägt lediglich **Gestattungscharakter** (→ Rn. 8). Es besteht folglich **kein Automatismus** dahingehend, dass sie **tatsächlich vollzogen** werden müsste. Vielmehr entscheidet darüber im Ermittlungsverfahren der sachbearbeitende Staatsanwalt nach seinem pflichtgemäßen Ermessen.[1] Die allgemeine Zuständigkeit für die Vollziehung liegt bei der Staatsanwaltschaft und dort regelmäßig beim Rechtspfleger, § 31 Abs. 1

[89] AA Johann in Löwe/Rosenberg § 111e Rn. 30: es bedürfe der Aufhebung.

[1] Johann in Löwe/Rosenberg Rn. 3 unter Hinweis auf etwaige Amtshaftungsansprüche aufgrund Untätigkeit geschädigter Anspruchsinhaber (Verletzter); Schlachetzki wistra 2011, 41 (46 f.).

Nr. 1 und 2 RPflG,[2] dem auch die Einhaltung der Schuldnerschutzbestimmungen anvertraut ist. § 111k Abs. 2 bietet Erleichterungen bei der Zustellung und § 111k Abs. 3 betrifft den Rechtschutz gegen Vollziehungsmaßnahmen (in Abgrenzung zu Anordnungen, § 111j).

II. Zuständigkeiten

Die Regelungstechnik des § 111k weicht von derjenigen der Vorläuferbestimmungen des § 111f aF ab. Sie differenziert nicht nach unterschiedlichen Vollziehungsobjekten, sondern **weist** die **Zuständigkeit bestimmten Organen** zu. Ausgangspunkt ist für **sämtliche Vollziehungsmaßnahmen** die **umfassende Zuständigkeit** der **Staatsanwaltschaft,** Rechtspfleger, § 31 Abs. 1 Nrn 1 und. 2 RPflG. Wörtlich ist dies aber insoweit nicht zu nehmen, als sie weiterhin nicht befugt ist, **Registereintragungen** selbst vorzunehmen. Sie[3] darf lediglich das Grundbuchamt[4] (des Beifügens einer Ausfertigung oder beglaubigter Abschrift des Vermögensarrests bedarf es nicht[5]), das Schiffs- und das Register für Pfandrechte an Luftfahrzeugen um Eintragung ersuchen, wie seit dem 1.7.2021 § 111k Abs. 1 S. 2 nunmehr ausdrücklich besagt. Solange eine Finanzbehörde das Verfahren führt, liegt die Zuständigkeit bei ihr, ohne dass sie der registerführenden Stelle eine Richtigkeitsbescheinigung nach § 322 Abs. 3 S. 2 AO (wie bei der Vollziehung eines dinglichen Arrests nach § 324 AO) vorlegen müsste.[6] 2

Die Vollziehung von Beschlagnahme und Vermögensarrest in bewegliche Sachen, Forderungen und andere Vermögensrechte darf die **Staatsanwaltschaft** selbst vornehmen, Abs. 1 S. 1.[7] **Ausschließlich zuständig** ist sie jedoch nur für die Anträge bei den einschlägigen Registern sowie für die Pfändung von Forderungen und anderen Rechten. Insoweit spricht § 111c Abs. 2 S. 3 ausdrücklich vom Pfändungs**beschluss**[8] und nicht von einer Verfügung. Daran knüpfen jedoch keine inhaltlichen und Besonderheiten für den Rechtschutz an. 3

Die Staatsanwaltschaft ist befugt, unterschiedliche Organe mit bestimmten Aufgaben zu betrauen. Ihre **Ermittlungspersonen** (§ 152 GVG) dürfen eine (auch selbst[9]) angeordnete Beschlagnahme bzw. einen Vermögensarrest in alle beweglichen Sachen vollziehen § 111k Abs. 1 S. 3 und 4, dh auch in die in § 111c Abs. 4 genannten Schiffe, Schiffsbauwerke und Luftfahrzeuge.[10] Die erforderlichen Realakte darf unter Aufsicht oder auf Anordnung des Staatsanwalts oder einer Ermittlungsperson auch jeder Dritte[11] vornehmen. In einem Dienstgebäude der Bundeswehr führt die für dieses zuständige Dienststelle[12] unter fakultativer Beteiligung der ersuchenden Ermittlungsbehörde die Vollziehung durch, weil die Sonderregel des § 98 Abs. 4 für die Vollziehung einer vollstreckungssichernden Beschlagnahme bzw. eines Vermögensarrests entsprechend gilt, Abs. 1 S. 5. 4

Für die Vollziehung eines **Vermögensarrests** in bewegliche Sachen sind nicht nur Staatsanwaltschaft nebst Ermittlungspersonen, sondern auch **Gerichtsvollzieher**[13] (unter 5

[2] Gercke in Gercke/Julius/Temming/Zöller Rn. 6; Johann in Löwe/Rosenberg Rn. 3 f., 6, 10, 12 und 13.

[3] Mayer in KMR-StPO Rn. 3 hält insoweit den Staatsanwalt und nicht den Rechtspfleger für zuständig.

[4] OLG Hamm 22.2.2018 – I – 15 W 15/18, RPfleger 2018, 433 Rn. 3–13; OLG München 22.12.2017 – 34 Wx 432/17, RPfleger 2018, 249 Rn. 10 (dazu Moritz jurisPR-Compl 1/2018, Anm. 3); Heine in SSW StPO Rn. 9; Johann in Löwe/Rosenberg Rn. 9.

[5] BGH 21.11.2019 – V ZB 75/18, NZWiSt 2020, 193 Rn. 8 und 10–15; BGH 28.5.2020 – V ZB 56/19 NJW 2020, 2337 Rn. 6.

[6] BGH 21.11.2019 – V ZB 75/18, NZWiSt 2020, 193 Rn. 18.

[7] AA Heine in SSW StPO Rn. 4 unter Hinweis darauf, dass § 20 Nr. 17 dem Rechtspfleger die Zwangsvollstreckung nicht übertragen habe.

[8] Ullenboom Vermögensabschöpfung Rn. 316.

[9] Heine in SSW StPO Rn. 5; Schmid/Winter NStZ 2002, 8 (8 f.).

[10] Johann in Löwe/Rosenberg Rn. 9.

[11] Johann in Löwe/Rosenberg Rn. 6 schränkt dies auf Beamte ein; Köhler in Meyer-Goßner/Schmitt § 111k Rn. 2 auf Polizeibeamte.

[12] Köhler in Meyer-Goßner/Schmitt § 98 Rn. 27.

[13] Zur ungenügenden Anerkennung von dessen finanziellen Interessen vgl. Retemeyer in HWiStR Teil 14, Rn. 89.

Formzwang gem. § 753 Abs. 3 ZPO) und die aufgrund von Weiterverweisungen im Einzelnen nicht immer eindeutige und deshalb in der Praxis weitgehend irrelevante, **in § 2 JBeitrG** bezeichnete Behörde zuständig,[14] § 111k Abs. 1 S. 3. Die Auswahl obliegt allein[15] der Staatsanwaltschaft.[16] Für pflichtgemäß selbstbelastende Auskünfte an den Gerichtsvollzieher gilt ein Beweisverwertungsverbot (→ § 111f Rn. 9).

6 Für sämtliche Vollziehungsmaßnahmen gilt der **sachenrechtliche Bestimmtheitsgrundsatz,** den alle zur Vornahme berufenen Organe zu wahren haben (ebenso wie die Gerichte bei Tenorierung einer Einziehung gem. § 74 StGB[17]). Allgemein- oder Sammelbezeichnungen (etwa: sämtliche im Haushalt vorgefundenen Schmuckstücke) genügen nicht. **Erleichterungen,** die die ZPO zulässt (zB bei der „Raumpfändung" mit Wirkung für alle darin aufbewahrten Gegenstände), reichen jedoch auch strafprozessual aus. Bei einer Kontopfändung sind Kreditinstitut, Kontoinhaber und IBAN anzugeben; bei einem Kraftfahrzeug ein Identifikationsmerkmal, wenn vorhanden die FIN; bei Gegenständen ohne Individualnummer bietet sich die Beschreibung nebst Auffindeort an (zB Flachbildschirm Samsung, Wohnzimmerschrank), sinnvollerweise nebst zu den Akten zu nehmender Photographie. Ist die Maßnahme **nicht konkret genug bezeichnet,** so ist sie **unwirksam** und lässt die mit Vollziehung intendierten Sicherungsrechte (Veräußerungsverbot, ggf. Pfandrecht) **nicht entstehen.**

7 § 111k Abs. 2 S. 1 verweist für notwendige **Zustellungen** auf § 37 Abs. 1, dieser auf die ZPO und damit auf die Vorschriften über die Zustellung sowohl im Amts-, §§ 166 ff. ZPO, als auch im Parteibetrieb, §§ 191 ff. ZPO.[18] Der Verweis gilt jedoch mit der erweiternden Maßgabe einer (anders als gemäß § 168 Abs. 2 ZPO) voraussetzungslos ergänzenden Zuständigkeit auch der Ermittlungspersonen, die deshalb Zustellung und Vollziehung der Maßnahme miteinander verbinden können. § 111k Abs. 2 S. 2 erklärt § 174 ZPO für entsprechend anwendbar. Das ermöglicht es, die Wirksamkeit einer Pfändung gegenüber einem im Inland zum Geschäftsbetrieb befugten Kreditinstitut als Drittschuldner im Wege elektronischer Übermittlung deutlich schneller zu bewirken, um auf diese Weise etwaigen Verfügungen sowohl des Kontoinhabers und der Kontobevollmächtigten als auch von Drittgläubigern vorzubeugen (spätere sind unzulässig, § 111h Abs. 2 S. 1, und wären wegen des Veräußerungsverbot relativ unwirksam, → § 111h Rn. 40).

III. Schuldnerschutz

8 Gerichtsbeschlüsse tragen im Ermittlungsverfahren regelmäßig lediglich **gestattenden Charakter.** Die Staatsanwaltschaft entscheidet nach ihrem pflichtgemäßen Ermessen, ob sie Beschlagnahme oder Vermögensarrest vollzieht und wenn ja, ob mittels **Durchsuchung.** Gänzlicher Verzicht bedarf eines sachlichen Grundes; ein anderer als Berücksichtigung nachträglicher Entwicklungen ist kaum denkbar. Berechtigten **Interessen** des **Betroffenen** ist bei der **Vollziehung** sachverhaltsabhängig **Rechnung** zu **tragen** – von Anfang an, erst recht mit zunehmendem Zeitablauf und damit steigendem Gewicht seiner Belange. Das wirft bei der Vollziehung eines Vermögensarrests zuweilen schwierige Fragen auf.

9 Das **Übermaßverbot** ist erkennbar zu beachten. Ein Vermögensarrests ist ein vorläufiger Titel, der gerade anfangs auf unsicherer Tatsachenbasis steht. Für den Betroffenen, auch als Beschuldigtem, gilt die Unschuldsvermutung. Die Vollziehung sollte daher keine Einschränkung des bisherigen, nicht übertrieben-luxuriösen Lebensstandards erzwingen.

[14] Einzelheiten bei Rogall in SK-StPO § 111f Rn. 12. Der Verweis ermöglicht für die Fälle des § 111e Abs. 2 die Vollziehung seitens der Gerichtskasse, Heine in SSW StPO Rn. 10; Mayer in KMR-StPO Rn. 5; ferner → Vor §§ 111b–111q Rn. 59.

[15] Rogall in SK-StPO § 111f Rn. 14, so dass Ermittlungspersonen zB einen Gerichtsvollzieher nicht wirksam beauftragen können.

[16] Rogall in SK-StPO § 111f Rn. 11.

[17] ZB BGH 21.1.2021 – 2 StR 368/20; 27.1.2021 – 6 StR 468/20.

[18] Johann in Löwe/Rosenberg Rn. 15 f. (mit dem Hinweis, dass über § 404 S. 1 AO auch Steuerfahnder mit der Zustellung betraut werden können); Köhler in Meyer-Goßner/Schmitt Rn. 14; Rogall in SK-StPO § 111f Rn. 19; Spillecke in KK-StPO Rn. 6.

Wurden bereits erhebliche Werte gesichert, so ist die Vollziehung der späteren Einziehungsanordnung, die erfahrungsgemäß, häufig deutlich, unterhalb der Arrestsumme liegt, weitgehend gewährleistet. Hinsichtlich der nur noch ungesicherten Spitze wiegen die Belange des Betroffenen daher erheblich schwerer als bei gänzlich fehlender Sicherung.[19]

1. Auswahl des Objekts bei Vollziehung eines Vermögensarrests. Während bei der Beschlagnahme das Objekt von vorn herein feststeht, sei es mit vorausgegangener Anordnung, sei es aufgrund des bloßen Wissens um den Tatertrag selbst, ist dies bei der Vollziehung eines Vermögensarrests anders. **Sicherungsziel** ist nicht die spätere Einziehung eines bestimmten Gegenstands, sondern es sollen vor dem manipulativen Zugriff **Werte** gesichert werden, in die die erwartete ersatzweise Anordnung der Einziehung des Werts von Taterträgen als **Geldforderung** vollstreckt werden kann. Ebenso wie dafür steht auch für die Vollziehung eines Vermögensarrests das **gesamte Vermögen** des **Betroffenen** zur Verfügung und zwar **unbeschadet** etwaiger **Bemakelung.** Er darf daher in den Grenzen des Übermaßverbots prinzipiell in alle nicht zum Schonvermögen gehörenden Gegenstände vollzogen werden. 10

Stehen mehrere Objekte zur Verfügung, so ist das **Auswahlermessen,**[20] das den Bestand des Vermögensarrests unberührt lässt,[21] pflichtgemäß nach dem **Prinzip grundrechtschonender Vollziehung** auszuüben. Ausfluss dessen ist der vorrangige Zugriff auf Gegenstände, die vermutlich aus Taterträgen erworben wurden (→ § 111f Rn. 5). Fielen die zu erwartenden Folgen jedoch gravierender aus als bei einem ausreichend sicheren Zugriff auf einen anderen Gegenstand, so ist er vorrangig zu pfänden – ebenso sicher muss der zu erwartende Verwertungserlös nicht sein,[22] denn das widerspräche dem Gebot der Abwägung mit den berechtigten Interessen des Betroffenen. Vorschläge des Betroffenen sind nicht bindend, bedürfen aber der Prüfung, um die erforderliche **Sicherung minimalinvasiv** vorzunehmen.[23] 11

Die **Auswahl** der **Vollziehungsobjekte** bewegt sich im Grenzbereich zwischen Art und Weise der Vornahme und Zulässigkeit der Maßnahme selbst. Über einen **Rechtsanspruch,** sie selbst zu treffen, verfügt der **Betroffene** zwar nicht, wohl aber auf **Minimierung** der **Nebenfolgen.**[24] Die **Liquidität** eines Unternehmens **darf** durch die Pfändung seines Girokontos **nicht gefährdet** werden, so dass hier der Eintragung einer Sicherungshypothek der Vorrang gebührt.[25] Soll ein Goldbarren im Wert von 50.000 Euro zwecks Sicherung erwarteter Einziehung von 5.000 Euro gepfändet werden, so steht die Art und Weise der Pfändung im Vordergrund. Die Vollziehung ist übermäßig, sofern es zB ein ausreichendes Kontoguthaben gibt. Steht jedoch kein anderes Vollziehungsobjekt zur Verfügung, so stellt sich die Frage nach der Zulässigkeit der Pfändung des Barrens. Verhältnismäßig kann sie aufgrund des geringen Gebrauchswerts sein. In anderer Konstellation lässt sich ein solcher jedoch mittels Pfändung im Wege der Markierung statt Überführung in amtlichen Gewahrsam erhalten. Ist das möglich, so ist nicht die Pfändung unverhältnismäßig, sondern wäre es die Entziehung auch des Gewahrsams. 12

Wenngleich die Entscheidung sachverhaltsabhängig zu treffen ist, so lassen sich doch gewisse **Plausibilitäten verallgemeinern.** Die Pfändung eines Sparkontos (oder von Wertpapieren) belastet weniger als die Pfändung eines Girokontos. Die Eintragung einer Sicherungshypothek an erster Stelle bedingt, sofern nicht gerade der Verkauf oder eine dingliche Belastung beabsichtigt ist, weniger Nebenwirkungen als eine Kontopfändung. Auf Schmuck 13

---

19 Vgl. Meißner, Anm. zu LG Leipzig 22.10.2020 – 13 Qs 68/20 MedStra 2021, 129.

20 Faust AbschöpfungsR S. 92 (ausführlich S. 91 ff.; Peters in Peters/Bröckers Vermögensabschöpfung Rn. 488–490.

21 Die allerdings nicht ergebnisrelevanten Erwägungen des OLG Celle 8.7.2020 – 2 Ws 200/20, wistra 2021, 210 Rn. 103 (m Anm Rettke) liegen daher neben der Sache.

22 AA OLG Celle 8.7.2020 – 2 Ws 200/20, wistra 2021, 210 Rn. 103 (mAnm Rettke).

23 Übergangen von LG Leipzig 22.10.2020 – 13 Qs 68/20 Medstra 2021, 129 mkritAnm Meißner.

24 Meißner Anm. zu LG Leipzig, 22.10.2020 – 13 Qs 68/20 MedStra 2021, 129; Peters in Peters/Bröckers Vermögensabschöpfung Rn. 488–490.

25 Retemeyer in HWiStR Teil 14, Rn. 84.

lässt sich eher verzichten als auf ein Smartphone (wenn es denn überhaupt aufgrund des Gebrauchs noch einen Marktwert repräsentiert).

14 **2. Strafprozessuale Wahrung der Schuldnerschutzbestimmungen der ZPO. Strafprozessuale** Regeln genießen **Vorrang** vor den **Schuldnerschutzbestimmungen** der **ZPO.** Das gilt für die Vorwirkung des § 459g Abs. 5 S. 1, → § 111e Rn. 28–35a) und es darf ein Vermögensarrest wegen Geldstrafe und Kosten gar nicht erst in gemäß § 111g Abs. 2 geschützte Gegenstände vollzogen werden, wenn Tatsachen bekannt sind, welche (auf Antrag) zur Aufhebung dieser Vollziehungsmaßnahme zwängen.[26] Zudem gelten die **Pfändungsschutzbestimmungen**[27] der ZPO sinngemäß, §§ 811 ff. ZPO für die Sach-,[28] §§ 850 ff. ZPO für die Forderungspfändung, insbesondere aus **Arbeitseinkommen.**[29]

15 Unübertragbare Forderungen wie zB Leistungen an Flutopfer,[30] **Corona-Prämien**[31] und **Corona-Soforthilfen** sind unpfändbar, § 851 ZPO.[32] Der Schutz bezieht sich jedoch allein auf die Forderung, besteht nach Auszahlung also nicht mehr, wohl aber nach allgemeinen Regeln wie § 765a ZPO. Aufgrund der Zweckbestimmung sind dessen Voraussetzungen von Amts wegen zu berücksichtigen und führen grundsätzlich zur **Unpfändbarkeit** auch **nach Auszahlung** bzw. **Überweisung.** Eine **Ausnahme** gilt aber beim Verdacht betrügerischen Erschleichens,[33] zwecks Vermeidung einer Existenzgefährdung allerdings nur bei **dringendem Tatverdacht.** Die zuweilen routinemäßige Anordnung eines Vermögensarrests allein aufgrund ungeklärter bürokratischer Fragen (wie Meinungsverschiedenheiten über die Berechtigung für ein neben dem Studium zwecks dessen Finanzierung geführtes Unternehmen) nebst Anhörung nach Pfändung mittels übersandtem Formularhinweis, bei Einverständnis mit der Auszahlung werde das Verfahren eingestellt, wäre schon ohne die Sondersituation rechtswidrig.

16 **a) Übersicherung.** Die Reichweite des allgemeinen Verbots der **Übersicherung,** § 803 Abs. 1 S. 2 ZPO, ist weiterhin ungeklärt.[34] Auch insoweit gilt das Gebot **grundrechtschonender Vollziehung.** Neben Vorsorge gegen Verschleuderung (→ § 111f Rn. 4) sind vorrangig Gegenstände mit erkennbarem Bezug zur Tat auszuwählen (→ § 111f Rn. 5) und ist bei Haftung mehrerer etwaige Gesamtschuldnerschaft zu beachtenn (→ Rn. 19–26a).

17 Dem **Betroffenen** mit der Begründung, es komme auf die Deckung des Werts der Taterträge an, das **Risiko** von **Wertschwankungen** aufzubürden,[35] erscheint nicht ausnahmslos als sachgerecht (etwa nach Gemeindelikten). Abschöpfungsrechtlich kommt es auf

---

[26] Unzutreffend Gercke in Gercke/Julius/Temming/Zöller § 111g Rn. 6; Rogall in SK-StPO § 111d Rn. 22, die unter den Voraussetzungen des § 111g Abs. 2 bereits das Ergehen des Arrestbefehls selbst für unzulässig halten.

[27] OLG Celle 25.9.2012 – 2 Ws 214/12, wistra 2013, 39 Rn. 16: §§ 928, 765a ZPO (in concreto aber verneint, trotz Pfändung des Vermögens mit der Folge der Abhängigkeit von Arbeitslosengeld II); grundsätzlich auch Johann in Löwe/Rosenberg § 111e Rn. 65, der aber zudem hilfsweise auf das Übermaßverbot abstellt.

[28] Rogall in SK-StPO § 111d Rn. 27; Schmidt Vermögensabschöpfung-HdB Rn. 975–981.

[29] Faust AbschöpfungsR S. 213 f.; Mayer in KMR-StPO § 111g Rn. 3; Retemeyer in HWiStR Teil 14, Rn. 97; Schmidt Vermögensabschöpfung-HdB Rn. 1105–1168.

[30] Ahrens NZI 2021, 801.

[31] AG Cottbus 23.3.2021 – 63 IN 127/18, ZInsO 2021, 796; Ahrens ZInsO 2021, 1189.

[32] BGH 10.3.2021 – VII ZB 24/20 NJW 2021, 1322 mAnm Herberger; FG Münster 13.5.2020 – 1 V 1286/20 AO, BeckRS 2020, 8882 (dazu Johann NZWiSt 2020, 370); AG Passau 7.5.2020 – 4 M 1551/20, ZInsO 2020, 2273.

[33] Einziehung betreffend: LG Stade 16.12.2020 – 600 KLs 141 Js 21934/20, Rn. 141–143 (Revision verworfen: BGH 4.5.2021 – 6 StR StR 137/21, NJW 2021, 2055); für Vermögensarrest: LG Augsburg 2.11.2020 – 10 Qs 1054/20; aA Johann NZWiSt 2020, 370.

[34] Faust AbschöpfungsR S. 204, 212 f.; Peters in Peters/Bröckers Vermögensabschöpfung Rn. 493; Reichhart Vermögensabschöpfung S. 112 ff. (nur Zeitwert, iGgs. zur zivilprozessualen Zwangsversteigerung, bei welcher der doppelte Wert gesichert werden dürfe); Rönnau Vermögensabschöpfung Rn. 76–78 und 96; Rogall in SK-StPO § 111d Rn. 27.

[35] BGH 29.6.2010 – 1 StR 245/09, NStZ 2011, 83 Rn. 50; s. auch Johann in Löwe/Rosenberg § 111p Rn. 12.

die **Entziehung** des Werts der Taterträge an. Allein dies realisiert den Grundsatz, Straftaten dürften sich nicht lohnen. Völlig irrelevant **dafür** sind Empfänger und Verwertungschancen. Zumindest für die Arrestvollziehung als vorläufigem Sicherungsmittel ist daher nicht ausschließlich auf den erwarteten **Verwertungserlös abzustellen** und nach Gemeindelikten zu berücksichtigen, dass die Einziehung de jure nicht die Staatsfinanzierung bezweckt. Nach Individualdelikten kommt dem erwarteten Erlös größere Bedeutung zu, aber keine einseitige. Opfer genießen strafprozessualen Schutz von vorn herein nur begrenzt und reflexartig.

Dem Erfordernis **grundrechtschonenden Vorgehens** maß das LG Leipzig ersichtlich **18** nicht die angemessene Bedeutung bei, als es in einseitiger Betonung der Realisierungsinteressen (des Justizfiskus wie der Geschädigten) die Sicherung von Werten in Höhe von ca. 4.000.000 Euro bei einer Arrestsumme von gut 2,6 Mio Euro für unbedenklich hielt.[36] Abgesehen davon wäre vorgelagert zu prüfen gewesen, ob angesichts derartiger Finanzkraft überhaupt ein Sicherungsbedürfnis bestand.

b) Übersicherung und Gesamtschuld. Nicht konsentiert ist, wann **Überpfändung** **19** **im Fall gesamtschuldnerischer Haftung** vorliegt.[37] Schon dieser Ausgangspunkt ist mit Unsicherheiten behaftet. Die Rechtsprechung anerkennt Gesamtschuld nur auf derselben Handelsstufe, während § 261 Abs. 10 StGB eine Abschöpfungseinheit von Erwerbs- und Anschlussdelikt herstellt. Jenseits dieser Hürde treffen bei Gesamtschuld **zwei je für sich legitime Interessen** aufeinander, denen **nicht** vollständig **kumulativ Rechnung getragen** werden **kann.** Des vorläufigen Charakters wegen unterscheiden sich Arrestvollziehung und Vollstreckung rechtskräftiger Einziehungsforderung wesentlich. Letztere ist mit der Beitreibung des insgesamt geschuldeten Betrags beendet. Diese Grenze auf den **Vermögensarrest** zu übertragen, liegt zwar im Interesse Betroffener, nicht aber auch des Justizfiskus und ggf. der Anspruchsinhaber (Verletzten).

Die Sicherung bei nur einem von vermutet mehreren Gesamtschuldnern entfaltet ledig- **20** lich einen begrenzten Schutz, weil im Fall der Einstellung des Verfahrens gegen diesen oder seines Freispruchs die Freigabe zu erfolgen hat, selbst wenn gegenüber anderen Betroffenen die Einziehung in eben dieser Höhe angeordnet wird.[38] Die Staatsanwaltschaft bemüht sich daher typischerweise, kumulativ die **volle Arrestsumme** in das Vermögen **aller** denkbaren **Gesamtschuldner** zu vollziehen – und das sogar dann noch, wenn der Anspruch des Verletzten erloschen ist.[39]

Es **widerspricht** jedoch dem **Sicherungscharakter** des Vermögensarrests, **mehr zu** **21** **sichern als endgültig eingezogen** werden **darf.**[40] Die Obergrenze der Einziehung stellt der Ertrag dar. Damit führt dessen vollständige Rückführung auch dann zum Erlöschen gem. § 73e Abs. 1 S. 1 StGB, wenn bei Tatbeteiligten Ertrag (ganz oder teilweise) verbleibt.[41] Bei einer Räuberbande aus 10 Personen, von der jeder Mitverfügungsgewalt über die Gesamtbeute von 1 Mio. Euro hatte, dürfen nicht 10 Mio. Euro gesichert werden. Dies scheitert zwar ohnehin meist an faktischen Grenzen. Fälle der Weitervollstreckung nach Sicherung der Gesamtsumme sind aber nicht selten.[42] Davon ist jedoch insbesondere gegen-

[36] LG Leipzig 22.10.2020 – 13 Qs 68/20 Rn. 17 medstra 2021, 129 mkritAnm Meißner; einseitige Betonung des Verwertungsinteressees auch bei OLG Celle 8.7.2020 – 2 Ws 200/20, wistra 2021, 210 Rn. 103 (mAnm Rettke).

[37] Johann in Löwe/Rosenberg § 111e Rn. 22; Lohse JR 2011, 242 (243 f.); Retemeyer in HWiStR Teil 14, Rn. 85; s. auch Rogall in SK-StPO § 111b Rn. 23.

[38] AG Tiergarten in Berlin 5.11.2020 – 348 Gs 3302/20, BeckRS 2020, 42437 Rn. 8; auch LG Berlin 16.12.2020 – 514 Qs 29/20, NZWiSt 2021, 286 Rn. 15 (mAnm Rettke).

[39] Zu Recht von OLG Frankfurt, 16.8.2021 – 3 Ws 406–408/21, BB 2021, 2131 Rn. 10–29 zurückgewiesen.

[40] AA Köhler/Burkhard NStZ 2017, 665 (669, Fn. 36).

[41] OLG Frankfurt 16.8.2021 – 3 Ws 406–408/21, BB 2021, 2131 Rn. 10–29.

[42] Das LG Berlin 16.12.2020 – 514 Qs 29/20, NZWiSt 2021, 286 Rn. 15 (mAnm Rettke), ist ebenso knallhart wie einseitig der Auffassung, ein Vermögensarrest könne bis zur Vollstreckung gegen jeden potenziellen Gesamtschuldner in voller Höhe vollzogen werden, ohne dass Übersicherung eintrete.

über solchen Betroffenen abzusehen, die in beengten finanziellen Verhältnissen leben. Auch nachdem die Entreicherung nicht mehr zwingend zur Unverhältnismäßigkeit der Vollstreckung iSv § 459g Abs. 5 S. 1 führt, liegt sie aufgrund ihrer anderenfalls erdrosselnden Wirkung gerade zugunsten in der Hierarchie Untenstehender nahe. Hier gilt es nicht nur die Vorwirkung (→ § 111e Rn. 28–35a) als solche zu beachten. Hinzu kommen die aufgrund Vollziehung der vorläufigen Maßnahme ggf. für sich desozialisierenden und damit unverhältnismäßigen Folgen.

22 Den **Unsicherheiten** und damit den Interessen des Justizfiskus lässt sich nicht vollständig, immerhin aber **partiell Rechnung tragen.** Der ungewissen Vollziehungsaussichten wegen sind Versuche, in das Vermögen aller denkbaren Gesamtschuldner die gesamte Arrestsumme zu vollziehen, **zunächst rechtmäßig.**[43] Dabei kann es aber **nicht sein Bewenden** haben. Eine vorläufige Maßnahme darf nicht, ggf. über Jahre hinweg, härtere Folgen zeitigen als in der Hauptsache denkbar. Daher hat die Staatsanwaltschaft **von Amts wegen zu prüfen,** in welcher Weise sie den Interessen auch der Betroffenen Rechnung tragen muss. Gegen eine Weigerung oder bei Unzufriedenheit mit dem Ergebnis kann dann jeder Betroffene Rechtschutz nach Abs. 3 suchen.

23 Inhaltlich bedarf die Rücksichtnahme auf die Betroffenen mangels gesetzlicher Regelung oder auch nur normativ vorhandener Aspekte der **Abwägung** anhand des Grundsatzes der **Verhältnismäßigkeit.** Es handelt sich dabei nicht um ein hartes Kriterium. Vielmehr kommt es auf das Streben nach einem **sachlich angemessenen Ergebnis** an. Zu berücksichtigen sind der Verfahrensstand und sämtliche anderen relevanten Umstände, zB Grad des Verdachts gegen verschiedene Beschuldigte, ihre Rolle bei den Taten, ihre finanzielle Lage und auch, wie sehr sie aufgrund ihrer persönlichen und sozialen Situation von der Vollziehung betroffen sind.

24 Dem als „Paten" Verdächtigten ist sicherlich eine höhere Belastung zuzumuten als dem bloßen Transporteur, der sich ein Zubrot zu seinem legalen Job verdienen wollte, um zB die Raten für seinen Hauskredit bezahlen zu können. Er hat ohnehin Pech, weil er (trotz meist vorrangiger Grundschuld der Bank) über zugriffsfähiges Vermögen verfügt. Es wäre daher unangemessen, nach vollständiger Vollziehung gegen Minderbeteiligte entweder die Aktivitäten zur Vollziehung beim Hintermann einzustellen oder in deren Erfolgsfall die Maßnahme gegen den Helfer unverändert bestehen zu lassen.

25 Die **volle** Sicherung der Arrestsumme **sperrt** demnach **weitere Vollziehungsbemühungen nicht automatisch.** Deren **Erfolg korreliert** jedoch mit dem **Gebot** der **Freigabe** von Sicherheiten bei anderen Beteiligten, aber nicht zwingend in gleicher Höhe. Die Risiken des Erfolgs der Bemühungen des Hintermanns um Freigabe bei ihm gesicherter Werte oder seines Freispruchs trägt die Justiz ohnehin.[44] Da sich die Tat für einen Entreicherten typischerweise gerade nicht gelohnt hat (→ Rn. 17) und die Einziehung de jure nicht der Finanzierung des Justizhaushalts dient, sondern **allein** auf die **Korrektur unrechtmäßiger Vermögenszuordnung** beim Inhaber bemakelten Vermögens abzielt, rechtfertigt die immer gegebene Gefahr einer Sicherung beim **Falschen** nicht die dauerhafte flächendeckende **Arretierung** von den **Tatertrag x-fach übersteigenden Beträgen** bei allen Verdächtigen in der bloßen Hoffnung, darunter befände sich zumindest ein **Richtiger,** gegen den die ersatzweise Einziehung des Werts der Taterträge dereinst angeordnet werde.

26 Dem ungerechten Zufallsmoment überproportional belasteter potenzieller Gesamtschuldner ist im skizzierten Rahmen **von Amts wegen,** trotzdem noch fortbestehenden Härten als individuell **unverhältnismäßig** Rechnung zu tragen. Mitbeschuldigte verfügen allerdings über gewisse **Gestaltungsmöglichkeiten.** Erlauben die Finanzen die **Hinterlegung,** § 111e Abs. 4 S. 2, so kann dies im Namen sämtlicher Beschuldigter geschehen. Diese Möglichkeit anerkannte grundsätzlich auch das LG Berlin,[45] verneinte allerdings

[43] AG Tiergarten in Berlin 5.11.2020 – 348 Gs 3302/20, BeckRS 2020, 42437 Rn. 8; aA Rogall in SK-StPO § 111b Rn. 23: Höhe der Arrestsumme als Grenze jeglicher Vollziehbarkeit.

[44] Vgl. Johann in Löwe/Rosenberg § 111e Rn. 22.

[45] LG Berlin 16.12.2020 – 514 Qs 29/20, NZWiSt 2021, 286, Rn. 16 (mAnm Rettke).

aus Gründen des öffentlich-rechtlichen Hinterlegungsrechts die Wirksamkeit nachträglicher Erweiterung auf Mitbeschuldigte. Nicht erwogen hat es jedoch, ob in der Erklärung das Angebot wirksamer Abtretung des Rückgabeanspruchs zwecks Sicherung der Einziehungsforderung des Justizfiskus gegen die anderen Betroffenen lag, das mit Annahme seitens der Staatsanwaltschaft deren Sicherungsbedürfnis vollständig befriedigt hätte. Zudem kann jeder Betroffene den **Sicherungszweck** einer Vollziehungsmaßnahme von sich aus auf die Ansprüche des Justizfiskus gegen Gesamtschuldner **erweitern.**

Die **Möglichkeiten** der Hinterlegung zugunsten aller oder der Erweiterung des Sicherungszwecks einer Vollziehungsmaßnahme entbinden die Strafjustiz jedoch nicht von ihrer (auch: verfassungs-)rechtlichen Pflicht zur Wahrung des Übermaßverbots. Was freiwillig **möglich** ist, darf sie von den mehreren Betroffenen nicht etwa **fordern.**[46] Dies verlangte von einem de jure Unschuldigen, gegenüber dem Justizfiskus die Mithaftung für fremde Verbindlichkeiten zu übernehmen. Er trüge damit dessen Verifikationsrisiko, selbst wenn er selbst freigesprochen würde, also an der Erwerbstat gar nicht beteiligt war. Er müsste trotz amtlich bescheinigter Unschuld für die finanziellen Folgen fremder Tat einstehen, soweit es der Staatsanwaltschaft nicht gelänge, die Einziehungsanordnung gegenüber einem rechtskräftig Verurteilten zu vollstrecken. Ein solches Verlangen setzte daher gerade voraus, was im Strafverfahren erst noch bewiesen werden soll: Die strafrechtliche Schuld dessen, der für finanzielle, aus Straftaten resultierende Verbindlichkeiten anderer in Mithaft genommen werden soll. Das verstieße gegen den nemo-tenetur-Grundsatz und führte den noch ausstehenden Prozess zumindest in Bezug auf die Vermögensabschöpfung ad absurdum. Auch in tatsächlicher Hinsicht würde dies den Gegebenheiten selten Rechnung tragen. Da eher auf Unbedarfte zugegriffen werden kann, ist es schon eine merkwürdige Vorstellung, von einem solchen zu erwarten, dass er *die Spinne im Netz* veranlassen möge, ihn als *Ameise* vor Unbilden zu bewahren, obwohl doch seine Rolle gerade umgekehrt darin besteht, den Hintermann abzuschirmen. 26a

c) Pfändungsfreigrenzen. Im Rahmen der Schuldnerschutzbestimmungen **Pfändungsfreigrenzen** einzuhalten, erweist sich in der Praxis als durchaus schwierig, weil sie nicht ohne weiteres ersichtlich sind. Bitten um Beschränkung einer **Kontopfändung,** damit der Betroffene seinen und seiner Familie Lebensunterhalt zumindest im Umfang des Schonbetrags weiter finanzieren kann, werden gern mit dem Hinweis auf die ihm zur Verfügung stehende Möglichkeit der Umwandlung in ein P-Konto abgetan. 27

Ein solcher Hinweis ist weder falsch noch sachwidrig, enthebt die Justiz aber nicht ihrer **Amtspflicht, von sich aus** die **Pfändungsfreigrenzen einzuhalten.** Sie gilt zwar bereits vor Vollziehung. Weil sie sich aber nicht immer erfüllen lässt, ist es umso wichtiger, ihre Einhaltung nachträglich zu veranlassen. Leider dauert es zuweilen mehrere Wochen, bis dies unter Überwindung manchmal kaum verständlicher bürokratischer Hürden dann tatsächlich geschieht. Gerichtlicher Rechtsschutz kann zwar beantragt, aber durchweg nicht in einer für einen in beengten wirtschaftlichen Verhältnissen lebenden Betroffenen angemessenen Zeit erlangt werden. 28

3. Bewertungsfragen. Ein Hauptproblem stellt wie in Bezug auf den Tatertrag (→ § 111e Rn. 84 und § 111i 32–34), die **Bewertung** der Pfandobjekte und die Wahrung der Pfändungsfreigrenze (→ Rn. 27 f.) dar, weil die Größenordnungen zwar beim Kontostand und einem P-Konto, im Übrigen aber nicht immer leicht sinnlich fassbar sind. Jenseits gegensätzlicher Interessen der Beteiligten liegt darin ein **objektives Problem.** Die **Schuldnerschutzbestimmungen** dienen gerade der Sicherung des Existenzminimums. Ihr Zweck wird demnach bei Vollziehung eines Vermögensarrests über die Freigrenzen hinaus unterlaufen. Da diese aber nicht ohne weiteres ersichtlich sind, lässt sich ihre objektive Verletzung beim ersten Zugriff nicht durchgängig vermeiden, erfordert aber gerade deswegen die Offenheit insbesondere der Staatsanwaltschaft für etwaigen nachträglichen Korrek- 29

---

[46] AA Rettke NZWiSt 2021, 288.

turbedarf. Der Betroffene hat die fortgesetzte Missachtung der zwingenden, seinem und seiner Familie existenziellen Schutz gewährenden Bestimmungen nicht zu dulden.

30 Vergleichbares gilt in Bezug auf etwaige **Übersicherung.** Zwar stellt sich das Thema in der Praxis nicht so häufig, da die Vollziehung meist deutlich unterhalb der Arrestsumme verharrt, ist aber kein nur theoretisches Thema. Beim ersten Zugriff an verschiedenen Stellen kann unbeabsichtigt mehr als erforderlich gesichert worden sein. Anpassungsbedarf ist daher von Amts wegen zu prüfen, sobald es Anhaltspunkte dafür gibt, die Arrestsumme könne überschritten sein. Der Eilcharakter der Vollziehung eines Vermögensarrests steht jedoch aufwendiger Bestimmung des Werts bis in Detail mittels sachverständiger Hilfe entgegen. Immerhin gibt es aber professionelle Verwerter, die über gehörige Erfahrung aus Haushaltsauflösungen, insbesondere aber aus der Vermarktung der Insolvenzmasse für Insolvenzverwalter verfügen. Ihr Überblick über den Gebrauchtwarenmarkt erlaubt Schätzungen, die zumindest in der Größenordnung der späteren Realität relativ nahekommen.

31 **4. Handhabung in der Praxis.** Ebenso wie im Hinblick auf die Auswahl verschiedener Vollziehungsobjekte wäre Starrköpfigkeit fehl am Platze, auch der Unschuldsvermutung wegen. Korrekturen sind kein Eingeständnis von Fehlern, sondern sachangemessenes Anpassen an einen verbesserten Kenntnisstand. Aufgrund des Ermessenscharakters einer Sicherungsmaßnahme bedarf es keineswegs der Sicherung auch des letzten Cents.[47] Angemessen ist vielmehr sachverhaltsangepasstes flexibel **pragmatisches Verhalten.** Betroffenen fällt es umso leichter, den Eingriff zu akzeptieren, wie sie Verständnis für ihre berechtigten Belange spüren. Das gilt nicht nur für potenzielle Drittempfänger, sondern auch für Beschuldigte. Etwaige Übersicherung lässt sich mittels **partieller Freigabe** beseitigen, ihre Folgen kann schon die Pfändung im Wege der Kennzeichnung mindern.

32 Aufgrund der Notwendigkeit, die konkreten Umstände zu berücksichtigen, kann es schon bei einer im Wege der Durchsuchung begonnenen Vollziehung eines angeordneten Vermögensarrest sachgerecht sein, mit dem Betroffenen in einen **Dialog** einzutreten. Gegenstand ist dann **nicht** die Frage des **Ob der Vollziehung, sondern** des **Wie,** speziell der Auswahl des Vollziehungsobjekts.

33 Vorsicht ist insbesondere bei Vollziehung eines gegen ein noch **werbend tätiges Unternehmen** angeordneten Vermögensarrests geboten. Es kann nur Drittempfänger von Taterträgen sein. Soll es neben dem ansonsten legalen Betrieb auch den verfahrensgegenständlichen Taten dienlich gemacht worden sein, so **scheidet** eine **existenzvernichtende Arrestvollziehung aus.**[48] Insoweit findet das legitime Sicherungsinteresse der Strafjustiz seine Grenze und muss zurückstehen, sofern ihm nicht auf andere Weise Rechnung getragen werden kann. Bei Anhaltspunkten für das Betreiben von Verbrechen als Gewerbe kommt hingegen eine Ausnahme und damit Vollziehung ohne Rücksicht auf Bestandsgefährdung in Betracht.

34 Regelmäßig bieten sich Absprachen zwischen Staatsanwaltschaft und Unternehmen an, die drohende wirtschaftliche Einbußen aufgrund von Nebenwirkungen vermeiden oder zumindest minimieren. Sie sollten frühestmöglich getroffen werden und den Weiterbetrieb nebst dafür erforderlicher finanzieller **Transaktionen** ermöglichen. Die Staatsanwaltschaft kann im Rahmen ihrer **Verwaltung** gesicherter Vermögensgegenstände, § 111m (→ § 111m Rn. 13), zB Kontoverfügungen in bestimmter Höhe oder an bestimmte Empfänger generell freigeben oder sich ihre Zustimmung nur für zu definierende Einzelfälle vorbehalten. Sie ist auch nach Anklageerhebung zuständig. Reichen derart flexible Maßnahmen zur Wahrung des Übermaßverbots nicht aus, so stellt sich die Frage nach der Notwendigkeit einer Beschränkung oder gar vollständigen Aufhebung entweder der Vollziehungsmaßnahme oder gar des Vermögensarrest selbst.

---

47 Verkannt von LG Leipzig 22.10.2020 – 13 Qs 68/20, medstra 2021, 129 Rn. 17 mkritAnm Meißner.

48 BT-Drs. 18/9525, 76 f.; vgl. OLG Frankfurt a.M. 28.10.2021 – 3 Ws 506/21, NStZ-RR 2022, 71 Rn. 26; Lindemann/Bauerkamp in Leitner/Rosenau, Wirtschafts- und Steuerstrafrecht, 2. Aufl. 2022, Vor §§ 73 ff. StGB, Rn. 17.

IV. Rechtschutz

35 Abs. 3 ordnet für den **Rechtschutz** gegen Vollziehungsmaßnahmen die **ausschließliche Zuständigkeit der Strafgerichte** an (einschließlich **Amtsermittlungsgrundsatz**[49]), selbst wenn sich der Beschwerdeführer allein auf zivilrechtliche Argumente stützt, zB sein Eigentum, und für die Entscheidung darüber ohne den strafprozessualen Hintergrund ein Zivilgericht zuständig wäre, etwa für eine Drittwiderspruchsklage. Einschlägig ist § 162, auch nach eingetretener Rechtskraft;[50] nicht aber, wenn Maßnahmen zur (ggf. weiteren) Vollstreckung der rechtskräftigen Einziehungsanordnung angegriffen werden, denn darüber entscheidet das Gericht des ersten Rechtszugs, §§ 459g, 459o, 462a Abs. 2 S. 1,[51] oder die StVK, § 462a Abs. 1; für Ersatzklagen nach erfolgter Vollstreckung hingegen die Ziviljustiz.[52] Mit Aufhebung der Anordnung von Beschlagnahme oder Vermögensarrest **verlieren Vollziehungsmaßnahmen nicht automatisch** ihre **Wirkung,**[53] sind danach aber regelmäßig[54] **aufzuheben** und rückabzuwickeln. Bei Weigerung kann der Betroffene gerichtliche Freigabe beantragen, Abs. 3. Eine Verfassungsbeschwerde ist nur nach Erschöpfung des Rechtswegs gem. § 111k zulässig.[55]

36 Das Rechtschutzbegehren kann die Maßnahme als solche angreifen, zB die **Auswahl** des Objekts, aber auch die **Art und Weise** der Vollziehung beanstanden. Hinsichtlich der Folgen ist zu differenzieren. Wurde zB ein Gegenstand mit unnötig großer Lästigkeitsfolge gepfändet, so kommt eine Bestätigung nur mit der Maßgabe rangwahrender **Austauschpfändung** nach den Rechtsgedanken der §§ 811a Abs. 1 ZPO und 111d Abs. 2 S. 3 in Betracht. Zeitigt hingegen die Rechtswidrigkeit der Art und Weise der Vornahme keine Auswirkungen auf den Bestand der Maßnahme, so steht allein ihre Feststellung der inhaltlichen Bestätigung und damit ihrer weiteren Wirksamkeit nicht entgegen.

37 **1. Rechtsmittelangriff auf den Bestand der Vollziehungsmaßnahme.** Das Gericht hat zunächst inzident die Anordnung zu prüfen. Ist sie rechtswidrig, aber wirksam, so führt ihre Fehlerhaftigkeit allein nicht zur Aufhebung der beanstandeten Vollziehungsmaßnahme.[56] Sie gilt vielmehr im bisherigen Rang fort, sofern nicht aus anderen Gründen Gegenteiliges folgt (zB wegen zu Recht beanstandeter Unverhältnismäßigkeit). Ist die Anordnung hingegen **unwirksam,** zB der von einer Ermittlungsperson angeordnete Vermögensarrest, so fehlt der Vollziehungsmaßnahme die rechtliche Grundlage, so dass sie aufzuheben ist. Gleiches gilt nach Ablauf der Vollziehungsfrist von einem Monat (→ § 111f

---

[49] OLG Bamberg 17.7.2012 – 1 Ws 448/12, wistra 2013, 120 (auch für Quasi-Drittwiderspruchsklagen); Heine in SSW StPO Rn. 14; Johann in Löwe/Rosenberg Rn. 19; Rettke NJW 2020, 2898 (2899 und 2900); Rogall in SK-StPO § 111f Rn. 4 und 20 ff.

[50] OLG Hamburg 11.1.2011 – 2 Ws 189/10, NStZ 2012, 51 Rn. 10 ff.; OLG Düsseldorf 30.9.2013 – III-2 Ws 434/13, NStZ-RR 2014, 85 Rn. 7 ff. (Ls.). Dagegen halten OLG Düsseldorf 10.11.2008 – II – 4 Ws 590/08, wistra 2009, 207 Rn. 10 ff. und OLG Frankfurt a. M. 3.9.2010 – 3 Ws 813/10, NStZ-RR 2010, 379 Rn. 7 nach rechtskräftigem Abschluss des gesamten Verfahrens die Zivilgerichte wieder für zuständig. Das dürfte weder mit § 162 noch mit Art. 101 GG vereinbar und auch nicht praktikabel sein, wie hier neben OLG Hamburg 11.1.2011 – 2 Ws 189/10 Rn. 10 ff. auch OLG Celle 6.7.2010 – 2 Ws 236/10, StV 2011, 147 Rn. 7; 10.1.2012 – 1 Ws 7/12, NStZ-RR 2012, 176 Rn. 3 (Ls.); LG Frankfurt (Oder) 14.6.2011 – 6a T 38/11, NStZ-RR 2012, 176; Gercke in Gercke/Julius/Temming/Zöller Rn. 12; Köhler in Meyer-Goßner/Schmitt Rn. 15 (der aber die Zuständigkeit des Ermittlungsrichters nach Rechtskraft für gänzlich ausgeschlossen hält, Rn. 16); Spillecke in KK-StPO Rn. 8.

[51] Huber in BeckOK StPO Rn. 13; Johann in Löwe/Rosenberg Rn. 21; Retemeyer in HWiStR Teil 14, Rn. 123; Bittmann in Bittmann/Köhler/Seeger/Tschakert Strafrechtl. Vermögensabschöpfung-HdB Rn. 1160; allgemein auf Rechtskraft abstellend Gercke in Gercke/Julius/Temming/Zöller Rn. 12; unklar ob ebenso oder wie hier differenzierend Heine in SSW StPO Rn. 16; Köhler in Meyer-Goßner/Schmitt Rn. 16.

[52] OLG Schleswig 22.5.2012 – 11 W 20/12, NStZ-RR 2013, 283.

[53] OLG Bamberg 19.3.2012 – 4 U 145/11 Rn. 17 (in ZWH 2012, 340 mAnm Gehrmann/Mahler nicht abgedruckt); Hellerbrand wistra 2003, 201 (207); Mayer in KMR-StPO § 111f Rn. 13; unklar Spillecke in KK-StPO § 111j Rn. 18 (von Staatsanwaltschaft durchzuführen).

[54] OLG Nürnberg 16.4.2013 – 2 Ws 533/12, 2 Ws 10 und 11/13, wistra 2013, 327 (Ls). Rn. 67 und 73.

[55] BVerfG 12.2.2020 – 2 BvR 718/18 Rn. 7.

[56] Rogall in SK-StPO § 111e Rn. 5 befürwortet bei bewusster oder willkürlicher Missachtung der Anordnungsvoraussetzungen ein Beweisverwertungsverbot.

Rn. 13–16), auch wenn der Vermögensarrest im Verfahren nach § 111j Abs. 2 S. 3 direkt angegriffen werden könnte (→ § 111j Rn. 54).[57] Soweit bereits vollzogen, sind die Maßnahmen **rückabzuwickeln.**[58] Gleiches gilt für eine trotz rechtmäßiger Anordnung unzulässige Vollziehungsmaßnahme (→ Rn. 43). Die Zuständigkeit liegt bei der Staatsanwaltschaft. Ergänzend gelten (nur) im Fall der Beschlagnahme §§ 111n und 111o.

38 Das Rechtsmittelgericht kann die Vollziehung der amtsgerichtlichen Aufhebung bis zur etwaigen Bestätigung im Rechtsmittelzug aussetzen, § 307 Abs. 2. Dann bleibt die Vollziehungsmaßnahme jedenfalls vorläufig wirksam. Unterblieb zwar eine solche „Stopp-Anordnung", hebt aber das Beschwerdegericht den Beschluss des Vordergerichts auf, so **leben** die **Sicherungsmaßnahmen** mit **Rückwirkung** wieder auf: Wenn das bei rechtskraftdurchbrechenden Entscheidungen gemäß § 47 Abs. 3 S. 1 der Fall ist,[59] so kann es sich bei nicht der Rechtskraft fähigen Entscheidungen nicht anders verhalten. Die Sicherungsrechte nehmen dann wieder ihren ursprünglichen Rang ein. Hatte die Staatsanwaltschaft die Rückabwicklung bereits veranlasst, so bedarf es allerdings neuerlicher Vollziehungsmaßnahmen (ggf. auf Basis eines erneuten Durchsuchungsbeschlusses). Die Wirksamkeit etwaiger Zwischenverfügungen richtet sich nach den jeweils einschlägigen Vorschriften über den guten Glauben.

39 Jede (bei schweren Grundrechtseingriff auch eine abgeschlossene[60]) **Vollziehungsmaßnahme** kann von jedem (potenziell)[61] Betroffenen **selbständig angegriffen** werden mit der Behauptung, sie verletze ihn in eigenen Rechten. Das Rechtsmittel ihres Organs ist nicht ohne weiteres auch oder nur ein solches der Gesellschaft.[62] Rechtsmittelbefugt ist auch ein Anspruchsinhaber (arrestsummenrelevant und forderungsverfolgend muss er – noch – nicht sein; zu den Begriffen → Vor §§ 111b–111q Rn. 21–21f), der sich gegen eine Nachpfändung seitens des Finanzamts mit der Begründung wehrt, die Voraussetzungen des § 111h Abs. 2 S. 2 lägen nicht vor.[63] Pauschalangriffe sind ggf. als Rechtsmittel gegen die Anordnung anzusehen, während jede **Vollziehungsmaßnahme** nur **selbständig** angegriffen werden kann Es reicht daher nicht zu beantragen, allgemein die Vollziehung aufzuheben und zu unterlassen, sondern es ist erforderlich, das jeweilige Vollziehungsobjekt einzeln zu bezeichnen (zB Konto Nr. … bei Bank …; Kraftfahrzeug, FIN …; Pferd <Name>), wobei für mehrere als solche angeführte Gegenstände ein Antrag genügt. Nähere Spezifizierung als in Pfändungsanordnung und Verzeichnis der betroffenen Gegenstände vorgenommen, ist vom Beschwerdeführer jedoch nicht zu verlangen, zumal da ihm das oft gar nicht möglich wäre.

40 Welche Maßnahme er angreift, ist dem Betroffenen überlassen. Er ist nicht gehalten, sich gegen alle zu wenden, muss es aber, strebt er die Aufhebung sämtlicher an. Das allein schon kann lästig sein. Ärgerlich wird es, wenn Folgepfändungen zu verzeichnen sind, insbesondere im Anschluss an eine gerichtliche Aufhebung aufgrund erfolgreichen Rechtsmittels. Dann kann amtliche Mäßigung geboten sein.

41 **2. Beanstandung der Art und Weise der Durchführung.** Auch bei Beanstandung der **Art und Weise** der **Durchführung**[64] muss der Antragsteller sein Ziel bestimmt zu erkennen geben. Eine Prüfung von Amts wegen findet nicht statt, also zB nicht bei bloßer Richtervorlage zur Bestätigung nichtrichterlicher Beschlagnahme. Beanstandet werden kann zB der Zeitpunkt, die fehlende Beiziehung oder Eignung von Durchsuchungszeugen, mangelhafte

---

[57] Buchholz/Weber NZWiSt 2020, 306 (309).
[58] Spillecke in KK-StPO Rn. 10.
[59] Johann in Löwe/Rosenberg § 111j Rn. 38 aE; Mayer in KMR-StPO § 111d Rn. 5; aA Kiethe in Radtke/Hohmann § 111e Rn. 6.
[60] Gercke in Gercke/Julius/Temming/Zöller Rn. 14.
[61] Johann in Löwe/Rosenberg Rn. 18 (der auch Rechtschutz gegen die Freigabe zugunsten des Fiskus gem. § 111h Abs. 2 S. 2 AO gewähren will; zw., weil in diesen Fällen der Arrest nach § 324 AO bereits besteht und das Entfallen des Vermögensarrests rechtlich vorteilhaft ist und im Insolvenzfall ohnehin kraft Gesetzes eintritt, § 111i Abs. 1); → § 111e Rn. 114.
[62] OLG Hamm 18.12.2018 – III – 4 Ws 190/18 Rn. 69 f.
[63] Johann in Löwe/Rosenberg Rn. 18; Bittmann NZWiSt 2018, 209 (214).
[64] Gercke in Gercke/Julius/Temming/Zöller § 111j Rn. 11; Johann in Löwe/Rosenberg Rn. 18; weitergehend Rogall in SK-StPO § 111f Rn. 22 (auch gegen gerichtliche Maßnahmen zur Durchführung).

Dokumentation im Verzeichnis über sichergestellte Gegenstände, aber auch die Missachtung der Begrenzungsfunktion eines Durchsuchungsbeschlusses (etwa die Durchsuchung weiterer Räume trotz im Safe bereits gesicherten ausreichend werthaltigen Schmucks, oder gar der Räumlichkeiten eines Schwesterunternehmens, auch die Beteiligung eines Drogenhundes trotz bloßer Suche nach Unterlagen, die Aufschluss über die Rechtsverhältnisse an einem Sicherungsobjekt geben sollen).

3. Angreifbare Maßnahmen. Das **Rechtschutzsystem** ist in sich schlüssig. Es **verlangt** der Praxis gleichwohl eine **Präzision** ab, der auch die professionellen Beteiligten (Verteidiger, Staatsanwälte, Richter) nur allzu oft nicht gewachsen sind. Unumgänglich ist jedoch der Hektik (nicht nur während der Vornahme) zum Trotz das **genaue Auseinanderhalten** von (a) Durchsuchungsanordnung,[65] (b) deren Durchführung, (c) etwaiger Eilkompetenz, (d) der Beschlagnahmeanordnung zu Beweiszwecken und (e) deren Vornahme, (f) evtl. Eilkompetenz zur Anordnung dieser Beschlagnahme zu Beweiszwecken, der Anordnung von (f) vollstreckungssichernder Beschlagnahme bzw. (g) Vermögensarrest, (h und i) diesbezüglicher Eilkompetenz sowie (j und k) der jeweiligen Vollziehung in (l – ultimo) das jeweilige Objekt.[66] 42

Maßnahmen nicht nur des Staatsanwalts, sondern auch[67] des Rechtspflegers[68] der Staatsanwaltschaft, § 31 Abs. 6 S. 1 RPflG, sind mit dem **Antrag auf gerichtliche Entscheidung** anfechtbar. Dessen Entscheidung unterliegt der **einfachen Beschwerde** gemäß § 304.[69] Ziel kann zB sein die (Teil-)Freigabe, § 111g Abs. 1, nach Hinterlegung der Lösungssumme, § 111e Abs. 4 S. 2.[70] Erweist sich die angegriffene Vollziehungsmaßnahme als nicht rechtmäßig, so hat das angerufene Gericht oder die Beschwerdekammer die Vollstreckung gemäß den Rechtsgedanken der § 775 Nr. 1 oder 3 ZPO einzuschränken und die Maßnahme aufzuheben, vgl. § 776 S. 1 ZPO.[71] Die Vollziehung als solche darf es hingegen nicht einstellen, weil hier nicht sie, sondern nur die Zulässigkeit einer bestimmten Vollziehungsmaßnahme Verfahrensgegenstand ist,[72] soweit nicht beides angegriffen ist. Erledigte Maßnahmen sind bei verfassungsrechtlich geschütztem Fortsetzungsfeststellungsinteresse[73] prüfbar; anderenfalls gilt prozessuale Überholung.[74] Die **weitere Beschwerde** ist **nicht statthaft,** auch nicht bei Vollziehung eines Vermö- 43

---

65 Z.B. AG Offenbach 25.6.2021 – 20 Gs 1300 Js 81663/21, StV-S 2021, 151.

66 Im Fall des OLG München 17.11.2021 – 8 St 3 und 4/21, Rn. 2, 18 f., 23 f. und 30–34, standen je Anordnung und Vollziehung von Durchsuchung und Vermögensarrest, Durchsicht von Unterlagen, Abwendungsmaßnahmen und Herausgabe mit Feststellungs- und Aufhebungsanträgen in Rede.

67 Bittmann in Bittmann/Köhler/Seeger/Tschakert Strafrechtl. Vermögensabschöpfung-HdB Rn. 1159; Heine in SSW StPO Rn. 14; Johann in Löwe/Rosenberg Rn. 22; Peters in Peters/Bröckers Vermögensabschöpfung Rn. 546; Rönnau Vermögensabschöpfung Rn. 338; Rogall in SK-StPO § 111f Rn. 22; Spillecke in KK-StPO, Rn. 10; teilweise abweichend Schmidt Vermögensabschöpfung-HdB Rn. 1461 f.; Faust AbschöpfungsR S. 186 verlangt zuvor die Entscheidung des Staatsanwalts, obwohl § 31 Abs. 6 S. 2 RPflG das nur vorschreibt, wenn gegen die Entscheidung des Rechtspflegers kein allgemeines Rechtsmittel statthaft ist; sie kann aber innerdienstlich vorgesehen werden. Unklarheiten gehen wegen § 300 allerdings nicht zu Lasten des Rechtsmittelführers. Gegen Maßnahmen der Ermittlungspersonen ist aufgrund der Verfahrensherrschaft der Staatsanwaltschaft zunächst diese entscheidungs-, zumindest abhilfebefugt, Heine in SSW StPO Rn. 14; Spillecke in KK-StPO, Rn. 10 unter Verweis auf § 111p Rn. 10; aA Rogall in SK-StPO § 111f Rn. 22; ebenso Johann in Löwe/Rosenberg Rn. 22, bei sogleich gestelltem Antrag auf richterliche Entscheidung.

68 Das Strafgericht kann auch angerufen werden gegen Maßnahmen des Gerichtsvollziehers oder des sonstigen Vollziehungsbeamten der Staatsanwaltschaft, §§ 20 Nr. 17 RPflG, 764 ZPO, Johann in Löwe/Rosenberg Rn. 19, sowie mit der Grundbuchbeschwerde gemäß §§ 71 ff. GBO, Johann in Löwe/Rosenberg Rn. 19; Spillecke in KK-StPO Rn. 8.

69 OLG Bamberg 17.7.2012 – 1 Ws 448/12 wistra 2013, 120; Heine in SSW StPO Rn. 13.

70 AG Tiergarten in Berlin 5.11.2020 – 348 Gs 3302/20, BeckRS 2020, 42437; auch LG Berlin 16.12.2020 – 514 Qs 29/20, NZWiSt 2021, 286 (mAnm Rettke).

71 Gercke in Gercke/Julius/Temming/Zöller Rn. 13.

72 Offengelassen von OLG Celle 25.9.2012 – 2 Ws 214/12, wistra 2013, 39 Rn. 12; wie hier Johann in Löwe/Rosenberg Rn. 24 und 27 (der Tenor: „Einstellung der Vollziehung in diesen Gegenstand" ist unschädlich, er darf nur nicht zu dem Missverständnis „Einstellung der Vollziehung insgesamt" führen).

73 Johann in Löwe/Rosenberg Rn. 25.

74 OLG Düsseldorf 10.11.2008 – III-4 Ws 590/08, wistra 2009, 207; OLG Nürnberg 22.3.2010 – 1 Ws 141/10, StV 2011, 148; aA OLG Celle 6.7.2010 – 2 Ws 236/10, StV 2011, 147.

gensarrests über mehr als 20.000 EUR, weil § 310 Abs. 1 Nr. 3 sie nur gegen dessen Anordnung vorsieht.[75] Das gilt auch für einen Dritten, der Eigentum am gepfändeten Gegenstand geltend macht und für den die Pfändung wie eine Erstanordnung wirkt.[76]

§ 111l [Mitteilungen]

(1) Die Staatsanwaltschaft teilt die Vollziehung der Beschlagnahme oder des Vermögensarrestes dem Verletzten mit.

(2) In den Fällen der Beschlagnahme einer beweglichen Sache ist die Mitteilung mit dem Hinweis auf den Regelungsgehalt des Verfahrens über die Herausgabe nach den §§ 111n und 111o zu verbinden.

(3) [1]Wird ein Vermögensarrest vollzogen, so fordert die Staatsanwaltschaft den Verletzten zugleich mit der Mitteilung auf zu erklären, ob und in welcher Höhe er den Anspruch auf Ersatz des Wertes des Erlangten, der ihm aus der Tat erwachsen ist, geltend machen wolle. [2]Die Mitteilung ist mit dem Hinweis auf den Regelungsgehalt des § 111h Absatz 2 und der Verfahren nach § 111i Absatz 2, § 459h Absatz 2 sowie § 459k zu verbinden.

(4) [1]Die Mitteilung kann durch einmalige Bekanntmachung im Bundesanzeiger erfolgen, wenn eine Mitteilung gegenüber jedem einzelnen Verletzten mit unverhältnismäßigem Aufwand verbunden wäre. [2]Zusätzlich kann die Mitteilung auch in anderer geeigneter Weise veröffentlicht werden. [3]Gleiches gilt, wenn der Verletzte unbekannt oder unbekannten Aufenthalts ist. [4]Personendaten dürfen nur veröffentlicht werden, soweit ihre Angabe zur Wahrung der Rechte der Verletzten unerlässlich ist. [5]Nach Beendigung der Sicherungsmaßnahmen veranlasst die Staatsanwaltschaft die Löschung der Bekanntmachung.

Übersicht

I. Mitteilungspflichten

1 Abs. 1 stellt das Bindeglied zwischen der Durchführung einstweiliger vollstreckungssichernder Maßnahmen und der Entschädigung von Opfern dar. Damit diese ihre Rechte wahrnehmen können, ist die Staatsanwaltschaft uneingeschränkt zur Mitteilung der Vollziehung von Beschlagnahme und Vermögensarrest verpflichtet.[1] Verstöße gegen dieses Gebot bleiben aber ohne Einfluss auf die Wirksamkeit von Anordnung und Vollziehungsmaßnahme.[2]

2 **1. Gegenstand der Mitteilungspflicht.** Gegenstand der Mitteilung ist die Möglichkeit entweder der Rückführung tatbedingt entzogener, nun **beschlagnahmter** Gegenstände im Original oder von Entschädigungszahlungen nach Verwertung des Sicherungsguts aus der Vollziehung eines **Vermögensarrests.** Das setzt den (zumindest Teil-)**Erfolg** einer Vollziehungsmaßnahme voraus, denn anderenfalls hat eine **Vollziehung** ja gerade nicht

[75] OLG Köln 26.4.2011 – 2 Ws 223/11, StV 2011, 613 (Ls.); OLG Rostock 19.12.2013 – Ws 320/13, ZWH 2014, 440 Rn. 49 mAnm Burghart; Rogall in SK-StPO § 111f Rn. 25. OLG Hamm 20.6.2013 – III-2 Ws 80/93 ZInsO 2013, 1790, verkannte, dass eine Maßnahme der Arrestvollziehung in Rede stand, es also gar nicht zuständig war, dazu Bittmann ZWH 2014, 135 (139); unklar OLG Köln 11.10.2013 – III-2 Ws 522/13 Rn. 4, für den Fall des Angriffs auf den Arrest selbst und auf ergriffene Vollziehungsmaßnahmen.

[76] OLG Dresden 10.3.2021 – 3 Ws 6/21, NJW 2021, 272 Rn. 2 und 6 f.

[1] Köhler in Meyer-Goßner/Schmitt Rn. 1.

[2] Johann in Löwe/Rosenberg Rn. 10; Köhler in Meyer-Goßner/Schmitt Rn. 2.

stattgefunden.[3] Damit hat die Reform 2017 die unter dem früheren Gesetz streitige Frage dahin entschieden, dass erfolglose Vollziehungsversuche nicht der Mitteilungs**pflicht** unterliegen. Das Auskunfts**recht,** § 475, bleibt davon jedoch unberührt.

Bis zum 30.6.2021 beschränkte Abs. 1 seinen **Anwendungsbereich** auf den Kreis der „Verletzten" als **Adressaten** der Mitteilung. Seit dem 1.7.2021 ist inhaltsgleich der tatbedingte Anspruch auf Rückgewähr des Erlangten oder Ersatz von dessen Wert maßgeblich. Empfänger sind demnach **Anspruchsinhaber** (→ Vor §§ 111b–111q Rn. 21–21f) Darauf, ob sie ihre Forderung bereits gegenüber der Staatsanwaltschaft geltend gemacht haben, kommt es nicht an – und kann es nicht ankommen, soll ihnen doch die Mitteilung diesen Weg gerade aufzeigen. Zumindest eine Tat zu ihrem Nachteil ist Verfahrensgegenstand und der Wert daraus generierter Erträge hat die Arrestsumme mitbestimmt, weil beides bereits Voraussetzung für die Anordnung war. In den Fällen des § 111e ist die Mitteilung daher an **arrestsummenrelevante Anspruchsinhaber** zu richten. § 111l ist hingegen **nicht einschlägig,** umfasst der Verfahrensgegenstand lediglich Delikte ohne individuelle Verletzte, nach Maßnahmen zur Sicherung der Vollstreckung von Geldstrafe und Verfahrenskosten,[4] der Einziehung nach §§ 74 ff. StGB oder erweiterter Einziehung, § 73a StGB, auch iVm § 73c StGB. An Letzterem änderte es nichts, sollten sich aufgefundene Gegenstände im Zuge der Ermittlungen doch noch bestimmten Taten zuordnen lassen, denn dann läge kein Fall des § 73a StGB mehr vor. Vielmehr löst das Bekanntwerden die Pflicht zur Mitteilung aus, weil entweder Rückgabe nach § 111n oder Einziehung nach § 73 StGB, ggf. iVm § 73c StGB, im subjektiven oder im selbständigen Verfahren, § 76a Abs. 1–3 StGB, geboten ist. 3

Die zumindest teilweise erfolgreiche Vollziehungsmaßnahme ist nur dem **bekannten,** aber auch dem nachträglich bekannt gewordenen Anspruchsinhaber mitzuteilen, ohne dass jedoch eine Pflicht zum amtswegigen Ermitteln Verletzter bestünde.[5] Dem klaren Gesetzeswortlaut gemäß obliegt die Benachrichtigung unabhängig vom Verfahrensstadium **immer** der **Staatsanwaltschaft.** Diese muss daher vom Gericht, das nach Anklageerhebung eine einschlägige Information erhält, in die Lage versetzt werden, ihrer Benachrichtigungspflicht nachzukommen. 4

Funktional zuständig ist der **Rechtspfleger.** Das folgt seit 1.7.2021 aus § 31 Abs. 1 Nr. 2 RPflG. Der Gesetzgeber hat damit die vorausgegangene Streitfrage[6] im Ergebnis sachgerecht entschieden. 4a

Diese gesetzliche Verortung wirft allerdings unlösbare Probleme auf, denn die Übertragung erstreckt sich nur auf solche Geschäfte, die im Zwangsvollstreckungs- oder Arrestverfahren dem Rechtspfleger übertragen sind. Läge dem die Annahme zugrunde, „Arrestverfahren" sei auch das Geschehen nach Anordnung eines Vermögensarrests, so deutete dies zwar auf einen sachlich in Betracht kommenden Anknüpfungspunkt, wäre insoweit aber redundant, weil dies Arrestverfahren mit dem Anlassverfahren identisch ist: Die Bezugnahme verwiese damit quasi auf sich selbst. Eine Zuständigkeitsbestimmung läge darin jedenfalls nicht. Dass das so nicht gewollt sein kann, spricht zwar ebenso wie das alternativ angeführte Zwangsvollstreckungsverfahren für die Inbezugnahme des zivilprozessualen dinglichen Arrests, §§ 916 ff. ZPO, führt aber auch nicht weiter, denn in beiden Verfahrensarten gibt es keine Anspruchsinhaber (oder auch allein materiell-rechtlich Verletzte, denen eine deliktische Forderung zustünde), die über ihnen zustehende Rechte in einem dem § 111l vergleichbaren Maße informiert werden müssten. Das lenkt den Blick auf das Stadium der Strafvollstreckung, das jedoch gemeinhin nicht als Zwangsvollstre- 4b

[3] Wilk/Stewen wistra 2013, 409 (415); Bittmann in Bittmann/Köhler/Seeger/Tschakert Strafrechtl. Vermögensabschöpfung-HdB Rn. 1171 f.; aA Huber in BeckOK StPO Rn. 1; Johann in Löwe/Rosenberg Rn. 9; Rogall in SK-StPO § 111e Rn. 24.

[4] Heine in SSW StPO Rn. 2 aE.; Köhler in Meyer-Goßner/Schmitt Rn. 1; aA Johann in Löwe/Rosenberg Rn. 3.

[5] Köhler in Meyer-Goßner/Schmitt Rn. 1; Rogall in SK-StPO § 111e Rn. 23.

[6] Für Zuständigkeit des Rechtspflegers Johann in Löwe/Rosenberg Rn. 1; Köhler in Meyer-Goßner/Schmitt Rn. 11; Rettke SchlHA 2018, 10; Bittmann in Bittmann/Köhler/Seeger/Tschakert Strafrechtl. Vermögensabschöpfung-HdB Rn. 1164–1169; aA, Rhode wistra 2018, 65 (68); Spillecke in KK-StPO Rn. 3; Wolf RPfleger 2017, 489, 490 (492 und 494): Zuständigkeit des Staatsanwalts.

ckungsverfahren bezeichnet wird. Es ist nicht zu erwarten, dass § 31 Abs. 1 Nr. 4 RPflG davon eine Ausnahme macht und auf diese Weise auf die unstreitig gem. § 31 Abs. 2 S. 1 RPflG den Rechtspflegern zugewiesene Mitteilungspflicht gem. § 459i StPO Bezug nehmen würde. Aber selbst dieses Verständnis träfe das Gemeinte ebenfalls nicht wirklich präzis, denn das Opferentschädigungsverfahren ist zwar in der Strafprozessordnung, 7. Buch, 1. Abschnitt *Strafvollstreckung,* geregelt, teilt mit dieser aber nur den zeitlichen Zusammenhang, während es inhaltlich selbständig zu führen ist.

4c Das Einfügen von § 111l in § 31 Abs. 1 Nr. 2 RPflG ist demnach gegenstandslos und entfaltet keine die Zuständigkeit übertragende Wirkung. Das ändert jedoch nichts am Ergebnis: § 111l beschreibt lediglich einen Ausschnitt aus der Verwaltung, § 111m, die schon vor dem 1.7.2021 insgesamt den Rechtspflegern oblag, § 31 Abs. 1 Nr. 4 RPflG. Das gilt auch weiterhin.

5 Im Gegensatz zum früheren Recht ist das gesetzliche Gebot der **Unverzüglichkeit der Mitteilung entfallen.** Seiner bedurfte es, wenngleich anders als der weitergehende Gesetzeswortlaut nahelegte, nur bei Arrestvollziehung, um Opfer frühestmöglich in die Lage zu versetzen, die seinerzeit gebotenen zivilprozessualen Schritte zu eigener Rechtswahrnehmung einzuleiten. Nachdem zum 1.7.2017 der Grundsatz der Gleichbehandlung der (seit 1.7.2021 sog.) Anspruchsinhaber (Verletzten) das Prioritätsprinzip abgelöst hat, sind deren der Strafjustiz anvertraute Sicherungsinteressen mit Vollziehung der Maßnahme jedoch bereits im aktuell möglichen Umfang erfüllt. Daher ist der Zeitpunkt der Mitteilung weniger wichtig als zuvor, hat aber seine Bedeutung nicht ganz verloren, kann doch ihre Verschiebung Opfer zu objektiv aussichtlosen eigenen Vollstreckungsversuchen veranlassen.[7] Daher ist die Staatsanwaltschaft trotz ihrer Entscheidungsfreiheit über den Zeitpunkt[8] gehalten, zumindest die Anspruchsinhaber schnellstmöglich zu informieren, darf sich zuvor aber den Ermittlungserfordernissen widmen.

6 **2. Formfreiheit und Inhalt der Mitteilung.** Das Gesetz enthält sich zwar weiterhin **näherer Bestimmungen** über **Form**[9] und **Inhalt** der Mitteilung selbst, **verpflichtet** die Staatsanwaltschaft aber nun **zu ergänzenden Hinweisen.** Nach Beschlagnahme einer beweglichen Sache ist der Anspruchsinhaber[10] gem. Abs. 2 über das Herausgabeverfahren nach §§ 111n und 111o zu informieren. Die Nachricht über einen vollzogenen Vermögensarrest ist gem. Abs. 3 mit der Aufklärung über das Vollstreckungsverbot, § 111h Abs. 2, das Opferentschädigungsverfahren der §§ 459h Abs. 2, 459k[11] und einen im Mangelfall möglichen Insolvenzantrag der Staatsanwaltschaft (einschließlich der Notwendigkeit gesonderter Anmeldung der Entschädigungsforderung im Insolvenzverfahren) zu verbinden. Angaben auch über den zumindest ungefähren Wert der gesicherten Gegenstände sind nicht vorgeschrieben.[12] Weil die Kenntnis darüber aber den Entscheidungsprozess des Anspruchsinhabers über sein weiteres Verhalten wesentlich beeinflussen kann, sollte die Staatsanwaltschaft sich auch dazu (natürlich mit aller Vorsicht und unverbindlich) äußern, wann immer ihr das möglich ist. Pflichtgemäß ist der (nun in Abs. 3 S. 1 ausdrücklich so bezeichnete) **Anspruchsinhaber** zu einer **Erklärung aufzufordern,** ob und wenn ja, in welcher Höhe er **Entschädigung begehrt.** Sinnvoll ist insoweit die Entwicklung eines Formblatts. Die Informationen sollten in einer auch für Laien verständlichen Weise dargestellt werden.[13] Eine weitergehende Belehrung ist nicht vorgesehen. Auskünfte sind auf den in § 475 geregelten Umfang beschränkt.

7 Während demgemäß hinsichtlich der Mitteilung selbst **Formfreiheit** besteht, hat sich der **Inhalt am Zweck zu orientieren.**[14] Demnach sind anzugeben die Tat, der Beschul-

[7] Johann in Löwe/Rosenberg Rn. 7.
[8] Heine in SSW StPO Rn. 6.
[9] Johann in Löwe/Rosenberg Rn. 3, 4 und 8; Köhler in Meyer-Goßner/Schmitt Rn. 1.
[10] Zum früheren Recht Mayer in KMR-StPO Rn. 2, inhaltlich nicht abweichend.
[11] Gercke in Gercke/Julius/Temming/Zöller Rn. 3–5; ausführlich Bittmann in Bittmann/Köhler/Seeger/Tschakert Strafrechtl. Vermögensabschöpfung-HdB Rn. 1174–1188 und 1200–1203.
[12] Heine in SSW StPO Rn. 4 aE.
[13] Rhode wistra 2018, 65 (68).
[14] Rogall in SK-StPO § 111e Rn. 24; Wilk/Stewen wistra 2013, 409 (415) (ggf. elektronisch).

digte, ggf. der davon zu unterscheidende Betroffene, die Sicherstellungsmaßnahme und der genau zu bezeichnende, in concreto sichergestellte Gegenstand[15] (zB Beschlagnahme des gestohlenen Kraftfahrzeugs; Arretierung von x EUR auf dem Konto Nr. 123 bei der ABC-Bank in Y-Stadt). Je umfangreicher die Angaben, desto eher sind Akteneinsichtsgesuche entbehrlich. Unzulässig sind sie jedoch nicht und nach einer meist etwas gröberen **Allgemeinmitteilung** gemäß § 111l Abs. 4 S. 1 und 2 (→ Rn. 12), durchaus häufiger zu erwarten. Sie im Wege eines Auszugs aus einer elektronischen Doppelakte zu erfüllen bietet sich an.

8 **3. Allgemeine Mitteilung.** Die Mitteilungspflicht darf gegenüber einer Vielzahl bekannter Anspruchsinhaber, Abs. 4 S. 1, auf die **Weise** und damit leichter als im Wege individueller Benachrichtigung erfüllt werden, die im Hinblick auf von Person oder Anschrift her unbekannte Anspruchsinhaber,[16] Abs. 4 S. 3, einzig zur Verfügung steht. Es genügt für beide Alternativen die einmalige Bekanntgabe im **Bundesanzeiger,** ggf. ergänzt, dh **zusätzlich** zum Einrücken dort, nicht an dessen Stelle, um eine Veröffentlichung in nicht näher spezifizierter **anderer geeigneter Weise,** Abs. 4 S. 2. Insoweit ist auf die Besonderheiten des Einzelfalles abzustellen. Denkbar sind neben der behördeneigenen Homepage zB überörtliche Pressemitteilungen oder Anzeigen, aber auch örtlich begrenzte Aktivitäten (Presse, Aushänge, Plakate oder Handzettel).

9 § 111i Abs. 4 S. 3 ist nicht nur einschlägig, ist kein Anspruchsinhaber bekannt oder zwar bekannt, aber unbekannten Aufenthalts, sondern auch, wiewohl im Gesetz nicht mehr ausdrücklich erwähnt, wenn es **neben** den bekannten zudem noch unbekannte geben könnte.[17] Eine solche Vermutung kann sich auf Informationen aus den Akten oder auf kriminalistische Erfahrung stützen.

10 Abs. 4 S. 1 gestattet eine allgemeine Bekanntmachung, wären Individualbenachrichtigungen mit **unverhältnismäßigem Aufwand** verbunden. Unter welchen Umständen das der Fall wäre, lässt sich nicht generalisierend beschreiben. Es ist eine Entscheidung nach pflichtgemäßem Ermessen zu treffen. Je höher der Verwaltungsaufwand wäre, desto eher kann er als unverhältnismäßig angesehen werden. Technische Möglichkeiten zum Versenden mittels sowieso gespeicherter Adressen der Anspruchsinhaber mindern ihn;[18] ein geringer gesicherter Wert kann dagegen zu unverhältnismäßig hohen Versandkosten führen.

11 Die konkreten Umstände sind festzustellen und gegeneinander abzuwägen. Sie sind zumindest in Kurzform als Vermerk aktenkundig zu machen. Der für die **Veröffentlichung in allgemeiner Form** gemäß Abs. 4 S. 1 und 2 erforderliche Aufwand ist hingegen **nie unverhältnismäßig,**[19] da bei Verzicht auf die Allgemeininformation nicht etwa jegliche Benachrichtigung unterbleiben dürfte, sondern die mit noch größerem Aufwand verbundenen Individualmitteilungen zu veranlassen wären.

12 Bei Allgemeinmitteilungen dürfen iSv § 5 Abs. 1 Nr. 1 BZRG **personenbezogene Daten** von jedermann nur in **unerlässlichem Umfang** veröffentlicht werden, § 111l Abs. 4 S. 4. Diese Bestimmung hat außer der Banalität, dass Bloßstellungen unzulässig sind, keinen (nennenswerten) Regelungsgehalt, weil zu den veröffentlichungsbedürftigen Informationen unvermeidlich auch personenbezogene Daten gehören, aber eben nicht mehr als vom Zweck her erforderliche.

13 Nach vollständiger[20] Beendigung der Sicherungsmaßnahmen hat die Staatsanwaltschaft die **Löschung** der Bekanntmachung im Bundesanzeiger zu veranlassen, Abs. 4 S. 5.[21] Diese Bestimmung ist unvollständig. Aus Gründen notwendiger Rehabilitierung muss die Staats-

[15] Schmid/Winter NStZ 2002, 8 (13 f.).
[16] Heine in SSW StPO Rn. 5.
[17] AA Johann in Löwe/Rosenberg Rn. 14 und 17.
[18] Bittmann in Bittmann/Köhler/Seeger/Tschakert Strafrechtl. Vermögensabschöpfung-HdB Rn. 1190.
[19] Bittmann in Bittmann/Köhler/Seeger/Tschakert Strafrechtl. Vermögensabschöpfung-HdB Rn. 1194; Heine in SSW StPO Rn. 5; aA Rogall in SK-StPO § 111e Rn. 28.
[20] Köhler in Meyer-Goßner/Schmitt Rn. 10.
[21] Bittmann in Bittmann/Köhler/Seeger/Tschakert Strafrechtl. Vermögensabschöpfung-HdB Rn. 1197–1199.

anwaltschaft vielmehr die Aufhebung der Anordnung zudem auch **ergänzend** in der Weise bekanntgeben, wie sie sie ursprünglich auch gemäß Abs. 4 S. 2 veröffentlicht hatte.

§ 111m [Verwaltung beschlagnahmter oder gepfändeter Gegenstände]

(1) [1]Die Verwaltung von Gegenständen, die nach § 111c beschlagnahmt oder auf Grund eines Vermögensarrestes nach § 111f gepfändet worden sind, obliegt der Staatsanwaltschaft. [2]Sie kann ihre Ermittlungspersonen (§ 152 des Gerichtsverfassungsgesetzes) oder den Gerichtsvollzieher mit der Verwaltung beauftragen. [3]In geeigneten Fällen kann auch eine andere Person mit der Verwaltung beauftragt werden.

(2) Gegen Maßnahmen, die im Rahmen der Verwaltung nach Absatz 1 getroffen werden, kann der Betroffene die Entscheidung des nach § 162 zuständigen Gerichts beantragen.

Übersicht

I. Sorgfältige Verwaltung

1 Erstmals besteht mit § 111m eine gesetzliche Regelung über die Verwaltung in amtlichem Gewahrsam befindlicher **Gegenstände** (dh nicht nur beweglicher Sachen, → § 111b Rn. 5). Ihr Anwendungsbereich beschränkt sich jedoch (anders als § 111n) auf vollstreckungssichernd beschlagnahmte oder gepfändete Gegenstände. Die Verwaltung ausschließlich zum Zwecke der **Beweissicherung** beschlagnahmter Gegenstände ist demnach **nicht** in § 111m geregelt.

2 In systematisch-chronologischer Hinsicht schließt sich die **Amtspflicht**[1] (selbstverständlich[2] **sorgfältiger** und **sicherer**) **Verwaltung** an die Vollziehung an. Sinnlich fassbar und verbunden mit der Begründung eines öffentlich-rechtlichen Verwahrverhältnisses[3] und staatsanwaltschaftlichem Eigenbesitz ist dies bei der Inverwahrnahme beweglicher Sachen,.[4] Diese bedürfen in **tatsächlicher Hinsicht** der **Aufbewahrung** und **Pflege.** Darauf beschränkt sich jedoch der Regelungsgehalt nicht.[5] Er erfasst vielmehr auch die **Verwaltung beschlagnahmter Forderungen** (oder sonstiger Rechte) sowie von **Grundstücken.**[6] Was Letzteres bedeutet, ist unklar. Zu denken ist an eine Pflicht zur Mitwirkung an Maßnahmen zur **Werterhaltung.** Da mit der Eintragung der Sicherung im Grundbuch aber keine Änderung der Besitzverhältnisse am Grundstück verbunden ist, verbleibt die Pflicht zur Verkehrssicherung beim Betroffenen.[7] Sofern jedoch ergänzend[8] Mietzinsforderungen (als Nutzungen) gepfändet wurden[9] (in § 76a Abs. 4

[1] Johann in Löwe/Rosenberg Rn. 16; Peters in Peters/Bröckers Vermögensabschöpfung Rn. 527.
[2] Johann in Löwe/Rosenberg Rn. 5.
[3] Heine in SSW StPO Rn. 1; Johann in Löwe/Rosenberg § 111c Rn. 4.
[4] Johann in Löwe/Rosenberg § 111d Rn. 4.
[5] Näher Bittmann in Bittmann/Köhler/Seeger/Tschakert Strafrechtl. Vermögensabschöpfung-HdB Rn. 1215.
[6] Köhler in Meyer-Goßner/Schmitt Rn. 1.
[7] Kamrau-Fiedler RPfleger 2021, 137; aA Johann in Löwe/Rosenberg § 111c Rn. 16.
[8] Sie werden von der Grundstücksbeschlagnahme selbst nicht erfasst, Heine in SSW StPO § 111c Rn. 11.
[9] Beispiel: LG Berlin 11.11.2021 – 502 Qs 36/21, Rn. 22.

StGB seit 18.3.2021[10] klargestellt, dass das auch im Rahmen selbständiger erweiterter Einziehung zulässig ist), dürfte **partielle Freigabe** geboten sein, fehlen sonstige liquide Mittel, um mit der Bewirtschaftung anfallende unumgängliche Kosten zu begleichen,[11] zB notwendige Reparaturen nach Rohrbruch oder bei undichter Decke, Hypothekenzinsen, Betriebskosten, Verkehrssicherungspflicht (Schneeschippen[12]).

Die Pfändung von in einem **Sammeldepot** verwahrter **Wertpapiere** erfasst lediglich den dem Betroffenen zustehenden **Bruchteil** und fällt daher unter die Beschlagnahme bzw. Pfändung von **Rechten.** Insoweit ist zwar keine Verwaltung im eigentlichen Sinne erforderlich. Im Interesse des Betroffenen liegt jedoch die Werterhaltung. **Absehbarem Wertverfall** darf die Staatsanwaltschaft zumindest **keinen Vorschub leisten.**[13] Das kann ihr Einverständnis zum Verkauf bei drohendem Sinken sowohl unterhalb des Werts zum Zeitpunkt der Beschlagnahme oder Pfändung erfordern als auch nach einer zwischenzeitlich eingetretenen, aber nicht als dauerhaft erwarteten Wertsteigerung. Die gebotene Veräußerung kann im Zuge einer Notveräußerung, § 111p, vorgenommen werden. Dann tritt der Erlös im Wege dinglicher Surrogation de jure an die Stelle der Wertpapiere, § 111p Abs. 1 S. 2. Bei freiem Verkauf kann die Staatsanwaltschaft Sicherungsabtretung verlangen. Verweigert sie sich notwendiger Werterhaltung gänzlich, so kann dies zu Amtshaftungsansprüchen führen,[14] mit denen der Betroffene gegen eine spätere Einziehungsverbindlichkeit (ggf. teilweise) aufrechnen könnte. 3

II. Zuständigkeiten

1. Verantwortlichkeit der Staatsanwaltschaft. Die Vorschrift fügt sich in die Systematik des Abschöpfungsrechts mit der **Konzentration** der **Aufgaben auf** die **Staatsanwaltschaft** ein. In ihrer, solange eine Finanzbehörde das Verfahren führt, in deren[15] Zuständigkeit liegt demgemäß auch die Verwaltung beschlagnahmter und gepfändeter Gegenstände. Die Staatsanwaltschaft ist allerdings nicht gezwungen, die Verwaltung umfassend und durchgehend **selbst vorzunehmen.** Das Gesetz gestattet es ihr vielmehr zweigeteilt, die damit verbundenen **Aufgaben** zu **delegieren: Ermittlungspersonen**[16] und **Gerichtsvollzieher** sieht es **per se** als **geeignet** an, derartige Aufgaben zu übernehmen, Abs. 1 S. 2. **Sonstige Dritte** dürfen hingegen nur im Fall ihrer gesondert erwähnten und damit festzustellenden Eignung eingeschaltet werden, Abs. 1 S. 3. Obwohl das Gesetz keine inhaltlichen Vorgaben enthält, setzt der Grundsatz der Verhältnismäßigkeit der Delegation Grenzen. Erforderlich ist zwar nicht die Erwartung, Dritte könnten die Verwaltungsaufgaben besser erfüllen,[17] wohl aber dürfen keine unnötigen Kosten veranlasst werden, die ggf. der Betroffene zu tragen haben könnte.[18] 4

Trotz Fehlens einer ausdrücklichen Regelung gilt § 111m auch, wenn ein Gegenstand **sowohl** zwecks **Sicherung** späterer Vollstreckung **als auch** aufgrund seiner **Beweisbedeutung** beschlagnahmt wurde. Obwohl kein Bedeutungsvorbehalt wie in § 111n Abs. 1 besteht, unterliegt es keinem Zweifel, dass dann auch im Zuge der Verwaltung **beiden Zwecken Rechnung getragen** werden muss. Dabei kann während des Ermittlungsverfahrens nur ein innerbehördlicher Konflikt entstehen. Er ist regelmäßig zugunsten des Vorrangs der Beweisbedeutung zu lösen. Diese jedoch ist immer wieder zu überprüfen. Zuweilen genügt ein Photo, das an die Stelle des Original-Beweismittels treten kann. 5

Gravierendere Probleme können hingegen während der **Phase gerichtlicher Anhängigkeit** entstehen. Wenn Staatsanwaltschaft und Schöffengericht vielleicht 30 km voneinan- 6

---

[10] BGBl. 2021 I 327.
[11] Wohl ebenso Johann in Löwe/Rosenberg § 111c Rn. 16 und § 111m Rn. 1.
[12] Johann in Löwe/Rosenberg Rn. 7.
[13] Peters in Peters/Bröckers Vermögensabschöpfung Rn. 527.
[14] Peters in Peters/Bröckers Vermögensabschöpfung Rn. 527.
[15] LG Hildesheim 3.12.2018 – 22 Qs 8/18 NdsRpfl 2019, 95 Rn. 22.
[16] Zu ungeklärten Fragen, wer die Kosten zu tragen hat OVG Bautzen 25.7.2019 – 3 D 45/19 Rn. 4.
[17] So aber Johann in Löwe/Rosenberg Rn. 6.
[18] Johann in Löwe/Rosenberg Rn. 9 und 12.

der entfernt locieren, kann der Beweisbedarf in der Hauptverhandlung nicht ohne Rücksicht auf etwaige Sicherheitsinteressen erfüllt werden. In Betracht kommen zB bewachter Transport zum Gericht oder Verlagerung eines Teils der Hauptverhandlung an den Aufbewahrungsort. Die Entscheidung hat das Gericht zu treffen. Wählt es den Transport, so hat es Abs. 1 S. 1 zum Trotz aufgrund bejahter Beweisbedeutung auch selbst für die Sicherheit zwischen Aus- und Wiedereinlagerung zu sorgen. Mit dieser Modifikation erlaubt ihm Abs. 1 S. 3 als geeignetem Dritten die (insoweit sogar: selbständige) Verwaltung. Verlagert es hingegen die Hauptverhandlung, so ist die Staatsanwaltschaft nicht gehalten, deren Beteiligte an die Stätte regulärer Aufbewahrung zu lassen. Vielmehr steht es ihr frei, den Gegenstand vorübergehend zB in ihre und damit auch von ihr zu sichernde andere Räumlichkeiten zu verbringen.

7 **2. Delegation. a) Amtshilfe.** Obwohl Abs. 2 S. 2 die uneingeschränkte Möglichkeit vorsieht, Aufgaben der Verwaltung beschlagnahmter oder gepfändeter Gegenstände den Ermittlungspersonen der Staatsanwaltschaft (§ 152 GVG) und Gerichtsvollziehern zu übertragen, steht diese Variante den einzelnen Staatsanwaltschaften nur nach **Maßgabe innerdienstlicher Vorschriften** und im Rahmen der zur Verfügung stehenden finanziellen und räumlichen **Kapazitäten** zur Verfügung. Über diese Rahmenbedingungen wird zu einem erheblichen Anteil überörtlich und partiell (auch im Hinblick auf das Tragen von Kosten) zwischen den Geschäftsbereichen des Justiz- und des Innenministeriums entschieden. Insoweit trägt also Abs. 1 S. 2 lediglich gestattenden Charakter. Das Ausfüllen des damit eröffneten Rahmens ist hingegen lediglich innerhalb der Vorgaben der Verwaltung möglich.

8 Offen ist, ob ein **Gerichtsvollzieher** beschlagnahmte oder gepfändeter Gegenstände im Auftrag der Staatsanwaltschaft **verwalten muss.** Zu bejahen ist dies, soweit es sich um einen Annex zu einer von ihm übernommenen Vollziehungsmaßnahme handelt. Die weitere Verwaltung wird er aber jedenfalls nicht kostenfrei übernehmen müssen. In der Praxis bieten sich einvernehmliche Absprachen an.

9 **b) Obhut Privater.** Abs. 1 S. 3 erlaubt, eine **andere geeignete Person** zu beauftragen.[19] Da die Vorschrift anders als S. 2 im Passiv formuliert ist, normiert sie dafür kein Monopol der Staatsanwaltschaft. Daher ist von Gesetzes wegen sowohl die von ihr beauftragte Ermittlungsperson als auch der Gerichtsvollzieher zur Weiterdelegation befugt. Allerdings ist dies ein konfliktträchtiger Umstand und es **verbleibt** selbst im Fall ihr unbekannter Sub-Delegation die **Gesamtverantwortung** immer bei der **Staatsanwaltschaft.**

10 **Dritter** ist zB der **Gutachter,** der den von ihm zu untersuchenden Gegenstand (zB zur Frage, ob es sich um einen echten Pelz oder um ein minderwertiges Imitat, oder bei Verdacht der Verletzung des Urheberrechts um eine lizenzierte oder um eine Raubkopie handelt) mit in seine Räumlichkeiten nimmt. Sperriges Sicherungsgut (zB ein Kraftfahrzeug) darf ein **Lagerhalter** aufbewahren.[20] Zulässig ist **Amtshilfe** seitens einer anderen Behörde.[21] Im Insolvenzfall können die Verwaltungsrechte des Insolvenzverwalters und der Staatsanwaltschaft miteinander konkurrieren.[22] Im Verhältnis zu einem Zwangsverwalter eines nebst Mietzinsforderung beschlagnahmten Grundstücks gilt hinsichtlich dieser das Prioritätsprinzip.[23]

11 Bei Einschaltung Dritter ist zu klären, welche zusätzlichen **Kosten** anfallen und wer sie trägt. Bei Weiterdelegation kommt die Abgeltung mit der Zahlung an den ersten Delegationsempfänger ebenso in Betracht wie die Überwälzung der Kosten des Dritten auf die

[19] Bittmann in Bittmann/Köhler/Seeger/Tschakert Strafrechtl. Vermögensabschöpfung-HdB Rn. 1217; Corsten/Schilling Vermögensabschöpfung und Opferentschädigung, in Münchener Anwaltshandbuch Wirtschafts- und Steuerstrafrecht, § 13 Rn. 103; Heine in SSW StPO § 111c Rn. 4.

[20] Heine in SSW StPO § 111c Rn. 4; Rogall in SK-StPO § 111c Rn. 5.

[21] Heine in SSW StPO § 111c Rn. 4; Rogall in SK-StPO § 111c Rn. 5.

[22] Bittmann/Tschakert in Bittmann/Köhler/Seeger/Tschakert Strafrechtl. Vermögensabschöpfung-HdB Rn. 1228–1234; s. auch Johann in Löwe/Rosenberg § 111i Rn. 18.

[23] LG Berlin 11.11.2021 – 502 Qs 36/21, Rn. 29–34.

Staatsanwaltschaft. Es bietet sich an, nach Mustern **Rahmenverträge** zu schließen, in denen diese Fragen eindeutig geregelt werden.

Zudem sind **Art, Umfang** und **Maß** der **Sorgfalt** der Verwahrung umständegerecht zu prüfen und festzulegen. Beim Aufbewahren gefährlicher, aber auch wertvoller, daher gefährdeter Gegenstände stellen sich unterschiedliche Fragen der Sicherheit. Das zeigte sich exemplarisch beim Diebstahl sichergestellten Bargelds aus dem Zollamt in Emmerich. Zwar ist Bargeld tunlichst auf ein Justizkonto einzuzahlen, sogar beschlagnahmtes mit der Folge dinglicher Surrogation (Auszahlungsforderung statt Scheine und Münzen), § 111d Abs. 3. Solange der Einzahlung jedoch die Beweisbedeutung entgegensteht (zB in Bezug auf Btm-Anhaftungen), scheidet die Umwandlung von Bar- in Giralgeld aus. Dessen Aufbewahrung fordert verlässliche Sicherheitsvorkehrungen, widrigenfalls Abhandenkommen Amtshaftungsansprüche auslöst. Kann im Extremfall nicht mehr bewiesen werden, ob es sich tatsächlich um kontaminiertes Geld handelte, so ist einem Drittbetroffenen der Wert zu ersetzen. Ein Verurteilter verfügt gleichermaßen über eine solche Ersatzforderung. Gegen diese kann der Justizfiskus jedoch aufrechnen – allerdings nur, wenn die Verurteilung mit der Anordnung der Einziehung des Werts erlangten Tatertrags einherging. 12

3. Kooperation. Gilt es, komplexe Gegenstände, eine Gesamtheit mehrerer oder Teile eines größeren Ganzen, etwa eines Betriebes, zu verwalten, so darf die Staatsanwaltschaft eine Art (am besten: branchenkundigen) **Sachwalter** einsetzen (eine Möglichkeit, die der Entwurf des VerSanG ausdrücklich vorsah). Dieser könnte zB betriebsnotwendiges Inventar weiter bewirtschaften und dafür die Sachkunde auch des beschuldigten Verantwortlichen nutzen (zu partieller Kontofreigabe → § 111k Rn. 34). Dazu gibt es keine einziehungsrechtlichen Vorgaben, sondern es ist der gestaltenden **Phantasie** freier Lauf belassen. Nötig ist (als Ausfluss des Grundsatzes der Verhältnismäßigkeit[24]) die **flexible Kooperationsbereitschaft** der Beteiligten, Verteidigung, Staatsanwaltschaft, ggf. Dritter, zB Anspruchsinhaber (Verletzte) oder Drittberechtigte wie Sicherungseigentümer, Leasinggeber etc. Begehrt der Betroffene überobligationsmäßig sorgfältige Verwahrung auf eigene Kosten, so hat darüber die Staatsanwaltschaft nach pflichtgemäßem Ermessen zu entscheiden.[25] Es bedarf für den konkreten Einzelfall genauer Festlegungen. Auf ihre sorgfältige Abfassung ist zur Vermeidung unschöner Folgestreitigkeiten besonders zu achten. 13

III. Rechtschutz

Gem. §§ 111m Abs. 2, 162 kann der Betroffene gegen Maßnahmen der Verwaltung iSv Abs. 1 **gerichtliche Entscheidung** begehren. Denkbar ist zB das Verlangen besonderer Sorgfaltsmaßnahmen, ein Angriff auf die Art der Verwahrung oder gegen die Weigerung, dem Verkauf verfallsbedrohter Wertpapiere (ggf. per Notveräußerung) zuzustimmen (soweit nicht § 111p Abs. 5 S. 1 vorgeht). Die Pfändung von Mietzinsforderungen ist keine Angelegenheit der Verwaltung gem. § 111m. Gegen sie kann der Zwangsverwalter jedoch nach § 111k Abs. 3 vorgehen.[26] 14

In aller Regel wird dem Betroffenen allerdings das Wissen über Verwaltungsmaßnahmen fehlen. Es stellt sich dann die Frage, ob er **Auskünfte** darüber verlangen darf. Eine **pauschalierende Antwort kann** es darauf **nicht geben.** Ein Auskunftsanspruch über den genauen Aufenthaltsort gefährdeter Gegenstände ist zu verneinen. Ob Sicherheitsbedenken gegen eine Auskunft über etwaige Delegation von Verwaltungsaufgaben bestehen, wird man fallabhängig entscheiden müssen. Wenn hingegen ein besonderer Pflegebedarf besteht (zB Medikation beschlagnahmter Tiere), wird man die Legitimität der Frage, ob den sachlichen Notwendigkeiten ausreichend Rechnung getragen wird, nicht bestreiten und daher einen Auskunftsanspruch bejahen müssen. 15

---

24 Johann in Löwe/Rosenberg Rn. 5.

25 Weitergehend Johann in Löwe/Rosenberg Rn. 7: Staatsanwaltschaft habe dem Begehren zu entsprechen.

26 LG Berlin 11.11.2021 – 502 Qs 36/21, Rn. 26 (allerdings kumulativ wohl auch § 111m Abs. 2 für einschlägig haltend, Rn. 27).

§ 111n [Herausgabe beweglicher Sachen]

(1) Wird eine bewegliche Sache, die nach § 94 beschlagnahmt oder auf andere Weise sichergestellt oder nach § 111c Absatz 1 beschlagnahmt worden ist, für Zwecke des Strafverfahrens nicht mehr benötigt, so wird sie an den letzten Gewahrsamsinhaber herausgegeben.

(2) Abweichend von Absatz 1 wird die Sache an den Verletzten herausgegeben, dem sie durch die Straftat entzogen worden ist, wenn dieser bekannt ist.

(3) Steht der Herausgabe an den letzten Gewahrsamsinhaber oder den Verletzten der Anspruch eines Dritten entgegen, wird die Sache an den Dritten herausgegeben, wenn dieser bekannt ist.

(4) Die Herausgabe erfolgt nur, wenn ihre Voraussetzungen offenkundig sind.

Übersicht

I. Systematik

1 **1. Herausgabeentscheidung: Vorgelagert.** § 111n befasst sich **nicht** mit der Frage, **ob** eine bewegliche Sache herauszugeben ist oder nicht.[1] Eine Herausgabeentscheidung hat allerdings zur Vermeidung unnötiger und deshalb übermäßiger Belastung des (oder der) Berechtigten (und ggf. aus innerdienstlichen Gründen zur Entlastung der Asservatenkammer) so früh wie möglich zu fallen. Maßgeblich ist insoweit der **Fortbestand** des oder zumindest **eines Sicherungszwecks,** zB der Einziehung in einem subjektiven oder selbständigen Verfahren.[2] Die Erforderlichkeit amtlichen Gewahrsams entfällt oft schon im Ermittlungsverfahren, bei Erheben der Anklage, spätestens mit Eintritt der Rechtskraft (Ausnahme: Wiederaufnahmeantrag).

2 Die **Entscheidung** über die **Freigabe** ist dem Anwendungsbereich des § 111n **vorgelagert.** Er ist daher erst eröffnet, wenn von zuständiger Stelle die Entscheidung zur Freigabe bereits getroffen ist und regelt deren Folgen.[3] Über Freigabe und Empfänger entscheidet nicht der Rechtspfleger. Er ist allein für die Abwicklung zuständig (→ § 111o Rn. 2b). Dieses systematische Verständnis von Freigabe und Anwendungsbereich des § 111n zeitigt wesentliche Folgen für die Handhabung und wird auch nicht vom Offenkundigkeitserfordernis des § 111n Abs. 4 in Frage gestellt.

3 **2. Keine Befugnis zur Fortsetzung amtlichen Gewahrsams.** Ist der Empfänger für die Freigabeentscheidung als solche juristisch irrelevant, so steht spiegelbildlich Letztere im Rahmen des § 111n **nicht** mehr, sondern gerade umgekehrt **nur** noch die **Empfangszuständigkeit** in Rede. Daher **geht Einigkeit** unter den möglichen Berechtigten **vor** und gilt § 111n ausschließlich bei Streit **verschiedener Prätendenten,** regelt ihn allerdings nur bei offensichtlicher Berechtigung und selbst dann nur vorläufig. Die Entscheidung, an wen herausgegeben wird, kann zwar nach § 111o angefochten werden. Die Grenzen des § 111n binden aber auch die Strafgerichte. Dem unterlegenen Antragsteller verbleibt die Zivilklage

[1] Johann in Löwe/Rosenberg Rn. 7.
[2] Spillecke in KK-StPO Rn. 10.
[3] Johann in Löwe/Rosenberg Rn. 7; Herausgabe ohne Freigabe beendet aber die Beschlagnahme, Rn. 17.

vor Herausgabe gegen den Justizfiskus, danach gegen den Empfänger auf Herausgabe an sich (→ Rn. 26 f. und → § 111o Rn. 6).

Bei **aktueller Einigkeit** besteht grundsätzlich die Pflicht zur **Herausgabe** an den **Anspruchsteller.**[4] Ohne dessen Berechtigung nachzuprüfen, ist der freigegebene Gegenstand daher an denjenigen herauszugeben, der dies als einziger im Einvernehmen mit den übrigen Prätendenten (Opfer, Dritte oder vorletzter Besitzer) begehrt. Gibt es jedoch nicht nur auf kriminalistischer Phantasie fußende, sondern ernsthafte tatsächliche Anhaltspunkte fehlender Befugnis (zB eines völlig Unbeteiligten) oder für Manipulationen (zB Nötigung eines Berechtigten, auf Herausgabe zu verzichten), so ist die Strafjustiz trotz Freigabe mangels Offensichtlichkeit der Berechtigung des Begehrenden an der Herausgabe gehindert. 4

Keinesfalls bietet § 111n eine Rechtsgrundlage dafür, die Herausgabe von einem **Eigentumsnachweis** des Anspruchstellers **abhängig** zu machen. Regelungsgegenstand des § 111n ist von vorn herein nicht das Eigentum.[5] Die Bestimmungen dienen vielmehr allein der vorläufigen Herstellung rechtmäßigen **Besitzes.** Streitigkeiten über oder auf Eigentum sind daher nicht im Rahmen des § 111n zu lösen. 5

Ließ der Verkäufer trotz Erhalts des Kaufpreises noch nicht übereignete Sachen von einem Dritten an den Käufer liefern, die während des Transports als „heiße Ware" gem. § 111b beschlagnahmt wurden, so kann nach mehrmonatigen ergebnislosen Ermittlungen trotz fortbestehender Zweifel an legaler Herkunft die Freigabe geboten sein. Der Verkäufer muss keinen Eigentumsnachweis führen, ist der Käufer (etwa aufgrund Rückzahlung des Kaufpreises) mit der Herausgabe an ihn oder umgekehrt er mit der Herausgabe an den Käufer einverstanden. Anders ist es nur dann, wenn auch der Transporteur oder ein eigene Berechtigung behauptender Dritter ebenfalls Herausgabe an sich begehrt. 6

Sähe man dies **anders,** so **entfaltete** § 111n im Gegensatz zu seinem rein utilitaristischen Zweck eine faktische, § 1006 BGB entsprechende **Vermutungswirkung zugunsten** des **Justizfiskus** und zu **Lasten** Dritter, auch des wahren Eigentümers und früherer Besitzer. Dies **widerspräche krass** der Wertung des **§ 76a Abs. 4 StGB,** der auch nach der Neufassung erweiterte selbständige Einziehung nur bei voller richterlicher Überzeugung vom Herrühren aus (irgendeiner) rechtswidrigen Tat erlaubt. Zwar führte § 111n nicht zu förmlicher Einziehung, wohl aber zum faktischen Entzug bürgerlicher Rechte, bis zum Beweis ihres Bestehens. Das ist nicht nur an Bargeld häufig faktisch unmöglich: **Beweislastumkehr** durch die **Hintertür,** die hinsichtlich bloß vielleicht kontaminierter Gegenstände einzuführen der Gesetzgeber abgelehnt hat. Eine derartige Auslegung wäre ebenso gesetzeswidrig wie das **Unterlaufen** der Herausgabe an den Empfangsberechtigten mittels **präventiver** Beschlagnahme (→ Vor §§ 111b–111q Rn. 88–93). 7

II. Regelungsgegenstand

§ 111n (und in der Folge auch § 111o) gilt für die Abwicklung **verkehrsfähiger** (→ Rn. 36) **beweglicher Sachen**[6] (einschließlich Schiffen, Schiffsbauwerken und Luftfahrzeugen)[7] nach **Beschlagnahme** gem. **§ 111b** und (im Gegensatz zu den übrigen Vorschriften der §§ 111b ff.) **auch** nach (formloser[8] oder gemäß § 94 förmlicher) Sicherstellung zu **Beweiszwecken,** erfasst aber keine Sicherstellung aus anderen, zB präventiven Gründen[9] und Beschlagnahme als Mittel der Pfändung in Vollziehung eines Vermögensarrests.[10] Der Unklarheiten über die Abgrenzung beider Instrumente (→ Vor §§ 111b–111q Rn. 46–55) 8

[4] Mayer in KMR-StPO Rn. 5; wohl auch Ullenboom Vermögensabschöpfung Rn. 426.
[5] Gercke in Gercke/Julius/Temming/Zöller Rn. 2.
[6] Heine in SSW StPO Rn. 3.
[7] Johann in Löwe/Rosenberg Rn. 14.
[8] AA für den Fall freiwilliger Herausgabe Köhler in Meyer-Goßner/Schmitt Rn. 1.
[9] Johann in Löwe/Rosenberg Rn. 11 und 12 aE; s. auch Schmidt Vermögensabschöpfung-HdB Rn. 1387 f.
[10] Johann in Löwe/Rosenberg Rn. 7.

wegen bietet sich jedoch in Grenzfällen die **analoge** Anwendung des § 111n auch auf **gepfändete Gegenstände** an.

9 § 111n gilt in **jedem Verfahrensstadium,** also während eines noch anhängigen Verfahrens ebenso wie nach einer Verurteilung, einer Einstellung nach irgendeiner der dafür einschlägigen Vorschriften[11] oder einem Freispruch. Zivilrechtliche Änderungen sind zu berücksichtigen.[12] § 111n Abs. 4, das Erfordernis der Offenkundigkeit, wirkt Überforderungen der Strafjustiz entgegen. Für die Herausgabe ist irrelevant, ob die Sicherung gerichtlich oder nicht-richterlich angeordnet und ob sie recht- oder unrechtmäßig vollzogen worden war.[13]

10 Für das **Schicksal** eines beschlagnahmten Gegenstands ist der Inhalt der rechtskräftigen gerichtlichen **Entscheidung über die Einziehung maßgeblich.** Bleibt sie aus, so wirkt dies als Freigabe und es hat Herausgabe zu erfolgen. Wird Einziehung angeordnet, so gilt § 75 StGB und setzt evtl. das Opferentschädigungsverfahren ein. In den Fällen des § 75 Abs. 1 S. 2 StGB bedarf es – anders als bei einer Aufrechterhaltungsentscheidung gemäß § 111i aF – keiner vollstreckungssichernden Anordnung mehr, weil die rechtskräftige Einziehungsanordnung den Fortbestand des amtlichen Gewahrsams gestattet (→ § 111j Rn. 57). Eben dieser sichert nun die Entschädigung. Ist diese mangels Beschlagnahme vor Rechtskraft noch nicht gewährleistet, so ändert sich dies im Fall erfolgreicher Vollstreckung der rechtskräftigen Einziehungsanordnung nach Maßgabe der dafür einschlägigen Vorschriften.

11 Die Frage nach der Empfangszuständigkeit entsteht nicht zwingend allein schon aufgrund Entfallens des Anlasses der Sicherstellung,[14] sondern erst dann, wenn die Sache für Zwecke des (Ermittlungs- oder) Strafverfahrens insgesamt nicht mehr benötigt wird. Zulässig und nach Maßgabe der einschlägigen Vorschriften auch möglich ist innerhalb des Verfahrens, für welches die Sache sichergestellt ist, das **Auswechseln des Sicherstellunggrundes** (Vollstreckungssicherung statt Beweiszweck und umgekehrt).[15] Damit verbunden sind auch Folgeänderungen für die Verwaltung, weil § 111m für den Fall alleiniger Beweissicherung nicht gilt (→ § 111m Rn. 1) Die beabsichtigte Freigabe in diesem Verfahren kann zudem Anlass zur Anschlussbeschlagnahme oder -pfändung in einem anderen Verfahren bieten.

12 Die Herausgabe der freigegebenen Sache ist **schnellstmöglich** vorzunehmen[16] und darf nicht etwa aufgeschoben werden, weil sie wegen eintretender Erfüllungswirkung, § 73e Abs. 1 S. 1 StGB, die Abschöpfung verhindert.[17] **Einziehung** bleibt **nach** tatbedingtem **Eigentumsübergang** (zB aufgrund Betrugs) ohnehin **nötig,** weil Gewahrsamswechsel allein die Eigentumslage unberührt lässt (→ Rn. 40).

13 **Herausgeben** setzt **Innehaben** voraus.[18] Daran ändert der gesetzliche Hinweis auf Sicherstellung in anderer Weise nichts, denn er dient nur der Einbeziehung formloser Sicherstellung zu Beweiszwecken, bezieht sich also nicht auf die Art und Weise förmlicher Beschlagnahme. Geschah diese mittels **Kennzeichnung** (→ § 111c Rn. 2) beweglicher Sachen,[19] so berührt dies den Besitz nicht. Mangels Gewahrsams gilt § 111n bei dieser Art

---

11 OLG Hamm 2.9.2008 – 5 Ws 275/08 Rn. 5, NStZ-RR 2009, 376 ; LG Saarbrücken 27.10.2009 – 2 KLs 2/09 – 33 Js 518/08 StraFo 2009, 510; Rogall in SK-StPO § 111k Rn. 13 f.; Schmidt Vermögensabschöpfung-HdB Rn. 1413; aA für Einstellung oder Freispruch ohne Nachweis des objektiven Tatbestands Köhler in Meyer-Goßner/Schmitt Rn. 11.

12 Bittmann in Bittmann/Köhler/Seeger/Tschakert Strafrechtl. Vermögensabschöpfung-HdB Rn. 1278–1283.

13 Johann in Löwe/Rosenberg Rn. 11.

14 So aber Spillecke in KK-StPO Rn. 4.

15 Rönnau Vermögensabschöpfung Rn. 313.

16 Johann in Löwe/Rosenberg Rn. 4 (unverzüglich); Bittmann in Bittmann/Köhler/Seeger/Tschakert Strafrechtl. Vermögensabschöpfung-HdB Rn. 1243–1250.

17 Vgl. BGH 10.4.2018 – 5 StR 101/18 Rn. 1; Ullenboom NZWiSt 2020, 470 (471); aA OLG Rostock 9.4.2018 – 18 Qs 32/18 (3), Rn. 40–44.

18 Johann in Löwe/Rosenberg Rn. 12; Rönnau Vermögensabschöpfung Rn. 308; Schmidt Vermögensabschöpfung-HdB Rn. 1391.

19 Heine in SSW StPO Rn. 3; aA Johann in Löwe/Rosenberg § 111c Rn. 5 und § 111n Rn. 13; für Analogie Mayer in KMR-StPO Rn. 4.

Beschlagnahme ebensowenig wie nach **Hinterlegung** (§§ 111e Abs. 4 S. 2, 111g Abs. 1)[20] oder bereits tatsächlich erfolgter **Herausgabe,**[21] selbst wenn sie zu Unrecht veranlasst worden sein sollte.[22] Gleichwohl sind nach Freigabe zügig Kennzeichen zu entfernen und der hinterlegte Betrag auszukehren. In den Fällen dinglicher Surrogation (§ 111d Abs. 2 S. 2 und Abs. 3 S. 2 sowie § 111p Abs. 1 S. 2) richtet sich die Empfangszuständigkeit danach, wem der Besitz am ursprünglich betroffenen Gegenstand (ggf.: wieder-)einzuräumen wäre, wäre er noch vorhanden und gesichert (→ Rn. 29 f.).[23]

Eine **Einschränkung** dahingehend, dass § 111n den zu irgendeinem Zeitpunkt vorhanden gewesenen **früheren Besitz** des Beschuldigten oder eines sonstigen strafrechtlich Beteiligten, zB des Hehlers, voraussetze, oder die Justiz nur von diesem Personenkreis den Besitz erlangt haben dürfe,[24] besteht **ebensowenig**[25] wie gebotene **Personenidentität** von Beschuldigtem/Angeklagtem einerseits und Entziehendem andererseits.[26] Beides wäre mit der gesetzlichen Systematik nicht vereinbar. 14

III. § 111n im Verhältnis zum Zivilrecht

§ 111n befasst sich **nicht** mit dem **Eigentum** oder **beschränkten dinglichen Rechten,**[27] sondern enthält sich jeglicher Aussage über die die sichergestellte Sache betreffenden Rechtsverhältnisse dinglicher Natur und zwischen der Strafjustiz, dem Beschuldigten, dem etwaig davon abweichenden Betroffenen, dem materiell-rechtlich Verletzten und sonstigen Dritten.[28] Die Herausgabe eines Kraftfahrzeugs berechtigt daher für sich nicht zu dessen Zulassung.[29] § 111n hat als vorläufige Besitzstandsregelung[30] **nur** den **Gewahrsam** im Blick,[31] ohne dafür jedoch selbst **abschließende** Regelungen zu treffen. Er knüpft vielmehr direkt an das Besitzrecht des **BGB** an. Sofern § 111n davon abweichen sollte, gingen dessen Bestimmungen vor und **modifizierten damit** (nur!) die konkret einschlägigen Vorschriften des BGB. 15

Es gibt **keine** allgemeine **Regelung,** derzufolge der **frühere Zustand** (mittels actus contrarius) **wiederherzustellen** sei.[32] Daran hat das Einfügen von § 111n Abs. 1 in das 16

---

20 Beschränkt auf den Fall ungewisser Empfangszuständigkeit auch Köhler in Meyer-Goßner/Schmitt Rn. 1.

21 Ullenboom NZWiSt 2020, 470 (474) (kein „Folgenbeseitigungsanspruch").

22 Zur Entschädigungspflicht OLG Jena 6.1.2005 – 1 Ws 4/05, NStZ-RR 2005, 125 (StrEG einschlägig, aber in concreto kein Schaden).

23 Orientierung am Zivilrecht und damit an BGH 19.7.2019 – V ZR 255/17, NJW 2019, 3147 Rn. 8 mAnm Krause, dürfte sachgerecht sein.

24 So Corsten/Schilling Vermögensabschöpfung und Opferentschädigung, in Münchener Anwaltshandbuch Wirtschafts- und Steuerstrafrecht, § 13 Rn. 108; Gercke in Gercke/Julius/Temming/Zöller Rn. 8; Mayer in KMR-StPO Rn. 10; für die Besitzerlangung wie hier Spillecke in KK-StPO Rn. 6.

25 IE ebenso OLG Hamm 2.9.2008 – 5 Ws 275/08, NStZ-RR 2009, 376 Rn. 11 ff.; Johann in Löwe/Rosenberg Rn. 11; Rönnau Vermögensabschöpfung Rn. 308; Rogall in SK-StPO § 111k Rn. 9; Ullenboom Vermögensabschöpfung Rn. 414; aA Köhler in Meyer-Goßner/Schmitt Rn. 2; Schmidt Vermögensabschöpfung-HdB Rn. 1391 (wie hier aber Rn. 1415).

26 OLG Hamm 2.9.2008 – 5 Ws 275/08 NStZ-RR 2009, 376; aA Köhler in Meyer-Goßner/Schmitt Rn. 11.

27 Johann in Löwe/Rosenberg Rn. 6.

28 Beispiele bei Rönnau Vermögensabschöpfung Rn. 307.

29 VGH München 22.8.2018 – 11 ZB 18.101 Rn. 15.

30 BT-Drs. 18/9525, 83; Johann in Löwe/Rosenberg Rn. 6; Rönnau Vermögensabschöpfung Rn. 306.

31 Ausführlich Johann in Löwe/Rosenberg § 111k Rn. 3, zum insoweit bestehenden Vorrang der Strafgerichte Rn. 29.

32 Zutr. OLG Celle 10.1.2012 – 1 Ws 7/12, NStZ-RR 2012, 176 Rn. 6 (Ls.) aA aber BGH 9.11.1978 – III ZR 116/77, BGHZ 72, 302, 304 (BGH 13.7.2000 – IX ZR 131/09, NJW 2000, 3218 spricht vorsichtiger von ‚in der Regel'); LG Frankfurt (Oder) 14.6.2011 – 6a T 38/11 NStZ-RR 2012, 176; Heine in SSW StPO Rn. 1; Köhler in Meyer-Goßner/Schmitt Rn. 7; einschr. auf früheren *rechtmäßigen* Vor-Besitz Johann in Löwe/Rosenberg Rn. 2 f. LG Saarbrücken 27.10.2009 – 2 KLs 2/09 – 33 Js 518/08, StraFo 2009, 510 ff., und Rönnau Vermögensabschöpfung Rn. 306 bzw. 312 bejahten zu § 111k aF zwar den Grundsatz der Wiederherstellung, maßen aber dem besserem Recht eines Dritten den Vorrang bei (wie jetzt § 111n).

Gesetz nichts geändert. Nach dem BGB hat vielmehr jeder herausgabepflichtige Gewahrsamsinhaber den Besitz an dem Gegenstand auf denjenigen zu übertragen, der das **beste Recht zum Besitz** innehat.[33] Das gilt auch nach freiwilliger Herausgabe zur Abwendung drohender Beschlagnahme.[34] Die Pflicht zur **Herausgabe** an den vor der Justiz **letzten Gewahrsamsinhaber** steht daher unter **zwei Vorbehalten:** Er muss z.Zt. der Begründung amtlichen Gewahrsams ein **Recht zum Besitz** innegehabt haben[35] und es darf z.Zt. der Herausgabe **keinen Inhaber** eines **besseren Rechts zum Besitz** geben.[36] Demgemäß kann ein materiell-rechtlich aufgrund der Tat nicht Verletzter als Dritter empfangsberechtigt sein, zB der Eigentümer eines gestohlenen Mietwagens nach Ablauf der Mietdauer.

17 Das Recht zum Besitz leitet sich vom Eigentum ab. Dieses ist als solches nicht sinnlich wahrnehmbar und lässt sich selten allein mittels rechtlicher Umstände belegen (zB konstitutive Registereintragung). Zumeist bedarf es daher der Entscheidung an Hand juristisch anerkannter Indizien. Das BGB knüpft an das Kriterium mit dem in tatsächlicher Hinsicht größten Offenkundigkeitspotenzial an: Den **Besitz.** Die Annahme, er könne selbst das Eigentum begründen, wäre jedoch ein Zirkelschluss, schließlich ist nur umgekehrt auf Eigentum zurückzuführender Besitz rechtmäßig. Daher behilft sich das Gesetz mit der an den Besitz anknüpfenden widerleglichen **Vermutung** bestehenden Eigentums, § 1006 BGB, und damit zugleich auch eines Rechts zum Besitz jeweils für den Zeitpunkt oder während einer Phase tatsächliche ausgeübter Herrschaft über die betroffene bewegliche Sache.[37] Für den Zeitraum vor Überführung in amtlichen Gewahrsam streitet die Vermutung für den vor der Justiz letzten Besitzer. Diese rein possessive Rechtstellung leitet sich aus der faktischen Herrschaftsmacht ab und wirkt zunächst völlig unabhängig von einem petitorischen Recht zum Besitz. **Geschützt** wird damit folglich zunächst, aber nur vorläufig, **selbst** ein tatsächlich **Schuldiger,** wurde bei ihm die **Sache vorgefunden.**

18 Das erste muss **nicht** zugleich auch das **letzte Wort** sein. Das folgt aus dem Umstand, dass die **Vermutung** des § 1006 **widerleglich** ist. Die Beschlagnahme ändert nichts am Eigentum, entzieht zwar das Recht zum Besitz (falls die Durchführung nicht „in sonstiger Weise" vorgenommen wurde), ändert aber nichts an der für die Vergangenheit bestehenden Eigentumsvermutung. Diese ist jedoch **widerlegt,** weist jemand anderes sein Eigentum nach oder spricht für ihn die Eigentumsvermutung für die Zeit vor dem Gewahrsam des vor der Justiz letzten Besitzers, ohne dass für Letzteren ein legaler Erwerbsgrund ersichtlich wäre. Genau dies ist die in Abs. 2 und Abs. 3 zum Ausdruck gebrachte Sicht des Gesetzes.

18a Nach der Modifikation zum 1.7.2021 gilt **Abs. 2** nur für den Fall des **unmittelbaren Entzugs.** Damit kann nur die tatsächliche Herrschaft gemeint sein, also Besitz bzw. Gewahrsam. Trotz der apodiktischen Formulierung ist die bewegliche Sache jedoch nicht demjenigen zurückzugeben, dem sie entzogen wurde, hat ein anderer ein (besseres) Recht zum Besitz inne. Daher genießt **Abs. 3** den **Vorrang** vor Abs. 2:[38] Wurde die bewegliche Sache beim Mieter gestohlen, so war er zwar Besitzer, ist aber nach Ablauf der Mietdauer nicht mehr zum Besitz berechtigt. Abs. 3 erklärt den Eigentümer als empfangsbefugt. Wurde jedoch der Vermieter als seinerzeitiger Eigentümer von seiner Versicherung entschädigt, so ist auch er nicht mehr besitzbefugt. Deshalb hat die Herausgabe in diesem Fall an den Versicherer zu erfolgen (→ Rn. 31 f.). Wurde über dessen Vermögen das Insolvenzverfahren eröffnet, so wechselte die Empfangszuständigkeit zum Insolvenzverwalter. Hatte ihn dieser (oder vor Insolvenzeröffnung der Versicherer) an einen Dritten veräußert, so ist allein dieser berechtigter Dritter iSv Abs. 3.

19 Daraus folgt die **Bindung** auch der Strafjustiz an die vom BGB bestimmte **dingliche Rechtslage.** Sie ist für die Entscheidung zur Herausgabe an einen von mehreren Anspruchs-

33 Rogall in SK-StPO § 111k Rn. 1, 17 und 35 ff.
34 AA Ullenboom NZWiSt 2020, 470.
35 Johann in Löwe/Rosenberg Rn. 3.
36 Johann in Löwe/Rosenberg Rn. 11 und 34.
37 BGH 19.7.2019 – V ZR 255/17, NJW 2019, 3147 Rn. 23–25 mAnm Krause.
38 BT-Drs. 19/27654, 77.

tellern maßgeblich. Das betrifft nicht nur possessorische Rechte, sondern auch petitorische, nicht aber sonstige obligatorische Ansprüche auf den Besitz.[39] Das **Recht** des **Opfers,** Rückgabe zu verlangen, und die Pflicht zur Rückgabe an dieses in seiner verfahrensrechtlichen Stellung als Anspruchsinhaber folgt aus dessen Rolle als letzter berechtigter Eigenbesitzer. Sie besteht folglich selbst nach zB betrügerisch übergegangenem **Eigentum** auf den Beschuldigten.[40] Dies erkennt § 111n Abs. 2 ausdrücklich an. Es handelt sich dabei keineswegs um eine Ausnahmevorschrift.[41] Im Gegenteil: Nur eine abweichende Regelung durchbräche das BGB. So aber unterstreicht § 111n die Widerspruchsfreiheit der Rechtsordnung.

IV. Offenkundigkeit

20 Das Erfordernis der **Offenkundigkeit,** Abs. 4, bezieht sich auf die Empfangsberechtigung als solche und nicht auf einzelne Quasi-Tatbestandsmerkmale der Abs. 1–3. Sprechen gute Gründe für mehrere der Empfangswilligen, so fehlt es an der Offenkundigkeit (→ Rn. 26). Es kann also entgegen LG Bonn[42] und OLG Düsseldorf[43] gar nicht mehrere „offenkundig Empfangsberechtigte" geben. Das Erfordernis der „Offenkundigkeit" unterstreicht die **Vorläufigkeit** der vor Herausgabe zu treffenden Entscheidung über die Person des Empfängers. Zugleich beugt es Rechtsnachteilen derjenigen vor, die zwar über die beste Berechtigung verfügen, dies aber nicht ohne weiteres, jedenfalls nicht sicher belegen können. Daher beenden im Fall mehrerer geltend gemachter Herausgabeansprüche bereits ernste **Zweifel** über die **Empfangszuständigkeit** die Zuständigkeit der Strafjustiz. Über den Prätendentenstreit verbindlich zu entscheiden ist allein Sache der Ziviljustiz (→ Rn. 26 f. und → § 111o Rn. 6).

21 **Offenkundig** ist als unbestimmter Rechtsbegriff iSv **offensichtlich** (dh nicht so eng wie in § 244 Abs. 3 S. 2[44]) zu verstehen.[45] Die Strafjustiz ist zwar zur Entscheidung aufgerufen. Inhaltlich maßgeblich ist aber allein die **Erkennbarkeit für den betroffenen Personenkreis.**[46] Die Voraussetzungen dafür können aus rechtlichen wie aus tatsächlichen Gründen fehlen. Letzteres ist zB der Fall, wenn Zweifel an der Identität einer Sache bestehen, etwa wenn Haushaltsgeräte über keine Individualnummern verfügen. Auch ob eine Übereignungserklärung abgegeben wurde, ist ein tatsächlicher Umstand. Stellt sich die (bereits ursprüngliche oder inzwischen erworbene) Berechtigung des Beschuldigten heraus, so ist die Sache an ihn herauszugeben.[47] Liegen die maßgeblichen Tatsachen nicht offen zutage, so findet zwar eine strafprozessuale Beweisaufnahme nicht allein zum Zwecke der Ermittlung des Berechtigten statt.[48] Eingereichte Unterlagen oder sonstige Belege (zB Photographien) sind jedoch bei der Entscheidung zu berücksichtigen.

[39] Johann in Löwe/Rosenberg Rn. 34; Spillecke in KK-StPO Rn. 8; wohl ebenso Mayer in KMR-StPO Rn. 12.

[40] Kiethe in Radtke/Hohmann § 111k Rn. 5; Köhler in Meyer-Goßner/Schmitt Rn. 12; Rogall in SK-StPO § 111k Rn. 6.

[41] LG Saarbrücken 27.10.2009 – 2 KLs 2/09 – 33 Js 518/08 StraFo 2009, 510 ff.; aA Huber in BeckOK StPO Rn. 3; Johann in Löwe/Rosenberg Rn. 20.

[42] LG Bonn 15.2.2021 – 50 Qs 659 Js 24/20 – 42/20, NStZ 2021, 765 Rn. 12–19.

[43] OLG Düsseldorf 3.2.2022 – III – 2 Ws 15/22, Rn. 24.

[44] Insoweit zutr. OLG Rostock 9.4.2018 – 18 Qs 32/18 (3) Rn. 17–33.

[45] Heine in SSW StPO Rn. 11; Johann in Löwe/Rosenberg Rn. 8.

[46] Bittmann in Bittmann/Köhler/Seeger/Tschakert Strafrechtl. Vermögensabschöpfung-HdB Rn. 1252 f. und 1272 f.; Heine in SSW StPO Rn. 11.

[47] Corsten/Schilling Vermögensabschöpfung und Opferentschädigung, in Münchener Anwaltshandbuch Wirtschafts- und Steuerstrafrecht, § 13 Rn. 109; Johann in Löwe/Rosenberg Rn. 34; Köhler in Meyer-Goßner/Schmitt Rn. 13; Rogall in SK-StPO § 111k Rn. 17 mN; Spillecke in KK-StPO Rn. 8; Ullenboom Vermögensabschöpfung Rn. 425. Betroffener und Beschuldigter sind empfangsberechtigt, wenn sie nach der Tat legal Eigentum (oder eine sonstige zum Besitz berechtigende dingliche Berechtigung) erworben haben. Für die Beteiligung am Verfahren genügt die Behauptung legalen Erwerbs. Rechte Dritter müssen nur beachtet werden, soweit es Anhaltspunkte für ihr etwaiges Bestehen gibt.

[48] Johann in Löwe/Rosenberg Rn. 8; Köhler in Meyer-Goßner/Schmitt Rn. 11, 13 und 17.

22 Bei **rechtlichen Zweifeln** ist zu **differenzieren.**[49] Jura novit curia. Daher kann die Notwendigkeit der **Prüfung** der **Rechtslage** dem **Offenkundigkeitserfordernis** allein **nicht entgegenstehen.** Dass die Strafgerichte und demgemäß zuvor auch die Staatsanwaltschaften im Zuge der Vollziehung insbesondere eines Vermögensarrests über ggf. komplizierte Fragen des bürgerlichen, Handels- und Gesellschaftsrechts zu befinden haben, § 111k Abs. 3, zeigt die Notwendigkeit mehr als nur straf- und strafprozessualer Kenntnisse der Strafjustiz. Zu berücksichtigen ist zudem der **Zweck** des § 111n, eine möglichst **schnelle Entscheidung** über die **Herausgabe** herbeizuführen. Die Kapitulation vor jeder unangenehmen Entscheidung einer Rechtsfrage würde folglich dem Gesetz nicht gerecht.

23 Demgegenüber ist zu bedenken, dass § 111n lediglich bezweckt, eine **vorläufige Regelung** über den Besitz zu treffen. Dem widerspräche es, müssten vor einer Herausgabeentscheidung **schwierige,** umstrittene oder vielleicht gar höchstrichterlich noch nicht entschiedene **zivilrechtliche Fragen** geklärt werden. Als **Faustregel** bietet sich an, der Strafjustiz anzusinnen, sich über die Rechtslage **Klarheit zu verschaffen.** Erst wenn sie dabei auf ungeklärte, insbesondere **komplexe Streitfragen** oder auf die Notwendigkeit von Kenntnissen ausländischen Rechts stößt, darf sie aus **Rechtsgründen** das Vorliegen des **Offenkundigkeitserfordernisses verneinen.** Es bietet sich an, das Ergebnis der Bemühungen aktenkundig zu machen und den Vermerk den Beteiligten zuzuleiten. Ihre in angemessener Frist abzugebenden Stellungnahmen sollten nochmals Anlass zur Prüfung bieten, bevor eine Entscheidung getroffen wird, laute sie auf Herausgabe oder auf Verneinung des Offenkundigkeitserfordernisses.

24 **Typische** Fragen des deutschen Rechts **muss** die **Strafjustiz** demnach auch im Verfahren zur Feststellung der Empfangszuständigkeit **beantworten.** Hängt zB die Berechtigung des Erklärenden vom Vorliegen einer Duldungsvollmacht ab, so hat sich die Strafjustiz über deren rechtliche Voraussetzungen Gewissheit zu verschaffen und anschließend zu prüfen, ob die maßgeblichen Tatsachen aktenkundig sind. Bestehen daran Zweifel, so scheitert eine inhaltliche Entscheidung über die Herausgabe am Fehlen dafür erforderlicher offenkundiger Tatsachen.

25 Recht häufig treten Fragen nach etwaigem **gutgläubigem Erwerb** auf. In Diebstahlsfällen lassen sie sich meist leicht entscheiden: **§ 935 BGB** steht dem gutgläubigen Erwerb entgegen. Noch so eindeutige Gutgläubigkeit des vor der Justiz letzten Gewahrsamsinhabers kommt ihm rechtlich nicht zugute.[50] Anders kann es allerdings nach einschlägigem Fremdrecht sein. Nur dann mangelt es typischerweise an dessen Offenkundigkeit.

26 Nach einem in Rede stehenden betrügerischen Verlust kommt hingegen gutgläubiger Erwerb vom unmittelbaren oder Anschlusstäter bzw. einem seinerseits gutgläubigen Dritten in Betracht, **§ 932 BGB.** Ob es sich so verhält, hat die Strafjustiz zu entscheiden, wenn sie über die Kenntnis der maßgeblichen Tatsachen verfügt. Wer eine beschlagnahmte Sache von einem Betrüger erworben hatte, kann nicht nach § 111n Abs. 2 empfangsberechtigt sein, weil ihm die Sache nicht „durch" die Straftat entzogen worden war. Vielmehr ist er es, der sie danach tatsächlich erlangt hatte. Sie ist jedoch (ggf. sogar vom Verletzten[51]) an ihn als Drittem iSv § 111n Abs. 3 herauszugeben, wurde er Eigentümer kraft gutgläubigen Erwerbs. Das ist zu verneinen, kannte er die Nichtberechtigung des Verkäufers oder beruhte sein fehlendes Wissen auf grober Fahrlässigkeit. Dann ist gem. § 111n Abs. 2 Herausgabe an den ursprünglichen Eigentümer geboten. Im Fall mangelnder, lediglich einfacher oder höchstens mittlerer Fahrlässigkeit wurde er jedoch Eigentümer und gebührt ihm als solchem auch der Besitz. In keiner dieser Varianten fehlt es an Offenkundigkeit.[52] Fortbestehende

[49] Johann in Löwe/Rosenberg Rn. 9 mahnt allgemein Vorsicht an und lehnt Herausgabe nach § 111n bei rechtlichen Zweifeln wohl ganz ab, Rn. 33.

[50] Johann in Löwe/Rosenberg Rn. 9 hegt keine rechtlichen Zweifel, sondern verweist zutreffend darauf, dass tatsächliche Ungewissheiten nicht in allen Verfahrensstadien gleich ausgeprägt sind.

[51] OLG Hamm 12.7.2018 – 5 U 133/17 (zu einer Hinterlegung vor dem 1.7.2017).

[52] LG Frankfurt (Oder) 11.12.2018 – 23 Qs 90/18; aA Johann in Löwe/Rosenberg Rn. 16; Ullenboom Vermögensabschöpfung Rn. 424 und 433 f.; Ullenboom NZWiSt 2020, 470 (473), s. aber. S. 472.

Streitigkeiten können die Prätendenten vor dem zuständigen Zivilgericht austragen.[53] Unabhängig davon hat jedoch die Staatsanwaltschaft eine Einziehung gem § 73b Abs. 1 S. 1 Nr. 2 StGB zu prüfen,[54] die dem Wortlaut nach – systemwidrig (→ § 111i Rn. 22g) – im Gegensatz zu § 932 BGB schon bei einfacher Fahrlässigkeit in Bezug auf die Unkenntnis der Berechtigung des Veräußerers möglich ist.

Falls es jedoch wirklich an Offenkundigkeit der Empfangszuständigkeit mangelt, so kann den **Beteiligten** eine **Frist** zum Austragen ihrer Meinungsverschiedenheiten gesetzt werden, vgl. für Dritte Nr. 75 Abs. 3 S. 2 RiStBV.[55] Verstreicht sie fruchtlos oder gelangt das Zivilgericht zu keiner Entscheidung zugunsten eines der am Verfahren Beteiligten, so ist strafprozessual unter Berücksichtigung der Sachlage neu zu befinden. Die Herausgabe nach § 111n Abs. 2 oder Abs. 3[56] kann zwar nun in Betracht kommen, muss es aber nicht. Ist die Entscheidung zwischen verschiedenen Prätendenten **weiterhin nicht offenkundig,** so ist die **Strafjustiz** an der **Herausgabe gehindert.**[57] 27

Sie ist allerdings nicht gezwungen, eine Sache auf Dauer aufzubewahren. Bereits im Zusammenhang mit der Fristsetzung an die Prätendenten kann sie prüfen, ob sie die Voraussetzungen des **Hinterlegungsrechts** erfüllen kann. Das ist bei sichergestelltem Geld (und ggf. auch Edelmetallen) typischerweise möglich.[58] Im Fall einer nicht-hinterlegungsfähigen Sache kommt die Notveräußerung nach § 111p in Betracht, weil der Gegenstand auch nach Freigabe noch der Verwaltung der Staatsanwaltschaft nach § 111m unterliegt (→ § 111p Rn. 1). Sollte es nicht dazu kommen, sind die Voraussetzungen des nachrangig die Versteigerung gestattenden § 383 BGB zu prüfen. Beide Wege erielen einen zumindest vergleichbaren Effekt. 28

V. Anwendungsbereich

§ 111n erfasst **nur bewegliche Sachen,**[59] also weder Immobilien noch Rechte wie zB Forderungen.[60] Davon gibt es jedoch **Ausnahmen.** Eine solche bildet **nicht** der gem. § 111d Abs. 2 S. 1 beigebrachte Betrag des Werts einer beschlagnahmten beweglichen Sache, wurde er in **bar** erbracht. Die von § 111d Abs. 2 S. 2 angeordnete dingliche Surrogation bezieht sich in diesem Fall allein auf die Eigentumsverhältnisse an den übergebenen Münzen und Scheine. Versteht man jedoch die Formulierung sinnvollerweise nicht als auf Bargeld beschränkt, so genügt die **Überweisung** des dem Wert entsprechenden Betrags auf ein Justizkonto. Kraft dinglicher Surrogation tritt die Inhaberschaft am **Auszahlungsanspruch** an die Stelle des Eigentums am unter Aufhebung von dessen Beschlagnahme zurückgegebenen Gegenstand (→ § 111d Rn. 21 und → § 111p Rn. 15). Ebenso verhält es sich in 29

[53] Beispiel: OLG Hamm 12.7.2018 – 5 U 133/17 (in einem Fall der Hinterlegung vor dem 1.7.2017).

[54] Vgl. LG Bonn 15.2.2021 – 50 Qs 659 Js 24/20 – 42/20, NStZ 2021, 765 Rn. 19 (mablAnm Kulhanek).

[55] Fristsetzung gegenüber Dritten bejahend Corsten/Schilling Vermögensabschöpfung und Opferentschädigung, in Münchener Anwaltshandbuch Wirtschafts- und Steuerstrafrecht, § 13 Rn. 109; Spillecke in KK-StPO Rn. 8. Die Frist sollte allen Interessenten gesetzt werden, Kiethe in Radtke/Hohmann § 111k Rn. 6.

[56] So Kiethe in Radtke/Hohmann § 111k Rn. 2, auch 6; Spillecke in KK-StPO Rn. 8; s. auch *Ullenboom* NZWiSt 2020, 470 (472–474).

[57] AA LG Bonn 15.2.2021 – 50 Qs 659 Js 24/20 – 42/20, NStZ 2021, 765 Rn. 12–19 (mablAnm Kulhanek; zust. aber Köhler in Meyer-Großner/Schmitt Rn. 11 und 17); OLG Düsseldorf 3.2.2022 – III – 2 – Ws 15/22, Rn. 24. Beide Gerichte halten die Widersprüchlichkeit mehrerer offenkundig Empfangsberechtigter für möglich und räumten dem Verletzen den Vorrang ein, dessen Berechtigung aber, wie selbst ausdrücklich betont, gerade nicht offenkundig war.

[58] Zum früheren Recht Rönnau Vermögensabschöpfung Rn. 308; Savini RPfleger 2016, 454.

[59] Zur Freigabe im Übrigen Rogall in SK-StPO § 111k Rn. 35–40.

[60] BGH 24.5.2007 – IX ZR 97/04 NJW 2007, 3352; Köhler in Meyer-Goßner/Schmitt Rn. 1. Nach Huber in BeckOK StPO Rn. 7 kann die Anordnung, den Nennwert einer beschlagnahmten Forderung gegenüber dem Anspruchsinhaber (Verletzten) auszuzahlen, gleichwohl wirksam sein. Zu einer solchen Anordnung ist jedoch das Strafgericht auch nach allgemeinen Regeln nicht befugt. Gleiches gilt entgegen KG Berlin 12.3.2021 – 4 Ws 98/20 – 161 AR 231/20, Rn. 35, für nicht eingezogene, aus Taterträgen gespeiste Kontoguthaben. Sie stehen ohne Einziehung nur dem Kontoinhaber zu.

Bezug auf den Erlös aus der Notveräußerung, § 111p Abs. 1 S. 1.[61] Auch hier erfasst die dingliche Surrogation, § 111p Abs. 1 S. 2 erhaltenes Bar- oder vom Erwerber überwiesenes Giralgeld. Eine Entscheidung darüber, wem der ursprüngliche Gegenstand, der Erlös oder der Anspruch zusteht und ob eine ihn einziehende Anordnung zu treffen sein wird, ist damit nicht verbunden (→ Rn. 13).

30 **Bargeld** gehört zu den beweglichen Sachen. Es wird körperlich aber nur aufbewahrt, soweit dies zu Beweiszwecken erforderlich ist. Ansonsten ist es sinnvoll, es auf ein Verwahrkonto **einzuzahlen.** Damit allerdings **wandelt** sich der **Aggregatszustand:** Aus körperlichem Bargeld wird eine **Forderung.** Trotzdem liegt darin (zum Charakter als Wertsummenschuld → § 111b Rn. 6) lediglich eine besondere Form der Aufbewahrung. Die Forderung ist daher zwar Surrogat, war aber (nur) in Bezug auf die Herausgabe schon bis zum 30.6.2021 nicht als solches zu behandeln, sondern so **wie die entzogene bewegliche Sache** selbst.[62] Wie §§ 111d Abs. 2 S. 2[63] und 111p Abs. 1 S. 2 zeigten, war die Anwendung des § 111n auf eine Forderung nicht gesetzesfremd.[64] Dieser dogmatischen Herleitung bedarf es nun nicht mehr, denn seit dem 1.7.2021 erlaubt § 111d Abs. 3 S. 1, beschlagnahmtes Bargeld auf ein Justizkonto einzuzahlen. Mangels Differenzierung genügt es, wenn bereits die Beschlagnahme des betroffenen Bargelds auf dinglicher Surrogation beruhte. Demzufolge gilt auch dann § 111d Abs. 3 S. 2 und setzt sich im Wege einer **zweiten dinglichen Surrogation** die Beschlagnahme (wie an beigebrachtem oder per Notveräußerung erlangtem Bargeld) an der **Forderung** gegen die das Justizkonto führende Stelle fort (→ § 111d Rn. 26 und → § 111p Rn. 15). Nichts anderes gilt im Fall der **Einzahlung** originär beschlagnahmten und deshalb nur einem Surrogationsvorgang unterworfenen **Bargelds.** Demnach gibt es von der **Körperlichkeit** als allgemeiner Voraussetzung der Herausgabe nach § 111n nunmehr **drei Ausnahmen:** § 111d Abs. 2 S. 2, § 111d Abs. 3 S. 2 und § 111p Abs. 1 S. 2. Weitere Umwandlungsvorgänge sind hingegen nicht privilegiert.[65]

31 Ohne eine Aussage über sonstige Berechtigte zu treffen,[66] begünstigt Abs. 2 nur **denjenigen,** welchem die **Sache „durch"** die (verfahrensgegenständliche,[67] etwaige[68] oder tatsächliche[69]) **Tat** entzogen worden war, der also zur Zeit der Tatbegehung den **Gewahrsam** innehatte. Das Verhältnis zum Besitz richtet sich nach materiellem Recht. Maßgeblich dürfte die Möglichkeit ungehinderten unmittelbaren Zugriffs sein, so dass ggf. ein unmittelbarer Besitzer keinen, wohl aber ein Besitzdiener Gewahrsam haben kann, nicht aber ein mittelbarer Besitzer.[70] Beim Gewahrsamsinhaber handelt es sich um den materiell-rechtlich Verletzten in seiner verfahrensrechtlichen Rolle als Anspruchsinhaber, der bis zum 30.6.2021 als Verletzter bezeichnet worden war. Die sprachliche führte zu keiner inhaltlichen Ände-

[61] Zweifelnd Johann in Löwe/Rosenberg Rn. 24.
[62] Rogall in SK-StPO § 111k Rn. 16; aA OLG Brandenburg 10.7.2013 – 7 U 90/12 MDR 2013, 1249; Heine in SSW StPO Rn. 3. Das LG Aachen 17.7.2020 – 60 KLs 4/20, Rn. 15 und 31, beschlagnahmte den bedingten Anspruch auf Rückzahlung des bei der Gerichtskasse eingezahlten Drogengelds.
[63] Johann in Löwe/Rosenberg § 111d Rn. 15.
[64] Johann in Löwe/Rosenberg § 111p Rn. 13.
[65] Johann in Löwe/Rosenberg Rn. 23 (mit Beispielen); Köhler in Meyer-Goßner/Schmitt Rn. 12; Rönnau Vermögensabschöpfung Rn. 311.
[66] AA Johann in Löwe/Rosenberg Rn. 20.
[67] Corsten/Schilling Vermögensabschöpfung und Opferentschädigung, in Münchener Anwaltshandbuch Wirtschafts- und Steuerstrafrecht, § 13 Rn. 108; Johann in Löwe/Rosenberg Rn. 22; Mayer in KMR-StPO Rn. 10; Spillecke in KK-StPO Rn. 6. Stammt der Gegenstand aus einer anderen Tat, so kann er zwar nicht gemäß § 111n, wohl aber aufgrund allgemeinen Zivilrechts gleichwohl an das Opfer dieser andere Tat herauszugeben sein, aA Köhler in Meyer-Goßner/Schmitt Rn. 11; Rogall in SK-StPO § 111k Rn. 13 mN.
[68] Wohl aA, Corsten/Schilling Vermögensabschöpfung und Opferentschädigung, in Münchener Anwaltshandbuch Wirtschafts- und Steuerstrafrecht, § 13 Rn. 108; zumindest einschr. Johann in Löwe/Rosenberg Rn. 19.
[69] Heine in SSW StPO, Rn. 8, sieht den Anwendungsbereich auf eine festgestellte zumindest rechtswidrige Tat beschränkt. Damit wäre § 111n nicht einschlägig nach vorgetäuschter Tat oder wenn das Geschehen keinen Straftatbestand erfüllt hat – das wäre zu eng.
[70] Für letzteren Fall aA Johann in Löwe/Rosenberg Rn. 25.

rung. Weiterhin nicht erfasst sind demgemäß Verarbeitungen, Vermischungen und Surrogate.[71] Das Eigentum ist keine zwingende Voraussetzung (→ Rn. 15) für die Anwendung von § 111n.[72] Maßgeblich für Abs. 2 ist das frühere Recht zum Besitz[73] aus Eigentum, oder aufgrund Verwahrung, Leihe, Miete, dh **sowohl** (früherer) **Gewahrsam als auch** aufgrund dieses Verhältnisses bestehende **Besitzschutzrechte.** Demgemäß begünstigt § 111n nicht den Eigentümer nach Entzug des mittelbaren Eigenbesitzes[74] (zB Diebstahl beim Mieter;[75] Leasinggeber nach Ablauf des Leasingvertrags);[76] ebensowenig den Erben[77] (trotz § 857 BGB) und den Versicherer (trotz § 86 Abs. 1 S. 1 VVG[78]). Die daran geübte Kritik war bis zum 30.6.2017 durchaus berechtigt. Seitdem aber gewährt der vorrangige § 111n Abs. 3 (→ Rn. 34) den Genannten den früher verwehrten (oder nur mittels analoger Anwendung möglichen) Schutz.

Dennoch ist der direkte **Anwendungsbereich** des Abs. 2 nach wie vor **zu eng,** weil es Fälle gibt, in denen die Herausgabe weder an den vorletzten Gewahrsamsinhaber nach § 111n Abs. 1 noch an einen Dritten gem. § 111n Abs. 3 in Betracht kommt, sondern nur derjenige empfangsberechtigt sein kann, dem die Sache entzogen worden war. Das gilt insbesondere im Fall der Entziehung auf andere Weise als aufgrund der verfahrensgegenständlichen Tat. In Betracht zu ziehen ist nicht nur eine sonstige Straftat, sondern zB auch der Fall des Verlierens. Auch nach Verarbeitung oder Surrogation kann es sein, dass offensichtlich niemand anderes empfangsberechtigt sein kann. Erst recht trifft das auf die Fälle zu, in denen die Sache nicht beschlagnahmt, sondern zur Abwendung prozessualen Zwangs freiwillig herausgegeben worden war.[79] Es ist nicht einzusehen,[80] dass selbst in klaren Fällen die Entscheidung eines Zivilgerichts nötig sein soll, wie es in der Konsequenz der hM liegt.[81] Zwar ist bei allseitigem Einverständnis § 111n gar nicht einschlägig, so dass die Herausgabe ungeachtet seiner Voraussetzungen gestattet und geboten ist (→ Rn. 3). Das nützt aber schon im Fall bloßer Unwilligkeit nichts, räumt man jedem Beteiligten ein voraussetzungsloses Obstruktionspotenzial ein. Abhilfe bietet das **allgemeine Zivilrecht.**[82] Eine Rechtsgrundlage dafür, dass die Strafjustiz dessen Regelungen missachten dürfe, ja sogar müsse, gab und gibt es nicht und darf es auch nicht geben.[83] Liegen mit Ausnahme des Ausgangssachverhalts alle anderen Voraussetzungen des Abs. 2 vor, so gebietet das Zivilrecht dessen **entsprechende Anwendung.** Gleiches kann im Fall der Herausgabe eines in Vollziehung eines **Vermögensarrests** gepfändeten Gegenstands in Betracht kommen (zB bei vermischtem Bargeld aus Taten zum Nachteil derselben Person) (→ Rn. 8). 32

Diese Handhabung vermeidet zugleich eine massive **Ungleichbehandlung** gegenüber der Sicherung einer Forderung bzw. eines sonstigen Rechts. Nach **Aufhebung** solcher 33

[71] Köhler in Meyer-Goßner/Schmitt Rn. 12; Rönnau Vermögensabschöpfung Rn. 311; Ullenboom Vermögensabschöpfung Rn. 421.

[72] Heine in SSW StPO Rn. 5.

[73] Johann in Löwe/Rosenberg Rn. 34; Köhler in Meyer-Goßner/Schmitt Rn. 10.

[74] Corsten/Schilling Vermögensabschöpfung und Opferentschädigung, in Münchener Anwaltshandbuch Wirtschafts- und Steuerstrafrecht, § 13 Rn. 108; Köhler in Meyer-Goßner/Schmitt Rn. 10; Ullenboom Vermögensabschöpfung Rn. 417 f. Johann in Löwe/Rosenberg Rn. 26 hält dies für unschlüssig.

[75] Köhler in Meyer-Goßner/Schmitt Rn. 10; aA Johann in Löwe/Rosenberg Rn. 25.

[76] AA OLG Hamm 2.9.2008 – 5 Ws 275/08, NStZ-RR 2009, 376 Rn. 11; zust. Johann in Löwe/Rosenberg Rn. 22 und 25.

[77] Heine in SSW StPO, Rn. 8; Schmidt Vermögensabschöpfung-HdB Rn. 1408; Spillecke in KK-StPO Rn. 6.

[78] Heine in SSW StPO, Rn. 8; Spillecke in KK-StPO Rn. 6; aA OLG Schleswig 21.9.1993 – 1 Ws 283/93, NStZ 1994, 99.

[79] Laut Köhler in Meyer-Goßner/Schmitt Rn. 1 außerhalb des Anwendungsbereichs von § 111n liegend.

[80] Sehr krit. auch Johann in Löwe/Rosenberg Rn. 25 f.

[81] So zumindest tendenziell Köhler in Meyer-Goßner/Schmitt Rn. 17.

[82] Bittmann in Bittmann/Köhler/Seeger/Tschakert Strafrechtl. Vermögensabschöpfung-HdB Rn. 1261–1265; tendentiell ähnlich Johann in Löwe/Rosenberg Rn. 3, 6 und 21, s. auch Rn. 29, aA Heine in SSW StPO Rn. 5.

[83] Dass BGH 19.7.2019 – V ZR 255/17, NJW 2019, 3147 Rn. 8 mAnm Krause das Verhältnis der Prätendenten untereinander für irrelevant erachtet, besagt nichts anderes, denn dies stellt die Maßgeblichkeit des Verhältnisses der Justiz zu *allen* Prätendenten nicht in Frage.

Beschlagnahme oder Pfändung ist der schutzbedürftige **Inhaber** ipso jure – und weil ohne Prätendentenstreit und sachliche Hürden doppelt privilegiert – wieder in der Lage, seine **Berechtigung uneingeschränkt auszuüben.**[84] Selbst ein nachfolgender zivilrechtlicher Streit hindert ihn nicht an der zumindest vorläufigen Ausübung seines Rechts. Ist hingegen der Betroffene Rechtsinhaber geworden, so unterbleibt bei ausreichender Einziehungserwartung schon die Freigabe. Die Sicherung ist dann für Zwecke des Strafverfahrens unabhängig von einem zivilrechtlichen Titel des Opfers gegen den Betroffenen erforderlich, aber nur solange, wie die Rückübertragung zivilrechtlich noch nicht wirksam ist.

34 Alle **anderen** nach BGB **Berechtigten,** denen die Sache jedoch nicht iSv Abs. 2 entzogen worden war, schützt (mit Vorrang gegenüber Abs. 1 und 2[85]) **Abs. 3.** Begünstigt sind alle, die ein Recht zum Besitz haben,[86] nicht nur aus Eigentum (nachträglicher Erwerb als Erbe, Versicherer oder Beschuldigter,[87] oder als Vermieter, Verleiher Leasinggeber), sondern auch der Insolvenzverwalter kraft eigener Verwaltungs- und Verfügungsbefugnis über das Vermögen des früheren Gewahrsamsinhabers, § 80 Abs. 1 InsO.[88] Herausgabe an einen materiell-rechtlich Verletzten oder an den vor der Strafjustiz letzten Gewahrsamsinhaber scheidet in diesen Fällen aus.

35 § 111n schützt hingegen weiterhin **nicht** den Inhaber eines bloßen **Besitzverschaffungsanspruchs** (zB aus § 433 BGB).[89] Das ist vermögensrechtlich unproblematisch, wenn die Gegenleistung noch nicht erbracht ist. Hat der Verkäufer sie jedoch bereits erhalten, so kann rechtlich im Fall des Betrugs **immerhin** diese beschlagnahmt werden. Ist die Gegenleistung nicht mehr im Original vorhanden, so kann ein Vermögensarrest erwirkt und in den verkauften, aber noch nicht übereigneten Gegenstand vollzogen werden (falls er dem Verkäufer gehört). Bei Interesse des Anspruchs an einem bestimmten Gegenstand kommt (im Fall der Stück- oder konkretisierter Gattungsschuld) dessen Beschlagnahme in Betracht, weil sich der Täter die Aufwendung der Übergabe erspart hat.

36 Besonderheiten gelten für **verkehrsunfähige,** insbesondere **gefährliche Sachen,** § 74b StGB.[90] Sie dürfen von vorn herein nur Umgangsberechtigten überlassen werden. Damit scheidet die Herausgabe auch an den nach bürgerlichem Recht Empfangsbefugten aus, sofern er über keine (zB Waffen-)Berechtigung (mehr) verfügt. Ggf. ist es der zuständigen Verwaltungsbehörde zu ermöglichen, das aus ihrer Sicht Erforderliche zu veranlassen.[91] Legal generierte Leichenteile sind an die berechtigte wissenschaftliche Einrichtung herauszugeben.[92]

37 § 111n findet seiner Natur nach nur auf die Rückgabe an einen **bekannten Empfangsberechtigten** Anwendung.[93] Die Bestimmung verlangt nicht, von Amts wegen nach einem solchen zu forschen. **Ist** niemand bekannt, der nach § 111n Abs. 2 oder Abs. 3

[84] Dieses Ergebnis will das KG Berlin 12.3.2021 – 4 Ws 98/20 – 161 AR 231/20, Rn. 35, vermeiden. Dafür gibt es aber ohne Einziehung keine Rechtsgrundlage. Ein Rückgriff auf die – vermeintliche oder tatsächliche – Bemakelung der auf das Konto gestellten Gelder ist in der Phase der Abwicklung der Beschlagnahme materiellrechtlich unzulässig. Zudem fehlt es insoweit an einem entsprechenden Verfahrensrecht. Nach der Neufassung von § 261 StGB nutzt das dem Kontoinhaber jedoch nicht viel, weil jedes Ausgeben strafbares Inverkehrbringen aus Straftaten herrührender Gegenstände wäre und damit wohl eingezogen werden dürfte.

[85] BT-Drs. 19/27654, 77.

[86] Heine in SSW StPO Rn. 10; zum hier weiten Begriff der Rechtsnachfolge Ullenboom NZWiSt 2020, 470 (473 f.).

[87] Heine in SSW StPO Rn. 10.

[88] Malitz NStZ 2003, 61 (66 f.); aA Johann in Löwe/Rosenberg Rn. 25; Köhler in Meyer-Goßner/Schmitt Rn. 10.

[89] Johann in Löwe/Rosenberg Rn. 34; Ullenboom NZWiSt 2020, 470 (472); wohl aA Heine in SSW StPO Rn. 10.

[90] Johann in Löwe/Rosenberg Rn. 16 (Rückgabefähigkeit allerdings auch für Plagiate = Tatprodukte bejahend); beschränkt auf private Erwerber ebenso Wagner wistra 2018, 287.

[91] Johann in Löwe/Rosenberg Rn. 16.

[92] OVG Berlin-Brandenburg 25.4.2018 – OVG 12 S 18.18, BeckRS 2018, 8912.

[93] Spillecke in KK-StPO Rn. 7; weitergehend verlangt Johann in Löwe/Rosenberg Rn. 27 die Ermittlung identifizierbarer materiell-rechtlich Verletzter.

empfangsbereit wäre, steht aber fest, dass auch dem Beschuldigten oder Betroffenen die Sache nicht iSv § 111n Abs. 1 gebührt, so ist eine Herausgabeentscheidung zugunsten des später vielleicht bekanntwerdenden, aber derzeit noch unbekannten Berechtigten nicht möglich.[94] Soweit die (ggf. selbständige) Einziehung ausscheidet (zum „Drogengeld" → Vor §§ 111b–111q Rn. 75–75f),[95] sind die gesicherten Gegenstände vielmehr auch nach neuem Recht als **Fundsache** zu behandeln (→ Vor §§ 111b–111q, Rn. 75e).[96] Das gilt auch über Nr. 75 Abs. 4 RiStBV hinaus, wohl sogar entgegen Nr. 75 Abs. 3 S. 3 RiStBV: Nach alternativ zulässiger[97] Hinterlegung erhielte sie der Beschuldigte oder der vor der Justiz letzte Gewahrsamsinhaber mangels Berechtigung ebensowenig, vgl. zB Art. 19 Abs. 2 Nr. 3 und 26 BayHintG, mit der Folge des Verfalls zugunsten des Landes.

VI. Ort der Rückgabe

Die **Rückgabe hat am Ort der Verwahrung** zu erfolgen, § 697 BGB, str.[98] Es 38
handelt sich um eine **Holschuld.** Das ist für den zum Tragen der Kosten verpflichteten Verurteilten konsequent, aber bei Freispruch oder Rückgabe an einen nicht im Lager des Beschuldigten stehenden Dritten zweifelhaft. Soweit die Sicherstellung rechtmäßig war, können jedoch allgemeine Gerechtigkeitserwägungen (jenseits etwa einer denkbaren teleologischen Reduktion) keine Ausnahme vom Gesetz begründen. Allerdings ist ein **Dritter** unter den Voraussetzungen des § 23 Abs. 2 JVEG wie ein **Zeuge** zu **entschädigen.** Jedoch gilt das nur bei freiwilliger Herausgabe, also nicht bei förmlicher Vollziehung der Beschlagnahme. Ob die Entschädigungspflicht auch die für die Rücknahme anfallenden Kosten umfasst, mag man bezweifeln.[99] Zumindest in solchen Fällen ist aber Raum für die Vereinbarung einer flexiblen Regelung zwischen Justiz und empfangsberechtigtem Dritten.

VII. Rechtsfolge

Welche **Rechtsfolgen** die **tatsächliche Herausgabe** zeitigt, hängt von den maßgebli- 39
chen Umständen ab. Sie ist **nicht** mit der Anerkennung oder Übertragung von **Eigentum** verbunden. Erlangte der Täter das Eigentum (zB aufgrund **Betrugs**), so kann der Gegenstand dem Anspruchsinhaber (Verletzten) zwar nach § 111n Abs. 2 **herausgegeben** werden. Damit ist aber nur die besitzrechtliche Restitution verbunden. Sofern der Täter das Eigentum nicht, ggf. konkludent zurücküberträgt, bedarf es trotz Übergabe **anschließend** noch einer **Einziehungsentscheidung** nebst **Rückübertragung** gem. § 459h Abs. 1 S. 1.[100] Bis zur Rechtskraft dauert die Beschlagnahme – trotz Rückgabe – fort, aber nur zulasten des Betroffenen. Wird hingegen dem Opfer die ihm **gestohlene** Sache zurückgegeben, so sind Eigentum und Besitz wieder vereint. Die förmliche Einziehung ist dann nicht nur entbehrlich, sondern sogar unzulässig, § 73e Abs. 1 StGB.

---

[94] Johann in Löwe/Rosenberg Rn. 28.

[95] Heine in SSW StPO Rn. 9.

[96] Instruktiv OLG Celle 10.1.2012 – 1 Ws 7/12, NStZ-RR 2012, 176 Rn. 6, (Ls.): trotz möglicher, vom erkennenden Gericht aber unterlassener (seinerzeitiger) Verfallentscheidung keine Herausgabe an ersichtlich materiell nicht Berechtigten Gewahrsamsinhaber; ebenso Mayer in KMR-StPO Rn. 5; Spillecke in KK-StPO Rn. 7; aA Johann in Löwe/Rosenberg Rn. 28 f.; Köhler in Meyer-Goßner/Schmitt Rn. 8 (beide halten Einziehung immer für möglich); Schmidt Vermögensabschöpfung-HdB Rn. 1435 f.; wohl ebenso Ullenboom Vermögensabschöpfung Rn. 410; s. auch Rogall in SK-StPO § 111k Rn. 35 und 39.

[97] Bejaht von OLG Hamm 12.7.2018 – 5 U 133/17 für einen Fall vor dem 1.7.2017.

[98] BGH 3.2.2005 – III ZR 271/04, NJW 2005, 988; 16.5.2019 – III ZR 6/18 Rn. 15–28, NJW 2019, 2618; Bittmann in Bittmann/Köhler/Seeger/Tschakert Strafrechtl. Vermögensabschöpfung-HdB Rn. 1241 f.; Ullenboom Vermögensabschöpfung Rn. 427; Ullenboom NZWiSt 2020, 470 (472); zweifelnd und differenzierend Johann in Löwe/Rosenberg Rn. 8–10.

[99] Gegen die Anwendung des StrEG beim Beschuldigten Johann in Löwe/Rosenberg § 111o Rn. 10; s. auch Rogall in SK-StPO § 111k Rn. 11.

[100] Bittmann in Bittmann/Köhler/Seeger/Tschakert Strafrechtl. Vermögensabschöpfung-HdB Rn. 1248 f.; Ullenboom NZWiSt 2020, 470 (472) (evtl. abweichend Ullenboom Vermögensabschöpfung Rn. 320 m. Fn. 19).

40 Ohne freiwillige Rückübertragung **verliert** der Betroffene sein **deliktisch** gewonnenes **Eigentum** nur mittels **Einziehung** wieder. Es geht mit Rechtskraft auf den Justizfiskus über. Eines gesonderten Übertragungsakts seitens des Justizfiskus auf den nach § 111n Abs. 2 oder 3 Berechtigten (Opfer oder Dritter), bedarf es nur dann, ist die Sache noch nicht an diesen herausgegeben. Wurde sie das, so lag in der willentlichen Übergabe zugleich die antezipierte Einigung über die Weiterübertragung des Eigentums nach rechtskräftiger Einziehung. Sie steht allerdings unter dem Vorbehalt, dass sich bis zum Eintritt der Rechtskraft der Einziehungsentscheidung niemand anderes als Soll-Empfänger herausstellt.

§ 111o [Verfahren bei der Herausgabe]

(1) Über die Herausgabe entscheidet im vorbereitenden Verfahren und nach rechtskräftigem Abschluss des Verfahrens die Staatsanwaltschaft, im Übrigen das mit der Sache befasste Gericht.

(2) Gegen die Verfügung der Staatsanwaltschaft und ihrer Ermittlungspersonen können die Betroffenen die Entscheidung des nach § 162 zuständigen Gerichts beantragen.

Übersicht

I. Zuständigkeiten, Vorgehen

1 Eine ausdrückliche Regelung darüber, welches Organ über die Herausgabe zu entscheiden hat, kannte § 111k aF nicht. Gleichwohl **entspricht** die Regelung des **Abs. 1** der bereits auf der Basis des **früheren** Rechts geübten Praxis. Die Regelung über den Rechtschutz, § 111o Abs. 2, ist hingegen auch **inhaltlich neu** und löste den verunglückten § 111k S. 2 und S. 3 aF mittels einer systematisch stimmigen Regelung ab.

2 Wie für andere Konstellationen auch, so ordnet Abs. 1 eine gemäß der **Verfahrensherrschaft** zweigeteilte **Zuständigkeit** an.[1] Im vorbereitenden Verfahren und nach Einstellung bzw. Rechtskraft[2] liegt sie bei der Staatsanwaltschaft, während Anhängigkeit bei Gericht bei diesem. Was so klar und stimmig scheint, ist es aber leider nicht. Das folgt aus der gebotenen **Differenzierung** (→ § 111n Rn. 1–7) zwischen **Freigabeentscheidung** und der sich in die Komponenten **Empfangszuständigkeit** und **Abwicklung** aufspaltenden Herausgabe.

2a Sie spiegelt sich jedoch nicht, jedenfalls nicht in klarer und verständlicher Weise, in der vom StPO-Fortentwicklungsgesetz ab 1.7.2021 pauschal angeordneten Zuständigkeit des Rechtspflegers der Staatsanwaltschaft **bei der Vollziehung der Herausgabe von beschlagnahmten beweglichen Sachen** (§ 111n iVm § 111c), § 31 Abs. 1 Nr. 5 RPflG. Man kann schon darüber rätseln, ob es sich dabei um eine Ausweitung oder eine Beschränkung der Übertragung staatsanwaltschaftlicher Geschäfte auf den Rechtspfleger handelt. Während § 31 Abs. 2 RPflG die Aufgaben der Staatsanwaltschaft als Vollstreckungsbehörde pauschal dem Rechtspfleger überträgt, erfasst die vom Verfahrensstadium unabhängige Übertragung nach § 31 Abs. 1 RPflG nur bestimmte Geschäfte. Für das Stadium der Vollstreckung widersprechen sich beide Regelungen – wenn man denn die Herausgabe nach Abschluss des Verfahrens mit Einstellung oder Rechtskraft der gerichtlichen Entscheidung unabhängig von einer getroffenen oder unterbliebenen Einziehungsanordnung allgemein als Aufgaben des Rechtspflegers ansieht. Sinnvoll ist das nicht, weil die Entscheidungen über Freigabe und Empfangszuständigkeit unmittelbar mit der Sachentscheidung des Staatsanwalts oder des Gerichts zusammenhän-

[1] Wohl ebenso Johann in Löwe/Rosenberg Rn. 13.
[2] BGH 14.1.2020 – 1 StR 434/19 Rn. 3.

gen. Beides oder auch nur die Entscheidung über die Empfangszuständigkeit dem Rechtspfleger zu überlassen, wäre – unabhängig vom Thema seiner in § 459j Abs. 2 und § 459k Abs. 2 mit dem Vorbehalt gerichtlicher Zulassungsentscheidung unterstützten Qualifikation – alles andere als rationell, weil er sich (im Gegensatz zum mit der Materie vertrauten Staatsanwalt oder Richter) erst in die Akten einarbeiten müsste.

Betrachtet man diese sachlichen Umstände im Zusammenhang mit der gesetzlichen Formulierung, so spricht alles für eine vom Verfahrensstadium unabhängige **restriktive Interpretation** der Zuständigkeit der **Rechtspfleger** der Staatsanwaltschaft:[3] Sie sind nur zuständig für die *Vollziehung* der Herausgabe, nachdem sowohl die Entscheidung über die Freigabe als auch den Empfänger gefallen ist, getroffen im vorbereitenden Verfahren und nach Einstellung oder im Stadium der Vollstreckung vom Staatsanwalt, während gerichtlicher Anhängigkeit vom Gericht (oder dessen Vorsitzenden). Das bedeutet, dass nicht nur die Entscheidung über die Freigabe nicht vom Rechtspfleger (der Staatsanwaltschaft) zu treffen ist, sondern auch die Bestimmung der Person des Empfangsberechtigten keine der Staatsanwaltschaft gem. § 36 Abs. 2 S. 1 zu überlassende *Vollstreckung* darstellt.[4] Nur die **Abwicklung** (nach Freigabe und Bestimmung des Empfangsberechtigten) ist Sache des Rechtspflegers der Staatsanwaltschaft, der gem. § 111m auch während gerichtlicher Anhängigkeit für die Verwaltung weiterhin zuständig ist (soweit nicht das Gericht Beweisgegenstände in seine Obhut genommen hat, → § 111n Rn. 6). 2b

Differenzierungen sieht der Wortlaut des Abs. 1 in Bezug auf die gerichtliche Zuständigkeit nicht vor. Dennoch ist das Revisionsgericht nie aufgerufen, über einen Herausgabeantrag zu befinden, weil das seiner Aufgabe reiner Rechtskontrolle widerspräche. Nach allgemeinen Regeln ist deshalb Abs. 1 dahingehend teleologisch zu reduzieren, dass sich diese Bestimmung **nicht** auch auf die **Revisionsinstanz** erstreckt. Die Folge davon ist, dass währenddessen der iudex a quo weiterhin zuständig ist. Das gilt erst recht, wenn das Revisionsgericht das Urteil aufhebt, während im Fall der Bestätigung einer Einziehungsanordnung Rechtskraft eintritt und damit die Staatsanwaltschaft wieder zuständig ist. 3

Ein **bestimmtes Vorgehen,** gar ein eigenständiges Herausgabeverfahren ist **nicht vorgesehen.** Das erlaubt es der **Staatsanwaltschaft,** ohne vorherige Ankündigung die Herausgabeentscheidung zu treffen und zu vollziehen.[5] Sachgerecht ist dies jedoch nur dann, wenn es keinerlei Zweifel an der Empfangszuständigkeit gibt. Verlangten mehrere Beteiligte die Herausgabe derselben Sache an sich oder ließen sich nach Lage der Akten unterschiedliche Empfangszuständigkeiten schlüssig behaupten, so ist die Staatsanwaltschaft aufgrund ihrer **Neutralitätspflicht** gehalten, **alle potenziell Berechtigten** zuvor zu **informieren,** sinnvollerweise unter Hinweis auf die Entscheidung, der sie vorläufig zuneigt. Vor **gerichtlicher** Herausgabeentscheidung sind die Verfahrensbeteiligten zwingend zu **hören,** § 33.[6] 4

II. Rechtschutz

Der Betroffene konnte früher gem. §§ 111k S. 2, 111f Abs. 5 (je aF) Rechtschutz suchen. Zudem hatte § 111k S. 3 aF der Staatsanwaltschaft die Möglichkeit eingeräumt, im Fall fehlender Offenkundigkeit die Herausgabeentscheidung auf das Gericht zu delegieren. Diese gespaltene, variable Zuständigkeit ist aus guten Gründen ersatzlos entfallen. Während Anhängigkeit des Verfahrens bei Gericht ist dieses, im übrigen, va während des **Ermittlungsverfahrens** und **nach** Eintritt der Rechtskraft, **allein** die **Staatsanwaltschaft** berufen, über Herausgabe und Empfangszuständigkeit zu befinden. 5

Betroffene können gem. Abs. 2 **gegen** die **staatsanwaltschaftliche Entscheidung** das nach § 162 zuständige **Gericht** (nach Rechtskraft auch in Haftsachen: des ersten 6

3 Zur Rechtslage vor dem 1.7.2021: Johann in Löwe/Rosenberg Rn. 13; aA Rettke SchlHA 2018, 10 (10 f.), der den Rechtspfleger schon immer für zuständig hielt.
4 AA Johann in Löwe/Rosenberg Rn. 6.
5 AA Johann in Löwe/Rosenberg Rn. 3, einschr. aber Rn. 7.
6 Johann in Löwe/Rosenberg Rn. 5.

Rechtszugs[7]) **anrufen.**[8] Das sperrt den Rechtsweg gem. § 23 EGGVG,[9] schließt allerdings Rechtschutz vor den Zivilgerichten nur partiell aus, weil § 111n auch dem **Strafgericht allein** eine **vorläufige Besitzstandsregelung** ermöglicht. Der Weg des Abs. 2 steht nur gegen Entscheidungen der Staatsanwaltschaft offen (wie bei § 111k S. 2 aF). Mangels einer Sonderregelung für **gerichtliche Herausgabeentscheidungen** gelten insoweit die allgemeinen Regeln. Statthaft ist danach (einfache) **Beschwerde,** § 304 Abs. 1 (zweifelhaft, ob auch gegen die Entscheidung eines Oberlandesgerichts, § 304 Abs. 5[10]), sowohl gegen während der Zeit der Anhängigkeit bei Gericht von diesem selbst getroffene Herausgabeentscheidungen als auch gegen Beschlüsse des Ermittlungsrichter gemäß Abs. 2.[11] Inhaltlich kann sich das Rechtschutzbegehren richten gegen die Herausgabeverfügung oder ihre Versagung, die Bestimmung des Empfangszuständigen sowie die Art und Weise der Herausgabe, insbesondere ihren Ort.[12] Mit **tatsächlicher Rückgabe** wird der **Rechtsbehelf unzulässig,** weil damit die Voraussetzung des Innehabens (→ § 111n Rn. 13) entfällt, so dass prozessuale Überholung eintritt. Da strafrechtlicher Rechtschutz zuvor möglich war und für Ansprüche aus dem Eigentum der Zivilrechtsweg offensteht, kann auch die Behauptung eines schweren Grundrechtseingriffs kein Fortsetzungsfeststellungsinteresse begründen.

7 Bemerkenswert war, dass Abs. 2 bis zum 30.6.2021 auch ein **Rechtsmittel gegen** eine die Herausgabe betreffende Verfügung einer **Ermittlungsperson** vorsah. Eine solche verfügt jedoch über **keine originäre** eigene **Entscheidungskompetenz.**[13] Trotzdem waren Rechtsmittel gegen Herausgabeentscheidungen von Ermittlungspersonen nicht schon deswegen immer begründet.[14] Zwar ist für Herausgabeentscheidungen im vorbereitenden und nach Abschluss des Verfahrens allein die Staatsanwaltschaft zuständig. Diese ist allerdings in begrenztem Umfang **befugt,** die Wahrnehmung ihrer Aufgaben zur Herausgabe auf ihre Ermittlungspersonen zu **delegieren.** Das kann im Einzelfall geschehen, aber auch mittels allgemeiner Gestattung der Behördenleitung für bestimmte wiederkehrende Situationen. In der Praxis agiert die Polizei allein, ertappt sie zB einen Dieb auf frischer Tat oder findet sie einen zur Fahndung ausgeschriebenen Gegenstand (idealtypisch: Fahrrad mit Identifikationsnummer).

8 Trifft eine Ermittlungsperson eine derartige Verfügung, so war es sachgerecht, das Gericht direkt und ohne Zwischenschaltung der (allerdings abhilfebefugten) Staatsanwaltschaft anrufen zu können. Anlass für derartige Rechtschutzbegehren boten zB Meinungsverschiedenheiten zwischen einem Anspruchsinhaber und seiner Versicherung.

9 Trotz dieser **Sachgerechtigkeit** strich das StPO-Fortentwicklungsgesetz diese Möglichkeit des Rechtschutzes direkt gegen eine polizeiliche Herausgabeentscheidung unter Hinweis auf ein **angebliches Redaktionsversehen.** Das führt jetzt in solchem Fall zum Dilemma des Fehlens einer Entscheidung der Staatsanwaltschaft, die angegriffen werden könnte, während die polizeiliche Entscheidung, die angegriffen werden könnte, in Abs. 2 nicht mehr angeführt ist.

10 Da in der Korrektur eines (auch nur vermeintlichen) Redaktionsversehens keine Gestaltungsentscheidung liegt, darf das Streichen der Möglichkeit, Herausgabeentscheidungen von Ermittlungspersonen anzugreifen, nicht als Verbot für die Staatsanwaltschaft, Routineaufgaben dieserart auf die Polizei zu delegieren, überinterpretiert werden. Da

[7] OLG Celle 18.9.2020 – 3 Ws 192/20, StraFo 2020, 497 Rn. 8–12.
[8] Johann in Löwe/Rosenberg Rn. 11.
[9] OLG Bremen, 27.11.2017 – 1 VAs 6/17, Rn. 4 f.
[10] Johann in Löwe/Rosenberg Rn. 15 ordnet „Herausgabe" insgesamt der „Beschlagnahme" zu.
[11] Johann in Löwe/Rosenberg Rn. 15; Köhler in Meyer-Goßner/Schmitt Rn. 3.
[12] Johann in Löwe/Rosenberg Rn. 12.
[13] Bittmann in Bittmann/Köhler/Seeger/Tschakert Strafrechtl. Vermögensabschöpfung-HdB Rn. 1289 f.; Heine in SSW StPO Rn. 2; Johann in Löwe/Rosenberg Rn. 4; Spillecke in KK-StPO Rn. 3; Ullenboom NZWiSt *2020*, 470 (474); Köhler in Meyer-Goßner/Schmitt Rn. 3 betrachtete diese Variante als Redaktionsversehen.
[14] AA Johann in Löwe/Rosenberg Rn. 11 aE.

es sich jedoch bei der Frei- und Herausgabe um keine präventiv-polizeilichen Entscheidungen handelt, die dem Verwaltungsrechtschutz unterfielen, bleibt nur die Möglichkeit, der rechtshistorischen Entwicklung zuwider gleichwohl die Zuständigkeit der Strafgerichte für Angriffe auf derartige polizeiliche Entscheidungen in dem Maße zu bejahen, wie sie auch gegen eine staatsanwaltschaftliche Entscheidung besteht. Die Alternative bestünde in der Annahme eines Justizverwaltungsakts mit der alleinigen Zuständigkeit des Oberlandesgerichts, § 23 EGGVG. Der Rechtsklarheit dient die sinnfreie Streichung in Abs. 2 daher nicht.

§ 111p [Notveräußerung]

(1) [1]Ein Gegenstand, der nach § 111c beschlagnahmt oder nach § 111f gepfändet worden ist, kann veräußert werden, wenn sein Verderb oder ein erheblicher Wertverlust droht oder seine Aufbewahrung, Pflege oder Erhaltung mit erheblichen Kosten oder Schwierigkeiten verbunden ist (Notveräußerung). [2]Der Erlös tritt an die Stelle des veräußerten Gegenstandes.

(2) [1]Die Notveräußerung wird durch die Staatsanwaltschaft angeordnet. [2]Ihren Ermittlungspersonen (§ 152 des Gerichtsverfassungsgesetzes) steht diese Befugnis zu, wenn der Gegenstand zu verderben droht, bevor die Entscheidung der Staatsanwaltschaft herbeigeführt werden kann.

(3) [1]Die von der Beschlagnahme oder Pfändung Betroffenen sollen vor der Anordnung gehört werden. [2]Die Anordnung sowie Zeit und Ort der Veräußerung sind ihnen, soweit dies ausführbar erscheint, mitzuteilen.

(4) [1]Die Durchführung der Notveräußerung obliegt der Staatsanwaltschaft. [2]Die Staatsanwaltschaft kann damit auch ihre Ermittlungspersonen (§ 152 des Gerichtsverfassungsgesetzes) beauftragen. [3]Für die Notveräußerung gelten im Übrigen die Vorschriften der Zivilprozessordnung über die Verwertung von Gegenständen sinngemäß.

(5) [1]Gegen die Notveräußerung und ihre Durchführung kann der Betroffene die Entscheidung des nach § 162 zuständigen Gerichts beantragen. [2]Das Gericht, in dringenden Fällen der Vorsitzende, kann die Aussetzung der Veräußerung anordnen.

Übersicht

I. Regelungsgegenstand

Die Vorschrift **spezifiziert** die **allgemeine Verwaltungsregel** des **§ 111m**[1] und setzt damit voraus, dass der betreffende Gegenstand der **Verwaltung** der **Staatsanwaltschaft** unterliegt. Das lässt sich im Normalfall leicht feststellen, zwingt aber zur Abgrenzung, wenn über das Vermögen des Betroffenen das Insolvenzverfahren eröffnet ist (→ Rn. 5). § 111p gilt (anders als §§ 111n und 111o) erweiternd und § 930 Abs. 3 ZPO verdrängend[2] für sämtliche von der Staatsanwaltschaft gem. § 111m verwalteten Gegenstände,[3] nicht nur nach **Beschlagnahme,** sondern **auch** nach Pfändung in Vollziehung eines **Vermögensarrests.** Notveräußert werden dürfen unter den gesetzlichen Voraussetzungen also sämtliche sich in 1

[1] Heine in SSW StPO Rn. 1.
[2] Heine in SSW StPO Rn. 1.
[3] Heine in SSW StPO Rn. 2.

Verwaltung der Staatsanwaltschaft befindlichen Gegenstände nach sichernder Beschlagnahme oder Pfändung. Auf deren Fortbestand kommt es hingegen nach dem Wortlaut der Bestimmung nicht an, sodass die Vorschrift auch nach Freigabe anwendbar ist, wenn zB mangels Offenkundigkeit der Empfangszuständigkeit eine Herausgabe nach § 111n ausscheidet.

2 Gegenstände, die **auch** zum Zwecke des Beweises sichergestellt oder beschlagnahmt wurden, dürfen **nach Entfallen** der **Beweisbedeutung notveräußert** werden.[4] Nach Sicherung *nur* zum Zwecke des Beweises ist § 111p nicht direkt anwendbar.[5] Scheitert jedoch die (vorrangige, → Rn. 8) Herausgabe nach § 111n (zB Vertriebsweg verstellt, unklare Empfangszuständigkeit, fehlendes Interesse) und droht Verderb,[6] so ist ein Beweissurrogat (zB Photographie) zu schaffen. Des Originals bedarf es nun ebensowenig noch wie nach Vorliegen des Unfallgutachtens ein (zudem überflüssige Standkosten auslösendes) Kraftfahrzeug. Hier besteht ein **Bedürfnis** nach **Notveräußerung.** § 111p ist dann analog anwendbar, zumal da dies etwaige Ansprüche nach dem StrEG mindern kann.[7]

3 Abs. 1 S. 1 verweist auf § 111c und damit auch auf **Tatmittel.**[8] Solche dürfen aber nur notveräußert werden, wenn sie **verkehrsfähig** sind.[9] Anderenfalls kommt unabhängig[10] von § 111p Vernichtung, Überführung an eine befugte Institution oder bei einem Vermarktungsverbot (zB artgeschützter Tiere[11]) die unentgeltliche Abgabe an eine geeignete Einrichtung in Betracht. Nach Eintritt der Rechtskraft gelten die Vorschriften über die (ggf. ebenfalls eilige) Vollstreckung.[12]

4 Abs. 1 lässt die Notveräußerung nicht nur beweglicher Sachen zu, sondern gilt für **sämtliche Vermögensgegenstände.**[13] Die früher fehlende Anordnung sinngemäßer Anwendung einschlägiger Vorschriften der ZPO über die Verwertung unterschiedlicher Gegenstände findet sich nun in Abs. 4 S. 3. Wertpapiere als bewegliche Sachen unterliegen der Sachpfändung.[14] Werden sie jedoch in einem Sammeldepot verwaltet, so kann lediglich der Anteil des Betroffenen als sonstiges Recht gem. §§ 857, 829 ff. ZPO gepfändet[15] und ggf. notveräußert werden. Die ZPO begrenzt mittelbar die **Reichweite** zulässiger Notveräußerung. Grundstücke sind zwar *Gegenstände.* Sicherungsanordnungen verschaffen der Justiz aber keinen Zugang und damit keinen Gewahrsam. Die Rechtsprechung **lehnt** ihre Notveräußerung am.[16]

5 Soweit die **Beschlagnahme** nach einem Individualdelikt **insolvenzfest** ist, § 111d Abs. 1 S. 2, steht die Aufgabe der **Verwaltung** der **Staatsanwaltschaft** zu. Sie hat daher das Recht zum **Besitz,** darf ihn weiter ausüben oder kann den **in anderer Weise** beschlagnahmten Gegenstand vom Insolvenzverwalter herausverlangen. Solange dieser jedoch im Besitz ist, ist sorgfältige Verwahrung und Pflege seine Aufgabe. Zwar blockiert die Beschlagnahme sein Recht, *allein* über die Verwertung zu entscheiden.[17] Zum Verhindern von

---

4 Köhler in Meyer-Goßner/Schmitt Rn. 1; Schmidt Vermögensabschöpfung-HdB Rn. 1306.

5 Gercke in Gercke/Julius/Temming/Zöller Rn. 2; Huber in BeckOK StPO Rn. 1; Johann in Löwe/Rosenberg, Rn. 6; Köhler in Meyer-Goßner/Schmitt Rn. 1; Spillecke in KK-StPO Rn. 3.

6 Heine in SSW StPO Rn. 2; Johann in Löwe/Rosenberg, Rn. 6.

7 Johann in Löwe/Rosenberg, Rn. 1 (für vollstreckungssichernde Maßnahmen).

8 BGH 2.12.2020 – 4 StR 422/20 Rn. 4.

9 Gercke in Gercke/Julius/Temming/Zöller Rn. 2 f.; Spillecke in KK-StPO Rn. 4.

10 Bittmann in Bittmann/Köhler/Seeger/Tschakert Strafrechtl. Vermögensabschöpfung-HdB Rn. 1293; aA Gercke in Gercke/Julius/Temming/Zöller Rn. 3; Johann in Löwe/Rosenberg Rn. 5.

11 Spillecke in KK-StPO Rn. 4.

12 Heine in SSW StPO Rn. 8; Johann in Löwe/Rosenberg, Rn. 11; Bittmann in Bittmann/Köhler/Seeger/Tschakert Strafrechtl. Vermögensabschöpfung-HdB Rn. 1294.

13 Gercke in Gercke/Julius/Temming/Zöller, Rn. 1; Spillecke in KK-StPO Rn. 2 (Forderungen).

14 Rogall in SK-StPO § 111l Rn. 12.

15 Rogall in SK-StPO § 111l Rn. 11; Rönnau/Höhn wistra 2001, 445 (447 f.).

16 BGH 11.10.2018 – V ZB 241/17, ZInsO 2019, 614 Rn. 7–22; Kamrau-Fiedler RPfleger 2021, 137. Zwingend ist das nicht, denn auch die Pfändung beweglicher Sachen in sonstiger Weise und von Rechten wirkt ebenso wie ein Veräußerungsverbot nur beschränkend, aA daher Heine in SSW StPO Rn. 2; Johann in Löwe/Rosenberg, § 111p Rn. 5; Spillecke in KK-StPO Rn. 2 und 5.

17 Gercke in Gercke/Julius/Temming/Zöller Rn. 16.

Wertverfall oder Auslösen übermäßiger Kosten darf ihn die Staatsanwaltschaft aber mit freiem Verkauf betrauen (→ Rn. 13 f.). Der Anspruchsinhaber (Verletzte) ist zuvor zu hören. Seine Aussicht auf gegenständliche Restitution verschafft ihm jedoch kein Vetorecht. Ist die Staatsanwaltschaft im Besitz, obwohl die **Beschlagnahme** (zB nach einem **Allgemeindelikt,** → § 111d Rn. 19) **nicht zur Insolvenzfestigkeit** führte, so hat sie die Gegenstände dem **Insolvenzverwalter** ebenso zur Verfügung zu stellen wie in Vollziehung eines **Vermögensarrests** gepfändete, weil die so entstandenen **Sicherungsrechte** gem. § 111i mit Insolvenzeröffnung **erloschen** sind – alles Weitere ist Sache des Insolvenzverwalters.

Die Voraussetzungen für die Zulässigkeit einer Notveräußerung bestimmt Abs. 1 S. 1 für die gesamte Dauer des Bestands von Beschlagnahme und Vermögensarrest **einheitlich.** Droht (egal weshalb[18]) **Verderb** oder **erheblicher Wertverlust,**[19] so liegt die schnelle Versilberung im Interesse sowohl der Justiz als auch des (wirtschaftlich denkenden[20]) Betroffenen, der zumindest zivilrechtlich das Risiko eintretenden Wertverfalls trägt.[21] Diesem gemeinsamen Interesse an bestmöglicher Verwertung wegen und rechtlich auf dem Anspruch sorgfältiger Verwaltung fußend genießen **einvernehmliche Lösungen** Vorrang.[22] Schnelles Handeln kann weitere Vollziehungsversuche und selbst bei nur Teilerlösen sogar das ursprünglich höhere Sicherungsbedürfnis entfallen lassen.[23] 6

Im Interesse der **Kostenminderung** ist Notveräußerung selbst gegen den Widerstand des Betroffenen oder eines sonstigen Berechtigten zulässig, wenn Aufbewahrung, Pflege und Erhaltung mit erheblichem Aufwand oder Schwierigkeiten verbunden sind oder wären.[24] Diese Voraussetzungen sind geringer als die des § 111l Abs. 1 S. 1 Alt. 2 aF. Das zeigt das Bestreben des Gesetzgebers, zu vermehrter Anwendung der Notveräußerung beitragen zu wollen. 7

Auf die Vornahme einer Notveräußerung hat der Betroffene trotz eigenen Werterhaltungsinteresses zwar **keinen** originären **Anspruch,** wohl aber in allen Fällen einen solchen auf **Ausübung pflichtgemäßen,** ggf. auf Null reduzierten **Ermessens,**[25] widrigenfalls Schadenersatzpflicht[26] eintritt und Kosten nur reduziert angesetzt werden dürfen.[27] Besteht die Möglichkeit der Herausgabe (zB gem. § 111n) oder liegen die Voraussetzungen des § 111d Abs. 2 vor,[28] so ist von ihnen vorrangig Gebrauch zu machen. Dafür sprechen Gründe der Verhältnismäßigkeit, weil bei einer Notveräußerung trotz in § 111p Abs. 4 ausgeweiteter Möglichkeiten zur Verwertung ein Mindererlös jedenfalls im Fall der Eilbedürftigkeit selbst bei eigenem Interesse des Betroffenen nie auszuschließen ist.[29] 8

---

18 Johann in Löwe/Rosenberg, Rn. 8 führt biologische, technische und marktwirtschaftliche Gründe an.

19 10 %: Gercke in Gercke/Julius/Temming/Zöller Rn. 4; Grätsch in Müller-Gugenberger WirtschaftsStrafR-HdB, 7. Aufl. 2021 Rn. 21.60; Heine in SSW StPO Rn. 4; Mayer in KMR-StPO Rn. 4; Köhler in Meyer-Goßner/Schmitt Rn. 2 („jedenfalls"); Schmidt Vermögensabschöpfung-HdB Rn. 1314; Spillecke in KK-StPO Rn. 5; für eine sachverhaltsabhängige flexible Handhabung Johann in Löwe/Rosenberg, Rn. 8; Bittmann in Bittmann/Köhler/Seeger/Tschakert Strafrechtl. Vermögensabschöpfung-HdB Rn. 1301–1304.

20 Gercke in Gercke/Julius/Temming/Zöller Rn. 4; Johann in Löwe/Rosenberg Rn. 1, 8, 10, 12 und 22; Köhler in Meyer-Goßner/Schmitt Rn. 2.

21 Vgl. Johann in Löwe/Rosenberg, Rn. 12 und 29, auf den Nominalbestand der Haftungsansprüche verweisend; anders → § 111k Rn. 17 (stattdessen strafrechtlich Betonung auf Entziehung bemakelten Vermögens legend).

22 Johann in Löwe/Rosenberg, Rn. 9, 12, 14 und 22.

23 Johann in Löwe/Rosenberg, Rn. 14.

24 Johann in Löwe/Rosenberg, Rn. 10 aE; Mayer in KMR-StPO Rn. 6 befürwortet Notveräußerung eines Kraftfahrzeugs nach 2 Monaten Standzeit.

25 Johann in Löwe/Rosenberg Rn. 1, 9, 12 und 14 (Maßstab: Verhältnismäßigkeit); Rönnau Vermögensabschöpfung Rn. 189; Rogall in SK-StPO § 111l Rn. 10.

26 Johann in Löwe/Rosenberg, Rn. 12; Rönnau Vermögensabschöpfung Rn. 189 (aber beschränkt auf die Fälle verkannter Ermessensreduktion).

27 Johann in Löwe/Rosenberg, Rn. 12; Rogall in SK-StPO § 111l Rn. 19.

28 Johann in Löwe/Rosenberg Rn. 6 und 14; Rogall in SK-StPO § 111l Rn. 13; Schmidt Vermögensabschöpfung-HdB Rn. 1361 und 1364.

29 Gercke in Gercke/Julius/Temming/Zöller Rn. 4; Johann in Löwe/Rosenberg § 111p Rn. 9 aE.

II. Anordnung

9 Die **Anordnungskompetenz** regelt Abs. 2. Zuständig ist danach immer die Staatsanwaltschaft, dh auch während der Zeit gerichtlicher **Verfahrensherrschaft.** Regelhaft anordnungsbefugt ist der Rechtspfleger, § 31 Abs. 1 Nr. 2 RPflG. In besonders eiligen Fällen hat der Staatsanwalt tätig zu werden,[30] weil selbst Ermittlungspersonen (§ 152 GVG) eine auf drohenden Verderb vor einer dem Rechtspfleger möglichen Entscheidung beschränkte Eilbefugnis zusteht, § 111p Abs. 2 S. 2. Sie ist praktisch begrenzt auf Netzausfälle. Dann allerdings wird auch die Notveräußerung nur im von der Erreichbarkeit mit analogen Medien regional begrenzten Raum möglich sein.

10 Vor der Anordnung sollen die **Betroffenen** (nicht nur als lästige Formalie[31]) gehört werden, Abs. 3 S. 1. Es liegt im auch von der Staatsanwaltschaft zu unterstützenden Verwertungsinteresse, den Kreis der Anhörungsbefugten auf **alle Interessierten** auszuweiten,[32] Opfer, Beschuldigte, den davon ggf. personenverschiedenen vorletzten Gewahrsamsinhaber, Eigentümer, etwaige beschränkt dinglich Berechtigte, aber auch (potenzielle) Inhaber nur schuldrechtlicher Ansprüche[33] (zB betrogene (Ver-)Käufer verderblicher Lebensmittel).[34] Die Anhörung ist tunlichst mit einem **Hinweis** auf § 111d Abs. 2 bzw. §§ 111e Abs. 4, 111g Abs. 1 zu verbinden[35] und kann den Anlass zu einvernehmlichem Vorgehen bieten.[36]

11 Das Erfordernis der Anhörung etlicher Interessierter kann gewisse Zeit in Anspruch nehmen. Sie ist im Interesse der Minimierung der Folgen mittels Setzens kurzer Fristen so kurz wie möglich zu halten. Als Soll-Regelung ist die Anhörung **keine Wirksamkeitsvoraussetzung.**[37] Sie darf daher teilweises oder gar völlig entfallen, lässt sich nur so Verderb oder Wertverlust vermeiden. Der Rechtspfleger der Staatsanwaltschaft entscheidet nach pflichtgemäßem, in den Akten knapp zu vermerkendem Ermessen.

12 Grundsätzlich sind die Anhörungsberechtigten über Zeit und Ort der Veräußerung zu **informieren,** Abs. 3 S. 2,[38] auch um weitere ihnen bekannte potentielle Erwerbsinteressenten aufmerksam machen zu können.[39] Die **Wirksamkeit** der Notveräußerung hängt von dieser Benachrichtigung ebenfalls nicht ab, steht sie doch unter dem im Gesetz selbst zum Ausdruck gebrachten Vorbehalt ihrer Ausführbarkeit – das Gegenteil ist jedoch angesichts heutiger Kommunikationsmittel kaum vorstellbar. Der BGH erwog in einem Fall des Verstoßes ernsthaft die Strafbarkeit der Staatsanwältin wegen Rechtsbeugung, konnte dies aber angesichts ihrer Unkenntnis von der Vorschrift offenlassen.[40]

III. Durchführung

13 **Regelungen** über die **Durchführung** der Notveräußerung enthält **Abs. 4.** Sie obliegt wiederum **nur** der **Staatsanwaltschaft,** dort dem **Rechtspfleger,** § 31 Abs. 1 Nr. 2 RPflG.[41] Nicht nur im Eilfall können **Ermittlungspersonen** beauftragt werden, § 111p Abs. 4 S. 2. §§ 814–825 ZPO[42] über Art und Weise der Verwertung von Gegenständen gelten sinngemäß, § 111p Abs. 4 S. 3. Vor Verschleuderung hilft (begrenzt[43]) § 817a ZPO,

---

30 Johann in Löwe/Rosenberg Rn. 17.
31 Johann in Löwe/Rosenberg Rn. 26.
32 Johann in Löwe/Rosenberg Rn. 24.
33 Spillecke in KK-StPO Rn. 8.
34 Bittmann in Bittmann/Köhler/Seeger/Tschakert Strafrechtl. Vermögensabschöpfung-HdB Rn. 1314 f.
35 Johann in Löwe/Rosenberg Rn. 26; Rogall in SK-StPO § 111l Rn. 27; Schmidt Vermögensabschöpfung-HdB Rn. 1323.
36 Johann in Löwe/Rosenberg Rn. 25.
37 Köhler in Meyer-Goßner/Schmitt Rn. 6; Spillecke in KK-StPO Rn. 8.
38 Johann in Löwe/Rosenberg Rn. 23 und 26; Schmidt Vermögensabschöpfung-HdB Rn. 1323–1325.
39 Gercke in Gercke/Julius/Temming/Zöller Rn. 9; Johann in Löwe/Rosenberg Rn. 26.
40 BGH 18.8.2021 – 5 StR 39/21, (zu § 111l Abs. 4 S. 2 StPO a.F.), NStZ-RR 2021, 378 Rn. 40.
41 AA Wolf RPfleger 2017, 489 (492).
42 Johann in Löwe/Rosenberg Rn. 21; Schmidt Vermögensabschöpfung-HdB Rn. 1329–1331.
43 Bittmann in Bittmann/Köhler/Seeger/Tschakert Strafrechtl. Vermögensabschöpfung-HdB Rn. 1319.

der einen Erlös von mindestens 50 % des (allerdings gerade bedrohten) Werts zu sichern aufgibt.

14 Zwecks bestmöglicher Verwertung und um Gegenständen wie örtlichen Gegebenheiten Rechnung tragen zu können, erlaubt § 814 ZPO vielfältige Arten (zB in den Räumen der Staatsanwaltschaft) öffentlicher Versteigerung, alternativ im Internet oder Einschalten eines Auktionators. Für bestimmte Gegenstände gelten Sonderbestimmungen (Geld, § 815 ZPO; Wertpapiere, §§ 821–823 ZPO; Früchte auf dem Halm, § 824 ZPO). Von Amts wegen, auf Antrag des Opfers, Betroffenen, Beschuldigten, dinglich Berechtigten oder einer Person, die einen schuldrechtlichen Anspruch erhebt, kann gem. § 825 ZPO[44] eine **andere** als die **Regelverwertungsart** zugelassen werden bis hin zum allein schon aus reinen **Zweckmäßigkeitserwägungen** heraus zulässigen **freien** Verkauf.[45] Zumindest wenn kein allgemeines Einvernehmen über die Art der Verwertung bestand, hat der Rechtspfleger der Staatsanwaltschaft die Gründe für die Abweichung von der Regelverwertung in kurzer Form aktenmäßig zu **dokumentieren.**

15 **An** die **Stelle** der **notveräußerten Gegenstände tritt** der **Erlös,**[46] Abs. 2,[47] wurde er in bar oder per Überweisung gezahlt (→ § 111n Rn. 29; auch → § 111d Rn. 21). Ersterenfalls ist er zu **hinterlegen.** Dies führt zu einer zweiten dinglichen Surrogation (als Erstes: Bargeld statt Gegenstand; als Zweites: Forderung statt Bargeld) (→ § 111n Rn. 30; auch → § 111d Rn. 26). Verfügungsverbot und ein bei Arrestvollziehung entstandenes, unter den Voraussetzungen des § 111i Abs. 1 aber wieder erlöschendes Arrestpfandrecht setzen sich fort am Erlös bzw. der Auszahlungsforderung. Beides steht dem nach BGB Berechtigten zu,[48] der aber nicht feststehen muss und meist umstritten sein wird, und ist Gegenstand der erwarteten zukünftigen Einziehungsentscheidung. Einzuziehen ist vor Hinterlegung der Erlös (zur Parallele bei § 111d Abs. 2 S. 1 und 2 → § 111c Rn. 21),[49] danach die Forderung gegen die Hinterlegungsstelle. Bleibt sie aus, so wird der **schuldrechtliche Anspruch** des Betroffenen gegen die Hinterlegungsstelle fällig. Mit Erfüllung wird der Empfänger (wieder) Vollberechtigter,[50] sei es Eigentümer der ihm (selten) ausgehändigten Münzen und Scheine, sei es Inhaber einer Forderung in Höhe des auf sein Konto überwiesenen Betrags.

15a Die Kosten der Notveräußerung dürfen vom Erlös nicht abgezogen werden. Er ist vielmehr ungeschmälert zu hinterlegen. Das gilt auch, wenn eine Gerichtsvollzieherin mit der Notveräußerung betraut worden war.[51] Das folgt bereits aus dem Wortlaut, demzufolge *der* Erlös, ie: der gesamte Erlös, an die Stelle des notveräußerten Gegenstands tritt, und erst recht aus dem Zweck der Notveräußerung iVm der Ungewissheit über den späteren Empfänger, der keineswegs mit demjenigen identisch sein muss, der die Kosten des Verfahrens zu tragen hat. Ließe man den Abzug zu, so wäre die Sicherungsfunktion eingeschränkt und es drohten (nur deshalb!) weitere Vollziehungsmaßnahmen. Außerdem stehen die Regelungen des § 111e Abs. 2 und 3 einem Abzug der Kosten entgegen. Vor Ergehen eines erstinstanzlichen Urteils sind die Kosten des Verfahrens nicht sicherungsfähig und die Kosten der Vollstreckung überhaupt nicht. Diese Wertung würde unterlaufen, gestattete man den Abzug der Kosten der Notveräußerung, welche ihrerseits sachlich und wirtschaftlich die Vollstreckung lediglich vorweggenommenen hat. Ein Gerichtsvollzieher erhält seine Kosten

---

44 Johann in Löwe/Rosenberg Rn. 21; Schmidt Vermögensabschöpfung-HdB Rn. 1331 und 1354–1358.
45 Heine in SSW StPO Rn. 11.
46 Aufwendungen für die Verwertung sollen als Kosten des Verfahrens nicht abzuziehen sein, LG Bonn 9.6.2010 – 21 KLs 25/09 – 333 Js 70/09 StraFo 2010, 380.
47 Johann in Löwe/Rosenberg Rn. 13; Schmidt Vermögensabschöpfung-HdB Rn. 1359; Spillecke in KK-StPO Rn. 13.
48 Vgl. Heine in SSW StPO Rn. 7.
49 Johann in Löwe/Rosenberg Rn. 13; Schmidt Vermögensabschöpfung-HdB Rn. 1360; Spillecke in KK-StPO Rn. 13.
50 Gercke in Gercke/Julius/Temming/Zöller Rn. 6; Johann in Löwe/Rosenberg Rn. 13; s. auch Köhler in Meyer-Goßner/Schmitt Rn. 3.
51 AA AG Neubrandenburg 28.1.2021 – 610 M 1048/20.

vom Auftraggeber, hier der Staatsanwaltschaft. Diese kann sie weitergeben, sofern ihr das eine spätere Kostenentscheidung gestattet.

IV. Anfechtung

16 **Anordnungen** wie **Ablehnungen**[52] seitens der **Staatsanwaltschaft** können ebenso wie Maßnahmen zur **Durchführung**[53] von Interessierten iSv § 111p Abs. 3, → Rn. 10[54]) im Wege der **Anrufung** des nach § 162 zuständigen **Gerichts** (Ermittlungsrichter bzw. mit der Hauptsache befasstes Gericht) angegriffen werden, Abs. 5 S. 1.[55] Der Antrag auf gerichtliche Entscheidung ist entweder bei der Staatsanwaltschaft anzubringen oder vom Gericht zunächst an diese zur Stellungnahme weiterzuleiten. In gleicher Weise kann gegen Anordnungen staatsanwaltschaftlicher **Ermittlungspersonen direkt Rechtschutz** gesucht werden. Diese Möglichkeit ist vom StPO-Fortentwicklungsgesetz anders als in § 111o Abs. 2 nicht beseitigt worden. Ob ein solches Begehren von der abhilfebefugten Staatsanwaltschaft geprüft werden muss[56] oder ihr dies lediglich erlaubt ist,[57] läuft in der Praxis auf dasselbe hinaus, weil das Gericht nicht entscheidet, ohne zuvor der Staatsanwaltschaft Gelegenheit zu rechtlichem Gehör zu gewähren. Hilft der Rechtspfleger (nach notwendiger Anhörung der Beteiligten[58] in ggf. kurz bemessener Frist) nicht ab, so darf er zwar die Akten dem Staatsanwalt zuleiten (und sollte es im Interesse einer sachgerechten Zusammenarbeit auch tun), muss es aber von Gesetzes wegen nicht,[59] sondern ist (vorbehaltlich zulässiger gegenteiliger innerbehördlicher Regelungen[60]) befugt, sie selbst dem Gericht vorlegen. Das Rechtschutzbedürfnis besteht im Fall eines schwerwiegendes Grundrechtseingriffs auch nach Durchführung fort.[61]

17 Abs. 5 S. 2 gestattet es dem Gericht, nach pflichtgemäßem Ermessen die Veräußerung auszusetzen. Dazu ist (bei Anhängigkeit des Strafverfahrens beim Landgericht) in dringenden, also Eilfällen, auch der Vorsitzende allein, befugt. Man wird dem Gericht für Fälle drohenden Verderbs oder Wertverlusts auch zuzubilligen haben, andere Regelungen zu treffen, zB vor einer bestimmten Verwertungsart den (befristeten) Versuch einer aussichtsreicheren zu unternehmen.

§ 111q [Beschlagnahme von Verkörperungen eines Inhalts und Vorrichtungen]

(1) Die Beschlagnahme einer Schrift oder einer Vorrichtung im Sinne des § 74d des Strafgesetzbuches darf nach § 111b Absatz 1 nicht angeordnet werden, wenn ihre nachteiligen Folgen, insbesondere die Gefährdung des öffentlichen Interesses an unverzögerter Verbreitung, offenbar außer Verhältnis zu der Bedeutung der Sache stehen.

(2) [1]Ausscheidbare Teile der Schrift, die nichts Strafbares enthalten, sind von der Beschlagnahme auszuschließen. [2]Die Beschlagnahme kann in der Anordnung weiter beschränkt werden.

---

[52] Johann in Löwe/Rosenberg Rn. 28.
[53] Johann in Löwe/Rosenberg Rn. 28.
[54] Ebenso Johann in Löwe/Rosenberg Rn. 29; Schmidt Vermögensabschöpfung-HdB Rn. 1477; Spillecke in KK-StPO Rn. 12.
[55] OLG Hamburg 12.7.2011 – 3 Ws 80/11 StraFo 2011, 354; OLG Köln 19.8.2011 – III-2 Ws 501/11 StraFo 2011, 392 für die Drittwiderspruchsklage (auf § 111f Abs. 5 aF gestützt); Gercke in Gercke/Julius/Temming/Zöller Rn. 12; Heine in SSW StPO Rn. 12 f.; Köhler in Meyer-Goßner/Schmitt Rn. 9.
[56] Köhler in Meyer-Goßner/Schmitt Rn. 9.
[57] Gercke in Gercke/Julius/Temming/Zöller Rn. 12; Heine in SSW StPO Rn. 12; Johann in Löwe/Rosenberg Rn. 30; Spillecke in KK-StPO Rn. 10.
[58] Rogall in SK-StPO § 111l Rn. 41.
[59] So aber Gercke in Gercke/Julius/Temming/Zöller Rn. 12; Schmidt Vermögensabschöpfung-HdB Rn. 1469; Spillecke in KK-StPO Rn. 10; wie hier Johann in Löwe/Rosenberg Rn. 30; Mayer in KMR-StPO Rn. 12.
[60] Johann in Löwe/Rosenberg Rn. 30.
[61] Johann in Löwe/Rosenberg Rn. 31.

(3) Die Beschlagnahme kann dadurch abgewendet werden, dass der Betroffene den Teil der Schrift, der zur Beschlagnahme Anlass gibt, von der Vervielfältigung oder der Verbreitung ausschließt.

(4) [1]Die Beschlagnahme einer periodisch erscheinenden Schrift oder einer zu deren Herstellung gebrauchten oder bestimmten Vorrichtung im Sinne des § 74d des Strafgesetzbuches ordnet das Gericht an. [2]Die Beschlagnahme einer anderen Schrift oder einer zu deren Herstellung gebrauchten oder bestimmten Vorrichtung im Sinne des § 74d des Strafgesetzbuches kann bei Gefahr in Verzug auch die Staatsanwaltschaft anordnen. [3]Die Anordnung der Staatsanwaltschaft tritt außer Kraft, wenn sie nicht binnen drei Tagen von dem Gericht bestätigt wird. [4]In der Anordnung der Beschlagnahme sind die Stellen der Schrift, die zur Beschlagnahme Anlass geben, zu bezeichnen.

(5) [1]Eine Beschlagnahme nach Absatz 4 ist aufzuheben, wenn nicht binnen zwei Monaten die öffentliche Klage erhoben oder die selbständige Einziehung beantragt ist. [2]Reicht die in Satz 1 bezeichnete Frist wegen des besonderen Umfanges der Ermittlungen nicht aus, kann das Gericht auf Antrag der Staatsanwaltschaft die Frist um weitere zwei Monate verlängern. [3]Der Antrag kann einmal wiederholt werden. [4]Vor Erhebung der öffentlichen Klage oder vor Beantragung der selbständigen Einziehung ist die Beschlagnahme aufzuheben, wenn die Staatsanwaltschaft dies beantragt.

Übersicht

I. Übersicht

Die Vorschrift fasst die Regelungen der §§ 111m und 111n (je aF) in einem Paragraphen zusammen. Darin finden sich nun – ohne wesentliche inhaltliche Änderungen – sowohl die für die allgemeine Pressebeschlagnahme maßgeblichen **inhaltlichen Beschränkungen** als auch die besonderen, der **Beschleunigung** dienenden verfahrensrechtlichen Vorschriften. Gemäß Neufassung des § 11 Abs. 3 StGB wurde ab 1.1.2021 (auch in § 74d StGB) aus dem anschaulichen Begriff **„Schrift"** die **„Verkörperung des Inhalts"**. Da beides jedoch bereits zuvor konstituierend war und auch die Verweisung unverändert blieb, liegt darin nur die Klarstellung der Geltung auch für elektronische Erzeugnisse. In diesem Sinne ist *Schrift* nachfolgend zu verstehen.[1] Die **Bundeskompetenz** folgt aus Art. 74 Nr. 1 GG, Verfahrensrecht, da § 111p keine Regelungen über die Presse an sich enthält.[2] 1

Weiterhin gibt es keine Vorschrift, die die allgemeine Beschlagnahme positiv gestattet. § 111q setzt ihre Zulässigkeit stattdessen voraus und modifiziert lediglich bereichsspezifisch die Voraussetzungen ihrer Anwendung und Durchführung. Obwohl von der Möglichkeit 2

[1] Das definitorisch verständliche Anliegen muss sich in der Fachsprache nicht spiegeln: Aus „NJW" wird nicht „NJWel" (= Neue Juristische Wochenverkörperung eines Inhalts) und aus der „Bibel" nicht die „Verkörperung eines heiligen Inhalts".

[2] Inzwischen weitgehend außer Streit, zB Gercke in Gercke/Julius/Temming/Zöller Rn. 2 mN; Heine in SSW StPO Rn. 2; Johann in Löwe/Rosenberg Rn. 5 und 7; Köhler in Meyer-Goßner/Schmitt Rn. 2; Spillecke in KK-StPO Rn. 2.

allgemeiner Beschlagnahme nur in wenigen, dann aber meist sehr bedeutsamen Fällen Gebrauch gemacht wird (und auch weiterhin werden sollte!), ist diese Regelungstechnik zumindest unter zwei Gesichtspunkten bedauerlich.

3 Zum einen ist fraglich, ob die Regeln über Einzelmaßnahmen wirklich den Besonderheiten einer allgemeinen Beschlagnahme Rechnung tragen. In sachlicher Hinsicht steht im Vordergrund kein **individueller** Gegenstand, sondern ein Erzeugnis, welches aufgrund seiner **Gattungsmerkmale** an **verschiedenen Stellen** beschlagnahmt werden soll. Adressat ist primär der Verursacher, weniger der jeweiligen Gewahrsamsinhaber. Zum anderen reicht das Bedürfnis nach allgemeiner Beschlagnahme über Presseerzeugnisse hinaus, zB bei Produktmängeln, sonstigen gefährlichen technischen Fehlern, verkehrsunfähigen Gegenständen (verdorbene Lebensmittel, sprengstoffrechtlich verbotene „Böller").

4 Alle derartige Konstellationen kennzeichnet das Gebot, die betroffenen Gegenstände überall dort zu beschlagnahmen, wo sie nicht sein dürfen. Dabei treten andere Aspekte als bei einer individuellen Beschlagnahme auf. Zudem stellen sich Fragen der Durchführung und Logistik in einer ganz anderen Dimension. Bei Anordnung sind jedenfalls noch nicht alle Objekte bekannt, in denen ein Zugriff erforderlich ist. Deren Inhaber nehmen eine Rolle ein, die Aspekte sowohl eines Beschuldigten als auch eines Unverdächtigen vereint. Von besonderer Bedeutung ist der Erwerb der Kenntnis der Vertriebskanäle und -listen. Erst auf Basis dieser skizzierten **Gemeinsamkeiten** entfalten sich **bereichsspezifische Besonderheiten,** die eine Differenzierung zB zwischen Schriften und anderen gefahrbergenden Gegenständen gebietet.

5 Demgegenüber unterwirft das geltende Recht die allgemeine Beschlagnahme den auf individuelle Zugriffe ausgerichteten §§ 94 ff. und 102 ff. und beschränkt sich auf Modifikationen allein für die allgemeine Pressebeschlagnahme. De lege ferenda wäre jedoch eine eigenständige Regelung der allgemeinen Beschlagnahme hilfreich.

II. Regelungsgegenstand

6 Zum Schutz der **Pressefreiheit,** Art. 5 Abs. 1 S. 2 GG[3] schränkt § 111q Abs. 1–3 den Anwendungsbereich des § 111b Abs. 1 für die (idealtypisch die Einziehung als Tatmittel sichernde) **allgemeine Beschlagnahme** von in Schriften, § 11 Abs. 3 StGB (→ Rn. 1), geronnenem **Gedankengut** nebst zu ihrer Herstellung gebrauchter oder bestimmter Vorrichtungen, § 74d Abs. 1 S. 2 StGB (→ Rn. 8), ein und gestattet sie nur unter nochmals verengten Voraussetzungen. Abs. 4 modifiziert § 111j und § 111q Abs. 5 dient der Beschleunigung.

7 Es bedarf doppelter Prüfung der Verhältnismäßigkeit,[4] in prozessualer Hinsicht direkt gem. der in §§ 111b und 111q Abs. 1–3 aufgeführten Kriterien – und damit zugleich inzident im Rahmen der Urteilsprognose auch in Bezug auf die Beschränkungen nach materiellem Recht über die Zulässigkeit der nicht Straf-, sondern Sicherungszwecken dienenden[5]) **Einziehung** oder **Unbrauchbarmachung,** §§ 74d Abs. 1 iVm 74f Abs. 1 S. 2 und S. 3 Nr. 1 StGB.

8 Abs. 1 erfasst **alle** sinnlich wahrnehmbaren physisch oder elektronisch (→ Rn. 9) **verkörperten Inhalte,** idealtypisch **Gedanken,** dh Schriften und alles, was diesen iSv § 11 Abs. 3 StGB gleichgestellt ist (→ Rn. 1).[6] § 111q Abs. 1 ist weder auf **Periodika**[7] noch auf spezifische **Presseinhaltsdelikte**[8] beschränkt, die in sehr enger Definition nur vorliegen,

---

3 Heine in SSW StPO Rn. 4.
4 Johann in Löwe/Rosenberg Rn. 15.
5 Johann in Löwe/Rosenberg Rn. 21.
6 Heine in SSW StPO Rn. 3; Johann in Löwe/Rosenberg Rn. 10; Aufzählungen bei Johann in Löwe/Rosenberg Rn. 11–13; Meißner/Schütrumpf Praxisleitfaden Vermögensabschöpfung, Rn. 96–98; und Spillecke in KK-StPO Rn. 1 (neben auch nach allgemeinem Sprachgebrauch Presseorganen Schallplatten, Filmstreifen, Photographien [zw. im Hinblick auf Gedankengut], Videobänder; CDs, DVDs, Disketten, Sticks, Festplatten, Manuskripte; Platten, Formen, Drucksätze, Druckstöcke, Negative, Matrizen; nicht Druckmaschinen und Computer-Hardware).
7 Johann in Löwe/Rosenberg Rn. 11.
8 So aber Johann in Löwe/Rosenberg Rn. 2 und 17; Rogall in SK-StPO § 111m Rn. 1.

wenn alle Tatbestandsmerkmale bereits mit der Veröffentlichung erfüllt sind, sondern erstreckt sich auf **sämtliche** Straftaten des **Verbreitens verbotener Inhalte,** § 74d Abs. 1 S. 1 oder Abs. 3 StGB.

Erfasst sind **elektronische**[9] **Medien**[10] wie Smartphone, Laptop und iPad. Zum Zwecke der Verbreitung (über Twitter, Facebook, E-Mail etc.) gespeicherte Daten sind Schriften iSd § 11 Abs. 3 StGB (→ Rn. 1) unabhängig davon, ob der Absender Journalist ist oder nicht. Einziehung ist daher nur unter den Voraussetzungen des § 74d StGB, Beschlagnahme unter denen der §§ 111b und 111q zulässig. 9

Endempfänger von Presseerzeugnissen sind nicht Adressaten des § 111p.[11] Der betroffene Kreis beschränkt sich im ersten Schritt auf an der **Verbreitung** oder deren **Vorbereitung Beteiligte,** § 74d Abs. 2 StGB. Darunter fallen auch alle Empfänger elektronischer Inhalte, soweit sie weiterverbreitungsträchig sind (wie zB im Fall von Kinderpornographie). Der Adressatenkreis ist noch stärker verengt, wenn die Strafbarkeit davon abhängt, dass zum geistigen Inhalt **weitere Umstände** hinzutreten (wie Eignung oder Vertriebsweg, §§ 126, 130a Abs. 1 und 2 Nr. 1, 184 Abs. 1 und 2 StGB), § 74d Abs. 3 S. 1 StGB. Zumindest ersterenfalls dürfen auch öffentlich ausgelegte Exemplare beschlagnahmt werden.[12] Im Übrigen sind Zwangseingriffe in das **Wohnungsgrundrecht** nur auf Basis einer zum Beschluss allgemeiner Pressebeschlagnahme hinzutretenden, auf das jeweilige Durchsuchungsobjekt abgestellten, gegen den Inhaber des Hausrechts gerichteten (regelmäßig: gerichtlichen) zusätzlichen Anordnung zulässig (→ Rn. 33–36). 10

Obwohl § 111q **idealtypisch** auf die **Einziehung nach § 74d StGB** zugeschnitten ist, **erfasst** die Verweisung auf § 111b Abs. 1, allerdings ohne praktische Relevanz, auch die Fälle erwarteter Einziehung als Tatertrag.[13] Die Einschränkungen des § 111q gelten allerdings nicht bei Sicherung des Ertrags aus einem presseunabhängigen Delikt, zB bei Verdacht vorherigen Diebstahl von zum Herstellen des Presseerzeugnisses verwendeter Gegenstände.[14] Auf die Sicherstellung zu **Beweiszwecken,** §§ 94 ff., erstreckt sich § 111q nicht.[15] Dessen **Restriktionen** gelten deshalb nur bei **Verbreitung(-sgefahr).** 11

III. Restriktionen

Liegen die zunächst festzustellenden[16] allgemeinen Voraussetzungen des §§ 111b Abs. 1 vor, so schließt sich die Prüfung der Restriktionen des § 111q Abs. 1 und 2 an. Obwohl für beide Varianten allgemeine Beschlagnahme in Betracht kommt, ist genau zu unterscheiden zwischen Vorwürfen, deren strafrechtliche Relevanz allein aus dem zur Verbreitung bestimmten Inhalt folgen soll **(Inhaltsbeschlagnahme),** und solchen, bei denen (neben den genannten) erst das Hinzutreten noch weiterer Umstände die Strafbarkeit begründen kann **(Kombinationsbeschlagnahme).** 12

In Fällen der **Kombinationsbeschlagnahme** bedarf es der abstrakt-generellen **Beschreibung** des konkreten **Inhalts und** der strafrechtlich relevanten **Umstände,** deren Zusammentreffen erst die Strafbarkeit begründet (zB Versandhandel als verbotener Vertriebsweg). Nur bei Vorliegen der in der Anordnung selbst beschriebenen Kautelen darf sie 13

9 Zu den Speichermedien gehören auch Server und im Internet zugängliche web-Seiten, Johann in Löwe/Rosenberg Rn. 12; Kiethe in Radtke/Hohmann § 111m Rn. 2; Spillecke in KK-StPO Rn. 1. Zu Anwendungsschwierigkeiten vgl. LG Hamburg 2.9.2013 – 629 Qs 34/13 NJW 2013, 3458 mAnm Busch, das den straflosen Provider nicht als öffentlich Zugänglichmachenden in Anspruch nahm. Anderenfalls wäre als weniger einschneidende Maßnahme, § 74d Abs. 5 iVm (jetzt:) § 74f Abs. 2 S. 2 StGB, eine Löschungsanordnung in Betracht gekommen, vgl. BGH 8.2.2012 – 4 StR 657/11, NStZ 2012, 319 Rn. 7; 10.1.2012 – 4 StR 612/11 Rn. 5; und als vorläufige Maßnahme ein Sperren.

10 Spillecke in KK-StPO Rn. 1 unter Hinweis auf die Verantwortlichkeit gemäß §§ 7 ff. TMG.

11 AllgM, vgl. Johann in Löwe/Rosenberg Rn. 14.

12 Mayer in KMR-StPO Rn. 5 f.

13 Köhler in Meyer-Goßner/Schmitt Rn. 1; aA Spillecke in KK-StPO Rn. 3; Johann in Löwe/Rosenberg Rn. 4, jedoch analog iErg bejahend.

14 Johann in Löwe/Rosenberg, Rn. 6.

15 Johann in Löwe/Rosenberg Rn. 6; Köhler in Meyer-Goßner/Schmitt Rn. 1.

16 Gercke in Gercke/Julius/Temming/Zöller Rn. 1.

vollzogen werden.[17] Am Charakter als allgemeine Pressebeschlagnahme ändert es nichts,[18] dass sie faktisch in weniger und anderen (Durchsuchungs-)Objekten vollzogen werden muss als bei einer Inhaltsbeschlagnahme.

14 § 111q sieht 3 Stufen vor. Eine sachgerechte **Güterabwägung** ist allgemeine Voraussetzung der Zulässigkeit jeglicher Pressebeschlagnahme, § 111q Abs. 1. Ihr Umfang ist zudem, um den Eingriff **minimalinvasiv** zu gestalten, nach § 111q Abs. 2 tunlichst auf die rechtsgütergefährdenden Teile und Umstände zu konzentrieren. Während Adressat der Abs. 1 und 2 die Strafjustiz ist, gewährt Abs. 3 dem (privaten) Betroffenen eine **Abwendungsbefugnis.**

15 Diese Trias deckt sich nicht mit der **Reihenfolge** von Prüfung und Vorgehen. Der Eingriffscharakter gebietet Staatsanwaltschaft und Gericht, im **ersten Schritt** zu prüfen, ob dem Presseverantwortlichen Gelegenheit zu geben ist, bereits die Anordnung der allgemeinen Beschlagnahme mittels freiwilliger Maßnahmen abzuwenden.[19] Verneinendenfalls ist im **zweiten Schritt** der Minimalumfang zu bestimmen. Erst im **dritten Schritt** folgt die Abwägung iSv Abs. 1 – und zwar sowohl für den nach Abs. 2 konkretisierten Umfang als auch nachrangig für das gesamte Erzeugnis für den Fall, dass sich die Beschränkung als nicht durchführbar erweisen sollte. Nach Anordnung ist dem Betroffenen in einem **vierten Schritt** Gelegenheit zur Abwendung zwangsweiser Vollziehung einzuräumen.

16 **1. Angemessenheit.** Zeichnet sich der Umfang der **anstehenden Beschlagnahme** ab, so ist ergänzend zu überprüfen, ob sie iSv Abs. 1 in **offenbarem** iSv **offensichtlichem,**[20] nicht aber notwendigerweise auch krassem[21] **Missverhältnis zur Straftat** stünde. Wäre das der Fall, so hat die Pressebeschlagnahme zu unterbleiben, selbst wenn dringender Tatverdacht besteht und auch die übrigen Voraussetzungen vorliegen. Nicht als Maßstab dienen kann dabei die **inhaltliche Qualität** des Organs und der Information.[22] Auch reine Unterhaltung ist presserechtlich geschützt. Abzuwägen sind die Bedeutung der in Rede stehenden Straftat und die aufgrund allgemeiner Beschlagnahme eintretenden Folgen.

17 Relevant sind Folgen auf unterschiedlichen Gebieten. Die **Pressefreiheit,** Art. 5 GG, streitet prinzipiell gegen Beschlagnahme und zwar gerade auch im öffentlichen Interesse,[23] dh sowohl aus Sicht des Beschuldigten als auch aus derjenigen der (potenziellen) Empfänger der Information. Schon allgemein, nicht erst aufgrund pressespezifischer Aspekte, aber auch an dieser Stelle zu berücksichtigen ist ferner das **Erwerbsinteresse** des Presseunternehmens und sonstiger Beteiligter (Herausgeber, Händler, Drucker, Inserenten, Abonnenten).[24] Es gelten jedoch Einschränkungen in zweierlei Hinsicht.

18 Zum einen erstreckt sich der Schutzumfang nicht auf das Begehen einer Straftat. Die Bedeutung dieses für die Beschlagnahme sprechenden Aspekts ist jedoch begrenzt, weil das Vorliegen einer strafbaren Handlung in diesem Stadium noch nicht verbindlich feststeht. Maßgeblich ist deshalb weder **nur** das Interesse am Verbreiten des **legalen** noch umgekehrt dasjenige am (potenziell) **illegalen Teil** des Erzeugnisses, sondern es **muss** auf den **Gesamtinhalt** abgestellt werden.[25]

19 Das **Gewicht** des Interesses an der Verbreitung des beanstandeten Teils **mindert** sich dabei sowohl in dem Maße, in welchem sich der **Tatverdacht verdichtet,** als auch mit

---

17 Mayer in KMR-StPO Rn. 7.

18 AA Mayer in KMR-StPO Rn. 5 f.

19 Johann in Löwe/Rosenberg Rn. 28 und 30.

20 Spillecke in KK-StPO Rn. 5; vergleichbar Johann in Löwe/Rosenberg Rn. 20.

21 Gercke in Gercke/Julius/Temming/Zöller Rn. 6; Heine in SSW StPO Rn. 6; Johann in Löwe/Rosenberg Rn. 20; Köhler in Meyer-Goßner/Schmitt Rn. 4; Rogall in SK-StPO § 111m Rn. 10; Spillecke in KK-StPO Rn. 5.

22 Gercke in Gercke/Julius/Temming/Zöller Rn. 4; Johann in Löwe/Rosenberg Rn. 17 und 20; Köhler in Meyer-Goßner/Schmitt Rn. 5; Rogall in SK-StPO § 111m Rn. 11.

23 Heine in SSW StPO Rn. 1 und 5; Johann in Löwe/Rosenberg Rn. 16.

24 Gercke in Gercke/Julius/Temming/Zöller Rn. 4; Johann in Löwe/Rosenberg Rn. 18; Spillecke in KK-StPO Rn. 5.

25 Johann in Löwe/Rosenberg Rn. 17; Kiethe in Radtke/Hohmann § 111m Rn. 5; Köhler in Meyer-Goßner/Schmitt Rn. 5; Mayer in KMR-StPO Rn. 11.

der **Bedeutung** der in Rede stehenden **Straftat** und deren absehbaren **Folgen.** Demgemäß sind auch **präventive** Erwägungen[26] zu **beachten.** Üble Nachrede ist sicher anders zu gewichten[27] als die mit dem Aufruf zu ihrem Einsatz verbundene Anleitung zum Bau von Bomben, Landesverrat, Aufrufe zur Selbstjustiz (nach Sexualmord an einem Kind – unabhängig von der Täterschaft des Verdächtigen) oder zu sonstigen gewalttätigen Versammlungen auf Facebook oder per Twitter. Der Erfolg einer solchen Beschlagnahme hängt aber sehr von der Bereitschaft der Betreiber zur Zusammenarbeit ab.

Zum zweiten privilegiert Abs. 1 zeitlich[28] insbesondere (dh nicht nur) das Interesse an **unverzögerter Verbreitung.**[29] Das kann sich sowohl zu Gunsten (etwa bei zeitgebundener Information: Aufruf zu rechtlich zweifelhafter Demonstration) als auch zu Lasten (zB bereits verstrichener Termin) des Beschuldigten auswirken Die Bedeutung dieses Abwägungsparameters verändert sich mit dem **Grad des Bekanntwerdens** der in Rede stehenden Information: Zwar marginalisiert die Möglichkeit zu alsbaldiger Information aus anderen Quellen das Interesse des Betroffenen an der Verbreitung (auch) durch ihn nicht, schon gar nicht das Informationsinteresse der Nutzer.[30] Daher dürfen die gebotenen Restriktionen zulässiger Beschlagnahme nicht (schon gar nicht unlauter) unter Hinweis auf bereits anderweit geschehene Verbreitung umgangen werden.[31] 20

Das ursprünglich hohe **Interesse** an **sofortiger Verbreitung sinkt** aber gleichwohl, wird die Nachricht (anderweit) bekannt (gemacht), zB im Internet, weil das zum privaten hinzutretende öffentliche Interesse an der Verbreitung bereits von anderen Medien (zumindest teitweise) befriedigt wurde. Es wird dadurch aber keineswegs völlig beseitigt und kann zB für ebenfalls auf Aktualität angewiesene (reflektierende) Hintergrundberichterstattung in nur wenig gemindertem Maße fortbestehen. Sogar unverändert bleibt es (nur) im Fall einer (ergänzenden) Exklusivinformation. 21

Es **mindert** das **Beschlagnahmeinteresse nicht,** ist die beanstandete Information der Öffentlichkeit **bereits bekannt** (seitens Dritter oder aufgrund Auslieferung eines Teils eines [Massen-]Mediums).[32] In solchen Fällen wird die allgemeine Beschlagnahme trotzdem oft scheitern, entweder an der Hürde des nunmehr offenbaren Missverhältnisses oder weil sie für den bzw. die Betroffenen Folgen zeitigen könnte, die unter den konkreten Umständen nicht mehr verhältnismäßig wären. Per se gefährliche oder persönlichkeitsverletzende Passagen bleiben jedoch auch dann allgemein beschlagnahmefähig. 22

2. Beschränkungen. Zum **Schutz** der **Pressefreiheit** verlangt Abs. 2 in Konkretisierung des Grundsatzes der **Verhältnismäßigkeit,**[33] **ausscheidbare Teile** der Schrift, die nichts Strafbares enthalten, von der Beschlagnahme **auszuschließen,** S. 1, und die Anordnung ggf. zudem noch weiter zu **beschränken,** S. 2. Diese Restriktionen gelten zwar jeweils für Inhalts- und Kombinationsbeschlagnahme, S. 1 zielt jedoch (zumindest hauptsächlich) auf den Inhalt, während S. 2 vorwiegend, aber nicht nur die Umstände im Blick hat. Zulässig sind allein Beschränkungen. Demgegenüber darf die Strafjustiz **keine Ausformungen** (wie zB Erklärungen oder Hinweise) **vorschreiben.** Wird die Veröffentlichung eines Bildes untersagt, so muss es daher dem Presseorgan überlassen werden, wie es die Unmöglichkeit der Identifikation sicherstellt. **Zulässig** sind also keine Positiv-, sondern **lediglich Negativ-Anweisungen.** 23

---

[26] Johann in Löwe/Rosenberg Rn. 19.
[27] Vgl. Gercke in Gercke/Julius/Temming/Zöller Rn. 5; Johann in Löwe/Rosenberg Rn. 19–22.
[28] Auf diese Weise die Befassung mit Aktuellem privilegierend, Gercke in Gercke/Julius/Temming/Zöller Rn. 4.
[29] Johann in Löwe/Rosenberg Rn. 17 (ggf. fehlend bei kunsthistorischem oder religiösem Inhalt ohne aktuellen Bezug); Köhler in Meyer-Goßner/Schmitt Rn. 5.
[30] Gercke in Gercke/Julius/Temming/Zöller Rn. 4; Johann in Löwe/Rosenberg Rn. 17; Mayer in KMR-StPO Rn. 12; Spillecke in KK-StPO Rn. 5.
[31] Vgl. Johann in Löwe/Rosenberg Rn. 16; Köhler in Meyer-Goßner/Schmitt Rn. 5; Rogall in SK-StPO § 111m Rn. 11; Spillecke in KK-StPO Rn. 5.
[32] Johann in Löwe/Rosenberg Rn. 22.
[33] Gercke in Gercke/Julius/Temming/Zöller Rn. 7; Heine in SSW StPO Rn. 7; Johann in Löwe/Rosenberg Rn. 27.

24 Vor der Entscheidung über die Frage, welche Restriktionen anzuordnen sind, ist aus systematischen Gründen zu klären, ob sie überhaupt denkmöglich und technisch in Betracht kommen.[34] Ist das (zB weil das Werk trotz Restriktion insgesamt entwertet wäre[35]) nicht der Fall, so ist Abs. 2 nicht einschlägig mit der Folge der Zulässigkeit vollständiger Beschlagnahme, allerdings unter verstärkter Berücksichtigung der Interessen der Beteiligten im Rahmen der Prüfung der Angemessenheit (→ Rn. 15).[36]

25 Sind **Beschränkungen** möglich, so ist über ihre **Reichweite** zu befinden. Lassen sich Teile, die keinerlei Anlass für eine Beschlagnahme bieten, von inkriminierten Passagen in tatsächlicher Hinsicht trennen (zB Beilagen; Unbeanstandetes auf Internetseiten), so sind sie von der Beschlagnahme nach S. 1 **auszunehmen.** Für S. 2 ist zB die Ortsnähe ein Kriterium,[37] das sich mit der Verbreitungsform kombinieren lässt wie Akzeptanz ortsfernen Verteilens von Flugzetteln mit dem Verbot, die Nachricht ins Internet zu stellen. Der prinzipiell unbeschränkte Adressatenkreis darf anhand der Kriterien des § 74d Abs. 1 und 3 StGB begrenzt werden, auch mittels Ausnahmen für Archive und Abonnenten. Ohne Beschränkung ist bei Periodika die **gesamte Auflage**[38] **deutschlandweit**[39] erfasst. Inhaltlich veränderte Neuauflagen sind fraglos nicht erfasst, entgegen der hM[40] wohl aber unveränderte Auflagen oder Nachdrucke, weil die Vorschrift nicht vorrangig an Art. 14 GG anknüpft, sondern va an Art. 5 GG. Bei Zeitschriften mit überregionalem und regionalem Teil kommt es darauf an, welcher von beiden berührt ist. Nur[41] ersterenfalls sind sämtliche Ausgaben erfasst.

26 **3. Abwendungsbefugnis.** Jedem (potenziell) konkret Betroffenen (Eigentümer, Verleger, Redakteur, auch Händler als Besitzer[42]) steht die (je nach seiner Rolle unterschiedliche) Möglichkeit offen, die Beschlagnahme abzuwenden, § 111q Abs. 3. Solche Selbsthilfe, die das Gericht nicht fordern darf,[43] wiewohl sie gesetzlich durchaus intendiert ist, kann bereits der **Anordnung** der Beschlagnahme entgegenstehen.[44] Das setzt die Kenntnis ihres Drohens voraus.[45] Zwar fehlt sie häufig. Einer Pressebeschlagnahme geht aber oft eine öffentliche Diskussion voraus – dann birgt Kontaktaufnahme mit den potenziellen Adressaten der Maßnahme keine zusätzliche Gefahr für deren Erfolg. Selbst wenn der Betroffene die Anordnung selbst nicht abzuwenden vermochte, verbleibt ihm die Möglichkeit, mit eigenen Maßnahmen die zwangsweise **Vollziehung** zu vermeiden.[46] Dass die Stellen, die den Anlass zur Beschlagnahme boten, im Beschluss selbst zu kennzeichnen sind, Abs. 4 S. 4, erleichtert die Orientierung und zeigt den erforderlichen Umfang der Abwendungsmaßnahmen auf (→ Rn. 37).[47]

27 Abwenden lässt sich die Beschlagnahme der **Schrift** (→ Rn. 1) wie auch der **Vorrichtungen** iSv § 74d Abs. 1 S. 2 StGB.[48] Der (ggf.: potenzielle) Betroffene hat darüber **eigen-**

[34] Johann in Löwe/Rosenberg Rn. 25; Spillecke in KK-StPO Rn. 6.
[35] Gercke in Gercke/Julius/Temming/Zöller Rn. 7; Johann in Löwe/Rosenberg Rn. 25; Köhler in Meyer-Goßner/Schmitt Rn. 7; Spillecke in KK-StPO Rn. 6.
[36] Johann in Löwe/Rosenberg Rn. 25.
[37] Gercke in Gercke/Julius/Temming/Zöller Rn. 8.
[38] Rogall in SK-StPO § 111n Rn. 13. Bei Sicherstellung zu Beweiszwecken genügt hingegen evtl. nur ein Exemplar, Johann in Löwe/Rosenberg Rn. 6. Soweit bei Groß NStZ 1999, 334 (338) Bedenken gegen die Bundeskompetenz durchklingen, sprechen diese auch bereits gegen die Erstbeschlagnahme.
[39] Johann in Löwe/Rosenberg Rn. 51; Köhler in Meyer-Goßner/Schmitt Rn. 15.
[40] ZB Gercke in Gercke/Julius/Temming/Zöller Rn. 14; Johann in Löwe/Rosenberg Rn. 46; Köhler in Meyer-Goßner/Schmitt Rn. 15; Spillecke in KK-StPO Rn. 11.
[41] Unklar Gercke in Gercke/Julius/Temming/Zöller Rn. 14; Johann in Löwe/Rosenberg Rn. 46; Köhler in Meyer-Goßner/Schmitt Rn. 15, die jeweils Identität verlangen, die bei sog ‚Kopfblättern' aber gerade nur teilweise besteht.
[42] Johann in Löwe/Rosenberg Rn. 29.
[43] Mayer in KMR-StPO Rn. 13.
[44] Spillecke in KK-StPO Rn. 6; aA Heine in SSW StPO Rn. 13.
[45] Gercke in Gercke/Julius/Temming/Zöller Rn. 10.
[46] Köhler in Meyer-Goßner/Schmitt Rn. 9.
[47] Johann in Löwe/Rosenberg Rn. 47.
[48] Rogall in SK-StPO § 111m Rn. 18; Spillecke in KK-StPO Rn. 7 und 8.

initiativ zu entscheiden. Das Gericht darf ihm dazu nichts vorschreiben, wohl aber Beispiele anführen. Ganz muss auf die Vervielfältigung bzw. Verbreitung nicht verzichtet werden, wird der konkret in Rede stehende Teil zB geschwärzt, überklebt, sonst unkenntlich gemacht,[49] gelöscht, der Zugriff darauf ganz oder teilweise gesperrt,[50] ein erlaubter Vertriebsweg eingeschlagen oder der Stick mit Geheiminformationen vernichtet.

28 Auf diese Befugnis ist der Betroffene zunächst **hinzuweisen.** Anschließend ist ihm die tatsächliche Gelegenheit zu wirksamer Abwendung der Beschlagnahme einzuräumen. Je nach Umständen ist deren Anordnung **entbehrlich,** diese **anzupassen** oder **aufzuheben.**[51] Zumindest **endet** ihre **Vollziehbarkeit,** sobald den zuständigen Justizbehörden im erforderlichen Ausmaß ergriffene Abwendungsmaßnahmen bekannt werden. Eines förmlichen Antrags[52] bedarf es dazu ebensowenig wie umgekehrt gezielter amtswegiger Ermittlungen.

IV. Verfahrensregeln und Zuständigkeiten, Abs. 4

29 **1. Anordnung. Ausnahmslos gerichtlich** dürfen die allgemeine (Auflagen-) Beschlagnahme eines **Periodikums** und der zu dessen Vervielfältigung dienenden **Vorrichtungen** iSv § 74d Abs. 1 S. 2 StGB angeordnet werden, Abs. 4 S. 1.[53] Die **Eigenschaft** als **Periodikum** verlangt zwar keine ewige, aber mehr als eine einmalig geplante Wiederkehr.[54] Die Veröffentlichung muss für einen selbst festgelegten (festen oder flexiblen) Rhythmus vorgesehen sein. Eine dafür bestehende Höchstgrenze von 6 Monaten[55] ist dem Gesetz nicht zu entnehmen. Neben allgemein anerkannten Tageszeitungen, Zeitschriften, Verbandsorganen, Blogs,[56] bei unbegrenzter Anzahl der Ausgaben[57] sogar Kurszettel, Preisverzeichnisse, Wetterberichte[58] und Lebensmittelwerbung sind auch zB JUVE-Jahrbücher, Modekataloge, wie sie früher von Kaufhäusern erstellt und verbreitet wurden, und Theater-Jahresprogramme, bei bestehender Wiederholungsabsicht auch Plakate[59] (monatliche Theater-Übersicht: ja; Ankündigung eines Gastspiels: nein) und Wahlkampfzeitungen[60] (einmalig versus zB 6 Wochen am Sonntag) erfasst, nicht hingegen Flugblätter, Nachlieferungen von Loseblattsammlungen und bloße (Taschen-)Buchreihen.[61]

30 Dieser strenge Richtervorbehalt gilt nicht für die Beschlagnahme **sonstiger Presseerzeugnisse** (nebst Vorrichtungen). Zwar liegt die **Regelzuständigkeit** hier ebenfalls beim **Richter.** Anders als in den Fällen des Abs. 4 S. 1 räumt aber das Gesetz für Nicht-Periodika der **Staatsanwaltschaft,** nicht jedoch ihren Ermittlungspersonen, bei Gefahr im Verzug eine **Eilzuständigkeit** ein, Abs. 1 S. 2.[62] Eine staatsanwaltschaftliche Anordnung **tritt** nicht nur im

---

[49] Heine in SSW StPO Rn. 13; Johann in Löwe/Rosenberg Rn. 31.
[50] Johann in Löwe/Rosenberg Rn. 31; Spillecke in KK-StPO Rn. 6 und 8.
[51] Johann in Löwe/Rosenberg Rn. 32; Spillecke in KK-StPO Rn. 8.
[52] Johann in Löwe/Rosenberg Rn. 32; aA Gercke in Gercke/Julius/Temming/Zöller Rn. 10; Köhler in Meyer-Goßner/Schmitt Rn. 9. Heine in SSW StPO Rn. 13 nimmt pragmatisch aufgrund notwendiger Mitwirkungspflicht immer einen zumindest konkludenten Antrag an.
[53] Die Form unterscheidet sich nicht von sonstigen Durchsuchungs- und Beschlagnahmebeschlüssen, → § 111j Rn. 14–19. Aufgrund der Änderung des § 7 Abs. 2 und der damit verbundenen Beseitigung des „fliegenden Gerichtsstands" stellen sich Fragen der Sperr- und Bindungswirkung der Entscheidung eines von mehreren zuständigen Gerichten nicht mehr.
[54] Vgl. Johann in Löwe/Rosenberg Rn. 37.
[55] So unter Bezugnahme auf Landespressegesetze Gercke in Gercke/Julius/Temming/Zöller Rn. 12; Heine in SSW StPO Rn. 8; Johann in Löwe/Rosenberg Rn. 36; Köhler in Meyer-Goßner/Schmitt Rn. 12; Spillecke in KK-StPO Rn. 11.
[56] Heine in SSW StPO Rn. 8.
[57] Spillecke in KK-StPO Rn. 11.
[58] Johann in Löwe/Rosenberg Rn. 36.
[59] Johann in Löwe/Rosenberg Rn. 36; Köhler in Meyer-Goßner/Schmitt Rn. 12.
[60] Ähnlich Johann in Löwe/Rosenberg Rn. 37; aA Köhler in Meyer-Goßner/Schmitt Rn. 12: Nicht erfasst sei von vornherein zeitlich begrenzte Erscheinungsdauer.
[61] Johann in Löwe/Rosenberg Rn. 36; Rogall in SK-StPO § 111n Rn. 9; Spillecke in KK-StPO Rn. 11.
[62] Köhler in Meyer-Goßner/Schmitt Rn. 13 verlangt auch dafür (aus nicht ersichtlichen und mit der Eilbedürftigkeit nicht durchweg vereinbaren Gründen) Schriftform nebst Begündung gem. Abs. 4 S. 4.

Fall einer gerichtlichen Aufhebung **außer Kraft,** sondern (kraft Gesetzes, dh **automatisch**[63]) bereits dann, wenn sie nicht binnen 3 Tagen gerichtlich bestätigt wird, Abs. 4 S. 3. Die Frist bemisst sich nach §§ 42, 43 Abs. 2,[64] der Tag der Beschlagnahme zählt nicht mit.[65] Sie beginnt mit der Anordnung und nicht erst mit der Durchführung[66] oder gar erst der Einschaltung des Gerichts, für die es wiederum nicht darauf ankommt, ob die Staatsanwaltschaft oder (mit gegenteiliger Intention) ein Betroffener[67] die Initiative dazu ergriffen hatte (→ Rn. 38). Der Fortbestand hängt entgegen hM[68] nicht auch von zumindest fernmündlicher Bekanntgabe der Bestätigung gegenüber der Staatsanwaltschaft innerhalb der Frist ab. Gründe der Rechtssicherheit würden, wenn überhaupt, dann eher die Bekanntgabe an den Betroffenen[69] erfordern. Eine (nur binnen der Zweimonatsfrist des Abs. 5 S. 1 zulässige) gerichtliche Bestätigung nach Ablauf der Frist stellt eine gerichtliche Erstbeschlagnahme dar.[70]

31 Gemäß der Rechtsprechung des BVerfG hat das **Gericht** sowohl zu prüfen, ob die Eilbeschlagnahme zu Recht erfolgte,[71] als auch, ob sie weiterhin aufrechtzuerhalten ist. Es kann daher ggf. zugleich die Eilmaßnahme bestätigen, deren Rechtmäßigkeit bejahen – und trotzdem die Beschlagnahme aufheben, weil die Voraussetzungen dafür (zB aufgrund von Abwendungsmaßnahmen) inzwischen entfallen sind. Umgekehrt kann es die Bestätigung der Eilbeschlagnahme ablehnen und deren Rechtswidrigkeit feststellen, aber innerhalb der Frist von 3 Tagen oder außerhalb (binnen zwei Monaten, Abs. 5 S. 1) **selbst** die Pressebeschlagnahme **anordnen,**[72] bejaht es die Voraussetzungen richterlicher Beschlagnahme. Bei Unterbleiben der Bestätigung und fehlender gerichtlicher Anordnung oder nach ihrer Aufhebung hat die Staatsanwaltschaft die sichergestellten Gegenstände herauszugeben, sofern sie keinen die Vollziehung zunächst aussetzenden Beschluss erwirkt § 307 Abs. 2.[73]

32 **2. Durchführung.** Die **Vollziehung** der Beschlagnahme obliegt nach §§ 111k Abs. 1 S. 1 auch in den Fällen des § 111q der **Staatsanwaltschaft,** Rechtspfleger, (unter zulässiger Beteiligung von Polizeibeamten, nicht nur Ermittlungspersonen, § 152 GVG).[74] Besondere Probleme bestehen bei der Durchführung **digitaler Schriften.**[75] Weil dazu häufig die Mitwirkung des Providers erforderlich ist, läuft sie trotz intensiver Bemühungen des Gesetzgebers, diese in die Pflicht zu nehmen, allzu oft leer. Der Zugriff auf (von Tatwilligen bevorzugt genutzte) Server ist unmöglich, wenn sie sich in nicht kooperierenden Staaten befinden. Beim ortsungebundenen Cloud-Computing scheitert der Zugang häufig zudem an der Variabilität des Speicherorts und dem binnen kürzester Zeit möglichen Datentransfer.

33 Die Anordnung allgemeiner Pressebeschlagnahme gestattet nicht per se ihre Vollziehung unter Einsatz **prozessualer Zwangsmaßnahmen.** Deren Voraussetzungen müssen **zusätzlich** vorliegen. § 111b Abs. 2 verweist für Durchsuchungen auf §§ 102–110. Es bedarf daher für jedes Objekt, innerhalb dessen die Pressebeschlagnahme **auch** zu vollziehen ist, jeweils einer **zusätzlichen Anordnung** nach den §§ 105 und 102 oder 103.[76] Bei

[63] Gercke in Gercke/Julius/Temming/Zöller Rn. 13; Heine in SSW StPO Rn. 9; Johann in Löwe/Rosenberg Rn. 42; Spillecke in KK-StPO Rn. 12.
[64] Heine in SSW StPO Rn. 9; Köhler in Meyer-Goßner/Schmitt Rn. 14 und § 100 Rn. 7; Spillecke in KK-StPO Rn. 12; aA Johann in Löwe/Rosenberg Rn. 43.
[65] Heine in SSW StPO Rn. 9.
[66] AllgM, vgl. Johann in Löwe/Rosenberg Rn. 43 mN.
[67] Gercke in Gercke/Julius/Temming/Zöller Rn. 13.
[68] Johann in Löwe/Rosenberg Rn. 43; Köhler in Meyer-Goßner/Schmitt Rn. 14; Rogall in SK-StPO § 111n Rn. 11. Eine Begründung dafür ist aber weder dem Gesetz zu entnehmen noch sonst ersichtlich.
[69] Nach Johann in Löwe/Rosenberg Rn. 43 nur bei eigenem Antrag erforderlich.
[70] Gercke in Gercke/Julius/Temming/Zöller Rn. 13; Heine in SSW StPO Rn. 9; Johann in Löwe/Rosenberg Rn. 43; Köhler in Meyer-Goßner/Schmitt Rn. 14.
[71] Johann in Löwe/Rosenberg Rn. 44; aA Köhler in Meyer-Goßner/Schmitt Rn. 14.
[72] Johann in Löwe/Rosenberg Rn. 44;.
[73] Spillecke in KK-StPO Rn. 18.
[74] Bittmann in Bittmann/Köhler/Seeger/Tschakert Strafrechtl. Vermögensabschöpfung-HdB Rn. 1326; Heine in SSW StPO Rn. 12; Johann in Löwe/Rosenberg Rn. 50; Köhler in Meyer-Goßner/Schmitt Rn. 16.
[75] Johann in Löwe/Rosenberg Rn. 52.
[76] Johann in Löwe/Rosenberg Rn. 50 und 53; Mayer in KMR-StPO Rn. 7.

einer Kombinationsbeschlagnahme müssen die die **Tatnähe** begründenden, über die der Inhaltsbeschlagnahme hinausgehenden Voraussetzungen des § 74d Abs. 3 StGB zusätzlich vorliegen (→ Rn. 13 und 23). In Ladenlokalen ist zwar die Suche nach Exemplaren einer allgemein beschlagnahmten Schrift mittels Testkäufen zulässig. Ihr Auffinden begründet aber nicht zugleich das Vorliegen von Gefahr im Verzug. Ohne Kooperationsbereitschaft müssen daher die eingesetzten Polizeibeamten über die Staatsanwaltschaft einen richterlichen Durchsuchungsbeschluss, § 103, zu erwirken trachten.[77]

Bei **bundesweitem Vertrieb** analoger Schriften ist der logistische **Ermittlungsaufwand immens.**[78] Zwar können über die Landeskriminalämter sämtliche Polizeidienststellen in kürzester Zeit per e-Mail informiert werden. Die Verkaufsstellen können bei Kooperationsbereitschaft über die Großvertriebe ebenfalls noch recht schnell und umfassend ermittelt werden. Da es sich jeweils um Durchsuchungen gemäß § 103 handelt, bietet es sich an, die Einzelhändler (ggf. über die Grossisten) um **freiwillige Herausgabe** der allgemein beschlagnahmten Presseerzeugnisse zu bitten. Wenn sie anschließend wie regelmäßig als Unbeteiligte die betreffenden Presseerzeugnisse selbst vom weiteren Vertrieb ausnehmen oder gar gegenüber der Polizei abliefern, kann die Aktion recht zügig vonstattengehen. 34

Das ändert sich im Weigerungsfall. Nur wenn es gilt, eine unmittelbare Gefahr abzuwenden, wird die Staatsanwaltschaft einschließlich ihrer Ermittlungspersonen von ihrer Eilkompetenz gem. § 105 Abs. 1 S. 1 StPO Gebrauch machen dürfen. Grundsätzlich bedarf es jedoch auch nach angeordneter allgemeiner Pressebeschlagnahme einer **richterlichen** Durchsuchungsanordnung. Da auch ihr Ergehen besonders eilbedürftig ist, besteht jedoch keine Möglichkeit zu umfassender gerichterlicher Prüfung. Es bedürfte vertiefter Untersuchungen, ob die Verfassung hier Vereinfachungen erlaubt, zB eine kriterienbasierte gesetzliche Pauschalierung von Gefahr im Verzug oder eine Gesamtanordnung. 35

De lege lata bedarf es hingegen insbesondere in Großstädten der intensiven Einbindung des gemäß § 162 Abs. 1 S. 1 zuständigen Ermittlungsrichters am Sitz der Staatsanwaltschaft in die Vollziehungsphase. Dieser kann sich entweder zur Einsatzleitung begeben oder sich fernmündlich beteiligen. Er ist befugt Durchsuchungsbeschlüsse zu fassen, die außerhalb seines Bezirks – **bundesweit** – zu vollstrecken sind. Ist er dazu faktisch nicht in der Lage, so sind die für den **jeweiligen Durchsuchungsort** zuständigen Ermittlungsrichter gemäß § 21 einzuschalten. 36

Eine Beschlagnahme ist nur wirksam, wenn ihr Gegenstand und ihr Umfang ausreichend bestimmt sind. Über dieses allgemeine Erfordernis hinaus verlangt Abs. 4 S. 4, wenngleich nicht als Wirksamkeitsvoraussetzung,[79] die genaue[80] **Kennzeichnung**[81] der Stellen, die den Anlass zur Beschlagnahme bieten unter **Aufführen** der einschlägigen **Strafnormen.**[82] Art und Umfang der gebotenen Beschreibung des Inhalts[83] hängen von den Umständen ab. Bei Flugblättern kann wörtliche Wiedergabe ausreichen, bei einem Buch wäre sie evtl. gar hinderlich, während die Angabe von Seitenzahl, Absatz und Zeilen Klarheit schaffen mag. Die Kennzeichnung erleichtert dem Betroffenen die von Abs. 3 intendierte **Abwendung** der Vollziehung der angeordneten Beschlagnahme und konkretisiert den Verfahrensgegenstand in einem (etwaigen) Rechtsmittelverfahren.[84] 37

---

77 Vgl. Johann in Löwe/Rosenberg Rn. 53.

78 Vgl. Johann in Löwe/Rosenberg Rn. 51.

79 Gercke in Gercke/Julius/Temming/Zöller Rn. 16; Johann in Löwe/Rosenberg Rn. 49; Köhler in Meyer-Goßner/Schmitt Rn. 10; Rogall in SK-StPO § 111m Rn. 16; Spillecke in KK-StPO Rn. 9.

80 Einzelheiten bei Heine in SSW StPO Rn. 10; Johann in Löwe/Rosenberg Rn. 48; Köhler in Meyer-Goßner/Schmitt Rn. 10; Spillecke in KK-StPO Rn. 9.

81 Die hM verlangt nach Möglichkeit die wörtliche Wiedergabe Gercke in Gercke/Julius/Temming/Zöller Rn. 16; Heine in SSW StPO Rn. 10; Johann in Löwe/Rosenberg Rn. 48; Spillecke in KK-StPO Rn. 9. Sie kann durchaus der Kennzeichnung dienen, wenngleich nur bei kleinen Schriften (zB Flugblättern) genügen, während bei größeren Schriften (Bücher, Zeitungen, websites etc.) auch die Auffindbarkeit (Seitenzahl, web-adresse) anzugeben ist.

82 Zumindest in den Gründen, Johann in Löwe/Rosenberg Rn. 48.

83 Darauf zu Recht abstellend Köhler in Meyer-Goßner/Schmitt Rn. 10.

84 Johann in Löwe/Rosenberg Rn. 47.

38 **3. Rechtschutz.** Der Betroffene kann gegen ihn belastende Eilanordnungen der Staatsanwaltschaft **Antrag auf richterliche Entscheidung** stellen, § 111j Abs. 2 S. 3.[85] Dies hat aufgrund der Frist des Abs. 4 S. 3 von 3 Tagen zumeist aber nur die Bedeutung rechtlichen Gehörs vor der Entscheidung des Richters über den Antrag der Staatsanwaltschaft auf Bestätigung der Beschlagnahme. Gegen Vollziehungsmaßnahmen, ob gerichtlich angeordnet oder von der Staatsanwaltschaft, kann sich der Betroffene gem. § 111k Abs. 3[86] wehren. Insoweit greift die Bestätigungsfrist von 3 Tagen nicht.

39 Gegen richterliche Entscheidungen ist die **Beschwerde** statthaft. Fortsetzungsfeststellungsinteresse ist aufgrund der besonderen Grundrechtsrelevanz selbst nach Aufhebung der allgemeinen Beschlagnahme zu bejahen.[87] Bevor Anklage erhoben oder Antrag auf selbständige Einziehung gestellt wurde, ist das Gericht an einen Antrag der Staatsanwaltschaft auf Aufhebung der Beschlagnahme gebunden, Abs. 5 S. 4. Deswegen muss diese im Zeitraum vor gerichtlicher Anhängigkeit (wie bei § 120 Abs. 3 S. 2) nicht mit der Herausgabe der **Gegenstände** warten.[88] Spätestens wenn das Gericht die Beschlagnahme aufhebt (gemäß Begehren eines Betroffenen oder auf, selbst entgegen einem Antrag der Staatsanwaltschaft) und kein sog. „Stopp-Beschluss", § 307 Abs. 2,[89] ergeht, hat die Staatsanwaltschaft die Schriften (→ Rn. 1) herauszugeben. Gleiches gilt im Fall ausbleibender Bestätigung staatsanwaltschaftlicher Beschlagnahme, ohne diese sogleich gerichtlich anzuordnen.

V. Verfahrensbeschleunigung, Abs. 5

40 Geht wegen derselben Tat, die tatbestandlich jedoch anders als in der Beschlagnahmeanordnung gewertet sein darf,[90] **binnen zwei Monaten,** § 43 Abs. 1 und 2, nach Anordnung der allgemeinen Beschlagnahme[91] **keine** auch Einziehung erstrebende **Anklage** oder ein (die Fortsetzung der Ermittlungen nicht hindernder[92]) Antrag auf **selbständige Einziehung,** § 435, beim örtlich zuständigen Gericht ein, so ist gemäß Abs. 5 S. 1 die Pressebeschlagnahme (vorbehaltlich § 111q Abs. 2 und 3) **aufzuheben.** Die Beschlagnahme verliert also nicht kraft Gesetzes mit Fristablauf ihre Wirkung.[93] Das Gebot der Aufhebung entfällt nicht bei verspätetem Eingang von Anklage oder Einziehungs- bzw. Verlängerungsantrag, § 111q Abs. 5 S. 2.[94]

41 Der Aufhebung bedarf es bei Anrufung eines örtlich unzuständigen Gericht jedoch dann ebensowenig wie bei Rücknahme,[95] wenn die Staatsanwaltschaft die Anklage noch fristgemäß an einem Ort mit vorhandenem Gerichtsstand erheben oder dort den Einziehungsantrag stellen kann.[96] Ein Antrag beim sachlich unzuständigen Gericht wahrt wegen § 209 Abs. 1 oder Abs. 2 die Frist.[97]

[85] AA Heine in SSW StPO Rn. 18: Das Außerkrafttreten ohne Bestätigung schließe § 111j Abs. 2 S. 3 aus. Warum aber soll ein Betroffener 3 Tage warten müssen?
[86] Heine in SSW StPO Rn. 18; § 98 Abs. 2 S. 2 führte zum selben Ergebnis, Johann in Löwe/Rosenberg Rn. 66; Köhler in Meyer-Goßner/Schmitt Rn. 25.
[87] Johann in Löwe/Rosenberg Rn. 67.
[88] Johann in Löwe/Rosenberg Rn. 64; Spillecke in KK-StPO Rn. 21; wohl auch Gercke in Gercke/Julius/Temming/Zöller Rn. 20.
[89] Spillecke in KK-StPO Rn. 18; → Rn. 31.
[90] Gercke in Gercke/Julius/Temming/Zöller Rn. 17; Heine in SSW StPO Rn. 16; Johann in Löwe/Rosenberg Rn. 56; Köhler in Meyer-Goßner/Schmitt Rn. 18; Spillecke in KK-StPO Rn. 13.
[91] Heine in SSW StPO Rn. 16; Johann in Löwe/Rosenberg Rn. 57; Köhler in Meyer-Goßner/Schmitt Rn. 19; Spillecke in KK-StPO Rn. 13.
[92] Bittmann in Bittmann/Köhler/Seeger/Tschakert Strafrechtl. Vermögensabschöpfung-HdB Rn. 1329.
[93] Gercke in Gercke/Julius/Temming/Zöller Rn. 18; Johann in Löwe/Rosenberg Rn. 58; Köhler in Meyer-Goßner/Schmitt Rn. 21; Rogall in SK-StPO § 111n Rn. 15; Spillecke in KK-StPO Rn. 18.
[94] Johann in Löwe/Rosenberg Rn. 60.
[95] Für letztere aA Kiethe in Radtke/Hohmann § 111n Rn. 7.
[96] Gercke in Gercke/Julius/Temming/Zöller Rn. 17; Johann in Löwe/Rosenberg Rn. 56; Köhler in Meyer-Goßner/Schmitt Rn. 19; Spillecke in KK-StPO Rn. 14.
[97] Johann in Löwe/Rosenberg Rn. 56; Köhler in Meyer-Goßner/Schmitt Rn. 19; Rogall in SK-StPO § 111n Rn. 15; Spillecke in KK-StPO Rn. 14.

Im Fall der Aufhebung darf die Pressebeschlagnahme erneut angeordnet werden, aber (außer vom Beschwerdegericht) nur aus anderen oder zumindest zusätzlichen Gründen als sie der vorangegangenen Beschlagnahme zugrunde lagen[98] (denkbar bei nachträglich entdecktem Geheimcode oder einem personenverschiedenen, von einer anderen Stelle desselben Presseerzeugnisses materiell-rechtlich Verletzten). Aufgrund des abweichenden Anlasses sind in die Fristen des Abs. 5 früher verstrichene Zeiten der Beschlagnahme nicht einzurechnen. 42

Nur auf **vor**[99] ihrem **Ablauf** gestellten **Antrag** der Staatsanwaltschaft kann die Frist von zwei Monaten um weitere zwei Monate verlängert werden, Abs. 5 S. 2. Das Gericht seinerseits muss zwar nicht innerhalb der Frist entscheiden. Ordnet es aber die Verlängerung erst nach ihrem Ablauf an, so beginnt die neue Frist nicht mit ihrer Anordnung zu laufen, sondern sie schließt sich unmittelbar an den Ablauf der vorangegangenen Frist an.[100] Der Verlängerungsantrag kann nur **einmal wiederholt** werden, Abs. 5 S. 3. Im Ermittlungsverfahren kann daher die Beschlagnahme für **maximal 6 Monate** aufrechterhalten bleiben. Die Fristverlängerung muss sich nicht auf die zulässigen zwei Monate belaufen, sondern kann aus Gründen des Übermaßverbots kürzer bemessen werden. Weil dies nichts daran ändert, dass maximal zwei Verlängerungsentscheidungen getroffen werden dürfen, verkürzt sich die Höchstfrist im gleichen Maße, wie eine Verlängerungsentscheidung gemäß § 111q Abs. 5 S. 2 und 3 die Höchstfrist von zwei Monaten nicht ausschöpft. Die Verlängerung einer bereits einmal, aber nur verkürzt verlängerten Frist darf nicht nur bis zur nicht ausgeschöpften Höchstdauer von zwei Monaten,[101] sondern nunmehr bis zu maximal zwei weiteren Monaten angeordnet werden. 43

Materielle Voraussetzung für die Zulässigkeit der Fristverlängerung ist im Gegensatz zu personellen Engpässen[102] **ausschließlich** der **Umfang** der **Ermittlungen,** Abs. 5 S. 2. **Anders** als in den Fällen des 121 Abs. 1 genügen weder **besondere Schwierigkeiten** der Ermittlungen noch **sonstige wichtige Gründe.** Gleichwohl dürfte der **Unterschied,** wenn überhaupt, nur **marginal** sein, weil es sich jeweils um **Unteraspekte** des Oberbegriffs überdurchschnittlicher **Komplexität** handelt. 44

Besteht der Grund für die noch ausstehende Abschlussverfügung in erheblichen Schwierigkeiten und sonstigen wichtigen Gründen, so bleibt dies nicht ohne Einfluss auf den Umfang der Ermittlungen.[103] Die **besondere Dauer einzelner Ermittlungen** (ihrer selbst, nicht etwa der verstreichenden Zeit bis zur Entschließung, sie vornehmen zu lassen) ist deshalb geeignet, deren **besonderen Umfang zu begründen.**[104] Die gegenüber § 121 Abs. 1 engere Wortfassung des § 111q Abs. 5 S. 2 kann keine **noch restriktivere** Anerkennung möglicher Verlängerungsgründe verlangen, weil der mit dem Vollzug eines Haftbefehls verbundene Grundrechtseingriff schwerer wiegt als eine begrenzt verlängerte allgemeine Pressebeschlagnahme. 45

Für das gerichtliche Verfahren nach fristgerechtem Eingang der Anklageschrift oder des Antrags auf selbständige Einziehung gelten keine weiteren Fristen. Zögerliche Behandlung kann aber wie in allen Fällen der §§ 111b und 111j zur Aufhebung der Beschlagnahme führen (→ § 111b Rn. 37 und 39 sowie → § 111j Rn. 22).[105] Für Presseinhaltsdelikte ist zudem die in den meisten Bundesländern geltende kurze Verjährungsfrist von 6 Monaten 46

---

98 Gercke in Gercke/Julius/Temming/Zöller Rn. 19; Köhler in Meyer-Goßner/Schmitt Rn. 23; Spillecke in KK-StPO Rn. 19; aA Johann in Löwe/Rosenberg Rn. 59; nur wenn ausschließlich die neuen Tatsachen die Beschlagnahme rechtfertigen.

99 Johann in Löwe/Rosenberg Rn. 60; Köhler in Meyer-Goßner/Schmitt Rn. 20.

100 Gercke in Gercke/Julius/Temming/Zöller Rn. 18; Köhler in Meyer-Goßner/Schmitt Rn. 20; Spillecke in KK-StPO Rn. 15.

101 So aber Johann in Löwe/Rosenberg Rn. 60.

102 Johann in Löwe/Rosenberg Rn. 61.

103 Zumindest ähnlich Johann in Löwe/Rosenberg Rn. 61; Spillecke in KK-StPO Rn. 16.

104 Heine in SSW StPO Rn. 17; aA Gercke in Gercke/Julius/Temming/Zöller Rn. 18; Köhler in Meyer-Goßner/Schmitt Rn. 20; Rogall in SK-StPO § 111n Rn. 16.

105 ZB nach Verzögerung im gerichtlichen Verfahren, auch aufgrund entgegenstehender Rechtsprechung in Parallelfällen, zB zu Propagandadelikten; s. allg. → § 111b Rn. 37 und 39 sowie → § 111j Rn. 22.

zu beachten. In allen anderen Fällen kann auch danach noch eine Verurteilung folgen. Liegen die Voraussetzungen vor, so darf sie eine Einziehungsentscheidung einschließen. Deckt sie sich mit der vollzogenen allgemeinen Beschlagnahme, so bedarf es regelmäßig keiner weiteren Vollstreckungsmaßnahmen (außer ggf. der Vernichtung). Geht hingegen die Einziehung über die Beschlagnahme hinaus, so kann sich die Vollstreckung als schwierig (bis teilweise unmöglich) herausstellen. Welche Maßnahmen in Betracht kommen, ist eine Frage des Einzelfalls.

Neunter Abschnitt. Verhaftung und vorläufige Festnahme

§ 112 Voraussetzungen der Untersuchungshaft; Haftgründe

(1) [1]Die Untersuchungshaft darf gegen den Beschuldigten angeordnet werden, wenn er der Tat dringend verdächtig ist und ein Haftgrund besteht. [2]Sie darf nicht angeordnet werden, wenn sie zu der Bedeutung der Sache und der zu erwartenden Strafe oder Maßregel der Besserung und Sicherung außer Verhältnis steht.

(2) Ein Haftgrund besteht, wenn auf Grund bestimmter Tatsachen
1. festgestellt wird, daß der Beschuldigte flüchtig ist oder sich verborgen hält,
2. bei Würdigung der Umstände des Einzelfalles die Gefahr besteht, daß der Beschuldigte sich dem Strafverfahren entziehen werde (Fluchtgefahr), oder
3. das Verhalten des Beschuldigten den dringenden Verdacht begründet, er werde
a) Beweismittel vernichten, verändern, beiseite schaffen, unterdrücken oder fälschen oder
b) auf Mitbeschuldigte, Zeugen oder Sachverständige in unlauterer Weise einwirken oder
c) andere zu solchem Verhalten veranlassen,
und wenn deshalb die Gefahr droht, daß die Ermittlung der Wahrheit erschwert werde (Verdunkelungsgefahr).

(3) Gegen den Beschuldigten, der einer Straftat nach § 6 Absatz 1 Nummer 1 oder § 13 Absatz 1 des Völkerstrafgesetzbuches oder § 129a Abs. 1 oder Abs. 2, auch in Verbindung mit § 129b Abs. 1, oder nach den §§ 126c, 176a, 211, 212, 226, 306b oder 306 c des Strafgesetzbuches oder, soweit durch die Tat Leib oder Leben eines anderen gefährdet worden ist, nach § 308 Abs. 1 bis 3 des Strafgesetzbuches dringend verdächtig ist, darf die Untersuchungshaft auch angeordnet werden, wenn ein Haftgrund nach Absatz 2 nicht besteht.

Schrifttum: Böhm, Auswirkungen des Zusammenwachsen der Völker in der Europäischen Gemeinschaft auf die Haftgründe des § 112 Abs. 2 StPO, NStZ 2001, 633; Böhm, Das neue europäische Haftbefehlsgesetz, NJW 2006, 2592; Böhm, Der Europäische Haftbefehl im Lichte des Grundsatzes der gegenseitigen Anerkennung und die praktische Umsetzung im nationalen Auslieferungsrecht, StraFo 2013 177; Böhm, Ohrfeige für Musterknaben – Die deutsche Staatsanwaltschaft ist keine unabhängige Behörde, NWwiStR 2019, 325; Böhm, Aktuelle Entwicklungen im Auslieferungsrecht NStZ 2020, 204, NStZ 2019, 256; NStZ 2018, 197; NStZ 2017, 77; Broß, Der Einfluss des Verfassungsrechts auf strafprozessuale Eingriffmaßnahme, StraFo 2009, 12; Bussweiler, Reform des Sexual-Strafrechts 2021 – umfassende neugliederung und Strafverschärfung, Kriminalistik 2021, 486; Dahs/Riedel, Ausländereigenschaft als Haftgrund? Zur Problematik eines Haftbefehls gegen im Ausland lebende ausländische Staatsbürger, StV 2003, 416; Deckers, Straferwartung und Fluchtgefahr, StV 2001, 116; Deckers/Lederer, Überprüfung von Haftentscheidungen während einer Hauptverhandlung, StV 2009, 139; Dessecker, Die Begrenzung langer Untersuchungshaft: eine Rechtsprechungsanalyse, HRRS 2007, 112; Deutscher, Die „Corona-Krise" – Auswirkungen auf das Strafverfahren, StRR 2020, Nr 5, 5-18; Duchon, Coronabedingte Organisationshaft – Verfassungsrechtliche Grenzen der Pandemie, StraFo 2021, 16; Eisenberg, Zur Frage der Aufrechterhaltung eines Tatverdachts bzw. Haftfortdauerbeschluss im Zusammenhang mit dem Verhältnismäßigkeitsgrundsatz, StraFo 2010, 421; Gallandi, Das nicht vollständige Geständnis als Haftgrund der Verdunkelungsgefahr, StV 1987, 87. Gerke, Der Haftgrund der Fluchtgefahr bei EU-Ausländern, StV 2004, 675; Glatzweiler, Die neuen EU-Richtlinien zur Stärkung der Verfahrensrechte (Mindestmaß) des Beschuldigten oder Angeklagten in Strafsachen, StraFo 2011, 293; Graf, Die Untersuchungshaft, JA 2012, 262; Grau, Der Haftgrund der Fluchtgefahr bei Beschuldigten mit ausländischem Wohnsitz, NStZ 2007, 10; Haberstroh, Voraussetzungen und Vollzug der Untersuchungshaft, JURA 1984, 225; Hagmann, Gewährung von Akteneinsicht zwecks Verteidigung bei Untersuchungshaft des Beschuldigten, StV 2008. 483; Hamm, Zur Prognosegenauigkeit der Haftentscheidung, StV 1986, 499; Herrmann, Unschuldsvermutung und Untersuchungshaft, StarfO 2016, 89; Humberg, Psychische Flucht und Suizidgefahr als Fluchtgefahr gem. § 112 Abs. 2 Nr. 2 StPO?, JUS 2003, 758; Jarass, Strafrechtliche Grundrechte im Unionsrecht, NStZ 2012m, 11; Lagodny, Haftgrund der Fluchtgefahr, StV 1999, 35; Leipold, Verdunkelungsgefahr bei eigenen Ermittlungen des Verteidigers, NJW-Spezial 2008, 728; Lemme, Apokryphe Haftgründe im Wirtschaftsrecht?, wistra 2004, 288; Lind, Der Haftgrund der Fluchtgefahr nach § 112 Abs. 2 Nr. 2 in der Praxis: Zur rechtsstaatlichen Überprüfung von Fluchtprognosen, StV 2019, 118; Meyer, Haftgrund der Verdunkelungsgefahr, StV 2000, 373; Meyer, Haftgrund der Fluchtgefahr, StV 2002, 491; Mayer/Hunsmann, Leitlinien für die verfassungsrechtlich gebotene Begründungstiefe in Untersuchungshaftsachen; NStZ 2015, 325; C. Momsen, U-Haft schafft Rechtskraft, StraFo 2019, 89; Münchhalffen, Untersuchungshaft und Suizidgefahr, StraFo 1998, 102; Naujok, Kann eine (hohe) Straferwartung zur Begründung der Fluchtgefahr i.S.d. § 112 Abs. 2 Nr. 2 StPO beitragen?, StraFo 2000, 79; Morgenstern, Die Untersuchungshaft – Eine Untersuchung unter rechtsdogmatischen, kriminologischen, rechtsvergleichenden und europarechtlichen Aspekten. Neue Schriften zum Strafrecht, Bd. 13, Baden-Baden 2018, 880; Pohlreich, Die Rechtsprechung des EGMR zum Vollzug von Straf- und Untersuchungshaft, NStZ 2011, 560; Nobis, „U-Haft schafft Fakten" – Verteidigung gegen Untersuchungshaft, StraFo 2012, 45; Paeffgen, Apogryphe Haftverlängerungsgründe in der Rechtsprechung in § 121 StPO, NJW 1990, 537; Pieroth/Hartmann, Das verfassungsrechtliche Beschleunigungsgebot in Haftsachen, StV 2008, 276; Schultheis, Jährliche Übersicht über die Rechtsprechung in Untersuchungshaftsachen, NStZ 2018, 262, 323; NStZ 2017, 328, 396; NStZ 2016, 267; 327; NStZ 2015, 76, 144; NStZ 2014, 73, 140; NStZ 2013, 87; Schünemann, Die Zukunft des Strafverfahrens – Abschied vom Rechtsstaat? GA 2008, 332 (Fußfessel); Swoboda, Die Untersuchungshaft – Eine Untersuchung unter rechtsdogmatischen kriminologischen, rechtsvergleichenden und europarechtlichen Aspekten, ZStW 2019, 161 (Besprechung Morgenstern); Ullenborn, Untersuchungs- oder Sitzungshaftbefehl? Die Sicherstellung eines im EU-Ausland befindlichen Angeklagten in der Hauptverhandlung, NJW 2018, 2671; Weider, Zum Prüfungsumfang des Beschwerdegerichts bei Beschwerden gegen Haftentscheidungen während einer laufenden Hauptverhandlung und zur Aufhebung eines Haftbefehls trotz noch nicht beendeter Beweisaufnahme, StV 1991, 525; Wolf, Fluchtvermutung statt Fluchtprognose – Zur Diskriminierung von EU-Ausländern in der Fluchtpraxis, StV 2019, 573.

Übersicht

I. Allgemeines

1 **Freiheitsgrundrecht.** Die Untersuchungshaft stellt einen schweren und erheblichen Eingriff in das Freiheitsgrundrecht dar (Art. 2 Abs. 2 S. 2 GG und Art. 104 GG). Sie darf deshalb nur in streng begrenzten Ausnahmefällen und dann angeordnet werden, wenn überwiegende Interessen des Gemeinwohls – wie die Bedürfnisse einer wirksamen Strafrechtspflege – dies zwingend gebieten werden.[1] Gleichwohl befanden sich im Jahr 2019 rund 14.000 Menschen in Deutschland in Untersuchungshaft.[2] Bei der insoweit notwendigen

[1] BVerfG 6.12.1980 – 2 BvR 1070/79, BVerfGE 53, 152 (158) = NJW 1980, 1448; BVerfG 29.11.2005 – 2 BvR 1737/05, NJW 2006, 668; 8.12.2011 – 2 BvR 2181/11, NJW 2012, 513.

[2] Birger Kriminalistik 2019, 671.

Abwägung zwischen dem Freiheitsgrundrecht des Beschuldigten und dem Interesse des Staates an einer wirksamen Strafverfolgung[3] sind auch weitere allgemeine Rechtsprinzipen zu beachten, wie etwa der Grundsatz der Verhältnismäßigkeit (→ Rn. 3).[4] die Unschuldsvermutung (→ Rn. 4), das Beschleunigungsgebot (→ Rn. 5),[5] internationale Grundsätze und Konventionen (→ Rn. 16) und das Recht auf ein faires Verfahren (→ Rn. 9).[6] Obwohl die Beachtung dieser Grundsätze vom Bundesverfassungsgericht in einer Vielzahl von Entscheidungen ständig eingefordert wird,[7] ordnen die Gerichte trotz eines Rückgangs der Anzahl der Untersuchungsgefangenen[8] in Deutschland viel zu häufig Untersuchungshaft an, halten diese zu lang aufrecht und machen von der Möglichkeit haftvermeidender Maßnahmen zu wenig Gebrauch.[9] Auch sollte und muss sorgfältig darauf geachtet werden, ob Untersuchungshaft zur Sicherung des Verfahrens, insbesondere zur Vermeidung einer Flucht (→ Rn. 41 ff.) oder von Verdunkelungshandlungen (→ Rn. 62 ff.), beantragt und angeordnet wird oder damit – auch – andere Ziele verfolgt werden sollen, etwa durch die Inhaftierung Einfluss auf das Aussageverhalten des Beschuldigten zu nehmen,[10] sog. **apokryphe Haftgründe,**[11] welche in der forensichen Praxis durchaus eine – wenn auch versteckte Rolle – spielen.[12]

II. Normzweck und allgemeine Grundsätze

1. Durchsetzung des staatlichen Strafanspruchs. Die Untersuchungshaft soll die 2
Durchführung des staatlichen Strafverfahrens gewährleisten und die spätere Vollstreckung eines auf **Freiheitsstrafe** oder eine freiheitsentziehende Maßregel lautenden Urteils sichern.[13] Dabei geht es aber nicht nur um die Sicherstellung der Anwesenheit des Beschuldigten im Strafverfahren (§ 112 Abs. 1 Nr. 1 und Nr. 2), sondern auch um die Verhinderung von Störungen der Tatsachenermittlung und Beweisvereitelungen oder -erschwerungen (§ 112 Abs. 1 Nr. 3). Ist sie zu diesen Zwecken aber nicht mehr nötig, ist sie unverhältnismäßig und daher grundsätzlich unzulässig, sie anzuordnen, aufrecht zu erhalten und zu vollziehen.[14] Auch stellt die **Untersuchungshaft** keine vorweggenommene Strafe dar und darf nicht dazu verwendet werden, den Verfahren zu einem Geständnis zu veranlassen oder die Ermittlungen zu erleichtern.[15] Bestehen hierfür Anhaltspunkte ist die Anordnung der Untersuchungshaft unzulässig. Im Gegensatz zum **Haftgrund** der Flucht, der Fluchtgefahr oder der Verdunkelungsgefahr kommt dem Haftgrund der Wiederholungsgefahr in § 112a StPO keine verfahrenssichernde Bedeutung bei, vielmehr hat diese den Schutz der Allgemeinheit vor weiteren Straftaten in Auge (→ § 112a Rn. 3 f.).

2. Verhältnismäßigkeit. Begrenzt wird die Untersuchungshaft durch den Grundsatz 3
der Verhältnismäßigkeit. Dieser ist nicht nur für die Anordnung (Abs. 1 S. 2 → Rn. 32 ff.),

---

[3] BVerfG 6.12.1980 – 2 BvR 1070/79, BVerfGE 53, 152 (158) = NJW 1980, 1448.
[4] BVerfG 29.11.2005 – 2 BvR 1737/05, BeckRS 2005, 31127; vgl. 9.3.2020, 2 BvR 103/20 = EuGRZ 2020, 365.
[5] BVerfG 12.12.1973 – 2 BVR 558/73, BVerfGE 36, 264 (273) = NJW 1974, 307; 16.3.2006 – 2 BvR 170/06, BVerfGK 7, 421 (427).
[6] BVerfG 7.3.2012 – 2 BvR 988/10, BeckRS 2012, 51701.
[7] Nobis StraFo 2010, 45; Paeffgen NJW 1990, 537.
[8] Statistisches Bundesamt, Rechtspflege – Bestand der Gefangenen und Verwahrten in deutschen Vollzugsanstalten, 2011, S. 5; Münchhalffen/Glatzweiler Untersuchungshaft Rn. 4.
[9] Schünemann GA 2008, 332 (Fußfessel).
[10] Schmitt in Meyer-Goßner/Schmitt Rn. 4; Paeffgen NJW 1990, 537.
[11] Nobis StraFo 2012, 45; Lemme wistra 2004, 288.
[12] Herrmann StraFo 2016, 89 mwN.
[13] BVerfG 13.10.1971 – 2 BvR 233/71, BVerfGE 32, 87; KG 1.8.2017 – 4 Ws 96/17, BeckRS 2017, 127689 (Strafvollstreckung nur Nebenzweck, zweifelhaft).
[14] Schmitt in Meyer-Goßner/Schmitt Rn. 4; Broß StraFo 2009, 12.
[15] BGH 28.4.1987 – 5 StR 666/86, BGHSt 34, 363 = NJW 1987, 2525; OLG Düsseldorf. 21.9.1987 – 3 Ws 437/87, StV 1988, 390; OLG Frankfurt a. M. 18.8.1992 – 1 Ws 144/92, StV 1992, 583; Graf in KK-StPO Vor § 112 Rn. 12.

sondern auch für die Dauer (§ 120) und den Vollzug (§ 116) der Untersuchungshaft von Bedeutung. Er verlangt, dass die Untersuchungshaft nicht außer Verhältnis zur erwarteten Strafe steht, und setzt ihr auch unabhängig von der Straferwartung[16] Grenzen.[17] Den vom Standpunkt der Strafverfolgung aus erforderlich und zweckmäßig erscheinenden Freiheitsbeschränkungen muss dabei der Freiheitsanspruch (Art. 2 Abs. 2 S. 2 GG) des Beschuldigten im Rahmen einer zu treffenden Abwägung ständig als Korrektiv gegenübergestellt werden. Ist die Haft deshalb zur Sicherung der Haftzwecke nicht oder nicht mehr notwendig, ist deren Anordnung, deren Fortdauer oder deren Vollzug unverhältnismäßig. Daher ist grundsätzlich zu fragen, ob der legitime Anspruch der staatlichen Gemeinschaft auf vollständige Aufklärung der Tat und rasche Bestrafung des Täters nicht anders gesichert werden kann als durch vorläufige Inhaftierung des Täters.[18]

4 **3. Unschuldsvermutung.** Die **Untersuchungshaft** greift auch in die aus dem Rechtsstaatsprinzip abgeleitete und daher mit Verfassungsrang ausgestattete und in Art. 6 Abs. 2 MRK[19] in Form eines einfachen Gesetzes normierte Unschuldsvermutung ein. Unschuldsvermutung und Untersuchungshaft stehen dabei in einem Spannungsverhältnis, zumal es sich bei der Untersuchgshaft und die schärfste strafprozessuale Maßnahme handelt.[20] Insoweit muss deshalb den vom Standpunkt der Strafverfolgung aus erforderlich und zweckmäßig erscheinenden Freiheitsbeschränkungen der Freiheitsanspruch des noch nicht rechtskräftig verurteilten Beschuldigten als Korrektiv gegenübergestellt werden, wobei dem Grundsatz der Verhältnismäßigkeit eine maßgebliche Bedeutung zukommt.[21] Vor einer rechtskräftigen Verurteilung dürfen danach gegen den Beschuldigten keine Strafen oder Maßregeln verhängt werden, welche ihrer Wirkung einer **Freiheitsstrafe** gleichkommen.[22] Eine zeitliche Beschränkung der **Untersuchungshaft** besteht jedoch nicht, so dass diese die am Ende zu erwartende Strafe grundsätzlich auch erreichen bzw. sogar übersteigen darf.[23] Wird die Untersuchungshaft im Ergebnis zu Unrecht angeordnet, ergibt hinsichtlich der vom Beschuldigten während der Haft getätigten Aussagen ein **Verwertungsverbot,**[24] allerdings nur dann, wenn die Haft gezielt zur Erlangung einer Aussage angeordnet worden ist,[25] was in der Praxis allerdings sich kaum wird nachweisen lassen.

5 **4. Beschleunigungsgebot.** Eine besondere wesentliche Begrenzung der Dauer der **Untersuchungshaft** stellt das aus Art. 2 Abs. 2 S. 2 GG abgeleitete Beschleunigungsgebot dar (→ Rn. 5 ff.).[26] Danach müssen Strafverfolgungsbehörden und Gerichte alle zumutbaren Maßnahme ergreifen, um die Ermittlungen so schnell wie möglich abzu-

16 OLG Stuttgart 17.8.2017 – 4 Ws 331/17, BeckRS 2017, 124902 (Aufhebung des Haftbefehls bei Vollverbüßung trotz Berufung der StA).

17 BVerfG 3.5.1966 – 1 BvR 58/66, BVerfGE 20, 45 (49); 19.12.2005 – 2 BvR 2057/05, StV 2006, 81 (87); OLG Karlsruhe 26.1.2000 – 3 HEs 14/2000, BeckRS 2000, 16850 (Außervollzugsetzung: 13 Monate Haft bei nicht absehbarem Beginn der Hauptverhandlung); 30.1.2020 – 1 Ws 255/19, BeckRS 2020, 9982 (Zulässigkeit des Erlasses eines Haftbefehls zur Zustellung eines Strafbefehls von 30 Tagessätzen); OLG Köln 1.6.2015 – 2 Ws 299/15, BeckRS 2015, 11156 (Aufhebung nach 5 Jahren und neun Monaten Untersuchungshaft beim Vorwurf des Mordes.

18 BVerfG 27.7.1966 – 1 BvR 296/66, BVerfGE 20, 144; BGH 30.3.2017 – StB 7/17, StraFo 2017 (avisierte Abschiebung macht Untersuchungshaft nicht unzulässig); BGH 30.3.2017 – StB 7/17, StraFo 2017, 190 (Haftbefehl auch zulässig, wenn Durchführung des Strafverfahrens unwahrscheinlich).

19 vgl. hierzu näher Schmitt in Meyer-Goßner/Schmitt EMRK Art. 6 Rn. 12 ff.

20 Vgl. vert. Herrmann StraFo 2016, 89 mwN.

21 BVerfG 4.6.2012 – 2 BvR 644/12, BeckRS 2012, 55244; grundlegend 15.12.1965 – 1 BvR 513/65, BVerfGE 19, 342 (347) = NJW 1966, 243.

22 BVerfG 16.5.1973 – 2 BvR 590/1, BVerfGE 35, 311 (320) = NJW 1974, 26 (Verstoß gegen Anstaltsordnung).

23 KG 24.9.2001 – 1 AR 1177/01 – 3 Ws 495/01, BeckRS 2001, 16488; 1.3.2000 – 1 AR 1576/96 – 5 Ws 138/00, BeckRS 2000, 15766.

24 Vgl. zur gebotenen Beachtung von Verwertungsverboten im Ermittlungsverfahren vgl. BGH 6.6.2019 – StB 14/19, BGHSt 64/80 = NJW 2019, 2627 mAnm Kudlich JR 2020, 81.

25 BGH 19.7.1995 – 2 StR 758//94, NJW 1995, 2933.

26 Vgl. in tatsächlicher Hinsicht die Untersuchung von Dessecker HRSS 2007, 112.

schließen und eine gerichtliche Entscheidung über die dem Beschuldigten zur Last liegenden Taten herbeizuführen.[27] In einer Gesamtschau des Verfahrensablaufs ist zu prüfen, ob dem Erfordernis der bestmöglichen Verfahrensförderung hinreichend Genüge getan oder ob den staatlichen Strafverfolgungsbehörden und Gerichten anzulastende vermeidbare Verzögerungen – die für sich genommen erheblich sind oder durch ihr Zusammenwirken Gewicht gewinnen – vorliegen, die die Fortsetzung der Untersuchungshaft verbieten.[28] Dabei steigen einerseits die Anforderungen an die Zügigkeit der Arbeit in einer Haftsache mit der Dauer der Untersuchungshaft an, zum anderen nehmen auch die Anforderungen an den die Haftfortdauer rechtfertigenden Grund zu.[29] Dieser Grundsatz ist nicht nur in § 121 gesetzlich ausdrücklich normiert und vom Oberlandesgericht im Rahmen der „Sechs-Monats-Haftprüfung" zu prüfen, sondern findet auch unabhängig hiervon über den Grundsatz der Verhältnismäßigkeit Anwendung und ist deshalb auch von Staatsanwaltschaft und dem Haftgericht stets zu beachten,[30] dh erhebliche und vor allem bei dem Staat zurechenbaren und vermeidbare schweren Verfahrensverzögerungen können auch vor der ersten besonderen Haftprüfung nach § 121 die Aufhebung eines Haftbefehls bedingen.[31]

Je länger das Verfahren andauert und sich der Beschuldigte in Haft befindet, je strenger sind die Anforderungen an die Aufrechterhaltung der **Untersuchungshaft.** Vor diesem Hintergrund ist im Rahmen der **Abwägung** zwischen dem Freiheitsanspruch und dem Strafverfolgungsinteresse in erster Linie auf die durch objektive Kriterien bestimmte Angemessenheit der Verfahrensdauer abzustellen, die etwa von der Komplexität der Rechtssache, der Vielzahl der beteiligten Personen oder dem Verhalten der Verteidigung abhängig sein kann. Dies bedingt eine auf den Einzelfall bezogene Analyse des Verfahrensablaufs nach **Verantwortungsbereichen,**[32] in welche auch das Recht des Angeklagten, in der durch den Verteidiger seiner Wahl vertreten zu sein,[33] mit einzubeziehen und gegen eine Bestellung eines anderen/weiteren Verteidigers abzuwägen ist.[34] So kann das Beschleunigungsgebots auch dann verletzt sein, wenn nur kurze, den Sitzungstag nicht ausschöpfende Zeit verhandelt und das Verfahren dadurch nicht entscheidend gefördert wird.[35] 6

Das Beschleunigungsgebot gilt daher auch, wenn auch nicht in einem derart strikten Maß, dann, wenn der **Vollzug eines Haftbefehls** nach § 116 **ausgesetzt,**[36] nur **Überhaft**[37] ver- 6a

---

27 BVerfG 13.9.2001 – 2 BvR 1316/01, NJW 2002, 207; 1.12.2020 – 2 BvR 185/20.

28 BVerfG 5.12.2005 – 2 BvR 1964/05, NJW 2006, 672; KG 24.3.2015 – 3 Ws 123/05.

29 BVerfG 29.12.2005 – 2 BvR 2057/05, StV 2006, 81.

30 OLG Hamm 1.3.2012 – III Ws 37/12 (Haftbeschwerde); KG 15.11.2010 – 2 Ws 619/10, StraFo 2011, 91 (über Haftbeschwerde fünf Monate nicht entschieden); OLG Naumburg 21.7.2010 – 1 Ws 398/10, NStZ-RR 2011, 123 (Nichteinhaltung der 3-tägigen Vorlagefrist nach § 306 Abs. 2); OLG Celle 7.9.2009 – 1 Ws 465/09, StraFo 2009, 515 (7 Monate zwischen Eingang der Akten beim Berufungsgericht und dem Beginn der Hauptverhandlung); OLG Köln 12.8.2008 – 2 Ws 398/08, NStZ-RR 2009, 87 (fehlerhafte Sachbehandlung bei der Vollstreckung eines erlassenen Haftbefehls).

31 OLG Hamm 19.2.2009 – 2 Ws 41/09, BeckRS 2009, 6221 (Gericht trifft keine Maßnahmen zur Terminierung der Hauptverhandlung); OLG Köln 18.1.2006 – 2 Ws 617/05, StV 2006, 143 (weiträumige Terminierung wegen Terminschwierigkeiten des Verteidigers eines nichtinhaftierten Mitangeklagten); OLG Karlsruhe 19.9.2018 – HEs 3 Ws 443/18, StraFo 2019, 22 (erfolgte Verletzung des Beschleunigungsgebots im Ermittlungsverfahren weiter vertieft).

32 Vgl. vert. → § 121 Rn. 54, 84; → § 120 Rn. 20.

33 Zum Zeitpunkt der Bestellung eines Verteidigers in Haftsachen, vgl. → § 117 Rn. 58.

34 OLG Hamm 4.5.2006 – 2 Ws 111/06, NJW 2006, 2788 (zur Verfahrensbeschleunigung notwendige Bestellung eines anderen Pflichtverteidigers); OLG Bremen 11.1.2016 – 1 HEs 3/15, StV 2016, 508 mkritAnm Schlothauer StV 2006, 510.

35 BVerfG 23.1.2019 – 2 BvR 2429/18, NJW 2019, 915; OLG Bremen 24.4.2019 – 1 Ws 44/19, BeckRS 2019, 15851; OLG Hamburg 23.12.2021 – 2 Ws 124/21, StV 2022, 174 (ausführlich).

36 Vgl. BVerfG 29.11.2005 – 2 BvR 1737/05, BVerfGK 6, 384 (391); BGH 7.2.2019 – StB 1/19, BeckRS 2019, 2488; OLG Hamm 27.12.2011 – III – 3 Ws 424/11, NStZ-RR 2012, 125; OLG Karlsruhe 30.12.2014 – 1 Ws 293/14, BeckRS 2015, 16305.

37 OLG Brandenburg 23.1.2019 – 1 Ws 13/19; OLG Karlsruhe 11.12.2018 – 1 Ws 341/18, BeckRS 2018, 43749.

merkt ist.[38] oder sich der Beschuldigte zunächst in **Auslieferungshaft**[39] befand.[40] Auch im Falle eines nicht vollzogenen Haftbefehls ist der Beschuldigte nämlich in seinem Freiheitsgrundrecht einschränkenden Beschränkungen ausgesetzt, sei es aufgrund von Auflagen und Weisungen nach § 116, sei es aufgrund während der Strafhaft ansonsten nicht bestehender Postkontrolle oder Besuchsüberwachung.

6b Gerade in Haftsachen hat der **Ausbruch des Corona-Virus (SARS-CoV-2)** im Frühjahr 2019 erhebliche rechtliche Fragestellungen vor allem im Hinblick auf die Einhaltung des Beschleunigungsgebots in Haftsachen aufgezeigt.[41] So kann ein Haftbefehl – leichter – bei Vorhandensein weniger einschneidender Maßnahmen ausgesetzt werden.[42] Auch hat der Vorsitzende auch die grundrechtlich geschützten Belange aller Prozessbeteiligten im Zuge der Planung der Hauptverhandlung zu berücksichtigen, da insbesondere von Menschenansammlungen im Rahmen einer Hauptverhandlung eine erhöhte Gefahr der Infektion mit einem Krankheitserreger ausgehen kann, die besondere Gefährdungen für die Gesundheit der Betroffenen mit sich bringt, was über die Vorschriften der §§ 213, 238 die Planung der Hauptverhandlung beeinflussen,[43] die Verlegung des Beginns einer Hauptverhandlung rechtfertigen,[44] und auf die Frage der Haft Einfluss nehmen kann.[45] Dabei steht dem entscheidenden Spruchkörper bei der Einschätzung, ob und welche Maßnahmen zur Senkung des Ansteckungsrisikos geeignet und zumutbar sind, ein nur eingeschränkt überprüfbarer Beurteilungsspielraum zu.[46]

7 Bei erheblichen, vermeidbaren und dem **Staat zurechenbaren Verfahrensverzögerungen** kann allein die Schwere der Tat und die sich hieraus ergebende Straferwartung eine fortdauerde Inhaftierung hingegen nicht mehr rechtfertigen.[47] Grundsätzlich ist die Angemessenheit der Haftfortdauer im Rahmen einer Abwägung zwischen Freiheitsanspruch des Betroffenen und Strafverfolgungsinteresse der Allgemeinheit anhand objektiver Kriterien des jeweiligen Einzelfalles zu prüfen, insofern sind in erster Linie die Komplexität der einzelnen Rechtssache, die Vielzahl der beteiligten Personen und das Verhalten der Verteidigung[48] von Bedeutung.[49] So ist etwa **Untersuchungshaft** von mehr als einem Jahr bis zum Beginn der Hauptverhandlung (sog. kritische Grenze) nur ausnahmsweise zulässig,[50] die Zeit bis zur Anklageerhebung,[51] die Fristen zwischen dem Eingang der Anklage und

[38] BVerfG 13.9.2002 – 2 BvR 1375/02, NStZ 2004, 82; OLG Düsseldorf 3.5.1991 – 2 Ws 191/91, NJW 1991, 2302; OLG Koblenz 9.12.2010 – 1 Ws 569/10, BeckRS 2011, 01271; KG 20.10.2006 – 5 Ws 569/06, StraFo 2007, 27; OLG Oldenburg 22.11.2000 – 1 Ws 504/00, StV 2001, 520.

[39] OLG Dresden 26.7.2001 – 3 AK 56/01, StV 2001, 519 mAnm Hügel (Verzögerungen im Auslieferungsverfahren); KG 15.3.2019 – 4 Ws 24/19, BeckRS 2019, 4693 (Berücksichtigung im Rahmen der Verhältnismäßigkeit).

[40] OLG Karlsruhe 1.3.2004 – 3 Ws 44/04, StV 2005, 33.

[41] Grote/Niehoff JA 2020, 537 ff.

[42] OLG Hamm 16.4.2020 – 4 Ws 72/20, BeckRS 2020, 6832 (60jähriger Asthmakranker).

[43] OLG Bremen 2.4.2020 – 1 Ws 32/20, BeckRS 2020, 7151.

[44] OLG Celle 6.4.2020 – 2 HEs 5/20, StraFo 2020, 195; OLG Stuttgart 5.5.2021 – 4 Ws 37/21, Justiz 2021, 179.

[45] OLG Hamm 7.5.2020 – III 3 Ws 157/20, BeckRS 2020, 8426 (Keine Aufhebung wegen abstrakter Infektionsgefahr in der Haftanstalt).

[46] OLG Karlsruhe 30.3.2020 – 2 HEs 1 Ws 84/20, BeckRS 2020, 4623.

[47] BVerfG 24.8.2010 – 2 BvR 1113/10, EuGRZ 2010, 674; OLG Hamm 9.4.2020 – 1 Ws 123/20, BeckRS 2020, 26031.

[48] BGH 22.9.2016 – StB 29/16, NStZ-RR 2017, 18 (Haftdauer beruht auch auf dem ggf. sachdienlichen Prozessverhalten der Verteidiger; OLG Karlsruhe 14.11.2016 – 1 Ws 223/16, BeckRS 2020, 26031 (Verzögerung im Verantwortungsbereich des Beschuldigten).

[49] BVerfG 30.7.2014 – 2 BvR 1457/14, StV 2015, 39.

[50] BVerfG 23.1.2008 – 2 BvR 2652/04, StV 2008, 198 (200); 29.12.2005 – 2 BvR 2057/05, StV 2006, 81 (87); 30.9.1999 – 2 BvR 1775/99, NStZ 2000, 153; 30.7.2014 – 2 BvR 1457/14, BeckRS 2014, 54605; KG 23.9.2009 – 4 Ws 102/09, StraFo 2010, 26; OLG Karlsruhe 13.2.2018 – 2 Ws 5/18, NStZ 2018, 114.

[51] OLG Koblenz 14.6.2007 – 1 Ws 301/07, BeckRS 2008, 8781 (unterlassene Anklagerhebung trotz Anklagereife bei außer Vollzug gesetzten Haftbefehl); OLG Naumburg 19.3.2007 – 1 Ws 132/07, NStZ-RR 2008, 156 (trotz Geständnisses keine Verfahrensförderung über drei Monate lang).

dem Zeitpunkt der Eröffnung des Hauptverfahrens[52] bzw. auch zwischen dieser und dem Beginn der Hauptverhandlung[53] dürfen nicht allzu lange andauern und vor allem in absehbar umfangreichen[54] Verfahren[55] muss die Hauptverhandlung zügig und effizient und mit der gebotenen Termins-[56] bzw. Verhandlungsdichte[57] durchgeführt werden.[58] Auch weitere erhebliche Verfahrensverzögerungen vor oder nach Urteilserlass[59] können für sich genommen oder im Zusammenwirken die Aufhebung des Haftbefehls auch bei erheblichen Straftaten[60] bedingen, wie etwa die unzureichende Verfahrensvorbereitung,[61] verspätete Aktenvorlage[62] oder Erstellung des Hauptverhandlungsprotokolls,[63] Verzögerungen aufgrund nicht nur kurzfristiger Überlastung der Strafkammer[64] auch mit anderen Haftsachen,[65] Verzögerungen bei der Durchführung[66] des Berufungs-[67] oder Revisionsverfahrens,[68] Unabsehbarkeit einer Terminierung[69] und bei der Neuterminierung nach Aufhebung des Urteils durch das Revisionsgericht.[70] Auch kann ein der Justiz anzulastender Verfahrensfehler dann gege-

52 BVerfG 1.8.2018 – 2 BvR 1258/18, BeckRS 2018, 17596; 11.6.2018 – 2 BvR 819/18, BeckRS 2018, 13053 (Regelfall drei Monate); OLG Naumburg 21.7.2010 – 1 Ws 398/10, NStZ-RR 2011, 123 (drei Monate); OLG Koblenz 12.6.2014 – 1 HEs 9/14, StraFo 2014, 333; KG 28.11.2016 – 4 Ws 185/16, BeckRS 2016, 129707 (bei Vorliegen besonderer Gründe: 4 Monate zwischen Anklage und Beginn der Hauptverhandlung hinnehmbar).

53 BVerfG 5.12.2005 – 2 BvR 1964/05, NJW 2006, 672 (drei Monate).

54 Siehe hierzu OLG Hamburg 29.6.2006 – 3 Ws 100/06, NJW 2006, 2792; OLG Nürnberg 12.5.2015 – 1 Ws 141-143/15, StraFo 2015, 288.

55 IdR mehr als 1 Sitzungstag pro Woche, vgl. OLG Brandenburg 23.2.2015 – 1 Ws 20/15, BeckRS 2015, 127565.

56 Ausführlich BVerfG 23.1.2019 – 2 BvR 2429/18, NJW 2019, 915 (Überlastung des Gerichts, Komplexität des Verfahrens, Schwere der Tatvorwürfe, Bestellung eines Sicherungsverteidigers bei Verfahrensverzögerungen durch die Verteidigung).

57 Zur Berechnung: BVerfG 17.1.2013 – 2 BvR 2098/12, StV 2013, 640; 11.6.2018 – 2 BvR 819/18, NJW 2018, 2948 (weniger als ein Sitzungstag pro Woche); OLG Bremen 3.1.2018 – 1 Ws 143/17, BeckRS 2018, 6; OLG Nürnberg 22.5.2014 – 1 Ws 153-154/14, BeckRS 2014, 12794; (Abzug des Urlaubs von Verfahrensbeteiligten); OLG Hamburg 6.10.2017 – 2 Ws 161/17, BeckRS 2017, 129085 (Ausgleich der Urlaube durch engere Terminierung); vgl. auch → § 120 Rn. 22; 23.12.2021 – 2 Ws 144/21, StV 2022, 174 (entschuldigte Abweichungen von den Verhandlungsplanungen).

58 EGMR 29.7.2004 – 49746/99, NJW 2005, 3125; BVerfG 23.1.2008 – 2 BvR 2652/04, StV 2008, 198 (200) (mehr als ein Verhandlungstag die Woche); 23.1.2019 – 2 BvR 2429/18, BeckRS 2019, 423 (besondere Beschleunigung nach zuvor erfolgter Aussetzung des Verfahrens); BGH 18.12.2019 – StB 29/19, BeckRS 2019, 34582 (mehr als ein Tag bei absehbar umfangreichen Verfahren); OLG Hamm 27.12.2011 – III – 3 Ws 424/11, NStZ-RR 2012, 125; OLG Celle 20.2.2008 – 2 Ws 77/08, BeckRS 2008, 9894; OLG Hamm 5.1.2006 – 2 Ws 2/06, StV 2006, 191. (durchschnittliche Hauptverhandlungsdauer bei 16 Sitzungstagen: 3 h 15 Min); OLG Naumburg 12.4.2012 – 1 Ws 142/12, StraFo 2012, 266; OLG Bremen 2.4.2020 – 1 Ws 32/20, BeckRS 2020, 7151 mzwN (Abzug von Erholungsurlaub); Pieroth StV 2008, 276.

59 Ob allein die Aufhebung eines Urteils durch das Revisionsgericht aufgrund eines Verfahrensfehlers einen Haftaufhebungsgrund darstellt, ist strittig, vgl. hierzu jüngst: OLG Brandenburg 3.1.2019 – 1 Ws 203/18, BeckRS 2019, 123.

60 OLG Brandenburg 6.12.2018 – 1 Ws 184/18, BeckRS 2018, 31431 (10 Jahre).

61 OLG Hamburg 25.4.2018 – 1 Ws 31/18, BeckRS 2018, 11061 (Gebot zügiger Verfahrensführung; lesenswert).

62 OLG Brandenburg 9.3.2016 – 1 Ws 18/16, StraFo 2016, 152.

63 BVerfG 19.12.2005 – 2 BvR 2057/05; OLG Nürnberg 28.9.2018 – 2 Ws 645/18, BechRS 2018, 25539; OLG Brandenburg 3.1.2019 – 1 Ws 203/18, BeckRS 2019, 123; OLG Hamburg 7.2.2015 – 2 Ws 108/15 (Verzögerung von 2 Monaten).

64 BVerfG 20.12.2017 – 2 BvR 2552/17, BeckRS 2017, 136740; OLG Brandenburg 3.1.2019 – 1 Ws 203/18, BeckRS 2019, 123.

65 OLG Koblenz 10.1.2018 – 2 Ws 10/18, BeckRS 2018, 36153.

66 OLG Hamburg 16.10.2015 – 2 Ws 36/15 (allein die Aufhebung eines Urteils wegen eines Verfahrensfehler führt nicht zur Unverhältnismäßigkeit der Haft).

67 OLG Celle 12.1.2018 – 1 Ws 3/18, Nds. Rpfl. 2018, 144.

68 BVerfG 25.7.2003 – 2 BvR 153/03, NJW 2003, 2897; EGMR NJW 2002, 2856 (justitieller Verfahrensfehler); KG 17.1.2018 – 4 Ws 149/17, NStZ 2018, 151 (Dauer des Revisionsverfahrens beim BGH); OLG Köln 29.2.2016 – III-2 Ws 60/16, StV 2016, 445 (verzögerte Bearbeitung bei der StA).

69 OLG Frankfurt a. M. 25.2.2016 – 5 Ws 1/16, BeckRS 2016, 03959.

70 OLG Hamm 10.1.2019 – III 1 Ws 8/19.

ben und in die Gesamtabwägung[71] mit einzurechnen sein, wenn ein Verstoß gegen § 244 Abs. 4 S. 1 StPO bei der fehlerhaften Ablehnung eines Beweisantrags zur Aufhebung der ersten Verurteilung durch das Revisionsgericht geführt hat.[72]

8 Der Grundsatz der Verhältnismäßigkeit und das Beschleunigungsgebot haben auch **verfahrensrechtliche Auswirkungen.** Beide verlangen, dass die Gerichte in der zu treffenden Haftentscheidung zunächst zwischen dem staatlichen Strafverfolgungs- und Freiheitsanspruch des Beschuldigten abwägen und nicht nur floskelhaft begründen,[73] weshalb jedenfalls Haftfortdauerentscheidungen eine notwendige **Begründungstiefe** (→ Rn. 34) aufweisen müssen.[74] So sind in jedem Beschluss über die Anordnung der Fortdauer der Untersuchungshaft aktuelle Ausführungen zu dem weiteren Vorliegen ihrer Voraussetzungen, zur Abwägung zwischen dem Freiheitsgrundrecht des Beschuldigten und dem Strafverfolgungsinteresse der Allgemeinheit sowie zur Frage der Verhältnismäßigkeit geboten.[75] Auch ist es notwendig, dass das Fachgericht ggf. die relevanten Gesichtspunkte, die für eine lange Verfahrensdauer verantwortlich sind, hinreichend analysiert und sich damit auseinandergesetzt. Fehlt es hieran, so mangelt es der Entscheidung über die Haftfortdauer ebenfalls an einer hinreichenden Begründungstiefe.[76]

9 **5. Rechtliches Gehör.** Auch der Anspruch auf Wahrung rechtlichen Gehörs und der Grundsatz des fairen Verfahrens, speziell auf Waffengleichheit,[77] hat Auswirkungen auf die **Untersuchungshaft.** So darf ein Haftbefehl nicht auf Umstände, insbesondere Schriftstücke gestützt werden, zu welchem dem Verteidiger keine Akteneinsicht gewährt werden kann[78] oder zu Unrecht nicht gewährt worden ist.[79] Ein Verstoß gegen Artikel 5 Abs. 4 EMRK (Waffengleichheit) ist festzustellen, wenn dem Verteidiger im Haftprüfungsverfahren die Akteneinsicht in Dokumente aus der Ermittlungsakte versagt wird, die wesentlich sind, um die Rechtmäßigkeit der Haft anzugreifen.[80] Das Gericht darf Akteneinsicht und/oder die Überlassung bestimmter Aktenteile (hier: Zeugenaussagen) deshalb nicht ohne weiteres mit der Begründung versagen, die Einsicht in die Unterlagen würde den Ermittlungszweck gefährden. Dies gilt jedenfalls dann, wenn im Haftbefehl zwar auf bestimmte Beweismittel Bezug genommen wurde aber keine weiteren Einzelheiten über den konkreten Inhalt der in Bezug genommenen Beweise mitgeteilt wurden.[81] Die nur mündliche Unterrichtung über den Akteninhalt genügt nicht,[82] vielmehr steht dem Beschuldigten jetzt auch in eingeschränktem Umfang ein Recht auf Übersetzung von Unterlagen zu (§§ 114, 114b) (→ § 114a Rn. 6; → § 114b Rn. 21). Ein Recht auf Akteneinsicht besteht jedoch nicht, wenn der Haftbefehl – noch – nicht vollzogen ist, insoweit kann die Staatsanwaltschaft Einsicht in die Akten verweigern.[83]

---

[71] BVerfG 5.12.2005 – 2 BvR 1964/05, NJW 2006, 672 (überlange Verfahrensdauer).
[72] OLG Hamm 10.1.2019 – III 1 Ws 8/19.
[73] BVerfG 4.6.2012 – 2 BvR 644/12, BeckRS 2012, 55244.
[74] Vgl. hierzu BVerfG 17.1.2013 – 2 BvR 2098/12, StraFo 2013, 160 mwN; 25.6.2018 – 2 BvR 631/18, BeckRS 2018, 14020; 9.3.2020 – 2 BvR 103/20, EuGRZ 2020, 365; Meyer/Hunsmann NStZ 2015, 325.
[75] BVerfG 9.3.2020 – 2 BvR 103/20, EuGRZ 2020, 365 ff. (Abweichung von der Bewertung des Tatrichters); 4.6.2012 – 2 BvR 644/12, BVerfGK 19, 428.
[76] BVerfG 23.1.2008 – 2 BvR 2652/04, StV 2008, 198(200); 16.3.2006 – 2 BvR 170/06, BVerfGK 7, 421 (429); 1.12.2020 – 2 BvR 1853/20, BeckRS 2020, 34106.
[77] EGMR 9.7.2009 – 11364/03, BeckRS 2010, 90118; 12.12.2007 – 11364/03, StV 2008, 475; 13.2.2011 – 25116/04, NJW 2002, 2015, StV 2008, 475.
[78] OLG Naumburg 21.1.2011 – 1 Ws 52/11, NStZ 2011, 599 (600) (Akteneinsicht an Pflichtverteidiger reicht aus).
[79] KG 15.11.2010 – 2 Ws 619/10, StraFo 2011, 92.
[80] EGMR 2.6.2009 – 29705/05, EuGRZ 2009, 472; 11.3.2008 – 41077/04, NStZ 2009, 164 (Elektronische Speichermedien).
[81] EGMR 13.2.2001 – 24479/94, NJW 2002, 2013.
[82] EGMR 13.12.2007 – 11364/03, StV 2008, 475.
[83] BGH 3.4.2019 – StB 5/19, NStZ 2019, 478; OLG München 22.1.2019 – 2 Ws 51/19, BeckRS 2019, 531; EGMR 10.12.2013 – 53792/09 und 11320/13, BeckRS 2013, 201464.

6. Anwendungsbereich – Abgrenzung zu anderen Haftarten. Das deutsche Recht kennt eine Vielzahl von anderen Haftarten oder Freiheitsbeschränkungen,[84] welche sich vom Untersuchungsshaftbefehl nach § 112 unterscheiden. Zu nennen sind vor allem die **Ungehorsamshaft** zur Erzwingung der Anwesenheit des Angeklagten in der Hauptverhandlung nach §§ 230 Abs. 2,[85] 236, 329 Abs. 4 S. 1, 412 Abs. 1, die **Hauptverhandlungshaft** nach § 127b, die **Sicherungshaft** nach § 112a, § 453c oder nach § 275a, **die Vollstreckungshaft** nach § 457 Abs. 2 und die sog. nur vorübergehend zulässige **Organisationshaft.**[86] Bei schuldunfähigen oder vermindert schuldfähigen Beschuldigten wird der Haftbefehl durch die **einstweilige Unterbringung** nach § 126a ersetzt, wenn deren Unterbringung nach §§ 63, 64 StGB zu erwarten ist. Im Auslieferungsverfahren ist vor sowohl der Erlass eines **vorläufigen** – (§ 16 IRG) als auch eines **eigentlichen Auslieferungshaftbefehls** (§ 15 IRG) möglich. Auch der **Europäische Haftbefehl** stellt im Gegensatz zu einer früher vertretenen Auffassung[87] einen eigenständigen[88] Haftbefehl[89] und nicht nur ein bloßes Fahndungsmittel dar, auch wenn es zur innerstaatlichen Umsetzung des Erlasses eines – vorläufigen – Auslieferungshaftbefehls (§§ 15, 16 IRG) oder zunächst einer Festnahmeanordnung bedarf (§ 19 IRG). 10

7. Verfahrensrechtliche Fragen. Angeordnet wird die **Untersuchungshaft** durch schriftlichen Haftbefehl (§ 114).[90] Eine zeitliche Obergrenze besteht nicht, jedoch darf sie nach sechs Monaten Dauer nur auf besondere Anordnung des Oberlandesgerichts weiter vollzogen werden (§ 121). Ein Haftbefehl ist grundsätzlich immer dem aktuellen Verfahrensstand anzupassen, insbesondere, wenn sich die Sachlage wesentlich ändert.[91] Er ist zu erweitern, wenn neue Tatvorwürfe bekannt werden, welche einen dringenden Tatverdacht begründen können. Deshalb können auch nur Taten die Untersuchungshaft rechtfertigen, wenn sie Gegenstand des Haftbefehls sind.[92] Dass gegen den Beschuldigten weitere Ermittlungsverfahrens anhängig sind oder er uU sogar die Begehung weiterer Delikte eingeräumt hat, rechtfertigt die Anordnung der Untersuchungshaft nicht.[93] Nicht zulässig sind auch mehrere Haftbefehle in gleicher Sache, anders jedoch, wenn gegen den Beschuldigten mehrere Strafverfahren bei unterschiedlichen Behörden anhängig sind. Diese sind dann hintereinander zu vollstrecken,[94] gleichwohl kann die Haftgrundlage auch bei bestehender „Überhaft" angegriffen werden.[95] Häufig wird die **Untersuchungshaft** unterbrochen, weil Strafhaft[96] oder ein freiheitsentziehnde Maßregel der Besserung und Sicherung zu vollstrecken ist (§§ 116b, 119 Abs. 6). Solche Unterbrechungen sind grundsätzlich zulässig, werden vom Haftrichter angeordnet und sind 11

84 Vgl. hierzu näher die Aufstellung bei Schmitt in Meyer-Goßner/Schmitt Vor § 112 Rn. 5 ff. und Graf in KK-StPO Vor § 112 Rn. 2.

85 Zur Zulässigkeit der Hauptverhandlungshaft, vgl. KG 12.9.2014 – 3 Ws 284/14, StraFo 2014, 512.

86 BVerfG 18.6.1997 – 2 BvR 2422/96, NStZ 1998, 77; 26.9.2005 – 2 BvR 1019/01, NJW 2006, 427 (Zeitraum zwischen der Beendigung der Untersuchungshaft und der Aufnahme in den Maßregelvollzug); Duchon StraFo 2021, 16 (Corona).

87 Böhm NJW 2006, 2592; Böhm in Ahlbrecht/Böhm/Esser/Eckelmans, Internationales Strafrecht, 2 Auflage 2018, Rn. 756.

88 EuGH 27.5.2019 – C-508/18 ua, BeckRS 2019, 9722.

89 Zur Zuständigkeit des Haftrichters für den Erlass gemäß § 131 StPO: OLG Schleswig 6.2.2020 – 2 Ws 13/20, BeckRS 2020, 4320; aA Oehmichen/Schmid StraFo 2019, 397.

90 Die Zuständigkeit ergibt sich aus § 126, Haftentscheidungen während laufender Hauptverhandlung sind in der Besetzung außerhalb der Hauptverhandlung zu treffen, str. vgl. BGH 11.1.2011 – 1 StR 648/10, NStZ 2011, 356; KG 27.1.2015 – 3 Ws 656/14, StraFo 2015, 110 (keine Schöffen); aA OLG München 27.2.2018 – 2 Ws 185/18, BeckRS 2018, 2549; → § 117 Rn. 17 (je nach Beschleunigungsgrundsatz).

91 OLG Koblenz 18.1.2016 – 2 Ws 742/15, BeckRS 2016, 3322.

92 BGH 6.12.2017 – AK 63/17, NStZ-RR 2018, 53; OLG Hamm 14.11.2007 – 2 Ws 342/07, OLGSt StPO § 112 Nr. 13; KG 25.1.21 – (4) 121 HEs 2/21.

93 OLG Naumburg 9.3.2007 – 1 Ws 132/07, NStZ-RR 2008, 156.

94 OLG München 13.1.1983 – 1 Ws 1162/82, NStZ 1983, 236 Ls.

95 Graf in KK-StPO Vor § 112 Rn. 17.

96 OLG Nürnberg 12.3.2009 – 1 Ws 119/09, BeckRS 2010, 25931 (zuständig für die Unterbrechung der Strafhaft zur Vollstreckung von Untersuchungshaft ist die Staatsanwaltschaft als Vollstreckungsbehörde).

mangels Beschwer im Falle der Anordnung nicht mit der Beschwerde angreifbar,[97] anders jedoch bei Ablehnung der Unterbrechung.[98]

12 **Gegenstandslos wird der Haftbefehl** mit Eintritt der Rechtskraft des Urteils, da sein Zweck der Verfahrenssicherung erreicht ist.[99] Einer **ausdrücklichen Aufhebung bedarf es nicht.** Mit Eintritt der Rechtskraft geht die Untersuchungshaft unmittelbar – ohne dass es noch der förmlichen Einleitung der Strafvollstreckung durch die Staatsanwaltschaft bedürfte – in Strafhaft über.[100] Der Haftbefehl lebt auch nicht wieder auf, wenn dem Angeklagten Wiedereinsetzung in den vorigen Stand gewährt und die Rechtskraft so durchbrochen wird, vielmehr muss ein neuer Haftbefehl erlassen werden.[101] Ist der Haftbefehl jedoch **nur außer Vollzug gesetzt,** so wird er bei Eintritt der Rechtskraft nicht gegenstandslos, vielmehr kommt ihm weiter die Vollstreckung sichernde Bedeutung bei.[102]

13 Eine Besonderheit stellt der **Haftfortdauerbeschluss** des § 268b dar. Eine solcher muss gefasst werden, wenn in einer Haftsache ein Haftbefehl nach durchgeführter Hauptverhandlung aufrechterhalten wird. Grundsätzlich muss dieser nicht begründet werden. Anders jedoch, wenn die Verurteilung deutlich von den Vorwürfen des ursprünglichen Haftbefehls abweicht. In diesem Fall ist anzuführen, welcher Taten der Angeklagte nunmehr dringend verdächtig ist und worauf die richterliche Überzeugungsbildung beruht.[103] Es ist jedoch zulässig, dass auch in diesen Fällen das Gericht in der Hauptverhandlung zunächst nur auf das verkündete Urteil verweist und die Anpassung der Haftgrundlage später vornimmt,[104] etwa nach Einlegung einer Haftbeschwerde durch den Angeklagten (→ Rn. 22). Eine Verpflichtung des Gerichts zur ständigen Anpassung der Haftgrundlage während der noch laufenden Hauptverhandlung besteht nicht.[105]

14 **8. Haftunfähigkeit.** Diese schließt den Erlass eines Haftbefehls nicht aus, sondern hindert nur seinen Vollzug. In entsprechender Anwendung der in § 455 Abs. 4 aufgestellten Grundsätze ist der Vollzug der Untersuchungshaft nicht zulässig, wenn er wahrscheinlich zu einer konkreten Lebensgefährdung oder zu erheblichen physischen oder psychischen Beeinträchtigungen bei dem Untersuchungsgefangenen führen kann. Allein die Zugehörigkeit zu einer SARS-CoV-2-Virus-Risikogruppe rechtfertig die Aussetzung der Haft nicht.[106] Soweit sich eine medizinische Betreuung als notwendig erweist, kann diese in der Haft erfolgen. Es bedarf im Einzelfall einer Abwägung zwischen den Belangen des Beschuldigten sowie den staatlichen Interessen, wie sie in den jeweiligen Haftgründen ihren Ausdruck finden.[107]

15 **9. Anrechnung und Entschädigung.** Da die **Untersuchungshaft** einen Eingriff in das Freiheitsgrundrecht darstellt, ist die Haftzeit im Falle seiner späteren Verurteilung auf die Strafe anzurechnen (§ 51 StGB). Wir der Beschuldigten hingegen nicht verurteilt, so

---

[97] OLG Oldenburg 5.10.1978 – 2 Ws 460/78, MDR 1979, 78; OLG Düsseldorf 18.1.1984 – 1 Ws 33/84, NStZ 1984, 236; OLG Jena 17.6.1997 – 1 Ws 123/97, NStZ 1997, 510; anders OLG Hamm 11.2.1999 – 2 Ws 606/98, StV 1999, 332 (Erzwingungshaft); Graf in KK-StPO Vor § 112 Rn. 18.

[98] OLG Hamburg 12.12.1991 – 1 Ws 371/91, NStZ 1992, 206.

[99] OLG Hamburg 8.4.1976 – 1 Ws 183/76, NJW 1977, 210.

[100] BGH 28.8.1991 – 2 ARs 366/91, BGHSt 38, 63 = NJW 1992, 518; OLG Hamm 6.11.2001 – 2 Ws 271/01, StV 2002, 209; KG 13.8.2008 – 4 Ws 72/08; OLG Hamm 18.2.21 – 1 RvS 7/21 (Teilrechtskraft); Schmitt in Meyer-Goßner/Schmitt § 120 Rn. 15; Wankel in KMR-StPO § 120 Rn. 10; differenzierend OLG Düsseldorf 25.7.1986 – 1 Ws 614/86, StV 1988, 110 und 22.5.1981 – 1 Ws 237/81, NStZ 1981, 366 (bis zur Einleitung der Strafvollstreckung zunächst Vollstreckungshaft).

[101] BVerfG 18.8.2005 – 2 BvR 1357/05, NJW 2005, 699.

[102] KG 17.6.2011 – 2 Ws 219711, NStZ 2012, 230; OLG Stuttgart 30.1.1984 – 1 Ws 397/83, Die Justiz 1984, 213; Zu den insoweit vertretenen vier Ansichten, vgl. Barthe NStZ 2016, 71; Schwellendieck NStZ 2011, 10; → § 116 Rn. 42.

[103] OLG Hamm 5.7.2012 – III – 3 Ws 159/12, NJW-Spezial 2012, 537; OLG Saarbrücken 7.1.2015 – 1 Ws 122/15 (Ausführungen auch zur Verhältnismäßigkeit erforderlich).

[104] OLG Karlsruhe 26.9.2000 – 3 Ws 196/00, StV 2001, 87.

[105] OLG Köln 15.11.2011 – 2 Ws 650/11, NStZ-RR 2012, 125.

[106] OLG Hamm 7.5.2020 – 3 Ws 157/20, BeckRS 2020, 8426, COVuR 2020, 433 (SARS-CoV-2-Virus).

[107] OLG Nürnberg 13.12.2005 – 1 Ws 1348/05, StV 2006, 314.

ist er im Regelfalle nach § 2 Abs. 1 StrEG zu entschädigen, somit kein Ausschlussgrund besteht (§ 5 Abs. 2 Satz 1 StrEG).[108] Nicht erfasst hiervon sind jedoch Schmerzensgeldansprüche.[109] Einen solchen unmittelbaren und auch ein Schmerzensgeld erfassenden Entschädigungsanspruch gegen den Staat begründet indes Art. 5 Abs. 5 MRK, welcher gegen die öffentlich rechtliche Körperschaft im Zivilrechtsweg geltend zu machen ist, in deren Bereich die Verhaftung erfolgte.[110]

10. Internationalrechtliche Grundlagen und Einflüsse. Beeinflusst wird die Untersuchungshaft nach § 112 vor allem durch die **Garantie der persönlichen Freiheit in Art. 5 MRK,**[111] welche in etwa Art. 9 des Internationalen Pakts vom 19.12.1996 über bürgerliche und politische Rechte – IPBPR[112] vergleichbar ist.[113] Allerdings beeinflusst diese Vorschrift die Anordnung der Untersuchungshaft zumeist nicht unmittelbar, sondern hat vor allem Auswirkungen auf verfahrensrechtliche Fragen in Zusammenhang mit der Untersuchungshaft. So liegt ist etwa ein Verstoß gegen Artikel 5 Abs. 4 EMRK (Waffengleichheit) dann anzunehmen, wenn dem Verteidiger im Haftprüfungsverfahren die Einsicht in Akten (→ Rn. 9)[114] oder in andere elektronische Speichermedien[115] versagt wird, wobei es grundsätzlich der Überlassung der Unterlagen bedarf und eine mündliche Information hierüber nicht ausreicht.[116] Deshalb darf das Gericht oder die Staatsanwaltschaft Akteneinsicht und/oder die Überlassung bestimmter Aktenteile (hier: Zeugenaussagen) nicht ohne weiteres mit der Begründung versagen, die Einsicht in die Unterlagen würde den Ermittlungszweck gefährden. Dies gilt jedenfalls dann, wenn im Haftbefehl zwar auf bestimmte Beweismittel Bezug genommen wurde aber keine weiteren Einzelheiten über den konkreten Inhalt der in Bezug genommenen Beweise mitgeteilt wurden.[117] Er muss zu allen Dokumenten Zugang haben, welche wesentlich sind, um die Rechtmäßigkeit der Haft seines Mandanten angreifen können.[118] 16

Beeinflusst wird das Recht der die Untersuchungshaft **bezüglich deren Vollzugs** auch durch die Rechtsprechung des EGMR,[119] insbesondere im Hinblick auf die Anforderungen an die Unterbringung von Häftlingen, wobei Beanstandungen bezüglich der Haftbedingungen in der Bundesrepublik Deutschland anders als in zahlreichen anderen Staaten innerhalb und außerhalb Europas eher selten sind.[120] 17

Inwieweit die im Jahre 2009 in Kraft getretene **„Charta der Grundrechte der Europäischen Union"**[121] Auswirkungen auf das nationale Haftrecht und eine darauf aufbauende Rechtsprechung des EuGH haben wird, lässt sich derzeit noch nicht abschließend beurteilen. Naheliegen könnte dies nach Art. 48 Abs. 2 GRCh bezüglich der dort gewährleisteten Verteidigungsrechte insoweit als der Angeklagte gem. Art. 6 Abs. 3a EMRK über die gegen ihn erhobenen Beschuldigungen in einer ihm verständlichen Sprache unterrichtet werden muss, wobei zunächst inner-stattlich zu klären sein wird, ob ihm insoweit auch ein Recht auf die Aushändigung vollständiger übersetzter Unterlagen zusteht oder auch ein Informa- 18

108 KG 7.5.21 – 2 Ws 25/21, StraFo 2022, 75.
109 BGH 29.4.1993 – III ZR 3/92, BGHZ 122, 268 = NJW 1993, 2927.
110 Schmitt in Meyer-Goßner/Schmitt EMRK Art. 5 Rn. 14.
111 Ambos/Ruegenberg NStZ-RR 1998, 161; Trechsel EuGRZ 1980, 514.
112 BGBl. 1973 II 1534.
113 Graf in KK-StPO Vor § 112 Rn. 10; Nowak EuGrZ 1980, 532.
114 EGMR 2.6.2009 – 29705/05, EuGRZ 2009, 472.
115 EGMR 11.3.2008 – 41077/04, NStZ 2009, 164.
116 EGMR 13.12.2007 – 11364/03, StV 2008, 475.
117 EGMR 13.2.2001 – 24479/94, StV 2001, 201.
118 EGMR 13.2.2001 – 23541/04, NJW 2002, 2018.
119 Pohlreich NStZ 2011, 560.
120 EGMR 7.7.2011 – 20999/05, BeckRS 2012, 12049 – Heilig ./. Deutschland (Verstoß gegen Art. 3 EMRK aufgrund Vorenthaltens von Kleidung während der Unterbringung des Häftlings in einem gesicherten Haftraum); EGMR 29.6.2006 – 54934/00, BeckRS 2007, 3280 – Weber und Saravia ./. Deutschland (Postkontrolle Art. 8 MRK).
121 Vgl. hierzu Jarass, NStZ 2012, 611.

tion durch einen Dolmetscher oder aber seinen Verteidiger ausreicht (vgl. hierzu nunmehr die Regelungen in §§ 114a, 114b).[122]

19 Rein praktische Auswirkungen auf das nationale Haftrecht hat auch der **Europäische Haftbefehl.**[123] Dieser hat nämlich als erster von bislang zehn auf dem Grundsatz der gegenseitigen Anerkennung justizieller Entscheidungen beruhenden Rahmenbeschlüssen zu einer erheblichen Beschleunigung des Auslieferungsverfahrens beigetragen, da nunmehr zeitnah mit einer Überstellung des Beschuldigten aus eine Mitgliedstaat gerechnet werden kann. Ziel des Rahmenbeschlusses ist es nämlich, in Übereinstimmung mit den Schlussfolgerungen des europäischen Rates von Tampere aus dem Jahr 1999, einen Raum der Freiheit, der Sicherheit und des Rechts zu entwickeln.[124] Durch den dort angeführten Grundsatz der gegenseitigen Anerkennung,[125] welcher nach Inkrafttreten des Vertrages von Lissabon nunmehr auch in den Ausführungsvertrag zum Vertrag über die Europäische Union überführt worden ist (Art. 82, 83 AEUV),[126] sollte erstmals die Angleichung bestimmter Strafrechts- und Strafverfahrensvorschriften der Mitgliedstaaten verwirklicht werden.[127] Wie sich vor allem aus Art. 1 Abs. 1 und 2 sowie den Erwägungsgründen 5 und 7 RB-EuHb ergibt, soll hierdurch das multilaterale System der Auslieferung zwischen den Mitgliedstaaten durch ein System der Übergabe zwischen Justizbehörden von verurteilten oder verdächtigen Personen zur Vollstreckung strafrechtlicher Urteile oder zur Strafverfolgung auf der Grundlage der Insoweit ist festzuhalten, dass der Europäische Haftbefehl aus Sicht der Praxis als Erfolg bezeichnet werden muss. Durch die Ersetzung des traditionellen zumeist ministeriell geleiteten Auslieferungsverfahrens durch ein System der Übergabe zwischen den unmittelbar beteiligten Justizbehörden hat sich die durchschnittliche Dauer derselben erheblich verkürzt und liegt mit Stand 2009 bei 48,6 Tagen und bei 16 Tagen, wenn der Verfolgte seiner vereinfachten Auslieferung zustimmt.[128] Dass der Europäische Haftbefehl entgegen einer zwischenzeitlich ergangenen Entscheidung des EuGH[129] vormalig von der Staatsanwaltschaft und nicht von einem Gericht ausgestellt wurde, steht der Wirksamkeit der nationalen Haftgrundlage und damit einer Inlandsvollstreckung nach erfolgter Auslieferung nicht entgegen.[130]

III. Erläuterung

20 Voraussetzung eines Haftbefehls nach § 112 sind der dringende Tatverdacht (→ Rn. 21 ff.), die Einhaltung des Grundsatzes der Verhältnismäßigkeit (→ Rn. 32 ff.) und, abgesehen von Abs. 3, das Vorliegen eines Haftgrundes (→ Rn. 35 ff., 41 ff., 62 ff.), wobei die in den Vorschriften der §§ 112, 112a enumerativ aufgezählten Haftgründe abschließend sind.

21 **1. Dringender Tatverdacht.** Der dringende Tatverdacht erfordert **zwei** von dem zuständigen Haftgericht (§§ 125, 126) zu prüfende **Elemente.** Einerseits bedarf es einer sachlich begründeten Beurteilung der **Täterwahrscheinlichkeit des Beschuldigten**[131] (→ Rn. 22), andererseits einer Prognose der **Verurteilungswahrscheinlichkeit** (→ Rn. 24).

22 **a) Täterwahrscheinlichkeit.** Der Gesetzgeber hat diesen Verdachtsgrad selbst nicht näher erläutert. Die von der Rechtsprechung aber auch der Literatur gefestigte Definition

122 Vgl. hierzu auch die Richtlinie 2010/64 EU über das Recht auf Dolmetschleistungen und Übersetzungen im Strafverfahren.
123 Vgl. hierzu Böhm StraFo 2013, 177.
124 RB-EuHb 2002, 584/JI – Erwägungsgrund 5.
125 Zur historischen Entwicklung, vgl. Braum GA 2005, 681 sowie Gleß ZStW 116 (2004), 353; Müller-Graf ZVglrWiss 111 (2012), 73; krit. Otto StudZR 2005, 557 ff. (575).
126 Brodowski ZIS 2010, 376 ff.; Zimmermann JURA 2009, 844.
127 Globke GA 2011, 412.
128 Bericht der Kommission an das Europäische Parlament und den Rat vom 11.4.2011, KOM(2011) 175 end., Seite 1.
129 EuGH 27.5.2019 – C-508/18, C-82/19 PPU, NJW 2019, 2145.
130 OLG München 13.6.2019 – 2 Ws 587/19, BeckRS 2019, 12391.
131 Vgl. BVerfG 12.9.1995 – 2 BvR 2475/94, NJW 1996, 1049; Graf in KK-StPO § 112 Rn. 3.

umschreibt den dringenden Tatverdacht als **große oder hohe Wahrscheinlichkeit,**[132] dass der Beschuldigte Täter oder Teilnehmer einer verfolgbaren Straftat ist. Erfordert die Prüfung des Verdachtsgrades im Zwischenverfahren außerhalb von Haftfrage noch einen hinreichenden Tatverdacht, muss sich der dringende Verdacht als intensiver erweisen. Die Verteidigungshaltung des Beschuldigten richtet sich hier primär gegen Sachverhaltsfeststellungen und erst in zweiter Linie gegen rechtliche Anforderungen. Auf der ersten Stufe der gerichtlichen Prüfung setzt dies die hohe Wahrscheinlichkeit voraus, dass der Beschuldigte zum gegenwärtigen Ermittlungsstand der Täter oder Teilnehmer einer Straftat ist und alle Voraussetzungen der Strafbarkeit und Verfolgbarkeit vorliegen. Es müssen daher Umstände vorliegen, die nach der Lebenserfahrung, auch der kriminalistischen Erfahrung, in erheblichem Maße darauf hindeuten, dass jemand als Täter oder Teilnehmer eine Straftat begangen hat. Erforderlich ist, dass der Verdacht durch schlüssiges Tatsachenmaterial bereits ein gewisses Maß an Konkretisierung und Verdichtung erreicht hat.[133] Die hohe Wahrscheinlichkeit[134] des Eingreifens von Rechtfertigungs-, Schuld- bzw. Strafausschließungsgründen beseitigt demzufolge den dringenden Tatverdacht. Bei der vergleichenden Betrachtung der unterschiedlichen gesetzlichen Eingriffsschwellen des einfachen Anfangsverdachts (§ 102) und des hinreichenden Verdachtsgrades (§ 203) muss der hohe Grad des dringenden Tatverdachts von einer **ausreichenden Tatsachengrundlage** getragen werden, die sich auf die Ermittlungsakten[135] stützt.[136]

Bloße Vermutungen,[137] seien sie auch aufgrund forensischer und kriminalistischer Erfahrung nahe liegend, genügen indes nicht. Ein solcher Tatverdacht muss sich aus bereits belegbaren Tatsachen ergeben und darf nicht aus künftigen möglichen Ermittlungsergebnissen hergeleitet werden.[138] Hierzu gehört es auch, dass Tatvorwürfe überhaupt konkretisierbar sind. Hieran fehlt es beim Vorwurf der Geldwäsche etwa dann, wenn die entsprechende Vortat, an welche die Tathandlung jeweils anknüpft, nicht hinreichend konkretisiert festgestellt werden kann.[139] Erforderlich ist jedes gesetzliche Tatbestandsmerkmal mit aus den Akten sich ergebenden Tatsachen zu belegen.[140] 23

b) Verurteilungswahrscheinlichkeit. Neben den darzustellenden, aussagekräftigen Indizien bedarf es einer prognostischen Bewertung der Verurteilungswahrscheinlichkeit.[141] In Abgrenzung zu der im Zwischenverfahren notwendigen Eröffnungsentscheidung liegt in der Annahme eines hinreichenden Tatverdachts und der Zulassung der Anklage (§ 203) nur eine vorläufige Tatbewertung, die sich auf Grund der Hauptverhandlung als unzulänglich oder unzutreffend erweisen kann.[142] Dies bedingt einen gewissen Beurteilungsspielraum, innerhalb dessen das schlichte Überwiegen der Verurteilungswahrscheinlichkeit für ausreichend erachtet wird.[143] An die Annahme des dringenden Tatverdachts sind jedoch **strengere Anforderungen** zu stellen. Die Haftentscheidung ist anhand der zwischenzeitlich angefallenen Ermittlungsergebnisse nach dem aktuellen Verfahrensstand zu treffen. Dem 24

[132] BGH 18.10.2007 – StB 34/07, StV 2008, 84; 5.5.1992 – StB 9/92, BGHST 38, 276; OLG Bremen 2.4.2020 – 1 Ws 32/20, BeckRS 2020, 7151; Graf in KK-StPO § 112 Rn. 6.
[133] BGH 11.3.2010 – StB 16/09, NStZ 2010, 711.
[134] OLG Hamburg 26.4.2019 – 2 Ws 48-49/19 (einfache Wahrscheinlichkeit genügt).
[135] Zur Verwertbarkeit ausländischer Erkenntnisse, vgl. OLG Köln 14.3.2002 – 2 Ws 113/02, StraFo 2002, 243.
[136] BGH 18.10.2007 – StB 34/07, StV 2008, 84; 16.12.2020 – 2 Bfs 403/20 StraFo 2021, 470.
[137] KG 24.3.2010 – 4 Ws 37/10, StRR 2010, 354; 24.5.2016 – 4 Ws 75/16, BeckRS 2016, 120467 (vermuteter Fluchtwille).
[138] BVerfG 18.4.2007 – 2 BvR 2094/05, NJW 2007, 2749.
[139] OLG Karlsruhe 28.9.2004 – 2 Ws 195/05, StraFo 2004, 417.
[140] OLG Köln 27.4.1999 – HEs 59/99, StraFo 1999, 214.
[141] OLG Koblenz 19.11.1993 – 2 Ws 654/03, StV 1994, 316 (keine Verurteilung nach durchgeführter Beweisaufnahme, sondern Aussetzung des Verfahrens); KG 21.8.2014 – 1 Ws 61/14, NStZ-RR 2014, 374 (Haftbefehl trotz noch unklarer Schadenshöhe).
[142] BGH 22.7.1970 – 3 StR 237/69, BGHSt 23, 304; OLG Karlsruhe 3.7.2003 – 3 Ws 72/03, wistra 2005, 72.
[143] Schneider in KK-StPO § 203 Rn. 4.

Grade nach ist dieser Verdacht stärker als der hinreichende, mithin sind auch nach der Eröffnung des Hauptverfahrens an diesen weiterhin höhere Anforderungen zu stellen.[144] Spricht etwa alles dafür, dass der/die Geschädigte in der Hauptverhandlung von seinem/ihrem Zeugnisverweigerungsrecht Gebrauch machen und deshalb das Beweisverbot des § 252 greifen wird, kann der Inhalt seiner/ihrer Vernehmungen vor der Polizei und vor dem Ermittlungsrichter nicht zur Begründung eines dringenden Tatverdachts herangezogen werden (→ Rn. 29).[145]

25 In der Praxis ist hier der Fallkonstellation **Aussage gegen Aussage** besondere Aufmerksamkeit zu widmen, da diese zusätzliche Beweiswürdigungsprobleme aufwirft, die in der Haftentscheidung der Erörterung bedürfen, insbesondere bedarf es einer besonders sorgfältigen Glaubwürdigkeitsprüfung.[146] Werden in dieser Fallkonstellation Angaben des einzigen Belastungszeugen zum Kerngeschehen oder auch nur zum bedeutsamen Randgeschehen im Verlauf der Ermittlungen teilweise widerlegt, vermögen seine übrigen Angaben den dringenden Verdacht nur dann noch zu tragen, wenn außerhalb der Aussage Gründe von Gewicht für deren Glaubhaftigkeit sprechen.[147] Unterbleibt diese Erörterung, kann der Mangel im Beschwerdeverfahren zur Aufhebung führen, wenn dieser dort nicht behoben werden kann.[148]

26 Schwierigkeiten zur Begründung des hinreichenden Tatverdachts bestehen auch beim **bloßen Indizienbeweis.** Ergeben sich etwa nach Aktenlage Unstimmigkeiten in den Zeugenaussagen und ist zu erwarten ist, dass erst in der Hauptverhandlung die Gesamtwürdigung aller Indizien zur Feststellung der Täterschaft des Beschuldigten führen kann, wird sich die Annahme eines dringenden Tatverdachts im Regelfall nicht begründen lassen.[149]

27 Maßgeblich ist stets der aktuelle **Stand der Ermittlungen zum Zeitpunkt der Haftentscheidung,** wobei der Haftrichter den Tatverdacht im Freibeweisverfahren auf der Grundlage gerichtsverwertbarer Beweise zu prüfen hat.[150] Grundsätzlich erfordert demgegenüber die anlässlich der Urteilsverkündung ergehende Entscheidung über die Fortdauer der Untersuchungshaft (§ 268b) keine gesonderte Begründung des dringenden Tatverdachts, da dieser in aller Regel bereits durch das verurteilende Erkenntnis hinreichend belegt wird.[151] Dies gilt jedoch zunächst dann nicht, wenn der Angeklagte abweichend vom Tatvorwurf des Haftbefehls verurteilt wird. Aber auch dann, wenn der Angeklagte entsprechend diesem verurteilt wird und er die Haftfortdauerentscheidung mit der Beschwerde auch oder gerade hinsichtlich des dringenden Tatverdachts angreift und noch keine schriftlichen Urteilsgründe vorliegen, muss das erkennende Gericht in der Nichtabhilfeentscheidung zumindest knapp darlegen, weshalb die Hauptverhandlung den dringenden Tatverdacht bestätigt hat.[152]

28 Besonderheiten bezüglich der Bewertung des dringenden Tatverdachts bestehen im Rahmen einer Haftbeschwerde **während laufender Hauptverhandlung** oder aber **nach Vorliegen eines Urteils** (vgl. auch → Rn. 41, 86). Insoweit gilt, dass allein das Gericht, vor dem die Beweisaufnahme stattfindet, in der Lage ist, deren Ergebnis aus eigener Anschauung festzustellen und zu würdigen, sowie auf dieser Grundlage zu bewerten, ob der dringende Tatverdacht nach dem erreichten Verfahrensstand noch fortbesteht oder dies nicht der Fall ist.[153] Das Beschwerdegericht hat demgegenüber keine eigenen unmittelbaren Kenntnisse

[144] Krauß in BeckOK StPO Rn. 4.
[145] OLG Dresden 6.2.2012 – 2 AK 2/12, StraFo 2012, 185.
[146] OLG Jena 28.2.2017 – 1 Ws 64/17, BeckRS 2017, 141452; OLG Koblenz 2.5.2016 – 2 OLG 4 Ss 32/16, BeckRS 2016, 13083.
[147] BVerfG 30.4.2003 – 2 BvR 2045/02, NJW 2003, 2444; BGH 29.7.1998 – 1 StR 94/98, BGHSt 44, 153 = NJW 1998, 3788; KG 11.12.2009 – (2)1 Ss 364/09, NStZ 2010, 533.
[148] OLG Jena 31.5.2005 – 1 Ws 185/05, StV 2005, 559.
[149] Ebenso LG Berlin 28.1.1999 – 531 -11 /98, StV 1999, 322.
[150] Paeffgen in SK-StPO Rn. 8.
[151] BGH 8.1.2004 – StP 20/03, NStZ 2004, 276.
[152] OLG Karlsruhe 26.9.2000 – 2 Ws 196/00, StV 2001, 118; OLG Celle 15.1.2015 – 1 Ws 22/15, StV 2015, 305.
[153] BGH 8.1.2004 – StP 20/03, NStZ 2004, 276 mwN; 21.9.2020 – StB 28/20, BeckRS 2020, 25908; KG 17.6.2015 – 4 Ws 48/15, BeckRS 2015, 12693 (Umfang der Darlegung).

über den Verlauf der Beweisaufnahme.[154] Die Nachprüfung durch das Beschwerdegericht ist deshalb darauf beschränkt, ob das vom Haftgericht gewonnene Ergebnis auf Tatsachen gestützt ist, die im Zeitpunkt der Entscheidung zur Verfügung standen, sowie darauf, ob das mitgeteilte Ergebnis auf einer vertretbaren Bewertung dieser für und gegen den dringenden Tatverdacht sprechenden Umstände beruht (→ Rn. 41, 86).[155] Verfahrensrechtlich setzt dies aber voraus, dass sich das Haftgericht im Haftfortdauerbeschluss mit dem Merkmal des dringenden Tatverdachts auch auseinandersetzt, ohne dass sich das Tatgericht in einer Art Zwischenverfahren zu Inhalt und Ergebnis aller Beweiserhebungen erklären müsste.[156] Ist dies nicht der Fall, führt dieser Mangel im Beschwerdeverfahren zur Aufhebung des betreffenden Beschlusses, wobei auch eine Rückgabe der Akten zur Nachbesserung[157] rechtlich möglich und oftmals angezeigt ist. Zumindest bei Einlegung einer Haftbeschwerde muss das erstinstanzliche Gericht dem Beschwerdegericht das Ergebnis seiner bisherigen Beweiserhebungen zumindest in zusammenfassend knapper Form zur Kenntnis bringen, damit dieses in eigener Verantwortung aus einer Zusammenschau des bisher erzielten Ergebnisses der Beweisaufnahme in der Hauptverhandlung mit den noch nicht in diese eingeführten, nach den Ermittlungen aber zur Verfügung stehenden weiteren Beweisen beurteilen kann, ob der dringende Tatverdacht weiter zu bejahen ist.[158] Der Verfahrensmangel zieht jedoch nur dann die Aufhebung des Haftbefehls nach sich, wenn ohne Rücksicht auf das bisherige Ergebnis der Hauptverhandlung ein dringender Tatverdacht eindeutig zu verneinen wäre.[159] Liegt hingegen ein schriftliches Urteil bereits vor, so ist der dringende Tatverdacht durch dieses Erkenntnis in der Regel hinreichend belegt,[160] es sei denn, durchgreifende Revisionsgründe liegen auf der Hand.[161]

Verfahrensrechtlich hat der Haftrichter dabei den dringenden Tatverdacht im **Freibeweisverfahren z**u würdigen, wobei es unumgänglich ist, dass er auch insoweit schon die Qualität der Beweismittel berücksichtigt,[162] insbesondere hat er auch bestehende Beweisverwertungsverbote zu beachten (→ Rn. 24).[163] Spricht etwa alles dafür, dass die/der Geschädigte in der Hauptverhandlung von seinem/ihrem Zeugnisverweigerungsrecht Gebrauch machen und deshalb das Beweisverbot des § 252 greifen wird, kann der Inhalt der seiner/ihrer Vernehmungen vor der Polizei und vor dem Ermittlungsrichter nicht zur Begründung eines dringenden Tatverdachts herangezogen werden.[164] Auch kann eine die Tat einräumende spontane Äußerung des Angeklagten gegenüber einem Kriminalbeamten verwertbar sein, wenn sie außerhalb einer Vernehmung ohne entsprechende Nachfrage aus freien Stücken und in Kenntnis seines Schweigerechts erfolgte.[165] Hingegen kann es an einem dringenden Tatverdacht fehlen, wenn ein Zeuge zunächst in einer Vernehmung eine Täterbeschreibung abgegeben hat, die mit dem tatsächlichen Aussehen und Erscheinungsbild des Beschuldigten 29

[154] BGH 8.1.2004 – StP 20/03, NStZ 2004, 276; OLG Stuttgart 6.3.2003 – 2 Ws 33/03, Die Justiz 2003, 457.
[155] BGH 19.12.2003 – StB 21/03, StV 2004, 143; 23.2.2017 – StB 4/17, BeckRS 2017, 103894; OLG Bremen 2.4.2020 – 1 Ws 32/20, BeckRS 2020, 7151 mzwN; → § 117 Rn. 29, 59; → § 120 Rn. 38; → § 116 Rn. 45 f.
[156] BGH 5.2.2015 – StB 1/15, BGHR StPO § 304 Abs. 4 Haftbefehl 3 (Gründe).
[157] OLG Hamburg 12.4.2019 – 2 Ws 43/19, JR 2019, 647 (Nachbesserung wegen falscher Gerichtsbesetzung, da Haftentscheidungen auch bei laufender Hauptverhandlumg stets ohne Schöffen zu treffen sind).
[158] BGH 29.9.2016 – StB 30/16, NJW 2017, 341. OLG Bremen 2.4.2020 – 1 Ws 32/20, BeckRS 2020, 7151 mzwN.
[159] OLG Jena 31.5.2005 – 1 Ws 185/05, StV 2005, 559.
[160] OLG Hamburg 21.3.2013 – 2 Ws 45/13, BeckRS 2013, 6272; OLG Hamm 7.1.2020 – III – 3 Ws 606/19, BeckRS 2020, 10884.
[161] OLG Hamburg 16.10.2015 – 2 Ws 236/15 (Tatverdacht durch Urteil auch dann belegt, wenn dieses wegen eines Fehlers in der Revision aufgehoben wird, der den Schuldspruch nicht berührt).
[162] Ebenso Graf in KK-StPO Rn. 8.
[163] KG 28.1.2002 – 1 AR 67/02, BeckRS 2002, 16301; OLG Bremen 18.12.2020 – 1 Ws 166/70, Kriminalistik 2021, 541 (Verwertbarkeit von Erkenntnissen ausländischer Telefonüberwachung); OLG Karlsruhe 10.11.21 – 2 Ws 261/21, Verwertbarkeit trotz Verstoßes gegen rechtliche Vorschriften.
[164] OLG Dresden 16.2.2012 – 2 AK 2/12, StraFo 2012, 185.
[165] OLG Düsseldorf 17.9.2007 – III -3 Ws 349/07, BeckRS 2008, 3204.

in Widerspruch steht, und er bei einer späteren Nachvernehmung den Beschuldigten aufgrund einer Einzellichtbildvorlage identifiziert,[166] wenn keine anderen Beweismittel den Verdacht seiner Täterschaft stützen. Auch sonstige Verfahrensfehler können im Einzelfall schon den dringenden Tatverdacht entfallen lassen, etwa wenn dem Gericht nur eine unvollständige Akte vorgelegt wird und widersprüchliche Aussagen einer gesperrten VP zurückgehalten werden.[167]

30 Formal ist im Haftbefehl der Tatvorwurf in einer dem Anklagesatz angenäherten Weise anzugeben. Der **historische Vorgang,** der die Tat im verfahrensrechtlichen Sinne (§ 264) beschreiben soll, ist so genau **darzustellen, dass der Beschuldigte den gegen ihn erhobenen Vorwurf nach Umfang und Tragweite eindeutig erkennen kann.** Die Schilderung muss so genau sein, dass für jedes Tatbestandsmerkmal einer Strafvorschrift erkennbar ist, durch welchen Teil des Sachverhalts es ausgefüllt wird. Wenn ein gesetzliches Merkmal nicht mit Tatsachen belegt werden kann, fehlt es am dringenden Tatverdacht (→ Rn. 21 ff.).[168]

31 Grundsätzlich nicht erforderlich ist jedoch, dass der Haftrichter **alle denkbaren Beweismittel** auch im Haftbefehl oder einer anderen Haftentscheidung im Sinne einer umfassenden Beweiswürdigung darlegt, es reicht die Benennung der tragenden Gesichtspunkte aus. Zur Überzeugungsbildung vom Vorliegen eines dringenden Tatverdachts ist ihm auch die Vornahme eigener Ermittlungen gestattet.[169]

32 **2. Verhältnismäßigkeit iSd Abs. 1 S. 2.** Der in Abs. 1 S. 2 ausdrücklich normierte Grundsatz der Verhältnismäßigkeit ist nur gewahrt, wenn die Erreichung des Haftzwecks nicht anderweitig gesichert werden kann (→ Rn. 3).[170] Bei der Anordnung und Aufrechterhaltung der Untersuchungshaft ist das Spannungsverhältnis zwischen dem in Art. 2 Abs. 2 S. 2 GG gewährleisteten Recht des Einzelnen auf persönliche Freiheit und den unabweisbaren Bedürfnissen einer wirksamen Strafverfolgung zu beachten.[171] Den vom Standpunkt der Strafverfolgung aus erforderlich und zweckmäßig erscheinenden Freiheitsbeschränkungen muss ständig der Freiheitsanspruch des noch nicht rechtskräftig verurteilten Beschuldigten als Korrektiv entgegengehalten werden, wobei dem Grundsatz der Verhältnismäßigkeit eine maßgebliche Bedeutung zukommt.[172] Haft- und Verhandlungsunfähigkeit führen in der Regel zur Unverhältnismäßigkeit der Untersuchungshaftanordnung.[173] In dem Strafverfahren gegen den früheren DDR-Staats- und Parteichef Erich Honecker entschied der Berliner Verfassungsgerichtshof,[174] dass eine schwere und unheilbare Krankheit, die mit Sicherheit vor Abschluss der Hauptverhandlung zum Ableben des Beschuldigten führen würde, angesichts der Achtung der Menschenwürde sowie aus Gründen der Verhältnismäßigkeit, eine Haftanordnung verbietet. Demgegenüber lehnt die überwiegende Literatur die Kreation eines besonderen „Moribundenprivilegs" ab.[175] Die Haftanordnung ist im Hinblick auf den Gesundheitszustand des Beschuldigten nur bei Feststellung der Verhandlungsunfähigkeit abzulehnen, oder wenn nach fachmedizinischer Einschätzung gerade die Durchführung des Verfahrens selbst die maßgebliche Ursache für irreversible Schäden oder gar den Tod setzt.[176] Ferner darf die Untersuchungshaft nur dann angeordnet werden, wenn

166 LG Essen 24.6.1999 – 26 Qs 29/99, StV 2000, 32.
167 In diesem Sinne LG Frankfurt a. M. 27.11.1997 – 5/30 KLs 88 Js 20791, StV 1998, 271.
168 OLG Köln 22.12.1998 – HEs 233/98 – 275, StV 1999, 156.
169 Graf in KK-StPO § 112 Rn. 8.
170 BVerfG 27.7.1966 – 1 BvR 296/66, BVerfGE 20, 144 (147).
171 BVerfG 9.3.2020 – 2 BvR 103/20, EuGRZ 2020, 365.
172 Grundlegend BVerfG 15.12.1965 – 1 BvR 513/65, BVerfGE 19, 342 = NJW 1966, 243; zuletzt BVerfG 24.8.2010 – 2 BvR 1113/10, StV 2011, 31; OLG Hamm 24.3.1998 – 2 Ws 101/98, NStZ-RR 1998, 307.
173 OLG Düsseldorf 16.11.1992 – 2 Ws 445-447/92, NStZ 1993, 554.
174 VerfGH Bln 12.1.1993 – 55/92, NJW 1993, 515.
175 Statt aller Schmitt in Meyer-Goßner/Schmitt Rn. 11a mwN.
176 Vgl. auch OLG Düsseldorf 16.11.1992 – 2 Ws 445-447/92, NStZ 1993, 554; OLG Nürnberg 13.12.2005 – 1 Ws 1348/05, StV 2006, 314.

sie zur Bedeutung der Sache und der zu erwartenden Strafe oder Maßregel der Besserung und Sicherung nicht außer Verhältnis steht. Entsprechendes gilt für den weiteren Vollzug der Untersuchungshaft. Bei der insoweit erforderlichen Abwägung müssen alle Umstände des Einzelfalles berücksichtigt werden, wie zB die Schwere des Eingriffs in den Lebensbereich des Beschuldigten, die Bedeutung der Strafsache und die zu erwartenden Rechtsfolgen.[177]

Maßgebliche Bedeutung erlangt hier auch die bisherige und **künftige Verfahrensdauer unter besonderer Berücksichtigung des Beschleunigungsgrundsatzes** (Art. 5 Abs. 3 S. 2 MRK), der alle Haftsachen beherrscht (→ Rn. 5 f.).[178] Neben der Schwere des Tatvorwurfs ist in die Abwägung einzustellen, ob in Anbetracht der bereits vollzogenen und grundsätzlich anzurechnenden Untersuchungshaft (§ 450 Abs. 1) ein Strafrest nach § 57 StGB auszusetzen wäre (→ Rn. 53)[179] oder bei einem Vergehen ein Strafbefehlsverfahren (§§ 407 ff.) ausreichend erscheint. Insgesamt verbieten sich schematische Lösungen, mithin kann ebenso bei Anordnung von Untersuchungshaft die Bedeutung der Sache und die zu erwartende Strafe außer Verhältnis stehen, wenn die Tat des bisher Unbestraften geringe Erfolgsaussichten besaß und sich der Schaden nicht realisiert hat.[180] Andererseits gibt es aber auch keinen Rechtssatz, dass die Untersuchungshaft nicht bis zur Höhe der erkannten Freiheitsstrafe vollzogen werden darf, wenn das notwendig ist, um die drohende Vollstreckung der Strafe zu sichern.[181] 33

Mit der **fortschreitenden Dauer der Untersuchungshaft** gehen **erhöhte Anforderungen** an die **Begründungstiefe**[182] (→ Rn. 8) von Haftfortdauerentscheidungen einher[183] und zwar zu allen relevanten Bereichen,[184] insbesondere zum Tatverdacht, den Haftgründen, zur Abwägung zwischen dem Freiheitsgrundrecht des Betroffenen und dem Strafverfolgungsinteresse und der Verhältnismäßigkeit.[185] Indes bedeutet dies nicht, dass in der Praxis schwierige und zeitaufwändige Ermittlungen und Beweiserhebungen unterbleiben müssen. Vielmehr muss der erforderliche Zeitaufwand im Rahmen einer Gesamtbetrachtung, insbesondere in einem angemessenen Verhältnis zur Schwere der Straftaten und der Straferwartung stehen.[186] Jedoch müssen Entscheidungen, die den Entzug der persönlichen Freiheit betreffen, stets auf einer zureichenden richterlicher Sachaufklärung beruhen.[187] 34

3. Haftgrund der Flucht. Abs. 1 Nr. 1 unterscheidet zwei Alternativen, die der **Flucht** und des sich **Verborgenhaltens.** Beide können zusammentreffen. 35

Flüchtig ist derjenige Beschuldigte, der sich mit dem Ziel und der Wirkung ins Ausland absetzt, für Ermittlungsbehörden und Gerichte dauernd oder zumindest für längere Zeit unerreichbar und ihrem Zugriff auch wegen der zu erwartenden Strafvollstreckung entzogen zu sein. Ein solcher Auslandsbezug ist zur Abgrenzung vom Merkmal des Verborgenhaltens geboten.[188] Der Begriff der Flucht setzt daher ein **finales Verhalten** voraus, mithin einen inneren Zusammenhang zwischen der Absatzbewegung des Beschuldigten und der Straftat 36

177 OLG Hamm 5.1.2006 – 2 Ws 2/06, StV 2006, 191 (195); OLG Dresden 31.3.2004 – 1 Ws 53/04, StV 2004, 495; LG Nürnberg-Fürth 26.10.21 – 12 Qs 7/21, StraFo 2021, 512 (geringe Beute).
178 EGMR 29.7.2004 – 49746/99, NJW 2005, 3125; BVerfG 29.11.2005 – 2 BvR 1737/05, NJW 2006, 668.
179 OLG Hamm 23.9.2003 – 3 Ws 395/03, NStZ-RR 2004, 152.
180 OLG Rostock 17.8.2005 – 1 Ws 297/05, StV 2006, 311.
181 KG 21.8.2007 – 1 AR 1207/07 – Ws 146/07, NStZ-RR 2008, 157.
182 Vgl. hierzu Mayer/Hunsmann NStZ 2015, 325.
183 BVerfG 24.8.2010 – 2 BvR 1113/10, BeckRS 2010, 53051; 13.10.2016 – 2 BvR 1275/16, BeckRS 2016, 53503; 9.3.2020 – 2 BvR 103, 20, EuGRZ 2020, 365.
184 OLG Bremen 3.1.2018 – 1 Ws 143/17, BeckRS 2018, 6, OLGSt StPO § 112 Nr. 23.
185 BVerfG 25.6.2018 – 2 BvR 631/18, BeckRS 2018, 14020.
186 Vgl. auch Graf, BGH-Rechtsprechung 2010, Rn. 349.
187 BVerfG 1.4.2019 – 2 BvR 382/19, NStZ-RR 2019, 289; 22.8.2017 – 2 BvR 2039/16, BeckRS 2017, 123193.
188 AA Schmitt in Meyer-Goßner/Schmitt Rn. 13; Graf in KK-StPO Rn. 10 (Absetzen vom räumlichen Lebensmittelpunkt).

bzw. der Kenntnis des Beschuldigten hiervon voraus.[189] Es kommt also darauf an, ob sein Verhalten vom Willen getragen ist, sich dem Verfahren dauerhaft zu entziehen.[190] Wer nur in seinen Wohnort im Ausland zurückkehrt,[191] ist danach nicht flüchtig, wenn keine Anhaltspunkte vorliegen, dass er sich dem Verfahren entziehen wollte,[192] selbst wenn er dort für die deutschen Justizbehörden unerreichbar ist, weil sein Heimatland eigene Staatsangehörige nicht ausliefert.[193] Besteht jedoch ein derartiger Finalzusammenhang ist es unerheblich, dass der Beschuldigte im Ausland postalisch erreichbar ist. Allein der Wohnsitz oder der Aufenthalt eines Beschuldigten im Ausland rechtfertigt daher nicht die Annahme des Haftgrundes der Flucht.[194] Auch der Umstand, dass der Aufenthalt des Beschuldigten den Ermittlungsbehörden nicht bekannt ist, rechtfertigt – auch wenn dies der Rechtswirklichkeit entspricht – wegen fehlender Finalität für sich gesehen danach nicht den Erlass eines Haftbefehls, vielmehr sind mildere Maßnahmen, wie eine Aufenthaltsermittlung zu ergreifen.[195] Soweit daher Haftbefehle allein wegen des fehlenden Inlandsaufenthalt des Verfolgten ohne Nachweis eines Finalzusammenhangs erlassen werden, kann ihre Rechtsfertigung aus dem Haftgrund der Flucht nicht begründet werden.

37 Der Haftgrund der Flucht liegt deshalb auch bei einem Beschuldigten nicht vor, der nur seinen **Lebensmittelpunkt ins Ausland verlegt**[196] und nicht aus verfahrensrechtlichen Gründen übersiedelt.[197] Ein Fluchtwillen kann hieraus nicht abgeleitet werden.[198] Begibt sich ein **Deutscher ins Ausland** und will nicht mehr in die Bundesrepublik Deutschland zurückkehren, kommt es darauf an, ob seine Übersiedlung „final" schon im Hinblick auf eine von ihm begangene Straftat erfolgt ist. Ist dies nicht der Fall, liegt keine Flucht vor.[199] Auch vor Begehung der Tat, etwa zur Verhinderung einer Einberufung, ist eine Flucht deshalb nicht möglich,[200] jedoch kann aus einem Vortatverhalten auf den Haftgrund geschlossen werden.[201] Fehlt es aber am Merkmal der „Flucht", so wird oftmals auch eine Auslieferung nicht möglich sein, zumal es immer noch am Haftgrund der **„Auslieferungsermöglichung"** fehlt.[202] Des Haftgrundes der „Flucht" bedarf es jedoch nicht, wenn der Beschuldigte trotz ordnungsgemäßer Ladung (→ Rn. 44) nicht zur Hauptverhandlung erscheint und aufgrund eines Haftbefehls nach § 230 StPO ein dann – rechtlich zulässig – ein Europäischer Haftbefehl erwirkt wird.[203]

38 Der **bloße Ungehorsam** gegen Vorladungen oder schlichtes Untätigsein rechtfertigt die Annahme der Flucht nicht, ebenso wenig, wenn nur der Aufentshaltort unbekannt ist oder eine schlechte Erreichbarkeit besteht.

39 **Verborgen** hält sich derjenige Beschuldigte, der unangemeldet, unter falschem Namen oder an einem unbekannten Ort lebt, um sich dem Strafverfahren zu entziehen.[204] Notwen-

---

189 BGH 3.4.2019 – StB 5/19, NStZ 2019, 478; KG 20.2.2015 – 4 Ws 20/15, StV 2015, 646.
190 KG 1.3.2013 – 4 Ws 14/13, BeckRS 2013, 7711; 8.2.2016 – 6 Ws 12/16 (Verschleierung des Auslandswohnsitzes).
191 OLG Saarbrücken 26.1.2000 – 1 Ws 3/00, NStZ 2000, 74; OLG Frankfurt a. M. 16.6.1994 – 1 Ws 131/04, StV 1994, 581; KG 24.1.2017 – 4 Ws 10/17, StraFo 2017, 189.
192 OLG Karlsruhe 1.3.2004 – 3 Ws 44/04, StV 2005, 33 mAnm Hilger (Bereitschaft, sich dem Verfahren zu stellen).
193 KG 1.3.2013 – 4 Ws 14/13, BeckRS 2013, 7711.
194 OLG Köln 13.3.1998 – 2 Ws 115/98, StV 1998, 269.
195 Vgl. Schlothauer/Weider/Nobis Untersuchungshaft Rn. 499.
196 Vgl. hierzu Ullenboom NJW 2018, 2671.
197 OLG Jena 4.9.2009 – 1 Ws 381/08, StRR 2008, 543 (Abmeldung beim Einwohnermeldeamt nach Spanien); OLG Hamburg 12.6.1997 – Ws 42/97, NStZ-RR 1997, 334 (Vorliegen von Anhaltspunkten).
198 KG 24.3.2010 – 4 Ws 37/10, StRR 2010, 354 (EU-Ausland); OLG Karlsruhe 15.10.1998 – 2 Ws 222/09, StV 1999, 36; aA OLG Celle 20.3.2009 – 1 Ws 141/09, StraFo 2009, 204 (unklar: Erreichbarkeit notwendig).
199 HM OLG Frankfurt a. M. 9.6.197 – 1 Ws 98/74, NJW 1974, 1835.
200 So OLG Karlsruhe 8.8.1972 – 2 Ws 145/02, NJW 1972, 2098; aA OLG Frankfurt a. M. 9.6.1974 – 1 Ws 98/04, NJW 1974, 1835.
201 OLG Koblenz 11.7.1984 – 2 Ws 470/84, NStZ 1985, 88.
202 Böhm NStZ 2001, 633.
203 Ebenso Ullenborn NJW 2018, 2671.
204 AA Schmitt in Meyer-Goßner/Schmitt Rn. 13.

dig ist daher – auch im Inland – ein Verschleiern des Aufenthalts, um für Behörden unauffindbar zu sein. Auch insoweit ist ein finales Verhalten erforderlich, weshalb etwa ein für Behörden oder sonstige Anlaufstellen nicht erreichbarer Nichtsesshafter sich nicht iSd der Nr. 1 verborgen hält.[205]

Der Haftgrund der Flucht entfällt, wenn der Beschuldigte aufgrund des **Haftbefehls ergriffen** wird. Erfolgt die Festnahme im Ausland, ist der Haftbefehl auf den Haftgrund der Fluchtgefahr – aber erst nach seiner Überstellung in die Bundesrepublik Deutschland – umzustellen. 40

4. Haftgrund der Fluchtgefahr. a) Fluchtgefahr. Der in der forensischen Praxis leider viel zu oft und ohne wirklich vertiefte Prüfung der haftbegründeten und haftreduzierenden Umstände[206] (→ Rn. 49 ff.) angenommene Haftgrund der Fluchtgefahr nach § 112 Abs. 2 Nr. 2 besteht, wenn **bei Würdigung aller Umstände des Einzelfalles eine höhere**[207] **oder überwiegende**[208] **Wahrscheinlichkeit**[209] **für die Annahme** spricht, der Beschuldigte werde sich – zumindest für eine gewisse Zeit – dem Strafverfahren entziehen, als für die Erwartung, er werde sich dem Verfahren zur Verfügung halten.[210] Diese Befürchtung kann sich sowohl aus dem Absetzen ins Ausland als auch dem Untertauchen im Inland ergeben (→ Rn. 35 ff.).[211] Dabei darf die Annahme der Fluchtgefahr nur aus bestimmten Tatsachen hergeleitet werden, bloße Mutmaßungen oder Befürchtungen genügen nicht.[212] Die Tatsachen brauchen nicht zu vollen Überzeugung festzustehen, es genügt ein hoher Wahrscheinlichkeitsgrad.[213] Die in dem Strafverfahren zu erwartenden Rechtsfolgen sind jedoch zu berücksichtigen. Der Annahme des Haftgrundes der Fluchtgefahr steht nicht entgegen, dass sich der Angeklagte zur Zeit in anderer Sache in Untersuchungshaft[214] oder Strafhaft[215] befindet, denn diese ist immer aus der Sicht des anhängigen Verfahrens ohne Rücksicht darauf zu prüfen, ob sich der Angeklagte in anderer Sache in Haft befindet, zumal sich die Entwicklung im anderen Verfahren sich zumeist nicht zweifelsfrei prognostizieren lässt. Besonderheiten gelten bei der Überprüfung von Haftentscheidungen während laufender Hauptverhandlung oder nach Urteilserlass. Insoweit gelten die Einschränkung bei Bewertung des dringenden Tatverdachts entsprechend (→ Rn. 28 und 86). Auch die begründete Angst vor einer Unterbringung in einem Psychiatrischen Krankenhaus kann Fluchtgefahr begründen.[216] 41

Die Frage des Bestehens des Haftgrundes der Fluchtgefahr ist davon zu unterscheiden, ob die **Untersuchungshaft** vollstreckt wird oder einer Aussetzung derselben gegen Weisungen und Auflagen (§ 116) möglich ist.[217] In beiden Fälle besteht Fluchtgefahr. Auch wenn eine „höhere" oder „überwiegende" Wahrscheinlichkeit oftmals nicht sicher als vorliegend beurteilt wird, neigt die **forensische Praxis** in solchen Fällen contra legem eher dazu, die vorhandenen fluchthindernden Faktoren (→ Rn. 50 ff.) nur insoweit zu berücksichtigen, als sie eine **Haftverschonung** ermöglichen. Bei der Bewertung kann oftmals auch der Grundsatz der Verhältnismäßigkeit eine Rolle spielen und zu 42

205 AA LG Zweibrücken 4.3.2004 – Qs 25/04, NJW 2004, 1679 (Haft unverhältnismäßig).
206 Vgl. hierzu die Nachweise bei Herrmann StraFo 2016, 89 (nur in 50 % der angeordneten Untersuchungshaftfälle wurde überhaupt eine Freiheitsstrafe ohne Bewährung angeordnet); siehe hierzu auch die Untersuchung von Lind StV 2019, 118.
207 KG 3.11.2011 – 4 Ws 96/11, StV 2012, 350; KG 13.6.2005 – 1 Ws 401/05.
208 OLG Karlsruhe 16.2.2010 – 2 Ws 60/10, StraFo 2010, 206.
209 Zur Prognoseungenauigkeit bei Haftentscheidungen: Hamm StV 1986, 499; Happel StV 1986, 501.
210 OLG Karlsruhe 21.1.2013 – 1 Ws 1/13; in KK-StPO Graf Rn. 16 ff.; Schmitt in Meyer-Goßner/Schmitt Rn. 17; Böhm NStZ 2011, 633 (635).
211 Graf in KK-StPO Rn. 18.
212 OLG Koblenz 21.1.2009 – 1 Ws 9/09, BeckRS 2009, 4772.
213 Schmitt in Meyer-Goßner/Schmitt Rn. 22 (hM), aA Krekeler wistra 1982, 8 (voller Beweis).
214 KG 30.6.2000 – 1 AR 660/00 – 4 Ws 121/00, BeckRS 2000, 15820.
215 KG 22.3.2000 – 1 AR 336700 – 3 Ws 133/00 (Unterbrechungen der Strafhaft oder deren Beendigung möglich); OLG Köln 15.5.1991 – 2 Ws 145/91, NStZ 1991, 605 mkritAnm Möller.
216 OLG Celle 15.4.2017 – 1 Ws 214/16, NStZ-RR 2017, 20.
217 → § 116 Rn. 5.

Haftverschonung führen, etwa wenn der Beginn der Hauptverhandlung nicht abzusehen ist (→ Rn. 32 ff.).[218]

43 **b) Begriff des Entziehens.** Der Haftgrund setzt voraus, dass bei Würdigung der Umstände des Einzelfalles die Gefahr besteht, dass sich der Beschuldigte dem Strafverfahren entziehen werde. Hierunter ist das Verhalten des Beschuldigten zu verstehen, **den Fortgang des Strafverfahrens durch die fehlende Bereitschaft, für Ladungen und** Vollstreckungsmaßnahmen zur Verfügung zu stehen, zu verhindern.[219] Erforderlich dabei ein aktives Tun, bloße Passivität genügt nicht.[220] Ausgehend von dieser Definition kann die bloße Weigerung zum Erscheinen in der Hauptverhandlung oder das bloße Verbleiben am Wohnort nicht einem Sichentziehen gleichgesetzt werden,[221] zumal ein Beschuldigter nicht verpflichtet ist, seine Strafverfolgung zu erleichtern.[222] Auch legitimes Verteidigungsverhalten genügt nicht, denn die Wahrnehmung verfassungsrechtlich zustehender Recht kann nicht zur Begründung eines Haftgrundes herangezogen werden.[223]

44 Erscheint ein Beschuldigter auf eine **Ladung** zu einem gerichtlich oder staatsanwaltschaftlich angeordneten Termin nicht, so liegt nur in Ausnahmefällen ein Entziehen vor, vielmehr ist zunächst seine Vorführung (zB § 230) anzuordnen. Nur wenn zu befürchten steht, er werde auch eine solche unmöglich machen, etwa weil er seinen tatsächlichen Aufenthalt verschleiert, liegt ein Entziehen vor. Bezüglich der Ladung eines im Ausland wohnhaften Beschuldigten ist zu beachten, dass das Territorialitätsprinzip einer dem § 216 genügenden, modifizierten Warnung über die Folgen des Nichterscheinens zur Hauptverhandlung an den im Ausland auf freiem Fuß befindlichen Angeklagten dann nicht entgegen, wenn diese mit der Ladung verbundene Warnung den eindeutig einschränkenden Hinweis enthält, dass die Vollstreckung der angedrohten Zwangsmaßnahme ausschließlich im Geltungsbereich der Strafprozessordnung, also im Inland, erfolgen kann.[224]

45 Auch wenn beim Merkmal des Entziehens zunächst nur an Flucht oder Verbergen gedacht wird, kann, ein Entziehen auch darin liegen dass sich der Täter durch **Einwirkungen auf seinen Körper** verhandlungsunfähig herbei führt.[225] So entzieht sich der Beschuldigte, der sich bewusst durch Manipulationen tatsächlicher Art (zB durch Vorlage erschlichener bzw. falscher ärztlicher Atteste) in einen Zustand der Verhandlungs- bzw. Vollstreckungsunfähigkeit versetzt oder diese vortäuscht, dem Verfahren,[226] so dass ein Haftbefehl wegen Fluchtgefahr gegen ihn ergehen kann. Selbstmordgefahr rechtfertigt diese Annahme jedoch nicht, weil der Beschuldigte sich nicht dem Verfahren entzieht, sondern dieses durch seinen Freitod dauerhaft beenden will (str.).[227]

46 Verfügt der Beschuldigte im **Ausland über einen festen Wohnsitz,** wird in der obergerichtlichen Rechtsprechung unterschiedlich beurteilt, ob und unter welchen Voraussetzungen von einem Sichentziehen ausgegangen werden kann.[228] Ein lediglich passives

---

218 OLG Karlsruhe 26.1.2000 – 3 HEs 14/2000, NStZ 2001, 79.

219 BGHSt 23, 380; OLG Hamm 7.1.2020 – III Ws 606/19; Schmitt in Meyer-Goßner/Schmitt Rn. 18.

220 OLG Karlsruhe 15.10.1998 – 2 Ws 222/98, StV 1999, 37.

221 OLG Brandenburg 17.1.1996 – 2 Ws 183/95, StV 1996, 381; OLG Frankfurt a. M. 6.2.2015 – 1 Ws 11/15, StraFo 2015, 112 (Erschleichen von ärztlichen Bescheinigungen).

222 OLG Karlsruhe 15.10.1998 – 2 Ws 222/09, StV 1999, 36.

223 Böhm NStZ 2001, 633 (36); aA KG 9.5.1997 – 5 Ws 218/97 (intensive Bemühung um Verhinderung der Auslieferung).

224 OLG Karlsruhe 16.9.2014 – 2 Ws 334/14, StV 2015, 346 mzwN.

225 OLG Oldenburg 11.5.1989 – 1 Ws 78/89, NStZ 1990, 431 (hohe Blutdruckwerte durch Nichteinnahme von Medikamenten) mzustAnm Wendisch in StV 1990, 166.

226 OLG Hamm 22.2.2011 – 4 Ws 54/11, BeckRS 2012, 4711.

227 OLG Köln 19.12.1997 – 2 Ws 704/97, StraFo 1998, 102 mAnm Münchhalffen; Schmitt in Meyer-Goßner/Schmitt Rn. 18; Humberg Jus 2003, 758; aA OLG Hamburg 27.8.1993 – 2 Ws 429/93, StV 1994, 142.

228 Vgl. hierzu Ullenborn NJW 2018, 2671.

Verhalten[229] eines bereits im Ausland lebenden ausländischen Beschuldigten fällt jedenfalls dann nicht hierunter, wenn ansonsten keine Hinweise vorliegen, dass er sich dem deutschen Strafverfahren nicht stellen will.[230] Anders aber, wenn er den Auslandswohnsitz zweckgerichtet dazu nutzen will, den Fortgang des Verfahrens dadurch zu verhindern, dass er für Ladungs- oder Vollstreckungsmaßnahmen nicht mehr erreichbar ist.[231] In diesem Fall wird teilweise auch ein rein passives Verhalten als ausreichend angesehen, wenn feststeht, dass der Beschuldigte von seinem Heimatland nicht ausgeliefert werden wird (zw.).[232]

Hier ist jedoch zu **unterscheiden,** ob sich der Beschuldigte schon im Ausland aufhält oder noch im Inland weilt. Begibt sich ein Angeklagter mit oder ohne Fluchtwillen ins Ausland und bestehen hinreichende Anhaltspunkte, dass er sich dem Verfahren nicht stellen will, besteht Fluchtgefahr.[233] Notwendig ist jedoch immer ein finales und zweckgerichtetes Verhalten. Bloßer Ungehorsam reicht jedoch hierfür nicht aus, denn der Beschuldigte ist nicht verpflichtet, seine Strafverfolgung zu erleichtern.[234] Auch die Absicht, nicht mehr in die Bundesrepublik Deutschland zurückzukehren, genügt für sich gesehen nicht.[235] Insoweit hat es allerdings das OLG Hamburg für das Merkmal des Entziehens als ausreichend angesehen, dass ein Beschuldigter, der sich im Ausland aufhält, ausdrücklich erklärt, sich einem in Deutschland gegen ihn betriebenen Strafverfahren nicht stellen zu wollen oder aus seinem Verhalten hierauf geschlossen werden kann.[236] Nicht dem Verfahren sondern einer „fehlerhaften Inhaftierung" will sich hingegen derjenige entziehen, der zum Erscheinen in der Hauptverhandlung nur nach vorheriger Zusicherung einer Strafaussetzung zur Bewährung[237] oder freien Geleits bereit ist. 47

Insoweit besteht eine **Gesetzeslücke,**[238] da die Bundesrepublik Deutschland im Ausland nicht die gleichen Strafverfolgungsmöglichkeiten besitzt, welche sie im Inland hat. So ist etwa eine polizeiliche Vorführung nach §§ 163a, 164 nicht möglich, wenn ein Beschuldigter nicht auf eine Ladung erscheint. Lebt der Beschuldigte aber im Ausland, muss seine Auslieferung betrieben werden, was jedoch das Vorliegen eines Haftbefehls und damit eines Haftgrundes voraussetzt. Da ein solcher nicht besteht, ergibt sich hieraus eine Strafverfolgungslücke. Die zur Vermeidung einer solchen von der Rechtsprechung entwickelten Lösungsansätze vermögen nicht zu überzeugen. So kommt ein Haftbefehl nach § 230 unabhängig von der Staatsangehörigkeit gegen eine Person mit dauerndem Wohnsitz im Ausland nicht in Betracht,[239] denn die dafür erforderliche ordnungsgemäße Ladung, welche nach § 216 StPO die Androhung von Zwangsmitteln für den Fall des unentschuldigten Ausbleibens vorsieht, scheidet aus, da der Bundesrepublik keine Ausübung hoheitlicher Gewalt auf dem Gebiet eines fremden Staates[240] möglich ist.[241] Eine vom OLG Stuttgart[242] eingefor- 48

[229] Vgl. beispielsweise OLG Karlsruhe 15.10.1998 – 2 Ws 222/09, StV 1999, 36; 1.3.2004 – 3 Ws 44/04, StV 2005, 33; OLG Frankfurt a. M. 16.6.1994 – 1 Ws 131/94, StV 1994, 581; OLG Saarbrücken 27.2.1991 – 1 Ws 46/91, StV 1991, 265; aA: OLG Hamm 15.4.2004 – 2 Ws 111/04, NStZ-RR 2004, 278; OLG Stuttgart 11.3.1998 – 1 Ws 28/98, NStZ 1998, 427 (weite Auslegung des Sich-Entziehens).

[230] OLG Köln 18.3.2005 – 2 Ws 32/05, BeckRS 2005, 4986; OLG Karlsruhe 1.3.2004 – 3 Ws 44/04, StV 2005, 33; 14.12.2016 – 2 Ws 343/16, BeckRS 2016, 110810.

[231] OLG Köln 16.7.2004 – 2 Ws 351/04, StV 2005, 393.

[232] OLG Köln 7.8.2003 – 2 Ws 358/02, NStZ 2003, 219 (zweifelhaft).

[233] OLG Celle 20.3.2009 – 1 Ws 141/09, StraFo 2009, 204; OLG Karlsruhe 1.3.2004 – 3 Ws 44/04, StV 2005, 33; OLG Köln 8.10.2005 – 2 Ws 488/05, NStZ-RR 2006, 22; OLG Hamm 15.4.2004 – 2 Ws 111/04, StV 2005, 35; KG 24.1.2017 – 4 Ws 10/17, StraFo 2017, 189 (freiwillige Gestellung).

[234] OLG Karlsruhe 15.10.1998 – 2 Ws 222/98, StV 1999, 36.

[235] OLG Karlsruhe 15.10.1998 – 2 Ws 222/09, StV 1999, 36 (37); Böhm NStZ 2011, 633 (635).

[236] OLG Hamburg 16.5.2018 – 2 Ws 67/18, StraFo 2018, 513 mkritAnm Schreiner.

[237] OLG Oldenburg 31.1.2911 – 1 Ws 24/11, StV 2011, 419.

[238] Vgl. hierzu Böhm NStZ 2011, 633 (636).

[239] OLG Karlsruhe 16.9.2014 – 2 Ws 334/14, StV 2015, 334.

[240] OLG Hamm 15.4.2004 – 2 Ws 111/04, StV 2004, 154 (Gestellungspflicht besteht jedenfalls innerhalb der Europäischen Union).

[241] OLG Köln 18.10.2005 – 2 Ws 488/05, NStZ-RR 2006, 22; ebenso OLG Frankfurt a. M. 21.1.1998 – 1 Ws 189/97, NStZ-RR 1999, 18; aA OLG Karlsruhe 1.9.2003 – 1 Ws 235/03, StV 2004, 325 und OLG Oldenburg 21.2.2005 – 1 Ws 73/05, StV 2005, 432.

[242] OLG Stuttgart 11.3.1998 – 1Ws 28/98, NStZ 1998, 427.

derte Erklärung des Beschuldigten, sich dem Verfahren in der Bundesrepublik Deutschland nicht stellen zu wollen, mithin also ein aktives Tun, mag zwar im Einzelfall ausreichen, übersieht jedoch, dass ein Beschuldigter zur Abgabe einer solchen Erklärung nicht verplichtet ist. Auch ist eine Abgrenzung „Aktivität-Passivität" oftmals kaum möglich und bietet einem geschickten Beschuldigten die Möglichkeit, sich eine „Oase der Straflosigkeit" zu verschaffen.[243] Zur Schließung der Gesetzeslücke ist daher die zusätzliche Einführung eines **Haftgrundes der „Auslieferungsermöglichung" durch den Gesetzgeber geboten.**[244]

49 **c) Beurteilung der Fluchtgefahr.** Im nachfolgenden werden die in der forensischen Praxis maßgeblichen Gesichtspunkte bei der Bewertung des Vorliegens von Fluchtgefahr dargestellt. Notwendig ist insoweit grundsätzlich eine Gesamtabwägung der Umstände des Einzelfalles, wobei in der forensischen Praxis[245] den unten (→ Rn. 41–51) dargestellten Umständen maßgebliche Bedeutung beigemessen werden kann:

50 **aa) Einzelfallbetrachtung und Abwägung.** Entgegen der vielfach praktizierten forensischen Praxis verbieten sich insoweit schematische Beurteilungen, vielmehr kommt es immer auf den Einzelfall an. Auf Grundlage des konkreten Sachverhalts sind danach die auf eine Flucht hindeutenden Umstände gegen diejenigen Tatsachen abzuwägen, die einer solchen entgegenstehen.[246] Je höher die konkrete Straferwartung ist, umso gewichtiger müssen die den Fluchtanreiz mindernden Gesichtspunkte sein. Bei der vorzunehmenden Gesamtwürdigung sind zudem zu berücksichtigen die Persönlichkeit, die persönlichen Verhältnisse[247] und das Vorleben des Beschuldigten, die Art und Schwere der ihm vorgeworfenen Tat,[248] das Verhalten des Beschuldigten im bisherigen Ermittlungsverfahren[249] wie auch in früheren Strafverfahren,[250] drohende negative finanzielle[251] oder soziale Folgen der vorgeworfenen Tat, aber auch allgemeine kriminalistische Erfahrungen und die Natur des verfahrensgegenständlichen Tatvorwurfs, soweit diese Rückschlüsse auf das Verhalten des Beschuldigten nahe legt,[252] etwa bei Taten, bei denen im Regelfall Auslandskontakte vorliegen, oder in Fällen organisierter Kriminalität.[253] Auch die Erwartungen des Beschuldigten über den möglichen Verfahrensausgang sind zu berücksichtigen.[254] Gleiches gilt für das Stadium des Verfahrens. So wird Fluchtgefahr eher zu verneinen sein, wenn die Ermittlungen etwa in einer Steuerstrafsache noch am Anfang stehen und deren Abschluss nicht absehbar ist.[255] Nicht unbedenklich erscheint die Annahme, bei Ausländern Fluchtgefahr bei Betäubungsmitteldelikten allein aus der gesetzgeberischen Wertung des § 61 Abs. 1c AufenthG und § 59b Abs. 1 Nr. 2 AsylVfG anzunehmen.[256]

---

[243] Grau NStZ 2007, 10 (11) nach Weigend Jus 2000, 105 (106).
[244] Böhm NStZ 2011, 633 (637); zust. Grau NStZ 2007, 10 (14).
[245] Siehe hierzu auch OLG Karlsruhe 21.1.2013 – 1 Ws 1/13.
[246] OLG Köln 5.2.2015 – 2 Ws 56/15, BeckRS 2015, 19711.
[247] OLG Hamm 15.1.2008 – 4 Ws 576/07, BeckRS 2009, 2370 (unsicherer Status eines Asylbewerber); OLG Stuttgart 10.6.2016 – 5 Ws 60/16, StV 2016, 815 (Durchführung des Asylverfahren einzige Bleibechance); OLG Schleswig 2.11.2006 – 2 Ws 451706, SchlHA 2007, 284 (zwingende Ausweisung eines Ausländers).
[248] OLG Saarbrücken 16.10.2018 – 1 Ws 206/18 (keine Fluchtgefahr bei fortwährendem Ladendiebstahl).
[249] OLG Karlsruhe 26.6.2009 – 2 Ws 229/09, wistra 2009, 486 (Anforderungen an einen Haftbefehl durch das Berufungsgericht bei bisheriger Befolgungen von Ladungen etc); KG 14.1.2000 – (4) 1 HEs 286/99 /156/99, BeckRS 2000, 15964 (Ergreifung nach Flucht).
[250] OLG Dresden 11.12.2017 – 1 Ws 326/17, NStZ 2018, 304 (drohender Widerruf der Strafaussetzung ergänzend berücksichtigbar).
[251] OLG Stuttgart 12.9.2007 – 4 Ws 305/07, BeckRS 2007, 15996.
[252] OLG Hamburg 31.8.2018 – 1 Ws 90/18, StraFo 2018, 473 (Erteilung einer unwiderruflichen Zustellungsvollmacht für den Verteidiger ohne Belang); vgl. aber OLG Dresden 5.4.2007 – 2 Ws 96/07, BeckRS 2011, 16585 und KG 20.2.2015 – 4 Ws 20/15, StV 2015, 646.
[253] KG 3.11.2011 – 4 Ws 96/11, StV 2012, 350; 16.5.2000 – 2 AR 21/00 – 4 W 96/00 (länderübergreifend tätige Organisation); Graf in KK-StPO Rn. 16; Schmitt in Meyer-Goßner/Schmitt Rn. 20.
[254] OLG Koblenz. 21.1.2009 – 1 Ws 9/09, BeckRS 2009, 4772.
[255] OLG Karlsruhe 11.4.2005 – 3 Ws 114/05, wistra 2005. 316.
[256] So aber OLG Hamburg 11.12.2015 – 1 Ws 168/15, NStZ 2016, 433 (Kleindealer).

Grundsätzlich gilt, dass weder ein hohe Straferwartung[257] noch ein ausländischer Wohnsitz allein den Haftgrund der Fluchtgefahr begründen kann, dh dass weder bei einer Straferwartung in bestimmter Höhe stets Fluchtgefahr besteht noch bei einer (noch) zu verbüßenden Freiheitsstrafe von bis zu zwei Jahren[258] ein ausreichender Fluchtanreiz grundsätzlich ausgeschlossen werden kann.[259] Gleiches gilt für das Bestehen eines Auslandswohnsitzes (→ Rn. 46). Auch ist selbst bei einer drohenden **Freiheitsstrafe** in die Bewertung mit einzustellen, ob der Angeklagte mit einer vorzeitigen Entlassung oder einer Strafverbüßung im offenen Vollzug rechnen kann.[260] Stets ist, was in der forensischen Praxis häufig nicht bedacht wird, auch zu fragen, ob ein Beschuldigter überhaupt in der Lage ist, die mit einer Flucht oder einem Untertauchen zu bewältigenden Hindernisse zu bewältigen.[261] 51

bb) Straferwartung. Maßgeblicher Ausgangspunkt für die Bewertung des Vorliegens von Fluchtgefahr ist die mutmaßliche oder tatsächliche Straferwartung. Jedoch wird die vor allem in Haftbefehlen vorzufindende weit verbreitete forensische Praxis,[262] die Haftanordnung allein mit der Höhe der Straferwartung zu begründen, dem Begriff der Fluchtgefahr nicht gerecht.[263] Diese kann nämlich allein den Haftgrund nicht begründen, sondern ist vielmehr nur **Ausgangspunkt für die Erwägung,** ob der in ihr liegende Anreiz zur Flucht unter Berücksichtigung aller sonstigen Umstände so erheblich ist, dass er die Annahme rechtfertigt, der Beschuldigte werde ihm nachgeben und wahrscheinlich flüchten.[264] Liegt bereits ein Urteil, so konkretisiert sich die Straferwartung auf das dort festgelegte Strafmaß,[265] wobei hiervon die bereits verbüßte Untersuchungshaft und eine wahrscheinliche Reststrafenaussetzung (→ Rn. 53) in Abzug zu bringen sind, so dass auch eine Reststrafenerwartung von drei Jahren für sich gesehen nicht zur Begründung von Fluchtgefahr ausreicht.[266] Entscheidend ist bei der Bewertung ist vielmehr, ob **bestimmte Tatsachen** – nicht allgemeine Vermutungen – vorliegen, die den Schluss rechtfertigen, ein Beschuldigter werde dem in der hohen Straferwartung liegenden Fluchtanreiz nachgeben.[267] Je höher allerdings die Straferwartung ist, desto weniger Gewicht ist auf diese weiteren Umstände zu legen.[268] Besteht eine **erhebliche Straferwartung,** so wird dem Umstand, dass der Beschuldigte im Inland über soziale Bindungen verfügt, zumeist keine ausschlaggebende Bedeutung beikommen.[269] Gleichwohl kann der Ansicht, bei einer besonders hohen Straferwartung, brauche seitens des Gerichts nur noch geprüft werden, ob Umstände vorhanden sind, welche die hieraus abzuleitende Fluchtgefahr ausräumen können,[270] nicht gefolgt 52

257 OLG Karlsruhe 20.10.2009 – 2 Ws 385/09, StraFo 2010, 25; OLG Köln 15.8.2000 – 2 Ws 419/00, StV 2000, 628; KG 13.9.2016 – 4 Ws 130/16, StV 2017, 450.

258 OLG Celle 22.10.2009 – 1 Ws 534/09, BeckRS 2009, 87573.

259 Ebenso OLG Hamm 5.7.2012 – III – 3 Ws 159/12, NJW-Spezial 2012, 537.

260 KG 3.11.2011 – 4 Ws 96/11, BeckRS 2012, 2300; OLG Köln 20.1.2006 – 1 Ws 3-4/06, StV 2006, 313.

261 Naujok StraFo 2000, 79.

262 Tatsächlich wird jedenfalls bei einer Straferwartung ab vier Jahren regelmäßig von Fluchtgefahr ausgegangen; vgl. OLG Düsseldorf 6.2.2009 – III – 1 Ws 65/09, BeckRS 2009, 15738 (3 Jahre 6 Monate); OLG Hamm 14.11.2007 – 2 Ws 342/07, OLGSt StPO § 112 Nr. 13 (Anrechnung von Untersuchungshaft etc bei Straferwartung unter 4 Jahren); OLG Köln 11.3.2003 – 2 Ws 116/03, BeckRS 2003, 18084 (Notwendigkeit besonderer fluchthemmender Faktoren ab einer Freiheitsstrafe von 5 Jahren); OLG Köln 30.6.2000 – 1 AR 660/00 (Erstverbüßer).

263 OLG Karlsruhe 20.10.2009 – 2 Ws 385/09, StraFo 2010, 25.

264 OLG Brandenburg 26.4.2018 – 1 Ws 61/18, BeckRS 2018, 31369 (Mindeststrafe ein Jahr); KG 13.6.2005 – 1 Ws 401/05; 14.2.2006 – 1 AR 141/05 – 5 Ws 65/05 (drohende Unterbringung nach § 63 StGB).

265 KG 1.3.2018 – 4 Ws 25/18, OLGSt StPO § 112 Nr. 24.

266 OLG Karlsruhe 21.1.2013 – 1 Ws 1/13.

267 OLG Köln 12.5.1995 – 2 Ws 174/95, StV 1995, 419.

268 OLG Hamm 14.1.2010 – 2 Ws 347/09, BeckRS 2010, 3922; Schmitt in Meyer-Goßner/Schmitt Rn. 24; OLG Brandenburg 6.10.2014 – 1 Ws (HEs) 164/14, BeckRS 2015, 4031; Böhm NStZ 2001, 633 (635).

269 OLG Stuttgart 27.6.2007 – 2 Ws 164/07, StRR 2007, 43.

270 So aber KG 16.11.2011 – 3 Ws 577/11, BeckRS 2012, 2299; siehe auch Schultheis NStZ 2013, 87 f.

werden,[271] vielmehr muss die Fluchtgefahr stets sogfältig geprüft und aus den individuellen Umständen des Einzelfalles konkret abgeleitet werden.[272] Bei der Prognose darf der Haftrichter sich dabei nicht allein auf die – ggf. auch rechtsfehlerhaften – subjektiven Vorstellungen des Beschuldigten stützen, sondern maßgeblich ist sein Erwartungshorizont, in welchen er allerdings die subjektiven Vorstellungen des Beschuldigten mit einzustellen hat.[273]

53 **cc) Reststrafenaussetzung.** Lange Zeit war streitig, ob in die mutmaßliche Straferwartung mit einbezogen werden muss, ob der Beschuldigte im Falle einer Verurteilung mit einer vorzeitigen Entlassung aus der Strafhaft zum Zweidrittelzeitpunkt nach § 57 Abs. 1 Nr. 1 StGB rechnen kann. Dagegen sprach vor allen, dass hierüber zumeist die Strafvollstreckungskammer und damit ein andere Spruchkörper zu entscheiden hat und der Ausgang einer solche zukünftigen Entscheidung derselben – auch wegen des noch unklaren Vollzugsverhaltens – nicht wirklich vorhersehbar ist. Insoweit ist die Frage nunmehr durch die Rechtsprechung des Bundesverfassungsgerichts im Sinne einer Berücksichtigung geklärt.[274] Unklar ist jedoch noch, mit welcher Sicherheit von der Aussetzung zum 2/3-Zeitpunkt ausgegangen werden muss.[275] Insoweit ist erforderlich, dass eine **vorzeitige Entlassung als wahrscheinlich erscheint,**[276] wobei man dem Tatrichter aufgrund seines Eindrucks in der Hauptverhandlung von dem Angeklagten einen Beurteilungsspielraum einräumen müssen.

54 **dd) Weitere Verfahrensfolgen.** Zwar beschränkt sich die Prüfung des dringenden Tatverdachts auf die in dem **Haftbefehl aufgeführte Tat.** Bei der Beurteilung der Fluchtgefahr müssen hingegen aber alle Umstände berücksichtigt werden, die für den Angeklagten aus seiner subjektiven Sicht geeignet sein können, den Fluchtanreiz zu mindern oder zu erhöhen. Den Fluchtanreiz erhöhend sind etwaige Konsequenzen dieses Verfahrens auf andere, so etwa der im Falle einer Verurteilung drohende Widerruf der Strafaussetzung zur Bewährung[277] und der Verdacht weiterer Straftaten in anhängigen Verfahren. Dies gilt aber nur dann, wenn insoweit auch ein dringender Tatverdacht besteht,[278] wobei es nicht darauf ankommt, ob eine Gesamtfreiheitsstrafe zu bilden ist oder nicht.[279]

55 **ee) Persönlichkeit, persönlichen Verhältnisse, Vorleben, soziale Bindungen.** Die persönlichen Lebensumstände stellen **wichtige fluchthindernde oder -reduzierende Faktoren** dar, welche gegenüber der mutmaßlichen Straferwartung oftmals zu wenig Berücksichtigung finden.[280] Verfügt ein im Inland lebender Beschuldigter über keinen festen Wohnsitz, so wird im Regelfalle allerdings unabhängig von der Straferwartung zu Recht Fluchtgefahr anzunehmen sein. Anderseits schließt das Vorhandensein eines solchen den Haftgrund bei hoher Straferwartung nicht aus, lediglich bei geringen oder mittelschweren Straftaten kommt diesem Umstand wirklich forensisches Gewicht bei. Gleiches gilt bei Alter

---

271 Schmitt in Meyer-Goßner/Schmitt Rn. 24.
272 Ebenso Naujok StraFo 2000, 79.
273 KG 3.11.2011 – 4 Ws 96/11, BeckRS 2012, 2300.
274 BVerfG 4.4.2006 – 2 BvR 523/06, StV 2006, 251; 4.6.2012 – 2 BvR 644/12, BeckRS 2012, 55244.
275 OLG Hamm 28.4.2009 – 2 Ws 119/09, NStZ-RR 2010, 158 (hohe Sicherheit); 31.7.2008 – 2 Ws 217/08, BeckRS 2008, 23912 (im Zweifel zu erwarten); KG 10.8.1995 – 5 Ws 287/95, StV 1996, 383 (Erwartung) mkritAnm Wattenberg; OLG Köln 17.6.2002 – HEs 107/02 – 116, StV 2002, 553(möglich); KG 11.2.2005 – 1 AR 55/05 – 5 Ws 44/05, BeckRS 2005, 30350993 (ablehnend, da keine Prognose möglich).
276 BGH 30.5.2018 – StB 12/18, NStZ-RR 2018, 255 (zureichende tatsächliche Anhaltspunkte); vgl. auch OLG Karlsruhe 21.1.2013 – 1 Ws 1/13 („Es kann nach Maßgabe der Bewertung des Landgerichts nicht ohne weiteres davon ausgegangen werden, dass eine vorzeitige Entlassung möglich ist"); KG 3.11.2011 – 1 4 Ws 96/11, StV 2012, 350 (voraussichtlich); KG 23.10.2018 – 2 Ws 205/18, BeckRS 2018, 31496 (Erstverbüßer).
277 KG 29.11.2000 – 1 AR 1358/00 – 4 Ws 219/00.
278 KG 15.6.2001 – (5) 1 HEs 100/01, BeckRS 2001, 16768 (weitere Anklage anhängig).
279 KG 14.2.2005 – 1 AR 141/05 – 5 Ws 65/05, BeckRS 2005, 30351070.
280 So aber durch OLG Köln 1.8.2019 – III – 2 Ws 439/19, BeckRS 2019, 42712 (Aussetzung bei stabilen Familienverhältnissen bei Verurteilung zu 5 Jahren und 9 Monaten).

und schlechtem Gesundheitszustand. Wegen der sich daraus ergebenden Instabilität wird der Haftgrund auch oftmals angenommen, wenn der Beschuldigten nicht über eine Arbeitsstelle verfügt. Andererseits dürfen soziale Kontakte nicht unberücksichtigt bleiben. Leben im Inland die wesentlichen Bezugspersonen, spricht dies deutlich gegen die Annahme von Fluchtgefahr,[281] insbesondere dann, wenn diesen im Falle der Flucht des Beschuldigten erhebliche Nachteile drohen.[282] Auch bei einem ausländischen Mitbürger kommt es daher darauf an, ob er in Deutschland über einen gefestigten Aufenthaltsstatus[283] und soziale Bindungen verfügt.[284] Fehlen hingegen solche wird Fluchtgefahr auch bei einer relativ geringen Straferwartung zu begründen sein.[285]

Auch **sonstige Umstände**[286] sind berücksichtigbar. So kann etwa die ernsthaft Bereit- 56
schaft des Beschuldigten, sich einer Drogentherapie zu unterziehen, gegen die Annahme sprechen, er werde in die Illegalität untertauchen.[287] Andererseits dürfte der Umstand, dass der Beschuldigte während einer früheren Inhaftierung einen Ausgang zur Flucht benutzt hat, gegen seine Verlässlichkeit sprechen.[288] Zuzustimmen ist auch der bemerkenswerten Entscheidung des OLG Koblenz vom 22.4.2004,[289] wonach der Haftgrund abgelehnt wurde, weil es Polizei und Staatsanwaltschaft trotz monatelanger verdeckter Ermittlungen versäumt hatten, die hierfür bedeutsamen Feststellungen zu den Lebensumständen des Beschuldigten zu treffen.

ff) Auslandskontakte. Erhebliche praktische Bedeutung kommt bei der Abwägung 57
zum Merkmal der Fluchtgefahr der Frage bei, ob der Beschuldigte über Auslandskontakte verfügt, welche ihm im Falle eines Absetzens einen auch längerfristigen Aufenthalt dort ermöglichen oder erleichtern würden. Liegen solche vor,[290] etwa Verwandtschaft, Lebenspartner/in[291] oder Vermögen[292] bzw. Besitz von Immobilien[293] im außereuropäischen Ausland, wird der Haftgrund im Rahmen einer gleichwohl erforderlichen Gesamtwürdigung eher anzunehmen sein, als wenn der Beschuldigten weder über solche Kontakte noch über die nennenswerte Finanzmittel verfügt, welchen ihm einen längerfristigen Aufenthalt ermöglichen könnten.[294] Selbst wenn ein Beschuldigter aus diesen Gründen theoretisch aber ohne weiteres in der Lage wäre, einen neuen Lebensmittelpunkt im Ausland aufzubauen, kann **Fluchtgefahr im Regelfalle nicht angenommen werden, wenn keinerlei konkrete Anzeichen** dafür bestehen, dass er eine Flucht ins Ausland plant und Vorbereitungen hierzu trifft.[295] Auch reicht allein die Ausländereigenschaft unabhängig von der Höhe der Straferwartung nicht zur Begründung aus..[296] Insoweit sind die forensischen Bewertungen oftmals rechtsfehlerhaft, weil sie sich zumeist nur auf aktenmäßig erfasste Auslandskontakte stützen,[297] ohne diese tatsächlich dahin nachzuprüfen, ob diese Kontakte tatsächlich bestehen und dem Beschuldigten die Möglichkeit der Aufnahme bieten.

gg) Auslandswohnsitz. Der Umstand, dass der Beschuldigte seinen Lebensmittel- 58
punkt im Ausland hat, rechtfertigt für sich gesehen die Annahme des Vorliegens des Haft-

---

[281] OLG Düsseldorf 10.3.2004 – III – 1 Ws 80/04, BeckRS 2004, 30340312.
[282] OLG Frankfurt a. M. 31.3.2000 – 1 Ws 44/00, StV 2000, 372.
[283] OLG Brandenburg 28.2.2019 – 2 Ws 28/19, BeckRS 2019, 3189 (befristete Aufenthaltserlaubnis).
[284] OLG Hamm 13.3.2002 – 2 Ws 60/02, StV 2002, 492.
[285] KG 7.6.2000 – 1 AR 585/00 – 3 Ws 585/00 (1 Jahr Restverbüßungsdauer).
[286] OLG Hamm 15.1.2008 – 4 Ws 576/07, BeckRS 2009, 2370 (unsicherer Status als Asylbewerber); OLG Schleswig 2.11.2006 – 2 Ws 451706, SchlHA 2007, 284 (zwingende Ausweisung eines Ausländers).
[287] OLG Koblenz 13.6.2005 – 1 Ws 401/05, BeckRS 2005, 7237.
[288] KG 18.2.2002 – 1 AR 200/02 – 5 Ws 102/02, BeckRS 2002, 16291.
[289] OLG Koblenz 22.4.2004 – (1) Ws 4420 BL – III 17/04, StV 2004, 491.
[290] KG 12.7.2001 – 1 AR 68/01 – 5 Ws 315/01 (Ausländer – Erwartung mehrjähriger Freiheitsstrafe).
[291] KG 10.10.2011 – 1 AR 1195/01 – 4 Ws 163/01 (Venezuela).
[292] OLG Celle 8.4.2019 – 3 Ws 102/19, OLGSt StPO § 112 Nr. 28.
[293] Vgl. aber OLG Saarbrücken 3.6.2002 – 1 Ws 109/02, StV 2002, 489 (allein Auslandsvermögen reicht nicht aus).
[294] OLG München 20.5.2016 – 1 Ws 369/16, StraFo 2016, 291 (prekäre finanzielle Lage).
[295] OLG Köln 18.3.2005 – 2 Ws 32/05, BeckRS 2005, 4986.
[296] OLG Köln 31.3.2000 – 2 Ws 163/00, StV 2000, 508 (in der BRD verwurzelt).
[297] OLG Karlsruhe 21.1.2013 – 1 Ws 17/13 (Eltern leben auf dem Balkan).

grundes der Fluchtgefahr nicht, wenn seine Anschrift den Strafverfolgungsbehörden und dem Gericht bekannt ist,[298] jedoch kann dies im Rahmen der erforderlichen Gesamtwürdigung berücksichtigt werden.[299] Im besonderen Maße gilt diese Einschränkung im Bereich der Europäischen Union, da der Beschuldigte aufgrund des Rahmenbeschlusses des Rates vom 13.6.2002 über den **Europäischen Haftbefehl** und die Übergabeverfahren zwischen den Mitgliedstaaten jederzeit mit seiner Auslieferung rechnen muss.[300] (vgl. auch → Rn. 46) Insoweit gilt, dass die soziale Integration in einem Mitgliedstaat der Europäischen Union der sozialen Integration im Inland gleichsteht,[301] was jedoch in der forensischen Praxis sehr oft nicht beachtet wird.[302] Zu fragen ist daher, ob zu befürchten steht, der Beschuldigte werde sich außereuropäische Ausland flüchten oder innerhalb der Europäischen Union untertauchen.[303] Allerdings wird dem Zusammenwachsen der Völler innerhalb der Europäischen Union und die erleichterten Möglichkeiten der Erwirkung eines Europäischen Haftbefehls in der forensischen Praxis nicht immer die ausreichende Bedeutung beigemessen, weshalb der frühzeitigen und durch Tatsachen zu belegende Darlegung dieser fluchthindernden Umstände durch die Verteidigung besonderes Gewicht beikommt.

59 Anders zu beurteilen ist allerdings die Frage, wenn der Beschuldigten in ein Land außerhalb der Europäischen Union, dessen Staatsangehöriger er ist, zurückkehren will. Da insoweit seine Auslieferung nicht in Betracht kommt, muss eine hohe Wahrscheinlichkeit dafür sprechen, dass er sich im Verfahren in der Bundesrepublik Deutschland gleichwohl stellen wird.[304]

60 **hh) Gestellungsbereitschaft.** Viel zu wenig Berücksichtigungen findet der Umstand, ob sich Beschuldigte dem Verfahren zur Verfügung hält und/oder sich gegen den ihn erhobenen Vorwurf verteidigen will. Hat sich der Beschuldigte in Kenntnis der gegen ihn erhobenen Vorwürfe bislang trotz bestehender Möglichkeit hierzu dem Verfahren nicht durch Flucht entzogen, sondern sich diesem zur Verfügung gehalten, so spricht dies deutlich gegen die Annahme von Fluchtgefahr.[305] Gleiches gilt, wenn er sich schon in früheren gegen ihn anhängigen Verfahren als verlässlich erwiesen hat.[306] Im Falle einer Außervollzugsetzung des Haftbefehls ist dieser Rechtsgedanke zudem in § 116 Abs. 4 normiert. Allein die Erhebung der Anklage[307] oder der hierauf ergehende Eröffnungsbeschluss[308] rechtfertigt nicht die Annahme, der Beschuldigte erkenne nun den Ernst der Lage und werde flüchten. Problemtisch und nur in Ausnahmefällen begründbar ist die Ansicht, durch das Urteil könne sich auch für den zur Hauptverhandlung erschienenen Angeklagte die Straferwartung derart konkretisieren, dass er sich nunmehr entziehe, weil er mit einem Freispruch[309] oder einer

[298] OLG Dresden 24.2.2005 – 1 Ws 29/05, StraFo 2005, 224; LG Hamburg 1.3.2002 – 620 Qs 19/02, StV 2002, 205 (Lebensmittelpunkt Brasilien).
[299] OLG Hamburg 16.5.2018 – 2 Ws 67/18, StrafO 2018, 513 (Südafrika); KG 12.5.2004 – 1 Ss 508/03 (3/04), wistra 2005, 37.
[300] OLG Karlsruhe 31.7.2012 – 1 Ws 149/12; OLG Oldenburg 25.6.2009 – 1 Ws 349/09, StV 2010, 29; OLG Köln 27.1.2003 – 2 Ws 22/02 (Zweitwohnsitz auf Mallorca); Schmitt in Meyer-Goßner/Schmitt Rn. 17a.
[301] OLG Düsseldorf 6.10.2005 – III – 4 Ws 461-462/05, StraFo 2006, 24; KG 24.3.2010 – 4 Ws 37/10, StRR 2010, 354; Gercke StV 2004, 675.
[302] Wolf StV 2019, 573 (Europakonforme Auslegung).
[303] OLG Karlsruhe 31.7.2012 – 1 Ws 149/12; OLG Brandenburg 17.1.1996 – 2 Ws 183/05, StV 1996, 381.
[304] Ebenso OLG Köln 16.7.2004 – 2 Ws 351/04, StV 2005, 393; 7.8.2002 – 2 Ws 358/02, NStZ 2003, 219 (keine Erreichbarkeit mangels Auslieferungsmöglichkeit); Dahs ua StV 2003, 416.
[305] OLG Hamm 28.2.2008 – 2 Ws 48/08, StV 2008, 257; 27.1.2003 – 2 Ws 19/03, StV 2003, 509 (Selbststeller); 3.9.2001 – 2 BL 148/01, StV 2001, 685 (Betrugsschaden in Millionenhöhe); OLG Karlsruhe 25.10.2005 – 2 Ws 278/05, StV 2006, 312; OLG Düsseldorf 28.11.2018 – 1 Ws 224/18, BeckRS 2018, 45774 (6 Jahre Haft).
[306] OLG Karlsruhe 21.1.2013 – 1Ws 17/13.
[307] LG München 13.7.2001 – 5 KLs 313 Js 36100/09, StV 2001, 686.
[308] OLG Hamm 28.2.2000 – 2 Ws 55/2000, wistra 2000, 239.
[309] KG 31.5.2001 – 1 AR 645/01 – 4 Ws 91/01, BeckRS 2001, 16593.

geringeren Strafe gerechnet habe.[310] In vielen Fällen wird auch deutlich, dass sich der Beschuldigte gegen den ihn erhobenen Vorwurf verteidigen, sich schon deshalb dem Verfahren nicht entziehen und seine „Unschuld" beweisen will.[311] Ähnlich zu behandeln sind die Fälle, in welchen der Beschuldigte durch Abgabe eines umfassenden Geständnisses „reinen Tisch" macht.[312]

ii) Jugendstrafrecht. Besonderheiten bestehen im Jugendstrafrecht.[313] Dort gilt das 61
Prinzip der Subsidiarität. Insoweit gelten zunächst die Einschränkungen des § 72 Abs. 2 JGG, wonach ein Haftbefehl wegen Fluchtgefahr nur ergehen darf, wenn er sich dem Verfahren bereits entzogen hat, Anstalten zur Flucht getroffen oder im Inland keinen festen Wohnsitz oder Aufenthalt hat.[314] Bei einem Jugendlichen ist der Haftgrund der Fluchtgefahr darüber hinaus nur begründbar, wenn als Tatsache feststeht, dass soziale oder andere Bindungen nicht oder nur in so geringem Maße bestehen, dass ihnen fluchthinderndes Gewicht nicht zugesprochen werden kann. Daher darf nach § 72 Abs. 1 JGG gegen einen Jugendlichen aus Gründen der Verhältnismäßigkeit Untersuchungshaft nur verhängt oder vollstreckt werden, wenn ihr Zweck nicht durch eine vorläufige Anordnung über die Erziehung oder durch andere Maßnahmen erreicht werden kann. Wird Untersuchungshaft verhängt, sind im Haftbefehl die Gründe anzuführen, aus denen sich ergibt, dass andere Maßnahmen nicht ausreichen und die Untersuchungshaft nicht unverhältnismäßig ist.[315] Erforderlich ist jedoch stets die Gewissheit, dass ein Heim der Jugendhilfe iSd vergleichbar fluchtsicher wie eine Jugendstrafanstalt ist.[316] Die Anordnung der Untersuchungshaft kann bei Jugendlichen aber auch dann in Betracht kommen, wenn die nach dem JGG vorgesehenen anderen Maßnahmen nicht mehr ausreichen.[317]

5. Der Haftgrund der Verdunkelungsgefahr (Abs. 2 Nr. 3). Im Gegensatz zu den 62
der Sicherung der Anwesenheit des Beschuldigten dienenden Haftgründen der Flucht und der Fluchtgefahr soll der Haftgrund der **Verdunkelungsgefahr** nach § 112 Abs. 2 Nr. 3 ein unlauteres Einwirken des Beschuldigten auf die zur Wahrheitsermittlung vorhandenen Beweismittel verhindern. Liegt der Haftgrund der Fluchtgefahr vor, wird in der forensischen Praxis zumeist auf eine Prüfung des Haftgrundes, der Verdunkelungsgefahr verzichtet.[318]

a) Verdunkelungsgefahr. Eine solche Gefahr besteht aber nur dann, wenn das **kon-** 63
krete, aktuelle Verhalten des Beschuldigten den dringenden Verdacht begründet, dass er, auf freiem Fuß befindlich, durch bestimmte in Abs. 2 Nr. 3 lit. a–b näher beschriebene Handlungen auf sachliche oder persönliche Beweismittel einwirkt und dadurch die Ermittlung der Wahrheit erschwert wird.[319] Die mehr oder weniger häufig gegebene abstrakte Gefahr möglicher Verdunkelungshandlungen reicht für diese Annahme nicht aus.[320] Verdunkelungsgefahr besteht daher nur dann, wenn aufgrund bestimmter Tatsachen das Verhalten des Beschuldigten **den dringenden Verdacht** begründet, er werde in unlauterer Weise[321] –

[310] Ebenso OLG Karlsruhe 18.5.2000 – 2 Ws 137/00, StV 2000, 508; aA OLG Schleswig 30.11.1999 – 1 Ws 497/00, SchlHA 2000, 128.
[311] KG 2.2.2012 – 4 Ws 10/12; OLG Karlsruhe 20.10.2009 – 2 Ws 385/09, StraFo 2010, 25.
[312] OLG Koblenz 24.9.2002 – (2) 4420 BL – III – 94/02, StV 2003, 171.
[313] OLG Stuttgart 22.10.2018 – H 4 Ws 252-253/18, Justiz 2019, 7 und OLG Bamberg 23.6.2015 – 1 Ws 319/15, StraFo 2015, 329 (kein Haftprüfungsverfahren nach §§ 121 ff.); OLG Hamburg 2.3.2017 – 1 Ws 14/17, BeckRS 2017, 110062 (zur Beurteilung der Höhe einer Jugendstrafe bei Heranwachsenden).
[314] KG 11.5.2005 – Ws 222/05, BeckRS 2005, 30356088 (Unanwendbarkeit des § 72 Abs. 2 JGG mit Erreichen des 16. Lebensjahres).
[315] OLG Karlsruhe 26.2.2010 – 2 Ws 60/10, StraFo 2010, 206.
[316] KG 15.9.2009 – 4 Ws 103/09, NStZ-RR 2010, 156 (Ls.).
[317] OLG Köln 10.5.2007 – 2 Ws 226/07, OLGSt StGB § 226 Nr. 1.
[318] BGH 15.11.2021 – AK 48/21, BeckRS 2021, 38013.
[319] Statt aller Schmitt in Meyer-Goßner/Schmitt Rn. 26; OLG Karlsruhe 26.9.2000 – 3 Ws 196/00, Die Justiz 2001, 87.
[320] OLG Köln 2.10.1991 – 2 Ws 448), StV 1992, 383.
[321] OLG Köln 1.6.2017 – III-2 Ws 341/17, StV 2018, 164.

prozessordnungswidrig – auf sachliche und persönliche Beweismittel einwirken, und wenn deswegen die Gefahr droht, dass die Ermittlung der Wahrheit erschwert werde. Dabei muss das Einwirken des Beschuldigten grundsätzlich aktiv erfolgen, das bloße Bestreiten oder das Verweigern einer Einlassung reicht nicht aus.[322] Die auf eine aktive Einwirkung hindeutenden Tatsachen müssen hinreichend belegt sein, bloße Vermutungen reichen nicht aus (→ Rn. 47).

64 Voraussetzung dafür ist, dass für den Fall der Nichtinhaftierung des Beschuldigten mit **großer Wahrscheinlichkeit Verdunkelungshandlungen zu erwarten** sind. Die bloße Möglichkeit, der Vornahme solcher Handlungen reicht nicht aus.[323] Hat der Beschuldigte in einem früheren Stadium des Verfahrens bereits Verdunkelungshandlungen nachweislich vorgenommen (→ Rn. 84), so reicht auch die bloße Fortwirkung derselben für die Annahme einer aktuell, ohne Vollziehung der Untersuchungshaft noch bestehender Gefahr zukünftiger Verdunkelungsmaßnahmen nicht aus,[324] auch wenn dieses Umständen im Rahmen einer Gesamtwürdigung Indizwirkung im Sinne eines Beweisanzeichens beikommt.[325]

65 Nicht selten bietet gerade der Haftgrund der Verdunkelungsgefahr der **Verteidigung Ansatzpunkte,** nicht nur auf tatsächlicher sondern auch auf rechtlicher Ebene.

66 In **tatsächlicher Hinsicht** muss sich der Haftbefehl intensiv mit den vorliegenden Tatsachen auseinandersetzen, wenn die Kataloghandlungen auf Abs. 2 Nr. 3 lit. a–c fußen. In geeigneten Fällen wird der Verteidiger nach der notwendigen Akteneinsicht zu beurteilen haben, in wieweit eine Kooperation mit den Ermittlungsbehörden zur Aufklärung beitragen kann, um die Verdunkelungsgefahr zu entkräften oder zumindest zu minimieren. Indes verbieten sich vorschnelle Lösungen, die zwar die den Beschuldigten beschwerende Haftsituation akut gegeben falls auflösen, jedoch im weiteren Verlauf des Verfahrens erhebliche Nachteile mit sich bringen können.

67 In rechtlicher Hinsicht müssen zwar die bestimmten Tatsachen, auf die sich der dringende Verdacht der Verdunkelungshandlung beziehen muss, nicht zur vollen Überzeugung des Gerichts feststehen, gleichwohl bedarf es nach herrschender Auffassung insoweit einer die **hohen Wahrscheinlichkeit** des Vorliegens, wie dies beim dringenden Tatverdacht. erforderlich ist.[326] Eine auf einen Einzelfall bezogene Würdigung setzt aber eine ausreichende Tatsachengrundlage voraus. Der Schluss auf eine Verdunkelungsabsicht nach dem Bekanntwerden einer Tat kann nur bei ausreichender tatsächlichen Feststellungen gezogen werden. Neben einer nach kriminalistischer Erfahrung günstigen Ausgangslage für Verdunkelungshandlungen muss die tatsachengestützte Mutmaßung nämlich bedingen, dass der Beschuldigte die Gelegenheit in Freiheit auch tatsächlich nutzen wird.[327] Dabei bezieht sich der Haftgrund der Verdunkelungsgefahr stets nur auf die Taten, die dem Haftbefehl zugrunde liegen.[328]

68 **aa) Einwirken auf Beweismittel Abs. 2 Nr. 3 lit. a.** Die Verdunkelungshandlung nach Abs. 2 Nr. 3 lit. a bezieht sich auf sämtliche sächliche Beweismittel, unabhängig von der Besitzberechtigung des Beschuldigten.[329] **Beiseiteschaffen** eines Beweismittels ist auch das bloße Erschweren oder Verhindern des jederzeitigen und unveränderten Zugriffs der Ermittlungsbehörden. **Fälschen** ist jede Veränderung des Beweiswertes. Dies kann auch durch die Herstellung eines neuen Beweismittels geschehen. Es genügt, wenn der Beschuldigte zwar kein sich unmittelbar auf die Tat – die Gegenstand des Haftbefehls ist – beziehendes Beweismittel verändert, sondern zu seiner Entlastung dem Gericht ein neues Beweismittel vorgelegt, welches aufgrund seines manipulierten Inhalts geeignet ist, den Vorwurf zu

[322] OLG Hamm 12.1.2004 – 2 Ws 326/03, StraFo 2004, 134; KG 30.4.2019 – (4) Ws 161 HES 22/19, BeckRS 2019, 8951.
[323] OLG Köln 26.1.1999 – 2 Ws 29/99, StV 1999, 323.
[324] OLG Naumburg 2.12.2009 – 1 Ws 789/09, StraFo 2010, 112.
[325] KG 6.2.2001 – 1 AR 95/01 ua.
[326] Schmitt in Meyer-Goßner/Schmitt Rn. 27 f.; Graf in KK-StPO Rn. 20.
[327] OLG München 25.1.1996 – 2 Ws 37/96, NJW 1996, 941.
[328] OLG Stuttgart 21.10.1986, StV 1987, 110; OLG Karlsruhe 31.8.2001 – 2 Ws 219/01, StV 2001, 686.
[329] Graf in KK-StPO Rn. 23.

widerlegen und somit eine neue Beweislage zu schaffen, wodurch die Ermittlung der Wahrheit zumindest erschwert wird. Unerheblich ist dabei der Zeitpunkt der Fälschung, ebenso wie der Zeitpunkt der Vorlage im Verfahren. Es genügt, dass durch die Manipulation auf das Verfahren eingewirkt wird mit dem Ziel, durch Änderung der Beweislage die Ermittlung der Wahrheit zu verhindern oder zu erschweren.[330]

Indes muss daneben die Gefahr bestehen, der Beschuldigte werde (auch) künftig auf Beweisvereitelung zielende Handlungen vornehmen, und dass dementsprechend für die Zukunft die Gefahr droht, dass hierdurch die Ermittlung der Wahrheit erschwert wird. Dafür genügt nicht schon, dass eine Verdunkelungshandlung festgestellt ist und lediglich die Möglichkeit weiterer Verdunkelungshandlungen besteht.[331] Auch wenn ein Beschuldigter etwa Zeugen früher beeinflusst hat, darf deshalb die Untersuchungshaft nicht aufrechterhalten werden, wenn künftige Verdunkelungshandlungen nicht mehr zu besorgen sind. Das gilt auch dann, wenn die früheren Verdunkelungshandlungen fortwirken.[332] 69

bb) Einwirken auf Beweispersonen (Abs. 2 Nr. 3 lit. b). Nicht jedes Einwirken auf Beweispersonen rechtfertigt die Annahme einer Verdunkelungshandlung. Vielmehr muss diese Einwirkung als unlauter (lit. b) zu qualifizieren sein, mithin durch unlautere Mittel oder zu unlauteren Zwecken geschehen. Diese setzt eine unmittelbare oder zumindest mittelbare psychische Beeinflussung voraus, durch die die Beweislage zuungunsten der Wahrheit verändert werden soll.[333] 70

Die **bloße Kontaktaufnahme,** beispielhaft mittels eines in der Untersuchungshaft verbotenen Mobiltelefons oder die Weitergabe von Briefen unter Umgehung der Postkontrolle an Mitbeschuldigte, Zeugen oder Sachverständige als solche genügt nicht. Vielmehr ist neben der von dem Beschuldigten gewollten, unkontrollierten Kontaktaufnahme nach seiner Zielrichtung auch das **Ausnutzen dieses Kontaktes zur Beweismanipulation** mit konkreten Hinweisen zu belegen.[334] So stellt auch die – wenn auch nicht immer unbedenkliche – Kontaktaufnahme der Verteidigung mit Zeugen zum Zweck der Sachverhaltsaufklärung oder Feststellung deren Wissens keine Verdunkelungshandlung, sondern einen Aufklärungsbeitrag dar. Die Grenze zur unlauteren Einflussnahme mittels suggestiver Fragestellungen ist aber fließend und daher wird die Notwendigkeit derartiger Kontaktaufnahmen von Seiten der Verteidigung kritisch zu prüfen sein, um schon den bösen Schein zu vermeiden. Auch die Bitte an einen Mitbeschuldigten zu schweigen, ist nicht schon per se unlauter im Sinne dieser Vorschrift,[335] wenn sich hierin keine Aufforderung zur Verwendung unlauterer Mittel findet, wie etwa wie Täuschung oder Drohung. Auch die Aufforderung an Angehörige, von ihrem Zeugnisverweigerungsrecht tatsächlich Gebrauch zu machen, ist noch nicht als unlauter zu qualifizieren, wenn dem Zeugen ein nachhaltiger Entscheidungsspielraum verbleibt. Eine solche Entscheidungsfreiheit fehlt aber, wenn der Beschuldigte ein besonderes Abhängigkeitsverhältnis ausnutzt, gerade gegenüber Minderjährigen,[336] geschweige denn bei dem Einsatz von Drohung oder psychischer sowie physischer Gewalt. Deshalb ist der Umstand, dass der Beschuldigte Familienangehörige und Mitarbeiter als Entlastungszeugen benennt, sein gutes gutes Recht und kann eine Verdunkelungsgefahr selbst dann nicht zu begründen, wenn es sich bei den benannten Zeugen um wirtschaftlich von ihm abhängige Personen handelt.[337] 71

Der Haftgrund der **Verdunkelungsgefahr entfällt** danach, wenn die potentielle Verdunkelungshandlung objektiv nicht mehr geeignet ist, die Ermittlung der Wahrheit zu 72

---

330 OLG Zweibrücken 10.6.1992 – 1 Ws 312/92, StV 1992, 476.
331 OLG Hamm 8.1.1985 – 4 Ws 8/85, StV 1985, 114.
332 OLG Oldenburg 31.1.2005 – 1 Ws 47/05, StV 2005, 111; KG 30.4.2019 – (4) Ws 161 HES 22/19, BeckRS 2019, 8951 (Beweisanzeichen bei bereits zuvor erfolgter Einwirkung auf einen Mitbeschuldigten).
333 OLG Karlsruhe 31.8.2001 – 2 Ws 219/01, StV 2001, 395.
334 KG 6.10.2008 – 4 Ws 89/08, StV 2009, 534.
335 OLG Frankfurt a. M. 7.5.2010 – 1 HEs 30/10, StV 2010, 583.
336 OLG Karlsruhe 26.9.2000 – 3 Ws 196/00, StraFo 2000, 423.
337 OLG Saarbrücken 3.6.2002 – 1 Ws 109/02, StV 2002, 489.

erschweren. Daran fehlt es vor allem, wenn die Beweise in einer Weise gesichert sind, dass der Angeklagte die Wahrheitsermittlung nicht mehr mit Erfolg behindern könnte (→ Rn. 83). Dies kann etwa bei einem vom Gericht für glaubhaft erachtetes richterliches Geständnis[338] sowie richterlich protokollierte Aussage der Geschädigten der Fall sein, die das erstinstanzliche Gericht für uneingeschränkt glaubhaft erachtet hat.[339] Der Haftgrund entfällt auch dann, wenn der Angeklagte ein umfassendes und glaubhaftes gerichtliches Geständnis ablegt und die Berufung auf den Rechtsfolgenausspruch beschränkt.[340] Besonderheiten bestehen auch nach Abschluss der Ermittlungen und Erhebung der Anklage. Insoweit ist es notwendig, dass konkrete Umstände (weiterhin) die Gefahr begründen, der Angeschuldigte werde die Ermittlung der Wahrheit durch Verdunkelungsmaßnahmen erschweren.[341] Dies kann der Fall sein, wenn dieser nicht nur im dringenden Verdacht steht, im Zusammenwirken mit weiteren Beteiligten Straftaten des Menschenhandels und der Zuhälterei begangen zu haben und diese sogar durch Gewaltanwendung zur weiteren Tatbegehung gefügig,[342] sondern auch konkret den Versuch unternommen hat, auf Verfahrensbeteiligte in unlauterer Weise, nämlich durch Drohungen, einzuwirken, um sie davon abzuhalten, bei der Polizei Anzeige zu erstatten oder ihn belastende Aussagen zu tätigen.[343]

73 **cc) Anstiftung Dritter zu Verdunkelungshandlungen (Abs. 2 Nr. 3 lit. c).** Die Veranlassung der unter lit. a und b genannten Handlungen durch dritte Personen steht dem eigenen Verhalten gleich. Dabei kann der Dritte als doloses Werkzeug eingesetzt werden.[344]

74 **b) Einzelfallbetrachtung und Abwägung.** Folgende Umstände können in der forensischen Praxis für oder gegen die Annahme von Verdunkelungsgefahr herangezogen werden.

75 **aa) Geständnis.** Nicht selten ist in der Praxis zu beobachten, dass der Haftgrund der Verdunkelungsgefahr als Druckmittel genutzt wird, um die Geständnisbereitschaft des Beschuldigten zu fördern. Indes ist das bloße Bestreiten des Tatvorwurfs oder das Gebrauchmachen vom Schweigerecht, auch in den Fällen, in denen der Unschuldige gemeinhin zur Aussage bereit ist, kein tragfähiger Verdunkelungsgrund.[345] Ebenso wenig kann sonstiges prozessordnungsgemäßes Verhalten, wie Schweigen,[346] oder trotz des eigenen Geständnisses die mangelnde Benennung von offensichtlich weiteren Tatbeteiligten[347] diesen Haftgrund rechtfertigen.

76 **bb) Lebensumstände des Beschuldigten.** Neben dem Verhalten des Beschuldigten können auch seine Lebensumstände oder familiäre und persönliche Verhältnisse als Prognosebasis – jedoch nur auf feststehender Tatsachengrundlage – die Annahme einer großen Wahrscheinlichkeit von Verdunkelungsmaßnahmen rechtfertigen.[348] Ein wesentliches Indiz

[338] OLG Dresden 15.1.2015 – 1 Ws 4/15, StRR 2015, 193.
[339] KG 11.7.2012 – 4 Ws 73/12, BeckRS 2013, 933; OLG Köln 1.6.2017 – III-2 Ws 341/17, StV 2018, 164; OLG Dresden 15.1.2015 – 1 Ws 4/15, StRR 2015, 193 (Tatvorwurf trotz lückenhaften Geständnisses gleichwohl voll beweisbar).
[340] OLG Stuttgart 4.1.2005 – 4 Ws 367/2004, StV 2005, 225.
[341] OLG Köln 10.6.1994 – 2 Ws 230/94, StV 1994, 582; 15.3.21 – III 2 Ws 133/21, StV – S 2021, 108 (Verurteilung in 1. Instanz erfolgt); KG 29.12.1997 – [4] 1 HEs 262/97, BeckRS 1997, 15125; 19.12.1996 – [5] 1 HEs 179/96, BeckRS 1996, 12826; OLG Frankfurt a. M. 19.4.1994 – 1 Ws 11/94, StV 1994, 583 (organisierte Kriminalität).
[342] OLG Bamberg 7.1.2016 – 1 Ws 700/15, BeckRS 2016, 3552; Graf in KK-StPO Rn. 32; Schmitt in Meyer-Goßner/Schmitt Rn. 30.
[343] KG 10.8.2016 – (5) 121 HEs 8/16, OLGSt StPO § 121 Nr. 41.
[344] Vgl. Schmitt in Meyer-Goßner/Schmitt Rn. 34; Graf in KK-StPO Rn. 25.
[345] Gallandi StV 1987, 87.
[346] OLG Hamm 8.1.1985 – 4 Ws 8/85, StV 1985, 114; OLG Köln 2.10.1991 – 2 Ws 448/91, StV 1992, 383.
[347] Graf in KK-StPO Rn. 20 mwN.
[348] OLG München 25.1.1996 – 2 Ws 37/96, NJW 1996, 941.

ist eine auf **Verdeckung ausgerichtete Lebensführung,**[349] wie die Begehung der Taten unter falschem Namen und dem Anmieten einer Wohnung unter Aliaspersonalien. Die mangelnde Benennung von offensichtlich weiteren Tatbeteiligten[350] kann diesen Haftgrund für sich gesehen jedoch nicht rechtfertigen. Auch bei einem Betrüger kann dies dann naheliegen, wenn seine gesamte bisherige Lebensführung und Berufsausübung auf Verheimlichung und Täuschung, ggf. auch Gewaltanwendung und Drohung ausgerichtet ist.[351]

cc) Früheres Täterverhalten. Gerade früheres Verhalten des Beschuldigten – auch außerhalb des konkreten Ermittlungsverfahrens – kann insoweit Hinweise auf das Vorliegen des Haftgrundes vermitteln. Solche können ohne weiteres berücksichtigt werden, da die Frage der Verdunkelungsgefahr **Prognosecharakter** hat und sich insoweit das frühere Täterveralten auf die Prognose seines künftigen Verhaltens auswirkt.[352] Insoweit kann auch Täterverhalten berücksichtigt werden, wenn dies in einem anderen Verfahren erfolgt ist.[353] 77

dd) Deliktscharakter. Bestimmte Tatvorwürfe, die ihrem **Wesen nach auf eine Verdunkelung** angelegt sind, können typischerweise für eine systematische Verheimlichung und Täuschung gegenüber den Ermittlungsbehörden sprechen. Bei bestimmten Straftaten lässt sich aber nur unter besonderen Umständen aus dem Deliktscharakter auf den Haftgrund der Verdunkelungsgefahr schließen.[354] Das Delikt, um das es bei dem Tatvorwurf geht, ist nämlich keine „bestimmte Tatsache" in diesem Sinn, sondern nur der Vorwurf, der sich erst noch im Laufe des Verfahrens als zutreffend erweisen kann.[355] Es ist jedoch keineswegs erforderlich, dass der Beschuldigte oder ein Mitglied der Gruppierung in dem anhängigen Verfahren oder einem früheren Strafverfahren bereits Verdunkelungshandlungen vorbereitet oder unternommen haben. Es kann vielmehr ausreichen, dass andere Anzeichen für eine Verdunkelung gegeben sind. Derartiges kann sich im Einzelfall aus den Umständen der verfolgten Tat ergeben, so etwa, wenn die Taten nach Planung und Ausführung die Verdunkelung vor und nach der Begehung konkret voraussetzen.[356] Es müssen sich aber konkrete Anhaltspunkte dafür finden, dass auch die vorliegende Organisationsstruktur, ihrer Arbeitsweise nach, ihre Taten auf Verschleierung, sowohl vor als auch nach der Tatbegehung, angelegt hat. Dies setzt beispielsweise voraus, dass der Beschuldigte derart in ein System eingebettet ist, dass Planung und Ausführung der konkreten Tat Ähnlichkeiten mit der Vorgehensweise von **Wirtschaftskriminellen** aufweisen.[357] Gleiches gilt bei der Mitgliedschaft in einer kriminellen oder terroristischen Vereinigung nach §§ 129, 129a StGB[358] sowie dem Vorwurf einer geheimdienstlichen Agententätigkeit nach § 99 StGB.[359] 78

Die Verdunklungsgefahr lässt sich in der Regel aber nicht allein aus der **Eigenart des dem Beschuldigten vorgeworfenen Delikts** ableiten. Dies würde häufig zu einer nicht hinnehmbaren gesetzlichen Vermutung führen. Das Delikt, um das es bei dem Tatvorwurf geht, ist keine „bestimmte Tatsache" iSd § 112 Abs. 2 Hs. 1. So lässt sich etwa der sich aus der Eigenart des dem Beschuldigten vorgeworfenen Delikts der Steuerhinterziehung eine solche Befürchtung nicht ableiten.[360] Für die Annahme von Verdunklungsgefahr müssen vielmehr noch weitere Umstände hinzukommen, aus denen auf die Gefahr der verdunkeln- 79

349 Bezüglich der Verwendung eines sog. „Krypto-Handys" der Sache nach wegen bestehender Fluchtgefahr offengelassen in: OLG Karlsruhe 10.11.2021 – 2 Ws 261/821; vgl. auch OLG Brandenburg 16.1.2021 – 2 Ws 197/21; KG 30.8.2021 – 2 Ws 79/21.

350 Graf in KK-StPO Rn. 20 mwN.

351 OLG Köln 19.12.2002 – 2 Ws 603/02, BeckRS 2015, 5067.

352 OLG Hamm 17.6.2004 – 2 Ws 141/04, wistra 2004, 358.

353 AA OLG Nürnberg 29.11.2002 – Ws 1485/02, StraFo 2003, 89.

354 OLG Frankfurt a. M. 26.10.2006 – 1 Ws 87/06, BeckRS 2006, 137105.

355 OLG Hamm 14.1.2010 – 2 Ws 347/09, BeckRS 2010, 3922.

356 KG 29.12.1999 – (5) 1 HEs 244/99, BeckRS 2013, 21796.

357 OLG Frankfurt a. M. 30.8.1996 – 1 HEs 191/96, NStZ 1997, 200.

358 BGH 28.11.2007 – StB 43/07, BGHSt 52, 98; 29.9.2016 – StB 30/16, NJW 2017, 341.

359 BGH 11.5.2012 – AK 10 und 11/12, NStZ-RR 2012, 244; 18.7.2006 – StB 14/06, NStZ-RR 2006, 303.

360 OLG Hamm 6.2.2002 – 2 Ws 27/02, StV 2002, 205 (für den Vorwurf der Steuerhinterziehung).

den Einflussnahme geschlossen werden kann. Dazu sind alle Umstände des Einzelfalles zu prüfen.

79a Oftmals haben bestimmte **Berufs- und Bandenverbrecher** ihre gesamte Lebensführung derart auf systematische Verheimlichung, Täuschung, Drohung und Gewaltanwendung ausgerichtet, dass eine Verdunkelungsgefahr auf der Hand liegt.[361] Der kriminalistische Erfahrungssatz, dass bestimmte Deliktsarten, insbesondere die bandenmäßige Begehung, für Verschleierung- und Täuschungsabsicht zeugen, kann den Haftgrund der Verdunkelungsgefahr nach der gesetzlichen Regelung allein nicht bedingen. Vielmehr müssen auch hier für dessen Annahme weitere Umstände hinzukommen, aus denen auf die Gefahr der negativen, nämlich verdunkelnden – unlauteren – Einflussnahme geschlossen werden kann. Bei einer beispielhaft bandenmäßigen Begehungsweise des unerlaubten Handeltreibens mit Betäubungsmitteln, wenn sich der Beschuldigte als Teil einer arbeitsteilig organisierten Bande betätigt, die im Drogenmilieu bewusst eine Struktur der Verdeckung und Täuschung nutzt, die für die Strafverfolgungsbehörden nur schwer zu durchschauen ist.[362] Ebenso wenn der Beschuldigte als Mitglied einer Bande, die sich nach außen als Motorrad-Club geriert und sich durch systematisches Eintreiben von Schutzgeldern eine ständige Einnahmequelle verschafft und die Arbeitsweise auf Verschleierung ihres Tuns angelegt ist.[363] Ein Automatismus, von dem dringenden Tatverdacht eines Bandendelikts oder auch nur deren Mitgliedschaft auf die Verdunkelungsgefahr zu schließen, widerspricht der gesetzlichen Regelung, nach der der Erlass eines Haftbefehls eben nicht nur vom Vorliegen des dringenden Tatverdachts abhängt, sondern als weitere Voraussetzung das Vorliegen eines Haftgrundes als eigenständige Voraussetzung geprüft und bejaht werden muss.[364] Insoweit ist also eine sorgfältige Prüfung geboten.

80 Bezüglich des Merkmals des Deliktscharakters kommt es auch maßgeblich auf den **Stand der Ermittlungen** an. Während bei Vorliegen einer gefestigten Bandenstruktur zu Beginn des Ermittlungsverfahrens eine solche Annahme leichter zu rechtfertigen sein kann, verbietet sich diese jedoch, wenn die Ermittlungen bereits fortgeschritten sind und der Lebensführung des Beschuldigten keine konkreten Anhaltspunkte für eine Erschwerung der Ermittlungen zu entnehmen ist.

81 **ee) Verschweigen der Beute.** Das Verschweigen **des Aufbewahrungsorts der Beute** rechtfertigt die Annahme der Verdunkelungsgefahr an sich nicht, denn die Untersuchungshaft ist keine Beugehaft und der Beschuldigte ist auch nicht verpflichtet, sich zur Sache einzulassen.[365] Etwas anderes mag allerdings dann gelten, wenn noch weitere Tatbeteiligte vorhanden sind und die konkrete Gefahr besteht, der Beschuldigte könne das Versteck an diese mitteilen und dadurch die Ermittlungen erschweren.

82 **ff) Persönliche Beziehungen.** Auch **persönliche Beziehungen zwischen dem Beschuldigten und dem Opfer** können den Haftgrund der Verdunkelungsgefahr rechtfertigen. Zwar kann im Rahmen einer ehelichen oder auch nichtehelichen Lebensgemeinschaft nicht bereits dann Verdunkelungsgefahr angenommen werden, wenn der Täter auf seinen Partner einwirkt, da dies von der Motivation zur Aufrechterhaltung oder Neubegründung der Beziehung getragen sein kann. Etwas anderes gilt jedoch, wenn die Beeinflussung unter Anwendung von Gewalt oder Drohungen oder aber unter Ausnutzung eines bestehenden Abhängigkeitsverhältnisses erfolgt.[366] Insoweit kommt auch gerade bei dem Tatbestand der Nachstellung (§ 238 StGB) die Annahme des Haftgrundes in Betracht. So besteht dieser bereits dann, wenn konkret befürchtet werden muss, dass der Angeschuldigte beabsichtige, die Zeugin der Nachstellung an einer Aussage zu hindern und zudem eine hohe Wahr-

361 OLG Köln 8.5.1998 – 2 Ws 229/98, BeckRS 1998, 11545; Böhm NStZ 2001, 634.

362 OLG Düsseldorf 11.12.2002 – 2 Ws 280-281/02, NStZ-RR 2003, 126; KG 15.8.1997 – 1 AR 986/97, BeckRS 1997, 14988.

363 KG 13.6.1997 – 1 AR 104/97, juris.

364 Vgl. auch KG 19.2.2002 – (5) 1 HEs 34/02, BeckRS 2002, 16343.

365 OLG Frankfurt a. M. 26.6.2009 – 1 Ws 58/09, StV 2009, 652; Graf in KK-StPO Rn. 39 mwN.

366 OLG Karlsruhe 2.9.2000 – 3 Ws 196/00, StV 2001, 118.

scheinlichkeit besteht, dass sich deren Angst vor dem Angeschuldigten im Falle weiterer Kontaktaufnahmen bei einer Hauptverhandlung auf ihr dortiges Aussageverhalten auswirken wird.[367]

c) Gefahrenmaßstab. Ferner muss nicht nur die Verdunkelungsabsicht des Beschul- 83
digten vorliegen, sondern auch **eine konkrete Gefahr für die Wahrheitsermittlung tatsächlich bestehen** (→ Rn. 72). Der Haftgrund der Verdunkelungsgefahr ist nicht mehr gegeben, wenn der Sachverhalt in vollem Umfang aufgeklärt ist und die Beweise so gesichert sind, dass der Beschuldigte die Wahrheitsermittlungen nicht mehr mit Aussicht auf Erfolg behindern kann. Dies liegt bei einem umfassenden Geständnis nahe,[368] wobei auch ein Widerruf zu einem späteren Zeitpunkt in die Abwägung einzustellen ist. Ferner kann dies der Fall sein, wenn richterlich protokollierte Aussagen von zum Zeitpunkt der richterlichen Vernehmung unbeeinflussten Zeugen und Mitbeschuldigten vorliegen.[369] Indes entfällt der Haftgrund der Verdunkelungsgefahr auch bei richterlich protokollierten Aussagen nur dann nicht, wenn deren Aussagen dadurch so hinreichend gesichert sind, dass der Beschuldigte mit seinen Verdunkelungshandlungen die Wahrheitsfindung nicht mehr behindern kann. Versucht der Angeklagte nach einer erstinstanzlichen Verurteilung, nach der dortigen richterlichen Vernehmung des Zeugen, diesen nicht einfach zu einer Abänderung seiner Aussage unlauter zu veranlassen, sondern dazu, dass der Zeuge nunmehr behauptet, er sei zu dieser – im richterlichen Protokoll richtig wiedergegebenen – Aussage von der Polizei oder Dritten gezwungen worden, besteht die konkrete Gefahr einer Verdunkelung, weil bereits eine umfangreiche Beweisaufnahme in der Berufungsinstanz zur Frage der möglichen Beeinflussung durch die Polizei oder Dritte notwendig würde.[370]

Mit **fortschreitendem Verfahrensgang** steigen die Anforderungen an die Annahme 84
einer solchen Gefahr, da nach vollständiger Aufklärung des Sachverhalts und bestehender Beweissicherung eine nachhaltige Behinderung der Wahrheitsfindung in der Regel nicht mehr zu befürchten ist. Danach entfällt der Haftgrund, wenn die Beweise derart gesichert sind, dass der Beschuldigte die Wahrheitsfindung nicht mehr behindern kann.[371] Daran fehlt es, wenn die Beweise in einer Weise gesichert sind, dass der Angeklagte die Wahrheitsermittlung nicht mehr mit Erfolg behindern kann, wie etwa bei einem uneingeschränkt glaubhaften richterlichen Geständnis des Angeklagten, der richterlich protokollierten Aussage der Geschädigten oder nach Durchführung des Berufungsverfahrens.[372, 373] Die auf bestimmte Tatsachen begründete Gefahr muss sich auf zukünftige Verdunkelungshandlungen beziehen. Hat der Beschuldigte in einem früheren Stadium des Verfahrens beispielhaft vor einer unmittelbar bevorstehenden Durchsuchungsmaßnahme Beweismittel beiseite geschafft, so kann dies als ein Indiz in die Gesamtabwägung eingestellt werden, reicht allein, als bloße Fortwirkung, für die Annahme einer noch bestehenden Verdunkelungsgefahr aber nicht aus.[374] Ebenso wenig kann dieser Gefahrbegriff angenommen werden, wenn der Beschuldigte nur das Versteck seiner Tatbeute nicht preisgibt (→ Rn. 81).[375] Nach Ergehen eines erst- oder zweitinstanzlichen Urteils des Landgerichts wird sich die Annahmen von Verdunkelungsgefahr nicht mehr begründen lassen.

Mildere Maßnahmen nach § 116 StPO. Häufig wird übersehen, dass auch noch 85
bestehende Verdunkelungsgefahr durch ein Kontaktverbot und die Stellung einer Kaution,

367 LG Lübeck 14.2.2008 – 2 b Qs 18/08, SchlHA 2008, 213.
368 OLG Stuttgart 4.1.2005 – 4 Ws 367/2004, StV 2005, 225; OLG Düsseldorf 15.2.1994 – 1 Ws 141/84, StV 1984, 339.
369 Vgl. OLG Karlsruhe 2.11.1992 – 3Ws 201/92, NJW 1993, 1148; Schmitt in Meyer-Goßner/Schmitt Rn. 35.
370 Vgl. auch OLG Karlsruhe 20.7.2005 – 3 Ws 267/05 (unveröffentlicht).
371 LG Hamburg 12.2.2000 – 614 Qs 5/00, StV 2000, 373 mAnm Meyer.
372 KG 11.7.2021 – Ws 73/13, juris.
373 KG 11.7.2012 – 4 Ws 73/12, BeckRS 2013, 933.
374 OLG Naumburg 2.12.2009 – 1 Ws 789/09, StraFo 2010, 112.
375 OLG Frankfurt a. M. 26.6.2009 – 1 Ws 58/09, StV 2009, 652.

mithin durch weniger einschneidende Maßnahmen als den Vollzug der Untersuchungshaft, erheblich und ausreichend gemindert werden.[376]

86 **Verfahrensrechtlich** gilt darüber hinaus wie beim Merkmal des dringenden Tatverdachts (→ Rn. 27) und dem Haftgrund der Fluchtgefahr (→ Rn. 41), dass im Beschwerdeverfahren die Beurteilung des dringenden Verdachts für eine derartige Verdunkelungshandlung durch das Beschwerdegericht dann nur einer eingeschränkten Überprüfung unterliegt, wenn sie sich aus der laufenden Hauptverhandlung ergibt.[377] Denn ebenso wie bei der Beurteilung des dringenden Tatverdachts iSv § 112 Abs. 1 während der laufenden Hauptverhandlung[378] ist auch bei der Beurteilung der Haftgründe während der laufenden Hauptverhandlung allein das erkennende Gericht, vor dem die entsprechende Beweisaufnahme stattfindet, in der Lage, deren Ergebnis aus eigener Anschauung festzustellen und für diese Frage zu würdigen. Insoweit hat das Beschwerdegericht demgegenüber keine eigene unmittelbare Kenntnis über den Verlauf der Beweisaufnahme. Folglich kommt es allein darauf an, ob die Entscheidung des Tatgerichts auf einer vertretbaren und plausiblen Wertung der maßgeblichen Umstände beruht.[379]

87 **6. Haftgrund der Schwerkriminalität nach Abs. 3.** In Abs. 3 findet sich dem Wortlaut nach eine atypische Ermächtigung zur Anordnung der Untersuchungshaft in den dort abschließend aufgeführten Fällen von Katalogtaten der **Schwerkriminalität** ohne Hinzutreten eines Haftgrundes iSv Abs. 2. Das Gesetz zur Änderung der Strafprozeßordnung und des Gerichtsverfassungsgesetzes vom 19.12.1964 hat damals in Abs. 4 diesen besonderen Haftgrund bei dem Verdacht eines Kapitaldeliktes mit einer gewissen „gesetzlichen Automatik“ versehen.[380]

88 Erforderlich ist danach, dass der Beschuldigte dringend verdächtig ist der **Begehung eines der enumerativ aufgezählten Kapitadelikte**[381] des Mordes (§ 211 StGB), des Totschlags (§ 212 StGB), des Völkermordes im Tötungsfalles (§ 6 Abs. 1 Nr. 1 Völkerstrafgesetzbuch), der schweren Körperverletzung (§ 226 StGB), der besonders schweren Brandstiftung (§ 306b StGB), der Brandstiftung mit Todesfolge (§ 306c StGB), der Herbeiführung einer Sprengstoffexplosion (§ 308 Abs. 1–3 StGB) oder aber der Bildung einer inländischen oder ausländischen terroristischen Vereinigung (§ 129a Abs. 1 oder Abs. 2, § 129b StGB).[382] Insoweit greift die Vorschrift nicht nur bei Vollendung der Tat durch einen Einzeltäter ein, sondern auch bei Versuch (§ 22 StGB),[383] Anstiftung (§ 26 SGB), Beihilfe (§ 27 StGB) und Versuch der Beteiligung (§ 30 StGB).[384] Keine Anwendung findet sie wegen der enumerativen Aufzählungen hingegen dann, wenn die Normen nicht ausdrücklich in Abs. 3 aufgeführt sind, wie etwa bei § 213,[385] § 216 StGB,[386] §§ 257, 258 StGB in Bezug auf eine Katalogtat[387] oder im Falle des Vorliegens einer Rauschtat (§ 323a StGB), wenn eine in Abs. 3 aufgeführte Katalogtat in diesem Zustand begangen wurde.[388]

89 Erhebliche Probleme bereitet in der Praxis der Umstand, dass der Beschuldigte der **Begehung des Kapitaldelikts auch dringend verdächtig** sein muss und von dieser Bewertung auch die **Zuständigkeit des zur Entscheidung berufenen Spruchkörpers** abhängt. So ist nach § 74 Abs. 2 S. 1 GVG etwa für die Verbrechen des Mordes und des

---

376 OLG Nürnberg 29.11.2002 – Ws 1485/02, StraFo 2003, 89.
377 OLG Hamm 8.2.2006 – 2 Ws 37/06, wistra 2006, 278.
378 BGH 8.1.2004 – StB 20/03, StV 2004, 142; 16.8.1991 – StB 16/91, StV 1991, 525.
379 BGH 16.8.1991 – StB 16/91, StV 1991, 525.
380 Paeffgen in SK-StPO Rn. 41.
381 Siehe hierzu auch Graf in KK-StPO Rn. 41.
382 BGH 17.6.2010 – AK 3/10, BGHSt 55, 157.
383 BGH 16.3.1979 – 1 BJs 176/78, BGHSt 28, 355.
384 Graf in KK-StPO § 112 Rn. 41.
385 OLG Frankfurt a. M. 11.6.2001 – 1 Ws 44/01, StV 2001, 687; aA OLG Hamm 26.7.1982 – 3 Ws 365/82, NJW 1982, 2786.
386 OLG Köln 1.4.1996 – 2 Ws 122/96, StV 1996, 382.
387 Graf in KK-StPO Rn. 41.
388 Ebenso Schmitt in Meyer-Goßner/Schmitt Rn. 36.

Totschlags ausschließlich eine Strafkammer des Landgerichts als Schwurgericht zuständig. Gerade bei Körperverletzungsdelikten lässt sich aber die Bewertung des Vorliegens auch eines Tötungsvorsatzes im Rahmen eines Versuchsdelikts letztendlich oftmals nur in der Hauptverhandlung treffen, weshalb der Haftgrund in solchen Fällen auch dann häufig zur Anwendung kommt, wenn sich ohne Verdacht eines Tötungsdelikts das Vorliegen von Fluchtgefahr nicht begründen ließe. In vielen Entscheidungen findet sich andererseits auch der Hinweis, dass neben dem Haftgrund der Schwerkriminalität auch derjenigen der Fluchtgefahr nach § 112 Abs. 2 Nr. 1 besteht.[389]

Diese bloße Schwere des Tatverdachts als Haftgrund aber hat das **Bundesverfassungsgericht** bereits mit dem Wencker-Beschluss vom 15.12.1965 einer restriktiven Auslegungsformel zugeführt.[390] Auch der Haftgrund der Schwerkriminalität ist danach in Zusammenschau mit den Haftgründen des Absatzes 2, der Flucht- und Verdunkelungsgefahr zu sehen. Weder die Schwere der Verbrechenstat als solche noch die Schwere der – noch nicht festgestellten – Schuld rechtfertige für sich allein die Anordnung der Untersuchungshaft. Noch weniger sei die Rücksicht auf eine mehr oder minder deutlich feststellbare „Erregung der Bevölkerung“ ausreichend, die es unerträglich finde, wenn sich ein „Mörder“ auf freiem Fuß befinde. 90

Nur an den **Grad der Prognosesicherheit** werden bei dem Haftgrund der Schwerkriminalität danach geringe Anforderungen gestellt. Es müssen aber auch hier stets Umstände vorliegen, die die Gefahr begründen, dass ohne Festnahme des Beschuldigten die alsbaldige Aufklärung und Ahndung der Tat gefährdet sein könnte.[391] Der zwar nicht mit **„bestimmten Tatsachen“ belegbare, aber nach den Umständen des Falles doch nicht auszuschließende Flucht- oder Verdunkelungsverdacht** könne bereits ausreichen. Ebenso könne die ernstliche Befürchtung, dass der Beschuldigte weitere Verbrechen ähnlicher Art begehe, für den Erlass eines Haftbefehls genügen (→ Rn. 92).[392] Diese teleologische Reduktion, letztlich contra legem, hat in der Literatur in Anbetracht der nunmehr verschwommenen Voraussetzungen berechtigte Kritik erfahren.[393] 91

Der Haftgrund des Abs. 3 kann allerdings nicht nur dann angenommen werden, wenn mindestens eine nach den Fallumständen **nicht ausschließbare Flucht- oder Verdunkelungsgefahr** anzunehmen ist, sondern auch dann, wenn die ernstliche Befürchtung besteht, der Beschuldigte werde weitere Verbrechen ähnlicher Art begehen. So ist der Haftgrund auch in einem Fall angenommen worden, in welchem die Angeschuldigten dringend verdächtig waren, im Abstand von 15 Tagen Leitpfosten von einer Brücke auf die Autobahn geworfen und dabei den Tod von Insassen dort fahrender Fahrzeuge mindestens billigend in Kauf genommen zu haben, und nicht ausgeschlossen werden konnte, dass diese gleichartige Taten erneut begehen.[394] 92

Insoweit ist festzuhalten, dass nach der restriktiven Auslegung durch das Bundesverfassungsgericht die Begründungsanforderungen in der Praxis bei dem dringenden Verdacht einer Katalogtat nicht so hoch sind wie in den Abs. 2 Nr. 2 und 3. Es genügt, **wenn Flucht- bzw. Verdunkelungsgefahr nicht auszuschließen ist,**[395] wovon bei einem Kaptaldelikt zumeist auszugehen ist. Allerdings bedarf es insoweit einer einzelfallbezogenen Auseinandersetzung mit Umständen auf, die einer Flucht- und Verdunkelungsgefahr entgegenstehen können.[396] Auch bedarf die Darlegung des Haftgrundes, der Schwerkriminalität einer 93

---

[389] BGH 17.6.2010 – AK 3/10, BGHSt 55, 157.
[390] BVerfG 15.12.1965 – 1 BvR 513/65, BVerfGE 19, 342 = NJW 1966, 243.
[391] BGH 10.3.2011 – AK 5/11, NStZ-RR 2011, 176.
[392] BVerfG 15.12.1965 – 1 BvR 513/65, BVerfGE 19, 342 = NJW 1966, 243.
[393] Paeffgen in SK-StPO Rn. 43a.
[394] OLG Oldenburg 11.3.2010 – 1 Ws 115/10, StRR 2010, 163; aA OLG Karlsruhe 18.5.2009 – 2Ws 180/09, StV 2010, 30 (nur Haftgründe nach § 112 Abs. 2).
[395] BVerfG 1.2.2006 – 2 BvR 2056/05, StV 2006, 139; BGH 30.11.2017 – AK 61/17, BeckRS 2017, 135738; OLG Karlsruhe 18.5.2009 – 2 Ws 180/09, StV 2010, 30; OLG Oldenburg 11.3.2010 – 1 Ws 115/10, StRR 2010, 163.
[396] BVerfG 9.3.2020 – 2 BvR 103/20, EuGRZ 2020, 365.

„gerichtlichen" Begründungstiefe, die vor allem auch eine Auseinandersetzung mit der Person des Beschuldigten verlangt.[397] Danach besteht der Zweck der Norm in der teilweisen Befreiung des Haftgerichts von den strengen Maßstäben des § 112 Abs. 2, um der Gefahr zu begegnen, dass sich in dem Spannungsverhältnis zwischen dem unabweisbaren Bedürfnissen einer wirksamen Strafverfolgung und dem Freiheitsgrundrecht des Beschuldigten ein besonders gefährlicher Täter der Bestrafung entzieht.

94 Auch der Vollzug eines wegen Mordverdachts ergangenen und nur auf den Haftgrund der Tatschwere nach Abs. 3 gestützten Haftbefehls kann unter Auflagen in entsprechender Anwendung von **§ 116** ausgesetzt werden. Die Vorschrift lässt nämlich eine Aussetzung dann zu, wenn weniger einschneidenden Maßnahmen die Erwartung hinreichend begründen, dass der Zweck der Untersuchungshaft auch durch sie erreicht werden kann. Denn nach der vom BVerfG[398] gebotenen verfassungskonformen Auslegung wäre die Vorschrift ansonsten wegen eines darin enthaltenen offensichtlichen Verstoßes gegen den Verhältnismäßigkeitsgrundsatz verfassungswidrig.[399]

95 **Zusammenfassend** darf im Fall eines Kapitaldeliktes nach dem Katalog des Abs. 3,[400] auch wenn es sich nur um einen Versuch handelt,[401] die Untersuchungshaft angeordnet werden, auch wenn ein konkreter Haftgrund nach Abs. 2 nicht besteht. Jedoch gilt das nach der verfassungskonformen Auslegung des Bundesverfassungsgerichts nur dann, wenn Umstände vorliegen, die die Gefahr begründen, dass ohne Festnahme des Beschuldigten die alsbaldige Aufklärung und Ahndung der Tat gefährdet sein könnte.[402] Obwohl vom Wortlaut der Norm nicht verlangt, muss für die Annahme der abstrakten Haftgründe nach § 112 Abs. 3 **die Flucht- oder Verdunkelungsgefahr (abstrakt) zumindest möglich sein,** dh sie darf nicht gänzlich auszuschließen sein. Danach wird dem Gericht zwar die Feststellung erlassen, dass bestimmte Tatsachen Flucht- oder Verdunkelungsgefahr begründen, jedoch ist die Feststellung erforderlich, dass eine verhältnismäßig geringe oder entfernte Gefahr dieser Art besteht oder dass sie jedenfalls nicht auszuschließen ist.[403] In der Praxis kann daher der Erlass eines Haftbefehls typischerweise bei Beziehungstaten mangels Wiederholungsgefahr und einer gänzlich fernliegenden Fluchtgefahr verfehlt sein.[404] Auch bei einem noch jugendlichen und in Familie eingebundenen Täter kann sich der Haftgrund nicht begründen lassen.[405]

IV. Rechtsbehelfe

96 Die Anordnung der Untersuchungshaft ergeht durch Beschluss des Haftrichters – in Jugendsachen entscheidet der Jugendrichter –, gegen welchen der Antrag auf Haftprüfung (§ 117) und die Haftbeschwerde zulässig sind.[406] Anfechtbar ist aber immer nur die letzte Haftentscheidung.[407] Gegen diese ist auch die Einlegung einer Verfassungsbeschwerde möglich, welche jedoch erheblichen formalen Begründungszwängen unterliegt.[408]

---

397 BVerfG 9.3.2020 – 2 BvR 103/20 EuGRZ 2020, 365.

398 BVerfG 15.12.1965 – 1 BvR 513/65, BVerfGE 19, 342 = NJW 1966, 243.

399 BGH 10.12.2015 – StB 16/15, StV 2016, 443 (Aussetzung beim Vorwurf der Mitgliedschaft in einer terroristischen Vereinigung bei einem Hernawachsenden); OLG Oldenburg 28.11.2007 – 1 Ws 639/07, StV 2008, 84.

400 Der Umfang der Katalogtaten wurde durch das VerbrechensbekämpfungsG v. 28.12.1994 nochmals erweitert.

401 BGH 16.3.1979 – 1 BJs 176/78, AK 5/79, BGHSt 28, 355 = NJW 1979, 1419.

402 vgl. auch BGH 10.3.2011 – AK 5/11, NStZ-RR 2011, 176 (zu der Katalogtat der Mitgliedschaft in einer terroristischen Vereinigung – Mitglied von „Al Qaida").

403 OLG Düsseldorf 3.11.1999 – 1 Ws 869/99, StraFo 2000, 67.

404 vgl. OLG Köln 16.1.1996 – HEs 266/95, NJW 1996, 1686 (Haft verfehlt wegen Lebensalters, der Schwerbinderung des Beschuldigten und der persönlichkeitsfremden Konfliktat).

405 OLG Köln 4.10.2011 – III 2 Ws 602/11.

406 → § 117 Rn. 6 ff., 24 ff.

407 Vgl. → § 117 Rn. 51 ff.

408 Vgl. etwa BVerfG 1.4.2019 – 2 BvR 382/19, NStZ-RR 2019, 289 mzwN; 14.10.2019 – 2 BvR 1768/19, BeckRS 2019, 25002.

§ 112a Haftgrund der Wiederholungsgefahr

(1) [1]Ein Haftgrund besteht auch, wenn der Beschuldigte dringend verdächtig ist,

1. eine Straftat nach den §§ 174, 174a, 176 bis 176a, 177, 178, 184b Absatz 2 oder nach § 238 Abs. 2 und 3 des Strafgesetzbuches oder

2. wiederholt oder fortgesetzt eine die Rechtsordnung schwerwiegend beeinträchtigende Straftat nach den §§ 89a, 89c Absatz 1 bis 4, nach § 125a, nach den §§ 224 bis 227, nach den §§ 243, 244, 249 bis 255, 260, nach § 263, nach den §§ 306 bis 306c oder § 316a des Strafgesetzbuches oder nach § 29 Absatz 1 Satz 1 Nummer 1, 10 oder Abs. 3, § 29a Abs. 1, § 30 Abs. 1, § 30a Abs. 1 des Betäubungsmittelgesetzes oder nach § 4 Absatz 3 Nummer 1 Buchstabe a des Neue-psychoaktive-Stoffe-Gesetzes

begangen zu haben, und bestimmte Tatsachen die Gefahr begründen, daß er vor rechtskräftiger Aburteilung weitere erhebliche Straftaten gleicher Art begehen oder die Straftat fortsetzen werde, die Haft zur Abwendung der drohenden Gefahr erforderlich und in den Fällen der Nummer 2 eine Freiheitsstrafe von mehr als einem Jahr zu erwarten ist. [2]In die Beurteilung des dringenden Verdachts einer Tatbegehung im Sinne des Satzes 1 Nummer 2 sind auch solche Taten einzubeziehen, die Gegenstand anderer, auch rechtskräftig abgeschlossener, Verfahren sind oder waren.

(2) Absatz 1 findet keine Anwendung, wenn die Voraussetzungen für den Erlaß eines Haftbefehls nach § 112 vorliegen und die Voraussetzungen für die Aussetzung des Vollzugs des Haftbefehls nach § 116 Abs. 1, 2 nicht gegeben sind

Schrifttum: Baumann, Neue Haftgründe, JZ 1962 649; Baumann, Wird die Untersuchungshaft umfunktioniert? JZ 1969 134; Becker, Neues Haftrecht in der Bundesrepublik, MDR 1973 22; Diemer-Nicolaus, Das geänderte Haftrecht, NJW 1972 1693; Behm, Rechtsprechung zu dem Tatbestand des § 112a Abs. 1 Nr. 1 StPO, StraF0 2008, 73; Böhm, Opferschutz – Präventionsprinzip – Sicherungsverwahrung, Bleibt die Polizei der Lückenbüßer der Rechtspolitik?, Kriminalistik 2011, 14; Böhm/Boetticher, Unzureichende Begutachtung gefährlicher Gewalt- und Sexualstraftäter im Strafverfahren, ZRP 2009, 134; Dietrich, Wiederholungsgefahr bei Sittlichkeitsverbrechen. Der Haftgrund des § 112 Abs. 3 StPO in historischer, rechtsdogmatischer und kriminologischer Sicht (1970); Egg, Zur Rückfälligkeit von Sexualstraftätern, Kriminalistik 1999, 267; Ender, Zur erneuten Reform des Haftrechts – insbesondere zur Vorbeugungshaft, NJW 1969, 867; Fölsch, Strafrechtlicher Schutz vor beharrlichen Nachstellungen, SchlHA 2008, 304; Gazeas, „Stalking" als Straftatbestand, KJ 2006, 247; Gnam, Die Wiederholungsgefahr als Grund für die Anordnung von Untersuchungshaft, Entwicklung und rechtsdogmatische Grundlagen, Diss. 1972; Graf, Die Untersuchungshaft, JA 2012, 265; Herzler, Der Haftgrund der Wiederholungsgefahr (§ 112a StPO), NJ 2001, 409; Hohmann, Zur verfassungsmäßig gebotenen restriktiven Auslegung von StPO § 112a Abs. 1 Nr. 2, StV 1997, 310; Hohmann/Matt, Tatfrequenz und Wiederholungsgefahr i.S. des § 112a I Nr. 2 StPO, NStZ 1989, 211; Humberg, Der Haftgrund der Wiederholungsgefahr gem. § 112a StPO, Jura 2005, 376; Klug, Rechtsstaatswidrige Vorbeugehaft, ZRP 1969, 1; Knauer, Zur Erweiterung der Untersuchungshaftgründe gemäß § 112a Abs. 1 Nr. 1 StPO durch das Gesetz zur Strafbarkeit beharrlicher Nachstellungen, StV 2008, 377; Krüger, Zur Deeskalationshaft in Fällen von Stalking, NJ 2008, 153; Krümpelmann, Probleme der Untersuchungshaft im deutschen und ausländischen Recht, ZStW 82 (1970) 1052; Kühne/Esser, Die Rechtsprechung des Europäischen Gerichtshofs für Menschenrechte (EGMR) zur Untersuchungshaft, StV 2002, 385; Müller/Pieroth, Verfassungsmäßigkeit des Haftgrundes der Wiederholungsgefahr, in Kunert/Bernsmann Neue Sicherheitsgesetze – mehr Rechtssicherheit? NSTZ 1989, 449; Hoffmann-Riem, Sozialwissenschaften im Öffentlichen Recht (1981) 228; v. Nerée, Zur Zulässigkeit der Sicherungshaft gemäß § 112a StPO, insbesondere bei Anwendung von Jugendstrafrecht, StV 1993, 212; Rentzel-Rothe, Der Haftgrund der Wiederholungsgefahr gemäß § 112a Abs. 1 Nr. 2 StPO im Jugendstrafverfahren, StV 2013, 786; Renzikowski, Die nachträgliche Sicherungsverwahrung und die Europäische Menschenrechtskonvention, JR 2004, 273; Schlotthauer/Wieder, Untersuchungshaft, 4. Aufl. 2010; Schlüchter, Das neue Haftrecht: Bedeutung und Auslegung für die Praxis, MDR 1973, 96; Schmitt, Strafprozessuale Präventivmaßnahmen, JZ 1965, 193; Schultheiss, Übersicht über die Rechtsprechung in Untersuchungshaftsachen, NStZ 2013, 87; Tsambikakis, Anmerkung zu einer Entscheidung des OLG Jena, Beschluss vom 29.11.2010 (1 Ws 457/10; StV 2011, 735) – Zur Wiederholungsgefahr bei der Untersuchungshaft, StV 2011, 738; Wieneck, Der Haftgrund der Wiederholungsgefahr, NStZ 2019, 702.

Übersicht

I. Allgemeines

1 Während § 112 die Inhaftierung des Beschuldigten zur Sicherung des Verfahrens im Blick hat (→ § 112 Rn. 2), ist § 112a präventiv-polizeilicher Natur und erlaubt eine vorbeugende Haft zum Schutz der Allgemeinheit vor weiteren erheblichen Straftaten besonders gefährlicher Täter. Sie ist subsidiär (Abs. 2), wird aber von der forensischen Praxis zunehmend – häufig auch zu Unrecht – neben Flucht- und Verdunkelungsgefahr als weiterer zusätzlicher Haftgrund in Haftbefehlen angeführt (→ Rn. 56). Die sprachliche Fassung der Norm ist wenig gelungen, da sich das „wenn“ des ersten Nebensatzes auf insgesamt drei weitere Nebensätze bezieht. Die Norm ist daher nach ihrer textlichen Fassung schwer verständlich, was in der forensischen Praxis zu nicht unerheblichen Problemen in der Anwendung führt.

II. Normzweck und allgemeine Grundsätze

2 **1. Entstehungsgeschichte.** Die durch Gesetz zur Änderung der Strafprozessordnung vom 7.8.1972[1] eingefügte Vorschrift wurde wiederholt geändert und in ihrem Anwendungsbereich gegenüber der ursprünglichen Fassung ausgedehnt. Ihre jetzige Fassung hat sie im Wesentlichen durch Art. 3 Nr. 3 des Vierten Gesetzes zur Reform des Strafrechts vom 23.11.1973[2] erhalten. Wesentliche Änderungen[3] erfolgten insoweit durch das Gesetz vom 9.6.1989 (Einfügung von § 125a StGB in Abs. 1 Nr. 2),[4] durch das OrgKG vom 15.7.1992 (Einfügung der §§ 29a, 30a BtmG in Abs. 1 Nr. 2)[5] und das 6. StrG vom 26.1.1998 (Ersetzung von §§ 223a–226 StGB durch §§ 224–227 StGB und von §§ 306–308 StGB durch 306–306c StGB).[6]

3 **2. Normzweck.** Die wegen Wiederholungsgefahr angeordnete Untersuchungshaft dient nicht, wie § 112, der Verfahrenssicherung, sondern stellt – als Ausnahme im System der Strafprozessordnung – eine **vorbeugende Maßnahme** zum Schutz der Rechtsgemeinschaft dar (→ Rn. 5).[7] Die Norm ist mit dem Grundgesetz vereinbar[8] und steht mit Art. 5

[1] BGBl. I 1361.
[2] BGBl. I 1725.
[3] Zu den weiteren Änderungen, vgl. Graf in KK-StPO § 112a Rn. 1.
[4] BGBl. I 1059.
[5] BGBl. I 1302.
[6] BGBl. I 164.
[7] Zu den verfassungsrechtlichen Bedenken siehe Hilger in Löwe/Rosenberg, 26. Aufl. 2021, Rn. 11.
[8] BVerfG 15.12.1965 – 1 BvR 513/65, BVerfGE 19, 349 = NJW 1966, 243; BVerfG 30.5.1973 – 2 BvL 4/73, BVerfGE 35, 185; Schmitt in Meyer-Goßner/Schmitt Rn. 1.

Abs. 1 S. lit. c EMRK im Einklang,[9] welcher ein derartiges Festnahmerecht bei Wiederholungsgefahr jedenfalls bei strafrechtlichen Untersuchungen[10] ausdrücklich normiert.[11] Während das Bundesverfassungsgericht ursprünglich die Rechtfertigung des Haftgrundes im Hinblick auf Straftaten gegen die sexuelle Selbstbestimmung damit begründete, dass ein besonders schutzbedürftiger Personenkreis vor ihm drohenden schweren Straftaten bewahrt werden müsse, hat das Gericht später bei der Beurteilung eines besonders schweren Falls des Diebstahls auf einen erheblichen, in der Höhe der Strafandrohung zum Ausdruck kommenden Unrechtsgehalt abgestellt und eine empfindliche Störung des Rechtsfriedens als Charakteristikum der „Anlasstat" gefordert.[12]

Da die Vorschrift wegen ihres präventiven Charakters in besonderem Maße Grundrechte tangiert, ist sie eng auszulegen.[13] Insbesondere sind strenge Anforderungen an die Voraussetzungen zu stellen, die in materieller Hinsicht zur Annahme einer Wiederholungsgefahr berechtigen (→ Rn. 43 ff.).[14] 4

III. Erläuterung

1. Allgemeines. Die wegen Wiederholungsgefahr angeordnete Untersuchungshaft stellt – anders als die in § 112 genannten Haftgründe – kein Mittel der Verfahrenssicherung, sondern eine vorbeugende Maßnahme zum Schutze der Rechtsgemeinschaft vor weiteren erheblichen Straftaten dar; sie ist präventiv-polizeilicher Natur (→ Rn. 3).[15] Tatsächlich handelt es sich insoweit in Wahrheit nicht um Untersuchungshaft, sondern um **Sicherungshaft,** was jedoch aus der Formulierung des Gesetzgebers, der in Nr. 1 nur auf die entsprechende Anwendung eines Haftgrundes hinweist, nicht deutlich wird. Aus verfassungsrechtlichen Gründen sind deshalb besonders strenge Anforderungen an den Haftgrund der Wiederholungsgefahr zu stellen.[16] 5

Danach muss der Angeklagte zunächst dringend verdächtig sein, wiederholt Straftaten nach dem enumerativen und nicht auf andere Fallgestaltungen ausdehnbaren Katalog des Abs. 1 begangen und bei den Fallgruppen des Abs. 1 Nr. 2 die Rechtsordnung unter besonderer Berücksichtigung der Opferperspektive schwerwiegend beeinträchtigt zu haben. Zudem muss bei den Fallgruppen des Abs. 1 Nr. 2 eine Freiheitsentziehung von mehr als einem Jahr zu erwarten sein.[17] Zu berücksichtigen sind dabei auch gerade frühere Taten des Beschuldigten (→ Rn. 41). 6

Aufbaumäßig hat die Norm neben dem Bestehen eines dringenden Tatverdachts (→ Rn. 8) drei zu prüfende Voraussetzungen. Zum einen rechtfertigt in formeller Hinsicht nicht jede Tatbestandsverwirklichung die Annahme des Haftgrundes, sondern es muss sich um eine der enumerativ aufgeführten Anlasstaten handeln (→ Rn. 9 ff.). Zum anderen muss in materieller Hinsicht insoweit Wiederholungsgefahr bestehen (→ Rn. 43 ff.). Schließlich muss die Anordnung der Haft auch erforderlich sein (→ Rn. 55). 7

2. Dringender Tatverdacht der Begehung von Anlasstaten. Auch der Haftgrund der Wiederholungsgefahr setzt ebenso wie die Haftgründe des § 112[18] das **Bestehen eines** 8

---

[9] EGMR 1.12.2011 – 8080/08 ua, EuGRZ 2012, 141; 17.12.2009 – 19359/04, StV 2010, 181; Renzikowski JR 2004, 273; Kühne/Esser StV 2002, 385.

[10] EGMR 24.3.2005 – 77989/01, NVwZ 2006, 797; 13.1.2011 – 17792/07, NJW 2011, 3427; Schmitt in Meyer-Goßner/Schmitt EMRK Art. 5 Rn. 4.

[11] Art. 5 Abs. 1 lit. c EMRK (auszugsweise): … wenn begründeter Anlass zur Annahme besteht, dass es notwendig ist, sie an der Begehung einer Straftat … zu hindern.

[12] BVerfG 30.5.1973 – 2 BvL 4/73, BVerfGE 35, 192.

[13] BVerfG 15.12.1965 – 1 BvR 513/65, BVerfGE 19, 349 = NJW 1966, 243.

[14] Vgl. Graf in KK-StPO Rn. 16.

[15] BVerfG 15.12.1965 – 1 BvR 513/65, BVerfGE 19, 342; OLG Karlsruhe 10.2.2010 – 2 Ws 35/10, StraFo 2010, 198; Graf in KK-StPO § 112a Rn. 16; OLG Bremen 11.5.2020 – 1 Ws 44/20, BeckRS 2020, 12058.

[16] OLG Jena 21.10.2008 – 1 Ws 459/08, StraFo 2009, 21; KG 28.2.2012 – 4 Ws 18/12, OLGSt StPO § 112a Nr. 4; Graf in KK-StPO Rn. 16.

[17] KG 28.2.2012 – 4 Ws 18/12, OLGSt StPO § 112a Nr. 4.

[18] → § 112 Rn. 21 ff.

dringenden Tatverdachts voraus[19] und zwar speziell bezüglich der Begehung der in Abs. 1 Nr. 1 und Nr. 2 bezeichneten Anlasstaten. Ausreichend ist dabei jedoch schon der dringende Tatverdachts des Versuchs der Tat (§§ 23, 23 StGB), der Teilnahme (§§ 25 ff. StGB)[20] oder des Versuchs der Beteiligung (§ 30 StGB).[21] Gleiches gilt, wenn der dringende Tatverdacht der Begehung der Anlasstat (Nr. 1) bzw. der Anlasstaten (Nr. 2) im Vollrausch besteht (§ 323a StGB, str.).[22] Außerhalb des Sonderfalls der Rauschtat ist aber immer die Verwirklichung des Gesamtstraftatbestandes notwendig. Eine zwar rechtswidrige, aber nicht schuldhaft begangene Straftat kann keine Anlasstat iSd § 121a sein. Minderschwere Fälle fallen zwar grundsätzlich auch Normenkatalog des Nr. 2, bei ihnen wird es jedoch zumeist an dem nach Nr. 2 notwendigen überdurchschnittlichen Schweregrad und Unrechtsgehalt fehlen (→ Rn. 36, 39 ff.).

9 **3. Katalog der Anlasstaten (Abs. 1 S. 1).** Insoweit ist zunächst zu beachten, dass sich die Anwendungsvoraussetzungen der Anlasstaten nach Nr. 1 und Nr. 2 insoweit erheblich **voneinander unterscheiden** als bei Nr. 2 noch zusätzliche Voraussetzungen vorliegen müssen. Danach müssen bei Nr. 2 die Anlasstaten zusätzlich wiederholt und fortgesetzt begangen worden sein (→ Rn. 32 ff.), sie müssen die Rechtsordnung schwerwiegend beeinträchtigt haben (→ Rn. 39 ff.) und es muss die Erwartung einer Freiheitsstrafe von mindestens einem Jahr bestehen (→ Rn. 41).

10 **a) Anlasstaten nach Abs. 1 Nr. 1 Allgemeines.** Es handelt sich insoweit um Taten gegen die sexuellen Selbstbestimmung (→ Rn. 13) sowie um solche der qualifizierten Form der Nachstellung (→ Rn. 14 f.).

11 Beiden Varianten ist gemein, dass diese – anders als bei den Anlasstaten nach Abs. 1 Nr. 2 – **nicht** wiederholt oder fortgesetzt begangen (→ Rn. 33 ff.) und von überdurchschnittlicher Schwere sein müssen (→ Rn. 40 ff.). Auch muss keine Mindestsanktionserwartung bestehen (→ Rn. 41). Es reicht daher **formell schon die erstmalige Verfehlung aus.** Gleichwohl muss der Beschuldigte auch insoweit der Begehung einer „erheblichen" Straftat verdächtig sein, denn nach dem Wortlaut der Norm ist in materieller Hinsicht erforderlich, dass die Gefahr begründet ist, dass der Täter **„erhebliche Straftaten gleicher Art begehen wird".** Aus diesem Grund scheiden also auch bei der Fallgruppe der Nr. 1 in formeller Hinsicht als Anlasstaten nicht erhebliche Übergriffe aus.

12 Der Grund der Einschränkung dieser in Nr. 2 vorgesehenen Anwendungsvoraussetzung liegt darin, dass in Nr. 1 ein **besonders schutzwürdiger Kreis der Bevölkerung** vor mit hoher Wahrscheinlichkeit drohenden Übergriffen bewahrt werden soll.[23] Der Katalog des Abs. 1 Nr. 1 ist mit den sich dem Tatablauf ergebenden Besonderheiten (zu den Fallgruppen → Rn. 13) abschließend, Analogien sind nicht möglich.[24]

13 **aa) Sexualstraftaten (§§ 174, 174a, 176–179 StGB).** Die Sittlichkeitsdelikte der Nr. 1 stellen den Kern der Vorschrift dar, denn in diesem Bereich ist der Haftgrund der Wiederholungsgefahr zur Bewahrung eines besonders schutzwürdigen Kreis der Bevölkerung im besonderen Maße verfassungsrechtlich anerkannt und auch notwendig.[25] Hauptanwendungsbereich des Abs. 1 Nr. 1 sind dabei vor allem Taten des sexuellen Kindesmissbrauchs. Denn bei solchen Übergriffen kann schon die erstmalige und einzige Verfehlung – jedenfalls bei erwachsenen Straftätern – in materieller Hinsicht auf solche Persönlichkeits-

[19] Dies ergibt sich aus der Formulierung „Ein Haftgrund besteht **auch,** wenn.."

[20] AA Schlothauer/Weider/Nobis Untersuchungshaft für Beihilfe und Versuch der Beteiligung, Rn. 665; vgl. hierzu auch OLG Karlsruhe 15.6.2016 – 2 Ws 193/16, StV 2017, 456 (Beihilfe durch bloßes Wachestehen).

[21] So auch Schmitt in Meyer-Goßner/Schmitt Rn. 3.

[22] OLG Hamm 30.4.1974 – 2 Ws 108/74, NJW 1974, 1667; Graf in KK-StPO Rn. 15.

[23] BVerfG 15.12.1965 – 1 BvR 513/65, BVerfGE 19, 349 = NJW 1966, 243; OLG Karlsruhe 10.2.2010 – 2 Ws 35/10, StraFo 2010, 198; OLG Bremen 25.8.2010 – Ws 104/00, NStZ-RR 2001, 220.

[24] Schlothauer/Weider/Nobis Untersuchungshaft Rn. 665.

[25] BVerfG 30.5.1973 – 2 BvL 4/73, BeckRS 9998, 107669; VGH Sachsen 20.4.2006 – Vf. 38-IV-06.

mängel hindeuten, die weitere Taten ähnlicher Art befürchten lassen.[26] Gleichwohl kann in materieller Hinsicht (→ Rn. 48) nicht automatisch von der erstmaligen Begehung auch von Straftaten nach Nr. 1 auf das Bestehen von Wiederholungsgefahr geschlossen werden, vielmehr wird, wenn nicht der Beschuldigte schon früher einschlägig aufgefallen ist, im Regelfall eine sachverständige Expertise notwendig und angezeigt sein (→ Rn. 45).

bb) Nachstellung (§ 238 Abs. 2 und 3). Durch Gesetz vom 22.3.2007[27] wurde die sog. **Deeskalationshaft**[28] bei Straftaten nach §§ 238 Abs. 2 und 3 StGB in Abs. 1 Nr. 1 mit aufgenommen, welche dem – auch präventiven[29] – Opferschutz dienen soll.[30] Danach ist Voraussetzung einer Haftanordnung, dass der Täter das Opfer, einen Angehörigen des Opfers oder eine andere dem Opfer nahestehende Person durch die Tat in die Gefahr des Todes oder einer schweren Gesundheitsbeschädigung gebracht hat (§ 238 Abs. 2 StGB) oder eine solche Folge schon eingetreten ist (§ 238 Abs. 3 StGB). 14

In **tatsächlicher Hinsicht** kann sich die Gefahr der Wiederholung (→ Rn. 43) naheliegend dann daraus ergeben, dass der Beschuldigte entweder gegen ein gerichtlich angeordnetes Kontaktverbot oder gegen Auflagen in einem Außervollzugsetzungsbeschluss verstoßen hat. 15

b) Anlasstaten nach Nr. 2. aa) Allgemeines. Bei den Anlasstaten im Sinne von Abs. 1 Nr. 2 muss es sich um wiederholt begangenen (→ Rn. 32 ff.) und die **Rechtsordnung schwerwiegend beeinträchtigende Taten** handeln. Hierbei muss es sich, da die Katalogtaten ohnehin schon schwerwiegender Natur sind, um solche handeln, die einen **überdurchschnittlichen Schweregrad** aufweisen (→ Rn. 39). Beurteilungsmaßstab hierfür ist insbesondere der Unrechtsgehalt der Tat, welcher sich anhand der Kriterien, die auch bei der Strafzumessung eine Rolle spielen, festgestellt werden kann.[31] 16

Insoweit ist aber zu beachten, dass es sich von wenigen Besonderheiten (→ Rn. 8 und 19) abgesehen grundsätzlich um die **gleichen Anlasstaten** handeln und insoweit auch jeweils dringender Tatverdacht der Begehung bestehen muss. Ist der Beschuldigte etwa der Begehung eines Raubes dringend verdächtig, so reichen früher begangene gefährliche Körperverletzungen als Anlasstaten nicht aus.[32] Dies ergibt sich vorliegend aus dem Gesetzestext. 17

Während in formeller Hinsicht bei Nr. 2 erforderlich ist, dass der Täter **zweimal durch verschiedenene Taten den Tatbestand desselben Strafgesetzes** verwirklicht, reicht es in materieller Hinsicht aus, dass die **Gefahr der Begehung weiterer erheblicher Straftaten gleicher Art** droht (→ Rn. 43). 18

Ausnahmen. Diese **einschränkende Auslegung** der formellen Anforderungen wird jedoch insoweit **durchbrochen** als die Begehung der Qualifikation dem Grunddelikt gleichzustellen ist, gleich in welcher Reihenfolge diese begangen worden sind. Ausreichend sind auch der Versuch, die Teilnahme und der Versuch der Beteiligung (→ Rn. 8). 19

Danach müssen folgende **formelle Voraussetzungen** für die Annahme des Haftgrundes des Abs. 1 Nr. 2 vorliegen und zwar 20
- das Vorliegen einer generell geeigneten Anlasstat (→ Rn. 21 ff.),
- von überdurchschnittlicher Schwere (→ Rn. 39 ff.),
- deren fortgesetzte und wiederholte Begehung (→ Rn. 32 ff.) und schließlich
- das Vorliegen einer Straferwartung von mehr als einem Jahr (→ Rn. 41).

---

26 Schmitt in Meyer-Goßner/Schmitt § 112a Rn. 6; Diemer-Nicolaus NJW 1972, 1694; zur Gefahrprognose vgl. auch OLG Karlsruhe 10.2.2010 – 2 Ws 35/10, StraFo 2010, 198.
27 BGBl. I 354.
28 Vgl. Schmitt in Meyer-Goßner/Schmitt § 112a Rn. 6.
29 Zum präventiven Opferschutz vgl. Böhm Kriminalistik 2011, 14; Böhm/Boetticher ZRP 2009, 134.
30 Mitsch NJW 2007, 1241; Peters NStZ 2009, 242; krit. Krüger NJ 2008, 150; Knauer/Rheinbacher StV 2008, 377 (verfassungskonforme Auslegung notwendig).
31 OLG Hamm 20.11.2012 – 1 Ws 604/12, NStZ-RR 2013, 86.
32 LG Osnabrück 7.8.2012 – 18 Qs 28/12, BeckRS 2012, 213726.

21 **bb) Katalog der Anlassaten und Besonderheiten.** Insoweit zählt das Gesetz folgende Vorschriften auf.

22 **Vorbereitung einer schweren staatsgefährdenden Gewaltstraftat (§ 89a StGB). Der** tatsächliche Anwendungsbereich dieser Norm ist gering, der Sache nach ist deren Aufnahme aber gerechtfertigt, weil bei bereits auffällig gewordenen politisch motivierten Gewaltstraftätern die Gefahr der Wiederholung naheliegt.

23 **Besonders schwerer Fall des Landfriedensbruchs (§ 125a StGB). Die Einfügung der** Vorschrift in den Kreis der Anlasstaten trägt dem Umstand Rechnung, dass diese unter kriminologischen Gesichtspunkten diesen zu den „Wiederholungstaten" gezählt werden müssen. Ihre Aufnahme ist auch erforderlich, da man etwa die Kriminalität reisender Straftäter nicht immer über die ebenfalls in Abs. 1 Nr. 2 enumerativ aufgezählten Tatbestände der §§ 224 ff. StGB und §§ 306 ff. StGB erfassen kann.[33]

24 **Körperverletzungsdelikte (§§ 224–227 StGB).** Außer dem Grundtatbestand des § 223 sind in Nr. 2 alle schweren Folgen aufgenommen worden. Jedoch bedarf es des Vorliegens zweier Anlasstaten, die jede für sich als besonders schwerwiegend angesehen werden kann (→ Rn. 39 f.). Dabei ist auf den Unrechtsgehalt der Tat abzustellen und danach zu fragen, ob diese in ihrer **konkreten Ausgestaltung** die Rechtsordnung schwerwiegend beeinträchtigt hat.[34] Dabei ist nicht nur auf das mutmaßlich zu erwartende Strafmaß abzustellen, sondern auch die **Opferperspektive** zu berücksichtigen. Es ist zu klären, welche Auswirkungen die Tat auf das Opfer hatte.[35] Auch bei erheblichen Verletzungen des Opfers kann es jedoch am Vorliegen des notwendigen überdurchschnittlichen Schweregrades dann fehlen, wenn aus sonstigen Gründen von einem minder schweren Fall ausgegangen werden müsste (→ Rn. 39).[36] Ist der Beschuldigte im laufenden Strafverfahren einer gefährlichen Körperverletzung dringend verdächtig, so kann auch ein früher vom Beschuldigten begangener und bereits abgeurteilter Totschlag in materieller Hinsicht Wiederholungsgefahr begründen, wenn eine gefährliche Körperverletzung Durchgangsstadium zum Tötungsdelikt war.

25 **Diebstahls- und Vermögensdelikte (§§ 243, 244, 249–255, 260, 263 StGB).** Auch bei dieser Fallgruppe sind zunächst bezüglich der Eigentumsdelikte nur die schwereren Fälle im Nr. 2 aufgeführt, weshalb etwa der Diebstahl nach § 242 StGB, die Erpressung nach § 253 StGB oder die Hehlerei[37] nach § 259 StGB nicht erfasst sind. Nicht ausdrücklich benannte Qualifizierungen, wie etwa § 244a StGB, werden aber über die Grundnormen, etwa § 244, erfasst. Da die in den Katalog des § 112a Abs. 1 S. 1 Nr. 2 StPO aufgenommenen Straftaten schon generell schwerwiegender Natur sind, der Kreis der Delikte durch das Merkmal der schwerwiegenden Beeinträchtigung der Rechtsordnung aber noch weiter eingeschränkt werden soll, ist auch im Hinblick von Diebstahls- und Vermögensdelikten weiterhin davon auszugehen dass nur Taten überdurchschnittlichen Schweregrades als Anlasstaten eingestuft werden können,[38] mithin als nur solche, welche mindestens in der oberen Hälfte der mittelschweren Straftaten liegen,[39] weshalb gewerbsmäßige Kaufhaus- oder Ladendiebstähle nicht ausreichen.[40]

---

[33] So aber etwa Kunert/Bernsmann NStZ 1989, 449.

[34] OLG Jena 10.11.2005 – 1 Ws 404/05, BeckRS 2005, 153341.

[35] OLG Karlsruhe 21.4.2006 – 1 Ws 79/06, NStZ-RR 2006, 210; OLG Jena 10.11.2005 – 1 Ws 404/05, BeckRS 2005, 153341.

[36] OLG Jena 10.11.2005 – 1 Ws 404/05, BeckRS 2005, 153341.

[37] OLG Frankfurt a. M. 14.9.2016 – 1 Ws 126/16, BeckRS 2016, 21335 (Bei gewerbsmäßiger Hehlerei nach § 260 StGB als Anlasstat ist maßgeblich auf den Unrechtsgehalt der Tat abzustellen und danach zu fragen, ob diese in ihrer konkreten Ausgestaltung die Rechtsordnung schwerwiegend beeinträchtigt hat. Maßgeblich für die Beurteilung ist dabei insbesondere auch Art und Umfang des jeweils angerichteten Schadens, allerdings ist es unzulässig, die Tatschwere nach dem Gesamtschaden zu bewerten).

[38] OLG Saarbrücken 16.10.2018 – 1 Ws 206/18, StraFo 2019, 199 mAnm Möller; OLG Hamm NStZ-RR 2015, 115; OLG Frankfurt a. M. 14.9.2016 – 1 Ws 126/16, StV 2016, 816; Graf in KK-StPO, 7. Aufl., Rn. 14a.

[39] OLG Braunschweig 7.11.2011 – Ws 316/11, StV 2012, 352 OLG Frankfurt a. M. 14.9.2016 – 1 Ws 126/16, StV 2016, 816; Hilger in Löwe/Rosenberg, 26. Aufl., § 112a Rn. 33.

[40] OLG Saarbrücken 16.10.2018 – 1 Ws 206/18, StraFo 2019, 199 mAnm Möller.

heit vor weiteren erheblichen Straftaten besonders gefährlicher Täter beabsichtigt. Hierbei kann es nicht darauf ankommen, ob die Gefährlichkeitsprognose sich allein aus den im Haftbefehl angeführten oder auch aus anderen Anlasstaten ergibt. Dies würde nämlich zu einer Privilegierung von Mehrfachtätern führen und darauf hinauslaufen, dass bei Ergreifen eines einschlägig vorbestraften Täters nach erneuter Begehung einer Katalogtat trotz bereits jetzt zutage getretener fortbestehender Tatgeneigtheit erst die Begehung einer weiteren Anlasstat und deren Aufnahme in den Haftbefehl abgewartet werden müsste.

Mit **„fortgesetzt"** in Abs. 1 Nr. 2 hatte der Gesetzgeber die **fortgesetzte Handlung im Sinne des materiellen Strafrechts** im Blick gehabt. Sie steht zwar als mögliche Form der Anlasstat noch im Gesetz, doch läuft die Vorschrift seit der Abschaffung der fortgesetzten Handlung durch den BGH leer. Der Große Senat hat in seinem Beschluss vom 3.5.1994[61] zwar den Regelungszusammenhang mit Abs. 1 Nr. 2 zur Kenntnis genommen, indem er darauf hinwies, Abs. 1 Nr. 2 sei keine gesetzliche Verankerung der von der Rechtsprechung entwickelten Rechtsfigur der fortgesetzten Handlung. Durch die Gleichstellung der fortgesetzten Tat mit der wiederholten Tat in Nr. 2 sollte eine Privilegierung desjenigen Beschuldigten vermieden werden, dessen wiederholte Tatbestandsverwirklichungen durch den Fortsetzungszusammenhang zu einer einzigen Handlung verbunden wurden. Diesen Grund hat der BGH aber durch die Änderung der Rechtsprechung zum Fortsetzungszusammenhang entfallen lassen. Damit ist in Abs. 1 Nr. 2 jedoch eine aus verfassungsrechtlichen Gründen hinzunehmende Lücke für diejenigen Fälle entstanden, in denen zwar der Unrechtsgehalt aller Taten und die Höhe des Gesamtschadens, nicht aber die Bewertung der Einzeltat die Einordnung als schwerwiegende Beeinträchtigung der Rechtsordnung rechtfertigt (→ Rn. 26, 28).[62] 35

Trotz der enumerativen Aufzählungen in Abs. 1 Nr. 2 ist anerkannt, dass **geringfügige Abweichungen in der rechtlichen Beurteilung** ohne Bedeutung sind.[63] So ist etwa eine Qualifikation dem in Abs. 1 Nr. 2 aufgeführten Grunddelikt gleichzustellen. Gleiches gilt, wenn das in Nr. 2 aufgeführte Delikt Durchgangsstadium einer ggf. abgeurteilten Tat darstellt. Ist der Beschuldigte etwa im laufenden Strafverfahren einer gefährlichen Körperverletzung dringend verdächtig, so kann auch ein früher begangener (und ggf. bereits abgeurteilter) Totschlag die Wiederholungsgefahr begründen, wenn eine gefährliche Körperverletzung Durchgangsstadium zum Tötungsdelikt war.[64] Gleiches gilt, wenn Einbruchsdiebstahl (§§ 243, 244 StGB) aus Konkurrenzgründen hinter einen im Anschluss begangenen Raub (§ 249 StGB) zurücktritt.[65] Die wiederholte Verurteilung wegen gefährlicher Körperverletzung rechtfertigt jedoch nicht die Annahme einer Wiederholungsgefahr, wenn der Beschuldigte nunmehr eines versuchten Raubes dringend verdächtig ist und eine Körperverletzung nicht im Raume steht.[66] 36

Weitere Voraussetzung ist, dass **neben der gegenständlichen Tat** auch für zumindest ein weiteres gleichartiges Delikt **dringender Tatverdacht** besteht. Dies ist zunächst dann der Fall, wenn dem Beschuldigten schon im Haftbefehl die Begehung mehrerer gleichartiger Delikte vorgeworfen wird. Liegt dem Verfahren allerdings nur eine Tat zugrunde, so kann sich das Vorliegen weiterer Taten auch aus anderen Verfahren (→ Rn. 33 f.) ergeben. Entweder liegt bereits eine Verurteilung vor oder aber es ist ein weiteres Verfahren gegen den Beschuldigte anhängig.[67] In jedem Fall ist aber das Bestehen des dringenden Tatverdacht bzgl. einer wiederholten Begehung von Straftaten vom Haftrichter eigenverantwortlich zu prüfen (→ Rn. 38).[68] 37

---

[61] BGH 3.5.1994 – GSSt 2/92, NJW 1994, 1664.
[62] OLG Frankfurt a. M. 12.1.2000 – 1 Ws 161/99, StV 2000, 209.
[63] OLG Hamm 25.2.2010 – III 2 Ws 18/10, NStZ-RR 2010, 292.
[64] OLG Hamm 20.11.2012 – 1 Ws 604/12, NStZ-RR 2013, 86, ebenso OLG Schleswig 19.12.2001 – 1 Ws 452/01, NStZ 2002, 276.
[65] OLG Bremen 1.3.2013 – Ws 5/13, NJW-Spezial 2013, 218.
[66] LG Osnabrück 7.8.2012 – 18 Qs 28/12, BeckRS 2012, 213726; siehe hierzu aber auch: OLG Köln 10.5.2007 – 2 Ws 227/07 (Raub mit Körperverletzung und schwere Körperverletzung nach § 224 als gleichartige Anlasstaten, zweifelhaft)
[67] OLG Karlsruhe 21.4.2006 – 1 Ws 79/06, NStZ-RR 2006, 210; Krauß in BeckOK StPO Rn. 3.
[68] OLG Hamm 20.11.2012 – 1 Ws 604/12, NStZ-RR 2013, 86.

38 **Tatrichterliche Feststellung der Wiederholungstat.** Grundsätzlich hat das zu Entscheidung berufene Gericht das Vorliegen der Ersttat, aber auch der Wiederholungstat, wenn dies verfahrensfremd ist, eigenverantwortlich zu prüfen. Es darf daher den dringenden Tatverdacht nicht allein deshalb ablehnen, weil ein anderes Gericht einen solchen bislang nicht bejaht hat.[69] Es reicht jedoch aus, wenn der Beschuldigte mindestens wegen einer weiteren Tat rechtskräftig verurteilt worden ist, ohne dass es insoweit einer ergänzenden Nachprüfung bedürfte.[70] Gleiches hat zu gelten, wenn gegen den Beschuldigten wegen der Wiederholungstat in anderer Sache ein Haftbefehl ergangen ist. Liegt die Wiederholungstat schon Jahre zurück, ist zwar das formelle Kriterium der wiederholten Tatbegehung erfüllt, in materieller Hinsicht ist jedoch sorgfältig zu prüfen (→ Rn. 47), ob hieraus auch eine Wiederholungsgefahr abgeleitet werden kann.

39 **dd) Schwerwiegende Straftaten.** Als Anlasstaten nach Abs. 1 Nr. 2 kommen nur solche Taten mit **überdurchschnittlichen Schweregrad und Unrechtsgehalt bzw. solche in Betracht, die mindestens in der oberen Hälfte der mittelschweren Straftaten** liegen.[71] Maßgeblich für die Beurteilung im Rahmen des konkreten Erscheinungsbildes der Tat sind insbesondere Art und Umfang des jeweils angerichteten **Einzelschadens.** Eine Bemessung der Tatschwere nach dem Gesamtschaden ist nicht zulässig. Dabei ist auch immer die **Opferperspektive** konkret zu berücksichtigen, dh es kommt nicht darauf an, ob der Tatverdächtige abstrakt gegen eine erhebliche strafbewehrte Vorschrift verstoßen hat, sondern ob hierdurch auch die Strafvorschrift konkret in überdurchschnittlicher Weise verletzt worden ist. Hieran kann es etwa fehlen, wenn das – abgeurteilte – Delikt etwa als minder schwerer Fall der gefährlichen Körperverletzung bewertet wurde[72] oder aber zu bewerten wäre. Verneint wurde das Vorliegen einer schwerwiegenden Tat auch bei mehreren Kfz-Aufbrüchen von Jugendlichen,[73] Einbruchsdiebstählen mit Schadenshöhe von lediglich 500–1.000 DM[74] (vgl. zur Schadenshöhe → Rn. 26) oder leichteren Betäubungsmitteldelikten nach § 29 Abs. 1 S. 1 Nr. 1 BtMG.[75]

40 Dem Merkmal der **schwerwiegenden Beeinträchtigung** kommt daher eine nicht unerhebliche und in der Praxis zu Abgrenzungsproblemen führenden **Einschränkung des Anwendungsbereichs der Norm** zu. So darf sich bei tatmehrheitlicher Begehung mehrere Straftaten die erforderliche schwerwiegende Beeinträchtigung der Rechtsordnung **nicht auf das Gesamtunrecht beziehen, sondern muss bezüglich der jeweilige Einzeltat vorliegen.**[76] Um einen überdurchschnittlichen Schweregrad und Unrechtsgehaltes aufzuweisen, muss die Tat **mindestens in die obere Hälfte der mittelschweren Straftaten** einzuordnen sein.[77] Hieran fehlt es etwa, wenn der Täter gewerbsmäßig Fahrraddiebstähle begeht, selbst wenn es sich um eine Vielzahl von Fällen handelt und solche weiter drohen, denn dies Taten sind weder von besonderem Gewicht. Im Übrigen würde hierfür auch nicht für jede Einzeltat eine Strafe von mehr als einem Jahr drohen (→ Rn. 41).[78] Bei der Beurteilung sind in objektiver Hinsicht auch die allgemeinen Strafzumessungskriterien heranzuziehen.[79] Für die Annahme einer schwerwiegenden Beeinträchtigung reicht es jedoch nicht aus, dass der Beschuldigte wegen gleichartiger Straftaten unter Bewährung

[69] OLG Hamm 20.11.2012 – 1 Ws 604/12, NStZ-RR 2013, 86.

[70] KG 28.2.2012 – 4 Ws 18/12, OLGSt StPO § 112a Nr. 4; BGH 28.10.2005 – StB 15/05, NStZ 2006, 297.

[71] OLG Karlsruhe 21.4.2006 – 1 Ws 79/06, NStZ-RR 2006, 210; OLG Frankfurt a. M. 12.1.2000 – 1 Ws 161/99, StV 2000, 209.

[72] OLG Karlsruhe 21.4.2006 – 1 Ws 79/06, NStZ-RR 2006, 210.

[73] OLG Frankfurt a. M. 12.1.2000 – 1 Ws 161/99, StV 2000, 209.

[74] OLG Köln 9.1.1996 – 1 Ws 1/96, StV 1996, 158; LG Köln 31.1.1996 – 109-11/95, StV 1996, 386.

[75] LG Gera 13.3.2000 – 1 Qs 7/2000, StV 2000, 320.

[76] OLG Frankfurt a. M. 12.1.2000 – 1 Ws 161/99, StV 2000, 209; OLG Karlsruhe 6.4.2001 – 3 Ws 31/01, BeckRS 2001, 30173901.

[77] OLG Frankfurt a. M. 12.1.2000 – 1 Ws 161/99, StV 2000, 209; Schmitt in Meyer-Goßner/Schmitt § 112a Rn. 9.

[78] Ebenso OLG Braunschweig 7.11.2011 – Ws 316/11, StV 2012, 352.

[79] OLG Hamm 20.11.2012 – 1 Ws 604/12, NStZ-RR 2013, 86.

steht[80] oder die Taten als Jugendlicher ohne Ahndung durch eine Jugendstrafe[81] verübt hat. Deshalb reicht es wegen der verfassungsrechtlich gebotenen engen Auslegung (→ Rn. 4) nicht aus, wenn für die Tat lediglich ein Zuchtmittel verhängt worden ist,[82] auch wenn bei der Entscheidung über die Verhängung einer Jugendstrafe Belange der Generalprävention sowie des Schutzes der Allgemeinheit ausscheiden.[83]

ee) Straferwartung. Eine Katalogtat nach Abs. 1 Nr. 2 scheidet zudem nach dem Wortlaut der Norm als Anlasstat aus, wenn ihr als **Einzeltat** nicht mindestens eine **Straferwartung von mehr einem Jahr** zukommt. Ist bereits in erster Instanz ein Urteil ergangen, ist auf das dort erkannte Strafmaß abzustellen.[84] Es kommt also nicht darauf an, dass der Beschuldigte für alle ihm vorgeworfenen Taten eine Gesamtfreiheitsstrafe von mehr als einem Jahr erhält, sondern in Anbetracht der verfassungsrechtlich gebotenen engen Auslegung (→ Rn. 4) ist ist die **Höhe der Einzelstrafe(n)** maßgeblich.[85] Diese Regelung gilt auch im Jugendrecht mit der Maßgabe, dass insgesamt eine Jugendstrafe von mehr als einem Jahr zu erwarten sein muss und zwar **ohne die Einbeziehung** weiterer Vorverurteilungen oder Nichtkatalogtaten, dann wegen der im Jugendstrafrecht geltenden Prinzips der Einheitsstrafe ansonsten das vom Gesetzgeber vorausgesetzte Gewicht der Anlasstat unterlaufen werden würde.[86] Die Ahndung von Vortaten mit einem Arrest reicht nicht aus.[87] 41

Einbeziehung von verfahrensfremden Anlasstaten (Abs. 1 S. 2). Nach der Einfügung von Abs. 1 S. 2 durch das am 1.10.2009 in Kraft getretene Zweite Opferrechtsreformgesetz ist die bis dahin kontrovers diskutierte Frage[88] durch den Gesetzgeber klargestellt, dass **zur Annahme zweier Anlasstaten** ausreicht, dass sich **diese aus dem dem Haftbefehl zu Grunde liegenden Verfahren und anderen Verfahren** ergeben können, auch soweit diese schon rechtskräftig abgeurteilt sind (→ Rn. 33).[89] 42

4. Vorliegen von Wiederholungsgefahr. a) Allgemeine Wiederholungsgefahr. Allgemeine Wiederholungsgefahr nach Abs. 1 besteht, wenn zum dringenden Tatverdacht einer der in dort genannten Anlasstaten bestimmte **Tatsachen** hinzutreten, welche die Gefahr begründen, dass der Beschuldigte vor rechtskräftiger Aburteilung weitere **erhebliche Taten gleicher Art** begehen wird, und die Haft zur Abwendung dieser Gefahr erforderlich ist. Die Begehung von Straftaten gleicher Art steht dabei im Gegensatz zu der Wiederholung derselben Tat (→ Rn. 36). Zur gleichen Tat gehören Straftaten, die in den jeweils mit dem Wort „nach" gebildeten Gruppen des Abs. 1 S. 1 zusammengefasst sind.[90] 43

b) Tatsachenbezug. Die Wiederholungsgefahr muss durch bestimmte Tatsachen begründet sein, die eine so **starke innere Neigung des Beschuldigten zu einschlägigen Straftaten** erkennen lassen, dass die Gefahr besteht, er werde gleichartige Taten wie die 44

---

80 OLG Hamm 1.4.2010 – 3 Ws 161/10, StV 2011, 291.

81 So OLG Oldenburg 27.3.2012 – 1 Ws 159/12, StraFo 2012, 186.

82 AA OLG Frankfurt a. M. 4.12.2018 – 1 Ws 186/18, BeckRS 2018, 37065; OLG Bremen 1.3.2013 – Ws 5/13, BeckRS 2013, 4382; wie hier: Posthof in Gercke/Julius/Temming/Zöller Rn. 13; Rentzel/Rothe StV 2013, 786.

83 Eisenberg, 20. Aufl. 2018, JGG § 17 Rn. 5.

84 AA OLG Braunschweig 4.4.2013 – Ws 84/13, BeckRS 2013, 19113 (maßgeblich bei Tatmehrheit ist die Gesamtstrafe; insoweit Aufgabe von OLG Braunschweig 29.5.2008 – Ws 188/08, StraFo 2008, 330 und 7.11.2011 – Ws 316/11, StV 2012, 352.

85 Schmitt in Meyer-Goßner/Schmitt Rn. 10; aA OLG Hamm 1.4.2010 – 3 Ws 161/00, StV 2011, 291.

86 OLG Braunschweig 29.5.2008 – Ws 188/08, StraFo 2008, 330; aA OLG Hamburg 2.3.2017 – 1 Ws 14/17, BeckRS 2017, 110062 (Retrospektive Bewertung nach dem objektiven Tatunrecht).

87 OLG Oldenburg 10.12.2009 – 1 Ws 679/09, NStZ-RR 2010, 159; aA jetzt OLG Bremen 1.3.2013 – Ws 5/13, NJW-Spezial 2013, 218 (notwendiger Schutz der Bevölkerung vor heranwachsenden Serienstraftätern, zweifelhaft).

88 Vgl. zu dieser kontrovers diskutierten Frage die Rechtsprechungsübersicht in: OLG Schleswig 19.12.2001 – 1 Ws 452/01, NStZ 2002, 276.

89 OLG Hamburg 2.3.2017 – 1 Ws 14/17, BeckRS 2017, 110062 (Fall einer Einheitsjugendstrafe).

90 OLG Bremen 1.3.2013 – Ws 5/13, NJW-Spezial 2013, 218; Graf in KK-StPO § 112a Rn. 17.

Anlasstaten bis zur rechtskräftigen Verurteilung in der den Gegenstand des Ermittlungsverfahrens bildenden Sache begehen.[91] Erforderlich ist eine innere Neigung oder wenigstens Bereitschaft der Begehung von Straftaten, auf welche vor allem aus äußeren Tatsachen geschlossen werden kann.[92] Insoweit sind auch Indiztatsachen zu berücksichtigen und zu würdigen, wie etwa die Vorstrafen des Beschuldigten und die zeitlichen Abstände (→ Rn. 47) zwischen ihnen sowie die Persönlichkeitsstruktur und die aktuellen Lebensumstände des Beschuldigten.[93] Beweisanzeichen können auch die serienmäßige Begehung von Straftaten sowie die Verübung weiterer Straftaten nach Haftentlassung oder in Kenntnis eines eingeleiteten Ermittlungsverfahrens sein.[94]

45 **Sachverständigengutachten.** Insoweit kann auch das Vorliegen eines Sachverständigengutachtens hilfreich oder die – ergänzende – Einholung eines solchen geboten sein, etwa wenn der Verdacht besteht, der Beschuldigte leide an einer Pädophilie mit einer krankheitswertigen sexuellen Deviation. Gleiches gilt wenn der Beschuldigte an einer schweren Persönlichkeitsstörung leidet und sich hierauf die Gefahr begründet, er könne auch in Zukunft seine Aggressionen nicht kontrollieren und deshalb erneut schwere Straftaten im Sinne der Anlasstaten begehen.[95]

46 **Keine Vorstrafen. Besondere Anforderungen** an die Annahme des Haftgrundes der Wiederholungsgefahr bestehen dann, wenn der Beschuldigte bislang nicht wegen – einer – einschlägigen Straftat/en strafrechtlich in Erscheinung getreten und dafür vorbestraft ist. Liegt dem Beschuldigten in der Haftanordnung etwa die Begehung von 16 tatmehrheitlichen begangenen Verstößen gegen das Betäubungsmittelgesetz zur Last, kann dies zwar in formeller Hinsicht die Annahme des Vorliegens mindestens zweier schwerwiegender Straftaten rechtfertigen (→ Rn. 39 f.), gleichwohl ist fraglich, ob eine solche Serie für sich gesehen eine Wiederholung mit **sehr hoher Wahrscheinlichkeit** erwarten lässt. Hiervon wird in der Regel **nicht** auszugehen sein, vielmehr ist bei einer solchen Gefahrprognose bei einem „Ersttäter" große Zurückhaltung geboten.[96]

47 **Zeitablauf.** Zwar besteht **keine feste zeitliche Grenze,** welche die auch bei Vorliegen einer Wiederholungstat (Abs. 1 Nr. 2) materiell zwingend notwendige Wiederholungsgefahr zwingend entfallen ließe.[97] So kann es ausreichen, wenn seit früheren Taten mehr als sechs Jahre vergangen sind.[98] Jedoch wird sich die für die Wiederholungsgefahr geforderte **hohe Wahrscheinlichkeit erneuter Taten** in solchen Fällen nicht oder nur sehr schwer zu begründen, wenn ein Beschuldigter mehrere Jahre vor der aktuellen Tat strafrechtlich nicht mehr einschlägig in Erscheinung getreten ist.[99] Dabei ist aber immer auf den Einzelfall abzustellen. So spricht ein Zeitraum von sieben Jahren nicht gegen das Vorliegen einer Wiederholungsgefahr, wenn der Beschuldigte davon mehr als Hälfte in Untersuchungs- und Strafhaft zugebracht hat.[100] Andererseits kann es an einer solchen Annahme fehlen, wenn der Beschuldigte die Ersttat noch als Jugendlicher mehr als zehn Jahre zurückliegend begangen hat.[101] Immer kommt es aber darauf an, ob auch die früheren Straftaten als schwerwiegend einzustufen sind.[102] Auch kann der Haftgrund der Wiederholungsgefahr regelmäßig nicht allein darauf gestützt werden, der Beschuldigte habe in Kenntnis der

---

[91] OLG Jena 21.10.2008 – 1 Ws 459/08, StraFo 2009, 21; OLG Rostock 12.12.2002 – 1 Ws 532/02; OLG Bremen 11.5.2020 – 1 Ws 44/20, BeckRS 2020, 12058; OLG Koblenz 4.6.2014 – 2 Ws 300/14, StraFo 2014, 295.

[92] OLG Bremen 11.5.2020 – 1 Ws 44/20, BeckRS 2020, 12058.

[93] OLG Karlsruhe 10.2.2010 – 2 Ws 35/10, StraFo 2010, 198. → Rn. 14; Graf in KK-StPO Rn. 19.

[94] KG 12.11.2018 – (4) 121 HEs 48/18, OLGSt StPO § 112a Nr. 6.

[95] OLG Köln 27.9.2004 – 2 Ws 410/04.

[96] OLG Dresden 3.4.2006 – 1 Ws 56/06, LSK 2006, 440194; Graf in KK-StPO 112a Rn. 23.

[97] OLG Hamm 20.11.2012 – III 1 Ws 604/12, NStZ-RR 2013, 86.

[98] OLG Hamm 20.11.2012 – III 1 Ws 604/12, NStZ-RR 2013, 86.

[99] OLG Jena 21.10.2008 – 1 Ws 459/08, StraFo 2009, 21 (acht Jahre); OLG Frankfurt a. M. 3.2.2010 – 1 HEs 8/10, BeckRS 2011, 13504 (zehn Jahre).

[100] So aber OLG Karlsruhe 10.2.2010 – 2 Ws 35/10, StraFo 2010, 198.

[101] KG 30.3.2010 – 4 Ws 38/10, NStZ-RR 2010, 291.

[102] OLG Oldenburg 10.6.2005 – 1 Ws 297/05, StV 2005, 618.

Anklagevorwürfe eine weitere einschlägige Straftat begangen, wenn seit der letzten angeklagten Tat mehrere Jahre verstrichen sind.[103]

Sexueller Missbrauch. Besonders beim Vorwurf des sexuellen Kindesmissbrauchs (§ 176 StGB) ist immer eine sorgfältige Prüfung veranlasst. Zwar reicht die nur allgemeine Befürchtung, es könne möglicherweise in einem unbestimmten Zeitraum zu gleichartigen sexuellen Übergriffen kommen, nicht aus, sondern es ist grundsätzlich erforderlich, dass Tatsachen festgestellt werden können, aus denen eine so **starke innere Tatneigung des Beschuldigten**[104] folgt, dass sich hieraus die Gefahr ergibt, er werde mit **hoher Wahrscheinlichkeit** gleichartige Taten wie die Anlasstat begehen und zwar in zeitlicher Hinsicht bis zu dem vorliegend in absehbarer Zeit zu erwartenden rechtskräftigen Verfahrensabschluss. Jedoch kann nach der Rechtsprechung bei Sexualstraftaten eines Erwachsenen bereits eine einmalige Begehung eines derartigen Sexualdelikts auf einen schweren Persönlichkeitsdefekt hindeuten, der weitere Taten ähnlicher Art befürchten lassen.[105] Daher ist es, auch wenn dies die Prognose wesentlich erleichtert,[106] nicht erforderlich, dass der Beschuldigte schon früher mit Sittlichkeitsdelikten aufgefallen ist und sich hieraus quasi ein progredientes Verhalten abzeichnet,[107] vielmehr kann sich die hohe Wahrscheinlichkeit einer Tatwiederholung vor Abschluss des Verfahrens auch durch weitere Indiztatsachen[108] oder aber einer aktuellen Expertise eines Sachverständigen ergeben (→ Rn. 45). 48

Heranwachsende und Jugendliche. Besondere Vorsicht ist auch bei der Annahme des Haftgrundes bei Straftaten von heranwachsenden oder jugendlichen Tätern angezeigt. Auch bei diesen kommt eine Annahme des Haftgrundes in Betracht, wenn Straftaten aus dem enumerativen Katalog des § 112a konkret in überdurchschnittlicher Weise begangen worden sind. Dabei sind auch frühere Taten mit zu berücksichtigen, wobei gerade die Begehung von Serienstraftaten auch eine jugendtypische Besonderheit darstellt. Notwendig ist daher, dass insgesamt ein **verfestigtes kriminelles Handlungsmuster** ersichtlich wird. Dabei sind neben den weiteren Tatumständen auch die konkreten Lebensverhältnisse des Täters zu berücksichtigen, ua auch seine Bindung zum Elternhaus und seine beruflichen Perspektiven.[109] Zu prüfen ist aber stets, ob der vom Täter ausgehenden Gefahr auch im Lichte der besonderen Anforderungen an den Vollzug von Untersuchungshaft im Jugendstrafverfahren nur durch ihren weiteren Vollzug begegnet werden oder ähnlich effektive Haftvermeidungsmaßnahmen im Sinne von § 72 Abs. 1 S. 3 JGG möglich sind.[110] 49

c) Gefahrengrad. Notwendig ist eine **hohe Wahrscheinlichkeit**[111] der Fortsetzung des strafbaren Verhaltens vor rechtskräftigem Abschluss des Verfahrens, welche im Freibeweis festgestellt werden muss. Erforderlich ist danach die durch Tatsachen begründete hohe Wahrscheinlichkeit des Bestehens einer **starken inneren Neigung des Beschuldigten zur Begehung einschlägigen Straftaten.** Dabei reicht es nicht aus, dass überhaupt strafbares Fehlverhalten droht, sondern es muss die Gefahr der Begehung erheblicher Straftaten **der gleichen Art** (→ Rn. 51) drohen.[112] 50

d) Drohung der Begehung gleichartige Straftaten. Die nach dem Wortlaut der Norm drohende Begehung von Straftaten gleicher Art steht sprachlich und inhaltlich im Gegensatz zu der in Nr. 2 formell notwendigen Wiederholung derselben Tat (→ Rn. 32). 51

103 OLG Oldenburg 27.11.2009 – 1 Ws 631/09, StV 2010, 140.
104 OLG Koblenz 4.6.2014 – 2 Ws 300/14, StV 2014, 550; OLG Karlsruhe 10.2.2010 – 2 Ws 35/10, StraFo 2010, 198; OLG Frankfurt a. M. 3.2.2010 – 1 HEs 8/10, BeckRS 2011, 13504; Schmitt in Meyer-Goßner/Schmitt Rn. 14.
105 OLG Bremen 11.5.2020 – 1 Ws 44/20, BeckRS 2020, 12058; OLG Jena 11.3.2014 – 1 Ws 83/14, StV 2014, 750; 11.3.2014 – 1 Ws 83/14, StV 2014, 750 (Sonderfall einer besonderen Lebenssituation).
106 OLG Bremen 25.8.2000 – Ws 104/00, NStZ-RR 2001, 220.
107 So aber Schlothauer/Weider/Nobis Untersuchungshaft Rn. 668.
108 Vgl. hierzu OLG Bremen 10.2.2010 – 2 Ws 35/10, StraFo 2010, 198.
109 KG 27.5.2008 – 4 Ws 49/08, StV 2009, 83.
110 OLG Hamm 4.4.2019 – III-4 Ws 77/19.
111 BT-Drs. VI/3248, 7.
112 OLG Bremen 7.9.2017 – 1 Ws 111/17, BeckRS 2017, 154301 (fehlende Drogenabhängigkeit).

Es reicht in materieller Hinsicht insoweit aus, wenn Straftaten drohen, welche in den jeweils mit dem Wort „nach" gebildeten **Gruppen** des Abs. 1 S. 1 **zusammengefasst** sind. Es genügt die **rechtsethische und psychologische Vergleichbarkeit.** Die Anlasstaten und die befürchtete Straftat müssen sich dabei gleichsam als eine „in sich gleichartige Serie" darstellen.[113]

52 **e) Erheblichkeit der zu erwartenden Straftaten.** Auch im Hinblick auf die Art der Bedrohung muss es sich um Straftaten handeln, die sich **über die Masse erheben. Da jedoch das Wort schwerwiegend im Gesetzestext nicht wiederholt wird,** muss es sich zwar auch um erhebliche Straftaten[114] handeln, **nicht erforderlich** ist jedoch, dass sie **so schwer** sind, wie es die **Anlasstat nach Nr. 1** ist oder **die beiden Anlasstaten nach Nr. 2** sein müssen. Es muss sic sich jedoch um Taten mittlerer Kirminalität handeln.[115]

52a **Sonderfall Sexualstraftaten.** Insoweit geht der Begriff der erheblichen Straftat und damit der erforderliche Schweregrad über die für den Begriff der sexuellen Handlungen nach § 184h Nr. 2 StGB vorausgesetzte Erheblichkeit hinaus.[116] Nach allgemeinen Grundsätzen liegt eine Straftat von erheblicher Bedeutung vor, wenn sie mindestens der mittleren Kriminalität zuzurechnen ist, den Rechtsfrieden empfindlich stört und geeignet ist, das Gefühl der Rechtssicherheit der Bevölkerung erheblich zu beeinträchtigen. Straftaten, die im Höchstmaß mit Freiheitsstrafe unter fünf Jahren bedroht sind, sind daher nicht mehr ohne Weiteres dem Bereich der Straftaten von erheblicher Bedeutung zuzurechnen.[117]

52b **Erheblichkeit beim Sonderfall sexueller Missbrauch von Kindern.** Soweit in der Vorauflage vertreten wurde, dass nach dem zum 30.6.2021 außer Kraft getretenen Tatbestand des sexuellen Missbrauchs von Kindern gemäß § 176 Abs. 4 Nr. 1 StGB aF zu beachten sei, dass diesem Tatbestand unterfallende Taten nicht ohne weiteres als erhebliche Straftaten anzusehen seien,[118] weil das Gesetz es hinnehme, dass unter bestimmten Voraussetzungen bei dem Täter solcher eher exhibitionistischen Taten keine anti- oder asoziale, sondern erhebliche emotionelle oder neurotische Störungen vorliegen und es sich insoweit eher um eine hilfs- und behandlungsbedürftige Persönlichkeit handele,[119] was auch im Rahmen des § 112a Abs. 1 Nr. 1 StPO zu beachten sei,[120] lässt sich diese Bewertung nach der Änderung des Strafgesetzbuches durch das Gesetz zur Bekämpfung sexualisierter Gewalt vom 16.6.2021[121] nicht mehr aufrechterhalten.

52c Mit dem Gesetz zur Bekämpfung sexualisierter Gewalt gegen Kinder hat der Bundesgesetzgeber die umfassendste Reform des Sexualstrafrechts in den letzten Jahren vorgenommen, die bereits zum 1.7.2021 in Kraft getreten ist. Neben der kompletten Neustrukturierung der Missbrauchstatbestände, ist insbesondere die Hochstufung jeglichen Umgangs mit tatsächlichen und wirklichkeitsnahen kinderpornographischen Inhalten zu Verbrechenstatbeständen bedeutsam. Mit der Umstrukturierung der Tatbestände der §§ 176 ff. StGB beabsichtigt der Gesetzgeber den Bereich der Delikte gegen die sexuelle Selbstbestimmung von Kindern übersichtlicher zu gestalten und abgestufte Strafrahmen vorzusehen, die sich an der Schwere des jeweiligen Delikts orientieren sollen.[122] Zur Umsetzung dieses Zieles werden die Handlungen in den §§ 176 ff. StGB aufgespalten, wobei die Tathandlungsvarian-

[113] Graf in KK-StPO § 112a Rn. 2; Schmitt in Meyer-Goßner/Schmitt Rn. 13 (Übereinstimmung im Erscheinungsbild).
[114] OLG Bremen 11.5.2020 – 1 Ws 44/20, BeckRS 2020, 12058.
[115] Graf in KK-StPO Rn. 18.
[116] OLG Karlsruhe 21.1.2020 – 2 Ws 1/20 (Exhibitionische Handlungen gegenüber Kindern).
[117] BVerfG 24.7.2013 – 2 BvR 298/12, RuP 2014, 31; 22.8.2017 – 2 BvR 2039/16; BGH 18.7.2013 – 4 StR 168/13, NJW 2013, 3383; 15.11.2017 – 5 StR 439/17; OLG Bremen 10.12.2019 – 1 Ws 124/19 14.
[118] Vgl. nur BGH 29.11.1994 – 1 StR 689/94, NStZ 1995, 228; 10.1.2019 – 1 StR 463/18, NStZ-RR 2019, 140 (Ls); OLG Karlsruhe 21.1.2020 – 2 Ws 1/20.
[119] BGH 6.2.2004 – 2 StR 266/03, NStZ-RR 2005, 11.
[120] So OLG Bremen 11.5.2020 – 1 Ws 44/20.
[121] BGBl. 2021 I 1810 ff.
[122] Vgl. hierzu umfassend Bussweiler Kriminalistik 2021, 486 ff.

ten ohne Körperkontakt, die sich vormals in § 176 Abs. 4 Nr. 1, 2 und 4 StGB befunden haben in § 176a StGB, die Vorbereitungshandlungen aus § 176 Abs. 4 Nr. 3 StGB in § 176 StGB ausgelagert werden. Zudem wurde die Versuchsstrafbarkeit auf die Fälle des versuchten Cybergroomings, die u.a. durch das Einwirken auf das vermeintliche Kind mittels Vorzeigen pornographischer Inhalte verwirklicht werden (vormals § 176 Abs. 4 Nr. 4 StGB), erweitert.

Die gesetzliche Neufassung wirkt sich auch auf das Haftrecht im Rahmen des § 112a **52d** aus. So entfällt der Haftgrund der Wiederholungsgefahr beim schweren sexuellen Missbrauch von Kindern nach § 176c StGB sowie beim Missbrauch mit Todesfolge in § 176d StGB schon deshalb, weil beide Normen in den Katalog der Haftgründe der Schwerkriminalität (§ 112 Abs. 3) mit aufgenommen worden sind. Damit soll laut Gesetzesbegründung die hohe Bedeutung des geschützten Rechtsguts zum Ausdruck gebracht werden.[123] Daneben wurde der Haftgrund der Wiederholungsgefahr in Abs. 1 S. 1 Nr. 1 für die qualifizierten Fälle des gewerbs- oder bandenmäßigen Handelns mit Kinderpornographie im Gesetz ausdrücklich verankert. Nach Ansicht des Gesetzgebers ist bereits die erstmalige Verwirklichung dieser Delikte aufgrund der damit zum Ausdruck kommenden Persönlichkeitsdisposition der Täter geeignet. die hohe Wahrscheinlichkeit ihrer Wiederholung und Fortsetzung zu bedingen.[124]

Soweit danach nunmehr in **§ 176a StGB** ausdrücklich **Fallgestaltungen** des **sexuellen** **52e** **Missbrauchs von Kindern ohne Körperkontakt mit dem Kind** erfasst sind, nämlich wenn der **Täter**

1. sexuelle Handlungen vor einem Kind vornimmt oder vor einem Kind von einer dritten Person an sich vornehmen lässt,
2. ein Kind dazu bestimmt. dass es sexuelle Handlungen vornimmt, soweit die Tat nicht nach § 176 Absatz 1 Nummer 1 oder Nummer 2 mit Strafe bedroht ist, oder
3. auf ein Kind durch einen pornographischen Inhalt (§ 11 Abs. 3) oder durch entsprechende Reden einwirkt,

sind diese Handlungen nunmehr alle mit einer Freiheitsstrafe von sechs Monaten bis zu zehn Jahren strafbewehrt und damit ohne weiteres als erhebliche Straftaten anzusehen.

Insoweit entfällt das Merkmal der Erheblichkeit nur, wenn nach den Umständen des **52f** Einzelfalls davon auszugehen ist, dass vom Täter keine Gefahr der Begehung erheblicher Straftaten besteht,[125] sei es, weil die Intensität des Übergriffs besonders gering ist, sei es aufgrund Vorliegens besonderer Umstände, etwa beim Onanieren im öffentlichen Raum[126] oder beim kurzen Herzeigen des entblößten Penis mit baldigem Entfernen des Täters.[127] Ohne weiteres als erhebliche Straftaten sind Taten des sexuellen Missbrauchs von Kindern nach § 176a StGB namentlich aber dann anzusehen, wenn nach den Umständen des Einzelfalls zu besorgen ist, dass der Täter noch schwerwiegendere Sexualdelikte begehen wird, etwa weil er aktiv auf Kinder zugeht und Körperkontakt mit ihnen sucht.[128]

Keine konkrete Straferwartung. Während bei den – schon begangenen – Anlasstaten **53** nach Nr. 2 in formeller Hinsicht eine Straferwartung von einem Jahr bestehen muss, ist eine solche zu erwartende Strafdrohung bei der Beurteilung der Frage, welche Straftaten der Beschuldigte zu begehen droht, hingegen nicht vorgesehen, zumal eine solche konkrete Prognose gar nicht möglich wäre, da die Begehung der Tat ja erst in der Zukunft droht. Es reicht also die mit hoher Wahrscheinlichkeit bestehende Gefahr der Begehung von **gleichartigen erheblichen Straftaten** aus.

5. Erforderlichkeit. Die Anordnung der Sicherungshaft muss auch im Sinne des im **54** Haftrecht allgemein geltenden Verhältnismäßigkeitsgrundsatzes als **ultima ratio,** wie im Gesetzestext des § 112a ausdrücklich aufgenommen, auch erforderlich sein. Bestehen andere

123 Bussweiler Kriminalistik 2021, 486 ff.
124 BT-Drs. 19/23707, 35.
125 BGH 22.8.2007 – 2 StR 263/07, NStZ 2008, 92.
126 BGH 24.3.1998 – 1 StR 31/98, NStZ 1998, 408.
127 OLG Karlsruhe 22.1.2020 – 2 Ws 1/20 mwN.
128 BGH 22.8.2007 – 2 StR 263/07, NStZ 2008, 92.

Möglichkeit zur Gefahrenabwehr, etwa die Aufnahme des Täters in eine Drogentherapie,[129] ist die Sicherungshaft nicht zulässig.

55 **6. Verhältnismäßigkeit.** Wie bei jeder Untersuchungshaftanordnung muss auch beim Haftgrund der Wiederholungsgefahr über die ausdrücklich vorgesehene Prüfung der Erforderlichkeit hinaus (→ Rn. 55) zudem untersucht werden, ob überhaupt die Anordnung der Haft verhältnismäßig ist.[130] Diese Prüfung ist auch dann notwendig ist, wenn der Haftbefehl bereits außer Vollzug gesetzt wurde.[131] Schließlich muss auch ein auf Wiederholungsgefahr gestützter Haftbefehl aufgehoben werden, wenn die weitere Untersuchungshaft zur Bedeutung der Sache und der zu erwartenden Strafe außer Verhältnis stehen würde (§ 120).[132]

56 **7. Subsidiarität (Abs. 2).** Aus Abs. 2 ergibt sich die Subsidiarität der Sicherungshaft. Sie kommt nur dann zur Anwendung, wenn die Voraussetzungen einer Haftanordnung nach § 112 entweder nicht besteht oder aber eine solche außer Vollzug gesetzt werden kann (§ 116).[133] Erst dann darf eigentlich Haftgrund der Wiederholungsgefahr überhaupt gerichtlich geprüft werden.[134] Gleichwohl besteht ein unabwendbares Bedürfnis der Praxis, den Haftgrund schon in einen auf § 112 gestützten Haftbefehl hilfsweise mit aufzunehmen, um damit der Gefahr der Vernachlässigung der Sicherungshaft zu begegnen. Ein ausdrücklicher Hinweis auf die Subsidiarität dieses Haftgrundes ist jedoch im Haftbefehl zwingend erforderlich. Fallen in einem solchen Fall etwa die Haftgründe des § 112 weg, so ist eine erneute Anhörung des Beschuldigten zum Haftgrund des § 112a entbehrlich.[135]

57 **8. Mildere Maßnahmen nach § 116 Abs. 3.** Auch ein auf den Haftgrund der Wiederholungsgefahr gestützter Haftbefehl kann außer Vollzug gesetzt werden, wobei dies oftmals nur in besonderen Ausnahmefällen zu verantworten sein wird.[136] So etwa bei wesentlichen Veränderungen in den Lebensverhältnissen des Beschuldigten oder der auch zukünftig vermeintlichen Opfer,[137] etwa bei sexuellen Übergriffen auf Kinder dann, wenn zukünftige Kontakte des Täters zu Kindern nicht mehr möglich sind oder solchen durch Auflagen und Weisungen wirksam entgegengewirkt werden kann,[138] etwa durch Anordnung einer elektronischen Fußfessel.[139] Erklärt sich der Beschuldigte beim Vorwurf der Begehung eines Sexualdelikts zur Durchführung einer psychotherapeutischen Behandlung bereit, muss sich der Tatrichter nicht nur versichern, dass eine solche Motivation im Sinne eines ernsthaften Willen zur Auseinandersetzung mit den Ursachen seiner Straftaten auch wirklich besteht,[140] sondern eine solche Behandlung muss auch erfolgsversprechend sein.

58 **9. Schwerwiegende Verfahrensverzögerung und besondere Haftprüfung.** Soweit vertreten wird, bei Vorliegen von schweren Verfahrensfehlern, welche zur Aufhebung eines Haftbefehls nach § 112 führen, könne die Haftfortdauer bis zur Sechsmonatsgrenze des § 121 noch auf Haftgrund der Wiederholungsgefahr nach § 112a gestützt werden,[141] kann dieser Ansicht nicht gefolgt werden.[142] Zwar bezweckt der Haftgrund nach

[129] OLG Frankfurt a. M. 13.4.1992 – 1 Ws 577/92, StV 1992, 425.
[130] OLG Hamburg 2.3.2017 – 1 Ws 14/17, BeckRS 2017, 110062.
[131] OLG Köln 7.9.2004 – 2 Ws 410/04, BeckRS 2004, 11703.
[132] OLG Naumburg 8.7.2005 – 1 Ws 374/05.
[133] OLG Jena 29.11.2010 – 1 Ws 457/10, StV 2011, 735.
[134] Schmitt in Meyer-Goßner/Schmitt Rn. 17.
[135] AA OLG Hamm 5.2.2009 – 3 Ws 39/09, FD-StrafR 2009, 277877; vgl. auch OLG Karlsruhe 26.9.2000 – 3 Ws 196/00, StraFO 2000, 423.
[136] KG 28.2.2012 – 4 Ws 18/12, OLGSt StPO § 112a Nr. 4.
[137] Vgl. hierzu die Beispiele bei Schlothauer/Weider/Nobis, Untersuchungshaft § 112a Rn. 677 und → § 116 Rn. 34.
[138] OLG Bremen 11.5.2020 – 1 Ws 44/20, BeckRS 2020, 12058.
[139] So AG Wiesbaden 7.6.2016 – 71 Gs 954/16, LSK 2016, 108244.
[140] OLG Köln 10.12.2003 – 2 Ws 671/03, BeckRS 2015, 4997.
[141] So OLG Jena 29.11.2010 – 1 Ws 457/10, StV 2011, 735.
[142] OLG Naumburg 8.7.2005 – 1 Ws 374/05; wohl auch OLG Stuttgart 21.4.2011 – 2 HEs 37-39/11, NStZ-RR 2012, 62; KG 27.5.2008 – 4 Ws 49/08, StV 2009, 83; vgl. hierzu auch die Anmerkung von Tsambikakis StV 2011, 738.

§ 112a den Schutz der Allgemeinheit vor weiteren Straftaten des Beschuldigten, so dass grundsätzlich eine Abwägung nach Verhältnismäßigkeitsgründen zwischen diesem und dem Grundrecht des Angeschuldigten auf Freiheit seiner Person möglich wäre. Hierzu hätte es aber, wie bei § 126a StPO erfolgt, einer ausdrücklichen Entscheidung des Gesetzgebers bedurft (→ § 120 Rn. 19; → § 126a Rn. 44).

§ 113 Untersuchungshaft bei leichteren Taten

(1) Ist die Tat nur mit Freiheitsstrafe bis zu sechs Monaten oder mit Geldstrafe bis zu einhundertachtzig Tagessätzen bedroht, so darf die Untersuchungshaft wegen Verdunkelungsgefahr nicht angeordnet werden.

(2) In diesen Fällen darf die Untersuchungshaft wegen Fluchtgefahr nur angeordnet werden, wenn der Beschuldigte

1. **sich dem Verfahren bereits einmal entzogen hatte oder Anstalten zur Flucht getroffen hat,**
2. **im Geltungsbereich dieses Gesetzes keinen festen Wohnsitz oder Aufenthalt hat oder**
3. **sich über seine Person nicht ausweisen kann.**

Schrifttum: siehe zu § 112

I. Allgemeines, Normzweck und Anwendungsbereich

1. Allgemeines. Die Vorschrift enthält eine gesetzliche Konkretisierung und Ausprägung des Grundsatzes der Verhältnismäßigkeit (§§ 112 Abs. 1 S. 2, 120 Abs. 1 S. 1) und schränkt für den Bereich der kleinen Kriminalität die Anordnung der Untersuchungshaft ein.[1] Andererseits ergibt sich aber auch aus ihr, dass die Verhängung von Untersuchungshaft nicht grundsätzlich dann verwehrt ist, wenn an sich nur eine Geldstrafe zu erwarten ist,[2] denn Abs. 1 stellt nur auf den abstrakten Strafrahmen bzw. die Höchststrafe ab. Gleichwohl ist selbst bei Vorliegen der Anwendungsvoraussetzungen der Norm zu prüfen, ob wegen der besonderen Umstände des Einzelfalles der in § 120 Abs. 1 S. 1 normierte Grundsatz der Verhältnismäßigkeit einer Inhaftierung entgegensteht.[3] 1

Anwendungsbereich. Zum Bereich der kleinern Kriminalität gehören die Taten, welche mit Freiheitsstrafe bis zu sechs Monaten oder mit Geldstrafe von 180 Tagessätzen bedroht sind. Maßgeblich ist allein der gesetzliche Strafrahmen, auf die konkret drohende Saktionkommt es nicht an. Solche Straftatbestände sind im Gesetz selten, so dass der Norm keine forensische Bedeutung zukommt. Freiheitsstrafe im Sinne von Abs. 1 ist auch der Strafarrest nach §§ 9, 12 WStG, nicht aber der als Zuchtmittel eingestufe Jugendarrest (§§ 16, 13 Abs. 2, 3 und Abs. 3 JGG). 2

Da die Strafrahmen des JGG für Jgendliche ohnehin nicht gelten (§ 18 Abs. 1 S. 2 JGG), findet die Vorschrift im Jugendrecht keine Anwendung. Insoweit kommt es auch nicht darauf an, ob neben dem Strafrahmen auch noch weitere Rechtsfolgen möglich sind, wie etwa die Einziehung.[4] Nicht anwednbar ist die Vorschrift auch für die Ungehorsamshaft (§§ 230 Abs. 2, 236, 329 Abs. 4 S. 1).[5] 3

II. Haftgrund der Verdunkelungsgefahr

Liegen die Vorraussetzungen des Abs. 1 vor, darf die Untersuchunshaft wegen Verdunkelungsgefahr (→ § 112 Rn. 62) (§ 112 Abs. 2 Nr. 3) nicht angeordnet werden. 4

---

[1] Graf in KK-StPO Rn. 1.
[2] OLG Düsseldorf 19.2.1997 – 1 Ws127/97, NJW 1997, 2965; Schmitt in Meyer-Goßner/Schmitt Rn. 1.
[3] Graf in KK-StPO Rn. 1; → § 120 Rn. 11.
[4] Graf in KK-StPO Rn. 3.
[5] Lind in Löwe/Rosenberg Rn. 3.

III. Haftgrund der Flucht

5 Da der Haftgrund der Flucht (§ 112 Abs. 1 Nr. 1) in der Vorschrift nicht genannt ist,[6] gelten die § 113 genannten Einschränkungen nicht.

IV. Haftgrund der Fluchtgefahr

6 Auf den Haftgrund der Fluchtgefahr (→ § 113 Rn. 35 ff.) (§ 112 Abs. 1 Nr. 2) kann ein Haftbfehl im Bereich der kleinen Kriminalität (→ Rn. 2) nur gestützt werden, wenn die in Abs. 2 Nr. 1–3 genannatne Gründe alternativ vorliegen.

7 **1. Frühere Flucht oder Fluchtvorbereitungen (Nr. 1).** Zunächst nennt Abs. 1 den Fall, dass sich der Beschulidgte bereits früher dem Verfahren, zB durch Flucht oder Verbergen, **entzogen** oder wenn **Anstalten zur Flucht getroffen** hat. Insoweit reicht es nicht aus, dass der Beschuldigte bereits in einem anderen Verfahren einmal geflüchtet ist, vielmehr kommt es auf das konkret anhängige Verfahren an. Anstalten zur Flucht trifft etwa derjenige, welcher sich einen Reisepass austellen lässt, eine größere Reise ohne konkreten Anlass plant und/oder im größeren Umfang inländische Vermögenswerte veräußert.[7]

8 **2. Keinen festen Wohnsitz oder Aufenthalt (Nr. 2).** Für die Frage des Bestehens eines festen Wohnsitzes ist nicht auf die polizeiliche Anmeldung des Beschuldígten, sondern auf die auf eine gewisse Dauer angelegte tatsächliche Niederlassung abzustellen.[8] Auch der Aufenthalt muss ein „fester" sein. Dazu ist es notwendig, dass der Beschuldigte auch für eine gewisse Dauer oder für eine gewisse Zeit an diesem Ort wirklich verweilt.[9]

9 **3. Keine Ausweispapiere (Nr. 3).** Zumeist wird auch bei einem Bagatelldelikt eine Inhaftierung notwendig sein, wenn sich der Beschuldigte mangels Personalausweis oder Reisepass nicht ausweisen kann oder – was ebenfalls ausreicht – nicht ausweisen will oder falsche Personalien angibt.[10] Dies gilt aber nicht, wenn der Beschuldigte den Polizeibehörden persönlich bekannt ist.[11]

V. Weitere Verfahrsanforderungen

10 Wird ein Haftbefehl nach § 113 erlassen, so besteht erhöhter Anlass zur beschleunigten Bearbeitung des Verfahrens, etwa durch Ahndung der Tat im Strafbefehl- (§ 407) oder im beschleunigten Verfahren (§ 417).[12] Insoweit ist auch zu beachten, dass bei bloßer Geldstrafgenerwartung die Dauer der Untersuchungshaft die vorraussichtliche Ersatzfreiheitsstrafe nicht übersteigen darf.[13]

§ 114 Haftbefehl

(1) Die Untersuchungshaft wird durch schriftlichen Haftbefehl des Richters angeordnet.

(2) In dem Haftbefehl sind anzuführen
1. **der Beschuldigte,**
2. **die Tat, deren er dringend verdächtig ist, Zeit und Ort ihrer Begehung, die gesetzlichen Merkmale der Straftat und die anzuwendenden Strafvorschriften,**
3. **der Haftgrund sowie**

---

6 Paeffgen in SK-StPO Rn. 4.
7 Graf in KK-StPO Rn. 6.
8 Lind in Löwe/Rosenberg Rn. 9.
9 Graf in KK-StPO Rn. 6.
10 Graf in KK-StPO Rn. 6.
11 Schmitt in Meyer-Goßner/Schmitt Rn. 7.
12 Setzen NJW 1973, 2001.
13 OLG Frankfurt a. M. 2.6.1993 – 1 Ws 96/93, StV 1993, 594; Wagner NJW 1978, 2002.

4. die Tatsachen, aus denen sich der dringende Tatverdacht und der Haftgrund ergibt, soweit nicht dadurch die Staatssicherheit gefährdet wird.

(3) Wenn die Anwendung des § 112 Abs. 1 Satz 2 naheliegt oder der Beschuldigte sich auf diese Vorschrift beruft, sind die Gründe dafür anzugeben, daß sie nicht angewandt wurde.

Schrifttum: Bittmann, Änderungen im Untersuchungshaftrecht, Jus 2010, 510; Böhm, Der Europäische Haftbefehl im Lichte des Grundsatzes der gegenseitigen Anerkennung und die praktische Umsetzung im nationalen Auslieferungsrecht – zugleich eine Besprechung des Urteils des EuGH vom 29.1.2013, C 391/11 (Fall Radu), StraFo 2013, 177; Ahlbrecht/Böhm/Esser/Eckelmans, iInternationales Strafrecht, 2. Aufl. 2019; Broddowski, Grundfälle zu den Justizgrundrechten Art. 104 GG – Freiheit der Person, Folterverbot, Benachrichtigungsgebot, JUS 2012, 980; Börner, Anmerkung zur Entscheidung des KG Berlin vom 6.7.2011 (4 Ws 57/11; StV 2012, 358) – Zur Frage des Anspruchs auf Akteneinsicht bei noch nicht vollstrecktem Haftbefehl, StV 2012, 361; Brocke/Heller, Das neue Untersuchungshaftrecht aus Sicht der Praxis – Zwischenbilanz nach einem Jahr, StraFo 2011, 1; Eisenberg, IQ 37 – Verwertungsverbot polizeilicher Vernehmung ohne Verteidiger?, dargestellt anhand eines Einzelfalls, JA 2012, 452; Eisenberg, Gesetz zur Stärkung von Verfahrensrechten Beschuldigter im Strafverfahren – Bedeutung und Unzuträglichkeiten, JR 2013, 442; Esser, Rechtsfolgen eines Verstoßes gegen die Belehrungspflicht aus Artikel 36 WÜK; zugleich Anmerkung zum Urteil des BGH v. 20.12.2007 – 3 StR 318/07, JR 2008, 77; Firchau, Das fachgerichtliche Rechtsbehelfssystem der Untersuchungshaft sowie die Regelung des Vollzugs, Würzburger Schriften zur Kriminalwissenschaft, Diss., 2013; Gaede, Schlechtverteidigung – Tabus und Präklusionen zum Schutz vor dem Recht auf wirksame Verteidigung? Zugleich Besprechung zu BGH 1 StR 341/07, Beschluss vom 15.8.2007 (HRRS 2007 Nr. 967 – Rügen unwirksamer Verteidigung) und BGH 1 StR 273/07, Beschluss vom 11.9.2007 (HRRS 2007 Nr. 900 – verschärfte Widerspruchslösung bei unterlassener Belehrung über das Recht auf konsularischen Beistand), HRRS 2007, 405; Gless/Peters, Verwertungsverbot bei Verletzung der Pflicht zur Belehrung nach Art. 36 WÜK; Paulus/Müller, Konsularische Information vor deutschen Gerichten – Never Ending Story oder Happy End? StV 2009, 495; Pauly, Gewährung von Akteneinsicht zwecks Verteidigung bei Untersuchungshaft des Beschuldigten, StV 208, 484; Kintzi, Die Tätigkeit des Ermittlungsrichters im Ermittlungsverfahren und Richtervorbehalt, DRiZ 2004, 83; König, Untersuchungsgefangene bekommen mehr Rechte, AnwBl 2010, 50; Kotz, Anspruch auf Dolmetsch- und Übersetzungsleistungen im Strafverfahren – Anregungen zur Umsetzung der Richtlinie 2010/64/EU des Europäischen Parlaments und des Rates vom 20.10.2010 über das Recht auf Dolmetscherleistungen und Übersetzungen in Strafverfahren (Abl. L Nr. 280, S. 1), StV 2012, 626; Kreß, Die verfassungrechtliche Pflicht der deutschen Strafverfolgungsbehörden zur Berücksichtigung des Wiener Konsularabkommens; Marberth-Kubicki, Die Akteneinsicht in der Praxis, StraFo 2003, 366; Michalke, Reform der Untersuchungshaft – Chance vertan? NJW 2010, 17; Paeffgen, § 119 StPO soll reformiert werden!? Anmerkung zum U-HaftRÄG-Entwurf BT-Drs. 16/11644, GA 2009, 454-468; Peglau, Akteneinsichtsrecht des Verteidigers in Untersuchungshaftfällen, JR 2012, 231; Pest, Robert Die konsularische Unterstützung im Strafverfahren, JR 2015, 359; Piehl, Verwertungsfragen bei Verstößen gegen den Richtervorbehalt, StraFo 2017, 54; Pohlreich, Die Rechtsprechung des EGMR zum Vollzug von Straf- und Untersuchungshaft, NStZ 2011, 560; Rudophi, Ist in Haftanordnungen eine Beweiswürdigung vorzunehmen? StV 1988, 534; Schiemann, Macht des Opfers – Ohnmacht des Beschuldigten – Vom Ungleichgewicht der Rechte und Pflichten im deutschen Strafverfahren, KritV 2012, 161; Schlothauer, Die Bedeutung des materiellen Strafrechts für die Verteidigung in Untersuchungshaftfällen, StV 1996, 391; Schlothauer, Dürfen in der Begründung von Haftentscheidungen die maßgebenden Beweismittel verschwiegen werden, wenn anderenfalls eine Gefährdung der Ermittlungen zu befürchten wäre? StV 1991, 522; Schultheis, Übersicht über die Rechtsprechung in Untersuchungshaftsachen 2009/2010 – Teil 1, NStZ 2011, 621; Staudinger, Dolmetscherzuziehung und/oder Verteidigerbeiordnung bei ausländischen Beschuldigten – zugleich eine Anmerkung zu BGH, Beschluss vom 26.10.2000 – 3 StR 6/00 = StV 2001,1, StV 2002, 327; Tsambikakis, Moderne Einwirkungen auf die Strafprozessordnung – Beispiel: Untersuchungshaft, ZIS 2009, 503; Walter, Der deutsche Strafprozess und das Völkerrecht, JR 2007, 99- 104; Wiesneth, Die Untersuchungshaft, 2010; Weider, Zur erforderlichen Konkretisierung des Tatvorwurfs im Haftbefehl und zum Erlass eines Haftbefehls durch das Beschwerdegericht, StV 1996, 441; Weider, Das Gesetz zur Änderung des Untersuchungshaftrechts, StV 2010, 102; Wohlers, Zum Akteneinsichtsrecht bei nicht vollstrecktem Haftbefehl, StV 2009, 539.

Übersicht

I. Allgemeines, Normzweck und Anwendungsbereich

1 **1. Allgemeines.** Die Vorschrift stellt entsprechend den **Vorgaben des Grundgesetzes eine zentrale Grundlage** des Haftrechts nach §§ 112 ff. dar und schreibt im Wesentlichen vor, dass ein Untersuchungshaftbefehl nur durch einen Richter (Art. 104 Abs. 2 S. 1 GG) angeordnet werden kann und der Schriftform bedarf (Art. 104 Abs. 3 S. 2 GG).

2 **2. Normzweck.** Die Vorschrift regelt daher mit weiteren Normen (→ Rn. 41) die **formellen Voraussetzungen** für den Erlass eines Haftbefehls, wohingegen die materiellen Anforderungen in §§ 112, 112a, 113, 127b enthalten sind. Die in Abs. 2 vorgeschriebene Begründung des Haftbefehls dient vor allem der Unterrichtung des Beschuldigten darüber, auf welcher rechtlichen und tatsächlichen Grundlage in sein Freiheitsrecht eingegriffen wird.[1] Deshalb ist auf die Begründung des Haftbefehls besondere Sorgfalt zu verwenden (→ Rn. 32 f.).[2]

3 Grundsätzlich bedarf es daher nach § 114 Abs. 2 daher neben der genauen Bezeichnung der Person des Beschuldigten (→ Rn. 17) im Haftbefehl der Taten, derer er dringend verdächtig ist (→ Rn. 18 f.). Ferner sind die den dringenden Tatverdacht begründenden Tatsachen anzuführen (→ Rn. 33). Dies ist Ausfluss des allgemeinen Begründungszwangs nach § 34 und konkretisiert zugleich den Anspruch des Beschuldigten auf **rechtliches Gehör** gleich zu Beginn seiner Festnahme.[3] Schließlich sind die Haftgründe zu benennen (→ Rn. 36).

4 **3. Anwendungsbereich.** Die in § 114 aufgestellten Anforderungen an den Erlass eines Haftbefehls gelten nicht nur für Untersuchungshaftbefehle nach §§ 112 ff., sondern finden auch auf **andere Haftbefehlsarten** entsprechende Anwendung.

5 So muss auch ein **Haftbefehl nach § 230 Abs. 2** insbesondere auch den Anforderungen des § 114 Abs. 2 Nr. 2 entsprechen. Zwar kann ein solcher schon ergehen, wenn der Angeklagte zur Hauptverhandlung nicht erschienen und sein Ausbleiben nicht entschuldigt ist,[4] ein solcher Ungehorsamshaftbefehl muss jedoch auch die Tat angeben, derentwegen der Angeklagte verdächtig ist. Denn auch dieser muss dem Angeklagten bei der Inhaftierung bekanntgemacht werden muss (§ 114a), so dass nur bei einer Mitteilung des Tatvorwurfs sowohl der zuständigen Richter (§ 115) als auch der Richter des nächsten Amtsgerichts (§ 115a) überhaupt in der Lage, den Angeklagten auf die ihn belastenden Umstände hinzuweisen und ihn hierzu zu vernehmen (§ 115 Abs. 3).[5] Nicht notwendig ist jedoch bei einem

[1] Wankel in KMR-StPO Rn. 3.
[2] OLG Hamm 5.8.2002 – 2 Ws 335/02, NStZ-RR 2002, 335.
[3] Firchau, Das fachgerichtliche Rechtssystem der U-Haft, S. 53.
[4] Schmitt in Meyer-Goßner/Schmitt § 230 Rn. 21.
[5] OLG Frankfurt a. M. 2.12.1994 – 1 Ws 245/94, StV 1995, 237; Graf in KK-StPO Rn. 1; aA LG Chemnitz 11.8.1995 – 1 Qs 173/95, StV 1996, 255.

Haftbefehl nach § 230 Abs. 2 das Bestehen des dringenden Tatverdachts,[6] weshalb Angaben zu Abs. 2 Nr. 4 im Haftbefehl entbehrlich sind. Der Begründungszwang des § 114 Abs. 2 gilt des weiteren auch für Haftbefehle nach §§ 236, 329 Abs. 4 S. 1 und 453c.[7]

Anders sind die Begründungsanforderungen bei einem Haftfortdauerbeschluss nach § 268b zu beurteilen, welcher im Zusammenhang mit der Urteilsfällung ergeht. Der in der Praxis übliche Verweis[8] auf den ursprünglichen Haftbefehl reicht – entgegen der weit verbreiteten gerichtlichen Praxis – nicht aus, wenn die Verurteilung deutlich von den dort aufgeführten Tatvorwürfen abweicht.[9] In einem solchen Fall bedarf auch ein Haftfortdauerbeschluss nach § 268b der Begründung, aus welcher hervorgeht, welcher Taten der Angeklagte dringend verdächtig ist und worauf die richterliche Überzeugungsbildung beruht.[10] Unabhängig davon ist ein Haftfortdauerbeschluss zumindest in einer Nichtabhilfeentscheidung ergänzend zu begründen, wenn gegen diesen Beschwerde eingelegt wird. Fehlt es hieran, hat das Beschwerdegericht die Sache zur Heilung des Mangels und zur Nachholung der Begründung an das Ausgangsgerichts zurückzugeben.[11] Hiervon kann nur abgesehen werden, wenn trotz der Begründungsmängel eine Überprüfung durch das Beschwerdegericht möglich ist.[12] 6

Auch wenn sich die **Einhaltung der Formerfordernisse** der Vorschrift in erster Linie an den **Richter** richten, sind in der Praxis zumeist die **Staatsanwaltschaften** zu deren Beachtung berufen. Denn insoweit besteht die weitgehende Übung, dass seitens der Ermittlungsbehörde dem Haftrichter bereits ein vorformulierter Antrag vorgelegt wird, über welchen dieser entscheiden soll. Auch wenn für diesen jederzeit die Möglichkeit der Abänderung der Vorlage besteht, sind die Möglichkeiten in tatsächlicher Hinsicht oftmals beschränkt. 7

Ein Haftbefehl ergeht im Regelfall (§§ 125, 128) nur auf **Antrag der Staatsanwaltschaft.** Dabei ist zu beachten, dass weder das Ausgangsgericht noch das Beschwerdegericht befugt sind, grundlegende Mängel des Antrages der Staatsanwaltschaft durch eigene Ermittlungen und Inhaltsänderungen ordnungsgemäß zu fassen. Vielmehr ist der Antrag dann abzulehnen.[13] 8

II. Zuständigkeit und Form (Abs. 1)

Abs. 1 regelt die Zuständigkeit zum Erlass eines Haftbefehls und die Form desselben. 9

1. Zuständigkeit zum Erlass. Hinsichtlich der Zuständigkeit zum Erlass eines Haftbefehls ist danach zu unterscheiden, ob der **Haftbefehl vor oder nach der polizeilichen Festnahme** des Beschuldigten ergeht. 10

Nach der gesetzlichen Wertung sollte im **Regelfall die richterliche Entscheidung über die Anordnung der Untersuchungshaft schon vor der Festnahme** des Beschuldigten durch das Gericht erfolgen. Insoweit sieht § 125 Abs. 1 vor, dass vor Erhebung der öffentlichen Klage für den Erlass des Haftbefehls der Richter zuständig ist, in dessen Bezirk ein Gerichtsstand begründet ist oder der Beschuldigten sich aufhält. Liegt keine Gefahr im Verzug vor, bedarf es insoweit eines Antrags der Staatsanwaltschaft. Nach Erhebung der öffentlichen Klage ist nach § 125 Abs. 2 S. 2 das Gericht zuständig, dass mit der Sache befasst ist. Für die Eröffnung des Haftbefehls nach erfolgter Festnahme gelten dann die §§ 115, 115a. 11

---

[6] OLG Hamburg 16.1.2012 – 2 Ws 13/12, StraFo 2012, 60.
[7] Graf in KK-StPO Rn. 4.
[8] Vgl. hierzu OLG Stuttgart 25.1.2007 – 1 Ws 24/07, Die Justiz 2007, 238.
[9] OLG Saarbrücken 7.7.2015 – 1 Ws 122/15, BeckRS 2015, 16454; KG 31.8.2018 – 6 Ws 152/18, BeckRS 2018, 41463; ebenso Lind in Löwe/Rosenberg Rn. 1.
[10] OLG Hamm 29.12.2008 – 3 Ws 515/08, NStZ 2010, 55; 17.1.2012 – III -3 Ws 14/12, NStZ-RR 2012, 221.
[11] OLG Karlsruhe 26.9.2000 – 3 Ws 196/00, StraFo 2000, 422.
[12] OLG Hamm 3.11.2009 – 3 Ws 412/09, BeckRS 2009, 87179.
[13] OLG Brandenburg 8.1.1997 – 2 Ws 396/97, StV 1997, 140.

12 **Zumeist** erfolgt die Festnahme von Beschuldigten aber durch die **Polizei,** wenn sie Täter entweder auf frischer Tat betrifft oder aber verfolgt (§ 127 Abs. 1) oder die Voraussetzungen eines Haft- oder Unterbringungsbefehls vorliegen (§ 127 Abs. 2). In diesen Fällen ist zum Erlass des Haftbefehls der Richter beim Amtsgericht zuständig, in dessen Bezirk der Beschuldigte festgenommen worden ist (§ 128 Abs. 2 S. 2) Diesem ist er unverzüglich, spätestens am Tag nach der Festnahme vorzuführen (§ 128 Abs. 1 S. 1). Zu beachten ist, dass Haftentscheidungen auch während einer laufenden Hauptverhandlung stets ohne Schöffen zu treffen sind.[14]

13 In Jugendsachen ist allerdings zum Erlass des Haftbefehls nicht der Haftrichter, sondern der Jugendrichter zuständig. Da die Ursprungsentscheidung und der Nichtabhilfebeschluss innerhalb des Abhilfeverfahrens (§ 306 Abs. 2 StPO) eine verfahrensrechtliche Einheit bilden, kann das Erstgericht eine prozessordnungswidrig zustande gekommene Entscheidung im Abhilfeverfahren im Einzelfall noch heilen[15] und ist zum Erlass des Haftbefehls zuständig (§ 39 JGG), wenn der Beschuldigte bei der Begehung der ihm im Haftbefehl vorgeworfenen Straftat noch Jugendlicher oder Heranwachsender war. Auf die Beschwerde ist der vom unzuständigen Haftrichter erlassene Haftbefehl aufzuheben und an den Jugendrichter zurückzugeben.[16] Bezüglich eines Jugendlichen ist darüber hinaus inhaltlich zu beachten, dass dieser auch Ausführungen zur Frage enthalten muss, warum die Untersuchungshaft nicht unverhältnismäßig ist und andere Formen der Unterbringung nicht möglich sind (§§ 72 Abs. 1 S. 3, 72a JGG).[17]

14 **2. Schriftform.** Abs. 1 schreibt die Schriftform vor, dh zumindest das **Original des Haftbefehls muss durch den Richter handschriftlich unterzeichnet** sein. Soweit früher eine Ausnahme bei einer Vielzahl von Beschuldigten und ähnlichen Handlungsmustern angenommen wurde,[18] ist eine solche in Anbetracht der modernen computerunterstützten Datenverwaltung heute nicht mehr angezeigt. Es ist jedoch zulässig, einen Haftbefehl zunächst mündlich zu verkünden und danach unverzüglich schriftlich abzufassen.[19] Die Schriftform dient insoweit der Selbstkontrolle des Haftrichters und der Überprüfbarkeit im Rahmen von Beschwerdeverfahren.[20]

15 Bei der Verkündung eines Haftbefehls in der Hauptverhandlung (§§ 271 ff.) oder einem anderen Gerichtstermin (§§ 168 ff.) kann bei Anwesenheit des Beschuldigten dem Schriftformerfordernis auch durch die **Aufnahme des Haftbefehls in das Protokoll** zunächst Genüge getan werden.[21] Aber auch dann müssen die Förmlichkeiten des Abs. 2 eingehalten werden, weil allein ein formell ordnungsgemäßer Haftbefehl rechtmäßige Grundlage des mit der Inhaftierung verbundenen Eingriffs in das Freiheitsrecht des Angeklagten ist. Folglich ist die förmliche Abfassung unverzüglich nachzuholen. In der Praxis ist diese Vorgehensweise nicht angezeigt. Vielmehr muss dem Beschuldigten ohnehin nach § 114a eine Abschrift des Haftbefehls ausgehändigt werden, mithin sollte der Haftbefehl sogleich entsprechend dem amtlichen Vordruck erstellt werden.

III. Inhalt des Haftbefehls (Abs. 2)

16 Der Begründungszwang des Abs. 2 gilt nicht nur für Haftbefehle nach §§ 112 ff., sondern auch für andere Haftbefehlsarten (→ Rn. 4). Auch wenn ein **außereuropäischer Staat** keine besonderen Anforderungen an einen Haftbefehl stellt, muss dieser im Falle der

---

[14] OLG Hamburg 12.4.2019 – 2 Ws 43/19, JR 2019, 647; BGH 11.1.2011 – 1 StR 648/10, NStZ 2011, 356.

[15] So auch BGH 11.1.2011 – 1 StR 648/10, NStZ 2011, 356.

[16] LG Lübeck 21.3.2003 – 4 Qs 42/03, StraFo 2004, 21.

[17] OLG Hamm 17.3.2009 – 3 Ws 86/09, NStZ 2010, 281.

[18] BVerfG 16.10.1981 – 2 BvR 344/81, NJW 1982, 29; VerfGH Bayern 9.3.1984 – Vf. 68-VI/81, NJW 1984, 1874; Lind in Löwe/Rosenberg Rn. 3.

[19] Lind in Löwe/Rosenberg Rn. 3; Graf in KK-StPO Rn. 2.

[20] Pfeiffer StPO Rn. 1.

[21] OLG Oldenburg 21.4.2006 – 1 Ws 233/06, StV 2006, 282; OLG Celle 17.3.1998 – 1 Ws 56/98, StV 1998, 385; Graf in KK-StPO Rn. 2.

Einlieferung des Beschuldigten ebenfalls den inhaltlichen Erfordernissen der StPO entsprechen, insbesondere muss er die Tatsachen angegeben, aus denen sich der dringende Tatverdacht sowie der Haftgrund ergibt.[22] Enthält ein Haftbefehl diese Angaben indes nicht, ist er zwar rechtsfehlerhaft, aber nicht zwingend unwirksam (→ Rn. 29). Eine Besonderheit besteht für den Fall des erstmaligen Erlasses eines Haftbefehls nach Urteilsverkündung. Dieser bedarf in der Regel zunächst keiner gesonderten Begründung des dringenden Tatverdachts, weil dieser durch das verurteilende Erkenntnis bereits belegt ist.[23] Zu Begründen ist dieser jedoch im Rahmen der Abhilfeentscheidung im Falle einer eingelegten Haftbeschwerde. Grundsätzlich unerlässlich sind aber folgende Angaben:

1. Angaben zur Person (Abs. 2 Nr. 1). Der Beschuldigte ist grundsätzlich so genau zu bezeichnen, dass an seiner **Identität keine Zweifel** bestehen können. Notwendig ist zunächst die Angabe des Vor- und Familiennamens, sowie aller Aliasnamen. Auch der Geburtstag und der Geburtsort sind zu bezeichnen, ebenso die – letzte bekannte – Wohnanschrift. Bei Ausländern empfiehlt sich die Angabe der Staatsangehörigkeit.[24] Hingegen ist eine Personenbeschreibung (§ 131 Abs. 4) im Haftbefehl nicht veranlasst. Eine solche kann im Regelfalle heute auch durch begleitende polizeiliche Fahndungsmaßnahmen, etwa durch Beifügung von Fingerabdrücken in der polizeilichen Ausschreibung, sichergestellt werden.[25] Insoweit bedarf es auch in der Urkunde einer Bezugnahme auf ein in der Akte befindliches Lichtbild nicht.[26] 17

2. Bezeichnung der Tat und der Strafvorschriften (Abs. 2 Nr. 2). Die zentrale Anforderung an einen Haftbefehl ist eine aus sich heraus **verständliche Beschreibung** des Tatvorwurfs. 18

a) Bezeichnung der Tat. Der Haftbefehl hat danach aufgrund seiner **Informations- und Umgrenzungsfunktion** zunächst den Tatvorwurf so genau darzustellen, dass der Beschuldigte dessen Umfang und Tragweite eindeutig erkennen kann.[27] Danach muss das Tatgeschehen im Haftbefehl nach Ort, Zeit, Art der Durchführung, Person des Verletzten etc so genau bezeichnet werden, dass ein bestimmter Lebensvorgang erkennbar ist; stets müssen die gesetzlichen Tatbestandsmerkmale erkennbar sein.[28] Notwendig ist zudem, dass sich aus der Beschreibung ein strafrechtlich relevanter Sachverhalt eindeutig ableiten lässt, zumal es auch Aufgabe des Haftbefehls ist, dem Haftprüfungsgericht im Rahmen der besonderen Haftprüfung nach den §§ 121 ff. StPO mit Blick auf das Tatbestandsmerkmal „wegen derselben Tat" eine Kontrolle der Haftzeit zu ermöglichen.[29] Allerdings sind zu Beginn eines Ermittlungsverfahrens oftmals das Ausmaß und Einzelheiten der Tat nicht bekannt, weshalb zunächst nur eine **rudimentäre Beschreibung** abgegeben werden kann.[30] Diese muss dann im Laufe des **Verfahrens der Ermittlungslage angepasst** werden (→ Rn. 21 ff., 28, 47 ff.). Die Anforderungen an die Konkretisierung des Sachverhaltes steigen deshalb mit fortschreitender Dauer des Bestehens des Haftbefehls an.[31] 19

Anzustreben ist, den Tatvorwurf im Haftbefehl in einer dem **Anklagesatz** (§ 200 Abs. 1 S. 1) **angenäherten Weise** anzugeben.[32] Hierin ist zunächst die dem Beschuldigten zur Last gelegte Tat im verfahrensrechtlichen Sinne zu umschreiben. Der historische Vorgang der Tat muss dabei so genau geschildert werden, dass für jedes Tatbestandsmerkmal der 20

---

[22] OLG Karlsruhe 28.11.1985 – 3 Ws 252/85, NStZ 1986, 134.
[23] OLG Hamburg 12.4.2019 – 2 Ws 43/19, JR 2019, 647.
[24] Graf in KK-StPO § 114 Rn. 5, Schmitt in Meyer-Goßner/Schmitt Rn. 5.
[25] AA noch Creifels NJW 1965, 946; Wankel in KMR-StPO Rn. 2.
[26] AA Senge NStZ 1997, 348.
[27] OLG Karlsruhe 6.4.2001 – 3 Ws 31/01, Justiz 2002, 133.
[28] KG 17.8.2016 – (2) 121 HEs 14/16, OLGSt StPO § 114 Nr. 4.
[29] BGH 17.8.2017 – AK 34/17, NStZ-RR 2017, 347 (Unterstützung einer terroristischen Vereinigung).
[30] OLG Frankfurt a. M. 26.10.2006 – 1 Ws 87/06, BeckRS 2006, 137105 (Steuerstrafverfahren).
[31] OLG Karlsruhe 6.4.2001 – 3 Ws 31/01, StV 2002, 147.
[32] Wiesneth Untersuchungshaft Rn. 35.

Strafvorschrift erkennbar ist, durch welchen Teil des Sachverhalts er ausgefüllt wird.[33] Wird ein gesetzliches Merkmal insoweit nicht beschrieben, kann es am dringenden Tatverdacht fehlen.[34] Gleiches gilt für Qualifizierungen, Teilnahmeformen oder den Versuch eines Delikts.

21 Grundsätzlich gilt, dass die **Schilderung umso konkreter** sein muss, je größer die Möglichkeit ist, dass der Beschuldigte verwechselbare weitere Straftaten gleicher Art verübt hat.[35] In umfangreichen Wirtschafts- und Steuerstrafverfahren können von diesem Erfordernis jedoch besonders im Anfangsstadium der Ermittlungen gewisse Abstriche gemacht werden.[36] Die Anforderungen an die Konkretisierung des Sachverhaltes steigen mit fortschreitender Dauer des Bestehens des – wenn auch nicht vollzogenen – Haftbefehls an. Sechs Monate nach Erlass eines Haftbefehls müsste die Tat so weit aufgeklärt sein, dass dargestellt werden kann, welche konkreten Handlungen eines Beschuldigten die Tatbestandsmerkmale einer Strafvorschrift ausfüllen. Lässt das Ermittlungsergebnis dies nicht zu, entfällt der dringende Tatverdacht.[37]

22 Indes wird gerade in einem **frühen Stadium der Ermittlungen** nicht in jedem Fall verlangt werden können, dass der Vorwurf in einer Weise dargestellt wird, die einer Anklageschrift entspricht. Denn die abschließende Konkretisierung des bereits dringenden Tatverdachts kann sich erst im Laufe der Ermittlungen ergeben. Demgegenüber muss sich der Beschuldigte gegen einen als strafbar erachteten, konkret dargestellten Lebenssachverhalt und nicht gegen Mutmaßungen und vage Angaben verteidigen können. Die begangene konkrete Tat muss durch bestimmte Tatumstände so genau bezeichnet werden, dass keine Unklarheit darüber möglich ist, welche Handlungen dem Beschuldigten zur Last gelegt werden.

23 Im Rahmen einer **klassischen Subsumtion** müssen sich sämtliche – gerade auch die subjektiven – Tatbestandsmerkmale in der Sachverhaltsdarstellung wiederfinden. Erforderlich ist eine gestraffte Darstellung der wesentlichen, die Verdachtsmomente enthaltenden Ermittlungsergebnisse, welche im Zeitpunkt der Haftentscheidung vorliegen. Dabei muss die Darstellung aus sich heraus verständlich sein. Neben dem Ort der Tat oder Taten und den Zeitangaben müssen auch die die Verjährung hemmenden oder unterbrechenden Handlungen angegeben werden, wenn diese widrigenfalls eingetreten ist.

24 Sehr häufig liegt einem Beschuldigten die **Begehung gleichartiger Serienstraftaten** zur Last. Hier reicht zu Beginn eine zusammenfassende Darstellung der Arbeitsweisen des Täters aus und danach die Aufführung der Einzeltaten nach Tatzeit, Tatort und einzelnen Besonderheiten (Geschädigter, Schadenshöhe etc).[38] Auch tabellarische Aufstellungen sind insoweit möglich. Stehen Tatzeit und Tatort noch nicht fest, so genügen ungefähre und eine Überprüfung der Verjährung ermöglichende Angaben.[39] Gleichwohl genügt es nicht, wenn ein Haftbefehl anstatt einer durchaus möglichen Konkretisierung von Tathandlungen nur eine allgemein gehaltene pauschale und generalisierende Beschreibung in zeitlicher und gegenständlicher Hinsicht enthält.[40]

25 Nicht zulässig ist zur Beschreibung des Tatvorwurfs im Haftbefehl eine **Bezugnahme auf die Akten,** insbesondere dort befindliche Urkunden.[41] Dies gilt auch im Falle einer Verurteilung.[42] Auch insoweit darf nicht auf die Gründe des Urteils verwiesen werden.[43]

---

33 Graf in KK-StPO Rn. 6.

34 OLG Köln 22.12.1998 – HEs 233/98 – 275, StV 1999, 156.

35 BGH 24.1.2012 – 1 StR 412/11, BGHSt 57, 88–94.

36 OLG Frankfurt a. M. 26.10.2006 – 1 Ws 87/06, BeckRS 2006, 137105.

37 OLG Koblenz 21.12.2005 – BL 51/05, BeckRS 2006, 1111.

38 LG Gera 23.3.2000 – 1 Qs 9/00, NStZ-RR 2000, 211 (gleichartige sexuelle Übergriffe an Kindern).

39 Schmitt in Meyer-Goßner/Schmitt Rn. 7.

40 OLG Düsseldorf 23.4.1996 – 3 Ws 246/96, NStZ-RR 1996, 267.

41 KG 17.8.2016 – (2) 121 HEs 14/16, OLGSt StPO § 114 Nr. 4; OLG Stuttgart 29.1.1982 – 5 Ws 1782, NJW 1982, 1296; Lind in Löwe/Rosenberg Rn. 9.

42 OLG Celle 17.3.1998 – 1 Ws 56/98, StraFo 1998, 171; OLG Jena 4.9.2006 – 1 Ws 304/06, StV 2007, 588; aA KG 13.4.2005 – 1 AR 403/05, BeckRS 2006, 02361 (für einen Haftfortdauerbeschluss nach § 268b).

43 OLG Jena 4.9.2006 – 1 Ws 304/06, StV 2007, 588.

Daher ist der bloße Hinweis auf die bisherigen polizeilichen Ermittlungen, verbunden mit der namentlichen Benennung von mehreren Sachverständigen und eines Zeugen ohne nähere inhaltliche Ausführungen, nicht zur Konkretisierung ausreichend.[44] Eine Ausnahme besteht aber dann, wenn die Urkunde dem Haftbefehl als Anlage beigefügt wird,[45] was etwa bei bloßen Aufzählungen bei Serienstraftaten angezeigt sein kann. Notwendig ist in diesem Fall aber stets, dass der Haftbefehl und die Anlage fest, ggf. durch Tackerung, miteinander verbunden sind.

Unterschiedlich beantwortet wird die Frage, ob im **Haftbefehl stets alle Taten aufgeführt** werden müssen, welcher der Beschuldigte dringend verdächtig ist.[46] Grundsätzlich kann es ermittlungsmäßig zweckmäßig sein, die Tatvorwürfe im Haftbefehl auf sichere Fälle zu beschränken, jedoch dürfen hierdurch nicht die Verteidigungsmöglichkeiten des Beschuldigten beschränkt und sein Recht auf ein faires Verfahren verletzt werden.[47] Eine etwaige Verletzung kann jedoch durch die Gewährung von Akteneinsicht für den Verteidiger ausgeglichen werden. 26

b) Bezeichnung der Strafvorschriften. Insoweit muss nicht jede anzuwendende Vorschrift angeführt werden. Notwendig ist jedoch vor allem eine **Bezeichnung der Art der Teilnahme, des Konkurrenzverhältnisses und der jeweiligen Begehungsweise,** wenn die Vorschrift mehrere Begehungsarten kennt,[48] wie etwa beim Verstoß gegen das Betäubungsmittelgesetz. 27

c) Anpassung der Tatbeschreibung. Die Änderung des Haftbefehls ist im Hinblick auf die Beschreibung des Tatvorwurfs ist nicht nur notwendig, wenn im Laufe des Verfahrens ein oder mehrere Tatvorwürfe entfallen oder neu hinzutreten, sondern allgemein immer dann, wenn sich die **Haftgrundlage wesentlich ändert.**[49] In solchen Fällen sollte, auch wenn ein Ergänzungsbeschluss möglich ist, der alte Haftbefehl durch einen neuen ersetzt werden, zumal ein solcher dem Beschuldigten auch zu eröffnen ist (→ § 115 Rn. 5). Insoweit besteht eine Ausnahme allerdings bei laufender Hauptverhandlung. 28

d) Exkurs: Der Europäische Haftbefehl (§ 83a IRG). Der in § 83a IRG aufgeführte Europäische Haftbefehl wird zwar in der Bundesrepublik Deutschland durch einen Richter ausgestellt, er beruht jedoch auf einem nationalen Haftbefehl. Die auch hier früher vertretene Ansicht, bei einem Europäischen Haftbefehl handele es sich nicht wirklich um einen Haftbefehl, sondern um ein bloßes modernes Fahndungsinstrument,[50] ist nach der Rechtsprechung des EuGH zur gebotenen Unabhängigkeit der einen nationalen Haftbefehl ausstellenden Justizbehörde überholt.[51] Grundlage des Europäischen Haftbefehls ist Rahmenbeschluss über den Europäischen Haftbefehls vom 13.6.2002.[52] Nachdem das Bundesverfassungsgericht das erste EuHb-Gesetz vom 21.7.2004 mit Urteil vom 18.7.2005[53] für verfassungswidrig erklärt hatte, ist am 2.6.2006 in Deutschland das zweite Europäische Haftbefehlsgesetz in Kraft getreten.[54] Ziel des Rahmenbeschlusses ist es, in Übereinstimmung mit den Schlussfolgerungen des europäischen Rates von Tampere aus dem Jahr 1999 einen Raum der Freiheit, der Sicherheit und des Rechts zu entwickeln.[55] Durch den dort 29

---

44 OLG Koblenz 21.1.2009 – 1 Ws 9/09, BeckRS 2009, 4772.
45 OLG Celle 1.2.2014 – 1 Ws 516/14.
46 Bejahend: Paeffgen in SK-StPO Rn. 7; Posthoff in Gercke/Julius/Temming/Zöller Rn. 12.
47 Graf in KK-StPO Rn. 9.
48 Schmitt in Meyer-Goßner/Schmitt Rn. 10.
49 Ebenso Posthoff in Gercke/Julius/Temming/Zöller Rn. 19.
50 Böhm in Ahlbrecht/Böhm/Esser/Eckelmans, Internationales Strafrecht, 2. Aufl. 2019, Rn. 742.
51 EuGH 27.5.2019 – C 508/18 und C 82/1, NJW 2019, 2145; Böhm NZWiSt 2019, 325; Böhm NStZ 2020, 204.
52 RB-EuHb 2002, 584/JI, ABl. 2002 L 190, S. 1.
53 BVerfG 18.7.2005 – 2 BvR 2236/04, wistra 2005, 375.
54 Vgl. hierzu Rosenthal ZRP 2006, 105; Böhm NJW 2006, 2592.
55 RB-EuHb 2002, 584/JI – Erwägungsgrund 5.

angeführten Grundsatz der gegenseitigen Anerkennung,[56] welcher nach Inkrafttreten des Vertrages von Lissabon nunmehr auch in den Ausführungsvertrag zum Vertrag über die Europäische Union überführt worden ist (Art. 82, 83 AEUV),[57] sollte erstmals die Angleichung bestimmter Strafrechts- und Strafverfahrensvorschriften der Mitgliedstaaten verwirklicht werden.[58] Wie sich vor allem aus Art. 1 Abs. 1 und 2 sowie den Erwägungsgründen 5 und 7 RB-EuHb ergibt, soll hierdurch das multilaterale System der Auslieferung zwischen den Mitgliedstaaten durch ein System der Übergabe zwischen Justizbehörden von verurteilten oder verdächtigen Personen zur Vollstreckung strafrechtlicher Urteile oder zur Strafverfolgung auf der Grundlage der gegenseitigen Anerkennung ersetzt werden.[59]

30 Der Europäische Haftbefehl muss aus Sicht der Praxis als Erfolg bezeichnet werden.[60] Durch die Ersetzung des traditionellen zumeist ministeriell geleiteten Auslieferungsverfahrens durch ein System der Übergabe zwischen den unmittelbar beteiligten Justizbehörden hat sich die durchschnittliche Dauer derselben erheblich verkürzt und liegt mit Stand 2009 bei 48,6 Tagen und bei 16 Tagen, wenn der Verfolgte seiner vereinfachten Auslieferung zustimmt.[61] Auch der Europäische Haftbefehl muss den in § 83a Abs. 2 IRG bestimmten Formerfordernissen genügen, allerdings sind insbesondere die Anforderungen an Beschreibung des Tatvorwurfs bei eingehenden Ersuchen geringer.[62]

31 **3. Darstellung des Haftgrundes (Abs. 2 Nr. 3).** Die gesetzlich normierten **Haftgründe** der Flucht, Fluchtgefahr, Verdunkelungsgefahr und Wiederholungsgefahr sind im Haftbefehl zu bezeichnen. Im Wege der verfassungskonformen Auslegung des § 112 Abs. 3 müssen auch die Umstände, die den Haftgrund der Schwerkriminaliät tragen, angeführt werden.[63]

32 Mehrere Haftgründe müssen nach einer **verbreiteten Literaturmeinung** nicht nebeneinander verwendet werden.[64] Dies ist aber in Bezug auf die gesetzlich nunmehr intendierte Stärkung der Verfahrensrechte des Beschuldigten unmittelbar bei seiner Verhaftung und der ersten Konfrontation mit den Haftgründen nicht stichhaltig zu begründen. Der Beschuldigte hat vielmehr bereits in einem früheren Stadium der Ermittlungen im Hinblick auf sein Freiheitsgrundrecht ein berechtigtes Interesse, zu erfahren, auf welche Haftgründe oder auch eine Kombination verschiedener Haftgründe der Untersuchungshaftbefehl fußt. Hier kann es für ihn wegen der Aussichten auf Aufhebung des Haftbefehls oder auf Aussetzung dessen Vollzugs oder wegen Art und Umfang von Beschränkungen nach § 119 Abs. 5 von Bedeutung sein, ob Flucht- oder Verdunkelungsgefahr oder beide Haftgründe vorliegen.[65] Zudem kann eine Art „Reservehaltung“ von Tatvorwürfen und Haftgründen spätestens im Rahmen der Sechs-Monats-Haftprüfung durch den zuständigen Senat des Oberlandesgerichts als unzulässig bewertet werden (Begriff derselben Tat → § 121 Rn. 26 ff.). Eine effektive und sachgerechte Verteidigung ist nur bei vollständiger Kenntnis der Haftgründe möglich, so dass die Strafverfolgungsbehörden spätestens beim Übergang zur Inhaftierung eines Beschuldigten mit „offenem Visier“ zu agieren haben.

33 **4. Begründung des Tatverdachts und des Haftgrundes (Abs. 2 Nr. 4).** Ein besonders wichtiger Ausfluss des Rechts des Beschuldigten auf ein faires Verfahren ist die

56 Zur historischen Entwicklung, vgl. Braum GA 2005, 681 sowie Gleß ZStW 116 (2004), 353; Müller-Graf ZVglrWiss 111 (2012) 73; krit. Otto StudZR 2005, 557 ff. (575).

57 Brodowski ZIS 2010, 376; Zimmermann JURA 2009, 844.

58 Globke GA 2011, 412.

59 So auch EuGH 3.5.2007 – C-303/05, FD-StrafR 2007, 223792 – Advocaten voor de Wereld; 17.7.2008 – C-66/08, NJW 2008, 3201 – Kozłowski; und 16.11.2010 – C-261/09, NStZ 2011, 466 – Mantello.

60 Vgl. hierzu Böhm StraFo 2013, 177.

61 Bericht der Kommission an das Europäische Parlament und den Rat vom 11.4.2011, KOM(2011) 175 end., S. 1.

62 OLG Karlsruhe 6.10.2020 – Ausl 301 AR 34/20, BeckRS 2020, 27088 mzwN.

63 BVerfG 15.12.1965 – 1 BvR 513/65, BVerfGE 19, 342 (Wencker-Beschluss).

64 Krauß in BeckOK StPO Rn. 6; teilweise Schmitt in Meyer-Goßner/Schmitt Rn. 14.

65 Vgl. auch BGH 19.3.1986 – StB 2/86, BGHSt 34, 34–36; Schmitt in Meyer-Goßner/Schmitt Rn. 14; Paeffgen in SK-StPO Rn. 8.

in Nr. 4 vorgesehene **Darstellung der verdachts- und haftbegründenden Umstände.** Dabei ist zu beachten, dass der Grundrechtsschutz auch durch Verfahrensgestaltung zu bewirken ist, weshalb die Haftentscheidungen bezüglich aller haftbegründeten bzw. haftentlastenden Merkmale ein ausreichende **Begründungstiefe** aufweisen müssen.[66]

a) Begründung des Tatverdachts. Insoweit bedarf es einer zumindest kurzen bzw. **gestrafften Darstellung der Verdachtsmomente,** welche sich aus den bislang vorliegenden Ermittlungsergebnissen zum Zeitpunkt der Haftentscheidung ergeben.[67] Der bloße Hinweis auf das Ergebnis der polizeilichen Ermittlungen genügt nicht.[68] Gründen sich die Verdachtsmomente auf Indizien sind auch diese mitzuteilen.[69] **34**

Die Pflicht zur Aufführung der tatbegründenden Umstände beinhaltet auch eine **Bezeichnung der Beweismittel,** denn ohne eine solche wird eine sachgerechte Verteidigung nicht möglich sein.[70] Eine Ausnahme bestellt indes an, wenn durch die Angabe des Beweismittels die weiteren Ermittlungen gefährdet werden könnten.[71] **35**

Nicht notwendig ist im Regelfall jedoch die **Aufnahme einer Beweiswürdigung** in den Haftbefehl, allerdings kann eine solche aber im Einzelfall durchaus geboten und veranlasst sein, insbesondere bei Vorliegen widersprüchlichen Zeugenaussagen.[72] **36**

b) Begründung des Haftgrundes. Auch jeder **verwendete Haftgrund** ist in tatsächlicher Hinsicht zu **begründen und zwar unter Verwendung der Tatsachen,** aus denen er sich ergibt. Bei erstmaligen Erlass eines Haftbefehls wird sich dieser oftmals nur auf ehe allgemeine Erwägungen stützen, was nur in beschränktem Umfang als zulässig angesehen werden kann. Auch zu Beginn eines Haftverfahrens müssen nämlich die haftbegründenden Umstände deutlich erkennbar sein und etwa die überwiegende Wahrscheinlichkeit begründen können, dass sich der Beschuldigte dem Verfahren eher entziehen wird als sich diesem zur Verfügung zu halten (→ § 112 Rn. 41). Nicht gefolgt werden kann der verfahrensverzögernden Ansicht, dass die Auswechslung des Haftgrundes stets eine vorherige diesbezügliche Anhörung des Beschuldigten iSd § 115 Abs. 3 verlangt,[73] denn der Beschuldigte kann jederzeit im Rahmen einer mündlichen Haftprüfung sein rechtliches Gehör geltend machen. Vor allem aber findet im Beschwerdeverfahren, wo sich in der Praxis diese Frage oftmals stellt, eine solche Anhörung nicht statt,[74] weshalb allenfalls eine nicht wirklich gebotene Zurückverweisung in Betracht käme, was jedoch zu einer erheblichen Verfahrensverzögerung führt. **37**

c) Sonderfall: Gefährdung der Staatssicherheit. Der nach Nr. 4 grundsätzlich bestehende **Begründungszwang** ist nach dem Wortlaut der Norm **gelockert,** soweit hierdurch die Staatssicherheit gefährdet würde. Wird aus diesen Gründen vor allem bei Staatsschutzsachen von einer Begründung abgesehen, muss dies im Haftbefehl zum Ausdruck kommen.[75] **38**

d) Exkurs: Das Recht auf Akteneinsicht. Im Hinblick auf die teilweise nur eingeschränkt mögliche Darstellung der haft- und verdachtbegründenden Umstände folgt zur Wahrung des Rechts des inhaftierten Beschuldigten auf ein faires, rechtsstaatliches Verfahren und seines Anspruchs auf rechtliches Gehör ein Anspruch auf Einsicht seines Verteidi- **39**

---

66 BVerfG 9.3.2020 – 2 BvR 103/20 – EuGRZ 2020, 365.

67 Graf in KK-StPO Rn. 13.

68 OLG Koblenz 21.1.2009 – 1 Ws 9/09, BeckRS 2009, 4772.

69 OLG Hamm 5.8.2002 – 2 Ws 335/02, NStZ-RR 2002, 335.

70 OLG Düsseldorf 23.7.1991 – 1 Ws 588/91, StV 1991, 521; Graf in KK-StPO Rn. 13.

71 OLG Hamburg 23.3.1992 – 2 Ws 124/92, MDR 1992, 693; OLG Düsseldorf 23.7.1991 – 1 Ws 588/91, StV 1991, 521; aA Rudophi StV 1988, 534.

72 Ebenso Graf in KK-StPO Rn. 13.

73 LG Nürnberg-Fürth 21.8.2019 – 18 Qs 33/19, BeckRS 2019, 19859; ebenso Schmitt in Meyer-Goßner/Schmitt § 115 Rn. 12.

74 BGH 5.5.1995 – StB 15/95, NStZ 1995, 610; KG 11.12.1998 – 5 Ws 672/98, NJW 1999, 1797; Schmitt in Meyer-Goßner/Schmitt § 309 Rn. 8.

75 Graf in KK-StPO § 114 Rn. 15; Schmitt in Meyer-Goßner/Schmitt § 114 Rn. 12.

gers in die Akten, wenn und soweit er die sich darin befindenden Informationen benötigt, um auf die gerichtliche Haftentscheidung effektiv einwirken zu können, und eine mündliche Mitteilung der Tatsachen und Beweismittel, die das Gericht seiner Entscheidung zugrundezulegen gedenkt, nicht ausreichend ist.[76] Der Verteidiger muss mit der Akteneinsicht für seinen Mandanten in die Lage versetzt werden, die Verwertbarkeit der belastenden Beweismittel bereits in diesem Verfahrensstadium zu prüfen. Die gebotene Waffengleichheit in dem Haftprüfungs- bzw. Anordnungsverfahren ist nicht gewährleistet, wenn dem Verteidiger der Zugang zu denjenigen Schriftstücken in der Ermittlungsakte versagt wird, mit denen sich die Verteidigung für eine wirksame Anfechtung der Untersuchungshaft auseinandersetzen muss.[77] Diesem Informationsinteresse ist grundsätzlich bereits bei der Schilderung der Tat und der Verdachtsmomente Rechnung zu tragen. Etwas anderes gilt allerdings dann, wenn der Haftbefehl noch nicht vollzogen ist, dann kann Akteneinsicht auch dann versagt werden, wenn der Haftbefehl nur auf den Haftgrund der Flucht gestützt ist.[78] Nach der Rechtsprechung kann dem Informationsinteresse des Beschuldigten in der Regel durch die ihm anlässlich seiner späteren Festnahme aus §§ 114a, 114b, 115 zustehenden Rechte ausreichend Rechnung getragen werden.[79] Begründet wird dies mit der Gefährdung des Untersuchungszwecks und damit dem Interesse der Verfolgungsbehörden, dem Beschuldigten Ermittlungswissen vorzuenthalten. Denn die Kenntnis des Beschuldigten von dem Inhalt der Tatvorwürfe und der Intensität des Tatverdachts haben gewöhnlich Bedeutung für seine Entscheidung, sich dem Verfahren – weiter – zu entziehen.[80] Zudem birgt die Information über die den Tatverdacht stützenden Beweismittel naheliegend die Gefahr, der Beschuldigte werde auf diese vereitelnd einwirken.

39a Der EGMR hat das Recht auf Akteneinsicht in einem kontradiktorischen Verfahren auf das in Art. 6 EMRK niedergelegte Recht auf ein faires Verfahren gestützt.[81] Das Verfahren sei nur dann fair, wenn Waffengleichheit zwischen Strafverfolgungsbehörden und Beschuldigtem bestehe. Das ist jedenfalls nicht der Fall, wenn dem Verteidiger der Zugang zu denjenigen Dokumenten der Ermittlungsakte verwehrt wird, die entscheidend für die Beurteilung der Rechtmäßigkeit der Untersuchungshaft sind.[82] Auch das BVerfG[83] hat letztlich ausgesprochen, dass eine gerichtliche Entscheidung in einem Haftprüfungstermin nur auf solche Tatsachen und Beweismittel gestützt werden darf, die dem Beschuldigten – ggf. vermittelt durch den Verteidiger durch Akteneinsicht – bekannt sind.[84]

39b Nicht abschließend geklärt sind **der Umfang des Akteneinsichtsrechts** im Haftverfahren und die **Folgen eines Verstoßes.**[85] Der Akteneinsicht unterliegen ausweislich § 147 Abs. 1 StPO diejenigen Akten, die dem Gericht vorliegen oder im Falle der Anklageerhebung vorzulegen wären.[86] Im Rahmen des Haftverfahrens sind dies alle Unterlagen, die „für die Beurteilung der Freiheitsentziehung wesentlichen Informationen" enthalten. Insoweit obliegt auch ein Haftsonderheft der Staatsanwaltschaft anders als deren Handakten[87] der Akteneinsicht, denn der Verteidiger hat das Recht selbst zu entscheiden, was er für die

[76] BVerfG 11.7.1994 – 2 BvR 777/94, NStZ 1994, 551–553; AG Magdeburg 2.2.2016 – 5 Gs 3398/15 (Aufhebung des Haftbefehls wegen Nichtgewährung von Akteneinsicht).
[77] EGMR 9.7.2009 – 11364/03, StV 2010, 490.
[78] KG 6.7.2011 – 4 Ws 57/11, NStZ 2012, 588; vgl. aber für das Auslieferungsrecht OLG Karlsruhe 6.10.2020 – Ausl. 301 AR 34/20, BeckRS 2020, 27088.
[79] BGH 3.4.2019 – StB 5/19, StraFo 2019, 330.
[80] OLG Hamm 30.1.2001 – 1 Ws 438/00, NStZ-RR 2001, 254; OLG München 27.8.2008 – 2 Ws 763/08, NStZ 2009, 109 (110); KG 6.7.2011 – 4 Ws 57/11, NStZ 2012, 588; anders Beulke/Witzigmann NStZ 2011, 254 (258); Wohlers StV 2009, 539 (540).
[81] Linoh jurisPR-StrafR 13/2018 Anm. 5.
[82] EGMR 9.7.2009 – 11367/09 Rn. 116, HRRS 2009 Nr. 649 – Mooren ./. Germany; 13.2.2001 – 24479/94, NJW 2002, 2013 – Lietzow ./. Germany; 13.2.2001 – 25116/94, StV 2001, 201 – Schöps ./. Germany; 13.2.2001 – 23541/94, StV 2001, 201 – Garcia Alva ./. Germany.
[83] BVerfG 11.7.1994 – 2 BvR 777/94, NStZ 1994, 551.
[84] Linoh jurisPR-StrafR 13/2018 Anm. 5.
[85] Linoh jurisPR-StrafR 13/2018 Anm. 5.
[86] Wohlers in SK-StPO § 147 R. 26.
[87] Wohlers in SK-StPO § 147 Rn. 28, 32.

Verteidigung relevant hält.[88] Jedoch kann ein Verstoß gegen den Grundsatz des rechtlichen Gehörs bei widerruflichen Entscheidungen – ggf. auch in der Beschwerdeinstanz – durch Nachholung geheilt werden. Auch zwingt ein solcher Verstoß nicht zwingend zur Freilassung des Beschuldigten,[89] vielmehr muss eine Abwägung vorgenommen werden mit den mit den Haftgründen, insbesondere den Konsequenzen für das Verfahren oder einer Gefährdung von Verletzten oder Zeugen.[90]

IV. Verhältnismäßigkeitsgrundsatz (Abs. 3)

Nach § 112 Abs. 1 S. 2 darf die Untersuchungshaft nicht angeordnet werden, wenn sie zu der Bedeutung der Sache und zu der zu erwartenden Strafe oder Maßregel der Besserung und Sicherung außer Verhältnis steht. § 114 Abs. 3 fordert in zwei Sachverhaltskonstellationen eine ausdrückliche inhaltliche Befassung mit dem Verhältnismäßigkeitsgrundsatz. Nämlich wenn die Anwendung in dem jeweiligen Einzelfall nahe liegt oder sich der Beschuldigte auf eine mangelnde Verhältnismäßigkeit der Haftanordnung beruft (→ § 112 Rn. 2, Rn. 32 ff.). 40

Auch die den Haftbefehl in Praxis regelmäßig vorformulierende **Staatsanwaltschaft** hat dem Verhältnismäßigkeitsgrundsatz in diesen Fällen nach Nr. 46 Abs. 2 RiStBV bei der Antragstellung besonders Rechnung zu tragen. Trägt der Beschuldigte Anknüpfungstatsachen in diesem Sinne erst nach seiner Verhaftung vor, ist der Haftbefehl zwar nicht zu ergänzen, jedoch muss sich das Haftgericht mit diesem Vortrag in dem Fortdauerbeschluss auseinandersetzen.[91] 41

V. Das Haftverfahren

Ein Haftbefehl ergeht in formeller Hinsicht im Regelfall (§§ 125, 128) nur auf Antrag der Staatsanwaltschaft. Eine vorherige Anhörung des Beschuldigten sieht das Gesetz nicht vor (§ 33 Abs. 4). Seine Bekanntmachung regelt § 114a durch Aushändigung der Urkunde. Auch bestehen eine Vielzahl von Amts wegen nach MiStra zu beachtende Mitteilungspflichten.[92] Wird der Erlass eines Haftbefehls abgelehnt, ist dies in Form eines Beschlusses zu begründen (§ 34). 42

In materieller Hinsicht darf ein Haftbefehl nur ergehen, wenn alle gesetzlichen Voraussetzungen hierfür vorliegen. Dies muss bereits zum Zeitpunkt der beantragten Entscheidung der Fall sein. Ein **zeitlich befristeter Haftbefehl** ist grundsätzlich nicht zulässig, auch wenn zu vermuten steht, dass zeitnah weiteres Belastungsmaterial wird vorgelegt werden können.[93] 43

Als Entscheidungsgrundlage kann der Richter im Regelfalle nur auf die **Akten zurückgreifen und auf die Angaben des Beschuldigten.** Wird dem Verteidiger Einsicht in Aktenbestandteile zu unrecht verweigert (§ 147 Abs. 2), kann der Haftbefehl auf diese Erkenntnisse nicht gestützt werden (→ § 112 Rn. 9). 44

Die Vollstreckung des Haftbefehls obliegt der Staatsanwaltschaft (§ 36 Abs. 2 S. 2), die sich hierzu Ermittlungspersonen (§ 152 GVG) oder der Polizei (§ 161) bedient. Bei Jugendlichen gilt § 72 Abs. 2 JGG. Der von einem Richter ausgestellte Haftbefehl erlaubt die Durchsuchung der Wohnung des Beschuldigten nach seiner Person, ohne dass es dazu einer weiteren Durchsuchungsanordnung bedarf. Dies gilt jedoch nicht für die Wohnräume dritter Personen.[94] 45

---

88 AG Halle (Saale) 2.11.2017 – 394 Gs 651 Js 32786/17, BeckRS 2017, 131706.

89 Linoh jurisPR-StrafR 13/2018 Anm. 5.

90 Siehe hierzu BVerfG 30.5.1973 – 2 BvL 4/73, NJW 1973, 1363; 6.2.1980 – 2 BvR 1070/79, NJW 1980, 1448.

91 Krauß in BeckOK StPO Rn. 9.

92 Vgl. hierzu Schmitt in Meyer-Goßner/Schmitt Rn. 19.

93 Graf in KK-StPO § 115 Rn. 18.

94 Schmitt in Meyer-Goßner/Schmitt Rn. 20.

46 Vollzogen wird die Untersuchungshaft in einer **Justivollzugsanstalt.** Insoweit regelt § 119 die dort zulässigen Beschränkungen der Untersuchungshaft.[95]

VI. Der formal fehlerhafte Haftbefehl

47 Insoweit sind **zwei Fallgruppen** zu unterscheiden. Einmal handelt sich um Haftbefehle, welche ursprünglich formgerecht ergangen sind, welche jedoch nicht der Ermittlungslage angepasst wurden (→ Rn. 47). Zum anderen handelt es sich um Haftanordnungen mit schwerwiegenden formalen Mängeln (→ Rn. 50). Zu beachten ist aber, dass ein Haftbefehl anders als eine Durchsuchungsanordnung[96] nicht durch bloßen Zeitablauf wirkungslos wird.[97]

48 **1. Der nicht der Ermittlungslage angepasste Haftbefehl.** Der ursprüngliche Haftbefehl muss immer dann der neuen Ermittlungslage angepasst werden, wenn die ursprünglich angenommene Tat rechtlich oder tatsächlich anders zu bewerten ist, die den dringenden Tatverdacht begründenden Tatsachen sich wesentlich geändert haben oder neue, für die Haftfrage bedeutsame Taten bekannt geworden sind.[98]

49 Einer solche Anpassung des Haftbefehls an die Ermittlungslage kommt insbesondere dann besondere Bedeutung bei, wenn eine **besondere Haftprüfung nach §§ 121, 122** zeitnah ansteht, denn das Oberlandesgericht kann seine Prüfung nur auf die im Haftbefehl aufgeführten Taten erstrecken (→ § 121 Rn. 32 ff., → § 122 Rn. 18). Durch eine insoweit liegenden fehlerhafte Sachbehandlung wird der Haftbefehl jedoch nicht unwirksam, sondern er muss vom Oberlandesgericht der besonderen Haftprüfung zugrunde gelegt werden, welches, wenn sich die prozessuale Tat nicht ändert, vor allem den Tatverdacht und die Haftgründe aufgrund der vorgelegten Akten prüfen und seiner Entscheidung zugrunde legen kann.[99] Gegenstand der besonderen Haftprüfung ist/sind aber allein die im **Haftbefehl aufgeführte/n Tat/en,**[100] weshalb die unter Umständen in einer Anklageschrift zwischenzeitlich zusätzlich erhobenen Tatvorwürfe unberücksichtigt bleiben (→ § 112 Rn. 11).

50 **Ändert der Haftrichter** den **Haftbefehl inhaltlich wesentlich ab,** gelten die Vorschriften der §§ 114a, 115 Abs. 2 und 3 entsprechend, dh der Richter muss den Haftfortdauerbeschluss bzw. den neuen Haftbefehl verkünden (§ 118a Abs. 4 S. 1) und den Beschuldigten über seine weiteren Rechte belehren.[101] Dies soll nach herrschender Ansicht auch dann gelten (vgl. aber → Rn. 36), wenn der Haftrichter den Haftgrund auswechselt und einen bislang noch nicht im Haftbefehl Angeführten annimmt.[102]

51 **2. Der formwidrige Haftbefehl.** Grundsätzlich gilt, dass auch ein **fehlerhafter Haftbefehl bis zur Beseitigung des Mangels eine tragfähige Grundlage** für die Freiheitsentziehung darstellt. Ein solche ist auch nicht zwangsläufig unrechtmäßig im Sinne von Art. 5 Abs. 1 MRK.[103] Anders jedoch, wenn der **Haftbefehl gravierende und offensichtliche Mängel** aufweist. Dann ist er nichtig und damit unwirksam. Eine solche Form der Nichtigkeit eines Haftbefehls kann nur in Ausnahmefällen in Betracht gezogen werden.[104] Dies ist der Fall, wenn der Makel der gravierenden Fehlerhaftigkeit der Haftentscheidung bildlich auf die Stirn geschrieben ist.

---

95 Vgl. hierzu → § 119 Rn. 1 ff.

96 BVerfG 27.5.1997 – 2 BvR 1992/92, BVerfGE 96, 44 = NJW 1997, 2165.

97 OLG Hamm 25.8.2015 – III-3 Ws 229/15, NStZ 2016, 304.

98 OLG Koblenz 18.1.2016 – 2 Ws 742/15, BeckRS 2016, 3322; 6.11.2006 – 1 Ws 675/06, OLGSt StPO § 117 Nr. 4; OLG Dresden 14.3.2006 – 3 Ws 12/06, StV 006, 700 (Wegfall einer Tat).

99 AA wohl OLG Celle 1.6.2005 – 22 HEs 3/05, StV 2005, 513 (Aufhebung wegen unzureichender Sachdarstellung).

100 OLG Dresden 14.7.2003 – 1 AK 45/03, BeckRS 2003, 30323158; OLG Zweibrücken 4.7.2007 – 1 HPL 24/07 ua, BeckRS 2007, 14597.

101 OLG Koblenz 4.4.2011 – 1 Ws 183/11, FD-StrafR 2011, 321748; Schmitt in Meyer-Goßner/Schmitt § 115 Rn. 12.

102 OLG Schleswig 18.2.2004 – 1 Ws 52/04, SchlHA 2005, 262.

103 EGMR 9.7.2009 – 11364/03, StV 2010, 490.

104 BGH 16.10.1980 – 1 BJs 80/78, NJW 1981, 133; 24.1.1978 – 1 StR 874/83, NStZ 1984, 279.

52 Bestimmte Formmängel und Fälle einer unzureichenden Darstellung der die dringende Verdachtslage begründenden Umstände können hingegen durch Aufhebung des fehlerhaften Haftbefehls oder durch Erlass eines neuen Haftbefehls vom **Haftgericht selbst oder durch das Beschwerdegericht** (§ 309 Abs. 2) **geheilt** werden.[105] Gegebenenfalls kann das Beschwerdegericht die Haftsache auch an das erstinstanzliche Gericht zurückverweisen, wenn ein Verfahrensmangel vorliegt, dem das Beschwerdegericht nicht angemessen selbst abhelfen kann.[106] Dies kommt insbesondere in Betracht, wenn der Haftbefehl das Erfordernis, Verdachtsgründe aufzuführen, überhaupt nicht oder nur unzureichend[107] erfüllt. Ferner, wenn das Ausgangsgericht die Entscheidung der Staatsanwaltschaft, dem Verteidiger die Akteneinsicht im Ermittlungsverfahren zu verweigern, ohne eigene Prüfung hinnimmt. Weiterhin kann der in Haft befindliche Beschuldigte im Ermittlungsverfahren bis zum formalen Abschluss der Ermittlungen die gerichtliche Prüfung der die Akteneinsicht versagenden Staatsanwaltschaft nur nach § 147 Abs. 5 S. 2 beantragen.

53 **Problematisch** und unterschiedlich beantwortet wird die Frage, ob und in welchen Fällen eine **Rückgabe der Akten auch im Rahmen des besonderen Haftprüfungsverfahren** nach § 121 durch das Oberlandesgericht auch dann möglich ist, wenn der Haftbefehl gravierende Mängel aufweist.[108] Grundsätzlich gilt, dass ein Haftbefehl durch das Oberlandesgericht aufgehoben werden muss, wenn dieser den Anforderungen des § 114 Abs. 2 nicht genügt, denn eine Rückgabe sieht das Gesetz nicht vor, weshalb eine solche an sich auch nicht möglich ist (vgl. auch → § 121 Rn. 11 ff.).[109] So kann ein Haftbefehl, welcher Ort und Zeit der Begehung nicht angibt, keine Grundlage für die Untersuchungshaft darstellen und im besonderen Haftprüfungsverfahren auch nicht durch Rückgabe der Akten geheilt werden.[110] Gleiches gilt, wenn ein Haftbefehl grundlegend neu gefasst aber dem Beschuldigten nicht gemäß § 115 eröffnet wurde.[111]

VII. Rechtsmittel

54 Gegen einen erlassenen Haftbefehl hat der inhaftierte Beschuldigte grundsätzlich zwei Rechtsmittel. Ihm steht entweder der **Antrag auf Haftprüfung** (§§ 117 ff.) oder aber das Rechtsmittel der **Beschwerde** (§ 304) offen. Letzteres Recht steht auch der Staatsanwaltschaft zu, wenn ihr Antrag auf Erlass oder Erweiterung eines Haftbefehls abgelehnt wurde.

55 Das **Beschwerdegericht** kann bei unzureichend begründender Vorlage selbst eine **eigene Haftentscheidung** treffen, wenn die bereits vorliegenden schriftlichen Urteilsgründe ihm hierzu eine ausreichende Tatsachengrundlage vermitteln;[112] ansonsten muss es die Akten zur Anpassung zurück geben. Wird der Haftbefehl jedoch nicht vollzogen, kann das Beschwerdegericht die Ersetzung eines den inhaltlichen Anforderungen des § 114 Abs. 2 Nr. 2 nicht genügenden Haftbefehls durch einen ordnungsgemäßen Haftbefehl immer dem nach §§ 125, 126 zuständigen Gericht überlassen.[113]

---

105 OLG Karlsruhe 26.9.2000 – 3 Ws 196/00, StV 2001, 118.

106 OLG Brandenburg 17.4.1996 – 2 Ws 50/96, NStZ 1996, 406; OLG Düsseldorf 18.6.2002 – 4 Ws 222/02, NJW 2002, 2964.

107 KG 5.10.1993 – 5 Ws 344/03, StV 1994, 318.

108 Vgl. hierzu OLG Karlsruhe 6.2.2013 – 1 Ws 20/13; ebenso für eine ähnlich gelagerte Fallkonstellation der unzureichenden Konkretisierung des Tatvorwurfs im Haftbefehl: OLG Karlsruhe 24.1.2013 – 2 Ws 7/13-HEs 1/13; siehe auch OLG Stuttgart 24.1.2002 – 5 HEs 20/2002, Justiz 2002, 248; aA – Aufhebung des Haftbefehls – OLG Celle 1.6.2005 – 22 HEs 3/05, StV 2005, 513; vgl. auch Schmitt in Meyer-Goßner/Schmitt § 122 Rn. 13.

109 OLG Celle 1.6.2005 – 22 HEs 3/05, StV 2005, 513; OLG Koblenz 23.1.2006 – (1) 4420 BL – III 51/05, OLGSt StPO § 121 Nr. 33; 21.12.2005 – BL 51/05, (1) 4420 BL – III – 51/05 (Keine Nachbesserung möglich); OLG Hamm 17.3.2009 – 3 Ws 86/09, NStZ 2010, 235 (Jugendlicher).

110 OLG Oldenburg 2.2.2005 – HEs 1/05, NStZ 2005, 342.

111 OLG Zweibrücken 4.7.2007 – 1 HPL 24/07, BeckRS 2007, 14597; OLG Braunschweig 23.1.2007 – HEs 9-11-/06, Nds. Rpfl. 2007, 164.

112 OLG Hamm 17.1.2012 – III 3 Ws 14/12, NStZ-RR 2012, 221 (Haftfortdauerbeschluss nach § 268b).

113 OLG Karlsruhe 6.4.2001 – 3 Ws 31/01, StV 2002, 147.

56 Bei einer Aufhebung oder Außervollzugsetzung eines Haftbefehls nach § 116 Abs. 4 StPO ist allerdings auch das **Beschwerdegericht in seiner Entscheidung** beschränkt (vgl. hierzu → § 116 Rn. 4, → § 120 Rn. 37).[114]

§ 114a Aushändigung des Haftbefehls; Übersetzung

[1]Dem Beschuldigten ist bei der Verhaftung eine Abschrift des Haftbefehls auszuhändigen; beherrscht er die deutsche Sprache nicht hinreichend, erhält er zudem eine Übersetzung in einer für ihn verständlichen Sprache. [2]Ist die Aushändigung einer Abschrift und einer etwaigen Übersetzung nicht möglich, ist ihm unverzüglich in einer für ihn verständlichen Sprache mitzuteilen, welches die Gründe für die Verhaftung sind und welche Beschuldigungen gegen ihn erhoben werden. [3]In diesem Fall ist die Aushändigung der Abschrift des Haftbefehls sowie einer etwaigen Übersetzung unverzüglich nachzuholen.

Schrifttum: siehe bei § 114.

Übersicht

I. Allgemeines, Normzweck und Anwendungsbereich

1 **1. Allgemeines.** Die durch Gesetz zur Änderung des Untersuchungshaftrechts vom 29.7.2009[1] neu gefasste Vorschrift hat die Informationsverpflichtungen in Anlehung an die Vorschrift des Art. 5 Abs. 2 EMRK gegenüber dem Beschuldigten erheblich erweitert.[2] Während ihm nach der vorhergehenden Fassung nur der Haftbefehl bekannt zu geben war, hat er nunmehr auch Anspruch darauf zu erfahren, welches die Gründe für seine Festnahme waren und welche Beschuldigungen konkret gegen ihn erhoben werden.[3] Zu dieser Vorschrift besteht eine ergänzende Regelung in Nr. 48 RiStBV. Um sicherzustellen, dass dem Beschuldigten bei der Verhaftung eine Abschrift des Haftbefehls und gegebenenfalls eine Übersetzung in einer für ihn verständlichen Sprache ausgehändigt wird (S. 1), soll der sachbearbeitende Staatsanwalt entsprechende Abschriften bei den Akten bereithalten.

2 **2. Normzweck.** Die Vorschrift steht in engen Zusammenhang mit § 35 und §§ 115, 115a StGB. Während § 35 die eigentliche Bekanntgabe der Entscheidung vorsieht, ist in §§ 115, 115a zusätzlich die unverzüglich Vorführung vor den Richter vorgesehen. Im Haftrecht besteht insoweit die Besonderheit, dass gerichtliche Entscheidung über die Inhaftierung des Beschuldigten diesem vor der Vollstreckung weder bekannt gemacht werden können noch ihm zuvor rechtliches Gehör gewährt werden kann,[4] weil hierdurch der Untersuchungserfolg gefährdet wäre (§ 33 Abs. 3 und 4). Die Vorschrift sieht deshalb vor, dass dem Beschuldigte deshalb schon bei seiner Verhaftung der schriftliche Haftbefehl auszuhändigen ist.

[114] Vgl. hierzu OLG Nürnberg 20.3.2013 – 2 Ws 127/13, StV 2013, 519 (Revisionsgericht).
[1] BGBl. I 2274.
[2] Vgl. hierzu auch BR-Drs. 829/08, 17 f.; Lind in Löwe/Rosenberg Rn. 1.
[3] Graf in KK-StPO § 114 Rn. 1.
[4] Pfeiffer StPO Rn. 1; Schmitt in Meyer-Goßner/Schmitt Rn. 1.

Hierdurch und durch die spätere richterliche Anhörung (§§ 115, 115a) wird ihm – verfassungsrechtlich unbedenklich[5] – nachträgliches rechtliches Gehör gewährt. Vor dem Hintergrund der hohen Bedeutung des Grundrechts auf persönliche Freiheit (Art. 2 Abs. 2 S. 2 GG) und der Notwendigkeit einer gerichtlichen Entscheidung bei einer Freiheitsentziehung (Art. 104 Abs. 2, Abs. 3 GG) stellen diese Vorschriften eine qualifizierte Form des allgemeinen Anspruchs auf rechtliches Gehör (Art. 103 Abs. 1 GG, § 33 Abs. 3 StPO) dar.[6] Sinn und Zweck dieser Vorschriften ist es damit, dem Betroffenen möglichst frühzeitig die Gelegenheit zu geben, sich zu den für die Haftanordnung maßgeblichen Umständen mündlich vor dem zuständigen Richter zu äußern und ihm zu ermöglichen, die Verdachts- und Haftgründe zu entkräften sowie entlastende Tatsachen vorzutragen.[7] 3

Die Bekanntgabe eines Haftbefehls im Rahmen eines gerichtlichen Termins in Anwesenheit des Beschuldigten ist in § 35 Abs. 1 S. 1 geregelt und erfolgt durch Verkündung. Bei Erlass des Haftbefehls in Abwesenheit des Beschuldigten genügt mangels einer zu wahrenden Frist die formlose Mitteilung des Haftbefehls nach § 35 Abs. 2. Ergeht der Haftbefehl in der Hauptverhandlung oder in einem Vorführungstermin, ist dieser Anforderung genügt, wenn er vollständig protokolliert und verkündet wird.[8] Den bei Erweiterung eines Haftbefehls auf zusätzliche Taten zu beachtenden besonderen Bekanntmachungs- und Anhörungsvorschriften (§ 115) ist grundsätzlich ausnahmsweise auch genügt, wenn ein in der Haftprüfung beispielsweise nach § 207 Abs. 4 bei der Eröffnung des Hauptverfahrens ergangener Erweiterungsbeschluss dem Angeklagten durch Zustellung bekannt gemacht und zeitnah eine mündliche Haftprüfung durchgeführt wird.[9] Indes erfordert § 114a als ergänzende Bekanntmachungsvorschrift zu der Regelung des § 35 eine unverzügliche Übergabe einer Abschrift des Haftbefehls. Schließlich regelt die Norm auch die Bekanntgabe gegenüber Sprachunkundigen. 4

3. Anwendungsbereich. Die Vorschrift gilt nicht nur für Haftbefehle nach §§ 112 ff., sondern auch für solche nach §§ 230 Abs. 2, 236, 329 Abs. 4 und 412.[10] Aufgrund ausdrücklicher gesetzlicher Verweisung ist die Vorschrift auch auf vorläufige Festnahmen nach §§ 127, 127b sowie auf das Festhalten von Personen zur Identitätsfeststellung nach §§ 163b, 163c anzuwenden.[11] Dies bedeutet, dass den hiervon betroffenen Personen der Grund der angeordneten Maßnahme bzw. zumindest der Grund der Inhaftierung mitgeteilt werden muss (§ 114a S. 2). Die Vorschrift gilt auch für Beschlüsse, die einen Haftbefehl ändern oder ergänzen.[12] Für die Ordnungshaft nach §§ 177, 178 GVG und die Beugehaft (§ 70) gilt die Vorschrift allerdings nicht entsprechend.[13] 5

II. Aushändigung des Haftbefehls (Satz 1)

Nach Satz 1 ist eine Abschrift des vom Richter erlassenen schriftlichen Haftbefehls (§ 114 Abs. 1) dem Beschuldigten auszuhändigen. Wird die Akte elektronisch geführt, können Abschriften gemäß § 32b Abs. 4 S. 1 in Papierform mithin durch einfachen Ausdruck ohne qualifizierte elektronische Signatur oder als elektronisches Dokument erteilt werden.[14] Ist der Beschulidgte der deutschen Sprache mächtig, kann er schon hieraus den Tatvorwurf entnehmen. 6

Beherrscht er diese nicht, so ist dem Sprachunkundigen (Art. 5 Abs. 2 EMRK) schon bei der Verhaftung (→ Rn. 9) eine Übersetzung in einer für ihn verständlichen Sprache 7

[5] BVerfG 8.1.1955 – 1 BvR 396/55, BVerfGE 9, 89.
[6] BVerfG 11.7.1994 – 2 BvR 777/94, NStZ 1994, 551.
[7] OLG Hamburg 24.6.2003 – 2 Ws 164/03, NStZ 2003, 346.
[8] OLG Hamburg 15.4.2003 – 2 Ws 114/03, OLGSt StPO § 114 Nr. 3.
[9] OLG Hamburg 24.6.2003 – 2 Ws 164/03, OLGSt StPO § 114a Nr. 1.
[10] Krauß in BeckOK StPO Rn. 1; Schmitt in Meyer-Goßner/Schmitt Rn. 6.
[11] BT-Drs. 16/11644, 16; Graf in KK-StPO Rn. 2.
[12] Lind in Löwe/Rosenberg Rn. 2.
[13] Schmitt in Meyer-Goßner/Schmitt Rn. 6; krit. Michalke NJW 2010, 17.
[14] Werner in Ory/Weth jurisPK-ERV Band 4, 1. Aufl., § 114a StPO (Stand: 28.8.2020).

zu übergeben, andernfalls sind ihm die Gründe zu erläutern und die Anfertigung einer Übersetzung nachzuholen (→ Rn. 8). Insoweit geht die Vorschrift **über die Gewährleistungen der EMRK hinaus.** Während nach der Rechtsprechung des EGMR eine schriftliche Begründung nicht erforderlich ist, sieht die Vorschrift vor, dass dem Beschuldigten im Falle seiner Verhaftung grundsätzlich eine Übersetzung des Haftbefehls in einer ihm verständlichen Sprache auszuhändigen ist.[15] Im Übrigen sind schriftliche Übersetzungen anderer Haftentscheidung allenfalls dann veranlasst, wenn sie **in den Bestand des Haftbefehls etwa durch Erweiterung der** Vorwürfe oder Änderung der Haftgründe eingreifen.[16]

8 Die Aushändigung hat schon bei Verhaftung des Beschuldigten, also entweder bei seiner Ergreifung (→ § 115 Rn. 9), oder im Falle einer zuvor erfolgten vorläufigen Festnahme (§ 128 Abs. 1) nach dessen Erlass zu erfolgen. Liegt im erstgenannten Fall der Haftbefehl vor, muss dieser sogleich ausgehändigt werden. Es ist nicht zulässig, hiermit bis zur Ankunft auf der Polizeidienststelle oder gar beim Gericht zu zuzuwarten.[17] Möglich ist ausnahmsweise aber auch, dass der Haftbefehl in einem Gerichtstermin verkündet und später in Schriftform ausgehändigt wird.[18]

III. Scheitern der Aushändigung des Haftbefehls (Satz 2)

9 Oftmals kann die Aushändigung des schriftlichen Haftbefehls (§ 114) nicht sogleich bei der Verhaftung erfolgen, etwa weil die Festnahme aufgrund einer Ausschreibung im Fahndungsbuch erfolgt und der Haftbefehl im Wortlaut als Textdokument nicht vorliegt oder aber eine Aushändigung im Einzelfall untunlich ist. In einem solchen Fall muss ihm aber durch den festnehmenden Beamten der Grund der Festnahme unverzüglich mitgeteilt werden.

10 Gleiches gilt, wenn der Beschuldigte der deutschen Sprache nicht mächtig ist und ein bereits übersetzter Haftbefehl noch nicht vorliegt. Auch dann muss nach Satz 2 dem Beschuldigten zumindest mündlich in einer für ihn verständlichen Sprache der Grund der Verhaftung und die Tatvorwürfe mitgeteilt werden.

11 Insoweit muss Satz 2 in Zusammenschau mit § 114b gelesen werden. Ebenso wie dort die bloße Aushändigung eines Merkblattes über die Verteidigungsrechte im Einzelfall nicht ausreichend sein kann, müssen die Strafverfolgungsorgane über die Übergabe der Abschrift eines Haftbefehls hinaus gegebenenfalls mit mündlichen Erläuterungen dafür Sorge tragen, dass sich dem regelmäßig in einer psychischen Ausnahmesituation befindlichen Beschuldigten auch kognitiv die Bedeutung des Tatvorwurfs erschließen kann (vgl. hierzu auch → § 114b Rn. 7).

IV. Nachholung der Aushändigung (Satz 3)

12 Kann dem Beschuldigten der Haftbefehl oder die hiervon angefertigte Übersetzung nicht ausgehändigt werden (Satz 2), ist dies unverzüglich nachzuholen (Satz 3). Spätestens hat dies bei der Eröffnung des Haftbefehls zu erfolgen (§§ 115, 115a).[19]

V. Sonstiges

13 Der Beschuldigte kann auf die Aushändigung einer Abschrift des Haftbefehls verzichten, was jedoch in den Akten vermerkt werden wollte. Ist der Beschuldigte flüchtig, muss jedenfalls im Beschwerdeverfahren eine Abschrift des Haftbefehls dem Verteidiger zur Wahrung des Anspruchs auf rechtliches Gehör mitgeteilt werden (str.).[20]

---

[15] Lind in Löwe/Rosenberg § 114a Rn. 8.
[16] Lind in Löwe/Rosenberg § 114a Rn. 8; aA Graf in KK-StPO Rn. 7.
[17] Weider StV 2010, 102; Graf in KK-StPO Rn. 3.
[18] OLG Hamburg 24.6.2003 – 2 Ws 164/03, OLG StPO § 114a Nr. 1.
[19] Schmitt in Meyer-Goßner/Schmitt Rn. 5.
[20] OLG Stuttgart 19.1.1990 – 3 Ws 248/89, NStZ 1990, 347.

§ 114b Belehrung des verhafteten Beschuldigten

(1) [1]Der verhaftete Beschuldigte ist unverzüglich und schriftlich in einer für ihn verständlichen Sprache über seine Rechte zu belehren. [2]Ist eine schriftliche Belehrung erkennbar nicht ausreichend, hat zudem eine mündliche Belehrung zu erfolgen. [3]Entsprechend ist zu verfahren, wenn eine schriftliche Belehrung nicht möglich ist; sie soll jedoch nachgeholt werden, sofern dies in zumutbarer Weise möglich ist. [4]Der Beschuldigte soll schriftlich bestätigen, dass er belehrt wurde; falls er sich weigert, ist dies zu dokumentieren.

(2) [1]In der Belehrung nach Absatz 1 ist der Beschuldigte darauf hinzuweisen, dass er

1. unverzüglich, spätestens am Tag nach der Ergreifung, dem Gericht vorzuführen ist, das ihn zu vernehmen und über seine weitere Inhaftierung zu entscheiden hat,

2. das Recht hat, sich zur Beschuldigung zu äußern oder nicht zur Sache auszusagen,

3. zu seiner Entlastung einzelne Beweiserhebungen beantragen kann,

4. jederzeit, auch schon vor seiner Vernehmung, einen von ihm zu wählenden Verteidiger befragen kann; dabei sind ihm die Informationen zur Verfügung zu stellen, die es ihm erleichtern, einen Verteidiger zu kontaktieren; auf bestehende anwaltliche Notdienst ist dabei hinzuweisen.

4a. in den Fällen des § 140 die Bestellung eines Pflichtverteidigers nach Maßgabe des § 141 Absatz 1 und des § 142 Absatz 1 beantragen kann; dabei ist auf die mögliche Kostenfolge des § 465 hinzuweisen.

5. das Recht hat, die Untersuchung durch einen Arzt oder eine Ärztin seiner Wahl zu verlangen,

6. einen Angehörigen oder eine Person seines Vertrauens benachrichtigen kann, soweit der Zweck der Untersuchung dadurch nicht erheblich gefährdet wird,

7. nach Maßgabe des § 147 Absatz 4 beantragen kann, die Akten einzusehen und unter Aufsicht amtlich verwahrte Beweisstücke zu berichtigen, soweit er keinen Verteidiger hat, und

8. bei Aufrechterhaltung der Untersuchungshaft nach Vorführung vor den zuständigen Richter

a) eine Beschwerde gegen den Haftbefehl einlegen oder eine Haftprüfung (§ 117 Absatz 1 und 2) und eine mündliche Verhandlung (§ 118 Absatz 1 und 2) beantragen kann,

b) bei Unstatthaftigkeit der Beschwerde eine gerichtliche Entscheidung nach § 119 Absatz 5 beantragen kann und

c) gegen behördliche Entscheidungen und Maßnahmen im Untersuchungshaftvollzug eine gerichtliche Entscheidung nach § 119a Absatz 1 beantragen kann.

[2]Der Beschuldigte ist auf das Akteneinsichtsrecht des Verteidigers nach § 147 hinzuweisen. [3]Ein Beschuldigter, der der deutschen Sprache nicht hinreichend mächtig ist, ist in einer ihm verständlichen Sprache darauf hinzuweisen, dass er nach Maßgabe des § 187 Absatz 1 bis 3 des Gerichtsverfassungsgesetzes für das gesamte Strafverfahren die unentgeltliche Hinzuziehung eines Dolmetschers oder Übersetzers beanspruchen kann; ein hör- oder sprachbehinderter Beschuldigter ist auf sein Wahlrecht nach § 186 Absatz 1 und 2 des Gerichtsverfassungsgesetzes hinzuweisen. [4]Ein ausländischer Staatsangehöriger ist darüber zu belehren, dass er die Unterrichtung der konsularischen Vertretung seines Heimatstaates verlangen und dieser Mitteilungen zukommen lassen kann.

Schrifttum: siehe § 114.

Übersicht

I. Allgemeines, Normzweck und Anwendungsbereich

1 **1. Allgemeines.** Die zur **Änderung des Untersuchungshaftrechts** vom 29.7.2009[1] neu gefasste Vorschrift dient der Umsetzung der Richtlinie 2010/64/EU des Europäischen Parlaments und des Rates vom 20.10.2010 über das Recht auf Dolmetscherleistungen und Übersetzungen in Strafverfahren[2] sowie gerade im Hinblick auf die weiteren Änderungen des § 114b der Richtlinie 2012/13/EU des Europäischen Parlaments und des Rates vom 22.5.2012 über das Recht auf Belehrung und Unterrichtung in Strafverfahren.[3] Ziel ist die EU-weite Gewährleistung von Mindestverfahrensrechten des Beschuldigten in Strafverfahren hinsichtlich des Rechts auf Belehrung und Unterrichtung bezüglich der gegen ihn erhobenen Tatvorwürfe. Durch das Gesetz zur Stärkung der Verfahrensrechte von Beschuldigten in Strafverfahren vom 2.7.2013 ist die aktuelle Fassung des § 114b zum 6.7.2013 in Kraft getreten.

2 **2. Normzweck.** Insoweit verfolgt die völlig neu gefasste Vorschrift den Zweck sicherzustellen, dass der verhaftete Beschuldigte so früh wie möglich über alle ihm zustehenden Rechte belehrt wird.[4] Mit dem Gesetz zur Stärkung der Verfahrensrechte von Beschuldigten in Strafverfahren wurde zudem § 187 GVG neu gefasst und hierdurch die Belehrungspflichten und das Recht des Beschuldigten, im Strafverfahren, Dolmetscherleistungen in Anspruch zu nehmen, ausdrücklich zu normiert. Mit der gesetzlichen Neuregelung wird nunmehr klargestellt, dass bereits die unmittelbar die Festnahme durchführenden Beamten den Beschuldigten danach sofort nach Aushändigung des Haftbefehls (§ 114a) umfangreich über die in Abs. 2 im einzeln aufgeführten Rechte schriftlich und gegebenenfalls in übersetzter Form zu belehren haben.

1 BGBl. I 2274.
2 Vgl. ABl. 2010 L 280, 1.
3 Vgl. ABl. 2012 L 142, 1.
4 BT-Drs. 16/11644, 16.

3. Anwendungsbereich. Die Belehrungspflichten gelten sowohl bei der polizeilichen Festnahme aufgrund eines schon bestehenden Haftbefehls (§ 114) als auch bei der vorläufigen Festnahme durch die Polizei (§ 127 Abs. 4, 127b Abs. 1 S. 2). Darüber hinaus hat die Belehrung auch zu erfolgen bei Festnahmen aufgrund von Haftbefehlen nach § 230 Abs. 2, 236, 329 Abs. 4 und 412. Die Belehrungspflichten gelten auch für die Festhaltung zur Identitätsfeststellung nach §§ 163, 163c.[5] 3

II. Art und Weise der Belehrung (Abs. 1)

Diese hat unverzüglich, schriftlich (Satz 1), verständlich (Satz 2 und 3) und nachvollziehbar dokumentiert (Satz 4) zu erfolgen. 4

1. Unverzügliche Belehrung (Satz 1). Vor der Einführung des Abs. 1 bestand keine gesetzliche Pflicht, den Beschuldigten sofort nach seiner Festnahme über die ihm zustehenden Rechtsbehelfe zu belehren. Ausdrücklich vorgesehen war die Belehrung danach erst durch den Richter bei der Vorführung vor dem für ihn zuständigen Gericht (§ 115 Abs. 4) bzw. des nächsten Amtsgerichts (§§ 115a Abs. 3, 115 Abs. 4). Nunmehr hat eine sehr umfangreiche Belehrung unverzüglich, dh ohne schuldhaftes Zögern, nach der Festnahme schon durch die Polizei[6] zu erfolgen und zwar in einer für den Beschuldigten verständlichen Sprache, ggf. muss ein Dolmetscher beigezogen werden (vgl. → Rn. 20). 5

2. Schriftliche Belehrung (Satz 1). Diese hat grundsätzlich schriftlich zu erfolgen, damit der Beschuldigte in der Lage ist, die ihm erteilten Hinweise später in Ruhe nach zu lesen. In der Praxis erfolgt die Belehrung regelmäßig durch Aushändigung eines bundeseinheitlichen in verschiedenen Sprachen aufgelegten Vordrucks. 6

3. Ergänzende mündliche Belehrung (Satz 2). Mit Blick auf die gesetzliche Zielsetzung, den Beschuldigten unverzüglich in einen Informationsstand zu versetzen, aus dem heraus er seine Rechte qualifiziert wahrnehmen kann, ist in der Praxis die bloße Übergabe eines schriftlichen Belehrungsformulars oftmals nicht ausreichend. Der sich oftmals in einem psychischen Ausnahmezustand befindliche Festgenommene bedarf je nach Bildungsstand und konkreter Verfassung einer mündlichen Erläuterung seiner Verteidigungsmöglichkeiten. Ist die schriftliche Belehrung im Einzelfall, zB bei einem unter Analphabetismus leidenden Beschuldigten, untunlich, ist eine zusätzliche mündliche Belehrung ohnehin nach § 114b Abs. 1 S. 2 erforderlich. 7

4. Ersetzende mündliche Belehrung (Satz 3). Ist eine schriftliche Belehrung im Einzelfall nicht möglich, beispielsweise weil der Beschuldigte eine außergewöhnliche Sprache spricht, entsprechende Vordrucke nicht vorhanden sind und ist eine schriftliche Übersetzung kurzfristig nicht herstellbar ist, hat zunächst eine mündliche Belehrung in einer für den Beschuldigten verständlichen Sprache zu erfolgen, jedoch muss eine schriftliche Fassung herstellt werden, sobald dies in zumutbares Weise möglich ist. Eine mündliche Belehrung ist auch immer dann notwendig, wenn der Beschuldigte weder lesen noch schreiben kann.[7] 8

5. Dokumentation der Belehrung (Satz 4). Die Erfüllung der Belehrungspflicht ist zur Vermeidung von späteren Unsicherheiten durch den Beschuldigten schriftlich zu bestätigen. Verweigert er die Abgabe einer solchen Erklärung, ist sein Verhalten aktenkundig zu machen. 9

III. Inhalt der Belehrung (Abs. 2 S. 1)

In Abs. 2 S. 1 führt der Gesetzgeber nun sämtliche Rechte auf, über welche der Beschuldigte unverzüglich, schriftlich und verständlich (vgl. → Rn. 4 ff.) aufgeklärt werden muss.[8] Im Einzelnen beinhaltet die Belehrung neun nachfolgend aufgeführte Hinweise: 10

---

5 Graf in KK-StPO Rn. 3.
6 Posthoff in Gercke/Julius/Temming/Zöller Rn. 11.
7 Graf in KK-StPO Rn. 7.
8 Schmitt in Meyer-Goßner/Schmitt Rn. 3.

11 **1. Vorführung vor einen Richter (Abs. 2 S. 1 Nr. 1).** Für den Beschuldigten ist zunächst wichtig zu erfahren, zu welchem Zeitpunkt er nach seiner Festnahme durch die Polizei einem Richter vorgeführt werden muss. Insoweit wird er zunächst über sich in §§ 115, 115a, 128 niedergelegten Bestimmungen zur unverzüglichen, spätestens am nächsten Tage, zu erfolgenden Vorführung vor einen Richter unterrichtet, welcher ihn zu vernehmen und über seine weiter Inhaftierung zu entscheiden hat.

12 **2. Hinweis auf das Schweigerecht (Abs. 2 S. 1 Nr. 2).** Um dem Beschuldigten die Möglichkeit der Vorbereitung auf diesen Einvernahme zu ermöglichen, ist er schon vor dieser ersten Vernehmung in Vorwegnahme der Vorschriften der §§ 136 Abs. 1 S. 2, 163a Abs. 4 S. 2 über sein Recht zu belehren, entweder zu Sache auszusagen oder aber zu schweigen (Nr. 2).

13 **3. Hinweis auf Beweisantragsrecht (Abs. 2 S. 1 Nr. 3).** Ebenso ist er darüber zu informieren, dass er zur Entlastung einzelne Beweiserhebungen beantragen kann (Nr. 3).

14 **4. Recht auf Verteidigerkonsultation (Abs. 2 S. 1 Nr. 4–4a).** Auch die bisherige Regelung zu Nr. 4 sah schon die schriftliche Belehrung über das Recht auf Verteidigerkonsultation vor. Durch die gesetzliche Neuregelung wurde dies mit dem Verweis auf § 141 Abs. 1 und 3 um die Belehrungspflicht ergänzt, dass dem Beschuldigten das Recht auf Bestellung eines Pflichtverteidigers, insbesondere im Fall der Vollstreckung der Untersuchungshaft, zusteht. Der Bundesgerichtshof hat bereits zur früheren Rechtslage festgestellt, dass es angezeigt sei, den Beschuldigten nach seiner Verhaftung dahingehend zu belehren, dass ihm auch im Hinblick auf eine später zu erwartende Pflichtverteidigerbestellung Gelegenheit gegeben werden könne, bei einem Rechtsanwalt seines Vertrauens bzw. beim anwaltlichen Notdienst anzurufen, auch wenn er selbst nicht die Mittel zur Bezahlung des Verteidigers hat.[9] Ausweislich der Gesetzesbegründung[10] soll mit der Formulierung „beanspruchen kann" nur klargestellt werden, dass sowohl Fälle der notwendigen Verteidigung (§ 140 Abs. 1) als auch die sonstige Pflichtverteidigerbestellung von Amts wegen nach § 140 Abs. 2 erfasst werden sollen. Demgegenüber soll sich hieraus keine Änderung in der Auslegung oder Anwendung des § 141 Abs. 3 ergeben. Gleiches gilt für das Gesetz zur Fortentwicklung der Strafprozessordnung und zur Änderung weiterer Vorschriften vom 25.6.2021,[11] wonach der Beschuldigte – auch im Hinblick auf einen Gleichlauf mit der Formulierung in § 136 Abs. 1 S. 3 und 4 – nunmehr auch auf bestehende anwaltliche Notdienste (Nr. 4) und auf eine etwaige Kostenfolge nach § 465 (Nr. 4a) hingewiesen werden muss.

15 **5. Recht auf ärztliche Untersuchung (Abs. 2 S. 1 Nr. 5).** Die Belehrungspflicht über den freien Zugang des Beschuldigten zur Konsultation mit einem Arzt entspricht einer Forderung des Europäischen Komitees zur Verhütung von Folter und unmenschlicher oder erniedrigender Behandlung (CPT).[12] Danach hat der Beschuldigte aus der vorliegenden Bestimmung nunmehr das Recht, unmittelbar nach seiner Festnahme eine Untersuchung durch einen Arzt oder eine Ärztin seiner Wahl zu verlangen. Nicht geklärt sind insoweit jedoch die Kosten, weil die Vorschrift nur das Recht auf Konsultation einräumt, aber nicht die Übernahme derselben regelt.[13] Wünscht der Beschuldigten insoweit einen Arzt seiner Wahl und erklärt sich mit einer Untersuchung durch einen von der Polizei zugezogenen Amtsarzt nicht einverstanden, muss er für dessen Kosten aufkommen.

16 **6. Recht auf Benachrichtigung von Angehörigen (Abs. 2 S. 1 Nr. 6).** Die Benachrichtigungsrechte des Beschuldigten von Angehörigen und Vertrauten ist nunmehr

---

[9] BGH 18.10.2005 – 1 StR 114/05, NStZ 2006, 236; siehe hierzu auch Schlothauer/Weider/Nobis Untersuchungshaft Rn. 337.

[10] Vgl. BT-Drs. 17/12578.

[11] Vgl. auch BT-Drs. 19/27654, 77 f.

[12] Vgl. Bericht vom 3.12.2000, http://cpt.coe.int/documents/deu//2003-20-inf-eng.pdf.

[13] Schmitt in Meyer-Goßner/Schmitt § 114b Rn. 6; Graf in KK-StPO Rn. 12.

umfassend in § 114c geregelt. § 114b erweitert diese Benachrichtigungspflichten nicht, sondern legt nur fest, dass der Beschuldigte hierüber frühzeitig unterrichtet werden muss. Auch wenn die Rechtslage in Deutschland den Mindeststandards der Richtlinie 2013/48/EU nach überwiegender Auffassung bereits entsprach, hat es der deutsche Gesetzgeber für erforderlich erachtet, in Absatz 2 Satz 1 Nummer 6 durch die Einfügung des Wortes „erheblich" vor den Wörtern „gefährdet wird" den engen Ausnahmecharakter der Regelung in Art. 5 Abs. 3 Buchst. b der Richtlinie zu unterstreichen.[14]

7. Recht auf Akteneinsicht (Abs. 2 S. 1 Nr. 7). Nach der Neureglung der Nr. 7 ist der Beschuldigte nunmehr darauf hinzuweisen, dass er nach § 147 Abs. 7 beantragen kann, Auskünfte und Abschriften aus den Akten zu erhalten, soweit er keinen Verteidiger hat. Da § 140 Abs. 1 Nr. 4 StPO im Bereich der Untersuchungshaft nunmehr die zwingende Beiordnung eines Rechtsanwalts vorsieht, kommt der Vorschrift nur für andere Haftarten (vgl. → Rn. 3) Bedeutung bei. 17

8. Belehrung über Rechtsbehelfe (Abs. 2 S. 1 Nr. 8). Die nunmehr in Nr. 8 angeordnete Belehrung des Beschuldigten über seine späteren Rechtsbehelfe im Rahmen des Vollzugs der Untersuchungshaft ist bereits in § 115 Abs. 4 vorgesehen. Jedoch erfolgt die Belehrung erst im Rahmen der Vorführung des Beschuldigten vor den zuständigen Richter. Um den **Gewährleistungen der EU-Richtlinie** in vollem Umfang gerecht zu werden, wurde der Zeitpunkt dieser Belehrung vom Gesetzgeber durch die Ergänzung auf den Zeitpunkt der Festnahme vorverlegt. Der Beschuldigte ist nunmehr bereits bei seiner Festnahme unverzüglich über sein Recht auf Beschwerde bzw. auf Haftprüfung (§ 117 Abs. 1, Abs. 2), das Recht auf mündliche Verhandlung (§ 118 Abs. 1, Abs. 2), den Antrag nach § 119 Abs. 5 bei Unstatthaftigkeit der Beschwerde und den Antrag nach § 119a Abs. 1 gegen behördliche Entscheidungen und Maßnahmen im Untersuchungshaftvollzug zu unterrichten. Die Belehrungspflicht bei Festnahme besteht dabei unabhängig davon, ob der Beschuldigte einen Antrag auf Vorführung vor den zuständigen Richter nach § 115a Abs. 3 StPO stellt oder nicht.[15] 18

9. Belehrung über Akteneinsichtsrecht des Verteidigers (Abs. 2 S. 2). In Übereinstimmung mit der aktuellen Rechtslage ist der Beschuldigte – neben der Möglichkeit, unmittelbar auch selbst Auskünfte und Abschriften aus den Akten zu erhalten – auch über das nach § 147 Abs. 1 bestehende Akteneinsichtsrecht des noch zu bestellenden Verteidigers zu belehren. Dabei soll gerade auch der anfangs noch nicht verteidigte Beschuldigte darüber in Kenntnis gesetzt werden, dass ein von ihm zu wählender Verteidiger ein Recht auf Akteneinsicht geltend machen kann.[16] 19

10. Belehrung über Recht auf Zuziehung eines Dolmetschers und Übersetzers (Abs. 2 S. 3). Im Hinblick auf die grundlegende Neuregelung zu Übersetzungsleistungen in § 187 GVG ist der Beschuldigte, welcher der deutschen Sprache nicht hinreichend mächtig oder hör- oder sprachbehindert ist, schriftlich auf sein Recht hinzuweisen, Dolmetscher- und Übersetzungsleistungen unentgeltlich für das gesamte Strafverfahren erhalten zu können. Dieses Recht folgt aus Art. 6 Abs. 3 lit. 2 MRK,[17] wonach Beschuldigte, welche die Verhandlungssprache des Gerichts nicht verstehen, ein Recht auf unentgeltliche Unterstützung durch einen Dolmetscher während des ganzen Strafverfahrens haben.[18] Hierzu gehören alle verfahrensbezogenen Gespräche einschließlich der Besprechungen mit dem Verteidiger.[19] Die Neufassung von Satz 3 gibt dem hör- oder sprachgeschädigten Beschuldigten entsprechend der Vorschrift des § 186 GVG nunmher ein Wahlrecht dahingehend, 20

[14] Lind in Löwe/Rosenberg Rn. 54.
[15] Vgl. auch BT-Drs. 17/12578.
[16] Vgl. auch BT-Drs. 17/12578.
[17] Schmitt in Meyer-Goßner/Schmitt EMRK Art. 6 Rn. 23 ff.
[18] BVerfG 19.6.2006 – 2 BvR 2115/01, NJW 2007, 499.
[19] Graf in KK-StPO § 114b Rn. 14; BT-Drs. 16/11644, 17.

sich mündlich oder schriftlich oder mit Hilfe einer die Verständigung ermöglichenden Person zu verständigen.[20]

21 Nicht abschließend derzeit geklärt ist die derzeit noch die Frage, inwieweit die Belehrung über die Beiziehung eines Übersetzers auch tatsächlich zu einem Anspruch auf Übersetzung von Akteninhalten führt. Erfasst hiervon ist zunächst die Übersetzung früherer ausländischer Urteile und maßgeblicher Urkunden, soweit sie für das Verfahren eine Rolle spielen. Die Übersetzung darf der Beschuldigte (bzw. sein Verteidiger), sofern dies nicht als unsachgemäß erscheint, selbst veranlassen; die hierfür anfallenden Übersetzungskosten sind von der Staatskasse auszulegen bzw. zu erstatten.[21] Weiter hierher gehören nach Art. 3 Abs. 2 der Richtlinie 2010/64 EU Übersetzungen aller freiheitsentziehenden Maßnahmen, der Anklageschrift[22] und des Urteils (Nr. 181 Abs. 2 RiStBV) (str.). Ein Anspruch auf Übersetzung der gesamten Verfahrensakte besteht hingegen nicht.[23]

22 **11. Belehrung über Recht auf Benachrichtigung des Konsulats (Abs. 2 S. 4).** Die Belehrungspflicht über die Benachrichtigung des Konsulats des jeweiligen Heimatstaates eines Beschuldigten nach Art. 36 Abs. 1 Buchst. b S. 3 des **Wiener Übereinkommens über konsularische Beziehungen (WÜK)** entsteht bereits in dem Augenblick, in welchem dem ausländischen Betroffenen die Freiheit entzogen worden ist, sofern die zuständige Behörde Kenntnis von dessen Staatsangehörigkeit hat oder sich Anhaltspunkte dafür ergeben, dass es sich bei dem Betroffenen wahrscheinlich um einen Ausländer handelt.[24] Zur Belehrung nach dem WÜK ist daher nicht erst der Richter verpflichtet, vielmehr obliegt diese Pflicht schon allen zuvor befassten zuständigen Strafverfolgungsorganen des Empfangsstaates, einschließlich der festnehmenden Polizeibeamten. Die Benachrichtigungspflicht ist unabhängig davon gegeben, ob der Betroffene die Hilfe seines Staates in Anspruch nehmen will.[25] Nach diesen schon früher von der Rechtsprechung aufgestellten Grundsätzen wurde nunmehr die Belehrungspflicht im Gesetz normiert.

IV. Rechtsfolgen eines Verfahrensverstoßes gegen die Belehrungspflicht

23 Die Vorschrift selbst sieht bei einem Verstoß gegen die Belehrungspflichten **keine Sanktion** vor. Insoweit wird es zumeist auch an einem Beruhen (§ 337) fehlen, weil der Beschuldigte bei seiner ersten richterlichen Belehrung (§§ 115, 115a, 128, 136) erneut zu belehren ist und dadurch frühere Verstöße geheilt werden.[26] Anders kann es bei einem Verstoß gegen die Pflicht zur Belehrung auf Beiziehung eines Verteidigers sein (Abs. 2 S. 1 Nr. 4). Äußert sich nämlich der Beschuldigte noch vor seiner Vorführung bei einem Polizeibeamten zur Sache, so können hierauf durchgeführte Ermittlungen durchaus zu seinem Nachteil führen und ein Verwertungsverbot begründen.[27]

24 Zur innerstaatlichen Konsequenz eines **Verfahrensverstoßes gegen die Belehrungs- und Benachrichtigungspflicht gemäß Art. 36 WÜK** hat das Bundesverfassungsgericht unter teilweiser Aufhebung der bisherigen Rechtsprechung des Bundesge-

[20] Vgl. auch BT-Drs. 19/27654, 78.

[21] OLG Dresden 19.4.2011 – 2 Ws 96/11, NStZ-RR 2012, 64.

[22] Schmitt in Meyer-Goßner/Schmitt EMRK Art. 6 Rn. 26.

[23] EGMR ÖJZ 1990, 412; OLG Dresden 19.4.2011 – 2 Ws 96/11, NStZ-RR 2012, 64; 19.4.2011 – 2 Ws 96/11, NStZ-RR 2012, 64; Staudinger StV 2002, 327; Schmitt in Meyer-Goßner/Schmitt EMRK Art. 6 Rn. 26.

[24] BVerfG 8.7.2010 – 2 BvR 2485/07, NJW 2011, 207; 19.9.2006 – 2 BvR 2115/01, NJW 2007, 499-504, unter Berufung auf das „Avena"-Urteil des Internationalen Gerichtshofs [IGH] vom 31.3.2004, ILM 43 [2004], 581 (602 f.); BGH 20.12.2007 – 3 StR 318/07, BGHSt 52, 110.

[25] IGH 27.6.2001, EuGRZ 2001, 287 [nicht amtliche Übersetzung]; BGH 20.12.2007 – 3 StR 318/07, BGHSt 52, 110.

[26] Ebenso Graf in KK-StPO Rn. 16.

[27] Ebenso Graf in KK-StPO Rn. 17; Schlothauer/Weider/Nobis Untersuchungshaft Rn. 335, Petschke ZsTW 2021, 512 ff.

richtshofs einen revisiblen Verfahrensverstoß in Form der Verletzung des fair trail Grundsatzes (Art. 2 Abs. 1 GG) unter Berücksichtigung der Rechtsprechung des Internationalen Gerichtshofs (IGH) angenommen.[28] Nach der Feststellung des IGH muss es in der Folge eines Verfahrensverstoßes gegen Art. 36 Abs. 1 Buchst. b S. 3 WÜK im innerstaatlichen Verfahren möglich sein, die strafrechtliche Verurteilung im Hinblick auf die Verletzung des WÜK einer Überprüfung und Neubewertung zu unterziehen. Es müsse im Einzelfall geprüft werden, ob sich durch den Verfahrensverstoß der unterbliebenen Belehrung des Beschuldigten seine verfahrensrechtliche Stellung tatsächlich verschlechtert hat.[29] Nach der Rechtsprechugn des BGH führt ein Verstoß gegen die Belehrungspflicht nach Art. 36 Abs. 1 Buchst. b S. 3 WÜK nicht zu einem Beweisverwertungsverbot, wenn dem Angeklagten hierdurch im weiteren Verfahren kein Nachteil erwachsen ist.[30] Ein solches besteht auch dann nicht, wenn feststeht, dass der Beschuldigte bei rechtzeitiger Unterrichtung auf die Benachrichtigung des Konsulats verzichtet hätte.[31] Allerdings gebitet das Völkerrecht im Falle der Verletzung der Belehrungspflicht nach Art. 36 Abs. 1 WÜK zwingendes Beweisverwertungsverbot, weshalb es den Fachgerichten unbenommen bleibt, hinsichtlich der Folgen eines Belehrungsausfalls auf die „Abwägungslehre" zurückzugreifen.[32]

Die **Ablehnung eines grundsätzlichen Beweisverwertungsverbotes** als Rechtsfolge des Verfahrensverstoßes bei mangelnder Belehrung korrespondiert mit der gesetzlichen Regelung in §§ 163a Abs. 4 S. 2, 136, wonach der Beschuldigte bei der ersten förmlichen Vernehmung ohnehin erneut zu belehren ist und erst hier festgestellte Verfahrensfehler Beweisverwertungsverbote nur im Einzelfall nach sich ziehen können,[33] insbesondere wenn der Beschuldigte in Unkenntnis seines Schweigerechts ohne die gebotene Belehrung eine Einlassung zu Sache abgegeben hat.[34] 25

Bei der **Bewertung des Einzelfalls** zur Feststellung eines möglichen Beweisverwertungsverbotes darf aber jedoch in der Praxis nicht aus dem Blick verloren werden, dass etwa der Kontakt zu Mitarbeitern des Konsulats für den Beschuldigten häufig schon vor der Hintergrund bedeutsam sein kann, dass diese ihm einen seiner Muttersprache mächtigen Verteidiger benennen können, der das Mandat ohne die Sprachbarriere im Sinne der gesetzlich beabsichtigten Stärkung der Verfahrensrechte ausüben kann. Die Annahme eines grundsätzlichen Beweisverwertungsverbortes bei Missachtung dieser Informations- und Belehrungspflichten würde aber einen gesetzlich auch mit der Neureglung nicht normierten letztlich stets durchgreifenden revisiblen Verfahrensfehler schaffen.[35] Eine derart weitreichende Konsequenz jeder unzureichenden oder unterbliebenen Belehrung hätte allenfalls die einfache Handhabung für das Gericht im Hauptsacheverfahren für sich, da jede Form der Einzelfallbetrachtung entfallen würde. Eine solch grundlegende Abkehr von der bewährten Beweisverbotsdoktrin in der gefestigten Rechtsprechung des Bundesgerichtshofs fordert aber auch zuletzt mit Beschluss vom 8.10.2010 das Bundesverfassungsgericht nachvollziehbar nicht.[36] Verfassungsrechtlich ebenso wenig zu beanstanden ist auch die bisherige Rechtsprechung des Bundesgerichtshofs, wonach der Rechtskreis eines Mitangeklagten durch die Verletzung von Art. 36 WÜK nicht berührt wird, da die individuelle Anknüpfung für diesen Verfahrensverstoß die Staatsangehörigkeit und Festnahmesituation jedes einzelnen Beschuldigten ist. 26

[28] BVerfG 8.7.2010 – 2 BvR 2485/07, NJW 2011, 207 – Treaty-override-Regelung.
[29] Gless/Peters StV 2011, 369.
[30] BGH 7.6.2011 – 4 StR 463/10, StV 2011, 603.
[31] BGH 20.12.2007 – 3 StR 318/07, BGHSt 52, 110; Graf in KK-StPO Rn. 15.
[32] BVerfG 5.11.2013 – 2 BvR 1579/11, NJW 2014, 532; vgl. umfassend Pest JR 2015, 359.
[33] Vgl. auch Tsambikakis ZIS 2009, 503; Kreß GA 2007, 296; Walter JR 2007, 99.
[34] BGH 27.2.1992 – 5 StR 190/91, BGHSt 38, 214–231 unter Aufgabe der Rspr. BGH 7.6.1983 – 5 StR 409/81, BGHSt 31, 395.
[35] Für eine grundsätzliches Beweisverwertungsverbot: Schlothauer/Weider/Nobis Untersuchungshaft Rn. 139.
[36] BVerfG 8.7.2010 – 2 BvR 2485/07, NJW 2011, 207 – Treaty-override-Regelung.

§ 114c Benachrichtigung von Angehörigen

(1) Einem verhafteten Beschuldigten ist unverzüglich Gelegenheit zu geben, einen Angehörigen oder eine Person seines Vertrauens zu benachrichtigen, sofern der Zweck der Untersuchung dadurch nicht erheblich gefährdet wird.

(2) [1]Wird gegen einen verhafteten Beschuldigten nach der Vorführung vor das Gericht Haft vollzogen, hat das Gericht die unverzügliche Benachrichtigung eines seiner Angehörigen oder einer Person seines Vertrauens anzuordnen. [2]Die gleiche Pflicht besteht bei jeder weiteren Entscheidung über die Fortdauer der Haft.

Schrifttum: siehe zu § 114.

Übersicht

I. Allgemeines, Normzweck und Anwendungsbereich

1 **1. Allgemeines.** Durch das Gesetz zur Änderung des Untersuchungshaftrechts vom 29.7.2009[1] ist die aktuelle Fassung des § 114c zum 1.1.2010 in Kraft getreten. Auch diese gesetzliche Änderung soll wie die Neuregelungen zu §§ 114a (vgl. hierzu → § 114a Rn. 2) und § 114b (vgl. hierzu → § 114b Rn. 2) dem Grundgedanken einer **möglichst frühzeitigen Belehrung des Beschuldigten über seine Verfahrensrechte Rechnung** tragen. Auch beruht die Neuregelung auf einem Bericht des Europäischen Ausschusses zur Verhütung von Folter und unmenschlicher oder erniedrigender Behandlung oder Strafe (CPT), welcher eine klarstellende fehlende gesetzliche Regelung zum Benachrichtigungsrecht des gerade in Haft genommenen Beschuldigten in der Bundesrepublik Deutschland beanstandet hat.[2]

2 **2. Normzweck.** Die Norm dient neben der frühzeitigen Unterrichtung des Beschuldigten über seine Verfahrensrechte (→ Rn. 1) als Ausformung von Art. 104 Abs. 4 GG auch dem **Schutz des Vertrauens der Öffentlichkeit in den Rechtsstaat.** Im Gegensatz zu Maßnahmen in Diktaturen, insbesondere der gängigen Praxis in der Zeit des Nationalsozialismus, soll das heimliche Verschwinden von Menschen aus der Öffentlichkeit hierdurch unterbunden werden. Insoweit handelt es sich um ein subjektives öffentliches Recht, dessen Einhaltung ein Beschuldigter mit der Verfassungsbeschwerde verfolgen kann.[3] In Abweichung zur früheren Fassung steht vorliegend auch sprachlich nun nicht mehr die Benachrichtigungspflicht des Staates, sondern das Benachrichtigungsrecht des Beschuldigten im Vordergrund.[4]

3 **3. Anwendungsbereich.** Die Vorschrift gilt nicht nur für die Verhaftung des Beschuldigten im Rahmen der Untersuchungshaft, sondern auch Verhaftungen nach den §§ 230 Abs. 2, 236, 329 Abs. 4 und 412. Ferner ist die Vorschrift entsprechend anzuwenden auf vorläufige Festnahmen des Beschuldigten nach §§ 127 Abs. 4, 127b Abs. 1 S. 2 sowie Fest-

[1] Vgl. BGBl. I 2274.
[2] Vgl. CPT Bericht vom 3.12.2000, http://cpt.coe.int/documents/deu//2003-20-inf-eng.pdf.
[3] BVerfG 14.5.1963 – 2 BvR 516/62, BVerfGE 16, 119; 2.7.1974 – 2 BvR 648/73, BVerfGE 38, 32.
[4] Graf in KK-StPO Rn. 1.

halteanordnungen zur Identitätsfeststellung nach §§ 163b, 163c[5] sowie aufgrund gesetzlicher Verweisung für die Sicherungshaft nach § 453c Abs. 2 S. 2. Für eine Ergreifung aufgrund eines Vollstreckungshaftbefehls nach § 457 Abs. 2 gilt die Vorschrift indes nicht.[6]

II. Benachrichtigungsrecht des Verhafteten (Abs. 1 Hs. 1)

Nach Abs. 1 hat der in Haft genommene Beschuldigte das Recht, unverzüglich einen **Angehörigen oder eine Vertrauensperson von seiner Verhaftung zu benachrichtigen** und muss hiermit nicht bis zu seiner richterlichen Vorführung zuwarten. Dies Recht stellt auch ein Äquivalent für den Überraschungseffekt der für den Beschuldigten häufig plötzlichen Verhaftung und der damit oft einhergehenden persönlichen Überforderung dar. Dies Recht ist unabhängig von der Verpflichtung des Staates, ebenfalls eine solche Unterrichtung nach Abs. 2 vorzunehmen (→ Rn. 9).[7] 4

Das Recht ist **unverzüglich, also ohne schuldhaftes Zögern zu gewähren,**[8] nach der Festnahme schon durch die Polizei und nicht, wie in der früheren Fassung des § 114c vorgesehen, erst im Rahmen der Vorführung vor den Richter. Ein Zuwarten um einen Tag bis zur Vorführung vor das Gericht ist daher nicht zulässig.[9] 5

Der Begriff des Angehörigen ist in einem weiteren Sinn auszulegen als die Legaldefinition in § 11 Abs. 1 Nr. 1 StGB. Auch entfernte Verwandte und eingetragene Lebenspartner werden erfasst. Ebenso weit auszulegen ist der Begriff der Vertrauensperson. Dieser umfasst beispielsweise Freunde, Arbeitskollegen und Seelsorger. Maßgebliche Sicht des Vertrauensverhältnisses ist mangels entgegenstehender Anhaltspunkte insoweit allein die subjektive Bewertung des Beschuldigten, welche selbst bestimmen kann, wer für ihn eine Vertrauensperson darstellt. Auch der vom Beschuldigten benannte Wahlverteidiger ist als Vertrauensperson zu qualifizieren; der Pflichtverteidiger hingegen nur, wenn er vom Beschuldigten selbst benannt wurde.[10] 6

Aus dem Gesetz ergibt sich nicht, in welcher **Form die Benachrichtigung** erfolgen kann. Die Fertigung eines sog. „Zugangsbriefes" ist heute nicht mehr zeitgemäß. Zwar muss dem Beschuldigten insoweit Briefpapier und dem Mittelosen auch eine Briefmarke zur Verfügung gestellt werden,[11] jedoch dauert eine solche Unterrichtung zu lange. Deshalb kommt heute auch eine Unterrichtung durch Telefax und E-Mail in Betracht.[12] Auch eine fernmündliche Benachrichtigung muss man als zulässig ansehen,[13] wenn eine solche den Zweck der Untersuchung nicht gefährdet. 7

III. Unterbleiben der Benachrichtigung (Abs. 1 Hs. 2)

Eine solche kann nur Unterbleiben im Hinblick auf eine näher zu begründende Gefahr für den Untersuchungszweck. Insoweit muss man sehen, dass nach einer Festnahme nicht selten noch Ermittlungsmaßnahmen vorzunehmen sind, welche gefährdet werden könnten.[14] Daher scheidet die Unterrichtung von möglichen **Mittätern, Teilnehmern oder Hintermännern** aus.[15] Diese erfordert stets eine Einzelfallabwägung der Strafverfolgungsbehörden, welche mit einem **begründeten Aktenvermerk** dokumentiert werden muss, um der der verfassungsrechtlichen Bedeutung (Art. 104 Abs. 4 GG) des Rechts des Beschul- 8

5 Vgl. auch Krauß in BeckOK StPO Rn. 1; Schmitt in Meyer-Goßner/Schmitt Rn. 7.
6 Posthoff in Gercke/Julius/Temming/Zöller Rn. 1; Paeffgen in SK-StPO Rn. 1.
7 Graf in KK-StPO Rn. 3.
8 EGMR 4.4.2006 – 42596/98 und 42603/09; Pohlreich NStZ 2011, 560.
9 Graf in KK-StPO § 114 Rn. 4, Posthoff in Gercke/Julius/Temming/Zöller Rn. 3; Paeffgen in SK-StPO Rn. 7.
10 BVerfG 2.7.1974 – 2 BVR 648/73, BVerfGE 38, 32; 14.5.1963 – 2 BvR 516/62, BVerfGE 16, 119.
11 EGMR 24.2.2009 – 63258/00; Pohlreich NStZ 2011, 560.
12 Michalke NJW 2010, 19.
13 Siehe hierzu auch Schmitt in Meyer-Goßner/Schmitt Rn. 5; Graf in KK-StPO Rn. 7; Posthoff in Gercke/Julius/Temming/Zöller Rn. 10.
14 BT-Drs. 16/11644, 18.
15 Posthoff in Gercke/Julius/Temming/Zöller Rn. 4.

digten gerecht zu werden.[16] Auch ist es als Einschränkung zu verstehen, dass die Art und Weise der Mitteilung bestimmt und der Empfängerkreis insoweit auch begrenzt werden kann.[17]

IV. Benachrichtigung durch das Gericht (Abs. 2 S. 1 und 2)

9 Aus Abs. 2 S. 1 ergibt sich eine ausdrückliche und früher in § 114b Abs. 1 aF schon vorgesehene Benachrichtigungspflicht des die Haftvollziehung erstmals anordnenden Gerichts. Diese gründet auf Art. 104 Abs. 4 GG. Beide Normen fordern die unverzügliche Benachrichtigung eines Angehörigen des Festgehaltenen oder einer Person seines Vertrauens von jeder richterlichen Entscheidung (→ Rn. 12) über die Anordnung oder Fortdauer einer Freiheitsentziehung. Abs. 2 S. 1 stellt aber nunmehr klar, dass eine Benachrichtigungspflicht nur dann besteht, wenn der Beschuldigte nach seiner Vorführung auch in Haft genommen wird, nicht jedoch, wenn der Haftbefehl außer Vollzug gesetzt, aufgehoben oder gar nicht erlassen wird.[18]

10 Aus Abs. 2 S. 2 ergibt sich die gleiche **Verpflichtung zur Unterrichtung auch bei jeder weiteren Entscheidung über die Fortdauer der Haft.** Insoweit gilt, dass im **Falle der Überhaft d**ie Benachrichtigungspflicht erst dann entsteht, wenn diese auch vollzogen wird.[19] Im Übrigen werden von Satz 2 alle Haftentscheidung erfasst, mit welchen die Untersuchungshaft aufrecht erhalten wird, also solche nach §§ 115 Abs. 4, 117, 207 Abs. 4, 268 oder im Haftbeschwerdeverfahren nach § 304[20] oder im besonderen Haftprüfungsverfahren nach §§ 121, 122.[21]

11 Als **Adressat der Benachrichtigung** kommen zunächst die vom Beschuldigten im Rahmen seiner Anhörung angeführten Personen in Betracht, also **Angehörige und Vertrauenspersonen** (→ Rn. 6). Insoweit sieht das Gesetz aber eine Einschränkung vor, weil insoweit nur die Benachrichtigung einer Person als gesetzlich verpflichtend bestimmt ist. Werden mehrere Personen benannt, hat der Richter die Wahl und hat die Benachrichtigung mindestens einer Person ermessenfehlerfrei zu veranlassen. Kann der Beschuldigte keine Person benennen und sind solche auch nach Aktenlage nicht ersichtlich, sind indes keine weiteren Nachforschungen geboten (str.).[22]

12 Die **Pflicht zur Benachrichtigung** gilt wegen ihres öffentlich rechtlichen Gehalts (Art. 104 Abs. 4 GG) **ohne Ausnahme,** auf einen Widerspruch des Beschuldigten kommt es nicht an.[23] Grundsätzlich besteht hier auch das einschränkende Kriterium einer Gefahr für den Untersuchungszweck nach Abs. 1 nicht, da das Gesetz eine solche nicht als Versagungsgrund aufführt. Gleichwohl kann es in der Praxis durchaus Sachverhaltskonstellationen geben, die ein Absehen von der Benachrichtigung rechtfertigen können, so etwa bei der Annahme einer erheblichen Gesundheitsgefahr für den allein in Betracht kommenden Angehörigen, notstandsähnlichen Situationen oder eine Gefahr für die Staatssicherheit. In solchen Ausnahmefällen kann im Einzelfall von einer Benachrichtigung abgesehen werden.[24]

13 Die **Benachrichtigung muss unverzüglich** durch den Richter veranlasst werden, er darf sich nicht darauf verlassen, dass der Beschluss über die Verhaftung schon auf dem üblichem Geschäftsweg zu dem zu Benachrichtigenden gelangen wird.[25] Mangels Formvor-

---

16 Paeffgen in SK-StPO Rn. 7.
17 Lind in Löwe/Rosenberg § 114b aF Rn. 32.
18 Graf in KK-StPO Rn. 10.
19 Graf in KK-StPO Rn. 11.
20 BVerfG 14.5.1963 – 2 BvR 516/62, BVerfGE 16, 119; Graf in KK-StPO Rn. 12.
21 BVerfG 2.7.1974 – 2 BVR 648/73, BVerfGE 38, 32; Graf in KK-StPO Rn. 12.
22 Ebenso Schmitt in Meyer-Goßner/Schmitt Rn. 4; aA Paeffgen in SK-StPO Rn. 9; Posthoff in Gercke/Julius/Temming/Zöller Rn. 9.
23 Schmitt in Meyer-Goßner/Schmitt Rn. 6, Posthoff in Gercke/Julius/Temming/Zöller Rn. 12.
24 Vgl. auch Graf Rn. 5; Graf in KK-StPO § 114b Rn. 5; aA Paeffgen in SK-StPO § 114b Rn. 4 (nur für notstandsähnliche Fallkonstellationen).
25 BVerfG 2.7.1974 – 2 BvR 648/73, BVerfGE 38, 32.

schrift kann die Benachrichtigung auch mündlich erfolgen. Um die auch verfassungsrechtlich normierte Pflicht aber in der Praxis nicht auszuhöhlen, ist die Benachrichtigung in der Akte zu dokumentieren. Entsprechend dem Beschleunigungsgebot („unverzüglich") und dem Sinn und Zweck der Norm, nämlich eine zügige Information des Angehörigen oder der Vertrauensperson dem Beschuldigten zu ermöglichen, muss ein schneller Übertragungsweg regelmäßig fernmündlich oder per E-Mail gewählt werden.

Die **Pflicht zur Benachrichtigung entfällt nicht** deshalb, weil sich aus den Akten schon ergibt, dass die Polizei nach Abs. 1 einen Angehörigen oder eine Vertrauensperson vor der Inhaftnahme informiert hat, denn das Gesetz ist insoweit eindeutig und sieht keine Ausnahme vor(str.).[26] Auch muss man sehen, dass der richterlichen Benachrichtigung auch inhaltlich ein anderer Gehalt zukommt, weil diese im Regelfalle auch eine Sachentscheidung über die Fortdauer der Haft beinhaltet. Selbst wenn die Staatsanwaltschaft schon eine Unterrichtung vorgenommen hat, ist eine erneute gerichtliche Information nämlich bei jeder neuen Haftentscheidung (zB § 115 Abs. 4) zwingend vorgesehen (§ 114c Abs. 2 S. 2). 14

V. Rechtsbehelfe

Hat das Gericht von einer Benachrichtigung abgesehen oder nach Auffassung des Beschwerdeführers eine ungeeignete Person benachrichtigt, steht dem Beschuldigten und der Staatsanwaltschaft das allgemeine Beschwerderecht nach § 304 zu. Eine weitere Beschwerde ist nach § 310 Abs. 2 ausgeschlossen.[27] Dem Angehörigen oder der Vertrauensperson steht kein eigenes Beschwerderecht zu, da sie nicht in eigenen Rechten verletzt würden. Umstritten ist, ob das Beschwerderecht erlischt, wenn der Beschuldigte die Benachrichtigung nach Abs. 1 selbst erfolgreich veranlasst hat.[28] Hier muss nach verfassungskonformer Auslegung im Einzelfall geprüft werden, ob trotz der eingetreten prozessualen Überholung – nach Kenntnisnahme durch die gewünschte Person – der Grundrechtseingriff derart schwer wiegt, dass ein schützenswertes Interesse des Beschuldigten an der nachträglichen Feststellung der Rechtswidrigkeit besteht. Das dürfte aber allenfalls bei einer zunächst gänzlich unterlassenen Benachrichtigung in Betracht kommen. 15

§ 114d Mitteilungen an die Vollzugsanstalt

(1) [1]Das Gericht übermittelt der für den Beschuldigten zuständigen Vollzugsanstalt mit dem Aufnahmeersuchen eine Abschrift des Haftbefehls. [2]Darüber hinaus teilt es ihr mit

1. **die das Verfahren führende Staatsanwaltschaft und das nach § 126 zuständige Gericht,**
2. **die Personen, die nach § 114c benachrichtigt worden sind,**
3. **Entscheidungen und sonstige Maßnahmen nach § 119 Abs. 1 und 2,**
4. **weitere im Verfahren ergehende Entscheidungen, soweit dies für die Erfüllung der Aufgaben der Vollzugsanstalt erforderlich ist,**
5. **Hauptverhandlungstermine und sich aus ihnen ergebende Erkenntnisse, die für die Erfüllung der Aufgaben der Vollzugsanstalt erforderlich sind,**
6. **den Zeitpunkt der Rechtskraft des Urteils sowie**
7. **andere Daten zur Person des Beschuldigten, die für die Erfüllung der Aufgaben der Vollzugsanstalt erforderlich sind, insbesondere solche über seine Persönlichkeit und weitere relevante Strafverfahren.**

---

[26] Posthoff in Gercke/Julius/Temming/Zöller Rn. 14; Paeffgen in SK-StPO Rn. 8; aA Graf in KK-StPO § 114 Rn. 16; Schmitt in Meyer-Goßner/Schmitt Rn. 8.

[27] Graf in KK-StPO § 114b Rn. 5; einschränkend Paeffgen in SK-StPO § 114c Rn. 15; Hilger in Löwe/Rosenberg § 114b Rn. 34.

[28] Graf in KK-StPO § 114b Rn. 11; *Lind* in Löwe/Rosenberg § 114b Rn. 34; Paeffgen in SK-StPO § 114c Rn. 15.

[3]Die Sätze 1 und 2 gelten bei Änderungen der mitgeteilten Tatsachen entsprechend. [4]Mitteilungen unterbleiben, soweit die Tatsachen der Vollzugsanstalt bereits anderweitig bekannt geworden sind.

(2) [1]Die Staatsanwaltschaft unterstützt das Gericht bei der Erfüllung seiner Aufgaben nach Absatz 1 und teilt der Vollzugsanstalt von Amts wegen insbesondere Daten nach Absatz 1 Satz 2 Nr. 7 sowie von ihr getroffene Entscheidungen und sonstige Maßnahmen nach § 119 Abs. 1 und 2 mit. [2]Zudem übermittelt die Staatsanwaltschaft der Vollzugsanstalt eine Abschrift der Anklageschrift und teilt dem nach § 126 Abs. 1 zuständigen Gericht die Anklageerhebung mit.

Schrifttum: siehe zu § 114.

Übersicht

I. Allgemeines, Normzweck und Anwendungsbereich

1 **1. Allgemeines.** Durch das Gesetz zur Änderung des Untersuchungshaftrechts vom 29.7.2009[1] wurde die Vorschrift neu geschaffen. Sie ist zum 1.1.2010 in Kraft getreten. Die Norm statuiert einen Katalog von Mitteilungspflicht des Gerichts in Abs. 1 und der Staatsanwaltschaft in Abs. 2 gegenüber der die Untersuchungshaft vollziehenden Anstalt. Aufgrund der Föderalismusreform besteht die Bundesgesetzgebungskompetenz nur noch für „das gerichtliche Verfahren". Mit dem Erlass diverser Landesvollzugsgesetze sind die früheren Verwaltungsvorschriften der Untersuchungshaftvollzugsordnung (UVollzO) in Wegfall geraten. Der ganz überwiegende Inhalt der UVollzO, der die Aufgaben und Befugnisse der Vollzugsanstalt betrifft, ist nunmehr in Landesgesetzen geregelt.

2 Demnach sind nur noch diejenigen Teile, die z. B. Informationspflichten des Haftgerichts betreffen, in der Strafprozessordnung zu verankern, weil sie ein unmittelbarer Ausfluss der gerichtlichen Entscheidungen (insbesondere über den Erlass des Haftbefehls und die Anordnung von Beschränkungen) sind und sie deshalb noch dem gerichtlichen Verfahren als solchem und nicht dem Untersuchungshaft-vollzug zuzurechnen sind.[2] Die gegenüber der Vollzugsanstalt bestehenden gerichtlichen Mitteilungspflichten werden daher in § 114d nunmehr einer Regelung zugeführt.

3 **2. Normzweck.** Die Norm dient der frühzeitigen Unterrichtung der Vollzugsanstalt über gerichtliche Haftenstscheidunge

[1] BGBl. I. 2274.
[2] Vgl. BR-Drs. 829/08, 22 ff.

3. Anwendungsbereich. Die Vorschrift gilt nicht nur für die Verhaftung des Beschuldigten im Rahmen der Untersuchungshaft, sondern auch Verhaftungen nach den §§ 230 Abs. 2, 236, 329 Abs. 4 und 412. Ferner ist die Vorschrift entsprechend anzuwenden auf vorläufige Festnahmen des Beschuldigten nach §§ 127 Abs. 4, 127 b Abs. 1 Satz 2 sowie Festhalteanordnungen zur Identitätsfeststellung nach §§ 163b, 163c[3] sowie aufgrund gesetzlicher Verweisung für die Sicherungshaft nach § 453c Abs. 2 Satz 2. Für eine Ergreifung aufgrund eines Vollstreckungshaftbefehls nach § 457 Abs. 2 gilt die Vorschrift indes nicht.[4] 4

II. Mitteilungspflichten nach Abs. 1

Die Vorschrift hat die früheren Regelungen in der Untersuchungshaftvollzugsordnung nach dem Übergang der Gesetzgebungskompetenz auf die Landesgesetzgeber übernommen und verlangt zunächst mit dem Aufnahmeersuchen eine Übermittlung des Haftbefehls als Grundlage der Vollstreckung. Ferner enthält die Vorschrift einzelne Mitteilungspflichten gegenüber der Vollzugsanstalt. 5

1. Mitteilungspflichten nach Abs. 1 S. 2 Nr. 1. Da § 114e die Vollzugsanstalt verpflichtet, Erkenntnisse, die den Untersuchungshaftgefangenen betreffen, an das Gericht und die zuständige Staatsanwaltschaft mitzuteilen, müssen diese der Anstalt zuvor vom Haftgericht auch benannt werden. 6

2. Mitteilungspflichten nach Abs. 1 S. 2 Nr. 2. Der Vollzuganstalt müssen die nach § 114c benachrichtigten Angehörigen oder Vertrauenspersonen mitgeteilt werden, dass diese im Bedarfsfall auch von der Anstalt direkt benachrichtigt werden können. Die Bestimmung entspricht Nummer 15 Abs. 2 S. 2 UVollzO. 7

3. Mitteilungspflichten nach Abs. 1 S. 2 Nr. 3. Die nach § 119 vom Gericht angeordneten Beschränkungen und die Übertragung der Ausführung auf die Staatsanwaltschaft (§ 119 Abs. 2 S. 2) sind der Vollzugsanstalt ebenfalls mitzuteilen, da die Anstalt neben der Ausführung auch in eigener Zuständigkeit zu prüfen hat, ob weitere Beschränkungen auf Grundlage der Landesuntersuchungshaftvollzugsgesetze geboten sind (→ § 119 Rn. 5). 8

4. Mitteilungspflichten nach Abs. 1 S. 4. Ferner sind der Anstalt sämtliche Entscheidungen in dem gerichtlichen Verfahren mitzuteilen, die zur Erfüllung ihrer Aufgaben erforderlich sind. Das Gericht hat im Einzelfall zu prüfen, welche Entscheidung für die Vollzuganstalt bedeutsam ist. Vollzugsanstalt. 9

5. Mitteilungspflichten nach Abs. 1 S. 2 Nr. 5. Abs. 1 S. 2 Nr. 5 übernimmt den Inhalt von Nummer 7 Abs. 2 UVollzO, nach dem das Gericht der Vollzugsanstalt „den" Termin der Hauptverhandlung und deren Ergebnis mitzuteilen hat. Abgesehen davon, dass die Vollzugsanstalt die Vorführung der Beschuldigten einplanen muss, kann die Tatsache und insbesondere das Ergebnis einer Hauptverhandlung Auswirkungen auf die Beschuldigten und ihr Verhalten im Vollzug haben. Ein aus Sicht des Beschuldigten negativer Verlauf der Hauptverhandlung kann z. B. zu depressiven oder aggressiven Verstimmungen führen. Die Vollzugsanstalt muss sich auch darauf einstellen können, sodass ihr solche Erkenntnisse mitzuteilen sind, die für die Erfüllung ihrer Aufgaben erforderlich sind. Die Verwendung des Begriffs „Termine" statt „Termin", wie bisher in der Untersuchungshaftvollzugsordnung, stellt lediglich eine sprachliche Klarstellung dar. Eine Hauptverhandlung, gerade in Haftsachen, wird sich häufig auf mehrere Termine erstrecken.[5] 10

6. Mitteilungspflichten nach Abs. 1 S. 2 Nr. 6. Da mit der Rechtskraft des Urteils die Untersuchungshaft – auch ohne formale Einleitung der Vollstreckung durch die Staatsan- 11

---

3 Vgl. auch Krauß in BeckOK StPO § 114c, Rn. 1; Schmitt in Meyer-Goßner/Schmitt § 114c Rn. 7.
4 Posthoff in Gercke/Julius/Temming/Zöller § 114c Rn. 1; Paeffgen in SK-StPO § 114c Rn. 1.
5 Vgl. BR-Drs. 829/08, 24.

waltschaft – in die Strafhaft oder Sicherungsmaßregel übergeht,[6] muss dies der Vollzugsanstalt mitgeteilt werden.

12 **7. Mitteilungspflichten nach Abs. 1 S. 2 Nr. 7.** Die Vollzugsanstalt bedarf zu ihrer Aufgabenerfüllung einer Vielzahl denkbarer Erkenntnisse, die dem Gericht oder der Staatsanwaltschaft bekannt sind oder im Laufe des Verfahrens bekannt werden. Die Vorschrift nennt nur beispielhaft – aber nicht abschließend – nach dem dortigen Satz 2 „Überhaft, Vorstrafen und weitere schwebende Strafverfahren". So ergibt sich schon, ergänzend aus Nummer 7 Abs. 1 S. 4 und 5 UVollzO, eine Unterrichtung über „Umstände, die auf besonderen Fluchtverdacht, auf die Gefahr gewalttätigen Verhaltens, des Selbstmordes oder der Selbstbeschädigung, auf gleichgeschlechtliche Neigungen oder auf seelische oder geistige Abartigkeiten hindeuten" sowie ansteckende Krankheiten. Grund dafür ist, dass eine Aufzählung in Anbetracht dessen, dass Informationen verschiedenster Art für die Arbeit der Vollzugsanstalt von Bedeutung sein können, ohnehin nie vollständig sein kann. So ist für deren Arbeit über die von Nummer 7 UVollzO erwähnten Fälle hinaus zB auch von Bedeutung, ob dem Gefangenen von anderen Personen, insbesondere Mitgefangenen, Racheakte oder Erpressungsversuche drohen. Zu übermitteln sind die für die Erfüllung der Aufgaben der Vollzugsanstalt „erforderlichen" Daten. Hierzu bedarf es, wie bereits erläutert, einer Einzelfallabwägung des Gerichts. Der Richter muss sich also vor der Mitteilung spiegelbildlich fragen, ob die Vollzugsanstalt ihre Aufgaben ohne die Information nicht oder nicht rechtzeitig oder sachgerecht ausüben kann. Zumindest muss die Aufgabenerfüllung durch die Mitteilung hinreichend gefördert werden. In Betracht kommt insoweit auch die Übermittlung von früheren Berichten der Führungsaufsichtsstelle und der Bewährungshilfe, sowie in Vorverfahren erhobene Sachverständigengutachten.[7]

13 **8. Mitteilungspflichten nach Abs. 1 S. 2 Nr. 8.** Bei Veränderungen der Umstände, wie die Änderung des Inhalts des Haftbefehls oder das Entfallen von einzelnen Beschränkungen, bedarf es ebenfalls einer Mitteilung an die Vollzugsanstalt. Sind die Tatsachen dort bereits bekannt, bedarf es keiner Mitteilung.

III. Mitteilungspflichten der Staatsanwaltschaft (Abs. 2)

14 **1. Allgemeine Mitteilungspflichten (Abs. 2 Satz 1).** Da die ermittelnde Staatsanwaltschaft – entgegen dem Haftrichter – häufig schneller oder über weitere vollzugsrelevante Informationen verfügt, die der Anstalt ohne zeitliche Verzögerung durch Zwischenschaltung des Gerichts zugehen sollen, statuiert Abs. 2 (im Gegensatz zu Nr. 7 UVollzO) ausdrücklich eine eigene Übermittlungspflicht. Ferner ist die Vollzugsanstalt auch über von der Staatsanwaltschaft in Ausübung der Eilkompetenz nach § 119 Abs. 1 S. 4 selbst angeordnete Beschränkungen.zu informieren.

15 **2. Besondere Mitteilungspflichten (Abs. 2 S. 2).** Die Staatsanwaltschaft muss der Vollzugsanstalt mit der Abschlussverfügung eine Ausfertigung der Anklageschrift übersenden. Die Regelung entspricht Nummer 7 Abs. 2 UVollzO. Mit der Anklageerhebung ist häufig eine Veränderung der gerichtlichen Zuständigkeit für die weiteren Entscheidungen im Zusammenhang mit der Untersuchungshaft verbunden (§ 126). Hinzukommt, dass die tatsächliche und rechtliche Würdigung in der Anklageschrift von jener im Haftbefehl abweichen kann. Das ist auch für den Untersuchungshaftvollzug von Bedeutung. Außerdem ist dem Ermittlungsrichter die Anklageerhebung mitzuteilen. Damit wird die bisherige Praxis festgeschrieben. Mit der Erhebung der öffentlichen Klage geht die Zuständigkeit gemäß § 126 StPO vom Ermittlungsrichter auf das mit der Sache befasste Gericht über. Es ist daher sinnvoll, den Ermittlungsrichter über die Anklageerhebung zu informieren.[8]

---

6 BGH 28.8.1991 – 2 ARs 366/91, BGHSt 38, 63.
7 Vgl. BR-Drs. 829/08, 24.
8 Vgl. auch BR-Drs. 829/08, 26.

§ 114e Übermittlung von Erkenntnissen durch die Vollzugsanstalt

[1]Die Vollzugsanstalt übermittelt dem Gericht und der Staatsanwaltschaft von Amts wegen beim Vollzug der Untersuchungshaft erlangte Erkenntnisse, soweit diese aus Sicht der Vollzugsanstalt für die Erfüllung der Aufgaben der Empfänger von Bedeutung sind und diesen nicht bereits anderweitig bekannt geworden sind. [2]Sonstige Befugnisse der Vollzugsanstalt, dem Gericht und der Staatsanwaltschaft Erkenntnisse mitzuteilen, bleiben unberührt.

Schrifttum: siehe zu § 114.

I. Allgemeines, Normzweck und Anwendungsbereich

1. Allgemeines. Durch das Gesetz zur Änderung des Untersuchungshaftrechts vom 29.7.2009[1] ist die aktuelle Fassung des § 114e zum 1.1.2010 in Kraft getreten. Entsprechend den gesetzlich normierten Mitteilungspflichten nach § 114d verpflichtet diese Norm ihrerseits die Vollzugsanstalt, dem Gericht und der Staatsanwaltschaft bestimmte Erkenntnisse mitzuteilen. Auch unter Berücksichtigung der Gesetzgebungskompetenz der einzelnen Länder kann der Bundesgesetzgeber weiterhin Mitteilungspflichten betreffend die Frage der strafrechtlichen Schuld des Beschuldigten oder der damit untrennbar verbundenen Umstände, statuieren (vgl. auch → § 119 Rn. 6 ff.). 1

2. Normzweck. Die Vorschrift korrespondiert mit der ebenfalls neugeschaffenen Regelungen des § 114d, in welcher die Mitteilungspflichten des Gerichts und der Staatsanwaltschaft an die Justizvollzugsanstalt geregelt sind. Sie soll umgekehrt gewährleisten, dass auch Gericht und Staatsanwaltschaft über die Erkenntnisse der Justizvollzugsanstalt informiert werden. 2

3. Anwendungsbereich. Die Vorschrift gilt nicht nur für die Inhaftierung des Beschuldigten im Rahmen der Untersuchungshaft, sondern auch solche nach den §§ 230 Abs. 2, 236, 329 Abs. 4 und 412. 3

II. Allgemeine Mitteilungspflichten (S. 1)

Die Regelung entspricht weitgehend der Fassung der Nummer 8 UVollzO. Um Forderungen aus der Praxis Rechnung zu tragen, soll die Anstalt nunmehr sowohl das Gericht als auch die Staatsanwaltschaft informieren, um so sicherzustellen, dass die jeweilige Information ohne zeitliche Verzögerung mit großer Sicherheit an die richtige Stelle gelangt. 4

Der in der Vorschrift verwendete Begriff der Erkenntnisse ist weit zu verstehen und umfasst die in der Untersuchungshaftvollzugsordnung bislang aufgezählten „Maßnahmen, Wahr-nehmungen und anderen wichtigen Umstände“, allerdings nur, soweit ihre Kenntnis aus Sicht der Vollzugsanstalt für die Erfüllung der Aufgaben der Empfänger, dh für die Durchführung des anhängigen Strafverfahrens, von Bedeutung ist. Um eine für die Justizbediensteten im Vollzugsalltag einfach handhabbare Regelung zu schaffen, wurde auf die zunächst entsprechend geplante Einschränkung mit dem Kriterium der Erforderlichkeit (§ 114d Abs. 1) verzichtet. Die Vorschrift stellt also auf die subjektive Einschätzung der Vollzugsanstalt bezüglich der Bedeutsamkeit der Erkenntnisse für die Empfänger ab.[2] 5

Um vermeidbare Eingriffe in das informationelle Selbstbestimmungsrecht und überflüssigen Aufwand zu vermeiden, wird klargestellt, dass den Gerichten und Staatsanwaltschaften nur diesen bislang nicht bekannte Erkenntnisse mitzuteilen sind. 6

[1] BGBl. I 2274.
[2] Paeffgen GA 2009, 454; Tsambikakis ZIS 2009, 503.

III. Mitteilung sonstiger Erkenntnisse (S. 2)

7 Die Vorschrift stellt insoweit lediglich klar, dass anderweitige Mitteilungspflichten der Vollzugsanstalt beispielsweise nach dem jeweiligen Landesuntersuchungshaftvollzugesetz gesondert bestehen.

§ 115 Vorführung vor den zuständigen Richter

(1) Wird der Beschuldigte auf Grund des Haftbefehls ergriffen, so ist er unverzüglich dem zuständigen Gericht vorzuführen.

(2) Das Gericht hat den Beschuldigten unverzüglich nach der Vorführung, spätestens am nächsten Tage, über den Gegenstand der Beschuldigung zu vernehmen.

(3) [1]Bei der Vernehmung ist der Beschuldigte auf die ihn belastenden Umstände und sein Recht hinzuweisen, sich zur Beschuldigung zu äußern oder nicht zur Sache auszusagen. [2]Ihm ist Gelegenheit zu geben, die Verdachts- und Haftgründe zu entkräften und die Tatsachen geltend zu machen, die zu seinen Gunsten sprechen.

(4) [1]Wird die Haft aufrechterhalten, so ist der Beschuldigte über das Recht der Beschwerde und die anderen Rechtsbehelfe (§ 117 Abs. 1, 2, § 118 Abs. 1, 2, § 119 Abs. 5, § 119a Abs. 1) zu belehren. [2]§ 304 Abs. 4 und 5 bleibt unberührt.

Schrifttum: Börner, Anmerkung zur Entscheidung des KG Berlin vom 6.7.2011 (4 Ws 57/11; StV 2012, 358) – Zur Frage des Anspruchs auf Akteneinsicht bei noch nicht vollstrecktem Haftbefehl, StV 2012, 361; Bohnert, Untersuchungshaft, Akteneinsicht und Verfassungsrecht, GA 1995, 468; Buckow, Der Einsatz „neuer Medien" im Dezernat des Ermittlungsrichters, ZIS 2012, 551; Burhoff, Die (Vernehmungs-)Terminsgebühr nach Nr. 4102, 4103 VV RVG, RVGreport 2010, 282; Decker, Verteidigung beim ersten Zugriff der Polizei, NJW 1991, 1151; Diehm, Die begrenzten Kompetenzen des nächsten Richters – partiell eine Verletzung der EMRK, StraFo 2007, 231; Fezer, Zur Auslegung von StPO § 127 Abs. 2 und § 128 Abs. 1, JR 1991 85; Hagmann, Haftfortdauerentscheidung bei erweitertem Haftbefehl, StV 2002, 693; Herrmann, Anmerkung zum Beschluss des OLG Düsseldorf vom 16.3.2011 (4 Ws 127/11; NJW 2011, 1618) – Zur Frage der Beiordnung eines Pflichtverteidigers bei einem Beschuldigten in Untersuchungshaft, StV 2011, 652; Herrmann, Aktuelles zur Pflichtverteidigung, StraFo 2011, 133; Heinrich, Die Entscheidungsbefugnis des „nächsten Amtsrichters" nach § 115a, StV 1995, 660; Huber, Aus der Praxis: Der Richter des nächsten Amtsgerichts oder: Ostern hinter Gittern, JuS 2006, 322; Firchau, Das fachgerichtliche Rechtsbehelfssystem der Untersuchungshaft sowie die Regelung des Vollzuges; Fischer, Zur Zuständigkeitsverteilung zwischen „nächstem" und „zuständigem" Richter nach §§ 115, 115a StPO und zu der für die Vorführung vor dem Richter zu wählenden Transportart, NStZ 1994, 321; Kazele, Änderungen im Recht der Untersuchungshaft NJ 2010, 1; Koch, Noch einmal – Zuständigkeitsverteilung und Transportart nach den §§ 115, 115a StPO NStZ 1995, 71; Krehl, Zur Rechtsbeugung bei verfahrensfehlerhafter Haftentscheidung, NStZ 1998, 409; Kropp, Zur Haftbefehlszuständigkeit der Amtsgerichte nach §§ 115,115a StPO; Kropp, Gesetzliche Fesseln des Richters bei der Haftentscheidung, ZRP 1999, 444; Kütterer-Lang, Die (Un-)Zuständigkeit des Gerichts zur Verkündung eines Haft- oder Unterbringungsbefehls im Fall des § 126 Abs. 1 S. 2 StPO, StV 2020, 67; Maier, Was darf der „nächste" Richter nach § 115a StPO? NStZ 1989, 59; Marbert-Kubicki, Die Akteneinsicht in der Praxis, StraFo 2003, 366; Mroß, Realität und Rechtswidrigkeit der gegenwärtigen Transporthaft, StV 2008, 611; Nelles, Ein kleines U-Haft-Recht für Polizei und Staatsanwaltschaft, StV 1992, 385-391; Peglau, Keine Aufhebung des noch nicht vollzogenen Haftbefehls (allein) wegen verweigerter Akteneinsicht, jurisPR-StrafR 18/2012 Anm. 4 = jurisPR extra 2012, 257-259; Rößler, Verteidigung in Untersuchungshaftfällen, ZAP Fach 22, 505; Schäfer, Zur Rechtzeitigkeit der haftrichterlichen Vernehmung, NJW 2000, 1996; Schlothauer, Zur Bekanntgabe der Verdachtsgründe an den Beschuldigten durch das Gericht im Rahmen einer Entscheidung über Untersuchungshaft bei Versagen der Akteneinsicht für den Verteidiger durch die Staatsanwaltschaft, StV 1994, 320; Schlothauer/Weider, Untersuchungshaft, 4. Aufl. 2010; Spendel, Unzulässiger richterlicher Eingriff in eine Haftsache JZ 1998, 85; Schmitz, Der verhaftete Beschuldigte und sein erster Richter (§§ 115, 115a StPO), NStZ 1998, 165; Schramm/Bernsmann, Haftrichter ohne Akten – rechtswidrige Zustände im Eildienst (§ 115 StPO)? StV 2006, 442; Schröder, Zur Kompetenz des Richters beim nächsten Amtsgericht, NJW 1981, 1425; Schröder, Freiheitsentzug entgegen richterlicher Erkenntnis? § 115a Abs. 2 StPO und die Kompetenz des nächsten Richters, StV 2005, 241; Schultheis, Übersicht über die Rechtsprechung in Untersuchungshaftsachen 2009/2010 – Teil 1, NStZ 2011, 621; Wiesneth, Die Untersuchungshaft, 2010; Wiesneth, Der amtsgerichtliche Bereitschaftsdienst – Neuerungen, DRiZ 2010, 46; Senge, Verspätete Belehrung eines ausländischen Beschuldigten über Recht auf Unterrichtung seiner konsularischen Vertretung, jurisPR-StrafR 10/2008 Anm. 5 = jurisPR extra 2008, 137; Sommermeyer, Recht der Untersuchungshaft (Kritischer Überblick und Tendenzen), NJ 1992, 340; Theisen, Zum Akteneinsichtsrecht und zum Anwesenheitsrecht bei der Vernehmung von Mitbeschuldigten, JR 1996, 436; Tonio, Der deutsche Strafprozess und das Völkerrecht – Eine Besprechung der Entscheidung einer Kammer des Bundesverfassungsgerichts vom 19.9.2006 (2 BvR 2115/01) zur Revisibilität eines Verstoßes gegen die Pflicht, ausländische Festgenommene über ihre Rechte nach Art. 36 WÜK zu belehren, JR 2007, 99; Wohlers, Zum Akteneinsichtsrecht bei nicht vollstrecktem Haftbefehl, StV 2009, 539; Ziegert, Der Richter des nächsten Amtsgerichts – Richter oder Urkundsbeamter? StV 1997, 439.

Übersicht

I. Allgemeines, Normzweck, Anwendungsbereich und Begriffsbestimmungen

1. Allgemeines. Die Vorschrift steht in engen **Zusammenhang mit § 115a und § 128.** Die Normen bestimmen die unverzügliche Vorführung des Festgenommen vor einen Richter bzw. vor ein Gericht (→ Rn. 2). Während § 115 als Regelfall dabei vorsieht, dass der aufgrund eines bestehenden Haftbefehls Festgenommene dem Gericht vorzuführen ist, welches den Haftbefehl erlassen hat, sieht § 115a hierfür das nächste Amtsgericht vor, wenn eine Vorführung vor dem an sich zuständigen Gericht nicht möglich ist. Hingegen regelt § 128 das Verfahren nach vorläufiger Festnahme (§ 127) eines Beschuldigten durch die Polizei. 1

Durch das **Gesetz zur Änderung des Untersuchungshaftrechts** vom 29.7.2009[1] ist die aktuelle Fassung des § 115 zum 1.1.2010 in Kraft getreten, mit welcher vor allem weitere Belehrungspflichten mit aufgenommen worden sind. Auch wurde zum Umsetzung einer geschlechtsneutralen Gesetzessprache das Wort „Richter" durch „Gericht" ersetzt. 2

2. Normzweck. Das in § 115 enthaltene Gebot, den Beschuldigten nach Ergreifung auf Grund eines Haftbefehls von dem zuständigen Gericht vor der Entscheidung über die Aufrechterhaltung des Haftbefehls vernehmen zu lassen, gehört zu den bedeutsamen Verfahrensgarantien, deren Beachtung Art. 104 Abs. 1 S. 1 GG fordert und mit grundrechtlichem Schutz versieht.[2] Als verfahrensrechtliche Vorschrift trägt die Norm dem Freiheitsgrundrecht des Grundgesetzes (Art. 2 Abs. 2 GG) sowie der Konvention zum Schutz der Menschenrechte und Grundfreiheiten vom 4.11.1950 (Art. 5 Abs. 2 EMRK) Rechnung. 3

1 BGBl. I 2274.

2 BVerfG 20.9.2001 – 2 BvR 1144/01, NStZ 2002, 157; VerfGH Rheinland-Pfalz 11.5.2006 – VGH B 6/06, NJW 2006, 3341.

Sinn der Vorschrift ist es, den Beschuldigten schnellstmöglich über die Grundlagen des Haftbefehls zu unterrichten und ihm Gelegenheit zu geben, sich zu verteidigen. Hierfür steht ihm auch das Recht auf Beiziehung eines Verteidigers zu (§ 136 Abs. 1 S. 2), welcher ihm nunmehr zwingend und unmittelbar zu bestellen ist (§§ 137 Abs. 1, 140 Abs. 1 Nr. 4).[3] Da das Gesetz bei Erlass eines Haftbefehls eine vorherige Anhörung des Beschuldigten nicht vorsieht (§ 33 Abs. 4), wird dem Beschuldigten durch die Vorführung hierdurch auch nachträglich rechtliches Gehör gewährt.[4]

4 **3. Anwendungsbereich.** Die Vorschrift des § 115 gilt nicht nur für die Untersuchungshaft aufgrund eines nach den §§ 112, 112a erlassenen Haftbefehls,[5] sondern auch für die Hauptverhandlungshaft nach § 127b sowie für die Haft aufgrund von Haftbefehlen nach §§ 230 Abs. 2,[6] 236, 239 Abs. 4 und § 412 S. 1. Ferner ergibt sich für die vorläufige Unterbringung die Anwendbarkeit aus § 126a Abs. 2 S. 1 und für die Sicherungshaft aus § 453c Abs. 2 S. 2[7] und letztlich für die Haft bei zu erwartender Unterbringung in der Sicherungsverwahrung aus § 275a Abs. 6 S. 4. Dagegen ist beim Vollstreckungshaftbefehl nach § 457 nicht nach §§ 115, 115a zu verfahren.[8] Auch wenn der Beschuldigte geflohen war und erneut ergriffen wurde, muss er nicht dem Richter vorgeführt werden.[9]

5 Über ihren Wortlaut hinaus ist die Vorschrift auch auf den schon in Untersuchungshaft befindlichen Beschuldigten entsprechend anwendbar, wenn ein **bestehender Haftbefehl geändert, erweitert oder durch einen anderen Haftbefehl ersetzt** wird.[10] Dieser ist daher nach Abs. 2 zu eröffnen und zu verkünden, eine bloße Übersendung einer Ausfertigung genügt nicht.[11] Dabei ist aber stets zu beachten, dass auch die Erweiterung oder Abänderung der Formvorschrift des § 114 genügen muss.[12] **Ausnahmen** von der nach Abs. 2 notwendigen Eröffnung sind im eingeschränkten Umfang allerdings dann möglich,[13] wenn die **Haftgrundlage nicht wesentlich geändert** wurde,[14] der Schuldspruch schon in Rechtskraft erwachsen ist,[15] im Rahmen des § 207 Abs. 4 zeitnah ein Termin zur mündlichen Haftprüfung nach §§ 117, 118, 118a bestimmt wird,[16] aber der Erweiterungsbeschluss im Rahmen der besonderen Haftprüfung nach § 268b ergeht[17] oder der Beschuldigten auf eine mündliche Verkündung ausdrücklich verzichtet.[18] Eine ausdrückliche Eröffnung nach Abs. 2 ist jedoch auch dann notwendig, wenn der ursprüngliche Haftbefehl lediglich durch einen ergänzenden Beschluss geändert wird,[19] wobei die Vorführungsfristen des Abs. 1 insoweit nicht gelten, da ja der schon in Haft Befindliche nicht ergriffen wird. Erforderlich ist aber stets, dass die neue Haftentscheidung überhaupt eine zusätzliche Beschwer enthält, woran es etwa fehlen kann, wenn nur einzelne Taten in Wegfall kommen.[20] Dies ist stets

---

3 Graf in KK-StPO § 115 Rn. 1a.

4 BVerfG 11.7.1994 – 2 BvR 777/94, NStZ 1994, 551.

5 Vgl. hierzu auch Schmitt in Meyer-Goßner/Schmitt Rn. 1; Graf in KK-StPO Rn. 3.

6 OLG Stuttgart 3.8.1989 – 3 Ws 178/89, MDR 1990, 75.

7 OLG Hamm 6.11.2001 – 2 Ws 271/01, StV 2002, 209.

8 Graf in KK-StPO Rn. 3.

9 Lind in Löwe/Rosenberg Rn. 4.

10 BVerfG 20.9.2001 – 2 BvR 1144/01, NStZ 2002, 157; OLG Hamburg 24.6.2003 – 2 Ws 164/03, OLGSt StPO § 114a Nr. 1; OLG Hamm 21.4.1998 – 2 BL 62/98, StV 1998, 555; OLG Jena 27.6.2008 – 1 Ws 240/08, BeckRS 2009, 53; OLG Celle 8.12.2016 – 1 Ws 599/16, StraFo 2017, 67; → § 114 Rn. 28.

11 OLG Hamm 22.1.1998, StraFo 2017, 67; 22.1.1998 2 BL 2/98, StV 1998, 273.

12 OLG Braunschweig 23.1.2007 – HEs 9-11/06, Nds. Rpfl. 2007, 164; OLG Frankfurt a. M. 2.12.1994 – 1 Ws 245/94, StV 1995, 237 (für Haftbefehl nach § 230).

13 Vgl. OLG Hamm 13.9.2012 – III 1 Ws 469/12, BeckRS 2012, 24188; aA OLG Koblenz 4.4.2011 – 1 Ws 183/11, FD-StrafR 2011, 321748.

14 OLG Köln 4.2.2003 – HES 7-8/03 – 9 – 10/03, BeckRS 2003, 18104.

15 OLG Jena 26.9.2007 – 1 Ws 365/07, BeckRS 2007, 18007.

16 OLG Hamburg 24.6.2003 – 2 Ws 164/03, NStZ-RR 2003, 346.

17 OLG Hamburg 15.4.2003 – 2 Ws 114/03, OLGSt StPO § 114 Nr. 3.

18 OLG Hamm 13.9.2002 – III-1 Ws 469/12.

19 OLG Koblenz 4.4.2011 – 1 Ws 183/11, NStZ-RR 2012, 93.

20 → § 117 Rn. 20.

beim Widerruf einer Haftverschonung (§ 116 Abs. 4) der Fall. Dort muss der den Widerruf anordnende Beschluss durch den Richter eröffnet werden,[21] ebenso wie bei einem Neuerlass nach zuvor erfolgter Aufhebung. Auch bei der Umwandlung eines bestehenden Unterbringungsbefehl (§ 126a) in einen Haftbefehl ist stets eine richterliche Vernehmung des Beschuldigten in entsprechender Anwendung von § 115 StPO erforderlich.[22]

Wird auf eine **Haftbeschwerde des Beschuldigten hin der Haftgrund** durch das **Beschwerdegericht ausgetauscht,** so soll die vorherigen persönlichen Vernehmung des Beschuldigten entsprechend § 115 erforderlich sein.[23] In der Praxis häufig kommt der Fall vor, dass der Haftbefehl nach durchgeführter Hauptverhandlung jedenfalls auf eine Beschwerde hin erweitert oder wesentlich geändert wird. Grundsätzlich ist immer nur die letzte Haftentscheidung anfechtbar.[24] Zu weit geht allerdings die Ansicht des Brandenburgischen Oberlandesgerichts, wonach eine Beschwerde gegen solche Erweiterung oder Änderung nur dann zulässig wäre, wenn der geänderte Haftbefehl dem Angeklagten auch formell und nicht nur durch schriftliche Bekanntgabe eröffnet worden ist.[25] 6

Wesentliche Änderungen oder gar Erweiterungen des bestehenden Haftbefehls lösen daher grundsätzlich eine erneute Anhörungspflicht des Beschuldigten aus. Die in § 115 Abs. 2 angeordnete persönliche Vernehmung zwingt das zur Entscheidung über die Aufrechterhaltung berufene Ausgangsgericht, sich einen unmittelbaren Eindruck vom Beschuldigten zu verschaffen, der seinerseits die Gelegenheit erhalten soll, unmittelbar und persönlich mit dem zuständigen Gericht die Verdachts- und Haftgründe zu erörtern und die ihn entlastenden Tatsachen vorzutragen. Eine maßgebliche Änderung der Haftgrundlage löst demnach eine entsprechende Vorführungs- und Anhörungspflicht aus. Die wesentliche Änderung eines Haftbefehls ist mithin wie ein neuer Haftbefehl zu behandeln. Das gilt unabhängig davon, ob der Ursprungshaftbefehl lediglich durch einen ergänzenden Beschluss geändert oder ob der alte Haftbefehl aufgehoben und durch einen neuen Haftbefehl ersetzt wird.[26] Eine wesentliche Änderung liegt auch dann vor, wenn nach Ergreifung des Verfolgten aus dem Haftgrund der „Flucht" derjenige der „Fluchtgefahr" wird.[27] Da im Beschwerdeverfahren eine mündliche Anhörung regelmäßig nicht stattfindet,[28] bleibt in solchen Fällen nur die Zurückverweisung, es sein denn der Haftbefehl wäre ohnehin aufzuheben. 6a

Ebenso notwendig ist die persönliche Anhörung iSv § 115 Abs. 2 bei der Annahme eines anderen Haftgrundes im Rahmen einer **Haftfortdauerentscheidung.**[29] Solange es an einer ordnungsgemäßen Verkündung der Erweiterung eines Haftbefehls mangelt, darf dieser Haftbefehl im Umfang seiner Erweiterung der Sechs-Monats-Haftprüfung durch das Oberlandesgericht nicht zu Grunde gelegt werden.[30] 7

4. Begriffsbestimmungen. Die Vorschrift verwendet verschiedene Begriffe, die wie folgt zu verstehen sind: 8

a) Ergreifung. Unter Ergreifung ist die **tatsächliche Festnahme des Beschuldigten** idR durch die Polizei aufgrund eines bestehenden Haftbefehls zu verstehen. Die erneute Festnahme des Beschuldigten nach zuvor erfolgter Flucht fällt hierunter jedoch nicht. Auch 9

21 OLG Nürnberg 11.8.2021 – Ws 735/11 (Aufhebung des Haftbefehls).
22 OLG Celle 26.2.2020 – 1 Ws 1/20, StraFo 2020, 243; → § 126a Rn. 7.
23 OLG Hamm 5.2.2009 – 3 Ws 39/09, FD-StrafR 2009, 277877.
24 OLG Celle 8.12.2016 – 1 Ws 599/16, StraFo 2017, 67.
25 OLG Brandenburg 27.6.2019 – 1 Ws 99/19, BeckRS 2019, 13859.
26 OLG Koblenz 4.4.2011 – 1 Ws 183/11, NStZ-RR 2012, 93.
27 LG Nürnberg-Fürth 21.8.2019 – 18 Qs 33/19, BeckRS 2019, 19859.
28 BGH 5.5.1995 – StB 15/95, NStZ 1995, 610; KG 11.12.1998 – 5 Ws 672/98, NJW 1999, 1797; Schmitt in Meyer-Goßner/Schmitt § 309 Rn. 8).
29 OLG Jena 26.6.2008 – 1 Ws 240/08; OLG Braunschweig 23.1.2007 – HEs 9-11/06, Nds. Rpfl. 2007, 164.
30 BVerfG 20.9.2001 – 2 BvR 1144/01, NStZ 2002, 157–158; BGH 28.7.2016 – AK 41/16, StV 2016, 824 (Ls.); OLG Stuttgart 14.7.2005 – 4 HEs 59/2005, BeckRS 2005, 158570; → § 121 Rn. 11; Schultheis in KK-StPO § 121 Rn. 4, 25.

liegt keine Ergreifung vor, wenn sich der Beschuldigte schon in dieser oder in anderer Sache in Haft befindet.

10 **b) Vorführung.** Der Begriff ist **nicht** wörtlich in dem Sinne zu verstehen, dass der Beschuldigte dem Richter persönlich gegenübergestellt werden muss. Dies ergibt sich schon aus Abs. 2, welcher eine zeitliche Distanz zwischen „Vorführung" und „Vernehmung" vorsieht und diese spätestens auf den Folgetag bestimmt. Danach ist der Beschuldigten dem zuständigen Gericht bereits dann vorgeführt, wenn er von der **Polizei in** dessen **„Machtbereich" verbracht** wird. Dies ist nicht nur bei einer Verbringung in das Gerichtsgebäude anzunehmen, sondern auch dann, wenn der Beschuldigte unter Mitteilung an das Gericht[31] in die für diese zuständige oder nahegelegene Justizvollzugsanstalt eingeliefert wird,[32] denn diesem wird hierdurch die Möglichkeit eröffnet, sich den Beschuldigten jederzeit zur Vernehmung bringen zu lassen.[33]

11 Deshalb ist der Beschuldigte auch schon dann vorgeführt, wenn die Polizei die Akten in den Nachtbriefkasten des Gerichts wirft. Die Übermittlung der Akten ist auch für den Fall der sog. **„symbolischen Vorführung"** maßgeblich. Von einer solchen ist immer dann auszugehen, wenn der vorläufig Festgenommene gar nicht in den „Machtbereich" des Richters verbracht werden kann, etwa weil er sich im Krankenhaus befindet. In einem solchen Fall muss der Richter den Beschuldigten dort aufsuchen.

12 Dem Wortlaut nach erfasst § 115 Abs. 1 zunächst die Vorführung des in Vollstreckung eines bereits erlassenen Haftbefehls tatsächlich ergriffenen Beschuldigten. Hierfür reicht die **Verbringung in die für das Gericht zuständige Untersuchungsvollzugsanstalt** aus (→ Rn. 10). Da Abs. 2 aber die ebenso unverzügliche persönliche Vernehmung durch das Gericht anordnet, und zwar spätestens am Ende des der Verhaftung nachfolgenden Tages, wird der Beschuldigte in der Regel nur kurzzeitig – allenfalls eine Nacht – im ortsnahen Polizeigewahrsam gehalten und nicht sogleich in die zuständige Untersuchungshaftvollzugsanstalt eingeliefert. Dies erfolgt auch vor dem Hintergrund, dass die Vollzugsanstalt diverser Informationen (§ 114d) bedarf, die sich in der Regel erst im Rahmen der Vernehmung und Entscheidung des Haftrichters ergeben.

13 Zur Vorführung gehört auch die **Vorlage der Akten,** denn ohne diese kann den Richter nicht über den Erlass eines Haftbefehls entscheiden. Daher ist die Staatsanwaltschaft auch zur Vorlage der Akten verpflichtet.[34] Insoweit kann ein Problem auftauchen, wenn zwar der Beschuldigte dem Richter vorgeführt wird, diesem aber keine Akten vorgelegt werden. Erfolgt eine Übermittlung der Akten auch nicht in der Frist des Abs. 2, muss der Verfolgte freigelassen werden.[35]

14 **c) Vernehmung.** Hierunter versteht man die innerhalb der Frist des Abs. 2 vorzunehmende **tatsächliche Anhörung des Beschuldigten** durch den Richter, wobei der Ablauf der Vernehmung in Abs. 3 geregelt ist (→ Rn. 31) und sich deren Form nach §§ 168, 168a richtet (→ Rn. 29 ff.).

II. Vorführung des Beschuldigten (Abs. 1)

15 Nach seiner Ergreifung ist der Beschuldigte unverzüglich dem Gericht vorzuführen (zum Begriff → Rn. 10 ff.), welches zuvor den Haftbefehl erlassen hat. Die Vorführungsfristen des Abs. 1 (→ Rn. 16) gelten indes nicht, wenn sich der der Beschuldigte schon in Haft befindet, da er dann nicht ergriffen wird (→ Rn. 9).

16 **1. Unverzügliche Vorführung.** Unverzüglich bedeutet dabei **„ohne jede vermeidbare Verzögerung"** (→ Rn. 20 ff.).[36] Eine Legaldefinition zur gesetzlichen Forderung

31 Vgl. Schmitt in Meyer-Goßner/Schmitt § 115 Rn. 3, Paeffgen in SK-StPO § 115 Rn. 4.
32 Koch NStZ 1995, 71.
33 Lind in Löwe/Rosenberg Rn. 3.
34 Schramm/Bernsmann StV 2006, 442.
35 AA Schmitt in Meyer-Goßner/Schmitt Rn. 4.
36 Wankel in KMR-StPO Rn. 8; Schmitt in Meyer-Goßner/Schmitt Rn. 4.

der „Unverzüglichkeit" findet sich etwa in § 121 Abs. 1 S. 1 BGB und ordnet ein Handeln ohne schuldhaftes Zögern an. Dabei muss allerdings auf die mit der Sache befassten Behörden, insbesondere die Polizei, Rücksicht genommen werden, welche Zeit für eine ordnungsgemäße Sachbehandlung eingeräumt werden muss. Hierzu darf neben einer Identitätsprüfung auch ein Festnahmebericht gefertigt werden. Diese Fristen dürfen aber nicht ohne jeden begründeten Anlass ausgeschöpft werden.[37] Im Rahmen des § 115 ist deshalb grundsätzlich die Vornahme einer weiteren Beschuldigtenvernehmung[38] nicht zulässig, geschweige denn die Hinauszögerung der Vorführung aufgrund laufender oder neu anzustellender Ermittlungen.[39]

Zwar sieht Abs. 1 vor, dass der Beschuldigte **spätestens am Tag nach der Ergreifung** dem Gericht vorzuführen ist, dies ist aber nur zulässig, wenn eine **frühere Vorführung** nicht möglich ist,[40] was jedoch bei der bloßen Ablehnung des Haftrichters wegen Besorgnis der Befangenheit nicht anzunehmen wäre.[41] Spätestens am Folgetag muss die Vorführung aber erfolgen, auch wenn dies ein Samstag, Sonntag oder Feiertag ist und zwar im Regelfall vor dem nach Abs. 1 zuständigen Gericht.[42] Dafür müssen bei Gericht Bereitschaftsdienste eingerichtet werden (→ Rn. 25), ggf. muss der Beschuldigte mit Einzeltransport dem zuständigen Richter vorgeführt werden.[43] Wegen der grundrechtssichernden Funktion der §§ 115, 115a kann der Beschuldigte auf die Einhaltung der Frist nicht verzichten. Allerdings gilt die Frist nicht, wenn für den zu eröffnenden Haftbefehl lediglich Überhaft notiert ist. In diesem Falle ist eine Eröffnung erst erforderlich, wenn dieser tatsächlich vollzogen wird.[44] Es ist aber durchaus zulässig, schon vorher nach diesen Vorschriften zu verfahren.[45] 17

Unterschiedlich zu beurteilten sind die Rechtsfolgen einer Überschreitung der Frist des Abs. 1. Nicht zu einer Freilassung führt eine solche jedenfalls dann, wenn einer fristgerechten Vorführung **„höhere Gewalt"** entgegensteht oder wenn es sich nur um eine geringfügige Überschreitung handelt.[46] Wegen des damit zusammenhängenden Verstoßes gegen Art. 104 Abs. 3 S. 1 GG muss in allen anderen Fällen jedenfalls dann die Freilassung[47] des Beschuldigten verfügt werden, wenn auch die Höchstfrist des Abs. 2 wesentlich, dh mehr als 72 Stunden, überschritten ist. 18

2. Zuständigkeit des Gerichts. Die Zuständigkeit des Gerichts ergibt sich aus § 125 und § 126 (→ § 125 Rn. 13). Die Vorführung eines Festgenommen ohne bereits erlassenen Haftbefehl richtet sich hingegen ohnehin nach § 128 (→ Rn. 1). Zuständiger Haftrichter ist nach Anklageerhebung das mit der Sache befasste Gericht (§ 126 Abs. 2 S. 1 StPO). 19

III. Vernehmung des Beschuldigen (Abs. 2)

Nach Abs. 2 hat das Gericht den Beschuldigten unverzüglich, spätestens am Tag nach der Vorführung zu vernehmen. 20

1. Zuständiges Gericht. Zur Vernehmung berufen ist das Gericht, das den Haftbefehl erlassen hat (§ 126 Abs. 1). Nach Anklagerhebung das Gericht ist das Gericht berufen, welches nunmehr mit der Sache befasst ist (§ 126 Abs. 2). Die Stellung eines **Ersuchens um Vernehmung des Beschuldigten an ein auswärtiges Gericht** ist deshalb **nicht** 21

---

[37] Krauß in BeckOK StPO Rn. 3.
[38] BGH 9.2.1995 – 5 StR 547/94, StV 1995, 283; Graf in KK-StPO Rn. 4.
[39] BGH 17.11.1989 – 2 StR 418/89, NJW 1990, 1188; Schmitt in Meyer-Goßner/Schmitt Rn. 4; siehe hierzu auch Fezer JR 1991, 85; Nelles StV 1992, 388.
[40] Graf in KK-StPO Rn. 5.
[41] LG Ingolstadt 19.3.2020 – 2 Qs 24/20, StV 2020, 460 Ls. (unaufschiebare Handlung nach § 29 Abs. 1).
[42] OLG Celle 13.5.2005 – 1 AR 26/05, Nds. Rpfl. 2005, 287.
[43] Ebenso Graf in KK-StPO Rn. 5.
[44] OLG Jena 28.9.2020 – 1 Ws 290/20, BeckRS 2020, 25317.
[45] Lind in Löwe/Rosenberg Rn. 27; Graf in KK-StPO Rn. 16.
[46] Graf in KK-StPO Rn. 5 (weniger als 72 Stunden).
[47] Bejahend: Lind in Löwe/Rosenberg Rn. 9–10; Paeffgen in SK-StPO Rn. 7; Sommermeyer NJ 1992, 340; aA noch Schmitt in Meyer-Goßner/Schmitt, 63. Aufl. 2020, Rn. 5.

zulässig.[48] Dies gilt auch für den Fall, dass für den zu eröffnenden Haftbefehl lediglich Überhaft notiert werden soll.[49] Der nunmehr Angeschuldigte soll sich nämlich zu den Tatvorwürfen und der Untersuchungshaft sachgerecht äußern können, was in bei Vernehmung durch ein nicht mit der Sache befasstes Gericht im Regelfalle nicht gewährleistet ist. Anders aber, wenn das für die Haftfrage zuständige Gericht eines seiner Mitglieder mit der Verkündung des Haftbefehls beauftragt und nach dessen Vortrag dann als Kollegialgericht entscheidet, ob es die Untersuchungshaft aufrechterhält oder nicht. Der Verkündungstermin dient insoweit der Vorbereitung der vom Kollegialgericht später zu treffenden Entscheidung. Zwar sieht § 115 die Verkündung des Haftbefehls durch einen **beauftragten Richter** nicht ausdrücklich vor, jedoch kennt die Strafprozessordnung eine solche Tätigkeit eines beauftragten Richters zur Vorbereitung von Entscheidungen durchaus (vgl. § 173 Abs. 3, § 223 Abs. 1, § 233 Abs. 2, § 369 Abs. 1). Eine solche Beauftragung eines Mitglieds der Kammer ist daher zulässig, in vielen Fällen wird aber eine Anhörung durch den ganzen Spruchkörper sinnvoll und geboten sein.[50] Die Entscheidung über die Aufrechterhaltung der Untersuchungshaft hat aber stets das Kollegialgericht selbst zu treffen.

22 **2. Zeitpunkt der Vernehmung.** Neben der Pflicht des Gerichts zur unverzüglichen Vernehmung bestimmt Abs. 2 sogleich eine Höchstfrist, nämlich bis zum Ablauf des der Festnahme folgenden Tages und nicht, wie gelegentlich zu lesen, innerhalb von 24 Stunden. Die Vernehmung des Beschuldigten aufgrund eines zum Zeitpunkt der Ergreifung bereits bestehenden Haftbefehls darf nicht zugunsten von weiteren polizeilichen Vernehmungen, insbesondere zu umfangreichen kriminalpolizeilichen Verhören, zurückgestellt werden.[51] In dieser Konstellation eines von den Strafverfolgungsorganen nur zu vollstreckenden Haftbefehls gibt das Gesetz keinen Raum für polizeiliche Vernehmungen (→ Rn. 16), da die Entscheidung unverzüglich dem Gericht obliegt, welches den Haftbefehl erlassen hat.[52]

23 Insoweit unterscheidet sich die Regelung von der vorläufigen Festnahme der einer bestimmten Straftat verdächtigen Person, denn insoweit besteht ein anderer Gesetzeszweck (→ § 128 Rn. 13). Während es bei § 115 um die unverzügliche Vorstellung vor den zu Entscheidung berufenen Richter zur Eröffnung des Haftbefehls und der Gewährung richterlichen rechtlichen Gehörs geht, steht bei der vorläufigen Festnahme durch die Polizei nach § 127 Abs. 2, § 128 Abs. 1 die Aufklärung des Sachverhalts mit im Vordergrund. Nach erfolgter vorläufiger Festnahme müssen die Ermittlungsbehörden dem Beschuldigten nämlich zunächst Gelegenheit zur Beseitigung vorliegender Verdachtsgründe geben; sie haben insoweit zu prüfen, ob der vorläufig Festgenommene unverzüglich wieder freizulassen oder dem Ermittlungsrichter vorzuführen ist; im letzteren Fall müssen sie dem Richter eine möglichst umfassende Grundlage für seine Entscheidung unterbreiten (vgl. § 163 Abs. 1, § 163a Abs. 4 iVm § 136 Abs. 2, § 128 Abs. 1). Diese Regelung zeigt, dass die Ermittlungsbehörde, je nach Sachlage, auch im Stadium zwischen vorläufiger Festnahme des Beschuldigten und seiner Vorführung vor den Richter Ermittlungsbefugnisse und -pflichten hat. Dementsprechend räumt § 128 Abs. 1 der Staatsanwaltschaft und den Beamten des Polizeidienstes eine äußerste Frist zur Vorführung vor den Richter bis zum Ablauf des auf die Festnahme folgenden Tages ein.[53]

24 Ein **Verfahrensverstoß** aufgrund eines in den Fällen des § 115 unzulässigen, wenn auch nur kurzzeitigen Freiheitsentzuges, führt aber **nicht zwingend zu einem Beweisverwertungsverbot** hinsichtlich der Aussage des Beschuldigten während einer solchen polizeilichen Vernehmung. Diese Folge tritt nur dann ein, wenn der Zwang, gegebenenfalls also

---

48 OLG Stuttgart 14.7.2005 – 4 HEs 59/2005, NStZ 2006, 588–589; Schmitt in Meyer-Goßner/Schmitt Rn. 1; aA OLG Karlsruhe 10.5.1996 – 1 AR 27/96, Justiz 1997, 140.

49 OLG Jena 28.9.2020 – 1 Ws 290/20, BeckRS 2020, 25317.

50 OLG Köln 29.6.2007 – 2 Ws 308/07, OLGSt StPO § 115 Nr. 2; Schmitt in Meyer-Goßner/Schmitt Rn. 9; aA Wankel in KMR-StPO Rn. 12.

51 Schmitt in Meyer-Goßner/Schmitt Rn. 4.

52 Vgl. auch Nelles StV 1992, 385; Fezer JR 1991, 85.

53 BGH 17.11.1989 – 2 StR 418/89, NJW 1990, 1188.

die Freiheitsentziehung, gezielt zur Herbeiführung einer Aussage angewendet wird, wenn er „auf das ‚Ob' oder ‚Wie' einer Aussage gerichtet ist", da die Vorschrift „allein die Willensfreiheit einer Aussage schützen" will.[54] Ein Verwertungsverbot ist jedenfalls im Fall der §§ 115, 115a auch nicht dann anzunehmen, wenn die Vernehmung noch vor Fristablauf des Abs. 2 begonnen und dann nach Fristablauf, ggf. noch infolge einer Unterbrechung, noch fortgesetzt wird.

Ebenso wie die Vorführungsfrist des Abs. 1 kann die **Vernehmungsfrist des Abs. 2 nicht verlängert** werden. Vielmehr ist die Justiz zur Einrichtung von **richterlichen Bereitschaftsdiensten** gehalten (→ Rn. 17).[55] Es gehört nämlich zur Ausgestaltung des verfassungsmäßigen Grundrechts des Festgenommenen auf Freiheit der Person, dass er eine Freiheitsentziehung nur nach Entscheidung eines Richters hinnehmen muss. Deshalb ist auch im richterlichen Bereitschaftdienst die unverzügliche Vernehmung des Festgenommenen zur Person und zur Sache zu gewährleisten und im Anschluss daran die verfassungsrechtlich garantierte richterliche Entscheidung zu treffen. Eine Verletzung dieser Pflicht kann zu einer disziplinarrechtlichen Ahndung führen.[56] Eine solche Verletzung kann etwa darin liegen, dass der Richter nicht unverzüglich die Vorführung eines Festgenommenen zu dessen Vernehmung veranlasst, sondern anordnet, dass der Festgenommene über Nacht im Polizeigewahrsam verbleiben soll, damit er dem Richter vorgeführt wird, der am anderen Tag Bereitschaftsdienst hat.[57] 25

Eine zu **späte Vorführung und Vernehmung kann auch zur Rechtswidrigkeit der Inhaftierung** führen und deren nachträgliche Feststellung rechtfertigen.[58] So ist etwa bei einer Festnahme vor 14 Uhr der Betroffene noch an demselben Tage dem Haftrichter zur Vernehmung vorzuführen. Eine Stellung des Haftantrages erst am Vormittag des Folgetages ist verspätet mit der Folge, dass die Freiheitsentziehung ab dem Zeitpunkt der Festnahme bis zu der richterlichen Entscheidung rechtswidrig ist.[59] 26

Ausnahmsweise **ruht aber die Vernehmungsfrist des Abs. 2,** wenn eine solche gar nicht durchführbar ist, etwa weil der Beschuldigte sich im Krankenhaus befindet und gerade operiert wird oder einen Selbstmordversuch unternommen hat.[60] Dauert die Vernehmungsunfähigkeit länger an, bedarf es einer amtsärztlichen Untersuchung. Ist der Beschuldigte wieder vernehmungsfähig, muss diese unverzüglich nachgeholt werden. 27

3. Form der Vernehmung. Insoweit gelten die §§ 168, 168a. Grundsätzlich ist zu der Vernehmung ein Urkundsbeamter beizuziehen, wenn das Gericht hiervon nicht ausdrücklich absieht (§ 168 Abs. 1 S. 2 Hs. 2). Auch ist ein Protokoll zu fertigen, welches entweder vom Beschuldigten zu unterschreiben oder darin ist anzugeben ist, weshalb die Unterschrift unterblieben ist.[61] Die Zuziehung eines Dolmetschers richtet sich nach §§ 185, 186 GVG. Ein solcher ist beizuziehen, wenn der Verfolgte der deutschen Sprache nicht hinreichend mächtig ist.[62] 28

Das **Anwesenheitsrecht** der Staatsanwaltschaft und des Verteidigers bei der Vernehmung folgt aus § 168c,[63] welche über den Termin zu unterrichten sind (§ 168c Abs. 5 S. 1). Ggf. muss der Richter auf das Erscheinen des Verteidigers warten oder den Termin trotz § 168c Abs. 5 S. 3) verlegen, wobei die Höchstfrist des Abs. 2 allerdings nicht überschritten 29

54 BGH 30.4.1987 – 4 StR 30/87, BGHSt 34, 365; 27.9.1988 – 1 StR 187/88, BGHR StPO § 136a Abs. 1 Zwang 2 (Aussage eines Mithäftlings); 21.7.1995 – 2 StR 758/94, BGHR StPO § 136a Abs. 1 Zwang 3 (Angaben in der Untersuchungshaft); Rogall in SK-StPO § 136a Rn. 27.

55 BVerfG 10.12.2003 – 2 BvR 1481/12, NJW 2004, 1442 (Durchsuchung).

56 DGH Brandenburg 20.4.2012 – DGH Bbg. 2.12, DGH Brandenburg 2/12.

57 Richterdienstgericht Saarbrücken 4.6.2008 – DG 1/07, DRiZ 2009, 193.

58 Vgl. hierzu etwa BVerfG 20.9.2001 – 2 BvR 1144/01, NStZ 2002, 157.

59 OLG Hamm 22.12.2004 – 16 W 155/04, InfAuslR 2005, 111 (Abschiebehaft).

60 Lind in Löwe/Rosenberg Rn. 13.

61 Lind in Löwe/Rosenberg Rn. 14.

62 BVerfG 17.5.1983 – 2 BvR 731/80, BVerfGE 64, 135.

63 BGH 23.9.1988 – 2 StR 409/88, NStZ 1989, 282; Schmitt in Meyer-Goßner/Schmitt Rn. 9.

werden darf. Hingegen steht weder dem Mitbeschuldigten[64] noch dem Nebenkläger ein Anwesenheitsrecht zu. Unterschiedlich beantwortet wird die Frage, ob dem Beschuldigten und seinem Verteidiger analog § 168c Abs. 2 ein **Anwesenheitsrecht** bei der richterlichen **Vernehmung eines Mitbeschuldigten** im Vorverfahren zusteht, was zutreffend im Wesentlichen unter Hinweis auf den abschließenden Charakter der strukturell besonderen Regelungen des Haftverfahrens abgelehnt wird.[65]

30 Eine bloße **Verletzung der Formvorschriften der Vernehmung** (§§ 168, 168a) berührt die Wirksamkeit der Haftentscheidung nicht,[66] es sei denn, hierdurch wurde das rechtliche Gehör des Beschuldigten verletzt (→ Rn. 24).[67] Auch kann die Verletzung von Formvorschriften zur Unverwertbarkeit der Angaben des Beschuldigten in der Hauptverhandlung führen, etwa wenn der Verteidiger vom Termin nicht unterrichtet wurde oder diesem eine Besprechung mit seinem Mandanten versagt wurde.[68] Auch die Verweigerung von Akteneinsicht kann eine solche Folge bedingen.[69]

IV. Ablauf der Vernehmung (Abs. 3)

31 Nach Abs. 3 S. 1 ist der Beschuldigte zunächst auf die ihn belastenden Umstände (→ Rn. 32) und sein Recht hinzuweisen, sich zur Beschuldigung zu äußern oder nicht zu Sache auszusagen (→ Rn. 33). Ihm ist nach Abs. 3 S. 2 danach Gelegenheit zu geben, die Verdachts- und Haftgründe zu entkräften und die Tatsachen geltend zu machen, die zu seinen Gunsten sprechen (→ Rn. 32, 40).

32 **1. Hinweis auf den Tatvorwurf.** Der Beschuldigten ist im Rahmen der Vernehmung zunächst durch Verkündung des Haftbefehls unverzüglich über den Gegenstand der Beschuldigung durch einen Richter zu unterrichten und hierbei auf die ihn belastenden Umstände hinzuweisen. Dies setzt eine hinreichend substantiierte Bekanntgabe des Vorwurfs und der gegen den Beschuldigten sprechenden Gründe voraus, die ihm die Gelegenheit eröffnet, die Verdachts- und Haftgründe zu entkräften und die Tatsachen geltend zu machen, die zu seinen Gunsten sprechen (Abs. 3 S. 2).[70] Grundsätzlich muss dem Beschuldigten bereits unmittelbar nach seiner Festnahme gem. § 114a S. 1 der Haftbefehl in schriftlicher Form ausgehändigt werden und durch die Polizeibeamten eine Belehrung über die Beschuldigtenrechte nach § 114b erfolgt sein. Der Haftrichter hat zu überprüfen, ob diese Vorschriften hinreichend beachteten wurden und sollte den Beschuldigten rein fürsorglich nochmals entsprechend belehren, da die Belehrungspflichten des § 114b ohnehin weiter reichen als die nach § 115 Abs. 3.[71]

33 **2. Hinweis auf das Recht, sich zu äußern oder zu schweigen.** Entsprechend § 136 Abs. 1 S. 2 ist der Beschuldigte sodann auf sein Recht hinzuweisen, entweder sich zur Beschuldigung zu äußern oder nicht zu Sache auszusagen. Diese Verpflichtung besteht auch dann, wenn der Beschuldigte schon zuvor von der Polizei entsprechend belehrt worden ist.[72]

34 **3. Hinweis auf das Recht der Zuziehung eines Verteidigers.** Auch ist der Beschuldigte jedenfalls bei der ersten richterlichen Vernehmung über sein Recht auf Hinzuziehung eines Verteidigers zu belehren. Unabhängig von einem Antrag wird aber einem Beschuldigten, der noch keinen Verteidiger hat, in den Fällen der notwendigen Verteidigung, ein Pflichtverteidiger bestellt, sobald er einem Gericht einem Gericht zur Entscheidung über

64 OLG Karlsruhe 9.11.1995 – 2 VAs 18/95, StV 1996, 302.
65 BVerfG 5.7.2006 – 2 BvR 1317/05, NJW 2007, 204 (205); diff. Lind in Löwe/Rosenberg Rn. 21.
66 Schmitt in Meyer-Goßner/Schmitt Rn. 4.
67 KG 5.10.1993 – 5 Ws 344/93, StV 1994, 318; Lind in Löwe/Rosenberg Rn. 20.
68 BGH 2.3.1989 – 2 StR 590/88, NStZ 1989, 282; 29.10.1993 – 4 StR 126/9, NJW 1993, 338; Lind in Löwe/Rosenberg Rn. 16.
69 Deckers NJW 1994, 2261.
70 BVerfG 27.5.1993 – 2 BvR 744/93, NJW 1994, 573.
71 Schlothauer/Weider/Nobis Untersuchungshaft Rn. 339.
72 Lind in Löwe/Rosenberg Rn. 18.

die Haft vorgeführt werden soll (§ 141 Abs. 2 Nr. 1). Eine Vernehmung ohne Verteidiger kommt nicht in Betracht, ist diese verhindert, muss dem Beschuldigten ein anderer Verteidiger bestellt werden.[73] Allerdings darf hier auch nicht das Recht des Beschuldigten auf Bestellung eines Verteidigers seiner Wahl beeinträchtigt werden. Ist ein Erscheinen des „Wunschverteidigers" nicht möglich, sollte die Bestellung eines anderen Verteidigers **befristet nur für den Termin zur Eröffnung des Haftbefehls** erfolgen.[74] Allerdings führt ein Verstoß nicht in jedem Fall zu einem Verwertungsverbot. Ein solches liegt jedenfalls dann fern, wenn sich die Ermittlungsrichterin – wie hier – erfolglos um das Erreichen eines zur Mandatsübernahme bereiten Verteidigers bemüht und der Beschuldigte nach Belehrung ausdrücklich auf die Hinzuziehung eines Verteidigers verzichtet hat.[75] Anders liegt der Fall, wenn der Beschuldigte nach entsprechender Belehrung, vor der Vernehmung einen Verteidiger zu sprechen wünscht, dann ist die Vernehmung deshalb zu diesem Zweck sogleich zu unterbrechen.[76] Anderenfalls sind Angaben des Beschuldigten nicht verwertbar.[77] Dadurch wird sichergestellt, dass der Beschuldigte nicht nur Objekt des Strafverfahrens ist, sondern zur Wahrung seiner Rechte auf den Gang und das Ergebnis des Strafverfahrens Einfluss nehmen kann.[78]

Problematisch aber ist der in der Praxis nicht seltene Fall, dass der von dem Beschuldigten nach ordnungsgemäßer Belehrung benannte Verteidiger vom Gericht im Rahmen der kurzzeitigen notwendigen Unterbrechung der Vernehmung nicht erreicht werden kann, weshalb an sich ein Sicherungsverteidiger bestellt werden muss. Kann auch dies wegen der engen zeitlichen Vorgaben des Abs. 1 nicht erreicht werden, darf der Beschuldigte nicht bedrängt werden, auch ohne seinen Verteidiger Angaben zur Sache zu machen.[79] Stimmt dieser aber in Kenntnis der mangelenden kurzfristigen Erreichbarkeit des von ihm nach der umfassenden Belehrung benannten Verteidigers oder eines Sicherungsverteidigers einer weiteren Vernehmung zu, kann diese vom Haftgericht grundsätzlich fortgesetzt werden.[80] Die Zustimmung des Beschuldigten kann auch in einem schlüssigen Verhalten gesehen werden, etwa wenn sich der Beschuldigte nach Bekanntgabe der mangelnden Verteidigerkonsultation doch noch spontan zur Sache einlässt.[81] Insoweit besteht aber ein *schmaler Grad* zu einer unzulässigen, verfahrensfehlerhaften Fortsetzung der Vernehmung. Im Einzelfall ist insoweit zu prüfen, ob die Verwertbarkeit einer Spontanäußerung des Beschuldigten mit dem hohen Gut des Schweigerechts vereinbar ist. Maßgeblich ist im Rahmen der Abwägung, ob die in Frage stehende Verteidigerkonsultation auch der Klärung dienen soll, ob vom Schweigerecht Gebrauch gemacht wird. Die bloße Entgegennahme weiterer Äußerungen des Beschuldigten ohne konkrete Nachfrage des Gerichts ist regelmäßig unbedenklich, solange keine Anhaltspunkte für eine gezielte Umgehung der Beschuldigtenrechte bestehen.[82] Der hohe Rang der Selbstbelastungsfreiheit gebietet es aber, solche Spontanäußerungen nicht nur zum Kerngeschehen, sondern auch nur zum Randgeschehen, nicht zum Anlass für sachaufklärende Nachfragen von Seiten des Gerichts zu nehmen, was im Einzelfall zu einem Beweisverwertungsverbot führen kann.[83] 35

Hat der Beschuldigte zum Zeitpunkt der Vorführung noch keinen Verteidiger, ist ihm aber ein solcher unverzüglich zu bestellen, steht der gewünschte Verteidiger nicht zur Verfügung, ist ein Sicherungsverteidiger zu bestellen (→ Rn. 34) (→ § 128 Rn. 27). Dies gilt auch für den Fall, dass der festgenommene Beschuldigte sich im Rahmen der Vernehmung 36

[73] Schmitt in Meyer-Goßner/Schmitt § 141 Rn. 13.
[74] Ebenso Graf in KK-StPO Rn. 11a; Schlothauer/Weider/Nobis Untersuchungshaft Rn. 344.
[75] BGH 14.8.2019 – 5 StR 228/19, StraFo 2019, 524.
[76] BGH 12.1.1996 – 5 StR 756/94, BGHSt 42, 15.
[77] BGH 29.10.1992 – 4 StR 126/92, BGHSt 38, 372.
[78] Vgl. VerfGH Rheinland-Pfalz 11.5.2006 – VGH B 6/06, NJW 2006, 3341–3343; VerfGH Brandenburg 19.12.2002 – 104/02, StV 2003, 511–512.
[79] BGH 18.12.2003 – 1 StR 380/03, NStZ 2004, 450; 10.1.2006 – 5 StR 341/05, NJW 2006, 1008.
[80] BGH 21.5.1996 – 1 StR 154/96, BGHSt 42, 170.
[81] BGH 12.1.1996 – 5 StR 756/94, BGHSt 42, 15.
[82] BGH 9.6.2009 – 4 StR 170/09, NJW 2009, 3589.
[83] BGH 27.6.2013 – 3 StR 435/12, NStZ 2013, 604.

nach Abs. 2 sogleich mit der Durchführung der Hauptverhandlung einverstanden erklärt.[84] Zuvor ist er allerdings ggf. unter Aushändigung einer Verteidigerliste zu befragen, ob er einen beizuordnenden Verteidiger benennen will.[85]

37 In der **Praxis** können hier **Probleme** auftauchen, weil einerseits dem Beschuldigten nach § 142 Abs. 1 S. 1 eine **Überlegungsfrist** eingeräumt werden muss, andererseits die **Vernehmungsfrist** des Abs. 2 weder verlängert noch der Beschuldigte auf ihre Einhaltung verzichten kann.[86] Insoweit bleibt nur die Möglichkeit, die Überlegungsfrist des § 142 Abs. 1 S. 1 sehr kurz zu bemessen[87] und soweit noch möglich und von Abs. 2 vorgesehen, die Vernehmung auf den Tag nach der Vorführung zu verlegen. Benennt der Beschuldigte innerhalb der Frist keinen Verteidiger, ist ihm von Amts wegen einer zu bestimmen, da ansonsten die Angaben des Beschuldigten wegen der Notwendigkeit der Verteidigung (§ 140 Abs. 1 Nr. 4) einem Verwertungsverbot unterliegen.[88]

38 Für den dann bestellten **Pflichtverteidiger kann auch bei Wahrnehmung eines sog. Vorführungstermins** die Gebühr des Nr. 4102 Nr. 3 RVG-VV entstehen, sofern über die Frage der Untersuchungshaft verhandelt wird.[89] Ein solches Verhandeln liegt aber nicht vor, wenn der inhaftierte Beschuldigte dem zuständigen Richter lediglich zur Bekanntgabe des Untersuchungshaftbefehls vorgeführt wird mit der bloßen Möglichkeit, sich zur Sache und zur Haftfrage zu äußern, und er von dieser Möglichkeit auf Anraten seines Verteidigers keinen Gebrauch macht.[90] Allerdings kann dann das Verhandeln darin gesehen werden, dass der Verteidiger auf seinen Antrag als Pflichtverteidiger beigeordnet wird.[91] Allein das Stellen eines Antrags auf Akteneinsicht und die Übergabe von Akten stellen indes noch kein Verhandeln im Sinne der Nr. 4102 Nr. 3 RVG-VV dar.[92]

39 **4. Exkurs: Recht auf Akteneinsicht.** Dem Verteidiger ist vor der Vernehmung nach Abs. 2 Einsicht in die Akten zu gewähren. Dies ist Ausfluss des in § 115 Abs. 2 S. 1 normierten Informationsrechts des Beschuldigten bezüglich der den dringenden Tatverdacht tragenden Umstände. Aufgrund der Rechtsprechung des Europäischen Gerichtshofs für Menschenrechte[93] ist eine restriktive Behandlung des Akteneinsichtsrecht mit dem **Gebot der Waffengleichheit** heute nicht mehr vereinbar. Dem Verteidiger muss im Haftprüfungsverfahren zumindest der Zugang zu denjenigen Schriftstücken in der Ermittlungsakte gewährt werden, die für die wirksame Anfechtung der Rechtmäßigkeit der Freiheitsentziehung seines Mandanten wesentlich sind. Es reicht nicht aus, den Verteidiger lediglich mündlich über die in der Akte enthaltenen Tatsachen und Beweismittel zu informieren. In Umsetzung dieser Rechtsprechung wurde mit der umfassenden Änderung des Untersuchungshaftrechts vom 29.7.2009 die mögliche Einschränkung des Akteneinsichtsrechts des Verteidigers vor Abschluss der Ermittlungen in § 147 Abs. 2 S. 2 mit einer weiteren Ausnahme versehen. Diese räumt dem Verteidiger des in Untersuchungshaft befindlichen Beschuldigten das Recht ein, die für die Freiheitsentziehungen wesentlichen Informationen einzusehen, wobei ihm in der Regel insoweit Akteneinsicht zu gewähren ist (→ § 112 Rn. 9).[94] Ein Akteneinsichtsrecht für den Verteidiger besteht jedoch nicht, wenn der Haftbefehl gegen den untergetauchten Beschuldigten gar nicht vollstreckt werden kann (hierzu näher → § 117 Rn. 7 mwN).[95] Die Erhebung einer Verfassungsbeschwerde gegen die Ablehnung der Gewährung

---

84 OLG Düsseldorf 22.12.2011 – III 1 Ws 406/11, StraFo 2012, 105.
85 Schlothauer/Weider/Nobis Untersuchungshaft Rn. 340.
86 Schmitt in Meyer-Goßner/Schmitt § 115 Rn. 5; Lind in Löwe/Rosenberg Rn. 9.
87 Schlothauer/Weider/Nobis Untersuchungshaft Rn. 341.
88 Schlothauer/Weider/Nobis Untersuchungshaft Rn. 320 ff.
89 KG 23.6.2006 – 4 Ws 62/06, AGS 2007, 241.
90 AA LG Bielefeld 3.3.2005 – 1 Ks L 1/04 X, StV 2006, 198.
91 OLG Hamm 27.11.2006 – 2 (s) Sbd IX – 117/06, 2 (s) Sbd 9 – 117/06, AGS 2007, 241.
92 OLG Hamm 28.4.2006 – 2 (s) Sbd IX – 31/06, 2 (s) Sbd 9 – 31/06, JurBüro 2006, 641.
93 EGMR 13.12.2007 – 11364/03, StV 2008, 475; 9.7.2009 – 11364/03, StV 2010, 490; vgl. hierzu auch BVerfG 11.7.1994 – 2 BvR 777/94, NStZ 1994, 551.
94 Vgl. allgemein Posthoff in Gercke/Julius/Temming/Zöller § 147 Rn. 5 ff.
95 OLG München 22.1.2019 – 2 Ws 51/19, BeckRS 2019, 531.

von Akteneinsicht ist aber frühestens nach Durchführung des Beschwerdeverfahrens zulässig.[96]

5. Entgegennahme der Äußerung des Beschuldigten (Abs. 3 S. 2). Entschließt 40
sich der Beschuldigte zur Abgabe einer Erklärung, ist das Gericht zur Protokollierung derselben gehalten. Bezüglich der Förmlichkeiten gelten die §§ 168, 168a (→ Rn. 28 ff.).

V. Entscheidung (Abs. 4)

Abs. 4 S. 1 zählt die Möglichkeiten der Entscheidung des Haftrichters nicht abschlie- 41
ßend auf, sondern normiert vorrangig die im Falle der Aufrechterhaltung des Haftbefehls bestehenden Belehrungspflichten.

1. Entscheidungsmöglichkeiten. Das zuständige Gericht entscheidet nach der Ver- 42
nehmung des Beschuldigten, ob der Haftbefehl aufrechterhalten, nach § 120 Abs. 1 aufgehoben oder gemäß § 116 außer Vollzug gesetzt wird. Er hat dabei in vollem Umfang das Vorliegen der Haftvoraussetzungen zu überprüfen und davon seine Entscheidung abhängig zu machen.

Eine **Verletzung der für die Vernehmung geltenden Formvorschriften,** insbe- 43
sondere der §§ 168, 168a beeinflusst allenfalls die Verwertbarkeit des Protokolls, lässt die Wirksamkeit der Haftentscheidung aber grundsätzlich unberührt (→ Rn. 30).[97] Nur soweit in einer Verletzung der Vorschriften über die Vernehmung zugleich eine Versagung des rechtlichen Gehörs Art. 103 Abs. 1 GG liegt, kommt eine Fehlerhaftigkeit der darauf beruhenden Haftanordnung in Betracht.[98] Beginnt der Haftrichter beispielweise rechtzeitig innerhalb der gesetzlichen Frist des § 115 Abs. 2 mit der Vernehmung und trifft unverzüglich innerhalb derselben die Haftentscheidung, ohne aber die Vernehmung zu beenden, kann dies zumindest der Verwertbarkeit der Einlassung des Beschuldigten entgegenstehen.

Eine **Frist zur Entscheidung** sieht Abs. 4 S. 1 nicht ausdrücklich vor. Diese ist grund- 44
sätzlich jedoch am Ende der Sitzung zu fassen, unter entsprechender Anwendung des § 118a Abs. 5 S. 2 spätestens innerhalb einer Woche nach der Vernehmung des Beschuldigten.

2. Erteilung einer Rechtsmittelbelehrung (Abs. 4 S. 1). Wird der Haftbefehl auf- 45
rechterhalten, statuiert Abs. 4 eine umfassende Belehrungspflicht des Gerichts. Neben der Belehrung über die klassische Haftbeschwerde ist der inhaftierte Beschuldigte auch über die Rechtsbehelfe der Haftprüfung (§ 117 Abs. 1) sowie der mündlichen Verhandlung im Haftprüfungsverfahren (§ 118 Abs. 1) und im Beschwerdeverfahren (§ 118 Abs. 2) zu belehren (Absatz 4) und darauf hinzuweisen, dass durch den Antrag auf Haftprüfung die Beschwerde ausgeschlossen wird (§ 117 Abs. 2). Ferner erstrecken sich die erweiterten Belehrungspflichten auf das Recht zur Beschwerde gem. § 304 gegen gerichtliche Entscheidungen nach § 119 Abs. 1 und 2, sowie im Falle der Unstatthaftigkeit der Beschwerde, eine gerichtliche Entscheidung nach § 119 Abs. 5 beantragen zu können.[99]

VI. Rechtsmittel (Abs. 4)

Die möglichen Rechtsmittel gegen die Entscheidung des Haftrichters ergeben sich 46
bereits aus der erteilen Belehrung (→ Rn. 45). Im Wesentlichen sind dies der Antrag auf schriftliche (§ 117 Abs. 1) oder mündliche (§§ 118, 118a) Haftprüfung sowie die Haftbeschwerde (§ 304) (hierzu ausführlich → § 117 Rn. 25 ff.). Bezüglich letzterer weist Abs. 4 S. 2 auf die Einschränkungen der Haftbeschwerde bei Entscheidungen des Bundesgerichtshofs und der Oberlandesgerichte (§§ 304 Abs. 4 und 5). Wurde Untersuchungshaft zu Unrecht angeordnet, beginnt der gemäß § 2 Abs. 1 StrEG entschädigungspflichtige Vollzug mit der Ergreifung des Beschuldigten auf Grund eines Haftbefehls.[100]

[96] BVerfG 18.12.2019 – 2 BvR 2160/19, BeckRS 2019, 33631.
[97] OLG Düsseldorf 15.6.1993 – 1 Ws 508/93, VRS 95, 430–431.
[98] BVerfG 20.9.2001 – 2 BvR 1144/01, StV 2001, 691–693.
[99] Wiesneth Untersuchungshaft Rn. 90.
[100] OLG Zweibrücken 7.8.2018 – 1 Ws 159/18, BeckRS 2018, 19313.

§ 115a Vorführung vor den Richter des nächsten Amtsgerichts

(1) Kann der Beschuldigte nicht spätestens am Tag nach der Ergreifung dem zuständigen Gericht vorgeführt werden, so ist er unverzüglich, spätestens am Tage nach der Ergreifung, dem nächsten Amtsgericht vorzuführen.

(2) [1]Das Gericht hat den Beschuldigten unverzüglich nach der Vorführung, spätestens am nächsten Tage, zu vernehmen. [2]Bei der Vernehmung wird, soweit möglich, § 115 Abs. 3 angewandt. [3]Ergibt sich bei der Vernehmung, dass der Haftbefehl aufgehoben, seine Aufhebung durch die Staatsanwaltschaft beantragt (§ 120 Abs. 3) oder der Ergriffene nicht die in dem Haftbefehl bezeichnete Person ist, so ist der Ergriffene freizulassen. [4]Erhebt dieser sonst gegen den Haftbefehl oder dessen Vollzug Einwendungen, die nicht offensichtlich unbegründet sind, oder hat das Gericht Bedenken gegen die Aufrechterhaltung der Haft, so teilt es diese dem zuständigen Gericht und der zuständigen Staatsanwaltschaft unverzüglich und auf dem nach den Umständen angezeigten schnellsten Wege mit; das zuständige Gericht prüft unverzüglich, ob der Haftbefehl aufzuheben oder außer Vollzug zu setzen ist.

(3) [1]Wird der Beschuldigte nicht freigelassen, so ist er auf sein Verlangen dem zuständigen Gericht zur Vernehmung nach § 115 vorzuführen. [2]Der Beschuldigte ist auf dieses Recht hinzuweisen und gemäß § 115 Abs. 4 zu belehren.

Schrifttum: Siehe bei § 115.

Übersicht

I. Allgemeines, Normzweck und Anwendungsbereich

1 **1. Allgemeines.** Die Norm regelt in Ergänzung zu § 115 die Zuständigkeit des örtlichen „nächsten" Amtsgerichts, für den Fall einer nicht möglichen Vorführung des Beschuldigten vor dem nach § 126 an sich zuständigem Gericht. Insoweit hat die Norm nur subsidiäre Bedeutung.[1]

2 Gleichwohl gehört sie zu **umstrittensten Vorschriften des Haftrechts.** Dies liegt darin begründet, dass das Gesetz in Abs. 2 S. 3 dem Richter des nächsten Amtsgericht keine sachliche Entscheidungskompetenz einräumt, sondern er lediglich neben einer Identitätund Formalprüfung als Art **„Protokollbeamter"** die Erklärungen des Beschuldigten entgegen zu nehmen hat (→ Rn. 17).

3 Durch das Gesetz zur Änderung des Untersuchungshaftrechts vom 29.7.2009[2] ist die aktuelle Fassung des § 115 zum 1.1.2010 in Kraft getreten, mit welcher vor allem auch in

[1] OLG Celle 13.5.2005 – 1 ARs 26/05, Nds. Rpfl. 2005, 287; OLG Frankfurt a. M. 23.6.1988 – 3 Ws 757/88, NStZ 1988, 471; Graf in KK-StPO Rn. 1.

[2] BGBl. I 2274.

Umsetzung einer geschlechtsneutralen Gesetzessprache das Wort „Richter" durch „Gericht" ersetzt wurde.

2. Normzweck. Die Vorschrift soll sicherstellen, dass der Beschuldigte auch dann unverzüglich einem Gericht vorgeführt wird und von diesem vernommen werden kann, wenn er zumeist aus Entfernungsgründen dem für ihn zuständigen Gericht nicht vorgeführt werden kann (→ Rn. 9). 4

3. Anwendungsbereich. Die Vorführung vor dem **Gericht, welches den Haftbefehl erlassen hat, hat stets Vorrang,** wenn sie rechtzeitig durchgeführt werden kann, also spätestens am Tage nach der Ergreifung (§ 115 Abs. 1; → § 115 Rn. 16). Ist die zeitgerechte Vorführung vor das zuständige Gericht grundsätzlich möglich, darf der Beschuldigte nicht aus „Vereinfachungsgründen"[3] dem nächsten Amtsgericht vorgeführt werden, etwa weil für einen Transport kein Personal vorhanden ist (→ Rn. 10).[4] Die Vorführung nach § 115a stellt daher einen gesetzlich geregelten Ausnahmefall dar.[5] Der Grund dieser gesetzlichen Regelung liegt darin, dass nur der nach § 126 zuständige Richter das Verfahren kennt und auch sachgerechte Haftentscheidungen treffen kann, wohingegen dem Richter des nächsten Amtsgerichts kraft Gesetzes keine eigene Entscheidungsbefugnis eingeräumt wird (→ Rn. 2 und 17), so dass eine solche Vorführung jedenfalls in Grenzfällen durchaus zur Verlängerung der Inhaftierung des Beschuldigten führen kann. 5

II. Vorführung vor das nächste Amtsgericht (Abs. 1)

1. Zuständiges Gericht. Das nächste Amtsgericht im Sinne der Vorschrift ist das Gericht, in dessen Bezirk der Beschuldigte von der Polizei festgenommen wurde oder aber dasjenige Gericht, welches verkehrstechnisch am schnellsten erreicht werden kann.[6] 6

Sind die Haftsachen nach § 58 GVG aus mehreren Amtsgerichtsbezirken bei einem konzentriert, ist dieses das nächste Amtsgericht im Sinne des Abs. 1.[7] Gleichwohl kann der Beschuldigte auch dem Haftrichter eines nach § 58 GVG unzuständigem Gerichts vorgeführt werden, wenn ansonsten die Einhaltung der Frist des Abs. 1 nicht möglich wäre.[8] 7

Allerdings muss stets geprüft werden, ob der **Haftbefehl auch tatsächlich vollzogen wird.** Besteht etwa auch ein weiterer Vollstreckungshaftbefehl und wäre deshalb lediglich für die Untersuchungshaft Überhaft zu notieren, gelten die Vorführungsvorschriften der §§ 115, 115a erst, wenn die Überhaft auch vollstreckt wird.[9] 8

2. Unmöglichkeit der Vorführung vor das zuständige Gericht. Der aufgrund eines Haftbefehls ergriffene Beschuldigte ist immer **vorrangig dem nach § 126 zuständigen sachnäheren bzw. sachkundigen Gericht** vorzuführen,[10] das den Haftbefehl erlassen hat. Eine Vorführung vor den nächsten Richter iSd § 115a kommt nur in Betracht, wenn der Beschuldigte nicht spätestens am Tage nach der Ergreifung dem zuständigen Richter vorgeführt werden kann. Dies ist namentlich dann der Fall, wenn eine Vorführung vor den zuständigen Richter etwa aufgrund großer Entfernung oder aber auch wegen Erkrankung nicht rechtzeitig möglich ist. 9

Die Vorführung vor den zuständigen Richter gemäß § 115 hat danach stets Vorrang vor dem Verfahren nach § 115a.[11] Der Beschuldigte darf deshalb durch die Polizei nicht aus **Vereinfachungsgründen oder Personalmangel** vor den Richter des nächsten Amts- 10

---

3 Graf in KK-StPO Rn. 1a.
4 Schlothauer/Weider/Nobis Untersuchungshaft Rn. 349.
5 OLG Celle 13.5.2005 – 1 Ars 26/05, NdsRPfl. 2005, 287.
6 Ebenso Schmitt in Meyer-Goßner/Schmitt Rn. 2; aA Paeffgen in SK-StPO Rn. 2; Graf in KK-StPO Rn. 1; Posthoff in Gercke/Julius/Temming/Zöller Rn. 2 (nur das am schnellsten erreichbare Gericht).
7 Lind in Löwe/Rosenberg § 115a Rn. 1.
8 Schmitt in Meyer-Goßner/Schmitt Rn. 2.
9 OLG Hamm 22.2.1988 – 2 W s 80/88, BeckRS 2015, 4670.
10 Zum Begriff vgl. → § 115a Rn. 21.
11 Schlothauer/Weider/Nobis Untersuchungshaft Rn. 349.

gerichts gebracht werden (→ Rn. 5),[12] ggf. muss der Beschuldigte mit Einzeltransport dem zuständigen Richter vorgeführt werden.[13] Auch ist zu prüfen, ob der an sich zuständige Richter sich an den Verwahrort des Beschuldigten begeben kann,[14] bei einem Kollegialgericht kann hiermit ein Kammermitglied beauftragt (sog. beauftragter Richter) werden (→ § 115 Rn. 21). Nicht zulässig ist im Wege der Amtshilfe auch die Beauftragung eines Gerichts am Haftort des Vollzugs einer Freiheitsstrafe mit der Eröffnung des Haftbefehls, auch wenn für ein anderes Gericht lediglich Überhaft als Untersuchungshaft notiert werden soll.[15]

11 **3. Vorführungsfrist.** Ist eine Vorführung vor dem an sich nach § 126 zuständigen Gericht nach § 115 Abs. 1 nicht möglich (vgl. → Rn. 9), ist der Beschuldigte **unverzüglich, spätestens am Tag nach der Ergreifung** (→ § 115 Rn. 9) dem nächsten Amtsgericht vorzuführen. Eine geringe Fristüberschreitung macht die Aussage des Beschuldigten nicht unverwertbar.[16] Gelegentlich kann es vorkommen, dass gegen den Beschuldigten mehrere Haftbefehle bestehen, so ist der Beschuldigte einem Richter, entweder – vorrangig – einem nach § 126 Abs. 1 zuständigen oder der Richter des nächsten Amtsgerichts vorzuführen, welcher dann alle Haftbefehle zu eröffnen und den Beschuldigten hierzu zu vernehmen hat.[17]

III. Vernehmung des Beschuldigten (Abs. 2)

12 **1. Vernehmungsfrist (Abs. 2 S. 1).** Zeitlich hat das nächste Amtsgericht unverzüglich (→ § 115 Rn. 22) nach der Vorführung, ebenfalls spätestens am nächsten Tage, die Vernehmung des Beschuldigten entsprechend § 115 Abs. 3 durchzuführen.

13 **2. Inhalt der Vernehmung (Abs. 2 S. 2).** Insoweit gilt das zu § 115 Abs. 3 Ausgeführte (→ § 115 Rn. 31 ff.) entsprechend, insbesondere im Hinblick auf die Mitteilung der Tatvorwürfe, das Recht des Beschuldigten sich zu äußern oder aber zu Schweigen sowie das Recht auf Hinzuziehung eines Verteidigers.

14 Im Hinblick auf die **Zuziehung eines Verteidigers kann es zu Problemen kommen,** wenn der Beschuldigte noch keinen nach § 168c zu unterrichtenden Verteidiger hat und ihm wegen § 140 Abs. 1 Nr. 4 kurzfristig einer solcher bestellt werden muss.[18]

15 Hinzu kommt, dass dem Richter des nächsten Amtsgericht nicht die Kompetenz zur Bestellung eines Verteidigers beikommt, sondern diese dem eigentlichen Haftgericht obliegt. Insoweit muss es zur Wahrung der Verteidigungsrechte des Beschuldigten in Eilfällen als möglich und rechtlich zulässig angesehen werden, dass der Richter des nächsten Amtsgerichts eine speziell auf die Vorführung nach § 115a Abs. 1–3 ausgerichtete **befristete Beiordnung ausspricht,**[19] zumal ansonsten die Angaben des Beschuldigten einem Verwertungsverbot unterliegen könnten (→ § 115 Rn. 24).

16 Bei der Vernehmung durch den Richter des nächsten Amtsgerichts besteht im Regelfalle die Besonderheit, dass eine **sachgerechte Vernehmung** durch ihn zumeist nur eingeschränkt möglich sein dürfte, weil diesem die Tatvorwürfe nicht bekannt sind und auch die Akten nicht vorliegen. Insoweit besteht für den Richter des nächsten Amtsgerichts auch unabhängig von Abs. 3 S. 4 die Möglichkeit zur Kontaktaufnahme mit dem zuständigen Richter.

17 **3. Eingeschränkte Entscheidungskompetenz (Abs. 3 S. 2).** Die Entscheidungskomptenz des Richters des nächsten Amtsgerichts ist nach Abs. 2 S. 3 materiell beschränkt.

---

[12] OLG Celle 13.5.2005 – 1 ARs 26/05, Nds. Rpfl. 2005, 287.
[13] AG Oberhausen 18.10.2019 – 27 Gs 916/19, StRR 2020, 28; ebenso Graf in KK-StPO § 115 Rn. 5.
[14] Graf in KK-StPO § 115 Rn. 8.
[15] OLG Jena 28.9.2020 – 1 Ws 290/20, BeckRS 2020, 25317.
[16] BGH 9.2.1995 – 5 StR 547/94, StV 1995, 283; Graf in KK-StPO Rn. 2; Schmitt in Meyer-Goßner/Schmitt Rn. 3.
[17] Lind in Löwe/Rosenberg Rn. 3.
[18] Vgl. hierzu umfassend Schlothauer/Weider/Nobis Untersuchungshaft Rn. 352 ff.
[19] Ebenso Schlothauer/Weider/Nobis Untersuchungshaft Rn. 359.

Nach § 115a Abs. 2 S. 3 kann es den Haftbefehl nur unter der Voraussetzung aufheben und den Beschuldigten freilassen, wenn seine Prüfung im Rahmen der Haftbefehlseröffnung ergibt, dass der Beschuldigte **nicht die im Haftbefehl bezeichnete Person** ist oder der Haftbefehl nicht mehr besteht.[20] Keine Entscheidungskompetenz steht ihm jedoch in sachlicher Hinsicht zu, so dass er mangels Aktenkenntnis von sich auch die Freilassung des Beschuldigten durch Aufhebung oder Außer Vollzugsetzung des Haftbefehls selbst dann nicht verfügen dürfte, wenn entgegen der Annahme im Haftbefehl nach seiner Ansicht ersichtlich kein Haftgrund bestehen würde. Das Gesetz verpflichtet in diesen „Konfliktfällen" in Abs. 2 S. 4 den Richter des nächsten Amtsgerichts zur Kontaktaufnahme mit dem zuständigen Gericht (→ Rn. 18). Selbst wenn etwa am Wochenende niemand erreichbar ist, ist eine Aufhebung oder Außervollzugsetzung nach der klaren gesetzlichen Regelung nicht zulässig.[21] Eine Ausnahme wird allerdings für den Fall anerkannt, dass der Richter des nächsten Amtsgerichts selbst die krankheitsbedingte Haftunfähigkeit des Beschuldigten feststellt.[22] Diese Ausnahme ist nicht systemwidrig, weil der Bestand des Haftbefehls hierdurch nicht in Frage gestellt wird.

Der Umfang der Prüfungskompetenz des „nächsten" Richters ist höchst umstritten (→ Rn. 2). Nach herrschender Meinung ist die Kompetenz des „nächsten Richters" nicht über den Wortlaut der Vorschrift hinaus auszudehnen.[23] Auch vor der umfassenden Änderung des Untersuchungshaftrechts wurde die Auffassung vertreten, dass der am Aufenthaltsort zuständige Haftrichter bei offensichtlich schweren Mängeln den Haftbefehl eigenständig aufheben könne.[24] Eine solche Entscheidungsbefugnis wird in der Rechtsprechung auch bei erkennbarer Verfolgungsverjährung oder einer Haftunfähigkeit des Beschuldigten vertreten.[25] In Kenntnis dessen hat der Gesetzgeber im Jahr 2009 aber keine Veranlassung gesehen, die Kompetenz dieses Richters umfassender zu regeln. Diese eingeschränkte Prüfungskompetenz hat zuletzt auch der Europäische Gerichtshof für Menschenrechte nicht beanstandet.[26] In Anbetracht der heute bestehenden modernen Kommunikationsmittel erscheint die Regelung zur eingeschränkten Prüfungskompetenz durchaus sachgerecht,[27] zumal ein Haftbefehl grundsätzlich nur nach eingehender Prüfung der Verdachts und Haftfrage ergehen darf und eben diese dem Richter des nächsten Amtsgerichts nicht bekannt ist. 18

Anders ist die Rechtslage im **internationalen Strafrecht** zu beurteilen, da der Inhaftierung des Beschuldigten dort Fahndungsausschreibungen anderer Staaten zugrunde liegen.[28] Entsprechend hat dort auch das Bundesverfassungsgericht für den Bereich des Auslieferungsrechts im Rahmen der dem § 115a vergleichbaren Regelung des § 22 IRG im Auslieferungsrecht entschieden. In verfassungskonformer und erweiternden Auslegung des § 22 Abs. 3 S. 2 IRG hat der Richter insoweit zumindest in Evidenzfällen in summarischer Weise auch die Haftvoraussetzungen der §§ 15, 15 IRG in seine Prüfung mit einzubeziehen und darf widrigenfalls auch selbst die Freilassung des Verfolgten verfügen.[29] 19

4. Informationspflichten bei Einwendungen und Bedenken (Abs. 2 S. 4). Hält der Richter des nächsten Amtsgerichts die Einwendungen des Beschuldigten nicht für offensichtlich unbegründet oder hat er selbst Bedenken gegen die Aufrechterhaltung der 20

[20] Schmitt in Meyer-Goßner/Schmitt Rn. 5.
[21] AA Schmitt in Meyer-Goßner/Schmitt Rn. 6 (für den Fall der Unvertretbarkeit der Haftanordnung).
[22] LG Frankfurt a. M. 25.3.1985 – 5/5 Qs 14/85, StV 1985, 464; Graf in KK-StPO Rn. 4; Posthoff in Gercke/Julius/Temming/Zöller Rn. 4.
[23] BGH 5.12.1996 – 1 StR 376/96, BGHSt 42, 343; Graf in KK-StPO Rn. 4; Diehm StraFo 2007, 231.
[24] Enzian NJW 1956, 1786; NJW 1973, 838; Seetzen NJW 1972, 1889; Schröder NJW 1981, 1425; Maier NStZ 1989, 59; Heinrich StV 1995, 660.
[25] LG Frankfurt a. M. 25.3.1985 – 5/5 Qs 14/85, StV 1985, 464.
[26] EGMR 3.10.2006 – 543/03, NJW 2007, 3699; aA Posthoff in Gercke/Julius/Temming/Zöller Rn. 5; Wankel in KMR-StPO Rn. 4.
[27] Ebenso Schmitt in Meyer-Goßner/Schmitt Rn. 5.
[28] Vgl. hierzu Böhm in Grützner/Pötz/Kress/Gazeas, Internationale Rechtshilfe in Strafsachen, IRG § 22 Rn. 16.
[29] BVerfG 16.9.2010 – 2 BvR 1608/07, StraFo 2010, 495.

Haft, hat er diese gemäß § 115a Abs. 2 S. 4 dem zuständigen Richter sowie der Staatsanwaltschaft unverzüglich und auf dem nach den Umständen angezeigten schnellsten Wege mitzuteilen. Die Information der Staatsanwaltschaft als Herrin des Ermittlungsverfahrens ist sinnvoll, da sich die Akten und die aktuellen Informationen in dieser Phase in der Regel dort und nicht beim Haftgericht befinden werden. In der Praxis ist regelmäßig der fernmündliche Weg angezeigt, zwischenzeitlich auch der mittels E-Mail. Außerhalb der Dienstzeiten ist die Mitteilung an den richterlichen Bereitschaftsdienst zu richten, der in der Regel über örtliche Dienststellen beim 24-Stunden erreichbaren Polizeiführer vom Dienst (PvD) erfragt werden kann. Dieser trifft dann die Entscheidung und lässt seine Anordnung durch den „nächsten Richter" ausführen.[30] In Zusammenschau mit den modernen elektronischen Kommunikationsmitteln besteht deshalb kein hinreichendes Bedürfnis, über den Wortlaut des Gesetzestextes hinaus eine erweiterte Prüfungskompetenz zu statuieren (vgl. → Rn. 18).

IV. Fortdauer der Haft (Abs. 3)

21 Falls der Beschuldigte nicht freigelassen wird, muss er nach Abs. 3 S. 1 **auf sein Verlangen dem zuständigen Haftrichter vorgeführt** werden. Einer Begründung hierfür bedarf es nicht. Allerdings ist das **Gesetz insoweit lückenhaft, weil es für die Vorführung vor dem nach § 126 zuständigen Gericht keine Frist** vorsieht. Jedoch erfordert es das in Haftsachen grundsätzlich geltende Beschleunigungsgebot (→ § 112 Rn. 5), dass dies unverzüglich geschieht,[31] so dass in einem solchen Fall ein Einzeltransport durchgeführt werden muss;[32] eine Sammelverschubung ist mit dem Grundrechten des Verfolgten (Art. 104 Abs. 3 S. 2 GG) nicht vereinbar. Auf das Recht zur Vorführung und damit auch zur Vorsprache vor dem für ihn zuständigen Gericht ist der Beschuldigte nach Abs. 3 S. 2 ausdrücklich hinzuweisen.

22 Daneben ist der **Beschuldigte auch nach § 115 Abs. 4 zu belehren** (→ § 115 Rn. 41). Neben der Belehrung über die klassische Haftbeschwerde ist der inhaftierte Beschuldigte – entsprechend dem Verweis auf § 115 Abs. 4 – über die Rechtsbehelfe der Haftprüfung (§ 117 Abs. 1) sowie der mündlichen Verhandlung im Haftprüfungsverfahren (§ 118 Abs. 1) und im Beschwerdeverfahren (§ 118 Abs. 2) zu belehren (Absatz 4) und darauf hinzuweisen, dass durch den Antrag auf Haftprüfung die Beschwerde ausgeschlossen wird (§ 117 Abs. 2).

V. Rechtsmittel

23 Insoweit wird auf die Ausführungen zu § 115 verwiesen (→ § 115a Rn. 46). Es besteht jedoch diesbezüglich die Besonderheit, dass der Antrag auf Vorführung vor das zuständige Gericht nach Abs. 3 S. 1 einer Haftprüfung gleichzusetzen ist, weshalb eine gleichzeitige Beschwerde gegen den Haftbefehl nicht zulässig wäre.[33]

24 Setzt im Falle des Abs. 3 S. 4 der **zuständige Haftrichter den Haftbefehl außer Vollzug,** ist die für den Haftrichter zuständige Staatsanwaltschaft beschwerdebefugt und über die Beschwerde entscheidet das übergeordnete Landgericht.[34] Trifft der Richter des nächsten Amtsgerichts indes selbstständig eine Entscheidung, so bestimmt sich der Instanzenzug nach diesem Gericht.[35] Gleiches muss gelten, wenn er diese Entscheidung nach vorheriger Abstimmung durch eigenen Beschluss trifft.

25 Insoweit besteht auch noch die weitere Besonderheit, dass im Falle der Aufrechterhaltung der Haft der Richter des nächsten Amtsgerichts auch eine **Haftfortdauerentscheidung** zu treffen hat, welche an sich auch beschwerdefähig wäre. Sind aber danach an sich zwei Beschwerderechtszüge eröffnet, gebietet vor dem Hintergrund der nur eingeschränkten

[30] Schmitt in Meyer-Goßner/Schmitt Rn. 6; Graf in KK-StPO Rn. 4b.
[31] Koch NStZ 1995, 71; Graf in KK-StPO Rn. 5.
[32] Schmitt in Meyer-Goßner/Schmitt Rn. 8.
[33] OLG Hamburg 13.2.2002 – 2 Ws 38/02, NStZ-RR 2002, 381.
[34] KG 7.1.1976 – 2 Ws 372/75, JR 1976, 253; Schmitt in Meyer-Goßner/Schmitt Rn. 7.
[35] LG Frankfurt a. M. 25.3.1985 – 5/5 Qs 14/85, StV 1985, 464.

Prüfungskompetenz des dem „nächsten Richter" übergeordneten Beschwerdegerichts die Effektivität des Grundrechtsschutzes des Beschuldigten den Vorrang desjenigen Beschwerderechtsschutzes, der am sachnächsten und umfassend ist. Dies ist grundsätzlich der Beschwerderechtszug zu dem nach § 126 zuständigen Gericht. Dessen an den Voraussetzungen des § 112 orientierte Entscheidung wird die auf die eingeschränkteren Voraussetzungen des § 115a beschränkte Entscheidung des Richters am nächsten Amtsgericht **prozessual überholen und deswegen auch überflüssig** machen. Das Beschleunigungsgebot in Haftsachen gebietet es daher zwingend, dass in solchen Fällen das Beschwerdegericht entscheidet, welches die umfassende und sachnahe Prüfungskompetenz hat.[36]

§ 116 Aussetzung des Vollzugs des Haftbefehls

(1) [1]Der Richter setzt den Vollzug eines Haftbefehls, der lediglich wegen Fluchtgefahr gerechtfertigt ist, aus, wenn weniger einschneidende Maßnahmen die Erwartung hinreichend begründen, daß der Zweck der Untersuchungshaft auch durch sie erreicht werden kann. [2]In Betracht kommen namentlich

1. die Anweisung, sich zu bestimmten Zeiten bei dem Richter, der Strafverfolgungsbehörde oder einer von ihnen bestimmten Dienststelle zu melden,

2. die Anweisung, den Wohn- oder Aufenthaltsort oder einen bestimmten Bereich nicht ohne Erlaubnis des Richters oder der Strafverfolgungsbehörde zu verlassen,

3. die Anweisung, die Wohnung nur unter Aufsicht einer bestimmten Person zu verlassen,

4. die Leistung einer angemessenen Sicherheit durch den Beschuldigten oder einen anderen.

(2) [1]Der Richter kann auch den Vollzug eines Haftbefehls, der wegen Verdunkelungsgefahr gerechtfertigt ist, aussetzen, wenn weniger einschneidende Maßnahmen die Erwartung hinreichend begründen, daß sie die Verdunkelungsgefahr erheblich vermindern werden. [2]In Betracht kommt namentlich die Anweisung, mit Mitbeschuldigten, Zeugen oder Sachverständigen keine Verbindung aufzunehmen.

(3) Der Richter kann den Vollzug eines Haftbefehls, der nach § 112a erlassen worden ist, aussetzen, wenn die Erwartung hinreichend begründet ist, daß der Beschuldigte bestimmte Anweisungen befolgen und daß dadurch der Zweck der Haft erreicht wird.

(4) Der Richter ordnet in den Fällen der Absätze 1 bis 3 den Vollzug des Haftbefehls an, wenn

1. der Beschuldigte den ihm auferlegten Pflichten oder Beschränkungen gröblich zuwiderhandelt,

2. der Beschuldigte Anstalten zur Flucht trifft, auf ordnungsgemäße Ladung ohne genügende Entschuldigung ausbleibt oder sich auf andere Weise zeigt, daß das in ihn gesetzte Vertrauen nicht gerechtfertigt war, oder

3. neu hervorgetretene Umstände die Verhaftung erforderlich machen.

Schrifttum: Böhm/Bötticher, Unzureichende Begutachtung gefährlicher Gewalt- und Sexualstraftäter im Strafverfahren, ZRP 2009, 134; Barthe, Untersuchungshaft, Rechtskraft und § 116 StPO: Nach wie vor ungelöste Rechtsprobleme im geltenden Haftrecht, NStZ 2016, 71; Fehn, Aufhebung eines Haftverschonungsbeschlusses wegen neu hervorgetretener Umstände im Sinne von § 116 Abs. 4 Nr. 3 StPO, Kriminalistik 2008, 257; Hagmann, Erneuter Vollzug eines außer Vollzug gesetzten Haftbefehls, StV 2000, 212; Herrmann, Neue Umstände i.S.v. § 116 Abs. 4 Nr. 3 StPO, StRR 2013, 12; Klefenz, Maximilian, Außervollzugsetzung des Haftbefehls während der Corona-Krise, jurisPR-StrafR 9/2020 Anm. 1; Neuhaus, Haftverschonungsaufla-

[36] OLG München 19.4.2010 – 6 Ws 2/10, StV 2010, 203.

gen und ihre Kontrolle, StV 1999, 340; Ostendorf, Die „elektronische Fessel" – Wunderwaffe im „Kampf" gegen die Kriminalität, ZRP 1998, 192; Püschel, Vermeidung von Untersuchungshaft, StraFo 2009, 134; Schlotthauer, Zur Haftverschonung, StraFo 2009, 104; Schultheis, Übersicht über die Rechtsprechung in Untersuchungshaftsachen 2009/2010 – Teil 1, NStZ 2011, 621; Schweckendieck, § 116 StPO und Rechtskraft, NStZ 2011, 10; Wüllrich, Zur Außervollzugsetzung eines Haftbefehls, StraFo 1998, 210.

Übersicht

I. Allgemeines

1 **1. Normzweck.** Die Vorschrift beinhaltet in besonderer Weise eine Ausprägung des **Grundsatzes der Verhältnismäßigkeit.** Nach der Rechtsprechung des Bundesverfassungsgerichts hat der Grundsatz der Verhältnismäßigkeit Verfassungsrang. Er ergibt sich aus dem Rechtsstaatsprinzip, im Grunde bereits aus dem Wesen der Grundrechte selbst, die als Ausdruck des allgemeinen Freiheitsanspruchs des Bürgers gegenüber dem Staat von der öffentlichen Gewalt jeweils nur so weit beschränkt werden dürfen, als es zum Schutz öffentlicher Interessen unerlässlich ist. Für das Grundrecht der persönlichen Freiheit folgt dies auch aus der besonderen Bedeutung, die gerade diesem Grundrecht als der Basis der allgemeinen Rechtsstellung und Entfaltungsmöglichkeit des Bürgers zukommt und die das Grundgesetz dadurch anerkennt, dass es in Art. 2 Abs. 2 GG die Freiheit der Person als „unverletzlich" bezeichnet.[1] Die Außervollzugsetzung eines Haftbefehls ermöglicht es in Umsetzung dieser verfassungsrechtlichen Vorgaben insoweit, den Beschuldigten in eine **kontrollierte Freiheit** zu entlassen.

2 Dem Grundsatz der Verhältnismäßigkeit trägt **die forensische Praxis** vor allem bei der Prüfung der Außervollzugsetzung eines auf den Haftgrund der Fluchtgefahr gestützten

[1] BVerfG 15.12.1965 – 1 BvR 513/65, BVerfGE 19, 342 = NJW 1966, 243 (sog. Wecker-Beschluss).

Haftbefehls nur **unzureichend Rechnung.**[2] Dies hat seine Ursache nicht nur in einer seit Jahren verfestigten Rechtsprechungspraxis, sondern beruht letztendlich auf die dem Richter auch in § 116 zugebilligten weiten Bewertungsspielräume.[3] Ob weniger einschneidende Maßnahmen die Erwartung begründen können, dass der Zweck der Untersuchungshaft auch durch diese erreicht werden kann, lässt sich für den Richter oftmals nicht wirklich zweifelsfrei feststellen, so dass der Sicherung des Verfahrens zumeist der Vorrang eingeräumt und der Vollzug der Haft angeordnet wird. Diese Unwägbarkeit kommt aber auch darin zum Ausdruck, dass im Hinblick auf die Verfahrenssicherung eine Außervollzugsetzung des Haftbefehls oftmals auch dann beschlossen wird, wenn ein Haftgrund nicht wirklich besteht und der Erlass eines Haftbefehls entweder ganz abzulehnen oder später aufzuheben gewesen wäre.[4] Es muss daher Aufgabe des Gesetzgebers sein, dem Freiheitsgrundrecht des Beschuldigten durch eine Neufassung der Vorschrift unter Verwendung eindeutig gefasster Aussetzungskriterien Rechnung zu tragen. Allein durch Postulate des Bundesverfassungsgerichts kann einem ausreichenden Grundrechtsschutz nicht wirklich Genüge getan werden (→ § 112 Rn. 1), was die zahlreichen Entscheidungen des Bundesverfassungsgerichts, in welche sehr oft Haftfortdauerbeschlüsse von Oberlandesgerichten in Untersuchungshaftsachen aus verschiedenen Gründen beanstandet werden, belegen.[5]

Eine derart entsprechend **strikte gesetzliche Regelung enthält insoweit bereits** 3 **Abs. 4** (→ Rn. 47–68), nach welcher ein einmal außer Vollzug gesetzter Haftbefehl nur in **ganz engen Grenzen** und in Abs. 4 Nr. 1–3 enumerativ aufgeführten Grenzen wieder in Vollzug gesetzt werden darf, vor allem wenn der Beschuldigte entweder gegen auferlegte Pflichten und Weisungen gröblich zuwiderhandelt, Anstalten zur Flucht trifft, auf Ladung ausbleibt, ein Vertrauensverlust vorliegt oder neu hervorgetreten Umständ die Verhaftung erforderlich machen (→ Rn. 47). Die teilweise selbst in der forensischen Praxis in **ihrer Reichweite weitgehend verkannte Norm** trägt der Umstand Rechnung, dass dem tatsächlichen Verhalten des Beschuldigten weitaus höheres Gewicht beikommt als allgemeine prognostische Erwägungen. Daher kann eine lediglich andere Beurteilung eines unverändert gebliebenen Sachverhalts einen Widerruf einer Außervollzugsetzung, aber auch einen Neuerlass bei vormaliger Aufhebung grundsätzlich nicht rechtfertigen.[6] Die Regelung gehört damit zu den bedeutsamsten Verfahrensgarantien, deren Beachtung Art. 104 Abs. 1 S. 1 GG fordert und mit grundrechtlichem Schutz versieht.[7] Auch im Bereich der Anordnung der Untersuchungshaft (§ 112) wäre de lege ferenda zu bedenken, schon im Gesetz die Aussetzung derselben bei Vorliegen bestimmter Voraussetzungen (ua fester Wohnsitz, feste Arbeitsstelle, soziale Integration, Gestellung einer Kaution) für den Regelfall vorzuschreiben und die Vollziehung der Untersuchungshaft trotz Vorliegen dieser Umstände vom Vorhandensein besonderer Umstände abhängig zu machen.

2. Anwendungsbereich. Die Frage, ob ein Haftbefehlt außer Vollzug gesetzt werden 4 muss,[8] ist während des gesamten Verfahrens zu prüfen und zwar von Amts wegen, ohne dass es eines Antrags des Beschuldigten oder seines Verteidigers bedarf. Insbesondere wird sich die Frage aber stellen beim Erlass des Haftbefehls, bei jeder Haftbeschwerde (§ 304) oder Haftprüfung (§ 117) zunächst durch den Haftrichter selbst, auch durch das Oberlandesgericht im Verfahren nach § 121 (vgl. § 122 Abs. 5). Grundsätzlich ist eine Außervollzugsetzung in rechtlicher Hinsicht nicht von der Zustimmung oder dem Willen des Beschuldigten

2 Siehe hierzu auch Lind in Löwe/Rosenberg Rn. 2.1.
3 Vgl. hierzu jüngst die Kritik von Nobis StraFo 2013, 318.
4 Siehe hierzu auch Lind in Löwe/Rosenberg Rn. 3.
5 Vgl. etwa BVerfG 9.3.2000 – 2 BvR 103/20 mwN.
6 BVerfG 1.2.2006 – 2 BvR 2056/05, StV 2006, 139; OLG Nürnberg 20.3.2013 – 2 Ws 127/13, StV 2013, 519; 20.3.2016 – 2 Ws 127/13, StV 2013, 519 (neuer Haftbefehl nach Freispruch und Aufhebung desselben in der Revision).
7 BVerfG 15.8.2007 – 2 BvR 1485/07, NStZ-RR 2007, 379; KG 22.2.2019 – (4) 161 HEs 11/19, StV 2019, 567.
8 OLG Bamberg 24.9.2020 – 1 Ws 475/19, StV 2020, 619 (Sonderfall der zwingenden Außervollzugsetzung bei Verstoß gegen den Spezialitätsgrundsatz).

abhängig, in der Praxis kommt es jedoch durchaus darauf an, insbesondere dann, wenn dessen Mitwirkung erforderlich ist, wie etwa bei einer Meldeauflage (→ Rn. 22) oder aber der Stellung einer Kaution (→ Rn. 25).

5 **3. Haftgrund.** Eine Außervollzugsetzung ist zunächst bei allen Haftgründen nach §§ 112, 112a[9] (→ Rn. 20 ff., 31 ff., 34 ff., 38 ff.) möglich mit Ausnahme des Haftgrundes der Flucht (str.).[10] Ist der bislang flüchtige Beschuldigte zum Erscheinen bereit, muss der Haftgrund der Flucht in den Haftgrund der Fluchtgefahr umgewandelt werden, dessen Außervollzugsetzung dann möglich ist.

6 Darüber hinaus kommt aber eine Anwendung des § 116 auch in Betracht beim Haftgrund der Hauptverhandlungshaft nach § 127b, der Ungehorsamshaft nach § 230 Abs. 2, 236, § 329 Abs. 4 S. 1, der Abschiebehaft nach § 62 AufenthG,[11] nicht aber für die Fälle der Ordnungshaft nach §§ 177, 178 GVG[12] und der Sicherungshaft nach § 453c Abs. 2 S. 2. Auch beim Unterbringungsbefehl nach § 126a ist – wie vom Gesetzgeber in § 126a Abs. 2 klargestellt – eine Außervollzugsetzung möglich. Anders aber bei § 275a, weil der dortige Abs. 4 S. 4 auf § 116 nicht verweist. Die Außervollzugsetzung eines Auslieferungshaftbefehls ist gesondert geregelt (§ 25 IRG).[13]

7 **4. Kann- oder Muss-Vorschrift.** Ein lediglich sprachlicher Unterschied besteht darin, dass die Norm in Abs. 1 beim Haftgrund der Fluchtgefahr eine Aussetzung bei Vorliegen milderer Mittel für obligatorisch ansieht, wohingegen beim Haftgrund der Verdunkelungs- (Abs. 2) und der Wiederholungsgefahr (Abs. 3) ein Ermessen bestehen soll (Kann-Vorschrift). Insoweit besteht jedoch Einigkeit, dass dem Richter insoweit kein Spielraum zusteht, sondern der Grundsatz der Verhältnismäßigkeit eine Aussetzung zwingend gebietet, wenn der Zweck der Untersuchungshaft durch weniger einschneidende Mittel erreicht werden kann.[14] Daher hat das Gericht bei jeder Haftentscheidung auch zu prüfen, ob mildere Mittel nach § 116 zur Sicherung der Haftzwecke geeignet sind.[15] Während allerdings nach § 120 Abs. 3 StPO eine Pflicht zur Aufhebung des Haftbefehls besteht, wenn dies die Staatsanwaltschaft beantragt, ist das Gericht an einen entsprechenden Antrag auf Außervollzugsetzung nicht gebunden (str.).[16]

8 **5. Notwendigkeit von Auflagen.** Es ist nicht zulässig, einen **Haftbefehl ohne jede Sicherheitsauflage** außer Vollzug zu setzen.[17] Bedarf es einer solchen nicht ist, ist sein Erlass abzulehnen oder ein bereits erlassener Haftbefehl aufzuheben. Ohne Bestand eines Haftbefehls können andererseits aber rechtlich verpflichtend auch keine Auflagen und Weisungen erteilt werden. Jedoch hält es die herrschende Ansicht für zulässig, dass sich der Beschuldigte freiwillig etwa gegenüber der Polizei bestimmten Beschränkungen und Verpflichtungen unterwirft, um so dem Erlass eines Haftbefehls zu entgehen.[18] Diese Praxis ist nicht unbedenklich, weil zB von der Polizei für notwendig angesehenen Auflagen nicht zwingend vom Haftrichter auch angeordnet werden müssen. Jedenfalls stellt der bloße Verstoß gegen solche polizeilichen Vorgaben, wie etwa die Stadt nicht zu verlassen, für sich gesehen keinen Grund zum Erlass eines Haftbefehls dar.

[9] Vgl. hierzu auch BVerfG 15.12.1965 – 1 BvR 513/65, BVerfGE 19, 342 = NJW 1966, 243 (sog. Wecker-Beschluss).

[10] Graf in KK-StPO Rn. 3; Paeffgen in SK-StPO Rn. 5; aA Lind in Löwe/Rosenberg Rn. 2.

[11] AG Bremen 1.10.2009 – 92 XIV 71/09, InfAuslR 2009, 461.

[12] Graf in KK-StPO Rn. 3.

[13] Vgl. hierzu Böhm in Grützner/Pötz/Kress/Gazeas, Internationale Rechtshilfe in Strafsachen, 3. Aufl., 29. Lieferung 2012, IRG § 25 Rn. 1 ff.

[14] Graf in KK-StPO § 112 Rn. 4.

[15] OLG Hamm 7.1.2020 – III – 3 Ws 606/20 (zur fehlenden Eignung von Auflagen bei einem Obdachlosen).

[16] AA BGH 30.11.1999 – 2 BGs 335/99, NJW 2000, 967; LG Arnberg 2.9.2010 – 12 Qs 78/10 ua, StV 2011, 420.

[17] Schmitt in Meyer-Goßner/Schmitt Rn. 5; aA Deckers AK Rn. 2.

[18] Graf in KK-StPO Rn. 5.

6. Keine Befristung. Nicht zulässig ist es einen Haftbefehl oder den Zeitraum seiner Aussetzung zeitlich zu befristen oder diesen von einem zukünftigen Ereignis abhängig zu machen.[19] Es gibt daher weder eine Beurlaubung von der Untersuchungshaft noch eine zeitweise Aussetzung des Haftbefehls. Vielmehr kann die Entscheidung, ob weniger einschneidende Maßnahmen den Zweck der Untersuchungshaft rechtfertigen können, nur einheitlich getroffen werden. Die Frage ist aber bislang nicht abschließend obergerichtlich geklärt.[20] Begehrt der Beschuldigte Haftverschonung, weil er etwa an einer Beerdigung eines nahen Angehörigen teilnehmen will, so muss der Beschuldigte seitens der Vollzugsanstalt hierzu ausgeführt werden, eine „Beurlaubung durch Gewährung einer Haftverschonung" ist rechtlich nicht möglich, selbst bei Ergehen besonderer Sicherungsauflagen.[21] 9

7. Fortbestehende Haftvoraussetzungen. Häufig wird übersehen, dass auch bei einer Außervollzugsetzung eines Haftbefehls die allgemeinen Haftvoraussetzungen weiterhin gegeben sein müssen. Besteht jedoch aktuell kein dringender Tatverdacht und liegt auch kein Haftgrund vor, kommt eine Außervollzugsetzung nicht in Betracht, vielmehr darf entweder kein Haftbefehl erlassen werden oder ein solcher ist aufzuheben (§ 120 Abs. 1 S. 1). Daher hat der Richter im letztgenannten Fall etwa im Rahmen einer Haftprüfung oder einer Haftbeschwerde grundsätzlich zunächst zu prüfen, ob der Haftbefehl aufzuheben ist. Nur wenn er das Vorliegen der allgemeinen Haftvoraussetzungen (dringender Tatverdacht, Haftgründe, Verhältnismäßigkeit, vgl. hierzu → 112 Rn. 3, 8, 21 ff., 41 ff.) bejaht, schließt sich daran die Prüfung an, ob zur Sicherung der Haftzwecke eine Außervollzugsetzung in Betracht kommt. Gesondert zu prüfen ist auch, ob der Beschuldigte überhaupt haftfähig ist. Auch wenn das Recht der Untersuchungshaft keine eigenständige Regelung zum Begriff und zu den Folgen einer Haftunfähigkeit enthält, ist anerkannt, dass der Gesundheitszustand eines Angeklagten in entsprechender Anwendung von § 455 dem Vollzug der Untersuchungshaft entgegenstehen kann. Muss der Angeklagte bei Fortdauer der Untersuchungshaft mit beachtlicher Wahrscheinlichkeit mit irreversiblen und schwerwiegenden Schäden an seiner Gesundheit oder dem Tode rechnen, verletzt die Fortsetzung der Haft sein Freiheitsgrundrecht und eine Haftanordnung ist schon deshalb aufzuheben (→ § 112 Rn. 6b).[22] Allerdings ist auch eine Außervollzugsetzung dann durchaus naheliegend, wenn zwar keine Lebensgefahr besteht, aber wegen einer Erkrankung eine Flucht des Beschuldigten wenig wahrscheinlich erscheint.[23] 10

Verfahrensrechlich bedeutet dies, dass sich die mit Haftsachen betrauten Gerichte bei der zu treffenden Entscheidung über die Fortdauer der Untersuchungshaft mit deren Voraussetzungen eingehend auseinander zu setzen und diese entsprechend zu begründen haben, sog. Begründungstiefe von Haftentscheidungen (vgl. → § 112 Rn. 8, → § 121 Rn. 8).[24] Daher muss ein auch ein Haftverschonungsbeschluss grundsätzlich Ausführungen zum Fortbestand der Haftgründe enthalten.[25] Auch ein Haftverschonungsbeschluss oder eine Abänderung eines solchen hält nämlich den ursprünglichen Haftbefehl aufrecht.[26] Das bedeutet, dass auch bei einem Rechtsmittel der Staatsanwaltschaft gegen einen Haftverscho- 11

19 OLG Schleswig 15.1.1971 – 1 Ws 545/70, SchlHA 71, 69; OLG Stuttgart 10.1.1980 – 3 Ws 8/80, MDR 1980, 42; Schmitt in Meyer-Goßner/Schmitt Rn. 2.

20 Offen gelassen in BGH 22.12.1978 – 6 StE 2/78 – StB 245/78.

21 Schmitt in Meyer-Goßner/Schmitt Rn. 2; aA LG Köln 30.4.194 – Ns 108 – 32/84, StV 1984, 342 (Vorstellungsgespräch zur Drogentherapie); LG Verden 11.4.1996 – 1 – 36/95, StV 1995, 387 (schwere Erkrankung eines Familienmitglieds).

22 Vgl. hierzu OLG Hamm 7.5.2020 – III-3 Ws 157/20 mwN (SARS-CoV-2-Virus), BeckRS 2020, 8426.

23 OLG Hamm 16.4.2020 – III-4 Ws 72/20, StV 2020, 663 (Asthmaerkrankung und SARS-CoV-2-Virus).

24 BVerfG 4.4.2006 – 2 BvR 523/06, StV 2006, 251; siehe auch BVerfG 16.3.2006 – 2 BvR 170/06, NJW 2006, 1336; 9.3.2020 – 2 BvR 103/20, EuGRZ 2020, 365; 1.12.2020 – 2 BvR 1853/20, BeckRS 2020, 34106 mwN; zur Begründungstiefe.

25 Ebenso Graf in KK-StPO § 116 Rn. 7.

26 BGH 26.5.1993 – 5 StR 190/93, BGHSt 39, 233.

nungsbeschluss die Voraussetzungen der Anordnung der Untersuchungshaft stets mit zu prüfen sind.[27]

12 **8. Beschleunigungsgebot.** Das Beschleunigungsgebot findet grundsätzlich ungeachtet der geringeren Eingriffswirkung auch dann Anwendung, wenn der **Vollzug eines Haftbefehls nach § 116 ausgesetzt** wurde[28] oder wenn ein Haftbefehl wegen Strafhaft in anderer Sache nicht vollzogen wird und lediglich **Überhaft** notiert ist.[29] Auch die Überhaft ist auf das sachlich vertretbare Mindestmaß zu beschränken; sie stellt einen Grundrechtseingriff für den Betroffenen dar, weil sich für diesen aus Gründen des Haftrechts Einschränkungen ergeben, wenn neben Strafhaft Untersuchungshaft angeordnet wird.[30] So unterliegt der Beschuldigte einerseits aufgrund der Überhaftnotierung denjenigen Freiheitsbeschränkungen (vgl. § 122 StVollzG), die der Zweck der Untersuchungshaft erfordert, andererseits kann er mögliche Vollzugslockerungen nicht erhalten (→ § 119 Rn. 92 ff.).[31] Auch wenn eine Verletzung des Beschleunigungsprinzips durch eine vermeidbare erhebliche Verfahrensverzögerung nicht zur Aufhebung eines außer Vollzug gesetzten Haftbefehls zwingt, kann eine solche erforderlich sein, wenn nach einer Gesamtabwägung selbst die Fortdauer reduzierter Haftverschonungsauflagen wegen der damit immer noch verbundenen erheblichen Einschränkungen der Freizügigkeit unverhältnismäßig und nicht mehr hinnehmbar ist.[32] Zu weit würde allerdings die Ansicht gehen, die in Haftsachen grundsätzlich gebotene Termins- bzw. Verhandlungsdichte (→ § 112 Rn. 7) gelte auch – uneingeschränkt – in Haftverschonungsfällen, wenn der Verstoß erst nach der Entlassung erfolgt ist.[33]

13 **9. Verfahrensverzögerungen.** Haftsachen sind grundsätzlich beschleunigt zu bearbeiten. Kommt es zu von dem Beschuldigten nicht zu vertretenden, sachlich nicht zu rechtfertigenden und vermeidbaren Verzögerungen, weil die Strafverfolgungsbehörden und Gerichte nicht alle möglichen und zumutbaren Maßnahmen getroffen haben, um das Strafverfahren mit der gebotenen Schnelligkeit abzuschließen, steht dies der Aufrechterhaltung der Untersuchungshaft regelmäßig entgegen. Diese kann nicht mehr als notwendig zur Durchführung eines Strafverfahrens und zur späteren Strafvollstreckung angesehen werden, wenn ihre Fortdauer durch vermeidbare Verfahrensverzögerungen verursacht wurde.[34] Solche Dilationen werden regelmäßig zur Aufhebung des Haftbefehls führen,[35] bei weniger schwerwiegenden Verstößen ist jedoch auch eine Außervollzugsetzung des Haftbefehls möglich.[36]

14 **Verfahrensdauer.** Auch unabhängig von dem Staat zurechenbaren Verfahrensverzögerungen kann die bloße Verfahrensdauer zumindest eine Außervollzugsetzung eines Haftbefehls bedingen. Denn nach ständiger Rechtsprechung des Bundesverfassungsgerichts nimmt das Gewicht des Freiheitsanspruchs der Untersuchungsgefangenen gegenüber dem Strafverfolgungsinteresse des Staates mit zunehmender Dauer der Untersuchungshaft zu, so dass mit zunehmendem Freiheitsentzug die Belange des Untersuchungsgefangenen stärkeres

[27] BGH 18.10.2007 – StB 34/07, StV 2008, 84 mAnm Winkler jurisPR-StrafR 1/2008 Anm. 1.

[28] BVerfG 6.2.1980 – 2 BvR 1070/79, BVerfGE 53, 152; 29.11.2005 – 2 BvR 1737/05, BVerfGK 6, 384; KG 18.8.2003 – 3 Ws 370/03, StV 2003, 627; OLG Stuttgart 20.8.2002 – 2 HEs 147/02, NStZ-RR 2003, 29; OLG Koblenz 19.11.2018 – 2 Ws 670/18, NJ 2018, 78 (vermeidbare Verfahrensverzögerungen im gerichtlichen Verfahren); OLG Dresden 29.6.2017 – 2 Ws 359/17, LSK 2017, 154302 (gebotene Verfahrensabtrennung bei Verzögerung bei Mitangeklagten).

[29] OLG Schleswig 10.11.1999 – 15 Ws 153/99, NStZ 2001, 77; OLG Hamburg 21.7.2016 – 2 Ws 146/16, BeckRS 2016, 13977.

[30] BVerfG 30.8.2008 – 2 BvR 671/08, StV 2003, 30; OLG Koblenz 9.12.2010 – 1 Ws 569/10, BeckRS 2011, 01271.

[31] Schultheiss in KK-StPO § 119 Rn. 9 (Grundsatz der Verhältnismäßigkeit).

[32] BGH 7.2.2019 – StB 1/19, BeckRS 2019, 2488 (Melde- und Wohnsitzauflage mehr als 14 Monate).

[33] KG 22.2.2019 – (4) 161 HEs 11/19, StV 2019, 567 (unklar).

[34] BVerfG 3.5.1966 – 1 BvR 58/66, BVerfGE 20, 45; sowie BVerfG 27.7.1966 – 1 BvR 296/66, BVerfGE 20, 144; 16.3.2006 – 2 BvR 170/06, BVerfGK 7, 421.

[35] OLG Koblenz 9.12.2010 – 1 Ws 569/10, BeckRS 2011, 01271; OLG Dresden 19.11.2013 – 2 Ws 599/13, wistra 2014, 78 (Aufhebung eines außer Vollzug gesetzten Haftbefehls wegen Verstoßes gegen das Beschleunigungsgebot).

[36] LG München 28.4.2008 – 2 KLs 318 Js 31548/06, StV 2009, 253.

Gewicht erlangen.[37] Gleiches gilt, wenn der Haftbefehl bereits außer Vollzug gesetzt worden. So ist auch ein außer Vollzug gesetzte Haftbefehl wegen Unverhältnismäßigkeit (→ Rn. 1) etwa dann aufgehoben worden muss, wenn der Beschuldigte einer ihm gemäß § 116 StPO erteilten Haftverschonungsauflagen, die zu einer nicht unerheblichen Einschränkung seiner Freizügigkeit geführt haben, seit mehr als einem Jahr und neun Monaten nachgekommen ist.[38]

II. Außervollzugsetzung

15 Die Abs. 1–3 zählen für den Haftgrund der Fluchtgefahr (Abs. 1, → Rn. 20 ff.), den Haftgrund der Verdunkelungsgefahr (Abs. 2, → Rn. 31 ff.) und den Haftgrund der Wiederholungsgefahr (Abs. 3 → Rn. 34 ff.) Beispiele für weniger einschneidenden Maßnahmen auf. Die dort aufgeführten Beispiele sind nicht abschließend. In der Regel wird eine Kombination mehrerer Maßnahmen notwendig sein. In formeller Hinsicht müssen die Auflagen und Weisungen im Haftverschonungsbeschluss genau umschrieben sein, damit der Beschuldigte weiß, wie er sich zu verhalten hat. Das insoweit geltende Bestimmtheitsgebot schließt allerdings die Verwendung unbestimmter Rechtsbegriffe nicht aus.[39] Fehlt es jedoch an der gebotenen Umschreibung, wird ein Widerruf (Abs. 4) nicht in Betracht kommen (→ Rn. 47 ff.). Für alle Maßnahmen gilt unabhängig vom Haftgrund zunächst übergreifend:

16 **Anforderungen an Auflagen.** Grundsätzlich kommen dabei nur solche Haftsurrogate in Betracht, die gegenüber dem Vollzug der Untersuchungshaft einen weniger belastenden Eingriff in die persönliche Freiheit und die allgemeine Handlungsfreiheit darstellen.[40] Sie müssen ihrer Art nach als Ersatzmittel für die Untersuchungshaft geeignet sein. Sie dürfen keinen Sühnecharakter[41] haben und dem Beschuldigten keine Beschränkungen auferlegen oder Weisungen erteilen, die durch den gegebenen Haftgrund nicht gerechtfertigt sind (→ Rn. 48).[42] So ist etwa die Weisung zu einem bestimmten Aussageverhalten unzulässig.[43] Gleiches gilt für die Weisung, sich einer gefährlichen Herzoperation zu unterziehen, da hierdurch in das allein dem Beschuldigten zustehende Freiheitsrecht auf Wahrung seiner körperlichen Unversehrtheit eingegriffen würde.[44] Die Auflage, Ladungen eines ärztlichen Sachverständigen Folge zu leisten, ist ebenfalls unzulässig, weil hiermit ein vom Zweck der Untersuchungshaft – Sicherung vor Fluchtgefahr – nicht umfasstes Ziel verfolgt wird.[45] Auch dürfen solche Auflagen und Weisungen keine unzumutbaren Verhaltensanforderungen an den Beschuldigten stellen,[46] nicht im Übermaß in seine Grundrechte eingreifen[47] und müssen mit der Menschenwürde vereinbar sein. Jedoch sind Grundrechtseinschränkungen, welche sich faktisch als zwangsläufige Folge einer in Abs. 1 S. 2 Nr. 1–4 vorgesehenen Auflagen ergeben, rechtmäßig.

17 **Erwartungsprognose.** Die Gewährung einer Haftverschonung setzt die hinreichend begründete Erwartung voraus, dass der Haftgrund aufgrund der verhängten Sicherungsauflagen entfällt oder in seiner Intensität so abgeschwächt wird,[48] dass die Freilassung des Beschuldigten verantwortet werden kann. Dies ist der Fall, wenn mit großer bzw. hoher Wahr-

[37] Vgl. nur BVerfG NStZ 2005, 456 (457) mwN; vgl. auch OLG Hamm 24.3.1998 – 2 Ws 101/98, NStZ-RR 1998, 307.
[38] OLG Karlsruhe 30.12.2014 – 1 Ws 293/14, BeckRS 2015, 16305; OLG Dresden 19.11.2013 – 2 Ws 599/13, wistra 2014, 78 (Verstoß gegen das Beschleunigungsgebot).
[39] BVerfG 1.4.2019 – 2 BvR 382/19, NStZ-RR 2019, 289 (Kontaktverbot zu eventuellen Zeugen).
[40] Graf in KK-StPO Rn. 8.
[41] Neuhaus StV 1999, 340.
[42] LG München 8.11.2002 – 4 Qs 25/02, StraFo 2003, 92.
[43] OLG Frankfurt a. M. 18.8.1992 – 1 Ws 144/92, StV 1992, 583.
[44] OLG Koblenz 28.11.2000 – 2 Ws 729/00, BeckRS 2000, 30146289.
[45] OLG Celle 29.2.1988 – 3 Ws 61/88, StV 1988, 207; ähnlich LG Dortmund 6.8.1997 – 14 (V) Qs 46/97, StV 1999, 607 (Auflage zur Befolgung polizeilicher Ladungen).
[46] OLG Saarbrücken 12.9.1977 – Ws 345/77, NJW 1978, 2460.
[47] Kleinknecht MDR 1965, 781.
[48] OLG Hamm 7.1.2020 – 3 Ws 606/20 (Restrisiko).

scheinlichkeit anzunehmen ist, der Beschuldigte werde sich dem Strafverfahren nicht entziehen (Abs. 1)[49] bzw. nicht in unlauterer Weise auf Beweismittel einwirken (Abs. 2). Wie bei jeder Prognose verbleibt insoweit ein „Restrisiko", welches hinzunehmen ist.[50] Wie beim Haftgrund selbst (→ § 112 Rn. 50) muss auch im Hinblick auf eine Aussetzung eine Abwägung erfolgen und zwar zwischen den Vollzug des Haftbefehls begründenden Umständen und den den jeweiligen Haftgrund abschwächenden Wirkungen der in Betracht kommenden Ersatzmaßnahmen (→ Rn. 21 ff.).

18 **Mehrere Haftgründe.** Stützt sich der Haftbefehl auf mehrere Haftgründe, so müssen für jeden weniger einschneidende Maßnahmen vorliegen, mit welchen der Zweck der Untersuchungshaft erreicht werden kann. Das gilt auch für den subsidiären Haftgrund der Wiederholungsgefahr, auch wenn dieser im Haftbefehl bislang nicht aufgeführt ist (→ Rn. 34 ff.). Auch wenn danach ein auf den Haftgrund der Fluchtgefahr gestützter Haftbefehl nach § 116 außer Vollzug gesetzt werden könnte, ist die Haft weiter zu vollziehen, wenn der Haftgrund der Wiederholungsgefahr nach § 112a Abs. 1 StPO dies gebietet.[51]

19 **Auflagen zu nicht aufgeführten Haftgründen.** Häufig finden sich in Haftverschonungsbeschlüssen Auflagen, welche sich auf einen Haftgrund beziehen, welcher gar nicht im Haftbefehl aufgeführt ist. Insoweit ist zu prüfen, ob damit ein vom Haftgrund nicht gedecktes Ziel verfolgt wird (→ Rn. 16). Wird etwa im Rahmen der Aussetzung eines auf den Haftgrund der Fluchtgefahr (Abs. 1) gestützten Haftbefehls auch ein Kontaktverbot zu Mitbeschuldigten und Zeugen (Abs. 2) ausgesprochen, so bedarf es zumindest einer näheren Begründung, warum ein solches auch zur Reduzierung der Fluchtgefahr angezeigt ist. Daneben soll es nach Ansicht des BGH auch ohne förmliche Anpassung der Haftgrundlage ausreichen,[52] dass auch der weitere Haftgrund in Betracht kommt (zweifelhaft). Liegt ein solcher jedoch nicht vor, ist die Auflage in rechtlich nicht zulässiger Weise festgesetzt worden und ein Widerruf (Abs. 4) kann hierauf nicht gestützt werden (vgl. → Rn. 48 ff.).

III. Aussetzung bei Fluchtgefahr (Abs. 1)

20 **1. Allgemeines.** Einen auf den Haftgrund der Fluchtgefahr gestützten Haftbefehl hat der Richter nach Abs. 1 auszusetzen, wenn weniger einschneidende Maßnahmen die Erwartung hinreichend begründen, dass der Zweck der Untersuchungshaft auch durch sie erreicht werden kann (zu den allgemeinen Abwägungskriterien, vgl. → Rn. 17). Wie bei der Beurteilung des Vorliegens des Haftgrundes der Fluchtgefahr in § 112 (→ § 112 Rn. 52) ist auch bei der Außervollzugsetzung eines auf den Haftgrund der Fluchtgefahr gestützten Haftbefehls die Straferwartung das in der forensischen Praxis maßgebliche Kriterium. Besteht insoweit kein sonderlich massiver Fluchtanreiz und verfügt der Beschuldigte über familiäre Bindungen kann es im Zusammenwirken mit nach § 116 aufzuerlegenden Weisungen durchaus als überwiegend wahrscheinlich anzusehen sein, dass sich ein Beschuldigter im Falle seiner Freilassung dem weiteren Verfahren zur Verfügung halten wird.[53] Eine Außervollzugsetzung wird ohne Hinzutreten fluchtbegründender weiterer Umstände danach vor allem in Betracht kommen können, wenn – unter Anrechnung von bereits vollzogener Untersuchungshaft – die Verbüßung weiterer Strafhaft von nicht mehr als drei Jahren droht.[54] Die Außervollzugsetzung eines auf Fluchtgefahr gestützten Haftbefehls kommt jedoch auch dann in Betracht, wenn sich – durchaus praxisrelevant – der Tatverdacht im Laufe des Verfahrens reduziert[55] oder der Angeklagte ein umfassendes Geständnis abgelegt hat und dies auf sein Bemühen schließen lässt, nunmehr „reinen Tisch zu machen"

[49] OLG Karlsruhe 23.9.1996 – 3 Ws 261/96, StraFo 1997, 91; OLG Köln 1.8.2019 – III – 2 Ws 439/19, BeckRS 2019, 42712 (bereuender Angeklagter bei lang zurückliegenden Taten trotz einer Haftstrafe von 5 Jahren und 9 Monaten); Schmitt in Meyer-Goßner/Schmitt Rn. 4.
[50] Graf in KK-StPO Rn. 10.
[51] OLG Jena 10.11.2005 – 1 Ws 404/05, BeckRS 2005, 153341.
[52] BGH 4.10.1991 – StB 22/91, BGHR StGB § 99 Agent 2; Graf in KK-StPO Rn. 11.
[53] OLG Frankfurt a. M. 3.2.2010 – 1 HEs 8/10, BeckRS 2011, 13504.
[54] OLG Hamm 14.11.2007 – 2 Ws 342/07, OLGSt StPO § 112 Nr. 13.
[55] LG München 30.6.2014 – 2 Ks 200 Js 105371/11, StV 2014, 628.

und sich dem Strafverfahren zu stellen. Dies gilt selbst dann, wenn er nicht mehr mit der Verhängung einer noch bewährungsfähigen Strafe rechnet, aber seine Hoffnung auf die Ermöglichung eines künftigen offenen Vollzugs setzt.[56]

2. Beispielskatalog des Abs. 1 S. 2. Für die Fälle der Fluchtgefahr enthält Abs. 1 S. 1 eine nicht abschließende Aufzählung (→ Rn. 22) von Verschonungsauflagen, welche in eingeschränktem Umfang auch bei anderen Haftgründen zur Anwendung kommen können. Dies sind: 21

a) Meldeauflage (Abs. 1 S. 2 Nr. 1). Sinn einer Meldeauflage ist es, den Beschuldigten einer engmaschigen zeitlichen Überwachung zu unterwerfen. Dazu kann dem Beschuldigten auferlegt werden, sich zu bestimmten Zeiten bei dem Richter, der Strafverfolgungsbehörde oder einer von ihnen bestimmten Dienststelle zu melden. In der Regel beinhaltet dies eine Meldepflicht bei einer Polizeibehörde. Die turnusgemäßen Meldezeiten und die Meldestelle sind konkret zu bestimmen, wobei es ausreicht, dem Beschuldigten aufzuerlegen, sich einmal oder zweimal wöchentlich bei der ihm nächst gelegenen Polizeidienststelle zu melden. Eine Bestimmung der jeweiligen Tage empfiehlt sich, ist aber nicht zwingend erforderlich. Eine vollständige Übertragung der Vorstellungspflicht auf die Meldebehörde genügt dem Bestimmtheitsgebot hingegen ebenso wenig wie die Festlegung einer zu geringen Vorstellungsfrequenz. So ist eine zureichende Überwachung nicht gewährleistet, wenn dem Beschuldigten lediglich auferlegt wird, sich einmal monatlich zu melden.[57] Auch die Auferlegung einer Meldepflicht bei einer privaten Stelle, zB dem Arbeitgeber, ist zulässig, setzt aber das Einverständnis derselben und deren Verschwiegenheit voraus.[58] Eine zeitweilige Aussetzung der Meldeauflage ist zulässig.[59] 22

b) Aufenthaltsbeschränkungen (Abs. 1 S. 2 Nr. 2). Die Weisung einen bestimmten Aufenthaltsort nicht zu verlassen, ist zwar schwer kontrollierbar, macht jedoch in Zusammenhang mit anderen Anordnungen durchaus Sinn,[60] etwa der Abgabe des Reisepasses. Stets muss sie jedoch in Zusammenhang mit dem Haftgrund stehen. So kann die Weisung zur Wohnsitznahme bei den Eltern oder einer dritten aufnahmebereiten Person verhindern, dass der Beschuldigte in die Illegalität abtaucht.[61] Zulässig ist auch das Verbot des Verlassens des Wohnortes oder eines anderen konkret umschriebenen Aufenthaltsbereichs. Die Weisung wird nicht deshalb unzulässig, weil bei einer Überprüfung durch die Polizei die abstrakte Gefahr der Bloßstellung droht,[62] anders aber, wenn konkret nicht unerhebliche Beeinträchtigung der Persönlichkeitsrechte des Beschuldigten zu erwarten sind. Von dieser in anderen europäischen Staaten zur Vermeidung von Haft weit verbreitenden Form des **„Hausarrestes"** wird in Deutschland kaum Gebrauch gemacht, zumal eine solche Auflage im Rahmen des Haftrechts nur in Kombination mit einer „elektronischen Fußfessel" wirklich effektiv überwacht werden kann (→ Rn. 30).[63] 23

c) Weisung, die Wohnung nicht ohne Aufsicht zu verlassen (Abs. 1 S. 2 Nr. 3). 24
Diese Anweisung kommt vor allem bei Jugendlichen in Betracht, wenn geeignete Aufsichtspersonen zur Verfügung stehen, welche bereit zur Übernahme der Kontrolle sind und die die Gewähr bieten, ihre Aufgabe zuverlässig zu erfüllen, wozu auch die Meldung von Zuwiderhandlungen gehört. Es bedarf keine ständiger Aufsicht, es reicht aus, wenn die Aufsichtsperson den Beschuldigten auf dem Weg zur Schule oder Arbeitsstelle und zurück begleitet.[64]

[56] OLG Koblenz 24.9.2002 – (2) 4420 BL – III – 94/02, NStZ 2004, 80.
[57] OLG Köln 26.8.2003 – 2 Ws 499/03, BeckRS 2003, 18087.
[58] Graf in KK-StPO Rn. 15.
[59] OLG Hamm 17.9.1998 – 2 Ws 402/98, StraFo 1998, 423.
[60] Ebenso Graf in KK-StPO Rn. 16.
[61] Vgl. hierzu auch OLG Celle 3.5.1991 – 1 Ws 109/91, StV 1991, 473.
[62] So aber Schmitt in Meyer-Goßner/Schmitt § 116 Rn. 8.
[63] Vgl. hierzu auch OLG Hamburg 11.5.2020 – 1 Ws 44/20 (Haftgrund Wiederholungsgefahr); Schünemann StraFo 2020, 45.
[64] Schmitt in Meyer-Goßner/Schmitt Rn. 9.

25 **d) Sicherheitsleistung (Abs. 1 S. 2 Nr. 4).** Diese durchaus praxisrelevante Auflage wird in vorliegender Kommentierung im Rahmen des § 116a behandelt. Von der Möglichkeit der Haftverschonung durch Gestellung einer Kaution wird in der forensischen Praxis allerdings viel zu wenig Gebrauch gemacht. Dies kann vor allem dann ein zusätzlich stabilisierendes Moment darstellen und die Fluchtgefahr in erheblicher Weise mindern, wenn die gerichtlich festgelegte Sicherheitsleistung ganz oder teilweise von Familienangehörigen aufgebracht wird.[65] Anders aber, wenn die Kaution durch einen Dritten erbracht werden soll. Hier obliegt es dem Beschuldigten, Angaben zur Person des potenziellen Sicherungsgebers in einer Weise zu machen, dass eine gerichtliche Prüfung dahin erfolgen kann, ob die von dem Dritten zu stellende Kaution als ein geeignetes Haftsurrogat anzusehen wäre. Denn nur bei Kenntnis der Person des Sicherungsgebers kann beurteilt werden, ob aufgrund der Persönlichkeit des Beschuldigten und seiner Beziehungen zum Sicherungsgeber davon ausgegangen werden kann, er werde diesem nicht durch den Verfall der Sicherheit schaden wollen, und ob die Summe nach dem Vermögen des Leistenden in einer Höhe festgesetzt ist, die der Beschuldigte nicht als ein Freundschaftsgeschenk ansehen kann.[66]

26 **e) Weitere Sicherungsauflagen.** Als sonstige Weisungen kommen alle Maßnahmen in Betracht, welche geeignet sind, durch Reduzierung der Fluchtgefahr als Ersatz für den Vollzug eines Haftbefehls zu dienen.

27 **Abgabe der Personalpapiere.** Regelmäßig in Haftverschonungsbeschlüssen angeordnet wird die Pflicht zur Hinterlegung der Personalpapiere (Reisepass und Personalausweis).[67] Auch wenn aufgrund der freien Grenzen in der Europäischen Union nicht wirklich verhindert werden kann, dass sich der Beschuldigte in ein Nachbarland absetzt, ist die psychologische Wirkung einer solchen Anordnung nicht zu unterschätzen. Die für die Erteilung des Personalausweises zuständige Behörde wird über die amtliche Verwahrung des Personalausweises unterrichtet, welche dem Beschuldigten sodann nach § 1 Abs. 1 S. 2 PersAuswG als Ersatzausweis eine amtliche Bescheinigung ausstellt. Auch der Reisepass eines Ausländers kann unter Ausstellung einer Ersatzbescheinigung einbehalten werden.[68] Hat der Beschuldigte die Personalpapiere nicht bei sich und werden diese auch nicht bei seinen Effekten in der JVA verwahrt, so wird es aber vielfach ausreichen, dem Beschuldigten aufzuerlegen, diese nach seiner Entlassung ggf. über seinen Verteidiger zu den Akten zu reichen.

28 **Führerschein.** Wenig praktiziert, aber sehr effizient kann das Verbot des Führens von Kraftfahrzeugen[69] und die begleitend hierzu anzuordnende Hinterlegung des Führerscheins sein, wenn diese Mittel zur Reduzierung der jeweils haftbegründenden Umstände geeignet sind.[70] Auch hierüber ist die zuständige Behörde zu unterrichten, damit er von dieser keinen „Ersatzführerschein" ausbestellt erhält.

29 **Sperrung von Konten.** Verfügt der Beschuldigte über Vermögenswerte auf Sparbüchern und Konten, so ist es, wenn auch in der Praxis selten durchgeführt, als rechtlich zulässig anzusehen, eine Haftverschonung davon abhängig zu machen, dass dieser gegenüber den Banken unwiderruflich erklärt, Verfügungen hierüber nur mit Zustimmung des Gerichts zu treffen.[71]

30 **Elektronische Hand- oder Fußfessel.** Grundsätzlich zulässig ist auch die Auflage der ständigen Benutzung eines solchen „Bewegungsmelders", welcher einer aufsichtsführenden Stelle signalisiert, wo sich der Beschuldigte gerade aufhält.[72] Ob eine solche Auflage im Rahmen eines Haftverschonungsbeschlusses umsetzbar ist, hängt jedoch in tatsächlicher Hinsicht davon ab, ob vor Ort die technischen Möglichkeiten zur Überwachung überhaupt bestehen.

---

65 OLG Zweibrücken 4.10.2010 – 1 Ws 238/10, StV 2011, 164.
66 KG 13.3.2018 – 4 Ws 30/18.
67 Graf in KK-StPO Rn. 13.
68 OLG Saarbrücken 12.9.1977 – Ws 345/77, NJW 1978, 2460.
69 OLG Köln 4.8.2009 – 4 HEs 18/09, StV 2010, 29.
70 Krit. bezgl. der Wirkung Graf in KK-StPO Rn. 12.
71 Ebenso Graf in KK-StPO § 116.
72 Vgl. hierzu Püschel StraFo 2009, 134; Ostendorf ZRP 1998, 192.

IV. Außervollzugsetzung bei Verdunkelungsgefahr (Abs. 2)

31 Auch beim Haftgrund der Verdunkelungsgefahr können weniger einschneidende Maßnahmen die Erwartung begründen, dass die Gefahr der Einflussnahme durch eine Beweismittelbeeinträchtigung vermindert wird. Als Auflagen kommen dabei vor allem ein Kontaktverbot[73] und die Stellung einer Kaution in Betracht (→ § 116a Rn. 13). Das Gesetz gibt als Beispiel (Abs. 2 S. 1) die Anweisung vor, keine Verbindung mit Mitbeschuldigten, Zeugen oder Sachverständigen aufzunehmen. Da eine wirksame Kontrolle einer solchen Weisung vielfach nicht möglich ist, wird die Gewährung einer Haftverschonung im Ergebnis von der Beurteilung der Verlässlichkeit des Beschuldigten durch den Haftrichter abhängen.

32 Erfasst vom Verbot der Verbindungsaufnahme werden alle Formen der Kommunikation, nicht nur durch Briefe, sondern auch durch elektronische Medien. Sie erstreckt sich aber auch auf Mittelsmänner. Fraglich ist, ob sich das Verbot auch auf Personen erstreckt, welche noch gar nicht als Mitbeschuldigte oder Zeugen bekannt sind.[74] Wegen der notwendigen Bestimmtheit wird man dies nur bejahen können, wenn eine solches Verbot im Aussetzungsbeschluss ausdrücklich aufgeführt ist. Rechtlich nicht zulässig ist die Verhängung eines Kontaktverbots, wenn die Beweisperson mit dem Beschuldigten in Haugemeinschaft lebt,[75] denn die Einhaltung einer solchen Weisung wäre unzumutbar und würde einem „Hausverbot" gleichkommen. Auch der Verkehr mit dem Verteidiger kann nicht verboten werden.[76] Ist dieser ebenfalls tatverdächtig, muss dieser von der Verteidigung zunächst ausgeschlossen werden (§ 138a). Stützt sich der Haftbefehl allein auf Verdunkelungsgefahr kann auch keine Meldeauflage verhängt werden, weil eine solche nicht zur Reduzierung dieses Haftgrundes geeignet ist (→ Rn. 32).

33 Problematisch ist ein Kontaktverbot aber, wenn es sich an sich um legitimes Verteidigungsverhalten handelt, etwa wenn der Beschuldigte keine Beeinflussung vornehmen, sondern nur seine Rechte wahren will. So ist es unter Berücksichtigung der Umstände des Einzelfalles noch als sachgerecht und somit noch als noch zulässige Strafverteidigertätigkeit angesehen worden, wenn der Verteidiger eines in Untersuchungshaft befindlichen Angeklagten dessen ihm mitgeteilte und noch nicht zu den Akten gelangte Einlassung zur Sache dem Verteidiger des ebenfalls in Untersuchungshaft befindlichen Mitangeklagten übermittelt mit der Bitte, die Einlassung dessen Mandanten zur Kenntnis zu geben und mit diesem zu erörtern.[77] Solche dem Verteidiger des Beschuldigten zustehenden Befugnisse können jedoch nicht ohne weiteres auf diesen selbst übertragen werden. Deshalb wurde zu Recht die in einem Außervollzugsetzungsbeschluss enthaltene Auflage des Verbots der Weitergabe des „Haftbefehls, von Vernehmungsprotokollen oder der sonstige Aktenstücke an Dritte, ohne vorherige Zustimmung der Staatsanwaltschaft" als rechtmäßig ergangen angesehen, da sie weder vom Wortlaut noch vom Sinn und Zweck darauf abzielte, rechtmäßiges Verteidigungshandeln zu unterbinden.[78]

V. Außervollzugsetzung bei Wiederholungsgefahr (Abs. 3)

34 Beim Haftgrund der Wiederholungsgefahr wird eine Aussetzung nur in Ausnahmefällen in Betracht kommen, wobei sämtliche bei Abs. 1 (→ Rn. 20 ff.) und Abs. 2 (→ Rn. 31 ff.) aufgeführten Ersatzmaßnahmen im Einzelfall zur Reduzierung einer erneuten Tatbegehung geeignet erscheinen können. Nahe liegt insoweit die Weisung, keine Kontakte zu dem „Opfer" der Straftat aufzunehmen, „andernorts Wohnung zu nehmen" oder „sich in ärztliche oder therapeutische Behandlung" (→ Rn. 36) zu begeben.

35 Besonders strenge Anforderungen sind zu stellen bei der Außervollzugsetzung eines auf Wiederholungsgefahr gestützten Haftbefehls, wenn diesem der **Vorwurf des sexuellen**

---

[73] OLG Nürnberg 29.11.2002 – Ws 1485/02, StraFo 2003, 89.
[74] So Schmitt in Meyer-Goßner/Schmitt § 112 Rn. 15.
[75] Schmitt in Meyer-Goßner/Schmitt Rn. 15; Graf in KK-StPO Rn. 21.
[76] Vgl. hierzu auch BVerfG 1.4.2019 – 2 BvR 382/19, NStZ-RR 2019, 289.
[77] OLG Frankfurt a. M. 20.11.1980 – (2) Ws 800/80, NStZ 1981, 144; Wüllrich StraFo 1998, 210.
[78] LG München 25.2.1998 – 4 Qs 75/97, StraFo 1998, 209.

Missbrauchs von Kindern zugrunde liegt.[79] Gleichwohl kann eine Haftverschonung in Betracht kommen, wenn erwartet werden kann, dass der Beschuldigte zur Erreichung des Zwecks der Untersuchungshaft geeignete Weisungen befolgen wird. Dies ist bei der Anweisung, Kontakt zu Kindern oder Jugendlichen zu vermeiden und eine begonnene Therapie unmittelbar nach der Haftentlassung fortzusetzen, der Fall, wenn der Beschuldigte Einsicht in sein Fehlverhalten zeigt, in seinem Umfeld die Möglichkeit der Kontaktaufnahme zu jungen Mädchen äußerst gering ist und durch familiäre Beziehungen eine gewisse Kontrolle über sein Verhalten besteht.[80] Ein Haftbefehl wegen Wiederholungsgefahr kann auch unter solchen Auflagen außer Vollzug gesetzt werden, die in der Sache einem vorläufigen Berufsverbot gleichkommen.[81] Vielfach wird sich hier auch die Erteilung einer zeitlich näher festgelegten „Ausgangssperre" anbieten, um zu verhindern, dass der Beschuldigte bestimmte Orte, zB Diskotheken, aufsucht, wenn solche zur Ausräumung der Wiederholungsgefahr geeignet sind.[82]

36 **Außervollzugsetzung und Therapieauflage.** Oftmals kann durch eine psychotherapeutischen Behandlung die Wiederholungsgefahr derart reduziert werden, dass der Haftbefehl außer Vollzug gesetzt werden kann. Erforderlich hierfür ist nicht nur die allgemeine Bereitschaft des Beschuldigten, sich einer therapeutischen Behandlung zu unterziehen, sondern auch das Bestehen einer gewissen Erfolgsaussicht. Zur Beurteilung einer solchen wird aber zumeist die Durchführung zumindest probatorischer Sitzungen notwendig sein. Richtet sich die Tat gegen Minderjährige, so ist eine solche Behandlung auch innerhalb der Haftanstalt zur Vorbereitung der zwischenzeitlich nach § 246a Abs. 2 durchzuführenden Begutachtung sachdienlich.[83]

37 Auch wenn eine solche therapeutische Behandlung als Ersatzmaßnahme iSd § 116 Abs. 3 geeignet erscheint, stellt sich im Falle der Behandlung durch einen externen Therapeuten die Frage der Kostentragung. Insoweit ist nach einer Haftentlassung sowohl im Falle des Eintritts der Führungsaufsicht[84] als auch bei Strafaussetzung zu Bewährung[85] zwischenzeitlich weitgehend gerichtlich anerkannt, dass die Kosten der Behandlung durch die Staatskasse jedenfalls in einer Forensischen Ambulanz (§ 68 Abs. 1 Nr. 11 StGB) zu tragen sind, soweit kein anderer Kostenträger dafür aufkommt.[86] Kann durch eine solche Behandlung eine weitere Inhaftierung vermieden werden, sprechen gute Gründe dafür, diese Grundsätze auch auf die Untersuchungshaft zu übertragen, so dass der Staat die letztendlich im Falle einer Verurteilung die vom Beschuldigten selbst zu tragenden Behandlungskosten in Vorleistung als „Auslagen in Rechtssachen" zu übernehmen hat.

VI. Außervollzugsetzung beim Haftgrund der Schwerkriminalität

38 Auch beim Haftgrund der Schwerkriminalität nach § 112 Abs. 3 ist eine Haftverschonung nach § 116 grundsätzlich möglich.[87] Das ergibt sich zwar nicht dem Wortlaut der Norm, ist aber zwingende Folge des Verfassungsgebots der Verhältnismäßigkeit und entspricht der Rechtsprechung des Bundesverfassungsgerichts.[88] An eine Aussetzung sind jedoch strenge Anforderungen zu stellen (→ § 112a Rn. 57), so dass letztendlich eine Haft-

[79] Vgl. hierzu OLG Hamburg 11.5.2020 – 1 Ws 44/20; vgl. zum neuen Sexualstrafrecht auch Bussweiler, Kriminalistik 2021, 486 f.
[80] OLG Köln 1.12.2003 – 2 Ws 616/03, BeckRS 2003, 18092.
[81] OLG Köln 25.11.2003 – 2 Ws 629/03, BeckRS 2003, 151637.
[82] OLG Köln 4.8.2009 – 41 HEs 18/09, StV 2010, 29.
[83] Vgl. hierzu Böhm/Boetticher ZRP 2009, 134.
[84] OLG Bremen 17.9.2010 – Ws 96/10, NStZ 2011, 216; OLG Karlsruhe 5.8.2010 – 1 Ws 107/10, NStZ-RR 2011, 30; OLG Nürnberg 23.3.2009 – 1 Ws 94/09, OLGSt StPO § 453 Nr. 11; OLG Jena 16.5.2011 – 1 Ws 74/11, NStZ-RR 2011, 296.
[85] OLG Stuttgart 13.8.2012 – 4a Ws 33/12, NStZ 2013, 346.
[86] Vgl. hierzu auch BVerfG 27.6.2006 – 2 BvR 1392/02, BVerfGK 8, 285.
[87] OLG Frankfurt a. M. 18.1.2000 – 1 Ws 3/2000, StV 2000, 374; OLG Köln 16.1.1996 – HEs 266/95, NJW 1996, 1686.
[88] BVerfG 15.12.1965 – 1 BvR 513/65, BVerfGE 19, 342 = NJW 1966, 243 (sog. Wecker-Beschluss); ebenso BGH 10.12.2015 – StB 16/15, StV 2016, 443.

verschonung aus Sicht der Praxis die seltene Ausnahme darstellt. Eine solche kommt nur in Betracht, wenn nach den Umständen des Falles Fluchtgefahr ausgeschlossen werden kann.[89] Nicht erforderlich ist jedoch die Belegbarkeit mit „bestimmten Tatsachen". Danach kommt eine Außervollzugsetzung zunächst in Betracht, wenn durch Auflagen erreicht werden kann, dass der Beschuldigte sich dem Verfahren nicht entzieht.[90]

Der **Grundsatz der Verhältnismäßigkeit** verlangt jedoch zudem, dass der Zweck der 39 Untersuchungshaft beachtet wird. Insoweit rechtfertigen weder die Schwere der Verbrechen wider das Leben noch die Schwere der (noch nicht festgestellten) Schuld für sich allein die weitere Inhaftierung; noch weniger ist die Rücksicht auf eine mehr oder minder deutlich feststellbare „Erregung der Bevölkerung" ausreichend, die es unerträglich findet, wenn ein „Mörder" frei umhergeht. Vielmehr müssen Umstände vorliegen, die die Gefahr begründen, dass ohne Festnahme des Beschuldigten bzw. hier die weitere Fortdauer der Haft die alsbaldige Aufklärung und Ahndung der Tat gefährdet sein könnte. Daher muss durch die dem Beschuldigten bei der Haftverschonung gemachten Auflagen auch hinreichend sicher ausgeschlossen werden können, dass er keine gleichartigen Taten mehr begehen wird.[91]

Als Haftverschonungsauflagen kommen grundsätzlich alle in Abs. 1–3 möglichen 40 Ersatzmaßnahmen in Betracht, je nachdem, ob sich der Haftbefehl auf die sonst nicht ausräumbare Flucht-, Verdunkelungs- oder Wiederholungsgefahr gründet.

VII. Verfahrensfragen

Zuständiges Gericht. Zur Entscheidung über eine Aussetzung des Haftbefehlss beru- 41 fen ist zunächst das nach § 126 zuständige Gericht und zwar auf Antrag des Beschuldigten oder der Staatsanwaltschaft. Zumeist wird eine solche Prüfung im Rahmen eines Antrag auf Durchführung einer mündlichen Haftprüfung (→ § 117 Rn. 6, → § 118 Rn. 30 ff.) oder einer eingelegten Haftbeschwerde (→ § 117 Rn. 24) im Rahmen der Abhilfeprüfung (§ 304) veranlasst sein. Möglich ist eine Außervollzugsetzung des Haftbefehls aber auch sogleich mit seinem Erlass. Das Gericht kann aber auch von Amts wegen entscheiden. In diesem Falle sind die Beteiligten zu hören (§ 33 Abs. 2), ggf. muss eine Mitwirkungsbereitschaft des Beschuldigten geklärt werden.[92] Jedoch ist eine Aussetzung nicht von einer vorherigen Zustimmung des Beschuldigten oder seiner Mitwirkungsbereitschaft abhängig. Möglich ist die Anordnung einer Haftverschonung jedoch auch im Beschwerdeverfahren, etwa durch das Landgericht, und im besonderen Haftprüfungsverfahren durch das Oberlandesgericht (§ 121 Abs. 5 StPO).

In formaler Hinsicht ergeht die Entscheidung durch Beschluss, welcher zu begründen 42 ist (§ 34, → Rn. 11: Begründungstiefe) (→ § 112 Rn. 8, Rn. 34). Hierin müssen die Haftverschonungsmaßnahmen so eindeutig umschrieben werden, dass der Beschuldigte weiß, wie er sich zu verhalten hat, um sich die Haftvorteile zu sichern. Ansonsten ist die Auflage rechtswidrig und ein Widerruf (Abs. 4) kann auf einen Verstoß nicht gestützt werden. Der Aussetzungsbeschluss wird, wenn er nicht in einer mündlichen Verhandlung verkündet wird, den Beteiligten zugestellt (§ 35 Abs. 2 S. 1), da hiergegen das Rechtsmittel der Beschwerde eröffnet ist (§ 304). Ist der Beschluss unanfechtbar, wie etwa bei einer Außervollzugsetzung durch das Oberlandesgericht (§ 304 Abs. 4 S. 1 und 2), besteht jedoch keine Beschwerdemöglichkeit und es genügt die formlose Übersendung. Anders aber, wenn das Oberlandesgericht ausnahmsweise im ersten Rechtszug entschieden hat (§ 304 Abs. 3 S. 2 Hs. 2 Nr. 1–5). Zu beachten ist auch, dass der Beschluss mit Eintritt der Rechtskraft eines Urteils – anders als beim Vollzug der Untersuchungshaft (→ § 120 Rn. 31) – nicht gegen-

[89] OLG Rostock 7.3.2003 – 1 Ws 84/03.
[90] OLG Oldenburg 28.11.2007 – 1 Ws 639/07, StraFo 2008, 27.
[91] OLG Oldenburg 11.3.2010 – 1 Ws 115/10, StRR 2010, 163 (Werfen von Gegenständen auf die Autobahn).
[92] BGH 8.1.2015 – 2 StR 123/14, NStZ 2015, 294 (Gespräche über eine Haftverschonung stellen keine Verständigung iSd § 257c dar).

standslos wird, sondern weiterhin Grundlage für die die Vollstreckung sichernden Haftverschonungsauflagen bleibt.[93]

43 **Beschwerdeverfahren.** Wird eine – beantragte – Haftverschonung abgelehnt, kann der Beschuldigte und die Staatsanwaltschaft hiergegen nicht fristgebunden Beschwerde (§ 304) einlegen. Allerdings obliegt die aufgrund des persönlichen Eindrucks in der Hauptverhandlung getroffene Entscheidung über die Außervollzugsetzung eines Haftbefehls nur einer eingeschränkten Überprüfung durch das Beschwerdegericht.[94] Grundsätzlich kann auch nur die letzte Entscheidung angreifen, eine Beschwerde gegen früher Haftentscheidungen ist aufgrund prozessualer Überholung nicht zulässig.[95] Der Begrenzung des Beschwerderechts auf die jeweils letzte Haftentscheidung liegt die Erwägung zugrunde, dass es einem vernünftigen Verfahrensablauf widersprechen würde, wenn ein Beschwerdeführer in beliebiger Art und Weise auf frühere, möglicherweise in ihrer Begründung bereits überholte Haftentscheidungen zurückgreifen und es hierdurch im Ergebnis zu einander widersprechenden Entscheidungen verschiedener mit der Sache befasster Gerichte kommen könnte. Dies soll nach Ansicht des Hanseatischen Oberlandesgerichts Hamburg aber nur gelten, wenn die spätere Entscheidung auch den Bestand des Haftbefehls betrifft, was nicht der Fall sein soll, wenn in der späteren Beschlussfassung nur über die Abänderung von Auflagen zu befinden gewesen war.[96] Dieser Ansicht kann jedoch nicht gefolgt werden, da der Bestand des Haftbefehls bei jeder Entscheidung grundsätzlich mit zu prüfen ist.[97] Die Beschwerde gegen eine Haftentscheidung ist jedoch prozessual überholt und deswegen für erledigt zu erklären, wenn gegen den Betroffenen in derselben Sache mittlerweile Strafhaft vollstreckt wird.[98]

44 **Anfechtbarkeit.** Wird Haftverschonung gewährt, ist die Entscheidung von der Staatsanwaltschaft, nicht aber vom Nebenkläger anfechtbar.[99] Der Beschuldigte ist durch die Gewährung einer Haftverschonung zunächst nicht unmittelbar beschwert, er kann jedoch Auflagen, welche er als rechtswidrig und belastend ansieht, mit der Beschwerde angreifen, sein Rechtsschutzbedürfnis ist nicht entfallen.[100] So bleibt ihm zunächst das Recht unbenommen, gegen den Haftbefehl mit dem Ziel der Aufhebung Beschwerde einzulegen.[101] Insoweit muss beachtet werden, dass das Beschleunigungsgebot auch gilt, wenn der Haftbefehl außer Vollzug gesetzt ist (→ Rn. 44) und deshalb allein schon erhebliche Verfahrensverzögerungen die Aufhebung bedingen können.[102] Schließlich betrifft die Anordnung, Abänderung oder Aufhebung von Auflagen nicht die Grundlagen der Inhaftierung des Beschuldigten, sondern allein die Ausgestaltung seines Lebens in Freiheit. Eine Entscheidung hierüber ist keine die Verhaftung betreffende Entscheidung iSd § 310 Abs. 1 StPO und der weiteren Beschwerde ebenso entzogen[103] wie die Anfechtbarkeit von Entscheidung des Ermittlungsrichters beim BGH oder eines erstinstanzlich Entscheidung des Oberlandesgerichts (§ 302 Abs. 2).[104] Die nachträgliche Änderung von Auflagen ist nur unter den Voraussetzungen des Abs. 4 zulässig (→ Rn. 67).

---

93 KG 17.6.2011 – 2 Ws 219/11, NStZ 2012, 230; vgl. hierzu Barthe NStZ 2016, 71; → § 112 Rn. 13.

94 Ebenso OLG Hamm 29.11.2016 – III 1 Ws 510/16; OLG Köln 3.8.2015 – III-2 Ws 462/15; → § 123 Rn. 41).

95 OLG Oldenburg 23.11.2020 – 1 Ws 475/20, BeckRS 2020, 32867 (gilt auch für Fälle des Abs. 4).

96 OLG Hamburg 22.2.1994 – 1 Ws 40/04, StV 1994, 323; ebenso BGH 25.1.1973 – StB 76/72, BGHSt 25, 120; 1.2.1980 – StB 3/80, BGHSt 29, 200; 19.3.1986 – StB 2/86, BGHSt 34, 34; Graf in KK-StPO § 116 Rn. 26.

97 Ebenso Lind in Löwe/Rosenberg § 116 Rn. 35.

98 OLG Celle 8.11.2011 – 2 Ws 311/11, Nds. Rpfl. 2012, 75.

99 OLG Karlsruhe 20.11.1973 – 1 Ws 379/11 – 1 Ws 279/73.

100 BVerfG 22.8.2018 – 2 BvR 688/18, BeckRS 2018, 20538 (zur auch formalen Zulässigkeit einer Verfassungsbeschwerde).

101 Graf in KK-StPO Rn. 25.

102 OLG Stuttgart 20.8.2002 – 2 HEs 147/02, NStZ-RR 2003, 29; KG 18.8.2003 – 3 Ws 370/03, StV 2003, 627.

103 OLG Hamburg 22.2.1994 – 1 Ws 40/94, StV 1994, 323; OLG Frankfurt a. M. 7.11.1988 – 1Ws 192/88, StV 1989, 113; Graf in KK-StPO Rn. 27.

104 OLG Celle 15.3.2006 – 1 Ws 131/06, NStZ-RR 2006, 222; Graf in KK-StPO Rn. 26.

Laufende Hauptverhandlung. Besonderheiten für das Beschwerdeverfahren gelten, wenn eine Entscheidung nach § 116 vom Gericht während einer laufenden Hauptverhandlung oder nach Urteilserlass getroffen wird. Hier besteht nur eine eingeschränkte Überprüfungskompetenz dahin, ob das mitgeteilte Beweisergebnis auf einer **vertretbaren Bewertung** der zurzeit für und gegen das Vorliegen eines Haftgrundes sprechenden Umstände beruht.[105] Dem Beschwerdegericht ist daher eine „Richtigkeitsprüfung"[106] etwa im Hinblick auf die Beurteilung des Vorliegens einer durch die Straferwartung möglichen Fluchtgefahr[107] ebenso wenig möglich wie die Beurteilung des Vorliegen von den Haftgrund der Verdunkelungsgefahr[108] indizierenden Umständen. 45

In formeller Hinsicht bedeutet dies aber, dass die in der Hauptverhandlung gewonnene Bewertung in einem Umfang darlegen ist, der es dem Beschwerdegericht ermöglicht, seine – eingeschränkte – Prüfungskompetenz auszuüben. In welchem Umfang die angefochtene Entscheidung das bisherige Beweisergebnis darlegen muss, hängt dabei von dem Zweck ab, es dem Beschwerdegericht zu ermöglichen, diese zu überprüfen. Haben sich etwa nach dem Verständnis des Tatrichters die in der Anklageschrift zusammengetragenen Beweisannahmen bestätigt, kann es genügen, mitzuteilen, dass die Hauptverhandlung zu keiner Änderung der bislang angenommenen Beweislage geführt hat und auf welchen Beweismitteln diese Erkenntnis beruht. Enthält der in der Hauptverhandlung gefasste Aussetzungsbeschluss keine Begründung, verstößt dies nicht nur gegen § 34, sondern ist auch mit der wertsetzenden Bedeutung des Freiheitsgrundrechts nicht vereinbar. In einem solchen Fall hat das Beschwerdegericht entweder die Akten – ggf. auch unter Aufhebung desselben – zur Ergänzung des Nichtabhilfebeschlusses zurückzugeben.[109] Im Falle des Widerrufs einer Aussetzungsentscheidung sind die Voraussetzungen des Abs. 4 (→ Rn. 47 ff.) jedoch durch das Beschwerdegericht im vollem Umfang zu überprüfen. 46

VIII. Widerruf der Haftverschonung (Abs. 4)

1. Allgemeines. Die Aussetzung des Haftvollzugs kann nach Abs. 4 bei unveränderter Sachlage **grundsätzlich nicht widerrufen** werden. Vielmehr ist ein solcher nur unter den eingeschränkten Voraussetzungen der Nr. 1–3 möglich. So kann etwa eine lediglich andere Beurteilung der Sach- und Rechtslage bei im Übrigen gleich bleibenden Umständen einen Widerruf nicht begründen.[110] Die in ihrer Reichweite selbst in der forensischen Praxis teilweise verkannte[111] Norm (→ Rn. 3) enthält eine der bedeutsamsten strafverfahrensrechtlichen Verfahrensgarantien.[112] Sie stellt ein der zentralen Bestimmungen des Haftrechts dar und erzeugt eine im Haftverfahren zu beachtende Sperrwirkung. 47

Liegen die Vorrausetzungen des Abs. 4 allerdings vor, ist der Haftbefehl wieder – und zwar unverzüglich[113] – in Vollzug zu setzen. Zwar besteht insoweit kein Ermessen,[114] allerdings steht dem Haftrichter bei der Beurteilung der einzelnen Tatbestandsmerkmale (zB „gröblich", „Anstalten zur Flucht", „genügende Entschuldigung", „Vertrauen", „nicht 48

[105] BGH 16.8.1991 – StB 16/91, StV 1991, 525; 19.12.2003 – StB 21/03, StV 2004, 143; OLG Koblenz 19.11.1993 – 2 Ws 654/93, StV 1994, 316; OLG Karlsruhe 6.12.1996 – 3 Ws 321/96, StV 1997, 312; OLG Schleswig 17.12.2002 – 1 Ws 443/02, SchlHA 2003, 188; OLG Jena 31.5.2005 – 1 Ws 185/05, StV 2005, 559; KG 3.4.2006 – 1 AR 631/04, BeckRS 2006, 06983; OLG Hamm 14.11.2007 – 2 Ws 342/07, BeckRS 2007, 65208; → § 112 Rn. 86.

[106] KG 19.6.2001 – 1 AR 526/01, StV 2001, 689.

[107] OLG Karlsruhe 6.12.1996 – 3 Ws 321/96, StV 1997, 312; OLG Celle 6.1.2009 – 1 Ws 629/08, BeckRS 2009, 6748.

[108] KG 3.4.2006 – 1 AR 631/04, BeckRS 2006, 06983; OLG Celle 6.1.2009 – 1 Ws 629/08, BeckRS 2009, 6748.

[109] OLG Celle 6.1.2009 – 1 Ws 629/08, BeckRS 2009, 6748.

[110] BVerfG 15.8.2007 – 2 BvR 1485/07, NStZ-RR 2007, 379.

[111] Vgl. hierzu BVerfG 11.6.2012 – 2 BvR 720/12, StV 2013, 94; 11.7.2012 – 2 BvR 1092/12, wistra 2012, 429.

[112] BVerfG 15.8.2007 – 2 BvR 1485/07, NStZ-RR 2007, 379.

[113] OLG Stuttgart 24.7.1981 – 3 Ws 208/81, Justiz 1981, 445.

[114] Graf in KK-StPO § 116 Rn. 28.

gerechtfertigt" und „Verhaftung erforderlich") ein **Beurteilungsspielraum** zu.[115] Eine Invollzugsetzung ist aber nur möglich, wenn zum Zeitpunkt der Entscheidung auch die sonstigen Haftvoraussetzungen – weiterhin – vorliegen, was durch den Haftrichter mit zu prüfen ist. Ist der dringende Tatverdacht entfallen oder besteht der Haftgrund nicht weiter fort, kann auch das Vorliegen einer der Widerrufsgründe des Abs. 4 Nr. 1–3 die Wiederinvollzugsetzung nicht bedingen, vielmehr ist der Haftbefehl insgesamt aufzuheben. Auch kann eine Festnahme ausscheiden, wenn im Verfahren nicht unerhebliche Verzögerungen aufgetreten sind.[116] da das Beschleunigungsgebot auch bei einem außer Vollzug gesetzten Haftbefehl gilt (→ Rn. 12).

49 Die in Abs. 4 aufgeführten Voraussetzungen sind auch im **Beschwerdeverfahren** zu beachten, wenn sich die Staatsanwaltschaft mit ihrem Rechtsmittel gegen einen Außervollzugsetzungsbeschluss wendet, der bereits durch zuvor erfolgte Freilassung des Beschuldigten umgesetzt worden ist.[117] Eine vom Beschwerdegericht zu beachtenden Vertrauensgrundlage ist in einem solchen Fall schon dann geschaffen, wenn die Staatsanwaltschaft von ihren prozessualen Möglichkeiten zur Sicherung einer Inhaftierung keinen Gebrauch macht und von der Stellung eines Antrags auf Aussetzung der Vollziehung nach § 307 Abs. 2 absieht. Ist der Beschuldigte in einem solchen Fall auf freien Fuß gesetzt worden und hat sich etwa – Falle des Haftgrundes der Fluchtgefahr – unter Einhaltung der auferlegten Beschränkungen dem Verfahren nicht entzogen, ist ein Widerruf selbst dann nur unter den Voraussetzungen des Abs. 4 möglich, wenn er sich nur wenige Tage auf freiem Fuß befunden hat. Hingegen fehlt es an einer solchen Vertrauensgrundlage, wenn der Haftrichter dem sogleich gestellten Antrag auf Aussetzung der Vollziehung des Haftverschonungsbeschlusses nicht stattgegeben hat,[118] denn in einem solchen Fall kann sich der Beschuldigte auf einen Bestand der Haftverschonung nicht verlassen. Hat nur der Beschuldigte gegen einen Haftverschonungsbeschluss Beschwerde eingelegt, so ist das Beschwerdegericht zu einer Abänderung zu seinen Lasten – auch im Hinblick auf die Wahrung der Grundsätze eines fairen Verfahrens – ebenfalls nur berechtigt, wenn die Voraussetzungen des Abs. 4 vorliegen.[119]

50 **Sperrwirkung.** Wenig erörtert ist die Frage, wie sich ein nach Nr. 1–3 zu beurteilender früher erfolgter „rechtswidriger" Widerruf einer Haftverschonung auf spätere zu treffende Haftentscheidungen auswirkt, etwa im besonderen Haftprüfungsverfahren nach § 121. Solche Fälle sind allem dann keineswegs selten, wenn sich der Beschuldigte nicht gegen die erneut angeordnete Inhaftierung zu Wehr setzt. Hätte der Widerruf aber aus Rechtsgründen vormals nicht erfolgen dürfen, muss dies auch im späteren Verfahren im Sinne einer Sperrwirkung berücksichtigt werden[120] und zumindest eine erneute Außervollzugsetzung bedingen. Anders ist dies nur dann zu beurteilen, wenn aufgrund veränderter Umständen nunmehr die Voraussetzungen der Nr. 1–3 vorliegen.

51 **Aufhebung des Haftbefehls.** Abs. 4 findet entsprechende Anwendung, wenn der ursprüngliche Haftbefehl nicht außer Vollzug gesetzt, sondern ganz aufgehoben worden ist.[121] Auch bei der Aufhebung eines außer Vollzug gesetzten Haftbefehls und dem gleichzeitigen Erlasses einer neu zu vollziehenden Haftanordnung handelt es sich der Sache nach um den Widerruf einer Haftverschonung, welche nur unter den Voraussetzungen des § 116

[115] Lind in Löwe/Rosenberg Rn. 45.

[116] OLG Köln 18.3.1988 – 2 Ws 125/88, StV 1988, 345; OLG Karlsruhe 13.4.2015 – 2 Ws 126/15, BeckRS 2015, 7253 (Haftbefehl nach § 230 jedoch möglich); Schlothauer/Weider/Nobis Untersuchungshaft Rn. 1287.

[117] OLG Rostock 17.9.2009 – 1 Ws 269/09; KG 30.3.2010 – 4 Ws 38/10, NStZ-RR 2010, 291.

[118] KG 16.11.2011 – 3 Ws 577/11, StraFo 2012, 62.

[119] BVerfG 26.10.2005 – 2 BvR 1618/05, StV 2006, 26.

[120] Ebenso KG 5.1.2007 – 4 Ws 228/06, BeckRS 2007, 32518; und 30.3.2010 – 4 Ws 38/10, NStZ-RR 2010, 291.

[121] OLG Dresden 3.2.2009 – 2 Ws 84/09, NStZ-RR 2009, 292; OLG Düsseldorf 26.7.1982 – 1 Ws 590/82, MDR 1983, 70; 28.11.2018 – 1 Ws 224/18; OLG Nürnberg 20.3.2013 – 2 Ws 127/13, StV 2013, 519; OLG Braunschweig 26.9.2016 – 1 Ws 246/16, StV 2017, 456; Schmitt in Meyer-Goßner/Schmitt Rn. 22.

Abs. 4 zulässig ist (→ Rn. 59).[122] Dies gilt natürlich auch dann, wenn neue Tatvorwürfe aufgetaucht sind und deshalb ein neuer Haftbefehl erlassen werden soll. Insoweit ist zu beachten, dass der Beschuldigte ja um diese ihm zur Last liegen Tatvorwürfe weis und sich gleichwohl dem Verfahren nicht entzogen hat. Auch nach Zurückverweisung durch das Revisionsgericht ist der Erlass eines Haftbefehls daher unzulässig, wenn sich die tatsächlichen Umstände im Vergleich zur Beurteilungsgrundlage zur Zeit der Aufhebung/Außervollzugsetzung nicht verändert haben. Eine bloße andere Beurteilung des unverändert gebliebenen Sachverhalts kann danach einen Widerruf der Aufhebungsentscheidung nicht rechtfertigen[123] und zwar selbst dann nicht, wenn der Beschuldigte zunächst vom Vorwurf des Mordes freigesprochen wurde und das Urteil durch den BGH im Revisionsverfahren aufgehoben worden ist.[124]

2. Grober Pflichtenverstoß (Abs. 3 Nr. 1). Ein Widerrufsgrund liegt zunächst vor, 52
wenn der Beschuldigte den ihm erteilten Pflichten oder Beschränkungen gröblich zuwiderhandelt. Voraussetzung einer solchen Sanktion ist jedoch zunächst, dass es sich um eine überhaupt rechtliche zulässig und auf den Haftgrund bezogene[125] Beschränkung handelt, was der Haftrichter von Amts wegen zu prüfen hat (→ Rn. 16). Ist dies der Fall, kommt es darauf an, ob der Beschuldigte durch sein Verhalten die Sicherungswirkung der Auflagen abschwächt bzw. beseitigt und sich dadurch die den Haftgrund bildende Gefahrenlage wieder aktualisiert hat. Eine gröbliche Zuwiderhandlung gegen eine Auflage des Haftverschonungsbeschlusses liegt daher nur vor, wenn durch die Zuwiderhandlung der Haftgrund, etwa der Fluchtgefahr, verstärkt hat.[126] Auch ist dies anzunehmen, wenn der Beschuldigte durch wiederholte Anrufe bei der Geschädigten gegen die Auflage verstößt, mit dieser jeden telekommunikativen Kontakt zu vermeiden.[127] Daher rechtfertigt nicht jeder Verstoß eine Wiederinvollzugsetzung. Bloße Nachlässigkeiten oder Versehen genügen nicht, können jedoch bei mehrfacher Wiederholung ein zureichendes Gewicht erlangen.[128] Schuldloses und nicht als Pflichtwidrigkeit vorwerfbares Verhalten reicht ebenfalls nicht aus,[129] denn der Widerruf ist keine Prozessstrafe für enttäuschtes Vertrauen[130] und dient auch nicht der Sanktionierung von Unzuverlässigkeit[131] oder der Erzielung eines Geständnisses,[132] sondern allein der Sicherung des Zwecks der Untersuchungshaft. In solchen Fällen kommt allenfalls eine Anpassung des Haftverschonungsbeschlusses in Betracht.

3. Anstalten zur Flucht. Wer sich bewusst in einen Zustand länger dauernder Ver- 53
handlungsunfähigkeit versetzt, insbesondere durch den Entzug von Flüssigkeit bzw. Nahrung oder die Nichteinnahme von Medikamenten, entzieht sich dem Verfahren im Sinne des **(Abs. 4 Nr. 2 Alt. 1).**[133] Der Beschuldigte trifft zudem Anstalten zur Flucht, wenn er eine Veränderung seiner Umstände in die Wege leitet, die es den Strafverfolgungsbehörden unmöglich machen soll, seiner habhaft zu werden. Notwendig ist allerdings, dass der Haftbefehl bislang auch auf den Haftgrund der Fluchtgefahr gestützt worden ist. Ansonsten muss dieser bei Vorliegen der Voraussetzungen des § 112 Abs. 2 Nr. 2 neu erlassen werden. Über den Wortlaut der Norm ist eine Invollzugsetzung auch dann möglich, wenn der Beschuldigte sich bereits durch Flucht ins Ausland oder durch Untertauchen im Inland dem Verfahren

[122] OLG Karlsruhe 11.4.2005 – 3 Ws 114/05, wistra 2005, 361; OLG Nürnberg 20.3.2013 – 2 Ws 127/13, StV 2013, 519; OLG Celle 8.11.2011 – 2 Ws 311/11, Nds. Rpfl. 2012, 75.

[123] BVerfG 1.2.2006 – 2 BvR 2056/05. StV 2006, 139.

[124] OLG Nürnberg 20.3.2013 – 2 Ws 127/13, StV 2013, 519.

[125] OLG Köln 5.1.2004 – 2 Ws 710/03, BeckRS 2015, 4998.

[126] OLG Frankfurt a. M. 13.7.1995 – 5 Ws 1/95, StV 1995, 476.

[127] OLG Karlsruhe 14.5.2008 – 2 Ws 142/08, StRR 2008, 243.

[128] Graf in KK-StPO § 116 Rn. 29.

[129] BGH 1.4.2004 – StB 1/04, BGHR StPO § 116 Abs. 4 Umstände, neue (auflagenwidrige Abmeldung vom Schulbesuch wegen Überforderung).

[130] OLG Karlsruhe 6.3.2015 – 1 Ws 51/16.

[131] KG 22.2.2019 – (4) 161 HEs 11/19, StV 2019, 567 (lesenswert).

[132] Vgl. den Fall bei LG Hamburg 19.3.2015 – 616 Qs 10/15, StV 2015, 649.

[133] Ebenso OLG Hamm 7.4.2015 – III – 5 Ws 114/15.

entzogen hat. In tatsächlicher Hinsicht darf der Haftrichter im Freibeweisverfahren seine Überzeugung auf alle zulässigen Beweismittel erstrecken, auch bei erforderlicher kritischer Beurteilung auf die Aussagen von Vertrauenspersonen.[134]

54 **4. Ausblieben auf Ladung (Abs. 4 Nr. 2 Alt. 2).** Hierunter sind solche Termine zu verstehen, zu welchen der Beschuldigte ohne ausreichende Entschuldigung ausgeblieben ist, etwa nach §§ 133, 163a Abs. 3, 230 Abs. 2 oder § 236. Kurzfristige Verspätungen reichen nicht aus.[135] Der Beschuldigte muss zum Erscheinen verpflichtet sein, weshalb es nicht ausreicht, wenn er einer polizeilichen Vorladung keine Folge leistet.[136] Die Ladung an einen Zustellungsbevollmächtigten reicht dabei aus, wenn ihn diese auch wirklich erreicht hat. Kommt der Beschuldigte seinen Meldeauflagen und Ladungen nach, rechtfertigt der Umstand, dass er unter seiner Wohnanschrift nicht mehr antreffbar ist, nicht die Wiederinkraftsetzung des Haftbefehls, wenn er sich ersichtlich nicht dem Verfahren, sondern nur seiner erneuten, von ihm für ungerechtfertigt gehaltenen erneuten Inhaftierung entziehen will.[137] Auch die bestehende Gefahr, der Beschuldigte werde erneut sexuelle Handlungen begangen, kann durch eine Verpflichtung zur Befolgung einer Ladung nicht beeinflusst werden, so dass bei einem Verstoß ein Widerruf nicht zulässig wäre.[138]

55 **Genügend entschuldigt** ist das Ausbleiben, wenn objektiv hinreichende Gründe für sein Ausbleiben gegeben sind. Ob der Beschuldigte solche auch hinreichend substantiiert dargetan hat, ist hingegen nicht von Belang.[139] Problematisch sind bei diesem Merkmal vor allem die Fälle, in welchen der Verdacht besteht, der Beschuldigte wolle sich durch sein Prozessverhalten dem Verfahren entziehen. Grundsätzlich kann einem Beschuldigten aber ein rechtlich zulässiges Handeln nicht zum Nachteil angelastet werden,[140] weshalb ein „Missbrauch" nachgewiesen werden muss. Auch das Vorspiegeln einer Krankheit oder das Vortäuschen des Todes fällt unter diese Fallgruppe.[141] Ist ein Strafverfahren wegen vorübergehender Verhandlungsunfähigkeit des schwer herzkranken Angeklagten vorläufig eingestellt und ein Untersuchungshaftbefehl ua unter der Auflage außer Vollzug gesetzt worden, dass sich der Angeklagte unverzüglich in ärztliche Behandlung (Herzoperation) zu begeben habe, rechtfertigt die – nach ärztlicher Aufklärung über die Risiken der beabsichtigten Herzklappenoperation erfolgte – Weigerung des Angeklagten, sich der im Haftverschonungsbeschluss auferlegten Durchführung der Herzoperation zu unterziehen, die Wiederinvollzugsetzung des Haftbefehls nicht (→ Rn. 16).[142] Eine Aussetzung kann auch nicht widerrufen werden können, wenn der von seinem Schweigerecht Gebrauch machende Beschuldigte auf Ladung vor der Staatsanwaltschaft oder der Polizei nicht erscheint oder sich dort erst auf sein Aussageverweigerungsrecht beruft,[143] weil er insoweit nur auf eine ihm gesetzlich zustehende Rechtsposition wahrnimmt.

56 **5. Vertrauensverlust (Abs. 4 Nr. 2 Alt. 3).** Ein Verlust der Vertrauensgrundlage liegt nach dieser allgemeinen Regelung vor, wenn sich aufgrund alter oder neu bekannt gewordenen Umständen herausstellt, dass die ursprüngliche Annahme, der Beschuldigte werde Pflichten und Beschränkungen erfüllen und sich dem Verfahren stellen, ein Irrtum war.[144] Auch insoweit ist eine Erschütterung der Vertrauensbasis erforderlich, so etwa wenn der Beschuldigte die ihm erteilten Anweisungen formal befolgt, sie jedoch durch ihm nicht ausdrücklich verbotene Handlungen unterläuft.[145]

---

[134] KG 5.1.2007 – 4 Ws 228/06, StRR 2007, 197.
[135] KG 9.9.2002 – 1 AR 1077/02, NStZ 2004, 80.
[136] Graf in KK-StPO Rn. 26.
[137] OLG Karlsruhe 6.5.1999 – 3 Ws 95/99, StV 1999, 607.
[138] Ebenso LG Wiesbaden 22.7.2016 – 1 Qs 63/16, BeckRS 2016, 108245.
[139] Schmitt in Meyer-Goßner/Schmitt § 329 Rn. 18.
[140] OLG Hamm 8.5.2007 – 4 Ws 201/07, StV 2008, 29.
[141] OLG Köln 15.11.2005 – 2 Ws 525-527/05, BeckRS 2005, 153394.
[142] OLG Koblenz 28.11.2000 – 2 Ws 729/00, BeckRS 2000, 30146289.
[143] OLG Frankfurt a. M. 18.8.1992 – 1 Ws 144/92, StV 1992, 583 mAnm Paeffgen NStZ 1993, 533.
[144] Schmitt in Meyer-Goßner/Schmitt § 116 Rn. 27.
[145] Graf in KK-StPO § 116 Rn. 31.

6. Neu hervorgetretene Umstände (Abs. 4 Nr. 3 Alt. 3). Abs. 3 enthält eine **Generalklausel,** welche die beiden vorherigen Absätze mit umfasst. Danach ist die Haftverschonung zurück zu nehmen, wenn neu hervorgetretene Umstände die Verhaftung erforderlich machen. Hierzu gehören auch Tatsachen, welche bei Erlass des Aussetzungsbeschlusses schon vorlagen, aber erst später bekannt geworden sind. Erforderlich ist aber das Vorliegen von **„nova",** eine lediglich andere Beurteilung bereits bekannter Umstände aufgrund eines unverändert gebliebenen Sachverhalts genügt nicht. An eine frühere Beurteilung der Risikolage ist das Gericht gebunden.[146] Zudem ist die Schwelle für einen Widerruf sehr hoch anzusetzen.[147] Erforderlich ist, dass die Vertrauensgrundlage der Aussetzungsentscheidung infolge der neuen Umstände entfallen bzw. in einem wesentlichen Punkt erschüttert ist. 57

a) Allgemeines. „**Neu**" sind danach nachträglich eingetretene oder nach Erlass der Aufhebung/Außervollzugsetzung des früheren Haftbefehls bekannt gewordene Umstände nur dann, wenn sie die **Grundlage des Aufhebungsbeschlusses in einem so wesentlichen Punkt erschüttern, dass eine Aufhebung nicht erfolgt wäre, wenn sie bei der Entscheidung bereits bekannt gewesen wären.** Notwendig ist eine Erschütterung in einem wesentlichen Punkt, so dass sie den Richter dazu bewogen hätten, keine Aussetzung zu bewilligen, wenn er diese gekannt hätte.[148] Es kommt daher darauf an, ob die Vertrauensgrundlage der Aufhebungs- oder Aussetzungsentscheidung erschüttert ist.[149] Ob dies der Fall ist, erfordert vor dem Hintergrund der wertsetzenden Bedeutung des Grundrechts der persönlichen Freiheit eine Beurteilung sämtlicher Umstände des Einzelfalles.[150] In der Forensischen Praxis lassen sich hierzu folgende Fallgestaltungen unterscheiden: 58

b) Weitere Taten. Der in der Praxis wohl häufigste Fall einer Wiederinvollzugsetzung liegt vor, wenn im Laufe des Ermittlungsverfahrens weitere Taten des Beschuldigten bekannt werden oder aber sich der Tatverdacht im Nachhinein wegen schon bekannter Vorwürfe verdichtet.[151] Immer kommt es aber darauf an, ob durch die neuen Taten die Fluchtgefahr wesentlich erhöht wird.[152] Insoweit ist zunächst aber erforderlich, dass insoweit auch ein dringender Tatverdacht besteht und die neuen Tatvorwürfe auch in den Haftbefehl mit aufgenommen werden. Stets ist aber zu beachten, dass auch in einem solchen Fall der verfahrensbezogenen Anpassung eines Haftbefehls die Sperrwirkung des Abs. 4 gilt, also auch eine vollständige Neufassung des Haftbefehls unter Aufhebung der vormaligen Haftgrundlage einer „Anpassung" gleichsteht (→ Rn. 51).[153] Zu dieser Gruppe gehören auch die Fallgestaltungen, in welchem dem Beschuldigten eine weitere Verurteilung oder aber – wie so oft – der Widerruf einer früher gewährten Strafaussetzung droht. Auch insoweit ist eine Verhaftung nicht erforderlich, wenn sich auch unter Berücksichtigung einer möglichen Gesamtstrafenbildung die Straferwartung nicht wesentlich erhöht.[154] 59

c) Tatverdacht. Neu hervorgetretene Umstände können sich dagegen nicht auf den (dringenden) Tatverdacht beziehen. Dieser ist bereits Grundvoraussetzung für Erlass und 60

---

146 BVerfG 1.2.2006 – 2 BvR 2056/11. StraFo 2006, 108.

147 KG 27.3.1998 – 1 AR 301/98; OLG Frankfurt a. M. 3.6.2004 – 1 Ws 46/04, StV 2004, 493; BVerfG 1.2.2006 – 2 BvR 2056/11, StraFo 2006, 108.

148 OLG Düsseldorf 8.11.2001 – 5 Ws 544/01, StV 2002, 207; OLG München 27.7.1977 – 1 Ws 852/77, NJW 1978, 771; OLG Nürnberg 20.3.2013 – 2 Ws 127/13, StV 2013, 519; OLG Frankfurt a. M. 24.3.2010 – 1 Ws 38/10, StV 2010, 586; OLG Stuttgart 25.8.2008 – 1 Ws 254/08, StraFo 2009, 104; Schlothauer/Weider/Nobis Untersuchungshaft Rn. 1279.

149 OLG Nürnberg 20.3.2013 – 2 Ws 127/13, StV 2013, 519.

150 BVerfG 1.2.2006 – 2 BvR 2056/11. StraFo 2006, 108.

151 OLG Schleswig 29.3.2006 – 2 Ws 127/06, SchlHA 2007, 284; aA OLG Karlsruhe 11.4.2005 – 3 Ws 114/05, wistra 2005, 316 (enger Zusammenhang der Taten).

152 OLG Stuttgart 15.1.1998 – 1 Ws 10/98, StV 1998, 553; Graf in KK-StPO § 116 Rn. 33.

153 OLG Celle 8.11.2011 – 2 Ws 311/11, Nds. Rpfl. 2012, 75; siehe hierzu auch Herrmann StRR 2013, 12 ff.

154 KG 30.9.1998 – 1 AR 1122/98, BeckRS 1998, 15091.

Aufrechterhaltung jeden Haftbefehls. Demgemäß ist ohne Bedeutung, dass sich der dem Haftbefehl oder der Anklage zugrundegelegte dringende Tatverdacht auf Grund der Beweisaufnahme in der Hauptverhandlung bestätigt hat und damit noch „dringender" geworden ist.[155] Wurde ein bereits vollzogener Haftbefehl mangels dringendem Tatverdacht aufgehoben und tauchen nun weitere Beweismittel zu seiner Begründung auf, tritt die Sperrwirkung jedenfalls dann ein, wenn der Beschuldigten hiermit rechnen musste und sich gleichwohl dem Verfahren unter Einhaltung der erteilten Beschränkungen nicht entzogen hat.

61 **d) Weiterer Haftgrund.** Für einen Widerruf in Betracht kommen vor allem Fälle, in denen ein weiterer Haftgrund zu dem im Haftbefehl aufgeführten hinzutritt oder diesen ersetzt[156] oder sich der dem Haftbefehl zugrundeliegende Haftgrund verschärft.[157] So kann sich etwa der Haftgrund der Fluchtgefahr dadurch verschärfen, dass soziale Bindungen wegfallen.

62 **e) Anklageerhebung.** Die Anklageerhebung stellt für sich gesehen grundsätzlich keinen neuen Umstand dar und zwar auch dann nicht, wenn der Beschuldigte mit der Erhebung nicht gerechnet hat.[158] Gleiches gilt für sich gesehen für den Schlussantrag der Staatsanwaltschaft (→ Rn. 64 ff.).[159]

63 **f) Ergangenes Urteil.** Ein nach der Haftverschonung ergangenes (nicht rechtskräftiges) Urteil oder ein hoher Strafantrag der Staatsanwaltschaft können zwar durchaus geeignet sein, den Widerruf einer Haftverschonung und die Invollzugsetzung eines Haftbefehls zu rechtfertigen. Dies setzt jedoch voraus, dass von der Prognose des Haftrichters bezüglich der Straferwartung der Rechtsfolgenausspruch des Tatrichters oder die von der Staatsanwaltschaft beantragte Strafe **erheblich zum Nachteil des Angeklagten abweicht** und sich die Fluchtgefahr dadurch ganz wesentlich erhöht.[160] Ob dies der Fall ist, ist durch Abwägung und Beurteilung sämtlicher Umstände des Einzelfalls zu ermitteln.[161] War daher zum Zeitpunkt der Außervollzugsetzung des Haftbefehls mit der später ausgesprochenen – auch höheren – Strafe zu rechnen[162] und hat der Beschuldigte die ihm erteilten Auflagen gleichwohl korrekt befolgt, so liegt kein Fall der des Abs. 4 vor.[163] Selbst der Umstand, dass der um ein günstigeres Ergebnis bemühte Angeklagte infolge des Schlussantrags der Staatsanwaltschaft oder gar durch das Urteil selbst die Vergeblichkeit seiner Hoffnungen erkennen muss, kann einen Widerruf der Haftverschonung nicht rechtfertigen, sofern ihm die Möglichkeit eines für ihn ungünstigen Ausgangs während der Außervollzugsetzung des Haftbefehls stets vor Augen stand und er gleichwohl allen Auflagen beanstandungsfrei nachgekommen ist.[164]

64 Der vom Beschuldigten auf Grundlage des Verschonungsbeschlusses gesetzte **Vertrauenstatbestand** setzt sich hier als Ausprägung der wertsetzenden Bedeutung des

[155] OLG München 27.7.1977 – 1 Ws 852/77, NJW 1978, 771; OLG Frankfurt a. M. 6.11.2000 – 1 Ws 139/00, StraFo 2001, 144; OLG Zweibrücken 23.8.2006 – 1 Ws 321/06, BeckRS 2006, 141668.

[156] OLG Köln 25.11.2003 – 2 Ws 629/03, BeckRS 2003, 151637 (Fluchtgefahr anstatt Verdunkelungsgefahr).

[157] Graf in KK-StPO § 116 Rn. 33.

[158] OLG Karlsruhe 6.5.1999 – 3 Ws 95/99, StV 1999, 607.

[159] OLG Hamm 27.5.1980 – 2 Ws 132/80.

[160] BVerfG 11.6.2012 – 2 BvR 720/12, StV 2013, 94; KG 27.3.1998 – 1 AR 301/98; OLG Frankfurt a. M. 6.11.2000 – 1 Ws 139/00-, StraFo 2001, 144; 3.6.2004 – 1 Ws 46/04, StV 2004, 493; 14.8.2017 – 1 Ws 159/17, BeckRS 2017, 141454 (abgelehnt bei einem Urteil von 8 Jahren 6 Monaten und einem Strafantrag von 6 Jahren); OLG Düsseldorf 8.11.2001 – 4 Ws 544/01, StV 2002, 207; 28.11.2018 – 1 Ws 224/18, BeckRS 2018, 45774.

[161] OLG Hamm 27.12.2002 – 2 Ws 474/02, StV 2003, 512.

[162] OLG Nürnberg 8.4.2011 – 2 Ws 148/11, StraFo 2011, 224; OLG Zweibrücken 23.8.2006 – 1 Ws 321/06, BeckRS 2006, 141668; OLG Bamberg 10.8.2005 – Ws 597/05, StraFo 2005, 421.

[163] BVerfG 1.2.2006 – 2 BvR 2056/11, StraFo 2006, 108; BGH 16.9.2004 – 4 StR 84/04, NStZ 2005, 279.

[164] Schlothauer/Weider/Nobis Untersuchungshaft Rn. 1095; OLG Hamm 27.12.2002 – 2 Ws 474/02, StV 2003, 512.

Grundrechts der persönlichen Freiheit (Art. 2 Abs. 2 S. 2 GG) im Rahmen der vorzunehmenden Abwägung durch. Insoweit kommt dem tatsächlichen Verhalten des Beschuldigten erhebliche Bedeutung bei.[165] Hat etwa schon die Staatsanwaltschat in ihrem Schlussvortrag die Verhängung einer hohen Strafe beantragt und erscheint er gleichwohl zur Urteilsverkündung, so wird eine Invollzugsetzung zumeist nicht in Betracht kommen.[166] Eine besondere Fallkonstellation kann sich allerdings im Rahmen der gebotenen Gesamtwürdigung ergeben, wenn der Angeklagte „nach dem persönlichen Eindruck der Kammer bis zuletzt auf eine Strafe im bewährungsfähigen Bereich gehofft hat", jedoch eine solche nicht verhängt wird.[167] Anders aber, wenn der Angeklagte die Möglichkeit eines für ihn ungünstigen Verfahrensausganges während der Zeit der Außervollzugsetzung des Haftbefehls stets vor Augen gehabt hat und er gleichwohl allen Auflagen beanstandungsfrei nachgekommen ist.[168]

Möglich ist dies daher nur dann, wenn es zu einer **deutlich höheren**[169] **und die Fluchtgefahr deutlich erhöhenden**[170] Strafe kommt als vom Haftrichter bei der Verschonung erwartet, was sich regelmäßig nicht feststellen lassen wird, wenn in Haftverschonungsbeschluss lediglich unsubstantiiert davon die Rede ist, der Beschuldigte müsse mit einer „erheblichen Freiheitsstrafe" rechnen.[171] **Verfahrensrechtlich** bedeutet dies für die Abfassung[172] der Haftentscheidung, dass das Gericht nachvollziehbare Feststellungen dazu treffen muss, von welcher Straferwartung das Gericht bzw. der Beschuldigte im Zeitpunkt der Außervollzugsetzung des Haftbefehls ausgegangen ist.[173] Insoweit bedarf es konkreter Feststellungen, bloße Mutmaßungen genügen nicht.[174] 65

g) Sonstige Fallgestaltungen. Neue Umstände können sich auch dadurch ergeben, dass die fluchthindernde Wirkung einer Sicherheit durch entstandene Differenzen zwischen dem Beschuldigten und dem Bürger entfällt oder wesentlich abgeschwächt wird,[175] soziale Bindungen mit fluchthindernder Wirkung entfallen,[176] finanzielle Verhältnisse sich verändern[177] oder der Beschuldigte in einem anderen Verfahren massive Bedrohungen gegen Zeugen ausspricht.[178] Anders wenn der Beschuldigte nur auf für das vorliegende Verfahren bedeutungslose Zeugen einwirkt,[179] dieser eine bei Gericht hinterlegte Barkaution an seinen Verteidiger abtritt[180] oder ein in gleicher Sache Mitbeschuldigter zwischenzeitlich verurteilt wird.[181] Auch wenn ein Wiederrufsgrund vorliegt, ist ein solcher verwehrt, wenn es zu einer wesentlichen Verletzung des Beschleunigungsgebots gekommen ist.[182] 66

h) Verschärfung von Haftverschonungsauflagen. Auch solche sind grundsätzlich nur bei Vorliegen der Voraussetzungen des Abs. 4 zulässig und können nicht hiervon unab- 67

165 KG 3.5.2007 – 4 Ws 56-58/07, StRR 2007, 237.
166 OLG Hamm 27.12.2002 – 2 Ws 474/02, StV 2003, 512.
167 OLG Celle 8.4.2019 – 3 Ws 102/19, OLGSt StPO § 112 Nr. 28; OLG Hamm 7.8.2012 – III – 2 Ws 252/12, PStR 2012, 269.
168 BVerfG 29.11.2006 – 2 BvR 2342/06, StV 2007, 84.
169 BGH 28.10.2005 – StB 15/05, NStZ 2006, 297.
170 BVerfG 15.8.2007 – 2 BvR 1485/07, NStZ-RR 2007, 379; OLG Hamm 7.8.2012 – III – 2 Ws 252/12, PStR 2012, 269; OLG Celle 26.3.21 – 2 Ws 82/21, juris.
171 OLG Koblenz 21.8.2008 – 1 Ws 421/08, NStZ-RR 2009, 189.
172 BVerfG 15.8.2007 – 2 BvR 1485/07, NStZ-RR 2007, 379; 11.6.2012 – 2 BvR 720/12, StV 2013, 94.
173 BVerfG 1.2.2006 – 2 BvR 2056/11, StraFo 2006, 108; OLG Koblenz 30.6.1999 – 2 Ws 392/99, StraFo 1999, 322.
174 OLG Düsseldorf 27.9.1999 – 4 Ws 250/99, StV 2000, 211.
175 Graf in KK-StPO § 116 Rn. 33.
176 BGH 1.4.1004 – StB 1/04, BGHR StPO § 116 Rn. 4 Umstände, neue 1.
177 OLG Zweibrücken 23.8.2006 – 1 Ws 321/06, BeckRS 2006, 141668.
178 OLG Hamm 3.9.1998 – 2 Ws 375/98, NStZ-RR 1998, 53.
179 OLG Düsseldorf 15.2.1984 – 1 Ws 141/84, StV 1984, 339 (vorliegendes Geständnis) aM OLG Hamm 3.9.1998 – 2 Ws 375/98, NStZ-RR 1999, 23.
180 LG Hagen 1.8.2001 – 46 Qs 118/01, StV 2001, 688.
181 LG Hagen 1.8.2001 – 46 Qs 118/01, StV 2001, 688.
182 OLG Köln 18.3.1988 – 2 Ws 125/88, StV 1988, 345; Schlothauer/Weider/Nobis Untersuchungshaft Rn. 1287.

hängig angeordnet werden.[183] Daher kann auch eine Sicherheitsleistung nicht ohne weiteres nachträglich angeordnet oder erhöht werden.[184] Zusätzlich muss vor jeder an sich rechtlich zulässigen Widerrufsentscheidung geprüft werden, ob nicht durch eine Auflagenverschärfung mildere Mittel der Verfahrenssicherung in Betracht kommen.[185]

68 **7. Verfahrensfragen.** Die Anordnung des Vollzugs des Haftbefehls erfolgt auf Antrag der Staatsanwaltschaft oder von Amts wegen durch begründeten Beschluss (§ 34) und vorherige Anhörung des Beschuldigten (§ 33 Abs. 4). Nach erfolgter Festnahme ist der Beschuldigte dann erneut dem nach §§ 115, 115a zuständigen Richter vorzuführen. Bei Gefahr im Verzug ist es zulässig, dass die Beamten des Polizeidienstes den Beschuldigten auch vor einer Wiederufsentscheidung vorläufig festnehmen und dem Richter vorführen, wenn eine wesentliche Veränderung der Verhältnisse eingetreten ist.[186] Anfechtbar ist der Beschluss mit der Beschwerde (§ 304) auch bei einem erkennenden Gericht (§ 305 S. 2),[187] gegen welche auch das Rechtsmittel der weiteren Beschwerde statthaft ist (§ 310). Auch im Falle einer laufenden Hauptverhandlung sind zwar die rechtlichen Voraussetzungen des Abs. 4 zur Wahrung der Rechtsstaatlichkeit des Verfahrens durch das Beschwerdegericht im vollem Umfang zu überprüfen, wobei jedoch die Besonderheiten des Umfangs der Nachprüfung tatsächlicher Bewertungen fortbestehen (→ Rn. 45).[188] Im Übrigen wird hinsichtlich Verfahrensfragen auf → Rn. 42 ff. verwiesen.

§ 116a Aussetzung gegen Sicherheitsleistung

(1) [1]Die Sicherheit ist durch Hinterlegung in barem Geld, in Wertpapieren, durch Pfandbestellung oder durch Bürgschaft geeigneter Personen zu leisten. [2]Davon abweichende Regelungen in einer auf Grund des Gesetzes über den Zahlungsverkehr mit Gerichten und Justizbehörden erlassenen Rechtsverordnung bleiben unberührt.

(2) Der Richter setzt Höhe und Art der Sicherheit nach freiem Ermessen fest.

(3) Der Beschuldigte, der die Aussetzung des Vollzugs des Haftbefehls gegen Sicherheitsleistung beantragt und nicht im Geltungsbereich dieses Gesetzes wohnt, ist verpflichtet, eine im Bezirk des zuständigen Gerichts wohnende Person zum Empfang von Zustellungen zu bevollmächtigen.

Schrifttum: Amelung, Die Sicherheitsleistung nach § 116 StPO, StraFo 1997, 300; Barthe, Untersuchungshaft, Rechtskraft und § 116 StPO: Nach wie vor ungelöste Rechtsprobleme im geltenden Haftrecht?. NStZ 2016, 71; Büttner, Zustellungsbevollmächtigte – Zeitbomben im Strafverfahren?, DriZ 2007, 188; Eckstein, Zur Zulässigkeit einer Verrechnungsauflage bei einer Kaution im Rahmen einer Außervollzugsetzung einer Untersuchungshaft, StV 1998, 554; Herzog/Hoch/Warius, Die Sicherheitsleistung als Vehikel der Rückgewinnungshilfe – Rückgewinnungshilfe contra konkrete und wirkliche Strafverteidigung?, StV 2007, 542; Huber, Aus der Praxis: Der Richter des nächsten Amtsgerichts oder: Ostern hinter Gittern, JuS 2006, 322; Kummer, Zu den Rechtsbeziehungen zwischen dem Strafverteidiger und dem Dritten, der dem Beschuldigten einen Betrag zwecks Verwendung als Kaution zur Verfügung stellt, JurisPR-BGHZivilR 37/2004 Anm. 6; Rückhelm, Aufhebung der Hinterlegungsordnung, Rpfleger 2010, 1; Meyer, Die Zustellungsvollmacht im Strafprozess, NStZ 2016, 76; Sättele, Unabtretbarkeit einer Kaution, StV 2000, 510; Schweckendieck, § 116 StPO und Rechtskraft, NStZ 2011, 10; Seebode, Zur Rechtsbeugung bei Verfahrensverstößen im Zusammenhang mit einer Haftverschonung, JR 1997, 474, Seifert, Zustellungsvollmacht, Strafbefehlsverfahren und der fair trial-Grundsatz, StV 2018, 123.

[183] BVerfG 27.9.2012 – 2 BvR 1874/12, StV 2013, 96.
[184] OLG Frankfurt a. M. 24.3.2010 – 1 Ws 38/10, StV 2010, 586.
[185] BVerfG 11.6.2012 – 2 BvR 720/12, StV 2013, 94.
[186] Graf in KK-StPO Rn. 35; Schmitt in Meyer-Goßner/Schmitt Rn. 30.
[187] OLG München 29.7.2013 – 2 Ws 672/13, StV 2014, 28 (kein Beschwerderecht des Nebenklägers).
[188] OLG Jena 8.5.2014 – 1 Ws 176/14; OLG Naumburg 28.1.2013 – 1 Ws 36/13, NStZ 2013, 543 (keine Präventivbeschwerde der Staatsanwaltschaft gegen beabsichtigte Außervollzugsetzung eines Haftbefehls zulässig).

Übersicht

I. Allgemeines

1 Die Vorschrift regelt abschließend die Möglichkeiten, in welcher Form die in § 116 Abs. 1 Nr. 4 vorgesehene Sicherheitsleistung durch den Beschuldigten oder einen anderen erbracht werden kann (→ Rn. 18–24). Ob eine Aussetzung der Untersuchungshaft gegen Sicherheitsleistung in Frage kommt, bestimmt sich jedoch weitgehend nach § 116 Abs. 1 Nr. 4, welcher in vorliegendem Rahmen besprochen werden soll (→ Rn. 2–17, vgl. hierzu aber auch → § 116 Rn. 25, Rn. 31). Stets zu beachten ist aber, dass eine Außervollzugsetzung auch unter Auferlegung einer Sicherheitsleistung stets das Vorliegen eines Haftgrundes, nämlich im Regelfall der Fluchtgefahr (→ § 112 Rn. 41 ff.), bedarf[1] und dieser zunächst sorgfältig hergeleitet und begründet werden muss.[2]

II. Grundlagen der Aussetzung des Vollzugs (§ 116 Abs. 1 Nr. 4)

2 **1. Allgemeines.** Nach § 116 Abs. 1 Nr. 4 muss der Richter den Vollzug eines Haftbefehls wegen Fluchtgefahr aussetzen, wenn weniger einschneidende Maßnahmen die Erwartung hinreichend begründen, dass die Haftzwecke auch hierdurch erreicht werden können. Von der in Abs. 1 Nr. 4 vorgesehenen Möglichkeit der Gestellung einer Sicherheitsleistung oder Kaution wird in der forensischen Praxis allerdings viel zu wenig Gebrauch gemacht, obwohl eine solche vor allem dann ein zusätzlich stabilisierendes Moment darstellt und die Fluchtgefahr in erheblicher Weise mindert, wenn die gerichtlich festgelegte Sicherheitsleistung ganz oder teilweise von Familienangehörigen aufgebracht wird (→ Rn. 9).[3] Während die sonstigen in § 116 Abs. 1 vorgesehenen Maßnahmen vor allem dem Zweck dienen, die Anwesenheit des Beschuldigten über die Dauer des Verfahrens zu sichern, kann durch eine Sicherheitsleistung darüber hinaus auch der Antritt einer erkannten Freiheitsstrafe oder einer freiheitsentziehenden Maßregel der Besserung und Sicherung sichergestellt werden,[4] weil auch in einem solchen Fall die Sicherheitsleistung verfällt (§ 124 Abs. 1). Eine solche Folge tritt jedoch nicht ein, wenn der später Verurteilte eine Geldstrafe nicht bezahlt, für die Kosten des Verfahrens nicht aufkommt oder eine Ersatzfreiheitsstrafe nicht antritt, denn die Sicherung solcher weiterer Folgen ist nicht Zweck der nach Abs. 1 Nr. 4 auferlegten

---

1 Vgl. hierzu Momsen StraFo 2019, 89.
2 Vgl. hierzu → § 112 Rn. 8 ff. mwN (Begründungstiefe).
3 OLG Zweibrücken 4.10.2010 – 1 Ws 238/10, StV 2011, 164; → § 116 Rn. 25.
4 OLG München 18.5.2000 – 2 Ws 137/00, StV 2000, 509.

Sicherheitsleistung,[5] weshalb auch eine Aufrechnung der Gerichtskosten gegen den Herausgabeanspruch des Beschuldigten ausscheidet.[6] Für solche Ansprüche kommt jedoch § 127a Abs. 1 Nr. 2 als Rechtsgrundlage im Hinblick auf die Gestellung einer Sicherheitsleistung in Betracht.[7]

3 Eine § 116 Abs. 1 Nr. 4 entsprechende Regelung enthält **§ 5 Abs. 3 S. 2 MRK,** wonach die Entlassung eines Beschuldigten von der Leistung einer Sicherheit für das Erscheinen vor Gericht abhängig gemacht werden kann. Auch wenn diese Vorschrift nach ihrem Wortlaut lediglich die Möglichkeit der Leistung einer Kaution zur Sicherung des „Erscheinens bei Gericht" vorsieht, kann ihr eine Einschränkung des Regelungsbereichs der § 116 Abs. 1 S. 2 Nr. 4, § 124, nach welche die Leistung einer Kaution nicht nur zur Sicherung des Verfahrens, sondern auch der Strafvollstreckung dient (→ Rn. 2), nicht entnommen werden.[8]

4 Die Leistung einer angemessenen Sicherheit stellt **keine Strafe oder strafähnliche Sanktion** dar und beinhaltet auch kein sozialethisches Unwerturteil.[9] Nicht der Ungehorsam des Beschuldigten gegenüber einem staatlichen Ge- oder Verbot begründet den Verfall der Sicherheit. Dieser ist vielmehr ausschließlich eine Folge des Sicherungszwecks. Dementsprechend lassen die §§ 116 Abs. 1 S. 2 Nr. 4, 116a Abs. 1 StPO auch die Sicherheitsleistung durch einen Dritten zu. Diese und ein etwaiger Verfall folgen daher in ihrer Bewertung nicht den Grundsätzen, die für strafähnliche Sanktionen, wie etwa die Ordnungsmittel nach § 890 ZPO gelten und setzen keine strafrechtliche Vorwerfbarkeit, also strafrechtliche Schuld iSv §§ 20, 21 StGB voraus. Aus dem Sicherungszweck folgt, dass die Auflegung einer Sicherheitsleistung und ggf. auch deren möglicher Verfall weder eine Verletzung der Menschenwürde (Art. 1 Abs. 1 GG), eine unzulässige Beschränkung der allgemeinen Betätigungsfreiheit (Art. 2 Abs. 1 GG) noch eine Verletzung der Eigentumsgarantie (Art. 14 GG) darstellt.[10]

5 Auch der **Gleichheitsgrundsatz** wird nicht verletzt, obwohl die Erbringung einer Sicherheit im Regelfall und nach der forensischen Praxis nur dem Wohlhabenden möglich ist und ihm deshalb leichter zur Entlassung aus der Haft verhelfen kann,[11] denn das Grundgesetz geht von der bestehenden Wirtschaftsordnung aus, das wirtschaftliche Ungleichheiten kennt. Daher muss die Rechtsordnung die Ausübung von Rechten von der Wirtschaftslage unabhängig stellen, kann aber dem Vermögenden nicht deshalb Rechte versagen, weil sich der Vermögenslose diesen nicht bedienen kann. Hinzu kommt, dass die Höhe der aufzuerlegenden Sicherheit den Einkommens- und Vermögensverhältnissen des jeweiligen Beschuldigten angepasst werden muss, so dass auch der Minderbemittelte – an sich – gegen eine Kaution freigelassen werden kann.[12]

6 **2. Erfüllung des Sicherungszwecks.** Voraussetzung der Auferlegung einer Sicherheitsleistung ist, dass eine solche überhaupt zur Sicherung des Verfahrens geeignet ist. Dies ist etwa bei einem Agenten zu verneinen, wenn davon auszugehen ist, dass letztendlich der Auftraggeber die Sicherheitsleistung erbringen wird.[13] Insoweit sind aber auch andere Fallgestaltungen denkbar. So wird sich etwa im Bereich der organisierten – oder der Wirtschaftskriminalität eine Außervollzugsetzung gegen Sicherheitsleistung schon dann ausscheiden, wenn der naheliegende Verdacht besteht, dass diese durch einen finanziell hiervon

5 LG München 3.8.1998 – 5 Os 5/98; Eckstein StV 1998, 554; → § 124 Rn. 7.

6 OLG Frankfurt a. M. 3.2.2000 – 20 W 409/99, StV 2000, 509 (nur Pfändung möglich).

7 Schmitt in Meyer-Goßner/Schmitt § 116 Rn. 10.

8 OLG Karlsruhe 21.9.2001 – 3 Ws 143/01; vgl. allg. auch Schmitt in Meyer-Goßner/Schmitt EMRK Vor Art. 1 Rn. 5.

9 BVerfG 28.8.1990 – 2 BvR 375/90, NStZ 1991, 142; 27.9.2012 – 2 BvR 1874/12, StV 2013, 96; Graf in KK-StPO § 116 Rn. 18; → 116a Rn. 4.

10 BVerfG 28.8.1990 – 2 BvR 375/90, NStZ 1991, 142.

11 OLG Bamberg 6.6.1958 –Ws 193/58, MDR 1958, 788; Schmitt in Meyer-Goßner/Schmitt § 116 Rn. 10.

12 Graf in KK-StPO § 116 Rn. 18.

13 BGH 15.3.1979 – 7 BJs 15/79 und 18.1.1991 – StB 1/91; Schmidt MDR 1992, 548.

nicht abhängigen Dritten erbracht wird. Kautionen einer Gemeinde sind unzulässig.[14] Bezüglich der Bemessung der Höhe der Sicherheit ist von folgendem auszugehen:

a) Leistung der Sicherheit durch den Beschuldigten. Die Anordnung einer Sicherheitsleistung ist nur dann sinnvoll, wenn zu erwarten ist, dass ein Beschuldigter lieber die Durchführung des gegen ihn gerichteten Strafverfahrens und die ihm drohende Sanktion als den Verlust der Vermögenswerte hinnimmt. Dies setzt voraus, dass die Sicherheit so bemessen wird, dass sie nach Art und Höhe auf den Beschuldigten einen psychischen Zwang ausübt, sich dem Verfahren zu stellen. Bei der Bemessung der Sicherheit ist dabei den Einkommens- und Vermögensverhältnissen des Beschuldigten Rechnung zu tragen, wobei keine unzumutbaren Anforderungen an ihn gestellt werden dürfen[15] und die maßgeblichen vermögensbildenden Umstände auch berücksichtigt werden müssen.[16] Bei der Bemessung der Sicherheit ist zwar auch den Einkommens- und Vermögensverhältnissen des Beschuldigten Rechnung zu tragen; grundlegend für Art und Höhe der Sicherheit sind aber die Intensität des Haftgrundes und die Bedeutung der Sache.[17] Grundsätzlich sollte die Bemessung aber so erfolgen, dass ein Verlust empfindlich wäre. Immer ist jedoch die Bemessung der Kaution von der individuellen Fallgestaltung abhängig, wobei neben den fluchtbegründenden und fluchthindernden Umständen auch das Gewicht der vorgeworfenen Straftat zu berücksichtigen ist.[18] Zu beachten ist aber, dass die **Höhe der Kaution** keinen Strafcharakter haben darf und nicht dazu dient, Schadensersatz – oder Steueransprüche später befriedigen zu können. Insoweit darf der Richter bei der Festsetzung der Höhe der Kaution kein durch die Haftgründe nicht gedecktes Ziel verfolgen.[19] 7

Auch kann es geboten sein, dem Beschuldigten im Falle der Hinterlegung einer Barkaution zu verbieten, die Forderung auf Kautionsrückzahlung vor Verfahrensabschluss abzutreten und hierzu eine entsprechende Verpflichtungserklärung abzugeben.[20] Insoweit ist bei der Bestimmung der Leistung der Sicherheit durch den Beschuldigten selbst zu beachten, dass eine gerichtliche Anordnung dahin, dass eine Sicherheitsleistung durch denjenigen, gegen den sich das Verfahren richtet, als Eigenhinterleger zu erbringen ist, nach neuester obergerichtlicher Rechtsprechung und in der Vorauflage vertretenen Ansicht nicht mehr die Folge eines Abtretungsverbots des Rückforderungsanspruchs zur Folge hat.[21] Ist in einem Außervollzugsetzungsbeschluss für einen Haftbefehl nämlich bestimmt, dass der Beschuldigte eine Sicherheit als „Eigenhinterleger" zu leisten habe, steht dies weder der Aufnahme eines Darlehens durch den Beschuldigten zum Zwecke der Aufbringung der Kaution noch der Abtretung des künftigen Rückzahlungsanspruches gegen die Hinterlegungsstelle an den Darlehensgeber entgegen.[22] 8

b) Leistung der Sicherheit durch einen Dritten. Eine solche wird nur zuzulassen sein, wenn nach der Persönlichkeit des Beschuldigten und seinen Beziehungen zu dem Dritten zu erwarten ist, er werde diesen nicht durch den Verlust der Sicherheit zu Schaden kommen lassen.[23] Hiervon kann gerade bei der Leistung der Kaution durch Familienangehörige oftmals ausgegangen werden.[24] Damit der Dritte die Leistung der Kaution nicht als 9

[14] Rixen NStZ 1999, 329.
[15] KG 5.11.1999 – 2 AR 158/99 – 4 Ws 274/99.
[16] BVerfG 27.9.2012 – 2 BvR 1874/12, StV 2013, 96 (Folgen der Privatinsolvenz des Beschuldigten nicht berücksichtigt).
[17] OLG Celle 8.4.2018 – 3 Ws 102/19, OLGSt StPO § 112 Nr. 28 (bestehendes Auslandsvermögen); vgl. auch BVerfG 22.9.2012 – 2 BvR 1874/12, wistra 2013, 59.
[18] OLG Karlsruhe 14.1.2002 – 3 HEs 277/01.
[19] Ebenso Peters ZWH 2014, 48.
[20] AG Hamburg 7.12.1999 – 141a 343/99, StV 2000, 512; OLG München 5.8.1997 – 25 U 2527/97, NJW-RR 1998, 1372; Sättele StV 2000, 510.
[21] OLG Hamm 9.9.2009 – 1 Ws 595/08, StRR 2009, 271.
[22] BGH 17.3.2016 – IX ZR 303/14, NJW 2016, 1451 mAnm Bittmann NStZ 2016, 622.
[23] OLG Hamm 9.9.2009 – 1 Ws 595/08, StRR 2009, 271.
[24] OLG Hamm 17.6.2002 – 2 Ws 228/02, StraFo 2002, 338; OLG Köln 22.11.1996 – HEs 210/96, StraFo 1997, 93; OLG Karlsruhe 14.1.2002 – 3 HEs 277/01.

„Freundschaftsgeschenk“ ansehen kann, darf die Sicherheitsleistung nicht nur nach dem Vermögen des Beschuldigten, sondern muss auch nach dem Vermögen des Dritten bemessen werden.[25] Eine andere Beurteilung kann aber dann angezeigt sein, wenn – auch – die Ehre des Beschuldigten bei der Gewährung der Sicherheit durch einen Dritten eine Rolle spielt. Durch die Höhe des festzusetzenden Betrages ist jedoch unter Beachtung des Grundsatzes der Verhältnismäßigkeit[26] (→ Rn. 7) sicherzustellen, dass sich der Beschuldigte eher dem Strafverfahren und einer etwaigen Sanktion stellt, als sich diesem mit der Folge zu erwartender Konflikte mit dem Sicherungsgeber zu entziehen.[27]

10 Die Leitung der Sicherheit aus eigenen Mitteln des **Verteidigers** ist rechtlich nicht unzulässig, dürfte aber im Regelfall dem Sicherungszweck nicht genügen und stellt darüber hinaus die anwaltliche Unabhängigkeit in Frage.[28] Auch sollte ein Strafverteidiger beachten, dass er sich wegen Geldwäsche, Begünstigung, Beihilfe zum Vereiteln der Zwangsvollstreckung und Betrug strafbar machen kann, wenn er etwa die aus einer Katalogtat im Sinne von § 261 Abs. 1 S. 2 StGB stammende Kautionszahlung über ein Privatkonto leitet und im eigenen Namen hinterlegt.[29]

11 Hält der Haftrichter die nach § 116a zulässige Leistung einer Sicherheit durch einen Dritten für ausreichend, muss er dies im **Anordnungsbeschluss** ausdrücklich zum Ausdruck bringen (→ Rn. 25).[30] Enthält der Beschluss keine gegenteilige Anordnung kann der Beschuldigte die Sicherheit auch mit Mitteln erbringen, welche ihm von Dritten zur Verfügung gestellt werden.[31] Anders aber bei der Gestellung einer Bürgschaft (→ Rn. 21). Wird eine solche nicht – wie im Anordnungsbeschluss vorgesehen – vom Beschuldigten selbst, sondern von einem Dritten gestellt und dies vom Gericht als ausreichend zur Gewährung der Haftverschonung angesehen, kann eine mögliche Pfändung nach § 111c Abs. 3 ins Leere laufen.[32]

12 **3. Kein Antrags- oder Zustimmungserfordernis.** Die Außervollzugsetzung eines Haftbefehls gegen Sicherheitsleistung ist grundsätzlich nicht von einem Antrag des Beschuldigten oder von dessen Zustimmung abhängig, vielmehr kann der Haftrichter eine solche Entscheidung auch von Amts wegen treffen (→ Rn. 25),[33] denn gegenüber dem Vollzug eines Haftbefehls stellt die Außervollzugsetzung gegen Auflagen auch dann das mildere Mittel dar, wenn der Beschuldigte hiermit nicht ausdrücklich einverstanden ist. Der Beschuldigte kann allerdings nicht zur Leistung der Sicherheit gezwungen werden. Kann er diese trotz seiner Bemühungen nicht erbringen oder will er dies nicht, weil er den Zugriff von Gläubigern auf sein Vermögen befürchtet,[34] bleibt er in Haft bleibt. In der Praxis erfolgt aber die Anordnung einer Sicherheitsleistung zumeist auf Antrag des Beschuldigten bzw. seines Verteidigers und nach zuvor erfolgter Abklärung der Einkommens- und Vermögensverhältnisse des Beschuldigten.

13 **4. Sicherheitsleistung bei anderen Haftgründen.** Auch wenn die Auferlegung einer Sicherheitsleistung in Abs. 1 Nr. 4 beim Haftgrund der Fluchtgefahr aufgeführt ist, kommt eine solche auch beim Haftgrund der Verdunkelungsgefahr (§ 116 Abs. 2, → § 116 Rn. 25), der Wiederholungsgefahr (§ 116 Abs. 3, → § 116 Rn. 34) und der Schwerkriminalität (→ § 116 Rn. 38) in Betracht. So kann auch ein wegen Verdunkelungsgefahr erlasse-

---

25 OLG Schleswig 24.6.1994 – 3 Ws 225/94, OLGSt StPO § 116a Rn. 2.
26 BVerfG 27.9.2012 – 2 BvR 1874/12, StV 2013, 96.
27 OLG Karlsruhe 14.1.2002 – 3 HEs 277/01.
28 Schlothauer/Weider/Nobis Untersuchungshaft Rn. 14.
29 OLG Frankfurt a. M. 10.3.2005 – 2 Ws 66/04, NJW 2005, 1727 mAnm Herzog ua StV 2007, 542; siehe hierzu auch Kummer JurisPR-BGHZivilR 37/2004 Anm. 6.
30 OLG Karlsruhe 14.1.2002 – 3 HEs 277/01.
31 Graf in KK-StPO § 116a Rn. 3.
32 OLG Karlsruhe 11.8.2000 – 3 Ws 44/00, NStZ-RR 2000, 375; LG Gießen 29.5.2006 – 2 Kls 502 Js 23635/05, StV 2006, 643.
33 OLG Karlsruhe 14.1.2002 – 3 HEs 277/01; Schmitt in Meyer-Goßner/Schmitt § 116 Rn. 10.
34 OLG Frankfurt a. M. 3.2.2000 – 20 W 409/99, StV 2000, 509; OLG Karlsruhe 14.1.2002 – 3 HEs 277/01.

ner Haftbefehl im Hinblick darauf, dass die Beweise weitgehend gesichert sind und die Anklage inzwischen erhoben ist, gegen Kaution außer Vollzug gesetzt werden, wenn ein Kontaktverbot mit Zeugen und Mitbeschuldigten angeordnet wird und die Kaution auch der Sicherung dieses Verbots dient (str.).[35] Die Aussetzung eines Sicherungshaftbefehls nach § 453c Abs. 2 S. 2 gegen Sicherheitsleistung ist jedoch nicht möglich.[36]

5. Wirkung der Sicherheit. Diese tritt erst ein, wenn die Sicherheitsleistung in der vom Gericht angeordneter Form auch tatsächlich erbracht ist, etwa durch eine Mitteilung der Hinterlegungsstelle oder durch Vorlage der entsprechenden Bürgschaftsurkunde beim Haftrichter. Möglich ist aber zur Beschleunigung des Verfahrens auch die Vorlage einer mit dem Aktenzeichen der Hinterlegungsstelle versehenen Einzahlungsbestätigung der Justizkasse.[37] Notwendig ist dann aber noch die ausdrückliche Anordnung der Freilassung des Beschuldigten in Form einer gerichtlichen Freilassungsweisung. 14

6. Änderung der Sicherheit. Ändern sich die Verhältnisse in tatsächlicher Hinsicht, kann dies auch zu einer Anpassung der Sicherheitsleistung nötigen, allerdings nur nach Maßgabe und unter den Voraussetzungen des § 116 Abs. 4.[38] Ohne eine solche Veränderung in tatsächlicher Hinsicht ist eine etwa eine Erhöhung der Sicherheitsleistung rechtlich unzulässig.[39] Jedoch kann etwa der Tod des Bürgen oder eine Erschütterung des auf „Ehre" basierenden Vertrauensverhältnisses zwischen diesem und dem Beschuldigten zu einer Anpassung, ggf. auch zur Invollzugsetzung des Haftverschonungsbeschlusses führen.[40] Insoweit ist zu beachten, dass es auch bei einer Invollzugsetzung stets einer Entscheidung des Gerichts bedarf (§§ 123 Abs. 2 und 3, 124 Abs. 1), ob die Sicherheit freigeworden oder verfallen ist. 15

Allein das Ergehen eines Urteils und dessen Rechtskraft zwingen nicht zur Abänderung des Haftverschonungsbeschlusses und zur Freigabe der Sicherheit, da der nicht vollzogene Haftbefehl mit dem Eintritt der Rechtskraft des Urteils nicht gegenstandslos wird, sondern nach nach wie vor die Grundlage für die die Vollstreckung sichernden Haftverschonungsauflagen bildet.[41] Anders ist die Rechtslage aber zu beurteilen, wenn schon aus tatsächlichen Gründen keine Besorgnis mehr besteht, dass sich der rechtskräftig zu einer Freiheitsstrafe verurteilte Angeklagten der Strafvollstreckung entziehen wird.[42] 16

7. Verfall der Sicherheit. Auf den Verfall der Sicherheit findet § 124 entsprechende Anwendung. Insoweit ist es notwendig, dass schon im Aussetzungsbeschluss genau umschrieben wird, unter welchen Voraussetzungen (Flucht, Verdunkelungshandlungen, Wiederholungstaten) die gestellte Kaution verfällt.[43] 17

III. Möglichkeiten der Sicherheitsleitung

1. Allgemeines. Die Arten der Sicherheitsleistung sind in Abs. 1 abschließend geregelt durch Hinterlegung in barem Geld oder Wertpapieren (→ Rn. 19), durch Pfandbestellung (→ Rn. 20) oder durch Bürgschaft geeigneter Personen (→ Rn. 21–24). Es handelt sich nicht nur um eine Ordnungsvorschrift.[44] Die Annahme eines Verrechnungsschecks unter Freilassung des Beschuldigten vor werthaltiger Einlösung desselben ist daher nicht zulässig. 18

---

35 OLG Hamm 3.9.2001 – 2 BL 152/01, StV 2001, 688; Lind in Löwe/Rosenberg § 116 Rn. 24; aA OLG Frankfurt a. M. 4.7.1977 – 3 Ws 218/77, NJW 1978, 838; KG 23.6.1989 – 4 Ws 57/89, JR 1990, 34.

36 KG 22.11.2000 – 3 Ws 568/00, BeckRS 2000, 15747.

37 Vgl. hierzu Schlothauer/Weider/Nobis, Untersuchungshaft Rn. 610 ff.

38 OLG Frankfurt a. M. 24.3.2010 – 1 Ws 38/10, StV 2010, 586; → § 116 Rn. 67.

39 BVerfG 27.9.2012 – 2 BvR 1874/12, StV 2013, 96.

40 Lind in Löwe/Rosenberg § 116 Rn. 24.

41 KG 17.6.2011 – 2 Ws 219/11, NStZ 2012, 230; Schweckendieck NStZ 2011, 10.

42 OLG Nürnberg 9.12.1982 – Ws 990/82, OLGSt StPO § 116 Nr. 1.

43 Graf in KK-StPO § 116 Rn. 20.

44 Schmitt in Meyer-Goßner/Schmitt Rn. 1; Graf in KK-StPO Rn. 1; aA wohl BGH 5.12.1996 – 1 StR 376/96, BGHSt 42, 343; vgl. hierzu auch Seebode JR 1997, 474.

19 **2. Hinterlegung von barem Geld oder Wertpapieren (Abs. 1 S. 1).** Insoweit galt bis zum 31.10.2010 die Hinterlegungsordnung vom 10.3.1937,[45] welche nunmehr in Landesrecht übergeführt wurde[46] und weitgehend inhaltlich noch Anwendung findet.[47] Danach ist die Aufgabe der Hinterlegungsstelle den Amtsgerichten übertragen (§ 1 HinterlegungsO). Einer ausdrücklichen Annahmeerklärung der Staatsanwaltschaft bedarf es insoweit nicht.[48] Da der Beschuldigte sich in Haft befindet, ist ihm eine Einzahlung bei der Hinterlegungsstelle selbst nicht möglich. Üblicherweise erfolgt dies durch den Verteidiger, welcher als Vertreter des Beschuldigten auftritt,[49] und die Gelder nicht anderweitig verwenden darf.[50] Auch Sicht der Hinterlegungsstelle kommt es dabei nicht darauf an, ob diese Mittel aus dem Vermögen des Beschuldigten oder einem Dritten stammen. Im formellen Sinne ist jedoch stets der Beschuldigten Hinterleger, wenn dies im Beschluss so festgelegt ist, weshalb eine Pfändung des Rückzahlungsanspruch durch einen Dritten grundsätzlich auch dann möglich ist, wenn die Gelder von einem Dritten stammen.[51] Auch stehen dem Dritten keine unmittelbaren Rechte auf Freigabe der Sicherheit nach § 123 Abs. 3 zu.[52]

20 **3. Pfandbestellung (Abs. 1 S. 1).** Der Begriff der Pfandbestellung in § 116a ist nicht im rechtstechnischen engen Sinne des BGB zu verstehen, vielmehr werden auch die Sicherungsübereignung, die Sicherungsabtretung, die Bestellung von Grundschulden erfasst. Auch die Abtretung einer gepfändeten Forderung ist möglich.[53] In der Praxis eröffnet gerade die Bestellung einer Grundschuld Möglichkeiten zur Gewährung einer Haftverschonung. Eine solche Bestellung kann auch in Betracht kommen, wenn das Grundstück bereits durch andere vorhergehende Sicherheiten belastet bzw. übersichert ist, wenn schon die Möglichkeiten einer drohenden Zwangsversteigerung den Beschuldigten von der Flucht abhalten würde.[54]

21 **4. Bürgschaft (Abs. 1 S. 1).** Bei der Bürgschaft handelt es sich der Sache nach um ein abstraktes Schuldversprechen eines Dritten gegenüber dem Staat und nicht um eine nach bürgerlichem Recht zu beurteilende Form der Bürgschaft, weil es schon an einer nach § 765 BGB zu sichernden Schuld, mithin einer einklagbaren Verbindlichkeit[55] fehlt.[56] Die in § 116 Abs. 1 S. 2 Nr. 4 erwähnte Form der „Bürgschaft" wird in rechtlicher Hinsicht daher auch als aufschiebend bedingtes Zahlungsversprechen eines Dritten, als auflösend bedingtes Schuldversprechen iSd § 780 BGB[57] bzw. als Zahlungsverpflichtung eines Dritten als Alleinschuldner[58] angesehen, wobei auch die Abgabe einer solchen Erklärung durch eine Bank zwischenzeitlich als zulässig angesehen wird.[59] Eine solche Bürgschaft eines Dritten darf – soweit diese eine ausreichende Sicherheit darstellt – auch angenommen werden, wenn sich der Beschuldigte hiermit nicht einverstanden erklärt.

22 Im Falle der Leistung einer Bürgschaft durch eine Dritten kommt es nicht lediglich darauf an, wer als „Hinterleger" bei der Hinterlegungsstelle aufgetreten ist, sondern bei der Auslegung ist dem haftrichterlichen Beschluss über die Aussetzung des Haftbefehls

---

45 RGBl. I 285; BGBl. III 300-15; letztes Änderungsgesetz vom 23.11.2007 – BGBl. I 2614 (2616); siehe Schmitt in Meyer-Goßner/Schmitt Rn. 2.

46 Zweites Gesetz über die Bereinigung von Bundesrecht im Zuständigkeitsbereich des Bundesministeriums der Justiz (BMJBerG 2), BGBl. 2007 I 2614–2630.

47 Rückhelm Rpfleger 2010, 1.

48 OLG Hamm 3.12.1990 – 3 Ws 546/90, NJW 1991, 2717.

49 Schlothauer/Weider/Nobis Untersuchungshaft Rn. 605.

50 BGH 8.1.2009 – IX ZR 229/07, NJW 2009, 840.

51 BGH 22.7.2004 – IX ZR 132/03, NJW 2004, 3630.

52 OLG Karlsruhe 11.8.2000 – 3 Ws 44/00, NStZ-RR 2000, 460.

53 OLG Karlsruhe 26.7.1991 – 3 Ws 119/91, NStZ 1992, 204.

54 Ebenso Schlothauer/Weider/Nobis, Untersuchungshaft Rn. 611.

55 Habersack in MüKoBGB, 3. Aufl. 1997, BGB § 765 Rn. 63 mwN; Sprau in Palandt, 59. Aufl. 2000, BGB § 765 Anm. 17; vgl. hierzu auch OLG Hamm 22.9.1992 – 4 Ws 325/92, BeckRS 2015, 5305.

56 OLG Karlsruhe 11.8.2000 – 3 Ws 44/00, NStZ-RR 2000, 460.

57 Schlothauer/Weider/Nobis, Untersuchungshaft Rn. 612.

58 OLG Düsseldorf 5.9.1989 – 1 Ws 788/89, NStZ 1990, 97.

59 Retemeyer, Sicherheitsleistung durch Bankbürgschaft, 1994, S. 88; Amelung StraFo 1997, 300.

maßgebliche Bedeutung beizumessen.[60] Dies findet seine Rechtfertigung darin, dass das Gericht und nicht der Beschuldigte bestimmt, von wem und in welcher Form die Sicherheit zu erbringen ist. Hält das Gericht es daher nach § 116a Abs. 1 für ausreichend, dass die Sicherheit auch durch „Bürgschaft geeigneter Personen" erbracht werden kann, so bedarf dies einer ausdrücklichen Anordnung im Haftverschonungsbeschluss (→ Rn. 11).[61] In diesem Fall wird der Dritte Beteiligter des Hinterlegungsverhältnisses.

23 Liegt eine solche ausdrückliche gerichtliche Bestimmung vor, so kann der Dritte die „Bürgschaft" zunächst erbringen durch Hinterlegung von Geld oder Wertpapieren in eigenem Namen. Möglich und in der Praxis die Regel ist aber die Vorlage einer „Bürgschaft" einer Bank,[62] wobei im Beschluss ausgesprochen werden sollte, dass er sich hierbei um ein in der Europäischen Union als Zoll und Steuerbürge zugelassenes Kreditinstitut (Großbank) zu handeln hat, welches ein **selbstschuldnerisches, unbedingtes, unbefristetes und unwiderrufliches Zahlungsversprechen iSd Abs. 1** zu erbringen hat.[63] Möglich ist es aber auch, dass der Dritte Geld oder Wertpapiere bei einer Bank hinterlegt und den Staat unwiderruflich ermächtigt, von der Bank die Herausgabe zu verlangen, wobei der Staat dieses Recht nur im Falle des Vorliegens der Voraussetzungen des Verfalls der Sicherheit (§ 124) geltend machen darf. Die Einrede der Vorausklage ist ausgeschlossen. Auch wenn kein Formzwang nach § 766 BGB besteht, empfiehlt sich aus Beweisgründen gleichwohl die Einhaltung der Schriftform.[64]

24 **5. Unbare Sicherheitsleistung (Abs. 1 S. 2).** Die Möglichkeit der Sicherheit auch durch EC-Karte oder durch Kreditkarte zu erbringen, wurde durch das Gesetz über den Zahlungsverkehr mit Gerichten und Justizbehörden (ZahlVGJG) vom 22.12.2006 eingeführt,[65] wobei das nähere durch eine Rechtsverordnung zu bestimmen ist. Wenn danach am Ort des Gerichts ein Kreditinstitut aufgrund besonderer Ermächtigung kostenlos Zahlungsmittel für das Gericht oder die Justizbehörde gegen Quittung annimmt, steht diese Möglichkeit der Barzahlung gleich.[66]

IV. Entscheidungskriterien (Abs. 2)

25 Der Haftrichter entscheidet über die Art und Höhe der Kaution nach freiem Ermessen (vgl. hierzu aber → Rn. 7 ff.). Zuständig ist der Haftrichter (§ 126), nach Anklageerhebung das angerufene Gericht und wegen des Sachzummenhangs mit der Entscheidung nach § 116 nicht allen dessen Vorsitzende/r (§ 126 Abs. 2 S. 3).[67] Das Gericht kann auch mehrere Sicherheiten verlangen, auch solche vom Beschuldigten und einem Dritten. An die Vorschläge des Beschuldigten ist er nicht gebunden. Ist die Sicherheit geleistet, kann sie der Beschuldigten oder der Dritte nur dadurch auslösen, dass es sich in Haft begibt (→ § 123 Rn. 5). Auch dem Haftrichter ist nachträglich nur in eingeschränktem Umfang eine Abänderung der von ihm bestimmten Sicherheitsleistung möglich.

V. Zustellungsbevollmächtigter (Abs. 3)

26 Hat der Beschuldigte in Deutschland keinen festen Wohnsitz, so kommt nach Abs. 3. eine Außervollzugsetzung gegen Sicherheitsleistung nur in Betracht, wenn er – zur Vermeidung der mit Auslandszustellungen verbundenen Schwierigkeiten – einen Zustellungsbe-

---

[60] OLG Karlsruhe 11.8.2000 – 3 Ws 44/00, NStZ-RR 2000, 460; OLG Stuttgart Die Justiz 1988, 373; siehe auch OLG Düsseldorf NStZ 1990, 97 f.; Rpfleger 1986, 275.

[61] OLG Düsseldorf 5.9.1989 – 1 Ws 788/89, NStZ 1990, 97; Schmitt in Meyer-Goßner/Schmitt § 116a Rn. 4 aE).

[62] Rixen NStZ 1999, 329; Schmitt in Meyer-Goßner/Schmitt Rn. 4.

[63] Vgl. hierzu auch Lind in Löwe/Rosenberg § 116a Rn. 5 ff.; Schlothauer/Weider/Nobis, Untersuchungshaft Rn. 612 ff.

[64] Graf in KK-StPO Rn. 1.

[65] BGBl. I 3416.

[66] Schmitt in Meyer-Goßner/Schmitt Rn. 4a, Graf in KK-StPO Rn. 2.

[67] So aber Schmitt in Meyer-Goßner/Schmitt Rn. 1.

vollmächtigen benennt. Dies ist auch europarechtlich zulässig.[68] Allerdings laufen danach Fristen nicht mit der Zustellung einer Entscheidung an den Zustellungsbevollmächtigen, sondern erst mit der Zustellung bzw. der Entgegennahme des Schriftstücken durch den Beschuldigten selbst. Nach dem eindeutigen Wortlaut der Norm ist es notwendig, dass der Beschuldigten einen im Bezirk des zuständigen Gerichts wohnhaften Zustellungsbevollmächtigten benennt,[69] das Gericht kann aber – ohne dass ein Anspruch hierauf besteht – auch einen außerhalb Wohnhaften ausdrücklich zulassen, da nur der Beschuldigte an die Beschränkung des Abs. 3 gebunden ist.[70]

27 **Die Auswahl des Zustellungsbevollmächtigten** trifft der Beschuldigte, wobei eine wirksame Bestellung dessen Einverständnis voraussetzt.[71] Dieses hat der Beschuldigte nachzuweisen.[72] Die wirksame Bestellung eines Zustellungsbevollmächtigten setzt weiterhin voraus, dass ein bestimmter Bevollmächtigter genannt wird. Diesem Erfordernis wird nicht entsprochen, wenn nur allgemein der „zuständige Geschäftsstellenbeamte" bevollmächtigt wird. Eine ausreichende Bestimmbarkeit des Zustellungsbevollmächtigten ist jedoch dann anzunehmen, wenn sich aus dem Geschäftsverteilungsplan eines Gerichts (oder einer Staatsanwaltschaft) ergibt, welcher namentlich aufgeführte Bedienstete der iSv Nr. 60 Abs. 1 S. 2 der RiStBV zur Entgegennahme von Zustellungen bereite Beamte ist.[73] Häufig wird seitens des Beschuldigten auch der Verteidiger des Beschuldigten benannt und dieser auch zugelassen, wenn er nicht innerhalb des Gerichtsbezirks wohnt.[74] Insoweit ist zu beachten, dass die Zustellungsvollmacht auch mit Mandatsbeendigung bestehen bleibt.[75] Ohne die Benennung eines Zustellungsbevollmächtigten kann der Richter den Antrag jedoch ablehnen. Er kann ihm aber auch stattgeben und dem Beschuldigten als **Verschonungsauflage** die Bestellung eines Zustellungsbevollmächtigten zur Pflicht machen bzw., dem Antrag vorbehaltlich der Nachbenennung eines Zustellungsbevollmächtigten stattgeben.[76]

28 **Wirkung der Bevollmächtigung.** Die Bevollmächtigung ist wirksam, bis die Sicherheit frei wird (§ 123 Abs. 2), verfällt (§ 124) oder das Verfahren durch den Tod des Beschuldigten endet. Bis dahin können alle an den Beschuldigten bestimmten Zustellungen rechtswirksam an den Zustellungsbevollmächtigten bewirkt werden, der insoweit an dessen Stelle tritt.[77] Insoweit kommt es auch nicht auf die Art des Dokument an, weshalb auch insoweit Ladungen und Urteile wirksam zugestellt werden können.[78]

VI. Verfahrensfragen

29 **1. Zuständiges Gericht.** Zuständig zur Entscheidung über eine Haftverschonung und auch die Bemessung einer Sicherheit ist das nach § 126 zuständige Gericht und nicht der den Haftbefehl eröffnende Richter des nächsten Amtsgerichts (§ 115a).[79] Gegen die Entscheidung nach §§ 116, 116a ist das Rechtsmittel der Beschwerde eröffnet (§ 304) (→ § 116 Rn. 4), nicht aber die weiter Beschwerde, da unter den Begriff der Verhaftung in § 310 Abs. 1 nicht die Änderung oder Aufhebung von Auflagen, einschließlich dem Verfall der Kaution (§ 124) fällt.[80]

68 EuGH 22.3.2017 – C 124/16 und C 188/16, JR 2017, 488 mAnm Brodowski StV 2018, 69.
69 Büttner DRiZ 2007, 188; Schmitt in Meyer-Goßner/Schmitt § 116 Rn. 5; aA OLG Düsseldorf 18.7.1986 – 5 Ss (OWi) 273/86, MDR 1987, 164.
70 Graf in KK-StPO § 116 Rn. 6; Lind in Löwe/Rosenberg Rn. 19.
71 LG Baden-Baden 1.12.1999 – 1 Qs 188/99, BeckRS 2000, 15747.
72 OLG Köln 24.10.2000 – Ss 329/00, StraFo 2001, 200.
73 LG Baden-Baden 1.12.1999 – 1 Qs 188/99, BeckRS 2000, 15747.
74 Schlothauer/Weider/Nobis, Untersuchungshaft Rn. 620.
75 KG 19.9.2011 – (2) 1 Ss 361/11 (53/11), NStZ 2012, 17.
76 Graf in KK-StPO § 123 Rn. 6; Posthoff in Gercke/Julius/Temming/Zöller § 123 Rn. 11.
77 BGH 21.12.1956 – 1 StR 311/03, BGHSt 10, 62; OLG Düsseldorf 18.7.1986 – 5 Ws (OWi) 273/86, VRS 71, 369; OLG Koblenz 1.6.2994 – 1 Ss 311/03, NStZ-RR 2004, 373.
78 Lind in Löwe/Rosenberg Rn. 22.
79 BGH 5.12.1996 – 1 StR 376/96, BGHSt 42, 343.
80 OLG Köln 23.8.2004 – 2 Ws 402/04, NStZ-RR 2000, 372.

2. Haftfortdauerentscheidung des Oberlandesgerichts. Setzt das Oberlandesgericht den Haftbefehl im besonderen Haftprüfungsverfahren nach § 122 Abs. 5 gegen Auferlegung einer Sicherheitsleistung außer Vollzug und kann der Beschuldigte diese nicht sogleich erbringen, so ordnet es nach §§ 121 Abs. 1, 122 Abs. 3 S. 1 die Fortdauer der Untersuchungshaft bis zur Erfüllung der Auflage an. Die Überwachung derselben und ggf. die Anordnung der Freilassung des Beschuldigten kann dem nach § 126 zuständigen Gericht übertragen werden (§ 122 Abs. 3 S. 3).[81] 30

§ 116b Verhältnis von Untersuchungshaft zu anderen freiheitsentziehenden Maßnahmen

[1]Die Vollstreckung der Untersuchungshaft geht der Vollstreckung der Auslieferungshaft, der vorläufigen Auslieferungshaft, der Abschiebungshaft und der Zurückweisungshaft vor. [2]Die Vollstreckung anderer freiheitsentziehender Maßnahmen geht der Vollstreckung von Untersuchungshaft vor, es sei denn, das Gericht trifft eine abweichende Entscheidung, weil der Zweck der Untersuchungshaft dies erfordert.

Schrifttum: Harms, Der Entwurf für ein Gesetz zur Änderung des Untersuchungshaftrechts, FS 2009, 13.

Übersicht

I. Allgemeines, Normzweck und Anwendungsbereich

1. Allgemeines. Die **neben einer Untersuchungshaft angeordneten freiheitsentziehenden Maßnahmen** waren bis zur Reform des Untersuchungshaftrechts 2009 in der bunderechtlichen Regelung des § 122 StVollzG nur rudimentär gesetzlich geregelt. Durch das Gesetz zur Änderung des Untersuchungshaftrechts vom 29.7.2009[1] ist die aktuelle Fassung des § 116b zum 1.1.2010 in Kraft getreten, mit welcher ein **normierter Vorrang der Untersuchungshaft** vor bestimmten anderen freiheitsentziehenden Maßnahmen geregelt wurde. 1

2. Normzweck. Die Vorschrift soll insbesondere im Hinblick auf die Unschuldsvermutung (→ § 112 Rn. 4) sicherstellen, dass die Untersuchungshaft nur vollstreckt wird, wenn dies zwingend geboten ist. 2

3. Anwendungsbereich. Die Vorschrift gilt nicht nur für Haftbefehle nach §§ 112 ff., sondern auch für solche nach §§ 230 Abs. 2, 236, 329 Abs. 4 und 412.[2] 3

II. Gesetzliche Vorrangregelung (S. 1)

Die Untersuchungshaft geht nur den in § 116b S. 1 im Einzelnen normierten freiheitsentziehenden Maßnahmen, nämlich der Vollstreckung der **Auslieferungshaft** und der **vorläufigen Auslieferungshaft** (§§ 15, 16 IRG), der **Abschiebungshaft** (§ 62 AufenthG) 4

[81] OLG Karlsruhe 14.1.2002 – 3 HEs 277/01.
[1] BGBl. I 2274.
[2] Schmitt in Meyer-Goßner/Schmitt Rn. 2.

sowie der **Zurückweisungshaft** (§ 15 Abs. 5 AufenthG), vor. Insoweit dient die Regelung der Sicherung des innerstaatlichen Strafverfolgungsanspruchs.

III. Verhältnis zu anderen freiheitsentziehenden Maßnahmen (S. 2)

5 Demgegenüber tritt wegen der **Unschuldsvermutung** die Vollstreckung der Untersuchungshaft gegenüber „anderen" freiheitsentziehenden Maßnahmen nach § 116b S. 2 zurück. Diese Vorrangstellung gilt nach der gesetzlichen Neuregelung unabhängig von der Feststellung, ob die andere freiheitsentziehende Maßnahme bei Vollstreckung der Untersuchungshaft ihrerseits bereits angeordnet war oder erst im Laufe des Untersuchungshaftvollzuges angeordnet wird.

6 Als andere **freiheitsentziehende Maßnahmen** im Sinne dieser Vorschrift kommen insbesondere in Betracht:[3] **Freiheitsstrafe** (§ 38 StGB), **Ersatzfreiheitsstrafe** (§ 43 StGB), Jugendstrafe (§ 17 JGG), **Jugendarrest** (§ 16 JGG), **Unterbringung in einem psychiatrischen Krankenhaus** (§ 63 StGB), **Unterbringung in einer Entziehungsanstalt** (§ 64 StGB), **Unterbringung in der Sicherungsverwahrung** (§ 66 StGB), **Ordnungshaft** (zB § 51 Abs. 1 S. 2, § 70 Abs. 1 S. 2, §§ 177, 178 GVG), **Erzwingungshaft** (zB § 70 Abs. 2 StPO, § 96 OWiG), § 901 ZPO), **zivilrechtliche Sicherungshaft** (zB § 918 ZPO), **strafrechtliche Sicherungshaft** (§ 453c StPO), **Unterbringung zur Beobachtung** (§ 81 StPO), **einstweilige Unterbringung** (§ 126a StPO), **Unterbringung bei zu erwartender Sicherungsverwahrung** (§ 275a Abs. 5 StPO) und **Haft aufgrund einer Anordnung nach** § 4 **ÜAG.**[4]

7 Dem **Vorrang der Strafhaft** kommt in der **Praxis die größte Bedeutung** bei. Dieser tritt bei einem bereits in Untersuchungshaft befindlichen Verurteilten nicht erst mit dem Eingang des Aufnahmeersuchens in der Justizvollzugsanstalt oder dann ein, wenn die Staatsanwaltschaft – etwa durch den Erlass eines Vollstreckungshaftbefehls – unmissverständlich zum Ausdruck bringt, dass die Vollstreckung einer Freiheitsstrafe nunmehr ansteht,[5] sondern der Vorang erfolgt bereits mit Rechtskraft der Verurteilung in, wenn die Staatsanwaltschaft von der Untersuchungshaft und der Rechtskraft des Urteils Kenntnis erlangt hat.[6]

8 Wird Strafhaft vollzogen, so können aufgrund eines bestehenden Haftbefehls nach §§ 112 ff. **Haftbeschränkungen angeordnet werden, welche auch zur Einschränkung der Rechte des Beschulgten in der Strafhaft** führen. Diese setzen jedoch eine konkrete Gefährdung des Haftzwecks voraus. Es muss insoweit die durch die Inhaftierung des Beschuldigten veränderte Situation berücksichtigt und geprüft werden, ob die abzuwehrende Gefahr trotz des Vollzugs der Untersuchungshaft besteht und den Erlass einer Anordnung nach § 119 Abs. 1 erforderlich macht.[7] Es ist allerdings zulässig, zur Begründung der Beschränkungsanordnung auch auf die im Haftbefehl nicht herangezogenen Haftgründe zurückzugreifen, insbesondere sind Maßnahmen zur Vermeidung von Verdunkelungsgefahr auch zulässig, wenn der Haftbefehl nur auf Fluchtgefahr gestützt ist.[8]

IV. Ausnahmeregelung (S. 2 Hs. 2)

9 Abweichend von dem grundsätzlichen Vorrang anderer freiheitsentziehender Maßnahmen kann das **Gericht die Vollstreckungsreihenfolge ändern,** soweit es der Zweck der Untersuchungshaft erfordert. Ausnahmen von dem Grundsatz des Vorrangs anderer freiheitsentziehender Maßnahmen vor der Vollstreckung der Untersuchungshaft sind in Anbetracht der für Beschuldigte mit einer Vollstreckung der Untersuchungshaft möglicherweise verbundenen schwerwiegenden Folge, dass ihnen in einem Verfahren die Freiheit entzogen wird, in dem es nicht zu einer rechtskräftigen freiheitsentziehenden Verurteilung

[3] Graf in KK-StPO § 116b Rn. 9; BT-Drs. 16/11644, 22.
[4] Vgl. BT-Drs. 16/11644, 22; BR-Drs. 829/08, 29.
[5] KG 11.11.2010 – 2 Ws 504/10, StraFo 2011, 108.
[6] OLG Karlsruhe 28.9.2020 – 2 Ws 309/20, StraFo 2020, 513.
[7] OLG Köln 18.12.2012 – III-2 Ws 896/12, StV 2013, 525; → § 119 Rn. 20 ff.
[8] OLG Hamm 25.2.2010 – III-2 Ws 18/10, NStZ-RR 2010, 292.

gegen sie kommt, nur dann zulässig, wenn die Abwehr der die **Anordnung der Untersuchungshaft begründenden Gefahren im Regelvollzug mit angemessenen Mitteln nicht zu gewährleisten** ist.[9] Allerdings ist vor der Anordnung der Vollstreckung der Untersuchungshaft als milderes Mittel zu prüfen, ob nicht auch die Möglichkeit der Vollstreckung der anderen freiheitsentziehenden Maßnahme in einer Untersuchungshaftanstalt besteht.[10]

V. Zuständigkeit

Vor dem Hintergrund der Unschuldsvermutung ist für die Entscheidung über die Abweichung von der gesetzlichen Vollstreckungsreihenfolge das **Haftgericht nach § 126** zuständig. Da sich das Haftgericht ohnehin für die mögliche Anordnung von Beschränkungen nach § 119 mit dem Zweck der Untersuchungshaft in dem jeweiligen Einzelfall auseinandersetzen muss, ist es sachgerecht, auch eine solche Entscheidung nach § 116b dem Haftgericht zuzuweisen. Aus dieser Regelung ergibt sich auch, dass **§ 116b im Verhältnis zu § 455a StPO lex specialis** ist und daher die Unterbrechung der Vollstreckung einer Freiheitsstrafe zum Zwecke der Vollstreckung von Untersuchungshaft immer eine richterliche Anordnung voraussetzt.[11] 10

VI. Rechtsmittel

Nur die Unterbrechung der Vollstreckung der Freiheitsstrafe zugunsten der Untersuchungshaft, in Abweichung von der gesetzlich normierten Vorrangregelung setzt immer eine richterliche Anordnung voraus. Diese richterliche Anordnung kann der Beschuldigte – auch im Zusammenhang mit Haftbeschränkungen nach § 119 Abs. 1 – mittels eine Antrags auf gerichtliche Entscheidung nach § 119 Abs. 5, § 119a anfechten,[12] wie sich aus 119 Abs. 6 S. 1 ausdrücklich ergibt. 11

Insoweit ist zu beachten, dass die Anordnung des gesetzlichen Regelfalls bei bereits vollstreckter Untersuchungshaft zugunsten der Vollstreckung anderer freiheitsentziehender Maßnahmen – typischerweise eine anderweitige Strafhaft – durch das Haftgericht nicht die erforderliche Beschwer enthält. Die richterliche Entscheidung, durch die die Unterbrechung der Vollstreckung einer Freiheitsstrafe zu Gunsten der Untersuchungshaft abgelehnt wird, kann von dem Angeklagten daher mangels Beschwer nicht angefochten werden. Eine rechtlich erhebliche, nachteilige Wirkung tritt durch die Strafvollstreckung für den Angeklagten nicht ein. Für die Beurteilung, ob der Betroffene beschwert ist, kommt es allein darauf an, ob nach objektiver Betrachtung durch die begehrte Entscheidung eine Besserstellung des Betroffenen herbeigeführt würde. Unerheblich ist, ob der Angeklagte selbst der Ansicht ist, sein Begehren sei auf eine für ihn günstigere Entscheidung gerichtet.[13] Der Verurteilte hat mithin auch keinen Anspruch darauf, vor Einleitung der Vollstreckung einer rechtskräftig verhängten Freiheitsstrafe angehört zu werden. § 116 S. 2 schreibt nur gesetzlich fest, dass die Vollstreckung einer rechtskräftig verhängten Freiheitsstrafe von Gesetzes wegen der Vollstreckung von Untersuchungshaft vorgeht. Diese Folge tritt ohnehin automatisch mit dem Eingang des Aufnahmeersuchens in der Justizvollzugsanstalt ein.[14] 12

§ 117 Haftprüfung

(1) Solange der Beschuldigte in Untersuchungshaft ist, kann er jederzeit die gerichtliche Prüfung beantragen, ob der Haftbefehl aufzuheben oder dessen Vollzug nach § 116 auszusetzen ist (Haftprüfung).

[9] Graf in KK-StPO Rn. 11.
[10] Knauß in BeckOK StPO Rn. 6.
[11] Graf in KK-StPO Rn. 12.
[12] Vgl. auch OLG Köln 28.12.2012 – III 2 Ws 896/12, StV 2013, 525.
[13] KG 29.8.2012 – 4 Ws 79/12, NStZ-RR 2013, 159.
[14] KG 1.11.2010 – 2 Ws 551/10, NStZ-RR 2011, 189.

(2) [1]Neben dem Antrag auf Haftprüfung ist die Beschwerde unzulässig. [2]Das Recht der Beschwerde gegen die Entscheidung, die auf den Antrag ergeht, wird dadurch nicht berührt.

(3) Der Richter kann einzelne Ermittlungen anordnen, die für die künftige Entscheidung über die Aufrechterhaltung der Untersuchungshaft von Bedeutung sind, und nach Durchführung dieser Ermittlungen eine neue Prüfung vornehmen.

Schrifttum: Beulke/Witzigmann, Das Akteneinsichtsrecht des Strafverteidigers in Fällen der Untersuchungshaft, NStZ 2011, 254; Buckow, Der Einsatz „neuer Medien" im Dezernat des Ermittlungsrichters ZIS 2012, 551; Burhoff, Die (Vernehmungs-)Terminsgebühr nach Nr. 4102, 4103 VV RVG, RVGreport 2010, 282-286; Deckers/Lederer, Überprüfung von Haftentscheidungen während einer Hauptverhandlung StV 2009, 139; Deutscher, Notwendige Verteidigung auch bei Vollzug der U-Haft in anderem Verfahren, jurisPR-StrafR 24/2010 Anm. 1; Fischer NStZ 1990, 52; Gaede, Grundzüge der Verteidigung im Steuerstrafverfahren – Teil II: Verteidigungsschwerpunkte aus dem Steuerstrafverfahrensrecht, JA 2009, 633; Gebauer, Die Rechtswirklichkeit der Untersuchungshaft in der Bundesrepublik Deutschland: eine empirische Untersuchung zur Praxis der Haftanordnung und des Haftverfahrens, 1987; Hagmann, Gewährung von Akteneinsicht zwecks Verteidigung bei Untersuchungshaft des Beschuldigten, StV 2008, 483; Hohmann, Rechtsbehelf bei „Überhaft": Antrag auf Haftprüfung oder Haftbeschwerde? NJW 1990, 1649; Jahn, Die Praxis der Pflichtverteidigerbestellung durch den Strafrichter, StraFo 2014, 177; Piel, Effektivierung der Beschuldigtenrechte ab Beginn der Ermittlungen, StraFo 2020, 362; Keller, Pflichtverteidigerbestellung im Ermittlungsverfahren, Polizeiliche Problemstellungen und rechtliche Herausforderungen im Zuge der Umsetzung EU-rechtlicher Vorgaben Teil 1: Ermittlungsverfahren gegen Erwachsene, Kriminalistik 2020, 178; Kröpil, Zur Bestellung eines Pflichtverteidigers im Ermittlungsverfahren, Jura 2010, 765; Kühne, Fristüberschreitung bei Antrag auf mündliche Haftprüfung – Anmerkung zu OLG Köln, Beschluss vom 28.1.2009 – 2 Ws 31/09 –, StV 2009, 654; Kruse, Rechtsschutz im Haftverfahren aus anwaltlicher Sicht, JA 2009, 219; Kudlich, „Wenn Sie sich keinen Anwalt leisten können, wird Ihnen einer gestellt" zu BGH, Beschluss vom 6.2.2018 – 2 StR 163/17, NStZ-RR 2018, 219, JA 2018,792; Latz, Eine effektive Hilfestellung, DRiZ 2010, 16; Matt, Zu Problemen der Haftbeschwerde und des Haftungsantrags, JA 1991, 85; Mayer/Hunsmann, Leitlinien für die verfassungsrechtlich gebotene Begründungstiefe in Untersuchungshaftsachen, NStZ 2015, 325; Meyer-Lohkamp, Haftverschonung bei Undurchführbarkeit eines Haftprüfungstermins aus organisatorischen Gründen, StV 2005, 395; Müller/Schmidt, Aus der Rechtsprechung zum Recht der Strafverteidigung 2012, NStZ 2013, 328; Rößler, Verteidigung in Untersuchungshaftfällen, ZAP Fach 22, 505-514; Pauly, Gewährung von Akteneinsicht zwecks Verteidigung bei Untersuchungshaft des Beschuldigten, StV 2008, 484; Reiß, Hat der Beschuldigte einen Anspruch auf Anwesenheit bei Vernehmungen von Mitbeschuldigten und besitzt sein Verteidiger das Recht auf Einsicht in bei solchen Vernehmungen entstandene Niederschriften? StV 1996, 304; Schäfer, Das Verhältnis von Haftprüfungsantrag und Haftbeschwerde, ZAP Fach 22, 281-288; Scharf/Kropp, Zeitliche Schranken beim Haftbefehl nach § 230 StPO, NStZ 2000, 297; Sowoda, Zur Problematik der Mitwirkung von Schöffen bei Haftentscheidungen während laufender Hauptverhandlung – Anmerkung zu OLG Koblenz, Beschl. v. 17.3.2009 – 1 Ws 120/09, StV 2010, 37; Schröder, Die jederzeitige Haftprüfung von Amts wegen, NStZ 1998, 68; Schulz, Die analoge Anwendung des § 168c II StPO auf die Vernehmung des Mitbeschuldigten, StraFo 1997, 294; Theisen, Zum Akteneinsichtsrecht und zum Anwesenheitsrecht bei der Vernehmung von Mitbeschuldigten, JR 1996, 436.

Übersicht

I. Allgemeines, Normzweck und Anwendungsbereich

1. Allgemeines. Die Vorschriften der § 117–§ 118b regeln das **förmliche Haftprüfungsverfahren vor dem in der Sache zuständigen Haftrichter** (§ 126). Daneben besteht für ihn auch die Alternative der Einlegung einer Haftbeschwerde (§ 304) (→ Rn. 24 ff.) gegen den ursprünglichen Haftbefehl. Dieses zweigleisige System wird ergänzt durch § 120 Abs. 1, welcher einer gesetzlich normierten Appel zur ständigen Haftkontrolle beinhaltet (→ § 120 Rn. 3). Von der Haftprüfung nach § 117 zu unterscheiden ist die zunächst nach sechs Monaten Haftfortdauer durchzuführende besondere Haftprüfung nach § 121, zu welcher das OLG berufen ist (→ § 121 Rn. 3). Daneben besteht noch die Möglichkeit der Einlegung einer Verfassungsbeschwerde (→ Rn. 61). 1

Schließlich hat auch die **Staatsanwaltschaft,** verbindlich nach Nr. 54 Abs. 1 RiStBV, stets darauf zu achten, ob die Voraussetzungen der Untersuchungshaft noch vorliegen und insbesondere auch zu prüfen, ob deren Zweck nicht durch weniger einschneidende Maßnahmen erreicht werden kann. Auch sollen Haftprüfungen den Fortgang der Ermittlungen durch die Staatsanwaltschaft nicht aufhalten (Nr. 54 Abs. 3 RiStBV). Bezüglich der Prüfungspflicht der Staatsanwaltschaft besteht jedoch die Besonderheit, dass diese nicht aktenkundig gemacht wird, wohingegen das Verfahren nach §§ 117 ff. zu einer ausdrücklichen Entscheidung führt.[1] 2

2. Normzweck. Sinn dieser oben dargestellten verfahrensrechtlichen Regelungen ist es, jederzeit die Möglichkeit zu gewährleisten, die Rechtmäßigkeit einer Inhaftierung durch einen Richter nachprüfen zu lassen. So hat der zuständige Richter zu prüfen (§ 126), ob der Haftbefehl aufzuheben (§ 120, → § 120 Rn. 3), außer Vollzug zu setzen (§§ 116, 116a, → § 116 Rn. 4 ff.) oder die Haftfortdauer anzuordnen ist. Auch kann er die Vornahme von Ermittlungen anordnen (Abs. 3) oder selbst vornehmen. 3

3. Anwendungsbereich. Für das Verfahren nach § 117 ist anders als bei der Haftbeschwerde (→ Rn. 24 ff.) stets erforderlich, dass sich der Beschuldigte noch in Untersuchungshaft befindet. Im Gegensatz zur Haftbeschwerde ist eine Haftprüfung daher nur zulässig, wenn der Haftbefehl vollzogen wird und insoweit über die Aufrechterhaltung oder Außervollzugsetzung entschieden werden soll.[2] Für den Fall einer Unterbrechung der bereits vollzogenen Untersuchungshaft zur Vollstreckung anderweitiger freiheitsentziehender Maßnahmen (§ 116b) kommt eine Haftprüfung hinsichtlich der vermerkten Überhaft nur ausnahmsweise in Betracht, wenn deren Ende unmittelbar bevorsteht.[3] Nicht anwendbar ist § 117 daher im Regelfall, wenn dem Beschuldigten Haftverschonung gewährt wurde[4] oder 4

---

1 Schmitt in Meyer-Goßner/Schmitt Rn. 2.

2 Zur Zulässigkeit einer Verfassungsbeschwerde nach der Ergreifung: BVerfG 25.11.1991 – 2 BvR 1588/91, StV 1992, 235.

3 OLG Stuttgart 23.12.1976 – 3 Ws 411/76, MDR 1977, 335; Posthoff in Gercke/Julius/Temming/Zöller Rn. 3.

4 OLG Frankfurt a. M. 28.6.1996 – 3 Ws 535/96, NStZ-RR 1996, 302.

er sich in anderer Sache in Untersuchungshaft[5] bzw. Strafhaft[6] befindet. Gleiches gilt, wenn der Beschuldigte flüchtig ist.[7] Ein gleichwohl gestellter Haftprüfungsantrag ist unzulässig, jedoch hat der Haftrichter stets zu prüfen, ob er in eine zulässige Haftbeschwerde (§ 304) umgedeutet werden kann (→ Rn. 39).[8]

5 Ein Haftprüfungsverfahren nach §§ 117 ff. findet nicht nur bei Haftbefehlen nach §§ 112, 112a im Rahmen der Untersuchungshaft statt, sondern findet auch Anwendung bei Haftbefehlen nach § 230 Abs. 2[9] und § 236, nicht jedoch beim Sicherungshaftbefehl nach § 453c Abs. 2 S. 2.[10] Gleiches gilt für das Auslieferungsverfahren, in welchem das Haftprüfungsverfahren nach § 117 ebenfalls keine Anwendung findet.[11]

II. Antragsverfahren (Abs. 1)

6 **1. Antragserfordernis.** Eine Haftprüfung findet grundsätzlich nur auf Antrag des Beschuldigten statt. Es handelt sich um eine jederzeit und **beliebig wiederholbares Recht** des Beschuldigten, über die der nach § 126 zuständige Haftrichter förmlich zu entscheiden hat. Demgegenüber kann der Haftrichter nicht von Amts wegen ein (mündliches) Haftprüfungsverfahren einleiten, da der Beschuldigte mit seinen Verteidigungsmitteln hierzu gegebenenfalls noch nicht hinreichend bereit ist. Das Antragsrecht steht auch weder der Staatsanwaltschaft noch einem Nebenkläger zu,[12] sondern nur dem Beschuldigten, seinem gesetzlicher Vertreter sowie dem Verteidiger.[13] Besonderheiten bestehen insoweit bei zwischenzeitlich erfolgter Anklageerhebung (→ Rn. 39) oder bei einer gleichzeitig eingelegten Haftbeschwerde (→ Rn. 44 ff.).

7 Vor der Stellung eines Haftprüfungsantrags sollte der Verteidiger umfassende **Akteneinsicht** (→ § 112 Rn. 9, 16, 65) nehmen (→ Rn. 8, 25). Dabei sind ihm alle Aktenteile zugänglich zu machen, die die Haftentscheidung tragen.[14] Die Grundsätze des rechtliches Gehör gem. Art. 103 Abs. 1 GG und der Waffengleichheit nach Art. 5 Abs. 4 EMRK begründen insoweit einen Anspruch des Untersuchungsgefangenen bzw. seines Verteidigers auf Einsicht in die Ermittlungsakte, soweit er sie benötigt, um sich über die der Haftentscheidung zugrunde liegenden Tatsachen und Beweismittel zu informieren.[15] Hierzu gehören auch elektronische Speichermedien, wenn diese Bestandteile erhalten, welche für die Frage der Haftfortdauer erheblich sind.[16] Allerdings reicht es aus, wenn einem von mehreren Verteidigern Akteneinsicht gewährt wurde. Den durch die Akteneinsicht seines Pflichtverteidigers gewonnenen Erkenntnisstand hat sich der Beschwerdeführer zurechnen zu lassen. Es ist daher unter dem Gesichtspunkt der „Waffengleichheit"[17] auch ausreichend, den Wahlverteidiger darüber zu informieren, dass der Pflichtverteidiger des Beschuldigten bereits Akteneinsicht erhalten hat.[18] Ein Recht auf Akteneinsicht besteht jedoch nicht, wenn der Haftbefehl – noch – nicht vollzogen ist, insoweit kann die Staatsanwaltschaft Einsicht in die Akten verweigern.[19] Wird die Untersuchungshaft nach § 33 Abs. 4 S. 1 ohne vorige

5 OLG Bremen 13.11.1950 – 2 Ws 74/50, NJW 1951, 45.
6 OLG Hamburg 5.7.1974 – 1 Ws 329/74, MDR 1974, 861; OLG Stuttgart 23.12.1976 – 3 Ws 411/76, Die Justiz 1977, 103; OLG Karlsruhe 3.8.1989 – 3 Ws 189/89, Justiz 1989, 437.
7 Schlothauer/Weider/Nobis Untersuchungshaft Rn. 736.
8 Vgl. auch Hohmann NJW 1990, 1649.
9 OLG Stuttgart 3.8.1989 – 3 Ws 178/89, MDR 1990, 75.
10 LG Freiburg 10.1.1989 – VI Qs 64/88, NStZ 1989, 387; Krauß in BeckOK StPO Rn. 1.
11 Böhm in Grützner/Pötz/Kress/Gazeas, Internationale Rechtshilfe in Strafsachen, IRG § 23 Rn. 3, § 26 Rn. 4.
12 OLG Koblenz 28.11.1983 – 2 Ws 752/83, OLGSt StPO § 117 Nr. 1.
13 Krauß in BeckOK StPO Rn. 2.
14 EGMR 3.7.2012 – 6492/11, OstEuR 2012, 116; 11.3.2008 – 41077/04, NStZ 2009, 164; BVerfG 11.7.1994 – 2 BvR 777/94, NStZ 1994, 551; OLG Hamm 13.2.2002 – 2 BL 7/02, NStZ 2004, 83.
15 OLG Koblenz 6.11.2006 – 1 Ws 675/06, OLGSt StPO § 117 Nr. 4.
16 EGMR 11.3.2008 – 41077/04, NStZ 2009, 164.
17 EGMR 9.7.2009 – 11364/03, StV 2010, 490.
18 OLG Naumburg 21.1.2011 – 1 Ws 52/11, NStZ 2011, 599.
19 BGH 3.4.2019 – StB 5/19, NStZ 2019, 478; OLG München 22.1.2019 – 2 Ws 51/19, BeckRS 2019, 531; EGMR 10.12.2013 – 53792/09 und 11320/13, BeckRS 2013, 201464.

Anhörung des Verteidigers angeordnet, darf eine Entscheidung im Beschwerdeverfahren zu Lasten des Beschuldigten nicht ohne die Möglichkeit, zu der nach § 33 Abs. 2 erforderlichen Erklärung der Staatsanwaltschaft Stellung zu nehmen, ergehen.[20]

Auf Informationen, die für die Beurteilung der Rechtmäßigkeit einer Freiheitsentziehung wesentlich und dem Beschuldigten nicht zugänglich gemacht worden sind, darf eine Haftprüfungsentscheidung daher nicht gestützt werden, da dies nicht nur gegen sein Recht auf **Wahrung eines faires und rechtsstaatliches Verfahren** verstoßen sowie seinem Anspruch auf rechtliches Gehör verletzen,[21] sondern dies auch einen Verstoß gegen den Grundsatz der „Waffengleichheit" beinhalten würde. Dies gilt jedenfalls dann, wenn dem Beschuldigten auf seinen ausdrücklichen Antrag hin die Einsicht in die Akten versagt worden ist (→ § 112 Rn. 9; → § 114 Rn. 38). In einem solchen Fall darf das Gericht auf Tatsachen und Beweismittel, die nicht zur Kenntnis des Beschuldigten gelangt sind, seine Entscheidung nicht stützen.[22] Notfalls muss es den Haftbefehl aufheben.[23] Nicht gefolgt werden kann der Ansicht, dass bei unterbliebener Akteneinsicht ein Verwertungsverbot dann nicht angenommen werden könne, wenn im Einzelfall eine mündliche Mitteilung der entscheidungserheblichen Tatsachen und Beweismittel ausreiche,[24] denn eine bloße Information kann ein Studium der Akten nicht ersetzen.[25] Nicht abschließend geklärt ist die Frage, in welchem Umfang dem Verteidiger Einsicht in die Akten zusteht. Der Akteneinsicht unterliegen ausweislich § 147 Abs. 1 jedenfalls diejenigen Akten, die dem Gericht vorliegen oder im Falle der Anklageerhebung vorzulegen wären. Hierzu gehört auch das Haftsonderheft, weil es – anders als die Handakten der Staatsanwaltschaft – nicht nur rein innerdienstliche Bedeutung hat. Da an rein innerdienstlichen Dokumenten kein Akteneinsichtsrecht besteht,[26] ist es rechtmäßig, diese Teile des Haftsonderhefts gegen Einheftung eines Fehlblattes von der Einsicht auszunehmen. Auch benötigt der Verteidiger ausreichend Zeit zum Studium der Akten, insbesondere dann, wenn ihm diese erst vor dem Haftprüfungstermin zur Verfügung gestellt werden.[27] Insoweit kann der im Einzelfall notwendige Zeitaufwand nur nach Umfang der Akten bemessen werden. 8

Zur Vorbereitung eines Haftprüfungsantrages erscheint es in der **Praxis durchaus angezeigt,** von Seiten der Verteidigung mit der ermittlungsführenden Staatsanwaltschaft Kontakt aufzunehmen, um beispielhaft Fragen der Haftverschonung näher zu erörtern, da sich das Haftgericht den Anträgen der Staatsanwaltschaft in der Regel nicht verschließen wird (vgl. auch § 120 Abs. 3 S. 1). Über die Möglichkeit der Durchführung einer Haftprüfung ist der Beschuldigte bei der Eröffnung eines Haftbefehls zu belehren (§§ 115 Abs. 4, 115a Abs. 4). 9

2. Form und Frist. Der Haftprüfungsantrag ist grundsätzlich **formfrei.** Er kann auch mündlich, beispielsweise im Rahmen einer richterlichen Anhörung in einer anderen Sache, oder zu Protokoll der Geschäftsstelle sowie schriftlich über jedwede Kommunikationsmittel beim zuständigen Gericht gestellt werden. Der Antrag ist ebenso wenig an eine Frist gebunden. Der nicht auf freiem Fuß befindliche Beschuldigte kann seine Anträge auch zu Protokoll bei dem Amtsgericht stellen, in dessen örtlichem Zuständigkeitsgebiet er verwahrt wird (§ 299 Abs. 1). 10

Ein Haftprüfungsantrag kann auch in der **Hauptverhandlung** gestellt werden. Allerdings muss ein solcher Antrag vom Vorsitzenden nicht sogleich entgegen genommen und 11

---

20 BVerfG 18.9.2018 – 2 BvR 745/18, NJW 2019, 41.

21 BVerfG 11.7.1997 – 2 BvR 777/94, NStZ 1994, 551; 18.9.2018 – 2 BvR 745/18, NJW 2019, 41.

22 EGMR 2.6.2009 – 29705/05, EuGRZ 2009, 472; 13.12.2007 – 11364/03, StV 2008, 475.

23 BVerfG 27.5.1993 – 2 BvR 744/93, StV 1994, 1.

24 KG 17.3.1999 – 1 AR 240/99, BeckRS 1999, 16084.

25 EGMR 9.7.2009 – 11364/03, StV 2010, 490; OLG Hamm 20.12.2007 – 3 Ws 676/07, wistra 2008, 195; Posthoff in Gercke/Julius/Temming/Zöller Rn. 12.

26 Beulke in Satzger/Schluckebier/Widmaier, StPO, 3. Aufl. 2018, § 147 Rn. 14; Wohlers in SK-StPO, § 147 Rn. 28 u. 32 ff.

27 AK Halle (Saale) 2.11.2017 – 394 Gs 651 Js 32786/17 (250/17), StV 2018, 168 (zwei Stunden sind nicht ausreichend).

beschieden werden. Zwar ergibt sich aus Abs. 1, dass ein solcher Antrag in jedem Verfahrensstadium gestellt werden kann, dies schränkt die Befugnis des Vorsitzenden zur sachgerechten Leitung der Hauptverhandlung aber nicht ein.[28]

12 **3. Umdeutung.** Ein Irrtum in der Bezeichnung des Rechtsmittels ist unschädlich (§§ 118b, 300), vielmehr ist der **wahre Wille des Beschuldigten zu erforschen** und sein Antrag umzudeuten. Nach erfolglos durchgeführtem Beschwerdeverfahren ist daher etwa eine erneute „Haftbeschwerde" als Haftprüfungsantrag umzudeuten, über den das nach § 126 erstinstanzlich zuständige Gericht zu entscheiden hat.[29] Gleiches gilt, wenn der Haftbefehl nicht mehr vollzogen wird.[30]

III. Entscheidungsverfahren

13 **1. Allgemeines.** Geht ein Antrag auf Durchführung einer Haftprüfung bei Gericht ein, ist zur Entscheidung hierüber das nach § 126 StPO zuständige Gericht berufen. Dies gilt auch dann, wenn das Oberlandesgericht bereits eine Haftprüfung nach §§ 121, 122 Abs. 1 durchgeführt, die Haftfortdauer angeordnet und – wie üblich – die Haftprüfung gemäß § 122 Abs. 3 S. 3 befristet dem nach den allgemeinen Vorschriften zuständigen Gericht übertragen hat. Zusätzlich obliegt dem allgemein zuständigen Gericht die laufende Prüfung der Haftfrage von Amts wegen (zumindest) nach §§ 120 Abs. 1 S. 1, 116 Abs. 1–3. Diese Kompetenz endet jedoch mit dem Eingang des Antrags der Staatsanwaltschaft, die Akten dem Oberlandesgericht zur Durchführung der besonderen Haftprüfung nach §§ 121, 122 Abs. 4 StPO vorzulegen.[31]

14 **2. Durchführung eines schriftlichen Verfahrens.** Das Verfahren nach § 117 Abs. erfolgt grundsätzlich schriftlich. Zunächst ist bei einen bei Gericht eingehenden Haftprüfungsantrag die ermittlungsführende Staatsanwaltschaft nach § 33 Abs. 2 zu hören. Folglich sollte der Verteidiger zur Beschleunigung der Staatsanwaltschaft stets eine Ablichtung seines Antrages übersenden und zugleich darum ersuchen, eine eventuelle dortige Stellungnahme auf demselben Weg zu erhalten. Neben der einer Entscheidung im schriftlichen Verfahren hat das Gericht aber auch die Möglichkeit auch unabhängig von einem Antrag des Beschuldigten die Durchführung einer mündlichen Verhandlung anzuordnen

15 **3. Durchführung einer mündlichen Anhörung.** Während das Verfahren nach § 117 Abs. 1 schriftlich durchgeführt wird, hat der Richter – von den Ausnahmen der §§ 118 Abs. 3 und 4 abgesehen (→ § 118 Rn. 9 ff., Rn. 13 ff.) – eine mündliche Verhandlung anzuberaumen, wenn der **Beschuldigte dies beantragt** (§ 118 Abs. 1) oder das Haftgericht eine solche persönliche Anhörung nach seinem Ermessen für geboten erachtet. Diese ist unverzüglich durchzuführen und darf ohne Zustimmung des Beschuldigten nicht über zwei Wochen nach dem Eingang des Antrags anberaumt werden (§ 118 Abs. 5). Das weitere Verfahren der Haftprüfung nach § 117 ist in §§ 118 ff. geregelt, weshalb insoweit im Wesentlichen auf die dortige Kommentierung verwiesen wird.

16 **4. Eigene Ermittlungen.** Der Haftrichter ist nicht daran gehindert, eigene Ermittlungen anzustellen, wenn damit keine erheblichen zeitlichen Verzögerungen verbunden sind.[32] Zu deren Ergebnis ist dem Beschuldigten dann aber rechtliches Gehör zu gewähren (§ 33 Abs. 3).

IV. Entscheidung

17 Diese ergeht im **schriftlichen Verfahren nach Aktenlage durch Beschluss und ist grundsätzlich mit Gründen** zu versehen (§ 34). Insoweit trifft der Richter eine neue

[28] BGH 24.1.2006 – 3 StR 460/05, NStZ 2006, 463.
[29] OLG Jena 29.11.2006 – 1 Ws 397/06, BeckRS 2007, 5420; OLG Karlsruhe 2.1.1976 – 1 Ws 405/75, Die Justiz 1976, 83; Graf in KK-StPO Rn. 5.
[30] OLG Karlsruhe 3.8.1989 – 3 Ws 192/89, Justiz 1989, 437.
[31] AA KG 6.3.2012 – (2) 131 HEs 1/11, BeckRS 2013, 393.
[32] Graf in KK-StPO Rn. 10.

Haftentscheidung, in welche er das Bestehen des Tatverdachts, der Haftgründe und der Verhältnismäßigkeit (§ 112 Abs. 1 S. 2) erneut zu prüfen und zu bewerten hat.[33] Diese hat – soweit durchgeführt – unter Beachtung des Beschleunigungsgebots zeitnah nach Eingang des Antrags zu ergehen. Unterschiedlich beurteilt wird die Frage,[34] in welcher Besetzung über einen Haftprüfungsantrag während laufender Hauptverhandlung zu entscheiden ist, mithin ob die Schöffen hieran mitwirken oder nicht. Zu folgen ist der Ansicht, dass die Entscheidung **immer ohne Schöffen** zu treffen ist.[35] Nach anderer Ansicht ist die Feststellung der nach §§ 76 Abs. 1, 30 GVG zutreffenden Gerichtsbesetzung unter Anwendung des bei Haftsachen geltenden Beschleunigungsgebots danach zu treffen ist, wann das Gericht zum ehestmöglichen Zeitpunkt eine sachgerechte Entscheidung treffen können. Es entscheide über einen innerhalb oder außerhalb der Hauptverhandlung gestellten Haftprüfungsantrag ebenso über einen Antrag der Staatsanwaltschaft auf Erlass eines Haftbefehls oder von Amts wegen gem. § 120 Abs. 1 S. 1 StPO in der Zusammensetzung der Hauptverhandlung, wenn während der Hauptverhandlung am zügigsten eine sachgerechte Entscheidung getroffen werden könne, im Übrigen in der Besetzung außerhalb der Hauptverhandlung.[36]

Anders als bei der besonderen Haftprüfung (→ § 121 Rn. 32 ff.) **beschränkt sich dabei die Prüfungskompetenz des Haftrichters** nicht auf die im Haftbefehl aufgeführten Straftaten, sondern er kann im Ermittlungsverfahren unter Berücksichtigung der neu angefallenen Ermittlungsergebnisse auch weitere Taten einbeziehen und in den Haftbefahl mit aufnehmen,[37] allerdings im Ermittlungsverfahren nur auf Antrag der Staatsanwaltschaft hin (§ 125 Abs. 2).[38] Im Rahmen der schriftlichen Haftprüfung ist daher stets zu prüfen, ob der ursprüngliche Haftbefehl der **neuen Ermittlungslage angepasst** werden muss. Dies wird regelmäßig dann erforderlich sein, wenn die ursprünglich angenommene Tat rechtlich oder tatsächlich anders zu bewerten ist, die den dringenden Tatverdacht begründenden Tatsachen sich wesentlich geändert haben oder neue, für die Haftfrage bedeutsame Taten bekannt geworden sind.[39] Einer solche Anpassung des Haftbefehls an die Ermittlungslage kommt insbesondere dann besondere Bedeutung bei, wenn eine besondere Haftprüfung nach §§ 121, 122 zeitnah ansteht, denn das Oberlandesgericht kann seine Prüfung nur auf die im Haftbefehl aufgeführten Taten erstrecken (→ § 121 Rn. 32 ff.). 18

Ändert der Haftrichter den Haftbefehl inhaltlich ab, gelten die Vorschriften der §§ 114a, 115 Abs. 2 und 3 entsprechend, dh der Richter muss den Haftfortdauerbeschluss bzw. den neuen Haftbefehl verkünden (§ 118a Abs. 4 S. 1) und den Beschuldigten über seine weiteren Rechte belehren.[40] 19

Allerdings besteht bei einem **geänderten bzw. erweiterten Haftbefehl** diese Pflicht nur dann, wenn dieser gegenüber dem bisherigen **Haftbefehl eine zusätzliche Beschwer enthält bzw. wesentlich geändert** wurde,[41] zB weil der Haftgrund geändert wird, sich die rechtliche Bewertung ändert oder sich die tatsächlichen Grundlagen[42] geändert haben. Dies folgt daraus, dass das in § 115 StPO enthaltene Gebot, den Beschuldigten nach Ergreifung aufgrund eines Haftbefehls von dem zuständigen Richter vor der Entscheidung über 20

[33] OLG Jena StV 2007, 588.

[34] Vgl. hierzu Hieramente jurisPR-StrafR 17/2018 Anm. 3.

[35] So auch BGH 11.1.2011 – 1 StR 648/10, NStZ 2011, 356; KG 27.1.2015 – 3 Ws 656/14, StraFo 2015, 110 (keine Schöffen); → § 126 Rn. 29.

[36] OLG München 27.2.2018 – 2 Ws 135/18, BeckRS 2018, 2549.

[37] Posthoff in Gercke/Julius/Temming/Zöller Rn. 9; Paeffgen in SK-StPO Rn. 10; Graf in KK-StPO Rn. 11.

[38] Graf in KK-StPO § 125 Rn. 6.

[39] OLG Koblenz 6.11.2006 – 1 Ws 675/06, OLGSt StPO § 117 Nr. 4.

[40] OLG Koblenz 4.4.2011 – 1 Ws 183/11, FD-StrafR 2011, 321748; OLG Hamm 13.9.2012 –III 1 Ws 469/12, BeckRS 2012, 24188 (Unwirksamkeit des Verzichts auf Verkündung); Schmitt in Meyer-Goßner/Schmitt § 115 Rn. 12.

[41] OLG Hamm 5.2.2009 – 3 Ws 39/09, FD-StrafR 2009, 277877; OLG Koblenz 4.4.2011 – 1 W 183/11; OLG Hamburg 24.6.2003 – 2 Ws 164/03, NStZ-RR 2003, 346.

[42] OLG Jena 26.9.2007 – 1 Ws 365/07, BeckRS 2007, 18007 (neue Taten in Rechtskraft infolge Berufungsbeschränkung).

die Aufrechterhaltung des Haftbefehls vernehmen zu lassen, zu den bedeutsamen Verfahrensgarantien, deren Beachtung Art. 104 Abs. 1 S. 1 GG fordert, gehört und deswegen nicht nur auf den gerade erst ergriffenen, sondern – entsprechend – auch auf den schon in Untersuchungshaft befindlichen Beschuldigten anwendbar ist.[43] Allerdings besteht die Möglichkeit, dass der Beschuldigte auf die mündliche Verkündung des Haftfortdauerbeschlusses verzichtet.[44]

21 Inhalt hat sich der Tatrichter in seinem Beschluss nicht nur mit dem Vorliegen des Tatverdachts und dem Bestehen von Haftgründen auseinander zu setzen, sondern es bedarf auch einer **Abwägung zwischen dem Freiheitsrecht des Betroffenen und dem Strafverfolgungsinteresse sowie zur Verhältnismäßigkeit der Fortdauer der Untersuchungshaft.** Seine Entscheidung hat, wie vom Verfassungsgericht gefordert, insoweit eine **Begründungstiefe** aufzuweisen.[45] Hat sich jedoch die Sachlage nicht verändert, kann insoweit auch bzw. jedenfalls teilweise auf die Gründe des Haftbefehls bzw. frühere Haftentscheidungen Bezug genommen werden.

22 Eine Begründung bedarf es auch, wenn der Richter den Haftbefehls aufhebt (§ 120) oder außer Vollzug setzt (§ 116 Abs. 1). Eine solche Aufhebung ist auch veranlasst, wenn dem Strafrichter trotz mehrfacher Aufforderung an die Staatsanwaltschaft die Ermittlungsakte nicht zum Haftprüfungstermin vorgelegt wird, so dass die Voraussetzungen für die Haftfortdauer nicht festgestellt werden können.[46]

23 Eine Kostenentscheidung nach § 464 Abs. 1 ist nicht veranlasst, da kein selbstständiger Verfahrensabschnitt beendet wurde.

V. Exkurs: Die Haftbeschwerde

24 **1. Allgemeines.** Nach § 304 ist gegen den Haftbefehl, auch wenn er aktuell als Überhaftnotierung nicht vollzogen oder überhaupt nicht vollstreckt wird, die **unbefristete Haftbeschwerde** zulässig. Sie kann mehrfach eingelegt werden, wenn beispielsweise zwischenzeitlich eine neue Haftentscheidung ergangen ist. Neben einem gestellten Antrag auf Durchführung einer Haftprüfung ist die Haftbeschwerde, mit der die Aufhebung des Haftbefehls angestrebt wird, jedoch unzulässig. Bei dieser Rechtsfolge bleibt es auch dann, wenn der Haftprüfungsantrag später zurückgenommen wird.[47]

25 Im Rahmen des schriftlichen (§ 306) Beschwerdeantrages wird der Verteidiger sinnvollerweise die ins Auge gefassten Beschwerdeziele darlegen und gegebenenfalls unter Hinweis auf die Rechtsprechung des EGMR (→ § 112 Rn. 16) und des BVerfG[48] monieren, dass ihm noch keine **ausreichende Akteneinsicht** (→ Rn. 7 f.) gewährt wurde. Jedoch kann der Umfang der Akteneinsicht gegenüber dem Verteidiger bei einem noch nicht vollzogenem Haftbefehl und einem auf der Flucht befindlichem Beschuldigten verfassungsrechtlich unbedenklich nach § 147 Abs. 2 eingeschränkt oder versagt werden.[49] Im Hinblick auf den rechtsstaatlichen Auftrag zur möglichst umfassenden Wahrheitsermittlung ist es insoweit nicht zu beanstanden, wenn die ermittelnde Staatsanwaltschaft während der **Flucht des Beschuldigten** einen Informationsvorsprung aus taktischen Gründen wahren will.[50]

---

43 BVerfG 20.9.2001 – 2 BvR 1144/01, NStZ 2002, 157.

44 OLG Hamm 13.9.2012 – III – 1 Ws 469/12, BeckRS 2012, 24188; aA zu § 115: Schmitt in Meyer-Goßner/Schmitt § 115 Rn. 1.

45 BVerfG 17.1.2013 – 2 BvR 2098/12, StraFo 2013, 160 mwN; 9.3.2020 – 2 BvR 103/20, EuGRZ 2020, 365; 1.12.2020 – 2 BvR 1853/20, BeckRS 2020, 34106; vgl. auch → § 121 Rn. 8, 104; Mayer/Hunsmann NStZ 2015, 325.

46 AG Kamen 13.7.1995 – 4 Gs 126/95, StV 1995, 476.

47 OLG Hamm 18.5.2017 – 4 Ws 85/17, BeckRS 2017, 117471.

48 BVerfG 25.11.1991 – 2 BvR 1588/91, StV 1992, 235.

49 KG 6.7.2011 – 4 Ws 57/1, NStZ 2012, 588; BGH 3.4.2019 – StB 5/19, NStZ 2019, 478; OLG München 22.1.2019 – 2 Ws 51/19, BeckRS 2019, 531; EGMR 10.12.2013 – 53792/09 und 11320/13, BeckRS 2013, 201464.

50 BVerfG 14.9.1989 – 2 BvR 1062/87, NJW 1990, 563.

Bei sich abzeichnenden, umfangreichen und zeitintensiven Ermittlungen bietet es sich aber von Seiten der Verteidigung an, die **Beachtung des Beschleunigungsgrundsatzes** (→ § 112 Rn. 5 f.) einzufordern, um spätestens im Rahmen der Sechs-Monatshaftprüfung durch den Senat des zuständigen Oberlandesgerichts die Möglichkeit zu schaffen, intensiver zu prüfen, ob dies in der Folgezeit hinreichend beachtet wurde (→ § 121 Rn. 32 ff.). Daneben kann ein Hinweis auf die in der Praxis häufig missachtete Vorlagepflicht des § 306 Abs. 2 Hs. 2 innerhalb von drei Tagen an das Beschwerdegericht, im Falle einer Nichtabhilfeentscheidung, geeignet sein, einen Verstoß gegen das Freiheitsgrundrecht des Beschuldigten zumindest zu befördern.[51] Ein Verstoß gegen die Vorlagepflicht ist nicht vollkommen bedeutungslos. So ist etwa ein auf Organisationsmängel im Aktentransport zwischen dem „auswärtigen" Haftgericht und der Staatsanwaltschaft beruhende Überschreitung in der § 306 Abs. 2 Hs. 2 StPO vorgeschriebenen Drei-Tage-Frist zur Vorlage einer Haftbeschwerde an das Rechtsmittelgericht (hier: um 15 Tage) wegen des darin liegenden Verstoßes gegen das Beschleunigungsgebot in die Verhältnismäßigkeitsprüfung mit einzustellen und kann in diesem Zusammenhang grundsätzlich geeignet sein, den Bestand eines Haftbefehls in Frage zu stellen.[52] 26

Dem auf der **Flucht befindlichen Beschuldigten** muss der Haftbefehl auch noch nicht bekannt sein. Vielmehr kann der Verteidiger bereits nach Erlass und Fahndungsausschreibung gegen den Haftbefehl – entgegen einem unzulässigen Haftprüfungsantrag – zulässig den Beschwerdeweg beschreiten.[53] 27

Die Entscheidung ergeht durch das Beschwerdegericht (§ 309) in der Regel **ohne mündliche Anhörung des Beschuldigten** nach Aktenlage, wobei eine solche auf Antrag des Beschuldigten erfolgen kann (§ 118 Abs. 2). Die Entscheidung, die das Beschwerdegericht in einer Haftsache trifft, ist vom Ausgangsgericht dem weiteren Verfahren zugrunde zu legen und bindet dieses, solange sich der zu beurteilende Sachverhalt nicht ändert.[54] 28

Neben der mündlichen Haftprüfung durch das jeweils nach dem Verfahrensgang zuständige Gericht (§ 126) steht dem Beschuldigten, respektive der Verteidigung, als Rechtsbefehl die (weitere) Haftbeschwerde offen. Indes muss die Wahl des jeweils zu wählenden Rechtsbefehls wohl bedacht sein. Sollen neue Tatsachen oder Beweismittel vorgebracht werden oder dem nunmehr zuständigen Gericht ein persönlicher Eindruck des Beschuldigten vermittelt werden, bietet sich die Haftprüfung als vorrangig an. Sollen hingegen an Hand des bestehenden Tatsachenmaterials Rechtsfragen einer anderweitigen Beurteilung zugeführt werden, ist es naheliegend, die Beschwerdeinstanz mit der Haftfrage zu befassen. Dabei sollte aber stets bedacht werden, dass nach einer erfolglosen Haftprüfung der Beschwerdeweg immer noch offen steht. Zudem darf nicht übersehen werden, dass eine zu frühe Haftfortdauerentscheidung des nächst höheren Beschwerdegerichts in der Praxis nicht selten dazu führen kann, dass der Ermittlungsrichter und die Staatsanwaltschaft ihre Auffassung als vollumfänglich bestätigt ansehen und eine Bereitschaft zum Umdenken während des weiteren Verfahrenslaufes selten zu erreichen sein wird. Schließlich darf nicht übersehen werden, dass dem Beschwerdegericht eine umfassende Prüfungskompetenz obliegt, innerhalb deren es sowohl den Haftgrund als auch den Straftatbestand auswechseln kann,[55] sich die Beschwerde also auch als äußerst kontraproduktiv für die Verteidigung erweisen kann. Negativer Effekt einer erfolglosen Haftprüfung ist demgegenüber allenfalls der zeitliche Ausschluss nach § 118 Abs. 3 (→ § 118 Rn. 10). 29

Besonderheiten bestehen bezüglich der Einlegung einer **Haftbeschwerde während laufender Hauptverhandlung.** Eine solche ist zwar grundsätzlich zulässig (§ 305 S. 2). Jedoch unterliegt die Beurteilung des **dringenden Tatverdachts**[56] während einer laufen- 30

[51] OLG Hamm 13.3.2002 – 2 Ws 60/02, StraFo 2002, 177.
[52] LG Nürnberg-Fürth 12.6.2019 – 18 Qs 20/19, StraFo 2020, 240.
[53] OLG Hamm 30.1.2001 – 1 Ws 438/00, NStZ-RR 2001, 254.
[54] OLG Braunschweig 16.4.2015 – 1 Ws 90/15, StV 2016, 102 mzustAnm Weidemann StV 2016, 103 und mablAnm Herrmann StRR 2015, 337.
[55] OLG Düsseldorf 23.4.1996 – 3 Ws 246/96, StV 1996, 440.
[56] BGH 21.9.2020 – StB 28/20, BeckRS 2020, 25908; → § 112 Rn. 27.

den Hauptverhandlung im Haftbeschwerdeverfahren nur in eingeschränktem Umfang der Nachprüfung durch das Beschwerdegericht. Allein das Gericht, vor dem die Beweisaufnahme stattfindet, ist nämlich in der Lage, deren Ergebnisse aus eigener Anschauung festzustellen und zu würdigen sowie auf dieser Grundlage zu bewerten, ob der dringende Tatverdacht nach dem erreichten Verfahrensstand noch fortbesteht oder dies nicht der Fall ist. Dessen vorläufige und bei Einlegung einer Beschwerde notwendige Bewertung zumindest in einem Nichtabhilfebeschluss[57] des bisherigen Ergebnisses der Beweisaufnahme kann vom Beschwerdegericht nicht auf ihre Richtigkeit überprüft werden, weil es an der Hauptverhandlung nicht teilgenommen hat. Die Überprüfung beschränkt sich daher darauf, ob der Inhalt der angefochtenen Haftentscheidung auf einer vertretbaren Bewertung der zurzeit für und gegen den dringenden Tatverdacht sprechenden Umstände beruht.[58] Diese Grundsätze gelten nicht nur für die Prüfung des dringenden Tatverdachts, sondern gleichermaßen für die Nachprüfung einer von dem erkennenden Gericht aus dem Inbegriff der Hauptverhandlung zu beurteilenden **Flucht- oder Verdunklungsgefahr.**[59]

31 Insoweit muss das Ausgangsgericht zwar seine Entscheidung begründen, jedoch dürfen hieran **keine überspannten Anforderungen** gestellt werden. Das Beschwerdegericht muss allerdings in die Lage versetzt werden, seine Entscheidung über das Rechtsmittel des Angeklagten auf einer hinreichend tragfähigen tatsächlichen Grundlage zu treffen, damit den erhöhten Anforderungen, die nach ständiger Rechtsprechung des Bundesverfassungsgerichts an die **Begründungstiefe**[60] **von Haftfortdauerentscheidungen** zu stellen sind. Jedoch keine Verpflichtung des Tatgerichts, seine (vorläufige) Würdigung des gesamten Beweisergebnisses schon im Haftbeschwerdeverfahren in einer geschlossenen schriftlichen Darstellung – nach Art eines Urteils – darzulegen.[61]

32 Der **Prüfungsmaßstab im Beschwerdeverfahren** verengt sich auch, wenn bereits ein **Urteil ergangen** ist. Insoweit wird das Bestehen des dringenden Tatverdachts bereits durch das verurteilende Erkenntnis belegt.[62] Insoweit reicht es, falls ein schriftliches Urteil noch nicht vorliegt aus, wenn das erkennende Gericht nachvollziehbar darlegt, dass das Ergebniss der Hauptverhandlung den dringenden Tatverdacht nicht in Frage gestellt hat.[63]

33 Im Haftbeschwerdeverfahren bedarf es vor einer Entscheidung des Beschwerdegerichts keiner vorherigen **Anhörung des Nebenklägers,** da durch die zu erlassene Haftentscheidung betreffend den Angeklagten seine Rechtsstellung als Nebenkläger nicht verletzt wird und er deshalb in seinen rechtlichen Interessen auch keinen Nachteil erleiden kann.[64]

34 Auch mit einer Haftbeschwerde nach § 304 Abs. 1 StPO kann wegen **prozessualer Überholung** (→ Rn. 51) nur und ausschließlich die **letzte den Bestand des Haftbefehls betreffende Haftentscheidung** angefochten werden.[65] Ein Fortsetzungsfeststellungsinteresse an der Feststellung der Rechtswidrigkeit einer prozessual überholten Haftentscheidung kommt nur in Betracht, wenn die Untersuchungshaft beendet ist und der Angeklagte ohne dessen Zuerkennung mangels Beschwer eine Überprüfung der freiheitsentziehenden Maßnahme nicht mehr erreichen könnte.[66]

35 Besonderheiten bestehen auch bezüglich der **Haftbeschwerde und dem besonderen Haftprüfungsverfahren nach § 121.** Ist Haftbeschwerde eingelegt und steht gleichzeitig

---

[57] OLG Celle 16.1.2015 – 1 Ws 22/15, StV 2015, 305.

[58] OLG Jena 28.9.2009 – 1 Ws 373/09, OLGSt GVG § 76 Nr. 3; KG 29.7.2013 – 4 Ws 32/13; OLG Dresden 24.8.2011 – 2 Ws 418/11, BeckRS 2011, 23930.

[59] OLG Jena 28.9.2009 – 1 Ws 373/09, OLGSt GVG § 76 Nr. 3; → § 112 Rn. 41, 86 mzwN.

[60] BVerfG 24.8.2010 – 2 BvR 1113/10, StraFo 2010, 46; 14.11.2012 – 2 BvR 1164/12, BFH/NV 2013, 492; 1.12.2020 – 2 BvR 1853/20, NStZ-RR 2021, 50.

[61] OLG Frankfurt a. M. 25.7.1995 – 1 Ws 123-125/95, StV 1995, 593.

[62] BGH 8.1.2004 – StB 20/03, StV 2004, 142; Voll in KMR-StPO § 268b Rn. 5.

[63] BGH 22.10.2012 – StB 12/12, NJW 2013, 247; 14.11.2012 – StB 13/12, NStZ-RR 2013, 86; OLG Hamburg 21.3.2013 – 2 Ws 45/13, BeckRS 2013, 6272.

[64] OLG Hamm 16.10.2007 – 3 Ws 588/07, NStZ-RR 2008, 219.

[65] KG 28.10.2016 – 4 Ws 180/16, BeckRS 2016, 129708; Posthoff in Gercke/Julius/Temming/Zöller Rn. 7; Graf in KK-StPO Rn. 5.

[66] OLG Hamm 6.6.2013 – III-5 Ws 202/13.

das besondere Haftprüfungsverfahren nach §§ 121, 122 an, kommt diesem grundsätzlich der Vorrang zu, denn es führt zu einer umfassenden Überprüfung der Frage der Haftfortdauer. Durch die Entscheidung im Haftprüfungsverfahren nach §§ 121, 122 erledigt sich eine Haftbeschwerde deshalb grundsätzlich von selbst; sie wird gegenstandslos. Etwas anderes muss jedoch gelten, soweit die Entscheidung im Haftprüfungsverfahren nicht zu dem Erfolg führen kann, der dem Beschuldigten im Falle einer Beschwerdeentscheidung beschieden wäre. **Dies ist der Fall, wenn das Gericht den zu überprüfenden Haftbefehl abändern oder neu fassen will,** denn im Haftprüfungsverfahren ist die Entscheidung des Gerichts darauf beschränkt, die Fortdauer der Untersuchungshaft auf der Grundlage des bestehenden Haftbefehls, die Haftverschonung oder die Aufhebung des Haftbefehls anzuordnen.[67]

36 Eine **Verletzung des Beschleunigungsgebots kann und muss bei erheblichen Verstößen auch im Haftbeschwerdeverfahren** und nicht nur bei der besonderen Haftprüfung nach §§ 121 ff. (→ § 120 Rn. 3; → § 121 Rn. 92 ff.) zur Aufhebung des Haftbefehls führen.[68] Dies gilt auch dann, wenn der Haftbefehl außer Vollzug gesetzt ist oder wegen Bestehens von Überhaft nicht vollzogen[69] wird. Insoweit ist auch die weitere Beschwerde nach § 310 zulässig, denn auch ein außer Vollzug gesetzter Haftbefehl beinhaltet eine schwerwiegende Beeinträchtigung der Freiheitssphäre.[70] Solche allerdings zumeist nicht erheblichen Verfahrensverzögerungen können im Haftbeschwerdeverfahren schon dadurch verursacht werden, dass die Beschwerde nicht in der Dreitagesfrist des § 306 Abs. 2 dem Beschwerdegericht vorgelegt und dort auch noch verfahrensverzögerlich behandelt wird.[71]

37 In formaler Hinsicht sind Beschwerdeentscheidung im Haftverfahren gemäß § 464 Abs. 2 nicht mit einer **Auslagenentscheidung** zu versehen. Insoweit wird die Tätigkeit des Verteidigers in einem Beschwerdeverfahren grundsätzlich durch die **Gebühren** der jeweiligen Instanz mit abgegolten.[72]

38 Die Entscheidung ergeht durch **Beschluss,** welcher zu begründen ist (§ 34). Der Ansicht, dass es vor einem Austausch des Haftgrundes einer persönlichen Vernehmung des Beschuldigten entsprechend § 115 bedarf, kann nicht gefolgt werden,[73] jedoch ist dem Beschuldigten der neu erlassene Haftbefehl zu eröffnen (§§ 114a, 115).

39 **2. Zuständigkeitswechsel in der Beschwerdeinstanz.** Häufig tritt in der forensischen Praxis der Fall ein, dass während des Laufs eines Haftprüfungsantrages ein Wechsel in der gerichtlichen Zuständigkeit eintritt. Insoweit gilt folgendes:

40 Wird eine **Haftbeschwerde** eingelegt und ergibt sich entweder durch Anklageerhebung (§ 126 Abs. 2 S. 1),[74] durch eine Zuleitung der Akten an das Berufungsgericht[75] nach erstinstanzlicher Verurteilung und Fortdauerentscheidung (§ 268b), nach erfolgter Aufhebung des Urteils und Zurückweisung durch das Revisionsgericht,[76] aufgrund einer Verwei-

---

67 BGH 14.6.2012 – AK 18/12, StB 7/12, NStZ-RR 2012, 285.

68 OLG Koblenz 26.8.2010 – 2 Ws 383/10, StV 2011, 167.

69 OLG Hamm 25.6.2009 – 3 Ws 219/09, BeckRS 2009, 19904; 1.3.2012 – III-3 Ws 37/12 – 3 Ws 37/12, StV 2013, 165; OLG Hamm 1.3.2012 – III 3 Ws 37/12, 3 Ws 37/12, BeckRS 2012, 7386; OLG Karlsruhe 11.12.2018 – 1 Ws 341/18, juris (Absehen vom Erlass eines Überhafthaftbefehls trotz mehrfacher Antragstellung).

70 BVerfG 6.2.1980 – 2 BvR 1070/79, BVerfGE 53, 152; OLG Karlsruhe 29.9.2010 – 1 Ws 190/10, StRR 2011, 74.

71 OLG Naumburg 21.7.2010 – 1 Ws 398/10, NStZ-RR 2011, 123 (1 Monat); KG 15.11.2010 – 2 Ws 619/10, StraFo 2011, 91.

72 KG 27.11.2011 – 1 Ws 80/11, StRR 2011, 447.

73 OLG Hamm 5.2.2009 – 3 Ws 39/09, FD-StrafR 2009, 277877.

74 OLG Hamm 6.8.2013 – 5 Ws 286/13, BeckRS 2013, 14667; OLG Koblenz 25.3.2013 – 2 Ws 134/13, BeckRS 2014, 3402.

75 KG 9.4.2020 – 3 Ws 81/20, BeckRS 2020, 18285 (Unzulässigkeit einer weiteren Haftbeschwerde, wenn die Akten beim Berufungsgericht nach § 321 S. 2 eingegangen sind, ohne dass dieses bislang dort eine Haftübernahmeentscheidung getroffen hat); OLG Hamm 5.1.2012 – III Ws 435/11.

76 OLG Hamm 10.1.2019 – III-1 Ws 8/19 (Sonderfall einer bereits zuvor erfolgten Entscheidung des nunmehr zuständigen Gerichts).

sung nach § 270[77] oder einer Zuständigkeitsübertragung nach § 126 Abs. 1 S. 3[78] ein gerichtlicher Zuständigkeitswechsel,[79] wird in der Rechtsprechung, sowohl für den Fall einer einfachen[80] Haftbeschwerde[81] als auch einer weiteren Beschwerde[82] stets eine **Umdeutung in eine Haftprüfung** nach § 117 vorgenommen.[83] Dies gilt auch für den Sonderfall, dass die gleiche Strafkammer, welche nunmehr über den umgedeuteten Haftprüfungsantrag zu befinden hätte, zuvor die Beschwerdeentscheidung getroffen hat.[84] Ebenso ist der eine Beschwerde gegen einen mit Urteilserlass wieder in Vollzug gesetzten Haftbefehl (§ 116 Abs. 1) als Haftprüfungsantrag zu behandeln, wenn hierüber bis zum Eingang der Akten bei dem Berufungsgericht nicht entschieden war.[85]

41 Dieser **Zuständigkeitswechsel** folgt aus dem der Regelung des § 126 Abs. 2 S. 1 zugrundeliegenden Gedanken, dass eine sachgerechte Haftentscheidung vor allem von dem jeweils mit der **Hauptsache befassten Gericht** zu erwarten ist. Dieses Gericht soll demnach zunächst über das die Haftfrage betreffende Begehren des Angeklagten entscheiden. Erst gegen diese Entscheidung ist dann die Beschwerde eröffnet (Abs. 2 S. 2). Demnach ist beispielhaft eine nach Anklageerhebung erhobene Haftbeschwerde gegen einen vom Ermittlungsrichter erlassenen Haftbefehl in einen an das nunmehr für Haftentscheidungen nach § 126 Abs. 2 zuständige Gericht gerichteten Haftprüfungsantrag umzudeuten. Eine dies verkennende Beschwerdeentscheidung ist gegenstandslos.[86]

42 Dies gilt auch dann, wenn der **Haftbefehl außer Vollzug** gesetzt ist. So ist etwa nach Einlegung einer Berufung gegen ein Urteil des Amtsgerichts und Vorlage der Akten nicht mehr die Beschwerdekammer des Landgerichts, sondern die dortige Berufungskammer zuständig,[87] welche die **Beschwerde als Antrag auf Haftprüfung** umzudeuten hat.[88]

43 Auch eine **Entscheidung des Oberlandesgerichts** über eine noch unerledigte weitere Haftbeschwerde ist nach einem Zuständigkeitswechsel in der Hauptsache durch Zuleitung der Akten an das Berufungsgericht nicht (mehr) veranlasst.[89] Dies gilt nicht nur dann, wenn sich der Beschwerdeführer aufgrund der angefochtenen Haftentscheidung in Untersuchungshaft befindet, sondern auch dann, wenn er sich in anderer Sache in Strafhaft befindet und aufgrund des Haftbefehls lediglich Überhaft notiert ist. Im letztgenannten Fall kann die unerledigte weitere Haftbeschwerde allerdings nicht als Haftprüfungsantrag iSd § 117 Abs. 1 behandelt werden, weil diese Norm das (förmliche) Haftprüfungsverfahren nur dann eröffnet, wenn sich der Antragsteller tatsächlich in Untersuchungshaft befindet. Die unerledigte weitere Haftbeschwerde ist dann aber als – durch Abs. 1 nicht ausgeschlossener – „einfacher" Antrag an das Berufungsgericht auf Aufhebung des Haftbefehls zu behandeln.[90]

44 Gegenstand des Beschwerdeverfahrens kann nicht nur der Bestand eines Haftbefehls an sich sein, sondern auch die **Zulässigkeit seines Vollzugs** sein. So schließt etwa die Gewäh-

[77] OLG Stuttgart 23.1.2020 – 4 Ws 361/19, Justiz 2020, 130 (Unterbringungsbefehl nach § 126a).
[78] LG Nürnberg-Fürth 12.12.2019 – 18 Qs 47/19, StraFo 2020, 71.
[79] OLG Karlsruhe 15.8.1994 – 2 Ws 172/94, Justiz 1995, 22; OLG Stuttgart 16.10.2003 – 1 Ws 281/03, Justiz 2004, 166.
[80] OLG Jena 26.9.2007 – 1 Ws 365/07, BeckRS 2007, 18007.
[81] OLG Hamm 5.1.2012 – III-3WS 435/11; OLG Frankfurt a. M. 5.10.2009 – 1 Ws 107/09, StV 2010, 33.
[82] OLG Frankfurt a. M. 5.10.2009 – 1 Ws 107/09, StV 2010, 33.
[83] OLG Stuttgart 4.11.2003 – 1 Ws 281/03, BeckRS 2003, 153874; KG 9.4.2020 – 3 Ws 81/20, BeckRS 2020, 18285.
[84] OLG Jena 1.9.2005 – 1 Ws 336/05, BeckRS 2005, 153336; aA OLG Köln 11.11.2003 – 2 Ws 599/03, BeckRS 2003, 18091 (unmittelbarer zeitlicher Zusammenhang).
[85] OLG Düsseldorf 8.11.2001 – 4 Ws 544/01, StraFo 2002, 142.
[86] OLG Hamm 19.3.2013 – III-2 Ws 93/13.
[87] KG 1.3.2018 – 4 Ws 25/18, OLGSt StPO § 112 Nr. 24 (Einschränkung der Beurteilung des Tatverdachts nach erfolgter Verurteilung).
[88] OLG Frankfurt a. M. 28.6.1996 – 3 Ws 535/96, NStZ-RR 1996, 302.
[89] OLG Hamm 16.10.2007 – 3 Ws 593/07, BeckRS 2007, 16973.
[90] OLG Hamm 5.1.2012 – III-3 Ws 435/11, BeckRS 2012, 3766.

rung sicheres bzw. freies Geleit den Erlass eines Haftbefehls nicht aus. Er darf lediglich nicht vollzogen werden.[91] Dies kann im Beschwerdeverfahren geltend gemacht werden.[92]

VI. Konkurrenzverhältnis zur Haftprüfung – Haftbeschwerde (Abs. 2 S. 1)

Abs. 2 S. 1 regelt das Konkurrenzverhältnis zwischen Haftprüfung und Haftbeschwerde. 45
Insoweit gilt:

1. Vorrang der Haftprüfung. Hat der Beschuldigte den Weg der Haftprüfung beim 46
judex a quo gewählt, ist daneben die Einlegung einer Haftbeschwerde ebenso unzulässig wie eine weitere Haftbeschwerde (§ 310). Dies folgt ebenfalls aus dem gesetzlichen Grundgedanken (vgl. auch § 126 Abs. 2 S. 1), dass zunächst das **sachnähere Haftgericht oder das bereits mit der Hauptsache befasste Tatgericht** die Entscheidung treffen soll. Dies gilt grundsätzlich auch für den Antrag des Beschuldigten auf Vorführung vor dem nach § 115 zuständigen Richter nach Eröffnung des Haftbefehls durch ein auswärtiges Gericht.[93] Dem folgend bedingt ein konsequenter Ausschluss eines Nebeneinander der Haftprüfung und Haftbeschwerde nicht nur das Verbot der Anbringung einer solchen Beschwerde während einer laufenden Haftprüfung, sondern eine Präklusion der zunächst zulässig eingelegten Haftbeschwerde für den Fall, dass sich der Beschuldigte während der Beschwerdeprüfung nunmehr entschließt, auch eine Haftprüfung beim zuständigen Gericht (§ 126) zu beantragen.[94]

Der Vorrang der „Haftprüfung" gilt auch für anstehende **besondere Haftprüfungs-** 47
verfahren nach §§ 121, 122 StPO. Durch die Entscheidung im Haftprüfungsverfahren wird eine Haftbeschwerde gegenstandslos. Ausnahmsweise gilt dies nicht, wenn die Entscheidung im Haftprüfungsverfahren nicht zu dem Erfolg führen kann, der dem Angeklagten im Falle der Beschwerdeentscheidung beschieden wäre.[95]

Ist ein **zulässiger Antrag auf Haftprüfung** gestellt, ist die gleichzeitig vor oder nach 48
diesem Antrag eingelegte (weitere) Haftbeschwerde unzulässig, sofern mit der Beschwerde nur ebenfalls die Aufhebung des bestehenden Haftbefehls oder die Aussetzung seiner Vollziehung erstrebt wird. Bei dieser, sich aus der Sperrwirkung des § 117 Abs. 2 S. 1 ergebenden Rechtsfolge bleibt es auch dann, wenn der Haftprüfungsantrag später zurückgenommen wird.[96] Die durch die Stellung des Haftprüfungsantrages einmal bewirkte Unzulässigkeit eines Beschwerdeverfahrens kann nicht durch dessen Rücknahme wieder beseitigt werden.[97]

Die **Reichweite** einer solchen **Sperrwirkung** des Abs. 2 S. 1 hin zu einer absoluten 49
Bedingungsfeindlichkeit auch für den Fall eines bedingten Haftprüfungsantrages kann allerdings nicht ohne Weiteres überzeugen.[98] Die gesetzliche Regelung will zunächst ein Nebeneinander der sachnäheren Haftprüfung und der Haftbeschwerde vermeiden. Der hilfsweise gestellte Haftprüfungsantrag, lediglich für den Fall der Erfolglosigkeit der Beschwerde, kann nämlich nicht von vornherein als unzulässig bewertet werden. Entsprechend der Möglichkeit, mit Hilfsbeweisanträgen eigene prozessuale Taktiken zu verfolgen, muss auch außerhalb der Hauptverhandlung dem Beschuldigten die Möglichkeit eines Verteidigungsspielraumes gegeben werden.[99]

2. Antragsbefugnis. Dies steht sowohl dem Angeklagten selbst als auch seinem 50
Verteidiger zu. Insoweit ist es auch als zulässig anzusehen, dass der Verteidiger durch Einreichung eines Haftprüfungsantrages der vom Beschuldigten selbst eingelegten Haftbe-

---

[91] OLG Köln 8.2.2007 – 2 Ws 67/07, NStZ-RR 2007, 243.
[92] LG Regensburg 24.5.2012 – 1 Qs 38/12, StV 2013, 167.
[93] OLG Stuttgart. 3.8.1989 – 3 Ws 173/89, MDR 1990, 75.
[94] OLG Karlsruhe 13.10.1993 – 3 Ws 197/93, StV 1994, 324.
[95] OLG Hamm 30.7.2015 – III-1 Ws 334/15.
[96] OLG Schleswig SchlHA 1998, 109; OLG Düsseldorf 18.4.1991 – 2 Ws 157/91, StV 1991, 526.
[97] OLG Stuttgart 23.2.2005 – 1 Ws 51/05, Justiz 2005, 334; 22.3.1994 – 3 Ws 41/94, NStZ 1994, 401.
[98] Graf in KK-StPO Rn. 8.
[99] Vgl. auch Schmitt in Meyer-Goßner/Schmitt Rn. 14; offengelassen: OLG Saarbrücken 27.11.1995 – 1 Ws162/95, wistra 1996, 80.

schwerde den Boden entzieht. Beide sind gleichberechtigt. Steht jedoch der ausdrückliche erklärte Wille des Beschuldigten entgegen, fehlt es insoweit an der Vertretungsbefugnis. Nimmt der Beschuldigte oder sein Verteidiger – wie in der Praxis sehr häufig der Fall – den Haftprüfungsantrag zurück, lebt die zuvor eingelegte Beschwerde indes nicht wieder auf,[100] vielmehr muss diese neu eingereicht werden.

51 **3. Ausnahmefälle.** Fraglich ist, ob neben der Haftprüfung (Abs. 1) eine Haftbeschwerde zulässig ist, mit welcher ein anderes Ziel verfolgt wird.[101] Zu denken ist dabei an die äußerst seltenen Fälle, mit welchen nicht die Aufhebung des Haftbefehls angestrebt wird, sondern lediglich einzelne Tatvorwürfe oder Haftgründe in Abrede gestellt werden sollen. Ist dem Beschwerdegericht der Haftprüfungsantrag bei seiner Entscheidung nicht bekannt, so ist die Entscheidung mangels Vorliegens einen Nichtigkeitsgrundes wirksam, jedoch anfechtbar und – soweit möglich – in der nächsten Instanz aufzuheben.[102]

VII. Rechtsmittel – Zulässigkeit der Haftbeschwerde (Abs. 2 S. 2)

52 **1. Allgemeines.** Gegen die Entscheidung im anhängigen Haftprüfungsverfahren ist die Beschwerde (§ 304) zulässig. Zu Entscheidung berufen ist bei Beschwerden gegen Entscheidungen des Amtsgerichts das übergeordnete Landgericht oder wenn dessen Haftprüfungsentscheidung angefochten wird das Oberlandesgericht. Eine Befristung besteht nicht, jedoch kann sich in der Praxis ein Ausschluss aus dem Gesichtspunkt der prozessualen Überholung ergeben (→ Rn. 53).

53 **2. Prozessuale Überholung.** Aus § 117 Abs. 2 ergibt sich der allgemeine Grundsatz, dass der Beschuldigte immer nur die zuletzt gegen ihn ergangene Haftentscheidung anfechten kann.[103] Daher kann sich dieser mit der **Haftbeschwerde immer nur gegen die zuletzt ergangene Haftentscheidung zu Wehr** setzen und diese angreifen.[104] Denn es widerspräche einem sinnvollen Verfahrensablauf, wenn der Beschwerdeführer beliebig auf frühere, denselben Sachvorgang betreffende Haftentscheidungen zurückgreifen könnte, obwohl deren Begründung möglicherweise bereits überholt ist.[105]

54 Dies kann in der Praxis durchaus zu nicht **unerheblichen zeitlichen Verzögerungen** führen, wenn das Obergericht die Akten erst wieder ohne Sachentscheidung zurückleitet. Der Verteidiger wird also zu prüfen und zu bedenken haben, ob zunächst ein von dem Beschuldigten selbst gestellter Vorführungs- oder Haftprüfungsantrag zurückzunehmen ist, freilich nur mit dessen ausdrücklicher Ermächtigung (§ 118b, § 302 Abs. 2), um mit der solange unzulässigen Haftbeschwerde nicht eine weitere zeitliche Verzögerung der Entscheidung zu bedingen.

55 Etwas anderes gilt auch nicht dann, wenn dies lediglich zu einer sachlich nicht gebotenen **kurzfristigen erneuten Haftentscheidung desselben Spruchkörpers** führen und die erstrebte Anrufung des Beschwerdegerichts dadurch ohne sachlich zwingende Gründe verzögert würde, weil derselbe Spruchkörper erst kurz zuvor eine ausreichend begründete Haftentscheidung als Beschwerdegericht getroffen hat.[106] Daher ist prozessuale Überholung auch dann eingetreten, wenn sich der Beschuldigte gegen eine ausführliche Haftprüfungs-

---

[100] OLG Karlsruhe StV 1994, 324; OLG Stuttgart NStZ 1994, 401; OLG Schleswig; OLG Düsseldorf StV 1991; 526; Graf in KK-StPO Rn. 7.

[101] OLG Stuttgart NStZ 1994, 401; OLG Karlsruhe StV 1994, 324.

[102] OLG Schleswig 29.12.1987 – zit. nach Lorenzen/Görl SchlHA 1988, 109; Graf in KK-StPO Rn. 9; aA OLG Stuttgart 22.3.1994 – 3 Ws 41/94, NStZ 1994, 401.

[103] Graf in KK-StPO Rn. 3.

[104] OLG Düsseldorf 28.2.1992 – 1 Ws 888/92, StV 1993, 592; OLG Hamburg 22.2.1994 – 1 Ws 40/94, StV 1994, 323; OLG Schleswig 30.5.2000 – 2 Ws 261/00, SchlHA 2001, 135.

[105] KG 28.3.2013 – 4 Ws 12-13/13; OLG Naumburg 5.7.2005 – 1 Ws 367/05; KG 28.10.2016 – 4 Ws 180/16, BeckRS 2016, 129708.

[106] OLG Karlsruhe 23.8.1977 – 1 Ws 236/77; KG 12.8.1999 – 2 AR 119/99 und 4 Ws 201/99; OLG Hamm 24.10.2007 – 2 Ws 322/07.

hebung des betreffenden Beschlusses.[124] Der Verfahrensmangel zieht jedoch nur dann die Aufhebung des Haftbefehls nach sich, wenn ohne Rücksicht auf das bisherige Ergebnis der Hauptverhandlung ein dringender Tatverdacht eindeutig zu verneinen wäre.[125]

3. Verhältnis zur Sechs-Monats-Haftprüfung nach §§ 121 ff. Hat das Oberlandesgericht bereits eine Haftprüfung nach §§ 121, 122 Abs. 1 durchgeführt, die Haftfortdauer angeordnet und – wie üblich – die Haftprüfung gemäß § 122 Abs. 3 S. 3 befristet dem nach den allgemeinen Vorschriften zuständigen Gericht übertragen, ist dieses bis zum Ende des Übertragungszeitraums für die antragsgebundene Haftprüfung nach § 117 Abs. 1 zuständig. Zusätzlich obliegt dem allgemein zuständigen Gericht die laufende Prüfung der Haftfrage von Amts wegen (zumindest) nach §§ 120 Abs. 1 S. 1, 116 Abs. 1–3. Diese Kompetenz endet jedoch nach erfolgter Vorlage der Akten an das Oberlandesgericht (str.) (→ § 122 Rn. 9)[126] sowie auch mit dem Eingang des Antrags der Staatsanwaltschaft, die Akten dem Oberlandesgericht zur Durchführung der besonderen Haftprüfung nach §§ 121, 122 Abs. 4 StPO vorzulegen. 65

4. Verfassungsbeschwerde. Hat der Beschuldigte die Rechtsmittel der Haftprüfung und der Haftbeschwerde ausgeschöpft, besteht die Möglichkeit der Verfassungsbeschwerde und zwar auch dann, wenn der Beschuldigte aktuell vom weiteren Vollzug der Untersuchungshaft verschont ist.[127] An die Begründung einer solche Verfassungsbeschwerde bestehen jedoch hohe formale Anforderungen,[128] vor allem müssen alle in Bezug genommenen Dokumente vorgelegt[129] und im Falle der Rüge der Verletzung rechtlichen Gehörs auch zunächst eine Anhörungsrüge[130] erhoben werden. Auch eine Menschenrechtsbeschwerde wegen Verletzung von Art. 5 Abs. 4 EMRK kann erhoben werden.[131] 66

5. Fortsetzungsfeststellungsinteresse. Ein Fortsetzungsfeststellungsinteresse für eine prozessual überholte Haftbeschwerde kommt nur dann in Betracht, wenn die Untersuchungshaft beendet ist und der Untersuchungsgefangene ohne Zuerkennung eines solchen Interesses mangels Beschwer eine gerichtliche Überprüfung der freiheitsentziehenden Maßnahme nicht mehr erreichen könnte.[132] Das ist nicht der Fall, wenn die Untersuchungshaft weiter auf neuer Grundlage vollzogen wird, die der Angeklagte wiederum vollumfänglich angreifen kann.[133] 67

6. Umdeutung. Nach erfolglos durchgeführtem Beschwerdeverfahren gegen einen wegen der Verbüßung von Strafhaft in andere Sache nicht vollzogenen Haftbefehl aber ist die erneute „Haftbeschwerde" als Antrag auf Aufhebung des Haftbefehls umzudeuten (→ Rn. 39), über den das nach § 126 erstinstanzlich zuständige Gericht zu entscheiden hat.[134] Gleiches gilt, wenn gegen eine bestimmte Haftentscheidung bereits rechtskräftig durch das Oberlandesgericht entschieden ist.[135] 68

---

124 OLG Celle 6.1.2009 – 1 Ws 628/09.
125 OLG Jena 31.5.2005 – 1 Ws 185/05, StV 2005, 559.
126 AA KG 6.3.2012 – (2) 131 HEs 1/11, BeckRS 2013, 393.
127 BVerfG 17.1.2013 – 2 BvR 2098/12, StV 2013, 640 (Begründungsgtiefe von Haftfortdauerentscheidungen); 14.11.2012 – 2 BvR 1164/12, StV 2014, 35.
128 Vgl. etwa BVerfG 1.4.2019 – 2 BvR 382/19, NStZ-RR 2019, 289 mzwN; 14.10.2019 – 2 BvR 1768/19, BeckRS 2019, 25002.
129 Vgl. etwa BVerfG 14.10.2019 – 2 BvR 1768/19, BeckRS 2019, 25002.
130 BVerfG 27.8.2003 – 2 BvR 1324/03, BeckRS 2005, 24602; VerfG Brandenburg 15.2.2019 – 4/19, 2/19 EA.
131 EGMR 8.3.2018 – 22692/15, StV 2019, 561 mAnm Weigend (verzögerte Durchführung einer Haftprüfung).
132 OLG Koblenz 23.12.2015 – 2 Ws 664/15, BeckRS 2016, 8796; Schmitt in Meyer-Goßner/Schmitt Vor § 296 Rn. 18 mwN.
133 OLG Koblenz 6.11.2006 – 1 Ws 675/06, OLGSt StPO § 117 Nr. 4.
134 OLG Karlsruhe 3.8.1989 – 3 Ws 192/89, Justiz 1989, 437.
135 KG 22.1.2016 – 4 Ws 9/16, BeckRS 2016, 3503.

§ 118 Verfahren bei der Haftprüfung

(1) Bei der Haftprüfung wird auf Antrag des Beschuldigten oder nach dem Ermessen des Gerichts von Amts wegen nach mündlicher Verhandlung entschieden.

(2) Ist gegen den Haftbefehl Beschwerde eingelegt, so kann auch im Beschwerdeverfahren auf Antrag des Beschuldigten oder von Amts wegen nach mündlicher Verhandlung entschieden werden.

(3) Ist die Untersuchungshaft nach mündlicher Verhandlung aufrechterhalten worden, so hat der Beschuldigte einen Anspruch auf eine weitere mündliche Verhandlung nur, wenn die Untersuchungshaft mindestens drei Monate und seit der letzten mündlichen Verhandlung mindestens zwei Monate gedauert hat.

(4) Ein Anspruch auf mündliche Verhandlung besteht nicht, solange die Hauptverhandlung andauert oder wenn ein Urteil ergangen ist, das auf eine Freiheitsstrafe oder eine freiheitsentziehende Maßregel der Besserung und Sicherung erkennt.

(5) Die mündliche Verhandlung ist unverzüglich durchzuführen; sie darf ohne Zustimmung des Beschuldigten nicht über zwei Wochen nach dem Eingang des Antrags anberaumt werden.

Schrifttum: Siehe hierzu § 117.

Übersicht

I. Allgemeines

1 Die Vorschrift steht in engem Zusammenhang mit §§ 117, 118a und § 118b und regelt den Anspruch des Beschuldigten auf Durchführung eines mündlichen Haftprüfungsverfahrens nach § 117 Abs. 1. Die Norm stellt ein **Kernstück der Rechte des inhaftierten Beschuldigten** dar und gibt ihm die Möglichkeit, sich unmittelbar vor dem Haftrichter zu den Tatvorwürfen und zu den Haftgründen zu äußern und hierdurch auch die Möglichkeit zur Abkürzung der Untersuchungshaft erhält.[1] Insoweit handelt es sich um den häufigsten Rechtsbehelf gegen die Vollziehung der Untersuchungshaft,[2] welcher zudem die größten Erfolgsaussichten aufweist.[3]

2 Neben der Durchführung eines **förmlichen Haftprüfungsverfahrens** nach Abs. 1 besteht für den Richter zur Vermeidung der Ausschlussfristen des Abs. 1 (→ Rn. 9) und des Abs. 4 (→ Rn. 13) stets die Möglichkeit, auch außerhalb dieses Verfahrens mündlich zu verhandeln, insbesondere kann er die Vernehmung nach § 115 Abs. 2 in eine mündliche Verhandlung kleiden und die Staatsanwaltschaft hiervon benachrichtigen.[4]

[1] Lind in Löwe/Rosenberg § 118 Rn. 1.
[2] Schlothauer/Weider/Nobis Untersuchungshaft Rn. 757.
[3] Gebauer Die Rechtswirklichkeit der Untersuchungshaft S. 280 ff.
[4] Lind in Löwe/Rosenberg § 118a Rn. 6.

II. Antrag auf mündliche Haftprüfung (Abs. 1)

Beantragt der Beschuldigte eine solche, gewährt ihm Abs. 1, von den Ausnahmefällen nach Abs. 3 (→ Rn. 9) und 4 (→ Rn. 13) abgesehen, einen Anspruch auf Durchführung einer persönlichen Anhörung durch das Gericht. Antragsberechtigt sind insoweit auch der Verteidiger und der gesetzliche Vertreter des Beschuldigten (§§ 118, 297, 298), der Verteidiger jedoch nicht gegen den ausdrückliche Willen des Beschuldigten.[5] **Die Durchführung einer mündlichen Verhandlung ist zwingend,** wenn der Beschuldigte, sein Verteidiger oder sein gesetzlicher Vertreter (§§ 118b, 298) eine solche beantragen.[6] Erst nach dieser persönlichen Anhörung ist das Gericht zur Entscheidung über die Fortdauer der Haft befugt. 3

Im Hinblick auf das Recht des Beschuldigten, eine Haftentscheidung des Gerichts erst nach seiner persönlichen Anhörung zu erwirken, sollte der **Verteidiger bedenken,** dass unmittelbar nach Eröffnung eines Haftbefehls und ohne vorherige Akteneinsicht ein Antrag auf erneute mündliche Anhörung vor dem Haftrichter zumeist wenig sinnvoll sein dürfte. Vielmehr wird es sich empfehlen, dass der Verteidiger erst nach Akteneinsicht und gegebenenfalls Kontakt mit der Staatsanwaltschaft (→ § 117 Rn. 2) inhaltlich den mündlichen Haftprüfungsantrag stellt und dies zielgerichtet entweder zur Ausräumung des dringenden Tatverdachts oder gegen die Annahme von Haftgründen, um so die Aufhebung des Haftbefehls oder aber Maßnahmen der Haftverschonung zu erreichen. 4

Der Haftrichter kann jedoch auch **ohne ausdrücklichen Antrag** bei einem vom Beschuldigten oder seinem Verteidiger gestellten Haftprüfungsantrag (§ 117) von Amts wegen eine mündliche Verhandlung durchführen, wenn er eine solche nach seinem **Ermessen für notwendig** erachtet (→ § 117 Rn. 15). Die Staatsanwaltschaft ist zwar nicht antragsbefugt, ein „Antrag auf Durchführung einer mündlichen Haftprüfung" ist jedoch als Anregung an das Gericht zu verstehen. Zu beachten ist aber, dass die Durchführung eines **Haftprüfungsverfahrens nach § 117 von einem Antrag des Beschuldigten** selbst abhängt. Diese liegt allein in seiner Hand, so dass ohne einen solchen selbst auf Anregung der Staatsanwaltschaft auch keine mündliche Haftprüfung nach Abs. 1 durchgeführt werden kann (→ Rn. 8, → § 117 Rn. 48). 5

Ausnahmsweise kann nach der Rechtsprechung eine mündliche Haftprüfung auch von Amts wegen dann durchgeführt werden, wenn das Gericht im Rahmen der **Eröffnung des Hauptverfahrens** nach § 207 Abs. 4 den Haftbefehl auf weitere Taten erweitert. In einem solchen Fall ist den Bekanntmachungs- und Anhörungspflichten der §§ 114a, 115 Abs. 2 genügt, wenn das Gericht zunächst den erweiterten Haftbefehl dem Angeklagten zustellt und dann zeitnah eine mündliche Verhandlung nach §§ 117 Abs. 1, 118 durchführt.[7] 6

Soweit früher § 117 Abs. 5 aF eine von Amts wegen durchzuführenden mündliche Haftprüfung nach Ablauf von drei Monaten Haftfortdauer vorsah, wenn noch keine Haftprüfung durchgeführt worden war und der Beschuldigte keinen Verteidiger hatte, ist diese Regelung durch das Gesetz zur Änderung des Untersuchungshaftrechts entfallen.[8] Die Regelung war entbehrlich, da nach dem neuen Recht dem inhaftierten Beschuldigten ein Verteidiger beigeordnet werden muss, sobald er einem Gericht zur Entscheidung über Haft oder einstweilige Unterbringung vorgeführt werden soll (§§ 141 Abs. 2 Nr. 1, 140 Abs. 1 Nr. 4). 7

III. Mündliche Verhandlung im Haftbeschwerdeverfahren (Abs. 2)

Während über eine Haftprüfung auf Antrag des Beschuldigten stets mündlich verhandelt werden muss, ist dies bei einer von ihm **eingelegten Haftbeschwerde**[9] von Gesetzes wegen nicht erforderlich. Insoweit ist die Durchführung einer mündlichen Verhandlung abweichend von § 309 Abs. 2 aber möglich, steht jedoch im **Ermessen des Gerichts,** 8

5 Graf in KK-StPO Rn. 1.
6 Posthoff in Gercke/Julius/Temming/Zöller Rn. 1.
7 OLG Hamburg 24.6.2003 – 2 Ws 164/03, NStZ-RR 2003, 346.
8 BGBl. 2009 I 2274 ff.
9 Vgl. hierzu → § 117 Rn. 7.

welche eine solche aber von Amts wegen oder auf Antrag durchführen kann. Eine solche persönliche Anhörung wird sich für das Beschwerdegericht etwa anbieten, wenn bei zweifelhafter Sachlage erwartet werden kann, dass sich bei mündlicher Erörterung ggf. auch in Anwesenheit von zuvor einvernommenen Zeugen Unklarheiten werden beseitigen lassen und der Tatverdacht sowie die Haftgründe sich sicherer als im schriftlichen Verfahren beurteilen lassen können.[10] Zur Anwendung kommt Abs. 2 jedoch nur auf Beschwerde des Beschuldigten, nicht jedoch bei einer sich gegen die Ablehnung eines Haftbefehlsantrags richtenden Beschwerde der Staatsanwaltschaft.[11]

IV. Zeitliche Beschränkungen des Anspruchs auf mündliche Verhandlung (Abs. 3)

9 Während der Beschuldigte ohne jede zeitliche und zahlenmäßige Begrenzung die Durchführung von – schriftlichen – Haftprüfungen beantragen kann, steht ihm bzw. den weiteren Antragsberechtigten (§ 118b) ein **Anspruch auf mündliche Verhandlung** nur eingeschränkt zu. Diese Beschränkung ist notwendig, um zu verhindern, dass der Beschuldigte das Gericht zwingen kann, ständig über seien Fall mündlich zu verhandeln.

10 Ist nach einer mündlichen Haftprüfung die Untersuchungshaft insoweit aufrechterhalten worden, so sieht Abs. 3 eine **zeitliche Einschränkung in zweierlei Hinsicht** vor. Zum einen muss vor einer weiteren Haftprüfung die Untersuchungshafthaft mindestens **drei Monate** gedauert haben, zum anderen müssen seit der ersten mündlichen Haftprüfung mindestens **zwei Monate** vergangen sein. Dabei ist es unerheblich, ob die erste mündliche Haftprüfung auf Antrag des Beschuldigten oder von Amts wegen durchgeführt wurde.[12] Das Gericht ist aber nicht gehindert, auch in einem solchen Fall eine mündliche Verhandlung durchzuführen, wenn es dieses als geboten ansieht.[13]

11 Nach dem Wortlaut von Abs. 3 kommt es nicht darauf an, ob der Haftbefehl, sondern ob die **Untersuchungshaft aufrechterhalten** worden ist. Daher wird die Ausschlussfrist durch die Verkündung eines abgeänderten Haftbefehls neu in Gang gesetzt[14] und zwar unabhängig von der Frage, ob der Prüfungstermin auf Antrag des Beschuldigten erfolgte oder von Amts wegen die Anpassung des Haftbefehls erfolgt ist. Dies gilt auch dann, wenn der Richter, wie in der Praxis häufig der Fall, schon zu Beginn der vom Beschuldigten beantragten mündlichen Verhandlung auf Antrag der Staatsanwaltschaft einen neuen Haftbefehl verkündet und der Beschuldigte daraufhin seinen Haftbefehlsantrag zurücknimmt.[15]

12 Keine Anwendung findet Abs. 3 danach aber, wenn der Haftbefehl aufgehoben oder dieser außer Vollzug gesetzt worden ist und später ein **neuer Haftbefehl erlassen oder ein früherer Haftbefehl wieder in Vollzug** gesetzt wird. Dann sind die §§ 114 ff. anzuwenden. Wird die nach mündlicher Verhandlung beschlossene Aussetzung der Vollziehung eines Haftbefehls nach § 116 Abs. 4 widerrufen, findet Abs. 3 ebenfalls keine Anwendung.

V. Verfahrensmäßig bedingte Beschränkungen des Anspruchs auf mündliche Verhandlung (Abs. 4)

13 Während einer **laufenden Hauptverhandlung** und nach Erlass eines auf Freiheitsentzug oder eine freiheitsentziehende Maßregel der Besserung und Sicherung **lautenden erstinstanzlichen Urteils** (sowie während der Berufungshauptverhandlung) besteht kein Anspruch auf Durchführung einer mündlichen Anhörung. Grund dieser Regelung ist die gesetzliche Annahme, dass das die Hauptsache verhandelnde Gericht über eine bessere Erkenntnisgrundlage verfügt als dies eine mündliche Verhandlung vermitteln könnte.

---

[10] Lind in Löwe/Rosenberg Rn. 3.
[11] Graf in KK-StPO Rn. 2; Paeffgen in SK-StPO Rn. 3.
[12] OLG Köln 23.1.2007 – 2 Ws 46/06, NStZ 2007, 608.
[13] Schmitt in Meyer-Goßner/Schmitt Rn. 2.
[14] OLG Köln 23.1.2007 – 2 Ws 46/06, NStZ 2007, 608.
[15] OLG Köln 23.1.2007 – 2 Ws 46/06, NStZ 2007, 698.

14 Bei einer **längeren Unterbrechung der Hauptverhandlung** iSv § 229 Abs. 2 dauert hingegen diese nicht mehr im Sinne von § 118 Abs. 4 an.[16] Die Ansicht, es müsse insoweit auf den Einzelfall abgestellt und nach der zeitlichen Nähe von Hauptverhandlung und dem Haftprüfungsantrag sowie nach dem voraussichtlichen Inhalt des Haftprüfungsantrages im Vergleich zum Sachstand der Hauptverhandlung differenziert werden,[17] vermag nicht zu überzeugen, zumal aus Gründen der Rechtssicherheit eine klare und nachvollziehbare Regelung, wie dies der Verweis auf § 229 Abs. 2 darstellt geboten ist.

15 Ein Anspruch auf Durchführung einer mündlichen Verhandlung besteht auch nicht, wenn gegen den **Angeklagten ein Urteil** ergangen ist, in welchem gegen den Verhafteten auf Freiheitsstrafe oder auf eine freiheitsentziehende Maßregel der Besserung und Sicherung erkannt worden ist. Hintergrund dieser gesetzlichen Regelung ist die gesetzgeberische Annahme, dass bereits in der Hauptverhandlung über den dringenden Tatverdacht entschieden wurde und eine mündliche Verhandlung nach § 118 deshalb keine zusätzlichen Erkenntnisgewinn mehr erbringen kann. Auch werden sich die Haftgründe nach der Hauptverhandlung, an derem Ende von Amts wegen immer über die Fortdauer der Haft entschieden werden muss (§ 268b), im Regelfall nicht mehr ändern, so dass kein zwingendes Bedürfnis zur Durchführung einer mündlichen Verhandlung besteht.[18]

16 Maßgeblich ist insoweit deshalb allein das Ergehen eines Urteils. Es kommt hingegen nicht darauf ankommt, ob dieses letztlich auch Bestand hat. Deshalb lebt der Anspruch auf Durchführung einer mündlichen Verhandlung auch dann nicht wieder aus, wenn das Urteil in der **Revisionsinstanz** aufgehoben und an das Ausgangsgericht zurückverwiesen wird.[19]

17 Gleichwohl bleibt es dem Haftrichter unbenommen, auch während des Andauerns einer Hauptverhandlung oder nach Ergehen eines Urteils eine mündliche Haftprüfung durchzuführen. Seine diesbezügliche ablehnende Entscheidung ist **nicht** mit dem **Rechtsmittel der Beschwerde** anfechtbar.[20]

VI. Frist zur Verhandlung (Abs. 5 Hs. 1)

18 Die mündliche Verhandlung ist **unverzüglich, dh ohne vermeidbare Verzögerung,** durchzuführen, wobei als Höchstfrist eine solche von **zwei Wochen** im Gesetz normiert ist. Die Frist beginnt mit dem Eingang des Antrages bei Gericht. Insoweit reicht gem. § 299 Abs. 2 auch die Stellung des Antrages zu Protokoll der Geschäftsstelle des zuständigen Amtsgerichts am Verwahrungsort aus. Die Fristberechnung richtet sich nach § 43.

19 Jedoch kann mit der **Zustimmung des Beschuldigten die Frist verlängert** werden, um zunächst weitere Ermittlungen durchzuführen. Dabei ist zu beachten, dass sich die Zustimmung nicht nur auf die Überschreitung überhaupt, sondern auch auf deren Dauer beziehen muss.[21] Erklärt sich der Verteidiger mit einer Verlängerung einverstanden, so muss der Beschuldigte nicht ebenfalls zustimmen.[22] Einer ausdrückliche Ermächtigung iSd § 302 Abs. 2 bedarf der Verteidiger nicht.[23]

20 Im Hinblick auf diese **Fristenregelung** ist es aber sinnvoll, wenn der Verteidiger seinen Antrag direkt an den Haftrichter sendet und der ermittelnden Staatsanwaltschaft lediglich zeitgleich eine Ablichtung mit der Bitte um unverzügliche Vorlage der Akten an den Haftrichter zukommen lässt.

21 Eine Überschreitung der Höchstfrist des Abs. 5 Hs. 2 führt – es handelt sich insoweit um eine bloße **Ordnungsvorschrift** - nicht zu einer Haftentlassung,[24] kann aber unter

16 Schmitt in Meyer-Goßner/Schmitt Rn. 3.
17 OLG Celle 7.9.1995 – 3 StE 15/93, NStZ-RR 1996, 171.
18 Ebenso Lind in Löwe/Rosenberg Rn. 15.
19 Paeffgen in SK-StPO Rn. 5.
20 KG 7.7.1999 – 1 AR 786/99 – 3 Ws 369/99, BeckRS 1999, 16147.
21 Lind in Löwe/Rosenberg Rn. 18.
22 Schmitt in Meyer-Goßner/Schmitt Rn. 4.
23 AA Lind in Löwe/Rosenberg Rn. 19.
24 KG 20.7.2009 – 4 Ws 72/09, BeckRS 2009, 25387; OLG Köln 28.1.2009 – 2 Ws 31/09, StraFo 2009, 205; OLG Hamm 31.8.2006 – 3 Ws 381/05, NStZ-RR 2006, 17; krit. Paeffgen NStZ 2010, 206 Fn. 31.

Umständen die Annahme der Besorgnis der Befangenheit des Richters rechtfertigen.[25] Auch unter Beachtung der Unschuldsvermutung würde eine Entlassautomatik bei bloßer Fristüberschreitung den Grundsätzen einer funktionstüchtigen Strafrechtspflege zuwiderlaufen. In solchen Fällen muss neben der Möglichkeit der Erhebung einer Dienstaufsichtsbeschwerde auch die Einlegung einer normalen Beschwerde (§ 304) als zulässig angesehen werden.[26] Das gilt auch für den Fall, dass Haftprüfung gar nicht durchgeführt wird.[27]

VII. Entscheidung (Abs. 5 Hs. 2)

22 Zuständig durch Durchführung der mündlichen Verhandlung ist das nach § 126 zuständige Gericht. Wird während einer **laufenden Hauptverhandlung** eine Haftprüfung durchgeführt, entscheidet das Gericht – verfassungsrechtlich unbedenklich[28] – ohne Mitwirkung der Schöffen in der Besetzung außerhalb der Hauptverhandlung (str.).[29] Die Gegenansicht,[30] nach welcher das Gericht über einen innerhalb oder außerhalb der Hauptverhandlung gestellten Haftprüfungsantrag, ebenso über einen Antrag der Staatsanwaltschaft auf Erlass eines Haftbefehls oder von Amts wegen gem. § 120 Abs. 1 S. 1 StPO in der Zusammensetzung der Hauptverhandlung entscheiden soll, wenn während der Hauptverhandlung am zügigsten eine sachgerechte Entscheidung getroffen werden kann, verkennt die Anforderungen an die Bestimmtheit des gesetzlichen Richters, wonach klare Regelungen der Zuständigkeit erforderlich ist. Die Schöffen wirken auch dann nicht mit, wenn die Hauptverhandlung unterbrochen ist.[31] Lehnt das Gericht die Durchführung einer mündlichen Verhandlung ab, kann hiergegen Beschwerde eingelegt werden.[32]

23 Notwendig zur Durchführung einer mündlichen Verhandlung und einer Entscheidung über die Haftfortdauer ist das **Vorliegen der Akten.** Werden diese dem Haftrichter von der Staatsanwaltschaft nicht innerhalb der Zweiwochenfrist des Abs. 5 vorgelegt, kann eine sachgerechte Verhandlung nicht durchgeführt werden. Allerdings unterliegt der Haftbefehl nicht stets der Aufhebung,[33] die Fristüberschreitung muss jedenfalls dann keine Haftentlassung zur Folge haben, wenn die Verspätung nur geringfügig ist und nicht auf groben Bearbeitungs- oder Organisationsfehlern beruht.[34]

§ 118a Mündliche Verhandlung bei der Haftprüfung

(1) Von Ort und Zeit der mündlichen Verhandlung sind die Staatsanwaltschaft sowie der Beschuldigte und der Verteidiger zu benachrichtigen.

(2) [1]Der Beschuldigte ist zu der Verhandlung vorzuführen, es sei denn, daß er auf die Anwesenheit in der Verhandlung verzichtet hat oder dass der Vorführung weite Entfernung oder Krankheit des Beschuldigten oder andere nicht zu beseitigende Hindernisse entgegenstehen. [2]Das Gericht kann anordnen, daß unter den Voraussetzungen des Satzes 1 die mündliche Verhandlung in der Weise erfolgt, dass sich

[25] BGH 4.12.1976 – 1 BjS 20/75 – AK 67/76; OLG Hamm 31.8.2005 – 3 WS 381/05, NStZ-RR 2006, 17; Graf in KK-StPO § 118 Rn. 6.

[26] Untätigkeitsbeschwerde so früher: OLG Hamm 31.8.2006 – 3 Ws 381/05, NStZ 2006, 17; OLG Köln 28.1.2009 – 2 Ws 31/09, BeckRS 2009, 09231; OLG Braunschweig 19.11.2004 – Ws 271/04, StV 2005, 39.

[27] Schmitt in Meyer-Goßner/Schmitt Rn. 4.

[28] BVerfG 28.3.1998 – 2 BvR 2037/97, NStZ 1998, 418.

[29] OLG München 21.6.2010 – 2 Ws 503/10, StraFo 2010, 383; 18.4.2007 – 2 Ws 347/07, StRR 2007, 83; OLG Naumburg 21.6.2001 – 1 Ws 239/01, NStZ 2003, 81.

[30] OLG München 29.8.2018 – 2 Ws 185/18; vgl. hierzu auch Hiéramente jurisPR-StrafR 17/2018 Anm. 3; ebenso KG 18.4.2016 – 4 Ws 40/16, StraFo 2016, 292.

[31] OLG Naumburg 21.6.2001 – 1 Ws 239/01, NStZ-RR 2001, 347.

[32] Schlothauer/Weider/Nobis Untersuchungshaft Rn. 761.

[33] AG Frankfurt a. M. 18.9.1992 – 932 Gs 85 Js 196729/92, StV 1993, 33.

[34] KG 14.10.2014 – 1 Ws 83/14, BeckRS 2015, 3305; vgl. hierzu aber auch den Verfassungsgerichtshof des Landes Berlin 18.2.2015 – 176/14, StV 2015, 649 mzustAnm König StV 2015, 650; mkritAnm Herrmann StRR 2015, 276.

der Beschuldigte an einem anderen Ort als das Gericht aufhält und die Verhandlung zeitgleich in Bild und Ton an den Ort, an dem sich der Beschuldigte aufhält, und in das Sitzungszimmer übertragen wird. [3]Wird der Beschuldigte zur mündlichen Verhandlung nicht vorgeführt und nicht nach Satz 2 verfahren, so muss ein Verteidiger seine Rechte in der Verhandlung wahrnehmen.

(3) [1]In der mündlichen Verhandlung sind die anwesenden Beteiligten zu hören. [2]Art und Umfang der Beweisaufnahme bestimmt das Gericht. [3]Über die Verhandlung ist ein Protokoll aufzunehmen; die §§ 271 bis 273 gelten entsprechend.

(4) [1]Die Entscheidung ist am Schluß der mündlichen Verhandlung zu verkünden. [2]Ist dies nicht möglich, so ist die Entscheidung spätestens binnen einer Woche zu erlassen.

Schrifttum: Siehe zu § 117

Übersicht

I. Allgemeines

1 Die Vorschrift steht in engen Zusammenhang mit den Regelungen der §§ 117, 118 und 118b. Während § 117 allgemein dem Inhaftierten auf seinen Antrag hin das Recht auf Durchführung auch einer Haftprüfung gewährt, normiert § 118 die näheren Voraussetzungen des Anspruchs auf eine mündliche Haftprüfung, wohingegen in **§ 118a die Art der Durchführung derselben** geregelt ist. Die mündliche Verhandlung stellt insoweit den wesentlichen Teil des förmlichen Haftprüfungsverfahrens nach § 118 dar.

II. Benachrichtigung über den Ort der Verhandlung (Abs. 1)

2 Von dem nach § 118 Abs. 5 nach Eingang eines Antrags unverzüglich, spätestens nach zwei Wochen, anzuberaumendem mündlichen Haftprüfungstermin sind die Staatsanwaltschaft sowie der Beschuldigte und der Verteidiger (§§ 140 Abs. 1 Nr. 4) zu benachrichtigen. Hat der Beschuldigte sowohl einen Wahl- als auch einen Pflichtverteidiger sind beide zu informieren. Bei jugendlichen Beschuldigten ist auch der gesetzliche Vertreter (§§ 118b, 298) sowie der Erziehungsberechtigte (§ 67 Abs. 2 JGG) zu unterrichten.

3 Keine Mitteilung über den Verhandlungstermin erhält der im gleichen Verfahren **Mitbeschuldigte**[1] **sowie dessen Verteidiger**. Diese haben auch kein Anwesenheitsrecht.[2] Auch der **Nebenkläger bzw. dessen Vertreter** sind am Verfahren nicht beteiligt und erhalten keine Benachrichtigung.[3]

---

1 OLG Karlsruhe 9.11.1995 – 2 VAs 18/95, StV 1996, 302; aA Schulz StraFo 1997, 294.

2 BGH 20.2.1997 – 4 StR 598/96, NJW 1997, 1790; Justiz 1996, 142; OLG Köln 10.6.2011 – 2 Ws 313+315/11, NStZ 2012, 174.

3 Graf in KK-StPO § 118 Rn. 1; Schmitt in Meyer-Goßner/Schmitt § 118 Rn. 1; OLG Hamm 16.10.2007 – 3 Ws 588/07, NStZ-RR 2008, 219 (Haftbeschwerde); LG Freiburg 21.12.2006 – 3 Qs 29/06, zit. nach Graf in KK-StPO Rn. 4; aA Paeffgen in SK-StPO § 118 Rn. 2.

4 Die Benachrichtigung kann **formlos mittels einfachem Brief** erfolgen. In eilbedürftigen Fällen gegebenenfalls ist jedoch eine Information telefonisch oder per E-Mail veranlasst, mithin also formlos möglich,[4] da die Terminsnachricht nicht zustellungsbedürftig ist. Im Kollegialgericht erfolgt die Anordnung der Benachrichtigung im Regelfall durch den Vorsitzenden, sie ist jedoch nicht deshalb unwirksam, weil sie vom Berichtserstatter vorgenommen wird.

III. Vorführung des Beschuldigten (Abs. 2)

5 Der Beschuldigte ist zu der Verhandlung vorzuführen, es sei denn, dass er auf die Anwesenheit in der Verhandlung verzichtet hat. Allerdings ist das Gericht an einen solchen Verzicht nicht gebunden und kann gleichwohl die Vorführung anordnen.[5] Auch wenn der Beschuldigte an dem Haftprüfungstermin nicht teilnimmt, kann die Durchführung eines solchen sinnvoll sein, weil er dem Verteidiger die Möglichkeit zu einer persönlichen Vorsprache ermöglicht (→ Rn. 7). Auch kann der Beschuldigte seinen Verzicht widerrufen.[6] Dieser ist beachtlich, wenn er noch vor der Verhandlung bei Gericht eingeht und kann eine Verlegung des Termins bedingen, um ihm die Möglichkeit der Gewährung unmittelbaren rechtlichen Gehörs nicht zu versagen.[7]

6 Von der Vorführung kann weiter abgesehen werden, wenn dieser **weite Entfernung, Krankheit** des Beschuldigten oder **andere nicht zu beseitigende Hindernisse** entgegenstehen. Die Ausnahmen sind jedoch eng auszulegen. Insoweit muss der Haftrichter prüfen, ob die mündliche Haftprüfung etwa in der Justizvollzugsanstalt stattfinden kann.

7 Kann der Beschuldigte ausnahmsweise nicht vorgeführt werden, so eröffnet zunächst der neu eingeführte Abs. 2 S. 2 die Möglichkeit der Durchführung einer **Videokonferenz,**[8] wobei die Entscheidung im Ermessen des Gerichts steht.[9] Nicht gefolgt werden kann jedoch der Ansicht, von dieser Möglichkeit solle nur geringfügig Gebrauch gemacht werden, weil diese eine persönliche Anhörung nicht ersetzen könne.[10] Insoweit hat gerade die „Covid-19-Pandemie" gezeigt, dass moderne Kommunikationsformen unerlässlich sind. Wird die Vernehmung audio-visuell durchgeführt, so hat der Beschuldigte ein Wahlrecht, ob er sein Anwesenheitsrecht im Sitzungszimmer des Gerichts oder aber beim Beschuldigten in der JVA wahrnimmt.[11]

8 Ist weder ein persönliche Anwesenheit des Beschuldigten noch dessen audio-visuelle Anhörung möglich, muss der **Verteidiger dessen Rechte im der Verhandlung wahrnehmen** (Abs. 2 S. 3). Ist der Wahl- und ggf. der bestellte Pflichtverteidiger an der Teilnahme verhindert, so muss ihm speziell für die mündliche Haftprüfung ein anderer Verteidiger – sog. Situativverteidiger[12] – bestellt werden, wobei diesem dann auch außerhalb der Verhandlung zur Vorbereitung alle Rechte eines Verteidigers zustehen, etwa das Recht auf Akteneinsicht (§ 147) und Verkehr mit dem Beschuldigten (§ 148).[13]

9 Das Recht eines Beschuldigten, im Rahmen seiner Vorführung vor den zuständigen Richter einen Verteidiger hinzuzuziehen, zählt zu den **wesentlichen Verfahrensgarantien.** Dem Verteidiger ist daher seine Anwesenheit im Rahmen der Haftprüfung unbedingt zu ermöglichen. Es entspricht unter diesen Umständen darüber hinaus der Fürsorgepflicht gegenüber dem Beschuldigten, den Terminsbeginn in angemessenem Umfang hinauszuschieben. Gerade für den Fall, wenn nur eine unwesentliche Verzögerung des Ablaufs bis

[4] Graf in KK-StPO Rn. 1.
[5] Krause in AK-StPO § 118a Rn. 3; Graf in KK-StPO Rn. 2; Wankel in KMR-StPO Rn. 2.
[6] Schmitt in Meyer-Goßner/Schmitt Rn. 2.
[7] AA Graf in KK-StPO Rn. 2.
[8] Vgl. hierzu Buckow ZIS 2012, 551.
[9] Paeffgen in SK-StPO Rn. 5a.
[10] Lind in Löwe/Rosenberg Rn. 5.
[11] Schmitt in Meyer-Goßner/Schmitt Rn. 2, Schlothauer StV 2014, 55.
[12] Paeffgen in SK-StPO Rn. 4.
[13] Lind in Löwe/Rosenberg Rn. 17.

zum Eintreffen des Verteidigers zu besorgen ist, bedingt sich von Verfassungs wegen die Anwesenheit des Verteidigers zu ermöglichen und den Termin nicht aufzuheben.

Unabhängig davon ist die **Anwesenheit eines Verteidigers immer notwendig** und zwar auch dann, wenn der Beschuldigte vorgeführt wird, jedoch sein gewählter oder bestellter Verteidiger verhindert ist.[14] Insoweit muss der Haftrichter, wenn es sich nicht um eine kurzfristige zeitliche Verspätung des Verteidigers handelt, den Termin entweder verlegen oder dem Beschuldigten eigens für die mündliche Haftprüfung einen Verteidiger (Situativerteidiger) bestellen. Die Fälle, in welchen der Beschuldigte zur mündlichen Haftprüfung noch keinen Verteidiger hat, werden allerdings im **Gegensatz zur früheren Rechtslage** eher selten sein. Dort musste bei anzuberaumenden mündlichen Haftprüfungen ohne die persönliche Anwesenheit des Beschuldigten diesem nach Abs. 2 S. 3 ein Pflichtverteidiger bestellt werden, soweit er nicht bereits durch einen Wahlverteidiger in der Haftprüfung vertreten wird. In der seit 1.1.2010 geltenden Fassung ist dem Beschuldigten aber nunmehr ohnehin nach § 140 Abs. 1 Nr. 4 iVm § 141 Abs. 3 S. 5 von Beginn der Vollstreckung der Untersuchungshaft an von Amts wegen ein Verteidiger zu bestellen. 10

IV. Durchführung der mündlichen Verhandlung (Abs. 3)

Abs. 3 regelt die Form der Beweisaufnahme im Rahmen der mündlichen Verhandlungen nur teilweise, weshalb insoweit auf allgemeine Regeln der richterlichen Vernehmung zurückgegriffen werden muss (→ Rn. 13): 11

1. Zuständiges Gericht. Zuständig ist das nach § 126 hierzu berufene Gericht. Handelt es sich um ein Kollegialgericht (Strafkammer, Schöffengericht, Strafsenat) verhandelt dieses in der Beschlussbesetzung ohne Mitwirkung der Schöffen.[15] Eine Delegation der mündlichen Verhandlung auf einen ersuchten oder beauftragten Richter ist ebenso wenig zulässig wie eine solche auf ein auswärtiges Rechtshilfegericht.[16] Möglich ist dies auch – obwohl der Angeklagte keinen Anspruch hierauf hat (§ 118 Abs. 4) – während einer laufenden Hauptverhandlung: Der Erlass des Haftbefehls führt nicht zu einem Ausschluss des früher entscheidenden Richters an der Mitwirkung. 12

2. Anwesenheitsrechte. Die Verhandlung ist **nichtöffentlich.** Neben dem Beschuldigten und seinem Verteidiger (→ Rn. 9) können hieran – allerdings nicht zwingend[17] – der Staatsanwalt und der Urkundsbeamte teilnehmen, wenn der Richter dessen Anwesenheit für erforderlich ansieht (§ 168 Abs. 1 S. 2) (str.).[18] Im Hinblick auf die Erstellung eines Protokolls gelten nach Abs. 3 S. 2 Hs. 2 die §§ 271–273, wobei diesem mangels gesetzlichem Verweis nicht die Beweiskraft des § 274 zukommt. Mitbeschuldigte und Nebenkläger sowie deren Vertreter haben kein Anwesenheitsrecht (→ Rn. 3).[19] Allerdings kann eine mündliche Haftprüfung nach Ermessen des Gerichts auch gegen mehrere Beschuldigte gleichzeitig durchgeführt werden.[20] 13

3. Ablauf der Verhandlung. Abs. 3 S. 1 sieht lediglich vor, dass die anwesenden Beteiligten zu hören sind. Dies gilt zunächst für den Beschuldigten, welcher – wie bei jeder richterlichen Vernehmung – darüber aufzuklären ist, welche Tat ihm zu Last gelegt wird und der insoweit auch auf die ihn belastenden Umstände und die Möglichkeit hinzuweisen ist, die Verdachts- und Haftgründe zu entkräften (§§ 115 Abs. 3, 136 Abs. 1 S. 1). Auch ist 14

---

14 Ebenso Lind in Löwe/Rosenberg Rn. 17; Graf in KK-StPO Rn. 3; aA Schmitt in Meyer-Goßner/Schmitt Rn. 3.

15 Graf in KK-StPO Rn. 4.

16 OLG München 8.8.1957 – Ws 684/57, MDR 1958, 181; KG 8.4.1964 – 4 Ws 32/64, JR 1964, 267.

17 Graf in KK-StPO Rn. 4.

18 Lind in Löwe/Rosenberg Rn. 34 (§ 168 wegen Verweisung in § 118a Abs. 3 S. 2 auf § 271 nicht anwendbar.

19 OLG Köln 10.6.2011 – III – 2 Ws 313/11, NStZ 2012, 174; vgl. hierzu auch Müller/Schmid NStZ 2013, 328.

20 Lind in Löwe/Rosenberg Rn. 28.

er darüber zu belehren, dass es im nach dem Gesetz frei steht, sich zu der Beschuldigung zu äußern oder nicht zur Sache auszusagen (§§ 136 Abs. 1 S. 2, 115 Abs. 3 S. 1). Ist der Beschuldigte nicht anwesend, ist für ihn sein Verteidiger zu hören.[21] Wenn diese anwesend sind, sind auch die anderen Beteiligten, namentlich der Staatsanwalt oder die Erziehungsberechtigten (→ Rn. 2), zu hören.

15 **4. Art und Umfang der Beweisaufnahme.** Grundsätzlich bestimmt das Gericht die Art der Durchführung der mündlichen Haftprüfung nach seinem **Ermessen.** Im Freibeweisverfahren können Beweise erhoben werden.[22] Dabei sind Beweisanträge der Beteiligten nur Anregungen, für welche die förmlichen Anforderungen nach § 244 Abs. 3–6 StPO nicht gelten und die insbesondere auch nicht förmlich beschieden werden müssen.[23] Der Beschuldigte kann zwar Zeugen laden oder präsente Zeugen stellen; ihre Vernehmung steht aber im Ermessen des Gerichts.[24]

16 Das Gericht ist im Hinblick auf die Regelung in Abs. 3 S. 2 grundsätzlich nicht verpflichtet, vom Beschuldigten selbst gestellte oder geladene bzw. erschienene Zeugen auch zu vernehmen. Denn die **Staatsanwaltschaft ist die Herrin des Ermittlungsverfahrens** und hat auch die entlastenden Umstände zu ermitteln (§ 160 Abs. 2). Insoweit kann auch aus § 166 keine Ermessensreduzierung auf Null hergeleitet werden. Diese Vorschrift gilt auch im Rahmen eines Haftprüfungsverfahrens.[25] Danach hat der Richter einzelne Beweise zur Entlastung des Beschuldigten zu erheben, wenn der Verlust der Beweise zu besorgen ist oder die Beweiserhebung die Freilassung des Beschuldigten begründen kann. Gemeinsame Voraussetzung ist insoweit aber, dass der Richter die Beweise für erheblich erachtet. Dagegen ist der Haftrichter weder verpflichtet noch befugt, zur Entlastung des Beschuldigten umfangreiche Beweise zu erheben oder gar den gesamten Sachverhalt zu erforschen, weil sonst die Staatsanwaltschaft von der Leitung und Gestaltung des Ermittlungsverfahrens ausgeschlossen würde.[26]

17 Zu beachten hat der Richter auch **bestehende Beweisverbote,** namentlich findet § 252 entsprechende Anwendung. Auch braucht das Gericht von ihm einvernommene Zeugen nicht zu vereidigen, vielmehr ist eine solche nur zulässig bei Gefahr im Verzug oder wenn diese am Erscheinen in der Hauptverhandlung verhindert sein werden (§ 62), wobei zusätzlich noch die die Vereidigung weiter einschränken Voraussetzungen beachtet werden müssen (§ 59).[27]

V. Verkündung der Entscheidung (Abs. 4)

18 Die in Beschlussform (§ 34) zu treffende und mit Gründen zu versehende Entscheidung ergeht grundsätzlich am Ende der mündlichen Haftprüfung (Abs. 4 S. 1). Durch sie wird der Haftbefehl aufrechterhalten, aufgehoben, abgeändert oder außer Vollzug gesetzt. Wird der Haftbefehl der Sache nach aufrecht erhalten, kann dies, was in der Praxis allerdings äußerst selten der Fall ist, sogleich mit einem Aufklärungsbeschluss nach § 117 Abs. 3 verbunden werden.

19 Der **Erlass kann um eine Woche hinausgeschoben** werden (Abs. 4 S. 2). In diesem Fall muss der Beschluss dem Beschuldigten, dem Verteidiger und ggf. dem gesetzlichen Vertreter formlos mitgeteilt werden (§ 35 Abs. 2 S. 2). Wird der Haftbefehl jedoch durch Einbeziehung weiterer Taten wesentlich geändert, ist nicht nur der alte Haftbefehl aufzuheben und durch einen neuen zu ersetzen, sondern dieser muss dem Beschuldigten auch bekannt gemacht und eröffnet werden (§ 114).[28]

---

[21] Lind in Löwe/Rosenberg Rn. 29.
[22] So schon BGH 24.8.1978 – 2 Ars 245/78, BGHSt 28, 116.
[23] KG 17.4.1997 – 1 AR 476/97, BeckRS 1997, 14938; Schmitt in Meyer-Goßner/Schmitt Rn. 4.
[24] Schmitt in Meyer-Goßner/Schmitt Rn. 4.
[25] OLG Köln 22.8.2008 – 2 Ws 411/08, BeckRS 2008, 25643.
[26] Wache in KK-StPO § 166 Rn. 6; aA Schlothauer StV 1995, 158.
[27] Graf in KK-StPO Rn. 5.
[28] Schmitt in Meyer-Goßner/Schmitt § 114 Rn. 18; vgl. hierzu auch OLG Hamburg 26.6.2003 – 2 Ws 164/03, NStZ-RR 203, 346; OLG Stuttgart 14.7.2005 – 4 HEs 59/2005, NStZ 2006, 588.

VI. Rechtsmittel

Gegen eine Haftfortdauerentscheidung steht dem Beschuldigten das Rechtsmittel der **Beschwerde** zu, es sei denn diese ist durch einen Strafsenat erlassen worden (§ 304 Abs. 4). Die Beschwerde ist zulässig, selbst wenn sie von einem erkennenden Gericht getroffen wurde (§ 305 S. 2). Hat die Beschwerdeentscheidung das Landgericht oder im Sonderfall der § 120 Abs. 3 GVG das Oberlandesgericht getroffen, ist auch die weitere Beschwerde zulässig (§ 310). 20

Beschwerdeberechtigt sind die Teilnahmeberechtigten, die Staatsanwaltschaft immer, die anderen nur, soweit sie beschwert sind. Dem nicht zur Teilnahme berechtigen Nebenkläger steht schon mangels Beschwer kein Rechtsmittel zu. 21

Zulässig ist es auch, dass der Beschuldigte mit seinem **Rechtsmittel die Nichteinhaltung der Formvorschriften** beanstandet. Hat etwa die mündliche Haftprüfung ohne den Verteidiger stattgefunden, kann das Beschwerdegericht in der Sache nicht selbst entscheiden, sondern muss die Sache zurückgeben, es sei denn, es führt selbst eine mündliche Verhandlung durch.[29] Unzulässig ist ein Rechtsmittel aber dann, wenn es sich gegen eine vom Gericht nach Abs. 3 abgelehnte Beweiserhebung richtet.[30] 22

Trifft der Richter entgegen Abs. 4 nach durchgeführter mündlichen Haftprüfung seine Entscheidung nicht oder – wie nach Fristablauf zu befürchten – weiter verzögerlich, so besteht für den Beschuldigten ebenfalls die Möglichkeit der Einlegung einer **Beschwerde,**[31] denn das Beschwerdegericht ist jedenfalls befugt, den Haftbefehl wegen verzögerlicher Sachbehandlung aufzuheben. 23

§ 118b Anwendung von Rechtsmittelvorschriften

Für den Antrag auf Haftprüfung (§ 117 Abs. 1) und den Antrag auf mündliche Verhandlung gelten die §§ 297 bis 300 und 302 Abs. 2 entsprechend.

Schrifttum: Siehe bei § 117.

Allgemeines

Die Vorschrift steht in engem Zusammenhang mit den §§ 117, 118, 118a und regelt zunächst die jeweilige **Berechtigung zur Stellung eines Haftprüfungsantrages.** Insoweit verweist die Norm auf beide Arten des Haftprüfungsantrages, nämlich den Antrag auf schriftliche Haftprüfung (§ 117 Abs. 1) und den auf Durchführung einer mündlichen Verhandlung (§ 118 Abs. 1) sowie auf die wesentlichen Vorschriften über Anbringung eines Rechtsmittels. 1

Demnach kann zunächst auch der **Verteidiger** den Antrag stellen, aber nicht gegen den ausdrücklichen Willen des Beschuldigten (§ 297). Anders aber der gesetzliche Vertreter (§ 298). 2

Aus dem Verweis auf § 299 ergibt sich, dass der Beschuldigte den Haftprüfungsantrag auch zu **Protokoll der Geschäftsstelle des Amtsgerichts** abgeben kann, in dessen Zuständigkeit die Anstalt liegt, in welcher er auf gerichtliche Anordnung hin verwahrt wird. 3

Bedeutung kommt auch dem Verweis auf die Vorschrift des § 302 Abs. 2 zu. Danach bedarf der **Verteidiger zur Zurücknahme eines Haftprüfungsantrages einer ausdrücklichen Ermächtigung.** Die bei Übernahme des Mandats dem Verteidiger allgemein erteilte Prozessvollmacht reicht hierfür nicht aus.[1] Für die nach § 118 Abs. 5 mögliche 4

---

[29] Schmitt in Meyer-Goßner/Schmitt Rn. 7.

[30] LG Zweibrücken 22.8.2007 – Qs 106/07, VRS 113, 236; Schmitt in Meyer-Goßner/Schmitt Rn. 7.

[31] Vormals Untätigkeitsbeschwerde: OLG Braunschweig 19.11.2004 – Ws 271/04, StV 2005, 39; Lind in Löwe/Rosenberg Rn. 33.

[1] Schmitt in Meyer-Goßner/Schmitt § 302 Rn. 32.

Verlängerung der Frist zur Durchführung der mündlichen Verhandlung ist die Vorschrift des § 302 Abs. 2 nicht anzuwenden (str.).[2]

§ 119 Haftgrundbezogene Beschränkungen während der Untersuchungshaft

(1) [1]Soweit dies zur Abwehr einer Flucht-, Verdunkelungs- oder Wiederholungsgefahr (§§ 112, 112a) erforderlich ist, können einem inhaftierten Beschuldigten Beschränkungen auferlegt werden. [2]Insbesondere kann angeordnet werden, dass

1. der Empfang von Besuchen und die Telekommunikation der Erlaubnis bedürfen,
2. Besuche, Telekommunikation sowie der Schrift- und Paketverkehr zu überwachen sind,
3. die Übergabe von Gegenständen bei Besuchen der Erlaubnis bedarf,
4. der Beschuldigte von einzelnen oder allen anderen Inhaftierten getrennt wird,
5. die gemeinsame Unterbringung und der gemeinsame Aufenthalt mit anderen Inhaftierten eingeschränkt oder ausgeschlossen werden.

[3]Die Anordnungen trifft das Gericht. [4]Kann dessen Anordnung nicht rechtzeitig herbeigeführt werden, kann die Staatsanwaltschaft oder die Vollzugsanstalt eine vorläufige Anordnung treffen. [5]Die Anordnung ist dem Gericht binnen drei Werktagen zur Genehmigung vorzulegen, es sei denn, sie hat sich zwischenzeitlich erledigt. [6]Der Beschuldigte ist über Anordnungen in Kenntnis zu setzen. [7]Die Anordnung nach Satz 2 Nr. 2 schließt die Ermächtigung ein, Besuche und Telekommunikation abzubrechen sowie Schreiben und Pakete anzuhalten.

(2) [1]Die Ausführung der Anordnungen obliegt der anordnenden Stelle. [2]Das Gericht kann die Ausführung von Anordnungen widerruflich auf die Staatsanwaltschaft übertragen, die sich bei der Ausführung der Hilfe durch ihre Ermittlungspersonen und die Vollzugsanstalt bedienen kann. [3]Die Übertragung ist unanfechtbar.

(3) [1]Ist die Überwachung der Telekommunikation nach Absatz 1 Satz 2 Nr. 2 angeordnet, ist die beabsichtigte Überwachung den Gesprächspartnern des Beschuldigten unmittelbar nach Herstellung der Verbindung mitzuteilen. [2]Die Mitteilung kann durch den Beschuldigten selbst erfolgen. [3]Der Beschuldigte ist rechtzeitig vor Beginn der Telekommunikation über die Mitteilungspflicht zu unterrichten.

(4) [1]Die §§ 148, 148a bleiben unberührt. [2]Sie gelten entsprechend für den Verkehr des Beschuldigten mit

1. der für ihn zuständigen Bewährungshilfe,
2. der für ihn zuständigen Führungsaufsichtsstelle,
3. der für ihn zuständigen Gerichtshilfe,
4. den Volksvertretungen des Bundes und der Länder,
5. dem Bundesverfassungsgericht und dem für ihn zuständigen Landesverfassungsgericht,
6. dem für ihn zuständigen Bürgerbeauftragten eines Landes,
7. dem oder der Bundesbeauftragten für den Datenschutz und die Informationsfreiheit, den für die Kontrolle der Einhaltung der Vorschriften über den Datenschutz in den Ländern zuständigen Stellen der Länder und den Aufsichtsbehörden nach § 40 des Bundesdatenschutzgesetzes,
8. dem Europäischen Parlament,
9. dem Europäischen Gerichtshof für Menschenrechte,
10. dem Europäischen Gerichtshof,

---

[2] Graf in KK-StPO Rn. 1; Schmitt in Meyer-Goßner/Schmitt § 118 Rn. 4; aA Lind in Löwe/Rosenberg § 118 Rn. 19; Paeffgen in SK-StPO Rn. 2; Krause in AK-StPO Rn. 2.

11. dem Europäischen Datenschutzbeauftragten,
12. dem Europäischen Bürgerbeauftragten,
13. dem Europäischen Ausschuss zur Verhütung von Folter und unmenschlicher oder erniedrigender Behandlung oder Strafe,
14. der Europäischen Kommission gegen Rassismus und Intoleranz,
15. dem Menschenrechtsausschuss der Vereinten Nationen,
16. den Ausschüssen der Vereinten Nationen für die Beseitigung der Rassendiskriminierung und für die Beseitigung der Diskriminierung der Frau,
17. dem Ausschuss der Vereinten Nationen gegen Folter, dem zugehörigen Unterausschuss zur Verhütung von Folter und den entsprechenden Nationalen Präventionsmechanismen,
18. den in § 53 Abs. 1 Satz 1 Nr. 1 und 4 genannten Personen in Bezug auf die dort bezeichneten Inhalte,
19. soweit das Gericht nichts anderes anordnet,
a) den Beiräten bei den Justizvollzugsanstalten und
b) der konsularischen Vertretung seines Heimatstaates.

[3]Die Maßnahmen, die erforderlich sind, um das Vorliegen der Voraussetzungen nach den Sätzen 1 und 2 festzustellen, trifft die nach Absatz 2 zuständige Stelle.

(5) [1]Gegen nach dieser Vorschrift ergangene Entscheidungen oder sonstige Maßnahmen kann gerichtliche Entscheidung beantragt werden, soweit nicht das Rechtsmittel der Beschwerde statthaft ist. [2]Der Antrag hat keine aufschiebende Wirkung. [3]Das Gericht kann jedoch vorläufige Anordnungen treffen.

(6) [1]Die Absätze 1 bis 5 gelten auch, wenn gegen einen Beschuldigten, gegen den Untersuchungshaft angeordnet ist, eine andere freiheitsentziehende Maßnahme vollstreckt wird (§ 116b). [2]Die Zuständigkeit des Gerichts bestimmt sich auch in diesem Fall nach § 126.

Schriftum: Bittmann, Gesetz zur Änderung des Untersuchungshaftrechts NStZ 2010, 13; Brocke/Heller, Das neue Untersuchungshaftrecht aus Sicht der Praxis – Zwischenbilanz nach einem Jahr, StraFo 2011, 1; Bung, Anmerkung zu einer Entscheidung des OLG Hamm vom 29.12.2009 (3 Ws 504/09) – Besuchserlaubnis für Rechtsanwälte bei Beauftragung durch Dritte, StV 2010, 587; Callies, Die Durchsuchung des Strafverteidigers bei Betreten der Justizvollzugsanstalt, Zum Problem der Rechtsstellung des Verteidigers, StV 2002, 676; Engelstätter, Erste Rechtsprechung zum Vollzug der Untersuchungshaft gem. § 119 StPO neuer Fassung – neue praktische Anforderungen für (Haft-)Richter und Staatsanwälte?, SchlHA 2011, 365; Grube, Gerichtlicher Rechtsschutz gegen Maßnahmen im Untersuchungshaftvollzug, StV 2013, 534; Esser, Fesselung in der Hauptverhandlung StraFo 2020, 189; Harms ZfStrVo 2009, 13; Hoffmann/Wißmann, Zur Fesselung von Untersuchungsgefangenen oder – Wann dürfen die Handschellen tatsächlich klicken? StV 2001, 706; Kazele, Zur Geltung des § 119 für die Untersuchungshaft, Anmerkung zu dem Beschluss des OLG Celle v. 9.2.2010 – 1 Ws 37/10, StV 2010, 258; Kazele, Änderungen im Recht der Untersuchungshaft, NJ 2010, 1; Kirschke/Brune ZfStrVo 2009, 18; Köhne, Die gesetzlichen Regelungen des Untersuchungshaftvollzugs, JR 2011, 198; König, Zur Neuregelung der haftrichterlichen Zuständigkeiten in § 119 StPO, NStZ 2010, 185; König, Der Zugang des (noch) nicht mandatierten Verteidigers zum inhaftierten Beschuldigten, StV 2011, 704; Kühne, Zum Umfang unentgeltlicher Gestellung eines Dolmetschers in der Untersuchungshaft; StV 1997, 430; Rabe von Kühlewein, Zum Rechtsschutz gegen erledigte strafprozessuale Maßnahmen, NStZ 2007, 414; Lammer, Neuerungen im Recht der Untersuchungshaft – eine erste Bilanz, Auswirkungen und praktische Probleme aus Sicht der Strafverteidigung, AnwBl. 2013, 325; Lampe, Erforderlichkeit von Überwachungsanordnungen nach § 119 Abs. 1 StPO in der Untersuchungshaft, JurisPR-StrafR 4/2011 Anm. 1; Lüderssen, Telefongespräche von U-Gefangenen mit Verteidigern, StV 1999, 499; Michalke, Reform der Untersuchungshaft – Chance vertan? NJW 2010, 17; Morgenstern, Verfassungs- und europarechtliche Vorgaben für den Untersuchungshaftvollzug – zugleich Anmerkung zu BVerfG, Beschl. v. 17.10.2012, 2 BvR 736/11, StV 2013, 529; Münchhalfen, Behinderung der Verteidigung bei Untersuchungshaft, StraFo 2003, 150; Nestler, Zum „Recht des Untersuchungshaftvollzugs" i.S.v. Art. 74 Abs. 1 Nr. 1 GG, HRRS 2010, 546; Paeffgen, Zur Verhältnismäßigkeit von Untersuchungshaft-Beschränkungen aufgrund Verdunkelungsgefahr, StV 1998, 37; Ostendorf, Untersuchungshaft und Abschiebehaft, NomosPraxis 2011; Pohlreich, Die Rechtsprechung des EGMR zum Vollzug von Straf- und Untersuchungshaft, NStZ 2011, 560; Seebode, Das Recht des Untersuchungshaftvollzugs im Sinne des Art. 74 GG – Zugleich eine Besprechung zu OLG Oldenburg HRRS 2008 Nr. 468, HRRS 2008, 236; Weider, Das Gesetz zur Änderung des Untersuchungshaftrechts, StV 2010, 102; Wiesneth,

Der amtsgerichtliche Bereitschaftsdienst – Neuerungen, DRiZ 2010, 46; Zuck, Faires Verfahren und der Nemo tenetur-Grundsatz bei der Besuchsüberwachung in der Untersuchungshaft – zugleich Anmerkung zu BGH, Urt. v. 29.4.2009 – 1 StR 701/08; JR 2010, 17; Seebode ZfStrVo 2009, 7; Oppenborn/Schäfersküper ZfStrVo 2009, 21; Schneider ZfStrVo 2009, 24.

Übersicht

I. Allgemeines, Gesetzgebungskompetenz, Anwendungsbereich

1 **1. Allgemeines.** Die Vorschrift regelt die **Durchführung der Untersuchungshaft.** Insoweit bedingt die **Unschuldsvermutung,** den Untersuchungsgefangenen nur solchen Einschränkungen zu unterwerfen, die der Zweck der dieser Freiheitsentziehungsmaßnahme (Sicherung der Durchführung des Strafprozesses und der möglichen späteren Strafvollstreckung) oder die Sicherheit und Ordnung in der jeweiligen Vollzugsanstalt erfordern. Ein Beschränkungsbeschluss nach § 119 darf grundsätzlich nur auf der Abwehr von Flucht-, Verdunkelungs- oder Wiederholungsgefahr beruhen.

2 Diesen Anforderungen wir die **forensische Praxis nicht immer gerecht,** weil oftmals die zu Beginn der Haft auch **formularmäßig** als notwendig angesehenen **Haftbeschränkungen** nicht frühzeitig auf ihre weitere Notwendigkeit überprüft werden. Insoweit sind vor allem die dem Beschuldigten sogleich nach Inhaftierung bestellten Pflichtverteidiger zur Überprüfung gehalten, ob angeordnete Beschränkungen der Untersuchungshaft wirklich notwendig sind. Seit der Änderung des Gesetzgebungszuständigkeit sind die doch sehr engen Voraussetzungen der Anordnung von Haftbeschränkungen jedoch zunehmend Gegenstand obergerichtlicher Entscheidungen geworden (→ Rn. 18 ff.), so dass diese Rechtsprechung für die gerichtliche Haftpraxis nicht ohne Einfluss bleiben kann.

3 **2. Gesetzgebungskompetenz.** Bis zum Inkrafttreten der **Föderalismusreform**[1] stand die Gesetzgebungskompetenz nach Art. 74 Abs. 1 Nr. 1 GG allein dem Bund zu.

[1] Vgl. 52. Gesetz zur Änderung des Grundgesetzes v. 22.8.2006, BGBl. I 2034.

Mit Inkrafttreten der Reform zum 1.9.2006 wurde die Gesetzgebungskompetenz für die Regelung des Untersuchungshaftvollzuges von der konkurrierenden in die ausschließliche Gesetzgebungskompetenz der Bundesländer verschoben. Die Gesetzgebungskompetenz des Bundes besteht seitdem nur noch für das „gerichtliche Verfahren" (Art. 74 Abs. 1 Nr. 1 GG). Es ist seither zu unterscheiden zwischen dem **Untersuchungshaftvollzugsrecht der Länder** und dem in **der Gesetzgebungskompetenz des Bundes** als Teil des gerichtlichen Verfahrens verbliebenen Untersuchungshaftrecht. Zu letzterem Bereich gehört die Regelung der Untersuchungshaft selbst, einschließlich der Voraussetzungen, unter denen sie erfolgen kann und ihrer Dauer.

Allerdings bestehen insoweit **divergierende Ansicht über den Begriff des Untersuchunghaftvollzugs in Art. 74 Abs. 1 Nr. 1 GG,** was auch Auswirkungen auf die gerichtliche Zuständigkeit hat.[2] Nach einer weiten Auslegung sollen die Länder für sämtliche Entscheidungen und sonstige Maßnahmen im Untersuchungshaftvollzug ausschließlich zuständig sein, die nicht die Entscheidung über die Zulässigkeit und Fortdauer der Untersuchungshaft an sich, sondern das „Wie" der Untersuchungshaft betreffen.[3] Nach anderen Auffassung soll eine strafprozessuale Kompetenz nur zur Abwehr solcher verfahrensrelevanter Gefahren bestehen, die sich ausschließlich außerhalb der Anstalt realisieren können oder ohne Einfluss auf die Sicherheit und Ordnung der Anstalt seien.[4] Nach überwiegender und auch vorliegend vertretener Ansicht steht dem Bundesgesetzgeber dagegen die Befugnis zu, Regelungen zu treffen, die der Zweck der Untersuchungshaft erfordert, die mithin der Abwehr von Flucht-, Verdunkelungs- und Wiederholungsgefahr dienen.[5] 4

Der **Bund** kann daher nach wie vor insbesondere die **Gründe für die Anordnung der Untersuchungshaft und die Rechtsbehelfe** regeln. Die entsprechenden Bestimmungen in §§ 112 ff. der Strafprozessordnung bleiben folglich von den Auswirkungen der Föderalismusreform unberührt.[6] Die bundesrechtliche Regelungskompetenz umfasst dabei aber alle Bestimmungen mit dem Ziel, die ordnungsgemäße Durchführung eines Strafverfahrens sicherzustellen. Maßnahmen, die den Zweck der Untersuchungshaft betreffen, obliegen daher der Bundeskompetenz, mithin solche, die der Abwehr von Flucht-, Verdunkelungs- und Wiederholungsgefahr dienen. Deshalb bedürfen Beschränkungen zur Verhinderung von Verdunkelungshandlungen einer gerichtlichen Entscheidung nach § 119 (Haftstatut) und unterfallen nicht dem Landesrecht.[7] 5

Die **Art und Weise der Durchführung der Untersuchungshaft** obliegt dagegen den einzelnen **Bundesländern.** Indes lässt sich die grundlegende Frage der Anordnung von Untersuchungshaft nicht von der Intensität und der Reichweite des Grundrechtseingriffs trennen, mithin bedingen die ineinander verwobenen Schnittmengen von Anordnung und Untersuchungshaftvollzug eine Regelungskompetenz des Haftgerichts für solche Maßnahmen, die von Untersuchungshaftzwecken nicht zu trennen sind. Nachdem zunächst Niedersachsen als erstes Bundesland bereits zum 1.1.2008 ein eigenes Landesuntersuchungshaftvollzugsgesetz in Kraft gesetzt hatte, haben zwischenzeitlich sämtliche Bundesländer eigene Untersuchungshaftgesetze erlassen, wobei durchaus unterschiedliche Schwerpunkte in den Ländern gesetzt wurden.[8] Dies machte letztlich eine Neufassung des § 119 StPO erforderlich, weil der Bund nur noch die legislative Zuständigkeit für Bereiche innehat, die 6

---

2 Siehe hierzu Schultheis in KK-StPO Rn. 2.

3 OLG Celle 9.2.2010 – 1 Ws 37/10, StV 2010, 194; 14.3.2012 – 1 Ws 127/12, StV 2012, 417; Seebode ZfStrV= 2009, 7; Oppenborn/Schäfersküper ZfStrVo 2009, 21; Schneider ZfStrV= 2009, 24.

4 König NStZ 2010, 185.

5 BGH 9.3.2012 – 3 BGs 82/12 (Ermittlungsrichter), NJW 2012, 1158; OLG Köln 12.8.2010 – 2 Ws 498/10, NStZ 2011, 55; OLG Rostock 25.1.2010 – 1 Ws 385/09, NStZ 2010, 350; OLG Frankfurt a. M. 11.2.2010 – 3 Ws 127/10, NStZ-RR 2010, 294; KG 29.3.2010 StV 2010, 370; Krauß in BeckOK StPO Rn. 1; Harms ZfStrVo 2009, 13; Kirschke/Brune ZfStrVo 2009, 18; Michalke NJW 2010, 17; Bittmann NStZ 2010, 13; Paeffgen StV 2009, 46.

6 Vgl. auch BT-Drs. 16/11644, 12.

7 OLG Celle 11.5.2020 – 3 WS 94/20 (UVollzG), Nds. Rpfl. 2020, 307.

8 Vgl. hierzu die Aufstellung bei Schultheis in KK-StPO Rn. 5.

den Zweck der Untersuchungshaft betreffen. Die Gesetzesänderung ist mit dem Gesetz zur Änderung des Untersuchungshaftrechts vom 29.7.2009 zum 1.1.2010 in Kraft getreten.[9]

7 Die einzelnen Beschränkungen, den Vollzug der Untersuchungshaft betreffend, können sowohl Gegenstand der Strafprozessordnung als auch von Landesgesetzen über den Vollzug von Untersuchungshaft sein. In der **Strafprozessordnung** sind die Voraussetzungen für die Anordnung von Beschränkungen **aus strafverfahrensrechtlichen Gründen** festzulegen und in den **Landesgesetzen** die Voraussetzungen für die Anordnung von **Beschränkungen aus vollzuglichen Gründen.** Eine gewisse Überschneidung der Regelung in den Landesgesetzen über den Vollzug der Untersuchungshaft in Randbereichen ist dabei unvermeidbare Konsequenz der durch die Föderalismusreform in Artikel 74 GG getroffenen Kompetenzzuweisung.[10]

8 **Eine wichtige Abgrenzung** kann zunächst mit den Oberbegriffen **„Verfahrenssicherung"** und **„Anstaltsordnung"** getroffen werden. Während die „Verfahrenssicherung" noch leicht mit den gesetzlichen Tatbestandsmerkmalen der Flucht-, Verdunkelungs-, und Wiederholungsgefahr näher ausgefüllt werden kann, ist der Oberbegriff „Anstaltsordnung" weit diffiziler. Der in den jeweiligen Landesgesetzen näher ausgestaltete Untersuchungshaftvollzug ist zunächst abgrenzbar in den der Regelungsgegenstand des innervollzuglichen Tagesgeschäftes, beispielhaft der Aufnahmeablauf jedes Beschuldigten, die Unterbringung und Versorgung, die Arbeitsmöglichkeiten sowie Angebote der Freizeitgestaltung und Religionsausübung. Der Untersuchungshaftvollzug umfasst neben Sicherheitsüberlegungen die grundsätzliche Vermeidung unzumutbarer Einschränkungen des einzelnen Untersuchungsgefangenen, ebenso die erforderliche Gleichbehandlung aller Untersuchungsgefangenen. All dies ist letztlich mit den notwendigen Einschränkungen in Einklang zu bringen, die sich vorrangig aus den Kapazitäten und der Personalsituation in der Vollzugsanstalt ergeben.

9 **Klar divergent** ist hingegen das gerichtliche Verfahren im Rahmen der Untersuchungshaft ins Verhältnis gesetzt zum **Untersuchungshaftvollzug,** aber nur soweit eine Maßnahme diesen rein vollzuglichen Bereich betrifft, wenn sie zB die Sicherheit und Ordnung der Anstalt tangiert oder eben die Ausgestaltung des vollzuglichen Alltags. Zwar hat vor der Gesetzesänderung eine ausdrückliche Unterscheidung zwischen Beschränkungen, die den Zweck der Verfahrenssicherung erfordern, gegenüber denjenigen Beschränkungen, die allein den Vollzug der Untersuchungshaft betreffen, nicht stattgefunden. Indes erfordert die Verschiebung der Gesetzgebungskompetenz zumindest, im juristischen Sprachgebrauch, eine Abgrenzung der Kompetenz des Ermittlungsrichters, respektive des Gerichts nach § 126, vorrangig für das „Ob" der Maßnahme, orientiert am Haftzweck in Abgrenzung zu dem „Wie" des Vollzuges.[11] Die gesetzliche Neuregelung, hin zur einer Stärkung der Landesgesetzgeber, beabsichtigte keinesfalls, den Untersuchungsgefangenen nunmehr einer möglichen Ungleichbehandlung durch divergierende landesrechtliche Regelungen auszusetzen.[12]

10 Entscheidend ist danach bei der Anwendung im konkreten Einzelfall, ob die Maßnahme nach ihrem jeweiligen Zweck **schwerpunktmäßig einen verfahrenssichernden Charakter** aufweist (§ 119: Abwendung einer Haftgrundes) oder **rein vollzugliche Belange** tangiert. Bei unvermeidlichen Schnittmengen genügt für eine Anordnung nach § 119 der – stets zu begründende – gerichtliche Verfahrensbezug. Verfahrenssichernde Anordnungen,

---

[9] BGBl. 2009 I 2274.

[10] Vgl. auch BT-Drs. 16/11644, 23.

[11] BGH 9.2.2012 – 3 BGs 82/12, NJW 2012, 416; aA OLG Celle 14.3.2012 – 1 Ws 127/12, StV 2012, 417 (Der Senat des OLG Celle hält auch nach der Entscheidung des Ermittlungsrichters des Bundesgerichtshofs vom 9.2.2012 an seiner Rechtsprechung fest, dass durch die Änderung des Art. 74 Abs. 1 Nr. GG die ausschließliche Gesetzgebungskompetenz für das Recht des Untersuchungshaftvollzugs uneingeschränkt auf die Länder übertragen worden ist und dass deshalb § 119 StPO in Niedersachsen nicht mehr für den Bereich der Untersuchungshaft Anwendung findet, weil er den Untersuchungshaftvollzug regelt und insoweit das Land Niedersachsen durch das Niedersächsische Justizvollzugsgesetz von seiner Gesetzgebungskompetenz Gebrauch gemacht hat).

[12] Vgl. auch Nestler HRRS 2010, 546; Kazele StV 2010, 258; Schultheis NStZ 2011, 621.

die in die Kompetenz des Haftrichters oder des nach § 126 zuständigen Gerichts fallen, müssen regelmäßig auf die Abwehr von verfahrensrelevanten Gefahren gerichtet sein, die sich typischerweise nur außerhalb der Haftanstalt realisieren können. Das gesetzliche Kompetenzmodell kann also im Einzelfall nicht unerhebliche Abgrenzungsschwierigkeiten aufwerfen.

Einzelne Bundesländer haben beispielsweise **Regeln über die Fesselung** zur Verhinderung einer Flucht des Beschuldigten aus der Untersuchungshaftanstalt getroffen.[13] Derartige Vorschriften der Länder rechtfertigen sich aus der Aufgabe des Untersuchungshaftvollzuges. Zugleich ist durch eine drohende Entweichung des Beschuldigten, aber auch der Untersuchungshaftgrund „Fluchtgefahr" und damit die Gesetzgebungskompetenz des Bundes berührt. Demnach kann eine Fesselungsanordnung auch seitens des nach § 126 zuständigen Gerichts bestimmt werden.[14] Hat das Haftgericht eine solche Fesselung als Beschränkung nach § 119 Abs. 1 S. 1 angeordnet, muss die Vollzugsanstalt die Maßnahme beachten. Besteht hingegen keine solche gerichtliche Beschränkung, kann die Vollzugsanstalt, unter Voraussetzung der jeweiligen landesrechtlichen Bestimmungen, in den Untersuchungshaftvollzugsgesetzen eine solche Maßnahme selbst anordnen. Auch in einem solchen Fall liegt während der Hauptverhandlung im Gerichtssaal die sitzungspolizeiliche Hoheit beim Vorsitzenden, der anordnen kann, dass der Angeklagte während der Hauptverhandlung von Hand- und/oder Fussfesseln zu befreien ist.[15] 11

Soweit einzelne Landesgesetze vorsehen, dass auch Beschränkungen, die der Zweck der Untersuchungshaft erfolgen, dem Anstaltsleiter obliegen,[16] sind diese im Hinblick auf die **Sperrwirkung des Art. 72 GG** unwirksam.[17] 12

Zusammenfassend ergeben sich in der Praxis unweigerlich Schnittmengen zwischen verfahrenssichernden Anordnungen respektive Beschränkungen und Eingriffen in die Rechtsstellung des Untersuchungsgefangenen vollzuglicher Art. Letztlich zeigt sich dies bereits in dem gesetzlich normierten Anwendungsbereich der Untersuchungshaftvollzugsgesetze der Länder.[18] Beispielhaft sieht § 2 Abs. 2 des Justizvollzugsgesetzbuch Baden-Württemberg Buch I die Aufgabe des Landesuntersuchungshaftvollzuges wie folgt: „Der Vollzug der Untersuchungshaft dient dem Zweck, durch sichere Unterbringung der Untersuchungsgefangenen die Durchführung eines geordneten Strafverfahrens zu gewährleisten und eine spätere Strafvollstreckung sicherzustellen". Indes regelt § 1 Abs. 2 JVollzGB Buch I ausdrücklich: „Die Regelungen der Strafprozessordnung zur Vollziehung der Untersuchungshaft, namentlich zur Abwehr einer Flucht-, Verdunkelungs- oder Wiederholungsgefahr (§ 119 StPO), sowie die Vorschriften über die Kontaktsperre (§§ 31 bis 38 a des Einführungsgesetzes zum Gerichtsverfassungsgesetz) bleiben unberührt." Indes löst diese allein die Zuständigkeitskomplikationen zwischen Haftrichter bzw. dem Gericht (§ 126) und der Vollzugsanstalt nicht. Eine klare Demarkationslinie kann nur in den Fällen gezogen werden, in denen der Eingriff in die Rechte des Untersuchungsgefangenen sicher ohne Verfahrensbezug rein vollzuglicher Art sind. Im Übrigen muss der bundesrechtlichen Regelung und damit der Anordnungskompetenz des Haftrichters im Zweifel bei jedwedem Verfahrensbezug der Vorrang eingeräumt werden, soweit die Anordnungen den Haftzwecken dienen. Dieser Lösungsansatz entspricht auch dem Willen des Bundesgesetzgebers, Einschränkungen der „Kommunikationsfreiheit" und damit den Kontakt des Untersuchungsgefangenen als Unschuldiger mit der Außenwelt mit der gesetzlichen Änderung in § 119 zu 1.1.2010 nunmehr einer ausdrücklichen quasi „präventiven" gerichtlichen Kontrolle bereits bei der Beschränkungsanordnung zu unterziehen.[19] 13

[13] Vgl. zB Baden-Württemberg: § 49 Justizvollzugsgesetzbuch (JVollzGB).
[14] Vgl. hierzu Esser StraFo 2020/188 (zu Einschränkung der Fesselung in der Hauptverhandlung).
[15] Vgl. § 176 GVG; vgl. auch Esser, StrFo 2020, 188.
[16] Vgl. etwa OLG Celle 14.3.2012 – 1 Ws 127/12, StV 2012, 417.
[17] OLG Oldenburg 20.6.2013 – 1 Ws 362/13, StraFo 2013, 337; vgl. hierzu auch BGH Ermittlungsrichter 9.2.2012 – 3 BGs 82/12, NJW 2012, 1158.
[18] Vgl. Musterentwurf § 2 UVollzG-ME.
[19] BVerfG 31.8.1993 – 2 BvR 1479/93, NStZ 1994, 52.

14 **3. Anwendungsbereich.** Die Vorschrift des § 119 gilt nicht nur für die Untersuchungshaft aufgrund eines nach den §§ 112, 112a erlassenen Haftbefehls, sondern auch für die **Hauptverhandlungshaft** nach § 127b sowie für die Haft aufgrund von **Haftbefehlen nach §§ 230 Abs. 2,** 236, 239 Abs. 4 und § 412 S. 1. Ferner ergibt sich für die vorläufige Unterbringung die Anwendbarkeit aus **§ 126a Abs. 2 S. 1** und für die Sicherungshaft aus § 453c Abs. 2 S. 2 und letztlich für die Haft bei zu erwartender Unterbringung in der Sicherungsverwahrung aus § 275a Abs. 5 S. 4. Im Falle der Flucht des Beschuldigten kann bereits vor seiner Ergreifung und tatsächlichen Inhaftierung ein Bedürfnis bestehen, einen Beschränkungsbeschluss nach § 119 Abs. 1 S. 2 zu erlassen.[20] Bezüglich Jugendlichen und Heranwachsenden gelten ergänzend zu § 119 die §§ 89c, 110 Abs. 2 JGG.[21]

15 Aufgrund der gesetzlich normierten Verweisung in § 27 Abs. 1 IRG auf unterschiedliche Rechtsnormen stellt sich stellt sich bezüglich der **Auslieferungshaft** die Frage der **Abgrenzung** dahin, ob Landesrecht (Vorschriften über den Vollzug der Untersuchungshaft) oder Bundesrecht (§ 119 StPO) zur Anwendung kommt. Der mit der Föderalismusreform intendierte Vorrang des Landesrechts gilt dabei jedoch nur, soweit es die Gestaltung des Vollzugs der – vorläufigen – Auslieferungshaft betrifft, mithin also Fragen der Organisation des Haftvollzugs innerhalb der Haftanstalt betroffen sind. Soweit es um Fragen der Sicherheit des Vollzugs der Auslieferungshaft geht, findet Landesrecht keine Anwendung, vielmehr gilt § 119.[22]

16 Die Vorschrift des § 119 geht daher bezüglich der **Auslieferungshaft** den landesrechtlichen Regelungen vor, soweit es sich um Beschränkungen handelt, die den **Zweck der Haft** selbst betreffen. Bei Beschränkungen, welche zur Abwehr von Flucht- bzw. Verdunkelungsgefahr (§ 15 Abs. 2) erforderlich sind, besteht die bisherige Regelungskompetenz des Bundes fort. Daher kommt aufgrund der Verweisung in § 27 Abs. 1 IRG als Rechtsgrundlage für solche Beschränkungen innerhalb der Haft allein § 119 in Betracht. Hingegen ist Landesrecht anzuwenden, wenn die Beschränkungen zur **Aufrechterhaltung der Ordnung** innerhalb der Anstalt erfolgen sollen, mithin also es um rein vollzugliche Erwägungen geht.[23]

17 § 119 gilt auch für die Beschränkungen im Rahmen einer **Unterbringung nach § 126a** gilt, wie sich aus der Verweisung in § 126a Abs. 2 S. 1 zweifelsfrei ergibt.[24]

II. Einzelne Beschränkungen (Abs. 1)

18 **1. Allgemeines.** Der Zweck der Untersuchungshaft, nämlich die **Abwehr von Flucht-, Verdunkelungs- oder Wiederholungsgefahr** muss die Beschränkungen, die über die reine Freiheitsentziehung hinausgehen, rechtfertigen, wobei der Katalog in Abs. 1 Ziffer 1–5 diese näher präzisiert. Insoweit gilt das **Prinzip der Einzelanordnung,** dh Beschränkungen müssen ausdrücklich nach zuvor erfolgter Einzelfallprüfung angeordnet werden.[25] In der gerichtlichen Praxis oftmals bereits vorformulierte und allgemein gehaltene Begründungen sind zwar dem Erfordernis der Praxis geschuldet, werden aber dieser Prüfungspflicht nicht gerecht.[26]

19 **a) Zweck der Untersuchungshaft.** Entsprechend jeder gesetzlichen Norm, die die Grundrechte eines Menschen, hier eines inhaftierten Beschuldigten, einschränkt, ist auch Abs. 1 in seiner Auslegung an den durch sie eingeschränkten Grundrechten zu messen. Dies

---

[20] OLG Köln 6.10.2010 – 2 Ws 615/10, NStZ 2011, 359.

[21] Schultheis in KK-StPO § 119 Rn. 6.

[22] OLG Celle 19.10.2011 – 1 Ausl 31/11, NStZ 2012, 649; Böhm in Grützner/Pötz/Kress, Internationale Rechtshilfe in Strafsachen, IRG § 27 Rn. 2.

[23] Böhm in Grützner/Pötz/Kress/Gazeas, Internationale Rechtshilfe in Strafsachen, IRG § 27 Rn. 2.

[24] AA OLG Jena 3.1.2012 – 1 Ws 575/11, RuP 2012, 170; siehe hierzu auch den Entwurf eines Gesetzes zur Änderung des Untersuchungshaftrechts, BT-Drs. 16/11644, 33.

[25] Schultheis in KK-StPO Rn. 7; Posthoff in Gercke/Julius/Temming/Zöller Rn. 7; Harms ZfstrVo 2009, 13; Kirschke/Brune ZfStrVo 2009, 18; Michalke NJW 2010, 17; Bittmann NStZ 2010, 13; Paeffgen StV 2009, 46; vgl. auch BT-Drs. 16/11644, 24.

[26] Siehe hierzu auch Posthoff in Gercke/Julius/Temming/Zöller Rn. 7.

hat bei einem Untersuchungsgefangenen im Lichte der Unschuldsvermutung zu geschehen, wobei der **Verhältnismäßigkeitsgrundsatz nur unvermeidbare Beschränkungen** gebietet.[27]

Die Anordnungen sind daher nur **zulässig, wenn aufgrund konkreter Anhaltspunkte eine reale Gefahr für die in dieser Norm genannten Haftzwecke besteht.**[28] Zudem muss die durch die Inhaftierung des Beschuldigten veränderte Situation berücksichtigt und geprüft werden, ob die abzuwehrende Gefahr trotz des Vollzugs der Untersuchungshaft besteht und den Erlass einer Anordnung nach Abs. 1 erforderlich macht.[29] Ferner ist ein Beschränkungsbeschluss nach § 119 Abs. 1 nur zulässig, um der erforderlich Gefahrenabwehr zu dienen, die Inhaftierung des Beschuldigten als solche nicht ausreichend erscheint. Die **bloße Möglichkeit,** dass ein Untersuchungsgefangener seine Freiheiten missbraucht, genügt dagegen für die Anordnung von Haftbeschränkungen nicht.[30] Auch kann die Erforderlichkeit von Überwachungsanordnungen gemäß Abs. 1 nicht ausschließlich aus den Umständen abgeleitet werden, die der Anordnung der Untersuchungshaft zugrunde liegen.[31] Auch ist für alle Beschränkungen immer der **Grundsatz der Verhältnismäßigkeit** zu beachten, wobei internationale Standards mit Menschenrechtsbezug Indizwirkung haben können.[32] Immer ist bei der Abwägung zu bedenken, dass ein Untersuchungsgefangener – noch nicht – rechtskräftig verurteilt und darf deshalb nur unvermeidbaren Beschränkungen unterworfen werden darf.[33] Danach ergibt sich aus dem für den Vollzug der Untersuchungshaft prägenden Grundsatz der Verhältnismäßigkeit das Erfordernis **einer einzelfallbezogenen Abwägung bei der Anordnung belastender Maßnahmen.**[34] Auch im Bereich der Betäubungsmittelkriminalität ist auf der Grundlage von § 119 ein Eingriff in Grundrechte nur möglich ist, wenn konkrete Anhaltspunkte für eine reale Gefährdung der in der Regelung bezeichneten öffentlichen Interessen vorliegen und dieser Gefährdung durch die Inhaftierung allein nicht ausreichend entgegengewirkt werden kann.[35] 20

Die Anordnung der Beschränkungen muss sich dabei nicht ausschließlich auf die im vorliegenden Untersuchungshaftbefehl genannten Haftgründe beziehen, sondern kann auf **sämtliche Gefahren** gestützt werden, mit denen durch die **Anordnung der Untersuchungshaft** begegnet werden soll.[36] Folglich kann beispielsweise bei einem auf Fluchtgefahr gestützten Haftbefehl auch eine mögliche Verdunkelungsgefahr in der Anordnungsbegründung Berücksichtigung finden, wenn **konkrete Hinweise** dafür vorliegen, dass zwischen dem Untersuchungsgefangenen und seinen Gesprächspartnern Absprachen über Verdunkelungshandlungen getroffen werden könnten.[37] 21

b) Erforderlichkeit der Beschränkung. Um der Unschuldsvermutung Rechnung zu tragen, soll jede Beschränkung mit Begründungszwang von dem zuständigen Gericht (§ 34) auf ihre **konkrete Erforderlichkeit geprüft** werden. Danach sind Anordnungen nach § 119 Abs. 1 zulässig, wenn aufgrund konkreter Anhaltspunkte eine reale Gefahr für die in §§ 112, 112a genannten Haftzwecke besteht.[38] Die bloße Möglichkeit, dass ein Unter- 22

---

[27] BVerfG 31.8.1993 – 2 BvR 1479/93, NStZ 1994, 52.
[28] Vgl. auch VerfGH Berlin 16.11.2010 – 115/10, NStZ-RR 2011, 94; OLG Düsseldorf 22.8.2011 – III 4 Ws 473/11, NStZ-RR 2012, 92; OLG Stuttgart 8.2.2022 – 1 Ws 21/22, juris.
[29] OLG Köln 28.12.2012 – III-2 Ws 896/12, StraFo 2013, 71.
[30] OLG Hamm 13.11.2012 – III- 5 Ws 329/12, StV 2014, 28.
[31] OLG Köln 26.4.2011 – III-2 Ws 217/11, StV 2011, 743; OLG Köln 15.3.2021, III – 2 Ws 133/21, StV-S 2021, 108.
[32] BVerfG 17.10.2012 – 2 BvR 736/12, StV 2013, 521; 31.5.2006 – 2 BvR 1673/04, BVerfGE 116, 69.
[33] KG 29.3.2010 – 4 Ws 14/10, StV 2010, 370.
[34] BVerfG 30.10.2014 – 2 BvR 151/14, NStZ-RR 2015, 79.
[35] BVerfG 27.3.1973 – 2 BvR 664/72, BVerfGE 35, 5.
[36] OLG Hamm 28.5.2019 – III-5 Ws 217/19; OLG Stuttgart 8.2.2022 – 1 Ws 21/22, juris; vgl. auch BT-Drs. 16/11644, 24; Posthoff in Gercke/Julius/Temming/Zöller Rn. 6; Schultheis in KK-StPO Rn. 8; Schmitt in Meyer-Goßner/Schmitt Rn. 5.
[37] KG 7.2.2012 – 4 Ws 11/12.
[38] OLG Hamm 28.5.2019 – III-5 Ws 217/19; OLG Zweibrücken 26.9.2018 – 1 Ws 207/18, StV 2019, 567.

suchungsgefangener seine Freiheiten missbraucht, genügt dagegen für die Anordnung von Haftbeschränkungen nicht.[39]

23 Die gesetzliche Neuregelung zum 1.1.2010 hat hinsichtlich der Anordnung von einzelnen Beschränkungen die frühere Praxis derselben auf Grundlage der früheren Untersuchungshaftvollzugsordnung, in Form eines Regel-Ausnahmeverhältnisses, schlicht umgekehrt.[40] Im Lichte der Unschuldsvermutung muss sich das Haftgericht also stets über die Notwendigkeit und Erforderlichkeit der Beschränkung, gerade im Hinblick auf die nunmehr anstehende Inhaftierungssituation des Beschuldigten, Gedanken machen und sich schriftlich bei ihrer Anordnung erklären. Demnach sind standardisierte Begründungsanordnungen nicht vorgesehen.[41]

24 Hier wird sich in der Praxis oftmals bereits ein **Ansatzpunkt für die Verteidigung** finden, da Beschränkungsbeschlüsse häufig, unterstützt durch elektronische Fachanwendungen, mittels Bausteinen ohne nähere Begründung des Einzelfalls gefasst werden. Indes gebietet die nunmehr getroffene gesetzliche Regelung eine **zumindest kurze Begründung** (§ 34),[42] um im konkreten Einzelfall die Beziehung der getroffenen Einschränkung zur Abwehr der vermeintlichen Gefahr für die Haftzwecke erkennen zu können. Dies schließt aber die Verwendung von Formularen und Textbausteinen bei der Abfassung der richterlichen Beschlüsse, angesichts des wiederkehrenden Kreises von Beschränkungen, nicht von vornherein aus. Häufig wird den Beschränkungen nach § 119 Abs. 1 auch von Verteidigerseite nur wenig Beachtung geschenkt, weil im Termin zur Verkündung des Haftbefehls regelmäßig andere Angelegenheiten mit dem Mandanten zu erörtern sind, obwohl der Entfall von unbgründeten Anordnungen meist erhebliche Erleichterungen für den inhaftierten Mandanten bedingt. Dabei ist das nach der obergerichtlichen Rechtsprechung hervorgehobene Erfordernis von konkreten Anhaltspunkten und nicht nur theoretischen Möglichkeiten der Gefährdung der Haftzwecke, in Anbetracht der Praxis der Haftgerichte, ein aussichtsreicher Verteidigungsgesichtspunkt.

25 Im Hinblick auf die in der Praxis regelmäßig getroffene Anordnung mehrerer Beschränkungen mittels **Textbausteinen,** ohne nähere Begründung, kann die Verteidigung durch einen Antrag auf gerichtliche Entscheidung eine Einzelfallabwägung und gegebenenfalls ein Entfallen zumindest einzelner beschwerender Anordnungen durch den Ermittlungsrichter erreichen, mithin eine Art Abhilfeentscheidung herbeiführen, ähnlich dem Beschwerdeweg nach § 306 Abs. 2 S. 1 Hs. 1.

26 Die **Einschränkungen müssen dabei jeweils in Beziehung** zur **abzuwehrenden Gefahr für den Untersuchungshaftzweck** gesetzt werden. Beschränkungen der Grundrechte eines Untersuchungsgefangenen sind nur dann zulässig, wenn sie erforderlich sind, um im konkreten Fall eine reale Gefahr für die Untersuchungshaftzwecke abzuwehren, und dies nicht mit weniger einschneidenden Mitteln ebenso gut erreicht werden kann.[43] Beschränkungen nach § 119 Abs. 1 sind demnach nur zulässig, wenn aufgrund konkreter Anhaltspunkte eine Gefahr für die darin genannten Haftzwecke, also der Flucht-, Verdunkelungs- oder Wiederholungsgefahr besteht.[44] Indes reicht die bloße Möglichkeit, dass der Untersuchungsgefangene seine Freiheit missbrauchen könnte, nicht aus.[45]

27 Dabei ist auch dem **Aspekt der Verfahrenssicherung** Rechnung zu tragen, um eine gewisse Abgrenzung zu bloßen vollzuglichen Aspekten zu erreichen. Konflikte zwischen den Rechten des Beschuldigten und dem Verfassungsgebot des strafrechtlichen Rechtsgüterschutzes und seiner Durchsetzung im Verfahren sind durch Abwägung aufzulösen.[46] Lässt sich ein Ausgleich nicht herstellen, ist unter Berücksichtigung der besonderen Umstände des Einzelfalls zu entscheiden, welches Interesse zurückzutreten hat. Allerdings kann die

---

39 BVerfG 20.5.1996 – 2 BvR 634/96, NStZ 1996, 613.

40 Das frühere Regel-Ausnahmeverhältnis sollte durch den Referentenentwurf des BMJ vom 9.7.2008 noch fortgeschrieben werden.

41 Vgl. auch BT-Drs. 16/11644, 24.

42 Siehe hierzu auch Schultheis in KK-StPO Rn. 9.

43 So schon BVerfG 16.5.1973 – 2 BvR 590/71, NJW 1974, 26.

44 OLG Düsseldorf 22.8.2011 – 4 Ws 473/11, StRR 2011, 437.

45 BVerfG 4.2.2009 – 2 BvR 455/08, StV 2009, 253.

46 König NStZ 2010, 185.

Erforderlichkeit von Überwachungsanordnungen nicht allein auf die Würdigung der Umstände gestützt werden, die der Anordnung der Untersuchungshaft selbst zugrunde liegen, sonst wären Beschränkungen stets ohne Hinzutreten weiterer Erwägungen zulässig. Bei der Abwägung sind die Untersuchungshaftgründe aber nicht verbraucht. Vielmehr bedarf es einer auch praxisorientierten, zumindest knappen Begründung, die die veränderte Inhaftierungssituation berücksichtigt.[47]

Grundsätzlich muss auch dem in Haft befindlichen Beschuldigten – nach der Änderung zum Gebot der **unverzüglichen Pflichtverteidigerbestellung** – regelmäßig über den Verteidiger die Möglichkeit eingeräumt werden, sich zu einer Stellungnahme der Vollzugsanstalt und/oder Staatsanwaltschaft zu äußern, da widrigenfalls ein Gehörsverstoß nach Art. 103 Abs. 1 GG droht.[48] Zu beachten ist auch, dass sich ein Grundrechtsverstoß in diesem Bereich aus einer unzureichenden Sachaufklärung ergeben kann.[49] 28

c) Zusammenfassung. Zusammenfassend müssen zur Anordnung einer Beschränkung nach Abs. 1 **konkrete Anhaltpunkte** dafür vorliegen, dass der **Zweck der Untersuchungshaft** – die Sicherstellung der ordnungsgemäßen Durchführung des Verfahrens und der Vollstreckung des auf Freiheitsentziehung lautenden Urteils – **ohne die anzuordnenden Beschränkungen gefährdet** wäre. Derartige Anhaltspunkte folgen nicht automatisch aus dem der Anordnung der Untersuchungshaft oder ihrer Fortdauer zugrundeliegenden Haftgrund. Vielmehr ist die aktuelle Inhaftierungssituation in die Abwägung einzustellen. In der **Praxis bedarf es einer einzelfallbezogenen, zumindest kurzen Begründung,** wobei die bloße **Bezugnahme auf den Haftbefehl** je nach Verfahrensstand als nicht ausreichend zu qualifizieren ist.[50] 29

Dabei ist mit fortschreitendem Verfahrensgang gerade der Fallkonstellation besondere Aufmerksamkeit zu widmen, in der beispielhaft der Angeklagte **erstinstanzlich durch ein nicht rechtskräftiges Urteil** zu einer Haftstrafe verurteilt wurde, und mit dem Haftfortdauerbeschluss nach § 268b einer der Haftgründe typischerweise, nämlich die **Verdunkelungsgefahr in Wegfall** gekommen ist. Hier bedarf es bei einem erneuten Beschränkungsbeschluss einer einzelfallbezogenen Begründung, die diesem Umstand Rechnung trägt. Zwar kann grundsätzlich auch ein Haftgrund, auf den der Haftbefehl nicht (mehr) gestützt ist, die Anordnung von Beschränkungen nach Abs. 1 rechtfertigen (vgl. → Rn. 21), allerdings müssen insoweit konkrete (neue) Anhaltspunkte für eine reale Gefährdung des Haftzwecks durch Verdunkelungshandlungen des inhaftierten Beschuldigten bestehen.[51] 30

2. Katalog der Beschränkungen nach Abs. 1 S. 2. S. 2 enthält einen Katalog der häufiger in Betracht kommenden Beschränkungen, der allerdings in Anbetracht der Vielfältigkeit der **denkbaren Einzelfallgestaltungen nicht abschließend** ist. In der Praxis kommen hier vor allem noch folgende Beschränkungen in Betracht, welche allerdings zumeist allerdings eher der Sicherheit und Ordnung der Anstalt unterliegen und **deshalb der Anordnungsbefugnis des Anstaltseiters unterliegen.** Der Umfang richtet sich dabei grundsätzlich nach dem Risiko für den Haftzweck.[52] Hinzuweisen ist insoweit vor allem auf folgende Beschränkungen: 31

- Erlaubnisvorbehalt bei Ausführungen und Ausantwortungen,[53]
- Fesselung,[54]

[47] OLG Köln 26.4.2011 – III 2 Ws 217/11, StV 2011, 743.
[48] BVerfG 15.11.2010 – 2 BvR 1183/09, BeckRS 2010, 56335.
[49] BVerfG 29.10.2012 – 2 BvR 737/11, NJW 2013, 1941 mwN.
[50] Schultheis in KK-StPO Rn. 9.
[51] KG 13.9.2012 – 4 Ws 97/12 – 141 AR 461/12, BeckRS 2013, 938.
[52] Vgl. hierzu die Auflistung bei Schultheis in KK-StPO § 119 Rn. 43–54.
[53] KG 29.3.2010 – 4 Ws 14/10, StV 2010, 370; OLG Düsseldorf 27.6.1990 – 1 Ws 521/90, NJW 1990, 3160; OLG Stuttgart 9.4.1981 – 1 Ws 90/81, MDR 1981, 780; OLG Frankfurt a. M. 20.2.1991 – 3 Ws 576/90, NStZ 1991, 405.
[54] BVerfG 3.8.2011 – 2 BvR 1739/10, FD-StrafR 2011, 322761; OLG Dresden 15.2.2006 – 1 Ws 25/06, NStZ 2007, 479; OLG Hamm. 16.6.2011 – III-1 Vollz (Ws) 216/11, NStZ-RR 2011, 291; Pohlreich NStZ 2011, 560: Hoffmann/Wißmann StV 2001, 706.

– Durchsuchungen,[55]
– Beschränkungen des Bezugs von Druckerzeignissen und Waren,[56]
– Versagung der Benutzung bestimmter Gegenstände (Rundfunk- und Fernsehgeräte,[57] Schreibmaschinen,[58] Computer,[59] etc),
– Versagung eines Interviews,[60]
– Verschärfte Haftbedingen und besondere Beschränkungsmaßnahmen,[61] wie etwa Einzelhaft und Arrest,[62]
– Gestattung von Arbeit,[63]
– sonstige Disziplinarverstöße.[64]

32 **a) Erlaubnis für Besuche und Telekommunikation (Abs. 1 S. 2 Nr. 1).** Insoweit ist zwischen Einschränkungen bei Besuchen und der Telekommunikation zu unterscheiden:

33 **aa) Besuche.** Mit dieser Beschränkung kann angeordnet werden, dass der Empfang von Besuchen einer Erlaubnis bedürfen. Eine Beeinträchtigung kann dabei durch bestimmte Personen oder auch generell gegeben sein. Da es verfassungsrechtlich vor dem Hintergrund der Unschuldsvermutung gilt, dem Gefangenen seine Kontaktmöglichkeiten zu erhalten, ist die Versagung gerade der Besuchsgenehmigung die Ausnahme.

34 Vielfach aber wird ein solcher **Erlaubnisvorbehalt zur Erreichung der Untersuchungshaftzwecke** geboten sein. Dies ergibt sich insbesondere daraus, dass es aus Kapazitätsgründen nicht möglich ist, in unbegrenztem Maße Außenkontakte in Form von Telekommunikation und Besuchen hinreichend zu überwachen. Jedoch dürfen Besuche nur dann von einer richterlichen Erlaubnis nach dieser Vorschrift abhängig gemacht werden, wenn und solange konkrete Anhaltspunkte dafür bestehen, dass von ihnen eine Gefährdung der Haftzwecke ausgeht. Häufig wird die Untersuchungshaft mit dem **Haftgrund der Fluchtgefahr** und hier in Zusammenschau mit der prognostizierten hohen Straferwartung und mangelnden sozialen Bindungen begründet. Gerade in einer solchen Konstellation bedarf es bei der Beschränkung von Besuchen einer näheren Darlegung, warum diese Gefahr durch bestimmte Personen sich zumindest verfestigen könnte.

35 Aber auch bei dem **Haftgrund der Verdunkelungsgefahr** müssen Besuche einzelner Personen, gegen die kein Verdacht einer Mitwirkung im Raum steht, nicht stets dem richterlichen Erlaubnisvorbehalt unterliegen. Im Rahmen des Haftgrundes der Wiederholungsgefahr bedarf es bei der Versagung der Besuchserlaubnis der konkreten Befürchtung, dass der Besucher dem Untersuchungsgefangenen zu Aufrechterhaltung eines Kontakts dient, aus dem heraus Wiederholungshandlungen zu befürchten sind.[65]

36 Jedoch dürfen grundsätzlich die **räumliche und personelle Ausstattung der jeweiligen Justizvollzugsanstalt** und die sich hieraus ergebenden Grenzen für die Besuchsabwicklung berücksichtigt werden.[66] Daher steht dem Beschuldigten zumeist nur ein zeitlich

---

55 BVerfG 30.5.1996 – 2 BvR 727/94, NJW 1996, 2643; BGH 29.4.2009 – 1 StR 701/08, StV 2010, 458; Pohlreich NStZ 2011, 706.

56 BVerfG 14.3.193 – 2 BvR 621/2 ua, BVerfGE 34, 384; 17.12.1981 – 2 BvR 136681, NStZ 1982, 132; 2.12.1993 – 2 BvR 1368/93, NStZ 1994, 145.

57 OLG Hamm 3.2.2009 – 2 Ws 360/08, NStZ 2009, 578.

58 BVerfG 27.3.1973 – 2 BvR 664/72, BVerfGE 35, 5; 25.7.1994 – 2 BvR 806/94, NStZ 1994, 604.

59 OLG Stuttgart 12.8.2003 – 1 Ws 195/03, NStZ-RR 2003, 347; KG 28.6.2002 – 1 AR 610/02 – 5 Ws 301/02, ZfStrVo 2003, 117; OLG Düsseldorf 23.12.1998 – 2 Ws 616/98, NStZ 1999, 271; OLG Hamm 13.6.1996 – 3 Ws 227/96, StV 1997, 197; 10.6.1997 – 1 Ws 173/97, NStZ 1997, 566.

60 BGH 14.9.1995 – 1 BGs 894/95 (Ermittlungsrichter), NStZ 1998, 205; OLG Celle 3.12.1997 – 2 StE 4/97, StV 1998, 494; Wankel in KMR-StPO § 119 Rn. 14.

61 BGH 22.6.1977 – 1 BJs 133/76, BGHSt 37, 380.

62 BVerfG 17.10.2012 – 2 BvR 736/11, StV 2013, 521.

63 KG 12.8.2013 – 4 Ws 102 – 103/13, BeckRS 2013, 17993.

64 OLG Rostock 16.3.2010 – 1 Ws 92/10.

65 Vgl. auch König NStZ 2010, 185.

66 BVerfG 6.4.1976 – 2 BvR 61/76, BVerfGE 42, 95; 13.8.1993 – 2 BvR 1469/93, NJW 1993, 3059; Schultheis in KK-StPO Rn. 14.

beschränktes „Besuchskontingent" zu und für ihn besteht die Möglichkeit gegenüber der JVA zu erklären, welche Besucher er insoweit akzeptieren will.

Eine generelle Besuchssperre ist grundsätzlich unzulässig.[67] Die Ablehnung der Besuchserlaubnis für **Familienangehörige** eines Untersuchungshäftlings ist nur unter besonders strengen Voraussetzungen zulässig. Allein die beabsichtigte spätere Vernehmung dieser Familienangehörigen als Zeugen in der bevorstehenden Hauptverhandlung reicht insoweit als Ablehnungsgrund nicht aus.[68] Vielmehr ist dem besonderen Schutz von Art. 6 Abs. 1 GG Rechnung zu tragen.[69] Demnach hat das für die Haftausgestaltung zuständige Gericht zur Vermeidung einer tiefgreifenden Entfremdung von Familienangehörigen, Besuchsgelegenheiten für Ehegatten und Kinder in dem Umfang zu schaffen, der ohne Beeinträchtigung der Ordnung der Anstalt möglich ist. Dies hat bei Eheleuten auch dann Bedeutung, wenn sich beide in Untersuchungshaft befinden, zumindest soweit keine Verdunkelungsgefahr besteht.[70] Teilweise wird dies in der Rechtsprechung auch bei bestehender Verdunkelungsgefahr vertreten.[71] Dem kann unter der Prämisse der Verhältnismäßigkeit zugestimmt werden, wenn eine Besuchsüberwachung beispielsweise mittels einer Beschränkung des Gesprächsthemas, einer Vorgabe der zu verwendenden Sprache und einer Abbruchklausel genügt, um dem Haftzweck in Ausgleich zum Grundrecht Rechnung zu tragen.[72] Auch ist zu sehen, dass die rein optische Besuchsüberwachung nach § 119 Abs. 1 S. 1, 2 Nr. 2 StPO, die die Vertraulichkeit des gesprochenen Wortes nicht berührt, in das dem Gefangenen zustehende und strafverfahrensrechtlich nach Maßgabe der vorgenannten Vorschrift zu beschränkende Recht, Besuche zu empfangen, nicht in mit der akustischen Überwachung vergleichbaren Weise eingreift.[73] Danach können Besuche durch Familienangehörige nur bei Vorliegen schwerwiegender Gründe abgelehnt werden, insbesondere wenn einer Flucht- oder Verdunkelungsgefahr durch die Überwachung des Besuches nicht ausreichend begegnet werden kann.[74] Bestehen keine konkreten Anhaltspunkte für die Annahme einer realen Gefahr dahingehend, dass der Angeklagte akustisch unüberwachte Besuche etwa mit seiner Ehefrau bzw. seinen Töchtern zu konkreten Verdunkelungsmaßnahmen nützen würde, ist die Anordnung der akustischen Überwachung unverhältnismäßig und rechtswidrig.[75] Die Frage, ob Intimkontakte zwischen Besuchern und Beschuldigten zulässig sind, ist typischerweise keine Entscheidung, die die Verfahrenssicherung tangiert, sondern nur rein vollzugliche Interessen betreffen kann. Kann auf Grund der Corona-Pandemie das gegenüber einem Untersuchungsgefangenen eingeräumte Besuchsrecht nicht oder nur sehr erschwert ausgeübt werden, besteht ein berechtigtes Interesse an Telefonaten insbesondere mit nahen Familienangehörigen.[76] 37

Auch der **Besuch von Untersuchungsgefangenen untereinander** richtet sich ebenfalls nach Nr. 1.[77] Einem gemeinsamen unüberwachten Gespräch von mehreren in Untersuchungshaft befindlichen Beschuldigten mit ihren Verteidigern steht der Zweck der Untersuchungshaft grundsätzlich nicht entgegen, wenn anzunehmen ist, dass diese in Anwesenheit ihrer Verteidiger als Organe der Rechtspflege weder Fluchtabsprachen treffen noch unzulässige Verdunkelungshandlungen vorbereiten.[78] 38

---

67 OLG Düsseldorf 2.9.1993 – 3 Ws 492/93, LSK 1994, 290327; OLG Hamm 21.11.1996 – 1 Ws 308/96, LSK 1997, 270464.

68 OLG Hamm 22.2.1996 – 3 Ws 68/96, StV 1996, 325.

69 BVerfG 23.10.2006 – 2 BvR 1797/06, StV 2008, 30; 13.8.1993 – 2 BvR 1469/93, NJW 1993, 3059.

70 OLG Bremen 4.9.1995 – Ws 134/95, StV 1995, 645; OLG Stuttgart 7.2.2003 – 2 Ws 17/2003, StV 2003, 628.

71 OLG Bremen 1.1.1997 – Ws 88/97, StV 1998, 33.

72 Vgl. auch OLG Hamburg 26.8.1997 – 2 Ws 193/97, StV 1998, 34.

73 LG Meiningen – 27.1.2017 – 6 Qs 7/17.

74 OLG Koblenz 29.6.2016 – 2 Ws 428/16; OLG Celle 6.4.2016 – 1 Ws 166/16, StV 2019, 115.

75 OLG Dresden 5.4.2016 – 3 Ws 30/16, StraFo 2016, 206; LG Karlsruhe 22.1.2016 – 4 Qs 76/15, StraFo 2016, 71.

76 AG Kempten 28.10.2020 – 1 Gs 3356/20, StV 2021, 187.

77 Vgl. auch OLG Koblenz 25.10.1990 – 1 Ws 480/90, StV 1991, 168.

78 Vgl. auch LG Gießen 7.11.2011 – 7 KLs 304 Js 4721/11, StV 2012, 363.

39 Der Besuchskontakt des Beschuldigten zu seinem **Verteidiger** richtet sich gem. Abs. 4 S. 1 allein nach §§ 148, 148a (→ Rn. 43, 73).

39a Eine Besuchserlaubnis wird vornehmlich als **Einzelerlaubnis** erteilt, Dauererlaubnisse sind jedoch bei nahen Angehörigen möglich. Zu **versagen ist eine Besuchserlaubnis,** wenn konkrete Anhaltspunkte dafür vorliegen, dass der Besuch zum unzulässigen Austausch von verdeckten Informationen oder aber von Fluchtvorbereitungen missbraucht werden soll und diese Gefahr mit den Mitteln der Besuchsüberwachung nicht ausreichend sicher ausgeräumt werden kann.[79] Eine abstrakte Missbrauchsgefahr reicht nicht aus,[80] jedoch erscheint in solchen Fällen die Teilnahme eines mit den Ermittlungen vertrauten Beamten sachgerecht.

40 **bb) Telekommunikation.** Die unüberwachte Führung von Telefonaten des Untersuchungsgefangen mit Personen außerhalb der Anstalt läuft dem Zweck der Untersuchungshaft regelmäßig zuwider. Zu den nach Abs. 1 erforderlichen und damit unvermeidlichen Beschränkungen gehören zwangsläufig auch alle diejenigen Begrenzungen der persönlichen Freiheit, die sich im Hinblick auf die vollzugstechnischen Gegebenheiten mit den Erfordernissen der Wahrung der Sicherheit und Ordnung der Justizvollzugsanstalt ergeben. Ferngespräche mit Personen außerhalb der Justizvollzugsanstalt stellen wegen des damit verbundenen organisatorischen Aufwandes regelmäßig einen erheblichen Eingriff in den üblichen Ablauf des Vollzugsdienstes dar, so dass die beliebige Nutzung des Anstaltstelefons durch den Gefangenen zu Gesprächen, den Vollzugsdienst organisatorisch und personell überfordern. Da bei der Anordnung einer Beschränkung nach Abs. 1 jedoch die Haftzwecke im Vordergrund stehen müssen, kann dies regelmäßig nur dann begründet werden, wenn die vollzuglichen Gegebenheiten zugleich auf den Haftzweck durchschlagen.[81] Ein erhöhter personeller und finanzieller Aufwand im Betrieb der Justizvollzugsanstalt allein, ohne das Vorliegen konkreter Haftgründe nach §§ 112, 112a rechtfertigt es nicht, dem inhaftierten Beschuldigten die Genehmigung von Telefonaten mit Personen außerhalb der Justizvollzugsanstalt generell zu versagen, sondern es obliegt zunächst dem zuständigen Anstaltsleiter, Beschränkungen in Anzahl und Dauer der grundsätzlich genehmigten Telefonate gemäß dem organisatorisch Leistbaren vorzunehmen.[82]

41 Nur wenn **konkrete Anhaltspunkte** dafür vorliegen, der Untersuchungsgefangene werde fernmündlich Fluchtvorbereitungen außerhalb der Anstalt treffen oder auf diese Weise Verdunkelungshandlungen initiieren, können Telefonate von der richterlichen Erlaubnis abhängig gemacht werden. Es lässt sich dabei nicht allgemein bestimmen, ab welchem Umfang von Telefonaten der Untersuchungsgefangene, in Anbetracht der dort jeweils gegeben technischen Möglichkeiten, zu einer unvertretbaren Belastung für den Vollzugsablauf wird und dadurch die Gefahr besteht, dass ohne die Anordnung der Beschränkungen der Vollzugsablauf dem Haftzweck konkret widerspricht. Grundsätzlich dürfen technische oder personelle Begrenzungen der Vollzugsanstalt bei der am Haftzweck auszurichtenden richterlichen Entscheidung keine dominierende Rolle spielen. Der Eingriff in den Vollzugsablauf würde auch durch eine nur optische Überwachung nicht wesentlich minimiert.

42 Bei einer durch das Haftgericht angeordnete Beschränkung der **Anzahl und Dauer der Gespräche** nur vor dem Hintergrund der organisatorischen Belastung – im Rahmen einer gerichtlichen Anordnung von anderweitig aufgrund des Zwecks der Untersuchungshaft erforderlichen Beschränkungen – dürfte im **Einzelfall die originäre Zuständigkeit des Haftgerichts** fehlen. Soweit hier Telefongespräche eines Inhaftierten mit Personen außerhalb der Justizvollzugsanstalt wegen des damit verbundenen organisatorischen Aufwandes einen erheblichen Eingriff in den üblichen Ablauf des Vollzugsdienstes darstellen und die beliebige Ausnutzung des Anstaltstelefons durch den Gefangenen den Vollzugsdienst

79 OLG Hamburg 26.8.1997 – 2 Ws 193/97, StV 1998, 34; OLG Celle 24.11.2009 – 2 Ws 276/09, NStZ-RR 2010, 159.

80 Schultheis in KK-StPO Rn. 16.

81 Vgl. auch OLG Karlsruhe 24.11.2000 – 3 Ws 238/00, Justiz 2002, 176.

82 Ebenso LG Limburg 22.10.2018 – 1 Qs 125/18, BeckRS 2018, 26432.

organisatorisch und personell überfordern, war nach der bis 31.12.2009 geltenden Rechtslage gemäß 119 Abs. 3 StPO aF für etwaige Beschränkungen auch der Haftrichter zuständig.[83] Nach Inkrafttreten des Gesetzes zur Änderung des Untersuchungshaftrechts zum 1.1.2010 und der jeweiligen Landesuntersuchungshaftvollzugsgesetze[84] ist nunmehr der **Anstaltsleiter** befugt, Telefongespräche zu untersagen oder aber als mildere Maßnahme zu beschränken, wenn die Sicherheit und Ordnung der Justizvollzugsanstalt gefährdet würde.[85] Hierbei handelt es sich um rein vollzugliche Fragen, für die die Anstalt nach der jeweiligen landesgesetzlichen Regelung zuständig ist; gegen deren Maßnahmen und Anordnungen der Untersuchungsgefangene zusätzlich nach § 119a einen Antrag auf gerichtliche Entscheidung beim Haftgericht stellen kann.

Bei einem besonderen berechtigten Interesse können Telefonate vorrangig mit **Familienangehörigen** erlaubt werden, wobei im Einzellfall Vorgaben, beispielhaft die Anweisung zum Gespächsthema, ohne verfahrensrelevante Äußerungen getroffen werden können.[86] Dieses berechtigte Interesse ist aber unter der verfassungsrechtlich unbedenklichen Berücksichtigung[87] vollzuglicher Gegebenheiten auf familiäre Notlagen zu beschränken. 43

Ein vollständiger Ausschluss eines Untersuchungsgefangenen vom fernmündlichen Kontakt mit seinem **bevollmächtigten Verteidiger** ist auch dann unverhältnismäßig, wenn die Telefonate von einem Dienstzimmer oder einer Geschäftsstelle der Vollzugsanstalt geführt werden müssen. Bei dem Vorliegen wichtiger Gründe müssen derartige Telefonate gegebenen falls in Anwesenheit eines Bediensteten und notfalls eines Dolmetschers gewährleistet werden.[88] Das Recht des Beschuldigten auf ein faires Verfahren wird durch § 148 Abs. 1 dahingehend konkretisiert, dass auch dem inhaftierten Beschuldigten schriftlicher aber auch mündlicher Verkehr mit dem Verteidiger gestattet ist. Jedenfalls für die Fälle, die nicht von der – eng auszulegenden – Ausnahmevorschrift des Teilnahmeverdachts nach § 148 Abs. 2 erfasst sind, ist eine Überwachung von Telefonaten zwischen dem Beschuldigten und seinem Verteidiger ausgeschlossen. An diesem Grundsatz hat sich zweifelsohne auch mit der Neufassung des § 119 nichts geändert.[89] Die bloße Annahme, dass nicht hinreichend sicherzustellen sei, dass es sich bei dem Gesprächspartner tatsächlich um den legitimierten Verteidiger handle, kann keinen Ausschluss des fernmündlichen Kontaktes bedingen, sondern ist regelmäßig zur Effektivität des Rechts auf angemessene Verteidigung hinzunehmen.[90] 44

Bezüglich von Telefonaten wird zumeist nur eine **Einzelerlaubnis** erteilt, jedoch können auch Dauergenehmigungen seitens des Gerichts erteilt werden, wenn die Haftzwecke nicht entgegenstehen. Insoweit werden aber zumeist **organisatorische Erfordernisse** der JVA gleichwohl **Beschränkungen nach Anzahl und Dauer durch den hierfür zuständigen Anstaltsleiter** erfordern.[91] Der Beschuldigte hat die Kosten für die Ferngespräche selbst zu tragen, jedoch kann die JVA diese übernehmen, wenn der Beschuldigte zur Kostentragung nicht in der Lage ist.[92] 45

b) Überwachung von Besuchen, Telekommunikation und des Schrift- und Paketverkehrs (Abs. 1 Nr. 2). aa) Allgemeines. Die Überwachung der in dieser Norm genannten Außenkontakte, namentlich der Besuche, der Telekommunikation und des Schrift- sowie Paketverkehrs zur **Abwehr von Flucht-, Verdunkelungs- und Wiederholungsgefahr** wird häufiger geboten sein. Dem Beschuldigten soll die Möglichkeit genommen werden, sich dem Verfahren durch Flucht zu entziehen, Verdunkelungshandlungen 46

83 OLG Karlsruhe 24.11.2000 – 3 Ws 238/00, StraFo 2002, 28.
84 Vgl. zB für Baden-Württemberg §§ 13, 20 Abs. 1, Abs. 2 S. 1 JVollzGB Buch II.
85 OLG Karlsruhe 3.8.2012 – 3 Ws 314/12, BeckRS 2013, 3882.
86 OLG Stuttgart 21.9.1994 – 1 Ws 197/94, StV 1995, 260.
87 BVerfG 14.3.1973 – 2 BvR 768/71, BVerfGE 34, 369.
88 BGH 15.7.1998 – 2 BGs 185/98, StV 1999, 39.
89 BVerfG 7.3.2012 – 2 BvR 988/10, StraFo 2012, 129.
90 BVerfG 16.5.1973 – 2 BvR 590/71, NJW 1974, 26.
91 OLG Karlsruhe 3.8.2012 – 3 Ws 214712, StV 2013, 164.
92 Schultheis in KK-StPO Rn. 19.

vorzubereiten oder vorzunehmen oder auch erneut Straftaten vorzubereiten und zu begehen.[93]

47 **bb) Besuche.** Besuchen können sowohl **optisch wie akustisch** überwacht werden. Der Umfang richtet sich dabei grundsätzlich nach dem Risiko für den Haftzweck. Dabei greift eine akustische Überwachung intensiver in die Rechtsstellung ein, weshalb im Einzelfall eine solche zu begründen,[94] erforderlich und mangels weniger einschneidender Maßnahmen unvermeidlich ist, wenn ein unkontrollierter Kontakt des Angeklagten mit der Außenwelt den Haftzweck gefährden würde.[95] Insoweit muss bei einer inhaltlichen Überwachung dem besonderen Schutz des persönlichen durch Art. 2 GG geschützten Lebensbereiches sowohl des Gefangenen als auch des Besuchers Rechnung besonders getragen werden.[96] Daher ist stets zu prüfen, ob im Einzelfall konkrete Anhaltspunkte für eine Gefährdung des Haftzwecks durch den unkontrollierten Kontakt des Untersuchungsgefangenen mit eben diesem Besucher vorliegen. Maßgebend ist hier die Prüfung an Hand der jeweiligen Haftgründe des Einzelfalls.[97] Entscheidungsgrundlage bilden dabei nicht nur die im Haftbefehl konkret angenommenen Haftgründe, sondern auch weitere verfahrensbezogene Haftgründe.[98] Die Überwachung eines Besuchs bedarf der Einzelfallprüfung unter besonderer Berücksichtigung der Unschuldsvermutung und der Grundrechte des kontaktierenden Dritten.[99]

48 Dies gilt insbesondere für die Überwachung der Besuche von **Familienangehörigen.**[100] Während der Untersuchungshaft darf für den Besuch eines Angehörigen nur dann eine Einschränkung durch eine Trennscheibe angeordnet werden, wenn Anhaltspunkte für eine konkrete Gefahr vorliegen. Bei einem betäubungsmittelabhängigen Häftling liegen solche Anhaltspunkte nicht vor, wenn die bisherigen Besuche unauffällig verliefen und keine Nachweise für den Konsum von Betäubungsmitteln während der Haft vorhanden sind.[101] Die heimliche akustische Überwachung eines Ehegattengesprächs im Besucherraum einer U-Haftanstalt kann sich als Verletzung des Rechts auf ein faires Verfahren mit der Folge eines Beweisverwertungsverbots darstellen.[102]

49 In Fällen, in denen eine Besuchsüberwachung unter Hinzuziehung eines **Dolmetschers zur Sicherung des Zwecks der Untersuchungshaft** erforderlich ist und Gründe für eine Versagung der Besuchserlaubnis als solche nicht vorliegen, hat das Gericht die Hinzuziehung des Dolmetschers anzuordnen. In diesem Falle ist die Entschädigung des Dolmetschers nach Nr. 1904 des Kostenverzeichnisses zum GKG ein Teil der gerichtlichen Auslagen und damit ein Teil der Gerichtskosten. Da nach § 68 Abs. 3 GKG eine Vorschusspflicht in Strafsachen nicht besteht, kann ein Vorschuss für die Dolmetscherkosten nicht gefordert werden.[103]

50 Gibt die Verteidigung ein eigenes psychiatrisches **Sachverständigengutachten** zur Frage der Schuldfähigkeit in Auftrag, ist dem Sachverständigen regelmäßig eine unüberwachte Dauerbesuchserlaubnis auch dann zu erteilen, wenn sich der Beschuldigte zuvor einer Exploration durch den gerichtlich bestellten Sachverständigen verweigert hat. Denn die allein aus den gesetzlichen Haftgründen vollzogene Untersuchungshaft darf das Recht des Angeklagten auf die Stellung präsenter Beweismittel nicht unterlaufen.[104] Ein Besuch

93 Wankel in KMR-StPO Rn. 20.
94 OLG Hamm 9.2.2010 – 3 Ws 45/10, NStZ-RR 2010, 221; 15.7.2008 – 1 Ws 469/08, NStZ-RR 2009, 124 (Vorbereitung und Förderung von Fluchtplänen).
95 OLG Frankfurt a. M. 27.3.2017 – 3 Ws 288/12, BeckRS 2017, 150923.
96 BVerfG 31.8.1993 – 2 BvR 1479/93, StV 1993, 592.
97 OLG Hamm 22.1.2008 – 3 Ws 23/08, NJW-Spezial 2008, 377.
98 KG 29.3.2010 – 4 Ws 14/10, StV 2010, 370.
99 OLG Hamm 9.2.2010 – 3 Ws 45/10, StRR 2010, 194.
100 OLG Karlsruhe 23.6.2006 – 3 Ws 223/06, StraFo 2006, 377.
101 OLG Zweibrücken 26.8.2004 – 1 Ws 332/04, StraFo 2004, 380.
102 BGH 29.4.2009 – 1 StR 701/08, BGHSt 53, 294.
103 BVerfG 7.10.2003 – 2 BvR 2118/01, NJW 2004, 1095; OLG Frankfurt a. M. 15.11.1983 – 3 Ws 142/83, StV 1984, 427; LG Berlin 25.8.1997 – 524 -23/96, www.strafverteidiger-berlin.de.
104 OLG Frankfurt a. M. 8.8.2006 – 3 Ws 730/06, StV 2006, 701.

darf auch nicht überwacht werden, wenn seitens eines Gerichts in vorliegender oder in einer anderen Strafsache eine psychotherapeutische Behandlung angeordnet wurde, insbesondere wenn hiermit eine Forensische Ambulanz beauftragt wurde (§ 68b Abs. 1 Nr. 11 StGB).

Eine **körperliche Untersuchung** der Besucher auf Waffen und Ausbruchswerkzeuge 51
kann bei entsprechenden Anhaltspunkten durch das Gericht angeordnet werden,[105] selbst beim Verteidiger.[106] Auch kann bestimmt werden, dass Privatbesuche nur in einem mit einer **Trennscheibe** versehenen Raum stattfinden dürfen, selbst wenn der Haftbefehl nicht auf § 129a StGB gestützt ist.[107] Anders jedoch bei bevollmächtigten Verteidigern.[108]

cc) Telekommunikation. Eine **Aufzeichnung der Telekommunikation** ist nach 52
dieser Vorschrift nicht zulässig. Eine solche kann nur nach Maßgabe der einschlägigen Vorschriften etwa nach §§ 100a, 100b angeordnet werden. Rechtlich zulässig ist allein eine **Überwachung, welche dem Gesprächspartner des inhaftierten Beschuldigten unverzüglich nach Herstellung der Verbindung mitzuteilen ist,** wobei dies auch durch den Beschuldigten selbst geschehen kann (Abs. 3 S. 1 und 2). Hierüber ist der Beschuldigte zuvor zu belehren (Abs. 3 S. 3). Im Übrigen gelten die oben aufgeführten Grundsätze. Ausweislich der Mitteilungspflichten (Abs. 1 S. 6) ist diese Vorschrift keine Befugnisnorm für die Anordnung verdeckter Überwachungen des inhaftierten Beschuldigten. Die Überprüfung der Notwendigkeit einer Gesprächsüberwachung hat sich auf alle Umstände des Einzelfalls zu erstrecken und neben der Person des Verhafteten, seinem sozialen Umfeld, der Art der ihm vorgeworfenen Straftaten, dem jeweiligen Verfahrensstand und dem Ausmaß der Haftgründe auch die Person des Gesprächspartners in Betracht zu ziehen.

Bei Gesprächen mit **Familienangehörigen** gebietet die **verfassungskonforme Aus-** 53
legung im Hinblick auf Art. 6 GG unter Berücksichtigung der bereits erlittenen Dauer der Untersuchungshaft eine am Kriterium der Zumutbarkeit orientierte Prüfung, ob eine solche Beschränkung unverzichtbar vom Zweck der Untersuchungshaft gefordert wird, wobei der bloße Missbrauchsverdacht ohne konkrete Anhaltspunkte für eine Inhaltskontrolle nicht ausreicht.[109] Insbesondere kann das in der Praxis nicht selten gebrauchte Argument eine Überwachung auch der Telefonate mit Angehörigen sei geboten, da grundsätzlich anders nicht ausgeschlossen werden könne, dass nur die genehmigten Gesprächspartner das Telefonat führen, nicht verfangen. Denn eine solche Begründung als die Beschränkung als tragend anzusehen, würde eine vollständige Überwachung verfassungsinkonform stets erforderlich machen. Fehlen konkrete Anhaltspunkte, dass beispielhaft ein bereits über ein Jahr inhaftierter Angeklagter nicht überwachte Gespräche mit nahen Angehörigen – die unter keinem Beteiligungsverdacht stehen – zur Verfolgung von Fluchtplänen nutzen würde, kann eine nur stichprobenartige Überwachung im Gegensatz zu einer vollständigen ständigen Überwachung als das mildere Mittel ausreichend sein.[110]

Ist für die Überwachung des Gesprächs ein **Dolmetscher** erforderlich, ist dem Beschul- 54
digten und auch dem Gesprächspartner zu Beginn des Gesprächs mitzuteilen, dass dieses durch einen Dolmetscher überwacht wird. Ein heimliches Überwachen ist nicht zulässig.[111] Die **Kosten für den Dolmetscher** einer solchen angeordneten Überwachung trägt in entsprechender Anwendung des JVEG die **Staatskasse,** weil es sich um eine vom Gericht bzw. der Justizvollzugsanstalt zwar nicht unmittelbar iSd § 1 JVEG „angeordnete", so doch gerichtlich veranlasste Hinzuziehung des Dolmetschers handelt.[112]

Eine **Überwachung von Gesprächen** des **Beschuldigten mit seinem Verteidiger** 55
mit dem Telefon ist in der Regel nicht erlaubt. Das Recht des Beschuldigten auf ein faires

105 BGH 18.7.1993 – StB 29/73, NJW 1973, 1656; Schultheis in KK-StPO Rn. 26.
106 BVerfG 2.7.1974 – 2 BvR 805/72, BVerfGE 38, 26.
107 OLG Celle 11.12.1980 – 3 Ws 502/80, NStZ 1981, 196.
108 Schultheis in KK-StPO Rn. 26 (Begrenzung auf Fälle des § 148 Abs. 2 S. 3).
109 KG 26.9.2005 – 1 AR 1147/05, StV 2008, 32.
110 OLG Karlsruhe 3.8.2013 – 3 Ws 314/12, StV 2013, 164.
111 Schultheis in KK-StPO Rn. 28.
112 LG Düsseldorf 2.3.2011 – 7 Qs 12/11, StV 2012, 357.

Verfahren wird insoweit durch § 148 dahingehend konkretisiert, dass auch dem inhaftierten Beschuldigten schriftlicher und mündlicher Verkehr mit dem Verteidiger gestattet ist. Jedenfalls für die Fälle, die nicht von der – eng auszulegenden – Ausnahmevorschrift des § 148 Abs. 2 erfasst sind, ist eine Überwachung von Telefonaten zwischen einem Beschuldigten und seinem nicht selbst tat- oder teilnahmeverdächtigen Verteidiger ausgeschlossen.[113]

56 **dd) Schriftverkehr und Paketempfang.** Unter dem Schutz von Art. 2 Abs. 2 GG kann der Untersuchungsgefangene grundsätzlich frei in Schriftform korrespondieren. Auch hier ist eine Beschränkung nur möglich, wenn konkrete Anhaltspunkte für eine Gefährdung einer der Haftzwecke vorliegen, wobei die Postkontrolle auch auf Stichproben beschränkt werden kann.[114] Der unkontrollierte Schrift- und Paketverkehr eines Gefangenen birgt aber regelmäßig die Gefahr von Absprachen zur Aufklärungsvereitelung und Vorbereitungen zur Flucht, der typischerweise nur mit der inhaltlichen Kontrolle wirkungsvoll begegnet werden kann, da mildere Maßnahmen als das Lesen des Schriftverkehrs kaum denkbar sind. Ergibt sich aufgrund der richterlichen Postkontrolle oder, nach einer zulässigen Delegation auf nach Abs. 2 beauftragte Personen, aus dem Inhalt eine Gefahr für den Haftzweck, kann das Schriftstück angehalten (Abs. 1 S. 7) und die Beförderung ausgeschlossen werden.

56a Ist ein Schreiben ohne zwingenden Grund in einer **Fremdsprache** abgefasst, stellt sich die Frage nach einem **Anhalten oder einer kostenträchtigen Übersetzung.** Da der Besuchsverkehr bereits aus Gründen der Anstaltssicherheit und -ordnung stark reglementiert ist, dürfen die mangelnden Sprachkenntnisse des Inhaftierten nicht zu einer noch weiter gehenden Einschränkung der Grundrechte führen. Die Übersetzungskosten sind von der Staatskasse zu tragen.[115] Dies gilt auch in gleicher Weise für Briefe des inhaftierten Beschuldigten. Unverhältnismäßig hohe oder objektiv überflüssige Übersetzungskosten in Bezug auf den Briefverkehr sind jedoch nicht hinzunehmen.[116] Die pauschale Anordnung der Übersetzung ist mithin grundsätzlich nicht zulässig. Die Entscheidung dieser Frage ist Sache des jeweiligen Einzelfalls. Hierbei spielen mehrere Gründe eine Rolle, wie etwa der konkrete Haftgrund und der Adressat des Briefes.

57 Bei völlig **unleserlichen oder unverständlichen Passagen** sowie in einer Art Geheimschrift abgefassten Schreiben besteht in der Regel die konkrete Gefahr verschlüsselter Botschaften, die den Haftzwecken zuwiderlaufen können. Solche Schriftstücke sind nicht weiter zu befördern und ggf. zu beschlagnahmen (→ Rn. 58).

58 Ein **angehaltenes und von der Beförderung ausgeschlossenes Schriftstück** ist grundsätzlich an den Absender zurückzusenden, falls der Untersuchungszweck dadurch nicht gefährdet wird. Wird das Schriftstück hingegen als Beweismittel nach §§ 94, 98 beschlagnahmt, was oftmals dann veranlasst ist, wenn sich der Beschuldigte mit dem Tatvorwurf darin auseinandersetzt, wird die Beschlagnahme einer Ablichtung und Beförderung des Originals an den Empfänger ausreichen.[117] Bei einer solchen Beschlagnahme als Beweismittel ist aber zu bedenken, dass im Gegensatz zu einer Beschränkung nach § 119, die im Falle eines Kollegialgerichts zunächst der Vorsitzende anordnet,[118] das Gericht in seiner vorgesehenen Besetzung außerhalb der Hauptverhandlung (§ 98 Abs. 1 S. 1) über die Beschlagnahme zu befinden hat und nicht der Vorsitzende allein (vgl. hierzu → Rn. 80).[119] Die Überwachung des Paketverkehrs hingegen kann regelmäßig ausschließlich vollzugliche Belange tangieren.

59 **c) Übergabe von Gegenständen (Abs. 1 Nr. 3).** Auch hinsichtlich des Erlaubnisvorbehalts für die Übergabe von Gegenständen müssen die allgemeinen Grundsätze für

---

113 BVerfG 7.3.2012 – BvR 988/10, NJW 2012, 2790; so schon BGH 5.11.1985 – 2 StR 279/85, BGHSt 33, 347; LG Dresden 6.9.2011 – 5 Qs 110/11, StraFo 2011, 393.
114 BVerfG 7.10.2003 – 2 BvR 2118/01, NJW 2004, 1095.
115 BT-Drs. 16/11644, 24.
116 OLG Brandenburg 19.9.1996 – 2 Ws 219/96, NStZ-RR 1997, 74.
117 BGH 11.4.1978 – 1 BJs 23/77 StB 100/78; 14.3.1979 – 1 StE 7/78, BGHSt 28, 349.
118 BGBl. 2009 I 2274.
119 OLG Jena 9.3.2011 – 1 Ws 122/11, NStZ-RR 2012, 28.

die Anordnung von Beschränkungen hinsichtlich der Haftzwecke Beachtung finden (vgl. → Rn. 18 ff.). Demnach kann die Übergabe von Gegenständen unterbunden werden, die der Flucht oder der Vornahme von Verdunkelungshandlungen sowie der Begehung weiterer Straftaten dienen könnten.

d) Trennung und Verbot gemeinsamer Unterbringung (Abs. 1 Nr. 4 und Nr. 5). Die Trennung des Beschuldigten von anderen Gefangenen sowie das Verbot der gemeinsamen Unterbringung kommt im Hinblick auf dem auch hier maßgeblichen Haftzweck, vorrangig zur Abwendung der **Verdunkelungsgefahr,** in Betracht,[120] diese kann aber bei lang andauernder Inhaftierung wegen der damit verbundenen Grundrechtseinschränkungen unverhältnismäßig werden.[121] 60

III. Anordnungskompetenz (Abs. 1 S. 3–6)

1. Zuständigkeit des Gerichts. Die **Anordnungskompetenz liegt beim nach dem jeweiligen Verfahrensstand zuständigen Gericht** (§ 126). Die Anordnung kann von Amts wegen erfolgen, auf Antrag der Staatsanwaltschaft oder aber auch des Beschuldigten selbst. Schriftform ist nicht notwendig, aber wegen der Anfechtbarkeit der Anordnung geboten.[122] Die Anordnung ergeht nach vorheriger Anhörung, insbesondere ist auch dem Verhafteten, wenn möglich, zuvor rechtliches Gehör zu gewähren. 61

Einzelne Maßnahmen ordnet in Abweichung zu § 119a (→ § 119a Rn. 15) nach Anklageerhebung nach der **ausdrücklichen Regelung in § 126 Abs. 2 S. 3 der Vorsitzende** und nicht das Kollegialgericht in Besetzung außerhalb der Hauptverhandlung an. Dies gilt auch für die **Aufhebung von Entscheidungen.**[123] Eine Übertragung auf ein anderes Mitglied des Kollegialgerichts ist im Gesetz nicht vorgesehen und damit rechtswidrig.[124] Im Hinblick auf den Auschluss eines Briefes von der Weiterbeförderung ist der Vorsitzende allein zuständig (§ 126 Abs. 2 S. 3), wohingegen für die Beschlagnahme desselben das Gericht einschließlich der Beisitzer zuständig ist.[125] 62

Während einer **laufenden oder unterbrochenen Hauptverhandlung** hingegen ist die funktionelle Zuständigkeit umstritten.[126] Insoweit entscheidet die Kammer – wie bei der Haftfrage allgemein (sehr str.) ohne Mitwirkung[127] der Schöffen.[128] Daher ist über Haftfragen auch während einer laufenden Hauptverhandlung eines Amts- oder Landgerichts immer in der Besetzung der Strafkammer außerhalb der Hauptverhandlung zu entscheiden.[129] Vor einer Entscheidung des Haftrichters ist die Staatsanwaltschaft nach § 33 Abs. 2 zu hören. 63

Unterschiedliche Auffassungen werden zur Frage vertreten, welche **Folgen es hat, wenn statt des Vorsitzenden das Kollegialgericht entscheidet.** Insoweit wird teilweise vertreten, dies sei unschädlich[130] bzw. rechtlich unbedenklich, da sich der Vorsitzende bei Entscheidung durch das Kollegium seiner Entscheidungsmöglichkeit nicht begebe.[131] Nach richtiger und herrschender Führt die Entscheidung des unzuständigen Kollegialgerichts im 64

[120] LG Kiel 21.3.2019 – 7 Qs 23/19, BeckRS 2019, 16070 (bei Tatgenossen zuständig für die Anordung ist der Haftrichter, der Anstaltsleiter dann für den Vollzug derselben; vgl. auch Polenreich NStZ 2011, 563.

[121] KG 3.8.2018 – 5 Ws 140/18.

[122] BVerfG 24.1.2008 – 2 BvR 1661/06, BeckRS 2008, 32830; OLG Celle 11.5.2020 – 3 Ws 94/20 (UVollz), Nds. Rpfl. 2020, 307.

[123] OLG Hamm 10.12.2013 – II – 1 Ws 562/13; Schultheis in KK-StPO § 119 Rn. 55.

[124] OLG Hamm NStZ-RR 2010, 292; Posthoff in Gercke/Julius/Temming/Zöller § 119 Rn. 30.

[125] OLG Jena 9.3.2011 – 1 Ws 122/11, NStZ-RR 2012, 28; Schmitt in Meyer-Goßner/Schmitt § 98 Rn. 5.

[126] Vgl. Schmitt in Meyer-Goßner/Schmitt § 126 Rn. 8.

[127] So jetzt auch KG 27.1.2015 – 3 Ws 656/14, StraFo 2015, 110 (keine Schöffen); → § 126 Rn. 29, → § 117 Rn. 17 mwN; aA OLG München 27.2.2018 – 2 Ws 185/18, BeckRS 2018, 2549.

[128] BGH 11.1.2011 – 1 StR 648/10, NStZ 2011, 35.

[129] Vgl. auch Graf, BGH-Rechtsprechung 2011, Rn. 372.

[130] OLG Düsseldorf 16.1.1985 – 1 Ws 38/85.

[131] OLG Köln 10.2.2010 – 2 Ws 77/10, BeckRS 2010, 7526.

Fall der Einlegung einer Beschwerde zur Aufhebung des angefochtenen Beschlusses bei gleichzeitiger eigener Sachentscheidung des Beschwerdegerichts gemäß § 309 Abs. 2 (→ Rn. 74).[132]

65 **2. Notkompetenz der Staatsanwaltschaft und der Vollzugsanstalt (Abs. 1 S. 4).** Satz 4 enthält eine Notkompetenz der Staatsanwaltschaft und der Vollzugsanstalt in Eilfällen, die der nachträglichen gerichtlichen Zustimmung innerhalb von drei Werktagen bedarf (Satz 5). Eine solche kommt aber allenfalls in Betracht, wenn die Maßnahme trotz heute eingerichteter richterlicher Bereitschaftsdienste nicht ohne Gefahr für den Haftzweck, die Anstaltsordnung oder für den Gefangenen selbst aufgeschoben werden kann.

66 **3. Einholung der gerichtlichen Zustimmung im Falle der Anordnung in Notkompetenz (Abs. 1 S. 5).** Nach Satz 5 ist die in Notkompetenz getroffene Anordnung der Staatsanwaltschaft oder der Justizvollvollzugsanstalt dem Gericht binnen drei Werktagen zur Genehmigung vorzulegen, wenn sich diese nicht zwischenzeitlich erledigt hat.

67 **4. Information des Beschuldigten (Abs. 1 S. 6).** Nach Satz 6 ist der Beschuldigten über die nach Abs. 1 getroffenen Anordnungen in Kenntnis zu setzen.

68 **5. Reichweite der Anordnung (Abs. 1 S. 7).** Nach Satz 7 schließt die Anordnung der Überwachung der Besuche, der Telekommunikation sowie des Schrift- und Paketverkehrs die Ermächtigung ein, Besuche und Telekommunikation abzubrechen sowie Schreiben und Pakten anzuhalten.

IV. Ausführung der Anordnung (Abs. 2)

69 Grundsätzlich obliegt die Ausführung der gerichtlichen Anordnungen dem Gericht selbst als anordnende Stelle (S. 1).

70 Allerdings wird insbesondere in der Phase vor der Anklageerhebung die **Staatsanwaltschaft als „Herrin des Ermittlungsverfahrens"** häufig über das größere Wissen zu dem einzelnen Verfahren verfügen, um etwa über das Anhalten eines Briefs oder die Erteilung einer Besuchserlaubnis sachgerecht entscheiden zu können. Auch in der Zeit nach der Anklageerhebung kann es sinnvoll sein, die Ausführung der Anordnungen der Staatsanwaltschaft zu überlassen. So kann bei der Staatsanwaltschaft vor allem in komplexen Großverfahren ein Hintergrundwissen über Zusammenhänge vorhanden sein, die sich aus den dem Gericht mit der Anklageschrift übersandten Ermittlungsakten nicht stets ergeben. Deshalb kann das Gericht nach § 119 Abs. 2 S. 2 die Ausführung der Anordnungen jederzeit ganz oder teilweise auf die Staatsanwaltschaft übertragen.

71 Die **Übertragung ist widerruflich,** so dass etwa das nach Anklageerhebung zuständige Gericht die Ausführung ganz oder teilweise wieder an sich ziehen kann, wenn der Ermittlungsrichter die Ausführung zuvor auf die Staatsanwaltschaft übertragen hatte.[133] Die Anordnungskompetenz verbleibt aber grundsätzlich bei Gericht. Für die Ausführung der beschränkenden Maßnahme ist derselbe Prüfungsmaßstab wie für deren Anordnung anzuwenden. Die Übertragung ist nicht anfechtbar (Satz 3).

V. Mitteilungspflichten (Abs. 3)

72 Grundsätzlich sind dem Beschuldigten alle Anordnungen des Gerichts, aber auch der Staatsanwaltschaft und der JVA, mitzuteilen. Abs. 3 regelt darüber hinaus, dass im Falle der Überwachung der Telekommunikation diese auch dem Gesprächspartner mitzuteilen ist und zwar unmittelbar nach Herstellung der Verbindung (→ Rn. 51). Dies gilt grundsätzlich auch für die Telekommunikation durch E-Mails und mittels SMS.[134]

---

[132] OLG Hamm 10.12.2013 – II – 1 Ws 562/13; OLG Stuttgart 8.2.2022 – 1 Ws 21/22, juris; Schmitt in Meyer-Goßner/Schmitt § 126 Rn. 10 mN, Schultheis in KK-StPO § 126 Rn. 12.

[133] Vgl. auch BT-Drs. 16/11644, 27.

[134] Bittmann NStZ 2010, 16; Schmitt in Meyer-Goßner/Schmitt Rn. 27.

VI. Schutz der Verteidigerkommunikation (Abs. 4 S. 1)

Die Vorschrift normiert nochmals den Grundsatz, dass die Beschränkungen des § 119 Abs. 1 keine Wirkung entfalten, soweit sie den durch § 148 Abs. 1 garantierten freien Verkehr des Gefangenen mit seinem Verteidiger einschränken würden. Allerdings muss auch ein wirksames Verteidigungsverhältniss bestehen.[135] Briefe zur Anbahnung eines solche sind hingegen durchaus der Kontrolle unterworfen.[136] Ausnahmen hiervon kommen nach § 148 Abs. 2 nur bei dem dringenden Verdacht einer Straftat nach §§ 129a, 129b StGB in Betracht. 73

VII. Gleichstellung bestimmter Personen und Institutionen (Abs. 4 S. 2)

Unter Fortgeltung der Verteidigerprivilegien stellt Abs. 4 S. 2 den Verkehr des Gefangenen mit bestimmten Personen und Einrichtungen der durch die §§ 148, 148a StPO besonders geschützten Kommunikation mit dem Verteidiger gleich. Folglich bleibt grundsätzlich bis auf einen Teilnahmeverdacht nach § 148 Abs. 2 entsprechend, der Verkehr mit folgenden Stellen unüberwacht: 74

1. der für ihn zuständigen Bewährungshilfe,
2. der für ihn zuständigen Führungsaufsichtsstelle,
3. der für ihn zuständigen Gerichtshilfe,
4. den Volksvertretungen des Bundes und der Länder,
5. dem Bundesverfassungsgericht und dem für ihn zuständigen Landesverfassungsgericht,
6. dem für ihn zuständigen Bürgerbeauftragten eines Landes,
7. dem Bundesbeauftragten für den Datenschutz und die Informationsfreiheit, den für die Kontrolle der Einhaltung der Vorschriften über den Datenschutz in den Ländern zuständigen Stellen der Länder und den Aufsichtsbehörden nach § 38 des Bundesdatenschutzgesetzes,
8. dem Europäischen Parlament,
9. dem Europäischen Gerichtshof für Menschenrechte,
10. dem Europäischen Gerichtshof,
11. dem Europäischen Datenschutzbeauftragten,
12. dem Europäischen Bürgerbeauftragten,
13. dem Europäischen Ausschuss zur Verhütung von Folter und unmenschlicher oder erniedrigender Behandlung oder Strafe,
14. der Europäischen Kommission gegen Rassismus und Intoleranz,
15. dem Menschenrechtsausschuss der Vereinten Nationen,
16. den Ausschüssen der Vereinten Nationen für die Beseitigung der Rassendiskriminierung und für die Beseitigung der Diskriminierung der Frau,
17. dem Ausschuss der Vereinten Nationen gegen Folter, dem zugehörigen Unterausschuss zur Verhütung von Folter und den entsprechenden Nationalen Präventionsmechanismen,
18. den in § 53 Abs. 1 S. 1 Nr. 1 und 4 genannten Personen in Bezug auf die dort bezeichneten Inhalte,
19. soweit das Gericht nichts anderes anordnet,
    a) den Beiräten bei den Justizvollzugsanstalten und
    b) der konsularischen Vertretung seines Heimatstaates.

VIII. Antrag auf gerichtliche Entscheidung (Abs. 5)

1. Allgemeines. Nach Satz 1 kann gegen die nach § 119 getroffene Entscheidungen oder sonstige Maßnahmen gerichtliche Entscheidung betragt werden, soweit nicht das Rechtsmittel der Beschwerde statthaft ist. Die Vorschrift betrifft aber nur **Entscheidungen,** welche vom Haftrichter nach Abs. 1 und 2 zur der **Durchsetzung der Zwecke der** 75

---

[135] Schultheis in KK-StPO Rn. 65.

[136] Schmitt in Meyer-Goßner/Schmitt Rn. 31, § 148 Rn. 4.

Untersuchungshaft getroffen worden sind. Liegt der Beschränkung eine Anordnung zum Zwecke der Sicherung und Ordnung der Haftanstalt zugrunde, bestimmt sich der Rechtsweg nach § 119a (→ § 119a Rn. 15). Es gelten aber weiterhin allgemeinen Grundsätze. Geht als zB mit der Antrags/Anklageerhebung die Zuständigkeit vom Haftrichter auf das Haftgericht über, ist eine Beschwerde in einen Antrag auf Aufhebung der Beschränkung umzudeuten.[137]

76 **2. Verhältnis zur Beschwerde (§ 304).** Sinn der Norm ist es, dem Beschuldigten auch dann eine Überprüfungsmöglichkeit einzuräumen, wenn an sich ein **Rechtsweg, wie etwa bei Entscheidungen des BGH oder eines OLG, nicht besteht.** Dies folgt hier aus der Rechtsweggarantie des Art. 19 Abs. 4 GG, welcher dem inhaftierten Beschuldigten auch für beschwerende Entscheidungen der vorliegenden Art eine Überprüfungsmöglichkeit einräumen will. Deshalb sieht Abs. 5 vor, dass der Beschuldigte bei allen ihn beschwerenden Entscheidungen oder (faktischen) sonstigen Maßnahmen der genannten Stellen einen Antrag auf gerichtliche Entscheidung stellen kann.[138] Der Gefangene muss dabei jeweils behaupten und gegebenenfalls darlegen, dass eine bestimmte Beschränkung nicht hätte ergehen dürfen (Notwendigkeitsprüfung) oder dass eine solche Beschränkung im konkreten Fall nicht oder nun nicht mehr erforderlich (Erforderlichkeitsprüfung) ist.

77 Damit wird gewährleistet, dass dem **Gericht** letztlich in allen Fragen, welche die aus den Zwecken der Untersuchungshaft erforderlichen Beschränkungen betreffen, die maßgebliche **Entscheidungsbefugnis** verbleibt. Durch die gewählte Formulierung wird aber auch sichergestellt, dass dann, wenn ein Oberlandesgericht oder der Ermittlungsrichter beim Bundesgerichtshof Entscheidungen nach Abs. 1 und 2 getroffen haben, gerichtliche Entscheidung beantragt werden kann. In diesen Fällen ist das Rechtsmittel der Beschwerde nach §§ 304 ff. unzulässig,[139] weil der **Begriff „Verhaftung“** in § 304 Abs. 4 S. 2 Nr. 1, Abs. 5 Beschränkungen des Beschuldigten in der Haft über die Haftanordnung hinaus nicht erfasst.[140] Insbesondere haben die Beschränkungen eben nicht die Verhaftung als solche zum Gegenstand, da diese nur diejenigen Beschlüsse betreffen, mit denen unmittelbar entschieden wird, ob der Beschuldigte in Haft zu nehmen oder zu halten ist.[141]

78 Abgesehen von den Fällen nicht beschwerdefähiger Entscheidungen nach Abs. und 2 durch ein Oberlandesgericht oder den Ermittlungsrichter beim Bundesgerichtshofkommt ein Antrag auf gerichtliche Entscheidung nach dieser Vorschrift auch dann in Betracht, wenn Staatsanwaltschaft oder Vollzugsanstalt eine vorläufige Anordnung nach Abs. 1 S. 4 getroffen haben, diese aber wegen Erledigung dem zuständigen Gericht nicht mehr zur Genehmigung vorlegen mussten (Abs. 1 S. 5) In diesen Fällen kann der Untersuchungsgefangene eine gerichtliche Überprüfung der Rechtmäßigkeit der erledigten Maßnahme nur über den Antrag nach Abs. 5 S. 1 erreichen.

79 Gegen **Entscheidungen der Amts- und Landgerichte** in Anwendung von Abs. 1 und 2 kann dagegen im Regelfall Beschwerde nach §§ 304 ff. eingelegt werden, auch wenn es sich um Entscheidungen des erkennenden Gerichts im Sinne von § 305 handelt. Denn der Begriff „Verhaftung“ in § 305 S. 2 StPO wird weitergehend verstanden als in § 304 Abs. 4 S. 2 Nr. 1, Abs. 5.[142] Nach der nunmehr in Abs. 5 angeordneten Regelung ist der Antrag auf gerichtliche Entscheidung gegen Entscheidungen der Amts- und Landgerichte durch die gegebene Beschwerdemöglichkeit nach §§ 304 ff. StPO folglich ausgeschlossen.

80 Abs. 5 eröffnet danach den **Antrag auf gerichtliche Entscheidung** gegen Anordnungen nach Abs. 1 daher nur insoweit als nicht **ohnehin schon das Rechtsmittel der**

---

[137] OLG Frankfurt a. M. 17.2.2014 – 3 Ws 122/14, NStZ-RR 2014, 217.
[138] Ebenso jetzt BGH 14.11.2017 – 4 BGs 156/17, NStZ 2018, 154.
[139] So jetzt auch BGH 18.10.2017 – StB 24/17, StV 2019, 79.
[140] So schon BGH 28.1.1976 – 5 StE 1/75, BGHSt 26, 270; BGH 15.10.2020 – StB 33/20, BeckRS 2020, 2844 = StV 2021, 173.
[141] BGH 12.1.2012 – StB 19/11, StV 2012, 419; 15.10.2020 – StB 33/20, BeckRS 2020, 2844 = StV 2021, 173.
[142] OLG Karlsruhe 6.12.1996 – 3 Ws 321/96, StraFo 1997, 89.

Beschwerde statthaft ist. Bereits nach dem Gesetzeswortlaut soll damit nicht ein von der nächsten Instanz zu bescheidendes neues Rechtsmittel eingeführt, sondern die Möglichkeit gegeben werden, eine weitere Überprüfung durch das nach § 126 zuständige Gericht zu veranlassen. Dies entspricht auch der Intention des Gesetzgebers, der sicherstellen wollte, dass Beschuldigte im Falle fehlender Beschwerdemöglichkeit nicht auf eine von Amts wegen zu veranlassende Aufhebung einer Beschränkung angewiesen sind, sondern diese auch selbst initiieren können.[143]

81 Die **Zuständigkeit des Gerichts,** das über den Antrag zu entscheiden hat, folgt aus § 126. Damit ist regelmäßig das Gericht zuständig, das auch berechtigt ist, dem inhaftierten Beschränkungen aufzuerlegen. Über einen Rechtsbehelf gegen Beschränkungen, angeordnet durch den Ermittlungsrichter des Bundesgerichtshofs, entscheidet mithin vor Anklageerhebung nicht der Beschwerdesenat, sondern der Ermittlungsrichter selbst.[144]

82 **Unterschiedlich beurteilt** wird die Frage, ob bei einem Kollegialgericht der Vorsitzende oder der ganze Spruchkörper[145] zuständig ist. Insoweit ergibt sich aus § 126 Abs. 2 S. 3 **eine Annexkompetenz des Vorsitzenden**[146] für die Bescheidung von Anträgen auf gerichtliche Entscheidung nach Abs. 5 S. 1 (→ § 126 Rn. 30).[147] Dies gilt insbesondere in dem theoretisch ebenfalls denkbaren Fall, dass der Untersuchungsgefangene durch einen Antrag nach Abs. 5 S. 1 der Vorlage nach Abs. 1 S. 5 zuvorkommen will.[148] Abgesehen von den Fällen nicht beschwerdefähiger Entscheidungen nach Abs. 1 und 2 durch ein Oberlandesgericht oder den Ermittlungsrichter beim Bundesgerichtshof kommt ein Antrag auf gerichtliche Entscheidung nach Abs. 5 vor allem dann in Betracht, wenn Staatsanwaltschaft oder Vollzugsanstalt eine vorläufige Anordnung nach § 119 Abs. 1 S. 4 getroffen haben, diese aber wegen Erledigung dem zuständigen Gericht nicht mehr zur Genehmigung vorlegen mussten (Abs. 1 S. 5). In diesen Fällen kann der Untersuchungsgefangene eine gerichtliche Überprüfung der Rechtmäßigkeit der erledigten Maßnahme nur über den Antrag nach Abs. 5 S. 1 erreichen. Unter Berücksichtigung des Umstandes, dass die gerichtliche Anordnung der Maßnahmen nach Abs. 1 und 2 dem Vorsitzenden durch § 126 Abs. 2 S. 3 ausdrücklich zugewiesen wird,[149] wäre es widersprüchlich, die Überprüfung der von Staatsanwaltschaft oder Vollzugsanstalt an seiner Stelle getroffenen vorläufigen Anordnungen dem Kollegialgericht zu übertragen.

83 Soweit die **Gegenansicht,** nach welcher bei einem Antrag nach Abs. 5 das Kollegialgericht und nicht der Vorsitzende zuständig sei, dies damit begründet, dass es sich hierbei nicht um eine „einzelne Maßnahme" im Sinne des Abs. 2 S. 3 handeln sollte, bleibt unklar, wo der sachliche Unterschied zu einer Entscheidung nach § 119 Abs. 1 S. 3 liegen soll, für welche der Vorsitzende nach § 126 Abs. 2 S. 3 ausdrücklich für zuständig erklärt wird. Allein der Umstand, dass der Rechtsbehelf nach der Gesetzesbegründung[150] der Beschwerde (§ 304) gleichgestellt sein solle,[151] reicht hierfür in Anbetracht der vergleichbaren Ausgangslage nicht aus, zumal dieser auch anders ausgestaltet ist (→ Rn. 82).[152]

84 Schließlich kommt dem Antrag auf gerichtliche **Entscheidung kein Devolutiveffekt** zu, der zur Nachprüfung durch ein Gericht höherer Ordnung führt.[153] Dies zeigt eine gewisse Parallele zu dem außerordentlichen Rechtsbehelf der Gegenvorstellung.

85 Gegen **Beschränkungen und generelle Organisationsregelungen,** angeordnet durch die Leitung der Vollzugsanstalt, ist hingegen das Recht eines Antrages nach § 23

[143] BT-Drs. 16/11644, 30.
[144] BGH 9.2.2012 – 3 BGs 82/12, NStZ 2012, 705.
[145] So KG 23.10.2013 – (1) 2 StE 3/12 – 7 (2/12), NStZ-RR 2014, 50.
[146] Vgl. hierzu KG 2.1.2013 – 4 Ws 138/12, NStZ-RR 2013, 284.
[147] AA KG 23.10.2013 – (1) 2 StE 3/12; Schultheis in KK-StPO Rn. 78.
[148] Vgl. KG 2.1.2013 – 4 Ws 138/12, NStZ-RR 2013, 284.
[149] KG 13.9.2012 – 4 Ws 97/12, OLGSt StPO § 119 Nr. 40.
[150] BT-Drs. 16/11644, 30.
[151] Wankel in KMR-StPO § 126 Rn. 16; König in Krekeler/Löffelmann/Sommer § 126 Rn. 10; Wiesneth Die Untersuchungshaft Rn. 394.
[152] Paeffgen in SK-StPO § 119a Rn. 10.
[153] BGH 12.1.2012 – StB 19/11, StV 2012, 419; aA Graf StPO Rn. 51.

Abs. 1 EGGVG statthaft,[154] abweichend hiervon bei entsprechenden landesrechtlichen Regelungen in den jeweiligen Untersuchungshaftvollzugsgesetzen.[155]

86 Soweit teilweise die Ansicht vertreten wird, dass ein Antrag auf gerichtliche Entscheidung nach Abs. 5 S. 1, der weder ausdrücklich noch durch seine Begründung eine Rechtsverletzung substantiiert geltend macht, nach dem allgemeinen Rechtsgedanken des § 24 EGVG als unzulässig verworfen werden kann,[156] **widerspricht dies den Grundsätzen des Beschwerdeverfahren**s. Eine weitere Beschwerde ist gem. § 310 Abs. 1 Nr. 1 grundsätzlich nicht statthaft, wenn der Beschwerdegegenstand nicht die Haftanordnung als solche betrifft, sondern die Gestaltung der Haftverhältnisse mittels Beschränkungen nach § 119 Abs. 1.[157]

87 **3. Antragsberechtigung.** Antragsberechtigt sind neben dem **Untersuchungsgefangenen die von der Beschränkung konkret betroffenen Personen.** Demgegenüber sind weder der Anstaltsleiter noch ein eventueller Nebenkläger beschwerdeberechtigt. Für einen gegen Beschränkungen nach § 119 gerichteten Antrag auf gerichtliche Entscheidung kann auch nach deren Erledigung – beispielsweise nach dem Übergang der Untersuchungshaft in die Strafhaft – ein Rechtsschutzbedürfnis auf nachträgliche Feststellung der Rechtswidrigkeit der Anordnung bestehen.[158]

88 **4. Inhaltliche Prüfung des Antrages auf gerichtliche Entscheidung.** Der Inhalt der Prüfung des Antrags auf gerichtliche Entscheidung nach Abs. 5 einerseits und der Beschwerde nach §§ 304 ff. andererseits unterscheiden sich nicht voneinander. In beiden Fällen kann nicht nur geltend gemacht werden, dass für eine bestimmte Beschränkung oder ihre konkrete Ausführung von Anfang an die gesetzlichen Voraussetzungen (nach Abs. 1 und 2) nicht vorgelegen hätten. Vielmehr kann auch eingewandt werden, dass eine bestimmte Beschränkung nicht mehr erforderlich sei, zB weil die angenommene Verdunkelungsgefahr durch ein Geständnis des Beschuldigten entfallen ist. Insbesondere darin liegt die gesetzliche Rechtfertigung, den Antrag auf gerichtliche Entscheidung wegen der insoweit ausgeschlossenen Beschwerde auch gegen Entscheidungen der Oberlandesgerichte bzw. des Ermittlungsrichters beim Bundesgerichtshof nach § 119 Abs. 1 und 2 zuzulassen.[159]

89 Der **Antrag auf gerichtliche Entscheidung hat keine aufschiebende Wirkung** (Abs. 5 S. 2), das Gericht kann jedoch vorläufige Anordnungen treffen (Abs. 5 S. 3). Dies entspricht der Gesetzesfassung in § 114 Abs. 1 und 2 StVollzG sowie bei § 307 Abs. 1 und 2 im Rahmen der Beschwerde.

90 Statthaftes Rechtsmittel gegen eine Entscheidung, welche aufgrund eines solchen Antrags ergeht, ist die **Beschwerde** (§ 304),[160] wenn nicht diese vom Ermittlungsrichter des BGH oder einem OLG getroffen wurde.[161] Das Verbot der Schlechterstellung gilt nicht.[162] Dem Anstaltsleiter steht anders als bei § 119a (→ § 119a Rn. 19) – eine Beschwerdemöglichkeit nicht zu. Entgegen der früher hier vertretenen Ansicht[163] ist nach Anklageerhebung zu einem Kollegialgericht der Spruchkörper zuständig in der für Entscheidung außerhalb der Hauptverhandlung vorgeschribenen Besetzung (§§ 30 Abs. 2, 76 Abs. 1 S. 2, 122 GVG), da § 126 Abs. 2 S. 3 für den Antrag auf gerichtliche Entscheidung nicht gilt.[164] Hat das Amtsgericht

---

[154] OLG Karlsruhe 25.4.1997 – 2 VAs 8/97, NStZ 1997, 407; vgl. zB für den Fall einer abstrakt-generellen Besuchsbeschränkung betr. den Verteidiger: OLG Hamm 4.10.2011 – III-1 VAs 42/11, NStZ-RR 2012, 62.

[155] Vgl. zB für Sachsen § 65 u. § 100 UvollzG; OLG Naumburg 17.8.2010 – 2 AR 7/10.

[156] KG 23.10.2013 – (1) 2 StE 3/12 – 7 (2/12), NStZ-RR 2014, 50.

[157] OLG Köln 12.1.2011 – III 2 Ws 32/11, NStZ-RR 2012, 93 (für den Fall einer Telefon- und Dauerbesuchserlaubnis für die schwangere Lebensgefährtin des Beschuldigten).

[158] KG 24.2.2012 – 4 Ws 53/10, StRR 2012, 203.

[159] Vgl. BT-Drs. 16/11644, 30.

[160] LG Bonn 3.6.2011 – 22 Qs 47/11, StV 2011, 745.

[161] Schultheis in KK-StPO Rn. 81.

[162] Schmitt in Meyer-Goßner/Schmitt Rn. 36 und Vor § 304 Rn. 5.

[163] Vgl. hierzu auch BVerfG 30.10.2014 – 2 BvR 1513/14, NStZ-RR 2015, 79 aE.

[164] Ebenso Schultheis in KK-StPO § 119 Rn. 78, Wankel in KMR-StPO § 126 Rn. 16; aA Rottländer DRiZ 2014, 180.

oder das Landgericht als Haftgericht die Anordnung nach § 119 Abs. 1 ohne nähere Begründung unter **Verwendung von Textbausteinen** (→ Rn. 2) getroffenen, kann das Beschwerdegericht die Anordnung aufheben und an das Haftgericht zur erneuten Entscheidung zurückverweisen oder eine eigene Entscheidung in der Sache treffen.

Hier stellt sich in der Praxis sehr oft das Problem **der prozessuale Überholung,** da sich Eingriffsakt oftmals schon vor der gerichtlichen Entscheidung erledigt hat, etwa wenn der Beschuldigte aus der Untersuchungshaft entlassen oder das Urteil rechtskräftig wird.[165] Solche Rechtsbehelfe sind grundsätzlich unzulässig,[166] wenn der Untersuchungsgefangene nicht ausnahmsweise ein berechtigtes Interesse an der Feststellung der Rechtswidrigkeit der angefochtenen Maßnahme hat. Neben dem Gesichtspunkt der Wiederholungsgefahr besteht ein solches bei besonders tiefgreifenden, tatsächlich jedoch nicht mehr fortwirkenden Grundrechtseingriffen, wenn sich die Belastung nach dem typischem Verfahrensablauf auf eine Zeitspanne beschränkt, in welcher der Betroffene eine gerichtliche Entscheidung im Rechtsbehelfsverfahren kaum erlangen kann.[167] Gleiches gilt, wenn mit dem Rechtsbehelf einer Wiederholungsgefahr begegnet werden soll oder die Beinträchtigung weiter fortwirkt.[168] Zusätzlich kann sich ein Rechtschutzinteresse auch daraus ergeben, wenn sich die ursprüngliche Entscheidung durch eine verzögerliche oder eine verfahrensfehlerhafte Sachbehandlung verhindert wurde oder dadurch der Grundsatz des fairen Verfahrens verletzt wurde.[169] Jedoch soll der Beschuldigte sein Recht auf nachträgliche Feststellung verwirken können, wenn er dies nicht binnen Jahresfrist ab dem Zeitpunkt der Kenntniserlangung geltend macht.[170] 91

IX. Überhaftfälle (Abs. 6)

Durch Abs. 6 wird der wesentliche Regelungsgehalt des früheren § 122 Abs. 1 StVollzG in die Strafprozessordnung übernommen. Er enthält eine Regelung zur **Überhaft.** Im Unterschied zu der früheren Gesetzeslage aber wird nunmehr gemäß § 116b S. 2 bereits mit dem Beginn der Vollstreckung einer anderen freiheitsentziehenden Maßnahme kraft Gesetzes die Untersuchungshaft unterbrochen. Im Zuge der bereits angeführten Föderalismusreform ist das Recht des Strafvollzugs auf die Länder übergegangen, so dass zumindest der überwiegende Teil des Strafvollzugsgesetzes nach dem zwischenzeitlichen Erlass der entsprechenden Landesgesetze weggefallen ist. Anders als bei der überwiegenden Zahl der Vorschriften des Strafvollzugsgesetzes handelte es sich bei § 122 StVollzG seinem Rechtsgrund nach jedoch um keine (straf-)vollzugsrechtliche Norm, sondern um eine solche, die die Geltung der nach der Strafprozessordnung angeordneten Beschränkungen im Strafvollzug betroffen hat und die daher, ebenso wie diese Beschränkungen selbst, ihre Rechtfertigung aus dem gerichtlichen Verfahren bezogen hat. Somit besteht für diese Vorschrift auch nach der Föderalismusreform eine Gesetzgebungskompetenz des Bundes aus Artikel 74 Abs. 1 Nr. 1 GG. 92

Die Regelung in Absatz 6 bezieht sich auf die in § 116b ausdrücklich geregelten Fallkonstellationen, in denen die Vollstreckung einer anderen freiheitsentziehenden Maßnahme derjenigen der Untersuchungshaft vorgeht und insoweit eine **Überhaftnotierung** besteht. In solchen Fällen der Subsidiariät der Untersuchungshaft kann es dennoch, ebenso wie beim Vollzug der Untersuchungshaft, zur Abwehr der Gefahren, die zum Erlass des Untersuchungshaftbefehls geführt haben, erforderlich sein, etwa im Straf- 93

165 Schmitt in Meyer-Goßner/Schmitt § 119 Rn. 36; aA OLG Hamm 25.2.2010 – III-2 Ws 18/10, NStZ – RR 2010, 292 (Haftbefehl außer Vollzug gesetzt).

166 OLG Karlsruhe 29.8.1983 – 3 Ws 150/83, NStZ 1984, 183; Schultheis in KK-StPO § 119 Rn. 84.

167 BVerfG 17.10.2012 – 2 BvR 736/11, StV 2013, 521; 24.1.2008 – 2 BvR 1661/06, BeckRS 2008, 32830; 14.11.2012 – 2 BvR 1164/12, StV 2014, 35; 31.5.2006 – 2 BvR 1673/04, NJW 2006, 2093; 5.12.2001 – 2 BvR 527/99, NJW 2002, 2456; KG 24.2.2012 – 4 Ws 53710, StV 2012, 612; OLG Hamm 13.1.2009 – 2 Ws 388/08, NStZ-RR 2009, 293; Kühlewein NStZ 2007, 414.

168 BVerfG 31.5.2006 – 2 BvR 1673/04, NJW 2006, 2093.

169 BVerfG NStZ 2007, 413; Schultheis in KK-StPO Rn. 82.

170 OLG Karlsruhe 9.2.2004 – 2 VAs 24/04, NStZ-RR 2005, 191; OLG Frankfurt a. M. 28.10.2003 – 3 Ws 957/03 (StVollz), NStZ-RR 2004, 29.

vollzugsrecht nicht vorgesehene Beschränkungen anzuordnen. Ohne dass der Wortlaut dies erkennen lässt, gilt dies auch, wenn mehrere Haftbefehle mittels Überhaftnotierung erlassen worden sind.

X. Verfassungsbeschwerde

94 Will der Beschuldigte seine Haftbedingungen mit der Verfassungsbeschwerde anfechten, muss er zunächst den Rechtsweg erschöpfen. Vor Einlegung einer Verfassungsbeschwerde muss der Betroffene nämlich alle zumutbaren prozessualen Möglichkeiten ergreifen, um die vermeintliche Grundrechtsverletzung abzuwenden. Für die Anordnung von Beschränkungen im Vollzug der Untersuchungshaft ist der der Haftrichter zuständig (Abs. 3). Da solche Beschränkungen im Vollzug der Untersuchungshaft weder der formellen noch der materiellen Rechtskraft zugänglich sind, kann der zuständige Richter jederzeit auf Antrag oder von Amts wegen über die Beschränkung neu entscheiden, weshalb es – jedenfalls bei länger zurückliegenden Belastungen notwendig – ist, vor Einlegung der Verfassungsbeschwerde Beschwerde einzulegen oder einen Antrag nach Abs. 5 zu stellen.[171]

§ 119a Gerichtliche Entscheidung über eine Maßnahme der Vollzugsbehörde

(1) [1]Gegen eine behördliche Entscheidung oder Maßnahme im Untersuchungshaftvollzug kann gerichtliche Entscheidung beantragt werden. [2]Eine gerichtliche Entscheidung kann zudem beantragt werden, wenn eine im Untersuchungshaftvollzug beantragte behördliche Entscheidung nicht innerhalb von drei Wochen ergangen ist.

(2) [1]Der Antrag auf gerichtliche Entscheidung hat keine aufschiebende Wirkung. [2]Das Gericht kann jedoch vorläufige Anordnungen treffen.

(3) Gegen die Entscheidung des Gerichts kann auch die für die vollzugliche Entscheidung oder Maßnahme zuständige Stelle Beschwerde erheben.

Schrifttum: Siehe § 119.

Übersicht

I. Allgemeines, Gesetzgebungskompetenz, Anwendungsbereich

1 **1. Allgemeines.** Die Vorschrift steht in engen Zusammenhang mit § 119. In Abgrenzung zu dieser Norm betrifft sie den Rechtsweg gegen Beschränkungen der Rechte des Beschuldigten bei Vollzug der Untersuchungshaft und zwar insoweit, als diese dem Beschuldigten aufgrund der Untersuchungshaftvollzuggesetze der Länder aus Zwecken der Sicherheit und Ordnung der Anstalt auferlegt worden sind.

[171] BVerfG 8.2.2010 – 2 BvR 2550/09, BeckRS 2011, 48107.

2. Gesetzgebungskompetenz. Aufgrund der **Förderalismusreform**[1] ist mit dem Gesetz zur Änderung Untersuchungshaftrecht vom 29.7.2009 zum 1.1.2010 eine Änderung der Rechtsgrundlage für die Anordnung von Beschränkungen eingetreten, die dem Untersuchungsgefangenen aus Zwecken der Sicherheit und Ordnung in der Vollzugsanstalt auferlegt werden (→ § 119 Rn. 1). Die den Bundesländern insoweit übertragene ausschließliche Zuständigkeit betrifft jedoch nicht das gerichtliche Verfahren. Dies verblieb über die konkurrierende Gesetzgebungskompetenz nach Art. 74 Abs. 1 Nr. 1 GG auch insoweit beim Bund, als die Länder hierdurch befugt wurden, die materiellen Regeln zur Aufrechterhaltung der Sicherheit und Ordnung in der Anstalt zu treffen.[2] 2

3. Anwendungsbereich. Nachdem durch Bundesrecht in § 119 vor allem die Beschränkungen geregelt werden, welche zur **Sicherung des Verfahrens** dienen, findet die Vorschrift nur insoweit Anwendung, als die Beschränkungen dem Beschuldigten aus **Gründen der Sicherheit oder Ordnung der Anstalt** auferlegt werden, und zwar insoweit nicht durch das Gericht, sondern durch die jeweilige Haftanstalt bzw. deren Leiter.[3] Danach richtet sich beim Vollzug der Untersuchungshaft der Rechtsschutz gegen vollzugsbehördliche Maßnahmen nach § 119a und nicht nach §§ 109 ff. StVollzG.[4] 3

Die ausdrücklich in Abs. 1 vorgesehene Möglichkeit eines Antrags auf gerichtliche Entscheidung war auch deshalb notwendig, weil ansonsten über die Rechtsmäßigkeit von Entscheidungen der Justizvollzugsanstalt als **„Justizverwaltungsakte" nach §§ 23 Abs. 1 S. 2, 25 Abs. 1 GVG** ein Strafsenat des Oberlandesgerichts zu entscheiden gehabt hätte, was zur Bedeutung der Sache in keinem Verhältnis gestanden hätte (→ Rn. 10).[5] Soweit das niedersächsische Justizvollzugsgesetz gegen vollzugsbehördliche Maßnahmen, ihre Ablehnung und Unterlassung, abweichend von §§ 119a, 126 nach §§ 167, 134a Abs. 1 NJVollzG die Stellung eines Antrags auf gerichtliche Entscheidung zum „Vollzugsgericht" vorsieht, ist diese Regelung wegen der Sperrwirkung des Art. 72 Abs. 1 GG unwirksam.[6] 4

Insoweit ist aber zu beachten, dass § 119a nur die gerichtliche Zuständigkeit regelt. Für die Frage der **Rechtmäßigkeit der Beschränkung** ist auf das **jeweilige Landesrecht** abzustellen.[7] 5

Die Vorschrift des § 119 gilt nicht nur für die Untersuchungshaft aufgrund eines nach den §§ 112, 112a erlassenen Haftbefehls, sondern auch für die **Hauptverhandlungshaft** nach § 127b sowie für die Haft aufgrund von **Haftbefehlen nach §§ 230 Abs. 2,** 236, 239 Abs. 4 und § 412 S. 1. Ferner ergibt sich für die vorläufige Unterbringung die Anwendbarkeit aus **§ 126a Abs. 2 S. 1** und für die Sicherungshaft aus § 453c Abs. 2 S. 2 und letztlich für die Haft bei zu erwartender Unterbringung in der Sicherungsverwahrung aus § 275a Abs. 5 S. 4.[8] 6

II. Art. des Rechtsmittels (Abs. 1)

1. Allgemeines. Nach Abs. 1 kann gegen behördliche Entscheidungen und Maßnahmen im **Untersuchungshaftvollzug** gerichtliche Entscheidung beantragt werden. In der Regel werden solche Beschränkungen, soweit sich nicht eine Kompetenz des Haftgerichts nach § 119 ergibt (hierzu ausführlich → § 119 Rn. 4), nach den Untersuchungshaftvollzugsgesetzen der Länder im Regelfalle vom Anstaltsleiter angeordnet. Gegen Maßnahmen eines Bediensteten, der nicht zur Vertretung des Anstaltsleiters befugt ist, muss zunächst immer erst dessen Entscheidung herbeigeführt werden. 7

---

[1] Vgl. 52. Gesetz zur Änderung des Grundgesetzes vom 22.8.2006, BGBl. I 2034.

[2] BT-Drs. 16/11644, 31; Schultheis in KK-StPO Rn. 1; Schulte StV 2013, 534.

[3] OLG Rostock 25.1.2010 – I Ws 385/09, NStZ 2010, 197; OLG Karlsruhe 3.8.2012 – 3 Ws 314/12, BeckRS 2013, 3882 (unveröffentlicht).

[4] OLG Hamm 10.6.2014 – III -1 Vollz (Ws) 296/14.

[5] Schmitt in Meyer-Goßner/Schmitt Rn. 1.

[6] OLG Oldenburg 20.6.2013 – 1 Ws 362/13, StraFo 2013, 337; vgl. hierzu auch BGH Ermittlungsrichter 9.2.2012 – 3 BGs 82/12, NJW 2012, 1158; → § 119 Rn. 12; Schultheis in KK-StPO Rn. 2.

[7] OLG Jena 23.8.2010 – 1 Ws 296/10, StV 2011, 36. (Ausstattung des Haftraumes).

[8] Schultheis in KK-StPO § 119a Rn. 2.

8 **2. Behördliche Entscheidungen und Maßnahmen.** Der Begriff ist weit und erfasst nicht nur Anordnungen und Verfügungen, sondern auch Realakte, die sich zur Vollzugssicherung gegen einen bestimmten Betroffenen konkret richten, wie etwa[9] Disziplinarmaßnahmen,[10] Fesselung, Einschränkungen beim Zeitungsbezug, Rundfunk- und Fernsehbenutzung, Ausstattung des Haftraumes,[11] Durchsuchung von Rechtsanwälten auf Mandantenbesuch bei der Einlasskontrolle[12] oder etwa die Versorgung mit Medikamenten.[13]

9 Unterschiedlich beantwortet wird die Frage, ob auch abstrakt **generelle Regelungen der allgemeinen Vollzugsorganisation,** insbesondere auch Allgemeinverfügungen wie etwa zur Unterbringung in einem besonders gesicherten Haftraum,[14] Anstaltsverpflegung, Hygienevorschriften, Besuchszeitregelungen usw auch der Norm unterfallen[15] oder insoweit doch der Rechtsweg nach § 23 GVG eröffnet ist. Letzterer Ansicht[16] kann nicht mehr gefolgt werden.[17]

10 Entgegen der noch in der Vorlauflage vertretenen Ansicht findet nämlich § 23 EGGVG keine Anwendung mehr. Anders als nach früherer bis 31.12.2009 geltender Rechtslage[18] ist der subsidiäre (§ 23 Abs. 3 EGGVG) Rechtsweg nach §§ 23 ff. EGGVG nach der gesetzlichen Neuregelung in § 119a StPO auch bei den Untersuchungshaftvollzug betreffenden abstrakt-generellen Regelungen mit unmittelbarer Außenwirkung, welche über den individuellen Interessenbereich einzelner Inhaftierter hinausgehen, nicht mehr gegeben.[19] Die Regelung des § 119a StPO gilt nach seiner allgemeinen Formulierung („behördliche Entscheidung oder Maßnahme im Untersuchungshaftvollzug") sowohl für die nach altem Recht von § 119 Abs. 3 Alt. 2, Abs. 6 StPO aF erfassten Anordnungen als auch für diejenigen Maßnahmen, die vor der Novellierung nur im Verfahren nach den §§ 23 ff. EGGVG überprüfbar waren. Die Ablösung des letztgenannten, als unangemessen aufwändig erachteten Rechtswegs durch eine „praxisgerechtere" Lösung war auch ausdrückliches Ziel der Reform.[20]

11 Die Vorschrift des Abs. 1 eröffnet zudem ein **Rechtsmittel gegen Entscheidungen der Justizvollzugsanstalt,** die sich auf die **individuelle Gestaltung des Untersuchungshaftvollzugs** bezieht oder die zur Gewährleistung von Sicherheit und Ordnung der Justizvollzugsanstalt getroffen wird. So hat das Gericht im Rahmen des § 119a Abs. 1 etwa zu überprüfen, ob die nach Landesrecht erfolgte Beschränkung von Telefonerlaubnissen aufgrund von organisatorischer Engpässe rechtsfehlerfrei erfolgt ist.[21] Auch über die Zulässigkeit der Einbringung und Benutzung eines Laptops im Haftraum eines Untersuchungsgefangenen zur Vorbereitung der Verteidigung entscheidet im Streitfall zwischen Anstalt und Gefangenem der Haftrichter, der dabei den Sicherheitsbelangen der Haftanstalt ausreichend Rechnung zu tragen hat. Das gilt auch, wenn die Haftanstalt über einen entsprechenden Antrag des Gefangenen binnen der Frist des Abs. 1 S. 2 nicht entschieden hat.[22]

12 **3. Antragsberechtigung.** Antragsberechtigt nach Abs. 1, wer durch eine behördliche Maßnahme oder sonstige Maßnahme beispielhaft auch faktische Handlungen im Untersuchungshaftvollzug beschwert ist. **Der Antragsteller muss demnach materiell oder**

---

[9] Vgl. hierzu die Aufstellung bei → § 119 Rn. 30.
[10] Vgl. hierzu etwa LG Bremen 1 KLs 331 Js 47631/12 (6/12), 1 KLs 6/12, StraFo 2013, 21 (Disziplinarmaßnahmen der getrennten Unterbringung, Ausschluss von der Arbeit, Verbot der Teilnahme an Freizeitveranstaltungen).
[11] OLG Jena 23.8.2010 – 1 Ws 296/10, StV 2011, 36.
[12] LG Dortmund 29.4.2021 – 33 KLs 4/21, StraFo 2021, 153.
[13] OLG Naumburg 17.8.2010 – 2 ARs 7/10, BeckRS 2010, 23745.
[14] OLG München 12.3.2021 – 1 Ws 125/21, NStZ-RR 2021, 178.
[15] So Schultheis in KK-StPO Rn. 3; Schultheis NStZ 2013, 91.
[16] OLG Hamm 4.10.2012 – III-1 VAs 42/11, 1 VAs 42/11, NStZ-RR 2012, 62; Schmitt in Meyer-Goßner/Schmitt Rn. 4.
[17] Vgl. auch KG NStZ-RR 2011, 388.
[18] OLG Karlsruhe NStZ 1997, 407.
[19] OLG Koblenz 29.11.2017 – 2 VAs 18/17, BeckRS 2017, 146280; 10.12.2013 – 2 VAS 16, 18, 19/ 13; KG NStZ-RR 2011, 388; Schultheis in KK-StPO Rn. 3; Schultheis NStZ 2013, 87 (91).
[20] Vgl. BT-Drs. 16/11644, 31.
[21] OLG Karlsruhe 8.1.2019 – 2 Ws 365/18, mAnm Rinklin jurisPR-StrafR 9/2019 Anm. 4.
[22] OLG Rostock 22.10.2015 – 20 Ws 276/15, StV 2016, 168.

zumindest formell negativ in seinen Rechten betroffen sein. Häufig wir es sich um Maßnahmen gegen den Untersuchungsgefangenen handeln. Es kommen aber auch Dritte als Beschwerdeberechtigte in Betracht, wenn sie selbst beschwert sind.[23]

III. Untätigkeit (Abs. 1 S. 2)

Wird ein Antrag auf behördliche Entscheidung nicht innerhalb von drei Wochen verbeschieden, eröffnet Abs. 1 S. 2 ebenfalls die Möglichkeit eines sofortigen Antrages auf gerichtliche Entscheidung. Diese Rechtschutzmöglichkeit stellt eine **wichtige Ergänzung** dar, weil ohne eine Entscheidung der JVA der Rechtsweg nach Abs. 1 nicht eröffnet wäre. Die Festlegung einer sehr kurzen Frist von drei Wochen ist unter besonderer Berücksichtigung der Unschuldsvermutung geboten, wohingegen für Untätigkeitsverfahren im Strafvollzug der Länder teilweise deutlich längere Frist vorgesehen sind, wie zB die in § 113 Abs. 1 StVollzG geregelte drei Monatsfrist. 13

Allerdings kann sich ein solcher Untätigkeitsantrag zur Vermeidung untunlicher Wiederholungen aufgrund des fehlenden **Rechtsschutzbedürfnisses** dann als unzulässig erweisen, wenn die Vollzuganstalt zuvor bereits in derselben Sache bestandskräftig entschieden und sich die Sachlage zwischenzeitlich nicht hinreichend verändert hat.[24] Das Rechtschutzbedürfnis kann aber entfallen, wenn sich der Gefangene hierauf verspätet beruft.[25] 14

IV. Zuständiges Gericht

Nach § 126 Abs. 1 S. 1 ist zur Entscheidung über den Antrag der **Haftrichter oder des aktuell befassten Strafgerichts**[26] berufen.[27] Nach Anklageerhebung ist nicht der Vorsitzende, sondern der Spruchkörper in der Besetzung außerhalb der Hauptverhandlung berufen.[28] Insoweit besteht ein Unterschied zu § 119,[29] da die Vorschrift des § 126 Abs. 2 S. 3, nach welcher die Befugnis zur Anordnung einzelner Maßnahmen ausdrücklich auf den Vorsitzenden übertragen ist, **nur auf § 119, nicht aber auch auf § 119a verweist.** 15

Das Gericht hat nach dem **Amtsermittlungsgrundsatz** die Sach- und Rechtslage in vollem Umfang ohne Bindung an die Feststellungen der Vollzugsanstalt nachzugehen. Es gilt das Freibeweisverfahren.[30] Eine Beteiligung der Staatsanwaltschaft ist nicht vorgesehen, da es nicht um verfahrenssichernde Maßnahmen geht.[31] Das nach § 126 StPO zuständige Haftgericht hat über einen Antrag nach § 119a StPO auch dann zu entscheiden, wenn die Untersuchungshaft in Strafhaft übergegangen ist und die den Antrag begründende Problematik fortdauert.[32] 16

Diese unmittelbare Anbindung an den Amtsermittlungsgrundsatz sichert die **Rechtsstellung der Untersuchungsgefangen,** da diese oftmals selbst nicht zur Darlegung ihrer Rechte in der Lage sind. Insoweit bestehen keine besonderen Begründungsanforderungen, es reicht aus, dass das Anliegen des Beschuldigten nachvollziehbar deutlich wird. Ein Antrag auf gerichtliche Entscheidungen ist selbst dann nicht unzulässig, dass sich der Antragsteller von missbilligenswerten Beweggründen leiten lässt und lediglich Schaden stiften oder in der Justizvollzugsanstalt Ungelegenheiten bereiten will.[33] Da insoweit noch keine rechtskräftige 17

[23] Schultheis in KK-StPO Rn. 3.
[24] AA Schmitt in Meyer-Goßner/Schmitt Rn. 6 (Der Antrag sei in diesen Fällen nicht unzulässig, sondern unbegründet).
[25] OLG München 12.3.2021 – 1 Ws 125/21; NStZ-RR 2021, 178.
[26] VG Augsburg 28.5.2013 – Au 4 E 13.512, BeckRS 2013, 52637 (keine Zuständigkeit des Verwaltungsgerichts).
[27] OLG Naumburg 17.8.2010 – 2 Ars 7/10, BeckRS 2010, 23745; vgl. aber zur einstweiligen Unterbringung nach § 126a: OLG Jena 3.1.2012 – 1 Ws 575/11, BeckRS 2012, 833.
[28] KG 2.1.2013 – 4 Ws 183/12, NStZ-RR 2013, 284.
[29] Vgl. hierzu → § 119 Rn. 61 ff., 64, 79.
[30] Schultheis in KK-StPO Rn. 7.
[31] Wiesneth Die Untersuchungshaft, S. 396.
[32] KG 4.6.2020 – 4 Ws 20/20, BeckRS 2020, 15535.
[33] OLG Köln 8.4.2013 – III-2 Ws 181/13, NStZ-RR 2013, 285 (Ablehnung der Aufstellung einer Pflanze im Haftraum).

Verurteilung vorliegt, dürfen insoweit keine besonderen Darlegungs- oder Begründungsanforderungen gestellt werden, wie dies bei § 109 Abs. 2 StVollzG der Fall ist, wonach ein Antrag auf gerichtliche Entscheidung nur zulässig ist, wenn der Antragsteller gelten macht, durch Maßnahme oder ihre Ablehnung in seinen Rechten verletzt zu sein.[34]

V. Vorläufige Anordnung (Abs. 2)

18 Der Antrag hat **keinen** Suspensiveffekt (Satz 1), jedoch kann das Gericht vorläufige Anordnungen treffen (Satz 2), beispielsweise mildere Maßnahmen anordnen, wenn die notwendige Aufklärung des Sachverhalts im Hinblick auf die derzeit eingetretene Beschwer unverhältnismäßig wäre.

VI. Rechtsmittel (Abs. 3)

19 Gegen die Entscheidung des Haftgerichts besteht das **allgemeine Beschwerderecht** nach **§§ 304 ff.** soweit es sich nicht um Entscheidungen des Oberlandesgerichts oder des Ermittlungsrichters am Bundesgerichtshofs handelt.[35] Ferner hebt Abs. 3 hervor, dass in Abweichung von § 119 auch die vollzugliche Stelle beschwerdeberechtigt ist. Die einfache Beschwerde (und nicht die Rechtsbeschwerde) ist das richtige Rechtsmittel, wenn anstatt des Haftgerichts die Strafvollstreckungskammer entschieden hat.[36]

20 Nach **Erledigung der Maßnahme** vor einer gerichtlichen Entscheidung kann ein **berechtigtes Interesse an der Feststellung der Rechtswidrigkeit** derselben bestehen.[37] Das fortwirkende Rechtsschutzinteresse eines Beschuldigten ist immer bei tiefgreifenden, tatsächlich jedoch nicht mehr fortwirkenden, Grundrechtseingriffen anzunehmen.[38] 2. kann auch bei einem aufgrund des Gewichts des Grundrechtseingriffs grundsätzlich fortbestehenden Rechtsschutzinteresse das Rechtsschutzbedürfnis entfallen, wenn der Berechtigte sich verspätet auf sein Recht beruft und unter Verhältnissen untätig bleibt, unter denen vernünftigerweise etwas zur Wahrung des Rechts unternommen zu werden pflegt.[39] Insoweit besteht aber die Besonderheit im Rahmen des § 119a, dass für ein Entfallen des Beschwerderechtszugs und eine Umdeutung der Beschwerde in einen erneuten Antrag auf gerichtliche Entscheidung – anders als bei Haftentscheidungen (→ § 117 Rn. 38) – kein Raum ist.[40] Auch kann eine Verfassungsbeschwerde erst zulässig nach Ausschöpfen des Rechtswegen nach § 119a Abs. 1 erhoben werden.[41]

VII. Schadensersatzfragen

21 Will der Beschuldigte Amtshaftungs- oder Schadensersatzansprüche wegen der Art und Weise seiner Unterbringung geltend machen, so können diese nach § 839 Abs. 3 BGB, Art. 5 Abs. 5 MRK ausgeschlossen sein, wenn er die Maßnahmen nicht zuvor bei dem nach § 126 zuständigen Gericht beanstandet hat.[42]

§ 120 Aufhebung des Haftbefehls

(1) [1]Der Haftbefehl ist aufzuheben, sobald die Voraussetzungen der Untersuchungshaft nicht mehr vorliegen oder sich ergibt, daß die weitere Untersu-

[34] Vgl. hierzu Callies/Müller-Dietz StVollzG Rn. 19.
[35] BGH 12.1.2012 – StB 19/11, StV 2012, 419; BVerfGE 96, 27.
[36] OLG Stuttgart 14.2.2011 – 4 Ws 10/2011, Justiz 2011, 184.
[37] Vgl. OLG Frankfurt a. M. 18.12.2003 – 3 VAs 4/03, NStZ-RR 2004, 184.
[38] OLG Hamburg 6.5.2015 – 2 Ws 58/15; 11.12.2018 – 2 Ws 190-191/18.
[39] OLG München 12.3.2021 – 1 Ws 125/21, NStZ-RR 2021, 178, ebenso BVerfG 4.3.2008 – 2 BvR 2111/07; entgegen OLG Frankfurt 11.3.2005 – 3 VAs 8/05 und OLG Karlsruhe 9.12.2004 – 2 VAs 24/04 (Rn. 16).
[40] OLG Hamburg 20.8.2019 – 2 Ws 85/19, NStZ 2020, 311.
[41] BVerfG 22.3.2016 – 2 BvR 1664/15, BeckRS 2016, 45553.
[42] OLG Naumburg 30.1.2006 – 2 W 25/05, OLGR Naumburg 2006, 973 Unterbringung in einem Haftraum mit anteilig vier Quadratmetern bei Gemeinschaftsunterbringung).

chungshaft zu der Bedeutung der Sache und der zu erwartenden Strafe oder Maßregel der Besserung und Sicherung außer Verhältnis stehen würde. [2]Er ist namentlich aufzuheben, wenn der Beschuldigte freigesprochen oder die Eröffnung des Hauptverfahrens abgelehnt oder das Verfahren nicht bloß vorläufig eingestellt wird.

(2) Durch die Einlegung eines Rechtsmittels darf die Freilassung des Beschuldigten nicht aufgehalten werden.

(3) [1]Der Haftbefehl ist auch aufzuheben, wenn die Staatsanwaltschaft es vor Erhebung der öffentlichen Klage beantragt. [2]Gleichzeitig mit dem Antrag kann die Staatsanwaltschaft die Freilassung des Beschuldigten anordnen.

Schrifttum: Deckers, Zur Aufhebung eines Haftbefehls wegen Unverhältnismäßigkeit in Hinblick auf den Zeitraum der vollzogenen Untersuchungshaft und die Straferwartung sowie die voraussichtliche Dauer des weiteren Verfahrensablaufs, StV 1994, 588; Geppert, Vorläufige Festnahme, Verhaftung, Vorführung und andere Festnahmearten, Jura 1991, 269; Dessecker, Die Begrenzung langer Untersuchungshaft: eine Rechtsprechungsanalyse; HRRS 2007, 112; Duchon, Coronabedingte Organisationshaft – Verfassungsrechtliche Grenzen in der Pandemie, StraFo 2021, 16; Eidam, Zur Selbstverständlichkeit von Rechtsbrüchen beim Vollzug von Untersuchungshaft, HRRS 2008, 241; Fahl, Zur Reservehaltung von Tatvorwürfen zum Erlass eines erneuten Haftbefehls, ZIS 2009, 452; Fröhlich, Haftbefehl durch örtlich unzuständiges AG, NStZ 1999, 585; Hagmann, Haftfortdauer nach nicht rechtskräftigem ersten Urteil und Beschleunigungsgebot, Anmerkung zum Beschluss des BVerfG vom 13.5.2009 – 2 BvR 388/09, StV 2009, 592; Herrmann, Anmerkung zu den Beschlüssen des BVerfG vom 17.1.2013 und vom 13.3.2013 (2 BvR 2089/12; StRR 2013, 228/229) – Zur Frage des Verhältnismäßigkeitsgrundsatzes und des Beschleunigungsverbots in Haftsachen, StRR 2013, 229; Jahn, Stürmt Karlsruhe die Bastille? – Das Bundesverfassungsgericht und die überlange Untersuchungshaft? NJW 2006, 652; Jahn, Strafprozessuale Eingriffsmaßnahmen im Lichte der aktuellen Rechtsprechung des BVerfG, NStZ 2007, 255; Keller/Meyer-Mews, Hans Anforderungen an das Beschleunigungsgebot in Haftsachen während der Hauptverhandlung und nach dem Urteil, StraFo 2005, 353; Knauer, Untersuchungshaft und Beschleunigungsgrundsatz, StraFo 2007, 309; Meyer, Ist das Gericht an einen Antrag der Staatsanwaltschaft auf Aufhebung der vorläufigen Entziehung der Fahrerlaubnis gebunden? DAR 1986, 47; Momsen, U-Haft schafft Rechtskraft, StraFo 2019, 89; Pieroth/Hartmann, Das verfassungsrechtliche Beschleunigungsgebot in Haftsachen, StV 2008, 276; Pollähne/Ernst, Einstweilige Unterbringung und Beschleunigungsgebot, StV 2009, 705; Rinio, Bindung an Antrag der Staatsanwaltschaft auf Aussetzung des Vollzugs; NStZ 2000, 547; Rößler, Verteidigung in Untersuchungshaftfällen, ZAP Fach 22, 505; Scheinfeld, Haftfortdauerentscheidungen und Rechtsbeugung, GA 2010, 684; Schlotthauer, Haftverschonung auf Antrag der StA im Ermittlungsverfahren StV 2001, 463; Schlothauer/Weider/Nobis, Untersuchungshaft – mit Erläuterungen zu den UVollzG der Länder, 5. Aufl. 2016; Turnit/Schroth, Das Beschleunigungsgebot und die Konsequenzen einer überlangen Verfahrensdauer im Strafprozess, StraFo 2005, 358; Tsambikakis, Anmerkung zu einer Entscheidung des OLG Jena, Beschluss vom 29.11.2010 (1 Ws 457/10; StV 2011, 735) – Zur Wiederholungsgefahr bei der Untersuchungshaft, StV 2011, 738; Wendisch, Beendet die Aufhebung eines Freispruches durch das Revisionsgericht die Sperrwirkung für einen Haftbefehl? StV 1985, 376.

Übersicht

I. Allgemeines, Normzweck und Anwendungsbereich

1 **1. Allgemeines.** Die Norm führt als eine der **zentralen Vorschriften des Haftrechts** die Gründe für die Aufhebung des Haftbefehls auf. Insoweit wird sie ergänzt durch die Vorschriften der §§ 121 Abs. 2, 122a, welche die Aufhebung des **Haftbefehls im Rahmen der Sechstmonatshaftprüfung durch das Oberlandesgericht** zusätzlich und ausdrücklich dann vorsehen, wenn weder die besondere Schwierigkeit oder der besondere Umfang der Ermittlungen noch ein anderer wichtiger Grund dessen Aufrechterhaltung rechtfertigen (→ § 121 Rn. 37 ff.). Die Aufhebung des Haftbefehls ist aber dann nicht veranlasst, wenn die Haftvoraussetzungen nicht wegefallen sind, sondern sich diese nur geändert haben. In einem solchen Fall ist der Haftbefehl anzupassen.[1]

2 Die Vorschrift zählt zwar eigenständige Gründe für die auch von Amts wegen durch den jeweils zuständigen Haftrichter (§§ 125, 126) vorzunehmende Aufhebung des Haftbefehls auf, insbesondere den Wegfall der Haftvoraussetzungen (→ Rn. 7 ff.) und das Entfallen der Verhältnismäßigkeit der weiteren Haftfortdauer (→ Rn. 11 ff.), gleichwohl wird sich ihre Anwendung zumeist bei **Anträgen auf Haftprüfung** (§§ 117 ff.), **Haftbeschwerden** (§ 304 Abs. 1) oder nach mit **Urteilserlass** stellen (§ 268b).

3 **2. Normzweck.** Durch das Wort ***sobald*** in Satz 1 bringt die Vorschrift zum Ausdruck, dass sowohl Staatsanwaltschaft als auch das Gericht von Amts wegen und unabhängig von einem Antrag auf Haftprüfung (§ 117) oder einer Haftbeschwerde (§ 304) **ständig zu prüfen** haben, ob die **Voraussetzungen der Untersuchungshaft** noch vorliegen.[2] Insoweit werden in Abs. 1 die beiden zentralen Aufhebungsvoraussetzungen aufgeführt, nämlich den Wegfall der Haftvoraussetzungen (dringender Tatverdacht und Haftgrund) sowie der Grundsatz der Verhältnismäßigkeit. Über den letztgenannten Grundsatz sind die besonderen Haftvoraussetzungen des § 121 – was häufig übersehen wird (vgl. hierzu auch → § 121 Rn. 6) – auch schon vor Ablauf der Sechsmonatsfrist des § 121 Abs. 1 der Sache nach – wenn auch nicht mit gleicher Intensität – zu berücksichtigen, so dass ein nicht zureichend gefördertes Verfahren auch schon vor der Vorlage der Akten an das Oberlandesgericht der Aufhebung unterliegt, sei es von Amts wegen oder in einem vom Beschuldigten veranlassten Haftprüfungs- oder Haftbeschwerdeverfahren.[3]

4 Zu beachten ist, dass das **Beschleunigungsgebot auch nach Beginn der Hauptverhandlung** (→ Rn. 20 ff.) und **nach deren Beendigung** (→ Rn. 23 ff.) gilt, so dass die Freilassung eines Angeklagten jedenfalls nach langer Haftdauer zu veranlassen ist, wenn die **Hauptverhandlung nicht zügig durchgeführt oder das Urteil nicht zeitnah abgesetzt** werden kann.[4]

5 **3. Anwendungsbereich.** Die Vorschrift findet nicht nur im Rahmen der Untersuchungshaft nach §§ 112 ff. Anwendung, sondern auch **Haftbefehle nach § 230 Abs. 2, 236, 329 Abs. 4** sind insbesondere dann aufzuheben, wenn ihre Voraussetzungen nicht mehr vorliegen. Daneben darf ein Haftbefehl auch dann nicht **grundlos** aufrecht erhalten, wenn **Überhaft**[5] notiert oder der **Haftbefehl außer Vollzug** (§ 116)[6] gesetzt ist. Auch wenn sich der Beschuldigte in **Auslieferungshaft** befindet, gilt das Beschleunigungsgebot

---

1 Schultheis in KK-StPO § 120 Rn. 3.

2 BGH 16.8.1991 – StB 16/91, StV 1991, 525.

3 BGH 19.4.2021 – AK 29/21, BeckRS 2021, 7983 = StV 2021, 595 (Ls.).

4 BVerfG 29.2.2005 – 2 BvR 2057/05, StV 2006, 81; 17.1.2013 – 2 BvR 2098/12, StraFo 2013, 160; OLG Schleswig 11.3.2021 – 1 Ws 38/21, m. Anm. Hieramente jurisPR-StrafR 19/2021 (Anm. 5) = BeckRS 2021, 22178.

5 OLG Karlsruhe 28.1.2002 – 3 Ws 15/02, StV 2002, 317; KG 2.12.1999 – 1 AR 1405/99 – 4 Ws 291/99, BeckRS 1999, 16054; OLG Koblenz 9.10.2010 – 1 Ws 569/10; OLG Hamm 29.3.2007 – 2 Ws 88/07, StV 2007, 363.

6 BVerfG 13.9.2002 – 2 BvR 1375/02, NStZ 2004, 82; OLG Karlsruhe 28.1.2003 – 3 Ws 15/02, StV 2002, 317; 30.12.2004 – 1 Ws 294/14 (Einhaltung aller Auflagen über längerem Zeitraum); OLG Koblenz 19.2.2018 – 2 Ws 670/18, NJ 2019, 78; Posthoff in Gercke/Julius/Temming/Zöller Rn. 7.

und der Haftbefehl unterliegt der Aufhebung, wenn das Verfahren in dieser Zeit nicht zureichend gefördert worden ist.[7]

II. Aufhebung des Haftbefehls von Amts wegen (Abs. 1 S. 1)

Die **Gründe,** welche im Einzelnen zur Aufhebung eines Haftbefehls führen können, sind **vielfältig.** Satz 1 führt insoweit die beiden wesentlichen Fallgruppen auf, nämlich den Wegfall der Haftvoraussetzungen (→ Rn. 7 ff.) sowie die Unverhältnismäßigkeit einer weiteren Inhaftierung (→ Rn. 11 ff.). Daneben ist ein Haftbefehl etwa auch aufzuheben, wenn die Gesamtwürdigung oder die hohe Wahrscheinlichkeit des Eintritts endgültiger **Verhandlungsunfähigkeit** (§§ 112, 123 ff., 127 ff.) dem Erlass eines Haftbefehls entgegenstehen würde,[8] dem Verteidiger Akteneinsicht nicht rechtzeitig gewährt oder zu Unrecht ganz verweigert wird[9] oder das Revisionsgericht die Fortdauer der Haft im Einzelfall als unverhältnismäßig ansieht.[10] Hingegen reicht es nicht aus, wenn nur ein **Haftbefehl in anderer Sache** erlassen wird oder der Beschuldigte in Strafhaft kommt, denn die Haftvorausetzungen beurteilen sich nach jedem Verfahren getrennt. Droht dem Inhaftierten **nahe Lebensgefahr** oder eine **schwere Gesundheitsgefahr** ist der Haftbefehl nicht zwingend aufzuheben, denn es ist zunächst ist zu prüfen, ob die in § 455 Abs. 4 Nr. 3 genannte Untersuchung und **Behandlung in Vollzugseinrichtungen** oder aber in einem **externen Krankenhaus** ohne Unterbrechung des Vollzuges der Untersuchungshaft möglich sind.[11] Rein berufliche oder wirtschaftliche Existenzbedrohungen reichen aber nicht aus.[12] Ist eine Haftbefehl aufgehoben worden, so kann er nicht ohne weiteres wieder neu erlassen werden (→ § 121 Rn. 111, → § 115 Rn. 47 ff.). 6

1. Wegfall der Haftvoraussetzungen. Neben der hier gesondert zu prüfenden Verhältnismäßigkeit setzt ein Haftbefehl nach §§ 112, 112a stets das Vorliegen eines **dringenden Tatverdachts sowie eines Haftgrundes** voraus. 7

Bezüglich des **dringenden Tatverdachts** ist insoweit zu sehen, dass sich dieser im Laufe eines Ermittlungsverfahrens oftmals ändert. Entfällt im Laufe des Verfahrens die **hohe Wahrscheinlichkeit,** dass es sich beim Beschuldigten um den Täter handelt oder er deshalb verurteilt werden könnte (→ § 112 Rn. 21 ff.), ist seine Freilassung unverzüglich zu veranlassen. Dabei ist mit Fortschreiten der Ermittlungen der Tatverdacht grundsätzlich immer kritischer zu hinterfragen, so dass etwa noch zu Beginn des Verfahrens ausreichende Indizien einen Tatverdacht nicht mehr begründen können, wenn sich herausstellt, dass die Indizienkette nicht geschlossen werden kann.[13] Auch ist der Haftbefehl aufzuheben, wenn sich im Laufe der Ermittlungen ergibt, dass wegen eines einzelnen Tatbestandsmerkmals ein Nachweis nicht wird geführt werden kann.[14] 8

Nicht zulässig und von der strafrechtlichen Praxis häufig missachtet ist die Aufrechterhaltung der **Haft zur Aufklärung weiterer und nicht im Haftbefehl aufgeführter Taten.**[15] Besteht auch wegen dieser Taten dringender Tatverdacht, obliegt es der Staatsanwaltschaft, die zeitnahe Beantragung der Anpassung der Haftgrundlage bei dem nach § 126 zuständigen Gericht zu beantragen (→ § 126 Rn. 4 f., 11 ff.). 9

Auch die **Haftgründe** ändern sich im Laufe des Verfahrens. So nimmt bezüglich des Haftgrundes der **Fluchtgefahr** (§ 112 Abs. 2 Nr. 2) der Fluchtanreiz ab, je länger sich der Beschuldigte in Untersuchungshaft befindet, zumal die Dauer der Haft auf eine zu verhän- 10

---

[7] OLG Karlsruhe 1.9.2003 – 1 Ws 235/03, wistra 2004, 276; Böhm in Grützner/Pötz/Kress/Gazeas, Internationale Rechtshilfe in Strafsachen, 3. Aufl., IRG § 25.

[8] Lind in Löwe/Rosenberg Rn. 12.

[9] AG Magdeburg 2.2.2016 – 5 Gs 3398/15; zur Akteneinsicht vgl. auch → § 112 Rn. 9; → § 114 Rn. 38; → § 117 Rn. 7; → § 121 Rn. 65 ff.

[10] OLG Frankfurt a. M. 15.1.2016 – 1 Ss 364/15, StV 2017, 297.

[11] OLG Hamm 22.1.2004 – 3 Ws 350/03; Posthoff in Gercke/Julius/Temming/Zöller Rn. 6.

[12] Paeffgen in SK-StPO Rn. 11c.

[13] Lind in Löwe/Rosenberg Rn. 8.

[14] Schultheis in KK-StPO Rn. 4.

[15] OLG Oldenburg 8.8.2008 – 1 Ws 487/08, StV 2009, 258; → § 121 Rn. 75 f.

gende Haftstrafe angerechnet werden muss (§ 51 Abs. 1 S. 1 StGB).[16] Der Haftgrund der **Verdunkelungsgefahr** (§ 112 Abs. 1 Nr. 3) wird im Laufe des Ermittlungsverfahrens mit der Sicherung der Beweise abnehmen[17] und zumeist nach durchgeführter Hauptverhandlung in letzter Tatsacheninstanz vollständig in Wegfall geraten.[18]

11 **2. Unverhältnismäßigkeit einer weiteren Inhaftierung.** Für die **Dauer der Untersuchungshaft** ist der Verhältnismäßigkeitsgrundsatz von erheblicher Bedeutung. Nach der gesetzlichen Wertung ist die Fortdauer der Haft dann als unverhältnismäßig anzusehen, wenn deren weiterer Vollzug zur Bedeutung der Sache und den zu erwartenden Rechtsfolgen außer Verhältnis steht. Ob die Haft aufgrund ihrer Dauer unverhältnismäßig wird, lässt sich immer nur im **Einzelfall** beurteilen.[19] Jedenfalls verlangt der Grundsatz der Verhältnismäßigkeit, dass die **Dauer der Untersuchungshaft nicht außer Verhältnis zur erwarteten Strafe** steht, und setzt ihr auch **unabhängig von der Straferwartung Grenzen.**[20] Mit zunehmender Dauer der Untersuchungshaft steigen deshalb einerseits die Anforderungen an die Zügigkeit der Arbeit in einer Haftsache. Zum anderen nehmen auch die Anforderungen an den Grund zu, der die Haftfortdauer rechtfertigen soll.[21] Hinsichtlich der **Abwägung** ist dabei das Grundrecht des Beschuldigten auf persönliche Freiheit gegen das aus dem Legalitätsprinzip resultierende Interesse des Staates an der Verfolgung und Ahndung von Straftaten gegeneinander mit einer in aller Regel vertieften Begründung[22] aufzuwiegen, wobei die Dauer der Einlieferungshaft mit zu berücksichtigen ist.[23] Liegt etwa der Haftgrund der Fluchtgefahr trotz einer nach Anrechnung der bereits erlittenen Untersuchungshaft nicht mehr sehr hohen Straferwartung vor, ist der weitere Vollzug der Untersuchungshaft deshalb nur dann **unverhältnismäßig,** wenn die bisherige Dauer in einem krassen Missverhältnis zur Straferwartung steht, nicht aber schon dann, wenn die Untersuchungshaft an die zu erwartende Strafe heranreicht.[24]

12 Als eine Art durch die Rechtsprechung gebildeten **zeitlichen Obergrenze** zu beachten ist, dass der Vollzug von **Untersuchungshaft von mehr als einem Jahr Dauer** bis zum Beginn der Hauptverhandlung oder dem Erlass eines Urteils nur in **ganz besonderen Ausnahmefällen** gerechtfertigt werden kann.[25]

13 Dabei wird Unverhältnismäßigkeit einer weiteren Inhaftierung häufig anzunehmen sein, wenn die Dauer der Untersuchungshaft die zu **erwartende Freiheitsstrafe annähernd erreicht** oder sogar übersteigt.[26] Andererseits gibt es aber keinen Rechtssatz, dass die Untersuchungshaft nicht bis zur Höhe der erkannten Freiheitsstrafe vollzogen werden darf, wenn dies notwendig ist, um die drohende Vollstreckung der Strafe zu sichern.[27] Bei der im Einzelfall gebotenen Abwägung ist ebenso wie beim Haftgrund der Fluchtgefahr zu berücksichtigen, dass die Dauer der Untersuchungshaft auf die Strafe anzurechnen (§ 51 StGB) und eine zu erwartenden Strafaussetzung zur Bewährung zu berücksichtigen ist,[28] sei es im anhängigen Verfahren nach § 56 StGB oder nach teilweiser Strafverbüßung gemäß § 57 StGB (vgl. hierzu → § 12 Rn. 53).

---

16 Lind in Löwe/Rosenberg § 112 Rn. 9.

17 KG 11.7.2012 – 4 Ws 367/04; OLG Stuttgart 4.1.2005 – 4 Ws 367/04, StV 2005, 225; Lind in Löwe/Rosenberg § 120 Rn. 10; → § 112 Rn. 72.

18 Schultheis in KK-StPO § 112 Rn. 5.

19 Schultheis in KK-StPO Rn. 6; zu der notwendigen Erwartungsprognose vgl. → § 116 Rn. 17.

20 So schon BVerfG 3.5.1966 – 1 BvR 58/66, BVerfGE 20, 45; BGH 18.12.2015 – StB 25/14 (Haftdauer 5 Jahre); OLG Köln 1.6.2015 – III 2 Ws 299/15 (Verfahrensdauer 5 Jahre und 9 Monate).

21 BVerfG 13.5.2009 – 2 BvR 388/09, StV 2009, 479; BGH 18.12.2019 – StB 29/19, BeckRS 2019, 34582.

22 BVerfG 23.1.2019 – 2 BvR 2429/18, BeckRS 2019, 423; vert. → § 112 Rn. 6 ff.

23 KG 15.3.2019 – 4 Ws 24/19, BeckRS 2019, 4693.

24 OLG Köln 31.3.2006 – 40 HEs 7 – 10/06, JMBl. NRW 2006, 262.

25 BVerfG 23.1.2008 – 2 BvR 2652/07, StV 2008, 198; 29.12.2005 – 2 BvR 2057/05, BVerfGK 7/140; Posthoff in Gercke/Julius/Temming/Zöller Rn. 1; → § 121 Rn. 50 (sog. kritische Grenze).

26 OLG Stuttgart 6.12.2017 – Ws 331/17, mAnm Thürmann jurisPR-StrafR 24/2017 Anm. 3; → § 112 Rn. 33; Schultheis in KK-StPO § 112 Rn. 6.

27 KG 31.8.2007 – 1 AR 1207/07 – 1 Ws 146/07, NStZ-RR 2008, 157.

28 BGH 30.5.2018 – StB 12/18, NStZ-RR 2018, 255.

Liegt bereits eine – wenn auch nicht rechtskräftige – **Verurteilung** vor, ist bei der Frage, welche Strafe zu erwarten ist, der Strafausspruch des Urteils zu Grunde zu legen. Nach der forensischen Praxis ist vielfach davon auszugehen, dass bei einer – noch ausstehenden – Strafe bzw. **Straferwartung von mehr als vier Jahren** die naheliegende Gefahr begründet ist, dass der Angeklagte sich dem Strafverfahren oder der anschließenden Vollstreckung durch Flucht oder Untertauchen zu entziehen sucht, wenn er auf freien Fuß kommt. Dies gilt insbesondere dann, wenn der Angeklagte über keine tragfähigen sozialen Bindungen im Inland verfügt, die dem Fluchtanreiz in dem erforderlichen Maße entgegenwirken könnten.[29] 14

3. Sonderfall: Unverhältnismäßigkeit wegen Verfahrensverzögerung. Bezüglich des Vorliegens von **Verfahrensverzögerungen** ist auch vom **Haftrichter**[30] im Rahmen des § 120 unabhängig von der besonderen und dem Oberlandesgericht obliegende Haftprüfung nach § 121[31] ständig zu prüfen und zu beachten, ob das Verfahren mit der in Haftsachen gebotenen Beschleunigung durchgeführt wurde und zukünftig auch weiter entsprechend gefördert werden wird. Dabei können allein die Schwere der Tat und die sich daraus ergebende Straferwartung bei **erheblichen, vermeidbaren und dem Staat zuzurechnenden Verfahrensverzögerungen** nicht zur Rechtfertigung einer ohnehin schon lang andauernden Untersuchungshaft herangezogen werden.[32] Für die Bejahung einer **signifikanten Verfahrensverzögerung** ist dabei nicht entscheidend, ob eine einzelne verzögert durchgeführte Verfahrenshandlung ein wesentliches Ausmaß einnimmt, sondern ob die **vorliegenden Verfahrensverzögerungen in** ihrer **Gesamtheit eine Schwelle** erreichen, die im Rahmen der Abwägung die Anordnung einer weiteren Fortdauer der Untersuchungshaft nicht mehr erlaubt.[33] Stets ist insoweit eine einzelfallbezogene Analyse des Verfahrensablaufs durchzuführen.[34] Dabei kann zur Durchführung eines geordneten Strafverfahrens und zur Sicherstellung der Strafvollstreckung die Untersuchungshaft dann nicht mehr als notwendig anerkannt werden, wenn ihre Fortdauer durch Verfahrensverzögerungen verursacht ist, die ihre Ursache nicht in dem konkreten Strafverfahren haben und daher sachlich nicht gerechtfertigt sind.[35] Bloße Verfahrensfehler, die keine erhebliche Verfahrensverzögerung bedingen, führen jedoch nicht zur Aufhebung des Haftbefehls.[36] 15

Bei der Prüfung des Vorliegens einer relevanten Verzögerung ist dabei zu beachten, dass die Bearbeitung von Haftsachen sowohl bei Staatsanwaltschaft und Gericht **Vorrang vor der von Nichthaftsachen**[37] und solche mit bestehender Überhaft[38] hat Grundsätzlich können und müssen **wesentliche und schwere Verfahrensverzögerungen,** welche im nach Vorlage der Akten zur besonderen Haftprüfung nach §§ 121 ff. an das Oberlandesgericht zur Aufhebung des Haftbefehls führen, auch im Rahmen der Prüfung der Verhältnismäßigkeit beachtet werden und nötigen – auch wenn dies von der forensischen Praxis zumeist nicht umgesetzt wird – zur Aufhebung des Haftbefehls. Hingegen führt die aus § 306 Abs. 2 Hs. StPO folgende Pflicht zu unverzüglicher 16

[29] OLG Düsseldorf 6.2.2009 – III-1 Ws 65/09, BeckRS 2009, 15738; vgl. hierzu näher → § 112 Rn. 52.

[30] KG 15.3.2019 – 2 Ws 24/19; OLG Brandenburg 18.1.2007 – 2 Ws 12/07, StV 2007, 363; OLG Hamm 5.1.2006 – 2 Ws 2/06, StV 2006, 191; OLG Koblenz 26.9.2006, StraFo 2006, 496; Schmitt in Meyer Goßner/Schmitt Rn. 3 mzwN.

[31] OLG Koblenz 11.2.2004 – 2 Ws 71/04, OLGSt StPO § 121 Nr. 30.

[32] BVerfG 23.1.2008 – 2 BvR 2652/07, StV 2008, 198; OLG Brandenburg 6.12.2018 – 1 Ws 84/18, StV 2019, 568 (10 Jahre abgeurteilte Haftstrafe); OLG Koblenz 19.2.2018 – 2 Ws 670/18, NJ 2019, 78.

[33] BVerfG 13.5.2009 – 2 BvR 388/09, StV 2009, 479.

[34] BVerfG 4.5.2011 – 2 BvR 2781/10, BeckRS 2011, 50361; Posthoff in Gercke/Julius/Temming/Zöller Rn. 7.

[35] BVerfG 20.12.2017 – 2 BvR 2552/17, BeckRS 2017, 136740 mAnm Peglau jurisPR-StrafR 5/2018 Anm. 2.

[36] BGH 28.6.2018 – AK 24/18, NStZ 2018, 665 mAnm Eisenberg NStZ 2018, 667 (Benachrichtigung der Jugendgerichtshilfe unterlassen).

[37] OLG Hamm 5.1.2006 – 2 Ws 2/06, StV 2006, 191; 19.2.2009 – 2 Ws 41/09, BeckRS 2009, 6221.

[38] KG 31.3.2017 – 5 Ws 81/17, BeckRS 2017, 117156.

Anordnung der Aktenvorlage an das Beschwerdegericht nicht stets[39] zur Aufhebung der Haft.[40] Vielmehr verlangt die Vorschrift durchaus die Unverzüglichkeit der Vorlage, jedoch keine Schnelligkeit um jeden Preis, sondern es ist unter Berücksichtigung der Umstände des Einzelfalles ein angemessener Ausgleich zwischen der möglichen Beschleunigung und der gebotenen sorgfältigen inhaltlichen Befassung mit dem Beschwerdevorbringen zu finden.[41]

17 **a) Vor Beginn der Hauptverhandlung.** Da die Anforderungen an die Verhältnismäßigkeit der Untersuchungshaft mit der Dauer des Verfahrens ansteigen, werden sich oftmals im Verfahren eingetretene **Verzögerungen vor Vorlage der Akten an das Oberlandesgericht** jedoch noch nicht in der **Erheblichkeit auswirken,** dass die Aufhebung des Haftbefehls durch den Haftrichter geboten sein wird. Grundsätzlich kann aber die Verletzung des Beschleunigungsgebots schon vor Ablauf der Sechs-Monats-Frist des § 121 Abs. 1 die Aufhebung des Haftbefehls Haftbefehls gebieten, wenn es auf Grund **vermeidbarer Fehler der Justizorgane zu einer erheblichen Verzögerung** kommt.[42] Insoweit kann vorliegend auf die im Rahmen der besonderen Haftprüfung (§§ 121 ff.) **dargestellten Verzögerungsgründe verwiesen werden, welche auch für den Haftrichter beachtlich** sind (vgl. hierzu weiter → § 112a Rn. 58).[43]

18 Die Aufhebung eines Haftbefehls kann danach auch im Zwischenverfahren (§§ 199 ff.) geboten sein, wenn noch **keine Verfahrensverzögerung** eingetreten ist, sich aber eine solche abzeichnet, etwa weil ein **Termin zur Hauptverhandlung nicht zeitnah** bestimmt werden kann.[44] Eine solche Fallgestaltung kann etwa eintreten, wenn der erkennende Richter keine Maßnahmen trifft, um eine alsbaldige Hauptverhandlung zu ermöglichen.[45] Selbst wenn ein strafrechtliches Verfahren angesichts der Komplexität der einem Beschuldigten zur Last gelegten Straftaten und der Vielzahl der beteiligten Personen eine überdurchschnittliche Schwierigkeit aufweist, rechtfertigt dies allein nicht, im Zwischenverfahren anstehende Entscheidungen nicht mit der gebotenen Beschleunigung zu treffen.[46] Stets bedarf es jedenfalls beim umfangreichen Strafverfahren insoweit einer **vorausschauenden Planung** des mit der Haftsache befassten Gerichts.[47] Kommt es zu Verfahrensverzögerungen ist eine Analyse nach **Verantwortungsbereichen** geboten.[48] Praxisrelevant sind die Fälle, in welche eine zeitnahe Terminierung wegen Verhinderung des/der Verteidiger/s nicht möglich ist. Insoweit ist für den Tatrichter aber Vorsicht geboten, denn der Verweis auf die angespannte Terminslage des/der Verteidiger eines Angeklagten in Untersuchungshaft kann allenfalls eine kurzfristige Verzögerung des Verfahrensfortgangs rechtfertigen.[49] Denn das Recht eines Angeklagten, sich von einem Anwalt seines Vertrauens vertreten zu lassen, gilt nicht uneingeschränkt, sondern kann durch wichtige Gründe begrenzt sein. Ein solcher Grund kann in bestimmten Situationen auch das Beschleunigungsgebot in Haftsachen

---

[39] So aber OLG Brandenburg 9.3.2016 – 1 Ws 18/16, StraFo 2016, 152 (Vorlage der Akten erst fünf Wochen nach Einlegung der Haftbeschwerde).

[40] Grundlegend KG 27.10.2014 – 2 Ws 360/14, NStZ-RR 2015, 18 (§ 306 Abs. 2 ist keine bloße Ordnungsvorschrift).

[41] KG 15.3.2019 – 2 Ws 24/19.

[42] BVerfG 4.4.2006 – 2 BvR 523/06, StV 2006, 251; OLG Zweibrücken 17.8.2021 – 1 Ws 188/21, StraFo 2021 (mehr zur kurzfristigen Überlastung des Spruchkörpers).

[43] Ebenso Tsambikakis StV 2011, 738.

[44] OLG Stuttgart 21.4.2011 – 2 HEs 37 – 39/11, NStZ-RR 2012, 62; Schultheis in KK-StPO § 120 Rn. 8.

[45] OLG Hamm 19.2.2009 – 2 Ws 41/09, BeckRS 2009, 6221.

[46] BVerfG 14.11.2012 – 2 BvR 1164/12, BFH/NV 2013, 492.

[47] BVerfG 10.9.2007 – 2 BvR 1847/07, EuGRZ 2007, 591; BGH 18.12.2019 – StB 29/19, BeckRS 2019, 34582; → § 121 Rn. 81.

[48] Vgl. → § 121 Rn. 54, 84.

[49] OLG Hamburg 9.8.2017 – 2 Ws 118/17, BeckRS 2017, 163811 (2 ½ Monate bei nicht deckungsgleicher Verhinderung der Verteidiger als wichtiger Grund iSd § 121 angenommen).

sein,[50] weshalb im Einzelfall auch eine Terminierung ohne vorherige Terminabsprache oder unter der Bestellung anderer/zusätzlicher Pflichtverteidiger geboten sein kann.[51]

19 Nicht gefolgt werden kann allerdings der Ansicht, dass bei Vorliegen des **Haftgrundes der Wiederholungsgefahr** ein Haftbefehl jedenfalls vor Ablauf der Sechsmonatsfrist auch ein Vorliegen erheblicher Verfahrensverzögerungen aufrechterhalten werden kann,[52] denn für eine solche Annahme hätte, wie bei § 126a (→ § 126a Rn. 16 ff.), einer ausdrücklichen Entscheidung des Gesetzgebers bedurft.

20 **b) Nach Beginn der Hauptverhandlung.** Auch im Gerichtsverfahren ist grundsätzlich eine **straffe Terminsplanung** notwendig, weshalb im Regelfalle die Durchführung von mehr als einen Verhandlungstag pro Woche erforderlich ist.[53] Sind Verfahrenshandlungen notwendig, müssen diese zügig veranlasst werden und es dürfen sich keine wochenlangen Verzögerungen ergeben.[54] Notwendig ist eine **effektive Verhandlungsführung,** welche auch eine Abtrennung des Verfahrens gegen einzelne Angeklagte gebieten kann.[55] Das Gericht ist gehalten, Zeugen auf eine effiziente Art zu laden und einen straffen Verhandlungsplan festzulegen.[56] So kann im Einzelfall sogar eine durch Verhinderung des Verteidigers erforderlich gewordene Verlegung des Hauptverhandlungstermins dann keinen anzuerkennenden Verzögerungsgrund in einer Haftsache darstellen, wenn der Haupt-Verhandlungstermin ohne Abstimmung mit der Verteidigung angesetzt worden ist.[57]

21 Vielfach sind aber **Verzögerungen** des Verfahrens dem **Gericht aber nicht zurechenbar** und können eine Aufhebung nicht begründen. Stellt etwa die Verteidigung sukzessiv immer neue Beweisanträge, nachdem das Gericht sein Beweisprogramm schon abgeschlossen hat, führen die durch die sachgerechte Bearbeitung der Anträge auftretenden, der Justiz grundsätzlich nicht zuzurechnenden Verfahrensverzögerungen auch bei einer längeren Zeitdauer nicht zur Unverhältnismäßigkeit der Untersuchungshaft.[58] Insoweit kommt es nicht darauf an, ob das Prozessverhalten der Verteidiger als sachdienliches Verhalten anzusehen oder die Grenze überschritten ist.[59] Ähnliches kann für vorgebrachte Verhinderungen des Verteidigers gelten, wenn diese die Erheblichkeitsschwelle nicht übersteigen (→ Rn. 18). Grundsätzlich gilt, dass eine in den (Mit)Verantwortungsbereich des Beschuldigten fallende Verfahrensverzögerung oder sich eine aus dem Verhalten des Verteidigers ergebende Dilation nur dann der Justiz anzulasten ist, wenn diese nicht sachgerecht auf die auch vom Beschuldigten bzw. dessen Verteidiger zu verantwortende Verzögerung reagiert.[60]

22 Für die Beachtung des besonderen Beschleunigungsgebots in Haftsachen kommt es auf eine wie auch immer geartete **Vorwerfbarkeit oder ein Verschulden** der staatlichen Organe nicht an. Steht jedoch der bestmöglichen Verfahrensförderung die **vorhandene unzureichende Ausstattung der Justiz** mit personellen und sachlichen Mitteln entgegen, darf sich dies **nicht zu Lasten des Angeklagten auswirken.**[61] Die verfassungsrechtliche

[50] OLG Braunschweig 25.3.2020 – 1 Ws 47/20, BeckRS 2020, 4624.

[51] KG 25.11.2016 – (4) 161 HEs 31/16 (30 – 34/16), BeckRS 2016, 116128; OLG Bremen 11.1.2016 – 1 HEs 3/15, StV 2016, 508 mkritAnm Schlothauer StV 2006, 510.

[52] So aber OLG Jena 29.11.2010 – 1 Ws 457/10, StV 2011, 735.

[53] BGH 18.12.2019 – StB 29/19, BeckRS 2019, 34582; 14.11.2012 – StB 13/12, NStZ-RR 2013, 86; OLG Düsseldorf 9.8.2011 – III-1 Ws 260/11, 1 Ws 260/11, StV 2012, 420; 16.11.2006 – III-1 Ws 437/06, 1 Ws 437/06, StV 2007, 92; OLG Koblenz 26.8.2010 – 2 Ws 383/10, StV 2011, 167; OLG Naumburg 18.7.2008 – 1 Ws 420/08, StV 2008, 589; Schmitt in Meyer-Goßner/Schmitt Rn. 1a.

[54] BVerfG 16.3.2006 – 2 BvR 170/06, NJW 2006, 1336; OLG Dresden 6.6.2011 – 1 Ws 67/11, StRR 2011, 356.

[55] OLG Dresden 29.6.2017 – 2 Ws 359/17, LSK 2017, 154302.

[56] OLG Hamm 5.1.2006 – 2 Ws 2/06, StV 2006, 191.

[57] OLG Oldenburg 19.9.2002 – HEs 36/37/02, Nds. Rpfl. 2002, 371.

[58] KG 6.10.2008 – 4 Ws 89/08, StraFo 2009, 21; zum Missbrauch von Verteidigungsrechten siehe auch BVerfG 23.1.2008 – 2 BvR 2652/07, StV 2008, 198; BGH 25.1.2005 – 3 StR 445/04, NStZ 2005, 341.

[59] BGH 22.9.2016 – StB 29/16, NStZ-RR 2017, 18.

[60] OLG Karlsruhe 14.11.2016 – 1 Ws 233/16.

[61] KG 29.7.2013 – 4 Ws 92/13, BeckRS 2013, 17952; OLG Stuttgart 19.12.2013 – 1 HEs 152-156/13; 4.11.2013 – 4a HEs 154-159/13.

Pflicht zur beschleunigten Durchführung einer Hauptverhandlung in Haftsachen steht der Unterbrechung des Verfahrens für eine angemessene Zeit zum Zwecke des Erholungsurlaubs[62] der Verfahrensbeteiligten oder auch zum Zweck des Antritts einer Kur nicht grundsätzlich entgegen.[63]

23 Das Beschleunigungsgebot ist jedoch dann nicht mehr gewahrt, wenn auch außerhalb dieser sich in einem angemessenen Rahmen zu haltenden Unterbrechungszeiten die in Haftsachen gebotene **Terminierungsdichte** nicht annähernd eingehalten wird, ohne dass hierfür zwingende, nicht der Justiz anzulastende Gründe erkennbar sind.[64] Anders aber, wenn Verzögerungen des Verfahrens oder gar eine Aussetzung[65] maßgeblich auf das Verhalten des/der Verteidiger/s[66] zurückzuführen sind, wobei es allerdings dem Gericht obliegt, auf die Beschleunigung des Verfahrens hinzuwirken und ggf. dem Angeklagten einen weiteren Verteidiger zu bestellen. Zu weit würde allerdings die Ansicht gehen, eine unzureichende Termindichte sei – wenngleich in abgeschwächter Form – auch in Haftverschonungsfällen zu beachten, denn insoweit sind die Sachverhalte nicht vergleichbar.[67]

24 **Erlass eines Urteils.** Auch nach Erlass des erstinstanzlichen Urteils verliert das **Beschleunigungsgebot** nicht seine **Bedeutung,** sondern ist auch im Rechtsmittelverfahren bei der Prüfung der Anordnung der Fortdauer von Untersuchungshaft zu beachten[68] und gilt – natürlich ebenfalls ohne hierarchische Stufung[69] für die Bearbeitung einer Haftsache durch das Revisionsgericht.[70] Bezüglich der Instanz können Verzögerung bei der Absetzung des Urteils, der Fertigung des Hauptverhandlungsprotokolls[71] und der Vorlage der Akten an das Berufungs- oder Revisionsgericht zur Aufhebung führen. Vergehen etwa zwischen der schriftlichen Absetzung eines Urteils in 1. Instanz bis zum Beginn der Berufungshauptverhandlung mehrere Monate, stellt dies eine vermeidbare Verfahrensverzögerung dar, die zur Aufhebung des Haftbefehls führen kann.[72] Auch ist mit dem verfassungsrechtlichen Beschleunigungsgebot in Haftsachen eine Vorgehensweise nicht vereinbar, die die Urteilsabsetzung von vornherein auf das zeitlich fixierte Ende der Frist von § 275 Abs. 1 ausrichtet.[73] Schließlich wird von der Rechtsprechung auch gefordert, dass die Erstellung eines kompletten Hauptverhandlungsprotokolls im unmittelbaren Anschluss an die Hauptverhandlung und damit parallel zur Erstellung der Urteilsgründe erfolgt.[74]

25 Gleiches gilt etwa, wenn es in der Zeit **nach Verkündung** des mit einer **Revision** angefochtenen Urteils zu **schwerwiegenden Verzögerungen** kommt, die im gerichtli-

62 OLG Hamburg 6.10.2017 – 2 Ws 161/17, BeckRS 2017, 129085 (längerer Urlaub ist durch beschleunigte Verfahrensgestaltung ausgleichen).

63 BVerfG 17.1.2013 – 2 BvR 2098/12, StV 2013, 640 ff.; OLG Nürnberg 22.5.2014 – 1 Ws 153-154/14, BeckRS 2014, 12794.

64 BVerfG 23.1.2008 – 2 BvR 2652/07, StV 2008, 198; 23.1.2019 – 2 BvR 2429/18, BeckRS 2019, 423 (besondere Beschleunigung nach zuvor erfolgter Aussetzung des Verfahrens); 11.6.2018 – 2 BvR 819/18, NJW 2018, 2948 (weniger als ein Sitzungstag pro Woche); OLG Bremen 3.1.2018 – 1 Ws 143/17, BeckRS 2018, 6 (Berechnung); OLG Koblenz 29.6.2017 – 2 Ws 335/16; vgl.vertiefend → § 112 Rn. 7.

65 BGH 3.5.2019 – AK 15/19, NJW 2019, 2249 (Verteidiger erscheint nicht zum Termin) mAnm Wohlers JR 2020, 63.

66 BVerfG 23.12.2008 – 2 BvR 2652/07, StV 2008, 198; EGMR 6.11.2014 – 67522/09, NJW 2015, 3773 (3775) – Ereren ./. Deutschland; BGH 8.10.2012 – StB 9/12, JR 2013, 419 (421); 4.2.2016 – StB 1/16, BeckRS 2016, 4203; 22.9.2016 – StB 29/16, NStZ-RR 2017, 18 (19).

67 Vgl. hierzu KG 15.2.2019 – (4) 161 HEs 11/19 (4/19).

68 BVerfG 13.5.2009 – 2 BvR 388/09, StV 2009, 479; 11.6.2008 – 2 BvR 806/88, EuGRZ 2008, 621; OLG Koblenz 19.1.2004 – 2 Ws 32/04, StV 2004, 329.

69 So aber BGH 24.1.2018 – 1 Str 36/17, NJW 2018, 1984 mkritAnm Bittmann NStZ 2018, 584 sowie Fischer StraFo 2018, 133.

70 OLG Jena 8.3.2017 – 1 Ws 46/17, BeckRS 2017, 135288; OLG Frankfurt a. M. 3.2.2016 – 1 Ws 186/15, BeckRS 2016, 4862; KG 17.1.2018 – 4 Ws 149/17, NStZ 2018, 426.

71 OLG Hamburg 7.5.2015 – 2 Ws 108/15 (Verfahrensverzögerung von zwei Monaten bei einer Haftstrafe von zehn Jahren und verbüßter Untersuchungshaft von 2 Jahren und 7 Monaten, sehr streng).

72 OLG Naumburg 19.3.2009 – 1 Ws 171/09, StV 2009, 482 (vier Monate); OLG Dresden – 13.10.2006 – 1 Ws 2007/06, StV 2007, 93 (4 ½ Monate).

73 BVerfG 29.12.2005 – 2 BvR 2057/05, StV 2006, 81 (zweifelhaft); BGH 30.10.1991 – 4 StR 463/91, NStZ 1992, 398: „Höchstfristen sind keine Regelfristen".

74 OLG Nürnberg 28.9.2018 – 2 Ws 645/18, BeckRS 2018, 25539.

chen Bereich ihre Ursache haben und insgesamt dazu führen, dass die Akten mehrere Monate nach der Urteilsverkündung noch nicht dem Revisionsgericht zugeleitet wurden.[75] Im Rahmen einer eingelegten **Berufung** muss in einer Haftsache zeitnah Termin zur Hauptverhandlung bestimmt werden, wenn die Akten dort eingehen,[76] notfalls sind Zweitakten anzulegen.[77]

Wird ein **Urteil im Revisionsverfahren aufgehoben,** wird sich auch oftmals die Frage stellen, ob die **Untersuchungshaft noch fortzudauern** hat. Dies kann nicht für alle Fälle gleich beurteilt werden. Dabei ist zunächst einerseits zu sehen, dass die infolge des Revisionsverfahrens verstrichene Zeit bei der Beurteilung der Verhältnismäßigkeit der Verfahrensdauer nicht berücksichtigt wird, denn diese ist Ausgestaltung des rechtsstaatlichen Rechtsmittelsystems.[78] Auch vergrößert sich mit einem Strafurteil auch schon vor Eintritt der Rechtskraft das Gewicht des staatlichen Strafanspruchs. Jedoch ist davon dann eine Ausnahme zu machen, wenn das betreffende Urteil aufgrund eines **Verfahrensfehlers** aufgehoben werden muss, da das Revisionsverfahren in diesem Fall ausschließlich der Korrektur des von der Justiz zu vertretenden Fehlers gedient hat. Es kommt insoweit darauf an, ob es sich um einen **offensichtlichen und schwerwiegenden Verfahrensfehler** gehandelt hat.[79] Die Fortdauerauer der Untersuchungshaft kann dann bei Vorhandensein eines solchen Fehlers mit der Folge der Aufhebung des Haftbefehls nicht mehr als verhältnismäßig angesehen werden, wenn die Haft schon lange angedauert hat.[80] Auch wird eine Aufhebung dann nahe liegen, wenn bei einer schon länger andauerden Inhaftierung es voraussichtlich zu weiteren der Justiz zuzurechnenden Verzögerungen kommen wird.[81] 26

III. Gesetzlich angeführte Sonderfälle (Abs. 1 S. 2)

Nach Abs. 1 S. 2 ist der Haftbefehl namentlich aufzuheben, wenn der Beschuldigte freigesprochen oder die Eröffnung des Hauptverfahrens abgelehnt oder das Verfahren nicht bloß vorläufig eingestellt wird. Es handelt sich insoweit um eine **gesetzliche Vermutung,** welche auch schon vor Rechtskraft der Grundentscheidung gilt und zwar selbst dann, wenn diesen offensichtliche fehlerhaft oder der Tatrichter weiß, dass seine Entscheidung aufgrund der Bewertung der Rechtsmittelinstanz keinen Bestand haben wird.[82] Hieran kann auch ein von der Staatsanwaltschaft eingelegtes Rechtsmittel kurzfristig nichts ändern (→ Rn. 28). Mit der Aufhebung wird auch eine geleistete Sicherheit frei (§ 123 Abs. 1 Nr. 1, Abs. 2).[83] 27

Endgültig eingestellt im Sinne von S. 2 ist ein Verfahren insbesondere dann, wenn die Eröffnung des Hauptverfahrens abgelehnt wird (§ 204), sich nach der Eröffnung (§ 206a) oder bei Urteilserlass (§ 260 Abs. 3) ein Verfahrenshindernis herausstellt, im Falle der Auslieferung oder Ausweisung (§ 154b Abs. 4 S. 1) und bei einer Verfahrenseinstellung im Hinblick auf anderweitig anhängige Verfahren (§ 154 Abs. 2).[84] Nicht der Aufhebung unterliegt der Haftbefehl hingegen vor allem bei vorläufiger Einstellung des Verfahrens aufgrund der Abwesenheit des Beschuldigten (§ 205 Abs. 1). Stellt die Staatsanwaltschaft das Ermittlungs- 28

---

75 OLG Oldenburg 1.2.2008 – 1Ws 62/08, StraFo 2008, 118 (acht Monate); KG 10.9.2007 – 3 Ws 465/07, StV 2007, 644 (sechs Monate); OLG Saarbrücken 16.2.2007 – 1 Ws 31/07, StV 2007, 365 (sieben Monate); OLG Naumburg 7.11.2006 – 1 Ws 533/06, StV 2007, 253 (sechs Monate).

76 OLG Frankfurt a. M. 2.5.2007 – 1 Ws 9/07, StV 2007, 249 (fünf Monate Dilation); 25.1.2006 – 1 Ws 142/05, StV 2006, 195 (sechs Monate Dilation).

77 OLG Frankfurt a. M. 19.7.2006 – 1 Ws 72/06, StV 2006, 648.

78 BVerfG 5.12.2005 – 2 BvR 1964/05, StV 2006, 73.

79 Ebenso OLG München 4.4.2006 – 2 Ws 289/06, BeckRS 2006, 4310; OLG Köln 22.4.2005 – 2 Ws 151/05, BeckRS 2005, 151031; KG 31.8.2018 – 6 Ws 152/18, BeckRS 2018, 41463 (Verletzung der Mitteilungspflicht nach § 243 Abs. 4 S. 1); Schultheis in KK-StPO Rn. 8; aA Gaede HRRS 2005, 409; siehe hierzu auch Schmidt NStZ 2006, 313.

80 OLG Celle 24.1.2011 – 1 Ws 463/11, StV 2013, 644 (4 ½ Jahre).

81 OLG Koblenz 11.9.2006 – 1 Ws 472/07, StV 2006, 645.

82 OLG Düsseldorf 14.1.1974 – 3 Ws 450/73, MDR 1974, 68; Schmitt in Meyer-Goßner/Schmitt Rn. 8.

83 → § 123 Rn. 7.

84 Vgl. hierzu auch Schlothauer/Weider/Nobis Untersuchungshaft Rn. 1262.

verfahren mangels Tatverdachts (§ 170 Abs. 2) ein, handelt es sich zwar nicht um eine endgültige Einstellung, da das Verfahren wird aufgenommen werden kann, gleichwohl ist der Haftbefehl nach Stellung eines Antrags nach Abs. 3 S. 1 durch das Gericht aufzuheben (→ Rn. 29).

IV. Wirkung eines Rechtsmittels (Abs. 2)

29 Aus Abs. 2 ergibt sich, dass ein Rechtsmittel gegen einen gerichtlichen Aufhebungsbeschluss keine aufschiebende Wirkung hat. Eine Anordnung nach § 307 Abs. 2 ist deshalb nicht möglich.[85]

V. Wirkung eines Antrags der Staatsanwaltschaft (Abs. 3 S. 1)

30 Da der Staatsanwaltschaft als Herrin des Ermittlungsverfahrens vor Anklageerhebung in diesem Verfahrensstadium besondere Kompetenz zukommt, ist der Haftrichter an ihren Antrag auf Aufhebung des Haftbefehls gebunden (S. 1).[86] Hingegen muss der Richter einem Antrag der Staatsanwaltschaft auf Aufhebung des Haftbefehls dann keine Folge leisten, wenn dieser gleichzeitig mit der Anklageerhebung gestellt wird.[87] Strittig ist hingegen, ob eine solche Bindung auch dann besteht, wenn die Staatsanwaltschaft nicht die Aufhebung, sondern die **Außervollzugsetzung des Haftbefehls** beantragt. Eine derartige Bindung ist jedoch aufgrund der eindeutigen gesetzlichen Regelung abzulehnen, welche eine solche nur bei einem Aufhebungsantrag vorsieht.[88]

VI. Pflicht zur Anordnung der Freilassung (Abs. 3 S. 2)

31 Stellt die Staatsanwaltschaft im Ermittlungsverfahren einen Antrag auf Aufhebung des Haftbefehls, hat sie entgegen dem Wortlaut der Vorschrift sogleich die Freilassung des Beschuldigten zu veranlassen. Entgegen dem Wortlaut der Norm steht ihr insoweit kein Ermessen zu.[89]

VII. Sonderfall: Übergang in Strafhaft

32 Befindet sich der Angeklagte bis zum Eintritt der Rechtskraft des Urteils in Untersuchungshaft, bedarf es einer Aufhebung des Haftbefehls ausnahmsweise nicht, vielmehr geht die **Untersuchungshaft automatisch in Strafhaft** über[90] und zwar auch ohne Rücksicht auf die förmliche Einleitung der Strafvollstreckung.[91] Es tritt sog. **Organisationshaft** ein (str.).[92]

33 Anders ist dies jedoch, wenn der **Haftbefehl nicht vollzogen** wird. Dann wird dieser wird mit dem Eintritt der Rechtskraft des Urteils nicht gegenstandslos, vielmehr stellt er

---

[85] Schultheis in KK-StPO § 120 Rn. 11; Schmitt in Meyer-Goßner/Schmitt § 120 Rn. 12.
[86] LG Amberg 2.9.2010 – 12 Qs 78/10, StV 2010, 420.
[87] Wankel in KMR-StPO Rn. 7.
[88] Ebenso OLG Düsseldorf 27.9.2000 – 2 Ws 237/00, NStZ-RR 2001, 122; OLG Celle 17.5.2021 – 2 Ws 145/21, NStZ 2021, 637; Schmitt in Meyer-Goßner/Schmitt Rn. 13; Posthoff in Gercke/Julius/Temming/Zöller Rn. 25; Lind in Löwe/Rosenberg § 120 Rn. 13; AG Stuttgart 5.3.2002 – 28 Gs 11582/02, NStZ 2002, 391; aA BGH (ER) 30.11.1999 – 2 BGs 335/99, NJW 2000, 967; LG Fulda 15.10.2020 – 2 Qs 166/20, StraFo 2020, 112; Rinio NStZ 2000, 547.
[89] Lind in Löwe/Rosenberg Rn. 46; Schmitt in Meyer-Goßner/Schmitt Rn. 14.
[90] BGH 28.8.1991 – 2 ARs 366/91, BGHSt 38, 63.
[91] BGH 4.9.1999 – 2 ARs 323/99, NStZ 1999, 638; OLG Hamm 2.4.2009 – 3 Ws 104/09, NStZ 2009, 655; 6.11.2001 – 2 Ws 271/01, BeckRS 2001, 30216856; OLG Düsseldorf 2.3.2007 – 4 Ws 84/07, BeckRS 2007, 8561; KG 21.10.1997 – 5 Ws 640/97, BeckRS 1997, 14866; OLG Schleswig 14.8.1990 – 2 Ws 397/90, SchlHA 1991, 124; OLG Zweibrücken 11.9.2003 – 1 Ws 407/03, BeckRS 2003, 18199.
[92] BVerfG 26.9.2005 – 2 BvR 1019/01, NJW 2006, 427; Schmitt in Meyer-Goßner/Schmitt Rn. 15; zu den unterschiedlichen Rechtsauffassungen hierzu, vgl. Schlothauer/Weider/Nobis Untersuchungshaft Rn. 1007 ff.; vgl. zur Corona-Pandemie Duchon StraFo 2021, 16.

bei einem außer Vollzug gesetzten Haftbefehl nach wie vor die Grundlage für die die Vollstreckung sichernden Haftverschonungsauflagen dar.[93]

VIII. Verfahrensrechtliche Fragen

34 Gegen den Aufhebungsbeschluss steht der Staatsanwaltschaft die Beschwerde (§ 304 Abs. 1) und die weitere Beschwerde (§ 310) zu. Eine aufschiebende Wirkung besteht nicht, da die Sonderregelung des § 120 Abs. 2 dem § 307 Abs. 2 vorgeht (→ Rn. 28).[94]

35 Vollzogen wird ein Haftaufhebungsbeschluss durch die **Anordnung der Freilassung,** sofern sich der Beschuldigte nicht anderweitig in Haft bzw. Überhaft befindet. Es ist nicht zulässig, den Beschuldigten wieder in die Haftanstalt zurück zu bringen, falls in einer gerichtlichen Verhandlung seine Freilassung angeordnet wurde.[95]

36 Ein Haftfortdauerbeschluss nach § 268b, mit dem auf einen früher ergangenen Haftbefehl Bezug genommen wird, kann nur dann die Grundlage der Verhältnismäßigkeitsprüfung iSd Abs. 1 S. 1 bilden, wenn sich der Umfang der Tatvorwürfe und der **Haftgrund** in diesem Haftbefehl durch die Hauptverhandlung oder durch das vorangegangene Verfahren **nicht wesentlich verändert** haben. Ist dies jedoch der Fall, ist der Haftbefehl mit der Urteilsverkündung,[96] spätestens jedoch bei Einlegung einer Haftbeschwerde dem Verfahrensstand anzupassen (→ § 114 Rn. 6).

37 Die dilatorische Behandlung von Haftsachen kann auch dann zur Aufhebung des Haftbefehls nötigen, wenn über eine gegen einen Haftbefehl eingelegte **Beschwerde nicht zeitnah entschieden** wird. Vergehen etwa zwischen dem Erlass eines Haftbefehls mit der darauf folgenden Haftbeschwerde des Angeschuldigten und der Entscheidung über die Aussetzung der Vollziehung mehrere Monate, entspricht diese Vorgehensweise nicht dem Beschleunigungsgebot in Haftsachen. Ein Haftbefehl ist schon deshalb aufzuheben und zwar auch dann, wenn der Haftbefehl außer Vollzug gesetzt ist[97] oder wegen Haft in anderer Sache nicht vollzogen wird.[98]

38 Häufig wird in der **forensischen Praxis nicht beachtet,** dass nach Aufhebung eines Haftbefehls nach § 120 ein **Neuerlass** oftmals **bei unveränderter Sachlage nicht möglich** ist.[99] Der verfassungsrechtlich zu beachtende Maßstab für die Wiederinvollzugsetzung eines ausgesetzten Haftbefehls nach § 116 Abs. 4 Nr. 3 StPO wegen veränderter Sachlage **gilt erst recht, wenn der frühere Haftbefehl nicht nur außer Vollzug gesetzt, sondern gerade wegen Nichtvorliegens des nunmehr erneut angenommenen Haftgrundes sogar aufgehoben worden war.**[100] Das gilt auch bei schwersten Straftaten. Erfolgt etwa die Aufhebung nach **einem erstinstanzlichem Freispruch**[101] **vom Vorwurf des Mordes,** ist ebenso wie bei einer Außervollzugsetzung[102] der spätere Erlass eines neuen Haftbefehls nach Zurückverweisung durch das Revisionsgericht unzulässig, wenn sich die Umstände im Vergleich zur Beurteilungsgrundlage zur Zeit der Aufhebung/Außervollzugsetzung nicht verändert haben. Eine lediglich andere Beurteilung des unverändert gebliebenen Sachverhalts kann einen Widerruf der Aufhebungsentscheidung nicht rechtfertigen.[103]

---

93 KG 17.6.2011 – 2 Ws 219/11, NStZ 2012, 230.
94 Lind in Löwe/Rosenberg Rn. 30; Schultheis in KK-StPO Rn. 19.
95 LG Berlin 10.10.2001 – 512 Qs 100/01, StV 2001, 690; 27.2.2002 – 530 Qs 15/02, StraFo 2002, 273; Schlothauer/Weider/Nobis Untersuchungshaft § 120 Rn. 977.
96 OLG Stuttgart 25.1.2007 – 1 Ws 24/07, Justiz 2007, 238; Schmitt in Meyer-Goßner/Schmitt § 268b Rn. 2.
97 BGH 7.2.2019 – StB 1/19, StV 2019, 564 (Ls.); KG 15.11.2010 – 2 Ws 619/10, StraFo 2011, 91.
98 OLG Saarbrücken 11.2.2020 – 1 Ws 20/20, BeckRS 2020, 2225.
99 Schultheis in KK-StPO Rn. 27.
100 OLG Dresden 3.3.2009 – 2 Ws 84/09, NStZ-RR 2009, 292; OLG Hamm 8.5.2007 – 4 Ws 201/07, StV 2008, 29.
101 OLG Hamm 9.4.2020 – III Ws 123/20 (Aufhebung eines Haftbefehls nach erfolgter Verurteilung von 11 Jahren und sechs Monaten wegen Mordes bei zuvor erfolgter Aufhebung eines Freispruchs durch das Revisionsgericht und vorhandenen erheblichen Verfahrensverzögerungen.
102 Siehe zu der Sonderregelung des § 116 Abs. 4: → § 116 Rn. 47 ff.
103 BVerfG 1.2.2006 – 2 BvR 2056/05, StV 2006, 139; OLG Nürnberg 20.3.2013 – 2 Ws 127/13, StV 2013, 519.

Insoweit entfaltet die Aufhebung eine **Sperrwirkung.**[104] Nach Erlass eines Urteils steht der bloße Umstand, dass ein früherer Haftbefehl im Verfahren nach den §§ 121, 122 wegen einer unzureichenden Förderung des Verfahrens aufgehoben worden ist, der erneuten Inhaftierung des Angeklagten nicht entgegen, weil die formelle Sperrwirkung dieser Entscheidung mit dem Erlass eines Urteils im Sinne des § 121 Abs. 1 S. 1 entfällt. Bei vorangegangenen schwerwiegenden Verstößen gegen das Beschleunigungsgebot kann der (erneute) Erlass eines Haftbefehls auch im Fall der erfolgten Verurteilung zu lebenslanger Freiheitsstrafe jedoch unverhältnismäßig sein.[105]

39 Auch ist zu beachten, dass während **laufender Hauptverhandlung** eine Nachprüfung der Haftfrage durch ein **Beschwerdegericht nur eingeschränkt** möglich ist. So unterliegt die Beurteilung des dringenden Tatverdachts, die das erkennende Gericht während laufender Hauptverhandlung vornimmt, im Haftbeschwerdeverfahren nur in eingeschränktem Maße der Nachprüfung durch das Beschwerdegericht. Allein das erkennende Gericht, vor dem die Beweisaufnahme stattfindet, ist nämlich in der Lage, deren Ergebnisse aus eigener Anschauung festzustellen und zu würdigen sowie auf dieser Grundlage zu bewerten, ob der dringende Tatverdacht nach dem erreichten Verfahrensstand noch fortbesteht. Das Beschwerdegericht muss allerdings in die Lage versetzt werden, seine Entscheidung über das Rechtsmittel des Angeklagten auf einer hinreichend tragfähigen tatsächlichen Grundlage zu treffen, damit den erhöhten Anforderungen, die nach ständiger Rechtsprechung des Bundesverfassungsgerichts an die Begründungstiefe[106] von Haftfortdauerentscheidungen zu stellen sind, ausreichend Rechnung getragen werden kann.[107] Auch bezüglich des **Vorliegens von Flucht- und Verdunkelungsgefahr** ist dem Beschwerdegericht nur eine eingeschränkte Überprüfung möglich und daher auch nur zulässig.[108] Weiter verengt sich die Prüfungskompetenz im Hinblick auf den Tatverdacht sogar noch, wenn bereits ein Urteil vorliegt. Ist hiergegen nur das Rechtsmittel der Revision statthaft, kann das Urteil wie in der Revisionsinstanz nur auf Rechtsfehler überprüft werden, so dass es für eine Neubewertung des Tatverdachts in diesem Verfahrensabschnitt sogar nicht ausreichen würde, wenn neue Beweismittel bekannt würden.[109] Schließlich ist dem Beschwerdegericht neben dem Revisionsgericht auch eine eigene Prognose der Erfolgsaussichten einer staatsanwaltschaftlichen Revision gegen das im Verfahren nach ergangenem Urteil auch im Hinblick auf tatsächliche oder vermeintliche „offensichtliche Revisionsfehler" verwehrt.[110]

§ 121 Fortdauer der Untersuchungshaft über sechs Monate

(1) Solange kein Urteil ergangen ist, das auf Freiheitsstrafe oder eine freiheitsentziehende Maßregel der Besserung und Sicherung erkennt, darf der Vollzug der Untersuchungshaft wegen derselben Tat über sechs Monate hinaus nur aufrechterhalten werden, wenn die besondere Schwierigkeit oder der besondere Umfang der Ermittlungen oder ein anderer wichtiger Grund das Urteil noch nicht zulassen und die Fortdauer der Haft rechtfertigen.

(2) In den Fällen des Absatzes 1 ist der Haftbefehl nach Ablauf der sechs Monate aufzuheben, wenn nicht der Vollzug des Haftbefehls nach § 116 ausgesetzt wird oder das Oberlandesgericht die Fortdauer der Untersuchungshaft anordnet.

---

104 Lind in Löwe/Rosenberg § 120 Rn. 52.

105 OLG Hamm 24.2.2021 – 1 Ws 72/21, BeckRS 2021, 33274.

106 BVerfG 24.8.2010 – 2 BvR 1113/10, StraFo 2010, 461; 1.12.2020 – 2 BvR 1853/20 mwN, BeckRS 2020, 34106; OLG Bremen 3.1.2018 – 1 Ws 143/17, BeckRS 2018, 6; vgl. vertiefend → § 121 Rn. 8.

107 BGH 22.10.2012 – StB 12/12, NJW 2013, 247; 8.10.2012, StB 9/ 12, NStZ-RR 2013, 16; 19.12.2003 – StB 21/03, StV 2004, 143.

108 OLG Jena 28.9.2009 – 1 Ws 373/09, OLGSt GVG § 76 Nr. 3.

109 BGH 8.1.2004 – StV 20/03, NStZ 2004, 276; OLG Hamburg 21.3.2013 – 2 Ws 45/13, BeckRS 2013, 6272.

110 OLG Bamberg 31.3.2011 – 1 Ws 167/11, StRR 2011, 166 (zu § 275a).

(3) [1]Werden die Akten dem Oberlandesgericht vor Ablauf der in Absatz 2 bezeichneten Frist vorgelegt, so ruht der Fristenlauf bis zu dessen Entscheidung. [2]Hat die Hauptverhandlung begonnen, bevor die Frist abgelaufen ist, so ruht der Fristenlauf auch bis zur Verkündung des Urteils. [3]Wird die Hauptverhandlung ausgesetzt und werden die Akten unverzüglich nach der Aussetzung dem Oberlandesgericht vorgelegt, so ruht der Fristenlauf ebenfalls bis zu dessen Entscheidung.

(4) [1]In den Sachen, in denen eine Strafkammer nach § 74a des Gerichtsverfassungsgesetzes zuständig ist, entscheidet das nach § 120 des Gerichtsverfassungsgesetzes zuständige Oberlandesgericht. [2]In den Sachen, in denen ein Oberlandesgericht nach den §§ 120 oder 120b des Gerichtsverfassungsgesetzes zuständig ist, tritt an dessen Stelle der Bundesgerichtshof.

Schrifttum: Böhm, Auswirkungen des Zusammenwachsen der Völker in der Europäischen Gemeinschaft auf die Haftgründe des § 112 Abs. 2 StPO, NStZ 2001, 633; Böhm, Das neue europäische Haftbefehlsgesetz, NJW 2006, 2592; Brinker u.a., Aus der Praxis: Berechnung der Sechsmonatsfrist gemäß § 121 I StPO, JuS 2012, 36; Deutscher, Die „Corona-Krise" – Aussetzung der Hauptverhandlung in Haftsachen – zugleich Besprechung von OLG Karlsruhe NStZ 2020, 375, NStZ 2020, 317; Fahl, Zur Reservehaltung von Tatvorwürfen zum Erlass eines erneuten Haftbefehls, ZIS 2009, 452; Hagmann, Haftfortdauerentscheidung bei erweitertem Haftbefehl, StV 2002, 693; Herrmann, Zur Sechsmonatsfrist nach § 121 StPO bei mehreren Straftaten, StRR 2012, 77; Hoffmann, Beurteilungsspielräume der Staatsanwaltschaft als prozessuales Prinzip – eine Schranke auch bei der Haftprüfung nach den §§ 121 ff. StPO, NStZ 2002, 566; Grote/Niehoff, Das Beschleunigungsrecht in Haftsachen in Zeiten der Corona-Pandemie, JA 2020, 537; Kintzi, Der Zwang einen Mörder laufen zu lassen – Anmerkungen zur Reform der §§ 121, 122 StPO, DRiZ 2004, 348; Knauer, Untersuchungshaft und Beschleunigungsgrundsatz, StraFo 2007, 309; Klein, Die Zuständigkeit im weiteren Verfahren nach § 122 Abs. 4 StPO, HRSS 2006, 71; Peroth/Hartmann, Das verfassungsrechtliche Beschleunigungsgebot in Haftsachen, StV 2008, 276; Rieß, Die besondere Haftkontrolle der Oberlandesgerichte nach den §§ 121, 122 StPO – Funktionen und Konsequenzen, StraFo 1999, 397; Rebehn, Verstöße gegen das Beschleunigungsgebot häufen sich, DRiZ 2018, 204; Scheinfeld, Haftfortdauerentscheidung und Rechtsbeugung, GA 2010, 684; Schlotthauer, Heranziehung von Tatvorwürfen, die bereits bei einem vorausgegangenen Haftbefehl bekannt waren, StV 2009, 364; Schlotthauer, Voraussetzungen der besonderen Haftprüfung durch das OLG, StV 1999, 330; Sowoda, Änderungen des Geschäftsverteilungsplans (§ 21e Abs 3 S 1 GVG) und Beschleunigungsgrundsatz, HRRS 2015, 16; Summa, Der erweiterte Tatbegriff i.S. des § 121 StPO, NStZ 2002, 69; Temming u.a., Die Haftprüfung nach §§ 121, 122 StPO – Armutszeugnis für die Justiz, BStZ 1998, 62; Wilhelm, Haftprüfung durch das OLG auch nach Beginn der Hauptverhandlung, NStZ 2004, 645.

Übersicht

I. Überblick

1 **1. Normzweck. a) Allgemeines.** Die durch Art. 1 StPÄG 1964 in die StPO eingefügte Vorschrift stellt eine zentrale Norm im Haftrecht dar und begrenzt die **Dauer der Untersuchungshaft.** Zwar kennt das deutsche Recht keine absolute zeitliche Begrenzung im Sinn einer Höchstdauer, Zweck der Norm ist es jedoch, die Strafverfolgungsorgane anzuhalten, die Ermittlungen und das sich anschließende Gerichtsverfahren beschleunigt durchzuführen. Die Bestimmung lehnt sich an Art. 5 Abs. 3 EMRK an, wonach der Beschuldigte „Anspruch auf Aburteilung innerhalb einer angemessenen Frist oder auf Haftentlassung während des Verfahrens" hat.[1] Letztendlich ist die Norm aber eine besondere Ausformung des Grundsatzes der Verhältnismäßigkeit[2] und setzt der Haftdauer auch unabhängig von der zu erwartenden Strafe Grenzen.

2 **b) Inhalt.** Diese Zwecke (→ Rn. 1) erreicht die Vorschrift zum einen dadurch, dass sie – solange kein Urteil ergangen ist – die Haftfortdauer grundsätzlich auf **sechs Monate** begrenzt und nur in den in Abs. 1 vorgesehenen Ausnahmefällen bei Vorliegen der allgemeinen Haftgründe (Tatverdacht, Haftgründe, Verhältnismäßigkeit) eine zeitliche Ausdehnung zulässt, zum anderen dadurch, dass sie ein besonderes Haftprüfungsverfahren durch das **Oberlandesgericht als „besonders qualifizierten Haftrichter"** vorsieht.[3]

3 **c) Bundesverfassungsgericht.** Gleichwohl ist gerade das Haftrecht und insbesondere auch das besondere Haftprüfungsverfahren nach §§ 121 ff. im besonderen Maße beeinflusst von Vorgaben des Bundesverfassungsgerichts, welches immer wieder Haftfortdauerentscheidungen der Senate der Oberlandesgerichte beanstandet, nachdem diese trotz fehlerhafter Sachbehandlungen der Instanzgerichte oder dort aufgetretener zeitlicher Verzögerungen der Haft diese für fortdauernd erklären. Formale Voraussetzung einer solchen Beanstandung ist jedoch, dass die strengen Anforderungen zur Begründung nach § 93a Abs. 2 BVerfGG eingehalten werden.[4] Ihren Grund hat diese immer wieder Voraussetzung **auftretende Divergenz** darin, dass es für die Strafjustiz nur schwer nachvollziehbar ist, etwa einen Schwerverbrecher trotz bestehender Haftgründe und diesem drohender langjähriger Inhaftierung freilassen zu müssen, weil es im Verfahren zu schweren und vermeidbaren Fehlern und Säumnissen gekommen ist.

4 Da eine solche Entlassung für die **Öffentlichkeit** oftmals unverständlich wäre und zu heftigen Reaktion der Medien führen kann, hat dies aber dazu geführt, dass jedenfalls den Haftsachen im Ermittlungsverfahren vor allem bei den Staatsanwaltschaften immer größere Bedeutung zukommt und auf deren vorrangige Bearbeitung zunehmend Wert gelegt wird. Soweit im gerichtlichen Verfahren noch Defizite bestehen, liegt dies – von Säumnissen im Einzelfall einmal abgesehen – allerdings nicht nur in der **teilweise unzureichenden personellen Ausstattung** der Strafgerichte durch die Ministerialverwaltungen[5] (→ Rn. 92 ff.), sondern auch in der Handhabung der für die Geschäftsverteilung innerhalb der Gerichte verantwortlichen Präsidien, welche nicht immer den besonderen Anforderungen der Strafjustiz an eine zügige Bearbeitung von Haftsachen Rechnung tragen.

5 **Verfassungsrechtliche Vorgaben.** Grundsätzlich gilt, dass der sich aus Art. 2 Abs. 2 S. 2 GG ergebende Freiheitsanspruch des noch nicht verurteilten Beschuldigten ständig den vom Standpunkt der Strafverfolgung aus erforderlichen und zweckmäßigen Freiheitsbeschränkungen als Korrektiv entgegenzuhalten ist, wobei das **Gewicht des Freiheitsanspruchs sich gegenüber dem Strafverfolgungsinteresse mit zunehmender Dauer**

---

[1] Vgl. BT-Drs. IV/178, 25; Schultheis in KK-StPO Rn. 1.

[2] Vgl. hierzu auch → § 112 Rn. 3, 32 ff.; → § 112a Rn. 55, → § 114 Rn. 33, → § 116 Rn. 1, 33; → § 117 Rn. 21; → § 120 Rn. 1.

[3] BVerfG 12.12.1973 – 2 BvR 558/73, BVerfGE 36, 264 (278) = NJW 1974, 307 (309); Schultheis in KK-StPO Rn. 2.

[4] BVerfG 23.7.2020 – 2 BvR 1233/20, BeckRS 2020, 17795.

[5] Vgl. hierzu BVerfG 6.5.2003 – 2 BvR 530/03, NJW 2003, 2895.

der Untersuchungshaft vergrößert.[6] Dabei setzt der Grundsatz der Verhältnismäßigkeit der Haftfortdauer unabhängig von der zu erwartenden Strafe Grenzen.[7] Nach der Rechtsprechung des BVerfG ist Untersuchungshaft nur ausnahmsweise unter Berücksichtigung des Grundsatzes der Verhältnismäßigkeit zulässig.[8] Hinzu kommt, dass der der weitere Vollzug von Untersuchungshaft jedenfalls dann gegen Art. 2 Abs. 2 S. 2 GG verstößt, wenn die Strafverfolgungsbehörden und die Gerichte nicht alle möglichen und zumutbaren Maßnahmen ergriffen haben, um die notwendigen Ermittlungen mit der gebotenen Schnelligkeit abzuschließen. So kann die Durchführung eines geordneten Strafverfahrens und einer Sicherstellung der späteren Strafvollstreckung die Untersuchungshaft nicht weiter rechtfertigen, wenn ihre Fortdauer durch erhebliche und vermeidbare Verfahrensverzögerungen verursacht ist.[9]

6 Gerade in Haftsachen hat der Ausbruch des **Corona-Virus (SARS-CoV-2)** im Frühjahr 2019 erhebliche rechtliche Fragestellungen vor allem im Hinblick auf die Einhaltung des Beschleunigungsgebots in Haftsachen aufgezeigt.[10] So kann ein Haftbefehl -leichter- bei Vorhandensein weniger einschneidender Maßnahmen ausgesetzt werden.[11] Auch hat der Vorsitzende auch die grundrechtlich geschützten Belange aller Prozessbeteiligten im Zuge der Planung der Hauptverhandlung zu berücksichtigen, da insbesondere von Menschenansammlungen im Rahmen einer Hauptverhandlung eine erhöhte Gefahr der Infektion mit einem Krankheitserreger ausgehen kann, die besondere Gefährdungen für die Gesundheit der Betroffenen mit sich bringt, was über die Vorschriften der §§ 213, 238 die Planung der Hauptverhandlung beeinflussen,[12] die Verlegung des Beginns einer Hauptverhandlung[13] und deren Aussetzung[14] rechtfertigen, und auch auf die Frage der Haft Einfluss nehmen kann.[15]

7 Auch **vor Erreichen der in § 121 Abs. 1 bestimmten Sechs-Monats-Frist** haben die Strafverfolgungsbehörden und Strafgerichte daher alle möglichen und zumutbaren Maßnahmen zu ergreifen, um die notwendigen Ermittlungen mit der gebotenen Schnelligkeit abzuschließen und eine gerichtliche Entscheidung über die einem Beschuldigten vorgeworfenen Taten herbeizuführen.[16] Dabei können entsprechend dem Gewicht der zu ahndenden Straftat zwar kleinere Verfahrensverzögerungen die Fortdauer der Untersuchungshaft rechtfertigen, jedoch kann allein die Schwere der Tat und die sich daraus ergebende Straferwartung bei erheblichen, vermeidbaren und dem Staat zuzurechnenden Verfahrensverzögerungen nicht zur Rechtfertigung einer ohnehin schon lang andauernden Untersuchungshaft dienen.[17] dabei darf nicht auf eine individuelle Vorwerfbarkeit des handelnden Justizorgans abgestellt werden,[18] vielmehr ist allein maßgeblich, ob es zu **vermeidbaren und dem**

[6] BVerfG 6.2.1980 – 2 BvR 1070/79, BVerfGE 53, 152 (158); 1.4.2020 – 2 BvR 225/20, BeckRS 2020, 5355 (unzureichende Darlegung der Belastungssituation); 1.12.2020 – 2 BvR 1853/20, NStZ-RR 2021, 50.

[7] BVerfG 3.5.1966 – 1 BvR 58/66, BVerfGE 20, 45 (49).

[8] BVerfG 9.3.2020 – 2 BvR 103/20, EuGRZ 2020, 365.

[9] BVerfG 30.9.1999 – 2 BvR 1775/99, NStZ 2000, 153.

[10] Grote/Niehoff JA 2020, 537 ff.; Deutscher NStZ 2020, 317.

[11] OLG Hamm 16.4.2020 – 4 Ws 72/20, BeckRS 2020, 6832 (60jähriger Asthmakranker).

[12] OLG Bremen 2.4.2020 – 1 Ws 32/20, BeckRS 2020, 7151.

[13] OLG Celle 6.4.2020 – 2 HEs 5/20, StraFo 2020, 195; OLG Jena 16.4.2020 – 1 Ws 110/20; OLG Stuttgart 6.4.2020 – H 4 Ws 72/20, Justiz 2020, 145 (richterlicher Beurteilungsspielraum); OLG Naumburg 30.3.2020 – 1 Ws HE 4/20, COVuR 2020, 329.

[14] OLG Karlsruhe 30.3.2020 – HEs 1 Ws 84/20, NStZ 2020, 375 (wichtiger Grund); OLG Stuttgart 6.4.2020 – H4 Ws 71/20, NStZ 2020, 218 (zumutbare Maßnahmen zu treffen); 5.5.2021 – 4 Ws 87/21 Justiz 2021, 179 = BeckRS 2021, 15512. (Vorführung durch JVA nicht möglich).

[15] OLG Hamm 7.5.2020 – III 3 Ws 157/20, BeckRS 2020, 8426 (keine Aufhebung wegen abstrakter Infektionsgefahr in der Haftanstalt).

[16] BVerfG 12.12.1973 – 2 BvR 558/73, BVerfGE 36, 264 (273) = NJW 1974, 307; 1.12.2020 – 2 BvR 1853/20, BeckRS 2020, 34106; OLG Nürnberg 18.11.2013 – 1 Ws 502/13, StraFo 2014, 72 (Frist des § 121 darf nicht stets ausgeschöpft werden).

[17] BVerfG 16.3.2006 – 2 BvR 170/06, BVerfGK 7, 421 (428); OLG Brandenburg 1.8.2019 – 2 EWs 152/19.

[18] BVerfG 15.2.2005 – 2 BvR 1964/05, NJW 2006, 672.

Staat zuzurechnenden Verfahrensverzögerungen gekommen ist und deshalb der weitere Vollzug der Untersuchungshaft die in Abs. 1 bestimmte Frist in einem ungewöhnlichen Maße überschreitet.[19] Dabei kommt es auch auf die durch objektive Kriterien bestimmte Angemessenheit der Verfahrensdauer an, die etwa von der Komplexität der Rechtssache, der Vielzahl der beteiligten Personen oder dem Verhalten der Verteidigung abhängig sein kann. Dies macht eine auf den **Einzelfall bezogene Prüfung des Verfahrensablaufs** erforderlich. An dessen zügigen Fortgang sind dabei umso strengere Anforderungen zu stellen, je länger die Untersuchungshaft andauert.[20]

8 **Normauslegung.** Diese verfassungsrechtlichen Vorgaben wirken sich vor allem auf die **Auslegung** der in Abs. 1 vorhandenen Rechtsbegriffe der **„besondere Schwierigkeit"** (→ Rn. 39 ff., 43), des **„besonderen Umfang der Ermittlungen"** (→ Rn. 40 ff.) oder des **„anderen wichtigen Grundes"** (→ Rn. 44 ff.) aus, welche als Ausnahmetatbestände eng auszulegen sind.[21] Zwar obliegt die Auslegung dieser Normen dem allgemein dafür zuständigen Gericht – das Bundesverfassungsgericht überprüft jedoch, ob die Auslegung dieses Begriffs durch die Gerichte nicht auf einer grundsätzlich unrichtigen Anschauung von Bedeutung und Tragweite des Grundrechts der persönlichen Freiheit beruht und der Vorschrift unter Vernachlässigung anderer Auslegungsmöglichkeiten einen verfassungswidrigen Sinn beilegt.[22]

9 **Formale Begründungsanforderungen.** Entscheidungen über die Haft bedürfen zudem einer **qualifizierten Begründung.** In der Regel sind deshalb in jedem Beschluss über die Anordnung der Fortdauer der Untersuchungshaft aktuelle Ausführungen zu dem weiteren Vorliegen ihrer Voraussetzungen, zur Abwägung zwischen dem Freiheitsgrundrecht des Beschuldigten, dem Strafverfolgungsinteresse der Allgemeinheit sowie zur Frage der Verhältnismäßigkeit geboten.[23] Dieses Begründungsgebot soll nicht nur das Bundesverfassungsgericht zur Überprüfung der angefochtenen Entscheidung in die Lage versetzen, sondern ist auch Ausfluss des Rechts des Beschuldigten auf ein faires Verfahren.[24] Unterlässt ein Fachgericht deshalb eine hinreichende Analyse der konkreten Verfahrensabläufe und berücksichtigt die relevanten Gesichtspunkte, die für eine lange Verfahrensdauer verantwortlich sind, nur unzureichend, so mangelt es der Entscheidung über die Haftfortdauer an einer hinreichenden **Begründungstiefe.**[25] Begründet etwa das Oberlandesgericht im Haftprüfungsverfahren die Haftfortdauer daher maßgeblich mit der bloßen Wiedergabe des Gesetzeswortlauts, ohne dass eine Subsumtion unter die Tatbestandsvoraussetzungen des Abs. 1 überhaupt erkennbar wird, so hat dies regelmäßig eine Verletzung des Art. 2 Abs. 2 S. 2 GG zur Folge.[26] Auch muss das Oberlandesgericht die Grundsätze des rechtlichen Gehörs beachten. So ist es gehalten, auf den wesentlichen Kern des Vorbringens eines Beteiligten einzugehen und sich mit diesem auseinander zu setzen. Fehlt es hieran, so könnte dies auf die die Nichtberücksichtigung des Vortrages schließen lassen und zu einer Aufhebung durch das Bundesverfassungsgericht schon aus formalen Gründen führen.[27]

II. Anwendungsbereich

10 **1. Sechsmonatsfrist (Abs. 1).** Nach Abs. 1 darf der Vollzug der Untersuchungshaft wegen derselben Tat über sechs Monate hinaus nur aufrechterhalten werden, wenn die

[19] BVerfG 20.10.2006 – 2 BvR 1742/06, StV 2006, 703.
[20] BVerfG 4.5.2011 – 2 BvR 2781/10, BeckRS 2011, 50361.
[21] BVerfG 6.2.1980 – 2 BvR 1070/79, BVerfGE 53, 152 (159) = NJW 1980, 1449; 12.12.1973 – 2 BvR 558/73, BVerfGE 36, 264 (271) = NJW 1974, 307.
[22] BVerfG 6.5.2003 – 2 BvR 530/03, NJW 2003, 2895.
[23] BVerfG 29.3.2007 – 2 BvR 489/07, NStZ-RR 2008, 18; 7.8.1998 – 2 BvR 962/98, StV 1999, 40; 9.3.2020 – 2 BvR 103/20, EuGRZ 2020, 365; 1.12.2020 – 2 BvR 1853/20, BeckRS 2020, 34106.
[24] BVerfG 29.3.2007 – 2 BvR 489/07, NStZ-RR 2008, 18.
[25] BVerfG 16.3.2006 – 2 BvR 170/06, BVerfGK 7, 421 (428); 30.7.2014 – 2 BvR 1457/14, StV 2015, 39; 22.12.2017 – 2 BvR 2552/17, BeckRS 2017, 136740; 9.3.2020 – 2 BvR 103/20, EuGrZ 2020, 365; 1.12.2020 – 2 BvR 1853/20, BeckRS 2020, 34106; → § 112 Rn. 8; Mayer/Hunsmann NStZ 2015, 325.
[26] BVerfG 7.8.1998 – 2 BvR 962/98, StV 1999, 40; 16.3.2006 – 2 BvR 170/06, StV 2006, 248.
[27] BVerfG 19.5.1992 – 1 BvR 986/91, BVerfGE 86, 133 (146).

besondere Schwierigkeit oder der besondere Umfang der Ermittlungen oder ein anderer wichtiger Grund ein Urteil noch nicht zugelassen haben und die Fortdauer der Haft rechtfertigen. Klärungsbedürftig ist insoweit zunächst der sachliche Anwendungsbereich der Norm (→ Rn. 11 ff.), der zeitliche. Anwendungsbereich im Hinblick auf die Berechnung der Sechsmonatsfrist (→ Rn. 17 ff.), der heftig umstrittene Begriff „derselben Tat" (→ Rn. 26 ff.) sowie Prüfungs- und Entscheidungsbefugnis (→ Rn. 33 ff.).

a) Sachlicher Anwendungsbereich. Die Vorschriften der §§ 121 ff. gelten – auch wenn das Beschleunigungsgebot weiter zu beachten ist (→ Rn. 15) – grundsätzlich nur für die vollzogene[28] (→ Rn. 15) Untersuchungshaft und gehen einer gleichzeitig eingelegten Haftbeschwerde im Regelfall vor (→ Rn. 34).[29] Auf die Auslieferungshaft (§§ 15, 16 IRG) und die Sicherungshaft (§§ 453c Abs. 2 S. 2, 230 Abs. 2, 329 Abs. 4 S. 1) finden sie keine Anwendung.[30] Eine Besonderheit besteht auch bei Jugendlichen (→ Rn. 68). Insoweit ist die Dauer einer gemäß §§ 72 Abs. 4 S. 1, 71 Abs. 2 JGG erfolgten einstweiligen Unterbringung in nicht geschlossenen Heimen der Jugendhilfe auch dann nicht in die Sechsmonatsfrist des § 121 Abs. 1 StPO einzurechnen, wenn der Unterbringungsbefehl nachträglich gemäß § 72 Abs. 4 S. 2 JGG durch einen Haftbefehl ersetzt und dieser in unmittelbarem Anschluss an die Unterbringung vollzogen wird (str.),[31] denn das Haftprüfungsverfahren gilt grundsätzlich nicht für die grundsätzliche vorrangige Unterbringung von Jugendlichen in Heimen. Eine wesentliche Abweichung besteht bei der vorläufigen Unterbringung. Nach § 126a Abs. 2 S. 2 gelten die Vorschriften der §§ 121 f. für die einstweilige Unterbringung mit der Maßgabe entsprechend, dass das Oberlandesgericht prüft, ob die Voraussetzungen der einstweiligen Unterbringung weiter vorliegen. Durch diese Einschränkung wird klargestellt, dass im Unterschied zu Abs. 1 der Beschuldigte nicht nur deshalb automatisch entlassen werden muss, weil es an einem wichtigen Grund fehlt oder das Verfahren nicht zügig betrieben wurde, sondern diese Gesichtspunkte sind im Rahmen der Verhältnismäßigkeit im Einzelfall zu prüfen und abzuwägen. Der Grund des zum Haftbefehls nach § 112 unterschiedlichen Prüfungsmaßstabs liegt darin, dass nach dem Willen des Gesetzgebers bei der Unterbringung der Schutz der Allgemeinheit im Vordergrund steht, während die Untersuchungshaft nach § 112 StGB[32] in erster Linie der Verfahrenssicherung dient.[33] So führt auch der Verstoß gegen die Begründungspflicht des § 72 Abs. 1 S. 3 JGG durch den Tatrichter nicht ohne weiteres zur Aufhebung des Haftbefehls, insbesondere dann nicht, wenn das Ausscheiden alternativer Unterbringungsmaßnahmen und die gegebene Verhältnismäßigkeit evident sind.[34] 11

aa) Ordnungsgemäße Haftgrundlage. Unstreitig ist, dass Gegenstand der besonderen Haftprüfung nur ein ordnungsgemäß verkündeter Haftbefehl sein kann.[35] Fehlt es etwa nach erfolgter Erweiterung der Haftgrundlage durch den Haftrichter an einer ordnungsgemäßen Verkündung der neuen Haftgrundlage nach § 115,[36] darf das Oberlandesgericht nur den ursprünglichen Haftbefehl seiner Entscheidung zu Grunde legen, da der Beschuldigte nicht die Möglichkeit gehabt hat, sich zu den neuen Tatvorwürfen zu äußern. Gleiches gilt, wenn die Eröffnung des erweiterten Haftbefehls nicht durch den für das Verfahren nach 12

[28] BGH 28.7.2016 – AK 41/16, BeckRS 2016, 14380 (Überhaft).
[29] OLG Hamm 30.7.2015 – III 1 Ws 334/15; vgl. auch → § 117 Rn. 45.
[30] Schmitt in Meyer-Goßner/Schmitt Rn. 12.
[31] OLG Hamm 18.7.2017 – 1 Ws 2/17; aA OLG Karlsruhe 14.3.1997 – 3 HEs 91/17, NStZ 1997, 452; OLG Dresden 23.12.1993 – 2 AK 136/93, JR 1994, 377.
[32] Zur anderen Bewertung beim Haftgrund der Wiederholungsgefahr nach § 112a vgl. → § 112a Rn. 3 ff., 5.
[33] KG 21.12.2017 – (5) 121 HEs 48/17, BeckRS 2017, 157169; vgl. hierzu näher → § 126a Rn. 41; Schultheis in KK-StPO § 126a Rn. 5.
[34] OLG Frankfurt a. M. 1.4.2019 – 1 H 74/19 mwN.
[35] BVerfG 20.9.2001 – 2 BvR 1144/01, NStZ 2002, 157 (158) (Aufhebung der Haft wegen Perpetuierung des Verstoßes durch das OLG).
[36] BGH 28.7.2016 – AK 41/16, BeckRS 2016, 14380; OLG Oldenburg 2.2.2005 – HEs 1/05, NStZ 2005, 342.

§ 115 Abs. 3 zuständigen Richter erfolgt ist, sondern die Vernehmung einem ersuchten Richter übertragen wurde (str.).[37]

13 **bb) Wirksame Haftgrundlage.** Wenig erörtert ist jedoch die Frage, wie das Oberlandesgericht zu verfahren hat, wenn es überhaupt an einer wirksamen Haftgrundlage fehlt. Ein solcher Fall kann etwa eintreten, wenn die dem Beschuldigten zur Last gelegte/n Tat/Taten nicht hinreichend deutlich iSd § 114 im Haftbefehl umschrieben sind, so dass es an einer wirksamen Haftgrundlage überhaupt fehlt.[38] Da dem Oberlandesgericht im Haftprüfungsverfahren anders als im Beschwerdeverfahren selbst eine Anpassung der Haftgrundlage verwehrt ist,[39] bleibt nur die Möglichkeit der Aufhebung[40] oder der Rückgabe[41] an das zuständige Gericht zur Neufassung.[42]

14 **cc) Fehlende Anpassung der Haftgrundlage.** Davon zu unterscheiden ist jedoch die in der Praxis ständig auftauchende Fallgestaltung, dass der Haftbefehl zwar zum Zeitpunkt seines Erlasses den formalen Anforderungen des § 114 genügt, er jedoch im Laufe des Verfahrens nicht – wie geboten – dem aktuellen Ermittlungsstand angepasst wird. Durch diese fehlerhafte Sachbehandlung wird der Haftbefehl jedoch nicht unwirksam, sondern er muss vom Oberlandesgericht der besonderen Haftprüfung zugrunde gelegt werden, welches, wenn sich die prozessuale Tat nicht ändert, vor allem den Tatverdacht und die Haftgründe aufgrund der vorgelegten Akten prüfen und seiner Entscheidung zugrunde legen kann.[43] **Gegenstand der besonderen Haftprüfung** ist/sind aber allein die im **Haftbefehl aufgeführte/n Tat/en,**[44] weshalb die unter Umständen in einer Anklageschrift zwischenzeitlich zusätzlich erhobenen Tatvorwürfe – beim Tatverdacht aber auch bei der Prüfung des wichtigen Grundes – unberücksichtigt bleiben (→ Rn. 32, → § 112 Rn. 11).

15 **Problematisch** sind jedoch die Fälle, in welchen der Haftbefehl vom Tatrichter nicht angepasst wird, die der Bewertung des dringenden Tatverdachts zugrundeliegenden Taten jedoch nicht mehr verfahrensidentisch sind. Wird etwa dem Beschuldigten im Haftbefehl mehrfacher gewerbsmäßiger Diebstahl zu Last gelegt und ihm sodann in der Anklageschrift vorgeworfen, Teile des Diebesguts zu ganz anderen Tatzeiten als Hehler gewerbsmäßig angekauft zu haben, handelt es sich um unterschiedliche Tatvorwürfe. Da der nach wie vor vollzogene und derzeit als Haftgrundlage allein maßgebliche Haftbefehl insoweit auf einer tatsächlichen und rechtlichen Grundlage fußt, die der sich aus der zwischenzeitlich erhobenen Anklage ergebenden Erkenntnis- und Verdachtslage nicht mehr entspricht, und der Haftbefehl damit seiner Funktion, in tatsächlicher und rechtlicher Hinsicht verlässlich Auskunft über den Grund der Untersuchungshaft zu geben, nicht mehr gerecht wird, kommt eine Haftfortdaueranordnung durch das OLG nicht in Betracht. In einem solchen Fall können jedoch Akten zur verantwortlichen Prüfung der aktuellen Verdachtslage und zur

[37] OLG Stuttgart 14.7.2005 – 4 HEs 59/2005 ua, NStZ 2006, 588; aA noch OLG Karlsruhe 10.5.1996 – 1 AR 27/96, BeckRS 1996, 10061.

[38] BGH 17.8.2017 – AK 34/17, StraFo 2017, 470; 7.9.2017 – AK 42/17, NStZ 2018, 10 (jeweils zur Umgrenzungsfunktion eines Haftbefehls bei § 129b StGB); KG 17.8.2016 – (2) 121 HEs 14/16, OLGSt StPO § 114 Nr. 4 (Bezugnahme auf Anlagen); KG 10.8.2016 – (5) 121 HEs 8/16, OLGSt StPO § 121 Nr. 41 (nur eine Tat von mehreren Betroffenen); hierzu → § 114 Rn. 50.

[39] OLG Oldenburg 2.2.2005 – WEs 1/05, NStZ 2005, 342; OLG Hamm 17.3.2009 – 3 Ws 86/09, NStZ 2010, 235.

[40] So OLG Koblenz 21.12.2005 – (1) 4420 BL – III 51/05, NStZ-RR 2006, 143; OLG Celle 1.6.2005 – 22 HEs 3/05, StV 2005, 513.

[41] So OLG Stuttgart 24.1.2002 – 5 HEs 20/2002 ua, Justiz 2002, 248.

[42] Vgl. hierzu: OLG Koblenz 12.11.2007 – (1) 4420 BL – III 29/07, NStZ-RR 2008/92 (Ls.); OLG Hamm 17.3.2009 – 3 Ws 86/09, NStZ 2010, 281.

[43] AA wohl OLG Celle 1.6.2005 – 22 HEs 3/05, StV 2005, 513 (Aufhebung wegen unzureichender Sachdarstellung).

[44] BGH 6.12.2017 – AK 63/17, NStZ-RR 2018, 53; KG 3.1.2017 – (4) 121 HEs 43/16 (38/16), BeckRS 2017, 100903; OLG Dresden 14.7.2003 – 1 AK 45/03, BeckRS 2003, 30323158; OLG Zweibrücken 4.7.2007 – 1 HPL 24/07 ua, BeckRS 2007, 14597.

Neufassung des Haftbefehls an das insoweit nach §§ 125, 126 zuständige Gericht zurückgegeben werden (sehr str.).[45]

16 **dd) Vollzug des Haftbefehls.** Weitere Voraussetzung ist, dass der Haftbefehl überhaupt vollzogen wird, was nicht der Fall ist, wenn Überhaft notiert oder dieser außer Vollzug gesetzt ist. Zwar gilt auch insoweit das Beschleunigungsgebot, dies ist jedoch über den Grundsatz der Verhältnismäßigkeit etwa im Rahmen einer Haftbeschwerde zu beachten (hierzu → § 112 Rn. 5).

17 **b) Zeitlicher Anwendungsbereich – Berechnung der Sechsmonatsfrist.** Zu unterscheiden ist dabei zwischen dem Beginn und dem Ende der Frist sowie den Zeiten der Unterbrechung bei deren Berechnung.

18 **aa) Fristbeginn.** Die Sechsmonatsfrist beginnt nicht schon mit der vorläufigen Festnahme des Täters,[46] sondern nach ganz hM erst mit dem **Datum** des **Erlasses**[47] **des Haftbefehls.**[48] War schon vorher ein Haftbefehl erlassen, beginnt die Frist mit dem Tag der Festnahme. Unterschiedlich beantwortet wird indes die Frage, ob der Tag des Beginns der Untersuchungshaft bei der Sechs-Monats-Frist mitgerechnet wird oder der Fristbeginn nach § 43 berechnet wird und damit der erste Tag der Untersuchungshaft nicht mitgerechnet wird,[49] Letzter Ansicht ist nach aktuelle Rechtsprechung zu folgen, so im Falle, dass das Ende der Sechs-Monats-Frist auf einen Samstag, Sonntag oder allgemeinen Feiertag fällt und die Hauptverhandlung an dem darauf folgenden – nach § 43 Abs. 2 zu bestimmenden – Werktag beginnt, mithin eine besondere Haftprüfung nach §§ 121, 122 nicht veranlasst ist.[50]

19 **bb) Fristende.** Grundsätzlich kommt Abs. 1 zur Anwendung, solange kein Urteil ergangen ist, das auf eine Freiheitsstrafe oder eine freiheitentziehende Maßregel der Besserung und Sicherung erkannt hat. Unterbrechungen, etwa durch Strafverbüßungen, zählen bei der Fistberechnung nicht mit.[51] Nach Abs. 3 S. 2 ruht jedoch im Falle des Beginns der Hauptverhandlung der Fristablauf bis zur Verkündung des Urteils. Hat daher der Tatrichter Termin zur Hauptverhandlung innerhalb der Sechsmonatsfrist bestimmt und das Verfahren durch Urteil abgeschlossen, findet eine besondere Haftprüfung nicht statt, die Vorlage der Akten ist entbehrlich.[52] Dies gilt auch dann, wenn die erstinstanzliche Entscheidung im Berufungs- oder Revisionsverfahren oder durch das Verfassungsgericht[53] aufgehoben worden ist.[54] Hat die Hauptverhandlung begonnen oder ist ein Urteil ergangen, ist zwar die Durchführung einer Haftprüfung nach § 121 nicht mehr veranlasst (→ Rn. 20, 107), jedoch ist die Überprüfung der Einhaltung des Beschleunigungsgrundsatzes auch im Haftbewerdeverfahren möglich (hierzu → § 117 Rn. 26, → § 120 Rn. 15).

---

[45] OLG Karlsruhe 6.2.2013 – 1 Ws 20/13; ebenso für eine ähnlich gelagerte Fallkonstellation der unzureichende Konkretisierung des Tatvorwurfs im Haftbefehl: OLG Karlsruhe 24.1.2013 – 2 Ws 7/13-HEs 1/13; siehe auch OLG Stuttgart 24.1.2002 – 5 HEs 20/2002, Justiz 2002, 248; aA – Aufhebung des Haftbefehls – OLG Celle 1.6.2005 – 22 HEs 3/05, StV 2005, 513; Posthoff in Gercke/Julius/Temming/Zöller § 122 Rn. 8; vgl. auch Schmitt in Meyer-Goßner/Schmitt § 122 Rn. 13; → § 122 Rn. 18.

[46] AA Schlothauer/Weider/Nobis Untersuchungshaft Rn. 930.

[47] OLG Bremen 28.10.2020 – 1 HEs 2/20, BeckRS 2020, 36498; KG 25.1.2021 – (4) 121 HEs 2/21, BeckRS 2021, 22181 = StV 2021, 599 (Ls.); Schultheis in KK-StPO § 121 Rn. 6.

[48] Dies gilt auch für den Sonderfall, dass ein behebbaren Verfahenshindernisses – hier eines unterlassenen Rechtshilfeersuchens – vorliegt, so OLG München 28.3.2019 – 2 Ws 273/19, BeckRS 2019, 12208; aA OLG Nürnberg 12.6.2018 – 1 Ws 191/18, BeckRS 2018, 38676.

[49] So OLG Hamm 21.8.2007 – 3 Ws 429/07, NJW 2007, 3220 (zu § 126a), Schultheis in KK-StPO Rn. 6; Brinker ua JUS 2012, 36; Schmitt in Meyer-Goßner/Schmitt Rn. 4.

[50] OLG Karlsruhe 7.9.2017 – HEs 2 Ws 270/17, BeckRS 2017, 123728; OLG Stuttgart 16.9.2017 – 1 HEs 89/14, Justiz 2015, 39; OLG Hamm 28.8.2018 – III-4 Ws 145/18; OLG Bremen 28.10.2020 – 1 HEs 2/20, BeckRS 2020, 36498; aA Gärtner in Löwe/Rosenberg Rn. 34.

[51] Schmitt in Meyer-Goßner/Schmitt Rn. 5.

[52] OLG Dresden 4.9.2003 – 2 Ws 477/03, NStZ 2004, 644.

[53] Schultheis in KK-StPO Rn. 5 mwN.

[54] OLG Zweibrücken 6.4.2010 – 1 HEs 2/10, NStZ-RR 2010, 325 (Ls.).

20 **Fristende bei Aussetzung der Hauptverhandlung.** Eine Vorlage der Akten an das Oberlandesgericht ist aber dann nachzuholen, wenn der Richter die Hauptverhandlung nicht durch Urteil abschließen kann, sondern diese aussetzen muss. Mit Beginn der Hauptverhandlung ruht generell die Frist und läuft vom Zeitpunkt der Aussetzung auch dann weiter, wenn es nicht zu einem Urteil kommt.[55] Wird also eine begonnene Hauptverhandlung mit der Folge ausgesetzt, dass sie später neu durchgeführt werden muss, läuft die Frist des Abs. 1 bei einem weiterhin inhaftierten Angeklagten erst von der Aussetzung an weiter.[56] Allerdings müssen die Akten unverzüglich dem Oberlandesgericht vorgelegt werden (Abs. 3 S. 3).[57]

21 **Problemtisch** sind die Fälle, in welchen der Tatrichter die Hauptverhandlung – kurz – nach Ablauf der Sechsmonatsfrist terminiert, die Akten auch innerhalb der Frist, welche mit Eingang ruht (§ 122 Abs. 3 S. 1), dem Oberlandesgerichts vorlegt, dieses jedoch vor Beginn der Hauptverhandlung nicht mehr entscheiden kann, etwa weil noch Stellungnahmefristen für die Verteidiger laufen. Auch in diesem Fall endet die Prüfungskompetenz des Oberlandesgerichts mit Beginn der Hauptverhandlung.[58] Gleiches gilt, wenn die Akten dem Oberlandesgericht wegen einer fehlerhaften Fristberechnung nicht rechtzeitig vorgelegt werden und die Hauptverhandlung schon begonnen hat.[59] Der Angeklagte ist in diesem Falle nicht rechtlos gestellt. Seinem Anspruch auf Durchführung der Hauptverhandlung ist genügt und auch in deren Rahmen können etwa im Haftprüfungsverfahren (§ 117) die Voraussetzungen für die Fortdauer der Untersuchungshaft einschließlich im Rahmen der Verhältnismäßigkeit etwa aufgetretener Verfahrensverzögerungen[60] überprüft werden.

22 **Verspätete Aktenvorlage.** Allein die verspätete Vorlage der Akten zur Durchführung der Haftprüfung an das Oberlandesgericht hat keinen Einfluss auf den Lauf der Frist. Eine solche führt nicht von sich aus zur Aufhebung des Haftbefehls. Sind jedoch die Akten dem Senat verspätet vorgelegt wurden, sind erhöhte materielle Anforderungen an die Fortdauer der Untersuchungshaft zu stellen.[61] Werden die Akten dem Senat **verfrüht** vorgelegt, hat dieser darüber jedenfalls auch dann vorfristig zu entscheiden, wenn feststeht, dass die Verhandlung nicht vor Ablauf der sechs Monatsfrist begonnen werden kann[62] oder das Verfahren auch danach nicht zureichend gefördert werden wird.[63] Eine sofortige Entscheidung ist aber vor allem dann geboten, wenn die Voraussetzung für die Anordnung der Haftfortdauer ersichtlich nicht vorliegen.[64]

23 **cc) Fristberechnung.** Befand sich der Beschuldigte zeitweise aufgrund einer anderen Rechtsgrundlage nicht auf freiem Fuß, so ist je nach der Rechtsgrundlage unterschiedlich zu beurteilen, ob diese Zeitspanne in die Sechs-Monats-Frist einzurechnen ist oder nicht.

24 **dd) Berücksichtigungsfähige Fristen.** Die **einstweilige Unterbringung nach § 126a StPO** ist nach hA anzurechnen, wenn der Unterbringungsbefehl aufgrund zweifelhaft gewordener Voraussetzungen durch einen Haftbefehl ersetzt werden muss und sich die Haft unmittelbar an die vorläufige Unterbringung anschließt.[65] Auch die **Zeit der**

[55] BGH 21.5.1986 – AK 8/86, NStZ 1986, 422 mAnm Paeffgen NStZ 1989, 518.
[56] OLG Rostock 16.9.2009 – 2 HEs 6/09.
[57] Vgl. aber OLG Rostock 16.9.2008 – HES 4/08, NStZ-RR 2009, 20 (Ls.).
[58] OLG Hamm 10.7.2012 – III – 1 Ws 336/12, BeckRS 2012, 17623; OLG Düsseldorf 6.5.1992 – 3 Ws 206/02, NStZ 1992, 402; KG 8.11.2006 – 1 HEs 59/05, NStZ-RR 2007, 207.
[59] OLG Stuttgart 12.6.2020 – H 7 Ws 54 /20, BeckRS 2020, 14088 mwN; Schmitt in Meyer-Goßner/Schmitt Rn. 31.
[60] OLG Koblenz 11.2.2004 – 2 Ws 71/04, OLGSt StPO § 121 Rn. 30; → § 112 Rn. 7.
[61] OLG Hamm 21.8.2007 – 3 OBL 86/07, NJW 2007, 3220 (zu § 126a); Schmitt in Meyer-Goßner/Schmitt Rn. 28; aA Schlothauer/Weider/Nobis Untersuchungshaft Rn. 928 (Aufhebung des Haftbefehls).
[62] OLG Hamm 4.4.2019 – III 4 Ws 77/19, BeckRS 2019, 9227; aA OLG Celle 26.7.1988 – HEs 40/88, NStZ 1988, 517 (Rückgabe der Akten).
[63] OLG Köln 11.7.2016 – III 2 Ws 454/16, StV 2016, 824.
[64] OLG Hamm 4.4.2019 – III 4 Ws 77/19; vgl. auch → § 122 Rn. 21.
[65] OLG Düsseldorf 5.7.1993 – 2 Ws 212/93, MDR 1994, 192; 29.10.2007 – III – 3 Ws 357/07, NJW 2008, 867; OLG Nürnberg 27.1.2007 – Ws 61/97, StV 1997, 537 (Ls.); Meyer-Goßner/Schmitt Rn. 6; aA OLG München 1.8.2003 – 2 Ws 744/03, NStZ–RR 2003, 366; OLG Schleswig 6.8.2001 – 2 HEs 50/01, BeckRS 9998, 36229; NStZ 2002, 220 (Ls.).

Unterbringung des Beschuldigten gemäß § 81a ist bei der Berechnung der Sechs-Monats-Frist jedenfalls dann zu berücksichtigen, wenn die Untersuchungshaft zeitweise unterbrochen wurde, da diese dann nicht nur dem begrenzten Zweck der Sicherung der Begutachtung, sondern darüber hinaus dem den Haftbefehl rechtfertigenden Sicherungszweck dient.[66]

Nicht berücksichtigungsfähige Fristen. Hierzu gehört vor allem die Sicherungshaft nach § 230 Abs. 2[67] und die **Auslieferungshaft,** weil diese auf ausländischem Recht und auf einer Anordnung im Ausland zuständiger Stellen beruht.[68] Nicht eingerechnet wird – anders als bei einer nur dem Sicherungszweck dienenden Unterbringung nach §§ 72 Abs. 4 S. 1 JGG[69] – auch die Dauer der **Unterbringung eines Jugendlichen** in einem Erziehungsheim nach § 71 Abs. 2 JGG selbst dann nicht, wenn der Unterbringungsbefehl durch einen Haftbefehl ersetzt wird.[70] Auch wenn die Auslieferungshaft in die Berechnung der Sechs-Monatsfrist nicht mit einbezogen wird, bleibt sie gleichwohl nicht unberücksichtigt und zwingt das Gericht aus Gründen der Verhältnismäßigkeit zu einer beschleunigten Bearbeitung.[71] Befindet sich ein Angeklagter bereits über sechs Monate in Haft, gebietet es das Beschleunigungsgebot in Haftsachen alle zumutbaren Terminierungsmöglichkeiten auszuschöpfen, um möglichst schnell zu einer Entscheidung über den Anklagevorwurf zu kommen.[72] 25

c) Begriff derselben Tat. Zu den meist **umstrittenen Problemen** im Haftrecht gehörte bis zu einer Grundlagenentscheidung des BGH vom 25.7.2019[73] bislang der Begriff derselben Tat. Die Frage stellte sich insbesondere im Hinblick auf den Lauf der Sechsmonatfrist, wenn während des Ermittlungsverfahrens neue Taten bekannt werden. Hintergrund des Streits ist die Vermeidung der „Reservehaltung" von Haftbefehlen, um mit diesen zu ermöglichen, den Beschuldigten auch nach Fristablauf aufgrund einer neuen Rechtsgrundlage in Haft halten zu können. 26

Einigkeit der Bewertung. Was unter „derselben Tat" im Sinne des Abs. 1 zu verstehen ist, hat das Gesetz nicht definiert. Es besteht jedoch heute Einigkeit dahin, dass dieser nicht mit dem Tatbegriff des § 264[74] gleichgesetzt werden kann und eine **weite Auslegung** geboten ist, um eine „Reservehaltung" von Tatvorwürfen zu verhindern.[75] Abs. 1 sichert nämlich den Anspruch eines Beschuldigten, binnen angemessener Frist abgeurteilt oder aber aus der Untersuchungshaft entlassen zu werden. Dieses auch verfassungsrechtlich gewährleistete Recht würde umgangen werden, könnte sich die Ermittlungsbehörde ihr schon bekannte Tatvorwürfe für einen späteren Zeitpunkt, sei es durch Ausdehnung eines 27

[66] OLG Dresden 19.10.2001 – 1 AK 132/01, NStZ-RR 2002, 60; KG 30.10.1996 – (4) 1 HEs 158/96, NStZ 1997, 148; aA Schmitt in Meyer-Goßner/Schmitt Rn. 5; Schultheis in KK-StPO Rn. 6.

[67] OLG Köln 17.1.2014 – III-2 Ws 721/13; Becker in Löwe/Rosenberg § 230 Rn. 35.

[68] Schmitt in Meyer-Goßner/Schmitt Rn. 7.

[69] OLG Dresden 23.12.1993 – 2 AK 136/93, JR 1994, 377; OLG Karlsruhe 14.3.1997 – 3 HEs 91/97, NStZ 1997, 452.

[70] KG 5.12.1989 – (4) 1 HEs 111789, JR 1990, 216; Schultheis in KK-StPO Rn. 7; vgl. auch OLG Köln 13.10.2010 – 43 HEs 8/10, NStZ-RR 2011, 121 (nicht berücksichtigungsfähige Unterbringung eines Heranwachsenden in einem Heim der Jugendhilfe nach § 72 Abs. 4 JGG).

[71] OLG Hamm 8.6.2021 – III 3 Ws 169/21 (keine Unverhältnismäßigkeit auch bei langer Dauer der Auslieferungshaft), BeckRS 2021, 14649.

[72] OLG Braunschweig 28.4.2005 – HEs 10/05, Nds.RPfl. 2005, 228.

[73] BGH 25.7.2019 – AK 34/19, NSTZ 2019, 626.

[74] OLG München 4.7.2011 – 2 Ws 568/11, StraFo 2011, 394 (kein neuer Fristbeginn bei derselben prozessualen Tat).

[75] OLG Koblenz 3.1.2001 (1) 4420 BL – III – 71/00, NStZ-RR 2001, 152; OLG Karlsruhe 18.5.2010 – 3 HEs 112/00, StV 2000, 513; OLG Jena 22.3.1999 – 1 HEs 12/99, StV 1999, 329; OLG Zweibrücken 26.1.1998 – 1 BL 4/98, NStZ-RR 1998, 182; OLG Hamm 21.4.1998 – 2 BL 62/98, StV 1998, 555; OLG Köln 5.8.1997 – HES 177/97, NStZ-RR 1998, 181; OLG Bremen 7.8.1997 – BL 159/97, StV 1998, 140; OLG Brandenburg 3.3.1997 – 2 (3) HEs 16/97, StV 1997, 536; OLG Frankfurt a. M. 2.3.1990 – 1 HEs 259/88, NJW 1990, 2144; OLG Celle 31.10.1988 – HEs 66/88, StV 1989, 255; vgl. hierzu auch Herrmann StRR 2012, 77; Fahl ZIS 2009, 452; Schlothauer StV 2009, 464; Summa NStZ 2002, 69.

bestehenden oder Erlass eines weiteren Haftbefehls, aufsparen, um erst einmal die Sechs-Monats-Frist der zunächst ergangenen Haftanordnung auszunutzen.

28 Das **Bestehen verschiedener Haftbefehle** der gleichen Behörde (Staatsanwaltschaft oder Gericht) bedeutet daher nicht, dass diese ohne Beachtung der in Abs. 1 normierten besonderen Anforderungen „nacheinander" vollstreckt werden könnten.[76] Sind daher beim Erlass eines vollzogenen Haftbefehls schon weitere Tatvorwürfe unter Bestehen eines dringenden Tatverdachts bekannt, welche aber trotz Möglichkeit (→ Rn. 30a) einer Verbindung der Verfahren[77] nicht einbezogen wurden, so beginnt mit dem Erlass eines zweiten oder eines erweiterten Haftbefehls keine neue Sechsmonatsfrist zu laufen. Insoweit ist unerheblich, ob die Haftbefehle tatsächlich vollstreckt werden oder nur Überhaft[78] notiert ist, wenn ein einheitlicher Haftbefehl möglich gewesen wäre.[79]

29 **Uneinigkeit in der Bewertung.** Uneinigkeit bestand aber vor allem darin, zu **welchem Zeitpunkt** die Frist zu laufen beginnt, wenn erst **während des Laufs des Sechsmonatsfrist neue Taten des Beschuldigten bekannt** werden, für welche dringender Tatverdacht besteht.[80] Im Wesentlichen wurden hierzu zwei Ansichten vertreten:

30 **Herrschende Ansicht.** Nach herrschender Ansicht beginnt für einen neuen oder nur um weitere Taten erweiterten Haftbefehl **die Sechsmonatsfrist zu dem Zeitpunkt neu zu laufen, in welchem ein neuer Haftbefehl hätte erlassen** oder aber der ursprüngliche erste Haftbefehl hätte erweitert werden können. Dies ist dann der Fall, wenn bezüglich der neuen Tatvorwürfe ein dringender Tatverdacht hätte bejaht und die neuen Tatvorwürfe in den Haftbefehl mit hätten aufgenommen werden können,[81] mithin **„Haftbefehlsreife"**[82] besteht, und zwar unabhängig davon, ob die Taten – unter teilweiser Ausklammerung von „Serienstraftaten"[83] – Gegenstand desselben oder getrennter Verfahren sind,[84] wobei für den regelmäßigen Fristbeginn teilweise auf den Tag der neuen Haftentscheidung abgestellt wird.[85] Zur Begründung dieser Ansicht wird unter anderem angeführt, hierdurch würden unbillige Ergebnisse für den Fall vermieden, dass während des Ermittlungsverfahrens neue schwerwiegende Straftaten des Beschuldigten bekannt würden, jedoch eine Fortdauer der Untersuchungshaft aber deshalb ausscheiden könnte, weil das Verfahren wegen der ursprünglichen Tatvorwürfe nicht hinreichend gefördert worden sei.[86]

31 **Mindermeinung.** Nach der Gegenansicht wird auch dann keine neue Sechsmonatsfrist in Lauf gesetzt, wenn nach Erlass des Haftbefehls weitere Taten des Beschuldigten ermittelt werden, hinsichtlich derer sich zu einem jeweils späteren Zeitpunkt dringender Tatverdacht ergibt.[87] Begründet wird dies damit, dass auch nach Erweiterung eines Haftbefehls auf weitere Vorwürfe die ursprünglichen Tatvorwürfe ein Teil der „Taten" iSv Abs. 1 bleiben, wegen der sich der Beschuldigte in Untersuchungshaft befindet. Für diese Ansicht spricht, dass die Gegenansicht zu erheblichen und mit dem Sinn und Zweck des Haftprüfungsverfahren nicht vereinbaren Unsicherheiten in der Bewertung des Zeitpunktes der

---

76 OLG Karlsruhe 18.5.2010 – 3 HEs 112/00, StV 2000, 513.
77 OLG Celle 3.1.2007 – 21 HEs 706, Nds. Rpfl. 2007, 123; OLG Hamburg 7.7.2005 – 2 Ws 147/05, OLGSt StPO § 121 Nr. 32.
78 So LG Leipzig 26.9.2019 – 5 Kls 300 Js 42438/18, BeckRS 2019, 23496.
79 OLG Naumburg 28.1.2020 – 1 Ws (s) 19/20, BeckRS 2020, 12420; OLG Celle 23.12.2015 – 2 HEs 6/15, BeckRS 2016, 11184.
80 Vgl. zu allen Ansichten OLG Düsseldorf 16.12.2003 – III 3 Ws 460/03, NStZ-RR 2004, 125.
81 OLG Düsseldorf 16.12.2003 – III – 3 Ws 460/03, NStZ-RR 2004, 125; OLG Koblenz 30.7.2009 – 2 HES 8/09, OLGST StPO § 121 Nr. 37; OLG Stuttgart 6.6.2007 – 4 HEs 86/07, StV 2008, 85; Schultheis in KK-StPO Rn. 10 mwN.
82 OLG Dresden 31.3.2009 – 2 AK 6/09, NJW 2010, 952.
83 KG 12.9.2005 – (3) 1 HEs 147/05, BeckRS 2006, 03274 (dieselbe Tat auch bei zusammengehörendem Tatkomplex); siehe hierzu auch Schultheis in KK-StPO Rn. 11.
84 OLG Naumburg 2.12.2008 – 1 Ws 674/08, StV 2009, 536.
85 OLG Koblenz 3.1.2001 – (1) 4420 BL – III – 71/00, NStZ-RR 2001, 152.
86 Vgl. hierzu die Nachweise bei Schultheis in KK-StPO Rn. 11.
87 OLG Karlsruhe 14.2.2003 – 1 HEs 41/03, StV 2003, 513.

Aktenvorlage führt, da sich vielmals kaum sicher bewerten lassen wird,[88] zu welchem Zeitpunkt ein dringender Tatverdacht eigentlich eingetreten ist.[89]

31a Nunmehr hat der BGH in zwei Entscheidungen grundlegend zur Frage Stellung genommen,[90] so dass der schon bislang herrschenden Ansicht in Abweichung zur bislang hier vertretenen Meinung zu folgen ist. Danach weicht der Tatbegriff des § 121 von demjenigen des § 264 Abs. 1 ab und ist mit Rücksicht auf den Schutzzweck der Norm weit auszulegen. Er erfasst alle Taten des Beschuldigten von dem Zeitpunkt an, in dem sie im Sinne eines dringenden Tatverdachts bekannt geworden sind und in den bestehenden Haftbefehl hätten aufgenommen werden können; dies gilt unabhängig davon, ob sie Gegenstand desselben Verfahrens oder getrennter Verfahren sind. Dadurch wird vermieden, dass von Anfang an bekannte oder im Laufe der Ermittlungen bekanntwerdende Taten des Beschuldigten zunächst zurückgehalten und erst kurz vor Ablauf der Sechsmonatsfrist zum Gegenstand eines neuen oder erweiterten Haftbefehls gemacht werden mit dem Ziel, eine neue Sechsmonatsfrist zu eröffnen (sog. Reservehaltung von Tatvorwürfen). Danach beginnt keine neue Sechsmonatsfrist zu laufen, falls ein neuer Haftbefehl lediglich auf Tatvorwürfe gestützt bzw. durch sie erweitert wird, die schon bei Erlass des ersten Haftbefehls – im Sinne eines dringenden Tatverdachts – bekannt waren.[91] Gleiches hat zu gelten, falls der Haftbefehl um Tatvorwürfe erweitert wird, die erst während der Ermittlungen im vorgenannten Sinne bekannt geworden sind, für sich allein den Erlass eines Haftbefehls jedoch nicht rechtfertigen.[92] Tragen dagegen die erst im Laufe der Ermittlungen bekannt gewordenen Tatvorwürfe für sich genommen den Erlass eines Haftbefehls und ergeht deswegen ein neuer oder ein erweiterter Haftbefehl, wird dadurch ohne Anrechnung der bisherigen Haftdauer eine neue Sechsmonatsfrist in Gang gesetzt. Für deren Beginn ist der Zeitpunkt maßgeblich, in dem sich der Verdacht hinsichtlich der neuen Tatvorwürfe zu einem dringenden verdichtet hat. Entscheidend ist insoweit mithin, wann der neue bzw. erweiterte Haftbefehl hätte erlassen werden können,[93] nicht hingegen, wann die Staatsanwaltschaft ihn erwirkt hat. Dabei ist davon auszugehen, dass der Haftbefehl spätestens an dem auf die Beweisgewinnung folgenden Tag der veränderten Sachlage anzupassen ist, wobei bei der Fristberechnung erhebliche Unsicherheiten aufkommen können, wenn man noch einen Überlegungszeitraum von etwa zwei Wochen einräumen will.[94] In solchen Fällen gebietet es nach Ansicht des BGH der Gesetzeszweck nicht, die bisherige Haftdauer mit zu berücksichtigen.

31b Der Begriff „wegen derselben Tat“ in Abs. 1 weicht daher vom prozessualen Tatbegriff iSd § 264 Abs. 1 ab und ist mit Rücksicht auf den Schutzzweck der Norm weit auszulegen. Er erfasst alle Taten von dem Zeitpunkt an, in dem sie – im Sinne eines dringenden Tatverdachts – bekannt geworden sind und in einen bestehenden Haftbefehl hätten aufgenommen werden können und zwar unabhängig davon, ob sie Gegenstand desselben Verfahrens oder getrennter Verfahren sind.[95] Zur Vermeidung der Reservehaltung von Haftbefehlen kommt es nicht darauf an, ob das Verfahren bei der gleichen Staatsanwaltschaft oder dem gleichen Gericht anhängig ist, denn dem ist jedenfalls dann zuzustimmen, wenn die Verfahren gegenseitig bekannt sind.

---

88 So aber OLG Naumburg 2.12.2008 – 1 Ws 674/08, StV 2009, 536.

89 Siehe hierzu das Fallbeispiel bei OLG Karlsruhe 28.9.2010 – 1 Ws 202-204/10, StV 2011, 293.

90 BGH 25.7.2019 – AK 34/19, NStZ 2019, 626; 6.4.2017 – AK 14/17; Schmitt in Meyer-Goßner/Schmitt Rn. 11 ff.

91 OLG Oldenburg 25.1.2021 – 1 HEs 1/21, BeckRS 2021, 987.

92 So schon BGH 6.4.2017 – AK 14/17, BeckRS 2017, 108135; OLG Saarbrücken 22.4.2015 – 1 Ws 7/15, BeckRS 2015, 9735; Schmitt in Meyer-Goßner/Schmitt Rn. 11.

93 BGH 3.2.2021 – AK 50/20, NStZ-RR 155; so auch OLG Brandenburg 25.3.2019 – 2 Ws 39-42/19 (Tag der Vernehmung des Zeugen, dessen Aussage den dringenden Tatverdacht begründet); ebenso KG 10.8.2016 – (5) 121 HEs 8/16, OLGSt StPO § 121 Nr. 41; siehe auch den Fall bei OLG München 16.9.2020 – 1 Ws 680/20 H, BeckRS 2020, 25121 (Überlegungsfrist).

94 So BGH 25.7.2019 – AK 34/19, NStZ 2019, 626.

95 BGH 22.1.2018 – AK 4/18.

31c Unter den erweiterten Tatbegriff müssen nach hier vertretener Ansicht gleichwohl aber auch Taten fallen, für die zwar der dringende Tatverdacht erst nach Erlass des Ursprungshaftbefehls entstanden ist, die jedoch Teil einer insgesamt einheitlichen Serie gleichgerichteter Taten sind, die einem einheitlichen Lebensvorgang entspringen, der Gegenstand des bestehenden Haftbefehls ist und die Ermittlungsrichtung bestimmt hat,[96] so dass bei „Serienstraftaten" keine neue Frist in Lauf gesetzt wird, auch wenn die Taten erst später bekannt werden.[97]

32 **Sonderfälle.** Dieselbe Tat im Sinne des Abs. 1 liegt aber dann nicht vor, wenn der Beschuldigte erst **nach Beendigung des Vollzugs von Untersuchungshaft,** sei es infolge Aufhebung oder Außervollzugsetzung der ursprünglichen Haftgrundlage, neue Straftaten begangen hat oder solche bekannt werden, denn diese Taten hätten gar nicht Gegenstand eines früheren Haftbefehls werden können.[98] Dies gilt auch dann, wenn die zunächst geführten Ermittlungsverfahren später verbunden und die Tatvorwürfe in einem neuen Haftbefehl zusammengefasst wurden.[99] War der Erlass eines einheitlichen Haftbefehls zu keinem Zeitpunkt möglich, etwa weil die Ermittlungsverfahren bei unterschiedlichen Staatsanwaltschaften geführt wurden,[100] kann ebenfalls nicht vom Vorliegen „derselben Tat" ausgegangen werden, was sich schon daraus ergibt, dass für den Erlass von Haftbefehlen unterschiedliche Gerichte zuständig sind. Sind jedoch die Verfahren bei der gleichen Behörde zumindest zeitweise gemeinsam anhängig gewesen, so ist es unerheblich, dass die Tatvorwürfe in verschiedenen Verfahren geführt wurden.[101] Dieselbe Tat liegt auch dann nicht vor, wenn bezüglich einzelner Tatkomplexe bereits ein rechtskräftiges Urteil vorliegt.[102]

33 **d) Prüfungsbefugnis.** Erhebliche Bedeutung kommt in der Praxis der Frage zu, in welchem Umfang das Oberlandesgericht zur Überprüfung der vorgelegten Akten befugt und auch verpflichtet ist. Zunächst ist **Prüfungsgegenstand allein die im Haftbefehl aufgeführte Tat bzw. die dort aufgeführten Taten.**[103] Dies gilt auch dann, wenn die Staatsanwaltschaft gegen den Beschuldigten zwischenzeitlich weitere Tatvorwürfe in einer Anklageschrift erhoben, die Anpassung des Haftbefehls beantragt hat und eine solche auch rechtlich möglich gewesen wäre.[104] Eine Rückgabe der Akten an das nach § 126 zuständige Haftgericht ist nach herrschender Ansicht nicht bzw. nur eingeschränkt zulässig und setzt auch voraus, dass der Haftbefehl ohne die Anpassung nicht aufzuheben gewesen wäre (→ Rn. 14).

34 Diese zumeist **fehlerhafte Sachbehandlung** (→ Rn. 33) kann im besonderen Haftprüfungsverfahren vor allem dann **Bedeutung** erlangen, wenn die bislang in Haftbefehl aufgeführten Taten die Anordnung der Fortdauer der Untersuchungshaft nicht mehr rechtfertigen können oder Ermittlungen wegen Taten geführt wurden, die nicht Gegenstand des Haftbefehls waren und sind (→ Rn. 76). In solchen Fällen wird zumeist die Aufhebung des Haftbefehls und die Freilassung des Beschuldigten geboten sein.

---

96 So OLG Koblenz 17.9.2014 – 2 Ws 486/14; aA OLG Nürnberg 22.6.2016 – 1 Ws 257/16 H; Schultheis in KK-StPO Rn. 11 (neue Frist bei Haftrelevanz).

97 AA OLG Nürnberg 16.5.2018 – 1 Ws 149/18, StraFo 2018, 386.

98 OLG Celle 19.1.2005 – 21 HEs 1/05, BeckRS 2005, 1246; OLG Naumburg 22.3.2005 – 1 HEs 7705, NStZ 2005, 585.

99 OLG Köln 14.11.2000 – HEs 196/00, NStZ-RR 2001, 123; OLG Celle 22.5.2001 – 32 HEs 4/01, Nds.Rpfl. 2001, 318.

100 OLG Karlsruhe 14.2.2003 – 1 HEs 41/03, StV 2003, 513; aA OLG Hamm 21.1.2002 – 2 Ws 11/02, NStZ-RR 2002, 382 mwN.

101 So noch OLG Koblenz 4.12.2000 – (2) 4420 BL – III 97/00, NStZ-RR 2001, 124; OLG Hamburg 7.8.1997 – BL 159/97, StV 1998, 140.

102 Siehe hierzu Schultheis in KK-StPO Rn. 11 mwN.

103 BGH 6.12.2017 – AK 63/17, NStZ-RR 2018, 53; KG 3.1.2017 – (4) 121 HEs 43/16 (38/16), BeckRS 2017, 100903; OLG Koblenz 21.12.2005 – (1) 4420 BL – III 51/05, NStZ-RR 2006, 143 (Ls.); Wankel in KMR-StPO § 122 Rn. 15; Posthoff in Gercke/Julius/Temming/Zöller § 121 Rn. 20.

104 KG 3.1.2017 – (4) 121 HEs 43/16 (38/16), BeckRS 2017, 100903; Schultheis in KK-StPO Rn. 17; § 120 Rn. 10.

Vorrang des Haftprüfungsverfahrens. Ist eine Haftbeschwerde eingelegt und steht gleichzeitig das besondere Haftprüfungsverfahren nach Abs. 1 an, kommt diesem grundsätzlich der Vorrang zu, denn es führt zu einer umfassenderen Überprüfung der Frage der Haftfortdauer. Durch die Entscheidung im Haftprüfungsverfahren erledigt sich eine **Haftbeschwerde** deshalb grundsätzlich von selbst, sie wird gegenstandslos.[105] Etwas anderes muss jedoch gelten, soweit die Entscheidung im Haftprüfungsverfahren nicht zu dem Erfolg führen kann, der dem Beschuldigten im Falle einer Beschwerdeentscheidung beschieden wäre, weshalb in diesem Falle ausnahmsweise auch eine Neufassung des Haftbefehls durch das Oberlandesgericht möglich wäre.[106] 35

Prüfungsumfang. Gerade in umfangreichen Verfahren stellt sich auch immer wieder die Frage, ob das Oberlandesgericht bezüglich aller im Haftbefehl aufgeführter[107] Taten das Vorliegen **eines dringenden Tatverdachts** vollumfänglich[108] nachprüfen muss. Eine solche im Rahmen der zeitnah zu treffenden Haftentscheidung oftmals nur eingeschränkt mögliche Überprüfung ist jedenfalls dann ausnahmsweise entbehrlich, wenn bereits unter Berücksichtigung einzelner Taten oder Tatkomplexe positiv beantwortet werden kann, dass insoweit die allgemeinen und besonderen Haftvoraussetzungen vorliegen.[109] Nicht einheitlich beantwortet wird die Frage, ob das Haftgericht auch nach Beginn des oberlandesgerichtlichen Haftprüfungsverfahrens und bis zu dessen Abschluss bei Vorliegen wesentlich neuer Tatumstände befugt ist, über Bestand und Vollzug des Haftbefehls zu entscheiden.[110] Dies ist entgegen aktuellen Tendenzen in Rechtsprechung zu verneinen, da der Haftrichter insoweit die Prüfungskompetenz des Oberlandesgerichts unterlaufen und eigene Fehler kaschieren könnte. Nach der derzeit hM[111] kann der Haftrichter aber auf Antrag der Staatsanwaltschaft den Haftbefehl um weitere Taten ergänzen, an die Anklage anpassen oder außer Vollzug setzen und damit dem Oberlandesgericht die Entscheidungsgrundlage entziehen oder verändern. Die Zuständigkeit des Haftgerichts ergibt sich nach dieser Ansicht allein daraus, dass das Oberlandesgericht hierzu nicht vollumfänglich befugt wäre. Denn Grundlage der Haftprüfung ist nur der aktuelle und ordnungsgemäß eröffnete Haftbefehl in seiner letzten dem Beschuldigten bekannt gemachten Form. 36

Entscheidungsumfang. Grundlage der besonderen Haftprüfung sind zunächst die **allgemeinen (Tatverdacht, Haftgründe, Verhältnismäßigkeit) und dann die besonderen Haftvoraussetzungen.** Liegen bereits die allgemeinen Haftvoraussetzungen nicht mehr vor, ist der Haftbefehl aufzuheben (§ 120), ohne dass Oberlandesgericht noch auf das Vorliegen von Verlängerungsgründen eingehen müsste. Eine solche Befassung ist auch dann entbehrlich, wenn das Oberlandesgericht den Haftbefehl außer Vollzug setzt.[112] Anders zu beurteilen ist dies allerdings dann, wenn das Oberlandesgericht den Haftbefehl nicht sofort, sondern erst gegen noch zu erbringende Auflagen, wie eine Sicherheitsleistung, außer Vollzug setzt.[113] In einem solchen Fall muss das Oberlandesgericht in seinen Entscheidungsgründen auch auf das Vorliegen der besonderen Haftvoraussetzungen eingehen. 37

---

105 OLG Düsseldorf 12.11.1991 – 1 Ws 912/91, VRS 1992, 189 (193); OLG Hamm 30.7.2015 – III-1 Ws 334/15; Schmitt in Meyer-Goßner/Schmitt Rn. 18.

106 BGH 14.6.2012 – AK 18/12, NStZ-RR 2012, 285.

107 Auf Taten, die nicht im Haftbefehl aufgeführt sind, kann eine Fortdauerentscheidung auch im Hinblick auf das Vorliegen eines wichtigen Grundes nicht gestützt werden.

108 Zur Einschränkung des Prüfungsumfangs wegen Vorliegens eines tatrichterlichen Beurteilungsspielraums bei der Feststellung der Verhandlungsfähigkeit des Angeklagten, vgl. OLG Hamburg 20.11.2015 – 1 Ws 148/15, BeckRS 2016, 3058.

109 OLG Koblenz 23.1.2006 – (1) 4420 BL – III 51/05, OLGSt StPO § 121 Nr. 33; KG 9.3.2019 – (4) 161 HEs 18/19; 9.6.2015 – (4) 161 HEs 13/15, BeckRS 2015, 12691 (Umfangsverfahren).

110 Paeffgen in SK-StPO Rn. 2–3; offen gelassen Schultheis in KK-StPO Rn. 1; Schmitt in Meyer-Goßner/Schmitt Rn. 6: „i. d. R.".

111 Ebenso OLG Nürnberg 22.6.2016 – 1 Ws 257/16, StraFo 2016, 468; aA OLG Koblenz 19.9.2014 – 2 Ws 486/14; Krauß in BeckOK StPO Rn. 3.

112 OLG Köln 19.6.2002 – HEs 27-28/02 -119-120.

113 OLG Hamm 3.9.2001 – 2 BL 152/01, StV 2001, 688; offengelassen in OLG Karlsruhe 26.1.2000 – 3 HEs 14/2000, NStZ 2001, 79; aA OLG Hamm 26.9.2000 – 2 BL 165/04, wistra 2001, 35 (Grund: Vollzug nach Widerruf nach § 116 Abs. 4).

III. Verlängerungsgründe

38 Neben diesen formalen Fragen erfordert Abs. 1 eine **doppelte Sachprüfung.** Zum einen müssen Feststellungen darüber getroffen werden, ob die besondere Schwierigkeit oder der besondere Umfang der Ermittlungen oder andere wichtige Gründe ein Urteil bislang noch nicht zugelassen haben (erste Stufe) (→ Rn. 44 ff.). Liegen derartige Gründe vor, ist zum anderen erforderlich, dass sie die Fortdauer der Untersuchungshaft rechtfertigen (zweite Stufe) (→ Rn. 96).[114] Auch wenn das Gesetz drei Verlängerungsgründe aufzählt, lässt sich in der Praxis zwischen diesen nicht immer differenzieren, da sie sich diese – dies gilt insbesondere für die ersten beiden – oftmals überschneiden.

39 Insoweit treffen die Ausführungen zum **„anderen wichtigen Grund"** (→ Rn. 44 ff.) sinngemäß auch auf die beiden anderen Verlängerungsgründe (→ Rn. 40–43) zu.

40 **1. Besondere Schwierigkeit und besonderer Umfang der Ermittlungen.** Zu ermitteln sind diese – oftmals zusammenfallenden und gemeinsam geprüften – beiden Voraussetzungen durch einen Vergleich mit anderen Verfahren, welche üblicherweise unter Beachtung des Beschleunigungsgebots innerhalb von sechs Monaten abgeschlossen werden können.[115] Auch wenn dieser Verlängerungsgrund vorliegt, ist weiter erforderlich ist, dass das Verfahren mit der in Haftsachen gebotenen Beschleunigung betrieben wurde. Allein der besondere Umfang oder die besondere Schwierigkeit der Ermittlungen rechtfertigt keine dilatorische Behandlung.

41 **Besonderer Umfang der Ermittlungen.** Auf dieses Merkmal wird sich oftmals allein aus dem Umfang der Akten und der Anzahl der Beschuldigten schließen lassen, weil die **Bearbeitung von „Großverfahren"** sich erfahrungsgemäß zeitaufwändig gestaltet. Gleichwohl ist im Haftprüfungsverfahren sorgfältig zu untersuchen und darzustellen,[116] ob in dieser Strafsache umfangreiche Ermittlungen durchgeführt werden mussten, wie etwa die Vernehmung zahlreicher Zeugen, Einholung von Gutachten oder Auswertung von Telefonüberwachungsmaßnahmen. Ein besonderer Ermittlungsumfang wird sich vielfach auch dann ergeben, wenn es sich um Taten aus dem Bereich der **„Wirtschaftskriminalität"**[117] oder der **„organisierten Kriminalität"**[118] handelt und neben der Aufklärung von Einzeltaten auch die „Bandenstrukturen" zu untersuchen sind. Solche Strukturermittlungen sind insbesondere dann – jedenfalls in zeitlich beschränkten Umfang – veranlasst, wenn sich allein aufgrund der Aburteilung festgestellter Einzeltaten der Unrechtsgehalt der Taten nicht erfassen lässt.[119]

42 Maßgeblich beeinflusst wird der Umfang der Ermittlungen auch vom **Einlassungsverhalten des Beschuldigten.** Macht dieser von seinem Schweigerecht nach § 136 Abs. 1 S. 2 Gebrauch, ist die Durchführung der zur Beurteilung der Verdachtslage notwendigen Ermittlungen unumgänglich. Anders aber bei einer frühzeitigen geständigen Einlassung (→ Rn. 53). Hier liegt eine häufige Fehleranfälligkeit von Aktenvorlagen, weil die Ermittlungsbehörden gleichwohl noch umfangreiche Umfeldermittlungen vornehmen, ohne zu prüfen, ob diese tatsächlich noch zwingend veranlasst sind oder, falls diese den Tatverdacht nicht beeinflussen, nach erfolgten Anklageerhebung nachgereicht werden können.

43 In umfangreichen Verfahren kommt es jedoch häufig zu **unterschiedlichen Aussageverhalten der Täter.** In einem solchen Fall kann allein der Verfahrensumfang die Fortdauer der Untersuchungshaft nicht rechtfertigen, sondern es ist genau zu untersuchen, ob sämtli-

---

[114] BVerfG 15.2.2007 – 2 BvR 2563/06, NStZ-RR 2007, 311.

[115] Schmitt in Meyer-Goßner/Schmitt Rn. 17.

[116] BVerfG 10.12.1998 – 2 BvR 1998/98, StV 1999, 162.

[117] OLG Nürnberg 15.10.2001 – Ws 51/99 H, OLGSt StPO § 121 Nr. 27; OLG Dresden 23.12.2014 – 2 Ws 542/14, Burhoff StRR 2015, 114 (1 Jahr Untersuchungshaft in einer umfangreichen Wirtschaftsstrafsache mit zeitaufwändiger Auswertung digitaler Dateien).

[118] KG 30.8.2000 – (4) 2 HEs 3/00 ua, BeckRS 2014, 10801 (gewerbsmäßiger Schmuggel); 27.6.2001 – (4) HEs 122/01 ua, BeckRS 2014, 11117 (Handeltreiben mit Betäubungsmitteln).

[119] KG 20.4.2004 – (5) HEs 54/04, NStZ 2006, 524 (Jugendlicher Intensivtäter); ebenso Schultheis in KK-StPO Rn. 15.

che durchgeführten Ermittlungen zwingend notwendig waren oder unter Umständen auch eine Abtrennung gegen einzelne Tatbeteiligte möglich und veranlasst gewesen wäre. Wird eine solche trotz eintretender Verfahrensverzögerung nicht vorgenommen, bedarf es nicht nur im gerichtlichen Verfahren einer vertieften Begründung.[120] Ein immer wieder auftauchendes Problem in der Praxis besteht auch darin, dass in umfangreichen Verfahren der Abschluss im Hinblick auf noch nicht ausermittelte Verfahrensteile hinausgezögert wird. Selbst wenn diese bereits Gegenstand des Haftbefehls sind (→ Rn. 76 ff.) ist ein Zuwarten nur in zeitlich beschränktem Umfang zulässig, ggf. muss Teilanklage[121] erhoben werden. Auch ein Zuwarten im Hinblick auf die Verbindung mit anderen Verfahren ist nicht zulässig.[122]

2. Besondere Schwierigkeit der Ermittlungen. Ermittlungen zeichnen sich zumeist nicht nur durch ihren Umfang, sondern auch durch besondere Schwierigkeit aus, etwa wenn diese im Ausland geführt, durch Rechtshilfeersuchen vorbereitet[123] oder aber Zeugen aus dem Ausland geladen werden müssen.[124] Nicht hierunter fällt jedoch die durchaus häufige Fallgestaltung, dass sich nicht die Ermittlungen schwierig gestalten, sondern sich das Verfahren durch „sonstige Schwierigkeiten", etwa zahlreiche Beschwerden des Beschuldigten, verzögert (→ Rn. 45).[125] 44

3. Anderer wichtiger Grund. Die in der Praxis häufigste **Verlängerungsmöglichkeit** der Haftfortdauer über sechs Monaten hinaus stellt in Form **einer eng auszulegenden Generalklausel**[126] das Vorliegen eines „anderen wichtigen Grundes" dar. Ein solcher liegt vor, wenn das Verfahren durch Umstände verzögert wird, denen die Strafverfolgungsbehörden durch geeignete Umstände nicht haben entgegenwirken können.[127] Bereits aus dem Wortlaut ergibt sich, dass hierunter nur Umstände fallen können, die in ihrer Bedeutung den beiden anderen Verlängerungsgründen gleich zu achten sind.[128] Sie brauchen ihnen aber der Art nach nicht ähnlich und können sogar vom Prozessstoff unabhängig sein.[129] Der **wichtige Grund für die Verlängerung der Untersuchungshaft** muss aber ein solches **Gewicht** besitzen, dass es gerechtfertigt ist, den Freiheitsanspruch des Beschuldigten und dessen Beschleunigungsinteresse hinter das unabweisbare Bedürfnis einer wirksamen Strafverfolgung zurücktreten zu lassen.[130] Anders als bei der Beurteilung der Verhältnismäßigkeit nach Art. 2 Abs. 2 S. 2 GG oder der Abwägung nach § 120 Abs. 1 Hs. 2 darf das Vorliegen des Merkmals des wichtigen Grundes nicht durch eine allgemeine Abwägung zwischen dem Strafverfolgungsinteresses des Staates und dem Freiheitsanspruch des inhaftierten Beschuldigten, sondern muss hiervon unabhängig ermittelt werden, indem dieser in ein Verhältnis zu der Schwierigkeit der Erledigung der Rechtssache und zu anderen wichtigen Gründen gesetzt wird.[131] Hierbei sind insbesondere die Schwere der Tat[132] und die konkrete Straferwartung ohne Bedeutung.[133] 45

---

[120] BVerfG 1.12.2020 – 2 BvR 1853/20, BeckRS 2020, 34106.
[121] Schultheis in KK-StPO Rn. 20 mwN.
[122] OLG Hamm 1.3.2012 – III – 3 Ws 37/12, StV 2013, 165.
[123] BGH 21.4.2016 – StB 5/16, NStZ 2016, 217 (2 Jahre).
[124] KG 19.2.2002 – (5) HEs 34/02 ua, BeckRS 2002, 16343 (betrügerische Kfz-Verschiebungen ins Ausland).
[125] Gärtner in Löwe/Rosenberg Rn. 58.
[126] OLG Düsseldorf 16.8.1990 – 1 Ws 683/90, StV 1990, 503; Schmitt in Meyer-Goßner/Schmitt Rn. 18.
[127] KG 6.8.2013 – 4 Ws 100/13, StV 2015, 42; Schmitt in Meyer-Goßner/Schmitt Rn. 21 (mit weiteren Beispielen); Schultheis in KK-StPO Rn. 16 (unabwendbare Schwierigkeiten).
[128] Schultheis in KK-StPO Rn. 15.
[129] BVerfG 20.10.2006 – 2 BvR 1742/06, StV 2006, 703.
[130] BVerfG 12.12.1973 – 2 BvR 558/73, BVerfGE 36, 264 (278) = NJW 1974, 307; BGH 31.7.2019 – AK 37/19, BeckRS 2019, 18948 (notwendiges Rechtshilfeersuchen unbeantwortet geblieben); Schultheis in KK-StPO Rn. 15.
[131] KG 23.3.2019 – (4) 161 HEs 18/19 mzwN.
[132] OLG Jena 26.3.2004 – 1 HEs 9/04, StV 2004, 664.
[133] BVerfG 29.3.2007 – 2 BvR 489/07, NStZ-RR 2008, 18; Schmitt in Meyer-Goßner/Schmitt Rn. 20.

46 **Zurechenbarkeit.** Zu untersuchen ist auch immer, ob es sich um einen Grund handelt, welcher den Strafverfolgungsorganen zurechenbar ist oder ob es sich etwa um objektiv unvermeidbare oder dem Beschuldigten zurechenbare Sachzwänge handelt.[134] Entscheidend ist im Ergebnis, ob die Strafverfolgungsorgane alle möglichen und zumutbaren Maßnahmen getroffen haben, um die Ermittlungen so schnell wie möglich abzuschließen und ein Urteil herbeizuführen.

47 Sind die Verzögerungen dem Bereich des Staates zuzurechnen, kommt es auf ein **„Verschulden" der für diesen handelnden Organe,** zB des Staatsanwalts oder Richters, **nicht** an.[135] Allgemein kann man davon ausgehen, dass Verfahrensverzögerungen durch Ermittlungsorgane und Richter dann zur Aufhebung des Haftbefehls führen, wenn sie auf **groben Fehlern und Versäumnissen** beruhen, was im Vergleich mit der Arbeitsweise und dem Leistungsvermögen eines durchschnittlichen Beamten oder Richters zur beurteilen ist. Außerdem muss hierdurch stets auch ein erheblicher Zeitverlust eingetreten sein,[136] kleinere Verfahrensverzögerungen rechtfertigen eine Aufhebung nicht.[137] Für die Bejahung einer derart signifikanten Verfahrensverzögerung ist jedoch nicht entscheidend, ob eine einzelne verzögert durchgeführte Verfahrenshandlung ein wesentliches Ausmaß einnimmt, sondern ob die vorliegenden **Verfahrensverzögerungen in ihrer Gesamtheit** eine Schwelle erreicht haben die im Rahmen der Abwägung die Anordnung einer weiteren Fortdauer der Untersuchungshaft nicht mehr erlaubt.[138] Daher stehen – entsprechend dem Gewicht der zu ahndenden Straftat – **zeitlich geringere Verfahrensverzögerungen** der Fortdauer der Untersuchungshaft nicht zwangsläufig entgegen, wenn bei einer Gesamtschau des Verfahrensablaufs dem Erfordernis der bestmöglichen Verfahrensförderung noch Genüge getan ist.[139]

48 **Aufbau.** Im Folgenden sollen nunmehr die in der forensischen Praxis wichtigsten Fragestellungen bei der Beurteilung des Vorliegens eines „anderen wichtigen Grundes" erörtert werden, wobei unter Inkaufnahme von Überschneidungen zwischen allgemeinen und übergreifenden Fragestellungen (→ Rn. 49–70), dem Verfahren bei der Staatsanwaltschaft (→ Rn. 71–81) und dem gerichtlichen Verfahren (→ Rn. 82–97) unterschieden wird.

49 **a) Übergreifenden Fragestellungen.** Dabei kommen den nachfolgenden Punkten sowohl dem Verfahren bei der Staatsanwaltschaft als auch dem gerichtlichen Verfahren Bedeutung bei:

50 **aa) Dauer des Verfahrens.** Die Frage der Anordnung der Fortdauer der Untersuchungshaft wird maßgeblich von deren Dauer bestimmt, da dem Freiheitsgrundrecht des Verfolgten mit zunehmender Dauer des Verfahrens größeres Gewicht gegenüber dem Strafverfolgungsinteresse zukommt.[140] Hieraus folgt auch, dass mit zunehmender Dauer der Untersuchungshaft die Anforderungen vor allem an das Vorliegen eines wichtigen Grundes steigen. Gleichwohl ist die vom Kammergericht in ständiger Rechtsprechung verwandte Formulierung, „an die die Zügigkeit der Bearbeitung von Haftsachen zu stellenden Anforderungen seien bei der ersten Haftprüfung nach Abs. 1 weniger streng als bei späteren Prüfungen nach Abs. 4"[141] als zumindest missverständlich abzulehnen, da sie die Gefahr einer Reduzierung des Prüfungsmaßstabs in sich birgt.

---

[134] BGH 3.5.2019 – AK 15, 19, JR 2020, 263 mAnm Wohlers (Verfahrensverzögerung von 10 Wochen aufgrund Verteidigungsverhaltens).
[135] BVerfG 20.10.2006 – 2 BvR 1742/06, StV 2006, 70; Schmitt inMeyer-Goßner/Schmitt Rn. 1a.
[136] So auch KG 7.5.2001 – (4) 1 HEs 83/01, BeckRS 2001, 16735.
[137] BVerfG 30.7.2014 – 2 BvR 1457/14, StV 2015, 39.
[138] BVerfG 22.2.2005 – 2 BvR 109/05, BVerfGK 5, 109; 13.5.2009 – 2 BvR 388/09, StV 2009, 479; ebenso OLG München 4.4.2006 – 2 Ws 289/06, BeckRS 2006, 4310 (Gesamtwürdigung).
[139] OLG Dresden 6.6.2011 – 1 Ws 67/11; KG 23.9.2009 – 4 Ws 102/09, StraFo 2010, 26.
[140] BVerfG 4.2.2000 – 2 BvR 453/99, NJW 2000, 1401.
[141] KG 12.1.2005 – (5) 1 HEs 195/04; 29.8.2001 – (3) 1 HEs 147/01, BeckRS 2001, 16713; Schmitt in Meyer-Goßner/Schmitt Rn. 20.

Kritische Grenze. Auch wenn das Gesetz keine Höchstgrenze der Untersuchungshaft vorsieht, ist eine solche von mehr als einem Jahr bis zum Beginn der Hauptverhandlung (sog. kritische Grenze) nur ausnahmsweise zulässig.[142] In einem solchen Falle kann schon eine eher kurzfristige Verzögerung von einem Monat oder sechs Wochen zu einer Verletzung des Beschleunigungsgebots führen, ohne dass diese wirklich auf einem groben Fehler oder Versäumnis beruhen müsste.[143] 51

bb) Ausgleich durch beschleunigte Bearbeitung. Leidet das Verfahren nicht an einem besonders schweren Fehler, besteht nach der Rechtsprechung der Oberlandesgerichte[144] die Möglichkeit, eine eingetretene Verfahrensverzögerung durch eine beschleunigte Bearbeitung auszugleichen.[145] Haben sich etwa die Ermittlungen bei der Staatsanwaltschaft verzögert, kann die sich hieraus ergebende Dilation durch eine sehr zeitnahe Terminierung des Verfahrens durch das Gericht kompensiert werden.[146] Anders jedoch, wenn das Verfahren – ohne dass dies für sich gesehen nach Abs. 1 zu beanstanden wäre – auch dort nicht besonders vorrangig und mit der in Haftsachen gebotenen Beschleunigung geführt wird.[147] 52

cc) Prognostische Verzögerung. Das Oberlandesgericht hat im Rahmen der besonderen Haftprüfung das Verfahren nicht nur rückblickend, sondern auch **vorausschauend** zu beleuchten (→ Rn. 83).[148] Zeigt sich insoweit, dass erhebliche Verfahrensverzögerungen bevorstehen, so hat der Senat diesen entgegenzuwirken. Allerdings muss dies nicht zwingend durch sofortige Aufhebung des Haftbefehls erfolgen,[149] sondern nach Möglichkeit sollte der Senat zunächst beim Tatrichter auf eine zügigere Sachbehandlung hinwirken, wobei die Möglichkeit besteht, die Umsetzung im Haftfortdauerbeschluss erteilten Vorgaben durch eine Verkürzung der regelmäßigen Wiedervorlagefrist von drei Monaten zu überprüfen (§ 122 Abs. 3 S. 3). Auch wird in einem solchen Falle die Möglichkeit einer Außervollzusetzung des Haftbefehls zu prüfen und zu erwägen sein.[150] 52a

dd) Geständnis. Im Haftprüfungsverfahren hochproblematisch sind die Fälle, in welchen der Beschuldigte die ihm im **Haftbefehl zur Last gelegte/n Tat/Taten sogleich nach seiner Festnahme** oder jedenfalls kurz danach **eingestanden** hat, denn es fragt sich, aus welchem Grund nicht sogleich nach **Abschlussreife der Ermittlungen** die **Erhebung einer Anklage** möglich gewesen war und das Verfahren zeitnah durch Urteil abgeschlossen werden konnte. In einem solchen Falle liegt die Annahme eines wichtigen Grundes fern,[151] wenn nicht besondere Umstände ein Zuwarten gebieten. Solche können sich in beschränktem zeitlichem Umfang daraus ergeben, dass sich das Verfahren auch gegen weitere Tatbeteiligte richtet und eine getrennte Verfahrensbehandlung nicht sachgemäß wäre. 53

---

142 BVerfG 23.1.2008 – 2 BvR 2652/04, StV 2008, 198 (200); 29.12.2005 – 2 BvR 2057/05, StV 2006, 81 (87); 30.9.1999 – 2 BvR 1775/99, NStZ 2000, 153; 1.4.2020 – 2 BvR 225/20, BeckRS 2020, 5355; BVerfG 1.12.2020 – 2 BvR 1853/20, BeckRS 2020, 34106; KG 23.9.2009 – 4 Ws 102/09, StraFo 2010, 26; OLG Saarbrücken 12.10.2006 – 1 Ws. 217/06, wistra 2007, 198.

143 BVerfG 20.10.2006 – 2 BvR 1742/06, StV 2006, 703 (offengelassen, da erhebliche Pflichtwidrigkeit angenommen); Schmitt in Meyer-Goßner/Schmitt Rn. 1b; Schultheis in KK-StPO Rn. 22a (ausführlich).

144 Eher zustimmend auch BVerfG 19.9.2007 – 2 BvR 1847/07, EuGrZ 2007, 591; vgl. Schultheis in KK-StPO Rn. 22a (ausführlich).

145 OLG Hamm 11.8.2016 – III – 3 Ws 304/16 (Verzug fällt nicht ins Gewicht); KG 10.8.2016 – (5) 121 HEs 8/16, OLGSt StPO § 121 Nr. 41.

146 OLG Köln 23.12.2003 – HEs 96/03 – 162; 25.4.2003 – HEs 39/03 -50, BeckRS 2003, 18103; OLG Brandenburg 8.3.2007 – 2 Ws (HEs) 58/07, StraFo 2007, 199; Meyer-Goßner/Schmitt Rn. 26; aA Paeffgen in SK-StPO Rn. 18.

147 OLG Düsseldorf 14.1.2003 – 1 Ws 491/02, StraFo 2003, 93.

148 BVerfG 19.9.2007 – 2 BvR 1850/07, BeckRS 2007, 33088.

149 OLG Stuttgart 21.4.2011 – 2 HEs 37-39/11, NStZ-RR 2012, 62.

150 So OLG Karlsruhe 26.1.2000 – 3 HEs 14/2000, NStZ 2001, 79.

151 So OLG Oldenburg 15.2.2010 – HEs 3/10, StraFo 2010, 198; OLG Jena 25.8.1997 – 1 HEs 63/07, NStZ-RR 1997, 364.

54 **ee) Beurteilung nach Verantwortungsbereichen – Wahrnehmung prozessualer Rechte.** Im besonderen Haftprüfungsverfahren durch das Oberlandesgericht stets zu untersuchen und in den Entscheidungsgründen darzustellen[152] ist die Frage, aus **welchen Umständen sich eingetretene Verfahrensverzögerungen** ergeben haben.[153] Kündigt etwa der Beschuldigte eine Einlassung zur Sache an, haben Staatsanwaltschaft und Gericht diese zunächst abzuwarten und bei nicht fristgemäßen Eingang anzumahnen, denn auch der inhaftierte Beschuldigte hat ein Recht auf Wahrnehmung der ihm zustehenden prozessualen Rechte. Die Verzögerungsursache verlagert sich jedoch aus dem Verantwortungsbereich des Beschuldigten in den der Justiz, wenn diese auf die vom Beschuldigten zu verantwortende Verzögerung nicht sachgerecht reagiert.[154]

55 **Verteidiger.** In den **Verantwortungsbereich des Beschuldigten** fällt es auch, wenn sich die Verfahrensverzögerung aus dem Verhalten des Beschuldigten[155] oder seines/r Verteidigers ergibt.[156] Auch insoweit bestehen jedoch vor allem zeitliche Grenzen.[157] So kann es gerade im gerichtlichen Verfahren zu Verzögerungen bei der Terminierung kommen, wenn sich der Verteidiger auf Terminkollisionen beruft (→ Rn. 86)[158] oder trotz Möglichkeit sich keine Aktenkenntnis vor dem Termin verschafft.[159] Insoweit gilt, dass solche die Justiz nicht grundsätzlich von dem Vorwurf einer ihr zurechenbaren Verfahrensverzögerung entlasten. Denn zum einen können derartige Terminkollisionen bei einer vorausschauenden, weit in die Zukunft reichenden Terminplanung weitgehend vermieden werden. Zum anderen darf die Strafkammer nicht ausnahmslos auf Terminkollisionen der Verteidiger Rücksicht nehmen.[160] Vielmehr stellt sich dann die Frage, ob andere Pflichtverteidiger zu bestellen sein werden oder inwieweit die Verteidiger mit Blick auf das Beschleunigungsgebot verpflichtet werden können, andere – weniger dringliche – Termine zu verschieben, um eine Beschleunigung eines bereits lang dauernden Verfahrens zu erreichen.[161] Grundsätzlich gilt daher, dass terminliche Verhinderungen des Verteidigers angesichts der wertsetzenden Bedeutung des Grundrechts der persönlichen Freiheit (Art. 2 Abs. 2 S. 2 GG) nur insoweit berücksichtigt werden, als dies nicht zu einer erheblichen Verzögerung des Verfahrens führt, ggf. muss eine anderer/weiterer Verteidiger bestellt werden.[162] Davon zu unterscheiden ist aber der Fall, dass dem Beschuldigten rechtfehlerhaft nicht der von ihm gewünschte Verteidiger beigeordnet wurde und sich hieraus Verfahrensverzögerungen ergeben.[163]

56 **Mehrere Beschuldigte.** Richtet sich das Verfahren gegen mehrere Beschuldigte (→ Rn. 80), sind Verzögerungen, welche sich nur aus der Verantwortungsphäre eines dieser Beschuldigten ergeben, ebenfalls nur in zeitlich begrenztem Umfang hinnehmbar (→ Rn. 73), ggf. muss das Verfahren abgetrennt und werden.

57 **Verzögerung durch Einholung gerichtlicher Entscheidungen.** Keinen wichtigen Grund im Sinne des Abs. 1 stellt eine Verfahrensverzögerung dar, welche sich daraus ergibt,

---

152 BVerfG 23.1.2008 – 2 BvR 2652/07, StV 2008, 198.
153 OLG Hamm 17.4.2008 – 4 Ws 77/08, BeckRS 2009, 2371 (Krankheit des Angeklagten).
154 BVerfG 10.12.1998 – 2 BvR 1998/98, StV 1999, 162; 29.12.2005 – 2 BvR 2057/05, StV 2006, 87; BGH 25.1.2005 – 3 StR 445/04, NStZ 2005, 341; OLG Nürnberg 12.9.2011 – 1 Ws 2011, 478, wistra 2011, 478; OLG Karlsruhe 14.11.2016 – 1 Ws 223/16, BeckRS 2020, 26031 (zureichende Einsicht in Audio-Dateien).
155 Schultheis in KK-StPO Rn. 16.
156 KG 29.8.2001 – (3) 1 HEs 147/01, BeckRS 2001, 16713 (Verteidiger gibt Akten nicht zurück).
157 BVerfG 23.1.2008 – 2 BvR 2652/07, StV 2008, 198.
158 OLG Hamm 19.1.2009 – 4 Ws 74/09, BeckRS 2009, 21636 (Pflichtverteidiger steht aus triftigen Gründen nicht zur Verfügung).
159 OLG Jena 27.10.2016 – 1 Ws 439/16, BeckRS 2016, 128480.
160 OLG Köln 18.1.2006 – 2 Ws 617/05, StV 2006, 143.
161 BVerfG 17.7.2006 – 2 BvR 1190/06, BeckRS 2007, 21015; OLG Hamm 19.12.2001 – 2 BL 221/01, NStZ-RR 2002, 124 (Verzögerung von mehreren Monaten); OLG Köln 3.11.2008 – 43 HEs 25/08, StraFo 2009, 384 (Bestellung eines anderen Pflichtverteidigers nach Erkrankung des bisherigen Pflichtverteidigers bei einfachgelagertem Verfahren).
162 OLG Bremen 11.1.2016 – 1 HEs 3/15, StV 2016, 508 mkritAnm Schlothauer StV 2006, 510.
163 OLG Karlsruhe 13.2.2018 – 2 Ws 5/18, StraFo 2018, 191.

dass die Akten zur Durchführung von gerichtlichen Entscheidungen versandt wurden, denn dieser Verzögerung hätte durch die Anlage von Zweitakten begegnet werden können.[164]

ff) Gutachten. Eine **häufige Fehlerquelle stellen Verzögerungen bei der Beauftragung, Erstellung oder Erstattung von Gutachten dar.** Zunächst steht außer Frage, dass in vielen Fällen ein Tat- oder Schuldnachweise ohne Erhebung einer sachverständigen Expertise mangels Fachkenntnis des Staatsanwalts oder des Gerichts nicht möglich ist.[165] und die Erstellung einer solchen Zeit beansprucht, so dass die hiermit verbundenen Verzögerungen einen wichtigen Grund iSd Abs. 1 darstellen.[166] 58

Notwendigkeit einer Begutachtung. Allerdings ist das Zuwarten auf das Ergebnis einer Begutachtung nicht immer veranlasst. Steht etwa außer Frage, dass der Abschluss des Verfahrens hierdurch nicht beeinflusst werden kann, darf der Staatsanwalt dieses nicht abwarten, sondern hat den Abschluss der Ermittlungen zu verfügen und die schriftliche Expertise nachzureichen.[167] Gleiches gilt für anstehende gerichtliche Entscheidung über die Eröffnung des Hauptverfahrens oder die Bestimmung des Hauptverhandlungstermins. 59

Beauftragungszeitpunkt. Besondere Beachtung ist im Haftprüfungsverfahren darauf zu legen, zu welchem Zeitpunkt sich die Notwendigkeit der Einholung einer solchen Expertise ergibt. Steht bereits zum Zeitpunkt des Erlasses des Haftbefehls fest, dass ein Gutachten – etwa zur Schuldfähigkeit des Betroffenen – eingeholt werden muss, ist das Verfahren regelmäßig nicht ausreichend gefördert, wenn der Gutachtensauftrag erst mehrere Monate nach der Festnahme oder trotz vorheriger Möglichkeit erst nach Anklageerhebung[168] erteilt wurde.[169] Vor allem im Ermittlungsverfahren hat die Staatsanwaltschaft in Haftsachen unmittelbar nach Bekanntwerden des Begutachtungserfordernisses einen Gutachtenauftrag zu erteilen.[170] Anders kann die Sachlage zu beurteilen sein, wenn zur Durchführung einer sachgerechten Untersuchung noch Anknüpfungstatsachen zu ermitteln sind.[171] Sieht etwa der Staatsanwalt deshalb von der frühzeitigen Einholung einer Expertise ab, sollte er seine Erwägungen sorgfältig in den Akten dokumentieren. 60

Verspätete Beauftragung. Erfolgt die Beauftragung indes verspätet, führt dies allerdings nicht in jedem Fall zur Ablehnung der Annahme eines wichtigen Grundes, vielmehr ist dies nur dann der Fall, wenn die Säumnis für eine Verfahrensverzögerung auch wirklich ursächlich geworden ist. Ergibt sich etwa, dass das Verfahren auch bei zeitgerechter Beauftragung nicht wesentlich früher hätte abgeschlossen werden können, wirkt sich die fehlerhafte Sachbehandlung nicht aus. Hat etwa der Staatsanwalt die Erhebung einer solchen Begutachtung verfahrenswidrig unterlassen und wurde diese Säumnis erst im Gerichtsverfahren nachgeholt, fehlt es an der Kausalität, wenn die Hauptverhandlung unabhängig davon auch nicht früher hätte durchgeführt werden können, etwa wegen terminlicher Verhinderung der Verteidigers oder einer sonstigen unabweisbaren Verfahrensgestaltung.[172] 61

Absprachen und Überwachung. Bei der Einholung eines Gutachtens ist es zur gebotenen Förderung des Verfahrens unerlässlich, auf eine zeitnahe Erstellung des Gutachtens hinzuwirken. Es sind deshalb mit dem Gutachter Absprachen darüber zu treffen, inner- 62

---

164 BVerfG 10.12.1998 – 2 BvR 1998/98, StV 1999, 162; OLG Saarbrücken 12.10.2006 – Ws 217/06, wistra 2007, 198; Schmitt in Meyer-Goßner/Schmitt Rn. 23.

165 OLG Jena 12.1.1998 – 1 HEs 2/98, StV 1998, 560.

166 BVerfG 6.6.2007 – 2 BvR 971/07, StV 2007, 644 (Schuldfähigkeit).

167 OLG Celle 17.11.2000 – 32 HEs 10/00, Nds. Rpfl. 2001, 60 (Wirkstoffgutachten); OLG Oldenburg 30.1.2006 – HEs 3/06, Nds. Rpfl. 2006, 133 (Kriminaltechnisches Gutachten nur für einen von 16 Fällen relevant).

168 OLG Brandenburg 25.3.2019 – 2 Ws 39-42/19.

169 BVerfG 6.6.2007 – 2 BvR 971/07, StV 2007, 644; OLG Oldenburg 11.7.1990 – 1 HEs 31/90, StV 1990, 556; OLG Jena 26.3.2004 – 1 HES 9/04, StV 2004, 664; OLG Karlsruhe 27.3.2017 – HEs 2 Ws 63/17, BeckRS 2017, 105172.

170 OLG Karlsruhe 27.3.2017 – HEs 2 Ws 63/17, BeckRS 2017, 105172.

171 OLG Nürnberg 4.8.2009 – 1 Ws 398/09, OLGSt StPO § 121 Nr. 26 (Affekttat); OLG Hamm 17.5.2011 – 1 Ws 218/11, BeckRS 2011, 18051 (fehlende Bereitschaft des Beschuldigten zur Mitwirkung).

172 OLG Karlsruhe 27.3.2017 – HEs 2 Ws 63/17, BeckRS 2017, 105172 (Zuständigkeitsklärung).

halb welches Zeitraums er zur Erstellung des Gutachtens in der Lage ist. Ggf. muss geprüft werden, ob eine zeitnähere Gutachtenerstellung durch einen anderen Sachverständigen zu erreichen ist.[173] So hat schon die Staatsanwaltschaft aber auch später das Gericht[174] den Gutachter ständig auf die bestehende Haftsituation hinzuweisen, die zügige Gutachtenerstellung fortwährend zu kontrollieren und erforderlichenfalls gemäß § 77 Abs. 2 StPO Ordnungsmittel gegen den Sachverständigen anzudrohen und festzusetzen.[175] Bloße mündliche Mahnungen, das Gutachten vorzulegen, genügen nicht,[176] vielmehr sollten diese nicht nur schriftlich verfasst, sondern auch alle fernmündlichen Absprachen in den Akten sorgfältig dokumentiert werden.[177] Insoweit liegt die Verantwortung für die Verfahrensbeschleunigung beim Gericht und nicht bei dem beauftragten Sachverständigen. Denn die zeitliche Verfahrensgestaltung ist Aufgabe des Gerichts und in Haftsachen aufgrund des Beschleunigungsgrundsatzes von besonderer Bedeutung. Dies betrifft auch die Überwachung der Dauer der Gutachtenerstattung.[178]

63 Allenfalls dann, wenn eingetretene Verzögerungen dem Einflussbereich der Ermittlungsbehörden gänzlich entzogen sind, stehen diese der Anordnung der Haftfortdauer nicht entgegen,[179] etwa wenn nur ein einziger Gutachter über die entsprechenden Fachkenntnisse verfügt.[180] Die Verzögerung muss auch hingenommen werden, wenn die gebotene Überprüfung ergibt, dass der ursprünglich bestellte Gutachter dasselbe wegen zuvor nicht erkennbarer Arbeitsüberlastung nicht erstellen kann und deshalb ein anderer Sachverständiger beauftragt werden muss.[181]

64 **Begutachtung und Aussetzung der Hauptverhandlung.** Setzt das Gericht die Hauptverhandlung zur Einholung einer sachverständigen Beurteilung aus, ist im besondere Haftprüfungsverfahren nicht nur zu klären (zur Frist vgl. → Rn. 20), ob eine solche nicht schon früher hätte veranlasst werden müssen und können,[182] sondern auch, ob die Begutachtung nicht auch im Rahmen einer bloße Unterbrechung der Hauptverhandlung hätte durchgeführt werden können.[183] Letzteres muss auch bedacht werden, wenn in der Hauptverhandlung dem Antrag der Verteidigung auf Einholung eines weiteren psychiatrischen Sachverständigengutachtens stattgegeben wird.[184]

65 **gg) Krankheit und Urlaub.** Häufig finden sich in Vorlageberichten Darlegungen, dass das Verfahren wegen Krankheit oder Urlaub des sachbearbeitenden Staatsanwalts oder Richters nicht sachgerecht habe gefördert werden können. Solche Verzögerungen können nur in zeitlich eng begrenztem Umfang und nur aufgrund einer nachvollziehbaren Begründung die Haftfortdauer rechtfertigen,[185] ansonsten müssen die Haftsachen in Vertretung bearbeitet werden.[186]

---

173 OLG Düsseldorf 1.7.2009 – III – 1 Ws 337/09, NStZ-RR 2010, 19 (Ls.); OLG Koblenz 29.6.2006 – (1) 4420 BL – III 23/06, StV 2007, 256; OLG Jena 17.11.2004 – 1 HEs 39/04.

174 OLG Hamm 17.8.2006 – 1 OBL 75/06, BeckRS 2006, 15057 (Auswahl eines überlasteten Gutachters und fehlender Anmahnung der Gutachtenserstellung).

175 OLG Hamm 18.8.2000 – 2 BL 140/2000, StV 2000, 629; OLG Zweibrücken 29.11.1993 – 1 BL 117/93, NStZ 1994, 202.

176 So auch jüngst OLG Stuttgart 22.2.2010 – 2 HEs 16/10, BeckRS 2010, 143920 (Verzögerung von mehreren Monaten).

177 OLG Stuttgart 5.4.2004 – 4 HEs 146/2003, StV 2004, 498.

178 BVerfG 1.12.2020 – 2 BvR 1853/20, BeckRS 2020, 34106; OLG Hamm 4.4.2019 – III-4 Ws 77/19.

179 OLG Koblenz 29.9.2006 – (1) 4420 BL – III 23/06, StV 2007, 256.

180 OLG Jena 17.11.2004 – 1 HEs 39/04 (besonders kompetenter Gutachter).

181 KG 27.12.1999 – (3) 1 HEs 275/99, BeckRS 1999, 16267.

182 OLG Brandenburg 25.3.2019 – 2 Ws 39-42/19.

183 OLG Celle 6.9.2000 – 33 HEs 33/00, NdSRpfl. 2000, 367 (Beschuldigter ist beim Gutachter bekannt); OLG Oldenburg 24.1.2002 – HES 62/01, LSK 2002, 400230 (Einholung eines Zweitgutachtens ohne nachvollziehbare Begründung).

184 Vgl. aber KG 19.6.2001 – (4) 1 HEs 30/01, BeckRS 2001, 16734.

185 BVerfG 23.1.2019 – 2 BvR 2429/18, NJW 2019, 915.

186 KG 29.8.2001 – (3) 1 HEs 147/01, BeckRS 2001, 16713 (Urlaub der Staatsanwältin); OLG Celle 1.3.2002 – 22 HEs 4/02, Nds. Rpfl. 2002, 201 (Terminierung und Durchführung der Hauptverhandlung während des Urlaubs des Vorsitzenden).

Maßgeblich ist jedoch immer der Einzelfall.[187] Gleiches gilt bei Erkrankung des Verteidigers.[188]

hh) Ursachenbündel. Das Vorliegen eines wichtigen Grundes ergibt sich oftmals daraus, dass sich aus den Vorlageberichten mehrere aktenmäßig nachvollziehbare Umstände ergeben, welche im Zusammenwirken zu einer nicht unerheblichen zeitlichen Verzögerung geführt haben.[189] Auch wenn kein Umstand für sich gesehen die Annahme einer der Justiz zurechenbaren und vermeidbaren groben Fehlers und Versäumnisses rechtfertigt, kann die Verfahrensverzögerungen in ihrer Gesamtheit eine Schwelle erreichen, die im Rahmen der Abwägung die Anordnung einer weiteren Fortdauer der Untersuchungshaft nicht mehr erlaubt.[190] 66

ii) Akteneinsicht. Probleme im Haftprüfungsverfahren können sich auch daraus ergeben, dass dem Verteidiger bislang keine Einsicht in die Akten gewährt wurde und er dies nunmehr beanstandet. Auch insoweit sind die Gründe zu untersuchen. Wurde das Akteneinsichtsgesuch einfach nicht beachtet, kann eine sich hieraus ergebende längerfristige Verzögerung des Verfahrens zur Aufhebung des Haftbefehls führen, insbesondere wenn es sich nicht um ein nicht besonders schwieriges und umfangreiches Verfahren handelt.[191] Als wichtiger Grund iSd Abs. 1 kann es auch anzusehen sein, wenn ein Angeklagter häufig den Verteidiger wechselt und das Gericht vor der Entscheidung über eine auch für den Angeklagten wichtigen Frage dem jeweiligen Verteidiger Akteneinsicht und rechtliches Gehör gewährt.[192] 67

Verweigerung der Akteneinsicht. Wird dem Verteidiger in bestimmte Aktenteile die Einsicht verweigert, besteht auch im Verfahren der besonderen Haftprüfung durch das Oberlandesgericht hinsichtlich dieser Aktenteile ein verfassungsrechtliches Verwertungsverbot (→ § 114 Rn. 39 ff.). Dieses bezieht sich auch auf die wichtigen Gründe im Sinne des Abs. 1, welche die Voraussetzung für die Haftfortdauer sind (str.).[193] Hat jedoch die Staatsanwaltschaft den Abschluss der Ermittlungen vermerkt, besteht ein solches nicht, wenn der Verteidiger es unterlässt, eine gerichtliche Entscheidung über die Verweigerung der Akteneinsicht herbeizuführen.[194] 68

Zweitakten. Das in Haftsachen zu beachtende Beschleunigungsgebot ist dann nicht gewahrt, wenn es zu einer nicht nur kurzfristigen Verfahrensverzögerung gekommen ist, weil dem Gericht wegen Akteneinsicht durch die Verteidiger die Verfahrensakten nicht zur Verfügung standen und es versäumt hatte, frühzeitig Aktendoppel anzulegen.[195] Gleiches gilt bei einer auf die nicht erfolgte Anlegung von Zweitakten beruhenden Verzögerung der Anklageerhebung. Insoweit gilt grundsätzlich, dass Verfahrensverzögerungen, die sich durch die Anlage von Zweitakten hätten vermeiden lassen, keinen wichtigen Grund darstellen und die Fortdauer der Untersuchungshaft über sechs Monate hinaus nicht rechtfertigen können.[196] 69

jj) Jugendliche. Besondere Anforderungen hinsichtlich beschleunigten Bearbeitung bestehen im Verfahren gegen Jugendliche, die im besonderen Maße beschleunigt durchzu- 70

187 BGH 17.3.2009 – AK 2-4/09, BGHR StPO § 121 Grund 3 (Verschiebung des Prozessbeginns um einen Monat wegen Erkrankung des Vorsitzenden Richters).

188 OLG Köln 3.11.2008 – 43 HEs 25/08, StraFo 2009, 384 (Bestellung eines anderen Pflichtverteidigers bei einfach gelagertem Sachverhalt).

189 Vgl. hierzu die ausführliche Fehlerauflistung in BVerfG 14.11.2012 – 2 BvR 1164/12, BeckRS 2012, 60181.

190 BVerfG 22.2.2005 – 2 BvR 109/05, BVerfGK 5, 109; 13.5.2009 – 2 BvR 388/09, StV 2009, 479; ebenso OLG München 4.4.2006 – 2 Ws 289/06, BeckRS 2006, 4310 (Gesamtwürdigung).

191 OLG Koblenz 19.12.2002 – 1 Ws 973/02, StV 2003, 519 (zeitnahe Eröffnung des Hauptverfahrens nicht möglich).

192 OLG Hamm 10.10.1995 – 2 BL 385/95, StV 1996, 497.

193 OLG Hamm 13.2.2002 – 2 BL 7/02, NStZ 2003, 386; aA 20.12.2007 – 3 Ws 676/07, wistra 2008, 195; Schlothauer StV 2001, 193; vgl. auch → § 112 Rn. 9.

194 OLG Hamm 20.12.2007 – 3 Ws 676/07, wistra 2008, 195.

195 OLG Düsseldorf 25.7.2001 – 4 Ws 346/01, StV 2001, 695; KG 7.5.2001 – (4) 1 HEs 83/01, BeckRS 2001, 16735.

196 OLG Köln 17.9.1991 – HEs 119/91, StV 1992, 20.

führen sind, § 72 Abs. 5 JGG.[197] Allerdings müssen grundsätzlich auch Jugendstrafverfahren, die keine Haftsachen sind, zügig terminiert und abgeschlossen werden.[198]

71 **b) Verfahren bei der Staatsanwaltschaft.** Das in Haftsachen aus Art. 2 Abs. 2 S. 2 GG und Art. 5 Abs. 3 S. 2 EMRK herzuleitende Beschleunigungsgebot verlangt auch und gerade von der Staatsanwaltschaft als Strafverfolgungsbehörde, alle zumutbaren Maßnahmen zu treffen, um die Ermittlungen so schnell wie möglich abzuschließen und ein Urteil herbeizuführen.[199] Kommt es insoweit zu vermeidbaren Fehlern und einer erheblichen Verfahrensverzögerung, liegt kein wichtiger Grund iSd Abs. 1 vor.

72 **aa) Organisationsfragen.** Deshalb sind auch die für die Besetzung der Abteilungen der Staatsanwaltschaft zuständigen Gremien verpflichtet, die mit schwierigen und zeitraubenden Haftsachen befassten Abteilungen personell so auszustatten, dass dem Beschleunigungsgebot in diesen Verfahren ausreichend Rechnung getragen werden kann. Ist dies nicht in dem erforderlichen Maße geschehen, liegt ein die Haftfortdauer rechtfertigender wichtiger Grund nicht vor und der Beschuldigte muss ungeachtet des Gewichts der ihm zur Last gelegten Tat aus der Haft entlassen werden.[200] Dies gilt auch dann, wenn sich der Geschäftsanfall bei der Anklagebehörde trotz aller organisatorischer Mittel nicht bewältigen lässt.[201]

73 **bb) Gestaltungsspielraum.** Die Durchführung der Ermittlungen obliegt der Staatsanwaltschaft als „Herrin des Ermittlungsverfahrens". Insoweit steht ihr im Rahmen ihrer Pflicht zu Sachaufklärung und Verfahrensförderung ein Gestaltungsspielraum zu, weshalb von ihr als für geboten erachtete, wenigstens vertretbar erscheinende Verfahrensdispositionen, wichtige Gründe für eine hierdurch eingetretene Verfahrensverzögerung darstellen können, auch wenn es sich insoweit nicht um eine gerichtlich nur beschränkt überprüfbare Einschätzungsprärogative handelt.[202] Jedoch darf die von der Staatsanwaltschaft für geboten erachtete Verfahrensdisposition nicht zu einer erheblichen Verzögerung des Verfahrens führen, was bereits bei einem Zeitraum ab einem Monat zu bejahen wäre. Eine derartige Überschreitung des Gestaltungsspielraums ist etwa anzunehmen, wenn für die Aufklärung der Tat wesentlichen Zeugen, deren Identität schon zu Beginn des Verfahrens bekannt waren, ohne zureichenden Grund erst in einem späten Stadium des Verfahrens von der Polizei einvernommen werden und sich deshalb die Erhebung der Anklage verzögert.[203] Auch ist das immer wieder vorzufindende Bestreben, allen Ermittlungsansätzen in einem einzigen Ermittlungsverfahren nachzugehen, um sämtliche Vorwürfe einer gemeinsamen Anklageerhebung zuzuführen, mit dem Beschleunigungsgebot in Haftsachen dann nicht zu vereinbaren, wenn eine Abtrennung einzelner Straftatenkomplexe ohne weiteres möglich gewesen ist (→ Rn. 76).[204] Ist der Beschuldigte geständig, so kann oftmals sogleich Anklage erhoben werden, ohne dass die Akten an die Polizei zur Fertigung eines Schlussberichts übersandt[205] oder weitere tatferne Zeugen einvernommen[206] werden müssen (→ Rn. 53).

74 **cc) Dokumentation.** Lassen die Akten nicht von sich aus auf Ermittlungshandlungen durch die Staatsanwaltschaft oder Polizei oder auf deren Gründe schließen, ist die Dokumentation von gleichwohl durchgeführten verfahrensfördernden Untersuchungshandlungen von

197 OLG Hamm 20.8.2004 – 3 OBL 69/04, ZJJ 2004, 435.
198 Zur richterlichen Kritik an einer unzureichenden Gerichtsausstattung lesenswert: OLG Karlsruhe 14.10.2016 – 3 Ws 684/16, NStZ-RR 2017, 59.
199 KG 5.10.1999 – (5) 1 HEs 327/98, BeckRS 2013, 21797 (Auslandsermittlungen).
200 KG 3.7.2001 – (5) 1 HEs 119/01, BeckRS 2001, 16770.
201 KG 30.6.1999 – (3) 1 HEs 299/98, BeckRS 1999, 12236.
202 BVerfG 6.6.2007 – 2 BvR 971/05, StV 2007, 644; OLG Celle 29.1.2010 – 1 HEs 2/10, StraFo 2010, 196; aA Hoffmann NStZ 2002, 566 (Zubilligung eines nur beschränkt überprüfbaren Beurteilungsspielraums).
203 OLG Celle 29.1.2010 – 1 HEs 2/10, StraFo 2010, 196; Schmitt in Meyer-Goßner/Schmitt Rn. 24.
204 KG 13.11.2006 – (3) 1 HEs 168/06, StraFo 2007, 27.
205 OLG Hamm 17.7.2006 – 4 Ws 337-339/06, StraFo 2006, 409.
206 OLG Jena 25.8.1997 – 1 HEs 63/07, NStZ-RR 1997, 364.

erheblicher Bedeutung.[207] Die bloße unsubstantiierte Behauptung, es seien überhaupt Ermittlungsbemühungen unternommen worden, reicht für sich nicht aus.[208] Auch sollte der Staatsanwaltschaft ihre Beweggründe für Ermittlungshandlungen, welche den Abschluss des Verfahrens verzögern, in den Akten vermerken und diese nicht kommentarlos dem Oberlandesgericht zur besonderen Haftprüfung vorlegen.

dd) Anleitung der Polizei. Das Beschleunigungsgebot in Haftsachen umfasst das gesamte Strafverfahren und gilt daher auch bereits im Ermittlungsverfahren. Es verpflichtet nicht nur die Gerichte, sondern alle für die Strafverfolgung zuständigen Stellen, namentlich die Polizeibehörden und die Staatsanwaltschaft, gleichermaßen. Nach Nr. 5 Abs. 4 S. 1 RiStBV sind die Ermittlungen in Haftsachen sogar besonders zu beschleunigen. Gegebenenfalls sind den Behörden und Beamten des Polizeidienstes rechtzeitig konkrete Ermittlungsanweisungen zu erteilen, um baldmöglichst Anklagereife herstellen zu können.[209] Eine Verletzung des Beschleunigungsgebots kann daher auch schon **vor Ablauf der Sechs-Monats-Frist** des Abs. 1 die Aufhebung des Haftbefehls gebieten, wenn es aufgrund vermeidbarer Fehler der Justizorgane zu einer erheblichen Verfahrensverzögerung kommt.[210] Eine Ausnahme könnte allenfalls dann angenommen werden, wenn zusätzlich auch der Haftgrund der Wiederholungsgefahr nach § 112a besteht (str.).[211] Die Anleitung der Polizei und die Überwachung derer Ermittlungstätigkeit gehört daher zu wichtigsten Aufgaben der Staatsanwaltschaft in Haftverfahren, zumal davon auszugehen ist, dass der ermittelnde Beamte nicht über die verfassungsrechtlichen Anforderungen der Bearbeitung von Haftsachen informiert ist. Daher muss die Staatsanwaltschaft die Ermittlungsarbeit der Polizei begleitend kontrollieren und zielführend strukturieren.[212] Vor allem darf sie nicht bis zur Vorlage des polizeilichen Schlussberichts untätig bleiben, sondern hat aktiv auf dessen Erstellung hinzuwirken.[213] 75

ee) Strukturermittlungen. Eine solche Anleitungspflicht besteht auch und gerade im Hinblick auf den Umfang der Ermittlungen, welche in Haftsachen zielführend auf deren Abschluss ausgerichtet sein müssen. Gerade in umfangreicheren Verfahren neigen die Polizeibehörden jedoch dazu, auch das Umfeld der Tat/en zu beleuchten und Strukturen aufzuklären. Ermittlungsmaßnahmen, die sich allenfalls am Rande auf das verfahrensgegenständliche Tatgeschehen beziehen und es lediglich abrunden, ohne darüber hinaus Wesentliches zur Aufklärung des Tatvorwurfs beizutragen, rechtfertigen es jedoch nicht, die Erhebung der Anklage erheblich zu verzögern. Solche Ermittlungsergebnisse können vielmehr nach Anklageerhebung nachgereicht werden.[214] Im Bereich der organisierten Kriminalität können indes solche Strukturermittlungen – jedenfalls in zeitlich beschränkten Umfang – dann veranlasst sein, wenn sich allein aufgrund der Aburteilung festgestellter Einzeltaten der Unrechtsgehalt der Taten nicht erfassen lässt (vgl. → Rn. 41).[215] Zu prüfen ist aber immer, ob diese Ermittlungen wirklich verfahrensfördernd waren.[216] 76

ff) Ermittlungen in anderer Sache. Auch in Serienstraftaten ist die Staatsanwaltschaft zur Anleitung der Polizei vielfach dringend gehalten, denn diese neigen dazu, der Anklagebehörde einen vollständig ermittelten Sachverhalt vorzulegen. Hier verbirgt sich 77

---

207 OLG Düsseldorf 12.2.2009 – III – 3 Ws 30/09, BeckRS 2009, 23701.
208 OLG Hamm 26.9.2000 – 2 Bl 165/00, wistra 2001, 35 (zweieinhalb Monate).
209 BVerfG 6.6.2007 – 2 BvR 971/07, StV 2007, 644; OLG Bremen 5.3.2012 – BL 248/91, StV 1992, 426.
210 BVerfG 4.4.2006 – 2 BvR 523/06, StV 2006, 251.
211 OLG Jena 29.11.2000 – 1 Ws 457/10, StV 2011, 735; vgl. aber § 112a Nr. 58.
212 OLG Saarbrücken 12.10.2006 – 1 Ws 217/06, wistra 2007, 198.
213 OLG Oldenburg 15.2.2010 – HEs 3/10, StraFo 2010, 198.
214 OLG Brandenburg 20.7.1999 – 2 (3) HEs 28/99, StV 2000, 37.
215 OLG Düsseldorf 30.10.2001 – 4 Ws 508- 516/01, StraFo 2002, 104 (Ermittlungen zu rechtlichen Bewertung der organisierten Drogenkriminalität notwendig); KG 20.4.2004 – (5) HEs 54/04, NStZ 2006, 524 (Jugendlicher Intensivtäter); ebenso Schultheis in KK-StPO Rn. 15.
216 OLG Celle 14.8.2001 – 32 HEs 10/01, Nds. Rpfl. 2001, 413.

jedoch eine häufige Fehlerquelle im Rahmen der besonderen Haftprüfung. Untersuchungshaft darf jedoch nur angeordnet und aufrechterhalten werden für Taten, für die ein dringender Tatverdacht besteht. Dementsprechend kann sich die besondere Schwierigkeit oder der besondere Umfang der Ermittlungen oder ein sonstiger wichtiger Grund im Sinne des Abs. 1 grundsätzlich nur auf die **Taten beziehen, die im Haftbefehl aufgeführt sind** und deretwegen die Untersuchungshaft vollzogen wird.[217]

78 Die aus Sicht der Ermittlungsbehörden bestehende **Notwendigkeit der Aufklärung weiterer, im Haftbefehl nicht aufgeführter Straftaten** stellt daher **keinen wichtigen Grund** im Sinne des Abs. 1 dar und kann die Fortdauer der Untersuchungshaft nicht rechtfertigen.[218] Dies gilt nicht nur dann, wenn die Polizei die Bejahung weiterer Straftaten durch den Beschuldigten vermutet,[219] sondern auch dann, wenn dieser deren Begehung sogar eingestanden hat.[220] Besonders problemtisch sind die Fälle, in welchen der Beschuldigte die ihm im Haftbefehl zur Last gelegte Tat frühzeitig eingeräumt hatt (vgl. hierzu auch → Rn. 53), jedoch die Begehung weiterer Delikte im Raume steht. Lässt sich bezüglich diesem nicht spätestens binnen Monatsfrist Anklagereife erzielen, muss zunächst Teilanklage erhoben werden.

79 **Aufnahme in den Haftbefehl.** Gegenstand der besonderen Haftprüfung ist nur der vollzogene Haftbefehl, weshalb nur wegen Taten ermittelt werden darf, die Gegenstand einer den dringenden Tatverdacht feststellenden Haftentscheidung geworden sind (→ Rn. 75 f.).[221] Die **Formulierung des Bundesverfassungsgerichts** in seiner Entscheidung vom 28.1.1992, ein „Beschuldigter dürfe nicht deshalb in Untersuchungshaft verbleiben, damit die Aufklärung weiterer Straftaten gesichert wird, wenn für diese weder ein dringender Tatverdacht noch ein Haftbefehl besteht,[222] ist nach hier vertretener Ansicht daher derart zu verstehen, dass **Taten bzw. hierfür durchgeführte Ermittlungen dann berücksichtigungsfähig** sind, wenn für diese bereits ein dringender Tatverdacht besteht und sie jedenfalls zum Zeitpunkt der besondere Haftprüfung durch die gebotenen Anpassung der Haftgrundlage in den Haftbefehl mit aufgenommen worden sind.[223] Die Vornahme von Ermittlungen in anderer Sache können deshalb dann – und nur dann – einen wichtigen Grund darstellen, **wenn diese Tatvorwürfe noch vor Vorlage an das Oberlandesgericht in den Haftbefehl mit aufgenommen** werden.

80 **gg) Mitbeschuldigte.** Eine immer wieder in der Praxis auftretende Problematik besteht auch bei Verfahren gegen mehrere Tatbeteiligte.[224] Ist gegen einen von diesen das Verfahren abschlussreif, darf nur in zeitlich beschränkten Umfang auf die Abschlussreife bezüglich der anderen vermeintlichen Tatbeteiligten zugewartet werden.[225] Ist abzusehen, dass Abschlussreife binnen Monatsfrist nicht hergestellt werden kann, muss das Verfahren abgetrennt und gesondert Anklage erhoben werden.[226]

81 **hh) Anklage beim falschen Gericht.** Ein **grober Fehler** der Staatsanwaltschaft liegt regelmäßig dann vor, wenn die Anklage aus nicht vertretbaren Erwägungen bei einem

---

217 BGH 9.1.2020 – AK 61/19, BeckRS 2020, 468; KG 3.1.2017 – (4) 121 HEs 43/16, BeckRS 2017, 100903.

218 BVerfG 13.9.2001 – 2 BvR 1286/01, StV 2001, 694.

219 OLG Oldenburg 13.6.2002 – HEs 25/02, StraFo 2002, 275.

220 OLG Bamberg 4.7.2002 – Ws 293/02, NStZ 2004, 83.

221 OLG Dresden 14.7.2003 – 1 AK 45/03, BeckRS 2003, 30323158; OLG Köln 21.12.2006 – 43 HEs 31/06, StV 2007, 371; OLG Oldenburg 13.6.2002 – HEs 25/02, StraFo 2002, 275.

222 BVerfG 28.1.1992 – 2 BvR 1754/91, NJW 1992, 1749; OLG Düsseldorf 30.10.2001 – 4 Ws 508-516, StraFo 2002, 104; OLG Karlsruhe 10.4.1984 – 3 HEs 70/84, MDR 1984, 688; OLG Hamm 2.12.1987 – 2 BL 298/87, StV 1988, 212; OLG Frankfurt a. M. 8.5.1995 – 1 HEs 87/95, StV 1995, 424.

223 Insoweit unklar BVerfG 13.9.2001 – 2 BvR 1286/01, StV 2001, 694 aE; wohl weiter OLG Karlsruhe 8.10.2004 – 2 HEs 151/04, NJW 2004, 3725 (zu keinem Zeitpunkt dringender Tatverdacht).

224 OLG Oldenburg 23.7.2001 – HES 49/01, Nds. Rpfl. 2001, 467 (Warten auf eine Übernahmenachricht).

225 KG 30.4.2019 – (4) 161 HEs 222/19 (Verzögerung nicht erheblich).

226 OLG Oldenburg 15.2.2010 – HEs 3/10, StraFo 2010, 198.

unzuständigen Gericht erhoben wird.[227] Anders jedoch, wenn die Erhebung der Anklage auf noch vertretbaren Erwägungen beruht[228] oder aber im späteren gerichtlichen Verfahren eine noch vertretbare Vorlage an das höhere Gericht nach § 209 Abs. 2 erfolgt.[229] Zu prüfen ist jedoch auch bei fehlerhafter Annahme einer gerichtlichen Zuständigkeit daher immer, ob es hierdurch überhaupt zu einer erheblichen Verfahrensverzögerung gekommen ist. Eine solche kann sich auch daraus ergeben, dass über einen Antrag des angerufenen Gerichts nach § 209 Abs. 2 auf Übernahme des Verfahren durch das nächst höhere Gericht nicht zeitnah entschieden wird,[230] die Verneinung der Zuständigkeit auf einem groben Fehler des Gerichts beruht[231] oder aber eine unzulässige Verweisung nach § 270 Abs. 1 vorliegt.[232]

c) Gerichtliches Verfahren. Auch im gerichtlichen Verfahren liegt ein zur Anordnung der Fortdauer der Untersuchungshaft rechtfertigender wichtiger Grund nur dann vor, wenn es nicht dort durch vermeidbare grobe Fehler und Säumnisse[233] zu einer nicht unerheblichen Verzögerung gekommen ist. Bei Kompetenzkonflikten zwischen Gerichten kann ein wichtiger Grund dann nicht angenommen werden, wenn dieser durch eine grob fehlerhafte Sachbearbeitung ausgelöst wurde und dadurch erhebliche vermeidbare Verzögerungen entstanden sind.[234] Auch besteht im gerichtlichen Verfahren die Besonderheit, dass Verzögerungen im Ermittlungsverfahren sich noch auswirken, insbesondere dann, wenn sie dort nicht durch eine beschleunigte Bearbeitung ausgeglichen werden können.[235] 82

aa) Vorausschauende Planung. Im Vordergrund der Bearbeitung von Haftsachen im Gerichtsverfahren steht der Gesichtspunkt der vorrauschauenden Planung, dem nicht nur für das konkret anhängige und dem Oberlandesgericht zur besonderen Haftprüfung vorgelegte, sondern für alle beim **Spruchkörper anhängigen Verfahren Bedeutung** zukommt. Bezüglich der durch das OLG zu treffenden besonderen Haftprüfung ist dabei davon auszugehen, dass sicher bevorstehende erhebliche Verfahrensverzögerungen bereits eingetretenen gleichstehen (→ Rn. 52a).[236] So sollte das Gericht etwa davon absehen, eingehenden Verfahren lediglich nach Eingang zu terminieren, sondern im Einzelfall eine Abwägung nach Eilbedürftigkeit vorzunehmen. Lässt sich aus den eingehenden Akten erkennen, dass es im Ermittlungsverfahren zu nicht unerheblichen Verzögerungen gekommen ist (→ Rn. 52), sollte das Gericht diese auch zur Vermeidung der Aufhebung der Untersuchungshaft durch eine zügige Terminierung auffangen.[237] Auch kann es das Beschleunigungsgebot in Haftsachen – je nach Dauer der Untersuchungshaft und Komplexität des Verfahrens – gebieten, alle zumutbaren Terminierungsmöglichkeiten auszuschöpfen, um möglichst schnell zu einer Entscheidung über den Anklagevorwurf zu kommen.[238] Insoweit gilt das Erfordernis einer 83

[227] OLG Nürnberg 30.3.2016 – 1 Ws 109-110-/16 (Sonderfall: Rücknahme einer Anklage unter Neuerhebung mit weiteren Vorwürfen).
[228] OLG Hamm 15.1.2008 – 4 OBL 154/07, OLG Hamm 15.1.2008 – 4 OBL 154/07.
[229] OLG Karlsruhe 27.3.2017 – HEs 2 Ws 63/17, BeckRS 2017, 105172.
[230] OLG München 6.9.2007 – 3 Ws 507/07, StraFo 2007, 465.
[231] OLG Jena 7.6.2006 – 1 Ws 190-191/06, StV 2007, 647.
[232] OLG Schleswig 16.5.2007 – 2 HEs 5/07, StV 2007, 592.
[233] OLG München 6.3.2009 – 3 Ws 167/09, NStZ-RR 2011, 124 (Neubesetzung der Richterstelle und Urlaub); OLG München 11.5.2007 – 2 Ws 224/07, LSK 2008, 050388 (Aufhebung wegen zu später Verbindung von Verfahren); OLG Stuttgart 3.2.2011 – 1 HEs 147-150/10, Justiz 2011, 217 (jeweils sachliche Erwägungen bei gemeinsamer Anklage und späteren Abtrennung von Verfahren gegen Erwachsene und Jugendliche).
[234] BVerfG 4.2.2000 – 2 BvR 453/99, NJW 2000, 1401; 7.9.1992 – 2 BvR 1305/92, StV 1992, 522; OLG Hamm 15.1.2008 – 4 OBL 154/07, OLG Hamm 15.1.2008 – 4 OBL 154/07 (Aufrechterhaltung bei unvermeidbarem Kompetenzkonflikt); OLG Braunschweig 23.1.2007 – HEs 9-11/06, Nds. Rpfl. 2007, 164 (Aufhebung wegen fehlerhafter Verweisung); OLG Jena 7.6.2006 – 1 Ws 190-191/06, StV 2007, 647 (Aufrechterhaltung bei nicht grob fehlerhafter Unzuständigkeitserklärung).
[235] OLG Brandenburg 8.3.2007 – 2 Ws (HEs) 58/07, StraFo 2007, 199.
[236] BVerfG 19.9.2007 – 2 BvR 1847/07, EuGRZ 2007, 591; Schmitt in Meyer-Goßner//Schmitt Rn. 19.
[237] OLG Celle 23.3.2001 – 32 HEs 1/01, Nds. Rpfl. 2001, 196.
[238] Ebenso OLG Braunschweig 28.4.2005 – HEs 10/05, Nds. RPfl. 2005, 228.

bestmöglichen Verfahrensförderung.[239] Reichen etwa die ordentlichen Sitzungstage nicht aus, sind ggf. außerordentliche Terminstage einzuschieben, im Notfall kann es in Ausnahmefällen auch geboten sein, eine andere nicht derart vorrangige Haftsache aufzuheben, wenn sonst kein anderer Termin gefunden werden kann. Im Haftprüfungsverfahren kann es insoweit notwendig werden, dass sich das Oberlandesgericht nicht nur auf die Ausführungen des Vorsitzenden im Vorlagebericht verlässt, sondern durch Vorlage **Einblick in die Terminierungsliste** nimmt.[240] Insoweit kann es auch erforderlich sein, dass der Senat vor allem bei umfangreichen Verfahren die beabsichtigte Einhaltung der gebotenen Termins- bzw. Verhandlungsdichte überprüft.[241]

84 **bb) Nichthaftsachen.** Grundsätzlich gilt insoweit, dass Haftsachen den Nichthaftsachen vorgehen und mit größtmöglicher Beschleunigung zu betreiben sind.[242] Hat das Gericht an den ihm innerhalb der Sechsmonatsfrist des Abs. 1 zur Verfügung stehenden Gerichtstagen bereits andere Sachen terminiert, bei den es sich allerdings nicht um Haftsachen handelt, kann es das Beschleunigungsgebot verletzen, wenn es nicht eines der bereits terminierten Verfahren wieder aufhebt und statt dessen in der Haftsache Termin zur Hauptverhandlung bestimmt. Das erkennende Gericht ist insoweit gehalten, anderweitig bereits terminierte Hauptverhandlungstermine wieder aufzuheben.[243]

85 **cc) Besonders einfache Verfahren.** Auch in besonders einfach gelagerten Haftsachen sollte das Gericht kurzfristig über die Zulassung der Anklage entscheiden und die Hauptverhandlung zeitnah, ggf. durch Einfügung eines Sondertermins, durchzuführen.[244] So darf etwa die Sechs-Monats-Frist des Abs. 1 auch nicht annähernd ausgeschöpft werden, wenn die Anklage wenige Tage nach der Festnahme des Beschuldigten erhoben ist und die Sache in weniger als einem halben Tag verhandelt werden kann.[245]

86 **dd) Abstimmung der Verfahrensgestaltung.** Gerade in umfangreichen und besonders eilbedürftigen Fällen kann es auch geboten sein, dass der Vorsitzende die Verfahrensabläufe, insbesondere die Hauptverhandlungstermine, mit den Verfahrensbeteiligten abstimmt. Wird eine solche unterlassen und kommt es deshalb zu einer erheblichen Verfahrensverzögerung, kann es am Vorliegen eines wichtigen Grund iSd Abs. 1 fehlen.[246] Wird jedoch eine solche Verfahrensabsprache vorgenommen und erfolgt hierauf die Terminsbestimmung, liegt im Regelfall ein wichtiger Grund auch dann vor, wenn eine frühere Terminierung an sich möglich gewesen wäre, es sei denn, es kommt hierdurch zu einer deutlichen und nicht mehr hinnehmbaren Verlängerung der Untersuchungshaft.[247] Sehr praxisrelvant ist insoweit die Fallgestaltung, dass ein früherer Hauptverhandlungsbeginn an überwiegend nicht deckungsgleicher Verhinderungen der Verteidiger und damit an einem in der Sphäre der Angeschuldigten liegenden Umstand scheitert (→ Rn. 54). In einem solchen Fall kann sich daraus jedenfalls in zeitlichen Grenzen ein anderer wichtiger Grund iSd § 121 Abs. 1 StPO ergeben.[248] Andererseits ist zu

---

[239] KG 23.9.2009 – 4 Ws 102/99, StraFo 2010, 26.

[240] So etwa OLG Hamm 19.10.2000 – 2 BL 186/2000, NStZ-RR 2001, 61.

[241] OLG Karlsruhe 27.10.2016 – 3 Ws 708/16, BeckRS 2016, 139431 (bevorstehende Verfahrensverzögerungen aufgrund fehlender gebotener Terminsdichte und zeitlich nicht ausschöpfender Verhandlungsführung); vgl. hierzu auch Schmitt in Meyer-Goßner/Schmitt Rn. 1a (verfahrensfördernder Sitzungstag im Regelfalle notwendig); Schultheis in KK-StPO Rn. 20 mwN zur Berechnung; hierzu auch → § 112 Rn. 7.

[242] BVerfG 23.9.2005 – 2 BvR 1315/05, NJW 2005, 3485; 4.4.2006 – 2 BvR 523/06, StV 2006, 251; 15.2.2007 – 2 BvR 2563/06, StV 2007, 366.

[243] KG 18.2.2002 – (4) 1 HEs 33/02, BeckRS 2014, 10840; OLG Braunschweig 28.4.2005 – HEs 10/05, Nds. RPfl. 2005, 228; OLG Hamm 19.10.2000 – 2 BL 186/2000, NStZ-RR 2001, 61; 20.10.2005 – 2 OBL 57/05, StraFo 2006, 25; OLG Karlsruhe 28.7.1983 – 3 HEs 192/83, Die Justiz 1986, 28.

[244] OLG Oldenburg 7.8.2006 – HEs 10/06, StraFo 2006, 410 (kein Zuwarten auf weitere Anklage).

[245] OLG Köln 8.7.2009 – 2 Ws 303/09, OLGSt StPO § 121 Nr. 35.

[246] OLG Karlsruhe 11.8.1999 – 2 HEs 220/99, NStZ 2001, 78; OLG Düsseldorf 2.7.2008 – III – 1 Ws 200-202/08; OLG Oldenburg 19.12.2002 – HEs 48/02, Nds. Rpfl. 2003, 285.

[247] OLG Köln 29.12.2005 – 40 HEs 37-41/05, StV 2006, 145.

[248] OLG Hamburg 9.8.2017 – 2 Ws 118/17, BeckRS 2017, 163811 mwN.

sehen, dass zwar ein Angeklagter grundsätzlich das Recht hat, sich in einem Strafverfahren von einem Rechtsanwalt seines Vertrauens verteidigen zu lassen. Daraus folgt aber nicht, dass bei jeder Verhinderung des (gewählten oder beigeordneten) Verteidigers eine Hauptverhandlung gegen den Angeklagten nicht durchgeführt werden könnte. Die Terminierung ist grundsätzlich Sache des Vorsitzenden. Hierüber und insbesondere auch über Anträge auf Terminsverlegung oder Terminsaufhebung hat dieser nach pflichtgemäßem Ermessen unter Berücksichtigung der eigenen Terminplanung, der Gesamtbelastung der Kammer, des Gebots der Verfahrensbeschleunigung und der berechtigten Interessen aller Prozessbeteiligten zu entscheiden. Dem haftrechtlichen Beschleunigungsgebot kommt hierbei im Regelfall eine besondere Bedeutung zu; es zwingt den Vorsitzenden dazu, dafür Sorge zu tragen, dass die Hauptverhandlung so bald und so schnell wie möglich unter Zugrundelegung einer straffen Terminierung durchgeführt werden kann. Angesichts dessen ist es in der Regel nicht ermessensfehlerhaft, wenn der Vorsitzende das Gebot der besonderen Verfahrensbeschleunigung gegenüber anderen Interessen in den Vordergrund stellt, somit auch Verhinderungen einzelner Verteidiger nicht zum Anlass nimmt, Hauptverhandlungstage entfallen zu lassen, zumal wenn weitere in Untersuchungshaft befindliche Mitangeklagte von solchen, dem Beschleunigungsgebot widerstreitenden Entscheidungen betroffen wären.[249]

ee) Bearbeitungsfristen. Zwar sieht das Gesetz keine Höchstfrist vor, welche zwischen dem Eingang der Anklage und dem Beginn der Hauptverhandlung liegen darf, gleichwohl hat sich zwischenzeitlich eine obergerichtliche Rechtsprechung heraus gebildet, nach welcher im Regelfalle in einer nicht umfangreichen und nicht schwierigen Haftsache diese **Zeitspanne nicht mehr als drei, höchstens vier Monate** betragen darf.[250] Liegen zwischen Anklageerhebung und Beginn der Hauptverhandlung jedoch etwa fünf Monate, ist der Beschleunigungsgrundsatz nur dann nicht verletzt, wenn alle zumutbaren Anstrengungen unternommen worden sind und wichtige Gründe einer früheren Terminierung entgegenstanden.[251] Ausnahmsweise kann sich ein wichtiger Grund auch aus einer nur kurzfristen Überlastung des Spruchkörpers ergeben (→ Rn. 93).[252] 87

Eröffnungsreife. Auch beansprucht der Beschleunigungsgrundsatz schon im **Zwischenverfahren** nach §§ 199 f. **Geltung.**[253] Auch in diesem Stadium muss das Verfahren mit der gebotenen Zügigkeit gefördert werden, um eine Entscheidung über die Zulassung der Anklage zur Hauptverhandlung herbeizuführen. Werden etwa innerhalb der Stellungnahmefrist Einwendungen gegen die Eröffnung des Hauptverfahrens nicht erhoben und die Erhebung von Beweisen weder beantragt noch von der Strafkammer für erforderlich erachtet, wird oftmals kein tragfähiger Grund dafür erkennbar sein, warum das Gericht – unter Zubilligung eines je nach Komplexität zu beurteilenden Prüfungszeitraums – nicht gleichwohl zeitnah über die Eröffnung des Hauptverfahrens entscheidet. Mit Eintritt der Entscheidungsreife gebietet der Beschleunigungsgrundsatz im Regelfall auch die Fassung des Eröffnungsbeschlusses.[254] Ist nach den Umständen des Einzelfalles vom Vorliegen dieser 88

---

249 BVerfG 24.7.2008 – 2 BvR 1146/08, BayVBl. 2009, 185 (Versagung oder Widerruf einer Beiordnung); BGH 20.6.2006 – 1 StR 169/06, NStZ 2006, 513 (Ablehung einer Terminsaufhebung wegen Verhinderung eines Verteidigers); KG 25.11.2016 – (4) 161 HEs 31/16, BeckRS 2016, 116128 mwN (Terminsbestimmung ohne Absprache). OLG Bremen 11.1.2016 – 1 HEs 3/15, StV 2016, 508 mAnm Schlothauer (Berücksichtigung von Verhinderungen des Verteidigers nur bei nicht erheblichen Verzögerungen; Schultheis in KK-StPO Rn. 20 mwN.

250 OLG Oldenburg 30.7.2004 – HEs 20/04, Nds. Rpfl. 2004, 298; KG 1.2.2002 (5) HEs 28/02, BeckRS 2002, 16342 (5 Monate in einer Schwurgerichtssache noch hinnehmbar).

251 OLG Jena 12.6.2002 – 1 HEs 21-22/2, StV 2002, 555; OLG Hamm 16.5.2000 – 5 BL 71/00, StV 2000, 515 (sieben Monate).

252 OLG Hamm 14.9.2006 – 4 Ws 413/06, BeckRS 2007, 18624 (fünf Monate zwischen Eingang der Akten und Beginn der Hauptverhandlung); vgl. auch → Rn. 94 ff.

253 BVerfG 1.12.2020 – 2 BvR 1853/20, BeckRS 2020, 34106 (6 Monate zwischen Anlage und Eröffnung wegen fehlendem Gutachten).

254 BVerfG 4.5.2011 – 2 BvR 2781/10, BeckRS 2011, 50361; OLG Nürnberg 11.2.2009 – 1 Ws 28/09, StV 2009, 367; OLG Zweibrücken 30.11.2001 – 1 HPL 77/01, StV 2002, 152 (Hinauszögern des Eröffnungsbeschlusses).

Eröffnungsreife bereits vor Erlass des Eröffnungsbeschlusses auszugehen, ist bei der Prüfung, ob das Beschleunigungsgebot in Haftsachen beachtet wurde, auf den Zeitpunkt des Eintritts der Eröffnungsreife und nicht auf den Zeitpunkt des tatsächlichen Erlasses des Eröffnungsbeschlusses abzustellen.[255] Der insoweit geltende der Grundsatz, dass mit dem Erlass oder der Aufrechterhaltung eines Haftbefehls zugleich Entscheidungsreife hinsichtlich der Eröffnung des Hauptverfahrens eintritt,[256] gilt nicht, wenn sich die Anklage auf eine von den bisherigen Haftentscheidungen zum Nachteil des Angeschuldigten abweichende rechtliche Würdigung des Tatgeschehens stützt.[257] Ist bei Vorliegen der Eröffnungsreife eine Terminierung auf absehbare Zeit nicht möglich, etwa weil noch Termine abgestimmt werden müssen oder ein geeigneter Sitzungssaal gesucht werden muss, hat das Gericht nach verfassungsrechtlichen Vorgaben vorab über die Zulassung der Anklage zu entscheiden und damit das Zwischenverfahren abzuschließen, so dass wenn möglich innerhalb von drei Monaten mit der Hauptverhandlung begonnen werden kann.[258]

89 **Durchführung eines Erörterungstermins.** Der Eröffnungsbeschluss kann jedoch dann nach Eintritt der Entscheidungsreife gefasst werden, wenn sich das die Eröffnung erwägende Gericht dazu entscheidet, mit den Beteiligten in eine Erörterung nach § 202a S. 1 Hs. 2 einzutreten, um hierdurch eine **Verfahrensförderung** herbeiführen zu können.[259] Hierin liegt auch dann kein Verstoß gegen den Beschleunigungsgrundsatz, wenn es nicht zu einer verfahrensfördernden Absprache kommt. Jedoch muss im Anschluss an einen solchen Besprechungstermin umgehend über die Eröffnung entschieden und die Hauptverhandlung anberaumt werden.

90 **Bestimmung Hauptverhandlungstermin – Drei-Monatsfrist.** Hat das Gericht zum Zeitpunkt der Eröffnungsreife oder des hierfür anzusetzenden Zeitpunkts (→ Rn. 86) die Anklage zugelassen, hat es im Regelfall zugleich zeitnahen Termin zum Beginn der Hauptverhandlung zu bestimmen. Dabei wird man davon ausgehen können, dass – sofern nicht „besondere Umstände" eine andere Bewertung rechtfertigen – dem Beschleunigungsgebot nur dann genüge getan ist, wenn innerhalb von drei Monaten nach Eröffnung des Hauptverfahrens mit der Hauptverhandlung begonnen wird,[260] wobei eine nicht nur kurzfristige Überlastung des Spruchkörpers (→ Rn. 94 ff.) keinen solchen besonderen Umstand darstellt.[261]

91 **ff) Durchführung der Hauptverhandlung.** Das Beschleunigungsgebot in Haftsachen kann sich auch auf die **gerichtliche Verhandlungsplanung** auswirken. Im besonderen Haftprüfungsverfahren wird dies zumeist dann relevant werden, wenn die Hauptverhandlung ausgesetzt und die Akten dem Oberlandesgericht vorgelegt werden müssen (→ Rn. 20). Grundsätzlich sind anberaumte und durchgeführte Hauptverhandlungstermine mit Stringenz vorzubereiten und durchzuführen.[262] Nicht nur bei absehbar umfangreichen Haftsachen fordert das Beschleunigungsgebot in Haftsachen stets eine vorausschauende, auch größere Zeiträume umgreifende Hauptverhandlungsplanung mit mehr als nur einem durchschnittlichen Hauptverhandlungstag pro Woche[263] und einer durchschnittlichen ausreichenden Stundenanzahl pro Sitzungstag. Ist eine Durchführung der Hauptverhandlung

---

255 OLG Nürnberg 11.2.2009 – 1 Ws 28-30/09, StV 2009, 367; 26.8.2000 – 1 Ws 462/10, StV 2011, 39 (Eröffnungsreife durch gründliche Vorbefassung durch prozessleitende Verfügung).

256 BVerfG 4.5.2011 – 2 BvR 2781/10, BeckRS 2011, 50361.

257 BVerfG 15.7.2019 – 2 BvR 1108/19, NStZ-RR 2019, 350 (Anklage wegen Mordes statt wegen Totschlags).

258 BVerfG 1.8.2018 – 2 BvR 1258/18, BeckRS 2018, 17596.

259 OLG Nürnberg 26.4.2011 – 1 Ws 125-126/11, StV 2011, 750; Schultheis in KK-StPO Rn. 20 mwN.

260 BVerfG 15.2.2007 – BvR 2563/06, StV 2007, 366; 11.6.2008 – 2 BvR 806/08, StV 2008, 421; OLG Nürnberg 9.9.2008 – 2 Ws 329/08, StraFo 2008, 469; OLG Düsseldorf 16.9.2009 – III – 3 Ws 362/09, BeckRS 2010, 1171; Schmitt in Meyer-Goßner/Schmitt Rn. 1a.

261 BVerfG 1.4.2020 – 2 BvR 225/20, BeckRS 2020, 5355.

262 OLG Dresden 6.6.2011 – 1 Ws 67/11 (verfahrensverkürzende Absprache).

263 BVerfG 23.1.2008 – 2 BvR 2652/07, StV 2008, 198; OLG Celle 23.3.2001 – 32 HEs 1/01, Nds. Rpfl. 2001, 196.

mit einer solchen Stringenz nicht möglich, so kann dies auch an der Überlastung des Spruchkörpers liegen (→ Rn. 94 ff.). Bei mehreren Angeklagten muss auch stets eine Abtrennung von gegen einzelne Täter im Blick behalten werden.[264]

Aussetzung der Hauptverhandlung. Besonders **heikel** im Bezug auf das Vorliegen 92 eines wichtigen Grundes ist die Aussetzung der Hauptverhandlung. Seinen Grund hat dies darin, dass nach Abs. 3 S. 3 die Akten in diesem Fall dem Oberlandesgericht unverzüglich vorzulegen sind und dieses nunmehr eine umfassende Überprüfung durchführt. Dabei kommt die Anordnung der Fortdauer der Untersuchungshaft nur in Betracht, wenn die Aussetzung der Hauptverhandlung aus sachlichen Gründen zwingend geboten bzw. unumgänglich war, woran es auch fehlt, wenn die Aussetzung durch Fehler und/oder Versäumnisse im bisherigen Verfahren verursacht worden ist.[265] Solche vermeidbaren Fehler können sich etwa daraus ergeben, dass dem Verteidiger vor der Hauptverhandlung wichtige Aktenteile zur Einsicht[266] oder die Unterlagen über die Gerichtsbesetzung trotz Anforderung[267] nicht zugänglich gemacht worden sind, ein Antrag auf Ablösung des Sitzungsvertreters der Staatsanwaltschaft gestellt wurde[268] oder die Hauptverhandlung wegen urlaubsbedingter Verhinderung einer Richterin innerhalb der Unterbrechungsfristen nicht fortgesetzt werden kann.[269] Gleiches gilt, wenn das Verfahren gegen einen Angeklagten nach Abtrennung ausgesetzt wird, weil er sich im Gegensatz zu anderen Mitangeklagten sich nicht geständig eingelassen hat.[270] Problematisch ist es auch, ein Verfahren gegen einen Angeklagten nur deshalb abzutrennen, um den ursprünglichen Mitangeklagten nach Rechtskraft des Verfahrens als aussagepflichtigen Zeugen zur Verfügung zu haben.[271] Andererseits kann sich ein wichtiger Grund daraus ergeben, wenn zwar das Verfahren mit der in Haftsachen gebotenen Beschleunigung geführt, dessen Aussetzung aber wegen Erkrankung des Richters,[272] eingetretener Verhinderung des Verteidigers[273] oder aber der Corona-Pandemie[274] unumgänglich war. Auch ist der Justiz zuzurechnende Verfahrensverzögerung wegen Aussetzung der Hauptverhandlung nicht ersichtlich, wenn die Aussetzung, was zu einer Verfahrensverzögerung von gut zehn Wochen geführt hat, ganz wesentlich auch auf das Prozessverhalten einer Wahlverteidigerin beruht.[275]

Aufhebung oder Verlegung **von Terminen.** Auch bei ansonsten sorgfältiger Durch- 93 führung oder Vorbereitung der Hauptverhandlung kann es am Vorliegen eines wichtigen Grundes fehlen, etwa wenn ein Hauptverhandlungstermin aufgehoben und ein neuer Termin auf einen Zeitpunkt nach Ablauf der Sechsmonatsfrist anberaumt werden muss, weil der Verteidiger des Angeklagten wenige Tage vor dem ursprünglichen Hauptverhandlungstermin Vernehmung und Ladung eines Zeugen beantragt hat, der schon aufgrund der gerichtlichen Amtsaufklärungspflicht gemäß § 244 Abs. 2 an sich hätte geladen werden müssen.[276] Gleiches gilt, wenn die gebotene Übersetzung der Anklageschrift nicht veranlasst oder deren Fehlen nicht bemerkt wurde.[277]

---

264 BVerfG 1.12.2020 – 2 BvR 1853/20, BeckRS 2020, 34106.
265 OLG Hamm 9.9.2002 – 2 BL 9ß/2002, NStZ 2004, 84 (Gutachten nicht eingeholt).
266 So OLG Koblenz 13.6.2002 – (1) 4420 BL – III – 27/03, StV 2003, 519; aA OLG Thüringen 27.10.2016 – 1 Ws 439/16, BeckRS 2016, 128480 (keine wesentliche Verfahrensverzögerung nach versehentlich unterlassener Übersendung der Anklage an den Pfichtverteidiger).
267 OLG Naumburg 30.11.2000 – 1 HEs 34/00.
268 OLG Zweibrücken 6.6.2000 – 1 HPL 27/00, NStZ-RR 2000, 348.
269 OLG Hamburg 18.5.2010 – 2 Ws 80-82/10 H, StraFo 2010, 381.
270 OLG Karlsruhe 11.11.1999 – 3 HEs 267/99, NStZ 2001, 79.
271 OLG Köln 11.2.2003 – HEs 14/03, BeckRS 2003, 18102.
272 KG 14.2.2009 – 1 Ws 25-27/09; BGH 17.3.2009 – AK 2-4/09, BGHR StPO § 121 Grund 3 (Verschiebung des Prozessbeginns wegen Erkrankung des Vorsitzenden Richters).
273 KG 29.6.1999 – (5) HEs 128/99, BeckRS 2013, 21803.
274 OLG Karlsruhe 30.3.2020 – HEs 1 Ws 84/20, NStZ 2020, 375 mB; Kröpil JURA 2014, 724 (kurzfristige Vakanz des Vorführpersonals).
275 BGH 3.5.2019 – AK 15/19, JR 2020, 263 mAnm Wohlers (Erzwingen einer Beiordnung).
276 OLG München 27.4.2001 – 3 Ws 286/01, StV 2001, 466.
277 OLG Brandenburg 5.9.2008 – 1 Ws (HEs) 174/08, BeckRS 2008, 20918.

94 **gg) Gerichtsorganisation – Überlastung.** Grundsätzlich stellt die nicht nur kurzfristige (→ Rn. 95) Überlastung[278] eines Gerichts vor allem mit anderen gleichrangigen Haftsachen[279] **keinen wichtigen Grund** iSd Abs. 1 dar. Im Falle einer solchen Überlastung kann und muss nämlich durch **geeignete Maßnahmen der Gerichtsorganisation** dafür Sorge getragen werden, dass den Erfordernissen des Beschleunigungsgebots entsprochen werden kann,[280] etwa durch Einrichtung einer **Hilfs-**[281] **oder Auffangstrafkammer.**[282] Art. 2 Abs. 2 S. 2 GG ist daher verletzt, wenn sich das Verfahren infolge solcher vermeidbarer gerichtsorganisatorischer Fehler oder Versäumnisse erheblich verzögert. Eine solche – nicht nur kurzfristige Überlastung (→ Rn. 95) – rechtfertigt die Fortdauer der Untersuchungshaft selbst dann nicht, wenn sie auf einem Geschäftsanfall beruht, der sich trotz Ausschöpfung aller gerichtsorganisatorischen Mittel und Möglichkeiten nicht mehr innerhalb angemessener Fristen bewältigen lässt. Der Beschuldigte hat es nämlich nicht zu vertreten, wenn seine Haftsache nicht binnen angemessener Zeit zur Verhandlung gelangt, weil dem Gericht auch unter Hinzuziehung von Richtern von Spruchkörpern außerhalb der Strafgerichtsbarkeit die personellen oder sächlichen Mittel fehlen, die zur ordnungsgemäßen Bewältigung des Geschäftsanfalls erforderlich wären.[283] Auch die Art und die Schwere des Delikts rechtfertigen insoweit keine andere Beurteilung, denn es ist Pflicht des Staates, seine Gerichte personell derart auszustatten, dass anstehende Verfahren in einer dem Freiheitsanspruch des Angeklagten Rechnung tragenden Frist abgeschlossen werden können.[284]

95 **Kurzfristige Überlastung.** Anders zu beurteilen ist das Vorliegen eines wichtigen Grundes aber, wenn es sich nur um eine kurzfristige Überlastung des Spruchkörpers handelt,[285] denn solche **kurzfristige Engpässe sind in Haftsachen weder vorhersehbar noch vermeidbar.** Über welchen Zeitraum eine solche nur kurzfristige Überlastung andauern darf, obliegt der Entscheidung im Einzelfall.[286] Jedenfalls gehört es zur vorausschauenden Planung (→ Rn. 83) des Vorsitzenden dann eine Überlastungsanzeige zu ferti-

---

[278] Vgl. hierzu auch → § 112 Rn. 7; → § 120 Rn. 15 ff., 27.

[279] BVerfG 30.7.2014 – 2 BvR 1457/14, BeckRS 2014, 54605; OLG Karlsruhe 25.10.2013 – 2 Ws 430/13, BeckRS 2013, 18765.

[280] OLG Stuttgart 4.11.2013 – 4a HEs 154 – 159/12 (keine ausreichende Abhilfe durch Präsidium geschaffen).

[281] OLG Nürnberg 21.10.2014 – 1 Ws 401/14, BeckRS 2014, 22549 (Anordnung der Haftfortdauer bei Einrichtung einer Hilfsstrafkammer).

[282] BGH 25.3.2015 – 5 StR 70/15, NStZ 2015, 658 (zur Zulässigkeit einer nachträglichen Änderung der Geschäftsverteilung wegen absehbarer Überlastung eines Spruchkörpers durch weitere Haftsachen); BGH 7.1.2014 – 5 StR 613/13, StraFo 2014, 121 mAnm Grube (unzureichende Begründung einer Überlastung durch das Präsidium bei einer nachräglichen Zuständigkeitsänderung); vgl. hierzu auch Sowada HRRS 2015, 16; *Schultheis* in KK-StPO Rn. 18); Zu den Anforderungen an die Änderung der gerichtlichen Geschäftsverteilung vgl. auch OLG Köln 9.1.2020 – 2 Ws 716/19, StraFo 2020, 154 mwN.

[283] BVerfG 12.12.1973 – 2 BvR 558/73, BVerfGE 36, 264 (273) = NJW 1974, 264; 29.11.2005 – 2 BvR 1737/05, BVerfGK 6, 384 (392); 4.5.2011 – 2 BvR 2781/10, BeckRS 2011, 50361; 17.1.2013 – 2 BvR 2098/12, StraFo 2013, 160; 30.7.2014 – 2 BvR 1457/14, StV 2015, 39; 20.12.2017 – 2 BvR 2552/17, BeckRS 2017, 136740; 1.4.2020 – 2 BvR 225/20, BeckRS 2020, 5355; OLG Nürnberg 9.9.2008 – 2 Ws 329/08, StraFo 2008, 469; OLG Köln 27.5.2008 – 43 HEs 12/08, BeckRS 2008, 13983; OLG München 11.5.2007 – 2 Ws 224/07, StV 2007, 591; OLG Hamm 29.6.2006 – 4 Ws 301/06; OLG Celle 10.12.2001 – 32 HEs 18/01, StV 2002, 150; OLG Jena 25.8.1997 – 1 HEs 63/97, NStZ-RR 1997, 364; KG 11.3.2019 – (4) 161 HEs 13/19, BeckRS 2019, 4692 (erhöhter Geschäftsanfall); OLG Brandenburg 1.8.2019 – 2 Ws 152/19, BeckRS 2019, 18285 (Hauptverhandlung erst fünf Monate nach Eingang der Akten); OLG Frankfurt a. M. 10.7.2019 – 1 HEs 215-217/19, BeckRS 2019, 42713 (Richterin in Mutterschutz); OLG Bremen 20.5.2016 – 1 HEs 2/16, StV 2016, 824 (Belastung durch andere Haftsachen).

[284] OLG Hamm 29.6.2006 – 4 Ws 301/06; OLG Brandenburg 1.8.2019 – 2 Ws 152/19, BeckRS 2019, 18285.

[285] Siehe etwa OLG Hamm 14.9.2006 – 4 Ws 413/06, BeckRS 2007, 18624 (fünf Monate zwischen Eingang der Akten und Beginn der Hauptverhandlung); OLG Bremen 20.5.2016 – 1 HEs 2/16, StV 2016, 824.

[286] OLG Celle 5.9.2002 – 21 HEs 17/02, Nds. Rpfl. 2002, 369 (keine Erledigung innerhalb von sechs Monaten nach Anklageeingang mehr möglich).

gen,[287] wenn er erkennt, dass sich diese, etwa aufgrund des Eingangs von Großverfahren oder zu erwartender weiterer Anklagen in Haftsachen, nicht binnen weniger Monate beheben lässt. Zeichnet sich im Haftprüfungsverfahren für das Oberlandesgericht ab, dass sich eine derzeitig noch vorliegende kurzfristige Überlastung nicht zeitnah wird überwinden lassen, hat der Senat im Haftfortdauerbeschluss hierauf hinzuweisen und auf die Durchführung gerichtsorganisatorischer Maßnahmen hinzuwirken.[288]

Ist jedoch bereits **im Haftprüfungsverfahren absehbar** ist, dass das Verfahren ggf. trotz eingeleiteter gerichtsorganisatorischer Maßnahmen **nicht mit der in Haftsachen gebotenen Beschleunigung** weiterbetrieben werden kann, ist die Fortdauer der Untersuchungshaft auch dann nicht weiter gerechtfertigt, wenn bisher noch keine Verfahrensverzögerungen eingetreten sind,[289] jedoch bereits eingeleitete gerichtsorganisatorische Maßnahmen nicht zur Beschleunigung des Verfahrens beigetragen haben oder eine solche nicht zu erwarten ist.[290] 96

d) Verfahren nach Urteil. Ist gegen den Angeklagten ein auf Freiheitsstrafe erkennendes Urteil erster Instanz ergangen, so findet eine besondere Haftprüfung durch das Oberlandesgericht nicht mehr statt. Dies gilt selbst dann, wenn die erstinstanzliche Entscheidung durch das Berufungsgericht wegen fehlender örtlicher Zuständigkeit aufgehoben und die Sache an das zuständige Gericht zurückverwiesen worden ist.[291] Gleiches gilt, wenn das Verfahren wegen eines an sich behebbaren Fehlers im Eröffnungsbeschlusses im Revisionsverfahren eingestellt wurde.[292] 97

IV. Rechtfertigung der Fortdauer der Untersuchungshaft

Nach Abs. 1 müssen die Verlängerungsgründe des Abs. 1 (Schwierigkeit und Umfang der Ermittlungen, anderer wichtiger Grund) auch die Fortdauer der Untersuchungshaft rechtfertigen. Unter besonderer Berücksichtigung der Rechtsprechung des Bundesverfassungsgerichts muss danach stets eine weiter erforderliche Abwägung zwischen dem Freiheitsgrundrecht des Beschuldigten und dem Strafverfolgungsinteresse der Allgemeinheit sowie der Frage der Verhältnismäßigkeit ergeben, dass die Fortdauer der Untersuchungshaft weiterhin notwendig ist.[293] Der sich aus GG Art. 2 Abs. 2 S. 2 ergebende Freiheitsanspruch des noch nicht verurteilten Beschuldigten ist nämlich den vom Standpunkt der Strafverfolgung aus erforderlich und zweckmäßig erscheinenden Freiheitsbeschränkungen ständig als Korrektiv entgegenzuhalten, wobei dem Grundsatz der Verhältnismäßigkeit eine maßgebliche Bedeutung zukommt.[294] 98

Darstellung im Haftfortdauerbeschluss. Insoweit bedarf es einer konkreten Analyse des bisherigen Verfahrensablaufs, einschließlich der im Falle einer Verurteilung bestehenden konkreten Straferwartung sowie der mutmaßlichen Gesamtdauer des Verfahrens. Zwar müssen sich die hierfür notwendigen Abwägungsvorgänge aus dem Haftfortdauerbeschluss ergeben, es ist jedoch nicht zu beanstanden, wenn diese Überlegungen nicht in einem einheitlichen Prüfungsabschnitt, sondern bei den einzelnen Tatbestandsvoraussetzungen erörtert und 99

[287] Siehe hierzu OLG Köln 18.3.2008 – 43 HEs 8/08, StraFo 2008, 241 (keine gerichtsorganisatorische Maßnahmen unternommen); OLG Celle 28.1.2002 – 22 HEs 1/02, Nds. Rpfl. 2002, 200 (keine gerichtsorganisatorischen Maßnahmen unternommen); OLG Düsseldorf 14.1.2003 – 1 Ws 491/02, StraFo 2003, 93 (keine Terminierung innerhalb von drei Monaten möglich bei schon vorliegender Verzögerung).

[288] KG 22.5.2000 – (5) 1 HEs 76/00, BeckRS 2000, 16012 (Strafkammer stellt noch keinen Hauptverhandlungstermin in Aussicht).

[289] BVerfG 1.4.2020 – 2 BvR 225/20, BeckRS 2020, 5355 (kritische Grenze); 1.12.2020 – 2 BvR 1853/20, BeckRS 2020, 34106.

[290] BVerfG 20.12.2017 – 2 BvR 2552/17, BeckRS 2017, 136740.

[291] OLG Zweibrücken 6.4.2010 – 1 HEs 2/10, NStZ-RR 2010, 325.

[292] OLG Jena 21.5.2014 – 1 Ws 199/14, BeckRS 2015, 5575.

[293] BVerfG 16.3.2006 – 2 BvR 170/06, NJW 2006, 1336; 5.10.2006 – 2 BvR 1815/06, StV 2007, 254; Schultheis in KK-StPO Rn. 27.

[294] BVerfG 6.2.1980 – 2 BvR 1070/79, BVerfGE 53, 152 (158).

dargestellt werden. Die mit Haftsachen betrauten Gerichte haben sich nach der Rechtsprechung des Bundesverfassungsgerichts deshalb bei der zu treffenden Entscheidung über die Fortdauer der Untersuchungshaft mit deren Voraussetzungen eingehend auseinander zu setzen und diese mit der gebotenen Begründungstiefe (→ Rn. 9)[295] entsprechend zu begründen. In der Regel sind in jedem Beschluss über die Anordnung der Fortdauer der Untersuchungshaft aktuelle Ausführungen zu dem weiteren Vorliegen ihrer Voraussetzungen, zur Abwägung zwischen dem Freiheitsgrundrecht des Beschuldigten und dem Strafverfolgungsinteresse der Allgemeinheit sowie zur Frage der Verhältnismäßigkeit geboten.[296]

V. Entscheidung (Abs. 2)

100 Nach Abs. 2 ist in den Fällen des Abs. 1 der Haftbefehl nach Ablauf von sechs Monaten aufzuheben, wenn nicht der Vollzug des Haftbefehls nach § 116 Abs. 1 ausgesetzt wird oder das Oberlandesgericht die Fortdauer der Haft anordnet. Abs. 2 beschreibt damit die Möglichkeiten einer Sachentscheidung des Oberlandesgerichts im Haftprüfungsverfahren nach § 122, nämlich Freilassung, Außervollzugsetzung oder Anordnung der Fortdauer der Untersuchungshaft. Nur ausnahmsweise möglich ist die Rückgabe der Akten an das Tatgericht zur Nachbesserung bzw. Anpassung der Haftgrundlage (→ Rn. 13 ff.).

101 **1. Voraussetzung einer Sachentscheidung.** Eine solche setzt zunächst voraus, dass das Verfahren überhaupt zur Sechs-Monats-Haftprüfung ansteht. Hieran kann es etwa bei einer vorfristigen Vorlage der Akten fehlen, etwa wenn in die Frist nicht berücksichtigungsfähige Fristen eingerechnet wurden (→ Rn. 24 ff.) oder aber die Frist erst zu einem späteren Zeitpunkt zu laufen beginnt, weil Gegenstand des aktuellen Haftbefehl durch Aufnahme weiterer Tatvorwürfe eine andere Tat iSd Abs. 1 geworden ist (→ Rn. 26 ff.). In einem solchen Fall gibt das Oberlandesgericht unter Hinweis darauf, dass eine besondere Haftprüfung derzeit nicht ansteht, die Akten an das vorlegende Gericht zurück, wobei insoweit eine formelle Beschlussfassung erforderlich ist und eine bloße Rückgabeverfügung des Vorsitzenden nicht ausreicht.

102 **Weiterer Vollzug der Untersuchungshaft.** Weitere Voraussetzungen einer Sachentscheidung durch das Oberlandesgericht ist es, dass sich der Beschuldigte zum Zeitpunkt der Entscheidung noch in Untersuchungshaft befindet. Es kommt in der Praxis nicht selten vor, dass nach Vorlage der Akten zwischenzeitlich bezüglich einer anderweitigen Verurteilung des Beschuldigten Rechtskraft eingetreten ist und die Untersuchungshaft zur Strafvollstreckung unterbrochen wurde. Auch findet keine besondere Haftprüfung statt, wenn schon der Tatrichter den Haftbefehl aufgehoben oder außer Vollzug gesetzt hat und der Beschuldigte sich wieder in Freiheit befindet.[297]

103 **2. Aufhebung des Haftbefehls.** Das Oberlandesgericht hebt den Haftbefehl auf, wenn die allgemeinen oder besonderen Haftvoraussetzungen nicht oder (§ 120 Abs. 1) nicht mehr vorliegen. Zwar werden im Regelfall die allgemeinen Haftvoraussetzungen, wie das Vorliegen eines formgültigen Haftbefehls (§ 114), dessen ordnungsgemäße Verkündung (§§ 115, 115a), des dringenden Tatverdachts (§ 112 Abs. 1), des Vorliegens eines Haftgrundes (§ 112 Abs. 2, 3) und der fortdauernden Verhältnismäßigkeit der Untersuchungshaft (§ 112 Abs. 1 S. 2) vor den besonderen Haftvoraussetzungen des Abs. 1 geprüft und im Beschluss dargestellt, dem Oberlandesgericht ist es jedoch nicht verwehrt, ohne nähere Befassung mit diesen den Haftbefehl sogleich deshalb aufzuheben, weil weder die besondere Schwierigkeit der Ermittlungen oder der Umfang der Akten oder ein anderer wichtiger Grund das Ergehen eine Urteils noch nicht zugelassen haben.

---

295 BVerfG 1.12.2020 – 2 BvR 1853/20, BeckRS 2020, 34106 mzwN; → § 112 Rn. 8; Mayer/ Hunsmann NStZ 2015, 324.

296 BVerfG 7.8.1998 – 2 BvR 962/98, StV 1999, 40; 10.12.1998 – 2 BvR 1998/98, StV 1999, 162; 13.9.2001 – 2 BvR 1316/01, NJW 2002, 207.

297 AA OLG Karlsruhe 18.9.1978 – 1 HEs 109/78, Die Justiz 1978, 475 (Sonderfall der anstehenden Invollzugsetzung des Haftbefehls).

3. Außervollzugsetzung des Haftbefehls. Aus der Prüfungsreihenfolge der allgemeinen vor den besonderen Haftvoraussetzungen ergibt sich aber, dass das Oberlandesgericht den Haftbefehl auch außer Vollzug setzen kann (§ 122 Abs. 5) und zwar unabhängig davon, ob die besonderen Haftvoraussetzungen des Abs. 1 vorliegen oder nicht. Wird der Haftbefehl durch den Haftrichter später wieder in Vollzug gesetzt (§ 116 Abs. 4), sind die Akten jedoch unverzüglich dem Oberlandesgericht vorzulegen. Anders ist dies jedoch zu verfahren, wenn das Oberlandesgericht die besonderen Haftvoraussetzungen des Abs. 1 geprüft und bejaht hat. In diesem Fall gilt die Frist des § 112 Abs. 4 S. 2.[298] 104

4. Anordnung der Fortdauer der Untersuchungshaft. Hebt das Oberlandesgericht den Haftbefehl weder auf (§ 120 Abs. 1) noch setzt es diesen außer Vollzug, ordnet es durch begründeten Beschluss (§§ 122 Abs. 3 S. 1, 114 Abs. 2 Nr. 4) die Fortdauer der Untersuchungshaft an. Diese Entscheidung bedarf einer Begründung, an welche nach der Rechtsprechung des Bundesverfassungsgerichts erhöhte Anforderungen zu stellen sind (→ Rn. 9). 105

Grundrechtsschutz durch Verfahren. Bezüglich der **sog. Begründungstiefe** von Haftentscheidungen ist nämlich zu sehen, dass der Grundrechtsschutz auch durch die Verfahrensgestaltung zu bewirken ist und dass die Grundrechte demgemäß nicht nur das gesamte materielle, sondern auch das Verfahrensrecht beeinflussen, soweit dieses für einen effektiven Grundrechtsschutz von Bedeutung ist. Das Verfahren der Haftprüfung muss deshalb so ausgestaltet sein, dass nicht die Gefahr einer Entwertung der materiellen Grundrechtsposition besteht. Dem ist vor allem durch erhöhte Anforderungen an die sog. Begründungstiefe von Haftfortdauerentscheidungen Rechnung zu tragen. Deshalb haben die mit Haftsachen betrauten Gerichte sich bei der zu treffenden Entscheidung über die Fortdauer der Untersuchungshaft mit deren Voraussetzungen eingehend auseinanderzusetzen und diese entsprechend zu begründen. In der Regel sind in jedem Beschluss über die Anordnung der Fortdauer der Untersuchungshaft aktuelle Ausführungen zu dem weiteren Vorliegen ihrer Voraussetzungen, zur Abwägung zwischen dem Freiheitsgrundrecht des Beschuldigten und dem Strafverfolgungsinteresse der Allgemeinheit sowie zur Frage der Verhältnismäßigkeit geboten, weil sich die dafür maßgeblichen Umstände, vor allem angesichts der seit der letzten Entscheidung verstrichenen Zeit, in ihrer Gewichtigkeit verschieben können. Die zugehörigen Ausführungen müssen in Inhalt und Umfang eine Überprüfung des Abwägungsergebnisses am Grundsatz der Verhältnismäßigkeit nicht nur für den Betroffenen selbst, sondern auch für das die Anordnung treffende Fachgericht im Rahmen einer Eigenkontrolle gewährleisten und in sich schlüssig und nachvollziehbar sein.[299] 106

Zeitpunkt der Entscheidung. Dem Oberlandesgericht muss grundsätzlich Gelegenheit gegeben werden, den Haftbefehl unmittelbar nach Ablauf der **Sechs-Monatsfrist** aufzuheben. Häufig werden die Akten dem Oberlandesgericht schon recht frühzeitig vorgelegt. In diesen Fällen muss der Senat nicht zuwarten, zumal die Frist nach Abs. 3 S. 1 ruht, vielmehr kann auch „vorfristig" entschieden werden. 107

Fortbestehendes Rechtschutzbedürfnis. Auch wenn ein Haftbefehl aufgehoben ist und ein Beschuldigter durch den Vollzug der Haft nicht mehr gegenwärtig beschwert ist, besteht wegen des mit einer Freiheitsentziehung als schwerwiegendem Grundrechtseingriff verbundenen Rehabilitierungsinteresse weiter ein Rechtsschutzbedürfnis für die – auch nachträgliche – Feststellung der Rechts- oder Verfassungswidrigkeit fort.[300] 108

VI. Ruhen der Sechsmonatsfrist (Abs. 3)

Abs. 3 S. 1 regelt zunächst, dass der Fristenlauf ruht, wenn die Akten dem Oberlandesgericht vor Ablauf von sechs Monaten vorgelegt werden. Maßgeblich ist dabei der Eingang 109

298 Schultheis in KK-StPO Rn. 26.

299 Vgl. BVerfG 13.5.2009 – 2 BvR 388/09, StV 2009, 41; 9.3.2020 – 2 BvR 102/20, EuGRZ 2020, 365; 1.12.2020, 2 BvR 1853/20, NStZ-RR 2021, 50.

300 BVerfG 5.12.2011 – 2 BvR 527/99, BVerfGE 104, 220; 4.5.2011 – 2 BvR 2781/10, BeckRS 2011, 50361 und 14.11.2012 – 2 BvR 1164/12, BeckRS 2012, 60181; aA OLG Bamberg 3.6.2014 – 1 Ws 101/14, NStZ-RR 2014, 347 (keine Gehörsrüge nach Haftentlassung).

der Akten beim Oberlandesgericht und nicht die Vorlageverfügung des Haftrichters.[301] Dabei muss es sich aber entweder um die grundsätzlich vollständigen Originalakten bzw. Zweitakten[302] oder zumindest um einen Haftband handeln, welcher eine Haftprüfung überhaupt ermöglicht.[303] Auch wenn die Frist ruht, muss das Verfahren vor dem OLG beschleunigt betrieben werden.[304] Mit dem Beginn der Hauptverhandlung ruht die Frist ebenfalls bis zur Verkündung eines Urteils. Dies gilt nach dem Wortlaut der Norm allerdings nur dann, wenn die Hauptverhandlung vor Ablauf der Sechs-Monats-Frist begonnen hat. Gleichwohl endet die Prüfungskompetenz des Oberlandesgerichts mit Beginn der Hauptverhandlung jedenfalls dann, wenn die Akten dem Senat rechtzeitig vorgelegt wurden, denn während der Hauptverhandlung obliegt es dem Tatrichter die Voraussetzungen für die Fortdauer der Untersuchungshaft unter besonderer Berücksichtigung des Grundsatzes der Verhältnismäßigkeit zu prüfen.[305] Dazu gehören auch die Fälle, in welchen die Akten dem Oberlandesgericht rechtzeitg vorgelegt wurden, diesem jedoch – vor Beginn der Hauptverhandlung – eine Entscheidung wegen laufender Stellungnahmefristen nicht mehr möglich ist.[306]

110 **Fortdauer der Prüfungskompetenz.** Die Prüfungskompetenz des Oberlandesgericht dauert jedoch trotz Beginn der Hauptverhandlung über diese dann ausnahmsweise fort, wenn der Haftrichter die Akten dem Senat bewusst und nicht nur versehentlich **nicht innerhalb der Sechs-Monatsfrist vorgelegt,** insbesondere schon – eigenmächtig – mit der Hauptverhandlung begonnen hat, denn ohne eine solche von Amts wegen bestehende Entscheidungskompetenz des Senats könnte in diesem Falle die Frist des Abs. 1 durch den Haftrichter einfach unterlaufen werden (sehr str.).[307]

111 **Vorfristige Entscheidung.** Sehr häufig sind die Fälle, in welchem dem Senat die Akten so frühzeitig vorgelegt werden, dass eine Beschlussfassung auch schon vor Ablauf der Sechs-Monats-Frist ergehen kann. Eine solche ist zulässig, wenn ausgeschlossen werden kann, dass bei fristgemäßer Befassung eine andere Entscheidung möglich wäre. Es kann nämlich nicht angehen, eine Haftsache ohne jegliche Sachbearbeitung nur im Hinblick auf eine abzuwartende Frist liegen zu lassen. Mit Vorlage der Akten erhält das Oberlandesgericht die vollständige Entscheidungskompetenz, so dass es auch schon vor Ablauf der Sechsmonatsfrist zur Aufhebung des Haftbefehlsbefugt ist.[308]

112 **Aussetzung der Hauptverhandlung.** Forensisch erhebliche Bedeutung erlangt das Ruhen der Frist insbesondere in den Fällen, in welchen die Hauptverhandlung ausgesetzt werden muss (vgl. hierzu auch → Rn. 92). Abs. 3 S. 3 regelt insoweit, dass die Frist ebenfalls bis zur Entscheidung ruht, wenn die Akten in diesem Falle unverzüglich dem Oberlandesgericht vorgelegt werden. Ansonsten läuft die Frist ab dem Zeitpunkt der Aussetzung weiter, sie entfällt nicht rückwirkend.[309] Von der Aussetzung zu entscheiden ist die bloße Unterbrechung der Hauptverhandlung (§ 229), bei welcher keine Frist zu laufen beginnt.

VII. Bindungswirkung

113 Eine solche besteht, wenn das Oberlandesgericht einen Haftbefehl wegen Fehlern der **besonderen Haftvoraussetzungen** des Abs. 1 (Schwierigkeit und Umfang der Ermittlun-

301 Schultheis in KK-StPO Rn. 29.
302 OLG Hamm 28.11.2017 – III -4 Ws 216/17.
303 Schmitt in Meyer-Goßner/Schmitt § 121 Rn. 30.
304 EGMR 8.3.2018 – 22692/15, NJW 2019, 2143 (Verstoß gegen Art. 5 Abs. 4 MRK) mAnm Weigend StV 2019, 561.
305 OLG Hamm 10.7.2012 – III – 1 Ws 336/12, BeckRS 2012, 17623; OLG Düsseldorf 6.5.1992 – 3 Ws 206/92, NStZ 1992, 402; KG 8.11.2006 – (4) 1 HEs 59/05, NStZ-RR 2007, 207; OLG Dresden 4.9.2003 – 2 Ws 477/03, NStZ 2004, 644; Kraus in Graf StPO Rn. 17; Schmitt in Meyer-Goßner/Schmitt § 122 Rn. 31.
306 OLG Hamm 10.7.2012 – III – 1 Ws 336/12, BeckRS 2012, 17623.
307 AA OLG Stuttgart 12.6.2020 – H 7 54/20, Justiz 2020, 335; offen gelassen in OLG Hamm 10.7.2012 – III – 1 Ws 336/12, BeckRS 2012, 17623.
308 Schultheis in KK-StPO Rn. 27 (kurz vor Ablauf der Frist).
309 BGH 21.5.1986 – AK 8/86, NStZ 1986, 422.

gen, anderer wichtiger Grund, Notwendigkeit der Haftfortdauer) aufgehoben hat. In einem solchen Fall kann weder der Haftrichter noch das Oberlandesgericht selbst diese Entscheidung abändern, auch wenn sich zwischenzeitlich die Sach- und Rechtslage wesentlich geändert hat.[310] Diese Sperrwirkung entfällt erst mit Ergehen eines Urteils. Ab diesem Zeitpunkt kann etwa ein Haftbefehl wegen Fluchtgefahr erlassen werden.[311] Anders aber, wenn das Haftprüfungsgericht einen Haftbefehl bereits mangels allgemeiner Haftvoraussetzungen, insbesondere wegen Fehlens eines dringenden Tatverdachts oder eines Haftgrundes, aufgehoben hat, dann ist das nach §§ 125, 126 StPO zuständige Gericht bei einer wesentlichen Änderung der Sach- und Erkenntnislage durchaus befugt, einen neuen Haftbefehl zu erlassen.[312] Eine Haftanordnung nach § 230 Abs. 2 ist aber schon zuvor möglich, wenn der Angeklagte nicht zur Hauptverhandlung erscheint, da die Voraussetzungen dieser Norm von denen der Untersuchungshaft unabhängig sind.[313]

Keine Bindungswirkung besteht hingegen, wenn das Oberlandesgericht entweder den Haftbefehl außer Vollzug gesetzt oder deshalb aufgehoben, weil es die allgemeinen Haftvoraussetzungen (dringender Tatverdacht, Haftgründe, Verhältnismäßigkeit) verneint hat. Hier ist jedoch § 116 Abs. 4 StPO zu beachten. Bei insoweit veränderter Sach- und Erkenntnislage ist es der Erlass eines neuen Haftbefehl dem nach §§ 125, 126 zuständigen Haftrichter nicht verwehrt.[314] 114

Staatsschutzsachen (Abs. 4). In Staatschutzsachen nach § 120 GVG entscheidet nach Abs. 4 S. 1 das zuständige Oberlandesgericht über die Haftfortdauer, wenn die Sache zur Staatsschutzkammer des Landgerichts gehört, der Bundesgerichtshof nach Abs. 4 S. 2 jedoch dann, wenn das Oberlandesgericht im ersten Rechtszug zuständig ist. Maßgeblich ist insoweit nicht, ob der Haftbefehl auf einer der in § 74a Abs. 1 GVG bezeichneten Taten gestützt ist, sondern darauf, ob das Verfahren eine solche Straftat zum Gegenstand hat.[315] 115

§ 122 Besondere Haftprüfung durch das Oberlandesgericht

(1) In den Fällen des § 121 legt das zuständige Gericht die Akten durch Vermittlung der Staatsanwaltschaft dem Oberlandesgericht zur Entscheidung vor, wenn es die Fortdauer der Untersuchungshaft für erforderlich hält oder die Staatsanwaltschaft es beantragt.

(2) [1]Vor der Entscheidung sind der Beschuldigte und der Verteidiger zu hören. [2]Das Oberlandesgericht kann über die Fortdauer der Untersuchungshaft nach mündlicher Verhandlung entscheiden; geschieht dies, so gilt § 118a entsprechend.

(3) [1]Ordnet das Oberlandesgericht die Fortdauer der Untersuchungshaft an, so gilt § 114 Abs. 2 Nr. 4 entsprechend. [2]Für die weitere Haftprüfung (§ 117 Abs. 1) ist das Oberlandesgericht zuständig, bis ein Urteil ergeht, das auf Freiheitsstrafe oder eine freiheitsentziehende Maßregel der Besserung und Sicherung erkennt. [3]Es kann die Haftprüfung dem Gericht, das nach den allgemeinen Vorschriften dafür zuständig ist, für die Zeit von jeweils höchstens drei Monaten übertragen. [4]In den Fällen des § 118 Abs. 1 entscheidet das Oberlandesgericht über einen Antrag auf mündliche Verhandlung nach seinem Ermessen.

---

310 BGH 19.10.2017 – AK 56/17, StV 2018, 103; OLG Frankfurt a. M. 2.4.2013 – 1 Ws 28/13, NStZ 2014, 357.
311 OLG Düsseldorf 27.9.1993 – 2 Ws 265/93, StV 1994, 147; OLG Hamm 24.2.2021 – 1 Ws 72/21, BeckRS 2021, 33274.
312 BGH 19.10.2017 – AK 56/17, StV 2018, 103; ebenso Schultheis in KK-StPO Rn. 31; Krauß in BeckOK StPO § 122 Rn. 9.
313 Schultheis in KK-StPO Rn. 31.
314 Schultheis in KK-StPO Rn. 31.
315 Schmitt in Meyer-Goßner/Schmitt Rn. 33.

(4) [1]Die Prüfung der Voraussetzungen nach § 121 Abs. 1 ist auch im weiteren Verfahren dem Oberlandesgericht vorbehalten. [2]Die Prüfung muß jeweils spätestens nach drei Monaten wiederholt werden.

(5) Das Oberlandesgericht kann den Vollzug des Haftbefehls nach § 116 aussetzen.

(6) Sind in derselben Sache mehrere Beschuldigte in Untersuchungshaft, so kann das Oberlandesgericht über die Fortdauer der Untersuchungshaft auch solcher Beschuldigter entscheiden, für die es nach § 121 und den vorstehenden Vorschriften noch nicht zuständig wäre.

(7) Ist der Bundesgerichtshof zur Entscheidung zuständig, so tritt dieser an die Stelle des Oberlandesgerichts.

Schrifttum: Beckmann, Zur Verfassungsbeschwerde gegen Untersuchungshaftbeschlüsse, NJW 1995, 2192; siehe hierzu im Weiteren das Schrifttum zu § 121.

Übersicht

I. Normzweck und Anwendungsbereich

1 **1. Normzweck.** Die Vorschrift steht in engen Zusammenhang mit § 121 und regelt im Wesentlichen die verfahrensmäßige Ausgestaltung der in § 121 geregelten besonderen Haftprüfung durch das Oberlandesgericht. Wegen des engen Zusammenhangs der beiden Vorschriften wird teilweise auf die Kommentierung zu § 121 verwiesen.[1]

2 **2. Anwendungsbereich.** Das Haftprüfungsverfahren nach §§ 121, 122 findet grundsätzlich nur statt, wenn sich der Verfolgte zum Zeitpunkt der Entscheidung des Oberlandesgerichts in Untersuchungshaft befindet und eine Haftprüfung auch ansteht. Ist der Haftbefehl außer Vollzug gesetzt und befindet sich der Beschuldigte bereits auf freien Fuß oder wird die Untersuchungshaft bei bloßer Überhaftanordnung nicht vollzogen (→ § 121 Rn. 10), finden die Regelungen keine Anwendung. Gleiches gilt, wenn die Untersuchungs-

[1] Vgl. zu den formellen Anforderungen insbesondere → § 121 Rn. 9–36, 98–113.

haft zum Zwecke der Durchführung von Strafhaft unterbrochen oder nach § 72 Abs. 1 JGG von der Vollstreckung des Haftbefehls abgesehen wird. Hiervon sind nur wenige Ausnahmen möglich, etwa wenn der Haftbefehl gegen noch zu erbringende Auflagen außer Vollzug gesetzt ist oder aber im Rahmen der Haftbeschwerde der Staatsanwaltschaft die Voraussetzungen des § 121 mit berücksichtigt werden müssen.[2]

II. Vorlageverfahren (Abs. 1)

1. Allgemeines. Nach Abs. 1 legt das zuständige Gericht dem Oberlandesgericht die Akten durch Vermittlung der Staatsanwaltschaft beim Oberlandesgericht vor, wenn es die Fortdauer der Untersuchungshaft für erforderlich hält oder aber die Staatsanwaltschaft es beantragt. 3

Die Vorlage hat zur Folge, dass mit Eingang der Akten die Sechs-Monatsfrist ruht (§ 121 Abs. 3 S. 1). Liegen die Akten oder zumindest die zur Verfahrensbeschleunigung angelegten vollständigen Zweit- oder – ausnahmsweise jedenfalls bei sehr umfangreichen Verfahren – auch jederzeit auf Anforderung ergänzbare – Teilakten[3] dem Oberlandesgericht nicht vor, ist eine Entscheidung nicht möglich und das Ruhen der Frist tritt auch nicht ein. Hieraus kann jedoch nicht gefolgert werden, dass dem Oberlandesgericht eine eigenständige Anforderung der Akten bei Anlass hierfür grundsätzlich verwehrt sei, etwa wenn der Verteidiger sich an den Senat wendet. Von Amts wegen ist eine Entscheidung nach § 121 jedoch nicht möglich (→ Rn. 5). 4

Besonders in umfangreichen Verfahren stellt sich zunehmend die Frage, ob die grundsätzlich gebotene vollständige Vorlage der Akten auch durch Übersendung einer DVD erfolgen kann. Insoweit kommt es darauf an, ob die Voraussetzungen der §§ 32 ff. bereits vorliegen, was auch in Anbetracht einer sondergesetzlichen Regelung (vgl. hierzu § 147 Abs. 4 S. 3) derzeit noch nicht der Fall ist, zumal Strafakten noch nicht rein elektronisch geführt werden dürfen. Allerdings kann es nicht als rechtsfehlerhaft angesehen werden, wenn das Oberlandesgericht die Aktenvorlage in Form einer „DVD" als ausreichend ansieht.[4] 4a

2. Zuständiges Gericht. Das zur Vorlage berufene Gerichts ergibt sich aus 126, also grundsätzlich der Haftrichter. Dies ist im vorbereitenden Verfahren der Richter beim Amtsgericht, nach Anklageerhebung das mit der Sache befasste Gericht. Überträgt der an sich zuständige Richter in dem seltenen Ausnahmefall des § 126 Abs. 1 S. 3 seine Zuständigkeit auf das Amtsgericht, an dessen Ort das vorbereitende Verfahren geführt oder die Untersuchungshaft vollzogen wird, ist dieser für die Vorlage an das für ihn übergeordnete Oberlandesgericht zuständig. Innerhalb eines Spruchkörpers verfügt der Vorsitzende die Vorlage,[5] eines Gerichtsbeschlusses bedarf es nicht. 5

Zuständigkeit des Beschwerdegerichts. Wenig praxisrelevant ist insoweit auch die streitige Frage, ob die Zuständigkeit zur Aktenvorlage des Haftrichters auf das Beschwerdegericht übergeht, wenn sich die Akten dort im Rahmen einer Haftbeschwerde befinden.[6] Steht die besondere Haftprüfung nämlich an, so ist diese gegenüber dem Beschwerdeverfahren vorrangig, so dass entweder der Haftrichter trotz eingelegten Beschwerde die Akten sogleich dem Oberlandesgericht vorlegt oder aber das Landgericht die Akten an das Amtsgericht ohne Sachentscheidung zurückgibt, wenn zu befürchten steht, dass ansonsten die Akten nicht mehr fristgerecht vor Ablauf der Sechsmonatsfrist vorgelegt werden können. Zwar wird die Haftbeschwerde erst mit der Entscheidung des Oberlandesgerichts gegenstandslos, gleichwohl ist das Haftprüfungsverfahren und damit die gebotene Vorlage durch das nach § 126 zuständige Gericht zu betreiben. Hinzu kommt, dass eine formelle Vorlage 6

[2] OLG Schleswig 13.8.1982 – 1 HEs 59/81, SchlHA 1982, 154.
[3] Ebenso Schmitt in Meyer-Goßner/Schmitt Rn. 4 (ein Aktenband); aA Lind in Löwe/Rosenberg Rn. 15 (unvollständige Akten reichen nicht aus).
[4] OLG Dresden 23.12.2014 – 2 Ws 542/14, Burhoff StRR 2015, 114 (Akten liegen in einer Wirtschaftsstrafsache dem Verteidiger und Beschuldigten in elektronischer Form vor).
[5] Gärtner in Löwe/Rosenberg Rn. 3.
[6] Bejahend Gärtner in Löwe/Rosenberg Rn. 5; ablehnend Schmitt in Meyer-Goßner/Schmitt Rn. 3.

der Akten durch das zuständige Gericht auch keine zwingende Voraussetzung für die Durchführung des Haftprüfungsverfahrens ist, da diese nach Abs. 1 durch einen Antrag der Staatsanwaltschaft ersetzt werden kann. So kann das Oberlandesgericht auch ohne Vorlageverfügung des an sich zuständigen Gerichts entscheiden, wenn es im Rahmen einer – weiteren – Haftbeschwerde mit der Sache befasst wird und die Staatsanwaltschaft auf Anordnung der Fortdauer der Untersuchungshaft anträgt.

7 **3. Vorschaltprüfung durch den Haftrichter.** Der Aktenvorlage durch den Haftrichter ist die Prüfung vorgeschaltet, ob der Haftbefehl aufzuheben (§ 120) oder außer Vollzug (§ 116 Abs. 1–3) zu setzen ist. Bei einer solchen Beschlussfassung erübrigt sich die Vorlage.[7] Diese Entscheidungsbefugnis des Haftrichters endet aber mit erfolgter Vorlage der Akten an das Oberlandesgericht, denn mit Eingang der Akten ist allein noch das Oberlandesgericht zur Entscheidung über die Fortdauer der Untersuchungshaft befugt.[8] Dies gilt auch bei Eintreten neuer Umstände,[9] so dass eine Anpassung der Haftgrundlage allenfalls dann in Betracht kommt, wenn das OLG die Akten hierzu zurückgibt (→ Rn. 19).[10]

8 **Gegenstand der Vorschaltprüfung.** Dies ist zunächst die Frage, ob die allgemeinen Haftvoraussetzungen (dringender Tatverdacht, Haftgrund, Verhältnismäßigkeit) vorliegen. Verneint der Haftrichter diese, hat er den Haftbefehl aufzuheben bzw. außer Vollzug zu setzen. Soweit die Ansicht vertreten wird, dass sich wegen der ausschließlichen Zuständigkeit des Oberlandesgerichts die Prüfung des Haftrichters nicht darauf erstrecken dürfe, ob auch die besonderen Haftvorrausetzungen des § 121 Abs. 1 (besondere Schwierigkeit oder Umfang der Ermittlungen anderer wichtiger Grund) vorliegen, trifft dies wegen der dem Oberlandesgericht durch den Gesetzgeber hierfür zugewiesenen Kompetenz formal grundsätzlich zu, der Sache nach wird aber übersehen, dass auch der Haftrichter eingetretene Verfahrensverzögerungen grundsätzlich bei der Frage der Verhältnismäßigkeit der weiteren Haftfortdauer mit zu berücksichtigen hat (→ § 121 Rn. 7, → § 120 Rn. 15),[11] so dass auch der Haftrichter bei erheblichen Dilationen den Haftbefehl schon aufheben müsste. Daneben darf der **Haftrichter** aber von einer Vorlage absehen, wenn er in Übereinstimmung mit der Staatsanwaltschaft der Auffassung ist, dass zwar die Fortdauer der **Untersuchungshaft** erforderlich sei, deren Voraussetzungen aber nach § 121 nicht vorliegen. Schließlich hinaus kann die Staatsanwaltschaft im vorbereitenden Verfahren einen Antrag nach § 120 Abs. 3 S. 1 stellen, so dass der Haftbefehl aufgehoben werden muss.

9 **4. Antrag der Staatsanwaltschaft.** Keine solche Vorprüfungsbefugnis steht dem Haftrichter allerdings nach dem Wortlaut des letzten Halbsatzes des Abs. 1 für den Fall dann zu, dass die Staatsanwaltschaft die Vorlage der Akten an das Oberlandesgericht beantragt, vielmehr hat er die Akten selbst dann vorzulegen, wenn er die allgemeinen Haftvoraussetzungen nicht für gegeben ansieht. Eine Aufhebung oder Außervollzugsetzung des Haftbefehls ist ihm in diesem Fall verwehrt.[12] Neben der hiermit verbundenen Bindungswirkung kommt der Antragsbefugnis der Staatsanwaltschaft auch insoweit Bedeutung bei, als eine solche die formelle Vorlage der Akten durch das zuständige Gericht ersetzt, etwa wenn sich die Akten nicht dort befinden, aber wegen Eilbedürftigkeit sogleich dem Oberlandesgericht vorgelegt werden müssen.[13] In der Praxis kommt einem solchen Antrag insbesondere bei Aktenvorlagen durch das Landgericht Bedeutung bei, falls die Vorlageverfügung des Vorsitzenden nicht ein Haftfortdauerbeschluss des an sich zuständigen Kollegialgerichts enthält.

---

7 Vgl. aber OLG Karlsruhe 18.9.1978 – 1 HEs 109/78, Die Justiz 1978, 475.

8 Schultheis in KK-StPO Rn. 2; Schmitt in Meyer-Goßner/Schmitt Rn. 6; aA Paeffgen in SK-StPO Rn. 3.

9 So aber OLG Nürnberg 22.6.2016 – 1 Ws 257/16 A, StraFo 2016, 468; Schmitt in Meyer-Goßner/Schmitt Rn. 6.

10 AA OLG Nürnberg 22.6.2016 – 1 Ws 257/16 H (Einschränkung reicht nur soweit, wie die mit der Vorlage verbundene Entscheidungskompetenz des Oberlandesgerichts reicht); Paeffgen in SK-StPO Rn. 2–3.

11 Schultheis in KK-StPO § 112 Rn. 46.

12 OLG München 18.1.2019 – 2 Ws 43/19, BeckRS 2019, 533.

13 Gärtner in Löwe/Rosenberg Rn. 11.

5. Vorlageverfahren. Nach Abs. 1 legt das zuständige Gericht die Akten durch Vermittlung der Staatsanwaltschaft dem Oberlandesgericht vor. Dies hat zuvor zu prüfen, ob sie die Aufhebung des Haftbefehls die Aufhebung des Haftbefehls (§ 120 Abs. 3 S. 1) oder die Vorlage der Akten (vgl. → Rn. 4) an das Oberlandesgericht für notwendig erachtet. Im letzen Fall werden die Akten durch Vermittlung der Staatsanwaltschaft dem Oberlandesgericht vorgelegt, welchem die gleichen Antragsrechte wie der örtlichen Staatsanwaltschaft zusteht. Handelt es sich um eine eilbedürftige Vorlage, kann das zuständige Gericht die Akten auch sogleich an das Oberlandesgericht senden, welche dann die Staatsanwaltschaft beim Oberlandesgericht anhört.[14] Gehen während der Aktenvorlage weitere Dokumente bei der Staatsanwaltschaft oder dem Gericht ein, sind diese nachzureichen. Dies ist insbesondere dann geboten, wenn der Haftrichter auf Antrag der Staatsanwaltschaft vor der Aktenvorlage durch Erlass eines neuen Haftbefehls die Haftgrundlage dem Ermittlungsstand anpasst, denn vor Eröffnung derselben wird diese nicht Gegenstand der besonderen Haftprüfung (→ Rn. 11). 10

Anpassung der Haftgrundlage. Es ist jedenfalls im Ermittlungsverfahren maßgebliche Aufgabe der Staatsanwaltschaft darauf zu achten, dass der Haftbefehl vor der Vorlage der Akten **dem jeweiligen Ermittlungsstand** angepasst wird. Eine solche Anpassung der Haftgrundlage ist immer dann geboten, wenn sich die Ermittlungslage im Laufe des Verfahrens wesentlich ändert. Solche Fallgestaltungen kommen in der Praxis sehr häufig vor, weil der zunächst erlassene Haftbefehl zunächst nur auf einer summarischen Zusammenfassung der ersten Ermittlungsergebnisse beruht. Eine Neufassung der Haftgrundlage wird aber vor allem dann notwendig sein, wenn sich im Laufe des Ermittlungsverfahrens weitere Tatvorwürfe ergeben haben, die zwar einen dringenden Tatverdacht begründen, die aber bislang noch nicht in den Haftbefehl mit aufgenommen worden sind, denn Gegenstand der besonderen Haftprüfung sind nur die im Haftbefehl aufgeführten Taten, weshalb etwa Ermittlungen bezüglich anderer Tatvorwürfe für sich gesehen die Fortdauer der Untersuchungshaft nicht rechtfertigen können.[15] In eine solche Falle muss **die Staatsanwaltschaft rechtzeitig vor der notwendigen Vorlage der Akten** die hierzu notwendige Anpassung des Haftbefehls beantragen, was allein aus verfahrenstechnischen Gründen auch wegen der noch notwendigen Eröffnung des Haftbefehls spätestens nach einer Haftdauer von fünf Monaten erfolgen sollte. In der Praxis erfolgt dies dadurch, dass die Staatsanwaltschaft dem Haftrichter den Entwurf eines der Ermittlungslage angepassten Haftbefehls übermittelt. Eine rechtzeitige Aktenvorlage ist notwendig, weil der neu erlassene Haftbefehl zu seiner Wirksamkeit dem Beschuldigten noch eröffnet werden muss.[16] 11

Vorlagezeitpunkt. Zunächst muss das Verfahren so ausgestaltet sein, dass die Akten rechtzeitig vor Ablauf der sechs Monate, also **spätestens am letzen Tag der Frist** beim Oberlandesgericht eingehen. Ideal wäre eine nicht so frühe, aber so rechtzeitige Vorlage, dass das Oberlandesgericht unter Einschluss der für die Anhörung benötigten Zeit (§ 122 Abs. 2) unmittelbar vor[17] oder jedenfalls mit Eintritt der sechsmonatigen Haftfortdauer entscheiden kann. In der Praxis werden die Akten dem Oberlandesgericht aber oftmals erst wenige Tage vor Fristablauf vorgelegt. Die Beachtung der Frist obliegt dem Haftrichter, aber auch der Staatsanwaltschaft, welche diese ebenfalls zu überwachen hat. Werden wegen einer fehlerhaften Berechnung der Vorlagefrist die Akten dem Oberlandesgericht verspätet vorgelegt, so ist strittig, ob die Prüfungskompetenz jedenfalls in Ausnahmefällen bei bewusster Überschreitung fortdauert (→ § 121 Rn. 110) oder mit dem Beginn der Hauptverhandlung in der anhängigen Strafsache endet.[18] 12

Für das Vorlageverfahren selbst sieht Abs. 1 keine Anhörungsrechte des Beschuldigten oder seines Verteidigers vor, sondern erst nach Abs. 2 für das Verfahren vor dem Oberlandes- 13

[14] Ebenso Schultheis in KK-StPO Rn. 4.
[15] BGH 6.12.2017 – AK 63/17, NStZ-RR 2018, 53; → § 121 Rn. 76.
[16] BVerfG 20.9.2001 – 2 BvR 1144/01, NStZ 2020, 157 (158) (Aufhebung wegen Perpetuierung des Verstoßes durch das OLG); → § 121 Rn. 12.
[17] OLG Celle 26.7.1988 – HEs 40/88, NStZ 1988, 517; Gärtner in Löwe/Rosenberg Rn. 18.
[18] OLG Stuttgart 12.6.2020 – H 7 Ws 54/20, Justiz 2020, 335.

gericht selbst (→ Rn. 14). Vielfach besteht jedoch die nicht zu beanstandende und der Beschleunigung des Verfahrens dienende Praxis vieler Gerichte, dem Verteidiger den Haftfortdauerbeschluss nebst Vorlageverfügung zukommen zu lassen und sogleich eine Äußerungsfrist von einer Woche zu setzen.[19] Reicht dies nicht aus, besteht für den Beschuldigten bzw. seinen Verteidiger jederzeit die Möglichkeit beim Oberlandesgericht auf Verlängerung anzutragen, welche regelmäßig gewährt werden dürfte.

III. Verfahren vor dem Oberlandesgericht (Abs. 2)

14 **1. Rechtliches Gehör (Abs. 2 S. 1).** Vor der Entscheidung sind nach Abs. 2 S. 1 der Beschuldigte und sein Verteidiger zu hören. Dies gilt nicht nur bezüglich der Entscheidungen des Haftrichters, sondern auch für Vorlageverfügung der Staatsanwaltschaft und auch die Antragsschrift der Staatsanwaltschaft beim Oberlandesgericht, selbst wenn diese keine weitere sachliche Begründung enthält.[20] Den Verfahrensbeteiligten muss nämlich grundsätzlich Gelegenheit gewährt werden, sich zu Stellungnahmen der Gegenseite in tatsächlicher und rechtlicher Hinsicht zu äußern und zwar unabhängig davon, ob unter den gegebenen Umständen von der Möglichkeit auszugehen ist, dass eine etwaige Gegenstellungnahme Einfluss auf das Entscheidungsergebnis gewinnt oder nicht, denn der grundrechtliche Anspruch auf rechtliches Gehör dient nicht nur der Gewährleistung sachrichtiger Entscheidungen, sondern auch der Wahrung der Subjektstellung der Beteiligten im gerichtlichen Verfahren.[21] In der Praxis bedeutet dies, dass nach Eingang der Akten der Vorsitzende des Strafsenats jedenfalls dem Verteidiger (→ Rn. 15) den Antrag der Generalstaatsanwaltschaft und den zumeist inhaltsreichen Vorlagebericht der örtlichen Staatsanwaltschaft, von welchem zumeist zuvor keine Kenntnis gegeben wurde, zur Stellungnahme zu übersenden hat. Dabei muss wegen des in Haftsachen geltenden Beschleunigungsgebots eine Frist von drei Tagen als notwendig, im Regelfalle aber auch als ausreichend angesehen werden. Auch wenn mit Eingang der Akten die Frist des § 121 Abs. 3 S. 1 ruht, muss das Verfahren vor dem Oberlandesgericht ach der Rechtsprechung des Europäischen Gerichtshofs für Menschenrechte (EGMR) vor dem Oberlandesgericht beschleunigt betrieben werden.[22]

15 **Anhörung des Beschuldigten und des Verteidigers.** Zwar sieht Abs. 2 S. 1 ausdrücklich vor, dass der Beschuldigte und der Verteidiger zu hören sind, gleichwohl wird man davon ausgehen dürfen, dass eine erfolgte Stellungnahme des Verteidigers zugleich als die des Beschuldigten zu werten ist. Dies enthebt aber das Gericht nicht davon, den Beschuldigten auf die anstehende Haftprüfung hinzuweisen und ihm eine eigenständige Frist für eine eventuelle Stellungnahme einzuräumen. Die Erfahrung zeigt, dass die Beschuldigten durchaus das ihnen insoweit gesetzlich ausdrücklich eingeräumte Recht nutzen und sich vor dem Oberlandesgericht äußern. Insoweit reicht es jedoch aus, wenn bereits der Haftrichter dem Beschuldigten im Rahmen der Übermittlung einer Haftfortdauerentscheidung auf die anstehende Haftprüfung hinweist und eine Äußerungsfrist setzt. Sollte der Beschuldigte trotz Vorliegens einer notwendigen Verteidigung nach § 140 Abs. 1 Nr. 4 zum Zeitpunkt der Vorlageentscheidung keinen Verteidiger haben, etwa weil dieser sein Mandat kurzfristig niedergelegt hat, so ist ihm ein solcher durch den Haftrichter zu bestellen.

16 **2. Mündliche Verhandlung (Abs. 2 S. 2).** Die im Ermessen des Oberlandesgerichts stehende Durchführung einer mündlichen Verhandlung stellt die absolute Ausnahme dar. Eine Pflicht zur Durchführung einer solchen besteht nicht, auch wenn Staatsanwaltschaft, Verteidiger oder Beschuldigter eine solche begehren sollten. Wird indes eine solche anbe-

[19] Schmitt in Meyer-Goßner/Schmitt Rn. 9.

[20] AA Schultheis in KK-StPO Rn. 7.

[21] BVerfG 21.3.2011 – 2 BvR 301/11, BeckRS 2011, 50112; 30.4.2003 – 1 PBvU 1/02, NJW 2003, 1924; 12.3.2003 – 1 BvR 330/96, BVerfGE 107, 299 = NJW 2003, 1924; EGMR 21.2.2002 – 33499/96 Rn. 38 – Ziegler ./. Switzerland; 19.5.2005 – 63151/00 Rn. 57 – Steck-Risch et al ./. Liechtenstein; aA Schultheis in KK-StPO Rn. 7.

[22] EGMR 8.3.2018 – 22692/15, NJW 2019, 2143 (Verstoß gegen Art. 5 Abs. 4 MRK) mAnm Weigend StV 2019, 561.

raumt gilt § 118a entsprechend. Im Regelfall ergeht die Entscheidung im schriftlichen Verfahren durch Beschluss.

17 **3. Ermittlungen des Oberlandesgerichts.** Nicht selten sind vor einer solchen Entscheidung jedoch Ermittlungen im Hinblick auf das Vorliegen der allgemeinen oder besonderen Haftvoraussetzungen notwendig. Diese können vom Senat im Freibeweisverfahren selbst ohne Einschaltung der Generalstaatsanwaltschaft beim Oberlandesgericht durchgeführt werden. Zumeist werden diese Ermittlungen auf die Klärung gerichtet sein, aus welchem Grunde ein Urteil noch nicht ergangen ist. Ist die Vorlageverfügung des vorlegenden Gerichts insoweit nicht aussagekräftig, wird es oftmals etwa notwendig sein, dieses um Darlegung der Termine der im Spruchkörper anhängigen Haftsachen zu bitten, um zu klären, ob die Hauptverhandlung nicht früher hätte durchgeführt werden können oder müssen. Zulässig ist auch eine Nachfrage bei der Polizei oder der Staatsanwaltschaft zu den durchgeführten Ermittlungen, wenn sich solche nach Aktenlage aufdrängen. Gehen solche Auskünfte ein, ist dem Beschuldigten und seinem Verteidiger vor einer Entscheidung hierzu ebenfalls rechtlichen Gehör zu gewähren.

18 **Prüfungsumfang.** Erhebliche Bedeutung kommt in der Praxis der Frage zu, in welchem Umfang das Oberlandesgericht zur Überprüfung der vorgelegten Akten befugt und auch verpflichtet ist. Zunächst ist Prüfungsgegenstand allein die im Haftbefehl aufgeführte Tat bzw. die dort aufgeführten Taten.[23] Dies gilt auch dann, wenn die Staatsanwaltschaft gegen den Beschuldigten zwischenzeitlich weitere Tatvorwürfe in einer Anklageschrift erhoben und eine Anpassung der Haftgrundlage trotz Antrags vor Vorlage der Akten durch das Gericht nicht erfolgt ist. Können die im Haftbefehl aufgeführten Taten die Anordnung der Fortdauer der Untersuchungshaft insoweit nicht mehr rechtfertigen, ist der Haftbefehl zwingend aufzuheben, auch wenn gegen den Verfolgten weitere Tatvorwürfe bestehen.[24] Eine Rückgabe der Akten zur Anpassung der Haftgrundlage ist in diesem Falle nicht zulässig (→ Rn. 21).

19 Gerade in **umfangreichen Verfahren** stellt sich auch immer wieder die Frage, ob das Oberlandesgericht bezüglich aller im Haftbefehl aufgeführten Taten das Vorliegen eines dringenden Tatverdachts nachprüfen muss. Eine solche im Rahmen der zeitnah zu treffenden Haftentscheidung oftmals nur eingeschränkt mögliche Überprüfung ist jedenfalls dann ausnahmsweise entbehrlich, wenn bereits unter Berücksichtigung einzelner Taten oder Tatkomplexe positiv beantwortet werden, dass insoweit die allgemeinen und besonderen Haftvoraussetzungen vorliegen.[25] Besonders sorgfältig sind die Haftvoraussetzungen dann zu prüfen, wenn das Haftgericht die Akten dem Senat verspätet vorgelegt hat.[26]

IV. Entscheidung des Oberlandesgerichts (Abs. 3)

20 Die Entscheidung des Oberlandesgerichts ergeht durch schriftlichen Beschluss. Insoweit bestehen mehrere sich aus §§ 121, 122 ergebende Entscheidungsmöglichkeiten (→ § 121 Rn. 100 ff.). Nach § 121 Abs. 2 ist in den Fällen des Abs. 1 der Haftbefehl nach Ablauf von sechs Monaten aufzuheben, wenn nicht der Vollzug des Haftbefehl nach § 116 Abs. 1 ausgesetzt wird oder das Oberlandesgericht die Fortdauer der Haft anordnet.

21 **1. Entscheidungsmöglichkeiten.** Die Möglichkeiten einer Sachentscheidung sind daher: Freilassung (§ 121 Abs. 2), Außervollzugsetzung (Abs. 5, § 121 Abs. 2) oder Anordnung der Fortdauer der Untersuchungshaft (Abs. 3). Denkbar ist die Erklärung, dass eine Haftprüfung nicht oder noch nicht ansteht, etwa bei fehlerhafter Berechnung der Vorlagefrist (→ § 121 Rn. 17 ff.) oder nach Beginn der Hauptverhandlung.[27] Eine Abänderung der Haftgrundlage durch Erstreckung auf weitere Tatvorwürfe ist dem Oberlandesgericht ver-

[23] OLG Koblenz 21.12.2005 – (1) 4420 BL – III 51/05, NStZ-RR 2006, 143 (Ls.).
[24] Vert. → § 121 Rn. 76.
[25] OLG Koblenz 23.1.2006 – (1) 4420 BL – III 51/05, OLGSt StPO § 121 Nr. 33.
[26] OLG Karlsruhe 11.5.1973 – 2 HEs 69/73, NJW 1973, 1659; vgl. auch → § 121 Rn. 36.
[27] OLG Stuttgart 12.6.2020 – H 7 Ws 54/20, Justiz 2020, 335.

wehrt, wohl aber eine Änderung durch Reduzierung. So kann das Oberlandesgericht durch im Tenor ausdrücklich aufzuführende Entscheidung auch bei Anordnung der Haftfortdauer Tatvorwürfe oder Haftgründe aus dem Haftbefehl ausscheiden, für welche kein dringender Verdacht besteht. Nicht möglich ist die jedoch die Rückgabe der Akten an das Tatgericht zur Nachbesserung bzw. Anpassung der Haftgrundlage jedenfalls dann, wenn ohne die Rückgabe der Haftbefehl aufzuheben wäre (→ Rn. 18). Eine Ausnahme kann sich jedoch dann ausnahmsweise ergeben, wenn sich die Tatsachengrundlage der an sich schon im Haftbefehl angeführten Tat wesentlich geändert und der Haftbefehl insoweit seine Funktion verloren hat, in tatsächlicher und/oder rechtlicher Hinsicht verlässlich Auskunft über den Grund der Untersuchungshaft zu geben. In einem solchen Fall können dann die Akten zur verantwortlichen Prüfung der aktuellen Verdachtslage und zur Neufassung des Haftbefehls an das insoweit nach §§ 125, 126 zuständigen Gericht zurückgegeben werden (sehr str.),[28] mithin ist eine Rückgabe dann möglich, wenn eine Aufhebung anhand der übermittelten Akten ersichtlich ausscheidet (→ § 121 Rn. 11–14).

22 **2. Aufhebung oder Außer Vollzugsetzung des Haftbefehls.** Mit Vorlage der Akten wird das Oberlandesgericht mit vollständiger Entscheidungskompetenz zuständig. Die Ansicht, eine Aufhebung des Haftbefehls sei erst einige Tage vor Ablauf der Sechsmonatsfrist,[29] nicht aber schon Wochen vorher[30] zulässig, ist mit dem Freiheitsgrundrecht aus Art. 2 GG nicht vereinbar, denn fehlt es etwa ersichtlich an einer Haftvoraussetzung, so kann es nicht angehen, den Beschuldigten allein aus formalen Gründen noch weiter in Haft zu halten.[31]

23 **3. Anordnung der Haftfortdauer (Abs. 3 S. 1).** Aus dem Verweis auf § 114 Abs. 2 Nr. 4 StPO ergibt sich, dass die Haftfortdauerentscheidung zu begründen ist. Hierfür bestehen auch aus verfassungsrechtlichen Gründen nicht unerhebliche Anforderungen. In der Regel sind in jedem Beschluss aktuelle Ausführungen zu dem weiteren Vorliegen ihrer Voraussetzungen, zur Abwägung zwischen dem Freiheitsgrundrecht des Beschuldigten, dem Strafverfolgungsinteresse der Allgemeinheit sowie zur Frage der Verhältnismäßigkeit geboten.[32] Dieses Begründungsgebot soll nicht nur das Bundesverfassungsgericht zur Überprüfung der angefochtenen Entscheidung in die Lage versetzen, sondern ist auch Ausfluss des Rechts des Beschuldigten auf ein faires Verfahren.[33] Unterlässt ein Fachgericht deshalb eine hinreichende Analyse der konkreten Verfahrensabläufe und berücksichtigt die relevanten Gesichtspunkte, die für eine lange Verfahrensdauer verantwortlich sind, nur unzureichend, so mangelt es der Entscheidung über die Haftfortdauer an einer hinreichenden Begründungstiefe.[34] Begründet das Oberlandesgericht die Haftfortdauer daher maßgeblich mit der bloßen Wiedergabe des Gesetzeswortlauts, ohne dass eine Subsumtion unter die Tatbestandsvoraussetzungen des Abs. 1 überhaupt erkennbar wird, hat dies regelmäßig eine Verletzung des Art. 2 Abs. 2 S. 2 GG zur Folge.[35] Auch muss das Oberlandesgericht die Grundsätze des rechtlichen Gehörs beachten. So ist es gehalten, auf den wesentlichen Kern des

---

28 OLG Karlsruhe 6.2.2013 – 1 Ws 20/13; ebenso für einen Fall der unzureichenden Konkretisierung des Tatvorwurfs in einem Haftbefehl: OLG Karlsruhe 24.1.2013 – 2 Ws 7713 – HEs 1/13; siehe auch OLG Stuttgart 24.1.2020 – 5 HEs 20/2020, Justiz 2020, 248; aA Aufhebung des Haftbefehls: OLG Celle 1.6.2005 – 22 HEs 3/05, StV 2005, 513; vgl. auch Schmitt in Meyer-Goßner/Schmitt Rn. 13; Posthoff in Gercke/Julius/Temming/Zöller Rn. 8.

29 KG 25.11.2005 – (5) HEs 187/05, StV 2006, 254.

30 OLG Celle 26.7.1988 – HEs 40/88, NStZ 1988, 517.

31 Ebenso OLG Hamm 4.4.2019 – III-4 Ws 77/19; OLG Köln 11.7.2016 – III-2 Ws 454/16; Posthoff in Gercke/Julius/Temming/Zöller Rn. 18.

32 BVerfG 29.3.2007 – 2 BvR 489/07, NStZ-RR 2008, 18; 7.8.1998 – 2 BvR 962/98, StV 1999, 40; vert. → § 121 Rn. 8.

33 BVerfG 29.3.2007 – 2 BvR 489/07, NStZ-RR 2008, 18; 9.3.2020 – 2 BvR 100/20, EuGRZ 2020, 365.

34 BVerfG 16.3.2006 – 2 BvR 170/06, BVerfGK 7, 421 (428); 1.12.2020 – 2 BvR 1853/20, BeckRS 2020, 34106; vert. → § 121 Rn. 9, 106.

35 BVerfG 7.8.1998 – 2 BvR 962/98, StV 1999, 40; 16.3.2006 – 2 BvR 170/06, StV 2006, 248.

Vorbringens eines Beteiligten einzugehen und sich mit diesem auseinandersetzen. Fehlt es hieran, deutet dies auf die Nichtberücksichtigung des Vortrages hin und kann zu einer Aufhebung durch das Bundesverfassungsgericht im Rahmen einer Verfassungsbeschwerde schon aus formalen Gründen führen.[36]

4. Verhältnis zur Haftbeschwerde. Ist eine Haftbeschwerde eingelegt und steht gleichzeitig das besondere Haftprüfungsverfahren nach Abs. 1 an, kommt diesem grundsätzlich der Vorrang zu, denn es führt zu einer umfassenden Überprüfung der Frage der Haftfortdauer. Durch die Entscheidung im Haftprüfungsverfahren erledigt sich eine Haftbeschwerde deshalb grundsätzlich von selbst; sie wird gegenstandslos.[37] Etwas anderes muss jedoch gelten, soweit die Entscheidung im Haftprüfungsverfahren nicht zu dem Erfolg führen kann, der dem Beschuldigten im Falle einer Beschwerdeentscheidung beschieden wäre, weshalb in diesem Falle ausnahmsweise auch eine Neufassung des Haftbefehls durch das Oberlandesgericht möglich wäre.[38] 24

5. Zuständigkeit für die weitere Haftprüfung (Abs. 3 S. 2). Ordnet das Oberlandesgericht die weitere Fortdauer der Untersuchungshaft an, ist es nach Abs. 3 S. 2 für die weitere Haftprüfung (§ 117 Abs. 1) solange zuständig, bis ein Urteil ergeht, das auf Freiheitsstrafe oder eine freiheitsentziehende Maßregel der Besserung und Sicherung erkennt. Insoweit finden die Regeln für die Haftprüfung nach §§ 117 Abs. 1–4, 118, 118a Anwendung, wobei auch insoweit die Durchführung einer mündlichen Verhandlung nach Abs. 3 S. 4 ausdrücklich im Ermessen des Oberlandesgerichts steht.[39] 25

6. Übertragung auf den Haftrichter (Abs. 3 S. 3 und 4). Im Regelfall behält das Oberlandesgericht jedoch die Zuständigkeit zur Durchführung einer solchen antragsgebundenen Haftprüfung nach § 117 nicht bei sich, sondern macht von der Möglichkeit des Abs. 3 S. 3 Gebrauch und überträgt diese für die Dauer von höchstens drei Monaten auf den zuständigen Richter. Mit Ablauf der Frist endet die übertragene Zuständigkeit des Haftrichters.[40] Insoweit besteht der Unterschied darin, dass dieser nur die allgemeinen (dringender Tatverdacht, Haftgründe, Verhältnismäßigkeit) und nicht die besonderen Haftvoraussetzungen (besonderer Schwierigkeit oder Umfang der Ermittlungen, anderer wichtiger Grund) zu prüfen hat und auch prüfen darf,[41] wohingegen die Kontrolle des Bestehens der besonderen Haftvoraussetzungen weiterhin dem Oberlandesgericht vorbehalten ist. Bei dieser Abgrenzung darf man aber nicht übersehen, dass auch für den der Haftrichter neu eintretende etwaige Verfahrensverzögerungen auch nicht vollkommen unerheblich sind. So kann etwa schon der Grundsatz der Verhältnismäßigkeit dann die Aufhebung des Haftbefehls gebieten wird, wenn mit einem zeitnahen Abschluss des Verfahrens nicht mehr gerechnet werden kann (vgl. → § 120 Rn. 15). Hat das Oberlandesgericht die weitere Haftprüfung auf das nach § 126 StPO zuständige Gericht übertragen, ist es trotz der Übertragung aber nicht gehindert, das Vorliegen der besonderen Haftvoraussetzungen zu überprüfen, wenn ihm etwa die Akten im Rahmen einer Haftbeschwerde vorgelegt werden.[42] 26

V. Weitere besondere Haftprüfung (Abs. 4)

Nach Abs. 4 S. 1 ist auch im weiteren Verfahren die weitere besondere Haftprüfung dem Oberlandesgericht vorbehalten. Nach Satz Abs. 4 S. 2 muss die Prüfung spätestens nach drei Monaten wiederholt werden. Hierzu kann das Oberlandesgericht einen Termin 27

---

[36] BVerfG 19.5.1992 – 1 BvR 986/91, BVerfGE 86, 133 (146).
[37] OLG Düsseldorf 12.11.1991 – 1 Ws 912/91, VRS 1992, 189 (193); Schmitt in Meyer-Goßner/Schmitt Rn. 18.
[38] BGH 14.6.2012 – AK 18/12, NStZ-RR 2012, 285; OLG Hamm 30.7.2015 – III-1 Ws 334/15; → § 117 Rn. 45 ff.
[39] Ebenso Schultheis in KK-StPO Rn. 12.
[40] OLG Düsseldorf 9.7.1990 – 2 Ws 350/90, MDR 1991, 79.
[41] Schultheis in KK-StPO Rn. 12.
[42] OLG Düsseldorf 16.1.1991 – 2 Ws 669/90, StV 1991, 222.

konkret bestimmen,[43] andernfalls beginnt die Dreimonatsfrist mit Beschlussdatum zu laufen.[44] Die Vorschrift gibt dem Senat die Möglichkeit, durch Hinweise zur Beschleunigung des Verfahrens auf die weitere Verfahrensgestaltung Einfluss zu nehmen. Von dieser Möglichkeit sollte immer dann Gebrauch gemacht werden, wenn sich abzeichnet, dass das bislang sachgerecht geführte Verfahren nicht innerhalb der Frist von drei Monaten zur erneuten Vorlage der Akten zur besonderen Haftprüfung durch Urteil abgeschlossen werden kann,[45] denn die Anordnung der Untersuchungshaft von mehr als einem Jahr ist nur unter besonderen Voraussetzungen zulässig (→ § 121 Rn. 51).[46] Bestehen Zweifel, ob das Gericht diesen Hinweisen wird nachkommen können, sollte eine Abkürzung der Regelfrist erwogen werden.

28 Hat die Hauptverhandlung begonnen, endet zunächst die Zuständigkeit des Oberlandesgerichts für die besondere Haftprüfung (§ 121 Abs. 3 S. 2). Da jedoch deren Aussetzung jederzeit und damit auch ein Wiederaufleben der Haftprüfungskompetenz des Oberlandesgerichts möglich ist (§ 121 Abs. 3 S. 3), gelten die Beschränkungen der Untersuchungshaft aus § 121 Abs. 1 zunächst weiter. Sie enden aber – ungeachtet der fehlenden Rechtskraft eines Urteils – mit Erlass des Urteils.[47]

29 **Verfahrensablauf (Abs. 4 S. 2).** Auf die wiederholte Haftprüfung sind die für die erste Haftprüfung geltenden Regelungen anzuwenden, insbesondere ruht auch hier die Frist während der Hauptverhandlung nach § 121 Abs. 3 S. 2.[48] Auch werden Zeiten der Unterbrechung durch Vollstreckung von Strafhaft nicht in diese eingerechnet.[49] Der Prüfungstermin wird ohne Notwendigkeit einer formellen Aufhebung gegenstandslos, wenn der Haftrichter den Haftbefehl aufhebt oder außer Vollzug setzt.[50] Auch wird eine wiederholte Haftprüfung mit Beginn der Hauptverhandlung unzulässig, jedenfalls dann wenn die Vorlage der Akten rechtzeitig erfolgt ist.[51] Schon vor Ablauf der weiteren Prüfungsfrist des Abs. 4 S. 2 ist das Oberlandesgericht befugt, einen Haftbefehl wegen Verstoßes gegen das Beschleunigungsgebot aufzuheben, wenn die Voraussetzungen des § 121 Abs. 1 nicht mehr gegeben sind (str. → Rn. 22).[52]

VI. Aussetzung des Haftbefehls (Abs. 5)

30 Der Absatz regelt eine Selbstverständlichkeit, nämlich das Recht des Oberlandesgerichts, den Haftbefehl selbst durch Beschluss nach § 116 Außervollzugsetzen zu können.[53] Es ist jedoch auch zulässig und kann in Ausnahmefällen angezeigt sein, dass das Oberlandesgericht zwar selbst die Bedingungen einer Außervollzugsetzung trifft, die Überprüfung deren Vorliegens und die Anordnung der Freilassung auf den Haftrichter überträgt, etwa wenn eine Sicherheitsleistung nicht sogleich durch den Beschuldigten erbracht werden kann.[54]

VII. Mehrere Beschuldigte (Abs. 6)

31 Recht häufig kommen in der forensischen Praxis auch die Fälle vor, in welchen sich das Verfahren zwar gegen mehrere sich in Untersuchungshaft befindliche Beschuldigte rich-

---

43 Siehe etwa OLG Jena 16.11.2010 – 1 Ws 446/10, StV 2011, 748.
44 Schmitt in Meyer-Goßner/Schmitt Rn. 23.
45 Siehe etwa KG 1.2.2002 – (5) 1 HEs 28/02, BeckRS 2002, 16342 (Erwartung, dass eine weitere Vorlage entbehrlich bleibt).
46 Siehe auch OLG Karlsruhe 25.4.1991 – 2 HEs 19/91, NJW 1991, 3106.
47 OLG Hamm 6.6.2013 – III-5 Ws 202/13.
48 OLG Düsseldorf 6.5.1992 – 3 Ws 206/92, NStZ 1992, 402; 6.4.1995 – 1 Ws 209-211/95, VRS 89, 207; KG 11.2.2002 – (5) 1 HEs 198/01, BeckRS 2002, 16341.
49 OLG Zweibrücken 6.7.1977 – HEs 13/77, MDR 1978, 245; Schultheis in KK-StPO Rn. 13.
50 OLG Zweibrücken 6.7.1977 – HEs 13/77, MDR 1978, 245.
51 OLG Celle 30.7.1996 – HEs 22/96, Nds. Rpfl. 1997, 34; vgl. auch → § 121 Rn. 21, 109.
52 OLG Nürnberg 21.10.2010 – 1 Ws 579/10 H, StV 2010, 294; OLG Düsseldorf StV 1991, 222 aA Gärtner in Löwe/Rosenberg Rn. 32.
53 OLG Karlsruhe 14.1.2002 – 3 HEs 277/01.
54 OLG Karlsruhe 14.1.2002 – 3 HEs 277/01.

tet, jedoch insoweit unterschiedliche Fristen nach Abs. 1 laufen, sei es, weil die Festnahme der Beschuldigten zu unterschiedlichen Zeiten erfolgt ist, sei es, weil bei einzelnen Beschuldigten die Untersuchungshaft zur Vollstreckung von Strafhaft unterbrochen war. Abs. 6 bietet hier die Möglichkeit einer einheitlichen Entscheidung, jedenfalls dann, wenn keine erheblichen zeitlichen Abstände bestehen.[55] In diesem Fall besteht nämlich die Gefahr, dass wegen der Bearbeitung des Verfahrens vor dem Oberlandesgericht bezüglich des vorgelegten Beschuldigten die Frist zur Vorlage der Akten bezüglich eines weiteren Beschuldigten nicht eingehalten werden kann.

In formeller Sicht notwendig ist aber, dass der Haftrichter das Verfahren auch bezüglich aller zu prüfenden Beschuldigten vorgelegt oder aber insoweit zumindest ein Antrag der Staatsanwaltschaft auf Anordnung der Haftfortdauer gestellt wird (§ 122 Abs. 1). Ist dies der Fall, so ruht bezüglich aller vom Haftrichter benannter Beschuldigter mit Eingang der Akten der Lauf der Frist (§ 121 Abs. 3 S. 1). Mit Vorlage der Akten wird der Senat zur Entscheidung vollumfänglich zuständig und ist bei Verneinung der allgemeinen oder besonderen Haftvoraussetzungen auch zur Aufhebung des Haftbefehls bezüglich eines vorfristig zu prüfenden Beschuldigten befugt.[56] Möglich ist eine solche gemeinsame Entscheidung aber nur, wenn schon jetzt beurteilt werden kann, ob die Voraussetzungen des § 121 bei Fristablauf vorliegen, was aber bei verbundenen Verfahren gegen mehrere Beschuldigte regelmäßig angenommen werden kann. **32**

VIII. Zuständigkeit des Bundesgerichtshofs (Abs. 7)

Der BGH entscheidet über die Haftfortdauer, wenn für die Sache nach § 120 GVG ein Oberlandesgericht im ersten Rechtszug zuständig ist (§ 121 Abs. 4 S. 2). Eine Beschwerde gegen eine Haftfortdauerentscheidung eines Oberlandesgerichts ist nicht zulässig (§ 304 Abs. 4 S. 2). **33**

IX. Abänderung der Entscheidung

Das Oberlandesgericht kann eine einmal getroffene Entscheidung im Nachhinein nicht mehr abändern. Hat das Oberlandesgericht den Haftbefehl wegen Fehlens der besonderen Haftvoraussetzungen des § 121 Abs. 1 aufgehoben, darf die Untersuchungshaft vor Urteilserlass[57] weder durch den Haftrichter noch durch den Senat selbst erneut angeordnet werden.[58] Anders aber, wenn die Aufhebung des Haftbefehls wegen Fehlens der allgemeinen Haftvoraussetzungen erfolgt ist. In diesem Fall darf bei geänderter Sach- und Rechtslage ein neuer Haftbefehl erlassen werden (str.).[59] Möglich ist jedoch immer ein Haftbefehl nach § 230 Abs. 2 wegen Nichterscheinens in der Hauptverhandlung. Allerdings kann das Oberlandesgericht seine Entscheidung im Nachverfahren dann ändern, wenn es das rechtliche Gehör eines Beteiligten in entscheidungserheblicher Weise verletzt hat (§ 33a). **34**

X. Rechtsmittel

Ein Rechtsmittel gegen Entscheidungen des Oberlandesgerichts besteht nicht (§ 304 Abs. 4 S. 2). Auch eine Gehörsrüge nach § 33a scheidet wegen prozessualer Überholung aus, wenn der Beschuldigte zwischenzeitlich aus der Haft entlassen ist.[60] Möglich ist nur die Einlegung einer Verfassungseschwerde.[61] Für die Begründung gelten die Vorschriften **35**

---

55 KG 29.1.1997 – (4) 1 HEs 14/97 (30 Tage); ebenso Gärtner in Löwe/Rosenberg Rn. 53 (drei Wochen).
56 aA Schmitt in Meyer-Goßner/Schmitt Rn. 24; Gärtner in Löwe/Rosenberg Rn. 52.
57 Gärtner in Löwe/Rosenberg Rn. 36 ff. (Hinweis auf Art. 5 Abs. 3 S. 2 EMRK).
58 OLG Celle 7.5.2002 – 2 Ws 114/02, NStZ 2002, 556; OLG Düsseldorf 29.3.1993 – 2 Ws 93/93, StV 1993, 376; Schmitt in Meyer-Goßner/Schmitt Rn. 18; → § 121 Rn. 111 f.
59 OLG Celle 18.8.1972 – 3 Ws 255/72, NJW 1973, 1988; OLG Frankfurt a. M. 21.12.1984 – 1 HEs 33984, StV 1985, 196; aA Schmitt in Meyer-Goßner/Schmitt Rn. 19.
60 OLG Bamberg 3.6.2014 – 1 Ws 101/14, NStZ-RR 2014, 347.
61 BVerfG 4.2.2000 – 2 BvR 453/99, NJW 2000, 1401; Schmitt in Meyer-Goßner/Schmitt Rn. 17; Bleckmann NJW 1995, 2192.

der §§ 93–93c BVerfGG. Danach muss der Beschuldigte geltend machen, dass er in seinem Freiheitsgrundrecht unmittelbar verletzt ist und diese Beanstandung bereits im Ausgangsverfahren erfolglos erhoben hat. Sie ist schriftlich oder telegrafisch innerhalb eines Monats nach Zustellung oder Bekanntgabe der Entscheidung unter deren Beifügung einzulegen und zu begründen. Im Rahmen der Begründung muss der Sachverhalt so ausführlich dargestellt werden, dass das Bundesverfassungsgerichts anhand der Begründung ohne Heranziehung weitere Unterlagen beurteilen kann, ob eine Verletzung des in § 90 Abs. 1 BVerGG bezeichneten verfassungsmäßigen Rechte des Beschwerdeführers in Betracht kommt,[62] wobei die Bezugnahme auf beigefügte Schriftstücke nicht aber auf die Akten zulässig ist.[63] Deshalb ist eine Verfassungsbeschwerde gemäß § 23 Abs. 1 S. 2, § 92 BVerfGG bereits unzulässig, wenn sie lediglich derart knapp begründet ist, dass keine verantwortbare verfassungsrechtliche Prüfung der angefochtenen Entscheidungen möglich ist. Will der Beschuldigte daher eine Verletzung des Beschleunigungsgebots geltend machen, muss er den Verfahrensgang und die prozessuale Lage, die den einzelnen Hauptverhandlungstagen zugrunde gelegen hat, eingehend und nachvollziehbar darstellen.[64]

XI. Feststellungsinteresse

36 Auch nach erfolgter Aufhebung des Haftbefehls und der Entlassung des Beschwerdeführers aus der Untersuchungshaft kann eine Verfassungsbeschwerde zulässig und begründet sein, wenn trotz fehlender Beschwer ein Rechtsschutzbedürfnis jedenfalls für die Feststellung der Verfassungswidrigkeit des angegriffenen Hoheitsaktes besteht. Ein solches Feststellungsinteresse kann insbesondere bei schwerwiegenden Grundrechtseingriffen fortbestehen, vor allem bei Eingriffen in das Freiheitsgrundrecht des Beschuldigten (→ § 121 Rn. 106 mwN). Dies kommt aber nur in Betracht, wenn die (Untersuchungs-)Haft beendet ist und der Beschuldigte ohne dessen Zuerkennung mangels Beschwer eine Überprüfung der freiheitsentziehenden Maßnahme nicht mehr erreichen könnte.[65]

§ 122a Höchstdauer der Untersuchungshaft bei Wiederholungsgefahr

In den Fällen des § 121 Abs. 1 darf der Vollzug der Haft nicht länger als ein Jahr aufrechterhalten werden, wenn sie auf den Haftgrund des § 112a gestützt ist.

Schrifttum: Krauth, Ruht der Fristenlauf des § 122a StPO während der Hauptverhandlung? DRiZ 1978, 337; siehe hierzu im Weiteren das Schrifttum zu § 121 StPO.

I. Normzweck und Inhalt

1 **1. Normzweck.** Die Vorschrift steht in engen Zusammenhang mit § 121 und regelt im Wesentlichen die verfahrensmäßige Ausgestaltung der in § 121 geregelten besonderen Haftprüfung durch das Oberlandesgericht. Wegen des engen Zusammenhangs der beiden Vorschriften wird teilweise auf die Kommentierung zu § 121 verwiesen.[1]

2 **2. Inhalt.** Die Vorschrift begrenzt die Dauer der Untersuchungshaft bei auf den Haftgrund der Widerholungsgefahr (§ 112a) gestützten Haftbefehlen auf ein Jahr. Durch die Verwendung des Begriffs „Haft" stellt der Gesetzgeber hier deutlich, dass es sich hier in Wahrheit um Sicherungshaft handelt, denn der „Haftgrund der Wiederholungsgefahr" dient anders als § 112 nicht der Verfahrenssicherung, sondern soll als vorbeugende Maßnahme dem Schutz der Rechtsgemeinschaft dienen (→ § 112a Rn. 3, 5). Während die in § 121 vorgesehene

62 BVerfG 1.3.2000 – 2 BvR 2017/94, StV 2000, 233; Schmitt in Meyer-Goßner/Schmitt Einf. Rn. 236.
63 BVerfG 18.3.1970 – 1 BvR 498/66, BVerfGE 28, 104 = NJW 1970, 1176.
64 BVerfG 23.7.2020 – 2 BvR 1233/20, BeckRS 2020, 17795.
65 OLG Hamm 6.6.2013 – III – 5 Ws 202/13; VerfGH Sachsen 15.12.2016 – Vf. 111-IV-16 (HS), BeckRS 2016, 133025.
1 Vgl. zu den formellen Anforderungen insbesondere → § 121 Rn. 9–24, 98–113.

Sechs-Monats-Frist bei besonderer Schwierigkeit oder Umfang der Ermittlungen oder bei Vorliegen eines wichtigen Grundes verlängert werden kann und insoweit keine zwingend einzuhaltende Höchstfrist besteht (→ § 121 Rn. 1), ist der Gesetzgeber hiervon bei Haftgrund der Wiederholungsgefahr abgewichen und hat eine solche ausdrücklich normiert. Die Begründung des Gesetzgebers stellt insoweit darauf ab, dass beim Haftgrund der Wiederholungsgefahr so schnell wie möglich gerichtlich geklärt werden müsse, ob der die Haft auslösende Tatverdacht zu Recht besteht, weshalb es nicht gerechtfertigt sei, die Haft nach § 112a länger als ein Jahr auszudehnen.[2] Die Begrenzung trägt dem Umstand Rechnung, dass bei der „Sicherungshaft" des § 112a die Grundrechte des Beschuldigten in besondere Weise betroffen sind und insoweit ohnehin eine enge und restriktive Auslegung geboten ist (→ § 112a Rn. 4). Insoweit kommt dem Grundsatz der Verhältnismäßigkeit besondere Bedeutung bei.[3]

II. Anwendungsbereich

1. Haftbefehl auf Widerholungsgefahr gestützt. Voraussetzung der Anwendung der Norm ist, dass der Haftbefehl überhaupt auf den Haftgrund der Wiederholungsgefahr (§ 112a) gestützt ist. Dies ist nicht der Fall, wenn der schriftliche Haftbefehl (§ 117) die Haftgründe des § 112 nennt und den Haftgrund der Wiederholungsgefahr nur ergänzend und subsidiär aufführt.[4] Etwas anderes gilt allerdings dann, wenn die Haftgründe des § 112 der Flucht- oder Verdunkelungsgefahr im Laufe des Verfahrens entweder vollkommen wegfallen oder aber insoweit eine Aussetzung des Vollzugs des Haftbefehls (§ 116) angezeigt ist. In einem solchen Fall beginnt die Jahresfrist erst mit Wirksamwerden des Haftgrundes zu laufen. 3

2. Zeitliche Begrenzung der Sicherungshaft. Ist der Haftbefehl auf § 122a gestützt (→ Rn. 3), darf der Vollzug der Haft nicht länger als ein Jahr dauern. Die Höchstgrenze führt auch dazu, dass schon das Oberlandesgericht, wenn es im Rahmen der wiederholten Haftvorlage (§ 114 Abs. 4 S. 2) erkennt, dass der Haftbefehl aufhebungsreif wird, den Zeitpunkt der Haftentlassung festsetzt. Der Haftbefehl muss nach Ablauf durch das Haftgericht aufgehoben werden, eine bloße Außervollzugsetzung genügt nicht.[5] Maßnahme nach § 71 JGG bleiben aber zulässig.[6] 4

3. Ausnahmen von der zeitlichen Begrenzung. Die **Begrenzung gilt, wie bei § 121, auch dann nicht,** wenn die Untersuchungshaft zeitweise unterbrochen[7] ist, dieser auf neue Taten (zum Tatbegriff → Rn. 25 ff.) oder einen anderen Haftgrund[8] gestützt wird. In Fällen der Unterbrechung sind die auf den Haftgrund des § 112a gestützten Haftzeiten zusammenzurechnen.[9] 5

Nicht wirklich abschließend geklärt ist die Frage, ob es sich bei dieser Höchstfrist um eine **absolute Grenze** handelt oder eine Verlängerung der Frist dann in Betracht kommt, wenn die Ruhenstatbestände des § 121 Abs. 3 eingreifen. Danach würde die Jahresfrist unterbrochen, sobald die Akten dem Oberlandesgericht zur Durchführung der besonderen Haftprüfung vorgelegt werden (§ 121 Abs. 3 S. 1)[10] oder mit der Hauptverhandlung begonnen wird.[11] Für eine derartige Interpretation spricht, dass sich insoweit die Vorschrift in das Regelungssystem der §§ 121, 122 (→ § 121 Rn. 35–98) einpasst[12] und die eine derartige 6

---

2 Vgl. BT-Drs. VI/3561, 4; Gärtner in Löwe/Rosenberg § 122a Rn. 1.
3 OLG Stuttgart 21.4.2011 – 2 HEs 37-39/11, NStZ-RR 2012, 62.
4 Zur umstrittenen Zulässigkeit, vgl. → § 112a Rn. 56; Schmitt in Meyer-Goßner/Schmitt Rn. 1; Schultheis in KK-StPO Rn. 2.
5 Schmitt in Meyer-Goßner/Schmitt Rn. 1.
6 Schmitt in Meyer-Goßner/Schmitt Rn. 1.
7 Zur Fristberechnung vgl. → § 121 Rn. 16 ff.
8 Schmitt in Meyer-Goßner/Schmitt Rn. 1.
9 Gärtner in Löwe/Rosenberg Rn. 9 ff.
10 So OLG Frankfurt a. M. 28.7.1989 – 1 HEs 82/89, NStE Nr. 1 zu § 122a StPO.
11 OLG Celle 25.5.2021 – 2 Ws 150/21, BeckRS 2021, 12589, so auch Knauer DRiZ 1978, 337.
12 Gärtner in Löwe/Rosenberg Rn. 9 ff.

Auslegung auch ein kriminalpolitisches Bedürfnis besteht. Soll nämlich die Sicherungshaft dem Schutz der Rechtsgemeinschaft dienen, so wäre es grotesk, den Angeklagten etwa während der Hauptverhandlung auf freien Fuß setzen zu müssen und so auch das potentielle Opfer, etwa bei Straftaten nach § 238 Abs. 2 StGB (hierzu → § 112a Rn. 14 f.), erneut in Gefahr zu bringen. Andererseits muss man sehen, dass sich damit der Anwendungsbereich der Vorschrift des § 122a sich damit letztendlich auf wenige krasse Ausnahmefälle beschränkt und das eigentliche gesetzgeberische Anliegen der der zeitlichen Begrenzung der Sicherungshaft so konterkariert wird. Insoweit erscheint es aus verfassungsrechtlichen Gründen angezeigt, im Hinblick auf zu berücksichtigende Unterbrechungen der Hafthöchstfrist nicht auf die Ruhensvorschriften des § 121 Abs. 3 S. 1 und 2, sondern auf die mit Erlass des ersten tatrichterlichen Urteils eintretende[13] Beendigung der Zuständigkeit des Oberlandesgerichts abzustellen. Denn der Abschluss eines Strafverfahrens durch Urteil binnen Jahresfrist ist durchaus möglich, jedenfalls dann der Haftbefehl auf den Haftgrund des § 112a StPO gestützt ist.

7 **4. Anwendbares Verfahren.** Das anzuwendende Verfahren ist – auch im Hinblick auf die erforderliche Aktenvorlage – in § 121 bzw. § 122 geregelt, weshalb auf die Kommentierung hierzu verwiesen wird (→ § 121 Rn. 11 ff. und → § 122 Rn. 2 ff.). Zum Problem der Anwendbarkeit der Ruhensfristen des § 121 Abs. 3 S. 1 und 2 vgl. → Rn. 6.

§ 123 Aufhebung der Vollzugsaussetzung Maßnahmen

(1) Eine Maßnahme, die der Aussetzung des Haftvollzugs dient (§ 116), ist aufzuheben, wenn

1. der Haftbefehl aufgehoben wird oder

2. die Untersuchungshaft oder die erkannte Freiheitsstrafe oder freiheitsentziehende Maßregel der Besserung und Sicherung vollzogen wird.

(2) Unter denselben Voraussetzungen wird eine noch nicht verfallene Sicherheit frei.

(3) Wer für den Beschuldigten Sicherheit geleistet hat, kann deren Freigabe dadurch erlangen, daß er entweder binnen einer vom Gericht zu bestimmenden Frist die Gestellung des Beschuldigten bewirkt oder die Tatsachen, die den Verdacht einer vom Beschuldigten beabsichtigten Flucht begründen, so rechtzeitig mitteilt, daß der Beschuldigte verhaftet werden kann.

Schriftum: Amelung, Die Sicherheitsleistung nach § 116 StPO, StraFo 1997, 300; Büttner, Zustellungsbevollmächtigte – Zeitbomben im Strafverfahren?, DRiZ 2007, 188; Eckstein, Zur Zulässigkeit einer Verrechnungsauflage bei einer Kaution im Rahmen einer Außervollzugsetzung einer Untersuchungshaft, StV 1998, 554; Herzog/Hoch/Warius, Die Sicherheitsleistung als Vehikel der Rückgewinnungshilfe – Rückgewinnungshilfe contra konkrete und wirkliche Strafverteidigung?, StV 2007, 542; Kummer, Zu den Rechtsbeziehungen zwischen dem Strafverteidiger und dem Dritten, der dem Beschuldigten einen Betrag zwecks Verwendung als Kaution zur Verfügung stellt, JurisPR-BGHZivilR 37/2004 Anm. 6; Rückhelm, Aufhebung der Hinterlegungsordnung, Rpfleger 2010, 1; Sättele, Unabtretbarkeit einer Kaution, StV 2000, 510; Schweckendieck, § 116 StPO und Rechtskraft, NStZ 2011, 10.

Übersicht

[13] Siehe hierzu OLG Hamm 6.6.2013 – III – 5 Ws 202/13.

I. Allgemeines

Die Vorschrift steht in engen Zusammenhang mit §§ 116 Abs. 1, 116a und 124 und regelt, unter welchen Voraussetzungen die vom Gericht nach § 116 angeordnenden haftverschonenden Maßnahmen aufgehoben werden müssen. Dabei ist zu sehen, dass die der Außervollzugsetzung des Untersuchungshaftbefehls dienenden Begleitmaßnahmen (§ 116) weder gegenstandslos werden noch automatisch entfallen,[1] vielmehr bedarf es im Regelfall (→ Rn. 15) einer ausdrücklichen Aufhebung des Haftbefehls durch das Gericht, auch wenn die Haftverschonungsmaßnahmen in rechtlicher Hinsicht zumeist keine nachteiligen Wirkungen mehr entfalten können. Unannehmlichkeiten durch die Polizei bei Nichteinhalten an sich aufzuhebender Meldeauflagen sind jedoch möglich.[2] 1

Die als Ersatz dienenden Maßnahmen nach § 116 Abs. 1 setzen insoweit denknotwendig voraus, dass der Haftbefehl in seinem Bestand nicht berührt wird.[3] Es besteht ein Abhängigkeitsverhältnis, was sich auch in dem Verbot von Haftverschonungsmaßnahmen zu dem Zeitpunkt eines bereits unzulässigen Haftbefehls zeigt.[4] Folglich ist nach Abs. 1 Nr. 1 auch der isolierte Fortbestand von Haftverschonungsmaßnahmen gesetzlich nicht vorgesehen, so dass auch eine noch nicht verfallene Sicherheit frei wird (Abs. 1 S. 2). Die Abhängigkeit der Sicherungsmaßnahmen vom Bestand des Haftbefehls zeigt sich aber auch im umgekehrten Fall. So wird die Sicherheit auch dann frei, wenn der Haftbefehl irrtümlich aufgehoben worden ist,[5] nicht aber, wenn er an sich hätte aufgehoben werden müssen (→ Rn. 9). 2

Allerdings wird eine Sicherheit (Abs. 2) nur dann frei, wenn diese nicht zuvor verfallen ist (§ 124 Abs. 1), was das Gericht vor einer Aufhebung zunächst zu prüfen hat (→ Rn. 18). 3

Die bloße Rechtskraft eines Urteils führt nicht zu einer Aufhebung des Haftbefehls, wenn dieser Außervollzug gesetzt ist, da der Haftbefehl und die dort vorgesehenen Beschränkungen auch zur Sicherung der Strafvollstreckung dienen (→ Rn. 10).[6] Eine Aufhebung kommt erst in Betracht, wenn der Haftbefehl aufgrund der im rechtskräftigen Urteil festgesetzten Freiheitsstrafe oder Maßregel der Besserung und Sicherung tatsächlich vollzogen wird. 4

Der Tod des Beschuldigten beendet das Verfahren jedoch automatisch. Der Haftbefehl wird gegenstandslos, einer förmlichen Aufhebung bedarf es nicht.[7] Allerdings darf zu diesem Zeitpunkt eine Sicherheit nicht verfallen sein (→ Rn. 16 ff.). 5

[1] KG 17.6.2011 – 2 Ws 219/11, NStZ 2012, 230; OLG Hamburg 9.5.1977 – 1 Ws 196/77, MDR 1977, 949; OLG Frankfurt a. M. 28.8.1978 – 4 Ws 142/78, NJW 1978, 665.

[2] Schlothauer/Weider/Nobis Untersuchungshaft Rn. 1298 ff.

[3] KG 17.6.2011 – 2 Ws 219/11, NStZ 2012, 230; Schweckendieck NStZ 2011, 10–13.

[4] OLG Düsseldorf 29.7.1999 – 2 Ws 227/99, NStZ 1999, 585; Graf in KK-StPO § 116 Rn. 7.

[5] Graf in KK-StPO Rn. 2.

[6] OLG Hamburg 9.5.1977 – 1 Ws 196/77, MDR 1977, 949; OLG Frankfurt a. M. 28.8.1978 – 4 Ws 142/78, NJW 1978, 665; OLG Karlsruhe 4.2.1980 – 2 Ws 227/79, MDR 1980, 598; OLG Nürnberg 9.12.1982 – Ws 990/82, OLGSt StPO § 116 Nr. 1; KG 17.6.2011 – 2 Ws 219/11, NStZ 2012, 230; → § 116a Rn. 1.

[7] Graf in KK-StPO § 123 Rn. 4.

II. Wegfall der Haftbeschränkungen (Abs. 1 S. 1 Nr. 1)

6 **1. Allgemeines.** Die zur Aufhebung der Haftbeschränkungen führenden Gründe sind in Abs. 1 aufgeführt. Dieser unterscheidet insoweit zwischen der Aufhebung des Haftbefehls (→ Rn. 7) und dem Vollzug von Haft, sei es von Untersuchungshaft (→ Rn. 11), Strafhaft oder einer Maßregel der Besserung und Sicherung (→ Rn. 14).

7 **2. Aufhebung des Haftbefehls (Abs. 1 Nr. 1).** Wird der Haftbefehl aufgehoben, entfallen auch die Ersatzmaßnahmen, also etwa die Meldepflicht (§ 116 Abs. 1 S. 2 Nr. 1), die Aufenthaltsbeschränkungen (§ 116 Abs. 1 S. 2 Nr. 2), die Weisung, die Wohnung nicht zu verlassen (§ 116 Abs. 1 S. 2 Nr. 3) sowie die weiter vom Gericht anordenbaren Weisungen und Auflagen, wie etwa die Abgabe der Personalpapiere oder des Führerscheins, die Sperrung von Konten oder die Anordnung des Tragens einer elektronischen Hand- oder Fußfessel (vgl. hierzu → § 116 Rn. 30). Spricht das Gericht den Angeklagten frei, vergisst aber die zwingende Beschlussfassung über die Aufhebung des Haftbefehls (§ 120 Abs. 1 S. 2), erhält der Angeklagte seine hinterlegten Ausweisdokumente erst mit dessen Aufhebung zurück. Auch ist dem Beschuldigten bis zur ausdrücklichen Aufhebung des Haftbefehls Haftentschädigung zu gewähren.[8]

8 Die Gründe, welche zwingend zur Aufhebung des Haftbefehls führen, sind in § 123 nicht geregelt. Dies sind zunächst Umstände, welche zur Einstellung des Verfahrens führen, wie etwa der Eintritt der Verjährung oder die Zurücknahme des Strafantrages. Sondergesetzlich ist dies in § 120 geregelt beim Freispruch des Angeklagten (Abs. 1 S. 2)[9] und im Falle eines Antrags der Staatsanwaltschaft (Abs. 3 S. 2) (vgl. hierzu → § 120 Rn. 30). Eine Aufhebung der getroffenen Beschränkungen ist aber auch dann im Regelfall zu veranlassen, wenn diese nicht mehr notwendig sind oder aber die Staatsanwaltschaft zum Ausdruck bringt, dass sie diese nicht mehr für notwendig erachtet.[10]

9 Streitig ist, ob eine Sicherheitsleistung auch dann frei wird, wenn ein Haftbefehl an sich aus prozessualen Gründen hätte aufgehoben werden müssen jedoch tatsächlich noch in Kraft geblieben ist. Solche Fälle sind keineswegs selten, da gerade Verfahren, in welchem der Haftbefehl außer Vollzug gesetzt ist, oftmals nicht mehr mit in Haftsachen gebotenen Beschleunigung (→ § 112 Rn. 6a) betrieben werden. Insoweit ergibt sich aus Abs. 1 aber, dass eine Sicherheit eben nicht ohne weiteres frei wird, sondern es stets der gerichtlichen Entscheidung über die Aufhebung des Haftbefehls bedarf.[11]

10 **3. Vollzug der Haft (§ 123 Abs. 1 S. 1 Nr. 2).** Diese Vorschrift bringt den gesetzlichen Willen zum Ausdruck, dass die angeordneten Maßnahmen des Haftverschonungsbeschlusses nicht schon mit der Rechtskraft eines auf Freiheitsstrafe oder Maßregel der Besserung und Sicherung lautenden Urteil per se entfallen (→ Rn. 4). Denn Zweck der Untersuchungshaft ist es, nicht nur die Durchführung eines geordneten Strafverfahrens zu gewährleisten, sondern auch die spätere Vollstreckung eines auf Freiheitsentziehung lautenden Urteils sicherzustellen.[12] Folglich kann dem gesetzlichen Zweck aber nur in ausreichender Form gedient werden, wenn die Begleitmaßnahmen auch für den Zeitraum zwischen der Rechtskraft und dem tatsächlichen Beginn der Vollstreckung mit der Aufnahme des Verurteilten in die Vollstreckungsanstalt in ihrer Wirkung bestehen bleiben.[13]

11 **a) Vollzug der Untersuchungshaft.** Diese wird zunächst vollzogen, sobald der Beschuldigten nach Widerruf der Haftverschonung in die zuständige Haftanstalt aufgenom-

---

[8] OLG Düsseldorf 29.7.1999 – 2 Ws 227/99, NStZ 1999, 357.

[9] OLG Düsseldorf 29.7.1999 – 2 Ws 227/99, NStZ 1999, 357.

[10] OLG Hamburg 9.5.1977 – 1 Ws 196/77, MDR 1977, 949.

[11] OLG Frankfurt a. M. 9.7.2001 – 3 Ws 352/01, NStZ-RR 2001, 381; Graf in KK-StPO Rn. 3; aA OLG Hamm 28.5.1996 – 2 Ws 190/96, NStZ 1996, 270; LG Lüneburg 6.11.1986 – 15 Qs 82/86, StV 1987, 111.

[12] BVerfG 15.12.1965 – 1 BvR 513/65, BVerfGE 19, 342 – Wencker-Beschluss; OLG Hamburg 9.5.1977 – 1 Ws 196/77, MDR 1977, 949.

[13] Schultheis in KK-StPO Rn. 5; Paeffgen in SK-StPO Rn. 7; Schmitt in Meyer-Goßner/Schmitt Rn. 4.

men worden ist. Die bloße Verhaftung reicht nicht aus (str.).[14] Gleiches gilt, wenn der Beschuldigte in anderer Sache in Untersuchungshaft kommt, denn im Falle einer Flucht aus der Haft könnte er sich dem Verfahren, in welchem Sicherheit geleistet wurde, durchaus noch entziehen. Im Falle des Vollzugs der Untersuchungshaft sind die haftbeschränkenden Maßnahmen nach Abs. 1 (zB Meldeauflage) aufzuheben und zwar auch dann, wenn der Beschuldigte zunächst noch in die für ihn zuständige Haftanstalt überführt werden muss (str.).[15] Eine Sicherheit nach Abs. 2 wird aber nur dann frei, wenn sie nicht zuvor verfallen ist (→ Rn. 16). Der Beschuldigte kann die Aufhebung der Beschränkungen aber auch dadurch bewirken, dass er sich freiwillig in Haft begibt.

b) Vollzug der Strafhaft. Die Aufhebung von Ersatzmaßnahmen nach § 116 zwingt bei Vollzug vorn Strafhaft nach dem ausdrücklichen Gesetzeswortlaut nur dann zur Aufhebung des Haftbefehls, wenn diese auch in derselben Sache vollzogen wird.[16] Jedoch werden jedenfalls die Haftverschonungsmaßnahmen wegen Sinnwidrigkeit aufzuheben sein, wenn sich abzeichnet, dass der Beschuldigten in dem anderen Verfahren noch längerfristig inhaftiert sein wird und keine Besorgnis mehr besteht, der Verurteilte könne sich der gegen ihn erkannten Strafe entziehen.[17] 12

Unter dem Begriff der Freiheitsstrafe fällt neben der allgemeinen Freiheitsstrafe (§§ 38, 39 StGB) die Jugendstrafe (§ 17 JGG) und der Strafarrest (§ 9 WStG), nicht aber der Jugendarrest (§§ 16 JGG) oder die Geldstrafe (§ 40 StGB). Wird gegen den Angeklagten eine Geldstrafe ausgesprochen, ist der außer Vollzug gesetzte Haftbefehl in der Regel mit Urteil aufzuheben. Eine Sicherheit (Abs. 2) wird frei, sie darf weder auf die Geldstrafe noch auf die Verfahrenskosten verrechnet werden und verfällt (§ 124) auch nicht dann, wenn sich der Beschuldigte der gegen ihn verhängten Ersatzfreiheitsstrafe entzieht.[18] 13

c) Vollzug der Maßregel der Besserung und Sicherung. Dem Vollzug der Freiheitsstrafe hat der Gesetzgeber den der Maßregel der Besserung und Sicherung (§ 61 StGB) gleichgestellt, wobei insoweit nur die Unterbringung in einem Psychiatrischen Krankenhaus (§ 63 StGB) und einer Entziehungsanstalt (§ 64 StGB) erfasst sind, da Sicherungsverwahrung nur nach einer Freiheitsstrafe vollzogen werden kann (§§ 66, 67a Abs. 1 StGB). 14

4. Sonderfälle. Ist hingegen die Vollstreckung des nunmehr rechtskräftigen Straferkenntnisses gesichert, da sich der Verurteilte in der vorliegenden Sache bereits in staatlichem Gewahrsam befindet, bedarf es einer förmlichen Aufhebung des Haftbefehls nicht. Nur in diesem Fall erledigt sich der Haftbefehl von selbst, er wird gegenstandslos.[19] Denn hier geht die vollzogene Untersuchungshaft mit der Rechtskraft des Urteils ohne weiteres in Strafhaft über.[20] Korrespondierend hierzu beginnt nahtlos mit dem Übergang von der Untersuchungshaft in die Strafhaft, die Zuständigkeit der Strafvollstreckungskammer gemäß § 462a Abs. 1 S. 1 am Verwahrort, und zwar auch ohne Eingang der Akten.[21] Wurde der Verurteilte bis zum Eintritt der Rechtskraft nicht vom Vollzug der Untersuchungshaft verschont, bedarf der Sicherungszweck der Haftverschonungsmaßnahmen keiner Aufrechterhaltung. Indes 15

[14] Lind in Löwe/Rosenberg Rn. 17; aA Wanckel in KMR-StPO § 123 Rn. 4; vgl. auch OLG Jena 13.2.2009 – 1 Ws 531/08, wistra 2009, 324.
[15] Lind in Löwe/Rosenberg Rn. 17.
[16] OLG Hamburg 9.5.1977 – 1 Ws 196/77, MDR 1977, 949.
[17] OLG Nürnberg 9.12.1982 – Ws 990/82, OLGSt StPO § 116 Nr. 1 (zeitweilige Vollzugsuntauglichkeit nach § 455 Abs. 2).
[18] BGH 24.6.1985 – III ZR 219/2, BGHZ 95, 109 = NJW 1985, 2820; OLG Frankfurt a. M. 26.8.1982 – 3 Ws 564/82, NJW 1983, 295; → § 124 Rn. 7.
[19] OLG Karlsruhe 4.2.1980 – 2 Ws 227/79, MDR 1980, 598; vgl. BVerfG 18.8.2005 – 2 BvR 1357/05, NJW 2005, 3131; KG 13.8.2008 – 4 Ws 72/08; 21.10.1997 – 5 Ws 640/97, BeckRS 1997, 14866; 17.6.2011 – 2 Ws 219/11, NStZ 2012, 230.
[20] BGH 28.8.1991 – 2 ARs 366/91, BGHSt 38, 63.
[21] BGH 21.7.2006 – 2 Ars 302/06, NStZ-RR 2006, 66; OLG Karlsruhe 19.4.2007 – 3 Ws 136/07 u. 137/07 (unveröffentlicht); aA Fortbestehen der Zuständigkeit des Prozessgerichts bis zur förmlichen Einleitung der Strafvollstreckung durch die Staatsanwaltschaft: vgl. auch Schweckendieck NStZ 2011, 10.

kann bei dem entscheidenden Unterschied einer nahtlosen Inhaftierung die Rechtsprechung zur Erledigung des Haftbefehls nicht übertragen werden.[22]

III. Freiwerden der Sicherheit (Abs. 2)

16 Als bedeutendste Regelung der Norm bestimmt deren Abs. 2, dass unter den Voraussetzungen des Abs. 1 auch eine noch nicht verfallene Sicherheit (§§ 116 Abs. 1 S. 2 Nr. 4, 116a) frei wird.

17 **1. Gerichtliche Feststellung.** Ob eine Sicherheit aber frei wird oder für verfallen zu erklären ist (§ 124 Abs. 1, → § 124 Rn. 5), bedarf einer gerichtlichen Feststellung.[23] Die das Freiwerden der Sicherheit feststellen gerichtliche Entscheidung hat jedoch nur declataratorischen Charakter,[24] ist aber für Entscheidung der Hinterlegungsstelle, an wen ausgezahlt werden soll, notwendig (→ Rn. 19).

18 Eine Sicherheit wird nämlich auch dann nicht frei, wenn zwar zum Zeitpunkt der gerichtlichen Entscheidung ein Verfahrenshindernis besteht, dies aber zum Zeitpunkt des Verfalls der Sicherheit noch nicht vorlag. Andererseits kann eine Sicherheit nicht mehr verfallen, wenn sie schon zuvor frei geworden ist. Dieses Fall tritt etwa ein, wenn sich der Beschuldigte freiwillig in Untersuchungshaft begeben hat und danach aus dieser geflohen ist. Gleiches gilt, wenn der Haftbefehl irrtümlich aufgehoben wurde oder die Staatsanwaltschaft den ergangenen Aufhebungsbeschluss mit der Beschwerde anficht.[25] Wird das Verfahren gemäß § 153a Abs. 1 oder Abs. 2 eingestellt, stellt sich die Frage, ob die nach §§ 116, 116a geleistete Sicherheit mit einer Geldauflage oder einer Schadenswiedergutachung verechnet werden darf, was man lediglich mit ausdrücklicher und eideutiger Zustimmung des Verfolgten als rechtswirksam wird ansehen können.[26]

19 Erst diese gerichtliche Entscheidung löst die amtliche Verstrickung[27] und ermöglicht es[28] dem Sicherungsgeber, den Auskehranspruch gegen die Hinterlegungsstelle nach den Vorschriften der Hinterlegungsordnung geltend zu machen.[29] Eine Sicherheitsleistung nämlich nicht schon dadurch frei, dass der außer Vollzug gesetzte Haftbefehl aus prozessualen Gründen bereits hätte aufgehoben werden müssen, tatsächlich aber weiterhin in Kraft war.[30] Vielmehr bedarf es einer gerichtlichen Feststellung, dass die Sicherheit frei geworden ist Aufgrund des Beschlusses erlangt dann der Hinterleger einen Anspruch gegen die Hinterlegungsstelle auf Herausgabe der Sicherheit. Danach führt allein das Freiwerden der Sicherheit noch nicht zu einem Rückzahlungsanspruch gegenüber der Hinterlegungsstelle. Zur Lösung der amtlichen Verstrickung bedarf es vielmehr eines Gerichtsbeschlusses. Dazu reicht der – lediglich feststellende, deklaratorische – Beschluss aus, dass die Sicherheit frei geworden ist. Erst auf Grund dieses Beschlusses erlangt der Hinterleger – wie bereits ausgeführt – einen Herausgabeanspruch gegen die Hinterlegungsstelle nach den jeweiligen Hinterlegungsgesetzen der Länder.[31] Vor dem Freiwerden der Sicherheit hat der Beschuldigte noch keine abtretungsfähige gesicherte Rechtsposition erworben. Anders wäre dies nur dann, wenn die Rechtsposition des Beklagten ohne seine Zustimmung nicht mehr hätte zerstört werden können, was dann nicht der Fall ist, wenn der künftige Anspruch auf Kautionsrückzahlung vor dem Vollzug der Untersuchungshaft jederzeit zu Fall gebracht hätten werden können, insbesondere durch Flucht des Beschuldigten (§ 124 Abs. 1).[32]

---

22 BVerfG 18.8.2005 – BvR 1357/05, NJW 2005, 3131.
23 OLG Stuttgart 5.8.1983 – 3 Ws 219/83, MDR 1984, 164.
24 OLG Karlsruhe 26.7.1991 – 3 Ws 119/91, NStZ 1992, 204.
25 Vgl. Schlothauer/Weider/Nobis Untersuchungshaft Rn. 1298 ff.
26 Ähnlich OLG Celle 30.3.2016 – 1 Ws 90/15, StraFo 2015, 204.
27 Schultheis in KK-StPO Rn. 7.
28 OLG Stuttgart 5.8.1983 – 3 Ws 219/83, MDR 1984, 164.
29 OLG Celle 25.2.1987 – 1 Ws 41/87 – 1 Ws 41/87, Nds. Rpfl. 1987, 136; LG Berlin 3.12.2001 – 517 Qs 107/01, NStZ 2002, 278.
30 OLG Frankfurt a. M. 9.7.2001 – 3 Ws 352/01, NStZ 2001, 381.
31 So nun auch BGH 2.6.2013 – 3 ZR 334/14, WM 2016, 1235.
32 BGH 2.6.2013 – 3 ZR 334/14, WM 2016, 1235.

2. Entscheidungszuständigkeit über Auszahlungsempfänger. An wen die Sicherheit herauszugeben ist oder auszubezahlen ist, entscheidet allerdings dann nicht das nach § 126 zuständige Gericht, sondern die Hinterlegungsstelle in eigener Zuständigkeit nach den §§ 12 ff. HinterlO.[33] Sie hat dabei entgegenstehende Rechte Dritter zu beachten. Grundsätzlich ist die Sicherheit an denjenigen herauszugeben, welcher sie bestellt hat. Insoweit bestehen aber zahlreiche Besonderheiten: 20

3. Sonderfall Pfändung. Auch wenn der Beschuldigte die Sicherheit in bar selbst oder durch einen Vertreter geleistet hat, kann dessen zukünftiger Rückzahlungsanspruch nämlich durch einen Dritten gepfändet (§ 851 Abs. 2 ZPO) werden.[34] Auch kann schon vor der Freigabe der Herausgabeanspruchs in Vollziehung eines dinglichen Arrestes nach § 111d gepfändet werden.[35] Wird die Sicherheit erst mit Rechtskraft des Urteils frei, so kann in sie vollstreckt werden, ohne dass zuvor ein dinglicher Arrest ausgebracht werden muss.[36] 21

4. Sonderfall Aufrechnung. Hingegen ist die bloße Aufrechnung mit einer Steuerforderung durch das Finanzamt ebensowenig möglich[37] wie eine solche durch den Justizfiskus mit Gerichtskosten. 22

5. Sonderfall Abtretung. Eine Abtretung des Rückzahlungsanspruchs ist nicht möglich, wenn ein Haftbefehl mit der Maßgabe außer Vollzug gesetzt wird, dass der Beschuldigte die Sicherheitsleistung als Eigenhinterleger zu leisten hat, denn hierdurch könnte der Beschuldigte eigenmächtig ohne Kenntnis des Gerichts den Wert der Sicherheit abmindern, weil durch die Abtretung in Wahrheit ein anderer haftet.[38] Die Auflage, die Sicherheit selbst zu erbringen, beinhaltet daher ein Zessionsverbot kraft Leistungsinhalts für den Rückzahlungsanspruch (§ 399 BGB) bis zu einer Freigabe der Sicherheit nach Abs. 2.[39] 23

Eine rechtswirksame **Abtretung** kommt aber in Betracht, wenn die Kaution entgegen der Vorgabe des Verschonungsbeschlusses nicht vom Beschuldigten selbst aus Eigenmitteln, sondern von einem Dritten erkennbar im eigenen Namen hinterlegt worden ist und der Auskehrungsanspruch noch vor einer Pfändung nach § 111c wirksam an den Dritten abgetreten worden ist.[40] Weder § 116a noch die auf dieser Vorschrift beruhende Eigenmittelanordnung im Außervollzugsetzungsbeschluss enthalten in solchen Fällen ein ausdrückliches Abtretungsverbot. 24

IV. Freigabe der durch einen Dritten geleisteten Sicherheit (Abs. 3)

1. Allgemeines. Hat der Drittsicherungsgeber als Bürge nach § 116a Abs. 1 im eigenen Namen eine Sicherheit für den Beschuldigten geleistet, kann er die Freigabe mit den in Abs. 3 genannten zwei Handlungen erreichen. Die Vorschrift gilt aber nicht für den Sicherungsgeber, der die Sicherungsmittel verdeckt direkt dem Beschuldigten oder einen Dritten überlassen hat.[41] Daher können sich nur die Personen auf Abs. 3 berufen, welche im eigenen Namen aufgetreten sind.[42] 25

2. Bewirken der Gestellung des Beschuldigten. Der Sicherungsgeber kann die Freigabe der Sicherheit bewirken, wenn er innerhalb der gerichtlich bestimmen Frist den 26

[33] OLG Frankfurt a. M. 26.8.1982 – 3 Ws 564/82, NJW 1983, 295; OLG Celle 25.2.1987 – 1 Ws 41/87, Nds. Rpfl. 1987, 136.
[34] OLG Frankfurt a. M. 3.2.1999 – 20 W 409/99, StV 2000, 509; → § 116a Rn. 5.
[35] OLG Frankfurt a. M. 10.3.2005 – 2 Ws 66/04, NJW 2005, 1727 mkritAnm Herzog ua StV 2007, 542; OLG Frankfurt a. M. 26.8.1982 – 3 Ws 564/82, NJW 1983, 295.
[36] Schmitt in Meyer-Goßner/Schmitt Rn. 5, § 111d Rn. 5.
[37] BGH 24.6.1985 – III ZR 219/82, BGHZ 95, 109 = NJW 1985, 2820.
[38] OLG Hamm 9.9.2008 – 1 Ws 595/08, StRR 2009, 271; OLG München 5.8.1997 – 25 U 2527/97, StV 2000, 509.
[39] OLG München 5.8.1997 – 25 U 2527/97, StV 2000, 509.
[40] LG Gießen 29.5.2006 – 2 KLS 502 Js 23635/05, StraFo 2006, 324.
[41] OLG Stuttgart 20.4.1988 – 1 Ws 49/88, Justiz 1988, 373.
[42] OLG Köln 2.10.2009 – 2 Ws 462/09, BeckRS 2010, 434; Lind in Löwe/Rosenberg Rn. 26 ff.

Beschuldigten veranlasst, sich zur Vollstreckung des Haftbefehls zu stellen. Da dem Sicherungsgeber kein eigenes Festnahmerecht (§ 127) hierfür zusteht, kann darf er dafür aber keine Gewalt gegen den Beschuldigten ausüben.[43] Das gilt auch für den Fall, dass die Sicherheitsleistung an sich schon nach § 124 Abs. 1 verfallen ist.[44]

27 **3. Fluchtanzeige durch den Sicherungsgeber.** Erstattet der Sicherungsgeber rechtzeitig Anzeige über Umstände, die eine Flucht des Beschuldigten wahrscheinlich machen, kann er auch bei einem erfolgreichen Untertauchen die Freigabe verlangen, wenn die beteiligten Behörden bei einem sachgerechten und unverzüglichen Einschreiten dies hätten verhindern können.[45]

V. Verfahrensfragen

28 Zuständig zur Entscheidung auch über das Freiwerden der Sicherheit ist der letzte Tatrichter, auch wenn dieser keine Sachentscheidung getroffen hat, wie im Falle einer Verwerfungsurteils nach § 329 Abs. 1.[46]

VI. Rechtsmittel

29 Statthaftes Rechtsmittel der Staatsanwaltschaft gegen einen gerichtlichen Aufhebungs- oder Freigabebeschluss ist die einfache Beschwerde nach § 304 Abs. 1.[47] Entsprechend steht dem Beschuldigten und dem Drittsicherungsgeber (nach Abs. 3) das Beschwerderecht im Fall der Ablehnung zu. Da diese Entscheidungen nicht die Verhaftung oder Freiheitsentziehung des Beschuldigten betreffen, ist eine weitere Beschwerde (§ 310 Abs. 1) ausgeschlossen.[48]

§ 124 Verfall der geleisteten Sicherheit

(1) Eine noch nicht frei gewordene Sicherheit verfällt der Staatskasse, wenn der Beschuldigte sich der Untersuchung oder dem Antritt der erkannten Freiheitsstrafe oder freiheitsentziehenden Maßregel der Besserung und Sicherung entzieht.

(2) [1]Vor der Entscheidung sind der Beschuldigte sowie derjenige, welcher für den Beschuldigten Sicherheit geleistet hat, zu einer Erklärung aufzufordern. [2]Gegen die Entscheidung steht ihnen nur die sofortige Beschwerde zu. [3]Vor der Entscheidung über die Beschwerde ist ihnen und der Staatsanwaltschaft Gelegenheit zur mündlichen Begründung ihrer Anträge sowie zur Erörterung über durchgeführte Ermittlungen zu geben.

(3) Die den Verfall aussprechende Entscheidung hat gegen denjenigen, welcher für den Beschuldigten Sicherheit geleistet hat, die Wirkungen eines von dem Zivilrichter erlassenen, für vorläufig vollstreckbar erklärten Endurteils und nach Ablauf der Beschwerdefrist die Wirkungen eines rechtskräftigen Zivilendurteils.

Schrifttum: Siehe zu § 123 SGB.

---

43 Lind in Löwe/Rosenberg Rn. 30.
44 OLG Hamm 21.1.1972 – 3 Ws 150/71, NJW 1972, 783; Lind in Löwe/Rosenberg Rn. 28.
45 OLG Düsseldorf 26.6.1984 – 1 Ws 47/84, NStZ 1985, 38.
46 OLG Stuttgart 30.1.1984 – 1 Ws 397/83, Justiz 1984, 213.
47 OLG Celle 17.9.1998 – 3 Ws 200/98, NStZ-RR 1999, 178.
48 Vgl. auch Schultheis in KK-StPO Rn. 12; Schmitt in Meyer-Goßner/Schmitt Rn. 11; aA Paeffgen in SK-StPO Rn. 13.

Übersicht

I. Allgemeines

Die Vorschrift steht in engen Zusammenhang mit §§ 116 Abs. 1 S. 2 Nr. 4, 116a, 123 und regelt, unter welchen Voraussetzung eine zur Gewährung einer Haftverschonung geleistete Sicherheit zugunsten der Staatskasse verfällt. Während sich nach § 116 bestimmt, unter welchen Voraussetzungen eine Haftverschonung gegen Gestellung einer Sicherheitsleistung möglich ist (→ § 116 Rn. 25 und → § 116a Rn. 6 ff.), sind die hierfür in Betracht kommende Möglichkeiten (Geld, Pfandbestellung, Bürgschaft geeigneter Personen) in § 116a Abs. 1 S. 1 abschließend aufgeführt (→ § 116a Rn. 18 ff.). 1

Die Vorschrift ist verfassungsrechtlich unbedenklich.[1] Da der Verfall ausschließlich eine Folge des Sicherungszwecks ohne strafähnlichen Charakter ist, bedingt die Vorschrift weder eine Verletzung der Menschenwürde (Art. 1 Abs. 1 GG), noch eine unzulässige Beschränkung der allgemeinen Handlungsfreiheit (Art. 2 Abs. 1 GG) oder eine Verletzung der Eigentumsgarantie (Art. 14 GG).[2] 2

II. Voraussetzungen des Verfalls der Sicherheit (Abs. 1)

1. Allgemeines. Eine nicht bereits nach § 123 Abs. 2 frei gewordene Sicherheit verfällt zugunsten der Staatskasse, wenn sich der Beschuldigte der Untersuchung oder dem Antritt der erkannten Freiheitsstrafe Antritt der vollstreckbaren Freiheitsstrafe oder der Maßregel entzieht. 3

2. Wirksame Bestellung. Ein Verfall der Sicherheit zugunsten der Staatskasse ist grundsätzlich nur möglich, wenn eine solche überhaupt wirksam bestellt worden ist, was vor allem bei der Leistung einer Bürgschaft sorgfältig geprüft werden muss.[3] Fehlt es an einer solchen wirksamen Bestellung, so ergibt sich auch ansonsten keine Zahlungsverpflichtung des Beschuldigten.[4] 4

3. Kein vorheriges Freiwerden der Sicherheit. Eine Sicherheit kann nur verfallen, wenn sie nicht zuvor frei geworden ist (§ 123 Abs. 2). Ist dies aber eingetreten, kann sie selbst 5

[1] BVerfG 28.8.1990 – 2 BvR 375/90, NJW 1991, 1043; 9.7.1997 – 2 BvR 3041/95, BeckRS 1997, 14604.

[2] BVerfG 9.7.1997 – 2 BvR 3041/95, BeckRS 1997, 14604; 28.8.1990 – 2 BvR 375/90, NJW 1991, 1043.

[3] OLG Karlsruhe 11.8.2000 – 3 Ws 44/00, NStZ-RR 2000, 375; → § 116a Rn. 11.

[4] OLG Hamm 22.9.1992 – 4 Ws 325/92, BeckRS 2015, 5305.

dann nicht mehr verfallen, wenn nachträglich die Voraussetzungen des Abs. 1 vorliegen, also der schon inhaftierte Beschuldigte aus der Haft entflieht.[5] Insoweit kommt es darauf an, welches Ereignis (Freigabe – Verfall) zuerst eingetreten ist.[6] Gleiches gilt, wenn sich der Beschuldigte dem Verfahren oder der Strafvollstreckung nach einer früheren Flucht zu einem späteren Zeitpunkt selbst stellt. Dies berührt diese die Verfallsentscheidung nicht. Das Gericht hat daher zu prüfen, welche Beendigungstatbestände zuerst eingetreten sind, da eine bereits frei gewordene Sicherheit (§ 123) nicht noch verfallen kann. Ungeachtet des Umstandes, dass eine Sicherheitsleistung bei dem Eintritt der gesetzlichen Voraussetzungen frei wird, bedarf es grundsätzlich einer gerichtlichen Feststellung im Beschlussweg.[7]

6 **4. Untersuchung.** Der Begriff der Untersuchung ist weit gefasst und umfasst das gesamte Strafverfahren nach § 112 Abs. 2 Nr. 2. Dieses beginnt mit der Einleitung des strafrechtlichen Ermittlungsverfahrens und dauert bis zur förmlichen Beendigung des Strafverfahrens an.[8] In der Regel beenden Verfahrenseinstellungen den Untersuchungszeitraum. Sind diese Einstellungsgründe aber nur vorläufiger Art, beispielsweise bei behebbaren Verfahrenshindernissen, sind das Verfahren und damit die Untersuchung noch nicht endgültig beendet.[9] Das rechtskräftige Urteil beendet jedoch die Untersuchung.

7 **5. Freiheitsstrafe.** Die Sicherheit verfällt aber auch dann, wenn sich der Beschuldigte der gegen ihn erkannten Freiheitsstrafe entzieht. Hierunter fällt auch die Jugendstrafe (§ 17 JGG) und der Strafarrest (§ 9 WStG), nicht aber der Jugendarrest (§ 16 JGG), die Ersatzfreiheitsstrafe (§ 43 StGB) oder Geldstrafen.[10] Die Sicherheit haftet auch nicht für die Gerichtskosten, weil die Sicherung solcher Folgen nicht der Zweck der Haftverschonung nach § 116 Abs. 1 S. 2 ist (→ § 116a Rn. 2).

8 **6. Freiheitsentziehende Maßregeln der Besserung und Sicherung.** In Betracht kommen hier vor allem die Unterbringung in einer einem psychiatrischen Krankenhaus (§ 63 StGB) und in Entziehungsanstalt (§ 64 StGB), nicht aber der Sicherungsverwahrung (§ 66 StGB), weil dies nur neben einer Freiheitsstrafe verhängt werden kann (§§ 66, 67a Abs. 1).

9 **7. Begriff des Entziehens. a) Allgemeines.** Der Beschuldigte entzieht sich der Untersuchung iSv § 124 Abs. 1, wenn er subjektiv darauf abzielt oder jedenfalls bewusst in Kauf nimmt, den Fortgang des Strafverfahrens zu verhindern, und sein Verhalten objektiv zumindest zeitweise den Erfolg hat, dass er für erforderliche gerichtliche oder staatsanwaltschaftliche Verfahrensakte nicht zur Verfügung steht.[11] Das Entziehen enthält demnach eine objektive und subjektive Komponente, wobei eine Schuld im materiellen Sinne nicht erforderlich ist.[12] Für die Verhinderung des Verfahrensfortgangs ist zumindest dolus eventualis erforderlich.[13] Insoweit kann es auch ausreichen, dass sich der Beschuldigte von seiner Wohnung ohne Hinterlassung einer Anschrift entfernt oder dass er die Vollstreckungsbehörden durch Täuschung davon abhält, Vollstreckungsmaßnahmen gegen ihn einzuleiten oder durchzuführen,[14] etwa durch Vortäuschen seines Todes.[15] Unerheblich ist dabei, ob der

[5] Graf in KK-StPO § 124 Rn. 1.
[6] Lind in Löwe/Rosenberg § 124 Rn. 2.
[7] OLG Stuttgart 5.8.1983 – 3 Ws 219/83, OLGSt Band 5, § 123 Nr. 1.
[8] OLG Köln 6.1.2010 – 2 Ws 613/09, BeckRS 2010, 7523.
[9] OLG Köln 15.11.2005 – 2 Ws 525-527/05, BeckRS 2005, 153394.
[10] Graf in KK-StPO § 124 Rn. 2; Lind in Löwe/Rosenberg Rn. 10 ff.
[11] OLG Karlsruhe 26.7.1991 – 3 Ws 119/91, NStZ 1992, 204.
[12] KG 2.1.1998 – 1 AR 1579/97, BeckRS 1998, 15139; OLG München 29.1.1990 – 1 Ws 1019/89, NStZ 1990, 249; OLG Bamberg 29.9.1988 – Ws 125/88, OLGSt Band 5, StPO § 124 Nr. 5; OLG Düsseldorf 5.9.1989 – 1 Ws 788/89, NStZ 1990, 97.
[13] OLG Düsseldorf 7.11.1986 – 1 Ws 928/86, StV 1987, 110.
[14] OLG Köln 14.6.2004 – 2 Ws 294/04, JMBl. NRW. 2005, 22; OLG Düsseldorf 2.6.1978 – V – 13/77 (13), NJW 1978, 1932.
[15] OLG Köln 15.11.2005 – 2 Ws 525-527/05, BeckRS 2005, 153394.

Beschuldigte während seiner Abwesenheit in der Sache selbst „benötigt“ wird.[16] Vielmehr reicht es aus, dass infolge seines Verhaltens neue Verfolgungsmaßnahmen eingeleitet werden müssen.[17] Auch kommt es nicht darauf, an ob die Strafverfolgungsbehörden wirklich alles unternommen haben, dass sich der Beschuldigte dem Verfahren nicht entziehen kann.[18] Nach diesen Maßstäben reicht es bereits aus, wenn sich der Beschuldigte unerlaubt ins **Ausland** begibt,[19] so dass gegen diesen infolge seines Verhaltens neue Verfolgungsmaßnahmen eingeleitet werden können.[20] Gleiches gilt, wenn sich der Verurteilte nach einem ihm gewährten Strafaufschub nicht zum Strafantritt gemäß ordnungsgemäßer Ladung stellt.[21] Jedoch reicht es für die Annahme einrs „Entziehens“ nicht aus, wenn zwar die Außervollzugsetzung des Haftbefehls mit der Auflage versehen worden war, behördlichen Ladungen Folge zu leisten, jedoch der Beschuldigte zuvor nicht wirksam geladen worden ist, da der Verteidiger nicht zum Empfang von Ladungen für den Beschuldigten berechtigt war.[22] Auch der Verstoß gegen eine Meldauflage kann ausreichen.[23]

b) Bloßer Ungehorsam u. a. Ein bloßer Ungehorsam oder ein Verstoß gegen die 10
Haftverschonungsauflagen ist nicht ausreichend, um den Verfall eintreten zu lassen.[24] Das bloße Unterlassen einer Mitwirkung[25] kann nach dem Grundsatz „nemo tenetur se ipsum accusare“, ebenso wie der bloße Ungehorsam unter Verstoß gegen Haftverschonungsauflagen nicht für eine Verfallsanordnung ausreichend[26] Reagiert der Beschuldigte daher auf eine Ladung nicht oder leistet einer Ladung zum Strafantritt keine Folge,[27] ist aber möglich, ihn vorzuführen, so liegt ebenso wenig ein Entziehen vor, als wenn der Beschuldigte einer Meldeauflage nicht nachkommt, sein Anschrift jedoch bekannt ist.[28] Insoweit bleibt es notwendig, dass sich der Beschuldigte zumindest vorübergehend der Verfügungsgewalt des Richters in einer Weise entzieht, dass notwendige Verfahrensakte nicht jederzeit ungehindert, notfalls durch zwangsweise Gestellung, durchgeführt werden können.[29] Deshalb reichen auch bloße Fluchtvorbereitungen nicht aus, auch wenn diese ohne weiteres eine Invollzugsetzung des Haftbefehls ermöglichen.[30]

c) Auslandsbezug. Wer in Kenntnis des gegen ihn laufenden Strafverfahrens und 11
unter Nichtbeachtung der bestehenden gerichtlichen Mitteilungs- und Meldeauflagen – aus welcher Motivation auch immer – auf unbestimmte Dauer ins Ausland reist, nimmt jedenfalls bewusst in Kauf, den Fortgang des Strafverfahrens zu verhindern.[31] Dies gilt auch dann, wenn gegen den Beschuldigten mit ausländischer Staatsangehörigkeit ein Ausweisungsverfahren eingeleitet wurde, bestandskräftige ausländerrechtliche Vollstreckungsmaßnahmen aber noch nicht vorliegen.[32]

8. Verfall bei anderen Verstößen. Heftig umstritten ist die Frage, ob ein Verfall der 12
Sicherheitsleistung nach Abs. 1 auch eintreten kann, wenn der auf den Haftgrund der

---

[16] OLG Hamm 28.5.1996 – 2 Ws 190/96, StV 1996, 498.
[17] OLG Köln 2.10.2009 – 2 Ws 462/09, BeckRS 2010, 434.
[18] OLG Hamburg 28.9.1979 – 1 Ws 296/79, MDR 1980, 74.
[19] KG 30.4.2016 – 2 Ws 225/15.
[20] OLG Köln 2.10.2009 – 2 Ws 462/09, BeckRS 2010, 434; Schmitt in Meyer-Goßner/Schmitt Rn. 4.
[21] OLG Köln 6.6.2013 – III – 2 Ws 286/13, OLGSt StPO § 124 Nr. 9.
[22] So LG Koblenz 21.11.2013 – 2090 Js 75194/09 – 3 KLs, StraFo 2014, 114.
[23] LG München 7.11.2013 – 6 T 4334/13.
[24] OLG Frankfurt a. M. 6.3.2003 – 3 Ws 15/03, NStZ-RR 2003, 143.
[25] OLG Karlsruhe 30.1.1985 – 1 Ws 13/85, Justiz 1985, 147.
[26] OLG Frankfurt a. M. 9.7.2001 – 3 Ws 352/01, NStZ-RR 2001, 381; LG Köln 8.7.1999 – 102 Qs 36/99, StV 1999, 609.
[27] OLG Düsseldorf 8.12.1995 – 1 Ws 921/95, NStZ 1996, 404.
[28] Graf in KK-StPO § 124 Rn. 3.
[29] OLG Frankfurt a. M. 6.3.2003 – 3 Ws 15/03, NStZ-RR 2003, 143.
[30] OLG Frankfurt a. M. 9.7.2001 – 3 Ws 352/01, NStZ-RR 2001, 381.
[31] OLG Karlsruhe 30.1.1985 – 1 Ws 13/85, MDR 1985, 694.
[32] OLG Hamm 21.12.1995 – 2 Ws 638/95, NJW 1996, 736; vgl. auch LG Freiburg 6.7.1988 – III Qs 30/88, NStZ 1988, 472.

Verdunkelungsgefahr gegen Sicherheitsleistung außer Vollzug gesetzt worden ist.[33] Hiervon ist die Frage zu unterscheiden, ob eine solche Aussetzung überhaupt rechtlich zulässig ist. Während für die Zulässigkeit einer solchen Auflage beim Haftgrund der Verdunkelungsgefahr gute Gründe angeführt werden können, insbesondere zu sehen ist, dass die in § 116 Abs. 2 genannten Beschränkungen keineswegs als abschließend anzusehen sind und auch der Grundsatz der Verhältnismäßigkeit eine Aussetzung gebietet, wenn dadurch der Haftgrund herabgemindert werden kann,[34] ist zu sehen, dass Abs. 2 den Verfall der Sicherheit aber nur für den Fall eintreten lässt, dass sich der Beschuldigte der Untersuchung oder dem Antritt der **Freiheitsstrafe entzieht** (→ Rn. 9 ff.). Dies ist aber schon von der **Wortlautgrenze**[35] **bei bloßen Verdunkelungshandlungen** des Angeklagten etwa auf Zeugen nicht anzunehmen, denn der Angeklagte erschwert zwar die Wahrheitsfindung, hält sich dem Verfahren aber weiter zur Verfügung.

13 Da im Hinblick auf den **massiven Grundrechtseingriff** eine analoge Anwendung des § 124 ausscheidet,[36] kommt ein Verfall der geleisteten Sicherheit nur dann in Betracht, wenn der Haftverschonungsbeschluss selbst im Sinne einer „Vertragstrafenvereinbarung"[37] die Rechtsgrundlage hierfür darstellen könnte. Dies wird man aber nur annehmen können, wenn neben einer klaren und eindeutigen Bezeichnung der die Vertragsstrafe auslösenden Verdunkelungshandlungen auch ein eindeutiger **Hinweis im Haftverschonungsbeschluss** auf die eintretenden Folgen bei Verstößen einhalten ist, nämlich den Einbehalt der geleisteten Sicherheit aufgrund der getroffenen Vereinbarung. Auch bedarf es entweder der Aufnahme des Einverständnisses des Angeklagten mit der getroffenen Regelung in das Haftrichterprotokoll oder aber einer rechtsverbindlichen Erklärung des Verteidigers.

14 **9. Rechtswirkungen.** Ist der Verfallstatbestand nach Abs. 1 verwirklicht, tritt die Folge kraft Gesetzes ein. Die nach Abs. 2 S. 1 vorgesehene gerichtliche Entscheidung ist nur **deklaratorisch.** Mit dem Verfall geht das Eigentum an den zur Sicherheit gelisteten Gegenständen auf den Fiskus über, er wird Gläubiger einer verpfändeten Forderung und eine geleistete Bürgschaft wird zur Zahlung fällig. Ist der Verfall eingetreten, ist es auch dem Nebenkläger nicht möglich, eine Auszahlung der Kaution zur Durchsetzung einer titulierten Forderung zu bewirken.[38] Ist die Kaution an den Fiskus nach Abs. 1 verfallen, steht dem Nebenkläger zur Durchsetzung einer titulierten Schmerzensgeldforderung kein Anspruch auf Auszahlung einer vom Angeklagten geleisteten Kaution zu.[39]

III. Verfahrensgang (Abs. 2 S. 1)

15 **1. Allgemeines. Abs. 2** beschreibt den gesetzlichen Verfahrensgang vor dem nach § 126 zuständigen Gericht. Nach Rechtskraft ist das mit der Sache zuletzt befasste Tatgericht zuständig.[40] Dieses entscheidet nur über die Frage des Verfalls der Sicherheit und nicht über deren ordnungsgemäße Erhebung. Indes hat das Gericht zu prüfen, ob die Sicherheit ursprünglich wirksam bestellt wurde (vgl. → Rn. 4).[41] Es trifft die Entscheidung ohne mündliche Verhandlung durch einen zu begründenden und förmlich zuzustellenden Gerichtsbeschluss.

---

[33] Bejahend: OLG Hamm 3.9.2001 – 2 BL 152/01, StV 2001, 688; OLG Hamburg 6.3.194 – 1 Ws 96/74, MDR 1974, 595; Hohlweg NStZ 1988, 600; Park wistra 2001, 247; Lind in Löwe/Rosenberg § 116 Rn. 1 ff., 21; ablehnend: OLG Frankfurt a. M. 4.7.1977 – 3 Ws 218/77, NJW 1978, 838; KG 23.6.1989 – 4 Ws 57/89, JR 190, 34; Tiedemann NJW 1977, 1977.

[34] Park wistra 2001, 247 ff. (251).

[35] KG 23.6.1989 – 4 Ws 57/89, JR 1999, 34 (eindeutiger Wortlaut).

[36] Wohl ebenso Tiedemann Anm. zu OLG Frankfurt a. M. 14.3.1977 – 3 Ws 43/77, NJW 1977, 1975 ff.

[37] Siehe hierzu Hohlweck NStZ 1998, 600.

[38] OLG Köln 31.8.2011 – II -2 Ws 547/11, StraFo 2011, 528.

[39] OLG Köln 30.8.2011 – 2 Ws 547/11, StraFo 2011, 528.

[40] OLG Düsseldorf 19.10.1983 – 1 Ws 937/83, StV 1984, 234; vgl. auch Schmitt in Meyer-Goßner/Schmitt § 124 Rn. 6 mwN.

[41] OLG Karlsruhe 11.8.2000 – 3 Ws 44/00, NStZ-RR 2000, 375.

2. Anhörung (Abs. 2 S. 2). Vor der Entscheidung des Gerichts sind der Beschuldigte und derjenige, welcher für ihn Sicherheit geleistet hat anzuhören, ggf. bedarf es einer öffentlichen Zustellung.[42] Über die Beschwerde kann aber ohne die nach § 124 Abs. 2 S. 3 vorgesehene Gelegenheit zur mündlichen Begründung der Anträge sowie zur Erörterung über durchgeführte Ermittlungen entschieden werden, wenn keine Anträge vorliegen, die mündlich erörtert werden könnte, und auch keine zu erörternden Ermittlungen durchgeführt wurden.[43] 16

3. Weitere Beteiligtenrechte. Neben der Staatsanwaltschaft (§ 296) und dem Beschuldigten ist derjenige verfahrensbeteiligt, welcher für diesen Sicherheit geleistet hat. Bei der Hinterlegung von Bargeld oder Wertpapieren wird angenommen, dass derjenige, der dem Beschuldigten Vermögenswerte zur Verfügung stellt, keine Rechte auf Freigabe nach § 123 Abs. 3 geltend machen kann, auch wenn er wirtschaftlich als Sicherungsgeber anzusehen ist.[44] 17

Im Falle der **Hinterlegung einer Bürgschaftsurkunde** kommt es nicht lediglich darauf an, wer als „Hinterleger" bei der Hinterlegungsstelle aufgetreten ist. Vielmehr ist der Auslegung des haftrichterlichen Beschlusses über die Aussetzung des Haftbefehls maßgebliche Bedeutung beizumessen.[45] Dies findet seine Rechtfertigung darin, dass das Gericht und nicht der Beschuldigte bestimmt, von wem und in welcher Form die Sicherheit zu erbringen ist. Hält das Gericht es daher nach § 116a Abs. 1 für ausreichend, dass die Sicherheit auch durch „Bürgschaft geeigneter Personen" erbracht werden kann, so bedarf dies einer ausdrücklichen Anordnung im Haftverschonungsbeschluss.[46] Leistet allerdings ein Dritter im eigenen Namen – abweichend vom Haftverschonungsbeschluss – die Kaution und lässt das Gericht, indem es bei Erteilung der Freilassungsweisung de facto eine Änderung seiner Entscheidung vornimmt, die Sicherheitsleistung durch den Dritten genügen, so ist er als Sicherungsgeber, Beteiligter im Sinne dieser Vorschrift.[47] 18

Die Beteiligteneigenschaft kann aber darüber hinaus auch demjenigen nicht versagt werden, der als Dritter, entgegen dem Wortlaut des gerichtlichen Beschlusses, dem Gericht die Sicherheit unterbreitet und aufgrund des Verhaltens des Gerichts – Nichtzurückweisung der Sicherheit, Freilassung des Beschuldigten – annehmen muss, das Gericht bringe damit eine den ursprünglichen Beschluss abändernde Erklärung zum Ausdruck. Denn nur im Vertrauen auf diesen äußeren Erklärungswert des gerichtlichen Vorgehens, weil er also irrig annimmt, das Gericht lasse die angebotene Sicherheit genügen und sei mit ihr einverstanden, wird der Dritte davon Abstand nehmen, die Rückgewähr der unterbreiteten Sicherheit zu verlangen. Demjenigen aber, der auf die Akzeptanz seiner angebotenen Sicherheit durch das Gericht vertrauen darf, muss in gleicher Weise, wie einem berechtigten Sicherungsgeber, das Recht der Beteiligung und die Beschwerdebefugnis zustehen. Demgegenüber ist derjenige kein Sicherungsgeber iSv Abs. 2 und – beim Verfall der Sicherheit – kein Verfahrensbeteiligter, wer lediglich wirtschaftlich hinter der von einer Bank zu leistenden Bürgschaft steht und die Bürgschaftsurkunde bei der Hinterlegungsstelle übergibt.[48] Anders aber, wenn der Dritte als Vertreter für den Beschuldigten für diesen offiziell Sicherheit geleistet hat.[49] 19

4. Weitere Verfahrensfragen. Hat das Gericht aber die Sicherheit ohne die Durchführung eines Verfahrens nach Abs. 2 S. 1 bereits mit der Urteilsverkündung durch Beschluss freigegeben, handelt es sich nicht um eine Freigabeentscheidung nach Abs. 2, sondern um die Feststellung des Freiwerdens der Sicherheit nach § 123 Abs. 1 Nr. 2.[50] Hiergegen ist die einfache, unbefristete Beschwerde statthaft. 20

---

[42] Vgl. OLG Hamm 6.7.1995 – 2 Ws 331/95, StV 1995, 594.
[43] OLG Hamm 8.8.2014 – 3 Ws 336/17.
[44] OLG Stuttgart 20.4.1988 – 1 Ws 49/88, OLGSt Band 5, StPO § 124 Nr. 4.
[45] OLG Düsseldorf 5.9.1989 – 1 Ws 788/89, NStZ 1990, 97; → § 116a Rn. 11.
[46] OLG Karlsruhe 11.8.2000 – 3 Ws 44/00, NStZ 2000, 375.
[47] OLG Karlsruhe 11.8.2020 – 3 Ws 44/00, NStZ-RR 2000, 375.
[48] OLG Stuttgart 20.4.1988 – 1 Ws 49/88, Justiz 1988, 373.
[49] OLG Hamm 8.7.1983 – 1 Ws 305/82.
[50] OLG Celle 17.9.1998 – 3 Ws 200/98, NStZ-RR 1999, 178.

21 **5. Sofortige Beschwerde (Abs. 2 S. 2).** Nach Abs. 2 S. 2 steht nur denjenigen Personen gegen die Entscheidung das Rechtsmittel der **sofortigen Beschwerde** zu, die nach der gesetzlichen Regelung vor der Entscheidung zu hören sind (vgl. hierzu → Rn. 16 ff.). Bei der Hinterlegung eines Bargeldbetrages ist dies neben dem Beschuldigten nicht nur derjenige, der den Betrag hinterlegt hat, sondern auch derjenige, in dessen Namen die Hinterlegung erfolgt ist.[51] Bei Versäumung der Frist aufgrund Anwaltsverschuldens ist die Gewährung von Wiedereinsetzung in den vorigen Stand möglich.[52]

22 Die nach Abs. 2 S. 1 unterlassene Anhörung vor der Entscheidung über den Verfall zwingt im Beschwerdeverfahren dann nicht zur Aufhebung der Entscheidung und zur Zurückverweisung der Sache, wenn die Anhörung in der Beschwerdeinstanz nachgeholt wird und ausgeschlossen werden kann, dass das Erstgericht unter Berücksichtigung der Stellungnahme des Hinterlegers eine für ihn günstigere Entscheidung getroffen hätte.[53] Ist die Aufforderung zur Klärung nach Abs. 1 S. 1 unterblieben, so wird das Beschwerdegericht allerdings zumeist nicht nach § 309 Abs. 2 selbst entscheiden, sondern die Sache an das Erstgericht zurückverweisen.[54]

23 Die **sofortige Beschwerde** gegen die haftrichterliche Entscheidung über den Verfall einer Sicherheit wird nicht dadurch **überhol**t, dass sich die Zuständigkeit des Haftrichters infolge der Anklageerhebung oder infolge eines Wechsels des mit der Sache befassten Prozessgerichts ändert, zumal der neue Haftrichter über die bereits entschiedene Frage des Verfalls der Sicherheit nicht für den seiner Zuständigkeit unterstehenden Verfahrensabschnitt erneut befindet. Während über die auf Dauer gerichtete U-Haft in jedem Verfahrensabschnitt bis zur Rechtskraft des Urteils von neuem entschieden werden muss, bedeutet ein Beschluss nach § 124 die endgültige Regelung eines Lebenssachverhaltes. Über die sofortige Beschwerde hat daher das dem Haftrichter übergeordneten Gericht zu entscheiden.[55] Wird nach der Entscheidung über den Verfall der Sicherheitsleistung der Tod des Beschuldigten bekannt, so ist die Entscheidung in entsprechender Anwendung von § 33a aufzuheben.[56]

24 **6. Mündliche Begründung der Anträge (Abs. 2 S. 3).** Den im Beschwerdeverfahren zu hörenden Beteiligten und der Staatsanwaltschaft ist Gelegenheit zur mündlichen Begründung ihrer Anträge zu geben. Zweck der ungewöhnlichen gesetzlichen Regelung soll es sein, die Beteiligten und die Staatsanwaltschaft gemeinsam vorzuladen, damit diese dort die Sach- und Rechtslage, auch das Ergebnis etwaiger Ermittlungen, erörtern können.[57] Insoweit ist aber eine Anhörung entbehrlich, wenn ein begründender Antrag überhaupt nicht gestellt wurde.[58]

25 **7. Weitere Beschwerde.** Gegen die Entscheidung des Beschwerdegerichts ist **weitere Beschwerde** nicht statthaft, da unter den Begriff der Verhaftung in § 310 Abs. 1 nicht die Änderung oder die Aufhebung von Auflagen, einschließlich dem Verfall der Kaution, fällt.[59]

IV. Wirkung der gerichtlichen Entscheidung nach (§ 124 Abs. 3)

26 Der den Verfall einer Sicherheit aussprechende Gerichtsbeschluss ist materieller Rechtskraft fähig.[60] Diese Norm regelt die Wirkung der strafgerichtlichen Entscheidung im Fall

---

[51] OLG Düsseldorf 21.2.1986 – 1Ws 78/86, Rpfleger 1986, 275.
[52] OLG Stuttgart 4.2.1980 – 1 Ws 444/79, Justiz 1980, 285.
[53] OLG Frankfurt a. M. 31.7.1996 – 3 Ws 575/96, NStZ-RR 1997, 272.
[54] OLG Hamm 6.7.1995 – 2 Ws 331/95, StV 1995, 594; OLG Düsseldorf 19.10.1983 – 1 Ws 937/83, OLGSt StPO § 124 Nr. 1; OLG Celle 17.9.1998 – 3 Ws 200/98, NStZ-RR 1999, 178; ebenso Schmitt in Meyer-Goßner/Schmitt Rn. 9.
[55] OLG Hamm 3.9.1992 – 2 Ws 225/92, juris.
[56] BGH 8.6.1999 – 4 StR 595/97, BGHSt 45, 108; OLG Brandenburg 22.1.1998 – 2 Ws 305/97.
[57] Lind in Löwe/Rosenberg § 124 Rn. 42 mit Hinweisen zum Verfahrensablauf.
[58] OLG Stuttgart 24.4.1987 – 1 Ws 106/85, MDR 1987, 867.
[59] OLG Köln 23.8.2004 – 2 Ws 402/04, NStZ-RR 2000, 372.
[60] OLG Stuttgart 2.11.1981 – 3 Ws 150/81, Justiz 1982, 59.

ihrer Bestandskraft, entsprechend einem rechtskräftigen zivilrechtlichen Endurteil. Folglich ist demjenigen der Zivilrechtsweg verschlossen, der die Sicherheit im eigenen Namen geleistet hat. Dies gilt aber nur im Verhältnis zur jeweiligen staatlichen Organisationseinheit, nicht aber im Verhältnis zwischen dem dritten Sicherungsgeber und dem Beschuldigten für einen zivilrechtlichen Regressprozess.[61]

§ 125 Zuständigkeit für den Erlass des Haftbefehls

(1) Vor Erhebung der öffentlichen Klage erläßt der Richter bei dem Amtsgericht, in dessen Bezirk ein Gerichtsstand begründet ist oder der Beschuldigte sich aufhält, auf Antrag der Staatsanwaltschaft oder, wenn ein Staatsanwalt nicht erreichbar und Gefahr im Verzug ist, von Amts wegen den Haftbefehl.

(2) [1]Nach Erhebung der öffentlichen Klage erläßt den Haftbefehl das Gericht, das mit der Sache befaßt ist, und, wenn Revision eingelegt ist, das Gericht, dessen Urteil angefochten ist. [2]In dringenden Fällen kann auch der Vorsitzende den Haftbefehl erlassen.

Schrifttum: Siehe § 126.

Übersicht

I. Allgemeines, Normzweck und Anwendungsbereich

1 **1. Allgemeines.** Die Vorschrift regelt die **Zuständigkeit zum Erlass eines Haftbefehls.** Sie bestimmt, welches Gericht über den Erlass eines Haftbefehls zu entscheiden hat. Insoweit macht sie die Zuständigkeit vor allem auch vom Zeitpunkt der Anklageerhebung abhängig und trennt insoweit zwischen der Zuständigkeit vor (Abs. 1) und nach (Abs. 2) der Anklageerhebung.

2 **2. Normzweck.** Sinn der Vorschrift ist eine Festlegung, welches Gericht über den Antrag der Staatsanwaltschaft auf Erlass eines Haftbefehls zu entscheiden hat. Sie dient daher der Wahrung des Rechts auf den **gesetzlichen Richter,** auch wenn aufgrund der Vorschrift des § 162 Abs. 1 S. 2 insoweit eine wahlweise Doppelzuständigkeit besteht.[1]

[61] Gärtner in Löwe/Rosenberg § 124 Rn. 52.
[1] Siehe hierzu OLG Düsseldorf 18.6.2007 – III-3 Ws 206 – 207/07, JMBl. NRW 2008, 65.

3 **3. Anwendungsbereich.** Die Vorschrift steht in engem Zusammenhang mit der **allgemeinen Zuständigkeitsvorschrift des § 162 Abs. 1 S. 1** für gerichtliche Untersuchungshandlungen und regelt abweichend hiervon eine spezielle Zuständigkeit nur für den Erlass des Haftbefehls sowie zur Ablehnung eines Antrages auf Erlass desselben. Allerdings bleibt daneben auch die **Zuständigkeitskonzentration gemäß § 162 Abs. 1 S. 2** bestehen (→ Rn. 10).[2] Insoweit bildet die besondere Zuständigkeitsregelung für den Erlass von Haftbefehlen lediglich eine Ausnahme von der allgemeinen Vorschrift des § 162 Abs. 1 S. 1 und wird von der Konzentrationsregelung des § 162 Abs. 1 S. 2 StPO durchbrochen,[3] nach welcher die Staatsanwaltschaft ihren Haftantrag auch an dem Amtsgericht ihres Sitzes stellen kann, wenn sie daneben auch weitere – mindestens einen – Untersuchungsanträge für erforderlich erachtet.[4] Sinn und Zweck der insoweit vorrangigen Regelung des § 162 Abs. 1 S. ist es, einer Zersplitterung der Beurteilungsmaßstäbe vorbeugen.[5]

3a Eine Besonderheit besteht für den Erlass eines **Europäischen Haftbefehls (EuHB),** für welche nach der Entscheidung des **Europäischen Gerichtshofs vom 25.7.2019 (EuGH)**[6] wegen fehlender Unabhängigkeit der deutschen Staatsanwaltschaft nicht mehr diese Behörde, sondern – verfassungsrechtlich bereits aufgrund der geltenden Rechtslage zulässig[7] – das Gericht zuständig ist. Insoweit beurteilt sich die gerichtliche Zuständigkeit unterschiedlich, ob der EuHB zum Zwecke der Strafverfolgung – dann der Ermittlungsrichter[8] – oder der Strafvollstreckung – dann das erstinstazliches Gericht[9] – ergeht.

4 **Liegt ein Haftbefehl bereits vor,** ergibt sich die Zuständigkeit des Richters, dem der Beschuldigte nach Festnahme vorzuführen ist, aus den §§ 115 (→ § 115 Rn. 21), 115a (→ § 115a Rn. 7 f.). Hinsichtlich des **vorläufig Festgenommene**n ergibt sich das zuständige Gerichts aus §§ 128 (→ § 128 Rn. 6), § 129 (→ § 129 Rn. 3). Abzugrenzen ist die Vorschrift auch von § 183 GVG, welcher dem Gericht bei Straftaten in der Sitzung zwar eine Recht auf vorläufige Festnahmen, im Regelfall aber nicht auch auf Erlass eines Haftbefehls einräumt.[10] Eine Ausnahme besteht nur dann, wenn die Straftat in einer Sitzung beim Amtsgericht begangen wurde und der Strafrichter nach der Geschäftsverteilung zugleich als Ermittlungsrichter ausgewiesen ist.[11]

5 Im Hinblick auf die gerichtliche Zuständigkeit zum Erlass eines Haftbefehls ist vor allem die **Konzentrationsbestimmung des § 58 Abs. 1 S. 1 GVG** zu beachten. Danach kann durch eine landesrechtliche Rechtsverordnung die Zuständigkeit in Haftsachen für mehrere Amtsgerichtsbezirke auf ein Amtsgericht konzentriert werden.[12] Weitere Zuständigkeitskonzentrationen enthalten § 391 AO,[13] § 13 Abs. 1 WiStG 1954, § 38 Abs. 1 AWG und § 38 Abs. 1 MOG.[14] Jedoch tritt durch die Übertragung von Wirtschaftsstrafsachen für die Bezirke mehrerer Landgerichte auf ein Landgericht gemäß § 74c Abs. 3 GVG keine Änderung der Zuständigkeit für den Erlass eines Haftbefehls durch das nach Abs. 1 zuständige Amtsgericht ein.[15]

---

2 OLG Hamm 14.1.2010 – 2 Ws 347/09, BeckRS 2010, 3922.
3 OLG Düsseldorf 18.6.2007 – III-3 Ws 206 – 207/07, JMBl. NRW 2008, 65.
4 Schmitt in Meyer-Goßner/Schmitt § 162 Rn. 10.
5 OLG Düsseldorf 18.6.2007 – III-3 Ws 206 – 207/07, JMBl. NRW 2008, 65.
6 EuGH 25.7.2019 – C – 508/198 und C-92/19, NJW 2019, 2145.
7 BVerfG 28.9.2020 – 2 BvR 1435/20, NJW 2020, 3375; Böhm NZWiSt 2019, 325; aA Oehmichen/Schmid StraFo 2019, 397.
8 OLG Frankfurt a. M. 8.11.2019 – 2 Ws 78/19, NStZ-RR 2020, 122; OLG Schleswig 6.2.2020 – 2 Ws 13/20, BeckRS 2020, 4320.
9 OLG Zweibrücken 11.7.2019 – 1 Ws 203719, NJW 2019, 2869; 11.3.2020 – 1 Ws 203/20 (Maßregelvollzug); OLG Hamm 1.8.2019 – III-2 Ws 96/19, BeckRS 2019, 17146.
10 Schultheis in KK-StPO § 125 Rn. 2.
11 BGH 7.7.2010 – 5 StR 555/09, NJW 2010, 3045.
12 BGH 14.9.1988 – 2 ARs 436/88, NStZ 1989, 81; OLG Nürnberg 24.4.1986 – 3 AR 280/86, NStZ 1987, 37.
13 Vgl. hierzu OLG Stuttgart 4.2.1991 – 3 Ws 21/91, NStZ 1991, 291; OLG Hamm 14.3.1983 – 3 Ws 138/83, MDR 1983, 688.
14 Schultheis in KK-StPO Rn. 1.
15 OLG Nürnberg 30.11.1998 – Ws 1348/99, NStZ 2001, 80.

Zumeist an Wochenenden besteht jedoch bei den Amtsgerichten in Haftsachen auch ein **Bereitschaftsdienst.** Insoweit wird der jeweilige Bereitschaftsdienstrichter als Vertreter des nach dem Gesetz (§ 125) und dem Geschäftsverteilungsplan sonst zuständigen Ermittlungsrichters tätig, so dass der regulär an sich zuständige Richter grundsätzlich zuständig ist und bleibt.[16] 6

Abzugrenzen ist die Norm auch von **§ 126,** aus welcher sich das zuständige Gericht **für alle weiteren Haftentscheidungen** bestimmt, mögen sie nun den Bestand des Haftbefehls, den Vollzug oder seine Modalitäten betreffen. Dies gilt auch für die Aussetzung des Haftvollzugs. Sie ist zwar, wie sich aus § 126 Abs. 2 S. 4 ergibt, keine Maßnahme iSd § 119, fällt aber unter § 126, auch dann, wenn sie mit dem Erlass des Haftbefehls verbunden ist. 7

II. Zuständigkeit im Ermittlungsverfahren (Abs. 1)

1. Allgemeines. Zum Erlass eines Haftbefehls ist nach Abs. 1 vor Erhebung der öffentlichen Klage (§ 170 Abs. 1) der Ermittlungsrichter bei dem Amtsgericht zuständig, in dessen Bezirk ein Gerichtsstand begründet ist oder der Beschuldigte sich aufhält. Insoweit weicht die Vorschrift von der allgemeinen Regelung ab, wonach die Staatsanwaltschaft vor Erhebung der öffentlichen Klage eine richterliche Untersuchungshandlung immer bei dem Gericht stellt, in welchem sie ihren Sitz hat (§ 162 Abs. 1 S. 1). 8

Im Hinblick auf die örtliche Zuständigkeit ist ein **Gerichtsstand** begründet, wenn sich ein solcher aus § 7–13a, 15 ergibt, vor allem ist dies der Gerichtsstand des Tatorts (§ 7). Insoweit reicht es auch aus, wenn die sachliche Zuständigkeit eines Gerichts höherer Ordnung begründet ist und das Amtsgericht in dessen Bezirk liegt.[17] 9

Ferner zuständig für den Erlass eines Haftbefehls ist nach dem Wortlaut von Abs. 1 auch der **Richter beim Amtsgericht,** in dessen Bezirk sich der Beschuldigte zum Zeitpunkt des Erlasses des **Haftbefehls aufhält,** auch wenn es sich nur um einen kurzfristigen Aufenthalt handelt, wie etwa bei einer Durchreise.[18] Dieser Aufenthaltsort braucht auch nicht freiwillig zu sein, bei einem in anderer Sache Inhaftierten ist dies der Sitz der jeweiligen Haftanstalt. Die Zuständigkeit für weitere Haftentscheidungen bestimmt sich aber auch in diesem Fall nach § 126. Unterschiedlich beantwortet wird insoweit die Frage, ob das Amtsgericht dadurch zuständig wird, falls der Beschuldigten nach erfolgter Festnahme nicht – wie dies § 128 vorsieht (→ § 128 Rn. 6) – dem Richter des Amtsgericht vorgeführt wird, in dessen Bezirk die Festnahme erfolgte, sondern einem an sich nicht zuständigen Gericht. Zwar wird hierdurch dieser Bezirk zum Aufenthaltsort, gleichwohl würde durch eine solche Handhabung[19] die Regelung des gesetzlichen Richters durchbrochen und so den Ermittlungsbehörden ermöglicht, sich ihren Richter auszusuchen.[20] In solchen Fälle hat das Beschwerdegericht den Haftbefehl aufzuheben und diesen an das zuständige Gericht zu verweisen. Auch kann ein unzuständiger Richter nicht dadurch zuständig werden, dass der Beschuldigte infolge seiner Haftanordnung in seinen Gerichtsbezirk verbracht wird.[21] 10

2. Sonderzuständigkeit nach § 162 Abs. 1 S. 2. Unbeschadet von Abs. 1 kann die Staatsanwaltschaft aber nach ihrem pflichtgemässen Ermessen auch einen Antrag bei dem nach § 162 Abs. 1 S. 2 zuständigen Gericht stellen.[22] Im Falle verschiedener Gerichtsstände können daher auch mehrere Richter unterschiedlicher örtlich zuständiger Amtsgerichte zuständig sein, sofern deren Verhältnis nicht durch eine Zuständigkeitskonzentration nach 11

---

[16] LG Arnsberg 22.1.2015 – II-2 AR 1/15, StraFo 2015, 66; ebenso Falk DRiZ 2007, 151.

[17] Schmitt in Meyer-Goßner/Schmitt Rn. 4.

[18] Schultheis in KK-StPO Rn. 2; Gärtner in Löwe/Rosenberg Rn. 7.

[19] In diesem Sinne BayObLG JW 1939, 2971; OLG Celle Nds. Rpfl. 1956, 39; Schmitt in Meyer-Goßner/Schmitt Rn. 5; Schultheis in KK-StPO Rn. 2.

[20] Im Ergebnis ebenso: Wankel in KMR-StPO Rn. 3; Gärtner in Löwe/Rosenberg Rn. 7; Paeffgen in SK-StPO Rn. 3.

[21] OLG Hamm GA 1968, 343; Schultheis in KK-StPO Rn. 2.

[22] Gärtner in Löwe/Rosenberg § 125 Rn. 10; Schmitt in Meyer-Goßner/Schmitt Rn. 1; aA LG Zweibrücken 16.2.2004 – Qs 6/04, NStZ-RR 2004, 277.

§ 58 GVG geregelt worden ist. Die besondere Zuständigkeitsregelung des § 125 für den Erlass von Haftbefehlen bildet lediglich eine Ausnahme von der allgemeinen Vorschrift des § 162 Abs. 1 S. 1 und wird von der Konzentrationsregelung des § 162 Abs. 1 S. 2 durchbrochen. Ist die ursprünglich zuständige Staatsanwaltschaft nach § 145 GVG durch eine andere ersetzt worden, so tritt die Zuständigkeitskonzentration bei dem Amtsgericht ein, in dessen Bezirk diese andere Staatsanwaltschaft ihren Sitz hat und begründet dort auch die örtliche Zuständigkeit für die Entscheidung über den Erlass eines Haftbefehls.[23]

12 **3. Ermittlungsrichter.** Demgegenüber bestimmt § 125 Abs. 1 nicht eine gleichrangige Zuständigkeit jedes Richters des nach Abs. 1 bestimmten Amtsgerichts, welches ohnehin mit Art. 101 Abs. 1 S. 2 GG unvereinbar wäre. Vielmehr wird im Einzelfall der konkret nach § 125 zuständige Ermittlungsrichter durch den vom Gerichtspräsidium erstellten Geschäftsverteilungsplan festgelegt..[24] Auf diese Weise wird gewährleistet, dass der einzelne konkret zuständige Richter generell vorbestimmt ist, und verhindert, dass er ad hoc und ad personam bestimmt wird.[25] Dieser Ermittlungsrichter ist funktionell für sämtliche amtsgerichtliche Entscheidungen im Verfahren zur Vorbereitung der öffentlichen Klage und damit auch für die Anordnung der Untersuchungshaft nach § 125 zuständig, sofern keine abweichende Regelung im Geschäftsverteilungsplan getroffen worden ist.[26]

13 **4. Ermittlungsverfahren gegen Jugendliche.** Für Strafverfahren gegen Jugendliche legt **§ 34 JGG** fest, dass die Aufgaben, die im Bereich des Erwachsenenstrafrechts dem Richter beim Amtsgericht zukommen, dem **Jugendrichter** obliegen. Damit ist nur der Jugendrichter für den Erlass von Haftbefehlen gegen Jugendliche sowie für weitere richterliche Untersuchungshandlungen zuständig. Ausweislich § 37 JGG sollen Jugendrichter über spezifische Befähigung und Erfahrung in der Erziehung von Jugendlichen verfügen. Ausgehend von dem jugendstrafrechtlichen Grundgedanken der Verfahrenskonzentration wird teilweise in der Literatur die Auffassung vertreten, § 37 JGG schließe eine gerichtliche Geschäftsverteilung aus, bei der einem Richter ausschließlich jugendrichterliche Geschäfte im Ermittlungsverfahren übertragen werden, er folglich als „Jugendermittlungsrichter" tätig wird..[27] Diese Frage hat das Bundesverfassungsgericht zuletzt offen gelassen, jedoch eine solche Geschäftsverteilung, ohne Bezug auf die der Verfassungsbeschwerde zugrundeliegende konkrete Strafsache, nicht als willkürlich bewertet.[28] Die im Jugendstrafrecht gesetzlich vorgesehene besondere Befähigung der mit den Verfahren befassten Richter bedingt aber keine gesetzliche Zuständigkeitsregelung, nach der in den Geschäftsverteilungsplänen stets ein- und derselbe Jugendrichter im gesamten Verfahren tätig sein muss.[29]

14 **5. Staatschutzsachen.** In Staatsschutzsachen ist auch der Ermittlungsrichter am **Oberlandesgericht oder am Bundesgerichtshof** zuständig (§ 120 Abs. 1 und 2 GVG). Dessen Zuständigkeit ist zwar vorrangig, hebt die nach Abs. 1 wegen der Eilbedürftigkeit von Haftentscheidungen weiter notwendige ergänzende Zuständigkeit des jeweils zuständigen Amtsgerichts nicht auf.[30]

15 **6. Beschwerde.** Auf die Beschwerde der Staatsanwaltschaft kann auch das **Beschwerdegericht** den Haftbefehl in eigener Zuständigkeit erlassen (§ 309 Abs. 2). Auch kann das Beschwerdegericht einen fehlerhaften Haftbefehl in einer formgerechten umwandeln, wenn der Beschuldigte ansonsten zu entlassen, aber alsbald aufgrund einer formgerechten Haftan-

23 OLG Düsseldorf 18.6.2007 – III-3 Ws 206 – 207/07, JMBl. NRW 2008, 65; aA LG Zweibrücken 16.2.2004 – Qs 6/04, NStZ-RR 2004, 304.

24 BVerfG 16.4.1969 – 2 BvR 115/69, BVerfGE 25, 336.

25 BVerfG 18.5.1965 – 2 BvR, BVerfGE 19, 52; 25.10.1966 – 2 BvR 291/64, BVerfGE 20, 336; 16.4.1969 – 2 BvR 115/69, BVerfGE 25, 336.

26 BGH 7.7.2010 – 5 StR 555/09, NJW 2010, 3045.

27 Schatz/Diemer/Sonnen JGG § 34 Rn. 9; Eisenberg/Kölbel JGG § 34 Rn. 5; Ostendorf JGG § 34 Rn. 2.

28 BVerfG 12.5.2005 – 2 BvR 332/05, NStZ-RR 2005, 279.

29 Vgl. auch LG Berlin 19.12.2005 – 509 AR 10/05, NStZ 2006, 525.

30 BGH 6.12.1972 – AK 27/72, NJW 1973, 475; Schultheis in KK-StPO Rn. 4; Gärtner in Löwe/Rosenberg § 125 Rn. 13.

ordnung des an sich mit der Sache befassten Gerichts wieder festgenommen werden müsste.[31] Jedoch kann das Beschwerdegericht die Ersetzung eines den inhaltlichen Anforderungen des § 114 Abs. 2 Nr. 2 nicht genügenden Haftbefehls durch einen ordnungsgemäßen Haftbefehl jedenfalls dann dem nach Abs. 1 zuständigen Gericht überlassen, wenn der (rechtsfehlerhafte) Haftbefehl nicht vollzogen wird.[32] Nicht möglich ist es jedoch, dass das Beschwerdegericht einen nach § 230 Abs. 2 erlassenen Haftbefehl in einen solche nach § 112 umwandelt.[33] Auch kann eine Senat des Oberlandesgerichts im Rahmen der besonderen Haftprüfung nach §§ 121 ff. den Haftbefehl nicht auf weitere, ursprünglich nicht von diesem erfasste Straftaten erweitern oder gar einen neuen Haftbefehl erlassen.[34] Bei Straftaten im Rahmen der Hauptverhandlung vor dem Landgericht oder Oberlandesgericht darf das Gericht nicht selbst den Haftbefehl erlassen. Hingegen besteht eine solche Zuständigkeit eines Richters am Amtsgericht, der als Strafrichter verhandelt. Im Gegensatz zu einer Durchsuchungsanordnung verliert ein Haftbefehl aber allen durch Zeitablauf nicht seine Wirksamkeit.[35]

7. Antrag der Staatsanwaltschaft. Nach Abs. 1 setzt der der Erlass eines Haftbefehls 16
im Regelfall einen Antrag der Staatanwaltschaft als Herrin des Ermittlungsverfahrens voraus, kann aber bei Gefahr im Verzug,[36] wenn ein Staatsanwalt nicht zu erreichen ist, auch von Amts wegen erlassen werden. Auch ist es im Ermittlungsverfahren nicht zulässig, dass das Amtsgericht ohne Antrag der Staatsanwaltschaft den Haftbefehl von sich aus auf weitere Taten erstreckt,[37] jedoch ist er in der Beurteilung der Haftgründe frei und kann diese auch auswechseln.[38] Dem Antragserfordernis ist auch genügt, wenn dieser von einer nicht ortsansässigen Staatsanwaltschaft gestellt wird.[39] Der Antrag muss nicht zwingend schriftlich gestellt werden, er ist jedoch zu begründen (Nr. 46 Abs. 1 RiStBV). Danach sind auch fernmündliche Anträge grundsätzlich zulässig.[40]

8. Erlass durch örtlich unzuständiges Gericht. Hat ein örtlich unzuständiges 17
Gericht einen Untersuchungshaftbefehl erlassen, muss das Beschwerdegericht jedenfalls dann, wenn das örtlich zuständige Gericht nicht zu seinem Bezirk gehört, den Haftbefehl aufheben und eine Sachentscheidung ablehnen. Eine Verweisung an das zuständige Gericht kommt nicht in Betracht.[41]

III. Zuständigkeit nach Erhebung der öffentlichen Klage (Abs. 2)

1. Allgemeines. Der Übergang der Zuständigkeit auf das erkennende Gericht durch 18
eine Anklageerhebung (§ 170 Abs. 1) beendet den bisherigen Instanzenzug und den Verfahrensgang. Mit Anklageerhebung geht die Zuständigkeit auf das Gericht über, dass nunmehr mit der Sache befasst ist, bei welchem also Anklage erhoben worden ist (Abs. 2 S. 1). Dies

31 OLG Karlsruhe 26.9.2000 – 3 Ws 196/00, StV 2001, 118; OLG Dresden 14.3.2006 – 3 Ws 12/06, StV 2006, 701; OLG Düsseldorf 23.4.1996 – 3 Ws 246/96, StV 1996, 440; Schultheis in KK-StPO Rn. 5.
32 OLG Karlsruhe 6.4.2001 – 3 Ws 31/01, wistra 2002, 79.
33 OLG Karlsruhe 25.4.1980 – 3 Ws 98/80, MDR 1980, 868; OLG Köln 18.10.2005 – 2 Ws 488/05, NStZ-RR 2006, 22; OLG Hamm 14.10.2008 – 3 Ws 357/08, NStZ-RR 2009, 89; Gmel in KK-StPO § 230 Rn. 18.
34 OLG Koblenz 12.11.2007 – (1) 4420 BL – III – 29/07, NStZ-RR 2008, 92 (Ls.); 23.1.2006 – (1) 4420 BL – III – 51/05, OLGSt StPO § 121 Nr. 33; OLG Hamm 25.10.1999 – 2 Ws 314/99, StV 2000, 30; → § 121 Rn. 12 ff.
35 OLG Hamm 25.8.2013 – III-3 Ws 229/15, NStZ 2016, 304.
36 Zum Begriff vgl. → § 127 Rn. 22.
37 OLG Frankfurt a. M. 8.5.1995 – 1 HEs 87/95, StV 1995, 424.
38 Schultheis in KK-StPO Rn. 6.
39 Schultheis in KK-StPO Rn. 6; König in Krekeler/Löffelmann/Sommer Rn. 1.
40 Schmitt in Meyer-Goßner/Schmitt § 128 Rn. 8; Schultheis in KK-StPO § 128 Rn. 11; Posthoff in Gercke/Julius/Temming/Zöller § 128 Rn. 13; aA AG Borken 24.7.2019 – 26 Gs 211/19, mablAnm Greier jurisPR-StrafR 21/2019 Anm. 2.
41 KG 3.12.1997 – 1 AR 1480/97 – 4 Ws 257/97, StV 1998, 384.

gilt auch für das Verfahren der vorläufigen Unterbringung (§ 126a)[42] und auch dann für den Fall, dass dieses Gericht noch nicht in der Lage ist, über die Eröffnung des Hauptverfahrens zu entscheiden.[43]

19 Unter den Begriff der Anklageerhebung fällt auch die Nachtragsanklage (§ 266 Abs. 2), der Antrag auf Erlass eines Strafbefehls (§ 408 Abs. 1 S. 1, § 400 AO) und im Falle eines beschleunigten Verfahrens (§ 418 Abs. 3) die Einreichung einer Anklageschrift oder einer mündlichen Erhebung. Die Antragsschrift im Sicherungsverfahren steht der Anklagerhebung gleich (§ 414 Abs. 2 S. 1).

20 **2. Kein Antragserfordernis.** Da die Verfahrensherrschaft mit der Anklageerhebung auf das Gericht übergegangen ist, bedarf es zum Erlass eines Haftbefehls nicht mehr eines Antrags der Staatsanwaltschaft.[44] Dies ist jedoch nach allgemeinen Vorschriften – wenn möglich – zuvor zu hören.

21 **3. Zuständigkeitsfragen im Zusammenhang mit der Anklagerhebung.** Häufig stellt sich in der forensischen Praxis die Frage, mit wie zu verfahren ist, wenn die Staatsanwaltschaft die Anklage noch während der Anhängigkeit eines gerichtlichen Antrags- oder Beschwerdeverfahrens erhebt. Insoweit gilt:

22 **a) Beschwerdegericht.** Mit der Anklagerhebung erlischt nicht nur die Zuständigkeit des Ermittlungsrichters, sondern auch die des Beschwerdegerichts. Wird etwa Anklage zum Landgericht erhoben, bevor über die Beschwerde eines inhaftierten Beschuldigten gegen die vom Ermittlungsrichter angeordnete Untersuchungshaft entschieden ist, ist das Rechtsmittel als Antrag auf Aufhebung der Maßnahme anzusehen, über den dann das erkennende Gericht zu entscheiden hat.[45] Dies gilt auch bei der Erhebung einer Anklage zum Strafrichter.[46]

23 Ist das Verfahren beim **Oberlandesgericht** als weitere Haftbeschwerde anhängig (§ 310 Abs. 2), ist diese nach Anklageerhebung als ein jederzeit zulässiger Antrag auf Haftprüfung oder Antrag auf Aufhebung des Haftbefehls aufzufassen und dementsprechend zu behandeln. Die Entscheidung darüber obliegt daher nunmehr zunächst dem Gericht, bei dem die Anklage erhoben worden ist.[47] Insoweit kann allerdings die Besonderheit bestehen, dass nach Anklageerhebung die nunmehr zuständige Strafkammer identisch mit der Beschwerdekammer ist, welche das Verfahren vorgelegt hat, und diese erst kurz zuvor in der Sache entschieden hat. Insoweit bedarf es ausnahmsweise einer Abgabe durch das Oberlandesgericht nicht und der Senat kann unmittelbar erkennen.[48]

24 **b) Berufungsgericht.** Das Berufungsgericht wird erst mit Übersendung der Akte nach § 321 für die Haftentscheidungen zuständig, also mit Eingang. Allein die Einlegung des Rechtsmittels führt den Zuständigkeitswechsel damit noch nicht herbei.[49] Mit der der Aktenvorlage an das Berufungsgericht ist auch eine weitere Beschwerde gegen eine Haftbeschwerdeentscheidung des Landgerichts prozessual überhol und diese ist als Antrag auf Haftprüfung durch das Berufungsgericht zu behandeln.[50]

25 **c) Revisionsgericht.** Bereits der gesetzlichen Regelung in § 126 Abs. 3 ist zu entnehmen, dass das Revisionsgericht **grundsätzlich keine Haftentscheidung** trifft, son-

---

[42] OLG Bremen 21.5.2019 – 1 Ws 60/19, BeckRS 2019, 15852.
[43] OLG Celle 7.6.1994 – 1 Ws 143/94, Nds. Rpfl. 1995, 111.
[44] Schulheis in KK-StPO Rn. 8.
[45] Vgl. auch OLG Karlsruhe 20.11.1997 – 2 Ws 174/97, Justiz 1998, 130; 15.8.1994 – 2 Ws 172/94, Justiz 1995, 22.
[46] OLG Naumburg – 1 Ws 334/98, NStZ-RR 1997, 307.
[47] OLG Düsseldorf 5.3.1992 – 1 Ws 175/92, NStE Nr. 3 zu § 125 StPO; 24.2.1999 – 1 Ws 154/99, wistra 1999, 318; OLG Koblenz 25.3.2013 – 2 Ws 134/13, BeckRS 2014, 3402; OLG Nürnberg 31.8.1998 – Ws 1001/98.
[48] OLG Koblenz 25.3.2013 – 2 Ws 134/13, BeckRS 2014, 3402.
[49] Schultheis in KK-StPO Rn. 10.
[50] OLG Hamm 16.10.2007 – 3 Ws 593/07, BeckRS 2007, 16973.

dern diese bei dem Tatgericht verbleibt. Danach kann das Revisionsgericht den Haftbefehl nur dann aufheben, wenn es zugleich das angefochtene Urteil aufhebt und sich bei dieser Entscheidung ohne weiteres ergibt, dass die Voraussetzungen für die Anordnung der Untersuchungshaft nicht mehr vorliegen oder die Fortdauer der Untersuchungshaft nicht mehr verhältnismäßig wäre (§ 120 Abs. 1). Nur für den Fall, dass sich die Notwendigkeit der Haftentlassung ausnahmsweise vor einer Revisionshauptverhandlung, infolge eines Verfahrenshindernisses ergibt, hat der Bundesgerichtshof es für zulässig erachtet, eine Entscheidung nach § 126 Abs. 3 schon vor Aufhebung des angefochtenen Urteils zu treffen.[51]

d) Zuständigkeit im Falle der Urteilsaufhebung. Im Fall der Aufhebung und Zurückverweisung des Urteils durch die Revisionsinstanz an ein anderes Gericht oder eine andere Strafkammer ist diese als das nunmehr mit der Sache befasste Gericht für die weiteren Entscheidungen zuständig und zwar schon mit Erlass der Revisionsentscheidung.[52] 26

e) Besetzung der mit der Sache befassten Spruchkörper. Ist nach Anklageerhebung das Schöffengericht oder das Landgericht zuständig, so ist streitig, ob das Gericht in der Besetzung außerhalb der Hauptverhandlung, also ohne Schöffen, oder mit diesen zu entscheiden hat. Insoweit wird auf die Kommentierung zu § 126 verwiesen (→ § 126 Rn. 29). 27

f) Notzuständigkeit des Vorsitzenden (Abs. 2 S. 2). Satz 2 bestimmt ausdrücklich, dass in dringenden Fällen auch der Vorsitzende eines Kollegialgerichts zum Erlass eines Haftbefehls zuständig ist. Hiervon ist auszugehen, wenn der Erlass zu spät käme, falls bis zum Zusammentreffen des Kollegiums abgewartet würde, was der Vorsitzende nach pflichtgemäßem Ermessen zu beurteilen hat. Zwar bedarf der durch den Vorsitzenden erlassene Haftbefehl keiner Bestätigung durch den ans sich zuständigen Spruchkörper, gleichwohl kann der Angeklagte eine Entscheidung dieses Gremiums herbeiführen, indem er Beschwerde einlegt und so das Gericht zu einer „Abhilfe- oder Nichtabhilfeentscheidung" zwingt (§ 306 Abs. 2). Zu einer Ablehnung des Haftbefehlsantrags berechtigt die Notzuständigkeit jedoch nicht.[53] Auch die Sonderregelung des Abs. 2 S. 2 nicht auf andere gerichtliche Untersuchungshandlungen, etwa die Beschlagnahme von Gegenständen, übertragen werden. 28

§ 126 Zuständigkeit für weitere gerichtliche Entscheidungen

(1) [1]Vor Erhebung der öffentlichen Klage ist für die weiteren gerichtlichen Entscheidungen und Maßnahmen, die sich auf die Untersuchungshaft, die Aussetzung ihres Vollzugs (§ 116), ihre Vollstreckung (§ 116b) sowie auf Anträge nach § 119a beziehen, das Gericht zuständig, das den Haftbefehl erlassen hat. [2]Hat das Beschwerdegericht den Haftbefehl erlassen, so ist das Gericht zuständig, das die vorangegangene Entscheidung getroffen hat. [3]Wird das vorbereitende Verfahren an einem anderen Ort geführt oder die Untersuchungshaft an einem anderen Ort vollzogen, so kann das Gericht seine Zuständigkeit auf Antrag der Staatsanwaltschaft auf das für diesen Ort zuständige Amtsgericht übertragen. [4]Ist der Ort in mehrere Gerichtsbezirke geteilt, so bestimmt die Landesregierung durch Rechtsverordnung das zuständige Amtsgericht. [5]Die Landesregierung kann diese Ermächtigung auf die Landesjustizverwaltung übertragen.

(2) [1]Nach Erhebung der öffentlichen Klage ist das Gericht zuständig, das mit der Sache befaßt ist. [2]Während des Revisionsverfahrens ist das Gericht zuständig, dessen Urteil angefochten ist. [3]Einzelne Maßnahmen, insbesondere nach

[51] BGH 12.12.1996 – 1 StR 543/96, NStZ 1997, 145.
[52] BGH 21.5.1996 – 1 StR 51/96, NJW 1996, 2665; KG 17.1.2000 – 1 AR 1614/99, NStZ 2000, 444.
[53] Schultheis in KK-StPO Rn. 9; König in Krekeler/Löffelmann/Sommer Rn. 9.

§ 119, ordnet der Vorsitzende an. [4]In dringenden Fällen kann er auch den Haftbefehl aufheben oder den Vollzug aussetzen (§ 116), wenn die Staatsanwaltschaft zustimmt; andernfalls ist unverzüglich die Entscheidung des Gerichts herbeizuführen.

(3) Das Revisionsgericht kann den Haftbefehl aufheben, wenn es das angefochtene Urteil aufhebt und sich bei dieser Entscheidung ohne weiteres ergibt, daß die Voraussetzungen des § 120 Abs. 1 vorliegen.

(4) Die §§ 121 und 122 bleiben unberührt.

(5) [1]Soweit nach den Gesetzen der Länder über den Vollzug der Untersuchungshaft eine Maßnahme der vorherigen gerichtlichen Anordnung oder der gerichtlichen Genehmigung bedarf, ist das Amtsgericht zuständig, in dessen Bezirk die Maßnahme durchgeführt wird. [2]Unterhält ein Land für den Vollzug der Untersuchungshaft eine Einrichtung auf dem Gebiet eines anderen Landes, können die beteiligten Länder vereinbaren, dass das Amtsgericht zuständig ist, in dessen Bezirk die für die Einrichtung zuständige Aufsichtsbehörde ihren Sitz hat. [3]Für das Verfahren gilt § 121b des Strafvollzugsgesetzes entsprechend.

Schrifttum: Engelstätter, Erste Rechtsprechung zum Vollzug der Untersuchungshaft gem. § 119 StPO neuer Fassung – neue praktische Anforderungen für (Haft-)Richter und Staatsanwälte? SchlHA 2011, 365; Firchau, Das fachgerichtliche Rechtsbehelfssystem der Untersuchungshaft sowie die Regelung des Vollzugs, Würzburger Schriften zur Kriminalwissenschaft, Diss. 2013; Grube, Gerichtlicher Rechtsschutz gegen Maßnahmen im Untersuchungshaftvollzug, StV 2013, 534; Herrman, Aktuelles zur Pflichtverteidigung, StraFo 2011, 133; Kazele, Anmerkung zu dem Beschl. Des OLG Celle v. 9.2.2010 – 1 Ws 37/10, StV 2010, 258; König, Zur Neuregelung der haftrichterlichen Zuständigkeit in § 119 StPO, NStZ 2010, 185; Krüger, Beteiligung von Schöffen bei Haftentscheidungen während der Hauptverhandlung – Anmerkung zu OLG Köln, Beschluss vom 7.1.2009, 2 Ws 640-641/08, NStZ 2009, 590; Kütterer-Lang, Die (Un-)Zuständigkeit des Gerichts zur Verkündung eines Haft- oder Unterbringungsbefehls im Fall des § 126 Abs. 1 S. 2 StPO, StV 2020, 65; Martin, Besetzung bei Entscheidungen außerhalb der Hauptverhandlung, JuS 1998, 86; Metz, Rangverhältnis der Staatsanwaltschaft zu ihren Ermittlungspersonen bei Gefahr im Verzug, NStZ 2012, 242; Nestler, Zum „Recht des Untersuchungshaftvollzugs" i.S.v. Art. 74 Abs. 1 Nr. 1 GG, HRRS 2010, 546; Ostendorf, Untersuchungshaft und Abschiebehaft, NomosPraxis 2011; Pohlreich, Die Rechtsprechung des EGMR zum Vollzug von Straf- und Untersuchungshaft, NStZ 2011, 560; Rosteck, Die aufgedrängte Haftprüfung, StV 2002, 225; Schlothauer, Zur Besetzung des Gerichts bei Haftprüfungsentscheidungen, StV 1998, 144; Schlothauer/Weider/Nobis, Untersuchungshaft – mit Erläuterungen zu den UVollzG der Länder, 5. Aufl. 2016; Schramm/Bernsmann, Haftrichter ohne Akten – rechtswidrige Zustände im Eildienst (§ 115 StPO)?, StV 2006, 442; Sowoda, Zur Problematik der Mitwirkung von Schöffen bei Haftentscheidungen während laufender Hauptverhandlung – Anmerkung zu OLG Koblenz, Beschl. v. 17.3.2009 – 1 Ws 120/09, StV 2010, 37; Steinmetz, Welcher Ermittlungsrichter ist im Fall des § 145 I GVG örtlich zuständig? SchlHA 2005, 147; Wiesneth, Die Untersuchungshaft, 2010.

Übersicht

I. Allgemeines, Normzweck und Anwendungsbereich

1. Allgemeines. Die Vorschrift regelt die gerichtliche Zuständigkeit nach Erlass des Haftbefehls für **weitere Entscheidungen und Maßnahmen** (→ Rn. 3), wohingegen sich die richterliche Zuständigkeit für den Erlass eines Haftbefehls selbst bzw. für dessen Ablehnung aus § 125 ergibt, falls nicht insoweit eine Sonderzuständigkeit besteht.[1] Wie § 125 unterscheidet die Vorschrift in der Zuständigkeit in den Zeitpunkt vor (Abs. 1) und den Zeitpunkt nach (Abs. 2) Erhebung der Anklage. Die Vorschrift bringt insoweit im Grundsatz zum Ausdruck, dass derjenige Richter, welche die Untersuchungshaft angeordnet hat (§ 125) auch für alle weiteren Haftentscheidungen zuständig sein soll, während mit der Anklageerhebung die Zuständigkeit dann auf das mit der Sache endgültig befasste Gericht übergeht. 1

2. Normzweck und Bedeutung. Sinn der mehrere Einzelregelungen umfassenden Vorschrift ist die Festlegung, welches Gericht über die weiteren gerichtlichen Entscheidungen und Maßnahmen, welche die Untersuchungshaft betreffen, zu entscheiden hat. Wie § 125 dient sie daher der Wahrung des **Rechts auf den gesetzlichen Richter.**[2] Aufgrund der zahlreichen praxisrelevanten Zuständigkeitsregelungen kommt ihr im Rahmen des Haftrechts **eine wichtige Bedeutung** bei. 2

3. Anwendungsbereich. Die Vorschrift regelt mit dem Begriff **„weitere gerichtliche Entscheidungen und Maßnahmen"** die gerichtliche Zuständigkeit zunächst für alle gerichtlichen Entscheidungen und Maßnahmen, welche die **Untersuchungshaft selbst betreffen.**[3] wie etwa die Aufhebung von Ersatzmaßnahmen (§ 123),[4] den Verfall der Sicherheit (§ 124),[5] die Aufhebung des Haftbefehls (§ 120),[6] Beschränkungen beim Vollzug der Untersuchungshaft (§ 119),[7] das eigentliche Haftprüfungsverfahren (§§ 117, 118, 118a),[8] die Benachrichtigung von Angehörigen (§ 114c),[9] die Vernehmung des Beschuldigten nach seiner Ergreifung (§ 115),[10] die Ausschreibung zur Festnahme (§ 131), die Aktenvorlage an das OLG (§ 122 Abs. 1)[11] und die Bestellung von Pflichtverteidigern (§ 141 Abs. 4). Darüber hinaus werden in Abs. 1 S. 1 alle Entscheidungen über die Aussetzung des Haftbefehls (§ 116),[12] seiner Vollstreckung (§ 116b)[13] sowie von Beschränkungen der Untersuchung im 3

1 → § 125 Rn. Rn. 3, 11 (Sonderzuständigkeit nach § 162 Abs. 1 S. 2).
2 Siehe hierzu auch OLG Düsseldorf 18.6.2007 – III-3 Ws 206 – 207/07, JMBl. NRW. 2008, 65.
3 Schultheis in KK-StPO § 126 Rn. 1; Posthoff in Gercke/Julius/Temming/Zöller § 126 Rn. 1.
4 Zum gerichtlichen Entscheidungsumfang, vgl. weiter → § 123 Rn. 17.
5 Zum gerichtlichen Entscheidungsumfang, vgl. weiter → § 124 Rn. 15 ff.
6 Zum gerichtlichen Entscheidungsumfang, vgl. weiter → § 120 Rn. 2.
7 Zum gerichtlichen Entscheidungsumfang, vgl. weiter → § 119 Rn. 61 ff., 75 ff.
8 Zum gerichtlichen Entscheidungsumfang, vgl. weiter → § 117 Rn. 6 ff., → § 118 Rn. 22, → § 118a Rn. 12 ff.
9 Zum gerichtlichen Entscheidungsumfang, vgl. weiter → § 114c Rn. 9.
10 Zum gerichtlichen Entscheidungsumfang, vgl. weiter → § 115 Rn. 21.
11 Zum gerichtlichen Entscheidungsumfang, vgl. weiter → § 122 Rn. 5.
12 Zum gerichtlichen Entscheidungsumfang, vgl. weiter → § 116 Rn. 41.
13 Die Regelung wurde durch das U-HaftRÄG vom 29.7.2009 (BGBl. I 2274) eingeführt.

Rahmen des Untersuchungshaftvollzugs (§ 119a)[14] ausdrücklich genannt. Nicht erfasst von der Zuständigkeitsbestimmung der Norm ist das besondere Haftprüfungsverfahren, welches dem OLG zugewiesen ist (§§ 121 Abs. 1, 122 Abs. 1). Die Vorschrift gilt auch für Ungehorsamshaft (§§ 230 Abs. 2, 236).[15]

II. Zuständigkeit vor Erhebung der Anklage (Abs. 1)

4 **1. Allgemeines (Abs. 1 S. 1).** Satz 1 enthält den Grundsatz, wonach vor Erhebung der Anklage das **Gericht zuständig ist, welches den Haftbefehl** erlassen hat. Das ist das nach § 125 Abs. 1 zuständige Gericht. Allerdings muss dies nicht unbedingt auch der gleiche Richter oder Spruchkörper sein, da die Geschäftsverteilung auch die Zuständigkeit eines anderen Richters vorsehen kann.[16] In Staatsschutzsachen (§ 169 GVG) ist dies der Ermittlungsrichter des OLG oder des BGH.[17]

5 **2. Zuständigkeit des Beschwerdegerichts (Abs. 1 S. 2).** Wurde der Haftbefehl erst durch eine **Beschwerdeentscheidung** erlassen bzw. unter Neufassung abgeändert,[18] trifft die die Vorschrift insoweit eine Abweichung, als sie für die weiteren Entscheidungen und Maßnahmen den Richter für zuständig erklärt, der die ursprünglich angefochtene Entscheidung getroffen hatte.

6 **3. Zuständigkeitswechsel im Ermittlungsverfahren (Abs. 1 S. 3).** Um den Übergang der Zuständigkeit für Haftentscheidungen im vorbereitenden Verfahren zu ermöglichen, kann auf Antrag der Staatsanwaltschaft, das Haftgericht in den Fällen des § 126 Abs. 1 S. 3, also bei der **Abgabe des Ermittlungsverfahrens** an eine andere Staatsanwaltschaft oder bei Vollziehung der Untersuchungshaft an einem anderen Ort, die **Zuständigkeit an das örtliche Amtsgericht übertragen.** Erforderlich ist insgesamt ein förmlicher Übertragungsbeschluss.[19] Insoweit besteht noch, wie dem Wortlaut der Norm zu entnehmen, die Besonderheit, dass die Zuständigkeit nur auf Antrag der Staatsanwaltschaft übertragen werden darf. Insoweit obliegt es der Staatsanwaltschaft zu entscheiden, ob die Zuständigkeit des Haftrichters am bisherigen Gericht verbleiben soll, was insbesondere dann sinnvoll und gängige Praxis ist, wenn nur die Untersuchungshaft an einem anderen Ort vollzogen wird. Die Abgabe ist für das übernehmende Gericht bis auf willkürliche Abgabeentscheidungen bindend.[20] Die vorherige Abgabe des Ermittlungsverfahrens an eine andere Staatsanwaltschaft allein bewirkt aber keinen haftgerichtlichen Zuständigkeitswechsel. Mit der Abgabe des Verfahrens hat der neu zuständige Richter von Amts wegen eine Haftprüfung durchzuführen.[21]

7 Ist in diesem Fall gegen die Entscheidung des **Haftrichters Beschwerde** eingelegt worden, ist nach erfolgter bindender Abgabe zur Entscheidung über die Haftbeschwerde nunmehr das dem hier zuständigen Haftgericht übergeordnete Beschwerdegericht berufen. Insoweit ändert sich auch der Instanzenzug.[22] Das gilt auch dann, wenn die Beschwerde bereits eingelegt war, bevor die haftrichterliche Zuständigkeit übertragen wurde.[23] Sind die Akten dem Beschwerdegericht jedoch noch nicht vorgelegt worden, hat der neue Haftrichter zunächst zu prüfen, ob er der Beschwerde abhilft.[24]

---

14 Die Regelung wurde durch das U-HaftRÄG vom 29.7.2009 (BGBl. I 2274) eingeführt.
15 Gärtner in Löwe/Rosenberg Rn. 3.
16 Schramm/Bernsmann StV 2006, 442; Posthoff in Gercke/Julius/Temming/Zöller § 126 Rn. 4.
17 Schultheis in KK-StPO Rn. 2.
18 OLG Dresden 14.3.2006 – 3 Ws 12/06, StV 2006, 700.
19 OLG Karlsruhe 19.11.2020 – 2 Ws 249/20, juris.
20 OLG Hamburg NJW 1966, 606.
21 Ebenso LG Nürnberg-Fürth 12.12.2019 – 18 Qs 47/19, StraFo 2020, 70.
22 BGH 25.3.1960 – 2 ARs 30/60, BGHSt 14, 179; OLG Rostock 18.4.2005 – 1 Ws 245/05.
23 OLG Hamburg NJW 1966, 606; OLG Karlsruhe 19.11.2020 – 2 Ws 249/20, juris; zweifelnd Paeffgen in SK-StPO § 126 Rn. 4.
24 Schultheis in KK-StPO Rn. 7.

Der **Ermittlungsrichter des Bundesgerichtshofs** kann nach Abgabe einer Sache durch den Generalbundesanwalt an die **Landesstaatsanwaltschaft** gemäß § 142a Abs. 4 GVG die Zuständigkeit für die weiteren Haftentscheidungen entsprechend § 126 Abs. 1 S. 3 auf das Amtsgericht des Ermittlungs- oder Haftorts übertragen. Auf Antrag der Staatsanwaltschaft kann der Amtsrichter sogar auch ohne eine solche ausdrückliche Übertragung die weiteren Haftentscheidungen in entsprechender Anwendung des § 125 Abs. 1 übernehmen.[25] 8

Zu einer solchen **Übertragung** ist auch der in Haftsachen anstatt des Haftrichters zuständige **Jugendrichter** (→ § 125 Rn. 13) befugt, welche nach § 72 Abs. 6 JGG sogar die richterlichen Entscheidungen, welche die Untersuchungshaft betreffen aus wichtigen Grund ganz oder teilweise einem anderen Jugendrichter übertragen kann.[26] 9

4. Zuständigkeitsbestimmung durch den Landesgesetzgeber (Abs. 1 S. 4 und 5). Ist der Ort in mehrere Gerichtsbezirke geteilt, so bestimmt die Landesregierung durch Rechtsverordnung das zuständige Gericht (Satz 4), wobei die Landesregierung diese Ermächtigung auch auf die Justizverwaltung übertragen kann (Satz 5). Wegen des „gesetzlichen Richters" ist aber stets zu prüfen, ob überhaupt eine rechtswirksame Ermächtigungsgrundlage besteht, woran es bei Verfahren gegen Heranwachsende fehlt.[27] 10

III. Zuständigkeit nach Erhebung der Anklage (Abs. 2)

1. Allgemeines (Abs. 1 S. 1). Nach **Erhebung der öffentlichen Klage (§ 170 Abs. 1) wird das mit der Sache befasste Tatgericht** zuständig.[28] Befindet sich der Angeschuldigte zu diesem Zeitpunkt schon in Untersuchungshaft tritt ein Zuständigkeitswechsel für sämtliche Haftentscheidungen ein und das **Tatgericht wird nunmehr „erstinstanzlich" zuständig.** Eine nach dem Zuständigkeitsübergang zu Unrecht erlassene Beschwerdeentscheidung des Beschwerdegerichts ist als Haftprüfungsentscheidung des Tatgerichts anzusehen und als solche anfechtbar.[29] Ist das für diese Beschwerde zuständige übergeordnete Gericht jedoch für Rechtsmittel gegen Entscheidungen des befassten Gerichts „vor und nach Anklageerhebung" zuständig, so kann dies ausnahmsweise gleichwohl in der Sache entscheiden.[30] Nach Erhebung einer Teilanklage, die sich auf einen der im Haftbefehl enthaltenen Tatkomplexe beschränkt, verbleibt die Haftzuständigkeit, soweit es die Tatkomplexe betrifft, die nicht von der Teilanklage umfasst sind, allerdings bei dem ursprünglich zuständigen Gericht.[31] 11

2. Berufungsverfahren. War das Amtsgericht in erster Instanz zuständig, geht im Falle der Einlegung einer Berufung mit der Zuleitung der Akten an den Vorsitzenden des **Berufungsgerichtes** (§ 321 S. 2) auch die Zuständigkeit der Haftkontrolle auf das Berufungsgericht über. 12

3. Revisionsverfahren (Abs. 2 S. 2). Grundsätzlich bleibt während des andauernden **Revisionsverfahrens** für die Haftentscheidungen das Gericht zuständig, dessen Urteil angefochten wird. Wegen dieser Regelung kann es sogar zu der Besonderheit kommen, dass die Zuständigkeit vom Berufungsgericht wieder auf das Ausgangsgericht übergeht, nämlich dann, wenn der Angeklagte noch während der Berufungsbegründungsfrist vom Rechtsmittel der Berufung auf das der Sprung-Revision übergeht.[32] Das Revisionsgericht kann den Haftbefehl aber gemäß § 126 Abs. 3 ausnahmsweise selbst aufheben, wenn es das 13

---

[25] BGH 6.12.1972 – AK 27/72, NJW 1973, 475.
[26] Posthoff in Gercke/Julius/Temming/Zöller Rn. 5.
[27] LG Hamburg 28.6.2018 – 627 Qs 14/18 jug, BeckRS 2018, 44755.
[28] KG 21.11.2017 – 2 Ws 174/17, BeckRS 2017, 136789; OLG Frankfurt a. M. 17.2.2014 – 3 Ws 122/14, NStZ-RR 2014, 217.
[29] KG 29.4.2016 – 5 Ws 63/16.
[30] KG 21.11.2017 – 2 Ws 174/17, BeckRS 2017, 136789.
[31] LG Mannheim 14.7.2005 – 25 Qs 14/05, NStZ 2006, 592.
[32] KG 6.9.2010 – 3 Ws 447/10, BeckRS 29765.

angefochtene Urteil auf die Revision aufhebt und sich bei dieser Entscheidung ohne weiteres ergibt, dass die Voraussetzungen einer zwingenden Aufhebung des Haftbefehls nach § 120 vorliegen, etwa wenn es den Angeklagten frei spricht (→ Rn. 22).

14 **4. Anordnungskompetenz des Vorsitzenden (Abs. 2 S. 3).** Die Anordnungskompetenz des Vorsitzenden beschränkt sich nach § 126 Abs. 2 S. 3 **zunächst auf einzelne Maßnahmen.** Solche Anordnungen trifft gemäß § 126 Abs. 2 S. 3 der Vorsitzende, mithin bei einem Kollegialgericht nicht die Kammer oder der Senat.[33] Eine Entscheidung durch das Gericht ist aber unschädlich.[34] Eine Übertragung der Anordnungskompetenz auf den Berichterstatter oder den beauftragten Richter ist unzulässig.[35]

15 Als **einzelne Maßnahmen bezeichnet das Gesetz ausdrücklich** solche nach **§ 119.** Danach können dem Beschuldigten innerhalb des Haftvollzugs Beschränkungen auferlegt werden, soweit dies zur Abwehr einer Flucht, Verdunkelungs- oder Wiederholungsgefahr erforderlich ist (→ § 119 Rn. 18 ff.). Weitere einzelne Maßnahmen nach Abs. 2 S. 3 kommen die Änderung von Verschonungsauflagen (§§ 116, 116a), die Benachrichtigung von Angehörigen (§ 114c), die Einleitung oder Aufhebung von Fahndungsmaßnahmen (§ 131), die Vollsteckungsunterbrechung (§ 116b) und die Vornahme von Beschränkungen in Überhaftfällen (§ 119 Abs. 6) in Betracht.[36]

16 Zuständig für die **Anordnung der Unterbrechung** der Strafhaft zur Vollstreckung von Untersuchungshaft ist ausschließlich die Vollstreckungsbehörde.[37]

17 Die **Anordnungskompetenz des Vorsitzenden** reicht aber in Abgrenzung zu der funktionellen Zuständigkeit des Gerichts nur, **soweit § 119 eine haftrechtliche Entscheidung ermöglicht.** Beispielsweise kann, wie in der Praxis häufig, nach § 119 Abs. 1 S. 2 Nr. 2 die Überwachung des Paket- und Schriftverkehrs durch den Vorsitzenden angeordnet werden, wobei diese Anordnung die Ermächtigung einschließt, Schreiben und Pakete anzuhalten. Eine solche Maßnahme umfasst aber nur die Zuständigkeit des Vorsitzenden, ein Weiterleiten der Postsendung aus haftrechtlichen Gründen zu unterbinden. Für eine **Beschlagnahme** einer Postsendung aus Gründen der Beweismittelsicherung hingegen ist nach § 98 Abs. 1 S. 1 **das Gericht in seiner Besetzung außerhalb der Hauptverhandlung** funktionell zuständig und nicht allein der Vorsitzende. Denn die über den Beförderungsausschluss hinausgehende Beschlagnahme des nicht beförderten Briefes, der nicht an den Verfasser zurückgegeben wird, dient der Sachaufklärung im anhängigen Verfahren, da die Beschlagnahme sich auf Gegenstände bezieht, die als Beweismittel für die Untersuchung von Bedeutung sein können. Dementsprechend ist für eine solche Entscheidung beispielsweise die Strafkammer in ihrer für Entscheidungen außerhalb der Hauptverhandlung vorgesehenen vollen Besetzung zuständig.[38]

18 Grundsätzlich kann gegen die **haftrechtliche Einzelentscheidung** – sogenannte Verfügungen – **des Vorsitzenden das Rechtsmittel der einfachen Beschwerde nach § 304** eingelegt werden. Nach § 304 Abs. 5 ist eine Beschwerde gegen Verfügungen des Ermittlungsrichters des Bundesgerichtshofs hingegen nur zulässig, wenn sie die Verhaftung, einstweilige Unterbringung, Beschlagnahme, Durchsuchung oder die in § 101 Abs. 1 bezeichneten Maßnahmen betreffen. Mit einer solchen Beschwerde sind Beschränkungen durch den Ermittlungsrichter des Bundesgerichtshofs, die dem Untersuchungsgefangenen im Hinblick auf den Zweck der Untersuchungshaft nach § 119 Abs. 1 auferlegt werden und die sich lediglich auf die Art und Weise des Vollzugs erstrecken, aber nicht angreifbar. Auch eine Umdeutung der Beschwerde in einen Antrag auf gerichtliche Entscheidung gemäß § 119 Abs. 5 S. 1 führt zu keinem statthaften Rechtsmittel. Einem Antrag auf gerichtliche Ent-

[33] KG 13.9.2012 – 4 Ws 97/12, NStZ-RR 2013, 215.
[34] OLG Köln 10.2.2010 – 2 Ws 77/10, BeckRS 2010, 7526.
[35] OLG Hamm 25.2.2010 – III-2 Ws 18/10, NStZ-RR 2010, 292.
[36] Schultheis in KK-StPO Rn. 12; Schmitt in Meyer-Goßner/Schmitt Rn. 10.
[37] OLG Nürnberg 12.3.2009 – 1 Ws 119/09, BeckRS 2010, 25931.
[38] OLG Jena 9.3.2011 – 1 Ws 122/11, NStZ-RR 2012, 28; OLG Hamburg 28.4.2009 – 2Ws 85-86/09, BeckRS 2009, 18423.

scheidung kommt kein Devolutiveffekt zu, der zur Nachprüfung durch ein Gericht höherer Ordnung führt.[39]

Das grundsätzliche Beschwerderecht (§ 304) darf aber **nicht umgangen** werden, indem das Beschwerdegericht beispielsweise Anordnungen des Vorsitzenden einer Strafkammer nach § 119 Abs. 1 als Antrag auf Entscheidung des Kollegialgerichts nach § 238 Abs. 2 ausgelegt.[40] 19

Hat anstelle des **zuständigen Vorsitzenden über die Anordnungen nach § 119 das unzuständige Kollegialgericht** entschieden, hat etwa das angerufene Oberlandesgericht im Falle der Einlegung einer Beschwerde den angefochtenen Beschluss aufzuheben und selbst in der Sache zu entscheiden (§ 309 Abs. 2).[41] Eine Ausnahme vom Grundsatz der eigenen Sachentscheidung des Beschwerdegerichts dürfte hier zumeist nicht vorliegen. Eine Rückgabe des Verfahrens wäre insoweit dann möglich, wenn der angefochtenen Entscheidung ersichtlich Willkür oder anderes grobes prozessuales Unrecht zu Grunde liegt oder dem Beschwerdeführer durch die eigene Sachentscheidung des Beschwerdegerichts in rechtlich bedenklicher Weise eine zusätzliche Instanz genommen wird.[42] 20

5. Eilkompetenz des Vorsitzenden (Abs. 2 S. 5). In dringenden Fällen kann der Vorsitzende den Haftbefehl aufheben oder den Vollzug aussetzen, wenn die Staatsanwaltschaft zustimmt. Wird diese Zustimmung versagt, hat er unverzüglich die Entscheidung des Gerichts herbeizuführen. Ein solcher dringender Fall ist anzunehmen, wenn die Haftentlassung hinausgeschoben würde, falls der gesamte Spruchkörper zusammentreten müsste.[43] 20a

IV. Entscheidungsbefugnis des Revisionsgerichts (Abs. 3)

Grundsätzlich ist während des andauernden **Revisionsverfahrens** gemäß Abs. 2 S. 2 für die Haftentscheidungen das Gericht zuständig, dessen Urteil angefochten wird. Das Revisionsgericht kann den Haftbefehl aber gemäß § 126 Abs. 3 selbst aufheben, wenn es das angefochtene Urteil auf die Revision aufhebt und sich bei dieser Entscheidung ohne weiteres ergibt, dass die Voraussetzungen einer zwingenden Aufhebung des Haftbefehls nach § 120 vorliegen, etwa bei einem Freispruch oder bei Unverhältnismäßigkeit einer weiteren Inhaftierung.[44] 21

Nach einer Zurückverweisung durch das Revisionsgericht ist das **nunmehr zuständige Tatgericht** auch für die alle weiteren Haftentscheidungen zuständig. Das Revisionsgericht ist nach der Entscheidung über die Revision für eine Aufhebung des Haftbefehls nicht mehr zuständig. Eine derartige Entscheidung müsste spätestens zugleich mit der Urteilsaufhebung erfolgen. Nach Erlass einer die angefochtene Entscheidung aufhebenden Revisionsentscheidung ist für sämtliche Entscheidungen hinsichtlich der Untersuchungshaft nur noch das Gericht zuständig, an das die Sache zurückverwiesen worden ist.[45] Diese Zuständigkeit wird bereits mit dem Erlass der Revisionsentscheidung begründet, und nicht erst mit dem Rücklauf der Akten.[46] 22

V. Verhältnis zur besonderen Haftprüfung (Abs. 4)

Liegen die Akten dem OLG zur besonderen Haftprüfung (§§ 121, 122) vor, ist allein dieses zur Entscheidung berufen, ob die besondere Schwierigkeit oder der besondere Umfang der Ermittlungen oder ein anderer wichtiger Grund die Durchführung der Haupt- 23

39 BGH 12.1.2012 – StB 19/11, StV 2012, 419.
40 BVerfG 26.8.2008 – 2 BvR 1198/08, BeckRS 2008, 42277.
41 OLG Hamm 10.12.2013 – III – 1 Ws 562/13; OLG Stuttgart 8.2.2022 – 1 Ws 21/22, juris; OLG Rostock 19.4.2005 – I Ws 158/05, BeckRS 2010, 27378.
42 Schmitt in Meyer-Goßner/Schmitt § 309 Rn. 7 ff.
43 Schultheis in KK-StPO § 126 Rn. 14.
44 OLG Frankfurt a. M. 15.1.2016 – 1 Ss 364/15, StV 2017, 297; OLG Hamm 7.10.2014 – III-3 RVs 75/14, NStZ-RR 2015, 223.
45 BGH 21.5.1996 – 1 StR 51/96, BGHR StPO § 126 Haftbefehl 1.
46 OLG Zweibrücken 9.10.1996 – 2 Ws 71/96, StV 1988, 70.

verhandlung noch nicht zugelassen hat. Allerdings kann der Haftrichter durchaus im Rahmen der ihm zustehenden **Prüfung der Verhältnismäßigkeit** den Haftbefehl vor der Vorlage der Akten aufheben, wenn er diese Voraussetzungen für nicht gegeben ansieht (→ § 122 Rn. 8). Ob er diese nach erfolgter Vorlage noch aufheben kann, ist streitig, aber entgegen aktuellen Tendenzen in der Rechtsprechung zu verneinen (vgl. aber → § 121 Rn. 35 f.). Keine Vorprüfungsbefugnis besteht aber, wenn und sobald die Staatsanwaltschaft die Vorlage der Akten an das Oberlandesgericht beantragt hat (§ 122 Abs. 1, → § 122 Rn. 9).

VI. Weitere Zuständigkeitsfragen

24 **1. Allgemeines.** Eine nicht unerhebliche Bedeutung kommt in der Praxis der Frage zu, welche weiteren Folgen die Anklageerhebung für die gerichtliche Zuständigkeit hat.

25 **2. Gerichtliche Zuständigkeit für Haftbeschwerdeentscheidungen nach Anklageerhebung.** Eine **vor der Erhebung der öffentlichen Klage eingelegte Haftbeschwerde,** die vom Ermittlungsrichter noch nicht verbeschieden wurde, ist nach dem Zuständigkeitswechsel gemäß Abs. 2 in einen **Haftprüfungsantrag** bei dem nunmehr zuständigen Tatgericht **umzudeuten.**[47] Gleiches gilt für eine nach Anklageerhebung erhobene Haftbeschwerde gegen einen vom Ermittlungsrichter erlassenen Haftbefehl.[48] Auch dieser ist in einen an das nunmehr für Haftentscheidungen nach Abs. 2 zuständige Gericht gerichteten Haftprüfungsantrag nach § 117 Abs. 1 umzudeuten.[49] Entscheidet das Tatgericht in einem solchen Fall gleichwohl als Beschwerdegericht, ist diese Entscheidung gegenstandslos.[50] In diesem Sinne wird nach Einlegung der **Berufung** gegen ein Urteils des Amtsrichters die Berufungskammer des Landgerichts anstatt der dortigen Beschwerdekammer zuständig und entscheidet erstinstanzlich.[51] Auch eine weitere Beschwerde ist überholt, weshalb die Akten durch das Oberlandesgericht an das Berufungsgericht zu übersenden sind.[52] Insoweit ist aber stets zu beachten, dass grundsätzlich nur die **letzte richterliche Entscheidung anfechtbar** ist. Eine Ausnahme besteht lediglich dann, wenn die Haftfrage in der früheren Entscheidung umfangreich erörtert und die nachfolgende (letzte) Haftentscheidung ohne neue tatsächliche Erwägungen getroffen worden ist.[53]

26 Im Fall der **weiteren Haftbeschwerde** tritt eine Zuständigkeitsänderung nach Anklageerhebung allerdings ausnahmsweise dann nicht ein, wenn die Anklage zur Strafkammer erhoben worden ist, die erst kurz zuvor als Beschwerdekammer über das Rechtsmittel mit eingehender Begründung entschieden hat. Ist aber aufgrund der richterlichen Geschäftsverteilung sichergestellt, dass nicht derselbe Spruchkörper eine erneute Haftentscheidung zu treffen hat, verbleibt es dabei, dass mit Anklageerhebung die Zuständigkeit für Entscheidungen, die sich auf die Untersuchungshaft beziehen, auf das mit der Sache befasste Gericht übergeht.[54]

27 Eine Entscheidung des Beschwerdegerichts über eine **unerledigte weitere Haftbeschwerde** ist nach einem Zuständigkeitswechsel in der Hauptsache durch Zuleitung der Akten an das Berufungsgericht, nicht (mehr) veranlasst. Dies gilt nicht nur dann, wenn sich der Beschwerdeführer aufgrund der angefochtenen Haftentscheidung in Untersuchungshaft befindet, sondern auch dann, wenn er sich in anderer Sache in Strafhaft befindet und

---

[47] OLG Koblenz 25.3.2013 – 2 Ws 134/13, BeckRS 2014, 3402; OLG Frankfurt a. M. 5.10.2009 – 1 Ws 107/09, StV 2010, 33; OLG Schleswig 26.4.2006 – 2 Ws 165/06 (118/06), SchlHA 2007, 285 (Jugendrichter).

[48] OLG Hamm 19.3.2013 – III-2 Ws 93/13, BeckRS 2013, 6213.

[49] Graf in KK-StPO § 126 Rn. 8; Schmitt in Meyer-Goßner/Schmitt Rn. 7; OLG Frankfurt a. M. 5.10.2009 – 1 Ws 107/09, StV 2010, 33; OLG Düsseldorf StV 1993, 482; OLG Hamm 4.6.2013 – III-5 Ws 200/13, BeckRS 2013, 10994; OLG Karlsruhe 15.8.1994 – 2 Ws 172/94, Justiz 1995, 22.

[50] OLG Hamm 4.6.2013 – III-5 Ws 200/13, BeckRS 2013, 10994.

[51] OLG Frankfurt a. M. 28.6.1996 – 3 Ws 535/96, NStZ-RR 1996, 302.

[52] OLG Hamm 15.10.2007 – 3 Ws 593/07.

[53] KG 15.8.2016 – 5 Ws 124/16, BeckRS 2016, 119935; → § 117 Rn. 34.

[54] OLG Hamm 4.6.2013 – III-5 Ws 200/13, BeckRS 2013, 10994.

aufgrund des Haftbefehls lediglich Überhaft notiert ist. Im letztgenannten Fall kann die unerledigte weitere Haftbeschwerde nicht als Haftprüfungsantrag iSd § 117 Abs. 1 behandelt werden, weil § 117 Abs. 1 das (förmliche) Haftprüfungsverfahren nur dann eröffnet, wenn sich der Antragsteller tatsächlich in Untersuchungshaft befindet. Die unerledigte weitere Haftbeschwerde ist dann aber als – durch § 117 Abs. 1 nicht ausgeschlossener – „einfacher" Antrag an das Berufungsgericht auf Aufhebung des Haftbefehls zu behandeln.[55]

3. Besetzungsfragen bei Haftentscheidungen – Mitwirkung von Schöffen. 28
Umstritten ist die Frage, in welcher Besetzung das Gericht im Hinblick auf die Mitwirkung der Schöffen **während der laufenden Hauptverhandlung** über die Haftentscheidungen zu befinden hat. Nach der Rechtsprechung des Bundesgerichtshofs, die auch vom Bundesverfassungsgericht[56] nicht beanstandet wurde, ist auch während der laufenden Hauptverhandlung eines Amts- oder Landgerichts **immer in der Besetzung außerhalb der Hauptverhandlung** über die Haftfrage zu entscheiden.[57] Diese Ansicht hat den Wortlaut des § 30 GVG für sich und dieser ist auch zu folgen.[58] Nach einer anderen Auffassung erscheint es allein sachgerecht, den Spruchkörper mit der Haftfrage zu befassen, der die bisherige Beweisaufnahme durchgeführt hat.[59] Ferner wird vertreten, dass die Besetzung nach dem Zeitpunkt der Beschlussfassung auszurichten ist, mithin während der Hauptverhandlung unter Beteiligung der Laienrichter und außerhalb derselben ohne die Schöffen.[60] Die Rechtsauffassung des Bundesgerichtshofs hat nicht nur den Wortlaut des § 30 GVG für sich, sondern auch den maßgeblichen Grundsatz der Rechtssicherheit zum Zeitpunkt der Antragstellung. Bei der Zuständigkeitsausrichtung zum Zeitpunkt der Beschlussfassung würde es von bloßen Zufälligkeiten abhängen, welche Gerichtsbesetzung zu entscheiden hätte. Darüber hinaus würde dann auch die Gefahr unterschiedlicher Mehrheitsverhältnisse für die Entscheidung ein- und derselben Haftfrage bestehen. Die hierdurch herbeigeführte Abhängigkeit vom Zeitpunkt der Antragstellung würde deshalb auch dem Gebot des gesetzlichen Richters zuwiderlaufen.

4. Eilmaßnahmen der Staatsanwaltschaft oder Vollzugsanstalt (§ 119 Abs. 1 S. 4). 29
Abgesehen von den Fällen nicht beschwerdefähiger Entscheidungen nach § 119 Abs. 1 und 2 durch ein Oberlandesgericht oder den Ermittlungsrichter beim Bundesgerichtshof kommt ein **Antrag auf gerichtliche Entscheidung** nach § 119 Abs. 5 dann in Betracht, wenn Staatsanwaltschaft oder Vollzugsanstalt eine vorläufige Anordnung nach § 119 Abs. 1 S. 4 getroffen haben, diese aber wegen Erledigung dem zuständigen Gericht nicht mehr zur Genehmigung vorlegen mussten (§ 119 Abs. 1 S. 5). In diesen Fällen kann der Untersuchungsgefangene eine gerichtliche Überprüfung der Rechtmäßigkeit der erledigten Maßnahme nur über den an sich nachrangigen Antrag nach § 119 Abs. 5 S. 1 erreichen. Unter Berücksichtigung des Umstandes, dass die gerichtliche Anordnung der Maßnahmen nach § 119 Abs. 1 und 2 **dem Vorsitzenden durch § 126 Abs. 2 S. 3** ausdrücklich zugewiesen wird,[61] **wäre es widersprüchlich,** die Überprüfung der von Staatsanwaltschaft oder Vollzugsanstalt an seiner Stelle getroffenen vorläufigen Anordnungen dem Kollegialgericht zu übertragen.

---

[55] OLG Hamm 5.1.2012 – III-3 Ws 435/11, BeckRS 2012, 3766; OLG Karlsruhe 27.12.1985 – 1 Ws 275/85, Justiz 1986, 144.

[56] BVerfG 28.3.1998 – 2 BvR 2037/97, NJW 1998, 2962.

[57] BGH 11.1.2011 – 1 StR 648/10, NStZ 2011, 356; vgl. auch OLG München 21.6.2010 – 2 Ws 503/10, StraFo 2010, 383; 18.4.2007 – 2Ws 347/07, StRR 2007, 83.

[58] KG 27.1.2015 – 3 Ws 656/14, StraFo 2015, 110 (keine Schöffen); OLG Hamburg 12.4.2019 – 2 Ws 43/19, JR 2019, 647 mAnm Börner; Posthoff in Gercke/Julius/Temming/Zöller Rn. 10; → § § 117 Rn. 17; aA OLG München 27.2.2018 – 2 Ws 185/18, BeckRS 2018, 2549 (je nach Beschleunigungsgrundsatz); OLG Naumburg 21.6.2001 – 1 Ws 239/01, NStZ-RR 2001, 347.

[59] OLG Koblenz 17.3.2009 – 1 Ws 120/09, StV 2010, 37; 2001.2009 – 2 Ws 2/09, StV 2010, 36; OLG Düsseldorf 28.11.1983 – 2 Ws 643/83, StV 1984, 159.

[60] OLG Naumburg 21.6.2001 – 1 Ws 239/01, NStZ-RR 2001, 347.

[61] KG 13.9.2012 – 4 Ws 97/12, OLGSt StPO § 119 Nr. 40.

30 Insoweit ergibt sich aus Abs. 2 S. 3 eine Annexkompetenz des Vorsitzenden für die Bescheidung von Anträgen auf gerichtliche Entscheidung nach § 119 Abs. 5 S. 1 (→ § 119 Rn. 81 ff.).[62] Dies gilt insbesondere in dem theoretisch ebenfalls denkbaren Fall, dass der Untersuchungsgefangene durch einen Antrag nach § 119 Abs. 5 S. 1 der Vorlage nach § 119 Abs. 1 S. 5 zuvorkommen will.[63] Soweit die Gegenansicht, nach welcher bei einem Antrag nach Abs. 5 das Kollegialgericht und nicht der Vorsitzende zuständig sei, dies damit begründet, dass es sich hierbei nicht um eine „einzelne Maßnahme" im Sinne des Abs. 2 S. 3 handeln sollte, bleibt unklar, wo der sachliche Unterschied zu einer Entscheidung nach § 119 Abs. 1 S. 3 liegt, für welche der Vorsitzende nach § 126 Abs. 2 S. 3 ausdrücklich für zuständig erklärt wird. Allein der Umstand, dass der Rechtsbehelf nach der Gesetzesbegründung[64] der Beschwerde (§ 304) gleichgestellt werden sollte,[65] reicht in Anbetracht der vergleichbaren Ausgangslage hierfür nicht aus.[66]

31 **5. Zuständigkeit bei Anträgen auf gerichtliche Entscheidung nach § 119a.** Die Zuständigkeit für die Bescheidung eines **Antrags auf gerichtliche Entscheidung** nach § 119a Abs. 1 ergibt sich ebenfalls aus § 126. Danach ist für Anträge nach § 119a zunächst dasjenige Gericht zuständig, das den Haftbefehl erlassen hat. Mit Anklageerhebung geht die Zuständigkeit auf das mit der Sache befasste Gericht über. Ist dieses Gericht ein Kollegialgericht, besteht ein Unterschied zu § 119, da **§ 126 Abs. 2 S. 3 nur auf § 119 und nicht auch auf § 119a verweist.** Danach hat der **gesamte Spruchkörper** in der für Entscheidungen außerhalb der Hauptverhandlung vorgesehenen Besetzung über Beschränkungen der Haft zur Aufrechterhaltung der Sicherung und Ordnung in der Haftanstalt zu entscheiden.[67] Die sich aus § 126 Abs. 2 S. 3 ergebende Sonderzuständigkeit des Vorsitzenden für einzelne Anordnungen gilt für Anträge nach § 119a Abs. 1 nicht.

32 Die **funktionelle Zuständigkeit des Vorsitzenden oder des Kollegialgerichts** wird in der Praxis unterschiedlich beurteilt. Zum Teil werden Anträge auf gerichtliche Entscheidung gegen Entscheidungen der Vollzugsanstalt durch den Spruchkörper beschieden, zum Teil entsprechend Abs. 2 S. 3 durch den Vorsitzenden. Soweit Oberlandesgerichte mit Beschwerden im Verfahren nach § 119a befasst waren, haben sie häufig ohne Erörterung der Zuständigkeitsfrage in der Sache entschieden.[68] Auch in der Literatur wird grundsätzlich auf die Zuständigkeit des Haftrichters nach § 126 ohne nähere Ausführungen zur funktionellen Zuständigkeit verwiesen.[69]

33 Bis zum Inkrafttreten der **Föderalismusreform**[70] stand die Gesetzgebungskompetenz nach Art. 74 Abs. 1 Nr. 1 GG allein dem Bund zu. Mit Inkrafttreten der Reform zum 1.9.2006 wurde die Gesetzgebungskompetenz für die Regelung des Untersuchungshaftvollzuges von der konkurrierenden in die ausschließliche Gesetzgebungskompetenz der Bundesländer verschoben. Die Gesetzgebungskompetenz des Bundes besteht seitdem nur noch für das „gerichtliche Verfahren" (Art. 74 Abs. 1 Nr. 1 GG). Es ist seither zu unterscheiden zwischen dem Untersuchungshaftvollzugsrecht der Länder und dem in der Gesetzgebungskompetenz des Bundes als Teil des gerichtlichen Verfahrens verbliebenen Untersuchungshaftrecht (→ § 119 Rn. 1 ff.). Zu letzterem Bereich gehört die Regelung der Untersu-

---

62 AA KG 23.10.2013 – (1) 2 StE 3/12, NStZ-RR 2014, 50; Schultheis in KK-StPO § 119 Rn. 78.
63 Vgl. KG 2.1.2013 – 4 Ws 138/12, NStZ-RR 2013, 284.
64 BT-Drs. 16/11644, 30.
65 Wankel in KMR-StPO Rn. 16; König in Krekeler/Löffelmann/Sommer § 126 Rn. 10; Wiesneth Die Untersuchungshaft Rn. 394.
66 Paeffgen in SK-StPO § 119a Rn. 10.
67 → § 119a Rn. 15.
68 OLG Jena 23.8.2010 – 1 Ws 296/10, StV 2011, 36 (Anordnung des Vorsitzenden); KG 2.1.2013 – 4 Ws 138/12, NStZ-RR 2013, 284 (zur funktionellen Zuständigkeit des Kollegialgerichts).
69 Krauß in BeckOK StPO § 119a Rn. 4; Schmitt in Meyer-Goßner/Schmitt § 119a Rn. 2; Schlothauer/Weider/Nobis Untersuchungshaft Rn. 1026; aber für die funktionelle Zuständigkeit des Kollegialgerichts ausdrücklich: Wiesneth Untersuchungshaft Rn. 394; hingegen für die funktionelle Zuständigkeit des Vorsitzenden: Paeffgen in SK-StPO § 119a Rn. 10a.
70 Gesetz zur Änderung des Grundgesetzes vom 22.8.2006, BGBl. I 2034.

chungshaft selbst, einschließlich der Voraussetzungen, unter denen sie erfolgen kann und ihrer Dauer. Der Bund kann daher nach wie vor insbesondere die Gründe für die Anordnung der Untersuchungshaft und die Rechtsbehelfe regeln. Davon hat der Bund mit der Regelung in § 119a Gebrauch gemacht. Die gerichtliche Zuständigkeit für das Verfahren nach § 119a hat der Bundesgesetzgeber in der Neufassung von § 126 Abs. 1 S. 1 geregelt. Nach der eindeutigen Wortlautgrenze hat „das Gericht" in dem Verfahren nach § 119a fremde Entscheidungen und Maßnahmen, nämlich regelmäßig die der Vollzugsanstalt, die aus Zwecken der Sicherheit und Ordnung in der Haftanstalt getroffen wurden, aufgrund eines Antrages auf gerichtliche Entscheidung zu prüfen. Hingegen betrifft die **funktionale Sonderzuständigkeit** des Vorsitzenden nach Abs. 2 S. 3 typischerweise eigene, einzelne Anordnungen und Maßnahmen des Haftgerichts.

6. Zuständigkeit für die Bestellung und Auswechselung des Pflichtverteidigers. Zur Entscheidung über die Bestellung eines Pflichtverteidigers bei Vorliegen der Voraussetzungen des § 140 Abs. 1 Nr. 4 ist gemäß § 142 Abs. 3 Nr. 2 das Gericht zuständig, dem der Beschuldigte vorzuführen ist. Bei Ergreifung aufgrund eines bestehenden Haftbefehls ist dies der Richter, der den Haftbefehl erlassen hat (§§ 115 Abs. 1, 126 Abs. 1).[71] Das gilt auch für die Aufhebung der Bestellung oder die Auswechselung des Verteidigers nach § 143a. Ist Anklage erhoben ist nach § 142 Abs. 2 Nr. 3 zur Entscheidung über den Pflichtverteidigerwechsel ausschließlich der Vorsitzende des erkennenden Gerichts zuständig.[72] Diese Vorschrift steht im Einklang mit dem unter anderem in § 162 Abs. 3 S. 1 StPO und § 126 Abs. 2 S. 1 StPO festgelegten Grundsatz, dass die Erhebung der öffentlichen Klage einen Verfahrenseinschnitt bildet, mit dem die Zuständigkeit des Ermittlungsrichters endet und auf das erkennende Gericht übergeht.[73] Eine noch nicht erledigte Beschwerde gegen einen Beschluss des Haftrichters wird deshalb nach Anklageerhebung regelmäßig umgedeutet in einen (neuen) Antrag auf Erlass der begehrten oder Aufhebung der beanstandeten Maßnahme und ist als solche dem Gericht der Hauptsache vorzulegen. Eine Haftbeschwerde etwa verwandelt sich zu einem Antrag auf Haftprüfung vor dem Tatgericht.[74] Beschwerden über Haftbeschränkungen gemäß § 119 Abs. 1 StPO und gegen nicht in Vollzug gesetzte Haftbefehle sind in Anträge auf Aufhebung der Entscheidungen umzudeuten.[75] Die Anordnung, das Unterbleiben oder im Fall der Erledigung die nachträgliche Kontrolle (§ 101 Abs. 7 S. 4 StPO) von gerichtlichen Ermittlungsmaßnahmen obliegen mit Anklageerhebung ebenfalls uneingeschränkt dem erkennenden Spruchkörper. Sind insoweit nicht erledigte Rechtsmittel anhängig, entscheidet über diese das Tat- und nicht das Beschwerdegericht.[76] Neu ist die Regelung der Bestellung eines Sicherungsverteidigers in § 144, bei welcher dem Vorsitzenden ein in der Beschwerde nur begrenzt überprüfbarer Beurteilungsspielraum eingeräumt ist.[77] 34

Mit **Eingang der Anklage** kommt es dabei grundsätzlich zu einem Zuständigkeitswechsel in der Form nach § 126 Abs. 2, so dass nunmehr nur noch der Vorsitzende des Gerichts für die Entscheidung über die Beiordnung zuständig ist. Eine bis zur Anklageerhebung nicht beschiedene Beschwerde, über welche der **ganze Spruchkörper** des Landgerichts oder des Oberlandesgericht zu entscheiden hätte, gegen die Versagung einer Beiordnung durch den nach §§ 141 Abs. 4 Hs. 2 iVm § 126 Abs. 1 zuständigen Richter ist daher nach Anklageerhebung als **Antrag auf Beiordnung** zu behandeln, über den nunmehr der **Vorsitzende** des erkennenden Gerichts zu befinden hat.[78] 35

71 Schmitt in Meyer-Goßner/Schmitt § 142 Rn. 13.
72 BGH 12.11.2020 – StB 34/20, NJW 2021, 1478.
73 BGH 8.10.2008 – StB 12-15/08, NJW 2009, 454.
74 KG 9.4.2020 – 3 Ws 81/20, StraFo 2020, 414; OLG Hamm 19.3.2013 – III- 2 Ws 93/13, BeckRS 2013, 6213; Schultheis in KK-StPO § 126 Rn. 8.
75 OLG Frankfurt a. M. 17.2.2014 – 3 Ws 122/14, NStZ-RR 2014, 217.
76 BGH 12.11.2015 – StB 9/15, BeckRS 2015, 19985 mwN.
77 BGH 31.8.2020 – StB 23/20, NJW 2020, 3736 mAnm Staudinger jurisPR-StrafR 21/2020 Anm. 2.
78 OLG Stuttgart 9.7.2007 – 4 Ws 223/07, Justiz 2007, 357; OLG Celle 19.8.2010 – 1 Ws 419/10, NStZ-RR 2010, 381.

36 **7. Schadensersatzfragen.** Will der Beschuldigte Amtshaftungs- oder Schademsersatzansprüche wegen der Art und Weise seiner Unterbringung geltend machen, so können diese nach § 839 Abs. 3 BGB, Art. 5 Abs. 5 MRK ausgeschlossen sein, wenn er die Maßnahmen nicht zuvor bei dem nach § 126 zuständigen Gericht beanstandet hat.[79]

37 **8. Landesrechtliche Besonderheiten.** Abs. 5 ist durch das am 28.6.2019 in Kraft getretene Gesetz zur Stärkung der Rechte der Betroffenen bei Fixierungen im Rahmen von Freiheitsentziehungen[80] in die StPO eingefügt worden.[81] Anlass war die Entscheidung des BVerfG vom 27.7.2018,[82] wonach die Fixierung[83] eines Patienten einen Eingriff in dessen Grundrecht auf Freiheit der Person darstellt (Art. 2 Abs. 2 Satz 2 iVm Art. 104 GG) und eine fehlende Einsichtsfähigkeit für diesen den Grundrechtsschutz nicht entfallen lässt,[84] da diese auch dem psychisch Kranken und nicht voll Geschäftsfähigen garantiert ist.[85] Hieraus ergab sich, dass länger als eine halbe Stunde andauernde Fixierungen eine Freiheitsentziehung darstellen, so dass diese dem Richtervorhalt unterliegen. Danach war das bisherige Recht nach der Entscheidung des BVerfG verfassungswidrig, so dass es einer Überarbeitung bedurfte. In materieller Hinsicht hat der Gesetzgeber in § 171a StVollzG eine bundeseinheitliche Regelung geschaffen, die allerdings durch das vorrangige Landesrecht verdrängt wird und nur Anwendung findet im Bereich der Ordnungshaft, der Sicherungshaft, der Zwangs- und Erzwingungshaft sowie dem Strafarrest des § 9 WStG.[86] In allen anderen Bereichen, in denen in der Praxis tatsächlich regelmäßige Fixierungen vorkommen, z.B. Maßregelvollzug, öffentlich rechtliche Unterbringung, Untersuchungshaft[87] etc., findet das StVollzG des Bundes keine Anwendung.[88] Praktische Relevanz kommt jedoch den prozessualen Neuregelungen im Gesetz vom 28.9.2019 zu, da dem Bund auch für die landesrechtlichen Neuregelungen im Hinblick auf das Verfahrensrecht die Gesetzeskompetenz zusteht (§ 74 Abs. 1 Nr. 1 GG).

38 Insoweit enthält Abs. 5 nunmehr eine Zuständigkeitsregelung für die vorherige gerichtliche Anordnung bzw. für die Genehmigung von Maßnahmen, soweit nach den Gesetzen der Länder über den Vollzug der Untersuchungshaft eine Maßnahme der vorherigen gerichtlichen Anordnung oder der gerichtlichen Genehmigung bedarf. Insoweit ist der Zuständigkeitsbereich unklar und hängt von den landesrechtlichen Regelungen ab. Die Neuregelung beschränkt sich insoweit nicht auf den vom BVerfG beanstandeten Bereich der Fixierung.[89] Neben einer solchen kommen vor allem andere ärztliche Zwangsmaßnahmen und sonstige freiheitsentziehende Sicherungsmaßnahmen in Betracht, wenn diese landesgesetzlich einem Richtervorbehalt unterworfen sind.[90]

39 Nach Abs. 5 Satz 1 ist nunmehr das Amtsgericht zuständig, in dessen Bezirk die Maßnahme durchgeführt wird.[91] Entsprechend der Intervention des Bundesrates,[92] wonach vor allem solche Fixierungsentscheidungen von einem einheitlichen Gericht getroffen werden sollen,[93] bestimmt die Vorschrift auch für die Untersuchungshaft nunmehr die Zuständigkeit

[79] OLG Naumburg 30.1.2006 – 2 W 25/05, OLGR Naumburg 2006, 973 (Unterbringung in einem Haftraum mit anteilig vier Quadratmetern bei Gemeinschaftsunterbringung).
[80] BGBl. 2019 I 840.
[81] Vgl. hierzu auch Baur NJW 2019, 2273.
[82] BVerfG 27.7.2018 – 2 BvR 309/15, NJW 2018, 2619.
[83] Bei einer Fixierung handelt es sich um eine Maßnahme, bei welcher die Bewegungsfreiheit einer Person vollständig aufgehoben ist, § 171a Abs. 1 StVollzG.
[84] BVerfG 23.3.2011 – 2 BvR 882/09, BVerfGE 128, 282, NJW 2011 2113.
[85] BVerfG 7.10.1981 – 2 BvR 1194/80, BVerfGE 58, 208, NJW 1982, 691; 10.6.2015 – 2 BvR 1967/12, NJW-RR 2016, 193.
[86] Graf in BeckOK StPO Rn. 9.
[87] AG Lübeck 31.8.2020 – 9 XIV 17461 L, BeckRS 2020, 22532 (eine bloße Fesselung ist keine Fixierung).
[88] Petit FamRZ 2019, 1763.
[89] Petit FamRZ 2019, 1763.
[90] Graf in BeckOK StPO Rn. 9.
[91] Schmitt in Meyer-Goßner/Schmidt Rn. 13.
[92] BR-Drs. 134/19.
[93] Vgl. insoweit auch § 121a StVollzG (Strafhaft), § 138 Abs. 4 StVollzG (Maßregelvollzug), § 126a Abs. 2 iVm § 126 Abs. 5 (einstweilige Unterbringung), § 93 JGG (Jugendstrafrecht).

des Amtsgerichts, in dessen Bezirk die Maßnahme durchgeführt wird, mithin also vorliegend am Sitz der Vollzugsanstalt. Begründet wurde die Abweichung von den ansonsten in § 126 Abs. 1 und 2 StPO bestimmten Zuständigkeiten wenig nachvollziehbar[94] damit, dass es sich bei einer freiheitsentziehenden Fixierung lediglich um eine Maßnahme bei Gelegenheit des Freiheitsentzugs handeln solle und nicht um eine solche, die mit den Ursachen der Haft in Verbindung stehe. Zudem könne insoweit auf den bei den Amtsgerichten eingerichteten Bereitschaftsdienst zurückgegriffen werden.[95]

Wenig Bedeutung dürfte der vorwiegend aus kostenrechtlichen Gesichtspunkten getroffenen Vorschrift des Abs. 5 Satz 2 beikommen,[96] wonach die beteiligten Länder vereinbaren können, dass das Amtsgericht zuständig ist, in dessen Bezirk die für die Einrichtung zuständige Aufsichtsbehörde ihren Sitz hat, wenn ein Land für den Vollzug der Untersuchungshaft eine Einrichtung auf dem Gebiet eines anderen Landes unterhält. 40

Im Gegensatz dazu kommt dem Verweis in Abs. 5 Satz 3 auf die Vorschrift des § 121b StVollzG erhebliche Bedeutung bei. Diese bestimmt nicht nur die funktionale Zuständigkeit des amtsgerichtlichen Familiengerichts, sondern erklärt auch das dortige Verfahrensrecht für anwendbar (§ 312 Abs. 4 FamG), was eine nicht in die StPO gehörende verfahrensfremde Regelung darstellt.[97] 41

§ 126a Einstweilige Unterbringung

(1) Sind dringende Gründe für die Annahme vorhanden, daß jemand eine rechtswidrige Tat im Zustand der Schuldunfähigkeit oder verminderten Schuldfähigkeit (§§ 20, 21 des Strafgesetzbuches) begangen hat und daß seine Unterbringung in einem psychiatrischen Krankenhaus oder einer Entziehungsanstalt angeordnet werden wird, so kann das Gericht durch Unterbringungsbefehl die einstweilige Unterbringung in einer dieser Anstalten anordnen, wenn die öffentliche Sicherheit es erfordert.

(2) [1]Für die einstweilige Unterbringung gelten die §§ 114 bis 115a, 116 Abs. 3 und 4, §§ 117 bis 119a, 123, 125 und 126 entsprechend. [2]Die §§ 121, 122 gelten entsprechend mit der Maßgabe, dass das Oberlandesgericht prüft, ob die Voraussetzungen der einstweiligen Unterbringung weiterhin vorliegen.

(3) [1]Der Unterbringungsbefehl ist aufzuheben, wenn die Voraussetzungen der einstweiligen Unterbringung nicht mehr vorliegen oder wenn das Gericht im Urteil die Unterbringung in einem psychiatrischen Krankenhaus oder einer Entziehungsanstalt nicht anordnet. [2]Durch die Einlegung eines Rechtsmittels darf die Freilassung nicht aufgehalten werden. § 120 Abs. 3 gilt entsprechend.

(4) Hat der Untergebrachte einen gesetzlichen Vertreter oder einen Bevollmächtigten im Sinne des § 1906 Abs. 5 des Bürgerlichen Gesetzbuches, so sind Entscheidungen nach Absatz 1 bis 3 auch diesem bekannt zu geben.

Schrifttum: Siehe §§ 112, 121, 122 und ergänzend:

Baumann, Fehlende Rechtsgrundlage bei ärztlicher Zwangsbehandlung Untergebrachter; NJW 1980, 1878; Bohnert, Untersuchungshaft und einstweilige Unterbringung, JR 2001 402; Bosch, Entbindung des Arztes von der Schweigepflicht, StV 2002, 633; Jung, Die Reihenfolge der Vollstreckung von Strafe und Maßregel bei Ausländern, StV 2009, 212; Hammel, Taschengeld als sozialhilferechtlich anzuerkennendes Bedürfnis des täglichen Lebens im Falle einer einstweiligen Unterbringung nach § 126a, ASR 2012, 202; Kammeier, Die psychiatrische Maßregel nach § 63 StGB im Spannungsfeld von Sicherungsauftrag und Freiheitsanspruch, ZStW 2020, 134; Laugwitz, „Sind dringende Gründe für die Annahme vorhanden" – Eine Untersuchung zur Anordnungspraxis des § 126a StPO, RuP 2005, 67; Mansdörfer, Das Recht des Beschuldigten auf ein

[94] Ebenso Petit FamRZ 2019, 1763 (Verkürzung des Rechtschutzes).
[95] BT-Drs. 19/8939, 18; Graf in BeckOK StPO Rn. 9.
[96] BR-Drs. 134/19; Graf in BeckOK StPO R. 9.
[97] AG Lübeck 31.8.2020 – 9 XIV 17461 L, BeckRS 2020, 22532 (Bestellung eines Verfahrenspflegers).

unverzögertes Ermittlungsverfahren, GA 2010, 153–168; Nestler, Zum „Recht des Untersuchungshaftvollzugs" i.S.v. Art. 74 Abs. 1 Nr. 1 GG, HRRS 2010, 546; Ostendorf, Untersuchungshaft und Abschiebehaft, NomosPraxis 2011; Müller, Der Fall Mollath und die Strafjustiz – Anmerkungen aus der Praxis, Betrifft Justiz 2013, 176.; Peglau, Entlassung aus der einstweiligen Unterbringung wegen Verfahrensverzögerung, Anmerkung zu OLG Karlsruhe 2. Strafsenat, Beschluss vom 18.1.2010, 2 Ws 451/09 HEs 226/09, jurisPR-StrafR 5/2010 Anm. 3; Pohlreich, Die Rechtsprechung des EGMR zum Vollzug von Straf- und Untersuchungshaft, NStZ 2011, 560; Pollähne, Die einstweilige Unterbringung des § 126a StPO im Recht, Recht & Psychiatrie 2002, 229; 2003, 57; Pollähne, Die einstweilige Unterbringung (§ 126a StPO), Recht & Psychiatrie 2011, 140–151; Pollähne/Ernst, Einstweilige Unterbringung und Beschleunigungsgebot, StV 2009, 705–708; Schäfer, Unzureichender Schutz des Beschuldigten im einstweiligen Unterbringungsverfahren nach § 126a StPO, ZRP 1989, 129; Scheffler, Unterbringung gemäß § 126a außerhalb der Einrichtungen des Maßregelvollzugs? RUP 1998, 97; Schultheis, Übersicht über die Rechtsprechung in Untersuchungshaftsachen, NStZ 2011, 682–688 und NStZ 2013, 87–97; Schneider, Die Reform des Maßregelrechts, NStZ 2008, 68); Schlothauer/Weider/Nobis, Untersuchungshaft – mit Erläuterungen zu den UVollzG der Länder, 5. Aufl. 2016; Spieß, Das Gesetz zur Sicherung der Unterbringung in einem psychiatrischen Krankenhaus und in einer Entziehungsanstalt, StV 2008, 160; Tsambikakis, Anmerkung zu dem Beschluss des OLG Thüringen vom 29.11.2010 – 1 Ws 457/10 – Zur Wiederholungsgefahr bei der Untersuchungshaft; Volkart, Reform des § 126a StPO ist überfällig, RuP 1990, 72; Westhof, Verfahren, Voraussetzungen und Zuständigkeiten einer Unterbringung nach § 126a StPO, §§ 63, 64 StGB, JA 1997, 50; Wiesneth, Die Untersuchungshaft, 2010 sowie der amtsgerichtliche Bereitschaftsdienst – Neuerungen, DRiZ 2010, 46–51

Übersicht

I. Allgemeines, Normzweck und Anwendungsbereich

1 **1. Allgemeines.** Die Norm ergänzt die Vorschriften der §§ 112, 112a, welche die Haftgrundlage für die Inhaftierung voll schuldfähiger Tatverdächtiger darstellen insoweit als

sie die **Rechtsgrundlage für die Ingewahrsamnahme schuldunfähiger (§ 20 StGB) oder eingeschränkt schuldfähiger Straftäter** (§ 21 StGB) darstellt. Die jetzige Fassung der Vorschrift ist durch das Gesetz zur Sicherung der Unterbringung in einem psychiatrischen Krankenhaus und einer Entziehungsanstalt vom 16.7.2007 (Unterbringungssicherungsgesetz)[1] eingeführt worden und hatte das Ziel, die als sachlich nicht gerechtfertigte Schlechterstellung des vorläufig Untergebrachten gegenüber dem Untersuchungsgefangenen durch das Fehlen einer nach sechs Monaten durchzuführenden Prüfung des weiteren Vorliegens der Unterbringungsvoraussetzungen zu beseitigen,[2] was jedenfalls teilweise auch gelungen ist (→ Rn. 40 ff.).

2. Normzweck. Ziel der Norm ist nicht, wie dies bei § 112 der Fall ist, die Sicherung des Verfahrens, sondern es handelt sich um eine **rein präventive polizeiliche Vorschrift,** welche ausschließlich der Gefahrenabwehr dient und eine spätere Unterbringung nach §§ 63, 64 StGB ermöglichen soll. Daher dient die Vorschrift dem **Schutz der Allgemeinheit** vor weiteren erheblichen Straftaten psychisch kranker Rechtsbrecher.[3] Ähnliche vorbeugende Maßnahmen sind auch in §§ 111a, 112a, 132a enthalten. Gleichwohl hat die Vorschrift jedenfalls mittelbar auch verfahrenssichernden Charakter.[4] 2

3. Anwendungsbereich. Bei nur vermindert schuldfähigen Straftätern (§ 21 StGB) stellt sich die Frage der Abgrenzung zur Untersuchungshaft (§ 112). Grundsätzlich wird diese nicht dadurch ausgeschlossen, dass mit einer Unterbringung des Täters in einem psychiatrischen Krankenhaus (§ 63 StGB) oder in einer Entziehungsanstalt (§ 64 StGB) zu rechnen ist. Insoweit kommt es darauf an, ob die **einstweilige Unterbringung die angemessenere Maßnahme** darstellt, was im Einzelfall beurteilt werden muss. Dies wird in Regel dann anzunehmen sein, wenn sie die Möglichkeit einer ärztlichen Behandlung bietet (→ Rn. 57)[5] und eine solche auch nach vorläufiger Beurteilung des Haftrichters geboten ist und rechtlich auch zulässig durchgeführt werden kann (→ Rn. 30).[6] Allerdings kann nur eine der beiden Maßnahmen angeordnet und vollzogen werden.[7] Dabei kann und muss auch die Unterbringung so ausgestaltet werden, dass neben der Flucht- vor allem der Verdunkelungsgefahr entgegengewirkt wird.[8] Ist mit einer endgültigen Unterbringung nicht zu rechnen, kommt allein die Anordnung der Untersuchungshaft in Betracht, andererseits wird zumeist eine einstweilige Unterbringung durch den Haftrichter anzuordnen sein, wenn die Schuldunfähigkeit des Tatverdächtigen feststeht oder aber mit hoher Wahrscheinlichkeit zu erwarten ist.[9] 3

Die einstweilige Unterbringung kann nicht nur gegen erwachsene Rechtsbrecher angeordnet, sondern auch gegen **Jugendliche und Heranwachsende**[10] bei entsprechender Tatschwere, wie etwa bei einem angekündigten Amoklauf in der Schule.[11] Dies gilt auch dann, wenn zu der krankhaften Störung auch eine entwicklungsbedingte Störung zusammen trifft, mithin es auch an einer Verantwortlichkeit des Jugendlichen nach § 3 JGG fehlt.[12] Allerdings ist in solchen Fällen immer sehr genau zu prüfen, ob eine Unterbringung wirklich erforderlich ist, denn das vom Erziehungsgedanken geprägte Jugendstrafrecht kann einer solchen doch sehr tief in die Lebensführunge vor allem eines jugendlichen Straftäters eingrei- 4

---

1 BGBl. I 1327.
2 BT-Drs. 16/1110, 27; Posthoff in Gercke/Julius/Temming/Zöller § 126a Rn. 1.
3 Gärtner in Löwe/Rosenberg Rn. 1; Posthoff in Gercke/Julius/Temming/Zöller Rn. 1.
4 Gärtner in Löwe/Rosenberg Rn. 1; Schultheis in KK-StPO § 126a Rn. 1.
5 KG 9.3.1989 – 4 Ws 47/89, JR 1989, 476.
6 Schneider NStZ 2008, 68.
7 Paeffgen in SK-StPO § 126 Rn. 3; aA Bohnert JR 2001, 402 (Anwendung der Regeln der Überhaft).
8 Schultheis in KK-StPO Rn. 2.
9 Ebenso Posthoff in Gercke/Julius/Temming/Zöller Rn. 2.
10 OLG Düsseldorf 20.1.1984 – 2 Ws 21/84, MDR 1984, 603; Schmitt in Meyer-Goßner/Schmitt § 126a Rn. 1; Schultheis in KK-StPO § 126a Rn. 1b.
11 OLG Celle 26.8.2017 – 2 Ws 133/17, OLGSt StGB § 67d Nr. 29.
12 OLG Jena 29.1.2007 – 1 Ws 16/07, NStZ-RR 2007, 217.

fenden Maßnahme entgegenstehen.[13] Zuständig für den Erlass des Unterbringungsbefehls ist nicht der Ermittlungsrichter, sondern nach § 126a Abs. 2 S. 1, § 125 Abs. 1, § 34 Abs. 1 JGG der Jugendrichter beim Amtsgericht.

5 Nach einer in **Literatur und Rechtsprechung** diesbezüglich vertretenen, den dogmatischen Vorrang des § 3 JGG betonenden abweichenden Ansicht ist die strafrechtliche Unterbringung eines nach § 3 S. 1 JGG nicht verantwortlichen und zugleich iSd §§ 20, 21 StGB schuldunfähigen oder vermindert schuldfähigen Jugendlichen hingegen ausgeschlossen.[14] Nach dieser Auffassung käme in den vorliegenden Fällen als Maßnahme nach § 3 S. 2 JGG nur eine Unterbringung in einem psychiatrischen Krankenhaus in Betracht durch eine Genehmigung des Familiengerichts als zivilrechtliche Unterbringung nach § 1631b BGB oder einer vom Vormundschaftsgericht anzuordnenden öffentlich-rechtlichen Unterbringung nach dem jeweiligen Landesrecht.[15] Nach zutreffender anderer Ansicht hingegen geht auch bei einem Zusammentreffen von fehlender strafrechtlicher Verantwortlichkeit iSd § 3 S. 1 JGG und Schuldunfähigkeit oder verminderter Schuldfähigkeit iSd §§ 20, 21 StGB letztere vor mit der Folge, dass in solchen Fällen einer strafrechtlichen Unterbringung grundsätzlich nichts entgegensteht.[16] Die Unterbringung nach § 63 gehört, wie der Regelung in §§ 5 Abs. 3, 7 JGG zu entnehmen ist, zu den grundsätzlich auch gegen Jugendliche statthaften Maßregeln. Eine Ausschlussklausel ist diesen Normen nicht zu entnehmen.[17] Ferner ist eine krankheitsbedingt geminderte Schuldfähigkeit nach § 63 dem krankheitsbedingten Ausschluss der Schuldfähigkeit, bei dem eine Bestrafung immer auszuscheiden hat, sachlich uneingeschränkt gleichgestellt. Erschwerend kommt hinzu, dass bei einem Jugendlichen, der iSv § 20 StGB krankheitsbedingt jegliche strafrechtliche Verantwortlichkeit vermissen lässt, die Frage der mangelnden Entwicklungsreife als bedeutungslos in den Hintergrund treten lässt. Zudem erfordert der mit § 126a bezweckte Schutz der Allgemeinheit die Anwendbarkeit der hierfür geschaffenen bundeseinheitlichen Normen.

6 Abzugrenzen ist die Unterbringung nach § 126a auch von der **landesrechtlichen Unterbringung psychisch Kranker.** Diese ist grundsätzlich subsidiär.[18] Zum einen verfolgt diese einen anderen Schutzzweck, zum anderen sind auch die tatbestandlichen Anforderungen an eine landesrechtliche Unterbringung größer, da teilweise (vgl. zB § 11 PsychKG NW) eine gegenwärtige Gefahr erforderlich ist.[19] Auch hat das Haftgericht keinerlei Einfluss darauf, in welchem Umfang die Freiheitsentziehung weiter vollzogen wird. Insoweit besteht auch die Besonderheit, dass untergebrachten Patienten, sei es nach § 126a, sei es nach Landesrecht, oftmals Gewaltdelikte an Personal oder sonstigen Insassen begehen. Solche Delikte hindern grundsätzlich die Anwendung des § 63 StGB und damit auch des § 126a nicht. Hat ein Beschuldigter krankheitstypische und krankheitsbedingte Anlasstaten jedoch im Rahmen einer bereits aus anderen Gründen angeordneten Unterbringung begangen und gehören die Tatopfer zum ihn betreuenden Pflegepersonal, bleibt in der Regel für die Maßnahme nach § 63 StGB als Rechtsfolge kein Raum.[20]

7 Steht nicht das allgemeine Sicherheitsbedürfnis in Rede (→ Rn. 16), sondern nur die **Sicherung der Anwesenheit** des der **Hauptverhandlung** unentschuldigt ferngebliebenen Beschuldigten, darf kein vorläufiger Unterbringungsbefehl ergehen, sondern auch im Sicherungsverfahren (§§ 414 ff.) muss eine Vorführungsanordnung oder sogleich ein Haftbefehl nach § 230 Abs. 2 erlassen werden.[21]

---

13 Ebenso Posthoff in Gercke/Julius/Temming/Zöller Rn. 1.

14 Eisenberg/Kölbel JGG § 3 Rn. 35–39; Ostendorf JGG § 3 Rn. 4; OLG Karlsruhe 28.2.2000 – 2 Ss 225/99, Justiz 2000, 150.

15 Vgl. auch OLG Jena 29.1.2007 – 1 Ws 16/07, NStZ-RR 2007, 217–219; 20.1.2007 – 1 Ws 44/07.

16 BGH 29.1.1975 – 2 StR 579/75, BGHSt 26, 67; Diemer/Schatz/Sonnen JGG § 3 Rn. 28; Brunner/Dölling JGG § 3 Rn. 10; OLG Düsseldorf 20.1.1984 – 2 Ws 21/84, MDR 1984, 603.

17 Remschmidt/Rössner § 126a Rn. 48–50.

18 OLG Hamm 9.6.2020 – III-4 Ws 95/20, RuP 2020, 234.

19 OLG Hamm 20.5.2008 – 3 Ws 198/08, BeckRS 2008, 11800.

20 BGH 22.1.1998 – 4 StR 354/97, NStZ 1998, 405; 22.2.2011 – 4 StR 635/10, NStZ-RR 2011, 202; OLG Jena 20.1.2007 – 1 Ws 44/07.

21 OLG Hamburg 7.3.2012 – 2 Ws 36/12, StraFo 2012, 266.

II. Voraussetzungen der einstweiligen Unterbringung (Abs. 1)

1. Allgemeines. Das nach § 126 zuständige Gericht kann durch einen **Unterbringungsbefehl** die einstweilige Unterbringung des Beschuldigten in einem psychiatrischen Krankenhaus (§ 63 StGB) oder einer Entziehungsanstalt (§ 64 StGB) anordnen, wenn dringende Gründe für die Annahme vorhanden sind, dass jemand eine rechtswidrige Tat (§ 11 Abs. 1 Nr. 5 StGB) im Zustand der Schuldunfähigkeit (§ 20 StGB) oder der verminderten Schuldfähigkeit (§ 21 StGB) begangen hat und dass seine Unterbringung in einer diesen Anstalten angeordnet werden wird, wenn die öffentliche Sicherheit es erfordert. Insoweit braucht zum Zeitpunkt der Anordnung noch nicht feststehen, ob die Voraussetzungen des § 20 StGB oder des § 21 StGB vorliegen.[22] 8

2. Dringende Gründe. Der Begriff der dringenden Gründen entspricht der Sache nach dem des **dringenden Tatverdachts in § 112.**[23] Erforderlich sind solche dringenden Gründe in zweierlei Hinsicht. Zum einen muss die Aktenlage die Annahme begründen, dass jemand eine rechtswidrige Tat im Zustand der Schuldunfähigkeit oder verminderten Schuldfähigkeit (§§ 20, 21 StGB) begangen hat, zum anderen, dass deshalb seine Unterbringung in einem psychiatrischen Krankenhaus (§ 63) oder einer Entziehungsanstalt (§ 64) angeordnet werden wird. Der Gesetzgeber hat diesen Verdachtsgrad selbst nicht näher erläutert. Der Begriff der dringenden Gründe nach § 126a Abs. 1, die in Bezug auf die Tatbegehung und die endgültige Unterbringung nach § 63 verlangt werden, entspricht dem des dringenden Tatverdachts des § 112 Abs. 1 S. 1.[24] Erforderlich sind insoweit **drei** von dem zuständigen Gericht (§§ 125, 126) zu prüfenden **Elemente.** Einerseits bedarf es einer sachlich begründeten Beurteilung der **Täterwahrscheinlichkeit des Beschuldigten** (→ Rn. 10),[25] andererseits einer **Prognose der vollständigen oder eingeschränkten Schuldunfähigkei**t (→ Rn. 11). sowie der **Anordnung der endgültigen Unterbringung** in einem psychiatrischen Krankenhaus oder einer Entziehungsanstalt nach §§ 63, 64 StGB (→ Rn. 13 f.). 9

a) Täterwahrscheinlichkeit. Die von der Rechtsprechung und der Literatur gefestigte Definition umschreibt den dringenden Tatverdacht zunächst als **große oder hohe Wahrscheinlichkeit,**[26] dass der Beschuldigte Täter oder Teilnehmer einer verfolgbaren Straftat ist. Insoweit unterscheidet sich die Vorschrift nicht von § 112. 10

b) Vollständige oder eingeschränkte Schuldunfähigkeitswahrscheinlichkeit. 11
Auch bezüglich des Vorliegens der §§ 20, 21 StGB müssen dringenden Gründe, mithin eine **große oder hohe Wahrscheinlichkeit** vorliegen,[27] dass die Schuldfähigkeit des Täters bei der Tat entweder vollkommen oder zumindest teilweise eingeschränkt war. Insoweit kann allerdings offen bleiben, ob später § 20 StGB oder § 21 StGB zur Anwendung kommt, wenn nur zum Zeitpunkt der jeweiligen Unterbringungsentscheidung die Voraussetzungen einer der beiden Normen mit hoher Wahrscheinlichkeit anzunehmen ist.[28]

Gerade zu Beginn eines Ermittlungsverfahrens lässt sich oftmals nicht sicher feststellen, ob ein Tatverdächtiger an einer seine Schuldfähigkeit tangierenden psychiatrischen oder psychischen Störung leidet. Ansatzpunkte für eine solche Beeinträchtigung kann oftmals der Tatablauf geben oder aber, was sehr oft der Fall ist, frühere Aufenthalte des Beschuldigten in einer psychiatrischen Klinik. In solchen Fällen ist zeitnah schon durch die **Staats-** 12

[22] Schmitt in Meyer-Goßner/Schmitt § 126a Rn. 4.
[23] OLG Hamm 18.12.2017 – 3 Ws 248/17; Gärtner in Löwe/Rosenberg § 126a Rn. 7.
[24] OLG Bremen 6.2.2008 – BL 12/08, NStZ 2008, 650; KG 18.8.1999 – 1 AR 1657/96, BeckRS 1999, 16075; vgl. hierzu → § 112 Rn. 21 ff.
[25] Vgl. BVerfG 12.9.1995 – 2 BvR 2475/94, NJW 1996, 1049; → § 112 Rn. 22; Graf in KK-StPO § 112 Rn. 3.
[26] BGH 18.10.2007 – StB 34/07, StV 2008, 84; → § 112 Rn. 21; Graf in KK-StPO § 112 Rn. 6.
[27] Schultheis in KK-StPO Rn. 3.
[28] Schultheis in KK-StPO Rn. 3.

anwaltschaft ein Sachverständiger[29] **zu bestellen** (vgl. hierzu → § 121 Rn. 58 ff.). Ergibt sich erst im Laufe des Verfahrens, dass die Voraussetzungen der §§ 20, 21 StGB vorliegen, so ist zu prüfen, ob ein bis dahin bestehender Untersuchungshaftbefehl umgewandelt werden muss (→ Rn. 61).

13 **c) Unterbringungswahrscheinlichkeit.** Zur Prognose zur – eingeschränkten – Schuldunfähigkeit muss hinzu kommen, dass mit **hoher Wahrscheinlichkeit** mit einer Unterbringung (§§ 63, 64 StGB) des Beschuldigten zu rechnen ist. Dabei muss sich die Prognose auf den **Zeitpunkt der späteren Urteilsfeststellung** beziehen und hierauf auch abstellen.[30] Eine solche Unterbringung ist nach §§ 63 ff. StGB anzuordnen, wenn vom Täter infolge seines Zustandes oder seines Hanges erhebliche rechtswidrige Taten zu erwarten sind und er zudem im Falle des § 63 StGB (Unterbringung in einer psychiatrischen Krankenhaus) für die Allgemeinheit gefährlich ist.[31] In Fällen des § 64 StGB ist insoweit Vorsicht geboten, weil eine Anordnung der Maßregel auch möglich ist, wenn die Schuldunfähigkeit nicht auszuschließen ist, so dass trotz eines Hanges, alkoholische Getränke oder berauschende Mittel im Übermaß zu sich zu nehmen, ein nur eine Haftbefehl nach § 112 in Betracht kommen kann.[32]

14 In der Praxis von besonderer Bedeutung ist die **Maßregelanordnung nach § 63 StGB.** Eine solche setzt zunächst die positive Feststellung eines länger andauernden, nicht nur vorübergehenden Defekts voraus, der zumindest eine erhebliche Einschränkung der Schuldfähigkeit iSd § 21 StGB sicher begründet.[33] Weiter bedarf es der Feststellung eines Zusammenhanges zwischen der vorliegenden psychischen Störung und der Anlasstat.[34] Infolge seines Zustandes müssen danach von dem Betroffenen weitere Taten zu erwarten sein, was – da die Maßregel ihn in hohem Maße beschwert – nur zur Anordnung der Unterbringung führt, wenn nicht nur die einfache Möglichkeit, sondern eine Wahrscheinlichkeit höheren Grades für neuerliche schwere Störungen des Rechtsfriedens besteht.[35] In Anbetracht der Schwere des Eingriffs in die persönliche Freiheit rechtfertigen nur schwere Störungen des Rechtsfriedens, die zumindest in den Bereich der mittleren Kriminalität hineinragen, eine Unterbringung nach § 63 StGB und eine entsprechende einstweilige Unterbringung nach § 126a StPO.[36] Eine insoweit zu erwartende Straftat von erheblicher Bedeutung (§ 63 StGB) liegt vor, wenn sie mindestens der mittleren Kriminalität zuzurechnen ist, den Rechtsfrieden empfindlich stört und geeignet ist, das Gefühl der Rechtssicherheit der Bevölkerung erheblich zu beeinträchtigen. Straftaten, die im Höchstmaß mit Freiheitsstrafe unter fünf Jahren bedroht sind, sind daher nicht ohne Weiteres dem Bereich der Straftaten von erheblicher Bedeutung zuzurechnen.[37] Bei geringfügigeren Anlasstaten bedarf die Gefährlichkeitsprognose besonderer Prüfung.[38] Eine solche kann etwa fehlen, wenn dem Beschuldigten lediglich vorgeworfen wird, einen anderen durch die Äußerung „Dich mach ich als nächsten fertig" bedroht zu haben.[39] Jedoch kann durchaus ausreichen, dass

---

29 Zur ärztlichen Schweigepflicht im Rahmen des § 126a vgl. Kangarani StraFo 2014, 101 (keine Pflicht zur Mitwirkung des Beschuldigten).

30 BGH 3.8.2017 – 4 StR 193/17, StraFo 2017, 426; Gärtner in Löwe/Rosenberg § 126a Rn. 11.

31 Vgl. hierzu auch BGH 11.7.2019 – 1 StR 253/19, BeckRS 2019, 22918 (trotz Grunderkrankung seit längerer Zeit keine Straftaten mehr begangen).

32 Gärtner in Löwe/Rosenberg § 126a Rn. 9; Posthoff in Gercke/Julius/Temming/Zöller Rn. 4; Paeffgen in SK-StPO Rn. 5a.

33 BGH 17.3.2006 – 3 StR 52, 06, NStZ-RR 2007, 74; 8.4.2003 – 3 StR 79/03, NStZ-RR 2003, 232.

34 BGH 8.4.2003 – 3 StR 79/03, NStZ-RR 2003, 232; 17.3.2006 – 3 StR 52, 06, NStZ-RR 2007, 74.

35 BGH 22.6.2006 – 3 StR 89/06, NStZ-RR 2006, 265; 11.7.1986 – 3 StR 274/86, NStZ 1986, 572; Fischer, 55. Aufl., StGB § 63 Rn. 13; aA OLG Hamm 18.12.2017 – 3 Ws 498/17, BeckRS 2017, 154162 (bestimmte Wahrscheinlichkeit).

36 BGH 29.11.1994 – 1 StR 689/94, NStZ 1995, 228; 6.11.1996 – 5 Ars 59/96, NStZ-RR 1997, 166; 24.11.2004 – 1 StR 493/04, NStZ-RR 2005, 72.

37 BVerfG 22.8.2017 – 2 BvR 2039/16, BeckRS 2017, 123193; 24.7.2013 – 2 BvR 298/12, BeckRS 2013, 54084.

38 BGH 14.7.2005 – 4 StR 135/05, NStZ-RR 2005, 303; Fischer StGB § 63 Rn. 14.

39 OLG Frankfurt a. M. 30.4.2008 – 1 Ws 48/08, BeckRS 2008, 08853.

der Beschuldigte nur gegenüber einer Einzelperson gefährlich ist.[40] Auch kann eine an sich nicht ausreichende Tat (Wurf mit einem 12–15 cm großen Glasaschenbecher gezielt in Richtung des Kopfes des Opfers), ausreichen, wenn diese die Erwartung zukünftiger zustandsbedingter erheblicher rechtswidriger Taten iSv § 63 S. 2 StGB begründet.[41]

Zur Beurteilung der Schuldfähigkeits- und der Unterbringungsprognose ist nach dem Gebot der **bestmöglichen Sachaufklärung,**[42] welches auch für das Verfahren der Überprüfung der Unterbringung Beachtung finden muss, in solchen Fällen zeitnah ein erfahrener Sachverständiger hinzuzuziehen.[43] Mit zunehmender Dauer des Freiheitsentzuges steigen dabei die Anforderungen an eine solche Sachverhaltsaufklärung und die Begründungstiefe[44] gerichtlicher Entscheidungen.[45] Insbesondere mit fortschreitender Dauer der vorläufigen Unterbringung ist es im Hinblick auf die erforderliche Gefahrenprognose, wie in der Praxis häufig zu beobachten, nicht ausreichend, die Ansicht des medizinischen Gutachters zu der fortbestehenden Gefährlichkeit zu replizieren, sondern in einer späteren Haftfortdauerentscheidung sind zumindest auch die Anknüpfungs- und Befundtatsachen, die zum Verständnis der gutachterlichen Äußerungen und ihrer Plausibilität erforderlich sind, darzustellen. 15

3. Öffentliche Sicherheit. Weiterhin muss die öffentliche Sicherheit die vorläufige Unterbringung des Beschuldigten im Zeitpunkt der Anordnung des Beschlusses gebieten. Nicht nur die verfahrenssichernde Untersuchungshaft (§§ 112 ff.), sondern auch eine Freiheitsentziehung in Form der vorläufigen Unterbringung darf nämlich nur dann angeordnet und aufrechterhalten werden, wenn **überwiegende Gemeinwohlbelange,** wie beispielsweise eine wirksame Strafrechtspflege, dies zwingend gebieten.[46] 16

Die öffentliche Sicherheit gebietet die vorläufige Unterbringung aber nur dann, wenn eine **Wahrscheinlichkeit höheren Grades** und nicht nur die einfache Möglichkeit schwerer Störungen des Rechtsfriedens besteht.[47] Es muss sich um Taten von solcher Schwere handeln, dass der Schutz der Allgemeinheit die einstweilige Unterbringung gebietet.[48] Geboten ist danach eine mit aller Sorgfalt vorzunehmende Gesamtwürdigung von Täter und Tat unter Berücksichtigung des Grundsatzes der Verhältnismäßigkeit (§ 126a iVm § 62 StGB; → Rn. 18) und eine Prognose, dass von dem Täter infolge seines Zustandes erhebliche rechtswidrige Taten zu erwarten sind und er deshalb für die Allgemeinheit gefährlich ist.[49] Hierfür bedarf es einer negativen Gefährlichkeitsprognose.[50] Mit einer Wahrscheinlichkeit hohen Grades muss danach anzunehmen sein, dass der Täter infolge seines fortdauernden Zustands in Zukunft erhebliche rechtswidrige Taten begehen werde und daher für die Allgemeinheit gefährlich sei.[51] 17

4. Grundsatz der Verhältnismäßigkeit. Wie sich auch aus § 62 StGB ergibt, ist der Grundsatz der Verhältnismäßigkeit auch bei der einstweiligen Unterbringung zu beachten[52] 18

---

[40] OLG Jena 4.9.2007 – 1 Ws 331/07, OLGSt StPO § 126a Nr. 7.

[41] OLG Hamm 9.6.2020 – III-4 Ws 95/20, RuP 2020, 234.

[42] BVerfG 22.8.2017 – 2 BvR 2039/16, BeckRS 2017, 123193 (zureichende richterliche Sachaufklärung).

[43] BVerfG 26.3.2009 – 2 BvR 2543/08, NStZ-RR 2010, 122.

[44] BVerfG 30.5.2013 – 2 BvR 885/13, BeckRS 2013, 53080 (Widerspruch zwischen Gutachten des Sachverständigen und der Klinik nicht aufgelöst).

[45] BVerfG 14.1.2005 – 2 BvR 983/04, BeckRS 2005, 22561.

[46] BVerfG 8.12.2011 – 2 BvR 2181/11, NJW 2012, 513; 6.2.1980 – 2 BvR 1070/79, BVerfGE 53, 152.

[47] Paeffgen in SK-StPO § 126 Rn. 5; aA Posthoff in Gercke/Julius/Temming/Zöller Rn. 6 (hohe Wahrscheinlichkeit nicht erforderlich).

[48] Schultheis in KK-StPO Rn. 3.

[49] BGH 2.3.2011 – 2 StR 550/10, NStZ-RR 2011, 240; 17.2.2009 – 3 StR 27/09, NStZ-RR 2009, 169.

[50] Vgl. OLG Düsseldorf 5.1.2000 – 1 Ws 976/99, BeckRS 2000, 30089275 (zur einstweiligen Unterbringung eines Exhibitionisten bei der Gefahr sexueller Handlungen an Kindern); OLG Frankfurt a. M. 30.4.2008 – 1 Ws 48/08, BeckRS 2008, 08853 (zu den Anforderungen an die Gefährlichkeitsprognose bei geringfügiger Anlasstat).

[51] BGH 2.7.2002 – 1 StR 194/02, NStZ 2002, 590; KG 12.11.2001 – 5 Ws 691/01, BeckRS 2001, 16511.

[52] BVerfG 8.12.2011 – 2 BvR 2181/11, NJW 2012, 513; OLG Hamm 20.5.2008 – 3 Ws 198/08, BeckRS 2008, 11800; Posthoff in Gercke/Julius/Temming/Zöller Rn. 7.

und kann auf **mehreren Stufen entscheidungsrelevant** sein. Neben der Notwendigkeit dringender Gründe für die Erwartung einer endgültigen Unterbringung nach §§ 63, 64 StGB (→ Rn. 14) beinhaltet auch das Erfordernis einer einstweiligen Unterbringung im Interesse öffentlicher Sicherheit ein Element des Übermaßverbotes.[53] Beachtung findet er aber auch bei der Frage der Außervollzugsetzung eines Unterbringungsbefehls (→ Rn. 39 ff.) und vor allem im Rahmen der besonderen Haftprüfung (→ Rn. 44 ff.).

19 An Erfordernis der Verhältnismäßigkeit fehlt es, wenn **weniger einschneidende Maßnahmen** auf anderer Rechtsgrundlage genügen, etwa die Aufnahme des Beschuldigten in einer therapeutischen Wohngruppe.[54] Eine bereits angeordnete und vollzogene oder auch nur in Betracht kommende **Unterbringung** des Beschuldigten **nach dem jeweiligen Landesrecht** steht der vorläufigen Unterbringung im Hinblick auf den anderweitigen Schutzzweck jedoch nicht entgegen (→ Rn. 6).[55] Teilweise unterliegen die landesrechtlichen Regelungen erhöhten Anforderungen an die Gefährdungsprognose.[56] Ferner hat das Haftgericht keinerlei Kontroll- oder Einflussmöglichkeit inwieweit die Unterbringung auf landesrechtlicher Grundlage weiter vollzogen wird. Gleichwohl hat sich das Haftgericht im Rahmen der umfassenden Verhältnismäßigkeitsprüfung stets zu prüfen und sich zu äußern, ob eine bereits vollzogene Unterbringung nach dem jeweiligen Landesrecht den Beschuldigten weniger beschwert und diese ebenso geeignet ist, die von ihm ausgehende Gefahr für die Allgemeinheit zu minimieren.[57] Zu beachten ist hier aber die Rechtsprechung des BGH, wonach außerstrafrechtliche Sicherungssysteme, die geeignet sind, der Gefährlichkeit des Beschuldigten entgegen zu wirken (zB Betreuung nach §§ 1896 ff. BGB, Depotgabe von Psychopharmaka, Unterbringung im betreuten Wohnen) nicht gegen die Anordnung der Unterbringung nach § 63 StGB sprechen. Ihre Wirksamkeit vorausgesetzt erlangen derartige täterschonenden Mittel erst für die Frage Bedeutung, ob eine Aussetzung der Vollstreckung der Unterbringung gemäß § 67b StGB in Betracht kommt.[58]

20 Bei der insoweit zu entscheidenden Frage, ob die öffentliche Sicherheit die einstweilige Unterbringung gebietet, ist der **Zeitpunkt der Haftentscheidung** zu Grunde zu legen, wohingegen bezüglich der Prognose der endgültigen Unterbringung nach §§ 63, 64 StGB auf den Zeitpunkt der Urteilsfällung abzustellen ist (→ Rn. 13).[59]

21 Das Haftgericht muss also das Erfordernis, dass die öffentliche Sicherheit die einstweilige Unterbringung des Angeklagten bedingen muss, in die **Gesamtabwägung** – im Vergleich zu einer verfahrenssichernden Untersuchungshaft – stets einstellen und in den Entscheidungsgründen zum Ausdruck bringen. Das allgemeine Sicherungsbedürfnis ist dann ausreichend tangiert, wenn ein Beschuldigter mit Wahrscheinlichkeit weitere rechtswidrige Taten von solcher Schwere begehen wird, dass der von § 126a bezweckte Schutz der Allgemeinheit die Anordnung gebietet und weniger einschneidende Maßnahmen nicht ausreichen.[60]

22 Ein in der Praxis ständig auftauchendes Problem sind sog. **gemeinlästige Taten,** wie etwa Beleidigungen, von leichterem Gewicht,[61] leichte Übergriffe bzw. Bedrohungen oder aber bloße Selbstgefährdungen, welche im Regelfall nach dem Übermaßverbot unabhängig von den fehlenden Voraussetzungen der §§ 63, 64 StGB schon die öffentliche Sicherheit nicht tangieren können (→ Rn. 14). So ist beim Vorwurf bloßer Sachbeschädigungen eine Unterbringung nach § 63 StGB nicht möglich und der Erlass eines Unterbringungsbefehls damit unzulässig.[62]

---

53 Gärtner in Löwe/Rosenberg Rn. 12.
54 Posthoff in Gercke/Julius/Temming/Zöller § 126a Rn. 7.
55 OLG Düsseldorf 15.6.1983 – 1 Ws 506/83, MDR 1984, 71; Schmitt in Meyer-Goßner/Schmitt Rn. 5.
56 Vgl. zB § 11 PsychKG NW (Erforderlichkeit einer gegenwärtigen Gefahr).
57 OLG Hamm 20.5.2008 – 3 Ws 198/08, BeckRS 2008, 11800; LG Kleve 7.7.2011 – 120 Qs 65/11, FamRZ 2011, 1825, aA Posthoff in Gercke/Julius/Temming/Zöller § 126a Rn. 7 (Grundsätzlich nicht geeignet).
58 BGH 3.8.2017 – 4 StR 193/17, StraFo 2017, 426.
59 Gärtner in Löwe/Rosenberg § 126a Rn. 7.
60 KG 29.1.1997 – 1 AR 56/97, BeckRS 1997, 14942.
61 BGH 22.2.2011 – 4 StR 635/10, NStZ-RR 2011, 202.
62 Posthoff in Gercke/Julius/Temming/Zöller Rn. 7.

III. Vorläufiger Unterbringungsbefehl – Verfahrensablauf (Abs. 2 S. 1)

1. Allgemeines. Für die nähere Ausgestaltung des Verfahrensablaufs bei der Anordnung eines vorläufigen Unterbringungsbefehls nimmt § 126a Abs. 2 S. 1 ausdrücklich Bezug auf wesentliche Normen, welche die **Untersuchungshaft** regeln. Dies sind vorrangig die Regelungen über die Bekanntgabe an den vorläufig festgenommen Beschuldigten (§ 114a), Belehrungsvorschriften (§ 114b) und Benachrichtigungspflichten (§ 114c) sowie die verschiedenen Mitteilungspflichten an und durch die Anstalt (§§ 114d, 114e). Ferner finden die Vorführungsvorschriften vor den zuständigen Richter entsprechend Anwendung (§§ 115, 115a). Ebenso sind die Vorschriften über die Außervollzugssetzung (§ 116 Abs. 3 und 4, § 123) und die der Haftprüfung (§ 117–118b) zu beachten. Auch die Vorschriften über die Beschränkungen in der Vollziehung der Haft (§§ 119, 119a) sind anzuwenden. Insoweit wird auf die Kommentierung in diesem Werk verwiesen. Im Übrigen besteht zu folgenden Ergänzungen Anlass (→ Rn. 24–39): 23

2. Gerichtliche Zuständigkeit. Für die Anordnung der vorläufigen Unterbringung ist nach dem gesetzlichen Verweis das in **§§ 125, 126 bestimmte Gericht** zuständig (vgl. → § 125 Rn. 3 ff., 8, 18 ff.). Für die einstweilige Unterbringung ist das Amtsgericht, in dessen Bezirk sich der Beschuldigte aufhält, jedenfalls dann zuständig, wenn sich in seinem Bezirk ein psychiatrisches Landeskrankenhaus befindet.[63] Im Übrigen[64] gelten die bei beim Haftbefehl aufgeführten allgemeinen verfahrensrechtlichen Regeln (vgl. hierzu → § 117 Rn. 38), etwa im Hinblick auf den Zuständigkeitswechsel nach Anklageerhebung.[65] Wird zudem etwa ein bestehender Unterbringungsbefehl in einen Haftbefehl umgewandelt, weil sich herausstellt, dass nicht die Voraussetzungen des § 126a, sondern die der §§ 112, 112a vorliegen, ist stets eine richterliche Vernehmung des Beschuldigten in entsprechender Anwendung von § 115 erforderlich.[66] Auch ist etwa nach Verweisung nach § 270 eine unerledigte Beschwerde oder weitere Beschwerde gegen eine einstweilige Unterbringung nach § 126a in einen Antrag auf Aufhebung der einstweiligen Unterbringung umzudeuten, über den zunächst das nunmehr mit der Sache befasste erkennende Gericht zu entscheiden hat.[67] Natürlich muss auch eine Unterbringungsanordnung – wie der Haftbefehl nach § 112 (→ § 112 Rn. 8 ff.) – auf einer zureichenden richterlichen Sachaufklärung beruhen.[68] 24

3. Inhalt des Unterbringungsbefehls. Nach dem gesetzlichen Verweis auf § 114 entsprechen die inhaltlichen Anforderungen des Unterbringungsbefehls denen des Untersuchungshaftbefehls. Die in § 114 aufgestellten Anforderungen an den Erlass eines Haftbefehls gelten nicht nur für Untersuchungshaftbefehle nach §§ 112 ff., sondern finden auch auf andere Haftbefehlsarten entsprechende Anwendung (→ § 114 Rn. 5; → § 112 Rn. 10). Insoweit besteht jedoch die Besonderheit, dass die **Art der Anstalt** – psychiatrischen Krankenhaus oder Entziehungsanstalt – im **Unterbringungsbefehl anzugeben** ist, wohingegen sich die konkrete Einrichtung nach an sich dem jeweiligen Einweisungsplan richtet (→ Rn. 26).[69] Kommen jedoch mehrere Einrichtungen in Betracht, hat diese der Richter auszuwählen und zu bestimmen, wobei dies im Unterbringungsüberprüfungsverfahren nach § 126 Abs. 2 S. 2 vom Oberlandesgericht angeordnet werden kann.[70] 25

4. Vollzug des Unterbringungsbefehls. In dem Unterbringungsbefehl ist daher zunächst jedenfalls die Art der Anstalt, in der die Unterbringung vollzogen werden soll, 26

[63] OLG Karlsruhe 26.11.1981 – 4 Ws 104/81, Justiz 1982, 22.
[64] Zu den Anforderungen an die Änderung der gerichtlichen Geschäftsverteilung vgl. OLG Köln 9.1.2020 – 2 Ws 716/19, StraFo 2020, 154 mwN.
[65] OLG Bremen 21.5.2019 – 1 Ws 60/19, BeckRS 2019, 15852 mwN.
[66] OLG Celle 26.3.2020 – 1 Ws 1/20, StraFo 2020, 243.
[67] OLG Stuttgart 23.1.2020 – 4 Ws 361/19, Justiz 2020, 130; Graf in KK-StPO § 117 Rn. 5; Schultheis in KK-StPO § 126 Rn. 8.
[68] BVerfG 7.2.2019 – 2 BvR 2406/16, BtPrax 2019, 109; 22.8.2017 – 2 BvR 2039/16, BeckRS 2017, 123193.
[69] Schultheis in KK-StPO Rn. 5.
[70] OLG Saarbrücken 17.12.2014 – 1 Ws 51/14 H, NStZ 2015, 660.

anzugeben.[71] Grundsätzlich ist die Unterbringung in einem öffentlichen psychiatrischen Krankenhaus oder einer öffentlichen Entziehungsanstalt zu vollziehen. Aufgrund eines **richterlichen Aufnahmeersuchens** wird der Vollzug gemäß § 36 Abs. 2 S. 1 von der antragstellenden Staatsanwaltschaft veranlasst.[72] Die konkrete Anstalt bestimmt sich nach dem Einweisungsplan des jeweiligen Bundeslandes. Die dauerhafte Unterbringung in einer Haftanstalt ist, auch wenn diese über eine psychiatrisch-neurologische Abteilung verfügt, unzulässig.[73]

27 Eine kurzfristige, höchstens **24 Stunden andauernde Überstellung in eine Justizvollzugsanstalt** ist nur zulässig, wenn die Überführung in das eigentlich zuständige psychiatrische Krankenhaus oder die öffentliche Entziehungsanstalt nicht möglich ist.[74] Diese entspricht der einheitlichen bundesrechtlichen Regelung in Nr. 89 UVollzO und einer Vielzahl heute maßgeblichen landesrechtlichen Landesuntersuchungshaftvollzugsordnungen.

28 Die Anordnung des Vorsitzenden der für die Hauptverhandlung zuständigen Strafkammer, den Beschuldigten zu den **Hauptverhandlungsterminen im Wege des Sammeltransportes** vorzuführen, und seine Überstellung in eine ortsnahe Justizvollzugsanstalt für die Dauer der Hauptverhandlung, ist gegen den Willen des Beschuldigten grundsätzlich **unzulässig,** da eine solche auf eine längere Dauer angelegte Unterbringung geeignet ist, den Beschuldigten nicht nur in seinem allgemeinen Persönlichkeitsrecht (Art. 2 Abs. 1 iVm Art. 1 Abs. 1 GG), sondern auch in seinem Recht auf körperliche Unversehrtheit (Art. 2 Abs. 2 GG) zu beeinträchtigen. Denn der Beschuldigte kann während dieser Zeit nicht der erforderlichen medizinischen Betreuung und auch – jedenfalls im Falle seines Einverständnisses – Behandlung zugeführt werden.[75] Das bedeutet aber nicht, dass nicht im Ausnahmefall aus besonderem Grund Abweichungen vom Regelvollzug in einem öffentlichen psychiatrischen Krankenhaus angeordnet werden dürfen. Insbesondere die Notwendigkeit der ordnungsgemäßen Durchführung einer Hauptverhandlung kann im Ausnahmefall die kurzzeitige Überstellung eines vorläufig Untergebrachten in eine Justizvollzugsanstalt erfordern. Dabei ist jedoch die Wertung des jeweiligen landesrechtlichen Verordnungsgebers zu beachten.[76]

29 **Strafhaft in anderer Sache** steht der Anordnung der vorläufigen Unterbringung nach § 126a StPO nicht entgegen. Ebenso wie bei der Untersuchungshaft ist – unabhängig von weiteren Verfahren – zu prüfen, ob die öffentliche Sicherheit die vorläufige Unterbringung erfordert. Dies folgt auch daraus, dass sich die Frage, ob und in welchem Umfang die weiteren verhängten Freiheitsstrafen zu vollstrecken sind, der Einflussmöglichkeit des Haftgerichts entzieht, wie zB die vorzeitige Entlassung nach § 57 StGB oder ein Gnadenerweis durch die zuständige Gnadenbehörde.[77] Trifft eine einstweilige Unterbringung nach § 126a mit dem Vollzug einer freiheitsentziehenden Maßregel nach § 64 StGB zusammen, unterliegt der Betroffene beim Vollzug der Maßregel auch denjenigen Beschränkungen, die der Zweck der einstweiligen Unterbringung erfordert.[78]

30 **5. Verteidiger.** Auch dem einstweilig Untergebrachten ist wie dem Untersuchungsgefangenen nach § 140 Abs. 1 Nr. 4 sogleich ein Pflichtverteidiger zu bestellen.[79]

31 **6. Zwangsbehandlung während der Unterbringung.** Im Rahmen einer einstweilen Unterbringung auf der Grundlage des § 126a ist die von der Krankenhausanstalt von dem Haftgericht erbetene Genehmigung für eine zwangsweise medikamentöse Behandlung

---

[71] Pfeiffer § 126a Rn. 4; Graf in KK-StPO § 126a Rn. 5.
[72] Vgl. auch Nr. 15 UVollzG, Nr. 90 UVollzO.
[73] Posthoff in Gercke/Julius/Temming/Zöller Rn. 10.
[74] Schmitt in Meyer-Goßner/Schmitt Rn. 9.
[75] OLG Hamm 15.3.2005 – 4 Ws 41/05, StV 2005, 446.
[76] Vgl. auch OLG Hamm 3.11.2005 – 2 Ws 282/05, NStZ-RR 2006, 29.
[77] OLG Jena 12.10.2006 – 1 Ws 334/06, BeckRS 2007, 5418.
[78] OLG Frankfurt a. M. 8.2.1985 – 3 VAs 78/84, NStZ 1985, 284.
[79] Schultheis in KK-StPO § 126a Rn. 4; → § 128 Rn. 66 ff.

des Untergebrachten ohne eine **verfassungsmäßig ergangene gesetzliche Grundlage** unzulässig.[80] Eine Zwangsbehandlung zur Erreichung des Vollzugsziels ist nach der jüngsten **Rechtsprechung des Bundesverfassungsgerichts** nur zulässig, wenn der Untergebrachte krankheitsbedingt zur Einsicht in die Behandlungsbedürftigkeit oder zum Handeln gemäß dieser Einsicht nicht fähig ist. Maßnahmen der Zwangsbehandlung dürfen nur als letztes Mittel und nur dann eingesetzt werden, wenn sie im Hinblick auf das Behandlungsziel, das ihren Einsatz rechtfertigt, Erfolg versprechen und für den Betroffenen nicht mit Belastungen verbunden sind, die außer Verhältnis zu dem erwartbaren Nutzen stehen. Zum Schutz der Grundrechte des Untergebrachten sind besondere verfahrensmäßige Sicherungen geboten. Die wesentlichen Voraussetzungen für die Zulässigkeit einer Zwangsbehandlung bedürfen klarer und bestimmter gesetzlicher Regelungen. Dies gilt auch für die Anforderungen an das Verfahren. Das Bundesverfassungsgericht hat mehrere landesrechtliche Eingriffsermächtigungen als den in dem Beschluss des BVerfG vom 23.3.2011 konkretisierten verfassungsrechtlichen Maßstäben nicht genügend angesehen.[81] Da das Bundesverfassungsgericht jeweils das Fehlen einer verfassungsgemäßen materiellen Eingriffsnorm und grundrechtssichernder Verfahrensgestaltungen vor dem weitreichenden Eingriff einer Zwangsbehandlung bemängelt hat, nicht aber das grundsätzliche Bedürfnis einer Zwangsbehandlung während der Dauer einer Unterbringung, haben mehrere Bundesländer zwischenzeitlich Neufassungen der landesrechtlichen Unterbringungsgesetze kodifiziert.[82] Ohne eine solche verfassungskonforme gesetzliche Grundlage ist eine Zwangsbehandlung des Betroffenen während einer vorläufigen Unterbringung jedoch nicht zulässig.[83]

Nachdem das Bundesverfassungsgericht mit Urteil vom 24.7.2018[84] entschieden hatte, **32**
dass jedenfalls 5- oder Mehrpunktfixierungen im Rahmen von Unterbringungen eine Freiheitsentziehung iSv Art. 104 Abs. 2 GG darstellen und daher einem Richtervorbehalt unterliegen, hat der Gesetzgeber zusätzlich auf Bundesebene das „Gesetzes zur Stärkung der Rechte von Betroffenen bei Fixierungen im Rahmen von Freiheitsentziehungen" erlassen und hierfür zunächst die Zuständigkeit des Amtsgerichts bestimmt.[85] Gleichwohl kann die Zwangsbehandlung einer untergebrachten Person ungeachtet der besonderen Schwere des mit ihr verbundenen Grundrechtseingriffs im Einzelfall gerechtfertigt sein. Insoweit sind als rechtfertigendes Schutzgut etwa die Grundrechte anderer Personen innerhalb der Maßregelvollzugseinrichtung anzusehen. Darüber hinaus kommen als rechtfertigende Belange das Recht auf körperliche Unversehrtheit aus Art. 2 Abs. 2 S. 1 GG des Untergebrachten selbst sowie sein grundrechtlich geschütztes Freiheitsinteresse aus Art. 2 Abs. 2 S. 2 GG in Betracht, wenn der Untergebrachte zur Wahrnehmung seiner Interessen infolge krankheitsbedingter Einsichtsunfähigkeit selbst nicht in der Lage ist.[86]

In verfahrensrechtlicher Hinsicht ist auch bei Zwangsbehandlung im Rahmen des **33**
§ 126a die Bestellung eines **Verfahrenspflegers** zu prüfen und zu beachten. In diesem Zusammenhang ist darauf hinzuweisen, dass in Verfahren über die gerichtliche Zustimmung zur Zwangsbehandlung gemäß § 20 PsychKHG die Bestellung eines Verteidigers in entsprechender Anwendung von § 140 nicht in Betracht kommt. § 20 Abs. 5 S. 4 PsychKHG verweist hinsichtlich des anzuwendenden Verfahrensrechts auf die die Zwangsbehandlung betreffenden Vorschriften über das Verfahren in Unterbringungssachen (§§ 312–339 FamFG), die in § 315 FamFG auch eine abschließende Regelung zu den Verfahrensbeteiligten enthält, ohne die Bestellung eines Verteidigers vorzusehen.[87]

---

[80] BVerfG 23.3.2011 – 2 BvR 882/09, BVerfGE 128, 282–322.
[81] Vgl. zB zu § 8 Abs. 2 S. 2 UBG idF vom 2.12.1991: BVerfG 12.10.2011 – 2 BvR 633/11, BVerfGE 129, 269.
[82] Vgl. zB Unterbringungsgesetz Baden-Württemberg (UBG) idF vom 2.7.2013; sowie Gesetzentwurf der Landesregierung BW vom 23.4.2013 (LT-Drs. 15/3408).
[83] OLG Köln 7.9.2012 – III 2 Ws 644/12, StraFo 2012, 406.
[84] BVerfG 24.7.2018 – 2 BvR 309/15, NJW 2018, 2619.
[85] Vgl. hierzu Petit FamRZ 2019, 763; Brilla/Lust JM 2019, 27.
[86] BVerfG 8.6.2021 – 2 BvR 1866/17, NStZ-RR 2021, 356.
[87] Vgl. hierzu vert. OLG Karlsruhe 16.3.2018 – 2 Ws 58/18, RuP 2018, 250.

34 Zwischenzeitlich obergerichtlich geklärt ist die gerichtliche Zuständigkeit der Anordnung einer Zwangsbehandlung. Für die gerichtliche Entscheidung über die Genehmigung einer medizinischen Zwangsmedikation im Rahmen einer einstweiligen Unterbringung ist das Gericht zuständig, das die einstweilige Unterbringung angeordnet hat oder nach Erhebung der öffentlichen Klage mit der Sache befasst ist.[88] Eine Zuständigkeit der Strafvollstreckungskammer besteht danach nicht.[89]

35 **7. Einzelmaßnahmen und Beschränkungen während der vorläufigen Unterbringung gem. § 126 Abs. 2 S. 1 iVm § 119.** Beschränkungen während der vorläufigen Unterbringung sind mit dem gesetzlichen Verweis durch eine entsprechende Anwendung von §§ 119, 119a geregelt. Da der Bund seit 2006 nur noch die legislative Zuständigkeit für Bereiche innehat, die den Zweck der Untersuchungshaft betreffen, hat das zum 1.1.2010 in Kraft getretene Untersuchungshaftrecht eine seither zu beachtende Regelungssystematik geschaffen (ausführlich → § 119 Rn. 3 ff., Rn. 8 ff.). Obwohl der Vollzug der einstweiligen Unterbringung nach § 126a, anders als der Vollzug der Untersuchungshaft im **Zuge der Föderalismusreform,** nicht ausdrücklich von der konkurrierenden Gesetzgebungszuständigkeit des Bundes ausgenommen worden ist (vgl. Art. 74 Abs. 1 Nr. 1 GG), besteht nach der Neufassung des § 119 durch das Gesetz zur Änderung des Untersuchungshaftrechts vom 29.7.2009 derzeit keine bundesrechtliche Grundlage für Anordnungen und Maßnahmen, die – wie hier – der Sicherheit und Ordnung in der Unterbringungseinrichtung während des Vollzugs der einstweiligen Unterbringung dienen. Im Gesetzgebungsverfahren ging man davon aus, dass die Normierung des Vollzugs der einstweiligen Unterbringung den Bundesländern überlassen werden solle.[90]

36 Die einzelnen Beschränkungen, den Vollzug der Untersuchungshaft betreffend, können sowohl **Gegenstand der Strafprozessordnung als auch von Landesgesetzen über den Vollzug von Untersuchungshaft** sein. In der Strafprozessordnung sind die Voraussetzungen für die Anordnung von Beschränkungen aus strafverfahrensrechtlichen Gründen festzulegen und in den Landesgesetzen die Voraussetzungen für die Anordnung von Beschränkungen aus vollzuglichen Gründen. Eine gewisse Überschneidung der Regelung in den Landesgesetzen über den Vollzug der Untersuchungshaft in Randbereichen ist dabei unvermeidbare Konsequenz der durch die Föderalismusreform in Artikel 74 GG getroffenen Kompetenzzuweisung.[91] Eine wichtige Abgrenzung kann zunächst mit den Oberbegriffen „Verfahrenssicherung" und „Anstaltsordnung" getroffen werden.

37 Dieser Regelungsinhalt ist mit dem gesetzlichen **Verweis auf die vorläufige Unterbringung** zu übertragen. Demnach ist **§ 119** nur Rechtsgrundlage für Beschränkungen, die zur **Gewährleistung der Unterbringungszwecke** dienen. Vorrangig dürfen dem Beschuldigten also nur Beschränkungen auferlegt werden, die zur Abwehr einer Gefährdung der öffentlichen Sicherheit bestimmt sind.[92] Als Annexkompetenz können darüber hinaus aber auch verfahrenssichernde Anordnungen zur Abwendung einer Flucht-, Verdunkelungs- oder Wiederholungsgefahr getroffenen werden.[93]

38 Demgegenüber bedürfen **Beschränkungen aufgrund der Ordnung und Sicherheit** der Anstalt, in der die Unterbringung konkret vollzogen wird, grundsätzlich einer landesrechtlichen Ermächtigungsgrundlage. Zeitweise hatten die Bundesländer von ihrer Gesetzgebungskompetenz über den Vollzug der einstweiligen Unterbringung zudem noch keinen Gebrauch gemacht. Die einzelnen Regelungen in den jeweiligen Bundesländern sind teilweise mit erheblichen Unterschieden versehen.[94] Insoweit erscheint es vertretbar, für eine

[88] BGH 19.1.2017 – 2 ARs 426/16, BGHR StPO § 126a Zuständigkeit 1; ebenso OLG Nürnberg 24.8.2016 – 2 Ws 449/16; OLG München 1.2.2017 – 5 Ws 43/16 (R), RuP 2017, 103.

[89] So aber LG Offenburg 21.10.2015 – 2 KLs 304 Js 8759/15, RuP 2016, 138.

[90] Vgl. BT-Drs. 16/11644, 33; Pollähne R&P 2011, 140.

[91] Vgl. auch BT-Drs. 16/11644, 23.

[92] Pfeiffer § 126a Rn. 5 ff.

[93] Kritisch hierzu Pollähne in AK/Nobis Untersuchungshaft § 126a Rn. 26.

[94] Vgl. einen Überblick bei Pollähne R&P 2011, 142.

Übergangszeit die jeweiligen landesrechtlichen Regelungen über die Unterbringung psychisch kranker Menschen entsprechend anzuwenden, da diese den Vollzug der Maßregeln nach § 61 Nr. 1 und Nr. 2, §§ 63, 64 StGB ausgestalten und die vorläufige Unterbringung eine solche impliziert.[95]

8. Außervollzugsetzung des Unterbringungsbefehls. Mit dem ausdrücklichen gesetzlichen Verweis auf § 116 Abs. 3 und 4 hat der Gesetzgeber (bereits mit der früheren Gesetzesfassung vom 16.7.2007) entgegen früher vertretener Literaturauffassungen klargestellt, dass die Vorschriften über die **Außervollzugsetzung eines Untersuchungshaftbefehls entsprechende Anwendung auf den Unterbringungsbefehl** finden. Nur zur Klarstellung hat der Rechtsauschuss des Bundestages mit der Beschlussempfehlung vom 25.4.2007 betont, dass die entsprechende Anwendung des § 116 Abs. 3 vom Vorliegen der Voraussetzungen des dort in Bezug genommenen § 112a unabhängig ist.[96] § 116 Abs. 1 und 2 können nachvollziehbar keine Anwendung finden, weil diese vorrangig der Verfahrenssicherung und nicht dem allgemeinen Sicherungsinteresse dienen. 39

Schon aufgrund des verfassungsrechtlichen **Gebots der Verhältnismäßigkeit** kann jedoch zumindest in begründeten Fällen ein Unterbringungsbefehl außer Vollzug gesetzt werden, wenn weniger einschneidende Maßnahmen ausreichend erscheinen, den Sicherungszweck herbeizuführen. Demnach kommen aber als zu prüfende Weisungen sämtliche Rechtsgedanken der in § 116 Abs. 1 aufgeführten Weisungen in Betracht, die als weniger einschneidende Maßnahmen auch dem Verhältnismäßigkeitsgrundsatz Rechnung tragen (hierzu → § 116 Rn. 5 ff.). Im Wesentlichen aber wird sich das Gericht mit sämtlichen möglichen milderen Weisungen, ob auf freiwilliger Basis, wie beispielsweise einer medikamentösen oder psychotherapeutischen Behandlung oder einer Entziehungskur, gegebenenfalls kombiniert mit den Weisungen, keine der Erkrankung zugrundenliegenden Suchtmittel zu konsumieren, auseinandersetzen müssen. Zudem ist eine bereits vollzogene zwangsweise Unterbringung aufgrund jeweiliger landesrechtlicher Vorschriften im Rahmen der Verhältnismäßigkeitsprüfung zu gewichten.[97] Auch die Vorschrift des § 116 Abs. 4 findet entsprechende Anwendung, so dass eine einmal erfolgte Außervollzugsetzung des Unterbringungsbefehls nur aus besonderen Gründen widerrufen werden kann (→ § 116 Rn. 47 ff.). Besteht gegen den Beschuldigten ein Haftbefehl nach § 112, ist im Rahmen einer Außervollzugsetzung nach § 116 eine Anordnung, in den Räumen einer forensischen Psychiatrie zu verbleiben, allenfalls möglich, wenn auch die Voraussetzungen des § 126a StPO vorliegen.[98] 40

In der Praxis stellt sich insoweit oftmals die Frage, ob durch eine **medikamentöse Behandlung** nicht nur die Frage der Unterbringung in einem psychiatrischen Krankenhaus (§ 63 StGB) entfällt, sondern auch die Gefahr, dass der Beschuldigte bis zu einer Entscheidung des Gerichts mit hoher Wahrscheinlichkeit Straftaten begeht, durch welche der Rechtsfrieden schwer gestört werden würde (→ Rn. 16 f.). Während zu Beginn eines Ermittlungsverfahrens dies oftmals zu verneinen ist, kann sich im Laufe des Verfahrens durchaus eine andere Beurteilung ergeben, wenn der Beschuldigte im Rahmen der vorläufigen Unterbringung medikamentös eingestellt wurde und eine gewisse Verlässlichkeit besteht, dass dieser die Medikamente auch außerhalb der Einrichtung regelmäßig einnimmt. Insoweit kann sich eine entsprechende Auflage zur Einnahme der Medikamente unter Aufsuchung einer Fachklinik durchaus zur Vermeidung einer weiteren Unterbringung anbieten.[99] 41

Da das Haftgericht im Rahmen der beschleunigt zu bearbeitenden erstmaligen Anordnung der vorläufigen Unterbringung in der Praxis ohne konkrete Anhaltspunkte keine Veranlassung sehen wird, nach den milderen Weisungsmöglichkeiten selbst zu suchen, ist es gerade im Hinblick auf den Krankheitszustand des Beschuldigten **Aufgabe des unver-** 42

[95] OLG Jena 3.1.2012 – 1 Ws 575/11, BeckRS 2012, 833.
[96] Vgl. Beschlussempfehlung und Bericht vom 25.4.2007, BT-Drs. 16/5137, 11 zu Art. 2 Nr. 1.
[97] BVerfG 8.12.2011 – 2 BvR 2181/11, StV 2012, 291.
[98] So OLG Braunschweig 16.12.2019 – 1 Ws 299/19, BeckRS 2019, 49920.
[99] OLG Karlsruhe 6.11.2013 – 1 Ws 222/13.

züglich zu bestellenden Verteidigers (§ 140 Abs. 1 Nr. 4), die Weisungsalternativen unter Bezugnahme auf den Verhältnismäßigkeitsgrundsatz konkret vorzutragen.

43 **9. Haftprüfung im Rahmen der vorläufigen Unterbringung.** Die Fortdauer der vorläufig angeordneten Unterbringung und die dem Beschuldigten insoweit zustehenden Rechtsbehelfe richtet sich ohne Besonderheiten im Vergleich zum Untersuchungshaftrecht verfahrensrechtlich mit dem gesetzlichen Verweis nach den Vorschriften der §§ 117 bis § 118b (hierzu → § 117 Rn. 6, → § 118 Rn. 3).

IV. Besondere Haftprüfung durch das Oberlandesgericht (§ 126a Abs. 2 S. 2 iVm §§ 121, 122)

44 **1. Allgemeines.** Bereits mit der Gesetzesfassung vom 16.7.2007 hat der Gesetzgeber in § 126a Abs. 2 S. 2 geregelt, dass die Vorschriften über die **besondere Haftprüfung** durch den Senat des Oberlandesgerichts erstmals nach sechs Monaten entsprechend anzuwenden sind. Dabei wird bei der Prüfung der Unterbringung durch das Oberlandesgericht die Zeit einer vorangegangenen Untersuchungshaft in gleicher Sache bei der Fristberechnung der Dauer der Unterbringung hinzugerechnet,[100] nicht jedoch die Frist einer Inhaftierung nach § 230 Abs. 2 (str.).[101] Auch die Zeit, in der ein Beschuldigter sich auf Grund eines Unterbringungsbefehls nach § 275a Abs. 5 in der Justizvollzugsanstalt befunden hat, ist nicht auf die Sechsmonatsfrist des § 121 Abs. 1 anzurechnen, wenn es sich in beiden Verfahren nicht um dieselbe Tat handelt, das Verfahren zur Anordnung der nachträglichen Sicherungsverwahrung vielmehr auf einer Straftat aus dem Jahr 1994 beruht, während der Unterbringungsbefehl nach § 126a der Vorbereitung der Unterbringung wegen einer neuen Tat dient.[102] Anders als im Haftprüfungsverfahren nach § 112 (vgl. hierzu → § 121 Rn. 98 ff.) kann das Oberlandesgericht im Prüfungsverfahren nach § 126a Abs. 2 S. 2, §§ 121, 122 **eine Umwandlung der Haftgrundlage** vornehmen, wenn einerseits die Voraussetzungen für die Fortdauer der einstweiligen Unterbringung gemäß nicht (mehr) vorliegen, andererseits aber die Voraussetzungen für den Erlass und den (weiteren)Vollzug eines Haftbefehls gemäß §§ 112, 112a StPO gegeben sind und kann selbst einen Haftbefehl erlassen.[103]

45 **2. Besonderer Prüfungsmaßstab.** Grundsätzlich ist vor allem im Hinblick auf mögliche Verzögerungsründe auf die umfassenden Ausführungen zu § 121 und die dort aufgeführten Fallgruppen zu verweisen (→ § 121 Rn. 48 ff.). In Abweichung vom dortigen Prüfungsmaßstab hat das Oberlandesgericht nach **Wortlaut der gesetzlichen Regelung** aber nur zu prüfen, ob **„die Voraussetzungen der einstweiligen Unterbringung weiterhin vorliegen"**. Damit soll nach dem Willen des Gesetzgebers – anders als im Rahmen der besonderen Haftprüfung eines Untersuchungshaftbefehls – nicht schon jede nicht unerhebliche vermeidbare Verfahrensverzögerung zum Automatismus der Aufhebung eines Unterbringungsbefehls führen,[104] vielmehr kommt der **Verfahrensdauer nicht die gleiche Bedeutung wie im Untersuchungshafthaftrecht** zu.[105] Es wird zwar daher nicht ausdrücklich geprüft, ob die besondere Schwierigkeit oder der besondere Umfang der Sache oder aber ein anderer wichtiger Grund das Urteil noch nicht zugelassen haben,[106] gleichwohl bietet dieser Maßstab überhaupt erst den Hinweis, ob es überhaupt zu einer schuldhaften und vorwerfbaren Dilation gekommen ist.

---

[100] OLG Hamm 6.9.2007 – 3 Ws 521/07, BeckRS 2007, 141453; OLG Düsseldorf 29.10.2007 – III 3 Ws 357/07, NJW 2008, 867.

[101] OLG Köln 17.2.2014 – III 2 Ws 721/13; KG 11.11.1996 – (4) 1 HEs 160/96 (116/96), NStZ-RR 1997, 75; aA OLG Düsseldorf 29.10.2007 – III-3 Ws 357/07, NJW 2008, 867.

[102] OLG Köln 26.11.2010 – 2 Ws 742/10, BeckRS 2011, 2955.

[103] OLG Jena 18.2.2013 – 1 WS 55/13, BeckRS 2013, 14413.

[104] Vgl. auch BT-Drs. 16/1110, 18.

[105] OLG Köln 21.8.2007 – 42 HEs 18/07, NJW 2007, 3590.

[106] OLG Celle 23.8.2007 – 31 HEs 14/07, StraFo 2007, 372.

46 Im Ergebnis bedeutet der abweichende Prüfungsmaßstab in Abs. 3 S. 2, dass im Rahmen der besonderen Haftprüfung nach Abs. 3 S. 2 ein **Unterbringungsbefehl trotz einer erheblichen und schuldhaften Verfahrensverzögerung auch aufrechterhalten werden kann,** wenn eine Abwägung zwischen der vom Beschuldigten ausgehenden Gefahr für die Allgemeinheit und dem Umfang und der Schwere der Dilation dies gebietet (vgl. → Rn. 47 f.), insbesondere wenn höchste Rechtsgüter ansonsten gefährdet wären.[107] Im Rahmen der Abwägung ist, was bei § 121 rechtlich nicht zulässig wäre, auch ein Außervollzugsetzung eines Unterbringungsbefehls bei Vorliegen einer erheblichen Verfahrensverzögerung möglich.[108]

47 Der sich aus dem Freiheitsgrundrecht in Verbindung mit dem Rechtsstaatsprinzip ergebende **Anspruch auf Beschleunigung eines Strafverfahrens** steht jedoch auch einem Beschuldigten zu, der im dringenden Verdacht steht, eine Straftat in einem die Schuldfähigkeit erheblich beeinträchtigenden psychischen Ausnahmezustand begangen zu haben und wegen seiner psychischen Störung gemeingefährlich zu sein. Unverhältnismäßige Verfahrensverzögerungen sind oftmals entsprechende Unterfälle unverhältnismäßiger vorläufiger Unterbringungsanordnungen.[109] Der Grundsatz, dass Haftsachen besonders beschleunigt bearbeitet werden müssen, damit der Schwebezustand des Freiheitsentzugs ohne rechtskräftiges Urteil so schnell wie möglich beendet wird, **„gilt für die einstweilige Unterbringung und die Untersuchungshaft gleichermaßen“**.[110]

48 Das Untersuchungshaftrecht und insbesondere auch das besondere Haftprüfungsverfahren nach §§ 121 ff. ist im besonderen Maße beeinflusst von den **Vorgaben des Bundesverfassungsgerichts,** welches immer wieder Haftfortdauerentscheidungen der Senate der Oberlandesgerichte beanstandet, nachdem diese trotz im Verfahren erfolgter fehlerhafter Sachbehandlungen oder aufgetretener zeitlicher Verzögerungen die Haft für fortdauernd erklärt haben (vgl. hierzu → § 121 Rn. 3 ff.). Ihren Grund hat diese insoweit immer wieder auftretende Divergenz darin, dass für die Strafjustiz nur schwer eingänglich ist, etwa einen Schwerverbrecher trotz bestehender Haftgründe freilassen zu müssen, weil es im Verfahren zu schweren und vermeidbaren Fehlern und Säumnissen gekommen ist. Folglich bezweckt der Gesetzgeber mit der einschränkenden Verweisung in § 126a Abs. 2 S. 2 vor dem Hintergrund des maßgeblichen Schutzzwecks der einstweiligen Unterbringung, die Allgemeinheit vor krankheitsbedingten gefährlichen Straftätern zu schützen, einen unterschiedlichen Prüfungsmaßstab von Seiten des Oberlandesgerichts.

49 Neben formalen Fragen erfordert zunächst § 121 Abs. 1 im Untersuchungshaftrecht eine **doppelte Prüfung.** Zum einen müssen Feststellungen darüber getroffen werden, ob die besondere Schwierigkeit oder der besondere Umfang der Ermittlungen oder andere wichtige Gründe ein Urteil bislang noch nicht zugelassen haben (erste Stufe). Liegen derartige Gründe vor, ist zum anderen erforderlich, dass sie die Fortdauer der Untersuchungshaft rechtfertigen (zweite Stufe), vgl. → § 121 Rn. 37.

50 Der **modifizierte Prüfungsmaßstab** der besonderen Haftprüfung im Rahmen der einstweiligen Unterbringung führt demgegenüber zur Beachtung des **Beschleunigungsgrundsatzes** auf der **Stufe der Verhältnismäßigkeitsprüfung.**[111] Nach einhelliger Rechtsprechung eröffnet die bei freiheitsentziehenden Maßnahmen stets gebotene Prüfung des Verhältnismäßigkeitsgrundsatzes im Einzelfall eine Abwägung zwischen den Belangen des Freiheitsgrundrechts – und hiermit der Verfahrensbeschleunigung – einerseits, sowie dem Interesse der Allgemeinheit an dem Schutz vor gefährlichen Straftätern andererseits.[112]

[107] OLG Hamburg 6.2.2008 – BL 12/08, NStZ 2008, 650.
[108] OLG Karlsruhe 6.11.2013 – 1 Ws 222/13.
[109] Tsambikakis StV 2011, 738.
[110] OLG Koblenz 8.6.2006 – 1 Ws 247/06, StV 2006, 653.
[111] OLG Hamm 21.8.2007 – 3 OBL 86/07, NJW 2007, 3220; KG 5.2.2018 – (5) 161 HEs 2/18 (3/18), OLGSt StPO § 126a Nr. 10; vgl. auch Schultheis NStZ 2013, 87; Schultheis NStZ 2011, 682.
[112] OLG Koblenz 8.5.2006 – 1 Ws 247/06, StV 2006, 653 (bereits zu § 126a aF); OLG Hamm 21.8.2007 – 3 Ws 486/07, NJW 2007, 3220; OLG Köln 21.8.2007 – 42 HEs 18/07, NJW 2007, 3590; OLG Celle 23.8.2007 – 31 HEs 14/07, StV 2007, 701; OLG Jena 4.9.2007 – 1 Ws 331/07, BeckRS 2007, 17976;

Anders als im Rahmen der Haftprüfung nach §§ 121, 122 führt daher nicht jede vermeidbare erhebliche Verzögerung zu einer Aufhebung der freiheitsentziehenden Maßnahme. So kann bei **besonders gefährlichen Straftätern** trotz erkennbarer Verfahrensverzögerungen die Fortdauer einer einstweiligen Unterbringung zum Schutz der Allgemeinheit im Einzelfall**verhältnismäßig** sein (→ Rn. 18). Handelt es sich aber nicht um einen hochgefährlichen Straftäter, kann eine unterbliebene Förderung des Verfahrens in einem Zeitraum von fast zwei Monaten bei einer Sache, die mit einem einzigen Aktenband weder umfangreich ist noch besondere Schwierigkeiten aufweist und nach der Planung der zuständigen Kammer innerhalb von nur eineinhalb Sitzungstagen einer Entscheidung zugeführt werden soll, zur Fortdauer der Unterbringung nicht ausreichen.[113]

51 Im Rahmen dieser Abwägung kommt dem Beschleunigungsgebot als Ausfluss des Freiheitsgrundrechts ein hoher Stellenwert zu.[114] EGMR und Bundesverfassungsgericht haben bereits angedeutet, das ein Strafverfahren nicht länger als ein Jahr pro Instanzenzug andauern sollte.[115] Letztlich führt dieser Prüfungsmaßstab in der Praxis häufig zu ähnlich strengen Maßstäben des Untersuchungshaftrechts, da die Senate der Oberlandesgerichte zwischenzeitlich ihre auch vom Bundesverfassungsgericht gebilligten Maßstäbe entsprechend anwenden. Grundsätzlich steigen die Anforderungen an die Verhältnismäßigkeitsprüfung mit der Länge der Fortdauer der Unterbringung.[116] Eine besondere Beschleunigung ist auch und gerade dann geboten, wenn – wie so oft in Unterbringungssachen – dem Verfahren ein relativ einfach gelagerter und nicht besonders schwerer Tatvorwurf zugrunde liegt. In einem solchen Fall kann allein der Zweck der einstweiligen Unterbringung, nämlich die Allgemeinheit vor einem mutmaßlich gemeingefährlichen Täter zu schützen, die Fortdauer vorläufiger Freiheitsentziehung ebenso wenig rechtfertigen wie der Umstand, dass die im Raum stehende Unterbringung nach § 63 StGB unbefristet ist.[117]

52 So verlangen die Oberlandesgerichte, beispielsweise entsprechend den Anforderungen im Untersuchungshaftrecht, auch bei der Unterbringung nach Abs. 1 eine sorgsame Beachtung des **Beschleunigungsgrundsatzes** vor allem hinsichtlich der das Verfahren in der Praxis häufig zeitlich mitbestimmenden **Beauftragung und Überwachung des Sachverständigen.** Gerichte und Staatsanwälte müssen den Sachverständigen unter Beachtung des Beschleunigungsgebotes zur Erstellung des Gutachtens veranlassen. Bloße mündliche Anmahnungen gegenüber dem Sachverständigen sind mit fortschreitender Dauer nicht ausreichend.[118] Es ist eine Frist zur Erstellung des Gutachtens mit dem Sachverständigen zu vereinbaren (vgl. § 73 Abs. 1 S. 2), deren Einhaltung durch Androhung, gegebenenfalls auch Festsetzung von Ordnungsgeldern (§ 77 Abs. 2 S. 1) kontrolliert werden muss.[119]

53 Daneben gelten für die besondere Haftprüfung nach Abs. 3 S. 2 im Hinblick auf die **Begründungstiefe** von Entscheidungen des Oberlandesgericht die gleichen strengen Anforderungen wir bei §§ 121, 122 (→ § 121 Rn. 9). So wird es sogar als notwendig angesehen, dass sich der Senat mit Widersprüchen im Hinblick auf ärztliche Stellungnahmen ausdrücklich auseinandersetzt.[120]

OLG Düsseldorf 29.10.2007 – 3 Ws 357/07, StV 2009, 702; OLG Bremen 6.2.2008 – BL 12/08, NStZ 2008, 650; KG 15.9.2009 – (4) 1 HEs 34/09, StV 2010, 372; OLG Karlsruhe 18.1.2010 – 2 Ws 451/09, Justiz 2011, 71.

113 KG 25.9.2015 – (5) 141 HEs 73/15 (4/15), StV 2016, 828.

114 Pollähne/Ernst StV 2009, 707; Posthoff in Gercke/Julius/Temming/Zöller Rn. 12.

115 EGMR 8.2.2005 – 45100/98 Rn. 117 – Panchenko ./. Russland; BVerfG 29.11.2005 – 2 BvR 1737/05, StV 2006, 87–90; ausführlich hierzu Mansdörfer GA 2010, 159.

116 Zuletzt BVerfG 8.12.2011 – 2 BvR 2181/11, StV 2012, 291.

117 OLG Koblenz 12.2.2007 – 1 Ws 30/07, NStZ-RR 2007, 207.

118 OLG Stuttgart 22.2.2010 – 2 HEs 16/10, BeckRS 2010, 143920; OLG Düsseldorf 1.7.2009 – 1 Ws 337/09, BeckRS 2009, 20236.

119 KG 15.9.2009 – (4) 1 HEs 34/09, StV 2010, 372; OLG Karlsruhe 18.1.2010 – 2 Ws 451/09, Justiz 2011, 71; OLG Jena 4.9.2007 – 1 Ws 331/07, BeckRS 2007, 17976.

120 BVerfG 30.5.2013 – 2 BvR 885/13, BeckRS 2013, 53080.

V. Beendigung der vorläufigen Unterbringung (Abs. 3)

1. Aufhebung auf Antrag der Staatsanwaltschaft (Abs. 3 S. 3). § 126 Abs. 3 S. 3 ordnet die Aufhebung des Unterbringungsbefehls mit dem Verweis auf § 120 Abs. 3 an, wenn die **Staatsanwaltschaft** als Herrin der Verfahren vor Erhebung der Anklage oder Stellung des Unterbringungsantrages im Sicherungsverfahren (§§ 413 ff.) einen Aufhebungsantrag stellt. 54

2. Aufhebung im Hauptsacheverfahren. Ebenso zwingend folgt die Aufhebung des Unterbringungsbefehls, wenn die das Gericht mit dem **Urteil von einer Unterbringung** in einem psychiatrischen Krankenhaus (§ 63 StGB) oder einer Entziehungsanstalt (§ 64 StGB) **absieht.** Durch die Einlegung eines Rechtsmittels insbesondere von Seiten der Staatsanwaltschaft darf gemäß Abs. 3 S. 2 die Freilassung nicht aufgehalten werden. 55

Wird der Unterbringungsbefehl aufgehoben, weil der Beschuldigte im Hauptsachverfahren freigesprochen wird, kann sich die Frage stellen, ob die **bislang erlittene Zeit der Unterbringung** auf andere, ggf. auch **noch ausstehende Strafen angerechnet** werden muss. Nach einer neueren Rechtsprechung muss auch die für andere Strafverfahren verbüßte Untersuchungshaft sowie eine vorläufige Unterbringung in einem psychiatrischen Krankenhaus in entsprechender Anwendung des § 51 Abs. 1 S. 1 StGB auf die Strafhaft in einem aktuellen Strafverfahren angerechnet werden, da eine potentielle Gesamtstrafenfähigkeit besteht.[121] 56

3. Rechtskraft der Unterbringung nach §§ 63, 64 StGB. Im Übrigen endet die einstweilige Unterbringung eines Angeklagten (§ 126a) mit dem Eintritt der **Rechtskraft** des auf die Unterbringung in einem psychiatrischen Krankenhaus (§ 63 StGB) oder in einer Entziehungsanstalt (§ 64 StGB) lautenden Urteils, ohne dass es hierfür auf den Zeitpunkt der förmlichen Einleitung der Vollstreckung des Urteils ankommt.[122] Der anschließende Vollzug stellt die Unterbringung im Sinn von §§ 63, 64, 67 StGB dar. 57

4. Organisationshaft. Mit dem gesetzlich nicht vorgesehenen Begriff **„Organisationshaft"**[123] wird das Problem umschrieben, dass sich der bei Eintritt der Rechtskraft in Untersuchungshaft befindende Gefangene, gegen den ausschließlich oder neben einer anschließend zu vollziehenden Freiheitsstrafe auf eine Maßregel erkannt worden ist, selbst bei guter Organisation und freien Kapazitäten, zwangsläufig, entgegen dem richterlichen Erkenntnis, zunächst mindesten einige Tage oder Wochen Strafhaft verbüßt. Diese Wirkung lässt sich von vornherein vermeiden, indem der Tatrichter, der auf eine Maßregel nach §§ 63, 64 StGB erkennt, nicht den Haftbefehl nach § 112 aufrechterhält, sondern ihn in einen Unterbringungsbefehl nach § 126a umwandelt, wenn die gesetzlichen Voraussetzungen dafür vorliegen.[124] 58

5. Entfallen der Anordnungsvoraussetzungen. Schließlich ist der vorläufige Unterbringungsbefehl nach § 126a Abs. 3 S. 1 zwingend aufzuheben, wenn die Anordnungsvoraussetzungen nicht mehr vorliegen. Dies ist insbesondere der Fall, wenn im Rahmen der Verhältnismäßigkeitsprüfung mit fortschreitender Dauer der Unterbringung festzustellen ist, dass das Beschleunigungsgebot in einem solchen Maße verletzt worden ist, dass auch unter Würdigung der Sicherheitsinteressen der Allgemeinheit eine weitere Aufrechterhaltung des Freiheitsentzuges unvertretbar ist. 59

6. Verhältnis zu einem erfolglosen Antrag auf nachträgliche Sicherungsverwahrung. Ist der Antrag der Staatsanwaltschaft auf nachträgliche Anordnung der Sicherheitsverwahrung im Verfahren nach § 275a Abs. 1 durch die Strafkammer abgelehnt worden, 60

---

121 OLG Frankfurt a. M. 26.6.2013 – 3 W 476/13; OLG Naumburg 11.10.2012 – 2 Ws 198/12, StraFo 2013, 32.
122 OLG Hamm 30.5.1978 – 6 Ws 265/78.
123 Vgl. hierzu Baetge Rpfleger 2014, 120.
124 KG 16.7.2001 – 5 Ws 199/01, BeckRS 2001, 16566.

steht dem Erlass eines von der Staatsanwaltschaft – gegebenenfalls zeitgleich mit der Revision – beantragten (neuen) Unterbringungsbefehls nach § 275a Abs. 6 S. 1 die auch für das Beschwerdegericht bindende gesetzliche Vermutung der §§ 126a Abs. 3 S. 1 iVm 275a Abs. 6 S. 4 entgegen. Dem Beschwerdegericht ist neben dem Revisionsgericht eine eigene Prognose der Erfolgsaussichten einer staatsanwaltschaftlichen Revision gegen das im Verfahren nach § 275a Abs. 1 ergangene Urteil auch im Hinblick auf tatsächliche oder vermeintliche „offensichtliche Revisionsfehler" verwehrt.[125]

61 **7. Umwandlung des Unterbringungsbefehls in einen Haftbefehl.** Stellt sich während der Verfahren heraus, beispielweise aufgrund der vorliegenden Beurteilung des hinzugezogenen Sachverständigen nach der Exploration des Beschuldigten, dass zwar die Voraussetzungen der vorläufigen Unterbringung nicht mehr bestehen, jedoch nunmehr die Voraussetzung der Anordnung der Untersuchungshaft nach §§ 112, 112a vorliegen, ist eine Umwandlung des Unterbringungsbefehls in einen Haftbefehl zulässig.[126] Entsprechend ist auch eine chronologisch umgekehrte Reihenfolge unbedenklich. Wird ein bestehender Unterbringungsbefehl in einen Haftbefehl umgewandelt, weil sich herausstellt, dass nicht die Voraussetzungen des § 126a, sondern die der §§ 112, 112a vorliegen, ist stets eine richterliche Vernehmung des Beschuldigten in entsprechender Anwendung von § 115 erforderlich.[127] Liegen die Voraussetzungen sowohl für einen Haft- als auch für einen Unterbringungsbefehl vor, so ist im Regelfall die einstweilige Unterbringung vorzuziehen, weil sie die bessere ärztliche Betreuung des Beschuldigten ermöglicht.[128] Verfahrensrechtlich aber sind zuvor der Beschuldigte und die Staatsanwaltschaft zu hören.[129]

62 Ferner kann auch das **Beschwerdegericht** eine solche Umwandlung vornehmen. Die Bestimmung des Abs. 3 S. 1, nach der ein Unterbringungsbefehl aufzuheben ist, wenn das Gericht im Urteil die Unterbringung in einem psychiatrischen Krankenhaus nicht anordnet, steht der Umwandlung des Haftbefehls in einen Unterbringungsbefehl nicht entgegen. Die Bestimmung schafft im Wesentlichen die Angleichung der vorläufigen Unterbringung an die Untersuchungshaft und hindert die Umstellung eines Haftbefehls auf einen Unterbringungsbefehl aufgrund anderer rechtlicher Bewertung durch das Beschwerdegericht nicht.[130]

63 Ebenso wäre eine Umwandlung im Rahmen der 6-Monatshaftprüfung durch das **Oberlandesgericht** möglich. Kommt der Senat des zuständigen Oberlandesgerichtes gemäß § 126a Abs. 2 S. 2, §§ 121, 122 zu der Auffassung, dass einerseits die Voraussetzungen für die Fortdauer der einstweiligen Unterbringung gemäß § 126a nicht (mehr) vorliegen, andererseits aber die Voraussetzungen für den Erlass und den (weiteren) Vollzug eines Haftbefehls gemäß §§ 112, 112a gegeben sind, kann das im Prüfungsverfahren nach §§ 121, 122 mit der Sache befasste Oberlandesgericht den Unterbringungsbefehl in einen Haftbefehl umwandeln bzw. unter Aufhebung des Unterbringungsbefehls einen Haftbefehl erlassen.[131]

64 **8. Rechtsbehelfe.** Der Unterbringungsbefehl unterliegt gemäß dem gesetzlichen Verweis in § 126a Abs. 2 S. 1 auf § 117 dem Rechtsbehelf der **Haftprüfung** und insbesondere der **Haftbeschwerde** nach § 304 und der weiteren Beschwerde (§ 310 Abs. 1 Nr. 2).[132] Mit der Beschwerde kann der Beschuldigte auch die Umwandlung in einen Haftbefehl begehren.[133] Der Beschuldigte kann sich entsprechend den Ausführungen zu § 117 nur gegen die zuletzt ergangene Entscheidung über die Fortdauer der einstweiligen Unterbringung mit der Beschwerde wehren (vgl. → § 117 Rn. 34). Ist die zuletzt ergangene Entschei-

[125] OLG Bamberg 31.3.2011 – 1 Ws 167/11, StRR 2011, 166.
[126] Krauß in BeckOK StPO Rn. 6; Schmitt in Meyer-Goßner/Schmitt Rn. 12; aA Bohnert JR 2001, 402.
[127] OLG Celle 26.2.2020 – 1 Ws 1/20, StraFo 2020, 243; → § 115 Rn. 5.
[128] KG 9.3.1989 – 4 Ws 47/89, JR 1989, 476.
[129] Vgl. auch BVerfG 30.3.2013 – 2 BvR 885/13 (Anforderungen an die Gewährung rechtlichen Gehörs im fachgerichtlichen Verfahren).
[130] OLG Köln 12.4.2010 – 2 Ws 149/2010, RuP 2010, 170; OLG Bremen 30.3.1951 – Ws 25/51 (Tenor), JZ 1951, 465; KG 9.3.1989 – 4 Ws 47/89, JR 1989, 476.
[131] OLG Jena 18.2.2013 – 1 Ws 56/13.
[132] Zum Verhältnis der Haftprüfung und Haftbeschwerde vgl. → § 117 Rn. 45 ff.
[133] Wankel in KMR-StPO Rn. 8.

dung eine Entscheidung der Strafkammer über die Fortdauer der einstweiligen Unterbringung, ist eine gegen den Unterbringungsbefehl des Amtsgerichts gerichtete Beschwerde durch sie prozessual überholt.[134] Ebenso gegenstandslos und damit erledigt, wird eine weitere Beschwerde des Beschuldigten gegen die Verwerfung seiner Beschwerde gegen die ursprünglich vom Amtsgericht im Ermittlungsverfahren ergangene und vom Landgericht als erstinstanzliche Beschwerdeinstanz bestätigte einstweilige Unterbringungsanordnung, wenn das Landgericht zwischenzeitlich zugleich mit der Eröffnung des Hauptverfahrens die Fortdauer der Unterbringung in dieser Sache angeordnet hat.[135] Die unerledigte weitere Beschwerde ist dann aber als – durch § 117 Abs. 1 nicht ausgeschlossener – „einfacher" Antrag an das Landgericht – Große Strafkammer – auf Aufhebung des Haftbefehls zu behandeln.[136]

Bei einer durch das **Revisionsgericht angeordneten Aufhebung und Zurückverweisung** des Verfahrens an ein neues Tatgericht darf sich dieses bei der Fortdauerentscheidung zur Begründung des weiteren Freiheitsentzuges nicht mit den Hinweis begnügen, der Bundesgerichtshof habe nicht zugleich von der Möglichkeit Gebrauch gemacht, auch den Unterbringungsbefehl nach § 126a Abs. 2 und 3, § 120 Abs. 1 aufzuheben,[137] vielmehr bedarf es einer fallbezogenen eigenen Abwägung. 65

Entsprechend obigen Ausführungen (vgl. → Rn. 35 ff.) ist bezüglich der Rechtsbehelfe, die einzelne **Beschränkungen** und **Maßnahmen** während des Unterbringungsvollzuges betreffen auf die Ausführungen zu § 119 Abs. 5 und § 119a zu verweisen (Vgl. → § 119 Rn. 18 und → § 119a Rn. 3). Bei Beschränkungen, betreffend den Zweck der Unterbringung (Sicherungsinteresse) und gegen verfahrenssichernde Maßnahmen ist eine Beschwerde, respektive ein Antrag auf gerichtliche Entscheidung nach § 126a Abs. 2 S. 1 iVm § 119 Abs. 5 S. 1, das statthafte Rechtsmittel. Werden dem Betroffen hingegen Beschränkungen nach den jeweiligen landesrechtlichen Normen aus den Zwecken der Sicherheit und Ordnung der Anstalt auferlegt, steht diesem ein Antrag auf gerichtliche Entscheidung als Rechtsbehelfs nach § 126a Abs. 2 S. 1 iVm § 119a Abs. 1 zu (→ § 119a Rn. 7 ff.). 66

VI. Bekanntgabe an gesetzlichen Vertreter (Abs. 4)

Der Unterbringungsbefehl ist neben den sich aus § 114c ergebenden Benachrichtigungspflichten (→ § 114c Rn. 4) auch dem gesetzlichen des Untergebrachten oder auch dem iSd § 1906 Abs. 5 BGB Bevollmächtigten bekannt zu geben. Dadurch wird die Wahrung der Interessen des Beschuldigten über das Ermittlungsverfahren hinaus sichergestellt.[138] 67

§ 127 Vorläufige Festnahme

(1) [1]Wird jemand auf frischer Tat betroffen oder verfolgt, so ist, wenn er der Flucht verdächtig ist oder seine Identität nicht sofort festgestellt werden kann, jedermann befugt, ihn auch ohne richterliche Anordnung vorläufig festzunehmen. [2]Die Feststellung der Identität einer Person durch die Staatsanwaltschaft oder die Beamten des Polizeidienstes bestimmt sich nach § 163b Abs. 1.

(2) Die Staatsanwaltschaft und die Beamten des Polizeidienstes sind bei Gefahr im Verzug auch dann zur vorläufigen Festnahme befugt, wenn die Voraussetzungen eines Haftbefehls oder eines Unterbringungsbefehls vorliegen.

(3) [1]Ist eine Straftat nur auf Antrag verfolgbar, so ist die vorläufige Festnahme auch dann zulässig, wenn ein Antrag noch nicht gestellt ist. [2]Dies gilt entspre-

[134] OLG Düsseldorf 13.4.1995 – 1 Ws 275/95, MDR 1995, 950.
[135] OLG Schleswig 10.8.2001 – 2 Ws 319/01, BeckRS 2001, 17758.
[136] OLG Hamm 5.1.2012 – III-3 Ws 435/11, BeckRS 2012, 3766; OLG Karlsruhe 27.12.1985 – 1 Ws 275/85, Justiz 1986, 144.
[137] BVerfG 8.12.2011 – 2 BvR 2181/11, NJW 2012, 513.
[138] BT-Drs. 16/1110, 13; Schultheis in KK-StPO Rn. 4.

chend, wenn eine Straftat nur mit Ermächtigung oder auf Strafverlangen verfolgbar ist.

(4) Für die vorläufige Festnahme durch die Staatsanwaltschaft und die Beamten des Polizeidienstes gelten die §§ 114a bis 114c entsprechend.

Schrifttum: Vgl. auch die Nachweise bei §§ 112, 121.

Achenbach, Vorläufige Festnahme, Identifizierung und Kontrollstelle im Strafprozess JA 1981, 660; Benfer, Die „Jedermann-Bestimmung" des § 127 I StPO – Erwiderung auf Kramer, MDR 1993, 11 ff., MDR 1993, 828; Blum, Neue Fragen zum Richtervorbehalt bei der Entnahme einer Blutprobe, StV 2009, 172; Bülte, § 127 Abs. 1 S 1 StPO als Eingriffsbefugnis für den Bürger und als Rechtfertigungsgrund, ZStW 121, 377; Dittmer, Die vorläufige Festnahme nach § 127 Abs. 2 StPO, Diss. 2003; Gasa/Schwarzer, Festnahmerecht für Jedermann – Voraussetzungen und Grenzen des § 127 Abs. 1 S. 1 StPO, in Schutz privater Rechte 2011, S. 38–62; Geerds, Festnahme und Untersuchungshaft bei Antrags- und Privatklagedelikten, GA 1982, 237; Kargl, Inhalt und Begründung der Festnahmebefugnis nach § 127 I StPO, NStZ 2000, 8-15; Kramer, „Jedermann" nach § 127 Abs. 1 StPO – Staatsanwälte und Polizeibeamte? MDR 1993, 111; Krause, Schadenersatz für rechtswidrige Untersuchungshaft direkt aus der EMRK, StraFo 2017, 349; Krüger, Grund und Grenzen der Festnahmebefugnis des Betreibers einer SB-Tankstelle gegenüber zahlungsunwilligen und/oder -unfähigen Kunden, NZV 2003, 218; Naucke, Das Strafprozeßänderungsgesetz und die vorläufige Verhaftung (§ 127 StPO), NJW 1968 1225; Nelles, Ein „kleines U-Haft-Recht" für Polizei und Staatsanwaltschaft? StV 1992 385; Meyer-Mews, Das Festnahmerecht – Ein Überblick, JA 2006, 206; Otto, Probleme der vorläufigen Festnahme, § 127 StPO, Jura 2003, 685; Paeffgen, Gefahr, Anscheinsgefahr und Gefahrenverdacht im Polizeirecht, GA 2014, 638; Petschke, Belehrungspflichten vor der ersten Vernehmung – Verwertung von Spontanäußerungen reversibel, ZStW 2021, 502; Pewesdorf, Die Berufung des Amtsträgers auf die Jedermannrechte, JA 2009, 43; Rüber, Entschädigung für Strafverfolgungsmaßnahmen: Entschädigungsfähigkeit der Zuführung zur Identitätsfeststellung, jurisPR-StrafR 7/2013 Anm. 1; Petsche, Belehrungspflichten zur der ersten Vernehmungsverwertung von Spontanäußerungen revisibel, ZSZW 2021, 502; Rogall, Das Notwehrrecht des Polizeibeamten – BayObLGSt 1991, 141 – Jus 1992, 551; Satzger, Das Jedermann-Festnahmerecht nach § 127 I 1 StPO als Rechtfertigungsgrund, JURA 2009, 107; Schauer/Wittig, Rechtfertigung des Fahrausweisprüfers nach § 127 I 1 StPO oder § 229 BGB? JuS 2004, 107; Schlothauer/Weider/Nobis, Untersuchungshaft – mit Erläuterungen zu den UVollzG der Länder, 5. Aufl. 2016; Schmidbauer, Polizeiliches Einschreiten bei häuslicher Gewalt, Kriminalistik 2002, 524; Schmitt/Schöne, Zwangsmitteleinsatz im Rahmen des § 127 II StPO; NStZ 1994, 218; Schröder, Das Festnahmerecht Privater und die Teilrechtfertigung unerlaubter Festnahmehandlungen (§ 127 Abs. 1 S 1 StPO), JURA 1999, 10; Sickor, Das Festnahmerecht nach § 127 I 1 StPO im System der Rechtfertigungsgründe, Jus 2012, 1074-1079; Tully/Wenske, Zur Pflichtverteidigerbestellung im Rahmen haftrichterlicher Vorführungen, NStZ 2019, 183; Vahle, Rechtsfragen beim Einsatz von (Privat-)Detektiven, Befugnisse privater Ermittler und Grenzen ihrer Tätigkeit, DVP 2007, 138; Wagner, Das allgemeine Festnahmerecht gem. § 127 Abs. 1 S. 1 StPO als Rechtfertigungsgrund, ZJS 2011, 465-478; Wiesneth, Die Untersuchungshaft, 2010.

Übersicht

I. Allgemeines, Normzweck und Anwendungsbereich

1. Allgemeines. Eine wirksame Strafverfolgung erfordert oftmals die sofortige Festnahme des Beschuldigten schon zu einem Zeitpunkt, an dem ein schriftlicher Haftbefehls des Gerichts (§ 114) nicht ergangen sein kann. Insoweit beinhaltet die Vorschrift sowohl für Privatpersonen (Abs. 1) als auch vor allem für Polizeibeamte und Staatsanwälte die Befugnis zur Festnahme auch ohne richterlichen Anordnung.[1] 1

2. Normzweck und Bedeutung. Der Vorschrift kommt in der Praxis durchaus erhebliche Bedeutung bei, da sie einen **Rechtfertigungsgrund** zur Festnahme, nicht nur durch die Polizeibeamten und die Staatsanwaltschaft (→ Rn. 19), sondern auch durch jedermann begründet (→ Rn. 5).[2] Sie überträgt damit auch dem Bürger eine öffentliche Aufgabe, ohne insoweit eine Rechtspflicht zu begründen.[3] Auch dürfte in der Praxis der vorherige Erlass eines Haftbefehls eher die Ausnahme darstellen, so dass in den überwiegenden Fällen, in welchen Gerichte Haftbefehle nach §§ 112, 112a erlassen, diesen eine vorläufige Festnahme vor allem nach Abs. 2 vorausgegangen ist.[4] Liegen die Voraussetzungen des § 127 vor, handelt der Festnehmende rechtmäßig, dem Verdächtigen steht kein Notwehrrecht zu (→ Rn. 18).[5] Allerdings besteht das Festnahmeerecht aus § 127 nur zum Zwecke der Strafverfolgung, die Vorschrift beinhaltet hingegen keine Eingriffsnorm zu präventiv-polizeilichen Zwecken. 2

3. Anwendungsbereich. Die Vorschrift unterscheidet verschiedene Möglichkeiten der vorläufigen Festnahme. In personeller Hinsicht zu unterscheiden ist das auch dem Privatmann zustehende Festnahmerecht zur Verhinderung der Flucht oder zur Identitätsfeststellung (Abs. 1 S. 2) (→ Rn. 5) sowie die weitergehende Befugnis der Staatsanwaltschaft und der Beamten des Polizeidienstes zur vorläufigen Festnahme bei Vorliegen der Voraussetzungen eines Haftbefehls (Abs. 2) (→ Rn. 19), aber auch nur zur Identitätsfeststellung (Abs. 1 S. 2) (→ Rn. 15). Die Vorschrift steht insoweit in engem Zusammenhang mit § 128, welche das weitere Verfahren nach erfolgter vorläufiger Festnahme regelt (→ § 128 Rn. 5 ff.). Ist der Haftbefehl bereits ergangen und erfolgt die Festnahme auf dieser Grundlage, richtet sich das weitere Verfahren jedoch nicht nach § 128, sondern nach § 114a (Aushändigung des Haftbefehls), 114b (Belehrungspflichten), § 114c (Benachrichtigung von Angehörigen), § 114d (Mitteilung an Vollzugsanstalt) sowie §§ 115 ff. (Vorführung vor den zuständigen Richter ua). 3

Die Vorschrift ist **abzugrenzen von anderen Normen,** welche ebenfalls strafprozessuale oder präventiv-polizeiliche Festnahmebefugnisse begründen können. So regeln weitere Fälle der vorläufigen Festnahme folgende Vorschriften: **§ 127b** (Hauptverhandlungshaft), **§ 164** (Störung von Amtstätigkeiten), **§ 183 GVG** (Straftaten in der Sitzung), **§§ 399 Abs. 1, 402 Abs. 1, 404 S. 1 AO** (Befugnis der Finanz- und Zollbehörden im Steuerstrafverfahren) sowie **§§ 229 BGB** (Sicherung zivilrechtlicher Ansprüche).[6] Eine bloße Ausschreibung der Staatsanwaltschaft zur Aufenthaltsermittlungen (§ 131c) rechtfertigt kein längeres Festhalten des Beschuldigten.[7] Auch stellt die Vorschrift keine Rechtsgrundlage für den Fall dar, dass der Beschuldigte nur deshalb festgehalten werden soll, damit er während einer Durchsuchung keine Beweismittel und/oder Vermögenswerte beiseiteschafft.[8] Schließlich kann durch Abs. 1 nicht gerechtfertigt werden, dass bei der Verfolgung eines anderen Fahrzeuges 4

---

1 Schultheis in KK-StPO Rn. 1.
2 OLG Stuttgart 2.3.1984 – 3 Ss (14) 75/84, NJW 1984, 1694; Wagner ZJS 2011, 465.
3 Schmitt in Meyer-Goßner/Schmitt Rn. 1; Schultheis in KK-StPO Rn. 6.
4 Ebenso Schlothauer/Weider/Nobis Untersuchungshaft Rn. 127 ff.
5 So schon RG 2.12.1890 – 2950/90, RGSt 21, 190; 5.1.1901 – 1959/01, RGSt 34, 443; 19.12.1919 – IV 708/19, RGSt 54, 197.
6 OLG Düsseldorf 24.7.1991 – 2 Ss 223/91, NJW 1991, 2716; zur Auslegung zivilrechtliche Rechtfertigungsgründe im Strafrecht, Zahm JR 2017, 557.
7 OLG München 29.11.2012 – 4 VAs 55/12, StRR 2013, 265.
8 LG Frankfurt a. M. 26.2.2008 – 5/26 Qs 6/08, NJW 2008, 2201.

eine erhebliche Geschwindigkeitsüberschreitung durch eine Privatperson begangen wurde.[9] Im Übrigen bleiben präventiv-polizeiliche Befugnisse nach Landesrecht unberührt,[10] auf diese dürfen keine strafprozessualen Festnahmen gestützt werden.[11] Allerdings wird es als zulässig angesehen, eine aus präventiv-polizeilichen Gründen erfolgte Festnahme eines Störers dahingehend auszunutzen, um den Beschuldigten sogleich dem Richter zur Durchführung einer Verhandlung im beschleunigten Verfahren (§ 418) vorzuführen.[12]

II. Vorläufige Festnahme durch Jedermann (Abs. 1)

5 **1. Allgemeines.** Nach Abs. 1 S. 1 hat jedermann das Recht eine andere Person vorläufig festzunehmen, wenn der Täter durch ihn **„auf frischer Tat"** (→ Rn. 12) betroffen oder „verfolgt" (→ Rn. 13) wird, wobei die Festnahme durch einen Privatmann aber zum Zweck der Anwesenheitssicherung (→ Rn. 14) oder der Identitätssicherung (→ Rn. 15) erfolgen muss. Die Regelung des Abs. 1 S. 1 kommt vor allem auch für Polizeibeamte in Betracht, wenn sie für die Amtshandlung nicht zuständig sind.[13]

6 **2. Tatbegriff.** Tat im Sinne dieser Norm ist jedes strafrechtlich relevante Verhalten eines anderen, welches den Tatbestand einer Strafvorschrift zumindest **rechtswidrig** iSv § 11 Abs. 1 Nr. 5 StGB verwirklicht und zum Erlass eines Haftbefehls (§§ 112, 112a) oder eines Unterbringungsbefehls (§ 126a) berechtigen würde.[14] Schuldfähigkeit ist hingegen nicht erforderlich.[15] Eine in das Versuchsstadium gelangte solche Straftat reicht aus.[16] Straflose Vorbereitungshandlungen oder Ordnungswidrigkeiten begründen nach Abs. 1 kein Festnahmerecht durch jedermann. Das Festnahmerecht gilt unabhängig von der Gewichtigkeit der Tat und vom Wert der Beute bei allen Verbrechen oder Vergehen.[17]

7 **3. Vorläufige Festnahme strafunmündiger Kinder.** Strafunmündige Kinder (§ 19 StGB) dürfen nach überwiegender Auffassung in der Literatur auch zum Zweck der Identitätsfeststellung nicht vorläufig festgenommen werden, da ihre Taten nicht in eine Strafverfolgung münden können.[18] Dies wird zu Recht als unbefriedigend empfunden, da die mangelnde Festnahmemöglichkeit eines unmittelbar bei der Tatbegehung festgestellten Kindes dem Rechtsempfinden der Bevölkerung zu widerlaufen kann, jedoch hat der Gesetzgeber in Betracht kommende Jugendhilfemaßnahmen neben der Strafverfolgung nicht als Regelungszweck erfasst. Unterliegt der Festnehmende ohne Fahrlässigkeit hingegen der irrigen Annahme, dass der auf frischer Tat betroffene jugendliche Täter das 14. Lebensjahr bereits vollendet hat, besteht das Festnahmerecht nach Abs. 1 S. 1.[19] Eine Privatperson kann aber ein Kindes, das eine Straftat begangen hat, zur Identitätsfeststellung zumindest kurzzeitig nach § 229 BGB festnehmen, um mögliche Schadenersatzansprüche realisieren zu können.[20]

8 **4. Verdachtsgrad. Streitig ist,** ob die ob eine **Straftat wirklich begangen** sein muss oder ob insoweit der **dringender Tatverdacht** der Begehung ausreicht. Nach hA muss die rechtswidrige Tat iSv Abs. 1 nach den äußeren Umständen einen dringenden oder höheren Verdachtsgrad für den Festnehmenden begründen.[21] Für den Festnehmenden darf

---

[9] OLG Jena 9.7.1997 – 1 Ss 294/96, VRS 94, 459 (zweifelhaft).
[10] Gärtner in Löwe/Rosenberg Rn. 3 ff.; Paeffgen in SK-StPO Rn. 4; Krause in AK-StPO Rn. 2.
[11] Gärtner in Löwe/Rosenberg Rn. 3 ff.; Achenbach JA 1981, 660.
[12] Ebenso Gärtner in Löwe/Rosenberg Rn. 5.
[13] OLG Koblenz 5.5.2008 – 1 Ss 31/08, VR 2009, 32.
[14] Vgl. auch Sickor JuS 2012, 1074.
[15] Schultheis in KK-StPO Rn. 7.
[16] OLG Hamm 24.11.1976 – 4 Ss 263/76, NJW 1977, 590; Gasa/Schwarzer in Schutz privater Rechte 2011, S. 38–62.
[17] BGH 10.2.2000 – 4 StR 558/99, BGHSt 45, 378.
[18] Schmitt in Meyer-Goßner/Schmitt Rn. 3.
[19] Vgl. auch BGH 18.11.1980 – VI ZR 151/78, NJW 1981, 745.
[20] Schultheis in KK-StPO Rn. 8.
[21] BGH 10.5.2000 – 4 StR 558/99, BGHSt 45, 378; OLG Celle 26.11.2014 – 32 Ss 176/14, StV 2016, 295; OLG Hamm 8.1.1998 – 2 Ss 1526/97, NStZ 1998, 570; OLG Zweibrücken 13.3.1981 – 1 Ss 35/80, NJW 1981, 2016; OLG Düsseldorf 24.7.1991 – 2 Ss 223/91, NStZ 1991, 599; BayObLG 30.5.1986 – RReg 5 StR 43/86, MDR 1986, 956; Schultheis in KK-StPO Rn. 9; Gärtner in Löwe/Rosenberg Rn. 9 f.

bei objektiver Würdigung sämtlicher erkennbarer Umstände zum Zeitpunkt der beabsichtigten Festnahmehandlung kein begründeter Zweifel an der Begehung einer Straftat durch den Betroffenen bestehen.[22] Da bei der vorläufigen Festnahme nicht der gesamte Sachverhalt übersehen werden kann, handelt es sich um eine Augenblicksentscheidung, an welche keine überspannten Anforderungen gestellt werden dürfen.[23]

Nach anderer Auffassung muss die Tat **wirklich** begangen worden sein.[24] Lediglich 9
nicht erkennbare Rechtfertigungs- und Schuldausschließungsgründe lassen danach das Festnahmerecht unberührt. Begründet wird die Ansicht damit, dass der Eingriff nach Abs. 1 in eine Freiheitsrechte eines anderen letztendlich dem Bürger nur gestattet werden dürfe, wenn dieser sicher sei, dass der andere aller Merkmale einer Straftat verwirklich habe.[25] Andernfalls müsse er auf das Festnahmerecht verzichten und diesen den staatlichen Behörden überlassen, zumal dem Betroffenen auch das Notwehrrecht genommen würde.

Dieser Ansicht kann nicht gefolgt werden, da sie zu einseitig die Interessen des 10
Tatverdächtigen in den Vordergrund stellt. Das Irrtumsrisiko würde danach selbst bei einer objektiv aus der Sicht des Festnahmenden nicht gegebenen Erkennbarkeit der Geschehenslage allein der Festnehmende tragen.[26] Der Schutzzweck der Norm würde konterkariert, wenn sich nach der Lebenserfahrung einem objektiven Betrachter zum Festnahmezeitpunkt die unmittelbar begangene Straftat geradezu aufdrängt. Außerdem würde mit der Anforderung einer tatsächlich begangenen Straftat der Zweck des § 127, die Sicherung der Strafverfolgung, unvertretbar eingeschränkt werden.[27]

Besonderheiten bestehen insoweit bei **Verkehrsstraftaten.** Hier werden die Voraussetzungen des Abs. 1 nur selten vorliegen, da die Feststellungen der Fahruntüchtigkeit eines Kraftfahrers einer Privatperson zumeist nicht möglich ist. Nur wenn schwere Ausfallerscheinungen offensichtlich sind, kann die Feststellung der Fahruntüchtigkeit auch von einer Privatperson mit der zureichenden Sicherheit[28] getroffen werden.[29] 11

5. Betreffen der Person auf frischer Tat. Auf frischer Tat wird betroffen, wer 12
zumindest bei Überschreiten der Versuchsschwelle zu einer rechtswidrigen Tat (§ 11 Abs. 1 Nr. 5 StGB) vor Ort oder in der unmittelbaren Nähe gestellt wird. Die Beobachtungen des Festnehmenden müssen sich auch nicht auf den gesamten Tathergang erstrecken, jedoch müssen die erkennbaren äußeren Umstände einen dringen Tatverdacht vermitteln. Auf frischer Tat iSv § 127 betroffen wird der Täter auch nach der Vollendung der Tat, sofern ein enger zeitlich-örtlicher Zusammenhang mit der Tat besteht.[30] Kann nicht sicher festgestellt werden, ob eine rechtswidrige Tat vorliegt, besteht kein Rechtfertigungsgrund. So hat die Rechtsprechung allein aus der Tatsache, dass eine Person es an Vortagen versucht hatte, Kinder durch Versprechungen dazu zu bewegen, in ihren Pkw einzusteigen, keinen Tatverdacht angenommen, als dieser am Folgetag erneut an den Kindern in seinem Pkw langsam Vorbei fuhr.[31]

6. Verfolgung der Person auf frischer Tat. Die Verfolgung der Person muss in 13
erkennbarem Zusammenhang mit einer gerade erst begangenen Straftat stehen, bei welcher auch ein „Schaden" entstanden ist.[32] Hat sich der Täter bereits vom Tatort entfernt, ohne dabei beobachtet worden zu sein, müssen sichere Indizien, wie beispielsweise Spuren, unver-

[22] OLG Koblenz 5.5.2008 – 1 Ss 31/08, VR 2009, 32.
[23] So Schlothauer/Weider/Nobis Untersuchungshaft Rn. 133 ff.
[24] Vgl. OLG Hamm 1.8.1972 – 3 Ss 224/72, NJW 1972, 1826; Schmitt in Meyer-Goßner/Schmitt Rn. 4; vgl. zu dem Meinungsstreit auch Kargl NStZ 2000, (8–15; Bülte ZStW 121, 386.
[25] Vgl. hierzu Schmitt in Meyer-Goßner/Schmitt § 127 Rn. 4.
[26] Ebenso OLG Hamm 8.5.2018 – I-9 U 103/14.
[27] OLG Stuttgart 19.2.1990 – 1 Ws 30/90.
[28] OLG Zweibrücken 13.3.198 – 1 Ss 35/80, NJW 1981, 2016.
[29] OLG München 8.12.2008 – 5 St RR 233/08 (zu den notwendigen Urteilsfeststellungen bei der Festnahme durch Polizeibeamte zu Identitätsfeststellung im Straßenverkehr).
[30] Vgl. auch Bülte ZStW 121, 401.
[31] OLG Düsseldorf 29.10.1993 – 22 U 78/93, OLGR Düsseldorf 1994, 162 (zweifelhaft).
[32] AG Bremen 17.10.2014 – 10 C 212/13.

züglich eine Verfolgungsmöglichkeit bieten, die sogleich bis zu seiner Ergreifung genutzt werden.[33]

14 **7. Festnahmegrund Fluchtverdacht.** Als Festnahmegrund erfordert Abs. 1 einen Fluchtverdacht gegen den Beschuldigten in der konkreten Tatsituation. Der Verdachtsgrad muss **nicht die Qualität des Fluchtverdachts** nach § 112 Abs. 2 Nr. 2 erfüllen.[34] Vielmehr ist ausreichend, dass nach der Lebenserfahrung, nach den erkennbaren Umständen, in Annahme ex ante gerechtfertigt scheint, der Beschuldigte werde sich alsbald ohne ein Festhalten seiner Person vom Tatort entfernen, um sich der Strafverfolgung zu entziehen.[35] Das ist nicht bereits dann der Fall, wenn sich der Täter lediglich ohne Fluchtabsicht vom Tatort entfernt und in unmittelbarer Nähe seine Wohnung oder seinen Arbeitsplatz aufsucht.[36] Ist der Täter bekannt, sind die Voraussetzungen des Abs. 1 nur dann gegeben, wenn nach den Umständen des Falles vernünftigerweise die Annahme gerechtfertigt ist, er werde sich dem Strafverfahren durch Flucht entziehen. Das ist nicht bereits dann der Fall, wenn sich der Täter lediglich vom Tatort entfernt.[37]

15 **8. Festnahmegrund Identitätsfeststellung.** Kann die Identität des Täters vor Ort nicht hinreichend sicher festgestellt werden, da er die notwendigen Angaben zu seiner Person verweigert oder keine gültigen Ausweispapiere bei sich führt, darf auch der Privatmann zumindest bis zum Eintreffen der Polizeibeamten den Täter zur Identitätsfeststellung festhalten.[38] Dies kann auch der Fall sein, wenn der Täter lediglich einen Führerschein oder einen nicht amtlichen Ausweis mit sich führt, aus denen keine sichere Identifizierung nebst aktueller Wohnanschrift ergibt.[39] Benutzt der Täter ein amtlich zugelassenes Kraftfahrzeug muss sich der Festnehmende nicht auf die unsichere Zuordnung und Ermittlung des oftmals personenverschiedenen Halters verlassen.[40] Ebenso wenn der Verdacht besteht, dass die Ausweispapiere in Anbetracht des Lichtbildes oder sonstiger Umstände falsch oder nicht in deutscher Sprache lesbar sind. Die Feststellung der Identität durch Polizeibeamte wird hingegen, auch wenn sie nicht zuständig sind,[41] gem. § 127 Abs. 1 S. 2 durch § 163b geregelt.

16 **9. Festnahmehandlung.** Bei der Frage der konkreten Festnahmemittel kommt dem **Grundsatz der Verhältnismäßigkeit** besondere Bedeutung zu. Die Befugnis zur vorläufigen Festnahme schließt notwendigerweise das Recht zur Vornahme von Handlungen ein, die tatbestandsmäßig als Freiheitsberaubung und Nötigung anzusehen sind, wobei ebenso als Folge der Verwirklichung des Festnahmerechts ein nach Lage der Sache erforderliches festes Anfassen oder Anpacken zur Verhinderung eines Entweichens des zu identifizierenden Täters gerechtfertigt sind und keine strafbare Körperverletzung darstellen. Insoweit ist beachten, dass trotz Vorliegens der Festnahmevoraussetzungen die Anwendung körperlicher Gewalt nur insoweit erlaubt ist, soweit sie zu dem Festnahmezweck in einem angemessenen Verhältnis steht. Ist dies der Fall, ist eine etwaige Freiheitsberaubung, Nötigung und Körperverletzung gerechtfertigt[42] Zulässig ist nach der weiterhin notwendigen Bekanntgabe der Festnahme und der Gründe an den Betroffenen ein tatsächliches Festhalten oder eine sonstige Verhinderung der Flucht auch durch situationsangemessene physische Gewalt bis zum Eintreffen der unverzüglich zu verständigenden Polizei.[43] Entsteht etwa zwischen einem

33 Krauß in BeckOK StPO Rn. 5.
34 Gärtner in Löwe/Rosenberg Rn. 37; aA Naucke NJW 1968, 1125.
35 BayOLG 25.7.2002 – SSt RR 209/02, NStZ-RR 2002, 336; Schmitt in Meyer-Goßner/Schmitt Rn. 10.
36 BGH 1.6.1991 – 1 StR 242/91, BGHR StGB § 32 Abs. 2 Verteidigung 8.
37 BGH 11.6.1991 – 1 StR 242/91, BGHR StGB § 32 Abs. 2 Verteidigung 8 (Gründe).
38 BayObLG 3.7.1997 – 3 StR 53/97.
39 BayOLG 25.7.2002 – SSt RR 209/02, NStZ-RR 2002, 336.
40 OLG Schleswig 3.2.1984 – 1 Ss 623/83, DAR 1984, 229.
41 OLG Koblenz 5.5.2008 – 1 Ss 31/08, VR 2009, 32.
42 BGH 10.2.2000 – 4 StR 558/99, BGHSt 45, 378; OLG Koblenz 5.5.2008 – 1 Ss 31/08, VR 2009, 32.
43 BGH 10.2.2000 – 4 StR 558/99, BGHSt 45, 378; OLG Karlsruhe 18.12.1973 – 2 Ws 200/73, NJW 1974, 806.

Taxifahrer und einem Fahrgast bei Erreichen des vereinbarten Zielortes Streit über den zu entrichtenden Fahrpreis und entfernt sich der Fahrgast ohne Bezahlung des vom Taxameter angezeigten Fahrpreises und ohne Preisgabe seiner Personalien, ist der Taxifahrer nach Abs. 1 S. 1 jedenfalls berechtigt, den Fahrgast auch unter Anwendung körperlicher Gewalt bis zum Eintreffen der Polizei festzuhalten.[44] Ebenso kann der Beschuldigte selbst zur nächsten Polizeidienststelle verbracht werden.[45]

Die Festnahmehandlung darf auch im Hinblick auf die Schwere der Straftat gerade bei Bagatelldelikten nicht in ein **eklatantes Missverhältnis zum Maß der Fluchtverhinderungshandlung** geraten. So sind unmittelbar lebensgefährliche Festnahmehandlungen, wie ein Würgen des sich nicht wehrenden Täters oder Schüsse auf diesen mittels einer Waffe in der Regel unzulässig.[46] Denn das auch in diesem Zusammenhang geltende Verhältnismäßigkeitsprinzip verbietet es regelmäßig, jedenfalls bei Straftaten von geringem Gewicht, zur Fluchtverhinderung Handlungen vorzunehmen, die zu einer ernsthaften Gesundheitsschädigung oder zu einer unmittelbaren Lebensgefährdung führen.[47] So hat es der BGH wegen Bestehens eines krassen Missverhältnisses als nicht gerechtfertigt angesehen, wenn ein Wachmann einer privaten Wach- und Schließgesellschaft um jugendliche Autodiebe zu „stellen" und sie der Polizei zu übergeben mit seiner Selbstladepistole gezielte Schüsse „auf die Reifen" des gestohlenen Fluchtfahrzeuges abgibt und dabei einen auf der Rückbank sitzenden Fahrzeuginsassen tödlich trifft.[48] Eine Gefährdung anderer Straßenverkehrsteilnehmer ist auch bei Verkehrsdelikten nicht vom Festnahmerecht gedeckt.[49] 17

10. Notwehrhandlungen. Demgegenüber bleiben die sonstigen zivilrechtlichen und strafrechtlichen Vorschriften der Notwehr und des Notstandes unberührt. Der Betroffene darf gegenüber dem Festnehmenden selbst keine Notwehr iSv § 32 StGB ausüben. Nach der Rechtsprechung des Bundesgerichtshofs[50] besteht das Festnahmerecht auch dann, wenn eine Privatperson die Voraussetzungen des Abs. 1 S. 1 ohne Fahrlässigkeit nach den äußeren Umständen irrig annimmt. Dem entgegen teilweise ein Festnahmerecht abgelehnt, jedoch dem Festnehmenden nach den Umständen des Einzelfalls ein vorsatzausschließender Erlaubnistatbestandsirrtum zugebilligt. Die Streitfrage wird relevant, wenn sich der Festgenommene, der nach der Rechtsprechung des Bundesgerichtshofs kein Notwehrecht hat, wehrt und insoweit selbst einem Erlaubnistatbestandsirrtum unterliegt. 18

III. Festnahme durch Staatsanwaltschaft und Polizei zur Identitätsfeststellung (Abs. 1 S. 2)

Die Vorschrift enthält lediglich eine gesetzliche Klarstellung, dass sich die Rechtsgrundlage zur Feststellung der Identität einer Person durch Staatsanwaltschaft und Polizei sich nicht nach Abs. 1 S. 1 oder 2 richtet, sondern hierfür § 163b Abs. 1 gilt. Steht die Identität der Person fest und werden keine Ermittlungen eingeleitet, ist deren weiteres Festhalten, um möglicherweise die Ermittlungen hinsichtlich eines anderen Tatverdächtigen nicht zu gefährden, nicht gerechtfertigt.[51] Gleiches gilt, wenn der Betroffene angeboten hat, seine Papiere aus dem Nachbauhaus zu holen.[52] Weiter ist zu beachten, dass zwar eine unberechtigte vorläufige Festnahme nach Abs. 2 eine Entschädigungspflicht nach § 2 Abs. 2 Nr. 2 StrEG begründen kann, nicht jedoch eine auf § 163b iVm Abs. 1 S. 2 beruhende Zuführung zur 19

44 AG Grevenbroich 26.9.2000 – 5 Ds 6 Js 136/00, NJW 2002, 1060.
45 BGH 12.11.1969 – 4 StR 325/69, VRS 38, 115.
46 Vgl. auch BGH 25.3.1999 – 1 StR 26/99, JR 2000, 297; 18.11.1980 – VI ZR 151/78, NJW 1981, 745.
47 BGH 3.7.2007 – 5 StR 37/07, NStZ-RR 2007, 303.
48 BGH 11.9.1997 – 4 StR 296/97, NStZ-RR 1998, 50.
49 OLG Hamm 29.8.1958 – 1 Ss 874/58, VRS 16, 136; 30.3.1962 – 3 Ss 1638/61, VRS 23, 453 (bloße Belästigung); OLG Jena 9.7.1997 – 1 Ss 294/96, VRS 94, 459 (Verfolgungsjagd).
50 BGH 18.11.1980 – VI ZR 151/78, NJW 1981, 745.
51 AG Hannover 17.10.2005 – 314 AR 12/05, StV 2006, 321.
52 BVerfG 29.1.1991 – 1 BvR 7/90, NJW 1991, 3023.

Identitätsfestelllung.[53] In materieller Hinsicht ist zu beachten, dass bei einer Festnahme zum Zwecke der Identitätsfeststellung gemäß §§ 127 Abs. 1 S. 2, 163b Abs. 1 die Rechtmäßigkeit der Diensthandlung iSd § 113 Abs. 3 StGB von der Beachtung der bei ihr einzuhaltenden wesentlichen Förmlichkeiten abhängig ist.[54] Auch ist die Verbringung des Beschuldigten zur Polizeiinspektion zur Identitätsfeststellung rechtswidrig, wenn die Identitätsfeststellung in der durchsuchten Wohnung erfolgen kann.[55]

IV. Vorläufige Festnahme durch Polizei und Staatsanwaltschaft (Abs. 2)

20 **1. Allgemeines.** Grundsätzlich können sich auch Polizeibeamte bereits auf das allgemeine Festnahmerecht nach Abs. 1 berufen, wobei hier noch keine Sonderbefugnisse greifen. Diese können sich aber aus den allgemeinen Polizeigesetzen der Länder, beispielsweise zur Anwendung unmittelbaren Zwangs, ergeben. Nicht der Vorschrift des Abs. 2 unterfällt die Beschränkung der Bewegungsfreiheit des Beschuldigten zum Vollzug einer Anordnung der körperlichen Untersuchung (§ 81a) oder der Durchführung einer erkennungsdienstlichen Behandlung (§ 81b).[56]

21 **2. Festnahmevoraussetzungen.** Abs. 2 räumt den Beamten der Polizei und Staatsanwaltschaft bei Gefahr im Verzug zusätzlich das Festnahmerecht ein, wenn die Voraussetzungen eines Haftbefehls oder Unterbringungsbefehls (§§ 112, 12a, 126) vorliegen. Allerdings obliegt diese polizeiliche Eilkompetenz aus auch verfassungsrechtlicher Hinsicht Einschränkungen (→ Rn. 22), welche die Praxis nicht immer gerecht wird

22 Erforderlich ist insoweit, dass **„Gefahr im Verzug"** besteht. Die ist nach herrschender Ansicht der Fall, wenn die Festnahme des Beschuldigten bei einer vorausgehenden Hinzuziehung der Staatsanwaltschaft und des richterlichen Bereitschaftsdienstes gefährdet wäre.[57] Insoweit kommt es darauf an, ob es aufgrund des Zeitverlustes, welcher mit der Erwirkung einer gerichtlichen Haftanordnung verbunden ist, zu einer Gefährdung der Festnahme kommen würde.[58] Nicht erforderlich ist insoweit, dass aus objektiver Sicht tatsächlich eine solche Gefährdung besteht. Vielmehr reicht aus, dass der handelnde Beamte aus seiner ex ante Sicht bei Würdigung der konkreten Umstände des Einzelfalls nachvollziehbar eine Gefährdung der Festnahme tatsächlich angenommen hat und auch annehmen durfte. Maßgeblich ist danach die Beurteilung des Beamten aufgrund pflichtgemäßer Prüfung der Umstände des Einzelfalles, soweit sie ihm zum Zeitpunkt seines Einschreitens erkennbar sind.[59] Insoweit ist nach hA auch unerheblich, ob der Beamte die Gefahr durch frühere Fehler oder Pflichtwidrigkeiten letztendlich mit verursacht hat (str.).[60] Entsprechend der in der Praxis gebräuchlichen Dienstanweisungen der Polizei sollte eine **Dokumentation** der „Gefahr im Verzug" zu deren gerichtlichen Nachprüfbarkeit vorgenommen werden.

23 Daneben müssen aber – was häufig übersehen wird – vor allem auch die **Haftgründe der Flucht, der Fluchtgefahr-** (→ § 112 Rn. 41 ff.) **oder der Verdunkelungsgefahr** (→ § 112 Rn. 63 ff.) objektiv vorliegen. So ist eine ohne richterlichen Beschluss vorgenommene vorläufige Festnahme durch einen Polizeibeamten rechtswidrig, wenn weder die Voraussetzungen des Abs. 1 noch die Haftgründe der Verdunkelungs- oder Fluchtgefahr vorlagen. Wegen Missachtung des verfassungsrechtlich geschützten Richtervorbehalts sind infolge auch die im Anschluss an die vorläufige Festnahme durchgeführte Durchsuchung und Beschlagnahme rechtwidrig und die Beweismittel damit nicht verwertbar.[61]

---

53 KG 9.11.2012 – 4 Ws 120/12, StRR 2013, 236.
54 KG 8.7.2019 – (3) 121 Ss 86/19 (49/19), StraFo 2019, 416.
55 BGH 11.10.2018 – 5 BGS 48/18, StV 2020, 145.
56 Schultheis in KK-StPO Rn. 34.
57 Vgl. auch Krauß in BeckOK StPO § 127 Rn. 12.
58 Schultheis in KK-StPO Rn. 35.
59 BGHSt 3, 241; Schmitt in Meyer-Goßner/Schmitt Rn. 19.
60 Schultheis in KK-StPO Rn. 35.
61 AG Tiergarten 17.7.2006 – 353 Gs 2794/06, wistra 2007, 199.

Da es sich bei einer vorläufigen Festnahme um einen scherwiegenden Grundrechtseingriff[62] handelt, darf der **Richtervorbehalt nicht durch eine zu großzügige Auslegung des Merkmals der Gefahr im Verzug** unterlaufen werden. Insoweit muss jedenfalls in den Fällen, in welchen der Täter nicht auf frischer Tat ergriffen wird, sondern den Ermittlungsbehörden schon bekannt ist, die die **„Eilkompetenz" die Ausnahme bleiben.** Für die Auslegung des Merkmals der Gefahr im Verzug bedeutet dies, dass es sich insoweit um einen unbestimmten Rechtsbegriff handelt, welcher zwar aus Sicht des Beamten zu beurteilen ist, diesem jedoch keinen Beurteilungsspielraum einräumt. 24

Für die Praxis bedeutet dies, dass aus verfassungsrechtlichen Gründen ein **effektiver richterlicher Bereitschaftsdienst** eingerichtet werden muss. Insoweit hat der Beamte im Rahmen der Beurteilung des Merkmals der „Gefahr im Verzug" zu prüfen, ob eine Haftanordnung zeitnah und ohne Gefährdung des Festnahmeerfolgs erwirkt werden kann. Jedenfalls darf die Regelkompetenz nicht unterlaufen werden. 25

So ist eine **Eilkompetenz zu verneinen,** wenn die Verzugslage von den Ermittlungsbehörden schuldhaft verursacht wurde. Ein solcher Fall kann etwa dann anzunehmen sein, wenn die Voraussetzungen für eine Haftbefehl bereits vorliegen, der Beamten den Beschuldigten aber, ohne einen solchen zuvor erwirkt zu haben, vernimmt und sich dadurch die ohnehin schon bestehende Flucht- oder Verdunkelungsgefahr noch weiter verstärkt. Insoweit führen Fehler der Ermittlungsbehörden jedenfalls dann zu einer Einschränkung der Eikompetenz, wenn die Zuständigkeit objektiv missbräuchlich willkürlich angenommen wird oder es sich um besonders schwerwiegende Verstöße handelt.[63] 26

Ist die **Festnahme im Rahmen der „Eilkompetenz" zu Unrecht** angeordnet worden, stellt sich die Frage, ob dies Auswirkungen auf die Haftfrage hat oder andere Folgen zeitigt. Will der Betroffene die fortdauernde Festnahme beanstanden, entscheidet hierüber das Haftgericht (§ 128). Wurde die vorläufige Festnahme beendet und befindet sich der Beschuldigte ohne Vorführung vor den zuständigen Richter wieder auf freiem Fuß, entscheidet über die Rechtmäßigkeit der vorläufigen Festnahme entsprechend § 98 Abs. 2 das mit der Sache befasste Gericht.[64] Gleiches gilt, wenn es um die Art und Weise des Vollzugs geht.[65] Gegen die Entscheidung des Gerichts ist die Beschwerde (§ 304), nicht aber die weitere Beschwerde (§ 310) zulässig, da es sich nicht um eine Verhaftung iSd § 310 handelt.[66] Obwohl prozessuale Überholung eingetreten ist, besteht jedoch ein Feststellungsinteresse, weil es sich bei der Anordnung der Festnahme durch ein im konkreten Fall unzuständiges Organ um einen schwerwiegenden Grundrechtseingriff handelt, welcher die Feststellung der Rechtswidrigkeit der Amtshandlung nicht nur zulässt, sondern auch erfordert. Ein solches Bedürfnis besteht auch deshalb, weil die Erfahrungen der Praxis durchaus zeigen, dass die Entscheidung des Haftrichters von seitens der Polizei oder Staatsanwaltschaft erzeugten Fakten durchaus abhängen können.[67] 27

Nicht abschließend geklärt ist weiterhin die Frage, ob die Feststellung der Rechtswidrigkeit der vorläufigen Festnahme auch dann möglich ist, wenn der Beschuldigte dem Haftrichter vorgeführt wird und dieser eine Haft- oder Unterbringungsanordnung erlässt. Da eine zulässige Verfahrensrüge nicht erhoben war, musste sich der BGH[68] in einem Fall der vermeintlichen Umgehung des Richtervorbehalts nicht ausdrücklich befassen, ob die Festnahme auf der Grundlage eines bereits erlassenen Haftbefehls und damit das Verfahren 28

62 Vgl. auch BVerfG 4.2.2005 – 2 BvR 308/04, StraFo 2005, 156; 20.2.2001 – 2 BvR 1444/00, StraFo 2001, 154.

63 BVerfG 12.4.2005 – 2 BvR 1027/02, NJW 2005, 1917; AG Tiergarten 17.7.2006 – 353 Gs 2794/06, wistra 2007, 199; Paeffgen in SK-StPO Rn. 26.

64 BGH 5.8.1998 – 5 ARs (VS) 1/97, BGHSt 44, 171; Schmitt in Meyer-Goßner/Schmitt Rn. 23; Schultheis in KK-StPO Rn. 48; aA Dittmer.

65 Schmitt in Meyer-Goßner/Schmitt Rn. 23; aA noch BVerwG 3.12.1974 – I C 11/73, BVerwGE 47, 255.

66 OLG Frankfurt a. M. 6.8.2009 – 3 Ws 687/09, NStZ-RR 2010, 22.

67 Vgl. hierzu auch Böhm in Grützner/Pötz/Kress/Gazeas, Internationale Rechtshilfe in Strafsachen, 3. Aufl., IRG § 19 Rn. 7.

68 BGH 28.6.2018 – 3 StR 23/18, NStZ 2018, 734.

nach § 115 StPO im Hinblick auf Art. 104 Abs. 2 S. 1 GG, Art. 5 Abs. 3 S. 1 EMRK Vorrang vor der ermittlungsbehördlichen Eilkompetenz nach § 127 Abs. 2 StPO hat.[69] Nach hA besteht weder ein Grund zur Freilassung noch rechtfertigt sich die Annahme eines Verwertungsverbots[70] bezüglich der Angaben des Beschuldigten vor Polizei und Haftrichter. Im Hinblick das Vorliegen eines Verwertungsverbots kann dieser Ansicht jedoch nicht gefolgt werden, **wenn der vorherige Erlass einer haftrichterlichen Anordnung bewusst vorsätzlich umgangen** wurde.

29 Hatte das nach §§ 125, 126 zuständige **Gericht** schon zuvor in derselben Strafsache einen von der Staatsanwaltschaft beantragten **Haftbefehl abgelehnt,**[71] ist die vorläufige Festnahme des Beschuldigten nach Abs. 2 anlässlich weiterer anderer strafprozessualer Maßnahmen wegen derselben Straftat nur dann möglich und zulässig, wenn die früheren Ablehnungsgründe durch neue Umstände ausgeräumt sind.[72] Ferner sind die nach dem jeweiligen Landesrecht vorgesehenen Vorschriften über die Anwendung unmittelbaren Zwangs zu beachten.

30 Das **Festnahmerecht** nach Abs. 2 steht der **Staatsanwaltschaft** und den Beamten des **Polizeidienstes** zu. Der Begriff der Staatsanwaltschaft erfasst auch die Amtsanwälte (§ 142 Abs. 1 Nr. 3 GVG) und Referendare im Rahmen des ihnen nach § 142 Abs. 3 GVG übertragenen Aufgabekreises.[73] Darüber hinaus steht das Festnahmerecht den Beamten des Polizeidienstes zu, welche nicht Ermittlungspersonen der Staatsanwaltschaft (§ 152 GVG) sein müssen.[74] Die schnellstmögliche Herbeiführung einer gerichtlichen Entscheidung liegt in deren Interesse, da sich ein Polizeibeamter wegen Verstoßes gegen die Pflicht zur unverzüglichen Herbeiführung einer richterlichen Entscheidung nach Ingewahrsamsnahme oder Festnahme wegen **Freiheitsberaubung durch Unterlassen** strafbar machen kann.[75]

31 Die **Rechtmäßigkeit der Festnahme** hängt nicht davon ab, dass diese dem Beschuldigten zuvor angekündigt worden ist.[76] Die **Anwendung von Gewalt** ist grundsätzlich zulässig (vgl. → Rn. 17), wobei die Grenzen der Festnahme- und Zwangsmittel – mangels Regelung in der StPO – durch das Polizeirecht des Bundes oder der Länder bestimmt werden.[77] Dort sind auch die Voraussetzungen des Schusswaffengebrauchs geregelt.[78] Danach dürfen – bei Beachtung der einschlägigen polizeirechtlichen Regelungen – Schusswaffen gegen einzelne Personen eingesetzt werden, um eine Person, die sich der Festnahme oder der Feststellung ihrer Person durch die Flucht zu entziehen sucht, anzuhalten, wenn sie bei einer rechtwidrigen Tat betroffen wird, die sich nach den Umständen als ein Verbrechen darstellt, oder sie eines Verbrechens dringend verdächtig ist. Dabei darf auch bei Vorliegen sämtlichen Zulassungsvoraussetzungen von der Schusswaffe allein in einer Weise Gebrauch gemacht werden, die den Flüchtenden – nur – fluchtunfähig macht, so dass vor allem gezielte Schüsse in den Beinbereich vom Festnahmerecht gedeckt sind.[79] Geht der Schuss

---

[69] Vgl. hierzu auch BGH 17.11.1989 – 2 StR 418/89, NJW 1990, 1188.

[70] Zur Rechtsprechung zu § 81a vgl. BVerfG 24.2.2011 – 2 BvR 1596/10, BeckRS 2011, 48523; 28.7.2008 – 2 BvR 784/08, NJW 2008, 3053; BGH 11.11.1998 – 3 StR 181/98, BGHSt 44, 243; 18.4.2007 – 5 StR 546/06, BGHSt 51, 285; OLG Naumburg 7.2.2011 – 1 Ss 38/10, FD-StrVR 2011, 315558.

[71] Vgl. hierzu BGH 11.10.2018 – 5 Gs 48/18, StraFo 2019, 66 (Auswirkungen der Verneinung des dringenden Tatverdachts auf andere Eingriffsmaßnahmen).

[72] Schmitt in Meyer-Goßner/Schmitt § 127 Rn. 19; LG Frankfurt a. M. 26.2.2008 – 5/26 Qs 6/08, NStZ 2008, 591; vgl. hierzu auch BVerfG 16.6.2015 – 2 BvR 2718/10, NStZ 2015, 529 mAnm Grube NStZ 2015, 534 (Eingeschränkte Eilkompetenz der Ermittlungsbehörden für eine Durchsuchung bei gerichtlicher Vorbefassung).

[73] Schultheis in KK-StPO Rn. 38.

[74] Schultheis in KK-StPO Rn. 39.

[75] BGH 4.9.2014 – 4 StR 473/13, NJW 2015, 96.

[76] OLG München 8.12.2008 – 5 StR 233/08; Schultheis in KK-StPO Rn. 40.

[77] BayObLG 5.5.1998 – RReg 1 St 3/88, NStZ 1988, 519; OLG Karlsruhe 18.12.1973 – 2 Ws 200/73, NJW 1974, 806; Schmidt/Schöne NStZ 1994, 218; Schmitt in Meyer-Goßner/Schmitt Rn. 19 aA Borchert JA 1982, 346.

[78] BGH 20.3.1995 – 4 StR 7/75, BGHSt 26, 99; 25.3.1999 – 1 StR 26/99, NJW 1999, 2533; 25.10.1988 – 3 StR 199/98, BGHSt 35, 379.

[79] BGH 25.3.1999 – 1 StR 26/99, NJW 1999, 2533; Schultheis in KK-StPO Rn. 40.

aber fehl, wird dessen Abgabe nicht unzulässig, weil der Schusswaffengebrauch immer mit einem solchen Risiko behaftet ist. Anders aber bei gezielten Schüssen in zentrale Bereich des Menschen. Solche sind vom Festnahmerecht des Abs. 2 nicht gedeckt und rechtswidrig.[80] Zu beachten ist jedoch, dass insoweit vor allem dem **Polizeibeamten aber die allgemeinen strafrechtlichen Rechtfertigungsgründe zur Seite stehen** können.[81] Gleiches gilt für die Irrtumsproblematik. Nimmt etwa der Polizeibeamte irrig die tatsächlichen Voraussetzungen der Notwehr an, ist Putativnotwehr und damit ein vorsatzausschließender Erlaubnistatbestandirrtum gegeben. Ein solcher den Vorsatz ausschließender Tatsachenirrtum kommt insbesondere in Betracht, wenn eine nicht im Nahbereich eingesetzte Schreckschusswaffe den Anschein einer scharfen Schusswaffe erweckt.[82] Auch darf die Wohnung des Beschuldigten durchsucht werden, wenn konkrete Anhaltspunkte dafür bestehen, dass er sich dort aufhält. Einer gesonderten Durchsuchungsordnung der Wohnung (§ 102) bedarf es in einem solchen Fall nicht.[83]

V. Strafantrag, Ermächtigung, Strafverlangen (Abs. 3)

Bei Antragsdelikten und Straftaten, die nur mit einer Ermächtigung oder einem Straf- 32
verlangen verfolgt werden können (§ 77e StGB), darf die Festnahme auch ohne das Vorliegen dieser Voraussetzungen zum Festnahmezeitpunkt erfolgen. Wenn jedoch bereits zu diesem Zeitpunkt sicher anzunehmen ist, dass diese formalen Anforderungen auch im weiteren Verlauf des Ermittlungsverfahrens nicht eintreten werden, muss von der Festnahme abgesehen werden.[84] Während andauernder Immunität ist die vorläufige Verhaftung eines Abgeordneten nach Art. 46 Abs. 2 GG gänzlich unzulässig, es sei denn, er wird bei der Begehung der Tat oder nach Verfolgung auf frischer Tat im Laufe des folgenden Tages festgenommen.

VI. Benachrichtigungs- und Informationspflichten (Abs. 4)

Bereits bei der vorläufigen Festnahme durch die Staatsanwaltschaft und Polizei sind 33
gemäß Abs. 4 sämtliche Informationsrechte- und Pflichten sowie Benachrichtigungspflichten und Belehrungspflichten mit dem gesetzlichen Verweis auf §§ 114a–114c zu beachten. Durch das Gesetz zur Stärkung der Verfahrensrechte von Beschuldigten in Strafverfahren vom 2.7.2013 ist die aktuelle Fassung des § 114b zum 6.7.2013 in Kraft getreten (hierzu ausführlich → § 114b Rn. 1 ff). Insoweit verfolgt die völlig neu gefasste Vorschrift den Zweck sicherzustellen, dass der verhaftete Beschuldigte so früh wie möglich über die alle ihm zustehenden Rechte belehrt wird.[85] Mit dem Gesetz zur Stärkung der Verfahrensrechte von Beschuldigten in Strafverfahren wurde zudem § 187 GVG neu gefasst, um hierdurch die Belehrungspflichten und das Recht des Beschuldigten, im Strafverfahren Dolmetscherleistungen in Anspruch zu nehmen, ausdrücklich zu normieren. Mit der gesetzlichen Neuregelung wird nunmehr klargestellt, dass bereits die unmittelbar die Festnahme durchführenden Beamten den Beschuldigten danach sofort nach Aushändigung des Haftbefehls (§ 114a), umfangreich über die in Abs. 2 im Einzelnen aufgeführten Rechte schriftlich und gegebenenfalls in übersetzter Form belehren müssen.

VII. Rechtsbehelf

Wird der Beschuldigte nach seiner vorläufigen Festnahme nicht freigelassen, schließt 34
sich das Verfahren seiner richterlichen Vorführung nach § 128 an. Wird der vorläufig Festge-

[80] BGH 25.3.1999 – 1 StR 26/99, NJW 1999, 2533; OLG Karlsruhe 10.2.2011 – 2 Ws 181/10, Die Justiz 2011, 221.
[81] BGH 10.2.2000 – 4 StR 558/99, BGHSt 45, 378; Schmitt in Meyer-Goßner/Schmitt Rn. 17.
[82] OLG Karlsruhe 10.2.2011 – 2 Ws 181/10, Die Justiz 2011, 221.
[83] Ebenso Kaiser NJW 1980, 876.
[84] Vgl. auch Geerds GA 1982, 237.
[85] BT-Drs. 16/11644, 16.

nommene ohne Vorführung vor den Haftrichter hingegen auf freien Fuß gesetzt, ist nicht der Rechtsweg nach §§ 23 ff. EGGVG eröffnet, wenn dieser beantragt die Rechtswidrigkeit der Verfolgungsmaßnahme festzustellen. Vielmehr kann der **Antragsteller in entsprechender Anwendung des § 98 Abs. 2 S. 2** die richterliche Überprüfung der Rechtmäßigkeit seiner vorläufigen Festnahme beantragen.[86] Gegen die Entscheidung des Gerichts ist die Beschwerde (§ 304), nicht aber die weitere Beschwerde (§ 310) zulässig, da es sich nicht um eine Verhaftung iSd § 310 handelt.[87]

35 Ein **Rechtsbehelf** besteht auch dann, wenn sich die **vorläufige Festnahme erledigt** hat (→ Rn. 27). Nach zwischenzeitlich herrschender Ansicht hat jeder Betroffene – zur Gewährleistung seines in Art. 19 Abs. 4 S. 1 und 2 GG verankerten Grundrechts auf effektiven und möglichst lückenlosen richterlichen Rechtsschutz gegen Akte der öffentlichen Gewalt – prinzipiell die Möglichkeit, auch schon erledigte Zwangsmaßnahmen der Staatsanwaltschaft und ihrer Ermittlungspersonen entsprechend § 98 Abs. 2 S. 2 einschließlich der Art und Weise der Durchführung[88] nachträglich vom Gericht überprüfen zu lassen.[89] Dies gilt speziell für die Rechtmäßigkeit einer erledigten vorläufigen Festnahme nach Abs. 2.[90] Sachlich und funktionell zuständig ist in Fällen der vorliegenden Art jeweils der Ermittlungsrichter beim Amtsgericht (§ 162 Abs. 1 S. 1 iVm § 98 Abs. 2 S. 3).[91] Dieses Gericht ist auch für einen möglichen Antrag auf Gewährung von Prozesskostenhilfe zuständig, falls eine solche gewährt werden kann.[92] Eine unberechtigte vorläufige Festnahme nach Abs. 2 kann eine Entschädigungspflicht nach § 2 Abs. 2 Nr. 2 StrEG begründen, nicht jedoch eine auf § 163b iVm Abs. 1 S. 2 beruhende Zuführung zur Identitätsfestelllung.[93]

§ 127a Absehen von der Anordnung oder Aufrechterhaltung der vorläufigen Festnahme

(1) Hat der Beschuldigte im Geltungsbereich dieses Gesetzes keinen festen Wohnsitz oder Aufenthalt und liegen die Voraussetzungen eines Haftbefehls nur wegen Fluchtgefahr vor, so kann davon abgesehen werden, seine Festnahme anzuordnen oder aufrechtzuerhalten, wenn

1. nicht damit zu rechnen ist, daß wegen der Tat eine Freiheitsstrafe verhängt oder eine freiheitsentziehende Maßregel der Besserung und Sicherung angeordnet wird und

2. der Beschuldigte eine angemessene Sicherheit für die zu erwartende Geldstrafe und die Kosten des Verfahrens leistet.

(2) § 116a Abs. 1 und 3 gilt entsprechend.

Schrifttum: Dünnebier, Sicherstellung der Strafvollstreckung durch Sicherheitsleistung, NJW 1968, 1752; Büttner, Zustellungsbevollmächtigte – Zeitbomben im Strafverfahren, DRiZ 2007, 188.

[86] BGH 5.8.1998 – 5 ARs (VS) 1/97, BGHSt 44, 171; Schmitt in Meyer-Goßner/Schmitt Rn. 23; Schultheis in KK-StPO Rn. 8; Pfeiffer § 127 Rn. 12; Müller in KMR-StPO Rn. 25; Krauß in BeckOK StPO Rn. 14.

[87] OLG Frankfurt a. M. 6.8.2009 – 3 Ws 687/09, NStZ-RR 2010.

[88] KG 22.9.1999 – 1 AR 913/99; 5.7.1999 – 4 VAs 36/99.

[89] Vgl. hierzu insbes. BVerfG 5.12.2001 – 2 BvR 527/99, 2 BvR 1337/00 und 2 BvR 1777/00; 31.10.2005 – 2 BvR 2233/04, StraFo 2006, 20; BGH 5.8.1998 – 5 ARs (VS) 1/97, BGHSt 44, 171; Schmitt in Meyer-Goßner/Schmitt § 127 Rn. 23; Pfeiffer § 127 Rn. 12; Müller in KMR-StPO § 127 Rn. 25; Krause in AK-StPO § 127 Rn. 22; Peters JR 1972, 297; Roxin Strafverfahrensrecht, 24. Aufl., § 29 Rn. 12, 14; Rieß/Thym GA 1981, 189; Greiner MDR 1981, 547 aA Paeffgen in SK-StPO § 127 Rn. 36; Flieger MDR 1981, 17.

[90] BGH 5.8.1998 – 5 ARs (VS) 1/97, BGHSt 44, 171; VGH Kassel 9.11.2007 – 8 TP 2192/07, ESVGH 58, 137.

[91] VGH Kassel 9.11.2007 – 8 TP 2192/07, ESVGH 58, 137; Griesbaum in KK-StPO § 162 Rn. 8.

[92] Ablehnend VGH Kassel 9.11.2007 – 8 TP 2192/07, ESVGH 58, 137; vgl. auch OLG Brandenburg 6.3.2013 – 11 W 40/12.

[93] KG 9.11.2012 – 4 Ws 120/12, StRR 2013, 236.

I. Allgemeines, Normzweck und Anwendungsbereich

1. Allgemeines. Die Norm beinhaltet eine gesetzlich normierte **Ausprägung des Verhältnismäßigkeitsgrundsatzes.** Ohne richterliche Mitwirkung können Polizeibeamte von einer Vorführung des Beschuldigten nach § 128 vor den zuständigen Richter gegen eine Sicherheitsleistung unter bestimmten Voraussetzungen absehen. Insoweit enthält die Vorschrift eine Ergänzung zu § 127 Abs. 2, erfährt ihrerseits aber durch § 132 eine Ergänzung, welcher nähere Regelungen zur Ausgestaltung einer insoweit auferlegten Sicherheitsleitung und einer Zustellungsvollmacht enthält. 1

2. Normzweck und Anwendungsbereich. Die Norm ermöglicht vorrangig den Polizeibeamten in einem einfach gelagerten Ermittlungsverfahren regelmäßig bei Bagatelldelikten einen wohnsitzlosen oder im Ausland wohnhafte Beschuldigten nicht mit einem Freiheitsentzug zu belasten, wenn eine Sicherheitsleistung die zu erwartende Geldstrafe und die Verfahrenskosten deckt. Da die Vorschrift auch das Absehen von der Aufrechterhaltung einer bereits erfolgten Festnahme erfasst, kann auch der zuständige Ermittlungsrichter § 127a entsprechend anwenden.[1] In der Praxis wird diese Vorschrift häufig bei Verkehrsdelikten von auf der Durchreise befindlichen ausländischen Staatsangehörigen genutzt. Hier wird von den Polizeibeamten oftmals nach fernmündlicher Rücksprache mit dem staatsanwaltschaftlichen oder richterlichen Bereitschaftsdienst eine solche Sicherheitsleistung festgelegt. Um dem Normzweck – dem Verhältnismäßigkeitsgrundsatz – hinreichend Rechnung zu tragen, ist Anwendungsbeschränkung auf ausländische Staatsangehörige nicht geboten.[2] 2

II. Tatbestandsvoraussetzungen

1. Allgemeines. Hat der Beschuldigte keinen festen Wohnsitz oder Aufenthalt im Inland und liegen die Voraussetzungen eines Untersuchungshaftbefehls nur wegen des Haftgrundes der Fluchtgefahr vor, kann von der vorläufigen Festnahme gänzlich absehen oder der Haftbefehl wieder aufgehoben werden, wenn keine Freiheitsstrafe oder freiheitsentziehende Maßregel droht und der Beschuldigte eine angemessene Sicherheitsleistung für die zu erwartende Geldstrafe und die Kosten des Verfahren erbringt. 3

2. Ohne festen Wohnsitz. Ein Wohnsitz im Inland setzt eine auf eine gewisse Dauer angelegte, tatsächliche Niederlassung an einem Ort (§ 7 Abs. 1 BGB) voraus.[3] Die Fassung erklärt sich daraus, dass der Gesetzgeber die frühere DDR zwar rechtlich weitgehend wie Ausland behandelt hat, aber nach dem Grundgesetz nicht als Ausland anerkennen konnte, deshalb auch nicht vom Inland, sondern vom Geltungsbereich des Gesetzes spricht. Für die Begründung eines Wohnsitzes ist lediglich entscheidend, ob eine Niederlassung tatsächlich vorliegt. Der erforderliche Willensentschluss braucht sich nicht auf den Rechtserfolg des Wohnsitzes, sondern nur auf die Niederlassung zu erstrecken.[4] 4

3. Haftgrund der Fluchtgefahr. § 127a findet nur beim Haftgrund der Fluchtgefahr Anwendung. Insoweit ist auf die umfassenden Ausführungen zur Fluchtgefahr nach § 112 Abs. 1 iVm Abs. 2 Nr. 2 zu verweisen (→ § 112 Rn. 41 ff.). Bei der Verdunkelungsgefahr ist hingegen die Anwendung des § 113 zu prüfen. 5

4. Prognose zur Freiheitsstrafe oder Maßregel (Nr. 1). Gemäß § 127a Nr. 1 darf die Vorschrift nicht zur Anwendung gelangen, wenn mit einer Freiheitsstrafe oder einer freiheitsentziehenden Maßregel der Besserung und Sicherung zu rechnen ist. Drohender Jugendarrest iSv § 16 JGG ist keine Freiheitsstrafe, sondern ein Zuchtmittel gemäß § 13 Abs. 2 Nr. 3 JGG. Die in der Literatur gegen den Wortlaut vertretene Auffassung, aufgrund 6

[1] Krauß in BeckOK StPO Rn. 1.

[2] Vgl. auch Krauß in BeckOK StPO Rn. 2; Schultheis in KK-StPO Rn. 2; aA Schmitt in Meyer-Goßner/Schmitt Rn. 2.

[3] Vgl. auch § 8; LG Frankfurt a. M. 8.2.1988 – 5/6 Qs 69/87, StV 1988, 381 (zu einer gescheiterten Wohnsitzaufgabe).

[4] BVerfG 10.7.1958 – 1 BvR 532/56, BVerfGE 8, 81 (zum Beziehen eines Hotelzimmers).

des mit dem Erziehungsmittel des Jugendarrestes verbundenen Freiheitsentzuges sei eine Anwendung der Vorschrift bei zu erwartendem Jugendarrest unzulässig, kann im Ergebnis nicht überzeugen. Andere Nebenstrafen, wie eine drohendes Fahrverbot (§ 44 StGB) oder sonstige vermögensabschöpfende Maßnahmen, wie der Verfall oder Einziehung (§§ 73 ff. StGB), hindern ein Absehen von der Festnahme nicht.

7 **5. Angemessene Sicherheitsleistung (Nr. 2).** Die Höhe der Sicherheitsleistung ist von den Polizeibeamten so zu bemessen, dass nicht nur die zu erwartende Geldstrafe oder die Geldauflage (§ 153a) sondern auch die Kosten des Verfahrens gedeckt werden.[5] Die Polizeibeamten werden in der Praxis oftmals nach Rücksprache mit der Staatsanwaltschaft, entsprechend Nr. 60 RiStBV, die bei einschlägigen Straftaten erfahrungsgemäß festgesetzten Beträge für Geldstrafen und Kosten mittels einer Schätzung zugrundelegen.[6]

8 **6. Art der Sicherheitsleitung (Abs. 2).** Hinsichtlich der Art der Sicherheitsleistung verweist § 127a Abs. 2 auf § 116 Abs. 1 und 3 (→ § 116 Rn. 25). Gem. § 116a Abs. 1 S. 1 erfolgt die Sicherheitsleistung durch Hinterlegung gemäß den Voraussetzungen der jeweiligen landesrechtlichen Hinterlegungsgesetze (→ § 116a Rn. 18 ff.). Einer Annahme[7] der Hinterlegung durch den zuständigen Leitenden Oberstaatsanwalt bedarf es als Voraussetzung für die Wirksamkeit der Hinterlegung nicht.[8]

9 Gemäß § 116a Abs. 3 ist der Beschuldigte als Wirksamkeitsvoraussetzung verpflichtet schriftlich einen **Zustellungsbevollmächtigten** aus dem Bezirk des zuständigen Gerichts zu bestellen (→ § 116a Rn. 26 ff.). Nach Rechtsprechung und Literatur wird auch die Bestellung eines solchen Bevollmächtigten aus einem anderen Gerichtsbezirk im Inland für zulässig erachtet.[9] Der Zustellungsbevollmächtigte muss mit seiner Rolle einverstanden sei, was der Beschuldigte auf Aufforderung auch nachweisen muss. Mangels gesetzlicher Einschränkung kommen als Zustellungsbevollmächtigte neben im Inland wohnenden Rechtsanwälten, Verwandten, Freunden, Arbeitgeber, auch der namentlich in einem Vordruck der Polizei benannte Geschäftsstellenbeamte des zuständigen Amtsgerichts in Frage (→ § 116a Rn. 27).[10] Im Übrigen ist auf die Ausführungen zu § 116a zu verweisen.[11] Im Hinblick auf den Lauf von Fristen nach Zustellung an einen Zustellungsbevollmächtigten ist jedoch das Urteil des EuGH vom 22.3.2017 zu beachten, wonach die Fristen erst mit Kenntnis der Zustellung dem Beschuldigten selbst zu laufen beginnen.[12]

§ 127b Vorläufige Festnahme und Haftbefehl bei beschleunigtem Verfahren

(1) [1]Die Staatsanwaltschaft und die Beamten des Polizeidienstes sind zur vorläufigen Festnahme eines auf frischer Tat Betroffenen oder Verfolgten auch dann befugt, wenn

1. eine unverzügliche Entscheidung im beschleunigten Verfahren wahrscheinlich ist und

2. auf Grund bestimmter Tatsachen zu befürchten ist, daß der Festgenommene der Hauptverhandlung fernbleiben wird.

[2]Die §§ 114a bis 114c gelten entsprechend.

(2) [1]Ein Haftbefehl (§ 128 Abs. 2 Satz 2) darf aus den Gründen des Absatzes 1 gegen den der Tat dringend Verdächtigen nur ergehen, wenn die Durchführung der

---

5 Vgl. § 464a Abs. 1 StPO.

6 Vgl. auch Dünnebier NJW 1968, 1752.

7 Beispielsweise gemäß § 7 HintG in Baden-Württemberg.

8 OLG Hamm 13.12.1990 – 3 Ws 546/90, NJW 1991, 2717.

9 OLG Düsseldorf VRS 71, 370; aA Schmitt in Meyer-Goßner/Schmitt Rn. 6.

10 AA LG Trier 22.1.1980 – I Qs 381/79, DAR 1980, 280 (ohne konkrete namentliche Benennung des Beamten); siehe auch Nr. 60 Satz 2 RiStBV „ein hierzu bereiter Beamter der Geschäftsstelle".

11 Vgl. hierzu auch ausführlich Büttner DRiZ 2007, 188.

12 EuGH 22.3.20217 – C 124/16, JR 2017, 488.

Hauptverhandlung binnen einer Woche nach der Festnahme zu erwarten ist. [2]Der Haftbefehl ist auf höchstens eine Woche ab dem Tage der Festnahme zu befristen.

(3) Über den Erlaß des Haftbefehls soll der für die Durchführung des beschleunigten Verfahrens zuständige Richter entscheiden.

Schrifttum: Hellmann, Die Hauptverhandlungshaft gem. § 127b StPO, NJW 1997, 2145; Leuze, „Ziehen Sie Ihre Robe aus", VR 2013, 15; Meyer-Goßner, Theorie ohne Praxis und Praxis ohne Theorie im Strafverfahren, ZRP 2000, 345- 351; Wenske, 10 Jahre Hauptverhandlungshaft, NStZ 2009, 63.

Übersicht

I. Allgemeines, Normzweck und Anwendungsbereich

Die in der ersten Fassung vom 17.7.1997 in die Strafprozessordnung im Jahr 1997 eingefügte Norm des § 127b sollte insbesondere im Hinblick auf **grenzüberschreitende Tätergruppen** eine stärkere Nutzung des beschleunigten Verfahrens nach §§ 417 ff. StPO mit der Festnahmebefugnis über § 127 hinaus bewirken.[1] Der Verweis in § 127b Abs. 1 S. 2 auf die Informations- und Belehrungsvorschriften der §§ 114a–114c wurde durch das zum 1.1.2010 in Kraft getretene Gesetz zur Änderung des Untersuchungshaftrechts eingefügt. 1

II. Vorläufige Festnahme (§ 127b Abs. 1)

1. Allgemeines. In Erweiterung der allgemeinen Festnahmebefugnis dürfen Polizeibeamte und die Staatsanwaltschaft einen auf frischer Tat Betroffenen oder Verfolgten auch ohne die Festnahmegründe nach § 127 Abs. 1 und 2 vorläufig festnehmen, wenn eine unverzügliche Entscheidung im beschleunigten Verfahren wahrscheinlich ist und auf Grund bestimmter Tatsachen zu befürchten ist, dass der Festgenommene der Hauptverhandlung fernbleiben wird. 2

2. Festnahmegründe. Entsprechend den Ausführungen zu § 127 muss der Beschuldigte zunächst der Begehung einer Straftat nach den erkennbaren Anknüpfungstatsachen dringend verdächtig sein (→ § 127 Rn. 5 (Tatbegriff) und → Rn. 8–12 (Verdachtsgrad)). 3

3. Wahrscheinlichkeit des beschleunigten Strafverfahrens. Daneben muss die Durchführung der Hauptverhandlung im beschleunigten Verfahren muss innerhalb von einer Woche nach der Festnahme aus der Sicht der festnehmenden Beamten naheliegen. Dabei muss der Ermittlungsbeamte gem. § 417 prüfen, ob die Sache auf Grund eines einfachen Sachverhalts oder klarer Beweislage zur sofortigen Verhandlung überhaupt geeignet erscheint. Dem Beamten steht hier ein gewisser Beurteilungsspielraum zu. Ein solcher darf nicht mehr erlassen werden, wenn der Antrag auf Entscheidung im beschleunigten 4

[1] Vgl. auch BT-Drs. 13/ 2576, 3; Meyer-Goßner ZRP 2000, 345.

Verfahren bereits – durch gem. § 419 Abs. 2 Satz 2 unanfechtbaren – Beschluss zurückgewiesen worden ist.[2]

5 **Besondere Verfahrensvoraussetzung** im beschleunigten Verfahren ist ein mündlicher oder schriftlicher Antrag der Staatsanwaltschaft auf Entscheidung in dieser Verfahrensart. Hinzutreten muss die allgemeine Verfahrensvoraussetzung der Anklage, die entweder schriftlich eingereicht oder, in Abweichung zum Normalverfahren, mündlich bei Beginn der Hauptverhandlung erhoben wird (§ 418 Abs. 3 S. 2). Indes muss die Anklage in jedem Fall den Anforderungen des § 200 Abs. 1 S. 1 genügen.

6 Nach dem eindeutigen Wortlaut des § 418 wird die Hauptverhandlung „sofort oder in kurzer Frist durchgeführt". Der Beachtung des Zeitraums von (mindestens) 24 Stunden bedarf es im Übrigen nach § 418 Abs. 2 S. 3 nur dann, wenn der Beschuldigte gemäß Abs. 2 S. 2 dieser Vorschrift zur Hauptverhandlung zu laden ist. Das ist aber gerade nicht der Fall, wenn der Angeklagte gemäß § 418 Abs. 2 S. 1 vorgeführt wird. Der Gesetzgeber hat, wie sich aus diesen Regelungen ergibt, eine möglichst schnelle Durchführung der Hauptverhandlung – ausdrücklich auch für vorläufig festgenommene Beschuldigte – angestrebt, sofern die Sache überhaupt für das Verfahren nach den §§ 417 ff. geeignet ist.

7 Die Vorschrift diente 1997 vorrangig der Bekämpfung ausländischer reisender Tätergruppen. Die praktische Relevanz ist aber aufgrund der durch das **Gesetz zur Stärkung der Verfahrensrechte von Beschuldigten in Strafverfahren** vom 2.7.2013 (in der aktuellen Fassung insbesondere des § 114b, zum 6.7.2013 in Kraft getreten) erheblich gesunken. Mit dem Gesetz zur Stärkung der Verfahrensrechte von Beschuldigten in Strafverfahren wurde zudem § 187 GVG neu gefasst, um hierdurch die Belehrungspflichten und das Recht des Beschuldigten, im Strafverfahren Dolmetscherleistungen in Anspruch zu nehmen, ausdrücklich zu normieren. Mit der gesetzlichen Neuregelung wird nunmehr klargestellt, dass bereits die unmittelbar die Festnahme durchführenden Beamten den Beschuldigten sofort nach Aushändigung des Haftbefehls (§ 114a) umfangreich über die in Abs. 2 im Einzelnen aufgeführten Rechte schriftlich und gegebenenfalls in übersetzter Form belehren müssen. Im Hinblick auf die grundlegende Neuregelung zu Übersetzungsleistungen in § 187 GVG ist der Beschuldigte, welcher der deutschen Sprache nicht hinreichend mächtig oder hör- oder sprachbehindert ist, schriftlich auf sein Recht hinzuweisen, Dolmetscher- und Übersetzungsleistungen unentgeltlich für das gesamte Strafverfahren erhalten zu können. Dieses Recht folgt aus Art. 6 Abs. 3 lit. 2 MRK,[3] wonach Beschuldigte, welche die Verhandlungssprache des Gerichts nicht verstehen, ein Recht auf unentgeltliche Unterstützung durch einen Dolmetscher während des ganzen Strafverfahrens haben.[4] Weiter hierher gehören nach Art. 3 Abs. 2 der Richtlinie 2010/64 EU Übersetzungen aller freiheitsentziehenden Maßnahmen, der Anklageschrift[5] und des Urteils (Nr. 181 Abs. 2 RiStBV) (str.). Nach der Rechtsprechung muss also auch im beschleunigten Verfahren eine Übersetzung der Anklageschrift vorliegen. Wird im beschleunigten Verfahren gegen einen der deutschen Sprache nicht mächtigen Beschuldigten keine Anklageschrift eingereicht, reicht eine vor Beginn der Hauptverhandlung erfolgte Übersetzung der Antragsschrift iSd § 417 StPO nicht aus.

8 Diese gesteigerten Anforderungen aufgrund des **Gesetzes zur Stärkung der Verfahrensrechte von Beschuldigten in Strafverfahren** vom 2.7.2013 haben Ermittlungsbeamte bei der Einschätzung, ob ein beschleunigtes Verfahren innerhalb von nur einer Woche durchzuführen ist, zu berücksichtigen. Der Beurteilungsspielraum engt sich insoweit ein. Letztlich hat die Vorschrift ihre Wirkung in der Praxis verfehlt.[6]

9 **4. Befürchtung des Fernbleibens in der Hauptverhandlung.** Kumulativ zu der Wahrscheinlichkeit der Entscheidung im beschleunigten Verfahren muss nach § 127b Abs. 1 Nr. 2 die Befürchtung treten, dass sich der Beschuldigte der Hauptverhandlung nicht freiwil-

---

2 OLG Oldenburg 17.11.2011 – 1 Ws 437/21, StraFo 2022, 26.
3 Schmitt in Meyer-Goßner/Schmitt EMRK § 6 Rn. 23 ff.
4 BVerfG 19.6.2006 – 2 BvR 2115/01, NJW 2007, 499.
5 Schmitt in Meyer-Goßner/Schmitt EMRK Art. 6 Rn. 26.
6 Vgl. auch Wenske NStZ 2009, 63.

lig stellen wird. Diese Annahme muss aufgrund bestimmter Tatsachen gerechtfertigt sein. Die gesetzliche Regelung einer „Befürchtung" erfordert allerdings nicht den Grad an Wahrscheinlichkeit, den die Fluchtgefahr iSv § 112 Abs. 2 Nr. 2 verlangt (vgl. auch → § 112 Rn. 41–61). Vielmehr müssen die Umstände des Einzelfalls eine solche Erwartung rechtfertigen. Dies kann sich beispielsweise aus dem Fernbleiben in anderweitigen Strafsachen oder der mangelnden Zustellungsmöglichkeit sowie aus Aufenthaltsermittlungsersuchen im Bundeszentralregisterauszug ergeben.[7] Ein aktives Verhalten des Beschuldigten, mit dem er den Fortgang der Ermittlungen zumindest erschweren will, ist hierfür aber nicht erforderlich.

III. Erlass eines Haftbefehls (Abs. 2)

1. Formelle Voraussetzungen. Die formellen Voraussetzungen des Hauptverhandlungshaftbefehls nach § 127 Abs. 2 sind dieselben wie die des Untersuchungshaftbefehls nach § 112, mithin der **dringende Tatverdacht, die Einhaltung des Grundsatzes der Verhältnismäßigkeit**[8] und, abgesehen von § 112 Abs. 3, das Vorliegen eines Haftgründen Insoweit ist auf die Ausführungen zu § 112 (→ § 112 Rn. 20 ff.) zu verweisen. 10

2. Besonderer Haftgrund (Abs. 2). Die Durchführung der Hauptverhandlung im beschleunigten Verfahren muss **innerhalb einer Woche** (Satz 1) seit der Festnahme und nicht dem Erlass des Haftbefehls zu erwarten sein. In die nach § 43 zu berechnende Wochenfrist ist der Tag der Festnahme nicht miteinzuberechnen.[9] § 43 Abs. 2 ist nicht anwendbar. Bei einer Festnahme am Sonntag läuft die Frist auch am nächsten Sonntag ab.[10] Die Anordnung kommt auch dann nicht Betracht, wenn der Beschuldigte nach einer Festnahme aus dem polizeilichen Gewahrsam entlassen wurde und bei erneuter Festnahme in derselben Strafsache mehr als zwei Wochen verstrichen sind.[11] 11

3. Befristung (Abs. 2 S. 2). Zur wirksamen Durchsetzung der Wochenfrist nach Satz 1 ist der Haftbefehl nach Satz 2 zeitlich **ebenfalls auf eine Woche zu befristen.** Wird bereits mit dem Erlass ein Termin zur Hauptverhandlung bestimmt, ist zugleich der Hauptverhandlungshaftbefehl auf diesen Zeitpunkt zu befristen. Wird die Hauptverhandlung nach § 228 Abs. 1 ausgesetzt oder über den Befristungstermin hinaus fortgesetzt, ist der Beschuldigte freizulassen.[12] Mit Fristablauf bedarf es einer förmlichen Aufhebung nicht.[13] 12

Auch der Hauptverhandlungshaftbefehl kann in entsprechender Anwendung von § 116 gesetzt werden, wenn durch geeignete Maßnahmen und Weisungen die Anwesenheit des Beschuldigten innerhalb der weiterhin innerhalb der Wochenfrist durchzuführen Hauptverhandlung gesichert werden kann. 13

IV. Rechtsbehelfe

Insoweit kommen verschiedene Rechtsbehelfe in Betracht. 14

1. Festnahme. Soll die Festnahme beanstandet werden, ist der weiter in polizeilichem Gewahrsam befindliche Beschuldigte zunächst dem Gericht nach § 128 vorzuführen, welches über die Fortdauer zu entscheiden hat. 15

2. Erledigte Festnahme. Nach der Rechtsprechung des Bundesverfassungsgerichts[14] und nachfolgend des Bundesgerichtshofs[15] hat die Überprüfung einer durch Freilassung erledigten Festnahme vor einer richterlichen Vorführung gem. § 98 Abs. 1 S. 2 durch das Gericht zu erfolgen. 16

---

[7] Schultheis in KK-StPO § 127 Rn. 11.
[8] Dem besondere Bedeutung beizumessen ist, vgl. auch Leuze VR 2013, 15.
[9] Schmitt in Meyer-Goßner/Schmitt Rn. 18; aA Paeffgen in SK-StPO Rn. 18.
[10] AA Schlothauer/Weider/Nobis Untersuchungshaft Rn. 205 ff.
[11] Vgl. auch AG Erfurt 29.10.1999 – 970 Js 33403/99 – 46 Ds, NStZ-RR 2000, 46.
[12] Schmitt in Meyer-Goßner/Schmitt Rn. 18.
[13] aA Schultheis in KK-StPO Rn. 18 (deklaratorische Aufhebung).
[14] BVerfG 30.4.1997 – 2 BvR 817/90, BVerfGE 96, 27; NJW 1997, 2163.
[15] BGH 5.8.1998 – 5 ARs (VS) 1/97, BGHSt 44, 171; NJW 1998, 3653.

17 **3. Vollzogener Haftbefehl.** Auch gegen den Hauptverhandlungshaftbefehl sind sämtliche Rechtsbehelfe die gegen einen Untersuchungshaftbefehl in Betracht kommen, ebenso statthaft, mithin vorrangig die Haftprüfung (§ 117) und die Haftbeschwerde (§ 304).[16] In Anbetracht der Befristung des Hauptverhandlungshaftbefehls von maximal einer Woche ist zwar auf den ersten Blick für ein Beschwerde Eile geboten, dass die Haftbeschwerde nicht aufgrund Fristablaufs gegenstandslos wird. Mit der zitierten Rechtsprechung des Bundesgerichtshofs ist aber eine entsprechende Anwendung von § 98 Abs. 1 S. 2 auch nach prozessualer Überholung geboten, da der Betroffene in der Kürze der Wochenfrist regelmäßig keinen ausreichenden Rechtschutz erzielen kann (→ Rn. 16).

§ 128 Vorführung bei vorläufiger Festnahme

(1) [1]Der Festgenommene ist, sofern er nicht wieder in Freiheit gesetzt wird, unverzüglich, spätestens am Tage nach der Festnahme, dem Richter bei dem Amtsgericht, in dessen Bezirk er festgenommen worden ist, vorzuführen. [2]Der Richter vernimmt den Vorgeführten gemäß § 115 Abs. 3.

(2) [1]Hält der Richter die Festnahme nicht für gerechtfertigt oder ihre Gründe für beseitigt, so ordnet er die Freilassung an. [2]Andernfalls erläßt er auf Antrag der Staatsanwaltschaft oder, wenn ein Staatsanwalt nicht erreichbar ist, von Amts wegen einen Haftbefehl oder einen Unterbringungsbefehl. [3]§ 115 Abs. 4 gilt entsprechend.

Schrifttum: Decker, Verteidigung in Haftsachen, NJW 1994, 2261-2266; Fezer, Anmerkung zum Urteil des BGH v. 17.11.1989 – 2 StR 418/89, JR 1991, 85-88; Metz, Rangverhältnis der Staatsanwaltschaft zu ihren Ermittlungspersonen bei Gefahr im Verzug, NStZ 2012, 242-247; Nelles, Ein kleines U-Haft-Recht für Polizei und Staatsanwaltschaft, StV 1992, 385-391; Wiesneth, Die Untersuchungshaft, 2010

Übersicht

I. Allgemeines, Normzweck, Anwendungsbereich

1 **1. Allgemeines.** Die Vorschrift steht in **engem Zusammenhang mit § 115 und § 115a.** Sämtliche Normen bestimmen die unverzügliche Vorführung des Festgenommen vor einen Richter bzw. vor ein Gericht (→ § 115 Rn. 15 ff., → § 115a Rn. 6 ff.). Während § 115 als Regelfall dabei vorsieht, dass der aufgrund eines bestehenden Haftbefehls Festge-

[16] Vgl. zum Verhältnis Haftprüfung und Haftbeschwerde ausführlich → § 117 Rn. 44 ff.

nommene dem Gericht vorzuführen ist, welches den Haftbefehl erlassen hat, trifft § 128 den Fall, dass zum Zeitpunkt der Festnahme noch kein Haftbefehl besteht. Insoweit regelt § 128 das Verfahren nach vorläufiger Festnahme (§ 127) eines Beschuldigten durch die Polizei ohne das bereits eine gerichtliche Haftanordnung besteht.

Durch das **Gesetz zur Änderung des Untersuchungshaftrechts vom 29.7.2009**[1] ist die aktuelle Fassung des § 115 zum 1.1.2010 in Kraft getreten, mit welcher vor allem weitere Belehrungspflichten mitaufgenommen worden sind. Auch wurde zur Umsetzung einer geschlechtsneutralen Gesetzessprache das Wort **„Richter" durch „Gericht"** ersetzt. Da § 128 für den Ablauf der Vernehmung und die Belehrungspflichten ohnehin auf § 115 Abs. 3 und Abs. 4 verweist, war eine Neufassung des seit dem 1.4.1987 gültigen § 128 nicht geboten. 2

2. Normzweck. Das in § 128 enthaltene Gebot, den Beschuldigten nach seiner vorläufigen Festnahme unverzüglich dem zuständigen Gericht vorzuführen, gehört zu den **bedeutsamen Verfahrensgarantien,** deren Beachtung Art. 104 Abs. 1 S. 1 GG fordert und mit grundrechtlichem Schutz versieht.[2] Als verfahrensrechtliche Vorschrift trägt die Norm dem Freiheitsgrundrecht des Grundgesetzes (Art. 2 Abs. 2 GG) sowie der Konvention zum Schutz der Menschenrechte und Grundfreiheiten vom 4.11.1950 (Art. 5 Abs. 2 MRK) Rechnung. 3

3. Anwendungsbereich. Die Vorschrift des § 128 regelt das weitere Verfahren nach einer vorläufigen Festnahme nach § 127 Abs. 1 und Abs. 2. Sie steht insoweit auch in Zusammenhang mit § 129. 4

II. Vorführung vor den Richter (Abs. 1 S. 1)

1. Allgemeines. Hat die Staatsanwaltschaft und die Polizei entschieden den nach § 127 Abs. 1 oder 2 vorläufig festgenommenen Beschuldigten nicht auf freien Fuß zu setzen und nicht nach § 127a zu verschonen, ist der Festgenommene **unverzüglich** dem Richter vorzuführen. Die Antragsbefugnis liegt als „Herrin des Ermittlungsverfahrens" grundsätzlich bei der Staatsanwaltschaft.[3] 5

2. Zuständigkeit. Der Festgenommene ist nach § 128 Abs. 1 S. 1 dem örtlich für den Festnahmeort **zuständigen Amtsgericht** vorzuführen. Auch eine Vorführung sogleich vor das nach § 125 zuständige Haftgericht ist zulässig.[4] In Staatsschutzsachen nach § 120 Abs. 1 und 2 GVG ist der Ermittlungsrichter am Bundesgerichtshof oder Oberlandesgericht (§ 169) zuständig. Jugendliche und Heranwachsende können auch dem Jugendrichter am Amtsgericht (§ 34 JGG) vorgeführt werden. Ein unzuständiges Gericht wird aber nicht dadurch zuständig, dass der Beschuldigte einem an sich nicht zuständigen Gericht vorgeführt wird (→ § 125 Rn. 9). 6

3. Vorführung. Nach seiner **Ergreifung ist der Beschuldigte unverzüglich** dem Gericht vorzuführen. Der Begriff der Vorführung ist **nicht wörtlich** in dem Sinne zu verstehen, dass der Beschuldigte dem Richter persönlich gegenübergestellt werden muss. Der Beschuldigte ist dem zuständigen Gericht bereits dann vorgeführt, wenn er von der Polizei in dessen **„Machtbereich"** verbracht wird.[5] 7

Wird der Festgenommen zunächst zur Sachverhaltsaufklärung und Vernehmung auf ein Polizeirevier verbracht, muss der dortige **Revierleiter die fristgemäße Vorführung** sicherstellen. In besonders gelagerten Ausnahmefällen kann der vorläufig Festgenommene auch auf Grund einer von der Polizeibehörde ausgestellten und unterschriebenen Einliefe- 8

---

[1] BGBl. I 2274.
[2] BVerfG 20.9.2001 – 2 BvR 1144/01, NStZ 2002, 157; VerfGH Rheinland-Pfalz 11.5.2006 – VGH B 6/06, NJW 2006, 3341.
[3] Vgl. auch Metz NStZ 2012, 242–247.
[4] OLG Celle 3.1.1956 – 2 Ws 419/55, JZ 1956, 125.
[5] Vgl. auch → § 115 Rn. 10 (wobei § 128 ausdrücklich nicht auf § 115 Abs. 2 verweist).

rungsanzeige vorläufig aufgenommen werden. Dem Anstaltsleiter ist jeder vorläufig Aufgenommene unverzüglich zu melden (Nr. 86 Abs. 1 UVollzO). Entsprechend hat der Anstaltsleiter die Vorführung rechtzeitig nach Nr. 86 Abs. 2 UVollzO zu veranlassen, wobei dies in der Praxis bei einem vorläufig Festgenommen – im Gegensatz zu einer Ergreifung aufgrund eines bestehenden Haftbefehls (§ 115) – nur selten vorkommen wird.

9 **4. Vorführungsfrist.** Unverzüglich bedeutet dabei **„ohne jede vermeidbare Verzögerung".**[6] Eine Legaldefinition zur gesetzlichen Forderung der „Unverzüglichkeit" findet sich beispielhaft in § 121 Abs. 1 S. 1 BGB und ordnet ein **Handeln ohne schuldhaftes Zögern** an. Dabei muss allerdings auf die mit der Sache befassten Behörden, insbesondere die Polizei, Rücksicht genommen werden, welche Zeit für eine ordnungsgemäße Sachbehandlung eingeräumt werden muss. „Unverzüglich" ist dahingehend auszulegen, dass die richterliche Entscheidung ohne jede Verzögerung, die sich nicht aus sachlichen Gründen rechtfertigen lässt, nachgeholt werden muss.[7] **Diese Fristen dürfen aber nicht ohne jeden begründeten Anlass ausgeschöpft werden.**[8] Sie darf nicht zur Regel gemacht werden.[9] Nicht vermeidbar sind zB die Verzögerungen, die durch die Länge des Weges, Schwierigkeiten beim Transport, die notwendige Registrierung und Protokollierung, ein renitentes Verhalten des Festgenommenen oder vergleichbare Umstände bedingt sind.[10] Ist eine polizeiliche Vernehmung innerhalb der Frist nicht möglich, muss der Beschuldigte auch ohne eine solche vorgeführt werden.[11] Allerdings hat der BGH dies dahin präzisiert, dass der Beschuldigte nach der vorläufigen Festnahme zwar unverzüglich dem Haftrichter vorzuführen, wobei es sachdienlich und zulässig sein kann, den Vorführungstermin innerhalb der Frist des § 128 Abs. 1 S. 1 zur Durchführung einer Nachvernehmung hinauszuschieben.[12]

10 Die Dauer einer **anderweitigen Freiheitsentziehung** aufgrund desselben Sachverhalts, auch fürsorgerischer Art bei Eigen- oder Fremdgefährdung, nach landesrechtlichen Ermächtigungsgrundlagen, ohne richterliche Entscheidung ist nach Art. 104 Abs. 2 GG in die Vorführungsfrist hier des § 128 Abs. 1 einzurechnen.[13]

11 Zwar sieht § 128 Abs. 1 vor, dass der Beschuldigte spätestens am Tag nach der Festnahme dem Richter vorzuführen ist, dies ist aber nur zulässig, wenn eine **frühere Vorführung nicht möglich** ist.[14] Spätestens am Folgetag muss die Vorführung aber erfolgen, auch wenn dies ein Samstag, Sonntag oder Feiertag ist, und zwar im Regelfall vor dem nach Abs. 1 zuständigen Gericht.[15] Die fehlende Möglichkeit, einen Richter zu erreichen, kann nicht ohne weiteres als unvermeidbares Hindernis für die unverzügliche Nachholung der richterlichen Entscheidung gelten. Dafür müssen bei Gericht **Bereitschaftsdienste** eingerichtet werden. Ein **Amtsrichter verletzt schuldhaft seine Dienstpflicht** aus § 128 Abs. 1, wenn er als zuständiger Bereitschaftsrichter nicht unverzüglich über einen gestellten Haftantrag der Staatsanwaltschaft, der einen vorläufig festgenommenen Beschuldigten betrifft, entscheidet, weil er der Ansicht ist, die in § 128 Abs. 1 S. 1 bzw. in Art. 104 Abs. 2 S. 3, Abs. 3 S. 1 GG angeführten absoluten zeitlichen Grenzen ausschöpfen zu dürfen.[16]

12 Wegen der **grundrechtssichernden Funktion** der § 128, § 115 kann der Festgenommene auf die Einhaltung der Frist nicht verzichten. Das Überschreiten der Frist kann zu einem Entschädigungsanspruch führen (→ Rn. 28).

---

[6] Schmitt in Meyer-Goßner/Schmitt § 127 Rn. 2.
[7] BVerfG 4.9.2009 – 2 BvR 2520/07, BeckRS 2009, 39529.
[8] Krauß in BeckOK StPO § 127 Rn. 2.
[9] Vgl. auch LG Hamburg 9.3.2009 – 604 Qs 3/09, BeckRS 2009, 8966.
[10] BVerfG 15.5.2002 – 2 BvR 2292, BVerfGE 105, 239–252; NJW 2002, 3161.
[11] BGH 9.2.1995 – 5 StR 547/94, NStE Nr. 3 zu § 128 StPO; BeckRS 1995, 8053.
[12] BGH 28.6.2018 – 3 StR 23/18, NStZ 2018, 734.
[13] BGH 30.4.1987 – 4 StR 30/87, BGHSt 34, 365; NStZ 1988, 233.
[14] Graf in KK-StPO § 115 Rn. 5.
[15] OLG Celle 13.5.2005 – 1 AR 26/05, Nds. Rpfl. 2005, 287.
[16] DGH Brandenburg 20.4.2012 – DGH Bbg 2.12, DGH Bbg 2/12; BVerfG 4.9.2009 – 2 BvR 2520/07, BeckRS 2009, 39529.

5. Verhältnis zur Fristenregelung des § 115. Anders als bei der ebenfalls mit dem Gebot der unverzüglichen Vorführung versehenen Regelung in § 115 dürfen Polizei und Staatsanwaltschaft bei einem nach § 127 vorläufig Festgenommenen innerhalb der Höchstfrist des der Verhaftung folgenden Tages **sämtliche notwendige Ermittlungsmaßnahmen durchführen,** die zum Zweck einer möglichst umfassenden Entscheidungsgrundlage für den nach § 128 zuständigen Richter, ob dieser einen Haftbefehl erlässt oder nicht, geboten erscheinen.[17] Zwar ist es im Rahmen des § 115 grundsätzlich nicht zulässig, die Vornahme einer weiteren Beschuldigtenvernehmung,[18] geschweige denn die Hinauszögerung der Vorführung, aufgrund laufender oder neu anzustellender Ermittlungen[19] zu bewirken. Die Normen regeln jedoch unterschiedliche Sachverhalte. § 115 betrifft den Fall der Festnahme auf Grund eines bestehenden Haftbefehls durch Beamte, die häufig keine Sachverhaltskenntnis und keinerlei Entscheidungsbefugnis haben. Sie haben den Festgenommenen „unverzüglich" dem Richter vorzuführen. Hier ist allein der Richter zur Entscheidung über die Aufrechterhaltung oder Aufhebung des Haftbefehls berufen, wobei ihm für diese Entscheidung die (äußerste) Frist bis zum Tag nach der Festnahme eingeräumt ist. Die Vorschriften des § 127 Abs. 2 und des § 128 Abs. 1 StPO regeln das Vorgehen der mit der Aufklärung des Sachverhalts betrauten Behörde. Sie muss insbesondere durch eine „erste" Beschuldigtenvernehmung versuchen, den bisherigen Sachverhalt mit der Einlassung abzugleichen und zu ermitteln, ob der vorläufig Festgenommene wieder freizulassen oder dem Ermittlungsrichter vorzuführen ist.[20] Insoweit verbleibt den Ermittlungsbehörden ein gewisser zeitlicher Spielraum, in dem sie vor einer möglichen Vorführung des Beschuldigten vor den Richter weitere Ermittlungsbefugnisse und -pflichten haben.[21] 13

III. Vernehmung des Festgenommenen (§ 128 Abs. 1 S. 2 iVm § 115 Abs. 3)

1. Allgemeines. Die richterliche Vernehmung des Festgenommenen ist nach dem gesetzlichen Verweis entsprechend § 115 Abs. 3 durchzuführen. Insoweit gilt (→ § 115 Rn. 20 ff.): 14

2. Frist zur Vernehmung. Neben der Pflicht des Richters zur unverzüglichen Vernehmung bestimmt § 128 Abs. 1 sogleich eine Höchstfrist, nämlich bis zum Ablauf des der Festnahme folgenden Tages und nicht, wie gelegentlich zu lesen, innerhalb von 24 Stunden. Diese Frist ist nicht verlängerbar (→ § 115 Rn. 25). In der Regel müssen die Polizeibeamten dem **Beschuldigten Gelegenheit zur Beseitigung vorliegender Verdachtsgründe** geben; sie haben zu prüfen, ob der vorläufig Festgenommene wieder freizulassen oder dem Ermittlungsrichter vorzuführen ist; im letzteren Fall müssen sie dem Richter eine möglichst umfassende Grundlage für seine Entscheidung unterbreiten (vgl. § 163 Abs. 1, § 163a Abs. 4 iVm § 136 Abs. 2, § 128 Abs. 1). 15

3. Form der Vernehmung. Insoweit gelten die §§ 168, 168a. Grundsätzlich ist zu der Vernehmung ein Urkundsbeamter beizuziehen, wenn das Gericht hiervon nicht ausdrücklich absieht (§ 168 Abs. 1 S. 2 Hs. 2). Auch ist ein Protokoll zu fertigen, welches entweder vom Beschuldigten zu unterschreiben oder darin anzugeben ist, weshalb die Unterschrift unterblieben ist. Die Zuziehung des Dolmetschers richtet sich nach §§ 185, 186 GVG. Ein solcher ist beizuziehen, wenn der Verfolgte der deutschen Sprache nicht hinreichend mächtig ist.[22] 16

---

[17] BGH 17.11.1989 – 2 StR 418/89, NStZ 1990, 195.

[18] BGH 9.2.1995 – 5 StR 547/94, StV 1995, 283; Graf in KK-StPO § 127 Rn. 2.

[19] BGH 17.11.1989 – 2 StR 418/89, NJW 1990, 1188; Schmitt in Meyer-Goßner/Schmitt § 115 Rn. 4; siehe hierzu auch Anmerkung Fezer JR 1991 85; Nelles StV 1992, 388.

[20] Krauß in BeckOK StPO Rn. 2; → § 115 Rn. 23 ff.

[21] BGH 28.6.2018 – 3 StR 23/18, NStZ 2018, 734 mAnm Berghäuser NSTZ 2018, 735 sowie kritAnm Meyer-Mews StV 2020, 223; BGH 17.11.1989 – 2 StR 418/89, NJW 1990, 1188; Schultheis in KK-StPO § 128 Rn. 5.

[22] BVerfG 17.5.1983 – 2 BvR 731/80, BVerfGE 64, 135.

17 Das **Anwesenheitsrecht der Staatsanwaltschaft und des Verteidigers** folgt aus § 168c,[23] welche über den Termin zu unterrichten sind (§ 168c Abs. 5 S. 1). Gegebenenfalls muss der Richter auf das **Erscheinen des Verteidigers** warten oder den Termin trotz § 168c Abs. 5 S. 3 verlegen, wobei die Höchstfrist des Abs. 2 allerdings nicht überschritten werden darf.

18 Eine bloße **Verletzung der Formvorschriften der Vernehmung** (§§ 168, 168a) berührt die Wirksamkeit der Haftentscheidung nicht (→ Rn. 24),[24] es sei denn, hierdurch wurde das **rechtliche Gehör des Beschuldigten** verletzt.[25] Auch kann die Verletzung von Formvorschriften zur Unverwertbarkeit der Angaben des Beschuldigten in der Hauptverhandlung führen, etwa wenn der Verteidiger vom Termin nicht unterrichtet wurde oder diesem eine Besprechung mit seinem Mandanten versagt wurde.[26] Auch die Verweigerung von Akteneinsicht kann eine solche Folge bedingen.[27]

19 **4. Ablauf der Vernehmung.** Nach § 115 Abs. 3 S. 1 ist der Beschuldigte zunächst auf die ihn belastenden Umstände und sein Recht hinzuweisen, sich zur Beschuldigung zu äußern oder nicht zur Sache auszusagen. Ihm ist nach § 115 Abs. 3 S. 2 danach Gelegenheit zu geben, die Verdachts- und Haftgründe zu entkräften und die Tatsachen geltend zu machen, die zu seinen Gunsten sprechen. Insoweit wird auf die Kommentierung zu § 115 verwiesen (→ § 115 Rn. 31 ff.).

IV. Entscheidung des Richters (Abs. 2 S. 1)

20 **1. Allgemeines.** Abs. 2 eröffnet dem Richter nun zwei Möglichkeiten: Er kann den Haftbefehl ablehnen und die Freilassung des Beschuldigten anordnen (Abs. 2 S. 1) oder aber einen Haftbefehl erlassen (Abs. 2 S. 2), wobei der Erlass nicht zwingend zur Inhaftierung führt, sondern der Haftbefehls auch außer Vollzug gesetzt werden kann (→ § 116 Rn. 4).

21 **2. Entscheidungsfrist.** Obwohl § 128 selbst keine Entscheidungsfrist regelt, ergibt sich aus der Zusammenschau mit § 129 Hs. 2, dass der Richter **innerhalb der Höchstfrist, mithin spätestens am Tage nach der vorläufigen Festnahme,** nicht nur die Vernehmung durchzuführen hat, sondern auch eine Entscheidung über die Freilassung, über eine Haftverschonung nach § 127a oder eben über die Anordnung der Untersuchungshaft/ einstweiligen Unterbringung zu treffen hat.[28] Gelegentlich kommt es vor, dass der Haftrichter rechtzeitig innerhalb der Frist des § 128 mit der Vernehmung beginnt und eine Haftentscheidung trifft, ohne aber die Vernehmung zu beenden. In solchen Fällen ist es fraglich, ob dies der Verwertbarkeit der Einlassung des Beschuldigten entgegenstehen könnte, was jedenfalls im Falle der vorherigen Verkündung einer Haftentscheidung zu verneinen wäre (→ Rn. 24).[29]

22 **3. Entscheidungsform.** Der Erlass eines Untersuchungshaftbefehls, respektive eines Unterbringungsbefehls ist gem. Abs. 2 S. 2 nur auf Antrag der Staatsanwaltschaft möglich. Fernmündliche Anträge sind in Ausnahmefällen möglich.[30] Nur im Fall der trotz der in der Praxis regelmäßig flächendeckend eingerichteten Bereitschaftsdienste Unerreichbarkeit der Staatsanwaltschaft kann der Erlass auch von Amts wegen erfolgen.

---

23 BGH 23.9.1988 – 2 StR 409/88, NStZ 1989, 282; Schmitt in Meyer-Goßner/Schmitt § 115 Rn. 9.
24 OLG Düsseldorf 5.6.1993 – 1 Ws 508/93.
25 KG 5.10.1993 – 5 Ws 344/93, StV 1994, 318.
26 BGH 2.3.1989 – 2 StR 590/88, NStZ 1989, 282; 29.10.1993 – 4 StR 126/9, NJW 1993, 338.
27 Deckers NJW 1994, 2261–2266.
28 Krauß in BeckOK StPO Rn. 4; Schmitt in Meyer-Goßner/Schmitt Rn. 13; OLG Frankfurt a. M. 15.2.2000 – 3 Ws 144/00, NStZ 2001, 80–81 (zur Frage der Rechtsbeugung bei einer Überschreitung der Höchstfrist).
29 OLG Karlsruhe 18.11.2013 – 1 AK 127/13 (zu § 22 IRG).
30 AA AG Borken 24.7.2019 – 26 Gs 211/19 (91 Js 1717/19), BeckRS 2019, 22795.

Die Entscheidung ergeht durch **Beschluss** (§ 34). Nach herrschender Auffassung kann die schriftliche Abfassung des Haftbefehls nachgeholt werden, wenn diese akut nicht möglich war.[31] Es verbleibt aber bei den Benachrichtigungspflichten des § 114c. **23**

Eine Verletzung der für die **Vernehmung geltenden Formvorschriften,** insbesondere der §§ 168, 168a beeinflusst allenfalls die Verwertbarkeit des Protokolls, lässt die Wirksamkeit der Haftentscheidung aber grundsätzlich unberührt.[32] Nur soweit in einer Verletzung der Vorschriften über die Vernehmung zugleich eine **Versagung des rechtlichen Gehörs** (Art. 103 Abs. 1 GG) liegt, kommt eine Fehlerhaftigkeit der darauf beruhenden Haftanordnung in Betracht (→ Rn. 18).[33] **24**

V. Belehrungspflichten (§ 128 Abs. 2 S. 3 iVm § 115 Abs. 4)

Insoweit verweist Abs. 2 S. 3 verweist auf § 115 Abs. 4, der die Möglichkeiten der Entscheidung des Haftrichters nicht abschließend aufzählt, sondern vorrangig die im Falle der Anordnung der Untersuchungshaft bestehenden Belehrungspflichten normiert. Insoweit ist auf die Ausführungen zu § 115 Abs. 4 zu verweisen (→ § 115 Rn. 41 ff.). **25**

Wird der Haftbefehl erlassen, statuiert § 115 Abs. 4 eine **umfassende Belehrungspflicht** des Richters. Neben der Belehrung über die klassische Haftbeschwerde ist der inhaftierte Beschuldigte auch über die Rechtsbehelfe der Haftprüfung (§ 117 Abs. 1) sowie der mündlichen Verhandlung im Haftprüfungsverfahren (§ 118 Abs. 1) und im Beschwerdeverfahren (§ 118 Abs. 2) zu belehren (Absatz 4) und darauf hinzuweisen, dass durch den Antrag auf Haftprüfung die Beschwerde ausgeschlossen wird (§ 117 Abs. 2). Ferner erstrecken sich die erweiterten Belehrungspflichten auf das Recht zur Beschwerde (§ 304) gegen gerichtliche Entscheidungen nach § 119 Abs. 1 und 2, sowie im Falle der Unstatthaftigkeit der Beschwerde, eine gerichtliche Entscheidung nach § 119 Abs. 5 beantragen zu können (vgl. hierzu ausführlich → § 115 Rn. 41 ff.). **26**

VI. Verteidiger

Nach Umsetzung der sog. PKH-Richtlinie (Richtlinie (EU) 2016/1919) im deutschen Recht ist dass aufgrund der Neufassung von § 141 StPO eine haftrichterliche Vorführung ohne Bestellung eines Verteidigers[34] nicht mehr durchführbar,[35] denn nach dem eindeutigen Wortlaut des § 141 Abs. 2 Nr. 1 ist dem Beschuldigten ein Verteidiger zu bestellen, **„wenn er einem Gericht zur Entscheidung über Haft oder einstweilige Unterbringung vorgeführt werden soll"**. Nicht zu folgen ist allerdings der Ansicht, dass hiermit bis zur Entscheidung der Polizei über die Vorführung zugewartet werden kann, vielmehr reicht es aus, dass eine solche Vorführung ernsthaft erwogen wird.[36] Eine richterliche Vernehmung im Rahmen des § 128 ohne Verteidiger kommt sonach nicht mehr in Betracht. Ist der vom Beschuldigten gewünschte Verteidiger verhindert, muss ein „Sicherungsverteidiger" allein für das Haftverfahren nach § 128 bestellt werden.[37] Vorab ist dem Verteidiger Akteneinsicht (vgl. hierzu → § 115 Rn. 39) zu gewähren und ein Besprechungstermin zu ermöglichen.[38] Unterschiedlich beurteilt wird die Frage des Vorliegens eines Beweisverwertungsverbots, wenn die richterliche Vernehmung ohne Mitwirkung eines Pflichtverteidigers durchgeführt worden ist, obwohl die Voraussetzungen des § 141 Abs. 2 Nr. 1 vorgelegen haben. Der BGH hat sich in der Vergangenheit mit der Annahme eines **Beweisverwertungsverbots** auch an dieser Stelle schwergetan. Die bisherige obergerichtliche Ablehnung eines „absolu- **27**

[31] Schultheis in KK-StPO Rn. 7 mwN.
[32] OLG Düsseldorf 15.6.1993 – 1 Ws 508/93, VRS 95, 430.
[33] BVerfG 20.9.2001 – 2 BvR 1144/01, StV 2001, 691.
[34] Zum Zeitpunkt der Bestellung eines Verteidigers, vgl. auch → § 117 Rn. 58.
[35] Vgl. hierzu auch Tully/Wenske NStZ 2019, 183.
[36] So aber Schmitt in Meyer-Goßner/Schmitt § 141 Rn. 12 unter Hinweis auf BT-Drs. 19/13829, 36.
[37] Schlothauer StV 2017, 557; Burhoff StraFo 2018, 405.
[38] Schmitt in Meyer-Goßner/Schmitt Rn. 13.

ten Verwertungsverbotes",[39] wird man in Anbetracht der eindeutigen neuen Rechtslage nicht mehr aufrecht erhalten können.[40]

28 Ist bereits ein Verteidiger bestellt (§ 140 Abs. 1 Nr. 4), entsteht für diesen eine Vernehmungsgebühr nach Nr. 4102 Nr. 3 VV-RVG auch für die Teilnahme an einen Vorführungstermin vor den Ermittlungsrichter nach § 128, sofern dort über den Erlass eines Haftbefehls verhandelt wird.[41] Entgegen der bislang herrschenden Ansicht muss dies auch gelten, wenn es sich um eine Vorführung im Rahmen des Auslieferungsverfahrens nach § 22 IRG im Rahmen einer zuvor erfolgten Festnahme nach § 19 IRG handelt, da der Haftrichter nach der Entscheidung des Bundesverfassungsgerichts vom 16.9.2010[42] nunmehr auch von Amts wegen zu prüfen hat, ob ein sog. Evidenzfall vorliegt und deshalb die Haftvoraussetzungen der §§ 15, 16 IRG gegeben sind, ggf. hat er die Freilassung des Verfolgten anzuordnen.[43]

29 Wird dem Beschuldigten im Rahmen der Haftbefehlseröffnung ein „Sicherungsverteidiger" beigeordnet, weil der in Aussicht genommene oder vom Beschuldigten gewünschte Rechtsanwalt zur Vorführung nicht erscheinen kann, wird dieser später aber auf Wunsch des Beschuldigten doch noch bei gleichzeitiger Entlassung des ersten Pflichtverteidigers zum eigentlichen Pflichtverteidiger bestellt, kann dem neuen Pflichtverteidiger mangels Rechtsgrundlage nicht die Geltendmachung der bereits entstandenen Gebühren verweigert werden, wenn dieser darauf nicht verzichtet hat.[44] Hinsichtlich der Gebührenhöhe für die Verhandlung über den Haftbefehl nach § 128 kommt es auf deren Umfang an. Wird der Rechtsanwalt dem Beschuldigten im Rahmen der Haftbefehlseröffnung zur Wahrung seiner Rechte gemäß § 141 Abs. 2 Nr. 1 als „Sicherungsverteidiger" beigeordnet und macht der Beschuldigte im Termin von seinem Schweigerecht Gebrauch, handelt es sich im Hinblick auf Dauer und Umfang dieser Tätigkeit lediglich um eine Einzeltätigkeit, die über Nr. 4301 Nr. 4 VV-RVG abzurechnen ist.[45] Auch bei einer umfangreichen Verhandlung nach § 128 oder einer Haftbefehlseröffnung (§ 115) fallen für den bloßen Sitzungsvertreter nicht alle denkbaren Gebühren an, sondern vornehmlich diejenige nach Nr. 4103 VV RVG, nicht aber die Verfahren- und Grundgebühr sowie die Auslagenpauschale.[46]

VII. Ersatzansprüche

30 Eine unberechtigte Festnahme sowie auch eine Überschreitung der Fristen des § 128 (→ Rn. 11) kann nicht nur im Falle der Erledigung der Maßnahme zu einem Anspruch auf Feststellung der Rechtswidrigkeit derselben und einem Verwertungsverbot von Aussagen des Beschuldigten,[47] sondern auch einen Entschädigungsanspruch nach dem StrEG führen.[48] Jedoch begründet eine nicht erfolgte fristgerechte richterliche Vernehmung durch den Haftrichter – jedenfalls bei umfangreichen Akten – weder den Vorwurf der Rechtsbeugung und der Freiheitsberaubung[49] und rechtfertigt auch nicht die Anordnung der Freilassung des Beschuldigten.

31 Insoweit ist zunächst zu sehen, dass § 2 StrEG abschließend aufzählt, welche Strafverfolgungsmaßnahmen zu einer Entschädigungspflicht des Staates führen. Gemäß § 2 Abs. 2 Nr. 2 StrEG zieht lediglich die vorläufige Festnahme nach § 127 Abs. 2 StPO eine mögliche

---

[39] Vgl. nur BGHSt 22.1.2001 – 1 Str 220/01, BGHSt 47, 172 = NJW 2002, 975; BGH 6.2.2018 – 2 Str 163/17, NStZ 2018, 671.

[40] Ebenso Burhoff StraFo 2018, 405.

[41] KG 22.6.2006 – 5 Ws 283/06, StraFo 2006, 472.

[42] BVerfG 16.9.2010 – 2 BvR 1608/07, StV 2011, 170.

[43] Böhm in Grützner/Pötz/Kress/Gazeas, Internationale Rechtshilfe in Strafsachen, 3. Aufl., § 22 Rn. 6, 17 ff. 39, 82.

[44] Ebenso LG Darmstadt 18.2.2020 – 2 Qs 14/20.

[45] Vgl. hierzu auch LG Leipzig 13.6.2019 – 1 Qs 114/19, StraFo 2019, 439.

[46] OLG Celle 19.8.2018 – 3 Ws 221/18, StraFo 2018, 534.

[47] BGH 9.2.1995 – 5 StR 547/94, NStE Nr. 3 zu § 128 StPO; diff. BGH 17.11.1989 – 2 StR 489/89, NJW 1990, 1188.

[48] OLG Frankfurt a. M. 12.5.2003 – 3 Ws 498/03, NStZ 2003, 329 (zu einem Fall nach § 231 Abs. 1 S. 2); → § 127 Rn. 34.

[49] OLG Frankfurt a. M. 15.2.2000 – 3 Ws 144/00, NStZ-RR 2000, 2037.

Entschädigungspflicht nach sich, nicht hingegen die – auch zwangsweise durchgeführte – Zuführung zur Identitätsfeststellung.[50]

Wird ein Angeklagter freigesprochen, erhält er für erlittene Untersuchungshaft eine Entschädigung aus der Staatskasse (§ 2 Abs. 1 StrEG). Der Anspruch umfasst nach § 7 StrEG sowohl den Vermögens- als auch den Nichtvermögensschaden. Entschädigung wird dabei selbst dann gewährt, wenn die Untersuchungshaft rechtmäßig angeordnet worden ist, also auch, wenn zur Zeit des Erlasses des Haftbefehls sowohl dringender Tatverdacht als auch ein Haftgrund gegeben waren. Anders aber, wenn die Untersuchungshaft – etwa bei Fehlen eines Haftgrundes – zu Unrecht angeordnet worden war, der Angeklagte wird aber verurteilt – und sei es nur zu einer Geldstrafe –, sieht das StrEG keinen Ersatz vor. Diese Lücke des StrEG kann in vielen Fällen durch Art. 5 Abs. 5 EMRK geschlossen werden, wonach „Jede Person, die unter Verletzung dieses Artikels von Festnahme oder Freiheitsentziehung betroffen ist, Anspruch auf Schadensersatz" hat.[51] 32

§ 129 Vorführung bei vorläufiger Festnahme nach Anklageerhebung

Ist gegen den Festgenommenen bereits die öffentliche Klage erhoben, so ist er entweder sofort oder auf Verfügung des Richters, dem er zunächst vorgeführt worden ist, dem zuständigen Gericht vorzuführen; dieses hat spätestens am Tage nach der Festnahme über Freilassung, Verhaftung oder einstweilige Unterbringung des Festgenommenen zu entscheiden.

Schrifttum: Siehe § 128.

I. Allgemeines, Normzweck und Anwendungsbereich

Die Vorschrift steht in engem Zusammenhang mit § 128 und regelt ergänzend das Verfahren nach der vorläufigen Festnahme (§ 127) wegen einer prozessualen Tat, die bereits zur Anklageerhebung geführt hat. Sämtliche Normen bestimmen die unverzügliche Vorführung des Festgenommenen vor einen Richter bzw. vor ein Gericht (→ § 115 Rn. 1 ff.). Während § 115 als Regelfall dabei vorsieht, dass der aufgrund eines bestehenden Haftbefehls Festgenommene dem Gericht vorzuführen ist, welches den Haftbefehl erlassen hat, regelt hingegen § 128 das Verfahren nach vorläufiger Festnahme (§ 127) eines Beschuldigten durch die Polizei (→ § 128 Rn. 1, 14). Demgegenüber weist die Vorschrift des § 129 mit der vorläufigen Festnahme des auf freiem Fuß befindlichen Angeschuldigten zu einem Zeitpunkt, in dem das der Tat zugrundeliegende Strafverfahren bereits mindestens in das Zwischenverfahren gelangt ist, die prozessuale Tat also vollständig ausermittelt ist, ohne das Vorliegen eines schriftlichen Haftbefehls nahezu keine praktische Relevanz auf. 1

Soll dem Haftbefehl eine **andere prozessuale Tat** zugrunde gelegt werden richtet sich das Verfahren nach § 128.[1] Erlässt das zuständige Tatgericht erstmals nach Anklageerhebung mit Zulassung der Anlage gemäß § 207 Abs. 4 sogleich eine Haftanordnung richtet sich das Vorführungsverfahren und die Haftbefehlseröffnung nach § 115. 2

II. Verfahren nach § 129

Der vorläufig Festgenommene ist dem mit der Strafsache befassten Gericht „sofort", mithin unmittelbar innerhalb der Höchstfrist des § 128, spätestens am Tage nach der Festnahme, vorzuführen. Nur hilfsweise ist der Beschuldigte dem Ermittlungsrichter am Amtsgericht des Festnahmebezirks oder dem nach § 125 zuständigen Gericht vorzuführen.[2] 3

---

50 KG 9.11.2012 – 4 Ws 120/12, BeckRS 2013, 931.
51 Vgl. hierzu Krauße StraFo 2017, 349.
1 Schultheis in KK-StPO Rn. 1.
2 Vgl. auch Schmitt in Meyer-Goßner/Schmitt § 129 Rn. 1.

III. Entscheidung des Richters nach § 129

4 Die Entscheidung hat spätestens am Tage nach der Festnahme zu erfolgen. Auch die hilfsweise zuständigen Richter, also Richter, welche nicht mit der Sache befasst sind,[3] sind befugt den Beschuldigten freizulassen, wenn sie zur Auffassung gelangen, dass die Voraussetzungen eines Haftbefehls nicht gegeben sind.[4]

5 Erachtet der nicht mit der Strafsache befasste Richter die Voraussetzungen einer Haftanordnung für gegeben ist umstritten, ob er diese selbst treffen kann. Teilweise wird in der Literatur vertreten, dass der Richter den Schwebezustand der vorläufigen Festnahme aufrechterhalten muss und die Vorführung vor das mit der Sache befasste Gericht anordnen muss.[5] Im Hinblick auf die nachhaltige unverzügliche Durchsetzung des Freiheitsgrundrechtes (Art. 2 Abs. 2 GG) des Festgenommen, sowie der Konvention zum Schutz der Menschenrechte und Grundfreiheiten vom 4.11.1950 (Art. 5 Abs. 2 MRK), ist für eine weitere Verzögerung kein Raum. Der zunächst befasste Richter hat jedenfalls im Fall einer nicht möglichen Vorführung und Entscheidung durch das mit der Strafsache bereits befasste Gericht noch innerhalb der kurzen Frist des § 129, mithin regelmäßig noch am selben Tage, ebenfalls die Kompetenz, die Haftanordnung selbst zu erlassen.[6]

6 Wird der Haftbefehl erlassen, statuiert § 115 Abs. 4 eine umfassende Belehrungspflicht des Richters. Insoweit ist auf die Ausführungen zu § 115 Abs. 4 (→ Rn. 41–46) zu verweisen (→ § 115 Rn. 45.).

§ 130 Haftbefehl vor Stellung eines Strafantrags

Wird wegen Verdachts einer Straftat, die nur auf Antrag verfolgbar ist, ein Haftbefehl erlassen, bevor der Antrag gestellt ist, so ist der Antragsberechtigte, von mehreren wenigstens einer, sofort von dem Erlaß des Haftbefehls in Kenntnis zu setzen und davon zu unterrichten, daß der Haftbefehl aufgehoben werden wird, wenn der Antrag nicht innerhalb einer vom Richter zu bestimmenden Frist, die eine Woche nicht überschreiten soll, gestellt wird. Wird innerhalb der Frist Strafantrag nicht gestellt, so ist der Haftbefehl aufzuheben. Dies gilt entsprechend, wenn eine Straftat nur mit Ermächtigung oder auf Strafverlangen verfolgbar ist. § 120 Abs. 3 ist anzuwenden.

Schrifttum: Siehe § 127 und § 128 sowie

Geerds, Festnahme und Untersuchungshaft bei Antrags- und Privatklagedelikten, GA 1982 237; Mitsch, Strafantragsdelikte, JA 2017, 1.

I. Allgemeines, Normzweck und Anwendungsbereich

1 Die Vorschrift des § 130 ist in Zusammenschau mit § 127 Abs. 3 zu lesen (→ § 127 Rn. 31.), wonach bei Antragsdelikten und Straftaten, die nur mit einer Ermächtigung oder einem Strafverlangen verfolgt werden können (§ 77e StGB), die Festnahme auch ohne das Vorliegen dieser Voraussetzungen zum Festnahmezeitpunkt erfolgen darf. Ergänzend hierzu bestimmt § 130, dass ein Haftbefehl ebenfalls ohne die behebbaren Verfahrenshindernisse vom Richter erlassen werden darf. § 130 regelt den weiteren Verfahrensgang.

II. Verfahren bei Antragsstraftaten

2 **1. Allgemeines.** Die Vorschrift geht davon aus, dass die **Verfahrenshindernisse** alsbald behoben werden können. Steht aber bereits zum Zeitpunkt der Vorführung des Festge-

[3] Schmitt in Meyer-Goßner/Schmitt Rn. 4.
[4] Krauß in BeckOK StPO Rn. 2.
[5] Schmitt in Meyer-Goßner/Schmitt Rn. 4.
[6] Vgl. auch Schultheis in KK-StPO Rn. 4; Krauß in BeckOK StPO Rn. 2.

nommenen, beispielsweise aufgrund von Angaben der Antragsberechtigten in der Akte[1] fest, dass mit großer Wahrscheinlichkeit kein Strafantrag gestellt wird, ist der Erlass eines Haftbefehls unzulässig.[2]

2. Benachrichtigung der Antragsberechtigten. Der **Schwebezustand** ist nach § 130 S. 1 möglichst schnell zu beenden, indem sofort nach Erlass der Haftanordnung wenigstens einer der Antragsberechtigten iSv § 77 StGB und § 77a StGB (Dienstvorgesetzte) von dem Richter von dem Erlass eines Haftbefehls unterrichtet wird, dessen Bestand von einem notwendigen förmlichen Strafantrag des Berechtigten abhängt.[3] 3

Der **Informationsumfang** hat sich an § 114 Abs. 2 Nr. 1 und Nr. 2 zu orientieren. Neben der erforderlichen Schriftform (§ 158 Abs. 2) sind die zuständigen Empfangsstellen zu benennen, wobei in Anbetracht der Bedeutung und Eilbedürftigkeit das Gericht als Empfänger zu bezeichnen ist. Ferner muss der Richter gemäß § 130 S. 3 dem Antragsberechtigten zugleich eine Erklärungsfrist setzten, die eine Woche nicht überschreiten soll. Diese Frist kann aber im Einzelfall, wenn sich der Empfänger nachweislich im Ausland oder auf einer Reise befindet, angemessen verlängert werden. 4

Treffen ein **Offizialdelikt und ein Antragsdelikt** zusammen, liegt es nahe, den Haftbefehl nur auf das Offizialdelikt zu stützen. Wird dennoch der Haftbefehl wegen beider Taten erlassen, ist das Verfahren nach § 130 zu beachten.[4] 5

III. Ermächtigung und Strafverlangen (S. 3)

Entsprechend § 127 Abs. 2 S. 2 ist ebenso in den Fällen einer fehlenden Ermächtigung und des fehlenden Strafverlangens (§ 77e StGB) zu verfahren. 6

IV. Aufhebung des Haftbefehls nach Fristablauf

Geht der Strafantrag nicht fristgemäß ein, ist der **Haftbefehl gem. S. 2 aufzuheben.** Da aber die richterliche Frist nach § 130 S. 1 die gesetzliche Antragsfrist von drei Monaten nicht verkürzen kann, wäre auch ein nach Fristablauf eingegangener Strafantrag zu berücksichtigen und der Haftbefehl aufrechtzuerhalten.[5] 7

V. Aufhebung auf Antrag der Staatsanwaltschaft (S. 4)

Durch den Verweis wird klargestellt, dass eine Inhaftierung im Vorverfahren nur mit Willen der Staatsanwaltschaft möglich ist (→ § 120 Rn. 8). 8

---

[1] Wenn zB der Strafantragsberechtigte in Kenntnis aller Umstände nur einen Strafantragsvorbehalt gegenüber der Polizei erklärt hat.
[2] Schultheis in KK-StPO Rn. 2.
[3] Geerds GA 1982, 237.
[4] Schmitt in Meyer-Goßner/Schmitt Rn. 6.
[5] Krause in AK-StPO Rn. 5.

Abschnitt 9a. Weitere Maßnahmen zur Sicherstellung der Strafverfolgung und Strafvollstreckung

§ 131 Ausschreibung zur Festnahme

(1) Auf Grund eines Haftbefehls oder eines Unterbringungsbefehls können der Richter oder die Staatsanwaltschaft und, wenn Gefahr im Verzug ist, ihre Ermittlungspersonen (§ 152 des Gerichtsverfassungsgesetzes) die Ausschreibung zur Festnahme veranlassen.

(2) [1]Liegen die Voraussetzungen eines Haftbefehls oder Unterbringungsbefehls vor, dessen Erlass nicht ohne Gefährdung des Fahndungserfolges abgewartet werden kann, so können die Staatsanwaltschaft und ihre Ermittlungspersonen (§ 152 des Gerichtsverfassungsgesetzes) Maßnahmen nach Absatz 1 veranlassen, wenn dies zur vorläufigen Festnahme erforderlich ist. [2]Die Entscheidung über den Erlass des Haft- oder Unterbringungsbefehls ist unverzüglich, spätestens binnen einer Woche herbeizuführen.

(3) [1]Bei einer Straftat von erheblicher Bedeutung können in den Fällen der Absätze 1 und 2 der Richter und die Staatsanwaltschaft auch Öffentlichkeitsfahndungen veranlassen, wenn andere Formen der Aufenthaltsermittlung erheblich weniger Erfolg versprechend oder wesentlich erschwert wären. [2]Unter den gleichen Voraussetzungen steht diese Befugnis bei Gefahr im Verzug und wenn der Richter oder die Staatsanwaltschaft nicht rechtzeitig erreichbar ist auch den Ermittlungspersonen der Staatsanwaltschaft (§ 152 des Gerichtsverfassungsgesetzes) zu. [3]In den Fällen des Satzes 2 ist die Entscheidung der Staatsanwaltschaft unverzüglich herbeizuführen. [4]Die Anordnung tritt außer Kraft, wenn diese Bestätigung nicht binnen 24 Stunden erfolgt.

(4) [1]Der Beschuldigte ist möglichst genau zu bezeichnen und soweit erforderlich zu beschreiben; eine Abbildung darf beigefügt werden. [2]Die Tat, derer er verdächtig ist, Ort und Zeit ihrer Begehung sowie Umstände, die für die Ergreifung von Bedeutung sein können, können angegeben werden.

(5) Die §§ 115 und 115a gelten entsprechend.

Schrifttum für die §§ 131–131c: Albrecht, Vom Unheil der Reformbemühungen im Strafverfahren, StV 2001, 416; Beukelmann, Neues zum Europäischen Haftbefehl, NJW-Spezial 2019, 568; Böhm, Ohrfeige für Musterknaben – Deutsche Staatsanwaltschaft ist keine unabhängige Behörde, NZWiSt 2019, 325; Bottke, Strafprozessuale Rechtsprobleme massenmedialer Fahndung, ZStW 93 (1981), 425; Brodersen, Das Strafverfahrensänderungsgesetz 1999, NJW 2000, 2536; Caspar, Nutzung des Web 2.0 – zwischen Bürgernähe und Geschwätzigkeit? Einsatz von Web 2.0-Plattformen durch öffentliche Stellen am Beispiel der Polizei, ZD 2015, 12; Gerhold, Wehret den Anfängen! Gegen die Abschaffung des Richtervorbehalts in § 81a Abs. 2 StPO/§ 46 Abs. 4 OWiG bei zwangsweiser Entnahme von Blutproben im Zusammenhang mit Verkehrsordnungswidrigkeiten und Verkehrsstraftaten, NK 2001, 4; Gerhold, Möglichkeiten und Grenzen der sogenannten „Facebookfahndung", ZIS 2015, 156; Gulden/Dausend, Gefahr für das Persönlichkeitsrecht durch mediale Hetzjagd? Rechtliche Einordnung von privaten Fahndungsaufrufen in den (sozialen) Medien, MMR 2017, 723; Hawellek/Heinemeyer, Polizei Hannover setzt Personen-Fahndung wegen datenschutzrechtlicher Bedenken aus, ZD-Aktuell 2012, Nr. 02730; Hilger, Zum Strafverfahrensrechtsänderungsgesetz 1999 (StVÄG 1999) – 1. Teil, NStZ 2000, 561; Hilger, Das Strafverfahrensrechtsänderungsgesetz 1999 (StVÄG 1999), StraFo 2001, 109; Hilger, StVÄG 1999 und Verteidigung, FS Rieß, 2002, 171; Irlbauer, Gehört der Facebook-Fahndung die Zukunft?, Kriminalistik 2012, 764; Kolmey, Facebook: Plattform für Fahndung der Zukunft?, DRiZ 2013, 242; Metz, Rangverhältnis der Staatsanwaltschaft zu ihren Ermittlungspersonen bei Gefahr im Verzug, NStZ 2012, 242; Pätzel, Probleme des Datenschutzes bei Staatsanwaltschaft und Gericht in Gegenwart und Zukunft, DRiZ 2001, 24; Ranft, Fahndung nach Beschuldigten und Zeugen gemäß dem StVÄG 1999, StV 2002, 38; Rieß, Die „Straftat von erheblicher Bedeutung" als Eingriffsvoraussetzung – Versuch einer Inhaltsbestimmung, GA 2004, 623; Schroeder, Die Ermittlung des Aufenthaltsortes des Beschuldigten als Anwendungsvoraussetzung strafprozessualer Zwangsmaßnahmen, GA 2005, 73; Soiné, Strafverfahrensänderungsgesetz 1999 – Teil 1, Kriminalistik 2001, 173; Soiné, Die Fahndungsvorschriften nach dem Strafverfahrensänderungsgesetz 1999, JR 2002, 137; Trüg/Ulrich, Auf der Suche nach der verlorenen Kompetenz – Der Erlass Europäischer Haftbefehle, NJW 2019, 2811.

Übersicht

I. Überblick

1 Die Ausschreibung des Beschuldigten zur Festnahme und die Öffentlichkeitsfahndung iSd § 131 dienen der **Durchsetzung eines (ggf. noch zu erlassenden) Haft- oder Unterbringungsbefehls,** weshalb die Vorschrift samt den weiteren Regeln zur Sicherstellung der Strafverfolgung und Strafvollstreckung im unmittelbaren Anschluss an den 9. Abschnitt des 1. Buches („Verhaftung und vorläufige Festnahme“) eingefügt worden ist.[1] Ziel der Neufassung durch das StVÄG 1999[2] war es, der bis dahin nur rudimentär in § 131 und den Nr. 39–43 RiStBV geregelten Fahndung „klare Rechtsgrundlagen“ zu geben.[3] Auch die **internationale Fahndung,** beispielsweise durch eine Ausschreibung im Schengener Informationssystem, wird daher heute von § 131 erfasst.[4] Ebenfalls bildet § 131 Abs. 1 iVm, je nach genauer Sachverhaltskonstellation, den §§ 112 ff., 125 f., 162, 457 Abs. 3 S. 3, 463 Abs. 1 StPO sowie 77 Abs. 1 und 78 Abs. 1 IRG die Rechtsgrundlage für die Ausstellung eines Europäischen Haftbefehls.[5] Nach dem BVerfG ergibt sich „die Einordnung des Europäischen Haftbefehls als besondere Art der Ausschreibung zur Festnahme“ insbes. aus Art. 9 Abs. 3 S. 2 des Rahmenbeschlusses 2002/584/JI des Rates vom 13.6.2002 über den Europäischen Haftbefehl und die Übergabeverfahren zwischen den Mitgliedstaaten (ABl. 2002 L 190, S. 1) in der durch den Rahmenbeschluss 2009/299/JI des Rates vom 26.2.2009 (ABl. 2009 L 81, S. 24) geänderten Fassung, da dort die Ausschreibung eines Beschuldigten zur Festnahme im Schengener Informationssystem unter bestimmten Voraussetzungen dem Europäischen Haftbefehl ausdrücklich gleichgestellt wird.[6] Auch das OLG Schleswig verweist darauf, dass sich der Erlass eines Europäischen Haftbefehls „inhaltlich als Ausschreibung

[1] BT-Drs. 14/1484, 19; BR-Drs. 65/99, 38.

[2] Gesetz zur Änderung und Ergänzung des Strafverfahrensrechts – Strafverfahrensänderungsgesetz 1999 – vom 2.8.2000 (BGBl. I 1253).

[3] BT-Drs. 14/1484, 17; BR-Drs. 65/99, 32; vertiefend zur Entstehungsgeschichte Paeffgen in SK-StPO Rn. 1; Hilger NStZ 2000, 561 (561 f.).

[4] BVerfG 28.9.2020 – 2 BvR 1435/20, BeckRS 2020, 25154 Rn. 5; OLG Celle 16.4.2009 – 2 VAs 3/09, NStZ 2010, 534; Ahlbrecht in Gercke/Julius/Temming/Zöller Rn. 2; Böhm NZWiSt 2019, 325 (328).

[5] BVerfG 28.9.2020 – 2 BvR 1435/20, BeckRS 2020, 25154 Rn. 4; OLG Zweibrücken 11.7.2019 – 1 Ws 203/19, NJW 2019, 2869 Rn. 2 ff.; OLG Hamm 1.8.2019 – 2 Ws 96/19, BeckRS 2019, 17146 Rn. 10 ff.; OLG Frankfurt a. M. 12.9.2019 – 2 Ws 60/19, NStZ-RR 2019, 356; OLG Schleswig 6.2.2020 – 2 Ws 13/20, BeckRS 2020, 4320 Rn. 6; Böhm NZWiSt 2019, 325 (328); aA Trüg/Ulrich NJW 2019, 2811 (2812).

[6] BVerfG 28.9.2020 – 2 BvR 1435/20, BeckRS 2020, 25154 Rn. 4; vertiefend OLG Hamm 1.8.2019 – 2 Ws 96/19, BeckRS 2019, 17146 Rn. 21; aA Trüg/Ulrich NJW 2019, 2811 (2813). Vgl. auch § 83a Abs. 2 IRG.

des Beschuldigten zur Festnahme“ und insofern als „EU-weites Fahndungsinstrument“ darstelle.[7]

1a Durch die Wahl der Überschrift des Abschnitts 9a, „Weitere Maßnahmen zur Sicherstellung der Strafverfolgung und Strafvollstreckung“ sollte darüber hinaus klargestellt werden, dass die in den §§ 131–132 genannten Maßnahmen **nicht abschließend** sind und insbes. die informatorische Zeugenbefragung auch weiterhin zulässig bleibt.[8] Der Begriff „weitere“ bezieht sich also insbes. auf die Ermittlungsgeneralklausel sowie die Spezialermächtigungen des 8. Abschnitts (zB die Rasterfahndung nach § 98a), aber auch auf die Schleppnetzfahndung nach § 163d ua.[9] Eingriffe außerhalb des Anwendungsbereichs der §§ 131 ff. oder unterhalb der in diesen Paragraphen vorausgesetzten Eingriffsschwelle sind auf allgemeine Normen der StPO oder ggf. das Polizeirecht zu stützen.[10] Die Vorschriften des Abschnitts 9a hindern als „andere gesetzliche Vorschriften“ iSd §§ 161 Abs. 1 S. 1 und 163 Abs. 1 S. 2 also beispielsweise nicht die Veröffentlichung von Lichtbildern eines Getöteten, um dessen Identität festzustellen.[11]

2 Die Rechtmäßigkeit der Ausschreibung soll sich nach hM stets nach dem **Rechtszustand im Zeitpunkt der Anordnung** richten.[12] Eine laufende Überprüfung sei unpraktikabel.[13] Der je nach Umständen des Einzelfalls ggf. sogar erhebliche und fortdauernde Eingriff in das allgemeine Persönlichkeitsrecht und das aus diesem abzuleitende Recht auf informationelle Selbstbestimmung erfordern eine solche **Überprüfung** jedoch und bezüglich der Fahndung im Internet wird sie auch im Abschn. 3.2 der Anlage B zur RiStBV vorgeschrieben. Entfallen die Voraussetzungen für die Ausschreibung aus tatsächlichen oder rechtlichen Gründen oder wird ihr Ziel erreicht, sind die Ausschreibung sowie alle auf ihrer Grundlage veranlassten Fahndungsmaßnahmen **umgehend zu beenden.**[14] Es ist entsprechend dem Fall zu verfahren, dass im Rahmen des Abs. 2 der Haft- oder Unterbringungsbefehl nicht rechtzeitig erlassen worden ist.[15] Bis zum Wegfall der Voraussetzungen bzw. der Gesetzesänderung war die Maßnahme samt dem ggf. erzielten Fahndungserfolg selbstverständlich rechtmäßig und bleibt es auch im Nachhinein (Rechtswidrigkeit ex nunc). Die Beurteilung orientiert sich daher eng an der Behandlung von Dauerverwaltungsakten im Verwaltungsrecht, für die bei wesentlicher Änderung der Sach- oder Rechtslage zwischen den Zeiträumen vor und nach der Änderung differenziert wird.[16]

II. Erläuterung

3 **1. Die Ausschreibung zur Festnahme auf Grund eines Haft- oder Unterbringungsbefehls nach Abs. 1.** § 131 Abs. 1 regelt die **Ausschreibung des Beschuldigten**

---

[7] OLG Schleswig 6.2.2020 – 2 Ws 13/20, BeckRS 2020, 4320 Rn. 6 f.; entsprechend OLG Zweibrücken 11.7.2019 – 1 Ws 203/19, NJW 2019, 2869 Rn. 3, und OLG Frankfurt a. M. 12.9.2019 – 2 Ws 60/19, NStZ-RR 2019, 356; aA Trüg/Ulrich NJW 2019, 2811 (2812 f.).

[8] BT-Drs. 14/1484, 19; BR-Drs. 65/99, 37; Walther in Krekeler/Löffelmann/Sommer Vor §§ 131–132 Rn. 4.

[9] Paeffgen in SK-StPO Rn. 2; Schmitt in Meyer-Goßner/Schmitt Vor §§ 131 ff. Rn. 1; vertiefend zu sonstigen der Fahndung dienenden Ermächtigungsgrundlagen Gleß in Löwe/Rosenberg Vor § 131 Rn. 15.

[10] Paeffgen in SK-StPO Rn. 2; Wankel in KMR-StPO Rn. 2; kritisch Kretschmer in Radtke/Hohmann Rn. 2.

[11] So eines der Beispiele bei Paeffgen in SK-StPO Rn. 2; weitere Beispiele finden sich auch bei Wankel in KMR-StPO Rn. 2.

[12] In diesem Sinne Walther in Krekeler/Löffelmann/Sommer Vor §§ 131–132 Rn. 3; Wankel in KMR-StPO Rn. 1; einschränkend Paeffgen in SK-StPO Rn. 3a.

[13] Walther in Krekeler/Löffelmann/Sommer Vor §§ 131–132 Rn. 3; aA Gleß in Löwe/Rosenberg Vor § 131 Rn. 13, die sich mit Recht für Überprüfungsfristen ausspricht.

[14] So für tatsächliche Änderungen, beispielsweise das Aufdecken einer Personenverwechselung, auch Paeffgen in SK-StPO Rn. 3a; für die Zielerreichung Gleß in Löwe/Rosenberg Vor § 131 Rn. 14. Vgl. zur Bedeutung des nationalen Haftbefehls für den Erlass eines Europäischen Haftbefehls auch OLG Schleswig 6.2.2020 – 2 Ws 13/20, BeckRS 2020, 4320 Rn. 10.

[15] Vgl. BT-Drs. 14/1484, 20; BR-Drs. 65/99, 39.

[16] Vgl. BeckOK VwGO/Decker VwGO § 113 Rn. 22.9 – „Dauerverwaltungsakt“.

(vgl. § 131 Abs. 4) zur Festnahme auf Grund eines Haftbefehls im Sinne der §§ 114, 230 Abs. 2, §§ 236, 329 Abs. 4, § 453c Abs. 1, § 456a Abs. 2 S. 3 oder § 457 Abs. 2 bzw. auf Grund eines Unterbringungsbefehls iSd § 126a. Die **richterliche Anordnung der Verhaftung oder Unterbringung** des flüchtigen oder sich verborgen haltenden Beschuldigten oder ggf. Verurteilten ist daher stets Voraussetzung.[17] Sie kann zeitgleich mit der Anordnung der Ausschreibung ergehen.[18] Ein Haftbefehl nach § 127b Abs. 2 (sog. Hauptverhandlungshaft) kann in der Regel nicht Grundlage einer Ausschreibung sein, da diese Norm voraussetzt, dass die Strafverfolgungsbehörden des Beschuldigten habhaft sind, für eine Ausschreibung aber gerade Voraussetzung ist, dass sich der Beschuldigte der Strafverfolgung oder Strafvollstreckung entzogen hat.[19] Ausnahmsweise kommt eine Ausschreibung auf Grund des § 127b Abs. 2 jedoch in Betracht, wenn der Verhaftete entflieht.[20] Haftbefehle nach den § 51 und § 70 können nie Grundlage der Ausschreibung nach § 131 sein, da die Normen die Verhaftung eines Zeugen regeln.[21]

Der Begriff der Ausschreibung umfasst jede **amtliche Aufforderung, zu einem bestimmten Zweck nach einer konkreten Person zu fahnden,**[22] und kann auf vielfältige Weise umgesetzt werden. Ziel der Neufassung im Jahr 2000 war es insbesondere, **weniger einschneidende Maßnahmen als die Steckbrieffahndung** zu ermöglichen.[23] Diese richtete sich ausschließlich an eine unbestimmte Zahl von Behörden, Stellen und Personen und schloss mildere Maßnahmen wie beispielsweise die Ausschreibung in den verschiedenen Zentralregistern aus.[24] Von der Öffentlichkeitsfahndung im Sinne des Abs. 3 unterscheidet sich die Ausschreibung im Sinne der Abs. 1 und 2 dadurch, dass die persönlichen Daten des Gesuchten, mit denen die Fahndung betrieben wird, nur bestimmten oder zumindest bestimmbaren Angehörigen des öffentlichen Dienstes zur Verfügung gestellt werden.[25] Es handelt sich damit um eine im weiteren Sinne behördeninterne Maßnahme.[26] Bei der Öffentlichkeitsfahndung werden die Daten demgegenüber einem offenen, potentiell unbegrenzten Personenkreis zugänglich gemacht.[27] Auf die konkrete Anzahl der Betrachter kommt es nicht an.[28] Die Ausschreibung zur Festnahme iSd § 131 Abs. 1 wird daher konsequent definiert als die dienstliche, in einem Informationssystem verbreitete und an bestimmte Strafverfolgungsbehörden gerichtete Aufforderung, eine konkrete Person festzunehmen.[29] Sie kann beispielsweise durch die Eintragung eines Suchvermerks in das Bundeszentralregister oder die Einstellung eines Lichtbildes in das Intranet der Polizei umgesetzt werden.[30] Um eine Umgehung der §§ 131 ff. zu verhindern, ist auch die **Fahndung nach Gegenständen** (zumindest in analoger Anwendung) auf die entsprechenden Vorschriften zu stützen, soweit die Gegenstände Rückschlüsse auf den Beschuldigten zulassen und die Ausschreibung dem jeweiligen Normzweck dient.[31] Es macht für den zu schützenden Betroffenen keinen Unterschied, ob nach einer unbekannten Person gefahndet wird, die allein anhand auffälliger Kleidungsstücke beschrieben wird, oder unmittelbar nach diesen 4

17 BT-Drs. 14/1484, 19; BR-Drs. 65/99, 38.
18 Wankel in KMR-StPO Rn. 6.
19 Walther in Krekeler/Löffelmann/Sommer Rn. 3; Wankel in KMR-StPO Rn. 10.
20 Gleß in Löwe/Rosenberg Rn. 2.
21 Niesler in BeckOK StPO Rn. 2; vertiefend Gleß in Löwe/Rosenberg Rn. 4.
22 Kretschmer in Radtke/Hohmann Rn. 4; Trüg/Ulrich NJW 2019, 2811 (2812).
23 BT-Drs. 14/1484, 19; BR-Drs. 65/99, 38; vgl. auch Ahlbrecht in Gercke/Julius/Temming/Zöller Rn. 4.
24 Vgl. Ahlbrecht in Gercke/Julius/Temming/Zöller Rn. 4. Weitere Beispiele für gegenüber dem Steckbrief weniger grundrechtsintensive Maßnahmen finden sich bei Paeffgen in SK-StPO Rn. 3a.
25 Vgl. Schultheis in KK-StPO Rn. 15; Wankel in KMR-StPO Rn. 7; Gerhold ZIS 2015, 156 (165).
26 Vgl. Kretschmer in Radtke/Hohmann Rn. 6; Gerhold ZIS 2015, 156 (165).
27 LG Berlin 17.12.2008 – 501 Qs 208/08, BeckRS 2009 Nr. 06741.
28 LG Berlin 17.12.2008 – 501 Qs 208/08, BeckRS 2009 Nr. 06741.
29 Walther in Krekeler/Löffelmann/Sommer Rn. 2.
30 LG Berlin 17.12.2008 – 501 Qs 208/08, BeckRS 2009 Nr. 06741; vgl. auch die Aufzählung möglicher Fahndungshilfsmittel in Nr. 40 RiStBV.
31 Vgl. Niesler in BeckOK StPO Rn. 4; umfassend – auch zu den Ausnahmen – Gleß in Löwe/Rosenberg Vor § 131 Rn. 20 f. und Hilger FS Rieß, 2002, 172.

Kleidungsstücken.[32] Prozessuale Rechte, zB ein Recht zur Festnahme durch Private, verleiht die Ausschreibung dem Angesprochenen nicht.[33]

5 Ob eine Ausschreibung zur Festnahme durchgeführt wird, ist in das **Ermessen der zuständigen Entscheidungsträger** gestellt. Die Ausschreibung zur Fahndung muss also insbes. erforderlich und verhältnismäßig sein, um den Eingriff in das allgemeine Persönlichkeitsrecht des Bürgers und sein Recht auf informationelle Selbstbestimmung rechtfertigen zu können.[34] Die nicht mehr ausdrücklich im Wortlaut enthaltene Voraussetzung, dass der Beschuldigte **flüchtig ist oder sich verborgen hält,** ist also im Rahmen einer ordnungsgemäßen Ermessensausübung weiter zu berücksichtigen.[35] Hält sich der Beschuldigte nicht verborgen und ist er auch nicht flüchtig, ist seine Ausschreibung zur Festnahme nie erforderlich. Für die ausschließliche Abwendung einer Verdunkelungs- oder Wiederholungsgefahr gilt dasselbe.[36]

6 Die Anordnungskompetenz zur Ausschreibung des Beschuldigten nach § 131 steht im Grundsatz sowohl dem nach den §§ 125, 126 und 162 zuständigen Richter als auch der Staatsanwaltschaft zu. Beide sind nach dem Willen des Gesetzgebers „in Abweichung von § 36 Abs. 2 S. 1 **gleichermaßen zuständig**".[37] Vor Anklageerhebung liegt die Anordnungskompetenz also bei der Staatsanwaltschaft und dem Haftrichter iSd § 126 Abs. 1, dem Ermittlungsrichter iSd § 162 Abs. 1 bzw. dem Jugendrichter nach § 34 JGG.[38] Nach Anklageerhebung sind die Staatsanwaltschaft und das mit der Sache befasste Gericht zuständig (§§ 126 Abs. 2 S. 1, 162 Abs. 3 S. 1).[39] Erblickt man in der Ausschreibung zur Festnahme eine Maßnahme iSd § 126 Abs. 2 S. 3, wofür die Überschrift des Abschnitts 9a „Weitere Maßnahmen" spricht, entscheidet der Vorsitzende des Kollegialgerichts im Rahmen des § 126 alleine.[40] Innerhalb der Hauptverhandlung entscheidet das Gericht stets als Spruchkörper (vgl. §§ 30 Abs. 2, 76 Abs. 1 S. 1 GVG).[41] Unter dem Begriff der Staatsanwaltschaft sind alle Beamten mit staatsanwaltlichen Befugnissen zu verstehen, also neben den Staatsanwälten auch Amtsanwälte gem. §§ 142 Abs. 1 Nr. 3, 145 Abs. 2 und im Vollstreckungsverfahren ggf. der Rechtspfleger gem. §§ 451 Abs. 1 S. 1, 31 Abs. 2 S. 1 RPflG, es sei denn, der Jugendrichter ist nach § 82 JGG zuständig.[42]

6a Subsidiär sind bei **Gefahr im Verzug** auch die Ermittlungspersonen der Staatsanwaltschaft iSd § 152 GVG anordnungsbefugt, um den Bedürfnissen der Praxis zu entsprechen.[43] Im Gesetzgebungsverfahren hatte man den Fall vor Augen, dass der Polizei Anhaltspunkte für Fluchtvorbereitungen eines mit Haftbefehl gesuchten Beschuldigten bekannt werden und Sofortmaßnahmen zu ergreifen sind.[44] Rechtspolitisch ist die Eilkompetenz der Ermittlungspersonen immer wieder Gegenstand von Diskussionen.[45] Um das Regel-Ausnahme-Verhältnis nicht umzukehren, muss ihre Inanspruchnahme auf **besondere Ausnahmefälle** beschränkt bleiben und es sind richterliche bzw. staatsanwaltliche Eil- und Notdienste erfor-

---

32 So das Beispiel bei Gleß in Löwe/Rosenberg Vor § 131 Rn. 20; vgl. auch das Beispiel Hilgers FS Rieß, 2002, 172.

33 Kretschmer in Radtke/Hohmann Rn. 5; Soiné Kriminalistik 2001, 173 (175); Soiné JR 2002, 137 (138).

34 Vgl. BT-Drs. 14/1484, 19 f.; BR-Drs. 65/99, 38.

35 Ahlbrecht in Gercke/Julius/Temming/Zöller Rn. 3; Gleß in Löwe/Rosenberg Rn. 3; in diesem Sinne wohl auch Soiné JR 2002, 137 (137).

36 Vgl. Paeffgen in SK-StPO Rn. 3.

37 BT-Drs. 14/1484, 20; BR-Drs. 65/99, 39 (Hervorhebung nur hier).

38 Paeffgen in SK-StPO Rn. 11; Wankel in KMR-StPO Rn. 3 und 11; vgl. auch Böhm NZWiSt 2019, 325 (328); Trüg/Ulrich NJW 2019, 2811 (2813).

39 Wankel in KMR-StPO Rn. 11 hält die Staatsanwaltschaft nach Anklageerhebung demgegenüber für nicht mehr zuständig.

40 Paeffgen in SK-StPO Rn. 11; Schmitt in Meyer-Goßner/Schmitt § 131 Rn. 4; Wankel in KMR-StPO Rn. 11.

41 Paeffgen in SK-StPO Rn. 11; Wankel in KMR-StPO Rn. 3.

42 Paeffgen in SK-StPO Rn. 12; Walter in KMR-StPO Rn. 3.

43 BT-Drs. 14/1484, 20; BR-Drs. 65/99, 39.

44 Vgl. BT-Drs. 14/1484, 20; BR-Drs. 65/99, 39.

45 Vgl. Paeffgen in SK-StPO Rn. 4 und 12; Walther in Krekeler/Löffelmann/Sommer § 131c Rn. 1; Ranft StV 2002, 38 (41).

derlich.[46] Sollten die Ermittlungspersonen der Staatsanwaltschaft die Anordnung der Maßnahme daher soweit aufschieben, bis kein Richter oder Staatsanwalt mehr zu erreichen ist, steht dieses rechtsmissbräuchliche Verhalten der Berufung auf die Eilkompetenz entgegen.[47] Verweigern die Landesjustizverwaltungen die Einrichtung von Eil- und Notdiensten trotz entsprechenden Bedarfs, wird der Rechtsmissbrauch je nach Umständen des Einzelfalles lediglich auf eine höhere Ebene verlagert, so dass die Folge dieselbe sein muss. Die Forderung des BVerfG, insbes. für Durchsuchungen außerhalb der üblichen Dienstzeiten richterliche Notdienste einzurichten,[48] darf nicht dadurch ausgehebelt werden, dass im Falle ihres Fehlens eine Eilkompetenz bejaht wird. Berufen sich die Ermittlungspersonen der Staatsanwaltschaft berechtigterweise auf ihre Eilzuständigkeit, bedarf ihre Entscheidung keiner nachträglichen Bestätigung mehr, was sich im Umkehrschluss aus § 131 Abs. 3 S. 3 und 4 ergibt.[49]

Steht der Erlass eines Europäischen Haftbefehls im Raum, ist § 131 Abs. 1 europarechtskonform dahingehend auszulegen, dass allein das Gericht die Kompetenz zum Erlass des Europäischen Haftbefehls besitzt.[50] Dabei hat es stets zu prüfen, ob „die für seine Ausstellung erforderlichen Voraussetzungen" vorliegen und „und ob seine Ausstellung in Anbetracht der Besonderheiten des Einzelfalls verhältnismäßig" ist.[51] **6b**

2. Die Ausschreibung zur Festnahme im Rahmen der Eilermächtigung nach Abs. 2. § 131 Abs. 2 ermöglicht **in besonders gelagerten Eilfällen** auch Ausschreibungen zur Festnahme vor Erlass eines Haft- oder Unterbringungsbefehls. Der Gesetzgeber wollte mit dieser Vorschrift einem praktischen Bedürfnis Rechnung tragen, da bei plötzlicher Flucht eines Tatverdächtigen angesichts der Verknüpfung und Schnelligkeit moderner Verkehrsverbindungen zum Teil unverzüglich überörtliche Fahndungsmaßnahmen ergriffen werden müssen und nicht abgewartet werden kann, bis ein Haftrichter erreicht worden ist.[52] Mit der Öffnung der Grenzen in Westeuropa ist es in der Tat ein Leichtes, ins Ausland zu fliehen.[53] Im Hinblick auf die Dringlichkeit der Maßnahme sind die **Ermittlungspersonen der Staatsanwaltschaft** dann neben dieser anordnungsbefugt. Einer staatsanwaltlichen Bestätigung ihrer Entscheidung bedarf es nicht.[54] Dennoch ist die Eilkompetenz der Staatsanwaltschaft und ihrer Ermittlungspersonen **nicht gleichrangig.**[55] Die Staatsanwaltschaft ist als Justizorgan besser geeignet, die Voraussetzungen der Maßnahme zu prüfen, und sie übt die Verfahrenshoheit aus.[56] Die Ermittlungspersonen der Staatsanwaltschaft haben daher grundsätzlich die Entscheidung der Staatsanwaltschaft einzuholen, so dass sich ihre originäre Anordnungskompetenz auf Fälle beschränkt, die keinerlei Aufschub dulden.[57] Als Eilmaß- **7**

---

46 Gleß in Löwe/Rosenberg Rn. 10; Paeffgen in SK-StPO Rn. 3; vgl. zur Erforderlichkeit von Eil- und Notdiensten auch Gerhold NK 2011, 4.

47 Vgl. BVerfG 20.2.2001 – 2 BvR 1444/00, BVerfGE 103, 142 (155) = NJW 2001, 1121 (1123); Gleß in Löwe/Rosenberg Rn. 10; Schmitt in Meyer-Goßner/Schmitt § 98 Rn. 6.

48 Vgl. nur BVerfG 20.2.2001 – 2 BvR 1444/00, BVerfGE 103, 142 (155 f.) = NJW 2001, 1121 (1123); BVerfG 28.9.2006 – 2 BvR 876/06, NJW 2007, 1444.

49 So Paeffgen in SK-StPO Rn. 3; Wankel in KMR-StPO Rn. 6 und 13.

50 Vgl. EuGH 27.5.2019 – C-508/18, C-82/19 PPU, NJW 2019, 2145 Rn. 42 ff.; OLG Zweibrücken 11.7.2019 – 1 Ws 203/19, NJW 2019, 2869 Rn. 4 ff.; OLG Frankfurt a. M. 12.9.2019 – 2 Ws 60/19, NStZ-RR 2019, 356; OLG Hamm 1.8.2019 – 2 Ws 96/19, BeckRS 2019, 17146 Rn. 26 ff. Vertiefend zum Umfang der deutschen Gerichte mit der eben genannten Entscheidung des EuGH Beukelmann NJW-Spezial 2019, 568.

51 OLG Schleswig 6.2.2020 – 2 Ws 13/20, BeckRS 2020, 4320 Rn. 8; vgl. auch Trüg/Ulrich NJW 2019, 2811 (2812).

52 BT-Drs. 14/1484, 20; BR-Drs. 65/99, 39.

53 In diesem Sinne Paeffgen in SK-StPO Rn. 4.

54 Ahlbrecht in Gercke/Julius/Temming/Zöller Rn. 8.

55 Ständige Rspr. des BVerfG, vgl. 12.2.2007 – 2 BvR 273/06, NJW 2007, 1345 (1346); 28.7.2008 – 2 BvR 784/08, NJW 2008, 3053 (3054); 11.6.2011 – 2 BvR 1046/08, NStZ 2011, 289 (290); konkret zu § 131 ebenso Ahlbrecht in Gercke/Julius/Temming/Zöller Rn. 8; Paeffgen in SK-StPO Rn. 4.

56 Vgl. Paeffgen in SK-StPO Rn. 4 sowie zur rechtspolitischen Kritik an der polizeilichen Eilkompetenz Ranft StV 2001, 38 (41); eine umfassende, wenn auch kritische Auseinandersetzung mit dem Problem des Rangverhältnisses findet sich bei Metz NStZ 2012, 242 (245).

57 Ahlbrecht in Gercke/Julius/Temming/Zöller Rn. 8; Gleß in Löwe/Rosenberg Rn. 15.

nahme, die unverzüglich eine richterliche Reaktion herausfordert, muss die Entscheidung der staatsanwaltlichen Ermittlungspersonen dann jedoch nicht mehr zusätzlich durch die Staatsanwaltschaft bestätigt werden.[58] Etwas anderes gilt erst nach Erlass des Haftbefehls, da sich das weitere Verfahren ab diesem Zeitpunkt nach Abs. 1 richtet, Gefahr im Verzug aber nicht mehr angenommen werden kann.

8 **a) Die Voraussetzungen der Ausschreibung nach Abs. 2 S. 1.** Die Anordnung erfordert die **Voraussetzungen eines Haft- oder Unterbringungsbefehls** und daher regelmäßig Flucht, Fluchtgefahr oder das Sich-Verborgen-Halten eines dringend tatverdächtigen Beschuldigten sowie die Verhältnismäßigkeit seiner Inhaftierung.[59] Die Haftentscheidung muss jedoch noch nicht unmittelbar bevorstehen, da sonst dem Sinn und Zweck des Abs. 2, der unmittelbaren Reaktion auf einen Eilfall, nicht entsprochen würde.[60] Über das Vorliegen der Haft- oder Unterbringungsvoraussetzungen hinaus darf der Erlass des Haft- oder Unterbringungsbefehls nicht ohne **Gefährdung des Fahndungserfolges** abgewartet werden können, wobei die Gefährdung eine gewisse Erheblichkeit aufweisen muss.[61]

9 Klarstellend wird in S. 1 aE die Erforderlichkeit und damit die **Verhältnismäßigkeit der Maßnahme** zum Zwecke der vorläufigen Festnahme betont.[62] Mildere Mittel sind insbes. Nachforschungen im persönlichen Umfeld des Gesuchten, bei Nachbarn oder Behörden.[63] Ob die Ausschreibung zur Aufenthaltsermittlung ein **gleich geeignetes milderes Mittel** darstellt, ist umstritten.[64] Häufig wird die gleiche Eignung der Ausschreibung zur Aufenthaltsermittlung jedoch verneint werden müssen, da die Feststellung der ladungsfähigen Adresse des Gesuchten nicht mit seiner Ingewahrsamnahme gleichgesetzt werden kann.[65] Es kommt daher immer auf die Umstände des Einzelfalles an.

10 **b) Die erforderliche richterliche Entscheidung nach Abs. 2 S. 2.** Die richterliche Entscheidung über den Haft- oder Unterbringungsbefehl ist gem. Abs. 2 S. 2 unverzüglich, dh **ohne schuldhaftes Zögern,** und spätestens binnen einer Woche ab der Anordnung der Ausschreibung herbeizuführen.[66] Wird die Entscheidung nicht rechtzeitig herbeigeführt, entfallen die Voraussetzungen für die Ausschreibung zur Festnahme, die **Anordnung tritt außer Kraft** und die Ausschreibung sowie alle auf ihrer Grundlage veranlassten Fahndungsmaßnahmen sind umgehend zu beenden.[67] Ergeht demgegenüber ein Haft- oder Unterbringungsbefehl, ist ab diesem Zeitpunkt § 131 Abs. 1 die einschlägige Ermächtigungsgrundlage.[68] Eine Maßnahme nach Abs. 2 ist daher auf die **maximale Dauer von einer Woche** beschränkt.[69] Sofern Ermittlungspersonen der Staatsanwaltschaft die Anordnung nach Abs. 2 erlassen hatten, muss die Fortsetzung der Maßnahme nach Abs. 1 durch die Staatsanwaltschaft oder den Richter bestätigt werden.[70] Gefahr im Verzug kann nicht mehr bestehen, wenn es möglich war, einen Haft- oder Unterbringungsbefehl zu erwirken, und die Maßnahme dient nicht mehr der bloß vorläufigen Festnahme des Beschuldigten. Eine entsprechende richterliche Bestätigung soll nach dem Willen des Gesetzgebers bereits im Erlass dieses Haft- oder Unterbringungsbefehls zu sehen sein.[71] Richtigerweise muss die

---

58 Schmitt in Meyer-Goßner/Schmitt Rn. 3; Schultheis in KK-StPO Rn. 12.
59 BT-Drs. 14/1484, 20; BR-Drs. 65/99, 39.
60 Walther in Krekeler/Löffelmann/Sommer Rn. 6; aA Wankel in KMR-StPO Rn. 12.
61 Schultheis in KK-StPO Rn. 11; Wankel in KMR-StPO Rn. 12.
62 BT-Drs. 14/1484, 20; BR-Drs. 65/99, 39.
63 So BT-Drs. 14/1484, 20; BR-Drs. 65/99, 40; Walther in Krekeler/Löffelmann/Sommer Rn. 7.
64 Die gleiche Eignung bejahend BT-Drs. 14/1484, 20; BR-Drs. 65/99, 40; die gleiche Eignung verneinend Walther in Krekeler/Löffelmann/Sommer Rn. 7.
65 In diesem Sinne Walther in Krekeler/Löffelmann/Sommer Rn. 7.
66 Ahlbrecht in Gercke/Julius/Temming/Zöller Rn. 9; Schultheis in KK-StPO Rn. 13.
67 BT-Drs. 14/1484, 20; BR-Drs. 65/99, 39; Schultheis in KK-StPO Rn. 13; Walther in Krekeler/Löffelmann/Sommer Rn. 9.
68 BT-Drs. 14/1484, 20; BR-Drs. 65/99, 39; Ahlbrecht in Gercke/Julius/Temming/Zöller Rn. 9.
69 BT-Drs. 14/1484, 20; BR-Drs. 65/99, 40; Schultheis in KK-StPO Rn. 13.
70 In diesem Sinne BT-Drs. 14/1484, 20, und BR-Drs. 65/99, 40.
71 Vgl. BT-Drs. 14/1484, 20; BR-Drs. 65/99, 40.

Bestätigung jedoch **ausdrücklich** erfolgen. Es kann ein Haftgrund gegeben sein, ohne dass eine Ausschreibung erforderlich wäre. Hat sich die Eilmaßnahme schon vor Ablauf der Wochenfrist erledigt, bedarf es keiner nachträglichen Bestätigung mehr.[72]

3. Die Öffentlichkeitsfahndung nach Abs. 3. a) Die möglichen Maßnahmen der Öffentlichkeitsfahndung. § 131 Abs. 3 normiert die Voraussetzungen, unter denen die Fahndungsdaten der Öffentlichkeit, also einem **offenen, potentiell unbegrenzten Kreis von Personen,** bekanntgegeben werden dürfen.[73] Hauptanwendungsfall des Abs. 3 ist die Veröffentlichung der Fahndung in den Medien, insbes. Printmedien, Rundfunk, Fernsehen und Internet.[74] Daneben kommt ua die Fahndung mittels Plakatanschlägen, nichtperiodischer Druckwerke, Lautsprecherdurchsagen oder auch durch das Zugänglichmachen der Stimme des Gesuchten über eine abrufbare Bandansage in Betracht.[75] Ob auch innerhalb **sozialer Netzwerke wie Facebook** gefahndet werden darf, ist umstritten.[76] Der niedersächsische Landesdatenschutzbeauftragte geht davon aus, dass § 131 Abs. 3 nicht dazu berechtige, Daten in ein Netzwerk einzustellen, dessen Server in Amerika stünden und dort vom Betreiber der Seite oder von den amerikanischen Sicherheitsbehörden ausgewertet werden könnten.[77] Da es jedoch dem **Wesen der Öffentlichkeitsfahndung im Internet** entspricht, dass jede Person weltweit auf die entsprechenden Informationen zugreifen kann, eignet sich der letzte Teil der Argumentation schon einmal nicht zur Differenzierung.[78] Die Gefahren der Internetfahndung, die bei der Fahndung in sozialen Netzwerken noch größer sind, müssen vielmehr in die Verhältnismäßigkeitsprüfung eingestellt werden.[79] Abschn. 1.2 der Anlage B zur RiStBV enthält entsprechende Vorgaben. Die anderen Bedenken im Hinblick auf das internationale Recht und den Datenschutz können durch das schlichte **Einstellen eines Links anstelle des originären Datensatzes** oder die sogenannte **I-Frame-Lösung** ausgeräumt werden.[80] Ob es sich bei einer Internetfahndung um eine Inlandsfahndung (Nr. 39 ff. RiStBV) oder eine internationale Fahndung (Nr. 85 RiVASt, Nr. 43 RiStBV) handelt, ist davon abhängig, wo der Server steht, über den die Daten in das Internet eingespeist werden, bzw. von wo aus die Fahndung initiiert wird.[81] Wirken ausländische Behörden an der Fahndung also nicht mit, ist es irrelevant, dass die Daten im Internet ebenso wie bei Ausstrahlungen im Fernsehen über Satellit auch im Ausland abgerufen bzw. empfangen werden können.[82] Insbesondere bei der Link- und der I-Frame-Lösung handelt es sich also um Fälle der **Inlandsfahndung.**[83] 11

Sofern sich die Strafverfolgungsbehörden zur Fahndung einer **Fernsehsendung** bedienen, sind sie selbstverständlich an die §§ 131 ff. gebunden. Dies gilt auch, wenn sie den privaten Sendern lediglich Informationen zu Fahndungszwecken überlassen.[84] Private unterliegen den Vorschriften der StPO demgegenüber nicht.[85] Es scheint jedoch angemessen, die Wertung der §§ 131 ff. im Rahmen der Prüfung von zivilrechtlichen Ansprüchen 12

[72] Paeffgen in SK-StPO Rn. 5.
[73] Vgl. BT-Drs. 14/1484, 20; BR-Drs. 65/99, 38; Gerhold ZIS 2015, 156 (165); Gulden/Dausend MMR 2017, 723.
[74] Vgl. Walther in Krekeler/Löffelmann/Sommer Rn. 10.
[75] So die Beispiele bei Walther in Krekeler/Löffelmann/Sommer Rn. 10.
[76] Vgl. Hawellek/Heinemeyer ZD-Aktuell 2012 Nr. 02730; umfassend zur Facebookfahndung Gerhold ZIS 2015, 156 ff.; Kolmey DRiZ 2013, 242 (242 ff.).
[77] So Hawellek/Heinemeyer ZD-Aktuell 2012 Nr. 02730 unter Berufung auf die HAZ vom 20.1.2012.
[78] Vgl. Hawellek/Heinemeyer ZD-Aktuell 2012 Nr. 02730.
[79] Caspar ZD 2015, 12 (15 f.); Engelstätter in BeckOK StPO RiStBV Anlage B Rn. 23 f.
[80] Vertiefend Caspar ZD 2015, 12 (15 f.); Gerhold ZIS 2015, 156 (171 f.); Kolmey DRiZ 2013, 242 (244); zustimmend auch Gulden/Dausend MMR 2017, 723 (724); Engelstätter in BeckOK StPO RiStBV Anlage B Rn. 23.
[81] Vertiefend Gerhold ZIS 2015, 156 (172 f.); Wankel in KMR-StPO § 131a Rn. 4.
[82] Gerhold ZIS 2015, 156 (172 f.); Wankel in KMR-StPO § 131a Rn. 4.
[83] Vertiefend Gerhold ZIS 2015, 156 (172 f.).
[84] Gleß in Löwe/Rosenberg Vor § 131 Rn. 26.
[85] Kretschmer in Radtke/Hohmann Rn. 8.

wegen einer möglichen **Verletzung des allgemeinen Persönlichkeitsrechts** zu berücksichtigen.[86] Für ausgesetzte Belohnungen gelten die §§ 657 ff. BGB.[87]

13 **b) Die Voraussetzungen der Öffentlichkeitsfahndung. Voraussetzung der Öffentlichkeitsfahndung** ist, dass bei einer Straftat von erheblicher Bedeutung ein Haft- oder Unterbringungsbefehl erlassen worden ist (vgl. Abs. 1) oder in Fällen besonderer Eilbedürftigkeit erlassen werden könnte (vgl. Abs. 2) und andere Formen der Aufenthaltsermittlung erheblich weniger Erfolg versprechen oder wesentlich erschwert wären. Im Übrigen hat der Entscheidungsträger sein Ermessen ordnungsgemäß auszuüben.

14 Eine **Straftat von erheblicher Bedeutung** muss mindestens dem Bereich der mittleren Kriminalität zuzurechnen sein.[88] Das Gewicht der Straftat ist **im Einzelfall zu bestimmen** und gegen die durch die öffentliche Bloßstellung beeinträchtigten Interessen des Betroffenen abzuwägen.[89] Auf die Festlegung eines verbindlichen Straftatenkataloges hat der Gesetzgeber verzichtet, weshalb der Deliktstypus, die Art der Ausführung und die Schuldschwere besondere Bedeutung bei der Bewertung erlangen.[90] Eine **erhöhte Mindeststrafdrohung des betreffenden Delikts ist nicht erforderlich.**[91] Generalpräventive Erwägungen können die Bedeutung einer Straftat ebenfalls beeinflussen.[92]

15 Der **Grundsatz der Subsidiarität** gilt für die Öffentlichkeitsfahndung in verschärftem Maße, da andere Formen der Aufenthaltsermittlung erheblich weniger Erfolg versprechen oder wesentlich erschwert sein müssen.[93] Damit sind mildere Maßnahmen nicht erst zu ergreifen, wenn sie gleich geeignet sind, sondern auch, wenn sie weniger, jedoch nicht erheblich weniger, Erfolg versprechen oder die Aufenthaltsermittlung etwas, aber nicht erheblich erschweren.[94] Daneben ist der **allgemeine Verhältnismäßigkeitsgrundsatz** für die Frage entscheidend, welche der vielfältigen Maßnahmen zur Fahndung in der Öffentlichkeit zu ergreifen sind.[95] Eine entsprechende Klarstellung wird rechtspolitisch gefordert.[96] So macht es für die Erheblichkeit des Grundrechtseingriffs einen wesentlichen Unterschied, ob regional oder national gefahndet wird, in den Medien oder lediglich über Aushänge.[97] Auch Dritte, insbes. Familienangehörige, können durch die Fahndung in ihren Grundrechten verletzt werden.[98] Bei der **Fahndung im Internet** oder mittels Facebook bzw. anderer sozialer Netzwerke ist im Rahmen der Verhältnismäßigkeitsprüfung zudem zu berücksichtigen, dass der Zugriff auf die veröffentlichten Daten weder zeitlich noch räumlich effektiv begrenzt werden kann.[99] Der Bundesbeauftragte für Datenschutz und Informationsfreiheit betont daher, dass die Daten selbst bei Löschung des Primärdatensatzes auf beliebigen anderen Internetservern gespiegelt sein könnten.[100] Das Internet vergesse nicht. Die Datensätze sollten daher im Rahmen der Internetfahndung **nicht selbst verbreitet werden,** sondern auf einem von der Polizei betriebenen Server gespeichert bleiben, und es sollte lediglich

---

86 Paeffgen in SK-StPO Rn. 9 will entsprechende Fernsehsendungen „den gleichen Anforderungen" unterwerfen wie staatliche Fahndungsaufrufe. Umfassend zu Fahndungssendungen, wenn auch zur alten Rechtslage, Bottke ZStW 93 (1981), 425 (insbes. 434 ff.).

87 Kretschmer in Radtke/Hohmann Rn. 9; für eine analoge Anwendung Soiné Kriminalistik 2001, 173 (175).

88 Walther in Krekeler/Löffelmann/Sommer Rn. 11; Gerhold ZIS 2015, 156 (165); Gulden/Dausend MMR 2017, 723; umfassend zum Begriff Rieß GA 2004, 623 (627 ff.).

89 Ahlbrecht in Gercke/Julius/Temming/Zöller Rn. 11; Gerhold ZIS 2015, 156 (165).

90 Niesler in BeckOK StPO Rn. 6.

91 LG Saarbrücken 8.4.2004 – 8 Qs 56/04, wistra 2004, 279.

92 Wankel in KMR-StPO § 131b Rn. 2; Gerhold ZIS 2015, 156 (165).

93 Umfassend zur Subsidiaritätsklausel Schroeder GA 2005, 73 (74 ff.).

94 Vgl. Ahlbrecht in Gercke/Julius/Temming/Zöller Rn. 12.

95 BT-Drs. 14/2595, 27.

96 Vgl. Gleß in Löwe/Rosenberg Rn. 20; Paeffgen in SK-StPO Rn. 6.

97 Vgl. zur hohen Eingriffsintensität der Öffentlichkeitsfahndung BT-Drs. 14/2595, 27.

98 Vgl. Paeffgen in SK-StPO Rn. 6.

99 So der BfDI, zitiert nach ZD-Aktuell 2012 Nr. 02705; ähnlich schon Pätzel DRiZ 2001, 24 (31); vgl. auch Caspar ZD 2015, 12 (15 f.); Gerhold ZIS 2015, 156 (173 f.).

100 So der BfDI, zitiert nach ZD-Aktuell 2012 Nr. 02705.

ein Link versendet werden.[101] Der Hinweis, dass Informationen zum Beschuldigten oder zum Täter nicht ihrerseits veröffentlicht werden sollen, sondern direkt an die Polizei weiterzuleiten sind, ist stets anzugeben.[102] Die Möglichkeit, Personen auf der Fahndungsseite zu verlinken, ist auszuschließen.[103] Auch die Kommentarfunktion ist im Zusammenhang mit dem Fahndungsaufruf entweder zu deaktivieren oder aber es muss gewährleistet sein, dass die Kommentare in engmaschigen Abständen auf persönlichkeitsrechtsverletzende Inhalte geprüft und diese unverzüglich gelöscht werden.[104] Das dennoch im Vergleich mit anderen Fahndungsmethoden deutlich erhöhte Gewicht des Eingriffs in das Recht auf informationelle Selbstbestimmung ist bei der Abwägung zu berücksichtigen. Regelmäßig kommt die Onlinefahndung also nur im Bereich der Schwerstkriminalität in Betracht.[105]

c) Die Zuständigkeit für die Anordnung der Öffentlichkeitsfahndung. Zuständig für die Anordnung der Öffentlichkeitsfahndung sind erneut **Richter und Staatsanwaltschaft nebeneinander.** Das „Und" in Abs. 3 ist daher entsprechend Abs. 1 als „Oder" zu lesen.[106] 16

Ist noch kein Haft- oder Unterbringungsbefehl erlassen, findet Abs. 2 S. 2, die **Pflicht, unverzüglich eine Entscheidung über den Erlass des Haft- oder Unterbringungsbefehls herbeizuführen,** auf Anordnungen nach Abs. 3 ebenso Anwendung wie in den Fällen der Ausschreibung ohne Haft- und Unterbringungsbefehl nach Abs. 2 S. 1, da sonst für die eingriffsintensivere Öffentlichkeitsfahndung niedrigere Anforderungen gelten würden als bei unmittelbarer Anwendung des Abs. 2; ein Wertungswiderspruch, der sich nicht begründen ließe.[107] Bei Gefahr im Verzug und wenn der Richter und die Staatsanwaltschaft nicht rechtzeitig zu erreichen sind, begründet Abs. 3 S. 2 zudem eine **subsidiäre Anordnungskompetenz der Ermittlungspersonen der Staatsanwaltschaft.** Der Zusatz „und wenn der Richter oder die Staatsanwaltschaft nicht rechtzeitig erreichbar ist" hat dabei jedoch keine über das übliche Maß hinausreichende Begrenzungsfunktion, da der Begriff „Gefahr im Verzug" auch ohne ihn entsprechend auszulegen ist.[108] Als Besonderheit des Abs. 3 ist jedoch hervorzuheben, dass die Ermittlungspersonen der Staatsanwaltschaft wegen der erhöhten Grundrechtsrelevanz der Öffentlichkeitsfahndung gem. S. 3 unverzüglich eine staatsanwaltliche Entscheidung herbeizuführen haben, wenn sie von ihrer Eilkompetenz Gebrauch machen. Erfolgt die staatsanwaltliche Bestätigung nicht **binnen 24 Stunden,** tritt die Anordnung nach S. 4 außer Kraft. Fahndungsfotos sind umgehend aus dem Internet oder aus den Presseorganen zugänglichen Dateien zu löschen.[109] Der Erlass des Haft- oder Unterbringungsbefehls ersetzt die ausdrückliche Bestätigung der Staatsanwaltschaft oder ggf. auch des Richters, der die Anordnung auch selbst erlassen könnte, nicht.[110] Im Regelfall wird jedoch schon vor der Anordnung ein Staatsanwalt erreichbar sein.[111] Maßnahmen, die sich bereits erledigt haben, müssen nicht mehr bestätigt werden.[112] 17

4. Der Inhalt der Fahndungsausschreibung nach Abs. 4. § 131 Abs. 4 bestimmt den notwendigen und darüber hinaus den zulässigen **Inhalt einer Fahndungsausschrei-** 18

[101] So der überzeugende Vorschlag des BfDI, zitiert nach ZD-Aktuell 2012 Nr. 03277. Vgl. zu den technischen Möglichkeiten auch Irlbauer Kriminalistik 2012, 764 (765), Caspar ZD 2015, 12 (15 f.), Gerhold ZIS 2015, 156 (173 f.), sowie zur Praxis in Niedersachsen Kolmey DRiZ 2013, 242 (244).

[102] So Hawellek/Heinemeyer ZD-Aktuell 2012 Nr. 02730 mit Hinweis auf die verbleibenden Risiken; entsprechend Gerhold ZIS 2015, 156 (172). Weitere Möglichkeiten, diese Risiken zu mindern, nennt Kolmey DRiZ 2013, 242 (244 f.).

[103] Vgl. Hawellek/Heinemeyer ZD-Aktuell 2012 Nr. 02730; Caspar ZD 2015, 12 (15 f.); Gerhold ZIS 2015, 156 (173 f.).

[104] Gerhold ZIS 2015, 156 (173).

[105] Vgl. Paeffgen in SK-StPO Rn. 6; Gerhold ZIS 2015, 156 (173).

[106] Wankel in KMR-StPO Rn. 15.

[107] Walther in Krekeler/Löffelmann/Sommer Rn. 14.

[108] Paeffgen in SK-StPO Rn. 6; Wankel in KMR-StPO Rn. 15.

[109] Vgl. Wankel in KMR-StPO § 131c Rn. 5.

[110] So aber Wankel in KMR-StPO Rn. 13; kritisch wohl auch Hilger NStZ 2000, 561 (562), der lediglich davon spricht, dass der richterliche Beschluss eine Bestätigung enthalten könne.

[111] So BT-Drs. 14/2595, 27.

[112] Wankel in KMR-StPO Rn. 5; Brodersen NJW 2000, 2536 (2538).

bung. Eine möglichst genaue Bezeichnung des Gesuchten ist unabdingbar, um Verwechselungen und die damit verbundenen Eingriffe in Rechte Nichtbeschuldigter auszuschließen.[113] Sie muss zumindest diejenigen Personalien umfassen, die auch in den Haft- oder Unterbringungsbefehl aufzunehmen sind.[114] Eine **Beschreibung des Gesuchten,** zB durch Hinweise auf besondere optische Merkmale oder die zuletzt getragene Kleidung, ist ebenfalls zulässig, wenn die Personenangaben für sich genommen noch nicht ausreichen, Verwechselungen vorzubeugen, und wenn die Beschreibung zur Ergreifung erforderlich ist. Auch **Abbildungen** dürfen unter denselben Voraussetzungen beigefügt werden. Hierunter ist sämtliches für die Fahndung geeignetes Bildmaterial zu fassen, einschließlich Phantombilder.[115] Nach nun hM sind trotz des Wortlautes „eine Abbildung" auch kurze **Video- oder Filmausschnitte** vom Begriff der Abbildung erfasst.[116] Eine Korrektur erfolgt im Rahmen der Verhältnismäßigkeitsprüfung. Die Tat, derer die gesuchte Person verdächtig ist, Ort und Zeit ihrer Begehung sowie alle Umstände, die für die Ergreifung des Beschuldigten von Bedeutung sein können, dürfen angegeben werden, wenn sie den Fahndungserfolg unterstützen.[117] Dabei empfiehlt es sich insbes. bei **Fahndungen vor Erlass eines Haft- oder Unterbringungsbefehls** iSd Abs. 2, den Tatvorwurf möglichst detailliert zu schildern, um es dem Richter im Rahmen der durch Abs. 5 vorgeschriebenen Vorführung zu ermöglichen, fristgerecht über den Erlass des Haft- oder Unterbringungsbefehls zu entscheiden.[118] Typische Beispiele für weitere genannte Umstände sind auffällige Verhaltensweisen des Beschuldigten oder ein Hinweis auf dessen Gefährlichkeit.[119] Der Haftgrund selbst ist nicht anzugeben, da er nicht geeignet ist, den Fahndungserfolg zu fördern.[120]

19 **5. Die Pflicht zur Vorführung des Ergriffenen nach Abs. 5.** Wird der Beschuldigte im Falle des Abs. 1 auf Grund eines bestehenden Haft- oder Unterbringungsbefehls festgenommen, gelten die §§ 115, 115a unmittelbar und der Beschuldigte ist **unverzüglich dem Richter vorzuführen.**[121] Dasselbe gilt, wenn der Beschuldigte im Rahmen der Ausschreibung nach Abs. 2 festgenommen wurde, aber noch vor seiner Vorführung ein Haft- oder Unterbringungsbefehl erlassen worden ist. Eigenständige Bedeutung erhält der Verweis daher nur in den sonstigen Fällen des Abs. 2, ggf. iVm Abs. 3. Wird der Beschuldigte also im Rahmen der Fahndung festgenommen, ohne dass ein Haft- oder Unterbringungsbefehl gegen ihn vorlag, und ist ein solcher auch nicht zwischenzeitlich erlassen worden, ist er **entsprechend der §§ 115, 115a** so zu behandeln, als wäre die Freiheitsentziehung bereits richterlich angeordnet.[122] Der noch ausstehende Haft- oder Unterbringungsbefehl ist dann gem. Abs. 2 S. 2 und Art. 104 Abs. 3 S. 2 GG unverzüglich zu erlassen. Die Zuständigkeit für den Erlass richtet sich nach § 125. § 115a enthält auch iVm § 131 Abs. 1 **keine Ermächtigung für den Erlass eines Haft- oder Unterbringungsbefehls,** sondern lediglich eine beschränkte Entlassungsbefugnis.[123] Wird der Beschuldigte also nicht im Bezirk des zuständigen Richters festgenommen, hat der erreichbare Richter dem Beschuldigten die Ausschreibung zur Festnahme zu eröffnen und den für den Erlass des Haft- oder Unterbringungsbefehls zuständigen Richter zu informieren, der dann seinerseits den Haft- oder Unterbringungsbefehl erlässt und umgehend per Fax oder eingescannt per Email übermitteln sollte.[124] Wird die Haftentscheidung nicht spätestens am Tag nach der Festnahme

113 BT-Drs. 14/1484, 20; BR-Drs. 65/99, 40.
114 Gleß in Löwe/Rosenberg Rn. 27.
115 BT-Drs. 14/1484, 20; BR-Drs. 65/99, 40; vgl. zum Phantombild auch AG Torgau 10.2.2004 – 5 Gs 13/04.
116 Gleß in Löwe/Rosenberg Rn. 27; Paeffgen in SK-StPO Rn. 8.
117 BT-Drs. 14/1484, 20; BR-Drs. 65/99, 40.
118 Walther in Krekeler/Löffelmann/Sommer Rn. 19; Wankel in KMR-StPO Rn. 17.
119 Vgl. Paeffgen in SK-StPO Rn. 8.
120 Paeffgen in SK-StPO Rn. 8.
121 Ahlbrecht in Gercke/Julius/Temming/Zöller Rn. 15; Paeffgen in SK-StPO Rn. 10.
122 Ahlbrecht in Gercke/Julius/Temming/Zöller Rn. 15; Wankel in KMR-StPO Rn. 18.
123 Walther in Krekeler/Löffelmann/Sommer Rn. 20.
124 So Paeffgen in SK-StGB Rn. 10a; Wankel in KMR-StPO Rn. 18.

(Art. 104 Abs. 2 S. 3 GG) bzw. in Fällen des Abs. 2 kumulativ binnen Wochenfrist getroffen, **ist der Beschuldigte zu entlassen.** Ist die Wochenfrist des Abs. 2 S. 2 im Zeitpunkt der möglichen Vorführung bereits verstrichen, kann nach § 127 Abs. 2 verfahren werden, sofern die Frist des Art. 104 Abs. 2 S. 3 GG noch nicht verstrichen ist.[125] Die §§ 128, 129 werden von dem Verweis des Abs. 5 nicht erfasst und finden daher unter keinem Aspekt Anwendung.[126]

Wird ein Verurteilter auf Grundlage der §§ 131, 457 festgenommen, kommt eine Vorführung vor einem Haftrichter **mangels Zuständigkeit nicht in Betracht.**[127] Der Verurteilte ist daher nach allgM der Haftanstalt zuzuführen, aus der er entwichen ist.[128] 20

III. Rechtsbehelfe und Revision

Gegen gerichtliche Entscheidungen ist die Beschwerde gem. § 304 Abs. 1 statthaft.[129] 21
Entscheidungen der Staatsanwaltschaft und ihrer Ermittlungspersonen können nach hM mit einem Antrag **analog § 98 Abs. 2** der gerichtlichen Überprüfung zugeführt werden.[130] Dies gilt für tiefgreifende Grundrechtseingriffe wie die Öffentlichkeitsfahndung in den Medien **auch nach Erledigung.**[131] Der Richter hat im Rahmen der Überprüfung sämtliche Voraussetzungen der Ausschreibung eigenständig zu würdigen, wobei er jedoch einen **Beurteilungsspielraum der Strafverfolgungsbehörden** zu beachten hat.[132] Da Verstöße gegen die §§ 131 ff. kaum geeignet sind, ein Beweisverwertungsverbot zu begründen, spielen sie im Rahmen der Revision regelmäßig keine Rolle.[133] Im Einzelfall kann jedoch auch ein **schwerwiegender Fehler** gegeben sein, der dann in letzter Konsequenz zu einem Verwertungsverbot und in der Folge ggf. zu einer Haftverschonung führen kann.[134]

§ 131a Ausschreibung zur Aufenthaltsermittlung

(1) Die Ausschreibung zur Aufenthaltsermittlung eines Beschuldigten oder eines Zeugen darf angeordnet werden, wenn sein Aufenthalt nicht bekannt ist.

(2) Absatz 1 gilt auch für Ausschreibungen des Beschuldigten, soweit sie zur Sicherstellung eines Führerscheins, zur erkennungsdienstlichen Behandlung, zur Anfertigung einer DNA-Analyse oder zur Feststellung seiner Identität erforderlich sind.

(3) Auf Grund einer Ausschreibung zur Aufenthaltsermittlung eines Beschuldigten oder Zeugen darf bei einer Straftat von erheblicher Bedeutung auch eine Öffentlichkeitsfahndung angeordnet werden, wenn der Beschuldigte der Begehung der Straftat dringend verdächtig ist und die Aufenthaltsermittlung auf andere Weise erheblich weniger Erfolg versprechend oder wesentlich erschwert wäre.

---

[125] Paeffgen in SK-StPO Rn. 10a; Wankel in KMR-StPO Rn. 18; aA Walther in Krekeler/Löffelmann/Sommer Rn. 16, sofortige Entlassung durch die Beamten des Polizeidienstes.

[126] Ahlbrecht in Gercke/Julius/Temming/Zöller Rn. 15; Paeffgen in SK-StPO Rn. 10 f.

[127] Walther in Krekeler/Löffelmann/Sommer Rn. 16; Wankel in KMR-StPO Rn. 18.

[128] Paeffgen in SK-StPO Rn. 10b; Walther in Krekeler/Löffelmann/Sommer Rn. 16; Wankel in KMR-StPO Rn. 18.

[129] Ahlbrecht in Gercke/Julius/Temming/Zöller Rn. 16; Walther in Krekeler/Löffelmann/Sommer Vor §§ 131–132 Rn. 5.

[130] OLG Celle 16.4.2009 – 2 VAs 3/09, NStZ 2010, 534; Ahlbrecht in Gercke/Julius/Temming/Zöller Rn. 16; Walther in Krekeler/Löffelmann/Sommer Vor §§ 131–132 Rn. 5; mit beachtlichen Argumenten für eine Anwendung der §§ 23 ff. EGGVG Paeffgen in SK-StPO Rn. 14 ff.

[131] Gleß in Löwe/Rosenberg Rn. 30; Schultheis in KK-StPO Rn. 20.

[132] Gleß in Löwe/Rosenberg Rn. 30.

[133] Vgl. Schmitt in Meyer-Goßner/Schmitt Rn. 7, der davon ausgeht, dass kein rügbares Verwertungsverbot bejaht werden kann. Ebenso Pfeiffer Rn. 7.

[134] Gleß in Löwe/Rosenberg Vor § 131 Rn. 21 und § 131 Rn. 30; Kretschmer in Radtke/Hohmann Rn. 13; vertiefend zu diesem Problemkreis Hilger FS Rieß, 2002, 173 ff.

(4) [1]§ 131 Abs. 4 gilt entsprechend. [2]Bei der Aufenthaltsermittlung eines Zeugen ist erkennbar zu machen, dass die gesuchte Person nicht Beschuldigter ist. [3]Die Öffentlichkeitsfahndung nach einem Zeugen unterbleibt, wenn überwiegende schutzwürdige Interessen des Zeugen entgegenstehen. [4]Abbildungen des Zeugen dürfen nur erfolgen, soweit die Aufenthaltsermittlung auf andere Weise aussichtslos oder wesentlich erschwert wäre.

(5) Ausschreibungen nach den Absätzen 1 und 2 dürfen in allen Fahndungshilfsmitteln der Strafverfolgungsbehörden vorgenommen werden.

Schrifttum: Siehe vor → § 131 Rn. 1.

Übersicht

I. Überblick

1 § 131a normiert die Voraussetzungen der nationalen (Nr. 41 f. RiStBV) und internationalen (Nr. 43 RiStBV) Ausschreibung eines Beschuldigten oder Zeugen zur Aufenthaltsermittlung sowie der Ausschreibung eines Beschuldigten zur Sicherstellung des Führerscheins (§§ 94 Abs. 3, 111a, 463b), zur erkennungsdienstlichen Behandlung (§ 81b), zur Anfertigung einer DNA-Analyse (§ 81e und § 81g) oder zur Feststellung seiner Identität (§ 163b) sowie die Voraussetzungen einer Öffentlichkeitsfahndung zur Aufenthaltsermittlung bezüglich Beschuldigter und Zeugen. Im Hinblick auf die **geringere Eingriffsintensität** stellt die Ausschreibung zur Aufenthaltsermittlung dann ein vorrangig anzuwendendes, milderes Mittel im Vergleich mit der Ausschreibung zur Festnahme dar, wenn sie im Einzelfall zur Zielerreichung gleich geeignet ist.[1]

II. Erläuterung

2 **1. Die Ausschreibung zur Aufenthaltsermittlung nach Abs. 1.** § 131a Abs. 1 knüpft die Zulässigkeit einer Ausschreibung zur Aufenthaltsermittlung – abgesehen von der Pflicht zur ordnungsgemäßen Ermessensausübung – allein daran, dass den Strafverfolgungsbehörden der Aufenthaltsort des Beschuldigten oder Zeugen nicht bekannt ist. Der Aufenthalt einer Person ist unbekannt, wenn er bis zum Zeitpunkt der Ausschreibung nicht ermittelt werden konnte.[2] Einziges über dieses Merkmal hinausgehendes Korrektiv ist die **Verhältnismäßigkeitsprüfung,** die daher mit großer Sorgfalt durchzuführen ist. Schon die Gesetzesbegründung stellte insofern klar, dass stets im Einzelfall zu prüfen sei, ob das Ziel, den Aufenthalt eines Beschuldigten oder Zeugen zu ermitteln, nicht auch mit weniger belastenden Maßnahmen wie der Nachfrage bei den Meldebehörden oder sonstigen auf die §§ 160 ff. gestützten Erkundigungen erreicht werden könne.[3] Auch schlichte Internetrecherchen können Erfolg versprechend sein.[4] Ob eine Nachfrage in der Nachbarschaft oder bei Arbeitskollegen den Interessen des

[1] Ähnlich Paeffgen in SK-StPO Rn. 3.
[2] Ahlbrecht in Gercke/Julius/Temming/Zöller Rn. 2; Paeffgen in SK-StPO Rn. 3.
[3] BT-Drs. 14/1484, 21; BR-Drs. 65/99, 41.
[4] Ahlbrecht in Gercke/Julius/Temming/Zöller Rn. 5.

Beschuldigten im Verhältnis zur Ausschreibung besser dient, lässt sich nur im Einzelfall beantworten, da sie eine **Bloßstellung der betroffenen Person in deren sozialem Umfeld** zur Folge haben kann.[5] Abzuwägen sind stets das öffentliche Strafverfolgungsinteresse, das sich an der Schwere der Straftat zu orientieren hat, sowie die Bedeutung der Zeugenaussage für das Verfahren auf der einen Seite gegen die Interessen des von der Ausschreibung Betroffenen auf der anderen Seite. Eine mögliche Ausschreibung erfolgt nach Maßgabe des Abs. 5 in den Fahndungshilfsmitteln der Polizei.

Da es sich bei der Ausschreibung zur Aufenthaltsermittlung der Sache nach um ein **Amtshilfeersuchen** handelt, sind Fehler wie ein Verstoß gegen das Beschleunigungsgebot des Art. 6 Abs. 1 S. 1 EMRK den Justizbehörden zuzurechnen.[6] Die hilfeleistende Behörde wird in die Strafverfolgung einbezogen.[7] 3

Im Ordnungswidrigkeitenverfahren gilt Abs. 1 anders als Abs. 2 und § 131 gem. **§ 46 OWiG** entsprechend.[8] § 131 ist demgegenüber nach Maßgabe des § 46 Abs. 3 OWiG unanwendbar, da die Verhaftung und die vorläufige Festnahme im Ordnungswidrigkeitenverfahren unzulässig sind, Abs. 2, da eine Ordnungswidrigkeit nie das Gewicht einer Straftat von erheblicher Bedeutung erlangen kann.[9] Zur Anordnung ermächtigt § 131c Abs. 1 S. 2 die Staatsanwaltschaft und bei Gefahr im Verzug deren Ermittlungspersonen. 4

2. Die Ausschreibung zur Sicherstellung eines Führerscheins, zur erkennungsdienstlichen Behandlung, zur Anfertigung einer DNA-Analyse oder zur Feststellung der Identität nach Abs. 2. § 131a Abs. 2 regelt die Ausschreibung eines Beschuldigten zur **Sicherstellung seines Führerscheins** (§§ 111a, 94 Abs. 3), zu seiner **erkennungsdienstlichen Behandlung** (§ 81b), zur **Anfertigung einer DNA-Analyse** (§ 81e und § 81g) oder zur **Feststellung seiner Identität** (§ 163b). Auch insofern muss der Aufenthaltsort des Beschuldigten unbekannt sein und die Maßnahme steht im Ermessen der Behörde. Mildere Maßnahmen sind vorrangig zu ergreifen und die Voraussetzungen der jeweiligen Norm, deren Durchsetzung die Ausschreibung dienen soll, müssen vorliegen. Abs. 5 bestimmt, dass die Ausschreibung in den Fahndungshilfsmitteln der Polizei zu erfolgen hat. 5

Zeugen werden nach dem eindeutigen Wortlaut der Vorschrift nicht erfasst. Das ist inhaltlich konsequent, da die abschließend aufgezählten Maßnahmen, deren Durchsetzung die Ausschreibung dient, **nur gegen Beschuldigte** angeordnet werden können.[10] Zur Anordnung der Ausschreibung ermächtigt § 131c Abs. 1 S. 2 entsprechend Abs. 1 die Staatsanwaltschaft und bei Gefahr im Verzug deren Ermittlungspersonen. 6

3. Die Öffentlichkeitsfahndung zur Aufenthaltsermittlung nach Abs. 3. Die Möglichkeit einer **Öffentlichkeitsfahndung zur Ermittlung des Aufenthaltsortes eines Beschuldigten oder Zeugen** ist in § 131a Abs. 3 an enge Voraussetzungen geknüpft und gegenüber anderen Maßnahmen, auch unwesentlich weniger geeigneten, subsidiär. Voraussetzung ist zunächst die **erfolgte Ausschreibung nach Abs. 1 oder 2.** Darüber hinaus muss der Beschuldigte der Begehung einer **Straftat von erheblicher Bedeutung** dringend verdächtig sein. Bezüglich der **strengen Subsidiaritätsklausel** gilt das zu § 131 Abs. 3 Ausgeführte entsprechend. Auch wenn nach einem Zeugen gefahndet werden soll, werden die Straftat von erheblicher Bedeutung und dringender Tatverdacht gegen den Beschuldigten vorausgesetzt. Die Fahndung nach einem Zeugen hat zudem nach Abs. 4 S. 3 zu unterbleiben, wenn überwiegende schutzwürdige Interessen des Zeugen entgegenstehen. Seiner Stigmatisierung soll durch die hohen Hürden entgegengetreten werden.[11] Im Übrigen haben die Amtswalter ihr Ermessen fehlerfrei auszuüben. 7

---

5 Vgl. BT-Drs. 14/1484, 21; BR-Drs. 65/99, 41.
6 BGH 4.8.2009 – 5 StR 253/09, NStZ 2010, 230; Ahlbrecht in Gercke/Julius/Temming/Zöller Rn. 3.
7 BGH 4.8.2009 – 5 StR 253/09, NStZ 2010, 230.
8 Wankel in KMR-StPO Rn. 1.
9 LG Bonn 14.1.2005 – 32 Qs 5/05, NStZ 2005, 528; Wankel in KMR-StPO Rn. 1; im Ergebnis auch Brodersen NJW 2000, 2536 (2537).
10 Walther in Krekeler/Löffelmann/Sommer Rn. 4.
11 Vgl. Paeffgen in SK-StPO Rn. 7; kritisch zur schützenden Funktion der Tatbestandsvoraussetzungen Albrecht StV 2001, 416 (419).

8 Bei Internetfahndungen, die – durch § 131c Abs. 2 S. 1 klargestellt – ebenfalls von Abs. 3 erfasst werden, ist der **Verhältnismäßigkeitsgrundsatz** in besonderer Weise zu beachten.[12] Dies gilt erst recht für die Fahndung nach Zeugen im Internet.[13] Paeffgen fordert noch weitergehend für jede Öffentlichkeitsfahndung iSd Abs. 3 eine erdrückende Verdachtslage oder einen regelrechten Ermittlungsnotstand, da diese ein erhebliches Irrtumsrisiko berge und die Folgen einer zB fehlerhaften Personenbeschreibung für das Irrtumsopfer nachhaltig und kaum reparabel sein könnten.[14] Die Anordnungskompetenz für die Öffentlichkeitsfahndung nach Abs. 3 – und zwar die des Richters, nur subsidiär bei Gefahr im Verzug auch die der Staatsanwaltschaft und ihrer Ermittlungspersonen – ergibt sich aus § 131c Abs. 1 S. 1.

9 Der Strafverteidiger ist bei seiner Suche nach **Entlastungszeugen** nicht an die Voraussetzungen des § 131a Abs. 3 gebunden.[15] Er muss jedoch von seiner Schweigepflicht entbunden sein.[16]

10 **4. Der Inhalt der Fahndungsausschreibung nach Abs. 4.** Nach § 131a Abs. 4 gelten die inhaltlichen Vorgaben für die Ausschreibung zur Festnahme auch für Ausschreibungen zur Aufenthaltsermittlung. Besonderheiten gelten bei der Aufenthaltsermittlung eines Zeugen. § 131a Abs. 4 S. 2 bestimmt, dass erkennbar sein muss, dass es sich bei der gesuchten Person nicht um den Beschuldigten handelt. Die **Zeugenrolle der Zielperson** ist deutlich zu machen.[17] Das stets verbleibende Restrisiko, dass der Zeuge vom Publikum in einen gar nicht existenten Zusammenhang mit der Straftat gebracht wird, beispielsweise als vermeintlicher Tatverdächtiger wahrgenommen wird, ist im Rahmen der Verhältnismäßigkeitsprüfung zu berücksichtigen.[18] Des Weiteren hat die Öffentlichkeitsfahndung iSd Abs. 3 nach Abs. 4 S. 3 zu unterbleiben, wenn **überwiegende schutzwürdige Interessen des Zeugen** entgegenstehen, und S. 4 ordnet an, dass Abbildungen des Zeugen nur erfolgen dürfen, wenn die Aufenthaltsermittlung auf andere Weise **aussichtslos oder wesentlich erschwert** wäre. Systematisch wäre der S. 3 des Abs. 4 also eher dem Abs. 3 zuzuordnen gewesen, da er eine materiellrechtliche Regelung über die Zulässigkeit der Öffentlichkeitsfahndung enthält und nicht lediglich den Inhalt der Fahndungsausschreibung konkretisiert.[19] S. 4 gilt sowohl für die öffentliche als auch für die nichtöffentliche Fahndung.[20] Die der Abwägung zugrundeliegenden Umstände und Aspekte sind **aktenkundig** zu machen.[21] Die vom Gesetzgeber gewollte Verschärfung der Subsidiaritätsklausel „aussichtslos oder wesentlich erschwert" statt „erheblich weniger Erfolg versprechend oder wesentlich erschwert" darf nicht durch einen großzügigen Rückgriff auf die in beiden Fällen gleichlautende 2. Var. umgangen werden.[22]

11 **5. Die zulässigen Verbreitungsmöglichkeiten nach Abs. 5.** Im Gesetzgebungsverfahren sollte § 131a Abs. 5 Ausschreibungen zur Aufenthaltsermittlung nach den Abs. 1 und 2 zunächst auf die **Verbreitung in Fahndungshilfsmitteln der Strafverfolgungsbehörden** beschränken, wenn nicht die Voraussetzungen der Öffentlichkeitsfahndung nach Abs. 3 vorlägen.[23] Die Norm zielte durch die Einschränkung der Verbreitungsmöglichkeiten – gekennzeichnet durch das kleine Wort „nur" – auf den Schutz des allgemeinen Persönlich-

---

12 BT-Drs. 14/1484, 21; BR-Drs. 65/99, 41; Schultheis in KK-StPO Rn. 4; Pätzel DRiZ 2001, 24 (31).
13 So der BfDI, zitiert nach ZD-Aktuell 2012 Nr. 02705, und Pätzel DRiZ 2001, 24 (31); vgl. auch BT-Drs. 14/2595, 28, nach der Zeugen „in besonderem Maße schützenswert" seien.
14 Paeffgen in SK-StPO Rn. 7.
15 Vertiefend Kretschmer in Radtke/Hohmann Rn. 3.
16 Kretschmer in Radtke/Hohmann Rn. 3.
17 So Walther in Krekeler/Löffelmann/Sommer Rn. 6.
18 BT-Drs. 14/2595, 28; vgl. zu Bedenken im Hinblick darauf, dass der Zeuge im Rahmen der Öffentlichkeitsfahndung in die Nähe des Tatverdächtigen gerückt wird, und den daraus erwachsenden Konsequenzen für die Verhältnismäßigkeitsprüfung auch Paeffgen in SK-StPO Rn. 7 f.
19 Vgl. Walther in Krekeler/Löffelmann/Sommer Rn. 6. Ebenso Gleß in Löwe/Rosenberg Rn. 9.
20 Ahlbrecht in Gercke/Julius/Temming/Zöller Rn. 7.
21 Paeffgen in SK-StPO Rn. 9.
22 Vgl. auch Paeffgen in SK-StPO Rn. 9.
23 BT-Drs. 14/1484, 21; BR-Drs. 65/99, 41.

keitsrechts der von Fahndungsmaßnahmen betroffenen Personen.[24] Im Vermittlungsausschuss wurde dieses „Nur“ dann jedoch mit unklarer Folge gestrichen.[25] Abs. 5 spricht nämlich noch immer ausschließlich von Fahndungshilfsmitteln der Strafverfolgungsbehörden und eine strafverfolgungsbehördeninterne Ausschreibung außerhalb der Fahndungshilfsmittel ist auch schwer vorstellbar, jedenfalls wenn die Ausschreibung ein Eingriffsgewicht erreicht, das einem Rückgriff auf die Ermittlungsgeneralklausel entgegensteht.[26] Was Fahndungshilfsmittel sind, wird in der StPO zudem nicht näher erläutert, weshalb auch die frühere Einschränkung keine enge Bindungswirkung entfaltet hätte. Eine **nicht abschließende Aufzählung** findet sich allein in Nr. 40 Abs. 1 RiStBV. Als bedeutendste Fahndungshilfsmittel sind daher das Bundeszentralregister (BZR), das Verkehrszentralregister (VZR), das Ausländerzentralregister (AZR), das EDV-Fahndungssystem der Polizei (INPOL) und das Schengener Informationssystem (SIS) zu nennen.[27] Verallgemeinert umfasst der Begriff alle Informationsquellen, die dem nicht notwendigerweise ausschließlichen Zugriff der Strafverfolgungsbehörden unterliegen und auf die zu Zwecken der Strafverfolgung lesend und schreibend zugegriffen werden kann.[28] Die Ausschreibung selbst erfolgt dann durch Eingabe entsprechender Datensätze.[29] Ob es sich bei Abs. 5 also noch immer um eine Einschränkung handelt, so dass die Ausschreibung nur in den Fahndungshilfsmitteln der Strafverfolgungsbehörden erfolgen darf,[30] oder um eine Klarstellung, dass alle Fahndungshilfsmittel der Strafverfolgungsbehörden zum Zwecke der Ausschreibung verwendet werden dürfen,[31] spielt faktisch wohl keine Rolle. Die Ausschreibung wird so oder so in diesen erfolgen.

III. Rechtsbehelfe und Revision

Entsprechend der Anordnungen nach § 131 können Entscheidungen der Staatsanwalt- 12
schaft und ihrer Ermittlungspersonen nach hM mit einem **Antrag analog § 98 Abs. 2** der gerichtlichen Überprüfung zugeführt werden.[32] Dies gilt auch nach Erledigung. Zuständig ist der Ermittlungsrichter.[33] Durch die einheitliche Anwendung des § 98 Abs. 2 wird der ansonsten bestehende Wertungswiderspruch vermieden, dass die eingriffsintensivere Öffentlichkeitsfahndung nach § 131a Abs. 3 gem. § 131c Abs. 2 S. 1 vom Ermittlungsrichter bestätigt werden kann, wenn die Staatsanwaltschaft oder ihre Ermittlungspersonen sie angeordnet haben, die fehlerhafte Anordnung der Ausschreibung jedoch vor dem OLG gerügt werden müsste.[34] Gegen gerichtliche Entscheidungen ist die **Beschwerde gem. § 304 Abs. 1** statthaft.[35] Darüber hinaus sind die Bestätigungspflichten des § 131c Abs. 2 zu beachten. In der Revision spielen Verstöße gegen § 131a keine Rolle.[36] Fehler bei der Zeugenfahndung berühren schon nicht den Rechtskreis des Beschuldigten, so dass allein ein Amtshaftungsanspruch des Zeugen in Betracht kommt.[37] Fehler bei der Beschuldigtenfahndung begründen zwar die Rechtswidrigkeit der Fahndungsmaßnahme, stehen aber der Verwertung des Fahndungserfolges im Regelfall nicht entgegen, da sie nicht das erforderliche Gewicht errei-

24 BT-Drs. 14/1484, 21; BR-Drs. 65/99, 41.
25 Vgl. Paeffgen in SK-StPO Rn. 5.
26 Vgl. Hilger NStZ 2000, 561 (562).
27 Vgl. Walther in Krekeler/Löffelmann/Sommer Rn. 7.
28 So die Definition bei Walther in Krekeler/Löffelmann/Sommer Rn. 7.
29 Paeffgen in SK-StPO Rn. 5.
30 So Soiné Kriminalistik 2001, 173 (176); Soiné JR 2002, 137 (140).
31 So Gleß in Löwe/Rosenberg Rn. 11; Hilger NStZ 2000, 561 (563); Paeffgen in SK-StPO Rn. 5; Brodersen NJW 2000, 2536 (2537).
32 OLG Brandenburg 14.9.2006 – 2 VAs 3/06, NStZ 2007, 54; Walther in Krekeler/Löffelmann/Sommer Vor §§ 131–132 Rn. 5; Hilger StraFo 2001, 109 (111); aA Paeffgen in SK-StPO § 131 Rn. 14 ff., der für eine Anwendung der §§ 23 ff. EGGVG votiert.
33 OLG Brandenburg 14.9.2006 – 2 VAs 3/06, NStZ 2007, 54.
34 Vertiefend OLG Brandenburg 14.9.2006 – 2 VAs 3/06, NStZ 2007, 54.
35 Walther in Krekeler/Löffelmann/Sommer Vor §§ 131–132 Rn. 5.
36 Walther in Krekeler/Löffelmann/Sommer Rn. 8.
37 Paeffgen in SK-StPO § 131 Rn. 13.

chen.[38] Ggf. ist an zivil- und öffentlich-rechtliche Folgenbeseitigungsansprüche zu denken, die dann auf Richtigstellung oder Wiedergutmachung zielen.[39]

§ 131b Veröffentlichung von Abbildungen des Beschuldigten oder Zeugen

(1) Die Veröffentlichung von Abbildungen eines Beschuldigten, der einer Straftat von erheblicher Bedeutung verdächtig ist, ist auch zulässig, wenn die Aufklärung einer Straftat, insbesondere die Feststellung der Identität eines unbekannten Täters auf andere Weise erheblich weniger Erfolg versprechend oder wesentlich erschwert wäre.

(2) [1]Die Veröffentlichung von Abbildungen eines Zeugen und Hinweise auf das der Veröffentlichung zugrunde liegende Strafverfahren sind auch zulässig, wenn die Aufklärung einer Straftat von erheblicher Bedeutung, insbesondere die Feststellung der Identität des Zeugen, auf andere Weise aussichtslos oder wesentlich erschwert wäre. [2]Die Veröffentlichung muss erkennbar machen, dass die abgebildete Person nicht Beschuldigter ist.

(3) § 131 Abs. 4 Satz 1 erster Halbsatz und Satz 2 gilt entsprechend.

Schrifttum: Siehe vor → § 131 Rn. 1.

I. Überblick

1 § 131b ermöglicht die **Veröffentlichung von Abbildungen des Beschuldigten** oder eines **Zeugen zur Aufklärung von Straftaten.** Der Anwendungsbereich der Vorschrift geht insofern über den der §§ 131 Abs. 4 S. 1 und 131a Abs. 4 hinaus. Die sogenannte **Aufklärungsfahndung** bzw. die sogenannte **Identitäts(-feststellungs-)fahndung**[1] zielt weder auf die Ermittlung des Aufenthaltsortes einer bestimmten Person, insofern wäre § 131a anwendbar, noch auf ihre Festnahme, insofern wäre § 131 einschlägig, sondern allgemein auf die Erlangung verfahrensrelevanter Erkenntnisse. Im Umkehrschluss kann die Aufklärungsfahndung daher auch bei bekanntem Aufenthaltsort der gesuchten Person angeordnet werden.[2]

II. Erläuterung

2 **1. Die Veröffentlichung von Abbildungen des Beschuldigten nach Abs. 1.** § 131b Abs. 1 erlaubt die Veröffentlichung[3] von Abbildungen eines Beschuldigten, der einer Straftat von erheblicher Bedeutung verdächtig ist, wenn die Aufklärung dieser Straftat (Aufklärungsfahndung) und insbes. die Feststellung der Identität des Beschuldigten oder eines von diesem verschiedenen unbekannten (Mit-)Täters (Identitätsfahndung) auf andere Weise erheblich weniger Erfolg verspricht oder wesentlich erschwert wird. Der Begriff der Abbildung umfasst dabei wie auch schon im Rahmen des § 131 Abs. 4 sämtliches zur Öffentlichkeitsfahndung geeignetes Bildmaterial einschließlich eines Phantombildes.[4] Da § 131b Abs. 1 von Abbildungen eines Beschuldigten spricht, ist umstritten, wie zu verfahren ist, wenn **Abbildungen in einem Verfahren gegen Unbekannt** veröffentlicht werden sollen und daher dem Wortlaut nach der sachliche Anwendungsbereich des § 131b nicht

---

38 Vgl. Paeffgen in SK-StPO § 131 Rn. 13; Wankel in KMR-StPO § 131 Rn. 8.

39 Paeffgen in SK-StPO Rn. 6.

1 Vgl. zur Terminologie BT-Drs. 14/1484, 21; BR-Drs. 65/99, 42.

2 Schultheis in KK-StPO Rn. 1; Walther in Krekeler/Löffelmann/Sommer Rn. 2; vgl. auch Gulden/Dausend MMR 2017, 723 (724).

3 Vgl. zum Begriff der Öffentlichkeit → § 131 Rn. 4 und 11. Das Einstellen eines Lichtbildes in das polizeiliche Intranet ist daher keine Veröffentlichung desselben, so zutreffend LG Berlin 17.12.2008 – 501 Qs 208/08, BeckRS 2009 Nr. 06741.

4 BT-Drs. 14/1484, 21; BR-Drs. 65/99, 42.

eröffnet ist.[5] Das AG Torgau vertritt, dass die Strafverfolgungsbehörden außerhalb des sachlichen Anwendungsbereichs der §§ 131 ff. auf Grundlage der Ermittlungsgeneralklausel des § 161 Abs. 1 S. 1 ggf. iVm § 163 Abs. 1 S. 2 selbst befugt sind, die Veröffentlichung von Abbildungen zu veranlassen.[6] Damit würde der **Schutzzweck des § 131b,** der die grundrechtsintensive Maßnahme der Öffentlichkeitsfahndung unter Richtervorbehalt stellt, jedoch umgangen, so dass die Vorschrift zumindest analog angewendet werden sollte.[7] Das Gesetz scheint sogar davon auszugehen, dass mit der Veröffentlichung einer Abbildung stets die gezeigte Person beschuldigt wird, die Veröffentlichung also als beschuldigtenstatusbegründender Inkulpationsakt anzusehen ist. Könnte nämlich nur der namentlich bekannte Täter Beschuldigter iSd Abs. 1 sein, müsste seine Identität nicht mehr festgestellt werden und die Norm liefe partiell leer. Darüber hinaus führt eine schrankenlose Anwendung der §§ 161, 163 jedenfalls zu **Wertungswidersprüchen,** da die hohen Schwellen des § 131b keine Berücksichtigung finden würden und somit auch Abbildungen zur Aufklärung von Bagatellstraftaten veröffentlicht werden könnten. Der Grad der Persönlichkeitsrechtsverletzung ist jedenfalls nicht davon abhängig, ob die Person den Strafverfolgungsbehörden namentlich bekannt ist. Jede Veröffentlichung einer Abbildung zur Aufklärung einer Straftat – auch die eines Phantombildes – ist daher an Abs. 1 zu messen.[8] In Anlage B zur RiStBV, Abschn. 1.1, heißt es hierzu seit dem Jahr 2005 klarstellend, die Einschaltung von Publikationsorganen sowie die Nutzung der öffentlich zugänglichen elektronischen Kommunikationsmittel zu Fahndungszwecken würden stets eine Öffentlichkeitsfahndung darstellen, die nur bei Vorliegen der gesetzlichen Voraussetzungen in Betracht komme. Verwiesen wird unter Voranstellung des Zusatzes „insbesondere" auf die §§ 131 Abs. 3, 131a Abs. 3, 131b und 131c Abs. 1 S. 1 sowie Abs. 2. Wörtlich heißt es dann in Abschn. 2.2:

„Auch bei der Fahndung nach einem unbekannten Tatverdächtigen kann die Öffentlichkeitsfahndung veranlasst sein. In diesen Fällen gilt § 131 StPO nicht. Es ist daher – wenn nicht Gefahr im Verzug vorliegt – stets eine richterliche Entscheidung herbeizuführen (§ 131c Abs. 1 S. 1 StPO). Die gesetzlichen Voraussetzungen des § 131b Abs. 1 StPO sind zu beachten. § 131b Abs. 1 StPO gilt auch für Phantombilder."

Dem ist nichts mehr hinzuzufügen.

Ob eine Straftat von erheblicher Bedeutung vorliegt, ist erneut im Einzelfall zu bestimmen.[9] Dabei ist der mit der Maßnahme verbundene Grundrechtseingriff gegen die Schwere und Bedeutung der aufzuklärenden Straftat und das mit dieser verbundene staatliche Strafverfolgungsinteresse abzuwägen.[10] Eine **Ordnungswidrigkeit** entspricht nie einer Straftat von erheblicher Bedeutung.[11] Ein besonderer Verdachtsgrad wird nicht vorausgesetzt, da die Veröffentlichung nicht auf die Festnahme des Beschuldigten zielt, so dass einfacher Tatverdacht ausreichend ist.[12] Die erstrebte Aufklärung muss sich immer **auf die Straftat von erheblicher Bedeutung beziehen.**[13] Anderenfalls wäre die Maßnahme unverhältnismäßig. Bezüglich Straftaten Dritter ist auch ein in anderem Verfahren Beschuldigter lediglich Zeuge. Im Übrigen gilt der bereits aus den §§ 131 Abs. 3 S. 1 und 131a Abs. 3 bekannte **strenge Subsidiaritätsgrundsatz.** Mit der unter den eben genannten engen Voraussetzungen zulässigen Veröffentlichung von Suchaufrufen auf Facebook haben die Polizeibehörden einige Erfolge erzielt.[14] Die Anordnungskompetenz des Richters – subsidiär bei Gefahr im Verzug auch die der Staatsanwaltschaft und ihrer Ermittlungspersonen – ergibt sich aus § 131c Abs. 1 S. 1. 3

5 Vgl. AG Torgau 10.2.2004 – 5 Gs 13/04; Paeffgen in SK-StPO Rn. 3 Fn. 1.
6 So AG Torgau 29.1.2003 – 5 Gs 4/03, NStZ-RR 2003, 112, und 10.2.2004 – 5 Gs 13/04; wohl zustimmend Walther in Krekeler/Löffelmann/Sommer Rn. 9.
7 Vgl. zu den Argumenten gegen eine unmittelbare Anwendung AG Torgau 10.2.2004 – 5 Gs 13/04.
8 So auch Schultheis in KK-StPO Rn. 3.
9 Wankel in KMR-StPO Rn. 2.
10 LG Saarbrücken 8.4.2004 – 8 Qs 56/04, wistra 2004, 279.
11 LG Bonn 14.1.2005 – 32 Qs 5/05, NStZ 2005, 528; vgl. auch Brodersen NJW 2000, 2536 (2537).
12 Walther in Krekeler/Löffelmann/Sommer Rn. 3.
13 Hilger NStZ 2000, 561 (563); Niesler in BeckOK StPO Rn. 3; Schultheis in KK-StPO Rn. 1; aA Wankel in KMR-StPO Rn. 3.
14 Vgl. Irlbauer Kriminalistik 2012, 764 (764 ff.).

4 **2. Die Veröffentlichung von Abbildungen eines Zeugen nach Abs. 2.** § 131b Abs. 2 gestattet die Aufklärungs- und Identitätsfeststellungsfahndung mittels Abbildungen bezogen auf Zeugen, wenn die Aufklärung einer Straftat von erheblicher Bedeutung auf andere Weise **aussichtslos oder wesentlich erschwert** wäre. Die Voraussetzungen sollten gegenüber Abs. 1 noch einmal (deutlich) erhöht werden.[15] Dieses gesetzgeberische Ziel darf keinesfalls durch eine zu großzügige Anwendung der 2. Var. „oder wesentlich erschwert wäre" umgangen werden.[16] Die 2. Var. ist vielmehr als „Notventil für nicht vorhersehbare Fälle" zu behandeln.[17] Nach Abs. 2 S. 2 muss aus Gründen des **Persönlichkeitsschutzes** zudem erkennbar gemacht werden, dass die abgebildete Person nicht beschuldigt wird. Hinweise auf das der Veröffentlichung zugrunde liegende Strafverfahren können gegeben werden. Bei systematischer Betrachtung hätte S. 2 eigentlich in Abs. 3 verortet werden müssen.[18] Trotz unterbliebenen Verweises auf § 131a Abs. 4 S. 3 ist die Veröffentlichung von Abbildungen eines Zeugen unverhältnismäßig, wenn **überwiegende schutzwürdige Interessen des Zeugen** entgegenstehen.[19] Dies ist insbes. anzunehmen, wenn die persönliche Integrität des Zeugen beispielsweise durch einen hergestellten Zusammenhang zur organisierten Kriminalität gefährdet wird.[20] Zuständig für die Anordnung ist nach § 131c Abs. 1 S. 1 primär der Richter und subsidiär bei Gefahr im Verzug auch die Staatsanwaltschaft und ihre Ermittlungspersonen.

5 **3. Der mögliche Inhalt der Veröffentlichung nach Abs. 3.** Bezüglich des **Inhalts der Veröffentlichung** verweist § 131b Abs. 3 auf § 131 Abs. 4 S. 1 Hs. 1 und S. 2. Die abgebildete Person ist also auch im Rahmen des § 131b möglichst genau zu bezeichnen und, soweit erforderlich, zu beschreiben. Die Angabe des Namens hilft, Verwechselungen vorzubeugen.[21] Die Tat, derer der Beschuldigte verdächtig ist, Ort und Zeit ihrer Begehung sowie ihre näheren Umstände dürfen angegeben werden, soweit dies für die Aufklärung des Falles oder die Feststellung der Identität eines Beschuldigten oder Zeugen von Bedeutung sein kann. Auf § 131 Abs. 4 S. 1 Hs. 2 wird konsequenterweise nicht verwiesen, da der entsprechende Hs. die Veröffentlichung von Abbildungen im Rahmen der Fahndung zu Festnahmezwecken gestattet und § 131b die Veröffentlichung von Abbildungen zu Aufklärungszwecken an engere Voraussetzungen knüpft.[22] Materiell ist auch Abs. 2 S. 2 zu den inhaltlichen Vorgaben des Abs. 3 zu rechnen.

III. Rechtsbehelfe und Revision

6 Anordnungen der Staatsanwaltschaft und ihrer Ermittlungspersonen können **analog § 98 Abs. 2** überprüft werden. Richterliche Beschlüsse sind mit der **Beschwerde gem. § 304 Abs. 1** angreifbar. Die Bestätigungspflicht des § 131c Abs. 2 führt ebenfalls zu einer inzidenten Kontrolle.

§ 131c Anordnung und Bestätigung von Fahndungsmaßnahmen

(1) [1]Fahndungen nach § 131a Abs. 3 und § 131b dürfen nur durch den Richter, bei Gefahr im Verzug auch durch die Staatsanwaltschaft und ihre Ermittlungspersonen (§ 152 des Gerichtsverfassungsgesetzes) angeordnet werden. [2]Fahndungen nach § 131a Abs. 1 und 2 bedürfen der Anordnung durch die Staatsanwaltschaft; bei Gefahr im Verzug dürfen sie auch durch ihre Ermittlungspersonen (§ 152 des Gerichtsverfassungsgesetzes) angeordnet werden.

---

15 Vgl. BT-Drs. 14/1484, 21; BT-Drs. 14/2595, 28.

16 Vgl. Paeffgen in SK-StPO § 131a Rn. 9.

17 So die Formulierung bei Paeffgen in SK-StPO § 131a Rn. 9.

18 Vgl. § 131a Abs. 4 S. 2 sowie Walther in Krekeler/Löffelmann/Sommer Rn. 5.

19 Vgl. auch Paeffgen in SK-StPO Rn. 5; Ranft StV 2001, 38 (42 f.).

20 Paeffgen in SK-StPO Rn. 5; weitere Beispiele finden sich bei Ranft StV 2001, 38 (42 f.), der auch zutreffend auf die möglichen Gefahren für die Zeugen aufmerksam macht.

21 Soiné Kriminalistik 2001, 173 (177); Soiné JR 2002, 137 (140); vgl. auch VerfGH Sachsen 27.8.2015 – Vf. 54-IV-14, ZUM-RD 2017, 18 (21).

22 Walther in Krekeler/Löffelmann/Sommer Rn. 5.

(2) [1]In Fällen andauernder Veröffentlichung in elektronischen Medien sowie bei wiederholter Veröffentlichung im Fernsehen oder in periodischen Druckwerken tritt die Anordnung der Staatsanwaltschaft und ihrer Ermittlungspersonen (§ 152 des Gerichtsverfassungsgesetzes) nach Absatz 1 Satz 1 außer Kraft, wenn sie nicht binnen einer Woche von dem Richter bestätigt wird. [2]Im Übrigen treten Fahndungsanordnungen der Ermittlungspersonen der Staatsanwaltschaft (§ 152 des Gerichtsverfassungsgesetzes) außer Kraft, wenn sie nicht binnen einer Woche von der Staatsanwaltschaft bestätigt werden.

Schrifttum: Siehe vor → § 131 Rn. 1.

I. Überblick

Der 2004 neugefasste § 131c regelt die **Anordnungskompetenz für Maßnahmen nach den §§ 131a und b** differenzierend nach der Schwere des Grundrechtseingriffs und folgt damit auch an dieser Stelle dem **Grundsatz abgestufter Verantwortlichkeit.**[1] Die Anordnung der Öffentlichkeitsfahndung nach § 131a Abs. 3 und § 131b ist daher grundsätzlich dem Richter vorbehalten, und nur bei Gefahr im Verzug besteht subsidiär eine Eilkompetenz der Staatsanwaltschaft und ihrer Ermittlungspersonen. Der Eingriff in das allgemeine Persönlichkeitsrecht betroffener Personen ist bei der Öffentlichkeitsfahndung deutlich größer als bei der Ausschreibung, da die Veröffentlichung persönlicher Daten in zB Printmedien oder dem Internet langfristig negative Folgen für den Abgebildeten hat.[2] In der Öffentlichkeit wird nämlich eine Verbindung zwischen dem Abgebildeten und der Straftat hergestellt.[3] Eine bloße behördeninterne Ausschreibung weist demgegenüber ein geringeres Eingriffsgewicht auf, da diejenigen Personen, die Zugang zu den Daten erhalten, zahlenmäßig bestimmbar und zur Verschwiegenheit verpflichtet sind.[4] Fahndungsanordnungen nach § 131a Abs. 1 und 2 sind daher von der Staatsanwaltschaft zu erlassen, wobei ihren Ermittlungspersonen erneut eine Eilkompetenz eingeräumt worden ist. Auf § 131 findet die Vorschrift keine Anwendung, da § 131 die Kompetenzen selbständig regelt. 1

II. Erläuterung

1. Die Anordnungskompetenz für Maßnahmen gem. der §§ 131a und 131b nach Abs. 1. § 131c Abs. 1 S. 1 normiert einen **Richtervorbehalt für die Öffentlichkeitsfahndung** nach § 131a Abs. 3 und § 131b. Eine Ausnahme von diesem Grundsatz ist bei **Gefahr im Verzug** vorgesehen. In diesem Fall sind auch die Staatsanwaltschaft und ihre Ermittlungspersonen anordnungsbefugt. Ggf. muss die Anordnung jedoch nach Abs. 2 S. 1 binnen Wochenfrist richterlich bestätigt werden. 2

Für einfache Ausschreibungen ohne Öffentlichkeitsbezug (§ 131a Abs. 1 und 2) bestimmt Abs. 1 S. 2 eine **originäre Anordnungskompetenz der Staatsanwaltschaft.** Subsidiär können entsprechende Ausschreibungen auch bei **Gefahr im Verzug** durch Ermittlungspersonen der Staatsanwaltschaft angeordnet werden. 3

2. Die ergänzenden Regelungen des Abs. 2. Abs. 2 S. 1 regelt die Frage, wie lange Eilanordnungen aufrechterhalten werden dürfen. Die Norm bestimmt, dass in den Fällen des Abs. 1 S. 1 (Öffentlichkeitsfahndungen nach den §§ 131a Abs. 3 und 131b) bei **andauernder Veröffentlichung in elektronischen Medien,** insbes. dem Internet, sowie bei **wiederholter Veröffentlichung im Fernsehen oder in periodischen Druckwerken** eine Eilanordnung der Staatsanwaltschaft oder ihrer Ermittlungspersonen außer Kraft tritt, wenn sie nicht binnen einer Woche richterlich bestätigt wird. Auf diese Weise begrenzt sie die Wirkung der Ausnahmezuständigkeit in Eilfällen und **stärkt den Richtervorbehalt** für Maßnahmen, die durch 4

---

1 Vgl. BT-Drs. 14/2595, 27 f.; Wankel in KMR-StPO § 131 Rn. 4.
2 So LG Berlin 17.12.2008 – 501 Qs 208/08, BeckRS 2009 Nr. 06741.
3 LG Berlin 17.12.2008 – 501 Qs 208/08, BeckRS 2009 Nr. 06741.
4 LG Berlin 17.12.2008 – 501 Qs 208/08, BeckRS 2009 Nr. 06741.

ihre zeitliche Komponente eine erhöhte Grundrechtsrelevanz aufweisen.[5] Eine andauernde Veröffentlichung ist nach Sinn und Zweck der Vorschrift also eine solche, die über einen nicht nur begrenzten und überschaubaren Zeitraum über elektronische Medien abrufbar ist.[6] Vorübergehende Unterbrechungen schaden nicht, so dass auch eine wiederholte Einstellung der Dateien in das Internet über jeweils einen längeren Zeitraum eine andauernde Veröffentlichung begründen kann.[7] Als Grenzwert für die erforderliche Dauer sind mehr als zwei Tage zu fordern.[8] Eine wiederholte Veröffentlichung im Fernsehen oder in periodischen Medien ist ab der zweiten Veröffentlichung gegeben.[9] Die einmalige Veröffentlichung ist zum Zeitpunkt der möglichen Bestätigung bereits erledigt und weist die erforderliche Dauerkomponente nicht auf.[10] Da Abbildungen, auf deren das Persönlichkeitsrecht besonders beeinträchtigende Wirkung Abs. 2 S. 1 zielt, nicht akustisch im Rundfunk veröffentlicht werden können, wird dieser nicht erwähnt.[11]

5 Andere Fahndungsanordnungen der staatsanwaltlichen Ermittlungspersonen iSd §§ 131a und b als die in Abs. 2 S. 1 bezeichneten müssen binnen **Wochenfrist** von der Staatsanwaltschaft bestätigt werden. Anderenfalls treten die Anordnungen außer Kraft und auf sie gestützte Maßnahmen sind umgehend zu beenden. Abs. 2 S. 2 umfasst daher insbes. von den Ermittlungspersonen der Staatsanwaltschaft veranlasste Ausschreibungen iSd § 131a Abs. 1 und 2 sowie einmalige Veröffentlichungen nach den §§ 131a Abs. 3 und 131b in Internet, Fernsehen oder periodischen Druckwerken.[12] Mit dieser Bestätigungspflicht wollte der Gesetzgeber der **verfahrensleitenden Stellung der Staatsanwaltschaft** Rechnung tragen, ohne ermittlungstaktische Nachteile in Kauf nehmen zu müssen.[13] Die Vorschrift des § 131c gilt nicht für § 131, der eigene Regeln über die Zuständigkeit enthält.[14] Erledigte Maßnahmen bedürfen keiner Bestätigung.[15]

III. Rechtsbehelfe und Revision

6 Vgl. zu Rechtsbehelfen und Revision → **§ 131a Rn. 12** und → **§ 131b Rn. 6.**

§ 132 Sicherheitsleistung, Zustellungsbevollmächtigter

(1) [1]Hat der Beschuldigte, der einer Straftat dringend verdächtig ist, im Geltungsbereich dieses Gesetzes keinen festen Wohnsitz oder Aufenthalt, liegen aber die Voraussetzungen eines Haftbefehls nicht vor, so kann, um die Durchführung des Strafverfahrens sicherzustellen, angeordnet werden, daß der Beschuldigte

1. eine angemessene Sicherheit für die zu erwartende Geldstrafe und die Kosten des Verfahrens leistet und

2. eine im Bezirk des zuständigen Gerichts wohnende Person zum Empfang von Zustellungen bevollmächtigt.

[2]§ 116a Abs. 1 gilt entsprechend.

(2) Die Anordnung dürfen nur der Richter, bei Gefahr im Verzuge auch die Staatsanwaltschaft und ihre Ermittlungspersonen (§ 152 des Gerichtsverfassungsgesetzes) treffen.

---

5 Ahlbrecht in Gercke/Julius/Temming/Zöller Rn. 2.
6 Walther in Krekeler/Löffelmann/Sommer Rn. 5.
7 Ahlbrecht in Gercke/Julius/Temming/Zöller Rn. 2; Paeffgen in SK-StPO Rn. 5.
8 So Wankel in KMR-StPO Rn. 3, der diese Frist aus einem Vergleich mit der belastenden Wirkung einer Fahndung in der Presse herleitet, die regelmäßig am Veröffentlichungstag sowie am Folgetag zu spüren sein soll.
9 Schultheis in KK-StPO Rn. 3.
10 Vgl. Ahlbrecht in Gercke/Julius/Temming/Zöller Rn. 2.
11 Walther in Krekeler/Löffelmann/Sommer Rn. 5; Wankel in KMR-StPO Rn. 3.
12 Paeffgen in SK-StPO Rn. 5; Schultheis in KK-StPO Rn. 3.
13 BT-Drs. 14/2595, 28.
14 Walther in Krekeler/Löffelmann/Sommer Rn. 4.
15 Wankel in KMR-StPO § 131 Rn. 5; Brodersen NJW 2000, 2536 (2538).

(3) [1]Befolgt der Beschuldigte die Anordnung nicht, so können Beförderungsmittel und andere Sachen, die der Beschuldigte mit sich führt und die ihm gehören, beschlagnahmt werden. [2]Die §§ 94 und 98 gelten entsprechend.

Schrifttum: Büttner, Zustellungsbevollmächtigte – Zeitbomben im Strafverfahren?, DRiZ 2007, 188; Dünnebier, Sicherstellung der Strafvollstreckung durch Sicherheitsleistung (§§ 127a, 132 StPO), NJW 1968, 1752; Geppert, Die Ahndung von Verkehrsverstößen durchreisender ausländischer Kraftfahrer, GA 1979, 281; Greßmann, Strafbefehlsverfahren mit Auslandsberührung, NStZ 1991, 216; Jakoby, Zulässigkeit von Anordnungen gem. § 132 Abs. 1 StPO gegen im Ausland befindliche Beschuldigte, StV 1993, 448; Kulhanek, Anklagen mit Zustellungsbevollmächtigtem, NStZ 2015, 495; Mayer, Die Zustellungsvollmacht im Strafprozessrecht, NStZ 2016, 76; Müllenbach, Die Zulässigkeit einer Anordnung nach § 132 StPO gegen den ausgereisten Beschuldigten, NStZ 2001, 637; Weiß, Bedienstete der Ermittlungsbehörden als Zustellungsbevollmächtigte i.S.v. § 132 I 1 Nr. 2 StPO? – zugleich Besprechung von LG Berlin, Beschluss vom 3.11.2011 – 526 Qs 22/11, NStZ 2012, 305.

Übersicht

I. Überblick

1 § 132 dient wie auch die §§ 131 ff. der **Sicherstellung der Strafverfolgung und Strafvollstreckung** in Fällen, in denen aufgrund eines fehlenden festen Wohnsitzes oder Aufenthalts im Inland „die postalische Übermittlung an den Beschuldigten selbst mit erhöhtem Aufwand oder Schwierigkeiten behaftet ist“[1] und eine bspw. im Wege des Strafbefehlsverfahrens festgesetzte Geldstrafe nebst Verfahrenskosten nicht ohne Weiteres beigetrieben werden könnte. Die Norm findet insofern Anwendung, wenn der einer Straftat dringend verdächtige Beschuldigte im Geltungsbereich der StPO keinen festen Wohnsitz oder Aufenthalt hat und wenn die über den dringenden Tatverdacht hinausgehenden Voraussetzungen eines Haftbefehls nicht vorliegen. Insofern ergänzt § 132 den § 127a, der anzuwenden ist, wenn der Beschuldigte im Geltungsbereich der StPO keinen festen Wohnsitz oder Aufenthalt hat, aber die Voraussetzungen eines Haftbefehls wegen Fluchtgefahr vorliegen.[2]

2 Praktische Bedeutung erlangt die Norm vor allem im Zusammenhang mit **durchreisenden ausländischen Kraftfahrern,** aber auch **deutsche Staatsangehörige ohne festen Wohnsitz oder Aufenthalt im Inland** unterfallen ihrem Anwendungsbereich.[3] Ob die jeweilige Person einen festen Wohnsitz oder Aufenthalt im Ausland hat, ist irrelevant.[4] Wie sich aus der Regelung des Abs. 3 ergibt, muss sich die beschuldigte Person im Zeitpunkt der Anordnung regelmäßig in Deutschland aufhalten.[5] Anderenfalls wäre die Anordnung nicht durchsetzbar und würde lediglich auf Vorrat ergehen, was deren Unzweckmäßigkeit und Unverhältnismäßigkeit zur Folge hätte.[6] Eine Ausnahme von diesem Grundsatz ist jedoch zu machen, wenn auf Grund konkreter Anhaltspunkte mit einer **baldigen Wieder-**

1 Mayer NStZ 2016, 76.

2 Vgl. Ahlbrecht in Gercke/Julius/Temming/Zöller Rn. 1; Paeffgen in SK-StPO Rn. 2; Kulhanek NStZ 2015, 495.

3 Walther in Krekeler/Löffelmann/Sommer Rn. 1; Mayer NStZ 2016, 76 (80).

4 Walther in Krekeler/Löffelmann/Sommer Rn. 1.

5 LG Hamburg 14.3.2005 – 622 Qs 8/05, NStZ 2006, 719 (720); Ahlbrecht in Gercke/Julius/Temming/Zöller Rn. 1; enger Jakoby StV 1993, 448 (459), der eine Anordnung gegen im Ausland befindliche Beschuldigte gänzlich ausschließen will; weiter Müllenbach NStZ 2001, 637 (638 f.), und Mayer NStZ 2016, 76 (80), die Anordnungen gegen sich im Ausland befindliche Beschuldigte ausnahmslos zulassen wollen.

6 LG Hamburg 14.3.2005 – 622 Qs 8/05, NStZ 2006, 719 (720).

einreise des sich im Ausland aufhaltenden Beschuldigten zu rechnen ist, so dass der Beschluss zeitnah umgesetzt werden kann.[7] Der Wortlaut steht einer solchen Auslegung nicht entgegen, da er **keine territoriale Einschränkung** enthält und auch Sinn und Zweck gebieten eine einschränkende Auslegung nicht.[8]

II. Erläuterung

3 **1. Die Maßnahmen zur Sicherstellung des Strafverfahrens nach Abs. 1.** Abs. 1 S. 1 ermöglicht es im Rahmen der Nr. 1, den Beschuldigten zu verpflichten, eine **angemessene Sicherheit** für die zu erwartende Geldstrafe und die Verfahrenskosten zu leisten, und im Rahmen der Nr. 2, einen Zustellungsbevollmächtigten zu benennen. Die Möglichkeit, die Anordnung zwangsweise durchzusetzen, sieht das Gesetz nicht vor.[9] Sie wird durch die Zulässigkeit der Beschlagnahme nach Abs. 3 zumindest teilweise kompensiert.[10] Dies gilt allerdings nur für die Anordnung der Sicherheitsleistung iSd Abs. 1 S. 1 Nr. 1. Bevollmächtigt der Beschuldigte demgegenüber entgegen einer Anordnung iSd Abs. 1 S. 1 Nr. 2 keinen Zustellungsbevollmächtigten, kann dieser Akt weder erzwungen werden, noch steht es dem Gericht frei, unmittelbar selbst einen Zustellungsbevollmächtigten zu bestimmen.[11] Vielmehr muss dann der Weg über eine Zustellung im Ausland beschritten werden.

4 **a) Die Anordnungsvoraussetzungen im Einzelnen.** Voraussetzung der Anordnung ist zunächst, dass der Beschuldigte dringend tatverdächtig ist, ohne dass ein Haftgrund iSd §§ 112 f. vorliegt oder ohne dass der Erlass eines Haftbefehls verhältnismäßig wäre.[12] Als weitere ungeschriebene Voraussetzung erfordert § 132, dass die Straftat aller Wahrscheinlichkeit nach mit einer **Geldstrafe als Hauptstrafe** geahndet wird.[13] Die Strafverfolgungsbehörden haben insoweit eine Prognose vorzunehmen.[14] Zur Sicherung der Durchsetzbarkeit anderer Sanktionen ist § 132 ungeeignet. Zudem spricht das Gesetz in Nr. 1 ausdrücklich von der zu erwartenden Geldstrafe.[15] Neben der Geldstrafe drohende Sanktionen, die wie die Verhängung eines Fahrverbotes nicht als Hauptstrafe anzusehen sind, stehen der Anwendung des § 132 allerdings nicht entgegen.[16]

5 Des Weiteren darf der Beschuldigte im Geltungsbereich der StPO keinen festen Wohnsitz oder Aufenthalt haben. Der Inhalt des Begriffs **Wohnsitz** richtet sich dabei nach den §§ 7 ff. BGB.[17] Ein Wohnsitz ist dadurch gekennzeichnet, dass sich eine Person an einem Ort ständig niederlässt. Er wird nach § 7 Abs. 3 BGB dadurch aufgehoben, dass die Niederlassung mit dem entsprechenden Willen aufgegeben wird. Der Begriff des (gewöhnlichen) **Aufenthalts** wird in § 30 Abs. 3 S. 2 SGB I und § 9 S. 1 AO übereinstimmend definiert als der Ort, an dem sich eine Person unter solchen Umständen aufhält, die erkennen lassen, dass sie an diesem Ort oder in diesem Gebiet nicht nur vorübergehend verweilt. Er beschreibt daher das rein tatsächliche Verhältnis einer Person zu einem bestimmten Ort oder einer Region.[18] Im Rahmen des Abs. 1 genügt nun allerdings nicht irgendein Aufenthalt, sondern es muss sich um einen **festen Aufenthalt** handeln, damit das Strafverfahren, dem Sinn und Zweck des § 132 entsprechend, zuverlässig durchgeführt werden kann.[19]

---

7 LG Hamburg 14.3.2005 – 622 Qs 8/05, NStZ 2006, 719 (720); Gleß in Löwe/Rosenberg Rn. 4; Niesler in BeckOK StPO Rn. 3; Wankel in KMR-StPO Rn. 2.
8 Vgl. Wankel in KMR-StPO Rn. 2.
9 Schultheis in KK-StPO Rn. 10.
10 Vgl. Ahlbrecht in Gercke/Julius/Temming/Zöller Rn. 10.
11 AG Kehl 29.7.2020 – 2 Cs 208 Js 18485/19, BeckRS 2020, 17425 Rn. 5 ff.
12 Vgl. auch AG Kehl 7.9.2020 – 2 Cs 208 Js 18485/19, BeckRS 2020, 21692 Rn. 4.
13 Niesler in BeckOK StPO Rn. 6; Paeffgen in SK-StPO Rn. 3; Kulhanek NStZ 2015, 495.
14 Walther in Krekeler/Löffelmann/Sommer Rn. 3.
15 Ahlbrecht in Gercke/Julius/Temming/Zöller Rn. 5.
16 Paeffgen in SK-StPO Rn. 3; Walther in Krekeler/Löffelmann/Sommer Rn. 3; Kulhanek NStZ 2015, 495 f.
17 LG Magdeburg 30.1.2007 – 26 Qs 14/07, NStZ 2007, 544; Schmitt in Meyer-Goßner/Schmitt § 8 Rn. 1; Dünnebier NJW 1968, 1752 (1752 f.).
18 LG Magdeburg 30.1.2007 – 26 Qs 14/07, NStZ 2007, 544.
19 In diesem Sinne auch Walther in Krekeler/Löffelmann/Sommer Rn. 1 Fn. 3.

Der Aufenthalt muss sich daher auf einen längeren Zeitraum und einen hinreichend bestimmten Ort erstrecken. Eine durch das Staatsgebiet vagabundierende Person hat daher zwar irgendeinen Aufenthalt in der Bundesrepublik, jedoch keinen festen Aufenthaltsort, weshalb Maßnahmen nach § 132 zulässig sind.[20] Ein fester Aufenthaltsort im Geltungsbereich der StPO ist also nicht erst dann zu verneinen, wenn eine Person „ausschließlich einen Wohnsitz oder Aufenthalt im Ausland" hat.[21] Hat eine Person jedoch einen festen Wohnsitz oder Aufenthalt in der Bundesrepublik und ist dieser lediglich unbekannt, ist § 132 unanwendbar.[22] Die Person ist vielmehr zur Aufenthaltsermittlung iSd § 131a auszuschreiben.

Die Anordnung der Maßnahmen steht im Ermessen der Strafverfolgungsbehörden, wobei es sich nach überwiegender Meinung um einen Fall des **intendierten Ermessens** handelt.[23] Im Regelfall ist daher bei Vorliegen der Voraussetzungen des § 132 auch eine entsprechende Anordnung zu erlassen. Eine Ausnahme ist aus Verhältnismäßigkeitsgründen zu machen, wenn als **milderes Mittel** die Durchführung des beschleunigten Verfahrens iSd §§ 417 ff. in Betracht kommt oder das Verfahren mit einiger Wahrscheinlichkeit nach § 153 eingestellt wird.[24] Kommt eine Einstellung nach § 153a in Betracht, soll nach verbreiteter Auffassung eine analoge Anwendung des § 132 in Betracht kommen, wenn der Beschuldigte sich im Voraus mit der Verrechnung der Sicherheit und der **zu leistenden Geldauflage** einverstanden erklärt.[25] Die schlichte Zustimmung eines Beschuldigten kann jedoch nie Grundlage einer staatlichen Sanktion sein.[26] Verweigert er sein Einverständnis, ist die Verrechnung mit der Sicherheitsleistung nach allen Auffassungen unzulässig.[27] 6

b) Einzelheiten zur Rechtsfolge. Nach Abs. 1 S. 1 kann der Beschuldigte zur Sicherheitsleistung und zur Benennung eines Zustellungsbevollmächtigten verpflichtet werden. Umstritten ist in diesem Zusammenhang, ob die Pflicht zur Benennung eines Zustellungsbevollmächtigten zwingend mit der Forderung einer Sicherheitsleistung einhergeht. Die hM geht diesbezüglich davon aus, dass es sich um eine **zwingend zweiaktige Anordnung** handelt. Hierfür spricht zum einen der Wortlaut, da die Nr. 1 und 2 mit einem „Und" verknüpft sind, und der mit § 127a Abs. 1 vergleichbare Aufbau des Absatzes. Dies vorausgesetzt, dürfte die Benennung eines Zustellungsbevollmächtigten dann aber nicht verlangt werden, wenn dem Beschuldigten die Sicherheitsleistung unmöglich und ihre Anordnung daher unverhältnismäßig wäre.[28] In der Folge müsste das Strafverfahren ggf. gem. § 205 vorläufig eingestellt werden und eine Ausschreibung zur Aufenthaltsermittlung nach § 131a erfolgen. Bis zum Ende der Verfolgungsverjährung hätte der Beschuldigte im Bundesgebiet Strafverfolgungsmaßnahmen zu befürchten.[29] Sowohl den Interessen des Beschuldigten als auch den Interessen des Staates ist daher besser gedient, wenn die Anordnung, einen Zustellungsbevollmächtigten zu bestellen, auch **unabhängig von der Sicherheitsleistung** erlassen werden darf.[30] In diesem Fall wäre die Erreichbarkeit des Beschuldigten sichergestellt und ein Strafbefehl oder eine Einstellungsverfügung könnten zugestellt werden.[31] 7

---

20 Anders wollen das LG Magdeburg 30.1.2007 – 26 Qs 14/07, NStZ 2007, 544, Gleß in Löwe/Rosenberg Rn. 1 und Paeffgen in SK-StPO Rn. 3 jeden Aufenthalt in der Bundesrepublik ausreichen lassen bzw. den festen Aufenthalt in der Bundesrepublik rein zeitlich verstehen.

21 So aber LG Magdeburg 30.1.2007 – 26 Qs 14/07, NStZ 2007, 544, und Paeffgen in SK-StPO Rn. 3.

22 OLG Karlsruhe 30.1.2020 – 1 Ws 255/19, BeckRS 2020, 9982 Rn. 11; Ahlbrecht in Gercke/Julius/Temming/Zöller Rn. 3; Mayer NStZ 2016, 76 (82).

23 Vgl. Niesler in BeckOK StPO Rn. 10; Schultheis in KK-StPO Rn. 5; Walther in Krekeler/Löffelmann/Sommer Rn. 9; vertiefend Geppert GA 1979, 281 (299 ff.).

24 Ahlbrecht in Gercke/Julius/Temming/Zöller Rn. 6; Walther in Krekeler/Löffelmann/Sommer Rn. 1 und 9.

25 Ahlbrecht in Gercke/Julius/Temming/Zöller Rn. 6; Niesler in BeckOK StPO Rn. 7; Schultheis in KK-StPO Rn. 5; Wankel in KMR-StPO Rn. 2; aA Paeffgen in SK-StPO Rn. 4.

26 In diesem Sinne Paeffgen in SK-StPO Rn. 4; ebenfalls kritisch Geppert GA 1979, 281 (287).

27 Niesler in BeckOK StPO Rn. 7.

28 Vgl. Walther in Krekeler/Löffelmann/Sommer Rn. 5.

29 Vgl. Walther in Krekeler/Löffelmann/Sommer Rn. 5.

30 In diesem Sinne auch Walther in Krekeler/Löffelmann/Sommer Rn. 5; Mayer NStZ 2016, 76 (80).

31 Insges. vertiefend Walther in Krekeler/Löffelmann/Sommer Rn. 5.

8 Die Angemessenheit der Sicherheit richtet sich nach der **prognostizierten Höhe der Geldstrafe,** den voraussichtlichen Verfahrenskosten und den Verwaltungskosten für die Entgegennahme und Verwahrung der Sicherheit.[32] § 116a Abs. 1 gilt für die Art und Weise der Sicherheitsleistung nach Abs. 1 S. 2 entsprechend. Das heißt, dass die Sicherheit durch Hinterlegung in barem Geld, in Wertpapieren, durch Pfandbestellung oder durch Bürgschaft geeigneter Personen zu leisten ist, sofern nicht eine aufgrund des Gesetzes über den Zahlungsverkehr mit Gerichten und Justizbehörden erlassene Rechtsverordnung anderes bestimmt.

9 Auch wenn der Wortlaut der Nr. 2 von der **Bevollmächtigung einer im Bezirk des zuständigen Gerichts wohnenden Person** spricht, genügt nach dem Telos des § 132, die Strafverfolgung sicherzustellen, im Regelfall die Bevollmächtigung irgendeiner Person im Inland, so dass das Gericht diese **anerkennen** sollte.[33] Die Wirksamkeit der Bevollmächtigung und damit die Wirksamkeit entsprechender Zustellungen hängt jedenfalls nicht davon ab, ob die Person im Bezirk des zuständigen Gerichts wohnt. Nur dieser Umstand ist aber entscheidend. Besonders geeignet sind nach hM zudem Angehörige der sachbearbeitenden Polizeidienststelle oder des zuständigen Gerichts, die sich mit ihrer Bevollmächtigung einverstanden erklärt haben.[34] Auf sie sollte jedoch nur zurückgegriffen werden, wenn der Beschuldigte überhaupt keinen Zustellungsbevollmächtigten benennen kann, dem er **persönliches Vertrauen** entgegen bringt. Nicht als Zustellungsbevollmächtigte kommen solche Beamten in Betracht, die selbst oder deren Angehörige durch die verfolgte Tat verletzt worden sind.[35] Stets darauf zu achten ist, dass der Bevollmächtigte mit der Entgegennahme von Zustellungen einverstanden ist und dies aktenkundig gemacht wird.[36] Die Vollmacht muss schriftlich erteilt werden.[37]

10 **2. Die Zuständigkeitsregelung des Abs. 2.** Nach Abs. 2 steht die **Anordnungskompetenz** dem Richter zu. Gemeint ist der Amtsrichter, in dessen Bezirk die Handlung vorzunehmen ist (§ 162 Abs. 1) oder der Beschuldigte sich aufhält (analog § 125 Abs. 1).[38] Er hat vor seiner Entscheidung die Staatsanwaltschaft und den Beschuldigten zu hören (§ 33 Abs. 2 und 3, eine Ausnahme sieht § 33 Abs. 4 vor) und entscheidet durch Beschluss. Nur bei **Gefahr im Verzug** steht die Anordnungskompetenz auch der Staatsanwaltschaft und ihren Ermittlungspersonen zu, sonstigen Beamten des Polizeidienstes nicht.[39] Gefahr im Verzug ist anzunehmen, wenn die Anrufung des Richters die Abforderung der Sicherheit bzw. die Beschlagnahme mitgeführter Gegenstände gefährden würde.[40] Praktisch ist Gefahr im Verzug häufig gegeben, da der Beschuldigte nicht länger festgehalten werden darf, als es

32 Walther in Krekeler/Löffelmann/Sommer Rn. 18; vertiefend Geppert GA 1979, 281 (296 f.).

33 Vgl. zur Möglichkeit der Anerkennung OLG Düsseldorf 18.7.1986 – 5 Ss (OWi) 273/86, VRS 71 (1986), 369 (370); Walther in Krekeler/Löffelmann/Sommer Rn. 8; Greßmann NStZ 1991, 216 (217). Geppert GA 1979, 281 (295), fordert darüber hinaus und ganz zu Recht auch die gesetzliche Anerkennung von Vertrauenspersonen außerhalb des jeweiligen Gerichtsbezirkes. Gegen eine Anerkennung von Personen außerhalb des Gerichtsbezirkes Schmitt in Meyer-Goßner/Schmitt § 116a Rn. 5; kritisch auch Büttner DRiZ 2007, 188 (189 f.).

34 Vgl. Niesler in BeckOK StPO Rn. 12; Schmitt in Meyer-Goßner/Schmitt Rn. 9; Walther in Krekeler/Löffelmann/Sommer Rn. 19; umfassend Weiß NStZ 2012, 305 (306 ff.); aA LG Berlin 3.11.2011 – 526 Qs 22/11, NStZ 2012, 334, mit Bedenken gegen die Bevollmächtigung irgendeiner Person, die dem Lager der Ermittlungsbehörden zuzurechnen ist, also auch einer solchen, die nicht selbst an dem Verfahren mitwirkt.

35 Weiß NStZ 2012, 305 (308); ebenfalls sollten keine Personen bevollmächtigt werden, die unmittelbar mit dem Verfahren betraut sind, um Interessenskonflikten vorzubeugen, vgl. die Nachweise bei Weiß NStZ 2012, 305 (306), sowie Greßmann NStZ 1991, 216 (217).

36 OLG Karlsruhe 11.1.2007 – 1 Ws 274/06, StV 2007, 571; Ahlbrecht in Gercke/Julius/Temming/Zöller Rn. 6.

37 Niesler in BeckOK StPO Rn. 12. Vgl. zur Unterscheidung der gesetzlichen Zustellungsvollmacht iSd § 145a Abs. 1 und der allgemeinen rechtsgeschäftlichen Zustellungsvollmacht Mayer NStZ 2016, 76.

38 Ahlbrecht in Gercke/Julius/Temming/Zöller Rn. 7; Paeffgen in SK-StPO Rn. 6; Schultheis in KK-StPO Rn. 7; Mayer NStZ 2016, 76 (80).

39 Ahlbrecht in Gercke/Julius/Temming/Zöller Rn. 7; Paeffgen in SK-StPO Rn. 6.

40 Ahlbrecht in Gercke/Julius/Temming/Zöller Rn. 7.

die Durchführung der Maßnahme unbedingt erfordert.[41] Das **Regel-Ausnahmeverhältnis** wird somit faktisch umgekehrt, falls kein richterlicher Bereitschaftsdienst eingerichtet ist.[42] Die Entscheidung der Staatsanwaltschaft und ihrer Ermittlungspersonen kann mündlich ergehen, wobei sie zu Beweiszwecken und zur besseren Überprüfbarkeit stets schriftlich bestätigt werden sollte.[43]

3. Die Beschlagnahmeermächtigung nach Abs. 3. Befolgt der Beschuldigte die Anordnung nicht, können Beförderungsmittel und andere Sachen, die der Beschuldigte mit sich führt und die ihm gehören, beschlagnahmt werden. Sie dienen als **Surrogat für die Sicherheitsleistung.** Ihr Wert abzüglich der Verwertungskosten darf die Höhe der verlangten Sicherheit folglich nicht übersteigen.[44] Die Gegenstände müssen zudem im **Alleineigentum des Beschuldigten** stehen und sich in seinem Gewahrsam befinden.[45] Besonders zur Beschlagnahme geeignet ist Bargeld, wobei zu berücksichtigen ist, dass dem Beschuldigten ein ausreichender Betrag zur vorübergehenden Bestreitung der Lebensführung, insbes. zur Fortsetzung der uU geplanten Ausreise, verbleiben muss.[46] **Pässe und Führerscheine** dürfen nicht beschlagnahmt werden, weil sie unabhängig von der Eigentumslage nicht zur Vollstreckung der Geldstrafe verwertet werden können.[47] Befolgt der Beschuldigte die Anordnung in vollem Umfang, ist eine Beschlagnahme ausgeschlossen und er kann sich anschließend frei in der Bundesrepublik Deutschland bewegen oder diese nach seinen Wünschen verlassen.[48] Das Verfahren wird regelmäßig im Wege des Strafbefehlsverfahrens gem. der §§ 407 ff. oder gem. § 232 in Abwesenheit des Beschuldigten beendet.[49] 11

Leistet der Beschuldigte ausreichende Sicherheit und bestellt lediglich keinen Zustellungsbevollmächtigten, geht die hM dem Wortlaut entsprechend davon aus, dass ebenfalls eine **Beschlagnahme** erfolgen darf.[50] Der Zweck der Beschlagnahme im konkreten Fall ist dann zwingend kenntlich zu machen, da die Zeitpunkte, in denen die jeweilige Maßnahme zu beenden ist, nicht identisch sind.[51] 12

Dieser Auffassung ist jedoch entgegenzuhalten, dass § 132 Abs. 3 **keine Sanktion** darstellen soll, sondern seinerseits der Sicherung der ordnungsgemäßen Verfahrensdurchführung zu dienen bestimmt ist. Die Beschlagnahme von Gegenständen ermöglicht die spätere Zustellung jedoch nicht. Auch zur Ausübung eines Entscheidungszwanges ist die Beschlagnahme ungeeignet, da mit dem staatlichen Gewahrsam selbst kein weitergehender Zweck verfolgt wird. Hält der Beschuldigte dem Zwang also stand und benennt er weiterhin keinen Zustellungsbevollmächtigten, würden die Gegenstände unabhängig vom Vorliegen einer zustellungsfähigen Adresse im Ausland im Hinblick auf die geleistete Sicherheit für das weitere Verfahren nicht mehr benötigt und müssten nach den allgemeinen Regeln wieder **herausgegeben** werden.[52] Damit taugt die Beschlagnahme aber nicht einmal mehr als Drohkulisse. Eine Beschlagnahme ist daher nur statthaft, wenn trotz Anordnung keine Sicherheit geleistet wird. 13

[41] Walther in Krekeler/Löffelmann/Sommer Rn. 10; Geppert GA 1979, 281 (294).

[42] Ahlbrecht in Gercke/Julius/Temming/Zöller Rn. 7; vgl. zur Kompetenz des Richters im Falle des bestehenden Bereitschaftsdienstes LG Frankfurt a. M. 28.10.2008 – 5/30 Qs 57/08, 5/30 Qs 58/08, StraFo 2009, 22.

[43] Vgl. Paeffgen in SK-StPO Rn. 7; Wankel in KMR-StPO Rn. 4.

[44] Walther in Krekeler/Löffelmann/Sommer Rn. 12.

[45] AA Wankel in KMR-StPO Rn. 5, der wirtschaftliches Eigentum ausreichen lassen will.

[46] Niesler in BeckOK StPO Rn. 14; Walther in Krekeler/Löffelmann/Sommer Rn. 12.

[47] LG Offenburg 26.4.1999 – Qs 31-99, NJW 1999, 3502 (3503); Wankel in KMR-StPO Rn. 5.

[48] Ahlbrecht in Gercke/Julius/Temming/Zöller Rn. 9.

[49] Ahlbrecht in Gercke/Julius/Temming/Zöller Rn. 9; Paeffgen in SK-StPO Rn. 8.

[50] So Ahlbrecht in Gercke/Julius/Temming/Zöller Rn. 10; Gleß in Löwe/Rosenberg Rn. 26; Niesler in BeckOK StPO Rn. 15; Schmitt in Meyer-Goßner/Schmitt Rn. 15; Schultheis in KK-StPO Rn. 10; Greßmann NStZ 1991, 216 (216); aA Walther in Krekeler/Löffelmann/Sommer Rn. 13.

[51] Ahlbrecht in Gercke/Julius/Temming/Zöller Rn. 10; Niesler in BeckOK StPO Rn. 15. Vgl. auch AG Kehl 7.9.2020 – 2 Cs 208 Js 18485/19, BeckRS 2020, 21692, nach dem die Weigerung, einen Zustellungsbevollmächtigten zu benennen, jedenfalls nicht zur Verhängung von Untersuchungshaft führen kann.

[52] Vertiefend Walther in Krekeler/Löffelmann/Sommer Rn. 13.

14 Wenn der Beschuldigte zu einem späteren Zeitpunkt Sicherheit leistet und seine Sachen aus diesem Grund nicht mehr benötigt werden, ist die Beschlagnahme durch das Gericht aufzuheben und die **Sachen sind herauszugeben.**[53] Gleiches gilt, wenn das Verfahren mit Freispruch oder einer Einstellung endet und die Sicherheit aus diesem Grund nicht mehr benötigt wird.[54] Wird er demgegenüber rechtskräftig verurteilt, kann wegen der Verfahrenskosten und der Geldstrafe entsprechend der **Verwertung gepfändeter Sachen** vollstreckt werden.[55] Beschlagnahmtes Geld wird entsprechend der nicht geleisteten Sicherheit verrechnet.[56]

15 Als **Annexkompetenz** ermächtigt Abs. 3 S. 1 auch dazu, den Beschuldigten und die von ihm mitgeführten Gegenstände nach pfändbaren Sachen zu **durchsuchen.**[57] Der Verhältnismäßigkeitsgrundsatz ist dabei in besonderer Weise zu beachten, da Maßnahmen nach § 132 vorwiegend den Bereich leichter und ggf. noch mittlerer Kriminalität betreffen.

16 Die §§ 94 und 98 gelten nach Maßgabe des Abs. 3 S. 2 entsprechend. Zuständig für die Anordnung ist daher primär der Richter, bei Gefahr im Verzug auch die Staatsanwaltschaft und ihre Ermittlungspersonen. Dem Beschuldigten steht das Recht zu, jederzeit die gerichtliche Entscheidung zu beantragen, worüber er nach Maßgabe des § 98 Abs. 2 S. 5 zu **belehren** ist. Der Umstand, dass eine Sache auch als Beweismittel in Betracht kommt und daher unmittelbar nach § 94 beschlagnahmt werden könnte, steht der Beschlagnahme nach § 132 Abs. 3 nicht entgegen.[58]

III. Rechtsbehelfe und Revision

17 Die richterliche Anordnung von Maßnahmen nach Abs. 1 ergeht durch Beschluss und ist mit der Beschwerde iSd §§ 304 ff. anfechtbar.[59] **§ 305 S. 2 ist analog anzuwenden,** wenn die Maßnahme ausnahmsweise durch das erkennende Gericht angeordnet worden ist.[60] Auch wenn eine Belehrung nach § 35a Abs. 1 S. 1 nicht zwingend vorgeschrieben ist, sollte sie unter Fürsorgegesichtspunkten gleichfalls erteilt werden.[61] Eilanordnungen der Staatsanwaltschaft und ihrer Ermittlungspersonen iSd Abs. 1 können nach hM **analog § 98 Abs. 2 S. 2** der richterlichen Überprüfung zugeführt werden.[62] Für Beschlagnahmeanordnungen der Staatsanwaltschaft und ihrer Ermittlungspersonen gilt § 98 über den **Verweis in Abs. 3 S. 2.** Wie bereits ausgeführt, ist der Betroffene auch hierüber, in diesem Fall gem. § 98 Abs. 2 S. 5, zu belehren. Für die richterliche Überprüfung der Beschlagnahmeanordnung gilt § 305 S. 2 unmittelbar.[63]

---

[53] Ahlbrecht in Gercke/Julius/Temming/Zöller Rn. 12; Paeffgen in SK-StPO Rn. 9.
[54] Walther in Krekeler/Löffelmann/Sommer Rn. 14.
[55] Walther in Krekeler/Löffelmann/Sommer Rn. 14.
[56] Ahlbrecht in Gercke/Julius/Temming/Zöller Rn. 12.
[57] Ahlbrecht in Gercke/Julius/Temming/Zöller Rn. 11; Niesler in BeckOK StPO Rn. 17; Walther in Krekeler/Löffelmann/Sommer Rn. 15; aA Paeffgen in SK-StPO Rn. 11.
[58] Ahlbrecht in Gercke/Julius/Temming/Zöller Rn. 10; aA Niesler in BeckOK StPO Rn. 13.
[59] AG Kehl 7.9.2020 – 2 Cs 208 Js 18485/19, BeckRS 2020, 21692 Rn. 9.
[60] So wohl auch Paeffgen in SK-StPO Rn. 7 und 12; aA Gleß in Löwe/Rosenberg Rn. 25; Schultheis in KK-StPO Rn. 8.
[61] Paeffgen in SK-StPO Rn. 7.
[62] Mayer NStZ 2016, 76 (82). Für eine Anwendung der §§ 23 ff. EGGVG Paeffgen in SK-StPO Rn. 7. Vgl. auch OLG München 29.11.2012 – 4 VAs 55/12, BeckRS 2012 Nr. 24681.
[63] Schultheis in KK-StPO Rn. 13.

Abschnitt 9b. Vorläufiges Berufsverbot

§ 132a Anordnung und Aufhebung eines vorläufigen Berufsverbots

(1) [1]Sind dringende Gründe für die Annahme vorhanden, daß ein Berufsverbot angeordnet werden wird (§ 70 des Strafgesetzbuches), so kann der Richter dem Beschuldigten durch Beschluß die Ausübung des Berufs, Berufszweiges, Gewerbes oder Gewerbezweiges vorläufig verbieten. [2]§ 70 Abs. 3 des Strafgesetzbuches gilt entsprechend.

(2) Das vorläufige Berufsverbot ist aufzuheben, wenn sein Grund weggefallen ist oder wenn das Gericht im Urteil das Berufsverbot nicht anordnet.

Schrifttum: Dahns, Das strafrechtliche Berufsverbot, NJW-Spezial 2020, 382; Dencker, Besprechung von Aufsätzen und Anmerkungen zum Strafrecht und Strafprozessrecht – Auswahl wichtiger Beiträge aus dem 2. Halbjahr 1981, NStZ 1982, 458; Gollner, Verschlechterungsverbot bei vorläufiger und endgültiger Entziehung der Fahrerlaubnis, GA 1975, 129; Gollner, Zum Verschlechterungsverbot bei Entziehung der Fahrerlaubnis und beim Berufsverbot – Zugleich Anmerkung zum Urteil 1 Ss 765/77 v. 4.11.1977 OLG Hamm, JZ 1978, 637; Kretschmer, Die Reichweite des strafrechtlichen Berufsverbotes für Rechtsanwälte, NStZ 2002, 576; Mehle, Zeitpunkt und Umfang notwendiger Verteidigung im Ermittlungsverfahren, 2006; Mehle, Zeitpunkt und Umfang der Pflichtverteidigerbestellung, NJW 2007, 969; Mollenkott, Bemessung der Führerscheinsperrfrist in der Berufungsinstanz, NJW 1977, 425; Möller, Vorläufige Maßregeln, Diss. 1982; M. Schmid, Kein Berufsverbot für Rechtsanwälte durch den Strafrichter?, ZRP 1975, 79; Eb. Schmidt, Repression und Prävention im Strafprozess, JR 1970, 204; R. Schmitt, Strafprozessuale Präventivmaßnahmen, JZ 1965, 193; Wolter, Untersuchungshaft, Vorbeugungshaft und vorläufige Sanktionen, ZStW 93 (1981), 452.

Übersicht

I. Überblick

Nach **ständiger Rechtsprechung des BVerfG** ist ein Berufsverbot nicht als bloße 1
Einschränkung der Berufsausübung, sondern als erheblicher **Eingriff in die durch Art. 12 Abs. 1 S. 1 GG gewährleistete Berufswahlfreiheit** zu charakterisieren.[1] Die Berufswahlfreiheit schütze nicht nur die Entscheidung über den Eintritt in einen Beruf, sondern auch die Entscheidung, ob und wie lange jemand die Berufsausübung fortsetze. Diese Entscheidungsfreiheit werde dem Betroffenen durch ein Berufsverbot genommen.[2] **Nichts anderes gilt für ein vorläufiges Berufsverbot,** dessen Verhängung § 132a[3] ermöglicht, wenn dringende Gründe für die Annahme sprechen, dass in der Hauptsache ein endgültiges

[1] Vgl. BVerfG 25.9.2003 – 2 BvR 1580/03, BeckRS 2003 Nr. 24274 zu § 132a sowie die zu § 150 BRAO ergangenen Entscheidungen: BVerfG 2.3.1977 – 1 BvR 124/76, BVerfGE 44, 105 (117) = NJW 1977, 892 (893); 30.5.1978 – 1 BvR 352/78, BVerfGE 48, 292 (296) = NJW 1978, 1479 (1479). Allein in seinem Beschl. v. 15.12.2005 – 2 BvR 673/05, MedR 2007, 43 (44 f.), spricht das BVerfG von einem Eingriff in die Berufsausübungsfreiheit iSd Art. 12 Abs. 1 S. 2 GG.

[2] So BVerfG 2.3.1977 – 1 BvR 124/76, BVerfGE 44, 105 (117) = NJW 1977, 892 (893).

[3] Eingefügt in die StPO mit Wirkung zum 1.1.1975 durch Art. 21 Nr. 39 des Einführungsgesetzes zum Strafgesetzbuch (EGStGB) vom 2.3.1974, BGBl. I 469 (502, 507 f.).

Berufsverbot nach § 70 StGB angeordnet wird.[4] Bereits der Verstoß gegen dieses vorläufige Berufsverbot ist in § 145c StGB mit Strafe bedroht.[5]

2 Zu rechtfertigen ist ein solch erheblicher Eingriff in die (subjektive) Berufswahlfreiheit „nur unter strengen Voraussetzungen zum Schutz wichtiger Gemeinschaftsgüter und unter strikter Beachtung des Grundsatzes der Verhältnismäßigkeit", weshalb das BVerfG in verschiedenen Entscheidungen die **Pflicht zur verfassungskonform-restriktiven Auslegung der Verbotsnormen** betont hat.[6] Auf diesem Wege wirkt es zugleich den generellen Bedenken gegen vorläufige Regelungen und deren Vollziehung entgegen, die für ihre Dauer faktisch die endgültige Entscheidung vorwegnehmen und insoweit irreparabel sind.[7] Art. 12 Abs. 1 S. 1 GG ist folglich **bei der Interpretation aller Tatbestandsmerkmale des § 132a zu berücksichtigen** und das vorläufige Eingreifen, das vom BVerfG als „unerlässlich für das Funktionieren eines gedeihlichen Zusammenlebens in der Rechtsordnung" bezeichnet wird, muss durch „ein überwiegendes Interesse gefordert" werden.[8] Hieraus folgt insbes., dass die Präventivmaßnahme des § 132a „schon vor Rechtskraft des Hauptverfahrens" „zur Abwehr konkreter Gefahren für wichtige Gemeinschaftsgüter erforderlich" sein muss.[9]

3 Wenn ein Berufsverbot im Raum steht bzw. das Verfahren nach dem Gesetzeswortlaut „zu einem solchen führen kann",[10] liegt darüber hinaus ein **Fall der notwendigen Verteidigung nach § 140 Abs. 1 Nr. 3** vor. Der Verteidiger ist bereits in dem Moment zu bestellen, in dem ausreichende tatsächliche Anhaltspunkte für ein Berufsverbot zutage treten und daher ein vorläufiges Berufsverbot ernsthaft in Betracht zu ziehen ist.[11] Schon gegen dieses vorläufige Berufsverbot muss sich der Beschuldigte adäquat verteidigen können.[12]

II. Erläuterung

4 **1. Die Verhängung eines vorläufigen Berufsverbotes nach Abs. 1.** § 132a gestattet entsprechend § 111a, dem die Norm nachgebildet ist,[13] und § 126a den **Vorgriff auf eine in der Hauptsache zu erwartende Entscheidung** über die Verhängung einer Maßregel der Besserung und Sicherung iSd § 61 StGB, um speziellen sofort abzuwendenden Gefahren entgegenzuwirken; im Falle des § 132a der Gefahr, dass der Beschuldigte unter Missbrauch seines Berufs oder Gewerbes schon vor Rechtskraft der Entscheidung in der Hauptsache weitere erhebliche rechtswidrige Taten begehen wird. Die Norm hat daher klar **präventiv-polizeilichen Charakter** und ergänzt den durch die §§ 70 und 71 Abs. 2 StGB ab Rechtskraft gewährten Schutz.[14]

5 Inhaltlich knüpft § 132a Abs. 1 S. 1 die Ermessensentscheidung über das vorläufige Berufsverbot allein daran, dass **dringende Gründe für die Annahme vorhanden sind, ein Berufsverbot iSd § 70 StGB werde in der endgültigen Entscheidung angeord-**

[4] Vgl. zur im Verhältnis zum endgültigen Verbot gleichen Eingriffsschwere des vorläufigen Verbotes auch Paeffgen in SK-StPO Rn. 4.

[5] Vertiefend Kretschmer NStZ 2002, 576 (576 ff.).

[6] Vgl. die zu § 150 BRAO ergangenen Entscheidungen: BVerfG 2.3.1977 – 1 BvR 124/76, BVerfGE 44, 105 (117) = NJW 1977, 892 (893); 30.5.1978 – 1 BvR 352/78, BVerfGE 48, 292 (296) = NJW 1978, 1479 (1479 f.).

[7] Vgl. BVerfG 2.3.1977 – 1 BvR 124/76, BVerfGE 44, 105 (115) = NJW 1977, 892 (892); OLG Nürnberg 26.7.2011 – 1 Ws 310/11, NStZ-RR 2011, 346 (346); ein Verstoß gegen die Unschuldsvermutung ist jedoch zu verneinen, vertiefend Wolter ZStW 93 (1981), 452 (488 f.).

[8] BVerfG 2.3.1977 – 1 BvR 124/76, BVerfGE 44, 105 (115 f.) = NJW 1977, 892 (892), mwN.

[9] BVerfG 2.3.1977 – 1 BvR 124/76, BVerfGE 44, 105 (118) = NJW 1977, 892 (893).

[10] Vgl. § 140 Abs. 1 Nr. 3.

[11] Paeffgen in SK-StPO Rn. 11 („sobald sich im Verfahren ein vorläufiges Berufsverbot abzeichnet"); Mehle, Zeitpunkt und Umfang notwendiger Verteidigung, 2006, S. 275 f.; Mehle NJW 2007, 969 (972 f.); vgl. auch Valerius in Löwe/Rosenberg Rn. 25 und Möller, Vorläufige Maßregeln, 1982, S. 122.

[12] Dies gilt auch im Ermittlungsverfahren, vgl. § 141 Abs. 3.

[13] Vgl. BT-Drs. 7/550, 296; zu einer Zusammenfassung aller Regelungen, die die vorläufige Anordnung von Maßregeln der Besserung und Sicherung betreffen, in nur einem Abschnitt konnte sich der Gesetzgeber bislang nicht durchringen, vertiefend zur Kritik Gleß in Löwe/Rosenberg Vor § 132a.

[14] Ahlbrecht in Gercke/Julius/Temming/Zöller Rn. 1; Paeffgen in SK-StPO Rn. 3; Schultheis in KK-StPO Rn. 1; vgl. zum Präventionsaspekt im Strafrecht auch Eb. Schmidt JR 1970, 204 (205 f.).

net. § 70 Abs. 1 StGB stellt für die Anordnung eines Berufsverbotes neben dem ordnungsgemäß auszuübenden Ermessen seinerseits zwei Voraussetzungen auf, zum einen, dass der Beschuldigte wegen einer rechtswidrigen Tat iSd § 11 Abs. 1 Nr. 5 StGB, die er unter Missbrauch seines Berufs oder Gewerbes oder unter grober Verletzung der mit ihnen verbundenen Pflichten begangen hat, verurteilt worden ist – gleichgestellt ist die Nichtverurteilung wegen Schuldunfähigkeit bzw. nicht erwiesener Schuldfähigkeit –, zum anderen, dass eine Gesamtwürdigung von Tat und Täter die Gefahr erkennen lässt, dass der Beschuldigte bei weiterer Ausübung des Berufs erhebliche rechtswidrige Taten der bezeichneten Art begehen wird.

a) Die Voraussetzungen des vorläufigen Berufsverbotes nach Abs. 1 S. 1. aa) Die Prognose bezüglich der Voraussetzungen des § 70 StGB. Der Begriff der dringenden Gründe entspricht inhaltlich dem des dringenden Tatverdachtes iSd §§ 112 Abs. 1 S. 1, 112a Abs. 1 S. 1, so dass nach dem **jeweiligen Ermittlungsstand** die **hohe Wahrscheinlichkeit** zu fordern ist, das Instanzgericht werde ein Berufsverbot aussprechen.[15] Die unterschiedliche Terminologie ist schlicht darauf zurückzuführen, dass sich die vorläufige Anordnung einer Maßregel der Besserung und Sicherung auch gegen einen Schuldunfähigen richten kann.[16] 6

Dringende Gründe für die Annahme der Anordnung eines Berufsverbotes liegen damit vor, wenn die hohe Wahrscheinlichkeit besteht, dass das Instanzgericht die Voraussetzungen des § 70 Abs. 1 StGB bejahen wird, also eine **Anlasstat** für gegeben hält und die **Gefahr weiterer Straftaten** sieht. Ob die endgültige Anordnung eines Berufsverbotes iSd § 62 StGB **verhältnismäßig** sein wird, ist ebenfalls in die Prognoseentscheidung einzustellen. 7

Ein **Missbrauch des Berufs oder Gewerbes** ist anzunehmen, wenn der Beschuldigte seine Tätigkeit bewusst und planmäßig ausnutzt, um Straftaten zu begehen.[17] Es ist ein innerer Zusammenhang mit der Berufsausübung zu fordern, so dass sich die strafbare Handlung als Ausfluss der beruflichen Tätigkeit darstellt.[18] Die Begehung von Taten nur anlässlich der Berufsausübung genügt den Anforderungen nicht.[19] Ebenso wenig genügt die betrügerische Anmaßung eines bestimmten Berufs oder Gewerbes.[20] Ob eine **grobe Pflichtverletzung** anzunehmen ist, hängt vom Grad der Pflichtwidrigkeit und der Bedeutung der verletzten Pflicht ab.[21] Darüber hinaus bedarf es konkreter tatsächlicher Anhaltspunkte dafür, dass die **Gefahr** besteht, der Beschuldigte werde bei weiterer Ausübung eines bestimmten Berufs oder Gewerbes auch weiterhin entsprechende erhebliche Straftaten begehen. Sofern der Beschuldigte erstmalig einer Anlasstat beschuldigt wird, sind die Anforderungen besonders streng.[22] Es ist zu begründen, warum nicht davon ausgegangen werden kann, dass das Ermittlungsverfahren und die Verurteilung als solche geeignet sind, den Täter von weiteren Straftaten abzuhalten.[23] Die zu erwartenden Wirkungen der schon verstrichenen Dauer eines ggf. verhängten vorläufigen Verbotes sind ebenfalls zu berücksichtigen. In die Prognose zur **Verhältnismäßigkeitsprüfung** sind des Weiteren das Gewicht der Anlasstat, die Wahrscheinlichkeit weiterer Straftaten, deren Gewicht sowie das Alter des Beschuldigten und die 8

---

[15] Valerius in Löwe/Rosenberg Rn. 7; Pfeiffer Rn. 1; Schultheis in KK-StPO Rn. 3; Walther in Krekeler/Löffelmann/Sommer Rn. 4; Dahns NJW-Spezial 2020, 382.

[16] Vgl. Bruns in KK-StPO § 111a Rn. 3b. Der Begriff wird daher auch in den §§ 111a Abs. 1 S. 1, 111b Abs. 3, 126a Abs. 1 oder 275a Abs. 6 S. 1 verwendet.

[17] BGH 10.12.1991 – 5 StR 523/91, NStZ 1992, 477 (480); OLG Frankfurt a. M. 25.10.2002 – 3 Ws 593/02, NStZ-RR 2002, 113 (114); Valerius in Löwe/Rosenberg Rn. 4; Pfeiffer Rn. 1.

[18] BGH 10.12.1991 – 5 StR 523/91, NStZ 1992, 477 (480); Schultheis in KK-StPO Rn. 6.

[19] BGH 10.12.1991 – 5 StR 523/91, NStZ 1992, 477 (480); OLG Frankfurt a. M. 25.10.2002 – 3 Ws 593/02, NStZ-RR 2002, 113 (114); Pfeiffer Rn. 1.

[20] BGH 2.6.1998 – 1 StR 168/98, NStZ 1998, 567.

[21] Stoll in BeckOK StGB StGB § 70 Rn. 5 mit Beispielen.

[22] OLG Frankfurt a. M. 25.10.2002 – 3 Ws 593/02, NStZ-RR 2002, 113 (114); Ahlbrecht in Gercke/Julius/Temming/Zöller Rn. 3; Paeffgen in SK-StPO Rn. 7; Schultheis in KK-StPO Rn. 3.

[23] OLG Frankfurt a. M. 25.10.2002 – 3 Ws 593/02, NStZ-RR 2002, 113 (114); Ahlbrecht in Gercke/Julius/Temming/Zöller Rn. 3; Paeffgen in SK-StPO Rn. 7; Schultheis in KK-StPO Rn. 3.

Zumutbarkeit eines Berufswechsels einzustellen.[24] Verboten werden darf nur der Beruf, mit dem die Anlasstat sowie die zu erwartenden künftigen Taten in Zusammenhang stehen.[25]

9 Dass der Beschuldigte seinen **Beruf gewechselt oder aufgegeben** hat, vermag die Erforderlichkeit eines gerichtlichen Verbotes nach hM ebenso wenig auszuschließen, wie der Umstand, dass die **Verwaltungsbehörde** ein Berufsverbot verhängt oder das Ruhen der Approbation anordnet, da diese jederzeit änderbaren Entscheidungen nicht das erforderliche Maß an Sicherheit gewährleisten würden.[26] Zudem sei ein Verstoß gegen das verwaltungsbehördliche Verbot anders als ein Verstoß gegen das gerichtliche Verbot nicht gem. § 145c StGB mit Strafe bedroht, so dass letzteres erforderlich bleibe.[27] Auch der Umstand, dass der Täter durch ein **berufs- oder ehrengerichtliches Verfahren** aus dem Berufsstand ausgeschlossen werden kann oder ausgeschlossen wurde, hindere die gerichtliche Verhängung eines Berufsverbotes nicht.[28] Selbiges gelte für **verhängte Untersuchungshaft.**[29] Richtiger dürfte es jedoch sein, vorsichtiger zu formulieren, die vorstehenden Maßnahmen oder Umstände ließen die Erforderlichkeit des vorläufigen Berufsverbotes nur regelmäßig, aber **nicht zwingend** unberührt. Im Einzelfall kann es durchaus vorkommen, dass ein Nebeneinander verschiedener Maßnahmen nicht erforderlich ist, um die Gefahren von der Allgemeinheit abzuwenden.[30]

10 **bb) Die Anforderungen an die Ermessensentscheidung.** Die Anordnung des vorläufigen Berufsverbotes steht im Ermessen des jeweiligen Richters, wobei es sich nach überwiegender Meinung um einen Fall des intendierten Ermessens handelt.[31] Im Regelfall soll daher bei Vorliegen der Voraussetzungen des § 132a auch eine entsprechende Anordnung zu erlassen sein. Diese Auffassung trägt jedoch der **eigenständigen Bedeutung der Ermessensprüfung** im Hinblick auf die Erforderlichkeit schon des vorläufigen Verbotes nur unzureichend Rechnung. Das **besondere Eilbedürfnis der Anordnung** muss stets begründet werden und wird nicht durch die sonstigen Voraussetzungen des § 132a indiziert;[32] erfordert das vorläufige Berufsverbot doch bekanntermaßen neben den geschriebenen Voraussetzungen des Abs. 1 S. 1 in Bezug auf die **überragende Bedeutung der Berufswahlfreiheit und der Intensität der Eingriffs,** „dass das Berufsverbot schon vor Rechtskraft des Hauptverfahrens als Präventivmaßnahme zur Abwehr konkreter Gefahren für wichtige Gemeinschaftsgüter erforderlich" ist.[33] Hierbei ist die Funktionsfähigkeit der Rechtspflege als wichtiges Gemeinschaftsgut anerkannt.[34]

11 Ob die Verhältnismäßigkeit zu bejahen ist, hängt daher von einer **Gesamtwürdigung aller Umstände des Einzelfalls** ab.[35] **Art und Schwere der vorgeworfenen Taten**

[24] So Valerius in Löwe/Rosenberg Rn. 6.
[25] Schultheis in KK-StPO Rn. 6; Wankel in KMR-StPO Rn. 1.
[26] Vgl. BGH 13.5.1954 – 4 StR 807/52, MDR 1954, 529; 5.8.1975 – 1 StR 356/75, NJW 1975, 2249 (2249); Pfeiffer Rn. 2; Schmitt in Meyer-Goßner/Schmitt Rn. 4.
[27] Vgl. BGH 5.8.1975 – 1 StR 356/75, NJW 1975, 2249 (2250).
[28] BGH 12.5.1975 – AnwSt (R) 8/74, NJW 1975, 1712; Niesler in BeckOK StPO Rn. 3; Schultheis in KK-StPO Rn. 6; kritisch Paeffgen in SK-StPO Rn. 8. Vertiefend zum Verhältnis des strafgerichtlichen Berufsverbotes zum ehrengerichtlichen Berufsverbot M. Schmid ZRP 1975, 79 (79 ff.).
[29] BGH 2.8.1978 – StB 171/78, BGHSt 28, 84 (86); Ahlbrecht in Gercke/Julius/Temming/Zöller Rn. 3; Niesler in BeckOK StPO Rn. 3; Schultheis in KK-StPO Rn. 6.
[30] In diesem Sinne auch Valerius in Löwe/Rosenberg Rn. 6; Paeffgen in SK-StPO Rn. 8.
[31] Vgl. Niesler in BeckOK StPO Rn. 4; Pfeiffer Rn. 1; Schultheis in KK-StPO Rn. 4; Wankel in KMR-StPO Rn. 1. Kritisch zu diesem „stark eingeengten Sanktions-Zumessungsspielraum" Paeffgen in SK-StPO Rn. 7.
[32] Vgl. OLG Düsseldorf 23.2.1984 – 1 Ws 159/84, NStZ 1984, 379. Dass die Entscheidung keinen Aufschub bis zur Rechtskraft des Urteils in der Hauptsache duldet, ist keine Selbstverständlichkeit.
[33] BVerfG 30.5.1978 – 1 BvR 352/78, BVerfGE 48, 292 (296) = NJW 1978, 1479 (1479); ebenso BVerfG 2.3.1977 – 1 BvR 124/76, BVerfGE 44, 105 (118) = NJW 1977, 892 (893); OLG Nürnberg 26.7.2011 – 1 Ws 310/11, NStZ-RR 2011, 346 (347); OLG Düsseldorf 23.2.1984 – 1 Ws 159/84, NStZ 1984, 379; Niesler in BeckOK StPO Rn. 2; Schmitt in Meyer-Goßner/Schmitt Rn. 3; Dahns NJW-Spezial 2020, 382.
[34] Ausdrücklich entschieden durch BVerfG 25.9.2003 – 2 BvR 1580/03, BeckRS 2003 Nr. 24274.
[35] BVerfG 2.3.1977 – 1 BvR 124/76, BVerfGE 44, 105 (119 ff.) = NJW 1977, 892 (893 f.).

können als Indiz für die konkrete Gefahr weiterer erheblicher Rechtsverletzungen herangezogen werden, wenn nicht ein zu großer **Zeitraum zwischen der letzten Tat und der möglichen Verhängung des vorläufigen Berufsverbotes** liegt, in dem sich der Beschuldigte nichts mehr hat zu Schulden kommen lassen.[36] Wenn das sofortige Wirksamwerden des Verbotes für den Beschuldigten oder seine Angehörigen eine erhebliche, außerhalb seines Zweckes liegende, durch späteres Wirksamwerden **vermeidbare Härte iSd § 456c Abs. 1 S. 1** bedeutet, kann die vorläufige Anordnung ebenfalls unangemessen sein.[37] Eine Anordnung mit aufschiebender Wirkung ist nach Sinn und Zweck des § 132a ausgeschlossen.[38]

Auch im Rahmen der hM muss jedoch in atypischen Fällen im Hinblick auf das Verhältnismäßigkeitsprinzip eine Ausnahme von der Regelverpflichtung zugelassen werden und die Erforderlichkeit schon des vorläufigen Verbotes wird zu prüfen sein.[39] Bei genauem Hinsehen werden also ebenfalls die Gefahren für die Allgemeinheit und die Bedeutung der Anlasstat gegen die Folgen der sofortigen Berufsuntersagung für den Betroffenen abgewogen und das nicht nur in atypischen Fällen.[40] Als **milderes Mittel** kommt zudem die **Beschränkung des (vorläufigen) Verbotes auf bestimmte Tätigkeiten** im Rahmen der Berufsausübung in Betracht.[41] Das geläufigste Beispiel ist, einem Friseurmeister, der wegen sexuellen Missbrauchs Schutzbefohlener verurteilt worden ist, lediglich die Ausbildung weiblicher Jugendlicher zu verbieten.[42] Auch wenn der Tatbestand des § 132a lediglich von einem vorläufigen Verbot des Berufes insgesamt spricht, muss er bei **verfassungskonformer Auslegung** bzw. a maiore ad minus auch das Verbot einzelner berufsbezogener Handlungen oder Tätigkeiten erfassen. 12

cc) Der Inhalt des Beschlusses. Nicht zuletzt in Bezug auf den erheblichen Grundrechtseingriff und die im Raum stehende Strafdrohung des § 145c StGB muss im Beschluss so exakt wie möglich angegeben werden, die Ausübung welchen Berufs oder Berufszweiges bzw. welchen Gewerbes oder Gewerbezweiges dem Beschuldigten vorläufig verboten wird.[43] Eine **ungenaue Bezeichnung** führt selbst bei Rechtskraft zur **Unwirksamkeit der Anordnung,** so dass eine mögliche Strafbarkeit nach § 145c StGB von vorneherein entfällt.[44] Dem Beschuldigten muss den **Anforderungen des Art. 103 Abs. 2 GG** entsprechend erkennbar sein, „welches Verhalten im Einzelnen ihm zukünftig verboten und mit Kriminalstrafe bedroht sein soll".[45] § 260 Abs. 2 gilt daher im Ergebnis entsprechend. Formulierungen wie „oder ähnliche Tätigkeiten" sind unzulässig.[46] Das Verbot „jedweder selbständigen Gewerbetätigkeit" ist ebenfalls zu unbestimmt, wenn eigentlich spezielle Tätigkeiten gemeint sind, sonst aber unverhältnismäßig.[47] Das Verbot jedweder Tätigkeit „im kaufmännischen Bereich" kann unter Umständen Bestand haben.[48] Voraussetzung eines 13

36 OLG Nürnberg 26.7.2011 – 1 Ws 310/11, NStZ-RR 2011, 346 (347); Ahlbrecht in Gercke/Julius/Temming/Zöller Rn. 3; Niesler in BeckOK StPO Rn. 2.

37 Vgl. BT-Drs. 7/550, 296, wo ausdrücklich klargestellt wird, dass die Umstände, die gem. § 456c Abs. 1 S. 1 bei Erlass des Urteils zu einem Aufschub des Berufsverbotes führen könnten, im Rahmen der Ermessensausübung bei der Anordnung eines vorläufigen Verbotes zu berücksichtigen seien. Vgl. auch Ahlbrecht in Gercke/Julius/Temming/Zöller Rn. 4; Schmitt in Meyer-Goßner/Schmitt Rn. 3.

38 Schmitt in Meyer-Goßner/Schmitt Rn. 3; Paeffgen in SK-StPO Rn. 7; Schultheis in KK-StPO Rn. 4.

39 Ahlbrecht in Gercke/Julius/Temming/Zöller Rn. 4; Schmitt in Meyer-Goßner/Schmitt Rn. 3.

40 Vgl. Schultheis in KK-StPO Rn. 4; Walther in Krekeler/Löffelmann/Sommer Rn. 5.

41 Ahlbrecht in Gercke/Julius/Temming/Zöller Rn. 4; Paeffgen in SK-StPO Rn. 7a; Pfeiffer Rn. 1; Walther in Krekeler/Löffelmann/Sommer Rn. 5.

42 So Paeffgen in SK-StPO Rn. 7a; Pfeiffer Rn. 1; Schultheis in KK-StPO Rn. 5. Das Beispiel ist angelehnt an BGH 13.5.1954 – 4 StR 807/52, MDR 1954, 529.

43 Niesler in BeckOK StPO Rn. 4; Pfeiffer Rn. 3; Schultheis in KK-StPO Rn. 9.

44 OLG Karlsruhe 19.1.1995 – 2 Ss 177/94, NStZ 1995, 446 (446 f.); Niesler in BeckOK StPO Rn. 4; Pfeiffer Rn. 3.

45 So OLG Karlsruhe 19.1.1995 – 2 Ss 177/94, NStZ 1995, 446 (447).

46 BGH 25.2.1981 – 3 StR 496/80, BeckRS 1981 Nr. 05202; Schultheis in KK-StPO Rn. 9.

47 Vgl. BGH 16.7.1980 – 3 StR 229/80, BeckRS 1980 Nr. 02999; OLG Karlsruhe 19.1.1995 – 2 Ss 177/94, NStZ 1995, 446 (446 f.); Schultheis in KK-StPO Rn. 9.

48 Vgl. BGH 16.7.1980 – 3 StR 229/80, BeckRS 1980 Nr. 02999; Schultheis in KK-StPO Rn. 9.

solchen Verbotes ist jedoch, dass „Eingrenzungen, die sich aus der vom Angeklagten ausgeübten Tätigkeit oder dem Grundsatz der Verhältnismäßigkeit ergeben können, wegen der zu befürchtenden Gefährdung für die Allgemeinheit nicht möglich sind".[49] Ob dies der Fall ist, hat der Tatrichter näher darzulegen.[50]

14 Einer **Befristung** bedarf das vorläufige Verbot im Hinblick auf Abs. 2 nicht.[51]

15 **dd) Besonderheiten bei der Anordnung eines vorläufigen Berufsverbotes gegen Abgeordnete.** Hinsichtlich **Abgeordneter des Bundestages** ist zu beachten, dass diese gem. Art. 46 Abs. 2 GG nur mit Genehmigung des Bundestages strafrechtlich verfolgt werden können. Die Anordnung eines vorläufigen Berufsverbotes wird jedoch nicht von der allgemeinen Genehmigung zur Durchführung von Ermittlungsverfahren iSd Nr. 192a RiStBV erfasst. Vielmehr ist der Antrag auf Verhängung eines vorläufigen Berufsverbotes nach § 132a durch **Nr. 192a Abs. 2 lit. e RiStBV** ausdrücklich von der allgemeinen Genehmigung ausgenommen. Es muss also im Einzelfall eine spezielle **Genehmigung des Parlaments** zur Strafverfolgung eingeholt werden, die die Verhängung des vorläufigen Berufsverbotes einschließt.[52] Für **Landtagsabgeordnete** gilt Entsprechendes.

16 **b) Die Folgen des vorläufigen Verbotes nach Abs. 1 S. 2.** § 132a Abs. 1 S. 2 erklärt § 70 Abs. 3 StGB für entsprechend anwendbar, so dass der Beschuldigte den verbotenen Beruf für die Dauer des Verbotes **weder selbst ausüben** darf, was die Ausübung für eine andere Person einschließt, noch durch eine von seinen Weisungen abhängige dritte Person **für sich ausüben lassen** darf. Durch den Verweis auf § 70 Abs. 3 StGB sollen **Umgehungen** auch des vorläufigen Verbotes ausgeschlossen werden.[53] Bei der **Bestimmung der Dauer des endgültigen Verbotes** sind zudem die § 70 Abs. 2 und 4 S. 2 StGB zu beachten, wenn ein vorläufiges Berufsverbot angeordnet worden war. Nach § 70 Abs. 2 StGB verkürzt sich das **Mindestmaß** der Verbotsfrist bis zur Dauer von drei Monaten um die Zeit, in der das vorläufige Verbot wirksam war. Nach § 70 Abs. 4 S. 2 StGB wird die Dauer des vorläufigen Verbotes insofern auf die Dauer des endgültigen Verbotes **angerechnet,** als die Zeit des vorläufigen Verbotes nach Verkündung des Urteils der letzten Tatsacheninstanz verstrichen ist.[54] Die Verhängung eines vorläufigen Berufsverbotes sowie dessen Aufhebung ist gem. Nr. 23, 24 und 26 MiStra **mitteilungspflichtig.**

17 **c) Die Zuständigkeit für Anordnungen nach Abs. 1.** Sachlich zuständig für die Anordnung des vorläufigen Berufsverbotes ist **vor Anklageerhebung** der Ermittlungsrichter iSd §§ 162 Abs. 1, 169.[55] Örtlich zuständig ist jedes Gericht, bei dem gem. der §§ 7 ff. ein Gerichtsstand besteht.[56]

18 **Nach Anklageerhebung** ist grundsätzlich das Gericht zuständig, bei dem die Sache anhängig ist, dh das Instanzgericht oder nach Übersendung der Akten iSd § 321 S. 2 das Berufungsgericht.[57] **Im Revisionsverfahren** bleibt gem. § 162 Abs. 3 S. 2 der Richter der letzten Tatsacheninstanz zuständig.[58] Voraussetzung dafür, dass im Revisionsrechtszug noch ein vorläufiges Berufsverbot verhängt werden kann, ist allerdings, dass der Tatrichter in seinem Urteil bereits ein gem. § 70 Abs. 4 S. 1 StGB noch nicht wirksames Berufsverbot verhängt hat.[59] Hebt das Revisionsgericht das Urteil auf und verweist es die Sache zurück, wird der neue Tatrichter zuständig.[60]

---

[49] So BGH 16.7.1980 – 3 StR 229/80, BeckRS 1980 Nr. 02999.
[50] So BGH 16.7.1980 – 3 StR 229/80, BeckRS 1980 Nr. 02999.
[51] BVerfG 25.9.2003 – 2 BvR 1580/03, BeckRS 2003 Nr. 24274.
[52] Pfeiffer Rn. 6.
[53] Schultheis in KK-StPO Rn. 10.
[54] Schmitt in Meyer-Goßner/Schmitt Rn. 1.
[55] Krause in AK-StPO Rn. 5; Kretschmer in Radtke/Hohmann Rn. 4; Pfeiffer Rn. 3; Schultheis in KK-StPO Rn. 7.
[56] Ahlbrecht in Gercke/Julius/Temming/Zöller Rn. 5; Pfeiffer Rn. 3; aA Möller, Vorläufige Maßregeln, 1982, S. 105, der § 162 Abs. 1 S. 2 und 3 analog anwenden will.
[57] Paeffgen in SK-StPO Rn. 9; Schmitt in Meyer-Goßner/Schmitt Rn. 6.
[58] Pfeiffer Rn. 3; Schultheis in KK-StPO Rn. 7.
[59] Paeffgen in SK-StPO Rn. 9; Schultheis in KK-StPO Rn. 7.
[60] Ahlbrecht in Gercke/Julius/Temming/Zöller Rn. 5; Schultheis in KK-StPO Rn. 7.

Die Entscheidung ergeht gem. der §§ 33 und 34 nach Erklärung der Staatsanwaltschaft und Anhörung des Beschuldigten durch **begründeten Beschluss** nach Aktenlage. Weitere Ermittlungen stellt das Gericht nicht an.[61] Da die Entscheidung erst mit ihrer **Bekanntgabe** gegenüber dem Betroffenen wirksam wird, sollte sie **förmlich zugestellt** werden.[62] Schmitt geht sogar von einer Zustellungspflicht aus.[63] Unter Fürsorgegesichtspunkten sollte zudem ein **Hinweis auf die §§ 70 Abs. 3 und 145c StGB** erteilt werden.[64] Eilkompetenzen für die Staatsanwaltschaft oder ihre Ermittlungspersonen bestehen im Hinblick auf den erheblichen Grundrechtseingriff nicht.[65] Liegt kein Antrag der Staatsanwaltschaft vor und wurde der Beschuldigte auch nicht angehört, begründet die Verhängung eines vorläufigen Berufsverbotes regelmäßig die Besorgnis der Befangenheit.[66] 19

2. Die Pflicht zur Aufhebung eines vorläufigen Berufsverbotes nach Abs. 2. 20
a) Die Aufhebungsgründe des Abs. 2. § 132a Abs. 2 bestimmt, dass das vorläufige Berufsverbot **zwingend aufzuheben** ist, wenn sein Grund wegfällt oder wenn das Gericht im Urteil das Berufsverbot nicht anordnet. Ob der Anordnungsgrund noch besteht, ist zu jedem Zeitpunkt **von Amts wegen** zu prüfen.[67] Ein Wegfall ist anzunehmen, wenn die hohe Wahrscheinlichkeit, dass ein Berufsverbot gem. § 70 StGB angeordnet werden wird, nicht mehr besteht.[68] Das ist zB der Fall, wenn das Verfahren (auch noch nicht rechtskräftig) eingestellt worden ist, oder wenn neu bekanntgewordene Tatsachen der Prognoseentscheidung ihre Grundlage entziehen.[69] Auch ein erheblicher Verstoß gegen das Beschleunigungsgebot kann die Aufrechterhaltung des vorläufigen Berufsverbotes unverhältnismäßig werden lassen und aus diesem Grund zur Aufhebung zwingen.[70]

Umstritten ist allerdings, wie es sich verhält, wenn die im erstinstanzlichen Urteil festgesetzte Verbotsfrist im Rechtsmittelverfahren, das allein zu Gunsten des Angeklagten betrieben wird, verstreicht.[71] Die wohl hM hält den **Zeitablauf** nicht für einen zwingenden Grund, das vorläufige Verbot aufzuheben.[72] § 358 Abs. 2 hindere den neuen Tatrichter nicht, das Berufsverbot nach Zurückverweisung mit gleicher Länge und in gleichem Umfang erneut zu verhängen.[73] Lediglich die Verhängung einer längeren Verbotsfrist oder eines umfänglicheren Verbotes sei untersagt. Für § 331 gilt dann Entsprechendes. Dem ist jedoch entgegenzuhalten, dass der Beschuldigte durch ein **zu seinen Gunsten eingelegtes Rechtsmittel** nicht schlechter gestellt werden darf, als er ohne das Rechtsmittel stünde. Dies gilt erst recht, wenn er erst durch den Erfolg des eingelegten Rechtsmittels schlechter gestellt wird. Hätte er nämlich kein Rechtsmittel eingelegt oder wäre der Revision der Erfolg versagt geblieben, dürfte er seinen Beruf mit Fristablauf bzw. spätestens mit der ablehnenden Entscheidung wieder ausüben, da die Dauer des vorläufigen Verbotes gem. 21

[61] Valerius in Löwe/Rosenberg Rn. 8.
[62] Pfeiffer Rn. 3; Schultheis in KK-StPO Rn. 8; Valerius in Löwe/Rosenberg Rn. 19.
[63] Schmitt in Meyer-Goßner/Schmitt Rn. 8.
[64] Valerius in Löwe/Rosenberg Rn. 19; Schultheis in KK-StPO Rn. 8; Schmitt in Meyer-Goßner/Schmitt Rn. 8.
[65] In diesem Sinne auch Valerius in Löwe/Rosenberg Rn. 21.
[66] So OLG Frankfurt a. M. 3.2.1999 – 2 Ws 12/99, StV 2001, 496 (496 f.); zustimmend Wankel in KMR-StPO Rn. 7.
[67] Ahlbrecht in Gercke/Julius/Temming/Zöller Rn. 10; Niesler in BeckOK StPO Rn. 8; Schmitt in Meyer-Goßner/Schmitt Rn. 11; Schultheis in KK-StPO Rn. 12.
[68] Pfeiffer Rn. 4.
[69] Vgl. auch Valerius in Löwe/Rosenberg Rn. 28.
[70] OLG Bremen 31.7.1996 – Ws 77-78/96, StV 1997, 9; Schultheis in KK-StPO Rn. 11.
[71] Umfassend zu diesem Streit Krause in AK-StPO Rn. 11. Umgehen könnte man die gesamte Problematik, wenn es das Gesetz zuließe, einen bestimmten Zeitpunkt in der Zukunft festzulegen, zu dem das Berufsverbot endet, und den Richter nicht dazu zwingen würde, die erforderliche Dauer in Jahren zu bemessen, obwohl er den Zeitpunkt, in dem das Verbot wirksam wird, nämlich den der Rechtskraft, gar nicht kennt, vgl. hierzu auch Gollner JZ 1978, 637 (637 f.).
[72] Ahlbrecht in Gercke/Julius/Temming/Zöller Rn. 10; Schmitt in Meyer-Goßner/Schmitt Rn. 12; Schultheis in KK-StPO Rn. 12; aA Krause in AK-StPO Rn. 11; Gollner GA 1975, 129 (141 ff.); Gollner JZ 1978, 637 (638 ff.).
[73] Ahlbrecht in Gercke/Julius/Temming/Zöller Rn. 10; Schultheis in KK-StPO Rn. 12.

§ 70 Abs. 4 S. 2 StGB angerechnet würde. Erzwingt er jedoch eine neue Tatsacheninstanz, darf nichts anderes gelten. Sofern vermeidbar, darf eine vorläufige Maßnahme keinen größeren Eingriff rechtfertigen, als es die endgültige Maßnahme könnte.[74] Dies wäre ein klarer **Verstoß gegen das Verhältnismäßigkeitsprinzip.** Nicht die zufällige Länge des Strafverfahrens, sondern die erforderliche Dauer der Sicherung muss die Länge der Verbotslaufzeit bestimmen.[75] Der Beschuldigte darf dem Gedanken des Verbotes der **reformatio in peius** entsprechend nicht davon abgehalten werden, ein Rechtsmittel einzulegen.[76] Für den Fristablauf während des **Revisionsrechtszugs** lässt sich diese Aufhebungspflicht dann auch leicht begründen. Da für die Aufhebung des vorläufigen Berufsverbotes der letzte Tatrichter zuständig bleibt, der die Länge des Berufsverbotes auf Grund der von ihm geleiteten Hauptverhandlung und aller bekannter Tatsachen selbst zugemessen hat, bleibt er an diese Beurteilung gebunden und muss das Verbot konsequent aufheben, wenn die von ihm festgesetzte Frist verstrichen ist.[77] Im **Berufungsprozess** zu Gunsten des Beschuldigten kann jedoch nichts anderes gelten. Teilt das Berufungsgericht die Auffassung des Amtsgerichts über die erforderliche Länge des Berufsverbotes, ist diese Dauer verstrichen und das Verbot aufzuheben. Eine erneute Verhängung des Verbotes gleicher Länge wäre zwar vom Wortlaut des § 331 gedeckt, käme jedoch inhaltlich einer Verschlechterung gleich, weshalb die Dauer des vorläufigen Verbotes unabhängig von § 70 Abs. 4 S. 2 aus allgemeinen Verhältnismäßigkeitserwägungen entsprechend zu reduzieren ist.[78] Rechtlich begründen lässt sich das Ergebnis durch eine **teleologische Interpretation der §§ 331, 358.**[79] Ein Entschädigungsanspruch nach § 4 Abs. 1 Nr. 2 StrEG ist nicht zu gewähren.

22 Ordnet das Gericht die Anordnung des Berufsverbotes nicht an, ist das vorläufige Berufsverbot auch dann aufzuheben, wenn die Staatsanwaltschaft **Rechtsmittel zu Lasten des Beschuldigten** einlegt.[80] Der Wortlaut des Abs. 2 ist insoweit eindeutig.[81] Umstritten ist in diesem Zusammenhang jedoch, ob das vorläufige Berufsverbot vor Abschluss des Verfahrens erneut verhängt werden darf, wenn aufgrund neuer Tatsachen oder Beweise mit einer Aufhebung der Entscheidung und Verhängung des endgültigen Berufsverbotes im Berufungsverfahren oder nach Rückverweisung gerechnet werden muss. Die hM geht davon aus, dass dies stets möglich sei.[82] *Valerius* differenziert zwischen Berufung und Revision.[83] Im Revisionsverfahren müsse man dem **Urteil der letzten Tatsacheninstanz** gegenüber dem Beschlussverfahren die Vermutung der größeren Richtigkeit einräumen. Wenn sich das Bedürfnis eines Berufsverbotes in der Hauptverhandlung nicht habe erweisen lassen, dürfe man dieses Ergebnis nicht durch eine erneute Prognose auf unsicherer Tatsachengrundlage umgehen. Dem Berufungsgericht, dem seinerseits Tatsachen in mündlicher

---

[74] So Krause in AK-StPO Rn. 11; R. Schmitt JZ 1965, 193 (197); vertiefend Dencker NStZ 1982, 458 (461).

[75] Krause in AK-StPO Rn. 11; ebenso Valerius in Löwe/Rosenberg Rn. 21 für das Revisionsverfahren.

[76] In diesem Sinne auch Krause in AK-StPO Rn. 11; ebenso Valerius in Löwe/Rosenberg Rn. 30 für das Revisionsverfahren; vertiefend Gollner GA 1975, 129 (130 und 142); Mollenkott NJW 1977, 425 (426).

[77] So die überzeugende Argumentation von Valerius in Löwe/Rosenberg Rn. 30. Zeiten, in denen der Beschuldigte auf behördliche Anordnung in einer Anstalt verwahrt worden ist, sind gem. § 70 Abs. 4 S. 3 StGB nicht zu berücksichtigen. Ebenso Paeffgen in SK-StPO Rn. 16.

[78] Anderenfalls würde die Maßregel wie eine Strafe behandelt und nicht mehr am Aspekt der erforderlichen Dauer ausgerichtet, umfassend Gollner GA 1975, 129 (144); Gollner JZ 1978, 637 (638 ff.). Auch wenn die Prognose der erforderlichen Verbotsdauer verlängert wird, liegt ein Verstoß gegen das Verschlechterungsverbot vor. Paeffgen in SK-StPO Rn. 16 will die Aufrechterhaltung der Verbotslaufzeit im Berufungsurteil zulassen, verlangt jedoch, dass das vorläufige Verbot vom Berufungsgericht erneuert wird, um klarzustellen, dass es sich um eine Neueinschätzung handelt.

[79] Umfassend Gollner GA 1975, 129 (141 ff.); Gollner JZ 1978, 637 (638 ff.).

[80] Ahlbrecht in Gercke/Julius/Temming/Zöller Rn. 11; Schmitt in Meyer-Goßner/Schmitt Rn. 11; Schultheis in KK-StPO Rn. 13.

[81] Ahlbrecht in Gercke/Julius/Temming/Zöller Rn. 11.

[82] Vgl. Ahlbrecht in Gercke/Julius/Temming/Zöller Rn. 11; Krause in AK-StPO Rn. 12; Schmitt in Meyer-Goßner/Schmitt Rn. 11; Schultheis in KK-StPO Rn. 13; Walther in Krekeler/Löffelmann/Sommer Rn. 10.

[83] Valerius in Löwe/Rosenberg Rn. 32; ebenso Paeffgen in SK-StPO Rn. 17.

Hauptverhandlung bekannt werden, müsse jedoch das Recht zustehen, auf Grund dieser neuen Tatsachen auch erneut ein vorläufiges Berufsverbot zu erlassen.[84] Dem ist zuzustimmen.

b) Die Zuständigkeit für die Aufhebungsentscheidung nach Abs. 2. Die jeweilige Aufhebungsentscheidung hat das Gericht zu treffen, das im jeweiligen Zeitpunkt auch **für den Erlass der Anordnung zuständig** wäre. Das **Revisionsgericht** kann die Anordnung jedoch dann **selbst aufheben,** wenn es das im Urteil angeordnete Berufsverbot endgültig aufhebt oder das Verfahren einstellt.[85] An einen **Aufhebungsantrag der Staatsanwaltschaft** ist das Gericht nicht gebunden, da anders als in § 126a Abs. 3 S. 3 in § 132a Abs. 2 ein Verweis auf § 120 Abs. 3 S. 1 fehlt.[86] Ab dem Zeitpunkt der Aufhebung darf der Beschuldigte seinen Beruf bzw. sein Gewerbe **ohne weitere Prüfung** unmittelbar wieder aufnehmen. Dies gilt auch, wenn ihm die Entscheidung noch gar nicht bekannt gemacht worden ist.[87] 23

Wird das endgültige Berufsverbot im Urteil rechtskräftig angeordnet, tritt das vorläufige Berufsverbot außer Kraft, ohne dass es eines **formellen Aufhebungsaktes** bedarf.[88] Dies wird vom Gesetz als selbstverständlich vorausgesetzt.[89] 24

III. Rechtsbehelf

Gegen die gerichtliche Entscheidung ist die **Beschwerde** gem. § 304 Abs. 1 statthaft.[90] Dies gilt gem. § 305 S. 2 auch für die Entscheidung des erkennenden Gerichts. Nicht mit der Beschwerde anfechtbar sind daher allein die Entscheidungen des OLG im Hinblick auf § 304 Abs. 4 S. 2 und die Entscheidungen der Ermittlungsrichter des BGH oder des jeweiligen OLG im Hinblick auf § 304 Abs. 5.[91] Die **weitere Beschwerde** ist gem. § 310 Abs. 2 ausgeschlossen.[92] **Aufschiebende Wirkung** hat die Beschwerde gem. § 307 Abs. 1 nicht. Es kommt jedoch bis zur Entscheidung über die Beschwerde eine **Aussetzung der Vollziehung** nach § 307 Abs. 2 in Betracht.[93] 25

Der **Prüfungsmaßstab** des Beschwerdegerichts ist nach hM auch im Rahmen der Überprüfung eines vorläufigen Berufsverbotes, das das erkennende Gericht während der laufenden Hauptverhandlung und nach durchgeführter Beweisaufnahme getroffen hat, eingeschränkt, da auch in diesem Fall das Beschwerdegericht „keine eigenen unmittelbaren Kenntnisse über den Verlauf und das Ergebnis der Beweisaufnahme hat".[94] Eine Aufhebung kommt daher nur in Betracht, „wenn der Inhalt der angefochtenen Haftentscheidung grob fehlerhaft ist und der dringende Tatverdacht aus Gründen bejaht wird, die in tatsächlicher oder rechtlicher Hinsicht nicht vertretbar sind".[95] Dies entspricht der **Rechtsprechung zur Überprüfung des dringenden Tatverdachts** im Rahmen der Haftprüfung.[96] 26

---

84 Valerius in Löwe/Rosenberg Rn. 32.
85 BGH 30.10.2003 – 3 StR 276/03, NStZ-RR 2004, 54 (55); Niesler in BeckOK StPO Rn. 10; Schmitt in Meyer-Goßner/Schmitt Rn. 13.
86 Valerius in Löwe/Rosenberg Rn. 33; Krause in AK-StPO Rn. 9.
87 Krause in AK-StPO Rn. 9.
88 Ahlbrecht in Gercke/Julius/Temming/Zöller Rn. 9; Valerius in Löwe/Rosenberg Rn. 31; Schultheis in KK-StPO Rn. 11; kritisch Paeffgen in SK-StPO Rn. 14.
89 So Valerius in Löwe/Rosenberg Rn. 31.
90 Ahlbrecht in Gercke/Julius/Temming/Zöller Rn. 13; Niesler in BeckOK StPO Rn. 11; Pfeiffer Rn. 5.
91 Pfeiffer Rn. 5; Schmitt in Meyer-Goßner/Schmitt Rn. 14; dies ist im Hinblick auf den erheblichen Grundrechtseingriff kritisch zu sehen. Paeffgen in SK-StPO Rn. 19 geht daher sogar von der Verfassungswidrigkeit des § 304 Abs. 4 S. 2 und Abs. 5 aus.
92 Kritik rechtspolitischer Art findet sich bei Paeffgen in SK-StPO Rn. 19.
93 Krause in AK-StPO Rn. 14.
94 So OLG Nürnberg 26.7.2011 – 1 Ws 310/11, NStZ-RR 2011, 346 (346); zustimmend Schmitt in Meyer-Goßner/Schmitt Rn. 14.
95 So OLG Nürnberg 26.7.2011 – 1 Ws 310/11, NStZ-RR 2011, 346 (346); zustimmend Schmitt in Meyer-Goßner/Schmitt Rn. 14.
96 Vgl. OLG Nürnberg 26.7.2011 – 1 Ws 310/11, NStZ-RR 2011, 346 (346); Schmitt in Meyer-Goßner/Schmitt Rn. 14.

27 Wird der Beschuldigte freigesprochen, das Verfahren gegen ihn aus obligatorischen Gründen eingestellt oder lehnt das Gericht die Eröffnung des Hauptverfahrens gegen ihn ab, steht ihm gem. § 2 Abs. 2 Nr. 6 StrEG grundsätzlich eine **Entschädigung** zu. Die weiteren Voraussetzungen des Entschädigungsanspruches – insbes. nach den §§ 5 Abs. 1 Nr. 3 und 6 StrEG – sind zu beachten. Wird das Verfahren unter Opportunitätsgesichtspunkten eingestellt, kann gem. § 3 StrEG eine Entschädigung gewährt werden, soweit dies nach den Umständen des Einzelfalles der **Billigkeit** entspricht. Gleiches gilt nach § 4 Abs. 1 Nr. 2 StrEG, wenn die Dauer des nach § 70 Abs. 1 StGB festgesetzten Verbotes die anrechenbare Dauer des vorläufigen Verbotes nicht erreicht, sondern zeitlich hinter Letztgenanntem zurückbleibt.[97] Im Hinblick auf den möglichen Entschädigungsanspruch und den schweren Grundrechtseingriff gilt das Beschleunigungsgebot mit derselben Dringlichkeit wie in Haftsachen.[98]

97 Vgl. auch Ahlbrecht in Gercke/Julius/Temming/Zöller Rn. 2 und Schultheis in KK-StPO Rn. 1.
98 Paeffgen in SK-StPO Rn. 4; Schmitt in Meyer-Goßner/Schmitt Rn. 1; Walther in Krekeler/Löffelmann/Sommer Rn. 1.

Zehnter Abschnitt. Vernehmung des Beschuldigten

Vorbemerkung zu § 133

Schrifttum: Amelung, Informationsbeherrschungsrechte im Strafprozeß – dogmatische Grundlagen individualrechtlicher Beweisverbote, 1990; Amelung, Grundfragen der Verwertungsverbote bei beweissichernden Haussuchungen im Strafverfahren, NJW 1991, 2533; Amelung, Zum Streit über die Grundlagen der Lehre von den Beweisverwertungsverboten, Festschrift C. Roxin I, 2001, 1259; Amelung, Prinzipien der strafprozessualen Verwertungsverbote, Gedächtnisschrift Schlüchter, 2002, 417; Amelung, Prinzipien strafprozessualer Beweisverwertungsverbote, 2011; v. Arnim, Die Verwertbarkeit widerrechtlich erlangter Beweismittel in Fällen der Verletzung der Selbstbelastungsfreiheit („nemo tenetur se ipsum accusare") nach deutschem Recht und nach der Europäischen Menschenrechtskonvention, Gedächtnisschrift Blumenwitz, 2008, 265; Arslan, Die Aussagefreiheit des Beschuldigten in der polizeilichen Befragung – Ein Vergleich zwischen EMRK, deutschem und türkischem Recht, 2015; Artkämper, Wahrheitsfindung im Strafverfahren mit gängigen und innovativen Methoden, Kriminalistik 2009, 417 (2. Teil); Arzt, Schutz juristischer Personen gegen Selbstbelastung, JZ 2003, 456; K. Bader, Zum neuen § 136a StPO, JZ 1951, 123; M. Bader, Das Verwendungsverbot des § 97 I 3 InsO, NZI 2009, 416; Baranowski, Die Kodifikation von Internal Investigations – ein Vorschlag zum Ausgleich von Mitarbeiterrechten, Unternehmensinteressen und der Effektivität der Strafverfolgung, 2021; Bärlein/Pananis/Rehmsmeier, Spannungsverhältnis zwischen der Aussagefreiheit im Strafverfahren und den Mitwirkungspflichten im Verwaltungsverfahren, NJW 2002, 1825; Beckemper, Durchsetzbarkeit des Verteidigerkonsultationsrechts und die Eigenverantwortlichkeit des Beschuldigten, 2002; Beulke, Die Vernehmung des Beschuldigten – einige Anmerkungen aus der Sicht der Prozeßrechtswissenschaft, StV 1990, 180; Beulke, Hypothetische Kausalverläufe im Strafverfahren bei rechtswidrigem Vorgehen von Ermittlungsorganen, ZStW 103 (1991), 657; Beulke, Beweiserhebungs- und Beweisverwertungsverbote im Spannungsfeld zwischen den Garantien des Rechtsstaates und der effektiven Bekämpfung von Kriminalität und Terrorismus, Jura 2008, 653; Beulke, Rechtliche Probleme der Entbindung von Rechtsbeiständen juristischer Personen von der Schweigepflicht (§ 53 Abs. 2 1 StPO) bei personellem Wechsel innerhalb der Vertretungsorgane, Festschrift Achenbach, 2011, 39; Beulke, Reden ist Silber, Schweigen ist Gold? – Zum eigenständigen Schweigerecht des Strafverteidigers, Festschrift Im. Roxin, 2012, 555; Bittmann/Molkenbur, Private Ermittlungen, arbeitsrechtliche Aussagepflicht und strafprozessuales Schweigerecht, wistra 2009, 373; Bittmann/Rudolph, Das Verwendungsverbot gemäß § 97 Abs 1 Satz 3 InsO, wistra 2001, 81; Bloom, Inevitable Discovery: An Exception beyond the Fruits, American Journal of Criminal Law (Am. J. Crim. L.) 20 (Herbst 1992), 79; Bosch, Aspekte des nemo-tenetur-Prinzips aus verfassungsrechtlicher und strafprozessualer Sicht – ein Beitrag zur funktionsorientierten Auslegung des Grundsatzes „nemo tenetur seipsum accusare", 1998; Böse, Die verfassungsrechtlichen Grundlagen des Satzes „Nemo tenetur se ipsum accusare", GA 2002, 98; Böse, Wirtschaftsaufsicht und Strafverfolgung – die verfahrensübergreifende Verwendung von Informationen und die Grund- und Verfahrensrechte des Einzelnen, 2005; Bottke, Fairness im Strafverfahren gegen Bekannt, Festschrift C. Roxin I, 2001, 1243; Brunhöber, Privatisierung des Ermittlungsverfahrens im Strafprozess, GA 2010, 571; Buchert, Die unternehmensinterne Befragung von Mitarbeitern im Zuge repressiver Compliance-Untersuchungen aus strafrechtlicher Sicht, 2016; Buchholz, Der nemo tenetur-Grundsatz, 2018; Christl, Europäische Mindeststandards für Beschuldigtenrechte – Zur Umsetzung der EU-Richtlinien über Sprachermittlung und Information im Strafverfahren, NStZ 2014, 376; Cierniak/Herb, Pflicht zur Belehrung über die Freiwilligkeit der Teilnahme an einer Atemalkoholmessung?, NZV 2012, 409; Dahs/Langkeit, Das Schweigerecht des Beschuldigten und seine Auskunftsverweigerung als „verdächtiger Zeuge" – zugl. Anm. zu BGH 5 StR 122/92, NStZ 1993, 213; Dallmeyer, Verletzt der zwangsweise Brechmitteleinsatz gegen Beschuldigte deren Persönlichkeitsrechte?, StV 1997, 606; Dann/Schmidt, Im Würgegriff der SEC? – Mitarbeiterbefragungen und die Selbstbelastungsfreiheit, NJW 2009, 1851; Degener, § 136a StPO und die Aussagefreiheit des Beschuldigten, GA 1992, 443; C. Dannecker, Der nemo tenetur-Grundsatz – prozessuale Fundierung und Geltung für juristische Personen, ZStW 127 (2015), 370; C. Dannecker, Konturierung prozessualer Gewährleistungsgehalte des nemo tenetur-Grundsatzes anhand der Rechtsprechung des EGMR, ZStW 127 (2015), 991; Dencker, Verwertungsverbote im Strafprozeß – ein Beitrag zur Lehre von den Beweisverboten, 1977; Dencker, Zum Geständnis im Straf- und Strafprozeßrecht, ZStW 102 (1990), 51; Dencker, Über Heimlichkeit, Offenheit und Täuschung bei der Beweisgewinnung im Strafverfahren, StV 1994, 667; Dierlamm, Zur Akteneinsicht in Untersuchungsberichte über interne Untersuchungen, Festschrift Schlothauer, 2018, 205; Dingeldey, Der Schutz der strafprozessualen Aussagefreiheit durch Verwertungsverbote bei außerstrafrechtlichen Aussage- und Mitwirkungspflichten, NStZ 1984, 529; Dingeldey, Das Prinzip der Aussagefreiheit im Strafprozeßrecht, JA 1984, 407; Diversy, Eigene Angaben des Insolvenzschuldners gegenüber dem Insolvenzgericht als Erkenntnisquelle der Staatsanwaltschaft?, ZInsO 2005, 180; Doege, Die Bedeutung des nemo-tenetur-Grundsatzes in nicht von Strafverfolgungsorganen geführten Befragungen, 2016; Döpfer, „Schweigen ist das am schwersten zu widerlegende Argument" – Anmerkungen zur Bedeutung des Anspruchs auf rechtliches Gehör für die Verteidigung im Steuerstrafverfahren, Festschrift Streck, 2011, 485; Drope, Strafprozessuale Probleme bei der Einführung einer Verbandsstrafe, 2002; Eidam, Einschränkende Auslegung des Verwendungsverbotes aus § 393 II 1 AO im Fall einer Selbstanzeige gem. § 371 AO? – eine Anm. zu BGH 5 StR 548/03, wistra 2004, 412; Eidam, Neuere Entwicklungen um den Grundsatz der Selbstbelastungsfreiheit und das Rechtsinstitut der Selbstanzeige im Steuerstrafverfahren – eine Anm. zu BGH 5 StR 118/05, wistra 2006, 11; Eidam, Die strafprozessuale Selbstbelastungsfreiheit am Beginn des 21. Jahrhunderts, 2007; Eisenberg, Vernehmung und Aussage (insbesondere) im Strafverfahren aus empirischer Sicht, JZ 1984, 912 (1. Teil), 961 (2. Teil); Eisenberg, Zur Rechtsstellung von Kindern im polizeilichen Ermittlungsverfahren, StV 1989, 554; Eisenberg, Anwendungsmodifizierung bzw. Sperrung von Normen der StPO durch Grundsätze des JGG, NStZ 1999, 281; Eisenberg/Pincus, Sachäußerungen des schweigenden Angeklagten in der Hauptverhandlung, JZ 2003, 397; Eisenhardt, Das nemo tenetur-Prinzip: Grenze körperlicher Untersuchungen beim Beschuldigten – Am Bsp. des § 81a StPO, 2007; Engelhardt, Wahrheitsfindung und Verwertungsverbote im Spannungsverhältnis zwischen Steuerstrafverfahren und Besteuerungsverfahren (§ 393 AO), in AG StrafR DAV, II. Strafverteidiger-Frühjahrssymposium 1988, Wahrheitsfindung und ihre Schranken, 1989, 40; Engländer, Das nemo-tenetur-Prinzip als Schranke verdeckter Ermittlungen – eine Bespr. von BGH 3 StR 104/07, ZIS 2008, 163; Eser, Aussagefreiheit und Beistand des Verteidigers im Ermittlungsverfahren, ZStW 79 (1967), 565; Eser, Der Schutz vor Selbstbezichtigung im deutschen Strafprozeßrecht, Beiheft zur ZStW 1974, 136; Esser, Grenzen für verdeckte Ermittlungen gegen inhaftierte Beschuldigte aus dem europäischen nemo-tenetur-Grundsatz, JR 2004, 98; Fincke, Die Pflicht des Sachverständigen zur Belehrung des Beschuldigten, ZStW 86 (1974), 656; Fincke, Zum Begriff des Beschuldigten und den Verdachtsgraden, ZStW 95 (1983), 918; Frehsee, „Strafverfolgung" von strafunmündigen Kindern, ZStW 100 (1988), 290; v. Freier, Selbstbelastungsfreiheit für Verbandspersonen?, ZStW 122 (2010), 117; Frisch, Faszinierendes, Berechtigtes und Problematisches in der Lehre von der objektiven Zurechnung des Erfolges, Festschrift C. Roxin I, 2001, 213; St. Frommel/Füger, Das Auskunftsverweigerungsrecht im Steuerverfahren und die Rechtsprechung des europäischen Gerichtshofs für Menschenrechte, StuW 1995, 58; Fündling/Rathgeber, Ärztliche Fehleroffenbarung im Spannungsfeld zwischen Zivil- und Strafrecht, ZGMR 2012, 88; Gaede, Fairness als Teilhabe – das Recht auf konkrete und wirksame Teilhabe durch Verteidigung gemäß Art. 6 EMRK, 2007; Geerds, Auskunftsverweigerungsrecht oder Schweigebefugnis? – zur Problematik der §§ 55, 56 StPO, Festschrift Stock, 1966, 171; Geerds, Vernehmungstechnik, in Die Psychologie des 20. Jahrhunderts, Bd. XIV (Auswirkungen auf die Kriminologie, Hrsg.: H. J. Schneider), 1981, 747; Geerds, Psychologie des Strafverfahrens, in Die Psychologie des 20. Jahrhunderts, Bd. XIV (Auswirkungen auf die Kriminologie, Hrsg.: H. J. Schneider), 1981, 763; Geppert, Notwendigkeit und rechtliche Grenzen der „informatorischen Befragung" im Strafverfahren, Festschrift Oehler, 1985, 323; Geppert, Nochmals, doch immer wieder: Zum Beginn der „Beschuldigten"-Eigenschaft, Festschrift Schroeder, 2006, 675; Geppert, Zur Belehrungspflicht über die Freiwilligkeit der Mitwirkung an einer Atemalkoholmessung und zu den Folgen ihrer Verletzung, NStZ 2014, 481; v. Gerlach, Die Begründung der Beschuldigteneigenschaft im Ermittlungsverfahren, NJW 1969, 776; Gerst, Unternehmensinteresse und Beschuldigtenrechte bei Internal Investigations – Problemskizze und praktische Lösungswege, CCZ 2012, 1; Gerson, Das Recht auf Beschuldigung. Strafprozessuale Verfahrensbalance durch kommunikative Autonomie, 2016; Glatzel, Die Ermittlungsvernehmung aus psychologisch-psychopathologischer Sicht, StV 1982, 283; Greco/Caracas, Internal investigations und Selbstbelastungsfreiheit, NStZ 2015, 7; Grosjean, Der Beginn der Beschuldigteneigenschaft, 1999; Grünwald, Zur Ankündigung von Strafmilderung für den Fall eines Geständnisses, NJW 1960, 1941; Grünwald, Beweisverbote und Verwertungsverbote im Strafverfahren, JZ 1966, 489; H.-L. Günther, Die Schweigebefugnis des Tatverdächtigen im Straf- und Bußgeldverfahren aus verfassungsrechtlicher Sicht, GA 1978, 193; G. Haas, Vorermittlungen und Anfangsverdacht, 2003; D. Hammerstein, Das Geständnis und sein Wert – Lippenbekenntnisse in der Strafzumessung, StV 2007, 48; G. Hammerstein, Sachaufklärung durch inquisitorische Vernehmung des Angeklagten, Festschrift Middendorff, 1986, 111; Hardwig, Die Persönlichkeit des Beschuldigten im Strafprozeß, ZStW 66 (1954), 236; Hassemer, Person, Welt und Verantwortlichkeit – Prolegomena einer Lehre von der Zurechnung im Strafrecht, in Lüderssen (Hrsg.), Aufgeklärte Kriminalpolitik oder Kampf gegen das Böse?, Bd. I, 1998, 350; Haubrich, Informatorische Befragung von Beschuldigten und Zeugen, NJW 1981, 803; Hefendehl, Beweisermittlungs- und Beweisverwertungsverbote bei Auskunfts- und Mitwirkungspflichten – das sog. Verwendungsverbot nach § 97 Abs. 1 3 InsO, wistra 2003, 1; Hellmann, Anfangsverdacht und Begründung der Beschuldigteneigenschaft, Festschrift Kühne, 2013, 235; Hengstenberg, Die Frühwirkung der Verwertungsverbote – eine Untersuchung der Bedeutung der Beweisverwertungsverbote für die strafprozessualen Verdachtsbeurteilungen, 2007; Herdegen, Schuld und Willensfreiheit, Festschrift Richter II, 2006, 233; Heubel, Der „fair trial" – ein Grundsatz des Strafverfahrens? – zugl. ein Beitrag zum Problem der „verfassungskonformen" Rechtsfortbildung im Strafprozeß, 1981; v. Heydebreck, Die Begründung der Beschuldigteneigenschaft im Strafverfahren, 1974; Hille, Die Kooperation von Unternehmen mit deutschen Strafverfolgungsbehörden – Internal Investigations, Mitarbeiterinterviews und nemo-tenetur-Grundsatz, 2020; L. Hoffmann, Kommunikation vor Gericht, 1983; V. Hoffmann/Mildeberger, Die Vernehmung eines ausländischen Beschuldigten in englischer Sprache, StraFo 2004, 412; Hohnel, Selbstbelastungsfreiheit in der Insolvenz, NZI 2005, 152; Honig, Kausalität und objektive Zurechnung, Festschrift Frank, 1930, Bd. 1 174; Hruschka, Verhaltensregeln und Zurechnungsregeln, Rechtstheorie 22 (1991), 449; Jäger, Beweisverwertung und Beweisverwertungsverbote im Strafprozess, 2003; Jäger, Beweiserhebungs- und Beweisverwertungsverbote als prozessuale Regelungsinstrumente im strafverfolgenden Rechtsstaat [zum 67. DJT], GA 2008, 473; Jäger, Die ärztliche Pflicht zur Fehleraufklärung und deren Folgen für die Beweisverwertung nach § 630c Abs. 2 2 und 3 BGB, Festschrift v. Heintschel-Heinegg, 2015, 211; Jahn, Eine revisionsbedürftige Revision, JuS 2000, 383; Jahn, Zurück in die Zukunft – die Diskurstheorie des Rechts als Paradigma des neuen konsensualen Strafverfahrens, GA 2004, 272; Jahn/Dallmeyer, Zum heutigen Stand der beweisrechtlichen Berücksichtigung hypothetischer Ermittlungsverläufe im deutschen Strafverfahrensrecht, NStZ 2005, 297; Jahn, Strafprozessrecht als geronnenes Verfassungsrecht – Hauptprobleme und Streitfragen des § 136a StPO, JuS 2005, 1057; Jahn, Beweiserhebungs- und Beweisverwertungsverbote im Spannungsfeld zwischen den Garantien des Rechtsstaates und der effektiven Bekämpfung von Kriminalität und Terrorismus, 67. DJT Erfurt 2008, Gutachten C, 2008; Jahn, Ermittlungen in Sachen Siemens/SEC, StV 2009, 41; Jahn, Grundfragen und aktuelle Probleme der Beweisverwertung im Straf- und Steuerstrafverfahren – zugl. ein Beitrag zur Fortentwicklung der Beweisbefugnislehre nach dem „Fall Liechtenstein“, Festschrift Stöckel, 2010, 259; Jahn, Die verfassungskonforme Auslegung des § 97 Abs. 1 Nr. 3 StPO, ZIS 2011, 453; Jahn, Strafverfolgung um jeden Preis? – die Verwertbarkeit rechtswidrig erlangter Beweismittel, StraFo 2011, 117; Jakobs, System der strafrechtlichen Zurechnung, 2012; Jansen, Zeuge und Aussagepsychologie, 2. Aufl. 2012; Joerden, Verbotene Vernehmungsmethoden – Grundfragen des § 136a StPO, JuS 1993, 927; Kant, Grundlegung zur Metaphysik der Sitten, 1786; Kant, Metaphysik der Sitten, 1797; Kapp/Schlump, Ist die Vernichtung von (kartellrechtlich relevanten) Unternehmensunterlagen zulässig?, BB 2008, 2478; Kasiske, Mitarbeiterbefragungen im Rahmen interner Ermittlungen – Auskunftspflichten und Verwertbarkeit im Strafverfahren, NZWiSt 2014, 262; Kasiske, Die Selbstbelastungsfreiheit im Strafprozess, JuS 2014, 15; Kelnhofer, Hypothetische Ermittlungsverläufe im System der Beweisverbote, 1994; Kleinknecht, Die Beweisverbote im Strafprozeß – Gedanken zu einem Thema des 46. DJT, NJW 1966, 1537; Knauer/Buhlmann, Unternehmensinterne (Vor-)Ermittlungen – was bleibt von nemo-tenetur und fair-trail? – Grenzen der strafprozessualen Verwertbarkeit unternehmensinterner Ermittlungen, AnwBl 2010, 387; Knauer/Gaul, Internal Investigations und fair trial – Überlegungen zu einer Anwendung des Fairnessgedankens, NStZ 2013, 192; Kohlhaas, Die neuen wissenschaftlichen Methoden der Verbrechensaufklärung und der Schutz der Rechte des Beschuldigten, JR 1960, 246; Kohlhaas, Vom ersten Zugriff zum Schlußgehör, NJW 1965, 1254; Kölbel, Selbstbelastungsfreiheiten – der nemo-tenetur-Satz im materiellen Strafrecht, 2006; König, Das Geständnis im postmodernen, konsensualen Strafprozess, NJW 2012, 1915; Koriath, Grundlagen strafrechtlicher Zurechnung, 1994; Kottek, Unternehmensinterne Compliance-Ermittlungen – Arbeitsrechtliche Vernehmungen (Interviews), Einführung ins Strafverfahren und deren strafprozessuale Verwertbarkeit, wistra 2017, 9; Krack, Der Normzweck des § 136a StPO, NStZ 2002, 120; Kraus, Die Selbstbelastungsfreiheit im Rahmen von Compliance-Befragungen und Amnestieprogrammen in Unternehmen – Das Spannungsverhältnis zwischen Auskunftspflichten, möglicher Selbstbelastung und Unternehmensinteressen, 2016; Kudlich, Strafprozeß und allgemeines Mißbrauchsverbot – Anwendbarkeit und Konsequenzen eines ungeschriebenen Mißbrauchsverbots für die Ausübung strafprozessualer Verteidigungsbefugnisse, 1998; Kudlich, Die Lehre von der objektiven Zurechnung als Vorbild für die Argumentationslastverteilung bei der Entstehung unselbständiger Beweisverwertungsverbote, Festschrift Wolter, 2013, 995; Kühne, Strafprozessuale Beweisverbote und Art. 1 I Grundgesetz, 1970; Kühne, Strafverfahrensrecht als Kommunikationsproblem, 1978; Kulhanek, Die Sprach- und Ortsfremdheit von Beschuldigten im Strafverfahren – Eine Untersuchung des deutschen Umgangs mit sprach- und ortsfremden Beschuldigten im Lichte des unionsrechtlichen Diskriminierungsverbots, 2019; Lenckner, Mitbeschuldigter und Zeuge, Festschrift Peters, 1974, 333; Lesch, Inquisition und rechtliches Gehör in der Beschuldigtenvernehmung, ZStW 111 (1999), 624; Lesch, Spannungsverhältnis zwischen dem Zwangsmittelverbot (nemo tenetur se ipsum accusare) und den Mitwirkungspflichten des Betroffenen (Anm. zu BGH 5 StR 191/04), JR 2005, 302; Löffelmann, Die normativen Grenzen der Wahrheitserforschung im Strafverfahren – Ideen zu einer Kritik der Funktionsfähigkeit der Strafrechtspflege, 2008; Löffelmann, Die Lehre von den Verwertungsverboten oder die Freude am Hindernislauf auf Umwegen, JR 2009, 10; Mahlstedt, Die verdeckte Befragung des Beschuldigten im Auftrag der Polizei – informelle Informationserhebung und Selbstbelastungsfreiheit, 2011; Maisch, Forensisch-psychologische Aspekte von Verstößen gegen § 136a StPO im Ermittlungsverfahren – ein empirischer Beitrag, StV 1990, 314; Malek, Abschied von der Wahrheitssuche, StV 2011, 559; Matt, Nemo tenetur se ipsum accusare – europäische Perspektiven, GA 2006, 323; Mayer, Die Vernehmung von Kindern als Beschuldigte im Rechtshilfeverfahren nach dem Europäischen Übereinkommen über die Rechtshilfe in Strafsachen, GA 1990, 508; Metz, Aufklärungspflicht des Versicherungsnehmers über unentdeckte Straftaten – versicherungs- und strafrechtliche Aspekte, VersR 2010, 1265; Meurer, Informelle Ausforschung, Festschrift C. Roxin I, 2001, 1281; Meyer, Die Aussagefreiheit und das Prinzip der gegenseitigen Anerkennung, GA 2007, 15; Meyer, Nemo tenetur – Geltung und Ausübung in einem künftigen Unternehmensstrafverfahren, in Lehmkuhl/Wohlers (Hrsg.), Unternehmensstrafrecht – Materiellrechtliche und prozessuale Aspekte, 2019, 333; Meyer-Mews, Reden ist Silber – Schweigen strafbar?, DStR 2013, 161; Minoggio, Das Schweigerecht der juristischen Person als Nebenbeteiligte im Strafverfahren, wistra 2003, 121; Mitsch, Strafprozessuale Beweisverbote im Spannungsfeld zwischen Jurisprudenz und realer Gefahr, NJW 2008, 2295; Mittelsdorf, Unternehmensstrafrecht im Kontext, 2007; H. Möller, Verfassungsrechtliche Überlegungen zum „nemo-tenetur“-Grundsatz und zur strafmildernden Berücksichtigung von Geständnissen, JR 2005, 314; Momsen, Internal Investigations zwischen arbeitsrechtlicher Mitwirkungspflicht und strafprozessualer Selbstbelastungsfreiheit, ZIS 2011, 508; Momsen/Grützner, Verfahrensregeln für interne Ermittlungen – kritische Würdigung der Thesen der BRAK zum Unternehmensanwalt im Strafrecht, DB 2011, 1792; Montenbruck, „Entlassung aus der Zeugenrolle“ – Versuch einer Fortentwicklung der materiellen Beschuldigtentheorie, ZStW 89 (1977), 878; Montiel, Unternehmerische „Selbstreinigung“: Compliance-Programme, interne Untersuchungen und Neutralisierung strafrechtlicher Risiken, in Kudlich/Kuhlen/Ortiz de Urbina, Compliance und Strafrecht, 2012, 185; Müller, Neue Ermittlungsmethoden und das Verbot des Zwanges zur Selbstbelastung,

EuGRZ 2002, 546; Müller-Dietz, Die Stellung des Beschuldigten im Strafprozeß, ZStW 93 (1981), 1177; Müssig, Beweisverbote im Legitimationszusammenhang von Strafrechtstheorie und Strafverfahren, GA 1999, 119; Müssig, Grenzen der Beweisverwertung beim Einsatz „Verdeckter Ermittler" gegen den Verdächtigen, GA 2004, 87; Naucke, Die Erzeugung prozessualer Gewalt durch die Auslegung materiellen Rechts, Festschrift Hamm, 2008, 497; Nehm, Umfang der Bindung des Ermittlungsrichters an Anträge der Staatsanwaltschaft, Festschrift Meyer-Goßner, 2001, 277; B. Neuhaus, Kommunikation im kontradiktorischen Strafverfahren, StraFo 2003, 121; R. Neuhaus, Zur Fernwirkung von Beweisverwertungsverboten, NJW 1990, 1221; Neumann, Mitwirkungs- und Duldungspflichten des Beschuldigten bei körperlichen Eingriffen im Strafverfahren, Festschrift Wolff, 1998, 373; Nienaber, Umfang, Grenzen und Verwertbarkeit compliancebasierter unternehmensinterner Ermittlungen, 2019; Niese, Narkoanalyse als doppelfunktionelle Prozeßhandlung, ZStW 63 (1951), 199; Nothhelfer, Die Freiheit von Selbstbezichtigungszwang – verfassungsrechtliche Grundlagen und einfachgesetzliche Ausformungen, 1989; Ostendorf, Kommunikation und Interaktion im Strafrechtssystem, DRiZ 1999, 63; Ostendorf, Der Wandel vom klassischen zum ökonomischen Strafprozess, ZIS 2013, 172; Otto, Grenzen und Tragweite der Beweisverbote im Strafverfahren, GA 1970, 289; Paeffgen, Kompetenz zur (präventiven und repressiven) Datenübermittlung, Festschrift Hilger, 2003, 153; Pawlik, Verdeckte Ermittlungen und das Schweigerecht des Beschuldigten – zu den Anwendungsgrenzen der §§ 136 Abs. 1 2 und 136a StPO, GA 1998, 378; Pawlik, Das Unrecht des Bürgers, 2012; Peters, Beweisverbote im deutschen Strafverfahren, Verhandlungen des 46. DJT Essen 1966, Bd. I (Gutachten), 1966, Teil 3 A 91; Petry, Beweisverbote im Strafprozeß, 1971; Pieth, Strafverfahren gegen das Unternehmen, Festschrift Eser, 2005, 599; Prittwitz, Der Mitbeschuldigte im Strafprozeß, 1984; Queck, Die Geltung des nemo-tenetur-Grundsatzes zugunsten von Unternehmen, 2005; Radbruch, Grenzen der Kriminalpolizei, Festschrift Sauer, 1949, 121; Ranft, Bemerkungen zu den Beweisverboten im Strafprozeß, Festschrift Spendel, 1992, 719; Ransiek, Die Rechte des Beschuldigten in der Polizeivernehmung, 1990; Ransiek/Winsel, Die Selbstbelastung im Sinne des „nemo-tenetur se ipsum accusare"-Grundsatzes, GA 2015, 620; Raum, Die Verwertung unternehmensinterner Ermittlungen, StraFo 2012, 395, 397; Reeb, Internal Investigations – neue Tendenzen privater Ermittlungen, 2011; Reiß, Gesetzliche Auskunftsverweigerungsrechte bei Gefahr der Strafverfolgung in öffentlich-rechtlichen Verfahren, NJW 1982, 2540; Reiter, „Nemo tenetur se ipsum prodere" und Steuerklärungspflicht – zur Strafbarkeit der wiederholenden Hinterziehung periodischer Veranlagungs- und Fälligkeitssteuern im anhängigen Steuerstrafverfahren, 2007; Renzikowski, Die förmliche Vernehmung des Beschuldigten und ihre Umgehung, JZ 1997, 710; Richter, Auskunfts- und Mitteilungspflichten nach §§ 20, 97 Abs. 1 ff. InsO, wistra 2000, 1; Ricker, Anfangsverdacht und Vorurteil – Eine strafprozessrechtliche Untersuchung, 2021; Rieß, Die Vernehmung des Beschuldigten im Strafprozeß, JA 1980, 293; Rogall, Der Beschuldigte als Beweismittel gegen sich selbst – ein Beitrag zur Geltung des Satzes „Nemo tenetur seipsum prodere" im Strafprozeß, 1977; Rogall, Zur Verwertbarkeit der Aussage einer noch nicht beschuldigten Person, MDR 1977, 978; Rogall, Gegenwärtiger Stand und Entwicklungstendezen der Lehre von den strafprozessualen Beweisverboten, ZStW 91 (1979), 1; Rogall, Beweisverbote im System des deutschen und des amerikanischen Strafverfahrensrechts, Rudolphi-Symposium (Zur Theorie und Systematik des Strafprozeßrechts), 1995, 113; Rogall, Zur Lehre von den Beweisverboten – Anmerkungen zum gegenwärtigen Diskussionsstand, Festschrift Grünwald, 1999, 523; Rogall, Das Verwendungsverbot des § 393 II AO, Festschrift Kohlmann, 2003, 465; Rogall, Beweiserhebungs- und Beweisverwertungsverbote im Spannungsfeld zwischen den Garantien des Rechtsstaates und der effektiven Bekämpfung von Kriminalität und Terrorismus, JZ 2008, 818; Rogall, Zur Zulässigkeit einer heimlichen akustischen Überwachung von Ehegattengesprächen in der Untersuchungshaft – zugl. Bespr. von BGHSt 53, 294, HRRS 2010, 289; Rogall, Die Beschuldigtenstellung im Strafverfahren – Objektivismus und Subjektivismus bei der Statusbegründung, Festschrift Frisch, 2013, 1199; Rösinger, Die Freiheit des Beschuldigten vom Zwang zur Selbstbelastung, 2018; Roxin, Unfallflucht eines verfolgten Diebes, NJW 1969, 2038; Roxin, Nemo tenetur: die Rechtsprechung am Scheideweg, NStZ 1995, 465; Roxin, Zum Hörfallen-Beschluß des Großen Senats für Strafsachen, NStZ 1997, 18; Roxin, Beschuldigtenstatus und qualifizierte Belehrung – zugl. eine Bespr. von BGH 1 StR 3/07, JR 2008, 16; Roxin, Für ein Beweisverwertungsverbot bei unterlassener qualifizierter Belehrung (Anm. zu BGH 4 StR 455/08), HRRS 2009, 186; Roxin, Zur Beschuldigteneigenschaft im Strafprozess, Festschrift Schöch, 2010, 823; Rübenstahl, Internal Investigations (Unternehmensinterne Ermittlungen) – status quo, WiJ 2012, 17 (1. Teil); Rübenstahl/Skoupil, Internal Investigations, Status Quo – Pflicht zur Strafanzeige?, WiJ 2012, 177; Rudolphi, Die Revisibilität von Verfahrensmängeln im Strafprozeß, MDR 1970, 93; Rüping, Zur Mitwirkungspflicht des Beschuldigten und Angeklagten, JR 1974, 135; Rüping/Kopp, Steuerrechtliche Mitwirkungspflichten und strafrechtlicher Schutz vor Selbstbelastung, NStZ 1997, 530; Rzepka, Zur Fairneß im deutschen Strafverfahren, 2000; Safferling, Die zwangsweise Verabreichung von Brechmittel: Die StPO auf dem menschenrechtlichen Prüfstand, Jura 2008, 100; Safferling/Hartwig, Das Recht zu schweigen und seine Konsequenzen – Entwicklungen in nationalen und internationalen Strafverfahren, ZIS 2009, 784; Salditt, Kommunikation, StV 2007, 275; Salger, Das Schweigerecht des Beschuldigten – Vergleich zwischen deutschem und US-amerikanischem Strafverfahrensrecht, 1998; Sarhan, Unternehmensinterne Privatermittlungen im Spannungsfeld zur strafprozessualen Aussagefreiheit, wistra 2015, 449; Satzger, DNA-Massentests – kriminalistische Wunderwaffe oder ungesetzliche Ermittlungsmethode?, JZ 2001, 643; Schaefer, Selbstbelastungsschutz außerhalb des Strafverfahrens, NJW-Spezial 2010, 120; K. Schäfer, Einige Bemerkungen zu dem Satz „nemo tenetur se ipsum accusare", Festschrift Dünnebier, 1982, 11; Schaffstein, Die Allgemeinen Lehren vom Verbrechen – in ihrer Entwicklung durch die Wissenschaft des gemeinen Strafrechts, 1930; Schäuble, Strafverfahren und Prozessverantwortung – Neue prozessuale Obliegenheiten des Beschuldigten in Deutschland im Vergleich mit dem US-Amerikanischen Recht, 2017; Scheller, Das verdrängte Entsetzen – zur Aktualität einer 400 Jahre alten Streitschrift wider den Hexenwahn in der Folterdebatte, NJW 2009, 705; Schilling, Illegale Beweise – eine Untersuchung zum Beweisverfahren im Strafprozeß, 2004; Schipholt, Der Umgang mit einem zweischneidigen Schwert – zu den Aufgaben der Bewährungshilfe, NStZ 1993, 470; Schlauri, Das Verbot des Selbstbelastungszwangs im Strafverfahren – Konkretisierung eines Grundrechts durch Rechtsvergleichung, 2003; Schlothauer, Strafprozessuale Verwertung selbstbelastender Angaben im Verwaltungsverfahren, Festschrift Fezer, 2008, 267; Schlüter, Die Strafbarkeit von Unternehmen in einer strafprozessualen Betrachtung nach dem geltenden Strafprozeßrecht, 2000; Schmidt-Recla, Beweisverwertungsverbote und der Richter in Weiß, NJW 1998, 800; H. Schneider, Grund und Grenzen des strafrechtlichen Selbstbegünstigungsprinzips – auf der Basis eines generalpräventiv-funktionalen Schuldmodells, 1991; Schöneborn, Das Problem der Rollenvertauschung und des Zeugnisverweigerungsrechts bei mehreren Mitbeschuldigten in vergleichender Betrachtung, ZStW 86 (1974), 921; Schmoller, Verwertungsverbot infolge fehlerhafter Vernehmung – der österreichische Weg, Festschrift Kühne, 2013, 345; Schröder, Beweisverwertungsverbote und die Hypothese rechtmäßiger Beweiserlangung im Strafprozeß, 1992; Schumacher, Nemo tenetur im Spannungsfeld zu außerstrafrechtlichen Offenbarungspflichten – Eine Untersuchung der ärztlichen Fehleroffenbarungspflicht gem. § 630c Abs. 2 2 BGB, 2017; Schuhr, Brechmitteleinsatz als unmenschliche und erniedrigende Behandlung, NJW 2006, 3538; Schuhr, Strafrecht und Verfassung [zum 2. Symposium Junger Strafrechtlerinnen und Strafrechtler], RW 2012, 234; Schuhr, Analogie und Verhaltensnorm im Computerstrafrecht, ZIS 2012, 441; Schuler, Zur Diskussion um ein Aussageverweigerungsrecht juristischer Personen, JR 2003, 265; A. Schumann, BGHSt 10, 8 und der Willensakt der Strafverfolgungsbehörde zur Begründung der Beschuldigteneigenschaft – Karriere einer Entscheidung, GA 2010, 699; A. Schumann, Verhör, Vernehmung, Befragung, 2016; K. Schumann, „Brechmitteleinsatz ist Folter?" – die Rechtsprechung des EGMR zum Brechmitteleinsatz im Strafverfahren, StV 2006, 661; Schünemann, Der deutsche Strafprozeß im Spannungsfeld von Zeugenschutz und materieller Wahrheit – kritische Anmerkungen zum Thema des 62. DJT 1998, StV 1998, 391; H.-W. Schünemann, „Dienstliche Äußerungen" von Polizeibeamten im Strafverfahren, DRiZ 1979, 101; Seebode, Über die Freiheit, die eigene Strafverfolgung zu unterstützen – zugl. eine Bespr. der Beschl. des OLG Celle vom 14.6.1977 und des BayObLG vom 15.2.1979, JA 1980, 493; Seiler, Beweismethodenverbote im österreichischen Strafprozess, Festschrift Peters, 1974, 447; Sidhu/v. Saucken/Ruhmannseder, Der Unternehmensanwalt im Strafrecht und die Lösung von Interessenkonflikten, NJW 2011, 881; Spickhoff, Behandlungsfehler und Offenbarungspflicht: Gründe und Grenzen, JZ 2015, 15; Spöhr, Belehrungspflicht des Sachverständigen?, NZV 1993, 334; Störmer, Beurteilungsspielräume im Strafverfahren, ZStW 108 (1996), 494; Streck, Der Beschluß des Bundesverfassungsgerichts zum strafrechtlichen Verwertungsverbot bei Aussagen des Gemeinschuldners und seine Auswirkungen im Steuerstrafrecht, StV 1981, 362; Streck, Wahrheitsfindung und Verwertungsverbote im Spannungsverhältnis zwischen Steuerstrafverfahren und Besteuerungsverfahren (§ 393 AO), in AG StrafR DAV, II. Strafverteidiger-Frühjahrssymposium 1988, Wahrheitsfindung und ihre Schranken, 1989, 59; Stuckenberg, Untersuchungen zur Unschuldsvermutung, 1998; Stürner, Strafrechtliche Selbstbelastung und verfahrensförmige Wahrheitsermittlung, NJW 1981, 1757; Tetzlaff, Unzugänglichmachung des Insolvenzeröffnungsgutachtens für die Staatsanwaltschaft? (Erwiderung auf Hohnel, NZI 2005, 152), NZI 2005, 316; Theile, „Internal Investigations" und Selbstbelastung, StV 2011, 381; Theile, Die Herausbildung normativer Orientierungsmuster für Internal Investigations – am Beispiel selbstbelastender Aussagen, ZIS 2013, 378 = Festschrift Kühne, 2013, 489; Trüg/Habetha, Beweisverwertung trotz rechtswidriger Beweisgewinnung – insb. mit Blick auf die „Liechtensteiner Steueraffäre", NStZ 2008, 481; Uhlenbruck, Auskunfts- und Mitwirkungspflichten des Schuldners und seiner organschaftlichen Vertreter im Insolvenzverfahren, NZI 2002, 401; Velten, Justizentlastung durch Präklusion von Verfahrensrechten? Festschrift Grünwald, 1999, 753; Ventzke, Strafverfolgung als Konsequenz der Asylantragsbegründung?, StV 1990, 279; Verrel, Nemo tenetur – Rekonstruktion eines Verfahrensgrundsatzes, NStZ 1997, 361 (1. Teil), 415 (2. Teil); Verrel, Die Selbstbelastungsfreiheit im Strafverfahren – ein Beitrag zur Konturierung eines überdehnten Verfahrensgrundsatzes, 2001; Volk, Abschied von nemo tenetur? – Verteidigung gegen Unterlassen, Festschrift ARGE Strafrecht DAV, 2009, 885; Wang, Einsatz verdeckter Ermittler zum Entlocken des Geständnisses des Beschuldigten – Ein Prüfstein für das Täuschungsverbot des § 136a und den nemo-tenetur-Grundsatz aus Art. 6 EMRK, 2015; Wegemer, Vernehmungspraxis der Hilfsbeamten der Staatsanwaltschaft im Rahmen der Steuer- und Zollfahndung, NStZ 1981, 247; Wehnert, Die Verwertung unternehmensinterner Ermittlungen, StraFo 2012, 253; Weichbrodt, Der verbotene Beweis im Straf- und Zivilprozess – zur Rolle strafprozessualer Beweisverbote bei der Durchsetzung zivilrechtlicher Ansprüche, 2012; Weiß, Haben juristische Personen ein Aussageverweigerungsrecht?, JZ 1998, 289; Weiß, Der Schutz des Rechts auf Aussageverweigerung durch die EMRK, NJW 1999, 2236; Weiß, Selbstbezichtigungsfreiheit und vollstreckungsrechtliche Vermögensauskunft, NJW 2014, 503; Weßlau, Zwang, Täuschung und Heimlichkeit im Strafverfahren – über die Mitwirkungsfreiheit des Beschuldigten und deren Grenzen, ZStW 110 (1998), 1; Weyand, Zur „Verwendung" von Angaben des Schuldners für strafrechtliche Zwecke, ZInsO 2001, 108; Wigmore, Nemo tenetur seipsum prodere, Harvard Law Review 1891, 71; Wilkens, Internal Investigations – Rechte und Pflichten bei der unternehmensinternen Aufklärung von Compliance-Verstößen, 2020; Wohlers, Fernwirkung – zur normativen Begrenzung der sachlichen Reichweite von Verwertungsverboten, Festschrift Wolter, 2013, 1181; H.A. Wolff, Selbstbelastung und Verfahrenstrennung – Das

Verbot des Zwangs zur aktiven Mitwirkung am eigenen Strafverfahren und seine Ausstrahlungswirkung auf die gesetzlichen Mitwirkungspflichten des Verwaltungsrechts, 1997; Wolter, Menschenwürde und Freiheit im Strafprozeß, Gedächtnisschrift Meyer, 1990, 493; Wolter, Beweisverbote und Umgehungsverbot zwischen Wahrheitserforschung und Ausforschung, FG BGH, IV, 2000, 963; Wolter, Wieder das systemlose Abwägungs-Strafprozessrecht – über den Niedergang von Gesetzgebung und Rechtsprechung im Strafverfahrensrecht, Festschrift C. Roxin II, 2011, Bd. 2 1245; Wulf, Steuererklärungspflicht und „nemo tenetur" – zur Strafbarkeit wegen Steuerhinterziehung bei Einkünften aus illegalem Verhalten, wistra 2006, 89; Zerbes, „Nemo tenetur se ipsum accusare": Moderne Ansprüche an alte Ideen am Beispiel des Verbandsstrafrechts, ZStW 129 (2017), 1035.

Übersicht

I. Überblick über den zehnten Abschnitt

1 **1. Themenkreis und Problem der Reichweite.** Der zehnte Abschnitt mit den §§ 133–136a befasst sich mit der **Vernehmung des Beschuldigten.** Die Vorschriften sind jeweils für richterliche Vernehmungen im Ermittlungsverfahren formuliert, haben indes erheblich **darüber hinausgehende Bedeutung.** Diese beruht teils auf gesetzlicher Anordnung, ist iÜ aber vielfach umstritten.

2 Die **§§ 133–135** enthalten Regelungen zur Vorbereitung der Vernehmung und ggf. zwangsweisen Vorführung des zu Vernehmenden. Wegen des Gesetzesvorbehalts für Grundrechtseingriffe und des förmlichen Charakters der Regelungen bedarf ihre Erstreckung auf vom Wortlaut nicht mehr erfasste Situationen grds. einer gesetzlichen Anordnung. **§ 136**

formuliert förmliche und inhaltliche Anforderungen, va Belehrungsgebote. Im Vordergrund steht dabei die Sicherung der Position des Beschuldigten. Die in ihr enthaltenen subjektiven Rechte normiert § 136 jedoch nicht, sondern setzt sie voraus. Ihre Reichweite ist von vornherein nicht auf § 136 beschränkt. **§ 136a** betrifft nach seiner Stellung im Gesetz ebenfalls die richterliche Beschuldigtenvernehmung im Vorverfahren. Das Rechtsstaatsprinzip, die Menschenwürde des Beschuldigten und seine Menschenrechte (ua – je nach konkreter Fallgestaltung – diverse in Art. 3 und 6 EMRK geschützte Rechte) verbieten aber vielfach auch sonst, die Freiheit der Willensbildung des Beschuldigten zu beeinträchtigen. Zu Recht formuliert daher schon der Wortlaut von § 136a keine entspr. Einschränkung (→ Rn. 37).

Die Frage nach dem Anwendungsbereich der §§ 136, 136a führt daher leicht auf Irrwege. Sie positivieren die Rechtslage nur partiell, so dass der jeweilige **Geltungsbereich** der positiven Norm und die **Reichweite der Regelungen,** die in ihr ausgedrückt oder zumindest explizit vorausgesetzt werden, **auseinanderfallen.**[1] Das bedarf näherer Betrachtung: **3**

2. Positiver Regelungsgehalt, nicht-positivierte Beschuldigtenrechte und verfassungsrechtliche Mindeststandards. a) Ungeschriebene Rechtsstellung des Beschuldigten. Aus den §§ 136, 136a ergibt sich ein positiv-rechtlicher Beleg für die in ihrer Gesamtheit **nicht** (förmlich) **positivierten Rechte** des Beschuldigten.[2] Das belegen insbes. die folgenden Beispiele: **4**

Die §§ 136, 136a sind der wohl wichtigste positiv-rechtliche Anknüpfungspunkt für die strafprozessuale **Aussagefreiheit** des Beschuldigten (bzw. den **nemo-tenetur**-Grundsatz). Mit der Freistellung, „sich zu der Beschuldigung zu äußern oder nicht zur Sache auszusagen" (§ 136 Abs. 1 S. 2 Hs. 1), und dem Schutz der „Freiheit der Willensentschließung und der Willensbetätigung" (§ 136a passim) positivieren sie wichtige Teile der Aussagefreiheit. Schon diese Aspekte sind aber nicht aufeinander abgestimmt, und etliche für die Reichweite der Aussagefreiheit wesentliche Fragen – etwa ihr Verhältnis zu Offenbarungspflichten in anderen Rechtsgebieten – bleiben ausgeblendet. **5**

Ähnlich wird das Recht auf Wahl eines Verteidigers schon vor der ersten Vernehmung in § 136 Abs. 1 S. 2 Hs. 2 positiviert (und die §§ 137 ff. enthalten zahlreiche weitere Bestimmungen über die Verteidigung), das dahinterstehende (und insbes. in Art. 6 Abs. 3 lit. c EMRK anerkannte[3]) Recht auf konkrete und **effektive Verteidigung durch einen Rechtsbeistand** wird dadurch indes nur partiell ausgestaltet.[4] Selbst das Recht, **Beweiserhebungen** bzw. Ermittlungen zu **beantragen** bzw. anzuregen, das § 136 Abs. 1 S. 5 Hs. 1 n.F. implizit konstatiert (und die §§ 244–246 für die Beweisaufnahme in der Hauptverhandlung näher regeln), bleibt für das Ermittlungs- und Zwischenverfahren vage (s. §§ 160 ff., §§ 201 f.). **6**

Eine Strafprozessordnung, die die subjektiven Rechte und Achtungsansprüche des Beschuldigten selbständig formuliert, wäre durchaus vorstellbar und grds. wünschenswert.[5] Die gegenwärtige Entwicklung des Strafprozessrechts ist aber noch nicht so weit gediehen, und voreilige Positivierungen würden die Gefahr in sich bergen, zu kurz zu greifen und damit mehr Schaden als Nutzen zu bewirken.[6] Derzeit und bis auf Weiteres ist deshalb **7**

---

[1] Zur „Lückenhaftigkeit" der Regelung vgl. auch Verrel NStZ 1997, 361 (364); Rogall, Der Beschuldigte als Beweismittel gegen sich selbst, 1977, S. 104 ff.

[2] Vgl. zB BGH 26.7.2007 – 3 StR 104/07, BGHSt 52, 11 (15 Rn. 15 ff.) = NJW 2007, 3138 (3139) zu einem Beweisverwertungsverbot wegen Verstoßes gegen die Selbstbelastungsfreiheit, das sich ausdrücklich weder auf § 136 noch auf § 136a stützt.

[3] Vgl. EGMR 13.5.1980 – 6694/74, Series A Nr. 37, § 33 f., EGMR-E 1, 480 (485 ff.) = EuGRZ 1980, 662 (664 f.) – Artico ./. Italien; EGMR 9.4.1984 – 8966/80, Series A Nr. 76, §§ 27, 30, 35, EGMR-E 2, 366 (370 f., 373) = EuGRZ 1985, 234 (236 f.) – Goddi ./. Italien; Gaede, Fairness als Teilhabe, 2007, S. 255 ff.

[4] S. dazu → Einl. D Rn. 320; → § 137 Rn. 3 sowie die Kommentierung zu Art. 6 Abs. 3 lit. c EMRK.

[5] Vgl. auch (allg. zu Beweisverboten) Rogall ZStW 91 (1979), 1 (43).

[6] Vgl. (wiederum zu Beweisverboten und rechtsvergleichend mit CH und USA) Rogall JZ 2008, 818 (830).

einerseits gewiss, dass es **im geltenden Strafprozessrecht** Normen geben muss, die die Rechtsstellung des Beschuldigten konkret ausgestalten,[7] andererseits bleiben diese Normen vielfach apokryph. Ihr Inhalt und ihre Reichweite (und damit die Rechtsstellung des Beschuldigten) sind erst noch **weiter herauszuarbeiten.**

8 Eine am positiven, in der StPO gesetzten Recht ansetzende Methodik kann nur das interpretieren, was in den Normen gesagt wurde. Solange die Rechte des Beschuldigten nicht detaillierter entwickelt und die dabei zu Tage tretenden Interessenkonflikte nicht vom Gesetzgeber grund- und menschenrechtskonform per Gesetz entschieden sind, **geht** eine rein **gesetzesinterpretatorische Herangehensweise** oft **ins Leere.** Den Regelungen der StPO sind derzeit zwar verbindlich festgeschriebene Teile der Rechtsstellung des Beschuldigten zu entnehmen. Umgekehrt kann aus dem Fehlen einer ausdrücklichen Regelung aber nicht darauf geschlossen werden, dem Beschuldigten komme ein bestimmtes Recht nicht zu.

9 **b) Höherrangiges Recht.** Aus dem **Verfassungsrecht,** den **Menschenrechten** (→ Rn. 75) und der darauf bezogenen Rechtsprechung ergeben sich oft detailliertere Vorgaben als aus dem positiven Strafprozessrecht. Sie zu unterschreiten wäre verfassungswidrig bzw. eine Verletzung von Menschenrechten, die dem Staat und damit auch dem Strafprozessrecht vorgegeben sind (auch wenn die EMRK innerstaatlich nur im Rang eines einfachen, indes immerhin völkerrechtsfreundlich zu berücksichtigenden Gesetzes steht).[8] Aus der Verfassung und aus Menschenrechtsverbürgungen können sich deshalb starke Argumente für eine bestimmte Position des Beschuldigten ergeben.

10 Diese Vorgaben sind aber nur **Mindestanforderungen.** Das Strafverfahrensrecht kann dem Beschuldigten eine weitergehende Rechtsstellung einräumen. Dabei ist es auch nicht an die Form des Parlamentsgesetzes gebunden. Verfassungsrechtlich oder menschenrechtlich – insbes. in der Rechtsprechung des BVerfG, EGMR und künftig wohl zunehmend des EuGH[9] – gezogene Grenzen der Beschuldigtenrechte lassen es daher meist offen, ob im **einfachen Strafverfahrensrecht** eine **umfassendere Rechtsposition** des Beschuldigten besteht (→ Rn. 90).[10]

11 **c) Konsequenzen für die Rechtsanwendung.** Die §§ 133–136a besitzen also einerseits einen eigenen **positiv-rechtlichen Regelungsgehalt** und stehen unter Vorgaben höherrangigen Rechts, die beide durch Auslegung zu ermitteln sind. Andererseits setzen sie Rechte des Beschuldigten explizit voraus, **verzichten** jedoch **gezielt** darauf, diese auszuformulieren. An die Interpretation bzw. Darlegung dieser Rechte rechtspositivistisch heranzugehen, wäre nicht nur unergiebig, sondern eine Missachtung der Regelungsintention.

12 Eine Ausarbeitung des Inhalts und der Reichweite dieser Rechte kann nur im Zuge der anwaltlichen, gerichtlichen und wissenschaftlichen Auseinandersetzung erfolgen und verlangt von den Akteuren, sich zu positionieren. Dabei kommt solchen Positionen besonderes Gewicht zu, deren – notwendigerweise außergesetzliche – **Annahmen** möglichst weitgehend offengelegt und begründet werden, deren Begründung sich auf rechtlich möglichst anerkannte Interessen und Regelungsziele stützt und die systematisch auf ihre innere Widerspruchsfreiheit und Konsistenz mit höherrangigem Recht und den ausdrücklichen Regelungen der StPO überprüft wurden.

13 Anders als dort, wo eine bestehende Regelung als änderungsbedürftig kritisiert wird, geht es hier um Thesen darüber, was aktuell **bereits als Recht gilt.**[11] Ob man diesen

---

[7] Vgl. dazu → Einl. D Rn. 282; Rogall in SK-StPO Vor § 133 Rn. 59 ff.; Kindhäuser § 6 Rn. 8 ff. Zum Recht auf Beschuldigung monografisch Gerson, Das Recht auf Beschuldigung, 2016.

[8] Vgl. dazu BVerfG 14.10.2004 – 2 BvR 1481/04, Rn. 30 ff., BVerfGE 111, 307 (315 ff.) = NJW 2004, 3407 (3408 ff.) – EGMR-Entscheidungen; BVerfG 4.5.2011 – 2 BvR 2365/09 ua Rn. 86 ff., BVerfGE 128, 326 (366 ff.) = NJW 2011, 1931 (1935 f.) – EGMR Sicherungsverwahrung.

[9] Zur absehbaren europarechtlichen Überformung s. → Einl. K Rn. 369 mN.

[10] Eingehend Bosch, Aspekte des nemo-tenetur-Prinzips, 1998, S. 27 ff. (107). S. auch (zu EGMR und EMRK) → § 136 Rn. 58 f.

[11] Zur Rechtsfindung „extra legem, sed intra ius" vgl. Kudlich, Allgemeines Mißbrauchsverbot, 1998, S. 89 ff.

Regelungsgehalt den aktuellen §§ 136, 136a zuschreiben oder betonen sollte, dass die §§ 136, 136a diese gleichwohl geltende Regelung nicht beinhalten, ist eine Frage der Rhetorik. Indem der Gesetzgeber sich auf den Standpunkt gestellt hat, die in der RL 2012/13/EU[12] vorgesehenen Rechtsbelehrungen ohne Festnahme seien mit § 136 abgedeckt, hat er dafür votiert, zumindest den Bezug der Vorschrift auf die Beschuldigtenvernehmung zu lockern (→ § 136 Rn. 7 und 12).

3. Systematische Grundlagen des zehnten Abschnitts. a) Zentralbegriffe. Die **Aussagefreiheit** liegt den §§ 136 und 136a gleichermaßen zugrunde, ohne dort (oder an anderer Stelle) umfassend ausgestaltet zu werden. Mehrere Detailfragen der Vorschriften erfordern, dass Inhalt und Begründung der Aussagefreiheit zuvor abgesteckt werden (→ Rn. 62 ff.). 14

„Beschuldigter" und **„Vernehmung des Beschuldigten"** sind zentrale Begriffe des zehnten Abschnitts; es bietet sich an, eine einheitliche Interpretation zu versuchen (→ Rn. 20 ff. bzw. 36 ff.), auch wenn die skizzierten allgemeinen Begriffsinhalte jeweils durch Besonderheiten einzelner Vorschriften überlagert werden können.[13] Zugleich ist ihre Stellung problematisch, denn sie steuern den Anwendungsbereich der §§ 133–136a, ohne dabei die Reichweite der §§ 136, 136a abzugrenzen (→ Rn. 4 ff.). Das legt die Annahme nahe, dass ein strafprozessuales System der Beteiligtenrechte sich besser auf andere Begriffe stützen würde, was im Rahmen der vorliegenden Kommentierung aber nicht zu vertiefen ist. 15

b) Systembildende Zusammenhänge. Der Entwicklung eines Systems kann eine zu starke Fixierung auf Begriffe ohnehin abträglich sein. Von eher größerer Bedeutung sind die einschlägigen **Rechtsfragen,** ihre zusammenfassende Typisierung und logische Abhängigkeiten. Für die §§ 133–136a und hinter diesen stehende Regelungen sind die folgenden Fragetypen von vorrangiger Bedeutung: 16

aa) Zu welchem Verhalten sind die Strafverfolgungsorgane im Verfahrensablauf verpflichtet (zB Inkulpation, Belehrungen, Unterlassung von Täuschungen)?
bb) Zu welchem Verhalten ist der Beschuldigte (bzw. ein Zeuge) jeweils verpflichtet (zB zum Termin zu erscheinen, zur Person bzw. – als Zeuge – zur Sache auszusagen, eine Gegenüberstellung zu dulden)?
cc) Ist eine erlangte Information im Verfahren verwendbar (als verwertbares Beweismittel, als Gegenstand einer indirekten Beweisführung, als Ansatzpunkt für weitere Ermittlungen)?
dd) Wie ist die Information im Urteil zu würdigen?
ee) An welche Voraussetzungen sind die Erfolgsaussichten von Rechtsmitteln geknüpft?
Sämtliche dieser Fragen werden
ff) von der Frage nach den anwendbaren Normen überlagert.

Zwischen diesen Fragetypen bestehen **logische Abhängigkeiten:** (Zu **dd:**) Verwertbare Beweisergebnisse dürfen dem Urteil zugrunde gelegt werden und sind vom Gericht pflichtgemäß „frei" iSd § 261 zu würdigen. (Zu **ee:**) Außer der strafprozessualen Berufung haben Rechtsmittel nur dann Aussichten auf Erfolg, wenn mit ihnen fehlerhafte Verfahrensabläufe bzw. Entscheidungen angegriffen werden. Im hier interessierenden Zusammenhang müssen Entscheidungen auf Fehlern zu **(aa)** bis **(dd)** beruhen. 17

Die logischen Abhängigkeiten bestehen aber **nicht durchgängig;** werden sie irrtümlich angenommen, drohen Fehlschlüsse. (Zu **cc:**) Pflichtverletzungen der Strafverfolgungsorgane können Verwertungsverbote auslösen, das geschieht indes nicht immer. Umgekehrt können sich Beschränkungen der Verwendbarkeit aber auch ohne Verfahrensfehler ergeben 18

---

12 RL 2012/13/EU des Europäischen Parlaments und des Rates v. 22.5.2012, ABl. 2012 L 142/1.

13 Näher dazu Roxin FS Schöch, 2010, 823 (827, 837). Zu einer Gegenüberstellung der noch stärker an einzelnen Vorschriften orientierten Rspr. des RG mit der Rspr. des BGH zum Beschuldigtenbegriff s. A. Schumann GA 2010, 699 (702 ff.); speziell zu §§ 81e, 81a Satzger JZ 2001, 639 (643). Vgl. auch Rieß JA 1980, 293 (297 f.).

(zB nach § 97 Abs. 1 S. 3 InsO, → Rn. 106[14]). Aus dem Fehlen einer Pflichtverletzung darf daher nicht unmittelbar auf die Verwendbarkeit der erlangten Information geschlossen werden. (Zu **aa** und **bb:**) Die Pflichten eines Beteiligten folgen nicht logisch aus denen der anderen; sie beziehen sich nur teilweise aufeinander. (Zu **ff:**) Die §§ 133 ff. betreffen meist mehrere (und teils alle) dieser Fragen gleichzeitig, behandeln sie indes nie abschließend (→ Rn. 4 ff.). Beleg für beides sind die von der Rspr. (zu Recht) praeter legem konstruierten qualifizierten Belehrungspflichten (→ § 136 Rn. 29 und 32 sowie → § 136a Rn. 97).

19 Besondere Bedeutung für diverse Diskussionen um die Reichweite der §§ 136 und 136a hat zudem folgender Zusammenhang zwischen den Fragetypen **(cc)** und **(dd):** Die §§ 136, 136a behandeln Situationen, in denen erlangte Informationen mit teils erheblichen, typischen Unsicherheiten behaftet sind (→ Rn. 77 f.). Darauf gibt es grds. zwei Reaktionsmuster: Erstens kann zum Schutz des Beschuldigten vor falscher Verurteilung und zur Absicherung der prozessual gefundenen Wahrheit **vorsorglich** die **Verwertung** der Information **verboten** werden. Ein solches Verwertungsverbot ersetzt dann letztlich eine feste Beweisregel (in einer mit § 261 konsistenten Weise). Für diesen Weg steht nicht nur § 136a Abs. 3, sondern (zumindest in Teilen) auch § 136. Zweitens können stattdessen die Beweismittel zugelassen und die Lösung der praktischen Probleme dem Richter in der **Beweiswürdigung** überantwortet werden. Er hat dann im jeweiligen Einzelfall konkrete Anhaltspunkte für die Unsicherheiten auszuloten, erhält dabei aber keine besondere rechtliche Hilfestellung. Dass weder (zu **cc**) ein Verwertungsverbot besteht, noch (zu **dd**) das Gericht Unsicherheiten sorgfältig berücksichtigen muss, ist – nach § 261 – von vornherein ausgeschlossen.[15] Im **Streit um die Reichweite der §§ 136, 136a** muss daher Position bezogen werden, ob der Umgang mit unzuverlässiger Information eher allgemeinen Regeln folgen oder eher ad hoc in Kenntnis des Einzelfalls gehandhabt werden soll.

II. Der Beschuldigte

20 **1. Beschuldigtenbegriff und Beschuldigtenstellung. Beschuldigter** ist derjenige, gegen den sich das Strafverfahren richtet.[16] Die Bezeichnung kann vom Verfahrensstadium unabhängig verwendet werden. Im Zwischenverfahren wird der Beschuldigte zugleich **Angeschuldigter** genannt, im Hauptverfahren **Angeklagter** (§ 157). Das Vollstreckungsverfahren richtet sich gegen den (nicht mehr nur beschuldigten) Verurteilten.

21 Jede prozessuale Tat bildet hinsichtlich jedes mit ihr Beschuldigten grds. eine eigene Strafsache, zusammenhängende Strafsachen können aber nach Zweckmäßigkeitsgesichtspunkten miteinander verbunden werden (§§ 2 ff., 237). Bei mehreren Beteiligten an derselben Tat oder eng aufeinander bezogener Taten ist es daher die Regel, dass „ein" Strafverfahren gegen sie als **Mitbeschuldigte** geführt wird.[17] Die einzelnen miteinander verbundenen Strafsachen lassen sich zwar weiterhin unterscheiden (sie können zB wieder getrennt werden, und einem Mitbeschuldigten wird die Abwesenheit bei längeren Verhandlungsabschnitten zu ihn nicht betreffenden Verfahrensteilen regelmäßig zu gestatten sein), die Beschuldigtenrolle strahlt aber auf den gesamten Verbund aus. Insbes. darf ein Mitbeschuldigter auch gegenüber anderen Mitbeschuldigten nicht als Zeuge vernommen werden (beachte → Rn. 91, 94 und 127 ff.).[18]

---

[14] Zu „selbständigen Beweisverwertungsverboten" vgl. Grünwald BeweisR S. 143; Jahn 67. DJT 2008, Gutachten C S. 36 ff.; zu „relativen Beweisverboten" s. Wolter FG BGH IV, 2000, 963 (997 f.).

[15] Vgl. Diemer in KK-StPO § 136a Rn. 3.

[16] BGH 18.10.1956 – 4 StR 278/56, BGHSt 10, 8 (12) = NJW 1957, 230 (231), ausf. bespr. v. A. Schumann GA 2010, 699; Roxin JR 2008, 16 f.; Grünwald BeweisR S. 78. Rogall, Der Beschuldigte als Beweismittel gegen sich selbst, 1977, S. 20, 24. Vgl. auch Pauckstadt-Maihold in KMR-StPO Vor § 133 Rn. 3 ff. und → Einl. D Rn. 280.

[17] Näher zur aA, die die Mitbeschuldigteneigenschaft (zumindest soweit sie sich auf die Anwendbarkeit der §§ 52, 55 auswirkt) statt anhand der Verfahrensverbindung materiell(straf)rechtlich bestimmen möchte, (krit.) Schöneborn ZStW 86 (1974), 921 (932 ff.) mN.

[18] Eingehend Lenckner FS Peters, 1974, 333 (336 ff.).

22 Der Beschuldigte ist **Subjekt des Strafverfahrens.** Er ist zur aktiven Mitgestaltung befugt – sowohl zur Verteidigung gegen Vorwürfe als auch zur Aufklärung begründeter Vorwürfe – (→ Rn. 118 ff.),[19] und das Verfahren wird (neben anderen Zwecken) auch um der Belange des Beschuldigten selbst willen geführt.[20] Aus Achtung vor der Menschenwürde des Beschuldigten (Art. 1 Abs. 1 GG) muss Letzteres in jedem Verfahrensabschnitt gelten, weshalb der Resozialisierungszweck und die positive Generalprävention aus dem Schuld- und Rechtsfolgenausspruch sowie der Vollstreckung von Strafe nicht hinweggedacht werden können.[21] Das rechtliche Instrumentarium zur Ausgestaltung der Subjektstellung und zur Sicherung der Achtung vor ihr wird zusammenfassend als **„Rechtsstellung des Beschuldigten"** bezeichnet (→ Rn. 4 ff.).

23 **2. Tatverdacht, Inkulpation und Inkulpationspflicht. a) Tatverdacht.** Die Strafverfolgungsbehörden dürfen und müssen bei Bestehen eines **Anfangsverdachts** – dh zureichenden tatsächlichen Anhaltspunkten für eine verfolgbare Straftat – strafrechtliche Ermittlungen aufnehmen (insbes. §§ 152 Abs. 2, 160 Abs. 1, 163 Abs. 1 S. 1). Umgekehrt setzen alle strafrechtlichen Ermittlungen einen Verdacht voraus. Selbst zur Klärung des Anfangsverdachts uU erforderliche Vorermittlungen bedürfen tatsächlicher Anhaltspunkte.[22] Der Eingang einer Strafanzeige vermag die Beschuldigteneigenschaft daher selbst dann noch nicht zu begründen, wenn die Aktenordnung die Eintragung eines Verfahrens gegen den Angezeigten vorsieht; kommt es mangels Anfangsverdachts zur sofortigen „Einstellung", war er zu keinem Zeitpunkt Beschuldigter.[23]

24 Der Anfangsverdacht kann sich „gegen Unbekannt" richten. Ermittlungen gegen eine **bestimmte Person** setzen indes voraus, dass gerade diese einer **verfolgbaren Straftat** verdächtig ist,[24] denn alle Ermittlungsmaßnahmen müssen insbes. mit Blick auf die jeweils aktuell vorliegenden Verdachtsmomente verhältnismäßig sein. **Kinder** können daher (als nach § 19 StGB Strafunmündige) nicht im technischen Sinne tatverdächtig und damit auch nicht

[19] Lesch StrafProzR Kap. 3 Rn. 32 ff. Zum verfassungsrechtlichen Hintergrund → Rn. 74 ff. sowie BVerfG 26.5.1981 – 2 BvR 215/81, Rn. 64, BVerfGE 57, 250 (274 f.) = NJW 1981, 1719 (1722) – V-Mann; BVerfG 18.10.1983 – 2 BvR 462/82, Rn. 21, BVerfGE 65, 171 (177) = NJW 1984, 113 (114) – Abwesenheit des Verteidigers.

[20] Dies entspricht der zur Interpretation der grundgesetzlichen Menschenwürdegarantie herangezogenen „Objektformel"; dazu BVerfG 16.7.1969 – 1 BvL 19/63, Rn. 33, BVerfGE 27, 1 (6) = NJW 1969, 1707 – Mikrozensus; BVerfG 12.11.1997 – 1 BvR 479/92, 1 BvR 307/94, Rn. 65, BVerfGE 96, 375 (399 f.) = NJW 1998, 519 (521) – Kind als Schaden, speziell zum Strafrecht BVerfG 21.6.1977 – 1 BvL 14/76, Rn. 144 f., BVerfGE 45, 187 (228) = NJW 1977, 1525 (1526) – lebenslange Freiheitsstrafe; BVerfG 24.4.1986 – 2 BvR 1146/85, Rn. 38, BVerfGE 72, 105 (116) = NJW 1986, 2241 f. – Aussetzung lebenslanger Freiheitsstrafe, zu den Grenzen dieser Formel BVerfG 15.12.1970 – 2 BvF 1/69 ua, Rn. 101, BVerfGE 30, 1 (25 f.) = NJW 1971, 275 (279) – Abhörurteil; BVerfG 3.3.2004 – 1 BvR 2378/98, 1 BvR 1084/99, Rn. 117, BVerfGE 109, 279 (312 f.) = NJW 2004, 999 (1001 f.) – großer Lauschangriff; Herdegen in Dürig/Herzog/Scholz GG Art. 1 Rn. 28 ff. (36 ff.; insoweit 55. Lfg. 2009). Hinter ihr steht die „Zweck-Formel" des Kategorischen Imperativs (Kant, Grundlegung zur Metaphysik der Sitten, 1786, Akademie-Ausgabe (AA) Bd. IV, S. 429; Kant, Metaphysik der Sitten, 1797, Tugendlehre § 38, AA Bd. VI, S. 462). In der markanten Ausdrucksweise Kants (ebd., Einleitung zur Tugendlehre IV., AA Bd. VI, S. 385 ff.) geht es dabei nicht etwa darum, dass der Staat die „Vollkommenheit" des Verurteilten zu bezwecken hätte, sondern allein seine und der anderen Rechtsgenossen „Glückseligkeit" (bzw. Sicherung der je eigenen Rechte und ihres Wohlergehens; vgl. ebd. Rechtslehre § 41, AA Bd. VI, S. 305 ff.). Vgl. dazu (auch historisch) Rüping JR 1974, 135 (136).

[21] Vgl. auch Gundlach in AK-StPO Vor § 133 Rn. 11; eingehend Hardwig ZStW 66 (1954), 236 (zur innerrechtlichen Begründung dieser Stellung im Gegensatz zur Menschenwürde S. 241 f.; zur Achtung der Persönlichkeit S. 245; zur Bestimmung der Rechtsfolgen S. 248 ff.).

[22] Vgl. dazu → Einl. C Rn. 128 und → Einl. D Rn. 211; eingehend G. Haas, Vorermittlungen, 2003 (insbes. S. 61, 73). Gegen die Möglichkeit von Vorermittlungen Hellmann FS Kühne, 2013, 235 (246 f.) mwN.

[23] Vgl. Gleß in Löwe/Rosenberg § 136 Rn. 10a; aA Gundlach in AK-StPO § 136 Rn. 9; v. Gerlach NJW 1969, 776 (778); s. auch Nr. 6 und 8 RiStBV. Monografisch zum Anfangsverdacht Ricker, Anfangsverdacht und Vorurteil, 2021, S. 64 ff.

[24] Vgl. BGH 19.10.2011 – 1 StR 476/11, NStZ-RR 2012, 49 (50); Dingeldey JA 1984, 407 (410); Schlüchter StrafProzR Rn. 85. Vertiefend zur Problematik von Vorurteilen Ricker, Anfangsverdacht und Vorurteil, S. 132 ff.

Beschuldigte werden.[25] Verkennen Ermittlungsorgane irrig, dass eine Person noch im Kindesalter ist, kann sich daraus eine auch für das weitere Verfahren relevante Verletzung von Zeugenrechten oder anderer subjektiver Rechte dieser Personen ergeben, entgegen der hM aber keine Verletzung von Beschuldigtenrechten.[26] Nehmen sie umgekehrt irrig an, dass eine Person noch im Kindesalter ist, kann daraus ein Vorenthalten der Beschuldigtenstellung (→ Rn. 28 ff.) resultieren. Im Zweifel ist daher zunächst die Annahme des Bestehens von Beschuldigtenrechten angeraten.[27] Zu Besonderheiten bei Jugendlichen → Rn. 56 ff.

25 **b) Inkulpation.** Das Kriterium des Tatverdachts liefert keine präzise, objektive Schwelle, die den Tatverdächtigen von Rechts wegen zugleich zum Beschuldigten machen könnte.[28] Der Rechtsbegriff involviert vielmehr einerseits Einschätzungen der ermittelten Umstände und andererseits nicht trennscharfe rechtliche Bewertungen und Abwägungen. Der StA (bzw. ihren Ermittlungspersonen sowie ggf. dem Ermittlungsrichter) stehen daher notwendig **Beurteilungs- und Ermessensspielräume** zu; sie werden bei der Bildung des sog „Verfolgungswillens" als „subjektivem Element" des Beschuldigtenbegriffs betätigt.[29]

26 Die Ermittler haben kontinuierlich zu prüfen und zu entscheiden, ob in die verfahrensgegenständlichen Vorgänge involvierte Personen bereits so verdächtig sind, dass es bei Abwägung aller bekannten Umstände angemessen erscheint, sie als Beschuldigte zu behandeln.[30] Eine bindende Entscheidung gegen die Begründung der Beschuldigtenstellung gibt es grds. nicht; die vorläufige Verneinung bleibt daher Behördeninternum. Nach außen tritt nur die positive Entscheidung, eine Person als Beschuldigten zu behandeln. Sie wird regelmäßig nicht explizit getroffen,[31] sondern **ergibt sich schlüssig** aus einer Maßnahme, die so nur gegenüber einem Beschuldigten zulässig ist[32] (zB nach §§ 81, 81a, 81b, 81g, 112 ff., 127 Abs. 2), einen eindeutigen Bezug zum Beschuldigten voraussetzt (zB §§ 99, 100a Abs. 3) bzw. erkennbar an einen Tatverdacht anknüpft und zu einem strafrechtlichen Vorgehen gegen diese Person gehört (entspr. § 397 Abs. 1 AO)[33] – zB die Verfügung einer Eintragung

[25] Vgl. (entspr. auch für Schuldunfähige und Exterritoriale) Rogall in SK-StPO Vor § 133 Rn. 18; Eisenberg StV 1989, 554 (556); eingehend Frehsee ZStW 100 (1988), 290 ff. sowie (auch zu Problemen aus dem Ausland eingehender Rechtshilfeersuchen) Mayer GA 1990, 508 (509 ff.).

[26] AA Rogall in SK-StPO Vor § 133 Rn. 18; Schmitt in Meyer-Goßner/Schmitt Einl. Rn. 76; Ahlbrecht in Gercke/Julius/Temming/Zöller § 136 Rn. 8.

[27] Gundlach in AK-StPO § 136 Rn. 11.

[28] AA (sog „objektiver Beschuldigtenbegriff") v. Heydebreck, Die Begründung der Beschuldigteneigenschaft, 1974, S. 74; zur Abgrenzung vom „materiellen" Beschuldigtenbegriff und näher zu dessen Inhalt Montenbruck ZStW 89 (1977), 878 (886 ff.); zur Gegenüberstellung von „objektiver", „subjektiver" und „vermittelnder Theorie" s. Geppert FS Oehler, 1985, 323 (327 f.) mwN, dazu, dass die Unterschiede begrifflich größer sind als praktisch, → Rn. 26 aE.

[29] Dazu BGH 23.7.1986 – 3 StR 164/86, BGHSt 34, 138 (140) = NJW 1987, 1955; BGH 31.5.1990 – 4 StR 112/90, BGHSt 37, 48 (51 f.) = NJW 1990, 2633 (2634); BGH 27.2.1992 – 5 StR 190/91, BGHSt 38, 214 (228) = NJW 1992, 1463 (1466); BGH 28.2.1997 – StB 14/96, NStZ 1997, 398 mAnm Rogall; BGH 24.7.2003 – 3 StR 212/02, NJW 2003, 3142 (3143); BGH 30.12.2014 – 2 StR 439/13, NStZ 2015, 291 (292); Grosjean, Beschuldigteneigenschaft, 1999, S. 78, 133; einschr. (kein Ermessen) Rogall in SK-StPO Vor § 133 Rn. 17, 26 ff. mwN; Gundlach in AK-StPO § 136 Rn. 4; eingehend und krit. dazu Störmer ZStW 108 (1996), 494 (521 f.) und Gerson, Das Recht auf Beschuldigung, 2016, insbes. S. 4 ff., S. 18 f., S. 67 ff.

[30] BGH 18.12.2008 – 4 StR 455/08, BGHSt 53, 112 (114 Rn. 9 f.) = NStZ 2009, 281; BGH 27.5.2009 – 1 StR 99/09, NJW 2009, 2612 (2613).

[31] Zu einer Klassifikation der Inkulpationsformen in ausdrückliche, konkludente, faktische sowie (materielle) Verdachtsinkulpation mit zumindest teilw. abgrenzbaren Anwendungsfeldern s. Roxin FS Schöch, 2010, 823 (828 ff.).

[32] Vgl. BGH 25.4.1990 – 3 StR 483/89, BGHR StGB § 78c Abs. 1 Nr. 1 Bekanntgabe 1 (= StV 1990, 405 f., nur Ls.); (zu § 146) OLG Karlsruhe 23.10.1985 – 1 Ws 216/85, Die Justiz 1986, 143 (144); zur Verbindung der verschiedenen Elemente des Beschuldigtenbegriffs vgl. Pauckstadt-Maihold in KMR-StPO Vor § 133 Rn. 3 ff.

[33] Vgl. BGH 6.6.2019 – StB 14/19, BGHSt 64, 89 = NJW 2019, 2627 mAnm Kudlich JR 2020, 81 (Fortführung von BGH 3.7.2007 – 1 StR 3/07, BGHSt 51, 367 (370 ff.) = NJW 2007, 2706 (2707 ff.) mAnm Mikolajczyk ZIS 2007, 565); BGH 29.11.2006 – 1 StR 493/06, BGHSt 51, 150 (156 f.) = NJW 2007, 237 (239) mAnm Eisele JR 2007, 303; BGH 28.2.1997 – StB 14/96, NStZ 1997, 398

als Beschuldigter ins Verfahrensregister (beachte → Rn. 23), die Belehrung nach § 136 bzw. § 163a Abs. 4 oder das Ersuchen des Ermittlungsrichters um Beschuldigtenvernehmung.[34] Hierin liegt die **Inkulpation** bzw. der **Inkulpationsakt** (→ Rn. 31)[35] und zugleich die Bekanntgabe der Entscheidung. Der Umfang des Verdachts muss für den Beschuldigten dabei zumindest ungefähr erkennbar werden.[36] Zum Schutz der Betroffenen muss die Interpretation des schlüssigen Verhaltens aus Perspektive eines objektiven Beobachters erfolgen; deshalb beruht die Inkulpation zwar regelmäßig auf einem bewussten Willensakt (der Ermessensausübung) der Strafverfolgungsbehörden, letztlich ist ein solcher aber (bei nur scheinbarer Ermessensausübung) nicht zwingend.[37]

Bereits vor der Inkulpation kann **rechtliches Gehör** gewährt werden; eine Verpflichtung dazu besteht jedoch nur, wenn dem Betroffenen bereits aus der Eröffnung des Ermittlungsverfahrens besondere Nachteile drohen und es ohne Gefährdung späterer Ermittlungen möglich ist, den Sach- und Rechtsstand mit ihm vorab zu erörtern. Das ist seltene Ausnahme, indes zB dann vorstellbar, wenn eine Anzeige einen bereits ausermittelten Fall präsentiert, der besondere rechtliche Schwierigkeiten aufweist. Regelmäßig ist rechtliches Gehör während des Verfahrens zu gewähren, das durch die Inkulpation für den Beschuldigten erst beginnt. **27**

c) Inkulpationspflicht. Der Tatverdacht gegen eine bestimmte Person kann so stark sein, dass sich die Beurteilungs- und Ermessensspielräume „auf Null" reduzieren. Dadurch **verdichtet** sich die (grds. nur auf unvertretbare Handhabung überprüfbare) **Pflicht zur ermessensfehlerfreien Entscheidung** zur uneingeschränkt justiziablen[38] Inkulpationspflicht.[39] Das ist **zB** der Fall, wenn ein als Unfallverursacher verdächtiger Fahrer zum Unfallgeschehen,[40] der allein im Auto befindliche Fahrer zum festgestellten Alkoholgeruch,[41] eine sich vom Unfallort entfernende Person oder der Halter des wahrscheinlichen Tatfahrzeugs zu ihrer Fahrereigenschaft[42] oder die als Fahrer verdächtige, einzige in Fahrzeugnähe anwesende alkoholisierte Person[43] befragt wird. Gleiches gilt, wenn bei einer Person Objekte beschlagnahmt werden, deren Besitz strafbar ist (zB entspr. Mengen BtM).[44] Auch offenkundige bzw. vom Befragenden erkannte Widersprüche oder Unwahrheiten in der Aussage können bei bereits anderweitig begründetem Verdacht eine Inkulpationspflicht auslösen.[45] Die gegen **28**

mAnm Rogall; näher Rogall, Der Beschuldigte als Beweismittel gegen sich selbst, 1977, S. 27 ff.; vgl. Gundlach in AK-StPO § 136 Rn. 5 f.

34 BGH 16.7.1985 – 5 StR 409/85, StV 1985, 397 (398).

35 Vgl. Beulke StV 1990, 180 (181 f.); eingehend Rogall FS Frisch, 2013, 1199 (1219 ff.) sowie – insbes. auch zur Funktion, den Verfahrensgegenstand zu bestimmen – Fincke ZStW 95 (1983), 918 (919, 937 ff.).

36 BGH 6.10.1981 – 1 StR 356/81, BGHSt 30, 215 (217 ff.) = NJW 1982, 291.

37 Vgl. v. Gerlach NJW 1969, 776 (779); Ahlbrecht in Gercke/Julius/Temming/Zöller § 136 Rn. 5, 7.

38 Freilich eröffnet nur eine aus dem Verstoß resultierende Beschwer Rechtsmittel, und schon die Pflicht selbst hängt von einer möglichen Beschwer ab (→ Rn. 31); die gerichtliche Kontrolle findet daher jeweils inzident statt. → § 136 Rn. 83 ff.; Rogall in SK-StPO Vor § 133 Rn. 40 f.

39 BGH 18.10.1956 – 4 StR 278/56, BGHSt 10, 8 (12) = NJW 1957, 230 (231); BGH 31.5.1990 – 4 StR 112/90, BGHSt 37, 48 (51 f.) = NJW 1990, 2633 (2634); BGH 18.12.2008 – 4 StR 455/08, BGHSt 53, 112 (114 Rn. 9 f.) = NStZ 2009, 281 (282); Eisenberg BeweisR StPO Rn. 506 f.; Beulke StV 1990, 180 (181); eingehend Fincke ZStW 95 (1983), 918 (919 ff.).

40 OLG Hamm 7.5.2009 – 3 Ss 85/08, NStZ-RR 2009, 283 (284 ff.).

41 BayObLG 21.5.2003 – 2 ObOWi 219/03, NZV 2003, 435 mablAnm Th. Heinrich NZV 2004, 159; wie hier Roxin FS Schöch, 2010, 823 (836); Schmitt in Meyer-Goßner/Schmitt Einl. Rn. 77; weitergehend (einziger Anwesender im Tatzimmer; abl. zu BGH 27.5.2009 – 1 StR 99/09, NJW 2009, 2612) Ahlbrecht in Gercke/Julius/Temming/Zöller § 136 Rn. 6. Vgl. auch (zu anschließenden Maßnahmen) OLG Celle 30.11.2017 – 1 Ss 61/17, SVR 2018, 228 (230).

42 BGH 27.2.1992 – 5 StR 190/91, BGHSt 38, 214 (216, 218) = NJW 1992, 1463 f. entspr. der Vorlage des OLG Celle 26.3.1991 – 1 Ss 2/91, NStZ 1991, 403 f.; OLG Nürnberg 4.7.2013 – 2 OLG Ss 113/13, bei Burhoff StRR 2014, 99 (105); Geppert FS Schroeder, 2006, 675 (688).

43 BayObLG 2.11.2004 – 1St RR 109/04, NStZ-RR 2005, 175.

44 Vgl. Noltensmeier in Kotz/Rahlf BtMStrafR Kap. 5 Rn. 469.

45 Fezer JR 1992, 385 (387; Anm. zu BGH 27.2.1992 – 5 StR 190/91, BGHSt 38, 214 = NJW 1992, 1463.

eine Beschuldigung (insbes. nach § 113 StGB[46]) vorgebrachte Behauptung, der Polizist habe seinerseits eine Straftat begangen, zwingt hingegen noch nicht, diesen Polizisten als Beschuldigten zu behandeln.[47] Ist fraglich, ob das Verhalten der Ermittler als Inkulpation anzusehen ist, kann der Stärke des Verdachts indizielle Bedeutung zukommen; das Nichtbestehen einer Inkulpationspflicht hindert die Inkulpation indes in keiner Weise.

29 Es gibt keinen Grundsatz, nach dem eine möglichst **frühe Inkulpation** zu verlangen oder auch nur nahezulegen wäre.[48] Die Beschuldigtenstellung bietet zwar einigen Schutz, gleichzeitig aber insbes. bei schwerwiegenden Delikten auch Nachteile.[49] Gerade die Aussagefreiheit lässt sich gegenüber einem tatverdächtigen Zeugen bereits auf andere Weise wahren: Zwar besteht die Pflicht des Zeugen, zur Sache auszusagen, heute (vgl. → § 133 Rn. 6) nicht mehr nur vor dem Gericht und der StA (§§ 48 Abs. 1 S. 1, 161a Abs. 1 mit Sanktionsbewehrung in §§ 51, 70, 161a Abs. 2).[50] § 163 Abs. 3 S. 1 normiert nunmehr in seiner seit dem 24.8.2017 geltenden Fassung[51] eine weitergehende Erscheinens- und Aussagepflicht auch gegenüber Ermittlungspersonen der StA (§ 152 Abs. 1 GVG), insofern der Ladung dazu ein Auftrag der StA zugrunde liegt. Wenn Zeugen aussagen, genießen sie aber – vom Gesetzgeber ausdrücklich gewollt[52] – überall dieselben Rechte wie bei richterlichen Vernehmungen. Insbes. treffen auch die Polizei bei Zeugenvernehmungen zahlreiche Pflichten der §§ 48 ff., va ist die Polizei zur **Belehrung nach § 55 Abs. 2** verpflichtet (§ 163 Abs. 3 S. 2 – und ggü. Sachverständigen Abs. 6), sobald Anhaltspunkte für die Möglichkeit einer Selbstbelastung bestehen (im Zweifel zu Beginn der Vernehmung[53]). Obwohl die prozessuale Rolle des (noch) nicht inkulpierten „Tatverdächtigen" kein aliud gegenüber Zeugen- und Beschuldigtenstellung darstellt,[54] sondern Zeugenstellung bleibt, schafft das Gesetz selbst über die Rechte aus § 55 Abs. 1 und die Belehrungspflicht nach § 55 Abs. 2 einen besonderen Schutz tatverdächtiger Zeugen (beachte → Rn. 94 und → Rn. 128 f.). Der BGH betont zu Recht, dass der von hM und Rspr. verwendete „enge oder formale" Beschuldigtenbegriff nur deshalb bestehen kann, weil § 55 die Aussagefreiheit auch jenseits einer Beschuldigtenstellung schützt.[55]

30 Insbes. bei einer **größeren Zahl Tatverdächtiger** liegt es deshalb nahe, nicht voreilig alle zu inkulpieren, sondern sie zunächst nur nach § 55 Abs. 2 zu belehren und informatorisch zu befragen.[56] Es ist aber zulässig – und kann uU sogar geboten sein –, auch mehrere Personen hinsichtlich derselben Tat zu inkulpieren, selbst wenn sie nicht gleichzeitig Täter gewesen sein können.[57] So dürfen Anwesende am Unfallort grds. zunächst informatorisch befragt werden, während eine Person (ggf. auch zwei oder mehr), die sich als Fahrer des

[46] Zu Folgeproblemen einer Missachtung der Inkulpationspflicht für die Rechtmäßigkeit von Maßnahmen iSd § 113 StGB s. OLG Celle 23.7.2012 – 31 Ss 27/12, NJW-Spezial 2012, 600 f.

[47] H.-W. Schünemann DRiZ 1979, 101 (104); Schmitt in Meyer-Goßner/Schmitt Einl. Rn. 77.

[48] BGH 31.5.1990 – 4 StR 112/90, BGHSt 37, 48 (51 f.) = NJW 1990, 2633 (2634); BGH 15.9.2004 – 1 StR 304/04, NStZ-RR 2004, 368 f. mablAnm Trüg StraFo 2005, 202; aA Hellmann FS Kühne, 2013, 235 ff.

[49] BGH 18.7.2007 – 1 StR 280/07, NStZ 2008, 48 (49).

[50] Auch vor der teils noch recht jungen ausdrücklichen Normierung war die Rechtslage im Wesentlichen gleich, vgl. BT-Drs. 16/12098, 11 f. (zu § 48 Abs. 1 S. 2).

[51] Geändert mWv 24.8.2017 durch das G zur effektiveren und praxistauglicheren Ausgestaltung des Strafverfahrens vom 17.8.2017, BGBl. I 3202.

[52] BT-Drs. 16/12098, 26.

[53] Vgl. Rogall, Der Beschuldigte als Beweismittel gegen sich selbst, 1977, S. 189.

[54] Vgl. v. Gerlach NJW 1969, 776 (777); aA Müller-Dietz ZStW 93 (1981), 1177 (1220 ff.) mwN; näher dazu A. Schumann GA 2010, 699 (711) mN.

[55] BGH 26.5.1992 – 5 StR 122/92, BGHSt 38, 302 (306) = NJW 1992, 2304 (2305 f.); vgl. auch BGH 18.7.2007 – 1 StR 280/07, NStZ 2008, 48 (49) sowie BVerfG 8.10.1974 – 2 BvR 747/73, Rn. 18 ff., BVerfGE 38, 105 (113) = NJW 1975, 103 f. – Zeugenvertretung; entspr. v. Gerlach NJW 1969, 776 (777, 781); Grünwald BeweisR S. 78; s. auch Rogall MDR 1977, 978 (979); Rogall, Der Beschuldigte als Beweismittel gegen sich selbst, 1977, S. 61 ff., 150. Krit. zum Schutzumfang und für ein selbständiges Verwertungsverbot Bosch, Aspekte des nemo-tenetur-Prinzips, 1998, S. 251 ff. (259 ff.).

[56] Vgl. BGH 27.10.1982 – 3 StR 364/82, NStZ 1983, 86.

[57] Schmitt in Meyer-Goßner/Schmitt Einl. Rn. 78; Kohlhaas NJW 1965, 1254 (1255); H.-W. Schünemann DRiZ 1979, 101 (104); aA Gundlach in AK-StPO § 136 Rn. 8.

Tatfahrzeugs den Umständen nach besonders aufdrängt, aber gleich als Beschuldigte zu behandeln ist.[58]

31 Eine Pflicht zur Inkulpation besteht zudem erst, wenn konkretes Verhalten von der Beschuldigtenstellung abhängt (zB weil sie Belehrungspflichten auslöst und die Wahrheitspflicht als Zeuge beendet). Deshalb genügt es regelmäßig, wenn die Inkulpation im Zuge einer Maßnahme erfolgt, die sich gegen eine erst durch sie zum Beschuldigten werdende Person richtet (→ Rn. 26). Entsteht bzw. verfestigt sich der Tatverdacht während einer Maßnahme, ist darauf sofort zu reagieren. So ist die Fortsetzung einer **informatorischen Befragung** (→ Rn. 43) ab Entstehen der Inkulpationspflicht unzulässig, vielmehr muss nach § 136 bzw. § 163a Abs. 4 belehrt, also von der Zeugenvernehmung **zur Beschuldigtenvernehmung übergegangen** werden.[59]

32 **d) Zuständigkeit und Verbindlichkeit.** Für die Inkulpation zuständig – und ggf. zu ihr verpflichtet – ist jeweils derjenige, der über die konkret anstehende Maßnahme zu befinden hat. Das ist grds. die **StA** als Herrin des Ermittlungsverfahrens bzw. in ihrer Vertretung die Polizei. Im Rahmen von Maßnahmen, die er in eigener Verantwortung durchführt, ist auch der Ermittlungsrichter zur Inkulpation befugt – und ggf. verpflichtet –; er hat insbes. während Zeugenvernehmungen nach eigener Einschätzung und eigenem Ermessen zur Beschuldigtenvernehmung überzugehen und gem. § 136 zu belehren.[60] Auch Maßregeln nach § 70 werden dadurch – unabhängig davon, ob die StA die Einschätzung des Richters teilt – unzulässig.[61]

33 Ist die Inkulpation erfolgt, begründet das die Beschuldigtenstellung für dieses Verfahren **grds. irreversibel und verbindlich.** So hat der Ermittlungsrichter, bei dem die StA eine Beschuldigtenvernehmung beantragt, den Tatverdacht insoweit (anders als zB bei einer Entscheidung über den Haftbefehl) nicht selbst einzuschätzen, darf also nicht auf eine Zeugenvernehmung ausweichen.[62] Lediglich dort, wo eine Beschuldigtenstellung willkürlich begründet wurde, dürfen an sie so lange keine dem Betroffenen rechtlich nachteiligen Maßnahmen oder Folgen geknüpft werden (wie die Ladung zur Beschuldigtenvernehmung, die die Pflicht zum Erscheinen auslöst), wie die Inkulpation sich nicht aus einem späteren Stand der Ermittlungen noch rechtfertigt.

34 **3. Ende der Beschuldigtenstellung.** Die Beschuldigtenstellung **endet** erst mit dem Abschluss der Strafsache gegen den Beschuldigten (bzw. seinem Tod), dh mit der Einstellung des Verfahrens (oder der Nichteröffnung des Hauptverfahrens) bzw. dem rechtskräftigen Freispruch oder der rechtskräftigen Verurteilung.[63] Die aus einem Verfahrensverbund resultierenden erweiterten Wirkungen der Beschuldigtenstellung (→ Rn. 94) lassen sich indes bereits durch Trennung der Verfahren teilweise aufheben (→ Rn. 127 ff.).

35 Der BGH spricht der Beschuldigtenstellung **Nachwirkungen** zu. So soll das Zeugnisverweigerungsrecht von Angehörigen (§ 52) auch dann noch bestehen, wenn sie zu keinem der aktuellen Beschuldigten des Verfahrens in einer der in § 52 Abs. 1 aufgeführten Beziehungen stehen, aber zu einem ehemaligen Mitbeschuldigten und dieser von der Aussage noch aktuell betroffen wäre (→ § 52 Rn. 19 ff.).[64] Ferner → Rn. 130.

---

58 OLG Oldenburg 29.11.1966 – 1 Ss 261/66, NJW 1967, 1096 (1097 f.); OLG Stuttgart 13.9.1976 – 3 Ss (8) 306/76, MDR 1977, 70.

59 Zu hier noch offenen Problemfeldern s. Roxin JR 2008, 16 f.

60 Gleß in Löwe/Rosenberg § 136 Rn. 11; Schmitt in Meyer-Goßner/Schmitt § 136 Rn. 3; aA (Abbruch der Zeugenvernehmung, wenn Antrag der StA nicht bereits auf evtl. Fortsetzung als Beschuldigtenvernehmung gerichtet ist) Erb in Löwe/Rosenberg § 162 Rn. 32; Gundlach in AK-StPO § 136 Rn. 10; Nehm FS Meyer-Goßner, 2001, 277 (283).

61 BGH 28.2.1997 – StB 14/96, NStZ 1997, 398 f. mAnm Rogall.

62 Gleß in Löwe/Rosenberg § 136 Rn. 11; Schmitt in Meyer-Goßner/Schmitt § 136 Rn. 3; Nehm FS Meyer-Goßner, 2001, 277 (286).

63 OLG Hamm 17.1.1974 – 4 Ws 350/73, NJW 1974, 914 (915); Schmitt in Meyer-Goßner/Schmitt Einl. Rn. 81; Eisenberg BeweisR StPO Rn. 508; Rogall, Der Beschuldigte als Beweismittel gegen sich selbst, 1977, S. 24, 31.

64 Ignor/Bertheau in Löwe/Rosenberg § 52 Rn. 19.

III. Die Vernehmung des Beschuldigten

36 **1. Begriff der Beschuldigtenvernehmung.** Die **Vernehmung** ist eine Befragung, bei der der Vernehmende beim Vernommenen **in offizieller Funktion Auskunft sucht**[65] bzw. diesen anhört. Ein enger gefasster Begriff, der nur förmlich anberaumte Vernehmungen als solche bezeichnete und der („informatorischen") Befragung (→ Rn. 43) als aliud gegenüberstünde, wäre zwar für die §§ 133–135 weitgehend unschädlich, würde aber insbes. den Anwendungsbereich der gesetzlich geregelten Belehrungspflichten sinnwidrig verkürzen. Ein weiter verstandener Vernehmungsbegriff, der sämtliche Äußerungen erfasste, die ein Organ der Strafverfolgung (auch verdeckt oder indirekt) herbeigeführt hat (oder zumindest jede Befragung im Ermittlungsverfahren), könnte bzgl. der Aussagefreiheit brisante Situationen vielfach besser abdecken.[66] Gleichwohl ist der Rspr. zuzustimmen, dass der Begriff weder in der Allgemeinsprache noch in der StPO einen weiteren als den angegebenen Wortsinn hat.[67] Auch soweit bei Gelegenheit einer Beschuldigtenvernehmung zusätzliche Maßnahmen durchgeführt werden (zB eine Gegenüberstellung, vgl. § 58 Abs. 2, Nr. 18 RiStBV), sind diese nicht Teil der Vernehmung.[68]

37 Das Festhalten am überkommenen **Vernehmungsbegriff präjudiziert keine Grenzen der Beschuldigtenrechte** (→ Rn. 2 f., → § 136 Rn. 4 ff. und → § 136a Rn. 67 ff.);[69] außerhalb von Vernehmungen können gleiche, den Beschuldigten bzw. Zeugen schützende Regeln gelten. Soweit die Rechtsstellung des Beschuldigten verfassungsrechtlich geschützt wird, können dahinter zurückbleibende Regeln der StPO ohnehin nicht abschließend sein. Doch auch jenseits des verfassungsrechtlichen Schutzes gestalten die positiven Normen der StPO die Rechtsposition des Beschuldigten nicht abschließend. Es ginge einseitig zu Lasten des Beschuldigten, wenn man seine Ansprüche auf das geschriebene Recht beschränken, den Strafverfolgungsorganen jenseits des geschriebenen Rechts aber die freie Entscheidung über ihr Vorgehen anheimstellen würde. Gerade weil der historische, insbes. noch nicht in heutiger Weise an verdeckte Ermittlungen denkende Gesetzgeber seine Regelungen für vollständiger hielt, als sie sich heute erweisen, bestehen unbeabsichtigte Gesetzeslücken, die einer ausgewogenen inhaltlichen Füllung bedürfen.[70] Dazu bedarf es indes keiner Dehnung des Vernehmungsbegriffs.

38 Im Strafverfahrensrecht sind – den beiden persönlichen Beweismitteln des Strengbeweisverfahrens entspr. – drei Arten von Vernehmungen zu unterscheiden: Die Vernehmung von Zeugen (va §§ 48 ff.), die von Sachverständigen (va §§ 72 ff.) sowie diejenige des Beschuldigten, der kein Beweismittel, aber als Subjekt des Verfahrens zu vernehmen ist (→ Rn. 63, 118). Während Zeugen- und Sachverständigenstellung miteinander vereinbar sind,[71] **darf der Beschuldigte nicht als Zeuge** und nicht als Sachverständiger vernommen werden. Das bedeutet nicht, dass seine Aussage grds. geringeres Gewicht

[65] BGH 13.5.1996 – GSSt 1/96, BGHSt 42, 139 (145 f.) = NJW 1996, 2940 (2941); BGH 26.7.2007 – 3 StR 104/07, BGHSt 52, 11 (15 Rn. 16) = NJW 2007, 3138 (3139) mAnm Meyer-Mews; BGH 31.3.2011 – 3 StR 400/10, NStZ 2011, 596 (567 Rn. 8); BGH 6.3.2018 – 1 StR 277/17, NJW 2018, 1986 (1987) mAnm Jahn und Dorneck HRRS 2018, 510; Rogall in SK-StPO § 136 Rn. 14 ff.; Jäger in HK-GS § 136 Rn. 4, 35. Vgl. auch → Einl. D Rn. 283.

[66] Zu verschiedenen Fassungen insbes. eines „funktionalen" bzw. „materiellen" Vernehmungsbegriffs" s. Gleß in Löwe/Rosenberg § 136 Rn. 12, 91 ff.; A. Schumann, Verhör, Vernehmung, Befragung, 2016, S. 3 ff.; Roxin NStZ 1997, 18 (19); Renzikowski JZ 1997, 710 (713 ff.); („Anhörung des Bürgers gegen seinen Willen aus strafprozessualen Gründen") Gusy StV 1995, 449 (450; Anm. zu BGH 21.7.1994 – 1 StR 83/94, BGHSt 40, 211 = NJW 1994, 2904); Jahn in Heghmanns/Scheffler StrafVerf-HdB Kap. II Rn. 70.

[67] BGH 13.5.1996 – GSSt 1/96, BGHSt 42, 139 (145 f.) = NJW 1996, 2940 (2941).

[68] Vgl. Roxin/Schünemann StrafVerfR § 25 Rn. 2.

[69] Roxin NStZ 1995, 465; Bernsmann StV 1997, 116 (118; Anm. zu BGH 13.5.1996 – GSSt 1/96, BGHSt 42, 139 = NJW 1996, 2940); Dallmeyer StV 1997, 606 ff. Monografisch Doege, Die Bedeutung des nemo-tenetur-Grundsatzes in nicht von Strafverfolgungsorgangen geführten Befragungen, 2016.

[70] Näher zur Genese gerade von § 136 Degener GA 1992, 443 (455 ff.); zu historischer Entwicklung und Funktion der Vernehmung Rogall in SK-StPO § 136 Rn. 6 ff.

[71] Derselben Person können im selben Verfahren beide Rollen gleichzeitig oder nacheinander zukommen. Zum sachverständigen Zeugen → § 85 Rn. 2 ff. sowie → § 72 Rn. 17, 19 ff.

hätte – das Gericht würdigt und gewichtet auch sie, ohne dabei an feste Regeln gebunden zu sein (§ 261).[72] Der Beschuldigte hat indes wesentlich umfänglichere Rechte (vgl. nur → Rn. 6, 79 ff.), und an deren Ausübung darf er nicht gehindert werden. Ebenso wenig dürfen sie ihm vorenthalten werden; das ist gerade der Inhalt der Inkulpationspflicht (→ Rn. 28).[73]

Zweck der Beschuldigtenvernehmung ist neben anderen die Aufklärung der verfahrensgegenständlichen Geschehnisse im Sinne einer Wahrheitsfindung.[74] Diesen Zweck teilt sie mit der Zeugenvernehmung, unterscheidet sich von dieser aber insoweit, als die Interessen des Beschuldigten diesem Ziel gegenüber sehr viel stärker zu gewichten sind als die Interessen von Zeugen. Vor allem dient die Beschuldigtenvernehmung der **Gewährung rechtlichen Gehörs;**[75] eng damit verbunden ist auch die Funktion der Vernehmung, dem Beschuldigten diverse Mitteilungen zu machen (→ § 136 Rn. 10, 21, 23 f., 30, 45 sowie → § 133 Rn. 19).[76] Dieses Ziel spielt bei Zeugenvernehmungen meist nur eine nachrangige oder gar keine Rolle. 39

Vernehmungen erfolgen **mündlich** und **persönlich.**[77] In der Regel sind dabei alle Beteiligten im selben Raum präsent, aber auch eine Vernehmung mittels Übertragung von Bild und Ton ist analog § 58b möglich (§§ 136 Abs. 5, 163a Abs. 1 S. 2, → § 136 Rn. 53o f.). Der Beschuldigte darf sich zwar jederzeit auch schriftlich äußern (→ § 136 Rn. 39) und über seinen Verteidiger zur Sache einlassen, beides fällt aber nicht unter den Vernehmungsbegriff.[78] Über die Aussage des Beschuldigten können uU – in der Hauptverhandlung nach § 254 – indirekte Beweise erhoben werden (insbes. durch Verlesung der Niederschrift oder durch Zeugenvernehmung der Vernehmungsperson), auch das sind indes keine Formen der Beschuldigtenvernehmung. Im Rahmen der Beschuldigtenvernehmung ist es hingegen möglich, dem Beschuldigten **Schriftstücke** – insbes. Niederschriften seiner früheren Vernehmungen – **vorzuhalten,** dh ihr Inhalt wird ihm mitgeteilt und er dazu befragt.[79] Inhalt der Aussage bzw. Gegenstand der Beweisaufnahme wird dabei aber nur die aktuelle Äußerung des Beschuldigten; der Inhalt der Schriftstücke wird nur insoweit aufgenommen, als die aktuelle Äußerung sich bestätigend darauf bezieht.[80] Ein Vorhalt ist erst sinnvoll, nachdem der Beschuldigte Gelegenheit zu einer zusammenhängenden Äußerung zum Gegenstand der Vernehmung hatte (→ Rn. 54) und bereits zum Inhalt des vorzuhaltenden Dokuments Stellung genommen hat.[81] Eigene Notizen darf der Beschul- 40

---

72 Näher dazu die Kommentierung bei § 261; Ott in KK-StPO § 261 Rn. 56, 86.

73 BGH 3.7.2007 – 1 StR 3/07, BGHSt 51, 367 (370 ff. Rn. 19 ff.) = NJW 2007, 2706 (2707 ff.) mAnm Mikolajczyk ZIS 2007, 565 (566 f.).

74 Schmitt in Meyer-Goßner/Schmitt § 136 Rn. 14; (zur Hauptverhandlung) G. Hammerstein FS Middendorff, 1986, 111 ff.; aA eingehend Degener GA 1992, 443 (455 ff., insbes. 462); ähnlich (Ermöglichung der Verteidigung als alleiniger Zweck) Beckemper, Durchsetzbarkeit des Verteidigerkonsultationsrechts, 2002, S. 117 ff.; Eisenberg BeweisR StPO Rn. 510a.

75 Zum Vorrang des Verteidigungsinteresses vor der Sachaufklärung s. auch Gleß in Löwe/Rosenberg § 136 Rn. 57; Diemer in KK-StPO § 136 Rn. 1; Gundlach in AK-StPO § 136 Rn. 29; Rieß JA 1980, 293 (297), zum in dieser Doppelfunktion liegenden kommunikativen Spannungsverhältnis Kühne, Kommunikationsproblem, 1978, S. 105 ff. Näher zur Vereinbarkeit beider Zwecke Mahlstedt, Die verdeckte Befragung des Beschuldigten im Auftrag der Polizei, 2011, S. 52 ff. Eingehend zur Diskussion um beide Funktionen (und dabei die Aussagefreiheit betonend) Grünwald BeweisR S. 60 ff. Vgl. auch Jahn in Heghmanns/Scheffler StrafVerf-HdB Kap. II Rn. 62 ff.

76 Näher dazu Lesch ZStW 111 (1999), 624 (625 ff.).

77 Ausnahmen hiervon sieht § 186 GVG für hör- oder sprachbehinderte Personen vor. Zum geplanten Einsatz von Videokonferenztechnik bei polizeilichen Beschuldigtenvernehmungen (Entwurf von § 163a Abs. 1 S. 2 nF) s. BT-Drs. 17/1224.

78 Vgl. BGH 27.2.2007 – 3 StR 38/07, NStZ 2007, 349; Schmitt in Meyer-Goßner/Schmitt § 136 Rn. 15; Rogall in SK-StPO § 136 Rn. 23; anders für Fälle des § 233 BayObLG 18.11.1982 – 1 Ob OWi 237/82, BayObLGSt 1982, 156 = JZ 1983, 34* (nur Ls.).

79 Vgl. BGH 6.6.1952 – 1 StR 878/51, NJW 1952, 1027.

80 Vgl. BGH 8.4.1954 – 3 StR 725/53, BGHSt 6, 279 (281 f.) = NJW 1954, 1496 (1497); BGH 23.11.1954 – 5 StR 301/54, BGHSt 7, 73 f. = NJW 1955, 191; Kudlich/Schuhr in Satzger/Schluckebier/Widmaier StPO § 249 Rn. 32 ff.

81 BGH 4.11.1986 – 5 StR 381/86, NStZ 1987, 85 (86). Zur Protokollierung → § 136 Rn. 53 f.

digte hingegen von Anfang an verwenden und schriftlich vorbereitete Erklärungen vortragen.[82]

41 Gelegentlich ist die **schriftliche Befragung** eine Alternative zur Vernehmung. Die Beschränkung des Vernehmungsbegriffs auf mündliche Interaktion bedeutet keine Einschränkung der in §§ 136, 136a aufgeführten Rechte und Pflichten, sondern zeigt lediglich, dass das Gesetz diese Rechte und Pflichten nur fragmentarisch statuiert.[83] § 136 Abs. 1 selbst spricht von der Möglichkeit schriftlicher Äußerungen erst nach der Belehrung über die Aussagefreiheit und das Recht zur Konsultation eines Verteidigers. Wenn der Beschuldigte zu schriftlichen Äußerungen aufgefordert wird oder sie ihm explizit anheimgestellt werden, ist er daher schriftlich entspr. § 136 Abs. 1 zu belehren, wenn er nicht bereits im Zuge einer Vernehmung belehrt worden ist. Bzgl. § 136 Abs. 2 → § 136 Rn. 44 ff. Richtigerweise ist auch § 136a auf schriftliche Korrespondenz anzuwenden (→ § 136a Rn. 76), was insbes. ein Täuschungsverbot beinhaltet.

42 **2. Spontanäußerungen und informatorische Befragungen.** Tritt jemand von sich aus an eine Ermittlungsperson (bzw. StA o. Richter) heran und teilt ihr ungefragt Informationen mit, liegt eine sog **Spontanäußerung** vor, die mangels offizieller Veranlassung **nicht unter den Vernehmungsbegriff fällt.** Pflichten aus §§ 133–135 und § 136a wären schon deshalb gegenstandslos, weil gerade keine Einwirkung auf die Beweisperson stattfindet; Pflichten aus § 136 bzw. § 163a Abs. 4 wären für die Ermittlungsperson regelmäßig unerfüllbar. Zur Verwertbarkeit erlangter Informationen → § 136 Rn. 66. Die Situation einer Spontanäußerung ist kurz; sie ist beendet, sobald Interaktionen zwischen einer Ermittlungsperson und der Beweisperson stattfinden.[84] Sie ist daher beim (bereits inkulpierten) Beschuldigten grds. nicht vorstellbar und hemmt keine bereits zuvor bestehende Inkulpationspflicht.

43 Solange noch keine Inkulpationspflicht besteht, muss der Tatverdächtige auch ohne Inkulpation offiziell befragt werden dürfen; die Ermittlungsbehörden könnten einen Tatverdacht sonst evtl. gar nicht prüfen (ferner → Rn. 27).[85] Eine solche sog **informatorische Befragung** ist nichts anderes als eine Vernehmung[86] (→ Rn. 36; der BGH spricht auch von „informatorischer Vernehmung"[87]), aber **Zeugenvernehmung** und nicht Beschuldigtenvernehmung.[88] Spätestens wenn der Tatverdacht sich in ihr so weit verdichtet, dass eine Inkulpationspflicht entsteht, ist zur Beschuldigtenvernehmung überzugehen und insbes. nach § 136 bzw. § 163a Abs. 4 zu belehren (→ Rn. 31).[89] Der Übergang findet indes nicht von selbst statt; ohne Inkulpation[90] wird die Zeugenvernehmung rechtswidrig (mit Folgewirkungen (insbes. → § 136 Rn. 61 und → § 136a Rn. 44)), bleibt jedoch Zeugenvernehmung.[91] Zur Verwertbarkeit rechtmäßig erlangter Informationen → § 136 Rn. 66 f.

44 **3. Modalitäten der Beschuldigtenvernehmung. a) Vernehmungspersonen.** Im **Ermittlungsverfahren** ist die **StA** das primäre Vernehmungsorgan (§§ 160, 163a Abs. 1–

[82] Vgl. BGH 9.1.1953 – 1 StR 623/52, BGHSt 3, 368 f. = NJW 1953, 673.

[83] Vgl. dazu (mit Blick auf die Hauptverhandlung) Eisenberg/Pincus JZ 2003, 397 ff.

[84] Vgl. BGH 9.6.2009 – 4 StR 170/09, NJW 2009, 3589; Fezer StV 1990, 195 (kritAnm zu BGH 27.9.1989 – 3 StR 188/89, NJW 1990, 461).

[85] Vgl. BGH 27.10.1982 – 3 StR 364/82, NStZ 1983, 86; Kohlhaas NJW 1965, 1254 (1255).

[86] BGH 27.2.1992 – 5 StR 190/91, BGHSt 38, 214 (227) = NJW 1992, 1463 (1466); Haubrich NJW 1981, 803 f.; eingehend Grosjean, Beschuldigteneigenschaft, 1999, S. 93 ff.; anders zB BayObLG 19.7.1996 – 1 St RR 71/96, NJW 1997, 404 (405); v. Gerlach NJW 1969, 776 (778).

[87] BGH 23.5.2002 – 3 StR 53/02, BGHR StPO § 467 Abs. 3 Verschweigen 1.

[88] Schmitt in Meyer-Goßner/Schmitt Einl. Rn. 79; pointiert gegen eine Ausdehnung des Selbstbelastungsschutzes Verrel, Selbstbelastungsfreiheit, 2001, S. 137 ff. (145), 284 f. Eingehend Beckemper, Durchsetzbarkeit des Verteidigerkonsultationsrechts, 2002, S. 80 ff. (101 ff.).

[89] BGH 30.4.1968 – 1 StR 625/67, BGHSt 22, 129 (132) = NJW 1968, 1388 (1389). Vgl. auch (Frage zu Konsum von Cannabis bei Anfangsverdacht einer OWi nach § 24a StVG) OLG Hamm 31.3.2020 – 4 RBs 114/20, (verkürzt in) NZV 2021, 162 mAnm Krenberger.

[90] Dazu, dass diese sich indes gerade hier oft aus den Umständen ergeben wird, Geppert FS Oehler, 1985, 323 (336 f.).

[91] Lenckner FS Peters, 1974, 333 (341); anders zB Salger, Das Schweigerecht des Beschuldigten, 1998, S. 52.

3), die §§ 133–136a finden für sie entspr. Anwendung (§ 163a Abs. 3 S. 2). Praktisch – und der gesetzgeberischen Intention entspr. – werden Beschuldigte aber primär von **Polizeibeamten** als Ermittlungspersonen der StA vernommen (§ 152 Abs. 1 GVG). Hier gilt § 163a Abs. 4 mit Verweis auf § 136 Abs. 1 S. 2 bis 6, Abs. 2 bis 5 und § 136a. Auf Antrag der StA vernimmt der **Ermittlungsrichter** (§ 162; Nr. 10 RiStBV), für den §§ 133–136a unmittelbar anwendbar sind. Auf evtl. Beweiserhebungen im Zwischen- und Ermittlungen im Klageerzwingungsverfahren sind die §§ 133–136a über § 202 S. 1 bzw. § 173 Abs. 3 ebenfalls anzuwenden.

Die **Gerichtshilfe** – auch die Jugendgerichtshilfe (§ 38 JGG) – handelt im Rahmen von § 160 Abs. 3 S. 2 – ähnlich wie die Polizei – für die StA, kann daher vernehmen und muss §§ 136 Abs. 1, 136a befolgen.[92] Der **Bewährungshelfer** (§ 56d) hingegen nimmt keine Verfahrenshandlungen vor, vernimmt insbes. nicht.[93] Mit Blick auf mögliche künftige Verfahren gegen denselben Beschuldigten, die Aufgaben der Bewährungshilfe und das dabei förderliche Vertrauensverhältnis wäre auch viel eher an eine Erweiterung (de lege ferenda) von § 53 als an eine Anwendung der §§ 136, 136a zu denken. 45

Sachverständige vernehmen nicht (beachte indes → Rn. 50);[94] der Beschuldigte muss vor ihnen auch nicht erscheinen.[95] Gleichwohl treten sie dem Beschuldigten in offiziell beauftragter Funktion von Seiten der StA bzw. des Gerichts gegenüber. Soweit der Beschuldigte bereits anderweitig über seine Aussagefreiheit belehrt wurde, ihm der Gegenstand des vom Sachverständigen zu erstattenden Gutachtens bekannt ist und der Sachverständige nur Befundtatsachen erhebt, die über sein Gutachten in die Hauptverhandlung eingeführt werden, ist eine neuerliche Belehrung über die Aussagefreiheit vor dem Sachverständigen zwar nicht vorgeschrieben, aber gute Praxis.[96] Ferner bestehen aus § 136a keine kategorischen Vorgaben, die eine lege artis erfolgende Untersuchung mit standardisierten Testverfahren ausschließen würden, auch wenn etwa ein psychologischer Test Täuschungen beinhaltet; vielmehr ist die Zulässigkeit der Untersuchung jeweils in einer Gesamtbetrachtung zu beurteilen.[97] Soweit der Sachverständige indes Zusatztatsachen erhebt (und damit den Gegenstand seiner Untersuchung über den urspr. angekündigten Gegenstand hinaus ausdehnt), muss eine erneute Belehrung nach § 136 Abs. 1 erfolgen,[98] und der Beschuldigte darf über den Gegenstand der Untersuchung nicht im Unklaren gelassen werden.[99] 46

b) Anwesenheitsrechte und Anwesenheitspflichten. Die **Verteidiger** des Beschuldigten haben bei der Vernehmung ein Anwesenheits- und Mitwirkungsrecht (§ 168c Abs. 1 bzw. § 137; ebenso Beistände eines Jugendlichen nach § 69 Abs. 3 S. 2 JGG); ein Anwesenheitsrecht hat auch der (ggf. vorläufige) **Verletztenbeistand** (§ 406g Abs. 2 S. 2 47

92 Schmitt in Meyer-Goßner/Schmitt § 136 Rn. 2.
93 Rogall in SK-StPO § 136 Rn. 30; Diemer in KK-StPO § 136 Rn. 3; mit beachtlichen Gründen gleichwohl für eine Belehrungspflicht analog § 136 Abs. 1 S. 2 Schipholt NStZ 1993, 470 (472).
94 BGH 6.9.1968 – 4 StR 339/68, NJW 1968, 2297 m. insoweit ablAnm Arzt JZ 1969, 438 f.; BGH 20.7.1995 – 1 StR 338/95, NJW 1998, 838 (839) mablAnm Eisenberg/Kopatsch NStZ 1997, 297; Ahlbrecht in Gercke/Julius/Temming/Zöller § 136 Rn. 4; Pfeiffer § 136 Rn. 1; aA (für intensive Befragung jenseits des Gutachtenauftrags) LG Oldenburg 6.7.1994 – SG 7/94, StV 1994, 646; (grds. Belehrung nötig) Gleß in Löwe/Rosenberg § 136 Rn. 3; Jäger in HK-GS § 136 Rn. 1; Roxin/Schünemann StrafVerfR § 25 Rn. 12.
95 Beachte aber → § 133 Rn. 19.
96 Vgl. BGH 6.8.1987 – 4 StR 333/87, BGHSt 35, 32 (35) = NJW 1988, 1223 (1224) mAnm Dörig NStZ 1988, 142; Monka in BeckOK StPO § 136 Rn. 3. Zur Pflicht des Sachverständigen, sich zu vergewissern, dass bereits eine Belehrung erfolgte, Spöhr NZV 1993, 334 (335).
97 → § 136a Rn. 12, 44 ff., 51 f., 76 f.
98 Rieß JA 1980, 293 (296); Schmidt-Recla NJW 1998, 800 (801); dies zumindest erwägend Schmitt in Meyer-Goßner/Schmitt § 136 Rn. 2; vgl. auch (Belehrungspflicht der Ermittler, nicht des Sachverständigen; die „ermittelten Indizien dürfen nur insoweit in den Prozeß eingeführt werden, als die den Auftraggeber verpflichtenden Formen eingehalten wurden") Fincke ZStW 86 (1974), 656 (673); (stets Belehrungspflicht der Strafverfolgungsorgane, die uU durch den Sachverständigen erfüllt werden kann) Rogall, Der Beschuldigte als Beweismittel gegen sich selbst, 1977, S. 193 ff.
99 → § 136a Rn. 41 ff. sowie (für eine entspr. Anwendung der Regeln über Vernehmungen) Weigend JZ 1990, 48 (49; Anm. zu BGH 29.6.1989 – 4 StR 201/89, BGHSt 36, 217 = NJW 1989, 2762).

und Abs. 4 S. 1). Gleiches gilt für die **StA** (bei richterlichen Vernehmungen aus § 168c Abs. 1, iÜ vernimmt sie selbst bzw. ist ggü. der Polizei weisungsbefugt). Alle zur Anwesenheit Berechtigten sind nach § 168c Abs. 5 S. 1 und 2 vom Termin zu benachrichtigen. Auch **ausländischen Vernehmungsbeamten** kann die Teilnahme und ggf. Mitwirkung gestattet werden.[100]

48 **Ehegatten,** Lebenspartner und – insbes. bei jugendlichen Beschuldigten – **gesetzliche Vertreter** können bereits im Vorverfahren als Beistand zugelassen werden (§ 149 Abs. 3). Gesetzliche Vertreter dürfen sich selbst wiederum eines Verteidigers bedienen (§ 137 Abs. 2). **Erziehungsberechtigte** des Beschuldigten haben nach § 67 JGG ein Anwesenheits- und Mitwirkungsrecht.[101]

49 Die **Jugendgerichtshilfe** ist zwar im Verfahren gegen Jugendliche so früh wie möglich heranzuziehen (§ 38 Abs. 3 S. 1 und 2 JGG), ihre Anwesenheit bei polizeilichen, staatsanwaltschaftlichen oder richterlichen Vernehmungen ist aber grds. nicht erforderlich – sie kann indes auch zu ihnen eingeladen werden. **Mitbeschuldigte** haben kein Anwesenheitsrecht. Eine gemeinsame Vernehmung mehrerer Beschuldigter ist zwar nicht unzulässig, wird sich aber nur selten anbieten.

50 **Sachverständige und Zeugen** dürfen vom Richter[102] zur Vernehmung hinzugezogen werden. Sachverständigen können Fragen nach § 80 Abs. 2 gestattet werden. Mit Zeugen ist eine Gegenüberstellung unter den Voraussetzungen von § 58 Abs. 2 zulässig; entspr. gilt für Mitbeschuldigte. Mit Ausnahme von Gefahr im Verzug (§ 165) bestehen dabei jeweils die Antragserfordernisse und Einschränkungen des richterlichen Ermessens nach § 162.

51 Die Zuziehung eines Urkundsbeamten der Geschäftsstelle als **Protokollführer** ist für richterliche Vernehmungen gesetzliche Regel (§ 168 S. 2). Ist der Beschuldigte der deutschen Sprache nicht hinreichend mächtig, muss ein **Dolmetscher** hinzugezogen werden (§§ 185 ff., insbes. § 187 GVG, bzgl. hör- oder sprachbehinderten Personen § 186 Abs. 2 GVG).[103] Dies gilt auch im Ermittlungsverfahren.[104]

52 **c) Zeitpunkt und Ablauf.** § 163a Abs. 1 ordnet an, dass vor dem Abschluss des Ermittlungsverfahrens grds. eine Beschuldigtenvernehmung stattzufinden hat (näher → § 133 Rn. 3 f., 15 und 19). Über den **Zeitpunkt** und evtl. Wiederholungen und Ergänzungen der Vernehmung entscheidet die StA (bzw. in ihrer Vertretung ihre Ermittlungspersonen) im Vorverfahren nach eigenem Ermessen. Nr. 6 und 8 sowie 209 Abs. 1 RiStBV legen für Antragsdelikte und namenlose Anzeigen einen späten Vernehmungszeitpunkt nahe. Die mehrfache Vernehmung von Jugendlichen soll vermieden werden (vgl. Nr. 19 Abs. 1 RiStBV zu Zeugen). Zu Anforderungen an förmliche **Ladungen** → § 133 Rn. 7 ff. Der Verteidiger ist von ihnen zumindest zu unterrichten (§ 168c Abs. 5 S. 1, ferner Nr. 108 RiStBV).

53 Es ist kein für alle Vernehmungen gleichförmiger **Ablauf** vorgeschrieben. Im Regelfall beginnt die Vernehmung indes mit der Feststellung der Identität des Beschuldigten (Vernehmung zur Person (→ § 136 Rn. 15 f.)), daran schließen sich die erforderlichen (und ggf. weitere zweckmäßige) Belehrungen, Hinweise und Mitteilungen an (→ § 136 Rn. 20–46), schließlich erfolgt – beim aussagebereiten Beschuldigten – die eigentliche Vernehmung zur Sache (einschließlich der Vernehmung zu seinen persönlichen Verhältnissen (→ § 136

[100] BGH 8.11.2006 – 1 StR 421/06, NStZ 2007, 344 mAnm Lagodny JR 2007, 260.
[101] Gleß in Löwe/Rosenberg § 136 Rn. 73.
[102] Zu StA und Polizei s. → § 161a Rn. 1 ff. bzw. → § 163a Rn. 1 ff.
[103] Vgl. auch Art. 2 Abs. 1 der RL 2010/64/EU des Europäischen Parlaments und des Rates vom 20.10.2010 über das Recht auf Dolmetschleistungen und Übersetzungen in Strafverfahren, ABl. 2010 L 280/1 sowie Erwägungsgrund 25 der RL 2012/13/EU (ABl. 2012 L 142/1). Näher Gleß in Löwe/Rosenberg § 136 Rn. 69 und Christl NStZ 2014, 376. Zu fremdsprachigen Vernehmungen s. V. Hoffmann/Mildeberger StraFo 2004, 412 f.; eine vertiefende Betrachtung auch im Lichte des unionsrechtlichen Diskriminierungsverbotes gibt Kulhanek, Die Sprach- und Ortsfremdheit von Beschuldigten im Strafverfahren, 2019, insbes. S. 311 ff.
[104] BVerfG 27.8.2003 – 2 BvR 2032/01, NStZ-RR 2004, 63 (64).

Rn. 4–51)). Über die Vernehmung ist ein **Protokoll** anzufertigen (§ 168 ff.), → § 136 Rn. 52 f.

54 § 69 gilt nicht für die Beschuldigtenvernehmung.[105] Der Beschuldigte muss daher nicht zwingend erst aufgefordert werden, sich zum Gegenstand der Vernehmung im Zusammenhang erschöpfend zu äußern, ehe er mit Fragen konfrontiert werden darf.[106] In der Regel wird sich das aber – aus denselben Gründen wie bei der Zeugenvernehmung – anbieten[107] und der Beschuldigte ist dazu nach § 136 Abs. 2 berechtigt.[108] Jedenfalls muss der Beschuldigte irgendwann im Rahmen der Vernehmung Gelegenheit zu einer **zusammenhängenden Stellungnahme** zur Anschuldigung erhalten[109] und darf dabei grds. selbst bestimmen, wie eingehend er sich mit den Anschuldigungen auseinandersetzt. IÜ verlangen der Respekt vor dem Beschuldigten und seinem Anspruch, als Subjekt am Verfahren mitwirken zu dürfen, ihn auch ansonsten nicht über Gebühr zu unterbrechen und in sinnvollem Zusammenhang zum aktuellen Thema stehende Ausführungen anzuhören, ernst zu nehmen und ggf. zu prüfen.[110]

55 **4. Rechtswirkungen.** Die Beschuldigtenvernehmung kann eigene Rechtswirkungen entfalten. So steht die Unterbrechung der **Verfolgungsverjährung** in den Fällen der § 78c Abs. 1 Nr. 1 bis 3 StGB in unmittelbarem Zusammenhang mit Vernehmungen des Beschuldigten (beachte → § 133 Rn. 4). In Ordnungswidrigkeitenverfahren begründet die Aktenzusendung an eine von mehreren gleichrangig zuständigen Verwaltungsbehörden nach Beschuldigtenvernehmung deren Vorzugszuständigkeit (§ 39 Abs. 1 S. 1 OWiG, entspr. Nr. 272 Abs. 3 RiStBV).

56 **5. Besondere inhaltliche Problemfelder.** Fragen der Vernehmungstaktik und **Vernehmungspsychologie** können hier grds. nicht abgedeckt werden.[111] Die folgenden praktischen Problemfelder, die den Themenkreis der §§ 136, 136a gerade im Vorfeld ihres Regelungsgehalts und jeweils mit besonderer Bedeutung für **Jugendliche**[112] beleuchten, seien aber zumindest angedeutet:

57 Um die Zwecke der Vernehmung (→ Rn. 39) zu erreichen, ist besonders sorgfältig auf die **Vermeidung von Missverständnissen** zwischen den Vernehmungspersonen und den Vernommenen zu achten. Schon die Pflicht zur Eröffnung des Tatvorwurfs (§ 136 Abs. 1 S. 1), das Täuschungsverbot (§ 136a Abs. 1 S. 1) und der Schutz des Einsichtsvermögens (§ 136a Abs. 2) zielen darauf ab. Wichtig sind zudem insbes. folgende Verhaltensmaximen:

58 **Verweise** auf andere Aussagen und Dokumente sind mit dem Vernommenen regelmäßig im Einzelnen durchzusprechen (vgl. für Angaben zur Person und BZR Nr. 13 Abs. 1 S. 3 und 4 RiStBV). Auch schwachen Anhaltspunkten für Missverständnisse ist nachzugehen. Zudem kann es für die Vernehmungsperson angezeigt sein, den Vernommenen um

---

[105] Schmitt in Meyer-Goßner/Schmitt § 136 Rn. 17.

[106] AA Rogall in SK-StPO § 136 Rn. 33; Wegemer NStZ 1981, 247 (248); Roxin/Schünemann StrafVerfR § 25 Rn. 8.

[107] Gleß in Löwe/Rosenberg § 136 Rn. 62; Diemer in KK-StPO § 136 Rn. 19; Ahlbrecht in Gercke/Julius/Temming/Zöller § 136 Rn. 37; Gundlach in AK-StPO § 136 Rn. 29; Wiesneth, Handbuch für das ermittlungsrichterl. Verfahren, 2006, Rn. 479 (§ 48 IV); Noltensmeier in Kotz/Rahlf BtMStrafR Kap. 5 Rn. 500; eingehend Eisenberg BeweisR StPO Rn. 583 ff.

[108] OLG Schleswig 3.5.1972 – 1 Ss 85/72, bei Ernesti/Jürgensen SchlHA 1973, 180 (186); Dahs Strafprozessrevision Rn. 277.

[109] BGH 9.12.1959 – 2 StR 265/59, BGHSt 13, 358 (361) = NJW 1960, 349 (350); 4.11.1986 – 5 StR 381/86, NStZ 1987, 85 (86).

[110] Vgl. Dencker StV 1994, 667 (675 f.); Lesch ZStW 111 (1999), 624 (645 f.).

[111] Zu Überblicken und wN (insbes. auf die wesentlich besser erforschte aber nur begrenzt übertragbare Situation beim Zeugen) s. Eisenberg BeweisR StPO Rn. 587 ff.; ferner (jeweils unter weitgehender Ausblendung der Verteidigungsfunktion der Vernehmung) Glatzel StV 1982, 283 (284 f.) sowie Geerds in Die Psychologie des 20. Jahrhunderts, Bd. XIV, 1981, S. 747 ff. (Vernehmungstechnik) und S. 763 ff. (Psychologie des Strafverfahrens). Vgl. auch Gundlach in AK-StPO Vor § 133 Rn. 2, 13 ff. Zur empirischen Fundierung s. Eisenberg JZ 1984, 912 (914 ff.; zur Beurteilung des Wahrheitsgehalts 961 ff.).

[112] Eingehend jeweils Eisenberg NStZ 1999, 281 ff. mN empirischer Untersuchungen.

die Wiederholung von Mitteilungen und Fragen zu bitten und selbst eine Paraphrase seiner Antwort zu geben, um das richtige Verständnis zu prüfen (vgl. insbes. zu **hörbehinderten Personen** Nr. 21 RiStBV). In Verfahren gegen **Ausländer** sind deren Sprachkenntnisse und ihr Bedürfnis nach einem Dolmetscher zu ermitteln und aktenkundig zu machen (Nr. 181 Abs. 1 RiStBV).

59 Beschuldigte sind oft um ein baldiges Ende der als **unangenehm** empfundenen Vernehmung bemüht. Die StPO unterstellt stillschweigend gleichwohl ihre Fähigkeit, dieses Nahziel den Belangen der Verteidigung unterzuordnen. Besonderen Schutz bietet sie hier nur in Extremfällen (§ 136a schützt vor Folter etc). Die genannte Fähigkeit ist bei Menschen aber sehr unterschiedlich ausgeprägt. Je hilfloser und ausgelieferter der Beschuldigte sich fühlt, desto größer wird grds. die Gefahr selbstbelastender Falschaussagen.[113] Den gleichen Effekt kann es haben, wenn der Beschuldigte die **prozessuale Bedeutung** seiner Vernehmung **nicht überblickt,** was auch bei geschäfts- und verhandlungserfahrenen Beschuldigten trotz Belehrung der Fall sein kann, solange sie die Ernsthaftigkeit des Tatvorwurfs und die Endgültigkeit strafrechtlicher Entscheidungen noch nicht erfasst haben.

60 Jeder Mensch konstruiert nachträglich Zusammenhänge, **überlagert Erinnerungen** und „baut sie um".[114] Daraus entsteht ua die Gefahr, dass der Vernehmende die Erinnerungen und Überzeugungen des Vernommenen durch seine Äußerungen (auch ungewollt) verändert. Das kann insbes. dazu führen, dass die Beteiligung an Tatserien in größerem Umfang zugestanden (und dann selbst geglaubt) wird, als sie tatsächlich erfolgte. Wie groß diese Gefahr ist, hängt insbes. von der Selbstsicherheit bzw. dem Misstrauen in die eigene Erinnerungsfähigkeit ab.

61 Diesen Effekten kann oft bereits dadurch **entgegen getreten** werden, dass – wie ohnehin geboten (→ Rn. 71 ff.) – der Beschuldigte respektvoll behandelt wird, man unnötige Drucksituationen vermeidet und die Transparenz des Verfahrens durch dazu nötige Erläuterungen erhöht.[115] Zudem sind Indizien für die genannten Problemfälle zu dokumentieren, damit sie zumindest bei der Interpretation und Würdigung des Ausgesagten berücksichtigt werden können. Nur so lässt sich neben der Aussage auch ihre Situation erfassen und eine Verzerrung möglichst vermeiden.[116]

IV. Die Aussage- bzw. Mitwirkungsfreiheit

62 **1. Gründe der Aussage- bzw. Mitwirkungsfreiheit. a) Partielle Begründungen der negativen Aussagefreiheit. aa) Selbstschädigungsaspekt.** Eine allgemeine Freiheit, keine **Handlungen zum eigenen Nachteil** vornehmen zu müssen, kann es in einem Gemeinwesen nicht geben. Für den Handelnden nachteiliges Verhalten ist typischer Inhalt von Pflichten. Das gilt für privatautonom begründete vertragliche Pflichten und im Hoheitsverhältnis gleichermaßen. Ähnlich wie sich die Parteien im Vertrag idR gegenseitig selbstschädigendes Verhalten versprechen, weil sie durch die Austauschbeziehung insg. Vorteile für beide Seiten erwarten, haben Bürger (auch der Beschuldigte) ein gemeinsames Interesse an einer effektiven und materiell richtigen Rechtspflege und darauf abzielenden rechtlichen Regeln. Allein unter dem Gesichtspunkt der Selbstschädigung ergibt sich daher keine tra-

[113] Dazu zB („Der Unschuldige hingegen redet häufig zu viel.") Dahs Strafverteidiger-HdB Rn. 248 und (mit Blick auf § 136a) Maisch StV 1990, 314 (315 ff.); s. auch Radbruch FS Sauer, 1949, 121, unter Verweis auf Goethe Egmont IV. Aufzug.

[114] Einen Überblick über Erinnerungsfehler uÄ geben Bender/Nack/Treuer Tatsachenfeststellung, 3. Aufl. 2007, S. 28–51 (Rn. 115 ff.); Geipel, Handbuch der Beweiswürdigung, 2008, § 23. Aus Perspektive der Begutachtung dazu Jansen, Zeuge und Aussagepsychologie, 2. Aufl. 2012, Rn. 480 ff.

[115] Zum Zusammenhang zwischen „asymmetrischer Beziehung während der Erstvernehmung" und Fragen der Vernehmungsfähigkeit (→ § 136a Rn. 18 f.) sowie der Rolle des Verteidigers, die Asymmetrie aufzuheben, s. Glatzel StV 1982, 283 (286 f.). Vgl. auch (zur Zeugenvernehmung) Krack NStZ 2002, 120 (122 f.). Ausf. zur Vernehmungslehre mN Bender/Nack/Treuer Tatsachenfeststellung, 3. Aufl. 2007, S. 185 (Rn. 705 ff.).

[116] Vgl. zur Bedeutung entspr. Zuverlässigkeit der Ermittlungsakten Schünemann StV 1998, 391 (394 f.); Artkämper Kriminalistik 2009, 417 (422 f.).

gende Begründung für die Aussagefreiheit.[117] Sie muss eine **spezifisch** auf das **Strafverfahren** (und ähnliche Verfahren, → Rn. 103) abstellende und ihre Reichweite darauf einschränkende Begründung haben.[118]

63 **bb) Nemo testis in re sua.** Die klassische Regel, dass vor Gericht niemand **Zeuge in eigener Sache** sein kann („nemo testis in propria causa/ in re sua"),[119] gilt im heutigen Strafrecht nur sehr eingeschränkt und trägt die Aussagefreiheit schon deshalb nicht: Zwar unterscheidet das Verfahrensrecht Beschuldigte und Zeugen (bzw. Parteien und Zeugen), und beide Stellungen schließen einander aus. Erstens sind in den Gegenstand des Verfahrens involvierte Personen aber keineswegs als Zeugen ausgeschlossen. Die Fähigkeit, im Strafverfahren Zeuge zu sein, hängt vielmehr bloß vom verfahrensförmlichen Umstand ab, nicht Beschuldigter (und nicht dessen gesetzlicher Vertreter) zu sein. Zweitens – und vor allem – hat eine Einlassung des Beschuldigten (auch ohne, dass er förmliches Beweismittel wäre) ganz erhebliche Bedeutung für die Überzeugungsbildung des Gerichts (oft eine noch stärkere als die zivilprozessuale Parteivernehmung).[120] Es ist gerade der **positive Aspekt der Aussagefreiheit,** dass der Beschuldigte sich von sich aus einlassen darf und Anspruch auf eine ernsthafte Auseinandersetzung mit seiner Einlassung hat (→ Rn. 118 ff.).[121] Dieser Anspruch wird über die Unschuldsvermutung und indirekt über die Entscheidungsregel des Zweifelssatzes **(„in dubio pro reo")** noch gestärkt.[122] Ein Grundsatz, nach dem der Beschuldigte nicht in eigener Sache aussagen dürfte, ist dem Strafverfahren also fremd.

64 **cc) Zwang und Ermittlungsbeamte.** In gleicher Weise können alle anderen negativen Begründungsansätze, die idR auf eine **drohende Selbstbelastung oder Zwang** fokussieren, der positiven Freiheit des Beschuldigten, aussagen zu dürfen, und damit seiner Subjektstellung im Verfahren nicht genügend gerecht werden. Erst recht scheitern daran Begründungen, die unmittelbar beim **Verhalten der Ermittlungsbeamten** ansetzen. Eine zureichende Begründung der Aussagefreiheit muss primär die Rechts- und Pflichtenstellung des Beschuldigten erklären; Verhaltensregeln für Strafverfolgungsbehörden und Gerichte dürfen erst als Konsequenzen daraus abgeleitet werden.

65 **b) Tragende Gründe und systematische Stellung.** Die folgende Aufstellung tragender Gründe erhebt keinen Anspruch auf Vollständigkeit. Sie zeigt aber auch so bereits, dass die Aussagefreiheit von ganz **unterschiedlichen Regelungszusammenhängen** (insbes. dem Beweisrecht [sogleich aa], dem Strafzumessungsrecht [bb] und allgemeinen Lehren prozessualer Beteiligung sowie der Subjektstellung [cc]) **notwendig vorausgesetzt** wird.[123]

66 **aa) Unschuldsvermutung und Tatnachweis.** Für jedes Rechtssubjekt gilt die Unschuldsvermutung (vgl. Art. 6 Abs. 2 EMRK; Art. 48 Abs. 1 GRCh). Diese ist von

---

117 Vgl. auch Pawlik GA 1998, 378 (379 ff.); ähnlich (und eingehend zu uU gleichwohl betroffenen Grundrechtspositionen) Böse, Wirtschaftsaufsicht und Strafverfolgung, 2005, S. 114 ff.

118 Das schließt Ähnlichkeit zu Prinzipien in anderen Teilen der Rechtsordnung nicht aus, vgl. Böse, Wirtschaftsaufsicht und Strafverfolgung, 2005 S. 173 f.

119 Vgl. Digesten 22.5.10 (Pomponius); Lenckner FS Peters, 1974, 333.

120 Eingehend zur „Beweisfunktion des Beschuldigten" Rogall, Der Beschuldigte als Beweismittel gegen sich selbst, 1977, S. 31 ff., 58 f. Ferner → Rn. 38 mwN sowie Dencker ZStW 102 (1990), 51 (54 f., 67 ff., 72 ff.).

121 Zu beiden Aspekten vgl. BGH 14.5.1974 – 1 StR 366/73, BGHSt 25, 325 (331 f.) = NJW 1974, 1570 (1571 f.); Eser ZStW 79 (1967), 565 (571 ff., rechtsvergleichend 578 ff.); G. Hammerstein FS Middendorff, 1986, 111 (insbes. 113); Rogall, Der Beschuldigte als Beweismittel gegen sich selbst, 1977, S. 59 f.; Grünwald BeweisR S. 59; Böse, Wirtschaftsaufsicht und Strafverfolgung, 2005 S. 166 ff. (169). Eingehend (passives und aktives Verteidigungsrecht) Petry, Beweisverbote, 1971, S. 37 ff., 54 ff. Ausf. zur „analytischen Theorie des subjektiven Rechts" Rösinger, Die Freiheit des Beschuldigten vom Zwang zur Selbstbelastung, 2018, S. 108 f., S. 116 ff.

122 Dazu, dass er so bzgl. Unterlassungsvorwürfen bislang noch nicht hinreichend gestärkt wird, s. Volk FS ARGE Strafrecht DAV, 2009, 885 ff.

123 Zur historischen Genese s. Rogall, Der Beschuldigte als Beweismittel gegen sich selbst, 1977, S. 67 ff.; Böse, Wirtschaftsaufsicht und Strafverfolgung, 2005, S. 150 ff. Dazu, dass die Aussagefreiheit sich in ihrer Entwicklung weit von ihren Wurzeln gelöst haben mag (zu Unrecht krit.) Wigmore Harvard Law Review 1891, 71 (72 ff.).

vornherein widerleglich und die Kriterien, nach denen sie widerlegt werden kann, gehören zur elementaren Inhaltsbestimmung der Unschuldsvermutung. Ihre Widerlegung setzt voraus, dass die **Tat „dem Beschuldigten"** in einem justizförmigen Verfahren **nachgewiesen** wird.[124] Die Unschuldsvermutung und der zu ihr gehörende Standard ihrer Widerlegung im Einzelfall beinhalten eine argumentative Position des Beschuldigten, die es ihm gestattet, sich die Tat ohne aktive Unterstützung der Beweisführung nachweisen zu lassen.[125] Das ist der **negative Teil der Aussagefreiheit.**

67 Er ist **argumentationstheoretisch notwendig:** Entweder der Nachweis kann ohne Zutun des Beschuldigten geführt werden, dann ist sein Beitrag ohnehin entbehrlich. Oder der Nachweis lässt sich nur unter Mitwirkung des Beschuldigten führen (insbes. durch sein Geständnis), dann ließe sich vor dieser Mitwirkung indes gar nicht feststellen, welche konkrete Mitwirkung geboten wäre (zB welches Geständnis genau abzulegen wäre). Durch eine gleichwohl verlangte konkrete Mitwirkung würde die Beweisführung zirkulär; sie wäre petitio principii des Abverlangten.

68 Während theoretisch-idealiter der Beschuldigte selbst durch die Beweisführung überzeugt werden müsste (dabei allerdings argumentativen Bindungen unterläge), muss reale Rechtspflege sich mit der Überzeugung eines unabhängigen (eben diesem Rationalitätsstandard unterliegenden) Gerichts begnügen. Für eine Einschränkung oder gar Ersetzung des Beschuldigten im die Entscheidung **vorbereitenden Dialog** (der Hauptverhandlung und ihren vorbereitenden Verfahren) besteht hingegen kein Grund. Daraus ergibt sich der **positive Teil der Aussagefreiheit.**

69 Aus dieser Begründung ergeben sich wesentliche **Unterscheidungen:** In der Beweisführung darf der Beschuldigte nicht instrumentalisiert werden (negative Aussagefreiheit), sich aber freiwillig an ihr beteiligen (positive Aussagefreiheit).[126] Dabei geht es zwar nicht nur um Aussagen, aber stets um die (zutreffende oder unzutreffende) **Darstellung von Tatsachen** bzw. ihren Nachweis (dh „den Fall"). Der Beschuldigte darf an der Beweisaufnahme und im Verfahren indes auch in ganz anderer Weise mitwirken; er darf zB die vorgelegten Beweise hinterfragen, bezweifeln, interpretieren und auch sonst mit ihnen argumentieren. In dieser **argumentativen Mitwirkung** ist er nicht nur ebenso frei wie in seinem Aussageverhalten, sie ist auch von seiner Entscheidung, zur Sache auszusagen oder zu schweigen, unabhängig. Gemeinsam lassen sich diese Befugnisse als **Mitwirkungsfreiheit** bezeichnen (→ Rn. 79 ff. und 118 ff., insbes. → Rn. 91).[127]

70 **bb) Geständnisfähigkeit.** Um Sanktionen (uU neben anderem zumindest auch) danach zuzumessen, welcher Einwirkung ein schuldiger Angeklagter zur Erreichung auf ihn bezogener Strafzwecke bedarf, ist seine Einstellung zur Tat von erheblicher Bedeutung (§§ 46, 46a StGB). Insbes. ein freiwilliges, reuegetragenes und va Anerkennung der Norm

---

[124] Deshalb ist sogar die Pflicht des Beschuldigten, bei entspr. Verdacht das Strafverfahren zu dulden, Ausfluss der Unschuldsvermutung.

[125] Vgl. EGMR (GK) 17.12.1996 – 19187/91, Rep. 1996–VI, § 68, ÖJZ 1998, 32 (33) – Saunders ./. Vereinigtes Königreich; EGMR 21.12.2000 – 34720/97, Rep. 2000–XII, §§ 40, 59 – Heaney & McGuinness ./. Irland; EGMR 21.4.2009 – 19235/03, § 60 – Marttinen ./. Finnland; EGMR 3.7.2012 – 6492/11, § 72 – Lutsenko ./. Ukraine; Grünbuch der Kommission der EU über die Unschuldsvermutung, KOM(2006), 174 endg., Ziff. 2.3 ff.; Meyer in Karpenstein/Mayer EMRK, 2012, Art. 6 Rn. 161 f.; Safferling/Hartwig ZIS 2009, 784 (787); Rzepka Fairneß, 2000, S. 182; ausf. zu weiteren Rechtsfolgen Stuckenberg, Untersuchungen zur Unschuldsvermutung, 1998, S. 67 ff.; s. ferner – insbes. mit Bezug auf das Grünbuch über die Unschuldsvermutung KOM(2006) 174 endg. – Meyer GA 2007, 15 (17 f.) sowie Esser in Sieber/Satzger/v. Heintschel-Heinegg Europäisches Strafrecht, 2014, § 53 Rn. 28, 93 f. Einschr. Rogall, Der Beschuldigte als Beweismittel gegen sich selbst, 1977, S. 109 ff.; Bosch, Aspekte des nemo-tenetur-Prinzips, 1998, S. 93 ff.; Böse, Wirtschaftsaufsicht und Strafverfolgung, 2005 S. 174 ff. (176, 178).

[126] Vgl. BGH 16.2.1954 – 1 StR 578/53, BGHSt 5, 332 (333 f.) = NJW 1954, 649 f.

[127] Zum Ausdruck vgl. BGH 22.12.1999 – 3 StR 401/99, BGHSt 45, 363 (365) = NJW 2000, 1426 (1427); krit. (für ein engeres Verständnis des nemo tenetur-Grundsatzes) Buchholz, Der nemo tenetur-Grundsatz, 2018, S. 302 ff.

ausdrückendes Geständnis lässt darauf wesentliche Rückschlüsse zu.[128] Die positive Aussagefreiheit ist Voraussetzung dafür, dass es überhaupt ein Geständnis geben kann. Die negative Aussagefreiheit ist Voraussetzung dafür, dass dieses Geständnis etwas über den Täter aussagt, denn ein Bekenntnis (zur Tat) setzt **Bekenntnisfreiheit** voraus. Wenn Geständnissen im Strafverfahren eine Bedeutung zugeschrieben werden soll, muss also positive und negative Aussagefreiheit bestehen.[129]

cc) Kommunikationsordnung. Der Beschuldigte ist als vollwertiges Mitglied der Rechtsgemeinschaft und insbes. als Kommunikationspartner zu respektieren (vgl. auch Nr. 4a RiStBV). Das Geschehene und die ggf. (erst noch) zu ziehenden strafrechtlichen Konsequenzen sind **mit** ihm zu erörtern. Dabei wird ihm (spätestens in der Anklage) ein Vorwurf gemacht und evtl. seiner Sicht der Tatsachen und der Rechtslage vehement widersprochen; das Strafverfahren findet **gegen** ihn statt. Wegen dieses Zielkonflikts bedarf es einer besonderen **Kommunikationsordnung,** und die §§ 133 ff. sind wesentlicher Teil einer solchen.[130] Sie machen va der staatlichen Seite Vorschriften darüber, wie die Grundlagen gemeinsamer Kommunikation in der Rechtsgemeinschaft dem Beschuldigten jederzeit offenzuhalten sind, selbst wenn sie zugleich gegenüber einem sie missachtenden Beschuldigten verteidigt werden müssen.[131] Es geht also um Respekt vor der Position des Beschuldigten, ohne dabei die offizielle Position aufzugeben,[132] dh kommunikative Toleranz und die ernsthafte Bereitschaft, sich ggf. von einer begründeten Gegenposition überzeugen zu lassen. 71

Diese Kommunikationsordnung hat etliche weitere Teile. So schützen die §§ 52, 252; 53 professionelle und innerfamiliäre Vertrauens- und Nähebeziehungen. Erst recht muss es dem Beschuldigten möglich sein, sich seiner **eigenen Person gegenüber loyal** zu verhalten.[133] Einsicht in das Tatverhalten kann Selbstwertgefühl und Selbstvertrauen schmälern, Ziel des Strafverfahrens ist das aber nicht, und die offizielle Seite darf es nicht forcieren.[134] Dies sichert die Aussagefreiheit und ergänzt so die genannten Vorschriften. 72

Durch eine Verurteilung wird dem Angeklagten die Schuld an einer Tat und ihren Folgen zugeschrieben, deren Gründe und Hintergründe regelmäßig nicht nur ihm, sondern auch anderen Personen und nicht selten der Allgemeinheit anzulasten sind.[135] Die „Bekräfti- 73

---

128 Näher (auch zu den in diesem Schluss liegenden Problemen) Dencker ZStW 102 (1990), 51 (56 ff., 65 ff., 75 ff.). Demgegenüber zur Praxis des taktischen Geständnisses D. Hammerstein StV 2007, 48 ff.

129 Vgl. dazu BGH 30.10.1951 – 1 StR 363/51, BGHSt 1, 387 (388) = NJW 1952, 152; 28.8.1997 – 4 StR 240/97, BGHSt 43, 195 (204) = NJW 1998, 86 (88); 3.3.2005 – GSSt 1/04, BGHSt 50, 40 (47 ff.) = NJW 2005, 1440 (1441 f.); Grünwald NJW 1960, 1941 (1942); Eb. Schmidt JR 1961, 71 (72; Anm. zu BGH 1.4.1960 – 4 StR 36/60, BGHSt 14, 189 = NJW 1960, 1212); H. Möller JR 2005, 314 (319 f.); Malek StV 2011, 559 (565 f.); Grünwald BeweisR S. 67; rechtsvergleichend (auch zu weiteren Fragen der Rechtsstellung des Beschuldigten) mit Österreich Seiler FS Peters, 1974, 447 (448 ff.); zu unautorisierten Geständnissen König NJW 2012, 1915 (1918 f.).

130 Vgl. Gleß in Löwe/Rosenberg § 136 Rn. 28 und § 136a Rn. 1. Zu deren linguistischer Analyse (Diskurs- bzw. Institutionsanalyse) s. L. Hoffmann, Kommunikation vor Gericht, 1983, passim (S. 363 ff.). Vgl. auch Gundlach in AK-StPO Vor § 133 Rn. 3 ff. sowie (Beweisrecht als Informationsordnung) Müssig GA 2004, 87 (94 ff.).

131 Vgl. dazu Pawlik GA 1998, 378 (380 ff.); Krack NStZ 2002, 120 (122 ff.); Kühne, Kommunikationsproblem, 1978, S. 66 ff. (inkl. 74 ff.). Näher zu kontradiktorischer, gerade nicht auf Konsensfindung angelegter Kommunikation im Strafverfahren B. Neuhaus StraFo 2003, 121 ff.; zur Frage der Vereinbarkeit beider Modi (bejahend) Jahn GA 2004, 272 (286 f.); zu verschiedenen Schichten dieser Kommunikation (Suche nach Wahrheit, gerechter Strafe und Frieden innerhalb der Rechtsordnung) Ostendorf DRiZ 1999, 63 (64 ff.).

132 Vgl. BGH 26.7.2007 – 3 StR 104/07, BGHSt 52, 11 (19 Rn. 27) = NJW 2007, 3138 (3140); Lesch ZStW 111 (1999), 624; Bottke FS Roxin, 2001, 1243 (1249, 1252 ff., 1258); Kühne, Kommunikationsproblem, 1978, S. 189 ff. (198, 207 f.). Zu Problemen konsens- und konflikttheoretischer Einordnung sowie Ambivalenzen der Subjektstellung des Beschuldigten Müller-Dietz ZStW 93 (1981), 1177 (1213 ff.). Zu Problemen, diesen Anforderungen auch nach gescheiterten Abspracheverhandlungen gerecht zu werden, s. statt vieler Salditt StV 2007, 275 f.

133 Vgl. H.-L. Günther GA 1978, 193 (194).

134 Vgl. („Grundsatz des guten Gesprächs") Otto GA 1970, 289 (297 f., 305).

135 Dazu pointiert Herdegen FS Richter II, 2006, 233 (240 ff.), dessen betont deterministische Überzeugung man nicht teilen muss, um dem angegebenen Befund zuzustimmen.

gung der Normgeltung" geht mit einer gewissen „Selbstgerechtigkeit der Rechtsgemeinschaft" einher, die die Augen vor eigenem Versagen gern verschließt. Wie weit dies (ebenso wie die Verfolgung gemeinschaftsbezogener Strafzwecke) als Buße für die Tat zumutbar ist, unterliegt keiner scharfen Grenzziehung, sondern bleibt immer problematisch. Deshalb gehört es notwendig zur Kommunikationsordnung des Strafverfahrens, dass der Beschuldigte sich dazu äußern und auch Fundamentalkritik an der jeweiligen Handhabung des Rechts üben darf. Diese **Artikulationsfreiheit** wird insbes. im letzten Wort des Angeklagten (§ 258 Abs. 2 Hs. 2, Abs. 3) gesichert. Auch sie gehört zur Mitwirkungsfreiheit.[136]

74 **c) Verfassungs- und menschenrechtliches Fundament. aa) Würde des Beschuldigten, Rechtsstaatlichkeit und faires Verfahren.** Die vorstehenden Überlegungen belegen, dass **Art. 2 Abs. 1** iVm **Art. 1 Abs. 1 GG** zu Recht als verfassungsrechtlicher Hintergrund der strafprozessualen Aussage- und Mitwirkungsfreiheit angesehen werden,[137] denn der Anspruch des Beschuldigten auf Achtung seiner Würde und Schonung seiner Handlungsfreiheit (sein allgemeines Persönlichkeitsrecht) ist einerseits ein zentraler Bestandteil aller angeführten Begründungen, andererseits droht bei einer Verletzung der Aussage- oder Mitwirkungsfreiheit auch eine Verletzung dieses Anspruchs. Weil dies ein objektiv-genereller Zusammenhang ist, ist auch das **Rechtsstaatsprinzip** des Grundgesetzes, das insbes. in **Art. 20 Abs. 3 GG** ausgedrückt wird, in die angeführten Begründungen involviert,[138] und beide Begründungen tragen in **allen repressiven staatlichen Verfahren** (→ Rn. 103).

75 Die Mitwirkungsfreiheit ist daher sowohl eine **subjektive Berechtigung** des Beschuldigten als auch ein **objektives Rechtsprinzip** des Strafverfahrens. Der erstere Aspekt wird oft in den Vordergrund gerückt. Das erklärt sich teilweise daraus, dass der Beschuldigte mit Rechtsmitteln seine eigene Verletzung rügt, weshalb diese Betrachtung obergerichtliche Entscheidungen dominiert. Zudem steht die subjektive Berechtigung im Mittelpunkt internationaler Menschenrechtsverbürgungen. Insbes. **Art. 14 Abs. 3 lit. g IPbpR** beinhaltet ein ausdrückliches Verbot des Selbstbelastungszwangs,[139] und **Art. 6 EMRK** garantiert die Mitwirkungsfreiheit als Teil des Anspruchs auf ein **faires Verfahren** (→ § 136a Rn. 6).[140]

76 Diese Dominanz in Rechtstexten und der Entscheidungspraxis bedeutet indes nicht, dass die subjektive Berechtigung systematisch Priorität hätte. Im Gegenteil sind die Anforderungen der §§ 136, 136a geradezu **archetypische Ausprägungen des Rechtsstaatsprinzips** und die objektiv-rechtliche Seite der Aussage- und Mitwirkungsfreiheit nicht minder bedeutsam als ihre subjektive. Rechtspraktisch gehen objektive und subjektive Seite ohnehin ineinander über: Der EGMR verschränkt beide gezielt, indem er von menschenrechtlichen

---

[136] Vgl. Böse, Wirtschaftsaufsicht und Strafverfolgung, 2005 S. 166 ff., 178 ff.

[137] Vgl. BVerfG 13.1.1981 – 1 BvR 116/77, Rn. 18, 23, BVerfGE 56, 37 (43, 47) = NJW 1981, 1431 f. – Gemeinschuldnerbeschluss mBspr Stürner NJW 1981, 1757; BGH 16.2.1954 – 1 StR 578/53, BGHSt 5, 332 (333 f.) = NJW 1954, 649 f.; Niese ZStW 63 (1951), 199 (228); Rogall, Der Beschuldigte als Beweismittel gegen sich selbst, 1977, S. 52 (s. aber auch S. 124 ff., 139 ff.). AA H.-L. Günther GA 1978, 193 (195 ff.); differenzierend Kühne, Beweisverbote und Art. 1 I GG, 1970, S. 129 ff. Vor einer Überbetonung der „würderechtlichen Ableitung" warnt – nicht unberechtigt – Verrel NStZ 1997, 361 (364); vgl. auch H. Möller JR 2005, 314 (317 ff.).

[138] Vgl. auch BVerfG (K) 25.1.2022 – 2 BvR 2462/18, Rn. 50, StV-S 2022, 45; BGH 14.6.1960 – 1 StR 683/59, BGHSt 14, 358 (364) = NJW 1960, 1580 (1582); 17.3.1983 – 4 StR 640/82, BGHSt 31, 304 (308) = NJW 1983, 1570 (1571); 21.7.1998 – 5 StR 302/97, BGHSt 44, 129 (134) = NJW 1998, 3506 (3507). Krit. dazu (letztlich Recht auf informationelle Selbstbestimmung) Nothhelfer, Die Freiheit von Selbstbezichtigungszwang, 1989, S. 9 ff., 77 ff., 109; vgl. auch Böse GA 2002, 98 (118 ff., 127).

[139] S. dazu Rogall, Der Beschuldigte als Beweismittel gegen sich selbst, 1977, S. 116 ff.; zu den Grenzen der daraus gewinnbaren Argumente Bosch, Aspekte des nemo-tenetur-Prinzips, 1998, S. 24 ff.

[140] Näher Meyer in Karpenstein/Mayer EMRK, 2012, Art. 6 Rn. 127 ff.; Rogall in SK-StPO Vor § 133 Rn. 101 ff.; St. Frommel/Füger StuW 1995, 58 (60 ff.); Matt GA 2006, 323 (326 f.); Rzepka, Fairneß, 2000, S. 82 f., 197, 387 ff., 417 ff.; Gaede, Fairness als Teilhabe, 2007, S. 290 ff., 312 ff. Zur Anerkennung des nemo tenetur-Grundsatzes im Unionsrecht und zur Stellung der Rechte der Verteidigung als fundamentale Grundsätze der Gemeinschaftsrechtsordnung s. EuGH 18.10.1989 – C-374/87, Rn. 29 ff. (insbes. 32), Slg. 1989, 3283 – Orkem mwN sowie Art. 48 Abs. 2 GRCh, s. dazu auch Esser in Sieber/Satzger/v. Heintschel-Heinegg Europäisches Strafrecht, 2014, § 53 Rn. 40 ff.

Ansprüchen auf rechtsstaatliche Verhältnisse ausgeht.[141] Gerade darauf läuft der nicht nur vom EGMR, sondern auch vom BVerfG formulierte Anspruch des Beschuldigten auf ein faires Verfahren hinaus. Der EGMR ordnet die Aussagefreiheit als **Kernstück des** von Art. 6 EMRK garantierten **fairen Verfahrens** ein,[142] welches das BVerfG als nach Art. 2 Abs. 1 iVm Art. 20 Abs. 3 GG geboten ansieht.[143] Zum Verhältnis der verfassungs- und menschenrechtlichen Vorgaben zum einfachen Recht → Rn. 9 f. Zu dadurch eröffneten **Rechtsbehelfen** → § 136a Rn. 7.

bb) Wahrheitsfindung. Aussagen, die unter Druck, Zwang oder Täuschung zustande kommen bzw. in dem Glauben gemacht werden, einer obrigkeitlichen Aufforderung, sich in bestimmter Weise zu erklären, Folge leisten zu müssen, sind in besonderer Weise **unzuverlässig.** In der Erinnerung an Hexenprozesse kann man sich dies eindringlich vor Augen führen.[144] Die Anforderungen an die justizförmige Weise des Zustandekommens von Beweismitteln und die Aussage- und Mitwirkungsfreiheit unterstützen daher auch die **prozessuale Wahrheitsfindung.**[145] Besonders unzuverlässiges Material soll als Grundlage richterlicher Überzeugungsbildung (§ 261) ausgeschlossen[146] und möglichst schon sein Zustandekommen verhindert werden; das Verwertungsverbot sichert dies ab (→ Rn. 19, 84, 88 und 97). 77

Dies ist Regelungsinhalt des „einfachen" Strafverfahrensrechts und zugleich verfassungsrechtlich geboten. Der Anspruch des Beschuldigten auf ein **faires Verfahren** gebietet nach der Rspr. des BVerfG, das Strafverfahren so auszugestalten, dass eine **„ungerechte Verurteilung"** möglichst ausgeschlossen wird.[147] 78

2. Negativer Aspekt der Aussage- und Mitwirkungsfreiheit (nemo tenetur). a) Verbot von „Zwang" zu aktiver Mitwirkung. Der Beschuldigte ist **nicht** verpflich- 79

---

141 Eingehend Schuhr NJW 2006, 3538 (3541).

142 EGMR (GK) 8.2.1996 – 18731/91, Rep. 1996–I, § 45, EuGRZ 1996, 587 (590) – John Murray ./. Vereinigtes Königreich; EGMR (GK) 17.12.1996 – 19187/91, Rep. 1996–VI, § 68, ÖJZ 1998, 32 (33) – Saunders ./. Vereinigtes Königreich; EGMR 3.5.2001 – 31827/96, Rep. 2001–III, § 64, NJW 2002, 499 (501) – J.B. ./. Schweiz. Vgl. dazu Weichbrodt, Der verbotene Beweis, 2012, S. 60 ff., 298 ff.; zurückhaltend Rogall, Der Beschuldigte als Beweismittel gegen sich selbst, 1977, S. 137 ff.; krit. Heubel, Der „fair trial", 1981, S. 32 ff., 141 ff.

143 BVerfG 14.6.2007 – 2 BvR 1447/05, 2 BvR 136/05, Rn. 82, BVerfGE 118, 212 (231) = NJW 2007, 2977 (2979) – Strafzumessungsfehler; BVerfG 15.1.2009 – 2 BvR 2044/07, Rn. 66 ff., BVerfGE 122, 248 (270 ff.) = NJW 2009, 1469 (1473) – Rügeverkümmerung. Vgl. zu Österreich (insbes. materielles Anklageprinzip) Müller EuGRZ 2002, 546 (547 ff.).

144 S. dazu Scheller NJW 2009, 705; Lesch StrafProzR Kap. 3 Rn. 48 ff.

145 Vgl. BGH 16.2.1954 – 1 StR 578/53, BGHSt 5, 332 (333 f.) = NJW 1954, 649 f.; ferner BVerfG 19.10.1983 – 2 BvR 859/83, NJW 1984, 428; H.-L. Günther GA 1978, 193 (199 ff.); Velten FS Grünwald, 1999, 753 (760); Amelung GS Schlüchter, 2002, 417 (419 ff.); Jahn JuS 2005, 1057 (1058); Eisenberg JR 2011, 409 (411; Anm. zu BGH 31.3.2011 – 3 StR 400/10, NStZ 2011, 596); eingehend Schilling, Illegale Beweise, 2004, S. 106 ff. (111); differenzierend Bosch, Aspekte des nemo-tenetur-Prinzips, 1998, S. 108 ff. AA bzw. einschr. Rogall ZStW 91 (1979), 1 (16) und Dencker, Verwertungsverbote, 1977, S. 37 ff. (40, 46), der zutreffend betont, dass Anhaltspunkte für die Zuverlässigkeit eines Beweismittels ein Verwertungsverbot nicht außer Kraft setzen. Vgl. zum prozessualen Wahrheitsanspruch auch Ostendorf ZIS 2013, 172 (174 f.).

146 Näher (insbes. zu § 136a) Gundlach in AK-StPO § 136a Rn. 3; Joerden JuS 1993, 927 f.; Krack NStZ 2002, 120 (121 f.); Peters StrafprozR S. 335; Kühne StrafprozR Rn. 890; (zu § 55 Abs. 2) Rudolphi MDR 1970, 93 (98); besonders pointiert Lesch ZStW 111 (1999), 624 (641).

147 BVerfG 26.5.1981 – 2 BvR 215/81, Rn. 64, BVerfGE 57, 250 (275) = NJW 1981, 1719 (1722) – V-Mann; BVerfG 14.6.2007 – 2 BvR 1447/05, 2 BvR 136/05, Rn. 81 ff., BVerfGE 118, 212 (231) = NJW 2007, 2977 (2979) – Strafzumessungsfehler; BVerfG 15.1.2009 – 2 BvR 2044/07, Rn. 66, BVerfGE 122, 248 (270) = NJW 2009, 1469 (1473) – Rügeverkümmerung; ähnlich EGMR (GK) 8.2.1996 – 18731/91, Rep. 1996–I, § 45, EuGRZ 1996, 587 (590) – John Murray ./. Vereinigtes Königreich; EGMR 20.10.1997 – 20225/92, Rep. 1997–VI, § 46, ÖJZ 1998, 629 (630) – Servès ./. Frankreich; EGMR 21.12.2000 – 34720/97, Rep. 2000–XII, § 40 – Heaney & McGuinness ./. Irland; EGMR 3.5.2001 – 31827/96, Rep. 2001–III, § 64, NJW 2002, 499 (501) – J.B. ./. Schweiz; EGMR 21.4.2009 – 19235/03, § 60 – Marttinen ./. Finnland. Zur Umkehrung dieses Arguments gegen den Beschuldigten s. (krit.) Wolter GS Meyer, 1990, 493 (505 ff.). Zur Abhängigkeit der „Wahrheit" von Interpretation und Kommunikation und resultierenden Fairnessgesichtspunkten s. Ransiek, Rechte des Beschuldigten, 1990, S. 78 ff.

tet, als **„Zeuge gegen sich selbst"** aufzutreten (nemo tenetur se ipsum accusare bzw. prodere; beachte indes → Rn. 63).[148] Das ist der wesentliche, namensgebende Inhalt der (negativen) Aussagefreiheit. Der Begriff kennzeichnet aber keine Grenzen der Berechtigung des Beschuldigten:

80 **aa) Zwangsverbot.** Nicht nur eine Pflicht zur Aussage besteht nicht. Von staatlicher Seite darf zur Erlangung einer Aussage auch kein **Zwang** gegen den Willen des Beschuldigten ausgeübt werden (vgl. § 343 StGB), und auf unter Verstoß gegen dieses Verbot erlangte Beweismittel darf im Tatnachweis grds. nicht zurückgegriffen werden.[149]

81 Die Rspr. geht bisweilen nur dann von einem Verstoß gegen die Aussagefreiheit aus, wenn **Zwangsmittel angewendet** wurden.[150] Das greift indes zu kurz. Schon wenn ein Gebot ausgesprochen wird, der Beschuldigte habe auszusagen, beinhaltet das eine Nötigung und damit Zwang in Form von vis compulsiva. Ein solches Gebot steht in unmittelbarem Widerspruch zum Grundsatz, dass der Beschuldigte nicht aussagen muss, und verletzt es in seinem Kern.[151] Dabei kommt es nicht darauf an, ob Zwangsmittel tatsächlich angewendet wurden, solange das Gebot **rechtsgültig** war (Beispiele → Rn. 105 ff.) **oder** der Beschuldigte nach Lage der Dinge ernsthaft mit tatsächlichem (auch rechtswidrigem) Einsatz von Zwangsmitteln (bzw. Sanktionierung) **zu rechnen hatte.** Erst wenn dann in einer Entscheidung gegen den Einsatz von Zwangsmitteln auch ein eindeutiger Dispens von allen Aussagegeboten liegt, ist die Aussagefreiheit nicht länger tangiert. Ansonsten müssen Pflichten, die die Aussagefreiheit beeinträchtigen, strafprozessual durch ein Verwendungsverbot kompensiert werden (→ Rn. 98 f., 106 f., 114 f.).

82 **bb) Zurechnungsregeln, Täuschung und (private) Dritte.** Das Zwangsverbot soll die ohne den Zwang bestehenden Handlungsalternativen und damit die **Willens-, Entscheidungs- bzw. Handlungsfreiheit** des Beschuldigten **sichern.**[152] Der **Zwangsbegriff** umfasst alle Maßnahmen mit dieser Wirkung.[153] Insbes. dürfen aus dem Schweigen des Beschuldigten grds. keine ihm nachteiligen Schlussfolgerungen gezogen werden (→ Rn. 120). Ferner können auch Täuschungen Zwangswirkung entfalten.[154] Die näheren Voraussetzungen und Gründe ergeben sich aus den folgenden Zurechnungsregeln, die später auch bzgl. der Begründung und Reichweite von Verwertungsverboten instruktiv sind (→ Rn. 97).

---

148 BGH 14.5.1974 – 1 StR 366/73, BGHSt 25, 325 (331) = NJW 1974, 1570 (1571).

149 EGMR (GK) 17.12.1996 – 19187/91, Rep. 1996–VI, § 68, ÖJZ 1998, 32 (33) – Saunders ./. Vereinigtes Königreich; EGMR 20.10.1997 – 20225/92, Rep. 1997–VI, § 46, ÖJZ 1998, 629 (630) – Servès ./. Frankreich; EGMR 21.12.2000 – 34720/97, Rep. 2000–XII, §§ 40, 55 – Heaney & McGuinness ./. Irland; EGMR 3.5.2001 – 31827/96, Rep. 2001–III, § 64, NJW 2002, 499 (501) – J.B. ./. Schweiz, EGMR (GK) 29.6.2007 – 15809/02 und 25624/02, Rep. 2007–III, §§ 40 (Parteivortrag), 46 ff., NJW 2008, 3549 (3550 f.) – O'Halloran & Francis ./. Vereinigtes Königreich.

150 Vgl. BVerfG 27.4.2010 – 2 BvL 13/07, wistra 2010, 341 (344 Rn. 58). Für Zwangsmittel oder Strafbarkeit auch Verrel NStZ 1997, 361 (362), 415 ff.

151 EGMR 21.12.2000 – 34720/97, Rep. 2000–XII, §§ 48, 55, 58 – Heaney & McGuinness ./. Irland.

152 Vgl. dazu und zur Entwicklung dieser Sichtweise in der Rspr. des EGMR Safferling/Hartwig ZIS 2009, 784 (786 ff.), zur Chronologische der Leitentscheidungen auch Wang, Einsatz verdeckter Ermittler, 2015, S. 34 ff.

153 Einschr. und die folgenden Fälle als „zwangsfrei" einordnend Verrel, Selbstbelastungsfreiheit, 2001, insbes. S. 105 ff., 284 f.

154 EGMR 5.11.2002 – 48539/99, Rep. 2002–IX, §§ 50 ff., JR 2004, 127 = StV 2003, 257 – Allan ./. Vereinigtes Königreich mAnm Gaede; eingehend dazu Esser JR 2004, 98 ff.; Engländer ZIS 2008, 163 (164 ff.); Renzikowski JR 2008, 164 (165 ff.; Anm. zu BGH 26.7.2007 – 3 StR 104/07, BGHSt 52, 11 = NJW 2007, 3138; Meyer in Karpenstein/Mayer EMRK, 2012, Art. 6 Rn. 137 ff.; dazu, dass nicht jede Täuschung zwangsgleiche Wirkung entfaltet EGMR (GK) 10.3.2009 – 4378/02, Rep. 2009, §§ 101 ff., NJW 2010, 213 (216) – Bykov ./. Russland; grds. Meurer FS Roxin, 2001, 1281 (1288 f.); entspr. Pauckstadt-Maihold in KMR-StPO § 136a Rn. 17; K. Bader JZ 1951, 123; Fezer NStZ 1996, 289 (290; Anm. zu BGH 20.12.1995 – 5 StR 680/94, NStZ 1996, 200; Rieß NStZ 1996, 505 (Anm. zu BGH 13.5.1996 – GSSt 1/96, BGHSt 42, 139 = NJW 1996, 2940); Roxin NStZ 1997, 18 ff.; Eidam, Die strafprozessuale Selbstbelastungsfreiheit, 2007, S. 110 ff. sowie (noch vor Erlass von § 136a) Niese ZStW 63 (1951), 199 (220); aA Rogall in SK-StPO Vor § 133 Rn. 131, 141; Rogall NStZ 2008, 110 (112; Anm. zu BGH 26.7.2007 – 3 StR 104/07, BGHSt 52, 11 = NJW 2007, 3138; Rogall HRRS 2010, 289 (291); Rogall, Der Beschuldigte als Beweismittel gegen sich selbst, 1977, S. 180 ff.

Nicht nur Prozesshandlungen müssen dem Beschuldigten zurechenbar sein, auch Mitteilungen können nur dann als seine (im Prozess oder zuvor gemachte) Aussage bzw. Äußerung angesehen und gewürdigt werden, wenn ihm ein entsprechender Entschluss und damit ein Kommunikationsakt **als Handlung zurechenbar** ist.[155] Resultiert das Verhalten (1) aus **unwiderstehlichem Zwang** – gab es zu ihm also keine Verhaltensalternative –, steht das grds. einer Zurechnung entgegen. Wem (2) die **Umstände** seines Verhaltens **unbekannt** sind, kann oft ebenso wenig final etwas Bestimmtes bewirken, wie wenn er unter unwiderstehlichem Zwang steht.[156] Insbes. wenn der Aussagende und der Vernehmende von unterschiedlichen Kontexten ihrer Äußerungen ausgehen, können sie sich dem anderen oft nicht verständlich machen. 83

§ 136a befasst sich in Abs. 1 und 2 mit beiderlei Zurechnungsausschlüssen: (Zu 1) Vor allem körperliche Eingriffe und Hypnose können ein bestimmtes Verhalten des Beschuldigten jeweils unwiderstehlich erzwingen. (Zu 2) **Täuschungen** und Beeinträchtigungen des Erinnerungs- und Einsichtsvermögens können die zur Steuerungsfähigkeit nötigen Vorstellungen und Kenntnisse hindern.[157] **§ 136** Abs. 1 S. 1 und Abs. 2 zielen ua darauf ab, ein Zurechnungshindernis, das sich aus der Unkenntnis des Tatvorwurfs (und damit des Gegenstandes des Verfahrens und der Vernehmung) ergeben könnte, nach Möglichkeit zu verhindern. Dabei wird wiederum eine Zurechnungsregel des zweiten Typs vorausgesetzt. § 136a Abs. 3 S. 2 spricht die **Rechtsfolge** der Unzurechenbarkeit einer Äußerung aus: Sie ist nicht verwertbar (streng genommen nicht einmal eine Aussage).[158] § 136a Abs. 3 S. 1 zieht die Konsequenz daraus, dass Zurechnungsregeln **nicht disponibel** sind (beachte dazu aber → § 136a Rn. 89 f., 97 sowie → § 136 Rn. 68 ff.). 84

Zu beiden Ausschlussgründen der Zurechnung gibt es Varianten, die zwar nicht die Zurechnung als Handlung ausschließen, wohl aber die **Zurechnung von Verantwortung** für ihre Folgen. Dies sind einerseits (3) **psychische Zwangswirkungen,** welche die Auswahl unter bestehenden Verhaltensalternativen zwar nicht ausschließen, aber erheblich hemmen, andererseits (4) die **Unkenntnis maßgeblicher Regeln,** die ein regelkonformes Verhalten bzw. die Nutzung rechtlicher Möglichkeiten zwar nicht ausschließt, aber dem Zufall unterwirft, seine Steuerung also wiederum hemmt.[159] Ein faires Verfahren setzt hinreichende Möglichkeit zu voll zurechenbarer Mitwirkung des Beschuldigten voraus und darf ihn nur an von ihm verantworteten Folgen seines Verhaltens festhalten.[160] 85

Soweit **§ 136a** Abs. 1 und 2 nicht Gründe behandeln, die die Zurechnung des Beschuldigtenverhaltens als Handlung schlechthin ausschließen, befassen sie sich mit psychischen Zwangswirkungen (oben 3), die einer Zurechnung von Verantwortung entgegenstehen, und § 136a Abs. 3 zieht daraus dieselben Konsequenzen wie bei unmittelbarem Zwang. **§ 136** Abs. 1 S. 2 bis 6 beschäftigen sich (va) mit der Unkenntnis des Beschuldigten von rechtlichen Regeln (oben 4). Bestimmte Rechtsirrtümer und daraus resultierende Zurechnungsdefizite sollen möglichst vermieden werden. Neben Mängeln der Zurechenbarkeit von Verhalten des Beschuldigten im Verfahren stehen Fälle des Transfers von Beweismitteln aus anderen Verfahren. Sie können einerseits auch unter dem Gesichtspunkt der Zurechen- 86

---

[155] Ransiek, Rechte des Beschuldigten, 1990, S. 54 ff.; vgl. auch Hassemer in Lüderssen, Aufgeklärte Kriminalpolitik, Bd. I, 1998, S. 350 (364 f.).

[156] S. dazu nachdrücklich Bernsmann StV 1997, 116 (118; Anm. zu BGH 13.5.1996 – GSSt 1/96 BGHSt 42, 139 = NJW 1996, 2940).

[157] Vgl. Joerden JuS 1993, 927 (929 f.).

[158] Vgl. Kleinknecht NJW 1966, 1537 (1543).

[159] Vgl. BGH 14.5.1974 – 1 StR 366/73, BGHSt 25, 325 (331 f.) = NJW 1974, 1570 (1571 f.).

[160] Vgl. („steht hinter der Aussage nicht mehr die ganze Persönlichkeit") Kleinknecht NJW 1966, 1537 (1543). Dazu passend spricht die Rspr. – insbes. mit Bezug auf die spätere Verlesbarkeit einer Niederschrift und die Verjährungsunterbrechung nach § 78c Abs. 1 Nr. 1 StGB – von einer „verantwortlichen Vernehmung", deren Inhalt der Beschuldigte und deren Form der Vernehmende verantwortet; fehlt es daran, kann das Geschehen nur als Anhörung angesehen und ein Vermerk darüber aufgenommen werden (BGH 25.4.1990 – 3 StR 483/89, BGHR StGB § 78c Abs. 1 Nr. 1 Bekanntgabe 1; BGH 13.1.2009 – 4 StR 301/08, juris Rn. 20, 25; vgl. auch RG 2.3.1899 – 109/99, RGSt 32, 72 (74 ff.) sowie Nr. 181 Abs. 1 RiStBV).

barkeit jenes Verhaltens im Hinblick auf bereits absehbare Strafverfahren betrachtet werden (dazu sogleich → Rn. 103 ff.). Andererseits gibt es aber auch Fälle, in denen der spätere Beschuldigte zunächst in einem ganz anderen Verfahrenskontext unter anderen Regeln handelt, etwa bei präventiv-polizeilichen Maßnahmen, danach aber eine Übertragung ins repressive Verfahren im Raum steht. Das macht die **Maßnahmen doppelfunktional**[161] und wirft Probleme der selbstbestimmten Mitwirkung am Strafverfahren, der Konsistenz der Verhaltensanforderungen und der Wahrung prozessualer Verfahrensrechte auf.[162] Je nach Fallgestaltung (äußere Zwangswirkungen, Irrtümer über den zu erwartenden weiteren Ablauf, psychische Zwangswirkung, Unkenntnis der später maßgeblich werdenden Regeln) ergeben sich hier wiederum Zurechnungsprobleme der eben dargestellten Arten.

87 Diese oder ähnliche Zurechnungsregeln[163] liegen letztlich jeder rechtlichen Anknüpfung an menschliches Verhalten und Verantwortung zugrunde (zB auch §§ 116 ff., 123 BGB). Im materiellen Recht ist das System derartiger Zurechnungsregeln weiter ausgearbeitet[164] als im Verfahrensrecht: Den Handlungsausschluss durch (1) unwiderstehlichen Zwang setzt das Gesetz ungeschrieben voraus, den (2) Tatsachenirrtum behandelt es insbes. in §§ 15, 16 StGB. Den Verantwortungsausschluss wegen (3) psychischen Zwangs betreffen va §§ 20, 33 und 35 StGB, denjenigen in Folge von (4) Rechtsirrtümern schließlich § 17 StGB. Dabei wird auch deutlich, dass Zurechnungsregeln die jeweilige Handlung nicht allgemein, sondern mit Blick auf ein bestimmtes Ziel (bzw. Zweck) der Handlung betrachten;[165] so kann zB dasselbe Verhalten bzgl. eines Deliktstatbestands vorsätzlich und bzgl. eines anderen unvorsätzlich sein. (Ferner treten dort – soweit der Tatbestand einen Erfolgseintritt voraussetzt – Regeln über die „objektive" Zurechnung eines Ereignisses als vom Täter auf Grund seines zurechenbaren Verhaltens zu verantwortender Erfolg hinzu.[166]) Für Aussagen des Beschuldigten gibt es wegen seiner Aussagefreiheit zwar keine den Deliktstatbeständen entsprechenden Vorgaben. Auch hier wirken Zurechnungshindernisse aber **nicht pauschal.** Vielmehr ist zu prüfen, ob sie gerade dem vom Aussagenden angestrebten konkreten Ziel entgegenstanden oder ihn hinderten, sich ein solches Ziel selbstbestimmt zu setzen. Insbes. Täuschungen haben daher regelmäßig nur eine thematisch **begrenzte Wirkung** (→ § 136a Rn. 43).

88 Wenn die Beweisperson ihre Äußerung (oder anderes Verhalten) nicht zu verantworten hat, **fehlen die Grundlagen einer** rationalen Interpretation und **Würdigung** (→ Rn. 77 ff.); deshalb ist sie nicht als Beweismittel verwertbar.[167] Der Zurechnungsausschluss hängt allein davon ab, dass tatsächlich Handlungsalternativen fehlten, nicht erkannt

---

161 Vgl. dazu auch Gleß in Löwe/Rosenberg Rn. 17.

162 BGH 26.4.2017 – 2 StR 247/16, BGHSt 62, 123 = NJW 2017, 3173 (Rn. 43 ff.) mAnm Brodowski JZ 2017, 1124 und Bespr. Albrecht HRRS 2017, 454; Gleß in Löwe/Rosenberg Rn. 17; Jäger in HK-GS Rn. 50. Vgl. ferner BGH 10.6.2015 – 2 StR 97/14, BGHSt 60, 276 = NJW 2016, 91 (Rn. 20 ff.) mBespr Jahn/Kudlich JR 2016, 54; EGMR 23.10.2014 – 54648/09, §§ 46 ff. (insb. §§ 55 ff.), JR 2015, 81 ff. mAnm Petsche – Furcht ./. Deutschland.

163 Eingehend und mit einem die Zurechnungsregeln weiter vereinheitlichenden Vorschlag Pawlik, Das Unrecht des Bürgers, 2012, S. 288–362. Zu Klassifikation und Kritik von Zurechnungsmodellen s. Koriath, Grundlagen strafrechtlicher Zurechnung, 1994, S. 98 ff. (und passim); vgl. auch Hassemer in Lüderssen, Aufgeklärte Kriminalpolitik, Bd. I, 1998, S. 350 (354 f., 364, 370 ff.).

164 S. zur dort bereits Jahrhunderte währenden Tradition und der hier gewählten Systematisierung Hruschka Rechtstheorie 22 (1991), 449 (451 ff.). Eingehend auch Schaffstein, Die Allgemeinen Lehren vom Verbrechen, 1930, § 4 S. 37 f., § 13 S. 86 ff., § 15 S. 97, § 17 S. 109 ff., § 19 S. 135 ff., § 20 S. 149 ff., § 21 S. 155 ff.

165 Vgl. Honig FS Frank, 1930, Bd. 1, 174 (184, 195 f.).

166 Gerade darauf abstellend und daher zu eng Beckemper, Durchsetzbarkeit des Verteidigerkonsultationsrechts, 2002, S. 202 ff., 225 ff. Zur (auch hier zugrunde gelegten) Unterscheidung zwischen Zurechnungsfragen und anderen Rechtsfragen (insbes. der Frage der Rechtmäßigkeit) s. Frisch FS Roxin, 2001, 213 (235 f.).

167 Vgl. Kleinknecht StPO, 27. bis 36. Aufl., § 136a Rn. 2; Kleinknecht NJW 1966, 1537 (1543). Zur Unterscheidung von kompetenter (und daher interpretier- und rechtlich bewertbarer) Sinnsetzung und Sich-Ereignen von Natur (sei es auch durch Menschen) vgl. Jakobs, System der strafrechtlichen Zurechnung, 2012, S. 23 (ferner S. 20 ff., 59 ff., 90).

wurden bzw. eine gezielte Handlungsentscheidung beträchtlich gehemmt war. Der Vernehmende muss dafür **nicht verantwortlich** gewesen sein, erst recht nicht der Staat. Der Zurechnungsausschluss kann sogar von **(privaten) Dritten** bewirkt worden sein (→ § 136a Rn. 81 ff.).[168] Dass das Rechtsstaatsprinzip möglicherweise weniger tangiert ist, wenn Private handeln (ungeachtet der Frage, ob der Rechtsstaat auf „Vorarbeiten" zurückgreifen darf, die er nicht selbst hätte bewirken dürfen), steht dem nicht entgegen. Die Zurechnungsregeln sind zwar **keineswegs die einzigen Regeln** zum Schutz der Aussage- bzw. Mitwirkungsfreiheit (insbes. → Rn. 98 f.), der weitergehende Schutz schränkt die Zurechnungsregeln aber nicht ein. Neben der hier behandelten Zurechnung hat zudem eine ganz **andere Zurechnung** Bedeutung (die allerdings oft überbetont wird (→ § 136a Rn. 25 f.)): Dem Staat zurechenbares Verhalten unterliegt schärferen Regeln als reines Privatverhalten (→ § 136a Rn. 86).

Die Zurechnung wird nicht bereits dadurch gehindert, dass der Beschuldigte mit seinem **89**
Verhalten ein angestrebtes Ziel verfehlt, insbes. garantieren Zurechnungsregeln keinen taktischen Erfolg. Regeln, nach denen eine Zurechnung ausgeschlossen wird, gestatten ferner grds. **Ausnahmen,** wenn die Umstände, die zum Ausschluss der Zurechnung führen, vom Handelnden selbst zu verantworten sind (im materiellen Strafrecht kann etwa auf Fahrlässigkeit statt Vorsatz abgestellt werden, auf die Vermeidbarkeit eines Verbotsirrtums etc). Weil der Zurechnungsausschluss indes insbes. die **Wahrheitsfindung** schützt und eine Verantwortung des Täters für den Zurechnungsausschluss die Zweifel an der Verlässlichkeit der Äußerung regelmäßig nicht auszuräumen vermag, bleibt es in diesen Fällen bei der Unverwertbarkeit.

Hier zeigt sich, dass die „einfachrechtliche Aussagefreiheit" einen größeren Umfang **90**
und ihre Beschränkung weitergehende Konsequenzen haben muss, als sich aus der **Verfassungsdogmatik** momentan ableiten ließe (→ Rn. 10). Die Zurechnungsregeln gehören zwar zum Kern der rechtlichen Erfassung des handelnden Subjekts und können deshalb ihrerseits als in Art. 1 Abs. 1 und Art. 2 Abs. 1 GG verankert angesehen werden, sind aber weder von der bislang ausgearbeiteten Grundrechtsdogmatik noch der Dogmatik des Rechtsstaatsprinzips und der Verfahrensfairness vollständig umfasst, sondern müssen – zumindest im einfachen Recht – zusätzlich einbezogen werden.[169]

cc) (Negative) Mitwirkungsfreiheit. Die Bezeichnung „**Aussage**freiheit" knüpft **91**
nur an den Kern des von § 136 Abs. 1 S. 2 Hs. 1 vorausgesetzten Rechts an. Sie darf nicht dahingehend missverstanden werden, dass das Recht auf Aussagen beschränkt wäre.[170] Hinter § 136a steht ein allgemeines **„Verbot des Selbstbelastungszwangs"** (in der gerade dargestellten weiten Bedeutung von „Zwang" als Mangel an Selbstbestimmtheit[171]). Der Beschuldigte ist – abgesehen von der Pflicht, auf Ladung vor der StA bzw. dem Gericht zu erscheinen (→ § 133 Rn. 5 sowie → § 230) und im Zuge dessen Angaben zu seiner Person zu machen – grds. zu **keinen aktiven Handlungen** verpflichtet, die ihm strafprozessual zum Nachteil gereichen können.[172] So trifft ihn zB keine Herausgabepflicht nach § 95

168 Vgl. auch Rogall, Der Beschuldigte als Beweismittel gegen sich selbst, 1977, S. 207 f., 210 f.

169 Vgl. zum Verhältnis von Verfassungsrecht und Straf- bzw. Strafprozessrecht auch Schuhr RW 2012, 234 (235 ff.).

170 In diese Richtung aber Ransiek/Winsel GA 2015, 620 ff.

171 Vgl. dazu Mitsch NJW 2008, 2295 (2299).

172 BGH 9.4.1986 – 3 StR 551/85, BGHSt 34, 39 (46) = NJW 1986, 2261 (2263); 13.5.1996 – GSSt 1/96, BGHSt 42, 139 (152) = NJW 1996, 2940 (2942); 26.7.2007 – 3 StR 104/07, BGHSt 52, 11 (17 ff. Rn. 22 ff.) = NJW 2007, 3138 (3140); Meyer in Karpenstein/Mayer EMRK, 2012, Art. 6 Rn. 129, 131 f.; Rieß JA 1980, 293 (294); Weßlau ZStW 110 (1998), 1; Rogall, Der Beschuldigte als Beweismittel gegen sich selbst, 1977, S. 54 ff., 63, 155 ff. (157 ff.), 191; Rösinger, Die Freiheit des Beschuldigten vom Zwang zur Selbstbelastung, 2018, insbes. S. 3 ff., S. 123 ff., S. 214 ff.; Beulke/Swoboda StrafProzR Rn. 183 ff.; Fezer Fall 3 Rn. 3 und 8; krit. dazu Pauckstadt-Maihold in KMR-StPO § 136 Rn. 12 ff. (18); Verrel, Selbstbelastungsfreiheit, 2001, insbes. S. 181 ff. (284 f.) sowie rechtsvergleichend (Kriterium: „testimonial", USA) Schlauri, Das Verbot des Selbstbelastungszwangs, 2003, S. 178 ff.; einschränkend auch (auf Vorwurf bezogene Kommunikation nötig) Böse GA 2002, 98 (118 ff., 128); ausf. (historische Entwicklung und Begründung der konventionsrechtlichen Selbstbelastungsfreiheit) Arslan, Die Aussagefreiheit des Beschuldigten in der polizeilichen Befragung, 2015, S. 21 ff.

Abs. 1 (→ § 95 Rn. 12),[173] und er muss nicht an einer Atemalkoholmessung teilnehmen.[174] Auch durch Täuschung über die strafprozessuale Bedeutsamkeit seines Verhaltens darf er nicht zu aktiver Mitwirkung bestimmt werden.[175]

92 **Passiven Duldungspflichten** (zB §§ 81a Abs. 1 S. 2, 102) steht die Aussagefreiheit grds. nicht entgegen,[176] selbst wenn sie mit der Pflicht zum Erscheinen kombiniert wirken (etwa bei einer Gegenüberstellung). Auch die Duldungspflichten gehören indes jeweils zu strafprozessualen Regeln bzw. Maßnahmen, die als Grundrechtseingriffe der verfassungsrechtlichen Rechtfertigung bedürfen. Ferner ist es nicht ausgeschlossen, dass die Durchsetzung der Pflicht in einer Weise erfolgt, die doch zugleich die Mitwirkungsfreiheit betrifft (→ § 136a Rn. 76).

93 Der EGMR sah es in seiner Jalloh-Entscheidung sogar als Verstoß gegen den nemo-tenetur-Grundsatz an, wenn der Beschuldigte zwangsweise veranlasst wird, Beweismittel zu erbrechen.[177] Ein solcher **unwiderstehlicher Zwang** schließt es bereits aus, dem Beschuldigten diesen Vorgang als Handlung zuzurechnen (→ Rn. 83), er wirkt also nicht aktiv mit, sondern erduldet. Dass solcher Zwang das Fairnessgebot verletzt und der konkrete Fall von § 136a Abs. 1 S. 1 als Verabreichung von Mitteln und körperlicher Eingriff erfasst wird, steht (heute) außer Frage. Entweder verletzt er dabei zugleich die Aussagefreiheit (bzw. Mitwirkungsfreiheit) oder – wenn die Aussagefreiheit auf das Verbot von nötigendem (bzw. auf rechtlichen Täuschungen beruhendem) Selbstbelastungszwang (→ Rn. 85) zu beschränken ist[178] – „nur“ andere Menschen- und Grundrechte. Eine solche Unterscheidung betrifft indes nur die Abgrenzung der betroffenen Menschenrechte (insbes. aus Art. 3 und Art. 6 Abs. 1 S. 1 und Abs. 2 EMRK) voneinander sowie vom Rechtsstaatsprinzip, wirkt sich auf die Handhabung der §§ 136, 136a hingegen nicht aus.

94 **dd) Unabhängigkeit von drohender Belastung.** Der Beschuldigte muss nicht nur sich selbst nicht belasten, er muss auch keine Informationen offenbaren, die **Mitbeschuldigte oder Dritte** belasten. Die Aussage- bzw. Mitwirkungsfreiheit besteht nicht nur zu seinen eigenen Gunsten, sondern ohne persönliche Bindung und auch in solchen Teilen miteinander verbundener Verfahren, die nicht bzw. nicht mehr gegen ihn geführt werden und Taten zum Gegenstand haben, an denen er gänzlich **unbeteiligt** war.[179] Schon deshalb ist neben der Belehrung nach § 136 Abs. 1 S. 2 Hs. 1 keine zusätzliche nach § 52 Abs. 3 S. 1[180] oder gar § 55 Abs. 2 veranlasst. Obwohl es grds. um die Subjektstellung und Würde des Beschuldigten selbst geht (→ Rn. 74 f.), ist diese Weite des Privilegs erforderlich, weil zwischen Mitangeklagten regelmäßig diverse für den Ausgang des Prozesses erhebliche Abhängigkeiten bestehen. Insbes. können nach der Belastung eines Mitangeklagten „prozes-

---

[173] Greven in KK-StPO § 95 Rn. 2.

[174] Zur Frage einer Belehrungspflicht und zur Verwertbarkeit bei unterbliebener Belehrung über die Freiwilligkeit KG, 30.7.2014 – 3 Ws (B) 356/14 – 122 Ss 106/14, NStZ 2015, 42 (43 f.) mAnm Mosbacher mwN. Näher dazu auch Cierniak/Herb NZV 2012, 409 (410 f.) und Geppert NStZ 2014, 481.

[175] BGH 9.4.1986 – 3 StR 551/85, BGHSt 34, 39 (43 ff.) = NJW 1986, 2261 (2262 ff.) (heimliche Tonbandaufnahmen).

[176] Vgl. dazu BGH 17.3.1971 – 3 StR 189/70, BGHSt 24, 125 (129) = NJW 1971, 1097 sowie → § 136a Rn. 21; Meyer in Karpenstein/Mayer EMRK, 2012, Art. 6 Rn. 135 f.; Dingeldey JA 1984, 407 (412 f.); zu grds. Kritik daran Neumann FS Wolff, 1998, 373 (376 ff.); („Beweis als Herrschaftsausübung“) Naucke FS Hamm, 2008, 497 (508); monografisch Eisenhardt, Grenze körperlicher Untersuchungen, 2007.

[177] EGMR (GK) 11.7.2006 – 54810/00, Rep. 2006–IX, §§ 100 ff., (insbes. §§ 112 ff.), EuGRZ 2007, 150 (161 ff.) = NJW 2006, 3117 (3123 f.) – Jalloh ./. Deutschland m. eher zustBspr K. Schumann StV 2006, 661, Schuhr NJW 2006, 3538 und Safferling Jura 2008, 100.

[178] So noch EGMR (GK) 17.12.1996 – 19187/91, Rep. 1996–VI, § 69, ÖJZ 1998, 32 (33) – Saunders ./. Vereinigtes Königreich; näher Schuhr NJW 2006, 3538 (3541); s. dazu auch Eidam, Die strafprozessuale Selbstbelastungsfreiheit, 2007, S. 123 ff. (158); v. Arnim GS Blumenwitz, 2008, 265 (283 ff.).

[179] BGH 25.2.1964 – 1 StR 13/64, NJW 1964, 1034 mwN.

[180] Sie ist nicht einmal mit Blick auf eine mögliche spätere Trennung des Verfahrens sinnvoll, denn die Verlesung der Niederschrift bleibt selbst bei Belehrung unzulässig nach § 252, vgl. BGH 20.2.1997 – 4 StR 598/96, BGHSt 42, 391 (397) = NStZ 1997, 351 (353); Kudlich/Schuhr in Satzger/Schluckebier/Widmaier StPO § 252 Rn. 22 mwN. Vgl. in diesem Zusammenhang auch BGH 15.7.2016 – GSSt 1/16, BGHSt 61, 221 = NJW 2017, 94.

suale Vergeltungsaktionen“ so nahe liegen, dass eine Aussagepflicht einem Selbstschädigungszwang nahe kommen und eine Prüfung, ob im Einzelfall tatsächlich eine Selbstschädigung droht, nur auf spekulative Abwege führen würde.

Es kommt überhaupt nicht darauf an, ob aus der Mitwirkung ein Nachteil droht. Insbes. 95
entlastende Aussagen stehen ebenso unter dem Schutz der Aussagefreiheit wie belastende Aussagen.[181] Das liegt ua daran, dass ex ante oft gar nicht feststeht, ob eine Mitwirkung tatsächlich nur vorteilhafte Wirkungen entfalten wird (oder zB als falsche Behauptung auch die Glaubwürdigkeit anderer Behauptungen mindert); insbes. darf auch der unschuldige Angeklagte schweigen.[182] Die Bezeichnungen „Selbstbelastungsfreiheit“, „Verbot des Selbstbelastungszwangs“ etc sind daher insoweit irreführend, als es weder auf eine Selbst- noch auf eine Fremdbelastung oder andere Nachteile ankommt. Die negative Aussage- bzw. Mitwirkungsfreiheit beinhaltet ein **kategorisches Verbot** von Zwang (einschließlich wirkungsgleicher Täuschungen) gegenüber dem Beschuldigten.

ee) Verwertungs- und Verwendungsverbot. Verstöße gegen die §§ 136, 136a wer- 96
fen regelmäßig die Frage auf, ob bzw. inwieweit sie zur Unzulässigkeit weiterer Beweiserhebungen und der Unverwertbarkeit bestimmter Beweismittel führen. Positivrechtlicher Anknüpfungspunkt dafür ist § 136a Abs. 3 S. 2, beinhaltet aber nur eine rudimentäre Regelung. Das Projekt einer allgemeinen Dogmatik der Beweisverbote erfährt derzeit zu Recht viel Aufmerksamkeit, ist indes noch heftig umstritten und oft werden statt konkreter inhaltlicher Regeln eher Ziele für künftige Rechtsentwicklungen und gesetzgeberische Entscheidungen (zB über konkrete staatliche Beweisführungs- bzw. individuelle Informationsbeherrschungsbefugnisse) formuliert, in formeller Weise an Verletzungen der jeweiligen Verfahrensvorschriften angeknüpft (und so die materielle Rechtfertigungslast und Systembildung indirekt ebenfalls auf den Gesetzgeber verschoben) oder Freiräume für gerichtliche Abwägungsentscheidungen abgesteckt.[183] Das hat – gerade wegen der angestrebten Allgemeinheit – jeweils durchaus seine Berechtigung. In konkreteren Themenbereich der §§ 136, 136a bzw. der Verletzung oder Beschränkung der Mitwirkungsfreiheit, lassen sich aber auch unmittelbar systematische Grundlinien angeben, die zur inhaltlichen Beantwortung von Detailfragen nach Voraussetzungen und Reichweite[184] von Verwertungs- bzw. Verwendungsverboten oft besser geeignet sind (und die zu Vorgaben führen, mit denen eine allg. Dogmatik der Beweisverbote und Gesetzgebung konsistent sein müssen[185]). Hier lassen sich die sogleich folgenden **drei Gründe** für Verwertungs- bzw. Verwendungsverbote voneinander **unterscheiden.**[186] Dabei sind (1) und (2) jeweils vollständige, zwingende Gründe für Verwertungs-

181 EGMR A. Zaichenko ./. Russland 18.2.2010 – 39660/02, § 54, (kurz) StRR 2011, 142.

182 Vgl. EGMR (GK) 17.12.1996 – 19187/91, Rep. 1996–VI, § 71, ÖJZ 1998, 32 (33) – Saunders ./. Vereinigtes Königreich; Lesch StrafProzR Kap. 3 Rn. 59.

183 Zu Überblicken über Vorschläge zur Systematisierung der Beweisverbotsdogmatik s. mwN → Einl. F Rn. 449 ff.; Jäger in HK-GS Rn. 4 ff.; Rogall ZStW 91 (1979), 1 (12 ff., 22 ff.); Beulke Jura 2008, 653 (654 ff.) sowie (mit betont positiver Einschätzung des Status Quo) Rogall JZ 2008, 818 (819). Zu einem detaillierten Vorschlag für eine künftige europäische Regelung s. Wolter FG BGH IV, 2000, 963 (1002 ff.). Speziell zu Überblicken zur „Beweisbefugnislehre“ s. Jahn StraFo 2011, 117 (125 ff.) mwN. Zur „Informationsbeherrschungslehre“ s. Amelung NJW 1991, 2533 (2534) und Amelung, Prinzipien strafprozessualer Beweisverwertungsverbote, 2011, S. 11 ff. mwN sowie (abl.) Ranft StrafProzR Rn. 344 ff.; dazu, dass ein umfassendes „Datenrecht“ (zu dem auch die konkreten Rechte zur Beherrschung von Information zählen würden) momentan nicht besteht und in absehbarer Zeit auch nicht damit zurechnen ist, s. Schuhr ZIS 2012, 441 (450 f., 455). Zur „beweisgegenständlichen Schutzzwecklehre“ s. Jäger, Beweisverwertung und Beweisverwertungsverbote, 2003, S. 128 ff., 131 ff., 279 f. und passim sowie Jäger in HK-GS Rn. 40. S. auch OLG Düsseldorf 22.6.2016 – III-3 RVs 46/16, NStZ 2017, 177 mAnm Jahn JuS 2016, 1138. Zur „Abwägungslehre“ → § 136 Rn. 57 f.

184 Einen konzisen Überblick mN zu den hierzu grds. vertretenen Ansichten gibt Mittag JR 2005, 386 (387 ff.; Anm. zu BGH 13.1.2005 – 1 StR 531/04, NStZ 2005, 392).

185 Vgl. auch Rogall ZStW 91 (1979), 1 (20 f.); Kühne StrafprozR Rn. 103.1.

186 Zu einer in Teilen ähnlichen allg. Einteilung aller Beweisverwertungsverbote s. Amelung GS Schlüchter, 2002, 417 (419 ff., 428 ff.). Mit guten Gründen sogar für eine Umkehrung der Argumentationslast Kudlich FS Wolter, 2013, 995, 1000 ff.

bzw. Verwendungsverbote.[187] Sie betreffen unterschiedliche, einander indes beträchtlich überlappende Fallgestaltungen. Demgegenüber liefert (3) nur Plausibilitätsargumente.

97 (1) Die (aktuell tatsächlich bestehende) Aussagefreiheit ist die Handlungsfreiheit des Aussagenden; die Zurechnungsregeln (→ Rn. 83 ff.) spezifizieren, wann diese aufgehoben oder so eingeschränkt wurde, dass die Äußerung nicht mehr als zweckgerichtete Mitteilung, als von der Beweisperson verantworteter Sprechakt, also nicht mehr als Aussage interpretiert und gewürdigt werden darf. Rechtsfolge der Unzurechenbarkeit der Äußerung ist ein **Verwertungsverbot** (→ Rn. 84, 88), das § 136a Abs. 3 S. 2 explizit ausspricht. Das Gesagte darf nicht nach § 261 gewürdigt und dem Urteil nicht zugrunde gelegt werden (→ Rn. 19). Daher darf auch weder eine Niederschrift verlesen noch eine Vernehmungsperson befragt noch anderweitig der Inhalt als Aussage des Beschuldigten eingeführt werden. Für die allgemeinere Mitwirkungsfreiheit und andere Mitwirkungsakte als Aussagen gilt Entsprechendes. Ob der Staat einen Mangel an Aussage- bzw. Mitwirkungsfreiheit zu verantworten hat, ist hier unerheblich (→ Rn. 88), das Verwertungsverbot reicht aber nur so weit, als es zumindest auch um die Betrachtung des Vorgangs als eigene Handlung des Beschuldigten geht. Deshalb können **Fernwirkungen** (vgl. dazu → Einl. F Rn. 488 ff.) aus dem Zurechnungssystem nicht abgeleitet werden. Sie ergeben sich indes teilweise aus anderen Gründen:[188]

98 (2) Die Rechtsordnung verlangt nicht nur, rückblickend (anhand der Zurechnungsregeln) zu prüfen, ob Mitwirkungsfreiheit tatsächlich bestanden hat, sie gebietet in gewissem Umfang auch, Mitwirkungsfreiheit herzustellen. Weil jeder Mensch zahlreichen Zwängen unterliegt, die der Staat gar nicht beeinflussen kann, kann dieses Gebot zwar keineswegs uneingeschränkt gelten. Es besteht aber zumindest insofern, als das Verbot, den Beschuldigten zur Mitwirkung zu zwingen, nicht durch ein entgegenstehendes **Mitwirkungsgebot** konterkariert werden darf (→ Rn. 81). Dies betrifft Mitwirkungsgebote in allgemein geltenden Rechtsnormen und offizielle Aufforderungen im Einzelfall gleichermaßen. Schon der plausible Anschein einer solchen Anordnung greift den Kern der Mitwirkungsfreiheit an, so dass es nicht darauf ankommen kann, dass die Mitwirkungsfreiheit letztlich obsiegt und die Anordnung sich bei näherer Prüfung als rechtlich unwirksam erweist. Weil die Rechtsstaatlichkeit des Verfahrens keinen Einschränkungen zu unterwerfen ist, muss der Beschuldigte im Strafverfahren jeweils so gestellt werden, wie er bei durchgängig unangefochtener Wirksamkeit der Mitwirkungsfreiheit gestanden hätte.

99 Ihre rechtlichen sowie dem Staat zurechenbare tatsächliche Einschränkungen müssen daher durch ein **Verwendungsverbot** (→ Rn. 105 ff.) kompensiert werden.[189] Ob man dieses seiner Wirkung nach als Verwertungsverbot mit **Fernwirkung** versteht oder wegen seiner selbständigen Begründung als Rechtsfolge eigener Art ansieht,[190] ist im Ergebnis ohne Auswirkung. Jedenfalls ist es weder dem Gesetzgeber vorbehalten noch seine Aufgabe, Verwendungsverbote jeweils in besonderen Regelungszusammenhängen anzuordnen, sie sind vielmehr gerade immer dann Inhalt der strafprozessualen Mitwirkungsfreiheit, wenn diese andernfalls untergehen würde. Verwendungsregeln formen allg. die Zweckbindung von Informationen[191] aus – einschließlich der Zulässigkeit bzw. Unzulässigkeit einer Umwidmung.[192] Um die Zulässigkeit einer Umwidmung und uU sogar Umdeutung geht

187 Zu bislang offenen Fragen, ob und wie solche Verbote durch weitere Verfahrensregeln flankiert werden müssen, s. Löffelmann JR 2009, 10 ff. sowie bereits (Besorgnis der Befangenheit nach Einführung unverwertbarer Beweismittel) Grünwald JZ 1966, 489 (500 f.).

188 Zu einer ähnlichen Differenzierung (Schutz der Wahrheitsfindung vs. andere Schutzrichtungen) Grünwald JZ 1966, 489 (500).

189 Zum Streitstand bzgl. Voraussetzungen und Reichweite bei §§ 136, 136a → § 136 Rn. 55 ff. bzw. → § 136a Rn. 98. Zum Begriff vgl. auch Wolter FS C. Roxin II, 2011, Bd. 2, 1245 (1258). Rechtsvergleichend zum engeren aber nicht unähnlichen § 166 öStPO Schmoller FS Kühne, 2013, 345 (356 ff.).

190 So Schmitt in Meyer-Goßner/Schmitt Einl. Rn. 57d.

191 Zum „informationsrechtlichen" Bezug strafprozessualer Beweisverbote s. auch Amelung FS Roxin, 2001, 1259 (1276 ff.) mwN; eingehend zum grundrechtlichen Hintergrund Böse, Wirtschaftsaufsicht und Strafverfolgung, 2005, S. 39 ff.

192 Rogall FS Kohlmann, 2003, 465 (484). Vgl. auch den Gesetzesvorschlag von Rogall, Der Beschuldigte als Beweismittel gegen sich selbst, 1977, S. 258; ferner Paeffgen FS Hilger, 2003, 153 (156).

es nicht nur bei Informationen aus anderen Verfahren, sondern ähnlich auch bei rechtswidrig erhobenen Informationen, denn sie wurden ebenfalls nicht regulär ins Verfahren eingeführt, haben einen – die Interpretation erschwerenden – atypischen Kontext und sind evtl. sogar inhaltlich fehlerbehaftet.

Weder aus dem Verwertungs- noch aus dem Verwendungsverbot ergibt sich eine generelle **Fortwirkung** des urspr. Fehlers, denn die unverwertbare Äußerung war nicht Anlass der Vernehmung; dieser bestand schon vor der fehlerhaften Vernehmung, sonst wäre es zu ihr gar nicht gekommen. Fortwirkungen müssen daher konkret festgestellt werden; sie bestehen zB, wenn der Aussagende die Unverwertbarkeit seiner vorherigen Äußerung nicht kennt und sich daher an sie gebunden fühlt.[193] Wird die Vernehmung hingegen nach qualifizierter Belehrung fehlerfrei wiederholt, entsteht eine verwertbare Aussage (→ § 136 Rn. 68 f. und → § 136a Rn. 97). **100**

(3) Ist ein Verwendungsverbot nicht schon zur Kompensation des Eingriffs in die Mitwirkungsfreiheit zwingend, kann es gleichwohl geeignet sein, um ermittlungstaktische **Anreize** für die Verletzung der Mitwirkungsfreiheit **auszuschließen.**[194] Dann kompensiert das Verwendungsverbot keine eingetretene Verletzung, sondern wird um seiner allgemeinen präventiven Wirkung willen eingesetzt.[195] Regelmäßig sprechen zugleich andere Gesichtspunkte – insbes. Wahrheitsfindung und schuldangemessene Bestrafung – gegen einen solchen Einsatz.[196] Letztlich ist dann eine Zweckmäßigkeitsentscheidung zu treffen und im Wesentlichen daran zu orientieren, ob die Bekämpfung von Kriminalität oder die Bekämpfung rechtsstaatswidriger staatlicher Praktiken bzw. die Sicherung rechtsstaatlicher Unbedenklichkeit vorgelagerter (auch privater) Zuarbeit als vordringlich empfunden wird.[197] Je weniger stabil eine Rechtsordnung ist, desto wichtiger ist ihre Verteidigung im Hinblick auf Straftaten der Bürger; je stabiler sie ist, desto eher kann sie es sich leisten, einzelne Straftaten um der Selbsthygiene der Rechtspflege willen ungesühnt zu lassen. BVerfG und EGMR machen hier praktisch keine Vorgaben, die über ein Verwertungsverbot hinausgehen, der EGMR prüft aber in einer Gesamtschau die Fairness des Verfahrens.[198] Die Präferenzentscheidung steht dem demokratischen Gesetzgeber zu.[199] Nur solange eine solche Entscheidung fehlt, kann der Rechtsanwender aufgerufen sein, die Lücke zu schließen. **101**

Hier kann offenbleiben, ob es wünschenswert wäre, zwischen formeller und materieller Unverwertbarkeit zu unterscheiden und statt eines Freispruchs auch in der Hauptverhandlung **102**

---

[193] BGH 26.7.2007 – 3 StR 104/07, BGHSt 52, 11 (23 f. Rn. 37) = NJW 2007, 3138 (3142); Joerden JuS 1993, 927 (931).

[194] So nachdrücklich ua Kohlhaas JR 1960, 246 (248); (ua in Auseinandersetzung mit Sarstedt in Löwe/Rosenberg, 22. Aufl. 1971 und zuvor, § 136a Rn. 7) Grünwald JZ 1966, 489 (500) sowie Grünwald StV 1987, 470 (472; Anm. zu BGH 28.4.1987 – 5 StR 666/86, BGHSt 34, 362 = NJW 1987, 2525); Otto GA 1970, 289 (294 f.); R. Neuhaus NJW 1990, 1221 (1222). Vgl. auch (Verwertungsverbot bei bewusstem Rechtsbruch der Behörden) Roxin HRRS 2009, 186 sowie (Reflex der Verwertungsverbote) Dencker, Verwertungsverbote, 1977, S. 52 ff.

[195] Zur „fruit of the poisonous tree"-doctrine des U.S. Supreme Court s. Silverthorne Lumber Co. ./. U.S. (251 U.S. 385, 392 (1920), „The essence of a provision forbidding the acquisition of evidence in a certain way is that not merely evidence so acquired shall not be used before the Court but that it shall not be used at all.") sowie Nardone ./. U.S. (308 U.S. 338, 341 (1939)). Zur Anordnung der Fernwirkung in Art. 141 Abs. 4 der neuen Strafprozessordnung der Schweiz Wohlers FS Wolter, 2013, 1181 (1192 ff.).

[196] Näher dazu Ranft FS Spendel, 1992, 719 (734 ff.); Löffelmann, Die normativen Grenzen der Wahrheitserforschung, 2008, S. 288 (und eingehend zuvor).

[197] Zurückhaltend (Disziplinierungswirkung nicht Funktion, sondern Reflex) auch Rogall ZStW 91 (1979), 1 (16).

[198] BVerfG 29.5.1996 – 2 BvR 66/96, StV 1997, 361 (363 f.); EGMR (GK) 25.3.1999 – 25444/94, Rep. 1999–II, §§ 46 ff., NJW 1999, 3545 f. – Pélissier & Sassi ./. Frankreich; EGMR (GK) 10.3.2009 – 4378/02, Rep. 2009, §§ 89 ff., NJW 2010, 213 (215 f.) – Bykov ./. Russland; EGMR (GK) 1.6.2010 – 22978/05, Rep. 2010, §§ 162 ff., EuGRZ 2010, 417 (436 f.) = NJW 2010, 3145 (3148) – Gäfgen ./. Deutschland mkritAnm Weigend StV 2011, 325. S. dort auch zur Erforderlichkeit eines Verwertungsverbots für die unmittelbar konventionswidrig erlangten Beweismittel; dazu grundlegend EGMR (GK) 17.12.1996 – 19187/91, Rep. 1996–VI, §§ 74–76, ÖJZ 1998, 32 (33 f.) – Saunders ./. Vereinigtes Königreich. Näher zur Gesamtbetrachtung des EGMR Jäger GA 2008, 473 (480 ff.).

[199] Vgl. Grünwald BeweisR S. 153 f.

das Verfahren einzustellen, wenn die Schuld des Täters wegen formeller Unverwertbarkeit eines (im Eröffnungsbeschluss noch für verwertbar gehaltenen) Beweismittels nicht nachgewiesen werden kann.[200] Es wäre eine tiefgreifende Änderung der Rechtslage, wenn man die Form der Entscheidung von der Qualität der Feststellungen abhängig machen würde, weshalb de lege lata ein **Freispruch** auch in der genannten Konstellation vorzugswürdig erscheint. Vor allem aber begründen die Unzurechenbarkeit (oben 1.) und wohl ebenfalls die Beeinträchtigung der Mitwirkungsfreiheit (oben 2.) die Unverwertbarkeit nicht nur formell, sondern auch materiell.

103 **b) „Kollision" mit Pflichten außerhalb des Strafverfahrens. aa) Fortbestand der „fremden" Pflichten.** Die strafprozessuale Mitwirkungsfreiheit besteht für das **staatliche, repressive Verfahren** und ist daran gebunden,[201] denn die Rechtsordnung enthält **keinen allgemeinen Grundsatz,** sich nicht selbst belasten zu müssen (→ Rn. 62).[202] Auch außerhalb des Strafverfahrens (und mit ihm verwandter Verfahren) können zwar selbständige Aussage- bzw. Mitwirkungsfreiheiten bestehen (so etwa im Arbeitsrecht beim Einstellungsgespräch bzgl. bestimmter Fragen, ferner zB § 59 GWB, § 4 Abs. 9 WpHG, § 24 Abs. 6 KWG, § 103 AO, § 24 Abs. 2 BtMG, § 52 Abs. 5 BImSchG, § 42 Abs. 2 BWaldG), und auch deren Verletzung kann einen Verstoß gegen die Selbstbelastungfreiheit einschließlich ihrer verfassungsrechtlichen Garantie darstellen.[203] aber auch Aussage- und Mitwirkungspflichten können dort bestehen.[204] Beides ist oft nicht ausdrücklich geregelt, so zB nicht der (gleichwohl ähnlich zu § 55 StPO bestehende) Dispens von der beamtenrechtlichen Pflicht zur wahren dienstlichen Äußerung, wenn dadurch eine Selbstbelastung droht.[205]

104 Auch die Verhaltensnormen des **materiellen Strafrechts** (zB Hilfspflichten des Garanten aus Ingerenz trotz drohender Strafverfolgung, Vorstellungs- und Bleibepflicht bei Verkehrsunfällen nach § 142 StGB etc) werden durch die strafprozessuale Mitwirkungsfreiheit grds. nicht eingeschränkt;[206] bei der Bestimmung der Reichweite solcher Pflichten kann sie allerdings Zurückhaltung (enge Auslegung) gebieten.[207] Echte Einschränkungen sind nur dort nötig, wo das Strafrecht gerade den staatlichen Strafanspruch (in anderer Sache) sichert. Das ist vor allem bei der Strafvereitelung der Fall; dort sieht das Gesetz die Einschrän-

---

200 So eingehend Jäger, Beweisverwertung und Beweisverwertungsverbote, 2003, S. 255 ff., 281; entspr. bereits Peters StrafprozR S. 339.

201 Das umfasst – auch wenn im Folgenden pars pro toto vom Strafverfahren die Rede sein wird – insbes. Bußgeld- und Disziplinarverfahren (vgl. BVerfG 13.1.1981 – 1 BvR 116/77, Rn. 18, BVerfGE 56, 37 (43) = NJW 1981, 1431 f. – Gemeinschuldnerbeschluss; (bzgl. Strafgefangenen) BGH 9.4.1997 – 3 StR 2/97, NJW 1997, 2893 f.; (bzgl. Steuergeheimnis) VG Saarlouis 7.2.2008 – 7 K 131/07, bei C. Wegner PStR 2008, 182 f.). Zur Auswirkung der Selbstbelastungsfreiheit auf die §§ 153a ff. s. Rogall, Der Beschuldigte als Beweismittel gegen sich selbst, 1977, S. 182 ff.

202 Vgl. auch EGMR 8.4.2004 – 38544/97, §§ 53–56, JR 2005, 423 (425) – Weh ./. Österreich mkritAnm Gaede; ferner (Verwertung durch Straßenverkehrsbehörde) BayVGH 9.5.2012 – 11 ZB 12.614, Rn. 3 und BayVGH 31.5.2012 – 11 CS 12.807 ua, Rn. 13, (nach § 138 ZPO gebotene Einlassung) OLG Celle 25.1.2013 – 7 W 7/13 und LAG Hamm 10.5.2013 – 7 Ta 155/13 sowie (enger als hier) Lesch ZStW 111 (1999), 624 (638).

203 Vgl. zu § 9 Abs. 4 GefahrgutG BVerfG (K) 25.1.2022 – 2 BvR 2462/18, Rn. 51 ff., StV-S 2022, 45.

204 Dies führt Metz VersR 2010, 1265 ff. für versicherungsrechtliche Aufklärungspflichten des Versicherungsnehmers vor. S. dazu und zu Auskunftsverweigerungsrechten in nicht-repressiven öffentlich-rechtlichen Verfahren auch Reiß NJW 1982, 2540 f., va bzgl. Wirtschaftsverwaltungsverfahren Bärlein/Pananis/Rehmsmeier NJW 2002, 1825 (1826 ff.). Zum Problemfeld im ärztlichen Haftungs- und Strafrecht s. Fündling/Rathgeber ZGMR 2012, 88 (92 ff.).

205 H.-W. Schünemann DRiZ 1979, 101 (104, dort auch – S. 107 – zur Vermeidung dienstlicher Äußerungen durch verletzte oder verdächtige Beamte). Für stärkere Ausstrahlungswirkungen auf andere Verfahren H.A. Wolff, Selbstbelastung und Verfahrenstrennung, 1997, S. 99 ff., 274 ff.

206 Im Ausgangspunkt und teilw. iE (zB bzgl. § 142 StGB) aA Rogall, Der Beschuldigte als Beweismittel gegen sich selbst, 1977, S. 158 ff., vgl. aber auch Rogall NStZ 2006, 41 (42; Anm. zu BGH 12.1.2005 – 5 StR 191/04, NJW 2005, 763). Zu weiteren Zusammenhängen mit dem materiellen Strafrecht eingehend Kölbel, Selbstbelastungsfreiheiten, 2006, S. 321 ff.

207 Vgl. OLG Nürnberg 24.1.2007 – 2 St OLG – Ss 300/06, NZV 2007, 535; ferner BGH 25.1.1955 – 2 StR 366/54, BGHSt 7, 112 (117) = NJW 1955, 472 (473); Sternberg-Lieben in Schönke/Schröder StGB § 142 Rn. 29 f. mwN; für stärker einschränkende Wirkung Roxin NJW 1969, 2038 (2040); Jahn JuS 2000, 383 (387).

kung aber auch ausdrücklich vor (§ 258 Abs. 5 StGB). Unter dem Gesichtspunkt der Aussagefreiheit ist es ebenfalls unproblematisch, wenn das StGB bisweilen sogar Qualifikationen an die Verdeckung von Straftaten knüpft.[208]

bb) Verwendungsverbot, Modellregelung im Insolvenzrecht. Eine andere Frage ist es, ob Selbstbelastungen des Täters, die in Erfüllung außerstrafprozessualer Pflichten erfolgt sind, strafprozessual verwendet werden dürfen. Zwar mag der Beschuldigte der Wahrheitsfindung dienliche Informationen verfügbar gemacht haben, seine Mitwirkungsfreiheit schränkt aber die Aufklärungspflicht des Gerichts und der Strafverfolgungsbehörden ein und begrenzt die strafprozessuale Wahrheitssuche. Auch wenn die strafprozessuale Mitwirkungsfreiheit ihr entgegenstehende Pflichten aus anderen Rechtsgebieten nicht zu hemmen vermag, lässt sich ihr Ziel innerprozessual weiterhin erreichen: Wird der Täter im Prozess so gestellt, als hätte er die (der Mitwirkungsfreiheit entgegen) pflichtigen Akte nie vorgenommen, dann gereicht ihm die pflichtgemäße Selbstbelastung strafprozessual nicht zum Nachteil.[209] Mehr noch: Steht die **Unverwendbarkeit** von vornherein fest, dann bewirkt die Pflicht zur Selbstbelastung keinen strafprozessualen Nachteil, insbes. keinen (rechtlichen) Zwang für den Beschuldigten, sich im repressiven Verfahren gegen sich selbst zu wenden. In diesem Sinne beseitigt die Verwendungslösung die Kollision im Vorfeld. Die Regelung muss indes klar und eindeutig sein, insbes. nicht von späteren Ermessensentscheidungen abhängen, und der Beschuldigte darf über die Rechtslage nicht widersprüchlich informiert werden.[210] 105

Eine entspr. Anordnung enthält **§ 97 Abs. 1 S. 3 InsO** – korrespondierend zur Pflicht des Schuldners, bestimmten Stellen über alle das Insolvenzverfahren betreffenden Verhältnisse Auskunft zu geben,[211] auch wenn sie geeignet sind, ein Straf- oder Ordnungswidrigkeitenverfahren gegen den Schuldner oder einen Angehörigen nach § 52 Abs. 1 zu veranlassen (§ 97 Abs. 1 S. 1 und 2 InsO). Danach besteht strafprozessual ein **Verwendungsverbot,** womit der Gesetzgeber jedwede unmittelbare wie mittelbare Verwendung in irgendeiner Phase des Strafverfahrens ausschließen wollte; die Informationen dürfen auch nicht als Ermittlungsansatz verwendet werden (s. auch § 160 Abs. 4).[212] Zuwiderhandlungen lösen nach Ansicht des BGH zwar kein Verfahrenshindernis aus, sind aber in der Revision mit der Verfahrensrüge geltend zu machen.[213] 106

---

208 Eingehend zur Systematisierung strafrechtlicher (vorteilhafter wie nachteiliger) Anknüpfung an selbstbegünstigendes Verhalten H. Schneider, Selbstbegünstigungsprinzip, 1991, S. 325 ff.

209 Vgl. Weigend StV 2003, 436 (437 f.; Anm. zu LG Frankfurt a. M. 9.4.2003 – 5/22 Ks 3490 Js 230118/02, StV 2003, 325 – Gäfgen); ferner Seebode JA 1980, 493 (498).

210 Vgl. EGMR 21.12.2000 – 34720/97, Rep. 2000–XII, §§ 52 ff. – Heaney & McGuinness ./. Irland.

211 Zur Verwertbarkeit von Auskünften gegenüber anderen (im Fall einem Gutachter) und zur Abgrenzung der Auskunftspflicht von allgemeinen Mitwirkungspflichten nach § 97 Abs. 2 InsO (unter welche die Herausgabe von Unterlagen fällt), hinsichtlich derer kein Verwendungsverbot besteht, s. OLG Jena 12.8.2010 – 1 Ss 45/10, NJW 2010, 3673. Zur analogen Anwendbarkeit von § 97 Abs. 1 S. 3 InsO bei „Internal Investigations" (→ Rn. 115 ff.) eingehend Baranowski, Die Kodifikation von Internal Investigations, 2021, S. 165 ff.

212 BT-Drs. 12/7302, 166 (zu § 109 Abs. 1 des InsO-Entwurfs); LG Potsdam 24.4.2007 – 27 Ns 23/06, Rn. 11 ff.; LG Stuttgart 21.7.2000 – 11 Qs 46/2000, 11 Qs 46/00, NStZ-RR 2001, 282 (283) mzustAnm Richter wistra 2000, 440, zust. auch Rogall FS Kohlmann, 2003, 465 (479); Zipperer in Uhlenbruck, 15. Aufl. 2019, InsO § 97 Rn. 8; Richter wistra 2000, 1 (3). Eine Auswertung der Insolvenzakten durch die StA bzgl. Informationen, die nicht originär auf den Auskünften nach § 97 Abs. 1 S. 3 InsO beruhen, bleibt hingegen unbenommen; s. dazu und zu den Schwierigkeiten, die Unabhängigkeit der Informationen zu ermitteln, Bittmann/Rudolph wistra 2001, 81 (84 f.). Einschr. ferner Weyand ZInsO 2001, 108 (109); Hefendehl wistra 2003, 1 (2 ff.); Diversy ZInsO 2005, 180 (181 ff.); M. Bader NZI 2009, 416 (419 f.). Das Verwendungsverbot gilt auch soweit statt des Schuldners Rechtsanwälte, Wirtschaftsprüfer oder Steuerberater Erklärungen abgegeben haben, OLG Hamburg 3.5.2002 – 2 Va 4/01, RIW 2002, 717 (718 f.) mAnm Busse. Zu einem allg. Konzept der „Frühwirkung" s. Hengstenberg, Die Frühwirkung, 2007, S. 21 und passim; Schmitt in Meyer-Goßner/Schmitt Einl. Rn. 57e; Jahn 67. DJT 2008, Gutachten C S. 95 ff.; Rogall JZ 2008, 818 (827 f.).

213 BGH 26.7.2017 – 3 StR 52/17, NStZ 2018, 544; vgl. bereits Hefendehl wistra 2003, 1 (6); anders noch LG Potsdam 24.4.2007 – 27 Ns 23/06, Rn. 5, 7 ff.; tendenziell noch weiter gehend Hohnel NZI 2005, 152 ff.

107 **Verfassungsrechtlich** hielt das BVerfG im Gemeinschuldnerbeschluss (zu den alten §§ 100, 101 Abs. 2, 75 KO ohne strafprozessuale Begleitregelung im Gesetz) ein weniger umfassendes Verwertungsverbot für ausreichend.[214] Die strafprozessrechtlich richtige Handhabung wird aber nicht durch den verfassungsrechtlichen Mindeststandard bestimmt, sie darf ihn nur nicht unterschreiten (→ Rn. 10 f.). Strafprozessual richtig ist es vielmehr, in Ermangelung einer gesetzlichen Regelung[215] auch bei Auskunftspflichten aus anderen Teilen der Rechtsordnung von einem § 97 Abs. 1 S. 3 InsO **entsprechenden Verwendungsverbot** auszugehen, denn nur dieses stellt den Beschuldigten näherungsweise so, wie er nach § 136 ohne die spezielle Auskunftspflicht stehen soll (→ Rn. 81, 98 f.).[216]

108 Das Verwendungsverbot besteht grds. nur für **solche Informationen, zu deren Offenbarung** der Beschuldigte **verpflichtet** war.[217] Freiwillig (bzw. ggü. unzuständigen Dritten[218]) Mitgeteiltes und freiwillig übergebene Unterlagen unterfallen nicht der negativen Mitwirkungsfreiheit. Diese Einschränkung muss indes eng gehandhabt werden, denn Auskunftspflichten werden ineffizient, wenn man den Verpflichteten durch drohende Strafverfolgung veranlasst, um die Preisgabe jedes Details zu feilschen.[219] Zugleich unterminiert es die Mitwirkungsfreiheit, wenn für den Beschuldigten unkalkulierbare Grauzonen entstehen. Grauzonen führen auch dazu, dass der Ausgang des späteren Verfahrens besonders stark von früher anwaltlicher Beratung und dem Geschick der Anwälte abhängt, was bei rechtsstaatlicher Strafverfolgung aber möglichst wenig Ausschlag geben sollte. Richtigerweise ist das Verwendungsverbot daher auch für Zusatzinformationen anzunehmen, die in engem Zusammenhang mit aus Pflicht Offenbartem stehen und im gleichen Zuge preisgegeben wurden (sowie für Mitteilungen an im Lager des vorgesehenen Empfängers stehende Personen). Maßgeblich ist dabei – wie bei jeder Handlungspflicht – eine *ex ante*-Betrachtung aus Sicht des Adressaten, also des Beschuldigten.

---

214 BVerfG 13.1.1981 – 1 BvR 116/77, Rn. 27 ff., BVerfGE 56, 37 (50 ff.) = NJW 1981, 1431 (1433) – Gemeinschuldnerbeschluss mAnm Kühne EuGRZ 1981, 313; Dingeldey NStZ 1984, 529 (530 ff.); Verrel NStZ 1997, 361 ff. Zur unmittelbaren Reichweite der Entscheidung K. Schäfer FS Dünnebier, 1982, 11 (40 ff.).

215 Vgl. (wenn auch nur mit mittelbarem Bezug zur Aussagefreiheit) etwa §§ 100d Abs. 5, 100i Abs. 2 S. 2, 101 Abs. 8 S. 3, 160a Abs. 1 S. 2, 161 Abs. 2 S. 1 und Abs. 3, 463a Abs. 4 S. 2, 477 Abs. 2 S. 2 und 3 (ferner uU §§ 81g Abs. 2, 108 Abs. 2 und 3, 481, 489 Abs. 7 S. 2 und 3) StPO, in § 802c ZPO bzw. § 807 ZPO a.F. (dazu BVerfG 31.3.2008 – 2 BvR 467/08, WM 2008, 989; BGH 27.2.1991 – 5 StR 516/90, BGHSt 37, 340 (342 f.) = NJW 1991, 2844 (2845), Weiß NJW 2014, 503), in § 60 Abs. 1 S. 1 und 2 SGB I (dazu OLG Düsseldorf 1.3.2012 – III-3 RVs 31/12, wistra 2012, 357 (358)), in § 11 Abs. 6 G über das Aufspüren von Gewinnen aus schweren Straftaten (GwG) sowie in §§ 4 Abs. 6, 7 Abs. 6, 8 Abs. 6 G zur Beschränkung des Brief-, Post- und Fernmeldegeheimnisses (Art. 10–G), vgl. zu letzteren BGH 18.4.1980 – 2 StR 731/79, BGHSt 29, 244 (247) = NJW 1980, 1700 (noch zu § 7 Abs. 3 dieses Gesetzes idF vom 13.9.1978).

216 Vgl. auch BVerfG 6.11.2000 – 1 BvR 1746/00, NJW 2001, 745 (746) mAnm Marberth-Kubicki StV 2001, 433; (zum Steuerstrafrecht) BGH 12.1.2005 – 5 StR 191/04, NJW 2005, 763 (764 f.); Di Fabio in Dürig/Herzog/Scholz GG Art. 2 Rn. 187 f. (insoweit 39. Lfg. 2001); Müssig GA 1999, 119 (131 ff., 137); (auch näher zum Revisionsvortrag) Schlothauer/Weider/Wollschläger Revisionsverfahren 3. Aufl. 2017, Rn. 2081 ff. (Rüge 242); ähnlich (Schutz des Untersuchungsverweigerungsrechts als allg. Persönlichkeitsrecht) Rogall ZStW 91 (1979), 1 (17); (informationelle Abwehr- und Folgenbeseitigungsansprüche) Amelung, Informationsbeherrschungsrechte, 1990, S. 30 ff.; (allg. Gebot der Trennung unterschiedlicher Verfahrensarten) H.A. Wolff, Selbstbelastung und Verfahrenstrennung, 1997, S. 202 ff., 233 ff., 280 f.; vgl. auch (in Ermangelung einer gesetzlich angeordneten Kompensation Verfassungswidrigkeit der Regelungen) Böse, Wirtschaftsaufsicht und Strafverfolgung, 2005 S. 454 ff. (552).

217 (Zur InsO) BVerfG 27.4.2010 – 2 BvL 13/07, wistra 2010, 341 (344 Rn. 57); (zu § 8 Abs. 2 AsylVfG) BGH 15.12.1989 – 2 StR 167/89, BGHSt 36, 328 (333 ff.) = NJW 1990, 1426 (1427 f.) mablBspr Ventzke StV 1990, 279 (280 ff.). Zu aus diesem Zusammenhang resultierenden Problemen (anhand von LAG Hamm 3.3.2009 – 14 Sa 1689/08, zu § 60 HGB) vgl. auch Schaefer NJW-Spezial 2010, 120 f.; Kölbel, Selbstbelastungsfreiheiten, 2006, S. 485 ff.

218 Sehr streng insoweit (zur Auskunft an einen gerichtlich bestellten Gutachter) OLG Jena 12.8.2010 – 1 Ss 45/10, NJW 2010, 3673 mit guten Gründen krit. dazu Anm. Lenger NZI 2011, 383. Im Fall waren zwar Pflichten ggü. diesem angeordnet worden, bezogen sich aber nur auf Vorlagepflichten iSd → Rn. 110. Entspr. nun OLG Celle 19.12.2012 – 32 Ss 164/12, wistra 2013, 247 f.

219 Zudem kommt bei Unkenntnis vom Auskunftsverweigerungsrecht ein Verwertungsverbot in Betracht, s. dazu Schlothauer FS Fezer, 2008, 267 (280 ff.).

Soweit gerade wegen der **Verletzung von Pflichten in einem anderen** (gerichtlichen oder behördlichen) **Verfahren** ermittelt wird (zB Insolvenzverschleppung, Steuerhinterziehung etc), ist bzgl. des Verwendungsverbots zu differenzieren: Das tatbestandsmäßige Verhalten ist keine Selbstbelastung durch Offenbarungen über die Tat – sondern die Tat selbst (beachte indes → Rn. 130) – und kann im Strafprozess untersucht werden, auch wenn es in einer Erklärung besteht. Der Täter muss sich nach der Tat jedoch wieder rechtskonform verhalten können, ohne sich dadurch strafprozessual zu belasten. Soweit im Ausgangsverfahren dem urspr. Fehlverhalten nachfolgende Offenbarungspflichten bestehen (zB zur Versteuerung von Gewinn aus der Tat), ist – wenn keine verfassungskonforme Spezialregelung besteht – insoweit grds. wieder von einem Verwendungsverbot auszugehen. **109**

Zwischen der zulässigen Verwertung behördlicher Aufzeichnungen und Kenntnisse des Fehlverhaltens einerseits und der unzulässigen Verwendung späterer pflichtgemäßer Selbstoffenbarung des Täters andererseits stehen die Fälle, in denen der Täter einer Dokumentationspflicht (nebst Pflicht zur Vorlage der Dokumentation) unterliegt. Zwar muss er so auch belastendes Material aktiv beibringen, die Situation ähnelt gleichwohl der Verwendung behördeneigener Dokumentation, wenn schon vor der Tat eindeutig geregelt ist, welche Dokumentation zu erfolgen hat. Zu Recht sieht das BVerfG solche **Dokumentations- und Herausgabepflichten** daher als rechtfertigungsbedürftig an, hält eine gesetzliche Zulassung der Verwertung auch im Strafverfahren aber für statthaft, wenn wichtige Belange des Gemeinwohls dafür sprechen.[220] So bezieht sich zB das Verwendungsverbot aus § 97 Abs. 1 S. 3 InsO nur auf Auskünfte nach § 97 Abs. 1 S. 1 und 2 InsO, während die Mitwirkungspflichten nach § 97 Abs. 2 InsO Vorlagepflichten umfassen, für die kein korrespondierendes Verwendungsverbot besteht.[221] Wo das Gesetz hingegen keine entspr. Differenzierung vornimmt und die Verwendung nicht ausdrücklich gestattet, ist richtigerweise die Mitwirkungsfreiheit durch ein Verwendungsverbot zu rekonstruieren. Auch soweit pflichtige Dokumentation in einem aus anderem Anlass begonnenen Verfahren vorzulegen war, darf sie nur insoweit verwertet werden, wie ihre (hypothetische) Beschlagnahme beim Beschuldigten sich aus dem nun geführten Verfahren gerechtfertigt hätte;[222] die Beschlagnahme muss aber nicht tatsächlich angeordnet worden sein, denn ein solches Erfordernis würde die StA zur Beschlagnahme drängen und das Insolvenzverfahren stören, die Position des Beschuldigten jedoch nicht substanziell schützen.[223] **110**

Die Regelung in der InsO ist Vorbild sowohl zur Behandlung offener Problemfelder als auch für den Gesetzgeber selbst. So wurden durch das am 26.2.2013 in Kraft getretene Patientenrechtegesetz in § 630c Abs. 2 S. 2 und S. 3 BGB einerseits ärztliche Informationspflichten bei Anhaltspunkten für Behandlungsfehler und andererseits ein korrespondierendes Verwendungsverbot für Straf- und Bußgeldverfahren eingefügt.[224] **110a**

cc) Problemfeld im Steuerstrafrecht. Besondere Schwierigkeiten entstehen in der **Dreiecksbeziehung** von Besteuerungsverfahren, Steuerstrafverfahren[225] und sonstigen **111**

[220] BVerfG 22.10.1980 – 2 BvR 1172/79, 2 BvR 1238/79, Rn. 18, BVerfGE 55, 144 (151) = NJW 1981, 1087 (1088 – Binnenschiffsverkehr); BVerfG 14.11.1989 – 1 BvL 14/85, 1 BvR 1276/84, Rn. 84, BVerfGE 81, 70 (96 f.) = NJW 1990, 1349 (1352) – Rückkehrgebot für Mietwagen; BVerfG 7.12.1981 – 2 BvR 1172/81, Rn. 7, NJW 1982, 568 – Fahrtenbuchauflage.

[221] OLG Jena 12.8.2010 – 1 Ss 45/10, NJW 2010, 3673; LG Ulm 15.1.2007 – 2 Qs 2002/07 Wik, 2 Qs 2002/07, NJW 2007, 2056 (b) mAnm Schork sowie kritAnm Menz ZInsO 2007, 828 f.; zust. M. Bader NZI 2009, 416 (420); Richter wistra 2000, 1 (2, 4); krit. zur Rechtslage und praktischen Handhabung Uhlenbruck NZI 2002, 401 (405 f.).

[222] Vgl. EGMR (GK) 17.12.1996 – 19187/91, Rep. 1996-VI, §§ 69, 74 f., ÖJZ 1998, 32 (33 f.) – Saunders ./. Vereinigtes Königreich.

[223] Vgl. Tetzlaff NZI 2005, 316 (317).

[224] Ausf. zur ärztlichen Offenbarungspflicht und deren Folgen für die Beweisverwertung Jäger FS v. Heintschel-Heinegg, 2015, 211; Spickhoff JZ 2015, 15; monografisch Schumacher, Nemo tenetur im Spannungsfeld zu außerstrafrechtlichen Offenbarungspflichten, 2017, insbes. S. 150 ff., S. 177 ff., S. 208 ff.

[225] Auf Basis von Art. 6 Abs. 1 EMRK abl. zur Differenzierung zwischen Besteuerungs- und Steuerstrafverfahren St. Frommel/Füger StuW 1995, 58 (70).

Strafverfahren.[226] §§ 90, 93, 200 AO und die einzelnen Steuergesetze enthalten umfassende Mitteilungs- (insbes. Erklärungs-)pflichten des Steuerschuldners im Besteuerungsverfahren unabhängig davon, ob der zugrundeliegende Sachverhalt **fremde oder eigene Straftaten** beinhaltet (§ 40 AO).[227] Eine dem nemo-tenetur-Grundsatz entsprechende geschriebene Ausnahme kennt die AO für das Besteuerungsverfahren grds. nicht. Nach § 393 Abs. 1 S. 2 ff. AO sind entspr. Pflichten bei drohender Selbstbelastung zwar grds. nicht mit Zwangsmitteln durchsetzbar,[228] in der Praxis wird die Unterlassung solcher Mitteilungen aber als Steuerstraftat nach §§ 370 ff. AO verfolgt (selbst dann, wenn sie eine mittelbare Selbstbelastung in einem bereits anhängigen Steuerstrafverfahren bedeuten würden).[229] Wer eine Straftat begangen hat, muss also zwar den Strafverfolgungsbehörden keine Auskunft darüber geben, ist aber bei Strafe verpflichtet, seine **illegalen Einnahmen** den Finanzbehörden zu offenbaren und zu versteuern. Diese Rechtslage entspricht dem in → Rn. 103 dargelegten Prinzip,[230] solange die Informationen der Finanzbehörden weder in Steuerstrafverfahren noch in andere Strafverfahren gelangen. Der EGMR verfolgt hier allerdings eine strengere Linie: Er sieht Art. 6 Abs. 1 EMRK in seiner strafrechtlichen Variante verletzt, wenn belastendes Material vorgelegt werden muss, von dem die Strafverfolgungsbehörden nicht sicher wissen, dass es (noch) existiert, der Beschuldigte darüber verfügen kann und welchen Inhalt es hat.[231]

112 Gelangt der Inhalt der Steuerakten – zB durch behördliche Auskunft nach § 161 Abs. 1 S. 2 Hs. 2 – doch ins Strafverfahren, wird die strafprozessuale Mitwirkungsfreiheit **de facto entleert,** denn zu allen mit Einnahmen verbundenen Straftaten muss der Beschuldigte Informationen offenbaren. Die Steuerstraftat und die steuerrechtlichen Erklärungspflichten schaffen dann zusätzliche Sanktions- und Verfolgungswege, die zu denen der primären Straftat – unter Bedrohung der Mitwirkungsfreiheit – hinzutreten. Regelmäßig ergibt sich nicht einmal aus § 161 Abs. 2 eine Beschränkung der so erlangten Informationen. Das ist auch deshalb problematisch, weil die steuerpflichtigen Einnahmen erst aus der strafrechtlich verfolgten Rechtsverletzung entstehen, so dass das fiskalische Interesse erst aus der Tat erwächst und es gar nicht darum geht, ein vom Gegenstand des Strafverfahrens unabhängiges steuerrechtliches Interesse zu schützen.

113 Für einige Fallkonstellationen enthält § 4 Abs. 5 S. 1 Nr. 10 S. 3 EStG sogar Mitteilungspflichten der Finanzbehörden, die auf den ersten Blick die Gefahr einer Aushöhlung der Mitwirkungsfreiheit noch verstärken: Wenn Betriebsausgaben aus der **Zuwendung von Vorteilen** an Dritte entstehen, die einen Straf- oder Bußgeldtatbestand erfüllt, dürfen sie nicht gewinnmindernd berücksichtigt werden. Die Finanzbehörden haben Tatsachen, die den Verdacht einer solchermaßen rechtswidrigen Zuwendung begründen, der StA (bzw. bei Ordnungswidrigkeiten der zuständigen Verwaltungsbehörde) mitzuteilen. Gleichwohl entsteht daraus zunächst kein Selbstbelastungszwang, denn die Mitteilung von Betriebsausgaben geschieht im Eigeninteresse des Steuerpflichtigen, verpflichtet ist er dazu idR nicht.

---

[226] S. dazu Rüping/Kopp NStZ 1997, 530 sowie ausf. zu den folgenden knappen Bemerkungen Rogall FS Kohlmann, 2003, 465 ff.; Engelhardt und Streck, AG StrafR DAV, II. Frühjahrssymp. (1988), 1989, S. 40 ff. bzw. 59 ff. Vgl. ferner K. Schäfer FS Dünnebier, 1982, 11 (18 ff., 49 f.); Eidam, Die strafprozessuale Selbstbelastungsfreiheit, 2007, S. 163 ff.

[227] Zum sog „Flankenschutz", der ohne Mitwirkungspflicht Überraschungseffekte nutzt, → § 136 Rn. 5.

[228] Zur Durchsetzbarkeit in Vorermittlungen, solange noch eine straflose Selbstanzeige möglich ist, BGH 1.2.2012 – VII B 134/11, wistra 2012, 278 f.

[229] BGH 12.1.2005 – 5 StR 191/04, NJW 2005, 763 mAnm Lesch JR 2005, 302 und Rogall NStZ 2006, 41.

[230] Dies gilt zumindest solange man nicht von einer Unbestimmtheit (iSd Art. 103 Abs. 2 GG) des § 370 AO ausgeht (zu Details uwN s. Schmitz in MüKoStGB AO § 370 Rn. 24 ff.), die sich hier sogar indirekt über eine unklare Reichweite des Zwangsverbots aus § 393 Abs. 1 S. 2 ff. AO ergeben kann. Gleichwohl für eine Lösung der folgenden Probleme durch Reduktion von § 370 Abs. 1 AO Reiter, Steuerklärungspflicht, 2007, S. 208 ff. (284 ff.).

[231] EGMR 25.2.1993 – 10828/84, Series A Nr. 256-A, § 44, ÖJZ 1993, 532 (533) – Funke ./. Frankreich; EGMR 3.5.2001 – 31827/96, Rep. 2001-III, §§ 65 ff., NJW 2002, 499 (501 f.) – J.B. ./. Schweiz. Dazu insbes. mit Blick auf § 370 Abs. 1 Nr. 1 und 2 AO Meyer-Mews DStR 2013, 161 (163 ff.).

Bloß finanzielle Nachteile lassen die Mitwirkungsfreiheit grds. unberührt; in den Fällen des § 4 Abs. 5 S. 1 Nr. 10 EStG entstehen solche Nachteile nicht einmal, denn die betreffenden Betriebsausgaben sind ja gerade nicht berücksichtigungsfähig. Anders ist die Situation aber auf der **Empfängerseite:** Die Vorteile sind grds. zu versteuern, also den Finanzbehörden zu offenbaren. Je nachdem, wie umfassend die Mitteilungspflicht auf die näheren Umstände der Situation bezogen wird, bedroht das die Mitwirkungsfreiheit.[232]

§ 393 AO trifft zum Verhältnis von Besteuerungsverfahren, Steuerstrafverfahren und sonstigen Strafverfahren eine facettenreiche Regelung, die insbes. auch die Offenbarungsbefugnis von Amtsträgern hinsichtlich im Besteuerungsverfahren erlangter Kenntnisse (als Ausnahme vom Steuergeheimnis, §§ 30 Abs. 4 und 5, 31a, 31b AO, § 4 Abs. 5 S. 1 Nr. 10 S. 3 EStG) und das Auskunftsverweigerungsrecht Dritter bei Gefahr einer Strafverfolgung (§ 103 AO) behandelt. Neben dem Verwertungs- und Datenabrufverbot aus § 30 Abs. 2 AO (das unmittelbar zum Steuergeheimnis gehört und für alle Amtsträger, also auch die erkennenden Richter gilt[233]) statuiert **§ 393 Abs. 2 S. 1 AO** ein **strafprozessuales Verwendungsverbot,** knüpft dieses aber an unklare Voraussetzungen, und S. 2 sieht per Verweis auf § 30 Abs. 3 Nr. 5 AO eine drastische Einschränkung vor (Verwendung bei „zwingendem öffentlichen Interesse", zB „zur Richtigstellung in der Öffentlichkeit verbreiteter unwahrer Tatsachen, die geeignet sind, das Vertrauen in die Verwaltung erheblich zu erschüttern"). Insbes. das BVerfG erwägt in einem Kammerbeschluss, § 393 Abs. 2 S. 1 AO und damit zugleich die Ausnahme nach § 393 Abs. 2 S. 2 AO eng zu verstehen und für alle dann nicht mehr erfassten Fälle ein (unmittelbar aus Verfassungsrecht abgeleitetes) ungeschriebenes Verwendungsverbot (ohne Ausnahmen) neben das geschriebene zu stellen.[234] Eine die Mitwirkungsfreiheit sichernde Lösung erfordert indes für alle Fallkonstellationen mit Mitteilungspflicht des Steuerschuldners ein umfassendes Verwendungsverbot (→ Rn. 81, 98 f., 107).[235] **114**

dd) Problemfeld im Arbeitsrecht; „Internal Investigations". Nicht nur Aussage- bzw. Mitteilungspflichten, die sich unmittelbar aus dem Gesetz ergeben, kollidieren mit der Mitwirkungsfreiheit; es genügt, dass die Rechtsordnung sie als durchsetzbare Pflichten anerkennt. Insbes. im Arbeitsrecht werden durch Privatverträge begründete **Aussagepflichten für interne Ermittlungen** sehr ernsthaft diskutiert,[236] allerdings mit guten – ua auf § 275 Abs. 3 bzw. 2 BGB, die Gemeinschuldner-Rechtsprechung sowie den Verhältnismäßigkeitsgrundsatz gestützten – Gründen auch bezweifelt.[237] Soweit die Rechtsordnung Aus- **115**

---

232 BGH 2.12.2005 – 5 StR 119/05, Rn. 82 ff., BGHSt 50, 299 (316 ff.) = NStZ 2006, 210 (214 dort als Rn. 38 ff.) möchte die Erklärungspflicht deshalb auf die betragsmäßige Angabe der Einnahmen beschränken. Ob die Finanzbehörden sich damit aber immer begnügen werden, ist zweifelhaft, und sogar diese knappe Angabe kann uU auf eine Selbstbelastung hinauslaufen; s. dazu (bezogen auf BGH 5.5.2004 – 5 StR 139/03, NStZ-RR 2004, 242) Wulf wistra 2006, 89 (93 ff.).

233 VG Saarlouis 7.2.2008 – 7 K 131/07, bei C. Wegner PStR 2008, 182 f.

234 BVerfG 27.4.2010 – 2 BvL 13/07, wistra 2010, 341 (342 f. Rn. 40 ff.); vgl. auch Jahn FS Stöckel, 2010, 259 (267 ff.) mwN.

235 Vgl. (im Umfang offen gelassen) BGH 12.1.2005 – 5 StR 191/04, NJW 2005, 763 (764 f.) mAnm Lesch JR 2005, 302 und Rogall NStZ 2006, 41 (42 f.); Vorlagebeschluss des LG Göttingen 11.12.2007 – 8 KLs 1/07, wistra 2008, 231 ff. (vom BVerfG als unzulässig verworfen (27.4.2010 – 2 BvL 13/07, wistra 2010, 341 ff.)); Streck StV 1981, 362 (364); Rogall, Der Beschuldigte als Beweismittel gegen sich selbst, 1977, S. 172 ff.; Joecks in Joecks/Jäger/Randt Steuerstrafrecht, 8. Aufl. 2015, AO § 393 Rn. 9. Zu Sonderfragen bei Selbstanzeige nach § 371 AO s. Eidam wistra 2004, 412, Eidam wistra 2006, 11 sowie Döpfer FS Streck, 2011, 485 (489 ff.).

236 Vgl. Rübenstahl WiJ 2012, 17 (20 ff.). S. ferner Theile StV 2011, 381 (383 ff.). Zur Geltung des *nemo-tenetur*-Grundsatzes im Arbeitsrecht ausf. Baranowski, Die Kodifikation von Internal Investigations, 2021, S. 41 ff.

237 Jahn StV 2009, 41 (43 f.); Dann/Schmidt NJW 2009, 1851 (1853); vgl. auch Raum StraFo 2012, 395 (397); W. Bauer StV 2012, 277 (278 f.; Anm. zu LG Hamburg 15.10.2010 – 608 Qs 18/10, NJW 2011, 942) mNw. bei Schaub (1992). Ein Auskunftsverweigerungsrecht (und die Unzulässigkeit einer außerordentlichen Kündigung) nimmt auch OLG München 25.3.2009 – 7 U 4774/08, OLGR München 2009, 469 ff. (B.II.1.c), juris-Rn. 63; Urteil nach Klagerücknahme wirkungslos) an. Vertiefend im Hinblick auf den Gemeinschuldnerbeschluss auch Buchert, Die Unternehmensinterne Befragung von Mitarbeitern, 2016, S. 217 ff.

sagepflichten anerkennt, muss sie dies grds. auch hier mit einem **Verwendungsverbot** kompensieren (→ Rn. 81, 98 f., 105 ff.).[238] Anders als die private Ermittlung ist jede Verwendung von Informationen im Strafverfahren ein unmittelbar und vollständig an die Grundrechte und das Rechtsstaatsprinzip gebundener staatlicher Akt.[239] Die Unklarheit des heftig umstrittenen Bestehens und der ebenso umstrittenen Grenzen der Aussagepflicht darf dabei zumindest solange nicht zulasten des Beschuldigten gehen, wie die noch nicht abgeschlossene Fachdiskussion starke Anhaltspunkte für das Bestehen einer Pflicht in der jeweils konkreten Situation des (potentiellen) Beschuldigten liefert.[240]

116 Der Inhalt des Verwendungsverbots ist im Zusammenhang mit privaten Ermittlungen indes problematisch. Die unmittelbaren (privaten) Empfänger der Aussage unterliegen dem Verwendungsverbot nicht, im Gegenteil bestünde eine Aussagepflicht ja gerade wegen ihres Interesses an der weiteren Verwendung der Information.[241] Werden Ermittlungsergebnisse zu einem späteren Zeitpunkt Ermittlungsbehörden vorgelegt,[242] wird es Letzteren aber evtl. gar nicht mehr möglich sein, nachzuvollziehen, durch welche Anhaltspunkte einzelne Ermittlungen motiviert worden waren und welche Rolle dabei die Aussage des späteren Beschuldigten spielte. Mehr noch: Die privaten Ermittler würden dadurch, wie umfangreich sie ermitteln und inwieweit sie sich dabei auf die pflichtigen Aussagen des Beschuldigten stützen, indirekt bestimmen, welche Beweismittel und Ermittlungsansätze für StA und Polizei überhaupt noch übrig bleiben. Umgekehrt würde eine Freigabe der privaten Ermittlungsergebnisse einen starken Anreiz schaffen, Ermittlungen gerade auch zur Umgehung der Aussage- und Mitwirkungsfreiheit zu privatisieren. Einen Ausweg bietet hier die **„hypothetical clean path doctrine“**,[243] dh eine Zulassung solcher Beweismittel, die auch ohne

---

[238] Wehnert StraFo 2012, 253 (258). Entspr. (und zu Fragen anwaltlicher Vertretung) Gerst CCZ 2012, 1 (3 ff.). Einschr. Bittmann/Molkenbur wistra 2009, 373 ff.; ähnlich (zur Beschlagnahme anwaltlicher Ermittlungsprotokolle) LG Mannheim 3.7.2012 – 24 Qs 1/12, ZWH 2012, 429 mzustAnm Michalke; aA (vor Inkrafttreten von § 160a Abs. 1 nF) noch LG Hamburg 15.10.2010 – 608 Qs 18/10, NJW 2011, 942 (944) mablAnm v. Galen sowie Jahn/Kirsch StV 2011, 151, Fritz CCZ 2011, 156 und Schuster NZWiSt 2012, 28, zustAnm hingegen W. Bauer StV 2012, 277; vgl. dazu auch Jahn ZIS 2011, 453 sowie (Verstoß gegen Fairnessgebot, nicht Selbstbelastungsfreiheit) Knauer/Buhlmann AnwBl 2010, 387 (389 ff.) und Knauer/Gaul NStZ 2013, 192 (193).

[239] Brunhöber GA 2010, 571 (586); vgl. auch Trüg/Habetha NStZ 2008, 481 (488); Reeb, Internal Investigations, 2011, S. 130, 148 ff., 157 ff. Näher zur „Beweisbefugnislehre“ Jahn StraFo 2011, 117 (125 ff.) mwN. Näher zur Akteneinsicht in Untersuchungsberichte über interne Untersuchungen Dierlamm FS Schlothauer, 2018, 205.

[240] Vgl. Sidhu/v. Saucken/Ruhmannseder NJW 2011, 881, (differenzierend zwischen nemo tenetur und fair trial) Momsen ZIS 2011, 508 (513 ff.). Zum hinter der Unklarheit stehenden Mangel an rechtlichen und selbstgesetzten Vorgaben für die Compliance-Organisation, interne Ermittlungen und den Schutz der Arbeitnehmer s. Montiel in Kudlich/Kuhlen/Ortiz de Urbina, Compliance und Strafrecht, 2012, S. 185 (190 ff.) mN zur dt. und span. Diskussion. Weiterführend auch Kasiske NZWiSt 2014, 262 (263 ff.); Greco/Caracas NStZ 2015, 7 (8 ff.); Sarhan, wistra 2015, 449 (453 ff.) und Kottek wistra 2017, 9 (10 ff.) jeweils mwN. Zum Schutz der Selbstbelastungsfreiheit als Grenze arbeitsrechtlicher Mitwirkungspflicht monografisch Buchert, Die Unternehmensinterne Befragung von Mitarbeitern, 2016, insbes. S. 200 ff. Vgl. für Lösungsvorschläge zur Wahrung des nemo-tenetur-Grundsatzes Nienaber, Umfang, Grenzen und Verwertbarkeit compliancebasierter unternehmensinterner Ermittlungen, 2019, S. 396 ff. sowie (unternehmensseitig etabliertes Amnestieprogramm) Kraus, Die Selbstbelastungsfreiheit im Rahmen von Compliance-Befragungen und Amnestieprogrammen in Unternehmen, 2016, S. 343 ff.

[241] Vgl. zur Durchsetzung dieser Interessen und der Diskussion um eine „Verfahrensordnung für interne Ermittlungen“ und die „BRAK-Thesen“ Momsen/Grützner DB 2011, 1792 ff. mwN. sowie insb. unter dem Aspekt der De-Etatisierung von Rech Theile, ZIS 2013, 378, 379 ff. Detailliert im Hinblick auf die einzelnen Ermittlungshandlungen auch Wilkens, Internal Investigations, 2020, S. 224 ff., S. 746 ff.

[242] Zur Frage, ob sogar eine Anzeigepflicht besteht, Rübenstahl/Skoupil WiJ 2012, 177 ff.

[243] In diese Richtung etwa BGH 12.2.2016 – 2 StR 25/15, NStZ 2016, 551 (552 f.) mAnm Schneider, abl. hingegen BGH 21.4.2016 – 2 StR 394/15, StV 2016, 539 (540) mAnm Jäger JA 2016, 710; für eine analoge Anwendung von § 97 Abs. 1 S. 3 InsO und § 136 Abs. 3 S. 2 StPO Kottek wistra 2017, 9 (12 ff.). Zu Reichweite und Konstruktion eines Beweisverwertungsverbotes s. auch Buchert, Die unternehmensinterne Befragung von Mitarbeitern, 2016, S. 258 ff. und Hille, Die Kooperation von Unternehmen mit deutschen Strafverfolgungsbehörden, 2020, insbes. S. 167 ff., S. 177 ff., S. 237 ff. Im allg. strafverfahrensrechtlichen Kontext dazu Menges in Löwe/Rosenberg Vor § 94 Rn. 42 ff.; Gundlach in AK-StPO § 136a Rn. 84 f.; Grünwald JZ 1966, 489 (500, 501); Beulke ZStW 103 (1991), 657

die Aussage des Beschuldigten mit hoher Wahrscheinlichkeit tatsächlich zu erlangen gewesen wären.

Unabhängig vom Bestehen einer Aussagepflicht dürfen aus den internen Ermittlungen nur solche Äußerungen des (späteren) Beschuldigten (auch mittelbar) in die Hauptverhandlung eingeführt werden, die diesem zurechenbar sind (→ Rn. 82 ff., 96 ff.). Weil es nicht darauf ankommt, ob ein Zurechnungsausschluss von offizieller oder privater Seite herbeigeführt wird (→ Rn. 88), machen **Zwang und Täuschung** im Rahmen privater Ermittlungen eine Aussage ebenso unverwertbar wie bei staatlichen Vernehmungen. Der Arbeitgeber darf einen bestehenden Aussageanspruch auch nicht selbst mit Zwang oder Täuschung durchsetzen, sondern muss den Rechtsweg beschreiten. **117**

3. Positiver Aspekt der Mitwirkungsfreiheit (Mitwirkungsbefugnisse). a) Äußerungs- und Antragsrechte. Die Mitwirkungsfreiheit bestimmt sich keineswegs nur negativ daraus, dass der Beschuldigte im gegen ihn geführten Verfahren nicht zur Sache mitwirken muss. Seine Freiheit entsteht vielmehr dadurch, dass er gleichzeitig **positiv** das **Recht** hat, am Verfahren **aktiv mitzuwirken** und dabei als Subjekt des Verfahrens ernst genommen zu werden (→ Rn. 63, 69, 71 ff.).[244] § 136 Abs. 1 S. 2 Hs. 1 betont dies, indem er den Hinweis, dass es ihm „freistehe, sich zu der Beschuldigung zu äußern", sogar vor „nicht zur Sache auszusagen" benennt. § 136 Abs. 1 S. 3 Hs. 1, S. 5 Hs. 1 und Abs. 2 sowie zahlreiche konkrete Mitwirkungsbefugnisse gestalten den positiven Anspruch näher aus. Dies ist aber nicht hier anhand der §§ 133–136a zu vertiefen, sondern bei den Äußerungs- und Antragsrechten des Beschuldigten. Entspr. ist die allg. positive Mitwirkungsfreiheit des Beschuldigten – die seine sonstigen Möglichkeiten, das Verfahren zu gestalten, mit umfasst – Gegenstand der Dogmatik der Prozesshandlungen[245] bzw. der einzelnen Gestaltungsrechte. **118**

b) Nachteile aus Schweigen, Teilschweigen und Änderung des Aussageverhaltens. aa) Grundsätze. Der Beschuldigte ist frei, seine Aussage nur **teilweise** zu **verweigern.** Er kann von vornherein erklären, nur Fragen zu bestimmten Themen (bzw. Fragen zu bestimmten Themen nicht) beantworten zu wollen, und unabhängig davon jederzeit im Einzelfall Fragen zurückweisen.[246] Er bindet sich durch solche Entscheidungen auch nicht selbst, sondern kann sein Aussageverhalten **jederzeit ändern.**[247] **119**

Die Aussage- und Mitwirkungsfreiheit wird durch den **beweisrechtlichen Grundsatz** flankiert, dass aus einem konsequenten Schweigen des Beschuldigten zur Sache **keine** ihm (oder einem Mitbeschuldigten) **nachteiligen Schlüsse** gezogen werden dürfen.[248] Was der **120**

(669 ff.); Rogall FS Grünwald, 1999, 523 (529 f.); Jahn/Dallmeyer NStZ 2005, 297 ff.; Schröder, Beweisverwertungsverbote und die Hypothese rechtmäßiger Beweiserlangung, 1992, S. 84 und passim; Kelnhofer, Hypothetische Ermittlungsverläufe, 1994, S. 145 ff., 301 ff.; grds. krit. dazu Jäger, Beweisverwertung und Beweisverwertungsverbote, 2003, S. 117 ff., 228 ff., 281 und auch Jäger in HK-GS Rn. 41 mwN. Zum amerikanischen Hintergrund vgl. U.S. Supreme Court Silverthorne Lumber Co. ./. U.S. (251 U.S. 385, 392 (1920)) und Nix ./. Williams (467 U.S. 431, 441 (1984); „inevitable discovery") sowie Bloom Am. J. Crim. L. 20 (1992), 79 ff. mwN. S. dazu Rogall Rudolphi-Symposium, 1995, S. 113 (132 f.); mit eingehender Begründung ablehnend Löffelmann, Die normativen Grenzen der Wahrheitserforschung, 2008, S. 140 ff., 217, 291.

[244] Vgl. BGH 5.5.1959 – 5 StR 92/59, BGHSt 13, 123 (124 ff.) = NJW 1959, 1330 f.; Eser Beiheft zur ZStW 1974, 136 (147); eingehend Rogall in SK-StPO Vor § 133 Rn. 85 ff.

[245] → Einl. D Rn. 331 ff. Zur Frage von Pflichten iSv Prozessverantwortung des Beschuldigten Schäuble, Strafverfahren und Prozessverantwortung, 2017, insbes. S. 8 ff., S. 51 ff., S. 71 ff.

[246] Vgl. BGH 16.2.1954 – 1 StR 578/53, BGHSt 5, 332 (334) = NJW 1954, 649; Rogall, Der Beschuldigte als Beweismittel gegen sich selbst, 1977, S. 45; Salger, Das Schweigerecht des Beschuldigten, 1998, S. 17 f.

[247] Diemer in KK-StPO § 136 Rn. 12; Eser ZStW 79 (1967), 565 (576 ff.); BGH 5.8.2014 – 3 StR 332/14; BGH 9.12.2014 – 3 StR 462/14; vgl. auch Rieß JA 1980, 293 (295).

[248] Näher BGH 19.1.2000 – 3 StR 531/99, BGHSt 45, 367 (368 ff.) = NJW 2000, 1962 (1963 f.) mwN; BGH 13.10.2015 – 3 StR 344/15, NStZ 2016, 220; BGH 17.2.2016 – 1 StR 582/15; BGH 5.7.2018 – 1 StR 42/18, NStZ-RR 2018, 286; vgl. Kommentierung zu § 261. Auch ein Schweigen des Zeugen nach § 55 unterfällt grds. demselben Schutz, BGH 26.5.1992 – 5 StR 122/92, BGHSt 38, 302 (306) = NJW 1992, 2304 (2305 f.) m. zustBspr Dahs/Langkeit NStZ 1993, 213. Gleiches gilt für die Nichtentbindung eines früheren Verteidigers von der Schweigepflicht (BGH 5.10.2010 – 3 StR 370/10,

Beschuldigte (über ein generelles Bestreiten der Tat hinaus) gesagt hat, muss das Gericht hingegen interpretieren, prüfen und mit den übrigen Feststellungen vergleichen. Schon zur Interpretation muss es neben ausdrücklich Gesagtem ggf. auch auffällig Nicht-Gesagtes würdigen. Die daraus entstehenden – und keineswegs prinzipiell zu Gunsten des Beschuldigten zu lösenden – Probleme der Beweiswürdigung betreffen insbes. einerseits die Fälle eines Wechsels des Aussageverhaltens hin zum Schweigen (nachdem er zuvor zur Sache etwas gesagt hat) sowie andererseits Fälle partieller Äußerungen zur Sache mit Schweigen zu anderen Aspekten (sog **Teilschweigen**).[249]

121 Auch soweit der Angeklagte durch sein Schweigen Informationen und **Beweismittel zurückhält,** die ihn entlasten oder zumindest der Beweisführung zugrundeliegende Annahmen erschüttern[250] würden, kann sich dies zu seinem Nachteil auswirken.[251] Zwar haben StA und Gericht ihre Untersuchungen auf entlastende Umstände ebenso zu erstrecken wie auf belastende Umstände (§§ 160 Abs. 2, 244 Abs. 2), dabei müssen sie aber nur dort weitere Nachforschungen anstellen, wo ihnen bereits bekannte Anhaltspunkte dies nahelegen. Bis zur Verkündung des Urteils in der letzten Tatsacheninstanz kann der Angeklagte entspr. Tatsachen vortragen und va eigene Beweisanträge stellen (§§ 244, 246 Abs. 1, 260 Abs. 1). Entlastende Umstände, die zu diesem Zeitpunkt dem Gericht weder bekannt noch von seiner Aufklärungspflicht erfasst waren, können danach hingegen auch keine Aufklärungsrüge mehr begründen.[252] Nach § 6 Abs. 1 Nr. 1 StrEG kann zudem ein Entschädigungsanspruch bei vorherigem Verschweigen wesentlicher Umstände versagt werden, wenn er sich zumindest teilweise zur Sache eingelassen hat.[253]

122 Schließlich bedeutet ein Schweigen des Angeklagten zur Sache, dass **kein Geständnis** von ihm vorliegt, das **strafmildernd** berücksichtigt werden könnte (→ Rn. 70). Auch dieser Zusammenhang bedeutet grds. keinen unzulässigen Druck auf den Angeklagten.[254] Zu einer Strafschärfung darf zulässiges Verteidigungsverhalten – insb. auch das Aufstellen vom Gericht für unzutreffend gehaltener Behauptungen – aber nicht führen.[255]

123 **bb) Positive vs. negative Mitwirkungsfreiheit.** Systematisch behandeln die gerade genannten Regeln und Folgerungen das Verhältnis von negativer und positiver Mitwirkungsfreiheit. Beide Aspekte der Mitwirkungsfreiheit bestehen zwar gleichzeitig, können aber (schon rein tatsächlich) **nur eingeschränkt gleichzeitig ausgeübt** werden. Ein Schweigen zur Sache steht einer anderweitigen aktiven Beteiligung am Verfahren in keiner Weise im Wege (→ Rn. 69). Der Beschuldigte kann bzgl. desselben Umstandes indes nicht gleichzeitig aussagen und schweigen, sondern muss sich entscheiden.[256]

124 Eine Änderung dieser Entscheidung steht ihm zwar ebenso frei, wie er seine Aussage jederzeit inhaltlich revidieren darf. Damit kann er **Verfahrensstoff,** der bereits eingeführt wurde, aber **nur** sehr **eingeschränkt wieder beseitigen.** Eine ausdrückliche Regelung

---

NStZ 2011, 357). Auch ein Bestreiten der Tat darf selbst nach rechtskräftigem Schuldspruch nicht zu seinem Nachteil berücksichtigt werden (BGH 15.5.2012 – 3 StR 121/12, NStZ 2012, 626). Beweisanträge des Verteidigers dürfen ebenfalls nicht zum Nachteil eines schweigenden Angeklagten verwertet werden (BGH 17.9.2015 – 3 StR 11/15, NStZ 2016, 59 mAnm Miebach). Auch aus fehlenden Unmutsäußerungen bei der Festnahme und der Reihenfolge der Ausübung des Rechts zur Benachrichtigung Dritter sowie zur Konsultation eines Verteidigers dürfen keine nachteiligen Schlüsse gezogen werden (BGH 10.6.2020 – 5 StR 109/20, NStZ-RR 2020, 258). – Zum insoweit nur eingeschränkten Schutz durch die EMRK vgl. EGMR (GK) 8.2.1996 – 18731/91, Rep. 1996–I, §§ 44, 47 ff., 57 f., EuGRZ 1996, 587 (590 f.) – John Murray ./. Vereinigtes Königreich; zu entspr. Regelungsbestrebungen in der EU s. Meyer GA 2007, 15 (19 ff.).

249 S. dazu die Kommentierung zu § 261; Ott in KK-StPO § 261 Rn. 152 ff. (insbes. → Rn. 163–165).

250 Näher zur Bedeutung solcher Verteidigung Dencker ZStW 102 (1990), 51 (72 ff.).

251 Vgl. BGH 30.10.1951 – 1 StR 363/51, BGHSt 1, 387 (388) = NJW 1952, 152.

252 BGH 10.11.1961 – 4 StR 407/61, BGHSt 16, 389 (391) = NJW 1962, 451 (452).

253 Anders bei gänzlichem Schweigen, §§ 5 Abs. 2 S. 2, 6 Abs. 1 Nr. 1 StrEG.

254 EGMR 3.11.2011 – 29090/06, insbes. § 38, NJW 2012, 3419 (3420) – Litwin ./. Deutschland.

255 BGH 8.11.1995 – 2 StR 527/95, NStZ 1996, 80; BGH 29.1.2013 – 4 StR 532/12, NStZ-RR 2013, 170 f.; BGH 22.5.2013 – 4 StR 151/13, StV 2013, 697. Vgl. dazu auch → § 136 Rn. 49.

256 Ein Überblick über maßgebliche taktische Erwägungen gibt Jahn HBStrVf Kap. II Rn. 89 ff.

hierzu beinhaltet § 254, wonach ordnungsgemäß aufgenommene Protokolle richterlicher Vernehmungen des Beschuldigten über den Gegenstand des aktuellen Verfahrens (auch soweit sie aus anderen Verfahren stammen und unabhängig davon, ob es sich damals bereits um Beschuldigtenvernehmungen handelte) in der Hauptverhandlung verlesen werden dürfen, auch wenn der Angeklagte dort zur Sache schweigt.[257] Die Rspr. geht indes (zweifelhaft) davon aus, dass zu nicht-richterlichen Vernehmungen zwar nicht das Protokoll als Urkunde verlesen, wohl aber der Vernehmungsbeamte als Zeuge gehört (und diesem das Protokoll vorgehalten) werden darf.[258] Was vom Angeklagten in einer ordnungsgemäß abgelaufenen Hauptverhandlung gesagt wurde, steht grds. stets zur Würdigung im Urteil zur Verfügung.

c) „Kollision" mit Pflichten außerhalb des Strafverfahrens. Auch die positive 125
Mitwirkungsfreiheit **kollidiert** mit anderen Regelungen. Insbes. die **Amtsverschwiegenheit** kann ihr entgegenstehen. Der zur Verschwiegenheit verpflichtete Amtsträger darf nur dann aussagen, wenn ihm dies zuvor von der zuständigen Stelle genehmigt worden ist. Die positive Aussagefreiheit ist hier also zunächst durch ein Aussageverbot aufgehoben, letzteres steht aber unter Genehmigungsvorbehalt.[259]

Dem aussagebereiten Beschuldigten muss stets die Gelegenheit gegeben werden, eine 126
Aussagegenehmigung einzuholen (RiStBV Nr. 44 Abs. 3 S. 2). Anders als beim Zeugen (vgl. RiStBV Nr. 66 Abs. 1) ist dies – wie die Entscheidung, überhaupt auszusagen – seine eigene Angelegenheit. Die Genehmigungsbehörde hat ihre Entscheidung danach auszurichten, dass das Recht auf Verteidigung beamtenrechtlich grds. nicht materiell eingeschränkt und schon gar nicht sein Kern berührt werden darf.[260] Das Gericht hat ihren Auflagen, die auf Maßnahmen nach §§ 172 Nr. 1 (und 2), 173 Abs. 2, 174 GVG zielen, idR zu entsprechen. Erforderlichenfalls muss es sich selbst mit einer Gegenvorstellung an die Genehmigungsbehörde und deren Aufsicht wenden, um den Antrag des Beschuldigten zu unterstützen. Der Beschuldigte kann eine Genehmigung verwaltungsgerichtlich einklagen, ist dazu aber nicht verpflichtet, und regelmäßig dürfen ihm keine Nachteile aus einem Absehen von der Klage erwachsen. Das Gericht kann schließlich das Justizministerium um Gegenvorstellung beim zuständigen Ministerium ersuchen. Dem Gericht fällt schließlich auch die **Letztverantwortung** dafür zu, dass dem Beschuldigten **keine materiellen Nachteile** aus einer verweigerten oder eingeschränkten Aussagegenehmigung entstehen; lassen solche sich nicht auf andere Weise vermeiden, begründet dies ein Verfahrenshindernis im zur Vermeidung bleibender Nachteile erforderlichen Umfang.[261]

4. Zeitliche und persönliche Grenzen sowie Verfahrenstrennung. Die umfassend 127
ausgeprägte Aussage- bzw. Mitwirkungsfreiheit beschränkt sich auf das laufende Verfahren und ist an die **Beschuldigtenstellung** geknüpft. Zum **Beginn** der Beschuldigtenstellung → Rn. 23 ff., zu ihrer pflichtwidrigen Verzögerung → Rn. 43.[262] Zum **Ende** der Beschuldigtenstellung → Rn. 34. Beginn und Ende der Beschuldigtenstellung sind nicht nur aus Perspektive der Person, sondern vor allem als Status in einem bestimmten Verfahren zu betrachten. So kann die (Mit-)Beschuldigtenstellung in einem Verfahren, an dem der Betrof-

257 S. Kommentierung zu § 254; Kudlich/Schuhr in Satzger/Schluckebier/Widmaier StPO § 254 Rn. 1, 5 ff.

258 BGH 15.8.1952 – 3 StR 267/52, BGHSt 3, 149 (150) = NJW 1952, 1265 f.; BGH 31.5.1960 – 5 StR 168/60, BGHSt 14, 310 (312) = NJW 1960, 1630 (1631); BGH 31.5.1968 – 4 StR 19/68, BGHSt 22, 170 (171) = NJW 1968, 1838. Zur Kritik an dieser Auffassung s. Kudlich/Schuhr in Satzger/Schluckebier/Widmaier StPO § 254 Rn. 10 mN.

259 Entspr. gilt bereits für Auskünfte gegenüber dem Verteidiger des Beschuldigten, so dass sein Recht auf konkrete und effektive Verteidigung durch einen Rechtsbeistand (→ Rn. 6) gleichermaßen in die Kollision involviert ist, die Rechtsstellung des Beschuldigten also in zwei Kernpunkten intensiv betroffen wird.

260 BGH 9.12.1988 – 2 StR 279/88, BGHSt 36, 44 (48 ff.) = NJW 1989, 1228 (1229) mkritAnm Salditt NStZ 1989, 332.

261 Eingehend zu diesen Stufen BGH 5.6.2007 – 5 StR 383/06, NJW 2007, 3010 (3012 f.).

262 Dazu insbes. auch BGH 18.10.1956 – 4 StR 278/56, BGHSt 10, 8 (12) = NJW 1957, 230 (231).

fene bislang nicht beteiligt war, durch **Verbindung** mit einem gegen ihn geführten Verfahren herbeigeführt und durch **Abtrennung** seines Verfahrens beendet werden (→ Rn. 21). Wer im jeweiligen Verfahren nicht Beschuldigter ist, kommt grds. als Zeuge in Betracht (→ Rn. 63).

128 Für **Zeugen** bestehen Aussage- bzw. Mitwirkungsfreiheit nur[263] in einer **schwächeren Form,** welche den Dispens von der Aussagepflicht an das Drohen einer Belastung ihrer selbst (**§ 55** Abs. 1 Var. 1) oder eines Angehörigen (§§ 52 sowie 55 Abs. 1 Var. 2) knüpft und von sonstigen Mitwirkungspflichten ebenfalls nur eingeschränkt befreit (vgl. §§ 81c Abs. 3 S. 1, 95 Abs. 2 S. 2, 97 Abs. 1 Nr. 1, Abs. 2).[264] Die Beendigung der Beschuldigtenstellung kann daher Aussage- und ggf. gar Eideszwang herbeiführen, während sich die Aussagefreiheit im Wesentlichen nur als Selbstbelastungsfreiheit im Auskunftsverweigerungsrecht nach § 55 fortsetzt. Dieses besteht grds. nur, wenn und soweit eine wahrheitsgemäße Auskunft weiterhin die Gefahr strafprozessualer Nachteile (für sich oder einen Angehörigen) birgt. Das ist der Fall, wenn auch gegen den ehemaligen Beschuldigten dieses Verfahrens weiterhin ein thematisch verknüpftes Verfahren geführt wird (oder ohne Verstoß gegen Art. 103 Abs. 3 GG, ne bis in idem, fortgesetzt werden könnte, dazu → Einl. B Rn. 78 ff.), wenn im Falle eines Geständnisses die Wiederaufnahme zuungunsten des Freigesprochenen (§ 362 Nr. 4) bzw. die Wiederaufnahme nach nicht mehr anfechtbarer Ablehnung der Eröffnung des Hauptverfahrens (§ 211) droht oder die Auskunft zu einer neuen Strafverfolgung in anderer Sache führen kann (→ § 55 Rn. 14 ff., 44, 46).[265]

129 Soweit hingegen eine **rechtskräftige Verurteilung** oder ein nicht behebbares Prozesshindernis der Verfolgung nach einer Selbstbelastung entgegenstehen, liegt kein Fall des § 55 vor, ebenso wenig, soweit nach einer Einstellung nach §§ 153 ff. die Auskunft sicher keine Gefahr der Fortsetzung des Verfahrens bewirken wird (→ § 55 Rn. 34 ff.).[266] Der Verlust der Beschuldigtenstellung ist daher insbes. dann nachteilig,[267] wenn zu befürchten ist, dass nach einer Aussage gegen einen anderen Beschuldigten Letzterer seinerseits mit einer Belastung des Ersteren reagieren wird. Nur die Aussagefreiheit des Beschuldigten ermöglicht es, aus bloß taktischen Gründen zu schweigen (→ Rn. 94), während für den Zeugen insoweit nicht § 55 eingreift, sondern dieser zur wahren Aussage verpflichtet bleibt.[268]

130 Nach der Rspr. hat dies zur Konsequenz, dass ein die Tat zulässig bestreitender Angeklagter nach seiner Verurteilung in einem neuen Verfahren regelmäßig als **verpflichtet** angesehen wird, die **Tat zu gestehen,** wenn er als Zeuge vernommen wird.[269] Andernfalls droht ihm eine Bestrafung nach § 153 StGB[270] (und nicht selten sofortige U-Haft). Auch die nachträgliche aktive Bestätigung eines vom Verurteilten für falsch gehaltenen Schuldspruchs kann ihm aber nicht ohne einen unfairen Verstoß gegen seinen Achtungsanspruch (→ Rn. 71 ff., 74 ff.) abverlangt werden. Richtigerweise muss die Aussagefreiheit daher insoweit **Nachwirkung** (→ Rn. 35) haben, als vom ehemaligen Beschuldigten auch in späteren Verfahren (unabhängig von seiner Verfahrensrolle) nicht verlangt werden kann, sich ausdrücklich entgegen seinem früheren rechtmäßigen Aussageverhalten zu

---

263 Ob die §§ 53, 53a und auf sie verweisende Vorschriften als Reflex der Aussage- und Mitwirkungsfreiheit des Beschuldigten anzusehen sind und welche Entscheidungsbefugnisse sich für ihn daraus ergeben, ist hier nicht zu vertiefen.

264 Vgl. dazu Rogall, Der Beschuldigte als Beweismittel gegen sich selbst, 1977, S. 61 ff., 150 ff., 167 f.

265 Schmitt in Meyer-Goßner/Schmitt § 55 Rn. 8 f.

266 Schmitt in Meyer-Goßner/Schmitt § 55 Rn. 8 f. Zum nur eingeschränkten Schutz vor weiterer Strafverfolgung nach der Verurteilung wegen eines Organisationsdelikts BGH 4.9.2009 – StB 44/09, NStZ 2010, 287 f.

267 Zur Kritik an dieser Rechtslage Geerds FS Stock, 1966, 171 (186 ff.).

268 BGH 19.12.2006 – 1 StR 326/06, NStZ 2007, 278 (279); s. auch BVerfG 30.4.2003 – 2 BvR 281/03, BVerfGK 1, 156 = NJW 2003, 3045 (3046).

269 Vgl. OLG Zweibrücken 16.8.1994 – 1 Ss 84/94, NJW 1995, 1301 (1302) sowie auch BVerfG 26.11.1984 – 2 BvR 1409/84, NStZ 1985, 277.

270 Wegen § 60 Nr. 2 sollte regelmäßig kein Meineid (§ 154 StGB) im Raume stehen.

erklären.[271] Richtigerweise ergibt sich daraus ein § 55 ähnliches (indes in der angegebenen Weise weiter eingeschränktes) Auskunftsverweigerungsrecht und – wenn dieses im späteren Verfahren nicht anerkannt wurde – ein Strafausschlussgrund für §§ 153 ff. StGB.[272] Das Verbot, andere Straftaten vorzutäuschen und andere Personen unwahr zu belasten (insbes. §§ 145d, 164, 239 StGB), bleibt hingegen unberührt. Selbst wenn man hierin ein Problem sieht, ergäbe sich keine bessere Lösung dadurch, dass nur ehemalige Beschuldigte dieselben Rechte erhielten wie aktuelle Beschuldigte,[273] denn das würde zur Ungleichbehandlung derjenigen Zeugen führen, die nie Beschuldigte des Verfahrens waren, aber ebenfalls eine Belastung durch den Beschuldigten fürchten müssen. Hier zeigt sich eine Überlappung von Fragen der Aussagefreiheit des Beschuldigten mit Problemen der Reichweite der Zeugnispflicht; Änderungsvorschläge müssten sich primär auf Letztere beziehen, wenn sie nicht erhebliche systematische Verwerfungen riskieren wollten.

Gleichwohl birgt die bestehende Lage die **Gefahr eines Missbrauchs,** denn soweit 131
ein Beschuldigter über die Tat eines Mitbeschuldigten vernommen werden soll, die Ersterem nicht zur Last zu legen ist, kommt es in Betracht, die Verfahren **vorübergehend** zu **trennen** – so den Beschuldigten in eine Zeugenstellung mit Aussagepflicht (§§ 48 Abs. 1 S. 2, 161a Abs. 1) zu bringen[274] – und nach seiner Aussage die Verfahren wieder zu verbinden.[275] Oft bestehen zwischen den verschiedenen Beschuldigten indes (bzgl. der gemeinsamen Gegenstände des Verfahrens) Konfliktsituationen und taktische Abhängigkeiten, so dass dem Beschuldigten durch die Pflicht zur Zeugenaussage Risiken aufgezwungen werden, welche das laufende Verfahren betreffen und über das allgemeine Risiko von Zeugen (dass der Angeklagte später gegen sie eigene strafrechtliche Ermittlungen veranlasst) beträchtlich hinausgehen können.[276] Die prozessuale Stellung der Beschuldigten im während der Abtrennungsdauer fortgesetzten Verfahren steht der Abtrennung zwar nicht entgegen,[277] die Abtrennung darf entgegen der wohl hM aber nicht gegen den Willen eines in dieser Phase als Zeuge aussagenden Beschuldigten der verbundenen Verfahren erfolgen.[278] Der bloße Wunsch nach einer Aussage und die richterliche Aufklärungspflicht aus § 244 Abs. 2 rechtfertigen es nicht, seine Aussagefreiheit im weiterhin verbunden geführten Verfahren durch zeitweilige Reduktion auf die Rechte aus § 55 nachhaltig zu konterkarieren.[279] Ist dieser Beschuldigte aussagewillig, steht seine Aussagefreiheit einer vorübergehenden Abtrennung zwar nicht im Wege, er wird auch dann aber meist besser als Beschuldigter gehört. Eine entspr. Würdigung seiner Aussage muss ohnehin erfolgen, und man vermeidet das Risiko, dass das Urteil zum zeitweilig abgetrennten Verfahren auch durch Eindrücke und Erkenntnisse beeinflusst wird, die gar nicht Gegenstand seiner Hauptverhandlung (sondern nur der des anderen Verfahrens) waren (vgl. jeweils § 261).[280]

---

271 Vgl. BGH 26.5.1992 – 5 StR 122/92, BGHSt 38, 302 (306) = NJW 1992, 2304 (2305 f.), wo der formelle Beschuldigtenbegriff gerade an ein über die Beschuldigtenstellung hinausgehendes Schweigerecht geknüpft wird (→ Rn. 29). Zu Grenzen der Wahrheitspflicht bereits bei weniger bloßstellenden Fragen (laufendes Ermittlungsverfahren) BGH 3.5.1991 – 3 StR 98/91, wistra 1991, 264 f.

272 Zur ohnehin mangelnden Beweiseignung der Aussage KG 21.7.1983 – (4) Ss 75/83 (34/83), JR 1983, 479.

273 Auch bei § 52 wird der ehemalige Beschuldigte dem aktuellen weitgehend gleichgestellt, vgl. BGH 16.3.1977 – 3 StR 327/76, BGHSt 27, 139 (141) = NJW 1977, 1161, → § 52 Rn. 20 f. jeweils mwN.

274 Vgl. BGH 18.10.1956 – 4 StR 278/56, BGHSt 10, 8 (11) = NJW 1957, 230 (231); aA (Unerheblichkeit von Verbindung und Trennung) Peters 46. DJT 1966, Gutachten, Teil 3 A S. 136 f.; ähnlich (materielle Beschuldigtenstellung steht Anhörung als Zeuge entgegen) Prittwitz, Der Mitbeschuldigte im Strafprozeß, 1984, insbes. S. 139 f.

275 Vgl. BGH 25.2.1964 – 1 StR 13/64, NJW 1964, 1034; Schmitt in Meyer-Goßner/Schmitt Vor § 48 Rn. 22.

276 Anders, wenn der Beschuldigte selbst die Abtrennung durch Flucht veranlasst, vgl. BGH 16.3.1977 – 3 StR 327/76, BGHSt 27, 139 (141 ff.) = NJW 1977, 1161.

277 BGH 25.2.1964 – 1 StR 13/64, NJW 1964, 1034 f.; teils aA Ruß in LK-StGB § 153 Rn. 10.

278 Entspr. Lenckner/Bosch in Schönke/Schröder StGB § 153 Rn. 4; vgl. auch Ignor/Bertheau in Löwe/Rosenberg Vor § 48 Rn. 36; jeweils mwN.

279 Entspr. LG Frankfurt a. M. 3.10.1985 – 90 Js 13171/83, StV 1986, 470; Lenckner FS Peters, 1974, 333 (336 ff.).

280 Vgl. BGH 25.2.1964 – 1 StR 13/64, NJW 1964, 1034 (1035).

132 **5. Juristische Personen. Träger der Mitwirkungsfreiheit** ist grds. nur der Beschuldigte. **Andere Verfahrensbeteiligte** werden diesem allerdings uU nach § 433 Abs. 1 (Einziehungsbeteiligter) – ggf. iVm § 435 Abs. 3 S. 2 (selbständiges Einziehungsverfahren) oder § 444 Abs. 2 S. 2 (Nebenbeteiligung juristischer Personen) – weitgehend gleichgestellt. Sie erlangen so jedenfalls entspr. rechtl. Mitwirkungsmöglichkeiten bzw. eine positive Mitwirkungsfreiheit.

133 Über die Erstreckung der übrigen Rechtsstellung des Beschuldigten sagen die Vorschriften hingegen nichts Eindeutiges aus. Die hM geht davon aus, dass jedenfalls der Einziehungsbeteiligte sie (in unmittelbarer Anwendung von § 433) nur teilweise erhält.[281] Umstritten ist va, ob der **juristischen Person** bzw. ihren Vertretern ein **Schweigerecht** zusteht. Verfassungsrechtlich vorgegeben ist ein solches nach aktueller Rspr. des BVerfG nicht,[282] nach zutreffender hL aber zu bejahen.[283] Für das Vorverfahren ergibt sich die Anwendbarkeit von §§ 136 Abs. 1, 163a Abs. 3 S. 2 aus §§ 444 Abs. 2 S. 2, 426 Abs. 2, und es gibt keinen Grund, dass sie im Hauptverfahren enden sollte.[284] Juristischen Personen die negative Mitwirkungsfreiheit generell vorzuenthalten, wäre auch strafprozessual systemwidrig.

134 Wie ihre Mitwirkungsfreiheit **konkret ausgestaltet** ist bzw. welche der regelmäßig zahlreichen involvierten Personen welche Rechte und Pflichten treffen, ist gesetzlich nicht geregelt, in wesentlichen Teilen **ungeklärt** und bedürfte einer Abstimmung insbes. mit dem Gesellschaftsrecht und materiellem Strafrecht. So kommen Mitarbeiter ohne Organstellung[285] und sogar ausgeschiedene Organmitglieder[286] als Zeugen in Betracht und müssten dann grds. aussagen.[287] Ob die juristische Person zumindest eine ihre Organmitglieder bindende Entscheidung über deren Aussageverhalten treffen kann oder diese in eigener Verantwortung (und insbes. nach Maßgabe von §§ 258, 266 StGB) darüber zu entscheiden haben,[288] ist ebenso ungewiss wie Konsequenzen aus evtl. Verstößen. Es steht nicht einmal fest, ob das materiell-strafrechtliche Selbstbegünstigungsprivileg aus § 258 Abs. 1 StGB („ein anderer") auch für Organmitglieder und deren Hilfspersonen gilt, die an der Vortat unbeteiligt waren.[289] Anders als bei natürlichen Personen, deren Handlungsspielräume durch die Mitwirkungsfreiheit nur erweitert bzw. gewahrt werden, kann die Mitwirkungsfreiheit einer juristischen Person, deren Entscheidungsprozesse an Verfahren und rechtliche Regeln gebunden sind und ihrerseits Risiken bergen, auch unmittelbar Nachteile bringen.[290]

---

[281] Vgl. Kommentierung zu § 433; Schmidt in KK-StPO § 433 Rn. 5 f.; Köhler in Meyer-Goßner/Schmitt § 427 Rn. 1.

[282] BVerfG 26.2.1997 – 1 BvR 2172/96, Rn. 84, BVerfGE 95, 220 (242) = NJW 1997, 1841 (1844) – Aufzeichnungspflicht mablBspr Weiß JZ 1998, 289; teils noch aA BVerfG 26.2.1975 – 2 BvR 820/74, BB 1975, 1315. Für eine Ableitung aus Art. 6 Abs. 1 EMRK aber Weiß NJW 1999, 2236; Minoggio wistra 2003, 121 (125 ff.); Weßlau in SK-StPO § 444 Rn. 11, 14.

[283] Schlüter, Strafbarkeit von Unternehmen, 2000, S. 119, 146, 157 f.; Drope, Verbandsstrafe, 2002, S. 150 ff.; Schuler JR 2003, 265; Pieth FS Eser, 2005, 599, 607; C. Dannecker ZStW 127 (2015), 370 sowie C. Dannecker ZStW 127 (2015), 991 (992 ff., 1011 f.); Kasiske JuS 2014, 15 (19); Zerbes ZStW 129 (2017), 1035 (1043 ff., 1052); Meyer in Lehmkuhl/Wohlers, Unternehmensstrafrecht, 2019, S. 333 (352, 358 ff.); differenzierend v. Freier ZStW 122 (2010), 117 (139 ff.); eingehend Eidam, Die strafprozessuale Selbstbelastungsfreiheit, 2007, S. 5 ff. (58).

[284] Rogall in KK-OWiG § 30 Rn. 188; Gössel in Löwe/Rosenberg § 444 Rn. 25a; Kudlich/Schuhr in Satzger/Schluckebier/Widmaier StPO § 444 Rn. 8; differenzierend Böse, Wirtschaftsaufsicht und Strafverfolgung, 2005 S. 195 ff.

[285] Drope Verbandsstrafe 2002, S. 238 f.; einschr. Minoggio wistra 2003, 121 (129); krit. Mittelsdorf, Unternehmensstrafrecht, 2007, S. 238 f und Meyer in Lehmkuhl/Wohlers, Unternehmensstrafrecht, 2019, S. 333 (358).

[286] BVerfG 26.2.1975 – 2 BvR 820/74, BB 1975, 1315 f.

[287] Zu Verwertungsverboten bei Dokumentations- und Auskunftspflichten der juristischen Person selbst → Rn. 110 f und Queck Nemo tenetur zugunsten von Unternehmen 2005, S. 271 ff., 295, 304 f.; dazu auch C. Dannecker ZStW 127 (2015), 991 (1009); zur Schweigepflichtentbindung von Rechtsbeiständen Beulke FS Achenbach, 2011, 39; Beulke FS I. Roxin, 2012, 555 (557 ff.).

[288] Dazu v. Freier ZStW 122 (2010), 117 (150 ff.).

[289] Dazu Kapp/Schlump BB 2008, 2478 (2482).

[290] Arzt JZ 2003, 456 (457 f., 459 f.).

§ 133 Ladung

(1) Der Beschuldigte ist zur Vernehmung schriftlich zu laden.

(2) Die Ladung kann unter der Androhung geschehen, daß im Falle des Ausbleibens seine Vorführung erfolgen werde.

RiStBV Nr. 44 (sowie 4 [Verhältnismäßigkeit], 181 Abs. 2 [Übersetzung], 197–199 [Diplomaten])

Schrifttum: Enzian, Das richterliche und das staatsanwaltschaftliche Vorführungsrecht – eine Analyse der neuen Prozeßrechtssituation, JR 1975, 277; Geppert, Vorläufige Festnahme, Verhaftung, Vorführung und andere Festnahmeakte, Jura 1991, 269; Gössel, Bespr. von Kleinknecht, StPO, 32. Aufl. 1975, GA 1976, 60; G. Haas, Der Beschuldigte als Augenscheinsobjekt, GA 1997, 368; Eb. Kaiser, Betrunkene Beschuldigte und Zeugen im Strafverfahren, NJW 1968, 185; Krumm, Terminierung, Verhinderung und Terminsverlegung, StV 2012, 177; Nehm, Umfang der Bindung des Ermittlungsrichters an Anträge der Staatsanwaltschaft, Festschrift Meyer-Goßner, 2001, 277; Rieß, Die Vernehmung des Beschuldigten im Strafprozeß, JA 1980, 293; Eb. Schmidt, Der Vorführungsbefehl des Ermittlungsrichters – Androhung und Vollzug, JZ 1968, 354; Eb. Schmidt, Der Strafprozeß – Aktuelles und Zeitloses, NJW 1969, 1137.

Übersicht

I. Überblick und Anwendungsbereich

§ 133 betrifft die Ladung – ggf. unter Androhung der Vorführung – des Beschuldigten (→ Vor § 133 Rn. 20 ff.) zur Vernehmung (→ Vor § 133 Rn. 36 ff.) durch **Richter und Staatsanwälte** gleichermaßen (§ 163a Abs. 3 S. 2).[1] Zur Polizei → Rn. 6. Die Vorschrift ist im **Vor- und Zwischenverfahren** (§ 202) sowie im Klageerzwingungsverfahren (§ 173 Abs. 3) anzuwenden. Im Hauptverfahren hingegen ist § 216 sowohl für die Ladung zur Hauptverhandlung als auch für die Ladung zu Vernehmungen nach § 233 Abs. 2 S. 1 maßgeblich.[2] § 133 hat dieselbe Fassung wie in der RStPO 1877. 1

§§ 133 ff. gelten im Bußgeldverfahren wegen **Ordnungswidrigkeiten** entsprechend (§ 46 Abs. 1 OWiG). Die Verfolgungsbehörde tritt dort an die Stelle der StA (§ 46 Abs. 2 OWiG), die Vorführungsanordnung bleibt aber dem Richter vorbehalten (§ 46 Abs. 5 S. 1 OWiG). 2

II. Ladung (Abs. 1)

1. Entschließung zur Vernehmung. Im Vorverfahren **entscheidet die StA** nach pflichtgemäßem Ermessen, wann eine Vernehmung durchzuführen ist und ob sie selbst vernimmt oder (insbes. mit Blick auf § 254) eine richterliche Vernehmung „aus besonderen Gründen für erforderlich erachtet" (Nr. 10 RiStBV; vgl. § 162 Abs. 1 S. 1) und beantragt.[3] 3

[1] Vgl. Rogall in SK-StPO Rn. 1; Geppert Jura 1991, 269 (275).

[2] Schmitt in Meyer-Goßner/Schmitt Rn. 1.

[3] Vgl. Nehm FS Meyer-Goßner, 2001, 277 (279); Wiesneth, HdB für das ermittlungsrichterl. Verfahren, 2006, Rn. 464 (§ 47 II). Zur Frage, ob der Beschuldigte ein Recht hat, auf seinen Antrag vom StA vernommen zu werden, s. (differenzierend) Jahn in Heghmanns/Scheffler StrafVerf-HdB Kap. II Rn. 84 f.; zutr. gegen einen Anspruch des Beschuldigten auf richterliche Vernehmung Rieß JA 1980, 293 (297); Löffelmann/Walther/Reitzenstein, Das strafproz. Ermittlungsverfahren, 2007, § 2 Rn. 29.

Manche Fallkonstellationen legen das besonders nahe (so Nr. 248 Abs. 1 RiStBV bzgl. Aussagen einer Prostituierten, die ihren Zuhälter belastet). Der Antrag bindet den Ermittlungsrichter (auch hinsichtlich des thematischen Umfangs der Vernehmung[4]); dieser darf nur seine Zulässigkeit prüfen, also kein eigenes **Ermessen** ausüben (§ 162 Abs. 2; Ausnahme: Ermittlungsrichter als Notstaatsanwalt nach § 165).[5] Die wesentlich grundrechtssensitivere Androhung und erst recht die Anordnung einer Vorführung sind hingegen keine Untersuchungshandlungen iSd § 162 Abs. 1 und 2; über sie entscheidet auch der Ermittlungsrichter ungebunden und übt eigenes Ermessen aus.[6]

4 Der Beschuldigte muss vor Abschluss der Ermittlungen vernommen werden (§ 163a Abs. 1), wenn das Verfahren nicht zur Einstellung führt und der Beschuldigte sich nicht bereits ausdrücklich geweigert hat (→ Rn. 15), im Ermittlungsverfahren zur Sache auszusagen. Er darf mehrfach vernommen und grds. auch dann geladen werden, wenn er bislang die Aussage verweigert.[7] Für Bagatellsachen gilt nichts prinzipiell anderes, gerade dort kann aber ein Vorgehen nach § 163a Abs. 1 S. 2 naheliegen. Die Schwelle zur **Unverhältnismäßigkeit** und damit Unzulässigkeit ist überschritten, wo von der richterlichen Vernehmung keine Förderung des Verfahrens erwartet werden kann, sondern sachfremde Ziele (zB nur eine Verjährungsunterbrechung) verfolgt werden.[8]

5 **2. Pflicht zum Erscheinen.** Die Pflicht des Beschuldigten, zu einer staatsanwaltschaftlichen Vernehmung zu erscheinen, ist in § 163a Abs. 3 S. 1 ausdrücklich formuliert. Bzgl. einer richterlichen Vernehmung ergibt sie sich aus den Zwangsbefugnissen der §§ 133–135. Sie besteht grds. nur für den in einer **ordnungsgemäßen Ladung** (→ Rn. 7 ff.) angegebenen Zeitpunkt und Ort. Auch Beschuldigte, die sich nicht zur Sache äußern möchten, müssen erscheinen – selbst wenn sie dies bereits angekündigt haben.[9] Es steht aber im pflichtgemäßen Ermessen des Ladenden – und wird oft naheliegen –, den Termin aufzuheben; § 163a Abs. 1 steht dem nicht entgegen (→ Rn. 15). Die Pflicht, zu erscheinen, besteht von vornherein nicht, wenn das Erscheinen in der Terminsmitteilung (die dann keine Ladung ieS mehr ist) ausdrücklich oder konkludent freigestellt wurde.[10]

6 Vor der **Polizei** besteht keine entspr. Pflicht des Beschuldigten, zu erscheinen, und die §§ 133–135 sind auf polizeiliche Vernehmungen nicht anwendbar (beachte aber §§ 127 und 163b),[11] sondern nur §§ 163 Abs. 1, 163a. Mit dem Gesetz zur effektiveren und praxistauglicheren Ausgestaltung des Strafverfahrens vom 17.8.2017[12] wurde zwar für Zeugen eine Pflicht, auch vor der Polizei zu erscheinen und auszusagen – wenn bestimmte weitere Voraussetzungen erfüllt sind – in die StPO aufgenommen (§ 163 Abs. 3 S. 1; dazu → Vor § 133 Rn. 29), auf die Beschuldigtenvernehmung bezieht sich diese Erweiterung aber nicht, und die §§ 133 ff. sind darauf nicht anwendbar. Zur Pflicht, an der Hauptverhandlung teilzunehmen, s. § 230.

7 **3. Form der Ladung.** § 133 Abs. 1 verlangt eine **schriftliche** Ladung zur Beschuldigtenvernehmung. RiStBV Nr. 44 Abs. 1 S. 3 sieht eine Ladung durch Brief, nicht durch Postkarte vor. Entsprechend sind auch ein Telefax oder EMail – obwohl sie grundsätzlich

[4] Vgl. Nehm FS Meyer-Goßner, 2001, 277 (279, 281 f.).
[5] Zur Begründung einer Beschuldigtenstellung durch die Ladung → Vor § 133 Rn. 32.
[6] LG Mönchengladbach 29.4.1969 – 10 Qs 108/69 (4), JZ 1970, 192; Wiesneth, HdB für das ermittlungsrichterl. Verfahren, 2006, Rn. 465 (§ 47 III 1.).
[7] Rieß JA 1980, 293 (297).
[8] OLG Düsseldorf 5.6.1989 – OGs 12/89, NStZ 1990, 144 (145) – Ermittlungsrichter; Sauer NJW 1968, 167 (168) Anm. zu LG Nürnberg Fürth 5.6.1967 – 3 Qs 116/66, NJW 1967, 2126 (das dort auf S. 2127 zu Recht betont, dass eine darüber hinausgehende Zweckmäßigkeitsprüfung allein Sache der StA ist).
[9] BGH 4.1.1993 – StB 27/92, BGHSt 39, 96 (98 f.); LG Magdeburg 4.1.1996 – 24 Qs 10/95, juris; LG Hannover 12.12.1966 – 24 Qs 179/66, NJW 1967, 791.
[10] LG Köln 22.5.1967 – 37 Qs 68/67, NJW 1967, 1873; Eb. Schmidt JZ 1968, 354 (357); aA LG Aachen 27.1.1969 – 17 Qs 713/68, JMBlNW 1970, 57 (58).
[11] Vgl. BGH 23.2.1962 – 4 StR 511/61, NJW 1962, 1020 (1021) mwN.
[12] G zur effektiveren und praxistauglicheren Ausgestaltung des Strafverfahrens vom 17.8.2017, BGBl. I 3202.

der schriftlichen Ladung gleichgestellt werden können[13] – nur dann zu verwenden, wenn keine Kenntnisnahme durch Dritte zu befürchten ist. Durch eine unzuständige Person – zB Beamte der Geschäftsstelle – angeordnete Ladungen sind unwirksam;[14] zuständig ist der Richter bzw. – in Fällen des § 163a Abs. 3 S. 2 – der StA. Für Auslandsladungen ist ein Rechtshilfeersuchen zu stellen.[15]

Die Vorschrift geht stillschweigend davon aus, dass der Beschuldigte bei der Entschließung zur Vernehmung nicht anwesend ist. Wird hingegen eine Vernehmung unterbrochen, darf der Fortsetzungstermin **gegenüber** dem **anwesenden Beschuldigten** auch mündlich bestimmt werden.[16] Gleiches gilt für zeitlich nahe Termine auch gegenüber einem aus anderen Gründen anwesenden Beschuldigten. Die förmliche Ladung ist iÜ nur Voraussetzung für die Pflicht des Beschuldigten, zur Vernehmung zu erscheinen (→ Rn. 5), und für Zwangsmaßnahmen im Falle der Verletzung dieser Pflicht (→ Rn. 17). Sie hat aber keinen Selbstzweck; erscheint der Beschuldigte auf eine mündliche Bitte hin, unaufgefordert etc, ist seine **Vernehmung** zulässig, **ohne** dass es noch einer förmlichen **Ladung** bedarf.[17] 8

4. Inhalt der Ladung. Termin und Ort der Vernehmung müssen in der Ladung so angegeben werden, dass auch ein ortsunkundiger Beschuldigter zu pünktlichem Erscheinen in der Lage ist; die Ladung sollte ggf. also Hinweise auf Sicherheitskontrollen, Wegzeiten in großen Justizgebäuden oder Parkplatzmangel beinhalten. Es ist klarzustellen, dass die Ladung eine Vernehmung **als Beschuldigten** betrifft (RiStBV Nr. 44 Abs. 1 S. 1; entspr. Nr. 64). Auch der **Gegenstand** der Beschuldigung soll kurz angegeben werden (RiStBV Nr. 44 Abs. 1 S. 2). Dass diese Angabe mit dem Zweck der Untersuchung unvereinbar wäre (dort Hs. 2), kann mit Blick auf die bei der Vernehmung ohnehin bestehende Pflicht, den Tatvorwurf zu eröffnen (§ 136 Abs. 1 S. 1), nur seltene Ausnahme sein; es müssten konkrete Anhaltspunkte dafür bestehen, dass die Angabe Flucht- oder Verdunklungsgefahr auslösen würde.[18] Ein Hinweis auf die Aussagefreiheit (§ 136 Abs. 1 S. 2 Hs. 1) oder die Möglichkeit, sich schriftlich zu äußern (§ 136 Abs. 1 S. 4 Hs. 1) kann, muss aber nicht aufgenommen werden;[19] dabei ist es auch zulässig, das Erscheinen zum Termin anheimzustellen (beachte → Rn. 17).[20] 9

Terminierung und Ladung sind keine Entscheidungen iSd § 33 ff. (weder Sachentscheidung noch erhebliche Gestaltung der prozessualen Lage), sondern **Organisationsakte.** Folglich gebietet die StPO keine vorherige Anhörung oder **Terminabstimmung.** Sie sieht auch keinen zeitlichen Mindestabstand der Ladung vor dem Termin **(Ladungsfrist)** vor. Jedenfalls die Einhaltung einer angemessenen Frist,[21] je nach Umständen des Einzelfalls aber auch Flexibilität bei Bitten um Terminverschiebungen und ggf. von vornherein eine Abstimmung des Termins sind als Ausdruck von Respekt sowohl ggü. der StA als auch ggü. Verteidigern sowie zeitlich beanspruchten Beschuldigten angeraten und grds. einer zügigen Verfahrensführung förderlich (→ Rn. 17).[22] Ein Anspruch darauf besteht indes nicht (§ 168c Abs. 5 S. 3). 10

5. Bekanntmachung. Eine **Zustellung** der Ladung verlangt die StPO ebensowenig, sie kann im Hinblick auf den Zugangsnachweis (→ Rn. 17) aber zweckmäßig sein. Eine Zustellung an den Verteidiger unterliegt den besonderen Voraussetzungen des § 145a Abs. 2. Alle zur Anwesenheit Berechtigten (→ Vor § 133 Rn. 47 ff.) sind nach § 168c Abs. 5 S. 1 11

---

13 Pfeiffer Rn. 2.
14 Rogall in SK-StPO Rn. 17.
15 Vgl. → Einl. K Rn. 658. Näher dazu Hackner in Schomburg/Lagodny IRG Vor § 68 Rn. 30; Gleß in Löwe/Rosenberg Rn. 11 f.
16 Diemer in KK-StPO Rn. 7; vgl. auch Schmitt in Meyer-Goßner/Schmitt Rn. 5.
17 Schmitt in Meyer-Goßner/Schmitt Rn. 3; Gundlach in AK-StPO Rn. 4.
18 Gundlach in AK-StPO Rn. 8.
19 Pfeiffer Rn. 2; zu Gründen dafür s. Jahn in Heghmanns/Scheffler StrafVerf-HdB Kap. II Rn. 76.
20 Vgl. OLG Düsseldorf 18.6.1973 – 4 Ws 2/73, JZ 1974, 137 f.; Eb. Schmidt JZ 1968, 354 (357); aA LG Aachen 27.1.1969 – 17 Qs 713/68, JMBl. NW. 1970, 57 (58).
21 Vgl. auch Gleß in Löwe/Rosenberg Rn. 5; Jäger in HK-GS Rn. 7.
22 Vgl. Eisenberg BeweisR StPO Rn. 533 sowie (zur Hauptverhandlung) Krumm StV 2012, 177 ff.

und 2 vom Termin zu **benachrichtigen,** der Verteidiger gleichzeitig mit dem Beschuldigten (RiStBV Nr. 108).[23]

12 Ist bereits bekannt, dass der Beschuldigte die deutsche Sprache nicht hinreichend beherrscht, ist der Ladung eine **Übersetzung** in eine ihm verständliche Sprache beizufügen (RiStBV Nr. 181 Abs. 2). Sollen Beamte, Richter oder andere Personen des öffentlichen Dienstes über einen Gegenstand vernommen werden, der der Amtsverschwiegenheit unterliegen kann, ist bereits in der Ladung auf das Erfordernis einer Aussagegenehmigung hinzuweisen (RiStBV Nr. 44 Abs. 3 S. 1). Bei Abgeordneten sind Art. 46 GG, entspr. Vorschriften der Landesverfassungen sowie RiStBV Nr. 191 ff., gegenüber Diplomaten RiStBV Nr. 193 ff. (insbes. 197–199) zu beachten.

13 **6. Gefangene.** Inhaftierte Beschuldigte werden ebenfalls schriftlich geladen. Der Leiter der JVA erhält alle im Folgenden genannten Anordnungen zumindest nachrichtlich. In Fällen der **U-Haft** ist die Ladung unmittelbar (ohne vorherige Androhung nach Abs. 2) mit einem Vorführungsbefehl zu verbinden oder der Gefangene in der Anstalt zu vernehmen (vgl. Nr. 41 Abs. 1 UVollzO in der landesrechtlich geltenden Fassung bzw. abweichendes Landesrecht, etwa § 6 BW-JVollzGB II).[24] Der Vorführungsbefehl gehört zur Ladung und bedarf daher keiner Vollstreckung nach § 36 Abs. 2 durch die StA. Er ist formfrei, kann also von der Geschäftsstelle ausgefertigt werden, solange der Richter bzw. StA ihn selbst erlassen hat. Er ist an diejenige Stelle zu richten, die vor Ort für seine Durchführung zuständig ist (je nach lokalen Abmachungen der Leiter der JVA, der Vorführungsdienst in der Justiz oder die Polizei). Die Anwendung unmittelbaren Zwangs unterliegt den allgemeinen Bestimmungen für die jeweils zur Durchführung zuständige Stelle. Für **Strafgefangene** sehen die an die Stelle von § 36 Abs. 1 und 2 StVollzG getretenen landesrechtlichen Vorschriften (zB § 10 BW-JVollzGB III) grds. die Gewährung von Ausgang oder Hafturlaub, die Ausführung des Gefangenen bzw. – erforderlichenfalls – wiederum eine Vorführung vor.

III. Vorführung im Falle des Ausbleibens

14 **1. Androhung der Vorführung (Abs. 2).** Eine schriftliche Ladung (und nur eine solche[25]) kann mit einer Androhung der Vorführung[26] verbunden werden. Nach der Formulierung von Abs. 2 besteht sie darin, dem Beschuldigten die Vorführung für den Fall seines Ausbleibens **als sicher** („wird erfolgen“) in Aussicht zu stellen. Sie **als möglich** („kann erfolgen“) in Aussicht zu stellen, wird aber der rechtlichen Situation besser gerecht, denn trotz Androhung besteht im Falle unentschuldigten Ausbleibens weder eine Pflicht, den Vorführungsbefehl zu erlassen, noch ein rechtlicher Automatismus. Eine solche Formulierung entfaltet auch keine geringere Warnfunktion. Beiderlei Formulierungen ist daher die gleiche Rechtswirkung beizumessen,[27] die letztere ist vorzugswürdig.

15 Ob das Gericht[28] (bzw. – in Fällen des § 163a Abs. 3 S. 2 – die StA) eine Vorführungsandrohung in die Ladung des Beschuldigten[29] aufnimmt, liegt in seinem **Ermessen** (→ Rn. 3).[30] Sie ist nur selten unverhältnismäßig, denn auch die Vorführung selbst ist es nur in Ausnahmefällen (→ Rn. 18 f.).[31] Da die Pflicht der Ermittlungsbehörden zur

---

23 Vgl. Wiesneth, HdB für das ermittlungsrichterl. Verfahren, 2006, Rn. 467 f. (§ 47 III 2.).

24 Vgl. auch zu den folgenden Einzelheiten Schmitt in Meyer-Goßner/Schmitt Rn. 5a.

25 Diemer in KK-StPO Rn. 6.

26 Zum Begriff → § 135 Rn. 3.

27 Wohl aA OLG Hamm 11.4.2000 – 2 Ws 105/2000, 2 Ws 105/00, dort fehlte es aber bereits an einer Ladung, weil noch nicht einmal ein konkreter Termin bestimmt wurde.

28 Zum parlamentarischen Untersuchungsausschuss s. VG Hannover 12.1.1988 – 6 D 32/87, NJW 1988, 1928 sowie NJW 1989, 1568.

29 In die Ladung von Zeugen hingegen müssen die Hinweise nach § 48 Abs. 2 aufgenommen werden. Dazu gehört auch ein Hinweis auf die Möglichkeit der Vorführung nach § 51 Abs. 1 S. 3.

30 LG Mönchengladbach 29.4.1969 – 10 Qs 108/69 (4), JZ 1970, 192.

31 Vgl. LG Mönchengladbach 29.4.1969 – 10 Qs 108/69 (4), JZ 1970, 192; Diemer in KK-StPO Rn. 13 f.; Wiesneth, HdB für das ermittlungsrichterl. Verfahren, 2006, Rn. 465 (§ 47 III 1.).

Vernehmung des Beschuldigten (§ 163a Abs. 1 StPO) indes nur darauf gerichtet ist, ihm Gelegenheit zur Aussage zu geben,[32] bietet es sich oft an, nach seinem unentschuldigten Fernbleiben von weiteren Versuchen und Maßnahmen abzusehen.[33] Die Vorführung und ihre Androhung sind **entbehrlich,** wenn sie nicht zur Erfüllung von Mitteilungspflichten zur Sicherung eines fairen Verfahrens nötig ist (→ § 136 Rn. 10, 21, 23 f., 30 und insbes. 45 f.), die Aufklärungspflicht sie nicht auf Grund besonderer Umstände gebietet und der persönliche Eindruck vom Beschuldigten nicht erforderlich ist, um über Ermittlungsmaßnahmen zu entscheiden (zB zur Beurteilung von Verdunklungsgefahr). Steht bereits sicher fest, dass die Drohung nicht wahrgemacht werden soll, ist sie als Täuschung des Beschuldigten unstatthaft (vgl. RiStBV Nr. 44 Abs. 2).

In der schriftlichen Ladung muss auch die Androhung **schriftlich** erfolgen. Sie wirkt dann für einen nur mündlich anberaumten Fortsetzungstermin fort und kann für einen solchen sogar originär mündlich ausgesprochen werden (→ Rn. 8).[34] 16

2. Vorführungsbefehl. Zu Form und Inhalt des Vorführungsbefehls sowie zur Durchführung der Vorführung → § 134 Rn. 4 ff. und § 135. Ein Vorführungsbefehl **darf erlassen werden,** wenn erstens der Beschuldigte zum Termin ordnungsgemäß geladen wurde (→ Rn. 7 ff.) – insbes. muss sicher feststehen, dass ihm die Ladung tatsächlich zugegangen ist –, zweitens die Vorführung formgerecht angedroht wurde (→ Rn. 14, 16; zu Gefangenen beachte → Rn. 13) und drittens der Beschuldigte dem Termin unentschuldigt fernblieb.[35] Dem Fernbleiben steht dabei ein Erscheinen in selbstverschuldet vernehmungsunfähigem Zustand gleich.[36] Eine bloße Terminsmitteilung bzw. unechte Ladung, die dem Beschuldigten das Erscheinen anheimstellt (→ Rn. 5), genügt nicht.[37] Auch ein zeitlich unzumutbarer oder knapp bestimmter Termin entschuldigt das Ausbleiben.[38] Zu den alternativen Voraussetzungen einer sofortigen Vorführung → § 134 Rn. 2 f. Die Entscheidung über den Erlass des Vorführungsbefehls ist auf der Grundlage aller vorhandenen Informationen zu treffen; es kommt nicht darauf an, ob tatsächlich bestehende Hinderungsgründe angemessen vorgetragen wurden.[39] 17

Maßstab für die zu treffende **Ermessensentscheidung** (→ Rn. 3) über den Eingriff in die Freiheit des Beschuldigten ist (verfassungsrechtlich zwingend) der **Verhältnismäßigkeitsgrundsatz.**[40] Dabei sind die Intensität, Dauer und absehbare Folgeschäden des konkret zu erwartenden Eingriffs in die Freiheit des Beschuldigten gegen den im Einzelfall realistischerweise zu erwartenden Nutzen der Vernehmung abzuwägen. Wird die Vorführung angeordnet, müssen Zeit und Ort für die Vernehmung und die Vorführung so gewählt werden, dass die Freiheitsbeeinträchtigung für den Beschuldigten möglichst gering ausfällt und eine Einhaltung der Anforderungen des § 135 sicher zu erwarten ist. 18

---

32 S. dazu Erb in Löwe/Rosenberg § 163a Rn. 31 ff. (34); Griesbaum in KK-StPO § 163a Rn. 3 ff. sowie die Kommentierung zu § 163a.

33 Vgl. LG Köln 22.5.1967 – 37 Qs 68/67, NJW 1967, 1873; Löffelmann/Walther in Löffelmann/Walther Reitzenstein, Das strafproz. Ermittlungsverfahren, 2007, § 2 Rn. 27 f.

34 Schmitt in Meyer-Goßner/Schmitt Rn. 6.

35 Vgl. Wiesneth, HdB für das ermittlungsrichterl. Verfahren, 2006, Rn. 469 (§ 47 III 3.).

36 Vgl. dazu (dort aber verschuldensunabhängig) → § 136a Rn. 18 f.; Eb. Kaiser NJW 1968, 185 (188).

37 LG Köln 22.5.1967 – 37 Qs 68/67, NJW 1967, 1873; Eb. Schmidt JZ 1968, 354 (357).

38 Gleß in Löwe/Rosenberg Rn. 5; Ahlbrecht in Gercke/Julius/Temming/Zöller Rn. 4.

39 Diemer in KK-StPO Rn. 12; grds. für das Erfordernis einer Anhörung (§ 33 Abs. 4 idR nicht anwendbar) Enzian JR 1975, 277 (279).

40 BGH 4.1.1993 – StB 27/92, BGHSt 39, 96 (98 f.); OLG Düsseldorf 5.6.1989 – OGs 12/89, NStZ 1990, 144 f. – Ermittlungsrichter; LG Hannover 12.12.1966 – 24 Qs 179/66, NJW 1967, 791 (792); LG Köln 22.5.1967 – 37 Qs 68/67, NJW 1967, 1873; Köhler in Meyer-Goßner/Schmitt § 162 Rn. 14; einschränkend Schmitt in Meyer-Goßner/Schmitt Rn. 7; Gleß in Löwe/Rosenberg Rn. 14; nur im Grundsatz zustimmend Eb. Schmidt JZ 1968, 354 (359 ff.) sowie Eb. Schmidt NJW 1969, 1137 (1138 ff., 1141 f.), der die Grundrechte und den Verhältnismäßigkeitsgrundsatz letztlich so eng fasst, dass hier kein Anwendungsbereich verbleibt (ausdrücklich mit rechtspolitischem Blick einerseits auf studentische Protestbewegungen, andererseits auf die das Untersuchungsinteresse des Staates und das Freiheitsinteresse des Einzelnen ausgleichenden und die Wahrheitsfindung gegen Übereilung sichernden strengen, ohne richterliches Ermessen auskommenden prozessualen Formen).

19 Zur Gewährung rechtlichen Gehörs ist die Vorführung zwar meist nicht erforderlich (→ Rn. 15), wird aber auch durch die Ankündigung, vom **Schweigerecht** Gebrauch zu machen, nicht von vornherein unzulässig. Ein von der Sachaussage erhoffter Nutzen darf zwar nur dann in die Abwägung eingestellt werden, wenn es nicht gänzlich unwahrscheinlich ist, dass der Beschuldigte Angaben zur Sache machen wird; eine Vernehmung kann aber unabhängig vom zu erwartenden Aussageverhalten erforderlich und eine Vorführung gerechtfertigt sein. Dies ist zB der Fall, wenn ein persönlicher Eindruck vom Beschuldigten oder die Feststellung seiner Identität in der aktuellen Lage des Verfahrens erforderlich erscheinen (etwa um zu hören, ob er wirklich lispelt, falls Belastungszeugen dies angegeben haben; → Rn. 15) oder wenn er Zeugen gegenübergestellt oder einem Sachverständigen vorgestellt werden muss.[41] Zudem gehen die Aufgaben des Ermittlungsrichters (und auch der StA) nach § 136 weit über die Sachaufklärung hinaus. Wenn zur fairen Verfahrensführung sichergestellt werden muss, dass der Tatvorwurf dem Beschuldigten umfassend und verständlich eröffnet wurde, oder Rechtsfragen mit ihm zu erörtern sind, ist die Vorführung verhältnismäßig.[42] Selbst in Bagatellsachen oder bei schwacher Beweislage kann eine Vorführung daher zulässig sein.[43] Andererseits darf die Vorführung weder als Ordnungsmittel gegen die dem unentschuldigten Fernbleiben innewohnende Unbotmäßigkeit missbraucht werden,[44] noch zu einem unzulässigen Drängen, doch zur Sache auszusagen (→ § 136 Rn. 30 und → § 136a Rn. 58) oder an einer bislang rechtmäßig verweigerten sachverständigen Exploration mitzuwirken.[45] **IdR** ist die Vorführung **entbehrlich.**

20 **Art. 104 GG** steht einer Vorführungsanordnung der StA nicht entgegen, solange die Vorführung nur eine Freiheitsbeschränkung und keine Freiheitsentziehung ist und daher kein Richtervorbehalt nach Art. 104 Abs. 2 GG besteht. Zwar beinhaltet auch die Vorführung eine allseitige Freiheitsbeschränkung (und nicht nur die Hinderung, bestimmte Orte aufzusuchen). Zügige Vorführungen können aber in Umfang und Dauer unterhalb der Schwelle einer Freiheitsentziehung bleiben.[46]

21 Die zwangsweise Vorführung eines **Mitglieds des Deutschen Bundestags** bedarf der Genehmigung des Bundestags (Anl. 6 Abschn. A Nr. 14 lit. k BT-GeschO), nicht jedoch bereits ihre Androhung.[47] Hinsichtlich Abgeordneter anderer Parlamente siehe § 152a und die dortige Kommentierung.

---

[41] Vgl. dazu BGH 4.1.1993 – StB 27/92, BGHSt 39, 96 (98 f.); aA Gleß in Löwe/Rosenberg Rn. 8; einschränkend Fezer Fall 3 Rn. 41; näher dazu G. Haas GA 1997, 368 ff.

[42] LG Magdeburg 4.1.1996 – 24 Qs 10/95, juris; LG Hannover 12.12.1966 – 24 Qs 179/66, NJW 1967, 791 (792); Eb. Schmidt JZ 1968, 354 (356 ff.); Rieß JA 1980, 293 (297).

[43] LG Nürnberg-Fürth 5.6.1967 – 3 QS 116/66, NJW 1967, 2126 (2127) mAnm Sauer NJW 1968, 167 f.; LG Krefeld 28.8.1967 – 7 Qs 273/67, MDR 1968, 68 – Aber Unverhältnismäßigkeit zB bei Vorführung für ein ausländisches Rechtshilfeersuchen in einer geringfügigen Bußgeldsache (OLG Zweibrücken 3.4.1980 – 1 AR 4/80 (1), NJW 1981, 534 f.) und sogar Unzulässigkeit der richterlichen Vernehmung bei sicherer Annahme, dass Aussage auch vor dem Ermittlungsrichter verweigert würde, ohne positiven Grund für die Vernehmung (OLG Düsseldorf 5.6.1989 – OGs 12/89, NStZ 1990, 144 (145) – Ermittlungsrichter; entspr. bzgl. Androhung der Vorführung LG Köln 22.5.1967 – 37 Qs 68/67, NJW 1967, 1873).

[44] Vgl. Geppert Jura 1991, 269 (275); aA Eb. Schmidt NJW 1969, 1137 (1141).

[45] So bzgl. §§ 81, 81a LG Hagen 11.2.2008 – 44 Qs 25/07, StraFo 2008, 157 f.; zur grds. Unzulässigkeit der Vorführung unmittelbar vor den Sachverständigen, aber Zulässigkeit einer Vorstellung vor den Sachverständigen beim Ermittlungsrichter und bei der StA LG Gera 29.8.1995 – 320 Js 8075/94 – 5 AR 37/95, StV 1995, 631 f.

[46] Vgl. BGH 30.4.1987 – 4 StR 30/87, BGHSt 34, 365 (368) = NJW 1987, 2524 (2525); Jarass in Jarass/Pieroth GG Art. 104 Rn. 11 f.; ferner Rieß JA 1980, 293 (298); aA Dürig in Dürig/Herzog/Scholz GG Art. 104 Rn. 12 (insoweit Stand des Grundwerks); Kunig in v. Münch/Kunig GG Art. 104 Rn. 20 Stichworte „Vorführung" und „Staatsanwaltschaft" (dort zu § 161a). Zu dieser Schwelle s. BVerfG 15.5.2002 – 2 BvR 2292/00, BVerfGE 105, 239 Rn. 23 und 28. Anders für die Ingewahrsamnahme zur Vorführung vor den Haftrichter und Beantragung von Abschiebehaft den Kammerbeschluss des BVerfG 7.5.2009 – 2 BvR 2367/07, NVwZ 2009, 1033 f. (sowie demgegenüber vom selben Tage – 2 BvR 475/09, NVwZ 2009, 1034). → § 135 Rn. 2.

[47] Diemer in KK-StPO Rn. 16.

IV. Rechtsbehelfe

22 Ausdrücklich regelt das Gesetz nur das Rechtsmittel **gegen** einen Vorführungsbefehl der **StA:** Statthaft ist ein Antrag auf gerichtliche (ihrerseits nicht mehr weiter anfechtbare) Entscheidung nach **§ 163a Abs. 3 S. 3 bis 5** (s. dort). Der Umkehrschluss, dass die Ladung und eine Vorführungsandrohung nicht anfechtbar wären, ist aber nicht haltbar (Art. 19 Abs. 4 GG), denn die Ladung beschwert bereits (→ Rn. 5). Sachgerecht ist es, § 163a Abs. 3 S. 3 ff. auch auf die bloße Ladung analog anzuwenden (das entspricht einer analogen Anwendung von § 98 Abs. 2 S. 2, ist aber die sachnähere Vorschrift).[48]

23 **Gegen** eine **gerichtliche** Ladung (aus demselben Grund auch dann, wenn sie ohne Vorführungsandrohung erfolgte[49]) bzw. eine Vorführungsandrohung, einen gerichtlichen Vorführungsbefehl bzw. – für die StA als Beschwerdeführerin (zB um ein nach § 254 Abs. 1 verlesbares Protokoll zu erreichen) – gegen die Ablehnung eines Antrags auf Ladung, auf Vorführungsandrohung[50] oder auf Erlass eines Vorführungsbefehls[51] durch das Gericht ist eine **Beschwerde** nach § 304 Abs. 1 statthaft.[52] Weil die Beschwerde den Vollzug nicht hemmt (§ 307 Abs. 1), ist sie, wenn sie sich gegen einen Vorführungsbefehl richtet, regelmäßig im Zeitpunkt des Eingangs beim Beschwerdegericht bereits **überholt,** so dass dann nur noch eine „Fortsetzungsfeststellungsbeschwerde" in Betracht kommt.[53] Nach § 310 Abs. 2 findet – anders als für die Verhaftung (dazu § 310 Abs. 1 Nr. 1)[54] – keine weitere Beschwerde statt.[55] Das Beschwerdegericht kann zwar für seine Entscheidung notwendige ergänzende Ermittlungen selbst vornehmen (§ 308 Abs. 2), aber trotz § 309 Abs. 2 idR nicht selbst eine Ladung bzw. Vorführung verfügen, denn diese müssen stets auf die aktuelle Terminplanung abgestimmt sein.[56]

24 Ein auf die vorherige Androhung (§ 133 Abs. 2) gestützter, aber rechtswidriger Vorführungsbefehl kann **nicht nachträglich** auf **§ 134 Abs. 1** gestützt werden, denn diese Vorschrift intendiert nicht die Herstellung eines bestimmten Zustandes, sondern die Erweiterung der Handlungsoptionen bei der Entscheidung über U-Haft. Sie kann deshalb keine nachträgliche Wirksamkeit entfalten.

V. Revision

25 §§ 133–135 liefern **keine Revisionsgründe.** Die Vernehmung selbst wird durch Ladungs- oder Vorführungsfehler nicht fehlerhaft (→ Rn. 8). Soweit Umstände einer Vorführung mit Verletzungen von §§ 136, 136a in Zusammenhang stehen, sind diese Vorschriften maßgeblich; so zB kann eine rechtswidrige Freiheitsentziehung nach § 136a zu einem Verwertungsverbot für alle während ihrer Dauer gemachten Äußerungen führen.[57]

VI. Kosten und Entschädigung

26 Das unentschuldigte Ausbleiben nach ordnungsgemäßer Ladung und sogar die schuldhaft verspätete Mitteilung der Hinderungsgründe sind als **Säumnis iSd § 467 Abs. 2** anzu-

---

48 Vgl. Gössel GA 1976, 60 (62). Die bloße Ankündigung einer Ladung mit Vorführungsandrohung genügt hingegen nicht (OLG Hamm 11.4.2000 – 2 Ws 105/2000, 2 Ws 105/00, bzgl. Erscheinen vor Sachverständigem).

49 Entspr. in der Begründung bereits ausdrücklich LG Hannover 12.12.1966 – 24 Qs 179/66, NJW 1967, 791; Rogall in SK-StPO Rn. 17; Pfeiffer Rn. 5; Eb. Schmidt JZ 1968, 354 (362) – aA (Vorführungsersuchen an JVA mangels Eingriff nicht beschwerdefähig) OLG Hamm 6.4.1984 – 4 Ws 195/84, LS in juris; Diemer in KK-StPO Rn. 15; Schmitt in Meyer-Goßner/Schmitt Rn. 9.

50 LG Mönchengladbach 29.4.1969 – 10 Qs 108/69 (4), JZ 1970, 192 f.; Ahlbrecht in Gercke/Julius/Temming/Zöller Rn. 9.

51 Vgl. LG Aachen 27.1.1969 – 17 Qs 713/68, JMBl. NW. 1970, 57 (58); LG Köln 22.5.1967 – 37 Qs 68/67, NJW 1967, 1873; Gundlach in AK-StPO Rn. 18.

52 Jahn in Heghmanns/Scheffler StrafVerf-HdB Kap. II Rn. 79, 172; Rieß JA 1980, 293 (298).

53 Vgl. → Einl. D Rn. 224; ferner BayVerfGH 11.6.1963 – Vf. 3-VI-62, Rechtspfleger 1963, 280.

54 Vgl. auch (Erledigung hindert weitere Beschwerde nicht) BVerfG 11.4.2018 – 2 BvR 2601/17, Rn. 36 ff.

55 Dazu auch BVerfG 4.9.2019 – 2 BvQ 74/19 (zu KG 16.7.2019 – 4 Ws 64/19 – 161 AR 153/19).

56 Vgl. LG Mönchengladbach 29.4.1969 – 10 Qs 108/69 (4), JZ 1970, 192 (193); LG Nürnberg Fürth 5.6.1967 – 3 Qs 116/66, NJW 1967, 2126 (2128); Ahlbrecht in Gercke/Julius/Temming/Zöller Rn. 9.

57 → § 136a Rn. 58.

sehen. Deshalb sind dem Beschuldigten nach dieser Vorschrift eventuelle abgrenzbare Kosten eines weiteren Vernehmungstermins und jedenfalls die Kosten einer Vorführung nach § 133 Abs. 2 aufzuerlegen (anders → § 134 Rn. 11).[58]

27 Die Vorführung nach § 133 Abs. 2 (auch hier anders → § 134 Rn. 11) ist **Zwangsmaßnahme gegen rechtswidriges Verhalten.** Eine Entschädigung für rechtmäßige Maßnahmen ihres Vollzugs kommt daher auch im Falle eines späteren Freispruchs nicht in Betracht.[59]

§ 134 Vorführung

(1) Die sofortige Vorführung des Beschuldigten kann verfügt werden, wenn Gründe vorliegen, die den Erlaß eines Haftbefehls rechtfertigen würden.

(2) In dem Vorführungsbefehl ist der Beschuldigte genau zu bezeichnen und die ihm zur Last gelegte Straftat sowie der Grund der Vorführung anzugeben.

Schrifttum: Enzian, Wesen und Wirken des Vorführungsbefehls, NJW 1957, 450; Enzian, Das richterliche und das staatsanwaltschaftliche Vorführungsrecht – eine Analyse der neuen Prozeßrechtssituation, JR 1975, 277; Eb. Kaiser, Die Wohnung als Schranke bei der Vollstreckung von Haft- und Vorführungsbefehlen?, NJW 1964, 759; Eb. Kaiser, Die Zelle als Verwahrungsort für Vorgeführte, NJW 1965, 1216; Lampe, Grenzen des Festhalterechts gegenüber vorgeführten Beschuldigten und Zeugen im Ermittlungsverfahren, MDR 1974, 535; Lemke, Rechtmäßigkeitserfordernisse des strafrechtlichen Vorführungsbefehls, NJW 1980, 1494; Rasehorn, Probleme des Vorführungsbefehls, DRiZ 1956, 269.

Übersicht

I. Überblick

1 § 134 Abs. 1 sieht die Möglichkeit eines Vorführungsbefehls unter gegenüber § 133 Abs. 2 **alternativen Voraussetzungen** vor. § 134 Abs. 2 formuliert Anforderungen, die in beiden Fällen an den Vorführungsbefehl zu stellen sind. Die Vorschrift wurde gegenüber der RStPO 1877 lediglich im Sprachgebrauch leicht angepasst.

II. Voraussetzungen einer sofortigen Vorführung (Abs. 1)

2 Abweichend von den → § 133 Rn. 17 dargestellten Voraussetzungen darf die Vorführung des Beschuldigten nach § 134 Abs. 1 auch bereits mit der ersten Ladung zur Vernehmung (ohne dass bereits ein Vernehmungstermin gescheitert wäre und ohne dass die Vorführung zuvor angedroht wurde) angeordnet werden. § 134 Abs. 1 bindet dies an das Vorliegen eines Haftgrundes nach §§ 112, 112a **(U-Haft)** oder § 34 Abs. 1 IRG[1] (**Auslieferungshaft;** iVm § 77 Abs. 1 IRG) und ist auf § 126a **(einstweilige Unterbringung)** entspr.[2] anzuwen-

58 Vgl. (jeweils zum Begriff der Säumnis) Gieg in KK-StPO § 467 Rn. 4; Hilger in Löwe/Rosenberg § 467 Rn. 24.

59 Vgl. Kunz StrEG § 2 Rn. 12 und § 5 Rn. 113.

1 Dazu OLG Stuttgart 4.2.2003 – 3 Ausl. 113/01, NStZ-RR 2003, 277 f.; Rogall in SK-StPO Rn. 4 ff. und § 135 Rn. 10.

2 Gleß in Löwe/Rosenberg Rn. 4; Schmitt in Meyer-Goßner/Schmitt Rn. 1; Ahlbrecht in Gercke/Julius/Temming/Zöller Rn. 2.

den. Zu den näheren Voraussetzungen, insbes. Verhältnismäßigkeitsfragen und Abgeordneten, s. jeweils dort sowie → § 133 Rn. 18 f.

3 Die Vorschrift hat das **Ziel,** dem Ermittlungsrichter (bzw. der StA) ein gegenüber der sofortigen Verhaftung **milderes Mittel** an die Hand zu geben und es zu ermöglichen, dass zunächst das Gespräch mit dem Beschuldigten gesucht wird.[3] Der Ermittlungsrichter macht von dieser Möglichkeit nach eigenem Ermessen Gebrauch und ist insoweit nicht an einen Haftbefehlsantrag der StA gebunden (→ § 133 Rn. 3).

III. Vorführungsbefehl (Abs. 2)

4 **1. Zuständigkeit, Form und Inhalt.** Zum Erlass des Vorführungsbefehls **zuständig** ist der vernehmende Richter (§§ 162, 169 ggf. iVm § 165 sowie – in Fällen des § 134 Abs. 2 – §§ 125, 126) bzw. StA (in Fällen des § 163a Abs. 3 S. 2).[4] Es findet **keine** vorherige **Anhörung** statt (§ 33 Abs. 4).[5]

5 Der Vorführungsbefehl ist **schriftlich** zu erlassen. Er kann in Eilfällen aber auch zunächst fernmündlich oder durch Fernschreiben zur Vollstreckung übermittelt werden;[6] § 114a gilt entspr. (→ Rn. 8).[7] Im Vorführungsbefehl ist der **Beschuldigte** so **genau anzugeben,** dass Verwechslungen mit anderen Personen ausgeschlossen sind. **Zeit und Ort** der Vorführung sind der Ladung entspr. zu bestimmen (→ § 133 Rn. 9 f.). Die dem Beschuldigten zur Last gelegte Tat ist ihrer gesetzlichen Bezeichnung nach anzugeben.[8] Die Vernehmung ist als Zweck („Grund") der Vorführung zu benennen. Zur Begründung ist in Fällen des § 133 Abs. 2 auf die Ladung, das Ausbleiben und das Fehlen hinreichender Entschuldigungsgründe abzustellen. In Fällen des § 134 Abs. 1 ist der Haftgrund wie in einem Haftbefehl auszuführen (§ 114 Abs. 2 Nr. 3) und dabei der Tatvorwurf zumindest knapp zu schildern.[9]

6 **2. Bekanntmachung, Vollstreckung und Wirksamkeitsdauer.** Zur **Vollstreckung** ist der Vorführungsbefehl an die StA zu übergeben (§ 36 Abs. 2 S. 1), die seinen Vollzug durch die Polizei veranlasst.[10] Zu Gefangenen beachte → § 133 Rn. 13.

7 Zum Zwecke der **Ergreifung** darf die Polizei erforderlichen **unmittelbaren Zwang** anwenden.[11] Der richterliche Vorführungsbefehl gestattet es auch, die **Wohnung** des Beschuldigten zu betreten und nach ihm zu durchsuchen; er ordnet die Ergreifungsdurchsuchung (§ 102) „stillschweigend" an, so dass es keiner weiteren Anordnung nach § 105 bedarf.[12] Staatsanwaltschaftliche Vorführungsbefehle genügen dafür nur außerhalb des Anwendungsbereichs von Art. 13 Abs. 2 GG und § 105 Abs. 1 S. 1.[13] Eine Durchsuchung bei Dritten bedarf stets einer gesonderten Anordnung[14] oder der ausdrücklichen Zustimmung des Dritten nach

---

3 Wenn der zu Vernehmende sich (erneut) in den Zustand der Verhandlungsunfähigkeit zu versetzen droht, kann ebenfalls ein Haftbefehl angezeigt sein (OLG Düsseldorf 3.10.1989 – 3 Ws 704/89, NStZ 1990, 295 f.).

4 Diemer in KK-StPO Rn. 4; wohl aA (nur Richter) Monka in BeckOK StPO Rn. 3.

5 Diemer in KK-StPO Rn. 3; etwas einschränkend Enzian JR 1975, 277 (278).

6 Eingehend zu den insoweit bestehenden Unterschieden zu § 230 Abs. 2 Lemke NJW 1980, 1494 (1496).

7 Schmitt in Meyer-Goßner/Schmitt Rn. 4.

8 Rogall in SK-StPO Rn. 11; Ahlbrecht in Gercke/Julius/Temming/Zöller Rn. 4.

9 Rogall in SK-StPO Rn. 11; Gleß in Löwe/Rosenberg Rn. 6.

10 Vgl. Pfeiffer Rn. 1.

11 BGH 16.7.1980 – 2 StR 127/80, NStZ 1981, 22; Ahlbrecht in Gercke/Julius/Temming/Zöller Rn. 6; Eb. Kaiser NJW 1965, 1216 (1217).

12 Köhler in Meyer-Goßner/Schmitt § 105 Rn. 6; Gundlach in AK-StPO Rn. 7. Entspr. (zum auf Freiheitsstrafe lautenden rechtskräftigen Urteil nebst Vollstreckungshaftbefehl) OLG Frankfurt a. M. 26.11.1963 – 3 Ws 62/63, NJW 1964, 785. Die Figur der „Nachschau" zur Vollstreckung eines Haft- oder Vorführungsbefehls in Wohnungen, die früher der Durchsuchung gegenübergestellt wurde, ist hingegen von der Entwicklung des Verfassungs- und Prozessrechts überholt (vgl. § 102 und Eb. Kaiser NJW 1964, 759).

13 Vgl. Pauckstadt-Maihold in KMR-StPO Rn. 5.

14 Schmitt in Meyer-Goßner/Schmitt Rn. 5; J. Kretschmer in Radtke/Hohmann Rn. 2; vgl. auch Diemer in KK-StPO Rn. 8.

Aufklärung über die Freiwilligkeit.[15] Auf die Frage, ob § 104 Anwendung findet,[16] kommt es letztlich nicht an, weil der Verhältnismäßigkeitsgrundsatz hinsichtlich einer bloßen Vorführung ohnehin regelmäßig engere Grenzen zieht (mit der nötigen Ausnahme bei Gefahr im Verzug, die wiederum auch § 104 vorsieht; vgl. auch → § 135 Rn. 2, 4 ff. insb. zu Dauer und Art des Festhaltens).

8 **Bevor** unmittelbarer Zwang gegen die Person des Beschuldigten ausgeübt bzw. diese festgenommen wird, muss ihr der Vorführungsbefehl (einschließlich seines Zwecks, → Rn. 5) **bekannt gemacht** werden.[17] Grds. ist eine Zustellung nach § 35 Abs. 2 erforderlich, die unmittelbar zu Beginn der Vollstreckung erfolgen kann. Weil der Vorführungsbefehl weniger einschneidend ist als ein Haftbefehl, muss es aber auch genügen, wenn die Anforderungen von § 114a eingehalten werden. Entgegen der wohl hM[18] ist es unzulässig, dem Beschuldigten trotz seines Verlangens selbst die nachträgliche Aushändigung einer Abschrift zu verweigern. Ist der Beschuldigte der deutschen Sprache nicht mächtig, hat er Anspruch auf eine Übersetzung (→ § 133 Rn. 12 sowie § 114a). Soweit ein Verteidiger des Beschuldigten bekannt ist, ist dieser von der Vorführung unverzüglich zu unterrichten (RiStBV Nr. 108).

9 Auch nach der eigentlichen Vorführung (Zur Begrifflichkeit → § 135 Rn. 3) darf der Vorgeführte festgehalten werden bis die Vernehmung abgeschlossen ist (beachte → § 136 Rn. 30) oder § 135, der Verhältnismäßigkeitsgrundsatz oder Art. 104 Abs. 1 GG die Freilassung gebieten (→ § 135 Rn. 3, 6 f.). Begrifflich und systematisch überzeugend wäre es, die Vorführung als vollständig ausgeführt anzusehen, sobald der Betroffene vor dem Richter (bzw. dem StA) steht, denn es geht nur um eine geschärfte Pflicht des Betroffenen, zu erscheinen.[19] Dann wäre das Festhalten aber lediglich bis zu diesem Zeitpunkt auf den Vorführungsbefehl zu stützen, während sich ein selbständiges richterliches (bzw. staatsanwaltliches) Festhalterecht daran anschließen müsste. Das aber findet weder eine § 231 Abs. 1 S. 2 entsprechende Grundlage[20] noch lässt das sitzungspolizeiliche Festhalterecht (§§ 176, 177 S. 1 GVG) ein Festhalten in der Sitzung zu. Zudem hätte es zur Konsequenz, dass sich an die Frist des § 135 S. 2 eine einfachgesetzlich nicht geregelte Periode (des selbständigen Festhalterechts) anschließen würde. § 135 S. 2 sieht aber erstens ein Festhalten auch noch nach Beginn der Vorführung vor und ist zweitens als absolute zeitliche Obergrenze des Gesamtgeschehens gemeint, so dass in der Sprechweise des § 135 S. 2 auch das gesamte Festhalten im Vorführungsbefehl gründet (obwohl es nicht mehr zur Vorführung ieS gehört). Erledigt ist der Vorführungsbefehl daher erst mit dem **Abschluss der Vernehmung** bzw. einer Unterbrechung der Vernehmung, die eine neuerliche Ladung erforderlich macht.[21] Wenn kein Haftbefehl erlassen wird, ist der Beschuldigte nach der Vernehmung zu entlassen. Für eine neue Ladung gilt der Vorführungsbefehl nicht fort.[22]

IV. Rechtsbehelfe und Revision

10 Zu Rechtsbehelfen und Revision s. die Kommentierung zu § 133.

V. Kosten und Entschädigung

11 Die Duldung der Vorführung nach § 134 Abs. 1 ist – wie die Duldung der U-Haft – **Sonderopfer** des Beschuldigten **für das gemeine Wohl,** so dass – anders als in Fällen des

[15] Vgl. dazu Köhler in Meyer-Goßner/Schmitt § 105 Rn. 1.
[16] Wohl abl. Köhler in Meyer-Goßner/Schmitt § 105 Rn. 6.
[17] BGH 16.7.1980 – 2 StR 127/80, NStZ 1981, 22; OLG Stuttgart 24.5.1982 – 1 Ss 209/82, Justiz 1982, 339.
[18] Vgl. nur Gleß in Löwe/Rosenberg Rn. 7; Schmitt in Meyer-Goßner/Schmitt Rn. 4.
[19] Enzian NJW 1957, 450 (451).
[20] Gegen ein Festhalterecht nach der eigentlichen Vorführung daher mit beachtlichen Gründen ua aus § 70 (bzgl. Zeugen), der ebenfalls kein Festhalten bei der Vernehmung gestattet, Lampe MDR 1974, 535 (538, 540).
[21] Gleß in Löwe/Rosenberg Rn. 10; Gundlach in AK-StPO Rn. 9.
[22] AA (zu § 230 Abs. 2) Rasehorn DRiZ 1956, 269.

§ 133 Abs. 2 (→ § 133 Rn. 27) – eine gesonderte Auferlegung ihrer Kosten idR nicht veranlasst ist. Im Falle eines späteren Freispruchs (etc) muss auch eine Entschädigung grds. möglich sein.[23] Die Verhaftung zur Vorführung nach § 134 Abs. 1 ist Vorstufe der U-Haft und richtigerweise unter diesen Begriff in § 2 Abs. 1 StrEG zu fassen.[24] Wird der Beschuldigte auf die Vorführung hin in U-Haft genommen, wirkt sich dieses erweiternde Begriffsverständnis wegen § 7 StrEG nur aus, wenn die Vorführung bereits am Vortag begann oder ein bestimmter Vermögensschaden gerade in ihren Zeitraum fiel. Es führt aber dazu, dass auch einem Beschuldigten, der auf freiem Fuß bleibt, für den Zeitraum des Festgehaltenwerdens Ansprüche aus § 2 Abs. 1 StrEG zustehen können. Diese Gleichsetzung steht einer uneingeschränkten Anwendung der Ausschluss- und Versagungsgründe der §§ 5 Abs. 2 und 3, 6 StrEG nicht entgegen.

§ 135 Sofortige Vernehmung

[1]Der Beschuldigte ist unverzüglich dem Richter vorzuführen und von diesem zu vernehmen. [2]Er darf auf Grund des Vorführungsbefehls nicht länger festgehalten werden als bis zum Ende des Tages, der dem Beginn der Vorführung folgt.

Schrifttum: Baumann, Die Bedeutung des Artikels 2 GG für die Freiheitsbeschränkungen im Strafprozeß, Festschrift Eb. Schmidt, 1961, 525; Enzian, Das richterliche und das staatsanwaltschaftliche Vorführungsrecht – eine Analyse der neuen Prozeßrechtssituation, JR 1975, 277; Gottschalk, Kann ein Haftbefehl zur Nachtzeit in der Wohnung des Beschuldigten vollstreckt werden?, NStZ 2002, 568; Eb. Kaiser, Die Zelle als Verwahrungsort für Vorgeführte, NJW 1965, 1216; Lampe, Grenzen des Festhalterechts gegenüber vorgeführten Beschuldigten und Zeugen im Ermittlungsverfahren, MDR 1974, 535; Moritz, Vereinbarkeit des Vorführungsrechts der Staatsanwaltschaft mit Art. 104 GG?, NJW 1977, 796; Schnickmann, Das Vorführungsrecht der Staatsanwaltschaft und seine Vereinbarkeit mit Art. 104 GG, MDR 1976, 363.

I. Überblick

§ 135 bezieht sich auf Vorführungen nach § 133 und 134. Für die Vorführung von **Zeugen** ordnet § 51 Abs. 1 S. 3 Hs. 2 seine entspr. Geltung an.[1] Gleiches gilt nach §§ 163a Abs. 3 S. 2 bzw. 161a Abs. 2 S. 1 für staatsanwaltschaftlich veranlasste Vorführungen. Die §§ 115, 115a betreffen mit der Vorführung in Haftsachen einen anderen Fall. § 135 gilt nur im **Vor- und Zwischenverfahren,** ist auf Vorführungen nach §§ 230, 236 und 329 Abs. 4 also nicht anzuwenden. Die RStPO 1877 enthielt eine inhaltlich fast deckungsgleiche, teils aber sogar etwas enger formulierte Vorschrift. 1

Hinter § 135 steht der **Verhältnismäßigkeitsgrundsatz;** die Vorschrift ist eine konkrete Ausformung des **Beschleunigungsgebots.** Die in § 135 S. 2 formulierte Höchstdauer führt zu Spannungen mit **Art. 104 GG,** denn sie geht über den Bereich des nach Art. 104 Abs. 1 GG Tolerablen – der auch unter besonderen Umständen nach wenigen Stunden endet – hinaus.[2] Jenseits dessen besteht aber der Richtervorbehalt des Art. 104 Abs. 2 GG. Für staatsanwaltschaftlich angeordnete Vorführungen ist die maximal zulässige Festhaltedauer daher wesentlich knapper zu bemessen als nach § 135 S. 2. Da Vorführungsbefehle grds. keine Freiheitsentziehung intendieren, sollen auch richterlich angeordnete Vorführungen den Rahmen einer Freiheitsbeschränkung nach Art. 104 Abs. 1 GG nicht verlassen. In den meisten Fällen ergibt sich dies (bzw. eine noch enger bemessene Festhaltegrenze) auch aus dem Verhältnismäßigkeitsgrundsatz. 2

---

23 AA, mit einer nur auf Fälle des § 133 Abs. 2 zutreffenden Begründung, Kunz StrEG § 2 Rn. 12.

24 Dies muss erst recht gelten, wenn man berücksichtigt, dass § 2 Abs. 2 Nr. 2 StrEG auch die Fälle der vorläufigen Festnahme nach § 127 Abs. 2 einbezieht.

1 Er genießt keine Sonderstellung, Eb. Kaiser NJW 1965, 1216.

2 → § 133 Rn. 20 mN (in der verfassungsrechtlichen Lit.) sowie Baumann FS E. Schmidt, 1961, 525 (538 ff., 541); aA (Grenze des Art. 104 Abs. 1 GG weiter gezogen als hier) Diemer in KK-StPO Rn. 2; Gleß in Löwe/Rosenberg Rn. 2; Rogall in SK-StPO Rn. 2; Enzian JR 1975, 277 (280); (enger als hier) Schnickmann MDR 1976, 363 (366 f.); Moritz NJW 1977, 796.

3 Die **Vorführung** erfolgt, indem die vorzuführende Person in den Gewahrsam des Vernehmenden übergeben wird (beachte aber → Rn. 7). Das setzt noch keine Anwesenheit des Letzteren voraus. Auch die Aufnahme in ein Gerichtsgefängnis bzw. das Verbringen ins Gerichtsgebäude unterfallen dem Begriff.[3] Erst der Begriff der **Vernehmung** setzt die Präsenz des Vernehmenden voraus. § 135 S. 1 spricht daher von beiden. **Festgehalten** wird der Beschuldigte (bzw. in Fällen des § 51 Abs. 1 S. 3 Hs. 2 der Zeuge) von seiner Festnahme (die in der Regel kurz nach Beginn der Vollstreckung erfolgt) bis zum Ende bzw. Abbruch der Vernehmung (→ § 134 Rn. 7, 9).

II. Unverzügliche Vorführung und Vernehmung (S. 1)

4 § 135 S. 1 gebietet, die Freiheitsbeeinträchtigung für die vorgeführte Person **so gering wie** nach den Umständen **möglich** zu halten. Daher muss sowohl die Vorführung unverzüglich nach der Festnahme als auch die Vernehmung unverzüglich nach der Vorführung erfolgen. Verzögerungen dürfen sich nur aus rechtlichen Gründen und aus tatsächlichen Hindernissen ergeben, deren Vermeidung bzw. Umgehung nicht im Verantwortungsbereich der Justiz liegt.[4] In diesen Verantwortungsbereich fällt es insbes., den Zeitpunkt für die Vernehmung und Vorführung so zu wählen, dass die Beeinträchtigungen für den Vorgeführten im Rahmen gewöhnlicher Abläufe minimiert werden. Eine Rechtfertigung für Verzögerungen bilden zB unaufschiebbare Diensthandlungen des Vernehmenden – wenn sie zum Zeitpunkt der Vorführungsanordnung noch nicht absehbar waren und die Vorführung in dem Moment, in dem die Verhinderung des Vernehmenden sich abzeichnete, nicht mehr verschoben werden konnte –, sowie die Bitte des Vorgeführten, wegen Unwohlseins mit der Vernehmung etwas zu warten.[5]

5 Aus § 135 S. 1 ergibt sich **keine starre Grenze.** Grds. darf eine Ergreifung des Vorgeführten erst zu dem Zeitpunkt erfolgen, der sich aus dem geplanten Vernehmungstermin und regulären Wegzeiten dorthin ergibt. Eine frühere Ergreifung – insbes. bereits zur Nachtzeit oder in den frühen Morgenstunden – ist nur zulässig, wenn konkreter Anlass zur Annahme besteht, den Vorgeführten danach nicht mehr anzutreffen.[6] Im Einzelfall kann es aber sogar zulässig sein, eine Person bereits am Vorabend der Vernehmung festzunehmen, wenn sich nur so verhindern lässt, dass sie sich der Vorführung entzieht.[7] Dies muss – ebenso wie eine ausnahmsweise Ergreifung zur Nachtzeit – richterlich schriftlich angeordnet werden.[8]

III. Festhalten

6 **1. Art des Festhaltens.** Die Art und Weise des Festhaltens bestimmt das Gericht bzw. – in Fällen der §§ 163a Abs. 3 S. 2, 161a Abs. 2 S. 1 – der StA nach **Verhältnismäßigkeits- und** dh insbes. **Erforderlichkeitsgesichtspunkten.**[9] Soweit nötig, ist es zulässig, den Vorgeführten zu bewachen, in den Vernehmungsraum oder eine Arrestzelle einzuschließen oder gar in das Gerichtsgefängnis aufnehmen zu lassen. Auf die Erleichterungen nach **§ 119** hat aber auch er Anspruch.

7 **2. Festhaltefrist (S. 2).** Als zeitliche **absolute Obergrenze** setzt § 135 S. 2 24 Uhr an dem Tag nach Beginn der Vorführung. Dabei verwendet § 135 S. 2 keine einheitliche Begrifflichkeit. Die Frist kann nach Sinn und Zweck der Norm nicht erst mit der Vorfüh-

---

[3] Gleß in Löwe/Rosenberg Rn. 4; Gundlach in AK-StPO Rn. 4.

[4] Vgl. Gleß in Löwe/Rosenberg Rn. 3; Rogall in SK-StPO Rn. 5; Ahlbrecht in Gercke/Julius/Temming/Zöller Rn. 2; Lampe MDR 1974, 535 (537).

[5] Vgl. Schmitt in Meyer-Goßner/Schmitt Rn. 5.

[6] Vgl. OLG Köln 2.12.1892, GA 1893, 157; Diemer in KK-StPO Rn. 2; Jäger in HK-GS Rn. 2; Eb. Kaiser NJW 1965, 1216 (1217).

[7] BayVerfGH 5.5.1950 – Vf. 70–VI-49, BayVerfGH nF Bd. 3 Teil II S. 53 (63 f.); Ahlbrecht in Gercke/Julius/Temming/Zöller Rn. 3.

[8] Gottschalk NStZ 2002, 568 (569).

[9] Eb. Kaiser NJW 1965, 1216 (1217); Rogall in SK-StPO Rn. 9.

rung iSv § 135 S. 1 beginnen. Gemeint ist vielmehr (entgegen der technischen Wortbedeutung, → Rn. 3) der Beginn des Ergreifens und schließt ein uU auf anderen Gründen beruhendes Festhalten schon wegen Art. 104 Abs. 2 GG mit ein.[10] Dass das Fristende auf einen Samstag, Sonntag, Feiertag, in Gerichtsferien etc fällt, hindert ihren Ablauf nicht. Auch wenn die Vernehmung noch nicht abgeschlossen ist oder nicht einmal begonnen werden konnte, ist der Vorgeführten freizulassen. Er kann der Fortsetzung der Vernehmung jedoch zustimmen bzw. freiwillig weiter auf die Vernehmung warten; zur Fortgeltung einer Androhung der Vorführung, nicht aber der Vorführungsanordnung selbst → § 133 Rn. 16 bzw. → § 134 Rn. 9.

IV. Rechtsbehelfe und Revision

Zu Rechtsbehelfen bzgl. des Vorführungsbefehls und Revision s. die Kommentierung 8
zu § 133. Hinsichtlich der **Art und Weise** des Vollzugs kann jederzeit formlos eine Entscheidung des zuständigen Verhörenden (→ Rn. 6) beantragt werden. Ist das der Richter, ist seine Entscheidung grds. beschwerdefähig (aber → § 133 Rn. 23). Ist das hingegen der StA, muss gegen dessen Entscheidung entspr. § 163a Abs. 3 S. 3 die Einholung einer gerichtlichen Entscheidung statthaft sein (→ § 133 Rn. 22).

V. Kosten und Entschädigung

Zur **unterschiedlichen** Kostenregelung und Entschädigungsmöglichkeiten in den Fäl- 9
len von § 133 Abs. 2 einerseits und § 134 Abs. 1 andererseits → § 133 Rn. 26 f. bzw. → § 134 Rn. 11. Die Kostentragung des vorzuführenden Zeugen regelt § 51 Abs. 1 S. 1.

§ 136 Vernehmung

(1) [1]Bei Beginn der Vernehmung ist dem Beschuldigten zu eröffnen, welche Tat ihm zur Last gelegt wird und welche Strafvorschriften in Betracht kommen. [2]Er ist darauf hinzuweisen, daß es ihm nach dem Gesetz freistehe, sich zu der Beschuldigung zu äußern oder nicht zur Sache auszusagen und jederzeit, auch schon vor seiner Vernehmung, einen von ihm zu wählenden Verteidiger zu befragen. [3]Möchte der Beschuldigte vor seiner Vernehmung einen Verteidiger befragen, sind ihm Informationen zur Verfügung zu stellen, die es ihm erleichtern, einen Verteidiger zu kontaktieren. [4]Auf bestehende anwaltliche Notdienste ist dabei hinzuweisen. [5]Er ist ferner darüber zu belehren, daß er zu seiner Entlastung einzelne Beweiserhebungen beantragen und unter den Voraussetzungen des § 140 dieBestellung eines Pflichtverteidigers nach Maßgabe des § 141 Absatz 1 und des § 142 Absatz 1 beantragen kann; zu Letzterem ist er dabei auf die Kostenfolge des § 465 hinzuweisen. [6]In geeigneten Fällen soll der Beschuldigte auch darauf, dass er sich schriftlich äußern kann, sowie auf die Möglichkeit eines Täter-Opfer-Ausgleichs hingewiesen werden.

(2) Die Vernehmung soll dem Beschuldigten Gelegenheit geben, die gegen ihn vorliegenden Verdachtsgründe zu beseitigen und die zu seinen Gunsten sprechenden Tatsachen geltend zu machen.

(3) Bei der Vernehmung des Beschuldigten ist zugleich auf die Ermittlung seiner persönlichen Verhältnisse Bedacht zu nehmen.

(4) [1]Die Vernehmung des Beschuldigten kann in Bild und Ton aufgezeichnet werden. [2]Sie ist aufzuzeichnen, wenn

---

[10] BGH 30.4.1987 – 4 StR 30/87, BGHSt 34, 365 (368 f.) = NJW 1987, 2524 (2525); Monka in BeckOK StPO Rn. 3; Lampe MDR 1974, 535 (536). Zu weiteren begrifflichen Ungereimtheiten der Vorschrift bereits → § 134 Rn. 9.

1. dem Verfahren ein vorsätzlich begangenes Tötungsdelikt zugrunde liegt und der Aufzeichnung weder die äußeren Umstände noch die besondere Dringlichkeit der Vernehmung entgegenstehen, oder
2. die schutzwürdigen Interessen von Beschuldigten, die erkennbar unter eingeschränkten geistigen Fähigkeiten oder einer schwerwiegenden seelischen Störung leiden, durch die Aufzeichnung besser gewahrt werden können.
[3] § 58a Absatz 2 gilt entsprechend.

(5) § 58b gilt entsprechend.

RiStBV Nr. 44, 45 (sowie 3 [Staatsanw. statt Polizei], 5 [Verhältnism.], 10 [Richter statt Staatsanw.], 13–15 [pers. Verh.], 19 [Jugendl.], 20 [Gefangene], 21 [Schwerhörigkeit und sonst. Beh.], 181 [Fremdsprachen], 197–199 [Diplomaten], 248 [Prostituierte])

Schrifttum: Albrecht, Die Legende von der Gefahrenabwehr – Bespr. von BGH 2 StR 247/16, HRRS 2017, 454; Altenhain, Dokumentationspflicht im Ermittlungsverfahren – Warum eigentlich nicht?, ZIS 2015, 269; Amelung, Zum Streit über die Grundlagen der Lehre von den Beweisverwertungsverboten, Festschrift C. Roxin I, 2001, 1259; Anders, Kontrollbesuche durch den „Flankenschutzfahnder", DStR 2012, 1779; Artkämper, Fehlerquellen der Beschuldigtenvernehmung – zur contraproduktiven Wirkung unterbliebener oder fehlerhafter Beschuldigtenbelehrungen, Kriminalistik 1996, 393; Artkämper, Wahrheitsfindung im Strafverfahren mit gängigen und innovativen Methoden, Kriminalistik 2009, 417 (2. Teil); Artkämper, Form, Dokumentation und Beweisrecht – Revolution des Freibeweisverfahrens durch das Bundesverfassungsgericht?, StRR 2012, 164; Aselmann, Die Selbstbelastungs- und Verteidigungsfreiheit, 2004; W. Bauer, Die „Angriffsrichtung" des Widerspruchs, StV 2011, 635; Beckemper, Durchsetzbarkeit des Verteidigerkonsultationsrechts und die Eigenverantwortlichkeit des Beschuldigten, 2002; Bernsmann, Verwertungsverbot bei fehlender und mangelhafter Belehrung, StraFo 1998, 73; Beukelmann, Die geplante StPO-Reform, NJW-Spezial 2017, 56; Beulke, Hypothetische Kausalverläufe im Strafverfahren bei rechtswidrigem Vorgehen von Ermittlungsorganen, ZStW 103 (1991), 657; Beulke, Muß die Polizei dem Beschuldigten vor der Vernehmung „Erste Hilfe" bei der Verteidigerkonsultation leisten?, NStZ 1996, 257; Beulke, Beweiserhebungs- und Beweisverwertungsverbote im Spannungsfeld zwischen den Garantien des Rechtsstaates und der effektiven Bekämpfung von Kriminalität und Terrorismus, Jura 2008, 653; Bockemühl, Private Ermittlungen im Strafprozess – ein Beitrag zu der Lehre von den Beweisverboten, 1996; Bosch, Aspekte des nemo-tenetur-Prinzips aus verfassungsrechtlicher und strafprozessualer Sicht – ein Beitrag zur funktionsorientierten Auslegung des Grundsatzes „nemo tenetur seipsum accusare", 1998; Bosch, Wiedergutmachung und Strafe – Vollstreckungshilfe und Privilegierung überschuldeter Straftäter durch § 46a StGB?, Festschrift Otto, 2007, 845; Böse, Die Verwertung im Ausland gewonnener Beweismittel im deutschen Strafverfahren, ZStW 114 (2002), 148; Brodowski, Strafrechtsrelevante Entwicklungen in der Europäischen Union – ein Überblick, ZIS 2012, 558; Brüssow, Beweisverwertungsverbot in Verkehrsstrafsachen, StraFo 1998, 294; Burhoff, Praktische Fragen der „Widerspruchslösung", StraFo 2003, 267; Cierniak/Herb, Pflicht zur Belehrung über die Freiwilligkeit der Teilnahme an einer Atemalkoholmessung?, NZV 2012, 409; Corell, Muss ein Beschuldigter auf Strafverteidigernotdienste hingewiesen werden? – eine Untersuchung mit Blick auf Österreich und die Schweiz, StraFo 2011, 34; Corell/Sidhu, Das Recht auf Rechtsbeistand nach dem europäischen Fahrplan zur Stärkung der Verfahrensrechte in Strafverfahren, StV 2012, 246; Dahs, Die kleine Strafprozeßreform – zum Strafprozessänderungsgesetz vom 19.12.1964 (BGBl. 1964 I 1067), NJW 1965, 81; Dahs, Die Ausweitung des Widerspruchserfordernisses, StraFo 1998, 253; Dahs, Das Schweigen des Verteidigers zu tatrichterlichen Verfahrensfehlern und die Revision, NStZ 2007, 241; Dallmeyer, Beweisführung im Strengbeweisverfahren – Beweisbefugnisse als Voraussetzungen der Wahrheitserforschung im Strafprozess, 2002; Decker, Dokumentation im Strafverfahren, StraFo 2013, 133; Degener, § 136a StPO und die Aussagefreiheit des Beschuldigten, GA 1992, 443; Dencker, Über Heimlichkeit, Offenheit und Täuschung bei der Beweisgewinnung im Strafverfahren, StV 1994, 667; Dingeldey, Das Prinzip der Aussagefreiheit im Strafprozeßrecht, JA 1984, 407; Dudel, Das Widerspruchserfordernis bei Beweisverwertungsverboten – eine Untersuchung der vom BGH entwickelten Widerspruchslösung und ihrer dogmatischen Rechtfertigung, 1999; Eidam, Konsultationsrecht und Beruhen (Anm. zu BGH 5 StR 167/19), StV 2020, 435; Eisenberg, IQ 37 – Verwertungsverbot polizeilicher Vernehmung ohne Verteidiger?, dargestellt anhand eines Einzelfalls, JA 2012, 452; Ellbogen, Die verdeckte Ermittlungstätigkeit der Strafverfolgungsbehörden durch die Zusammenarbeit mit V-Personen und Informanten, 2004; Eser, Aussagefreiheit und Beistand des Verteidigers im Ermittlungsverfahren, ZStW 79 (1967), 565; Eser, Der Schutz vor Selbstbezichtigung im deutschen Strafprozeßrecht, Beiheft zur ZStW 1974, 136; Esser, Rechtsfolgen eines Verstoßes gegen die Belehrungspflicht aus Artikel 36 WÜK – zugl. Anm. zu BGH 3 StR 318/07, JR 2008, 271; Esser, Initiativen der Europäischen Union zur Harmonisierung der Beschuldigtenrechte – Zugleich eine kritische Analyse der Richtlinie 2012/13/EU zum Recht auf Belehrung und Unterrichtung in Strafverfahren, Festschrift Wolter, 2013, 1329; Fezer, Grundfragen der Beweisverwertungsverbote, 1995; Fezer, Pragmatismus und Formalismus in der revisionsgerichtlichen Rechtsprechung, Festschrift Hanack, 1999, 331; Fincke, Zum Begriff des Beschuldigten und den Verdachtsgraden, ZStW 95 (1983), 918; Gaede, Schlechtverteidigung – Tabus und Präklusionen zum Schutz vor dem Recht auf wirksame Verteidigung? – zugl. Bespr. zu BGH 1 StR 341/07 und 1 StR 273/07, HRRS 2007, 402; Gatzweiler, Die neuen EU-Richtlinien zur Stärkung der Verfahrensrechte (Mindestmaß) des Beschuldigten oder Angeklagten in Strafsachen, StraFo 2011, 293; Geppert, Notwendigkeit und rechtliche Grenzen der „informatorischen Befragung" im Strafverfahren, Festschrift Oehler, 1985, 323; Geppert, Die „qualifizierte" Belehrung, GS Meyer, 1990, 93; Geppert, Nochmals, doch immer wieder: Zum Beginn der „Beschuldigten"-Eigenschaft, Festschrift Schroeder, 2006, 675; Geppert, Zur Belehrung eines Beschuldigten über sein Recht zur Konsultation eines Verteidigers, Festschrift Otto, 2007, 913; Gleß, Beweisverbote in Fällen mit Auslandsbezug, JR 2008, 317; Gleß/A. Peters, Verwertungsverbot bei Verletzung der Pflicht zur Belehrung nach Art. 36 WÜK?, StV 2011, 369; Greco, Die Regeln hinter der Ausnahme – Gedanken zur Folter in sog. ticking time bomb-Konstellationen, GA 2007, 628; Gruber, Die Lüge des Beschuldigten im Strafverfahren, 2008; G. Haas, Vernehmung, Aussage des Beschuldigten und vernehmungsähnliche Situation – zugl. ein Beitrag zur Auslegung des § 136 StPO, GA 1995, 230; R. Hamm, Staatliche Hilfe bei der Suche nach Verteidigern – Verteidigerhilfe zur Begründung von Verwertungsverboten, NJW 1996, 2185; Hartwig, Strafprozessuale Folgen des verspäteten Widerspruchs gegen eine unzulässige Beweisverwertung, JR 1998, 359; Hassemer, Unverfügbares im Strafprozeß, Festschrift Maihofer, 1988, 183; B. Heinrich, Rügepflichten in der Hauptverhandlung und Disponibilität strafverfahrensrechtlicher Vorschriften – dargestellt anhand der Geltendmachung von Beweisverwertungsverboten, ZStW 112, (2000), 398; Herdegen, Die Beruhensfrage im strafprozessualen Revisionsrecht, NStZ 1990, 513; Herdegen, Das Beweisantragsrecht – zum Rechtsmissbrauch, NStZ 2000, 1 (Teil III); Herrmann, Das Recht des Beschuldigten, vor der polizeilichen Vernehmung einen Verteidiger zu befragen – der BGH spricht mit gespaltener Zunge, NStZ 1997, 209; Hiebl, Der praktische Fall, StraFo 1998, 412; Hoven, Die Vernehmung des Beschuldigten, JA 2013, 368; Ignor, Plädoyer für die Widerspruchslösung, Festschrift Rieß, 2002, 185; Ignor/Bertheau, Der „Zwischenrechtsbehelf" des § 238 II StPO – ein zentrales Institut des Revisionsverfahrens?, NStZ 2013, 188; Jäger, Beweiserhebungs- und Beweisverwertungsverbote als prozessuale Regelungsinstrumente im strafverfolgenden Rechtsstaat [zum 67. DJT], GA 2008, 473; Jahn, Beweiserhebungs- und Beweisverwertungsverbote im Spannungsfeld zwischen den Garantien des Rechtsstaates und der effektiven Bekämpfung von Kriminalität und Terrorismus, 67. DJT Erfurt 2008, Gutachten C, 2008; Jahn, Strafverfolgung um jeden Preis? – die Verwertbarkeit rechtswidrig erlangter Beweismittel, StraFo 2011, 117; Jahn, Der Beweistransfer aus dem Ermittlungsverfahren in die Hauptverhandlung nach dem Modell des AE-Beweisaufnahme, StV 2015, 778; Janicki, Beweisverbote im deutschen und englischen Strafprozess – Auswirkungen auf die europäische Zusammenarbeit, 2002; Jansen, Zeuge und Aussagepsychologie, 2. Aufl. 2012; Kasiske, Widersprüchlichkeiten der Widerspruchslösung, NJW-Spezial 2011, 376; Kiehl, Neues Verwertungsverbot bei unverstandener Beschuldigtenbelehrung – und neue Tücken für die Verteidigung, NJW 1994, 1267; Kindhäuser, Rügepräklusion durch Schweigen im Strafverfahren, NStZ 1987, 529; Kleinknecht, Die Beweisverbote im Strafprozeß – Gedanken zu einem Thema des 46. DJT, NJW 1966, 1537; Kohlhaas, Vom ersten Zugriff zum Schlußgehör, NJW 1965, 1254; Krekeler, Der Beweiserhebungsanspruch des Beschuldigten im Ermittlungsverfahren, NStZ 1991, 367; Kröpil, Beweisverwertungsverbot (§ 136 I 2 StPO) mit Widerspruchslösung als Spiegelbild des Verfahrenszielkonfliktes, JR 2012, 451; Kudlich, Reden ist Silber, Schweigen ist Gold – zur „Mit-Hör-Fallen"-Entscheidung des Großen Strafsenats [BGH GSSt 1/96], JuS 1997, 696; Kudlich, Erfordert das Beschleunigungsgebot eine Umgestaltung des Strafverfahrens?, 68. DJT 2010, Gutachten C, 2010; Kudlich, Wie weit reicht die Widerspruchslösung? Zugl. Gedanken zu OLG Frankfurt a. M. 3 Ss 285/10, HRRS 2011, 114; Kühne, Anwaltlicher Beistand und das Schweigerecht des Beschuldigten im Strafverfahren, EuGRZ 1996, 571; Kutschera, Verwertungsverbot bei unterbliebenem Hinweis auf einen Strafverteidigernotdienst, StraFo 2001, 262; Leipold, Form und Umfang des Erklärungsrechts nach § 257 StPO und seine Auswirkungen auf die Widerspruchslösung des Bundesgerichtshofes, StraFo 2001, 300; Lesch, Inquisition und rechtliches Gehör in der Beschuldigtenvernehmung, ZStW 111 (1999), 624; Löffelmann, Die Lehre von den Verwertungsverboten oder die Freude am Hindernislauf auf Umwegen, JR 2009, 10; Mahlstedt, Die verdeckte Befragung des Beschuldigten im Auftrag der Polizei – informelle Informationserhebung und Selbstbelastungsfreiheit, 2011; Maiberg, Zur Widerspruchsabhängigkeit von strafprozessualen Verwertungsverboten, 2003; Matt, Nemo tenetur se ipsum accusare – europäische Perspektiven, GA 2006, 323; Maul/Eschelbach, Zur „Widerspruchslösung" von Beweisverbotsproblemen in der Rechtsprechung, StraFo 1996, 66; Meixner, Das Widerspruchserfordernis des BGH bei Beweisverwertungsverboten – Beschuldigtenfreundliche „Lösung" oder überflüssige Problemquelle?, 2015; Meurer, Informelle Ausforschung, Festschrift C. Roxin I, 2001, 1281; Meyer-Goßner/Appl, Die Ausweitung des Widerspruchserfordernisses, StraFo 1998, 258; Meyer-Mews, Die ratio der Widerspruchslösung, StraFo 2009, 141; Meyer-Mews, Es gibt kein richtiges Urteil im falschen Verfahren: Das Strafverfahren aus der verfassungsrechtlichen Perspektive des Art. 104 Abs. 1 GG, StraFo 2012, 7; Michel, Die audiovisuelle Aufzeichnung von Beschuldigtenvernehmungen im Ermittlungsverfahren, 2019; Mitsch, Strafprozessuale Beweisverbote im Spannungsfeld zwischen Jurisprudenz und realer Gefahr, NJW 2008, 2295; O. Möller, Führen Verstöße gegen § 67 I JGG bei polizeilichen Vernehmungen eines jugendlichen Beschuldigten zu einem Beweisverwertungsverbot?, NStZ 2012, 113; Mosbacher, Rügepräklusion mangels Rechtsschutzbedürfnis – zur Unzulässigkeit von Verfahrensrügen beim Unterlassen von Zwischenrechtsbehelfen, Festschrift Widmaier, 2008, 339; Mosbacher, Aktuelles Strafprozessrecht, JuS 2008, 688; Mosbacher, Die Zukunft der Widerspruchslösung, Festschrift Rissing-van Saan, 2011, 356; Müssig, Beweisverbote im Legitimationszusammenhang von Strafrechtstheorie und Strafverfahren, GA 1999, 119; Nack, Verwertung rechtswidriger Ermittlungen nur zu Gunsten des Beschuldigten?, StraFo 1998, 366; Nack/Park/Brauneisen, Gesetzesvorschlag der Bundesrechtsanwaltskammer zur Verbesserung der Wahrheitsfindung im Strafverfahren durch den verstärkten Einsatz von Bild- und Tontechnik, NStZ 2011, 310; Neuber, Unselbstständige Beweisverwertungsverbote im Strafprozess – Die Abwägungslehre auf dem methodischen Prüfstand, NStZ 2019, 113; R. Neuhaus, Ungeschriebene Belehrungspflichten im Rahmen des § 136 Abs. 1 2 StPO und die Folgen ihrer Verletzung, StV 2010, 45; Nothhelfer, Die Freiheit von Selbstbezichtigungszwang – verfassungsrechtliche Grundlagen und einfachgesetzliche Ausformungen, 1989; Paul, Unselbständige Beweisverwertungsverbote in der Rechtsprechung, NStZ 2013, 489; Radbruch, Grenzen der Kriminalpolizei, Festschrift Sauer, 1949, 121; Ransiek, Die Rechte des Beschuldigten in der Polizeivernehmung, 1990; Ransiek, Belehrung über Aussagefreiheit und Recht der Verteidigerkonsultation: Folgerungen für die Beschuldigtenvernehmung, StV 1994, 343; Rebler, Widerspruchslösung des BGH im verkehrsrechtlichen Ordnungswidrigkeiten-Verfahren, NZW 2018, 209; Rieß, Die Vernehmung des Beschuldigten im Strafprozeß, JA 1980, 293; Rogall, Der Beschuldigte als Beweismittel gegen sich selbst – ein Beitrag zur Geltung des Satzes „Nemo tenetur seipsum prodere" im Strafprozeß, 1977; Rogall, Gegenwärtiger Stand und Entwicklungstendenzen der Lehre von den strafprozessualen Beweisverboten, ZStW 91 (1979), 1; Rogall, Über die Folgen der rechtswidrigen Beschaffung des Zeugenbeweises im Strafprozeß, JZ 1996, 944; Rogall, „Abwägungen" im Recht der Beweisverbote, Festschrift Hanack, 1999, 293; Rogall, Zur Lehre von den Beweisverboten – Anmerkungen zum gegenwärtigen Diskussionsstand, Festschrift Grünwald, 1999, 523; Rogall, Beweiserhebungs- und Beweisverwertungsverbote im Spannungsfeld zwischen den Garantien des Rechtsstaates und der effektiven Bekämpfung von Kriminalität und Terrorismus, JZ 2008, 818; Rogall, Grund und Grenzen der „qualifizierten" Belehrung im Strafprozess, Festschrift Geppert, 2011, 519; Roxin, Nemo tenetur: die Rechtsprechung am Scheideweg, NStZ 1995, 465; Roxin, Zum Hörfallen-Beschluß des Großen Senats für Strafsachen, NStZ 1997, 18; Roxin, Das Recht des Beschuldigten zur Verteidigerkonsultation in der neuesten Rechtsprechung, JZ 1997, 343; Roxin, Gegenwart und Zukunft der Verteidigung im rechtsstaatlichen Strafverfahren, Festschrift Hanack, 1999, 1; Roxin, Beschuldigtenstatus und qualifizierte Belehrung – zugl. eine Bespr. von BGH 1 StR 3/07, JR 2008, 16; Roxin, Für ein Beweisverwertungsverbot bei unterlassener qualifizierter Belehrung (Anm. zu BGH 4 StR 455/08), HRRS 2009, 186; Roxin, Zur Reichweite von Verwertungsverboten bei Beeinträchtigungen des Aussageverweigerungsrechts und der Verteidigung, Festschrift Kühne, 2013, 317; Rüping, Zur Mitwirkungspflicht des Beschuldigten und Angeklagten, JR 1974, 135; Rüping, Der Grundsatz des rechtlichen Gehörs und seine Bedeutung im Strafverfahren, 1976; Salditt, 25 Jahre Miranda – Rückblick auf ein höchstrichterliches Experiment, GA 1992, 51; Salger, Das Schweigerecht des Beschuldigten – Vergleich zwischen deutschem und US-amerikanischem Strafverfahrensrecht, 1998; Schädler, Nicht ohne das Opfer? Der Täter-Opfer-Ausgleich und die Rechtsprechung des BGH, NStZ 2005, 366; H. Schäfer, Das Recht des Beschuldigten auf Gehör im Ermittlungsverfahren, wistra 1987, 165; Schilling, Illegale Beweise – eine Untersuchung zum Beweisverfahren im Strafprozeß, 2004; v. Schlieffen, Neues von der Widerspruchslösung, Festschrift ARGE Strafrecht DAV, 2009, 801; Schlothauer, Zur Bedeutung der Beweisverwertungsverbote im Ermittlungs- und Zwischenverfahren, Festschrift Lüderssen, 2002, 761; Schlothauer/Jahn, Zustimmung statt Widerspruch bei Beweisverwertungsverboten im Strafverfahren, RuP 2012, 222; Schröder, Beweisverwertungsverbote und die Hypothese rechtmäßiger Beweiserlangung im Strafprozeß, 1992; Schünemann, Die Belehrungspflichten der §§ 243 IV, 136 n.F. StPO und der BGH, MDR 1969, 101; Schwaben, Die Rechtsprechung des BGH zwischen Aufklärungsrüge und Verwertungsverbot, NStZ 2002, 288; Schwaben, Die Personelle Reichweite von Beweisverwertungsverboten, 2005; Schwabenbauer, Der Zweifelssatz im Strafprozessrecht, 2012; Seebode, Schweigen des Beschuldigten zur Person, MDR 1970, 185; Seebode, Folterverbot und Beweisverbot, Festschrift Otto, 2007, 999; Singelnstein/Derin, Das Gesetz zur effektiveren und praxistauglicheren Ausgestaltung des Strafverfahrens – Was aus der StPO-Reform geworden ist, NJW 2017, 2646; Soyer/St. Schumann, Verteidigungsrechte im Vorverfahren – eine rechtstatsächliche Forschung über Voraussetzungen und Bedingungen einer Effektuierung anwaltlicher Notdienste, StV 2012, 495; Strate/Ventzke, Unbeachtlichkeit einer Verletzung des § 137 Abs. 1 1 StPO im Ermittlungsverfahren?, StV 1986, 30; Strate, Rechtshistorische Fragen der Beweisverbote, in AG StrafR DAV, II. Strafverteidiger-Frühjahrssymposium 1988, Wahrheitsfindung und ihre Schranken, 1989, 9; Strate, Die Abschaffung des Revisionsrechts durch die Beweisverbotslehre – demonstriert am Beispiel des Falles Wilson Fernandes, HRRS 2008, 76; Tepperwien, „Schöpferische Rechtsfindung" in der neueren Rechtsprechung des Bundesgerichtshofs zum Strafverfahrensrecht, Festschrift Widmaier, 2008, 583; Tolksdorf, Verwertungsverbot wegen unterlassener Beschuldigtenbelehrung nur bei Widerspruch?, Festgabe Graßhof, 1998, 255; Velten, Justizentlastung durch Präklusion von Verfahrensrechten? Festschrift Grünwald, 1999, 753; Ventzke, Die Widerspruchslösung des Bundesgerichtshofs – viel Getu um nichts?, StV 1997, 543; Verrel, Nemo tenetur – Rekonstruktion eines Verfahrensgrundsatzes, NStZ 1997, 415 (2. Teil); Vetter, Verteidigerkonsultation im Ermittlungsverfahren – Eine rechtsvergleichende Untersuchung zum deutschen und englischen Strafverfahrensrecht im Lichte der Europäischen Menschenrechtskonvention, 2018; Vetterli, Kehrtwende in der bundesgerichtlichen Praxis zu den Verwertungsverboten – Überlegungen zu BGE 137 I 218 und gleichzeitig Denkanstösse zur Auslegung von Art. 141 StPO [Schweiz], ZStrR 2012, 447; Vorländer, Die Neufassung des § 136 Abs. 4 StPO, 2019; S. Walther, Vorschläge zu §§ 136, 338 StPO anlässlich des Urteils des IGH vom 31. März 2004 im Fall Avena u. a. (Mexico v. United States of America), HRRS 2004, 126; Weigend, Audio-visuelle Aufzeichnung von Beschuldigtenvernehmungen – Zur Interpretation des ab dem 1.1.2020 geltenden Rechts, StV 2019, 852;

Wessels, Schweigen und Leugnen im Strafverfahren, JuS 1966, 169; Widmaier, Mitwirkungspflicht des Verteidigers in der Hauptverhandlung und Rügeverlust(?), NStZ 1992, 519; Wittmann, „Miranda v. Arizona" (1966) und die effektive Garantie der Selbstbelastungsfreiheit – zwei Mythen des amerikanischen Verfassungsrechts?, JZ 2014, 105; Wolter, Beweisverbote und Umgehungsverbot zwischen Wahrheitserforschung und Ausforschung, Festgabe BGH IV, 2000, 963; Wolter, Wieder das systemlose Abwägungs-Strafprozessrecht – über den Niedergang von Gesetzgebung und Rechtsprechung im Strafverfahrensrecht, Festschrift C. Roxin II, 2011, Bd. 2 1245; Yalçın, Das Stigma des Finanzierungsvorbehalts – Stärkung der Beschuldigtenrechte im Strafverfahren, ZRP 2013, 104.

Übersicht

I. Überblick

1. Gegenstand der Norm und Anwendungsbereich. a) Gegenstand. § 136 formuliert Anforderungen an Vernehmungen des Beschuldigten (früher: „die erste" Vernehmung, → Rn. 9 ff.). Er umfasst – unterschiedlich intensive – **Mitteilungspflichten** (Abs. 1), stellt **thematisch-inhaltliche Anforderungen** (Abs. 2 und 3) und ermöglicht bzw. verlangt (unter bestimmten Voraussetzungen) eine Bild-Ton-Aufzeichnung von Vernehmungen des Beschuldigten (Abs. 4). Die Vernehmung kann nicht nur präsent, sondern in geeigneten Fällen auch im Wege einer Bild-Ton-Übertragung erfolgen (Abs. 5). 1

2 Gegenüber der **RStPO 1877**[1] wurde Abs. 1 wesentlich umgestaltet und vielfach (oft unter Verschiebung der Satzzählung) erweitert. Aufgenommen wurden namentlich die Pflicht zur Belehrung über die Aussagefreiheit, das Recht zur Konsultation eines Verteidigers, das Recht, Beweiserhebungen und die Bestellung eines Pflichtverteidigers[2] zu beantragen, sowie die Pflicht zum Hinweis auf die Möglichkeit eines Täter-Opfer-Ausgleichs,[3] anwaltliche Notdienste[4] und die Kostentragungspflicht des Verurteilten auch bzgl. der Pflichtverteidigung.[5] Die ursprüngl. Fassung sah neben einer Eröffnung des Tatvorwurfs nur vor, den Beschuldigten zu befragen, ob er auf die Beschuldigung etwas erwidern wolle. Das Verbot, eine Aussage zu erpressen, stand indes damals schon außer Zweifel (vgl. § 343 RStGB 1872). Abs. 2 wurde geringfügig umformuliert; Abs. 3 ist unverändert. Mit Abs. 4 wurde eine Regelung zur Bild-Ton-Aufzeichnung ergänzt (→ Rn. 3).[6]

3 Die Vorschrift dient heute in vielerlei Hinsicht auch der Umsetzung von **Unionsrecht.**[7] Dessen Vorgaben sind daher bei der **Auslegung** zu berücksichtigen,[8] und zwar **unabhängig davon, ob** der Gesetzestext zum Zwecke der Umsetzung unionsrechtlicher Vorgaben **geändert** wurde oder unverändert blieb, weil der bisherige Rechtsstand als die neuen Vorgaben bereits erfüllend angesehen wurde. Derartige Vorgaben beinhalten insbesondere die **Richtlinien** über das Recht auf **Belehrung** und Unterrichtung im Strafverfahren[9] sowie über das Recht auf Zugang zu einem **Rechtsbeistand** in Strafverfahren (etc.) sowie Benachrichtigung eines Dritten bei Freiheitsentzug und Kommunikation mit Dritten und mit Konsularbehörden.[10] § 136 Abs. 1 S. 5 (damals S. 3) Hs. 2 wurde aus Anlass der erstgenannten Richtlinie eingefügt (→ Rn. 37), S. 3 und 4 (n.F.) wurden zur Umsetzung der letzteren Richtlinie ergänzt (→ Rn. 34). Weitere einschlägige Vorgaben machte die Richtlinie über Verfahrensgarantien für Kinder, die Verdächtige oder beschuldigte Personen in Strafverfahren sind.[11] S. 5 (ehemals S. 3) Hs. 2 beruht in seiner heutigen Fassung zudem auf der Richtlinie über Prozesskostenhilfe für Verdächtige und beschuldigte Personen in Strafverfahren sowie für gesuchte Personen in Verfahren zur Vollstreckung eines Europäischen Haftbefehls.[12] In gewissem Zusammenhang dazu steht die Einfügung von Abs. 4. Sie erfolgte durch das der Umsetzung dieser Richtlinie dienende Gesetz zur Stärkung der Verfahrensrechte von Beschuldigten im Jugendstrafverfahren. Dabei wurde allerdings eine bereits zuvor verabschiedete, gerade auch Personen unter 18 Jahren in Abs. 4 S. 2 Nr. 2

---

1 Zur Normgenese s. Degener GA 1992, 443 (455 ff.) mwN.

2 Eingefügt mWv 6.7.2013 durch das G zur Stärkung der Verfahrensrechte von Beschuldigten im Strafverfahren vom 2.7.2013, BGBl. I 1938.

3 Eingefügt mWv 1.9.2004 durch das OpferRRG vom 24.6.2004, BGBl. I 1354.

4 Eingefügt mWv 5.9.2017 durch das 2. G zur Stärkung der Verfahrensrechte von Beschuldigten im Strafverfahren und zur Änderung des Schöffenrechts vom 27.8.2017, BGBl. I 3295.

5 Eingefügt mWv 24.8.2017 durch das G zur effektiveren und praxistauglicheren Ausgestaltung des Strafverfahrens vom 17.8.2017, BGBl. I 3202.

6 Eingefügt mWv 1.1.2020 durch das G zur Stärkung der Verfahrensrechte von Beschuldigten im Jugendstrafverfahren vom 9.12.2019, BGBl. I 2146 (einen ähnlichen Abs. 4 sah bereits das eben angeführte G vom 17.8.2017 vor, diese Einfügung wurde jedoch schon vor ihrem Inkrafttreten wieder aufgehoben und durch die hier angegebene ersetzt – vgl. Art. 2 und Art. 6 des hier behandelten G vom 9.12.2019).

7 Eine weit über diese Vorschrift hinausgehende Übersicht über den aktuellen Regelungsstand der Mitgliedstaaten der EU zu Beschuldigtenrechten gibt das Europäische Justizportal (http://e-justice.europa.eu/) unter dem Menüpunkt „Rechte der Beschuldigten in Strafverfahren sind".

8 Dazu statt vieler Dannecker/Schuhr in LK-StGB § 1 Rn. 342 ff., 356 mN.

9 RL 2012/13/EU des Europäischen Parlaments und des Rates vom 22.5.2012, ABl. 2012 L 142/1. Zur Kritik daran Esser FS Wolter, 2013, 1329 (1349 ff.).

10 RL 2013/48/EU des Europäischen Parlaments und des Rates vom 22.10.2013, ABl. 2013 L 294/1. Zu vorangehenden Beratungen s. Brodowski ZIS 2012, 558 (564 f.) und Corell/Sidhu StV 2012, 246 ff. jeweils mN; zu weiteren Zielen des Stockholmer Programms s. → Einl. K Rn. 639 und Esser FS Wolter, 2013, 1329, 1336 ff. Vgl. auch Ahlbrecht in Gercke/Julius/Temming/Zöller Rn. 27; Gatzweiler StraFo 2011, 293 ff. Zur Bindung der dt. Mitwirkung im europäischen Normsetzungsverfahren an den eigenen nationalen Standard Matt GA 2006, 323 (328).

11 RL (EU) 2016/800 des Europäischen Parlaments und des Rates vom 11.5.2016, ABl. 2016 L 132/1.

12 RL (EU) 2016/1919 des Europäischen Parlaments und des Rates vom 26.10.2016, ABl. 2016 L 297/1, 2017 L 91/40.

explizit nennende Fassung wieder (noch vor ihrem Inkrafttreten) aufgehoben,[13] weil die Aufzeichnung der Vernehmung bei diesem Personenkreis nicht mehr als stets, sondern nur unter bestimmten Voraussetzungen erforderlich und im engeren Sinne verhältnismäßig angesehen wurde.[14] Die Diskussion um die Zulässigkeit und Erforderlichkeit einer audiovisuellen Dokumentation von Beschuldigtenvernehmungen ist wesentlich älter als die genannte Richtlinie, durchaus nicht speziell auf Kinder bezogen oder schon gar nicht darauf beschränkt.[15]

b) Anwendungsbereich. Der Anwendungsbereich von § 136 ist vom Geltungsbereich 4
der hinter ihm stehenden Rechte bzw. der Rechtsstellung des Beschuldigten – insbes. der Aussagefreiheit – zu unterscheiden (→ Vor § 133 Rn. 1–13). In persönlicher und zeitlicher Hinsicht ist er maßgeblich an die **Beschuldigtenstellung** (→ Vor § 133 Rn. 20 ff.) geknüpft, was zB Kinder vollständig aus dem Anwendungsbereich ausschließt. Zur Anwendbarkeit auf juristische Personen → Vor § 133 Rn. 132 ff.

Zur **informatorischen Befragung** und der Pflicht, ggf. zur Beschuldigtenverneh- 5
mung (mit voller Belehrung nach § 136) überzugehen, → Vor § 133 Rn. 31 f. und 43. Zur Pflicht, uU von vornherein nach § 55 zu belehren, → Vor § 133 Rn. 29. Sie besteht insbes. dann, wenn nur eine Person als Täter in Betracht kommt und es gerade darum geht, uneindeutigen Anhaltspunkten für das Vorliegen einer Tat nachzugehen (zB beim sog „Flankenschutz" der Steuerfahndung; zu Anfangsverdacht und Vorermittlungen auch → Vor § 133 Rn. 23); eine rechtsstaatswidrige „Überrumplung" des Betreffenden ist ggf. auch durch weitere Belehrungspflichten (bis hin zu einer erweiterten Anwendung von § 136 (→ Vor § 133 Rn. 15)[16]) zu verhindern[17] und kann eine – auch ggü. Zeugen verbotene – Täuschung iSv § 136a (→ § 136a Rn. 27 f., 44) darstellen. Zu Verwertungsfragen beachte → Rn. 61 und 66 f.

§ 136 betrifft alle Vernehmungen des Beschuldigten **vor und außerhalb der Haupt-** 6
verhandlung. Sein primäres Anwendungsfeld ist das Vorverfahren. Im Zwischenverfahren gilt er für Beweiserhebungen nach § 202. Für das Hauptverfahren enthält § 243 eine eigene Regelung, verweist aber (in § 243 Abs. 5 S. 2) auf § 136 Abs. 2. Für den Fall der **Untersuchungshaft** beinhalten §§ 114b, 115 Abs. 3 und 4 sowie § 115a Abs. 2 S. 2 und Abs. 3 ähnliche und weitergehende Belehrungspflichten.

Obwohl die **Aussagefreiheit** und die weiteren hinter den Mitteilungspflichten stehen- 7
den Rechte **nicht auf Vernehmungen beschränkt** sind und solche Pflichten auch außerhalb von Vernehmungen bestehen können,[18] befasst sich § 136 grds. nur mit Vernehmungen.[19] Wenn die Vorschrift aber als Umsetzung der RL 2012/13/EU ausreichen soll, wird

---

13 Art. 6 des G zur Stärkung der Verfahrensrechte von Beschuldigten im Jugendstrafverfahren vom 9.12.2019, BGBl. I 2146.

14 BR-Drs. 368/19 S. 33 f.

15 Vgl. namentlich den noch weiter gehenden Vorschlag der BRAK aus dem Jahr 2010, http://www.brak.de/seiten/pdf/Stellungnahmen/2010/Stn1.pdf S. 9, 12 ff.; dazu grds. zust. Nack/Park/Brauneisen NStZ 2011, 310 ff.; danach insbes. das G zur Intensivierung des Einsatzes von Videokonferenztechnik in gerichtlichen und staatsanwaltschaftlichen Verfahren vom 25.4.2013, BGBl. I 935. Vgl. zudem den Entwurf eines G zur Fortentwicklung der Strafprozessordnung und zur Änderung weiterer Vorschriften vom 17.3.2021 BT-Drs. 19/27654, 36, wonach ein neuer **Abs. 5** (parallel dazu Einfügung von § 163a Abs. 4 S. 2) ausdrücklich die Möglichkeit der Beschuldigtenvernehmung im Wege der Bild- und Tonübertragung (§ 58) geregelt werden soll.

16 Ferner Radbruch FS Sauer, 1949, 121 (126).

17 Gerade zum „Flankenschutzfahnder" s. BFH 3.5.2010 – VIII B 71/09, BB 2010, 2154 mAnm Prowatke; Anders DStR 2012, 1779 (1784) sowie das Editorial FD-StrafR 2012, 339492.

18 Dazu näher anhand der Aussagefreiheit → Vor § 133 Rn. 2, 4 ff., 18 f., 37, 91 ff., 118 ff.

19 BGH 18.5.2010 – 5 StR 51/10, BGHSt 55, 138 (143 Rn. 16) = NJW 2010, 3670 (3671); aA insbes. BGH 20.12.1995 – 5 StR 680/94, NStZ 1996, 200 (201) mablAnm Seitz NStZ 1995, 519 in der Vorlage zur dann entgegenstehend getroffenen Entscheidung BGH 13.5.1996 – GSSt 1/96, BGHSt 42, 139 (145 ff.) = NJW 1996, 2940 (2941); Schlothauer/Weider/Wollschläger Revisionsverfahren 3. Aufl. 2017, Rn. 2047 (Rüge 240 5.); vgl. dazu auch Roxin NStZ 1995, 465 (Bespr. des Anfragebeschlusses in derselben Sache, BGH 22.3.1995 – 5 StR 680/94, NStZ 1995, 410) und Kudlich JuS 1997, 696 (699, 700).

dieser Bezug im Wege einer **unionsrechtskonformen Auslegung** zu lockern sein (→ Rn. 12). Auf die Zuordnung zu § 136 kommt es letztlich aber nicht an, solange Verstöße gegen das Verbot des Zwangs zur Selbstbelastung (nemo tenetur se ipsum accusare) und andere hinter § 136 stehende Beschuldigtenrechte dann **unmittelbar** als **revisibel und** unter entsprechenden Bedingungen zu einem **Verwertungsverbot** führend angesehen werden.[20] Zu schriftlichen Befragungen beachte ferner → Vor § 133 Rn. 41. Zu verdeckten Ermittlungen und „vernehmungsähnlichen Situationen" → § 136a Rn. 47, 75 ff., 81.[21] Vor sog **Spontanäußerungen** – die indes eng zu fassen sind (→ Vor § 133 Rn. 42) – zu erfüllende Mitteilungspflichten können schon deshalb nicht bestehen, weil sie regelmäßig (tatsächlich) Unerreichbares verlangen würden; zur Frage eines Verwertungsverbots von Spontanäußerungen → Rn. 66 f.

8 Die Vorschrift findet auf **richterliche** Vernehmungen sowie – über § 163a Abs. 3 S. 2 – auf **staatsanwaltschaftliche** Vernehmungen Anwendung. Für **polizeiliche** Vernehmungen gilt nach § 163a Abs. 4 nahezu dasselbe; lediglich die Angabe der in Betracht kommenden Strafvorschriften ist für die Polizei nicht vorgeschrieben.[22] S. ergänzend – insbes. zu **Sachverständigen** – → Vor § 133 Rn. 44 ff. sowie – zum OWiG – → § 133 Rn. 2.

9 **2. Vernehmung, Belehrungszeitpunkt und Pflicht zu erneuter Belehrung.** Siehe zum Begriff der **Beschuldigtenvernehmung** → Vor § 133 Rn. 36 ff., zur Inkulpationspflicht und Kompetenzverteilung zwischen StA und Ermittlungsrichter auch → Vor § 133 Rn. 28 ff. Zur schriftlichen Befragung beachte → Vor § 133 Rn. 41. Wie § 136 **Abs. 2 und Abs. 4** sprechen seit Mitte 2021[23] nun auch **Abs. 1 und 3** ohne Einschränkung von **allen Vernehmungen** des Beschuldigten. Zuvor sprachen letztere jeweils einschränkend von „der ersten" Vernehmung. Damit war indes **nie nur die allererste** Vernehmung im gesamten Strafverfahren gemeint. Schon an § 243 Abs. 5 war und ist zu sehen, dass die StPO davon ausgeht, dass in § 136 Vorgeschriebenes ggf. später wiederholt werden muss. Die 2015 eingefügte Überschrift („Erste Vernehmung")[24] sollte an diesen Zusammenhängen nichts ändern (2021 wurde auch die Überschrift entsprechend korrigiert).

10 **§ 136 Abs. 1** verlangt primär, dass der Vernehmende dem Beschuldigten bestimmte Informationen von sich aus geben muss. Diese Informationen stellen den Gegenstand der Vernehmung für alle Teilnehmer explizit klar, informieren den Beschuldigten über bestimmte Rechte und verlangen vom Vernehmenden, sich (durch die Mitteilung) ausdrücklich **zur Achtung dieser Rechte** zu **bekennen** (→ Rn. 26 sowie → Vor § 133 Rn. 71). Mit der Streichung der Einschränkung auf „die erste" Vernehmung wollte der Gesetzgeber ausdrücken, dass nun wirklich **vor jeder Vernehmung** entsprechend belehrt werden soll.[25] Dahinter steht die Überlegung, dass die Rechte des Beschuldigten im Strafverfahren unabhängig davon fortbestehen, ob er sie ausübt. Die wiederholte Belehrung soll

---

[20] In diesem Sinne (für Unverwertbarkeit eines Arztgesprächs im Rahmen einer polizeilichen Dauerbefragung trotz Bekundung, nicht ohne Verteidiger aussagen zu wollen, erheblichen Medikamenteneinfluss und intensivpflichtige Raucheinwirkungen) BGH 6.3.2018 – 1 StR 277/17, NJW 2018, 1986 (Rn. 17 ff.) mzust (aber für weiteren Vernehmungsbegriff werbender) Anm. Jahn = NStZ 2019, 36 m. (bzgl. des Verwertungsverbots) ablAnm Vogler. Vgl. ferner (zur Kernbereichsdogmatik beim Arzt-Patienten-Gespräch) BGH 10.8.2005 – 1 StR 140/05, BGHSt 50, 206 (210, Rn. 15) = NJW 2005, 3295; 22.12.2011 –2 StR 509/10, BGHSt 57, (71, 74 ff.) = NJW 2012, 945 und (Unzulässigkeit von Ermittlungsmaßnahmen im Kernbereich) BVerfG 12.10.2011 – 2 BvR 236/08, BVerfGE 129, 208 (265 f., Rn. 265); ferner BVerfG 3.3.2004 – 1 BvR 2378/98, BVerfGE 109, 279 (322 f., Rn. 152).

[21] Für eine Anwendung von § 136 zB Gleß in Löwe/Rosenberg Rn. 91 ff.; Roxin NStZ 1995, 465 (466 ff., 469); eingehend (grds. abl.) Pauckstadt-Maihold in KMR-StPO Rn. 2.; Ellbogen, Verdeckte Ermittlungstätigkeit, 2004, S. 85 ff.; Mahlstedt, Die verdeckte Befragung des Beschuldigten im Auftrag der Polizei, 2011, S. 50 ff. (137).

[22] Diese grds. Gleichheit betonend BGH 26.4.2017 – 2 StR 247/16, BGHSt 62, 123 (Rn. 47) = NJW 2017, 3173.

[23] G zur Fortentwicklung der Strafprozessordnung vom 25.6.2021, BGBl. I 2099, mWv 1.7.2021.

[24] Eingefügt mWv 25.7.2015 durch Art. 1 Nr. 13 iVm Anlage 1 des G zur Stärkung des Rechts des Angeklagten auf Vertretung in der Berufungsverhandlung und über die Anerkennung von Abwesenheitsentscheidungen in der Rechtshilfe vom 17.7.2015, BGBl. I 1332.

[25] BT-Drs. 19/27654, 38 und 81 f. (entspr. BR-Drs. 57/21, 36, 87 f.).

dies verdeutlichen und insbesondere irrigen Annahmen vorbeugen, wie zB ein Verteidiger hätte nur von Anfang an verlangt werden können, Rechte gingen verloren oder der Beschuldigte müsse bisheriges Verhalten (zB Aussageverhalten) fortsetzen. Dies dient auch der Umsetzung von Art. 9 RL 2013/48/EU (→ Rn. 3). Auch die Eröffnung des Tatvorwurfs ist zu wiederholen. Die Materialien führen das zwar nicht näher aus, die weite Formulierung wurde aber bewusst für die ganze Vorschrift gewählt und auf alle „Hinweis- und Belehrungspflichten" bezogen. Es ergibt für eine transparente, respektvolle Verfahrensführung auch durchaus Sinn, dem Beschultigten den Tatvorwurf jeweils in seiner aktuellen Fassung zur Kenntnis zu geben.

Schon bei Geltung von Abs. 1 aF musste wegen des oft unterschiedlichen Eindrucks 11 auf den Beschuldigten der StA unabhängig von einer vorangegangenen polizeilichen Belehrung selbst belehren, ebenso der Richter unabhängig von früheren polizeilichen oder staatsanwaltschaftlichen Belehrungen.[26] Ferner war (dem Gedanken von § 243 Abs. 5 folgend) in jedem Verfahrensabschnitt grds. erneut zu belehren. Die Einschränkung auf „die erste Vernehmung" war dahingehend zu verstehen, dass in späteren Vernehmungen gleichen Typs und gleicher Verfahrenslage nicht ohne besonderen Anlass erneut belehrt werden musste. § 136 Abs. 1 S. 5 bis 6 war aber die Wertung zu entnehmen, dass der Beschuldigte seine Rechte kennen soll, denn das rechtsstaatliche Strafverfahren wird gegen einen informiert (und nur deshalb selbstbestimmt) handelnden Beschuldigten geführt. Zur aF ebenso wie heute gilt: Wenn **konkrete Zweifel** entstehen, ob der Beschuldigte sich seiner in § 136 Abs. 1 oder einer anderen Belehrungsvorschrift (zB § 114b) genannten Rechte bewusst ist, muss die betreffende **Belehrung wiederholt** und ggf. für ihn besser verständlich gefasst werden.[27] Dass ein Beschuldigter von seinem Recht keinen Gebrauch macht, begründet solche Zweifel allein allerdings noch nicht. Nach einer verstandenen Belehrung wird man innerhalb desselben Termins grds. keine erneute Belehrung verlangen können.

Nach § 136 Abs. 1 S. 1 soll der Beschuldigte stets wissen, in welcher Hinsicht gegen 12 ihn ermittelt wird und welche Verfahrensrechte ihm zustehen. Die Vorschrift geht dabei von Mitteilungen und Belehrungen vor einer Vernehmung aus, denn sie regelt Modalitäten der Vernehmung. Aus Art. 2 Abs. 1 der RL 2012/13/EU[28] ergibt sich aber im Lichte von Erwägungsgrund 19 und 28 dieser RL, dass dies der **späteste Zeitpunkt** ist und jeder andere zur Kenntnis des Beschuldigten gelangende Inkulpationsakt (→ Vor § 133 Rn. 26) dieselben Pflichten auslöst (→ Rn. 7). Es ist auch nicht der einzige relevante Zeitpunkt. Vielmehr ist der Beschuldigte ggf. über wesentliche **Veränderungen des aktuellen Tatvorwurfs** bzw. des rechtlichen Gesichtspunkts zu unterrichten (→ Rn. 23 f.). Auch auf entspr. **Irrtümer** seinerseits muss mit einer Klarstellung reagiert werden. Wesentlich sind Veränderungen bzw. Irrtümer, wenn sich durch sie die Frage der Mitwirkung bzw. der Ausübung der sonstigen Rechte in anderer Weise stellt als zuvor.[29]

Nach **§ 136 Abs. 3** hat jeder Vernehmende jeweils bei allen Vernehmungen des 13 Beschuldigten zu prüfen, ob dessen persönliche Verhältnisse bereits ermittelt wurden. Ggf. sind ihm entsprechende Fragen zu stellen (→ Rn. 50 f.). Ist das bereits erfolgt, muss in dieser Hinsicht nichts Weiteres unternommen werden.

II. Beginn der Vernehmung (Abs. 1)

Die folgende Darstellung (unter II. und III.) orientiert sich an einer üblichen Abfolge 14 in der Vernehmung, ohne dass diese in jeder Hinsicht zwingend wäre (vgl. auch → Vor § 133 Rn. 52 ff.). Zu **Anwesenheitsrechten** und Anwesenheitspflichten → Vor § 133 Rn. 47 ff.

---

26 Gleß in Löwe/Rosenberg Rn. 13; Ahlbrecht in Gercke/Julius/Temming/Zöller Rn. 2, 20; Monka in BeckOK StPO Rn. 8.

27 Vgl. Erwägungsgründe 25 ff. und 38 der RL 2012/13/EU (ABl. 2012 L 142/1); Gleß in Löwe/Rosenberg Rn. 13; weitergehend Rogall in SK-StPO Rn. 4.

28 RL 2012/13/EU des Europäischen Parlaments und des Rates vom 22.5.2012, ABl. 2012 L 142/1.

29 Vgl. Rogall in SK-StPO Rn. 21; ähnlich Eser Beiheft zur ZStW 1974, 136 (150).

15 **1. Vernehmung zur Person. a) Identitätsfeststellung.** Die Feststellung der Identität des Vernommenen ist Teil der Prüfung seines Beschuldigtenstatus, von dem etliche Rechte und Pflichten des Vernommenen sowie Befugnisse und Pflichten der Vernehmenden abhängen. Deshalb steht sie am **Anfang** jeder Vernehmung. Personenverwechslungen sind auch deshalb besonders sorgfältig zu vermeiden, weil sonst Beeinträchtigungen Dritter zu besorgen wären und die Aussage einer falschen Person zugeordnet würde. Die Feststellung erfolgt primär durch die **Vernehmung zur Person.** Verweigert der Anwesende indes die nötigen Angaben oder bestehen Anhaltspunkte, an der Richtigkeit seiner Angaben zu zweifeln, liefert § 163b Befugnisse zur Feststellung seiner Identität.

16 Die in § 136 Abs. 3 genannten **„persönlichen Verhältnisse"** (→ Rn. 50 f.) betreffen hingegen die Zumessung der Sanktion und uU die Schuldfrage. Deshalb sind sie Gegenstand der Vernehmung zur Sache.

17 **b) Auskunftspflicht über die eigene Person?** Der Vernommene ist **grds. verpflichtet,** wahrheitsgemäße Angaben über seinen Vor-, Familien- und Geburtsnamen, den Ort und Tag seiner Geburt, seinen Wohnort und seine Anschrift, seine Staatsangehörigkeit, sowie ggf. seinen Familienstand und seinen Beruf zu machen.[30] Dies entspricht dem Katalog von § 111 Abs. 1 OWiG. Der Vernehmende hat insbes. auf die richtige Schreibweise des Familien- und Geburtsnamens zu achten (RiStBV Nr. 13 Abs. 1 S. 1).

18 § 111 Abs. 1 OWiG enthält keine Befugnisnorm für ein Auskunftsverlangen und statuiert keine Auskunftsverpflichtung des Adressaten, sondern setzt beides (im Merkmal der Zuständigkeit) voraus.[31] Auch § 1 Abs. 1 S. 2 PAuswG ergänzt diese nur, wenn sie anderweitig bestehen (dann darf die Vorlage des Ausweises verlangt, er muss aber nicht bereits mitgeführt werden). § 163b statuiert zwar eine Befugnis zur Identitätsfeststellung, aber keine Mitwirkungspflicht des Betroffenen. Die Praxis entnimmt § 163b aber für StA und Polizei die Zuständigkeit iSd § 111 Abs. 1 OWiG und diesem eine **Auskunftspflicht des Tatverdächtigen,** soweit die in der Vorschrift genannten Informationen nicht ohnehin bereits vorliegen.[32] Sie werden als gerade noch ausreichende Rechtsgrundlage für den Eingriff in das Recht auf **informationelle Selbstbestimmung** ansehen, obwohl die wünschenswerte Normenklarheit bei weitem nicht erreicht wird.[33] Für richterliche und staatsanwaltschaftliche Vernehmungen ergibt sich die Pflicht, sich zu identifizieren, zudem als notwendiger Bestandteil der Pflicht des Beschuldigten, zu erscheinen (→ § 133 Rn. 5), denn als scheinbar nur zufällig anwesender Unbekannter würde er die Pflicht nicht erfüllen. Dafür spricht auch die in § 136 Abs. 1 S. 2 und § 243 Abs. 5 S. 1 ausgedrückte Beschränkung der Aussagefreiheit auf Angaben „zur Sache".[34]

19 Die Verpflichtung des Beschuldigten, Angaben zur eigenen Person zu machen, kollidiert mit seiner Aussagefreiheit, obwohl diese „nur" für die Schuldfrage relevante Umstände betrifft. Dabei ergibt sich stets eine allgemeine Kollision daraus, dass nur die Person des Täters schuldig sein kann; diese Kollision lässt sich nicht beheben, ohne jegliche Auskunftspflicht des Beschuldigten zur Person aufzugeben. Zu ihr können **tatbestandsspezifische Kollisionen** hinzutreten, wenn der Deliktstatbestand in der Person des Täters liegende

---

30 Vgl. BGH 10.11.1967 – 4 StR 512/66, BGHSt 21, 334 (364) = NJW 1968, 710 (714); BGH 29.8.1972 – 2 StR 190/72, BGHSt 25, 13 (17) = NJW 1972, 2004 (2005) jeweils noch zu § 360 Abs. 1 Nr. 8 StGB aF, der von § 111 Abs. 1 OWiG abgelöst wurde. Mit beachtlichen Gründen aA (ausdrückliche Verweigerung der Auskunft statthaft) Seebode MDR 1970, 185; Dingeldey JA 1984, 407 (411 ff.); Rogall, Der Beschuldigte als Beweismittel gegen sich selbst, 1977, S. 179; Rüping Strafverfahren Rn. 101; entspr. Gleß in Löwe/Rosenberg Rn. 17.

31 Rogall in KK-OWiG § 111 Rn. 3, 25 ff. mwN; Bohnert OWiG § 111 Rn. 1; aA Schmitt in Meyer-Goßner/Schmitt Rn. 5.

32 Vgl. OLG Hamm 28.9.1987 – 4 Ss OWi 725/87, NJW 1988, 274; BayObLG 9.5.1988 – 3 Ob OWi 60/88, NStZ 1988, 466.

33 BVerfG 7.3.1995 – 1 BvR 1564/92, Rn. 21 ff., BVerfGE 92, 191 (197 ff.) = NJW 1995, 3110 (3111) – Personalienfeststellung; vgl. ferner BVerfG 15.12.1983 – 1 BvR 209/83 ua, Rn. 157, 180, BVerfGE 65, 1 (44, 54) = NJW 1984, 419 (422, 424) – Volkszählung.

34 Rieß JA 1980, 293 (294).

Merkmale enthält (zB ergeben sich eine Amtsträgerschaft oder eine Vermögensbetreuungspflicht oft gerade aus dem Beruf). Inwieweit solche Kollisionen die Auskunftspflicht des Beschuldigten einschränken sollen, ist eine vom Gesetzgeber nach verfassungsrechtlichen Vorgaben zu treffende Präferenzentscheidung, dem bestehenden Gesetz aber nicht zu entnehmen. Eine hinreichende gesetzliche Eingriffsgrundlage lässt sich derzeit daher nur dann annehmen, wenn alle tatbestandsspezifischen Kollisionen von vornherein **zu Gunsten der Aussagefreiheit** gelöst werden.[35] Daher müssen grds. auch keine weiteren, außerhalb des Katalogs des § 111 Abs. 1 OWiG stehenden Angaben zur Person (wie **Religion,** Abstammung oder **politische Gesinnung**) gemacht werden, denn das Interesse an ihnen könnte sich stets nur aus den besonderen, regelmäßig auch für die Schuldfrage bedeutsamen Umständen des Falls ergeben (vgl. auch RiStBV Nr. 13 Abs. 5); zudem ist die Fragebefugnis staatlicher Behörden hier ohnehin eng begrenzt (Art. 140 GG iVm Art. 136 Abs. 3 WRV).

2. Eröffnung des Tatvorwurfs (S. 1 Hs. 1) und Bezeichnung der Strafvorschriften (S. 1 Hs. 2). a) Ursprüngliche Mitteilung. Der Tatvorwurf ist dem Beschuldigten zu eröffnen. Dies soll es ihm va ermöglichen, sich gegen den Vorwurf zu **verteidigen** bzw. gezielt an der Aufklärung der Tat mitzuwirken. Verpflichtet ist er dazu freilich nicht. Zur Art der Mitteilung → Rn. 27. 20

Der bislang **ermittelte Sachverhalt** bzw. Verdachtsmomente sind dem Beschuldigten soweit und so klar und detailliert **bekannt zu geben,** dass dadurch der Gegenstand des Verfahrens bestimmt[36] und ihm die Verteidigung und Mitwirkung im Verfahren tatsächlich möglich wird.[37] Inwieweit StA und Polizei darüber hinaus ihre aktuelle Beweissituation offenbaren müssen, ist eine Frage von § 136 Abs. 2 (→ Rn. 45 f.). Es besteht keine Pflicht, dem Beschuldigten alle einzelnen bereits bekannten Tatumstände oder Akteninhalte mitzuteilen (vgl. § 147 Abs. 2).[38] Dem Vernehmenden ist ein Einschätzungsspielraum zuzugestehen, ermittlungstaktische Interessen entbinden aber nicht von der Mitteilungspflicht;[39] so muss zB dem Beschuldigten eines Gewaltdelikts der Tod des Opfers offenbart werden.[40] Ob Mitteilungen das Untersuchungsziel gefährden, kann aber bereits zuvor bei der Entscheidung berücksichtigt werden, wann der Beschuldigte vernommen wird. Ggf. kann eine Behandlung des Verfahrensgegenstands in mehreren, nacheinander stattfindenden Vernehmungen naheliegen, in denen jeweils die aktuell vernehmungsgegenständlichen Umstände mitzuteilen sind.[41] Bis zum Abschluss der Ermittlungen muss der Beschuldigte Gelegenheit gehabt haben, sich zum Tatvorwurf in vollem Umfang zu äußern (§ 163a Abs. 1). Zu Täuschungen durch unvollständige oder verzerrte Mitteilungen → § 136a Rn. 41, 44. 21

Neben dem tatsächlichen Hintergrund sind dem Beschuldigten auch die **Strafvorschriften** (sowie insbes. im zivil- bzw. verwaltungsrechtsakzessorischen Strafrecht die weiteren maßgeblichen rechtlichen Gesichtspunkte) anzugeben, unter denen die Tat beurteilt wird. Diese Angabe (und die gesetzliche Bezeichnung der Tat) ersetzt nicht die Schilderung der konkreten Tatsachen.[42] 22

---

35 Entspr. Schmitt in Meyer-Goßner/Schmitt Rn. 5; Gundlach in AK-StPO Rn. 13; J. Kretschmer in Radtke/Hohmann Rn. 12; Eisenberg BeweisR StPO Rn. 540; Wessels JuS 1966, 169 (176); Eser ZStW 79 (1967), 565 (576); Rüping JR 1974, 135 (137); aA Diemer in KK-StPO Rn. 7. Eingehend Rogall, Der Beschuldigte als Beweismittel gegen sich selbst, 1977, S. 45 ff., 176 ff. (insbes. 178 f.); Salger, Das Schweigerecht des Beschuldigten, 1998, S. 18 ff. (insbes. 26).

36 Eingehend zur Funktion als Inkulpation und ihrer Bedeutung Fincke ZStW 95 (1983), 918 (955 ff.).

37 Vgl. BGH 6.10.1981 – 1 StR 356/81, BGHSt 30, 215 (217 ff.) = NJW 1982, 291. Eingehend Eisenberg BeweisR StPO Rn. 541 ff.

38 BGH 26.4.2017 – 2 StR 247/16, BGHSt 62, 123 (Rn. 47) = NJW 2017, 3173 m. differenzierender, insb. auch Fragen nötiger Nachholung behandelner Bespr. Albrecht HRRS 2017, 454 ff. (dort a und c).

39 Vgl. Art. 6 Abs. 1 und 3 sowie Erwägungsgründe 27 f. der RL 2012/13/EU (ABl. 2012 L 142/1); aA Schmitt in Meyer-Goßner/Schmitt Rn. 6; Eser Beiheft zur ZStW 1974, 136 (151).

40 BGH 6.3.2012 – 1 StR 623/11, NStZ 2012, 581 (582) m. insoweit zustAnm Jäger JA 2013, 155 (156 f.).

41 Vgl. Ahlbrecht in Gercke/Julius/Temming/Zöller Rn. 17.

42 Schmitt in Meyer-Goßner/Schmitt Rn. 6; Jäger in HK-GS Rn. 13 ff.

23 **b) Spätere Veränderungen.** Ergibt sich **während der Vernehmung** eine bedeutsame Änderung des tatsächlichen Hintergrunds, die für den Beschuldigten nicht aus dem Gesagten offenkundig ist, so ist sie ihm ausdrücklich zu eröffnen.[43] Ändern sich rechtliche Gesichtspunkte, unter denen die Tat beurteilt wird, bzw. treten neue Gesichtspunkte hinzu, ist er darauf hinzuweisen;[44] der Rechtsgedanke von § 265 Abs. 1 und Abs. 2 ist grds. bereits im Vorverfahren einschlägig.

24 Ergeben sich **nach der Vernehmung** bedeutsame neue tatsächliche Erkenntnisse oder verändern die Ermittlungsbehörden ihre rechtliche Beurteilung, steht es im pflichtgemäßen Ermessen der Ermittlungsbehörden, den Beschuldigten erneut zu vernehmen (mit aktueller Belehrung), ihm die Veränderungen schriftlich mitzuteilen und ihn auf die Gelegenheit zu freiwilliger Erwiderung hinzuweisen oder von beidem Abstand zu nehmen. Der Anspruch auf rechtliches Gehör (entspr. Art. 103 Abs. 1 GG) besteht zwar bereits im Vorverfahren (vgl. § 163a Abs. 1), einen erscheinenspflichtigen Vernehmungstermin müssen die Ermittlungsbehörden gleichwohl nicht anberaumen (→ § 133 Rn. 4 und 15).[45] Maßstab der behördlichen Mitteilungspflicht sind die Fairness des Verfahrens und die Ermöglichung einer wirksamen Ausübung der Verteidigungsrechte (Art. 6 Abs. 4 sowie Erwägungsgrund 29 der RL 2012/13/EU[46]). Weil der Beschuldigte im Zwischen- und Hauptverfahren noch umfassend Gelegenheit erhält, seine Position vorzutragen, ergibt sich die Mitteilungspflicht vor allem bei gravierenden Veränderungen, wenn dem Beschuldigten zur Vermeidung von Nachteilen aus der Anklageerhebung vorherige Gelegenheit zur Ausräumung der neuen Verdachtsgründe zu geben ist.[47]

25 **3. Belehrung über die Aussagefreiheit (S. 2 Hs. 1).** § 136 Abs. 1 S. 2 Hs. 1 setzt die **Aussagefreiheit** voraus, ohne sie seinerseits zu konstituieren (→ Vor § 133 Rn. 4 ff.). Zu Begründung, Inhalt und Umfang der Aussagefreiheit → Vor § 133 Rn. 62 ff. Die Belehrung über die Aussagefreiheit **folgt** der **Eröffnung des Tatvorwurfs nach.**[48] Das hilft zu vermeiden, dass der Beschuldigte durch Fragen zu sehr zu einer Aussage gedrängt wird. Vor dieser Belehrung sind Gespräche zur Sache (auch „formlose Vorgespräche") unzulässig.[49]

26 **Primäres Ziel** der Belehrung ist es, den Beschuldigten über die Rechtslage zu informieren. Es soll klargestellt werden, dass es ihm rechtlich freisteht, im gegen ihn gerichteten Verfahren auszusagen oder die Aussage zur Sache zu verweigern, obwohl ein Richter, StA oder Polizeibeamte offiziell Fragen an ihn richtet[50] und er ihren rechtmäßigen Anweisungen innerhalb der Sitzung iÜ grds. Folge zu leisten hat. Auch durch die Eindrücklichkeit und Aufregung der Situation begünstigte temporäre Unkenntnis bzw. aktuelle Irrtümer sollen nach Möglichkeit ausgeschlossen werden.[51] Zu den **erwünschten Nebeneffekten** der Belehrung zählt es, die Aussagefreiheit allen Anwesenden ins Gedächtnis zu rufen und den Respekt der Behörden bzw. des Gerichts vor diesem Rechtsgrundsatz auszudrücken

[43] Zur Bedeutung dieser Mitteilung als Akt der Änderung des Prozessgegenstands Fincke ZStW 95 (1983), 918 (961).

[44] Rogall in SK-StPO Rn. 42; Gundlach in AK-StPO Rn. 15; Pfeiffer Rn. 3; Löffelmann/Walther in Löffelmann/Walther/Reitzenstein, Das strafproz. Ermittlungsverfahren, 2007, § 2 Rn. 39; aA Diemer in KK-StPO Rn. 9.

[45] Grds. gegen eine Verpflichtung zu weiterer Vernehmung oder Mitteilung Schmitt in Meyer-Goßner/Schmitt Rn. 6; eingehend dazu H. Schäfer wistra 1987, 165 (168).

[46] RL 2012/13/EU des Europäischen Parlaments und des Rates vom 22.5.2012, ABl. 2012 L 142/1.

[47] Eine teilw. weitergehende Regelung des sog Schlussgehörs enthielt § 169b StPO aF, s. dazu Dahs NJW 1965, 81 (83 f.); Kohlhaas NJW 1965, 1254 (1255 ff.); Eser ZStW 79 (1967), 565 (577).

[48] Gleß in Löwe/Rosenberg Rn. 20; Diemer in KK-StPO Rn. 11; Löffelmann/Walther in Löffelmann/Walther/Reitzenstein, Das strafproz. Ermittlungsverfahren, 2007, § 2 Rn. 39 f.

[49] Vgl. Eisenberg BeweisR StPO Rn. 562. Zur Abgrenzung sowohl von Spontanäußerungen als auch von informatorischer Befragung → Rn. 4 ff. sowie → Vor § 133 Rn. 42 f.

[50] BGH 13.5.1996 – GSSt 1/96, BGHSt 42, 139 (147) = NJW 1996, 2940 (2941); Diemer in KK-StPO Rn. 11; Verrel NStZ 1997, 415 (416); rechtsvergleichend Janicki, Beweisverbote im deutschen und englischen Strafprozess, 2002, S. 272 ff.

[51] Roxin NStZ 1995, 465 (466); Artkämper Kriminalistik 1996, 393 (395); Roxin NStZ 1997, 18; Kindhäuser § 6 Rn. 28; vgl. EGMR A. Zaichenko ./. Russland 18.2.2010 – 39660/02, § 55, (kurz) StRR 2011, 142.

(→ Rn. 56).[52] Die Belehrung ist deshalb vom Vernehmenden persönlich zu erteilen, und zwar **unabhängig davon,** ob der Beschuldigte seine **Rechte kennt.**[53] Sie ist zu wiederholen, wenn die letzte Belehrung schon längere Zeit zurückliegt.[54]

Die **Belehrung** muss nicht den Wortlaut des Gesetzes, aber seinen Inhalt für den Belehrten vollständig und unmissverständlich wiedergeben.[55] Sie ist so zu fassen, dass die Belehrten sie auch mit Blick auf ihr Alter und ihren geistigen bzw. körperlichen Zustand **gut verstehen** können.[56] Spricht oder versteht der Belehrte die Vernehmungssprache nicht, ist ihm ein Dolmetscher zur Verfügung zu stellen.[57] Rückfragen des Beschuldigten sind grds. wahrheitsgemäß zu beantworten. Eine Verpflichtung des Vernehmenden zu rechtlicher Beratung des Beschuldigten besteht aber nicht; er kann ihn insoweit jederzeit auf sein Recht, einen Verteidiger zu konsultieren, verweisen (→ Rn. 31). Der Beschuldigte muss in Person belehrt werden; eine Belehrung seines gesetzlichen Vertreters genügt nicht.[58] 27

An einer den Anforderungen des § 136 Abs. 1 S. 2 Hs. 1 genügenden **Belehrung fehlt es,** wenn sie gänzlich unterblieb oder ihr wesentlicher Inhalt falsch oder erheblich verzerrt mitgeteilt oder durch entgegenstehende Äußerungen konterkariert wurde. Das ist zB der Fall, wenn nahegelegt wurde, dass die Entscheidung des Beschuldigten für oder gegen eine Aussage nicht respektiert werden würde, dass ein teilweises Schweigen oder Wechsel des Aussageverhaltens (näher → Vor § 133 Rn. 119 mN) unzulässig wäre oder dass Aussagen nachträglich wirksam widerrufen werden könnten. Dann ist der Fall indes auch anhand von § 136a zu prüfen (→ § 136a Rn. 41 sowie 54 ff.). 28

Ein **Unterlassen der Belehrungen** beendet die Belehrungspflicht ebenso wenig wie eine fehlerhafte Belehrung. Die Pflicht setzt sich vielmehr in einer **„qualifizierten" Belehrungspflicht** fort. Zusätzlich zur in Abs. 1 S. 2 formulierten Belehrung ist dann auch darüber zu belehren, dass die bisherige Aussage des Beschuldigten unverwertbar ist.[59] Die Unverwertbarkeit ist zwar grds. Voraussetzung der Pflicht zur qualifizierten Belehrung, weshalb sie durch eine (zulässige) informatorische Befragung (→ Vor § 133 Rn. 43) nicht ausgelöst werden kann.[60] Doch falls – mit der Rspr. – eine Verwertbarkeit der Aussage trotz Verletzung der Belehrungspflicht als möglich erachtet und an erst später bestehende Gegebenheiten geknüpft wird (wie eine Abwägung der im Moment der Urteilsfindung bekannten Umstände, → Rn. 57 f., oder das Ausbleiben eines Widerspruchs in der Haupt- 29

[52] S. dazu auch Ransiek StV 1994, 343 (344, 346); Wohlers NStZ 1995, 45 (46; Anm. zu BGH 10.8.1994 – 3 StR 53/94, NJW 1994, 3364); Bernsmann StraFo 1998, 73 (75); Ransiek, Rechte des Beschuldigten, 1990, S. 89.

[53] BGH 22.11.2001 – 1 StR 220/01, BGHSt 47, 172 (173) =NJW 2002, 975 f.; Jäger in HK-GS Rn. 18; Pfeiffer Rn. 4; Geppert FS Schroeder, 2006, 675 (689 f.).

[54] BGH 22.11.2001 – 1 StR 220/01, BGHSt 47, 172 (175) =NJW 2002, 975 (976).

[55] BGH 5.4.1966 – 1 StR 26/66, NJW 1966, 1718 (1719); BGH 29.4.2010 – 3 StR 63/10, Rn. 13 f., BGHR StPO § 136 Belehrung 17; Rogall, Der Beschuldigte als Beweismittel gegen sich selbst, 1977, S. 190; Wiesneth, HdB für das ermittlungsrichterl. Verfahren, 2006, Rn. 476 (§ 48 III 1).

[56] Erwägungsgründe 26 und 38 der RL 2012/13/EU (ABl. 2012 L 142/1).

[57] Vgl. Art. 2 Abs. 1 der RL 2010/64/EU des Europäischen Parlaments und des Rates vom 20.10.2010 über das Recht auf Dolmetschleistungen und Übersetzungen in Strafverfahren, ABl. 2010 L 280/1 sowie Erwägungsgrund 25 der RL 2012/13/EU (ABl. 2012 L 142/1). Zu Problemen der Umsetzung dieser Vorgaben Yalçın ZRP 2013, 104 (106 f.).

[58] Diemer in KK-StPO Rn. 11; Löffelmann/Walther in Löffelmann/Walther/Reitzenstein, Das strafproz. Ermittlungsverfahren, 2007, § 2 Rn. 40.

[59] BGH 18.12.2008 – 4 StR 455/08, BGHSt 53, 112 (115 f. Rn. 13) = NStZ 2009, 281 m. insoweit zustAnm Gleß/Wennekers JR 2009, 383, Roxin HRRS 2009, 186 sowie Kasiske ZIS 2009, 319 (321, 323); BGH 3.5.2018 – 3 StR 390/17, NStZ 2019, 227 m. weiterführender Anm. Arnoldi; angedeutet bereits in BGH 3.7.2007 – 1 StR 3/07, BGHSt 51, 367 (376 Rn. 29) = NJW 2007, 2706 (2709) mBspr Roxin JR 2008, 16 (18 f.); LG Bad Kreuznach 17.3.1994 – 8 Js 3329/89 (W) KLs, StV 1994, 293 (294 f.); BGH 9.6.2009 – 4 StR 170/09, NJW 2009, 3589 f. mAnm Ellbogen NStZ 2010, 464; Grünwald JZ 1968, 752 (754; Anm. zu BGH 30.4.1968 – 1 StR 625/67, BGHSt 22, 129 = NJW 1968, 1388); Schünemann MDR 1969, 101 (102); Grünwald BeweisR S. 159 f.; R. Neuhaus NStZ 1997, 312 (314 f.; Anm. zu LG Darmstadt 19.8.1994 – Ks 9 Js 4/92, NStZ 1997, 356); eingehend Geppert, GS Meyer, 1990, 93 jeweils mwN; sowie mit Gesetzgebungsvorschlag Mitsch NJW 2008, 2295 (2300).

[60] Näher und mN der Gegenansicht Geppert FS Oehler, 1985, 323 (339 ff.).

verhandlung, → Rn. 72 ff.) darf die Pflicht zur qualifizierten Belehrung davon gleichwohl nicht abhängig gemacht werden, denn ihr Bestehen wäre sonst im Ermittlungsverfahren unentscheidbar.[61] Eine zu Unrecht erfolgte qualifizierte Belehrung (weil die Aussage doch verwertbar ist) hebt die Verwertbarkeit der urspr. Aussage zwar grds. nicht auf, kann aber uU als (auch unvorsätzliche) Täuschung iSv § 136a (→ § 136a Rn. 23 ff., 38, 43 f.) die spätere Aussage unverwertbar machen und außerhalb des Themenbereichs der §§ 136, 136a stehende Probleme der Zurechenbarkeit von Prozessverhalten (vgl. → § 136a Rn. 80) und Verfahrensfairness aufwerfen.

30 Eine **Verweigerung** der Aussage bedeutet noch nicht das Ende der Vernehmung; dieses bestimmt der Vernehmende, nicht der Beschuldigte.[62] Vor dem Abschluss der Vernehmung sind regelmäßig die weiteren Belehrungspflichten (etc) aus § 136 unabhängig davon zu erfüllen, ob der Beschuldigte zur Sache aussagen möchte (→ Rn. 45 f.). Zu weiteren Gründen für eine Fortsetzung der Vernehmung → § 133 Rn. 19. Zudem darf der Vernehmende sachlich versuchen, den Beschuldigten zu überzeugen, sich doch zur Aussage zu entschließen. Er darf ihm vor Augen führen, welche Nachteile eine Aussageverweigerung bzw. ein Verteidigungsverzicht rechtlich mit sich bringt, welche tatsächlichen Nachteile im konkreten Fall mit Wahrscheinlichkeit zu erwarten sind bzw. welche Entlastung in Betracht käme.[63] Der Vernehmende hat sich dabei aber jeder Beeinträchtigung einer autonomen Willensentschließung des Beschuldigten zu enthalten,[64] insbes. muss der Respekt vor der Entscheidung des Beschuldigten auch gegen eine Mitwirkung außer Frage bleiben. Nur im zu den genannten Zwecken erforderlichen Umfang ist die Fortsetzung der Vernehmung zulässig; insbes. Überzeugungsversuche müssen kurz bleiben.[65] Eine weitere Fortsetzung der Vernehmung oder intensivere Einwirkungen können gegen § 136a Abs. 1 verstoßen (insbes. → § 136a Rn. 58).

31 **4. Belehrung über das Recht zur Verteidigerkonsultation (S. 2 Hs. 2) und Ansprüche auf unterstützende Informationen (S. 3 u. 4 n.F.).** § 136 Abs. 1 S. 2 Hs. 2 und ebenso die neu eingefügten beiden folgenden Sätze setzen das **Recht zur jederzeitigen Verteidigerkonsultation** und damit indirekt auch den menschenrechtlichen Anspruch auf effektive Verteidigung durch einen Rechtsbeistand voraus.[66] Der Beschuldigte ist darüber zu belehren, dass es ihm freisteht, „jederzeit, auch schon vor seiner Vernehmung, einen von ihm zu wählenden Verteidiger zu befragen". Das zur Belehrung über die Aussagefreiheit Gesagte (→ Rn. 25 ff.) gilt grds. entspr.[67] Auch hier geht es nicht um die genaue Wiedergabe des Gesetzeswortlautes, aber die folgenden **Informationen** müssen in der Belehrung **enthalten** sein: Der Beschuldigte hat das Recht, sich zu verteidigen und sich dabei eines Rechtsbeistandes zu bedienen. Seinen Rechtsbeistand darf er selbst wählen. Er darf sich mit diesem beraten und von diesem beraten lassen. Dieses Recht besteht in allen seinen Teilen zu jeder Zeit. Insbes. ist der Beschuldigte darauf hinzuweisen, dass dieses Recht auch schon vor der Vernehmung besteht. Der Vernehmungsbeamte ist aber nicht gehalten, dem Beschuldigten positiv zur Konsultation eines Verteidigers zu raten.[68] Liegt ein Fall **notwen-**

[61] Vgl. Rogall FS Geppert, 2011, 519 (532 ff., 536).

[62] BGH 9.6.2009 – 4 StR 170/09, NJW 2009, 3589 mablAnm Meyer-Mews. Anders auch Bosch, Aspekte des nemo-tenetur-Prinzips, 1998, S. 133, 145; Walter in Löffelmann/Walther/Reitzenstein, Das strafproz. Ermittlungsverfahren, 2007, § 5 Rn. 35 (vgl. dort aber Rn. 31).

[63] Vgl. zu diesen Nachteilen → Vor § 133 Rn. 120 ff.; zur Befugnis des Vernehmenden Gundlach in AK-StPO Rn. 20 f.; Monka in BeckOK StPO Rn. 20; Löffelmann/Walther in Löffelmann/Walther/Reitzenstein, Das strafproz. Ermittlungsverfahren, 2007, § 2 Rn. 41.

[64] BGH 27.6.2013 – 3 StR 435/12, BGHSt 58, 301 (304 Rn. 9) = NJW 2013, 2769 mAnm Wohlers JR 2014, 131 und Jäger JA 2013, 793; Schmitt in Meyer-Goßner/Schmitt Rn. 8; Eisenberg BeweisR StPO Rn. 565.

[65] Vgl. (zum Festhalten des vorgeführten Beschuldigten) Gundlach in AK-StPO § 135 Rn. 7.

[66] → Vor § 133 Rn. 6, → § 148 Rn. 2 sowie die Kommentierung bei Art. 6 Abs. 3 lit. c EMRK und RL 2013/48/EU (Rn. 3). Rechtsvergleichend Eser ZStW 79 (1967), 565 (601 ff.); Janicki, Beweisverbote im deutschen und englischen Strafprozess, 2002, S. 291 ff.

[67] BGH 22.11.2001 – 1 StR 220/01, BGHSt 47, 172 (174) =NJW 2002, 975 (976).

[68] Vgl. Schmitt in Meyer-Goßner/Schmitt Rn. 10- 11; Wiesneth, HdB für das ermittlungsrichterl. Verfahren, 2006, Rn. 477 (§ 48 III 2.); differenzierend R. Hamm NJW 1996, 2185 (2186).

diger Verteidigung (nach § 140 Abs. 1 oder 2) nahe, ist sicherzustellen, dass der Beschuldigte nicht irrig davon ausgeht, wegen Mittellosigkeit keinen Verteidiger beauftragen zu können (→ Rn. 37 f.).[69]

32 Die Belehrung muss zusammen mit derjenigen über die Aussagefreiheit vor Beginn der Vernehmung zur Sache erteilt werden.[70] Wird dies unterlassen, beendet das die Pflicht nicht, sondern wandelt sie in eine entspr. Pflicht zur **„qualifizierten Belehrung"** um (→ Rn. 29).[71] Die Belehrung ist aber entbehrlich, wenn der Beschuldigte für das gegenständliche Verfahren **bereits** einen **Verteidiger hat** und sichergestellt ist, dass ihm bewusst ist, sich mit diesem jederzeit beraten zu dürfen.[72]

33 Lässt der Beschuldigte erkennen, dass er sich zunächst mit einem Verteidiger besprechen möchte, ist ihm dazu Gelegenheit zu geben und die **Vernehmung** so lange **aufzuschieben.** Der Vernehmende muss sicherstellen, dass der Beschuldigte sein Recht auf effektive Verteidigung durch einen Rechtsbeistand ausüben kann, andernfalls wird Art. 6 Abs. 1 iVm Abs. 3 lit. c EMRK verletzt (ggf. auch Art. 48 Abs. 2 GRCh).[73] Dies geschieht insbesondere durch geeignete Mitteilung von **Informationen,** die es dem Beschuldigten tatsächlich ermöglichen und hinreichend erleichtern, einen Verteidiger auszuwählen und zu kontaktieren **(S. 3 nF)** Dabei ist dem Beschuldigten regelmäßig nicht ein bestimmter Verteidiger zu empfehlen, sondern idR eine Liste zur Auswahl vorzulegen (vgl. Nr. 106 RiStBV). Eine Selektion nach sachlichen Kriterien ist erlaubt, wenn der Fall besondere Qualifikationen wünschenswert erscheinen lässt oder eine vollständige Liste schlecht zu handhaben wäre. Dem Beschuldigten ist Gelegenheit zu geben, sich in geeigneter Weise mit dem von ihm gewählten Verteidiger in Verbindung zu setzen. Der Regelfall, zu dem ggf. die nötigen Mittel bereitzustellen sind, ist weiterhin die **telefonische** Kontaktaufnahme. Die üblichen Kommunikationsweisen unterliegen aber einem steten Wandel, und etwa Nachrichten über Messenger-Dienste sind in keiner Weise ausgeschlossen – entscheidend ist, dass eine Kontaktaufnahme und der nötige Informationsaustausch zwischen Beschuldigtem und Verteidiger effektiv stattfinden. Gelingt die Kontaktaufnahme nicht, darf der Beschuldigte die Erreichbarkeit des favorisierten Verteidigers abwarten oder versuchen, mit einem anderen Verteidiger seiner Wahl Kontakt aufzunehmen. Über einen neutralen Vorschlag hinaus darf er in keine dieser Richtungen gedrängt werden.[74]

34 Der Hinweis auf einen vor Ort bestehenden anwaltlichen **Verteidigernotdienst** war stets zulässig und ist zur Verwirklichung des Rechts auf effektive Verteidigung auch schon

---

[69] Hierzu bereits vor Erlass von § 136 Abs. 1 S. 3 Hs. 2 BGH 18.10.2005 – 1 StR 114/05, NStZ 2006, 236 (237); zu restriktiv BGH 19.10.2005 – 1 StR 117/05, NStZ-RR 2006, 181 (182); entspr. Geppert FS Otto, 2007, 913 (923 ff.). Weitergehend R. Neuhaus StV 2010, 45 (47 ff.).

[70] Gundlach in AK-StPO Rn. 25; empirisch zu Praxis und Wirkung der Belehrung in Deutschland und Österreich (insbes. mit Blick auf Notdienste und Pflichtverteidigung) Soyer/St. Schumann StV 2012, 495 (497 ff.).

[71] Schmitt in Meyer-Goßner/Schmitt Rn. 10a; Geppert FS Otto, 2007, 913 (929); R. Neuhaus StV 2010, 45 ff.

[72] Rogall in SK-StPO Rn. 48; Gleß in Löwe/Rosenberg Rn. 40; Monka in BeckOK StPO Rn. 10; weitergehend (Vorhandensein eines Verteidigers genügt) Diemer in KK-StPO Rn. 14 und Schmitt in Meyer-Goßner/Schmitt Rn. 10e; sowie (Äußerung, einen Verteidiger konsultieren zu wollen, genügt) Schlothauer/Weider/Wollschläger Revisionsverfahren 3. Aufl. 2017, Rn. 2069 f. (Rüge 241).

[73] EGMR (GK) 8.2.1996 – 18731/91, Rep. 1996-I, §§ 66, 68, 70, EuGRZ 1996, 587 (592) – John Murray ./. Vereinigtes Königreich m. Bespr. Kühne EuGRZ 1996, 571; EGMR (GK) 27.11.2008 – 36391/02, Rep. 2008, § 55, NJW 2009, 3707 (3708) – Salduz ./. Türkei; EGMR 13.10.2009 – 7377/03, § 31 – Dayanan ./. Türkei; vgl. auch BGH 29.10.1992 – 4 StR 126/92, BGHSt 38, 372 (373) = NJW 1993, 338 (339) mzustAnm Rieß JR 1993, 334 und Roxin JZ 1993, 426; (insbes. zu weiterer Rspr. des EGMR) Ahlbrecht in Gercke/Julius/Temming/Zöller Rn. 25; Lesch StrafProzR Kap. 3 Rn. 60; dazu auch Strate/Ventzke StV 1986, 30 (31 ff.); Tepperwien FS Widmaier, 2008, 583 (590). Eingehend zu den Hilfspflichten Beckemper, Durchsetzbarkeit des Verteidigerkonsultationsrechts, 2002, S. 265 ff. Ausf. zum Verteidigerbeistand (und Auswirkungen eines Verstoßes gegen das Konsultationsrecht) Vetter, Verteidigerkonsultation im Ermittlungsverfahren, 2018, insbes. S. 75 ff., S. 199 ff.

[74] Vgl. (auch keine Nachfragen zu Spontanäußerungen) BGH 27.6.2013 – 3 StR 435/12 BGHSt 58, 301 (305 f. Rn. 11 ff.) = NJW 2013, 2769 mAnm Wohlers JR 2014, 131 und Britz NStZ 2013, 607; (mit Checkliste) Beulke NStZ 1996, 257 (258 ff., 262); Schwaben NStZ 2002, 288 (290).

lange verpflichtend. **S. 4** stellt dies nunmehr klar.[75] Er ist jedoch entbehrlich, wenn der Beschuldigte bereits einen Verteidiger benannt hat; in diesem Fall sind die Ermittlungsbehörden lediglich dazu verpflichtet, die Kontaktaufnahme zu unterstützen.[76] Ergeben sich Schwierigkeiten, einen Verteidiger zu erreichen, ist der Hinweis auf den anwaltlichen Verteidigernotdienst – ohne Drängen, davon Gebrauch zu machen – erneut erforderlich.[77] Soweit kein Wunsch ersichtlich wird, einen Verteidiger hinzuzuziehen, wurde dieser Hinweis vor Einführung von S. 4 als nicht zwingend erachtet;[78] heute wird man das Gesetz so zu lesen haben, dass er auch erfolgen soll, um die irrige Annahme, es sei ohnehin kein Verteidiger erreichbar, auszuschließen.

35 Hat der Beschuldigte einen Verteidiger gewählt und mit diesem die Verteidigung vereinbart oder ein Verteidiger die Bereitschaft zur Übernahme der Verteidigung (ggf. sogar noch ohne Wissen des Beschuldigten) erklärt, so darf die Vernehmung grds. **nicht ohne** diesen **Verteidiger fortgesetzt** werden.[79] Gleiches gilt in Fällen **notwendiger Verteidigung,** soweit bereits im aktuellen Verfahrensstadium die Mitwirkung eines Verteidigers nach §§ 140, 141 (insbes. § 141 Abs. 2 Nr. 3) erforderlich ist.[80] Auf welchen Zeitpunkt dabei im Vorverfahren genau abzustellen ist, ist Gegenstand einer langen Auseinandersetzung. Zu §§ 140 Abs. 1 Nr. 4 aF, 141 Abs. 3 aF, wo auf die Vollstreckung von Untersuchungshaft abgestellt wurde, gingen auch zwischen den Senaten des BGH die Auffassungen weit auseinander.[81] Die dazu noch vor Kurzem vom 5. Strafsenat vertretene Auffassung, bei Festnahme auf Haftbefehl wegen Mordes, zwei polizeilichen Vernehmungen (rechtswidrig!) vor Vorführung vor dem Haftrichter und der dortigen Vernehmung habe noch kein Fall notwendiger Verteidigung vorgelegen, sondern sei erst mit der ermittlungsrichterlichen Bestätigung des Haftbefehls entstanden, ist jedenfalls nach heute geltendem Recht nicht mehr haltbar. Das Gesetz sieht nun ein detailreicheres Gefüge aus Belehrung, Antrag (bzw. Tätigwerden von Amts wegen), Entscheidung und Vernehmung vor: Es verlangt nun vor der ersten (und allen weiteren, → Rn. 9 ff.) Vernehmung (u.a.) die Eröffnung des Tatvorwurfs und Belehrung über das Recht, einen Pflichtverteidiger zu beantragen, was den Voraussetzungen des § 141 Abs. 1 S. 1 korrespondiert. Erfolgt ein solcher Antrag, dann muss vor der (ersten!) Vernehmung über die Bestellung entschieden werden (§ 141 Abs. 1 S. 2), ohne Antrag ist § 141 Abs. 2 zu beachten. Vor der (jetzt notwendig früheren) Entscheidung über die Bestellung eines Pflichtverteidigers darf also nicht vernommen werden. **Im Übrigen** ist die weitere **Entscheidung des Beschuldigten,** ob er sich – mit oder ohne Verteidiger – zur Sache einlassen will, **ohne Drängen** abzuwarten und zu respektieren.[82] Ohne Verteidiger darf die Vernehmung nur dann fortgesetzt werden, wenn der Beschuldigte sich damit – unmittelbar nach dem ggf. neuerlichen Hinweis auf das Recht zur Konsultation eines Verteidigers – ausdrücklich

---

75 Vgl. BT-Drs. 18/9534, 22 unter Bezugnahme auf BGH 12.1.1996 – 5 StR 756/94, BGHSt 42, 15 = NJW 1996, 1547; BGH 19.6.2019 – 5 StR 167/19, StraFo 2019, 420.

76 BGH 19.6.2019 – 5 StR 167/19, StraFo 2019, 420 mAnm Eidam StV 2020, 435.

77 Vgl. LG Schweinfurt 2.1.2013 – 1 Ks 11 Js 10919/2011, StraFo 2013, 207; Kutschera StraFo 2001, 262 (263); Löffelmann/Walther in Löffelmann/Walther/Reitzenstein, Das strafproz. Ermittlungsverfahren, 2007, § 2 Rn. 42; Hoven JA 2013, 368 (371); eingehend auch zur Abdeckung und rechtsvergleichend (D, A und CH) Corell StraFo 2011, 34. Einschr. BGH 11.8.2005 – 5 StR 200/05, NStZ 2006, 114 (115) mkritAnm Beulke/Barisch StV 2006, 570 sowie (insbes. zu den tatsächlichen Feststellungen und deren Interpretation durch den BGH) Klein StV 2007, 282.

78 BGH 5.2.2002 – 5 StR 588/01, BGHSt 47, 233 (234) = NJW 2002, 1279 mAnm Roxin JZ 2002, 898; krit. R. Hamm NJW 1996, 2185 (2186).

79 BGH 9.11.2005 – 1 StR 447/05, BGHSt 50, 272 (274 f.) = NJW 2006, 707; 17.6.1997 – 4 StR 243/97, NStZ 1997, 502; 11.7.2008 – 5 StR 202/08, NStZ 2008, 643; Hiebl StraFo 1998, 412 (413). S. zur Unterrichtung des Verteidigers auch Nr. 108 RiStBV.

80 EGMR 24.9.2009 – 7025/04, §§ 65 f., (kurz) StRR 2011, 142 – Pishchalnikov ./. Russland; BGH 5.2.2002 – 5 StR 588/01, BGHSt 47, 233 (236) = NJW 2002, 1279 (1280); Wohlers JR 2002, 294 (295; Anm. zu BGH 22.11.2001 – 1 StR 220/01, BGHSt 47, 172 = NJW 2002, 975).

81 Instruktiv dazu Wohlers JR 2015, 281 ff. (Anm. zu BGH 20.10.2014 – 5 StR 176/14, BGHSt 60, 38 = NJW 2015, 265) mwN.

82 Vgl. BGH 10.1.2006 – 5 StR 341/05, NJW 2006, 1008 (1009 f.).

einverstanden erklärt.[83] Solange der Wunsch des Beschuldigten nach Konsultation eines Verteidigers besteht – auch wenn er diesen selbst hinter den Wunsch nach Durchführung der Vernehmung zurückstellt – müssen einer Vernehmung ohne Verteidiger ernsthafte Bemühungen vorausgegangen sein, den Beschuldigten bei der Herstellung eines Kontakts zu einem Verteidiger seiner Wahl zu unterstützen.[84]

5. Belehrung über das „Beweisantragsrecht" (S. 5 Hs. 1). Dem Beschuldigten ist mitzuteilen, dass er während des Verfahrens jederzeit einzelne Beweiserhebungen beantragen kann und diese insbes. den Zweck seiner Entlastung verfolgen dürfen. Der Begriff meint **kein förmliches Antragsrecht,** sondern die sich aus §§ 163a Abs. 2, 166 Abs. 1 ergebende Befugnis, Beweiserhebungen anzuregen, über die dann der umfassenden Aufklärungspflicht (§ 160) entspr. zu entscheiden ist.[85] Die Mitteilung ist grds. zusammen mit den übrigen Belehrungen vor der Vernehmung zur Sache zu machen. Sie ist Teil der Pflicht zur Gewährung rechtlichen Gehörs. Der Hinweis ist auch dann erforderlich, wenn der Beschuldigte zur Sache schweigt, denn seine Beteiligungsrechte sind davon unabhängig (→ Vor § 133 Rn. 69 und 123).[86] 36

6. Belehrung über das Recht, die Bestellung eines Pflichtverteidigers zu beantragen (S. 5 Hs. 2). Die in Hs. 2 ausgesprochene Belehrungspflicht wurde mit Art. 2 Nr. 3 des Gesetzes zur Stärkung der Verfahrensrechte von Beschuldigten im Strafverfahren vom 2.7.2013[87] neu in den Text von § 136 aufgenommen. Die Vorschrift setzt Art. 3 Abs. 1 Buchst. b der RL 2012/13/EU[88] um.[89] Hinter ihr stehen auch Art. 6 Abs. 3 lit. c EMRK sowie Art. 47 UAbs. 3 GRCh (und Art. 14 Abs. 3 lit. d IPbpR). Zu belehren ist daher über „den **etwaigen Anspruch** auf unentgeltliche Rechtsberatung und die Voraussetzungen für diese Rechtsberatung". Die Pflicht tritt deshalb nicht erst dann ein, wenn die Notwendigkeit einer Verteidigung im aktuellen Verfahrensstadium bereits feststeht. Der Belehrende hat auch nicht selbst die Notwendigkeit einer Verteidigung dem Beschuldigten gegenüber zu beurteilen. Die RL verlangt vielmehr, dass **grds. jeder Beschuldigte** über die **Voraussetzungen und** das **Verfahren einer Pflichtverteidigerbestellung** nach §§ 140, 141 belehrt, dh diese Vorschriften in den Grundzügen erläutert werden. Auch wenn die Voraussetzungen letztlich nicht erfüllt sind oder erst zu einem späteren Zeitpunkt eine Verteidigerbestellung vorsehen, dient diese Information einer selbstbestimmten Entscheidung des Beschuldigten über sein Prozessverhalten. Zudem trägt die Belehrungspflicht dazu bei, dass eine schon im Vorverfahren bestehende Notwendigkeit einer Verteidigerbestellung (§ 141) nicht übersehen wird. Die Vorschrift soll sich gerade auch auf sämtliche Fälle des § 140 Abs. 2 beziehen.[90] Den früheren Streit um die Frage, ob dem Beschuldigten ein eigenes **Antragsrecht** zusteht, hat der Gesetzgeber bejahend entschieden – er ist über sein Antragsrecht zu belehren, und auch § 141 Abs. 1 knüpft an dieses Recht ausdrücklich an. 37

---

[83] BGH 19.6.2019 – 5 StR 167/19, StraFo 2019, 420 mAnm Eidam StV 2020, 435; s. auch bereits BGH 12.1.1996 – 5 StR 756/94, BGHSt 42, 15 (19) = NJW 1996, 1547 (1548) mit grds. zustBspr (das Erfordernis der Eindeutigkeit betonend) Beulke NStZ 1996, 257 (261 f.), E. Müller StV 1996, 358 sowie Roxin JZ 1997, 343. Eingehend zum Problem der Freiwilligkeit Beckemper, Durchsetzbarkeit des Verteidigerkonsultationsrechts, 2002, S. 142 ff.

[84] Vgl. BGH 12.1.1996 – 5 StR 756/94, BGHSt 42, 15 (19 ff.) = NJW 1996, 1547 (1548 f.) mzustBspr Beulke NStZ 1996, 257 (258 ff.); BGH 10.1.2013 – 1 StR 560/12, NStZ 2013, 299 mAnm Trück ZWH 2013, 167. Von vornherein aussichtslose Bemühungen – insbes. zu später Nachtzeit in Gegenden ohne Verteidigernotdienst oder wenn dieser bekanntermaßen nicht erreichbar ist – müssen nicht unternommen werden BGH 21.5.1996 – 1 StR 154/96, BGHSt 42, 170 (171 ff.) = NJW 1996, 2242 f.; kritisch dazu Herrmann NStZ 1997, 209 (210 ff.) und Roxin JZ 1997, 343 (344 ff.).

[85] Wiesneth, HdB für das ermittlungsrichterl. Verfahren, 2006, Rn. 478 (§ 48 III 3.); näher dazu Eisenberg BeweisR StPO Rn. 553 ff. sowie (echter Beweiserhebungsanspruch) Krekeler NStZ 1991, 367 (368 ff.); Jahn in Heghmanns/Scheffler StrafVerf-HdB Kap. II Rn. 146 ff. (151).

[86] Noltensmeier in Kotz/Rahlf BtMStrafR Kap. 5 Rn. 511.

[87] BGBl. 2013 I 1938 (1939).

[88] RL 2012/13/EU des Europäischen Parlaments und des Rates vom 22. Mai 2012 über das Recht auf Belehrung und Unterrichtung in Strafverfahren, ABl. 2012 L 142/1.

[89] Vgl. BR-Drs. 816/12, 19 und BT-Drs. 17/12578.

[90] BR-Drs. 816/12, 19 und BT-Drs. 17/12578.

38 Die Vorschrift geht etwas über die zuvor bestehende Handhabung von S. 2 Hs. 2 und dazu ergangene Rspr. hinaus (→ Rn. 31 aE). **Systematisch** geht es in ihr indes weiterhin um das **Recht auf Verteidigerkonsultation.** Daran ändert es nichts, dass sie aus sprachästhetischen Gründen nicht unmittelbar als Teil von § 136 Abs. 1 S. 2 Hs. 2 formuliert (und nun sogar durch zwei weitere Sätze davon getrennt) wurde und auch Art. 3 Abs. 1 der RL 2012/13/EU die Belehrung über das „Recht auf Hinzuziehung des Rechtsanwalts" (Buchst. a) und die hier einschlägige Belehrung über das Recht auf unentgeltliche Rechtsberatung (Buchst. b) nebeneinander nennt. Sowohl in der RL als auch in § 136 hat die Bestimmung nur **klarstellende Funktion:** Sie spezifiziert die Belehrung über bestimmte Modalitäten des Rechts auf Hinzuziehung eines Rechtsanwalts, enthält also streng genommen keine andere Pflicht.[91] Dies spricht dafür, dass Fehler in der Belehrung als Verstöße gegen S. 2 Hs. 2 zu behandeln sind (→ Rn. 63 und auch 62).

38a § 136 Abs. 1 S. 5 wurde durch das Gesetz zur effektiveren und praxistauglicheren Ausgestaltung des Strafverfahrens (→ Rn. 2) um den Zusatz erweitert, dass der Beschuldigte bei der Belehrung über sein Recht, die Bestellung eines Pflichtverteidigers zu beantragen, auf die **Kostenfolge** des § 465 hinzuweisen ist. Inhaltlich ist lediglich die Rechtslage darzustellen. Dies dient der Vermeidung bzw. Aufklärung des nicht ganz seltenen Irrtums, der Staat stelle den Pflichtverteidiger und trage stets dauerhaft dessen Kosten. Es dient also den Vermögensinteressen des Beschuldigten und einer vollständigeren Informiertheit vor der Entscheidung, einen Antrag zu stellen oder darauf zu verzichten. Zugleich birgt der Hinweis die Gefahr einer abschreckenden Wirkung auch gegenüber Unschuldigen. Die Belehrung ist daher neutral zu halten und darf nicht zur Beeinflussung der Entscheidung des Beschuldigten missbraucht werden.[92]

39 **7. Hinweis auf die Möglichkeit schriftlicher Äußerungen (S. 6 Hs. 1).** Ebenso, wie es dem Beschuldigten freisteht, sich überhaupt zur Sache zu äußern, steht ihm auch die Wahl der Form seiner Äußerung frei. Insbes. **darf** er sich **jederzeit schriftlich** an die Ermittlungsbehörden wenden – auch um eine mündliche Aussage zu ergänzen.[93] § 136 Abs. 1 S. 4 Hs. 1 sieht die Möglichkeit vor, den Beschuldigten hierauf hinzuweisen, räumt dem Vernehmenden aber ausdrücklich einen **Spielraum** zur Beurteilung ein, ob der Fall sich zur schriftlichen Äußerung eignet. Nur der Hinweis hängt von dieser Beurteilung ab, nicht hingegen das Recht zur schriftlichen Äußerung und die Verpflichtung der Ermittlungsbehörden, diese zur Kenntnis zu nehmen.

40 Vor allem wenn absehbar ist, dass der Beschuldigte sich in seiner Aussage auf **umfangreiche Unterlagen** beziehen wird und zur schriftlichen Äußerung in der Lage ist oder von einem Verteidiger unterstützt wird, kann ein Hinweis auf sein Recht, sich schriftlich zu äußern, naheliegen.[94] Gleiches kann sich in einer komplexen Fallgestaltung ergeben, wenn der Beschuldigte angekündigt hat, sich **nur zu bestimmten Fragen** äußern zu wollen. Ferner kann der Hinweis gerade gegenüber einem bislang nicht zur Aussage bereiten Beschuldigten angezeigt sein.

41 **8. Hinweis auf die Möglichkeit eines Täter-Opfer-Ausgleichs (S. 6 Hs. 2).** Ganz entspr. hat der Vernehmende zu beurteilen, ob ein Täter-Opfer-Ausgleich in Betracht kommt und ggf. auf dessen Möglichkeit hinzuweisen.[95] Eine Prüf- und Hinwirkungspflicht von StA und Gericht ergibt sich zudem aus **§ 155a.** Regelmäßig bedarf der Täter-Opfer-

---

91 Insoweit zustimmend BGH 6.2.2018 – 2 StR 163/17 (2 insoweit gleichlautende Beschlüsse), (ECLI:DE:-BGH:2018:060218B2STR163.17.1) NStZ 2018, 671 mAnm Jäger und Ransiek StV 2019, 160 sowie (ECLI:DE:BGH:2018:060218B2STR163.17.0) StraFo 2018, 300 mAnm Ahlbrecht/Fleckenstein StV 2019, 661.

92 Vgl. Singelnstein/Derin NJW 2017, 2646 (2649 f.); Beukelmann NJW-Spezial 2017, 56; Gleß in Löwe/Rosenberg Rn. 40.

93 Gleß in Löwe/Rosenberg Rn. 52; Monka in BeckOK StPO Rn. 14.

94 Löffelmann/Walther in Löffelmann/Walther/Reitzenstein, Das strafproz. Ermittlungsverfahren, 2007, § 2 Rn. 44.

95 Ahlbrecht in Gercke/Julius/Temming/Zöller Rn. 32; eingehend (und krit.) Bosch FS Otto, 2007, 845 (846 ff.).

Ausgleich eines geständigen Beschuldigten und eines zum Ausgleich bereiten Opfers. Der Hinweis kann sich – entgg. der hM[96] – gleichwohl schon zuvor anbieten, auch um ein Eingeständnis einer (praktisch sicheren) Täterschaft (sachlich und neutral) zu motivieren und Bemühungen um die Bereitschaft des Opfers zur Annahme eines Ausgleichs anzuregen.[97]

9. Weitere Hinweis- und Belehrungspflichten. Aus dem Gesetz ebenso wie aus dem Anspruch auf rechtliches Gehör oder allg. aus dem Anspruch auf ein **faires Verfahren** können sich im Einzelfall weitere Hinweis- bzw. Belehrungspflichten ergeben.[98] Eine solche ergibt sich zB für jugendliche Beschuldigte bzgl. ihres Rechts aus § 67 Abs. 1 JGG, sich mit einem Erziehungsberechtigten zu besprechen,[99] und für inhaftierte ausländische Beschuldigte bzgl. **konsularischen Beistands** (meist neben §§ 114b Abs. 2 S. 4, 127 Abs. 4) aus Art. 36 Abs. 1 lit. b aE des Wiener Übereinkommens vom 24.4.1963 über konsularische Beziehungen (WÜK).[100] Der BGH verneint ein Verwertungsverbot allerdings, wenn dem Beschuldigten aus dem Belehrungsmangel kein Nachteil erwachsen ist[101] und erstreckt die Widerspruchlösung → Rn. 70 ff.) auch auf diese Fälle[102] In BtM-Sachen kann auch eine Belehrung über die „kleine Kronzeugenregelung" nach § 31 BtMG angezeigt sein.[103] 42

Auch diese Belehrungen sind – zur Ermöglichung gerichtlicher Kontrolle – aktenkundig zu machen.[104] Zu den **„qualifizierten" Belehrungen** nach versäumter primärer Belehrung → Rn. 29 und 32. 43

III. Vernehmung zur Sache

1. Mitteilung der Verdachtsgründe und Gelegenheit zur Entlastung (Abs. 2). Mit der Vernehmung zur Sache gewähren die Ermittlungsbehörden dem Beschuldigten 44

---

96 Vgl. Gleß in Löwe/Rosenberg Rn. 53; Rogall in SK-StPO Rn. 61; Pfeiffer Rn. 7.

97 Zur beschränkten Möglichkeit eines Täter-Opfer-Ausgleichs auch ohne Mitwirkung des Opfers s. Schädler NStZ 2005, 366 (369 f.).

98 Zu einer (Zeugen einschließenden) Aufstellung von Belehrungspflichten der StPO s. Bernsmann StraFo 1998, 73 (77 f.). Zur Frage einer Hinweispflicht auf die Freiwilligkeit der Teilnahme an Atemalkoholmessungen (→ Vor § 133 Rn. 91) s. Cierniak/Herb NZV 2012, 409 (411 ff.).

99 (Unverwertbarkeit) OLG Celle 25.11.2009 – 32 Ss 41/09, StraFo 2010, 114; LG Saarbrücken 31.7.2009 – 3 Ns 20 Js 26/08 (32/09), NStZ 2012, 167; näher dazu O. Möller NStZ 2012, 113.

100 BGBl. 1969 II 1585.

101 BGH 7.6.2011 – 4 StR 643/10, StV 2011, 603 ff. (krit. dazu Meyer-Mews StraFo 2012, 7). Noch stärker einschr. zuvor – jeweils im selben Verfahren – BGH 29.1.2003 – 5 StR 475/02, bei Sander NStZ-RR 2004, 1 (4; Rüge unzulässig), aufgehoben durch BVerfG 19.9.2006 – 2 BvR 2115/01 ua, EuGRZ 2006, 684 = NJW 2007, 499 (seinerseits berichtigt durch BVerfG 7.11.2006), sowie BGH 25.9.2007 – 5 StR 116/01, 5 StR 475/02, BGHSt 52, 48 (54 Rn. 23, kein Verwertungsverbot) = NJW 2008, 307 (309), wiederum aufgehoben durch BVerfG 8.7.2010 – 2 BvR 2485/07 ua, NJW 2011, 207 mBspr Gleß/A. Peters StV 2011, 369 sowie – in anderer Sache – BGH 20.12.2007 – 3 StR 318/07, BGHSt 52, 110 (114 ff. Rn. 17 ff., kein Verwertungsverbot, aber Kompensationslösung) = NJW 2008, 1090 (1091 f.) m. eher zustBspr Esser JR 2008, 271. Die neuerliche Verfassungsbeschwerde gegen diese Entscheidung wurde nicht zur Entscheidung angenommen (BVerfG 5.11.2013 – 2 BvR 1579/11, NJW 2014, 532).

102 BGH 11.9.2007 – 1 StR 273/07, BGHSt 52, 38 (41 Rn. 15) = NJW 2007, 3587 (3588), krit. dazu Gaede HRRS 2007, 402 (403 ff.) und Anm. Velten ZJS 2008, 76. Zu Revisionsvorbringen und Beruhen vgl. BGH 26.8.2003 – 1 StR 284/03, NStZ-RR 2003, 375. Grundlegend zur früheren strafprozessualen Sicht BGH 7.11.2001 – 5 StR 116/01, NStZ 2002, 168, eingehend zur Kritik daran Strate HRRS 2008, 76; s. auch Gleß JR 2008, 317 (324 ff.). Einen Überblick über die divergente Rspr. gibt Mosbacher JuS 2008, 688 (691). Beachte – von der BRD erstritten – auch IGH 27.6.2001 – LaGrand (D ./. USA), JZ 2002, 91 mAnm Hillgruber, der eine völkerrechtliche Pflicht des Staates, ggf. eine neue Verhandlung und Entscheidung zu ermöglichen, ausgesprochen hat; beachte auch IGH 31.3.2004 – Avena ua (Mexico ./. USA) HRRS 2004, Nr. 342 mBspr Walther HRRS 2004, 126.

103 Vgl. Noltensmeier in Kotz/Rahlf BtMStrafR Kap. 5 Rn. 517 ff., 538; eingehend zu § 31 BtMG Oğlakcıoğlu in Kotz/Rahlf BtMStrafR Kap. 6. Beachte → § 136a Rn. 63.

104 BGH 18.11.2010 – V ZB 165/10, NVwZ 2011, 320 (nur Ls.). Zur Bedeutung der Belehrung vgl. auch BGH 6.5.2010 – V ZB 223/09, InfAuslR 2010, 364 (sowie zust. dazu BVerfG 4.10.2010 – 2 BvR 1825/08, NVwZ 2011, 161 (nur Ls.), Rn. 44).

rechtliches Gehör.[105] § 136 Abs. 2 stellt heraus, dass dabei der **Zweck** zu verfolgen ist, dem Beschuldigten Gelegenheit zur eigenen **Entlastung** zu geben – sei es durch Zerstreuung oder Schwächung der vorliegenden Verdachtsgründe, sei es durch Geltendmachung von zu seinen Gunsten sprechenden Tatsachen. Ohne diesen Zweck einschränken zu dürfen, sind mit der Vernehmung auch andere Ziele zu verfolgen, insbes. objektive Aufklärung und ggf. Beweissicherung (→ Vor § 133 Rn. 39). § 136 Abs. 2 ist in jeder Phase des Verfahrens für jede Beschuldigtenvernehmung anwendbar (→ Rn. 6).

45 Um dem Beschuldigten die genannte Entlastung in beiden Formen zu ermöglichen, müssen ihm die vorliegenden Verdachtsgründe **notwendig mitgeteilt** werden. Dies gilt gerade auch dann, wenn er bislang nicht bereit ist, sich zur Sache zu äußern.[106] Weil die Erfordernisse eines fairen Verfahrens nicht durch das Sachaufklärungsinteresse überwunden werden können (→ Rn. 57 f.), haben die Ermittlungsbehörden kein Recht, dem Beschuldigten aus ermittlungstaktischen Gründen die Mitteilung dauerhaft ganz oder teilweise vorzuenthalten.[107] Sie dürfen den Zeitpunkt der Mitteilung aber in gewissem Umfang nach ermittlungstaktischen Gesichtspunkten wählen: Sie sind nicht verpflichtet, ihren Kenntnisstand vor jeder Vernehmung vollständig zu offenbaren,[108] dürfen dem Beschuldigten aber auch kein grob falsches Bild vom Stand der Ermittlungen und der Beweissituation vermitteln (→ § 136a Rn. 45). Vor Ende der letzten Beschuldigtenvernehmung im Ermittlungsverfahren müssen dem Beschuldigten die gegen ihn vorliegenden Verdachtsmomente sowie deren Interpretation und Gewichtung durch die Ermittlungsbehörden so vollständig und genau bekannt sein, dass er sich bereits **gegen eine Anklageerhebung effektiv verteidigen** kann.[109]

46 Die Mitteilung ist zwar grds. **nur entbehrlich,** wenn feststeht, dass der Beschuldigte die Verdachtsgründe und deren Würdigung durch die Ermittlungsbehörden bereits im Wesentlichen kennt (und nicht nur für möglich halten muss). Schon aus Gründen der Verhältnismäßigkeit bedeutet das aber nicht, dass ein nicht-inhaftierter Beschuldigter vorgeführt werden müsste, um die Mitteilungspflicht zu erfüllen (→ § 133 Rn. 15 und 19). Vielfach wird die Funktion dieser Mitteilung durch eine anwaltliche **Akteneinsicht nach § 147** (und die Möglichkeit zur Stellungnahme) übernommen. Beim nicht anwaltlich vertretenen Beschuldigten gewährt § 147 Abs. 7 aber nur eine beschränkte Kompensation; ihm gegenüber kann auch ohne Antrag eine schriftliche Mitteilung geboten sein.

47 **2. Wahrheitspflicht vs. Lügerecht.** Wahrheitspflicht oder Lügerecht[110] des Beschuldigten einander als vollständige Alternativen gegenüberzustellen, birgt die Gefahr in sich, Scheinfragen aufzuwerfen und rechtsförmlich durchsetzbare Normen mit moralischen Wertungen zu vermengen. Beides lässt sich vermeiden, indem die **Rechtsfolgen in den Blick** genommen werden:

48 Mit Behauptungen, die andere Straftaten vortäuschen oder andere Personen unwahr belasten, kann der Beschuldigte sich **nach allg. Regeln strafbar** machen (insbes. §§ 145d, 164, 239[111] StGB), ebenso mit unwahren entlastenden Behauptungen zu Gunsten Dritter,

[105] BGH 14.5.1974 – 1 StR 366/73, BGHSt 25, 325 (332) = NJW 1974, 1570 (1572); Dencker StV 1994, 667 (675); Lesch ZStW 111 (1999), 624. Eingehend Rüping, Der Grundsatz des rechtlichen Gehörs, 1976, insbes. S. 159 ff.

[106] Diemer in KK-StPO Rn. 18.

[107] Gundlach in AK-StPO Rn. 28; aA Rogall in SK-StPO Rn. 69; Schmitt in Meyer-Goßner/Schmitt Rn. 13; Walther in AnwK-StPO Rn. 26.

[108] Dencker StV 1994, 667 (676); einschr. auch Gleß in Löwe/Rosenberg Rn. 56; Pfeiffer Rn. 7; für sehr weites Ermessen der StA H. Schäfer wistra 1987, 165 (167); aA Lesch ZStW 111 (1999), 624 (642).

[109] Vgl. Diemer in KK-StPO Rn. 8 (vgl. dort aber auch Rn. 18).

[110] Eingehend Rogall, Der Beschuldigte als Beweismittel gegen sich selbst, 1977, S. 52 ff.; Gruber, Die Lüge des Beschuldigten im Strafverfahren, 2008, S. 82 ff. (213 ff.). Zu wN s. Gleß in Löwe/Rosenberg Rn. 63 ff. sowie Rüping JR 1974, 135 (138 f.).

[111] Bzgl. finanzieller Sanktionen kommt hingegen keine Anwendung von § 263 StGB in Betracht, denn der staatliche Strafanspruch gehört nicht zum fiskalischen Vermögen, und nur dieses wird als Individualrechtsgut wie Privatvermögen geschützt (Satzger in SSW StGB § 263 Rn. 165 mwN; Schuhr in Spickhoff, Medizinrecht, 3. Aufl. 2018, StGB § 263 Rn. 28). Auch bzgl. der Verfahrenskosten sperrt § 136 eine Anwendung von § 263 StGB ggü. einem schweigenden oder die Tat leugnenden Beschuldigten, vgl. AG Aachen 2.8.2011 – 450 Cs 315/10, wistra 2012, 322.

die nicht im Zusammenhang mit der gegen ihn erhobenen Anschuldigung oder ihm anderweitig drohender Strafverfolgung stehen (§ 258 StGB).[112] Die Grenzen zulässigen Verteidigungsverhaltens sind dabei aber weit zu stecken.[113] Bei der Annahme eines Beleidigungsdelikts (§§ 185 ff. StGB) durch Aussagen in der Beschuldigtenvernehmung ist besondere Zurückhaltung geboten;[114] auch liegt nicht schon darin, dass der Angeklagte dem Zeugen inhaltlich widerspricht, eine falsche Verdächtigung des Zeugen wegen eines Aussagedelikts.[115] Die bei einem Verzicht auf Verteidigung drohenden Nachteile (dazu insbes. → Vor § 133 Rn. 121 f.) können sich indes erst recht aus unwahren Aussagen ergeben.[116]

Es gibt hingegen **keine strafprozessualen Sanktionen** für unwahre Behauptungen 49
des Beschuldigten.[117] Er darf auch nicht im Duktus einer richterlichen Verfügung zur Wahrheit ermahnt werden.[118] Zulässig ist aber der Hinweis, dass nur bei wahren Aussagen mit einer strafmildernden Berücksichtigung zu rechnen ist.[119] Solange ein späterer Beschuldigter noch **als Zeuge** – bzw. ein Beschuldigter als Zeuge in einem anderen Verfahren – vernommen wird, ist hingegen nur (im Rahmen von § 55) die Aussagepflicht suspendiert, während die Wahrheitspflicht (soweit er aussagt) fortbesteht (strafbewehrt in §§ 153 ff. StGB). Gegen Art. 6 Abs. 1 EMRK verstößt dies auch dann nicht, wenn bereits absehbar ist, dass der Zeuge Beschuldigter eines anderen Verfahrens in derselben Angelegenheit werden wird.[120]

3. Ermittlung der persönlichen Verhältnisse (Abs. 3). Möglichst bereits im Zuge 50
der ersten Vernehmung sind die für die Schuldfrage oder die Zumessung von Rechtsfolgen relevanten persönlichen Verhältnisse des Beschuldigten festzustellen. **Dazu gehören** (je nach Umständen des Falles)
- noch nicht tilgungsreife Vorstrafen (Nr. 13 Abs. 1 RiStBV),
- eine Sozialleistungsberechtigung des Beschuldigten, besondere Verantwortlichkeit für Dritte (zB Betreuungen), besondere Erlaubnisse (zB Führerscheine, Waffenschein) und Ehrenämter (Nr. 13 Abs. 2 RiStBV),
- bei Soldaten Angaben zu Dienstgrad, Dienststelle etc (Nr. 13 Abs. 3 RiStBV),
- bei Fluchtgefahr der Besitz eines gültigen Passes oder Personalausweises (Nr. 13 Abs. 4 RiStBV),
- die Einkommens- und Vermögensverhältnisse, der Beruf und die Ausbildung des Beschuldigten sowie seines Ehegatten oder Lebenspartners (Nr. 14 RiStBV),
- durch die Tat entstandene wirtschaftliche Vorteile des Beschuldigten oder Dritter sowie alle weiteren für den Rechtsfolgenausspruch bedeutsamen Umstände (Nr. 15 RiStBV – entspr. aufzuklären sind dem Opfer oder der Allgemeinheit entstandene Schäden).

Die Erörterung dieser Umstände steht jeweils unter zwei Vorbehalten: Der jeweilige 51
Umstand muss für das weitere Verfahren tatsächlich **absehbar bedeutsam** sein und die Befragung des Beschuldigten darf kein – mit Blick auf die Schwere des Vorwurfs – unangemessenes Eindringen in seine **Privatsphäre** bedeuten.[121]

4. Niederschrift. Für richterliche Vernehmungen richten sich die Verpflichtung zur 52
Abfassung eines Protokolls und die Anforderungen daran nach **§§ 168, 168a,** für staatsan-

[112] Eingehend zur Strafbarkeit selbstbegünstigenden Prozessverhaltens Aselmann, Selbstbelastungs- und Verteidigungsfreiheit, 2004, S. 117 ff., 192 ff.
[113] (Behauptung einer Notwehrsituation) BGH 29.1.2013 – 4 StR 532/12, NStZ-RR 2013, 170, 171.
[114] BVerfG 16.3.1999 – 1 BvR 734/98, NJW 2000, 199 (200); 29.2.2012 – 1 BvR 2883/11, NJW-RR 2012, 1002 (1003).
[115] Vgl. Keller JR 1986, 30 (31; Anm. zu BayObLG 21.5.1985 – RReg. 1 St 73/85).
[116] Ferner uU Kostentragungspflichten, § 469 StPO, Nr. 92 RiStBV.
[117] BGH 15.8.1952 – 3 StR 267/52, BGHSt 3, 149 (152) = NJW 1952, 1265 (1266); 17.3.2005 – 5 StR 328/04, NStZ 2005, 517 (518); Rieß JA 1980, 293 (296 f.).
[118] Gleß in Löwe/Rosenberg Rn. 66.
[119] Vgl. Rogall in SK-StPO Rn. 6. Ferner → Vor § 133 Rn. 122.
[120] EGMR 20.10.1997 – 20225/92, Rep. 1997-VI, § 47, ÖJZ 1998, 629 (630) – Servès ./. Frankreich.
[121] Vgl. Diemer in KK-StPO Rn. 22; Gundlach in AK-StPO Rn. 31; Monka in BeckOK StPO Rn. 19.

waltschaftliche Vernehmungen nach **§ 168b Abs. 2.**[122] Auch polizeiliche Vernehmungen sind zu protokollieren;[123] § 168b Abs. 1 und 3 sehen das in Umsetzung von Art. 8 Abs. 1 der RL 2012/13/EU[124] nunmehr explizit vor. Die Erteilung einer Abschrift kann zumindest nach § 147 bei der StA beantragt werden, die diese nur in Ausnahmefällen zum Schutz besonderer Geheimhaltungsinteressen verweigern darf.[125]

53 Die Niederschrift darf zwar auf andere Schriftstücke, auch frühere – zB polizeiliche – Beschuldigtenvernehmungen **verweisen,** sie muss aber den Inhalt der Aussage des Beschuldigten selbst vollständig wiedergeben.[126] Die Protokollierung der Belehrungen nach § 136 Abs. 1, 163a Abs. 3 S. 2 (→ Rn. 80) sowie Wortprotokolle von bedeutsamen Teilen der Vernehmung ordnet Nr. 45 RiStBV an.

53a **5. Audiovisuelle Aufzeichnung von Vernehmungen (Abs. 4).** Ein neuer Abs. 4 wurde zunächst mit dem Gesetz zur effektiveren und praxistauglicheren Ausgestaltung des Strafverfahrens[127] eingeführt, dann aber bereits vor seinem Inkrafttreten durch die zum 1.1.2020 in Kraft getretene Fassung nach dem Gesetz zur Stärkung der Verfahrensrechte von Beschuldigten im Jugendstrafverfahren ersetzt.[128] Geregelt wird in Abs. 4 die **Aufzeichnung** der Vernehmung des Beschuldigten **in Bild und Ton.** Eine solche audiovisuelle Dokumentation war schon zuvor rechtlich durchaus möglich, wurde jedoch wohl nur selten praktiziert.[129] Die Neuregelung stellt die Zulässigkeit der Aufzeichnung nun ausdrücklich fest. Damit besteht eine **gesetzliche Grundlage** für den zumindest dann in der Aufzeichnung liegenden Eingriff in das **Recht auf informationelle Selbstbestimmung,** wenn der Beschuldigte nicht zustimmt. Die heimliche Aufzeichnung hingegen bleibt unzulässig.

53b Dass die Aufzeichnung oft sowohl in seinem Interesse als auch im Interesse der Wahrheitsfindung liegen wird, ändert an dem Eingriff als solchem nichts. Die Ausprägung dieser Erwartungen im Einzelfall sind aber maßgebliche Gesichtspunkte in der Abwägung, die nötig ist, weil die **Kann-Bestimmung** des **S. 1** grds. bei jeder Beschuldigtenvernehmung vom Vernehmenden eine **Ermessensentscheidung** über die Aufzeichnung verlangt. Auch die Wünsche des Beschuldigten sind in der Gesamtbetrachtung zu berücksichtigen und haben insofern besonderes Gewicht, als es ihm stets freisteht, seine Aussage aus beliebigen Gründen zu verweigern. Ausnahmen von diesem Grundsatz bestehen in Form von (nunmehr) **zwei Fallgruppen,** für die **S. 2** eine Aufzeichnung **verbindlich** anordnet.

53c § 136 Abs. 4 gilt unmittelbar für richterliche Vernehmungen vor und außerhalb der Hauptverhandlung, dh alle, von denen das erkennende Tatgericht keinen unmittelbaren eigenen Eindruck erlangt (→ Rn. 6). Über § 163a Abs. 3 S. 2 bzw. Abs. 4 S. 2 gilt die Vorschrift auch für Vernehmungen durch die Staatsanwaltschaft bzw. Beamte des Polizeidienstes.

---

[122] Zur vorläufigen Aufzeichnung beachte Nr. 5b RiStBV.

[123] Eisenberg BeweisR StPO Rn. 610; Dahs Strafverteidiger-HdB Rn. 244 ff.

[124] RL 2012/13/EU des Europäischen Parlaments und des Rates vom 22.5.2012, ABl. 2012 L 142/1; s. dort auch Erwägungsgrund 35.

[125] Jahn in Heghmanns/Scheffler StrafVerf-HdB Kap. II Rn. 124; Noltensmeier in Kotz/Rahlf BtMStrafR Kap. 5 Rn. 487 f.

[126] BGH 8.4.1954 – 3 StR 725/53, BGHSt 6, 279 (281 f.) = NJW 1954, 1496 (1497); 23.11.1954 – 5 StR 301/54, BGHSt 7, 73 f. = NJW 1955, 191; 4.11.1986 – 5 StR 381/86, NStZ 1987, 85 (86). S. auch → Vor § 133 Rn. 41. Näher zur Abfassung von Vernehmungsprotokollen Gundlach in AK-StPO Vor § 133 Rn. 30 ff.; Eisenberg BeweisR StPO Rn. 610 ff.; Bender/Nack/Treuer Tatsachenfeststellung, 3. Aufl. 2007, S. 345 ff. (Rn. 1366 ff.); Wiesneth, HdB für das ermittlungsrichterl. Verfahren, 2006, Rn. 447 ff. (§ 46). S. hierzu auch (für audiovisuelle Aufzeichnungen) Decker StraFo 2013, 133 (134 ff.).

[127] G vom 17.8.2017, BGBl. I 3202.

[128] G vom 9.12.2019, BGBl. I 2146 (Art. 2 und Art. 6); monografisch hierzu Michel, Die audiovisuelle Aufzeichnung von Beschuldigtenvernehmungen im Ermittlungsverfahren, 2019 und Vorländer, Die Neufassung des § 136 Abs. 4 StPO, 2019.

[129] Vgl. dazu etwa Altenhain ZIS 2015, 269 (271); Singelnstein/Derin NJW 2017, 2646 (2649); Gleß in Löwe/Rosenberg Rn. 75a.

Die Einführung der audiovisuellen Aufzeichnung soll in erster Linie der **Verbesserung der Wahrheitsfindung** dienen.[130] Der Verlauf einer Vernehmung kann auf diesem Wege später jedenfalls authentischer rekonstruiert werden, sodass (nie sicher zu vermeidende) Wahrnehmungsmängel und auch eventuelle Versäumnisse von Verhörspersonen im Nachhinein besser aufgeklärt werden können. Zugleich wird die **Vernehmungsperson entlastet,** weil die Protokollierung erleichtert wird und uU. auf eine spätere Ladungen in die Hauptverhandlung verzichtet werden kann.[131] Darüber hinaus soll durch die spätere Nachvollziehbarkeit **Schutz** bewirkt werden – einerseits ein Schutz **des Beschuldigten** vor unsachgemäßen und erst recht vor nach § 136a verbotenen Vernehmungsmethoden, andererseits ein solcher **der Vernehmungsperson** vor unbegründeten Vorwürfen solchen Fehlverhaltens.[132] Zudem wird der **transnationale Beweistransfer** gefördert.[133] Auch eine Aufzeichnung kann aber nie alle Umstände der Vernehmung erfassen und abbilden; sie hat selbst stets einen **Blickwinkel und technische Grenzen** und ist ihrerseits entsprechend interpretationsbedürftig. 53d

a) Verdacht auf vorsätzliche Tötung (Abs. 4 S. 2 Nr. 1). Verpflichtend vorgeschrieben ist die audiovisuelle Aufzeichnung, wenn gegen den Beschuldigten der **Verdacht** besteht, ein **vorsätzliches Tötungsdelikt** begangen zu haben (§ 136 Abs. 4 S. 2 Nr. 1). Dies bezieht sich auf die Delikte der §§ 211 bis 221 StGB, sowohl im Stadium des Versuchs als auch der Vollendung. Erfasst werden sollen zudem erfolgsqualifizierte Delikte, die auf den Eintritt eines Todes als schwerer Folge abstellen, sofern der Vorsatz auch diese Folge umfasst. In solchen Fällen drängt sich aber ohnehin zugleich ein Verdacht einer Tat nach §§ 211, 212 StGB auf.[134] 53e

Wenn die näheren Umstände noch unklar sind und zB auch eine fahrlässige Begehung in Betracht kommt, ändert das nichts am bestehen eines Verdachts und entsprechend auch nichts an der Pflicht zur Aufzeichnung.[135] Maßstab ist insoweit das Bestehen mindestens eines Anfangsverdachts (§ 160 Abs. 1), auch wenn in anderer Hinsicht bei derselben Vernehmung ein anderer Verdachtsgrad maßgeblich sein mag (zB weil über Haft zu entscheiden ist). Entsteht erst **im Laufe der Vernehmung** ein solcher Verdacht eines Tötungsdelikts, ist die Vernehmung sofort zu unterbrechen und mit einer Aufzeichnung fortzusetzen.[136] 53f

Die Aufzeichnungspflicht kann im Einzelfall entfallen, wenn der Dokumentation die **äußeren Umstände** oder die **besondere Dringlichkeit** der Vernehmung **entgegenstehen.** Darunter versteht der Gesetzgeber etwa Durchsuchungen direkt am Ort des Geschehens, bei der die technischen bzw. räumlichen Möglichkeiten infolge der Eilsituation nicht gegeben sind.[137] Zur Gewährleistung eines angemessenen Schutzes des Beschuldigten ist indes eine restriktive Handhabung dieser Ausnahmeklausel angezeigt. Eine Aufzeichnungspflicht kann richtigerweise nur dann entfallen, wenn infolge der besonderen Eilbedürftigkeit auch nicht die Möglichkeit besteht, Aufzeichnungsmöglichkeiten zu schaffen oder den Beschuldigten in eine Räumlichkeit mit Aufzeichnungsmöglichkeit zu überführen[138] bzw. die geeigneten Vernehmungspersonen aktuell gehindert sind, einen solchen Ort mit dem Beschuldiugten aufzusuchen. Weil aber auf Verlangen des Beschuldigten auch stets die 53g

130 BT-Drs. 18/11277, 24; Schmitt in Meyer-Goßner/Schmitt Rn. 19a. Zur Entwicklung der Gesetzgebung eingehend Michel, Die audiovisuelle Aufzeichnung von Beschuldigtenvernehmungen im Ermittlungsverfahren, 2019, S. 24 ff.

131 BT-Drs. 18/11277, 24; vgl. für den „Alternativentwurf-Beweisaufnahme“ schon Jahn StV 2015, 778 mwN.

132 BT-Drs. 18/11277, 24 f.; Singelnstein/Derin NJW 2017, 2646 (2649).

133 BT-Drs. 18/11277, 24 f.; Gleß in Löwe/Rosenberg Rn. 75e.

134 BT-Drs. 18/11277, 27; Singelnstein/Derin NJW 2017, 2646 (2649); Schmitt in Meyer-Goßner/Schmitt Rn. 19c; krit. Weigend StV 2019, 852 (855).

135 Singelnstein/Derin NJW 2017, 2646 (2649); Jahn StV 2019, 825 (855); Gleß in Löwe/Rosenberg Rn. 75b; Schmitt in Meyer-Goßner/Schmitt Rn. 19c.

136 Mit dem Erfordernis einer neuen Vernehmung Gleß in Löwe/Rosenberg Rn. 75b; Singelnstein/Derin NJW 2017, 2646 (2649).

137 BT-Drs. 18/11277, 27.

138 Singelnstein/Derin NJW 2017, 2646 (2649). Vgl. auch Schmitt in Meyer-Goßner/Schmitt Rn. 19d.

Ankunft eines Verteidigers abgewartet werden müsste, sind solche Konstellationen praktisch nur sehr eingeschränkt vorstellbar.[139]

53h **b) Beschuldigte mit eingeschränkten geistigen Fähigkeiten oder schwerwiegenden seelischen Störungen (Abs. 4 S. 2 Nr. 2).** Ebenfalls als Aufzeichnungspflicht formuliert ist Abs. 4 S. 2 Nr. 2. Auch hier wird die Ermessensentscheidung durch eine gebundene ersetzt. Die Voraussetzungen stellen auf bestimmte Aspekte ab, die sonst bei der Abwägung zu berücksichtigen wären, beschränken die Betrachtung aber auf diese. Dem Vernehmenden verbleibt allerdings ein **Beurteilungsspielraum.**

53i Voraussetzung ist zunächst, dass es sich bei dem zu vernehmenden Beschuldigten um eine Person mit **eingeschränkten geistigen Fähigkeiten** handelt oder der Beschuldigte aktuell an einer **schwerwiegenden seelischen Störung** leidet. Die erste Alternative setzt keinerlei krankhaften oder sonst abnormen Zustand voraus, sondern wird zB auch bei **Jugendlichen** oft vorliegen. Die Einschränkungen können mannigfaltiger Art sein und zB die Wahrnehmungs- oder Vorstellungsfähigkeit, die Konzentrationsfähigkeit, das Ausdrucksvermögen, die Resilienz gegen Stress und Druck und die Beeinflussbarkeit durch Suggestionen, Auftreten und Gefühle betreffen. Die Beeinträchtigungen müssen für den Vernehmenden **erkennbar** sein; ob sie tatsächlich erkannt werden, ist unerheblich. Solche Beeinträchtigungen führen, davon geht das Gesetz aus, zu einer besonderen Schutzbedürftigkeit des Beschuldigten. Zur **Beurteilung** des Vernehmenden steht allerdings, **ob** sich die **schutzwürdigen Interessen** eines solchen Beschuldigten insgesamt durch die Aufzeichnung **besser wahren** lassen. Eine Abwägung gegen andere Interessen, namentlich solche der Wahrheitsfindung, hat hier hingegen gerade nicht stattzufinden.

53j Wird dies bejaht, muss die Vernehmung aufgezeichnet werden. Man wird die Vorschrift dahingehend zu verstehen haben, dass insoweit von einer **Regelvermutung** auszugehen ist. Wenn aber besondere Umstände überwiegend dafür sprechen, dass die schutzwürdigen Interessen des Beschuldigten durch die Aufzeichnung tatsächlich nicht gefördert werden, bleibt es bei der Ermessensentscheidung nach S. 1 (mit Gesamtabwägung).[140] In typischen Anwendungsfällen werden die Interessen des Beschuldigten zB dadurch gefördert, dass sich später besser einschätzen lässt, inwieweit er sich der besonderen Tragweite seiner Äußerung bewusst war und inwieweit seine Äußerungen zB durch (auch unbewusste) Suggestionen des Vernehmenden geprägt wurden.[141]

53k **c) Umfang der audiovisuellen Aufzeichnung und Niederschrift.** Die audiovisuelle Aufzeichnung soll die gesamte Vernehmung erfassen und damit möglichst auch **sämtliche Verfahrensvorgänge,** die üblicherweise am Rande einer solchen stattfinden. Der Gesetzgeber empfiehlt darüber hinaus, dem Beschuldigten Erklärungsmöglichkeit zu eventuellen Vorgesprächen zu gewähren und am Ende der Vernehmung eine Bestätigung des Beschuldigten darüber einzuholen, dass die angefertigte Aufzeichnung vollständig und richtig ist.[142]

53l Eine Verpflichtung zur wörtlichen Transkription der Videovernehmung besteht nicht.[143] Vielmehr soll weiterhin eine klassische Niederschrift angefertigt werden. Die audiovisuelle Aufzeichnung ersetzt sie nicht, sondern stellt ein zusätzliches Beweismittel dar.[144] Wenn von einer Aufzeichnung abgesehen wird, ist die Ermessensentscheidung zu dokumentieren.

---

139 Vgl. Gleß in Löwe/Rosenberg Rn. 75b; so auch Michel, Die audiovisuelle Aufzeichnung von Beschuldigtenvernehmungen im Ermittlungsverfahren, 2019, S. 177 ff.

140 Vgl. auch BT-Drs. 18/11277, 28; Weigend StV 2019, 852 (855 f.). Zur Bedeutung der Persönlichkeitsrechte von Jugendlichen in solchen Vernehmungssituationen Michel, Die audiovisuelle Aufzeichnung von Beschuldigtenvernehmungen im Ermittlungsverfahren, 2019, S. 183 ff.

141 BT-Drs. 18/11277, 27 f.; Gleß in Löwe/Rosenberg Rn. 75c.

142 BT-Drs. 18/11277, 26.

143 So auch Altenhain ZIS 2015, 269 (280); für eine Transkriptionspflicht Singelnstein/Derin NJW 2017, 2646 (2649); differenzierend Schmitt in Meyer-Goßner/Schmitt Rn. 19b.

144 BT-Drs. 18/11277, 26; Singelnstein/Derin NJW 2017, 2646 (2649). Ausf. zur Diskussion, ob die Videoaufzeichnungen als Aktenbestandteil oder Beweisstücke gelten Gleß in Löwe/Rosenberg Rn. 75m mwN. Zur Frage der Beweisverwertung bei pflichtwidrig unterlassener Dokumentation Vorländer, Die Neufassung des § 136 Abs. 4 StPO, 2019, S. 103 ff.

d) Verwendung und Zweckbindung. Die angefertigte Bild-Ton-Aufzeichnung kann im Falle eines Geständnisses nach § 254 Abs. 1 Var. 2 und sonst als eine die Einlassung des Beschuldigten ergänzende Inaugenscheinnahme in die Hauptverhandlung eingeführt werden. Eine Durchbrechung des Unmittelbarkeitsgrundsatzes ist weiterhin nur in den von §§ 250 ff. bestimmten Grenzen zulässig; dann aber kann an die Stelle der Verlesung eines Vernehmungsprotokolls das Abspielen audiovisueller Aufnahmen treten.[145] Eine Beschränkung auf richterliche Vernehmungen enthält § 254 Abs. 1 bzgl. einer Bild-Ton-Aufzeichnung nicht. Im strengen Sinne ersetzt wird die Vernehmung des Beschuldigten in Person so freilich nie, denn § 243 Abs. 5 S. 2 verlangt sie weiterhin, und es steht dem Beschuldigten stets frei, sich zur Sache zu äußern.[146] Ein umfassender Beweistransfer aus dem Ermittlungsverfahren in die Hauptverhandlung ist dem deutschen Strafverfahren weiterhin fremd. Daran, dass die Überzeugung des Gerichts aus dem Inbegriff der (Haupt-)Verhandlung zu bilden ist (§ 261), hat die Neuregelung nichts geändert. **53m**

Die Verwendung der Aufzeichnung unterliegt einer besonderen Zweckbindung, und es bestehen nähere Vorschriften über den Umgang mit dem Datenmaterial. § 136 Abs. 4 S. 3 verweist hierzu auf **§ 58a Abs. 2.** Diese Verweisung umfasst zwar nicht das Widerspruchsrecht nach § 58a Abs. 3, die Persönlichkeitsrechte des Beschuldigten sind gleichwohl gerade auch bei der Akteneinsicht angemessen zu berücksichtigen.[147] **53n**

6. Form der Vernehmung (Abs. 5). Abs. 5 stellt per Verweis auf § 58b klar, dass die **Vernehmung** des Beschuldigten – entsprechend der von Zeugen – auch **mittels Übertragung von Bild und Ton,** also nicht nur bei gleichzeitiger Anwesenheit aller Personen im gleichen Raum, erfolgen kann. Die Vorschrift wurde mit dem Gesetz zur Fortentwicklung der Strafprozessordnung[148] neu angefügt. Die Änderung hatte bereits mit dem Gesetz zur effektiveren und praxistauglicheren Ausgestaltung des Strafverfahrens[149] erfolgen sollen. Sie erfolgte dort in § 163a Abs. 1 S. 2, wurde in § 136 aber wegen eines Redaktionsversehens versäumt, so dass richterliche Vernehmungen zwischenzeitlich noch nicht abgedeckt waren. Dies nachzuholen, war für den Gesetzgeber insbesondere durch die Covid-19-Pandemie veranlasst.[150] **53o**

Auch ohne die Vorschrift war eine Vernehmung mittels Bild-Ton-Übertragung nicht unzulässig, sondern die Form der Vernehmung nicht näher geregelt. Die **Wahl der Form** ist indes durchaus nicht beliebig. Sie muss so gewählt sein, dass die Vernehmenden die Informationen von einem aussagebereiten Beschuldigten möglichst vollständig, unmittelbar und mit den zur Würdigung der Einlassung nötigen Zusatzinformationen aus der Vernehmungssituation erhalten. Zugleich muss umgekehrt auch der vernommene Beschuldigte die zu seiner Beteiligung, zur Ausübung seiner Rechte, zu seiner Information und zur Vermeidung unnötigen Unwohlseins nötigen Eindrücke vom Vernehmungsgeschehen insgesamt erlangen können. Die Vorschrift enthält die **gesetzgeberische Wertung,** dass dies durch eine gleichzeitige Übertragung von Bild und Ton grundsätzlich möglich ist. Nur Bild oder nur Ton zu übertragen, wird regelmäßig nicht genügen; über besondere Ausnahmefälle (zB bei der Vernehmung einer gehörlosen Person) sagt die Vorschrift aber nichts. Die Vorschrift enthält keine generelle Aussage über die Zulässigkeit einer Distanz-Vernehmung. Vielmehr ist über ihre Eignung jeweils im Einzelfall nach pflichtgemäßem Ermessen zu entscheiden.[151] **53p**

IV. Rechtsbehelfe

Gegen die Art und Weise richterlicher Vernehmungen ist grds. die **Beschwerde** nach § 304 statthaft.[152] Im Falle staatsanwaltschaftlicher oder polizeilicher Vernehmungen ist ein **54**

145 BT-Drs. 18/11277, 26.
146 Dazu BT-Drs. 18/11277, 26; Jahn StV 2015, 778 (779).
147 Vgl. Gleß in Löwe/Rosenberg Rn. 75g; Schmitt in Meyer-Goßner/Schmitt Rn. 19 f.
148 G vom 25.6.2021, BGBl. I 2099, mWv 1.7.2021.
149 G vom 17.8.2017, BGBl. I 3202, mWv 24.8.2017.
150 BT-Drs. 19/27654, 81 (entspr. BR-Drs. 57/21, 88 f.).
151 Vgl. auch dazu BT-Drs. 19/27654, 81 (entspr. BR-Drs. 57/21, 88).
152 Gleß in Löwe/Rosenberg Rn. 76.

Antrag auf gerichtliche Entscheidung analog § 98 Abs. 2 S. 2 statthaft. Oft wird bereits prozessuale Überholung eingetreten sein. Weil Verstöße gegen § 136 regelmäßig grundrechtssensibel sind, kann dann eine „Fortsetzungsfeststellungsbeschwerde" in Betracht kommen.[153] Auch Art. 8 Abs. 2 der RL 2012/13/EU[154] verlangt einen wirksamen Rechtsbehelf. Ist in der Urteilsbegründung ein Verwertungsverbot und damit auch der Verstoß darzulegen, kann dies indes das Rechtsschutzinteresse beseitigen. Vor allem bei Verstößen gegen § 136 Abs. 2 sind Fälle vorstellbar, in denen noch keine prozessuale Überholung eingetreten ist, sondern eine ordnungsgemäße Beschuldigtenvernehmung erstrebt wird. – Zur Revision → Rn. 83 ff.; zum darauf folgenden Rechtsschutz vor BVerfG, EGMR und EuGH → § 136a Rn. 7.

V. Verwertungsverbote

55 **1. Verstoß und Gefährdung der Rechtsstellung des Beschuldigten. a) Aussagefreiheit. aa) Fehlende, verspätete oder fehlerhafte Belehrung.** Praktisch **unbestritten** ist eine Aussage im Strafverfahren[155] **unverwertbar,** die in einer Beschuldigtenvernehmung (→ Vor § 133 Rn. 20 ff., 36 ff.) ohne vorherige Belehrung nach § 136 Abs. 1 S. 2 Hs. 1 (→ Rn. 28 f.) gemacht wurde, wenn der Vernommene sein Recht, die Aussage zu verweigern, dabei tatsächlich nicht gekannt hat (zur Zeugenvernehmung unter Verstoß gegen die Inkulpationspflicht → Rn. 61).[156] Dies ordnet § 136 zwar nicht ausdrücklich an, es ergibt sich aber aus den §§ 136, 136a zugrundeliegenden Zurechnungsregeln; der Beschuldigte hat jene Aussage nicht zu verantworten (→ Vor § 133 Rn. 82 ff., 97). Die dies früher verneinende Rspr.[157] wurde aufgegeben. Zu Problemen verdeckter Ermittlungen und „vernehmungsähnlicher Situationen" → § 136a Rn. 47, 75 ff., 81. Umgekehrt steht ein früherer Belehrungsmangel der Verwertung einer Aussage insoweit nicht entgegen, wie der Beschuldigte später **qualifiziert belehrt** worden ist (→ Rn. 29) und es nur um Inhalte geht, die er danach **freiwillig wiederholt** hat (→ Rn. 68 ff.).

56 **Problematisch** sind die Fälle, in denen der Beschuldigte nicht bzw. fehlerhaft belehrt worden ist, seine **Rechte** aber **kannte.** Die **Rspr.** versagt hier ein Verwertungsverbot.[158] Entsprechendes gilt, wenn erst verspätet, aber nur einfach (nicht qualifiziert) belehrt worden ist, dem Beschuldigten jedoch bewusst war, dass er von seiner früheren Aussage noch abrücken konnte.[159] Beides wäre richtig, wenn man die §§ 136, 136a ausschließlich als Zurechnungssystem aufzufassen hätte, denn als Ausschlusstatbestand für die Zurechnung kommt hier nur ein Rechtsirrtum in Betracht, und der liegt gerade nicht vor. Die Belehrungspflicht soll dem Rechtsirrtum vorbeugen, liefert selbst aber kein Zurechnungserfordernis (→ Vor § 133 Rn. 85–88). Das Zurechnungssystem erklärt zwar wichtige Inhalte von § 136, indes nicht alle. Der Beschuldigte soll seine Rechte nicht nur kennen, sie sollen ihm auch aktuell vor Augen geführt werden, und der Vernehmende soll sich zur Achtung

[153] Vgl. Rogall in SK-StPO Rn. 76; ferner → § 133 Rn. 22 f.

[154] RL 2012/13/EU des Europäischen Parlaments und des Rates vom 22.5.2012, ABl. 2012 L 142/1; s. dort auch Erwägungsgrund 36.

[155] Zum Zivilprozess s. BGH 10.12.2002 – VI ZR 378/01, BGHZ 153, 165 (167 ff.) = NJW 2003, 1123 (1124).

[156] BGH 27.2.1992 – 5 StR 190/91, BGHSt 38, 214 (220 ff.) = NJW 1992, 1463 (1464 f.) mAnm Roxin JZ 1992, 923 und Fezer JR 1992, 385; zu den Bezügen zur Entscheidung des U.S. Supreme Court im Fall Miranda ./. Arizona, 384 U.S. 436 (1966) und der darauf folgenden Diskussion und Rspr. Salditt GA 1992, 51. Rechtsvergleichend auch Eser ZStW 79 (1967), 565 (618 ff.); eingehend zum Schweigerecht im US-amerikanischen Recht Salger, Das Schweigerecht des Beschuldigten, 1998, S. 87 ff.

[157] BGH 7.6.1983 – 5 StR 409/81, BGHSt 31, 395 (399 ff.) = NJW 1983, 2205 (2206) mablAnm Grünwald JZ 1983, 717 und Fezer JR 1984, 341.

[158] BGH 27.2.1992 – 5 StR 190/91, BGHSt 38, 214 (224 f.) = NJW 1992, 1463 (1465 f.); 13.1.2005 – 1 StR 531/04, NJW 2005, 1060 mAnm Mittag JR 2005, 386 und (abl. bei Zeugen- statt Beschuldigtenvernehmung) Trüg StraFo 2005, 202 (203); entspr. Mitsch NStZ 2008, 49 f. (Anm. zu BGH 3.7.2007 – 1 StR 3/07, BGHSt 51, 367 = NJW 2007, 2706); Rogall, Der Beschuldigte als Beweismittel gegen sich selbst, 1977, S. 217; eingehend (abl.) Herdegen NStZ 1990, 513 (518). Vgl. dazu auch U.S. Supreme Court 1.6.2010, Berghuis v. Thompkins, 560 U.S. (2010); Wittmann JZ 2014, 105 (108 ff.).

[159] BGH 18.12.2008 – 4 StR 455/08, BGHSt 53, 112 (116 f. Rn. 15) = NStZ 2009, 281 (282).

dieser Rechte bekennen (→ Rn. 26; zu den Hintergründen → Vor § 133 Rn. 71 ff.). Die **besseren Gründe** sprechen daher dafür, das Verwertungsverbot **unabhängig von Rechtskenntnis** bzw. Rechtsirrtum des Beschuldigten anzunehmen (vgl. zu den Grundlagen → Vor § 133 Rn. 101).[160]

Bei schweren Straftaten stützt die Rspr. eine Verwertbarkeit der Aussage gelegentlich auf eine **Abwägung** zwischen dem Gewicht des Verstoßes und dem Sachaufklärungsinteresse (bzw. der Schwere der Tat und Stärke des Verdachts).[161] Letzterem wäre aber nicht nur der Verstoß, sondern die Subjektstellung des Angeklagten im Verfahren (und damit letztlich seine Menschenwürde) sowie dessen Rechtsstaatlichkeit bzw. Fairness gegenüberzustellen (näher zu den hier relevanten Abhängigkeiten → Vor § 133 Rn. 76).[162] Doch das Sachaufklärungsinteresse kann weder die Subjektstellung des Beschuldigten mindern noch die Behörden und Gerichte von den Anforderungen des Rechtsstaats dispensieren.[163] Beide dürfen nicht verdrängt werden, insbes. nicht im Wege einer Abwägung.[164] Gesetz und Verfassung haben hier 57

---

160 Entspr. Schmitt in Meyer-Goßner/Schmitt Einl. Rn. 77; Bernsmann StraFo 1998, 73 (75 f.); Geppert FS Schroeder, 2006, 675 (689 f.). Speziell zum Fehlen der qualifizierten Belehrung R. Neuhaus StV 2010, 45 (51); vgl. auch BGH 26.7.2007 – 3 StR 104/07, BGHSt 52, 11 (23 f. Rn. 37) = NJW 2007, 3138 (3142).

161 BGH 27.2.1992 – 5 StR 190/91, BGHSt 38, 214 (219 f.) = NJW 1992, 1463 (1464) mAnm Roxin JZ 1992, 923; BGH 18.12.2008 – 4 StR 455/08, BGHSt 53, 112 (116 f. Rn. 14 f.) = NStZ 2009, 281 (282) m. insoweit ablAnm Gleß/Wennekers JR 2009, 383 (384) und Kasiske ZIS 2009, 319 (322 f.); BGH 9.6.2009 – 4 StR 170/09, NJW 2009, 3589 (3590) mablAnm Meyer-Mews und Ellbogen NStZ 2010, 464; BGH 3.5.2018 – 3 StR 390/17, NStZ 2019, 227; vgl. auch BGH 13.5.1996 – GSSt 1/96, BGHSt 42, 139 (157); zur Verteidigerkonsultation BGH 21.5.1996 – 1 StR 154/96, BGHSt 42, 170 (174) = NJW 1996, 2242 (2243) mablAnm Ventzke StV 1996, 524 (525 f.); BGH 19.10.2005 – 1 StR 117/05, NStZ-RR 2006, 181 (182 f.). Grds. bestätigend BVerfG 8.7.2010 – 2 BvR 2485/07 ua, NJW 2011, 207 (210). Gar nur pauschal darauf abstellend „ob und inwieweit der (…) Beschuldigte in besonderem Maße des Schutzes bedurfte" BGH 18.12.2003 – 1 StR 380/03, NStZ 2004, 450; ohne inhaltliche Angaben behauptend BGH 27.5.2009 – 1 StR 99/09, NJW 2009, 2612 (2613). – Einen Überblick über weitere regelmäßig eingestellte Faktoren geben Jahn StraFo 2011, 117 (118) und Paul NStZ 2013, 489 (491 ff.); dazu auch Rogall ZStW 91 (1979), 1 (30 f.) sowie Rogall JZ 2008, 818 (820 f.). Einen Überblick über Entscheidungsmaßstäbe gibt (krit.) Wolter FG BGH IV, 2000, 963 (985 ff.). Zu Recht grds. gegen die einzelfallbezogene Auswahl entscheidungstragender Gesichtspunkte Greco GA 2007, 628 (633). Zur „Abwägungslehre" vgl. mwN Schmitt in Meyer-Goßner/Schmitt Einl. Rn. 55a; Kleinknecht NJW 1966, 1537 (1539 ff.); Rogall ZStW 91 (1979), 1 (29 ff.); Nothhelfer, Die Freiheit von Selbstbezichtigungszwang, 1989, S. 85 ff.; Bockemühl, Private Ermittlungen, 1996, S. 112 ff. Ähnlich (für eine „normative Fehlerfolgenlehre" und gegen Abwägung bzgl. qualifizierter Belehrung) Rogall in SK-StPO Vor § 133 Rn. 187, § 136 Rn. 89; Rogall JZ 1996, 944 (947 ff., 954 f.); Rogall FS Grünwald, 1999, 523 (524 ff.). Eingehend krit. Dallmeyer, Beweisführung im Strengbeweisverfahren, 2002, S. 149 ff., 194 ff.; Schilling, Illegale Beweise, 2004, S. 87 ff., 139 ff. 211 ff., 237. Zum Vorgehen der Rspr. (zweifelnd, dass tatsächlich abgewogen wird) auch Löffelmann JR 2009, 10 mwN. Für einen Präjudizienkatalog Neuber, NStZ 2019, 113 (114 ff., 118).

162 Dies verkennt, wer die Beweisverbote nur als Ausfluss des Verhältnismäßigkeitsgrundsatzes in seiner Gestalt als Übermaßverbot rekonstruieren will (vgl. Kleinknecht NJW 1966, 1537 (1539)). Dazu, dass diverse öffentliche Interessen für ein Verwertungsverbot sprechen können, s. Rogall FS Hanack, 1999, 293 (303); s. anhand schweizerischem Recht und Rspr. (zweifelnd, dass tatsächlich abgewogen wird) auch Löffelmann JR 2009, 10 mwN. Für einen Präjudizienkatalog Neuber, NStZ 2019, 113 (114 ff., 118).

163 Vgl. BGH 26.7.2007 – 3 StR 104/07, BGHSt 52, 11 (17 Rn. 20) = NJW 2007, 3138 (3139 f.); entspr. Müssig GA 1999, 119 (139 ff.); Meurer FS Roxin, 2001, 1281 (1296); Jahn 67. DJT 2008, Gutachten C S. 50, 60 ff. (sowie (zur Beweisbefugnislehre) S. 66 ff.); Wolter FS C. Roxin II, 2011, Bd. 2, 245 (insbes. 1265 ff.) sowie (bzgl. § 136a) Seebode FS Otto, 2007, 999 (1010 ff.). Vgl. auch Ventzke StV 1996, 524 (526; ablAnm zu BGH 21.5.1996 – 1 StR 154/96, BGHSt 42, 170 = NJW 1996, 2242). Zur Gegenüberstellung von „Abwägungslehre" und „Schutzzwecklehre" sowie „verfassungsrechtlichen Verwertungsverboten" konzis Fezer JR 1992, 385 (386; Anm. zu BGH 27.2.1992 – 5 StR 190/91, BGHSt 38, 214 = NJW 1992, 1463 mN.

164 Vgl. auch (zur Verhältnismäßigkeit einer Blutprobenentnahme) BVerfG 18.9.1995 – 2 BvR 103/92, NJW 1996, 771 (772 f.); Beulke ZStW 103 (1991), 657 (669); Fezer, Grundfragen, 1995, S. 26, 31 ff.; Amelung FS Roxin, 2001, 1259 (1274 ff.); Weigend StV 2003, 436 (439 ff.; Anm. zu LG Frankfurt a. M. 9.4.2003 – 5/22 Ks 3490 Js 230118/02, StV 2003, 325 – Gäfgen); Jäger GA 2008, 473 (479); Beulke Jura 2008, 653 (655); Roxin JR 2008, 16 (18); Roxin HRRS 2009, 186 (187 f.); R. Neuhaus StV 2010, 45 (52); Ransiek, Rechte des Beschuldigten, 1990, S. 77 f. sowie mit Gesetzgebungsvorschlag Mitsch NJW 2008, 2295 (2295, 2300). Eingehend Hassemer FS Maihofer, 1988, 183 ff.

die nötigen Wertungen **bereits verbindlich vorgegeben**[165] und eine abwägende Verhältnismäßigkeitsprüfung vermag Eingriffsbefugnisse ohnehin grds. nur zu beschränken, nicht aber zu erweitern.[166]

58 Tatsächlich betrachtet gerade der **EGMR** nicht nur den einzelnen Verfahrensfehler, sondern stellt eine Gesamtbetrachtung des ganzen Verfahrens an (Nachweise → Vor § 133 Rn. 101). Diese rekonstruieren deutsche Gerichte oft als Abwägung. Dem EGMR geht es aber nur um die Bestimmung eines europaweit einheitlichen Minimalstandards. Diesen muss er einerseits gerade erst konkretisieren, während in den hier interessierenden Fällen die Verletzung deutschen Verfahrensrechts bereits feststeht. Andererseits würde eine Unterschreitung des Mindeststandards eine völkerrechtswidrige Menschenrechtsverletzung durch die Bundesrepublik bedeuten, im Übrigen sollen Strafverfahren sich aber nicht etwa am Mindeststandard orientieren, sondern **positiv** davon **absetzen** (vgl. auch → Vor § 133 Rn. 9 f.).

59 **bb) Nicht verstandene Belehrung.** Kann ein Beschuldigter die Belehrung infolge seines **(psychischen) Zustandes** nicht verstehen, so ist er (schon zur Wahrung seiner positiven Mitwirkungsfreiheit) gleichwohl zu vernehmen, die Aussage ist aber **nur dann** zu seinen Lasten **verwertbar,** wenn er die Verwertung in der Hauptverhandlung gestattet (zu Zustimmung und Rügeerfordernis → Rn. 68 ff.).[167] Richtigerweise kommt es dabei auf die Erkennbarkeit für die Vernehmungsbeamten und ihr Verschulden nicht an (→ Vor § 133 Rn. 88). Eine **sprachlich** für den Beschuldigten unverständliche Belehrung ist bereits als solche fehlerhaft (→ Rn. 27, 55 ff.).

60 **cc) Missachtung der Aussagefreiheit.** Die Folge von Belehrungsmängeln ist eine Gefährdung der Rechtsstellung des Beschuldigten. Wird seine Aussagefreiheit hingegen missachtet, verletzt das sogar die Rechtsstellung. Solche Fälle (zB die falsche Behauptung, der Vernommene sei zur Aussage verpflichtet) sind **primär** anhand von **§ 136a** zu beurteilen.

61 Wenn der Vernehmende aber seine **Inkulpationspflicht** (→ Vor § 133 Rn. 28, 43 sowie → § 136 Rn. 5) verkennt (vermeintliche informatorische Befragung) oder bewusst **verletzt** (und den Vernommenen auch objektiv nicht inkulpiert), unterbleiben regelmäßig auch die nach § 136 gebotenen Belehrungen. Der Vernommene ist dann mangels Inkulpation zwar weiterhin Zeuge, weshalb § 136 nicht unmittelbar anwendbar ist (anders bei sog „formlosen Vorgesprächen", → Rn. 25). Das Fehlen der Belehrung muss gleichwohl zu einem gleichartigen (bzw. weitergehenden, → Rn. 82) Verwertungsverbot führen,[168] denn ihm wohnt hier – über die allg. Voraussetzungen von § 136 hinaus – sogar eine Missachtung der Aussagefreiheit inne. In ihr kann zugleich ein Fall von § 136a liegen (insbes. → § 136a Rn. 40, 43 f.).

62 **b) Verteidigerkonsultation.** Die zur Aussagefreiheit dargestellten **Grundsätze** gelten für das Recht zur Konsultation eines Verteidigers **entsprechend.** Belehrungsmängel führen

[165] Vgl. Wohlers JR 2002, 294 (295 f.; Anm. zu BGH 22.11.2001 – 1 StR 220/01, BGHSt 47, 172 = NJW 2002, 975). Zur darin bereits getroffenen – nicht vom Rechtsanwender abzuändernden – Abwägung Bosch, Aspekte des nemo-tenetur-Prinzips, 1998, insbes. S. 69.

[166] Vgl. Strate, AG StrafR DAV, II. Frühjahrssymp. (1988), 1989, S. 9 (20); zur in der allg. Beweisverbotslehre gleichwohl nötigen Differenzierung hinsichtlich grundrechtlicher, sich auch nicht mittelbar aus der StPO ergebender und nicht den Kernbereich von Menschenwürde oder Grundrechten betreffenden Verwertungsverboten s. Schröder, Beweisverwertungsverbote und die Hypothese rechtmäßiger Beweiserlangung, 1992, S. 71 (und zuvor).

[167] BGH 12.10.1993 – 1 StR 475/93, BGHSt 39, 349 (351 ff.) = NJW 1994, 333 (334) m. (bzgl. des Widerspruchszeitpunkts abl.) Anm. Fezer JZ 1994, 686 sowie zustBspr (auch zu sprachlichen Verständnisdefiziten) Kiehl NJW 1994, 1267 f. Vgl. auch Diemer in KK-StPO Rn. 12 und 27; Schlothauer/Weider/Wollschläger Revisionsverfahren 3. Aufl. 2017, Rn. 2054 (Rüge 240 11.). Zu Zusammenhängen mit der Frage, ob schon vor der ersten polizeilichen Vernehmung ein Pflichtverteidiger zu bestellen ist, s. Eisenberg JA 2012, 452 ff.

[168] Entspr. (allerdings für unmittelbaren Verstoß gegen § 136) BGH 3.7.2007 – 1 StR 3/07, BGHSt 51, 367 (371 Rn. 19) = NJW 2007, 2706 (2708). Grds. für ein selbständiges Verwertungsverbot bzgl. informatorischer Befragungen Bosch, Aspekte des nemo-tenetur-Prinzips, 1998, S. 259 ff.

auch hier grds. zu einem Verwertungsverbot.[169] Die Rspr. verneint dies – letztlich nicht überzeugend –, wenn der Beschuldigte sein Recht kannte (→ Rn. 56).[170] Erst recht besteht ein Verwertungsverbot, wenn das Recht dadurch verletzt wurde, dass der Vernehmende eine ausdrücklich gewünschte Rücksprache mit dem Verteidiger verweigert hat.[171] Als solcher Wunsch ist auch der Antrag auf Bestellung eines Pflichtverteidigers anzusehen. Die Rechtsprechung verneint eine Erstreckung des Verwertungsverbots auf **Mitangeklagte.**[172] Das ist auf Basis der Rechtskreistheorie nachvollziehbar, aber im Hinblick auf Art. 12 RL 2013/48/EU[173] sowie deren Erwägungsgründe 49 und 50 nicht unproblematisch. Diese verlangen zwar kein Beweisverwertungsverbot, aber eine „Beurteilung" der unter dieser Rechtsverletzung gewonnenen Aussagen in einer Weise, die die Beachtung der Verteidigungsrechte und die Fairness des Verfahrens insgesamt sicherstellt. Dass dieselbe Aussage bzgl. desselben Fehlers je nach Angeklagtem unterschiedlich zu beurteilen wäre, überzeugt nicht. Zudem droht in Verfahren mit mehreren Angeklagten ein Unterlaufen des Rechts auf Verteidigerkonsultation bei persönlich beschränktem Verwertungsverbot durch wechselseitige Verwertung der Aussage des Mitangeklagten gefördert zu werden. Die besseren Gründe sprechen daher für die Erstreckung des Verwertungsverbots auf Mitangeklagte,[174] soweit die Aussage Tatteile betrifft, in denen beide zusammengewirkt haben (und sich nicht in zulässiger Weise durch Abtrennung des betreffenden Verfahrensteils eine Zeugenstellung des Mitangeklagten herbeiführen ließe, in der dieser gar nicht entsprechend hätte belehrt werden müssen).

c) Verstoß gegen die Pflicht zur audiovisuellen Dokumentation. Die Gesetzes- 62a
materialien bezeichnen Abs. 4 als reine Ordnungsvorschrift und gehen davon aus, dass Fehler nicht zur Unverwertbarkeit der Aussage führen.[175] Das ist in dieser Allgemeinheit zweifelhaft, denn Abs. 4 dient auch wesentlich dem Schutz des Beschuldigten (→ Rn. 53d). Zumindest bei bewussten, willkürlichen oder auf genereller Weisung beruhenden Verstößen ist ein Verwertungsverbot anzunehmen.[176] Aus dem Fehlen einer Bild-Ton-Aufzeichnung kann allerdings nicht auf Fehler bei der Vernehmung geschlossen werden.[177]

d) Weitere Verstöße. Verstöße gegen § 136 **Abs. 1 S. 5 Hs. 2** (Belehrung zum Antrag 63
auf Pflichtverteidigerbestellung) betreffen zugleich das Recht auf Verteidigerkonsultation (→ Rn. 38). Die Ausübung dieses Rechts können sie aber nur dann in kausaler Weise beeinträchtigt haben, wenn im konkreten Fall die Voraussetzungen von § 140 Abs. 1 oder 2 erfüllt sein konnten. Dies ist ex ante zum Zeitpunkt der unterbliebenen oder fehlerhaften Belehrung zu beurteilen. Nach dem Sinn der Vorschrift (→ Rn. 37) genügt für die in → Rn. 62 dargestellten Rechtsfolgen, dass ein Fall der notwendigen Verteidigung realistischerweise möglich war.[178] Darauf, wann mit der Bestellung zu rechnen war, kommt es

---

[169] Vgl. Gleß in Löwe/Rosenberg Rn. 96 ff.; Roxin JZ 1993, 426 (427 f.; Anm. zu BGH 29.10.1992 – 4 StR 126/92, BGHSt 38, 372 = NJW 1993, 33); Wollweber StV 1999, 355 (356; Anm. zu BGH 20.6.1997 – 2 StR 130/97, NStZ 1997, 609).

[170] BGH 22.11.2001 – 1 StR 220/01, BGHSt 47, 172 (173 f.) = NJW 2002, 975 f. m. insoweit ablAnm Wohlers JR 2002, 294 f.

[171] BGH 29.10.1992 – 4 StR 126/92, BGHSt 38, 372 (373 ff.) = NJW 1993, 338 (339) mzustAnm Rieß JR 1993, 334 sowie Anm. Roxin JZ 1993, 426; BGH 11.7.2008 – 5 StR 202/08, NStZ 2008, 643; einschr. mittels (kaum ausgeführter) Abwägung BGH 18.12.2003 – 1 StR 380/03, NStZ 2004, 450; Roxin JZ 1997, 343 (345 f.).

[172] BGH 9.8.2016 – 4 StR 195/16, NStZ-RR 2016, 377; mkritAnm Jäger JA 2017, 74.

[173] RL 2013/48/EU des Europäischen Parlaments und des Rates vom 22.10.2013, ABl. 2013 L 294/1.

[174] Entspr. Gleß in Löwe/Rosenberg Rn. 90M; vgl. ferner R. Hamm NJW 1996, 2185 (2189).

[175] BT-Drs. 18/11277, 27.

[176] So richtig Singelnstein/Derin NJW 2017, 2646 (2649).

[177] Vgl. auch BT-Drs. 18/11277, 26.

[178] Für die Bejahung eines Verwertungsverbots unter den hier angegebenen Voraussetzungen sprechen nicht zuletzt Art. 8 Abs. 2 und Erwägungsgrund 36 der RL 2012/13/EU (ABl. 2012 L 142/1). Abl. insoweit noch BGH 9.1.2020 – 5 StR 628/19, im Anschluss an BGH 6.2.2018 – 2 StR 163/17 (2 insoweit gleichlautende Beschl.), (ECLI:DE:BGH:2018:060218B2STR163.17.1) NStZ 2018, 671 sowie (ECLI:-DE:BGH:2018:060218B2STR163.17.0) StraFo 2018, 300).

nicht an. Die Rechtsprechung hat diese Konsequenzen bislang abgelehnt. Gute Gründe hat sie dafür nicht. Vielmehr hat „der Bundesgerichtshof in seinen Entscheidungen zur alten Rechtslage ausgeführt", es bleibe „die Verletzung der Pflicht nach § 136 Abs. 1 S. 2 Hs. 2 StPO aF in ihrer Bedeutung hinter derjenigen nach § 136 Abs. 1 S. 2 StPO zurück, die die grundsätzliche Zugangsmöglichkeit zu einem Verteidiger als solchen betrifft".[179] Ob die Ausführungen früher, zu einer Rechtslage von vor etlichen Änderungen des § 136 StPO, überzeugend waren, muss hier nicht mehr diskutiert werden. Wichtig ist aber, dass die Vorschrift gerade deshalb geändert wurde, weil die Gesetzgeber den Umgang der Rechtsprechung mit der notwendigen Verteidigung und Pflichtverteidigerbestellung defizitär fanden. Sie wurde immer wieder geändert, weil das immer wieder so war. Die relevanten Gesetzgeber sind hier der nationale, zudem aber auch – ebenfalls mehrfach – der Unionsgesetzgeber (→ Rn. 3).[180] Und sie haben für ihre Auffassung gute Gründe in den Menschenrechten (namentlich Art. 6 Abs. 3 lit. c EMRK und Art. 47 UAbs. 3 und 48 Abs. 2 GRCh).[181] Es ist mehr als an der Zeit, dass der BGH seinen Abwehrkampf aufgibt und die Bedeutung anerkennt, die das Institut der Pflichtverteidigung im europäischen und auch im deutschen Strafverfahren hat. Die jüngste Änderung des Gesetzes, die nun auch ausdrücklich ein Antragsrecht des Beschuldigten und eine Pflicht zur Entscheidung vor der ersten Vernehmung vorschreibt (→ Rn. 35), gibt dazu einmal mehr gute Gelegenheit. Verstöße gegen § 136 **Abs. 1 S. 5 Hs. 3** (Hinweis auf Kostenfolge) hingegen betreffen nicht in gleicher Weise die prozessuale Rechtsstellung des Beschuldigten, sondern seine Vermögensinteressen (und uU. ein Interesse, ihn vor der Stellung eines Antrags abzuschrecken). Aus solchen Verstößen ergibt sich kein Verwertungsverbot.

64 Verstöße gegen § 136 **Abs. 1 S. 5 Hs. 1 und S. 6** begründen hingegen grds. kein Verwertungsverbot,[182] denn sie wirken sich idR nicht inhaltlich auf die Aussage aus und betreffen die Rechtsstellung des Beschuldigten weniger intensiv; bzgl. § 136 Abs. 1 S. 3 Hs. 1 und S. 4 Hs. 1 mag es in besonderen Einzelfällen indes Ausnahmen geben. § 136 **Abs. 3** ist ermittlungstaktischer und organisatorischer Natur und kann deshalb kein Verwertungsverbot auslösen. Verstöße gegen § 136 **Abs. 1 S. 1 und Abs. 2** können zwar zu Irrtümern des Vernommenen führen (bzw. Fehlvorstellungen unzulässig aufrechterhalten), welche die Zurechenbarkeit der Aussage ausschließen. Die dabei nötige Grenzziehung fällt aber mit der Frage zusammen, ob eine Täuschung im Sinne von § 136a Abs. 1 S. 1 vorliegt (→ § 136a Rn. 38 ff. (insbes. 41) und 44 f.), weshalb hier für ein selbständiges Verwertungsverbot aus § 136 kein Raum bleibt.

65 Unterblieb gegenüber Jugendlichen der Hinweis auf ihr Recht zur Besprechung mit einem Erziehungsberechtigten **(§ 67 Abs. 1 JGG),** führt das zu einem Verwertungsverbot. S. hierzu und zu Folgen von Verstößen gegen **Art. 36 Abs. 1 lit. b WÜK** → Rn. 42 mN.

66 **e) Spontanäußerungen und informatorische Befragungen.** Bei Spontanäußerungen und rechtmäßigen (sonst Rn. 61) informatorischen Befragungen (zu Begriff und Voraussetzungen s. jeweils → Vor § 133 Rn. 42 f.) besteht keine Belehrungspflicht aus § 136 (→ Rn. 5 und 7). Die **Rspr. verneint** auch ein **Verwertungsverbot**[183] im Ergebnis zu Recht: Ein solches könnte sich zwar auch ohne Belehrungsmangel ergeben (→ Rn. 61 und → Vor § 133 Rn. 18 mwH in Fn.).[184] Das geltende Strafverfahrensrecht enthält aber keinen Grundsatz, nach

---

[179] BGH 6.2.2018 – 2 StR 163/17 (2 insoweit gleichlautende Beschl.), (ECLI:DE:BGH:2018:-060218B2STR163.17.1) NStZ 2018, 671 sowie (ECLI:DE:BGH:2018:060218B2STR163.17.0) StraFo 2018, 300 m. durchweg ablAnm (Beschl. 1) Jäger NStZ 2018, 672, Ransiek StV 2019, 160, Kudlich JA 2018, 792 (794) und (Beschl. 0) Ahlbrecht/Fleckenstein StV 2019, 661.

[180] Näher dazu insb. Jäger NStZ 2018, 672 (673) und Ahlbrecht/Fleckenstein StV 2019, 661 ff.

[181] Vgl. dazu insb. die Erwägungsgründe der betreffenden Richtlinien.

[182] Schmitt in Meyer-Goßner/Schmitt Rn. 21a.

[183] BGH 27.9.1989 – 3 StR 188/89, NJW 1990, 461 mkritAnm Fezer StV 1990, 195; BGH 17.7.2019 – 5 StR 195/19, (ECLI:DE:BGH:2019:170719B5STR195.19.0) NStZ-RR 2019, 315; krit. auch Schmitt in Meyer-Goßner/Schmitt Rn. 20a mwN Teilw. einschr. und teilw. die Frage ausdrücklich offenlassend BGH 9.6.2009 – 4 StR 170/09, NJW 2009, 3589.

[184] Vgl. auch G. Haas GA 1995, 230 (230 f.).

dem Äußerungen stets nur dann Gegenstand der Beweiserhebung sein dürfen, wenn ihnen Belehrungen nach § 136 vorausgegangen sind. Selbst über sog Hörensagen darf (Zeugen-)Beweis erhoben werden, auch wenn dadurch nur mit der gebotenen Vorsicht zu würdigende Indizien erlangt werden können.[185] Ebenso wenig gebieten die Fairness des Verfahrens oder Zurechnungsregeln hier ein Verwertungsverbot.[186]

Für ein Verwertungsverbot spräche der Gewinn an Rechtssicherheit, denn die Abgrenzung zwischen noch spontanen Äußerungen und dem Beginn der Vernehmung ist vage und kann Ermittler dazu verleiten, nicht ganz spontan gefallene Äußerungen als spontan darzustellen.[187] Die Grenzziehung ist nicht weiter zu schärfen, als dass die **Vernehmung beginnt, sobald** die Mitteilung nicht mehr einseitig ist, sondern **Interaktion** mit dem offiziellen Funktionsträger stattfindet.[188] Während der Gedanke der Prävention rechtsstaatlich bedenklicher Verhaltensmuster bei der Bestimmung der Reichweite bestehender Verwertungsverbote – also einer Auslegungsfrage – bedeutsam ist, vermag er aber kein neues Verwertungsverbot praeter legem zu begründen. Eine solche Anordnung müsste der Gesetzgeber treffen. 67

f) „Heilung" und Rügeerfordernis. aa) Wiederholung der Aussage. Nach anfänglich unterbliebener oder fehlerhafter Belehrung gemachte Aussagen werden verwertbar, wenn sie **nach qualifizierter Belehrung** (→ Rn. 29 bzw. 32) freiwillig wiederholt werden.[189] Dazu ist eine inhaltliche Bestätigung erforderlich; eine die frühere Aussage nur ergänzende Vernehmung genügt nicht.[190] Soweit daneben weitere Verstöße gegen § 136 vorlagen – insbes. eine Verteidigerkonsultation verwehrt wurde – müssen auch diese (für den Beschuldigten erkennbar) endgültig beendet worden sein.[191] 68

Darin liegt **keine Heilung** ieS.[192] Die fehlerhaft zustande gekommene Aussage ist dem Beschuldigten nicht voll zurechenbar (→ Vor § 133 Rn. 83 ff.), und Zurechnungsdefizite sind weder heilbar noch disponibel. In der Sprechweise von einer Heilung des Fehlers setzt sich vielmehr die – der überholten Rspr. (→ Rn. 55) zugrundeliegende – Vorstellung fort, § 136 sei lediglich eine Ordnungsvorschrift mit formalen Anforderungen.[193] Tatsächlich entsteht eine **neue Aussage,** die unter qualifizierten Anforderungen originär fehlerfrei und daher vom Beschuldigten zu verantworten ist. Gerade wegen der qualifizierten Belehrung wirkt der urspr. Fehler nicht fort, und weil die Aussage freiwillig erfolgen muss, kann sie auch nicht Fernwirkung des urspr. Fehlers sein. Soweit die neue Aussage inhaltlich mit der ursprünglichen Aussage übereinstimmt, besteht kein Grund, eine Beweiserhebung über sie (als mit der späteren, verwertbaren Aussage zusammenhängender Umstand) zu sperren. Dann dürfen insbes. eine Frühzeitigkeit der ersten Äußerung und die Konsistenz der verwertbaren Aussage mit der früheren Äußerung in die Hauptverhandlung eingeführt und im Urteil berücksichtigt werden. 69

bb) Zustimmung zur Verwertung. Der Beschuldigte kann einer Verwertung der an sich unverwertbaren Aussage zustimmen.[194] Aus den gerade genannten Gründen liegt 70

---

[185] Vgl. Kudlich/Schuhr in Satzger/Schluckebier/Widmaier StPO § 250 Rn. 15 f. Zu Grenzen im Fall schwerer Manipulationen → § 136a Rn. 81 ff.

[186] AA LG Nürnberg-Fürth 13.10.1993 – 8 Ns 342 Js 4024/92, StV 1994, 123 (nur Ls.); (Bewusstsein der Beweisrelevanz nötig) Bosch, Aspekte des nemo-tenetur-Prinzips, 1998, S. 275 mwN; ähnlich Eisenberg BeweisR StPO Rn. 509a.

[187] Zu solchen Begründungen von Verwertungs- bzw. Verwendungsverboten s. auch → Vor § 133 Rn. 101.

[188] Vgl. BGH 9.6.2009 – 4 StR 170/09, NJW 2009, 3589.

[189] Vgl. BGH 3.5.2018 – 3 StR 390/17, NStZ 2019, 227; BGH 18.12.2008 – 4 StR 455/08, BGHSt 53, 112 (115 ff. Rn. 13 ff.) = NStZ 2009, 281 (282) m. insoweit zustAnm Geß/Wennekers JR 2009, 383; sowie bereits BGH 30.4.1968 – 1 StR 625/67, BGHSt 22, 129 (133 ff.) = NJW 1968, 1388 (1389 f.) mAnm Grünwald JZ 1968, 752; Geppert GS Meyer, 1990, 93 (118 f.).

[190] BGH 3.7.2007 – 1 StR 3/07, BGHSt 51, 367 (376 Rn. 29) = NJW 2007, 2706 (2709).

[191] BGH 29.10.1992 – 4 StR 126/92, BGHSt 38, 372 (375) = NJW 1993, 338 (339).

[192] Vgl. Rogall JZ 2008, 818 (826).

[193] So noch BGH 31.5.1968 – 4 StR 19/68, BGHSt 22, 170 (173); bereits in BGH 7.6.1983 – 5 StR 409/81, BGHSt 31, 395 (398 f.) = NJW 1983, 2205 (2206) ausdrücklich offengelassen und seit BGH 27.2.1992 – 5 StR 190/91, BGHSt 38, 214 (220 ff.) mit der Rspr. (der Annahme eines Verwertungsverbots) unvereinbar.

[194] BGH 27.2.1992 – 5 StR 190/91, BGHSt 38, 214 (225 f.) = NJW 1992, 1463 (1466) m. insoweit zustAnm Fezer JR 1992, 385 (386); eingehend zur Disponibilität → Einl. F Rn. 491 ff. mN.

hierin keine Heilung, die Zustimmung kann aber einer freiwilligen Wiederholung der urspr. Aussage nach qualifizierter Belehrung **gleichgestellt** werden (→ Rn. 68),[195] wenn der Beschuldigte dabei seine Rechte, das Beweisverbot und den Inhalt der Aussage kennt. Eine Zustimmung unter inhaltlicher Distanzierung macht die Aussage aber nicht verwertbar. Diese Voraussetzungen sind tendenziell enger als die von der Rspr. angenommene allgemeine Zustimmungsfähigkeit.

71 Die Zustimmung kann auf inhaltlich selbständige Teile beschränkt werden, dadurch entstehende Lückenhaftigkeit vernichtet aber uU den Beweiswert. Eine **Beschränkung der Zustimmung** dahingehend, dass die Aussage nur bei bestimmten Teilfragen des Verfahrens berücksichtigt werden dürfte, ist nicht möglich (beachte aber → Rn. 82). Soweit es um die Aussage einer anderen Person geht (→ Rn. 81), muss der zustimmende Beschuldigte auch eigene Kenntnis des zugrundeliegenden Sachverhalts haben.

72 **cc) Rügeerfordernis.** Die **Rspr.** knüpft das Verwertungsverbot beim verteidigten Angeklagten ferner daran, dass dieser bzw. sein Verteidiger der Verwertung der Aussage rechtzeitig, ausdrücklich und unter eindeutiger Benennung des Verfahrensverstoßes **widersprochen** hat.[196] Ohne einen solchen Widerspruch soll die Aussage – auch in einem eventuellen Berufungsverfahren und in einer neuen Hauptverhandlung nach einer aus anderen Gründen erfolgreichen Revision – verwertbar werden, ohne dass der Angeklagte sich dagegen später noch erfolgreich wenden könnte,[197] bzw. das Beweisverwertungsverbot erst durch den Widerspruch entstehen.[198]

73 Dem verteidigten Angeklagten wird ein **unverteidigter** Angeklagter gleichgestellt, der über die Möglichkeit des Widerspruchs und die Folgen eines unterbleibenden Widerspruchs belehrt wurde.[199] Nur ein vom Verstoß selbst betroffener Angeklagter kann wirksam widersprechen, das dadurch ausgelöste Verwertungsverbot wirkt dann aber grds. auch für seine Mitangeklagten, wenn die sich dem nicht – eigene Disposition ausübend – entgegenstellen (zur Differenzierung der Rspr. danach, ob der Mitangeklagte von diesem Verstoß auch betroffen ist, → Rn. 81).[200] **Rechtzeitig** soll der Widerspruch nur dann sein, wenn er spätestens in der Erklärung des Angeklagten nach der einzelnen Beweiserhebung (§ 257) erhoben wird.[201] Er wird nur in der Hauptverhandlung akzeptiert; ein vorheriger Widerspruch soll nicht genügen.[202] Wird die Hauptverhandlung später ausgesetzt, muss der Wider-

---

195 Sie muss als gestaltende Prozesshandlung im Gegensatz zur bloßen Sachäußerung ausgesprochen werden, denn letztere darf nicht nur pauschal bestätigen (→ Rn. 68).

196 BGH 27.2.1992 – 5 StR 190/91, BGHSt 38, 214 (225 f.) = NJW 1992, 1463 (1466) m. insoweit ablAnm Fezer JR 1992, 385 (386); BGH 12.1.1996 – 5 StR 756/94, BGHSt 42, 15 (22) = NJW 1996, 1547 (1549). S. ebenfalls dort sowie OLG Celle 18.5.1992 – 3 Ss 187/91, NJW 1993, 545 f. zur eingeschränkten Anwendbarkeit auf Altfälle (auch nach späteren Verschärfungen der Anforderungen), entspr. Meyer-Goßner/Appl StraFo 1998, 258 (263 f.). Zu Problemen der „Begründung" bzw. der Benennung der „Angriffsrichtung" des Widerspruchs v. Schlieffen FS ARGE Strafrecht DAV, 2009, 801 (806 ff.); W. Bauer StV 2011, 635 ff.

197 Zur Revision: BGH 9.11.2005 – 1 StR 447/05, BGHSt 50, 272 (274 f.) = NJW 2006, 707 mablAnm Fezer JZ 2006, 474 (476) sowie Schlothauer StV 2006, 397; zur Berufung: OLG Stuttgart 4.3.1997 – 4 Ss 1/97, NStZ 1997, 405 und (bzgl. § 81a Abs. 2) OLG Frankfurt a. M. 8.11.2010 – 3 Ss 285/10, NStZ-RR 2011, 46 (48) mablBspr Kudlich HRRS 2011, 114 (117 ff.). Ablehnend auch Hartwig JR 1998, 359; Herdegen NStZ 2000, 1(5). Einen Überblick über verschiedene Begründungsansätze der Rspr. gibt B. Heinrich ZStW 112, (2000), 398 (409 ff.).

198 Eine solche „Tatbestandsvoraussetzung" postulieren Widmaier NStZ 1992, 519 (521) und Meyer-Goßner/Appl StraFo 1998, 258 (261); vgl. auch Maul/Eschelbach StraFo 1996, 66 (67). Eingehend und krit. bzw. abl. Maiberg, Zur Widerspruchsabhängigkeit, 2003, passim (Erg. („bedingtes Beweisverwertungsverbot") S. 252 ff.).

199 BGH 27.2.1992 – 5 StR 190/91, BGHSt 38, 214 (225 f.) = NJW 1992, 1463 (1466).

200 Schmitt in Meyer-Goßner/Schmitt Rn. 25.

201 Zu Recht macht R. Hamm NJW 1996, 2185 (2188) diese „Frist" davon abhängig, dass das Gericht die in § 257 Abs. 1 vorgesehene aktive Befragung tatsächlich durchgeführt hat. Mit guten Gründen grds. aA (Widerspruch beim letzten Wort genügt) Meyer-Goßner/Appl StraFo 1998, 258 (263).

202 BGH 17.6.1997 – 4 StR 243/97, NStZ 1997, 502 (503); 9.11.2005 – 1 StR 447/05, BGHSt 50, 272 (274 f.) = NJW 2006, 707; näher dazu OLG Hamm 22.12.2009 – 3 Ss 497/09, NStZ-RR 2010, 148 (149); OLG Frankfurt a. M. 26.8.2010 – 3 Ss 147/10, NStZ-RR 2011, 45; Burhoff StraFo 2003,

spruch nicht wiederholt werden.[203] Eine Rücknahme des Widerspruchs ist bis zum Ende der Beweisaufnahme möglich.[204] Er wird als wesentliche Förmlichkeit des Verfahrens nach § 273 protokolliert.[205] Auf den Widerspruch hin gerichtlichen Beschluss zu fassen, ist im Sinne einer fairen Verfahrensführung angeraten, nach der Rspr. aber nicht stets erforderlich.[206]

Eine **gesetzliche** (oder auch nur gesetzessystematische) **Grundlage** für diese Anforderungen **besteht nicht.**[207] Sie sind § 238 Abs. 2 nachgebildet, betreffen aber nicht dasselbe Thema.[208] § 257 passt ebenso wenig, denn die Vorschrift ermöglicht weder eine Verwertung fehlerhafter Beweismittel noch enthält sie eine Frist für § 238 Abs. 2.[209] Im Übrigen sind Präklusionsregeln dem Strafprozessrecht weitgehend fremd, und die §§ 136, 136a legen ein Rügeerfordernis alles andere als nahe. Zwar wurde das Verwertungsverbot zu § 136 insgesamt *praeter legem* entwickelt, die Gründe für dieses Verwertungsverbot sind aber bereits für sich genommen tragend und gewinnen nicht etwa an Überzeugungskraft, indem sie durch das Rügeerfordernis teilweise konterkariert werden.[210] 74

Stärkstes **Argument für die Widerspruchslösung** ist, dass sie das zivilrechtliche Modell aufgreift, in dem Zurechnungsmängel primär über Anfechtungs- bzw. Kondiktionsbefugnisse (die Aussage bei irriger Annahme einer Aussagepflicht hat Ähnlichkeit mit einer rechtsgrundlosen Leistung) behandelt werden. Sie weicht indes so stark davon ab, dass dieses Argument nur begrenzt trägt, das zivilrechtliche Dogma des grds. Bestehens und der bloßen Beseitigbarkeit einer (zumindest zunächst) nicht zurechenbaren Erklärung ist seinerseits angreifbar, und es gründet sich auf Belange des Verkehrsschutzes, die so im Strafverfahren nicht bestehen. Das Rügeerfordernis kann zwar dazu beitragen, dass Verfahrensfehler tendenziell frühzeitig gerügt, ggf. korrigiert und fehlerhafte Entscheidungen besser vermieden werden. Es begrenzt zudem taktische Spielräume, die sich aus seiner Befugnis ergeben, der Verwertung zuzustimmen, und wahrt gleichzeitig die Möglichkeit des Beschuldigten, seine Entscheidung darüber zumindest erst nach Teilen der Beweisaufnahme zu treffen.[211] 75

267 (269 ff.); aA (Widerspruch im Vorverfahren genügt) Meyer-Goßner/Appl StraFo 1998, 258 (263); Schlothauer FS Lüderssen, 2002, 761 (769 ff.); Mosbacher FS Widmaier, 2008, 339 (343 f.); Schlothauer StV 2006, 397 f. (Anm. zu BGH 9.11.2005 – 1 StR 447/05, BGHSt 50, 272 = NJW 2006, 707); (de lege ferenda für Widerspruchserfordernis im Zwischenverfahren) Maul/Eschelbach StraFo 1996, 66 (70); differenzierend Rogall FS Geppert, 2011, 519 (533 ff.). Ein vor der Beweisaufnahme erklärter „umfassender" bzw. „beweisthemenbezogener" Widerspruch genügt aber, BGH 3.12.2003 – 5 StR 307/03, NStZ 2004, 389. Klarstellend, dass Beweisverwertungsverbote im Ermittlungsverfahren noch unabhängig von einem Widerspruch zu beachten sind BGH 6.6.2019 – StB 14/19, BGHSt 64, 89 = NJW 2019, 2627 mAnm Gierhake und Jahn JuS 2019, 1030 (1032).

203 OLG Stuttgart 27.3.2001 – 4 Ss 113/01, StV 2001, 388; Ahlbrecht in Gercke/Julius/Temming/Zöller Rn. 43.

204 BGH 12.1.1996 – 5 StR 756/94, BGHSt 42, 15 (23) = NJW 1996, 1547 (1549).

205 Schmitt in Meyer-Goßner/Schmitt Rn. 25.

206 BVerfG 18.3.2009 – 2 BvR 2025/07, nv, Rn. 17; BGH 16.8.2007 – 1 StR 304/07, NStZ 2007, 719; aA (baldiger Beschluss stets erforderlich) Meyer-Goßner/Appl StraFo 1998, 258 (263); v. Schlieffen FS ARGE Strafrecht DAV, 2009, 801 (812 ff.); Mosbacher FS Rissing-van Saan, 2011, 356 (359); ähnlich R. Hamm NJW 1996, 2185 (2188); vgl. auch Pauckstadt-Maihold in KMR-StPO Rn. 32.

207 Tepperwien FS Widmaier, 2008, 583 (591); Ignor/Bertheau NStZ 2013, 188 (189 ff.). Zu in der Rspr. schon zuvor aufgestellten entspr. Anforderungen bzgl. anderer Verfahrensfehler s. Meyer-Goßner/Appl StraFo 1998, 258 (259), zum Fehlen einer dogmatischen Begründung dafür s. Fezer JR 1992, 385 (386; Anm. zu BGH 27.2.1992 – 5 StR 190/91, BGHSt 38, 214 = NJW 1992, 1463 sowie Fezer StV 1997, 57 (58 f.; Anm. zu BGH 20.12.1995 – 5 StR 445/95, NStZ 1996, 290); Gaede HRRS 2007, 402 (405); Kudlich HRRS 2011, 114 (115). Eingehend Dudel, Das Widerspruchserfordernis bei Beweisverwertungsverboten, 1999.

208 AA Mosbacher FS Rissing-van Saan, 2011, 356 (360 ff.).

209 Eine solche besteht nicht, vgl. Becker in Löwe/Rosenberg § 238 Rn. 29.

210 Zur Kritik am Rügeerfordernis s. auch Bernsmann StraFo 1998, 73 (76); Dahs StraFo 1998, 253; B. Heinrich ZStW 112, (2000), 398 (412 ff.); sowie (unter den allg. Gesichtspunkten tatrichterlicher Rechtsfehler und anwaltlicher Treue) Dahs NStZ 2007, 241. Speziell bzgl. Verletzungen des Rechts zur Verteidigerkonsultation Roxin JZ 1997, 343 (346 f.).

211 Vgl. R. Hamm NJW 1996, 2185 (2187, 2188); ferner Gössel in Löwe/Rosenberg Einl. L Rn. 243 f. (sowie 58 f. und 252 f.); zur krit. Hinterfragung dieser Vorteile Ventzke StV 1997, 543 ff.; Velten ZJS 2008, 76 (80 ff.; Anm. zu BGH 11.9.2007 – 1 StR 273/07, BGHSt 52, 38 = NJW 2007, 3587).

Zugleich begünstigt es eine Professionalisierung der Strafrechtspflege.[212] Solche Überlegungen sprechen aber höchstens für ein in seiner Wirkung auf die **Zulässigkeit der Revision** beschränktes[213] (und wohl eher auf den Zeitpunkt des § 258 Abs. 2 Hs. 2 bezogenes[214]) Rügeerfordernis. Ob ein solches besteht, ist eine Frage des Revisionsrechts und hier nicht zu klären.

76 Richtigerweise kann dem Ausbleiben eines Widerspruchs jedenfalls **kein materieller Einfluss** auf das Beweismittel zugesprochen werden. Mangels fehlerfreier Wiederholung und Zustimmung hat der Beschuldigte seine ursprüngliche Aussage weiterhin nicht zu verantworten (→ Rn. 55 ff.; → Vor § 133 Rn. 83 ff., ferner → Rn. 65–78);[215] sie ist keine geeignete Basis des Urteils und damit kein geeigneter Gegenstand der Beweisaufnahme.[216] Das erkennende Gericht ist verpflichtet, rechtsstaatlich zu verfahren und Verletzungen der Aussagefreiheit ohne nachteilige Auswirkung auf das Urteil zu lassen.[217] Dass die weiter reichende Widerspruchslösung der Rspr. evtl. keine justiziable Verletzung von Grund- und Menschenrechten beinhaltet,[218] hindert nicht, sie strafverfahrensrechtlich abzulehnen (→ Vor § 133 Rn. 10).

77 **g) Ausländische Vernehmungen.** In Fällen internationaler Rechtshilfe gilt grds. **forum regit actum,** dh die ausländische Stelle (zB der um eine Vernehmung ersuchte Ermittlungsrichter) wendet ihr eigenes Verfahrensrecht an. Verfahrensrechte und Mitteilungspflichten bestimmen sich daher zunächst nach fremdem Recht. Das ist oft misslich, weil Inkonsistenzen zum im deutschen Verfahren anzuwendenden deutschen Recht drohen und unterschiedliche Regelungsinteressen den Zweck der Maßnahme (das deutsche Verfahren zu fördern) gefährden können.[219]

78 Wenn zwar die Vorgaben von § 136 nicht erfüllt wurden, die ausländ. Stelle aber ihr Verfahrensrecht eingehalten hat, **tendiert** die **Rspr.** eher **zur Ablehnung** des Verwertungsverbots.[220] Auf die Urteilsfindung ist von deutschen Strafgerichten indes stets deutsches

212 Zu Argumenten für das Rügeerfordernis vgl. auch (Stärkung der Verteidigung) Widmaier NStZ 1992, 519 ff. und Ignor FS Rieß, 2002, 185 (194 ff.) – dazu ironisch („Verteidiger als strafverfahrensrechtlicher Sachverständiger des Gerichts") Meyer-Mews StraFo 2009, 141 (144) –; (Zwischenrechtsbehelf eigner Art und entfallendes Rechtsschutzbedürfnis) Mosbacher JR 2007, 387 (389; Anm. zu BGH 16.11.2006 – 3 StR 139/06, BGHSt 51, 144 = NJW 2007, 384) und Mosbacher FS Widmaier, 2008, 339 (348 ff.).S. demgegenüber jeweils Tolksdorf FG Graßhof, 1998, S. 255 (258 ff.).

213 So eingehend mit einer Erklärung über Obliegenheitsverletzungen Kindhäuser NStZ 1987, 529 (533 ff.); demgegenüber grds. gegen eine derartige Anknüpfung an das Verhalten der Verteidigung und entspr. Obliegenheiten Herdegen NStZ 2000, 1 (5 f.). S. dazu auch → Einl. F Rn. 480; Tolksdorf FG Graßhof, 1998, S. 255 (260); Kudlich 68. DJT 2010, Gutachten C S. 93 ff.

214 S. Leipold StraFo 2001, 300 (302 f.).

215 Entspr. Rogall in SK-StPO Rn. 80. Zum Zusammenhang von Rüge und Zustimmung s. auch Kiehl NJW 1994, 1267 (1268) und Schlothauer StV 2006, 397 (398; Anm. zu BGH 9.11.2005 – 1 StR 447/05, BGHSt 50, 272 = NJW 2006, 707) sowie jeweils mit Gesetzesvorschlägen Mitsch NJW 2008, 2295 (2300) und Jahn StraFo 2011, 117 (123 f.). Zu deren Zusammenhang mit vorhergehenden echten Rechtsgesprächen in der Hauptverhandlung (die zu Unrecht vernachlässigt werden) Ventzke StV 1997, 543 (548). Zur Vorzugswürdigkeit einer reinen Zustimmungslösung vgl. Kasiske NJW-Spezial 2011, 376 f. und darauf bezugnehmend Kröpil JR 2012, 451; BRAK Stellungnahme Nr. 17 vom 24.4.2012, dazu Schlothauer/Jahn RuP 2012, 222 ff. Zur Widerspruchslösung im verkehrsrechtlichen Ordnungswidrigkeiten-Verfahren Rebler NZV 2018, 209 (211 ff.).

216 Vgl. Velten FS Grünwald, 1999, 753 (760); monografisch Meixner, Das Widerspruchserfordernis des BGH bei Beweisverwertungsverboten, 2015.

217 Roxin FS Hanack, 1999, 1 (21); Tepperwien FS Widmaier, 2008, 583 (591 ff.).

218 Vgl. BVerfG 7.12.2011 – 2 BvR 2500/09, NJW 2012, 907 (911); beachte → Vor § 133 Rn. 101 sowie → Rn. 57 f.

219 Vgl. → Einl. K Rn. 618 f. Näher zu „verfahrenshemmenden Divergenzen" am Beispiel deutscher vs. englischer Beweisverbote Janicki, Beweisverbote im deutschen und englischen Strafprozess, 2002, S. 461 ff.

220 Vgl. BGH 10.8.1994 – 3 StR 53/94, NJW 1994, 3364 (3365 f.) m. insoweit kritAnm Wohlers NStZ 1995, 45 und Britz NStZ 1995, 607; BGH 14.2.2001 – 3 StR 438/00, bei Becker NStZ-RR 2002, 65 (67); vgl. aber auch (Verwertungsverbot mit Blick auf §§ 52, 252) BGH 4.3.1992 – 3 StR 460/91, NStZ 1992, 394. Zur Verwertbarkeit in DDR-Altfällen s. BGH 1.4.1992 – 5 StR 457/91, BGHSt 38, 263 (265 ff.) = NJW 1992, 1637 ff.; krit. dazu Gleß in Löwe/Rosenberg Rn. 87.

Recht (wiederum als lex fori) anzuwenden, so dass sich insb. die Verwertbarkeit einer Aussage nach deutschem Recht bestimmt. Die Aussage muss dem Aussagenden daher nach deutschen Maßstäben zurechenbar sein (→ Vor § 133 Rn. 84, 88). Richtigerweise muss daher – unabhängig vom fremden Recht und der Frage, ob die Vernehmung danach fehlerhaft war – den Anforderungen des § 136 zumindest in ihren Grundzügen entsprochen worden sein; insb. dürfen die Aussagefreiheit und das Recht zur Verteidigerkonsultation nicht ausgehöhlt werden.[221]

Im Anwendungsbereich von **Art. 4 Abs. 1 EU-RhÜbk** ist dieses Spannungsverhältnis deutlich entschärft: In Rechtshilfeersuchen an Mitgliedstaaten der EU ist anzugeben, auf welche Formvorschriften und Verfahren es nach deutschem Recht ankommt. Diese sind dann von der ausländischen Stelle bei der Durchführung der Maßnahme – bis auf einen ordre public-Vorbehalt – einzuhalten. Danach ist ggf. auch beim Ersuchen um eine Zeugenvernehmung (die ggü. ausländischen Beschuldigtenvernehmungen die praktisch größere Rolle spielen) anzugeben, dass bei Entstehen eines Tatverdachts gegen den Zeugen dieser umgehend entspr. § 136 Abs. 1 S. 1 und 2 zu belehren ist (und zuvor bereits uU entspr. § 55 Abs. 2). Fehlen solche Hinweise im Ersuchen, wird dadurch deutsches Recht verletzt, was unter den Voraussetzungen der → Rn. 55 ff. zu einem Verwertungsverbot führt.[222] Auch außerhalb des Geltungsbereichs des EU-RhÜbk kann uU die Befolgung dieser Vorschriften erbeten oder können eigene Hinweise an die Beteiligten gesendet werden. 79

2. Nachweis des Verstoßes. Über die Umstände der Vernehmung und die einen Verstoß begründenden Tatsachen ist **Freibeweis** zu erheben.[223] Bei **begründeten Zweifeln** (insbes. Fehlen verlässlicher Anhaltspunkte für eine Belehrung) ist zu Gunsten des Angeklagten zu entscheiden.[224] Ist die erforderliche Protokollierung (→ Rn. 52) der Belehrungen unterblieben, liefert das ein starkes Indiz – aber keinen zwingenden Nachweis – dafür, dass tatsächlich keine Belehrung erfolgte.[225] Umgekehrt liefern **formularmäßige Klauseln** und Textbausteine bzgl. der Belehrung, die dem Beschuldigten erst am Ende der Vernehmung als Teil der zu unterschreibenden Niederschrift vorgelegt werden, nur ein mäßiges Indiz für eine tatsächliche ordnungsgemäße Belehrung.[226] 80

3. Umfang des Verwertungsverbots. Die Rspr. beschränkt die Wirkung des Verwertungsverbots grds. auf den Beschuldigten und gegen ihn geführte Verfahren; sie lässt eine 81

[221] Vgl. („Beeinträchtigung der freien Kommunikation") Böse ZStW 114 (2002), 148 (169 ff.); Roxin FS Kühne, 2013, 317 (323 f.).

[222] Vgl. dazu BGH 15.3.2007 – 5 StR 53/07, NStZ 2007, 417 sowie Gmel in KK-StPO § 223 Rn. 25; Kudlich/Schuhr in Satzger/Schluckebier/Widmaier StPO § 251 Rn. 34; ferner J. Kretschmer in Radtke/Hohmann Rn. 22 ff.

[223] BGH 27.2.1992 – 5 StR 190/91, BGHSt 38, 214 (224) = NJW 1992, 1463 (1465); Eisenberg BeweisR StPO Rn. 567.

[224] BGH 8.11.2006 – 1 StR 454/06, NStZ-RR 2007, 80 (81) mzustAnm Wohlers JR 2007, 126; Gleß in Löwe/Rosenberg Rn. 78 (und 112); Schmitt in Meyer-Goßner/Schmitt Rn. 20a; Roxin JZ 1992, 923 f. (Anm. zu BGH 27.2.1992 – 5 StR 190/91, BGHSt 38, 214 = NJW 1992, 1463); Jahn StraFo 2011, 117 (124 f.); Schwabenbauer, Der Zweifelssatz im Strafprozessrecht, 2012, S. 151. Dazu, dass insbes. vom Angeklagten kein Nachweis der eigenen Unkenntnis seiner Rechte – wenn man darauf überhaupt abstellt (→ Rn. 56) – verlangt werden kann, Bernsmann StraFo 1998, 73 (75); Weigend StV 2003, 436 (439; Anm. zu LG Frankfurt a. M. 9.4.2003 – 5/22 Ks 3490 Js 230118/02, StV 2003, 325 – Gäfgen); Rogall, Der Beschuldigte als Beweismittel gegen sich selbst, 1977, S. 218 ff. Vgl. auch Gundlach in AK-StPO Rn. 39 f. Zu Aufklärungspflicht und Zweifelssatz vgl. auch BVerfG 5.3.2012 – 2 BvR 1464/11, NJW 2012, 1136 (1137 Rn. 23 ff.). Einschränkend für Zweifel an Verständnismangel wegen psychotischer Störung BGH 1.12.2011 – 3 StR 283/11, bei Cierniak/Zimmermann NStZ-RR 2014, 97 (99).

[225] BGH 20.6.1997 – 2 StR 130/97, NStZ 1997, 609 (610) mAnm Kaufmann NStZ 1998, 474 und (eingehend zur Widerleglichkeit) Wollweber StV 1999, 355 (356 f.); BGH 23.8.2011 – 1 StR 153/11, Rn. 13 ff. (insoweit nicht abgedr. in BGHSt 57, 1 und NJW 2011, 3314). Dazu, dass Zweifel, die auf einem staatlichen Verstoß gegen Dokumentationspflichten beruhen, nicht zulasten des Angeklagten gehen düfen, s. auch BVerfG 5.3.2012 – 2 BvR 1464/11, NJW 2012, 1136 (1137 Rn. 26); Artkämper StRR 2012, 164 (165).

[226] Vgl. Artkämper Kriminalistik 2009, 417 (422); Jansen, Zeuge und Aussagepsychologie, 2. Aufl. 2012, Rn. 279. – Deutlich macht dies auch ein gedanklicher Vergleich mit einem Chirurgen, der sich präoperative Belehrungen nicht vor der Operation, sondern erst im Entlass-Formular unterzeichnen lässt.

Verwertung zulasten von **Mitbeschuldigten,** gegenüber denen nicht derselbe Verfahrensfehler (in einer gemeinsamen Vernehmung) begangen wurde,[227] sowie in Verfahren, in denen die Auskunftsperson lediglich Zeuge ist,[228] also zu. Richtigerweise ist das einzuschränken: Gibt es konkrete Gründe, an der Zurechenbarkeit der Aussage zu zweifeln, macht das die Aussage – zum Schutz der prozessualen Wahrheitsfindung – auch insoweit unverwertbar, als sie andere Personen (im gleichen oder einem anderen Verfahren) belastet (→ Vor § 133 Rn. 88 (ferner → Rn. 84 und 96 ff.)).[229] Gleiches ergibt sich daraus, dass die Aussagefreiheit des Beschuldigten von einer drohenden Selbstbelastung unabhängig ist und auch zu Gunsten von Mitbeschuldigten ausgeübt werden kann (→ Vor § 133 Rn. 94).[230]

82 Das Verwertungsverbot sperrt jede direkte und indirekte Beweiserhebung über die Aussage (sowie ggf. andere vom Beschuldigten herrührende und unmittelbar auf dem Fehler beruhende Beweismittel[231]). Nach der Rspr. sperrt es aber idR keine erst (indirekt) auf Grund von Hinweisen in der Aussage erlangten weiteren Beweismittel oder Ermittlungsansätze.[232] Eine solche **Fernwirkung** bzw. ein vollständiges **Verwendungsverbot** muss aber zumindest in solchen Fällen bestehen, in denen die Aussagefreiheit des Beschuldigten bzw. sein Recht zur Verteidigerkonsultation tatsächlich verletzt worden ist (→ Rn. 60 f. bzw. 62). Der Beschuldigte muss dann im Verfahren später so gestellt werden, als wäre keine Verletzung eingetreten (→ Vor § 133 Rn. 98 f.). Zu Sonderfragen einer **Verwertung** der Aussage **zu Gunsten** des Angeklagten → § 136a Rn. 90.

VI. Revision

83 Auf einem Verstoß gegen § 136 **beruht** das Urteil, wenn dieser zu einem Verwertungsverbot geführt hat, die Aussage – zB über eine Verlesung nach § 254 (oder auch § 251) oder die Vernehmung der Verhörsperson als Zeuge – dem Verwertungsverbot zuwider im Urteil verwendet worden ist und nicht ausgeschlossen werden kann, dass die Entscheidung sonst anders ausgefallen wäre.[233] Zu Entstehungs- und Ausschlussgründen eines Verwertungsverbots → Rn. 55 ff. Dass konsequenterweise zugleich von einem Verstoß gegen § 261 auszugehen ist, macht die Verfahrensrüge nicht entbehrlich (→ § 136a Rn. 102).

---

[227] BGH 10.8.1994 – 3 StR 53/94, NJW 1994, 3364 (3365 f.) m. (zur „Rechtskreistheorie" grds.) kritAnm Dencker StV 1995, 232; BGH 20.3.2000 – 2 ARs 489/99, 2 AR 217/99, wistra 2000, 311 (313); BGH 5.2.2002 – 5 StR 588/01, BGHSt 47, 233 (234) = NJW 2002, 1279; BGH 9.8.2016 – 4 StR 195/16, NStZ-RR 2016, 377; BGH 28.10.2020 – 5 StR 411/20; ausdrücklich offen gelassen in BGH 18.12.2008 – 4 StR 455/08, NStZ 2009, 281 (282 Rn. 18) insoweit nicht abgedr. in BGHSt 53, 112, dazu Anm. Gleß/Wenneker JR 2009, 383 (384 f.); aA Gleß in Löwe/Rosenberg Rn. 90; Brüssow StraFo 1998, 294 (298); R. Hamm NJW 1996, 2185 (2189 f.); krit. auch Schmitt in Meyer-Goßner/Schmitt Einl. Rn. 57b. Eingehend dazu und (insbes. mit Blick auf die personelle Reichweite eines Widerspruchs) differenzierend Nack StraFo 1998, 366 (370 ff.); vgl. auch Schwaben Personelle Reichweite, 2005, S. 139 ff., 153 ff., 190.

[228] BayObLG 1.12.1993 – 4 St RR 190/93, NJW 1994, 1296; abl. (zur Rechtskreistheorie iAllg und insbes. zur Überkreuzverwertung) Dencker StV 1995, 232 (Anm. zu BGH 10.8.1994 – 3 StR 53/94, NJW 1994, 3364); abl. (und zum Revisionsvortrag) auch Schlothauer/Weider/Wollschläger Revisionsverfahren 3. Aufl. 2017, Rn. 2108 f. bzw. 2111 ff. (Rügen 247 und 248).

[229] Vgl. auch Roxin FS Kühne, 2013, 317 (324 ff.).

[230] Vgl. auch J. Kretschmer in Radtke/Hohmann Rn. 26.

[231] Vgl. Rogall, Der Beschuldigte als Beweismittel gegen sich selbst, 1977, S. 227 ff. sowie → Vor § 133 Rn. 91 ff.

[232] Vgl. BGH 30.4.1968 – 1 StR 625/67, BGHSt 22, 129 (135) = NJW 1968, 1388 (1390) mkritAnm Grünwald JZ 1968, 752; aA OLG Oldenburg 10.10.1994 – Ss 371/94, NStZ 1995, 412; offen gelassen bei Schmitt in Meyer-Goßner/Schmitt Rn. 22. Vgl. Rogall, Der Beschuldigte als Beweismittel gegen sich selbst, 1977, S. 221 ff. sowie (zu §§ 52, 55) 230 ff., 234 ff.

[233] Schmitt in Meyer-Goßner/Schmitt Rn. 24, 27. Vgl. BGH 3.7.2007 – 1 StR 3/07, NJW 2007, 2706 (2709 Rn. 31) insoweit nicht abgedr. in BGHSt 51, 367; (zur Verteidigerkonsultation) BGH 29.10.1992 – 4 StR 126/92, NJW 1993, 338 (340) insoweit nicht abgedr. in BGHSt 38, 372 ff.; (kein Beruhen) BGH 11.7.2008 – 5 StR 202/08, NStZ 2008, 643; (schon keine Aussage) BGH 18.12.2003 – 1 StR 380/03, NStZ 2004, 450 (451).

Die Revision muss den ursprünglichen Verstoß und die ggf. weiteren, das Verwertungsverbot begründenden Umstände **darlegen.**[234] Sie muss ebenso darlegen, dass keine dem Verwertungsverbot entgegenstehenden Umstände vorgelegen haben oder später eingetreten sind.[235] So verlangt die Rspr. zB den Vortrag, dass der Beschuldigte seine Rechte nicht kannte bzw. – bei verspäteter einfacher Belehrung – die Unverwertbarkeit der bisherigen Aussage nicht kannte[236] und dass die Vernehmung später nicht fehlerfrei wiederholt wurde (s. wiederum → Rn. 55 ff.).[237] Sie muss ferner darlegen, welchen Inhalt die fehlerhaft zustande gekommene Aussage hatte sowie dass und wie sie im Urteil verwertet wurde. Schließlich ist nach der Rspr. zum rechtzeitig erhobenen Widerspruch (→ Rn. 72 ff.) vorzutragen.[238] Die Revision muss nicht vortragen, dass der Beschuldigte ohne den Belehrungsmangel nicht ausgesagt hätte; insbes., dass Schweigen keine geeignete Verteidigung gewesen wäre, hindert nicht das Beruhen des Urteils auf dem Verfahrensfehler.[239] 84

Ergänzend (insbes. zur **fehlerhaften Annahme eines Verwertungsverbots**) → § 136a Rn. 105 f. 85

§ 136a Verbotene Vernehmungsmethoden; Beweisverwertungsverbote

(1) [1]Die Freiheit der Willensentschließung und der Willensbetätigung des Beschuldigten darf nicht beeinträchtigt werden durch Mißhandlung, durch Ermüdung, durch körperlichen Eingriff, durch Verabreichung von Mitteln, durch Quälerei, durch Täuschung oder durch Hypnose. [2]Zwang darf nur angewandt werden, soweit das Strafverfahrensrecht dies zuläßt. [3]Die Drohung mit einer nach seinen Vorschriften unzulässigen Maßnahme und das Versprechen eines gesetzlich nicht vorgesehenen Vorteils sind verboten.

(2) Maßnahmen, die das Erinnerungsvermögen oder die Einsichtsfähigkeit des Beschuldigten beeinträchtigen, sind nicht gestattet.

(3) [1]Das Verbot der Absätze 1 und 2 gilt ohne Rücksicht auf die Einwilligung des Beschuldigten. [2]Aussagen, die unter Verletzung dieses Verbots zustande gekommen sind, dürfen auch dann nicht verwertet werden, wenn der Beschuldigte der Verwertung zustimmt.

Schrifttum: Albrecht, Zur Rechtmäßigkeit legendierter Kontrolle, Festschrift Rogall, 2018, 435; Altenhain/Haimerl, Modelle konsensualer Erledigung des Hauptverfahrens (unter Berücksichtigung des Beschlusses des Großen Senats für Strafsachen vom 3.3.2005), GA 2005, 281; Altvater, Legendierte Kontrollen, Festschrift Schlothauer, 2018, 3; Ambos, Die transnationale Verwertung von Folterbeweisen, StV 2009, 151; Ambos, Beweisverwertungsverbote: Grundlagen und Kasuistik – internationale Bezüge – ausgewählte Probleme, 2010; Amelung, Prinzipien strafprozessualer Beweisverwertungsverbote, 2011; Amelung, „Rettungsfolter" und Menschenwürde – Bemerkungen zum Urteil des LG Frankfurts a.M. über die Entschädigung des Mörders Gäfgen, JR 2012, 18; Artkämper, Wahrheitsfindung im Strafverfahren mit gängigen und innovativen Methoden, Kriminalistik 2009, 349 (1. Teil), 417 (2. Teil); Artkämper, Hypnose, StRR 2013, 254 (Teil 1), 338 (Teil 2); K. Bader, Zum neuen § 136a StPO, JZ 1951, 123; Barczak, Der verdeckte Einsatz ausländischer Polizisten in Deutschland – Rechtsrahmen, Rechtsprobleme und Reformbedarf, StV 2012, 182; Baumann, Sperrkraft der mit unzulässigen Mitteln herbeigeführten Aussage, GA 1959, 33; Beck, Unterstützung der

[234] Vgl. (zur fehlenden Belehrung über die Aussagefreiheit) BGH 16.2.1993 – 5 StR 463/92, NJW 1993, 2125 (2127); (zur Verweigerung der Verteidigerkonsultation) BGH 28.10.1998 – 5 StR 294/98, NStZ 1999, 154; 16.9.2009 – 2 StR 299/09, NStZ 2010, 97 f.; ausf. (insbes. auch zur fehlenden Belehrung über das Recht zur Verteidigerkonsultation) Schlothauer/Weider/Wollschläger Revisionsverfahren 3. Aufl. 2017, Rn. 2067 ff. (Rüge 241, insb. Rn. 2070).

[235] AA (und zu Recht gegen ständig erweiterte Zulässigkeitshürden) Fezer FS Hanack, 1999, 331 (347).

[236] OLG Hamm 7.5.2009 – 3 Ss 85/08, NStZ-RR 2009, 283 (284 f.); aA Gleß in Löwe/Rosenberg Rn. 111; Gundlach in AK-StPO Rn. 40; Herdegen NStZ 1990, 513 (518).

[237] Näher Schlothauer/Weider/Wollschläger Revisionsverfahren 3. Aufl. 2017, Rn. 2044 ff. (Rüge 240 4.) mN.

[238] BGH 9.4.1997 – 3 StR 2/97, NStZ 1997, 614 f. mAnm Müller-Dietz.

[239] BGH 27.2.1992 – 5 StR 190/91, BGHSt 38, 214 (225 f.) = NJW 1992, 1463 (1466); Salger, Das Schweigerecht des Beschuldigten, 1998, S. 75.

Strafermittlung durch die Neurowissenschaften? – Einsatz von Verfahren funktioneller Bildgebung als „Lügendetektoren" im Strafverfahren, JR 2006, 146; Beulke, Die Vernehmung des Beschuldigten – einige Anmerkungen aus der Sicht der Prozeßrechtswissenschaft, StV 1990, 180; Beulke, Hypothetische Kausalverläufe im Strafverfahren bei rechtswidrigem Vorgehen von Ermittlungsorganen, ZStW 103 (1991), 657; Bienert, Private Ermittlungen und ihre Bedeutung auf dem Gebiet der Beweisverwertungsverbote, 1997; Bockemühl, Private Ermittlungen im Strafprozess – ein Beitrag zu der Lehre von den Beweisverboten, 1996; Bosch, Aspekte des nemo-tenetur-Prinzips aus verfassungsrechtlicher und strafprozessualer Sicht – Ein Beitrag zur funktionsorientierten Auslegung des Grundsatzes „nemo tenetur seipsum accusare", 1998; Brunhöber, Privatisierung des Ermittlungsverfahrens im Strafprozess, GA 2010, 571; Brüssow, Beweisverwertungsverbot in Verkehrsstrafsachen, StraFo 1998, 294; Bung, Objektiv unzulässiger oder intentionaler Zwang als Voraussetzung eines Beweisverwertungsverbots nach § 136a Abs. 3 2 iVm. Abs. 1 2 StPO, StV 2008, 495; Coen, Ankauf und Verwertung deliktisch beschaffter Beweismittel in Steuerstrafverfahren aus völkerrechtlicher Sicht, NStZ 2011, 433; Dahle, Noch erlaubt oder schon verboten? – Die Abgrenzung von erlaubter List und verbotener Täuschung im Ermittlungsverfahren, Kriminalistik 1990, 431; Dahs/Wimmer, Unzulässige Untersuchungsmethoden bei Alkoholverdacht, NJW 1960, 2217; Dallmeyer, Verletzt der zwangsweise Brechmitteleinsatz gegen Beschuldigte deren Persönlichkeitsrechte?, StV 1997, 606; Degener, § 136a StPO und die Aussagefreiheit des Beschuldigten, GA 1992, 443; Dencker, Verwertungsverbote im Strafprozeß – ein Beitrag zur Lehre von den Beweisverboten, 1977; Dencker, Über Heimlichkeit, Offenheit und Täuschung bei der Beweisgewinnung im Strafverfahren, StV 1994, 667; Döhring, Die Erforschung des Sachverhalts im Prozeß, 1964; Duttge, Strafprozessualer Einsatz von V-Personen und Vorbehalt des Gesetzes, JZ 1996, 556; Eidam, Die strafprozessuale Selbstbelastungsfreiheit am Beginn des 21. Jahrhunderts, 2007; Ellbogen, Die verdeckte Ermittlungstätigkeit der Strafverfolgungsbehörden durch die Zusammenarbeit mit V-Personen und Informanten, 2004; Engländer, Das nemo-tenetur-Prinzip als Schranke verdeckter Ermittlungen – eine Bespr. von BGH 3 StR 104/07, ZIS 2008, 163; Erb, Notwehr als Menschenrecht – Zugl. eine Kritik der Entscheidung des LG Frankfurt a. M. im „Fall Daschner", NStZ 2005, 593; Erb, Verbotene Vernehmungsmethoden als staatlich veranlaßte Beeinträchtigungen der Willensfreiheit, Festschrift Otto, 2007, 863; Erbs, Unzulässige Vernehmungsmethoden – Probleme des § 136a StPO, NJW 1951, 386; Ernst/Sturm, Nichtöffentlich geführte Selbstgespräche und der Schutz des Kernbereichs privater Lebensgestaltung – Bespr. zu BGH 2 StR 509/10, HRRS 2012, 374; Eser, Der Schutz vor Selbstbezichtigung im deutschen Strafprozeßrecht, Beiheft zur ZStW 1974, 136; Esser, Grenzen für verdeckte Ermittlungen gegen inhaftierte Beschuldigte aus dem europäischen nemo-tenetur-Grundsatz, JR 2004, 98; Esser, EGMR in Sachen Gäfgen v. Deutschland (22978/05), Urt. v. 30.6.2008, NStZ 2008, 657; Esser/Gaede/Tsambikakis, Übersicht zur Rechtsprechung des EGMR in den Jahren 2008 bis Mitte 2010, NStZ 2011, 78 (1. Teil); Fahl, Notwehr und Tabu, JR 2011, 338; Fezer, Pragmatismus und Formalismus in der revisionsgerichtlichen Rechtsprechung, Festschrift Hanack, 1999, 331; Fincke, Die Pflicht des Sachverständigen zur Belehrung des Beschuldigten, ZStW 86 (1974), 656; P. Frank, Die Verwertbarkeit rechtswidriger Tonbandaufnahmen Privater – Überlegungen zu einem einheitlichen Schutz des Rechts am gesprochenen Wort im Straf- und Strafverfahrensrecht, 1996; Gaede, Das Verbot der Umgehung der EMRK durch den Einsatz von Privatpersonen bei der Strafverfolgung, StV 2004, 46; Gaede/Buermeyer, Beweisverwertungsverbote und „Beweislastumkehr" bei unzulässigen Tatprovokationen nach der jüngsten Rechtsprechung des EGMR, HRRS 2008, 279; Gaede, Beweisverbote zur Wahrung des fairen Strafverfahrens in der Rechtsprechung des EGMR insbesondere bei verdeckten Ermittlungen, JR 2009, 493; Gallandi, Gleichzeitige Verletzung der §§ 55 und 136a StPO, NStZ 1991, 119; Glatzel, Die Ermittlungsvernehmung aus psychologisch-psychopathologischer Sicht, StV 1982, 283; Glatzel, Zur Vernehmungsfähigkeit Drogenabhängiger, StV 1994, 46; Gleß, Truth or Due Process? The Use of Illegally Gathered Evidence in the Criminal Trial, in Basedow/Kischel/Sieber: German national reports to the 18th International Congress of Comparative Law (Washington 2010), 2010, 676; Gleß, Wenn das Haus mithört: Beweisverbote im digitalen Zeitalter, StV 2018, 671; Godenzi, Das strafprozessuale Verbot staatlicher Beweismittelhehlerei: Königsweg oder Luftschloss?, GA 2008, 499; Götting, Beweisverwertungsverbote in Fällen gesetzlich nicht geregelter Ermittlungstätigkeit durch V-Leute, Scheinaufkäufer und Privatleute, 2001; Götz, Das Urteil gegen Daschner im Lichte der Werteordnung des Grundgesetzes, NJW 2005, 953; Grabenwarter, Androhung von Folter und faires Verfahren – das (vorläufig) letzte Wort aus Straßburg, NJW 2010, 3128; Greco, Die Regeln hinter der Ausnahme – Gedanken zur Folter in sog. ticking time bomb-Konstellationen, GA 2007, 628; Groth, Unbewusste Äußerungen und das Verbot des Selbstbelastungszwangs, 2003; Grünwald, Zur Ankündigung von Strafmilderung für den Fall eines Geständnisses, NJW 1960, 1941; Grünwald, Beweisverbote und Verwertungsverbote im Strafverfahren, JZ 1966, 489; Güntge, Beweisverwertungsverbote zu Ungunsten eines (Mit-)Angeklagten?, StV 2005, 403; H.-L. Günther, Strafrichterliche Beweiswürdigung und schweigender Angeklagter, JR 1978, 89; G. Haas, Vernehmung, Aussage des Beschuldigten und vernehmungsähnliche Situation GA 1995, 230; G. Haas, Der Beschuldigte als Augenscheinsobjekt, GA 1997, 368; R. Hamm, Verwertung rechtswidriger Ermittlungen – nur zu Gunsten des Beschuldigten?, StraFo 1998, 361; Heine, Beweisverbote und Völkerrecht: Die Affäre Liechtenstein in der Praxis – zugl. Bespr. v. AG Bochum 64 Gs 1491/08 und 64 Gs-35 Js 220/07 – 1491/08 sowie LG Bochum 2 Qs 10/08 und 2 Qs 2/09, HRRS 2009, 540; S. Heine, Zur Verwertbarkeit von Aussagen im Ausland möglicherweise gefolterter Zeugen – Bespr. der El Haski-Entscheidung des EGMR, NStZ 2013, 680; Henrichs/Steri, Das deutsche Strafverfahren und der Begriff der Fairness gem. Art. 6 EMRK, Kriminalistik 2004, 629; Herbst, Die lebensrettende Aussageerzwingung, 2011; Herdegen, Die Beruhensfrage im strafprozessualen Revisionsrecht, NStZ 1990, 513; Herzberg, Folter und Menschenwürde, JZ 2005, 321; Herzog/Roggan, Zu einer Reform der Strafbarkeit wegen Aussageerpressung – § 343 StGB, GA 2008, 142; Hilgendorf, Folter im Rechtsstaat?, JZ 2004, 331; Jäger, Beweisverwertung und Beweisverwertungsverbote im Strafprozess, 2003; Jäger, Folter und Flugzeugabschuss – rechtsstaatliche Tabubrüche oder rechtsguterhaltende Notwendigkeiten? – zugl. ein Beitrag zur Entscheidung des EGMR im Fall Gäfgen gegen Deutschland, JA 2008, 678; Jäger, Prozessuale Gesamtbetrachtungs- und Kausalüberlegungen als Erosionserscheinungen in einem justizförmigen Strafverfahren, Festschrift Wolter, 2013, 947; Jahn, Gute Folter – schlechte Folter? – Straf-, verfassungs- und völkerrechtliche Anmerkungen zum Begriff „Folter" im Spannungsfeld von Prävention und Repression, KritV 2004, 24; Jahn, Strafprozessrecht als geronnenes Verfassungsrecht – Hauptprobleme und Streitfragen des § 136a StPO, JuS 2005, 1057; Jahn, Beweiserhebungs- und Beweisverwertungsverbote im Spannungsfeld zwischen den Garantien des Rechtsstaates und der effektiven Bekämpfung von Kriminalität und Terrorismus, 67. DJT Erfurt 2008, Gutachten C, 2008; Jahn, Grundfragen und aktuelle Probleme der Beweisverwertung im Straf- und Steuerstrafverfahren – Zugl. ein Beitrag zur Fortentwicklung der Beweisbefugnislehre nach dem „Fall Liechtenstein", Festschrift Stöckel, 2010, 259; Jahn, Strafverfolgung um jeden Preis? – die Verwertbarkeit rechtswidrig erlangter Beweismittel, StraFo 2011, 117; Jahn/Geck, Tagebuchfall revisited – Der Bundesgerichtshof, die Gedankenfreiheit und ein Selbstgespräch im Auto, JZ 2012, 561; Janicki, Beweisverbote im deutschen und englischen Strafprozess – Auswirkungen auf die europäische Zusammenarbeit, 2002; Jansen, Zeuge und Aussagepsychologie, 2. Aufl. 2012; Jaworski, Polygraphische Untersuchungen in der polnischen Ermittlungspraxis NStZ 2008, 195; Joerden, Verbotene Vernehmungsmethoden – Grundfragen des § 136a StPO, JuS 1993, 927; Joerden, Folter, in Stoecker/Raters/Neuhäuser (Hrsg.), Handbuch Angewandte Ethik, 2011, 381; Kahlo, Soll es dem Staat im Strafprozeß rechtlich erlaubt sein, Verdachtsklärung durch Täuschungshandlungen zu unternehmen?, Festschrift Wolff, 1998, 153; Kant, Metaphysik der Sitten, 1797; Kargl/Kirsch, Zur Zulässigkeit eines untauglichen Beweismittels im Strafverfahren – BGHSt 44, 308, JuS 2000, 537; Kasiske, Die Selbstbelastungsfreiheit bei verdeckten Befragungen, StV 2014, 423; Kaspar, Strafprozessuale Verwertbarkeit nach rechtswidriger Beweisbeschaffung – Zugleich ein Beitrag zur Systematisierung der Beweisverbotslehre, GA 2013, 206; Keiser, Die verwerfliche Tat eines würdigen Täters – der Fall Daschner und die Verwarnung mit Strafvorbehalt als custodia honesta, GA 2009, 344; Kleinknecht, Die Beweisverbote im Strafprozeß, NJW 1966, 1537; Köhler, Prozeßrechtsverhältnis und Ermittlungseingriffe, ZStW 107 (1995), 10; Kohlhaas, Die neuen wissenschaftlichen Methoden der Verbrechensaufklärung und der Schutz der Rechte des Beschuldigten, JR 1960, 246; Kölbel, Zur Verwertbarkeit privat-deliktisch beschaffter Bankdaten – ein Kommentar zur causa „Kieber", NStZ 2008, 241; König, Das Geständnis im postmodernen, konsensualen Strafprozess, NJW 2012, 1915; Krack, Der Normzweck des § 136a StPO, NStZ 2002, 120; Kramer, Alkohol – Ein Vernehmungshindernis? – Analyse und Bewertung eines erstaunlichen richterlichen Urteils, Kriminalistik 1991, 309; J. Kretschmer, Schutz vor staatlich veranlasstem Zwang und inszenierter Täuschung – Anm. zu BGH 5 StR 51/10, HRRS 2010, 343; Kretzschmann, Strafverfahrensrecht und demografischer Wandel – Ältere Beschuldigte im Ermittlungsverfahren, 2020; Kudlich, Reden ist Silber, Schweigen ist Gold – zur „Mit-Hör-Fallen"-Entscheidung des Großen Strafsenats [BGH GedächtnisschriftSt 1/96], JuS 1997, 696; Kühne, Strafprozessuale Beweisverbote und Art. 1 I Grundgesetz, 1970; Kühne, Strafrechtliche und moralische Fragen beim staatlichen Ankauf von illegal erlangten Bankdaten, GA 2010, 275; Kühne, Die Verwertbarkeit von illegal erlangten Steuerdaten im Strafverfahren, Festschrift C. Roxin II, 2011, Bd. 2 1269; Kühne, Beschuldigtenangaben in vernehmungsähnlichen Situationen, Festschrift Wolter, 2013, 1009; Lagodny, Verdeckte Ermittler und V-Leute im Spiegel von § 136a StPO als „angewandtem Verfassungsrecht" – zugl. eine Analyse neuerer BGH-Entscheidungen, StV 1996, 167; Lesch, Inquisition und rechtliches Gehör in der Beschuldigtenvernehmung, ZStW 111 (1999), 624; Lesch, „Hörfalle" und kein Ende – zur Verwertbarkeit von selbstbelastenden Angaben des Beschuldigten in der Untersuchungshaft, GA 2000, 355; Lüderssen, Verbrechensprophylaxe durch Verbrechensprovokation?, Festschrift Peters, 1974, 349; Mahlstedt, Die verdeckte Befragung des Beschuldigten im Auftrag der Polizei – informelle Informationserhebung und Selbstbelastungsfreiheit, 2011; Maisch, Forensisch-psychologische Aspekte von Verstößen gegen § 136a StPO im Ermittlungsverfahren – ein empirischer Beitrag, StV 1990, 314; Malek, Abschied von der Wahrheitssuche, StV 2011, 559; Mende, Grenzen privater Ermittlungen durch den Verletzten einer Straftat, 2001; Meyer-Mews, Die „in dubio contra reo"-Rechtsprechungspraxis bei Aussage-gegen-Aussage-Delikten, NJW 2000, 916; Mitsch, Strafprozessuale Beweisverbote im Spannungsfeld zwischen Jurisprudenz und realer Gefahr, NJW 2008, 2295; Mitsch, Strafprozessual unantastbare „Kommunikation mit sich selbst", NJW 2012, 1486; Mosbacher, Aktuelles Strafprozessrecht, JuS 2011, 137; W. Müller/Römer, Legendierte Kontrollen – Die gezielte Suche nach dem Zufallsfund, NStZ 2012, 543; Müssig, Beweisverbote im Legitimationszusammenhang von Strafrechtstheorie und Strafverfahren, GA 1999, 119; Müssig, Grenzen der Beweisverwertung beim Einsatz „Verdeckter Ermittler" gegen den Verdächtigen, GA 2004, 87; Nack, Verwertung rechtswidriger Ermittlungen nur zu Gunsten des Beschuldigten?, StraFo 1998, 366; Nagler, Verteidigung gegen im Ausland gewonnene Ermittlungsergebnisse, StV 2013, 324; Nelles, Ein „kleines U-Haft-Recht" für Polizei und Staatsanwaltschaft?, StV 1992, 385; Niese, Narkoanalyse als doppelfunktionelle Prozeßhandlung, ZStW 63 (1951), 199; Nitschke/Bielefeld (Hrsg.), Rettungsfolter im modernen Rechtsstaat?, 2005; Nix, Vorläufige Festnahme und verbotene Vernehmungsmethoden gegenüber Kindern, Jugendlichen und Heranwachsenden im strafrechtlichen Ermittlungsverfahren, MSchrKrim 1993, 183; Nowrousian, Darf der Staat aktiv täuschen, um verdeckte Ermittlungsmaßnahmen geheim zu halten? – Anm. zu BGH 4 StR

436/09, Kriminalistik 2011, 370; Nowrousian, Darf der Beschuldigte im Ermittlungsverfahren getäuscht werden? – Zur grundsätzlichen Zulässigkeit aktiver Täuschungen im Ermittlungsverfahren, NStZ 2015, 625; Ostendorf, Gekaufte Strafverfolgung – Die Strafbarkeit des Erwerbs von „geklauten" Steuerdaten und ihre Beweisverwertung, ZIS 2010, 301; Otto, Die strafprozessuale Verwertbarkeit von Beweismitteln, die durch Eingriff in Rechte anderer von Privaten erlangt wurden, Festschrift Kleinknecht, 1985, 319; Otto, Grenzen und Tragweite der Beweisverbote im Strafverfahren, GA 1970, 289; Pawlik, Verdeckte Ermittlungen und das Schweigerecht des Beschuldigten – zu den Anwendungsgrenzen der §§ 136 Abs. 1 2 und 136a StPO, GA 1998, 378; Pawlik, Zur strafprozessualen Verwertbarkeit rechtswidrig erlangter ausländischer Bankdaten, JZ 2010, 693; Peters, Beweisverbote im deutschen Strafverfahren, Verhandlungen des 46. DJT 1966, Bd. I (Gutachten), 1966, Teil 3 A 91; Prasch, Die List in der Vernehmung und Befragung des Beschuldigten, Diss. Köln 2002; Puppe, List im Verhör des Beschuldigten, GA 1978, 289; Putzke/Scheinfeld/Klein/Undeutsch, Polygraphische Untersuchungen im Strafprozess, ZStW 121 (2009), 607; Putzke/Scheinfeld, Entlastungsbeweis: polygraphische Untersuchung – Taktisches zur Beweiserhebung im Strafverfahren, StraFo 2010, 58; Ranft, Bemerkungen zu den Beweisverboten im Strafprozeß, Festschrift Spendel, 1992, 719; Ransiek, Die Rechte des Beschuldigten in der Polizeivernehmung, 1990; Ransiek, Belehrung über Aussagefreiheit und Recht der Verteidigerkonsultation: Folgerungen für die Beschuldigtenvernehmung, StV 1994, 343; Ransiek/Winsel, Die Selbstbelastung im Sinne des „nemo-tenetur se ipsum accusare"-Grundsatzes, GA 2015, 620; Reeb, Internal Investigations – Neue Tendenzen privater Ermittlungen, 2011; Reemtsma, Folter im Rechtsstaat?, 2005; Rehbein, Die Verwertbarkeit von nachrichtendienstlichen Erkenntnissen aus dem In- und Ausland im deutschen Strafprozess, 2011; Reiß, Gesetzliche Auskunftsverweigerungsrechte bei Gefahr der Strafverfolgung in öffentlichrechtlichen Verfahren, NJW 1982, 2540; Renzikowski, Die förmliche Vernehmung des Beschuldigten und ihre Umgehung, JZ 1997, 710; Rick, „An die Hunde verfüttert" – Prozessbericht zu einem Justizirrtum, StraFo 2012, 400; Rieß, Die Vernehmung des Beschuldigten im Strafprozeß, JA 1980, 293; Rogall, Der Beschuldigte als Beweismittel gegen sich selbst – ein Beitrag zur Geltung des Satzes „Nemo tenetur seipsum prodere" im Strafprozeß, 1977; Rogall, Gegenwärtiger Stand und Entwicklungstendezen der Lehre von den strafprozessualen Beweisverboten, ZStW 91 (1979), 1; Rogall, Über die Folgen der rechtswidrigen Beschaffung des Zeugenbeweises im Strafprozeß, JZ 1996, 944; Rogall, Zur Zulässigkeit einer heimlichen akustischen Überwachung von Ehegattengesprächen in der Untersuchungshaft – zugl. Bespr. von BGHSt 53, 294, HRRS 2010, 289; Rogall, Grund und Grenzen der „qualifizierten" Belehrung im Strafprozess, Festschrift Geppert, 2011, 519; Rosengarten/Römer, Der „virtuelle verdeckte Ermittler" in sozialen Netzwerken und Internetboards, NJW 2012, 1764; Roxin, Nemo tenetur: die Rechtsprechung am Scheideweg, NStZ 1995, 465; Roxin, Zum Hörfallen-Beschluß des Großen Senats für Strafsachen, NStZ 1997, 18; Roxin/G. Schäfer/Widmaier, Die Mühlenteichtheorie – Überlegungen zur Ambivalenz von Verwertungsverboten, StV 2006, 655; Roxin, Für ein Beweisverwertungsverbot bei unterlassener qualifizierter Belehrung (Anm. zu BGH 4 StR 455/08), HRRS 2009, 186; Roxin, Aushorchungen in der Untersuchungshaft als Überführungsmittel, Festschrift Geppert, 2011, 549; Safferling, Die zwangsweise Verabreichung von Brechmittel: Die StPO auf dem menschenrechtlichen Prüfstand, Jura 2008, 100; Salger, Das Schweigerecht des Beschuldigten – Vergleich zwischen deutschem und US-amerikanischem Strafverfahrensrecht, 1998; Saliger, Absolutes im Strafprozeß? – Über das Folterverbot, seine Verletzung und die Folgen seiner Verletzung, ZStW 116 (2004), 35; Sauer, Völkerrechtliche Folgenbeseitigung im Strafverfahren – zugl. Bespr. von EGMR, Urteil v. 1.6.2010 – Gäfgen v. Germany, JZ 2011, 23; Schilling, Illegale Beweise – eine Untersuchung zum Beweisverfahren im Strafprozeß, 2004; Eb. Schmidt, Zur Lehre von den strafprozessualen Zwangsmaßnahmen, NJW 1962, 664; Eb. Schmidt, Der Strafprozeß – Aktuelles und Zeitloses, NJW 1969, 1137; H. Schneider, Überlegungen zur Zulässigkeit des Aushorchens von Inhaftierten durch V-Leute unter Einsatz technischer Hilfsmittel, JR 1996, 401; H. Schneider, Überlegungen zur strafprozessualen Zulässigkeit heimlich durchgeführter Stimmvergleiche, GA 1997, 371; H. Schneider, Verdeckte Ermittlungen in Haftanstalten, NStZ 2001, 8; Schoreit, Verbotene Vernehmungsmethoden unter besonderer Berücksichtigung der Fernwirkungsproblematik (§ 136a StPO), in AG StrafR DAV, II. Strafverteidiger-Frühjahrssymposium 1988, Wahrheitsfindung und ihre Schranken, 1989, 159; Schuhr, Brechmitteleinsatz als unmenschliche und erniedrigende Behandlung, NJW 2006, 3538; Schuhr, Zur Vertretbarkeit einer rechtlichen Aussage, JZ 2008, 603; K. Schumann, „Brechmitteleinsatz ist Folter?" – die Rechtsprechung des EGMR zum Brechmitteleinsatz im Strafverfahren, StV 2006, 661; Schünemann, Der polizeiliche Lockspitzel – Kontroverse ohne Ende? – krit. Anm. zum Vorlagebeschl. [BGH 2 StR 13/85], StV 1985, 424; Schünemann, Absprachen im Strafverfahren? – Grundlagen, Gegenstände und Grenzen, 58. DJT 1990, Gutachten B, 1990; Schünemann, Der deutsche Strafprozeß im Spannungsfeld von Zeugenschutz und materieller Wahrheit – kritische Anmerkungen zum Thema des 62. DJT 1998, StV 1998, 391; Schünemann, Kommentar zur Abhandlung von Luís Greco, GA 2007, 644; Schünemann, Die Liechtensteiner Steueraffäre als Menetekel des Rechtsstaats, NStZ 2008, 305; Schüssler, Polygraphie im deutschen Strafverfahren, 2002; Schüssler, Das endgültige Aus oder neue Hoffnung für den „Lügendetektor"?, JR 2003, 188; Schuster, Verwertbarkeit im Ausland gewonnener Beweise im deutschen Strafprozess, 2006; Schwabenbauer, Der Zweifelssatz im Strafprozessrecht, 2012; Seebode, Folterverbot und Beweisverbot, Festschrift Otto, 2007, 999; Sieber, Ermittlungen in Sachen Liechtenstein – Fragen und erste Antworten, NJW 2008, 881; Simson, Lehren der schwedischen Strafrechtspflege, MDR 1950, 281; Soiné, Kriminalistische List im Ermittlungsverfahren, NStZ 2010, 596; Sowada, Beweisverwertungsverbote im Spannungsfeld zwischen nemo-tenetur-Grundsatz und fair-trial-Prinzip, Festschrift Geppert, 2011, 689; Spatscheck, Wird Gauner, wer mit Gaunern dealt? – Erkenntnisgewinnung und -verwertung in den Liechtenstein-Fällen 2008, Festschrift Volk, 2009, 771; Spendel, Beweisverbote im Strafprozess, NJW 1966, 1102; Sternberg-Lieben, Die „Hörfalle“ – eine Falle für die rechtsstaatliche Strafverfolgung? – Gedanken zu BGHSt 39, 335, Jura 1995, 299; Stübinger, Lügendetektor ante portas – zu möglichen Auswirkungen neurowissenschaftlicher Erkenntnisse auf den Strafprozess, ZIS 2008, 538; Trüg/Habetha, Beweisverwertung trotz rechtswidriger Beweisgewinnung – insb. mit Blick auf die „Liechtensteiner Steueraffäre“, NStZ 2008, 481; Trüg, Steuerdaten-CDs und die Verwertung im Strafprozess, StV 2011, 111; Velten, Die Rückabwicklung unzulässiger Absprachen – Kritik der aktuellen Rechtsprechung zur Reichweite der §§ 257c Abs. 4 3, 136a StPO – zugl. eine Anm. zu BGH 1 StR 60/11, StV 2012, 172; Verrel, Nemo tenetur – Rekonstruktion eines Verfahrensgrundsatzes, NStZ 1997, 361 (1. Teil), 415 (2. Teil); Volk, Kronzeugen praeter legem? Vernehmungspraxis, Vorteilsversprechen, Verdunkelungsgefahr, NJW 1996, 879; Wagenländer, Zur strafrechtlichen Beurteilung der Rettungsfolter, 2006; Wang, Einsatz verdeckter Ermittler zum Entlocken des Geständnisses des Beschuldigten – Ein Prüfstein für das Täuschungsverbot des § 136a und den nemo-tenetur-Grundsatz aus Art. 6 EMRK, 2015; Warg, Anmerkungen zum Kernbereich privater Lebensgestaltung – zugl. Bespr. von BGH 2 StR 509/10, NStZ 2012, 237; Weigend, Abgesprochene Gerechtigkeit – Effizienz durch Kooperation im Strafverfahren?, JZ 1990, 774; Weiler, Irreparable Verletzung des Rechts des Beschuldigten auf ein faires rechtsstaatliches Strafverfahren als Verfahrenshindernis, GA 1994, 561; Weiler, Befragung von Beschuldigten oder aussageverweigerungsberechtigten Zeugen im Ermittlungsverfahren durch V-Leute, GA 1996, 101; Weilert, Grundlagen und Grenzen des Folterverbotes in verschiedenen Rechtskreisen – eine Analyse anhand der deutschen, israelischen und pakistanischen Rechtsvorschriften vor dem Hintergrund des jeweiligen historisch-kulturell bedingten Verständnisses von Menschenwürde, 2009; Wesemann/A. Müller, Das gem. § 136a Abs. 3 StPO unverwertbare Geständnis und seine Bedeutung im Rahmen der Strafzumessung, StraFo 1998, 113; Wessels, Schweigen und Leugnen im Strafverfahren, JuS 1966, 169; Weßlau, Vorfeldermittlungen – Probleme der Legalisierung „vorbeugender Verbrechensbekämpfung“ aus strafprozeßrechtlicher Sicht, 1989; Weßlau, Zwang, Täuschung und Heimlichkeit im Strafverfahren – über die Mitwirkungsfreiheit des Beschuldigten und deren Grenzen, ZStW 110 (1998), 1; Wohlers, Zur (Un-)Verwertbarkeit strafrechtswidrig erhobener Bild- und Audioaufzeichnungen des Tatgeschehens, JR 2016, 509; Wölfl, Heimliche private Tonaufnahmen im Strafverfahren, StraFo 1999, 74; Wolter, Menschenwürde und Freiheit im Strafprozeß, Gedächtnisschrift Meyer, 1990, 493; Wolter, Beweisverbote und Umgehungsverbot zwischen Wahrheitserforschung und Ausforschung, Festgabe BGH IV, 2000, 963; Wolter, Staatlich gesteuerte Selbstbelastungsprovokation mit Umgehung des Schweigerechts – zur objektiven Zurechnung im Strafprozessrecht, ZIS 2012, 238.

Übersicht

I. Überblick

1 **1. Normzweck und Entstehung.** Die Aussagefreiheit des Beschuldigten spricht die StPO seit ihrem Inkrafttreten in § 136 Abs. 1 S. 2 an (Vgl. zur früher deutlich anderen Formulierung → § 136 Rn. 2). Flankierend stellt § 343 StGB die Aussageerpressung unter Strafe. Auch soweit § 136a eine über den Anwendungsbereich dieser beiden Vorschriften hinausgehende Wahrung der **Subjektstellung** des Beschuldigten gebietet und die rechtsstaatlichen Anforderungen an das Verfahren präzisiert, bedeutete seine Einführung mit dem Rechtsvereinheitlichungsgesetz vom 12.9.1950[1] inhaltlich keine Rechtsänderung.[2] Er liefert vielmehr als Verschriftlichung schon zuvor geltender Grundsätze[3] eine Klarstellung, die einerseits durch schwerste Verletzungen dieser und weiterer Prinzipien des Rechtsstaats und betreffender Menschenrechte im Dritten Reich angezeigt erschien.[4] Andererseits sollte die vorbehaltlose Geltung der **Vorgaben des Grundgesetzes** im Strafprozessrecht dokumentiert werden.[5] Schließlich sollte mit der Vorschrift unmissverständlich verboten werden, bei Vernehmungen ein „Wahrheitsserum" zu verabreichen; zuvor war dies auch unter dem Grundgesetz ernsthaft erwogen worden.[6] Ihre Formulierung geht namentlich auf ein schwedisches Vorbild zurück.[7]

2 § 136a setzt – wie insbes. auch § 136 Abs. 1 S. 2 Hs. 1 – die **Aussagefreiheit** (→ Vor § 133 Rn. 62 ff.) voraus und regelt sie nicht, schützt sie aber in spezifischer Weise:[8] Die Möglichkeit zu autonomer Willensentschließung und Willensbetätigung (auf der Grundlage eines manipulationsfreien Erinnerungs- und Einsichtsvermögens) ist Voraussetzung dafür, dass der Beschuldigte seine Aussage- bzw. Mitwirkungsfreiheit (näher → Vor § 133 Rn. 62 ff.) ausüben kann. § 136a schützt diese Möglichkeit, wenn auch weder vollständig noch lückenlos (vgl. insbes. → Rn. 19 ff.). Die Aussage- bzw. Mitwirkungsfreiheit ist eine spezifische Handlungsfreiheit, so dass sich bei ihrer Ausübung gleichartige **Zurechnungsfragen** stellen wie auch sonst bei der Anknüpfung an Handeln und Verantwortung eines Rechtssubjekts. § 136a soll diese Zurechenbarkeit (zumindest partiell) schützen und so notwendige Bedingungen für eine praktisch reale Aussage- und Mitwirkungsfreiheit des Beschuldigten garantieren (näher → Vor § 133 Rn. 82 ff.).[9]

3 **2. Subjektive Rechtspositionen. a) Subjektstellung und Abwägungsresistenz.** Die in § 136a benannten Rechtsgüter (→ Rn. 10 und 16) gehören zum Kernbestand der **Subjektstellung** des Beschuldigten im Strafverfahren. § 136a ist deshalb eine strafprozes-

1 BGBl. 1950 I 455 (484 f.).

2 Vgl. Rogall in SK-StPO Rn. 2; Gleß in Löwe/Rosenberg Rn. 2; Grünwald BeweisR S. 68 f.

3 Näher zum Verhältnis von ungeschriebenem und geschriebenem Verfahrensrecht sowie menschen- und verfassungsrechtlichen Vorgaben → Vor § 133 Rn. 4 ff., speziell zur Aussagefreiheit auch → Vor § 133 Rn. 74 ff. und 82 ff.

4 Vgl. BT Stenographische Berichte Bd. 4, S. 2882 (Greve); s. auch BGH 30.10.1951 – 1 StR 363/51, BGHSt 1, 387 = NJW 1952, 152.

5 Rogall in SK-StPO Rn. 2 mN.

6 Zum damaligen Streit s. Niese ZStW 63 (1951), 199 (210 ff., 226 ff.) mN.

7 Kap. 23 § 12 des Prozessgesetzes vom 1.1.1948, zit. nach Simson MDR 1950, 281 (282). Rechtsvergleichend ggü. England s. Janicki, Beweisverbote im deutschen und englischen Strafprozess, 2002, S. 224 ff., 241 ff., 314 ff.

8 Vgl. Döhring, Erforschung des Sachverhalts, 1964, S. 199 ff.

9 Vgl. auch Gundlach in AK-StPO Rn. 16.

suale Ausformung von Art. 1 Abs. 1 GG,[10] der den Achtungsanspruch des Beschuldigten als Mensch verbürgt (→ Vor § 133 Rn. 22, 74 f.).

Dieser verfassungsrechtliche Zusammenhang steht einer Abwägung und Relativierung von Positionen aus § 136a zugunsten des Sachaufklärungs- oder Strafverfolgungsinteresses entgegen (→ § 136 Rn. 57 f.).[11] Auf die – zB in der Diskussion über **„Rettungsfolter“**[12] – umstrittene Frage, ob die Menschenwürde absolut abwägungsresistent ist oder zumindest in Extremfällen doch die Kollision der Menschenwürde verschiedener Personen eine Präferenzentscheidung erfordern kann, kommt es hier nicht an. § 136a betrifft nur Verfahren für repressive Maßnahmen, die – anders als präventive Maßnahmen – niemals zum Schutz der Menschenwürde Dritter vor akuter Gefahr erforderlich sind. Für die Verbote der Willensbeeinträchtigung (§ 136a Abs. 1 und 2) gilt das **Abwägungsverbot** deshalb uneingeschränkt; auch besondere Umstände des Einzelfalls können sie nicht relativieren. Ihr Schutzumfang ist allgemein und anhand von Kriterien zu bestimmen, die sich aus der Subjektstellung des Beschuldigten (bzw. Zeugen, → Rn. 14 f.) ergeben.[13] Soweit § 136a über den Schutz der Menschenwürde hinausgeht, ergibt sich dasselbe aus den Anforderungen des Rechtsstaatsprinzips und der Fairness des Verfahrens (→ Rn. 8 f.). 4

b) Menschen- und Grundrechte, Folgen für Rechtsbehelfe. § 136a kann verletzt werden, ohne dass darin immer eine Verletzung von Art. 1 Abs. 1 GG liegen muss.[14] Je nach Angriffsrichtung bedeuten solche Verletzungen von § 136a indes Eingriffe in den Schutzbereich eines oder **mehrerer Grund- und Menschenrechte,** die ihrerseits als die Subjektstellung konkretisierende Ausformungen der Menschenwürde aufzufassen sind.[15] Das Pathos der Normhierarchie behebt nicht die Schwierigkeiten bei der konkreten Ausarbeitung der Vorgaben. § 136a dient aber der dogmatischen Entwicklung der Rechtsstellung des Beschuldigten (und Zeugen) insofern, als er einfach-rechtlicher Bezugspunkt[16] mannigfaltiger **Rechtspositionen** ist und sie thematisch **„bündelt“.** 5

Hinter § 136a stehen insbesondere das Recht auf Leben und **körperliche Unversehrtheit** (Art. 2 Abs. 2 S. 1, Art. 104 Abs. 1 S. 2 GG; Art. 2, 8[17] EMRK; Art. 2 Abs. 1, 3 Abs. 1 GRCh), das Verbot von **Folter** und unmenschlicher sowie erniedrigender Behandlung (Art. 3 EMRK, Art. 4 GRCh, Art. 7 IPbpR),[18] ferner die Unverletzlichkeit der persönlichen Freiheit (Art. 2 Abs. 2 S. 2, Art. 104 GG; Art. 5 EMRK; Art. 6 GRCh) sowie die Gleichheitssätze des Art. 3 GG (Art. 20 ff. GRCh). In Spezialfällen können praktisch alle Grund- und Menschenrechte involviert sein.[19] Regelmäßig mitbetroffen ist das allgemeine Persönlichkeitsrecht einschließlich der **Selbstbelastungsfreiheit** (Art. 2 Abs. 1 iVm Art. 1 Abs. 1 GG; Art. 6 Abs. 1 und 2 EMRK).[20] Gleiches gilt für das sich aus Art. 2 Abs. 1 GG 6

---

[10] BGH 16.2.1954 – 1 StR 578/53, BGHSt 5, 332 (333) = NJW 1954, 649; BGH 14.6.1960 – 1 StR 683/59, BGHSt 14, 358 (364) = NJW 1960, 1580 (1582); BGH 17.12.1998 – 1 StR 156/98, BGHSt 44, 308 (309, 317) = NJW 1999, 657 (657, 659); Rogall in SK-StPO Rn. 3; Jäger in HK-GS Rn. 1; eingehend Kühne, Beweisverbote und Art. 1 I GG, 1970, S. 89 ff., 129 f. Zu den Grenzen dieses Ableitungszusammenhangs s. Verrel NStZ 1997, 361 (364); Krack NStZ 2002, 120 (120 f., 124).

[11] Schuhr NJW 2006, 3538 (3540).

[12] Dazu ua Hilgendorf JZ 2004, 331; Jahn KritV 2004, 24; Herzberg JZ 2005, 321; Erb NStZ 2005, 593; Greco GA 2007, 628; Schünemann GA 2007, 644; Herzog/Roggan GA 2008, 142; Jäger JA 2008, 678; Fahl JR 2011, 338; Amelung JR 2012, 18 (19 f.); monographisch Reemtsma, Folter im Rechtsstaat?, 2005; Wagenländer, Beurteilung der Rettungsfolter, 2006; Herbst, Lebensrettende Aussageerzwingung, 2011 sowie den Sammelband Nitschke/Bielefeld Rettungsfolter im modernen Rechtsstaat?, 2005.

[13] Vgl. – indes unter betonter Verengung der Menschenwürde – Wolter GS Meyer, 1990, 493 (510 ff.).

[14] Vgl. Pauckstadt-Maihold in KMR-StPO Rn. 1, 5; Rogall in SK-StPO Rn. 3 mwN.

[15] Vgl. Gundlach in AK-StPO Rn. 1 f.

[16] Zum Verhältnis von „einfachem Recht“ und Verfassungsrecht → Vor § 133 Rn. 9 ff.

[17] EGMR 29.4.2002 – 2346/02, Rep. 2002-III, § 61, NJW 2002, 2851 – Pretty ./. Vereinigtes Königreich mwN; Meyer-Ladewig Art. 8 Rn. 9, 11.

[18] Einen etwas ausführlicheren Überblick über die Bezüge zu EMRK, IPbpR und UN-Anti-Folterkonvention gibt Ahlbrecht in Gercke/Julius/Temming/Zöller Rn. 10 ff.

[19] Vgl. Rogall in SK-StPO Rn. 3.

[20] S. mN einzelner Grundsatzentscheidungen EGMR 5.11.2002 – 48539/99, Rep. 2002-IX, § 44, JR 2004, 127 = StV 2003, 257 – Allan ./. Vereinigtes Königreich mAnm Gaede sowie Esser JR 2004, 98 ff. Dazu Rogall in SK-StPO Rn. 3 und → Vor § 133 Rn. 130 ff.

iVm dem Rechtsstaatsprinzip des Grundgesetzes (insbes. Art. 20 Abs. 3 GG) ergebende (subjektive) **Recht auf ein faires Verfahren** (auch Art. 6 EMRK; Art. 47 UAbs. 2, 48 Abs. 2 GRCh).[21] Zu diesem gehören namentlich die Prinzipien der Waffengleichheit, des rechtlichen Gehörs (Art. 103 Abs. 1 GG, Art. 6 Abs. 1 EMRK), der Rechtssicherheit, des Schutzes vor Willkür sowie die Unschuldsvermutung (Art. 6 Abs. 2 EMRK, Art. 48 Abs. 1 GRCh).[22] Zum Verhältnis dieser Rechte zueinander und zur Aussagefreiheit → Vor § 133 Rn. 66 ff. und 74 ff.

7 Dieser rechtliche Hintergrund hat erhebliche prozesstaktische Bedeutung. Verstöße gegen § 136a lassen sich uU – bei grds. auf jeder Stufe enger werdendem Beurteilungsmaßstab[23] – zunächst in einer **Revision,** danach in einer **Verfassungsbeschwerde** zum BVerfG[24] und dann in einer **Individualbeschwerde beim EGMR** (Art. 34 EMRK) rügen. Daran kann sich auf Antrag der Bundesrepublik Deutschland (als Vertragsstaat und Beschwerdegegner) noch ein Verfahren vor der Großen Kammer des EGMR anschließen (Art. 43 Abs. 1 EMRK). Wenn unionsrechtliche Bezüge bestehen und eine Verletzung der Europäischen Grundrechtscharta (iVm Art. 6 Abs. 1 EUV)[25] im Raum steht, kommt während der nationalen Verfahren zudem eine gerichtliche Vorlage im Vorabentscheidungsverfahren (Art. 267 AEUV) vor dem **EuGH** in Betracht; unterbleibt eine solche Vorlage willkürlich, kann das wiederum eine Verfassungsbeschwerde aus Art. 101 Abs. 1 GG begründen. Ferner → Rn. 106.

8 **3. Objektives Recht.** Die Vorgaben aus höherrangigem Recht bzw. Völkerrecht betreffen nicht nur die subjektive Rechtsposition des Beschuldigten. Schon im Schutz der Menschenwürde und in Menschenrechten verbinden sich individuelle Ansprüche mit fest vorgegebenen, **„unverletzlichen und unveräußerlichen"** (Art. 1 Abs. 2 GG) und in diesem Sinne „objektiven" Vorgaben über den Umgang mit Menschen. Vorgedacht und klassisch bezeichnet wurden sie als „Recht der Menschheit in unserer eigenen Person".[26] § 136a Abs. 3 knüpft daran unmittelbar an, indem er eine Einwilligung in die verbotenen Methoden und eine Zustimmung zur Verwertung der so erlangten Aussagen für unwirksam erklärt.[27]

9 § 136a ist aber vor allem eine archetypische Ausprägung des objektiven **Rechtsstaatsprinzips** (näher → Vor § 133 Rn. 74 ff.); der Gegenstand des Strafverfahrens darf nicht mit allen Mitteln untersucht – und auch die Wahrheit nicht um jeden Preis erforscht – werden, sondern nur auf „justizförmige", rechtsstaatlich geordnete Weise.[28] Die Vorschrift steht der prozessualen **Wahrheitsfindung** dabei keineswegs entgegen, sondern dient ihr (näher → Vor § 133 Rn. 77 f. mN).[29] Zugleich schützt sie die **Kommunikation** mit dem Beschuldigten und wahrt so die Verbindung der Rechtsgemeinschaft zu ihm (näher → Vor § 133 Rn. 71 ff. mN).

---

[21] Vgl. BVerfG 19.10.1977 – 2 BvR 462/77, BVerfGE 46, 202 (208, 210) = NJW 1978, 151 – Pflichtverteidiger; BVerfG 18.10.1983 – 2 BvR 462/82, Rn. 13, BVerfGE 65, 171 (174) = NJW 1984, 113 – Abwesenheit des Verteidigers; BVerfG 19.10.1983 – 2 BvR 859/83, NJW 1984, 428. → Vor § 133 Rn. 75 f. und Rogall in SK-StPO Rn. 3 und Vor § 133 Rn. 101 ff., ferner Beulke/Swoboda StrafProzR Rn. 16.

[22] Rogall in SK-StPO Vor § 133 Rn. 106 ff.; Lohse/Jakobs in KK-StPO EMRK Art. 7 Rn. 41; Valerius in BeckOK StPO EMRK Art. 6 Rn. 9 ff.

[23] Vgl. BVerfG 14.12.2004 – 2 BvR 1249/04, NJW 2005, 656 (657) – Gäfgen.

[24] Exemplarisch zu Zulässigkeitshürden BVerfG 27.4.2000 – 2 BvR 1990/96, (nach BGH 20.12.1995 – 5 StR 680/94, NStZ 1996, 200 bzw. BGH 13.5.1996 – GSSt 1/96, BGHSt 42, 139 = NJW 1996, 2940) NJW 2000, 3556 f. m. insoweit kritAnm Franke JR 2000, 468. Näher dazu Löffelmann in Jahn/Krehl/Löffelmann/Güntge, Die Verfassungsbeschwerde in Strafsachen, 2011, insbes. Teil 5 (Rn. 599 ff.).

[25] Ferner insbes. Art. 2 und Art. 6 Abs. 2 und 3 EUV.

[26] Kant, Metaphysik der Sitten, 1797, Rechtslehre § 22, Akademie-Ausgabe Bd. VI, S. 276 (s. dort auch S. 240 und 390); vgl. Niese ZStW 63 (1951), 199 (228).

[27] Vgl. dazu Gleß in Löwe/Rosenberg Rn. 3; Ranft FS Spendel, 1992, 719 (725).

[28] BVerfG 19.10.1983 – 2 BvR 859/83, NJW 1984, 428 (429); BGH 14.6.1960 – 1 StR 683/59, BGHSt 14, 358 (364 f.) = NJW 1960, 1580 (1582); Niese ZStW 63 (1951), 199 (213); Kleinknecht NJW 1966, 1537; Spendel NJW 1966, 1102 (1107); Eb. Schmidt NJW 1969, 1137 (1138 ff.); Gleß in Basedow/Kischel/Sieber: German national reports, 2010, S. 676 ff.; näher dazu Peters 46. DJT 1966, Gutachten, Teil 3 A S. 93 f.

[29] Nachdrücklich auch Gundlach in AK-StPO Rn. 3; Eisenberg BeweisR StPO Rn. 626; Lesch StrafProzR Kap. 3 Rn. 85; Döhring, Erforschung des Sachverhalts, 1964, S. 202.

4. Struktur der Regelung. § 136a formuliert in **Abs. 1 und 2** Verhaltensnormen, die sich nach nur vordergründig unterschiedlichen Rechtsgütern und Angriffsarten gliedern. Beide Absätze bilden eine **einheitliche Regelung** mit einheitlichem Schutzziel (→ Rn. 16). Die Unterscheidungen haben daher nur darstellungstechnische, aber keine inhaltlich einschränkende Bedeutung; die Aufzählung ist nicht abschließend (→ Rn. 27). Jeder Verstoß setzt voraus, dass tatsächlich eine Beeinträchtigung der Willensbildung (→ Rn. 16 ff.) der Beweisperson (→ Rn. 14) entsteht. 10

In **Abs. 3** formuliert § 136a ein **Verwertungsverbot** und eine **Einwilligungssperre.** Darin ist nicht etwa eine Sanktion für Verstöße gegen Abs. 1 bzw. 2 zu sehen (Sanktionen ergeben sich zB aus § 343 StGB). Hinter der Regelung stehen va **Zurechnungsnormen,** die festlegen, welches Verhalten (insbes. welche Aussagen) die Beweisperson inhaltlich so zu verantworten hat, dass es im Urteil gewürdigt und ihm zugrunde gelegt werden darf (→ Rn. 2 sowie → Vor § 133 Rn. 82 ff. (insbes. → Rn. 84, 88)). Zum Zusammenhang zwischen Verstoß, Zurechnungsdefizit und Verwertungsverbot → Rn. 25, 91 ff., 95 ff., ferner 81 ff. Im Vergleich mit einer Regel, die zum Schutz der Aussagefreiheit Geständnisse vor der Polizei grds. für im Hauptverfahren unverwertbar erklärt,[30] bietet das an enge Voraussetzungen gebundene Verwertungsverbot einen wesentlich **schwächeren Schutz.** Darin muss keine gesetzgeberische Grundsatzentscheidung gesehen werden, denn § 254 lässt sich – mit einem großen Teil der Lit., die entgegen stRspr bzgl. nicht-richterlicher Vernehmungen keine Befragung der Vernehmungsperson zulässt – gerade in entspr. Weise verstehen.[31] Dieser Hintergrund spricht dafür, an den Nachweis der Voraussetzungen des Verwertungsverbots nur moderate Anforderungen zu stellen (→ Rn. 95, 99 f.). 11

II. Verbotenes Verhalten nach Abs. 1 und 2

1. Allgemeine Voraussetzungen. a) Primäre Anwendungssituation und Adressaten. Nach ihrer Stellung im Gesetz betreffen die Verhaltensregeln (bzw. „Beweismethodenverbote") der Abs. 1 und 2 die Situation der **Beschuldigtenvernehmung** (→ Vor § 133 Rn. 36 ff.) bzw. Zeugenvernehmung (→ Rn. 14 f.). Sie richten sich primär an Strafverfolgungsorgane, die mit den Ermittlungen gegen den Beschuldigten offiziell befasst sind.[32] Dazu gehören **Ermittlungsrichter,** das Gericht im Zwischenverfahren (→ § 136 Rn. 6), **Staatsanwälte** (§ 163a Abs. 3 S. 2) sowie offen ermittelnde **Polizisten** (§ 163a Abs. 4 S. 2). § 136a Abs. 1 und 2 verbieten ihnen nicht nur eine eigenhändige Anwendung der dort genannten Methoden, sondern untersagen es ihnen ebenso, sich Dritter **zur Durchführung** – auch außerhalb der förmlichen Vernehmungen – zu **bedienen** (→ Rn. 26).[33] Zudem ist in der Rspr. anerkannt, dass § 136a bei Vernehmungen für alle Personen gilt, die in offizieller Funktion auf Seiten des Staates am Strafverfahren beteiligt sind, auch wenn sie keinen eigenen Strafverfolgungsauftrag haben. Dazu gehören insbes. hinzugezogene **Sachverständige** (→ Vor § 133 Rn. 50).[34] Für das Verhalten der Verteidi- 12

[30] Vgl. dazu Döhring, Erforschung des Sachverhalts, 1964, S. 208 f.

[31] S. dazu die Kommentierung bei § 254 sowie Kudlich/Schuhr in Satzger/Schluckebier/Widmaier StPO § 254 Rn. 10 f.

[32] BGH 21.7.1998 – 5 StR 302/97, BGHSt 44, 129 (134) = NJW 1998, 3506 (3507); Schmitt in Meyer-Goßner/Schmitt Rn. 2.

[33] Vgl. Rogall in SK-StPO Rn. 7; Jäger in HK-GS Rn. 3; Gundlach in AK-StPO Rn. 5, 7; Kohlhaas JR 1960, 246 (249); Ambos, Beweisverwertungsverbote, 2010, S. 106; gerade zu „Gehilfen" der Strafverfolgungsorgane (etwa Augenscheinsgehilfen) s. Gleß in Löwe/Rosenberg Rn. 8; Schmitt in Meyer-Goßner/Schmitt Rn. 2; Eb. Schmidt NJW 1962, 664 (665). Zur grds. Zweifelhaftigkeit eines „Spitzelsystems" im Rechtsstaat Roxin StV 2012, 131 (132; Anm. zu BGH 31.3.2011 – 3 StR 400/10, NStZ 2011, 596).

[34] BGH 4.3.1958 – 5 StR 7/58, BGHSt 11, 211 (212) = NJW 1958, 679; 6.9.1968 – 4 StR 339/68, NJW 1968, 2297 (2298) mAnm Arzt JZ 1969, 438; Diemer in KK-StPO Rn. 5; Pfeiffer Rn. 2; Ahlbrecht in Gercke/Julius/Temming/Zöller Rn. 4; Dencker StV 1994, 667 (671); aA (aber ggf. gleichwohl Unverwertbarkeit) Rogall in SK-StPO Rn. 8; Gundlach in AK-StPO Rn. 8 ff.; Eisenberg BeweisR StPO Rn. 629 sowie (den Verstoß gegen § 136a begeht der Auftraggeber) Fincke ZStW 86 (1974), 656 (660).

gung kann nichts anderes gelten.[35] Für präventiv-polizeiliche Tätigkeit verweisen § 22 Abs. 4 S. 1 BPolG und einige Landesgesetze ebenfalls auf § 136a.[36] S. ergänzend → Vor § 133 Rn. 44 ff. sowie – zum OWiG – → § 133 Rn. 2.

13 Problematisch ist demgegenüber, inwieweit § 136a – insbes. das Beweisverwertungsverbot nach Abs. 3 – auf Fälle jenseits dieses Bereichs (ggf. entspr.) anzuwenden ist. **Umstritten** ist insbes. eine Anwendung im Rahmen verdeckter Ermittlungen, allg. eine Anwendung **außerhalb von Vernehmungen** (zB bei Verhandlungen über eine Verfahrensabsprache) und eine Anwendung auf **Dritte.** → Rn. 67 ff.

14 **b) Geschützte Personen.** § 136a schützt unmittelbar den **Beschuldigten** (→ Vor § 133 Rn. 20 ff.). Er ist für **Zeugen** aber entspr. anwendbar (§ 69 Abs. 3, ggf. iVm § 161a Abs. 1 S. 2 [StA] bzw. § 163 Abs. 3 S. 2 [Polizei]). **Sachverständige** werden ebenso als Beweispersonen geschützt (§ 72).

15 Das objektive Rechtsstaatsprinzip, der Schutz der Wahrheitsfindung und die Ordnung der Kommunikation (→ Rn. 9) sind auf das Verfahren gerichtet und wirken daher für Zeugen und Beschuldigte grds. gleich. Bzgl. ihrer Menschenwürde werden beide zwar ebenfalls gleichermaßen geschützt, die Beeinträchtigungen bzw. Gefahren, denen der Beschuldigte im Strafverfahren ausgesetzt ist, und sein daraus resultierender Schutzbedarf sind idR aber umfassender als beim Zeugen. Das findet seinen Niederschlag darin, dass dem Zeugen nicht die weitgehende Mitwirkungsfreiheit des Beschuldigten zukommt, sondern er grds. unter Aussagepflicht steht und diese nach Maßgabe von § 70 mit Zwangsmitteln durchgesetzt werden darf (vgl. dazu auch → Vor § 133 Rn. 94). An die Stelle der Aussage- und Mitwirkungsfreiheit des Beschuldigten als wesentlichem Schutzgut von § 136a tritt bei der entspr. Anwendung auf den Zeugen daher sein Vermögen, die ihm zukommenden **Entscheidungen** (zB über berechtigte Aussage- oder Auskunftsverweigerung, aber auch über die Art und Details seiner Aussage) **autonom** zu treffen.[37]

16 **c) Beeinträchtigung der Willensbildung (und Vernehmungsfähigkeit). aa) Schutzgut Willensbildung.** § 136a Abs. 1 und Abs. 2 schützen in allen ihren Varianten die Willensbildung des Beschuldigten, dh sein Vermögen, eigenverantwortliche Handlungsentscheidungen (über seine Mitwirkung) zu treffen.[38] Dazu gehört auch die Willensbetätigung.[39] Abs. 1 betrifft unmittelbar die Willensentschließung und -betätigung, während Abs. 2 mit dem Erinnerungsvermögen und der Einsichtsfähigkeit notwendige Voraussetzungen dafür schützt. Die Tatbestände sollen dem Beschuldigten sowohl die Möglichkeit einer aktiven, **selbstbestimmten Teilnahme am Strafverfahren** (positive Mitwirkungsfreiheit) als auch die Möglichkeit einer selbstbestimmten Entscheidung gegen die aktive Teilnahme (negative Mitwirkungsfreiheit, insbes. nemo tenetur se ipsum accusare) sichern (näher → Vor § 133 Rn. 79 ff. bzw. 118 ff.).[40]

17 **bb) Vernehmungsfähigkeit und Selbstbeeinträchtigung.** Die Beeinträchtigung der Willensbildung muss nicht „von außen" erfolgen. Ihrer Formulierung nach schützen § 136a Abs. 1 und 2 zwar die Beweisperson vor Beeinträchtigungen durch andere Personen (insbes. den Vernehmenden). Würde man das wörtlich nehmen, könnte § 136a zB

---

35 S. (zu § 240 Abs. 2) Erbs NJW 1951, 386 (389).

36 Einen Überblick gibt Jahn in Heghmanns/Scheffler StrafVerf-HdB Kap. II Rn. 261.

37 Vgl. dazu Dencker StV 1994, 667 (675 f.) sowie Gundlach in AK-StPO Rn. 16.

38 Vgl. BGH 17.3.1971 – 3 StR 189/70, BGHSt 24, 125 (129) = NJW 1971, 1097; Schmitt in Meyer-Goßner/Schmitt Rn. 5; Ahlbrecht in Gercke/Julius/Temming/Zöller Rn. 2; näher Ransiek, Rechte des Beschuldigten, 1990, S. 62 f.

39 Weil Wille und Wunsch bzw. Plan strikt zu unterscheiden sind, gibt es streng genommen gar keinen unbetätigten Willen; Wille und Handlung sind terminologisch untrennbar verbunden. Dies entspricht der klassischen moralphilosophischen Wortbedeutung, wie sie im materiellen Strafrecht ua auch beim Vorsatzbegriff verwendet wird. Dass Wille und Handlung sich gegenseitig voraussetzen, zeigt sich dort darin, dass der maßgebliche Moment für das Vorliegen von Vorsatz (bzw. eines Tatentschlusses) erst der Tatzeitpunkt (bzw. der Moment des unmittelbaren Ansetzens) ist.

40 Peters 46. DJT 1966, Gutachten, Teil 3 A S. 156.

der Vernehmung eines Beschuldigten nicht entgegenstehen, der sich völlig **eigenverantwortlich** durch das Einnehmen von Drogen seiner Fähigkeit zur Willensentschließung und Willensbetätigung selbst beraubt hat. Zu Recht gehen Rspr. und Lehre aber (über den Wortlaut von § 136a hinaus) grds. von weiterreichenden Anforderungen an Vernehmungen aus. Die dogmatische Konstruktion (insbes. weite Auslegung und unmittelbare Anwendung von § 136a vs. entspr. Anwendung von § 136a vs. unmittelbar aus dem nemo tenetur-Grundsatz abgeleitete Regel) ist noch nicht abschließend geklärt (→ Rn. 28). Neben dem Verbot, die Willensbildung von Beweispersonen in einer von § 136a Abs. 1 oder 2 erfassten Weise zu beeinträchtigen, ist jedenfalls durch die Ermüdungs-Variante das weitere **Verbot,** eine derart in ihrer Willensbildung beeinträchtigte Person **zu vernehmen,** auch im Wortlaut von § 136a bereits angelegt (→ Rn. 35 f.; zu Spontanäußerungen beachte → Rn. 73).[41]

Eine Beweisperson darf nur dann vernommen werden, wenn sie **Mindestanforderungen** an die Fähigkeit, sich einen Willen zu bilden und diesen zu betätigen, erfüllt; andernfalls ist die Aussage ihr nicht zurechenbar. Diese Anforderungen bestimmen einen wesentlichen Teil der **Vernehmungsfähigkeit**[42] und setzen voraus, dass der Vernommene nicht nur die Fragen verstehen und antworten kann, sondern zudem in der Lage ist, die prozessuale Situation aktuell zu erfassen, seine eigenen Interessen zu erkennen und diese vernünftig wahrzunehmen.[43] Gerade aus den letzteren Merkmalen ergibt sich, dass **für Beschuldigte** deutlich **höhere Anforderungen** an die Vernehmungsfähigkeit zu stellen sind als für Zeugen.[44] Sie hängen aber nicht von der jeweils vernommenen Person ab und sind in diesem Sinne „objektiv". Aus den Merkmalen resultieren auch Anforderungen an das Erinnerungsvermögen und die Einsichtsfähigkeit. Ob bzw. inwieweit der Vernommene sich gerade an das erinnert, worüber er befragt wird, ist hingegen Gegenstand der Vernehmung und nicht ihre Voraussetzung; erkennbare Defizite hindern die Vernehmung nicht, sind aber zu dokumentieren, damit die Aussage später sachgerecht gewürdigt werden kann. Die zweite Grundvoraussetzung für Vernehmungsfähigkeit ist, dass die Vernehmung dem Vernommenen in der aktuellen Situation zumutbar und insbes. nicht mit erheblichen gesundheitlichen Risiken verbunden ist;[45] sie beruht auf dem Verhältnismäßigkeitsgrundsatz und ist hier nicht zu vertiefen. 18

Eine unter Verstoß gegen das Vernehmungsverbot vernehmungsunfähiger Personen erlangte Aussage ist unverwertbar.[46] Wie es zur Vernehmungsunfähigkeit kam, ist hier ohne Bedeutung (beachte aber → § 133 Rn. 17). Der Vernehmende muss den Zustand der Beweisperson nicht einmal erkannt haben (→ Rn. 23 f.). Aus den in § 136a Abs. 1 und 2 aufgeführten Beeinträchtigungen ergibt sich, welche Ereignisse bei **besonders intensiver Wirkung** zur Vernehmungsunfähigkeit führen können. 19

---

41 BGH 30.10.1951 – 1 StR 393/51, BGHSt 1, 376 (379) = NJW 1952, 152 f.; BGH 15.5.1992 – 3 StR 419/91, BGHSt 38, 291 (293) = NJW 1992, 2903 (2904) mwN; einschr. (gegen Vernehmungs- aber für Verwertungsverbot) Schoreit, AG StrafR DAV II. Frühj.-Symp. 1988 (1989), S. 159 (163).

42 BGH 31.5.1968 – 4 StR 19/68, NJW 1968, 1838 (1839; insoweit nicht abgedr. in BGHSt 22, 170) sieht sie nicht in § 136a geschützt, erkennt sie aber als Teil der Verhandlungsfähigkeit und damit ebenfalls als von Amts wegen zu prüfende Voraussetzung an. BGH 5.10.1983 – 2 StR 281/83, StV 1984, 61 (62; insoweit nicht abgedr. in NStZ 1984, 178) wendet § 136a an, wenn der Vernehmende die Vernehmungsunfähigkeit erkannt hat (→ Rn. 19, 23 ff.). Vgl. auch Gundlach in AK-StPO Rn. 31a.

43 Vgl. BGH 4.12.1979 – 1 StR 581/79, juris; BGH 5.10.1983 – 2 StR 281/83, NStZ 1984, 178 (179); Deckers in MAH Strafverteidigung § 44 Rn. 102 ff.; Fezer JZ 1994, 686 (687; Anm. zu BGH 12.10.1993 – 1 StR 475/93, BGHSt 39, 349 = NJW 1994, 333); R. Neuhaus NStZ 1997, 312 (312 f.; Anm. zu LG Darmstadt 19.8.1994 – Ks 9 Js 4/92, NStZ 1997, 356); Grünwald BeweisR S. 63 f.; eingehend Glatzel StV 1982, 283 (285 f.); Artkämper Kriminalistik 2009, 349 (352 ff.); weitergehend („im Besitz seiner normalen körperlichen und geistigen Fähigkeiten") Dahs/Wimmer NJW 1960, 2217 (2218, 2220).

44 Vgl. Glatzel StV 1994, 46 f.

45 Vgl. dazu BGH 12.6.2002 – 2 StR 107/02, StV 2002, 635 (636 f.); 3.10.1972 – 1 StR 352/72 (B.I.1.), juris.

46 Eingehend LG Mannheim 24.10.1975 – 3 KLs 22/75, NJW 1977, 346 f.; (zu BtM) Noltensmeier in Kotz/Rahlf BtMStrafR Kap. 5 Rn. 568 ff.; aA Kramer Kriminalistik 1991, 309.

20 **cc) Erforderliches Maß.** Gegenüber offiziellen Funktionsträgern (→ Rn. 12; zu privaten Dritten → Rn. 83 f.) greift der Schutz nicht erst, wenn die Beweisperson vernehmungsunfähig wird. Verhindert werden soll bereits, dass der Beschuldigte „nicht mehr er selbst" ist; es soll außer Frage stehen, dass er sich mit seinem Verhalten später identifizieren kann. Damit wird aber keineswegs jede Beeinflussung des Beschuldigten in der Vernehmung verboten. Fast jedes Strafverfahren hat unvermeidlich negativen Einfluss auf die in § 136a geschützten Rechtsgüter (→ Rn. 10 und 16).[47] Deshalb sind **Grenzziehungen erforderlich,** die die Rechtsstellung des Beschuldigten und die rechtsstaatlichen Vorgaben abstecken und so ein faires Verfahren sichern (→ Vor § 133 Rn. 75 f.), ohne dabei Unmögliches oder Utopisches zu verlangen.

21 Neben den Anforderungen der einzelnen Beeinträchtigungen (→ Rn. 29 ff., beachte → Rn. 27) setzt § 136a stets – gewissermaßen als „tatbestandlichen Erfolg" – voraus, dass **tatsächlich** eine Beeinträchtigung der Willensbildung der Beweisperson **entstand bzw. vorlag.** Diese muss so intensiv gewesen sein, dass sie sich **auf** das **Prozessverhalten** tatsächlich **ausgewirkt** hat. Wird gegenüber der Beweisperson vis absoluta ausgeübt, sie also zur rein **passiven Erduldung** einer Maßnahme gezwungen (zB Brechmitteleinsatz; vgl. → Vor § 133 Rn. 92 f. sowie hier → Rn. → 30, 33 f. und → Rn. 76), müssen dadurch ihre prozessualen Handlungsmöglichkeiten eingeschränkt worden sein. Fehlt es an diesen Voraussetzungen, kann statt eines Falls von § 136a eine unmittelbare Verletzung des Rechts auf ein faires Verfahren (→ Rn. 6) in Betracht kommen.

22 Die Beeinträchtigung der Willensbildung muss ein **erhebliches Ausmaß** erreicht haben.[48] Die in § 136a Abs. 1 S. 1 verbotenen körperlich wirkenden Beeinträchtigungen skizzieren, welche Eingriffsschwere ausgeschlossen sein soll. Dieser **exemplarisch angegebene Maßstab** ist entspr. zu übertragen sowohl auf die psychisch wirkenden Beeinträchtigungen (die weniger genau spezifiziert werden) als auch auf unbenannte (→ Rn. 27) sowie anderweitig von § 136a erfasste Beeinträchtigungen (→ Rn. 76; Besonderheiten bei → Rn. 81 ff.).[49] Die Erheblichkeitsschwelle führt bei den weit gefassten Varianten des § 136a Abs. 1 S. 1 (insbes. der Täuschung) zu einer sachlich gebotenen Begrenzung des Tatbestands. Das Kriterium einer erheblichen Beeinträchtigung der Willensbildung ergibt sich ausschließlich aus der Subjektstellung der Beweisperson; andere Umstände oder Ziele des Strafverfahrens sind in ihr nicht – auch nicht im Wege einer Abwägung – zu berücksichtigen (→ Rn. 4, → § 136 Rn. 57 f.).

23 **d) Vorwerfbarkeit vs. objektive Betrachtung.** Ein vorwerfbarer Verstoß gegen Abs. 1 oder 2 müsste persönlich zurechenbar sein. Bisweilen wird sogar ein Vorsatzerfordernis angenommen und werden Verbote aus § 136a Abs. 1 und 2 auf vorsätzlich begangene Willensbeeinträchtigungen beschränkt (→ Rn. 40). Das greift schon deshalb zu kurz, weil sich aus Abs. 1 und 2 auch Sorgfaltspflichten ergeben, die dort behandelten Beeinträchtigungen zu vermeiden, so dass eine **fahrlässig** herbeigeführte Beeinträchtigung der vorsätzlich bewirkten richtigerweise gleichgestellt werden muss.[50]

24 Den Verstoß selbst an seine Vorwerfbarkeit zu knüpfen, wäre aber ohnehin zirkulär. Erst die weiteren Folgen des Verstoßes – insbes. ein Verwertungsverbot nach Abs. 3 S. 2 –

[47] BGH 18.9.1979 – 1 StR 399/79, juris formuliert: „Die ‚bedrängende Situation' (…) ist jeder Vernehmung eines Beschuldigten, zumal bei schweren Vorwürfen, eigen (…)". Vgl. auch Gundlach in AK-StPO Rn. 16 ff.

[48] Gleß in Löwe/Rosenberg Rn. 18; Pauckstadt-Maihold in KMR-StPO Rn. 14.; Jahn in Heghmanns/Scheffler StrafVerf-HdB Kap. II Rn. 273; mit guten Gründen krit. zu dieser üblichen Sprechweise Gundlach in AK-StPO Rn. 17.

[49] Vgl. (Täuschung durch Dritte) BGH 13.5.1996 – GSSt 1/96, BGHSt 42, 139 (149) = NJW 1996, 2940 (2942) m. insoweit zustBspr Renzikowski JZ 1997, 710 (712); entspr. Brunhöber GA 2010, 571 (577); (verdeckte Ermittlungen) BGH 26.7.2007 – 3 StR 104/07, BGHSt 52, 11 (16 Rn. 17) = NJW 2007, 3138 (3139) mAnm Renzikowski JR 2008, 164; (zur Täuschung) BGH 31.3.2011 – 3 StR 400/10, NStZ 2011, 596 (597 Rn. 10); (allg.) Gundlach in AK-StPO Rn. 21.

[50] Vgl. Jahn JuS 2005, 1057 (1060, 1061). Anders für fahrlässige Täuschungen zB BGH 21.5.2004 – 1 StR 170/04, NStZ 2004, 631 (Rn. 1) und 10.2.2021 – 6 StR 326/20, Rn. 21; abl. dazu Gleß in Löwe/Rosenberg Rn. 49 f.

können (müssen aber nicht) von Vorwerfbarkeit abhängen.[51] Die Formulierung „Verletzung des Verbots" (Abs. 3 S. 2) kann man in dieser Weise verstehen. Die besseren Gründe sprechen aber dafür, sowohl im Rahmen der Abs. 1 und 2 als auch für das Verwertungsverbot allein an eine **objektive Willensbeeinträchtigung** anzuknüpfen (→ Vor § 133 Rn. 88):[52]

Weder die Beeinträchtigung der Beweisperson und ihr subjektiv-rechtlicher Nachteil noch die objektive Rechtsstaatswidrigkeit hängen von den Vorstellungen desjenigen ab, der die Beeinträchtigung verursacht. Gerade für das letztlich interessierende Verwertungsverbot wäre die persönliche Zurechenbarkeit des Verstoßes ein sachfremdes Erfordernis, denn dort geht es um die Frage, ob die Aussage dem Aussagenden zugerechnet werden kann, also eine ganz andere Zurechnung.[53] Die Willensbeeinträchtigung aus Abs. 1 und 2 ist das Kriterium für den Ausschluss der Zurechnung. Zurechnungskriterien dürfen aber grds. nur an in der betroffenen Person liegende oder äußere Umstände anknüpfen, nicht an innere Umstände eines Dritten (des Vernehmenden). Richtigerweise bestimmen Abs. 1 und 2 **Typ und Maß der Willensbeeinträchtigung,** die es ausschließt, die Aussage dem Aussagenden zuzurechnen.[54] Das aber ist eine rein objektive Frage (nicht einmal eine Tatsachenfrage, sondern eine Rechtsfrage). Gerade weil die „Verletzung des Verbots" der Abs. 1 und 2 entspr. objektiv zu verstehen ist, fügen sich die Regeln über die Vernehmungsunfähigkeit (→ Rn. 18 f.) nahtlos in § 136a ein. Wenn die Beweisperson zB unter der Einwirkung von Mitteln steht, die ihre Willensbildung stören, kommt es allein auf deren Intensität an, während es unerheblich bleibt, ob der Vernehmende die Beeinträchtigung bewirkt hat, ausnutzte, erkannt hat bzw. erkennen konnte.[55] 25

Auf Fahrlässigkeit, Vorsatz oder gar Schuldvorwurf käme es nur an, wenn das Verwertungsverbot Sanktion für den Verstoß oder sonstiger Haftungsinhalt wäre, das aber ist es gerade nicht (→ Rn. 11). Nur soweit es um eine – außerhalb des Themenkreises von § 136a stehende – Haftung des Vernehmenden[56] geht (zB strafrechtlich aus §§ 223, 343 StGB[57]), muss der Verstoß ihm persönlich zurechenbar sein. Für eine Anwendung von § 136a genügt hingegen jedenfalls (→ Rn. 68 ff.), dass das Verhalten **dem Staat zurechenbar** ist, weil ein offizieller Funktionsträger tatsächlich mitgewirkt oder es pflichtwidrig unterlassen hat, die Beeinträchtigung zu verhindern (letzteres kommt va dann in Betracht, wenn Rechtsgüter der Beweisperson in besonderer Weise exponiert werden, etwa in der U-Haft, → Rn. 70).[58] Auch diese Zurechnung beinhaltet keinen persönlichen Vorwurf, sondern ist Ausdruck der Gesamtverantwortung des Staates für das Strafverfahren. Deshalb ist auch für sie nur die äußere Situation entscheidend. 26

2. Unbenannte Beeinträchtigungen, unmittelbare vs. entspr. Anwendung. Die in § 136a Abs. 1 und 2 aufgezählten Beeinträchtigungsweisen sind nicht so zu verstehen, dass ein streng durch den Wortlaut beschränkter fragmentarischer Schutz der Subjektstellung des Beschuldigten angeordnet würde. Sonst liefe die Vorschrift auf eine Schwächung der verfas- 27

---

[51] Angenommen zB in BGH 21.5.2004 – 1 StR 170/04, NStZ 2004, 631 (Rn. 1).

[52] Erbs NJW 1951, 386 (390); Rogall ZStW 91 (1979), 1 (15 f.); einschr. bzgl. Abs. 1 S. 2 und 3 Gundlach in AK-StPO Rn. 18 f.; Pauckstadt-Maihold in KMR-StPO Rn. 9.

[53] Vgl. auch Ransiek StV 1994, 343 (346); Bung StV 2008, 495.

[54] LG Mannheim 24.10.1975 – 3 KLs 22/75, NJW 1977, 346 f.; Kleinknecht StPO, 27. bis 36. Aufl., Rn. 2; Kleinknecht NJW 1966, 1537 (1543).

[55] Vgl. OLG Frankfurt a. M. 3.7.1968 – 2 Ss 505/68, OLGSt § 136a S. 1 = VRS 36 (1969), 366; OLG Köln 25.10.1988 – Ss 567/88, StV 1989, 520 f.; LG Marburg 15.1.1993 – 1 a KLs 7 (8) Js 5923/89, StV 1993, 238 (juris-Rn. 28); Achenbach StV 1989, 515 (517 f.; Anm. zu BGH 16.3.1989 – 1 StR 608/88, StV 1989, 515); Fezer StV 1996, 77 (79; Anm. zu BGH 19.7.1995 – 2 StR 758/94, NJW 1995, 2933); Gleß in Löwe/Rosenberg Rn. 32 (sowie 24); einschr. OLG Celle 25.3.1971 – 1 Ss 19/71, VRS 41 (1971), 206 (207 f.); Rogall in SK-StPO Rn. 51 (sowie 44); → Rn. 34.

[56] Zur Amtshaftung vgl. OLG Frankfurt a. M. 10.10.2012 – 1 U 201/11, NJW 2013, 75 (76 ff.) – Gäfgen; LG Frankfurt a. M. 4.8.2011 – 2-04 O 521/05, JR 2012, 36 (38 ff.) – Gäfgen; dazu Amelung JR 2012, 18.

[57] Näher Saliger ZStW 116 (2004), 35 (61 ff.). S. dazu auch LG Frankfurt a. M. 20.12.2004 – 5/27 KLs 7570 Js 203814/03 (4/04), NJW 2005, 692 – Daschner m. Bespr. Götz NJW 2005, 953, Kudlich JuS 2005, 376 sowie Keiser GA 2009, 344.

[58] Näher dazu Erb FS Otto, 2007, 863 ff.; Mahlstedt, Die verdeckte Befragung des Beschuldigten im Auftrag der Polizei, 2011, S. 156 ff.; restriktiv Kaspar GA 2013, 206 (213 ff., 225).

sungsrechtlich verbürgten Rechte des Beschuldigten hinaus,[59] was spätestens im Wege verfassungskonformer Auslegung zu korrigieren wäre. § 136a steckt nur einen **Mindestumfang** des Schutzes der Willensbildung (→ Rn. 16 ff.) der Beweisperson (→ Rn. 14 f.) ab. Der Normzweck (→ Rn. 2) gebietet es, die Regelung auf alle Manipulationsformen zu erstrecken, die die Mitwirkungsfreiheit des Beschuldigten in gleicher Weise bedrohen, wie die in der Vorschrift aufgezählten. Letztere sind gewissermaßen als **„Regelbeispiele“** zu verstehen.[60]

28 Deshalb und weil zudem die §§ 136 und 136a kein positiv-rechtliches Abbild der Aussage- bzw. Mitwirkungsfreiheit des Beschuldigten liefern, sondern einerseits nur eine fragmentarische Regelung wichtiger Aspekte beinhalten, andererseits auch andere Aspekte der Rechtsstellung des Beschuldigten behandeln,[61] ist es inhaltlich meist **wenig ergiebig** und oft aussichtslos, einen **unmittelbaren Anwendungsbereich** der Vorschrift von einem Bereich ihrer entspr. Anwendung, ihrer Erstreckung auf weitere Fälle, zu § 136a ähnlichen Regelungen, unmittelbaren Verstößen gegen den nemo-tenetur-Grundsatz etc **abzugrenzen.**[62] Weil solche Unterscheidungen zudem meist ohne praktische Konsequenz sind und ein gedankliches Abrücken von § 136a die Gefahr unbegründeter Einschränkungen in sich birgt, wird hier weitgehend auf sie verzichtet. Systematisch bedeutsam ist regelmäßig allein die Unterscheidung zwischen – in den Bereich des § 136a fallenden – Beeinträchtigungen der Willensbildung (→ Rn. 16) und sonstigen Verletzungen des Rechts auf ein faires Verfahren (→ Rn. 21).

29 **3. Verbotene Mittel (Abs. 1 S. 1).** Die in Abs. 1 aufgezählten Varianten überlappen einander teilweise und sind nicht systematisch geordnet. Die im Folgenden zugrunde gelegte **Gliederung** in (zunächst) körperlich wirkende und (sodann) psychisch wirkende Beeinträchtigungen[63] ist insofern hilfreich, als die ersteren einander besonders stark überlappen und ein besseres Bild von der erforderlichen Wirkungsintensität geben (→ Rn. 22). Als generelle Regel lässt sich aber angeben, dass staatliche Einwirkungen auf den **seelischen Zustand** des Beschuldigten nur zulässig sind, wenn sie heilenden oder schmerzstillenden Zwecken dienen, hingegen unzulässig, wenn sie zur Preisgabe innerer Vorgänge führen.[64]

30 **a) Körperlicher Eingriff, Misshandlung und Verabreichung von Mitteln. aa) Körperlicher Eingriff.** Der Begriff des körperlichen Eingriffs ist nicht eng in dem Sinne zu verstehen, dass der Handelnde mit einem Körperteil oder Instrument ins Körperinnere der Beweisperson gelangen müsste. Es genügt, dass das Verhalten unmittelbare Auswirkung auf den Körper der Beweisperson hat. Bestimmte klinische Auswirkungen oder Schmerzen sind nicht erforderlich; eine **körperliche Beeinträchtigung** reicht aus.[65] Die Wendung ist als weiter Oberbegriff zu verstehen, unter den auch die Misshandlung, das Verabreichen von Mitteln und ggf. sogar die Ermüdung gefasst werden können. Das Merkmal überschneidet sich teilweise mit § 81a. Auch Eingriffe mit absoluter Zwangswirkung werden erfasst (zB Brechmitteleinsatz, ferner → Rn. 21).[66]

---

59 Vgl. Grünwald BeweisR S. 69 f.

60 Vgl. BGH 16.2.1954 – 1 StR 578/53, BGHSt 5, 332 (334) = NJW 1954, 649 f.; BGH 15.8.2018 – 2 StR 474/17, NJW 2019, 789 (Rn. 26) mAnm (va zur Rechtsbeugung) Berghäuser NStZ 2019, 281; BayObLG 8.11.1978 – RReg. 3 St 267/78, NJW 1979, 2624; Jäger in HK-GS Rn. 9; Kohlhaas JR 1960, 246 (247); Dahs/Wimmer NJW 1960, 2217 (2220); Rieß JA 1980, 293 (296); Rogall, Der Beschuldigte als Beweismittel gegen sich selbst, 1977, S. 51; Schlüchter StrafProzR Rn. 88.1; Jahn in Heghmanns/Scheffler StrafVerf-HdB Kap. II Rn. 270 f.

61 → Vor § 133 Rn. 4 ff.; Degener GA 1992, 443 (462 ff.).

62 → Vor § 133 Rn. 13; ferner Rogall NStZ 2008, 110 (111; Anm. zu BGH 26.7.2007 – 3 StR 104/07, BGHSt 52, 11 = NJW 2007, 3138); Kühne StrafprozR Rn. 904 ff.

63 Vgl. Kohlhaas JR 1960, 246 (247).

64 Kohlhaas JR 1960, 246 (247).

65 Gundlach in AK-StPO Rn. 29; Monka in BeckOK StPO Rn. 12; Ahlbrecht in Gercke/Julius/Temming/Zöller Rn. 26; Eisenberg BeweisR StPO Rn. 648.

66 EGMR (GK) 11.7.2006 – 54810/00, Rep. 2006-IX, §§ 100 ff. (insbes. §§ 112 ff.), EuGRZ 2007, 150 (161 ff.) = NJW 2006, 3117 (3123 f.) – Jalloh ./. Deutschland m. grds. zustBspr Schuhr NJW 2006, 3538 und Safferling Jura 2008, 100 sowie insoweit teils krit. Bespr. K. Schumann StV 2006, 661 (663 ff.). S.a. – mwN – bereits Dallmeyer StV 1997, 606 und Zaczyk StV 2002, 125 (127, Anm. zu KG 8.5.2001 – (4) 1 Ss 180/99, StV 2002, 122); unter Verhältnismäßigkeitsgesichtspunkten zudem Ransiek/Winsel GA 2015, 620 (628). → Vor § 133 Rn. 93.

Konturierung erfährt das Merkmal durch das Erfordernis einer erheblichen Willensbeeinträchtigung (→ Rn. 16, 20 ff.). Die nötige Intensität ist an den weiteren, konkret genannten Eingriffsformen (→ Rn. 32 ff.) zu orientieren. Zugleich ist zu berücksichtigen, dass körperliche Einwirkungen idR vermeidbar und rechtfertigungsbedürftig sind. Das Merkmal ist daher nicht besonders eng zu handhaben. 31

bb) Misshandlung. Misshandlungen sind Beeinträchtigungen des körperlichen Wohlbefindens oder der körperlichen Unversehrtheit durch Tun oder Unterlassen.[67] Wie in § 223 Abs. 1 StGB werden unerhebliche Beeinträchtigungen dabei nicht erfasst, umgekehrt ist **Folter**[68] nur der Extremfall. Bei der Beurteilung der Erheblichkeit kann im Verhalten ausgedrückte soziale Missachtung mitberücksichtigt werden. Um die Begriffe zu konturieren ist es – obwohl zB Art. 104 Abs. 1 S. 2 GG auch von seelischer Misshandlung spricht – vorzugswürdig, einen nicht ganz unerheblichen physischen Effekt zu verlangen und rein aus der sozialen Bedeutung eines Verhaltens oder seiner psychischen Wirkung keine Misshandlungsqualität abzuleiten,[69] sondern solche Fälle als Quälerei (→ Rn. 37) zu prüfen. **Typische Beispiele** für Misshandlungen sind Fußtritte und Schläge.[70] Misshandlungen können ferner in körperlichen Verletzungen, simuliertem Ersticken bzw. Ertränken („Waterboarding"), besonders intensiver bzw. greller (bzw. besonders unangenehm gerade auf die Beweisperson gerichteter) Beleuchtung oder Beschallung, besonders unangenehmen Temperaturen und – va bei inhaftierten Beweispersonen – erheblichen Störungen des Schlafs, Hunger oder in Lichtentzug liegen.[71] 32

cc) Verabreichung von Mitteln. Als Verabreichung von Mitteln wird jedes Einführen von Stoffen in den menschlichen Körper erfasst. Der Aggregatzustand des Stoffs ist ebenso unerheblich wie die Form seiner Darreichung und der Weg, auf dem er in den Körper gelangt.[72] Entscheidend ist, dass er die Willensbildung der Beweisperson beeinflusst,[73] im Extremfall gar die Willensbetätigung in strafprozessual relevanter Hinsicht ausschließt (zB Brechmittel, → Rn. 21, 30). Verhindert werden soll insbes. eine durch Psychopharmaka, Narkotika oder Rauschmittel (zB **Alkohol**[74]) manipulierte Beweisaufnahme. Betäubende bzw. einschläfernde Mittel werden ebenso erfasst wie hemmungslösende (zB Wahrheitssera, **Narkoanalysen**) bzw. Weckmittel.[75] Nahrungsmittel in üblicher Dosierung fallen nicht unter den Begriff, auch wenn sie – wie zB Traubenzucker – gerade der Förderung von Konzentration und Ausdauer dienen. Allgemein gebräuchliche Genussmittel – wie Kaffee, Tee und Tabakwaren – dürfen der Beweisperson angeboten oder verweigert werden, solange daraus nicht ausnahmsweise eine Drucksituation (insbes. → Rn. 61 ff.) entsteht.[76] Entspr. gilt für medizinisch indizierte Medikation, deren Nebenwirkungen können aber uU Vernehmungsunfähigkeit begründen.[77] 33

Eine **vernehmungsunfähige** (→ Rn. 18 f.) Person darf nicht vernommen werden, auch wenn sie sich selbst in diesen Zustand gebracht hat, der Zustand (zB wegen besonderer individueller Disposition) durch Mittel entstand, die grds. verabreicht werden dürfen, oder 34

---

67 Eisenberg BeweisR StPO Rn. 645.

68 Zu begrifflichen Hintergründen Joerden in Stoecker/Raters/Neuhäuser Handbuch Angewandte Ethik, 2011, S. 381 ff.

69 Evtl. aA LG Frankfurt a. M. 9.4.2003 – 5/22 Ks 3490 Js 230118/02, StV 2003, 327 – Gäfgen.

70 Vgl. auch BGH 14.9.2010 – 3 StR 573/09, BGHSt 55, 314 (315 Rn. 4; insoweit nicht abgedr. in NJW 2011, 1523).

71 S. dazu Schmitt in Meyer-Goßner/Schmitt Rn. 6.; Gleß in Löwe/Rosenberg Rn. 22; Gundlach in AK-StPO Rn. 23; Jahn JuS 2005, 1057 (1059).

72 Schmitt in Meyer-Goßner/Schmitt Rn. 10; Erbs NJW 1951, 386 (387); Jahn JuS 2005, 1057 (1059).

73 Das kann bei einer trinkgewohnten Person bei 2 ‰ BAK noch zu verneinen sein, BGH 7.10.1969 – 1 StR 194/69, bei Dallinger MDR 1970, 12 (14).

74 Krit. zu den in der Praxis verwendeten Promillegrenzen Brüssow StraFo 1998, 294 (297).

75 BGH 4.3.1958 – 5 StR 7/58, BGHSt 11, 211 (212 f.) = NJW 1958, 679; Kühne, Beweisverbote und Art. 1 I GG, 1970, S. 29 ff., 129. Vor Erlass von § 136a war das umstritten, vgl. Niese ZStW 63 (1951), 199 (210 ff., 226 ff.) mN.

76 Vgl. BGH 7.5.1953 – 5 StR 934/52, BGHSt 5, 290 (291) = NJW 1953, 1114 (1115).

77 Vgl. Gundlach in AK-StPO Rn. 34; Eisenberg BeweisR StPO Rn. 649a.

der Zustand gerade darauf beruht, dass ihr bestimmte Mittel – ggf. zu Recht – vorenthalten werden (Entzug[78]).[79] Von der Erkennbarkeit für den Vernehmenden hängt ein späteres Verwertungsverbot nicht ab (→ Rn. 24 ff.).

35 **b) Ermüdung.** Die Ermüdungsvariante dokumentiert, dass nicht nur vom Vernehmenden bewirkte Beeinträchtigungen erfasst werden sollen, denn Müdigkeit der Beweisperson kann der Vernehmende ausnutzen, fördern oder gar forcieren, nicht aber selbst hervorbringen. **Untersagt** wird die **Vernehmung** (beachte → Rn. 73 ff.) einer übermüdeten[80] Beweisperson. Angeknüpft wird also nicht nur an das Beeinträchtigen der Willensbildung, sondern vor allem an das Durchführen der Ermittlungsmaßnahme trotz der Beeinträchtigung.[81]

36 Gerade weil die Beweisperson hier idR nicht aktiv beeinflusst wird, spricht auch kein erster Anschein für Verwerflichkeit bzw. Rechtsstaatswidrigkeit. „Normale" Müdigkeit steht einer Vernehmung nicht im Wege, ohne besondere Disposition des Vernommenen auch nicht die Anstrengungen einer längeren oder zur Nachtzeit erfolgenden Vernehmung.[82] Erforderlich ist vielmehr, dass die Beweisperson in ihrer **Willensbildung erheblich beeinträchtigt** ist.[83] Das ist zwar regelmäßig erst bei besonderer Müdigkeit der Fall, es genügt aber bereits eine müdigkeitsbedingte Tendenz zu unüberlegtem Handeln. So wurden 24 Stunden Schlaflosigkeit einer Nachtschichten gewohnten Person noch als unschädlich,[84] im Fall einer impulsiven Person 30 Stunden ohne Schlaf hingegen als Verstoß[85] angesehen. Symptome wie Kopfschmerzen, Übelkeit und unwillkürlich zufallende Augen sind indiziell.[86]

37 **c) Quälerei.** Quälerei besteht in der Zufügung intensiven, häufiger wiederholten oder länger andauernden **seelischen Leids.** Es kann körperlich (etwa durch Schläge) oder sonst äußerlich (etwa mittels Dunkelhaft) bewirkt werden, aber ebenso verbal (zB durch fortwährende Beschimpfungen), optisch (zB durch Bilder), örtlich (zB durch Hinführen zur Leiche[87]) oder auf andere, auch subtile Art und Weise (zB durch Erzeugen von Angst und Hoffnungslosigkeit, etwa die Behauptung, geliebte Personen seien nun unversogt, hätten einen Selbstmord versucht, würden sich scheiden lassen etc).[88] Zur Beurteilung, ob eine besonders unangenehme Situation das Ausmaß von Quälerei erreicht, ist eine wertende Betrachtung anzustellen. Maßnahmen, die für die Ermittlungen oder eine effektive Verteidigung nach Art und Ausmaß zwingend erforderlich oder zumindest verhältnismäßig sind

[78] Vgl. BGH 5.10.1983 – 2 StR 281/83, NStZ 1984, 178 (179); OLG Hamm 26.11.1998 – 3 Ss 1117/98, StV 1999, 360 (361, 363); Gundlach in AK-StPO Rn. 25. Eingehend insbes. zu Fragen der Drogensubstitution Artkämper Kriminalistik 2009, 349 (353 f.).

[79] Vgl. Jahn in Heghmanns/Scheffler StrafVerf-HdB Kap. II Rn. 282 f. sowie anhand von BtM Noltensmeier in Kotz/Rahlf BtMStrafR Kap. 5 Rn. 568 ff.

[80] Vgl. (krit. zur Umdeutung des gesetzlichen Wortlauts) Hamm/Pauly, Revision, 8. Aufl. 2020, Rn. 1246.

[81] Vgl. BGH 30.10.1951 – 1 StR 393/51, BGHSt 1, 376 (379) = NJW 1952, 152 f.; BGH 16.1.1959 – 4 StR 468/58, BGHSt 12, 332 = NJW 1959, 899 mAnm Hanack JZ 1971, 168 (170); BGH 24.3.1959 – 5 StR 27/59, BGHSt 13, 60 (61) = NJW 1959, 1142; Jahn in Heghmanns/Scheffler StrafVerf-HdB Kap. II Rn. 278 f.; aA Rogall in SK-StPO Rn. 44; grds. krit. zu diesem Merkmal K. Bader JZ 1951, 123.

[82] BGH 30.10.1951 – 1 StR 393/51, BGHSt 1, 376 (378 f.) = NJW 1952, 152; Ahlbrecht in Gercke/Julius/Temming/Zöller Rn. 23.

[83] BGH 15.5.1992 – 3 StR 419/91, BGHSt 38, 291 (293 f.) = NJW 1992, 2903 (2904); 13.1.1993 – 3 StR 403/92, BGHR StPO § 136a Abs. 1 Ermüdung 2; Lesch StrafProzR Kap. 3 Rn. 88; recht weit geht (halbstündliche Zellkontrolle mit Licht) BGH 13.8.1999 – 3 StR 166/99, NStZ 1999, 630.

[84] BGH 26.4.1983 – 5 StR 72/83, bei Pfeiffer/Miebach NStZ 1984, 15 (Nr. 5).

[85] BGH 24.3.1959 – 5 StR 27/59, BGHSt 13, 60 (61) = NJW 1959, 1142; 21.10.2014 – 5 StR 296/14, BGHSt 60, 50 (51 ff.) = NStZ 2015, 46; Jahn JuS 2005, 1057 (1059).

[86] Ausführlich zu empirischen Befunden und Indikatoren Maisch StV 1990, 314 (319 ff.).

[87] Vgl. BGH 7.10.1960 – 4 StR 342/60, BGHSt 15, 187 (190 f.) = NJW 1961, 84; BGH 13.7.1962 – 4 StR 70/62, BGHSt 17, 364 ff. = NJW 1962, 1972 ff.

[88] Gleß in Löwe/Rosenberg Rn. 37 f.; Eisenberg BeweisR StPO Rn. 651; J. Kretschmer in Radtke/Hohmann Rn. 12; Lesch StrafProzR Kap. 3 Rn. 92 (aA bzgl. Bildern).

(ggf. zB auch die Vorlage von Lichtbildern des Opfers), erfüllen das Merkmal nicht.[89] Steht ein Vorgehen nicht in sachlichem Zusammenhang zur Strafverfolgung, erfüllt es das Merkmal wesentlich eher.

d) Täuschung. aa) Tatsachen- und Rechtsirrtümer. Kennt die Beweisperson ihre Mitwirkungsfreiheit nicht (Rechtsirrtum, ggf. kombiniert mit Tatsachenirrtümern) oder verkennt sie die aktuelle prozessuale Situation (Tatsachenirrtum, ggf. kombiniert mit Rechtsirrtümern), ist sie an einer selbstbestimmten Entscheidung über ihre Mitwirkung ebenso – in diversen möglichen Graduationsstufen – gehindert, wie wenn äußere Umstände ihrer **autonomen Willensbildung entgegenstehen.**[90] Während das materielle Strafrecht der Ähnlichkeit der Wirkungen von vis absoluta bzw. vis compulsiva (zwingender bzw. nötigender Gewalt) einerseits und einer ignorantia facti bzw. ignorantia iuris (Tatsachen- bzw. Rechtsirrtum) andererseits in den §§ 15, 16 bzw. 17 differenzierter Rechnung trägt, erfasst der Begriff der Täuschung in § 136a Abs. 1 S. 1 falsche, pflichtwidrig unvollständige oder unterlassene **Erklärungen zur Rechtslage** ebenso wie entspr. **Tatsachenbehauptungen.**[91] 38

bb) Grenzziehungsproblem. Ebenso, wie menschliche Willensbildung praktisch nie – und erst recht nicht im Strafverfahren – ohne äußere Zwänge erfolgt, verfügt der Handelnde auch praktisch nie über eine vollständige und gänzlich fehlerfreie Tatsachen- und Rechtskenntnis. Auch Missverständnisse, die der Vernehmende durch seine Äußerungen mitverursacht, sind nichts Ungewöhnliches. Das **Grenzziehungsproblem** (→ Rn. 20 ff.) stellt sich in der Täuschungsvariante daher mit besonderer Schärfe.[92] 39

Nicht selten wird versucht, dahingehend abzugrenzen, dass **„unbeabsichtigte Irreführungen"** bzgl. Tatsachen[93] und **„kriminalistische List"**[94] aus dem Begriff ausgeklammert werden. Beides trifft nicht den Sinn der Vorschrift. Einerseits kommt es auf die Absicht des Vernehmenden nicht an (→ Rn. 23 ff.). Andererseits dürfen Ermittler nicht – auch nicht trickreich – verhindern, dass der Beschuldigte seine Aussage- bzw. Mitwirkungsfreiheit ausübt.[95] Ebenso wenig führt hier die vom EGMR zur Feststellung der Unfairness des Verfahrens herangezogene **Gesamtbetrachtung** der späteren Verteidigungsmöglichkeiten 40

89 Schmitt in Meyer-Goßner/Schmitt Rn. 11 unter Verweis auf BGH 27.7.1979 – 5 StR 19/79, n.v.; Gundlach in AK-StPO Rn. 36; Ahlbrecht in Gercke/Julius/Temming/Zöller Rn. 30.

90 Vgl. dazu EGMR 5.11.2002 – 48539/99, Rep. 2002-IX, §§ 50 ff., JR 2004, 127 = StV 2003, 257 – Allan ./. Vereinigtes Königreich mAnm Gaede sowie Esser JR 2004, 98 ff. S. auch Renzikowski JR 2008, 164 ff. (Anm. zu BGH 26.7.2007 – 3 StR 104/07, BGHSt 52, 11 = NJW 2007, 3138). Zu den zugrunde liegenden Zurechnungsstrukturen → Vor § 133 Rn. 82 ff.; vertiefend Kahlo FS Wolff, 1998, 153 (157 ff.).

91 OLG Bremen 30.8.1967 – Ss 71/67, NJW 1967, 2022 (2023); Gleß in Löwe/Rosenberg Rn. 40; Schmitt in Meyer-Goßner/Schmitt Rn. 13; Gundlach in AK-StPO Rn. 40; Ahlbrecht in Gercke/Julius/Temming/Zöller Rn. 32; Jahn JuS 2005, 1057 (1060).

92 Vgl. BGH 13.5.1996 – GSSt 1/96, BGHSt 42, 139 (149) = NJW 1996, 2940 (2942); anders Gundlach in AK-StPO Rn. 41; Grünwald BeweisR S. 70 f.; Eisenberg BeweisR StPO Rn. 655; Bernsmann StV 1997, 116 (117 f.; Anm. zu BGH 13.5.1996 – GSSt 1/96, BGHSt 42, 139 = NJW 1996, 2940); Lesch ZStW 111 (1999), 624 (643 ff.).

93 Vgl. BGH 16.3.1989 – 1 StR 608/88, StV 1989, 515 mablAnm Achenbach; (unter Vermengung von Sprecherintention und Empfängerhorizont) BGH 17.3.2005 – 5 StR 328/04, NStZ 2005, 517 (518); Monka in BeckOK StPO Rn. 16; („finales Moment") Rogall in SK-StPO Rn. 59; (maßgeblich ist Empfängerhorizont) Gundlach in AK-StPO Rn. 38.

94 S. zB BGH 7.1.1997 – 1 StR 666/96, NStZ 1997, 251 mwN und ablAnm Wollweber NStZ 1998, 311; BGH 25.10.2016 – 2 StR 84/16, NJW 2017, 1253 (Rn. 23) mAnm Schlund; Diemer in KK-StPO Rn. 20; Dahle Kriminalistik 1990, 431; eingehend (letztlich für ein neben § 136a stehendes Verbot der Geständniserschleichung) Puppe GA 1978, 289 (304 ff.); zur Praxis Soiné NStZ 2010, 596. Instruktive Bsp. gibt Döhring, Erforschung des Sachverhalts, 1964, S. 205 f. Zu einer Diskussion von Vernehmungstaktiken vgl. Eisenberg BeweisR StPO Rn. 594 ff.; rechtsvergleichend zu den USA und für die Zulässigkeit auch aktiver Täuschungen Nowrousian NStZ 2015, 625 (628). Speziell zur Zulässigkeit kriminalistischer List zum Nachteil älterer Beschuldigter Kretzschmann, Strafverfahrensrecht und demografischer Wandel, 2020, S. 51 ff.

95 Vgl. Gleß in Löwe/Rosenberg Rn. 39, 41; Dencker StV 1994, 667 (676); Rogall, Der Beschuldigte als Beweismittel gegen sich selbst, 1977, S. 209 f.; Lesch StrafProzR Kap. 3 Rn. 93.

weiter, denn § 136a befasst sich gerade mit der jeweiligen Vernehmungs- bzw. Prozesssituation; der deutsche Gesetzgeber hat sich für einen höheren Standard entschieden, als die EMRK vorschreibt.[96]

41 **cc) Aufklärungspflichten (und Unterlassen).** Aufschluss darüber, welche Irrtümer und Fehlvorstellungen des Beschuldigten (bzgl. Zeugen beachte → Rn. 15) ausgeschlossen werden sollen, gibt zunächst **§ 136.**[97] Danach bestehen positive Mitteilungspflichten, deren Verletzung zur **Täuschung durch Unterlassen** bzw. zur täuschungsgleichen **Ausnutzung eines bestehenden Irrtums** führen kann.[98] Auch wenn man die Anwendbarkeit von § 136a außerhalb von Vernehmungen und auf Dritte bejaht (→ Rn. 67 ff.), beschränken diese Mitteilungspflichten sich auf förmliche Vernehmungssituationen und gelten nur für offizielle Funktionsträger (→ § 136 Rn. 4 ff.). Sie haben die Pflicht, den Beschuldigten – in rechtlicher Hinsicht – über seine Aussagefreiheit (§ 136 Abs. 1 S. 2 Hs. 1) und sein Recht zur Verteidigerkonsultation (§ 136 Abs. 1 S. 2 Hs. 2) aufzuklären (→ § 136 Rn. 25 ff. bzw. 31 ff.). Diese Pflicht verbietet es zugleich, erkennbare Fehlvorstellungen des Beschuldigten stillschweigend auszunutzen (→ § 136 Rn. 11),[99] gebietet aber keine über den Gegenstand des § 136 hinausgehende Aufklärung von Irrtümern über das Beweisrecht.[100] In tatsächlicher Hinsicht ist der Vernehmende verpflichtet, dem Beschuldigten den Tatvorwurf offenzulegen (§ 136 Abs. 1 S. 1, → § 136 Rn. 20 ff.); auch insoweit dürfen keine bestehenden Irrtümer ausgenutzt werden.[101] Die darüber hinausgehende Pflicht zur Offenlegung der Verdachtsgründe nach § 136 Abs. 2 besteht hingegen nicht unbedingt von Anfang an (→ § 136 Rn. 45 f.).

42 Auch die Verletzung **weiterer Mitteilungspflichten** jenseits von § 136 (zB aus § 201 StGB bzgl. der Aufzeichnung einer [praktisch immer] nicht-öffentlichen Vernehmung auf **Tonband**[102]) kann Täuschungscharakter haben.[103] Unmittelbar aus § 136a ergeben sich hingegen keine Mitteilungspflichten, weshalb insbes. das Ausnutzen vorhandener Irrtümer den Tatbestand nicht ohne Weiteres verletzt, sondern erst dann, wenn dabei schutzwürdiges

[96] S. dazu (insbes. zur Rspr. des EGMR) → Vor § 133 Rn. 101 sowie § 136 Rn. 58 f. Krit. zur Zurückhaltung des EGMR in Täuschungsfällen Gaede JR 2009, 493 (497 ff.).

[97] Vgl. Gundlach in AK-StPO Rn. 39; Grünwald BeweisR S. 71 (und S. 59 ff.); s. auch Ransiek StV 1994, 343 (344 ff.).

[98] Vgl. OLG Bremen 30.8.1967 – Ss 71/67, NJW 1967, 2022 (2023); Eisenberg BeweisR StPO Rn. 570; Prasch, Die List in der Vernehmung, 2002, S. 166 ff. (insbes. S. 173 f.; anders allerdings S. 96 f.); Kühl StV 1986, 187 (189 ff.; Anm. zu BGH 9.5.1985 – 1 StR 63/85, BGHSt 33, 217 = NJW 1986, 390); Krack NStZ 2002, 120 (123 f.); aA Schmitt in Meyer-Goßner/Schmitt Rn. 16; einschr. auch Diemer in KK-StPO Rn. 21 f.; Verrel NStZ 1997, 415 (416); offengelassen in BGH 31.5.1968 – 4 StR 19/68, BGHSt 22, 170 (175 f.) = NJW 1968, 1838 (1839).

[99] Gleß in Löwe/Rosenberg Rn. 46 ff.; Eb. Schmidt JR 1961, 71 f. (Anm. zu BGH 1.4.1960 – 4 StR 36/60, BGHSt 14, 189 = NJW 1960, 1212). Zu eng BGH 19.10.2005 – 1 StR 117/05, NStZ-RR 2006, 181 (182 f.).

[100] BGH 7.1.1997 – 1 StR 666/96, NStZ 1997, 251 f. mablAnm Wollweber NStZ 1998, 311.

[101] Dazu, dass die Ausnutzung von Irrtümern iÜ zulässig ist, BGH 21.4.1986 – 2 StR 661/85, StV 1988, 419 (421) m. bzgl. der Subsumtion im Einzelfall zu Recht kritAnm H.-L. Günther.

[102] S. dazu BGH 14.6.1960 – 1 StR 683/59, BGHSt 14, 358 (364 f.) = NJW 1960, 1580 (1582); Schmitt in Meyer-Goßner/Schmitt Rn. 18 sowie (Verwertbarkeit bei Zustimmung zur Aufnahme) BGH 14.6.1960 – 1 StR 73/60, BGHSt 14, 339 (341) = NJW 1960, 1582 (1583); BGH 8.7.1985 – 3 StR 69/85, StV 1985, 397, (nach § 100c zulässiger Mitschnitt im Besuchsraum bei U-Haft) BGH 24.7.1998 – 3 StR 78/98, BGHSt 44, 138 (140 ff.) = NJW 1998, 3284 (3285 f.), (unzulässiger Mitschnitt im Besuchsraum bei U-Haft) BGH 29.4.2009 – 1 StR 701/08, BGHSt 53, 294 (299 Rn. 14 ff.) = NJW 2009, 2463 (2464 ff.) m. iE zust. Anm. Engländer JZ 2009, 1179 und Zuck JR 2010, 17 sowie abl. Bespr. Rogall HRRS 2010, 289, (Unverwertbarkeit einer heimlichen Stimmprobe) BGH 9.4.1986 – 3 StR 551/85, BGHSt 34, 39 (43 ff.) = NJW 1986, 2261 (2262 ff.), (Zulässigkeit einer Stimmprobe) BGH 24.2.1994 – 4 StR 317/93, BGHSt 40, 66 (71 ff.) = NJW 1994, 1807 (1808 f.) mablAnm Achenbach/Perschke StV 1994, 577 und (auch Mitschnitt durch Beschuldigten nur zulässig zum Beweis von Verstößen gegen §§ 136, 136a) OLG Frankfurt a. M. 28.3.1977 – 2 Ss 2/77, NJW 1977, 1547 mAnm Arzt JR 1978, 170. Zur heimlichen Stimmvergleichen s. H. Schneider GA 1997, 371. AA (kein Fall des § 136a) Peters 46. DJT 1966, Gutachten, Teil 3 A S. 157.

[103] Vgl. Eisenberg BeweisR StPO Rn. 668 ff.; Jahn JuS 2005, 1057 (1060 f.); Schlüchter StrafProzR Rn. 95 f.

Vertrauen des Beschuldigten in eine tatsächlich nicht bestehende Sachlage enttäuscht wird, insbes. wenn täuschend erwirkt wird, was der Beschuldigte zuvor rechtmäßig verweigert hat (beachte aber → Rn. 81).[104]

dd) Aktive Täuschungen. Aktive Fehlinformation – dh bereits als solche falsche **43**
oder die Sach- bzw. Rechtslage in sinnentstellender Weise unvollständig wiedergebende Information – wird von § 136a hingegen grds. untersagt.[105] Während die körperlichen Beeinträchtigungen, Quälerei und Hypnose die Willensbildung aber generell beeinträchtigen, haben Täuschungen eine enger **begrenzte Wirkung,** die sich oft nur auf thematisch mit ihr zusammenhängende Äußerungen (bzw. sonstige Mitwirkungen) bezieht.[106] Dass eine Täuschung die Aussage- bzw. Mitwirkungsfreiheit des Beschuldigten beeinträchtigt, kann daher nicht allgemein unterstellt werden, sondern ist jeweils als Tatbestandsvoraussetzung zu prüfen (→ Rn. 20 ff.), insbes. liegt in Täuschungen nicht eo ipso eine Verletzung der Menschenwürde oder des Rechtsstaatsprinzips.[107]

Danach **liegt** eine verbotene Täuschung **vor,** wenn die Fehlinformation geeignet ist **44**
zu bewirken, dass der Beschuldigte das Bestehen seiner **Aussage- bzw. Mitwirkungsfreiheit** oder für sie rechtlich relevante Umstände **verkennt.**[108] Dies kann zB geschehen, indem ihm suggeriert wird, sein Verhalten wäre strafprozessual gar nicht erheblich, insbes. gehe es nicht darum, seine Äußerungen später einer strafrechtlichen Entscheidung zugrundezulegen[109] (so auch bei der heimlichen Aufzeichnung privater Selbstgespräche[110]). Ebenso, wenn fälschlich behauptet wird, er werde als Zeuge statt als Beschuldigter oder nur zur Person vernommen bzw. ihm stehe kein Schweigerecht zu,[111] Schweigen beweise seine Schuld,[112] auf seine Äußerung komme es im Prozess gar nicht an, mit einer anderen als der ihm angesonnenen Äußerung würden sich die Strafverfolgungsorgane ohnehin nicht ernsthaft auseinandersetzen, eine Äußerung wirke nur zu seinen Gunsten,[113] ein Geständnis würde sich vorteilhafter auf die Rechtsfolge auswirken, als dies tatsächlich der Fall ist, ohne Geständnis drohe ihm eine Bestrafung, die tatsächlich nicht droht bzw. offenbar unangemessen hoch wäre, etc. Auch über innere Tatsachen – etwa die angeblich fest gefasste Absicht der Ermittlungsperson, sich in bestimmter Weise zu verhalten –, und durch **schlüssiges Verhalten** – wenn ihm ein eindeutiger und bestimmter Erklärungsgehalt zukommt – kann getäuscht werden; das Vorspiegeln von Wohlwollen und äußerlich freundliches Verhalten

---

104 BGH 8.10.1993 – 2 StR 400/93, BGHSt 39, 335 (349) = NJW 1994, 596 (599 f.) mzustBspr Sternberg-Lieben Jura 1995, 299 (307 f.); BGH 24.2.1994 – 4 StR 317/93, BGHSt 40, 66 (72 f.) = NJW 1994, 1807 (1808 f.); Döhring, Erforschung des Sachverhalts, 1964, S. 205.

105 Vgl. Beulke StV 1990, 180 (182 f.).

106 Vgl. zu den Hintergründen in der Zurechnungslehre → Vor § 133 Rn. 87.

107 S. dazu Otto GA 1970, 289 (294); Renzikowski JR 2008, 164 (166; Anm. zu BGH 26.7.2007 – 3 StR 104/07, BGHSt 52, 11 = NJW 2007, 3138); Jahn in Heghmanns/Scheffler StrafVerf-HdB Kap. II Rn. 286. Vgl. auch (Desinteresse des Vernommenen) BGH 21.7.1994 – 1 StR 83/94, NJW 1994, 2904 (2906; insoweit nicht abgedr. in BGHSt 40, 211) sowie (zur Anwendbarkeit von § 136a auf Verstöße gegen § 136) BGH 31.5.1968 – 4 StR 19/68, BGHSt 22, 170 (175 f.) = NJW 1968, 1838 (1839).

108 Eingehend Ransiek, Rechte des Beschuldigten, 1990, S. 67 ff.

109 (Suggestion unverwertbarer Vorgespräche) BGH 10.1.2006 – 5 StR 341/05, NJW 2006, 1008 (1009); vgl. Gallandi NStZ 1991, 119 f.; Beulke/Swoboda StrafProzR Rn. 209.

110 Für diese besteht sogar ohne Täuschung ein selbständiges Verwertungsverbot aus Art. 2 Abs. 1 iVm Art. 1 Abs. 1 GG, BGH 10.8.2005 – 1 StR 140/05, BGHSt 50, 205 (210 ff.) = NJW 2005, 3295 (3296 ff.) sowie 22.12.2011 – 2 StR 509/10, BGHSt 57, 71 (74 ff. Rn. 13 ff.) = NJW 2012, 945 ff. m. (bzgl. der Verneinung von Verwertbarkeit bzw. Disponibilität zug. des Angekl.) zu Recht kritBspr Warg NStZ 2012, 237 (241) und Ladiges StV 2012, 517 sowie (primär die Zuordnung zum Kernbereich hinterfragend) Wohlers JR 2012, 389 und Ernst/Sturm HRRS 2012, 374; vgl. dazu auch Roxin FS Geppert, 2011, 549 (565 f.); Mitsch NJW 2012, 1486; Jahn/Geck JZ 2012, 561. Zur Löschpflicht bei mitgeschnittenem Telefonat mit dem Verteidiger BGH 18.2.2014 – StB 8/13, NJW 2014, 1314.

111 Vgl. OLG Oldenburg 29.11.1966 – 1 Ss 261/66, NJW 1967, 1096 (1098); OLG Hamburg 12.2.1976 – 1 Ss 162/75, MDR 1976, 601; Gundlach in AK-StPO § 136 Rn. 34; Köhler ZStW 107 (1995), 10 (25). Weitergehend (Belehrung durch Sachverständigen über Schweigerecht und angebliche Wahrheitspflicht) LG Regensburg 10.2.1012 – NSV 121 Js 17270/1998 jug., StV 2012, 332.

112 Wessels JuS 1966, 169 (171) insbes. unter Bezug auf den Hamburger „Mariotti-Prozess".

113 Schmitt in Meyer-Goßner/Schmitt Rn. 14 mwN.

genügen dafür aber nicht.[114] Ein Fall des § 136a kann auch darin liegen, dass die Beweisperson durch eine Behauptung so sehr verstört wird, dass dies ihre Freiheit zur Willensbildung erheblich beeinträchtigt (→ Rn. 37).[115]

45 Zudem kann eine verbotene Täuschung in einer den aktuellen **Sachstand erheblich verzerrenden** Äußerung liegen (→ Rn. 41); dies gilt für Über- und Untertreibungen gleichermaßen (zB Bezeichnung der Ermittlungen wegen eines Tötungsdelikts als „Vermisstensache", [116] Ankündigung eines Haftbefehls solange dringender Tatverdacht noch fernliegt,[117] unwahre Behauptung, die Leiche des Opfers sei aufgefunden worden[118]). Meist bestehen dabei aber **Einschätzungsspielräume** und die Umstände betreffen die Aussage- bzw. Mitwirkungsfreiheit nur indirekt, indem sie **taktisch** bedeutsam sind (so insbes. die Stärke der bisherigen Verdachtsmomente). Eine Täuschung iSd § 136a erfordert dann, dass sie in besonderer Weise, die bei neutraler Betrachtung in keiner Weise nachvollziehbar ist, entstellt werden (etwa, wenn dem bisherigen Sachstand eindeutig zuwider das Vorliegen einer erdrückenden Beweiskette[119] oder eine belastende Aussage einer anderen Person[120] behauptet wird). § 136a untersagt es Ermittlern hingegen nicht (§ 136 verlangt es indirekt sogar), Hypothesen über das Fallgeschehen aufzustellen und den Beschuldigten – zur Überprüfung dieser Hypothesen – mit ihnen zu konfrontieren.[121]

46 **Fangfragen** (dh Fragen, die erkennbar so auf unausgesprochenen Voraussetzungen oder verdeckten Widersprüchen beruhen, dass die Antwort sich diesen Mängeln stellen muss und eindeutige Rückschlüsse auf weiteres Wissen des Täters zulässt) dürfen grds. gestellt werden.[122] Unzulässig sind aber **Suggestivfragen** und **mehrdeutige Äußerungen,** welche die **Vorstellung** des Befragten **vom** Gegenstand seiner Aussage (va dem **Tatgeschehen**) manipulieren oder eine besondere Gefahr von Fehlinterpretationen in sich bergen.[123] Deshalb gefährden letztere die Wahrheitsfindung und die Ausübung der Mitwirkungsrechte des Beschuldigten und unterfallen zumindest in nicht nur unerheblichen Fällen dem Verbot des § 136a,[124] wobei die individuellen Fähigkeiten und Eigenschaften des Beschuldigten (insbes. seine Sprachkompetenz und ggf. sein Alter) zu berücksichtigen sind (s. hierzu auch → Vor § 133 Rn. 57 ff.).

47 Die vorstehenden Kriterien gelten grds. auch für **verdeckte Ermittler** einschließlich sog „legendierter Kontrollen";[125] bestimmte legendenbedingte Täuschungen werden aber

114 BGH 7.5.1953 – 5 StR 934/52, NJW 1953, 1114 (insoweit nicht abgedr. in BGHSt 5, 290); Schmitt in Meyer-Goßner/Schmitt Rn. 14; Gundlach in AK-StPO Rn. 40; Schlüchter StrafProzR Rn. 95.

115 Insbes. zu Kindern und Jugendlichen Nix MSchrKrim 1993, 183 (184, 190).

116 BGH 31.5.1990 – 4 StR 112/90, BGHSt 37, 48 (52 f.) = NJW 1990, 2633 (2634).

117 OLG Frankfurt a. M. 25.11.1997 – 1 Ws 165/97, StV 1998, 119 (120 f.).

118 BGH 20.12.1995 – 5 StR 445/95, NStZ 1996, 290 (291).

119 BGH 24.8.1988 – 3 StR 129/88, BGHSt 35, 328 (330 f.) = NJW 1989, 842 (843); OLG Frankfurt a. M. 25.11.1997 – 1 Ws 165/97, StV 1998, 119 (120 f.); Gundlach in AK-StPO Rn. 42.

120 LG Freiburg 17.10.2003 – 10 Ns 61 Js 6476/03 – AK 33/03, StV 2004, 647; Roxin NStZ 1995, 465 f.; Döhring, Erforschung des Sachverhalts, 1964, S. 203 mwN.

121 Vgl. Lesch ZStW 111 (1999), 624; ferner Eisenberg BeweisR StPO Rn. 582. Zu Gefahren einer ungenügenden Überprüfung der Hypothesen s. Schünemann StV 1998, 391 (396); Rick StraFo 2012, 400. Zu einem konzisen Überblick über hypothesengeleitete Überzeugungsbildung (allerdings bezogen auf aussagenpsychologische Begutachtung) s. Jansen, Zeuge und Aussagepsychologie, 2. Aufl. 2012, Rn. 357 ff.

122 Diemer in KK-StPO Rn. 20; Jahn in Heghmanns/Scheffler StrafVerf-HdB Kap. II Rn. 291; aA (gestützt auf § 136 Abs. 2) Grünwald BeweisR S. 60 f.

123 Vgl. Jäger in HK-GS Rn. 16; Erbs NJW 1951, 386 (389); Artkämper Kriminalistik 2009, 417 (419). Näher zur Fehlerquellenanalyse suggestiver Befragungen Jansen, Zeuge und Aussagepsychologie, 2. Aufl. 2012, Rn. 616 ff. (zu anderen suggestiven Beeinflussungen Rn. 598 ff.); zur Empirie suggestiver Befragung Maisch StV 1990, 314 (318 f.). Differenzierend Gundlach in AK-StPO Vor § 133 Rn. 25, § 136a Rn. 42; Eisenberg BeweisR StPO Rn. 589 und 672 f. Eingehend Döhring, Erforschung des Sachverhalts, 1964, S. 54 ff.

124 Vgl. dazu auch Erb FS Otto, 2007, 863 (876); Kühne StrafprozR Rn. 906; Noltensmeier in Kotz/Rahlf BtMStrafR Kap. 5 Rn. 501.

125 Näher zu unterschiedlichen Konstellationen W. Müller/Römer NStZ 2012, 543 ff., Rosengarten/Römer NJW 2012, 1764 f und Altvater FS Schlothauer, 2018, 3. Zur Rechtmäßigkeit legendierter Kontrollen insbes. Albrecht FS Rogall, 2018, 435.

durch §§ 110a ff. gerechtfertigt (→ Rn. 77).[126] Insbes. die gerade in → Rn. 46 genannten Anforderungen bestehen indes fort.

ee) Dritte. Wenn ein Dritter statt einer offiziellen Vernehmungsperson getäuscht hat, sein Verhalten aber **offiziellen Stellen zugerechnet** werden kann (→ Rn. 26, ferner → Rn. 12),[127] gilt das in → Rn. 40 ff. Gesagte. Ein von Dritten bewirkter Irrtum darf auch nicht ausgenutzt werden, wenn ein offizieller Funktionsträger zu wahrer Mitteilung oder Aufklärung verpflichtet gewesen wäre. Dies gilt insbes. für **„Hörfallen"** und **„vernehmungsähnliche Situationen"** (entgegen der Rspr. unabhängig von einer vorherigen Aussageverweigerung, → Rn. 69 und 81). 48

Soweit man eine Anwendbarkeit von § 136a auf das Verhalten Dritter auch darüber hinaus bejaht (→ Rn. 81 ff.), ist zu berücksichtigen, dass **kein allgemeines Lügeverbot** besteht.[128] Wo die Lüge ein eigenes Delikt (etwa einen Betrug) oder ein in mittelbarer Täterschaft begangenes Delikt (kraft „Irrtumsherrschaft") darstellt, oder Aufklärungspflichten verletzt werden, die eine Garantenstellung begründen, liegt aber ein Pflichtverstoß des Dritten vor. Besonders deutlich ist das in Fällen, in denen der Dritte sich als Berufsgeheimnisträger ausgibt und so vertrauliche Informationen erschleicht.[129] Ein Beweisverwertungsverbot entsteht daraus, wenn der Dritte zum Zwecke der Strafverfolgung gehandelt hat (→ Rn. 81 f.). Jenseits dieser Voraussetzungen führt es hingegen nicht zu einem Beweisverwertungsverbot, wenn die Ermittlungsbehörden belastende Informationen entgegennehmen, die ein Zeuge seinerseits durch (nicht-deliktische) Täuschung des Beschuldigten erlangt hat.[130] 49

e) Hypnose. Bei einer Hypnose wird die bewusste Selbststeuerung des Hypnotisierten gehemmt und der Hypnotiseur steuert seine Vorstellungsrichtung.[131] § 136a **verbietet jeden Einsatz** von (dem angegebenen Begriff unterfallender) Hypnose im Strafverfahren.[132] Eine Beweisperson darf sich lediglich außerhalb des Verfahrens hypnotisieren lassen – zB in der Hoffnung, dadurch Erinnerungen zu reaktivieren. Auch dann sind die unter Hypnose gemachten Äußerungen nicht zurechenbar und dürfen als solche nicht Gegenstand der Beweisaufnahme sein. Über ggf. reaktivierte Erinnerungen darf aber vernommen werden, wobei ein (unter Wahrheitspflicht stehender) Zeuge die hypnotische Beeinflussung idR offenzulegen haben wird, um eine entspr. Würdigung zu ermöglichen. 50

f) Weitere Spezialfälle. Der Einsatz eines **Polygraphen** (Lügendetektors) wurde in der Rspr. früher als Verstoß gegen § 136a angesehen.[133] Im Erfolgsfall führt der Einsatz 51

[126] Zur Unzulässigkeit sonstiger aktiver Täuschungen auch zur Geheimhaltung der Ermittlungen vgl. BGH 11.2.2010 – 4 StR 436/09, NStZ 2010, 294 mAnm Nowrousian Kriminalistik 2011, 370. Vgl. auch Beulke StV 1990, 180 (182 ff.). Grds. gegen verdeckte Befragungen Dencker StV 1994, 667 (676, 681 ff.). Zur Verfügbarkeit des Täuschungsverbots für den Gesetzgeber krit. Weßlau ZStW 110 (1998), 1 (22, 37). Zum Spannungsverhältnis von §§ 110a ff. und § 136a Abs. 1 S. 1 StPO s. Wang, Einsatz verdeckter Ermittler, 2015, S. 74 ff.

[127] Vgl. BGH 21.7.1998 – 5 StR 302/97, BGHSt 44, 129 (134) = NJW 1998, 3506 (3507); eingehend Mahlstedt, Die verdeckte Befragung des Beschuldigten im Auftrag der Polizei, 2011, S. 160 ff. (195), 231 ff. (243).

[128] Vgl. Puppe GA 1978, 289 (300).

[129] Pawlik GA 1998, 378 (385); ähnlich zum Handeln unter Verstoß gegen § 203 StGB Ranft FS Spendel, 1992, 719 (732 ff.); Rogall JZ 1996, 944 (951 f., 955).

[130] BGH 1.12.2016 – 3 StR 230/16, NJW 2017, 1828 (Rn. 27) mAnm Meyer-Mews und Stuckenberg JR 2017, 480.

[131] Vgl. Eisenberg BeweisR StPO Rn. 678; Jahn JuS 2005, 1057 (1061). Eingehend und differenziert zum Begriff Artkämper Kriminalistik 2009, 417 ff.

[132] Pfeiffer Rn. 9; Erbs NJW 1951, 386 (388); in Teilen mit guten Gründen einschr. (nämlich soweit auch nicht-suggestive Beeinflussung – Entspannung und Förderung der Konzentration, solange sie die Steuerungsfähigkeit und das Reflektionsvermögen nicht hemmen – unter den Hypnosebegriff gefasst wird) Artkämper Kriminalistik 2009, 417 (419 ff.) sowie Artkämper StRR 2013, 254 ff. und 338 ff.; ferner einschr. für Beseitigung post-hypnotischer Hemmungen Gundlach in AK-StPO Rn. 44 ff.; Rogall in SK-StPO Rn. 70.

[133] BGH 16.2.1954 – 1 StR 578/53, BGHSt 5, 332 (333 ff.) = NJW 1954, 649 f.; offengelassen in BGH 14.10.1998 – 3 StR 236/98, NJW 1999, 662 f.; s. ferner die N. zu Rspr., Diskussionsstand und Rechtsvergleichung in BGH 17.12.1998 – 1 StR 156/98, BGHSt 44, 308 (309 ff.) = NJW 1999, 657 f.

dazu, dass der Beschuldigte ein Beweismittel herstellt, dessen Inhalt nicht seiner willentlichen Steuerung unterliegt und insoweit der Hypnose ähnelt. Anders als dort behält er aber die uneingeschränkte Fähigkeit, sein Verhalten zu steuern und kann insbes. auch den Test jederzeit abbrechen. Daher ist es überzeugend, dass der BGH § 136a heute nicht mehr auf Polygraphen-Fälle anwendet.[134] Eine andere Frage ist, ob dies zur Zulässigkeit des Polygraphen-Einsatzes und der Verwertbarkeit daraus erlangter Beweismittel führt. Der BGH spricht ihnen mit guten Gründen hinreichende Zuverlässigkeit und damit die **Beweiseignung** ab; letztlich ist das aber eine Tatsachenfrage und kann sich mit methodischem Fortschritt ändern.[135] Dass es dem Beschuldigten auch dann freistehen muss, einen Polygraphen-Test abzulehnen, steht außer Frage. Ob bzw. inwieweit es zum Schutz dieses Rechts erforderlich sein wird, auch den freiwilligen Polygraphen-Einsatz Beschränkungen zu unterwerfen, wird dann zu klären sein. Je umfassendere Einblicke in die gedanklichen und psychischen Abläufe im Beschuldigten künftige Entwicklungen ermöglichen, desto eher kann aber auch das ursprüngliche Argument des BGH (und des BVerfG[136]) wieder an Bedeutung gewinnen: Ein „unverzichtbarer seelischer Eigenraum" muss im Strafverfahren unantastbar bleiben.[137]

52 Entspr. Probleme stellen sich hinsichtlich Phallograph,[138] umfassender Exploration bzw. Totalbeobachtung,[139] **projektiven Tests**[140] sowie Analyse von Mikroexpressionen und Gehirnaktivitäten.[141] Letztere können nach heutigem Stand aber uU Ermittlungsansätze und so indirekt geeignete Beweismittel liefern.

53 **4. Verbotene Modi (Abs. 1 S. 2 und 3): Zwang, Drohung und Versprechen. a) Regelungsgehalt.** „Quer" zur Aufzählung verbotener Mittel nennen die § 136a Abs. 1 S. 2 und 3 verbotene Anwendungsweisen, die sich auf grds. beliebige Mittel (ua die in S. 1 aufgezählten) beziehen, so dass systematische Überlappungen entstehen (zB Drohung mit Folter[142] oder Quälerei[143]). Abs. 1 S. 2 und 3 stellen einen Zusammenhang zwischen dem **Legalitätsprinzip** und der Aussage- bzw. Mitwirkungsfreiheit des Beschuldigten (zu anderen Beweispersonen → Rn. 14 f.) klar: Erstens dürfen die **Regeln des Strafverfahrensrechts** weder zum Nachteil noch zum Vorteil des Beschuldigten verletzt werden. Zweitens dürfen bestehende **Ermessensspielräume** nur durch die Anwendung sachgerechter Kriterien genutzt werden. Beispiel sachfremder Erwägungen ist das Abstellen auf eigene Vorteile für die offiziellen Funktionsträger wie die Vermeidung von prozessual vorgesehener Arbeit.

---

134 BGH 17.12.1998 – 1 StR 156/98, BGHSt 44, 308 (312 ff.) = NJW 1999, 657 (658 ff.) m. ausf. N. zu Streitstand und früherer Rspr., dazu zustAnm Amelung JR 1999, 382. Eingehend zur Problematik aus der neueren Literatur Rogall in SK-StPO Rn. 86 ff.; Eisenberg BeweisR StPO Rn. 693 ff.; Schüssler JR 2003, 188; Schüssler Polygraphie im deutschen Strafverfahren, 2002; Groth, Unbewusste Äußerungen, 2003, S. 43 ff., 63, 120, 139 ff.; Kargl/Kirsch JuS 2000, 537. S. auch Grünwald BeweisR S. 71 f. Vgl. auch (zu freiwilligem neurologisch-physiologischen Test nach Alkoholgeruch) OLG Celle 30.11.2017 – 1 Ss 61/17, SVR 2018, 228 (230).

135 Vgl. dazu Meyer-Mews NJW 2000, 916 (917 ff.); Putzke/Scheinfeld/Klein/Undeutsch ZStW 121 (2009), 607 (610 ff.); Artkämper Kriminalistik 2009, 349 (355); Putzke/Scheinfeld StraFo 2010, 58 (62). Zur Praxis in Polen Jaworski NStZ 2008, 195 ff.

136 BVerfG 14.9.1989 – 2 BvR 1062/87, Rn. 27 ff., 44 ff., BVerfGE 80, 367 (374 f., 381 ff.) = NJW 1990, 563 (563 ff.) – Tagebuch.

137 BGH 16.2.1954 – 1 StR 578/53, BGHSt 5, 332 (335) = NJW 1954, 649 (650); Stübinger ZIS 2008, 538 (553 ff.).

138 Gundlach in AK-StPO Rn. 59 ff.; Eisenberg BeweisR StPO Rn. 702 f.

139 BVerfG 9.10.2001 – 2 BvR 1523/01, NJW 2002, 283 (284); G. Haas GA 1997, 368 (370).

140 Dazu BGH 30.7.1999 – 1 StR 618/98, BGHSt 45, 164 (175) = NJW 1999, 2746 (2749); Gleß in Löwe/Rosenberg Rn. 54; Gundlach in AK-StPO Rn. 62 ff.; Eisenberg BeweisR StPO Rn. 680; Kühne, Beweisverbote und Art. 1 I GG, 1970, S. 56 ff., 130; Grünwald BeweisR S. 74; Groth, Unbewusste Äußerungen, 2003, S. 47 ff., 142 ff. Zu einer knappen Erläuterung typischer Testverfahren s. Jansen, Zeuge und Aussagepsychologie, 2. Aufl. 2012, Rn. 553 ff.

141 Dazu Beck JR 2006, 146 (150); Artkämper Kriminalistik 2009, 417 (421 f.).

142 Vgl. EGMR (GK) 1.6.2010 – 22978/05, Rep. 2010, §§ 107 ff., EuGRZ 2010, 417 (428 ff.) = NJW 2010, 3145 (3146 ff.) – Gäfgen ./. Deutschland mBspr Grabenwarter NJW 2010, 3128 und Esser/Gaede/Tsambikakis NStZ 2011, 78; s. auch (noch zur Kammerentscheidung) Esser NStZ 2008, 657.

143 So in BGH 13.7.1962 – 4 StR 70/62, BGHSt 17, 364 ff. = NJW 1962, 1972 ff.

Insbes. Erledigungen durch „Deals" mögen vom Gesetzgeber bis zu einem gewissen Grad sogar erwünscht und in Referatszuschnitte bereits (nach Erfahrungswerten) eingerechnet sein; das ist aber nur eine statistische Betrachtung, die es nicht erlaubt, konsensuale Arbeitserleichterung auch im einzelnen Fall zu „forcieren".[144]

Beiderlei rechtliche Bindung besteht unabhängig von § 136a. Sie wird nicht dadurch eingeschränkt, dass Kooperation des Beschuldigten wünschenswert wäre; seine **Aussage- bzw. Mitwirkungsfreiheit** darf nicht eingeschränkt werden (→ Rn. 1 f., 20 ff.). Sonst entsteht **zusätzlich** zum primären Rechtsverstoß (der ggf. eigene Rechtsfolgen hat) gleichzeitig eine **Verletzung von § 136a** Abs. 1 S. 2 oder 3.[145] 54

Bereits in der **Ankündigung von unzulässigem Verhalten** kann eine unzulässige Beeinflussung der Willensbildung des Beschuldigten liegen. Dies stellt § 136a Abs. 1 S. 3 (Drohungs- und Versprechensvariante) klar. Die Begriffe der Drohung und des Versprechens sollten **nicht allzu eng** verstanden werden, weil dadurch nur unnötig „unbenannte Begehungsvarianten" (→ Rn. 27) entstünden. Entscheidend ist vielmehr, dass das angekündigte Verhalten – per se oder wegen seiner Beeinflussung des Aussageverhaltens bzw. sonstiger Mitwirkungshandlungen[146] – rechtswidrig (dh verbotswidrig, ein nicht gesetzlich gerechtfertigter Grundrechtseingriff oder ermessensfehlerhaft) wäre[147] und damit bereits die Ankündigung unzulässig ist. Zudem muss die Ankündigung geeignet sein, die autonome Willensbildung der Beweisperson mit Bezug auf strafprozessual relevantes und zulässiges Verhalten zu beeinträchtigen.[148] 55

Ob die Verletzung der rechtlichen Regeln zum **Vorteil oder** zum **Nachteil** des Beschuldigten erfolgt, ist grds. ohne Bedeutung. Die Zwangs- und die Drohungsvariante (§ 136a Abs. 1 S. 2 und S. 3 Hs. 1) erfassen das Zufügen von Nachteilen, die Versprechensvariante (§ 136a Abs. 1 S. 3 Hs. 2) erfasst manipulative Vorteile. Ein Unterschied besteht zwischen beiden aber insoweit, als die zugrunde liegenden Regeln meist deutlich größere Spielräume eröffnen, dem Beschuldigten entgegenzukommen, als ihm nachteilige Entscheidungen zu treffen (dies ist ua Folge der Unschuldsvermutung und des Verhältnismäßigkeitsgrundsatzes).[149] § 136a setzt „Deals" jedweder Form also Grenzen, belässt aber durchaus auch Spielräume.[150] 56

§ 136a Abs. 1 S. 2 und 3 beinhalten also die **Tautologie,** dass Verbotenes verboten ist. Dass der Einsatz von Zwang einer besonderen gesetzlichen Ermächtigung bedarf, ergibt sich aus dem Gesetzesvorbehalt und den Lehren der Grundrechtsdogmatik zur Rechtfertigung von Eingriffen. Weil bereits die Drohung mit einem Eingriff ein Eingriff ist, unterliegt auch sie dem Gesetzesvorbehalt. Das führt regelmäßig zur Rechtswidrigkeit von Drohungen mit unzulässigen Maßnahmen. Rechtlich nicht vorgesehene Vorteile und entspr. Versprechungen verletzen idR den allgemeinen Gleichheitssatz (Art. 3 Abs. 1 GG) und ggf. den Verfolgungszwang (§ 152 Abs. 2). Zugleich liegt in den genannten Verstößen jeweils eine Verletzung der Gesetzesbindung aller staatlicher Stellen und ggf. (va) eine Verletzung der jeweils einschlägigen Sachnormen. Die **eigentliche Regelung** besteht – im Zusammenspiel mit Abs. 3 S. 2 – in der Anordnung des **Verwertungsverbots.**[151] Darauf bezieht sich auch 57

144 Vgl. dazu Diemer in KK-StPO Rn. 7; Malek StV 2011, 559 (565); König NJW 2012, 1915 (1917); nachdrücklich (bzgl. Versprechen und Täuschung aber zu weitgehend) Erbs NJW 1951, 386 (388 f.); Grünwald NJW 1960, 1941 f.; (insbes. bzgl. Drohung) Weigend JZ 1990, 774 (778 f.); sowie Eidam, Die strafprozessuale Selbstbelastungsfreiheit, 2007, S. 247 ff.

145 Vgl. (zum Zwang) BGH 19.7.1995 – 2 StR 758/94, NJW 1995, 2933 (2936) = NStZ 1995, 605 (606; dort unzutreffend v. 21.6.1995); Schmitt in Meyer-Goßner/Schmitt Rn. 20.

146 Gundlach in AK-StPO Rn. 47 f.; Erbs NJW 1951, 386 (388 f.).

147 Vgl. („nulla coacio sine lege") Eb. Schmidt NJW 1962, 664 (665); Döhring, Erforschung des Sachverhalts, 1964, S. 207.

148 Vgl. (zur Drohung) BGH 30.10.1951 – 1 StR 363/51, BGHSt 1, 387 (388) = NJW 1952, 152.

149 Vgl. Ahlbrecht in Gercke/Julius/Temming/Zöller Rn. 44 f.; ferner (zu Absprachen) Gundlach in AK-StPO Rn. 51a; eingehend krit. dazu Ransiek, Rechte des Beschuldigten, 1990, S. 64 ff.

150 Vgl. dazu (Problem einer Konsensmaxime) → Einl. C Rn. 172 ff. mwN; Beulke/Swoboda StrafProzR Rn. 215.

151 Vgl. Gundlach in AK-StPO Rn. 22, 46.

die konturierende Auslegung der einzelnen Modi, während sie die zugrunde liegenden Verhaltensnormen nicht betreffen kann.

58 **b) Einzelheiten. aa) Zwang (Abs. 1 S. 2).** Für das Entstehen von Zwang genügt weder ein bloß subjektives Empfinden einer Zwangslage noch die irrige Annahme einer solchen.[152] Allerdings ist richtigerweise **nicht** erforderlich, dass der Zwang **gezielt** zur Herbeiführung einer Aussage eingesetzt wurde (→ Rn. 55).[153] Die Rspr. formuliert zwar bisweilen das Gegenteil,[154] hat aber auch anerkannt, dass während einer (zB wegen verspäteter Vorführung vor den Richter) rechtswidrigen Freiheitsentziehung gemachte Äußerungen einem Verwertungsverbot unterfallen, wenn plausibel ist, dass sie auf dem Verstoß beruhen können.[155] Insbes. gilt dies bei einer **Festnahme** ohne konkreten Tatverdacht.[156] Umgekehrt verstößt selbst zur Herbeiführung einer Aussage eingesetzter Zwang gegenüber aussagepflichtigen Zeugen nicht gegen § 136a, soweit er sich im gesetzlich vorgesehenen Rahmen bewegt.[157]

59 **bb) Drohung (Abs. 1 S. 3 Hs. 1).** Zur Drohung gehört, dass der Androhende eigenen Einfluss auf das Ereignis behauptet.[158] Die **Unzulässigkeit** einer Maßnahme kann sich schon aus sachfremden Erwägungen bei der Ermessensausübung ergeben (→ Rn. 53); eine zulässige Warnung muss ggf. klarstellen, dass den Umständen nach zu besorgende sachfremde Erwägungen nicht maßgeblich sein werden.[159] Erfasst wird zB, wenn der Vernehmende für den Fall, dass kein Geständnis abgelegt wird, ankündigt, sexuelle Neigungen des Beschuldigten zu offenbaren,[160] den Vater zur Betrachtung der Leiche des Sohnes zu zwingen,[161] einen Haftbefehl (ohne zureichenden Grund) zu erwirken bzw. in Vollzug zu setzen,[162] eine „Sanktionsschere" anzuwenden[163] etc. Gleiches gilt für die psychische Erzwingung einer Aussage durch Androhung von Schmerzzufügung.[164] Auch gesetzlich angeordnete Umstände (zB die Öffentlichkeit der Hauptverhandlung) können als angedrohtes Übel in Betracht kommen, wenn es unvertretbar ist, ihre Voraussetzungen anzunehmen (im Bsp.

---

152 Pfeiffer Rn. 11.

153 J. Kretschmer in Radtke/Hohmann Rn. 28; Jahn JuS 2005, 1057 (1061); Bung StV 2008, 495 (499).

154 BGH 17.11.1989 – 2 StR 418/89, NJW 1990, 1188 f.; BGH 19.7.1995 – 2 StR 758/94, NJW 1995, 2933 (2936) = NStZ 1995, 605 (606; dort unzutreffend v. 21.6.1995) mablAnm Fezer StV 1996, 77 und Paeffgen NStZ 1997, 115 (119); BGH 18.9.2012 – 3 StR 348/12, StraFo 2012, 499 (500).

155 BGH 30.4.1987 – 4 StR 30/87, BGHSt 34, 365 (368) = NJW 1987, 2524 (2525). Eine (unzulässige) Befragung vor der Vorführung nach § 128 Abs. 1 S. 1 begründet aber nicht automatisch einen Fall des § 136a, vgl. BGH 17.11.1989 – 2 StR 418/89, NJW 1990, 1188 f. m. (bereits bzgl. der Rechtmäßigkeit der Festnahme) ablAnm Fezer JR 1991, 85 sowie Nelles StV 1992, 385 (390 ff.); BGH 28.6.2018 – 3 StR 23/18, NStZ 2018, 734 mAnm Berghäuser. Einem Beschuldigten zwangsweise eine Gewahrsamszelle des Amtsgerichts vorzuführen, um diesem „seine Zukunft" zu zeigen, kann zumindest einen unbenannten Fall (→ Rn. 27 f.) von § 136a darstellen, auch wenn darin keine Freiheitsberaubung und keine Rechtsbeugung liegen, vgl. BGH 15.8.2018 – 2 StR 474/17, NJW 2019, 789 (Rn. 24 ff.).

156 LG Bremen 23.6.1995 – 21 Ks 11 Js 19071/94, StV 1995, 515 (516).

157 Vgl. BGH 28.12.2011 – 2 StR 195/11, NStZ 2012, 523.

158 Eisenberg BeweisR StPO Rn. 682; Jahn in Heghmanns/Scheffler StrafVerf-HdB Kap. II Rn. 311.

159 Schmitt in Meyer-Goßner/Schmitt Rn. 22; Monka in BeckOK StPO Rn. 24; Lesch StrafProzR Kap. 3 Rn. 96.

160 OLG Naumburg 25.11.2003 – 2 b Js 50/02 – 2-2 StE 8/03-2, StV 2004, 529 (530).

161 BGH 13.7.1962 – 4 StR 70/62, BGHSt 17, 364 ff. = NJW 1962, 1972 ff.

162 BGH 14.10.1970 – 2 StR 239/70, bei Dallinger MDR 1971, 15 (18); BGH 16.9.2004 – 4 StR 84/04, NStZ 2005, 279 (280) mAnm Eidam StV 2005, 201; restriktiv BGH 20.12.2012 – 4 StR 55/12, JR 2013, 224 m. zu Recht kritAnm Eisenberg; eingehend Eidam, Die strafprozessuale Selbstbelastungsfreiheit, 2007, S. 303 ff. (insbes. S. 308 ff.).

163 BGH 11.9.2002 – 1 StR 171/02, StV 2002, 637 (639) mAnm Salditt StraFo 2003, 98; BGH 12.1.2005 – 3 StR 411/04, NStZ 2005, 393 (beachte dazu BVerfG 8.12.2005 – 2 BvR 449/05, StV 2006, 57 – Revisionsrüge); BGH 14.8.2007 – 3 StR 266/07, NStZ 2008, 170 (171); eingehend zur Verneinung einer Sanktionsschere BGH 27.4.2007 – 2 StR 523/06, NStZ 2007, 655 f.; zur Sicherungsverwahrung BGH 8.2.2005 – 3 StR 452/04, NStZ 2005, 526 (Rn. 3); vgl. auch BGH 22.3.2012 – 1 StR 618/11, wistra 2012, 271 (Rn. 5) sowie die Kommentierung zu § 257c; Diemer in KK-StPO Rn. 30; Altenhain/Haimerl GA 2005, 281 (289 ff.).

164 LG Frankfurt a. M. 9.4.2003 – 5/22 Ks 3490 Js 230118/02, StV 2003, 325 (326) – Gäfgen.

kein zur Eröffnung des Hauptverfahrens hinreichender Tatverdacht angenommen werden kann), dies aber gleichwohl für den Fall der Verweigerung einer gewünschten Mitwirkung in Aussicht gestellt wird.

Demgegenüber **fallen** sachlich veranlasste Warnungen, Hinweise und Belehrungen des Beschuldigten hinsichtlich zulässiger Maßnahmen bzw. der Berücksichtigung des Nachtatverhaltens bei der Strafzumessung regelmäßig **nicht unter die Vorschrift.**[165] Ausnahmsweise können indes auch sachlich begründbare Hinweise – zB ggü. Zeugen der Hinweis auf die Möglichkeit einer Verhaftung wegen Verdachts der Falschaussage und Verdunklungsgefahr, wenn das bisherige Ermittlungsergebnis nicht vor Gericht bestätigt wird – derart auf die Willensbildung einwirken und die Wahrheitsfindung gefährden, dass sie im unmittelbaren Bezug zur Aussage ebenso verboten sein müssen. Wird die Mitwirkungsfreiheit nicht beeinträchtigt, liegt kein Fall des § 136a vor (→ Rn. 54 f.). Erst recht begründen privatrechtliche Obliegenheiten und aus ihrer Verletzung drohende Nachteile (zB Verlust des Versicherungsanspruchs, wenn Mitteilung zur Vermeidung einer Selbstbezichtigung unterbleibt) weder Drohung noch Zwang iSd § 136a.[166] 60

cc) Versprechen (Abs. 1 S. 3 Hs. 2). Bindende Zusagen sind Versprechen.[167] Richtigerweise sind ihnen aber sonstige **vorteilhafte Ankündigungen,** von denen eine Beeinflussung des Prozessverhaltens des Beschuldigten zu erwarten ist, grds. gleichzustellen, denn gerade die Widerrechtlichkeit wird der Bindungswirkung des Versprechens regelmäßig entgegenstehen.[168] Zudem besteht kein Anlass, eine Umgehung der Regelung durch vagere Äußerungen zu ermöglichen, zumal solche der Rechtssicherheit, der Fairness des Verfahrens und einer effizienten Verhandlungsführung meist abträglich sind. IdR ergibt sich die unzulässige Einflussnahme daraus, dass die Äußerung ein **Do-ut-des-Verhältnis** zwischen dem Vorteil und einem erwünschten prozessualen Verhalten, zB einer Aussage bestimmten Inhalts, herstellt.[169] Ausführungen, die **bloß** die Rechtslage **erläutern,** sind schon kein Versprechen; sie dürfen eine Stellungnahme zu Auslegungs- und Ermessensfragen beinhalten, wenn klargestellt wird, dass es sich um eine persönliche Einschätzung handelt, und wer letztlich zur Entscheidung zuständig sein wird.[170] Auch der inhaltlich neutrale Hinweis auf eine vom Geschädigten ausgesetzte Belohnung für die Aufklärung des Falles fällt nicht unter § 136a.[171] 61

Obwohl die in Abs. 1 S. 3 Hs. 2 für den **Maßstab** gewählte Formulierung („gesetzlich nicht vorgesehen") tendenziell strenger ist als in der Zwangs- und der Drohungsvariante (dort: Zulässigkeit nach Strafverfahrensrecht bzw. seinen Vorschriften), ist damit kein inhaltlicher Unterschied gemeint. Eine Beschränkung auf formelle Parlamentsgesetze wäre schon deshalb verfehlt, weil der Verhältnismäßigkeitsgrundsatz die Anwendung im Gesetz nicht ausdrücklich benannter milderer Mittel uU sogar gebietet. Zudem muss das Versprechen einen Vorteil gerade an eine Mitwirkungshandlung (insbes. eine Aussage) knüpfen und diese Verknüpfung rechtswidrig sein,[172] was sich nur bei verbotswidrigen Vorteilen unmittelbar aus der jeweiligen Vorschrift ergibt, während iÜ insbes. Bagatellvorteile (zB eine Raucher- 62

---

[165] BGH 30.10.1951 – 1 StR 363/51, BGHSt 1, 387 (388) = NJW 1952, 152; (eindringliche Zeugenbelehrung) BayObLG 8.11.1978 – RReg. 3 St 267/78, NJW 1979, 2624 (2625).

[166] OLG Celle 19.9.1984 – 3 Ss 116/84, NJW 1985, 640 f. – de lege ferenda könnte man indes an ein Verwertungsverbot zugunsten des Versicherungsnehmers und seiner Angehörigen denken, vgl. Reiß NJW 1982, 2540 (2541).

[167] BGH 1.4.1960 – 4 StR 36/60, BGHSt 14, 189 (191) = NJW 1960, 1212 (1213); Pfeiffer Rn. 10.

[168] Vgl. Gleß in Löwe/Rosenberg Rn. 58; Schlüchter StrafProzR Rn. 93; Jahn in Heghmanns/Scheffler StrafVerf-HdB Kap. II Rn. 314; Erbs NJW 1951, 386 (389); aA Diemer in KK-StPO Rn. 32; Monka in BeckOK StPO Rn. 25.

[169] Vgl. BVerfG 19.10.1983 – 2 BvR 859/83, NJW 1984, 428 (429); Döhring, Erforschung des Sachverhalts, 1964, S. 213 f.

[170] Vgl. BGH 30.10.1951 – 1 StR 363/51, BGHSt 1, 387 (388) = NJW 1952, 152; 1.4.1960 – 4 StR 36/60, BGHSt 14, 189 (191) = NJW 1960, 1212 f. mablAnm Hanack JZ 1971, 168 (170) und (Täuschung statt Versprechen) Eb. Schmidt JR 1961, 71. Entspr. Diemer in KK-StPO Rn. 33.

[171] BGH 19.5.1988 – 2 StR 22/88, NStZ 1988, 420 (421).

[172] BVerfG 19.10.1983 – 2 BvR 859/83, NJW 1984, 428 f.

laubnis)[173] und die Kompensation von durch die Mitwirkungshandlung entstehenden Aufwendungen (zB die Übernahme der Anwaltskosten von Belastungszeugen[174]) regelmäßig trotz Konnexität nicht in den Anwendungsbereich von § 136a fallen.

63 **Zulässig** ist es zB, für den Fall eines qualifizierten Geständnisses die Beendigung von auf Verdunkelungsgefahr beruhender Untersuchungshaft zuzusagen.[175] Entspr. sind sachlich begründete (und später einzuhaltende) Ankündigungen zur Ausübung eigenen Ermessens insbes. bzgl. der strafmildernden Berücksichtigung eines Geständnisses,[176] einem Vorgehen nach §§ 153 ff.,[177] nach § 31 BtMG[178] oder hinsichtlich einer möglichen Abschiebung[179] zulässig. Gleiches gilt bei der Vernehmung von Zeugen (→ Rn. 14 f.), die sich mit ihrer Aussage zugleich selbst zu belasten drohen;[180] eine gesetzlich unzulässige Durchbrechung des Legalitätsprinzips darf aber nicht angekündigt werden. Soweit die letztlich zu treffende Entscheidung in fremdem Ermessen steht, darf insoweit auch keine Ankündigung erfolgen. Polizei und StA dürfen daher den Beschuldigten zB über die Regelung des § 31 BtMG informieren, müssen aber klarstellen, dass allein der Tatrichter über die Anwendung der Vorschrift entscheiden wird.[181]

64 Demgegenüber ist es zB **unzulässig,** einem UHäftling vor einer Vernehmung die Freilassung in Aussicht zu stellen, wenn der Haftbefehl auf Fluchtgefahr beruht und nicht zu erwarten ist, dass die Aussage an dieser etwas ändert.[182] Gleiches gilt für „Geschäfte" der Form Aussage gegen Unterlassung eines Haftbefehlsantrags, wenn ein solcher nach Lage der Dinge geboten wäre.[183] Ebenso unzulässig ist es, eine unvertretbare rechtliche Würdigung der Tat oder eine mit Blick auf Tat und Schuld unangemessen niedrige Bestrafung in Aussicht zu stellen.[184] Das gilt auch gegenüber „Kronzeugen", denen nach dem ZSHG Zulässiges oder anderweitig gesetzlich Vorgesehenes (insbes. § 46b StGB; § 153b) aber zugesagt werden darf.[185] Sind die gesetzlichen Voraussetzungen des Versprochenen noch zweifelhaft oder liegt ihr Wegfall noch im Bereich des ernsthaft Möglichen, ist das Versprechen ebenfalls unzulässig (zB kann beim Versprechen, eine bestimmte Person nicht zu vernehmen, in späterem Ermittlungsstadium die Aufklärungspflicht ihre Vernehmung gebieten).[186]

---

173 BGH 7.5.1953 – 5 StR 934/52, BGHSt 5, 290 (291) = NJW 1953, 1114 (1115); Monka in BeckOK StPO Rn. 25; ferner Rn. 33.

174 BVerfG 19.10.1983 – 2 BvR 859/83, NJW 1984, 428 f.

175 BGH 6.6.1952 – 1 StR 878/51, bei Dallinger MDR 1952, 530 (532); Schmitt in Meyer-Goßner/Schmitt Rn. 23; Ahlbrecht in Gercke/Julius/Temming/Zöller Rn. 45.

176 S. dazu eingehend die Kommentierung von § 257c, zu verfassungsrechtlichen Anforderungen BVerfG 19.3.2013 – 2 BvR 2628/10 ua, NJW 2013, 1058 (insbes. Rn. 99 und 112 f.) m. kritAnm ua von Stuckenberg ZIS 2013, 212 (217); vgl. auch BGH 8.3.1990 – 2 StR 367/89, NJW 1990, 1921 f.

177 Gundlach in AK-StPO Rn. 51a; (zu § 154) BGH 10.3.1980 – 3 StR 56/80 sowie 9.9.1986 – 5 StR 306/86, jeweils bei Pfeiffer/Miebach NStZ 1987, 217 (Nr. 2); anders, wenn das Vorliegen der gesetzlichen Voraussetzungen ungewiss ist oder das Versprechen nicht eingehalten wird, OLG Hamm 20.8.1984 – 6 Ws 266/84, StV 1984, 456 f.; zu resultierenden Grenzziehungsproblemen Volk NJW 1996, 879 (insbes. 881 zu unzulässiger „Bestrafung von Teilgeständnissen").

178 BGH 9.9.1986 – 5 StR 306/86, bei Pfeiffer/Miebach NStZ 1987, 217 (Nr. 2 Abs. 2); Pauckstadt-Maihold in KMR-StPO Rn. 20.

179 BGH 21.3.1979 – 2 StR 453/78, bei Holtz MDR 1979, 634 (637); Monka in BeckOK StPO Rn. 25.

180 BGH 10.3.1980 – 3 StR 56/80 sowie 9.9.1986 – 5 StR 306/86, jeweils bei Pfeiffer/Miebach NStZ 1987, 217 (Nr. 2).

181 Näher Noltensmeier in Kotz/Rahlf BtMStrafR Kap. 5 Rn. 542 ff. mN.

182 BGH 14.9.1965 – 5 StR 307/65, BGHSt 20, 268 f. = NJW 1965, 2262; s. auch LG Aachen 4.5.1977 – 21 – 135/77, NJW 1978, 2256; Jahn in Heghmanns/Scheffler StrafVerf-HdB Kap. II Rn. 314.

183 OLG Köln 24.6.2013 – 2 Ws 264/13, NStZ 2014, 172.

184 S. Nachw. bei „Deal" in → Rn. 77 sowie „Sanktionsschere" in → Rn. 59. Zum Begriff der Vertretbarkeit Schuhr JZ 2008, 603. Zurückhaltend im Anwendungsbereich von § 257c (keine Bemerkung zu § 136a trotz ungeklärter Bandenmäßigkeit) BGH 16.3.2011 – 1 StR 60/11, StV 2012, 134 f. mablBspr Velten StV 2012, 172 ff.

185 Gleß in Löwe/Rosenberg Rn. 61; Rogall in SK-StPO Rn. 82; Schmitt in Meyer-Goßner/Schmitt Rn. 23.

186 Vgl. Döhring, Erforschung des Sachverhalts, 1964, S. 214 ff.; Schünemann 58. DJT 1990, Gutachten B S. 104 f.

5. Verbotene Maßnahmen nach Abs. 2. Das **Erinnerungsvermögen** ist die Fähigkeit, sich vergangene Ereignisse (insbes. Tatgeschehen) in die aktuelle Vorstellung zurückzurufen. **Einsichtsfähigkeit** ist das Vermögen, die Bedeutung von Tatsachen und Regeln sowie Wertungen zu verstehen, dh nachzuvollziehen und selbst zu setzen bzw. vorzunehmen.[187] Insbes. gehört dazu das Vermögen, sich eigener Verantwortung und ggf. Schuld bewusst zu werden.[188] § 136a Abs. 2 stellt klar, dass diese als wesentliche Voraussetzungen autonomer Willensbildung vom Schutz der Vorschrift umfasst werden, dieser sich also nicht allein auf den eigentlichen Akt der Willensbildung und -betätigung beschränkt. 65

Die Regelung hat kaum selbständige **Anwendungsfälle,** kann aber bedeutsam werden, wenn zu entscheiden ist, ob eine nicht in § 136a aufgeführte Beeinträchtigung den dortigen Fällen hinreichend ähnlich und die Vorschrift daher auch auf sie anzuwenden ist (→ Rn. 27). Fangfragen, Suggestivfragen und rein sprachliche Manipulationen verstoßen nicht gegen Abs. 2,[189] sind aber teilweise aus anderen Gründen unzulässig (→ Rn. 46). 66

III. Anwendung außerhalb von Vernehmungen und auf das Verhalten Dritter

Während die Frage der Anwendbarkeit von § 136a außerhalb von Vernehmungen auch **Abs. 1 und 2** betrifft, geht es bei der Frage, ob bzw. wann auch an das Verhalten Dritter anzuknüpfen ist, praktisch nur um den Anwendungsbereich des Verwertungsverbots nach **Abs. 3 S. 2** (→ Rn. 83 f.). Zwischen beiden Fragen bestehen aber – im Folgenden darzustellende – enge Zusammenhänge. Zum Verhältnis von unmittelbarer und entspr. Anwendung von § 136a sowie verwandter Grundsätze beachte → Rn. 28. 67

1. Grundlinien der Rechtsprechung. Die **Rspr.** ist mit einer Erstreckung von § 136a über seinen primären Anwendungsbereich (→ Rn. 12) hinaus zurückhaltend. Weitgehend gesichert dürfte seien, dass Belehrungspflichten (insbes. §§ 136 Abs. 1 S. 2, 163a Abs. 2 S. 2) nicht gezielt umgangen werden dürfen, auch nicht mittels Drittpersonen.[190] 68

Zu Fällen der sog **„Hörfalle"**, in denen eine Privatperson den Beschuldigten (oder zumindest Tatverdächtigen) auf Veranlassung von Strafverfolgungsbehörden[191] zum Gegenstand des Verfahrens befragt, ohne dabei den Zusammenhang dieses Gesprächs zum Strafverfahren zu offenbaren, und dabei ggf. eine weitere Person mithört, hat der **GSSt** des BGH entschieden, dass die im Gespräch erlangten Informationen (per Zeugenbeweis) zumindest dann verwertbar sind, wenn sie der Aufklärung einer Straftat von erheblicher Bedeutung (orientiert an §§ 98a, 100c, 110a) dienen und der Einsatz anderer Methoden wesentlich weniger erfolgversprechend oder wesentlich erschwert gewesen wäre.[192] Unverwertbar sind sie nach Entscheidungen von EGMR und BGH indes dann, wenn der Beschuldigte sich 69

---

[187] Zu beidem Peters 46. DJT 1966, Gutachten, Teil 3 A S. 156.

[188] Vgl. zu diesen Definitionen Gleß in Löwe/Rosenberg Rn. 66 f.; Schmitt in Meyer-Goßner/Schmitt Rn. 25; Erbs NJW 1951, 386 (389).

[189] Ahlbrecht in Gercke/Julius/Temming/Zöller Rn. 47; Schlüchter StrafProzR Rn. 97.

[190] BGH 9.6.2009 – 4 StR 170/09, NJW 2009, 3589 mAnm Meyer-Mews sowie Anm. Ellbogen NStZ 2010, 464.

[191] Bei Eigeninitiative verneint der BGH 31.3.2011 – 3 StR 400/10, NStZ 2011, 596 (597 f.) ein Verwertungsverbot; ablAnm A. Schumann JZ 2012, 265 (267), Eisenberg JR 2011, 409 und Roxin StV 2012, 131 (133). Für grds. Unzulässigkeit, eine von Privatpersonen oder verdeckt arbeitenden Polizeibeamten veranlasste Aussage über Abhörvorrichtungen zu erfassen, Kühne FS Wolter, 2013, 1009 (1014 ff.).

[192] (Gezielte telefonische Befragung durch V-Mann über abgeschlossene Tat (schwerer Raub) von Dolmetscher am Zweithörer mitgehört) BGH 13.5.1996 – GSSt 1/96, BGHSt 42, 139 (145 ff.) = NJW 1996, 2940 (2941) mablBspr Renzikowski JZ 1997, 710, Roxin NStZ 1997, 18, Bernsmann StV 1997, 116, Derksen JR 1997, 167 und kritAnm Rieß NStZ 1996, 505 sowie (zust. bzgl. § 136, abl. bzgl. § 136a) M. Popp NStZ 1998, 95; aA (Beweisverwertungsverbot nicht aus § 136a Abs. 3, aber entspr. § 136) der Vorlagebeschl. BGH 20.12.1995 – 5 StR 680/94, NStZ 1996, 200 (201) mablAnm Seitz NStZ 1995, 519 und (für noch umfassenderes Verständnis der Selbstbelastungsfreiheit) Fezer NStZ 1996, 289; für enge Grenzen der Unverwertbarkeit auch („wohnungsähnliche Tabusphären") H. Schneider JR 1996, 401 (403 ff.). Dem GS entspr. Monka in BeckOK StPO Rn. 5; krit. Hamm/Pauly Revision, 8. Aufl. 2020, Rn. 1247; vertiefend Jäger in HK-GS Rn. 6 und 22 f.; Ranft StrafProzR Rn. 364 ff.

bereits auf sein Aussageverweigerungsrecht berufen hat (→ Rn. 48 und 81 ff.) und seine Äußerung danach mittels Täuschung oder beharrlichem Drängen veranlasst wird.[193]

70 Für Beschuldigte unter der besonderen Zwangswirkung der **U-Haft** ist entschieden, dass es – unabhängig davon, ob sie sich bereits ausdrücklich auf das Schweigerecht berufen haben – unzulässig ist, sie gezielt mit einem anderen Häftling (oder scheinbaren Häftling) zum Zwecke der Ausforschung durch diesen zusammenzusperren; so erlangte Informationen sind ebenfalls unverwertbar, eine Fernwirkung des Verwertungsverbots wird aber verneint.[194] Offenbart sich der Beschuldigte hingegen einem Mithäftling, der ihn aus eigenem Antrieb zur Tat befragt, sieht die Rspr. die Äußerung idR als verwertbar an, auch wenn die Strafverfolgungsbehörden Kenntnis von der Befragung hatten.[195]

71 Die Verwertbarkeit von **privat oder** durch **ausländische** (→ Rn. 93) Ermittler **rechtswidrig erlangten Beweismitteln** wird verneint, wenn sie auf besonders einschneidende Verstöße gegen die Menschenwürde (wie Folter) zurückgehen,[196] im Übrigen entscheidet die Rspr. über die Verwertbarkeit oft anhand einer Abwägung zwischen der Bedenklichkeit des Beweismittels und dem Strafverfolgungsinteresse.[197] Auf dieser Grundlage werden zB steuerrechtlich relevante Daten, die von einer Privatperson rechtswidrig erlangt bzw. rechtswidrig an die BRD oder eines ihrer Länder verkauft wurden („Steuer-CDs"), grds. verwertet und die Verwertung auch angekündigt, um die Beschuldigten zu einer Erklärung zu bewegen.[198]

---

193 EGMR 5.11.2002 – 48539/99, Rep. 2002-IX, §§ 50 ff., JR 2004, 127 = StV 2003, 257 – Allan ./. Vereinigtes Königreich mAnm Gaede; näher dazu Esser JR 2004, 98; BGH 26.7.2007 – 3 StR 104/07, BGHSt 52, 11 (15 Rn. 15 ff.) = NJW 2007, 3138 (3139) mAnm Meyer-Mews, Duttge JZ 2008, 261 und Renzikowski JR 2008, 164; vgl. auch BGH 27.1.2009 – 4 StR 296/08, NStZ 2009, 343 (344) mAnm W. Bauer StV 2010, 120; zust. Sowada FS Geppert, 2011, 689 (701 ff.); grds. Pawlik GA 1998, 378 (386 ff.). Diese Rspr. steht BGH 13.5.1996 – GSSt 1/96, BGHSt 42, 139 (155) = NJW 1996, 2940 (2943) ausdrücklich nicht entgegen. S. hierzu auch BGH 17.3.1983 – 4 StR 640/82, BGHSt 31, 304 (308 f.) = NJW 1983, 1570 (1571 f.); eingehend Wolter ZIS 2012, 238. Vgl. zur Überschreitung polizeilicher Übermittlungsbefugnisse bei Geständnisprovokation OLG Jena 31.7.2019 – 1 Ws 242/19, StV 2020, 455 (456 ff.) mAnm Jäger JA 2020, 231.

194 EGMR 5.11.2002 – 48539/99, Rep. 2002-IX, §§ 50 ff., JR 2004, 127 = StV 2003, 257 – Allan ./. Vereinigtes Königreich mBspr Esser JR 2004, 98; BGH 28.4.1987 – 5 StR 666/86, BGHSt 34, 362 (363 ff.) = NJW 1987, 2525 (2526) m. (bzgl. Begründung und Ablehnung einer Fernwirkung) kritAnm ua von Fezer JZ 1987, 137, Grünwald StV 1987, 470, Seebode JR 1988, 427 und Wagner NStZ 1989, 34; BGH 21.7.1998 – 5 StR 302/97, BGHSt 44, 129 (132 ff.) = NJW 1998, 3506 ff. m. (bzgl. der Einschränkungen) kritAnm Hanack JR 1999, 348 und Roxin NStZ 1999, 149; vgl. auch Köhler ZStW 107 (1995), 10 (25); Ranft StrafProzR Rn. 369 ff.

195 BGH 27.9.1988 – 1 StR 187/88, NJW 1989, 843 (844); ebenfalls dafür, verdeckte Ermittlungen in Haftanstalten zu ermöglichen und ihre Ergebnisse idR zu verwerten, H. Schneider NStZ 2001, 8. Zu einer gemeinsamen Bespr. von BGH 28.4.1987 – 5 StR 666/86 BGHSt 34, 362 = NJW 1987, 2525 sowie 27.9.1988 – 1 StR 187/88, NJW 1989, 843 und 21.7.1998 – 5 StR 302/97 BGHSt 44, 129 = NJW 1998, 3506 s. Lesch GA 2000, 355.

196 OLG Hamburg 14.6.2005 – IV-1/04, NJW 2005, 2326 (2329) – El Motassadeq m. zustBspr Mosbacher JuS 2011, 137 (140 f.); einschr. BGH 15.5.2008 – StB 4 und 5/08, NStZ 2008, 643 (644); für DDR-Altfälle geht BGH 1.4.1992 – 5 StR 457/91, BGHSt 38, 263 (268 ff.) = NJW 1992, 1637 (1638) zu Recht unmittelbar vom Maßstab des § 136a aus; auf Auslandsfälle wird dies oft zu übertragen sein. Vgl. Schmitt in Meyer-Goßner/Schmitt Rn. 27; Rogall in SK-StPO Rn. 10 ff.; nachdrücklich Seebode FS Otto, 2007, 999 ff.; eingehend Ambos StV 2009, 151 sowie (zu geheimdienstlicher Zusammenarbeit) Rehbein, Verwertbarkeit von nachrichtendienstlichen Erkenntnissen, 2011, insbes. S. 63 ff., 367 ff., 411 ff. Rechtsvergleichend zur Reichweite des Folterverbots Weilert, Grundlagen und Grenzen des Folterverbotes in verschiedenen Rechtskreisen, 2009.

197 BGH 13.5.1996 – GSSt 1/96, BGHSt 42, 139 (157) = NJW 1996, 2940 (2944); zu Recht anders BGH 26.7.2007 – 3 StR 104/07, BGHSt 52, 11 (17 Rn. 20) = NJW 2007, 3138 (3139 f.); zur Kritik daran → Rn. 4 und → § 136 Rn. 57 f.

198 LG Bochum 7.8.2009 – 2 Qs 2/09, NStZ 2010, 351 f. mablBspr Heine HRRS 2009, 540; LG Düsseldorf 17.9.2010 – 14 Qs 60/10, wistra 2011, 37 (38 f.); LG Düsseldorf 11.10.2010 – 4 Qs 50/10, NStZ-RR 2011, 84 f.; nicht beanstandet von BVerfG 9.11.2010 – 2 BvR 2101/09, NJW 2011, 2417 ff. – Steuer-CD mablBspr Kühne FS C. Roxin II, 2011, Bd. 2, 1269 und Trüg StV 2011, 111; RhPfVerfGH 24.2.2014 – VGH B 26/13, NJW 2014, 1434 (1438) = NZWiSt 2014, 431 mAnm Krug und Wickler StV 2014, 469. Grds. zust. Kölbel NStZ 2008, 241 ff. Krit. dazu Schünemann NStZ 2008, 305 (309 f.); Sieber NJW 2008, 881 (886); Trüg/Habetha NStZ 2008, 481 (489 ff.); Spatscheck FS Volk, 2009, 771

Die bisherige Rspr. ist mit der Annahme einer **„Drittwirkung"** – dh einer Anwendung von § 136a auf unabhängig von den Strafverfolgungsbehörden handelnde Personen – besonders zurückhaltend.[199] Verneint wurde sie für Konsularbeamte,[200] außerhalb ihres Auftrags handelnde Dolmetscher[201] und **Verteidiger.**[202] Wegen der zunehmenden Verlagerung von Polizeifunktionen ua auf Compliance-Abteilungen von Unternehmen und der zunehmenden Bedeutung von Wirtschaftsstrafsachen auch im Wettbewerb zwischen Unternehmen ist aber eine fortschreitende **Privatisierung** traditionell staatlicher Ermittlungstätigkeit zu beobachten.[203] Ihr korrespondiert ein zunehmendes Schutzbedürfnis des Tatverdächtigen und des Rechtsstaats, so dass insbes. der Rückgriff auf ältere Entscheidungen nicht unproblematisch ist. 72

2. Anwendung außerhalb von Vernehmungen. a) Grundpositionen. In der **Rspr.** wird zwar immer wieder betont, dass eine Anwendung von § 136a außerhalb von Vernehmungen nicht angezeigt sei.[204] Bereits die gerade skizzierten Entscheidungen zeigen aber, dass dies rhetorischer Topos und **kein eherner Grundsatz** ist. Die über den unmittelbaren Anwendungsbereich von § 136a hinausgehenden Regeln behandelt auch die Rspr. nicht als extra-systematische Ausnahmen, sondern widmet ausführliche Überlegungen ihrer systematischen Einordnung (oft allerdings neben § 136a). Dass in vernehmungsunfähigem Zustand (→ Rn. 18 f.) getätigte Äußerungen der Beweisperson nicht zurechenbar sind, hängt ohnehin nicht von der Vernehmungssituation ab und muss insbes. auch in einem solchen Zustand gefallene Spontanäußerungen unverwertbar machen.[205] Speziell zur sog informatorischen Befragung → Vor § 133 Rn. 43. 73

Die **Literatur** plädiert vielfach für eine noch weiter gehende Erstreckung und Systematisierung. Ihre Vorschläge orientieren sich zB an grundrechtlicher Drittwirkung,[206] daran, dass die Aussagefreiheit durch die Einwirkung außerhalb von Vernehmungen bzw. durch Private ebenso beeinträchtigt werden kann,[207] gehen von einer generellen Erfassung auch verdeckter Ermittlungstätigkeit aus (ggf. mit Rechtfertigung nach §§ 100a, 110a ff.)[208] oder stellen auf einen staatlich veranlassten Vertrauensmissbrauch[209] ab. Gegen eine Verdrängung der Mitwirkungsfreiheit durch Abwägungen bestehen durchgreifende Bedenken (→ Rn. 4 und → § 136 Rn. 57 f.). Richtigerweise ist die Erstreckung der Norm anhand folgender Überlegungen abzustecken: 74

(788); Ambos, Beweisverwertungsverbote, 2010, S. 111 ff.; Kühne GA 2010, 275 (281 ff.); Ostendorf ZIS 2010, 301 (307 f.); Jahn FS Stöckel, 2010, 259 (278 ff.); Kudlich ZWH 2011, 35 (Anm. zu FG Köln 15.12.2010 – 14 V 2484/10, ZWH 2011, 33); systematisch und rechtspolitisch vertiefend Pawlik JZ 2010, 693 ff. Zust. mit Blick auf Völkerrecht Coen NStZ 2011, 433 ff.

199 Tendenziell zust., aber auf die „beweisgegenständliche Brauchbarkeit" abstellend Jäger, Beweisverwertung und Beweisverwertungsverbote, 2003, S. 222 ff. (223), 280. Zu dabei möglicherweise verletzten Vorgaben der EMRK Gaede StV 2004, 46.

200 BGH 14.9.2010 – 3 StR 573/09, BGHSt 55, 314 (317 Rn. 8; beachte dort aber Rn. 14) = NJW 2011, 1523 (1524) mAnm Norouzi.

201 Schmitt in Meyer-Goßner/Schmitt Rn. 3 unter Verweis auf BGH 21.4.1978 – 2 StR 712/77, n.v.; Gundlach in AK-StPO Rn. 12.

202 BGH 1.4.1960 – 4 StR 36/60, BGHSt 14, 189 (192) = NJW 1960, 1212 (1213) m. (zumindest in dieser Allgemeinheit) ablAnm Eb. Schmidt JR 1961, 71; Rogall in SK-StPO Rn. 9.

203 S. dazu Brunhöber GA 2010, 571; Reeb, Internal Investigations, 2011, S. 41 ff. jeweils mwN.

204 Vgl. BGH 30.4.1987 – 4 StR 30/87, BGHSt 34, 365 (370) = NJW 1987, 2524 (2525); BGH 26.7.2007 – 3 StR 104/07, BGHSt 52, 11 (15 Rn. 17) = NJW 2007, 3138 (3139) mAnm Meyer-Mews und insoweit abl. Duttge JZ 2008, 261 (263 f.); BGH 12.12.2019 – 5 StR 464/19, NStZ-RR 2020, 112.

205 AA OLG Stuttgart 28.4.2009 – 2 Ss 747/08, juris.

206 Rogall NStZ 2008, 110 (111; Anm. zu BGH 26.7.2007 – 3 StR 104/07, BGHSt 52, 11 = NJW 2007, 3138); Rogall, Der Beschuldigte als Beweismittel gegen sich selbst, 1977, S. 153 f.; Jahn in Heghmanns/Scheffler StrafVerf-HdB Kap. II Rn. 269.

207 Dallmeyer StV 1997, 606 ff.

208 Vgl. Roxin NStZ 1995, 465 (468); (nemo tenetur) Müssig GA 2004, 87 (99 ff.); zur grds. Unterschieden der rechtfertigenden Wirkung von §§ 110a ff. ggü. §§ 100a ff. s. Dencker StV 1994, 667 (681 f.).

209 Roxin FS Geppert, 2011, 549 (558 ff.); Roxin StV 2012, 131 (133; Anm. zu BGH 31.3.2011 – 3 StR 400/10, NStZ 2011, 596).

75 **b) Keine Beschränkung auf Vernehmungen.** Die **Mitwirkungsfreiheit** des Beschuldigten gilt im gesamten Strafverfahren (→ Vor § 133 Rn. 91), und Aussagen umfassen ohnehin tatsächliches Verhalten mit Erklärungswert.[210] Dass § 136a sich nach seiner Stellung im Gesetz und den Verweisungen in §§ 69 Abs. 3, 163a Abs. 3 und 4 gleichwohl gerade auf Vernehmungen bezieht, rechtfertigt sich daraus, dass Vernehmungen die praktisch wichtigste Kontaktsituation zwischen dem Beschuldigten und Ermittlungspersonen darstellen und daher auch historisch immer wieder besonders anfällig für rechtswidrige Übergriffe waren. Als das klassische Vernehmungskonzept entwickelt wurde, traf dies noch stärker zu als heute, da verdeckte Ermittlungen wesentlich an Bedeutung gewonnen haben. Deshalb löst der Vernehmungsbegriff das Abgrenzungsproblem nicht etwa terminologisch, sondern befasst sich gar nicht mit ihm.[211] Zu Recht verwendet der Gesetzestext den Vernehmungsbegriff in § 136a gar nicht erst. Während die Belehrungspflichten nach § 136 Abs. 1 an Vernehmungssituationen gebunden sind, weil sie den besonderen Eindruck offizieller Aufforderungen (→ Vor § 133 Rn. 36) kompensieren sollen, können die Manipulationsformen des § 136a auch ohne offizielles Auftreten des Fragenden gleichermaßen gefährlich sein.

76 Es gibt keinen Grundsatz, den Beschuldigten vor Übergriffen der in § 136a bezeichneten Art allg. schutzlos zu stellen und nur in Vernehmungen ausnahmsweise zu schützen. Die Rechtsstellung des Beschuldigten, das Rechtsstaatsprinzip und die Anforderungen an ein faires Verfahren gebieten vielmehr einen entspr. Schutz **im gesamten Strafverfahren** (→ Vor § 133 Rn. 2 und 37).[212] § 136a ist daher auf Übergriffe bei körperlichen Untersuchungen (§ 81a), Durchsuchungen (§ 102), Verhandlungen über einen „Deal" (§§ 160b, 202a, 212, 257c) etc nicht generell unanwendbar. Zu beachten ist indes, dass § 136a rein passives Erdulden einer Maßnahme (zB nach §§ 81a, 102) nur eingeschränkt erfasst (→ Rn. 21).[213]

77 Zudem kann sich aus Kompetenznormen eine **Rechtfertigung** der jeweiligen Maßnahme ergeben. So rechtfertigen etwa § 81a und § 102 zur Durchführung der Untersuchung bzw. Durchsuchung erforderlichen Zwang (was § 136a Abs. 1 S. 2 ausdrücklich anerkennt). § 100a rechtfertigt es, Telefonate an überwachten Anschlüssen zu veranlassen, auch wenn dabei implizit über die Manipulationsfreiheit des Anschlusses getäuscht werden sollte.[214] Soweit schulmedizinisch bzw. -psychologisch oder -psychiatrisch anerkannte und erforderliche Tests Täuschungen involvieren, kommt wiederum eine Rechtfertigung aus §§ 80 ff. in Betracht. Auch auf **verdeckte Ermittlungen** sind die Regeln des § 136a grds. anwendbar,[215] die §§ 110a ff. rechtfertigen aber bestimmte Täuschungen unter Verwendung der Legende iSv

210 G. Haas GA 1995, 230 (233).

211 Dazu, dass ihm umgekehrt auch kein generelles Gebot stets offener Ermittlungen zu entnehmen ist, Bosch, Aspekte des nemo-tenetur-Prinzips, 1998, S. 84 ff.

212 Gundlach in AK-StPO Rn. 7; Rogall NStZ 2008, 110 (111; Anm. zu BGH 26.7.2007 – 3 StR 104/07, BGHSt 52, 11 = NJW 2007, 3138); ferner Prasch, Die List in der Vernehmung, 2002, S. 82 sowie (bzgl. Täuschungen) zur Unterscheidung des von persönlicher Mitwirkung unabhängigem Sachbeweises von anderen Beweismitteln (insbes. dem Personalbeweis) Dencker StV 1994, 667 (678 ff. bzw. 676). Eingehend zur Anwendbarkeit von § 136a (insbes. bzgl. Täuschungen) bei Vorfeldermittlungen Weßlau, Vorfeldermittlungen, 1989, S. 214 ff.

213 Vgl. BGH 17.3.1971 – 3 StR 189/70, BGHSt 24, 125 (129) = NJW 1971, 1097 mablAnm Wedemeyer NJW 1971, 1902, wo vom BGH die Anwendung von § 136a auf Fälle des § 81a zwar in dieser Allgemeinheit zu weit gehend, für die meisten Konstellationen aber zu Recht abgelehnt wird.

214 Vgl. dazu BGH 9.5.1985 – 1 StR 63/85, BGHSt 33, 217 (223) = NJW 1986, 390 (391 f.) mkritAnm Kühl StV 1986, 187, wo ein Verwertungsverbot für den Fall zu Recht verneint wird, die Frage für den Einsatz sonstiger nach § 136a verbotener Mittel aber ausdrücklich nicht entschieden wird (und ggf. zu bejahen wäre).

215 So – allerdings nicht unmittelbar auf § 136a gestützt, sondern auf das Fairnessgebot – für nötigenden Zwang BGH 18.5.2010 – 5 StR 51/10, BGHSt 55, 138 (144 ff. Rn. 20 ff.) = NJW 2010, 3670 (3671 f.) mzustBspr J. Kretschmer HRRS 2010, 343 (346 f.). Beachte dazu auch (Verstoß gegen das Fairnessgebot bei unzulässiger Tatprovokation) EGMR 23.10.2014 – 54648/09, §§ 62 ff., NJW 2015, 3631 – Furcht ./. Deutschland. Entspr. Lagodny StV 1996, 167 (170 ff.) und (inkl. § 136) Roxin NStZ 1995, 465 (468). Krit. Verrel NStZ 1997, 361 (362 f.). Auf das Fairnessgebot bezogen auch Henrichs/Steri Kriminalistik 2004, 629 (631 ff.).

§ 110a Abs. 2 S. 1.[216] Im Gegensatz dazu begründen die Regelungen über **„Deals"** (§§ 160b, 202a, 212, 257c) grds. keine Einschränkungen von § 136a (insbes. → Rn. 53 ff.).[217]

Aus dieser Systematik ergibt sich zweierlei: Einerseits ist der Anwendungsbereich von § 136a **nicht** allein nach der **Rolle der Personen** zu bestimmen, die auf den Beschuldigten einwirken, **sondern** auch nach dem **Bezug** ihres Verhaltens **zum Strafverfahren.** Andererseits regelt § 136a die Rechtmäßigkeit dieses Verhaltens nicht abschließend, sondern erkennt Rechtfertigungen an, die die hinter § 136a stehenden **menschen- und verfassungsrechtlichen Anforderungen** freilich nicht einschränken dürfen. 78

c) Grenzen des Anwendungsbereichs. Aus dem Anwendungsbereich auszugrenzen sind hiernach alle Vorgänge, die bereits zur Begehung der Tat gehören. Das Tatgeschehen ist nicht Teil des Verfahrens, sondern sein Gegenstand. Entspr. kann über **vor und bei der Tat** gemachte Äußerungen des Beschuldigten stets ohne Beschränkungen nach § 136a Beweis erhoben werden. Setzt zB ein **agent provocateur** Täuschungen ein, richten sich deren Auswirkungen primär nach den Regeln des materiellen Strafrechts (zB § 16 Abs. 1 StGB bzgl. resultierender Irrtümer).[218] 79

Zudem ist § 136a auf inhaltl. Mitteilungen über die Tat ausgerichtet. Obwohl sich bei **verfahrensgestaltenden Prozesshandlungen** bisweilen ähnl. Zurechnungsfragen stellen wie hier und sie unmittelbaren Bezug zur (positiven) Mitwirkungsfreiheit haben,[219] geht die Frage, ob dort eine gleichartige Regel gilt, über den Themenkreis von § 136a hinaus.[220] 80

3. Vernehmungsähnliche Situationen und private Dritte. a) Vernehmungsähnliche Privatgespräche. Zu klären ist va die Anwendbarkeit von § 136a auf private (außerhalb des Strafverfahrens stattfindende und dem Staat nicht zurechenbare, → Rn. 12, 26) **Gespräche über die Tat.**[221] Jeder Mensch unterliegt diversen Zwängen und Irrtümern. 81

---

216 Schmitt in Meyer-Goßner/Schmitt Rn. 4b sowie Köhler in Meyer-Goßner/Schmitt § 110c Rn. 3; Lagodny StV 1996, 167 (170 ff.); Weiler GA 1996, 101 (114); vgl. dazu auch BGH 21.7.1994 – 1 StR 83/94, BGHSt 40, 211 (214 ff.) = NJW 1994, 2904 f. mzustAnm Schlüchter/J. Radbruch NStZ 1995, 354 sowie (zu Vernehmungsbegriff und Umgehungsproblem) Widmaier StV 1995, 621 (622); BGH 13.5.1996 – GSSt 1/96, BGHSt 42, 139 (146) = NJW 1996, 2940 (2941) m. krit. Bespr. Renzikowski JZ 1997, 710 (716); BGH 26.7.2007 – 3 StR 104/07, BGHSt 52, 11 (14 f., 22 Rn. 14, 34) = NJW 2007, 3138 (3139, 3141). Näher (und krit.) zur einschlägigen Rspr. des EGMR (insbes. Allan ./. Vereinigtes Königreich und Bykov ./ Russland) Gaede JR 2009, 493 und Jäger FS Wolter, 2013, 947. Abl. zu verdeckten Befragungen Fezer NStZ 1996, 289 (290; Anm. zu BGH 20.12.1995 – 5 StR 680/94, NStZ 1996, 200); A. Schumann JZ 2012, 265 (267 f.; Anm. zu BGH 31.3.2011 – 3 StR 400/10, NStZ 2011, 596); monografisch (und krit.) auch Wang, Einsatz verdeckter Ermittler, 2015, S. 34 ff., S. 254 f.

217 Entspr. bereits BGH 28.8.1997 – 4 StR 240/97, BGHSt 43, 195 (204) = NJW 1998, 86 (88); BGH 24.7.2003 – 3 StR 368/02 u. 3 StR 415/02, NJW 2003, 3426 (3427); 14.8.2007 – 3 StR 266/07, NStZ 2008, 170 f.; Diemer in KK-StPO Rn. 7; Ambos, Beweisverwertungsverbote, 2010, S. 27 ff.; Eingehend zu Zusammenhängen zwischen „Deal" und Untersuchungshaft Eidam StV 2005, 201 (Anm. zu BGH 16.9.2004 – 4 StR 84/04, NStZ 2005, 279). Zu Verfassungsverstößen bei fehlender Belehrung im Rahmen eines „Deals" BVerfG 30.6.2013 – 2 BvR 85/13, NStZ-RR 2013, 315.

218 Vgl. dazu BGH 10.6.1975 – 1 StR 165/75, GA 1975, 333 f.; BGH 23.5.1984 – 1 StR 148/84, BGHSt 32, 345 (346 ff.) = NJW 1984, 2300 ff. mwN; (kein Verwertungsverbot aber mildere Strafe) BGH 11.12.2013 – 5 StR 240/13, NStZ 2014, 277; Schünemann StV 1985, 424 (430); Schoreit, AG StrafR DAV II. Frühj.-Symp. 1988 (1989), S. 159 (164 ff.); vgl. auch Rogall in SK-StPO Rn. 68; aA Gleß in Löwe/Rosenberg Rn. 4; Lüderssen FS Peters, 1974, 349 (359 ff.), dem aber zuzustimmen ist, dass die Zulässigkeit solchen Verhaltens auch eine strafprozessuale Frage darstellen kann.

219 Vgl. BGH 6.12.1961 – 2 StR 485/60, BGHSt 17, 14 (18 ff.) = NJW 1962, 598 f.; 16.9.2004 – 4 StR 84/04, NStZ 2005, 279 (280); OLG Frankfurt a. M. 19.10.1970 – 3 Ws 301/70, NJW 1971, 949(950 f.); Gleß in Löwe/Rosenberg Rn. 17; Diemer in KK-StPO Rn. 7; Gundlach in AK-StPO Rn. 5; sowie → Vor § 133 Rn. 118.

220 S. dazu Pauckstadt-Maihold in KMR-StPO Rn. 6; vgl. auch → Einl. D Rn. 335, 339.

221 Speziell zu heimlichen privaten Tonaufnahmen eingehend Wölfl StraFo 1999, 74; P. Frank, Verwertbarkeit rechtswidriger Tonbandaufnahmen Privater, 1996, insbes. S. 127 ff. Ein Telefonat der Nebenklägerin mit dem Beschuldigten über den Gegenstand des Verfahrens gehört auch dann nicht zum unantastbaren Kern privater Lebensgestaltung, wenn es um ein Sexualdelikt innerhalb der Famile geht, BGH 12.3.2019 – 2 StR 244/18, NStZ-RR 2019, 186; vgl. dazu (Gespräche über konkret begangene Straftaten gehören grds. nicht zum unantastbaren Kern privater Lebensgestaltung) BVerfG 3.3.2004 – 1 BvR 2378/98, 1084/99, BVerfGE 109, 279 (319); BVerfG 26.6.2008 –2 BvR 219/08, StraFo 2008, 421;

Sie machen Äußerungen (und sonstige Beweismittel) nicht unverwertbar; ihre Berücksichtigung ist Ziel der Beweiswürdigung (Vgl. auch → Vor § 133 Rn. 19). Wenn der Beschuldigte allerdings verdeckt (insbes. von verdeckten Ermittlern und privaten Dritten) und **gezielt zum Zwecke der Strafverfolgung** befragt wird, verfolgen der Fragende und er in dem Gespräch regelmäßig ganz unterschiedliche Ziele. Das macht die Kommunikation (selbst ohne Zwang und Täuschung) in besonderer Weise fehleranfällig, zumal die eigentliche Beweisgewinnung regelmäßig erst vor Gericht in der Vernehmung des urspr. Fragenden als Zeuge erfolgt.[222] Die Gefahr von Missverständnissen, Fehlinformationen und Instrumentalisierung des Beschuldigten setzt sich dort fort, denn in der Beweisaufnahme wird die Kommunikationsrolle des urspr. befragten Beschuldigten dann kaum mehr abgebildet.[223] Gerade um solche Schwierigkeiten im Strafverfahren zu vermeiden bzw. zu kompensieren gibt es die §§ 136, 136a. Man kann solche Konstellationen deshalb als **„vernehmungsähnliche Situationen"** bezeichnen.[224] Für eine Einschränkung auf Fälle, in denen der Beschuldigte schon zuvor erklärt hat, zur Sache schweigen zu wollen (so teilw. die Rspr., → Rn. 69), besteht dabei kein Anlass.[225] Dem Gericht abzuverlangen, auch hier „durch Würdigung" die inhaltliche Zuverlässigkeit der Aussage, des aus zweiter Hand Geschilderten und ein insgesamt faires, die Mitwirkungsfreiheit des Beschuldigten achtendes Verfahren zu sichern, übersteigt dabei leicht die Grenzen des Möglichen. Die Sicherung einer nachvollziehbaren, rechtsstaatlichen Regeln folgenden Wahrheitsfindung und Kommunikation mit dem Beschuldigten (→ Vor § 133 Rn. 77 bzw. 71 ff.) sprechen dann **für ein Beweisverwertungsverbot** (beachte → Rn. 84 f.).[226]

82 Soweit ein Gespräch über die Tat unter Privaten hingegen **ohne Bezug zur Strafverfolgung** stattfindet und der Fragende auch nicht insgeheim darauf abzielt, ist die Kommunikationssituation mit der des § 136a weit weniger vergleichbar und betreffen Beeinträchtigungen der Willensbildung regelmäßig nicht die prozessuale Mitwirkungsfreiheit. Die Vorgänge sind der Beweisaufnahme dann grds. nicht zu entziehen.

83 **b) Anwendbarkeit von § 136a und Anforderungen.** Während die Erstreckung von § 136a für offizielle Funktionsträger über Vernehmungen hinaus auf das ganze Strafverfahren (→ Rn. 76 ff.) schlicht auf der ratio legis basiert und alle drei Absätze gleichermaßen betrifft, liegen der Erstreckung auf private Dritte in vernehmungsähnlichen Situationen (→ Rn. 81) Zurechnungsmängel der Aussage des Beschuldigten zugrunde, weshalb sie sich zunächst nur auf das Beweisverwertungsverbot nach Abs. 3 S. 2 bezieht. **Private Dritte** unterliegen – obwohl § 136a keinerlei institutionelle Beschränkungen formuliert[227] – grds. nicht den Anforderungen der StPO, auch **nicht** den Verhaltensnormen der **Abs. 1 und 2.**[228] Aus den allgemeinen Regeln der §§ 223, 239 und 240 **StGB** ergeben sich aber auch für Privat-

BGH 10.8.2005 – 1 StR 140/05, BGHSt 50, 206, 212 = NJW 2005, 700; 22.12.2011 – 2 StR 509/10, BGHSt 57, 71 (77 Rn. 18) = NJW 2012, 945.

222 Vgl. Pauckstadt-Maihold in KMR-StPO Rn. 5 f.; Grünwald BeweisR S. 162 f.

223 Vgl. (Sperre der unmittelbar erlangten Informationen, aber Verwertbarkeit indirekt daraus erlangter Beweise; heimliches Vorgehen eines Privaten in Absprache mit Behörden) EGMR (GK) 10.3.2009 – 4378/02, Rep. 2009, § 103, NJW 2010, 213 (216) – Bykov ./. Russland.

224 Vgl. zu dieser Ähnlichkeit und ihren Grenzen auch BGH 8.10.1993 – 2 StR 400/93, BGHSt 39, 335 (347 ff.) = NJW 1994, 596 (599 f.); J. Kretschmer in Radtke/Hohmann Rn. 9, 47. Zu begründeter Kritik am Begriff G. Haas GA 1995, 230 (234 f.). Teils wird dieser Begriff enger gefasst und zB nur auf „amtlich gesteuertes" Verhalten bezogen, s. dazu Renzikowski JZ 1997, 710 (717).

225 Engländer ZIS 2008, 163 (166 f.).

226 Vgl. auch → Vor § 133 Rn. 84, 88 und 97; Joerden JuS 1993, 927 (928 f.); Schilling, Illegale Beweise, 2004, insbes. S. 89; Eidam, Die strafprozessuale Selbstbelastungsfreiheit, 2007, S. 59 ff. (103, 118 ff.); ähnlich (Missbrauchsverbot) Kudlich JuS 1997, 696 (698, 700); einschr. Ellbogen, Verdeckte Ermittlungstätigkeit, 2004, S. 78 ff. (96). Einen systematischen Überblick über das Meinungsspektrum in Rspr. und Lit. gibt unter dem Gesichtspunkt der unerlaubten Erhöhung des Selbstbelastungsrisikos Kasiske StV 2014, 423.

227 Vgl. Eser Beiheft zur ZStW 1974, 136 (158).

228 AA (horizontale Drittwirkung) Jahn in Heghmanns/Scheffler StrafVerf-HdB Kap. II Rn. 269; vgl. auch Jahn 67. DJT 2008, Gutachten C S. 102 ff. mwN. Eingehend zu rechtlichen Schranken privater Ermittlungen Bockemühl, Private Ermittlungen, 1996, S. 49 ff.

personen ähnliche Vorgaben. Über die Verwerflichkeitsklausel des § 240 Abs. 2 StGB können sogar Wertungen der §§ 136, 136a StPO in die Jedermannspflichten einfließen[229] und die Abs. 1 und 2 indirekt in gewissem Umfang auch die Pflichten Privater beeinflussen.

Dies führt dazu, dass für ein an Privatverhalten anknüpfendes **Verwertungsverbot erhöhte Anforderungen** bestehen: In § 136a Abs. 1 S. 2 und 3 wird die Schwelle verbotener Einwirkungen niedriger angesetzt als im allg. Strafrecht (beachte zudem → Rn. 49). Ein Beweisverwertungsverbot kann zwar auch ohne vorwerfbaren Verstoß gegen eine Verhaltensnorm entstehen (→ Vor § 133 Rn. 18 und 88), die einschlägigen Verhaltensnormen haben aber Maßstabsfunktion dafür, ob eine (objektive) Beeinträchtigung der Willensbildung so stark war, dass sie die Zurechenbarkeit der Aussage ausschließt (→ Rn. 24 f.). Dies spricht dafür, ein Verwertungsverbot erst dann auf (dem Staat nicht zurechenbares) Privatverhalten zu stützen, wenn dieses **nach** Vorschriften des **allgemeinen Strafrechts** (objektiv) tatbestandsmäßig und rechtswidrig war und eine nach § 136a relevante Beeinträchtigung der Willensbildung (→ Rn. 16 ff.) bewirkte.[230] Teilweise ergibt sich das schon daraus, dass die Verwertung oder die Einführung in die Hauptverhandlung selbst eine Straftat wäre (zB § 201 Abs. 1 Nr. 2 StGB).[231] Für die Untersuchung jener Straftat in einem anderen Verfahren – in dem indes insofern Zurückhaltung geboten ist, als Vorwürfe durch den Beschuldigten des Ausgangsverfahren gerade ein Verwertungsverbot anstreben können – gilt das Verwertungsverbot nicht (→ Rn. 79). Für andere Beweismittel (bzw. Informationen) als die Aussage des Beschuldigten aber gilt es gleichermaßen. 84

c) Eingeschränkte Wirkung. Wenn man dem Verwertungsverbot grds. **Fernwirkung** zuspricht (→ Rn. 98), können auch insoweit Einschränkungen bei Privatverhalten bestehen. Hier liegt dem Verwertungsverbot regelmäßig „nur" der Zurechnungsmangel zugrunde, aber keine rechtliche Einschränkung der Aussage- bzw. Mitwirkungsfreiheit. Auch Präventionsziele können eine Fernwirkung hier kaum rechtfertigen (näher zu diesen Gründen → Vor § 133 Rn. 96 ff.). Zu **internen Ermittlungen** in Unternehmen beachte → Vor § 133 Rn. 115 ff. 85

4. Systematischer Überblick. Insgesamt ergibt sich damit ein dreistufiges Schutz- und Anforderungssystem zu § 136a:[232] **Vernehmungsunfähigkeit** (→ Rn. 18 f.) ist vom Verursacher der Willensbeeinträchtigung unabhängig, liegt aber erst bei einer besonders 86

[229] So auch für arbeitsrechtliche Auskunftsverweigerungsrechte OLG München 25.3.2009 – 7 U 4774/08, OLGR München 2009, 469 ff. (B.II.1.c), juris-Rn. 63; Urteil nach Klagerücknahme wirkungslos).

[230] Entspr. Müssig GA 1999, 119 (138 f.); Lesch GA 2000, 355 (370); ähnlich Godenzi GA 2008, 499 (507 ff., 514 f.) mN; Götting, Gesetzlich nicht geregelte Ermittlungstätigkeit, 2001, S. 303; Trüg/Habetha NStZ 2008, 481 (488). Für ein entspr. System mit dem Kriterium der Verletzung der Menschenwürde bzw. schwerer Grundrechtsverletzungen (bei der Informationsgewinnung) Gleß in Löwe/Rosenberg Rn. 12; Kohlhaas JR 1960, 246 (249); Otto GA 1970, 289 (305); Ranft FS Spendel, 1992, 719 (736); H. Schneider NStZ 2001, 8 (11 ff.); dabei speziell zum unantastbaren Kernbereich des Familien- oder Intimlebens Wohlers JR 2016, 509 und Gleß StV 2018, 671 jeweils mwN; (bei der Informationsverwertung) Bockemühl, Private Ermittlungen, 1996, S. 89 ff. (120, 130 f.). Bei jedem rechtswidrigen Vorgehen eines Privaten für Unverwertbarkeit ggü. dem dabei Verletzten Grünwald BeweisR S. 163; ähnlich Mende, Grenzen privater Ermittlungen durch den Verletzten einer Straftat, 2001, S. 200 ff. (219), 220 ff., 245 f. sowie (mit Abwägung) Bienert, Private Ermittlungen, 1997, S. 113 ff. (144, 166) und (differenzierend nach Eingriffsart, Rechtfertigung und besonderen Verboten) Otto FS Kleinknecht, 1985, 319 (322 ff., 340). Für unmittelbare Drittwirkung soweit § 136a mit dem Verbot des Selbstbelastungszwangs übereinstimmt Rogall, Der Beschuldigte als Beweismittel gegen sich selbst, 1977, S. 210 f. (sowie S. 153 f., 207 f.), ähnlich (Unverwertbarkeit bei jeder § 136a entspr. Verhaltensweise) Gundlach in AK-StPO Rn. 13. Für ein abgestuftes System Wolter FG BGH IV, 2000, 963 (1008). Vgl. auch Jahn 67. DJT 2008, Gutachten C S. 102 ff. Eingehend krit. hierzu Kaspar GA 2013, 206 (210 ff., 225).

[231] Vgl. dazu und zu einer evtl. Rechtfertigung aus § 34 StGB Brunhöber GA 2010, 571 (586). Grds. zu Beweis- und Verwertungsverboten zum Schutz von Drittinteressen Grünwald JZ 1966, 489 (497 ff., 501).

[232] Vgl. zum laufenden Prozess der Ausarbeitung der Rechtsstellung des Beschuldigten → Vor § 133 Rn. 11 ff. Zu einem teilw. ähnlichen, aber vierstufigen und auf Gedanken der objektiven Zurechnung (im Ggf. zur hier zugrunde liegenden Handlungs- und Verantwortungszurechnung) beruhenden Anforderungssystem s. Wolter ZIS 2012, 238 (240 ff.).

starken Beeinträchtigung der Willensbildung vor. Ihr Maßstab ist objektiv und für jedermann gleich. Demgegenüber muss im primären Anwendungsfall von § 136a Abs. 1 und 2 die **Beeinträchtigung dem Staat zurechenbar** sein (→ Rn. 12, 26).[233] Die Anforderungen an die Willensbeeinträchtigung sind dabei aber am geringsten. Der Maßstab ist hier objektiv-individuell, denn die Beeinträchtigung wird jeweils im Vergleich mit den persönlichen „normalen" Fähigkeiten bestimmt. Eine Mittelstellung nehmen die Regeln über dem Staat nicht zurechenbare **Beeinträchtigungen durch Dritte** (→ Rn. 81 ff.) ein. Die Beeinträchtigung muss hier im Hinblick auf das Strafverfahren hervorgerufen worden sein, und die Beweisperson darf sie nicht selbst hervorgerufen haben. Der Maßstab zur Annahme eines Verwertungsverbots ist wiederum objektiv-individuell, die Schwelle liegt aber höher als bei offiziellen Funktionsträgern. In allen drei Fällen besteht insofern ein **einheitliches Verwertungsverbot,** als es im Wesentlichen auf derselben Zurechnungsnorm beruht: Die Unzurechenbarkeit ergibt sich aus einer Unterschreitung des rechtlichen Mindeststandards für die autonome Willensbildung der Beweisperson; nur dieser Mindeststandard ist nach den angegebenen Fallgruppen abgestuft.

IV. Unverfügbarkeit und Unverwertbarkeit nach Abs. 3

87 **1. Einwilligungssperre, Abs. 3 S. 1.** § 136a Abs. 3 S. 1 **entzieht** die Verbote der Abs. 1 und 2 **der Disposition** der Beweisperson sowie ihrer anwaltlichen und gesetzlichen Vertreter.[234] Die Regelung erklärt sich einerseits aus dem objektiv-rechtlichen Hintergrund der Vorschrift (→ Rn. 8 ff.),[235] andererseits dient sie – trotz ihrer paternalistischen Züge – auch dem Schutz der Würde des Beschuldigten und seiner Rechtsstellung, denn allzu leicht ließe sich eine Einwilligung forcieren. Die Vorschrift betrifft nicht die Zustimmung zur Verwertung (→ Rn. 89 f.).

88 In ihrer Bezugnahme auf **§ 136a Abs. 1 S. 2** ist die Einwilligungssperre teleologisch zu reduzieren: Zahlreiche strafprozessuale Maßnahmen dürfen unter bestimmten gesetzlichen Voraussetzungen als Zwangsmaßnahmen erfolgen (Bsp.: Beschlagnahme) oder alternativ mit Zustimmung des Betroffenen (Bsp.: einvernehmliche Sicherstellung). Dem soll die Einwilligungssperre nicht entgegenstehen. Terminologisch lässt sich das dadurch abbilden, dass Maßnahmen, die mit wirksamer Zustimmung des Betroffenen erfolgen, schon nicht als Zwang eingeordnet werden.

89 **2. Verwertungsverbot, Abs. 3 S. 2. a) Zustimmungssperre.** § 136a Abs. 3 S. 2 befasst sich mit einem Verwertungsverbot, erweitert aber streng genommen nur die Einwilligungssperre (→ Rn. 87) dahingehend, dass Beweismittel, die entgegen dem Verbot der Abs. 1 und 2 erlangt worden sind, (später) selbst durch Zustimmung nicht verwertbar werden.[236] Derartige Beweismittel sollen im Strafverfahren grds. **als nicht existent behandelt** werden.[237] Die Wiederholung der Aussage bleibt hingegen zulässig (→ Rn. 97), weshalb die Sperre sich letztlich va auf die Verwertung der Aussage von Zeugen und den Nachweis von Aussagekonstanz auswirkt.

90 Die Sperre kann bei **entlastenden Beweismitteln** problematisch werden, soweit sich nicht schon aus ihrem Inhalt ergibt, dass der Verstoß für sie gar nicht kausal wurde (und folglich kein Verwertungsverbot entsteht, → Rn. 95, zB weil ein Geständnis erzwungen werden sollte, der Beschuldigte die Tat aber bestritten hat)[238] und umgekehrt der Verstoß

233 Für diese Zurechenbarkeit als letztlich insg. zentrales Kriterium Erb FS Otto, 2007, 863 ff. Zur Frage besonderer Regelungsbedürftigkeit des Einsatzes von V-Leuten s. Duttge JZ 1996, 556 (557 ff.).
234 Schmitt in Meyer-Goßner/Schmitt Rn. 26; Ahlbrecht in Gercke/Julius/Temming/Zöller Rn. 48.
235 Gundlach in AK-StPO Rn. 72.
236 Vgl. dazu OLG Hamburg 14.6.2005 – IV-1/04, NJW 2005, 2326 (2329) – El Motassadeq; Grünwald JZ 1983, 717 (719; Anm. zu BGH 7.6.1983 – 5 StR 409/81, BGHSt 31, 395 = NJW 1983, 2205).
237 Kleinknecht NJW 1966, 1537 (1543).
238 Gundlach in AK-StPO Rn. 75.

ihre Zuverlässigkeit nicht so sehr in Frage stellt, dass ihnen jeglicher Beweiswert abgeht.[239] Zwar wird daran festzuhalten sein, dass mit unverwertbaren Beweismitteln schlechterdings kein positiver Nachweis zu führen ist. Richtigerweise müssen sie aber noch die Überzeugungskraft anderer (belastender) Beweismittel erschüttern können.[240] Das Schutzziel von § 136a beruht ganz wesentlich auf der Unschuldsvermutung (→ Vor § 133 Rn. 66 ff.), so dass diese durch die Vorschrift keinesfalls konterkariert werden darf. Das Verwertungsverbot ändert auch nichts am Verbot der Verfolgung Unschuldiger (§ 344 StGB).[241]

b) Geltungsbereich und Voraussetzungen. Die Vorschrift ordnet das Verwertungs- 91
verbot zwar nicht an (→ Rn. 89), setzt es aber ausdrücklich voraus. Art. 15 der UN-Antifolterkonvention[242] verpflichtet die Mitgliedstaaten zur Anerkennung eines Verwertungsverbots, beschränkt sich aber auf erfolterte Aussagen. Die Voraussetzungen des Verwertungsverbots sind nicht nur bzgl. Einzelheiten ihrer Reichweite, sondern auch grds. hinsichtlich der Art der Anforderungen und ihrem systematischen Zusammenhang ungeklärt. So wird regelmäßig als Ausgangspunkt formuliert, das Verwertungsverbot setze einen Verstoß gegen Abs. 1 bzw. 2 voraus,[243] und nicht selten wird gar ein vorsätzlicher, oft zumindest ein **vorwerfbarer Verstoß** gefordert (→ Rn. 23 ff.). Gleichzeitig sind Fälle der selbst hervorgerufenen Vernehmungsunfähigkeit anerkannt (insbes. für unter Drogeneinfluss stehende Befragte), für die dasselbe oder zumindest ein gleichartiges Verwertungsverbot angenommen wird (→ Rn. 17 ff.). Ein konsistentes System von Anforderungen muss solche Widersprüche beheben.

Das Verwertungsverbot ist primär die Rechtsfolge einer Zurechnungsnorm, nach der 92
die Aussage (sowie ggf. weiteres Prozessverhalten außerhalb von Vernehmungen, → Rn. 73 ff.) dem Aussagenden wegen der Beeinträchtigung seiner Aussage- bzw. Mitwirkungsfreiheit nicht zugerechnet werden kann (→ Rn. 2, zu den Grundsätzen → Vor § 133 Rn. 96 ff.). Innerhalb des Verfahrens bewirken sowohl ein **objektiver** – nicht notwendig vorwerfbarer – **Verstoß** (→ Rn. 24 f.) gegen Abs. 1 bzw. 2 (→ Rn. 27 ff.) als auch **Vernehmungsunfähigkeit** (→ Rn. 18 f.) ein Zurechnungshindernis und lösen das Verwertungsverbot aus. Beides ist als „Verletzung dieses Verbots" iSv Abs. 3 S. 2 anzusehen, denn es geht darum, dass die Fähigkeit der Beweisperson, ihren Willen autonom zu bilden, den rechtlichen Mindeststandard unterschreitet (→ Rn. 86); Handlungsunrecht des Vernehmenden ist dazu nicht erforderlich.[244] Unter besonderen, den von der Rspr. anerkannten Bereich aber etwas erweiternden Voraussetzungen kann zudem an das Verhalten privater Dritter angeknüpft werden (→ Rn. 81 ff.).

Im **Ausland** erwirkte Beweise müssen zumindest an den für Dritte geltenden Kriterien 93
gemessen werden.[245] Insbes. im Ausland durch Folter erlangte Beweismittel sind daher stets unverwertbar (→ Rn. 71). Es genügt das „reale Risiko", dass sie auf einer derartigen

[239] Näher dazu und für Verwertbarkeit Erbs NJW 1951, 386 (389); Rogall ZStW 91 (1979), 1 (38); („Mühlenteichtheorie") Roxin/G. Schäfer/Widmaier StV 2006, 655 (659, 660 f.); Jahn 67. DJT 2008, Gutachten C S. 112 ff.; Dencker, Verwertungsverbote, 1977, S. 73 ff.; Jäger, Beweisverwertung und Beweisverwertungsverbote, 2003, S. 274 ff.; vgl. auch Otto GA 1970, 289 (305); (Wahrung der Menschenwürde durch Verwertung) Otto FS Kleinknecht, 1985, 319 (330 ff., 340); speziell zu Mitangeklagten Güntge StV 2005, 403 (404 ff.) und → Rn. 97.

[240] Vgl. R. Hamm StraFo 1998, 361 (366). Ausdrücklich offen gelassen in BGH 5.8.2008 – 3 StR 45/08, NStZ 2008, 706 (707) mkritAnm (stets für Entlastungsbeweis) Roxin StV 2009, 113 (115); aA Gleß in Löwe/Rosenberg Rn. 71 f.; Schmitt in Meyer-Goßner/Schmitt Rn. 27.

[241] Amelung, Prinzipien strafprozessualer Beweisverwertungsverbote, 2011, S. 17.

[242] United Nations Convention against Torture and Other Cruel, Inhuman or Degrading Treatment or Punishment vom 10.12.1984 (New York), UN Treaty Series vol. 1465, S. 85, in Kraft seit 26.6.1987, D beigetreten mWv 31.10.1990, BGBl. II 246 (1993, 715), ferner (Änderung) BGBl. 1996 II 282; (Fakultativprotokoll) BGBl. 2008 II 854 (2009, 536).

[243] Statt vieler Schmitt in Meyer-Goßner/Schmitt Rn. 27.

[244] Vgl. Schuster, Verwertbarkeit im Ausland gewonnener Beweise, 2006, S. 221, 224.

[245] Vgl. Rogall in SK-StPO Rn. 18; mit guten Gründen für einen strengeren Maßstab Gleß in Löwe/Rosenberg Rn. 72 und (letztlich Unverwertbarkeit nach selbem Maßstab wie in § 136a) Schuster, Verwertbarkeit im Ausland gewonnener Beweise, 2006, S. 219 ff. (220, 224). S. auch Nagler StV 2013, 324 (327).

Rechtsverletzung beruhen.[246] Soweit inländische Strafverfolgungsorgane einen ausländischen Verstoß gegen § 136a veranlasst haben, ist dieser auch dem deutschen Staat zuzurechnen und § 136a vollumfänglich anwendbar (→ Rn. 12).[247]

94 Das Verwertungsverbot gilt gleichermaßen für **richtige wie** für **falsche** Aussagen.[248] Dem steht nicht entgegen, dass es auch die Wahrheitsfindung schützt. Es sperrt unzuverlässige Informationen und sichert so die Qualität der Urteilsgrundlage.[249] Hinge dies von der Richtigkeit der Informationen ab, entstünde ein logischer Zirkel.

95 **c) Reichweite.** Gesperrt werden „die unter Verletzung dieses Verbots" zustande gekommenen Aussagen bzw. (in den Fällen → Rn. 73 ff.) vom Beschuldigten hervorgebrachte oder von ihm ins Verfahren eingeführte Beweismittel.[250] Zu entlastenden Beweismitteln → Rn. 90. Dabei wird **widerleglich vermutet,** dass die Verletzung des Verbots zu einer Beeinträchtigung der Willensbildung geführt hat und diese für die Aussage (zumindest mit) **kausal** war (s. zu Täuschungen aber → Rn. 43, zum Zweifelssatz → Rn. 100).[251] Wirkte sich die Beeinträchtigung der Willensbildung nur auf einen inhaltl. abtrennbaren **Teil** der Aussage aus, beschränkt sich das Verwertungsverbot auf diesen;[252] insb. in der Art der Fragestellung liegende Täuschungen (→ Rn. 46) betreffen uU letztlich nur einzelne Sätze.

96 Die Aussage (bzw. das Beweismittel) darf **weder unmittelbar noch mittelbar** verwertet werden,[253] auch nicht strafmildernd als Eingeständnis bzw. Reue (zur Entlastung beachte aber → Rn. 90).[254] Niederschriften und Aufzeichnungen der Vernehmung dürfen weder verlesen noch vorgehalten,[255] Vernehmungspersonen bzw. -zeugen dürfen zum Inhalt der Aussage nicht gehört werden.[256] Ein auf der unverwertbaren Aussage (bzw. unverwertbaren Anknüpfungstatsachen) beruhendes Sachverständigengutachten ist unverwertbar.[257] Nur zur Verfolgung einer in der Einwirkung selbst liegenden Straftat ist die Aussage verwertbar (entspr. Art. 15 UN-Antifolterkonvention).[258]

97 Wird die Aussage **später** in zurechenbarer Weise **wiederholt,** ist die neue Aussage verwertbar.[259] Erforderlich ist dazu, dass die Beweisperson im Moment der neuen Aussage

---

[246] EGMR 25.9.2012 – 649/08, §§ 96 ff. – El Haski ./. Belgien, mzustBspr S. Heine NStZ 2013, 680 und Anm. Schüller ZIS 2013, 245.

[247] Vgl. Barczak StV 2012, 182 (188).

[248] BGH 7.5.1953 – 5 StR 934/52, BGHSt 5, 290 f. = NJW 1953, 1114 (1115).

[249] Entspr. Eisenberg JR 2011, 409 (411; Anm. zu BGH 31.3.2011 – 3 StR 400/10, NStZ 2011, 596).

[250] (Erbrochene Drogenpäckchen) EGMR (GK) 11.7.2006 – 54810/00, Rep. 2006-IX, §§ 100 ff., (insbes. §§ 112 ff.), EuGRZ 2007, 150 (161 ff.) = NJW 2006, 3117 (3123 f.) – Jalloh ./. Deutschland; (Stimmprobe) BGH 24.2.1994 – 4 StR 317/93, BGHSt 40, 66 (72 f.) = NJW 1994, 1807 (1808 f.). Entspr. für – soweit überhaupt verwertbar – erzwungenes Schweigen, H.-L. Günther JR 1978, 89 (90).

[251] Vgl. BGH 7.5.1953 – 5 StR 934/52, BGHSt 5, 290 f. = NJW 1953, 1114 (1115); BGH 30.4.1987 – 4 StR 30/87, BGHSt 34, 365 (369) = NJW 1987, 2524 (2525); (keine Kausalität bei mehrtägigem Abstand) BGH 18.9.2012 – 3 StR 348/12, StraFo 2012, 499 (500); eingehend (anhand der Unterscheidung zwischen Verfahrensfehler und – hier betroffenem – Beruhen) Herdegen NStZ 1990, 513 (518); vgl. auch Ahlbrecht in Gercke/Julius/Temming/Zöller Rn. 50; Salger, Das Schweigerecht des Beschuldigten, 1998, S. 39; Schlüchter StrafProzR Rn. 88.2 sowie (Verstoß indiziell) Gundlach in AK-StPO Rn. 19, 75.

[252] Schmitt in Meyer-Goßner/Schmitt Rn. 28; Walther in AnwK-StPO Rn. 48; vgl. auch BGH 31.5.1990 – 4 StR 112/90, BGHSt 37, 48 (53 f.) = NJW 1990, 2633 (2634).

[253] Rogall JZ 1996, 944 (950); Schlothauer/Weider/Wollschläger Revisionsverfahren 3. Aufl. 2017, Rn. 2153 (zu Rüge 256).

[254] Schmitt in Meyer-Goßner/Schmitt Rn. 29; aA Wesemann/A. Müller StraFo 1998, 113 (115 f.); Seebode FS Otto, 2007, 999 (1005).

[255] BGH 20.2.1973 – 5 StR 557/72, bei Dallinger MDR 1973, 369 (371); Gundlach in AK-StPO Rn. 81.

[256] OLG Naumburg 25.11.2003 – 2 b Js 50/02 – 2-2 StE 8/03-2, StV 2004, 529 (530); Baumann GA 1959, 33 (43 f.); Rogall, Der Beschuldigte als Beweismittel gegen sich selbst, 1977, S. 211.

[257] BGH 9.4.1986 – 3 StR 551/85, BGHSt 34, 39 (52) = NJW 1986, 2261 (2264).

[258] Gundlach in AK-StPO Rn. 74.

[259] BGH 31.5.1990 – 4 StR 112/90, BGHSt 37, 48 (53) = NJW 1990, 2633 (2634); 10.5.2001 – 3 StR 80/01, NStZ 2001, 551; 21.5.2004 – 1 StR 170/04, NStZ 2004, 631 (Rn. 1); Baumann GA 1959, 33 (39).

keiner verbotenen Beeinträchtigung ihres Willens mehr unterliegt, insbes. die alte Beeinträchtigung **nicht** mehr **fortwirkt,** sondern vollständig aufgehoben ist (zB die verabreichten Mittel keine Wirkung mehr entfalten, auf der Täuschung beruhende Irrtümer aufgeklärt wurden, Drohungen glaubhaft zurückgenommen sind etc).[260] Die Beweisperson darf sich auch nicht an ihre ursprüngliche Aussage gebunden fühlen.[261] Daher ist vor der neuen Aussage eine **qualifizierte Belehrung** dahingehend erforderlich, dass die ursprüngliche Aussage unverwertbar ist.[262] Es kommt nicht darauf an, ob die neue Aussage ohne den früheren Verstoß aus anderen Gründen unterblieben wäre.[263] Die Aussage muss inhaltlich wiederholt bzw. neu gemacht werden, eine bloß pauschale Bestätigung der alten Aussage (und erst recht bloßes Schweigen) genügen nicht.[264] → § 136 Rn. 68 ff. sowie – zur Wirkung auf Mitangeklagte[265] – → § 136 Rn. 81.

Eine **Fernwirkung** des Verwertungsverbots wird in der Rspr. bisweilen grds. ver- 98
neint, bisweilen wird sie allerdings vom Ergebnis einer Abwägung zwischen der Schwere der begangenen Rechtsverletzung und der Schwere des Tatvorwurfs sowie der bestehenden Verdachtsmomente abhängig gemacht.[266] Zur Kritik daran → Rn. 4 und → § 136 Rn. 57 f. Große Teile die Literatur plädieren zu Recht für eine weitergehende Fernwirkung.[267] Eine dem Staat zurechenbare Aufhebung oder Beeinträchtigung der Aussage- bzw. Mitwirkungsfreiheit (und damit Verletzung von Rechtsstaatsprinzip und Fairnessgebot und uU der Menschenwürde) muss durch ein umfassendes **Verwendungsverbot** kompensiert werden (→ Vor § 133 Rn. 98 f. sowie → § 136 Rn. 32).[268] Soweit das Verwertungsverbot hingegen ausschließlich auf Zurechnungsregeln beruht[269] – dh bei Vernehmungsunfähigkeit und Anknüpfung an das Verhalten privater Dritter –, ist lediglich die unzurechenbare Aussage selbst (direkt und indirekt) unverwertbar, während inhaltlich selbständige, lediglich durch sie vermittelte Beweismittel von dieser Sperre nicht erfasst werden.[270]

---

260 Vgl. BGH 13.7.1962 – 4 StR 70/62, BGHSt 17, 364 (367) = NJW 1962, 1972 (1973); 24.4.1979 – 5 StR 513/78, bei Pfeiffer NStZ 1981, 295 (298); ferner LG Aachen 4.5.1977 – 21 – 135/77, NJW 1978, 2256 (2257) sowie (zu §§ 100a, 100b) BGH 6.8.1987 – 4 StR 333/87, BGHSt 35, 32 (34) = NJW 1988, 1223 (1224). Einschr. (regelmäßige Fortwirkung insbes. bei erfolterten Geständnissen) Seebode FS Otto, 2007, 999 (1001 ff.).

261 BGH 27.4.1988 – 3 StR 499/87, NStZ 1988, 419 f.; BGH 24.8.1988 – 3 StR 129/88, BGHSt 35, 328 (332) = NJW 1989, 842 (843) mwN; eingehend Rogall FS Geppert, 2011, 519 (538).

262 BGH 20.12.1995 – 5 StR 445/95, NStZ 1996, 290 (291) mBspr Roxin HRRS 2009, 186; LG Frankfurt a. M. 9.4.2003 – 5/22 Ks 3490 Js 230118/02, StV 2003, 325 (326) – Gäfgen mAnm Weigend StV 2003, 436 (438 f.); R. Neuhaus NStZ 1997, 312 (314 f.; Anm. zu LG Darmstadt 19.8.1994 – Ks 9 Js 4/92, NStZ 1997, 356); Jäger in HK-GS Rn. 46; Ahlbrecht in Gercke/Julius/Temming/Zöller Rn. 52; Lesch StrafProzR Kap. 3 Rn. 103 sowie mit Gesetzgebungsvorschlag Mitsch NJW 2008, 2295 (2300). – Offen gelassen in BGH 18.12.2008 – 4 StR 455/08, BGHSt 53, 112 (116 Rn. 13) = NStZ 2009, 281 (282) mAnm (für Pflicht zur qualifizierten Belehrung) Kasiske ZIS 2009, 319 (321); anders noch BGH 31.5.1990 – 4 StR 112/90, BGHSt 37, 48 (53) = NJW 1990, 2633 (2634).

263 Vgl. Gleß in Löwe/Rosenberg Rn. 74; Peters StrafprozR S. 338.

264 BGH 9.3.1995 – 4 StR 77/95, NJW 1995, 2047; Eisenberg BeweisR StPO Rn. 711; Erbs NJW 1951, 386 (389); einschr. Pfeiffer Rn. 14.

265 Dazu auch Gundlach in AK-StPO Rn. 73; Jäger in HK-GS Rn. 43; Nack StraFo 1998, 366 (368 ff.); Güntge StV 2005, 403 (404 ff.).

266 BGH 28.4.1987 – 5 StR 666/86, BGHSt 34, 362 (364) = NJW 1987, 2525 (2526) m. insoweit ablAnm Fezer JZ 1987, 137 (938 f.), Grünwald StV 1987, 470 (472 f.) und Seebode JR 1988, 427 (430 ff.); BGH 14.9.2010 – 3 StR 573/09, BGHSt 55, 314 (319 Rn. 13) = NJW 2011, 1523 (1524) mkritAnm Heghmanns ZJS 2011, 98 (99). Vgl. → Einl. F Rn. 489.

267 S. Jäger in HK-GS Rn. 47; Beulke ZStW 103 (1991), 657 (669); Müssig GA 1999, 119 (137); eingehend Eisenberg BeweisR StPO Rn. 714 ff.; Rogall in SK-StPO Rn. 108 ff. jeweils mwN. Entspr. LG Hannover 18.9.1986 – KLs 82 Js 49848/85-33 a 43/86, 33 a 43/86, StV 1986, 521 (522).

268 S. auch Weigend StV 2003, 436 (440 f.; Anm. zu LG Frankfurt a. M. 9.4.2003 – 5/22 Ks 3490 Js 230118/02, StV 2003, 325 – Gäfgen); Seebode FS Otto, 2007, 999 (1009 ff.).

269 Zur Unterscheidung → Vor § 133 Rn. 96 ff.

270 Entspr. BGH 14.9.2010 – 3 StR 573/09, BGHSt 55, 314 (318 f. Rn. 11 ff.) = NJW 2011, 1523 (1524) mAnm Norouzi; zu einem abgestuften System der Fernwirkung vgl. auch Jäger, Beweisverwertung und Beweisverwertungsverbote, 2003, S. 226 ff., 281.

99 **3. Ermittlung der Voraussetzungen.** Auf entspr. Anhaltspunkte hin ist das Vorliegen von Umständen, die ein Verwertungsverbot auslösen, **von Amts wegen** zu prüfen.[271] Dies darf schon in der Tatsacheninstanz im **Freibeweisverfahren,**[272] darf aber auch im Strengbeweisverfahren geschehen; letzteres ist ohnehin erforderlich, wenn die Aussage verwertet und im Rahmen ihrer Würdigung (zur Schuldfrage) auch auf die hier gegenständlichen Umstände abgestellt wird.[273] Das Gericht kann – insbes. zwecks qualifizierter Belehrung – das Bestehen eines Verwertungsverbots sowie seine Reichweite und Tatsachenbasis vor oder während der Hauptverhandlung durch Beschluss feststellen.[274]

100 Entgegen der hM[275] muss zur Sicherung von Rechtsstaatlichkeit und Verfahrensfairness zumindest ein abgeschwächter **Zweifelssatz** gelten (→ Rn. 11 und 95): Hält das Gericht das Vorliegen der Voraussetzungen aufgrund konkreter Anhaltspunkte für nicht unwahrscheinlich, kann sich letztlich aber nicht davon überzeugen, so sind die betroffenen, dem Angeklagten ungünstigen Beweismittel nicht zu verwerten (→ Rn. 95).[276]

V. Weitere Rechtsfolgen

101 Durch einen Verstoß gegen § 136a werden weder der materielle staatliche Strafanspruch noch das Recht zur Verfolgung der Tat verwirkt. Er führt daher **nicht** zu einem **Verfahrenshindernis.**[277] Neben dem Verwertungsverbot kann er Schadensersatzansprüche auslösen und wird regelmäßig selbst strafrechtlich zu verfolgen sein (→ Rn. 26).

VI. Revision und weitere Rechtsbehelfe

102 **1. Verletzung von § 136a.** Verstöße – gerade auch gegen das Verwertungsverbot – sind mit der **Verfahrensrüge** einer Verletzung von § 136a geltend zu machen.[278] Es kann sich empfehlen, zudem außergesetzliche Rechtsverletzungen – insbes. einen Verstoß gegen das Gebot der fairen Verfahrensführung – zu rügen (→ Rn. 5 ff., 28).[279] Obwohl aus dem Verstoß idR ein sachlicher Fehler bei der Gewinnung der Feststellungen resultiert, genügt

---

271 BGH 6.9.1951 – 3 StR 503/51, bei Dallinger MDR 1951, 656 (658 f.); Peters 46. DJT 1966, Gutachten, Teil 3 A S. 158.

272 BGH 28.6.1961 – 2 StR 154/61, BGHSt 16, 164 (166) = NJW 1961, 1979 (1980); 13.1.1993 – 3 StR 403/92, BGHR StPO § 136a Abs. 1 Ermüdung 2; 2.5.2019 – 3 StR 21/19, NStZ-RR 2019, 284; Diemer in KK-StPO Rn. 38; Pauckstadt-Maihold in KMR-StPO Rn. 31; aA: Strengbeweisverfahren Peters StrafprozR S. 339; (wegen Untrennbarkeit von der Schuldfrage) Gleß in Löwe/Rosenberg Rn. 77; (wegen Bedeutung der Norm und Funktion des Revisionsgerichts) Eisenberg BeweisR StPO Rn. 707.

273 Näher dazu – aber etwas restriktiver als hier (freibeweisliche Feststellungen können die Annahme eines Verwertungsverbots tragen, während tatsächliche Zweifel an der Verwertbarkeit nur im Strengbeweisverfahren auszuräumen sind) – Fezer JZ 1989, 348 (349; Anm. zu BGH 24.8.1988 – 3 StR 129/88, BGHSt 35, 328 = NJW 1989, 842).

274 So LG Frankfurt a. M. 9.4.2003 – 5/22 Ks 3490 Js 230118/02, StV 2003, 325 – Gäfgen.

275 BGH 28.6.1961 – 2 StR 154/61, BGHSt 16, 164 (167) = NJW 1961, 1979 (1980) m. insoweit kritAnm Hanack JZ 1971, 168 (170 f.); Kleinknecht NJW 1966, 1537 (1544); Rogall in SK-StPO Rn. 101.

276 In diese Richtung EGMR (GK) 5.2.2008 – 74420/01, Rep. 2008, § 70, NJW 2009, 3565 (3568) – Ramanauskas ./. Litauen mBspr Gaede/Buermeyer HRRS 2008, 279 (286 f.). Entspr. BGH 24.3.1959 – 5 StR 27/59, BGHSt 13, 60 (61) = NJW 1959, 1142; LG Mannheim 24.10.1975 – 3 KLs 22/75, NJW 1977, 346 f.; Gleß in Löwe/Rosenberg Rn. 78; Gundlach in AK-StPO Rn. 78; R. Neuhaus NStZ 1997, 312 (315; Anm. zu LG Darmstadt 19.8.1994 – Ks 9 Js 4/92, NStZ 1997, 356); Jahn StraFo 2011, 117 (124 f.); Schwabenbauer, Der Zweifelssatz im Strafprozessrecht, 2012, S. 148; Peters StrafprozR S. 339; Fezer Fall 3 Rn. 39; aA Pauckstadt-Maihold in KMR-StPO Rn. 31.

277 BGH 15.11.1993 – 5 StR 639/93, StV 1994, 62 (63); LG Frankfurt a. M. 9.4.2003 – 5/22 Ks 3490 Js 230118/02, StV 2003, 327 f. – Gäfgen m. insoweit kritAnm Weigend StV 2003, 436 ff.; Diemer in KK-StPO Rn. 38 und 43; Schmitt in Meyer-Goßner/Schmitt Rn. 33; vgl. auch BVerfG 14.12.2004 – 2 BvR 1249/04, NJW 2005, 656 (657) – Gäfgen; differenzierend Saliger ZStW 116 (2004), 35 (57 ff.) sowie Weiler GA 1994, 561 (582 ff.).

278 BGH 30.10.1987 – 3 StR 414/87, wistra 1988, 70; Grünwald JZ 1966, 489 (501); entspr., aber andeutend, dass evtl. besser alle Grundrechtsverletzungen von Amts wegen berücksichtigt würden, Otto GA 1970, 289 (305) mwN; aA (Berücksichtigung von Amts wegen) Peters 46. DJT 1966, Gutachten, Teil 3 A S. 97.

279 Vgl. Rogall, Der Beschuldigte als Beweismittel gegen sich selbst, 1977, S. 168 f.

die Sachrüge nicht, denn die darin liegende Verletzung von § 261 kann nicht isoliert geprüft werden, sondern hängt vom Verfahrensfehler ab.[280] Der verurteilte Angeklagte ist auch dann beschwert und zur Rüge befugt, wenn seiner Verurteilung entgegen einem Verwertungsverbot Aussagen von Zeugen, Sachverständigen oder Mitangeklagten zu Grunde gelegt werden.[281]

Die Revision muss sämtliche **Tatsachen vortragen,**[282] aus denen sich die Entstehung des Verwertungsverbots, die verbotswidrige Verwertung sowie das Beruhen der Verurteilung auf dieser Verwertung ergeben; liegen dem Verbot Ereignisse aus dem Ermittlungsverfahren zugrunde, können die jeweiligen Bezugszeitpunkte dabei erheblich auseinanderfallen.[283] Zum Tatsachenvortrag zur Entstehung des Verwertungsverbots gehören alle Umstände des Verstoßes gegen § 136a (bzw. der Vernehmungsunfähigkeit oder des Drittverhaltens) und alle Umstände, die den Ursachenzusammenhang plausibel (aber → Rn. 95) machen (sowie – zumindest aus Gründen anwaltlicher Vorsicht – die Abwesenheit von gegen die Ursächlichkeit sprechenden Umständen).[284] So sind zB bzgl. eines „Verständigungsgesprächs" insbes. die Teilnehmer und sowohl Sprecher als auch konkreter Inhalt der den Verstoß bergenden Äußerungen anzugeben; Wendungen wie „das Gericht" habe „vortragen lassen" bzw. „in Aussicht gestellt" betrachtet der BGH dabei als Indikator für unpräzise oder unvollständige Angaben.[285] Wird eine Fortwirkung des Verstoßes (→ Rn. 97) behauptet, ist der gesamte maßgebliche Verfahrensablauf seit dem Verstoß sowie ggf. das Fehlen einer qualifizierten Belehrung darzulegen.[286] Hinsichtlich der Verwertung und des Beruhens des Urteils auf dem Fehler verlangt die Rspr. praktisch die vollständige Mitteilung des Inhalts einschlägiger Sitzungs- bzw. Vernehmungsniederschriften,[287] nicht aber die wörtliche Wiederholung einer längeren, bereits zu einer anderen Rüge wiedergegebenen Niederschrift.[288] 103

Ein **Widerspruch** (siehe dazu grds. → § 136 Rn. 72 ff.) gegen die Verwertung ist **nicht erforderlich,**[289] kann aber uU angeraten sein. Soweit der Verstoß schon gegenüber dem Tatgericht gerügt wurde, ist dies ggf. einschließlich des zurückweisenden Gerichtsbeschlusses im Wortlaut mitzuteilen.[290] Wenn die Revision nicht unmittelbar auf § 136a, sondern einen Verstoß gegen den Grundsatz des fairen Verfahrens gestützt wird, zieht der BGH ein Widerspruchserfordernis in Betracht und erachtet ggf. einen Ablehnungsantrag in der Tatsacheninstanz (dessen fehlerhafte Zurückweisung einen absoluten Revisionsgrund 104

[280] AA Gleß in Löwe/Rosenberg Rn. 83; Pfeiffer Rn. 15 mwN.
[281] Vgl. BGH 14.10.1970 – 2 StR 239/70, bei Dallinger MDR 1971, 15 (18); Rogall JZ 1996, 944 (950, 954 f.); Schlothauer/Weider/Wollschläger Revisionsverfahren 3. Aufl. 2017, Rn. 2153 (zu Rüge 256).
[282] Ausf. zu den einzelnen Anforderungen Schlothauer/Weider/Wollschläger Revisionsverfahren 3. Aufl. 2017, Rn. 2156 ff. (Rüge 256 II.), 2164 (Rüge 257 II). Zur Abgrenzung zwischen statthaften und überspannten Anforderungen an die Begründung einer auf § 136a gestützten Verfahrensrüge s. BVerfG 8.12.2005 – 2 BvR 449/05, Rn. 21 ff., StV 2006, 57 (58 f.) – Revisionsrüge. S. dazu auch (mit guten Gründen jeweils wesentlich kritischer) Herdegen NStZ 1990, 513 (518) und Fezer FS Hanack, 1999, 331 (348 ff.).
[283] Entspr. (zur Verfassungsbeschwerde) BVerfG 21.1.2002 – 2 BvR 1225/01, NStZ 2002, 487 (488).
[284] BGH 10.5.2001 – 3 StR 80/01, NStZ 2001, 551. Dabei kann die Wiedergabe von Anklageschrift und Beweismitteln dienlich sein, BGH 16.9.2004 – 4 StR 84/04, NStZ 2005, 279 (280).
[285] BGH 2.2.2010 – 4 StR 620/09, NStZ 2010, 293, wo auch dringend zu Widerspruch und Protokollierung bzw. Ablehnungsgesuch geraten wird.
[286] BGH 24.4.1979 – 5 StR 513/78, bei Pfeiffer NStZ 1981, 295 (298); BGH 27.4.1988 – 3 StR 499/87, NStZ 1988, 419 (420); BGH 15.11.1993 – 5 StR 639/93, StV 1994, 62 (63); BGH 20.12.1995 – 5 StR 445/95, NStZ 1996, 290 (291); zust. Rogall FS Geppert, 2011, 519 (545); zu Einschränkungen Weigend StV 2003, 436 (438 f.; Anm. zu LG Frankfurt a. M. 9.4.2003 – 5/22 Ks 3490 Js 230118/02, StV 2003, 325 – Gäfgen).
[287] BGH 7.11.2002 – 4 StR 247/02, NStZ-RR 2003, 144; 9.3.1995 – 4 StR 77/95, NJW 1995, 2047.
[288] BGH 18.2.2010 – 3 StR 486/09, StV 2010, 676.
[289] Schmitt in Meyer-Goßner/Schmitt Rn. 33 unter Verweis auf BGH 22.8.1995 – 1 StR 458/95, n.v.; Schlothauer/Weider/Wollschläger Revisionsverfahren 3. Aufl. 2017, Rn. 2155 (Rüge 256 I.); bei zweifelhafter Fortwirkung ein Widerspruchserfordernis erwägend BGH 20.12.1995 – 5 StR 445/95, NStZ 1996, 290 (291) mablAnm Fezer StV 1997, 57; dagegen ua auch Rogall FS Geppert, 2011, 519 (545, Fn. 160).
[290] Hamm/Pauly Revision, 8. Aufl. 2020, Rn. 1255.

nach § 338 Nr. 3 StPO darstellen würde) als vorrangig.[291] Die Feststellungen zum Verfahrensfehler und ggf. zu den Umständen der Verwertung trifft das Revisionsgericht im **Freibeweisverfahren** und grds. ohne Bindung an die tatsächlichen Feststellungen des Tatgerichts.[292] Die Anwendbarkeit des Zweifelssatzes (→ Rn. 100) verneint die Rspr. auch im Rahmen der Revision zu Unrecht.[293]

105 **2. Zu Unrecht unterlassene Verwertung.** Der umgekehrte Fehler, dass das Gericht zu Unrecht ein Verwertungsverbot angenommen und die Erhebung bzw. Verwertung eines Beweises unterlassen hat, ist als **Verletzung der gerichtlichen Aufklärungspflicht** (§§ 244 Abs. 2) zu rügen.[294] Dabei ist ggf. auch darzulegen, weshalb ein Verstoß gegen § 136a nicht fortgewirkt hat.[295]

106 **3. Weitere Rechtsbehelfe.** Zur Möglichkeit einer Beschwerde (vor der Revision) → § 136 Rn. 54. Zu Rechtsbehelfen nach der Revision → Rn. 7. Spricht das **BVerfG** (idR auf eine Verfassungsbeschwerde gegen die letztinstanzliche Entscheidung hin) den Verstoß bzw. die Unverwertbarkeit eines Beweismittels aus, hat es das Verfahren zugleich in den Zustand vor der (in der Gerichtsentscheidung liegenden) Grundrechtsverletzung zurückzuversetzen (§ 95 Abs. 2 BVerfGG). Für Wiederaufnahmeverfahren Dritter nach §§ 79 Abs. 1, 95 Abs. 3 S. 3 BVerfGG ist selten Raum.[296] Stellt erst der **EGMR** (auf eine Individualbeschwerde hin) eine Verletzung der EMRK fest, kommt eine **Wiederaufnahme** des Strafverfahrens zugunsten des Verurteilten[297] nach § 359 Nr. 6 StPO in Betracht. Diese kann abgelehnt werden, wenn die Verurteilung nicht auf der Verletzung der EMRK beruhte, zB weil nicht die ursprüngliche Aussage, sondern ein fehlerfrei wiederholtes Geständnis (→ Rn. 97) verwertet wurde.[298]

---

291 (Jeweils zu Druck bei Gesprächen über die einvernehmliche Verfahrensbeendigung) BGH 8.2.2005 – 3 StR 452/04, NStZ 2005, 526 (Rn. 3) sowie BGH 28.10.2008 – 3 StR 431/08, NStZ 2009, 168. Vgl. dazu auch (grds. bestätigend, aber die unmittelbar auf § 136a gestützte Rüge offenhaltend) BVerfG 8.12.2005 – 2 BvR 799/05, Rn. 10 ff., BVerfGK 7, 83 – effektiver Rechtsschutz.

292 BGH 1.4.1960 – 4 StR 36/60, BGHSt 14, 189 (191) = NJW 1960, 1212 (1213); 28.6.1961 – 2 StR 154/61, BGHSt 16, 164 (166 f.) = NJW 1961, 1979 (1980); 15.5.1992 – 3 StR 419/91, BGHSt 38, 291 (293) = NJW 1992, 2903 (2904); 21.7.1994 – 1 StR 83/94, NJW 1994, 2904 (2905; insoweit nicht abgedr. in BGHSt 40, 211); Hamm/Pauly Revision, 8. Aufl. 2020, Rn. 1257; einschr. (Bindung soweit Feststellungen im Strengbeweisverfahren erfolgten) Fezer JZ 1989, 348 (349; Anm. zu BGH 24.8.1988 – 3 StR 129/88, BGHSt 35, 328 = NJW 1989, 842); aA (eigene Feststellungen des Revisionsgerichts nur soweit Tatsacheninstanz keine traf) Peters 46. DJT 1966, Gutachten, Teil 3 A S. 158.

293 BGH 28.6.1961 – 2 StR 154/61, BGHSt 16, 164 (167) = NJW 1961, 1979 (1980); Schmitt in Meyer-Goßner/Schmitt Rn. 33; zutr. aA Gleß in Löwe/Rosenberg Rn. 80; Jäger in HK-GS Rn. 49. Zu wN → Rn. 100.

294 BGH 9.3.1995 – 4 StR 77/95, NJW 1995, 2047; s. dazu auch (bzgl. § 136) BGH 18.12.2008 – 4 StR 455/08, BGHSt 53, 112 (117 f. Rn. 16 f.) = NStZ 2009, 281 (282). Vgl. (zugleich Rüge der Verkennung der Reichweite des § 136a Abs. 3) Hamm/Pauly Revision, 8. Aufl. 2020, Rn. 1256. Dazu, dass uU eine „Darstellungsrüge" in ähnlicher Angriffsrichtung bessere Aussichten auf Erfolg hat, Fezer FS Hanack, 1999, 331 (351).

295 BGH 9.3.1995 – 4 StR 77/95, NJW 1995, 2047.

296 Zur grds. Möglichkeit und Voraussetzungen solcher Anträge s. (bzgl. überdehnender Auslegung von § 266 StGB) KG 18.4.2012 – 3 WS 231/12 – 141 AR 190/12, NJW 2012, 2985.

297 Ob darunter auch Dritte fallen, ist umstritten; ablehnend zB Schmitt in Meyer-Goßner/Schmitt § 359 Rn. 52.

298 OLG Frankfurt a. M. 29.6.2012 – 1 Ws 3/12, LS bei Jahn JuS 2013, 27 nach EGMR (GK) 1.6.2010 – 22978/05, Rep. 2010, §§ 107 ff., EuGRZ 2010, 417 (428 ff.) = NJW 2010, 3145 (3146 ff.) – Gäfgen ./. Deutschland mkritBespr. (insbes. für Wiederaufnahme) Sauer JZ 2011, 23 sowie Weigend StV 2011, 325.

Elfter Abschnitt. Verteidigung

§ 137 Recht des Beschuldigten auf Hinzuziehung eines Verteidigers

(1) [1]Der Beschuldigte kann sich in jeder Lage des Verfahrens des Beistandes eines Verteidigers bedienen. [2]Die Zahl der gewählten Verteidiger darf drei nicht übersteigen.

(2) [1]Hat der Beschuldigte einen gesetzlichen Vertreter, so kann auch dieser selbständig einen Verteidiger wählen. [2]Absatz 1 Satz 2 gilt entsprechend.

Schrifttum: Beckemper, Der Antrag auf Bestellung eines Pflichtverteidigers im Ermittlungsverfahren, NStZ 1999, 221; Beulke, Muß die Polizei dem Beschuldigten vor der Vernehmung „Erste Hilfe" bei der Verteidigerkonsultation leisten?, NStZ 1996, 257; Bosbach, Verteidigung im Ermittlungsverfahren, 2014; Däubler-Gmelin, Überlegungen zur Reform des Strafprozesses, StV 2001, 359; Deckers, Reform des Strafprozesses – Unverzichtbares aus der Sicht der Verteidigung, StraFo 2006, 269; Demko, Die gerichtliche Fürsorgepflicht zur Wahrung einer tatsächlichen und wirksamen Verteidigung im Rahmen des Art. 6 Abs. 3 lit. c EMRK, HRRS 2006, 250; DJT, Die Beschlüsse des 65. Deutschen Juristentags 2004, NJW 2004, 3241; Dölling/Feltes, Dauer von Strafverfahren, StV 2000, 174; DRB/DAV, Für Streitkultur im Strafrecht, DRiZ 1997, 491; Dünnebier, Ausschließung von Verteidigern und Beschränkung der Verteidigung, NJW 1976, 1; Eisenberg, Anm. zu BGH v. 21.7.2009 – 5 StR 235/09, JR 2011, 121; Eisenberg, Der Verteidiger im Jugendstrafverfahren, NJW 1984, 2913; Eser, Verteidigung in der internationalen Strafsgerichtsbarkeit, Festschrift Widmaier 2008, 147; Fahl, Rechtsmißbrauch im Strafprozeß, 2004; Fromm, Der unterbevollmächtigte Rechtsanwalt in Bußgeldsachen, SVR 2015, 49; Gössel, Die Stellung des Verteidigers im rechtsstaatlichen Strafverfahren, ZStW 94 (1982), 5; Gusy, Grundrechtsschutz der Strafverteidigung, AnwBl 1984, 225; Herrmann, Strafprozeßrecht, ZStW 89 (1977), 754; Jahn, Das partizipatorische Ermittlungsverfahren im deutschen Strafprozess: Theoretische Grundlagen und praktische Ausgestaltung, ZStW 115 (2003), 815; Kaiser, Die Verteidigervollmacht und ihre Tücken, NJW 1982, 1367; Kämpfer/Travers/Schwerdtfeger, Unternehmensverteidigung unter Geltung des Verbandssanktionengesetzes, NZG 2020, 848; Knell-Saller, Der Sicherungsverteidiger, Diss. 1995; König, Konfliktverteidigung? Konfliktverteidigung!, StV 2017, 188; Kortz, Die Notwendigkeit der Verteidigung im Strafverfahren, Diss. 2009; Krause, Einzelfragen zum Anwesenheitsrecht des Verteidigers im Strafverfahren, StV 1984, 169; Kropp, Zur Überprüfung von Terminsbestimmungen des Vorsitzenden in Strafsachen, NStZ 2004, 668; Malek, Verteidigung in der Hauptverhandlung, 2012; Michalke, Wenn der Staatsanwalt klingelt – Verhalten bei Durchsuchung und Beschlagnahme, NJW 2008, 1490; Moos, Anm. zu OLG Karlsruhe 4.5.1982 – 4 Ws 64/82, StV 1982, 561; E. Müller, Terminsanberaumung, Terminsverlegung und Strafverteidigung, Festschrift Widmaier, 2008, S. 357; E. Müller, Gedanken zur Vernehmung des Angeklagten in der Hauptverhandlung und zum sog. Opening-Statement des Verteidigers, Festschrift Hanack, 1999, 63; Münchhalffen, Bedeutung der Sitzordnung für eine ungehinderte Verteidigung, StraFo 1996, 18; Neuhaus, Beruhensfrage (§ 337 I StPO) und unzureichende Verteidigerleistung, StV 2002, 43; Odenthal, Die Gegenüberstellung zum Zwecke des Wiedererkennens, NStZ 1985, 433; Paulus, Dogmatik der Verteidigung, NStZ 1992, 305; Pauly, Das Wiedererkennen im Straf- und Bußgeldverfahren, StraFo 1998, 41; Petri, Die konsensuale Terminierung in Strafsachen – eine Quadratur des Kreises? NJW 2018, 3344; Rau, Anm. zu OLG München v. 5.11.2002 – 2 Ws 672/02, NStZ 2003, 502; Regierungskoalition SPD/DIE GRÜNEN, Eckpunktepapier einer Reform des Strafverfahrens, StV 2001, 314; Rengier, Praktische Fragen bei Durchsuchungen, insbesondere in Wirtschaftsstrafsachen, NStZ 1981, 372; Renzikowski, Das Recht auf Beistand eines Verteidigers im Lichte von Art. 6 Abs. 3 lit. c EMRK und des 6th Amendments zur US-Verfassung, Festschrift Roxin, 2011, 1341; Rieß, Prolegomena zu einer Gesamtreform des Strafverfahrensrechts, Festschrift Schäfer, 1980, 155; Rzepka, Zur Fairness im deutschen Strafverfahren, 2000; Satzger, Braucht der Strafprozess Reformen?, StraFo 2006, 45; Schmidt-Leichner, Strafverfahrensrecht 1975 – Fortschritt oder Rückschritt, NJW 1975, 417; Schmuck, § 137 Abs. 1 S. 2 StPO in der täglichen Praxis, PVR 2002, 352; Skuhr, Anwesenheitsrecht des Verteidigers im Ermittlungsverfahren, NJW 1966, 1350; Sommer, Effektive Strafverteidigung, 2020; Sommer, Verteidigung und Dolmetscher, StraFo 1995, 45; Sommer, Maßnahmen des Strafverteidigers in der Hauptverhandlung, ZAP 1994, 101; Widmaier, Höchstzahl von drei Strafverteidigern (§ 137 StPO) – nicht in der Justizvollzugsanstalt, StraFo 2011, 390; Wohlers, Anm. zu BGH v. 5.6.2007 – 5 StR 383/06, JR 2008, 127; Zieger/Nöding, Verteidigung in Jugendstrafsachen, 2018; Zieger, Vernachlässigte Tätigkeitsfelder der Verteidigung, insbesondere Vollstreckung und Vollzug, StV 2006, 375; Zieger, Verteidigung in Jugendstrafsachen – Erfahrungen und Empfehlungen, StV 1982, 305.

Übersicht

A. Überblick (Abs. 1 S. 1)

1 Der seit Einführung der RStPO im Wortlaut unveränderte Abs. 1 S. 1 normiert das grundlegende Recht des Beschuldigten auf formelle Verteidigung. Abs. 1 S. 2 beschränkt seit 1975 die Möglichkeit, mehrere Verteidiger zu wählen (→ Rn. 29 ff.); Abs. 2 ergänzt die Regelung, indem auch den gesetzlichen Vertretern von Beschuldigten ein Recht auf Verteidigerwahl gegeben wird (→ Rn. 35 ff.).

2 Reformen, mit denen die Befugnisse des Verteidigers konkreter ausgestaltet werden sollten (→ Rn. 4), wurden nicht umgesetzt.[1] Insbes. Erweiterungen der Verteidigungsbefugnisse im Ermittlungsverfahren (→ Rn. 14 ff.) werden seit langem diskutiert.[2] Auch notwendige Reformen zur tatsächlichen Ermöglichung des Rechts auf Verteidigung für mittellose Beschuldigte stehen aus,[3] wenngleich im Jahr 2019 mit dem Gesetz zur Neuregelung der notwendigen Verteidigung[4] Erweiterungen der Fälle der notwendigen Verteidigung und eine zeitliche Vorverlagerung der Pflichtverteidigerbestellung umgesetzt wurden.

B. Recht auf Beistand des Wahlverteidigers

I. Höherrechtliche Grundlagen

3 **Art. 6 Abs. 3 lit. c EMRK** normiert das Recht auf einen Verteidiger des Vertrauens als Bestandteil des fairen Verfahrens.[5] Der EGMR betont, „dass die Konvention nicht den Zweck hat, theoretische oder illusorische Rechte zu gewährleisten, sondern Rechte, die praktisch und effektiv sind. Dies gilt insbesondere für Rechte der Verteidigung im Hinblick auf die herausragende Stellung, die das Recht auf ein faires Gerichtsverfahren in einer demokratischen Gesellschaft einnimmt, von dem jene Rechte abgeleitet sind."[6] Neben dem

[1] Lüderssen/Jahn in Löwe/Rosenberg Rn. 1.
[2] Lüderssen/Jahn in Löwe/Rosenberg Rn. 18 ff.; Däubler-Gmelin StV 2001, 359; Deckers StraFo 2006, 269; Jahn ZStW 115 (2003), 815 (832); 65. DJT NJW 2004, 3241 (3244); Eckpunktepapier der Regierungskoalition StV 2001, 314.
[3] Ausf. Kortz Notwendigkeit der Verteidigung 188 f., 193 ff.; § 140 Rn. 3; Gössel ZStW 94 (1982), 5 (34 f.); Kühne StrafProzR Rn. 197 ff.; Roxin/Schünemann StrafVerfR § 19 Rn. 44.
[4] BT-Drs. 19/13829.
[5] EGMR 19.12.1989 – 9783/82, EGMR-E 4, 450 (468) – Kamasinski ./. Österreich; stRspr des BGH ua: BGH 12.1.1996 – 5 StR 756/94, BGHSt 42, 15 (20 f.) = NJW 1996, 1547 (1548 f.).
[6] EGMR 13.5.1980 – 6694/74, EGMR-E 1, 480 (485) – Artico ./. Italien; vgl. auch EGMR 19.12.1989 – 9783/82, EGMR-E 4, 450 (469) – Kamasinski ./. Österreich; EGMR 21.1.1999 – 26103/95, NJW 1999, 2353 – Geyseghem ./. Belgien; BGH 6.4.2000 – 1 StR 502/99, BGHSt 46, 36 (44 f.) = NJW 2000, 2217 (2219) mwN, ausf. dazu Demko HRRS 2006, 250.

spezielleren lit. c gewährt lit. b ein Recht auf Kontaktmöglichkeit zu einem Verteidiger, da dies die Voraussetzung zur Vorbereitung einer sachgerechten Verteidigung ist.[7]

Nach allgM ist das Recht auf Verteidigerbeistand im **Grundgesetz** verankert; str. ist lediglich, welches Grundrecht hier zugrunde zu legen ist. In dem Entwurf war das Grundrecht auf Beistand eines Verteidigers explizit genannt, wurde aber zu Gunsten einer konkreteren, einfachrechtlichen Ausgestaltung nicht umgesetzt.[8] Das Recht auf einen Verteidiger gehört unstr. „zu den fundamentalen Attributen menschlicher Würde und zu den grundlegenden Prinzipien des Rechtsstaats".[9] und wird ganz überwiegend als Teil des **Rechts auf ein faires Verfahren**[10] und somit (neben Art. 6 EMRK) im Rechtsstaatsprinzip[11] bzw. in **Art. 2 Abs. 1 GG iVm dem Rechtsstaatsprinzip**[12] verortet. Das Recht auf Verteidigerbeistand soll die Subjektstellung des Beschuldigten durch eine größere Einflussmöglichkeit auf das Verfahren und eine Stärkung der Unabhängigkeit bewahren;[13] durch die Unterstützung eines Verteidigers ist der Beschuldigte weniger davon abhängig, dass Gericht und StA – wie vorgesehen – seine Rechte schützen und Beteiligungsmöglichkeiten gewähren.[14] Daher ist auch eine Garantie durch **Art. 1 Abs. 1 GG** naheliegend; eine Beschränkung, die das Recht auf Verteidigung „in seinem Wesensgehalt antastet, kann als Verstoß gegen die Grundnorm des Art. 1 Abs. 1 GG von Verfassungs wegen nicht hingenommen werden"[15] (→ Rn. 6). Auch aus dem **Recht auf rechtliches Gehör, Art. 103 Abs. 1 GG** wird das Recht auf Verteidigerbeistand abgeleitet, da ein Laie das Recht nicht effektiv wahrnehmen kann und somit das rechtliche Gehör indirekt versagt wird;[16] nach dem BVerfG gewährleistet Art. 103 Abs. 1 GG „nicht rechtliches Gehör gerade durch Vermittlung eines Anwalts".[17] Nach diff. Ansicht beinhaltet Art. 103 Abs. 1 GG das Recht auf Verteidigerbeistand, wenn das rechtliche Gehör ohne Verteidiger nicht angemessen wahrgenommen werden kann, zB wenn der Beschuldigte mit Beistand eines Verteidigers rechnen durfte und daher unvorbereitet ist.[18] Die Herleitung aus Art. 103 Abs. 1 GG wurde dadurch gestützt, dass rechtliches Gehör ausreichende Information voraussetzt, die nach § 147 aF dem Beschuldigten in geringerem Maße zur Verfügung stand als dem Verteidiger. In Hinblick auf das nunmehr in § 147 Abs. 4 geregelte unmittelbare Akteneinsichtsrecht des unverteidigten Beschuldigten kann diese Argumentation jedoch nur eingeschränkt fortbestehen. 4

II. Beschuldigter

Trotz des Wortlautes besteht das Recht nicht nur für den Beschuldigten iSd § 157, sondern – wie insg. im 11. Abschnitt – für jeden Tatverdächtigten und auch Verurteilten (→ Rn. 12), auch vor einem formellen Beschuldigtenstatus, zB bei Vorermittlungen oder 5

---

[7] Meyer in SK-StPO EMRK Art. 6 Rn. 386.

[8] Lüderssen/Jahn in Löwe/Rosenberg Rn. 3; Knell-Saller Sicherungsverteidiger 34.

[9] BGH 5.6.2007 – 5 StR 383/06, NJW 2007, 3010 (3012); 9.12.1988 – 2 StR 279/88, BGHSt 36, 44 (48) = NJW 1989, 1228 (1229); vgl. auch BVerfG 30.3.2004 – 2 BvR 1520/01, BVerfGE 110, 253 (261 ff.) = NJW 2004, 1305 (1307) mwN; BGH 12.1.1996 – 5 StR 756/94, BGHSt 42, 15 (21 f.) = NJW 1996, 1547 (1548 f.); 29.10.1992 – 4 StR 126/92, BGHSt 38, 372 (374) = NJW 1993, 338 (339).

[10] Statt aller BVerfG 14.12.1983 – 2 BvR 1724/82, NJW 1984, 862; krit. Neuhaus StV 2002, 43 (46).

[11] BGH 6.11.1991 – 4 StR 515/91, StV 1992, 53; Julius/Schiemann in Gercke/Julius/Temming/Zöller Rn. 1; Paulus NStZ 1992, 305 (310).

[12] BVerfG 30.3.2004 – 2 BvR 1520/01, BVerfGE 110, 226 (253) = NJW 2004, 1305 (1308) mwN.

[13] BVerfG 3.6.1969 – 1 BvL 7/68, BVerfGE 26, 66 (71); VerfGHRhPf11.5.2006 – VGH B 6/06, NJW 2006, 3341.

[14] BVerfG 8.10.1974 – 2 BvR 747/73, BVerfGE 38, 105 (111 f.) = NJW 1975, 103.

[15] BGH 9.12.1988 – 2 StR 279/88, BGHSt 36, 44 (48) = NJW 1989, 1228 (1229).

[16] Krekeler/Werner in AnwK-StPO Rn. 1; Gusy AnwBl 1984, 225; Neuhaus StV 2002, 43 (46 f.); Eser FS Widmaier, 2008, 147 (153); OLG Koblenz 10.9.2009 – 2 SsRs 54/09, StV 2010, 476; aA BayObLG 29.3.1995 – 2 Ob OWi 61/95, NJW 1995, 3134.

[17] BVerfG 14.12.1983 – 2 BvR 1724/82, NStZ 1984, 176; BVerfG 11.3.1975 – 2 BvR 135/75, BVerfGE 39, 156 (168) = NJW 1975, 1013; BVerfG 8.10.1974 – 2 BvR 747/73, BVerfGE 38, 105 (118) = ausf. Kortz Notwendigkeit der Verteidigung 45 ff.

[18] BayObLG 19.1.1988 – 1 Ob OWi 282/87, BayObLGSt 88, 3 = NStZ 1988, 281; Paulus NStZ 1992, 305 (Fn. 105); Knell-Saller Sicherungsverteidiger 34.

Personen, die vermuten, zu Beschuldigten zu werden.[19] Im Hinblick auf ein faires Verfahren und die Belastungen durch ein Ermittlungsverfahren muss die Inanspruchnahme eines Verteidigers zur Überprüfung der Rechtmäßigkeit von Ermittlungsmaßnahmen und seine Hilfe zum möglichst baldigen Ausscheiden aus dem Kreis potentieller Beschuldigter möglich sein.[20] Unter Beachtung der §§ 138, 139 StGB kann ein Verteidigungsverhältnis auch bei noch nicht entdeckten, noch andauernden oder bevorstehenden Taten begründet werden.[21] Das Recht auf den Beistand eines Verteidigers gilt gem. § 46 Abs. 1 OWiG iVm §§ 137 ff. auch für Betroffene in Ordnungswidrigkeitenverfahren. Neben natürlichen Personen können auch juristische Personen, namentlich Unternehmen, sich des Beistands eines sog. Unternehmensverteidigers bedienen, etwa wenn sie als Einziehungsbeteiligte gem. § 424 oder als (potentielle) Adressaten einer Verbandsgeldbuße gem. § 30 OWiG in Betracht kommen (§ 444 Abs. 2 S. 2 iVm § 428 Abs. 1 S. 2).

III. Beistand eines Verteidigers

6 **1. „sich bedienen" – Verteidiger seiner Wahl.** Unstr. beinhaltet das Recht auf ein faires Verfahren nicht nur das Recht auf Verteidigung (→ Rn. 3 f.), sondern explizit das Recht, sich „von einem gewählten Verteidiger **seines Vertrauens** verteidigen zu lassen".[22] Das Vertrauen zwischen Verteidiger und Mandant ist eine grundlegende Voraussetzung für eine wirksame Verteidigung und somit auch für die Subjektstellung des Beschuldigten.[23] Dieses muss bei der Verfahrensgestaltung beachtet werden;[24] im Widerspruch dazu stehen zahlreiche Entscheidungen zur Terminierung der Hauptverhandlung (→ Rn. 22 ff.). Dies ist insbes. bedenklich, wenn das Beschleunigungsgebot, welches den Beschuldigten schützen soll, als Argument zur Einschränkung seiner Wahlfreiheit dient.[25] Welcher Verteidiger ein solcher „des Vertrauens" ist, bestimmt sich subjektiv,[26] daher kann es bei der Beurteilung der Relevanz im Rahmen einer Abwägung nicht ausschließlich auf objektive Kriterien wie die Dauer des Verteidigungsverhältnisses ankommen.[27] „Der Angeklagte und nicht das Gericht bestimmt die Person des Wahlverteidigers."[28] Der Hinweis auf die anderweitige Gewährleistung einer „ordnungsgemäßen Verteidigung" (sog. **aufgezwungene Pflichtverteidigung**)[29] ignoriert das Recht auf einen Verteidiger des Vertrauens, dh das Recht, eigenständig zu entscheiden, durch wen sich der Beschuldigte „ausreichend" verteidigt sieht, und ist mit Abs. 1 S. 1 und Art. 6 Abs. 3 lit. c EMRK nicht vereinbar.[30] Die sich aus Abs. 1 S. 1 ergebenden Rechte dürfen nicht mit Verweis auf eine bestehende Pflichtverteidigung eingeschränkt werden,[31] und im Hinblick auf S. 2 auch nicht durch eine weitere Wahlverteidigung.[32]

---

19 BGH 3.10.1979 – 3 StR 264/79 (S), BGHSt 29, 99 (105) = NJW 1980, 64 (65); Stern in AK-StPO Rn. 21; Wohlers in SK-StPO Rn. 7.

20 Zum Speicheltest: BGH 19.1.2000 – 3 StR 531/99, BGHSt 45, 367 (372) = NJW 2000, 1962 (1964); Staudinger in KMR-StPO Rn. 2 ff.

21 Stern in AK-StPO Rn. 21; Julius/Schiemann in Gercke/Julius/Temming/Zöller Rn. 4.

22 BVerfG 11.3.1975 – 2 BvR 135/75 (ua); BVerfGE 39, 156 (163) = NJW 1975, 1013 (1014); BGH 12.1.1996 – 5 StR 756/94, BGHSt 42, 15 (20 f.) = NJW 1996, 1547 (1548 f.) jeweils mwN.

23 BVerfG 12.8.2002 – 2 BvR 932/02, StV 2002, 578 (580); OLG Dresden 4.4.2012 – 1 Ws 66/12, NStZ-RR 2012, 213; Gusy AnwBl 1984, 225 (226); Kühne StrafProzR Rn. 183.

24 BVerfG 12.8.2002 – 2 BvR 932/02, StV 2002, 578 (580); BGH 6.7.1999 – 1 StR 142/99, NStZ 1999, 527.

25 So zB BGH 29.8.2006 – 1 StR 285/06, NStZ 2007, 163 (164); dazu Beukelmann NJW-Spezial 2007, 279.

26 OLG Köln 22.10.2004 – 8 Ss OWi 48/04, DAR 2005, 576 (577).

27 OLG Dresden 28.6.2004 – 1 Ws 121/04, NJW 2004, 3196 (3197).

28 OLG Karlsruhe 27.7.2009 – 1 Ss 102/09, StV 2010, 477.

29 BGH 29.8.2006 – 1 StR 285/06, NStZ 2007, 163 (164 ff.); 20.6.2006 – 1 StR 169/06, NStZ 2006, 513 (514); 19.1.2006 – 1 StR 409/05, NStZ-RR 2006, 272; 18.12.1997 – 1 StR 483/97, NStZ 1998, 311 (312).

30 Vgl. BGH 6.7.1999 – 1 StR 142/99, NStZ 1999, 527; 11.9.1986 – 1 StR 472/86, NStZ 1987, 34 (ua mit Bezug auf § 143); § 141 Rn. 6.

31 BVerfG 28.3.1984 – 2 BvR 275/83, BVerfGE 66, 313 = NJW 1984, 2403; BGH 6.7.1999 – 1 StR 142/99, NStZ 1999, 527.

32 BGH 23.8.2004 – 1 StR 199/04, NStZ 2005, 114.

7 Wer Verteidiger sein kann, richtet sich nach § 138. Es liegt in der **Verantwortung des Beschuldigten,** einen Verteidiger zu finden;[33] eine Hilfspflicht der Behörden besteht nur beim inhaftieren Beschuldigten (erg. → Rn. 18). Wenn zzt. der Mandatierung bereits die Hauptverhandlung terminiert ist, beinhaltet dies die Verantwortung, einen Verteidiger zu finden, der den Termin wahrnehmen kann.[34] Anders liegt es jedoch bei (unabhängig vom konkreten Verfahren) bereits bestehendem Vertrauensverhältnis – auf dieses ist bei der Terminierung Rücksicht zu nehmen. Wenn der Richter erkennbar keine Rücksicht auf den Wunsch nach einem Verteidiger des Vertrauens nimmt, kann dies ein **Befangenheitsgrund** sein.[35] Um die freie Wahl zu ermöglichen, muss das Anbahnungsgespräch vom Schutz des § 148 erfasst werden (→ § 148 Rn. 7 f.). Erg. zur Verteidigerwahl durch **nicht oder eingeschränkt geschäftsfähige Beschuldigte** → Rn. 38.

8 „Der gewählte Verteidiger erlangt seine Rechtsstellung mit dem Abschluss des Verteidigervertrags. Einer zusätzlichen schriftlichen Bevollmächtigung bedarf es nicht. Die **‚Verteidigervollmacht'** dient lediglich zum Nachweis, dass ein Verteidigervertrag besteht."[36] Wenn sich ein Verteidiger bei Gericht meldet, Prozesshandlungen vornimmt oder bei einem Termin erscheint, wird seine **Verteidigerstellung vermutet.**[37] Eines Nachweises bedarf es nur bei Anhaltspunkten, die der Vermutung widersprechen.[38] Gleiches gilt für den Unterbevollmächtigten.[39] Zum Nachweis reicht eine anwaltliche Versicherung.[40] Auch ein Auftreten in der Hauptverhandlung in Anwesenheit des Angekl. steht in der Eindeutigkeit einer schriftlichen Vollmacht gleich.[41] Da der Nachweis nicht konstitutiv für die Verteidigerstellung ist, ist eine Handlung auch bei einem nachträglichen Nachweis wirksam, soweit der Vertrag zzt. der Handlung bestand.[42] Eine erteilte Vollmacht muss sich auf eine oder mehrere konkrete Rechtssachen beziehen.[43]

9 Durch die **Beendigung** des Vertrages wird die Verteidigerstellung beendet, im Regelfall besteht das Mandat bis zur rechtskräftigen Verfahrensbeendigung (inklusive des Kostenfestsetzungsverfahrens). Wenn es nicht auf einzelne Verfahrensabschnitte beschränkt ist, besteht es auch im Strafvollstreckungs-[44] bzw. Strafvollzugsverfahren und im Wiederaufnahme-[45] und Gnadenverfahren fort.[46] Der Vertrag kann unabhängig vom Verfahrensstand durch Kündigung beendet werden – seitens des Verteidigers jedoch nicht „zur Unzeit" (§ 627 Abs. 2 BGB; → § 145 Rn. 22). Ein anderer Verteidiger kann gegenüber dem Gericht nur bei Bestehen einer Vertretungsvollmacht die Beendigung des Mandatsverhältnisses des Mitverteidigers anzeigen.[47] Das Wahlverteidigungsverhältnis endet auch mit der Beiordnung nach § 141;[48] wegen des höchstpersönlichen Charakters des Strafverfahrens auch mit dem Tod des Beschuldigten.[49]

---

[33] BayObLG 24.9.2001 – 5St RR 248/01, BayObLGSt 2001, 111 (114); OLG Düsseldorf 26.9.1978 – 5 Ss 181/78 – 42/78 V, GA 1979, 226 (227).
[34] BayObLG 24.9.2001 – 5 St RR 248/01, BayObLGSt 2001, 111 (114); OLG Düsseldorf 26.9.1978 – 5 Ss 181/78 – 42/78 V, GA 1979, 226 (227).
[35] BayObLG 1.12.1978 – RReg 4 St 253/87, StV 1988, 97.
[36] BGH 9.10.1989 – 2 StR 352/89, BGHSt 36, 259 (260) = NJW 1990, 586 (587).
[37] BGH 7.7.1997 – 5 StR 307/97, NStZ-RR 1998, 18; LG Ellwangen 19.11.2002 – 1 Qs 152/02, NStZ 2003, 33; Kaiser NJW 1982, 1367 (1368).
[38] StRspr ua LG Bonn 27.12.2000 – 37 Qs 59/00, AnwBl 2001, 300; Wohlers in SK-StPO Rn. 8.
[39] OLG Düsseldorf 5.3.1998 – 1 Ws 120/98, StraFo 1998, 227; Julius/Schiemann in Gercke/Julius/Temming/Zöller Rn. 6.
[40] OLG Nürnberg 10.4.2007 – 2 St OLG Ss 10/07, NJW 2007, 1767.
[41] OLG Karlsruhe 24.9.1983 – 3 Ss 111/82, NJW 1983, 895.
[42] OLG Nürnberg 10.4.2007 – 2 St OLG Ss 10/07, NJW 2007, 1767.
[43] LG Bonn 27.12.2000 – 37 Qs 59/00, AnwBl 2001, 300.
[44] OLG Hamm 22.2.1955 – 2 Ws 39/55, NJW 1955, 1201.
[45] OLG Düsseldorf 20.12.1989 – 1 Ws 1144/89, wistra 1990, 168.
[46] Stern in AK-StPO Rn. 9; Julius/Schiemann in Gercke/Julius/Temming/Zöller Rn. 8; Wohlers in SK-StPO Rn. 10.
[47] BGH 13.12.2005 – 5 StR 494/05, NStZ 2006, 461.
[48] OLG München 14.7.2010 – 4 St RR 93/10, NJW-Spezial 2010, 538; → § 141 Rn. 14 mwN.
[49] OLG Hamburg 8.9.2003 – 2 Ws 217/03, NStZ 2004, 280; OLG München 5.11.2002 – 2 Ws 672/02, NStZ 2003, 501 mAnm Rau; aA OLG Celle 28.5.2002 – 1 Ws 132/02, NJW 2002, 3720; Wohlers in SK-StPO Rn. 12.

10 **2. Beistand.** Dass sich der Beschuldigte des Beistandes eines Verteidigers bedienen kann, bedeutet, dass der Verteidiger **nicht Vertreter** des Beschuldigten ist, sondern ihm im Rahmen seiner Verteidigung professionell zu Seite stehen soll. Nach überw. Ansicht ergibt sich daraus, dass der Verteidiger unabhängig vom Beschuldigten ist und daher grds. auch gegen den Willen des Beschuldigten handeln dürfte –[50] was jedoch der Beistandsfunktion widerspricht (→ Rn. 4).[51]

11 Das Beistandleisten des Verteidigers setzt die **tatsächliche Möglichkeit** des Beistandes voraus. Beistand geht schon begrifflich über die bloß formelle Existenz einer Verteidigung hinaus.[52] Dazu muss der Verteidiger zum einen die Funktion eines einseitigen **Interessenvertreters** des Beschuldigten innehaben und zum anderen über ausreichende Anwesenheits- und Beteiligungsmöglichkeiten verfügen. Daher sind die in der StPO normierten Befugnisse in konventionengerechter Auslegung als nicht abschließend anzusehen (→ Rn. 14 ff.).[53] Der Verteidiger darf stattdessen im Grundsatz alles, was Gesetze, insbes. solche des Straf-, Strafprozess- und Berufsrechts nicht verbieten, während die Strafverfolgungsbehörden im Gegensatz aufgrund der im Strafverfahren zwangsläufigen Grundrechtseingriffe nur das dürfen, was ihnen durch Gesetze erlaubt wird. Neben der rechtlichen Einflussmöglichkeit ist der psychische Beistand in jeder Lage des Verfahrens eine wichtige Funktion des Verteidigers.[54] Auch fehlende Informationen des Beschuldigten über das Recht aus Abs. 1 S. 1 verhindern einen effektiven Beistand. Unantastbarer Wesensgehalt des Rechts auf Verteidigung ist das **offene Gespräch** zwischen Verteidiger und Mandant. Ein Verstoß liegt vor, wenn dies zB durch eine fehlende Aussagegenehmigung für beschuldigte Beamte behindert wird[55] oder wenn eine fehlende Schweigerechtsentbindung des Verteidigers negativ ausgelegt wird.[56] Ebenso darf das Hinzuziehen eines Verteidigers (im Ermittlungsverfahren) nicht negativ ausgelegt werden.[57] Zur effektiven Umsetzung des Beistandrechts gehört auch nach Art. 6 Abs. 3 lit. e EMRK die endgültig[58] unentgeltliche Tätigkeit eines **Dolmetschers** für die mündliche und schriftliche Kommunikation mit dem Verteidiger[59] ab dem Ermittlungsverfahren.[60] Angesichts des S. 2 gilt dies auch für mehrere Verteidiger[61] und auch bei einer Wahlverteidigung neben bestehender Pflichtverteidigung.[62] Es bedarf – wegen der Verzögerung – keines vorherigen Gerichtsbeschlusses.[63] Ein Antrag auf Beiordnung nach § 187 Abs. 1 GVG ist aber möglich.[64]

IV. In jeder Lage des Verfahrens

12 Umfasst ist das gesamte Strafverfahren inklusive der Vollstreckung, dh das Recht aus Abs. 1 S. 1 besteht spätestens mit Beginn des Ermittlungsverfahrens durch alle Instanzen bis zum **Wiederaufnahmeverfahren, im Rahmen von Strafvollstreckungsentscheidun-**

---

50 BGH 30.10.1959 – 1 StR 418/59, BGHSt 13, 337 (343); 30.1.1959 – 1 StR 510/58, BGHSt 12, 367 (369) = NJW 1959, 731; Kühne StrafProzR Rn. 178.
51 Lüderssen/Jahn in Löwe/Rosenberg Rn. 29 ff.
52 EGMR 13.5.1980 – 6694/74, Artico ./. Italien EGMR – E 1, 480 (485 f.).
53 Wohlers in SK-StPO Rn. 3.
54 Barton Strafverteidigung § 2 Rn. 9.
55 BGH 5.6.2007 – 5 StR 383/06, NJW 2007, 3010 (3012).
56 BGH 19.1.2000 – 3 StR 531/99, BGHSt 45, 367 (371) = NJW 2000, 1962 (1963 f.).
57 BGH 19.1.2000 – 3 StR 531/99, BGHSt 45, 367 (372) = NJW 2000, 1962 (1964).
58 EGMR 19.12.1989 – 9783/82, Kamasinski ./. Österreich EGMR-E 4, 450 (475); 28.11.1978 – 6210/73, 6877/75, 7132/75, NJW 1979, 1091.
59 BVerfG 27.8.2003 – 2 BvR 2032/01, NJW 2004, 50 (51); BGH 26.10.2000 – 3 StR 6/00, BGHSt 46, 178 (185 f.) = NJW 2001, 309 (311); OLG Celle 9.3.2011 – 1 Ws 102/11, StraFo 2011, 186.
60 EGMR 19.12.1989 – 9783/82, Kamasinski ./. Österreich, EGMR-E 4, 450 (472); OLG Brandenburg 27.7.2005 – 1 Ws 83/05, StV 2006, 28 (29).
61 LG Bielefeld 15.4.2011 – Qs 208/11, StraFo 2011, 217.
62 OLG Karlsruhe 9.9.2009 – 2 Ws 305/09, StraFo 2009, 527; OLG Brandenburg 27.7.2005 – 1 Ws 83/05, StV 2006, 28.
63 BVerfG 27.8.2003 – 2 BvR 2032/01, NJW 2004, 50 (51); OLG Brandenburg 27.7.2005 – 1 Ws 83/05, StV 2006, 28 (29); Sommer StraFo 1995, 45 (49).
64 OLG Celle 9.3.2011 – 1 Ws 102/11, StraFo 2011, 186.

gen,[65] Verfahren zur **Sicherungsverwahrung,**[66] **Entschädigungsverfahren** nach dem StrEG[67] und dem **Gnadenverfahren** (allgM). Das Beistandsrecht und somit auch ein Teilnahmerecht an Terminen besteht auch innerhalb des **Strafvollzugs,** so bei Disziplinarverfahren.[68] Werden **Vorermittlungen** vor der formellen Eröffnung eines Ermittlungsverfahrens geführt, ist auch zu diesem Zeitpunkt ein Beistandsrecht gegeben (→ Rn. 5).[69]

13 „In jeder Lage" bedeutet zugleich, dass innerhalb der Verfahrensstadien **jederzeitiger** Beistand möglich sein muss. Dies ist insbes. bei der Auslegung des § 148 zu beachten (→ § 148 Rn. 1, 12, 15). Neben der (zeitlichen) Anwesenheitsmöglichkeit des Verteidigers muss bei Terminen ausreichend Zeit und Gelegenheit zur Vorbereitung und Vorbesprechung gegeben sein;[70] dies insbes. bei für den Betroffenen bedeutenden Terminen wie einer mündlichen Anhörung im Vollstreckungsverfahren.[71] Hinsichtlich der Hauptverhandlung existiert eine umfangreiche Rspr. (→ Rn. 22 ff.), die sich entspr. auf andere Termine beziehen lässt.

14 **1. Ermittlungsverfahren.** Die Wahrnehmung des Rechts im Ermittlungsverfahren setzt die Kenntnis über das Verfahren voraus. Wenn keine Ermittlungserfordernisse zwingend entgegenstehen, ist – unabhängig von § 136 Abs. 1, also bereits vor dem ersten Zugriff – frühzeitig eine formelle **Mitteilung über die Verdächtigung** zu machen.[72] Das Beistandsrecht besteht nicht nur bei offenen Maßnahmen, sondern im gesamten Ermittlungsverfahren und kann vielfältige Tätigkeiten beinhalten: psychologischer Beistand durch Anwesenheit, jederzeitige Information und Beratung, Stellungnahmen gegenüber Strafverfolgungsbehörden, Ermittlungs- und Beweisanregungen, eigene Ermittlungen, Anfechtung von Entscheidungen. Eigene Ermittlungen der Unternehmensverteidigung in Wirtschaftsstrafverfahren, sog. Internal Investigations, sind grundsätzlich zulässig und können, wenn sie mit der Zweckrichtung der Verteidigung in einem Straf- oder Bußgeldverfahren geführt werden, unter das Verteidigungsprivileg (§ 148 StPO) fallen.[73] Wie alle Verteidigungsrechte stehen auch eigene Ermittlungen der Verteidigung unter keinem Erlaubnisvorbehalt der Strafverfolgungsbehörden.

15 Aufgrund der **prägenden Bedeutung des Ermittlungsverfahrens** für das Gesamtverfahren[74] wird seit langem die gesetzliche Verankerung von Mitwirkungsmöglichkeiten – insbes. Anwesenheits- und Beweisantragsrecht – der Verteidigung angemahnt.[75] De lege lata müssen sich die Strafverfolgungsbehörden in verfassungs- und konventionenkonformer Umsetzung des Abs. 1 S. 1 um eine effektive Wirkung der Verteidigungsrechte bemühen, ua durch Informationen über das Recht auf Verteidigung und die Möglichkeit der Beiordnung nach § 142.[76] § 136 Abs. 1 S. 2 stellt insoweit lediglich eine Klarstellung dar. Wegen der psychologischen Ausnahmesituation bestehen beim ersten Zugriff besondere Fürsorge-

[65] Mündliche Anhörung zur Strafrestaussetzung: BVerfG 11.2.1993 – 2 BvR 710/91, NJW 1993, 2301; OLG Saarbrücken 23.9.2010 – 1 Ws 137/10, NStZ 2011, 478; Vollstreckungsverfahren insg. OLG Koblenz 4.4.2006 – 2 Ws 48/06, StV 2007, 420; Strafvollzug: OLG Bamberg 3.5.2010 – 1 Ws 145/10, StV 2010, 647; OLG Nürnberg 24.11.1983 – Ws 1003/83, NStZ 1984, 191; nicht bei Vollzugsplankonferenz BVerfG 11.6.2001 – 2 BvR 598/01, NStZ-RR 2002, 25; ausf. Zieger StV 2006, 375.

[66] BGH 8.3.1995 – 5 StR 434/94, BGHSt 41, 69 = NStZ 1995, 393.

[67] OLG Düsseldorf 12.12.2001 – 2 Ws 349/01, NStZ-RR 2002, 109.

[68] OLG Nürnberg 6.7.2011 – 2 Ws 57/11, StraFo 2011, 367.

[69] Willnow in KK-StPO Rn. 1.

[70] Meyer in SK-StPO EMRK Art. 6 Rn. 140.

[71] BVerfG 11.2.1993 – 2 BvR 710/91, NJW 1993, 2301; OLG Brandenburg 19.3.2009 – 2 Ws 34/09, StraFo 2009, 250.

[72] Julius/Schiemann in Gercke/Julius/Temming/Zöller Rn. 2; Lüderssen/Jahn in Löwe/Rosenberg Rn. 2b; Wohlers in SK-StPO Rn. 18; in Bezug auf EMRK Frister StV 1998, 159 (161).

[73] Vgl. Schneider NStZ 2016, 308, 311 (Anmerkung zu LG Braunschweig 21.7.2015 – 6 Qs 116/15).

[74] Beckemper NStZ 1999, 221; Satzger StraFo 2006, 45 (46); Peters Fehlerquellen I S. 195; Schlothauer in Widmaier MAH Strafverteidigung Rn. 1 ff.; Kühne StrafProzR Rn. 105.2, 175; Rieß FS Schäfer, 1980, 155 (108).

[75] Lüderssen/Jahn in Löwe/Rosenberg Rn. 18 f.; Deckers StraFo 2006, 269 (271); Däubler-Gmelin StV 2001, 359 (361); Satzger StraFo 2006, 45 (46).

[76] BGH 12.1.1996 – 5 StR 756/94, BGHSt 42, 15 (21); Lüderssen/Jahn in Löwe/Rosenberg Rn. 66, 69; aA zur Beiordnung BGH 14.12.2003 – 5 StR 501/03, NStZ 2004, 390.

pflichten der Strafverfolgungsbehörden zur **effektiven Hilfe bei der Verteidigerwahl.**[77] Die Rspr. zur Hilfeleistung bei polizeilichen Vernehmungen ist insoweit auf andere Zugriffsmaßnahmen zu übertragen (→ Rn. 18).[78] Bei allen offenen Ermittlungsmaßnahmen gegen den Beschuldigten ist die **Anwesenheit** des Verteidigers nicht nur zu gestatten, sondern zu ermöglichen, dh das Eintreffen des Verteidigers ist ggf. abzuwarten bzw. Terminabsprachen sind zu treffen.[79]

16 **a) Einzelne Ermittlungsmaßnahmen.** Nach allgM muss dem Verteidiger nicht die Anwesenheit bei **Durchsuchungen** ermöglicht werden; allerdings kann dies nicht untersagt werden, soweit der Hausrechtsinhaber die Anwesenheit gestattet.[80] Soweit durch Abwarten kein Beweisverlust droht, gibt es keine Rechtfertigung dafür, dem Beschuldigten das Beistandsrecht zu verweigern.[81] Unstr. darf während der Durchsuchung das Telefonieren mit dem Verteidiger nicht untersagt werden.[82]

17 Der BGH geht von einer Mitteilungspflicht und dem Bemühen um reale Teilnahmemöglichkeit bei polizeilicher **Gegenüberstellung,** die vom Gericht in Auftrag gegeben wurde, aus.[83] Für eine Gegenüberstellung im Ermittlungsverfahren kann insoweit nichts anderes gelten.[84] Auch die Anwendung des § 163a Abs. 3 auf Gegenüberstellungen führt zu einem Anwesenheitsrecht und einer Benachrichtigungspflicht in entspr. Anwendung des § 168c Abs. 1, Abs. 5[85] und somit auch zur Übertragung der Rspr. zu Beweisverwertungsverboten bei Vernehmungen.[86] Auch bei **körperlichen Untersuchungen** und **ED-Maßnahmen** nach §§ 81a, b und c hat der Verteidiger ein Anwesenheitsrecht,[87] genauso bei Maßnahmen zur **Identitätsfeststellung** nach §§ 163b, 163c.[88] Trotz der Ähnlichkeit zur Vernehmung soll bei einer **Sachverständigenexploration** demgegenüber kein Anwesenheitsrecht bestehen.[89]

18 **b) Vernehmungen des Beschuldigten.** Das Anwesenheitsrecht bei **polizeilichen Vernehmungen** war lange Zeit umstr. Es ist nunmehr ausdrücklich in § 163a Abs. 4 S. 3 iVm § 168c Abs. 1, 5 enthalten. Dabei muss bereits vor einer Vernehmung Kontakt und Beratung durch Verteidiger möglich sein, dh eine laufende Vernehmung muss unterbrochen[90] und Termine dem Beschuldigten so zeitig mitgeteilt werden, dass Zeit zur Vorbereitung und Besprechung gegeben ist.[91] Dieses sich aus Abs. 1 S. 1 ergebende Recht wird

---

77 Ua BGH 12.1.1996 – 5 StR 756/94, BGHSt 42, 15 (21); Lüderssen/Jahn in Löwe/Rosenberg Rn. 66; zur weiteren Rspr. vgl. § 136.

78 Lüderssen/Jahn in Löwe/Rosenberg Rn. 69; Wohlers in SK-StPO Rn. 33.

79 Wohlers in SK-StPO Rn. 3.

80 Rengier NStZ 1981, 372 (375); Schlothauer in Widmaier MAH Strafverteidigung Rn. 64.

81 Gercke in Gercke/Julius/Temming/Zöller § 106 Rn. 8; vgl. Umkehrschluss aus OLG Stuttgart 27.8.1984 – 4 VAs 24/84, NStZ 1984, 574; Schäfer in Löwe/Rosenberg § 106 Rn. 13 „aus atmosphärischen Gründen".

82 Rengier NStZ 1981, 372 (375); Michalke NJW 2008, 1490 (1492); Bosbach Ermittlungsverfahren Rn. 355.

83 BGH 21.7.2009 – 5 StR 235/09, NStZ 2010, 53 (54).

84 Vgl. Ignor/Bertheau in Löwe/Rosenberg § 58 Rn. 14; Lüderssen/Jahn in Löwe/Rosenberg Rn. 69; Eisenberg JR 2011, 121 (123); Odenthal NStZ 1985, 433 (435); Pauly StraFo 1998, 41 (42); Burhoff EV Rn. 868.

85 Pauly StraFo 1998, 41 (42); Burhoff EV Rn. 868.

86 Ignor/Bertheau in Löwe/Rosenberg § 58 Rn. 25; Eisenberg JR 2011, 121 (123).

87 Bosbach Ermittlungsverfahren Rn. 503; Speichelprobe beim Nichtbeschuldigten BGH 19.1.2000 – 3 StR 531/99, BGHSt 45, 367 (372) = NJW 2000, 1962 (1964); körperliche Untersuchung in Sozialgerichtsverfahren LSG RhPf 23.2.2006 – L 4 B 33/06 SB, NJW 2006, 1547 (1548).

88 Krause StV 1984, 169 (171).

89 BGH 12.9.2007 – 1 StR 407/07, NStZ 2008, 229; 8.8.2002 – 3 StR 239/02, NStZ 2003, 101; vgl. aber LSG RhPf 23.2.2006 – L 4 B 33/06 SB, NJW 2006, 1547 (1548).

90 BGH 12.1.1996 – 5 StR 756/94, BGHSt 42, 15 (19) = NJW 1996, 1547 (1548); Beulke NStZ 1996, 257 (262).

91 VerfGH RhPf 11.5.2006 – VGH B 6/06, NJW 2006, 3341 (3343); Sommer Effektive Strafverteidigung Kap. 1 Rn. 312 f.

durch die in § 136 Abs. 1 S. 2 normierte Belehrung ergänzt.[92] Ein Anwesenheitsrecht ergab sich bereits aus einer konventionskonformen Auslegung des Abs. 1 S. 1.[93] „Beistand" bedeutet eben nicht nur eine vorherige rechtliche Beratung,[94] sondern den aktiven Beistand zu jedem Zeitpunkt des Verfahrens,[95] insbes. in psychologischen Belastungssituationen, in denen der Beschuldigte den geschulten Vernehmungsbeamten oft hilflos gegenübersteht.[96] Zur **effektiven Umsetzung** muss eine reale Möglichkeit des Verteidigers zur Anwesenheit bestehen – ua Rücksichtnahme auf Anreisezeit und Termine. Der Beschuldigte muss die tatsächliche Möglichkeit einer rechtzeitigen Kontaktaufnahme (bei Festgenommenen mit entspr. Pflicht zur Hilfeleistung durch die Polizeibeamten) haben.[97] Erg. → Rn. 25.

Die Anwesenheit des Verteidigers bei **staatsanwaltschaftlichen und richterlichen Vernehmungen** ist in §§ 168c Abs. 1, 163a Abs. 3 S. 2 normiert. Im Hinblick auf Abs. 1 S. 1 ist die Einschränkung des Anwesenheitsrechts in § 168c Abs. 5 bedenklich.[98] Ein Anspruch auf Terminabsprache besteht nach allgA nicht, jedoch sollte zur konventionenkonformen effektiven Umsetzung des Beistandsrechts eine Teilnahme durch Terminabsprache ermöglicht werden. Auf einen angekündigten Verteidiger ist zu warten, insbes. wenn sich daraus keine wesentliche Verzögerung ergibt.[99] Bei der Anhörung vor Erlass eines **Haftbefehls nach § 128** und der **Vorführung nach § 115 Abs. 1** besteht sowohl ein Recht auf Beistand im Termin als auch ein Recht auf die reale Möglichkeit einer vorherigen Beratung.[100] Solange die Frist des § 115 Abs. 2 eingehalten werden kann, ist daher auf das Eintreffen des angekündigten Verteidigers zu warten.[101] Der Verstoß gegen das Recht auf Beistand bei der Haftbefehlsanhörung wird nicht dadurch obsolet, dass der Beschuldigte die Aussage verweigert, da das Beistandsrecht die vorherige Beratung über eine Entscheidung zur Aussageverweigerung mit dem Verteidiger beinhaltet.[102] Seit 2010 liegt in diesen Fällen zudem eine notwendige Verteidigung nach § 140 Abs. 1 Nr. 4 vor (→ § 140 Rn. 16). 19

c) Vernehmungen Dritter. Für **Vernehmungen von Zeugen und Sachverständigen** durch einen Richter gilt § 168c Abs. 2 (→ Rn. 19). De lege lata hat der Verteidiger bei Vernehmungen durch Polizei oder StA kein Anwesenheitsrecht, aber es besteht auch kein Anwesenheitsverbot.[103] Geplante Normierungen eines Anwesenheitsrechts wurden nicht umgesetzt,[104] werden jedoch zu Recht weiter gefordert.[105] Gleiches gilt für die polizeiliche und staatsanwaltschaftliche Vernehmung eines **Mitbeschuldigten.**[106] Für die richterliche Vernehmung wird ein Anwesenheitsrecht zu Recht aus einer analogen Anwendung des § 168c bzw. dem Recht auf ein faires Verfahren abgeleitet.[107] 20

2. Hauptverhandlung. Beistand in der Hauptverhandlung beinhaltet, sich jederzeit mit dem Verteidiger **beraten** zu können und Entscheidungen nach **Rücksprache** zu tref- 21

---

[92] BGH 29.10.1992 – 4 StR 126/92, BGHSt 38, 372 (373).

[93] Stern in AK-StPO Rn. 25; Wohlers in SK-StPO Rn. 3; Meyer in SK-StPO EMRK Art. 6 Rn. 135; Gössel ZStW 94 (1982), 5 (35); Skuhr NJW 1966, 1350; Renzikowski FS Roxin, 2011, 1341 (1346); vgl. auch Kühne StrafProzR Rn. 225.

[94] So Griesbaum in KK-StPO § 163 Rn. 19.

[95] Skuhr NJW 1966, 1350.

[96] Deckers StraFo 2006, 269 (272); Kühne StrafProzR Rn. 106; Zieger/Nöding Verteidigung in Jugendstrafsachen Rn. 117; vgl. BGH 12.1.1996 – 5 StR 756/94, BGHSt 42, 15 (19) = NJW 1996, 1547 (1548); 29.10.1992 – 4 StR 126/92, BGHSt 38, 372 (375) = NJW 1993, 338 (339).

[97] BGH 12.1.1996 – 5 StR 756/94, BGHSt 42, 15 = NJW 1996, 1547; zusammenfassend Renzikowski FS Roxin, 2011, 1341 (1343 f.); Beulke NStZ 1996, 257; erg. § 136.

[98] Lüderssen/Jahn in Löwe/Rosenberg Rn. 74a; Rzepka Zur Fairness im deutschen Strafverfahren 406.

[99] VerfGH RhPf 11.5.2006 – VGH B 6/06, NJW 2006, 3341 (3343).

[100] VerfGH RhPf 11.5.2006 – VGH B 6/06, NJW 2006, 3341 (3343).

[101] VerfGH RhPf 11.5.2006 – VGH B 6/06, NJW 2006, 3341 (3343).

[102] VerfG Bbg 19.12.2002 – VfGBbg – 104/02, NJW 2003, 2009 (2010).

[103] Burhoff EV Rn. 1877 f.; Schlothauer in Widmaier MAH Strafverteidigung Rn. 56.

[104] Eckpunktepapier der Regierungskoalition StV 2001, 314 (315).

[105] Ua 65. DJT, NJW 2004, 3241 (3244).

[106] Däubler-Gmelin StV 2001, 359 (361); Eckpunktepapier der Regierungskoalition StV 2001, 314 (315).

[107] Wohlers in SK-StPO Rn. 3; Krause StV 1984, 169 (171); Burhoff EV Rn. 1859 ff. mwN, aA BGH 20.2.1997 – 4 StR 598/96, BGHSt 42, 391 = NJW 1997, 1790.

fen. Ein ohne diese Möglichkeit abgegebener Rechtsmittelverzicht ist unwirksam.[108] Auf Wunsch des Angekl. oder des Verteidigers muss pausiert werden. Auch während der laufenden Sitzung muss die Gelegenheit zur Besprechung gegeben sein. In Verfahren, die von intensiver Presseberichterstattung begleitet werden, können sitzungspolizeiliche Maßnahmen des Vorsitzenden erforderlich sein, um dem Angekl. ungestörten Austausch mit seinem Verteidiger auch in Sitzungspausen zu ermöglichen.[109] Die **Sitzordnung** muss eine direkte und ungestörte Kommunikation zwischen (inhaftiertem)[110] Angekl. und Verteidiger ermöglichen.[111] Die Ablehnung entspr. Anträge kann ein Befangenheitsgrund sein.[112] Zur Beratung während der Verhandlung und in den Pausen muss ein **Dolmetscher** zur Verfügung stehen (→ Rn. 11); diesem muss ein Platz beim Verteidiger und Angekl. zugewiesen werden. Die Anwesenheit eines gerichtlichen Dolmetschers reicht nicht aus.[113] Darüber hinaus setzt die Beistandsfunktion entspr. **Mitwirkungsbefugnisse** voraus, soweit Mitwirkungsrechte des Angekl. normiert sind, stehen diese auch der Verteidigung zu.[114] Dabei ist str., ob der Verteidiger an den Willen des Angekl. gebunden ist (→ Rn. 10). Verfahrensverzögerungen werden dadurch kaum verursacht und müssten auch zu Gunsten eines wirksamen Beistandsrechts zurückstehen.[115]

22 Der Beistand in der Hauptverhandlung setzt die **Anwesenheit des Verteidigers** voraus. Dieses zu den „grundlegendsten Elementen des fairen Verfahrens"[116] zählende Recht wird angesichts von Terminüberlastungen häufig missachtet, wie die Vielzahl der Rspr. zur Terminierung deutlich illustriert. Nach stRspr besteht kein unbedingter Anspruch auf eine Terminierung, die die Teilnahme des Verteidigers ermöglicht.[117] Das Recht auf den Verteidiger des Vertrauens – nicht nur auf einen Verteidiger – ist jedoch bei der **Terminierung** zu beachten,[118] somit muss sich der Vorsitzende ernsthaft und frühzeitig um Terminabsprachen bemühen[119] bzw. begründete Verlegungsanträge beachten.[120] Er hat zwar ein Ermessen bei der Terminierung (vgl. §§ 213, 228),[121] dieses wird jedoch durch das Recht auf den gewählten Verteidiger eingeschränkt.[122] **Anerkannte Verhinderungsgründe** sind: Urlaub[123] (auch bei Verhandlung kurz nach dem Urlaub

---

[108] BGH 23.8.2004 – 1 StR 199/04, NStZ 2005, 114; 12.2.1963 – 1 StR 561/62, BGHSt 18, 257 (260) = NJW 1963, 963 (964); OLG Köln 29.9.2009 – 83 Ss 74/09, StV 2010, 67; OLG Frankfurt a. M. 5.3.1991 – 3 Ws 67/91, StV 1991, 296.

[109] OLG Bremen 13.4.2016 – 1 Ws 44/16.

[110] Gatzweiler/Mehle in Brüssow/Gatzweiler/Krekeler/Mehle Strafverteidigung § 9 Rn. 137.

[111] OLG Köln 13.6.1979 – 3 Ss 1069/78, NJW 1980, 302 (303); Sommer ZAP 1994, 101 (104).

[112] Münchhalffen StraFo 1996, 18 (19); Gatzweiler/Mehle in Brüssow/Gatzweiler/Krekeler/Mehle Strafverteidigung § 9 Rn. 140.

[113] Sommer StraFo 1995, 45 (49); vgl. auch OLG Frankfurt a. M. 20.6.1995 – 4 – 2 StE 5/94-23/94, StV 1996, 166.

[114] Lüderssen/Jahn in Löwe/Rosenberg Rn. 29.

[115] Julius/Schiemann in Gercke/Julius/Temming/Zöller Vor § 137 Rn. 1; Däubler-Gmelin StV 2001, 359; vgl. EGMR bei → Rn. 3.

[116] EGMR 21.1.1999 – Geyseghem ./. Belgien in Sommer StraFo 1999, 402 (403).

[117] BVerfG 14.12.1983 – 2 BvR 1724/82, NJW 1984, 862 (863).

[118] BVerfG 12.8.2002 – 2 BvR 932/02, StV 2002, 578 (580); BGH 14.7.2010 – 1 StR 123/10, NStZ-RR 2010, 312; 24.6.2009 – 5 StR 181/09, NStZ 2009, 650 (651); 6.11.1991 – 4 StR 515/91, NJW 1992, 849; 8.1.1988 – 2 StR 449/87, NJW 1988, 3273; OLG Karlsruhe 27.7.2009 – 1 Ss 102/09, StV 2010, 477; OLG Dresden 23.3.2009 – 3 Ws 22/09, StV 2010, 476; Wohlers in SK-StPO Rn. 36.

[119] BGH, 21.3.2018 – 1 StR 415/17; BGH 6.7.1999 – 1 StR 142/99, NStZ 1999, 527; OLG Hamburg 29.6.2006 – 3 Ws 100/06, NJW 2006, 2792; OLG Braunschweig 17.3.2008 – Ss 33/08, StV 2008, 293 (294); OLG Frankfurt a. M. 24.10.2000 – 3 Ws 1101/00, StV 2001, 157 (158); Willnow in KK-StPO Rn. 1; vgl. auch OLG Hamm 4.5.2006 – 2 Ws 111/06, NJW 2006, 2788 (2791); Kritik an § 213 und Reformvorschlag: E. Müller FS Widmaier, 2008, 357.

[120] Vgl. BGH 14.7.2010 – 1 StR 123/10, NStZ-RR 2010, 312; 24.6.2009 – 5 StR 181/09, NStZ 2009, 650 (651); 2.2.2000 – 1 StR 537/99, NJW 2000, 1350; Lüderssen/Jahn in Löwe/Rosenberg Rn. 27a.

[121] BGH 29.8.2006 – 1 StR 285/06, NStZ 2007, 163 (164).

[122] Vgl. BGH 14.7.2010 – 1 StR 123/10, NStZ-RR 2010, 312; 24.6.2009 – 5 StR 181/09, NStZ 2009, 650 (651); 2.2.2000 – 1 StR 537/99, NJW 2000, 1350; Lüderssen/Jahn in Löwe/Rosenberg Rn. 27a.

[123] OLG Köln 22.10.2004 – 8 Ss OWi 48/04, DAR 2005, 576 (577); OLG Dresden 28.6.2004 – 1 Ws 121/04, NJW 2004, 3196 (3197).

hinsichtlich der Vorbereitung),[124] kollidierende Hauptverhandlungstermine,[125] Anreisezeiten,[126] Verpflichtungen als Hochschullehrer.[127] Bei der Ausübung des Ermessens ist auch zu beachten, ob das Verteidigungsverhältnis schon länger besteht.[128] Daneben ist zu berücksichtigen, ob dem Angekl. eine Verhandlung ohne (oder mit einem neuen) Verteidiger zuzumuten ist. Dies bemisst sich nach der Straferwartung (zB mehrere Jahre Haft[129] aber auch ein neben einer Geldbuße angeordnetes Fahrverbot[130]), Schwierigkeit der Rechts- und Sachlage,[131] insbes. schwierige Beweislage,[132] Bestreiten der Tat,[133] divergierende Interessen mehrerer Angeklagter.[134] Im Zweifel ist Rücksicht auf die terminlichen Belange der Verteidigung zu nehmen,[135] da bei der Entscheidung über Verlegungsanträge nicht Terminwünsche des Verteidigers, sondern das Recht auf den Verteidiger des Vertrauens im Vordergrund stehen.[136] Keinesfalls darf der Beistand an rein organisatorischen Fragen scheitern.[137] Daher darf der Hinweis auf die Terminlage des Gerichts kein Routinegrund zur Ablehnung von Verlegungsanträgen sein.[138] Die unbegründete Ablehnung eines Terminantrags oder einseitig ausgeübtes Ermessen ist ein **Befangenheitsgrund.**[139] Zurückweisung eines Terminsverlegungsantrages bedarf einer Darlegung der Gründe im Urteil.[140]

Ein **vor der Hauptverhandlung** abgelehnter Antrag muss zur Vorbereitung einer **22a**
Revision in der Hauptverhandlung wiederholt werden. Etwas anderes gilt bei Nichtbescheidung und Übergehen eines Terminverlegungsantrags.[141]

Neben der Anwesenheitsmöglichkeit des Verteidigers muss die Terminierung die zur **23**
sachgerechten Verteidigung nötige **Vorbereitung** und somit ausreichend Zeit zum Aktenstudium, Besprechungen zwischen Angekl. und Verteidiger[142] und anderen Verteidigungsvorbereitungen ermöglichen.[143] Die dafür nötige Zeit bemisst sich nach Umfang und Schwierigkeit der Sache, insbes. Beweislage und Umfang der Akten; Schwere des Vorwurfs

---

124 BayObLG 24.9.2001 – 5 St RR 248/01, BayObLGSt 2001, 111 (114).

125 OLG Karlsruhe 27.7.2009 – 1 Ss 102/09, StV 2010, 477; OLG Braunschweig 17.3.2008 – Ss 33/08, StV 2008, 293; OLG Dresden 28.6.2004 – 1 Ws 121/04, NJW 2004, 3196 (3197); OLG Frankfurt a. M. 24.10.2000 – 3 Ws 1101/00, StV 2001, 157 (158).

126 OLG Bamberg 10.10.2005 – 2 Ss OWi 269/05, NJW 2006, 2341.

127 BGH 14.7.2010 – 1 StR 123/10, NStZ-RR 2010, 312.

128 BGH 6.11.1991 – 4 StR 515/91, NJW 1992, 849; OLG Dresden 28.6.2004 – 1 Ws 121/04, NJW 2004, 3196 (3197); OLG Frankfurt a. M. 24.10.2000 – 3 Ws 1101/00, StV 2001, 157 (158); OLG Frankfurt a. M. 28.4.1997 – 3 Ws 315/97, StV 1997, 402 (403).

129 OLG Frankfurt a. M. 24.10.2000 – 3 Ws 1101/00, StV 2001, 157 (158).

130 OLG Brandenburg 27.12.2019 – 53 Ss-OWi 642/19, BeckRS 2019, 34707; KG 8.2.2021 – 3 Ws (B) 26/21 – 122 Ss 6/21, BeckRS 2021, 2963; anders wenn nur ein Bußgeld droht: OLG Brandenburg 18.3.2020 – 53 Ss-OWi 131/20, BeckRS 2020, 4928.

131 OLG Köln 22.10.2004 – 8 Ss OWi 48/04, DAR 2005, 576; OLG Frankfurt a. M. 24.10.2000 – 3 Ws 1101/00, StV 2001, 157 (158).

132 OLG Frankfurt a. M. 28.4.1997 – 3 Ws 315/97, StV 1997, 402 (403).

133 OLG Hamm 21.1.2008 – 4 Ss OWi 741/07, SVR 2008, 387.

134 OLG Frankfurt a. M. 24.10.2000 – 3 Ws 1101/00, StV 2001, 157 (158).

135 OLG Braunschweig 27.2.2009 – Ss (OWi) 37/09, StRR 2009, 432; OLG Hamm 21.1.2008 – 4 Ss OWi 741/07, SVR 2008, 387; OLG Bamberg 10.10.2005 – 2 Ss OWi 269/05, NJW 2006, 2341 (2342); BayObLG 24.7.2001 – 1 St RR 97/01, BayObLGSt 2001, 101 = NStZ-RR 2002, 79; Staudinger in KMR-StPO Rn. 5.

136 BGH 24.6.2009 – 5 StR 181/09, NStZ 2009, 650 (651); Lüderssen/Jahn in Löwe/Rosenberg Rn. 27a; Wohlers in SK-StPO Rn. 36.

137 OLG Bamberg 4.3.2011 – 2 Ss OWi 209/2011, StraFo 2011, 232; OLG Köln 22.10.2004 – 8 Ss OWi 48/04, DAR 2005, 576 (577); vgl. OLG Bamberg 10.10.2005 – 2 Ss OWi 269/05, NJW 2006, 2341 (2342).

138 OLG Braunschweig 17.3.2008 – Ss 33/08, StV 2008, 293 (294).

139 LG Mönchengladbach 12.3.1998 – 12 Ns 28/97, StV 1998, 533.

140 OLG Hamm (4. Senat) 28.2.2019 – 4 RBs 71/19, BeckRS 2019, 5607.

141 BGH 21.3.2018 – 1 StR 415/17, NStZ 2018, 607.

142 EGMR 9.6.1998 – Twalib ./. Griechenland ÖJZ 1999, 390; BGH 14.1.2004 – 2 StR 315/03, NStZ 2004, 637; Meyer in SK-StPO EMRK Art. 6 Rn. 136.

143 EGMR 9.4.1984 – Goddi ./. Italien EGMR-E 2, 366 (372); BGH 24.6.2009 – 5 StR 181/09, NStZ 2009, 650 (651); vgl. BGH 30.10.1959 – 1 StR 418/59, BGHSt 13, 337 (343 f.); § 145 Rn. 12 mwN.

und Höhe der Straferwartung; Kommunikationsschwierigkeiten mit dem Angekl. (Haft; Sprachschwierigkeiten).[144] Wenn der Verteidiger zu Beginn erklärt, dass die Vorbereitungszeit nicht ausgereicht hat, liegt eine Ermessensreduktion auf null hinsichtlich einer Aussetzung nach **§ 265 Abs. 4** vor, da der Verteidiger als unabhängiges Organ der Rechtspflege seine eigene Vorbereitung beurteilen muss und nicht das Gericht.[145] Bei Ablehnung kann ein Revisionsgrund bestehen.[146] Bei **Wechsel des Verteidigers** während der Hauptverhandlung kann nicht nur unter Berufung auf nicht ausreichende Vorbereitungszeit, sondern ggf. auch wegen fehlender Teilhabe an der bisherigen Beweisaufnahme Aussetzung nach § 265 Abs. 4 begehrt werden.[147]

24 Auch die **unerwartete Abwesenheit** des Verteidigers ist eine veränderte Sachlage iSd § 265 Abs. 4. Dabei sind die gleichen Ermessensaspekte wie bei der Terminierung und bei Terminanträgen zu beachten (→ Rn. 22) unter der Prämisse, dass aufgrund der Unerwartetheit eine unvorbereitete Verhandlung ohne Verteidiger selbst bei nur geringer zu erwartender Strafe idR nicht zumutbar ist, wenn der Angekl. auf die Anwesenheit des Verteidigers vertrauen durfte.[148] Zur **Glaubhaftmachung der Gründe** reicht eine anwaltliche Versicherung per Fax.[149] Auch bei einer **kurzfristigen Ablehnung einer Verlegung** trotz rechtzeitigen Antrags ist sowohl die Verhandlung ohne Verteidiger als auch der kurzfristige Wechsel des Verteidigers unzumutbar.[150] Bei bloßer **Verspätung** des Verteidigers kommt hinzu, dass die Verhandlung nicht vertagt, sondern nur später begonnen werden muss. Kündigt der Verteidiger sein Kommen an, ist von seinem Erscheinen auszugehen und mind. 15 Minuten zu warten.[151] Insbes. wenn die Verspätung durch Verzögerung eines anderen Verfahrens oder Verschiebung dieses Verfahrens ausgelöst wird, ist eine längere Wartezeit erforderlich.[152] Auch wenn der Verteidiger mitteilt, wann er ungefähr eintreffen wird, verlängert sich die Wartepflicht.[153] Ist er im Hause in anderer Verhandlung, muss gewartet und nachgefragt werden.[154]

V. Rechtsfolgen

25 Ein **Beweisverwertungsverbot** kommt bei allen Verstößen gegen das Anwesenheitsrecht und bei Verhinderung der effektiven Umsetzung des Abs. 1 S. 1 im Ermittlungsverfahren in Betracht.[155] Da die Möglichkeit, sich des Beistandes eines Verteidigers zu bedienen, zu den wichtigsten Rechten des Beschuldigten gehört, bleibt „bei der Verletzung des Rechts auf den Zugang zum Verteidiger" kein Raum für eine Abwägung[156] bzw. die Möglichkeit, „nach den Umständen und dem Inhalt der Aussage zwischen Fällen verschiedenen Gewichtes zu unterscheiden".[157] Die Rspr. zum Verwertungsverbot bei fehlender Belehrung kann insg. hinsichtlich des Konsultationsrechts eines Verteidigers angewendet werden.[158] Wird

[144] BGH 26.1.1983 – 3 StR 431/82, NStZ 1983, 281; BayObLG 24.9.2001 – 5St RR 248/01, BayObLGSt 2001, 111 (114).
[145] BGH 24.6.2009 – 5 StR 181/09, NStZ 2009, 650.
[146] BGH 24.6.2009 – 5 StR 181/09, NStZ 2009, 650.
[147] BGH 25.6.2000 – 5 StR 60/02, NStZ-RR 2002, 270; BGH 2.2.2000 – 1 StR 537/99, NJW 2000, 1350.
[148] OLG Koblenz 10.9.2009 – 2 SsRs 54/09, StV 2010, 476.
[149] OLG Koblenz 10.9.2009 – 2 SsRs 54/09, StV 2010, 476.
[150] OLG Karlsruhe 27.7.2009 – 1 Ss 102/09, StV 2010, 477.
[151] OLG Köln 29.9.2009 – 83 Ss 74/09, StV 2010, 67; OLG Düsseldorf 26.11.1983 – 2 Ss (OWi) 581/83 – 245/83 III, NStZ 1984, 320.
[152] OLG Köln 27.10.1989 – Ss 148/89, StV 1990, 257; OLG Hamm 8.1.1969 – 4 Ss 1511/68, NJW 1969, 943.
[153] OLG Frankfurt a. M. 24.8.2007 – 2 Ss-OWi 223/07, DAR 2008, 33.
[154] OLG Köln 27.10.1989 – Ss 148/89, StV 1990, 257.
[155] Gegenüberstellung Ignor/Bertheau in Löwe/Rosenberg § 58 Rn. 25; Hilfeleistung Wohlers in SK-StPO Rn. 34.
[156] BGH 29.10.1992 – 4 StR 126/92, BGHSt 38, 372 (374) = NJW 1993, 338; vgl. auch Lüderssen/Jahn in Löwe/Rosenberg Rn. 78.
[157] BGH 12.1.1996 – 5 StR 756/94, BGHSt 42, 15 (21 f.) = NJW 1996, 1547 (1549).
[158] Renzikowski FS Roxin, 2011, 1341 (1345).

das Recht auf Verteidigung in seinem Wesensgehalt angegriffen, kann ein **Verfahrenshindernis** bestehen, wenn der Eingriff nicht mehr ausgeglichen werden kann.[159] Aus der Missachtung des Rechts auf Verteidigung kann sich ein **Befangenheitsgrund** ergeben (→ Rn. 7, 21, 22).

VI. Rechtsmittel

Da Abs. 1 S. 1 eine Konkretisierung von Grundrechten und Garantien der EMRK 26
ist (→ Rn. 3 f.), sind Einschränkungen auch mit einer **Verfassungsbeschwerde**[160] oder Beschwerde vor dem EGMR angreifbar; bei Einschränkungen im Ermittlungsverfahren ausnahmsweise schon vor dem Abschluss des Verfahrens.[161]

Trotz § 305 S. 1 kann bei einer Einschränkung des Rechts aus Abs. 1 S. 1 eine 27
Beschwerde statthaft sein.[162] Eine selbstständige Beschwer liegt etwa bei einer rechtswidrigen Ablehnung eines Terminierungsantrags vor.[163] Nach aA widerspricht dem, dass die Ablehnung eines Verlegungsantrags Revisionsgrund sein kann.[164]

Eine Verwertung von Beweisen, die unter Verstoß gegen Abs. 1 S. 1 gewonnen wurden 28
(→ Rn. 25) – trotz Widerspruchs in der Hauptverhandlung – kann **Revisionsgrund** sein.[165] Die Missachtung des Rechts auf einen bestimmten (gewählten) Verteidiger kann ebenfalls Revisionsgrund sein, weil ein Beruhen des Urteils auf der **Abwesenheit eines bestimmten Verteidigers** nicht auszuschließen ist,[166] so etwa bei Abwesenheit des Wahlverteidigers und Anwesenheit des Pflichtverteidigers,[167] oder bei Abwesenheit eines (von mehreren) Wahlverteidigern.[168] Auf der Abwesenheit des einzigen Verteidigers – so bei einer rechtswidrigen Ablehnung eines Terminantrags – kann das Urteil in jedem Fall beruhen.[169] Wird in der Hauptverhandlung ein Antrag auf Aussetzung oder Unterbrechung, der die Anwesenheit eines Verteidigers oder die sachgemäße Vorbereitung eines Verteidigers ermöglichen soll, abgelehnt, liegt ein Revisionsgrund gem. **§ 338 Nr. 8** vor.[170] Die Erforderlichkeit einer Unterbrechung oder Aussetzung kann sich auch aus Fürsorgepflicht des Gerichts ergeben, so dass ein Rechtsfehler iSd § 337 auch bei Abwesenheit eines Antrags vorliegen kann.[171] Ein rechtswidrig abgelehnter Antrag zur Sitzordnung (→ Rn. 21) unterfällt § 338 Nr. 8;[172] ebenfalls eine Nichtaussetzung trotz Verteidigerwechsels, wenn die Beweisaufnahme schon fortgeschritten ist.[173]

---

159 BGH 5.6.2007 – 5 StR 383/06, NJW 2007, 3010 (3011 f.) mkritAnm Wohlers JR 2008, 127 (129).

160 Bei Verhandlung in Abwesenheit des Verteidigers: Stern in AK-StPO Rn. 55.

161 Meyer in SK-StPO EMRK Art. 6 Rn. 141.

162 OLG Saarbrücken, 21.5.2015 – 1 Ws 80/15, BeckRS 2015, 11166; OLG Frankfurt a. M. 24.10.2000 – 3 Ws 1101/00, StV 2001, 157 mwN; vgl. aber OLG Zweibrücken 8.2.2019 – 1 Ws 36/19, BeckRS 2019, 3929.

163 OLG Dresden 28.6.2004 – 1 Ws 121/04, NJW 2004, 3196; OLG Frankfurt a. M. 24.10.2000 – 3 Ws 1101/00, StV 2001, 157; LG Dortmund 20.10.1997 – 14 (XI) Qs 71/97, StV 1998, 14; LG Oldenburg 18.5.1990 – IV Qs 90/90, StV 1990, 299, vgl. auch LG Koblenz 20.5.1999 – 9 Qs 130/99, StV 1999, 593.

164 OLG Hamm 22.9.1988 – 4 Ws 436/88, NStZ 1989, 133; OLG Celle 2.1.1984 – 1 Ws 6/84, NStZ 1984, 282; OLG Karlsruhe 4.5.1982 – 4 Ws 64/82, StV 1982, 560 mAnm Moos; OLG Stuttgart 29.5.1980 – 1 Ws 160/80, MDR 1980, 954; OLG Stuttgart 6.2.1976 – 3 Ws 30/76, NJW 1976, 1647; Kropp NStZ 2004, 668 (669).

165 Wohlers in SK-StPO Rn. 28; vgl. § 136; § 168c.

166 BGH 15.1.2003 – 5 StR 251/02, BGHSt 48, 170 = NJW 2003, 1331; 9.10.1989 – 2 StR 352/89, BGHSt 36, 259 (262) = NJW 1990, 586 (587).

167 BGH 11.9.1986 – 1 StR 472/86, NStZ 1987, 34 (35).

168 BGH 23.8.2004 – 1 StR 199/04, NStZ 2005, 114.

169 OLG Braunschweig 17.3.2008 – Ss 33/08, StV 2008, 293 (294); OLG Stuttgart 19.11.1987 – 3 Ss 633/87, NStZ 1988, 240; Stern in AK-StPO Rn. 51.

170 BVerfG 22.11.2001 – 2 BvQ 46/01, NStZ-RR 2002, 113; BGH 14.1.2004 – 2 StR 315/03, NStZ 2004, 637; OLG Braunschweig 17.3.2008 – Ss 33/08, StV 2008, 293.

171 OLG Frankfurt a. M. 27.10.1997 – 3 Ss 286/97, StV 1998, 13.

172 OLG Köln 13.6.1979 – 3 Ss 1069/78, NJW 1980, 302 (303); Sommer ZAP 1994, 101 (104).

173 BGH 2.2.2000 – 1 StR 537/99, NJW 2000, 1350.

C. Zahlenmäßige Beschränkung (Abs. 1 S. 2)

I. Zweck und Rechtsfolge

29 Die Beschränkung der Anzahl der Verteidiger wurde mit dem ErgG zum 1. StVRG zum 1.1.1975 eingefügt.[174] Die Begrenzung soll verhindern, dass die Möglichkeit der Mitwirkung mehrerer Verteidiger zum **Zweck** der Prozessverschleppung oder -vereitelung missbraucht wird.[175] Die Einschränkung wurde vom BVerfG als sach- und zweckgemäß beurteilt.[176] Ohne dass die Strafverfahrenspraxis nachweisbar dieser **Einschränkung** der freien Verteidigerwahl bedürfte,[177] kann bei umfassender bzw. komplizierter Materie die Beteiligung von mehr als drei Verteidigern sachgemäß und für eine ordnungsgemäße Verteidigung notwendig sein, sowie durchaus auch der Verfahrensbeschleunigung dienen.[178] Die Regelung lässt jedoch kein Raum für Ausnahmen (aber → Rn. 31).[179] Ein weiteres Problem ist das Ungleichgewicht zwischen Verteidigung und Staatsanwaltschaft als Folge der nur einseitigen Beschränkung.[180] Die **Rechtsfolgen** einer Bevollmächtigung, die gegen Abs. 1 S. 2 verstößt, sind in **§ 146a** eindeutig geregelt.

II. Sachlicher Anwendungsbereich

30 Die Beschränkung bezieht sich nicht auf die Gesamtzahl der an einem Verfahren beteiligten Verteidiger eines Beschuldigten, sondern nur auf die gleichzeitige Beteiligung, dh ein Wechsel der Verteidiger ist möglich (allgM). Die Beschränkung bezieht sich auch nicht auf die Person des Beschuldigten, sondern auf das konkrete Verfahren. Ein Inhaftierter, gegen den mehrere Verfahren anhängig sind, hat also das Recht auf die ungestörte Kommunikation mit mehr als drei Wahlverteidigern.[181]

III. Personeller Anwendungsbereich

31 Da die Stellung als Verteidiger (→ Rn. 8) entscheidend ist, sind alle **Verteidiger nach § 138 Abs. 1** – nicht nur Rechtsanwälte – mitzuzählen. Rechtsanwälte und Referendare können jedoch – ohne Verteidiger zu sein – als **Mitarbeiter** der Verteidigung tätig sein. Sie haben das Recht, in der Hauptverhandlung anwesend zu sein und die Verteidiger zu unterstützen. Lediglich ein eigenes Fragerecht oder die Möglichkeit, Erklärungen abzugeben, besteht nicht.[182] Ebenfalls kann der Beschuldigte sich neben drei Verteidigern noch von einem weiteren Anwalt beraten lassen, solange dieser nicht gegenüber StA oder Gericht als Verteidiger tätig wird.[183] Die sog. **Sockelverteidigung** führt nicht zum Verteidigungsverhältnis aller beteiligten Verteidiger mit allen Beschuldigten (→ § 146 Rn. 13).

---

174 BGBl. 1974 I 3686.

175 BT-Drs. 7/2526, 30; BVerfG 11.3.1975 – 2 BvR 135/75 (ua), BVerfGE 39, 156 (163) = NJW 1975, 1013; BGH 16.2.1977 – 3 StR 500/76, BGHSt 27, 124 (127) = NJW 1977, 910; OLG Zweibrücken 24.9.2009 – 1 Ws 227/09, StraFo 2009, 516; Schmitt in Meyer-Goßner/Schmitt Rn. 4; Wohlers in SK-StPO Rn. 22.

176 BVerfG 11.3.1975 – 2 BvR 135/75 (ua), BVerfGE 39, 156 = NJW 1975, 1013.

177 Vgl. Dölling/Feltes StV 2000, 174 (175); Schmidt-Leichner NJW 1975, 417 (418 f.); Kühne StrafProzR Rn. 184.1.

178 Julius/Schiemann in Gercke/Julius/Temming/Zöller Rn. 3; Staudinger in KMR-StPO Rn. 7; Lüderssen/Jahn in Löwe/Rosenberg Rn. 80; Wohlers in SK-StPO Rn. 22 f.; Schmidt-Leichner NJW 1975, 417; Roxin/Schünemann StrafVerfR § 19 Rn. 45; aA Rechtsausschuss BT-Drs. 7/2989, 4; BVerfG 11.3.1975 – 2 BvR 135/75, BVerfGE 39, 156 (163).

179 Bzgl. der Vereinfachung evtl. Vertretung innerhalb der Sozietät: BayObLG 12.1.1976 – 1 Ob OWi 449/75, NJW 1976, 861 (862); Lüderssen/Jahn in Löwe/Rosenberg Rn. 80.

180 BT-Drs. 7/2526, 30.

181 Widmaier StraFo 2011, 390; → § 148 Rn. 6.

182 Kühne StrafProzR Rn. 184.1.

183 Zur Möglichkeit für den Inhaftierten Widmaier StraFo 2011, 390.

32 Dem Wortlaut und der Stellung innerhalb des § 137 ist zu entnehmen, dass sich die Begrenzung nicht auf **Pflichtverteidiger** bezieht.[184] Wurde ein Verteidiger beigeordnet, können (zusätzlich) noch drei nach § 137 gewählt werden; ebenso kann bei drei bestehenden Wahlverteidigungen noch eine Beiordnung gem. § 144 Abs. 1 erfolgen – auch die des zuvor wegen Abs. 1 S. 2 zurückgewiesenen Verteidigers.[185]

33 Auch der **Unterbevollmächtigte** unterfällt Abs. 1 S. 2, wenn er neben dem Verteidiger und nicht nur an dessen Stelle tätig wird.[186] IdR wird er jedoch nur als Vertretung tätig; so bspw., wenn nur der Unterbevollmächtigte anwesend ist oder wenn nur von diesem ein Schriftsatz eingereicht wird.[187] Der nach **§ 139** tätige **Referendar** wird nicht selbstständig, sondern im Rahmen seiner Ausbildung tätig; der Verteidiger ist zur Überwachung der Tätigkeit verpflichtet. Daher ist seine Tätigkeit nicht mit der eines unterbevollmächtigten RA gleichzusetzen und nicht von Abs. 1 S. 2 erfasst.[188]

34 Eine **Sozietät** kann nicht Verteidiger sein, sondern nur der einzelne Anwalt.[189] Demnach ist für Abs. 1 S. 2 entscheidend, welche Mitglieder der Sozietät eine Verteidigerstellung erlangt haben. Dazu kommt es nicht auf die Nennung im Briefkopf oder der Vollmacht an,[190] sondern nur darauf, wer konkret als Verteidiger tätig wird, sich also explizit oder konkludent durch Tätigwerden gegenüber dem Gericht als Verteidiger meldet.[191] Auch die Bezeichnung eines Rechtsanwalts als „Sachbearbeiter" reicht aus, bzw. eine Meldung beim Gericht als für die Kanzlei handelnd.[192] Die Rspr. zur Sozietät gilt gleichermaßen für andere Anwaltsgemeinschaften wie eine GmbH.[193]

D. Wahlrecht des gesetzlichen Vertreters (Abs. 2)

35 Nach Abs. 2 – der wie Abs. 1 S. 1 im Wortlaut unverändert ist – hat auch der gesetzliche Vertreter des Beschuldigten die Möglichkeit, einen Verteidiger zu wählen. Verfahrenssubjekt bleibt jedoch der Beschuldigte; der Vertreter soll in seinem Interesse handeln und mögliche Autonomiedefizite und Unerfahrenheit ausgleichen.[194]

I. Gesetzlicher Vertreter

36 Wer **gesetzlicher Vertreter** ist, richtet sich nach dem BGB, also sorgeberechtigte Eltern (§ 1626 ff., 1629 Abs. 1 BGB), der Vormund (§§ 1773, 1793 Abs. 1 BGB), der Betreuer (§§ 1896, 1902 BGB) und uU der Pfleger (§ 1909 BGB)[195] oder eine Pflegeperson nach § 1630 Abs. 3 BGB.[196] Hat ein Beschuldigter mehrere gesetzliche Vertreter, bestimmt

---

184 Willnow in KK-StPO Rn. 6; Schmitt in Meyer-Goßner/Schmitt Rn. 5; Pfeiffer Rn. 2; Dünnebier NJW 1976, 1; aA Julius/Schiemann in Gercke/Julius/Temming/Zöller Rn. 3; Lüderssen/Jahn in Löwe/Rosenberg Rn. 81; diff. Fahl, Rechtsmißbrauch im Strafprozeß, S. 234; Kühne StrafProzR Rn. 184.

185 BayObLG 1.12.1978 – RReg 4 St 253/87, StV 1988, 97.

186 BGH 1.9.1977 – 2 StR 19/77, Holtz MDR 1978, 111 – RsprÜ; OLG Zweibrücken 24.9.2009 – 1 Ws 227/09, StraFo 2009, 516; Krekeler/Werner in AnwK-StPO Rn. 2; Willnow in KK-StPO Vor § 137 Rn. 14; Lüderssen/Jahn in Löwe/Rosenberg Rn. 81; Schmitt in Meyer-Goßner/Schmitt Rn. 5; Wohlers in SK-StPO Rn. 27; aA Schmidt-Leichner NJW 1975, 417 (420); offen Staudinger in KMR-StPO Rn. 6.

187 BGH 1.9.1977 – 2 StR 19/77, Holtz MDR 1978, 111 – RsprÜ; Schmuck PVR 2002, 352 (354); Kühne StrafProzR Rn. 184.1.

188 AA Willnow in KK-StPO § 139 Rn. 4; Lüderssen/Jahn in Löwe/Rosenberg § 139 Rn. 12.

189 BVerfG 28.10.1976 – 2 BvR 23/76, BVerfGE 43, 79 (91) = NJW 1977, 99 (mwN).

190 BGH 16.2.1977 – 3 StR 500/76, BGHSt 27, 124 (127) = NJW 1977, 910; OLG Hamm 14.5.1979 – 2 Ss OWi 1886/79, MDR 1980, 513.

191 BVerfG 28.10.1976 – 2 BvR 23/76, BVerfGE 43, 79 (94) = NJW 1977, 99 (100); OLG Hamm 14.5.1979 – 2 Ss OWi 1886/79, MDR 1980, 513; weiterführend: Schmuck PVR 2002, 352.

192 LG Bonn 2.11.2001 – 37 Qs 62/01, AnwBl 2004, 727; Willnow in KK-StPO Rn. 2.

193 LG Bonn 2.11.2001 – 37 Qs 62/01, AnwBl 2004, 727; LG Bonn 27.12.2000 – 37 Qs 59/00, AnwBl 2001, 300; Krekeler/Werner in AnwK-StPO Rn. 2.

194 Vgl. BVerfG 16.1.2003 – 2 BvR 716/01, BVerfGE 107, 104 = NJW 2003, 2004.

195 Schneider in MüKoBGB Vor § 1909 Rn. 5 f.; Bauer in Prütting/Wegen/Weinreich BGB § 1909 Rn. 3.

196 Huber in MüKoBGB § 1630 Rn. 16 ff.

sich deren Möglichkeit, alleine zu entscheiden, nach dem BGB.[197] Die Befugnis zur Verteidigerwahl aus § 67 Abs. 2 JGG besteht von dem Wahlrecht des Abs. 2 S. 1 unabhängig;[198] idR sind jedoch die identischen Personen nach beiden Normen berechtigt. **Andere Personen** können einen Verteidiger nur im Namen des Beschuldigten beauftragen, als Bote oder Vertreter qua Vollmacht (§§ 164 ff. BGB). Ansonsten liegt lediglich eine Bitte gegenüber dem potenziellen Verteidiger vor, sich um eine Bevollmächtigung zu bemühen, zB den Beschuldigten in der JVA aufzusuchen.

II. Freie Wahl des Beschuldigten und des Vertreters

37 Der **Vertreter** kann seine Wahl **selbstständig,** also unabhängig und auch gegen den Willen des Beschuldigten treffen; und zwar sowohl hinsichtlich der Beauftragung eines Verteidigers als auch der Person des Verteidigers (allgM). Dies kann jedoch für eine Vertrauensstellung des Verteidigers zum Beschuldigten problematisch sein (→ Rn. 35, 39).

38 Durch den Wortlaut „auch" ist klargestellt, dass der nicht oder eingeschränkt geschäftsfähige **Beschuldigte** unbeschadet der Wahl des Vertreters selbstständig und frei die Rechte aus Abs. 1 S. 1 wahrnehmen kann.[199] Nach verbreiteter Ansicht könne er jedoch ohne Mitwirkung des Vertreters keinen wirksamen **Verteidigervertrag** schließen.[200] Somit wäre die freie Verteidigerwahl faktisch unmöglich.[201] Wer Angekl. sein kann, ist im vollen Umfang verfahrensmündig. Dies beinhaltet das Recht, einen Verteidiger nicht nur zu wählen, sondern auch zu beauftragen.[202] Daher kann nach zu bevorzugender Ansicht der Beschuldigte lediglich eine Honorarvereinbarung nicht wirksam ohne Mitwirkung des Vertreters eingehen.[203] Die Unterzeichnung einer Vollmachtsurkunde ist jedoch keinesfalls von der Wirksamkeit einer Verpflichtung zur Honorarzahlung abhängig. Die Wahl und Bevollmächtigung eines Verteidigers setzen demnach keine Geschäftsfähigkeit des Beschuldigten voraus.[204]

III. Verhältnis des Verteidigers nach Abs. 2 zum Beschuldigten

39 Der nach Abs. 2 gewählte Verteidiger ist Beistand des Beschuldigten und nicht des Vertreters. Er ist den Interessen seines Mandanten – also des Beschuldigten – verpflichtet. In Bezug auf das Verteidigungsverhältnis ist der gesetzliche Vertreter ein Dritter, so zB in Bezug auf die Schweigepflicht des Verteidigers. Wurde der Verteidiger gegen den Willen des Beschuldigten gewählt und genießt er nicht das Vertrauen des Beschuldigten,[205] sollte im Fall der notwendigen Verteidigung dem Beschuldigten zusätzlich ein von ihm benannter Verteidiger beigeordnet werden.[206]

---

[197] Vgl. BGH 6.7.1993 – 1 StR 299/93, BGHR StGB § 77b Abs. 2 S. 1 Eltern 1 (bzgl. Strafantrag).
[198] Reinhart in Radtke/Hohmann Rn. 25; Wohlers in SK-StPO Rn. 16; Eisenberg/Kölbel JGG § 67 Rn. 12.
[199] OLG Koblenz 4.4.2006 – 2 Ws 48/06, StV 2007, 420; OLG Schleswig 9.9.1980 – 1 Ws 270/80, NJW 1981, 1681; allgLit.
[200] OLG Koblenz 4.4.2006 – 2 Ws 48/06, 2 Ws 218/06, StV 2007, 420; Krekeler/Werner in AnwK-StPO Rn. 3; Julius/Schiemann in Gercke/Julius/Temming/Zöller Rn. 17; Lüderssen/Jahn in Löwe/Rosenberg Rn. 76; Reinhart in Radtke/Hohmann Rn. 26.
[201] Lüderssen/Jahn in Löwe/Rosenberg Rn. 76; Reinhart in Radtke/Hohmann Rn. 26; Eisenberg/Kölbel JGG § 68 Rn. 18; Zieger StV 1982, 305 (Fn. 11); vgl. EGMR 13.5.1980 – 6694/74, Artico ./. Italien EGMR-E 1, 480 (485).
[202] Zieger StV 1982, 305 (Fn. 11); Zieger/Nöding, Verteidigung in Jugendstrafsachen, Rn. 116; Böttcher/Müller in MAH Strafverteidigung Rn. 110.
[203] Zieger StV 1982, 305 (Fn. 11); Zieger/Nöding, Verteidigung in Jugendstrafsachen, Rn. 172; Böttcher/Müller in MAH Strafverteidigung Rn. 111.
[204] OLG Koblenz 4.4.2006 – 2 Ws 48/06, StV 2007, 420; OLG Schleswig 9.9.1980 – 1 Ws 270/80, NJW 1981, 1681; Willnow in KK-StPO Rn. 4; Kaiser NJW 1982, 1367 (1368); Schlag in Brüssow/Gatzweiler/Krekeler/Mehle Strafverteidigung § 21 Rn. 46.
[205] Vgl. Eisenberg NJW 1984, 2913 (2916); Zieger/Nöding, Verteidigung in Jugendstrafsachen, Rn. 173; Böttcher/Müller in MAH Strafverteidigung Rn. 119.
[206] Krekeler/Werner in AnwK-StPO Rn. 3; Reinhart in Radtke/Hohmann Rn. 26; Eisenberg NJW 1984, 2913 (2916); Böttcher/Müller in MAH Strafverteidigung Rn. 119.

IV. Zahlenmäßige Beschränkung des Abs. 2 S. 2

Im Verhältnis von Abs. 2 zu Abs. 1 ist str., ob der Beschuldigte und der Vertreter jeweils bis zu drei Verteidiger wählen können[207] oder die Zahl insg. auf drei beschränkt ist.[208] Allerdings hat kaum ein Geschäftsunfähiger in der Praxis die Möglichkeit, drei Verteidiger zu beauftragen.[209] Gerade Jugendstrafverfahren sind vielmehr eher dadurch geprägt, dass keine Wahlverteidiger auftreten.[210] Dies führt jedoch nicht zu einer Irrelevanz der Streitfrage, da durch die Auffassung, nach welcher insg. lediglich drei Wahlverteidiger tätig werden können, stark in das Recht auf Verteidigung eingegriffen wird. Die geringe Anzahl von Streitfällen in der Praxis macht jedenfalls deutlich, dass der Schutz der Funktionsfähigkeit der Rechtspflege keiner Einschränkung der freien Verteidigerwahl über den eindeutigen Wortlaut[211] hinaus bedarf.[212] Die Vertreter der engeren Auslegung sehen zumeist die Notwendigkeit, dass der Beschuldigte die Möglichkeit haben muss, wenigstens einen Verteidiger selbst zu wählen.[213] Die als Konsequenz dieser Auffassung erforderlich werdenden Ausnahmen zur klaren Regelung des § 146a machen deutlich, wie mühsam die durch die enge Auslegung erst herbeigeführte Beschränkung der Wahlfreiheit des Beschuldigten wieder revidiert werden muss.[214] Nach vorzugswürdiger Auffassung können der Beschuldigte und der Vertreter mithin jeweils bis zu drei Verteidiger wählen. 40

§ 138 Wahlverteidiger

(1) Zu Verteidigern können Rechtsanwälte sowie die Rechtslehrer an deutschen Hochschulen im Sinne des Hochschulrahmengesetzes mit Befähigung zum Richteramt gewählt werden.

(2) [1]Andere Personen können nur mit Genehmigung des Gerichts gewählt werden. [2]Gehört die gewählte Person im Fall der notwendigen Verteidigung nicht zu den Personen, die zu Verteidigern bestellt werden dürfen, kann sie zudem nur in Gemeinschaft mit einer solchen als Wahlverteidiger zugelassen werden.

(3) Können sich Zeugen, Privatkläger, Nebenkläger, Nebenklagebefugte und Verletzte eines Rechtsanwalts als Beistand bedienen oder sich durch einen solchen vertreten lassen, können sie nach Maßgabe der Absätze 1 und 2 Satz 1 auch die übrigen dort genannten Personen wählen.

Übersicht

[207] Julius/Schiemann in Gercke/Julius/Temming/Zöller Rn. 11; Lüderssen/Jahn in Löwe/Rosenberg Rn. 79; Wohlers in SK-StPO Rn. 26; Herrmann ZStW 89 (1977), 754 (755).

[208] Krekeler/Werner in AnwK-StPO Rn. 3; Willnow in KK-StPO Rn. 5; Schmitt in Meyer-Goßner/Schmitt Rn. 10; Pfeiffer Rn. 2; Fahl S. 234.

[209] Lüderssen/Jahn in Löwe/Rosenberg Rn. 76; Albrecht/Stern StV 1988, 410.

[210] Stern in AK-StPO Vor § 137 Rn. 92; Albrecht/Stern StV 1988, 410; Barton Strafverteidigung § 2 Rn. 25; Schlag in Brüssow/Gatzweiler/Krekeler/Mehle Strafverteidigung § 21 Rn. 1 ff.

[211] Sommer Effektive Strafverteidigung Rn. 337; Staudinger in KMR-StPO Rn. 7; Lüderssen/Jahn in Löwe/Rosenberg Rn. 79; Dünnebier NJW 1976, 1.

[212] Wohlers in SK-StPO Rn. 26; vgl. auch BT-Drs. 7/2989, 3.

[213] Krekeler/Werner in AnwK-StPO Rn. 3; Willnow in KK-StPO Rn. 5; Schmitt in Meyer-Goßner/Schmitt Rn. 10; Pfeiffer Rn. 2.

[214] Reinhart in Radtke/Hohmann Rn. 27; Wohlers in SK-StPO Rn. 26.

I. Anwendungsbereich (Abs. 1)

1 Die Abs. 1 und 2 betreffen den **gewählten Verteidiger,** nicht den Pflichtverteidiger.[1] Abs. 3[2] erweitert den **Kreis möglicher Beistände** von Zeugen, Privatklägern, Nebenklägern, Nebenklagebefugten und Verletzten, indem er nicht nur – die bereits zuvor als Beistand in Betracht kommenden – Rechtsanwälte, sondern auch Rechtslehrer an deutschen Hochschulen iSd HRG und die von Abs. 2 S. 1 umfassten Personen für wählbar erklärt.[3]

II. Frei wählbare Verteidiger

2 Abs. 1 bestimmt, dass Rechtsanwälte und Rechtslehrer an deutschen Hochschulen als Verteidiger frei wählbar sind. Ihre Hinzuziehung bedarf – anderes gilt hinsichtlich der von Abs. 2 umfassten Personen (→ Rn. 14) – keiner Genehmigung des Gerichts.

3 **1. Rechtsanwälte.** Rechtsanwälte iSd Vorschrift sind solche, die in Deutschland zugelassen sind.[4] Im Ausland zugelassene Rechtsanwälte dürfen grds. nur unter den Voraussetzungen des Abs. 2 als Verteidiger auftreten.[5] **Rechtsanwälte aus EU-Mitgliedsstaaten,** anderen Vertragsstaaten des Abkommens über den europäischen Wirtschaftsraum und der Schweiz (europäische Rechtsanwälte) genießen Sonderrechte; diese sind nach den Vorschriften des EuRAG (Gesetz über die Tätigkeit europäischer Rechtsanwälte in Deutschland)[6] berechtigt, auch in Deutschland als Rechtsanwälte tätig zu sein.

4 **a) Deutsche Rechtsanwälte.** Grds. kann jeder deutsche Rechtsanwalt zum Verteidiger gewählt werden. Deutsche Rechtsanwälte dürfen **vor sämtlichen Gerichten der Bundesrepublik** – anders als in Zivilsachen auch vor dem BGH – als Verteidiger auftreten, unterliegen mithin weder örtlichen noch sachlichen Beschränkungen. Lediglich für die **beim BGH in Zivilsachen zugelassenen Rechtsanwälte** bestehen Restriktionen, sie dürfen grds. nur vor dem BGH, den anderen obersten Gerichtshöfen des Bundes, dem Gemeinsamen Senat der obersten Gerichtshöfe und dem BVerfG auftreten (§ 172 Abs. 1 BRAO). Da die Revisionseinlegung, die Revisionsbegründung sowie die Stellung von Revisionsanträgen bereits zur Verteidigung vor dem BGH gehören, können diese Tätigkeiten – obwohl entsprechende Schriftsätze nicht beim BGH einzureichen sind (§ 341 Abs. 1, § 345 Abs. 1) – auch von einem beim BGH zugelassen Rechtsanwalt vorgenommen werden.[7]

5 **Nicht mehr zugelassene Rechtsanwälte** können nur unter den Voraussetzungen des Abs. 2 zu Verteidigern gewählt werden.[8] tritt ein nicht mehr zugelassener Rechtsanwalt gleichwohl als ein nach Abs. 1 gewählter Verteidiger auf (sog. Scheinverteidiger), sind die von ihm vorgenommenen Prozesshandlungen unwirksam.[9] Zwar noch zugelassene, aber

[1] Willnow in KK-StPO Rn. 1; Reinhart in Radtke/Hohmann Rn. 1.
[2] Eingefügt durch das 2. Opferrechtsreformgesetz vom 29.7.2009 (BGBl. I 2280).
[3] Reinhart in Radtke/Hohmann Rn. 1.
[4] Willnow in KK-StPO Rn. 3; Reinhart in Radtke/Hohmann Rn. 2.
[5] BGH 26.11.1986 – 3 StR 316/86, BGHR StPO § 138 Abs. 2 Genehmigung 1; Willnow in KK-StPO Rn. 13.
[6] Gesetz zur Umsetzung von Richtlinien der Europäischen Gemeinschaft auf dem Gebiet des Berufsrechts des Rechtsanwalts vom 9.3.2000 (BGBl. I 182), zuletzt geändert durch Art. 4 G vom 22.12.2020 (BGBl. I 3320).
[7] Willnow in KK-StPO Rn. 3; Staudinger in KMR-StPO Rn. 1.
[8] Willnow in KK-StPO Rn. 4.
[9] BGH 5.2.2002 – 5 StR 617/01, BGHSt 47, 238 = NJW 2002, 1436 mAnm Beulke/Angerer NStZ 2002, 443 (nach Beratung durch sog Scheinverteidiger erklärter Rechtsmittelverzicht ist unwirksam; Angekl. kann Wiedereinsetzung in den vorherigen Stand erlangen).

mit einem **Vertretungs- bzw. Berufsverbot** (§ 132a, § 70 StGB, § 114 Abs. 1 S. 4, §§ 150, 161a BRAO) belegte Rechtsanwälte, sind gem. § 146a Abs. 1 analog zurückzuweisen; ihre vor der Zurückweisung vorgenommenen Handlungen bleiben in entspr. Anwendung des § 146a Abs. 2 jedoch wirksam.[10]

Ein **angeklagter Rechtsanwalt** darf nicht zum Verteidiger eines Mitangekl. gewählt 6
werden, was sich bereits aus den unterschiedlichen Verfahrensrollen des Verteidigers und des Angekl. ergibt.[11] Wird er dennoch gewählt, ist er durch Beschl. entspr. § 146a zurückzuweisen, eine Ausschließung gem. § 138a kommt nicht in Betracht.[12] Gleiches gilt grds. auch für das Ermittlungsverfahren: Ein Rechtsanwalt, der Beschuldigter ist, darf jedenfalls dann nicht als Verteidiger eines Mitbeschuldigten tätig werden, wenn die Beschuldigungen dieselbe Tat betreffen.[13] Ferner kann ein beschuldigter Rechtsanwalt **nicht sich selbst** als Verteidiger wählen. Der Status des Verteidigers – unabhängiges, mit eigenen Rechten und Pflichten versehenes Organ der Rechtspflege – und die Stellung des Beschuldigten sind miteinander offensichtlich unvereinbar.[14]

Dagegen steht die Vernehmung eines Verteidigers als **Zeuge** seiner Verteidigerstellung 7
grds. nicht entgegen, was aus § 53 Abs. 1 Nr. 2 folgt.[15] Da er aber während seiner Vernehmung an der Ausübung seiner Verteidigerbefugnisse gehindert ist, ist in Fällen der notwendigen Verteidigung ein anderer Verteidiger für die Dauer der Vernehmung zu bestellen.[16] Wenn der Verteidiger durch seine Zeugenaussage den eigenen Mandanten belastet, verstößt eine anschließende Fortsetzung des Mandats gegen Berufsrecht – prozessual zulässig ist eine Mandatsfortführung dennoch.[17]

Soweit ein **Syndikusrechtsanwalt** außerhalb seines Dienstverhältnisses, also nicht für 8
seinen Arbeitgeber, handelt, kann er nach Abs. 1 zum Verteidiger gewählt werden.[18] Zwar verbietet ihm § 46 BRAO für sein Unternehmen (sowie für dessen gesetzliche Vertreter)[19] als Verteidiger tätig zu werden, jedoch hat diese berufsrechtliche Einschränkung keine Auswirkung auf § 138, so dass ein Syndikusrechtsanwalt – aus Sicht des Strafprozessrechts – auch unter Verstoß gegen § 46 BRAO als Verteidiger gewählt werden kann.[20] Ein externer Rechtsanwalt kann von einem Unternehmen in einem Strafverfahren auch dann zum Verteidiger gewählt werden, wenn der Rechtsanwalt oder dessen Sozietät umfangreich in anderen Rechtsangelegenheiten für das Unternehmen tätig ist (ständiger anwaltlicher Berater).[21]

---

[10] Vgl. OLG Stuttgart 24.4.2015 – 4 Ws 117/15, NJOZ 2016, 32; OLG Celle 18.6.1997 – 1 Ws 196/97, NStZ 1989, 41 mAnm Feuerich NStZ 1989, 338; Willnow in KK-StPO Rn. 4; Schmitt in Meyer-Goßner/Schmitt Rn. 2; Reinhart in Radtke/Hohmann Rn. 2.

[11] BGH 26.1.1996 – 2 ARs 441/95, StV 1996, 469; OLG Celle 4.7.2001 – 3 ARs 25/01, NJW 2001, 3564.

[12] BGH 26.1.1996 – 2 ARs 441/95, StV 1996, 469; entgegen OLG Stuttgart 18.11.1986 – 4 Ws 339/86, Justiz 1987, 80; OLG Celle 4.7.2001 – 3 ARs 25/01, NJW 2001, 3564.

[13] OLG Celle 4.7.2001 – 3 ARs 25/01, NJW 2001, 3564 (3565); dagegen OLG Hamm 1.4.2008 – 2 Ws 343/07, NStZ-RR 2008, 252 f.: Ein Verteidiger, der Mitbeschuldigter im selben Ermittlungsverfahren ist, könne nicht entspr. §§ 146, 146a zurückgewiesen werden, in Betracht komme aber eine Ausschließung nach § 138a.

[14] BVerfG 26.2.1980 – 2 BvR 752/78, BVerfGE 53, 207 (214) = NJW 1980, 1677; BVerfG 26.2.1988 – 2 BvR 287/87, NStZ 1988, 282; BVerfG 19.3.1998 – 2 BvR 291/98, NStZ 1998, 363 (364); OLG Karlsruhe 28.2.1997 – 2 Ss 42/97, Justiz 1997, 378; OLG Hamm 29.1.2004 – 3 Ss 15/04, StraFo 2004, 170.

[15] BGH 19.5.1953 – 2 StR 116/53, NJW 1953, 1600: nur in Einzelfällen sei die Stellung des Verteidigers mit der des Zeugen unvereinbar; Stern in AK-StPO Rn. 3; Julius/Schiemann in Gercke/Julius/Temming/Zöller Rn. 6; eingehend Ignor/Bertheau in Löwe/Rosenberg Vor § 48 Rn. 44.

[16] BGH 19.5.1953 – 2 StR 116/53, NJW 1953, 1600 (1601); 26.6.1985 – 3 StR 145/85, NJW 1986, 78; Stern in AK-StPO Rn. 3; Julius/Schiemann in Gercke/Julius/Temming/Zöller Rn. 6; Ignor/Bertheau in Löwe/Rosenberg Vor § 48 Rn. 45; Wohlers in SK-StPO Rn. 13.

[17] Julius/Schiemann in Gercke/Julius/Temming/Zöller Rn. 6; Ignor/Bertheau in Löwe/Rosenberg Vor § 48 Rn. 45; Wohlers in SK-StPO Rn. 13.

[18] Kramer AnwBl 2001, 140; Schmitt in Meyer-Goßner/Schmitt Rn. 2b; Wohlers in SK-StPO Rn. 10.

[19] Kramer AnwBl 2001, 140 (142); Wohlers in SK-StPO Rn. 10.

[20] Kramer AnwBl 2001, 140 (141); Reinhart in Radtke/Hohmann Rn. 2; aA wohl Wohlers in SK-StPO Rn. 10.

[21] Schmitt in Meyer-Goßner/Schmitt Rn. 2b; aA Birkenstock wistra 1997, 47 (51 f.).

9 **b) Europäische Rechtsanwälte.** Das EuRAG unterscheidet zwischen **niedergelassenen** europäischen Rechtsanwälten (§§ 2 ff. EuRAG) und **dienstleistenden** europäischen Rechtsanwälten (§§ 25 ff. EuRAG). Erstere sind deutschen Rechtsanwälten gleichgestellt und können daher uneingeschränkt als Verteidiger gewählt werden. Grds. gilt dies auch für letztere. In Fällen der notwendigen Verteidigung gem. § 140 dürfen dienstleistende europäische Rechtsanwälte jedoch nur im **Einvernehmen** mit einem Rechtsanwalt, der zur Vertretung oder Verteidigung bei dem Gericht oder der Behörde befugt ist (Einvernehmensanwalt), als Verteidiger handeln.[22] Dasselbe gilt für Prozesshandlungen, die der Beschuldigte nicht selbst vornehmen kann.[23] Gem. § 29 Abs. 1 EuRAG ist das Einvernehmen bei der ersten Handlung gegenüber dem Gericht oder der Behörde schriftlich nachzuweisen. Liegt der Nachweis im Zeitpunkt der Handlungsvornahme nicht vor, ist sie gem. § 29 Abs. 3 EuRAG unwirksam. Das Einvernehmen kann gem. § 29 Abs. 2 EuRAG für die Zukunft widerrufen werden. Ferner bedürfen dienstleistende europäische Rechtsanwälte grds. der Mitwirkung eines Einvernehmensanwalts, wenn sie mit einem nicht auf freiem Fuß befindlichen Mandanten in Kontakt treten möchten, dh ihn besuchen oder mit ihm schriftlich verkehren wollen (§ 30 Abs. 1 BRAO); nach § 30 Abs. 2 EuRAG ist eine Befreiung von diesem Mitwirkungserfordernis möglich.

10 **2. Rechtslehrer an deutschen Hochschulen.** Ebenso wie Rechtsanwälte können auch Rechtslehrer an deutschen Hochschulen iSd HRG zu Verteidigern gewählt werden. Rechtslehrer an Hochschulen sind alle ordentlichen und außerordentlichen – auch emeritierte – **Professoren, Juniorprofessoren, Honorarprofessoren** sowie **Privatdozenten,** die an einer deutschen Universität oder einer gleichrangigen Hochschule rechtswissenschaftliche – nicht unbedingt straf- bzw. strafprozessrechtliche – Vorlesungen halten.[24] Die Mitgliedschaft in einer juristischen Fakultät ist nach dem Wortlaut nicht erforderlich.[25] Mit dem am 1.9.2004 durch das 1. JuMoG in Abs. 1 eingefügten Verweis auf das HRG steht nunmehr fest, dass auch **Fachhochschullehrer** mit Befähigung zum Richteramt als Verteidiger gewählt werden können.[26] Rechtslehrer an privaten Hochschulen, auch wenn diese staatlich anerkannt sind (§ 1 S. 2 HRG), fallen indes nicht unter Abs. 1.[27] Aus § 42 HRG ergibt sich, dass **Lehrbeauftragte** und **Wissenschaftliche Assistenten/Mitarbeiter** keine Hochschullehrer sind.[28] Wechselt der Hochschullehrer zu einer Hochschule eines ausländischen Staates, verliert er zwar die Berechtigung, neue Mandate anzunehmen, seine Verteidigerstellung in laufenden Verfahren bleibt jedoch unberührt.[29] Der auf einem Mangel in der Amtsführung beruhende Verlust der Lehrbefugnis führt zum Verlust der Verteidigerfähig-

---

22 Dazu im einzelnen Werner StraFo 2001, 221 (222).

23 Vgl. BayObLG 2.12.2019 – 201 ObOWi 1817/19, NStZ-RR 2020, 259 (260 f.); OLG Bamberg 15.12.2017 – 3 Ss OWi 1702/17, BeckRS 2017, 139995.

24 Stern in AK-StPO Rn. 13; Willnow in KK-StPO Rn. 5; Staudinger in KMR-StPO Rn. 4; Lüderssen/Jahn in Löwe/Rosenberg Rn. 9; Schmitt in Meyer-Goßner/Schmitt Rn. 4; Wohlers in SK-StPO Rn. 16; vgl. auch BVerwG 16.10.1970 – II C 50.68, NJW 1970, 2314.

25 Vgl. Willnow in KK-StPO Rn. 5; Peters JZ 1956, 289 (290); Wohlers in SK-StPO Rn. 16; Lüderssen/Jahn in Löwe/Rosenberg Rn. 9; aA ohne Begr. Wessing in BeckOK StPO Rn. 4; Julius/Schiemann in Gercke/Julius/Temming/Zöller Rn. 5; wohl auch Schmitt in Meyer-Goßner/Schmitt Rn. 4.

26 Vgl. zum früheren Meinungsstreit: bejahend: BGHSt 48, 350 (354) = NJW 2003, 3573; OLG Dresden 3.5.2000 – 1 Ws 94/00, StraFo 2000, 338; ablehnend: OLG Brandenburg 3.6.2003 – 1 Ss 20/03, NStZ-RR 2004, 85 (86); Stern in AK-StPO Rn. 14 mwN.

27 Lüderssen/Jahn in Löwe/Rosenberg Rn. 9; Reinhart in Radtke/Hohmann Rn. 4.

28 KG 4.11.1955 – 1 AR 1164/55 – 1 Ws 711/55, JZ 1956, 288 mablAnm Peters; BerlVerfGH 20.4.1994 – 75/93, NJW 1995, 1212; Stern in AK-StPO Rn. 13; Wessing in BeckOK StPO Rn. 4; Lüderssen/Jahn in Löwe/Rosenberg Rn. 9; Schmitt in Meyer-Goßner/Schmitt Rn. 4; Wohlers in SK-StPO Rn. 18; Staudinger in KMR-StPO Rn. 5; Kühne StrafProzR Rn. 167, der mit Verweis auf den Ausnahmecharakter der Vorschrift eine restriktive Auslegung befürwortet; aA für selbstständig lehrende Lehrbeauftragte: OLG Jena 5.5.1999 – 1 Ws 121/99, StraFo 1999, 349 mzustAnm Deumeland; Willnow in KK-StPO Rn. 5; Reinhart in Radtke/Hohmann Rn. 4.

29 OLG Koblenz 11.2.1981 – 1 Ws 59/81, NStZ 1981, 403; Schmitt in Meyer-Goßner/Schmitt Rn. 4; aA Bergmann MDR 1982, 97.

keit;[30] ebenso wie ein nicht mehr zugelassener Rechtsanwalt wird er zum sog. Scheinverteidiger (→ Rn. 5).[31]

In Bezug auf die **Vergütung** des zum Verteidiger gewählten Rechtslehrers finden die Regelungen des RVG sinngemäß – soweit dies möglich ist – Anwendung.[32] **Zustellungen** gem. § 37 Abs. 1 können in entspr. Anwendung des § 174 ZPO auch an einen Rechtslehrer durch Empfangsbekenntnis bewirkt werden.[33] 11

Ein die Verteidigung übernehmender Rechtslehrer unterliegt denselben **Sorgfaltspflichten** wie ein die Verteidigung führender Rechtsanwalt.[34] 11a

3. Erweiterter Personenkreis im Steuerstrafverfahren. Im Steuerstrafverfahren wird der Kreis möglicher Wahlverteidiger durch **§ 392 Abs. 1 AO** erweitert. Danach können auch Steuerberater, Steuerbevollmächtigte, Wirtschaftsprüfer und vereidigte Buchprüfer zu Verteidigern gewählt werden, soweit die Finanzbehörde das Verfahren gem. § 386 Abs. 2 AO selbständig durchführt. Im staatsanwaltlichen Ermittlungsverfahren und im gerichtlichen Verfahren können sie die Verteidigung jedoch **nur in Gemeinschaft** mit einem Verteidiger iSd Abs. 1 führen (§ 392 Abs. 1 Hs. 2 AO).[35] Sind sowohl Steuerstraftaten als auch andere – nicht unter § 386 Abs. 2 Nr. 2 AO fallende – Straftaten Gegenstand des Verfahrens, sind die in § 392 Abs. 1 AO genannten Personen nur hinsichtlich der Steuerstraftaten gem. § 392 Abs. 1 Hs. 2 AO berechtigt; im Hinblick auf die anderen Straftaten gilt Abs. 2, der nach § 392 Abs. 2 AO unberührt bleibt.[36] 12

III. Andere Personen (Abs. 2)

Abs. 2 eröffnet dem Beschuldigten die Möglichkeit, auch andere als die in Abs. 1 genannten Personen als Verteidiger zu wählen. Wie sich aus der Entstehungsgeschichte ergibt, dient Abs. 2 dem Interesse des Beschuldigten, sich von einer **Person seines Vertrauens** verteidigen zu lassen; die Vorschrift ist daher **nicht restriktiv auszulegen,**[37] sondern vielmehr als Erweiterung des Kreises potenzieller Verteidiger zu verstehen.[38] Allerdings sind nur **natürliche, geschäftsfähige**[39] Personen wählbar.[40] In Betracht kommen insbes. im Ausland zugelassene Rechtsanwälte, sofern sie nicht bereits nach den Vorschriften des EuRAG berechtigt sind (→ Rn. 9),[41] Assessoren,[42] Angehörige steuerberatender Berufe, soweit sie nicht schon gem. § 392 Abs. 1 AO zugelassen sind,[43] Rechtsbeistände, die gem. 13

30 OLG Koblenz 11.2.1981 – 1 Ws 59/81, NStZ 1981, 403; Schmitt in Meyer-Goßner/Schmitt Rn. 4; Reinhart in Radtke/Hohmann Rn. 4; Wohlers in SK-StPO Rn. 19.

31 Reinhart in Radtke/Hohmann Rn. 4; Wohlers in SK-StPO Rn. 19.

32 OLG Düsseldorf 27.9.1994 – 1 Ws 637/94, NStZ 1996, 99 mAnm Deumeland; Willnow in KK-StPO Rn. 5; Wohlers in SK-StPO Rn. 21; aA LG Gießen 10.12.1986 – 1 S 290/86, AnwBl 1987, 499 mablAnm Herrmann.

33 BGH 22.10.1996 – 5 StR 277/96, NStZ 1997, 145; Wohlers in SK-StPO Rn. 22.

34 Julius/Schiemann in Gercke/Julius/Temming/Zöller Rn. 1; Wohlers in SK-StPO Rn. 22; vgl. in Bezug auf Fristenüberwachung BGH 22.10.1996 – 5 StR 277/96, NStZ 1997, 145.

35 Dazu im einzelnen Bornheim wistra 1997, 217, 257; Willnow in KK-StPO Rn. 6.

36 Vgl. LG Hildesheim 18.2.2010 – 25 KLs 5101 Js 76196/06, DStR 2010, 1592.

37 So aber OLG Karlsruhe 8.5.1987 – 1 Ws 32/87, NJW 1988, 2549 (2550); wohl auch OLG Düsseldorf 9.11.1987 – 1 Ws 918/87, NStZ 1988, 91 (92).

38 OLG Bremen 14.12.1950 – Ws 91/50, NJW 1951, 123; KG 4.11.1955 – 1 AR 1164/55 – 1 Ws 711/55, JZ 1956, 288 (289) mzustAnm Peters jeweils mit Nachw. zur Entstehungsgeschichte; OLG Hamm 12.1.2006 – 2 Ws 9-11/06, NStZ 2007, 238 (239); Stern in AK-StPO Rn. 17; Julius/Schiemann in Gercke/Julius/Temming/Zöller Rn. 2; Lüderssen/Jahn in Löwe/Rosenberg Rn. 24; Wohlers in SK-StPO Rn. 25; Hilla NJW 1988, 2525.

39 Willnow in KK-StPO Rn. 8; Schmitt in Meyer-Goßner/Schmitt Rn. 8; Wohlers in SK-StPO Rn. 36.

40 BVerfG 28.10.1976 – 2 BvR 23/76, BVerfGE 43, 79 (91) = NJW 1977, 99; BayObLG 17.12.1952 – Beschw(W)Reg. 1 St. 73/52, NJW 1953, 354; OLG Neustadt 1.4.1953 – Ws 6/53, NJW 1953, 1606.

41 BGH 26.11.1986 – 3 StR 316/86, BGHR StPO § 138 Abs. 2 Genehmigung 1; vgl. aber OLG Stuttgart 9.1.2009 – 6-2 StE 8/07, NStZ-RR 2009, 113: Leistet ein im Ausland tätiger Rechtsanwalt in diesem Land lediglich Aufklärungshilfe, ist er nicht als Verteidiger gem. § 138 Abs. 2 zuzulassen.

42 BVerfG 30.10.2002 – 2 BvR 786/02, NJW 2003, 882; OLG Celle 10.5.2011 – 1 Ws 170/11, NStZ 2011, 598.

43 LG Hildesheim 18.2.2010 – 25 KLs 5101 Js 76196/06, DStR 2010, 1592.

§ 209 BRAO Mitglied der Rechtsanwaltskammer sind,[44] Lehrbeauftragte,[45] Familienangehörige[46] sowie Freunde und Bekannte.[47]

14 Im Gegensatz zu den in Abs. 1 genannten Personen können die nach Abs. 2 gewählten Personen nur dann als Verteidiger fungieren, wenn das Gericht ihre Wahl genehmigt; erst durch die **Genehmigung** kommt ein wirksames Verteidigungsverhältnis zustande.[48] Vor Erteilung der Genehmigung vorgenommene Prozesshandlungen sind schwebend unwirksam.[49]

15 **Art. 1 §§ 1, 8 RBerG,** der der Zulassung anderer Personen iSd Abs. 2 als Verteidiger bei geschäftsmäßiger Übernahme der Verteidigung entgegenstehen konnte, ist mit dem Inkrafttreten des Rechtsdienstleistungsgesetz (RDG) aufgehoben worden; das RDG hingegen lässt Regelungen in anderen Gesetzen über die Befugnis, Rechtsdienstleistungen zu erbringen – somit auch in § 138 Abs. 2 –, unberührt (§ 1 Abs. 3 RDG).[50]

16 **1. Genehmigungsverfahren.** Der Genehmigung muss ein **Antrag,** der auch konkludent – etwa durch Einlegung eines Rechtsmittels[51] – gestellt werden kann, vorausgehen. Über den Antrag entscheidet das Gericht nach Anhörung der StA (§ 33 Abs. 2) durch **Beschl.,** der gem. § 34 stets zu begründen ist.[52] Daher und aus Gründen der Rechtssicherheit ist es bedenklich, wenn das Gericht die Genehmigung stillschweigend erteilt; dennoch ist diese Möglichkeit sowohl von der Rspr. als auch in der Lit. grds. anerkannt.[53]

17 **Zuständig** für die Genehmigung ist das Gericht, bei dem das Verfahren anhängig ist.[54] Es entscheidet in der Besetzung, die im Zeitpunkt der Antragstellung vorgeschrieben ist; wird der Antrag etwa in der Hauptverhandlung gestellt, so haben die Schöffen bei der Entscheidung mitzuwirken.[55] Im **Ermittlungsverfahren** entscheidet nach allgA das Gericht (nicht lediglich der Vorsitzende), das für das Hauptverfahren zuständig wäre. Bei **Eilbedürftigkeit** kann ausnahmsweise auch die Zuständigkeit des Ermittlungsrichters gegeben sein, wobei die Genehmigung dann auf die Mitwirkung bei einer richterlichen Untersuchungshandlung nach § 162 zu beschränken ist.[56] Im **Rechtsmittelverfahren** geht die Zuständigkeit erst mit Vorlage der Akten gem. §§ 321 S. 2, 347 Abs. 2 auf das Rechtsmittelgericht über; bis dahin bleibt das Ausgangsgericht zuständig.[57] Das Rechtsmittelgericht ist an eine Versagung der Genehmigung durch das Ausgangsgericht nicht gebunden; dies gilt auch dann, wenn eine dagegen eingelegte Beschwerde erfolglos war.[58]

18 Die Genehmigung kann auch **nachträglich** erteilt werden – vorausgesetzt, dass das Gericht mit der Sache noch befasst ist und der Verfahrensabschnitt, in dem die Prozesshand-

---

44 BGH 28.3.1984 – 3 StR 95/84, BGHSt 32, 326 (329) = NJW 1984, 2480; vgl. auch OLG Koblenz 16.12.1981 – 1 Ausl 13/81, NJW 1982, 1955.

45 Vgl. KG 4.11.1955 – 1 AR 1164/55 – 1 Ws 711/55, JZ 1956, 288 (289) mzustAnm Peters.

46 OLG Hamm 9.12.1977 – 1 Ss OWi 1406/77, MDR 1978, 509.

47 Stern in AK-StPO Rn. 18; Wessing in BeckOK StPO Rn. 9; Schmitt in Meyer-Goßner/Schmitt Rn. 8.

48 OLG Karlsruhe 8.5.1987 – 1 Ws 32/87, NJW 1988, 2549 (2550).

49 Stern in AK-StPO Rn. 24; Willnow in KK-StPO Rn. 8; Kaiser NJW 1982, 1367 (1369).

50 Schmitt in Meyer-Goßner/Schmitt Rn. 9; Reinhart in Radtke/Hohmann Rn. 7. vgl. aber KG (5. Strafsenat), 24.11.2017 – 5 Ws 213/17, BeckRS 2017, 157185.

51 RG 7.1.1921 – IV 164/20, RGSt 55, 213.

52 Reinhart in Radtke/Hohmann Rn. 9; aA OLG Zweibrücken 31.3.1993 – 1 Ss 73/93, NVZ 1993, 493; Lüderssen/Jahn in Löwe/Rosenberg Rn. 27; Schmitt in Meyer-Goßner/Schmitt Rn. 12, die eine Begründungspflicht nur für den Fall einer ablehnenden Entscheidung annehmen.

53 BGH 23.10.1992 – 5 StR 364/92, BGHR StPO § 138 Abs. 2 Zulassung 1; RG 7.1.1921 – IV 164/20, RGSt 55, 213 (214); OLG Düsseldorf 24.8.2000 – 2a Ss (OWi) 242/00 – (OWi) 85/00 II, StraFo 2001, 270; Lüderssen/Jahn in Löwe/Rosenberg Rn. 30; Schmitt in Meyer-Goßner/Schmitt Rn. 16; Wohlers in SK-StPO Rn. 31; lediglich Reinhart in Radtke/Hohmann Rn. 9 empfiehlt mit Blick auf die aus § 34 folgende Begründungspflicht „stets ausdrücklich über den Antrag" zu entscheiden.

54 Lüderssen/Jahn in Löwe/Rosenberg Rn. 30; Schmitt in Meyer-Goßner/Schmitt Rn. 16.

55 Willnow in KK-StPO Rn. 10; Reinhart in Radtke/Hohmann Rn. 9; Wohlers in SK-StPO Rn. 29.

56 BGH 23.1.1992 – 5 StR 364/92, BGHR StPO § 138 Abs. 2 Zulassung 1.

57 RG 12.7.1928 – II 626/28, RGSt 62, 250 (251); Lüderssen/Jahn in Löwe/Rosenberg Rn. 30; Schmitt in Meyer-Goßner/Schmitt Rn. 16; Wohlers in SK-StPO Rn. 31.

58 BayObLG 13.3.1978 – 1 Ob OWi 749/77, VRS 55, 190 (192); Schmitt in Meyer-Goßner/Schmitt Rn. 16; Wohlers in SK-StPO Rn. 31.

lung wirken soll, andauert.[59] Die nachträgliche Genehmigung wirkt ex tunc, so dass zuvor vorgenommene Prozesshandlungen mit Erteilung der Genehmigung wirksam werden.[60]

19 **2. Genehmigungskriterien.** Das Gericht entscheidet **nach pflichtgemäßem Ermessen** unter Abwägung des Interesses des Beschuldigten, sich von einer Person seines Vertrauens verteidigen zu lassen, und den Belangen der Strafrechtspflege.[61] Mit Blick auf den Zweck der Vorschrift (→ Rn. 13) darf die Genehmigung nicht nur auf besondere Ausnahmefälle beschränkt werden; sie ist vielmehr zu erteilen, „wenn die gewählte Person das **Vertrauen des Beschuldigten/Angekl.** hat, sie **genügend sachkundig** und **vertrauenswürdig** erscheint und **sonst keine Bedenken** gegen ihr Auftreten als Verteidiger bestehen".[62] Das Verlangen einer besonderen Sachkunde, die weiter reicht als die üblichen Kenntnisse eines Volljuristen,[63] widerspricht dem Telos der Vorschrift und ist daher abzulehnen.[64] Dass ein Volljurist genügend Sachkunde besitzt, steht außer Frage; daher ist ihm – sofern er vertrauenswürdig erscheint und sonst keine Bedenken bestehen – die Genehmigung zu erteilen.[65] Allerdings ist das Ablegen juristischer Staatsexamina – auch nicht des ersten Staatsexamens – nicht zwingend erforderlich; auch Nichtjuristen soll dem Zweck des Abs. 2 entspr. die Übernahme der Verteidigung nicht von vornherein verwehrt sein.[66] Ein bloßes Selbststudium kann jedoch auch in einfach gelagerten Fällen mitunter nicht ausreichen, selbst wenn die Person über Verteidigungserfahrung verfügt.[67] Hinsichtlich der Vertrauenswürdigkeit der gewählten Person und der Frage, ob sonstige Bedenken gegen ihr Auftreten als Verteidiger bestehen, bieten die § 7[68] und § 43a[69] BRAO einen geeigneten Orientierungsmaßstab.[70] Bedenken bestehen insbes. dann, wenn die gewählte Person das Gebot der Sachlichkeit erheblich verletzt – etwa durch Schmähkritik an Justizbehörden.[71] Dasselbe gilt für einen ehemaligen Rechtsanwalt, dessen Zulassungswiderruf wegen Unzuverlässigkeit, Ungeeignetheit oder Unwürdigkeit im Bundeszentralregister eingetragen ist.[72] Verwandtschaftliche oder freundschaftliche Beziehungen der gewählten Person zum Beschuldigten/Angekl. und ein offensichtliches Interesse am Ausgang des Verfahrens stellen für sich allein keine Gründe für die Versagung der Genehmigung dar.[73] Handelt es sich bei der gewählten

---

[59] RG 7.1.1921 – IV 164/20, RGSt 55, 213 (214); BayObLG 13.3.1978 – 1 Ob OWi 749/77, VRS 55, 190 (191); vgl. OLG Bamberg 23.1.2019 – 1 Ws 1/19, BeckRS 2019, 12633; Schmitt in Meyer-Goßner/Schmitt Rn. 15; Wohlers in SK-StPO Rn. 35.

[60] BayObLG 13.3.1978 – 1 Ob OWi 749/77, VRS 55, 190 (191); OLG Hamm 31.5.1951 – 2 Ss 187/51, MDR 1951, 503; Lüderssen/Jahn in Löwe/Rosenberg Rn. 29; Schmitt in Meyer-Goßner/Schmitt Rn. 15.

[61] AllgM; OLG Koblenz 29.11.2007 – 1 Ws 605/07, NStZ-RR 2008, 179.

[62] OLG Hamm 12.1.2006 – 2 Ws 9-11/06, NStZ 2007, 238 (239); OLG Düsseldorf 15.7.1999 – 1 Ws 517/99, NStZ 1999, 586 (587); vgl. auch BVerfG 27.2.2006 – 2 BvR 413/06, NJW 2006, 1503; BayObLG 13.3.1978 – 1 Ob OWi 749/77, MDR 1978, 862; Schmitt in Meyer-Goßner/Schmitt Rn. 13.

[63] So aber – jedenfalls für die Verteidigung in einem Schwurgerichtsverfahren – OLG Karlsruhe 8.5.1987 – 1 Ws 32/87, NJW 1988, 2549 (2550); vgl. auch OLG Düsseldorf 9.11.1987 – 1 Ws 918/87, NStZ 1988, 91 (92).

[64] OLG Hamm 12.1.2006 – 2 Ws 9-11/06, NStZ 2007, 238 (239); vgl. Hilla NJW 1988, 2525.

[65] Vgl. Hilla NJW 1988, 2525 (2526).

[66] OLG Hamm 12.1.2006 – 2 Ws 9-11/06, NStZ 2007, 238 (239); Schmitt in Meyer-Goßner/Schmitt Rn. 13; Reinhart in Radtke/Hohmann Rn. 10; aA OLG Düsseldorf 15.7.1999 – 1 Ws 517/99, NStZ 1999, 586 (587).

[67] Vgl. AG Erkelenz 9.12.2016 – 720 Js 214/16-160/16, BeckRS 2016, 123984.

[68] Hilla NJW 1988, 2525.

[69] BVerfG 27.2.2006 – 2 BvR 413/06, NJW 2006, 1503.

[70] Eingehend OLG Hamm 12.1.2006 – 2 Ws 9-11/06, NStZ 2007, 238 (239 f.); vgl. auch OLG Koblenz 29.11.2007 – 1 Ws 605/07, NStZ-RR 2008, 179.

[71] OLG Koblenz 29.11.2007 – 1 Ws 605/07, NStZ-RR 2008, 179 f.; vgl. auch OLG Hamm 12.1.2006 – 2 Ws 9-11/06, NStZ 2007, 238 (240); AG Erkelenz 9.12.2016 – 720 Js 214/16-160/16, BeckRS 2016, 123984.

[72] OLG Stuttgart 24.4.2015 – 4 Ws 117/15, NJOZ 2016, 32, 33.

[73] OLG Hamm 9.12.1977 – 1 Ss OWi 1406/77, MDR 1978, 509; OLG Zweibrücken 31.3.1993 – 1 Ss 73/93, NVZ 1993, 493.

Person allerdings um einen wichtigen Zeugen, kann das Gericht die Genehmigung versagen.[74]

20 **3. Geltungsdauer der Genehmigung.** Die Genehmigung wirkt grds. bis zum **rechtskräftigen Abschluss des Verfahrens;** sie kann aber auf einzelne Verfahrensabschnitte oder -handlungen beschränkt werden.[75] Die **Rücknahme der Genehmigung** ist zulässig, wenn sich herausstellt, dass die Voraussetzungen im Zeitpunkt ihrer Erteilung nicht vorlagen oder nachträglich entfallen sind.[76] Da die Rücknahme lediglich ex nunc wirkt, bleiben bereits vorgenommene Verfahrenshandlungen wirksam.[77] Zuständig für die Rücknahme, die durch zu begründenden (§ 34) Beschl. erfolgt,[78] ist das Gericht, das im Rücknahmezeitpunkt für die Erteilung der Genehmigung zuständig wäre.[79] Die Rücknahme ist unzulässig, wenn Ausschließungsgründe gem. §§ 138a, 138b vorliegen; in diesen Fällen ist das Ausschließungsverfahren nach §§ 138c, 138d zu betreiben.[80]

21 **4. Restriktionen in Fällen der notwendigen Verteidigung – Abs. 2 S. 2.** In Fällen der **notwendigen Verteidigung** untersagt Abs. 2 S. 2 Personen, die nicht zu den nach Abs. 1 frei wählbaren Verteidigern gehören, die Verteidigung allein zu führen; das Gericht kann sie **nur in Gemeinschaft** mit einem frei wählbaren oder bestellbaren Verteidiger (Hauptverteidiger) zulassen.[81] Daher hat das Gericht die Genehmigung zu verweigern bzw. zurückzunehmen, wenn der Beschuldigte keinen Hauptverteidiger hat bzw. dessen Mandat endet.[82] „Durch diese Regelung soll gewährleistet werden, daß der Beschuldigte in den schwerwiegenden Fällen der notwendigen Verteidigung den rechtskundigen Beistand erhält, der den prozeßordnungsgemäßen Ablauf des Verfahrens sicherstellt."[83]

22 Neben dieser Zulassungsbeschränkung folgen aus Abs. 2 S. 2 auch **inhaltliche Restriktionen.** Dem Verteidiger nach Abs. 2 stehen grds. sämtliche Verteidigerrechte zu, jedoch müssen aufgrund des Gemeinschaftlichkeitserfordernisses **Prozesshandlungen** von dem Hauptverteidiger **mitverantwortet** werden; bei fehlender Übereinstimmung ist die Erklärung des Hauptverteidigers maßgeblich.[84] Solange eine Prozesshandlung noch zurückgenommen werden kann, ist der Hauptverteidiger befugt, Erklärungen bzw. Anträge des nach Abs. 2 zugelassen Verteidigers zu widerrufen bzw. zurückzunehmen.[85] Ferner ist mit Blick auf den Zweck der Regelung erforderlich, dass der Hauptverteidiger bei wesentlichen Teilen der **Hauptverhandlung** – nicht aber bei der Urteilsverkündung[86] – anwesend ist.[87] Auch

---

[74] OLG Karlsruhe 16.1.2017 – 2 Ws 371/16, BeckRS 2017, 100740.

[75] BGH 23.10.1992 – 5 StR 364/92, BGHR StPO § 138 Abs. 2 Zulassung 1; OLG Düsseldorf 24.8.2000 – 2a Ss (OWi) 242/00 – (OWi) 85/00 II, StraFo 2001, 270; Wessing in BeckOK StPO Rn. 14; Schmitt in Meyer-Goßner/Schmitt Rn. 14; Reinhart in Radtke/Hohmann Rn. 11.

[76] BayObLG 29.1.1953 – BeschwReg. 1 St. 247/52, NJW 1953, 755; Staudinger in KMR-StPO Rn. 11; Schmitt in Meyer-Goßner/Schmitt Rn. 17; Reinhart in Radtke/Hohmann Rn. 11; Wohlers in SK-StPO Rn. 43.

[77] Lüderssen/Jahn in Löwe/Rosenberg Rn. 29; Reinhart in Radtke/Hohmann Rn. 11.

[78] Lüderssen/Jahn in Löwe/Rosenberg Rn. 29; Reinhart in Radtke/Hohmann Rn. 11.

[79] Staudinger in KMR-StPO Rn. 11; Willnow in KK-StPO Rn. 11; Schmitt in Meyer-Goßner/Schmitt Rn. 17; Wohlers in SK-StPO Rn. 44.

[80] Stern in AK-StPO Rn. 27; Willnow in KK-StPO Rn. 11; Schmitt in Meyer-Goßner/Schmitt Rn. 17; aA Ulsenheimer GA 1975, 103 (109).

[81] BayObLG 11.1.1991 – RReg 1 St 337/90, NJW 1991, 2434; Stern in AK-StPO Rn. 30; Lüderssen/Jahn in Löwe/Rosenberg Rn. 37; Schmitt in Meyer-Goßner/Schmitt Rn. 18; Wohlers in SK-StPO Rn. 45.

[82] Stern in AK-StPO Rn. 30.

[83] KG 19.2.1988 – 4 Ws 37/88, JR 1988, 391; vgl. BayObLG 11.1.1991 – RReg 1 St 337/90, NJW 1991, 2434; KG 16.1.1974 – 2 Ws 248/73, NJW 1974, 916.

[84] Stern in AK-StPO Rn. 31 f.; Willnow in KK-StPO Rn. 12; Staudinger in KMR-StPO Rn. 13; Schmitt in Meyer-Goßner/Schmitt Rn. 19; Wohlers in SK-StPO Rn. 47; Hammerstein JR 1988, 391 (392).

[85] Schmitt in Meyer-Goßner/Schmitt Rn. 19; Willnow in KK-StPO Rn. 12.

[86] OLG Bremen 16.3.1983 – Ss 140/82, VRS 65, 36 (37).

[87] BayObLG 11.1.1991 – RReg 1 St 337/90, NJW 1991, 2434.

Rechtsmittelerklärungen müssen gemeinschaftlich erfolgen, so ist etwa die Revisionsbegr. nur wirksam, wenn der Hauptverteidiger sie mitunterschreibt.[88]

Keine Restriktionen bestehen hinsichtlich des Akteneinsichtsrechts, des Rechts auf eigenständigen mündlichen und schriftlichen Verkehr mit dem Beschuldigten sowie des Rechts auf Zeugen- und Sachverständigenbefragung; diese stehen dem nach Abs. 2 zugelassenen Verteidiger auch ohne Absprache mit dem Hauptverteidiger zu.[89] 23

IV. Wählbare Beistände (Abs. 3)

Zur sachgerechten Erweiterung der Rechte von Zeugen und Opfern hat der Gesetzgeber in Abs. 3 die Befugnisse der Opfer von Straftaten bei der Wahl eines Beistands an die des Beschuldigten bei der Wahl eines Verteidigers angeglichen.[90] Das Recht, sich eines Rechtsanwalts als Beistand zu bedienen, folgt für **Zeugen** aus § 68b, für **Privatkläger** aus § 378, für **Nebenkläger** aus § 397a, für **Nebenklageberechtigte** aus § 406h und für **Verletzte** aus § 406f. Durch Einfügung des Abs. 3 ist es den dort genannten Personen darüber hinaus möglich, Rechtslehrer an deutschen Hochschulen (Abs. 3 iVm Abs. 1, → Rn. 10), mit Genehmigung des Gerichts auch andere Personen als Beistand zu wählen (Abs. 3 iVm Abs. 2 S. 1, → Rn. 13). 24

V. Rechtsmittel

1. Beschwerde. Sowohl gegen den **Beschl.**, der einen Verteidiger **gem. § 146a analog** zurückweist, als auch **gegen** die Erteilung, Versagung oder Rücknahme der **Genehmigung** nach Abs. 2 ist die Beschwerde nach §§ 304 ff. zulässig; § 305 S. 1 steht dem nicht entgegen.[91] **Beschwerdeberechtigt** ist neben dem Beschuldigten auch der zurückgewiesene (→ § 146a Rn. 15) bzw. nicht nach Abs. 2 zugelassene[92] Verteidiger, jedenfalls dann, wenn durch die Zurückweisung ein Eingriff in dessen Rechte aus Art. 12 Abs. 1 GG in Betracht kommt.[93] Im Falle der Erteilung der Genehmigung ist auch die StA beschwerdeberechtigt.[94] Nicht beschwerdeberechtigt ist jedoch der Hauptverteidiger, wenn die Genehmigung nach Abs. 2 S. 2 versagt oder zurückgenommen wird.[95] Entscheidungen hinsichtlich der Genehmigung überprüft das Beschwerdegericht nur auf Ermessensfehler.[96] Die Beschwerde ist bis zum Abschluss des Erkenntnisverfahrens möglich.[97] 25

2. Revision. Entgegen verbreiteter Ansicht[98] führt nicht nur die willkürliche, sondern jede **ungerechtfertigte Zurückweisung** zu einer den Angekl. belastenden Beschränkung der 26

[88] BGH 28.3.1984 – 3 StR 95/84, BGHSt 32, 326 (328) = NJW 1984, 2480 f.; KG 16.1.1974 – 2 Ws 248/73, NJW 1974, 916; Staudinger in KMR-StPO Rn. 20; Schmitt in Meyer-Goßner/Schmitt Rn. 20.

[89] KG 19.2.1988 – 4 Ws 37/88, JR 1988, 391 mAnm Hammerstein; Willnow in KK-StPO Rn. 12; Schmitt in Meyer-Goßner/Schmitt Rn. 19; Reinhart in Radtke/Hohmann Rn. 11.

[90] BT-Drs. 16/12098, 1, 20.

[91] Vgl. bzgl. Zurückweisungsbeschl. gem. § 146a: LG Frankfurt a. M. 4.4.2008 – 5/26 Qs 9/08, NStZ-RR 2008, 205; OLG Karlsruhe 26.8.1988 – 3 Ws 205/88, Justiz 1988, 435; § 146a Rn. 15; bzgl. der Genehmigung: OLG Hamm 12.1.2006 – 2 Ws 9-11/06, NStZ 2007, 238 (239); OLG Düsseldorf 9.11.1987 – 1 Ws 918/87, NStZ 1988, 91; Schmitt in Meyer-Goßner/Schmitt Rn. 23.

[92] OLG Hamm 12.1.2006 – 2 Ws 9-11/06, NStZ 2007, 238 (239); BayObLG 29.1.1953 – BeschwReg. 1 St. 247/52, NJW 1953, 755; Willnow in KK-StPO Rn. 17; Lüderssen/Jahn in Löwe/Rosenberg Rn. 32; Schmitt in Meyer-Goßner/Schmitt Rn. 23.

[93] KG (5. Strafsenat), 24.11.2017 – 5 Ws 213/17, BeckRS 2017, 157185.

[94] Willnow in KK-StPO Rn. 17; Staudinger in KMR-StPO Rn. 16; Schmitt in Meyer-Goßner/Schmitt Rn. 23; Lüderssen/Jahn in Löwe/Rosenberg Rn. 32; aA Stern in AK-StPO Rn. 37.

[95] OLG Hamm 12.1.2006 – 2 Ws 9-11/06, NStZ 2007, 238 f.; Julius/Schiemann in Gercke/Julius/Temming/Zöller Rn. 11.

[96] OLG Koblenz 29.11.2007 – 1 Ws 605/07, NStZ-RR 2008, 179; Staudinger in KMR-StPO Rn. 16; Schmitt in Meyer-Goßner/Schmitt Rn. 23 mwN.

[97] OLG Bamberg 23.1.2019 – 1 Ws 1/19, BeckRS 2019, 12633.

[98] Obiter dictum zu § 146: BGH 23.3.1977 – 1 BJs 55/75, StB 52/77, BGHSt 27, 154 (159) = NJW 1977, 1208 (1209); Wessing in BeckOK StPO Rn. 22; Willnow in KK-StPO § 138 Rn. 18; 137 Rn. 9; Lüderssen/Jahn in Löwe/Rosenberg § 137 Rn. 78a; eingeschr. Pfeiffer Rn. 4.

Verteidigung iSd **§ 338 Nr. 8** – dies gilt selbst dann, wenn er anderweitig ordnungsgemäß verteidigt ist (→ § 146a Rn. 18).[99] Dasselbe muss folgerichtig bei **fehlerhafter Versagung** oder **Rücknahme** der Genehmigung nach Abs. 2 gelten. Darüber hinaus liegt eine Verletzung des **§ 338 Nr. 5** vor, wenn in Fällen der notwendigen Verteidigung bei wesentlichen Teilen der Hauptverhandlung lediglich der nach Abs. 2 gewählte Verteidiger anwesend ist.[100]

§ 138a Ausschließung des Verteidigers

(1) Ein Verteidiger ist von der Mitwirkung in einem Verfahren auszuschließen, wenn er dringend oder in einem die Eröffnung des Hauptverfahrens rechtfertigenden Grade verdächtig ist, daß er
1. an der Tat, die den Gegenstand der Untersuchung bildet, beteiligt ist,
2. den Verkehr mit dem nicht auf freiem Fuß befindlichen Beschuldigten dazu mißbraucht, Straftaten zu begehen oder die Sicherheit einer Vollzugsanstalt erheblich zu gefährden, oder
3. eine Handlung begangen hat, die für den Fall der Verurteilung des Beschuldigten Datenhehlerei, Begünstigung, Strafvereitelung oder Hehlerei wäre.

(2) Von der Mitwirkung in einem Verfahren, das eine Straftat nach § 129a, auch in Verbindung mit § 129b Abs. 1, des Strafgesetzbuches zum Gegenstand hat, ist ein Verteidiger auch auszuschließen, wenn bestimmte Tatsachen den Verdacht begründen, daß er eine der in Absatz 1 Nr. 1 und 2 bezeichneten Handlungen begangen hat oder begeht.

(3) [1]Die Ausschließung ist aufzuheben,
1. sobald ihre Voraussetzungen nicht mehr vorliegen, jedoch nicht allein deshalb, weil der Beschuldigte auf freien Fuß gesetzt worden ist,
2. wenn der Verteidiger in einem wegen des Sachverhalts, der zur Ausschließung geführt hat, eröffneten Hauptverfahren freigesprochen oder wenn in einem Urteil des Ehren- oder Berufsgerichts eine schuldhafte Verletzung der Berufspflichten im Hinblick auf diesen Sachverhalt nicht festgestellt wird,
3. wenn nicht spätestens ein Jahr nach der Ausschließung wegen des Sachverhalts, der zur Ausschließung geführt hat, das Hauptverfahren im Strafverfahren oder im ehren- oder berufsgerichtlichen Verfahren eröffnet oder ein Strafbefehl erlassen worden ist.

[2]Eine Ausschließung, die nach Nummer 3 aufzuheben ist, kann befristet, längstens jedoch insgesamt für die Dauer eines weiteren Jahres, aufrechterhalten werden, wenn die besondere Schwierigkeit oder der besondere Umfang der Sache oder ein anderer wichtiger Grund die Entscheidung über die Eröffnung des Hauptverfahrens noch nicht zuläßt.

(4) [1]Solange ein Verteidiger ausgeschlossen ist, kann er den Beschuldigten auch in anderen gesetzlich geordneten Verfahren nicht verteidigen. [2]In sonstigen Angelegenheiten darf er den Beschuldigten, der sich nicht auf freiem Fuß befindet, nicht aufsuchen.

(5) [1]Andere Beschuldigte kann ein Verteidiger, solange er ausgeschlossen ist, in demselben Verfahren nicht verteidigen, in anderen Verfahren dann nicht, wenn diese eine Straftat nach § 129a, auch in Verbindung mit § 129b Abs. 1, des Strafgesetzbuches zum Gegenstand haben und die Ausschließung in einem Verfahren erfolgt ist, das ebenfalls eine solche Straftat zum Gegenstand hat. [2]Absatz 4 gilt entsprechend.

---

[99] Wohlers in SK-StPO § 138 Rn. 54.
[100] BayObLG 11.1.1991 – RReg 1 St 337/90, NJW 1991, 2434; Wessing in BeckOK StPO Rn. 22; Wohlers in SK-StPO § 138 Rn. 55.

Übersicht

I. Allgemeines

Die §§ 138a ff. regeln die Ausschließung eines Verteidigers.[1] Die Einführung dieser Vorschriften war notwendig, da das BVerfG durch Beschl. vom 14.2.1973 den Ausschluss eines Verteidigers ohne gesetzliche Grundlage wegen ungerechtfertigten Eingriffs in die Berufsfreiheit (Art. 12 Abs. 1 GG) für verfassungswidrig erklärt hat.[2] Seitdem sind in den § 138a Abs. 1 und 2, § 138b die Ausschließungsgründe abschließend[3] und in verfassungsgemäßer Weise[4] normiert. Abs. 1 Nr. 1 soll die Mitwirkung eines Verteidigers verhindern, der wegen seiner mutmaßlichen Tatbeteiligung nicht in der Lage ist, seine Verteidigeraufgabe so wahrzunehmen, wie dies seine Stellung als Beistand des Beschuldigten und als unabhängiges Organ der Rechtspflege erfordert.[5] Nr. 2 soll verhindern, dass der Verteidiger sein Recht auf unüberwachten Verkehr mit dem inhaftierten Beschuldigten für verteidigungsfremde Zwecke missbraucht.[6] Das Ausschließungsverfahren ist in §§ 138c, 138d geregelt. Ferner ergibt sich aus § 138a Abs. 4 und 5, welche Wirkungen der Ausschluss eines Verteidigers entfaltet und § 138a Abs. 3 bestimmt, unter welchen Voraussetzungen ein solcher aufzuheben ist. 1

II. Anwendungsbereich

Die Vorschrift betrifft **alle Verteidiger;** nicht nur Wahlverteidiger iSd § 138 Abs. 1 und 2 (einschließlich Unterbevollmächtigter)[7] und die nach § 392 AO in Steuerstrafsachen zu Verteidigern gewählten Personen können ausgeschlossen werden,[8] sondern nach hA auch die gem. § 141 bestellten Verteidiger.[9] Die GgA,[10] die statt der Ausschließung nach § 138a ff. 2

1 Eingeführt durch das Gesetz zur Ergänzung des Ersten Gesetzes zur Reform des Strafverfahrensrechts vom 20.12.1974 (BGBl. I 3686).

2 BVerfG 14.2.1973 – 2 BvR 667/72, BVerfGE 34, 293 = NJW 1973, 696.

3 AllgM: vgl. BT-Drs. 7/2526, 11; Schmitt in Meyer-Goßner/Schmitt Rn. 1.

4 BVerfG 4.7.1975 – 2 BvR 482/75, NJW 1975, 2341.

5 BGH 18.4.2018 – 2 ARs 542/17, BeckRS 2018, 19983.

6 Lüderssen in Löwe/Rosenberg Rn. 90.

7 Rieß NStZ 1981, 328 (331).

8 OLG Karlsruhe 14.3.1975 – 2 ARs 5/75, NJW 1975, 943 (944).

9 BGH 20.3.1996 – 2 ARs 20/96, BGHSt 42, 94 = NStZ 1997, 46 mAnm Weigend; OLG Bamberg 23.2.2016 – 1 Ws 615/15, BeckRS 2016, 7446; OLG Frankfurt a. M. 13.3.1992 – 3 Ws 136/92, StV 1992, 360 (361); OLG Düsseldorf 10.2.1988 – 3 Ws 72/88, NStZ 1988, 519; OLG Braunschweig 30.8.1983 – Ws 255/83, StV 1984, 500 (501); Willnow in KK-StPO Rn. 2; Staudinger in KMR-StPO Rn. 3; Lüderssen/Jahn in Löwe/Rosenberg Rn. 3; Wohlers in SK-StPO Rn. 4.

10 Nach früherer Rechtslage durch eine Analogie des § 143 aF: BVerfG 8.4.1975 – 2 BvR 207/75, BVerfGE 39, 238 = NJW 1975, 1015; OLG Köln 24.7.1981 – 2 Ws 378/81, NStZ 1982, 129; OLG Koblenz 6.6.1978 – 1 Ausschl. 1/78, NJW 1978, 2521; Beulke StrafProzR Rn. 270.

die Rücknahme der Pflichtverteidigerbestellung befürwortet, wird insbes. dadurch entkräftet, dass durch das StVÄG 1987 die verfahrensrechtliche Stellung des Pflichtverteidigers derjenigen des Wahlverteidigers weitgehend angeglichen wurde;[11] für eine Ungleichbehandlung besteht insoweit kein sachlicher Grund.[12]

3 In **zeitlicher Hinsicht** gelten die §§ 138a ff. **in jeder Lage des Verfahrens** (→ § 137 Rn. 12.), mithin vom Beginn des Ermittlungsverfahrens bis zum Abschluss des Strafvollzugs und auch im Wiederaufnahme- und Gnadenverfahren.[13] In **sachlicher Hinsicht** finden die Vorschriften auch im **anwaltsgerichtlichen Verfahren** (§ 116 Abs. 1 BRAO)[14] sowie nach hA auch im **Bußgeldverfahren** (§ 46 Abs. 1 OWiG)[15] Anwendung, wenngleich angesichts des schwerwiegenden Eingriffs in die Berufsfreiheit und des Rechts auf freie Verteidigerwahl der Ausschließung eines Verteidigers im Bußgeldverfahren regelmäßig der Verhältnismäßigkeitsgrundsatz entgegenstehen dürfte.[16] Die §§ 138a ff. sind **nicht anwendbar,** wenn ein mitangeklagter oder ein in demselben Ermittlungsverfahren mitbeschuldigter Rechtsanwalt zum Verteidiger gewählt wird; er ist gem. § 146a analog zurückzuweisen.[17]

III. Ausschließungsgründe nach Abs. 1 und 2

4 Die in Abs. 1 und 2 (sowie in § 138b) normierten Ausschließungsgründe sind nicht nur **abschließend,**[18] sondern auch **zwingend.**[19]

5 **1. Verdachtsgrad nach Abs. 1.** Die Ausschließung eines Verteidigers nach Abs. 1 setzt voraus, dass er dringend (vgl. § 112) oder in einem die Eröffnung des Hauptverfahrens rechtfertigenden Grade (vgl. § 203) verdächtig ist, einen der in Nr. 1 bis 3 normierten Ausschlusstatbestände verwirklicht zu haben. Im Gegensatz zum **dringenden Verdacht,** der **stets** für eine Ausschließung **ausreicht,** erfordert nach vorzugswürdiger Auffassung der auf einen **hinreichenden Verdacht** gestützte Ausschluss eines Verteidigers, dass ein **bereits durchgeführtes Ermittlungsverfahren bis zur Anklagereife gediehen ist,**[20] während die jüngere Rechtsprechung mitunter nicht einmal die Einleitung eines Ermittlungsverfahrens verlangt.[21]

6 **2. Tatbeteiligung (Abs. 1 Nr. 1).** Ein Verteidiger ist nach Abs. 1 Nr. 1 auszuschließen, wenn er verdächtig ist, an der verfahrensgegenständlichen Tat iSd § 264 beteiligt zu sein.[22] Zu prüfen ist, ob das seinem Mandanten zur Last gelegte Tatgeschehen als Straftat

---

11 Willnow in KK-StPO Rn. 2; Parigger FG Koch, 1989, 199 (204).

12 BGH 20.3.1996 – 2 ARs 20/96, BGHSt 42, 94 = NStZ 1997, 46; eingehend zum Streit Lüderssen/Jahn in Löwe/Rosenberg Rn. 3 ff.

13 Willnow in KK-StPO Rn. 4; Lüderssen/Jahn in Löwe/Rosenberg Rn. 11; Reinhart in Radtke/Hohmann Rn. 1.

14 BGH 27.5.1991 – AnwSt (B) 2/91, BGHSt 37, 395 (396 f.) = NJW 1991, 2780; Wohlers in SK-StPO Rn. 5.

15 BGH 6.5.1992 – 2 ARs 3/92, wistra 1992, 228; Stern in AK-StPO Rn. 4; Willnow in KK-StPO Rn. 4; Staudinger in KMR-StPO Rn. 2; Schmitt in Meyer-Goßner/Schmitt Rn. 2; Reinhart in Radtke/Hohmann Rn. 1.

16 OLG München 18.8.1976 – 1 Ws 1085/76, bei Rieß NStZ 1981, 328 (331); Wohlers in SK-StPO Rn. 15; Lüderssen/Jahn in Löwe/Rosenberg Rn. 96; eingehend Parigger FG Koch, 1989, 199 (210 f.).

17 Vgl. Ausführungen zu → § 138 Rn. 6 mwN zur uneinheitlichen Rspr.

18 BT-Drs. 7/2526, 11.

19 BGH 27.5.1991 – AnwSt (B) 2/91, BGHSt 37, 395 (396 f.) = NJW 1991, 2780.

20 KG 22.10.2015 – 2 ARs 22/15 – 141 AR 487/15, NStZ-RR 2016, 18; BGH 20.11.1986 – 2 ARs 287/86, BGHR StPO § 138a Abs. 1 Nr. 3 Begünstigung 1; BGH 8.8.1979 – 2 ARs 231/79, AnwBl 1981, 115 (116); Julius/Schiemann in Gercke/Julius/Temming/Zöller Rn. 5; Willnow in KK-StPO Rn. 6; Wohlers in SK-StPO Rn. 9; Mehle NStZ 1990, 92; Scholderer StV 1993, 228 (231 f.); vgl. auch BT-Drs. 7/2526, 21; aA BGH 20.3.1996 – 2 ARs 20/96, BGHSt 42, 94 (insoweit nicht abgedruckt) = NStZ 1997, 46 (47); BGH 3.3.1989 – 2 ARs 54/89, BGHSt 36, 133 = NJW 1989, 1813; Wessing in BeckOK StPO Rn. 1; Schmitt in Meyer-Goßner/Schmitt Rn. 14.

21 BGH 18.4.2018 – 2 ARs 542/17, BeckRS 2018, 19983, Rn. 12.

22 Julius/Schiemann in Gercke/Julius/Temming/Zöller Rn. 4; Lüderssen/Jahn in Löwe/Rosenberg Rn. 24; Reinhart in Radtke/Hohmann Rn. 3.

zu qualifizieren und die Beteiligung dem Verteidiger vorwerfbar ist.[23] Der **Begriff der Beteiligung** ist enger auszulegen als in § 60 Nr. 2; er knüpft an die **Täterschafts- und Teilnahmeformen der §§ 25 ff. StGB** an.[24] Auch eine bloße Mehr- oder Nebentäterschaft (Verletzung desselben Rechtsguts durch mehrere Täter, die nicht auf der Basis eines gemeinsamen Tatplans als Mittäter zusammenwirken) soll ausreichen,[25] ebenso wie der strafbare Versuch der Beteiligung.[26] Eine Beteiligung iSd Abs. 1 Nr. 1 liegt auch dann vor, wenn der Verteidiger der Haupttäter und der Beschuldigte Teilnehmer der verfahrensgegenständlichen Tat ist.[27]

Entgegen der in Rspr. und Lit. vertretenen Ansicht[28] setzt ein Ausschluss nach Abs. 1 Nr. 1 voraus, dass der Verteidiger wegen des ihm zur Last gelegten Verhaltens **strafgerichtlich verfolgt werden kann.** Wenn dem Verteidiger keine strafrechtlichen Konsequenzen drohen, ist auch nicht zu befürchten, dass er wegen eines sonst bestehenden Interessenkonflikts seine Beistandsfunktion nicht sachgerecht wahrnehmen kann. Dass das vorgeworfene Verhalten möglicherweise in einem **ehren- oder berufsgerichtlichen Verfahren** geahndet werden kann, kann eine Ausschließung nicht rechtfertigen.[29] Auch andere Fälle standeswidrigen Verhaltens – etwa die Übernahme der Verteidigung durch einen Syndikusrechtsanwalt unter Verstoß gegen § 46 Abs. 1 BRAO, obwohl auch in einer derartigen Konstellation die notwendige Unabhängigkeit des Verteidigers gefährdet ist und anwaltsgerichtliche Maßnahmen drohen – tangieren die prozessuale Zulässigkeit der Verteidigung nicht. Jedenfalls für die Ausschließung der nach § 138 Abs. 2 gewählten Verteidiger sowie der nicht dem beamtenrechtlichen Disziplinarrecht unterliegenden Rechtslehrer ist die strafrechtliche Verfolgbarkeit des ihnen zur Last gelegten Verhaltens erforderlich, da diesen Verteidigern kein ehren- oder berufsgerichtliches Verfahren drohen kann. 7

3. Missbrauch des Verkehrs mit dem Beschuldigten (Abs. 1 Nr. 2). Ein Verteidiger ist gem. Abs. 1 Nr. 2 auszuschließen, wenn er verdächtig ist, das ihm durch **§ 148** eingeräumte Recht auf freien Verkehr mit dem sich nicht auf freiem Fuß befindenden Beschuldigten zu **missbrauchen,** also dieses bewusst dazu auszunutzen,[30] Straftaten zu begehen oder die Sicherheit einer Vollzugsanstalt erheblich zu gefährden. **Nicht auf freiem Fuß** befindet sich der Beschuldigte, wenn ihm die Freiheit durch richterliche oder behördliche Anordnung gegen seinen Willen oder den seines gesetzlichen Vertreters oder Vormunds unmittelbar entzogen wurde.[31] 8

a) Zur Begehung von Straftaten. Der Verteidiger muss verdächtig sein, unter Ausnutzung seiner Rechte aus § 148 als **Täter oder Teilnehmer**[32] vorwerfbar eine Straftat 9

[23] BGH 8.8.1985 – 2 ARs 223/85, NStZ 1986, 37 mAnm Hammerstein; Lüderssen/Jahn in Löwe/Rosenberg Rn. 25; Schmitt in Meyer-Goßner/Schmitt Rn. 5; aA Milzer MDR 1990, 587.

[24] OLG Hamm 19.10.1998 – 2 Ws 481/98, NStZ-RR 1999, 50 (51); OLG Zweibrücken 6.3.1995 – 1 AR 88/94 – 1, wistra 1995, 319; Willnow in KK-StPO Rn. 7; Schmitt in Meyer-Goßner/Schmitt Rn. 5 mwN; Wohlers in SK-StPO Rn. 10; aA Schlüchter, Das Strafverfahren, Rn. 125 Fn. 392; vgl. auch BGH 22.7.1977 – 2 ARs 241/77, Holtz MDR 1977, 984 – RsprÜ, der zwar nicht abschließend Stellung nimmt, aber wohl zur GgA tendiert.

[25] BGH 18.4.2018 – 2 ARs 542/17, BeckRS 2018, 19983, Rn. 17.

[26] Willnow in KK-StPO Rn. 7; Wohlers in SK-StPO Rn. 10; Lüderssen/Jahn in Löwe/Rosenberg Rn. 23.

[27] Lüderssen/Jahn in Löwe/Rosenberg Rn. 23; Schmitt in Meyer-Goßner/Schmitt Rn. 5; Wohlers in SK-StPO Rn. 10.

[28] BGH 20.3.2000 – 2 ARs 489/99 – 2 AR 217/99, wistra 2000, 311 (314); BGH 25.8.1983 – 2 ARs 262/83, NJW 1984, 316; OLG Hamburg 4.5.1983 – 3 Ausschl. 1/83, NStZ 1983, 426; Stern in AK-StPO Rn. 27; Willnow in KK-StPO Rn. 7; Staudinger in KMR-StPO Rn. 11; Lüderssen/Jahn in Löwe/Rosenberg Rn. 25; Schmitt in Meyer-Goßner/Schmitt Rn. 5; Wohlers in SK-StPO Rn. 11.

[29] IErg wie hier, aber am Verdachtsgrad festmachend Reinhart in Radtke/Hohmann Rn. 6.

[30] Willnow in KK-StPO Rn. 9; Reinhart in Radtke/Hohmann Rn. 4.

[31] Lüderssen/Jahn in Löwe/Rosenberg Rn. 92; weiter (jede Freiheitsentziehung iwS): BGH 30.6.1959 – 2 ARs 158/58, BGHSt 13, 209 (212) = NJW 1959, 1834 (1835); BGH 24.6.1953 – GSSt 1/53, BGHSt 4, 308 (309); vgl. auch Schmitt in Meyer-Goßner/Schmitt § 35 Rn. 13.

[32] Lüderssen/Jahn in Löwe/Rosenberg Rn. 94; Schmitt in Meyer-Goßner/Schmitt Rn. 7; Reinhart in Radtke/Hohmann Rn. 4.

begangen oder jedenfalls in strafbarer Weise (auch iSd § 30 StGB)[33] mit ihrer Begehung begonnen zu haben. Der Verdacht, er werde in Zukunft konkrete Straftaten begehen, ist nicht erforderlich,[34] aber auch nicht ausreichend. Aus dem Begriff „missbraucht" folgt, dass **nur Vorsatzdelikte** in Betracht kommen.[35] **Bagatelldelikte** können in Ansehung eines ansonsten unverhältnismäßigen Eingriffs in die Rechte des Beschuldigten sowie des Verteidigers eine Ausschließung nach Abs. 1 Nr. 2 nicht rechtfertigen.[36] Im Falle von **Antragsdelikten** ist eine Ausschließung jedenfalls dann unverhältnismäßig, wenn es an einem Strafantrag fehlt und mit einem solchen auch nicht zu rechnen ist.[37]

10 **b) Zur Gefährdung der Sicherheit einer Vollzugsanstalt.** Erforderlich ist eine **konkrete Gefährdung von Personen und Sachen** (Gebäude und Einrichtungen) in der Anstalt oder des **Zwecks einer Vollzugsanstalt,** etwa durch Einschmuggeln von Waffen, Sprengstoff, Ausbruchs- oder Meutereiinstrumenten.[38] Ein Störungseintritt ist nicht erforderlich; es genügt die **naheliegende Wahrscheinlichkeit einer Störung.**[39] Es muss der Verdacht vorliegen, dass der Verteidiger die Gefährdungshandlung bereits ausgeführt oder jedenfalls mit Ihrer Durchführung begonnen hat.[40] Die Gefährdung muss nach ihrer Art, Wirkung oder Dauer **erheblich** sein.[41]

11 **4. Datenhehlerei, Begünstigung, Strafvereitelung oder Hehlerei (Abs. 1 Nr. 3).** Der Verteidiger muss verdächtig sein, in Bezug auf die den Gegenstand der Untersuchung bildende Tat (§ 264)[42] des Beschuldigten eine Datenhehlerei (§ 202d StGB), Begünstigung (§ 257 StGB), Strafvereitelung (§ 258 StGB) oder Hehlerei (§§ 259–260a StGB) begangen zu haben, wobei der strafbare Versuch ausreicht.[43] Nach dem insofern eindeutigen Wortlaut hat das Gericht zunächst zu **unterstellen,** dass der Beschuldige **alle Tatbestandsmerkmale der Haupttat erfüllt hat** und seiner Verurteilung **kein Verfahrenshindernis** entgegensteht; folglich braucht es nur zu prüfen, ob der Verteidiger – unter Zugrundelegung dieser Unterstellung – einer Straftat nach §§ 257 ff. StGB verdächtig ist.[44] Dies bestimmt sich nach dem materiellen Strafrecht, wobei insbes. bei der Strafvereitelung zu berücksichtigen ist, dass prozessual zulässiges Verteidigerverhalten nicht strafbar sein kann.[45]

12 **5. Verfahren wegen §§ 129a f. StGB (Abs. 2).** Anders als Abs. 1 erfordert die Ausschließung eines Verteidigers nach Abs. 2 weder dringenden noch hinreichenden Tatver-

---

[33] Willnow in KK-StPO Rn. 10; Reinhart in Radtke/Hohmann Rn. 4; Wohlers in SK-StPO Rn. 16.

[34] Willnow in KK-StPO Rn. 10; Schmitt in Meyer-Goßner/Schmitt Rn. 7; Reinhart in Radtke/Hohmann Rn. 4; aA Lüderssen/Jahn in Löwe/Rosenberg Rn. 95; Stern in AK-StPO Rn. 31 f.

[35] Julius/Schiemann in Gercke/Julius/Temming/Zöller Rn. 4.

[36] Stern in AK-StPO Rn. 30; Wessing in BeckOK StPO Rn. 5; Willnow in KK-StPO Rn. 10; Wohlers in SK-StPO Rn. 15; aA – allerdings zu einem Ausschluss nach Abs. 1 Nr. 1 – BGH 27.5.1991 – AnwSt (B) 2/91, BGHSt 37, 395 (396 f.) = NJW 1991, 2780.

[37] Stern in AK-StPO Rn. 31; Willnow in KK-StPO Rn. 10; Lüderssen/Jahn in Löwe/Rosenberg Rn. 98; Schmitt in Meyer-Goßner/Schmitt Rn. 7; Wohlers in SK-StPO Rn. 15.

[38] Stern in AK-StPO Rn. 33; Willnow in KK-StPO Rn. 11; Lüderssen/Jahn in Löwe/Rosenberg Rn. 101; Schmitt in Meyer-Goßner/Schmitt Rn. 8; Reinhart in Radtke/Hohmann Rn. 4; Wohlers in SK-StPO Rn. 18.

[39] Schmitt in Meyer-Goßner/Schmitt Rn. 8; Wohlers in SK-StPO Rn. 18; Parigger FG Koch, 1989, 199 (206).

[40] Willnow in KK-StPO Rn. 11; Reinhart in Radtke/Hohmann Rn. 4.

[41] Schmitt in Meyer-Goßner/Schmitt Rn. 8; Reinhart in Radtke/Hohmann Rn. 4.

[42] Willnow in KK-StPO Rn. 12; Schmitt in Meyer-Goßner/Schmitt Rn. 9; Reinhart in Radtke/Hohmann Rn. 5.

[43] BGH 4.5.1979 – 2 ARs 88/79, Holtz MDR 1979, 806 – RsprÜ; OLG Frankfurt a. M. 13.3.1992 – 3 Ws 136/92, StV 1992, 360; Stern in AK-StPO Rn. 36; Willnow in KK-StPO Rn. 12; Reinhart in Radtke/Hohmann Rn. 5; Wohlers in SK-StPO Rn. 20.

[44] OLG Braunschweig 30.8.1983 – Ws 255/83, StV 1984, 500 (501); OLG Bremen 4.12.1980 – BL 337/80, NJW 1981, 2711; Schmitt in Meyer-Goßner/Schmitt Rn. 10.

[45] AllgM: Willnow in KK-StPO Rn. 12 mwN; vgl. zur bisweilen schwierigen Abgrenzung zwischen strafbarem Versuch und strafloser Vorbereitungshandlung bei der Strafvereitelung: BGH 16.5.1983 – 2 ARs 129/83, NJW 1983, 2712; 17.3.1982 – 2 StR 314/81, BGHSt 31, 10 = NStZ 1982, 329 mAnm Beulke; OLG Köln 14.10.2002 – 2 Ws 508 – 509/02, StV 2003, 15; vgl. zum Ausschluss bei unzulässigem Verteidigungshandeln BGH 8.8.2018 – 2 ARs 121/18, 2 AR 69/18, NStZ 2019, 100.

dacht. Es genügt, wenn bestimmte Tatsachen den Verdacht begründen, dass der Verteidiger eine der in Abs. 1 Nr. 1 und 2 bezeichneten Handlungen begangen hat oder begeht. Jedoch geht die Herabstufung der Verdachtsschwelle nicht so weit, dass schon der zur Einleitung eines Ermittlungsverfahrens führende Anfangsverdacht (§ 152 Abs. 2) ausreicht,[46] vielmehr muss der **Verdacht wie bei § 100a mehr als nur unerheblich sein.**[47]

Voraussetzung für die Ausschließung eines Verteidigers nach Abs. 2 ist, dass **gegen seinen Mandanten** ein Verfahren wenigstens auch wegen des **Verdachts einer Straftat nach §§ 129a f. StGB** geführt wird.[48] Bzgl. dieses Vorwurfs ist kein gesteigerter Verdachtsgrad erforderlich, so dass auch ein gegen den Mandanten bestehender Haftbefehl nicht auf § 129a StGB gestützt zu sein braucht.[49] Allerdings kann die willkürliche Annahme der Staatsanwaltschaft, dass eine Straftat nach §§ 129a f. StGB gegeben sein könnte, eine Ausschließung nach Abs. 2 nicht begründen.[50] Abs. 2 ist **nicht anwendbar,** wenn das **Verfahren hinsichtlich der §§ 129a f. StGB** – etwa als Folge einer Verfahrenseinstellung, rechtskräftigen Verurteilung oder Verfolgungsbeschränkung nach § 154a – **nicht mehr betrieben wird.**[51] 13

IV. Aufhebung der Ausschließung (Abs. 3)

Abs. 3 bestimmt, unter welchen Voraussetzungen die Ausschließung eines Verteidigers aufzuheben ist. Liegen die dort genannten Voraussetzungen vor, ist die Aufhebung der Ausschließung **zwingend;** im Fall des Abs. 3 S. 1 Nr. 3 ist jedoch die begrenzte Möglichkeit der Ausschließungsverlängerung nach Abs. 3 S. 2 zu beachten.[52] 14

Die Aufhebung erfolgt nicht automatisch von Rechts wegen, sondern **durch Beschl.** des in diesem Zeitpunkt nach § 138c Abs. 1 zuständigen Gerichts.[53] **Antragsbefugt** sind der Beschuldigte, der ausgeschlossene Verteidiger (auch dann, wenn das Verteidigungsverhältnis unabhängig von der Ausschließung geendet hat, da ein Rehabilitationsinteresse besteht, aufgrund dessen eine gerichtliche Feststellung gem. § 138c Abs. 5 analog möglich sein muss[54]) sowie die Staatsanwaltschaft und das vorlegende Gericht; letztere haben ihren Antrag bzw. Vorlagebeschl. zu **begründen.**[55] Das Gericht kann auch **ohne mündliche Verhandlung** entscheiden.[56] Lehnt es die Aufhebung der Ausschließung ab, ist gem. § 138d Abs. 6 analog die **sofortige Beschwerde** zulässig.[57] 15

1. Wegfall der Ausschließungsvoraussetzungen (Abs. 3 S. 1 Nr. 1). Die Ausschließung eines Verteidigers ist nach Abs. 3 S. 1 Nr. 1 aufzuheben, wenn die Voraussetzungen für den Ausschluss nicht mehr vorliegen, so etwa, wenn der **Verdacht** gegen den ausgeschlossenen Verteidiger **entfallen** ist oder der erforderliche **Verdachtsgrad nicht** 16

---

[46] So aber Lüderssen/Jahn in Löwe/Rosenberg Rn. 104; Wohlers in SK-StPO Rn. 21 f.

[47] KG 8.6.1978 – (2) 1 StE 2/77 (46/78), NJW 1978, 1538; Wessing in BeckOK StPO Rn. 10; Staudinger in KMR-StPO Rn. 17; Schmitt in Meyer-Goßner/Schmitt Rn. 15; vgl. BGH 16.2.1995 – 4 StR 729/94, BGHSt 41, 30 (33) = NJW 1995, 1974.

[48] Stern in AK-StPO Rn. 24; Wohlers in SK-StPO Rn. 22; aA Lüderssen/Jahn in Löwe/Rosenberg Rn. 122.

[49] Willnow in KK-StPO Rn. 13; Schmitt in Meyer-Goßner/Schmitt Rn. 15; Reinhart in Radtke/Hohmann Rn. 8.

[50] Willnow in KK-StPO Rn. 14; vgl. BGH 16.3.1979 – 1 BJs 176/78, AK 5/79, BGHSt 28, 355 (356) = NJW 1979, 1419.

[51] Willnow in KK-StPO Rn. 14; Schmitt in Meyer-Goßner/Schmitt Rn. 15; Reinhart in Radtke/Hohmann Rn. 8; vgl. auch BGH 26.9.1980 – 1 BJs 202/79 – 5 StB 32/80, BGHSt 29, 341 = NStZ 1981, 151 mAnm Dünnebier.

[52] Schmitt in Meyer-Goßner/Schmitt Rn. 16; Reinhart in Radtke/Hohmann Rn. 10.

[53] OLG Karlsruhe 10.7.1981 – 4 Ws 50/81, Justiz 1981, 446; Willnow in KK-StPO Rn. 16; Staudinger in KMR-StPO Rn. 5; Schmitt in Meyer-Goßner/Schmitt Rn. 20; → § 138c Rn. 20.

[54] AA OLG Frankfurt a. M. 15.2.2011 – 3 Ws 65/11, NStZ-RR 2011, 149; Schmitt in Meyer-Goßner/Schmitt Rn. 16.

[55] Stern in AK-StPO Rn. 39; Schmitt in Meyer-Goßner/Schmitt Rn. 20.

[56] BGH 20.1.1984 – 2 ARs 387/83, BGHSt 32, 231 = NJW 1984, 935; Stern in AK-StPO Rn. 40.

[57] Willnow in KK-StPO § 138d Rn. 17; → § 138d Rn. 8; aA BGH 20.1.1984 – 2 ARs 387/83, BGHSt 32, 231 (232) = NJW 1984, 935; Stern in AK-StPO Rn. 40.

mehr besteht.[58] Die Aufhebung nach Abs. 3 Nr. 1 muss auch dann erfolgen, wenn in dem Verfahren **sämtliche Beschuldigte** rechtskräftig **freigesprochen** wurden, die Eröffnung des Hauptverfahrens **insg. abgelehnt** oder das Verfahren gegen alle Beschuldigten **endgültig eingestellt** wurde.[59]

17 **2. Freispruch des Verteidigers (Abs. 3 S. 1 Nr. 2).** Wird der ausgeschlossene Verteidiger in einem Strafverfahren, das den Ausschluss begründenden Sachverhalt zum Gegenstand hatte, **freigesprochen** oder ergeht im Hinblick auf diesen Sachverhalt in einem ehren- oder berufsgerichtlichen Verfahren eine dem Freispruch entspr. Entscheidung, so ist die Ausschließung des Verteidigers gem. Abs. 3 S. 1 Nr. 2 aufzuheben; auch dann, wenn die jeweilige Entscheidung noch nicht in **Rechtskraft** erwachsen ist.[60] Gleiches gilt, wenn bereits das Ermittlungsverfahren gegen den ausgeschlossenen Verteidiger **gem. § 170 Abs. 2 eingestellt** oder die **Eröffnung des Hauptverfahrens gegen ihn gem. § 204 abgelehnt** wird.[61] Die Einstellung wegen eines Prozesshindernisses führt zu einer Aufhebung nach Abs. 3 S. 1 Nr. 1.[62]

18 **3. Verfahrensverzögerung (Abs. 3 S. 1 Nr. 3).** Der Aufhebungsgrund nach Abs. 3 S. 1 Nr. 3 dient der **Wahrung des Verhältnismäßigkeitsgrundsatzes.**[63] Die Regelung soll sicherstellen, dass der Vorwurf, der zur Ausschließung des Verteidigers geführt hat, innerhalb einer angemessenen Frist in einem gerichtlichen Verfahren überprüft wird.[64] Die mit der wirksamen Ausschließung beginnende und mit dem Erlass des Eröffnungsbeschl. oder des Strafbefehls endende Jahresfrist kann gem. **Abs. 3 S. 2** unter den dort genannten – an § 121 anknüpfenden – Voraussetzungen um maximal ein weiteres Jahr verlängert werden.[65]

V. Wirkung der Ausschließung (Abs. 4 und 5)

19 Die Ausschließung eines Verteidigers wird **mit Rechtskraft des Ausschließungsbeschlusses** wirksam.[66] Allerdings kann das Gericht, bei dem das Verfahren anhängig ist, gem. § 138c Abs. 3 S. 1 vor Erlass der Ausschließungsentscheidung das **Ruhen der Verteidigerrechte** aus §§ 147, 148 anordnen (→ § 138c Rn. 12).

20 Mit seiner wirksamen Ausschließung ist dem Verteidiger **jegliches Mitwirken** in dem anhängigen Verfahren bis zu dessen vollständiger Beendigung – dh ggf. bis zum Abschluss des Strafvollzugs oder eines Wiederaufnahme- oder Gnadenverfahrens – untersagt.[67] Dieses Verbot umfasst auch das Auftreten in Untervollmacht[68] sowie solche Prozesshandlungen, die ein Bevollmächtigter, ohne Verteidiger zu sein, vornehmen könnte.[69]

21 Das Mitwirkungsverbot erstreckt sich aber nicht nur auf das anhängige Verfahren, vielmehr darf der ausgeschlossene Verteidiger gem. Abs. 4 S. 1 den Beschuldigten **auch in**

---

58 Lüderssen/Jahn in Löwe/Rosenberg Rn. 149; Wohlers in SK-StPO Rn. 31.

59 Staudinger in KMR-StPO Rn. 20; Lüderssen/Jahn in Löwe/Rosenberg Rn. 151 ff.; Wohlers in SK-StPO Rn. 31.

60 OLG Stuttgart 18.11.1986 – 4 Ws 339/86, Justiz 1987, 80; Willnow in KK-StPO Rn. 18; Staudinger in KMR-StPO Rn. 20; Wohlers in SK-StPO Rn. 33.

61 Stern in AK-StPO Rn. 42; Staudinger in KMR-StPO Rn. 20; Reinhart in Radtke/Hohmann Rn. 12; Wohlers in SK-StPO Rn. 33; vgl. OLG Frankfurt a. M. 1.10.1987 – 3 Ws 490/87, StV 1988, 516; aA Schmitt in Meyer-Goßner/Schmitt Rn. 18.

62 Vgl. Stern in AK-StPO Rn. 42.

63 BT-Drs. 8/976, 38; Stern in AK-StPO Rn. 43; Willnow in KK-StPO Rn. 19.

64 BT-Drs. 8/976, 38; Stern in AK-StPO Rn. 43; Lüderssen/Jahn in Löwe/Rosenberg Rn. 158; Wohlers in SK-StPO Rn. 34.

65 Schmitt in Meyer-Goßner/Schmitt Rn. 19; Staudinger in KMR-StPO Rn. 21; Reinhart in Radtke/Hohmann Rn. 13.

66 Stern in AK-StPO Rn. 44; Schmitt in Meyer-Goßner/Schmitt Rn. 23; Wohlers in SK-StPO Rn. 24; differenzierend Lüderssen/Jahn in Löwe/Rosenberg Rn. 146.

67 Schmitt in Meyer-Goßner/Schmitt Rn. 22; Reinhart in Radtke/Hohmann Rn. 14; Wohlers in SK-StPO Rn. 25.

68 Schmitt in Meyer-Goßner/Schmitt Rn. 22; Wohlers in SK-StPO Rn. 25.

69 OLG Karlsruhe 10.7.1981 – 4 Ws 50/81, Justiz 1981, 446; Willnow in KK-StPO Rn. 5.

anderen gesetzlich geordneten Verfahren nicht verteidigen. Erfasst sind alle Verfahren, in denen der Mandant des Verteidigers beschuldigt wird, mithin **Bußgeldverfahren, Ehren- und Berufsgerichtsverfahren** sowie sonstige rechtlich geregelte **Disziplinarverfahren** und andere **Strafverfahren** (auch DNA-Identitätsfeststellungsverfahren).[70] Nicht umfasst sind indes zivil-, arbeits-, verwaltungs- sowie verbandsgerichtliche Verfahren.[71]

In **sonstigen** – nicht unter Abs. 4 S. 1 fallenden – **Angelegenheiten** ist dem ausgeschlossenen Verteidiger die **Mitwirkung nicht verwehrt.** Gem. **Abs. 4 S. 2** ist dem Verteidiger aber das Aufsuchen seines Mandanten untersagt, wenn dieser sich **nicht auf freiem Fuß** befindet; die Möglichkeit der schriftlichen oder telefonischen Kommunikation bleibt hingegen unberührt.[72] 22

Nach **Abs. 5 S. 1 Hs. 1** darf der ausgeschlossene Verteidiger auch **Mitbeschuldigte** in dem anhängigen Verfahren nicht verteidigen. Ferner darf er Mitbeschuldigte gem. **Abs. 5 S. 2 iVm Abs. 4** auch in anderen gesetzlich geordneten Verfahren nicht verteidigen und – sofern sie sich nicht auf freiem Fuß befinden – in sonstigen Angelegenheiten nicht besuchen.[73] 23

Personen, gegen die das anhängige Verfahren nicht geführt wird, die aber **Beschuldigte eines anderen Verfahrens** sind, darf der ausgeschlossene Verteidiger grds. verteidigen, es sei denn, dass sowohl dieses als auch das anhängige Verfahren eine Straftat nach § 129a f. StGB zum Gegenstand haben **(Abs. 5 S. 1 Hs. 2);** dies soll selbst dann gelten, wenn jeweils unterschiedliche terroristische Vereinigungen in Rede stehen.[74] 24

Nimmt der ausgeschlossene Verteidiger in dem anhängigen Verfahren dennoch **Prozesshandlungen** vor, sind diese unwirksam, ohne dass es einer Feststellung der Unwirksamkeit bedarf.[75] Beachtet der ausgeschlossene Verteidiger die aus Abs. 4 und 5 folgenden Verbote nicht, hat dies jedoch nicht ohne Weiteres die Unwirksamkeit seiner Prozesshandlungen zur Folge; diese tritt erst mit einer **nach § 146a analog ausgesprochenen Zurückweisung** des Verteidigers ein.[76] 25

§ 138b Ausschließung bei Gefahr für die Sicherheit der Bundesrepublik Deutschland

[1]Von der Mitwirkung in einem Verfahren, das eine der in § 74a Abs. 1 Nr. 3 und § 120 Abs. 1 Nr. 3 des Gerichtsverfassungsgesetzes genannten Straftaten oder die Nichterfüllung der Pflichten nach § 138 des Strafgesetzbuches hinsichtlich der Straftaten des Landesverrates oder einer Gefährdung der äußeren Sicherheit nach den §§ 94 bis 96, 97 a und 100 des Strafgesetzbuches zum Gegenstand hat, ist ein Verteidiger auch dann auszuschließen, wenn auf Grund bestimmter Tatsachen die Annahme begründet ist, daß seine Mitwirkung eine Gefahr für die Sicherheit der Bundesrepublik Deutschland herbeiführen würde. [2]§ 138a Abs. 3 Satz 1 Nr. 1 gilt entsprechend.

I. Allgemeines

§ 138b normiert – neben den in § 138a genannten Gründen – einen weiteren **Ausschließungsgrund in Staatsschutzsachen** gem. §§ 74a Abs. 1 Nr. 3 und 120 Abs. 1 1

[70] BVerfG 14.8.2007 – 2 BvR 1186/07, NStZ 2008, 226.
[71] Willnow in KK-StPO Rn. 22; Reinhart in Radtke/Hohmann Rn. 15; Wohlers in SK-StPO Rn. 26.
[72] Lüderssen/Jahn in Löwe/Rosenberg Rn. 138; Wohlers in SK-StPO Rn. 28; Reinhart in Radtke/Hohmann Rn. 16.
[73] Stern in AK-StPO Rn. 46; Staudinger in KMR-StPO Rn. 9; Lüderssen/Jahn in Löwe/Rosenberg Rn. 143 f.
[74] Willnow in KK-StPO Rn. 25; Lüderssen/Jahn in Löwe/Rosenberg Rn. 136a; Schmitt in Meyer-Goßner/Schmitt Rn. 27; Reinhart in Radtke/Hohmann Rn. 17.
[75] Willnow in KK-StPO Rn. 5; Lüderssen/Jahn in Löwe/Rosenberg Rn. 14; Schmitt in Meyer-Goßner/Schmitt Rn. 24; Reinhart in Radtke/Hohmann Rn. 14; Wohlers in SK-StPO Rn. 25.
[76] Willnow in KK-StPO Rn. 27; Lüderssen/Jahn in Löwe/Rosenberg Rn. 148; Reinhart in Radtke/Hohmann Rn. 14; aA Staudinger in KMR-StPO Rn. 6: Zurückweisung habe nur deklaratorische Wirkung; wohl auch Schmitt in Meyer-Goßner/Schmitt Rn. 28.

Nr. 3, 7 GVG. Zweck des § 138b ist es, die Sicherheit des Staates vor der „objektive[n] Gefahr der Preisgabe von wichtigen geheimhaltungsbedürftigen Sachverhalten" zu schützen.[1] Hinsichtlich des Anwendungsbereichs gelten im Übrigen die Erläuterungen zu → § 138a Rn. 1 ff. entsprechend.[2]

II. Voraussetzungen

2 Die Ausschließung eines Verteidigers nach § 138b setzt die auf Grund bestimmter Tatsachen begründete Annahme voraus, dass seine Mitwirkung eine Gefahr für die Sicherheit der Bundesrepublik Deutschland herbeiführen würde. Unter **Sicherheit der Bundesrepublik Deutschland** ist – entspr. § 92 Abs. 3 Nr. 2 StGB – die Fähigkeit zu verstehen, sich nach innen und außen gegen gewaltsame Störungen zur Wehr zu setzen.[3] Diese Sicherheit ist gefährdet, wenn nach den konkreten Umständen die naheliegende Möglichkeit eines Schadenseintritts besteht.[4]

3 An die auf Grund bestimmter Tatsachen begründete **Annahme einer Gefahr** sind inhaltlich – trotz des unterschiedlichen Wortlauts – dieselben Anforderungen geknüpft wie an den Verdachtsgrad nach § 138a Abs. 2.[5] Demnach reichen bloße Vermutungen nicht aus;[6] eine extreme politische Gesinnung des Verteidigers kann für sich genommen die Annahme einer Gefahr nicht begründen.[7]

III. Wirkung der Ausschließung

4 Hinsichtlich des Ausschließungsverfahrens gelten die Erläuterungen zu § 138a entspr.[8] Auf andere Verfahren hat die Ausschließung nach § 138b hingegen keine Auswirkung; § 138a Abs. 4 und 5 sind nicht entspr. anwendbar.[9]

IV. Aufhebung der Ausschließung

5 Nach S. 2 iVm § 138a Abs. 3 S. 1 Nr. 1 ist die Ausschließung zwingend aufzuheben, wenn die Voraussetzungen des S. 1 nicht (mehr) vorliegen; mithin, wenn nach Überzeugung des Gerichts neue Erkenntnisse oder eine andere Beurteilung der bisherigen Tatsachengrundlage die Annahme einer Gefahr für die Sicherheit der Bundesrepublik Deutschland nicht (mehr) rechtfertigen.[10]

§ 138c Zuständigkeit für die Ausschließungsentscheidung

(1) [1]Die Entscheidungen nach den §§ 138a und 138b trifft das Oberlandesgericht. [2]Werden im vorbereitenden Verfahren die Ermittlungen vom Generalbundesanwalt geführt oder ist das Verfahren vor dem Bundesgerichtshof anhängig, so entscheidet der Bundesgerichtshof. [3]Ist das Verfahren vor einem Senat eines Oberlan-

---

1 BT-Drs. 7/2526, 21.
2 Stern in AK-StPO Rn. 1; Julius/Schiemann in Gercke/Julius/Temming/Zöller Rn. 1; Staudinger in KMR-StPO Rn. 1; → § 138a Rn. 2 f.
3 Stern in AK-StPO Rn. 2; Willnow in KK-StPO Rn. 2; Lüderssen/Jahn in Löwe/Rosenberg Rn. 3; Wohlers in SK-StPO Rn. 2; vgl. BGH 28.2.1979 – 3 StR 14/79 (S), BGHSt 28, 312 (316 f.) = NJW 1979, 1556 (1557).
4 Willnow in KK-StPO Rn. 2; Schmitt in Meyer-Goßner/Schmitt Rn. 2; Lüderssen/Jahn in Löwe/Rosenberg Rn. 3.
5 Willnow in KK-StPO Rn. 3; Wohlers in SK-StPO Rn. 3; Parigger FG Koch, 1989, 199 (209).
6 Willnow in KK-StPO Rn. 3; Reinhart in Radtke/Hohmann Rn. 3.
7 BT-Drs. 7/2526, 21.
8 Vgl. Staudinger in KMR-StPO Rn. 1; → § 138a Rn. 20, 25.
9 Willnow in KK-StPO Rn. 4; Beulke in Satzger/Schluckebier/Widmaier StPO Rn. 7; Reinhart in Radtke/Hohmann Rn. 4.
10 Willnow in KK-StPO Rn. 4; Lüderssen/Jahn in Löwe/Rosenberg Rn. 8; Wohlers in SK-StPO Rn. 4.

desgerichtes oder des Bundesgerichtshofes anhängig, so entscheidet ein anderer Senat.

(2) [1]Das nach Absatz 1 zuständige Gericht entscheidet nach Erhebung der öffentlichen Klage bis zum rechtskräftigen Abschluß des Verfahrens auf Vorlage des Gerichts, bei dem das Verfahren anhängig ist, sonst auf Antrag der Staatsanwaltschaft. [2]Die Vorlage erfolgt auf Antrag der Staatsanwaltschaft oder von Amts wegen durch Vermittlung der Staatsanwaltschaft. [3]Soll ein Verteidiger ausgeschlossen werden, der Mitglied einer Rechtsanwaltskammer ist, so ist eine Abschrift des Antrages der Staatsanwaltschaft nach Satz 1 oder die Vorlage des Gerichts dem Vorstand der zuständigen Rechtsanwaltskammer mitzuteilen. [4]Dieser kann sich im Verfahren äußern.

(3) [1]Das Gericht, bei dem das Verfahren anhängig ist, kann anordnen, daß die Rechte des Verteidigers aus den §§ 147 und 148 bis zur Entscheidung des nach Absatz 1 zuständigen Gerichts über die Ausschließung ruhen; es kann das Ruhen dieser Rechte auch für die in § 138a Abs. 4 und 5 bezeichneten Fälle anordnen. [2]Vor Erhebung der öffentlichen Klage und nach rechtskräftigem Abschluß des Verfahrens trifft die Anordnung nach Satz 1 das Gericht, das über die Ausschließung des Verteidigers zu entscheiden hat. [3]Die Anordnung ergeht durch unanfechtbaren Beschluß. [4]Für die Dauer der Anordnung hat das Gericht zur Wahrnehmung der Rechte aus den §§ 147 und 148 einen anderen Verteidiger zu bestellen. [5]§ 142 Absatz 5 bis 7 gilt entsprechend.

(4) [1]Legt das Gericht, bei dem das Verfahren anhängig ist, gemäß Absatz 2 während der Hauptverhandlung vor, so hat es zugleich mit der Vorlage die Hauptverhandlung bis zur Entscheidung durch das nach Absatz 1 zuständige Gericht zu unterbrechen oder auszusetzen. [2]Die Hauptverhandlung kann bis zu dreißig Tagen unterbrochen werden.

(5) [1]Scheidet der Verteidiger aus eigenem Entschluß oder auf Veranlassung des Beschuldigten von der Mitwirkung in einem Verfahren aus, nachdem gemäß Absatz 2 der Antrag auf Ausschließung gegen ihn gestellt oder die Sache dem zur Entscheidung zuständigen Gericht vorgelegt worden ist, so kann dieses Gericht das Ausschließungsverfahren weiterführen mit dem Ziel der Feststellung, ob die Mitwirkung des ausgeschiedenen Verteidigers in dem Verfahren zulässig ist. [2]Die Feststellung der Unzulässigkeit steht im Sinne der §§ 138a, 138b, 138d der Ausschließung gleich.

(6) [1]Ist der Verteidiger von der Mitwirkung in dem Verfahren ausgeschlossen worden, so können ihm die durch die Aussetzung verursachten Kosten auferlegt werden. [2]Die Entscheidung hierüber trifft das Gericht, bei dem das Verfahren anhängig ist.

Übersicht

I. Zuständigkeit (Abs. 1)

1 **1. Sachliche Zuständigkeit.** Die Entscheidung über die Ausschließung des Verteidigers nach den §§ 138a f. trifft gem. Abs. 1 S. 1 das OLG. Der BGH ist gem. Abs. 1 S. 2 lediglich in den Fällen zuständig, in denen der GBA die Ermittlungen führt oder das Verfahren nach Revisionseinlegung beim BGH anhängig ist. Da Abs. 1 S. 2 als Ausnahmevorschrift eng auszulegen ist, bleibt das OLG auch dann zuständig, wenn der GBA Vollstreckungsbehörde ist.[1] Ist das Verfahren vor dem OLG oder dem BGH anhängig, so entscheidet ein anderer Senat (Abs. 1 S. 3).

2 **2. Örtliche Zuständigkeit.** In nicht vom GBA geführten Ermittlungsverfahren ist das OLG örtlich zuständig, das dem für ein etwaiges Hauptverfahren zuständigen Gericht übergeordnet ist.[2] Erfolgt die Vorlage durch das Gericht der Hauptsache, so ist das diesem Gericht übergeordnete OLG zuständig.[3] Nach rechtskräftigem Abschluss des Hauptsacheverfahrens ist das OLG zuständig, in dessen Bezirk die antragstellende StA ihren Sitz hat; es sei denn, der GBA ist Vollstreckungsbehörde, dann entscheidet das OLG, das mit der Hauptsache befasst war.[4] Im Wiederaufnahmeverfahren bzw. in der Vorbereitung zu diesem (§ 367) entscheidet das dem Wiederaufnahmegericht übergeordnete OLG.[5]

3 **3. Gerichtsbesetzung.** Das OLG entscheidet in der Besetzung von 3 Berufsrichtern (§ 122 Abs. 1 GVG); der BGH entscheidet in der Besetzung von 5 Berufsrichtern (§ 139 Abs. 1 GVG).

II. Vorlegungs- und Antragsverfahren (Abs. 2)

4 Das nach Abs. 1 zuständige Gericht wird nicht von Amts wegen tätig. Ob es auf **Vorlage** des Gerichts (Vorlageverfahren) oder auf **Antrag der StA** (Antragsverfahren) entscheidet, hängt von dem Stand des Verfahrens ab, in dem die Ausschließung erfolgen soll.

5 **1. Vorlageverfahren.** Soll die Ausschließung **nach Erhebung der öffentlichen Klage** und **vor dem rechtskräftigen Abschluss des Verfahrens** erfolgen, so ist die Sache im Wege des Vorlageverfahrens zuzuleiten (Abs. 2 S. 1). Die in Form eines Gerichtsbeschl. ergehende Vorlage[6] des mit der Sache befassten Gerichts erfolgt entweder auf Antrag der StA oder von Amts wegen (Abs. 2 S. 2).

6 **Beantragt die StA** die Vorlage, so ist das mit der Sache befasste Gericht – ohne eigene Prüfungskompetenz – zur Vorlage verpflichtet.[7] Daher genügt zur Begr. des insoweit lediglich aus formalen Gründen ergehenden Vorlagebeschl. eine Bezugnahme auf den Antrag der StA.[8] Das Gericht soll aber seine ggf. abweichende Auffassung zum Antrag der

---

[1] BGH 2.8.1991 – 3 ARs 19/91, BGHSt 38, 52 = NJW 1991, 2917; Willnow in KK-StPO Rn. 1; Beulke in Satzger/Schluckebier/Widmaier StPO Rn. 4; Schmitt in Meyer-Goßner/Schmitt Rn. 1; aA Lüderssen/Jahn in Löwe/Rosenberg Rn. 6.

[2] Willnow in KK-StPO Rn. 2; Lüderssen/Jahn in Löwe/Rosenberg Rn. 4; Reinhart in Radtke/Hohmann Rn. 2.

[3] Stern in AK-StPO Rn. 4; Willnow in KK-StPO Rn. 2; Schmitt in Meyer-Goßner/Schmitt Rn. 2; Wohlers in SK-StPO Rn. 2.

[4] Stern in AK-StPO Rn. 4; Julius/Schiemann in Gercke/Julius/Temming/Zöller Rn. 3; Willnow in KK-StPO Rn. 2; Wohlers in SK-StPO Rn. 6.

[5] Stern in AK-StPO Rn. 4; Schmitt in Meyer-Goßner/Schmitt Rn. 2; Reinhart in Radtke/Hohmann Rn. 2.

[6] OLG Bamberg 23.2.2016 – 1 Ws 615/15, BeckRS 2016, 7446; OLG Celle 28.10.2014 – 2 Ws 84/14, NStZ-RR 2015, 80.

[7] BT-Drs. 7/2526, 22; OLG Düsseldorf 9.7.1997 – 1 Ws 518/97, StV 1998, 65 (66); OLG Karlsruhe 18.11.1982 – 3 Ws 272/82, NStZ 1983, 281 mzustAnm Bohnert; Lüderssen/Jahn in Löwe/Rosenberg Rn. 11 f.; Wohlers in SK-StPO Rn. 9 mwN.

[8] Fyre NStZ 2005, 50; Schmitt in Meyer-Goßner/Schmitt Rn. 7; aA OLG Jena 14.10.2002 – 1 Ws 351/02, NStZ 2005, 49.

StA darlegen.[9] Ein auf Antrag der StA ergangener Vorlagebeschl. kann mit Zustimmung der StA zurückgenommen werden.[10]

7 Erlässt das mit der Sache befasste Gericht den Vorlagebeschl. **von Amts wegen,** so hat es diesen zu begründen (hinsichtlich der inhaltlichen Anforderungen → Rn. 8) und durch Vermittlung der StA an das nach Abs. 1 zuständige Gericht zuzuleiten.[11] Die StA erhält dadurch die Möglichkeit, zum Vorlagebeschl. Stellung zu nehmen.[12]

8 Der von Amts wegen ergehende Vorlagebeschl. bzw. der zur Vorlage führende Antrag der StA muss strengen **inhaltlichen Mindestanforderungen** genügen.[13] Neben den Beweismitteln müssen diejenigen Tatsachen schlüssig dargelegt sein, aus denen sich der Ausschlussgrund ergeben soll;[14] Bezugnahmen auf andere Schriftstücke oder Beiakten genügen nicht.[15] Eine diesen Mindestanforderungen nicht genügende und daher unzulässige Vorlage kann jedoch formgerecht wiederholt werden.[16]

9 **Außerhalb** der Hauptverhandlung beschließt das Gericht die Vorlage in der nach §§ 30 Abs. 2, 76 Abs. 1 S. 2, 122 Abs. 1 GVG vorgesehenen Besetzung; **innerhalb** der Hauptverhandlung sind die §§ 30 Abs. 1, 76 Abs. 2, 122 Abs. 2 GVG maßgeblich. Während einer Unterbrechung der Hauptverhandlung darf das Gericht nicht in der außerhalb der Hauptverhandlung vorgesehenen Besetzung entscheiden, da sonst die Möglichkeit bestünde, den Vorlagebeschl. unter bewusster Ausschaltung der Schöffen zu erlassen.[17]

10 **2. Antragsverfahren.** Soll der Ausschluss eines Verteidigers **vor Erhebung der öffentlichen Klage** oder **nach Rechtskraft des Urteils** erfolgen, so entscheidet das nach Abs. 1 zuständige Gericht auf **Antrag der StA** (Abs. 2 S. 1 aE „sonst"). Zu den Anforderungen an den Antrag → Rn. 8.[18] Vor Erhebung der öffentlichen Klage ist die das Ermittlungsverfahren führende StA antragsbefugt, nach Rechtskraft ist die für das Vollstreckungsverfahren zuständige StA antragsbefugt (§ 451). Sofern in Steuerstrafverfahren die Finanzbehörde das Ermittlungsverfahren selbstständig führt (§ 386 Abs. 2 AO), ist sie antragsberechtigt.[19] In einem ggf. durchzuführenden Wiederaufnahmeverfahren ist die StA des für dieses Verfahren zuständigen Gerichts (§ 376, § 140a GVG) antragsbefugt.[20]

11 **3. Mitteilungspflichten.** Soll ein Verteidiger, der Mitglied einer RAK ist, ausgeschlossen werden, so ist dem **Vorstand der RAK** eine Abschrift des Vorlagebeschl. bzw. des Ausschließungsantrags der StA mitzuteilen (Abs. 2 S. 3); der Vorstand kann hierzu Stellung nehmen (Abs. 2 S. 4). Die **Mitteilung an den betroffenen Verteidiger** und dessen **Mandanten** ist nicht geregelt, jedoch zur Gewährung rechtlichen Gehörs (Art. 103 Abs. 1 GG) notwendig.[21] Entgegen der hM[22] haben die Mitteilungen nicht erst durch das entscheidende

---

9 BT-Drs. 7/2526, 22.

10 Schmitt in Meyer-Goßner/Schmitt Rn. 6; Wohlers in SK-StPO Rn. 13.

11 Willnow in KK-StPO Rn. 6 f.

12 BT-Drs. 7/2526, 22; Willnow in KK-StPO Rn. 7; Wohlers in SK-StPO Rn. 13; Fyre wistra 2005, 86 (89).

13 KG 22.10.2015 – 2 ARs 22/15 – 141 AR 487/15, BeckRS 2015, 18847; OLG 28.10.2014 – 2 Ws 84/14, NStZ-RR 2015, 80.

14 OLG Brandenburg 12.7.2007 – 2 AR 49/06, StV 2008, 66 (67); OLG Hamm 19.10.1998 – 2 Ws 481–98, NStZ-RR 1999, 50; OLG Düsseldorf 23.12.1997 – 1 Ws 988/97, StV 1999, 531; 29.8.1991 – 1 Ws 769/91, VRS 82 (1992), 35; OLG Karlsruhe 14.3.1975 – 2 ARs 5/75, NJW 1975, 943.

15 KG 3.6.2005 – 2 AR 63/05-5 ARs 31/05, NJW 2006, 1537; OLG Hamm 19.10.1998 – 2 Ws 481–98, NStZ-RR 1999, 50.

16 OLG Düsseldorf 1.7.1998 – 1 Ws 378/98, NStZ-RR 1998, 336; Willnow in KK-StPO Rn. 4.

17 Wohlers in SK-StPO Rn. 8; vgl. Lüderssen/Jahn in Löwe/Rosenberg Rn. 14; Dünnebier NJW 1976, 1 (3); aA Stern in AK-StPO Rn. 10; Schmitt in Meyer-Goßner/Schmitt Rn. 8; einschr. Willnow in KK-StPO Rn. 8.

18 Schmitt in Meyer-Goßner/Schmitt Rn. 5.

19 OLG Karlsruhe 14.3.1975 – 2 ARs 5/75, NJW 1975, 943.

20 Willnow in KK-StPO Rn. 11; Schmitt in Meyer-Goßner/Schmitt Rn. 5.

21 Lüderssen/Jahn in Löwe/Rosenberg Rn. 17; Reinhart in Radtke/Hohmann Rn. 10.

22 Willnow in KK-StPO Rn. 13; Schmitt in Meyer-Goßner/Schmitt Rn. 10; Wohlers in SK-StPO Rn. 16; Lüderssen/Jahn in Löwe/Rosenberg Rn. 17 und Reinhart in Radtke/Hohmann Rn. 11 weisen jedoch ausdrücklich darauf hin, dass die Mitteilungen nicht erst zusammen mit der Terminsladung erfolgen sollten.

Gericht zu erfolgen, sondern bereits durch das vorlegende Gericht oder die beantragende StA. Mit Blick auf die kurzen Ladungsfristen (§ 138d Abs. 2 S. 2) gebietet die Verfahrensfairness eine **schnellstmögliche Mitteilung.**

III. Vorläufige Maßnahmen des Gerichts (Abs. 3)

12 Vor der Entscheidung über die Ausschließung des Verteidigers können nach Abs. 3 vorläufige Maßnahmen angeordnet werden. Gem. Abs. 3 S. 1 kann zwischen Klageerhebung und rechtskräftigem Abschluss des Verfahrens das mit der Sache befasste Gericht das **Ruhen des Akteneinsichtsrechts gem. § 147 sowie des Verkehrsrechts mit dem nicht auf freiem Fuß befindlichen Beschuldigten gem. § 148** anordnen. Ist die Sache noch nicht oder nicht mehr bei Gericht anhängig, so kann das nach Abs. 1 zuständige Gericht diese Anordnung treffen (Abs. 3 S. 2). Das Gesetz stellt die Anordnung in das **Ermessen des Gerichts.**[23] Da eine entsprechende Anordnung einen erheblichen Eingriff in die Verteidigungsrechte des Beschuldigten und die Berufsfreiheit des Verteidigers darstellt, ist von der Ermessensvorschrift restriktiv Gebrauch zu machen. Eine Anordnung ist unter Beachtung des Übermaßverbots **nur dann zulässig,** wenn konkrete Anhaltspunkte dafür bestehen, dass es zu einem Missbrauch der genannten Verteidigerrechte kommen werde.[24] Vor der Anordnung ist die StA zu hören (§ 33 Abs. 2), sofern kein Fall des § 33 Abs. 4 vorliegt, ebenso der betroffene Verteidiger (ggf. auch dessen Verteidiger) sowie dessen Mandant (§ 33 Abs. 3).[25] Die Anordnung erfolgt durch unanfechtbaren **Beschl.** (Abs. 3 S. 3), der entgegen § 34 **zu begründen** ist, da er die Rechte des Verteidigers erheblich einschränkt.[26] Gem. Abs. 3 S. 1 Hs. 2 kann das Gericht das Ruhen der Verteidigerrechte auch für Verfahren anordnen, in denen ein Verteidigerausschluss die Verteidigungsverbote gem. § 138a Abs. 4 und 5 auslösen würde.[27] Jedoch treten die Wirkungen der Anordnung in den jeweiligen Verfahren erst dann ein, wenn das dort zuständige Gericht dies ausdrücklich festgestellt hat.[28]

13 Selbst wenn der Beschuldigte noch andere Verteidiger hat oder die Verteidigung nicht nach § 140 notwendig ist, hat das Gericht gem. Abs. 3 S. 4 **für die Dauer der Anordnung** zur Wahrnehmung der Rechte aus §§ 147, 148 einen **anderen Verteidiger zu bestellen.**[29] Aus dem Verweis des Abs. 3 S. 5 auf § 142 ergibt sich, dass die Bestellung durch den Vorsitzenden des Gerichts erfolgt und dem Beschuldigten ein Wahlrecht des zu bestellenden Verteidigers zusteht.[30] Entgegen der sich eng am Wortlaut orientierenden Ansicht[31] beschränkt sich die **Aufgabe des zu bestellenden Verteidigers** nicht allein auf die Wahrnehmung der ruhenden Verteidigerrechte nach §§ 147, 148.[32] Nimmt man einem Verteidiger die elementaren Rechte aus §§ 147, 148, ist seine Verteidigerstellung weitgehend entwertet.[33] Ein in seinen Befugnissen eingeschränkter Pflichtverteidiger kann diesen mit der

[23] Lüderssen/Jahn in Löwe/Rosenberg Rn. 25; Wohlers in SK-StPO Rn. 20.

[24] Vgl. OLG Stuttgart 27.3.1975 – 2 ARs 90/75, AnwBl 1975, 170; OLG Stuttgart 12.3.1975 – 2 ARs 81/75, AnwBl 1975, 170; Lüderssen/Jahn in Löwe/Rosenberg Rn. 25; Reinhart in Radtke/Hohmann Rn. 12.

[25] Lüderssen/Jahn in Löwe/Rosenberg Rn. 29; Reinhart in Radtke/Hohmann Rn. 12; Wohlers in SK-StPO Rn. 21.

[26] Willnow in KK-StPO Rn. 19; Staudinger in KMR-StPO Rn. 8; Lüderssen/Jahn in Löwe/Rosenberg Rn. 30; aA Schmitt in Meyer-Goßner/Schmitt Rn. 12; Reinhart in Radtke/Hohmann Rn. 12.

[27] Willnow in KK-StPO Rn. 20; Wohlers in SK-StPO Rn. 18.

[28] Willnow in KK-StPO Rn. 20; Reinhart in Radtke/Hohmann Rn. 13.

[29] Willnow in KK-StPO Rn. 17; Schmitt in Meyer-Goßner/Schmitt Rn. 13; Wohlers in SK-StPO Rn. 22, Lampe MDR 1975, 529 (530).

[30] Lüderssen/Jahn in Löwe/Rosenberg Rn. 33; Reinhart in Radtke/Hohmann Rn. 14; vgl. BT-Drs. 7/2526, 23; aA Willnow in KK-StPO Rn. 17.

[31] Wessing in BeckOK StPO Rn. 9; Schmitt in Meyer-Goßner/Schmitt Rn. 13; trotz Bedenken auch Julius/Schiemann in Gercke/Julius/Temming/Zöller Rn. 2, 7.

[32] Stern in AK-StPO Rn. 21; Staudinger in KMR-StPO Rn. 9; eingehend Lüderssen/Jahn in Löwe/Rosenberg Rn. 34 ff.; wohl auch Wohlers in SK-StPO Rn. 23; vgl. auch Willnow in KK-StPO Rn. 18; Reinhart in Radtke/Hohmann Rn. 14.

[33] Staudinger in KMR-StPO Rn. 9; Lüderssen/Jahn in Löwe/Rosenberg Rn. 35.

Ruhensanordnung einhergehenden Eingriff in die Rechte des Beschuldigten nicht adäquat kompensieren.[34] Um eine effektive Verteidigung zu gewährleisten, ist daher ein **unbeschränkt handlungsfähiger Verteidiger** zu bestellen.[35]

IV. Unterbrechung oder Aussetzung der Hauptverhandlung (Abs. 4)

Hat das Gericht während der Hauptverhandlung einen Vorlagebeschl. erlassen, muss es gem. Abs. 4 S. 1 zugleich die Hauptverhandlung bis zur rechtskräftigen Entscheidung durch das nach Abs. 1 zuständige Gericht unterbrechen oder aussetzen; auch dann, wenn der Angekl. noch andere Verteidiger hat.[36] Wird die **Ausschließung** des Verteidigers während der Unterbrechung, die maximal 30 Tage andauern darf (Abs. 4 S. 2), **rechtskräftig abgelehnt,** kann die Hauptverhandlung fortgeführt werden;[37] **nach rechtskräftigem Ausschluss** des Verteidigers ist eine Fortsetzung der Hauptverhandlung nur dann zulässig, wenn ein neuer Verteidiger eingearbeitet und somit in der Lage ist, die Verteidigung ordnungsgemäß zu führen.[38] Ist eine Einarbeitung des Verteidigers innerhalb des Unterbrechungszeitraums nicht möglich, hat das Gericht die Hauptverhandlung auszusetzen.[39] Eine sofortige Aussetzung hat auch dann nicht zu erfolgen, wenn das Gericht bereits bei Erlass des Vorlagebeschl. damit rechnet, dass die rechtzeitige Einarbeitung eines neuen Verteidigers nicht möglich sein wird,[40] andernfalls könnte das Verfahren auch bei Ablehnung des Verteidigerausschlusses nicht fortgesetzt werden. 14

V. Feststellungsverfahren (Abs. 5)

Sofern der Verteidiger nach der Vorlage bzw. Antragstellung gem. Abs. 2 **aus eigenem Entschluss** oder **auf Veranlassung des Beschuldigten** aus dem Verfahren ausscheidet, eröffnet Abs. 5 dem zuständigen Gericht die Möglichkeit, ein Feststellungsverfahren durchzuführen. Dadurch soll eine **Umgehung der Verteidigungsverbote** des § 138a Abs. 4 und 5 verhindert werden.[41] 15

Vorgelegt ist die Sache bereits mit Verkündung des Vorlagebeschl; ergeht der Vorlagebeschl. außerhalb der Hauptverhandlung kommt es auf den Zeitpunkt an, in dem der Beschl. den Geschäftsbereich des Gerichts verlässt.[42] Letzterem entspr. ist der Ausschließungsantrag der StA bereits mit dessen Herausgabe durch die Geschäftsstelle gestellt.[43] Scheidet der Verteidiger vor dem insofern maßgeblichen Zeitpunkt aus dem Verfahren aus, ist ein Feststellungsverfahren unzulässig.[44] 16

Das Gericht trifft die Entscheidung darüber, ob das Ausschließungsverfahren fortgesetzt werden soll, nach **pflichtgemäßem Ermessen.**[45] Bevor es die Entscheidung trifft, die in Form eines Beschl. ergeht,[46] hat das Gericht die StA, den Verteidiger sowie dessen Mandan- 17

---

34 Vgl. Lüderssen/Jahn in Löwe/Rosenberg Rn. 34 f.

35 Staudinger in KMR-StPO Rn. 9; Lüderssen/Jahn in Löwe/Rosenberg Rn. 35; einschr. Willnow in KK-StPO Rn. 18; Reinhart in Radtke/Hohmann Rn. 14, die dem zu bestellenden Verteidiger die Befugnis zur Vornahme unaufschiebbarer Prozesshandlungen zusprechen.

36 Wessing in BeckOK StPO Rn. 10; Lüderssen/Jahn in Löwe/Rosenberg Rn. 20; Schmitt in Meyer-Goßner/Schmitt Rn. 14.

37 Staudinger in KMR-StPO Rn. 10; Schmitt in Meyer-Goßner/Schmitt Rn. 14; Reinhart in Radtke/Hohmann Rn. 15.

38 Staudinger in KMR-StPO Rn. 10; Lüderssen/Jahn in Löwe/Rosenberg Rn. 20.

39 Beulke in Satzger/Schluckebier/Widmaier StPO Rn. 25; Lüderssen/Jahn in Löwe/Rosenberg Rn. 21; Wohlers in SK-StPO Rn. 25.

40 AA Lüderssen/Jahn in Löwe/Rosenberg Rn. 21; Wohlers in SK-StPO Rn. 25.

41 BT-Drs. 7/5401, 7; OLG Koblenz 3.12.1979 – 1 Ausschl 2/79, JR 1980, 477 (478) mAnm Rieß; Lüderssen/Jahn in Löwe/Rosenberg Rn. 38; Schmitt in Meyer-Goßner/Schmitt Rn. 15.

42 Willnow in KK-StPO Rn. 26; Schmitt in Meyer-Goßner/Schmitt Rn. 15.

43 Willnow in KK-StPO Rn. 26; Schmitt in Meyer-Goßner/Schmitt Rn. 15.

44 OLG Düsseldorf 14.6.1994 – 1 Ws 365-366/94, NStZ 1994, 450; Willnow in KK-StPO Rn. 26.

45 OLG Koblenz 3.12.1979 – 1 Ausschl 2/79, JR 1980, 477; Schmitt in Meyer-Goßner/Schmitt Rn. 16.

46 Willnow in KK-StPO Rn. 28; Schmitt in Meyer-Goßner/Schmitt Rn. 17.

ten zu hören.[47] Mit Blick auf den erheblichen Eingriff in die Berufsfreiheit des Verteidigers kommt eine **Weiterführung des Verfahrens** nur in Betracht, wenn nach den Umständen des Falls Konflikte zu erwarten sind, denen durch die Verteidigungsverbote des § 138a Abs. 4 und 5 begegnet werden muss[48] oder konkrete Anhaltspunkte dafür bestehen, dass der Verteidiger später erneut die Übernahme der Verteidigung beabsichtigt.[49] Sofern dies nicht der Fall ist, ist das Ausschließungsverfahren durch Einstellung zu beenden.[50] Die Feststellung, dass die Mitwirkung des ausgeschiedenen Verteidigers unzulässig ist, steht der Ausschließung gleich (Abs. 5 S. 2).

VI. Kostenauferlegung (Abs. 6)

18 Gem. Abs. 6 S. 1 können einem ausgeschlossenen Verteidiger die durch die Aussetzung entstandenen Kosten auferlegt werden. Die Vorschrift gilt nur für das Ausschließungsverfahren, betrifft also weder das Feststellungs- noch das Aufhebungsverfahren.[51] **Voraussetzung** für eine Kostenauferlegung ist, dass der Verteidiger die Ausschließung verschuldet hat, die Hauptverhandlung ausgesetzt – nicht nur unterbrochen – wurde und es unangemessen wäre, die Staatskasse oder den Angekl. mit den Kosten zu belasten.[52] **Zuständig** für die Kostenauferlegung ist das Gericht, bei dem das Verfahren anhängig ist (Abs. 6 S. 2).

VII. Beschwerde

19 Gegen die **Ablehnung des Vorlageantrags** kann die StA Beschwerde nach § 304 Abs. 1 und 2 einlegen.[53] Auch die **Kostenentscheidung** (→ Rn. 18) ist mit der Beschwerde anfechtbar, sofern sie nicht vom erstinstanzlichen OLG erlassen wurde (§ 304 Abs. 4)[54] und der Wert des Beschwerdegegenstands 200 Euro übersteigt (§ 304 Abs. 3). Beschwerdeberechtigt sind die StA, der mit den Kosten belastete Verteidiger und, sofern dem Verteidiger die Kosten nicht auferlegt wurden, der Angeklagte.[55]

VIII. Aufhebungsverfahren

20 Für das Verfahren zur Aufhebung des Ausschlusses gilt **§ 138c entspr.**[56] Demnach ist das OLG bzw. der BGH auch für die Entscheidung über die Aufhebung zuständig, jedoch ist die Sache nicht zwangsläufig dem Gericht vorzulegen, das auch die Ausschließungsentscheidung getroffen hat, sondern dem Gericht, das zum Zeitpunkt der Vorlage für die Ausschließung zuständig wäre.[57] Das Gericht entscheidet im schriftlichen Verfahren, da das Aufhebungsverfahren anders als das Ausschließungsverfahren (§ 138d Abs. 1) **keine mündliche Verhandlung** erfordert.[58] Den **Antrag auf Aufhebung** kann sowohl der Beschuldigte als auch der ausgeschlossene Verteidiger stellen; er muss nicht bei dem Gericht gestellt

---

47 Willnow in KK-StPO Rn. 28; Staudinger in KMR-StPO Rn. 12.

48 OLG Koblenz 3.12.1979 – 1 Ausschl 2/79, JR 1980, 477 (478) mAnm Rieß; Lüderssen/Jahn in Löwe/Rosenberg Rn. 42; vgl. auch BGH 26.8.1992 – 2 ARs 349/92 (KG), NJW 1992, 3048.

49 BGH 8.1.1993 – 2 ARs 540/92, Kusch NStZ 1994, 23 – RsprÜ; Rieß JR 1980, 479.

50 BGH 26.8.1992 – 2 ARs 349/92 (KG), NJW 1992, 3048; OLG Düsseldorf 24.1.1995 – 1 Ws 1003/94, NJW 1995, 739; Rieß JR 1980, 479.

51 Willnow in KK-StPO Rn. 33; Schmitt in Meyer-Goßner/Schmitt Rn. 18.

52 Stern in AK-StPO Rn. 26; Willnow in KK-StPO Rn. 33; Schmitt in Meyer-Goßner/Schmitt Rn. 18; Reinhart in Radtke/Hohmann Rn. 19.

53 OLG Karlsruhe 18.11.1982 – 3 Ws 272/82, NStZ 1983, 281 mzustAnm Bohnert; Schmitt in Meyer-Goßner/Schmitt Rn. 19.

54 Lüderssen/Jahn in Löwe/Rosenberg Rn. 47; Wohlers in SK-StPO Rn. 34.

55 Willnow in KK-StPO Rn. 34; Schmitt in Meyer-Goßner/Schmitt Rn. 19; Wohlers in SK-StPO Rn. 34.

56 Stern in AK-StPO Rn. 28; Willnow in KK-StPO Rn. 29; eingehend Lüderssen/Jahn in Löwe/Rosenberg Rn. 52 ff.; Wohlers in SK-StPO Rn. 35.

57 Stern in AK-StPO Rn. 28; Willnow in KK-StPO Rn. 29; Lüderssen/Jahn in Löwe/Rosenberg Rn. 53.

58 BGH 20.1.1984 – 2 ARs 387/83, BGHSt 32, 231 (232) = NJW 1984, 935; Willnow in KK-StPO Rn. 29; Wohlers in SK-StPO Rn. 35.

werden, bei dem das Verfahren anhängig ist; vielmehr kann er auch unmittelbar bei dem Gericht angebracht werden, das über die Aufhebung entscheidet.[59]

§ 138d Verfahren bei Ausschließung des Verteidigers

(1) Über die Ausschließung des Verteidigers wird nach mündlicher Verhandlung entschieden.

(2) [1]Der Verteidiger ist zu dem Termin der mündlichen Verhandlung zu laden. [2]Die Ladungsfrist beträgt eine Woche; sie kann auf drei Tage verkürzt werden. [3]Die Staatsanwaltschaft, der Beschuldigte und in den Fällen des § 138c Abs. 2 Satz 3 der Vorstand der Rechtsanwaltskammer sind von dem Termin zur mündlichen Verhandlung zu benachrichtigen.

(3) Die mündliche Verhandlung kann ohne den Verteidiger durchgeführt werden, wenn er ordnungsgemäß geladen und in der Ladung darauf hingewiesen worden ist, daß in seiner Abwesenheit verhandelt werden kann.

(4) [1]In der mündlichen Verhandlung sind die anwesenden Beteiligten zu hören. [2]Für die Anhörung des Vorstands der Rechtsanwaltskammer gilt § 247a Absatz 2 Satz 1 und 3 entsprechend. [3]Den Umfang der Beweisaufnahme bestimmt das Gericht nach pflichtgemäßem Ermessen. [4]Über die Verhandlung ist ein Protokoll aufzunehmen; die §§ 271 bis 273 gelten entsprechend.

(5) [1]Die Entscheidung ist am Schluß der mündlichen Verhandlung zu verkünden. [2]Ist dies nicht möglich, so ist die Entscheidung spätestens binnen einer Woche zu erlassen.

(6) [1]Gegen die Entscheidung, durch die ein Verteidiger aus den in § 138a genannten Gründen ausgeschlossen wird oder die einen Fall des § 138b betrifft, ist sofortige Beschwerde zulässig. [2]Dem Vorstand der Rechtsanwaltskammer steht ein Beschwerderecht nicht zu. [3]Eine die Ausschließung des Verteidigers nach § 138a ablehnende Entscheidung ist nicht anfechtbar.

I. Mündliche Verhandlung (Abs. 1)

Abs. 1 schreibt die Durchführung einer **mündlichen Verhandlung** vor. Sie soll insbes. 1
einer zügigen Durchführung des Ausschließungsverfahrens dienen; zudem ist sie besser als ein schriftliches Verfahren dazu geeignet, die den Verteidiger auf den ersten Blick belastenden Umstände zu hinterfragen und ggf. zu entkräften.[1] Sie ist **nicht öffentlich,** da sie außerhalb der Hauptverhandlung – mithin nicht vor dem erkennenden Gericht iSd § 169 GVG – durchgeführt wird.[2] Hinsichtlich der **Gerichtsbesetzung** → § 138c Rn. 3. Einer mündlichen Verhandlung bedarf es ausnahmsweise dann nicht, wenn der Ausschließungsantrag bzw. der Vorlagebeschl. unzulässig – etwa wegen Unzuständigkeit des Gerichts[3] oder mangels Einhaltung der inhaltlichen Mindestanforderungen[4] – oder offensichtlich unbegründet ist.[5]

---

[59] Lüderssen/Jahn in Löwe/Rosenberg Rn. 56; Wohlers in SK-StPO Rn. 36.

[1] BT-Drs. 7/2526,23.

[2] BGH 4.5.1979 – 2 ARs 88/79, Pfeiffer NStZ 1981, 93 (95) – RsprÜ; OLG Stuttgart 9.4.1975 – 1 ARs 25/75, NJW 1975, 1669; Willnow in KK-StPO Rn. 3; Lampe MDR 1975, 529.

[3] BGH 2.8.1991 – 3 ARs 19/91, BGHSt 38, 52 = NJW 1991, 2917.

[4] OLG Düsseldorf 1.12.1982 – 1 Ws 953/82, NStZ 1983, 185; OLG Karlsruhe 14.3.1975 – 2 ARs 5/75, NJW 1975, 943; vgl. → § 138c Rn. 8.

[5] KG 4.7.2007 – (5 (A)) 4 AR 116/01 (2/07), StraFo 2008, 242; OLG Düsseldorf 10.12.1990 – 1 Ws 1096/90, NJW 1991, 996; OLG Stuttgart 18.12.1986 – 1 Ausschl. 3/86, NJW 1987, 2883; OLG Bremen 4.12.1980 – BL 337/80, NJW 1981, 2711; eingehend Jahn in Löwe/Rosenberg Rn. 3 f. mwN; aA Fezer GS Meyer, 1990, 81 (91).

II. Stellung des Verteidigers

2 Die Stellung des von der Ausschließung bedrohten Verteidigers ähnelt der eines Beschuldigten, so dass ihm **entspr. § 137** das Recht auf **Beistand eines Verteidigers** einzuräumen ist;[6] die aA,[7] nach der er sich nur eines auf die Rechte eines Zeugenbeistands beschränkten RAs bedienen könne, erscheint nicht sachgerecht.[8]

III. Ladung und Benachrichtigungen (Abs. 2 und 3)

3 Der Verteidiger ist unter Beachtung der Ladungsfrist (Abs. 2 S. 2) zur mündlichen Verhandlung zu **laden** (Abs. 2 S. 1). Die StA, der Beschuldigte und ggf. der Vorstand der RAK sind formlos zu **benachrichtigen** (Abs. 2 S. 3); gleiches gilt – trotz fehlender Erwähnung in der Vorschrift – für einen ggf. vorhandenen Verteidiger des von der Ausschließung bedrohten Verteidigers (→ Rn. 2).[9] Befindet sich der Beschuldigte in Haft, ist er auf Wunsch vorzuführen.[10] Die Verhandlung kann in **Abwesenheit des Verteidigers** durchgeführt werden, wenn er ordnungsgemäß geladen und in der Ladung auf diese Möglichkeit hingewiesen worden ist (Abs. 3);[11] jedoch nicht bei nachweislich unverschuldetem Fernbleiben, etwa wegen Erkrankung. Im Falle anderweitiger Terminkollisionen ist zwischen dem Interesse des Verteidigers an Teilnahme an der Verhandlung und dem öffentlichen Interesse an zügiger Durchführung des Ausschließungsverfahrens abzuwägen.[12]

IV. Anhörung, Beweisaufnahme, Protokoll (Abs. 4)

4 Die **Beteiligten,** also neben dem Verteidiger und ggf. dessen Verteidiger (→ Rn. 2), die StA, der Beschuldigte sowie ggf. der Vorstand der RAK, sind in der mündlichen Verhandlung **anzuhören** (Abs. 4 S. 1). Durch das Gesetz betreffend die Videokonferenztechnik vom 25.4.2013 (BGBl. I 935) wurde der heutige Satz 2 in die Norm eingefügt, der für die Anhörung des Vorstands der Rechtsanwaltskammer auf § 247a Abs. 2 S. 1 verweist. Die hierdurch geregelte Option einer Teilnahme und Anhörung des Kammervorstands mittels Videokonferenztechnik ist zu begrüßen. Sie dürfte dazu führen, dass Kammervorstände häufiger als in der Vergangenheit von ihrem Teilnahme- und Äußerungsrecht Gebrauch machen. Ein unmittelbarer Eindruck von der Anhörungssituation (vor Ort im Gerichtssaal) dürfte für den Kammervorstand in der Tat entbehrlich sein. Die Entscheidung über die Videokonferenztechnik ist unanfechtbar; der Verweis auf § 247a Abs. 2 wurde durch das Gesetz zur Fortentwicklung der Strafprozessordnung und zur Änderung weiterer Vorschriften vom 25.6.2021 (BGBl. I 2099) um S. 3 ergänzt. Das Gericht bestimmt den **Umfang der Beweisaufnahme** nach pflichtgemäßem Ermessen (Abs. 4 S. 3). Da es nicht Aufgabe des Gerichts ist, den in dem Vorlagebeschl. bzw. Ausschließungsantrag bezeichneten Sachverhalt durch weitere Ermittlungen zu ergänzen, beschränkt sich die Aufklärungspflicht auf den dort vorgetragenen Sachverhalt.[13] Auf Grund des erheblichen Eingriffs in die Berufsfreiheit des Verteidigers durch einen möglichen Ausschluss und einer andernfalls bestehenden Schlechterstellung des betroffenen Verteidigers gegenüber einem Beschuldigten, sollte die

---

6 Julius/Schiemann in Gercke/Julius/Temming/Zöller Rn. 2; Beulke in Satzger/Schluckebier/Widmaier StPO Rn. 8; Jahn in Löwe/Rosenberg Rn. 6; Reinhart in Radtke/Hohmann Rn. 6; Wohlers in SK-StPO Rn. 8.

7 KG 1.9.1980 – 4 Ws 24/80, AnwBl 1981, 116 (117) mablAnm Schmidt; Willnow in KK-StPO Rn. 6; Schmitt in Meyer-Goßner/Schmitt Rn. 5.

8 Julius/Schiemann in Gercke/Julius/Temming/Zöller Rn. 2.

9 Jahn in Löwe/Rosenberg Rn. 6.

10 Willnow in KK-StPO Rn. 4; Reinhart in Radtke/Hohmann Rn. 4; Wohlers in SK-StPO Rn. 7.

11 Jahn in Löwe/Rosenberg Rn. 2.

12 Jahn in Löwe/Rosenberg Rn. 2; Wohlers in SK-StPO Rn. 6; vgl. Stern in AK-StPO Rn. 7.

13 BGH 27.5.1991 – AnwSt (B) 2/91, NJW 1991, 2780 (2781); OLG Karlsruhe 14.3.1975 – 2 ARs 5/75, NJW 1975, 943 (945); Schmitt in Meyer-Goßner/Schmitt Rn. 6; Wohlers in SK-StPO Rn. 9 mwN.

Beweisaufnahme entgegen der hM[14] nicht im Freibeweis- sondern im **Strengbeweisverfahren** erfolgen.[15]

Um dem Beschwerdegericht die Nachprüfung der Entscheidungsgrundlagen zu ermöglichen, bestimmt Abs. 4 S. 4, dass ein den §§ 271 bis 273 entspr. **Protokoll** über die mündliche Verhandlung aufzunehmen ist.[16] Vor diesem Hintergrund sind auch die **wesentlichen Ergebnisse** der Verhandlung zu protokollieren.[17] 5

V. Entscheidung (Abs. 5)

Die Entscheidung ergeht durch einen gem. § 34 mit Gründen zu versehenen **Beschl.,** 6 der grds. am Ende der Verhandlung zu verkünden ist; andernfalls ist er spätestens binnen einer Woche nach der Verhandlung schriftlich zu erlassen (Abs. 5 S. 2) und im Falle der Ausschließung dem Verteidiger sowie dem Beschuldigten nebst Belehrung über die nach Abs. 6 zulässigen Rechtsmittel zuzustellen (§§ 35 Abs. 2 S. 1, 35a); im Übrigen genügt eine formlose Mitteilung (§ 35 Abs. 2 S. 2). Die **Kosten** des Ausschließungsverfahrens sind stets der Staatskasse aufzuerlegen. Für den Fall einer Ablehnung der Ausschließung ergibt sich dies aus einer entspr. Anwendung des § 467 Abs. 1, im Falle der Ausschließung mangels gesetzlicher Anordnung einer Kostentragungspflicht für den ausgeschlossenen Verteidiger – eine analoge Anwendung des § 465 Abs. 1 kommt nicht in Betracht.[18] Bei Nichtausschließung sind auch die Kosten für die Hinzuziehung eines Verteidigers aus der Staatskasse zu erstatten.[19]

VI. Rechtskraft der Entscheidung

Die Ausschließung wird mit **Rechtskraft des Beschl.** wirksam (→ § 138a Rn. 19). 7 Ab diesem Zeitpunkt ist dem Beschuldigten gem. § 140 Abs. 1 Nr. 8 ein Pflichtverteidiger zu bestellen (→ § 140 Rn. 25). Die Rechtskraft des Beschl. ist **beschränkt:**[20] Eine Aufhebung der Ausschließung ist unter den Voraussetzungen des § 138a Abs. 3 stets möglich (→ § 138a Rn. 14 f.). Zulässig ist auch die erneute Einleitung eines Ausschließungsverfahrens, jedoch nur bei Vorliegen neuer Tatsachen oder Beweise.[21]

VII. Anfechtung (Abs. 6)

Gegen den vom OLG erlassenen Ausschließungsbeschl. können der betroffene Verteidi- 8 ger, der Beschuldigte (für diesen auch der betroffene Verteidiger)[22] sowie die StA **sofortige Beschwerde** einlegen (Abs. 6 S. 1); der Vorstand der RAK ist nicht beschwerdeberechtigt (Abs. 6 S. 2). Eine Beschwerde gegen die **Ablehnung der Ausschließung** ist nur in Fällen des § 138b möglich (vgl. Abs. 6 S. 3). Gleiches gilt für die **Aufhebung der Ausschlie-**

[14] BGH 24.8.1978 – 2 ARs 245/78, BGHSt 28, 116 = NJW 1979, 115; Willnow in KK-StPO Rn. 7; Schmitt in Meyer-Goßner/Schmitt Rn. 7; Reinhart in Radtke/Hohmann Rn. 7; Staudinger in KMR-StPO Rn. 6; Wohlers in SK-StPO Rn. 10 mwN.

[15] Julius/Schiemann in Gercke/Julius/Temming/Zöller Rn. 3; Jahn in Löwe/Rosenberg Rn. 11; Bottke JR 1984, 300 (301 f.); Dünnebier NJW 1976, 1 (3).

[16] BT-Drs. 7/2526, 24.

[17] Stern in AK-StPO Rn. 10; Jahn in Löwe/Rosenberg Rn. 12; Dünnebier NJW 1976, 1 (4); aA Schmitt in Meyer-Goßner/Schmitt Rn. 8.

[18] Rieß JR 1980, 479 (480); Rieß NStZ 1981, 328 (332); Julius/Schiemann in Gercke/Julius/Temming/Zöller Rn. 4; Wohlers in SK-StPO Rn. 15; aA Stern in AK-StPO Rn. 12; Schmitt in Meyer-Goßner/Schmitt Rn. 10; Reinhart in Radtke/Hohmann Rn. 9.

[19] Stern in AK-StPO Rn. 12; Wohlers in SK-StPO Rn. 15; aA KG 1.9.1980 – 4 Ws 24/80, AnwBl 1981, 116 mablAnm Schmidt.

[20] Schmitt in Meyer-Goßner/Schmitt Rn. 15; Reinhart in Radtke/Hohmann Rn. 14; Frye wistra 2005, 86 (91).

[21] Schmitt in Meyer-Goßner/Schmitt Rn. 15; Reinhart in Radtke/Hohmann Rn. 14; Frye wistra 2005, 86 (91).

[22] Stern in AK-StPO Rn. 14; Willnow in KK-StPO Rn. 14; Jahn in Löwe/Rosenberg Rn. 16; Schmitt in Meyer-Goßner/Schmitt Rn. 12; vgl. auch BGH 27.2.1976 – 1 BJs 25/75 – StB 8/76, BGHSt 26, 291 (295).

ßung.[23] Wird die Aufhebung der Ausschließung abgelehnt, ist auch hiergegen gem. Abs. 6 analog sofortige Beschwerde zulässig.[24] Über die sofortige Beschwerde entscheidet der BGH (§ 135 Abs. 2 GVG) ohne mündliche Verhandlung (§ 309 Abs. 1) in der Besetzung von drei Berufsrichtern (§ 139 Abs. 2 GVG).

9 Der Beschl. ist **nicht mit der Revision** anfechtbar (§ 336 S. 2). Jedoch kann bei Verstoß gegen § 140 Abs. 1 Nr. 8 eine Revision auf § 338 Nr. 5 gestützt werden.[25]

§ 139 Übertragung der Verteidigung auf einen Referendar

Der als Verteidiger gewählte Rechtsanwalt kann mit Zustimmung dessen, der ihn gewählt hat, die Verteidigung einem Rechtskundigen, der die erste Prüfung für den Justizdienst bestanden hat und darin seit mindestens einem Jahr und drei Monaten beschäftigt ist, übertragen.

I. Allgemeines

1 Die Vorschrift bezweckte urspr., den Mangel an verteidigenden RAen zu kompensieren; heute dient sie allenfalls noch der **Ermöglichung einer praxisnahen Ausbildung.**[1] Gem. § 387 Abs. 2 gilt die Regelung auch für den Anwalt des Privatklägers. Für den Anwalt des Nebenklägers (§ 397) sowie des Verletzten (§§ 406f, 406h) gilt § 139 entsprechend.[2]

II. Übertragung durch gewählten RA auf einen Referendar

2 Zur Übertragung der Verteidigung auf einen Referendar ist nur der **als Verteidiger gewählte RA** berechtigt, also nicht der Pflichtverteidiger[3] oder ein anderer Wahlverteidiger.[4] Der **Referendar** – nur dieser ist nach allgA mit Rechtskundiger gemeint – muss sich seit mindestens einem Jahr und drei Monaten im Vorbereitungsdienst (§ 5b DRiG) befinden. Nicht notwendig ist, dass der Referendar gerade dem die Verteidigung übertragenden RA zur Ausbildung zugewiesen ist.[5] **Assessoren** werden von der Vorschrift nicht umfasst.[6] Ihnen bleibt aber die Möglichkeit, nach § 138 Abs. 2 (→ § 138 Rn. 13) oder als bestellter Vertreter eines RA gem. § 53 Abs. 4 S. 2 BRAO die Verteidigung zu übernehmen.

3 Seit Neufassung der Vorschrift durch das StVÄG 1987 ist unstr., dass die Übertragung **in jedem Verfahrensstadium** möglich ist.[7] Sie wird durch Unterbevollmächtigung bewirkt.[8] Die Übertragung ist unzulässig, wenn sie der Verteidigung in eigener Sache dienen soll.[9]

---

[23] Willnow in KK-StPO Rn. 17; Jahn in Löwe/Rosenberg Rn. 17; Reinhart in Radtke/Hohmann Rn. 10; Wohlers in SK-StPO Rn. 21.

[24] Willnow in KK-StPO Rn. 17; Reinhart in Radtke/Hohmann Rn. 10; Wohlers in SK-StPO Rn. 21; aA BGH 20.1.1984 – 2 ARs 387/83, BGHSt 32, 231 (232) = NJW 1984, 935; Staudinger in KMR-StPO Rn. 13; Schmitt in Meyer-Goßner/Schmitt Rn. 12.

[25] Julius/Schiemann in Gercke/Julius/Temming/Zöller Rn. 7; vgl. → § 140 Rn. 58.

[1] Julius/Schiemann in Gercke/Julius/Temming/Zöller Rn. 1; Lüderssen/Jahn in Löwe/Rosenberg Rn. 1; vgl. BGH 30.3.1976 – 1 StR 30/76, BGHSt 26, 319 = NJW 1976, 1221.

[2] Stern in AK-StPO Rn. 4; Lüderssen/Jahn in Löwe/Rosenberg Rn. 8.

[3] BGH 13.7.1989 – 4 StR 315/89, StV 1989, 465; BGH 26.6.1958 – 5 StR 235/58, NJW 1958, 1308.

[4] Willnow in KK-StPO Rn. 1; Schmitt in Meyer-Goßner/Schmitt Rn. 1; Wohlers in SK-StPO Rn. 5 mwN.

[5] Stern in AK-StPO Rn. 3; Lüderssen/Jahn in Löwe/Rosenberg Rn. 14; Wohlers in SK-StPO Rn. 6.

[6] BGH 30.3.1976 – 1 StR 30/76, BGHSt 26, 319 = NJW 1976, 1221; BayObLG 11.1.1991 – RReg. 1 St 337/90, NJW 1991, 2434.

[7] Lüderssen/Jahn in Löwe/Rosenberg Rn. 13 f.; Wohlers in SK-StPO Rn. 3; vgl. zur früheren Streitfrage, ob eine Übertragung bereits vor Eröffnung des Hauptverfahrens zulässig ist BGH 26.10.1972 – 1 BJs 6/71 – III BGs 62/72, NJW 1973, 64.

[8] Lüderssen/Jahn in Löwe/Rosenberg Rn. 12; Schmitt in Meyer-Goßner/Schmitt Rn. 2.

[9] OLG Karlsruhe 27.7.1970 – 1 Ss 295/70, MDR 1971, 320.

III. Zustimmung des Beschuldigten

Die Übertragung der Verteidigung setzt die **Zustimmung des Beschuldigten** voraus.[10] Ihre Erteilung ist bereits in der allgemeinen Vollmachtsurkunde möglich.[11] Erfolgt die Wahl des Verteidigers durch den gesetzlichen Vertreter (§ 137 Abs. 2) oder den Erziehungsberechtigten (§ 67 Abs. 3 JGG), bedarf es zusätzlich dessen Zustimmung.[12] Ein Widerruf der Zustimmung ist jederzeit möglich.[13] 4

IV. Folgen der Übertragung

In Folge der Übertragung ist der Referendar befugt, **alle Verteidigerrechte** wahrzunehmen;[14] seine Prozesshandlungen sind wirksam, Zustellungen (§ 145a) können über die Kanzlei des RA an ihn gerichtet werden.[15] Er kann anstelle des RA[16] oder auch neben ihm auftreten.[17] Der RA bleibt jedoch auch nach Übertragung der Verteidigung stets verpflichtet, die Tätigkeit des Referendars zu überwachen.[18] Sofern der Referendar neben dem RA auftritt, zählt er daher entgegen der ganz hM[19] nicht zu den gewählten Verteidigern im Sinne des § 137 Abs. 1 S. 2 – neben dem Referendar dürfen mithin drei Verteidiger gewählt werden (→ § 137 Rn. 33). 5

V. Revision

Wird ein Referendar trotz ordnungsgemäßer Übertragung der Verteidigung nicht zugelassen, kann die Revision auf **§ 338 Nr. 8** – bei notwendiger Verteidigung auch auf § 338 Nr. 5 – gestützt werden.[20] Führt im Falle einer notwendigen Verteidigung der Referendar bei wesentlichen Teilen der Hauptverhandlung die Verteidigung allein, obwohl ihm diese nicht wirksam übertragen wurde, begründet dies die Rüge nach **§ 338 Nr. 5.**[21] 6

§ 140 Notwendige Verteidigung

(1) Ein Fall der notwendigen Verteidigung liegt vor, wenn

1. zu erwarten ist, dass die Hauptverhandlung im ersten Rechtszug vor dem Oberlandesgericht, dem Landgericht oder dem Schöffengericht stattfindet;

2. dem Beschuldigten ein Verbrechen zur Last gelegt wird;

3. das Verfahren zu einem Berufsverbot führen kann;

4. der Beschuldigte nach den §§ 115, 115a, 128 Absatz 1 oder § 129 einem Gericht zur Entscheidung über Haft oder einstweilige Unterbringung vorzuführen ist;

5. der Beschuldigte sich auf Grund richterlicher Anordnung oder mit richterlicher Genehmigung in einer Anstalt befindet;

---

10 Stern in AK-StPO Rn. 5; Willnow in KK-StPO Rn. 2.

11 Willnow in KK-StPO Rn. 2; Lüderssen/Jahn in Löwe/Rosenberg Rn. 10; Schmitt in Meyer-Goßner/Schmitt Rn. 2; aA KG 25.11.1971 – 2 Ws 171/71, JR 1972, 206; Julius/Schiemann in Gercke/Julius/Temming/Zöller Rn. 4; offen BGH 27.7.2006 – 1 StR 147/06, StraFo 2006, 454 (455).

12 Stern in AK-StPO Rn. 5; Staudinger in KMR-StPO Rn. 2; Wohlers in SK-StPO Rn. 8; aA Lüderssen/Jahn in Löwe/Rosenberg Rn. 11.

13 Stern in AK-StPO Rn. 5; Willnow in KK-StPO Rn. 2; Wohlers in SK-StPO Rn. 7.

14 Lüderssen/Jahn in Löwe/Rosenberg Rn. 12; Schmitt in Meyer-Goßner/Schmitt Rn. 6.

15 Wessing in BeckOK StPO Rn. 4; Willnow in KK-StPO Rn. 4; Lüderssen/Jahn in Löwe/Rosenberg Rn. 12; Schmitt in Meyer-Goßner/Schmitt Rn. 6.

16 OLG Oldenburg 24.8.2005 – Ss 213/05 (II 147), DAR 2005, 701; Schmitt in Meyer-Goßner/Schmitt Rn. 6.

17 Stern in AK-StPO Rn. 7; Willnow in KK-StPO Rn. 4; Lüderssen/Jahn in Löwe/Rosenberg Rn. 12; Wohlers in SK-StPO Rn. 9.

18 Willnow in KK-StPO Rn. 4; Staudinger in KMR-StPO Rn. 3; Lüderssen/Jahn in Löwe/Rosenberg Rn. 12; Wohlers in SK-StPO Rn. 9.

19 Stern in AK-StPO Rn. 7; Julius/Schiemann in Gercke/Julius/Temming/Zöller Rn. 5; Willnow in KK-StPO Rn. 4; Lüderssen/Jahn in Löwe/Rosenberg Rn. 12; Wohlers in SK-StPO Rn. 9.

20 Lüderssen/Jahn in Löwe/Rosenberg Rn. 15; Reinhart in Radtke/Hohmann Rn. 9.

21 Wohlers in SK-StPO Rn. 13; Beulke in Satzger/Schluckebier/Widmaier StPO Rn. 14.

6. zur Vorbereitung eines Gutachtens über den psychischen Zustand des Beschuldigten seine Unterbringung nach § 81 in Frage kommt;
7. zu erwarten ist, dass ein Sicherungsverfahren durchgeführt wird;
8. der bisherige Verteidiger durch eine Entscheidung von der Mitwirkung in dem Verfahren ausgeschlossen ist;
9. dem Verletzten nach den §§ 397a und 406h Absatz 3 und 4 ein Rechtsanwalt beigeordnet worden ist;
10. bei einer richterlichen Vernehmung die Mitwirkung eines Verteidigers auf Grund der Bedeutung der Vernehmung zur Wahrung der Rechte des Beschuldigten geboten erscheint;
11. ein seh-, hör-, oder sprachbehinderter Beschuldigter die Bestellung beantragt.

(2) Ein Fall der notwendigen Verteidigung liegt auch vor, wenn wegen der Schwere der Tat, der Schwere der zu erwartenden Rechtsfolge oder wegen der Schwierigkeit der Sach- oder Rechtslage die Mitwirkung eines Verteidigers geboten erscheint oder wenn ersichtlich ist, dass sich der Beschuldigte nicht selbst verteidigen kann.

Schrifttum: 35. Strafverteidigertag, Ergebnisse der Arbeitsgruppen, Berlin 2011, StV 2011, 321; Ahmed, Praxisprobleme beim Pflichtverteidiger nach Rechtskraft des Urteils, StV 2015, 252; Balbier, Der Pflichtverteidiger in der Revisionsinstanz – Eine (kritische) Bestandsaufnahme, Festschrift Müller, 2008, 15; Barton, Einführung in die Strafverteidigung, 2013; Bernsmann, Pflichtverteidigerbestellung vor Anordnung einer (weiteren) Unterbringung?, StV 1993, 88; Beulke, Gesamtreform der StPO-Vorschriften über „Verteidigung" – notwendig und wünschenswert?, StV 2010, 442; Beulke, Die notwendige Verteidigung im Jugendstrafverfahren – Land in Sicht?, Festschrift Böhm, 1999, 647; BRAK, Thesen zur Praxis der Verteidigerbestellung nach §§ 140 Abs. 1 Ziff. 4, 141 Abs. 3 S. 4 StPO, StV 2010, 544; Böhm, Die Beendigung der Pflichtverteidigerbestellung nach der Neuregelung des Rechts der notwendigen Verteidigung, StV 2021, 196; Böß, Das Gesetz zur Neuregelung des Rechts der notwendigen Verteidigung, NStZ 2020, 185; Brocke/Heller, Das neue Untersuchungshaftrecht aus Sicht der Praxis – Zwischenbilanz nach einem Jahr, StraFo 2011, 1; Burgard, Notwendige Verteidigung wegen hoher Straferwartung durch Änderungen der Verfahrenssituation in der Hauptverhandlung, NStZ 2000, 242; Busse, Frühe Strafverteidigung und Untersuchungshaft, Diss. 2008; Dahs, Anm. zu OLG Oldenburg v. 17.5.1984 – 2 Ws 209/84, NStZ 1984, 523, JR 1985, 257; Dahs, Anm. zu OLG Hamm v. 5.2.1981 – 1 Ws 15/81, NStZ 1982, 345; Deckers, Einige Bemerkungen zum Gesetz zur Änderung des Untersuchungshaftrechts vom 29.7.2009, StraFo 2009, 441; DVJJ, „Kölner Richtlinien" zur notwendigen Verteidigung in Jugendstrafverfahren, NJW 1989, 1024; Eisenberg, Aspekte der Rechtsstellung des Strafverteidigers, NJW 1991, 1257; Ernst, Die notwendige Verteidigung im beschleunigten Verfahren vor dem Amtsgericht, StV 2001, 367; Fromm, Pflichtverteidigerbeiordnung im Wirtschaftsstrafverfahren wegen Insolvenzverschleppung, NZI 2020, 99; Gau, Drohende Jugendstrafe – ein Fall notwendiger Verteidigung?, StraFo 2007, 315; Graalmann-Scheerer, Zur Reform des Rechts der notwendigen Verteidigung, StV 2011, 696; Hamm, Notwendige Verteidigung bei behinderten Beschuldigten, NJW 1988, 1820; Hammerstein, Verteidigung ohne Verteidiger, JR 1985, 140; Herrmann, Anm. zu OLG Düsseldorf v. 16.3.2011 – III-4 Ws 127/11, NJW 2011, 1618, StV 2011, 652; Herrmann, Aktuelles zur Pflichtverteidigung, StraFo 2011, 133; Herrmann, Überlegungen zur Reform der notwendigen Verteidigung, StV 1996, 396; Herzig, Notwendige Verteidigung bei fahrlässiger Tötung im Straßenverkehr?, NJW 1980, 164; Jahn, Untersuchungshaft und frühe Strafverteidigung im zweiten Jahrzehnt des 21. Jahrhunderts, Festschrift Rissing-van Saan, 2011, 276; Jung, Ausländerrechtliche Folgen bei der Verurteilung von ausländischen Staatsangehörigen, StV 2004, 567; Kappe, Ist die Entscheidung über die Bestellung eines Pflichtverteidigers gemäß § 140 Abs. 2 eine Ermessensentscheidung?, GA 1960, 357; Keller, Die Pflichtverteidigerbestellung im Ermittlungsverfahren, Kriminalistik 2020, 178; Klaas, Die notwendige und die „Pflichtverteidigung" – eine fallorientierte Anwendung der §§ 140 ff. StPO, JA 2020, 262; Kraft/Girkens, Die Neuregelung des Rechts der notwendigen Verteidigung, NStZ 2021, 454; Lehmann, Notwendige Verteidigung bei ambulanter psychiatrischer Begutachtung?, StV 2003, 356; Lüderssen, Die Pflichtverteidigung, NJW 1986, 2742; Michalke, Reform der Untersuchungshaft – Chance vertan?, NJW 2010, 17; Molketin, Die Rechtsprechung zu § 140 Abs. 2 S. 1 StPO in den Jahren 2004–2007, StraFo 2008, 365; Molketin, Die Rechtsprechung zu § 140 Abs. 2 S. 1 StPO in den Jahren 1998–2003, StraFo 2005, 52; Molketin, Anm. zu LG Itzehoe v. 19.2.2001 – 9 Qs 22/01 I, StraFo 2003, 421; Molketin, Rechtsprechungsübersicht zu § 140 Abs 2 Satz 1 StPO in den Jahren 1992/93, AnwBl 1995, 527; Molketin, Die notwendige Verteidigung des Angeklagten nach § 140 Abs 2 StPO, Jura 1992, 120; Molketin, Die notwendige Verteidigung bei Verkehrsdelikten, NZV 1989, 93; Molketin, Anm. zu OLG Zweibrücken v. 28.1.1986 – 1 Ss 30/86, NStZ 1987, 89; Molketin, Anm. zu OLG Zweibrücken v. 14.2.1985 – 1 Ss 259/84, NStZ 1986, 136; Molketin, Zur Anwendung des § 140 Abs 2 StPO in Wirtschaftsstrafsachen, wistra 1986, 97; Molketin, Die Schutzfunktion des § 140 Absatz 2 StPO zugunsten des Beschuldigten im

Strafverfahren unter besonderer Berücksichtigung der neueren Rechtsprechung, Diss. 1986; Molketin, Anm. zu OLG Stuttgart v. 12.8.1981 – 1 Ss. 615/81, NStZ 1981, 490, AnwBl. 1982, 32; Molketin, Zur Auslegung und Anwendung des § 140 Abs 2 StPO, insbesondere bei nicht der deutschen Gerichtssprache kundigen Beschuldigten, AnwBl 1980, 442; Müller-Jacobsen, Das neue Recht der notwendigen Verteidigung, NJW 2020, 575; Münchhalffen, Behinderung der Verteidigung bei Untersuchungshaft, StraFo 2003, 150; Münchhalffen, Rechtliche und tatsächliche Benachteiligungen des Pflichtverteidigers gegenüber dem Wahlverteidiger, StraFo 1997, 230; Nix, Anm. zu LG Gießen v. 8.12.1990 – 2 Qs 400/90, StV 1991, 204; Oellerich, Voraussetzungen einer notwendigen Verteidigung und Zeitpunkt der Pflichtverteidigerbestellung, StV 1981, 434; Ostendorf, Das deutsche Erziehungsstrafrecht – zwischen Erziehung und Repression, StV 1998, 297; Pätzel, Die Beiordnung zusätzlicher Pflichtverteidiger als Steuerungsinstrument in Strafverfahren, NStZ 2021, 257; Rieß, Pflichtverteidigung – Zwangsverteidigung – Ersatzverteidigung Reform der notwendigen Verteidigung, StV 1981, 460; Röder/Stahlmecke, Strafrecht trifft Ausländerrecht, AM 2021, 66; Rogall, Anm. zu BGH v. 21.2.1985 – 1 StR 7/85, StV 1985, 354; Rotthaus, Die Pflichtverteidigung im Verfahren zur Strafrestaussetzung, NStZ 2000, 350; Roxin, Anm. zu BGH v. 5.2.2002 – 5 StR 588/01, BGHSt 47, 233, JZ 2002, 900; Ruhs, Notwendige Verteidigungen – Zugleich Besprechung von OLG Naumburg, Beschl. V. 4.12.2013 – 2 Ss 151/13 und OLG Bamberg, Beschl. v. 3.12.2014 – Ws 622/14; Sättele, Anm. zu LG Hamburg v. 17.2.1997 – 617 Qs 7/57, StV 1998, 328; Schlothauer, Pflichtverteidigerbeiordnung nach Inhaftierung, Festschrift Samson, 2010, S. 709; Schlothauer, Neuregelung der Pflichtverteidigung: effektiver und praxistauglicher!?, StV 2017, 557; Schlothauer, Europäische Prozesskostenhilfe und notwendige Verteidigung, StV 2018, 169; Schmidt-Hieber, Absprachen im Strafprozeß – Privileg des Wohlstandskriminellen?, NJW 1990, 1884; Schmitz-Justen, „Überflüssige Verteidigung im Jugendstrafrecht?“, Festschrift ARGE Strafrecht, 2009, 819; Schmitz-Justen, Notwendige Verteidigung in Jugendstrafverfahren, StraFo 1997, 307; Schöch, Kurze Untersuchungshaft durch frühe Strafverteidigung?, StV 1997, 323; Schoeller, Das neue Recht der Pflichtverteidigung – richtlinienkonformer und praktikabler Proesskostenhilfe, StV 2019, 190; Schoeller, Von der Istbeschaffenheit der Pflichtverteidigerbeiordnung – Aus einer aktenanalytischen Studie zur Praxis der Beiordnung von Pflichtverteidigern, StV 2017, 194; Schünemann, Wohin treibt der deutsche Strafprozess?, ZStW 114 (2002), 1; Spahn, Die notwendige Verteidigung in Jugendstrafsachen, StraFo 2004, 82; Spitzer, Das Gesetz zur Neuregelung des Rechts der notwendigen Verteidigung aus europarechtlicher Sicht, StV 2020, 418; Staudinger, Dolmetscherzuziehung und/oder Verteidigerbeiordnung bei ausländischen Beschuldigten, StV 2002, 327; Strate, Pflichtverteidigung bei Ausländern, StV 1981, 46; Temming, Anm. zu OLG Frankfurt a. M. v. 29.10.1991 – 2 Ss 344/91, StV 1992, 221; Theile, Die Aufhebung der Pflichtverteidigerbestellung nach § 143a Abs. 2 S. 1 Nr. 3 StPO, StV 2021, 189; Theiß, Notwendige Verteidigung in Verfahren gegen Heranwachsenden, StV 2005, 58; Weider, Pflichtverteidigung vor dem Schöffengericht, StV 1995, 220; Werner, Neuregelung der notwendigen Verteidigung für taube, stumme und blinde Beschuldigte, NStZ 1988, 346; Wohlers, Die „unverzügliche“ Beiordnung eines Pflichtverteidigers: Gefährdung des Anspruchs auf effektive Verteidigung?, StV 2010, 151; Ziegler, „Waffengleichheit im Revisionsverfahren?“, Festschrift ARGE Strafrecht, 2009, 930.

Übersicht

I. Inhalt und Zweck der Norm

1 § 140 normiert, wann die Mitwirkung eines Verteidigers notwendig ist. Der notwendige Verteidiger ist nicht gleichbedeutend mit dem bestellten Verteidiger, dem sog. Pflichtverteidiger. Auch bei der notwendigen Verteidigung reicht die Mitwirkung eines nach § 137 gewählten Verteidigers aus. Wahlverteidiger und bestellter Verteidiger sind rechtlich weitgehend gleichgestellt.

1a Die §§ 140 ff. sind durch das **Gesetz zur Neuregelung der notwendigen Verteidigung** vom 10.10.2019,[1] mit welchem die Anforderungen der **PKH-Richtlinie**[2] in deutsches Recht umgesetzt wurden, umfassend reformiert und neu strukturiert worden. Im Ergebnis wurde das Rechtsinstitut der notwendigen Verteidigung erheblich erweitert.[3] § 140 fasst, wie bisher, die Fälle der notwendigen Verteidigung zusammen. § 141 normiert, wann dem Beschuldigten ein Pflichtverteidiger zu bestellen ist, während § 141a die Ausnahmen hierzu regelt, so etwa Fälle, in denen eine Beschuldigtenvernehmung vor der Pflichtverteidigerbestellung stattfinden darf. § 142 regelt nunmehr das Verfahren zur Auswahl und Bestellung des Pflichtverteidigers, während §§ 143, 143a insbesondere die Aufhebung der Bestellung und den Verteidigerwechsel regeln. § 144 enthält schließlich Regelungen für den sog. Sicherungsverteidiger. § 140 Abs. 1 beinhaltet einen Katalog von zwingenden Gründen der notwendigen Verteidigung; Abs. 2 enthält eine Generalklausel mit unbestimmten Rechtsbegriffen. Nach Abs. 1 und Abs. 2 ist die Verteidigung notwendig, wenn das Verfahren für den Beschuldigten wegen seiner (möglichen) Folgen eine besondere Bedeutung hat[4] oder eine Selbstverteidigung nicht sachgerecht erscheint, entweder weil das Verfahren besondere Schwierigkeiten beinhaltet oder weil die Selbstverteidigungsmöglichkeiten des Beschuldigten im Vergleich zum durchschnittlichen Laien gemindert sind.

2 Die Norm dient der Konkretisierung des Rechts auf ein **faires Verfahren** bzw. des Rechtstaatsprinzips und der Umsetzung des Rechts auf wirksame Verteidigung aus Art. 6 Abs. 3 EMRK.[5] Die Verteidigung dient der **Waffengleichheit**[6] und sichert den **Subjektstatus** des Beschuldigten, indem dieser durch den Beistand eines Verteidigers handlungsfähiger wird und dem Verfahren nicht als bloßes Objekt ausgeliefert ist.[7] Im Hinblick auf den mittellosen Beschuldigten ist zur tatsächlichen Umsetzung dieser Rechte **Art. 3 Abs. 1 GG** bei der Auslegung zu beachten, da § 137 dem mittellosen Beschuldigten eine effektive Verteidigung nicht ermöglicht.[8] Nach der Rspr. ist auch das Interesse an einem **prozessordnungsgemäßen Verfahren** Zweck des § 140 und somit eine Bestellung auch gegen den Willen des Beschuldigten möglich.[9] Der Verteidiger ist gleichwohl allein Beistand des Beschuldigten und kann daher auch ausschließlich dessen Interessen verpflichtet sein, so dass § 140 stets mit Blick auf die Interessen des Beschuldigten auszulegen ist.[10]

---

1 BT-Drs. 19/13829.

2 Richtlinie (EU) 2016/1919 des Europäischen Parlaments und des Rates vom 26. Oktober 2016 über Prozesskostenhilfe für Verdächtige und beschuldigte Personen in Strafverfahren sowie für gesuchte Personen in Verfahren zur Vollstreckung eines Europäischen Haftbefehls (ABl. L 297, 1; L 91, 40).

3 Schmitt in Meyer-Goßner/Schmitt Rn. 7.

4 Vgl. Jahn in Löwe/Rosenberg Rn. 22 zur umfassenden Kasuistik zur Abs. 2.

5 Vgl. EGMR 9.4.1984 – Goddi ./. Italien, StV 1985, 441; BVerfG 19.10.1977 – 2 BvR 462/77, BVerfGE 46, 202 (210) = NJW 1978, 151.

6 BVerfG 2.5.2002 – 2 BvR 613/02, NJW 2002, 2773 (2774); OLG Zweibrücken 13.12.2001 – 1 Ss 222/01, NStZ-RR 2002, 112.

7 BVerfG 19.10.1977 – 2 BvR 462/77, BVerfGE 46, 202 (210) = NJW 1978, 151; vgl. auch BVerfG 8.4.1975 – 2 BvR 207/75, BVerfGE 39, 238 (243) = NJW 1975, 1015 (1016); vertiefend → § 137 Rn. 4.

8 BVerfG 25.9.2001 – 2 BvR 1152/01, NJW 2001, 3695 (3696); vgl. Stern in AK-StPO Vor § 140 Rn. 5 f.

9 BVerfG 18.10.1983 – 2 BvR 462/82, BVerfGE 65, 171 (174 f.) = NJW 1984, 113; BGH 11.12.1952 – 3 StR 396/51, BGHSt 3, 395 (398), NJW 1953, 514 (515); OLG Bamberg 15.10.2007 – 1 Ws 675/07, NJW 2007, 3796 (3797).

10 Vgl. OLG Hamm 26.10.2010 – 5 Ws 374/10, NStZ 2011, 235 (236); vgl. Jahn in Löwe/Rosenberg Rn. 4; vgl. Wohlers in SK-StPO Rn. 4; auch historisch bedenklich, vgl. Münchhalffen StraFo 1997, 230 (231).

Wenn der Beschuldigte nicht verteidigt werden möchte, ist § 140 unter Beachtung des Rechts auf Selbstverteidigung gemäß Art. 6 Abs. 3 lit. c EMRK eng **auszulegen.**[11] In diesem Kontext kommt dem Recht auf den Verteidiger des Vertrauens, also dem Auswahlrecht, besonderes Gewicht zu (→ § 137 Rn. 6). Dagegen ist § 140 im Falle eines Antrags des Beschuldigten auf Bestellung eines Verteidigers weit auszulegen;[12] im Interesse einer effektiven Rechtswahrnehmung sind Beschuldigte auf die Möglichkeit einer Verteidigerbestellung (und deren Beantragung) hinzuweisen.[13] 3

II. Anwendungsbereich

Die Norm ist auch auf die Verteidigung rechtskundiger Beschuldigter anwendbar; ebenso im Hinblick auf nach § 138 wählbare Personen, da diese sich nicht selbst zu Verteidigern wählen können.[14] 4

1. Dauer und Umfang. Wenn die Verteidigung notwendig ist, ist sie dies grundsätzlich im gesamten Verfahren, und nicht nur für einzelne Verfahrensabschnitte.[15] Dies gilt grundsätzlich bis zur **Rechtskraft,** wenn die Voraussetzungen des § 140 vorliegen.[16] Seit 2019 sieht § 143 Abs. 2 allerdings die Möglichkeit vor, dass die Voraussetzungen der notwendigen Verteidigung im Laufe des Verfahrens wegfallen (→ § 143 Rn. 5). In rechtlich besonders schwierigen bzw. tatsächlich außergewöhnlich umfangreichen Verfahren kann auch die Mitwirkung **mehrerer Verteidiger** geboten sein (→ § 144 Rn. 1).[17] 5

2. Spezielle Verfahrensarten. § 140 ist auch im **Privatklageverfahren**[18] und bei Vernehmungen im Rahmen der internationalen Rechtshilfe (§§ 59, 77 IRG) anzuwenden.[19] Durch § 68 Nr. 1 JGG wird § 140 ergänzt und findet auch im **Jugendstrafverfahren** Anwendung. Auch die §§ 231a Abs. 4, 350 Abs. 3, 463 Abs. 3 S. 5, 364a f., 408b S. 1, 418 Abs. 4 und § 34 Abs. 3 Nr. 1 EGGVG ergänzen § 140. Dieser bleibt daneben anwendbar.[20] Anerkannt ist mittlerweile das Weiterwirken einer Bestellung für das **Strafbefehlsverfahren** gem. § 408b S. 1 im nachfolgenden Hauptverfahren.[21] 6

Im **Strafvollstreckungsverfahren** ist Abs. 2 entspr. anzuwenden.[22] Nach hM wird nur die konkret bevorstehende Vollstreckungsentscheidung betrachtet.[23] Die Notwendigkeit einer Verteidigung muss insbes. bei Überprüfungen der weiteren Unterbringung nach § 67e StGB und bei Entscheidungen gem. § 57 geprüft werden; bei § 67e StGB ist 7

---

[11] Julius/Schiemann in Gercke/Julius/Temming/Zöller Rn. 1; Jahn in Löwe/Rosenberg Rn. 9; vgl. Herrmann StV 1996, 396 (397 ff.).

[12] Vgl. Stern in AK-StPO Vor § 140 Rn. 4; Jahn in Löwe/Rosenberg Rn. 8.

[13] BGH 18.10.2005 – 1 StR 114/05, NStZ 2006, 236 (237); Roxin JZ 2002, 898 (900).

[14] BVerfG 19.3.1998 – 2 BvR 291/98, NJW 1998, 2205; BGH 1.6.1954 – 1 StR 140/54, BeckRS 1954, 31195037; OLG Hamm 29.1.2004 – 3 Ss 15/04, StraFo 2004, 170; → § 138 Rn. 6.

[15] OLG Hamburg 29.1.2010 – 2 – 64/09 (REV) – 1 Ss 9/09, StV 2011, 655 (656); KG 23.12.1982 – (4) Ss 101/82 (45/82), StV 1983, 186.

[16] BGH 17.4.1952 – 5 StR 349/52, NJW 1952, 797; vgl. RG 22.9.1936 – 4 D 699/36, RGSt 70, 317 (320); OLG Düsseldorf 9.11.2010 – 4 Ws 615/10, NStZ 2011, 653.

[17] Vgl. KG 6.7.2016 – 2 Ws 176/16 – 141 AR 340/16, BeckRS 2016, 111377 Rn. 8.

[18] BVerfG 12.4.1983 – 2 BvR 1304/80, 2 BvR 432/81, BVerfGE 63, 380 (391) = NJW 1983, 1599; BVerfG 5.2.1981 – 2 BvR 1304/80, BVerfGE 56, 185 (186 f.) = NJW 1981, 1034; Schmitt in Meyer-Goßner/Schmitt Rn. 2.

[19] LG Hamburg 5.11.2010 – 601 Qs 96/10, StV 2011, 430; LG Koblenz 8.7.1988 – 1 Qs 234/88, NJW 1989, 677.

[20] KG 14.3.2002 – 1 AR 263/02, 5 Ws 145/02, NStZ-RR 2002, 242; Ernst StV 2001, 367.

[21] Ausf. OLG Celle 17.5.2011 – 2 Ws 97, 98/11, StV 2011, 661; OLG Köln 11.9.2009 – 2 Ws 386/09, StV 2010, 68 jeweils mwN zum Streit.

[22] BVerfG 25.11.2005 – 2 Ws 76/05, BVerfGE 6, 326 (330 f.); OLG Brandenburg 2.10.2019 – 1 Ws 130/19, BeckRS 2019, 24706.

[23] OLG Zweibrücken 28.1.2010 – 1 Ws 17/10, NStZ 2010, 470; OLG München 15.10.2009 – 1 Ws 943/09, StraFo 2009, 527; OLG Frankfurt a. M. 26.5.2003 – 3 Ws 618/03, NStZ-RR 2003, 252; KG 3.8.2001 – 5 Ws 380/01, NStZ-RR 2002, 63.

sie idR notwendig.[24] Eine Entscheidung über die Aussetzung einer hohen oder unbegrenzten Freiheitsstrafe ist iSd Abs. 2 von hohem Gewicht.[25] Bei Entscheidungen über einen Bewährungswiderruf gelten für die Frage der Notwendigkeit einer Verteidigung mit Blick auf drohende Inhaftierungszeiten dieselben Maßstäbe wie im Erkenntnisverfahren (→ Rn. 29).[26] Nach stRspr sind die Varianten des Abs. 2 zwar eng auszulegen;[27] allerdings ist eine schwierige Rechtlage zu bejahen, wenn „in tatsächlicher und rechtlicher Hinsicht Fragen auf[treten], die Aktenkenntnis erfordern und über die regelmäßig auftretenden Probleme hinausgehen".[28] Eine komplizierte Sach- und Rechtslage kann insbes. im Falle der Einholung von Sachverständigengutachten gegeben sein;[29] im Interesse der sog. Waffengleichheit kann eine Verteidigung auch im Falle einer Teilnahme der StA an mündlichen Terminen geboten sein.[30]

7a Die Norm ist entspr. auf **Vorfeldmaßnahmen** der Strafverfolgung wie §§ 81a, 81g anzuwenden, um ein rechtsstaatliches Verfahren zu gewährleisten.[31] Im **Strafvollzug** verbleibt wegen § 120 Abs. 2 StVollzG kein Raum für eine Analogie.[32]

III. Mitwirkung

8 Ist die Verteidigung notwendig, umfasst dies grundsätzlich die Mitwirkung eines Verteidigers an dem **gesamten Verfahren** und bzgl. aller Tatvorwürfe – nicht nur bzgl. des Verfahrensteils, der die Anwendung von § 140 auslöst.[33] Die Mitwirkung eines Referendars, der als Unterbevollmächtigter auftritt, ist für die Gewährleistung einer notwendigen Verteidigung nicht ausreichend.[34] Allein die Bestellung eines Verteidigers reicht zur Gewährleistung einer notwendigen Verteidigung nicht aus; es ist die **tatsächliche Mitwirkung** des Verteidigers erforderlich. Eine solche ist nur gegeben, wenn der Verteidiger ausreichend vorbereitet – informiert und eingearbeitet – ist. Daher liegt im Falle einer „Flurbestellung" kurz vor Beginn der Hauptverhandlung idR keine Mitwirkung eines Verteidigers vor.[35] Trotz körperlicher Anwesenheit nicht mitwirkend ist ein verteidigungsunfähiger, abgelenkter oder schlafender Verteidiger;[36] gleichermaßen ein Verteidiger, der zwar anwesend ist, aber die Verteidigung offensichtlich nicht führt (zB im Zuschauerbereich sitzt).[37] Gleiches muss für einen Verteidiger gelten, der als Zeuge aussagt.[38]

---

24 EGMR 12.5.1992 – 63/1992/315/386, StV 1993, 88 (90) mzustAnm Bernsmann; OLG Nürnberg 25.7.2007 – 2 Ws 452/07, NStZ-RR 2008, 253; OLG Köln 10.12.2004 – 2 Ws 538/04, NStZ 2005, 466; einschr. BVerfG 6.7.2009 – 2 BvR 703/09, NJW 2009, 3153 (Ls.); OLG Frankfurt a. M. 2.2.2010 – 3 Ws 81/10, NStZ-RR 2010, 126.

25 BVerfG 13.11.2005 – 2 BvR 792/05, BVerfGK 6, 326; 3.6.1992 – 2 BvR 1041/88, BVerfGE 86, 288 (338) = NJW 1992, 2947 (2954); OLG Brandenburg 27.12.2005 – 1 Ws 194/05, StV 2007, 95 (96); ausf. Rotthaus NStZ 2000, 350.

26 OLG Celle 19.1.2007 – 1 WS 6/07, NStZ-RR 2008, 80.

27 BVerfG 2.5.2002 – 2 BvR 613/02, NJW 2002, 2773 (2774).

28 Ua KG 2.8.2006 – 5 Ws 412/06, StV 2007, 96 Rn. 6; 14.9.2005 – 5 Ws 399/05, NStZ-RR 2006, 211.

29 OLG Schleswig 24.10.2007 – 2 Ws 450, 244/07, NStZ-RR 2008, 253 (Ls.); OLG Celle 19.1.2007 – 1 WS 6/07, NStZ-RR 2008, 80; OLG Brandenburg 27.12.2005 – 1 Ws 194/05, StV 2007, 95 (96).

30 KG 10.2.2006 – 5 Ws 61/06, StV 2007, 94 Rn. 10.

31 BVerfG 14.12.2000 – 2 BvR 1741/99, 276/00, 2061/00, BVerfGE 103, 21 (41) = NJW 2001, 879 (882).

32 OLG Zweibrücken 18.3.2009 – 1 Ws 365/08, MedR 2010, 28; OLG Saarbrücken 18.1.1973 – Ws 385/72, NJW 1973, 1010 (1012).

33 Vgl. aber § 143 Abs. 2; BGH 30.8.1956 – 1 StR 226/56, NJW 1956, 1766 (1767); RG 22.9.1936 – 4 D 699/36, RGSt 70, 317 (318); OLG Hamburg 29.1.2010 – 1 Ss 9/09, StV 2011, 655 (656).

34 BGH 13.7.1989 – 4 StR 315/89, BeckRS 1989, 31104832.

35 BGH 30.10.1959 – 1 StR 418/59, BGHSt 13, 337 (343) = NJW 1960, 253 (255); aA Willnow in KK-StPO Rn. 27: nur Behinderung der Verteidigung iSd § 338 Nr. 8.

36 BGH 26.8.1993 – 4 StR 364/93, BGHSt 39, 310 (313) = NJW 1993, 3275; RG 24.11.1939 – 4 D 798/39, nach Barton Mindeststandards S. 131; Stern in AK-StPO Rn. 94; Willnow in KK-StPO Rn. 27; Wohlers in SK-StPO Rn. 66; Barton Mindeststandards S. 171 ff. mwN.

37 OLG Köln 3.12.2010 – III-1 RVs 213/10, StraFo 2011, 49 Rn. 9; Wohlers in SK-StPO Rn. 66.

38 Vgl. BGH 26.6.1985 – 3 StR 145/85, NJW 1986, 78; aA BGH 18.10.1966 – 5 StR 477/66, NJW 1967, 404.

Für den Revisionsgrund nach § 338 Nr. 5 ist die Mitwirkung an allen **wesentlichen Teilen der Hauptverhandlung** entscheidend. Wesentlich ist alles, was auf die richterliche Überzeugungsbildung Einfluss haben könnte.[39] Dazu gehören ua die Verlesung der Anklage bzw. des Bußgeldbescheides,[40] die Vernehmung zur Person,[41] auch der Mitangekl.,[42] inklusive der Erörterung von Vorstrafen.[43] Ferner die Angaben aller Angekl. zur Sache[44] sowie die gesamte Beweisaufnahme einschließlich Stellung und Ablehnung von Anträgen,[45] Ortsbesichtigungen,[46] Verlesung von Vernehmungsniederschriften,[47] in den Urteilsgründen nicht genannte Zeugenaussagen,[48] Angaben des Zeugen zu seiner Person[49] und Verhandlungen über Vereidigung von Zeugen.[50] Ebenfalls zu den wesentlichen Teilen der Hauptverhandlung gehören Erörterungen zur Anordnung, Fortsetzung oder Aufhebung der U-Haft des Angekl.[51] sowie das letzte Wort aller Angekl. und die Plädoyers aller Beteiligten.[52] Auch während der Urteilsverkündung, die aus Verlesung der Urteilsformel und mündlicher Urteilsbegr. besteht, ist die Anwesenheit des Verteidigers notwendig.[53] Der Verteidiger muss – zumindest beratend – an dem Verzicht oder der Rücknahme eines **Rechtsmittels** mitwirken, andernfalls ist der Verzicht bzw. die Rücknahme unwirksam.[54] Bei der **Berufung** sind zusätzlich der Vortrag des Berichterstatters und die Verlesung des erstinstanzlichen Urteils wesentliche Bestandteile der Hauptverhandlung.[55] Auch in der **Revisionsinstanz** muss der notwendige Verteidiger an der mündlichen Verhandlung gem. § 350 Abs. 2 S. 2 teilnehmen.[56] Innerhalb der Hauptverhandlung sind lediglich der Aufruf von Zeugen und Sachverständigen,[57] die Erörterung von Haftfragen der Mitangekl.[58] und die Verhandlung zu Tatvorwürfen, die nicht einmal mittelbar den Angekl. betreffen,[59] als **nicht sachentscheidungsrelevant** eingestuft worden. 9

---

39 OLG Zweibrücken 6.11.1985 – 2 Ss 198/85, StV 1986, 240 (241).

40 Vgl. BGH 29.6.1956 – 2 StR 252/56, BGHSt 9, 243 (244) = NJW 1956, 1366; OLG Bremen 14.7.2009 – SS BS 15/09, DAR 2009, 710.

41 BGH 30.3.1983 – 2 StR 173/82, NStZ 1983, 274 (375); 29.6.1956 – 2 StR 252/56, BGHSt 9, 243 (244) = NJW 1956, 1366; OLG Hamm 11.8.1988 – 4 Ss 716/88, StV 1989, 56.

42 Stern in AK-StPO Rn. 90; aA BGH 30.3.1983 – 2 StR 173/82, NStZ 1983, 375.

43 Vgl. BGH 16.8.1972 – 2 StR 98/72, BGHSt 25, 4 (5) = NJW 1972, 2006.

44 BGH 29.6.1956 – 2 StR 252/56, BGHSt 9, 243 (244) = NJW 1956, 1366; RG 22.9.1936 – 4 D 699/36, RGSt 70, 317 (318).

45 OLG Hamburg 29.1.2010 – 2 – 64/09 (REV), 1 Ss 9/09, StV 2011, 655 (656).

46 BGH 13.7.1989 – 4 StR 315/89, StV 1989, 465 Rn. 2.

47 BGH 24.1.1961 – 1 StR 132/60, BGHSt 15, 306 = NJW 1961, 740 (741).

48 BGH 19.10.1982 – 5 StR 670/82, NStZ 1983, 36.

49 OLG Hamm 28.4.1992 – 4 Ss 262/92, NJW 1992, 3252.

50 BGH 17.2.1988 – 2 StR 624/87, NStZ 1988, 469.

51 Stern in AK-StPO Rn. 90.

52 BGH 5.10.1982 – 1 StR 174/82, NStZ 1983, 34; OLG Hamburg 29.1.2010 – 2 – 64/09 (REV) – 1 Ss 9/09, StV 2011, 655 (656); Stern in AK-StPO Rn. 90.

53 BGH 26.11.1997 – 5 StR 561/97, NStZ 1998, 209; 8.1.1991 – 1 StR 704/90, StV 1991, 197; RG 14.9.1929 – I 943/29, RGSt 63, 248 (249 f.); OLG Hamburg 29.1.2010 – 1 Ss 9/09, StV 2011, 655 (656); OLG Oldenburg 27.12.1994 – Ss 547/94, StV 1995, 345 (Ls.); KG 9.7.1991 – (3) 1 Ss 104/91, StV 1992, 315 (Ls.); Molketin AnwBl 1983, 254; vgl. auch BGH 5.2.1992 – 5 StR 673/91, NStZ 1992, 248; aA zu Urteilsgründen: BGH 2.12.1960 – 4 StR 433/60, BGHSt 15, 263 = NJW 1961, 419.

54 Ua OLG Hamm 26.3.2009 – 5 Ws 91/09, StV 2010, 67 Rn. 7; OLG Köln 24.11.2003 – 2 WS 645/03, StV 2004, 68 Rn. 2; OLG Düsseldorf 6.7.1994 – 5 Ss 232/94 – 77/94 I, NStZ 1995, 147 (148); Wohlers in SK-StPO Rn. 69; einschr. OLG Naumburg 12.2.2001 – 1 Ws 23/01, NJW 2001, 2190; OLG Hamburg 31.1.1996 – 1 Ws 29/96, NStZ 1997, 53 (54) („gerichtserfahrener" Angekl.).

55 OLG Düsseldorf 27.1.1999 – 2 Ss 463–98 – 1–99 II, NStZ-RR 1999, 144; OLG Hamm 11.8.1988 – 4 Ss 716/88, StV 1989, 56 Rn. 3; OLG Zweibrücken 6.11.1985 – 2 Ss 198/85, StV 1986, 240 (241); aA bzgl. der Urteilsverlesung beim EhrGer: BGH 29.9.1986 – AnwSt (R) 17/86, NStZ 1987, 135 (136).

56 Vgl. auch BVerfG 18.10.1983 – 2 BvR 462/82, BVerfGE 65, 171 = NJW 1984, 113 (114).

57 RG 13.5.1924 – IV 987/23, RGSt 58, 180.

58 BGH 30.3.1983 – 2 StR 173/82, NStZ 1983, 375.

59 BGH 8.10.1986 – 2 StR 488/86, StV 1987, 53 Rn. 3; 9.10.1985 – 3 StR 473/84, wistra 1986, 72 Rn. 5; 2.12.1966 – 4 StR 201/66, BGHSt 21, 180 (182 f.) = NJW 1967, 580 (582); Wohlers in SK-StPO Rn. 67.

10 Die Norm des § 140 findet grundsätzlich im gesamten Verfahren Anwendung, daher muss der Verteidiger auch im **Ermittlungs- und Zwischenverfahren** mitwirken. Trotz der enormen Relevanz des Ermittlungsverfahrens für das gesamte Verfahren (→ § 137 Rn. 15 mwN) findet dieser Umstand bislang noch zu wenig Beachtung. Seit 2019 regelt § 141 den (spätesten) Zeitpunkt der Bestellung eines Pflichtverteidigers. Aus der fehlenden Mitwirkung eines Verteidigers kann sich ein Verwertungsverbot ergeben (→ Rn. 56). Mitwirken muss der Verteidiger im Ermittlungs- und Zwischenverfahren zumindest bei allen Terminen, welche in Anwesenheit des Beschuldigten stattfinden,[60] wobei § 141a eng umgrenzte Ausnahmen vorsieht, wenn der Beschuldigte damit ausdrücklich einverstanden ist. Im Rahmen der **Belehrung** nach § 136 Abs. 1 ist der Beschuldigte auf die Möglichkeit der Verteidigerbestellung hinzuweisen, wenn ein Fall des § 140 vorliegt oder zu erwarten ist.[61] Nach alter Rspr. soll ein **Eröffnungsbeschl.** ohne vorherige Verteidigerbestellung wirksam sein.[62]

IV. Katalog des Abs. 1

11 Liegen die Voraussetzungen einer der Nr. 1–11 des Abs. 1 vor, ist die Verteidigung zwingend notwendig. Aus einem Umkehrschluss in Ansehung des Wortlauts der Nr. 1 ergibt sich, dass die Nr. 2–11 in sämtlichen Verfahrensstadien (→ Rn. 5) anzuwenden sind.[63]

12 **1. Nr. 1 – Oberlandesgericht, Landgericht oder Schöffengericht.** Durch das Gesetz zur Neuregelung der notwendigen Verteidigung wurde geregelt, dass die bloße Erwartung einer Verhandlung vor einem der genannten Spruchkörper ausreicht und der Anwendungsbereich auf das Schöffengericht erweitert. Es kommt deshalb nicht – wie nach alter Rechtslage – auf die tatsächliche Verhandlung bzw. den Anklageadressaten an. Es ist hiernach nunmehr eine Prognose vorzunehmen: Im **Ermittlungsverfahren** kann der Anfangsverdacht einer Tat genügen, deren Art und Umfang, indes bereits so klar umrissen sein muss, dass die Erwartung besteht, der Fall werde bei Verdichtung des Tatverdachts bei einem der genannten Spruchkörper angeklagt.[64] Im **Zwischenverfahren** sind die Voraussetzungen dann erfüllt, wenn die Tat mindestens beim Schöffengericht angeklagt ist oder der Strafrichter eine Vorlage nach § 209 Abs. 2 beabsichtigt.[65]

12a Da die Straferwartung im schöffengerichtlichen Verfahren bei mehr als zwei Jahren Freiheitsstrafe liegt[66] und damit aufgrund des § 140 Abs. 2 aF ohnehin eine notwendige Verteidigung erforderlich war, entspricht die Erweiterung insoweit der weitgehenden Rechtsprechung.[67] Sachlich einschlägig ist Nr. 1 bereits, wenn wegen eines Vorwurfs ermittelt wird, der zu einer entsprechenden Zuständigkeit bei Anklageerhebung führen würde.[68] Im Falle der Eröffnung des Verfahrens vor einem Gericht niederer Ordnung nach § 209 Abs. 1 soll nach hM die Rücknahme der Bestellung möglich sein.[69]

12b Der Regierungsentwurf für ein Verbandssanktionengesetz[70] sieht für die Verbandsverfolgung eine Zuständigkeit (mindestens) beim Schöffengericht vor (§ 25 GVG-E), sodass – sollte der Regierungsentwurf verabschiedet werden – Sanktionsverfahren stets ein Fall der notwendigen Verteidigung wären.[71]

---

[60] Reinhart in Radtke/Hohmann Rn. 6; offen: BGH 5.2.2002 – 5 StR 588/01, BGHSt 47, 233 (236) = NJW 2002, 1279 (1280).

[61] BGH 18.10.2005 – 1 StR 114/05, NStZ 2006, 236 (237); Roxin JZ 2002, 898 (900).

[62] OLG Düsseldorf 25.9.1991 – 5 Ss 361/91 – 118/91 I, StV 1992, 120 (Ls.).

[63] AA Willnow in KK-StPO Rn. 7.

[64] BT-Drs. 19/13829, 32.

[65] BT-Drs. 19/13829, 32.

[66] Vgl. §§ 24, 25 Nr. 2 GVG.

[67] Staudinger in KMR-StPO Rn. 2; vgl. Schmitt in Meyer-Goßner/Schmitt Rn. 11; Beulke in Satzger/Schluckebier/Widmaier StPO Rn. 12.

[68] Vgl. Krawczyk in BeckOK StPO Rn. 5; Wohlers in SK-StPO Rn. 6.

[69] Ua OLG Stuttgart 10.1.2001 – 4 Ws 1/01, StV 2001, 329 (330); OLG Düsseldorf 8.6.1994 – 3 Ws 273/94, StV 1995, 117 (118); allgLit; aA LG Freiburg 9.11.1987 – II Qs 131/87, StV 1989, 57 (Ls.).

[70] Gesetzentwurf der Bundesregierung: Entwurf eines Gesetzes zur Stärkung der Integrität in der Wirtschaft vom 16.6.2020.

[71] Kämpfer/Travers/Schwerdtfeger NZG 2020, 848 (849).

2. Nr. 2 – Verbrechen. Unstr. ist die Verteidigung notwendig, wenn dem Beschuldigten **förmlich,** also in der Anklageschrift, dem Eröffnungsbeschl. oder einer Nachtragsanklage ein Verbrechen iSd § 12 StGB „zur Last gelegt wird" oder wenn – auch in der zweiten Instanz – ein entspr. rechtlicher Hinweis nach § 265 Abs. 1 erteilt wird;[72] gleichermaßen bei einem solchen Tatvorwurf im Haftbefehl.[73] Nach § 12 Abs. 3 StGB bleiben dabei Strafrahmenverschiebungen nach § 49 Abs. 2 StGB und somit Beteiligungs- und Begehungsformen oder andere Milderungsgründe außer Betracht. Dem Beschuldigten wird jedoch auch „ein Verbrechen zur Last gelegt", wenn wegen eines solchen (lediglich) **ermittelt** wird[74] oder wenn sich nach dem Sachvortrag der Anklageschrift ein entspr. Eröffnungsbeschl. oder Hinweis nach § 265 Abs. 1 aufdrängt.[75] Wird die Tat nach förmlicher Einordnung als Verbrechen im Laufe des weiteren Verfahrens anders beurteilt, bleibt die Verteidigung nach allgM gleichwohl notwendig. Anderes gilt lediglich, wenn rechtlich eine Verurteilung wegen eines Verbrechens nicht mehr möglich ist; etwa wenn ein Rechtmittel wirksam auf das Strafmaß beschränkt wurde oder eine bestandskräftige Teileinstellung erfolgt ist.[76] In diesem Fall kann die Verteidigung unter dem Gesichtspunkt des Rechts auf ein faires Verfahren gleichwohl notwendig sein, wenn der Angekl. auf den Beistand des (zunächst) bestellten Verteidigers vertrauen durfte.[77] Erfolgt die Beschränkung der Verfolgung erst während der Hauptverhandlung, war (jedenfalls) bis zu diesem Zeitpunkt die Mitwirkung notwendig.[78] 13

3. Nr. 3 – Berufsverbot. Ein Verfahren kann zu einem Berufsverbot iSd § 70 StGB führen, wenn diese Maßnahme der Besserung und Sicherung in Anklageschrift, Eröffnungsbeschl. oder Nachtragsanklage genannt wird oder ein Hinweis nach § 265 Abs. 2 Nr. 1 erfolgt.[79] Ferner unstr. auch dann – dies ergibt sich aus dem im Vergleich zur Nr. 2 weiteren Wortlaut –, wenn der Sachverhalt die spätere Anordnung eines Berufsverbots auch ohne ausdrückliche Nennung dieser Maßnahme nahelegt,[80] ein anderer konkreter Anlass besteht oder sich im Laufe der Hauptverhandlung ergibt.[81] Beantragt die StA einen Hinweis nach § 265 Abs. 2 Nr. 1 oder im Plädoyer die Anordnung eines Berufsverbots, so belegt dies, dass die Verhängung (bereits) während der Hauptverhandlung zu erwarten war.[82] Dass das Gericht ggf. anderer Ansicht ist, steht dem nicht entgegen; eine Anordnung kann im Raume stehen und das Gericht letztlich davon absehen – es liegt so oder so ein Fall notwendiger Verteidigung vor.[83] Dies gilt gleichermaßen im Falle von Umständen, die bereits im Ermittlungsverfahren eine spätere Anordnung wahrscheinlich erscheinen lassen oder bereits zu einer vorläufigen Anordnung nach § 132a geführt haben.[84] 14

---

[72] RG 28.5.1900 – 1918/00, RGSt 33, 302 (303); zur Berufungsverhandlung: RG 26.3.1931 – III 113/31, RGSt 65, 246; OLG Düsseldorf 1.3.1984 – 5 Ss 63/84 – 59/84 I, StV 1984, 369 f.

[73] OLG Bremen 3.11.1983 – Ss 74/83, StV 1984, 13; LG Hamburg 19.1.2005 – 624 Qs 4/05, StV 2005, 207; Jahn in Löwe/Rosenberg Rn. 19; aA BGH 17.12.2003 – 5 StR 501/03, NStZ 2004, 390.

[74] Krawczyk in BeckOK StPO Rn. 6; Wohlers in SK-StPO Rn. 7; vgl. OLG Bremen 3.11.1983 – Ss 74/83, StV 1984, 13; Eisenberg NJW 1991, 1257 (1261); aA Burgard NStZ 2000, 242 (244).

[75] OLG Bremen 3.11.1983 – Ss 74/83, StV 1984, 13; Krawczyk in BeckOK StPO Rn. 6; Julius/Schiemann in Gercke/Julius/Temming/Zöller Rn. 6; vgl. auch Staudinger in KMR-StPO Rn. 4; einschr. Willnow in KK-StPO Rn. 9 (Nr. 2 liegt nicht vor, aber idR Abs. 2); aA KG 14.2.1985 – (4) I Ss 269/84, StV 1985, 184 (mind. ab Eröffnungsbeschl. nur wenn rechtlicher Hinweis erteilt wurde); Burgard NStZ 2000, 242 (244).

[76] OLG Oldenburg 27.12.1994 – Ss 547/94, StV 1995, 345; BayObLG 28.9.1993 – 1St RR 154/93, BayObLGSt 1993, 173 = NJW 1994, 1887 (Ls.); allgLit.

[77] Krawczyk in BeckOK StPO Rn. 6; Willnow in KK-StPO Rn. 9; Wohlers in SK-StPO Rn. 8.

[78] BayObLG 28.9.1993 – 1St RR 154/93, BayObLGSt 1993, 173 (175) = NZV 1994, 204.

[79] RG 16.11.1934 – 4 D 1273/34, RGSt 68, 397; vgl. auch BGH 23.7.1953 – 3 StR 312/53, BGHSt 4, 320 (322) = NJW 1953, 1481.

[80] BGH 1.6.1954 – 1 StR 140/54, MDR 1954, 564.

[81] OLG Celle 31.10.1963 – 1 Ss 322/63, NJW 1964, 877; vgl. BGH 23.7.1953 – 3 StR 312/53, BGHSt 4, 320 (322) = NJW 1953, 1481.

[82] RG 22.9.1936 – 4 D 699/36, RGSt 70, 317 (318); Willnow in KK-StPO Rn. 10; Schmitt in Meyer-Goßner/Schmitt Rn. 13.

[83] RG 22.9.1936 – 4 D 699/36, RGSt 70, 317 (318 ff.).

[84] Staudinger in KMR-StPO Rn. 9.

15 Bis 1974 waren weitere Maßregeln in Nr. 3 genannt. Daher kommt heutzutage – soweit nicht bereits Nr. 1 oder Nr. 7 einschlägig sind – **keine analoge Anwendung** der Vorschrift mehr in Betracht; es dürfte im Falle drohender (anderer) Maßregeln aber in der Regel ein Fall des Abs. 2 vorliegen (→ Rn. 32).[85] Nr. 3 ist anzuwenden, wenn in einem Disziplinarverfahren die Feststellung der Unwürdigkeit zur Ausübung eines Heilberufs in Betracht kommt.[86]

16 **4. Nr. 4 – Vorführung zur Entscheidung über U-Haft oder einstweilige Unterbringung.** Anders als nach alter Rechtslage liegt ein Fall notwendiger Verteidigung nunmehr nicht erst mit Vollstreckung von U-Haft vor, sondern bereits dann, wenn der Beschuldigte dem Gericht zur Entscheidung über Haft oder einstweilige Unterbringung vorzuführen ist.[87] Die Erweiterung der zwingenden Mitwirkung eines Verteidigers war wegen des Art. 4 Abs. 4 der PKH-Richtlinie erforderlich.[88] Erfasst sind nunmehr alle denkbaren Fälle der Vorführung zur Entscheidung über eine Haft oder eine einstweilige Unterbringung,[89] einschließlich der Vorführung nach vorläufiger Festnahme:

17 Es werden somit einerseits Fälle erfasst, in denen ein Haft- oder Unterbringungsbefehl bereits vorliegt und der Beschuldigte ergriffen wird. Erfasst sind insbesondere der **Untersuchungshaftbefehl** (§ 114), der das **beschleunigte Verfahren sichernde Haftbefehl** (§ 127b), die Anordnung von **Hauptverhandlungshaft** (§ 230 Abs. 2 und § 329 Abs. 3 StPO), oder der **Unterbringungsbefehl** (§ 126a Abs. 1 oder § 275a Abs. 6).[90] Wegen § 141 Abs. 2 S. 1 ist beim unverteidigten Beschuldigten in diesen Fällen **sogleich mit dem Ergreifen** ein Verteidiger zu bestellen.[91]

18 Andererseits werden auch die Fälle erfasst, in denen noch kein Haftbefehl vorliegt, sondern eine Person **vorläufig festgenommen** wird (§§ 128, 129). In den Fällen soll ein Fall notwendiger Verteidigung erst vorliegen, wenn die Vorführung erforderlich wird, die Person also nicht wieder freigelassen werden soll; das soll es erlauben, eine festgenommene Person noch zu vernehmen, um zu klären, ob ein Haftbefehl beantragt werden soll.[92] Nach § 143 Abs. 2 S. 4 soll die Bestellung eines Pflichtverteidigers dann mit dem Ende der Vorführung aufgehoben werden, wenn der Beschuldigte auf freien Fuß gesetzt wird.

19 **5. Nr. 5 – Anstaltsunterbringung.** Die Verteidigung ist in Fällen der Nr. 5 notwendig, weil Freiheitsentzug die Möglichkeiten, die eigene Verteidigung zu betreiben und vorzubereiten, erheblich einschränkt.[93] Daher kommt es nicht darauf an, ob die Unterbringung mit dem Strafverfahren in einem Zusammenhang steht.[94] Durch das Gesetz zur Neuregelung der notwendigen Verteidigung wurden die zuvor geltenden zeitlichen Beschränkungen gestrichen.[95]

20 Anstaltsunterbringungen sind alle denkbaren Inhaftierungen (Untersuchungshaft, Strafhaft, Ersatzfreiheitsstrafe, Beugehaft, Abschiebehaft, Wehrstrafarrest, Auslieferungshaft,[96] Sicherheitsverwahrung, Jugendstrafe und -arrest) bzw. die Unterbringung in einem psychiatrischem Krankenhaus oder einer Entziehungsanstalt nach §§ 63, 64 StGB oder

[85] Julius/Schiemann in Gercke/Julius/Temming/Zöller Rn. 7; Willnow in KK-StPO Rn. 10; Jahn in Löwe/Rosenberg Rn. 26.
[86] VG Münster 22.4.1991 – 1 T 33/90, MedR 1991, 365; Jahn in Löwe/Rosenberg Rn. 26.
[87] Schmitt in Meyer-Goßner/Schmitt Rn. 14.
[88] BT-Drs. 19/13829, 33.
[89] BT-Drs. 19/13829, 33.
[90] BT-Drs. 19/13829, 33.
[91] BT-Drs. 19/13829, 33.
[92] BT-Drs. 19/13829, 33; BGH 28.6.2018 – 3 StR 23/18, NStZ 2018, 734.
[93] Zu den Schwierigkeiten der Verteidigung in Haft: Münchhalffen StraFo 2003, 150.
[94] Vgl. BVerfG 22.5.1975 – 2 BvR 300/75, BVerfGE 40, 1; OLG Düsseldorf 30.8.1999 – 1 Ws 411/99, StV 2001, 609; LG Magdeburg 20.5.2003 – 22 Qs 816 Js 77022/01 (38/03), StraFo 2003, 420 Rn. 7; Willnow in KK-StPO Rn. 12; Jahn in Löwe/Rosenberg Rn. 40; Wohlers in SK-StPO Rn. 14.
[95] BT-Drs. 19/13829, 34.
[96] LG Nürnberg-Fürth 4.5.2021 – 12 Qs 20/21, BeckRS 2021, 10321 Rn. 10.

eine Unterbringung nach den Unterbringungsgesetzen der Länder oder nach §§ 1631b, 1800 BGB.[97] Ebenfalls eine Unterbringung iSd Nr. 5 sind Aufenthalte im Rahmen von Haftvermeidung oder als Bewährungsauflage (stationäre Therapie nach § 35 BtMG; Entziehung in einer Klinik; Erziehungseinrichtung mit vergleichbaren Einschränkungen der Freiheit).[98] Bei **freiwilligem Aufenthalt** in den genannten Anstalten, der mit entsprechenden Einschränkungen verbunden ist, ist Nr. 5 entspr. anzuwenden.[99] Auch **Freigänger** sind aufgrund der bestehenden Freiheitsbeschränkungen iSd Nr. 5 inhaftiert; ungeklärt ist dies für den Hafturlaub.[100] Ob die Unterbringung in Deutschland oder im **Ausland** erfolgt bzw. die Anordnung durch ein deutsches oder ausländisches Gericht erfolgte, ist irrelevant.[101]

Im Rahmen des Gesetzes zur Neuregelung des Rechts der notwendigen Verteidigung 21
wurde die zeitliche Beschränkung von mind. drei Monaten Freiheitsentziehung gestrichen,[102] sodass es für den Fall der notwendigen Verteidigung weder auf die bisherige noch auf die voraussichtliche Dauer der Freiheitsentziehung ankommt. Nach § 143 Abs. 2 S. 2 gilt allerdings, dass ein Fall der notwendigen Verteidigung nach Nr. 5 dann nicht mehr vorliegt, wenn der Beschuldigte mindestens zwei Wochen vor Beginn der Hauptverhandlung aus der Anstalt entlassen wird.

Die Verteidigung ist auch notwendig, wenn die Voraussetzungen der Nr. 5 nach der 22
ersten Instanz eintreten (→ Rn. 5);[103] entgegen der hM auch in der **Revisionsinstanz,** da die sich aus der Unterbringung ergebenden Einschränkungen nicht nur Auswirkungen auf die Verteidigung in der Tatsacheninstanz haben;[104] zumind. die Anwendung von Abs. 2 ist in der Revisionsinstanz geboten.[105] Ein Verteidiger ist zu bestellen, wenn anzunehmen ist, dass die Voraussetzungen der Nr. 5 im Laufe des Verfahrens eintreten werden; die StA ist verpflichtet, einen entspr. Antrag **frühzeitig** zu stellen.[106] Die Ablehnung eines Antrags des Beschuldigten ist ermessensmissbräuchlich und ein Verstoß gegen das faire Verfahren, wenn eine längere Inhaftierung zu erwarten ist.[107]

6. Nr. 6 – Unterbringung nach § 81. Eine Unterbringung kommt spätestens in 23
Frage, wenn ein entspr. Antrag vorliegt – auch ein (ernst gemeinter) Antrag des Beschuldigten selbst.[108] Der Verteidiger ist dann zwingend unverzüglich zu bestellen, da eine Mitwirkung bei der Entscheidung über die Unterbringung nach § 81 Abs. 1 S. 1 nötig ist. Auf die Ablehnung des Antrags kommt es nicht an, da nicht die Unterbringung die Notwendigkeit der Verteidigung auslöst, sondern bereits die mögliche Unterbringung nach § 81 eine Verteidigungsunfähigkeit indiziert.[109] Die Verteidigung bleibt nach Beendigung der Unter-

[97] Vgl. OLG Celle 14.6.1965 – 4 Ws 180/65, NJW 1965, 2069 (2070).

[98] LG Münster 3.3.2000 – 9 Qs 4/00, StraFo 2000, 195; LG München I 22.4.1999 – 19 Qs 15/99, StV 1999, 421; LG Traunstein 8.2.1994 – 6 Qs 17/94, StV 1995, 126; LG Kiel 12.2.1988 – 37 Qs 25/88, StV 1988, 337; LG Hagen 10.10.1985 – 43 Qs 294/85, StV 1986, 146 (147); LG Braunschweig 11.2.1985 – 32 Qs 14/85, StV 1986, 472.

[99] LG Duisburg 14.5.1999 – 50 Qs 66/99, StV 1999, 421 (Ls.); LG Gießen 8.12.1990 – 2 Qs 400/90, StV 1991, 204 mzustAnm Nix, der auch eine ambulante Drogentherapie nach § 35 BtMG mit Einschränkungen der Freizügigkeit erfasst; allgLit; mittlerweile auch Staudinger in KMR-StPO Rn. 13; aA LG Kleve 11.10.1985 – Qs 181/85, StV 1986, 246 (247), welches aber Abs. 2 bejaht.

[100] KG 3.3.1980 – 4 Ws 43/80, JR 1980, 348.

[101] OLG Koblenz 30.5.1984 – 1 Ws 411/84, NStZ 1984, 522.

[102] Vgl. Nr. 5 aF.

[103] OLG Bremen 9.3.1951 – Ws 8/51; NJW 1951, 454 (Ls.); Jahn in Löwe/Rosenberg Rn. 40.

[104] AA OLG Düsseldorf 6.1.1988 – 2 Ws 567/87, MDR 1988, 695; OLG Oldenburg 17.5.1984 – 2 Ws 209/84, NStZ 1984, 523 mablAnm Dahs JR 1985, 257; beim Wiedereinsetzungsantrag: OLG Karlsruhe 31.7.1980 – 3 Ws 177/80, Justiz 1980, 448.

[105] Willnow in KK-StPO Rn. 13; Wohlers in SK-StPO Rn. 13.

[106] Vgl. OLG Stuttgart 10.1.2001 – 4 Ws 1/2001, StV 2001, 329 (330); vgl. OLG Nürnberg 14.1.1987 – Ws 58/87, StV 1987, 191; LG Münster 27.7.1979 – 7 Qs 498/79 VII, MDR 1980, 335; Willnow in KK-StPO Rn. 14; Wohlers in SK-StPO Rn. 17.

[107] Krit. zur Bestellungspraxis vor Einführung von Nr. 4: Wohlers StV 2010, 151.

[108] BGH 17.4.1952 – 5 StR 349/52, NJW 1952, 797.

[109] RG 26.6.1933 – II 701/33, RGSt 67, 259 (261).

bringung oder der Ablehnung des Antrags notwendig.[110] Bei ambulanten Gutachten ist Abs. 2 anzuwenden (→ Rn. 38 f., 49).[111]

24 **7. Nr. 7 – Sicherungsverfahren.** Bei einem zu erwartenden Sicherungsverfahren nach §§ 413 ff., das eine Unterbringung in einer Entziehungsanstalt gem. § 64 StGB oder die Entziehung der Fahrerlaubnis gem. § 69 StGB zum Ziel hat, ist die Verteidigung gem. Nr. 7 notwendig. Andere mögliche Maßregeln sind bereits von Nr. 1 und Nr. 3 erfasst. Durch das Gesetz zur Neuregelung des Rechts der notwendigen Verteidigung wurde klargestellt, dass auch vor der Einleitung des Sicherungsverfahrens bereits ein Fall notwendiger Verteidigung vorliegt, sobald konkret abzusehen ist, dass ein Sicherungsverfahren durchgeführt werden wird.[112]

25 **8. Nr. 8 – Ausschließung des Wahlverteidigers.** Die Verteidigung ist auch notwendig, wenn der Wahlverteidiger nach §§ 138a ff. rechtskräftig ausgeschlossen worden ist. Während des Verfahrens zur Ausschließung kann nach § 138c Abs. 3 S. 4 vorübergehend ein anderer Verteidiger bestellt werden. Nach allgM ist eine Bestellung nur notwendig, wenn der einzige oder alle Wahlverteidiger ausgeschlossen wurden. Dies überzeugt nicht, da die Verteidigerbestellung den Eingriff in die Entscheidung des Beschuldigten, dass er einen – oder eben mehrere – Verteidiger für notwendig erachtete, ausgleichen soll.[113]

25a **9. Nr. 9 – Opferbeistand.** Ein spezieller Fall der Verteidigungsunfähigkeit wurde durch das OpferSchG vom 18.12.1986 eingeführt. Danach galt die Verteidigung des Beschuldigten idR eingeschränkt, wenn er im Gegensatz zum **Verletzten oder Nebenkläger** ohne fachkundigen Beistand ist. Durch das Gesetz zur Stärkung der Rechte von Opfern sexuellen Missbrauchs (StORMG) vom 26.6.2013 wurde der Opferbeistand in den Katalog des Abs. 1 aufgenommen. Vormals war die Bestellung nicht zwingend; indes galt auch damals schon, dass aber das Vorliegen der Voraussetzungen zu vermuten, eine Ablehnung der Bestellung also nur in Ausnahmefällen möglich war.[114] Auch im Übrigen sind die zu Abs. 2 S. 1 aE (aF) formulierten Überlegungen auf den Abs. 1 Nr. 9 zu übertragen. Somit gilt auch nach der Gesetzesänderung, dass der Grund der Bestellung des Verletzten-/Nebenklägerbeistands (nach § 397a oder 406h) unerheblich ist.[115] Im Interesse einer Gewährleistung von Waffengleichheit und des Rechts auf ein faires Verfahren ist die Notwendigkeit einer Verteidigung nach Nr. 9 auch anzunehmen, wenn sich der Verletzte oder Nebenkläger **eines nicht beigeordneten Rechtsanwalts bedient** und der Beschuldigte aus finanziellen Gründen nicht über einen Verteidiger verfügt.[116] Zuletzt ist die Regelung entspr. anzuwenden, wenn der Verletzte einen Zeugenbeistand hinzuzieht oder sofern der Quasi-Nebenkläger im Jugendverfahren anwaltlich vertreten ist.[117] Auch im Privatklageverfahren müsste dieser Rechtsgedanke Anwendung finden.[118]

25b **10. Nr. 10 – Richterliche Vernehmung des Beschuldigten.** Im Rahmen der Gesetzesänderung 2019 wurde die bereits in § 141 Abs. 3 S. 4 aF enthaltene Regelung

[110] BGH 17.4.1952 – 5 StR 349/52, NJW 1952, 797; RG 26.6.1933 – II 701/33, RGSt 67, 259 (261 f.).
[111] Ausf. Lehmann StV 2003, 356.
[112] BT-Drs. 19/13829, 34.
[113] Vgl. Eisenberg NJW 1991, 1257 (1261).
[114] BT-Drs. 10/6124, 13 (kein „engherzig[er] Gebrauch"); noch zu Abs. 2 S. 1 aF: OLG Jena 15.3.2011 – 1 Ss 1/11, StRR 2011, 126 (Ls.); OLG Hamm 8.9.1998 – 2 SS 1075/98, StV 1999, 11.
[115] Noch zu Abs. 2 S. 1. aF: OLG Düsseldorf 7.2.2000 – 2a Ss 357/99, StV 2000, 408 (Ls.).
[116] Noch zu Abs. 2 S. 1 aF: OLG Köln 3.12.2010 – III-1 RVs 213/10, StraFo 2011, 49 Rn. 5 mwN; OLG Stuttgart 7.7.2008 – 2 Ss (29) 209/08, NStZ-RR 2008, 312 (313); OLG Saarbrücken 20.3.2006 – Ss 15/05 (25/05), NStZ 2006, 718 Rn. 3; allgLit; vgl. BT-Drs. 10/6124, 13; aA LG Halle 16.4.2009 – 9 Ns 7/09, BeckRS 2009, 13215 Rn. 11; einschränkend: LG München I 29.1.2019 – 28 Qs 5/19, BeckRS 2019, 724 Rn. 10; EGMR 22.11.2018, 18297/13, NJW 2019, 2005 (2006 f.).
[117] Zeugenbeistand: OLG Celle 20.8.2009 – 23 SS 50/99, StV 2000, 70 (Ls.); Molketin StraFo 2008, 365 (368); Jugendverfahren: OLG Hamm 19.11.2007 – 2 Ss 322/07, StV 2009, 85 (Ls.); Staudinger in KMR-StPO Rn. 37.
[118] Noch zu Abs. 2 S. 1 aF: Wohlers in SK-StPO Rn. 52; noch anders nach altem Recht: BVerfG 12.4.1983 – 2 BvR 1304/80, BVerfGE 63, 380 = NJW 1983, 1599; aA Schmitt in Meyer-Goßner/Schmitt Rn. 32.

in den Tatbestand der notwendigen Verteidigung weitgehend transferiert.[119] Von Amts wegen ist nun ein Pflichtverteidiger zu bestellen, sofern bei einer richterlichen Vernehmung eine Verteidigung geboten erscheint. Geboten ist die Verteidigung dann, wenn nach Einschätzung des Einzelfalls die Rechte des Beschuldigten nur mit einem Verteidiger gewahrt werden können und die Bedeutung der Vernehmung wesentlich ist.[120] Der Anwendungsbereich erstreckt sich nicht lediglich auf das Ermittlungsverfahren, sondern auf jegliche richterliche Vernehmungen vor und nach Anklageerhebung,[121] auch auf Vernehmungen anlässlich einer Haftvorführung.[122] Erfasst sind nach vorzugswürdiger Auffassung neben Beschuldigten- auch Zeugen- und Sachverständigenvernehmungen,[123] dies jedenfalls dann, wenn zu besorgen ist, dass die Auskunftsperson in der Hauptverhandlung nicht zur Verfügung stehen wird und der Inhalt der Aussage anderweitig in die Hauptverhandlung eingeführt werden wird, sodass die späteren Konfrontationsmöglichkeiten des Beschuldigten eingeschränkt sein könnten.[124] Auf ein staatsanwaltliches Antragserfordernis wurde verzichtet. Zutreffend wird die Entscheidung, ob Art und Umfang der Vernehmung eine Verteidigung notwendig erscheinen lassen, nicht der Staatsanwaltschaft überlassen, sondern aufgrund der individuellen Verteidigungsdefizite des Beschuldigten entschieden.[125]

11. Nr. 11 – Seh-, hör- oder sprachbehinderter Beschuldigter. Die in dem § 140 Abs. 2 S. 2 aF enthaltene Regelung, die ein Recht auf die Bestellung eines Verteidigers beinhaltete, sollte ein sprach- oder hörbehinderter Beschuldigter dies beantragen, wurde mit dem Gesetz zur Neuregelung des Rechts der notwendigen Verteidigung in den Katalog des Abs. 1 integriert. In der neuen Fassung ist der Anwendungsbereich auf sehbehinderte Beschuldigte erweitert worden. Innerhalb des Katalogs stellt dieser Fall der notwendigen Verteidigung insofern einen Sonderfall dar, als dass er lediglich auf Antrag des Beschuldigten greift. Sollte es jedoch ersichtlich sein, dass der seh-, hör- oder sprachbehinderte Beschuldigte sich nicht selbst verteidigen kann, ist trotz fehlenden Antrags ein Fall der notwendigen Verteidigung iSd Generalklausel des § 140 Abs. 2 möglich.[126] Die Wahlmöglichkeit der Verständigungsform für Personen mit Einschränkungen der Hör- oder Sprachfähigkeit ist in § 186 GVG, das Recht auf eine Zugänglichkeit der Schriftstücke für blinde und sehbehinderte Personen in § 191a GVG geregelt. **25c**

V. Generalklausel des Abs. 2

Abs. 2 enthält als Ergänzung zum Katalog des Abs. 1 eine Generalklausel, die vier Varianten der notwendigen Verteidigung benennt. Angesichts der Regelungen des Abs. 1 Nr. 1 u. 2 ist die Generalklausel nur für Verfahren wegen Vergehen vor dem AG und in Berufungsverfahren relevant. Die Schwere der Tat, die Schwere der zu erwartenden Rechtsfolge, die Schwierigkeit der Sach- und Rechtslage sowie eine eingeschränkte Verteidigungsfähigkeit des Beschuldigten können jeweils alleine die Anwendung von Abs. 2 begründen. Die Notwendigkeit einer Verteidigung kann sich aber auch aus einer **Kombination der Kriterien** ergeben.[127] Ist eine der Varianten erfüllt, ist die Verteidigung zwingend und nicht durch andere Kriterien wie etwa besondere Verteidigungsfä- **26**

[119] Vgl. BT-Drs. 19/13829, 34.
[120] Staudinger in KMR-StPO Rn. 23; Beulke in Satzger/Schluckebier/Widmaier StPO Rn. 32; Schmitt in Meyer-Goßner/Schmitt Rn. 20b; bereits Schlothauer StV 2017, 557.
[121] Krawczyk in BeckOK StPO Rn. 19; bereits Schlothauer StV 2017, 557.
[122] LG Halle 26.3.2018 – 10a Qs 33/18, StRR 2018, 17; Krawczyk in BeckOK StPO Rn. 19; bereits Schlothauer StV 2017, 557.
[123] Krawczyk in BeckOK StPO Rn. 19.
[124] Schmitt in Meyer-Goßner/Schmitt Rn. 20d.
[125] Vgl. Staudinger in KMR-StPO Rn. 24; Beulke in Satzger/Schluckebier/Widmaier StPO Rn. 32.
[126] BT-Drs. 19/13829, 35; Beulke in Satzger/Schluckebier/Widmaier StPO Rn. 33; Krawczyk in BeckOK StPO Rn. 20.
[127] OLG Köln 29.4.2003 – Ss 151/03, StraFo 2003, 420 (421); KG 16.7.1985 – 4 Ws 170/85, StV 1985, 448 (449); vgl. LG Berlin 11.1.1983 – 503 Qs 2/83, StV 1983, 99, Krawczyk in BeckOK StPO Rn. 22.

higkeit oder Minderschwere der Taten zu relativieren.[128] Würde ohne Verteidigung das Recht auf ein faires Verfahren verletzt, ist Abs. 2 über den Wortlaut hinaus anzuwenden.[129]

27 Der Vorsitzende ist **zu jedem Zeitpunkt** des Verfahrens verpflichtet, **von Amts** wegen das Vorliegen der Voraussetzungen des Abs. 2 zu prüfen, insbes. zu Beginn der Hauptverhandlung und auch noch während der Berufungshauptverhandlung.[130] Liegen Anhaltspunkte für Abs. 2 vor, ist die Prüfung zu dokumentieren, ansonsten ist von einem Prüfungsdefizit und somit einem Verstoß gegen Abs. 2 auszugehen.[131] Die Lit. geht mittlerweile weitgehend von einem **Beurteilungsspielraum** des Vorsitzenden hinsichtlich der unbestimmten Rechtsbegriffe in Abs. 2 aus.[132] In der Rspr. wird zT vom Beurteilungsspielraum, zumeist jedoch von einer **Ermessensentscheidung** gesprochen.[133] Gleichwohl ist bei Vorliegen der Voraussetzungen die Mitwirkung eines Verteidigers zwingend; die Entscheidung des Vorsitzenden ist uneingeschränkt überprüfbar.[134] Wenn die Verteidigung notwendig ist, ist nach § 142 ein Verteidiger zu bestellen. Es ist nicht erkennbar, warum dies bei Abs. 2 **zeitlich beschränkbar** sein sollte (→ Rn. 5).[135] Die Ansicht, nach welcher die Bestellung auf einzelne Verfahrensteile oder Termine beschränkbar sein soll,[136] überzeugt daher nicht.[137]

28 **1. Schwere der Tat oder der zu erwartenden Rechtsfolge.** Bereits nach der früheren Rechtslage wurde die Schwere der Tat nach den zu erwartenden Rechtsfolgen bestimmt.[138] Im Rahmen der Gesetzesänderung 2019 wurde nun die **Schwere der zu erwartenden Rechtsfolge** ausdrücklich als Variante in den Abs. 2 aufgenommen. Ungeachtet der sprachlichen Anpassung der Vorschrift gehen damit keine wesentlichen Änderungen einher. Die Schwere der Tat wird trotz des zusätzlichen Hinweises weiterhin auch nach der zu erwartenden Rechtfolgenentscheidung beurteilt.[139] Die Veränderung des Wortlauts kann jedoch als Hinweis auf die Notwendigkeit der Betrachtung aller Umstände und gegen

[128] Vgl. BGH 1.6.1954 – 1 StR 140/54, MDR 1954, 564 Rn. 3; OLG Karlsruhe 24.5.2005 – 2 Ws 121/05, DAR 2005, 573 Rn. 9; OLG Hamm 29.1.2004 – 3 Ss 15/04, StraFo 2004, 170 Rn. 7; Julius/Schiemann in Gercke/Julius/Temming/Zöller Rn. 17; Jahn in Löwe/Rosenberg Rn. 69; offen: BayObLG 11.10.1989 – RReg 1 St 276/89, NStZ 1990, 142 (143); aA OLG Karlsruhe 23.5.1991 – 3 Ss 65/91, NStZ 1991, 505 (506); OLG Stuttgart 12.8.1981 – 1 Ss. 615/81, NStZ 1981, 490 mablAnm Molketin AnwBl 1982, 32.

[129] BVerfG 12.4.1983 – 2 BvR 1304/80, 2 BvR 432/81, BVerfGE 63, 380 (391) = NJW 1983, 1599; BVerfG 19.10.1977 – 2 BvR 462/77, BVerfGE 46, 202 (210 f.) = NJW 1978, 151.

[130] BGH 27.1.1955 – 3 StR 404/54, JR 1955, 189 (Ls.); OLG Bremen 8.6.1955 – Ss 29/55, NJW 1955, 1529 (Ls.).

[131] RG 7.10.1940 – 2 D 471/40, RGSt 74, 304 (306); RG 23.1.1934 – 1 D 1412/33, RGSt 68, 35 (36).

[132] Ausf. Kappe GA 1960, 357; Krawczyk in BeckOK StPO Rn. 21; Beulke in Satzger/Schluckebier/Widmaier StPO Rn. 34; Schmitt in Meyer-Goßner/Schmitt Rn. 22; Wohlers in SK-StPO Rn. 30; Oellerich StV 1981, 434 (436); aA Willnow in KK-StPO Rn. 20.

[133] BayObLG 11.10.1989 – RReg 1 St 276/89, NStZ 1990, 142; Beurteilungsspielraum ua: OLG Hamm 26.9.1996 – 3 Ss 1079/96, NStZ-RR 1997, 78; OLG Karlsruhe 4.3.1991 – 3 Ss 201/90, NStZ 1991, 505; OLG Zweibrücken 14.2.1985 – 1 Ss 259/84, NStZ 1986, 135; OLG Hamm 10.2.1982 – 3 Ss 183/82, NStZ 1982, 298.

[134] OLG Zweibrücken 6.11.1985 – 2 Ss 198/85, StV 1986, 240 (241); OLG Hamm 10.2.1982 – 3 Ss 183/82, NStZ 1982, 298; Wohlers in SK-StPO Rn. 30, 68; Kappe GA 1960, 357; Oellerich StV 1981, 434 (436).

[135] Vgl. RG 26.2.1907 – V 993/06, RGSt 40, 4 (6); KG 23.12.1982 – (4) Ss 101/82 (45/82), StV 1983, 186; Anwendbarkeit des Abs. 2 im Revisionsverfahren: OLG Oldenburg 17.5.1984 – 2 Ws 209/84, NStZ 1984, 523.

[136] OLG Koblenz 31.1.1983 – 1 Ws 57/83, wistra 1983, 122 (Rechtsmittelbegr.); OLG Hamm 4.6.1976 – 3 Ws 201/76, MDR 76, 1038; Pfeiffer Rn. 2.

[137] Wohlers in SK-StPO Rn. 31.

[138] Vgl. BGH 29.6.1954 – 5 StR 207/54, BGHSt 6, 199 (200 f.); OLG Hamburg 15.2.1984 – 1 Ss 84/83, NStZ 1984, 281; OLG Stuttgart 12.8.1981 – 1 Ss 615/81, NStZ 1981, 490; Oellerich StV 1981, 434 (436).

[139] So auch: Krawczyk in BeckOK StPO Rn. 23; Staudinger in KMR-StPO Rn. 26; Beulke in Satzger/Schluckebier/Widmaier StPO, Rn. 38; aA: Schmitt in Meyer-Goßner/Schmitt Rn. 23 f.

eine schematische Beurteilung interpretiert werden.[140] Die nach der früheren Rechtslage herausgearbeiteten Grundsätze dürften weiterhin von Bedeutung sein. Entscheidend ist demnach die Bedeutung des Verfahrens für den Beschuldigten.[141] Diese richtet sich neben einer zu erwartenden Freiheitsstrafe (→ Rn. 29 f.) auch nach Maßregeln der Sicherung und Besserung (→ Rn. 32), Nebenfolgen, zB eine für den Beschuldigten besonders schwerwiegende Fahrerlaubnisentziehung,[142] oder nach mittelbaren Nachteilen (→ Rn. 33) – auch ein Zusammentreffen derartiger Folgen ist denkbar.

Von einem Fall der notwendigen Verteidigung wird regelmäßig bereits ab **einem Jahr** 29
Freiheitsstrafe ausgegangen;[143] angesichts der Nr. 2 ist dies systematisch überzeugend.[144] ZT wird dies auf die Freiheitsstrafe ohne Bewährung beschränkt;[145] allerdings kann es auf die Entscheidung über eine Strafaussetzung nicht ankommen, ua weil der Schuldausspruch und die Entscheidung nach § 56 StGB nicht zusammenhängen. Ferner beinhaltet die Strafaussetzung stets auch die Möglichkeit einer späteren Verbüßung nach Bewährungswiderruf.[146]

Angesichts des gravierenden Eingriffs in die persönliche Freiheit bzw. der sozialen 30
Folgen im Falle einer Inhaftierung sollte bei **zu erwartender Freiheitsstrafe unabhängig von deren voraussichtlicher Dauer** von einer Schwere der zu erwartenden Rechtsfolgen iSd Abs. 2 auszugehen sein.[147] Zumindest die individuelle Bedeutung der Inhaftierung für den Beschuldigten hat bei der Bewertung der Rechtsfolgenschwere Beachtung zu finden (→ Rn. 54);[148] vereinzelt wird eine 6-Monats-Grenze befürwortet.[149] Nach allgA ist eine Freiheitsstrafe von **unter einem Jahr** jedenfalls relevant; diese kann in Kombination mit anderen Varianten des Abs. 2 zur Notwendigkeit der Verteidigung führen.[150] Im **Beru-**

---

[140] So auch: Krawczyk in BeckOK StPO Rn. 23.

[141] BVerfG 19.10.1977 – 2 BvR 462/77, BVerfGE 46, 202 (210) = NJW 1978, 151; Jahn in Löwe/Rosenberg Rn. 69; Oellerich StV 1981, 434 (436).

[142] BT-Drs. 13829, 35.

[143] Ua OLG Hamm 29.1.2004 – 3 Ss 15/04, StraFo 2004, 170 Rn. 7; OLG Hamm 20.11.2003 – 2 Ws 279/03, StV 2004, 586 Rn. 7; OLG Frankfurt a. M. 11.7.2003 – 3 Ws 805/03, StraFo 2003, 420; OLG Karlsruhe 4.3.1991 – 3 Ss 201/90, NStZ 1991, 505 mwN; OLG Zweibrücken 14.2.1985 – 1 Ss 259/84, NStZ 1986, 135 (136) mwN; Staudinger in KMR-StPO Rn. 27 mwN; Jahn in Löwe/Rosenberg Rn. 79; Molketin StraFo 2008, 365 (366); einschr. OLG Rostock 24.6.2002 – I Ws 273/02, BeckRS 2002, 17722 Rn. 22; OLG Düsseldorf 15.5.2000 – 1 Ws 279/00, StraFo 2000, 414 (415); OLG Stuttgart 18.4.2000 – 4 Ss 172/00, StraFo 2001, 205; aA OLG Düsseldorf 11.10.2000 – 2 Ws 282/00, NStZ-RR 2001, 52.

[144] Weider StV 1995, 220.

[145] OLG München 15.12.2005 – 3 StR 281/04, NJW 2006, 789 (790); OLG Düsseldorf 15.5.2000 – 1 Ws 279/00, StraFo 2000, 414 (obiter dictum); OLG Brandenburg 11.4.2000 – 2 Ss 19/00, StV 2000, 607; OLG Hamm 22.7.1999 – 5 Ss 677/99, StV 1999, 641 (642); offen: OLG Brandenburg 24.1.2011 – (1) 53 Ss 187/10 (4/11), BeckRS 2011, 08096; OLG Brandenburg 9.8.2004 – 1 Ss 65/04, NJW 2005, 521; OLG Hamm 26.9.1996 – 3 Ss 1079/96, NStZ-RR 1997, 78; OLG Düsseldorf 6.7.1994 – 5 Ss 232/94, NStZ 1995, 147.

[146] OLG Frankfurt a. M. 9.6.2000 – 1 Ss 134/00, StV 2001, 106 (107); LG Essen 27.10.1986 – 23a 121/86, NStZ 1987, 184; Eisenberg NJW 1991, 1257 (1261); Julius/Schiemann in Gercke/Julius/Temming/Zöller Rn. 18; so iErg OLG Hamm 19.1.2001 – 2 Ss 133/00, NStZ-RR 2001, 373; OLG Hamm 29.1.2004 – 3 Ss 15/04, StraFo 2004, 170; LG Essen 21.2.2000 – 27 Qs 13/00, StV 2000 414 (Ls.); LG Gera 19.7.1999 – 210 Js 37758/98 – 4 Ns 50/99, StraFo 1999, 308 (309).

[147] Stern in AK-StPO Rn. 27; Wohlers in SK-StPO Rn. 33; Herrmann StV 1996, 396 (400); Oellerich StV 1981, 434 (437); Temming StV 1992, 221; Beulke StrafProzR Rn. 250; Peters StrafProzR S. 205; Zipf StrafProzR S. 55; vgl. auch BayObLG 10.8.1989 – 4 Ws 182/89, NStZ 1990, 142; dagegen mit Zirkelschluss: BayObLG 26.8.1994 – 2St RR 155/94, BayObLGSt 94, 169 (171).

[148] OLG Hamm 19.11.2007 – 2 Ss 322/07, StV 2009, 85 Rn. 14 (psychisch belastet); OLG Brandenburg 28.11.2001 – 1 Ss 46/01, NStZ-RR 2002, 184 (185) (Abschlussschuljahr); LG Essen 27.10.1986 – 23a 121/86, NStZ 1987, 184.

[149] OLG Hamm 20.11.1992 – 4 Ss 1121/92, StV 1993 180 (Ls.); OLG Köln 1.4.1986 – Ss 168/86, StV 1986, 238; Roxin/Schünemann StrafVerfR § 19 Rn. 20.

[150] Ua OLG Hamm 26.4.2004 – 2 Ss 54/04, StV 2005, 57 (Ls.) mAnm Theiß; OLG Köln 29.4.2003 – Ss 151/03, StraFo 2003, 420 (421); OLG Karlsruhe 23.5.1991 – 3 Ss 65/91, NStZ 1991, 504 Rn. 4; KG 16.7.1985 – 4 Ws 170/85, StV 1985, 448; vgl. OLG Zweibrücken 14.2.1985 – 1 Ss 259/84, NStZ 1986, 135; Willnow in KK-StPO Rn. 21; vgl. Staudinger in KMR-StPO Rn. 33.

fungsverfahren liegt ein Fall notwendiger Verteidigung auch bei einer erstinstanzlichen Verurteilung von unter einem Jahr vor, wenn dem Angeklagten in einem weiteren Verfahren Bewährungswiderruf droht.[151]

31 Bei der **Feststellung der zu erwartenden Strafhöhe** ist nicht auf Einzelstrafen, sondern auf die Gesamtstrafe[152] bzw. Einheitsjugendstrafe[153] oder Einbeziehung nach § 31 Abs. 2 JGG[154] abzustellen. Dies gilt auch für eine nachträgliche Gesamtstrafenbildung, soweit das anhängige Verfahren die Strafe nicht nur unwesentlich beeinflusst;[155] auch eine mögliche nachträgliche Gesamtstrafenbildung in Folgeverfahren ist zu beachten.[156] Die Einschätzung einer Straferwartung beinhaltet notwendigerweise große Bewertungsunsicherheiten; von einer zu erwartenden relevanten Strafe kann jedenfalls im Falle eines entspr. Strafantrags der StA ausgegangen werden.[157] Das erstinstanzliche Urteil ist ebenfalls ein Anhaltspunkt dafür, welche Strafe vorher zu erwarten war bzw. in der Rechtsmittelinstanz zu erwarten ist.[158] Ergibt sich eine entspr. Straferwartung erst in der Urteilsberatung, muss wieder in die Hauptverhandlung eingetreten und ein Verteidiger bestellt werden, da die Urteilsverkündung wesentlicher Bestandteil der Hauptverhandlung ist (→ Rn. 9).[159] Während der Hauptverhandlung kann sich eine neue Straferwartung sowohl durch einen Hinweis nach § 265 Abs. 1 ergeben als auch durch neue Erkenntnisse zum Tat- und Schuldvorwurf. Das Verschlechterungsverbot bei einer **einseitigen Berufung** lässt im Falle der vorherigen Verurteilung zu mehr als einem Jahr die Notwendigkeit der Verteidigung nicht entfallen.[160]

32 Bei einer möglichen Unterbringung nach § 64 StGB liegt unabhängig von anderen Folgen immer eine Schwere der Tat iSd Abs. 2 vor.[161] Bei anderen **Maßregeln,** die nicht bereits unter Abs. 1 fallen, ist dies stets zu prüfen; dabei ist die Auswirkung der Maßregel auf das Leben des Beschuldigten besonders zu würdigen. So ist Abs. 2 bei einer Entziehung der Fahrerlaubnis, die zum Verlust des Arbeitsplatzes führt, zu bejahen.[162] Bei Nichtberufskraftfahrern ist dies erst bei einer unbefristeten Sperre anzunehmen.[163] Auch die Einziehung wertvoller Gegenstände ist im Rahmen der Gesamtfolgen eines Verfahrens zu beachten.[164]

33 Die Schwere der Tat kann sich auch aus **mittelbaren Folgen** des Verfahrens ergeben. Neben dem Verlust des Arbeitsplatzes als Folge einer Maßregel kann ein **Arbeitsplatzverlust** mittelbare Folge einer Bestrafung sein; so bei Beamten ab einem Jahr Freiheitsstrafe unabhängig von einer etwaigen Strafaussetzung (§ 24 BeamtStG).[165] Einzubeziehen sind

---

151 OLG Zweibrücken 13.8.2018 – 1 Ws 179/18, BeckRS 2018, 19431 Rn. 3.

152 AllgM; ua KG 6.1.2017 – 4 Ws 212/16, BeckRS 2017, 106064 Rn. 8 ff.; OLG Stuttgart 18.4.2000 – 4 Ss 172/00, StraFo 2001, 205.

153 OLG Köln 29.4.2003 – Ss 151/03, StraFo 2003, 420 (421).

154 OLG Rostock 6.1.1998 – 1 Ss 291/97, StV 1998, 325 Rn. 9; OLG Hamm 26.9.1996 – 3 Ss 1079/96, NStZ-RR 1997, 78.

155 OLG Stuttgart 2.3.2012 – 2 Ws 37/12, NStZ-RR 2012, 214; LG Frankfurt a. M. 22.2.2011 – 5/26 Qs 4/11, NStZ-RR 2011, 183.

156 BVerfG 15.1.2009 – VfGBbg 63/07, BeckRS 2009, 30733; OLG Hamm 20.11.2003 – 2 WS 279/03, StV 2004, 586 Rn. 7; Krawczyk in BeckOK StPO Rn. 24; Willnow in KK-StPO Rn. 21.

157 LG Braunschweig 2.2.2004 – 3 Qs 10/04, StV 2005, 62; LG Bremen 8.10.1987 – 13 Qs 512/87, StV 1988, 101; LG Freiburg 28.8.1987 – IV Qs 107/87, StV 1988 102; vgl. Jahn in Löwe/Rosenberg Rn. 73; Burgard NStZ 2000, 242 (244 f.); aA Willnow in KK-StPO Rn. 20.

158 Vgl. OLG Stuttgart 12.8.1981 – 1 Ss 615/81, NStZ 1981, 490.

159 Burgard NStZ 2000, 242 (245).

160 OLG Stuttgart 10.1.2001 – 4 Ws 1/01, StV 2001, 329 Rn. 7; OLG München 6.3.1992 – 1 Ws 161/92, StV 1993, 65; BayObLG 11.10.1989 – RReg. 1 St 276/89, NStZ 1990, 142 (143).

161 OLG Düsseldorf 27.10.1982 – 2 Es 13/82, StV 1983, 11 (12); LG Bremen 31.10.1989 – 23 Qs 415/89, StV 1990, 400 (Ls.); Willnow in KK-StPO Rn. 21; offen: OLG Bremen 4.12.1995 – Ws 173/95, StraFo 1996, 61; OLG Karlsruhe 16.10.1992 – 2 Ws 188/92, NZV 1993, 165.

162 LG Köln 9.12.2009 – 105 Qs OWi 382/09, VRR 2010, 3 Rn. 6; ausf. zur Fahrerlaubnis: Molketin NZV 1989, 93; Willnow in KK-StPO Rn. 21; Beulke in Satzger/Schluckebier/Widmaier StPO Rn. 37.

163 OLG Koblenz 21.5.1985 – 1 WS 304/85, VRS 69 (1985) 293 (verneint bei 4 Jahren ohne Berufsverlust); aA LG Berlin 14.9.2006 – 526 Qs 254/06, VRS 111 (2006), 421 Rn. 5; Willnow in KK-StPO Rn. 21; Wohlers in SK-StPO Rn. 35; Molketin StraFo 2008, 365 (367).

164 KG 2.12.1996 – (3) 1 Ss 285/96 (101/96), VRS 95 (1998), 113; Willnow in KK-StPO Rn. 21.

165 OLG Hamburg 6.1.1984 – 1 VAs 12/84, NStZ 1984, 281; KG 23.12.1982 – (4) Ss 101/82 (45/82), StV 1983, 186.

auch disziplinarrechtliche Folgen, da in Disziplinarverfahren häufig auf ein Strafurteil Bezug genommen wird.[166] Erhebliche andere Auswirkungen auf die Erwerbstätigkeit wie ein Entzug der Gewerbeerlaubnis bzw. Verlust oder Beschränkung der Zulassung zu freien Berufen kommen ebenfalls in Betracht.[167] Drohen bei einer Verurteilung aufenthaltsrechtliche Konsequenzen, liegt wegen der Bedeutung für den Beschuldigten evident eine Schwere der Tat vor;[168] so wenn im Falle einer Verurteilung §§ 53, 54 AufenthG erfüllt wären. Auch sonstige Auswirkungen auf das **Aufenthaltsrecht** sind zu berücksichtigen. Es reicht aus, wenn der Einfluss eines Strafverfahrens auf eine Ermessensentscheidung der Ausländerbehörde den Aufenthaltsstatus gefährdet.[169] Dabei sind die gängige Praxis der Behörden sowie Verwaltungsrichtlinien zu beachten.[170] Schwere Folgen sind etwa bei Asylbewerbern auch dann zu bejahen, wenn sie erst nach Abschluss des Asylverfahrens virulent werden.[171] Als mittelbare Folge, die eine Schwere der in Rede stehenden Tat auslöst, kommt auch ein **Bewährungswiderruf** in anderer Sache in Betracht;[172] die hieraus drohende Strafverbüßung ist nach stRspr bei der Höhe der Straferwartung des laufenden Verfahrens einzuberechnen;[173] gleichermaßen ein drohender Widerruf der Zurückstellung nach § 35 BtMG.[174] Als mittelbare Nachteile kommen ferner ua haftungsrechtliche Folgen[175] und Nachteile in Gnadenverfahren[176] in Betracht.

Neben zu erwartenden erheblichen Folgen eines Urteils kann bereits die **Art des** 34
Vorwurfs eine Schwere der Tat begründen, weil die Feststellung einer entsprechenden Schuld unabhängig von den rechtlichen Folgen besonders relevant ist; so bei § 222 StGB und anderen gewichtigen Rechtsgutsverletzungen.[177]

2. Schwierigkeit der Sach- oder Rechtslage. Die Verteidigung kann wegen der 35
Schwierigkeit der Sach- oder Rechtslage notwendig sein; dabei sind die Voraussetzungen eher niedrig anzusetzen, da es auf die (Laien)Sichtweise des Beschuldigten an-

---

166 LG Bochum 19.2.1986 – Qs 25/86, StV 1987, 383; Willnow in KK-StPO Rn. 21; aA da Fernwirkung zu unklar: OLG Hamburg 15.2.1984 – 1 Ss 84/83, NStZ 1984, 281; ausf. zu den Folgen: Bracher in MAH Strafverteidigung § 34 Rn. 1 ff.

167 OLG Hamm 29.1.2004 – 3 Ss 15/04, StraFo 2004, 170 Rn. 7; LG Mainz 6.4.2009 – 1 Qs 49/09, NZV 2009, 404 Rn. 4 (auch bei Bagatelldelikt, wenn durch Führerscheinverlust Arbeitsplatzverlust bei 61-Jährigem); Molketin StraFo 2005, 52 (54); ausf. zu den Folgen Bracher in MAH Strafverteidigung § 34 Rn. 32 ff.

168 LG Heilbronn 15.2.2002 – 3 Qs 27/02, NStZ-RR 2002, 269; Beulke in Satzger/Schluckebier/Widmaier StPO Rn. 37; Schmitt in Meyer-Goßner/Schmitt Rn. 23c; auch bei geringen BtM-Verstößen: AG Hamburg 19.12.1996 – 123aI-253/96, StV 1998, 326 (327) mzustAnm Sättele; bei Verstößen gegen das AufenthG: LG Berlin 4.3.2003 – 516 Qs 45/03, StV 2005, 15 Rn. 6; LG Hannover 20.12.2000 – 46 Qs 282/00, StV 2002, 300; zu eng AG Hamburg 19.12.1996 – 123a I – 253/96, StV 1998, 327 mablAnm Sättele.

169 KG 9.11.2001 – 1 AR 1297/01 – 4 Ws 190/01 BeckRS 2014, 11185 Rn. 4; vgl. LG Heilbronn 7.5.2002 – 3 Qs 27/02, NStZ-RR 2002, 269; mkritAnm zur bisherigen Rspr. Röder/Stahlmecke AM 2021, 66 (69).

170 Vgl. OLG Stuttgart 20.5.2010 – 2 Ws 76/10, BeckRS 2010, 23396; AG Hamburg 19.12.1996 – 123aI-253/96, StV 1998, 326 (327); ausf. Jung StV 2004, 567; Lüderssen NJW 1986, 2742 (2747); Strate StV 1981, 46 (47); Paff in MAH Strafverteidigung § 32.

171 BayObLG 26.11.1992 – 4St RR 210/92, StV 1993, 180; AG Lüneburg 3.1.1992 – 18 Ds 14 Js 22288/91, StV 1992, 223; aA Staudinger StV 2002, 327 (331).

172 OLG Hamm 11.2.2020 – 5 RVs 6/20, BeckRS 2020, 3699 Rn. 8 ff.

173 Ausf. OLG Karlsruhe 4.3.1991 – 3 Ss 201/90, NStZ 1991, 505 (506); OLG Celle 30.8.2005 – 22 Ss 59/05, StV 2006, 686; OLG Jena 26.8.2005 – 1 AR (S) 51/05, StraFo 2005, 200; OLG Dresden 1.7.2005 – 2 Ss 173/05, NStZ-RR 2005, 318.

174 AllgM; ua: OLG Hamburg 9.7.1998 – 1 Ws 123/98, StV 1999, 420.

175 OLG Hamm 12.1.2004 – 2 Ws 326/03, StraFo 2004, 170 Rn. 7; OLG Hamm 11.8.1988 – 4 Ss 716/88, StV 1989, 56 Rn. 4; LG Koblenz 13.5.2008 – 3 Qs 23/08, StV 2009, 237 (Ls.); ausf. zu zivil- und familienrechtl. Folgen: Hiebl/Becker in MAH Strafverteidigung § 30; Molketin StraFo 2008, 365 (366).

176 LG Lübeck 18.5.2010 – 2b Qs 63/10, StraFo 2010, 293 Rn. 18; Krawczyk in BeckOK StPO Rn. 26.

177 OLG Hamburg 15.2.1984 – 1 Ss 84/83, NStZ 1984, 281; OLG Hamm 16.7.1957 – 1 Ss 719/57, NJW 1957, 1530; LG Bayreuth 16.10.1992 – 1 Qs 71/92, StV 1993, 181; Julius/Schiemann in Gercke/Julius/Temming/Zöller Rn. 18; Herzig NJW 1980, 164 (165); Oellerich StV 1981, 434 (437); Roxin/Schünemann StrafVerfR § 19 Rn. 20.

kommt.[178] Auch (sprachliche) Einschränkungen des Beschuldigten sind relevant.[179] Wenn der Beschuldigte juristisch gebildet ist, kann dies die Schwierigkeit der Rechtslage entfallen lassen;[180] hinsichtlich der Sachlage ist er gewissermaßen „befangen".[181] Eine Schwierigkeit entfällt nicht, weil der Beschuldigte versiert genug ist, sich sachgemäß zu äußern; es kann bei ihm trotzdem an juristischen Kenntnissen mangeln.[182] Häufig ergibt sich die Notwendigkeit einer Verteidigung aus einem Zusammenspiel von Sach- und Rechtslage;[183] ausreichen kann aber auch das Erfülltsein einer der beiden Varianten bzw. eine Gesamtwürdigung sämtlicher Varianten des Abs. 2. Beurteilungserheblich ist stets das Gesamtverfahren; nicht einzelne Abschnitte, dh auch bereits erfolgte Zeugenvernehmungen sind einzubeziehen.[184]

36 Eine schwierige Sach- und Rechtlage liegt bei Verhandlungen vor Spezialkammern – zB **Wirtschaftsstrafkammer** – vor.[185] Fachkundiger Beistand ist ferner in Verfahren, in denen eine **Absprache** angedacht ist, notwendig.[186] Bei einer Anklage im Wege der **Wahlfeststellung** liegt besondere Schwierigkeit nahe, da die Sach- und Rechtlage in zwei Varianten (gleichzeitig) zu verhandeln und zu beurteilen ist;[187] rechtliche Hinweise nach § 265 können einen vergleichbaren Effekt haben.[188]

37 **a) Sachlage.** Bewertungserheblich sind die Umstände **zur Zeit der Beurteilung** bzw. zu dem Zeitpunkt, in dem das Gericht hätte entscheiden müssen – zB auf Antrag.[189]

38 Enthält die Akte **Sachverständigengutachten,** insbes. psychologische/psychiatrische Gutachten,[190] wird ein solches oder die Aussage eines Sachverständigen in der Hauptverhandlung eingeführt, ist die Verteidigung notwendig.[191] Des Weiteren kann die Sachlage aufgrund des **Umfangs** schwierig sein; so bei mehreren Angekl.,[192] mehreren Zeugen,[193]

---

178 OLG Köln 15.11.1988 – Ss 628/88 – 649, wistra 1989, 157; OLG Düsseldorf 28.9.1983 – 5 Ss 372/83 – 309/83 I, AnwBl 1984, 262 (263); Staudinger in KMR-StPO Rn. 28; Jahn in Löwe/Rosenberg Rn. 90; Wohlers in SK-StPO Rn. 37; Molketin NStZ 1986, 136 (137); Oellerich StV 1981, 434 (437).

179 BVerfG 17.5.1983 – 2 BvR 731/80, BVerfGE 64, 135 (149 f.) = NJW 1983, 2762 mwN; BGH 26.10.2000 – 3 StR 6/00, BGHSt 46, 178 (180) = NJW 2001, 309; OLG Frankfurt a. M. 10.1.2008 – 2 Ss 383/07, StV 2008, 291 (Ls.); OLG Düsseldorf 7.2.2000 – 3 Ws 604 – 605/99, StV 2000, 409 („gerichtsunerfahren"); OLG Schleswig 25.10.1988 – 2 Ws 400/88, StV 1990 12 („rechtsunkundiger Ausländer"); LG Hamburg 10.2.2010 – 601 Qs 9/10, StV 2010, 514; LG Osnabrück 3.4.1997 – 10 Qs 33/97, StV 1999, 249; vgl. Stern in AK-StPO Rn. 37.

180 OLG Celle 31.10.1963 – 1 Ss 322/63, NJW 1964, 877 (Ls.).

181 Wohlers in SK-StPO Rn. 37.

182 OLG Celle 20.12.1985 – 1 Ss 461/85, StV 1986, 142 (143).

183 KG 30.7.2008 – 2 Ws 363/08, NJW 2008, 3449.

184 OLG Hamburg 29.1.2010 – 1 Ss 9/09, StV 2011, 655 (656).

185 OLG Düsseldorf 28.9.1983 – 5 Ss 372/83 – 309/83 I, AnwBl 1984, 262; LG Kaiserslautern 22.9.1987 – 6 Qs 204/87, StV 1988, 521 (Ls.); Molketin wistra 1986, 97 (99).

186 Stern in AK-StPO Rn. 38; Reformvorschlag: Graalmann-Scheerer StV 2011, 696 (698); Schmidt-Hieber NJW 1990, 1884 (1887).

187 AG Lübeck 5.1.2012 – 61 Ds 750 Js 20501/11 (186/11), BeckRS 2012, 01439.

188 OLG Oldenburg 6.4.1977 – 1 Ss 372/76, nach Molketin NZV 1989, 93 (95).

189 OLG Jena 15.11.2005 – 1 Ws 417/05, StraFo 2006, 71 (spätere Rechtsmittelbeschränkung unerheblich); Krawczyk in BeckOK StPO Rn. 30; Willnow in KK-StPO Rn. 22.

190 KG 10.2.2006 – 5 Ws 61/06, StV 2007, 94; OLG Zweibrücken 13.12.2001 – 1 Ss 222/01, NStZ-RR 2002, 112; zwingend bei Gutachten zur Schuldfähigkeit: OLG Hamm 10.12.1986 – 4 Ss 1434/86, StV 1987, 192; ausf. Lehmann StV 2003, 356 (358) mwN.

191 OLG Hamm 22.4.2002 – 2 Ws 88/02, StraFo 2002, 293 (294) (Beurteilung der Qualifikation und Methoden des Sachverständigen durch Jugendlichen); LG Braunschweig 7.8.2002 – 33 Qs 26/02, StraFo 2002, 398 (DNA-Gutachten); LG Arnsberg 19.11.2001 – 2 Ws 172/01, StV 2002, 648 (rechtsmedizinisches Gutachten); LG Bochum 19.2.1986 – Qs 25/86, StV 1987, 383 (Schriftgutachten); Krawczyk in BeckOK StPO Rn. 29; Willnow in KK-StPO Rn. 22; offen: OLG Frankfurt a. M. 11.7.2003 – 3 Ws 805/03, StraFo 2003, 420; einschr. OLG Koblenz 1.4.1976 – 1 Ss 102/76, MDR 1976, 776; Schmitt in Meyer-Goßner/Schmitt Rn. 27a.

192 LG Düsseldorf 25.6.1997 – VII Qs 41-44/97, StV 1999, 309.

193 OLG Hamm 19.11.2007 – 2 Ss 322/07, StV 2009, 85 (8 Zeugen); OLG Düsseldorf 7.2.2000 – 2a Ss 357/99-75/99 III, AnwBl 2002, 122 (10 Zeugen); LG Osnabrück 3.4.1998 – 10 Qs 33/97, StV 1999, 249 (9 Zeugen).

einem erheblichen Aktenumfang,[194] mehreren Hauptverhandlungstagen bzw. umfangreicher Beweisaufnahme[195] oder einer Vielzahl von Tatvorwürfen.[196]

39 **Zeugenbefragungen** sind insbes. schwierig, wenn sich Zeugenaussagen widersprechen, einzelne Zeugen im Laufe des Verfahrens widersprüchliche Angaben machen[197] oder wenn die Glaubwürdigkeit eines Zeugen, zB eines Kindes, zu beurteilen ist.[198] Ebenfalls, wenn der entscheidungserhebliche Belastungszeuge der Einlassung des Angekl. widerspricht **(Aussage-gegen-Aussage-Konstellationen)**[199] oder die Angekl. sich wechselseitig belasten,[200] bzw. die Aussage des Mitangekl. von Bedeutung ist;[201] ebenso bei Belastungszeugen vom Hörensagen.[202] Eine schwierige Sachlage kann sich ferner aus der **Beweisaufnahme** oder **Beweiswürdigung**[203] ergeben, wenn Unterlagen zu Betriebsführung, Buchhaltung und Bilanzierung als Beweismittel eingeführt werden,[204] bei Interessengegensätzen der Angekl.,[205] hinsichtlich der Feststellungen zu subjektiven Tatsachen[206] oder zur Schuldfähigkeit[207] oder wenn ausschließlich Indizien zu Verfügung stehen.[208] Die Beweisaufnahme ist auch schwierig, wenn inzident weitere Sachverhalte geprüft werden müssen, so bei einem Vorwurf nach § 164 StGB oder Aussagedelikten.[209]

40 Trotz Einführung des § 147 Abs. 4 kann sich die Notwendigkeit des Verteidigerbeistands weiterhin aus der Notwendigkeit einer **Akteneinsicht** ergeben.[210] Zur Durchsetzung des Rechts bzw. der Begr. eines Einsichts- oder Auskunftsersuchens bedarf es juristischer Kenntnisse.[211] Nach allgM liegt ein Fall des Abs. 2 vor, wenn die Vorbereitung der Haupt-

---

194 Stern in AK-StPO Rn. 38; Krawczyk in BeckOK StPO Rn. 31; Schmitt in Meyer-Goßner/Schmitt Rn. 27a; Molketin, Die Schutzfunktion des § 140 Abs. 2 StPO zugunsten des Beschuldigten, S. 90 mwN.

195 BGH 24.1.1961 – 1 StR 132/60, BGHSt 15, 306 (307) = NJW 1961, 740; OLG Koblenz 29.4.1993 – 1 Ss 72/93, StV 1993, 461 (vier Tage); OLG Stuttgart 8.9.1986 – 1 Ws 264/86, StV 1987, 8; LG Düsseldorf 25.6.1997 – VII Qs 41-44/97, StV 1999, 309; allgLit; einschr. Schmitt in Meyer-Goßner/Schmitt Rn. 27; aA bei 11 Tagen, wenn Tatsachenlage übersichtlich: OLG Hamburg 29.1.2010 – 1 Ss 9/09, StV 2011, 655 (insoweit nicht abgedr.).

196 BGH 24.1.1961 – 1 StR 132/60, BGHSt 15, 306 (307) = NJW 1961, 740; OLG Frankfurt a. M. 15.7.1982 – 43 Js 17906/81, StV 1983, 69.

197 OLG Karlsruhe 28.6.2005 – 2 Ws 166/05, StV 2005, 656; LG Berlin 11.5.2009 – 525 Qs 63/09, StV 2010, 69; Willnow in KK-StPO Rn. 22; Wohlers in SK-StPO Rn. 40.

198 OLG Zweibrücken 13.12.2001 – 1 Ss 222/01, NStZ-RR 2002, 112; Willnow in KK-StPO Rn. 22; einschr. mit Sachverständigem: OLG Koblenz 1.4.1976 – 1 Ss 102/76, MDR 1976, 776; Schmitt in Meyer-Goßner/Schmitt Rn. 27.

199 OLG Hamm 9.7.2020 – III-5 Ws 202/20, BeckRS 2020, 21130 Rn. 8; OLG Celle 16.10.2008 – 1 Ws 517/08, NStZ 2009, 175; OLG Koblenz 11.2.1999 – 1 Ws 43/99, NStZ-RR 2000, 176; LG Hamburg 10.2.2010 – 601 Qs 9/10, StV 2010, 514; Staudinger in KMR-StPO Rn. 30; Wohlers in SK-StPO Rn. 40; Molketin StraFo 2005, 52 (57); einschr. OLG Frankfurt a. M. 31.3.2009 – 3 Ws 271/09, NStZ-RR 2009, 207 (208) mwN.

200 LG Freiburg 28.5.2009 – 3 Qs 73/09, StraFo 2009, 384; LG Kiel 10.10.2008 – 32 QS 146/08, StV 2009, 236.

201 LG Essen 9.5.2011 – 56 Qs 25/11, StV 2011, 663 (664).

202 OLG Frankfurt a. M. 10.1.2008 – 2 Ss 383/07, StV 2008, 291.

203 OLG Hamm 14.11.2000 – 2 Ss 1013/2000, NStZ-RR 2001, 107 (108).

204 LG Hildesheim 17.5.1989 – 15 Qs 34/89, wistra 1989, 320; LG Kaiserslautern 22.9.1987 – 6 Qs 204/87, StV 1988, 521 (Ls.).

205 Willnow in KK-StPO Rn. 22.

206 LG Hamburg 7.6.1985 – 40 Qs 15/85, StV 1985, 453; Stern in AK-StPO Rn. 38; Schmitt in Meyer-Goßner/Schmitt Rn. 27.

207 KG 15.3.1990 – 1 AR 153/90 – 4 Ws 42/90, StV 1990, 298; LG Hamburg 15.3.1990 – 4 Ws 42/90, StV 1983, 99; Schmitt in Meyer-Goßner/Schmitt Rn. 27a; Lehmann StV 2003, 356.

208 Stern in AK-StPO Rn. 39; Wohlers in SK-StPO Rn. 40; Eisenberg NJW 1991, 1257 (Fn. 56); einschr. LG Braunschweig 7.8.2002 – 33 Qs 26/02, StraFo 2002, 398; Oellerich StV 1981, 434 (438); aA OLG Koblenz 13.4.1978 – 1 Ss 129/78, GA 1979, 276 (Ls.).

209 LG Essen 9.5.2011 – 56 Qs 25/11, StV 2011, 663.

210 OLG Köln 12.9.2011 – III-2 Ws 566/11, StraFo 2011, 508; OLG Frankfurt a. M. 31.3.2009 – 3 Ws 271/09, NStZ-RR 2009, 207 (208); LG Essen 9.5.2011 – 56 Qs 25/11, StV 2011, 663 (664); Molketin StraFo 2003, 421 (422).

211 LG Essen 9.5.2011 – 56 Qs 25/11, StV 2011, 663 (664); OLG Jena 23.10.2003 – 1 SS 232/03, StV 2004, 585; Lehmann StV 2003, 356 (358); bzgl. Beiakten: LG Hamburg 10.2.2010 – 601 Qs 9/10, StV 2010, 514.

verhandlung ohne Akteneinsicht unzureichend ist.[212] Dies ist jedoch grds. anzunehmen,[213] so dass bis auf wenige Ausnahmen die Verteidigung bereits unter dem Gesichtspunkt der Akteneinsicht notwendig sein dürfte.[214] Akteneinsicht ist zur sachgemäßen Vorbereitung der Verteidigung jedenfalls erforderlich, wenn Zeugen in der Hauptverhandlung befragt werden, deren vorherige Aussage sich bei den Akten befindet (→ Rn. 39)[215] bzw. wenn deren Glaubwürdigkeit zu hinterfragen ist;[216] bei notwendigen Inzidentprüfungen (→ Rn. 39),[217] Sachverständigengutachten,[218] Videos[219] oder Urkunden[220] als Aktenbestandteilen, der Notwendigkeit, die Rechtmäßigkeit von Polizeimaßnahmen wie Wahllichtbildvorlagen,[221] Observationen[222] oder Filmaufnahmen[223] zu überprüfen und zur Überprüfung von Verfahrensformalia.[224] Selbst bei Aktenkenntnis des Beschuldigten (§ 147 Abs. 4) kann eine Verteidigung zur Ermöglichung einer sachgemäßen Auswertung der Akte und darauf basierender Verteidigung notwendig sein.[225]

41 Sind zwei Justizorgane hinsichtlich der Sachverhaltsermittlung uneinig, ist die Sachlage für einen Laien schwierig,[226] so nach stRspr, wenn die StA die Sachlage anders bewertet oder eine abweichende Beweiswürdigung vornimmt und daher **Berufung** einlegt.[227] Gleiches gilt bei divergierender Bewertung der Rechtsfolgenerwartung oder hinsichtlich einer Strafaussetzung zur Bewährung.[228] Darüber hinaus entsteht in der Berufungsinstanz (auch bei Einlegung durch den Beschuldigten) häufig eine schwierige Sachlage durch erneute und evtl. widersprüchliche Zeugenvernehmung (→ Rn. 39 f.).[229]

42 **b) Rechtslage.** Zur Schwierigkeit der Rechtslage existiert eine **umfangreiche Kasuistik** zu einzelnen Normen des StGB und besonders des Nebenstraf- bzw. OWi-Rechts, die

---

[212] BGH 1.3.1955 – 5 StR 34/55, JR 1955, 189 (190); OLG Jena 15.11.2005 – 1 Ws 417/05, StraFo 2006, 71; OLG Koblenz 11.2.1999 – 1 Ws 43/99, NStZ-RR 2000, 176 mwN.

[213] Barton, Mindeststandards, S. 326; vgl. BGH 3.10.1979 – 3 StR 264/79 (S), BGHSt 29, 99 (102) = NJW 1980, 64.

[214] Wohl auch Beulke in Satzger/Schluckebier/Widmaier StPO Rn. 42.

[215] Ua OLG Köln 12.9.2011 – III-2 Ws 566/11, StraFo 2011, 508; OLG Celle 16.10.2008 – 1 Ws 517/08, NStZ 2009, 175; OLG Hamm 14.11.2000 – 2 Ss 1013/2000, NStZ-RR 2001, 107; OLG Düsseldorf 15.9.1999 – 1 Ws 713/99, StV 2000, 409; LG Berlin 11.5.2009 – 525 Qs 63/09, NStZ 2010, 536.

[216] BGH 1.3.1955 – 5 StR 34/55, JR 1955, 189 (190); OLG Koblenz 11.2.1999 – 1 Ws 43/99, NStZ-RR 2000, 176; OLG Köln 26.3.1991 – 2 Ws 141/91, StV 1991, 294.

[217] OLG Jena 23.10.2003 – 1 Ss 232/03, StV 2004, 585 (Zivilverfahren); LG Essen 9.5.2011 – 56 Qs 25/11, StV 2011, 663.

[218] Ua BGH 1.3.1955 – 5 StR 34/55, BeckRS 1955, 31188593; OLG Hamm 22.4.2002 – 2 Ws 88/02, StraFo 2002, 293 (294); OLG Karlsruhe 25.2.1991 – 2 Ss 13/91, StV 1991, 199; LG Essen 8.8.1986 – 7 Qs 207/86, StV 1986, 427 (insbes. bei Indizienprozess); Stern in AK-StPO Rn. 41; Schmitt in Meyer-Goßner/Schmitt Rn. 27a; Beulke in Satzger/Schluckebier/Widmaier StPO Rn. 40; Molketin StraFo 2008, 365 (368).

[219] LG Kiel 13.10.2006 – 31 Qs 87/06, StraFo 2007 28; LG Amberg 3.10.1986 – 3 Qs 183/86, StV 1986, 522; Stern in AK-StPO Rn. 40.

[220] OLG Koblenz 29.4.1993 – 1 Ss 72/93, StV 1993, 461; Beulke in Satzger/Schluckebier/Widmaier StPO Rn. 42.

[221] LG Amberg 3.11.2010 – 52 Qs 88/10, StRR 2010, 442; LG Magdeburg 21.1.1998 – 28 QS 63 Js 84884/95, StV 1999, 532; unabhängig von Akteneinsicht: Wohlers in SK-StPO Rn. 40.

[222] LG Lübeck 11.11.2010 – 4 Qs 118/10, StV 2011, 664.

[223] Wohlers in SK-StPO Rn. 40.

[224] OLG Düsseldorf 23.1.1991 – 3 Ws 57/91, VRS 83 (1992), 193 (Zustellung).

[225] OLG Hamm 22.4.2002 – 2 Ws 88/02, StraFo 2002, 293 (294); Jahn in Löwe/Rosenberg Rn. 87 f.; Wohlers in SK-StPO Rn. 40.

[226] OLG Düsseldorf 15.9.1999 – 1 Ws 713/99, StV 2000, 409; OLG Bremen 8.6.1955 – Ss 29/55, NJW 1955, 1529 (1530); Stern in AK-StPO Rn. 39; Molketin StraFo 2008, 365 (367).

[227] OLG Köln 20.3.2001 – 1 Ss 259/00, StV 2004, 587 mwN; OLG Hamm 11.8.1988 – 4 Ss 716/88, StV 1989, 56; einschr. OLG Karlsruhe 24.5.2005 – 2 Ws 121/05, DAR 2005, 573.

[228] Rechtsfolgen: OLG Düsseldorf 16.12.1987 – 3 Ws 732/87, StV 1988, 290; Bewährung: OLG Frankfurt a. M. 29.10.1991 – 2 Ss 344/91, StV 1992, 220 mAnm Temming; Staudinger in KMR-StPO Rn. 33; aA zur Bewährung OLG Dresden 1.7.2005 – 2 Ss 173/05, NStZ-RR 2005, 318.

[229] OLG Köln 20.5.2003 – 2 Ws 309/03, StV 2004, 587; OLG Hamburg 13.1.1989 – 1 Ss 190/88, StV 1990, 12; OLG Hamm 5.11.1984 – I Ws 273/84, StV 1985, 447; Stern in AK-StPO Rn. 42.

kaum zu systematisieren ist. Der Begriff der schwierigen Rechtslage ist **weit auszulegen,** da entscheidend ist, ob die Rechtslage für einen Laien schwierig ist. Dies ist sie mindestens, wenn eine Rechtsfrage in Rspr. und Lit. str. ist oder wenn sie Abgrenzungs- oder Subsumtionsprobleme bereitet,[230] so bei **ungeklärten Fragen** des materiellen oder formellen Rechts; insbes., wenn sie diskutiert werden oder abweichende Rspr. existiert.[231] In diesen Fällen kann eine zusätzliche Schwierigkeit bei Vorliegen von Irrtumsproblematiken entstehen.[232] Es reicht aus, wenn eine hM existiert, diese aber umstr. ist.[233] Die Rechtslage ist auch schwierig, wenn transnationales Recht zu beachten ist,[234] so bei der Prüfung von Implikationen einer europäischen Richtlinie.[235] Das **Wirtschaftsstrafrecht** ist, jedenfalls soweit es um Normen außerhalb des Kernstrafrechts geht, praktisch immer schwierig im Sinne des Abs. 2.[236]

Auch nicht umstr. rechtliche Fragen können schwierig sein, so die Anwendung von Normen mit einer umfangreichen Kasuistik,[237] zB § 56 StGB;[238] die Feststellung der Schadenshöhe bei Vermögensdelikten[239] oder die inzidente Prüfung zivilrechtlicher Ansprüche.[240] Eine **problematische Subsumtion** kann besonders bei schwierigen Abgrenzungen wie Versuch/Vollendung,[241] Rücktritt,[242] Prüfung einer Garantenstellung[243] oder Rechtsbegriffen wie „öffentliche Urkunde“ entstehen.[244] Auch mittelbare Rechtsfolgen eines Urteils können, zB im Aufenthaltsrecht oder gemäß § 35 BtMG, auf eine Schwierigkeit der Rechtslage hindeuten (→ Rn. 33).[245] **43**

Im prozessualen Recht sind ua Fragen der **Beweisverwertung** schwierig.[246] Schon die Voraussetzungen anerkannter (spezieller) Beweisverwertungsverbote sind häufig schwer zu prüfen;[247] darüber hinaus können die Voraussetzungen oder das Verwertungsverbot selbst umstr. sein; so etwa der Richtervorbehalt bei § 81a StGB.[248] **44**

Bei **divergierenden Rechtsmeinungen** bzw. Bewertungen zweier Instanzen oder Justizorganen ist die Rechtslage evident nicht eindeutig und somit für den Laien schwierig.[249] Daher ist die Verteidigung nach stRspr notwendig, wenn die StA Rechtmittel wegen anderer rechtlicher Bewertung (auch hinsichtlich der Bewährungsfrage) oder Ansicht etwa zum Vorliegen von Verfahrenshindernissen einlegt (→ Rn. 41),[250] bei einer Verfahrenser- **45**

---

230 Bsp. bei Molketin StraFo 2003, 421.
231 OLG Hamburg 29.1.2010 – 1 Ss 9/09, StV 2011, 655 (656); KG 30.7.2008 – 2 Ws 363/08, NJW 2008, 3449; OLG Stuttgart 8.11.2001 – 3 Ss 251/01, StV 2002, 298.
232 KG 30.7.2008 – 2 Ws 363/08, NJW 2008, 3449.
233 OLG Hamburg 29.1.2010 – 1 Ss 9/09, StV 2011, 655.
234 LG Zweibrücken 2.12.2008 – QS 136/08, VRS 115 (2008), 360.
235 LG Ellwangen 15.2.2010 – 1 Qs 14/10, StV 2011, 664 (665).
236 Vgl. KG 9.2.2016 – (4) 121 Ss 231/15 (5/16), NStZ-RR 2016, 208.
237 Wohlers in SK-StPO Rn. 42.
238 Molketin NStZ 1986, 136 (137).
239 Vgl. Molketin StraFo 2003, 421 (422).
240 OLG Hamburg 29.1.2010 – 1 Ss 9/09, StV 2011, 655.
241 Willnow in KK-StPO Rn. 23.
242 BayObLG 7.11.1990 – RReg 5 St 70/90, StV 1991, 294; Stern in AK-StPO Rn. 43.
243 OLG Hamm 11.8.1988 – 4 Ss 716/88, StV 1989, 56.
244 OLG Stuttgart 20.8.2007 – 2 Qs 31/07, StV 2007, 631; Molketin StraFo 2008, 365 (367).
245 Molketin StraFo 2008, 365 (367).
246 OLG Düsseldorf 7.2.2000 – a Ss 357/99 – 75/99 III, AnwBl 2002, 122; LG Aachen 4.3.1992 – 63 Qs 47/92, StV 1992, 371.
247 LG Koblenz 27.6.1990 – 1 Qs 233/90, StV 1990, 489; Wohlers in SK-StPO Rn. 43.
248 Ua OLG Brandenburg 26.1.2009 – 1 Ws 7/09, NJW 2009, 1287; OLG Bremen 14.7.2009 – SsBs 15/09, NStZ-RR 2009, 353 (Ls.) = DAR 2009, 710.
249 OLG Karlsruhe 20.3.2001 – 1 Ss 259/00, NStZ-RR 2002, 336 (337); Julius/Schiemann in Gercke/Julius/Temming/Zöller Rn. 19.
250 Ua OLG Jena 15.3.2011 – 1 Ss 1/11, StRR 2011, 126 (Ls.); OLG Karlsruhe 20.3.2001 – 1 Ss 259/00, NStZ-RR 2002, 336 jeweils mwN; Wohlers in SK-StPO Rn. 44; einschr. OLG Köln 2.2.2012 – 2 Ws 91/12, NStZ-RR 2012, 215 (Ls.); OLG Karlsruhe 24.5.2005 – 2 WS 121/05; DAR 2005, 573; aA Willnow in KK-StPO Rn. 23; vgl. auch BVerfG 30.10.2002 – 2 BvR 786/02, NJW 2003, 882.

öffnung erst nach Beschwerde gem. § 210[251] oder in anderen Fällen unterschiedlicher Rechtsansichten zweier Gerichtsinstanzen.[252]

46 Die Verteidigung ist ferner notwendig, wenn **Verfahrenssituationen** eintreten (können), die mit der Rechtskenntnis eines Laien – ua in Ansehung von Formvorschriften – kaum zu bewältigen sind; zB wenn die Stellung von Beweisanträgen voraussichtlich nötig ist,[253] ein Wiedereinsetzungsantrag gestellt[254] oder eine Befangenheitsrüge erhoben werden muss.[255] Dies gilt wegen der schon für Juristen schwer zu erfüllenden formellen Anforderungen insbes. für die Begr. einer Sach- oder Verfahrensrüge in der **Revision**[256] und in gleichem Maße für die Prüfung der Erfolgsaussichten eines Rechtsmittels.[257] Die Gegenmeinung ist angesichts dessen, dass ein Laie schon bei der Differenzierung zwischen Berufung und Revision überfordert sein dürfte, abzulehnen.[258] Die Möglichkeit der Erklärung und Begründung eines Rechtsmittels zu Protokoll der Geschäftsstelle gleicht die Schwierigkeit der Rechtslage nicht aus; der Urkundsbeamte kann den Beschuldigten nicht beraten.[259] Nach aA ist entscheidend, ob die Rechtslage den Urkundsbeamten überfordert oder Akteneinsicht nötig ist.[260] Schwierig ist die Rechtslage auch, wenn verschiedene prozessuale Möglichkeiten – Abschluss einer Verständigung; Zustimmung zu Verfahrenseinstellungen – abgewogen werden müssen.[261]

47 **3. Unfähigkeit zur Selbstverteidigung.** Die Verteidigung ist notwendig, wenn zu bezweifeln ist, dass der Beschuldigte seine Interessen selbst wahren und inner- und außerhalb der Hauptverhandlung alle zur Verteidigung erforderlichen Handlungen selbst vornehmen kann. **Zweifel** können aufgrund seiner **individuellen Fähigkeiten, Einschränkungen** aufgrund seiner speziellen **Situation** bestehen. Die Möglichkeit, der Verhandlung zu folgen und sich sachgemäß zu äußern, schließt die Einschränkung der Verteidigungsfähigkeit nicht aus, da Verteidigung mehr beinhaltet.[262] Eine gänzliche Verteidigungsunfähigkeit muss für ein Erfülltsein der Bestellungsvoraussetzungen nicht vorliegen.

48 Der Beschuldigte kann im Falle einer Inhaftierung – jenseits der Voraussetzungen des Abs. 1 – in seiner Selbstverteidigungsfähigkeit eingeschränkt sein;[263] ebenfalls bei Verhandlungen oder Terminen in Abwesenheit des Beschuldigten jenseits des § 231a.[264]

---

251 OLG Bremen 7.11.1956 – Ss 102/56, NJW 1957, 151; LG Koblenz 27.6.1990 – 1 Qs 233/90, StV 1990, 489; Stern in AK-StPO Rn. 43; Wohlers in SK-StPO Rn. 44.

253 OLG Hamm 14.11.2000 – 2 Ss 1013/2000, NStZ-RR 2001, 107 (108); OLG Zweibrücken 7.10.1981 – I Ws 301, 302/81, StV 1982, 128 (129).

254 OLG Zweibrücken 7.10.1981 – I Ws 301, 302/81, StV 1982, 128 (129).

255 LG Bremen 30.11.2004 – 12 Qs 474/04, StV 2005, 81.

256 Ausf. OLG Saarbrücken 13.1.2009 – 1 Ws 212/08, StraFo 2009, 518 mN zur aA; OLG Düsseldorf 19.11.1985 – 1 Ws 1010/85, StV 1986, 143; ausf. Balbier FS Müller, 2008, 15 (18 ff.); Stern in AK-StPO Rn. 48; Krawczyk in BeckOK StPO Rn. 37; Wohlers in SK-StPO Rn. 45; Dahs NStZ 1982, 345; Molketin Jura 1992, 120 (123); Ziegler FS ARGE Strafrecht, 2009, 930 (933); vgl. auch EGMR 25.9.1992 – PHOAM Hoang ./. Frankreich, EuGRZ 1992, 472 (473); nur Verfahrensrüge: OLG Koblenz 20.12.2006 – 2 Ws 801/06, StraFo 2007, 117; OLG Schleswig 25.10.1988 – 2 Ws 400/88, StV 1990, 12; einschr. Willnow in KK-StPO Rn. 5; aA OLG Karlsruhe 18.9.2006 – 3 Ws 351/06, StraFo 2006, 497; OLG Koblenz 31.1.1983 – 1 Ws 57/83, wistra 1983, 122; Schmitt in Meyer-Goßner/Schmitt Rn. 29.

257 OLG Saarbrücken 13.1.2009 – 1 Ws 212/08, StraFo 2009, 518; Stern in AK-StPO Rn. 49; Dahs NStZ 1982, 345; Ziegler FS ARGE Strafrecht, 2009, 930 (933); offen: KG 8.8.2006 – 5 Ws 284, 348–355/06, NStZ 2007, 663; aA zum Auffinden von Verfahrensfehlern: OLG Koblenz 20.12.2006 – 2 Ws 801/06, StraFo 2007, 117; OLG Schleswig 19.10.1993 – 1 Ws 389/93, SchlHA 1995, 6; OLG Köln 11.8.1989 – 1 Ws 22/89, VRS 78 (1990), 119; Schmitt in Meyer-Goßner/Schmitt Rn. 29.

258 OLG Saarbrücken 13.1.2009 – 1 Ws 212/08, StraFo 2009, 518; Balbier FS Müller, 2008, 15 (17 f.).

259 Balbier FS Müller, 2008, 15 (20 f.).

260 KG 8.8.2006 – 5 Ws 284, 348–355/06, NStZ 2007, 663; OLG Hamm 5.2.1981 – 1 Ws 15/81, NStZ 1982, 345 mablAnm Dahs; Julius/Schiemann in Gercke/Julius/Temming/Zöller Rn. 19.

261 LG Essen 8.2.1988 – 6/6 Qs 69/87, StV 1988, 381; Wohlers in SK-StPO Rn. 43.

262 OLG Hamm 23.6.2005 – 4 Ws 267/05, StraFo 2005, 391; OLG Celle 20.12.1985 – 1 Ss 461/85, StV 1986, 142 (143).

263 Stern in AK-StPO Rn. 56; Julius/Schiemann in Gercke/Julius/Temming/Zöller Rn. 21.

264 OLG Zweibrücken 28.1.1986 – 1 Ss 30/86, NStZ 1987, 89 mzustAnm Molketin; Stern in AK-StPO Rn. 55; Wohlers in SK-StPO Rn. 48; Molketin AnwBl 1995, 527 (532).

Im Falle **verteidigter Mitangeklagter** befindet sich der unverteidigte Beschuldigte angesichts der strukturellen Unterlegenheit des Unverteidigten ebenfalls in einer Lage, die die Verteidigung notwendig machen kann;[265] zwingend ist dies der Fall, wenn dem Mitangeklagten ein Verteidiger bestellt wurde[266] oder die Möglichkeit gegenseitiger Belastungen besteht.[267]

Wenn die **Schuldfähigkeit** in Frage steht, ist stets eine Verteidigungsunfähigkeit des Beschuldigten anzunehmen;[268] Ausnahmen ergeben sich nur bei eingeschränkter Schuldfähigkeit wegen Alkohol- oder Drogeneinfluss zur Tatzeit ohne Abhängigkeit. Gleichfalls ist die Verteidigungsfähigkeit regelmäßig durch eine **Suchterkrankung** im Zeitpunkt des Verfahrens oder bei suchtbedingten Folgebeeinträchtigungen eingeschränkt.[269] Dies gilt wegen des strafrechtlichen Bezugs insbes. bei BtM-Abhängigkeit.[270] Lernschwierigkeiten und andere **kognitive Einschränkungen** legen die Annahme des Abs. 2 ebenfalls nahe.[271] Die Beeinträchtigung muss sich dabei nicht im pathologischen Bereich bewegen; Anhaltspunkt kann eine fehlende oder niedrige Schulbildung oder eine bestehende Betreuung sein.[272] Die Betreuung durch einen Rechtsanwalt lässt wegen dessen eingeschränkten Aufgabenkreises die Notwendigkeit der Verteidigung nicht entfallen.[273] Bei **psychischen Beeinträchtigungen** ist die Art und der Grad der Beeinträchtigung entscheidend; zu bejahen ua bei einer dissozialen Persönlichkeitsstörung[274] oder Schizophrenie.[275] Die Feststellung eingeschränkter Verteidigungsfähigkeit kann sich auch aus dem **Prozessverhalten** ergeben, wenn darin ein Mangel eigener Interessenswahrnehmung zum Ausdruck kommt – zB im Falle unverständlichen und zugleich nachteiligen Prozessverhaltens,[276] bzw. bei offensichtlicher Verkennung der prozessualen Situation.[277] Maßstab muss dabei das Verteidigungsziel des Beschuldigten sein; es kommt auf seine subjektiven Interessen und nicht auf eine objektiv-paternalistische Bestimmung an.[278] 49

Auch **körperliche Einschränkungen** jenseits und unterhalb der Schwelle der Seh-, Hör- oder Sprachbehinderung (Abs. 1 Nr. 11) können unter Abs. 2 fallen.[279] Mehr noch als in anderen Fällen des Abs. 2 ist hier zur Vermeidung einer Bevormundung auf eine aufgezwungene Verteidigung zu verzichten.[280] Entscheidungen, nach denen eine Angekl. 50

---

265 OLG Hamm 24.4.2008 – 2 Ss 164/08, StV 2009, 85; OLG Celle 30.8.2005 – 22 Ss 59/05, StV 2006, 686 (687); LG Magdeburg 29.9.2010 – 21 Qs 805 Js 70914/10, StV 2011, 664; insbes. bei Jugendlichen: AG Saalfeld 29.1.2002 – 611 Js 42389/00 2 Ds jug., NStZ-RR 2002, 119; Willnow in KK-StPO Rn. 24; Krawczyk in BeckOK StPO Rn. 42; Reformvorschlag zu Abs. 1: Graalmann-Scheerer StV 2011, 696 (698).

266 LG Kassel 11.2.2010 – 3 Qs 27/10, StRR 2010, 347.

267 LG Freiburg 28.5.2009 – 3 Qs 73/09, StraFo 2009, 384; LG Kiel 10.10.2008 – 32 QS 146/08, StV 2009, 236.

268 OLG Nürnberg 25.7.2007 – 2 Ws 452/07, NStZ-RR 2008, 253; OLG Celle 19.1.2007 – 1 Ws 6/07, StV 2007, 375; OLG Hamm 23.11.1983 – 1 Ws 172/83, StV 1984, 66.

269 OLG Düsseldorf 22.11.2000 – 2 a Ss 332/00-83/00 II, StV 2002, 236; OLG Düsseldorf 6.7.1994 – 5 Ss 232/94 – 77/94 I, NStZ 1995, 147 (148); LG Berlin 13.4.2011 – 528 Qs 43 und 44/11, StraFo 2012, 15; LG Heilbronn 3.5.1983 – I Qs 305/83, StV 1983, 277.

270 KG 15.3.1990 – 4 Ws 42/90, StV 1990, 298; LG Hamburg 7.6.1985 – 40 Qs 15/85, StV 1985, 453.

271 OLG Nürnberg 25.7.2007 – 2 Ws 452/07, NStZ-RR 2008, 253; OLG Köln 29.4.2003 – Ss 151/03, StraFo 2003, 420; LG Berlin 11.1.1983 – 503 Qs 2/83, StV 1983, 99.

272 OLG Hamm 14.8.2003 – 2 Ss 439/03, NJW 2003, 3286; OLG Köln 29.4.2003 – Ss 151/03, StraFo 2003, 420; OLG Köln 21.11.1989 – Ss 572/89, StV 1991, 151.

273 OLG Nürnberg 25.7.2007 – 2 Ws 452/07, NStZ-RR 2008, 253.

274 OLG Hamm 5.11.1999 – 2 Ws 325, 326/99, NStZ-RR 2000, 113.

275 KG 9.3.2006 – 5 Ws 563/05, StV 2007, 372 (375); LG Bochum 20.6.2003 – 10 Qs 28/03, ZfS 2003, 470.

276 OLG Zweibrücken 14.2.1985 – 1 Ss 259/84, NStZ 1986, 135 mAnm Molketin (Schweigen zu bewährungsrelevanten Umständen, wenn Berufung mit dem Ziel der Bewährung eingelegt wurde); OLG Frankfurt a. M. 17.4.1984 – 2 Ss 82/84, StV 1984, 370.

277 OLG Celle 12.11.1996 – 1 Ss 270/96, StV 1997, 624; Schmitt in Meyer-Goßner/Schmitt Rn. 30a.

278 Wohlers in SK-StPO Rn. 47; Beulke in Satzger/Schluckebier/Widmaier StPO Rn. 49.

279 RG 7.10.1940 – 2 D 471/40, RGSt 74, 304 (306).

280 Vgl. Werner NStZ 1988, 346 (347).

wegen ihrer wahrnehmbaren Schwangerschaft in ihrer Verteidigung gehemmt sein soll, dürften veraltet sein;[281] eine psychische Belastung als Folge körperlicher Zustände ist jedoch zu beachten.[282]

51 Die Verteidigungsfähigkeit ist auch durch fehlende **Sprachbeherrschung** bzw. fehlende oder eingeschränkte **Lese- und Schreibfähigkeiten** eingeschränkt.[283] Dabei kommt es nicht nur auf die Verteidigung in der mündlichen Hauptverhandlung, sondern auch auf vorherige Verfahrensstadien und die Vorbereitung der Hauptverhandlung an. Die Sprachkenntnisse müssen nicht nur ausreichen, zu verstehen und sich zu äußern, sondern auch zur sachgerechten Verteidigung.[284]

52 Bei Personen, die nicht ausreichend der **deutschen Sprache** mächtig sind, ist fraglich, wann die Hinzuziehung eines **Dolmetschers** die Einschränkung ausgleicht. Nach neuerer Rspr. ist die Beiordnung nicht mehr für die Erstattung der Dolmetscherkosten notwendig (Art. 6 Abs. 3 lit. e EMRK).[285] Zur sachgerechten Verteidigung bedarf es trotzdem zusätzlich häufig eines Verteidigers;[286] insbes. zur Befragung von Zeugen und Würdigung der Aussagen.[287] Die Verteidigung ist stets notwendig, wenn Anhaltspunkte für andere Varianten des Abs. 2 vorliegen, ohne dass diese alleine ausreichen,[288] oder wenn kein Dolmetscher in der Muttersprache des Beschuldigten verfügbar ist.[289] Auch Gründe, die in der Person des Beschuldigten liegen, können in der Kombination mit Sprachschwierigkeiten zur Verteidigungsunfähigkeit führen, etwa im Falle einer geringen Schulbildung[290] oder fehlender Kenntnisse der deutschen Rechtskultur;[291] ebenso die sozial und finanziell schwierige Situation eines Asylbewerbers.[292] Bei einem Ausgewiesenen ist die Verteidigung notwendig, weil die Rechtslage hinsichtlich der Einreise zur Prozessteilnahme schwierig ist.[293] Bedenklich erscheint die Rspr., nach der die fehlende Übersetzung der Anklageschrift im Zwischenverfahren unter Verstoß gegen Art. 6 Abs. 3 lit. a EMRK durch eine Verteidigerbeiordnung ausgeglichen werden kann.[294]

53 **4. Jugendliche und Heranwachsende.** Nach § 68 Nr. 1 JGG gilt § 140 auch für Jugendliche und ist nach hM **extensiv** auszulegen, da Jugendliche wegen der Bedeutung des Verfahrens für ihre Entwicklung besonders schutzbedürftig und aufgrund geringerer Hand-

---

[281] So OLG Düsseldorf 17.10.1963 – (1) Ss 656/63, NJW 1964, 877.
[282] LG Düsseldorf 27.3.1996 – XII Qs 65/96, StraFo 1996, 126; Dencker StV 1992, 125 (132).
[283] LG Schweinfurt 30.1.2009 – 1 Qs 11/09, StraFo 2009, 105; Legasthenie: LG Hildesheim 9.11.2007 – 12 Qs 57/07, StraFo 2008, 75; Analphabethismus: OLG Celle 14.2.1983 – 3 Ws 45/83, StV 1983, 187; LG Hamburg 9.10.2019 – 628 Qs 31/19, BeckRS 2019, 23516; LG Berlin 18.4.2019 – 504 Qs 52/19, LSK 2019, 38695; OLG Celle 1.9.1992 – 1 Ss 256/92, StV 1994, 8; einschr. LG Verden 29.3.2011 – 1 Qs 34/11, VRR 2011, 163.
[284] Vgl. KG 16.7.1985 – 4 Ws 170/85, StV 1985, 448 (449).
[285] BGH 26.10.2000 – 3 StR 6/00, BGHSt 46, 178 = NJW 2001, 309; § 137 Rn. 11 mwN.
[286] Molketin StraFo 2003, 421 (423) mwN; Sättele StV 1998, 328 (329).
[287] LG Dortmund 21.3.2019 – 35 Qs 9/19, BeckRS 2019, 5120 Rn. 9; OLG Frankfurt a. M. 10.1.2008 – 2 Ss 383/07, StV 2008, 291; OLG Karlsruhe 28.6.2005 – 2 Ws 166/05, StV 2005, 656; OLG Frankfurt a. M. 23.3.1995 – 3 Ws 211/95, StV 1997, 573 (574); LG Hamburg 10.2.2010 – 601 Qs 9/10, StV 2010, 514; Willnow in KK-StPO Rn. 24.
[288] Ua AG Offenbach 18.8.2000 – 29 XIV 461/00, InfAuslR 2001, 349.
[289] OLG Celle 4.8.1987 – 3 Ws 309/87, NStZ 1987, 521; LG Verden 19.6.1989 – 1 Qs 120/89, StV 1990, 60; LG Flensburg 4.4.1989 – I Qs 25/89, StV 1990, 59; Sättele StV 1998, 328 (329); vgl. auch OLG Stuttgart 10.1.2001 – 4 Ws 1/01, StV 2001, 329 (330).
[290] OLG Karlsruhe 28.6.2005 – 2 Ws 166/05, StV 2005, 656.
[291] OLG Karlsruhe 30.9.2002 – 2 SS 141/02, StraFo 2002, 193 (194); OLG Karlsruhe 23.5.1991 – 3 Ss 65/91, NStZ 1991, 504; OLG Köln 1.4.1986 – Ss 168/86, StV 1986, 238.
[292] OLG Karlsruhe 23.5.1991 – 3 Ss 65/91, NStZ 1991, 504.
[293] OLG Stuttgart 3.8.2004 – 1 Ss 132/04, NStZ-RR 2004, 338; Schmitt in Meyer-Goßner/Schmitt Rn. 30b.
[294] OLG Frankfurt a. M. 10.1.2008 – 2 Ss 383/07, StV 2008, 291; OLG Karlsruhe 28.6.2005 – 2 Ws 166/05, StV 2005, 655 (656) („Bestellung geboten"); OLG Karlsruhe 17.10.2002 – 3 Ss 102/00, StV 2002, 299; Schmitt in Meyer-Goßner/Schmitt Rn. 30b; Beulke in Satzger/Schluckebier/Widmaier StPO Rn. 50.

lungskompetenz weniger zur Interessenswahrnehmung in der Lage sind.[295] Eine extensive Auslegung ist zu befürworten, wobei bei sorgfältiger Anwendung der Kriterien des Abs. 2 bei Jugendlichen und Heranwachsenden ohnehin die Verteidigung idR notwendig sein dürfte.[296]

Die speziellen Regelungen des JGG können zu einer schwierigen **Sach- und Rechtslage** führen, insbes. mit Blick auf die §§ 3, 105 JGG und die Rechtsmittelbeschränkungen des Jugendrechts.[297] Als Folge der geringen Lebenserfahrung und dem sprachlich-intellektuellen Entwicklungsstand der beschuldigten Jugendlichen und Heranwachsenden dürfte eine angemessene Selbstverteidigung auch in einfach gelagerten Verfahren zumeist ausgeschlossen sein.[298] Bei unter 16-Jährigen kann nicht von einer grds. uneingeschränkten **Verteidigungsfähigkeit** ausgegangen werden.[299] Eine **Schwere der Tat** ist bereits bei der möglichen Verhängung von Jugendstrafe gegeben, da einer Freiheitsstrafe für den weiteren Lebensweg erhebliche Auswirkungen zukommen.[300] Wenn Anhaltspunkte für eine Variante des Abs. 2 vorliegen, muss das jugendliche Alter stets als **zusätzlicher Gesichtspunkt** mitbeachtet werden.[301] Nach alldem müsste in gerichtlichen Entscheidungen eher das Absehen von einer Verteidigerbestellung besonders begründet werden als die Bestellung eines Verteidigers.[302] Demgegenüber findet eine weitaus größere Zahl der Verfahren nach dem JGG – im Vergleich zu Erwachsenenverfahren – ohne Verteidiger statt.[303] Die **JGH** ist kein Ersatz für eine Verteidigung;[304] ein Fehlen ihrer Mitwirkung kann jedoch zusätzlich für die Bestellung eines Verteidigers sprechen.[305] Wurde nach § 137 Abs. 2 ein Verteidiger gewählt, der nicht das Vertrauen des Beschuldigten genießt, ist die Mitwirkung eines weiteren Verteidigers notwendig.[306] 54

VI. Rechtsfolgen und Rechtsbehelfe

Zur Beschwerde und Verfassungsbeschwerde gegen die Verneinung der Voraussetzungen des § 140 oder die Rücknahme einer Beiordnung: → § 142 Rn. 39 ff. 55

1. Verwertungsverbote. Verzichtet der Beschuldigte wegen Mittellosigkeit auf den Beistand eines Verteidigers und wird er im Rahmen des **§ 136 Abs. 1** nicht über die Möglichkeit der Verteidigerbestellung belehrt, liegt darin ein Verstoß gegen die effektive Umsetzung des Rechts auf Beistand und ist entspr. zu behandeln wie die Verhinderung 56

295 Ausf. LG Bremen 22.10.2003 – 15 Qs 329/03, NJW 2003, 3646; OLG Schleswig 18.4.2008 – 2 Ss 32/08, StV 2009, 86; OLG Hamm 26.4.2004 – 2 Ss 54/04, StV 2005, 57 mAnm Theiß mwN; OLG Brandenburg 28.11.2001 – 1 Ss 46/01, NStZ-RR 2002, 184; Spahn StraFo 2004, 82 (83); Beulke FS Böhm, 1999, 647; aA OLG Hamm 14.5.2003 – 3 Ss 1163/02, NJW 2004, 1338.

296 Theiß StV 2005, 58 (59).

297 Ausf. LG Bremen 22.10.2003 – 15 Qs 329/03, NJW 2003, 3646; OLG Saarbrücken 3.5.2006 – 1 Ws 87/06, StV 2007, 9 (10); OLG Hamm 26.4.2004 – 2 Ss 54/04, StV 2005, 57 (58); Eisenberg/Kölbel JGG § 68 Rn. 23; Gau StraFo 2007, 315 (317); Schaffstein/Beulke/Swoboda JugendStrafR S. 218; zwingend, wenn §§ 3 od. 105 JGG fraglich: Spahn StraFo 2004, 82 (83).

298 Gau StraFo 2007, 315 (317).

299 Stern in AK-StPO Rn. 72; Schaffstein/Beulke/Swoboda JugendStrafR S. 219.

300 LG Gera 24.7.1998 – 671 Js 18603/97-4 Ns, StV 1999, 655; LG Gera 25.5.1998 – 651 JS 40638/97-4 Ns, StV 1999, 654; ausf. Gau StraFo 2007, 315 mwN; Kölner Richtlinien NJW 1989, 1024 (1026); Stern in AK-StPO Rn. 74; Beulke in Satzger/Schluckebier/Widmaier StPO Rn. 53; Eisenberg/Kölbel JGG § 68 Rn. 24; Spahn StraFo 2004, 82 (83); Beulke FS Böhm, 1999, 647 (652); Schmitz-Justen FS ARGE Strafrecht, 2009, 819 (823); offen: OLG Hamm 26.3.2009 – 5 Ws 91/09, StV 2010, 67; 19.11.2007 – 2 Ss 322/07, StV 2009, 85 (86); 26.4.2004 – 2 Ss 54/04, StV 2005, 57 mAnm Theiß mwN; aA OLG Saarbrücken 3.5.2006 – 1 Ws 87/06, StV 2007, 9 (10); OLG Hamm 14.5.2003 – 3 Ss 1163/02, NJW 2004, 1338.

301 OLG Karlsruhe 18.9.2006 – 3 Ws 351/06, StraFo 2006, 497.

302 LG Bremen 22.10.2003 – 15 Qs 329/03, NJW 2003, 3646; Kölner Richtlinien NJW 1989, 1024 (1025); Schmitz-Justen FS ARGE Strafrecht, 2009, 819 (823).

303 Gau StraFo 2007, 315 (316); Schmitz-Justen StraFo 1997, 307: Ostendorf StV 1998, 297 (301 f.); Beulke FS Böhm, 1999, 647 (649).

304 LG Bremen 22.10.2003 – 15 Qs 329/03, NJW 2003, 3646; OLG Oldenburg VRS 78 (1990), 292; Kölner Richtlinien NJW 1989, 1024 (1025).

305 LG Bremen 22.10.2003 – 15 Qs 329/03, NJW 2003, 3646; Eisenberg/Kölbel JGG § 68 Rn. 26a.

306 § 137 Rn. 37, 39; Stern in AK-StPO Rn. 76; Schaffstein/Beulke/Swoboda JugendStrafR S. 219.

einer Kontaktaufnahme zum Verteidiger.[307] Die Abwesenheit des notwendigen Verteidigers bei Terminen im **Ermittlungsverfahren** kann zu Beweisverwertungsverboten führen.[308]

57 **2. Revision.** Erwägt der Vorsitzende das Vorliegen einer notwendigen Verteidigung und kommt er zu einem negativen Erg., ist dieses im Interesse einer **Überprüfbarkeit** der Prozessordnungsgemäßheit des Verfahrens in der Akte bzw. im Protokoll festzuhalten.[309] Das Vorliegen der unbestimmten Rechtsbegriffe des Abs. 2 ist für das Revisionsgericht vollumfänglich überprüfbar (→ Rn. 27).

58 Ist die Verteidigung notwendig, liegt der absolute Revisionsgrund des **§ 338 Nr. 5** vor, wenn wesentliche Bestandteile der Hauptverhandlung (→ Rn. 9) ohne Verteidiger stattfinden.[310] Sofern ein Hauptverhandlungsbestandteil wesentlich ist, ist die Dauer der Abwesenheit des Verteidigers irrelevant; ausreichend ist bereits die Abwesenheit von einer Minute.[311] Es kommt nicht darauf an, ob der bestellte Verteidiger fernbleibt, kein Verteidiger bestellt wurde oder ob der Wahlverteidiger fernbleibt.[312] Der Revisionsgrund liegt nur vor, wenn kein Verteidiger anwesend ist; bei Fehlen eines von mehreren Verteidigern können jedoch **§ 338 Nr. 8** oder **§ 337** eingreifen. Wurde ein Verteidiger bestellt, steht damit bis zu einer Rücknahme der Bestellung unwiderleglich fest, dass die Verteidigung notwendig ist.[313] Bei allen wesentlichen Teilen der Hauptverhandlung ist ein Beruhen des Urteils auf der Abwesenheit des Verteidigers denkgesetzlich nicht ausgeschlossen; dies gilt selbst für die Urteilsverkündung.[314] Ein Revisionsgrund liegt jedoch nicht vor, wenn die Verlesung des BZR-Auszugs in Abwesenheit des Verteidigers stattfand und nur zu Gunsten des Angekl. im Urteil verwertet wird.[315]

59 Die Anwesenheit des Verteidigers ist weder für den Angekl. noch für den Verteidiger **disponibel.**[316] Geheilt werden kann eine Abwesenheit von der Hauptverhandlung nur durch Wiederholung der in Rede stehenden Teile; eine Unterrichtung des Verteidigers über den Inhalt der versäumten Teile genügt nicht.[317] Auch ein Verzicht auf die Wiederholung bewirkt keine Heilung.[318] Dementspr. kann das Rügerecht nicht verwirkt werden; weder durch Verzicht noch durch anderes Verteidigerverhalten.[319] Auch eine Beurlaubung nach **§ 231c** lässt den Verstoß nicht entfallen; § 231c hebt § 140 nicht auf.[320] Erst recht besteht ein Revisionsgrund, wenn während der Abwesenheit Verfahrensteile stattfinden, die nicht im Beurlaubungsbeschl. genannt sind – auch wenn diese nur Mitangekl. betreffen.[321]

---

[307] Abwägung: BGH 18.10.2005 – 1 StR 114/05, NStZ 2006, 236 (237); 22.11.2001 – 1 StR 220/01, BGHSt 47, 172 = NJW 2002, 975; → § 137 Rn. 15.

[308] Wohlers in SK-StPO § 141 Rn. 36; offen: BGH 18.10.2005 – 1 StR 114/05, NStZ 2006, 236 (237).

[309] Reinhart in Radtke/Hohmann Rn. 7; Burgard NStZ 2000, 242 (245).

[310] BGH 24.1.1961 – 1 StR 132/60, BGHSt 15, 306 = NJW 1961, 740; BGH 30.3.1983 – 2 StR 173/82, NStZ 1983, 375.

[311] OLG Bremen 14.7.2009 – Ss Bs 15/09, DAR 2009, 710.

[312] BGH 24.1.1961 – 1 StR 132/60, BGHSt 15, 306 (308) = NJW 1961, 740; OLG Hamm 20.11.1992 – 4 Ss 1121/92, StV 1993, 180.

[313] BVerfG 18.10.1983 – 2 BvR 462/82, BVerfGE 65, 171 = NJW 1984, 113 (114).

[314] OLG Oldenburg 27.12.1994 – Ss 547/94, StV 1995, 345 (346).

[315] BGH 31.7.1992 – 4 StR 250/92, BGHR StPO § 338 Beruhen 1.

[316] BayObLG 8.2.1990 – RReg. 3 St 11/90, NStZ 1990, 250; OLG Hamm 4.3.1998 – 2 Ss 201/98, NStZ-RR 1998, 243; Willnow in KK-StPO Rn. 4; Pfeiffer Rn. 2; Wohlers in SK-StPO Rn. 67.

[317] BGH 1.4.1981 – 2 StR 791/80, BGHSt 30, 74 (76) = NJW 1981, 1568; 29.6.1956 – 2 StR 252/56, BGHSt 9, 243 (244) = NJW 1956, 1366; RG 23.11.1905 – 1476/05, RGSt 38, 216 (217 f.); Wohlers in SK-StPO Rn. 67 mwN.

[318] Vgl. OLG Köln 25.3.1999 – SS 125/99, StV 2001, 330; OLG Zweibrücken 6.11.1985 – 2 Ss 198/85, StV 1986, 240 (241); Stern in AK-StPO Rn. 92.

[319] OLG Zweibrücken 11.10.2004 – 1 SS 171/04, StV 2005, 491; OLG Köln 25.3.1999 – SS 125/99, StV 2001, 330; Stern in AK-StPO Rn. 92; vgl. auch BGH 17.12.1987 – 4 StR 440/87, BGHSt 35, 164 (165) = NJW 1988, 1333; offen zu „missbräuchlichem Verhalten": BGH 10.12.1997 – 3 StR 441/97, NStZ 1998, 267; OLG Hamburg 29.1.2010 – 1 Ss 9/09, StV 2011, 655 (656); aA BGH 26.11.1997 – 5 StR 561/97, NStZ 1998, 209 (obiter dictum).

[320] BGH 5.10.1982 – 1 StR 174/82, NStZ 1983, 34.

[321] BGH 21.2.1985 – 1 StR 7/85, StV 1985, 354 mAnm Rogall.

Der Verstoß gegen § 140 muss mit den entspr. **Darlegungen** gerügt werden.[322] Es muss dargelegt werden, welche Verfahrensbestandteile ohne Verteidiger stattgefunden haben,[323] und es müssen Angaben zur Notwendigkeit der Verteidigung gemacht werden.[324] Da § 140 von Amts wegen beachtet werden muss, kommt es nicht auf das Vorliegen eines Antrags auf Bestellung oder Anwesenheit des Verteidigers an; mangels Zuständigkeit des Kollegialspruchkörpers bei der Beiordnung auch nicht auf einen Antrag nach § 238 Abs. 2.[325] Ausreichend ist, wenn die Tatsachen, aus denen sich die Notwendigkeit der Verteidigung ergibt, mitgeteilt werden;[326] dies sollte im Interesse der Überprüfbarkeit einer Entscheidung nach Abs. 2 möglichst detailliert geschehen.[327] Die Abwesenheit des Verteidigers in der Hauptverhandlung ergibt sich unwiderleglich aus dem Protokoll.[328] Erhebt der Angekl. die Revision **zu Protokoll der Geschäftsstelle,** sind an das Rügevorbringen keine allzu hohen Anforderungen zu stellen, da genau in der Verteidigung ohne rechtlichen Beistand seine Beschwer liegt. In diesem Fall reicht die Angabe, dass kein Verteidiger beigeordnet wurde, wenn die sachlichen und persönlichen Gründe, aus denen sich die Notwendigkeit der Verteidigung ergibt, deutlich werden.[329] 60

Das Urteil ist **insgesamt aufzuheben,** wenn die Verteidigung wegen einzelner Verfahrensbestandteile notwendig war (→ Rn. 5).[330] Betrifft das Urteil mehrere Tatvorwürfe, kann eine Teilaufhebung erfolgen, wenn die Abwesenheit des Verteidigers nur Verfahrensbestandteile betraf, die lediglich für einzelne Tatvorwürfe von Relevanz sind.[331] 61

Bei fehlender Verteidigung **außerhalb der Hauptverhandlung,** die sich auf die Hauptverhandlung auswirkt, kann **§ 338 Nr. 8** vorliegen; ebenso, wenn aufgrund einer Terminentscheidung ein konkreter Verteidiger nicht anwesend sein kann (→ § 137 Rn. 28).[332] Über den Wortlaut des § 338 Nr. 8 hinaus sind dabei (beschränkende) Entscheidungen des Vorsitzenden ausreichend.[333] Wurde keine Verfahrensrüge hinsichtlich § 338 Nr. 5 erhoben, kann das Urteil nach **§ 337** iVm §§ 140 ff. aufgehoben werden, da nicht auszuschließen ist, dass das Urteil bei Mitwirkung eines Verteidigers anders ausgefallen wäre.[334] Ebenfalls kann ein Beruhen des Urteils auf einem Verstoß gegen § 140 außerhalb der Hauptverhandlung nicht ausgeschlossen werden, da der Gang des Ermittlungs- und Zwischenverfahrens in der Hauptverhandlung regelmäßig fortwirkt (→ § 137 Rn. 15 mwN). 62

3. Sonstige Rechtsbehelfe. Gegen die mit der Verneinung der Voraussetzungen des § 140 Abs. 2 verbundenen Ablehnung der Bestellung eines Pflichtverteidigers ist nunmehr die sofortige Beschwerde statthaft (→ § 142 Rn. 39 ff.). Eine isolierte Verfassungsbeschwerde im laufenden Strafverfahren ist wegen des Grundsatzes der Subsidiarität nur ausnahmsweise zulässig, wenn es dem Beschuldigten im Einzelfall aufgrund besonderer Umstände unzumutbar ist, das fachgerichtliche Verfahren abzuwarten.[335] 63

---

322 Stern in AK-StPO Rn. 89.
323 Vgl. BGH 19.10.1982 – 5 StR 670/82, NStZ 1983, 36.
324 OLG Bremen 14.7.2009 – Ss Bs 15/09, DAR 2009, 710.
325 Stern in AK-StPO Rn. 92.
326 OLG Köln 15.11.1988 – Ss 628/88, NStE Nr. 17 zu § 140; Pfeiffer Rn. 9.
327 Vgl. OLG Köln 30.5.1997 – Ss 219/97, NStZ-RR 1997, 336.
328 BGH 11.8.2004 – 3 StR 202/04, NStZ 2005, 46; 9.10.1985 – 3 StR 473/84, wistra 1986, 72; BGH 30.3.1983 – 2 StR 173/82, NStZ 1983, 375.
329 BGH 1.3.1955 – 5 StR 34/55, JR 1955, 189 (190).
330 RG 16.11.1934 – 4 D 1273/34, RGSt 68, 397 (398).
331 BGH 9.10.1985 – 3 StR 473/84, wistra 1986, 72.
332 Stern in AK-StPO Rn. 93; Wohlers in SK-StPO Rn. 65.
333 BGH 17.7.1997 – 1 StR 781/96, BGHSt 43, 153 (154) = NJW 1997, 3385; Reinhart in Radtke/Hohmann Rn. 35.
334 BGH 29.6.1954 – 5 StR 207/54, BGHSt 6, 199 (202) = NJW 1954, 1415; § 137 Rn. 28; Wohlers in SK-StPO Rn. 65.
335 VerfGH NRW 5.11.2019 – VerfGH 55/19.VB-2, BeckRS 2019, 27790.

§ 141 Zeitpunkt der Bestellung eines Pflichtverteidigers

(1) [1]In den Fällen der notwendigen Verteidigung wird dem Beschuldigten, dem der Tatvorwurf eröffnet worden ist und der noch keinen Verteidiger hat, unverzüglich ein Pflichtverteidiger bestellt, wenn der Beschuldigte dies nach Belehrung ausdrücklich beantragt. [2]Über den Antrag ist spätestens vor einer Vernehmung des Beschuldigten oder einer Gegenüberstellung mit ihm zu entscheiden.

(2) [1]Unabhängig von einem Antrag wird dem Beschuldigten, der noch keinen Verteidiger hat, in den Fällen der notwendigen Verteidigung ein Pflichtverteidiger bestellt, sobald

1. er einem Gericht zur Entscheidung über Haft oder einstweilige Unterbringung vorgeführt werden soll;

2. bekannt wird, dass der Beschuldigte, dem der Tatvorwurf eröffnet worden ist, sich auf Grund richterlicher Anordnung oder mit richterlicher Genehmigung in einer Anstalt befindet;

3. im Vorverfahren ersichtlich ist, dass sich der Beschuldigte, insbesondere bei einer Vernehmung des Beschuldigten oder einer Gegenüberstellung mit ihm, nicht selbst verteidigen kann, oder

4. er gemäß § 201 zur Erklärung über die Anklageschrift aufgefordert worden ist; ergibt sich erst später, dass die Mitwirkung eines Verteidigers notwendig ist, so wird er sofort bestellt.

[2]Erfolgt die Vorführung in den Fällen des Satzes 1 Nummer 1 zur Entscheidung über den Erlass eines Haftbefehls nach § 127b Absatz 2 oder über die Vollstreckung eines Haftbefehls gemäß § 230 Absatz 2 oder § 329 Absatz 3, so wird ein Pflichtverteidiger nur bestellt, wenn der Beschuldigte dies nach Belehrung ausdrücklich beantragt. [3]In den Fällen des Satzes 1 Nummer 2 und 3 kann die Bestellung unterbleiben, wenn beabsichtigt ist, das Verfahren alsbald einzustellen und keine anderen Untersuchungshandlungen als die Einholung von Registerauskünften oder die Beiziehung von Urteilen oder Akten vorgenommen werden sollen.

Schrifttum: Ambos, Europarechtliche Vorgaben für das (deutsche) Strafverfahren – Teil II, NStZ 2003, 14; Beckemper, Der Antrag auf Bestellung eines Pflichtverteidigers im Ermittlungsverfahren, NStZ 1999, 221; Beukelmann, Gesetz zur Neuregelung des Rechts der notwendigen Verteidigung, NJW-Spezial 2018,760; Beulke, Anm. zu OLG Zweibrücken v. 13.10.1989 – 1 Ws 417/89, StV 1990, 364; Bockemühl, Anm. zu OLG Düsseldorf v. 18.9.2002 – 2 Ws 242/02, StV 2004, 63; Böß, Das Gesetz zur Neuregelung des Rechts der notwendigen Verteidigung, NStZ 2020, 185; Braum, Anm. zu OLG Karlsruhe v. 11.4.2000 – 2 Ws 102/00, StV 2001, 558; Busch, Zur Geltung des § 140 I Nr. 4 StPO in Fällen der Überhaft und der sog. Verfahrenskumulation, NStZ 2011, 663; DAV, Reform des strafrechtlichen Ermittlungsverfahrens, AnwBl 2006, 24; Deckers, Reform des Strafprozesses – Unverzichtbares aus der Sicht der Verteidigung, StraFo 2006, 269; Deckers, Anm. zu OLG Düsseldorf v. 19.10.1989 – VI 13/89, StV 1990, 254; Ehrlicher, Anm. zu BGH v. 16.12.1994 – 2 StR 461/94, NStZ 1995, 357; Eisele, Die Berücksichtigung der Beschuldigtenrechte der EMRK im deutschen Strafprozess aus dem Blickwinkel des Revisionsrechts, JR 2004, 12; Fezer, Anm. zu BGH v. 25.7.2000 – 1 StR 169/00, BGHSt 46, 93, JZ 2001, 363; Gleß, Zur „Beweiswürdigungs-Lösung" des BGH, NJW 2001, 3606; Hamm, Die (notwendige) Verteidigung während des Vorverfahrens im Lichte der Vertragstheorie und der neueren Rechtsprechung, Festschrift Lüderssen, 2002, 717; Heydenreich, Die unverzügliche Beiordnung – Fluch oder Segen?, StraFo 2011, 263; Heydenreich, Die Beiordnung des notwendigen Verteidigers nach dem neuen Recht, StRR 2009, 444; Jahn, Anm. zu OLG Düsseldorf v. 23.6.1998 – 24 U 161/97, StV 2000, 431; Jahn, Das Zivilrecht der Pflichtverteidigung, JR 1999, 1; Klemke, Unterlassene Pflichtverteidigerbestellung im Ermittlungsverfahren und ihre Konsequenzen, StV 2003, 413; Klemke, Anm. zu LG Cottbus v. 6.2.2002 – 23 Qs 26/01, StV 2002, 414; Kortz, Die Notwendigkeit der Verteidigung im Strafverfahren, Diss. 2009; Köster, Anm. zu OLG Oldenburg v. 12.11.1992 – 1 VAs 4/92, StV 1993, 512; Krehl, LG Frankfurt a. M. v. 7.5.1986 – 5/6 Qs 23/86, StV 1987, 158; Kunert, Anm. zu BGH v. 25.7.2000 – 1 StR 169/00, BGHSt 46, 93, NStZ 2001, 217; Lam/Meyer-Mews, Die gestörte Verteidigung – Möglichkeiten und Grenzen des Widerrufs der Pflichtverteidigerbestellung, NJW 2012, 177; Lüderssen, Anm. zu BGH v. 25.10.2000 – 5 StR 408/00, NJW 2001, 237, NStZ 2001, 606; Mehle, Zeitpunkt und Umfang notwendiger Verteidigung im Ermittlungsverfahren, Diss. 2005; Meyer-Lohkamp, Anm. zu AG Hamburg v. 2.10.2003 – 141 B-395/01, StV 2004, 13; Mosbacher, Aktuelles Strafprozessrecht, JuS 2020, 128; Müller-Jacobsen, Das Recht der notwendigen Verteidigung, NJW 2020, 575; Neuhaus, Notwendige Verteidigung im Erkenntnisverfahren, ZAP 1995, 147; Neumann, Die Kostentragungspflicht des verurteilten Angeklagten hinsichtlich der Gebühren und Auslagen des „Zwangsverteidigers“, NJW 1991, 264; Römer, Pflichtverteidiger neben Wahlverteidiger?, ZRP 1977, 92; Rudolph, Die jüngsten Änderungen des Strafprozessrechts und Probleme der Pflichtverteidigung, Festschrift Schmidt-Leichner, 1977, 159; Schlothauer, Die Flucht aus der Justizförmigkeit durch die europäische Hintertür, StV 2001, 127; Schlothauer, Neuregelung der Pflichtverteidigung: effektiver und praxistauglicher!?, StV 2017, 557; Schmidt-Leichner, Strafverfahrensrecht 1975 – Fortschritt oder Rückschritt, NJW 1975, 417; Schnarr, Das Schicksal der Vollmacht nach Beiordnung des gewählten Verteidigers, NStZ 1986, 488; Schneider, Probleme der Auswahl des Pflichtverteidigers und sog. Ersatzverteidigers, ZRP 1985, 209; Sowada, Zur Notwendigkeit der Verteidigerbeiordnung im Ermittlungsverfahren, NStZ 2005, 1; Stalinski, Pflichtverteidiger am Sonntag, StV 2008, 500; Strafverteidigervereinigungen, Gemeinsame Empfehlungen zur Strafverteidigerbeiordnung nach Inhaftierung, StV 2010, 109; Tachau, Anm. zu LG Itzehoe v. 7.6.2010, 1 Qs 95/10, StV 2010, 563; Teuter, Die Beiordnung eines Pflichtverteidigers im Ermittlungsverfahren, speziell in Haftsachen, StV 2005, 233; Tully/Wenske, Zur Pflichtverteidigerbestellung im Rahmen haftrichterlicher Vorführungen, NStZ 2019, 183; Vogel, Strafverfahrensrecht und Terrorismus, eine Bilanz, NJW 1978, 1217; Vogtherr, Rechtswirklichkeit und Effizienz der Strafverteidigung, Diss. 1991, S. 232; Wasserburg, Anm. zu LG Koblenz v. 5.1.1994 – 103 Js 51.358/92 – 11 KLs, NStZ 1995, 250; Weider, Pflichtverteidigerbestellung im Ermittlungsverfahren und Opferschutzgesetz, StV 1987, 317; Weihrauch, Anm. zu OLG München v. 14.7.2006 – 2 WS 684/06, StV 2007, 28; Welp, Der Verteidiger als Anwalt des Vertrauens, ZStW 90 (1978), 101; Wohlers, Die rückwirkende Beiordnung eines Pflichtverteidigers: zur Umsetzung des Anspruchs auf Verteidigung in den Fällen erbetener Verteidigung, StV 2007, 376; Wohlers, Notwendige Verteidigung im Ermittlungsverfahren – die Bedeutung des Rechts auf konkrete und wirksame Verteidigung i. S. d. Art. 6 Abs. 3 lit c) EMRK als Maßstab für die Auslegung des § 141 Abs. 3 StPO, Festschrift Rudolphi, 2004, 717; Wohlers, Anm. zu BGH v. 22.11.2001 – StR 220/0, BGHSt 47, 172, JR 2002, 294; weiteres Schrifttum bei § 140.

Übersicht

I. Allgemein

1 § 141 ergänzt § 140 durch die formelle Regelung der Beiordnung eines Verteidigers, wenn in den Fällen der notwendigen Mitwirkung eines Verteidigers (noch) kein Verteidigungsverhältnis nach § 137 besteht. Im Rahmen des Gesetzes zur Neuregelung des Rechts der notwendigen Verteidigung fand eine **grundlegende Neufassung der Regeln über die Bestellung** eines Pflichtverteidigers statt. Die nF des § 141 konkretisiert zum einen die bestimmten Verfahrenssituationen, in denen dem Beschuldigten ein Verteidiger zu bestellen ist und zum anderen den Zeitpunkt der möglichen Bestellung. Die Norm stellt den **Grundsatz des Verteidigers der ersten Stunde** auf. Die Bestellung kann – wie bislang – von Amts wegen erfolgen (Abs. 2), wobei die diesbezüglichen Fallgruppen im Einzelnen normiert wurden. Neu ist darüber hinaus die Einführung eines **Antragsrechts des Beschuldigten** selbst (Abs. 1). Damit wurde das bisher von der hM[1] angenommene Antragsmonopol der StA erweitert. Nun ist es dem Beschuldigten möglich, sofern die Voraussetzungen des § 140 vorliegen, bereits im Ermittlungsverfahren eine Entscheidung über die Bestellung eines Pflichtverteidigers herbeizuführen.

II. Die Bestellung

2 **1. Bestellung auf Antrag des Beschuldigten (Abs. 1). a) Notwendigkeit der Verteidigung.** Abs. 1 S. 1 normiert das **im Jahr 2019 eingeführte Antragsrecht** des

[1] Vgl. BT-Drs 19/13829, 36.

Beschuldigten auf Beiordnung eines Pflichtverteidigers, über das er zu belehren ist. Die Bestellung auf Antrag des Beschuldigten setzt einen Fall der notwendigen Verteidigung voraus. Es genügt dabei, wenn die Voraussetzungen des § 140 bei Antragstellung vorlagen; eine verzögerte Bearbeitung des Antrags darf nicht zu Lasten des Beschuldigten gehen.[2] Jedoch sind Anträge, die aufgrund von Mutmaßungen über Ermittlungen gestellt werden, unzulässig.[3] Es muss dem Beschuldigten bereits ein Tatvorwurf mit möglichen Voraussetzungen des § 140 eröffnet worden sein.[4] Die neue Rechtslage bezweckt eine an bloße Erwartungen geknüpfte **Vorverlagerung der Pflichtverteidigerbestellung,** sodass eine Pflichtverteidigerbestellung häufiger als bisher schon im Ermittlungsverfahren zu erfolgen hat.[5] Die finanzielle Lage des Beschuldigten ist unerheblich.

3 **b) „noch kein Verteidiger".** Weitere Voraussetzung ist, dass der Beschuldigte noch keinen Verteidiger hat. Ausreichend ist, wenn der Wahlverteidiger im Moment der Bestellung sein Wahlmandat niederlegt. In seinem Antrag auf Beiordnung ist idR die Ankündigung der **Niederlegung** des Wahlmandats für den Fall der Beiordnung zu sehen.[6]

4 **Ausnahmsweise** kann in rechtlich besonders schwierigen bzw. tatsächlich umfangreichen Verfahren die Bestellung mehrerer Pflichtverteidiger notwendig sein.[7] Die Bestellung eines zusätzlichen Pflichtverteidigers zur Sicherung des Verfahrens (sog. Sicherungsverteidiger) war bereits allgemein anerkannt[8] und ist nunmehr in § 144 gesetzlich geregelt. Dass zwei Sitzungsvertreter der StA auftreten, ist kein ausreichender Grund.[9] Nicht zulässig ist die zeitweise Vertretung durch einen zweiten Pflichtverteidiger, da dies einer sachgemäßen Verteidigung widerspricht; der zweite Verteidiger ist vollwertiger Verteidiger und darf nicht nur der Verfahrenssicherung bei Terminkollisionen dienen.[10] Daher muss auch dieser Verteidiger der Wahl und des Vertrauens sein.[11]

5 **c) Antrag des Beschuldigten.** Ein Antrag des Beschuldigten ist erforderlich. Dieser kann auch mündlich oder – mit Blick auf § 140 Abs. 1 Nr. 11 – nonverbal erfolgen. Die in Abs. 1 enthaltene Möglichkeit der Antragstellung durch den Beschuldigten stellt keine Pflicht dar; so ist es ebenfalls möglich, dass der Beschuldigte, der nach ordnungsgemäßer Belehrung keinen Antrag gestellt hat, auch ohne Pflichtverteidiger vernommen werden kann – jedenfalls, sofern kein Fall des Abs. 2 vorliegt.[12]

5a Dem Antrag des Beschuldigten ist **unverzüglich** zu entsprechen, also ein Pflichtverteidiger zu bestellen. Hierbei meint unverzüglich sobald wie möglich ohne schuldhaftes Zögern. Dem Beschuldigten ist nach § 142 Abs. 5 vor der Bestellung Gelegenheit zu geben, innerhalb einer bestimmten Frist einen Verteidiger zu bezeichnen. Die Frist, welche dem Beschuldigten für die Benennung eines Verteidigers zu stellen ist, muss die jeweiligen

---

2 OLG Jena 15.11.2005 – 1 Ws 417/05, StraFo 2006, 71.
3 Vgl. BT-Drs. 19/13829, 36.
4 Schmitt in Meyer-Goßner/Schmitt Rn. 3, Staudinger in KMR-StPO Rn. 5; BT-Drs. 19/13829, 36.
5 BT-Drs. 19/13829, 36.
6 Ua OLG Jena 26.11.2008 – 1 Ws 497/08, NJW 2009, 1430 (1431); OLG Jena 15.11.2005 – 1 Ws 417/05, StraFo 2006, 71; vgl. OLG München 6.3.1992 – 1 Ws 161/92, wistra 1992, 237; LG Osnabrück 8.12.2000 – 1 Qs 167/00, StV 2001, 447.
7 OLG Hamm 26.10.2010 – III-5 Ws 374/10, NStZ 2011, 235; OLG Karlsruhe 5.5.2009 – 2 Ws 160/09, StraFo 2009, 517; OLG Rostock 10.5.2002 – I Ws 199/02, StraFo 2002, 230; OLG Karlsruhe 16.4.1993 – 3 Ws 66/93, wistra 1993, 279; OLG Frankfurt a. M. 19.4.1991 – 3 Ws 276/91, StV 1993, 348; OLG Celle 26.5.1988 – 3 Ws 158/88, StV 1988, 379; LG Gera 29.7.2003 – 1 Qs 196/03, StV 2005, 84 (FA für Steuerrecht neben Strafverteidiger); Stern in AK-StPO Vor § 140 Rn. 42 mwN; Roxin/Schünemann StrafVerfR § 19 Rn. 18.
8 Vgl. BVerfG 28.3.1984 – 2 BvR 275/83, BVerfGE 66, 313 (321) = NJW 1984, 2403 (2404).
9 OLG Frankfurt a. M. 11.5.2007 – 3 Ws 470/07, NStZ-RR 2007, 244.
10 OLG Hamm 26.10.2010 – III-5 Ws 374/10, NStZ 2011, 235 (236); OLG Hamburg 17.2.1997 – 2 Ws 26-27/97, StV 2000, 409 mAnm Sieg; OLG Frankfurt a. M. 5.5.1994 – 3 Ws 319/94, StV 1995, 68; vgl. auch OLG Karlsruhe 5.5.2009 – 2 Ws 160/09, StraFo 2009, 517.
11 BVerfG 25.9.2001 – 2 BvR 1152/01, NJW 2001, 3695 (3698 f.); OLG Düsseldorf 6.9.1999 – 1 Ws 708/99, StV 2000, 412; OLG Frankfurt a. M. 14.5.1990 – 3 Ws 95/90, StV 1991, 9.
12 Schmitt in Meyer-Goßner/Schmitt Rn. 5; Mosbacher JuS 2020, 128 (131).

Umstände des Einzelfalls beachten, wobei regelmäßig eine Frist von einer Woche als angemessen angesehen werden kann.[13] Die Bestellung muss jedoch vor Vernehmung oder Gegenüberstellung erfolgen.[14]

Der Beschuldigte ist über sein Antragsrecht zu **belehren** (§ 58 Abs. 2, § 114 b Abs. 2 S. 1 Nr. 4 a, § 136 Abs. 1 S. 5). Die Belehrung hat zu erfolgen, sofern die Ermittlungsbeamten oder die StA prognostizieren, dass nach Bewertung des derzeitigen Standes des Ermittlungsverfahrens im Hauptverfahren ein Fall der notwendigen Verteidigung iSd § 140 vorliegen würde. 6

Der Antrag ist im Ermittlungsverfahren bei den Ermittlungsbeamten (Behörden oder Beamten des Polizeidienstes, auch Finanzbehörden, Steuerfahndungsstellen der Landesfinanzbehörde, Zollfahndungsämter etc.) oder bei der StA zu stellen (§ 142 Abs. 1 S. 1). Die Behörde hat den Antrag unverzüglich (erforderlichenfalls **vorab telefonisch**[15]) an die StA weiterzuleiten, was sich aus den zeitlichen und sachlichen Vorgaben ergibt.[16] Da nach § 142 Abs. 3 Nr. 1 und Nr. 2 das zuständige Gericht über die Bestellung entscheidet, ist der Antrag durch die StA an dieses weiterzuleiten. Nach Anklageerhebung ist der Antrag nach § 142 Abs. 3 Nr. 3 bei dem Vorsitzenden des Gerichts zu stellen, bei dem das Verfahren anhängig ist. 7

2. Bestellung von Amts wegen (Abs. 2). Abs. 2 führt Fallgruppen auf, in welchen unabhängig von einem Antrag des Beschuldigten ein Pflichtverteidiger von Amts wegen zu bestellen ist. Sofern ein Fall der notwendigen Verteidigung gegeben ist, der Beschuldigte noch keinen Verteidiger hat und eine der normierten Verfahrenssituationen vorliegt, ist die **StA** während des Ermittlungsverfahrens grundsätzlich dazu verpflichtet, einen Antrag bei dem zuständigen Gericht auf Bestellung eines Pflichtverteidigers zu stellen.[17] Nach Erhebung der Anklage ist das Gericht in eigener Zuständigkeit dazu berufen, einen Verteidiger zu bestellen. 8

Die Bestellung ist eine richterliche Verfügung, die einem begünstigenden Verwaltungsakt ähnelt.[18] Eine Form ist nicht vorgeschrieben, so dass die Beiordnung auch mündlich oder telefonisch erfolgen kann.[19] Zur Rechtsklarheit sollte außer in Eilfällen die Schriftform gewahrt werden; während der Hauptverhandlung durch Aufnahme ins Protokoll. Die Entscheidung ist nach § 35 bekannt zu machen und wird mit Absendung, aber auch mit mündlicher Zusage der Bestellung, ex nunc wirksam.[20] 9

a) Vorführung zur richterlichen Haftentscheidung (Nr. 1). Die Justizbehörden sind verpflichtet, dem unverteidigten Beschuldigten einen Pflichtverteidiger von Amts wegen zu bestellen, sobald der Beschuldigte dem Gericht zur Entscheidung über Haft oder einstweilige Unterbringung vorgeführt werden soll. Obgleich der Wortlaut geringfügig vom Fall der notwendigen Verteidigung nach § 140 Abs. 1 Nr. 4 abweicht („vorgeführt werden soll" statt „vorzuführen ist") knüpft diese Verfahrenssituation in zeitlicher Hinsicht unmittelbar an den § 140 Abs. 1 Nr. 4 an. Sobald der Beschuldigte dem Haftrichter vorzuführen ist, eröffnet sich sowohl der Anwendungsbereich des § 140 Abs. 1 Nr. 4, als auch der des § 141 Abs. 2 Nr. 1. Somit knüpft das Gesetz die Pflicht zur amtswegigen Pflichtverteidigerbestellung an den Zeitpunkt, ab welchem eine Verteidigung für notwendig erachtet wird. 10

---

13 OLG Saarbrücken 27.10.2021 – 4 Ws 157/21, BeckRS 2021, 32671; Schmitt in Meyer-Goßner/Schmitt Rn. 7; vgl. Müller-Jacobsen, NJW 2020, 575 (578).

14 Müller-Jacobsen, NJW 2020, 575 (577).

15 Vgl. BT-Drs. 19/13829, 41.

16 Vgl. BT-Drs. 19/13829, 41; Müller-Jacobsen, NJW 2020, 575 (577).

17 Vgl. BT-Drs. 19/13829, 41.

18 BVerfG 8.4.1975 – 2 BvR 207/75, BVerfGE 39, 238 (244); → Rn. 14 ff.

19 OLG Koblenz 13.3.1997 – 2 Ws 148/97, NStZ-RR 1997, 384; vgl. LG Koblenz 9.2.2004 – 2 Qs 118/03, NJW 2004, 962; vgl. Julius in Gercke/Julius/Temming/Zöller Rn. 13; Wohlers in SK-StPO Rn. 16.

20 OLG Jena 15.11.2005 – 1 Ws 417/05, StraFo 2006, 71; LG Heilbronn 7.7.2005 – 1 Qs 96/05, StraFo 2005, 424; LG Berlin 6.2.1990 – (508) 4 Op Js 723/88 KLs (40/89), StV 1990, 366; Wohlers in SK-StPO Rn. 13.

11 Ab welchem Zeitpunkt der Beschuldigte dem Haftrichter vorzuführen ist, richtet sich nach den in § 140 Abs. 1 Nr. 4 genannten Vorschriften. Hier ist eine Unterscheidung zwischen der Ergreifung des Beschuldigten aufgrund eines bestehenden Haftbefehls nach §§ 115, 115a und der vorläufigen Festnahme nach § 127 zu machen. Wird der Beschuldigte aufgrund eines bestehenden Haftbefehls ergriffen, hat die unverzügliche Vorführung gem. §§ 115 Abs. 1, 115a Abs. 1 sofort zu erfolgen. In diesem Fall entsteht auch die Pflicht zur Pflichtverteidigerbestellung von Amts wegen sofort. Eine **Vernehmung** ohne Verteidiger ist ausgeschlossen, es sei denn, es liegt ein Ausnahmefall des § 141a vor.[21] Wird der Beschuldigte hingegen vorläufig festgenommen, erwächst die Pflicht zur Vorführung vor den Haftrichter lediglich unter dem Vorbehalt, dass die Ermittlungsbehörde sich gegen die Freilassung des Beschuldigten entscheidet (vgl. § 128 Abs. 1 S. 1). Daher soll mit der Bestellung die behördliche Entscheidung über eine Freilassung oder die Vorführung und die Beantragung eines Haftbefehls abgewartet werden dürfen.[22]

12 Überdies enthält Abs. 2 S. 2 **Ausnahmen** von der Pflicht zur amtswegigen Bestellung eines Pflichtverteidigers. Demnach verbleibt es bei der antragsgebundenen Bestellungspflicht, sofern die Vorführung über den Erlass eines Haftbefehls nach § 127b Abs. 2 im beschleunigten Verfahren ergeht. Gleiches gilt, wenn die mögliche Verhaftung auf § 230 Abs. 2 oder § 329 Abs. 3 gründet. Eine Belehrung des Beschuldigten hat stattzufinden.

13 **b) Inhaftierung des Beschuldigten (Nr. 2).** Dem unverteidigten Beschuldigten ist nach Nr. 2 ein Pflichtverteidiger von Amts wegen sofort zu bestellen, sobald der Strafverfolgungsbehörde oder dem Gericht bekannt wird, dass dem Beschuldigten die Freiheit durch oder mit Genehmigung des Richters entzogen wurde. Begründet wird die amtswegige Beiordnungspflicht damit, dass in dieser Situation – welche nach § 140 Abs. 1 Nr. 5 einen Fall der notwendigen Verteidigung darstellt – die Verteidigungsmöglichkeiten des sich nicht in Freiheit befindlichen Beschuldigten eingeschränkt sind. Neben der Kenntnis der zuständigen Behörde ist auch hier der Zeitpunkt der offenen Ermittlung relevant. Die Pflicht zur amtswegigen Beiordnung des Pflichtverteidigers entsteht erst mit Eröffnung des Tatvorwurfs. Demnach sind die Fälle ausgeschlossen, in denen die Ermittlungen (noch) nicht offen geführt werden, hier müssen die Ermittlungsbehörden ihre klandestine Tätigkeit dem Beschuldigten nicht durch die Bestellung eines Pflichtverteidigers preisgeben.[23]

14 Für diese Verfahrenssituation sieht Abs. 2 S. 3 eine **Ausnahme** vor. Die Pflicht zur amtswegigen Beiordnung wandelt sich in eine pflichtgemäße Ermessensentscheidung um, sofern zwei Voraussetzungen kumulativ vorliegen: Es muss zum einen eine alsbaldige Verfahrenseinstellung beabsichtigt sein und zum anderen dürfen keine weiteren Untersuchungshandlungen als die Einholung von Registerauskünften oder die Beiziehung von Urteilen und Akten vorgenommen werden.

15 **c) Fehlende Selbstverteidigungsmöglichkeit im Vorverfahren (Nr. 3).** § 141 Abs. 2 S. 1 Nr. 3 beinhaltet eine Beiordnungspflicht von Amts wegen bei besonderer Schutzbedürftigkeit des Beschuldigten. Sie erwächst, sobald erkennbar ist, dass der Beschuldigte keine ausreichende Selbstverteidigungsmöglichkeit besitzt. Der Gesetzgeber greift die Formulierung des § 140 Abs. 2 auf („sich nicht selbst verteidigen kann"), wodurch für die Frage der besonderen Schutzwürdigkeit keine neuen Maßstäbe heranzuziehen sind, sondern diejenigen, die bereits von der Rspr. nach bisheriger Rechtslage entwickelt wurden, weiterhin gelten sollen. Die neu normierte amtswegige Beiordnungspflicht entsteht bereits im Vorverfahren, insbesondere sofern eine Vernehmung des Beschuldigten oder eine Gegenüberstellung mit dem Beschuldigten durchgeführt werden soll. Dabei ist die Auflistung dem Wortlaut nach („insbesondere") nicht abschließend. Nicht jede (ermittlungsbehördliche) Vernehmung führt zu einer amtswegigen Bestellung eines Pflichtverteidigers. Die Bestellung setzt zunächst das Vorliegen eines Falles der notwendigen Verteidigung voraus und – ist

[21] Vgl. Schmitt in Meyer-Goßner/Schmitt Rn. 13.
[22] BT-Drs. 19/13829, 33; Schmitt in Meyer-Goßner/Schmitt Rn. 12; Böß NStZ 2020, 185 (192).
[23] Schmitt in Meyer-Goßner/Schmitt Rn. 16; Böß NStZ 2020, 185 (190).

dies zu bejahen – müssen zusätzlich die Umstände des Einzelfalls die Mitwirkung des Pflichtverteidigers bereits in diesem Stadium erforderlich machen.[24] Dem schutzbedürftigen Beschuldigten kann schon in diesem frühen Zeitraum – nach der Gesetzesbegründung ggf. sogar **gegen seinen Willen**[25] – ein Pflichtverteidiger bestellt werden, insbesondere wenn er aufgrund mangelnder Einsichtsfähigkeit die Bedeutung der professionellen Strafverteidigung und der Nichtausübung seines eigenen Antragsrechts nicht zu erfassen vermag und daher nicht von diesem Recht Gebrauch macht.[26] Wegen des Selbstbestimmungsrechts des Beschuldigten ist für eine solche **aufgedrängte Verteidigungsbestellung** indes nur in eindeutigen Fällen mangelnder Einsichtsfähigkeit Raum.

Nicht unter den Begriff der Vernehmung iSd § 141 Abs. 2 S. 1 Nr. 3 fällt die Gewährung der Gelegenheit zur schriftlichen Äußerung, obgleich sie nach § 163 Abs. 1 S. 3 anstelle der Vernehmung vorgesehen ist.[27] 16

Auch für diese Verfahrenssituation ist in Abs. 2 S. 3 eine Ausnahme vorgesehen. Sofern die normierten Voraussetzungen – die Beabsichtigung der alsbaldigen Verfahrenseinstellung und die ausschließliche Vornahme von Untersuchungshandlungen als Einholung von Registerauskünften oder Beiziehung von Urteilen und Akten – kumulativ vorliegen, besteht keine amtswegige Beiordnungspflicht. Stattdessen ist eine pflichtgemäße Ermessensentscheidung vorzunehmen. 17

d) Übermittlung der Anklageschrift (Nr. 4). Spätestens mit Übermittlung der Anklageschrift ist dem unverteidigten Beschuldigten in einem Fall der notwendigen Verteidigung nach Abs. 2 S. 1 Nr. 4 ein Pflichtverteidiger von Amts wegen zu bestellen. Diese – insoweit auch der früheren Rechtslage entsprechende[28] – Verfahrenssituation kommt zum Tragen, sofern sich die Notwendigkeit einer Verteidigung erst mit Abschluss des Ermittlungsverfahrens oder gar danach ergibt. Dies könnte nun bspw. in Betracht kommen, sofern der Amtsrichter im Zuge des Zwischenverfahrens eine Verweisung nach § 209 Abs. 2 an das Schöffengericht in Betracht zieht, sodass erst dann ein Fall der notwendigen Verteidigung iSd § 140 Abs. 1 Nr. 1 vorliegen würde. Darüber hinaus sind Anwendungsfälle denkbar, in denen erst während der Hauptverhandlung Umstände ein- oder zutage treten, die zum Entstehen eines Falls des § 140 führen oder wenn diese bislang übersehen wurden.[29] Diese Anwendungsfälle können unter die Nr. 4 HS. 2 gefasst werden, welcher inhaltlich dem § 141 Abs. 2 aF entspricht und als Auffangtatbestand dient. 18

III. Bestellungsverfahren

Seit der grundlegenden Neufassung der Regelungen über die Bestellung eines Pflichtverteidigers im Rahmen des Gesetzes zur Neuregelung des Rechts der notwendigen Verteidigung, gilt für das Bestellungsverfahren § 142 und für einen möglichen Verteidigerwechsel § 143a. 19

§ 141a Vernehmungen und Gegenüberstellungen vor der Bestellung eines Pflichtverteidigers

[1]Im Vorverfahren dürfen Vernehmungen des Beschuldigten oder Gegenüberstellungen mit dem Beschuldigten vor der Bestellung eines Pflichtverteidigers abweichend von § 141 Absatz 2 und, wenn der Beschuldigte hiermit ausdrücklich einverstanden ist, auch abweichend von § 141 Absatz 1 durchgeführt werden, soweit dies

1. zur Abwehr einer gegenwärtigen Gefahr für Leib oder Leben oder für die Freiheit einer Person dringend erforderlich ist oder

---

24 BT-Drs. 19/13829, 38.
25 BT-Drs. 19/13829, 38.
26 BT-Drs. 19/13829, 38; Schmitt in Meyer-Goßner/Schmitt Rn. 18; Staudinger in KMR-StPO Rn. 11.
27 BT-Drs. 19/13829, 38.
28 Vgl. § 141 Abs. 1 aF.
29 BT-Drs. 19/13829, 38; Staudinger in KMR-StPO Rn. 12.

2. zur Abwendung einer erheblichen Gefährdung eines Strafverfahrens zwingend geboten ist.

[2]Das Recht des Beschuldigten, jederzeit, auch schon vor der Vernehmung, einen von ihm zu wählenden Verteidiger zu befragen, bleibt unberührt.

I. Überblick

1 Der im Rahmen des Gesetzes zur Neuregelung des Rechts der notwendigen Verteidigung neu eingefügte § 141a soll es bereits im Vorverfahren ermöglichen, ausnahmsweise eine Vernehmung oder Gegenüberstellung des Beschuldigten noch vor der Bestellung eines Verteidigers durchzuführen, obgleich ein Fall der notwendigen Verteidigung gegeben ist. Die Norm stützt sich auf den Ausnahmetatbestand des Art. 3 Abs. 6 lit. a und b der Richtlinie 2013/48/EU über das Recht auf Zugang zu einem Rechtsbeistand und enthält eine **problematische Abweichung** von dem in § 141 aufgestellten Grundsatz des Verteidigers der ersten Stunde. Sie ist – auch nach dem Willen des Gesetzgebers – **eng auszulegen**[1] und in ihrem zulässigen Anwendungsbereich auf seltene **Extremfälle** beschränkt.[2] Vorrangig ist stets die in § 142 Abs. 4 neu geschaffene Bestellung eines Verteidigers im Wege der Eilzuständigkeit der Staatsanwaltschaft.[3] Im Hinblick auf das Recht des Beschuldigten auf Zugang zu einem Rechtsbeistand sieht die Vorschrift die Möglichkeit einer vorherigen Vernehmung oder Gegenüberstellung nur vor, wenn sie zur Abwehr einer Gefahr für Leib und Leben oder für die Freiheit einer Person dringend erforderlich (Abs. 1 Nr. 1) oder zur Abwehr einer erheblichen Gefährdung eines Strafverfahrens zwingend geboten sind (Abs. 1 Nr. 2). Hat der Beschuldigte einen Antrag nach § 141 Abs. 1 auf Pflichtverteidigerbestellung gestellt, bzw. durch sein Verhalten eine dahingehende Begehr zum Ausdruck gebracht, setzt § 141a als weitere Voraussetzung zwingend die ausdrückliche Zustimmung des Beschuldigten voraus. Eine Vernehmung darf dabei lediglich durchgeführt werden, sofern der Beschuldigte ordnungsgemäß darüber belehrt wurde, dass er die Aussage verweigern kann. Das Schweigerecht bleibt durch die Vorschrift selbstverständlich unberührt, sie betrifft allein den Zeitpunkt der Pflichtverteidigerbestellung.

II. Ausnahmetatbestände (S. 1)

2 **1. Gefahr für Leib und Leben oder die Freiheit einer Person (Nr. 1).** Eine notwendige Verteidigungslage nach § 140 soll dann entgegen § 141 nicht zur sofortigen Bestellung eines Verteidigers führen, wenn dies zur Abwehr einer gegenwärtigen Gefahr für Leib und Leben oder für die Freiheit einer Person ausnahmsweise erforderlich ist – wobei die Vorschrift eng auszulegen ist. Um eine **gegenwärtige Gefahr** annehmen zu können, müssen nachvollziehbare Gründe auf die Wahrscheinlichkeit hinweisen, dass – sollte die Vernehmung oder Gegenüberstellung nicht sofort durchgeführt werden – die bezeichneten Rechtsgüter geschädigt werden. Es müssen dabei gravierende Folgen sicher oder zumindest höchstwahrscheinlich zu befürchten sein; eine ganz leichte Körperverletzung genügt etwa nicht.[4] Zu beachten ist, dass eine geplante Vernehmung mangels gegenwärtiger Gefahr nicht unter diesen Ausnahmetatbestand fallen kann.[5] Die Vernehmung oder Gegenüberstellung muss zudem **dringend erforderlich** sein. Dies kann nur dann angenommen werden, sofern das **sofortige Handeln** geboten erscheint und eine Bestellung eines Verteidigers im Wege der Eilzuständigkeit der StA nach § 142 Abs. 4 nicht abgewartet werden kann. In den Anwendungsbereich dieser Ausnahmekonstellation sollen beispielsweise laufende terroristische Angriffe oder Geiselnahmen fallen.[6]

---

1 BT-Drs. 19/13829, 39.
2 Beulke in Satzger/Schluckebier/Widmaier StPO Rn. 11; vgl. Staudinger in KMR-StPO Rn. 4.
3 BT-Drs. 19/13829, 39.
4 BT-Drs. 19/13829, 39.
5 Staudinger in KMR-StPO Rn. 4.
6 Vgl. BT-Drs. 19/13829, 39; Böß NStZ 2020, 185 (195).

2. Gefährdung eines Strafverfahrens (Nr. 2). Die Vernehmung oder Gegenüberstellung vor der Bestellung eines Pflichtverteidigers soll zudem dann möglich sein, sofern die Sicherung eines Strafverfahrens dies verlangt. Die Bestellung könne demnach zurückgestellt werden, sofern eine **erhebliche Gefährdung** eines Strafverfahrens – unabhängig davon, ob es sich um ein anderes als das gegen den Beschuldigten geführte Strafverfahren handelt[7] – zu erwarten ist. Eine erhebliche Gefährdung liegt vor, wenn nachvollziehbare Gründe auf die Wahrscheinlichkeit hinweisen, dass die Ermittlungen erheblich erschwert werden würden, sollte die Vernehmung oder Gegenüberstellung nicht sofort durchgeführt werden. Dies kann allenfalls bei einem akut drohenden Beweismittelverlust, bei dem es auf Minuten ankommt,[8] angenommen werden. Beispiele sind insbesondere die drohende Vernichtung oder Verfälschung von Beweismitteln und die drohende Einwirkung auf Zeugen – auch durch Dritte. Auch die Verhinderung der Flucht eines Mitbeschuldigten soll in Betracht kommen.[9] Keinesfalls als Gefährdung eines Strafverfahrens in Betracht kommt die mangelnde Aussagebereitschaft des Tatverdächtigen,[10] oder die Sorge, dieser könne nach einer Verteidigerkonsultation von seiner bestehenden Aussagebereitschaft abrücken. Die Anwendung des § 141a in einem solchen Fall führt zu einem Beweisverwertungsverbot.[11] Die Maßnahme muss darüber hinaus **zwingend geboten** sein. Dies ist nur anzunehmen, sofern der Gefährdung nicht anders entgegengewirkt werden kann. 3

3. Eilbedürftigkeit. Voraussetzung des § 141a ist stets, dass die Verteidigerbestellung aus Gründen der zeitlichen Dringlichkeit nicht abgewartet werden kann. Durch moderne Kommunikationsmittel, die flächendeckend eingerichteten Verteidigernotdienste sowie die 2019 eingeführte, vorrangige Möglichkeit der (telefonischen) Eilbestellung eines Pflichtverteidigers durch die Staatsanwaltschaft (§ 142 Abs. 2) ist eine Verteidigerbestellung regelmäßig **innerhalb** von **Minuten** möglich. Regelmäßig nicht zwingend geboten ist die Vernehmung oder Gegenüberstellung ohne vorherige Verteidigerbestellung deshalb insbesondere in Fällen, in denen vor der Ermittlungsmaßnahme für ein oder zwei Stunden die Möglichkeit der Verteidigerbestellung bestanden hätte. 4

4. Einverständnis der Beschuldigten. Sollte der Beschuldigte von seinem Recht aus § 141 Abs. 1 Gebrauch gemacht und einen Antrag auf die Bestellung eines Pflichtverteidigers gestellt haben, ist die Vernehmung oder Gegenüberstellung vor der Bestellung eines Pflichtverteidigers lediglich dann möglich, wenn der Beschuldigte damit **ausdrücklich einverstanden** ist. Die Erforderlichkeit des Einverständnisses ergibt sich daraus, dass der Beschuldigte durch die Beantragung eines Pflichtverteidigers bereits zeigt, dass er beabsichtigt, sein Recht auf Zugang zu einem Rechtsbeistand auszuüben.[12] Es wird davon auszugehen sein, dass der Beschuldigte – sollte er sich einmal dazu entschieden haben, von diesem Recht Gebrauch zu machen – nicht sogleich damit einverstanden sein wird, die Ermittlungshandlungen ohne seinen Rechtsbeistand durchzuführen und damit gerade auf dieses Recht zu verzichten. Daher dürfte die Ausnahmeregelung in der Konstellation des § 141 Abs. 1 selten zulässigerweise zur Anwendung kommen.[13] 5

Ein zwar größerer – aber gewiss insgesamt seltener – praktischer Anwendungsbereich ist für die Konstellation des § 141 Abs. 2 denkbar, also wenn noch kein Pflichtverteidiger bestellt wurde, obwohl ein Fall der notwendigen Verteidigung in der Form gegeben ist, dass der Pflichtverteidiger von Amts wegen und unabhängig vom Willen des Beschuldigten zu bestellen gewesen wäre. Insbesondere kann die Ausnahmeregelung Bedeutung bei einer Gegenüberstellung des Beschuldigten, die ohne dessen Zustimmung möglich ist, erlangen. 6

---

7 BT-Drs. 19/13829, 39; Schmitt in Meyer-Goßner/Schmitt Rn. 4.

8 Beulke in Satzger/Schluckebier/Widmaier StPO Rn. 9.

9 BT-Drs. 19/13829, 39; Schmitt in Meyer-Goßner/Schmitt Rn. 5; Böß NStZ 2020, 185 (195 f.).

10 AG Westerstede 30.9.2020 – 43 Ls 203/20 (345 Js 15556/20), BeckRS 2020, 42524.

11 AG Westerstede 30.9.2020 – 43 Ls 203/20 (345 Js 15556/20), BeckRS 2020, 42524.

12 BT-Drs. 19/13829, 39; Schmitt in Meyer-Goßner/Schmitt Rn. 7.

13 Vgl. BT-Drs. 19/13829, 39; Schmitt in Meyer-Goßner/Schmitt Rn. 7.

7 Da das Einverständnis dem Wortlaut nach ausdrücklich erklärt werden muss, reichen Schweigen, ein konkludentes Verhalten sowie missverständliche Formulierungen an dieser Stelle nicht aus.[14] Das Einverständnis, eine Untersuchungshandlung nach § 168a Abs. 1 durchzuführen, ist als wesentliche Förmlichkeit zu protokollieren.

III. Recht des Beschuldigten auf Wahlverteidigung (S. 2)

8 Der Beschuldigte muss selbstverständlich nicht auf sein Recht verzichten, schon vor einer Vernehmung einen von ihm gewählten Verteidiger zu befragen.[15] Satz 2 ordnet an, dass dem Beschuldigten dies nicht verwehrt werden kann. Das Recht auf eine Wahlverteidigung bleibt deshalb grundsätzlich von der Ausnahmeregel unberührt, jedoch soll mit der Ermittlungsmaßnahme dann nicht zugewartet werden müssen, sofern es zwingend erforderlich bzw. zwingend geboten iSd § 141a S. 1 Nr. 1 und Nr. 2 erscheint, sie sofortig durchzuführen.[16]

IV. Vereinbarkeit mit europäischem und höherrangigem Recht

9 § 141a ist insgesamt problematisch, da die Vorschrift in einer Situation, in der – nicht nur im Interesse des Beschuldigten, sondern auch im Interesse eines ordnungsgemäßen Strafverfahrens – Verteidigung notwendig ist, den Ermittlungsbehörden gestattet, den unverteidigten Beschuldigten zu vernehmen und damit wesentliche Weichen für das weitere Strafverfahren zu stellen. Ob die Vorschrift den Voraussetzungen der PKH-Richtlinie entspricht, wird **bezweifelt.**[17] Unter rechtsstaatlichen Gesichtspunkten bedenklich ist auch, dass es durch die Vorschrift zu **verwirrenden** und **widersprüchlichen Situationen** für den Beschuldigten kommen kann. So darf nach § 141a eine Vernehmung ohne vorherige Bestellung eines Pflichtverteidigers stattfinden, während es dem Beschuldigten unbenommen bliebe, vor der Vernehmung einen Wahlverteidiger zu konsultieren (§ 136 Abs. 1) und die Vernehmung zurückgestellt werden müsste, wenn der Beschuldigte seinen dahingehenden Willen äußert.[18] Kann aber die Vernehmung auf einen (vom Beschuldigten zu bezahlenden) Wahlverteidiger warten, ist es wertungswidersprüchlich, dass sie nicht auch auf einen (von der Staatskasse zu zahlenden) Pflichtverteidiger warten kann.[19] Auch zutreffende Hinweise der Ermittlungsbehörden, die Vernehmung des Beschuldigten sei in den Ausnahmefällen des § 141a bei Gefahr für Leib und Leben sofort zulässig, bergen die Gefahr, von dem Beschuldigten als eine Aussage- oder Mitwirkungspflicht an der Vernehmung missverstanden zu werden. Im Falle des § 141 Abs. 1 hat der Beschuldigte mit seinem Antrag auf Pflichtverteidigerbestellung bereits zum Ausdruck gebracht, unverzüglich einen Verteidiger konsultieren zu wollen. Holt die Ermittlungsbehörde anschließend die Zustimmung des Beschuldigten nach § 141a S. 1 ein, den Beschuldigten trotzdem vor der Pflichtverteidigerbestellung zu vernehmen, besteht das erhebliche Risiko eines rechtsstaatswidrigen Überredens[20] des Beschuldigten, von seinem Verteidigerwunsch vorerst Abstand zu nehmen, was die **verfassungsrechtlich garantierte Selbstbelastungsfreiheit** des Beschuldigten entwerten kann. All dies findet in der psychisch angespannten Situation statt, die regelmäßig während der Extremlagen (gegenwärtiger Terrorangriff, laufende Geiselnahme) herrscht, in denen § 141a überhaupt zur Anwendung kommen kann. Mit der Norm geht also die erhebliche Gefahr einher, den Beschuldigten zu überfordern, sodass allenfalls in seltenen Ausnahmefällen und bei unzweifelhafter und reflektierter Aussagebereitschaft des Beschuldigten Raum für eine Vernehmung vor der Verteidigerbestellung verbleibt.

---

14 Schmitt in Meyer-Goßner/Schmitt Rn. 8.
15 BT-Drs. 19/13829, 39.
16 Schmitt in Meyer-Goßner/Schmitt Rn. 10.
17 Beulke in Satzger/Schluckebier/Widmaier StPO Rn. 2, 9.
18 BT-Drs. 19/13829, 39; Beulke in Satzger/Schluckebier/Widmaier StPO Rn. 10.
19 Kritisch zur Abwägungslehre: Neuber NStZ 2019, 113.
20 BGH 10.1.2006 – 5 StR 341/05, NJW 2006, 1008 (1009).

V. Rechtsfolgen eines Verstoßes

10 Die Rechtsfolgen eines Verstoßes gegen die eng begrenzten Ausnahmefälle des § 141a sollen nicht automatisch in einem Verwertungsverbot liegen. Stattdessen sollen die allgemeinen Grundsätze angewandt werden. Nach der ständigen Rechtsprechung des BVerfG und des BGH führen Rechtsverstöße innerhalb der Beweiserhebung nicht zwangsläufig zur Unverwertbarkeit der dabei erlangten Erkenntnisse. Ein Verwertungsverbot kann vielmehr lediglich nach einer Einzelfallbetrachtung und nach Beachtung des Grundsatzes der Abwägungslehre[21] – der Abwägung der widerstreitenden Interessen und der maßgeblichen Gesichtspunkte – angenommen werden. Bei einem **schwerwiegenden,** bewussten oder objektiv willkürlichen **Rechtsverstoß,** bei welchem grundrechtliche Sicherungen systematisch oder planmäßig übergangen werden, ergibt sich ein **Verwertungsverbot.**[22] Wird in eindeutigen Fällen der notwendigen Verteidigung bei der Erstvernehmung ein Verteidiger nicht hinzugezogen – erst recht jenseits der Grenzen des § 141a –, werden sehr schnell grundsätzliche Rechtspositionen des Beschuldigten berührt, sodass auf Basis der Abwägungslehre oftmals ein Beweisverwertungsverbot zu bejahen sein wird.[23] Bei der Berücksichtigung des Strafverfolgungsinteresses wird dabei in Abzug zu stellen sein, dass die Ermittlungsbehörden auf einen Wahlverteidiger in jedem Fall hätten warten müssen.

§ 142 Zuständigkeit und Bestellungsverfahren

(1) [1]Der Antrag des Beschuldigten nach § 141 Absatz 1 Satz 1 ist vor Erhebung der Anklage bei den Behörden oder Beamten des Polizeidienstes oder bei der Staatsanwaltschaft anzubringen.[2]Die Staatsanwaltschaft legt ihn mit einer Stellungnahme unverzüglich dem Gericht zur Entscheidung vor, sofern sie nicht nach Absatz 4 verfährt. [3] Nach Erhebung der Anklage ist der Antrag des Beschuldigten bei dem nach Absatz 3 Nummer 3 zuständigen Gericht anzubringen.

(2) Ist dem Beschuldigten im Vorverfahren ein Pflichtverteidiger gemäß § 141 Absatz 2 Satz 1 Nummer 1 bis 3 zu bestellen, so stellt die Staatsanwaltschaft unverzüglich den Antrag, dem Beschuldigten einen Pflichtverteidiger zu bestellen, sofern sie nicht nach Absatz 4 verfährt.

(3) Über die Bestellung entscheidet
1. **das Amtsgericht, in dessen Bezirk die Staatsanwaltschaft oder ihre zuständige Zweigstelle ihren Sitz hat, oder das nach § 162 Absatz 1 Satz 3 zuständige Gericht;**
2. **in den Fällen des § 140 Absatz 1 Nummer 4 das Gericht, dem der Beschuldigte vorzuführen ist;**
3. **nach Erhebung der Anklage der Vorsitzende des Gerichts, bei dem das Verfahren anhängig ist.**

(4) [1]Bei besonderer Eilbedürftigkeit kann auch die Staatsanwaltschaft über die Bestellung entscheiden. [2]Sie beantragt unverzüglich, spätestens innerhalb einer Woche nach ihrer Entscheidung, die gerichtliche Bestätigung der Bestellung oder der Ablehnung des Antrags des Beschuldigten. [3]Der Beschuldigte kann jederzeit die gerichtliche Entscheidung beantragen.

(5) [1]Vor der Bestellung eines Pflichtverteidigers ist dem Beschuldigten Gelegenheit zu geben, innerhalb einer zu bestimmenden Frist einen Verteidiger zu bezeichnen. [2]§ 136 Absatz 1 Satz 3 und 4 gilt entsprechend. [3]Ein von dem Beschuldigten inner-

---
21 Beulke in Satzger/Schluckebier/Widmaier StPO Rn. 11.
22 BT-Drs. 19/13829, 40; Schmitt in Meyer-Goßner/Schmitt Rn. 11.
23 Beulke in Satzger/Schluckebier/Widmaier StPO Rn. 11.

halb der Frist bezeichneter Verteidiger ist zu bestellen, wenn dem kein wichtiger Grund entgegensteht; ein wichtiger Grund liegt auch vor, wenn der Verteidiger nicht oder nicht rechtzeitig zur Verfügung steht.

(6) [1]Wird dem Beschuldigten ein Pflichtverteidiger bestellt, den er nicht bezeichnet hat, ist er aus dem Gesamtverzeichnis der Bundesrechtsanwaltskammer (§ 31 der Bundesrechtsanwaltsordnung) auszuwählen. [2]Dabei soll aus den dort eingetragenen Rechtsanwälten entweder ein Fachanwalt für Strafrecht oder ein anderer Rechtsanwalt, der gegenüber der Rechtsanwaltskammer sein Interesse an der Übernahme von Pflichtverteidigungen angezeigt hat und für die Übernahme der Verteidigung geeignet ist, ausgewählt werden.

(7) [1]Gerichtliche Entscheidungen über die Bestellung eines Pflichtverteidigers sind mit der sofortigen Beschwerde anfechtbar. [2]Sie ist ausgeschlossen, wenn der Beschuldigte einen Antrag nach § 143a Absatz 2 Satz 1 Nummer 1 stellen kann.

Schrifttum: Böß, Das Gesetz zur Neuregelung des Rechts der notwendigen Verteidigung, NStZ 2020, 185; Bringewat, Die sogenannte Pflichtverteidigung – Strafverteidigung zweiter Klasse?, ZRP 1979, 248; Burhoff, Aktive Verteidigung – Widerstreit im Strafprozess?, StraFo 2008, 62; Fromm, Neues zur „Umbeiordnung" des Pflichtverteidigers, NJOZ 2014, 1081; Gusy, Grundrechtsschutz der Strafverteidigung, AnwBl. 1984, 225; Hilbers/Lam, Anm. zu BVerfG v. 3.8.2004 – 1 BvR 135/00, NJW 2004, 2725, StraFo 2005, 70; Hilgendorf, Die Aufhebung der Pflichtverteidigerbestellung gem. § 143 StPO, NStZ 1996, 1; Lantzke, Anm. zu KG v. 2.11.1973 – 3 Ws 215/73, JR 1974, 434; Lehmann, Zur Beiordnung des auswärtigen Verteidigers, NStZ 2012, 188; Leitmeier, Zwei gegen einen – zur Verfassungswidrigkeit des § 142 StPO, StV 2016, 515; Lüderssen, Anm. zu BVerfG v. 14.10.1997 – 2 BvQ 32/97, StV 1998, 357; Müller-Jacobsen, Das neue Recht der notwendigen Verteidigung, NJW 2020, 575; Paeffgen, Übersicht über die (ober-)gerichtliche Rechtsprechung in Haft-Sachen – Teil I –, NStZ 2007, 79; Park, Anm. zu BGH v. 11.12.1997 – 4 StR 323/97, StV 1998, 417; Rogat, Anm. zu BGH v. 25.2.1997 – 01 StR 600/96, JR 1998, 252; Schlothauer, Anm. zu KG v. 6.10.2008 – 3 Ws 341/08, StV 2009, 578; Staechelin, Anm. zu OLG Düsseldorf v. 17.1.2000 – 1 Ws 337/99, StV 2001, 607; Wasserburg, Anm. zu OLG Köln v. 21.8.1990 – 2 Ws 401/90, NStZ 1991, 250; Wenske, Die Beiordnung des „Pflichtverteidigers" (§§ 141 IV, 142 StPO) – Alte Fragen im neuen Gewand?, NStZ 2010, 479; weiteres Schrifttum bei §§ 140, 141.

Übersicht

I. Überblick

Im Rahmen des Gesetzes zur Neuregelung der notwendigen Verteidigung wurde das bisher fragmentarisch in den § 141 aF und § 142 aF normierte Bestellungsverfahren in dem § 142 nF zusammengefasst und die Zuständigkeit umfassend geregelt.[1] Die Norm differenziert zunächst danach, ob aufgrund eines Antrages des Beschuldigten (Abs. 1) oder von Amts wegen das Bestellungsverfahren eingeleitet wurde (Abs. 2). Hinsichtlich der Zuständigkeiten im Bestellungsverfahren wurde größtenteils an die bisherige Rechtslage angeknüpft, wobei die Regelungen grundsätzlich im Abs. 3 zusammengefasst wurden. Eine wesentliche Neuregelung bildet dabei die Einführung einer besonderen Eilzuständigkeit der StA und ein dabei erforderliches gerichtliches Bestätigungsverfahren (Abs. 4). Eine wesentliche Umgestaltung lässt sich hinsichtlich der Auswahl des zu bestellenden Verteidigers festmachen (Abs. 5 und 6). Insbesondere ist nun dem Beschuldigten in jedem Fall die Möglichkeit zu geben, innerhalb einer bestimmten Frist einen Verteidiger seiner Wahl zu benennen. Sollte das Gericht nicht den vom Beschuldigten bezeichneten Verteidiger bestimmen, werden in Abs. 5 konkrete Auswahlkriterien vorgeschrieben, die dies ermöglichen können. Der Rechtsschutz gegen gerichtliche Entscheidungen über die Bestellung eines Pflichtverteidigers wird in Abs. 7 als sofortige Beschwerde ausgestaltet. 1

II. Bestellung auf Antrag des Beschuldigten (Abs. 1)

Die Beantragung eines Verteidigers ist dem Beschuldigten sowohl im Ermittlungsverfahren als auch nach Erhebung der Anklage möglich. Wo ein solcher Antrag nach § 141 Abs. 1 zu stellen ist und wie mit ihm verfahren werden muss, steht in Abhängigkeit von dem jeweiligen Verfahrensstadium. 2

1. Während des Ermittlungsverfahrens. Der Beschuldigte kann während des Ermittlungsverfahrens seinen Antrag auf die Bestellung eines Verteidigers nach § 141 Abs. 1 zum einen **bei den Behörden und Beamten des Polizeidienstes** stellen.[2] Dabei fungieren neben den (Kriminal-)Polizeien der Länder auch die Bundespolizei sowie das Bundeskriminalamt als zuständige Annahmestelle. Darüber hinaus gilt die Norm über Verweisungsvorschriften auch für andere Behörden; namentlich die Finanzbehörde (§ 407 AO), die Zollfahndungsämter und die Dienststellen der Landesfinanzbehörden, die mit der Steuerfahndung betraut sind (§ 404 AO) sowie die Beamten der Zollbehörden, die für die Bekämpfung der Schwarzarbeit zuständig sind (§ 14 SchwarzArbG). Zum anderen kann der Antrag **bei der StA** als Herrin des Ermittlungsverfahrens angebracht werden. Dabei sind auch die Finanzbehörden als funktionale StA in eigenständig geführten Steuerstrafverfahren (§§ 386 Abs. 2, 399 Abs. 1 AO) in Bezug zu nehmen. Grundsätzlich ist der Antrag bei der Behörde zu stellen, die die Ermittlungen führt.[3] 3

Ein **mündlicher Antrag** des Beschuldigten ist ausreichend. Sofern der Antrag bei der StA gestellt wird, hat diese ihn grundsätzlich zur Entscheidung bei dem nach Abs. 3 zuständigen Gericht (→ Rn. 8 ff.) vorzulegen. Dabei hat die StA dazu Stellung zu nehmen, ob ihres Erachtens nach ein Fall der notwendigen Verteidigung gegeben ist.[4] Dabei ist keine besondere Begründung erforderlich, es genügt der Hinweis auf den jeweiligen Fall des § 140, sollte die Situation eindeutig sein.[5] Wenn hingegen Zweifel darüber bestehen, ob ein Fall der notwendigen Verteidigung vorliegt, wird die StA grundsätzlich dazu veranlasst sein, eine Beiordnung zu befürworten.[6] Darüber hinaus muss die StA in ihrer Stellungnahme auch darauf hinweisen, sollte der Beschuldigte bereits einen Verteidiger haben.[7] Bei 4

---

1 BT-Drs. 19/13829, 40.
2 BT-Drs. 19/13829, 41.
3 Staudinger in KMR-StPO Rn. 3.
4 BT-Drs. 19/13829, 41.
5 Schmitt in Meyer-Goßner/Schmitt Rn. 5.
6 Staudinger in KMR-StPO Rn. 4.
7 BT-Drs. 19/13829, 41.

Annahme der besonderen Eilbedürftigkeit nach Abs. 4 hat die StA den Antrag nicht bei Gericht vorzulegen, sondern kann selbst über ihn entscheiden. Sollte der Antrag bei der Polizeibehörde gestellt worden sein, ist diese verpflichtet, ihn unverzüglich an die StA weiterzuleiten. Diese verfährt dann wie beschrieben mit ihm.

5 **2. Nach Erhebung der Anklage.** Der Antrag ist nach der Anklageerhebung nach Abs. 1 S. 3 bei dem nach § 142 Abs. 3 Nr. 3 zuständigen Gericht anzubringen.

III. Pflicht zur Antragstellung der StA im Vorverfahren (Abs. 2)

6 Die Regelungen des Abs. 2 entsprechen teilweise der bisherigen Rechtslage des § 141 Abs. 3 S. 2 aF. Demnach war die StA auch schon vor der umfassenden Neuregelung des Bestellverfahrens zur **Antragstellung verpflichtet,** sobald absehbar war, dass ein Fall notwendiger Verteidigung vorliegen wird.[8] Aufgrund des nun bestehenden Antragsrechts des Beschuldigten, ist die StA lediglich in den Fällen des § 141 Abs. 2 S. 1 Nr. 1 bis Nr. 3 zur Antragstellung verpflichtet. Ein ermittlungstaktisches Abwarten ist dabei nicht zulässig. Der Beurteilungsspielraum der Staatsanwaltschaft bezieht sich nur auf die Feststellung der Voraussetzungen des § 140.[9] Nach Auffassung des BGH darf die StA etwa zunächst abklären, ob sich ein Anfangsverdacht bestätigen lässt.[10]

7 Obgleich in den Fällen des § 141 Abs. 2 S. 1 Nr. 1 bis 3 ohnehin eine gerichtliche Pflicht zur Bestellung von Amts wegen vorgesehen ist, ist eine zusätzliche Antragspflicht der StA erforderlich, um deren effektive Wirksamkeit gewährleisten zu können. Relevanz entfaltet der Abs. 2 nämlich insbesondere in Konstellationen, in welchen im Ermittlungsverfahren noch keine richterlichen Ermittlungsmaßnahmen beantragt wurden und das Gericht folglich noch keine Kenntnis von dem Verfahren hat.[11]

IV. Zuständigkeit (Abs. 3)

8 Die Zuständigkeit für die Bestellung eines Pflichtverteidigers ist in Abs. 3 geregelt, wobei die nF inhaltlich im Wesentlichen der bisherigen Rechtslage des § 141 Abs. 4 aF entspricht.

9 **1. Während des Ermittlungsverfahrens.** Wegen der Bedeutung des Ermittlungsverfahrens und des Rechts auf eine effektive Umsetzung der Rechte aus Art. 6 Abs. 3 EMRK ist eine Beiordnung möglichst frühzeitig vorzunehmen.[12] Die Entscheidung über die Bestellung eines Pflichtverteidigers trifft in diesem Verfahrensstadium das Amtsgericht, in dessen Bezirk die StA oder ihre zuständige Zweigstelle ihren Sitz hat. Daneben ist es zudem möglich, dass die StA zur Beschleunigung des Verfahrens die Bestellung bei dem zuständigen Amtsgericht nach § 162 Abs. 1 S. 3 beantragt, bei welchem die StA eine gerichtliche Vernehmung beantragt hat.[13] Gleichwohl kann auch das gem. Abs. 3 Nr. 1 zuständige Gericht – unabhängig von einem Antrag des Beschuldigten oder der StA – bereits vor Anklageerhebung zur effektiven Gewährleistung des Anspruchs des Beschuldigten auf Bestellung eines Pflichtverteidigers von Amts wegen einen solchen bestellen.[14]

10 Der neue Fall der notwendigen Verteidigung nach § 140 Abs. 1 Nr. 4 erfordert eine weitere Zuständigkeitsregelung. Nach Abs. 3 Nr. 2 ist für die Bestellung eines Pflichtvertei-

[8] BGH 5.2.2002 – 5 StR 588/01, BGHSt 47, 22 (26) = NJW 2002, 1279; 25.7.2000 – 1 StR 169/00, BGHSt 46, 93 (99) = NStZ 2001, 212 mAnm Kunert und Fezer JZ 2001, 363; AG Hamburg 2.10.2003 – 141 B-395/01, StV 2004, 11 (12); Sowada NStZ 2005, 1 (5); Teuter StV 2005, 233 (238); Weider StV 1987, 317 (319); Wohlers JR 2002, 294 (295); Kortz Notwendigkeit der Verteidigung 131 ff.; Hamm FS Lüderssen, 2002, 717 (725); vgl. BT-Drs. 7/551, 69.

[9] LG Heilbronn 16.10.2001 – 1 QS 461/01, StV 2002, 246; Sowada NStZ 2005, 1 (4); Stalinski StV 2008, 500 (501); Teuter StV 2005, 233.

[10] BGH 22.11.2001 – 1 StR 220/01, BGHSt 47, 172 (176) = NJW 2002, 975 (977).

[11] BT-Drs. 19/13829, 41; Schmitt in Meyer-Goßner/Schmitt Rn. 10.

[12] Zusammenfassend: Jahn FS Rissing-van Saan, 2011, 276 (279 ff.) mwN.

[13] BT-Drs. 18/11277, 29; Schmitt in Meyer-Goßner/Schmitt Rn. 12.

[14] BGH 4.6.2021 – 2 BGs 254/21, BeckRS 2021, 20920, BT-Drs. 19/13829, 41.

digers für den vorzuführenden Beschuldigten stets das Gericht zuständig, bei welchem der Beschuldigte vorzuführen ist. Sofern ein Haftbefehl für die Ergreifung besteht, ist dies grundsätzlich das Gericht, das diesen erlassen hat (§§ 115 Abs. 1, 126 Abs. 1).

2. Nach Anklageerhebung. Ab der **Anklageerhebung** ist der Einzelrichter oder 11
Vorsitzende des Gerichts, bei dem Anklage erhoben wurde, zuständig. Der Vorsitzende des **Berufungs- oder Revisionsgerichts** wird ab Vorlage der Akten zuständig;[15] bis zu diesem Zeitpunkt bleibt der Vorsitzende der Vorinstanz zuständig[16] mit Ausnahme der Beiordnung für die Revisionsverhandlung. § 209 ist nicht anwendbar; erst nach Abgabe des Verfahrens ändert sich die Zuständigkeit.[17] Auch in einer laufenden **Hauptverhandlung** ist ausschließlich der Vorsitzende zuständig.[18] Eine Beiordnung durch das unzuständige Kollegialgericht ist gleichwohl wirksam;[19] sie ist jedoch wg. Art. 101 Abs. 1 S. 2 GG auf eine Beschwerde hin durch die Entscheidung des Beschwerdegerichts zu ersetzen.[20]

3. Gerichtliche Entscheidung. Die gerichtliche Entscheidung über die Bestellung 12
eines Pflichtverteidigers erfolgt grundsätzlich durch ausdrückliche Verfügung.

a) Stillschweigende Bestellung. Nach hM kann die Bestellung auch konkludent 13
erfolgen. Eine Beiordnung muss jedoch ausreichend eindeutig sein und kann nicht unterstellt werden.[21] Ausreichend für die Annahme einer Beiordnung ist es, wenn der Vorsitzende – im Irrtum über eine notwendige Schriftform – eine Bestellung mündlich zusichert,[22] Dienstfahrten des Verteidigers genehmigt,[23] oder im Falle der Verbindung von Verfahren bei vorheriger Beiordnung für eines der Verfahren.[24] In diesen Fällen ist erkennbar, dass der Vorsitzende die Verteidigung als notwendig ansah. Soweit eine stillschweigende Beiordnung für Fälle des unwidersprochenen Verteidigermitwirkens nach Stellung eines Beiordnungsantrags angenommen wird,[25] widerspricht dies der Rechtsklarheit und kollidiert zudem mit der Vermutung der Bevollmächtigung bei Auftreten eines Verteidigers (→ § 137 Rn. 8).[26] Nach hM kommt eine konkludente Beiordnung – statt der Rückwirkung der Bestellung (→ Rn. 14) – in Betracht, wenn nie eine Wahlverteidigung vorlag bzw. wenn diese eindeutig niedergelegt wurde[27] und der Verteidiger nach Terminmitteilung an ihn an der (Revisions)Hauptverhandlung oder anderen Terminen mitwirkt,[28] Terminabsprachen getroffen werden,[29] ihm Akteneinsicht gewährt und die Anklage zugestellt wird.[30]

---

15 BGH 11.7.1996 – 1 StR 352/96, NStZ 1997, 48 (49); OLG Rostock 5.8.2010 – 1 Ss 61/10, NStZ-RR 2010, 342 (343); aA OLG Stuttgart 5.5.1999 – 1 Ss 190/99, StV 2000, 413 Rn. 2 (Zuständigkeit verbleibt beim Tatgericht).
16 OLG Hamm 5.3.1963 – 3 Ws 51/63, NJW 1963, 1513; Wohlers in SK-StPO § 141 Rn. 15.
17 Weiler in HK-GS § 141 Rn. 7.
18 OLG Frankfurt a. M. 11.5.2007 – 3 Ws 470/07, NStZ-RR 2007, 244; OLG Stuttgart 25.11.1997 – 4 Ws 256/97, NStZ-RR 1998, 110.
19 Vgl. BGH 18.11.2003 – 1 StR 481/03, NStZ 2004, 632 (633); Willnow in KK-StPO § 141 Rn. 12; Wohlers in SK-StPO § 141 Rn. 15.
20 OLG Karlsruhe 16.10.1973 – 2 Ws 212/73, NJW 1974, 110.
21 OLG Jena 13.1.2010 – 1 Ws 546/09, BeckRS 2010, 05953; vgl. Schmitt in Meyer-Goßner/Schmitt Rn. 17.
22 LG Koblenz 9.2.2004 – 2 Qs 118/03, NJW 2004, 962.
23 BGH 24.7.2007 – 4 StR 236/07, StraFo 2007, 474.
24 OLG Saarbrücken 22.1.1999 – 1 Ws 2/99, NStZ-RR 1999, 288; LG Landau 8.5.2001 – 3 OS 77/01, PVR 2001, 290; LG Saarbrücken 8.5.1979 – 2 Qs 65/79 I, AnwBl 1979, 280.
25 OLG Jena 26.7.2006 – 1 Ws 257/06, NJW 2007, 1476; OLG Saarbrücken 29.11.2006 – Ss (B) 44/2006 (57/06), NJW 2007, 309; OLG Oldenburg 8.9.2003 – 1 WS 377/03, StV 2004, 587.
26 Vgl. Jahn in Löwe/Rosenberg Rn. 28.
27 OLG Koblenz 13.3.1997 – 2 Ws 148/97, NStZ-RR 1997, 384; Julius/Schiemann in Gercke/Julius/Temming/Zöller Rn. 12.
28 BGH 20.7.2009 – 1 StR 344/08, NStZ-RR 2009, 348; 4.9.2006 – 1 StR 113/06, StraFo 2006, 455 (456); 19.12.1996 – 1 StR 76/96, NStZ 1997, 299; OLG Hamburg 17.11.1997 – 2 Ws 255/97, NJW 1998, 621; OLG Düsseldorf 9.9.1983 – 1 Ws 757/83, NStZ 1984, 43 (44).
29 OLG Hamburg 17.11.1997 – 2 Ws 255/97, NJW 1998, 621.
30 LG Saarbrücken 8.5.1979 – 2 Qs 65/79 I, AnwBl 1979, 280.

14 **b) Rückwirkende Bestellung.** Eine rückwirkende Bestellung nach Verfahrensabschluss wurde von der **höhergerichtlichen Rspr.** unter Geltung des alten Rechts für unzulässig gehalten, da eine Beiordnung weder dem Kosteninteresse des Verteidigers noch des Beschuldigten, sondern lediglich dem ordnungsgemäßen Verfahrensablauf dienen solle.[31] Seit der Neureglung des Rechts der Pflichtverteidigung im Anschluss an die PKH-Richtlinie im Jahr 2019 ist die rückwirkende Bestellung eines Pflichtverteidigers allerdings jedenfalls dann **möglich,** wenn dessen Bestellung eine wesentliche Verzögerung erfahren hat.[32] Zu Recht wandte sich schon unter alter Rechtslage hiergegen die überwiegende **Rspr. der Landgerichte,** nach der eine rückwirkende Bestellung nach Verfahrensabschluss möglich ist, wenn trotz rechtzeitigen Antrags (auch an die StA)[33] über die Bestellung nicht vor Verfahrensabschluss entschieden wurde.[34] Dem steht es gleich, wenn das Verfahren vor einer Entscheidung über die bereits eingelegte Beschwerde gegen eine Beiordnungsablehnung abgeschlossen wird.[35] Der Hinweis, dass die §§ 140 ff. weder dem Kosteninteresse des Verteidigers noch des Beschuldigten dienen, übergeht Art. 6 Abs. 3 lit. c EMRK, der ausdrücklich den mittellosen Beschuldigten erwähnt und somit auch das Kosteninteresse des Beschuldigten in seinen Schutzzweck aufnimmt.[36] Zudem würde die Versagung einer rückwirkenden Bestellung trotz rechtzeitigen Beiordnungsantrags dazu führen, dass der mittellose Beschuldigte auf Verteidigung – trotz Vorliegens der Voraussetzungen notwendiger Verteidigung – verzichten müsste, also nicht nur auf Kostenerstattung, da Rechtsanwälte in Kenntnis einer Versagung rückwirkender Bestellungen in der Endphase eines Verfahrens nicht mehr zur Übernahme der Verteidigung mittelloser Beschuldigter bereit wären.[37] Die in zeitlicher Hinsicht unsachgemäße Behandlung eines Antrags auf Beiordnung durch die Gerichte würde somit massiv zu Lasten des Beschuldigten gehen.[38] Daher sind rückwirkende Bestellungen im Falle rechtzeitig gestellter Beiordnungsanträge schon zur Verwirklichung des Rechts auf ein faires Verfahren geboten.[39] Nach der Umsetzung der **PKH-Richtlinie**

---

[31] BGH 20.7.2009 – 1 StR 344/08, NStZ-RR 2009, 348; Ausf. KG 9.3.2006 – 5 Ws 563/05, StV 2007, 372 Rn. 11 f. mwN; BGH 19.12.1996 – 1 StR 76/96, NStZ 1997, 299; OLG Hamm 10.7.2008 – 4 Ws 181/08, NStZ-RR 2009, 113; OLG Bamberg 15.10.2007 – 1 Ws 675/07, NJW 2007, 3796 (3797); vgl. OLG Oldenburg 8.9.2003 – 1 WS 377/03, StV 2004, 587; offen: OLG Stuttgart 28.6.2010 – 4 Ss 313/10, StraFo 2010, 465 (466).

[32] OLG Nürnberg 6.11.2020 – Ws962/20, Ws963/20, BeckRS 2020, 35193 Rn. 22; auch noch nach rechtskräftigem Verfahrensabschluss OLG Bamberg 29.4.2021 – 1 Ws 260/21, BeckRS 2021, 14711; aA OLG Brandenburg 9.3.2020 – 1 Ws 19/20, BeckRS 2020, 4944 Rn. 7.

[33] LG Hamburg 19.1.2005 – 624 QS 4/05, StV 2005, 207 Rn. 5 f.; LG Heilbronn 16.10.2001 – 1 QS 461/01, StV 2002, 246.

[34] LG Dortmund 5.1.2009 – 39 Qs 218 Js 1737/08 – 238/08, StraFo 2009, 106; LG Stuttgart 18.7.2008 – 7 Qs 64/08, Justiz 2009, 15; LG Bonn 2.7.2008 – 21 Qs 330 Js 42/08 – 80/08, StraFo 2009, 106; LG Erfurt 21.12.2005 – 3 Qs 59/05, StV 2007, 346; LG Potsdam 25.8.2004 – 24 QS 90/03, StV 2005, 83; LG Berlin 28.1.2004 – 504 QS 8/04, StV 2005, 83; LG Bremen 12.1.2004 – 27 Qs 197/03, NStZ-RR 2004, 113 (115) (beide ausf.); LG Aachen 6.1.2004 – 62 Qs 1/04, StraFo 2004, 96; LG Magdeburg 8.8.2003 – Ws 509/03, StraFo 2003, 420; LG Osnabrück 8.12.2000 – 1 Qs 167/00, StV 2001, 447; Julius/Schiemann in Gercke/Julius/Temming/Zöller § 141 Rn. 17; Wohlers in SK-StPO Rn. 27; Wohlers StV 2007, 376 (379); einschr. LG Halle 28.12.2009 – 6 Qs 69/09, StV 2011, 667; LG Hildesheim 13.1.2003 – 12 Qs 6/03, NStZ-RR 2003, 115; LG Bremen 30.7.2002 – 11 Qs 236/02, StraFo 2002, 329; aA LG Zweibrücken 20.5.2010 – QS 32/10, VRS 119 (2010), 234 Rn. 4.

[35] LG Verden 4.4.2011 – 1 Qs 260/10, StraFo 2011, 225 Rn. 2, 3; LG Düsseldorf 12.1.2009 – 11 Qs – 90 Js 6448/07-2/09, NStZ 2010, 296 Rn. 6; LG Saarbrücken 26.2.2004 – 4 Qs 10/04, StV 2005, 82; LG Braunschweig 28.12.2000 – 43 Qs 52/00, StV 2001, 447; Wohlers in SK-StPO Rn. 27; Wohlers StV 2007, 376 (379).

[36] LG Stuttgart 18.7.2008 – 7 Qs 64/08, Justiz 2009, 15; LG Bremen 12.1.2004 – 27 Qs 197/03, NStZ-RR 2004, 113 (115); Julius/Schiemann in Gercke/Julius/Temming/Zöller § 141 Rn. 17; Wohlers StV 2007, 376 (378 f.).

[37] Vgl. LG Itzehoe 7.6.2010 – 1 Qs 95/10, NStZ 2011, 56; LG Stuttgart 18.7.2008 – 7 Qs 64/08, Justiz 2009, 15; LG Bonn 2.7.2008 – 21 Qs 330 Js 42/08 – 80/08, StraFo 2009, 106 Rn. 3.

[38] LG Itzehoe 7.6.2010 – 1 Qs 95/10, NStZ 2011, 56; LG Stuttgart 18.7.2008 – 7 Qs 64/08, Justiz 2009, 15; LG Erfurt 21.12.2005 – 3 Qs 59/05, StV 2007, 346 Rn. 12.

[39] LG Dresden 6.1.2011 – 3 Qs 174/10, StV 2011, 666 Rn. 3 ff.; vgl. auch OLG Stuttgart 28.6.2010 – 4 Ss 313/10, StraFo 2010, 465.

mit dem Gesetz zur Neuregelung des Rechts der notwendigen Verteidigung dürfte diese Auffassung zwingend sein, denn die PKH-Richtlinie verlangt über den rechtzeitigen und praktisch wirksamen Zugang zur Wahrnehmung der Verteidigerrechte hinaus letztlich auch die finanziellen Grundlagen dergestalt, dass die Bezahlung des Strafverteidigers gesichert werden soll (Art. 4 der PKH-Richtlinie).[40] Der Zweck der PKH-Richtlinie würde unterlaufen, wenn eine Pflichtverteidigerbestellung deswegen versagt werden könnte, weil die Entscheidung hierüber verzögert getroffen wurde.[41]

c) Ablehnung eines Antrags. Die Ablehnung ist nach §§ 34, 35 mit Gründen zu versehen und bekannt zu machen. Auch das **Beschwerdegericht** kann eine Beiordnung verfügen; dies gilt auch im Falle der Erhebung einer Untätigkeitsbeschwerde.[42] 15

V. Antrag der StA wegen besonderer Eilbedürftigkeit (Abs. 4)

Abs. 4 sieht seit der grundlegenden Neufassung 2019 eine besondere Eilzuständigkeit der StA vor. Diese soll als Herrin des Ermittlungsverfahrens in Eilfällen über die Pflichtverteidigung selbst verfügen. Die StA kann dabei sowohl von Amts wegen als auch auf Antrag einen Verteidiger bestellen. Zudem kann sie ebenso einen Antrag des Beschuldigten ablehnen. Voraussetzung für diese Eilzuständigkeit ist zunächst die **besondere Eilbedürftigkeit.** Diese kann angenommen werden, sobald eine Bestellung durch das nach Abs. 3 zuständige Gericht unter Berücksichtigung der Umstände des Einzelfalls nicht abgewartet werden kann, etwa wenn die Maßnahmen keinen Aufschub dulden.[43] Denkbar sind dabei Fälle, in denen – am Wochenende oder zur Nachtzeit – kein Richter erreichbar ist, die Vernehmung jedoch sofort durchgeführt werden soll.[44] Mit Blick auf Art. 6 Abs. 2 der PKH-Richtlinie, welche vorgibt, dass der Beschuldigte schriftlich zu informieren ist, sollte sein Antrag ganz oder teilweise zurückgewiesen werden, hat die StA eine ablehnende Entscheidung schriftlich und begründet zu erteilen. Hierbei soll es jedoch genügen, wenn dies nachträglich im Rahmen des richterlichen Bestätigungsverfahrens (→ Rn. 17) geschieht.[45] 16

Die Vorläufigkeit der staatsanwaltschaftlichen Entscheidung wird insbesondere durch Abs. 4 S. 2 unterstrichen. Demnach ist die StA verpflichtet, eine gerichtliche Bestätigung ihrer Entscheidung einzuholen. Diese Bestätigung ist unverzüglich einzuholen, jedenfalls aber innerhalb einer Woche nach der Bestellung oder der Ablehnung eines Antrags.[46] Die Bestätigung ist bei dem nach Abs. 3 zuständigen Gericht einzuholen. Sollte die StA die richterliche Bestätigung versäumen, kann der Beschuldigte diese selbst einholen (Abs. 4 S. 3). Dies kann besonders dann in Betracht kommen, wenn der Antrag des Beschuldigten abgelehnt wurde oder die StA nicht den vom Beschuldigten bezeichneten Verteidiger bestellte.[47] Erfolgte hingegen die Bestellung eines Pflichtverteidigers durch die StA, so bleibt diese aus Gründen des Schutzes des Beschuldigten bestehen, unabhängig davon, ob sie richterlich bestätigt wurde.[48] 17

VI. Bezeichnung eines Pflichtverteidigers (Abs. 5)

1. Auswahlrecht des Beschuldigten (S. 1 und S. 2). Wie bereits nach früherer Rechtslage (§ 142 Abs. 1 S. 1 aF), ist der Beschuldigte zur Auswahl des Verteidigers anzuhören. Während die frühere Rechtslage lediglich als Sollvorschrift normiert war, gilt nun in der nF des § 142 eine als zwingend ausgestaltete Regelung. Die Anhörung des Beschuldigten 18

[40] OLG Nürnberg 6.11.2020 – Ws962/20, Ws963/20, BeckRS 2020, 35193 Rn. 26.
[41] OLG Nürnberg 6.11.2020 – Ws962/20, Ws963/20, BeckRS 2020, 35193 Rn. 26; Schmitt in Meyer-Goßner/Schmitt Rn. 20.
[42] LG Magdeburg 6.8.2008 – 24 Qs 72/08, NStZ-RR 2009, 87.
[43] BT-Drs. 19/13829, 42.
[44] Staudinger in KMR-StPO Rn. 7.
[45] BT-Drs. 19/13829, 42.
[46] Schmitt in Meyer-Goßner/Schmitt Rn. 26 f.
[47] Schmitt in Meyer-Goßner/Schmitt Rn. 26 f.; krit.: Jacobsen NJW 2020, 575 (577).
[48] BT-Drs. 19/13829, 42.

und die weitgehende Beachtung seiner Wahl ist Ausfluss des Rechts auf ein faires Verfahren und verfolgt das Anliegen einer Gleichstellung des mittellosen Beschuldigten mit dem Beschuldigten, der einen Verteidiger nach § 137 wählen kann (Art. 3 Abs. 1 GG; Art. 6 Abs. 3 lit. c EMRK).[49]

19 **a) Anhörungspflicht.** Die Anhörung des Beschuldigten liegt bei der nF des § 142 nicht im Ermessen des Vorsitzenden, es besteht vielmehr eine **Anhörungspflicht.** Der Vorsitzende hat dem Beschuldigten mitzuteilen, dass er innerhalb einer Frist einen Verteidiger benennen kann, und dass der Vorsitzende bei fehlender Benennung einen Verteidiger auswählen wird. Die **Aufforderung** muss eindeutig sein und die Möglichkeit und das Recht auf Auswahl erkennen lassen.[50] Auf die Frist oder die Benennung **verzichten** kann der Beschuldigte nur in Kenntnis seines Rechts.[51] Wenn der Beschuldigte eine Beiordnung beantragt, ohne einen konkreten Verteidiger zu benennen, bedeutet dies nicht, dass er auf sein Auswahlrecht verzichtet.[52] Eine Befragung des Wahlverteidigers reicht nicht aus, da das Wahlrecht allein dem Beschuldigten zusteht.[53] Das Recht steht auch demjenigen Beschuldigten zu, der unter Betreuung mit Einwilligungsvorbehalt steht.[54] Ausnahmen von der Anhörungspflicht sind nicht vorgesehen; in Eilfällen kommt zwar die Setzung einer sehr kurzen Frist in Betracht – es verbleibt jedoch bei einer Anhörung.[55] Von der Anhörung kann lediglich abgesehen werden, wenn der Beschuldigte bereits einen Wunsch geäußert hat, zB bei Antragstellung, und sofern offensichtlich ist, dass er daran festhalten will.[56] Zur tatsächlichen Umsetzung des Wahlrechts müssen dem Inhaftierten Informationen und Kommunikationsmöglichkeiten verfügbar gemacht werden.[57]

20 **b) Fristsetzung.** Dem Beschuldigten ist eine **angemessene und eindeutige Frist** zur Benennung eines Verteidigers zu setzten. Eindeutig ist eine Frist, wenn sie für Laien berechenbar ist.[58] IdR ist der Beschuldigte **schriftlich** zu benachrichtigen; in Eilfällen – insbes. hinsichtl. der Postlaufzeiten einer JVA – ist eine **mündliche** oder **telefonische** Befragung zulässig,[59] auch diese muss dem Beschuldigten aber ausreichend Entscheidungsraum belassen.[60] Der Fristlauf beginnt mit Zustellung der Anhörung,[61] eine fehlgeschlagene oder verspätete Zustellung darf nicht zu Lasten des Beschuldigten gehen.[62] Bei dem inhaf-

49 BVerfG 26.10.2006 – 2 BvR 426/06, 2 BvR 1620/06, BeckRS 2006, 27503; 25.9.2001 – 2 BvR 1152/01, NJW 2001, 3695 (3696 f.); BGH 17.7.1997 – 1 StR 781/96, BGHSt 43, 153 (156 f.) = NJW 1997, 3385 (3386); 6.11.1991 – 4 StR 515/91, NJW 1992, 849; Julius/Schiemann in Gercke/Julius/Temming/Zöller Vor § 140 Rn. 1; Schlothauer StV 1981, 443 (450).

50 OLG Dresden 4.4.2012 – 1 Ws 66/12, NStZ-RR 2012, 213; OLG Düsseldorf 16.4.2010 – 4 Ws 163/10, StV 2010, 350; OLG Frankfurt a. M. 17.3.2009 – 3 Ws 223/09, StV 2009, 402 (403); KG 29.8.2005 – 3 Ws 371/05, wistra 2006, 74; OLG Hamm 13.8.1987 – 1 Ws 235/87, StV 1987, 478; Stern in AK-StPO Rn. 25; Julius/Schiemann in Gercke/Julius/Temming/Zöller Rn. 4.

51 Julius/Schiemann in Gercke/Julius/Temming/Zöller Rn. 4.

52 BGH 25.10.2000 – 5 StR 408/00, NJW 2001, 237 (238); OLG Frankfurt a. M. 2.5.1996 – 3 Ws 352/96, NStZ-RR 1996, 271 (272); LG Frankfurt a. M. 26.2.2010 – 21 Qs 18/10, StV 2010, 235 (236).

53 OLG Stuttgart 18.2.1988 – 3 Ws 36/88, StV 1989, 521 (522); Stern in AK-StPO Rn. 25; Julius/Schiemann in Gercke/Julius/Temming/Zöller Rn. 4; Wohlers in SK-StPO Rn. 3.

54 OLG Koblenz 4.4.2006 – 2 Ws 48, 218/06, StV 2007, 420; Wohlers in SK-StPO Rn. 3; → § 137 Rn. 38.

55 KG 3.12.2008 – 4 Ws 119/08, BeckRS 2010, 3737; aA BGH 25.2.1997 – 1 StR 600/96, NStZ 1997, 401 = JR 1998, 252 mkritAnm Rogat; OLG Karlsruhe 11.4.2000 – 2 Ws 102/00, StV 2001, 557 (558) mablAnm Braum; OLG Düsseldorf 17.1.2000 – 1 Ws 337/99, StV 2001, 606 Rn. 11 mkritAnm Staechelin.

56 Wohlers in SK-StPO Rn. 7.

57 Heydenreich StraFo 2011, 263 (265); Wohlers StV 2010, 151 (154); → § 148 Rn. 7 f.

58 OLG Düsseldorf 16.4.2010 – 4 Ws 163/10, StV 2010, 350 (351).

59 OLG Düsseldorf 18.9.2002 – 2 Ws 242/02, StV 2004, 62 Rn. 8; LG Halle 20.11.2009 – 2 b Qs 252/09, StV 2010, 69 (Ls.); Julius/Schiemann in Gercke/Julius/Temming/Zöller Rn. 4.

60 Vgl. LG Cottbus 18.11.2002 – 26 Qs 479/02, StV 2006, 687; Stern in AK-StPO Rn. 26; Wohlers in SK-StPO Rn. 6.

61 OLG Celle 18.11.2011 – 1 Ws 453/11, NJW 2012, 246 (247).

62 LG Erfurt 11.4.2011 – 7 Qs 59/11, StV 2011, 665.

tierten Beschuldigten genügt die Versendung eines Anhörungsschreibens an die Meldeadresse nicht.[63]

Die **Länge der Frist** muss so bemessen sein, dass der Beschuldigte Kontakt mit mehre- 21
ren Anwälten aufnehmen, eine Entscheidung treffen und auf die Anhörung antworten kann.[64] Aufgrund der Bedeutung der Wahl aus Sicht des Beschuldigten und der Fortwirkung der Entscheidung für das gesamte Verfahren sollte die Frist idR **vier Wochen** betragen.[65] Dabei ist auf die konkrete Situation des Beschuldigten Rücksicht zu nehmen; insbes. bei Inhaftierten sind Postlaufzeiten, Kommunikationsschwierigkeiten und – bei Neuinhaftierten – Verschiebungszeiten zu berücksichtigen.[66] Das Beschleunigungsgebot ist grds. kein Argument zur Fristverkürzung – es soll dem Schutz des Beschuldigten vor Verzögerungen durch die Justiz dienen und nicht seine Rechte verkürzen;[67] zudem hat der Beschuldigte durch Benennung vor Ablauf der Frist eine zeitnahe Beiordnung selbst in der Hand.[68] Eine besondere **Eilbedürftigkeit** liegt daher nur bei unaufschiebbaren Ermittlungshandlungen[69] oder einer Beschleunigung zu Gunsten inhaftierter Mitbeschuldigter vor. Die Auswahlfrist darf in diesen Fällen nur verkürzt werden; dem Beschuldigten darf nicht die reale Möglichkeit einer Benennung genommen werden[70] – unzulässig ist daher etwa ein Anhörungsfax in die JVA mit Fristsetzung bis zum Nachmittag desselben Tages.[71]

c) Wahl des Beschuldigten. Die bloße Nennung eines Verteidigers durch den 22
Beschuldigten genügt – Gründe für die Wahl müssen nicht angegeben werden.[72] In Eilfällen reicht die Angabe unvollständiger Personalien, solange die Person des Verteidigers für das Gericht feststellbar ist. Meldet sich ein Verteidiger für den Beschuldigten, so ist zu vermuten, dass er im Auftrag des Beschuldigten handelt.[73] Bei Zweifeln ist nachzufragen.[74] Eine Wahl des Beschuldigten ist auch nach **Fristablauf** zu beachten, solange die bereits unternommene anderweitige Beiordnung noch keine Außenwirkung erlangt hat.[75] Im Ermittlungsverfahren genügt zur Fristwahrung eine Mitteilung an die StA, da diese Herrin des Ermittlungsverfahrens und somit Adressatin von Erklärungen ist.[76]

d) Sonderfälle. Das Recht des Beschuldigten gilt ausnahmslos,[77] auch für die Bestel- 23
lung eines **zweiten Verteidigers;**[78] sowohl auf Antrag des Beschuldigten als auch bei der sog. Sicherungsverteidigung; ebenfalls bei einer Auswechselung des Pflichtverteidigers.[79]

---

63 KG 31.5.1999 – 1 AR 614/99 – 4 Ws 140/99, BeckRS 1999, 16120 Rn. 2; LG Magdeburg 10.7.2008 – 25 Qs 99/08, StV 2008, 630 Rn. 12.

64 Vgl. LG Berlin 29.9.2008 – 515 Qs 171/08, StV 2009, 405 Rn. 7; Stern in AK-StPO Rn. 26; Krawczyk in BeckOK StPO Rn. 21; Heydenreich StraFo 2011, 263 (265).

65 Vgl. LG Berlin 29.9.2008 – 515 Qs 171/08, StV 2009, 405 Rn. 7 (3 Tage zu kurz); OLG Düsseldorf 1.12.1989 – Ss 63/89, StV 1990, 536; Stern in AK-StPO Rn. 26 (mind. 1 Woche); Wohlers in SK-StPO Rn. 5 (1–2 Wochen); Heydenreich StraFo 2011, 263 (265 f.) (mind. zwei Wochen) mwN.

66 LG Frankfurt a. M. 26.2.2010 – 21 Qs 18/10, StV 2010, 235 Rn. 4.

67 Vgl. Burhoff StraFo 2008, 62 (68); Schlothauer StV 2009, 577 (579).

68 Heydenreich StRR 2009, 444 (446).

69 OLG Dresden 1.6.2005 – 3 Ws 30/05, OLG-NL 2005, 188; → § 141 Rn. 24.

70 OLG Düsseldorf 5.6.1990 – 3 Ws 434 – 435/90, StV 1990, 536.

71 OLG Düsseldorf 18.9.2002 – 2 Ws 242/02, StV 2004, 62 Rn. 8.

72 Jahn in Löwe/Rosenberg Rn. 47; vgl. aber Lehmann NStZ 2012, 188 (190).

73 BayObLG 23.9.2004 – 6 St ObWs 003/04 (11), StV 2006, 6 Rn. 13.

74 Vgl. OLG Stuttgart 18.2.1988 – 3 Ws 36/88, StV 1989, 521 (522).

75 OLG Braunschweig 24.11.2011 – Ausl. 14/11, StV 2012, 401; LG Magdeburg 13.2.2012 – 22 Qs 11/12, BeckRS 2012, 10969; LG Braunschweig 21.9.2009 – 7 Qs 280/09, StraFo 2009, 520; Wohlers in SK-StPO Rn. 9.

76 LG Bonn 28.1.2010 – 21 Qs 7/10, StV 2010, 181 Rn. 9.

77 Vgl. Stern in AK-StPO Rn. 17; Julius/Schiemann in Gercke/Julius/Temming/Zöller Rn. 4; Wohlers in SK-StPO Rn. 4; zu § 140 Abs. 1 Nr. 4: OLG Düsseldorf 16.4.2010 – 4 Ws 163/10, StV 2010, 350; aA Willnow in KK-StPO Rn. 8.

78 BVerfG 25.9.2001 – 2 BvR 1152/01, NJW 2001, 3695 (3698 f.); KG 29.8.2005 – 3 Ws 371/05, wistra 2006, 74; LG Cottbus 18.11.2002 – 26 Qs 479/02, StV 2006, 687.

79 KG 31.5.1999 – 1 AR 614/99 – 4 Ws 140/99, BeckRS 1999, 16120 Rn. 2; KG 15.6.1987 – 1 AR 631/87, StV 1987, 428.

Wurde eine Eilentscheidung ohne Anhörung getroffen, muss die Anhörung unabhängig davon nachgeholt werden, ob der Beschuldigte Beschwerde gegen die Bestellung erhoben hat.[80] Dem Beschuldigten, der keinen Verteidiger seines Vertrauens kennt, soll dennoch eine selbstbestimmte Wahl eines Verteidigers ermöglicht werden. Hierfür sieht Abs. 5 S. 2 die entsprechende Geltung des § 136 Abs. 1 S. 3 und S. 4 vor. Demnach sind diesem Beschuldigten Informationen zur Verfügung zu stellen, die es ihm erleichtern, einen Verteidiger zu finden, wobei auch auf die anwaltlichen Notdienste hinzuweisen ist.[81]

24 **2. Gerichtliche Entscheidung nach der Wahl des Beschuldigten (S. 3).** Der Vorsitzende hat den durch den Beschuldigten innerhalb der Frist bezeichneten Verteidiger zu bestellen, sofern keine wichtigen Gründe entgegenstehen.[82] Damit entspricht die Regelung im Wesentlichen der früheren Rechtsprechung (vgl. § 142 Abs. 1 S. 2 aF).

25 **a) Bestellung des bezeichneten Pflichtverteidigers.** Wenn der Beschuldigte einen Verteidiger benannt hat, dies innerhalb der Frist geschehen ist und kein wichtiger Grund entgegensteht, muss der zuständige Richter diesen bestellen. Ob schon kein Ermessen eingeräumt ist oder dieses auf null reduziert ist, ist str., jedoch iErg unerheblich.[83] „Der verfassungsrechtliche Rang der Verteidigung durch den Anwalt des Vertrauens des Beschuldigten ist mithin der entscheidende Maßstab für die Auswahl eines Pflichtverteidigers, dem sich das Auswahlrecht des Gerichtsvorsitzenden, das seine Berechtigung aus einer Vorschrift einfachen Gesetzesrechts herleitet, unterzuordnen hat."[84] Soweit sich der Verteidiger nicht für den Beschuldigten bei Gericht meldet, sollte der Verteidiger vor Beiordnung zu der Frage gehört werden, ob Gründe einer Beiordnung entgegenstehen.[85]

26 Bezeichnet der Beschuldigte **mehrere Personen,** so muss der Vorsitzende nach pflichtgemäßem Ermessen unter diesen auswählen.[86] Melden sich für den Beschuldigten mehrere Verteidiger, ist zunächst der Beschuldigte anzuhören;[87] Auswahlermessen besteht nur, wenn dieser sich nicht äußert.[88]

27 **b) Der Bestellung entgegenstehender wichtiger Grund.** In welchen Fallkonstellationen ein **wichtiger Grund** vorliegt, hat der Gesetzgeber bewusst offen gelassen.[89] Wegen des verfassungsmäßig garantierten Vorrangs der subjektiven Wahl des Beschuldigten kann dies nicht jeder sachliche Grund sein; es kommen lediglich der Ausübung der Verteidigung elementar widersprechende Gründe in Betracht.[90] Der **Zweck der Verteidigung** muss – aus der Perspektive des Beschuldigten – ernsthaft gefährdet sein.[91] Dabei ist zu beachten, dass die Subjektstellung des Beschuldigten das Recht auf Wahl des eigenen Verteidigers beinhaltet und kaum Platz für einen Fürsorgegedanken belässt.[92] Liegt ein Grund vor, hat der Vorsitzende diesen gegen das Wahlrecht des Beschuldigten **abzuwägen** und dabei auch

80 Vgl. Wohlers in SK-StPO Rn. 8; aA OLG Stuttgart 25.11.1997 – 4 Ws 256/97, NStZ-RR 1998, 110.
81 BT-Drs. 19/13829, 42.
82 Bereits BVerfG 31.1.1952 – 1 BvR 68/51, BVerfGE 1, 109; BGH 25.10.2000 – 5 StR 408/00, NJW 2001, 237 (238).
83 BGH 6.11.1991 – 4 StR 515/91, NJW 1992, 849; vgl. Julius/Schiemann in Gercke/Julius/Temming/Zöller Rn. 6; Ermessensreduzierung: OLG Düsseldorf 16.4.2010 – 4 Ws 163/10, StV 2010, 350 (351); BayObLG 29.8.2005 – 3 WS 371/05, StV 2006, 6; kein Ermessen: Wohlers in SK-StPO Rn. 15; Barton StV 1992, 407.
84 Noch zum alten Wortlaut BVerfG 25.9.2001 – 2 BvR 1152/01, NJW 2001, 3695 (3696).
85 Schlothauer/Weider/Nobis Untersuchungshaft Rn. 290; Schlothauer FS Samson, 2010, 709 (713 f.).
86 BT-Drs. 10/1313, 21.
87 Wohlers in SK-StPO Rn. 7; vgl. OLG Stuttgart 18.2.1988 – 3 Ws 36/88, StV 1989, 521.
88 AA OLG Oldenburg 30.12.2003 – 1 Ws 588/03, NStZ-RR 2004, 115 (zur aF); Willnow in KK-StPO Rn. 7.
89 BT-Drs. 10/1313, 21.
90 BVerfG 25.9.2001 – 2 BvR 1152/01, NJW 2001, 3695 (3696); Julius/Schiemann in Gercke/Julius/Temming/Zöller Rn. 6; Jahn in Löwe/Rosenberg Rn. 57; Wohlers in SK-StPO Rn. 17.
91 OLG Köln 21.8.1990 – 2 Ws 401/90, NStZ 1991, 248 (249) mzustAnm Wasserburg; Jahn in Löwe/Rosenberg Rn. 57; Wohlers in SK-StPO Rn. 17; vgl. OLG Bremen 13.10.2010 – Ws 145/10, StraFo 2011, 93.
92 Schneider ZRP 1985, 209 (210).

den Hintergrund der Wahl des Beschuldigten und ein bereits bestehendes Vertrauensverhältnis mit einzubeziehen.[93] Zu diesem Zweck hat er den Beschuldigten erneut anzuhören.[94] Die Abwägung und ihr Ergebnis sind in der Entscheidung darzulegen und zu begründen.[95] Bereits bestehender Wahlverteidigung ist ein Vertrauensverhältnis inhärent;[96] insbes. wenn bereits in anderen Verfahren ein Verteidigungsverhältnis bestand oder im anhängigen Verfahren schon länger besteht.[97] Auch Kenntnisse der Muttersprache des Beschuldigten können das Vertrauensverhältnis verstärken. Im Falle der **Ablehnung** einer Beiordnung des benannten Verteidigers hat der Vorsitzende dem Beschuldigten unter Belehrung über sein nochmals auszuübendes Wahlrecht erneut Gehör zu gewähren.[98] Die Entscheidung ist gem. § 34 zu begründen.

Dass der Verteidiger nicht am **Ort des zuständigen Gerichts** niedergelassen ist, ist kein ausreichender Ablehnungsgrund.[99] Keinen wichtigen Grund stellt es zudem dar, wenn der bezeichnete Verteidiger nicht dem Kreis des vom Gericht nach Abs. 6 S. 2 (→ Rn. 34) vorrangig auszuwählenden Rechtsanwälten angehört. Der Beschuldigte soll seinen Verteidiger des Vertrauens frei und vorrangig gegenüber den bei einer staatlichen Auswahlentscheidung zu Grunde liegenden Kriterien treffen.[100] 28

Ein wichtiger Grund liegt vor, wenn der Verteidiger nicht zur **sachgemäßen Verteidigung bereit oder in der Lage** ist. Um dies auszuschließen, ist eine Rückfrage vor der Beiordnung beim Verteidiger – wenn dieser sich nicht für den Beschuldigten bei Gericht gemeldet hat – sachgemäß. Da nur zugelassene Rechtsanwälte und Rechtslehrer wählbar sind, kann in der **Person des Verteidigers,** der nach hM Organ der Rechtspflege ist, kein Ablehnungsgrund liegen.[101] Der Vorsitzende kann auch nicht die **Qualifikation** anzweifeln – auch wenn aus objektiver Sicht die Wahl eines Spezialisten naheliegen könnte.[102] Die Ablehnung einer Bestellung kommt etwa in Betracht, wenn der Verteidiger wegen erheblicher terminlicher Überlastung oder Arbeitsunfähigkeit auf absehbare Zeit **nachhaltig verhindert** ist.[103] **Terminschwierigkeiten,** die mittels rechtzeitiger Terminabstimmung gelöst werden können, stellen keinen wichtigen Grund dar.[104] Dies gilt auch seit Einführung des Abs. 5 S. 3 2. HS, wonach ein wichtiger Grund für die Ablehnung vorliegt, wenn der Verteidiger nicht rechtzeitig zur Verfügung steht. Der Beschleunigungsgrundsatz kann Rechte des Beschuldigten nur beschränken, 29

[93] BT-Drs. 16/12098, 20; KMR/Müller Rn. 13; ausf. Lehmann NStZ 2012, 188.

[94] OLG Jena 26.11.2008 – 1 Ws 497/08, NJW 2009, 1430 (1431); OLG Hamm 20.7.1993 – 1 Ws 323/93, StV 1994, 8; Jahn in Löwe/Rosenberg Rn. 53; Lehmann NStZ 2012, 188 (191).

[95] Vgl. Julius/Schiemann in Gercke/Julius/Temming/Zöller Rn. 9.

[96] BayObLG 23.9.2004 – 6 St ObWs 003/04 (11), StV 2006, 6 (7); OLG Koblenz 21.4.1994 – 3 Ws 278/94, StV 1995, 118; OLG Köln 20.12.1988 – 2 Ws 642/88, StV 1990, 395; aA OLG Naumburg 13.11.2008 –1 Ws 638/08, NStZ-RR 2009, 114.

[97] BGH 17.7.1997 – 1 StR 781/96, BGHSt 43, 153 (156) = NJW 1997, 3385 (3386); OLG Rostock 29.1.2008 – 1 Ws 1/08, StV 2008, 531 Rn. 10; OLG Frankfurt a. M. 9.5.1985 – 3 Ws 410/85, StV 1985, 315.

[98] OLG Jena 26.11.2008 – 1 Ws 497/08, NJW 2009, 1430 (1431); OLG Hamm 20.7.1993 – 1 Ws 323/93, StV 1994, 8; Stern in AK-StPO Rn. 27; Julius in Gercke/Julius/Temming/Zöller Rn. 11; Jahn in Löwe/Rosenberg Rn. 52; Wohlers in SK-StPO § 141 Rn. 10b; BRAK StV 2010, 544 (547).

[99] BT-Drs. 16/12812, 10; Wohlers in SK-StPO Rn. 24 f.; aA OLG Köln 21.9.2010 – 2 Ws 594/10, NStZ-RR 2011, 49; Lehmann NStZ 2012, 188 (190 f.).

[100] BT-Drs. 19/13829, 43; Schmitt in Meyer-Goßner/Schmitt Rn. 50.

[101] Stern in AK-StPO Rn. 24; Wasserburg NStZ 1991, 250 (252); aA KG 4.6.1987 – 4 Ws 155/87, JR 1987, 524 (Ls.); Jahn in Löwe/Rosenberg Rn. 63.

[102] Vgl. Stern in AK-StPO Rn. 24; aA BT-Drs. 10/1313, 21; Eisenberg NJW 1991, 1257 (1262).

[103] OLG Hamm 4.5.2006 – 2 Ws 111/06, NJW 2006, 2788 (2790 f.); OLG Köln 12.11.1991 – 2 Ws 501/91, StV 1992, 9 (Ls.); Julius/Schiemann in Gercke/Julius/Temming/Zöller Rn. 6; Wohlers in SK-StPO Rn. 20.

[104] BGH 18.8.2009 – 4 StR 280/09, StV 2010, 170 (obiter dictum); vgl. OLG Celle 18.11.2011 – 1 Ws 453/11, NJW 2012, 246; OLG Hamm 4.5.2006 – 2 Ws 111/06, NJW 2006, 2788 (2790); OLG Karlsruhe 11.8.1999 – 2 HEs 220/99, StraFo 1999, 430 (431); KG 2.11.1992 – 4 Ws 211/92, StV 1993, 236 (Ls.); LG Berlin 13.4.2011 – 528 Qs 43 und 44/11, StraFo 2012, 15 Rn. 9 f.; Stern in AK-StPO Rn. 23; Wohlers in SK-StPO Rn. 20; andernfalls muss das Gericht die Unlösbarkeit der Terminierung darlegen: Paeffgen NStZ 2007, 79 Fn. 4; aA beim Sicherungsverteidiger Julius/Schiemann in Gercke/Julius/Temming/Zöller Rn. 6.

soweit inhaftierte Mitbeschuldigte betroffen sind;[105] auch im Falle mehrerer Beschuldigter muss der Vorsitzende sich ernstlich bemühen, so zu terminieren, dass alle Beschuldigten vom Verteidiger ihres Vertrauens verteidigt werden können.[106] Nach dem BVerfG ist eine erhebliche Verzögerung um mehrere Monate bei vollzogener **U-Haft** des Beschuldigten ein wichtiger Grund dafür, von der Bestellung des benannten Verteidigers abzusehen.[107] Die Ankündigung eines begründeten Antrags auf Aussetzung der Hauptverhandlung zur sachgemäßen Vorbereitung derselben zeugt vom Gegenteil einer Verteidigungsunfähigkeit auf Seiten des benannten Verteidigers und kann keinesfalls ein Ablehnungsgrund sein.[108]

30 Ob ein möglicher **Interessenkonflikt** die sachgemäße Verteidigung beeinträchtigt, muss der Beurteilung des Beschuldigten und des Verteidigers überlassen bleiben.[109] Im Zweifel ist der Beschuldigte hierzu anzuhören.[110] Die (bloße) Nähe zu einer Situation des § 146 genügt nicht; § 146 darf im Interesse einer Gleichbehandlung von Pflicht- und Wahlverteidigung nicht über § 142 Abs. 5 S. 3 ausgeweitet werden;[111] gleiches gilt für §§ 138a ff.[112] Das förmliche Ausschlussverfahren nach §§ 138a ff. darf nicht umgangen werden.[113] Unstr. liegt ein wichtiger Grund nicht bereits dann vor, wenn innerhalb einer Sozietät mehrere Beschuldigte verteidigt werden,[114] zumindest nicht ohne konkrete Anhaltspunkte für einen tatsächlich vorliegenden Interessenkonflikt.[115] Gleiches gilt für die sukzessive Mehrfachverteidigung.[116] Interessenkonflikte, die Bereiche außerhalb des Verfahrens betreffen, können ebenfalls nicht einbezogen werden.[117] Dass der Verteidiger Vormund oder Betreuer des Beschuldigten ist, steht einer Beiordnung ebenfalls nicht entgegen.[118]

---

[105] Julius/Schiemann in Gercke/Julius/Temming/Zöller Rn. 8 mwN; Julius/Schiemann in Gercke/Julius/Temming/Zöller Vor § 140 Rn. 3; Wohlers in SK-StPO Rn. 20; einschr. BVerfG 4.4.2006 – 2 BvR 523/06, StV 2006, 251 (obiter dictum); OLG Celle 20.5.2008 – 2 Ws 175/08, NStZ 2008, 583 Rn. 2, 4; OLG Jena 9.5.2008 – 1 Ws 165-166/08, NStZ-RR 2009, 114 (Ls.); vgl. Burhoff StraFo 2008, 62 (68); Schlothauer StV 2009, 578; aA auch bei Haft des Beschuldigten: BGH 9.1.2007 – 3 StR 465/06, NStZ-RR 2007, 149 (Ls.); OLG Hamm 26.10.2010 – 5 Ws 374/10, StV 2011, 660 (661); OLG Naumburg 13.11.2008 – 1 Ws 638/08, NStZ-RR 2009, 114 (zum auswärtigen Verteidiger nach aF).

[106] OLG Hamburg 29.6.2006 – 3 Ws 100/06, NJW 2006, 2792 (2793); Julius/Schiemann in Gercke/Julius/Temming/Zöller Rn. 8 mwN; Schlothauer StV 2009, 578; vgl. Beukelmann NJW-Spezial 2007, 279; erg. → § 137 Rn. 22.

[107] BVerfG 15.2.2007 – 2 BvR 2563/06, NStZ-RR 2007, 311 (314).

[108] BGH 24.6.1998 – 5 StR 120/98, NStZ 1998, 530 (531); aA OLG Düsseldorf 5.1.1999 – 3 Ws 685/98, StraFo 1999, 124 Rn. 11.

[109] BGH 15.1.2003 – 5 StR 251/02, BGHSt 48, 170 = NJW 2003, 1331 (1332); vgl. Julius/Schiemann in Gercke/Julius/Temming/Zöller Rn. 6; Wohlers in SK-StPO Rn. 19; für das Bestehen einer Fürsorgepflicht des Vorsitzenden: BGH 25.2.1992 – 5 StR 483/91, NJW 1992, 1841; vgl. OLG Rostock 17.3.2003 – I Ws 64/03, StV 2003, 373 Rn. 16, 17; OLG Frankfurt a. M. 28.1.1999 – 3 Ws 53 u. 54–99, NJW 1999, 1414 (1415); OLG Braunschweig 11.5.1995 – Ws 89/95, StV 1996, 6 Rn. 3.

[110] BGH 1.12.2015 – 4 StR 270/15, NStZ 2016, 115; Beschuldigten und Verteidiger anhören: BGH 15.11.2005 – 3 StR 327/05, NStZ 2006, 404; 15.1.2003 – 5 StR 251/02, BGHSt 48, 170 = NJW 2003, 1331 (1332); Jahn in Löwe/Rosenberg Rn. 63.

[111] Wohlers in SK-StPO Rn. 19.

[112] Jahn in Löwe/Rosenberg Rn. 42; Wohlers in SK-StPO Rn. 21; aA Willnow in KK-StPO Rn. 7; Rieß JR 1979, 37 (40).

[113] Stern in AK-StPO Rn. 21; Jahn in Löwe/Rosenberg Rn. 42; Wohlers in SK-StPO Rn. 21; aA OLG Köln 12.5.2006 – 2 Ws 188/06, StV 2007, 288 (289); Reinhart in Radtke/Hohmann Rn. 7.

[114] Julius/Schiemann in Gercke/Julius/Temming/Zöller Rn. 6; vgl. OLG Frankfurt a. M. 28.1.1999 – 3 Ws 53 u. 54–99, NJW 1999, 1414 (1415); aA LG Frankfurt a. M. 11.12.1997 – 5/12 KLs 87 Js 20588.4/97, StV 1998, 358, wohl auch BVerfG 14.10.1997 – 2 BvQ 32/97, StV 1998, 356; BVerfG 14.10.1997 – 2 BvQ 32/97, StV 1998, 357 mAnm Lüderssen.

[115] OLG Stuttgart 17.5.2011 – 2 Ws 97, 98/11, Justiz 2011, 294 = StV 2011, 661 (Ls.); OLG Hamm 1.6.2004 – 2 WS 156/04, StV 2004, 641 Rn. 29 f.; vgl. OLG Rostock 17.3.2003 – I Ws 64/03, StV 2003, 373 (Ls.); OLG Frankfurt a. M. 2.7.1999 – 3 Ws 591–99, NStZ-RR 1999, 333 (334).

[116] BGH 15.1.2003 – 5 StR 251/02, BGHSt 48, 170 = NJW 2003, 1331 (1332); 15.1.1998 – 1 StR 734/97, NStZ 1998, 263; auch wenn ehem. Mitangekl. Zeuge ist: LG Dessau-Roßlau 30.10.2007 – 2 Qs 255/07, StraFo 2008, 74 Rn. 5.

[117] OLG Bremen 13.10.2010 – Ws 145/10, StraFo 2011, 93 Rn. 8 (Behandlungserfolg bei Untergebrachten).

[118] OLG Düsseldorf 13.10.1989 – 1 Ws 909/89, NJW 1990, 528; Stern in AK-StPO Rn. 24; Willnow in KK-StPO Rn. 4; Wohlers in SK-StPO Rn. 18.

Auch soweit sich die §§ 138a ff. auf Verhalten des Verteidigers jenseits von Interessenkonflikten beziehen, sind die genannten Regelungen innerhalb der StPO abschließend.[119] Eine Reaktion auf standeswidriges Verhalten ist dem Berufsrecht vorbehalten. Soweit sich eine Ablehnung auf **Verhalten des Verteidigers** in anderen Verfahren bezieht, liegt kein wichtiger Grund vor.[120] Die Wahl des Verteidigers erfolgt durch den Beschuldigten, nicht durch das Gericht.[121] „Angesichts der Aufgabe des Verteidigers, die Interessen des Beschuldigten zu vertreten und ihm einseitig Beistand zu leisten, versteht es sich von selbst, daß die Erwartung, der Verteidiger werde – im Rahmen seiner gesetzlichen Befugnisse – die Interessen des Beschuldigten besonders energisch vertreten, keinen wichtigen Grund für die Nichtbestellung darstellen darf."[122] Daher ist aus Sicht des Gerichts störendes, ärgerliches oder nicht sachdienliches Verhalten hinzunehmen.[123] In der Rspr. wird angenommen, die konkrete Wiederholungsgefahr eines prozessordnungswidrigen Verhaltens, das gegenüber dem Beschuldigten pflichtwidrig wäre, sei ein wichtiger Grund;[124] ebenso gelte dies für andauernde, massive Störungen der Hauptverhandlung,[125] nicht jedoch für ein – auch objektiv unzweckmäßiges oder ordnungswidriges –[126] Verhalten, welches den Fortgang der Verhandlung zeitweise hemmt.[127] 31

VII. Auswahl des Gerichts (Abs. 6)

Wird der bezeichnete Verteidiger aus einem wichtigen Grund nicht bestellt, benennt der Beschuldigte innerhalb der Frist keinen Verteidiger oder verzichtet dieser – ernsthaft und eindeutig – schon zuvor auf dieses Recht,[128] liegt die Auswahl des Verteidigers bei dem Gericht. Abs. 6 kodifiziert erstmalig diesbezügliche Auswahlkriterien.[129] Diese Neuregelung soll zum einen dem Erfordernis nach Sicherung der angemessenen Qualität des Art. 7 Abs. 1 der PKH-Richtlinie gerecht werden.[130] Zum anderen ist die Neuregelung eine Reaktion auf die Kritik an der bisherigen gerichtlichen Bestellungspraxis.[131] 32

Bei seiner Auswahl hat das Gericht grundsätzlich einen Rechtsanwalt aus dem Gesamtverzeichnis der Bundesrechtsanwaltskammer auswählen (S. 1).[132] Der hieraus gewählte Rechtsanwalt „soll" zudem eine von zwei Voraussetzungen erfüllen. Entweder handelt es sich um einen Fachanwalt für Strafrecht oder er hat ein entsprechendes Interesse an der Übernahme von Pflichtverteidigungen gegenüber der Rechtsanwaltskammer angezeigt (S. 2). Grundsätzlich ist die Auswahl also innerhalb des durch S. 2 festgelegten Rahmens zu treffen. Lediglich wenn kein Rechtsanwalt, der diese Kriterien erfüllt, rechtzeitig zur Verfügung steht, ist die Auswahl eines anderen Rechtsanwalts ausnahmsweise statthaft. Aber auch in diesem Ausnahmefall muss der Rechtsanwalt geeignet sein, eine fachgerechte Verteidigung zu bieten.[133] 33

Innerhalb des Auswahlrahmens des S. 2 können die Grundsätze, die zu § 142 Abs. 1 S. 2 aF entwickelt wurden, herangezogen werden. **Äußerungen des Beschuldigten,** die 34

[119] Julius/Schiemann in Gercke/Julius/Temming/Zöller Rn. 6; vgl. Wohlers in SK-StPO Rn. 21.
[120] Stern in AK-StPO Rn. 24; Julius/Schiemann in Gercke/Julius/Temming/Zöller Rn. 6; Jahn in Löwe/Rosenberg Rn. 42; Wohlers in SK-StPO Rn. 21.
[121] „Offene Feindschaft" zwischen Gericht und Verteidiger kein wichtiger Grund: OLG Köln 21.8.1990 – 2 Ws 401/90, NStZ 1991, 248 (250) mAnm Wasserburg.
[122] BT-Drs. 10/1313, 21.
[123] OLG Köln 12.5.2006 – 2 Ws 188/06, StV 2007, 288 Rn. 10.
[124] Ua OLG Köln 12.5.2006 – 2 Ws 188/06, StV 2007, 288 (289); Eisenberg NJW 1991, 1257 (1262), aA Stern in AK-StPO Rn. 24; Julius/Schiemann in Gercke/Julius/Temming/Zöller Rn. 6; Wohlers in SK-StPO Rn. 21.
[125] KG 9.2.2011 – 4 Ws 16/11, StRR 2011, 195 Rn. 6.
[126] KG 2.11.1992 – 4 Ws 211/92, StV 1993, 236 (Ls.).
[127] OLG Köln 21.8.1990 – 2 Ws 401/90, NStZ 1991, 248 (250) mAnm Wasserburg.
[128] OLG Düsseldorf 16.3.2011 – 4 Ws 127/11, NJW 2011, 1618 m. insoweit zustAnm Hermann StV 2011, 652 (653); OLG Koblenz 2.2.2011 – 2 Ws 50/11, StV 2011, 349 Rn. 16.
[129] Krawczyk in BeckOK StPO Rn. 41; Schoeller StV 2019, 190.
[130] BT-Drs. 19/13829, 43; Krawczyk in BeckOK StPO Rn. 41.
[131] Krawczyk in BeckOK StPO Rn. 41.
[132] BT-Drs. 19/13829, 43; Schmitt in Meyer-Goßner/Schmitt Rn. 55.
[133] BT-Drs. 19/13829, 43.

er jenseits einer konkreten Benennung vorgenommen hat, sind zu beachten.[134] Wenn der Beschuldigte bereits früher einen Verteidiger benannt bzw. gewählt hat und keine Anhaltspunkte dafür vorliegen, dass er diesen Verteidiger mittlerweile ablehnt, ist dieser beizuordnen.[135] Entgegenstehende Anhaltspunkte sind etwa **Entzug der Mandatierung** in der Vergangenheit oder Niederlegung seitens des Verteidigers.[136] Nach aA ist die Beiordnung des entlassenen Wahlverteidigers nur unzulässig, wenn ein gestörtes Vertrauensverhältnis, welches eine ordnungsgemäße Verteidigung behindern würde, dargelegt wurde.[137]

35 **Maßstab** bei der Auswahl sind die Interessen des Beschuldigten hinsichtlich einer wirksamen Verteidigung,[138] da – zumindest aus Sicht des Beschuldigten – die Auswahl durch die „Gegenseite" erfolgt und damit die Gefahr einer für die Arbeit des Gerichts vorteilhaften Auswahl befürchtet werden könnte.[139] Ein Vorschlag der StA darf aufgegriffen und umgesetzt werden.[140] Als **Auswahlkriterium** können Ortsansässigkeit, Gerichtsort sowie der Wohnort und insbes. die JVA bzw. der Unterbringungsort herangezogen werden.[141] Weitere Kriterien sind ua: bei Beschuldigten mit eingeschränkten Deutschkenntnissen die Sprachkenntnisse des Anwalts,[142] darüber hinaus Fachkenntnisse bzw. Spezialisierungen auf Strafverteidigung, U-Haft, Jugendrecht oder spezielle Deliktsgruppen bzw. Gebiete des Nebenrechts.[143]

VIII. Wirkung der Bestellung

36 Der beigeordnete RA ist **verpflichtet,** die Verteidigung zu übernehmen und tatsächlich zu führen, § 49 BRAO.[144] Nur in Ausnahmefällen kann er nach § 48 Abs. 2 BRAO die Aufhebung der Beiordnung beantragen.[145] Durch die Beiordnung entsteht ein Verteidigungsverhältnis, welches hinsichtlich der Verpflichtung zum einseitigen Beistand **keine Unterschiede zum Wahlmandat** aufweist.[146] Die rechtliche Einordnung der Beiordnung und des Verteidigungsverhältnisses ist dennoch ungeklärt.[147] Der bestellte Verteidiger kann jedenfalls nicht weitergehend als der Wahlverteidiger verpflichtet sein, zugunsten der Strafrechtspflege einen ordnungsgemäßen Ablauf des Verfahrens zu sichern.[148] Er hat – verglichen mit dem Wahlverteidiger – dieselben standesrechtlichen Verpflichtungen zu erfüllen und

[134] Wohlers StV 2010, 151 (155); Jahn FS Rissing-van Saan, 2011, 276 (297).
[135] LG Berlin 29.9.2008 – 515 Qs 171/08, StV 2009, 405 Rn. 5; LG Hagen 21.7.1987 – 43 Qs 202/87, StV 1987, 432; Wohlers in SK-StPO Rn. 9.
[136] BVerfG 25.9.2001 – 2 BvR 1152/01, NJW 2001, 3695 (3696 f.).
[137] BGH 1.2.2000 – 4 StR 635/99, NStZ 2000, 326; 25.2.1997 – 1 StR 600/96, NStZ 1997, 401 = JR 1998, 252 mAnm Rogat; 26.8.1993 – 4 StR 364/93, BGHSt 39, 310 = NJW 1993, 3275 (3276 f.); 19.5.1988 – 2 StR 22/88, NStZ 1988, 420 mkritAnm Barton StV 1989, 45; vgl. Krawczyk in BeckOK StPO Rn. 45.
[138] Wohlers StV 2010, 151 (155); Schlothauer FS Samson, 2010, 709 (717).
[139] Bringewat ZRP 1979, 248 (252); Heydenreich StraFo 2011, 263 (269); Heydenreich StRR 2009, 444 (445); Lam/Meyer-Mews NJW 2012, 177 (180); Thielmann HRRS 2009, 452; Thielmann StraFo 2006, 358; Wenske NStZ 2010, 479 (480); Rudolph FS Schmidt-Leichner, 1977, 159 (163 f.).
[140] BGH 15.8.2007 – 1 StR 341/07, NStZ 2008, 231; Wohlers in SK-StPO Rn. 15; krit. Gaede HRRS 2007, 402 (413).
[141] Wohlers StV 2010, 151 (155); Schlothauer FS Samson, 2010, 709 (717).
[142] BT-Drs. 16/12098, 20; OLG Hamm 17.2.2011 – III – 5 Ws 57 und 58/11, BeckRS 2011, 07190; Wohlers in SK-StPO Rn. 29; Wohlers StV 2010, 151 (155).
[143] BT-Drs. 16/12098, 20; OLG Rostock 18.12.2001 – I Ws 548/01, StraFo 2002, 85 (86); LG Freiburg 15.11.1988 – II Qs 128/88, StV 1989, 117; Wohlers in SK-StPO Rn. 29; Wohlers StV 2010, 151 (155); Schlothauer FS Samson, 2010, 709 (717); vgl. OLG München 6.5.1986 – 2 Ws 484/86, StV 1986, 422.
[144] BVerfG 24.11.2000 – 2 BvR 813/99, NJW 2001, 1269; vgl. auch 8.4.1975 – 2 BvR 207/75, BVerfGE 39, 238 (241) = NJW 1975, 1015 (1016).
[145] Jahn in Löwe/Rosenberg § 142 Rn. 73.
[146] BVerfG 24.11.2000 – 2 BvR 813/99, NJW 2001, 1269; OLG Frankfurt a. M. 19.12.1996 – 3 Ws 1035/96, NStZ-RR 1997, 77; Wohlers in SK-StPO Rn. 19; Stern in AK-StPO Vor § 140 Rn. 21.
[147] OLG Düsseldorf 23.6.1998 – 24 U 161/97, StV 2000, 430 Rn. 27 f. (Schadensersatzansprüche); Stern in AK-StPO Vor § 140 Rn. 23 f.; Jahn in Löwe/Rosenberg Rn. 1 ff.; Jahn JR 1999, 1.
[148] Vgl. Wohlers in SK-StPO § 141 Rn. 19; bedenkl. BVerfG 30.3.2004 – 2 BvR 1520/01, BVerfGE 110, 226 (261) = NJW 2004, 1305 (1310); Willnow in KK-StPO § 141 Rn. 2.

dieselben Rechte nach der StPO.[149] Unterschiede bestehen lediglich dahingehend, dass der beigeordnete Verteidiger verpflichtet ist, an der Hauptverhandlung teilzunehmen und ihm die Befugnis fehlt, Aufgaben an einen **Unterbevollmächtigten** zu übertragen.[150] Dies bedeutet jedoch keinesfalls, dass bei der Terminierung keine Rücksicht auf den bestellten Verteidiger zu nehmen wäre – das Gegenteil ist der Fall. Termine sind daher nach Möglichkeit abzustimmen (→ § 137 Rn. 22). Mit Zustimmung des Beschuldigten darf vorübergehend der bestellte Vertreter nach § 53 BRAO an Stelle des nach § 142 bestellten Verteidigers tätig werden.[151] Die unterschiedlichen Gebührenhöhen bei Wahlverteidigung und Pflichtverteidigung verstoßen nicht gegen die prozessuale Gleichstellung von gewähltem und beigeordnetem Verteidiger.[152] Bei Wahlverteidigern, die ihrem Mandanten beigeordnet werden (sog. **Statuswechsler**), erlischt durch die Beiordnung das urspr. Wahlmandatsverhältnis.[153]

Mit der Bestellung entsteht ein **Kostenanspruch** des Verteidigers nach §§ 45 Abs. 3, 46, 37
51 f. RVG gegen den Staat und den Beschuldigten[154] bzw. auf Vorschuss nach § 47 Abs. 1 RVG. Eine Einschränkung des Vergütungsanspruchs bei der Bestellung ist unwirksam; so etwa die Anordnung, bei zwei Verteidigern nur eine Gebühr zu erstatten[155] oder die Beschränkung eines auswärtigen Verteidigers auf die Vergütung eines ortsansässigen Verteidigers.[156]

Die Dauer der Bestellung wird seit der Neuregelung des Rechts der notwendigen 38
Verteidigung erstmalig ausdrücklich in § 143 normiert.

IX. Rechtsbehelfe (Abs. 7)

Um die Vorgaben des Art. 8 der PKH-Richtlinie umzusetzen, sieht die nF des § 142 nun 39
einen ausdrücklichen Rechtsbehelf vor. Wie in Abs. 7 normiert, ist gegen die Entscheidung über die Bestellung eines Pflichtverteidigers die sofortige Beschwerde nach § 311 statthaft. Die Beschwerde wurde vom Gesetzgeber als sofortige ausgestaltet, damit die Einlegung einer Beschwerde nicht zu einem späteren Verfahrenszeitpunkt erfolgen kann, wodurch eine Verfahrensverzögerung verhindert und schnell Klarheit geschaffen werden soll.[157] Mit der sofortigen Beschwerde kann innerhalb einer Wochenfrist (vgl. § 311 Abs. 2) die gerichtliche Entscheidung angefochten werden, vorausgesetzt der Beschuldigte kann keinen Antrag nach § 143a Abs. 2 S. 1 Nr. 1 stellen. Die Festlegung der sofortigen Beschwerde als statthaftes Rechtsmittel hat Folgen für den Umfang, mit dem Verstöße gegen § 142 mit der Revision gerügt werden können (→ Rn. 44), und steht zu Recht in der Kritik.[158]

1. Sofortige Beschwerde. a) Der Verteidiger. Der Verteidiger selbst ist gegen die 40
Bestellung nicht beschwerdebefugt.[159] Möglich ist lediglich ein Antrag auf Aufhebung der Bestellung nach § 49 iVm § 48 Abs. 2 BRAO. Dem **Pflichtverteidiger** steht gegen die von ihm beantragte und abgelehnte Rücknahme seiner Bestellung allerdings ein **eigenes**

149 BVerfG 6.11.1984 – 2 BvL 16/83, BVerfGE 68, 237 (253 f.) = NJW 1985, 727 (728); OLG Frankfurt a. M. NStZ-RR 1997, 77; vgl. Wohlers in SK-StPO § 141 Rn. 19.

150 BVerfG 24.11.2000 – 2 BvR 813/99, NJW 2001, 1269; Wohlers in SK-StPO § 141 Rn. 19, 20, Fn. 77 mwN; inkonsequent bzgl. der Vollmacht: BGH 16.12.1994 – 2 StR 461/94, NStZ 1995, 356 (357) mAnm Ehrlicher; aA zur Untervollmacht: Jahn in Löwe/Rosenberg Rn. 75.

151 BGH 5.2.1992 – 5 StR 673/91, NStZ 1992, 248; Stern in AK-StPO Rn. 30; Julius/Schiemann in Gercke/Julius/Temming/Zöller Rn. 13; Wohlers in SK-StPO Rn. 21 mwN.

152 BVerfG 24.11.2000 – 2 BvR 813/99, BVerfGE 68, 237 = NJW 2001, 1269; ausf. zum Vergleich Wahl- und Pflichtverteidiger: Münchhalffen StraFo 1997, 230.

153 BGH 8.11.1990 – 4 StR 457/90, NStZ 1991, 94; kein Erlöschen der Strafprozessvollmacht: Stern in AK-StPO Vor § 140 Rn. 30; Schnarr NStZ 1986, 488 (490 f.).

154 Vgl. BGH 4.5.2009 – 1 BvR 2251/08, NJW 2009, 2735 (2736).

155 OLG Frankfurt a. M. 9.1.1980 – 3 Ws 13/80, NJW 1980, 1703 sieht die Bestellung insg. als unwirksam an; so auch LG Frankfurt a. M. 7.5.1986 – 5/6 Qs 23/86, StV 1987, 158 mablAnm Krehl.

156 OLG Düsseldorf 25.3.2009 – III-4 Ws 62/09, NStZ-RR 2009, 348 (349); OLG Brandenburg 7.12.2006 – 1 Ws 253/06, StV 2007, 484 Rn. 7; Wohlers in SK-StPO Rn. 27; erg. zum Gebührenverzicht: → § 143a Rn. 7.

157 BT-Drs. 19/13829, 44.

158 Krawczyk in BeckOK StPO Rn. 48.

159 OLG Köln 1.2.2010 – 2 Ws 55-58/10, NStZ 2010, 653 (654).

Beschwerderecht zu.[160] Gegen die Aufhebung seiner Bestellung soll es ihm nicht zustehen.[161] Eine Beschwerdebefugnis besteht auch im Falle einer Beiordnung unter unzulässiger Gebührenbeschränkung.[162] Im Zweifel ist eine Beschwerde des Verteidigers als Beschwerde im Namen des Beschuldigten auszulegen,[163] auch wenn der Wahlverteidiger zuvor sein Mandat niedergelegt hat, soweit ersichtlich ist, dass dies nur zwecks Beiordnung erfolgte.[164]

41 **b) Der Beschuldigte.** Der Beschuldigte ist beschwerdebefugt und kann die Beschwerde grundsätzlich sowohl gegen die Bestellung als auch deren Ablehnung richten. Auch die gerichtliche Bestätigung der staatsanwaltschaftlichen Eilentscheidung (Abs. 4) ist anfechtbar.[165] Eine unzulässigerweise durch das Kollegialgericht getroffene Entscheidung ist der Beschwerde zugänglich.[166] Hinsichtlich eines Antrags auf Beiordnung eines zweiten Verteidigers bestehen keine Unterschiede.[167] Zulässig ist auch eine **Untätigkeitsbeschwerde,** da das Unterlassen einer Entscheidung in seiner Wirkung der Ablehnung gleichsteht.[168] Auch gegen die **Rücknahme** einer Bestellung ist die Beschwerde zulässig und kann trotz Rücknahme der Bestellung vom Pflichtverteidiger im Namen des Angekl. eingelegt werden.[169] Eine Beschwer besteht auch im Falle der Rücknahme der Bestellung eines zweiten Pflichtverteidigers.[170]

42 Hinsichtlich der Bestellung eines **Sicherungsverteidigers** gegen den Willen des Beschuldigten ist das Beschwerderecht weitgehend anerkannt;[171] ebenso bei der Nichtrücknahme einer Bestellung trotz Antrags.[172] Gegen die Bestellung eines bestimmten Rechtsanwalts, also gegen die **Auswahlentscheidung,** ist eine Beschwerde möglich. Hat der Beschuldigte fristgerecht einen auszuwählenden Verteidiger benannt und wurde ein anderer beigeordnet, kann er einen **Antrag auf Verteidigerwechsel** nach § 143a Abs. 2 Nr. 1 stellen. Die sofortige Beschwerde ist wegen der Vorrangigkeit des Antrags auf Verteidigerwechsel in den Fällen ausgeschlossen (Abs. 7 S. 2).

43 **c) Die Staatsanwaltschaft.** Die Staatsanwaltschaft ist aufgrund ihrer Verfahrensrolle sowohl bei Ablehnung einer Bestellung als auch für den Fall einer Bestellung beschwerdeberechtigt.[173] Diese Berechtigung ist zugunsten des Vertrauensschutzes verwirkt, wenn die StA zunächst die Mitwirkung des bestellten Verteidigers akzeptiert hat.[174]

---

160 BGH 5.3.2020 – StB 6/20, NJW 2020, 1534.

161 BGH 18.8.2020 – StB 25/20, NJW 2020, 3331 mAnm Lammer.

162 OLG Düsseldorf 25.3.2009 – III-4 Ws 62/09, NStZ-RR 2009, 348; OLG Frankfurt a. M. 9.1.1980 – 3 Ws 13/80, NJW 1980, 1703; OLG Hamm 21.11.1967 – 4 Ws 254, 257/67, NJW 1968, 854; Stern in AK-StPO Rn. 32.

163 OLG Saarbrücken 13.1.2009 – 1 Ws 212/08, StraFo 2009, 519 Rn. 5; OLG Jena 15.11.2005 – 1 Ws 417/05, StraFo 2006, 71; vgl. KG 9.3.2006 – 1 AR 1407/05 – 5 Ws 563/05, StV 2007, 372 (373); OLG Düsseldorf 15.9.1999 – 1 Ws 713/99, StraFo 1999, 415 Rn. 5.

164 OLG Düsseldorf 30.8.1999 – 1 Ws 411/99, StV 2001, 609 Rn. 17.

165 BT-Drs. 19/13829, 44.

166 BayObLG 29.8.2005 – 3 WS 371/05, StV 2006, 6 Rn. 7.

167 Ua OLG Frankfurt a. M. 11.5.2007 – 3 Ws 470/07, NStZ-RR 2007, 244; OLG Karlsruhe 16.4.1993 – 3 Ws 66/93, wistra 1993, 279; OLG Frankfurt a. M. 19.4.1991 – 3 Ws 276/91, StV 1993, 348; Stern in AK-StPO § 141 Rn. 35; aA OLG Celle 6.7.1998 – 3 Ws 151/98, NStZ 1998, 637.

168 LG Halle 28.12.2009 – 6 Qs 69/09, StV 2011, 667 Rn. 7; LG Magdeburg 6.8.2008 – 24 Qs 72/08, NStZ-RR 2009, 87 Rn. 5; Stern in AK-StPO § 141 Rn. 35; Wohlers in SK-StPO § 141 Rn. 32.

169 OLG Frankfurt a. M. 23.3.1995 – 3 Ws 211/95, StV 1997, 573 (574).

170 Vgl. OLG Frankfurt a. M. 14.5.1990 – 3 Ws 95/90, StV 1991, 9.

171 OLG Köln 1.2.2010 – 2 Ws 55 – 58/10, NStZ 2010, 653 (654); OLG Düsseldorf 18.9.2002 – 2 Ws 242/02, StV 2004, 62 Rn. 5; OLG Frankfurt a. M. 24.1.2000 – 3 Ws 31/00, StV 2001, 610 Rn. 2; OLG Düsseldorf 6.9.1999 – 1 Ws 708/99, StV 2000, 412 (413); OLG Celle 17.9.1987 – 3 Ws 239/87, NStZ 1988, 39 (Ls.); OLG Frankfurt a. M. 22.6.1972 – 3 Ws 222/72, NJW 1972, 2055 (2056); Willnow in KK-StPO § 141 Rn. 13; Pfeiffer Rn. 4; vgl. auch OLG Oldenburg 4.7.2006 – 1 Ws 343/06, StV 2008, 129 (130); einschr. Stern in AK-StPO § 141 Rn. 35 f.

172 OLG Düsseldorf 9.11.2000 – StraFo 2001, 241 Rn. 17 f.

173 OLG Celle 29.7.2008 – 1 Ws 339/08, NStZ 2009, 56; OLG Bremen 29.11.1988 – Ws 191/88, NStZ 1989, 286; OLG Saarbrücken 18.1.1973 – Ws 385/72, NJW 1973, 1010 (1011); nur zu Gunsten des Beschuldigten: Stern in AK-StPO § 141 Rn. 29; Wohlers in SK-StPO Rn. 31; offen: LG Essen 22.11.1990 – 29 Qs 134/90, NJW 1991, 856; nur gegen Bestellung: Reinhart in Radtke/Hohmann § 141 Rn. 16.

174 LG Essen 22.11.1990 – 29 Qs 134/90, NJW 1991, 856.

2. Revision. Mit der Revision kann weiterhin in den Fällen des **§ 338 Nr. 5** gerügt werden, wenn die Verhandlung in einem Fall der notwendigen Verteidigung ohne einen Verteidiger stattfand.[175] Fälle der unzulässigen Beschränkung der Verteidigung unterliegen weiterhin nach **§ 338 Nr. 8** der Revision.[176] Nur im Übrigen gilt für Verstöße gegen § 142 die Sperrwirkung des § 336 S. 2, wonach die Revision für Entscheidungen ausgeschlossen ist, welche ausdrücklich mit der sofortigen Beschwerde anfechtbar sind.[177] 44

Die Sperrwirkung des § 336 S. 2 kennt zwei Ausnahmen. Sollte die mit der sofortigen Beschwerde angreifbare Entscheidung auf Willkür beruhen oder ein Eingriff in spezifisch verfassungsrechtlich geschützte Rechte anzunehmen sein, ist die Entscheidung mit der Revision angreifbar.[178] Sowohl der Anspruch auf den gesetzlichen Richter nach Art. 101 Abs. 1 S. 2 GG als auch das Recht auf ein faires Verfahren nach Art. 2 Abs. 1 iVm Art. 20 Abs. 3 GG können bei Verstößen gegen § 142 als verfassungsrechtlich geschützte Rechte aufgeführt werden und eine Revision statthaft werden lassen. 45

3. Verfassungsbeschwerde. Nach der früheren Rechtslage war die Entscheidung über die Bestellung eines Pflichtverteidigers nicht durch eine Verfassungsbeschwerde angreifbar,[179] da der Subsidiaritätsgrundsatz zunächst ein Abwarten der Revisionsinstanz fordert. Einschränkungen der Revision seit der Neuregelung führen damit zur Zulässigkeit der Verfassungsbeschwerde nach erfolgloser sofortiger Beschwerde, sofern man nicht – wie oben genannt – eine Revision aufgrund der Verletzung spezifisch verfassungsrechtlich geschützter Rechte für statthaft hält.[180] 46

§ 143 Dauer und Aufhebung der Bestellung

(1) Die Bestellung des Pflichtverteidigers endet mit der Einstellung oder dem rechtskräftigen Abschluss des Strafverfahrens einschließlich eines Verfahrens nach den §§ 423 oder 460.

(2) [1]Die Bestellung kann aufgehoben werden, wenn kein Fall notwendiger Verteidigung mehr vorliegt. [2]In den Fällen des § 140 Absatz 1 Nummer 5 gilt dies nur, wenn der Beschuldigte mindestens zwei Wochen vor Beginn der Hauptverhandlung aus der Anstalt entlassen wird. [3]Beruht der Freiheitsentzug in den Fällen des § 140 Absatz 1 Nummer 5 auf einem Haftbefehl gemäß § 127b Absatz 2, § 230 Absatz 2 oder § 329 Absatz 3, soll die Bestellung mit der Aufhebung oder Außervollzugsetzung des Haftbefehls, spätestens zum Schluss der Hauptverhandlung, aufgehoben werden. [4]In den Fällen des § 140 Absatz 1 Nummer 4 soll die Bestellung mit dem Ende der Vorführung aufgehoben werden, falls der Beschuldigte auf freien Fuß gesetzt wird.

(3) Beschlüsse nach Absatz 2 sind mit der sofortigen Beschwerde anfechtbar.

I. Überblick

§ 143 wurde im Rahmen des Gesetzes zur Neuregelung des Rechts der notwendigen Verteidigung ein gänzlich neuer Regelungsinhalt zugeschrieben. Nun regelt die Norm erstmals ausdrücklich die Dauer der Wirksamkeit der Pflichtverteidigerbestellung. Zudem werden Ausnahmen normiert, in welchen eine Aufrechterhaltung der Bestellung wegen des Wegfalls des Falls der notwendigen Verteidigung nicht mehr erforderlich ist. Mit diesen Ausnahmen werden die Voraussetzungen der Aufhebung der Bestellung festgelegt. 1

175 Schmitt in Meyer-Goßner/Schmitt Rn. 65.
176 BGH 16.2.2021 – 4 StR 517/20, NStZ 2021, 761; BGH 17.7.1997 – 1 StR 781/96, BGHSt 43, 153 (154) = NJW 1997, 3385; Jahn in Löwe/Rosenberg Rn. 57; Lüderssen NStZ 2001, 606.
177 BGH 4.5.2021 – 3 StR 49/21, BeckRS 2021, 16450.
178 Knauer/Kudlich → § 336 Rn. 9; vgl. Krawczyk in BeckOK StPO Rn. 57.
179 BVerfG 14.8.2007 – 2 BvR 1246/07, NJW 2007, 3563 (Ls.).
180 Krawczyk in BeckOK StPO Rn. 59.

II. Beendigung der Bestellung (Abs. 1)

2 Wie auch nach früherer Rechtslage gilt die Bestellung für die Dauer des gesamten Verfahrens **bis zum rechtskräftigen Abschluss** einschließlich der Einlegung und Begr. von Rechtsmitteln. Die Bestellung durch den erstinstanzlichen Richter wirkt in den späteren Instanzen fort.[1] Die lange Zeit umstrittene Frage, ob sich die Beiordnung auch auf das **Adhäsionsverfahren** erstreckt, hat der BGH nunmehr bejaht.[2] Nach früher hM stellt wg. § 350 Abs. 3 die **Revisionshauptverhandlung** eine Ausnahme dar; für diese entschied der Vorsitzende des Revisionsgerichts über die Beiordnung;[3] dies unter Anwendung des § 140.[4] Nach Wortlaut und Ratio des § 350 erschien dies freilich bereits unter alter Rechtslage nicht zwingend.[5] Abgesehen von Fällen, in denen der Beschuldigte ausdrücklich die Beiordnung eines anderen Verteidigers beantragt, besteht kein Grund dafür, einen eingearbeiteten Verteidiger für die Revisionshauptverhandlung zu ersetzen.[6] Mit dem Gesetz zur Neuregelung des Rechts der notwendigen Verteidigung hat der Gesetzgeber in Abs. 1 S. 1 klargestellt, dass die Bestellung auch während der Revisionsinstanz fortwirkt;[7] sie wirkt auch fort für eine weitere Tatsacheninstanz im Falle einer Zurückverweisung durch das Revisionsgericht.[8] Nach § 143a Abs. 3 kann der Beschuldigte für die Revisionsinstanz einen neuen Verteidiger verlangen. Die **Verfassungsbeschwerde** ist kein ordentliches Rechtmittel und somit nicht vom Umfang der Beiordnung umfasst.[9] Trotz Rechtskraft eines Urteils erstreckt sich die Beiordnung auf eine **nachträgliche** Gesamtstrafenbildung (§ 460) und eine nachträgliche Entscheidung über die Aussetzung zur Bewährung nach § 57 JGG.[10] Wegen der zeitlichen Unbegrenztheit erstreckt sich eine Beiordnung jedoch nicht auf das **Wiederaufnahmeverfahren.**[11] Ausdrücklich erfasst ist nach Abs. 1 das **Einziehungsverfahren** nach § 423.

3 Bei **Verfahrenseinstellung** ist zu unterscheiden, ob aufgrund der Vorläufigkeit der Maßnahme noch Raum für künftiges Verteidigungshandeln besteht – so etwa bei § 205 oder § 153a; bei § 154 ist dies nur der Fall, soweit das Bezugsverfahren noch nicht

---

1 AllgM; ua RG 26.2.1907 – V 993/06, RGSt 40, 4 (6); OLG Düsseldorf 9.11.2010 – 4 Ws 615/10, StV 2011, 658; OWi-Verfahren: OLG Saarbrücken 29.11.2006 – Ss (B) 44/2006 (57/06), NJW 2007, 309.

2 BGH 27.2.2021 – 6 StR 307/21, NJW 2021, 2901; OLG Rostock 15.6.2011 – I Ws 166/11, StV 2011, 656 mwN auch zur aA; OLG Hamburg 29.7.2005 – 1 Ws 92/05, NStZ-RR 2006, 347 (349); OLG Köln 29.6.2005 – 2 Ws 254/05, StraFo 2005, 394; OLG Hamm 31.5.2001 – 2 (s) Sbd 6 – 87/01, StraFo 2001, 361; allg. Lit.; offen BGH 30.3.2001 – 3 StR 25/01, NJW 2001, 2486 (2487); aA KG 24.6.2010 – 1 Ws 22/09, RVGreport 2011, 142; OLG Hamburg 14.6.2010 – 3 Ws 73/10, NStZ 2010, 652; OLG Oldenburg 22.4.2010 – 1 Ws 178/10, StraFo 2010, 306; OLG Stuttgart 6.4.2009 – 1 Ws 38/09, Justiz 2009, 201; OLG Bamberg 22.10.2008 – 1 Ws 576/08, NStZ-RR 2009, 114 (Ls.); OLG Jena 14.4.2008 – 1 Ws 51/08, Rpfleger 2008, 529; OLG Celle 6.11.2007 – 2 Ws 143/07, NStZ-RR 2008, 190; OLG Zweibrücken 11.9.2006 – 1 Ws 347/06, JurBüro 2006, 643; LG Potsdam 15.11.2010 – 24 Qs 208/10, JurBüro 2011, 135.

3 BGH 3.3.1964 – 5 StR 54/64, BGHSt 19, 258 = NJW 1964, 1035; OLG Oldenburg 11.8.1992 – Ss 290/92, StV 1992, 558.

4 BVerfG 18.10.1983 – 2 BvR 462/82, BVerfGE 65, 171 = NJW 1984, 113; nur Abs. 2: BVerfG 19.10.1977 – 2 BvR 462/77, BVerfGE 46, 202 (209) = NJW 1978, 151; OLG Oldenburg 17.5.1984 – 2 Ws 209/84, JR 1985, 256 mablAnm Dahs.

5 Julius/Schiemann in Gercke/Julius/Temming/Zöller § 141 Rn. 15.

6 Stern in AK-StPO § 140 Rn. 8.

7 BT-Drs. 19/13829, 44; bereits nach alter Rechtslage: BGH 25.10.2011 – 1 StR 254/10, NJW 2012, 167; BGH 28.3.1984 – 3 StR 95/84, NJW 1984, 2480 (2481).

8 Willnow in KK-StPO § 141 Rn. 10; Wohlers in SK-StPO § 141 Rn. 25.

9 OLG Rostock 2.6.2010 – 1 Ws 127/10, StRR 2010, 479 mAnm Burhoff.

10 KG 12.10.2010 – 2 Ws 521/10 – 1 AR 1312/10, NStZ-RR 2011, 86; OLG Köln 22.3.2010 – 2 Ws 168/10, NStZ-RR 2010, 283 (Ls.); OLG Jena 13.10.2005 – 1 Ws 378/05, StV 2007, 96; OLG Karlsruhe 24.3.1998 – 3 Ws 53/98, StV 1998, 348; aA Wohlers in SK-StPO § 141 Rn. 26.

11 OLG Oldenburg 15.4.2009 – 1 Ws 205/09, NStZ-RR 2009, 208 mwN zur aA; Willnow in KK-StPO § 141 Rn. 10; Wohlers in SK-StPO § 141 Rn. 26; aA RG 26.2.1907 – V 993/06, RGSt 40, 4 (5); OLG Celle 17.5.1984 – 1 Ws 161/84, NStZ 1985, 519; OLG Saarbrücken 18.1.1973 – Ws 385/72, NJW 1973, 1010 (1012).

abgeschlossen ist. Andernfalls kann die Bestellung durch Beschl. zurückgenommen werden;[12] sie endet aber, solange keine Rechtskraft vorliegt, nicht automatisch.[13] Bei **Tod** des Beschuldigten endet die Bestellung erst mit rechtskräftiger Einstellungsverfügung; daher kann der Verteidiger etwa hinsichtlich der Auslagenentscheidung noch tätig werden.[14]

III. Aufhebung der Bestellung (Abs. 2)

Der Grundsatz des Abs. 1 wird durch Abs. 2 mit Ausnahmen ergänzt, in welchen die Bestellung bereits vorzeitig aufgehoben werden kann. 4

1. Nicht länger ein Fall der notwendigen Verteidigung (S. 1). Die Bestellung **kann** aufgehoben werden, sofern die tatbestandlichen Voraussetzungen einer notwendigen Verteidigung wegfallen. Sollte sich im Laufe des Verfahrens herausstellen, dass die Umstände, die zur Annahme des Falls der notwendigen Verteidigung geführt haben, nicht mehr vorliegen, liegt die Aufhebungsmöglichkeit im Ermessen des Gerichts. Dieses soll dabei den **Schutz des Vertrauens** des Beschuldigten in die Fortdauer der Bestellung berücksichtigen.[15] Daher ist die Aufhebung lediglich zulässig, sofern wesentliche Umstände sich objektiv verändert haben.[16] Eine entsprechende Situation ist denkbar, sofern entgegen der erwarteten Anklageerhebung zum Schöffengericht tatsächlich das Hauptverfahren vor dem Strafrichter eröffnet wird.[17] Zudem darf kein anderer Fall der notwendigen Verteidigung vorliegen, wobei die Voraussetzungen des § 140 Abs. 2 zu prüfen sind.[18] 5

2. Einschränkung für den Fall einer Inhaftierung (S. 2). Sofern dem Beschuldigten die Freiheit entzogen wurde (insb. Untersuchungs- und Strafhaft) schränkt S. 2 die Regelungen des S. 1 ein. Zusätzliche Voraussetzung ist demnach die **Entlassung des Beschuldigten** mindestens zwei Wochen vor dem Beginn der Hauptverhandlung. Die Regelung dient dem Schutz des Beschuldigten, indem sie ihm ausreichend Zeit zur Vorbereitung schaffen soll, was während der Inhaftierung lediglich eingeschränkt möglich ist.[19] Die Regelung entspricht der früheren Rechtslage (vgl. § 140 Abs. 3 aF) und ist als Ermessensvorschrift zu verstehen. Das Gericht muss bei der Ausübung des Ermessens demnach insbesondere berücksichtigen, ob der Beschuldigte sich in der Zeit nach der Entlassung angemessen vorbereiten kann.[20] Um seine Fürsorgepflicht zu erfüllen, muss dem Beschuldigten dabei auch genügend Zeit gelassen werden, um einen Wahlverteidiger zu benennen.[21] 6

3. Einschränkung für den Fall einer Hauptverhandlungshaft (S. 3). Von der Beschränkung der Aufhebungsmöglichkeit bei vorheriger Inhaftierung, wie sie in S. 2 geregelt ist, enthält S. 3 eine Ausnahme für Fälle der Hauptverhandlungshaft. Im Falle der Hauptverhandlungshaft – im Rahmen des beschleunigten Verfahrens (§ 127b Abs. 2), in erster Instanz (§ 230 Abs. 2) und im Berufungsverfahren (§ 329 Abs. 3) – **soll** die Bestellung des Pflichtverteidigers mit Aufhebung oder Außervollzugsetzung des Haftbefehls, spätestens 7

[12] § 205: LG Heilbronn 23.4.1992 – 2 Qs 224/92, StV 1992, 509; § 154: LG Köln 28.12.2010 – 105 Qs 342/10, StV 2011, 663; LG Zweibrücken 20.5.2010 – Qs 32/10, VRS 119 (2010), 234.
[13] RG 3.1.1891 – 3630/90, RGSt 21, 266.
[14] KG 14.11.2007 – 1 AR 447/05 – 1 Ws 235/07, StraFo 2008, 90; OLG Karlsruhe 3.2.2003 – 3 Ws 248/02, NStZ-RR 2003, 286; Wohlers in § 141 SK-StPO Rn. 28; anders für den Fall der Wahlverteidigung OLG Saarbrücken 7.10.2019 – 1 Ws 174/19, BeckRS 2019, 24690.
[15] BT-Drs. 19/13829, 45.
[16] Krawczyk in BeckOK StPO Rn. 7 f.; Schmitt in Meyer-Goßner/Schmitt Rn. 4; so bereits nach früherer Rechtslage KG 20.9.2013 – 4 Ws 122/13 – 141 AR 474/13, BeckRS 2013, 19711.
[17] BT-Drs. 19/13829, 45.
[18] Krawczyk in BeckOK StPO Rn. 8; Schmitt in Meyer-Goßner/Schmitt Rn. 5.
[19] BT-Drs. 19/13829, 45.
[20] OLG Frankfurt a. M. 23.8.1983 – 3 Ws 569/83, LSK 1984, 160121; Krawczyk in BeckOK StPO Rn. 9.
[21] Krawczyk in BeckOK StPO Rn. 10.

zum Schluss der Hauptverhandlung aufgehoben werden.[22] Begründet wird dies damit, dass der Angeschuldigte sich andernfalls durch Ausbleiben in der Hauptverhandlung missbräuchlich einen Pflichtverteidiger für das gesamte Verfahren sichern könne.[23]

8 **4. Einschränkung für Vorführungsfälle (S. 4).** Für Fälle, in welchen die Pflichtverteidigerbestellung lediglich auf Grund einer Vorführung vor einem Gericht zur Entscheidung über eine Unterbringung oder Haft beruht, **soll** nach S. 4 die Bestellung je nach Ausgang der Vorführung aufgehoben werden. Demnach sei die Bestellung mit Ende der Vorführung aufzuheben, sofern der Beschuldigte auf freien Fuß gesetzt wird und kein weiterer Fall der notwendigen Verteidigung gegeben ist.[24] Dies ist in der Situation gegeben, in welcher bei der Vorführung aufgrund eines Ergreifungshaftbefehls dieser nicht aufrechterhalten, aufgehoben oder außer Vollzug gesetzt wird; sowie in Situationen, in welchen die Vorführung aufgrund der vorläufigen Festnahme geschieht und ein Haftbefehl nicht erlassen oder erlassen aber außer Vollzug gesetzt wird.[25]

IV. Rechtsbehelfe (Abs. 3)

9 Abs. 3 setzt als statthaftes Rechtsmittel die **sofortige Beschwerde** fest. Während nach früherer Rechtslage die Entscheidung über die Aufhebung der Pflichtverteidigerbestellung mit der einfachen Beschwerde angegriffen werden konnte, versucht der Gesetzgeber mit der sofortigen Beschwerde einen Rechtsbehelf festzulegen, der gegen jede Entscheidung im Zusammenhang mit der Bestellung des Pflichtverteidigers statthaft ist und damit mehr Rechtssicherheit herstellt.[26] Mit der sofortigen Beschwerde kann insbesondere eine unzureichende oder fehlerhafte Ermessensausübung der Aufhebungsentscheidung angegriffen werden. Dem **Pflichtverteidiger** steht gegen die von ihm beantragte und abgelehnte Rücknahme seiner Bestellung ein **eigenes Beschwerderecht** zu,[27] nicht aber gegen die Aufhebung seiner Bestellung.[28]

10 Die **Revision** ist in den Fällen der § 338 Nr. 5 zulässig, im Übrigen gilt § 336 S. 2.[29] Eine Ausnahme kann angenommen werden, wenn die Entscheidung der Aufhebung spezifische verfassungsrechtlich geschützte Rechte des Beschuldigten verletzt (→ § 142 Rn. 45).

§ 143a Verteidigerwechsel

(1) [1]Die Bestellung des Pflichtverteidigers ist aufzuheben, wenn der Beschuldigte einen anderen Verteidiger gewählt und dieser die Wahl angenommen hat. [2]Dies gilt nicht, wenn zu besorgen ist, dass der neue Verteidiger das Mandat demnächst niederlegen und seine Beiordnung als Pflichtverteidiger beantragen wird, oder soweit die Aufrechterhaltung der Bestellung aus den Gründen des § 144 erforderlich ist.

(2) [1]Die Bestellung des Pflichtverteidigers ist aufzuheben und ein neuer Pflichtverteidiger zu bestellen, wenn

1. der Beschuldigte, dem ein anderer als der von ihm innerhalb der nach § 142 Absatz 5 Satz 1 bestimmten Frist bezeichnete Verteidiger beigeordnet wurde oder dem zur Auswahl des Verteidigers nur eine kurze Frist gesetzt wurde, innerhalb von drei Wochen nach Bekanntmachung der gerichtlichen Entscheidung über die Bestellung beantragt, ihm einen anderen von ihm bezeichneten Verteidiger zu bestellen, und dem kein wichtiger Grund entgegensteht;

[22] BT-Drs. 19/13829, 45.
[23] BT-Drs. 19/13829, 45.
[24] BT-Drs. 19/13829, 45.
[25] BT-Drs. 19/13829, 45.
[26] BT-Drs. 19/13829, 45.
[27] BGH 5.3.2020 – StB 6/20, NJW 2020, 1534.
[28] BGH 18.8.2020 – StB 25/20, NJW 2020, 3331.
[29] Schmitt in Meyer-Goßner/Schmitt Rn. 10.

2. der anlässlich einer Vorführung vor den nächsten Richter gemäß § 115a bestellte Pflichtverteidiger die Aufhebung seiner Beiordnung aus wichtigem Grund, insbesondere wegen unzumutbarer Entfernung zum künftigen Aufenthaltsort des Beschuldigten, beantragt; der Antrag ist unverzüglich zu stellen, nachdem das Verfahren gemäß § 115a beendet ist; oder

3. das Vertrauensverhältnis zwischen Verteidiger und Beschuldigtem endgültig zerstört ist oder aus einem sonstigen Grund keine angemessene Verteidigung des Beschuldigten gewährleistet ist.

[2]In den Fällen der Nummern 2 und 3 gilt § 142 Absatz 5 und 6 entsprechend.

(3) [1]Für die Revisionsinstanz ist die Bestellung des bisherigen Pflichtverteidigers aufzuheben und dem Beschuldigten ein neuer, von ihm bezeichneter Pflichtverteidiger zu bestellen, wenn er dies spätestens binnen einer Woche nach Beginn der Revisionsbegründungsfrist beantragt und der Bestellung des bezeichneten Verteidigers kein wichtiger Grund entgegensteht. [2]Der Antrag ist bei dem Gericht zu stellen, dessen Urteil angefochten wird.

(4) Beschlüsse nach den Absätzen 1 bis 3 sind mit der sofortigen Beschwerde anfechtbar.

Übersicht

I. Allgemeines

1 Der durch das Gesetz zur Neureglung der notwendigen Verteidigung im Jahr 2019 eingeführte § 143a normiert die Voraussetzungen für einen Pflichtverteidigerwechsel und die verschiedenen Verfahrenssituationen, in denen ein solcher Wechsel möglich ist. Dabei regelt Abs. 1 die bisher in § 143 aF geregelte Ersetzung des Pflichtverteidigers durch einen Wahlverteidiger. Dies geschieht grundsätzlich durch Aufhebung der Bestellung des bisherigen Pflichtverteidigers, wobei der Abs. 1 bestimmte Ausnahmen hierzu aufzeigt. Des Weiteren regelt die Norm – insbesondere zur Umsetzung der PKH-Richtlinie – den allgemeinen Anspruch des Beschuldigten auf die Auswechselung des Pflichtverteidigers (Abs. 2), sowie die Auswechslung des Pflichtverteidigers im Revisionsverfahren (Abs. 3). Schließlich gibt Abs. 4 die die sofortige Beschwerde als statthaften Rechtsbehelf gegen eine Entscheidung über den Verteidigerwechsel vor.

2 Die **Zuständigkeit** für die Bestellungsrücknahme bestimmt sich nach § 142. Die Entscheidung ist von Amts wegen vorzunehmen und gem. §§ 34, 35 zu begründen und bekannt zu machen. Zuvor ist dem Beschuldigten **rechtliches Gehör** unter Bekanntmachung aller entscheidungsrelevanten Informationen zu gewähren;[1] dies gilt auch im Rahmen von Eilentscheidungen.[2] Neben § 143a kann der Verteidiger nach **§§ 49, 48 Abs. 2 BRAO** die

[1] BVerfG 31.8.1993 – 2 BvR 843/93, StV 1994, 3 (Ls.); KG 28.11.2008 – 3 Ws 379/08, NStZ-RR 2009, 209.

[2] KG 2.2.2007 – (4) 1 Ss 332/06 (176/06), StV 2008, 68 (69).

Rücknahme seiner Beiordnung beantragen,[3] im Falle der Ablehnung seines Antrags ist er beschwerdeberechtigt.[4]

II. Ersetzung durch einen Wahlverteidiger (Abs. 1)

3 Inhaltlich gibt die Regelung die früher geltende Rechtslage des § 143 aF wieder. Die neue Vorschrift präzisiert die Regelung der aF und steht dabei im Einklang mit ihrer bisherigen gängigen Auslegung.[5]

4 **1. Grundsatz (S. 1).** Grundsätzlich wird der Pflichtverteidiger durch einen Wahlverteidiger ersetzt, indem die bisherige Bestellung zurückgenommen wird, der Beschuldigte einen anderen Verteidiger wählt und dieser die Wahl annimmt. Die Beiordnung ist lediglich zurückzunehmen, wenn ein **Verteidigungsverhältnis nach § 137** zustande gekommen ist und nicht, wenn es „demnächst" zustande kommt. Während diese Regelung nach der früheren Rechtslage zwar bereits der hM entsprach, wird sie nun ausdrücklich im Wortlaut des Gesetzes fixiert.[6] Dem steht es gleich, wenn schon vor der Beiordnung ein Verteidigungsverhältnis bestand, das dem Gericht nachträglich bekannt wird.[7] Die Rücknahme darf jedoch nicht zur **Unzeit,** dh nicht während laufender Prozesshandlungen erfolgen.[8] Nach dem Wortlaut ist eine Anwendung der Norm zwingend, sofern deren Voraussetzungen vorliegen.[9]

5 Die Verteidigung durch den Wahlverteidiger muss dauerhaft sein, dieser soll nicht nur punktuell bereitstehen.[10] Der Wortlaut des S. 1 bringt den Vorrang der Wahlverteidigung deutlich zum Vorschein. Daher sind weitere Voraussetzungen wie – nach früherer Rechtslage – ein gestörtes Vertrauensverhältnis zum bisherigen Pflichtverteidiger für die Aufhebung der Bestellung nicht erforderlich.[11]

6 **2. Ausnahmen (S. 2).** Normiert werden in der neuen Vorschrift **zwei Ausnahmen,** die bereits nach früherer Rechtslage von der Rspr. anerkannt wurden und zur Aufrechterhaltung der Pflichtverteidigerbestellung trotz Wahlverteidiger führen.

7 **a) Herausdrängen.** Nach S. 2 Var. 1 ist die Pflichtverteidigerbestellung aufrecht zu erhalten, sofern davon auszugehen ist, dass der neue Verteidiger – zumeist wegen Mittellosigkeit des Beschuldigten – demnächst seine Beiordnung unter Niederlegung des Wahlmandats beantragen wird. Dieses **„Herausdrängen"** des bisherigen Pflichtverteidigers hatte bereits nach früherer Rechtslage die Nichtanwendbarkeit der Norm zur Folge.[12] Gleichwohl bleiben auch infolge der Einführung des § 143a die Fälle eines konsensualen Pflichtverteidigerwechsels zulässig, soweit dieser ohne zeitlichen und kostenmäßigen Mehraufwand erfolgt.[13] Die Auswechslung des Pflichtverteidigers durch eine Beauftragung nach § 137 ist jedoch nach den Regelungen der StPO zulässig und nach § 143a kein Ausnahmegrund.[14] Konkur-

---

3 Gründe: Lam/Meyer-Mews NJW 2012, 177 (181 f.).

4 BGH 5.3.2020 – StB 6/20, NJW 2020, 1534 Rn. 3.

5 BT-Drs. 19/13829, 46.

6 BT-Drs. 19/13829, 46.

7 OLG Karlsruhe 14.1.2010 – 3 Ws 13/10, StV 2010, 179 (Ls.); Hilgendorf NStZ 1996, 1.

8 BGH 9.12.1952 – 1 StR 518/52, BGHSt 3, 327 (329).

9 KG 3.12.2008 – 4 Ws 119/08, StV 2010, 63 (64).

10 KG 30.6.2016 – 3 Ws 309/16, 3 Ws 310/16, BeckRS 2016, 13853 Rn. 12; Krawczyk in BeckOK StPO Rn. 2.

11 Krawczyk in BeckOK StPO Rn. 2.

12 BGH 18.11.2003 – 1 StR 481/03, NStZ 2004, 632 (633); OLG Celle 19.8.2010 – 1 Ws 419/10, NStZ-RR 2010, 381 (382); OLG München 17.12.2009 – 2 Ws 1101/09, NJW 2010, 1766 (1767); KG 3.12.2008 – 4 Ws 119/08, StV 2010, 63 (64); OLG Oldenburg 18.11.2008 – 1 Ws 743/08, NStZ-RR 2009, 115; OLG Köln 7.10.2005 – 2 Ws 469/05, NJW 2006, 389; OLG Düsseldorf 18.3.1997 – 1 Ws 182/96, StV 1997, 576 mablAnm Barton.

13 BT-Drs. 19/13829, 49; BGH 13.7.2021 – 2 StR 81/21, BeckRS 2021, 24104; 12.11.2020 – StB 39/20, BeckRS 2020, 32624.

14 Auch nach früherer Rechtslage Jahn in Löwe/Rosenberg Rn. 6; Eisenberg NJW 1991, 1257 (1262); Molketin MDR 1989, 503; Münchhalffen StraFo 1997, 230 (234 f.).

renz von Anwälten untereinander ist – wenn überhaupt – über das Berufsrecht zu regeln und nicht durch Auslegung der StPO.[15] Rein fiskalische Erwägungen und den Regeln der StPO entspr. Verfahrensverzögerungen können grundlegende Rechte des Beschuldigten nicht verdrängen.[16]

b) Sicherungsverteidigung. Nach S. 2 Var. 2 ist die Pflichtverteidigerbestellung zudem aufrecht zu erhalten, wenn dies aus Gründen des § 144 erforderlich ist. Diese Regelung ermöglicht eine Ausnahme, wenn zu befürchten ist, dass der gewählte Verteidiger den ordnungsgemäßen Verfahrensablauf nicht sichern kann, jedoch nicht schon bei Verhinderung des Wahlverteidigers an einzelnen Terminen.[17] In dieser Situation ist es, um das Verfahren zu sichern, geboten, den Pflichtverteidiger neben dem Wahlverteidiger tätig bleiben zu lassen. Von einer Bestellungsrücknahme ist dagegen nicht abzusehen, wenn die Mandatsübernahme des Wahlverteidigers eine Hauptverhandlungsaussetzung zum Zwecke einer Einarbeitung des neuen Verteidigers erfordert.[18] 8

III. Auswechslung des Pflichtverteidigers (Abs. 2)

Abs. 2 normiert erstmalig eine Regelung zur Auswechslung des Pflichtverteidigers. Die Aufhebung der Bestellung eines Pflichtverteidigers und die Bestellung eines neuen wirkt ex-nunc. Die bis dahin erfolgten Prozesshandlungen bleiben wirksam.[19] Obgleich in der früheren Rechtslage bereits einige Fälle anerkannt waren, in denen eine Auswechslung des Pflichtverteidigers zulässig ist, fehlte es bislang an einer diesbezüglichen Regelung. Die neue Vorschrift gibt nun in ihrem Abs. 2 S. 1 folgende Fälle vor, in welchen eine **Auswechslung des Pflichtverteidigers zwingend** erforderlich ist: 9

1. Bestellung eines anderen als der bezeichnete Verteidiger. Um den Vorgaben der PKH-Richtlinie zu genügen und dem Recht des Beschuldigten auf die Verteidigung durch den Anwalt seines Vertrauens gerecht zu werden, sieht Nr. 1 die Möglichkeit eines Wechsels des Pflichtverteidigers vor, sofern nicht der von dem Beschuldigten bezeichnete Verteidiger bestellt wurde. Dabei werden insbesondere zwei Fälle bedacht. Zum einen diejenigen Fälle, in welchen die Bestellung des vom Beschuldigten bezeichneten Verteidigers aus wichtigem Grund gemäß § 142 Abs. 5 S. 2 unterblieb. Dabei ist es unerheblich, welcher genaue Grund der Bestellung entgegenstand.[20] Der genaue Grund kann sich jedoch auf die Frage auswirken, ob der Pflichtverteidiger durch den ursprünglich bezeichneten Verteidiger ausgewechselt werden kann. Dies ist ausgeschlossen, sollte die Bestellung des ursprünglich bezeichneten Verteidigers aufgrund nicht behebbarer Umstände – etwa ein Interessenkonflikt – unterblieben sein.[21] Demgegenüber kann der ursprünglich bezeichnete Verteidiger eingewechselt werden, wenn der Grund der Versagung darin bestand, dass dieser Verteidiger lediglich verhindert war oder nicht rechtzeitig erreicht wurde. 10

Zum anderen sind diejenigen Fälle erfasst, in denen der Beschuldigte seine Entscheidung zur Auswahl des Pflichtverteidigers unter hohem zeitlichem Druck treffen musste. Dies ist anzunehmen, sofern dem Beschuldigten nur eine zu kurze Frist zur Benennung des Verteidigers eingeräumt wurde. Von einer zu kurzen Frist wird jedenfalls dann auszuge- 11

---

15 OLG Frankfurt a. M. 8.8.1996 – 3 Ws 633/96, StV 1997, 575; Jahn in Löwe/Rosenberg Rn. 9 f.

16 Lam/Meyer-Mews NJW 2012, 177 (183); so aber: OLG Celle 19.8.2010 – 1 Ws 419/10, NStZ-RR 2010, 381 (382); OLG Düsseldorf 22.3.2000 – 1 Ws 219/00, VRS 99 (2000), 57; OLG Düsseldorf 18.3.1997 – 1 Ws 182/96, StV 1997, 576 mablAnm Barton; KG 20.11.1992 – 4 Ws 228/92, NStZ 1993, 201 (202).

17 OLG Frankfurt a. M. 24.1.2000 – 3 Ws 31/00, StV 2001, 610; OLG Frankfurt a. M. 8.8.1996 – 3 Ws 633/96, StV 1997, 575; aA OLG Frankfurt a. M. 31.1.1985 – 3 Ws 45/85, StV 1985, 450 mablAnm Sieg; → § 142 Rn. 29.

18 BGH 9.12.1952 – 1 StR 518/52, BGHSt 3, 327 (328) = NJW 1953, 232.

19 OLG Bremen 24.9.2018 – 1 Ws 59/18, BeckRS 2018, 46873 Rn. 25; Krawczyk in BeckOK StPO Rn. 8.

20 BT-Drs. 19/13829, 46.

21 BT-Drs. 19/13829, 46.

hen sein, wenn sie auf eine kurze Bedenkzeit reduziert wurde – wobei eine Einzelfallbetrachtung geboten ist.[22] Entsprechendes gilt zudem, wenn dem Beschuldigten erst gar keine Bedenkzeit eingeräumt oder ein Verteidiger bereits vor Fristablauf bestellt wurde.[23] Hat der Beschuldigte jedoch innerhalb der Frist keinen Verteidiger benannt, soll eine Auswechslung ausgeschlossen sein.[24]

12 Das Recht auf einen Verteidigerwechsel setzt einen Antrag des Beschuldigten voraus und steht diesem nicht ohne zeitliche Beschränkung zu. Der Antrag des Beschuldigten muss innerhalb von drei Wochen nach der Bekanntmachung der gerichtlichen Entscheidung über die Bestellung gestellt werden. Im Falle einer Eilentscheidung der StA nach § 142 Abs. 4 ist die Frist an die Bekanntgabe der gerichtlichen Bestätigung geknüpft.[25] Die ursprünglich angedachte zweiwöchige Frist wurde im Gesetzgebungsverfahren um eine Woche verlängert, da die Frist als zu kurz erachtet wurde.[26] In Anbetracht einer effektiven Gewährleistung des Rechts des Beschuldigten auf die Verteidigung durch den Anwalt seines Vertrauens erscheint es im Ergebnis kritisch, dass ein **Wiedereinsetzungsgesuch** in die Frist aus Abs. 2 S. 1 Nr. 1 – unter Verweis auf einen fehlenden Rechtsnachteil und insbes. den nach Abs. 2 S. 1 Nr. 3 weiterhin bestehenden Grund für einen Verteidigerwechsel – bereits unzulässig sei.[27] Dies gilt umso mehr, als der Gesetzgeber im Zuge der Neuregelung der notwendigen Verteidigung keine Belehrungspflicht über das fristgebundene Antragsrecht nach Abs. 2 S. 1 Nr. 1 geregelt hat.[28]

13 **2. Vorführung vor dem nächsten Richter nach § 115a.** Aufgrund des Art. 4 Abs. 4 S. 2 der PKH-Richtlinie ist dem Beschuldigten, der nicht vor den zuständigen, sondern nach § 115a vor den nächsten Richter vorgeführt wird, ein Verteidiger zu bestellen. In diesen Fällen ist in der Regel besondere Eile geboten und dem Beschuldigten wird lediglich eine sehr kurze Frist zur Bezeichnung seines Verteidigers eingeräumt. Daher ist es dem Beschuldigten selbst nach Abs. 2 S. 1 Nr. 1 hier möglich, einen Antrag auf Pflichtverteidigerwechsel zu stellen. In der Nr. 2 wird dem ursprünglichen Verteidiger das Recht eingeräumt, in diesen Konstellationen die Aufhebung seiner Bestellung selbst zu beantragen.[29] Dem Pflichtverteidiger, der für die Vorführung kurzfristig bestellt wurde, wird somit eine Möglichkeit geschaffen, aus **wichtigem Grund** seine Entpflichtung zu verlangen, da er in den Fällen des § 115a häufig nicht in der Lage sein wird, die Verteidigung dauerhaft zu übernehmen – bzw. wird ihm dies oftmals **unzumutbar** sein.[30]

14 Insbesondere liegt ein wichtiger Grund – wie es Nr. 2 ausdrücklich vorgibt – in einer **unzumutbaren Entfernung** zum künftigen Aufenthaltsort des Beschuldigten. Die Distanz zwischen dem künftigen Aufenthaltsort des Beschuldigten – zB aufgrund einer Unterbringung in einer weit entfernten JVA – und dem Kanzleisitz soll nur so groß sein, dass eine sachgerechte Verteidigung lediglich ohne unzumutbaren Aufwand möglich ist.[31] Neben diesem ausdrücklich normierten wichtigen Grund sind auch sonstige wichtige Gründe denkbar. So etwa, wenn der Verteidiger zwar für den Vorführungstermin Kapazität hatte, jedoch eine langfristige Übernahme der Verteidigung aufgrund anderer zeitlicher Auslastung durch bereits übernommene Mandate nicht gewährleisten kann.[32]

15 Um dem Beschuldigten möglichst früh einen kontinuierlichen Beistand zu sichern, muss der Verteidiger seinen Antrag auf Entpflichtung **unverzüglich** nach dem Ende der

22 BT-Drs. 19/13829, 47; für eine Überlegungsfrist von in der Regel einer Woche OLG Saarbrücken 27.10.2021 – 4 Ws 157/21, BeckRS 2021, 32671.
23 BT-Drs. 19/13829, 47; AG München 17.6.2011 – 843 Ls 245 Js 129057/11, StV 2011, 668.
24 BT-Drs. 19/13829, 47.
25 BT-Drs. 19/13829, 47.
26 BT-Drs. 19/15151, 8; weiterhin kritisch Piel StraFo 2020, 362 (365); Müller-Jacobsen NJW 2020, 575 (578).
27 BGH 14.9.2020 – 2 BGs 619/20, BeckRS 2020, 49746.
28 Kritisch hierzu und für eine entsprechende Rechtsfortbildung Willumat NStZ 2021, 583.
29 BT-Drs. 19/13829, 48.
30 BT-Drs. 19/13829, 48.
31 Schmitt in Meyer-Goßner/Schmitt Rn. 15.
32 BT-Drs. 19/13829, 48.

Vorführung – also unverzüglich nach der Verkündung der Entscheidung über die Invollzugsetzung des Haftbefehls einschließlich der erforderlichen Belehrung (vgl. § 115a Abs. 3) – stellen. Wird die Bestellung auf Antrag des Verteidigers nach Abs. 2 S. 1 Nr. 2 aufgehoben, so gelten für das weitere Verfahren nach Abs. 2 S. 2 die Regelungen des § 142 Abs. 5 und Abs. 6 entsprechend. Insbesondere wird dem Beschuldigten damit die Möglichkeit eingeräumt, einen neuen Pflichtverteidiger zu bezeichnen.[33]

3. Keine Gewährleistung einer angemessenen Verteidigung. Nr. 3 normiert zwei weitere Fälle des Verteidigerwechsels, welche von der bisherigen ständigen Rechtsprechung bereits anerkannt sind. Zum einen ist ein Verteidigerwechsel bei einem **endgültig zerstörten Vertrauensverhältnis** möglich und zum anderen aus **Gründen der Verfahrensfairness.** Die Grenzen dürften bei beiden Konstellationen wohl fließend sein. Wird die Bestellung nach Abs. 2 S. 1 Nr. 3 aufgehoben, so gelten für das weitere Verfahren nach Abs. 2 S. 2 die Regelungen des § 142 Abs. 5 und Abs. 6 entsprechend. 16

a) Gestörtes Vertrauensverhältnis. Dieses ist **aus Sicht eines verständigen Angeklagten** zu beurteilen und von diesem oder seinem Verteidiger **substantiiert darzulegen,** um einen beantragten Wechsel zu begründen.[34] Die sachgemäße Verteidigung muss durch das nachhaltig zerstörte Vertrauensverhältnis ernsthaft gefährdet sein.[35] Schon die Kopplung der Auswechslung an Voraussetzungen widerspricht indes dem Recht auf einen Verteidiger des Vertrauens – denn wer dies ist, bestimmt sich allein aus der subjektiven Sicht des Beschuldigten.[36] Ferner stellt ein Zwang, das gestörte Vertrauensverhältnis substantiiert darzulegen, einen nicht zu rechtfertigenden **Eingriff in die effektive Verteidigung** dar.[37] Eine Darlegung würde häufig die Bekanntgabe von Verteidigungsinterna, insbes. von Verteidigungsstrategien, erfordern. Diese Problematik verstärkt sich, soweit Erklärungen des beigeordneten Verteidigers verlangt werden.[38] Noch stärker in die Subjektstellung des Beschuldigten greift die Ansicht ein, nach welcher ein Handeln des Verteidigers gegen den Willen des Beschuldigten keine Störung des Vertrauensverhältnisses begründen soll.[39] 17

Maßstab für die Beurteilung soll die Sicht eines verständigen Beschuldigten sein.[40] Eine Störung kann sich insbes. aus **groben Pflichtverletzungen** des Verteidigers, namentlich der Nichteinhaltung unverzichtbarer Mindeststandards, ergeben.[41] Dies ist regelmäßig bei **unzureichender Kontaktaufnahme** mit inhaftierten oder untergebrachten Beschuldigten der Fall[42] – zB erstmaliger Kontakt nach zwei Monaten,[43] keine Besuche während des Zwischenverfahrens,[44] erster Kontakt (erst) unmittelbar vor der Hauptverhandlung. 18

---

[33] BT-Drs. 19/13829, 48.

[34] BGH 24.3.2021 – StB 9/21, BeckRS 2021, 6673 Rn. 4; 16.2.2021 – 3 StR 424/20, BeckRS 2021, 5807 Rn. 4.

[35] BVerfG 26.10.2006 – 2 BvR 426/06, 2 BvR 1620/06, BeckRS 2006, 27503; BGH 26.8.1993 – 4 StR 364/93, BGHSt 39, 310 (314) = NJW 1993, 3275 (3277); OLG München 17.12.2009 – 2 Ws 1101/09, NJW 2010, 1766 (1767); OLG Köln 7.10.2005 – 2 Ws 469/05, NJW 2006, 389; aA zur Darlegungspflicht: LG München I 19.10.2010 – 2 KLs 100 Js 3535/10, StV 2011, 667.

[36] Seier FS Hirsch, 1999, 977 (992).

[37] OLG Karlsruhe 12.2.1988 – 2 Ws 23/88, NStZ 1988, 239 mzustAnm Molketin NStZ 1989, 87; Hellwig/Zebisch NStZ 2010, 602 (604).

[38] So BGH 18.11.2003 – 1 StR 481/03, NStZ 2004, 632 (633); 16.2.2000 – 1 StR 5/00, NStZ 2000, 326.

[39] So OLG Köln 7.10.2005 – 2 Ws 469/05, NJW 2006, 389.

[40] BGH 18.11.2003 – 1 StR 481/03, NStZ 2004, 632 (633); LG Magdeburg 10.7.2008 – 25 Qs 99/08, StV 2008, 630; Müller JR 1996, 124 (126).

[41] BGH 30.9.2008 – 5 StR 251/08, NStZ 2009, 465.

[42] BGH 30.9.2008 – 5 StR 251/08, NStZ 2009, 465; LG Berlin 26.7.2011 – 539 Qs 39/11, StV 2011, 665; LG Magdeburg 10.7.2008 – 25 Qs 99/08, StV 200, 630; AG München 17.6.2011 – 843 Ls 245 Js 129057/11, StV 2011, 668.

[43] OLG Düsseldorf 11.11.2010 – 1 Ws 290/10, NStZ-RR 2011, 48.

[44] OLG Köln 2.2.2007 – 2 Ws 51/07, StraFo 2007, 157; OLG Hamburg 2.6.1972 – 2 Ws 195/72, MDR 1972, 799.

Dabei kommt es nicht nur auf die objektive Sicht, sondern vor allem auf die Sicht des inhaftierten Beschuldigten an.[45] Auch sonstige **Untätigkeit** kann zu einem gestörten Vertrauensverhältnis führen;[46] ebenso die Mitwirkung an einer grob sachwidrigen **Verständigung** zum Nachteil des Beschuldigten.[47]

19 **Weitere Gründe** können **Meinungsverschiedenheiten** über das grundlegende Verteidigungskonzept sein,[48] die Ablehnung des Betreibens der Revision aus zeitlichen oder anderen Gründen, die nicht in der sachgemäßen Beurteilung der Revision als aussichtslos bestehen[49] oder eine Strafanzeige des Verteidigers gegen den Beschuldigten.[50] Abzulehnen ist die Ansicht, Handlungen gegen den Willen des Beschuldigten oder das Unterlassen von gewünschten Prozesshandlungen könnten nicht zu einem Vertrauensverlust führen, da der Verteidiger unabhängiger Beistand und nicht Vertreter des Beschuldigten sei;[51] dies weicht vom Beurteilungsmaßstab eines verständigen Angekl. allzu sehr ab. Ausreichend ist etwa der Vortrag, der Verteidiger habe entlastende Umstände nicht eingebracht.[52] Es genügt ferner, dass der Verteidiger den bestreitenden Angekl. für schuldig hält.[53] Die Untersagung weiterer Fragen an eine Zeugin soll keinen Vertrauensverlust bewirken,[54] auch nicht „haltlose Versprechungen".[55] Wenn ein Konflikt **absichtlich herbeigeführt** wurde, kann dies den Anspruch auf einen Wechsel entfallen lassen.[56] Alle Gründe, die nach der Rspr. eine Auswechslung gegen den Willen des Beschuldigten denkbar erscheinen lassen, machen einen beantragten Wechsel zwingend; ebenso Gründe entspr. des Richterausschlusses gem. §§ 22, 24.[57]

20 **b) Sonstige Gründe.** Sonstige Gründe, die eine angemessene Verteidigung des Beschuldigten ersichtlich gefährden, führen ebenso zur Entpflichtung des Verteidigers. Wichtige Gründe sind grundsätzlich Umstände, die „den Zweck der Pflichtverteidigung, dem Beschuldigten einen geeigneten Beistand zu sichern und den ordnungsgemäßen Verfahrensablauf zu gewährleisten, ernsthaft gefährden".[58] Ein derart starker Eingriff in die Unabhängigkeit der Verteidigung und das Recht auf die freie Verteidigerwahl bedarf indes einer expliziten **gesetzgeberischen Entscheidung;** zumal hiermit eine richterliche Überwachung der Verteidigertätigkeit einherginge.[59] Eine Abberufung gegen den Willen des Beschuldigten kann ferner nicht auf eine **Fürsorgepflicht** gegenüber dem Beschuldigten gestützt werden, da dies dem Subjektstatus des Beschuldigten und somit dem Zweck der Verteidigung und der Gleichstellung eklatant widerspräche.[60]

---

45 LG Aachen 12.4.2005 – 66 KLs 901 Js 10/05, StraFo 2005, 246.

46 LG Berlin 26.7.2011 – 539 Qs 39/11, StV 2011, 665; Lam/Meyer-Mews NJW 2012, 177 (178).

47 BGH 22.6.2011 – 5 StR 226/11, StraFo 2011, 356.

48 BGH 8.2.1995 – 3 StR 586/94, NStZ 1995, 296; KG 10.1.1990 – 4 Ws 298/89, StV 1990, 347; OLG Hamm 13.9.1982 – I Ws 302/82, StV 1982, 510; Lam/Meyer-Mews NJW 2012, 177 (178 f.); Müller JR 1996, 124 (127); aA OLG Köln 31.1.2011 – 2 Ws 79/11, StV 2011, 659.

49 Lam/Meyer-Mews NJW 2012, 177 (179); zeitlich: OLG Stuttgart 12.2.2002 – 1 WS 21/02, StV 2002, 473 (474); OLG Frankfurt a. M. 1.2.1985 – 3 Ws 106/85, StV 1985, 225; andere Gründe: KG 24.7.2008 – 2 Ws 362/08, NJW 2008, 3652; OLG Karlsruhe 30.4.2003 – 3 SS 95/02, StV 2005, 77 (Ls.); vgl. BGH 11.7.1996 – 1 StR 352/96, NStZ 1997, 48.

50 BGH 26.8.1993 – 4 StR 364/93, BGHSt 39, 310 (315 f.) = NJW 1993, 3275 (3277).

51 BGH 26.8.1993 – 4 StR 364/93, BGHSt 39, 310 (313) = NJW 1993, 3275 (3276); vgl. aber LG München I 19.10.2010 – 2 KLs 100 Js 3535/10, StV 2011, 667; aA bzgl. Unterlassen: Lam/Meyer-Mews NJW 2012, 177 (179).

52 OLG Karlsruhe 12.2.1988 – 2 Ws 23/88, NStZ 1988, 239 mzustAnm Molketin NStZ 1989, 87.

53 OLG Düsseldorf 15.7.1992 – 2 Ws 295/92, StV 1993, 6.

54 BGH 8.2.1995 – 3 StR 586/94, NStZ 1995, 296 mAnm Müller JR 1996, 124.

55 OLG Köln 7.10.2005 – 2 Ws 469/05, NJW 2006, 389.

56 BGH 10.12.1997 – 3 StR 441/97, NStZ 1998, 267; 26.8.1993 – 4 StR 364/93, BGHSt 39, 310 (316) = NJW 1993, 3275 (3277).

57 Hilgendorf NStZ 1996, 1 (4).

58 BVerfG 8.4.1975 – 2 BvR 207/75, BVerfGE 39, 238 (244); vgl. BGH 31.1.1990 – 2 StR 449/89, NJW 1990, 1373 (1374).

59 Müller JR 1996, 124 (125); Weigend NStZ 1997, 47.

60 Weigend StV 2009, 573 (576); Seier FS Hirsch, 1999, 977 (991 f.); vgl. Schneider ZRP 1985, 209 (210).

Die Interessen des Beschuldigten müssen bei der Beurteilung im Vordergrund stehen.[61] Der Verteidiger ist eigenständiges Organ der Rechtspflege; das Gericht muss die Verteidigungstaktik nicht verstehen und darf sie nicht beurteilen.[62] Die Feststellung von standeswidrigem Verhalten ist nicht ausreichend;[63] gleiches gilt für Bekleidungsfragen.[64] Auch objektiv unzweckmäßiges und prozessordnungswidriges Verhalten, welches das Verfahren hemmt, ist kein Grund, solange keine **grobe Pflichtwidrigkeit** vorliegt.[65] Darüber hinaus muss eine Wiederholungsgefahr bestehen,[66] die bei einem situationsgebundenen Verhalten grds. nicht vorliegt.[67] Keinesfalls genügen Verfahrensverzögerungen als Folge einer Wahrnehmung von Verteidigerrechten;[68] dies gilt auch für eine dem Verteidiger schon vor Beiordnung bewusste Notwendigkeit der Aussetzung zur Vorbereitung.[69] Das formelle Verfahren der §§ 138a ff. darf nicht umgangen werden;[70] so darf insbes. über den Vorwurf des Missbrauchs prozessualer Mittel ein beigeordneter Verteidiger nicht für Verhalten ausgeschlossen oder diszipliniert werden, welches beim Verteidiger nach § 137 als „Konfliktverteidigung“ zwangsläufig akzeptiert werden muss.[71] 21

Eine Abberufung wegen **Terminproblemen** ist nur bei vollstreckter U-Haft von Mitangekl. zulässig;[72] sie setzt vorherige, erfolglose Bemühungen um Terminabsprachen voraus.[73] Eine grobe Pflichtverletzung liegt im Falle einer definitiven Weigerung, die Verteidigung zu führen, vor,[74] nicht jedoch bei einer sachlich begründeten Verspätung.[75] 22

IV. Verteidigerauswechslung in der Revisionsinstanz (Abs. 3)

Über den Abs. 2 hinaus – welcher einen Verteidigerwechsel aus wichtigem Grund ermöglicht und auch von Amts wegen vorgenommen werden kann – normiert Abs. 3 die Ermöglichung eines solchen Wechsels auch ohne das Vorliegen eines wichtigen Grundes und ausschließlich mit Blick auf die Revisionsinstanz. Ein Verteidigerwechsel ist durch **Antrag des Angeklagten** möglich. Innerhalb dieses Antrags muss zudem bereits der neu zu bestellende Verteidiger bezeichnet werden, da eine gerichtliche Auswahl nicht stattfindet.[76] Der Antrag ist spätestens **binnen einer Woche** nach dem Beginn der Revisionsbegründungsfrist zu stellen. Hierdurch soll es dem Angeklagten bzw. seinem bisherigen Verteidiger – der vorsorglich das Rechtsmittel eingelegt hat – ermöglicht werden, nach Prüfung 23

---

61 OLG Nürnberg 9.5.1995 – Ws 461/95, StV 1995, 287 (290) mAnm Barton.

62 KG 28.11.2008 – 3 Ws 379/08, NStZ-RR 2009, 209; OLG Frankfurt a. M. 1.9.1995 – 1 Ws 198/94, NStZ 1996, 236; OLG Nürnberg 9.5.1995 – Ws 461/95, StV 1995, 287 (289) mAnm Barton; KG 19.4.1982 – 2 Ws 85/82, JR 1982, 349.

63 OLG Frankfurt a. M. 1.9.1995 – 1 Ws 198/94, NStZ 1996, 236.

64 BGH 9.8.1988 – 4 StR 222/88, StV 1988, 418.

65 OLG Frankfurt a. M. 1.9.1995 – 1 Ws 198/94, NStZ 1996, 236; OLG Nürnberg 9.5.1995 – Ws 461/95, StV 1995, 287 (289) mAnm Barton; zu weit: KG 28.11.2008 – 3 Ws 379/08, StV 2009, 572 (573) mablAnm Weigend.

66 Weigend StV 2009, 573 (575).

67 OLG Frankfurt a. M. 24.11.1993 – 3 Ws 646/93, StV 1994, 288.

68 KG 2.2.2007 – (4) 1 Ss 332/06, StV 2008, 68 mAnm Dallmeyer; LG Berlin 29.7.1988 – 512 Qs 57/88, StV 1990, 15.

69 OLG Düsseldorf 22.3.1991 – 2 Ws 121/91, StV 1992, 100.

70 Hilgendorf NStZ 1996, 1 (4); Münchhalffen StraFo 1997, 230 (236); Weigend StV 2009, 573 (574); Seier FS Hirsch, 1999, 977 (988 f., 990 f.); offengelassen: BGH 25.7.2000 – 1 StR 169/00, BGHSt 46, 94 = NStZ 1997, 46 (47) mAnm Weigend; §§ 138a ff.

71 Weigend StV 2009, 573 (575); Seier FS Hirsch, 1999, 977 (989); vgl. LG Bremen 29.12.1988 – II Qs 454/88, StV 1989, 475; probl. OLG Hamburg 17.11.1997 – 2 Ws 255–97, NStZ 1998, 586 mAnm Kudlich und Kühne NJW 1998, 3017.

72 BVerfG 24.7.2008 – 2 BvR 1146/08, BayVBl. 2009, 185; LG Lüneburg 15.11.1991 – VI 14/89, StV 1992, 509.

73 OLG Stuttgart 17.5.2011 – 2 Ws 97, 98/11, Justiz 2011, 294 (ober dictum); Müller JR 1996, 124 (125) mwN; aA OLG Jena 9.5.2008 – 1 Ws 165, 166/08, StV 2009, 576 mAnm Schlothauer.

74 OLG Frankfurt a. M. 19.12.1996 – 3 Ws 1035/96, NStZ-RR 1997, 77.

75 LG Bremen 29.12.1988 – II Qs 454/88, StV 1989, 475.

76 BT-Drs. 19/13829, 49.

der Urteilsbegründung und des Protokolls, abzuwägen, ob eine Auswechslung des Verteidigers notwendig oder zweckmäßig erscheint.[77]

24 Der Antrag ist bei dem Gericht zu stellen, dessen Entscheidung angefochten wird. Dieses Gericht hat so rechtzeitig über den Antrag **gebunden zu entscheiden,** dass die Revisionsbegründungsfrist noch gewahrt werden kann.[78] Für die Zulässigkeit des Verteidigerwechsels in der Revisionsinstanz kommt es, anders als es die Rechtsprechung in den übrigen Instanzen im Falle eines konsensualen Pflichtverteidigeraustausches voraussetzt,[79] **nicht auf Kostenneutralität** an.[80] Der Wechsel kann dabei lediglich abgelehnt werden, sofern der Beiordnung des bezeichneten Verteidigers ein wichtiger Grund entgegensteht. Dem kann jedoch vorgebeugt werden, indem bereits mit dem neuen Verteidiger Kontakt aufgenommen wird, insbes. um die Verfügbarkeit oder das Bestehen von Interessenkonflikten abzuklären.[81]

V. Rechtsmittel (Abs. 4)

25 Abs. 4 setzt als statthaftes Rechtsmittel gegen die Entscheidung über die Auswechslung des Verteidigers gegen einen Wahl- oder anderen Pflichtverteidiger die **sofortige Beschwerde** fest. Während nach früherer Rechtslage diese Entscheidung mit der einfachen Beschwerde angegriffen werden konnte, versucht der Gesetzgeber mit der sofortigen Beschwerde einen Rechtsbehelf festzulegen, der gegen jede Entscheidung im Zusammenhang mit der Bestellung des Pflichtverteidigers statthaft ist und damit mehr Rechtssicherheit herzustellen.[82] Zur Beschwerdebefugnis des Rechtsanwalts s. (→ § 143 Rn. 9).

26 Im Hauptverfahren getroffene Entscheidungen über den Verteidigerwechsel sollen wegen § 336 S. 2 nicht mit der **Revision** angegriffen werden können.[83] Dies gilt nicht in den speziell geregelten Fällen, in denen die Voraussetzungen der notwendigen Verteidigung verletzt wurden (§ 338 Nr. 5) oder die Verteidigung unzulässig beschränkt worden ist (§ 338 Nr. 8), sowie in Fällen, in denen Entscheidungen über den Verteidigerwechsel auf Willkür beruhen oder ein Eingriff in spezifisch verfassungsrechtlich geschützte Rechte anzunehmen ist (→ § 143 Rn. 45).

§ 144 Zusätzliche Pflichtverteidiger

(1) In den Fällen der notwendigen Verteidigung können dem Beschuldigten zu seinem gewählten oder einem gemäß § 141 bestellten Verteidiger bis zu zwei Pflichtverteidiger zusätzlich bestellt werden, wenn dies zur Sicherung der zügigen Durchführung des Verfahrens, insbesondere wegen dessen Umfang oder Schwierigkeit, erforderlich ist.

(2) [1]Die Bestellung eines zusätzlichen Verteidigers ist aufzuheben, sobald seine Mitwirkung zur zügigen Durchführung des Verfahrens nicht mehr erforderlich ist. [2] § 142 Absatz 5 bis 7 Satz 1 gilt entsprechend.

I. Allgemeines

1 Bis zum Gesetz zur Neuregelung des Rechts der notwendigen Verteidigung kannte die StPO keine Vorschrift zur Frage, unter welchen Voraussetzungen ein sog **Sicherungsverteidiger** (früher: Zwangsverteidiger) bestellt werden kann. Dennoch war eine solche Bestellung – auch gegen den Willen des Beschuldigten – nach der hM und höchstrichterli-

[77] BT-Drs. 19/13829, 49.
[78] Krawczyk in BeckOK StPO Rn. 39.
[79] BGH 12.11.2020 – StB 39/20, BeckRS 2020, 32624; → Rn. 7.
[80] BT-Drs. 19/13829, 49.
[81] BT-Drs. 19/13829, 49.
[82] BT-Drs. 19/13829, 49; ausf. → § 142 Rn. 39 ff.
[83] BT-Drs. 19/13829, 49; BGH 4.5.2021 – 3 StR 49/21, BeckRS 2021, 16450.

chen Rechtsprechung in der früheren Rechtslage bereits zulässig,[1] wenn sich die Gefahr abzeichnete, dass der gewählte Verteidiger die zur reibungslosen Durchführung der Hauptverhandlung erforderlichen Maßnahmen nicht treffen konnte oder wollte,[2] bzw. wenn das Verfahren so langwierig und umfangreich war, dass zu befürchten war, dass das Verfahren nicht alleine durch den Wahlverteidiger zu führen sein wird.[3] Die Vorschrift dient nun der Kodifizierung der höchstrichterlich anerkannten Rechtspraxis, zusätzlich zu einem Wahl- oder Pflichtverteidiger weitere Verteidiger als Sicherungsverteidiger zu bestellen.

II. Bestellung eines zusätzlichen Pflichtverteidigers (Abs. 1)

Sofern die Voraussetzungen des Abs. 1 erfüllt sind, steht die Entscheidung über die Bestellung eines oder mehrerer Sicherungsverteidigers im Ermessen des Gerichts; die Anzahl der möglichen Sicherungsverteidiger darf dabei aus Kosten- und prozessökonomischen Gründen nicht überschritten werden.[4] 2

1. Voraussetzungen. Der Anwendungsbereich ist eröffnet, sofern es sich um einen Fall der notwendigen Verteidigung handelt und dem Beschuldigten bereits ein Verteidiger bestellt wurde. Dabei ist es unerheblich, ob der bisherige Verteidiger ein Wahl- oder Pflichtverteidiger ist.[5] Die Bestellung eines weiteren Verteidigers setzt voraus, dass dies (und die Anwesenheit) zur Sicherung der **zügigen Durchführung des Verfahrens** erforderlich ist. Der Wortlaut greift exemplarisch bisherige Kriterien der Rspr. zur Bestellung eines zusätzlichen Pflichtverteidigers auf, sodass sich die bis zur Kodifizierung ergangenen Entscheidungen bei der Auslegung des Gesetzes zumindest heranziehen lassen.[6] Bei der Frage der Erforderlichkeit stellt Abs. 1 in erster Linie auf **Umfang oder Schwierigkeit** des Verfahrens ab. Dabei zeichnet sich der Umfang insbes. durch den verfahrensgegenständlichen Prozessstoff sowie die Anzahl der zu erwartenden Hauptverhandlungstermine aus. Sind danach Ausfälle und Terminkollisionen eine unvermeidliche organisatorische Folge, kann die zügige Verfahrensdurchführung mit der Beiordnung zusätzlicher Pflichtverteidiger sichergestellt werden.[7] Eine starre Grenze hinsichtlich der Dauer einer Hauptverhandlung, ab der ein zusätzlicher Pflichtverteidiger erforderlich ist, existiert nicht.[8] Daneben führt Abs. 1 die Schwierigkeit des Verfahrens auf. Diese wiederum kann sich etwa aus komplexen und ungeklärten Rechtsfragen[9] oder beim Zusammentreffen von höchst unterschiedlichen Rechtsmaterien[10] ergeben und muss zur Folge haben, dass sich der Prozessstoff nur durch arbeitsteiliges Zusammenwirken bewältigen lässt.[11] Die bisherige Rspr. zum neugeregelten § 144 bleibt dabei jedoch ihrer nicht unproblematischen restriktiven Linie treu und zieht die Bestellung eines 3

---

[1] EGMR 25.9.1992 – 62/1991/314/385, „Croissant" EuGRZ 1992, 542 (545); BVerfG 28.3.1984 – 2 BvR 275/83, BVerfGE 66, 313 (321) = NJW 1984, 2403 (2404); BGH 24.1.1961 – 1 StR 132/60, BGHSt 15, 306 = NJW 1961, 740 (741); OLG Düsseldorf 18.9.2002 – 2 WS 242/02, StV 2004, 62 mablAnm Bockemühl; aA ua Römer ZRP 1977, 92; Schmidt-Leichner NJW 1975, 417 (421 ff.).

[2] OLG Bamberg 8.8.2003 – Ws 509/03, StraFo 2003, 419; OLG Schleswig 27.9.2002 – 2 Ws 323/02 (198/02), SchlHA 2003, 190; OLG Frankfurt a. M. 9.10.1985 – 3 Ws 867/85, StV 1986, 144; krit. Braum StV 2001, 558 (559).

[3] OLG Hamm 23.6.1978 – 6 Ws 338/78, NJW 1978, 1986; OLG Frankfurt a. M. 9.10.1985 – 3 Ws 867/85, StV 1986, 144.

[4] BT-Drs. 19/13829, 50.

[5] BT-Drs. 19/13829, 49.

[6] BGH 31.8.2020 – StB 23/20, NStZ 2020, 754 (755); OLG Hamburg 13.1.2020 – 2 Ws 3/20, BeckRS 2020, 538; differenzierter Pätzel NStZ 2021, 257.

[7] BT-Drs. 19/13829, 49.

[8] KG 6.8.2018 – 4 Ws 104/18, BeckRS 2018, 24184; von dem Erfordernis einer außergewöhnlich langen Hauptverhandlung spricht OLG Hamburg 13.1.2020 – 2 Ws 3/20, BeckRS 2020, 538 mwN.

[9] BGH 31.8.2020 – StB 23/20, NStZ 2020, 754 (756).

[10] Pätzel NStZ 2021, 257 (258).

[11] OLG Hamburg 13.1.2020 – 2 Ws 3/20, BeckRS 2020, 538; KG 6.7.2016 – 2 Ws 176/16 – 141 AR 340/16, BeckRS 2016, 111377.

zusätzliches Pflichtverteidigers nur in eng begrenzten Ausnahmefällen in Betracht.[12] Die Erforderlichkeit kann zudem aus der Person des bereits bestellten Verteidigers entstehen, wenn dessen Teilnahme am Verfahren nicht gesichert ist.[13] Dieses kodifizierte Kriterium entspricht der früheren Rspr. **Terminschwierigkeiten,** die durch Terminabsprachen gelöst werden können, sind nicht ausreichend.[14] Der Vorsitzende ist verpflichtet, sich ernsthaft und rechtzeitig um entspr. Terminabsprachen zu bemühen.[15] Ansonsten würde der Sicherungsverteidiger – in mit dem Recht auf freie Verteidigerwahl nicht vereinbarer Weise – faktisch nicht zusätzlich, sondern anstatt des Verteidigers bestellt.[16] Eine ad-hoc-Bestellung, wenn der Wahlverteidiger für einen einzelnen Termin ausfällt, ist schon wegen des Verstoßes gegen das Recht auf effektive Verteidigung unzulässig; ebenso bei einem Terminverlegungsantrag, der auf unzureichender Vorbereitungszeit beruht.[17] Eine Bestellung ist nicht zulässig, wenn der Verteidiger verspätet ist,[18] die Hauptverhandlung begründet verlässt[19] oder nur wegen seiner Bekleidung nicht akzeptiert wird.[20] Gleiches gilt, wenn der Ausfall des Verteidigers in einer viertägigen Hauptverhandlung befürchtet wird[21] oder dem Verteidiger wegen „Konfliktverteidigung" in anderen Verfahren die Unfähigkeit zur ordnungsgemäßen Wahrnehmung der Verteidigung unterstellt wird.[22] Wenn zwei Wahlverteidiger mitwirken, besteht auch bei einer längeren Verhandlung kein Sicherungsbedürfnis.[23] Anhaltspunkt für die Notwendigkeit eines Sicherungsverteidigers soll nach der bisherigen Rspr. ein häufig unmotiviert erscheinender Verteidigerwechsel im Vorverfahren,[24] bzw. häufige Niederlegungen durch den Verteidiger in anderen Verfahren sein;[25] ebenso die Möglichkeit eines späteren Ausschlusses nach §§ 138a ff.[26]

4 **2. Entscheidung des Gerichts.** Die Entscheidung liegt im **Ermessen des Gerichts.**[27] Die Bestellung kann gegen den Willen des Beschuldigten und des Wahlverteidigers erfolgen, wobei dies den Ausnahmefall darstellen soll.[28] Daher muss begründet dargelegt werden, weshalb die Durchführung des Verfahrens mit dem bisherigen Verteidiger nicht hinreichend gesichert ist. Das Interesse an einem „reibungslosen Verfahren" sollte nicht über dem Interesse einer effektiven Strafverteidigung – ausgerichtet an dem (subjektiven)

[12] Vgl. BGH 31.8.2020 – StB 23/20, NStZ 2020, 754; OLG Celle 11.5.2020 – 5 StS 1/20, BeckRS 2020, 8474; OLG Bremen 30.4.2021 – 1 Ws 24/21, BeckRS 2021, 13987; OLG Hamburg 13.1.2020 – 2 Ws 3/20, BeckRS 2020, 538.
[13] BT-Drs. 19/13529, 49.
[14] OLG Dresden 23.3.2009 – 3 Ws 22/09, StV 2010, 476; OLG Düsseldorf 6.9.1999 – 1 Ws 708/99, StV 2000, 412 (413); OLG Köln 2.1.1997 – 2 Ws 697/96, StraFo 1998, 267; OLG Frankfurt a. M. 24.3.1994 – 3 Ws 223/94, StV 1995, 68; Wohlers in SK-StPO § 140 Rn. 62; → § 137 Rn. 22; aA OLG Karlsruhe 11.4.2000 – 2 Ws 102/00, StV 2001, 557 mablAnm Braum; LG Heidelberg 30.7.1999 – 1 Qs 72/99, StraFo 1999, 417.
[15] Vgl. BGH 14.7.2010 – 1 StR 123/10, NStZ-RR 2010, 312 (313); BGH 24.6.2009 – 5 StR 181/09, NStZ 2009, 650 (651); erg. § 137 Rn. 22.
[16] BGH 6.11.1991 – 4 StR 515/91, NJW 1992, 849.
[17] AA OLG Düsseldorf 18.9.2002 – 2 WS 242/02, StV 2004, 62 mablAnm Bockemühl.
[18] OLG Bamberg 8.8.2003 – Ws 509/03, StraFo 2003, 419; Willnow in KK-StPO § 141 Rn. 8.
[19] Willnow in KK-StPO § 141 Rn. 8; vgl. BGH 15.12.1980 – AnwSt (R) 14/80, StV 1981, 133 (135).
[20] OLG Zweibrücken 7.12.1987 – 1 Ws 576 – 577/87, NStZ 1988, 144; vgl. BGH 9.8.1988 – 4 StR 222/88, NStZ 1988, 510; aA OLG München 14.7.2006 – 2 WS 684/06, StV 2007, 27 mablAnm Weihrauch.
[21] OLG Frankfurt a. M. 9.10.1985 – 3 Ws 867/85, StV 1986, 144.
[22] OLG Köln 3.11.2006 – 2 Ws 550/06, StraFo 2007, 28.
[23] KG 29.10.1991 – 5 Ws 343/91, StV 1992, 58.
[24] LG Koblenz 5.1.1994 – 103 Js 51.358/92 – 11 KLs, NStZ 1995, 250 mkritAnm Wasserburg.
[25] OLG Düsseldorf 11.12.1985 – 1 Ws 1123/85, NStZ 1986, 137.
[26] OLG Frankfurt a. M. 22.6.1972 – 3 Ws 222/72, NJW 1972, 2055 (2056).
[27] BT-Drs. 19/13829, 50; BGH 31.8.2020 – StB 23/20, NStZ 2020, 754 (756); OLG Hamburg 13.1.2020 – 2 Ws 3/20, BeckRS 2020, 538; aA und nur hinsichtlich der Zahl der beizuordnenden Pflichtverteidiger Pätzel NStZ 2021, 257 (260 f.).
[28] BT-Drs. 19/13829, 49.

Interesse des Beschuldigten – stehen.[29] Dem Verteidiger als Organ der Rechtspflege einen weiteren Verteidiger „zwangsweise" beizuordnen, erscheint als Misstrauensvotum und als Maßnahme der Disziplinierung.[30] Demnach sollte die Vorschrift **restriktiv angewendet** werden.[31]

III. Dauer der besonderen Bestellung

Die Bestellung eines Sicherungsverteidigers ist nach den allgemeinen Grundsätzen dann aufzuheben, wenn der Fall der notwendigen Verteidigung nicht mehr vorliegt. Darüber hinaus regelt Abs. 2 S. 1 der Vorschrift die Dauer der besonderen Bestellung. Die Bestellung ist aufzuheben, sofern die besonderen Voraussetzungen der Sicherungsverteidigung entfallen und das Sicherungsbedürfnis nicht mehr besteht.[32] Hiervon kann wohl lediglich bei wesentlichen objektiven Änderungen des Verfahrens ausgegangen werden.[33] Dies wird bei der Bestellung zur Sicherung der Durchführung einer umfangreichen Hauptverhandlung regelmäßig erst mit dem Abschluss zu bejahen sein.[34] 5

Mit der Verweisung des Abs. 2 S. 2 wird eine weitere Rechtspraxis der früheren Rechtslage kodifiziert. Demnach ist dem Beschuldigten vor der Bestellung eines zusätzlichen Verteidigers die Gelegenheit zu geben, einen Verteidiger selbst zu bezeichnen. Sollte es zu einer gerichtlichen Auswahl des Sicherungsverteidigers kommen, so muss dieser den Qualitätskriterien des § 142 Abs. 6 entsprechen (→ § 142 Rn. 32 ff.). 6

IV. Rechtsmittel

Die Verweisung des Abs. 2 S. 2 gibt als statthaftes Rechtsmittel die **sofortige Beschwerde** vor.[35] Hiermit kann – wie bereits nach früherer Rechtspraxis – sowohl die Bestellung eines Verteidigers neben einem Wahlverteidiger[36] als auch neben einem Pflichtverteidiger[37] angefochten werden. Dabei kann die Auswahl des Sicherungsverteidigers sowie die fehlende sachliche Rechtfertigung der Bestellung beanstandet werden.[38] Der Prüfungsumfang des Beschwerdegerichts soll in Fällen des § 144 ausnahmsweise darauf beschränkt sein, ob der Vorsitzende des Erstgerichts die Grenzen seines Beurteilungsspielraumes zu den tatbestandlichen Voraussetzungen eingehalten und sein Entscheidungsermessen fehlerfrei ausgeübt hat.[39] Soweit ein wiederholter Antrag auf Beiordnung eines zusätzlichen Pflichtverteidigers nicht auf eine wesentliche Veränderung der zugrundeliegenden tatsächlichen oder rechtlichen Verhältnisse gestützt wird, steht diesem die Rechtskraft des vorausgegangenen Beschlusses entgegen.[40] Zur **Revision** s. (→ § 142 Rn. 44). 7

§ 145 Ausbleiben oder Weigerung des Pflichtverteidigers

(1) [1]Wenn in einem Falle, in dem die Verteidigung notwendig ist, der Verteidiger in der Hauptverhandlung ausbleibt, sich unzeitig entfernt oder sich weigert, die

[29] Neumann NJW 1991, 264 (266); so aber: BVerfG 28.3.1984 – 2 BvR 275/83, BVerfGE 66, 313 (321) = NJW 1984, 2403 (2404); BGH 24.1.1961 – 1 StR 132/60, BGHSt 15, 306 = NJW 1961, 740 (741).
[30] Römer ZRP 1977, 92 (93); vgl. OLG Köln 3.11.2006 – 2 Ws 550/06, StraFo 2007, 28.
[31] Lüderssen/Jahn in Löwe/Rosenberg Rn. 39 ff.; Wasserburg NStZ 1995, 250; vgl. OLG Frankfurt a. M. 24.11.1993 – 3 Ws 646/93, StV 1994, 288.
[32] BT-Drs. 19/13829, 50; Krawczyk in BeckOK StPO Rn. 6.
[33] Schmitt in Meyer-Goßner/Schmitt Rn. 8.
[34] BT-Drs. 19/13829, 50.
[35] BT-Drs. 19/13829, 50; der BGH hingegen betont, dass der Verweis des Abs. 2 S. 2 nur für die Entscheidung über die Aufhebung der Bestellung eines zusätzlichen Verteidigers nach Abs. 2 S. 1 gelte und im Übrigen § 147 Abs. 7 S. 1 unmittelbar heranzuziehen sei, vgl. BGH 31.8.2020 – StB 23/20, NStZ 2020, 754 (755).
[36] LG Köln 13.8.2015 – 105 Qs 177/15, BeckRS 2016, 10368.
[37] OLG Jena 10.5.2012 – 1 Ws 173/12, NStZ-RR 2012, 317.
[38] Krawczyk in BeckOK StPO Rn. 11.
[39] BGH 31.8.2020 – StB 23/20, NStZ 2020, 754.
[40] BGH 21.4.2021 – StB 17/21, NStZ 2021, 625.

Verteidigung zu führen, so hat der Vorsitzende dem Angeklagten sogleich einen anderen Verteidiger zu bestellen. [2]Das Gericht kann jedoch auch eine Aussetzung der Verhandlung beschließen.

(2) Wird der notwendige Verteidiger erst im Laufe der Hauptverhandlung bestellt, so kann das Gericht eine Aussetzung der Verhandlung beschließen.

(3) Erklärt der neu bestellte Verteidiger, daß ihm die zur Vorbereitung der Verteidigung erforderliche Zeit nicht verbleiben würde, so ist die Verhandlung zu unterbrechen oder auszusetzen.

(4) Wird durch die Schuld des Verteidigers eine Aussetzung erforderlich, so sind ihm die hierdurch verursachten Kosten aufzuerlegen.

Übersicht

I. Überblick

1 Ist die Verteidigung notwendig, muss in der Hauptverhandlung mindestens ein Verteidiger des Beschuldigten anwesend sein und die Verteidigung vorbereitet führen. Dies ergibt sich bereits aus § 140 – die Vorschrift des § 145 stellt eine Ergänzung des § 140 dar, welche die Handlungsoptionen des Gerichts bei Abwesenheit des Verteidigers erweitert und der Verfahrenssicherung dient.[1] Somit schränkt § 145 das Recht auf den gewählten Verteidiger ein; dieses grundlegende Beschuldigtenrecht ist bei Auslegung und Anwendung der Norm indes zu beachten.[2]

2 Abs. 1 ermöglicht dem Gericht im Falle einer Abwesenheit des notwendigen Verteidigers in der Hauptverhandlung die Aussetzung der Hauptverhandlung oder die Bestellung eines anderen Verteidigers. Auch eine Unterbrechung der Hauptverhandlung ist möglich (→ Rn. 10). Aus den Grundsätzen des Rechts auf effektive Verteidigung und der freien Verteidigerwahl sowie aus dem Beschleunigungsgebot folgt ein Vorrang der Unterbrechung oder Aussetzung der Hauptverhandlung gegenüber der Bestellung eines neuen Verteidigers (→ Rn. 7). Nach Abs. 3 kann der neu bestellte Verteidiger zum Zwecke seiner Vorbereitung eine Unterbrechung oder Aussetzung der Hauptverhandlung verlangen (→ Rn. 12 ff.). Abs. 4 normiert eine Kostenfolge für den Verteidiger, wenn er durch ein in Abs. 1 genanntes Verhalten eine Aussetzung verschuldet (→ Rn. 16 ff.). Abs. 2 regelt die Aussetzung der

---

1 BVerfG 15.2.2007 – 2 BvR 2563/06, NStZ-RR 2007, 311 (314); Wohlers in SK-StPO Rn. 1; aA allgLit.

2 Julius/Schiemann in Gercke/Julius/Temming/Zöller Vor §§ 140–145 Rn. 4; vgl. BVerfG 15.2.2007 – 2 BvR 2563/06, NStZ-RR 2007, 311 (314); OLG Hamburg 29.6.2006 – 3 Ws 100/06, NJW 2006, 2792.

Hauptverhandlung für den Fall, dass die Notwendigkeit der Verteidigung erst in der Hauptverhandlung entsteht oder festgestellt wird (→ Rn. 11).

II. Ausbleiben in der Hauptverhandlung – Abs. 1

1. Voraussetzungen – S. 1 Hs. 1. Die **Notwendigkeit der Verteidigung** bestimmt sich nach § 140. Abs. 1 ist auf Verteidigungsverhältnisse nach § 137 und § 141 anwendbar. Hat der Beschuldigte **mehrere Verteidiger,** genügt die Anwesenheit bzw. Tätigkeit eines Verteidigers (vgl. § 227; → Rn. 18),[3] soweit dieser alleine als notwendiger Verteidiger tätig sein kann (→ § 138 Rn. 21). Die **Gründe** für das Verhalten des Verteidigers sind für das Vorliegen der Voraussetzungen des Abs. 1 unerheblich; für die Rechtsfolgen nach Abs. 1 (→ Rn. 7) und Abs. 4 (→ Rn. 20 ff.) sind sie hingegen relevant; eine Ausnahme stellt nach allgA die Beurlaubung nach § 231c dar. 3

a) Ausbleiben. Ein Ausbleiben liegt vor, wenn der Verteidiger trotz ordnungsgemäßer Ladung nicht zur Hauptverhandlung erscheint.[4] Schickt der Verteidiger in zulässiger Weise einen **Vertreter** oder erscheint er – innerhalb der Wartefrist oder angekündigt – **verspätet,** ist dies kein Ausbleiben iSd Abs. 1;[5] auch ein längeres Warten ist dem Gericht zur Vermeidung einer Aussetzung zuzumuten.[6] Die Vertretung eines Wahlverteidigers kann durch einen Unterbevollmächtigten erfolgen; ein bestellter Verteidiger kann durch den nach § 53 BRAO bestellten Vertreter vertreten werden[7] – jedoch jeweils nur mit Einwilligung des Beschuldigten.[8] Auch der **verhandlungsunfähige** Verteidiger ist abwesend.[9] Der aus Sicht des Gerichts unangemessen gekleidete Verteidiger ist hingegen nicht abwesend.[10] Der Verteidiger, der sich im Rahmen der **Corona-Pandemie** weigert, im Gerichtssaal einen angeordneten Mund-Nasen-Schutz zu tragen, gilt jedenfalls dann als nicht erschienen, wenn durch seine Teilnahme an der Verhandlung eine Gefährdung der übrigen Prozessbeteiligten zu erwarten ist.[11] 4

b) Unzeitig entfernt. Der Verteidiger hat sich unzeitig entfernt, wenn er die laufende Hauptverhandlung verlässt oder nach einer Verhandlungsunterbrechung nicht in den Sitzungssaal zurückkehrt. Wenn der Verteidiger nach Ende der Unterbrechung im Gerichtsgebäude erreichbar ist, liegt jedoch kein Entfernen vor;[12] ebenso wenig, wenn er wegen der Ausformulierung eines Antrags verspätet in den Sitzungssaal zurückkehrt.[13] **Unzeitig** ist das Entfernen ferner nur, wenn die Mitwirkung des Verteidigers nach § 140 nötig wäre (→ § 140 Rn. 8 f.).[14] 5

---

[3] Weiter Lüderssen/Jahn in Löwe/Rosenberg Rn. 7.

[4] RG 30.5.1919 – II 152/19, RGSt 53, 264; Krawczyk in BeckOK StPO Rn. 2; Beulke in Satzger/Schluckebier/Widmaier StPO Rn. 3; Schmitt in Meyer-Goßner/Schmitt Rn. 5; einschr. bei Verstoß gegen Ladungsfrist Julius/Schiemann in Gercke/Julius/Temming/Zöller Rn. 3; Lüderssen/Jahn in Löwe/Rosenberg Rn. 13; Wohlers in SK-StPO Rn. 8.

[5] OLG Bamberg 8.8.2003 – Ws 509/03, StraFo 2003, 419; Krawczyk in BeckOK StPO Rn. 2; Julius/Schiemann in Gercke/Julius/Temming/Zöller Rn. 3; Schmitt in Meyer-Goßner/Schmitt Rn. 5; Milger NStZ 2006, 121 (125 f.); → § 137 Rn. 24.

[6] OLG Düsseldorf 14.3.1984 – 1 Ws 232/84, StV 1984, 372.

[7] OLG Bamberg 27.10.1988 – Ws 513/88, StV 1989, 470 (471); Stern in AK-StPO Rn. 7; vgl. auch LG Berlin 28.7.1999 – 534 Qs 90/99, NStZ 2000, 51.

[8] OLG Frankfurt a. M. 29.12.1987 – 3 Ws 1186/87, StV 1988, 195; LG Duisburg 9.2.2005 – 31 Qs 9/05, StV 2005, 600 mkritAnm Jahn/Klett-Straub; Referendar: KG 25.11.1971 – 2 Ws 171/71, GA 1972, 211; vgl. aber BGH 27.7.2006 – 1 StR 147/06, StraFo 2006, 454 (455); aA Lüderssen/Jahn in Löwe/Rosenberg Rn. 13 f.

[9] AllgLit; → § 140 Rn. 8.

[10] Lüderssen/Jahn in Löwe/Rosenberg Rn. 18.

[11] OLG Celle 20.5.2021 – 3 Ws 143/21, BeckRS 2021, 11954; LG Hildesheim 10.3.2021 – 15 KLs 21 Js 1192/13, BeckRS 2021, 8319.

[12] Vgl. OLG Koblenz 28.8.1981 – 1 Ws 489/81, NStZ 1982, 43.

[13] Vgl. OLG Schleswig 1.2.1996 – 3 M 89/95, SchlHA 1996, 94.

[14] Lüderssen/Jahn in Löwe/Rosenberg Rn. 5; Schmitt in Meyer-Goßner/Schmitt Rn. 6; vgl. auch RG 14.9.1929 – I 943/29, RGSt 63, 248 (249); OLG Koblenz 28.8.1981 – 1 Ws 489/81, NStZ 1982, 43; Julius/Schiemann in Gercke/Julius/Temming/Zöller Rn. 4.

6 **c) Weigerung, die Verteidigung zu führen.** Diese kann ausdrücklich oder konkludent erklärt werden.[15] Eine ausdrückliche Erklärung liegt ua vor, wenn der Verteidiger feststellt, er sei zur Verteidigung außerstande.[16] Eine konkludente Erklärung muss eindeutig sein; bloße **Untätigkeit** reicht idR nicht aus. Auch wenn objektiv eine Verteidigungsaktivität geboten wäre, kann das Unterlassen einer Verteidigungsstrategie entsprechen.[17] Bleibt der Verteidiger gegen den Willen des Angekl. untätig, ist auf Antrag des Angekl. nach § 142 ein neuer Verteidiger zu bestellen.[18] **Eindeutig** ist die Weigerung, wenn der Verteidiger einen Antrag auf Entbindung und Aussetzung stellt und anschließend nicht mehr tätig wird, zB nicht plädiert.[19] Das bloße Unterlassen des Plädoyers reicht dagegen nicht,[20] solange der Verteidiger nicht erklärt, er sei dazu außerstande, zB mangels Vorbereitung.[21] Das Ablegen der Robe und eine sich anschließende Platznahme im Zuschauerbereich kann sowohl als Entfernung als auch als Weigerungserklärung angesehen werden.[22] Aus Sicht des Gerichts störendes Verhalten des Verteidigers kann nicht Abs. 1 unterfallen.[23] Gleiches gilt für Bekleidungsfragen (→ Rn. 4).

7 **2. Folgen des Ausbleibens, unzeitigen Entfernens oder Weigerung des Pflichtverteidigers.** Liegen die Voraussetzungen des S. 1 vor, kann das Gericht nach S. 1 aE einen neuen Verteidiger bestellen oder nach S. 2 die Verhandlung aussetzen; unstr. ist statt der Aussetzung auch die Unterbrechung möglich. Bei der **Auswahl** der Maßnahme ist das Recht auf den **Verteidiger des Vertrauens** und effektive Verteidigung zu beachten.[24] Im Interesse der Einheit und Geschlossenheit der Verteidigung ist ein Verteidigerwechsel bzw. ein „Ersatzverteidiger" für einzelne Termine zu vermeiden. Daher kommt eine neue Verteidigerbestellung gegen den Willen des Angekl. nur in Betracht, wenn das Verfahren nicht in absehbarer Zeit mit dem bisherigen Verteidiger fortgesetzt werden kann.[25] Das **Beschleunigungsgebot** überwiegt nicht gegenüber den Verteidigungsinteressen,[26] zumal auch bei einem Verteidigerwechsel idR eine Unterbrechung oder Aussetzung zur Wahrnehmung der Beschuldigtenrechte aus § 142 Abs. 5 S. 1 und zur sachgemäßen Einarbeitung notwendig ist[27] bzw. ggf. Teile der Hauptverhandlung wiederholt werden müssen (→ Rn. 9, 15). Ist der Grund der Verteidigerabwesenheit unklar, ist zunächst eine Unterbrechung zur Abklärung der Möglichkeit einer Fortsetzung sachgemäß.[28] Beruht die Verteidigerabwesenheit auf Terminkollisionen auf Seiten des Verteidigers, ist der Vorsitzende zu ernsthaften Bemühungen um eine **Terminabsprache** verpflichtet; Terminierungsprobleme können nur in Ausnahmefällen einen Eingriff in das Recht auf freie Verteidigerwahl rechtfertigen.[29] Bei der Entscheidung, welche Maßnahme zu treffen ist, ist auch der Grund des

---

[15] Ausf. Barton Mindeststandards S. 173 ff.

[16] BGH 14.5.1992 – 4 StR 202/92, NJW 1993, 340 (341).

[17] Vgl. Beulke in Satzger/Schluckebier/Widmaier StPO Rn. 8; Krekeler/Werner in AnwK-StPO Rn. 4; Schmitt in Meyer-Goßner/Schmitt Rn. 7; Wohlers in SK-StPO Rn. 10.

[18] Weiter Stern in AK-StPO Rn. 11.

[19] BGH 14.5.1992 – 4 StR 202/92, NJW 1993, 340 (341); OLG Karlsruhe 5.9.2002 – 2 Ss 131/02, StV 2003, 152; allgLit; vgl. BGH 18.8.1993 – 2 StR 413/93, StV 1993, 566.

[20] BGH 27.11.1979 – S StR 496/79, NStZ 1981, 95 [Pf.].

[21] OLG Karlsruhe 5.9.2002 – 2 Ss 131/02, StV 2003, 152.

[22] BGH 18.8.1993 – 2 StR 413/93, StV 1993, 566.

[23] OLG Nürnberg 9.5.1995 – Ws 461/95, StV 1995, 287 mAnm Barton; Stern in AK-StPO Rn. 12; Lüderssen/Jahn in Löwe/Rosenberg Rn. 18; Wohlers in SK-StPO Rn. 11; Milger NStZ 2006, 121 (126).

[24] OLG Hamm 12.2.2010 – 3 Ws 51/10, NStZ-RR 2010, 245; → § 137 Rn. 3, 6.

[25] LG Dresden 29.12.2006 – 3 Qs 155/06, BeckRS 2007, 05159; Lüderssen/Jahn in Löwe/Rosenberg Rn. 19; Wohlers in SK-StPO Rn. 17; Braum StV 2001, 558 (560); Milger NStZ 2006, 121 (126); vgl. auch OLG Stuttgart 4.11.2008 – 1 Ws 301/08, NStZ-RR 2009, 243 (245); OLG Bamberg 8.8.2003 – Ws 509/03, StraFo 2003, 419 (419).

[26] Schlothauer StV 2009, 578 (580).

[27] OLG Hamm 12.2.2010 – 3 Ws 51/10, NStZ-RR 2010, 245; § 140 Rn. 8; Julius/Schiemann in Gercke/Julius/Temming/Zöller Rn. 8; Schlothauer StV 2009, 578 (580).

[28] Julius/Schiemann in Gercke/Julius/Temming/Zöller Rn. 7; Lüderssen/Jahn in Löwe/Rosenberg Rn. 20.

[29] Julius/Schiemann in Gercke/Julius/Temming/Zöller Rn. 6; Braum StV 2001, 558 (560).

Ausbleibens zu beachten. Liegen keine Anhaltspunkte dafür vor, dass der Verteidiger erneut nicht erscheinen würde, verbleibt kein Raum für die Bestellung eines anderen Verteidigers.[30] Daher sollte der Verteidiger die voraussichtliche Dauer einer Erkrankung mitteilen.[31] Legt der Wahlverteidiger das Wahlmandat nieder und ist mit Zustimmung des Angekl. bereit, als Pflichtverteidiger tätig zu werden, besteht kein Anlass für eine Aussetzung.[32]

a) Neuer Verteidiger – S. 1 Hs. 2. „Sogleich" iSd S. 1 Hs. 2 stellt keine zeitliche Einschränkung dar, sondern postuliert die Vornahme der Bestellung, bevor (weiter) zur Sache verhandelt wird.[33] Eine vorherige Unterbrechung bzw. Aussetzung ist daher möglich und idR nötig; ua um die Notwendigkeit der Neubestellung zu prüfen und bei der Bestellung das Auswahlrecht inkl. der Fristsetzung des § 142 Abs. 5 S. 1 zu beachten.[34] Wenn der Angekl. zuvor einen (neuen) Wahlverteidiger benennt, verbleibt kein Raum für eine Beiordnung.[35] Eine schon zuvor bestehende Beiordnung endet nicht automatisch, sondern kann nur unter den Voraussetzungen des § 143 zurückgenommen werden. 8

Aus Abs. 3 und § 227 ergibt sich, dass die Verhandlung ohne **Wiederholung** mit dem neuen Verteidiger fortgesetzt werden kann. Dies gilt jedoch nur, wenn die nachträgliche Information über den bisherigen Verlauf der Verhandlung ausreicht, um eine sachgemäße Verteidigung zu ermöglichen;[36] im Zweifel sind insbes. bei rechtlich oder tatsächlich schwierig gelagerten Fällen die wesentlichen Teile der Beweisaufnahme zu wiederholen.[37] Das Fragerecht darf nicht beschnitten werden, so dass Anträgen auf erneute Zeugenvernehmung idR zu entsprechen ist.[38] Neben Abs. 3 kann auch § 265 Abs. 4 zu einer Aussetzung der Hauptverhandlung führen (→ Rn. 14). 9

b) Aussetzung oder Unterbrechung – S. 2. Wegen der Belastung eines vollständigen Neubeginns der Hauptverhandlung für alle Beteiligten und wegen des Beschleunigungsgrundsatzes ist die Unterbrechung, die a maiore ad minus im S. 2 enthalten ist, der Aussetzung vorzuziehen. Ist fraglich, wann mit dem Verteidiger weiterverhandelt werden kann, ist zunächst zu unterbrechen.[39] 10

III. Bestellung in der Hauptverhandlung – Abs. 2

Wird während der Hauptverhandlung die Notwendigkeit der Verteidigung gem. § 140 festgestellt, muss vor Fortsetzung der Verhandlung ein Verteidiger bestellt werden. Nach Abs. 2 steht eine Aussetzung im Ermessen des Gerichts. Bei der Entscheidung ist die nach § 142 Abs. 5 S. 1 notwendige Benennungsfrist und eine sachgemäße Vorbereitungszeit zu beachten; zudem, dass wesentliche Teile der Beweisaufnahme in Anwesenheit des Verteidigers zu wiederholen sind, wenn die Verhandlung nicht ausgesetzt wird (→ § 140 Rn. 59).[40] Ist eine Wiederholung nicht möglich, muss die Verhandlung ausgesetzt werden.[41] 11

IV. Aussetzung oder Unterbrechung zur Vorbereitung – Abs. 3

Abs. 3 stellt klar, dass die bloße Anwesenheit eines Verteidigers nicht ausreicht, sondern dass dem Recht auf eine wirksame Verteidigung nur dann Rechnung getragen wird, wenn der 12

[30] LG Dresden 29.12.2006 – 3 Qs 155/06, BeckRS 2007, 05159; Julius/Schiemann in Gercke/Julius/Temming/Zöller Rn. 6, 8; Lüderssen/Jahn in Löwe/Rosenberg Rn. 19.
[31] BGH 12.10.1999 – 4 StR 391/99, Kusch NStZ-RR 2000, 289 – RsprÜ; Stern in AK-StPO Rn. 29.
[32] Lüderssen/Jahn in Löwe/Rosenberg Rn. 21.
[33] RG 28.6.1910 – V 536/10, RGSt 44, 16 (17); Lüderssen/Jahn in Löwe/Rosenberg Rn. 22; Schmitt in Meyer-Goßner/Schmitt Rn. 3; Wohlers in SK-StPO Rn. 12.
[34] Krawczyk in BeckOK StPO Rn. 6; Lüderssen/Jahn in Löwe/Rosenberg Rn. 23; Rogat JR 1998, 252.
[35] OLG Karlsruhe 25.2.1991 – 2 Ss 13/91, StV 1991, 199 (200); allgLit.
[36] Vgl. BGH 30.10.1959 – 1 StR 418/59, BGHSt 13, 337 (340).
[37] Lüderssen/Jahn in Löwe/Rosenberg Rn. 20, 27 f.; Wohlers in SK-StPO Rn. 15 mwN.
[38] BGH 30.10.1959 – 1 StR 418/59, BGHSt 13, 337 (345).
[39] Wohlers in SK-StPO Rn. 16.
[40] Vgl. Willnow in KK-StPO Rn. 8; Lüderssen/Jahn in Löwe/Rosenberg Rn. 24; Schmitt in Meyer-Goßner/Schmitt Rn. 10; Wohlers in SK-StPO Rn. 31.
[41] Willnow in KK-StPO Rn. 8; Schmitt in Meyer-Goßner/Schmitt Rn. 10; Wohlers in SK-StPO Rn. 31.

Verteidiger ausreichend Zeit zur Vorbereitung hatte.[42] Nur der Verteidiger, der den Verfahrensstoff beherrscht, kann iSd § 140 mitwirken.[43] Dies setzt die Kenntnis der Akten und des Verfahrensstands, die Besprechung mit dem Angekl. sowie die Erarbeitung einer Verteidigungsstrategie voraus.[44] Der **Anwendungsbereich** des Abs. 3 umfasst Beiordnungen in den Fällen des Abs. 1 S. 1, des Abs. 2 und Beiordnungen, die vor der Hauptverhandlung, aber nach Beginn der Ladungsfrist erfolgen. Die Regelung ist gleichermaßen anzuwenden, wenn ein **Wahlverteidiger** beauftragt wird – sowohl anstatt einer Beiordnung nach Abs. 1 S. 1 oder Abs. 2 als auch, weil das Gericht nicht von einem Fall des § 140 ausging.[45]

13 Entscheidend ist die **Erklärung des Verteidigers,** er sei nicht ausreichend vorbereitet. Eine **Überprüfung** durch das Gericht – auch auf Missbräuchlichkeit – erfolgt nicht;[46] eine Darlegung der Gründe ist weder für den Antrag nach Abs. 3 noch für die Revision erforderlich.[47] Dass der Verteidiger sich einem Antrag des Angekl. anschließt, reicht nicht aus.[48] Die Erklärung muss erfolgen, bevor die Verteidigung in der Hauptverhandlung aufgenommen wird;[49] erfolgt also die Beiordnung außerhalb der Hauptverhandlung, muss der Verteidiger die Erklärung nicht sofort abgeben, sondern kann sich zunächst einen Überblick über die Verfahrenslage verschaffen. Wurde bereits verhandelt, ist eine Erklärung nach Abs. 3 **verspätet** (→ Rn. 14).[50] Dass der Verteidiger vor Beiordnung eine Erklärung nach Abs. 3 ankündigt, darf nicht Grund für eine Nichtbeiordnung sein.

14 Abs. 3 ergänzt das Recht auf eine effektive und somit ausreichend vorbereitete Verteidigung; dh Abs. 3 schließt eine **Aussetzung nach § 265 Abs. 4** zur Einarbeitung eines Verteidigers nicht aus. Eine solche ist insbes. zu prüfen, wenn der Angekl. einen unzulässigen Antrag nach Abs. 3 stellt[51] oder wenn aufgrund des tatsächlichen Umfangs und/oder der rechtlichen Schwierigkeit naheliegt, dass die Vorbereitungszeit für den Verteidiger nicht ausreichend war.[52] Beantragt der Verteidiger außerhalb des Abs. 3 die Aussetzung wegen fehlender Vorbereitung – etwa weil er den Umfang erst zu spät überblickt oder wegen des Ausfalls eines von mehreren Verteidigern –, ist der Rechtsgedanke des Abs. 3 entspr. anzuwenden und die Erklärung mangelnder Vorbereitungszeit nicht gerichtlich zu überprüfen.[53]

15 Nach verbreiteter Ansicht steht nach einer Erklärung iSd Abs. 3 die Auswahl zwischen **Aussetzung und Unterbrechung** – und deren Dauer – im Ermessen des Gerichts.[54] Eine umfassende Abwägung kann das Gericht in Unkenntnis der Verteidigungsinterna jedoch nicht vornehmen, so dass der Antrag des Verteidigers entscheidend zu sein hat;[55] unabhängig

[42] BGH 24.11.1999 – 3 StR 390/99, NStZ 2000, 212 (213) mAnm Hammerstein NStZ 2000, 327 und Stern StV 2000, 404.
[43] BGH 30.10.1959 – 1 StR 418/59, BGHSt 13, 337 (343 f.).
[44] BGH 24.11.1999 – 3 StR 390/99, NStZ 2000, 212 (213) mAnm Hammerstein NStZ 2000, 327 und Stern StV 2000, 404; RG 16.7.1943 – 1 C 158/43, RGSt 77, 153 (155); 137 Rn. 23 mwN.
[45] OLG Karlsruhe 25.2.1991 – 2 Ss 13/91, StV 1991, 199 (200); allgLit vgl. auch BGH 12.3.1963 – 1 StR 36/63, NJW 1963, 1114 (1115).
[46] AllgA; ua BGH 24.11.1999 – 3 StR 390/99, NStZ 2000, 212 (213); Lüderssen/Jahn in Löwe/Rosenberg Rn. 26; aA bei offensichtlichem Missbrauch BGH 25.6.1965 – 4 StR 309/65, NJW 1965, 2164 (2165).
[47] Vgl. zu § 265 Abs. 4 BGH 24.6.2009 – 5 StR 181/09, NStZ 2009, 650.
[48] BGH 17.7.1973 – 1 StR 61/73, NJW 1973, 1985 (1986).
[49] OLG Zweibrücken 7.7.2003 – 1 Ss 76/03, BeckRS 2003 30322699; Wessing in BeckOK StPO Rn. 9.
[50] BGH 17.7.1973 – 1 StR 61/73, NJW 1973, 1985 (1986); allgLit; offen BGH 30.10.1959 – 1 StR 418/59, BGHSt 13, 337 (339 f.).
[51] BGH 5.5.1998 – 1 StR 140/98, NStZ 1998, 530 (531); 21.1.1981 – 2 StR 461/80, NStZ 1981, 231; 17.7.1973 – 1 StR 61/73, NJW 1973, 1985 (1986) = JR 1974, 247 mAnm Peters; Stern in AK-StPO Rn. 17; Wohlers in SK-StPO Rn. 20.
[52] BGH 25.6.1965 – 4 StR 309/65, NJW 1965, 2164 mAnm Schmidt-Leichner; EGMR 9.4.1984 – I/1983/57/87 – Goddi ./. Italien, StV 1985, 441 (442); RG 16.7.1943 – 1 C 158/43, RGSt 77, 153 (155 f.); Willnow in KK-StPO Rn. 9; Lüderssen/Jahn in Löwe/Rosenberg Rn. 29; Rogat JR 1998, 254; Stern StV 2000, 404; vgl. aber BGH 2.11.1976 – 1 StR 590/76, MDR 1977, 767 mablAnm Sieg.
[53] BGH 17.7.1973 – 1 StR 61/73, NJW 1973, 1985 (1986); Lüderssen/Jahn in Löwe/Rosenberg Rn. 7.
[54] BGH 24.11.1999 – 3 StR 390/99, NStZ 2000, 212 (213); 30.10.1959 – 1 StR 418/59, BGHSt 13, 377 (342 f.); Krawczyk in BeckOK StPO Rn. 11; Schmitt in Meyer-Goßner/Schmitt Rn. 12.
[55] Lüderssen/Jahn in Löwe/Rosenberg Rn. 26 f.; Wohlers in SK-StPO Rn. 19; Peters JR 1974, 248 (249).

von der Frage des Bestehens eines Ermessensspielraums des Gerichts ist die Einschätzung des Verteidigers jedenfalls von großer Bedeutung für die Entscheidung.[56] Auch nach der insoweit aA wird idR nur eine Aussetzung sachgerecht sein,[57] da zumindest in umfangreichen Verfahren die Vorbereitungszeit ansonsten nicht ausreichen kann und gesichert sein muss, dass der neue Verteidiger durch den bisherigen Verteidiger in ausreichender Weise über den bisherigen Verlauf und die Beweisaufnahme informiert wird; im Zweifel müssen die wesentlichen Teile der Hauptverhandlung wiederholt werden.[58] Ein Antrag auf Aussetzung beinhaltet (konkludent) einen Hilfsantrag auf Unterbrechung.[59]

V. Kostentragung durch den Verteidiger – Abs. 4

Wird das Verfahren nach Abs. 1 rechtmäßig ausgesetzt (→ Rn. 7), können dem Verteidiger die Kosten auferlegt werden. Dies gilt auch, wenn das Gericht nach Abs. 1 einen neuen Verteidiger bestellt und es im Rahmen der Beiordnung, etwa durch Abs. 3, zu einer Aussetzung kommt. Dagegen greift Abs. 4 nicht bei einer Unterbrechung oder der Aufhebung eines Termins.[60] Die Voraussetzungen des Abs. 4 sind als Ausnahmevorschrift **eng auszulegen,**[61] da die Gefahr der Instrumentalisierung der Kostendrohung in Terminstreitigkeiten bzw. zur Beeinflussung des Verteidigerverhaltens besteht.[62] Eine Anwendung jenseits des Abs. 1 ist unabhängig von der Feststellung des Verschuldens unzulässig;[63] so etwa, wenn der Verteidiger mangels ausreichender Vorbereitung die Aussetzung beantragt[64] oder die Aussetzung auf dem durch Verteidigerverhalten verursachten Widerruf nach § 143 beruht.[65] **Voraussetzung** der Kostenentscheidung ist ein Verschulden des Verteidigers (→ Rn. 20 ff.), welches die Kenntnis von der Notwendigkeit der Verteidigung voraussetzt (→ Rn. 19); ferner muss die Aussetzung auf dem Verschulden des Verteidigers beruhen (→ Rn. 18). Hinsichtlich der Kenntnis des Verteidigers genügt auch fahrlässige Unkenntnis von der Notwendigkeit der Verteidigung.[66] 16

Die **Kosten** iSd Abs. 4 sind die durch die Aussetzung bedingten Kosten nach § 464a, also Gebühren und Auslagen des Gerichts sowie notwendige Auslagen der Beteiligten – wie sie seitens des Angekl. bei Verurteilung zu leisten wären (→ Rn. 23).[67] 17

1. Beruhen. Die Aussetzung muss alleine auf dem Verhalten des Verteidigers beruhen;[68] hätte auch bei seiner Anwesenheit nicht verhandelt werden können, fehlt es an einem 18

---

56 Lüderssen/Jahn in Löwe/Rosenberg Rn. 26; Stern in AK-StPO Rn. 22.

57 Julius/Schiemann in Gercke/Julius/Temming/Zöller Rn. 18; Lüderssen/Jahn in Löwe/Rosenberg Rn. 28; Eisenberg NJW 1991, 1257 (1263); Zwiehoff JR 2006, 505 (506); vgl. BGH 30.10.1959 – 1 StR 418/59, BGHSt 13, 337 (344.).

58 BGH 30.10.1959 – 1 StR 418/59, BGHSt 13, 337 (344.); Willnow in KK-StPO Rn. 10; Schmitt in Meyer-Goßner/Schmitt Rn. 12.

59 BGH 24.11.1999 – 3 StR 390/99, NStZ 2000, 212 (213).

60 BGH 27.2.1984 – 3 StR 396/83 Rn. 36, BGHSt 32, 275 = NJW 1984, 2048 (insoweit nicht abgedr.); OLG Celle 1.3.1979 – 1 Ws 39/79, MDR 1979, 864; OLG Nürnberg 20.8.1970 – Ws 270/70, AnwBl 1971, 25; allgLit; zu abgelehnter Reform: BR-Drs. 633/1/95, 3.

61 OLG Celle 1.3.1979 – 1 Ws 39/79, MDR 1979, 864; OLG Nürnberg 20.8.1970 – Ws 270/70, AnwBl 1971, 25.

62 Stern in AK-StPO Rn. 23; Julius/Schiemann in Gercke/Julius/Temming/Zöller Rn. 2; Wohlers in SK-StPO Rn. 25; Thielmann ZRP 2005, 123; Zwiehoff JR 2006, 505.

63 OLG Jena 22.1.2003 – 1 Ws 18/03, StV 2003, 432; OLG Köln 22.8.2000 – 2 Ws 405/00, StV 2001, 389 (390) mwN; KG 15.12.1999 – 4 Ws 257/99, NStZ-RR 2000, 189 mwN; OLG Bamberg 27.10.1988 – Ws 513/88, StV 1989, 470; Stern in AK-StPO Rn. 23, 30; Krawczyk in BeckOK StPO Rn. 13; Julius/Schiemann in Gercke/Julius/Temming/Zöller Rn. 2, 11 f.; Willnow in KK-StPO Rn. 12; Schmitt in Meyer-Goßner/Schmitt Rn. 17 f.; Wohlers in SK-StPO Rn. 25; aA LG Berlin 12.11.2002 – 511 Qs 94/02, NStZ 2003, 280; OLG Hamburg 19.10.1981 – 1 Ws 358/81, NStZ 1982, 171; LG Frankfurt a. M. 26.11.1976 – 2 Ws 143/76, NJW 1977, 913.

64 OLG Nürnberg 12.8.1998 – Ws 817/98, StV 1998, 584.

65 OLG Köln 22.8.2000 – 2 Ws 405/00, StV 2001, 389.

66 KG 28.9.2001 – 2 AR 141/01 – 4 Ws 153/01, ZAP EN-Nr. 427/2002.

67 OLG Karlsruhe 18.12.1979 – 4 Ws 171/79, NJW 1980, 951 (952).

68 OLG Hamm 14.1.1988 – 4 Ws 9/88, NStZ 1988, 240; Stern in AK-StPO Rn. 24; Willnow in KK-StPO Rn. 12; Wohlers in SK-StPO Rn. 25.

Beruhen.[69] Ebenso entfällt das Beruhen, wenn man die Störung des Verhandlungsablaufs ohne Aussetzung hätte verhindern können.[70] Das Beruhen kann insbes. bei **mehreren Verteidigern** fraglich sein. Es genügt grds., wenn von mehreren Verteidigern ein Verteidiger anwesend ist; tritt trotzdem ein Fall des Abs. 1 ein, sind die Voraussetzungen des Abs. 4 für jeden Verteidiger einzeln festzustellen.[71] Die Rspr. prüft jedoch nicht das Beruhen, sondern ausschließlich die Frage des Verschuldens.[72] Ein Verschulden des Verteidigers ist auszuschließen, wenn er auf das Erscheinen eines anderen Verteidigers vertrauen durfte; dies insbes. dann, wenn dies abgesprochen oder das Erscheinen des Mitverteidigers anderweitig angekündigt war. Auch der Pflichtverteidiger kann auf eine solche Ankündigung vertrauen.[73] Der Wahlverteidiger kann – sofern er keine gegenteilige Kenntnis hat – ohne weitere Absprache darauf vertrauen, dass der Pflichtverteidiger erscheint.[74]

19 **2. Wissen um notwendige Verteidigung.** Der Verteidiger muss Kenntnis von der Notwendigkeit der Verteidigung gehabt haben; bei dem Wahlverteidiger wird diese Kenntnis nach hM bei der notwendigen Verteidigung nach § 140 Abs. 1 angenommen. Bei § 140 Abs. 2 bedarf es hingegen einer Feststellung der Notwendigkeit der Verteidigung durch den Vorsitzenden.[75] Die Mitteilung wird zT für entbehrlich gehalten, wenn das Vorliegen von § 140 Abs. 2 offensichtlich ist.[76]

20 **3. Verschulden.** Neben einer Kenntnis von der Notwendigkeit der Verteidigung setzt das Verschulden ein pflichtwidriges Verhalten des Verteidigers voraus. Demnach kann bei prozessual zulässigem Verhalten bzw. der Verweigerung von prozesswidrigem Verhalten kein Verschulden vorliegen.[77] Gleiches gilt, wenn der Verteidiger die Mitwirkung verweigert, weil er das Vorgehen für rechtswidrig hält und die entspr. Rechtsfrage noch ungeklärt ist.[78] Das Herbeiführen der Situation des Abs. 1 kann dabei selbstverständlich nur dann letztes Mittel der Abwehr von Verfahrenssituationen[79] sein, die die Rechte des Angekl. bzw. der Verteidigung erheblich verletzen, wenn der Verteidiger zuvor entspr. Anträge gestellt hat.[80] Gerechtfertigt ist ein Verlassen der Hauptverhandlung, wenn keine sachgemäße Verteidigung möglich ist, ua wegen unzureichender Vorbereitung und nach Ablehnung eines Antrags nach Abs. 3,[81] nach Verweigerung eines notwendigen Gesprächs mit dem Angekl., bei Beeinträchtigung der Verteidigungsfähigkeit wegen Krankheit oder überlanger Verhandlungsdauer.[82]

69 OLG Stuttgart 4.11.2008 – 1 Ws 301/08, NStZ-RR 2009, 243 (245).
70 Stern in AK-StPO Rn. 24; Lüderssen/Jahn in Löwe/Rosenberg Rn. 34; Zwiehoff JR 2006, 505 (508).
71 Vgl. OLG Jena 22.1.2003 – 1 Ws 18/03, StV 2003, 432.
72 Vgl. KG 16.5.2000 – 4 Ws 93/00, StV 2000, 406; OLG Köln 25.6.1996 – 2 Ws 298/96, StV 1997, 122.
73 KG 16.5.2000 – 4 Ws 93/00, StV 2000, 406; Lüderssen/Jahn in Löwe/Rosenberg Rn. 37.
74 OLG Köln 25.6.1996 – 2 Ws 298/96, StV 1997, 122.
75 LG Berlin 24.1.2008 – 510 Qs 1/08, BeckRS 2008, 10239; Wohlers in SK-StPO Rn. 27; vgl. OLG München 12.3.1979 – 3 Ws 11/79, MDR 1979, 779; weiter Julius/Schiemann in Gercke/Julius/Temming/Zöller Rn. 11.
76 OLG Brandenburg 1.9.2011 – 1 Ws 135/11, StRR 2012, 42 (insoweit nicht abgedr.); LG Berlin 20.2.2004 – 511 Qs 18/04; Willnow in KK-StPO Rn. 11; Schmitt in Meyer-Goßner/Schmitt Rn. 20.
77 BGH 8.2.1957 – 1 StR 375/56, BGHSt 10, 202, 207 = NJW 1957, 881; allgLit; vgl. BGH 15.12.1980 – AnwSt (R) 14/80, StV 1981, 133.
78 BayObLG 18.1.1956 – BReg 3 St 175/55, NJW 1956, 390 (391); Wohlers in SK-StPO Rn. 28 f.; vgl. BGH 15.12.1980 – AnwSt (R) 14/80, StV 1981, 133.
79 AnwGH NRW 1.7.2005 – (2) 6 EVY 7/04, NJW-RR 2006, 1491 (1493); OLG Schleswig 13.1.1977 – 1 Ws 510/76, SchlHA 1977, 61 = MDR 1977, 775; ausf. Zwiehoff JR 2006, 505; Julius/Schiemann in Gercke/Julius/Temming/Zöller Rn. 4, 13; offen OLG Köln 15.7.2005 – 2 Ws 237 – 240/05, NJW 2005, 3588 (3589); aA Krawczyk in BeckOK StPO Rn. 3; Schmitt in Meyer-Goßner/Schmitt Rn. 6; Reinhart in Radtke/Hohmann Rn. 4.
80 Vgl. BGH 15.12.1980 – AnwSt (R) 14/80, StV 1981, 133 (135); OLG Hamm 28.10.1966 – 4 Ws 436/65, JMBl. NW. 1967, 105 = NJW 1967, 897.
81 Stern StV 2000, 404 (405 f.); Burhoff HV Rn. 152.
82 Vgl. BGH 15.12.1980 – AnwSt (R) 14/80, StV 1981, 133 (135) mwN; OLG Frankfurt a. M. 24.11.1993 – 3 Ws 646/93, StV 1994, 288.

Ebenso, wenn Gelegenheit zur Prüfung der Gerichtsbesetzung[83] oder das letzte Wort nicht gewährt wurde.[84]

21 Die dem Gericht mitgeteilte, begründete **Verspätung** führt nie zu einem Verschulden iSd Abs. 4.[85] Gleiches gilt im Falle einer Verspätung, in Bezug auf welche von einem Zuwarten des Gerichts ausgegangen werden durfte.[86] Bleibt der Verteidiger nach Stellung eines **Terminverlegungsantrags** fern, liegt kein Verschulden vor, wenn er von einer antragsgemäßen Verlegung ausgehen durfte[87] oder der Antrag ermessensfehlerhaft abgelehnt wurde.[88] Dies gilt insbes. in Bezug auf kurzfristige Terminierungen ohne vorherige Terminabsprache.[89] Die Mitteilung des Angekl. ggü. seinem Verteidiger, er habe begründet um Terminverschiebung gebeten, rechtfertigt ein entsprechendes Vertrauen des Verteidigers indes nicht.[90] Die Aussetzung beruht nicht auf einem Verschulden des Verteidigers, wenn er eine Terminkollision mitteilt und der Vorsitzende daraufhin nichts unternimmt.[91] Andersherum liegt Verschulden vor, wenn der Verteidiger eine Verhinderung oder unzureichende Vorbereitungszeit nicht rechtzeitig mitteilt, obwohl ihm dies möglich wäre;[92] gleiches soll gelten, wenn er einen drohenden Zulassungswiderruf nicht mitteilt.[93]

22 Im Falle einer **Niederlegung** des Mandats rechtzeitig vor Beginn der Hauptverhandlung liegt schon kein Fall des Abs. 1 vor;[94] ebenso im Falle der Berufungsverhandlung, wenn das Mandat von Beginn an nur für eine Instanz begründet worden war.[95] Eine Mandatsniederlegung löst dann kein Verschulden iSd Abs. 4 aus, wenn sie begründet ist und die Gründe nicht vom Verteidiger verschuldet sind; dies gilt auch, wenn die Niederlegung aufgrund neuer Umstände aus Gewissensgründen erfolgt.[96] Zum Schutze des internen Verteidigungsverhältnisses kann keine ausf. Begr. verlangt werden, so dass idR von einer begründeten Niederlegung auszugehen ist.[97] Eine Niederlegung wegen ausbleibender Honorarzahlung ist grds. berechtigt; der Verteidiger muss eine solche unmittelbar vor Beginn der Hauptverhandlung jedoch soweit wie möglich vermeiden.[98] Lässt sich der Verteidiger vertreten (→ Rn. 4), liegt trotz Aussetzung kein Verschulden vor, wenn er dazu grds. bevollmächtigt war bzw. der gesetzliche **Vertreter** auftritt.[99]

---

[83] RAK Frankfurt a. M. StV 1981, 210; aA OLG Frankfurt a. M. 10.2.1981 – 2 Ws 21/81, StV 1981, 289.

[84] BGH 17.12.1954, StV 1981, 133 (135).

[85] OLG Düsseldorf 16.4.1984 – 1 Ws 384/84, StV 1984, 372; Staudinger in KMR-StPO Rn. 9; Schmitt in Meyer-Goßner/Schmitt Rn. 21.

[86] Staudinger in KMR-StPO Rn. 9; Julius/Schiemann in Gercke/Julius/Temming/Zöller Rn. 13.

[87] OLG Stuttgart 4.11.2008 – 1 Ws 301/08, NStZ-RR 2009, 243 (245).

[88] OLG Hamm 13.7.1995 – 2 Ws 358/95, StV 1995, 514.

[89] § 137 Rn. 22 mwN; Wohlers in SK-StPO Rn. 28.

[90] OLG Düsseldorf 25.7.1989 – 1 Ws 687/89, wistra 1990, 79.

[91] OLG Frankfurt a. M. 11.9.1986 – 2 Ws 206/86, StV 1987, 8; Julius/Schiemann in Gercke/Julius/Temming/Zöller Rn. 13; Willnow in KK-StPO Rn. 11; Wohlers in SK-StPO Rn. 28; → § 137 Rn. 22 mwN.

[92] OLG Düsseldorf 10.12.1980 – 1 Ws 721/80, AnwBl 1981, 201.

[93] LG Dortmund 2.7.2008 – 44 KLs 3/08, BRAK-Mitt. 2008, 240; bestätigt durch BVerfG 25.2.2009 – 2 BvR 2542/08, NJW 2009, 1582 (1583).

[94] Vgl. OLG Bamberg 27.10.1988 – Ws 513/88, StV 1989, 470.

[95] AA OLG Brandenburg 1.9.2011 – 1 Ws 135/11, StRR 2012, 42.

[96] BGH 15.12.1980 – AnwSt (R) 14/80, StV 1981, 133 (135); OLG Celle 17.1.1975 – 2 Ws 185 – 186/74, AnwBl 1975, 248; OLG Celle 4.2.1959 – 1 Ws 2/59, Nds. Rpfl. 1961, 137; Wohlers in SK-StPO Rn. 28.

[97] AA Wohlers in SK-StPO Rn. 28; veraltet: OLG Saarbrücken 11.3.1988 – 1 Ws 76/88, StV 1989, 5.

[98] OLG Koblenz 8.4.1975 – 1 Ws 198/75, MDR 1975, 773; OLG Düsseldorf 27.8.1971 – 2 Ws 445/71, AnwBl 1972, 63; Stern in AK-StPO Rn. 27.

[99] OLG Bamberg 27.10.1988 – Ws 513/88, StV 1989, 470 (471); Willnow in KK-StPO Rn. 11; Wohlers in SK-StPO Rn. 29; vgl. auch BGH 27.7.2006 – 1 StR 147/06, StraFo 2006, 454 (455); aA KG 25.11.1971 – 2 Ws 171/71, GA 1972, 211; LG Duisburg 9.2.2005 – 31 Qs 9/05, StV 2005, 600 mkritAnm Jahn/Klett-Straub.

VI. Verfahren und Zuständigkeit

23 In der Hauptverhandlung ist das Gericht für die Entscheidung nach Abs. 1 und Abs. 4 **zuständig.**[100] Wird vorerst zum Zwecke der Sachverhaltsklärung unterbrochen, kann außerhalb der Hauptverhandlung entschieden werden; dann ist das Gericht nach Maßgabe des § 76 GVG zuständig.[101] Die Beiordnung richtet sich nach § 142; somit ist der Vorsitzende zuständig. Wird gegen mehrere Angekl. verhandelt, können die Entscheidungen gem. § 29 auch nach einem Ablehnungsantrag ergehen.[102] Grds. ist der Verteidiger vor der **Kostenentscheidung** anzuhören;[103] wird die Entscheidung in der Hauptverhandlung ohne seine Anwesenheit getroffen, ist § 51 Abs. 2 entspr. anzuwenden.[104] Nach aA genügt die Nachholung des **rechtlichen Gehörs** im Beschwerdeverfahren.[105] Die Entscheidung nach Abs. 4 kann nicht bis zur Entscheidung nach § 464 aufgeschoben werden; die Höhe der Kosten wird jedoch erst im Verfahren nach § 464b festgesetzt (→ Rn. 17).

VII. Rechtsmittel

24 **1. Beschwerde.** Eine Beschwerde gegen die Entscheidung nach Abs. 1 ist sowohl hinsichtlich der Feststellung der Voraussetzungen des **Abs. 1** als auch hinsichtlich der Auswahl der Folgen möglich.[106] Wird ein neuer Verteidiger beigeordnet, ist neben der Beiordnung an sich auch die Auswahl der Beschwerde zugänglich; ebenso eine Entpflichtung des bisherigen Verteidigers.[107] Eine Einschränkung durch § 305 S. 1 wird zT bei der Ablehnung der Unterbrechung oder Aussetzung gesehen.[108]

25 Soweit die Kostengrenze des § 304 Abs. 3 überschritten ist, ist auch die Kostenauferlegung nach **Abs. 4** mit der Beschwerde angreifbar;[109] wobei ein Vortrag zur Kostengrenze entbehrlich ist, wenn dies offensichtlich ist.[110] In entspr. Anwendung des § 51 Abs. 2 S. 3 sind dabei auch nachträgliche Entschuldigungen des Verteidigers einzubeziehen.[111]

26 **2. Revision.** Liegen die Voraussetzungen des Abs. 1 – auch in der Var. 3[112] – vor und das Gericht unternimmt nichts, besteht ein Revisionsgrund nach **§ 338 Nr. 5.**[113] Nach stRspr trifft dies nicht auf einen **Verstoß gegen Abs. 3** zu, weil der unvorbereitete Verteidiger (immerhin) anwesend ist.[114] In diesem Fall ist jedoch **§ 338 Nr. 8** einschlä-

---

100 OLG Köln 25.6.1996 – 2 Ws 298/96, StV 1997, 122; OLG Hamm 13.7.1995 – 2 Ws 358/95, StV 1995, 514; Schmitt in Meyer-Goßner/Schmitt Rn. 22; Wohlers in SK-StPO Rn. 24; Molketin AnwBl 1998, 175 (181).

101 BVerfG 25.2.2009 – 2 BvR 2542/08, NJW 2009, 1582 (1584); OLG Stuttgart 4.11.2008 – 1 Ws 301/08, NStZ-RR 2009, 243.

102 OLG Köln 15.7.2005 – 2 Ws 237-240/05, NJW 2005, 3588.

103 Wohlers in SK-StPO Rn. 24; aA Julius/Schiemann in Gercke/Julius/Temming/Zöller Rn. 14.

104 Vgl. OLG Düsseldorf 6.9.1983 – 1 Ws 753/83, StV 1984, 8.

105 OLG Köln 15.7.2005 – 2 Ws 237 – 240/05, NJW 2005, 3588 (3589); Schmitt in Meyer-Goßner/Schmitt Rn. 23.

106 OLG Schleswig 1.2.1996 – 3 M 89/95, SchlHA 1996, 94; OLG Frankfurt a. M. 29.12.1987 – 3 Ws 1186, 1187/87, StV 1988, 195; Krawczyk in BeckOK StPO Rn. 20; Julius/Schiemann in Gercke/Julius/Temming/Zöller Rn. 16; Willnow in KK-StPO Rn. 13; Lüderssen/Jahn in Löwe/Rosenberg Rn. 40; Wohlers in SK-StPO Rn. 21; einschr. Schmitt in Meyer-Goßner/Schmitt Rn. 25 (keine Beschwerde gegen Maßnahmen nach Abs. 1 S. 2).

107 Julius/Schiemann in Gercke/Julius/Temming/Zöller Rn. 17.

108 Willnow in KK-StPO Rn. 13; Lüderssen/Jahn in Löwe/Rosenberg Rn. 39.

109 AllgA; ausf. OLG Köln 22.8.2000 – 2 Ws 405/00, StV 2001, 389 (insoweit nicht abgedr.).

110 KG 15.12.1999 – 1 AR 1178/9 – 4 Ws 257/99, NStZ-RR 2000, 189.

111 OLG Düsseldorf 6.9.1983 – 1 Ws 753/83, StV 1984, 8; Krawczyk in BeckOK StPO Rn. 19; Julius/Schiemann in Gercke/Julius/Temming/Zöller Rn. 20; Wohlers in SK-StPO Rn. 24; offen: OLG Hamm 31.10.1996 – 1 Ws 212/96, StraFo 1997, 79.

112 BGH 18.8.1993 – 2 StR 413/93, StV 1993, 566; offen 14.5.1992 – 4 StR 202/92, NJW 1993, 340 (341); aA OLG Karlsruhe 5.9.2002 – 2 Ss 131/02, StV 2003, 152.

113 § 140 Rn. 58 f.

114 BGH 24.11.1999 – 3 StR 390/99, NStZ 2000, 212 (213) mkritAnm Hammerstein NStZ 2000, 327 und krit., aber zustAnm Stern StV 2000, 404; Wohlers in SK-StPO Rn. 22; aber → § 140 Rn. 8.

gig;[115] allerdings setzt dieser nach stRspr entgegen der Systematik ein Beruhen iSd § 337 voraus.[116] Bei einer (zeitweisen) Verhandlung mit einem „Scheinverteidiger"[117] kann jedoch das Beruhen idR nicht ausgeschlossen werden.[118] Dies gilt auch, wenn das Gericht nach Abs. 3 zwar unterbricht, jedoch eine Aussetzung erforderlich gewesen wäre bzw. eine längere Unterbrechung.[119] Auch ein Verhandeln in **Abwesenheit des urspr. Verteidigers** gem. Abs. 1 S. 1 kann die Revision nach § 338 Nr. 8 begründen.[120] Gleiches gilt bei einer zulässigen Auswechslung des Verteidigers, wenn die wesentlichen Teile der Hauptverhandlung nicht **wiederholt** wurden, obwohl die Information über den bisherigen Verfahrensablauf nicht ausreichend war (→ Rn. 9, 15), (→ § 140 Rn. 59).[121]

§ 145a Zustellungen an den Verteidiger

(1) [1]Der gewählte Verteidiger, dessen Bevollmächtigung nachgewiesen ist, sowie der bestellte Verteidiger gelten als ermächtigt, Zustellungen und sonstige Mitteilungen für den Beschuldigten in Empfang zu nehmen. [2]Zum Nachweis der Bevollmächtigung genügt die Übermittlung einer Kopie der Vollmacht durch den Verteidiger. [3]Die Nachreichung der Vollmacht im Original kann verlangt werden; hierfür kann eine Frist bestimmt werden.

(2) [1]Eine Ladung des Beschuldigten darf an den Verteidiger nur zugestellt werden, wenn er in seiner nachgewiesenen Vollmacht ausdrücklich zur Empfangnahme von Ladungen ermächtigt ist. [2]§ 116a Abs. 3 bleibt unberührt.

(3) [1]Wird eine Entscheidung dem Verteidiger nach Absatz 1 zugestellt, so wird der Beschuldigte hiervon unterrichtet; zugleich erhält er formlos eine Abschrift der Entscheidung. [2]Wird eine Entscheidung dem Beschuldigten zugestellt, so wird der Verteidiger hiervon zugleich unterrichtet, auch wenn eine Vollmacht bei den Akten nicht vorliegt; dabei erhält er formlos eine Abschrift der Entscheidung.

Schrifttum: Bockemühl, Anm. zu OLG München v. 26.3.2009 – 2 Ws 229/09, StV 2011, 87; Dünnebier, Fristberechnung bei mehrfacher Zustellung (§ 37 Abs 2 StPO), JZ 1969, 94; Fahl, Anm. zu OLG Düsseldorf v. 17.4.2008 – 2 Ss (OWi) 191, 101/07, JR 2008, 524; Kaiser, Die Verteidigervollmacht und ihre Tücken, NJW 1982, 1367; Mayer, Die Zustellungsvollmacht im Strafprozessrecht, NStZ 2016, 76; Metzger, Anm. zu BayObLG v. 20.5.2003 – 2 OB OWI 210/03, DAR 2003, 381; Meyer, Die Zustellungsvollmacht im Strafprozessrecht, NStZ 2016, 76; Meyer-Lohkamp/Venn, Vom (Un-)Sinn der schriftlichen „Strafprozessvollmacht", StraFo 2009, 265; Meyer-Mews, Anm. zu EGMR v. 9.5.2007 – 12788/04, Homann ./. Deutschland, NJW 2008, 2322; Schnarr, Die Zustellung an einen Verteidiger mit Zustellungs-, aber ohne Verteidigervollmacht – ein Beitrag zu § 145a StPO, NStZ 1997, 15; Wendisch, Anm. zu BayObLG v. 4.10.1987 – 1 St 230/87, JR 1988, 304.

---

[115] BGH 26.1.1983 – 3 StR 431/82, NStZ 1983, 281; OLG Karlsruhe 18.11.1982 – 3 Ws 272/82, StV 1991, 199 (200); Julius/Schiemann in Gercke/Julius/Temming/Zöller Rn. 21; Willnow in KK-StPO Rn. 15; Wohlers in SK-StPO Rn. 22.

[116] BGH 24.11.1999 – 3 StR 390/99, NStZ 2000, 212 (213) mkritAnm Hammerstein NStZ 2000, 327 und Stern StV 2000, 404; vgl. aber BGH 24.6.1998 – 5 StR 120/98, NStZ 1998, 530 (531); § 147 Rn. 66.

[117] Stern StV 2000, 404 (405).

[118] RG 16.7.1943 – 1 C 158/43, RGSt 77, 153 (156.); Stern StV 2000, 404 (405 f.); Schmitt in Meyer-Goßner/Schmitt Rn. 26; vgl. auch BGH 19.6.1958 – 4 StR 725/57, NJW 1958, 1736 (1738).

[119] BGH 26.1.1983 – 3 StR 431/82, NStZ 1983, 281; Willnow in KK-StPO Rn. 15; vgl. BGH 25.6.1965 – 4 StR 309/65, NJW 1965, 2164 mAnm Schmidt-Leichner.

[120] BGH 6.11.1991 – 4 StR 515/91, NJW 1992, 849; § 137 Rn. 28; Julius/Schiemann in Gercke/Julius/Temming/Zöller Rn. 21; Wohlers in SK-StPO Rn. 22; vgl. aber BGH 21.1.1981 – 2 StR 461/80, NStZ 1981, 231.

[121] Wohlers in SK-StPO Rn. 22.

Übersicht

I. Allgemeines

1 Der Verteidiger ist grds. Beistand und nicht Vertreter des Beschuldigten und somit nicht für diesen empfangsberechtigt. Dies wurde 1964 durch die Normierung einer unaufhebbaren Fiktion einer Zustellungsvollmacht zum Zwecke der Prozessförderung und Arbeitserleichterung der Justiz geändert.[1] Relevanz erlangt die Regelung vor allem in Gestalt ihrer Auswirkungen auf den Lauf von Fristen. Problematisch erscheint die fehlende Möglichkeit des Beschuldigten, Einfluss auf den Zustellungsadressaten zu nehmen. Dies und die möglichen Nachteile für den Beschuldigten im Zusammenhang mit den Auswirkungen auf Fristläufe erfordern eine enge Auslegung der Norm.[2] Ein weiterer Normzweck ist die Sicherstellung der Information des Verteidigers;[3] diese wäre jedoch auch durch eine zusätzliche – anstelle einer ersetzenden – Zustellung an den Verteidiger zu erreichen, ohne dass dem Verteidiger die Verantwortung für die Erreichbarkeit des Beschuldigten übertragen werden müsste.[4] Die Norm ist nach der Rspr. des EGMR mit der EMRK vereinbar.[5]

2 Die Fiktion der Zustellungsvollmacht in Abs. 1 wird in Abs. 3 durch die Pflicht zur Benachrichtigung des Beschuldigten bzw. des Verteidigers, an den nicht zugestellt wurde, ergänzt. Abs. 2 nimmt Ladungen von der Regelung des Abs. 1 aus. Mit dem StVÄG 1987 wurde der Anwendungsbereich durch den Wegfall von Einschränkungen und die Erstreckung auf formlose Mitteilungen ausgeweitet (→ Rn. 8).[6] Mit dem Gesetz zur Einführung der elektronischen Akte in Strafsachen wurde § 145a medienneutral formuliert – Streichung der „schriftlichen" Vollmacht, ohne dass damit eine inhaltliche Änderung verbunden sein soll.[7]

3 Durch das Gesetz zur Fortentwicklung der Strafprozessordnung und zur Änderung weiterer Vorschriften vom 25.6.2021 (BGBl. I 2099), in Kraft getreten am 1.7.2021, wurden Abs. 1 und Abs. 2 der Vorschrift modifiziert (→ Rn. 7, 13).

II. Zustellungen – Abs. 1

4 **1. Voraussetzungen des Abs. 1. a) Wahlverteidiger.** Wahlverteidiger werden als zustellungsberechtigt angesehen, wenn eine **Verteidigervollmacht aktenkundig** ist. Dies ist nach der derzeitigen Rechtslage der Fall, wenn eine (Kopie der)[8] Vollmacht in

---

1 BGBl. I 1067 (1073); BT-Drs. 10/1313, 21; BGH 8.4.1992 – 2 StR 240/91, BGHSt 38, 271 (273 f.) = NJW 1992, 2039; Julius/Schiemann in Gercke/Julius/Temming/Zöller Rn. 1; Jahn in Löwe/Rosenberg Rn. 1; Wohlers in SK-StPO Rn. 1; Schnarr NStZ 1997, 15.

2 OLG Hamm 5.10.2004 – 4 Ss OWi 524/04, NZV 2005, 386; Julius/Schiemann in Gercke/Julius/Temming/Zöller Rn. 1; vgl. BGH 24.10.1995 – 1 StR 474/95, BGHSt 41, 303 (304) = NJW 1996, 406, aA zur nachteiligen Wirkung: Dünnebier JZ 1969, 94 (97).

3 BT-Drs. 10/1313, 21; allgLit.

4 Vgl. Kaiser NJW 1982, 1367 (1368); Meyer-Lohkamp/Venn StraFo 2009, 265 (270); OLG Karlsruhe 16.4.1980 – 3 Ss 66/80, MDR 1980, 687 (688).

5 EGMR 9.5.2007 – 12788/04, NJW 2008, 2320 – Homann ./. Deutschland mkritAnm Meyer-Mews.

6 BT-Drs. 10/1313, 21.

7 BT-Drs. 18/9416, 60.

8 OLG Köln 2.4.2004 – Ss 126/04 Z – 68 Z, NJW 2004, 3196; BayObLG 13.1.1982 – 1 Ob OWi 498/81, Rüth DAR 1983, 241 (252) – RsprÜ.

der Akte enthalten ist oder eine mündliche Bevollmächtigung im Hauptverhandlungsprotokoll festgehalten wurde.[9] Im Gegensatz zu anderen Normen (→ § 137 Rn. 8) ist für die Eröffnung des Anwendungsbereichs des § 145a zu Gunsten der Rechtsklarheit und des Beschuldigten **im Zweifel** nicht vom Vorliegen einer Vollmacht auszugehen;[10] etwa dann nicht, wenn die Vollmacht Bevollmächtigten, Beschuldigten oder Verfahren nicht eindeutig konkretisiert.[11] (Zusätzliche) Erklärungen des Verteidigers oder eine konkludente Bevollmächtigung, zB durch Auftreten in der Hauptverhandlung, genügen nicht;[12] somit auch nicht die auf eine Kanzlei ausgestellte Vollmacht, wenn der Verteidiger zusätzlich seine persönliche Bevollmächtigung mitteilt.[13] Ebenfalls nicht ausreichend ist eine **außergerichtliche Vollmacht,** mit der sich der Anwalt gegenüber einer Behörde legitimiert hat.[14] Bei Verteidigern nach **§ 138 Abs. 2** müssen Vollmacht und gerichtliche Genehmigung vorliegen.[15]

Die Zustellung muss auf Grundlage der Vollmacht angeordnet werden; die Vollmacht müsste also bereits im **Zeitpunkt** der Zustellungsanordnung aktenkundig sein. Allg. wird dagegen als ausreichend angesehen, dass die Vollmacht vor bewirkter Zustellung in die Akte gelangt.[16] Die Möglichkeit der Zustellung an den Verteidiger endet mit **Ende** des Verteidigungsverhältnisses; nach der (zu kritisierenden) Rspr. aber erst, wenn das Ende des Verteidigungsverhältnisses aktenkundig gemacht wurde;[17] dies kann jedoch konkludent geschehen.[18] Wird etwa ein Antrag auf **Wiederaufnahme** des Verfahrens von einem neuen Verteidiger gestellt, ist von der Beendigung des alten Verteidigungsverhältnisses auszugehen.[19] Wurde die Beendigung des Mandatsverhältnisses mitgeteilt, muss bei Wiederaufleben eine neue Vollmacht eingereicht werden.[20] Die Fiktion des Abs. 1 endet auch im Falle einer Mitteilung des Beschuldigten oder des Verteidigers an das Gericht darüber, dass die Vollmacht unter Fortbestehen des Verteidigungsverhältnisses widerrufen wird.[21] 5

---

[9] BGH 24.10.1995 – 1 StR 474/95, BGHSt 41, 303 = NJW 1996, 406; OLG Celle 14.11.1983 – 2 Ss (OWi) 81/83, NJW 1984, 444 mwN.

[10] Julius/Schiemann in Gercke/Julius/Temming/Zöller Rn. 1; vgl. BGH 24.10.1995 – 1 StR 474/95, BGHSt 41, 303 (304) = NJW 1996, 406.

[11] Vgl. OLG Braunschweig 26.2.2009 – Ss (OWi) 16/09, OLGSt OWiG § 51 Nr. 4; OLG Rostock 20.5.2003 – 2 Ss (OWi) 15/03 I 72/03, NStZ-RR 2003, 336.

[12] BGH 3.12.2008 – 2 StR 500/08, NStZ-RR 2009, 144; 24.10.1995 – 1 StR 474/95, BGHSt 41, 303 (304) = NJW 1996, 406; OLG Karlsruhe 14.3.1996 – 3 Ss 11/96, NStZ-RR 1996, 237; Julius/Schiemann in Gercke/Julius/Temming/Zöller Rn. 5; Willnow in KK-StPO Rn. 1; Schmitt in Meyer-Goßner/Schmitt Rn. 9; Wohlers in SK-StPO Rn. 8; Beulke in Satzger/Schluckebier/Widmaier StPO Rn. 5; aA noch OLG Düsseldorf 26.2.1985 – 5 Ss (OWi) 64/85 – 51/85 I, VRS 68 (1985), 461; OLG Karlsruhe 24.9.1982 – 3 Ss 111/82, NJW 1983, 895; Jahn in Löwe/Rosenberg Rn. 4.

[13] OLG Stuttgart 21.2.2000 – 3 Ss 87/2000, NStZ-RR 2001, 24; Julius/Schiemann in Gercke/Julius/Temming/Zöller Rn. 5; Willnow in KK-StPO Rn. 1; Schmitt in Meyer-Goßner/Schmitt Rn. 8; Wohlers in SK-StPO Rn. 7; krit. OLG Brandenburg 20.9.2009 – 2 Ss (OWi) 129 B/09, VRS 117 (2009), 305; aA OLG Hamm 27.2.2012 – III – 3 RBs 386/11, NZV 2013, 153.

[14] KG 9.12.2005 – 2 Ss 281/05 – 3 Ws (B) 637/05, VRS 112 (2007), 475; OLG Brandburg 23.5.2005 – 2 Ss (OWi) 58B/05, ZfS 2005, 571; OLG Hamm 27.11.2003 – 2 Ss 647/03, StraFo 2004, 96; aA OLG Düsseldorf 17.4.2008 – 2 Ss (OWi) 191, 101/07, JR 2008, 522 m. ausf. Anm. Fahl.

[15] OLG Düsseldorf 30.3.1988 – 2 Ss 105/88 – 73/88 II, NStZ 1988, 327; Wohlers in SK-StPO Rn. 10; Jahn in Löwe/Rosenberg Rn. 7.

[16] Ua OLG Schleswig 25.10.1988 – 2 Ws 400/88, StV 1990, 12; Schmitt in Meyer-Goßner/Schmitt Rn. 8.

[17] OLG Stuttgart 14.6.2002 – 5 Ss 191/2002, NStZ-RR 2002, 369; OLG Düsseldorf 5.3.1998 – 1 Ws 120/98, StraFo 1998, 227 (228); Krawczyk in BeckOK StPO Rn. 5; Julius/Schiemann in Gercke/Julius/Temming/Zöller Rn. 7; Schmitt in Meyer-Goßner/Schmitt Rn. 11.

[18] BGH 13.12.2005 – 5 StR 494/05, NStZ 2006, 461; Wohlers in SK-StPO Rn. 9.

[19] OLG Düsseldorf 17.2.1993 – 1 Ws 116/93, NStZ 1993, 403; Krawczyk in BeckOK StPO Rn. 5; Schmitt in Meyer-Goßner/Schmitt Rn. 11; Wohlers in SK-StPO Rn. 9.

[20] OLG Hamm 4.3.2008 – 4 Ss 77/08, NStZ-RR 2009, 144; OLG Stuttgart 14.6.2002 – 5 Ss 191/2002, NStZ-RR 2002, 369; Krawczyk in BeckOK StPO Rn. 5; Julius/Schiemann in Gercke/Julius/Temming/Zöller Rn. 7; Schmitt in Meyer-Goßner/Schmitt Rn. 11; Wohlers in SK-StPO Rn. 9.

[21] KG 29.8.2008 – 2 Ws 436/08 Rn. 7; OLG Hamm 23.1.1991 – 3 Ss 1418/90, NJW 1991, 1317; Julius/Schiemann in Gercke/Julius/Temming/Zöller Rn. 7; Schmitt in Meyer-Goßner/Schmitt Rn. 2; aA wohl Jahn in Löwe/Rosenberg Rn. 6.

6 **b) Pflichtverteidiger.** Pflichtverteidiger gelten iSd Abs. 1 als zustellungsbevollmächtigt, sobald die Beiordnung wirksam und aktenkundig ist. Die Fiktion endet mit Erlöschen der Beiordnung durch rechtswirksames Verfahrensende oder Rücknahme nach § 143.[22] Im Wiederaufnahmeverfahren besteht die gleiche Rechtslage wie bei der Wahlverteidigung (→ Rn. 5),[23] da idR die Beiordnung nicht bis in das Wiederaufnahmeverfahren wirkt. Eine zuvor erteilte Wahlverteidigervollmacht erlischt mit Beiordnung.[24]

7 **c) Besonderheiten aufgrund der möglichen elektronischen Einreichung.** Im Rahmen des **Gesetzes zur Fortentwicklung der Strafprozessordnung und zur Änderung weiterer Vorschriften** wurden die Voraussetzungen des Abs. 1 aufgrund der möglichen elektronischen Einreichung der Verteidigungsvollmacht erleichtert. Während nach der alten Rechtslage vorausgesetzt wurde, dass sich die Vollmacht bei den Akten befindet, genügt es nach nF, wenn die „Bevollmächtigung nachgewiesen ist".[25] Es soll nicht die vom Beschuldigten unterschriebene Originalvollmacht gefordert, sondern, wie auch bei anderen Vorschriften der StPO,[26] auf den Nachweis der Bevollmächtigung abgestellt werden. Zum Nachweis genügt in aller Regel die Übermittlung einer (digitalen) Kopie der Vollmachtsurkunde durch den Verteidiger, § 145a Abs. 1 S. 2.[27] Dabei kann gem. S. 3 – sofern im Einzelfall begründete Zweifel bestehen – die Nachreichung der Vollmacht im Original innerhalb einer Frist von den Strafverfolgungsbehörden oder dem Gericht verlangt werden.[28]

8 **2. Anwendung und Wirkungen.** Soweit die Voraussetzung des Abs. 1 vorliegen, können weder der Beschuldigte noch der Verteidiger die Fiktion beenden; eine explizite **Beschränkung der Vollmacht** ist nicht möglich.[29] Jedoch kann die aktenkundige Vollmacht trotz Aufrechterhaltens des Verteidigungsverhältnisses widerrufen werden (→ Rn. 5). Es sind sämtliche Zustellungen und formlose Mitteilungen erfasst, die grds. dem Beschuldigten zuzustellen sind, etwa nach § 35 Abs. 2 oder § 201. Umfasst ist auch die telefonische Mitteilung an den Verteidiger über eine Terminverlegung (→ Rn. 12).[30]

9 Nach Abs. 1 hat der Vorsitzende (§ 36 Abs. 1)[31] die **Wahlmöglichkeit** zwischen einer Zustellung an den Verteidiger, den Beschuldigten oder an beide.[32] Ergänzt wird dies durch die Pflicht aus Abs. 3 (→ Rn. 14 f.). Nach allgA soll ua wegen der Fristenkontrolle idR an den Verteidiger zugestellt werden. Im Hinblick auf das Recht auf ein faires Verfahren unvertretbar,[33] aber nach der Rspr. wirksam,[34] ist eine Zustellung an den Beschuldigten trotz vorheriger Bitte, nur an den Verteidiger zuzustellen (vgl. RiStBV Nr. 154; → Rn. 10). Ergeht die Anordnung, an beide zuzustellen, richten sich die Folgen nach § 37 Abs. 2. Die öffentliche Zustellung ist nicht zulässig.[35]

---

[22] KG 3.3.2009 – 2 Ws 66/09, 2 Ws 80/09, VRS 117 (2009), 166 (168).

[23] AA Wohlers in SK-StPO Rn. 11; sogar bei Wiederaufnahmeantrag durch anderen Verteidiger: OLG Düsseldorf 18.3.1994 – 1 Ws 43/94, MDR 1994, 936; Schmitt in Meyer-Goßner/Schmitt Rn. 11.

[24] OLG Köln 20.7.1999 – Ss 283–99, NStZ-RR 1999, 334; OLG Düsseldorf 3.11.1981 – 2 Ss 570/81, StV 1982, 127; aA Wohlers in SK-StPO Rn. 11.

[25] BT-Drs. 19/27654, 82.

[26] So §§ 234, 314, 329, 341, 350, 356a, 378, 387, 411, 428 StPO.

[27] BT-Drs. 19/27654, 82.

[28] BT-Drs. 19/27654, 82.

[29] BayObLG 11.2.2020 – 202 ObOWi 38/20, NStZ 2021, 111; OLG Dresden 10.5.2005 – Ss (OWi) 309/05, NStZ-RR 2005, 244; OLG Köln 2.4.2004 – Ss 126/04 Z – 68 Z, NJW 2004, 3196; OLG Jena 6.6.2001 – 1 Ss 126/01, NJW 2001, 3204; vgl. aber OLG Hamm 23.1.1991 – 3 Ss 1418/90, NJW 1991, 1317.

[30] BGH 8.4.1992 – 2 StR 240/91, BGHSt 38, 271 = NJW 1992, 2039.

[31] OLG Düsseldorf 7.2.1996 – 1 Ws 730 – 733/95, StV 1997, 121; OLG Koblenz 3.9.1991 – 1 Ws 424/91, NStZ 1992, 194.

[32] AllgA; ua OLG München 27.10.2008 – 5St RR 200/08, NJW 2008, 3797; OLG Karlsruhe 30.9.2002 – 2 Ss 141/02, VRS 105 (2003), 348 mwN; LG Aurich 4.7.2011 – 12 Qs 49/11, VRR 2011, 352.

[33] Vgl. AG Offenbach 12.4.1989 – 29 Cs 44 Js 76 306/88, DAR 1990, 151.

[34] OLG Stuttgart 30.3.2009 – 2 Ss 139/09, NStZ-RR 2009, 254 (Ls.).

[35] KG 19.9.2011 – (2) 1 Ss 361/11 (53/11), NJW 2012, 245; 12.10.2010 – 2 Ws 521/10, NStZ-RR 2011, 86; Wohlers in SK-StPO Rn. 23; aA OLG Hamm 4.11.2008 – 2 Ws 328/08, BeckRS 2009, 07179.

Bei **mehreren Verteidigern** genügt die Zustellung an einen Verteidiger;[36] Abs. 3 gilt entspr.[37] Bei der Zustellung an mehrere Verteidiger ist § 37 Abs. 2 zu beachten.[38] Besteht neben der Wahlverteidigung eine aufgedrängte Verteidigung, widerspricht es dem Recht auf ein faires Verfahren, an den Sicherungsverteidiger zuzustellen.[39] Gleiches gilt in Bezug auf den Unterbevollmächtigten, wenn dieser nicht als gleichrangiger Verteidiger tätig ist, sondern nur einzelne Aufgaben wahrnimmt.[40] 10

Unabhängig von Abs. 1 kann der Beschuldigte dem Verteidiger eine **rechtsgeschäftliche Zustellungsvollmacht** erteilen. Bei Vorliegen einer solchen kann auch jenseits der Voraussetzungen des Abs. 1 – also auch im Falle späteren Eingangs der Vollmacht oder entsprechender anwaltlicher Versicherung – wirksam an den Verteidiger zugestellt werden.[41] Allerdings darf eine rechtsgeschäftliche Zustellungsvollmacht nicht vermutet werden – anderenfalls würde Abs. 1 umgangen;[42] die Unterschrift unter ein Empfangsbekenntnis genügt daher nicht.[43] Die Vollmacht kann auch Dritten – und somit im Falle des § 138 Abs. 2 bereits vor gerichtlicher Genehmigung der Verteidigung – wirksam erteilt werden. 11

III. Ladungen – Abs. 2

Die nach Abs. 1 fingierte Zustellungsvollmacht erstreckt sich nicht auf den Empfang von Ladungen des Beschuldigten. Hierfür muss der Verteidiger **ausdrücklich und eindeutig** vom Beschuldigten ermächtigt sein.[44] Eine allgemeine Zustellungsvollmacht genügt nicht;[45] beides kann jedoch in einem Schriftstück enthalten sein.[46] Auch Abs. 2 ist nach der derzeitigen Rechtslage zugunsten des Beschuldigten eng auszulegen; im Zweifel liegt eine Bevollmächtigung nicht vor.[47] Die Vollmacht(skopie) – nicht eine bloße Erklärung des Verteidigers – muss bei Anordnung der Zustellung in der Akte enthalten sein (→ Rn. 4 f.).[48] Der Beschuldigte – nicht das Gericht – kann auch dem **Pflichtverteidiger** eine entsprechende Vollmacht erteilen.[49] Durch die Beiordnung wird jedoch eine zuvor rechtsgeschäftlich erteilte Vollmacht wirkungslos.[50] Ladungen iSd Abs. 2 sind nur förmliche Ladungen; 12

[36] BVerfG 20.3.2001 – 2 BvR 2058/00, NJW 2001, 2532; 12.6.2014 – BvR 1004/13, BeckRS 2015, 41988 Rn. 7; BGH 17.9.2008 – 1 StR 436/08, StraFo 2008, 509; 12.8.1997 – 4 StR 329/97, NStZ-RR 1997, 364; Mayer NStZ 2016, 76; allgLit.

[37] OLG Nürnberg 30.3.2010 – 2 Ws 500/09, 2 Ws 90/10, NJW-Spezial 2010, 345; Willnow in KK-StPO Rn. 3; Reinhart in Radtke/Hohmann Rn. 5.

[38] BGH 30.7.1968 – 1 StR 77/68, BGHSt 22, 221 = NJW 1968, 2019; Mayer NStZ 2016, 76.

[39] Wohlers in SK-StPO Rn. 16.

[40] Vgl. BGH 17.9.2008 – 1 StR 436/08, StraFo 2008, 509.

[41] BGH 15.1.2008 – 3 StR 450/07, StraFo 2010, 339; 18.2.1997 – 1 StR 772/96, NStZ 1997, 293; BayObLG 20.5.2003 – 2 OB OWI 210/03, DAR 2003, 380 mAnm Metzger; OLG Jena 15.5.2006 – 1 Ss 99/06, VRS 111 (2006), 200; OLG Rostock 20.5.2003 – 2 Ss (OWi) 15/03 I 72/03, NStZ-RR 2003, 336; OLG Stuttgart 12.12.2002 – 4 Ss 549/02, Justiz 2003, ausf. Schnarr NStZ 1997, 15 (17 f.).

[42] BayObLG 14.1.2004 – 2 St RR 188/03, NJW 2004, 1263; zu weit: Schmitt in Meyer-Goßner/Schmitt Rn. 2a.

[43] BayObLG 4.10.1987 – 1 St 230/87, JR 1988, 304 mAnm Wendisch; aA Schmitt in Meyer-Goßner/Schmitt Rn. 2a.

[44] OLG Düsseldorf 5.6.1990 – 3 Ws 434 – 435/90, StV 1990, 536; OLG Köln 20.7.1999 – Ss 283/99, NStZ-RR 1999, 334; 31.3.1993 – Ss 119/93, StV 1993, 402.

[45] OLG Köln 3.4.1998 – 2 Ws 177/98, NStZ-RR 1998, 240; OLG Karlsruhe 16.4.1980 – 3 Ss 66/80, MDR 1980, 687; Jahn in Löwe/Rosenberg Rn. 12; Wohlers in SK-StPO Rn. 20.

[46] Julius/Schiemann in Gercke/Julius/Temming/Zöller Rn. 8; Willnow in KK-StPO Rn. 5; Schmitt in Meyer-Goßner/Schmitt Rn. 12.

[47] OLG Köln 3.4.1998 – 2 Ws 177/98, NStZ-RR 1998, 240; OLG Düsseldorf 5.6.1990 – 3 Ws 434 – 435/90, StV 1990, 536; Julius/Schiemann in Gercke/Julius/Temming/Zöller Rn. 8; Wohlers in SK-StPO Rn. 19; Kaiser NJW 1982, 1367 (1368).

[48] OLG Köln 3.4.1998 – 2 Ws 177/98, NStZ-RR 1998, 240; aA OLG Celle 6.5.1994 – 1 Ws 118/94, Nds. Rpfl. 1994, 314.

[49] OLG Hamm 7.3.2017 – 5 RVs 22/17, NStZ 2017, 432; OLG Köln 20.7.1999 – Ss 283/99, NStZ-RR 1999, 334; Julius/Schiemann in Gercke/Julius/Temming/Zöller Rn. 9; Wohlers in SK-StPO Rn. 18; vgl. OLG Karlsruhe 16.8.2011 – 2 (6) Ss 423/11, StraFo 2011, 509.

[50] OLG Hamburg 24.6.2021 – 2 Ws 55/21, BeckRS 2021, 16436; OLG Köln 3.4.1998 – 2 Ws 177/98, NStZ-RR 1998, 240; OLG Düsseldorf 3.11.1981 – 2 Ss 570/81, StV 1982, 127; Reinhart in Radtke/

andere Ladungen – etwa zu Fortsetzungsterminen oder gem. § 224 Abs. 1 – werden von Abs. 1 erfasst.[51]

13 Für die Zustellung von Ladungen kommt es durch die Modifikation iRd **Gesetzes zur Fortentwicklung der Strafprozessordnung und zur Änderung weiterer Vorschriften** nicht mehr darauf an, dass die Vollmacht im Original den Akten beigefügt ist. Parallel zum Abs. 1 genügt es auch im Abs. 2, dass die Bevollmächtigung zur Empfangnahme von Ladungen nachgewiesen wird. Insbesondere genügt es dabei, wenn sich diese ausdrücklich aus einer zu den Akten gereichten (digitalen) Kopie der Vollmachtsurkunde ergibt.[52] Eine weitere Möglichkeit, um die Bevollmächtigung zur Empfangnahme von Ladungen nachzuweisen, ist die Erklärung zu Protokoll in der Hauptverhandlung.[53]

IV. Benachrichtigung – Abs. 3

14 Erfolgt die Zustellung nur an den Verteidiger oder den Beschuldigten, ist der jeweils andere über diese Zustellung durch **gleichzeitige Zusendung** einer formlosen Abschrift zu benachrichtigen.[54] Dies gilt auch, wenn aufgrund einer rechtsgeschäftlichen Zustellungsvollmacht (→ Rn. 11) an den Verteidiger zugestellt wird;[55] ebenso nach S. 2 aE, wenn an den Beschuldigten zugestellt wird, weil keine Vollmacht vorliegt. Da es auf die Vollmacht nicht ankommt, erstreckt sich die Benachrichtigungspflicht bei mehreren zusammenhängenden Ermittlungsverfahren gegen den Beschuldigten auf alle Verfahren, wenn sich der Verteidiger in einem Verfahren bestellt hat.[56] Eine fehlende Benachrichtigung lässt die **Wirksamkeit der Zustellung** nach Abs. 1 oder 2 nicht entfallen und hat keinen Einfluss auf den Lauf von Fristen;[57] sie begründet jedoch regelmäßig die Wiedereinsetzung in den vorherigen Stand (→ Rn. 18 f.).

15 Die Regelung soll sicherstellen, dass der Verteidiger die nötigen Maßnahmen treffen kann – vor allem Fristenkontrolle –, ohne dass der Beschuldigte ihn benachrichtigt. Zugleich kann andersherum der Beschuldigte als Verfahrenssubjekt nicht über den Fortgang des Verfahrens im Unklaren gelassen werden; er muss die Möglichkeit haben, eigenständig zu reagieren, zB Rechtsmittel einzulegen.[58] Daher ist der Begriff „Entscheidung" weit auszulegen; erfasst sind die **Zustellungen des Abs. 1,** insbes. solche, die Reaktionen der Verteidigung erfordern oder nahelegen.[59] Unstr. sind Anklageschriften erfasst; nach abzulehnender allgA jedoch nicht der Antrag der StA auf Revisionsverwerfung.[60] Ein Gesetzesvorhaben zur ausdrücklichen Erfassung von Ladungen wurde nicht umgesetzt.[61] Um dem Zweck der Regelung gerecht zu werden, ist der Benachrichtigung des Beschuldigten eine **Rechtsmittelbelehrung** beizufügen.[62]

Hohmann Rn. 8; einschr. KG 19.9.2011 – (2) 1 Ss 361/11 (53/11), NJW 2012, 245; Schmitt in Meyer-Goßner/Schmitt Rn. 12; aA Julius/Schiemann in Gercke/Julius/Temming/Zöller Rn. 9.

51 BGH 8.4.1992 – 2 StR 240/91, BGHSt 38, 271 (273 f.) = NJW 1992, 2039; Julius/Schiemann in Gercke/Julius/Temming/Zöller Rn. 8; Willnow in KK-StPO Rn. 5; Wohlers in SK-StPO Rn. 19.

52 BT-Drs. 19/27654, 83.

53 BT-Drs. 19/27654, 83.

54 LG Aurich 4.7.2011 – 12 Qs 49/11, VRR 2011, 283.

55 Jahn in Löwe/Rosenberg Rn. 16; Schnarr NStZ 1997, 15 (18).

56 LG Köln 12.11.2004 – 105 Qs 287/04, StraFo 2005, 247.

57 BVerfG 20.12.2001 – 2 BvR 1356/01, NJW 2002, 1640; BGH 1.6.2010 – 4 StR 79/10, NStZ 2010, 584; 13.1.1977 – 4 StR 679/76, NJW 1977, 640.

58 Vgl. BGH 31.1.2006 – 4 StR 403/05, NStZ-RR 2006, 211.

59 Vgl. Jahn in Löwe/Rosenberg Rn. 16 f.; Willnow in KK-StPO Rn. 8; Wohlers in SK-StPO Rn. 24; enger: Julius/Schiemann in Gercke/Julius/Temming/Zöller Rn. 10; aA für den Revisionsverwerfungsantrag der GBA: BGH 3.12.2002 – 1 StR 327/02, StraFo 2003, 172: aA Schmitt in Meyer-Goßner/Schmitt Rn. 13.

60 So ua BGH 22.10.2001 – 5 StR 278/01, BeckRS 2001, 9069; Schmitt in Meyer-Goßner/Schmitt Rn. 5; BGH 25.9.1979 – S StR 354/79, Pfeiffer NStZ 1981, 93 (95) – RsprÜ.

61 Vgl. BT-Drs. 10/1313, 4.

62 AA EGMR 9.5.2007 – 12788/04, Homann ./. Deutschland, NJW 2008, 2320 mkritAnm Meyer-Mews; OLG Karlsruhe 20.10.1988 – 3 Ws 274/88, Justiz 1989, 68; Wohlers in SK-StPO Rn. 25.

V. Rechtsbehelfe

1. Beschwerde. Gegen die Entscheidung des Vorsitzenden, die eine unwirksame Zustellung zur Folge hat, kann die StA Beschwerde einlegen.[63] 16

2. Wiedereinsetzung. Ein Grund zur Wiedereinsetzung in den vorigen Stand gem. § 44 kann sich durch eine **unwirksame Zustellung** bzw. Ladung – Verstoß gegen Abs. 1 oder 2 – ergeben; so zB bei Verwerfung der Berufung wegen Nichterscheinens des Beschuldigten.[64] 17

Des Weiteren ist regelmäßig Wiedereinsetzung zu gewähren, wenn eine **Mitteilung nach Abs. 3** unterblieben ist.[65] Die Beteiligten dürfen darauf vertrauen, dass das Gericht auch Ordnungsvorschriften beachtet.[66] Insbes. darf der Beschuldigte darauf vertrauen, dass der **Verteidiger benachrichtigt** wird und fristgemäß die erforderlichen Maßnahmen ergreift,[67] solange keine besonderen Umstände dagegen sprechen.[68] Eingeschr. wird dies zT bei Rechtmitteleinlegungen,[69] wenn der Verteidiger nicht bereits mit der Einlegung beauftragt war.[70] Übermittelt der Beschuldigte dem Verteidiger den Inhalt eines Schreibens falsch, so ist auch dies kein Verschulden des Beschuldigten; die Fehlinformation beruht auf dem Verstoß gegen Abs. 3.[71] Insbes. bei nichtdeutschsprachigen Beschuldigten liegt im Verstoß gegen Abs. 3 ein Wiedereinsetzungsgrund.[72] Der Beschuldigte darf auch auf die normgerechte Benachrichtigung **weiterer Verteidiger** durch das Gericht vertrauen.[73] Die Wiedereinsetzung ist idR auch zu gewähren, wenn die Benachrichtigung zwar erfolgt ist, aber als Folge einer Zustellung an den Beschuldigten ein **Fristfehler** unterlaufen ist.[74] Da der Verstoß gegen Abs. 3 aus den Akten hervorgeht, ist bei rechtzeitiger Nachholung der erforderlichen Handlung Wiedereinsetzung von Amts wegen zu gewähren, ohne dass spezielle Gründe vorgetragen werden müssen.[75] 18

Auch wenn der **Beschuldigte nicht benachrichtigt** wird, liegt idR ein Wiedereinsetzungsgrund vor;[76] insbes. wenn an einen Verteidiger zugestellt wird, der nicht das Vertrauen des Beschuldigten genießt. Ebenso, wenn er zwar benachrichtigt wird, aber der Benachrichtigung keine Rechtsmittelbelehrung beigefügt ist.[77] Verschuldet ist die Fristversäumung hingegen, wenn der Beschuldigte für die Behörden unerreichbar ist und auch keinen Kontakt zum Verteidiger hält.[78] 19

3. Revision. Auf einem Verstoß gegen Abs. 2 beruht das Urteil nicht, wenn feststeht, dass der Beschuldigte unabhängig von der Ladung nicht erschienen wäre.[79] Die fehlende Mitteilung nach Abs. 3 stellt zwar (lediglich) einen Verstoß gegen eine Ordnungsvorschrift dar, kann aber dennoch als Verletzung des Rechts auf ein faires Verfahren die Revision 20

---

63 OLG Düsseldorf 22.10.1996 – 5 Ss (OWi) 80/96-143/96 I, wistra 1997, 116 (117).
64 OLG Köln 3.4.1998 – 2 Ws 177/98, NStZ-RR 1998, 240.
65 Willnow in KK-StPO Rn. 6; Schmitt in Meyer-Goßner/Schmitt Rn. 14.
66 KG 3.3.2009 – 2 Ws 66, 80/09, VRS 117 (2010), 166 (167).
67 OLG Köln 10.6.2011 – III-2 Ws 308/11, StRR 2011, 406; KG 20.11.2001 – 5 Ws 702/01, StV 2003, 343; OLG Karlsruhe 30.9.2002 – 2 Ss 141/02, VRS 105 (2003), 348 (350); OLG Düsseldorf 3.6.1996 – 1 Ws 450 – 451/96, JMBl. NW. 1996, 222 = StV 1997, 121 (Ls.).
68 KG 3.5.2006 – 1 AR 371/06 – 5 Ws 233/06, NJ 2007, 233 (Ls.) (faktisches Ausscheiden der Verteidigerin aus dem Verfahren).
69 OLG München 26.3.2009 – 2 Ws 229/09, StV 2011, 86 (87) mablAnm Bockemühl; BayObLG 28.7.1992 – 2 ObOWi 198/92, NJW 1993, 150.
70 OLG Nürnberg 30.12.1998 – Ws 1400–98, NStZ-RR 1999, 114 (115); OLG Köln 29.10.2001 – Ss 437/01 Z, Ss 437/01, StraFo 2002, 17.
71 OLG Stuttgart 13.7.2009 – 4 Ws 127/09, StV 2011, 85.
72 OLG Celle 16.9.1992 – 2 Ss 283/92, StV 1994, 7.
73 OLG Nürnberg 30.3.2010 – 2 Ws 500/09, 2 Ws 90/10, NJW-Spezial 2010, 345.
74 BayObLG 3.11.1999 – 2 St RR 190/99, NStZ-RR 2000, 110.
75 OLG München 27.10.2008 – 5 St RR 200/08, NJW 2008, 3797 (3798).
76 BGH 31.1.2006 – 4 StR 403/05, NStZ-RR 2006, 211.
77 Vgl. EGMR 9.5.2007 – 12788/04, NJW 2008, 2320 (2321) – Homann ./. Deutschland mkritAnm Meyer-Mews.
78 BGH 1.6.2010 – 4 StR 79/10, NStZ 2010, 584; BGH 13.1.1977 – 4 StR 679/76, NJW 1977, 640.
79 OLG Stuttgart 8.6.2005 – 1 Ss 210/05, NStZ-RR 2005, 319 (320).

begründen, wenn nicht auszuschließen ist, dass die Benachrichtigung des Verteidigers absichtlich unterblieb, um Verteidigungsaktivität zu vermeiden.[80]

§ 146 Verbot der Mehrfachverteidigung

[1]Ein Verteidiger kann nicht gleichzeitig mehrere derselben Tat Beschuldigte verteidigen. [2]In einem Verfahren kann er auch nicht gleichzeitig mehrere verschiedener Taten Beschuldigte verteidigen.

Schrifttum: Axster, Anm. zu BVerfG v. 21.6.1977 – 2 BvR 70/75, 2 BvR 361/75, BVerfGE 45, 272, GRUR 1977, 738; Beulke, Anm. zu OLG Düsseldorf v. 20.8.2002 – 1 Ws 318/02, JR 2003, 347; Beulke., Verbot der gemeinschaftlichen Verteidigung nur bei konkreter Interessenkollision?, NStZ 1985, 289; Bringewat, Bewährungshilfe und Strafverteidigung – ein Rollenkonflikt?, MDR 1988, 617; Dietenmaier, Das Verbot der gemeinschaftlichen Verteidigung § 146 StPO, Diss. 1999; Dünnebier, Über Änderungen im Recht der Verteidigung, Festschrift Pfeiffer, 1988, 265; Eylmann, Die Interessenkollision im Strafverfahren, StraFo 1998, 145; Fezer, Anm. zu OLG Stuttgart v. 23.3.1992 – 2 StE 5/91 – 5, StV 1993, 255; Franke, Verbot der Mehrfachverteidigung im Ordnungswidrigkeitenverfahren?, JZ 1978, 264; Gillmeister, Anm. zu BGH v. 25.6.2008 – 5 StR 109/07, BGHSt 52, 307, NJW 2008, 2726; Günther, Zur strafprozessualen Problematik der sog. sukzessiven Verteidigung mehrerer Beschuldigter durch einen Verteidiger, JZ 1981, 816; Hassemer, Anm. zu KG v. 3.12.1984 – ER 92/84, StV 1985, 405; Heinicke, Das Gemeinsame beim „gemeinschaftlichen Verteidiger" iSd § 146 StPO, NJW 1978, 1497; Kleine-Cosack, Verteidigung mehrerer Beschuldigter durch Mitglieder einer Sozietät, StraFo 1998, 149; Kohlmann, Steuerstrafrecht in der Bewährung, wistra 1982, 2; Krämer, Anm. zu BVerfG v. 8.2.1977 – 2 BvR 74/77, AnwBl 1977, 224; Lüderssen, Anm. zu BVerfG v. 14.10.1997 – 2 BvQ 32/97, StV 1998, 357; Eckhart Müller, Die Sockelverteidigung, StV 2001, 649; W. Müller, Zum Begriff der Tatidentität im Sinne des § 146 StPO bei der Verteidigung mehrerer Beschuldigter in getrennten Verfahren, StV 1981, 196; Müssig, Anm. zu BGH v. 25.6.2008 – 5 StR 109/07, BGHSt 52, 307, NStZ 2009, 421; Nestler-Tremel, Die durch das StVÄG 1987 gebotene Neuorientierung beim Verbot der Mehrfachverteidigung gemäß §§ 146, 146a StPO, NStZ 1988, 103; Nestler-Tremel, Das Verbot der Mehrfachverteidigung gemäß § 146 StPO in aktuellen Verfahren wegen Mitgliedschaft in einer terroristischen Vereinigung, NStZ 1986, 534; Nestler-Tremel/Prittwitz, Anm. zu OLG Celle v. 25.7.1985 – 3 Ws 339/85, StV 1986, 109; Paulus, Anm. zu OLG Frankfurt a. M. v. 18.1.1983 – 3 Ws 30 und 31/83, NStZ 1983, 473; Pellkofer, Sockelverteidigung und Strafvereitelung, Diss. 1999; Petzold, Interessenkonflikte bei der anwaltlichen Vertretung in Kartellbußgeldsachen, NZKart 2014, 170; Rebmann, Das Verbot der Mehrfachverteidigung nach § 146 StPO – Anwendung und Grenzen –, NStZ 1981, 41; Richter II, Sockelverteidigung – Voraussetzung, Inhalte und Grenzen der Zusammenarbeit von Verteidigern verschiedener Beschuldigter, NJW 1993, 2152; Rieß/Hilgers, Das neue Strafverfahrensrecht – Opferschutzgesetz und Strafverfahrensänderungsgesetz 1987 – NStZ 1987, 145; Sannwald, Verfassungsrechtsprechung zu § 146 StPO, AnwBl 1980, 10; Stark, OLG Karlsruhe v. 22.10.1998 – 2 Ws 243–98, NStZ 1999, 213; Stoffers, Einführung eines „Krisenmanagements" bei Unternehmen im Hinblick auf mögliche Strafverfahren, wistra 2009, 379; Streck, Steueranwaltliche Beratung in Fällen des illegalen Datenhandels – Handwerkszeug und Probleme, NJW 2010, 1326; Zuck, Einige verfassungsrechtliche Bemerkungen zum Grundsatz „ein Verteidiger – ein Beschuldigter" (§ 146 StPO nF), NJW 1975, 434.

Übersicht

I. Überblick

1 **1. Entstehungsgeschichte.** Ursprünglich – und für knapp 100 Jahre – war eine Mehrfachverteidigung zulässig, solange keine widerstreitenden Interessen verteidigt

[80] OLG Frankfurt a. M. 10.7.1990 – 2 Ws (B) 248/90 OWiG, NStZ 1990, 556; allgLit.

wurden.[1] Erst vor dem Hintergrund des sog Stammheim-Prozesses[2] wurde das Verbot der Mehrfachverteidigung durch das 1. StVRErgG vom 20.12.1974 normiert. Im damaligen Wortlaut hieß es: „Die Verteidigung mehrerer Beschuldigter durch einen gemeinschaftlichen Verteidiger ist unzulässig." Neben dem Verbot der Mehrfachverteidigung wurde durch das 1. StVRErgG parallel die Ausschlussmöglichkeit der §§ 138a ff. und die Beschränkung der Verteidigerzahl in § 137 Abs. 1 S. 2 geregelt. Mit dem **StVÄG 1987** wurde der Wortlaut zur heutigen Fassung präzisiert; durch die Überarbeitung wurde ua die sukzessive Mehrfachverteidigung vom Verbot wieder ausgenommen (→ Rn. 14) und somit entgegen der zuvor extensiven Auslegung der Rspr. der Anwendungsbereich stark begrenzt;[3] zugleich kam es mit dem StVÄG 1987 zu einer Weitung der Verbotsnorm, da deren Anwendbarkeit auch auf Fälle reiner Verfahrensidentität ohne Tatidentität festgeschrieben wurde (→ Rn. 17); parallel wurden in dieser Novelle mit § 146a erstmals die Rechtsfolgen entsprechender Verstöße geregelt.

2. Zweck der Norm; Kritik. Das Verbot der Mehrfachverteidigung soll den **strikt einseitigen Beistand** des Verteidigers für den Beschuldigten schützen, während zugleich die entspr. Funktion des Verteidigers zugunsten der Strafrechtspflege gesichert werden soll.[4] Letzterer Umstand begründet auch, dass der Beschuldigte keine Dispositionsbefugnis hinsichtlich einer gemeinschaftlichen Verteidigung hat.[5] Darüber hinaus soll das generelle Verbot Rechtssicherheit schaffen.[6] Nach der Rspr. des BVerfG ist diese Beschränkung **verfassungsmäßig,** da sie umfassender als eine punktuelle Regelung (wie früher: nur ein konkretes Verbot der Verteidigung bei Interessenkollisionen) auch gegen unerkannte oder spät auftretende Konflikte schützt.[7] Die befürchteten Konflikte und Beeinträchtigungen der Beistandsfunktion beziehen sich hauptsächlich auf gegenseitige Belastungen der Angekl.;[8] auch denkbar sind sich strategisch widersprechende Rechtsmitteleinlegungen.[9] 2

Bedenklich ist, dass die damalige Gesetzesbegründung, wonach Interessenkonflikte „in der Regel" bestehen würden,[10] keinen Beleg in der praktischen Anwendung und Rspr. zur Vorgängerregelung von vor 1974 findet.[11] Warum Beschuldigte vor sich selbst geschützt werden müssen, wenn sie bewusst einen gemeinsamen Verteidiger haben wollen, ist nicht ersichtlich;[12] dies gilt insbesondere vor dem Hintergrund, dass die Entscheidung, ob überhaupt ein Verteidiger mandatiert wird, dem Beschuldigten und seinen finanziellen Möglichkeiten überlassen ist. Da das Verteidigungsziel der Autonomie des Beschuldigten unterfällt und eine Kündigung des Mandats jederzeit möglich ist, ist bei gewollter Mehrfachverteidigung der **Interessenkonflikt eine Fiktion.**[13] Auch die umfangreiche Rspr. von 1974 bis 3

[1] Die veröffentlichte Rspr. zur urspr. Fassung beschränkt sich auf ein Urteil des RG: RG 11.4.1902 – 309/02, RGSt 35, 189.

[2] Zum Verdacht eines Maßnahmengesetzes bzgl. des „Stammheimprozesses" Dünnebier FS Pfeiffer, 1988, 265 (271 ff. mN aus dem Gesetzgebungsverfahren, 283 ff. mwN).

[3] BT-Drs. 10/1313, 21.

[4] BT-Drs. 10/1313, 22; BGH 23.3.1977 – 1 BJs 55/75 StB 52/77, BGHSt 27, 154 (156) = NJW 1977, 1208.

[5] BT-Drs. 10/1313, 22.

[6] BT-Drs. 10/1313, 21; BGH 13.10.1976 – 3 StR 100/76, BGHSt 27, 22 (23) = NJW 1977, 115.

[7] BVerfG 11.3.1975 – 2 BvR 135/75, BVerfGE 39, 156 (165) = NJW 1975, 1013 (1014); BT-Drs. 10/1313, S. 22; BT-Drs. 7/2526, 25.

[8] BVerfG 11.3.1975 – 2 BvR 135/75, BVerfGE 39, 156 (164) = NJW 1975, 1013 (1014); So auch der einzige Fall des RG 11.4.1902 – 309/02, RGSt 35, 189 (191) zur Fassung vor 1974, von diesem als „Schulbeispiel" bezeichnet.

[9] BGH 13.5.1997 – 1 StR 142/97, NStZ 1997, 560.

[10] BT-Drs. 7/2526, 25.

[11] Lüderssen/Jahn in Löwe/Rosenberg Rn. 3; Dünnebier FS Pfeiffer, 1988, 265 (271 ff., 283 ff.).

[12] Dünnebier FS Pfeiffer, 1988, 265 (275); Dietenmaier, Verbot der gemeinschaftlichen Verteidigung 29; einschr. (bei fehlendem Interessenkonflikt § 146 zu weit; bei bestehendem Interessenkonflikt außerhalb des Anwendungsbereichs zu eng): Julius/Schiemann in Gercke/Julius/Temming/Zöller Rn. 1; Reinhart in Radtke/Hohmann Rn. 2.

[13] So Dünnebier FS Pfeiffer, 1988, 265 (275); ua Lüderssen/Jahn in Löwe/Rosenberg Rn. 9; Nestler-Tremel NStZ 1988, 103 (108); für eine entspr. Reform: Julius/Schiemann in Gercke/Julius/Temming/Zöller Rn. 1; Roxin/Schünemann StrafVerfR § 19 Rn. 37.

zur Einschränkung 1987 belegt, dass sich eine Vielzahl von Beschuldigten nicht geschützt, sondern eingeschränkt sah.[14] Insbesondere sprechen auch finanzielle und organisatorische Gesichtspunkte (Einarbeitung, Überblick über das Gesamtverfahren, Terminprobleme in Großverfahren) für einen gemeinsamen Verteidiger; weiter gilt es zu beachten, dass gerade in Massenverfahren bzw. bei Spezialgebieten mitunter Probleme bestehen, einen geeigneten Verteidiger zu finden.[15] Ferner schafft das Verbot die Gefahr, dass es (erst) durch Verfahrensverbindungen zu einem Verstoß und damit zur Notwendigkeit von **Verfahrensunterbrechungen** kommt.[16]

II. Anwendungsbereich

4 Nach dem heutigen Wortlaut ist eindeutig, dass eine zeitlich aufeinanderfolgende Verteidigung (Sukzessivverteidigung) zulässig ist (→ Rn. 14). Vom Verbot erfasst wird dagegen sowohl die gleichzeitige Verteidigung bei Tatidentität (S. 1) (→ Rn. 15 f.) als auch in einem gemeinsamen Verfahren trotz getrennter Taten (S. 2) (→ Rn. 17 ff.).

5 Die Norm soll nicht jegliche Art von Interessenkonflikten präventiv verhindern, sondern nur solche, die sich aus der aktuellen Beistandsfunktion des Strafverteidigers ergeben; andere Konflikte hinsichtlich der Treuepflicht des Beistands fallen ggf. in den Bereich des Berufsrechts.[17] Daher, und wegen des Eingriffs in die freie Verteidigung, ist die Vorschrift **eng auszulegen** und **nicht analogiefähig;**[18] dies gilt sowohl für den personellen[19] (→ Rn. 6) als auch den sachlichen (→ Rn. 7) Anwendungsbereich der Verbotsnorm. In Anbetracht dessen unterfällt dem Anwendungsbereich insbesondere nicht die Konstellation, in der der Verteidiger von Dritten bezahlt wird.

6 **1. Personeller Geltungsbereich.** Nach Wortlaut und Systematik gilt das Verbot für **Wahl- und Pflichtverteidiger**[20] und gleichermaßen auch für **Unterbevollmächtigte,**[21] Verteidiger nach § 138 Abs. 1 und § 139 und Vertreter nach **§ 53 BRAO.**[22] Dagegen ist der intern **mitarbeitende Rechtsanwalt** kein Verteidiger;[23] ebenfalls nicht erfasst ist der mitbeschuldigte Rechtsanwalt, der bereits kein Verteidiger sein kann.[24] Auch der **Zeugenbeistand**[25] sowie der Vertreter der **Nebenklage** sind keine Verteidiger.[26] Verteidiger ist

---

14 Lüderssen/Jahn in Löwe/Rosenberg Rn. 3; Nestler-Tremel NStZ 1986, 534: Die Anwendung in RAF-Verfahren verhinderte eher effektive Verteidigung, als sie zu schützen.

15 BT-Drs. 10/1313, 21; bzgl. Kartellverfahren: BVerfG 21.6.1977 – 2 BvR 70, 361/75, BVerfGE 45, 272 = NJW 1977, 1629; Lüderssen/Jahn in Löwe/Rosenberg Rn. 5; Axster GRUR 1977, 738; Beulke NStZ 1985, 289 f.; Nestler-Tremel NStZ 1986, 534 (353); Zuck NJW 1975, 434 (435); Dietenmaier Verbot der gemeinschaftlichen Verteidigung 29 (Verfahrensverzögerungen durch eine Vielzahl von Verteidigern).

16 BT-Drs. 10/1313, 21; Beulke NStZ 1985, 289 (290).

17 BT-Drs. 10/1313, 22; BT-Drs. 7/2526, 11; BGH 22.3.1977 – 1 BJs 20/75 StB 41/77, BGHSt 27, 148 (151) = NJW 1977, 1206 (1207); Willnow in KK-StPO Rn. 1.

18 BT-Drs. 7/2526, 11; BGH 22.3.1977 – 1 BJs 20/75 StB 41/77, BGHSt 27, 148 (152) = NJW 1977, 1206 (1207); OLG Düsseldorf 7.3.1991 – 4 Ws 51/91, NStZ 1991, 352; OLG Karlsruhe 23.12.1977 – 3 Ws 220/77, Justiz 1978, 442; Julius/Schiemann in Gercke/Julius/Temming/Zöller Rn. 1; Lüderssen/Jahn in Löwe/Rosenberg Rn. 10a, 31; Wohlers in SK-StPO Rn. 4; Roxin/Schünemann StrafVerfR § 19 Rn. 37; aA bzgl. des Pflichtverteidigers bei konkretem Interessenkonflikt: OLG Koblenz 10.12.1979 – 2 Ss 611/79, NJW 1980, 1058 (Ehefrau im Scheidungsverfahren).

19 AA Willnow in KK-StPO Rn. 3.

20 Zum Pflichtverteidiger: BGH 22.11.1977 – 4 StR 395/77, NJW 1978, 384.

21 AllgM; ua BVerfG 26.11.1975 – 2 BvR 883/75, NJW 1976, 231; OLG Hamburg 27.5.1977 – Ws 216/77, MDR 1977, 776; OLG München 28.11.1975 – 1 Ws 1304/75, NJW 1976, 252 (254); § 137 Rn. 33; aA OLG Frankfurt a. M. 18.1.1983 – 3 Ws 30, 31/83, NStZ 1983, 472 (473), wenn der Unterbevollmächtigte nur formell handelt.

22 AllgM; BGH 23.3.1977 – 1 BJs 55/75 StB 52/77, BGHSt 27, 154 (158) = NJW 1977, 1208.

23 Vgl. BGH 31.1.1991 – III ZR 150/88, NJW 1991, 3095 (3097); § 137 Rn. 31; Julius/Schiemann in Gercke/Julius/Temming/Zöller Rn. 3; Wohlers in SK-StPO Rn. 29.

24 § 138 Rn. 6.

25 Vgl. BVerfG 17.4.2000 – 1 BvR 1331/99, NJW 2000, 2660 (2661); OLG Düsseldorf 7.3.1991 – 4 Ws 51/91, NStZ 1991, 352; BT-Drs. 10/1313, 22; allg. Lit.

26 OLG Düsseldorf 10.8.1999 – 3 Ws 393/99, Streit 2000, 75; Reinhart in Radtke/Hohmann Rn. 7; Rebmann NStZ 1981, 41 (45); aA Willnow in KK-StPO Rn. 4.

immer die natürliche Person, sodass § 146 der Verteidigung mehrerer Beschuldigter durch verschiedene Rechtsanwälte einer Sozietät nicht entgegensteht. Bei den konkurrierenden Mandatsverhältnissen muss es sich um Verteidigungen handeln (→ Rn. 5);[27] wegen § 433 findet das Verbot jedoch auch Anwendung, soweit ein Beschuldigter und eine juristische Person als **Einziehungsbeteiligte** vertreten werden.[28] Die Vorschrift ist nicht analog anwendbar auf Personen, die nicht als Verteidiger, sondern **als Vertreter** tätig werden.[29] Ebenso ist eine Verteidigung durch den Vormund zulässig.[30]

2. Sachlicher Geltungsbereich. Das Verbot gilt im gesamten **Erkenntnisverfahren** inklusive des Ermittlungsverfahrens. Ebenso gilt das Verbot im **Privatklage-**[31] und **OWi-**Verfahren,[32] da hier ebenfalls eine Verteidigung wegen des Vorwurfs einer Tat stattfindet. Die Vertretung des Klägers im Privatklageverfahren ist dagegen keine Verteidigung und unterfällt nicht der Verbotsnorm;[33] ebenfalls keine Anwendung findet die Norm bei der Verteidigung eines Beschuldigten und einer von § 30 OWiG betroffenen Personengesellschaft.[34] 7

Da die Vorschrift die Verteidigung gegen den Vorwurf einer Tat voraussetzt, findet sie nach Rechtskraft keine Anwendung;[35] sie gilt somit auch nicht in der **Strafvollstreckung;** die entgegenstehende Rspr. bezieht sich auf die (überholte) Fassung von 1974. Zwar kann nicht ausgeschlossen werden, dass ein Rechtsbeistand im Strafvollstreckungsverfahren Informationen erlangen könnte, die sich auch auf ein Erkenntnisverfahren beziehen und dass dies einen Interessenkonflikt auslösen könnte;[36] entsprechendes kann jedoch auch bei der – erlaubten – sukzessiven Verteidigung geschehen. Im Übrigen gilt, dass die Verbotsnorm eng auszulegen ist und ohnehin nach dem Willen des Gesetzgebers nicht alle theoretisch denkbaren Konflikte erfassen soll (→ Rn. 5).[37] Eine Anwendbarkeit des Verbots kommt dagegen bei einer Entscheidung nach **§ 453** in Betracht, sofern diese eine noch nicht abgeurteilte Tat einbezieht.[38] Hinsichtlich abgeurteilter Taten sind alle Beteiligten an die Feststellungen des Tatgerichts gebunden.[39] Gleichermaßen ist die Norm im **Strafvollzug** nicht anwendbar;[40] auch soweit ein Tatbeteiligter im 8

[27] Vgl. zu Vertretung in Zivilverfahren: BGH 15.3.1976 – AnwSt (R) 6/75, BGHSt 26, 304; Rebmann NStZ 1981, 41 (45).

[28] OLG Düsseldorf 4.2.1988 – 2 Ws 128/87, NStZ 1988, 289 (290); Reinhart in Radtke/Hohmann Rn. 7; Wohlers in SK-StPO Rn. 27.

[29] So aber OLG Düsseldorf 10.2.1987 – 5 Ws 82/86, NStZ 1987, 340 mablAnm Bringewat MDR 1988, 617 (Bewährungshelfer, der in Vertretung Rechtmittel einlegt, analog ausgeschlossen).

[30] OLG Düsseldorf 13.10.1989 – 1 Ws 909/89, NStZ 1990, 98.

[31] HM; ua BVerfG 8.2.1977 – 2 BvR 74/77, AnwBl 1977, 223 mkritAnm Krämer mit dem Hinweis, dass § 387 vom Anwalt und nicht vom Verteidiger des Angekl. spricht; OLG Karlsruhe 24.10.1977 – 2 Ws 159/77, Justiz 1978, 114.

[32] BVerfG 21.6.1977 – 2 BvR 70, 361/75, BVerfGE 45, 272 = NJW 1977, 1629; ua OLG Köln 29.3.1983 – 3 Ss 191-192/83 (B), NStZ 1983, 560 (561); aA Franke JZ 1978, 264.

[33] HM; aA Willnow in KK-StPO Rn. 4.

[34] BVerfG 21.6.1977 – 2 BvR 70, 361/75, BVerfGE 45, 272 (288) = NJW 1977, 1629; BGH 14.10.1976 – KRB 1/76, NJW 1977, 156 (157) (obiter dictum); OLG Karlsruhe 13.1.1983 – 4 Ss 258/82, Justiz 1983, 163.

[35] Staudinger in KMR-StPO Rn. 5; Willnow in KK-StPO Rn. 3; Bringewat MDR 1988, 617 (620) („Strafverteidigung im eigentlichen Sinne"); aA OLG München 11.12.1979 – 2 Ws 908/79, NJW 1980, 1477; OLG Schleswig 7.9.1984 – 1 Ws 687 + 688/84, SchlHA 1985, 131; Schmitt in Meyer-Goßner/Schmitt Rn. 10, 19; Pfeiffer Rn. 3.

[36] Reinhart in Radtke/Hohmann Rn. 6.

[37] Lüderssen/Jahn in Löwe/Rosenberg Rn. 35; Günther JZ 1981, 816 (820); Nestler-Tremel NStZ 1988, 103 (105).

[38] So OLG Düsseldorf 14.6.1985 – 4 Ws 93/85, NStZ 1985, 521; Stern in AK-StPO Rn. 19; allenfalls dann Julius/Schiemann in Gercke/Julius/Temming/Zöller Rn. 4; Lüderssen/Jahn in Löwe/Rosenberg Rn. 36; Nestler-Tremel NStZ 1988, 103 (105); aA zur Entscheidung über Reststrafenaussetzung nach Fassung 1974: OLG Schleswig 7.9.1984 – 1 Ws 687 + 688/84, SchlHA 1985, 131; OLG München 11.12.1979 – 2 Ws 908/79, NJW 1980, 1477.

[39] Vgl. OLG Celle 24.5.1985 – 1 Ws 126/85, NStZ 1986, 456 (457); Stern in AK-StPO Rn. 19; Lüderssen/Jahn in Löwe/Rosenberg Rn. 34; Nestler-Tremel NStZ 1988, 103 (105).

[40] Nestler-Tremel/Prittwitz StV 1986, 109; Staudinger in KMR-StPO Rn. 1; aA BVerfG 14.10.1985 – 2 BvR 1076/85, NJW 1986, 1161; OLG Celle 25.7.1985 – 3 Ws 339/85, StV 1986, 108 (beide zur Fassung von 1974).

Rahmen des Strafvollzugs vertreten wird und ein anderer im Strafverfahren.[41] Postuliert wird die Anwendbarkeit des Verbots dementgegen jedoch für Verfahren im Strafvollzug, die dem Strafverfahren gleichen[42] bzw. für Verfahren nach §§ 23 ff. EGGVG und §§ 109 ff. StVollzG.[43] Keinesfalls vom Wortlaut der Verbotsnorm erfasst ist die Vertretung zweier Inhaftierter, die wegen derselben Tat verurteilt wurden,[44] oder von Inhaftierten mit den gleichen Haftbedingungen,[45] ohne dass ein gemeinsames Verfahren bzw. ein gemeinsamer Vorwurf existiert.

9 AllgM war bisher die Nichtanwendbarkeit im **Auslieferungsverfahren** nach §§ 2 ff. IRG, da die Auslieferung kein inländisches Strafverfahren darstellt.[46] Mit der problematischen Argumentation (→ Rn. 5), dass zwar keine Verteidigung, aber ein vergleichbarer Interessenkonflikt gegeben ist, wird eine Anwendbarkeit des Verbots mittlerweile vom OLG Rostock bejaht.[47] Im Erg. ist dem wegen § 40 Abs. 8 IRG zuzustimmen.[48] Ebenfalls entgegen dem unter → Rn. 5 Festgestellten wurde das Mehrfachvertretungsverbot von der Rspr. teilweise auch im Hinblick auf **berufsrechtliche Disziplinarverfahren** für anwendbar erklärt,[49] andererseits bestehen bei analoger Anwendung des § 146 im **anwaltsgerichtlichen Verfahren** erhebliche verfassungsrechtliche Bedenken.[50] Die Beratung im Hinblick auf eine Selbstanzeige im **Steuerrecht** vor Abgabe der Berichtigungserklärung stellt eine Steuerberatung dar und keine Strafverteidigung; sie unterfällt somit nicht dem Verbot.[51]

III. Die konkrete Regelung

10 **1. Allgemeines. a) Verteidigung iSd § 146.** Der Begriff der Verteidigung iSd Norm setzt eine aktuell bestehende Beistandspflicht für einen Beschuldigten im Rahmen der prozessualen Verteidigertätigkeit voraus;[52] eine solche entsteht im Ermittlungsverfahren erst ab dem Bestehen der Beschuldigteneigenschaft.[53] Überdies muss hierzu eine formelle Verteidigerbevollmächtigung (→ Rn. 11) vorliegen (nicht lediglich interne Mitarbeit, → Rn. 6)[54] und die Annahme des Auftrags durch den Verteidiger. Eine bloße Bevollmächtigung, der keine Tätigkeit nachfolgt, reicht nicht aus.[55] Verteidigungshandlungen sind alle prozessualen Handlungen, ohne dass es auf deren Umfang ankommt;[56] ausreichend sind etwa: Wahrneh-

[41] Willnow in KK-StPO Rn. 3; aA ausf. zur Fassung 1974: OLG München 23.4.1985 – 1 Ws 1100/84, NStZ 1985, 383; Reinhart in Radtke/Hohmann Rn. 6.
[42] Stern in AK-StPO Rn. 20; Lüderssen/Jahn in Löwe/Rosenberg Rn. 37; Wohlers in SK-StPO Rn. 12.
[43] Schmitt in Meyer-Goßner/Schmitt Rn. 11; Pfeiffer Rn. 3; Kritik: Nestler-Tremel/Prittwitz StV 1986, 109.
[44] Lüderssen/Jahn in Löwe/Rosenberg Rn. 38.
[45] So aber zur Fassung 1974: BVerfG 14.10.1985 – 2 BvR 1076/85, NJW 1986, 1161; OLG Celle 25.7.1985 – 3 Ws 339/85, StV 1986, 108 (beide zu Hochsicherheitstrakt) mablAnm Nestler-Tremel/Prittwitz und Nestler-Tremel NStZ 1986, 534 (535 f.).
[46] BGH 12.8.1980 – II BGs 135/80 (ER), bei Rebmann NStZ 1981, 41 (45).
[47] OLG Rostock 2.6.2010 – 2 Ausl. 19/10 I 14/10, 2 Ausl. 20/10 I 15/10; so auch KG 9.7.2018 – (4) 151 AuslA 206/17 (1/18), BeckRS 2018, 16604.
[48] Lagodny/Schomburg/Hackner in SLGH IRG § 40 Rn. 28.
[49] Wehrdisziplinarverfahren: BVerwG 10.8.1993 – 2 WDB 5/93, 2 WDB 6/93, NZWehrr 1994, 33 = NJW 1994, 1019 Ls.; BDO: BVerwG 14.12.1984 – 1 D 93/84, BVerwGE 76, 308 = NJW 1985, 1180 Ls.; Heilberufe: OVG Berlin-Bbg. 4.3.2010 – OVG 91 HB 1.08; offengelassen bzgl. BNotO: OLG Celle 30.10.2008 – Not 9/08.
[50] Lagodny/Schomburg/Hackner in Schomburg/Lagodny/Gleß/Hackner IRG § 40 Rn. 28.
[51] BVerfG 25.2.2016 – 1 BvR 1042/15, NJW 2016, 2099.
[52] BT-Drs. 10/1313, 22; Julius/Schiemann in Gercke/Julius/Temming/Zöller Rn. 4.
[53] OLG Karlsruhe 23.10.1985 – 1 Ws 216/85, MDR 1986, 605; Schmitt in Meyer-Goßner/Schmitt Rn. 10; vgl. zum Betroffenen bei OWi: OLG Koblenz 6.11.1986 – 1 Ss 440/86, VRS 72 (1987), 191.
[54] OLG Frankfurt a. M. 22.11.1977 – 3 Ws 735 u. 736/77, NJW 1978, 333; Beulke JR 2003, 347.
[55] OLG Karlsruhe 31.3.1977 – 1 Ws 57/77, MDR 1977, 777; Beulke in Satzger/Schluckebier/Widmaier StPO Rn. 9; Schmitt in Meyer-Goßner/Schmitt Rn. 7, 20; Rebmann NStZ 1981, 41 (45).
[56] BGH 21.6.1978 – 1 BJs 126/77; StB 132/78, BGHSt 28, 67 (68) = NJW 1978, 1815 (1816); 23.3.1977 – 1 BJs 55/75; StB 52/77, BGHSt 27, 154 (158) = NJW 1977, 1208 f.; Beulke in Satzger/Schluckebier/Widmaier StPO Rn. 9; Schmitt in Meyer-Goßner/Schmitt Rn. 20; Wohlers in SK-StPO Rn. 14; Beulke NStZ 1985, 289 (292).

mung eines Haftprüfungstermins als Unterbevollmächtigter,[57] Sachstandsanfrage bei Gericht oder StA, Einlegung eines Rechtsmittels.[58] Eine Ausnahme hierzu ist nach dem Zweck des Gesetzes denkbar für den unterbevollmächtigten Sozius, der lediglich formelle Handlungen ohne eigene Entscheidungen oder inhaltliche Befassung vornimmt;[59] mit dem absoluten Charakter der Norm ist eine solche Restriktion jedoch nicht vereinbar. Davon zu unterscheiden sind tatsächliche Handlungen, die außerhalb eines Verteidigungsverhältnisses erfolgen (können);[60] bspw. (Beratungs-)Gespräche und Kontaktvermittlungen zu anderen Rechtsanwälten bzw. die Überbringung von Mitteilungen.[61] Zu weit daher OLG München mit der Ansicht, die Auswahl eines Verteidigers für den Mitangekl. sei bereits Verteidigung.[62] Gleichermaßen nicht erfasst sind versehentlich für den Mitbeschuldigten vorgenommene Handlungen (etwa: Unterzeichnung eines EB).[63]

Ein Gespräch, welches erst zur Aufnahme eines Verteidigungsverhältnisses führen soll **(Anbahnungsgespräch),** ist keine formelle Verteidigung;[64] eine Anbahnung ist zwar bereits von § 148 erfasst, es besteht jedoch noch keine Beistandspflicht iSd § 146.[65] Folglich unterfällt die Anbahnung nicht der Verbotsnorm, dh es sind Gespräche mit mehreren Beschuldigten möglich;[66] nach der nF gilt dies unproblematisch sogar dann, wenn bereits ein Verteidigungsverhältnis besteht, da dieses niedergelegt werden kann (→ Rn. 14).[67] Praktische Relevanz erlangt dieser Umstand insbes., weil nach der früheren Rspr. zur Fassung von 1974 der potentielle Verteidiger nicht einmal ein Gespräch führen durfte, um die Frage zu klären, ob überhaupt Tatidentität vorliegt.[68] **11**

Innerhalb einer **Sozietät** ist nur der konkrete Anwalt Verteidiger; mehrere Angehörige einer Sozietät können jeweils einen Beschuldigten vertreten (allgM).[69] Dass die Vollmacht auf die gesamte Sozietät ausgestellt ist, hindert dies nicht; im Zweifel kann eine Klarstellung der Zuordnung erfolgen.[70] Dem widerspricht auch § 3 Abs. 2 BORA nicht;[71] der Gesetzgeber hat die Regelung von Interessenkonflikten außerhalb des Wortlauts explizit dem Berufs- **12**

---

[57] BGH 15.3.1983 – 5 StR 51/83, BeckRS 1983, 31110794; OLG Hamburg 27.5.1977 – Ws 216/77, MDR 1977, 776.

[58] OLG Düsseldorf 7.1.1983 – 2 Ss 398/82 – 402/82 II, NStZ 1983, 471.

[59] OLG Frankfurt a. M. 18.1.1983 – 3 Ws 30 und 31/83, NStZ 1983, 472 (473) mablAnm Paulus.

[60] OLG Frankfurt a. M. 22.11.1977 – 3 Ws 735 u. 736/77, NJW 1978, 333.

[61] OLG Jena 13.9.2007 – 1 Ws 360/07, NJW 2008, 311 (ober dictum); OLG Düsseldorf 20.8.2002 – 1 Ws 318/02, NJW 2002, 3267; LG Bremen 7.11.1984 – 13 Qs 687/84, StV 1985, 143; Lüderssen/Jahn in Löwe/Rosenberg Rn. 11; aA Schmitt in Meyer-Goßner/Schmitt Rn. 7.

[62] OLG München 29.4.1983 – 2 Ws 440/83 K, NJW 1983, 1688.

[63] OLG Düsseldorf 28.6.1983 – 2 Ws 332/83, StV 1984, 106.

[64] Vgl. BVerfG 26.11.1975 – 2 BvR 883/75, NJW 1976, 231 (nach Fassung 1974, daher Gespräch bei bestehender Verteidigung trotzdem unzulässig, da auf unzulässigen Erfolg ausgerichtet); hM; aA im Hinblick auf § 148 BGH 21.6.1978 – 1 BJs 126/77; StB 132/78, BGHSt 28, 67 (68) = NJW 1978, 1815 (1816); Wessing in BeckOK StPO Rn. 6.

[65] OLG Düsseldorf 5.10.1983 – V 5/83, StV 1984, 106; dagegen KG 3.12.1984 – ER 92/84, StV 1985, 405 mablAnm Hassemer; Julius/Schiemann in Gercke/Julius/Temming/Zöller Rn. 4; Beulke in Satzger/Schluckebier/Widmaier StPO Rn. 10; Nestler-Tremel NStZ 1988, 103 (104); vgl. BT-Drs. 10/1313, 22.

[66] OLG Düsseldorf 5.10.1983 – V 5/83, StV 1984, 106; Lüderssen/Jahn in Löwe/Rosenberg Rn. 13 f.; Reinhart in Radtke/Hohmann Rn. 6; Roxin/Schünemann StrafVerfR § 19 Rn. 37.

[67] Stern in AK-StPO Rn. 9; Dietenmaier Verbot der gemeinschaftlichen Verteidigung 50 f.; aA Wessing in BeckOK StPO Rn. 6 (ohne Begr. mit Verweis auf Rspr. zur Fassung 1974); Fezer StV 1993, 255 (256).

[68] BVerfG 26.11.1975 – 2 BvR 883/75, NJW 1976, 231; dazu: Nestler-Tremel NStZ 1988, 103 (104).

[69] BVerfG 28.10.1976 – 2 BvR 23/76, BVerfGE 43, 79 = NJW 1977, 99; OLG Düsseldorf 20.8.2002 – 1 Ws 318/02, NJW 2002, 3267; OLG Karlsruhe 22.10.1998 – 2 Ws 243–98, NStZ 1999, 212 mit krit. Anm. Stark; LG Frankfurt a. M. 4.4.2008 – 5/26 Qs 9/08, NStZ-RR 2008, 205; krit. Eylmann StraFo 1998, 145; nicht bei konkretem Interessenkonflikt: OLG Bremen 24.9.2018 – 1 Ws 59/18, BeckRS 2018, 46873.

[70] § 146a Rn. 11; → § 137 Rn. 34.

[71] OLG Karlsruhe 22.10.1998 – 2 Ws 243–98, NStZ 1999, 212 (213) mit krit. Anm. Stark; Wessing in BeckOK StPO Rn. 4; Kleine-Cosack StraFo 1998, 149 (153); vgl. auch Lüderssen StV 1998, 357; offen gelassen von Lüderssen/Jahn in Löwe/Rosenberg 15; krit. Eylmann StraFo 1998, 145.

recht überlassen.[72] Grds. gilt dies auch für die **notwendige Verteidigung;** wegen der Gleichbehandlung zur Wahlverteidigung kann nicht generell ein wichtiger Grund iSd § 142 Abs. 5 S. 3 angenommen werden.[73] Ein solcher kann – dann aber nicht wegen § 146 – bei Anhaltspunkten für einen konkreten Konflikt vorliegen.[74]

13 Auch die (enge) Absprache zwischen mehreren Verteidigern und Beschuldigten führt nicht dazu, dass jeder Verteidiger zum Verteidiger aller Beschuldigten wird. Nach allgM ist somit die sog. **Sockel- oder Blockverteidigung** kein Fall der Mehrfachverteidigung;[75] dies gilt auch dann, wenn sie innerhalb einer Sozietät stattfindet.[76] Welche Verteidigungsstrategie gewählt wird und wann die Grenzen der Zusammenarbeit erreicht sind, ist Teil der Verteidigungsautonomie der Beschuldigten und im Zweifel Frage des Berufsrechts.[77] Die gesetzliche Vermutung eines Interessenkonflikts darf nicht darüber hinwegtäuschen, dass häufig eine Interessensübereinstimmung vorliegt und Zusammenarbeit deshalb vielfach eine sachgerechte Verteidigung darstellt.[78] Explizit zulässig sind: gemeinsame (Mandanten)Gespräche;[79] auch Gespräch mit dem Mitangekl.;[80] Fragen oder Erklärungen in der Hauptverhandlung, die Mitangekl. zugutekommen;[81] übereinstimmende bzw. gemeinsame Erklärungen, auch wenn zunächst nur durch einen Verteidiger unterschrieben;[82] Abstimmung der Einlassungen.[83]

14 **b) Gleichzeitig.** Der klare Wortlaut erfasst nur die gleichzeitige Verteidigung; die **sukzessive Verteidigung** mehrerer Beschuldigter ist somit erlaubt. Diese gesetzgeberische Entscheidung muss auch bei der Bestellung eines Verteidigers beachtet werden.[84] Bei einem Wechsel der Mandate sind zwar straf- und berufsrechtliche Regeln zu beachten (§ 356 StGB; keine Niederlegung zur Unzeit),[85] strafprozessual ist jedoch selbst ein **mehrfacher Wechsel** zulässig. Ebenfalls zulässig ist ein Wechsel während einer Hauptverhandlung.[86] Entscheidend ist das formelle Bestehen eines Verteidigungsverhältnisses („rechtlich nicht mehr in der Lage […] Verteidigertätigkeit zu entfalten").[87] Das maßgebliche Verteidigungsverhältnis endet bei Wahlverteidigern mit Niederlegung bzw. Entzug des Mandats und bei Pflichtverteidigern mit der Rücknahme der Bestellung bzw. jeweils auch mit Versterben des Mandanten. Eine Übereinstimmung mit dem Verfahrensende ist nicht zwingend. Das Mandat oder die Bestellung kann auf bestimmte Verfahrensabschnitte oder

---

[72] BT-Drs. 7/2526, 11.

[73] OLG Stuttgart 17.5.2011 – 2 Ws 97-98/11, NStZ-RR 2011, 279; OLG Hamm 1.6.2004 – 2 Ws 156/04, StV 2004, 641; Lüderssen StV 1998, 357.

[74] OLG Frankfurt a. M. 28.1.1999 – 3 Ws 53 u. 54–99, NJW 1999, 1414; § 142 Rn. 14, 20; Pfeiffer Rn. 1.

[75] OLG Düsseldorf 20.8.2002 – 1 Ws 318/02, NJW 2002, 3267 mzustAnm Beulke JR 2003, 347; ausf. Richter II NJW 1993, 2152; Müller StV 2001, 649; Stoffers wistra 2009, 379 (zum koordinierenden Unternehmensanwalt); Pellkofer. Sockelverteidigung und Strafvereitelung, 177 ff.

[76] LG Frankfurt a. M. 4.4.2008 – 5/26 Qs 9/08, NStZ-RR 2008, 205.

[77] LG Frankfurt a. M. 4.4.2008 – 5/26 Qs 9/08, NStZ-RR 2008, 205; zu § 258 StGB: Pellkofer Sockelverteidigung und Strafvereitelung 183 ff.

[78] KG 17.1.2002 – 5 Ws 582/01, StraFo 2003, 147 (Reisekostenerstattung, da Sockelverteidigung nicht nur ratsam, sondern notwendig); OLG Düsseldorf 20.8.2002 – 1 Ws 318/02, NJW 2002, 3267.

[79] OLG Düsseldorf 20.8.2002 – 1 Ws 318/02, NJW 2002, 3267; KG 17.1.2002 – 5 Ws 582/01, StraFo 2003, 147.

[80] Beulke JR 2003, 347 (348).

[81] BGH 8.10.1981 – 3 StR 449/450/81, Holtz MDR 1982, 449 – RsprÜ; Richter II NJW 1993, 2152 (2155 f.).

[82] LG Frankfurt a. M. 4.4.2008 – 5/26 Qs 9/08, NStZ-RR 2008, 205.

[83] Vgl. OLG Frankfurt a. M. 10.11.1980 – (2) 3 Ws 800/80, NStZ 1981, 144; Beulke JR 2003, 347 (348).

[84] LG Dessau-Roßlau 30.10.2007 – 2 Qs 255/07, StraFo 2008, 74; § 142 Rn. 14; zu weit: BGH 15.1.1998 – 1 StR 734/97, NStZ 1998, 263.

[85] Zum Parteiverrat: BGH 25.6.2008 – 5 StR 109/07, BGHSt 52, 307 = NJW 2008, 2723 mAnm Gillmeister und Müssig NStZ 2009, 421.

[86] Julius/Schiemann in Gercke/Julius/Temming/Zöller Rn. 5; Rieß/Hilgers NStZ 1987, 145 (147); Dietenmaier Verbot der gemeinschaftlichen Verteidigung 53.

[87] BT-Drs. 10/1313, 23.

Termine (zB kurzfristige Vertretung des Hauptverteidigers)[88] beschränkt sein und somit eo ipso enden;[89] dies kann sich auch aus den Umständen ergeben.[90] Nach einem rechtskräftigen Urteil oder einer endgültigen Einstellung kommt eine Mehrfachverteidigung nicht mehr in Betracht (→ Rn. 8);[91] anders verhält es sich bei einer Einstellung nach § 170 Abs. 2. Bei Flucht besteht das Mandat grds. weiter.[92] Nach einer mitunter vertretenen Auffassung ist es erforderlich, dass das Mandatsende stets dem Gericht mitgeteilt wird.[93] Im Ergebnis bestehen zu der hier vertretenen Betrachtungsweise jedoch keine maßgeblichen Unterschiede, da eine Mitteilung auch noch im Zurückweisungsverfahren erfolgen kann (→ § 146a Rn. 10).

2. Satz 1 – Tatidentität. Der Begriff der Tatidentität ergibt sich aus der Formulierung 15
„derselben Tat"; hiermit gemeint ist ein **prozessualer Tatbegriff.**[94] Der Tatbegriff aus §§ 155, 264 ist jedoch nur als Anhaltspunkt zu verwenden; Differenzen ergeben sich daraus, dass S. 1 insbes. vor Anklageerhebung und bei getrennten Verfahren zum Tragen kommt;[95] zudem zielt die Begriffsbestimmung bei § 264 vor allem auf das Verhalten eines Angekl.[96] Wegen der Unschärfe des Tatbegriffs nach § 264 und der Vermeidung unnötiger Eingriffe in die freie Verteidigerwahl ist der Begriff iRd. S. 1 **eng auszulegen.**[97] Nach nF ist ein gemeinsamer Tatkomplex und auch ein Zusammenhang iSd § 3 nicht ausreichend; ebenfalls nicht erfasst sind Anschlusstaten gem. §§ 257 ff. StGB.[98] Insbes. bei Ordnungswidrigkeiten ist von sehr kurzen prozessualen Einheiten auszugehen.[99] Demnach sind mehrere Autofahrten im Rahmen eines Auftrags einzelne Taten.[100] Ebenfalls **keine Tateinheit** besteht bei: Zulassen des Fahrens und dem Fahren ohne Führerschein;[101] Überlassen und Führen eines verkehrsunsicheren PKWs;[102] Abgabe von verschiedenen Steuererklärungen;[103] auch Lohn- und Einkommensteuererklärungen auf Grundlage desselben Scheinvertrags.[104] Irrelevant ist, ob Täterschaft oder Teilnahme vorliegt.[105] Sofern Tatidentität zugleich mit einer Verfahrensidentität nach S. 2 (→ Rn. 17) vorliegt, kommt es wegen der größeren Bestimmtheit der Verfahrensidentität auf das Vorliegen von Tatidentität zumeist nicht an.

[88] BGH 22.8.2001 – 1 StR 354/01, NStZ-RR 2002, 12.
[89] Lüderssen/Jahn in Löwe/Rosenberg Rn. 23.
[90] OLG Jena 13.9.2007 – 1 Ws 360/07, NJW 2008, 311.
[91] BGH 22.6.1994 – 2 StR 180/94, NStZ 1994, 500; LG Dessau-Roßlau 30.10.2007 – 2 Qs 255/07, StraFo 2008, 74; Einstellung nach § 154a: BGH 22.3.1977 – 1 BJs 20/75; StB 41/77, BGHSt 27, 148 (150) = NJW 1977, 1206 (1207); schon nach Fassung 1974: OLG Frankfurt a. M. 11.8.1986 – 1StE 2/86, StV 1986, 517; einschr. Schmitt in Meyer-Goßner/Schmitt Rn. 19; Reinhart in Radtke/Hohmann Rn. 10.
[92] BGH 22.3.1977 – 1 BJs 20/75; StB 41/77, BGHSt 27, 148 (150) = NJW 1977, 1206 (1207).
[93] BT-Drs. 10/1313, 23; OLG Celle 3.1.1989 – 3 Ws 394/88, StV 1989, 471; Schmitt in Meyer-Goßner/Schmitt Rn. 19.
[94] BT-Drs. 10/1313, 23.
[95] Lüderssen/Jahn in Löwe/Rosenberg Rn. 18.
[96] LG Verden 19.11.1990 – 2 Qs 115/90, Nds. Rpfl. 1991, 31; LG Hamburg 1.3.1990 – 603 Qs 189/90, NZV 1990, 325 (326) = MDR 1990, 652.
[97] LG Hamburg 1.3.1990 – 603 Qs 189/90, NZV 1990, 325 (326) = MDR 1990, 652; Julius/Schiemann in Gercke/Julius/Temming/Zöller Rn. 6; Lüderssen/Jahn in Löwe/Rosenberg Rn. 18; W. Müller StV 1981, 196 (198); für eine materiellrechtliche Auslegung: OLG Bremen 30.12.1977 – Ws 31/78, StV 1981, 201; Dietenmaier Verbot der gemeinschaftlichen Verteidigung 66 ff.
[98] LG Verden 19.11.1990 – 2 Qs 115/90, NdsRpfl 1991, 31; Julius/Schiemann in Gercke/Julius/Temming/Zöller Rn. 6; Schmitt in Meyer-Goßner/Schmitt Rn. 14; Wohlers in SK-StPO Rn. 21; Nestler-Tremel NStZ 1988, 103 (104); wohl auch Roxin/Schünemann StrafVerfR § 19 Rn. 36.
[99] LG Waldshut-Tiengen 29.11.2001 – 4 Qs 104/01, NStZ 2002, 156; vgl. OLG Jena 12.7.1999 – 1 Ss 71/99, NStZ 1999, 516 (517).
[100] LG Waldshut-Tiengen 29.11.2001 – 4 Qs 104/01, NStZ 2002, 156.
[101] LG Hamburg 1.3.1990 – 603 Qs 189/90, NZV 1990, 325 = MDR 1990, 652.
[102] LG Berlin 1.11.2001 – 519 Qs 276/01, DAR 2002, 91; LG Verden 19.11.1990 – 2 Qs 115/90, NdsRpfl 1991, 31.
[103] OLG Schleswig 5.10.1992 – 3 Ws 350/92, SchlHA 1993, 226.
[104] OLG Zweibrücken 29.4.2005 – 4220 E – 1/04, PStR 2005, 207.
[105] BVerfG 16.5.2011 – 2 BvR 1230/10, BeckRS 2011, 52468.

16 Durch das Verbot sukzessiver Verteidigung bestand nach der Fassung von 1974 eine spezielle Problematik bei **Organisationsdelikten nach §§ 129 ff. StGB.**[106] Um eine ausufernde Anwendung zu verhindern, muss in diesem Zusammenhang unstr. gefordert werden, dass mindestens eine zeitlich überschneidende Mitgliedschaft vorliegt; häufig wird über die Mitgliedschaft hinaus auch die Beteiligung an einem gemeinsamen Tatkomplex verlangt.[107] Das Unterstützen oder Werben ist keine Tateinheit zur Mitgliedschaft, zu anderen Unterstützungshandlungen oder zu konkreten Taten der Gruppe.[108] Ebenfalls nicht erfasst sind einerseits Mitgliedschaft und andererseits eine Tat, die im Kontext der Gruppierung ohne Mitgliedschaft begangen wird.[109]

17 **3. Satz 2 – Verfahrensidentität.** Ob und in welchen Fällen ein gemeinsames Verfahren ohne Tatidentität für die Anwendung des Verbots ausreicht, war nach der Fassung von 1974 umstr.[110] Dies ist nun zwar eindeutig geregelt, aber nunmehr dennoch **inhaltlich umstritten.** Selbst die Gesetzesbegr. sieht die Gefahr von rein prozessualen Interessenkonflikten als geringer an;[111] es liegt daher nahe, das generelle Verbot als unverhältnismäßig anzusehen.[112] Denkbare Konflikte betreffen die (terminliche) Verfahrensgestaltung und die Haltung hinsichtlich involvierter Personen (Richterablehnung, Sachverständigenauswahl, Beweisantrag auf Zeugenvernehmung).[113] Ein pragmatischer Vorteil liegt darin, dass das Vorliegen von Verfahrensidentität die mitunter schwierige Beantwortung Frage der Tatidentität erspart.[114]

18 Im **Ermittlungsverfahren** entsteht ein gemeinsames Verfahren durch ausdrückliche Verbindungserklärung der StA oder durch das Vorliegen eines gemeinsamen Vorgangs (konkludente Verbindungserklärung).[115] Die bloße Gleichzeitigkeit der Ermittlungen oder faktisch einheitlich geführte Ermittlungen bieten keine ausreichende Rechtssicherheit und gerichtliche Entscheidungsgrundlage zur Bejahung von Identität im Sinne des S. 2.[116] Im **Zwischenverfahren** ist das Vorliegen einer gemeinsamen Anklageschrift ausschlaggebend.[117] Ein gemeinsames **gerichtliches Verfahren** ist neben der gemeinsamen Anklageschrift bei verbundenen Verfahren gegeben; sowohl unter den Voraussetzungen des § 3 als auch bei Verbindungen nach § 237.[118] Im Falle des § 237 bleiben die Verfahren zwar

---

106 Nestler-Tremel NStZ 1986, 534 (535, 537 ff.); ähnlich bei Demonstrationsgeschehen: W. Müller StV 1981, 196 (198).

107 „Enger zeitlicher und räumlicher Zusammenhang": BGH 15.3.1979 – II BGs 293/79 (ER), bei Rebmann NStZ 1981, 41 (44); BGH 23.3.1977 – 1 BJs 55/75; StB 52/77, BGHSt 27, 154 (155) = NJW 1977, 1208; Pfeiffer Rn. 2; Reinhart in Radtke/Hohmann Rn. 11; Wohlers in SK-StPO Rn. 22; Nestler-Tremel StV 1986, 517 (518 f.) in Bezug auf OLG Frankfurt a. M. 9.7.1986 – 1 StE 2/86, StV 1986, 516.

108 Vgl. BGH 21.12.1977 – 1 BJs 95/77 – StB 254/77, BGHSt 27, 315 (316) = NJW 1978, 434; KG 27.8.1980 – (5) 2 OJs 13/80 (1/80), NStZ 1981, 75; OLG Karlsruhe 23.12.1977 – 3 Ws 220/77, Justiz 1978, 442; Wohlers in SK-StPO Rn. 22; Lüderssen/Jahn in Löwe/Rosenberg Rn. 20; Rebmann NStZ 1981, 41 (45).

109 OLG Frankfurt a. M. 24.7.1995 – 4 – 2 StE 5/94, StV 1996, 84; OLG Karlsruhe 23.12.1977 – 3 Ws 220/77, Justiz 1978, 442.

110 Lüderssen/Jahn in Löwe/Rosenberg Rn. 80; Nestler-Tremel NStZ 1988, 103 jeweils mwN.

111 BT-Drs. 10/1313, 22.

112 Lüderssen/Jahn in Löwe/Rosenberg Rn. 27; Wohlers in SK-StPO Rn. 24; Heinicke NJW 1978, 1497 (1502); Dietenmaier Verbot der gemeinschaftlichen Verteidigung 80 ff., 138 ff.

113 BVerfG 21.6.1977 – 2 BvR 804/76, BVerfGE 45, 354 (359) = NJW 1977, 1767; Heinicke NJW 1978, 1497 (1501 f.).

114 BT-Drs. 10/1313, 23.

115 BGH 23.7.1986 – 3 StR 164/86, BGHSt 34, 138 = NJW 1987, 1955; Reinhart in Radtke/Hohmann Rn. 12; ob letzteres ausreicht, offen gelassen bzgl. § 52: BGH 8.5.1985 – 3 StR 100/85, NStZ 1985, 419; dagegen: Stern in AK-StPO Rn. 17.

116 Vgl. BGH 23.7.1986 – 3 StR 164/86, BGHSt 34, 138 (139 f., 140) = NJW 1987, 1955; 8.5.1985 – 3 StR 100/85, NStZ 1985, 419; Wessing in BeckOK StPO Rn. 8; Beulke in Satzger/Schluckebier/Widmaier StPO Rn. 21; Reinhart in Radtke/Hohmann Rn. 12; Wohlers in SK-StPO Rn. 25.

117 Lüderssen/Jahn in Löwe/Rosenberg Rn. 30.

118 Willnow in KK-StPO Rn. 8; Wohlers in SK-StPO Rn. 26; Wessing in BeckOK StPO Rn. 9; aA Schmitt in Meyer-Goßner/Schmitt Rn. 17; Reinhart in Radtke/Hohmann Rn. 12.

selbstständig, doch S. 2 soll ausdrücklich Konflikte prozessualer Interessen, die in einer gemeinsamen Hauptverhandlung entstehen können, vermeiden. Eine differenzierte Lösung mit einem möglichen Interessenkonflikt als Voraussetzung widerspräche der Konzeption des § 146.[119]

Die Möglichkeiten von StA und Gericht zur Verbindung von Verfahren müssen jedoch, im Hinblick auf das Recht freier Verteidigerwahl, eingeschränkt ausgelegt werden.[120] Demnach sind prozessökonomische Verfahrensverbindungen, durch die ein Beschuldigter seinen Wahlverteidiger verlieren würde, idR **unzulässig.**[121] Prozessökonomische Aspekte haben keinen Vorrang vor § 137 Abs. 1 S. 1; zudem gilt es zu beachten, dass durch einen Verteidigerwechsel Verfahrensverzögerungen zu erwarten sind.[122] Eine solche Restriktion der Möglichkeit einer Verfahrensverbindung entspricht auch dem Zweck des generellen Verbots der Mehrfachverteidigung, welches gerade einen Verlust des Verteidigers mitten im Verfahren ausschließen soll;[123] dieser Aspekt muss also zumindest gewichtig in die Entscheidung einfließen.[124] Wird ein Verteidiger nach ermessensfehlerhafter Verbindung ausgeschlossen, ist dies ein Revisionsgrund nach § 338 Nr. 8.[125] 19

Die Unzulässigkeit einer Mehrfachverteidigung wegen Verfahrensidentität endet automatisch mit Verfahrenstrennung;[126] im Falle des § 237 endet eine so entstandene Mehrfachverteidigung mit dem Ende der Hauptverhandlung. 20

IV. Rechtsfolgen und Rechtsmittel

Die Rechtsfolgen der Mehrfachverteidigung sind in § 146a geregelt. 21

§ 146a Zurückweisung eines Wahlverteidigers

(1) [1]Ist jemand als Verteidiger gewählt worden, obwohl die Voraussetzungen des § 137 Abs. 1 Satz 2 oder des § 146 vorliegen, so ist er als Verteidiger zurückzuweisen, sobald dies erkennbar wird; gleiches gilt, wenn die Voraussetzungen des § 146 nach der Wahl eintreten. [2]Zeigen in den Fällen des § 137 Abs. 1 Satz 2 mehrere Verteidiger gleichzeitig ihre Wahl an und wird dadurch die Höchstzahl der wählbaren Verteidiger überschritten, so sind sie alle zurückzuweisen. [3]Über die Zurückweisung entscheidet das Gericht, bei dem das Verfahren anhängig ist oder das für das Hauptverfahren zuständig wäre.

(2) Handlungen, die ein Verteidiger vor der Zurückweisung vorgenommen hat, sind nicht deshalb unwirksam, weil die Voraussetzungen des § 137 Abs. 1 Satz 2 oder des § 146 vorlagen.

Übersicht

119 So aber OLG Celle 16.9.2010 – 2 Ws 312/10, NStZ 2011, 236; Sannwald AnwBl 1980, 10 (14).

120 BVerfG 12.8.2002 – 2 BvR 932/02, StV 2002, 578; BVerfG 21.6.1977 – 2 BvR 804/76, BVerfGE 45, 354 (359 f.) = NJW 1977, 1767 (offengelassen); Nestler-Tremel NStZ 1988, 103 (106): „regelmäßig ermessensmißbräuchlich".

121 Stern in AK-StPO Rn. 17; Julius/Schiemann in Gercke/Julius/Temming/Zöller Rn. 7; Lüderssen/Jahn in Löwe/Rosenberg Rn. 28; Nestler-Tremel NStZ 1988, 103 (105 f.).

122 Nestler-Tremel NStZ 1988, 103 (106).

123 BT-Drs. 10/1313, 23; Stern in AK-StPO Rn. 17.

124 Ob Verbindung verfassungswidrig, konnte vom BVerfG 12.8.2002 – 2 BvR 932/02, StV 2002, 578 (580 f.) offengelassen werden.

125 Julius/Schiemann in Gercke/Julius/Temming/Zöller Rn. 9; → § 137 Rn. 28; § 146a Rn. 18.

126 BT-Drs. 10/1313, 23.

I. Überblick

1 Die Vorschrift wurde durch das StVÄG 1987 zum 1.4.1987 – gleichzeitig mit der Reform des § 146 – eingeführt (→ § 146 Rn. 1).[1] Die Novellierung verfolgte das Ziel, die vom Gesetzgeber als sachgerecht eingeordnete Rspr. des BGH zur damaligen Gesetzeslage positivrechtlich zu verankern.[2] Vom Gesetzgeber abgelehnt – und deshalb nicht kodifiziert – wurde lediglich die in der Rspr. vorgenommene teilw. Rückwirkung der Zurückweisung auf vorherige Handlungen des Verteidigers (→ Rn. 12). Zuvor war vor allem umstr., ob bei Verstößen gegen § 137 Abs. 1 S. 2 und § 146 Rechtsfolgen kraft Gesetzes eintreten oder es hierfür eines Gerichtsbeschlusses bedarf.[3] Abs. 1 regelt nun die gerichtliche Zurückweisung; Abs. 2 stellt klar, dass ein Verstoß gegen § 137 Abs. 1 S. 2 oder § 146 ohne gerichtlichen Beschl. keine rechtlichen Auswirkungen hat.

II. Anwendungsbereich

2 Die Zurückweisung nach § 146a ist nur gegenüber **Verteidigern nach § 137** anzuwenden. Liegt bei einem bestellten Verteidiger eine Mehrfachverteidigung iSd § 146 vor, ist die Bestellung vom Gericht nach § 143 analog zurückzunehmen.[4] Ein Verstoß gegen § 137 Abs. 1 S. 2 kommt nicht in Betracht (→ § 137 Rn. 32). Um Rechtssicherheit zu schaffen, sind Rechtsanwälte mit Vertretungs- bzw. Berufsverbot und Verteidiger, die zugleich Mitangekl. sind, in **analoger Anwendung** zurückzuweisen (→ § 138 Rn. 6).

3 Der Anwendungsbereich der Norm umfasst **alle Verfahrensstadien** einschließlich Rechtsmittelverfahren,[5] auch soweit § 137 Abs. 1 S. 1 oder § 146 außerhalb des Strafprozesses Anwendung finden.[6]

III. Zurückweisung des Verteidigers – Abs. 1

4 **1. „ist als Verteidiger zurückzuweisen" – S. 1 Hs. 1.** Bei der Zurückweisung hat das Gericht **keinen Ermessensspielraum;** liegen die Voraussetzungen nach § 146a vor, ist der Verteidiger auch zurückzuweisen.[7] Ein Zurückweisungsbeschl. ist entbehrlich, wenn die Revision, die durch einen zurückzuweisenden Verteidiger eingelegt wurde, nach § 349 Abs. 1 oder Abs. 2 verworfen wird.[8] Ebenfalls steht dem Gericht bei der Zurückweisung **kein Auswahlermessen** hinsichtlich der Person des Verteidigers (§ 137 Abs. 1 S. 1) oder des Verteidigungsverhältnisses (§ 146) zu; im Einzelnen: Rn. 5, 8, 10.[9]

---

[1] Entwurf und Begr. E StVÄG 1984, BT-Drs. 10/1313, 4 f. (23).
[2] BT-Drs. 10/1313, 23; BGH 27.2.1976 – 1 BJs 25/75 – StB 8/76, BGHSt 26, 291 (294) = NJW 1976, 1106 (1107).
[3] Zum damaligen Streitstand: BGH 30.6.1976 – 2 StR 44/76, NJW 1976, 1902 (1903); Dietenmaier Verbot der gemeinschaftlichen Verteidigung 99 ff.
[4] BT-Drs. 10/1313, 23.
[5] Dünnebier FS Pfeiffer, 1988, 265 (281 f.).
[6] § 146 Rn. 8 f.
[7] AllgM; Vgl. BGH (vor Einführung der Vorschrift) 27.2.1976 – 1 BJs 25/75 – StB 8/76, BGHSt 26, 291 (294) = NJW 1976, 1106 (1107).
[8] AllgM; zu § 137: BGH 16.2.1977 – 3 StR 500/76, BGHSt 27, 124 (132) = NJW 1977, 910 (911).
[9] BT-Drs. 10/1313, 23; ausf. Lüderssen/Jahn in Löwe/Rosenberg Rn. 6 ff.

2. Verstoß gegen § 146. a) Allgemein. Als Folge der Zulässigkeit der sukzessiven Verteidigung (→ § 146 Rn. 1, 14) kann ein Verstoß gegen § 146 durch Niederlegung eines Mandats beendet werden; dabei ist es strafprozessual unerheblich, welches Verteidigungsverhältnis beendet wird. Insofern muss vor einer Zurückweisung die Möglichkeit zur **Ordnung der Verteidigungsverhältnisse** gegeben werden (→ Rn. 10); dies gilt auch für den bestellten Verteidiger. Wird der Verstoß nicht beendet, ist bei einem **gemeinsamen Verfahren** die später begründete Verteidigung, die den Verstoß ausgelöst hat, zurückzuweisen.[10] Die Auffassung, dass alle Verteidigungsverhältnisse zu beenden seien,[11] ist als unvertretbar zurückzuweisen; eine solche Forderung ist nach § 146 nF unnötig, würde mithin einen unverhältnismäßigen Eingriff in die Verteidigung (§ 137) darstellen.[12] Gegen eine Gesamtzurückweisung spricht auch das arg e contrario aus S. 2, in dem diese Rechtsfolge speziell angeordnet wird: Lässt sich der Zeitpunkt nicht feststellen (→ Rn. 11) oder liegt Gleichzeitigkeit vor, sind alle Verteidiger zurückzuweisen.[13] Bei **getrennten Verfahren** stellt sich dem Gericht ohnehin keine Auswahlmöglichkeit.[14] 5

b) Verstoß gegen § 146 nach der Wahl – S. 1 Hs. 2. Unabhängig von der Wahl der Beschuldigten kann durch Verfahrensverbindungen eine Mehrfachverteidigung (§ 146 S. 2) entstehen.[15] In diesem Fall entsteht bei allen Verteidigungsverhältnissen gleichzeitig ein Verstoß gegen § 146 S. 2; somit sind – sofern der Verteidiger nicht ein Mandat niederlegt (→ Rn. 5) – auch alle Verteidigungsverhältnisse zurückzuweisen.[16] 6

3. Verstoß gegen § 137 Abs. 1 S. 2. Liegt eine Überschreitung des § 137 Abs. 1 S. 2 vor, so sind diejenigen Verteidiger zurückzuweisen, die gewählt wurden, als bereits drei Verteidigungsverhältnisse bestanden.[17] 7

Dabei stellt **S. 2** klar, dass das Gericht keine Auswahl zwischen Verteidigern treffen kann. Dagegen hat der Beschuldigte noch zu diesem Zeitpunkt die Möglichkeit; seine Verteidigungsverhältnisse so zu regeln, dass sich ein Zurückweisungsbeschl. erübrigt (→ Rn. 10).[18] Eine gleichzeitige Wahl mehrerer Verteidiger kann insbes. bei der Bevollmächtigung einer **Sozietät** eintreten; bei genauer Betrachtung wird aber zumeist von einer zulässigen Einzelbevollmächtigung auszugehen sein.[19] Das Gericht darf nicht vorschnell zurückweisen, sondern muss sich um **Aufklärung** bemühen (→ Rn. 11); dies gilt auch bzgl. des Vorliegens von Gleichzeitigkeit bei mehreren Einzelvollmachten bzw. hinsichtlich der Reihenfolge der Mandatsbegründungen. Gleichzeitigkeit liegt auch vor, wenn sich die Zahl der Verteidiger durch eine **Verfahrensverbindung** erhöht.[20] 8

4. Gerichtlicher Beschluss – S. 3. a) Zuständigkeit. Zuständig für den Zurückweisungsbeschl. ist nicht der Vorsitzende, sondern das Gericht. Die StA kann einen entspr. Antrag stellen.[21] Andere Stellen, wie zB die JVA, sind mangels Zuständigkeit für ein konkretes Verfahren zur Prüfung nicht berechtigt.[22] Im **Vorverfahren** ist in Fällen des §§ 24 Abs. 1 Nr. 2; 25 Nr. 2 GVG das Gericht zuständig, bei dem die StA die Anklageerhebung 9

---

[10] BGH 22.3.1977 – 1 BJs 20/75, StB 41/77, BGHSt 27, 148 (150) = NJW 1977, 1206 (1207); Wohlers in SK-StPO § 146 Rn. 35; Nestler-Tremel NStZ 1988, 103 (107).

[11] Stern in AK-StPO Rn. 5; Julius/Schiemann in Gercke/Julius/Temming/Zöller Rn. 3; Lüderssen/Jahn in Löwe/Rosenberg Rn. 9.

[12] So schon zu § 146 aF: BGH 22.3.1977 – 1 BJs 20/75, StB 41/77, BGHSt 27, 148 (152) = NJW 1977, 1206 (1207).

[13] Zu § 146 aF OLG Hamm 17.9.1979 – 4 Ss 1594/79, NJW 1980, 1059 (1060); Wohlers in SK-StPO § 146 Rn. 35.

[14] Lüderssen/Jahn in Löwe/Rosenberg Rn. 9.

[15] Zur Zulässigkeit solcher Verbindungen: § 146 Rn. 19.

[16] Willnow in KK-StPO Rn. 3.

[17] KG 30.8.1976 – 2 Ws 232/76, NJW 1977, 912 (913).

[18] BT-Drs. 10/1313, 24; OLG Zweibrücken 24.9.2009 – 1 Ws 227/09, StraFo 2009, 516.

[19] § 137 Rn. 34.

[20] Willnow in KK-StPO Rn. 3; Wohlers in SK-StPO Rn. 10.

[21] BT-Drs. 10/1313, 23.

[22] Widmaier StraFo 2011, 390.

beabsichtigt. Ein Gericht höherer Ordnung kann die Entscheidung entspr. § 209 übertragen. Das Rechtsmittelgericht ist zuständig, sobald das Verfahren bei diesem „anhängig“ ist, also ab Vorlage der Akten (§ 321 S. 2, § 347 Abs. 2).[23]

10 **b) Verfahren.** Der Beschl. ist nach § 34 mit Gründen zu versehen. Vor Beschlussfassung sind gem. § 33 die StA, der betroffene Verteidiger sowie die betroffenen Beschuldigten zu hören. Damit einhergehend ist den Beteiligten eine **angemessene Frist** zu setzten, um die Verteidigungsverhältnisse so zu gestalten, dass der Verstoß entfällt.[24] Dabei sind berufs- und strafrechtliche Normen durch den Verteidiger zu beachten. Die Frist muss so bemessen sein, dass eine Rücksprache zwischen allen betroffenen Verteidigern und Beschuldigten möglich ist. Bei einer Rechtsmitteleinlegung durch den betroffenen Verteidiger genügt die Erklärung in der mündlichen Verhandlung, dass ein anderes Verteidigungsverhältnis beendet wurde.[25]

11 Die Verteidigungsverhältnisse sind durch das Gericht im **Freibeweis** aufzuklären.[26] Eine unterlassene Aufklärung vor einer fehlerhaften Zurückweisung kann die Besorgnis der Befangenheit begründen.[27] Soweit es auf die **Reihenfolge** oder Gleichzeitigkeit ankommt, ist nach dem Wortlaut der maßgebliche Zeitpunkt nicht der Vertragsschluss, sondern die Kommunikation des Verteidigungsverhältnisses nach außen, also eine schriftliche Vollmacht[28] oder die Meldung des Verteidigers zu den Akten.

IV. Keine Rückwirkung – Abs. 2

12 Die Zurückweisung wirkt **ex nunc;** alle vorherigen Handlungen des zurückgewiesenen Verteidigers sind wirksam, auch die Einlegung von **Rechtsmitteln** und Revisionsbegr.[29] Die frühere Rspr.[30] hinsichtlich der „Anlasshandlung“ ist nach dem Wortlaut und der Gesetzesbegr. nicht mehr vertretbar (→ Rn. 1).[31] Die Verteidigerstellung entfällt mit der Bekanntmachung des Beschlusses gem. § 35. Auf die Unanfechtbarkeit kann es nicht ankommen,[32] da andernfalls – wegen der fehlenden Fristgebundenheit der Beschwerde – ein andauernder Schwebezustand entstünde;[33] diesbzgl. könnte ein gesetzgeberischer Verweis auf § 311 Abhilfe schaffen.[34]

13 Da ohne Zurückweisung uneingeschränkt alle Verteidigungshandlungen vorgenommen werden können, ist auch der **Verteidigervertrag** nicht etwa nach § 134 BGB unwirksam; weder der Verstoß noch die spätere Zurückweisung hat einen Einfluss auf vorher entstandene **Honoraransprüche.**[35] Eine (mittelbare) Reduzierung des Honoraranspruchs ist denkbar,

---

23 AllgM; aA ab Einlegung der Revision: Stern in AK-StPO Rn. 8; Julius/Schiemann in Gercke/Julius/Temming/Zöller Rn. 2.

24 BT-Drs. 10/1313, 24; OLG Zweibrücken 24.9.2009 – 1 Ws 227/09, StraFo 2009, 516.

25 Willnow in KK-StPO Rn. 6.

26 OLG Zweibrücken 24.9.2009 – 1 Ws 227/09, StraFo 2009, 516.

27 LG Düsseldorf 24.4.1991 – I Qs 28/91, StV 1991, 410.

28 OLG Hamm 17.9.1979 – 4 Ss 1594/79, NJW 1980, 1059 (1060); OLG Koblenz 8.8.1978 – 1 Ss 394/78, NJW 1978, 2609.

29 OLG Hamm 21.4.1978 – 6 Ws 152/78, NJW 1978, 1538.

30 Zu § 146: BGH 30.6.1976 – 2 StR 44/76, BGHSt 26, 367 (372) = NJW 1976, 1902 (1903); Zu § 137 Abs. 1 S. 2: BGH 16.2.1977 – 3 StR 500/76, BGHSt 27, 124 (130 f.) = NJW 1977, 910 (911).

31 BT-Drs. 10/1313, 23; Staudinger in KMR-StPO Rn. 3; krit. Foth NStZ 1987, 441; zur Kritik: Nestler-Tremel NStZ 1988, 103 (107).

32 So aber LG Flensburg 30.12.1987 – II Qs 287/87, JurBüro 1988, 653; Schmitt in Meyer-Goßner/Schmitt Rn. 1; Wohlers in SK-StPO Rn. 4.

33 Julius/Schiemann in Gercke/Julius/Temming/Zöller Rn. 4; Willnow in KK-StPO Rn. 2.

34 Julius/Schiemann in Gercke/Julius/Temming/Zöller Rn. 4.

35 LG Braunschweig 22.5.1989 – 32 Qs 77/89, NdsRpfl. 1989, 182; LG Bamberg 10.10.1988 – Qs 207/88, NStZ 1989, 387; LG Flensburg 30.12.1987 – II Qs 287/87, JurBüro 1988 mablAnm Mümmler; Stern in AK-StPO Rn. 7; Julius/Schiemann in Gercke/Julius/Temming/Zöller Rn. 4; Willnow in KK-StPO Rn. 5; Lüderssen/Jahn in Löwe/Rosenberg Rn. 14; Pfeiffer Rn. 2; Reinhart in Radtke/Hohmann Rn. 6; Wohlers in SK-StPO Rn. 14; Dietenmaier Verbot der gemeinschaftlichen Verteidigung 107 ff.; aA LG Koblenz 1.10.1997 – 4 Qs 51/97, MDR 1998, 309; AG Arnsberg 21.1.1998 – 3 C 522–97,

wenn durch die Zurückweisung und dadurch verursachte neue Verteidigerbeauftragung höhere Kosten entstehen als bei einem durchgängigen Mandat und dem zurückgewiesenen Verteidiger mindestens Fahrlässigkeit vorzuwerfen ist;[36] dies setzt allerdings weiterhin voraus, dass dem Mandanten bei der Bevollmächtigung der Verstoß nicht bewusst war.[37] Die vereinzelt vertretene aA müsste konsequent entgegen Abs. 2 zugleich mit der Unwirksamkeit der Bevollmächtigung die Unwirksamkeit der Handlungen ex tunc annehmen; zudem führt sie nicht zu einheitlichen Lösungen aller Konstellationen.[38]

Ein zurückgewiesener Verteidiger kann **erneut gewählt** oder bestellt werden, wenn die Voraussetzungen des Verstoßes entfallen sind.[39] Bei einem Verstoß gegen § 137 Abs. 1 S. 2 kann der Wahlverteidiger sofort gerichtlich bestellt werden.[40] 14

V. Rechtsbehelfe

1. Beschwerde. Der Beschl. kann mit einer Beschwerde nach § 304 Abs. 1 angegriffen werden; § 305 S. 1 steht dem nicht entgegen.[41] Dies gilt auch für während der Hauptverhandlung ergangene Beschlüsse.[42] Gegen Zurückweisungen durch ein OLG oder den BGH ist keine Beschwerde zulässig (§ 304 Abs. 4); lediglich eine Gegenvorstellung ist möglich. Eine analoge Anwendung von § 138d Abs. 6 S. 1 kommt nicht in Betracht, da keine planwidrige Regelungslücke besteht.[43] Neben dem Beschuldigtem und der StA kann der zurückgewiesene Verteidiger auch im eigenen Namen[44] oder namens des Beschuldigten[45] Beschwerde einlegen. Die StA kann auch eine Ablehnung der beantragten Zurückweisung anfechten. 15

2. Revision. a) Nichterfolgte Zurückweisung. aa) Verstoß gegen § 146. Bei einem Verstoß gegen § 146 setzt eine Revision nach allgM voraus, dass aufgrund eines tatsächlichen Interessenkonflikts die Aufgabenerfüllung des Verteidigers eingeschränkt war und die Revisionsbegr. die Tatsachen, aus denen sich dies ergibt, vorbringt.[46] Dem Tatgericht muss der Verstoß nicht bekannt gewesen sein. Ein Revisionsgrund des § 338 Nr. 5 ist nicht anzunehmen, da dies eine Wirkung kraft Gesetzes voraussetzen würde.[47] Für die Revision (und der sich hier stellenden Beruhensfrage) ist in diesem Zusammenhang zu beachten, dass § 146 auf der Wertung beruht, dass bei jeder Mehrfachverteidigung ein 16

NJW-RR 1999, 63; GStA Zweibrücken NStZ-RR 2004, 191; Hilger in Löwe/Rosenberg § 464a Rn. 33; Wasmuth NStZ 1989, 348; mit Kritik: Beulke in Satzger/Schluckebier/Widmaier StPO Rn. 13 f.; offengelassen BGH 31.1.1991 – III ZR 150/88, NJW 1991, 3095 (3097).

36 LG Flensburg 30.12.1987 – II Qs 287/87, JurBüro 1988, 653.

37 Dietenmaier, Verbot der gemeinschaftlichen Verteidigung 114.

38 Dietenmaier, Verbot der gemeinschaftlichen Verteidigung 197 ff.; vgl. Hilger in Löwe/Rosenberg § 464a Rn. 33; Wasmuth NStZ 1989, 348 (349 ff.).

39 Lüderssen/Jahn in Löwe/Rosenberg Rn. 8.

40 BayObLG 1.12.1978 – RReg 4 St 253/87, StV 1988, 97.

41 OLG Karlsruhe 26.8.1988 – 3 Ws 205/88, Justiz 1988, 435; LG Frankfurt a. M. 4.4.2008 – 5/26 Qs 9/08, NStZ-RR 2008, 205; Willnow in KK-StPO Rn. 7; Schmitt in Meyer-Goßner/Schmitt Rn. 8; Staudinger in KMR-StPO Rn. 5; Wohlers in SK-StPO Rn. 15; aA OLG Hamm 10.6.1987 – 4 Ws 288/87, NStZ 1987, 476 (477).

42 Vgl. OLG Celle 17.5.1984 – 1 Ws 161/84, NStZ 1985, 519 mablAnm Paulus; Stern in AK-StPO Rn. 10; aA Julius/Schiemann in Gercke/Julius/Temming/Zöller Rn. 5.

43 BGH 14.10.1976 – KRB 1/76, NJW 1977, 156 (167).

44 Vgl. BVerfG 11.3.1975 – 2 BvR 135/75, BVerfGE 39, 156 = NJW 1975, 1013; BGH 27.2.1976 – 1 BJs 25/75 – StB 8/76, BGHSt 26, 291 f. = NJW 1976, 1106; OLG München 10.2.1976 – 1 Ws 131, 132/76, NJW 1976, 863; LG Regensburg 13.6.2005 – 2 Qs 77/05, NJW 2005, 2245; Willnow in KK-StPO Rn. 7; Schmitt in Meyer-Goßner/Schmitt Rn. 8; Pfeiffer Rn. 3; Wohlers in SK-StPO Rn. 16; Staudinger in KMR-StPO Rn. 5; aA Lüderssen/Jahn in Löwe/Rosenberg Rn. 15.

45 BGH 27.2.1976 – 1 BJs 25/75 – StB 8/76, BGHSt 26, 291 f. = NJW 1976, 1106; LG Regensburg 13.6.2005 – 2 Qs 77/05, NJW 2005, 2245; Staudinger in KMR-StPO Rn. 5; Schmitt in Meyer-Goßner/Schmitt Rn. 8; Pfeiffer Rn. 3.

46 Statt aller: BGH 13.10.1976 – 3 StR 100/76, BGHSt 27, 22 = JR 1977, 211 mkritAnm Meyer; Lüderssen/Jahn in Löwe/Rosenberg Rn. 18; aA Dünnebier FS Pfeiffer, 1988, 265 (278).

47 Hanack in Löwe/Rosenberg § 338 Rn. 93; Nestler-Tremel NStZ 1988, 103 (107).

Interessenkonflikt vermutet wird, der Verteidiger somit seine einseitige Beistandsaufgabe nicht erfüllen kann (→ § 146 Rn. 2 f.). Insofern erschiene es inkonsequent, beim Ausschluss des vom Angekl. gewählten Verteidigers generell einen Konflikt zu vermuten, bei der Revision einen solchen Interessenkonflikt (und ein korrespondierendes Beruhen) zu Ungunsten des Angekl. jedoch zu verneinen. Somit ist in der Regel bei einem Verstoß gegen § 146 auch eine tatsächliche Einschränkung der Verteidigung anzunehmen.

16a Für den **Mitangeklagten** liegt kein Revisionsgrund vor, da die Zurückweisung nur dem Schutz des entgegen § 146 verteidigten Angekl. dienen soll.[48]

17 **bb) Verstoß gegen § 137 Abs. 1 S. 2.** Bei einem solchen Verstoß ist nach allgA kein Revisionsgrund gegeben, da ein Urteil nicht auf der Mitwirkung von mehr als drei Verteidigern beruhen kann. Nach aA kann das Urteil auf der Nichtzurückweisung beruhen, da jeder mitwirkende Verteidiger die Verteidigungsstrategie und deren Umsetzung beeinflusst.[49] Diese durchaus plausible Überlegung findet eine Stütze im Übrigen auch in der Rspr. des BGH, welcher einen Einfluss auf das Urteil durch die **personelle Zusammensetzung** der Verteidigung nicht ausschließt.[50] Speziell im Fall der **notwendigen Verteidigung** kann das Urteil auf der Nichtzurückweisung beruhen, wenn lediglich der vierte Wahlverteidiger in der Hauptverhandlung anwesend war.[51]

18 **b) Rechtswidrige Zurückweisung.** Nach verbreiteter Ansicht führt eine ungerechtfertigte, aber nicht willkürliche Zurückweisung nicht zu einer den Angekl. belastenden Beschränkung der Verteidigung, wenn er anderweitig ordnungsgemäß verteidigt ist.[52] Auf eine „ordnungsgemäße" Verteidigung kann es jedoch nicht ankommen, da zumindest ein beachtlicher Verstoß gegen § 137 Abs. 1 S. 1 vorliegt, der nicht nur das Recht auf Verteidigung, sondern auch das Recht auf den **Verteidiger des Vertrauens** garantiert (→ § 137 Rn. 6). Da dies ein grundlegender Bestandteil des in Art. 6 Abs. 3 lit. c EMRK verankerten Rechts auf Verteidigung ist, liegt ein Revisionsgrund nach **§ 338 Nr. 8** vor.[53] Auch ein **Beruhen** kann nicht ausgeschlossen werden, da die Verteidigung Einfluss auf das Urteil haben kann und die **personelle Zusammensetzung** der Verteidigung sich (→ Rn. 17) durchaus auf die Art und Zielrichtung der Verteidigung auswirken kann.[54] Entspr. gilt für die Zurückweisung des einzigen Verteidigers; zusätzlich ist hierbei die Verteidigung iSd § 338 Nr. 8 beeinträchtigt, wenn der Beschuldigte nach der Zurückweisung nicht **ausreichend Zeit** hatte, einen neuen Verteidiger zu wählen.

§ 147 Akteneinsichtsrecht, Besichtigungsrecht; Auskunftsrecht des Beschuldigten

(1) Der Verteidiger ist befugt, die Akten, die dem Gericht vorliegen oder diesem im Falle der Erhebung der Anklage vorzulegen wären, einzusehen sowie amtlich verwahrte Beweisstücke zu besichtigen.

(2) [1]Ist der Abschluss der Ermittlungen noch nicht in den Akten vermerkt, kann dem Verteidiger die Einsicht in die Akten oder einzelne Aktenteile sowie die Besichtigung von amtlich verwahrten Beweisgegenständen versagt werden, soweit

48 BGH 3.10.1984 – 3 StR 358/84, StV 1984, 493.

49 Neuhaus StV 2002, 43 (49 f.).

50 BGH 23.8.2004 – 1 StR 199/04, NStZ 2005, 114; 9.10.1989 – 2 StR 352/89, BGHSt 36, 259 (262) = NJW 1990, 586 (587); 11.9.1986 – 1 StR 472/86, NStZ 1987, 34 (35).

51 Neuhaus StV 2002, 43 (50).

52 Obiter dictum zu § 146: BGH 23.3.1977 – 1 BJs 55/75, StB 52/77, BGHSt 27, 154 (159) = NJW 1977, 1208 (1209); Willnow in KK-StPO § 137 Rn. 9; Staudinger in KMR-StPO Rn. 6; Lüderssen/Jahn in Löwe/Rosenberg § 137 Rn. 78a; Schmitt in Meyer-Goßner/Schmitt Rn. 9.

53 Wohlers in SK-StPO § 137 Rn. 42; § 146 Rn. 37.

54 BGH 6.7.1999 – 1 StR 142/99, NStZ 1999, 527; 9.10.1989 – 2 StR 352/89, BGHSt 36, 259 (262) = NJW 1990, 586 (587); Neuhaus StV 2002, 43 (49 f.); einschr. Pfeiffer Rn. 4.

dies den Untersuchungszweck gefährden kann. [2]Liegen die Voraussetzungen von Satz 1 vor und befindet sich der Beschuldigte in Untersuchungshaft oder ist diese im Fall der vorläufigen Festnahme beantragt, sind dem Verteidiger die für die Beurteilung der Rechtmäßigkeit der Freiheitsentziehung wesentlichen Informationen in geeigneter Weise zugänglich zu machen; in der Regel ist insoweit Akteneinsicht zu gewähren.

(3) Die Einsicht in die Protokolle über die Vernehmung des Beschuldigten und über solche richterlichen Untersuchungshandlungen, bei denen dem Verteidiger die Anwesenheit gestattet worden ist oder hätte gestattet werden müssen, sowie in die Gutachten von Sachverständigen darf dem Verteidiger in keiner Lage des Verfahrens versagt werden.

(4) [1]Der Beschuldigte, der keinen Verteidiger hat, ist in entsprechender Anwendung der Absätze 1 bis 3 befugt, die Akten einzusehen und unter Aufsicht amtlich verwahrte Beweisstücke zu besichtigen, soweit der Untersuchungszweck auch in einem anderen Strafverfahren nicht gefährdet werden kann und überwiegende schutzwürdige Interessen Dritter nicht entgegenstehen. [2]Werden die Akten nicht elektronisch geführt, können ihm an Stelle der Einsichtnahme in die Akten Kopien aus den Akten bereitgestellt werden.

(5) [1]Über die Gewährung der Akteneinsicht entscheidet im vorbereitenden Verfahren und nach rechtskräftigem Abschluss des Verfahrens die Staatsanwaltschaft, im Übrigen der Vorsitzende des mit der Sache befassten Gerichts. [2]Versagt die Staatsanwaltschaft die Akteneinsicht, nachdem sie den Abschluss der Ermittlungen in den Akten vermerkt hat, versagt sie die Einsicht nach Absatz 3 oder befindet sich der Beschuldigte nicht auf freiem Fuß, so kann gerichtliche Entscheidung durch das nach § 162 zuständige Gericht beantragt werden. [3]Die §§ 297 bis 300, 302, 306 bis 309, 311a und 473a gelten entsprechend. [4]Diese Entscheidungen werden nicht mit Gründen versehen, soweit durch deren Offenlegung der Untersuchungszweck gefährdet werden könnte.

(6) [1]Ist der Grund für die Versagung der Akteneinsicht nicht vorher entfallen, so hebt die Staatsanwaltschaft die Anordnung spätestens mit dem Abschluß der Ermittlungen auf. [2]Dem Verteidiger oder dem Beschuldigten, der keinen Verteidiger hat, ist Mitteilung zu machen, sobald das Recht zur Akteneinsicht wieder uneingeschränkt besteht.

Übersicht

I. Überblick

1 **1. Zweck.** Das Recht auf Einsicht in die Akten und Beweismittel konkretisiert ua den Anspruch auf rechtliches Gehör **(Art. 103 Abs. 1 GG),** indem es die informationelle Grundlage für eine sachgemäße Wahrnehmung dieses Rechts schafft.[1] Aus der Natur als Einsichtsrecht folgt, dass es nur einen Anspruch auf Kenntnis derjenigen Akten vermittelt, auf die sich die Behörden in ihren Entscheidungen und Entscheidungsprozessen beziehen – es vermittelt hingegen kein Recht auf Hinzuziehung weiterer Akten oder Informationen.[2] Das Bestehen eines umfassenden Akteneinsichtsrechts ist zur Verwirklichung der Rechte aus **Art. 6 EMRK** und aus dem **Rechtsstaatsprinzip** zwingend erforderlich und geboten;[3] die Akteneinsicht ist unverzichtbare Voraussetzung einer effektiven Verteidigung.[4] Im Übrigen sichert der Anspruch die Subjektstellung des Beschuldigten und den sinnvollen Gebrauch weiterer Verteidigungsrechte und ist somit auch Kernelement eines **fairen Verfahrens** (Art. 2 Abs. 1 iVm Art. 20 Abs. 3 GG).[5] Auch das aus denselben Grundrechten folgende Prinzip der **„Waffengleichheit"** setzt eine gleichrangige Informationsbasis voraus.[6] Zur tatsächlichen Umsetzung dieser Prinzipien bedarf es neben eines umfassenden Einsichtsrechts zusätzlich des Grundsatzes der Aktenwahrheit und -vollständigkeit (→ Rn. 12).[7]

2 **2. Regelungsgehalt.** Abs. 1 enthält den Grundsatz, dass ein Recht auf vollständige Einsicht in die Akten und Beweisstücke im gesamten Verlauf des Strafverfahrens besteht. Für das Ermittlungsverfahren wird dieser Grundsatz durch Abs. 2 eingeschränkt, wobei Abs. 3 sog. privilegierte Aktenbestandteile benennt, die der Verteidigung zu keinem Zeitpunkt vorenthalten werden können. Im Zuge des Gesetzes zur Einführung der elektronischen Akte in der Justiz im Jahr 2017 wurde der Regelungsgehalt des Abs. 7 aF in den Abs. 4 übernommen, in welchem nun die Rechte des unverteidigten Beschuldigten normiert sind. Diese wurden grundsätzlich mit dem StVÄndG 1999 zur Umsetzung der europäischen

[1] BVerfG 19.1.2006 – 2 BvR 1075/05, NJW 2006, 1048; 5.5.2004 – 2 BvR 1012/02, NJW 2004, 2443; 11.7.1994 – 2 BvR 777/94, NJW 1994, 3219 (3220); 9.3.1965 – 2 BvR 176/63, BVerfGE 18, 399 = NJW 1965, 1171; Wohlers/Schlegel NStZ 2010, 486 (487); Kempf StraFo 2004, 299 (301).

[2] BVerfG 12.1.1983 – 2 BvR 864/81, BVerfGE 63, 45 (59 f.) = NJW 1983, 1043, vgl. Kleinknecht FS Dreher, 1977, 721 (726).

[3] EGMR 22.7.2003 – 39647/98, StraFo 2003, 360 (362) – Edwards and Lewis ./. UK mAnm Sommer; Gaede HRRS 2004, 44 (45 ff.); → § 137 Rn. 3 f.; EGMR 19.6.2001 –, StraFo 2002, 52 – Atlan ua ./. UK mAnm Sommer.

[4] BGH 10.10.1990 – 1 StE 8/89 StB 14/90, BGHSt 37, 204 = NJW 1991, 435; 3.10.1979 – 3 StR 264/79 (S), BGHSt 29, 99 (102 f.) = NJW 1980, 64 mzustAnm Kuckuck NJW 1980, 298 und Müller-Dietz JR 1981, 76; Wohlers/Schlegel NStZ 2010, 486 (487).

[5] BVerfG 4.5.2021 – 2 BvR 277/19, BeckRS 2021, 10577; 5.5.2004 – 2 BvR 1012/02, NJW 2004, 2443; 12.1.1983 – 2 BvR 864/81, BVerfGE 63, 45 (61) = NStZ 1983, 273 mAnm Peters; BGH 29.11.1989 – 2 StR 264/89, BGHSt 36, 305 (309) = NJW 1990, 584 (585); OLG Brandenburg 20.9.1995 – 2 Ws 174/95, NJW 1996, 67 (68); Schlegel HRRS 2004, 411 (411 f.); Welp FS Peters, 1984, 309.

[6] BGH 29.11.1989 – 2 StR 264/89, BGHSt 36, 305 (309-310) = NJW 1990, 584 (585); OLG Brandenburg 20.9.1995 – 2 Ws 174/95, NJW 1996, 67 (68); Wohlers/Schlegel NStZ 2010, 486 (487).

[7] BGH 10.10.1990 – 1 StE 8/89 StB 14/90, BGHSt 37, 204 = NJW 1991, 435; Wohlers in SK-StPO Rn. 1.

Rspr. bzgl. der Rechte des unverteidigten Beschuldigten in die Vorschrift eingefügt.[8] Abs. 6 regelt das zeitliche Ende der Beschränkungen aus Abs. 2. Die Zuständigkeit und die Rechtsmittel im Ermittlungsverfahren werden in Abs. 5 geregelt.

3 **3. Entwicklung.** Bis 1964 bestand lediglich ein Recht zur Einsichtnahme nach Abschluss des Ermittlungsverfahrens.[9] Im Jahr 2000 erfolgte eine **Stärkung des Normzwecks,** indem in Abs. 5 S. 2 zumindest für bestimmte Fälle Rechtsmittel gegen die Versagung der Einsicht durch die StA festgelegt wurden und Abs. 7 aF hinzugefügt wurde. Heutzutage ist sowohl hinsichtlich der Einsicht in (digitale) Akten als auch in Beweisstücke bei der **Auslegung** zu beachten, dass sich die Möglichkeiten der **Reproduzierbarkeit** von Schriftstücken und Daten beachtlich erweitert haben, so dass Einschränkungen bei der Einsicht kaum noch zu rechtfertigen sind.

II. Einsichtsrecht – Abs. 1

4 Das Recht auf Einsicht in die Akten kann – jenseits des Abs. 2 – weder versagt noch eingeschränkt werden.[10] Insbesondere kann dem Recht auf Akteneinsicht nicht eine Gefährdung der Ermittlungen entgegengehalten werden.[11] Einem Missbrauch des Rechts auf Akteneinsicht kann ausschließlich über einen Ausschluss des Verteidigers nach §§ 138a ff. und die vorherige Anordnung des vorläufigen Ruhens des Rechts gem. § 138c Abs. 3 begegnet werden.[12] Die Einsichtnahme kann auch nicht unter die Zusicherung einer eingeschränkten Verwendung gestellt werden (→ Rn. 45). Das Einsichtsrecht kann nicht durch andere datenbezogene Gesetze zum Schutz Dritter – zB Urheberrecht (→ Rn. 21),[13] Schutz von Geschäftsgeheimnissen – eingeschränkt[14] oder über einen Informationsauskunftsanspruch ausgeweitet werden.[15] Der Anspruch auf Akteneinsicht beinhaltet nur Einsicht in Vorhandenes und muss ggf. durch Beweisanträge ergänzt werden; so kann zB die Anfertigung von Übersetzungen nicht über das Akteneinsichtsrecht verlangt werden.[16] Das Einsichtsrecht gilt gleichermaßen für Akten und Beweisstücke; Unterschiede ergeben sich nur für die Modalitäten der Einsichtnahme.[17]

5 **1. Befugte Personen.** S. 1 spricht von der Befugnis des Verteidigers; das Akteneinsichtsrecht ist jedoch ein Recht des Beschuldigten (→ Rn. 1),welches durch den Verteidiger wahrgenommen wird.[18] Erg. → Rn. 45, 52. Verteidiger im Sinne der Norm sind alle Personen gem. §§ 138 Abs. 1 und 2 und § 139. Grds. muss ein Verteidigungsverhältnis bestehen; einer schriftlichen Vollmacht bedarf es jedoch – außer bei berechtigten Zweifeln –

---

8 Damals noch im Abs. 7 aF: BGBl. 2000 I 1253.

9 StPÄndG 1964; ausf. zur Geschichte: Rieß FS Peters, 1984, 113 (115 ff.).

10 BVerfG 12.1.1983 – 2 BvR 864/81, BVerfGE 63, 45 (62) = NJW 1983, 1043; BVerfG 7.12.1982 – 2 BvR 900/82, BVerfGE 62, 338 (343 ff.) = NJW 1983, 1046.

11 OLG Hamburg 19.9.1991 – 1 Ws 237/91, NStZ 1992, 50; LG Köln 4.9.1985 – 117 – 7/84, StV 1987, 381.

12 OLG Hamburg 19.9.1991 – 1 Ws 237/91, NStZ 1992, 50; Stern in AK-StPO Rn. 48; Wohlers in SK-StPO Rn. 9.

13 AG Lüdinghausen 9.2.2012 – 19 OWi 19/12, DAR 2012, 156.

14 BGH 4.10.2007 – KRB 59/07, BGHSt 52, 58 (64) = NJW 2007, 3652; LG Frankfurt a. M. 29.6.2005 – 5/2 AR 3/2005, StraFo 2005, 379 (Schutz des Anzeigenerstatters); AG Schwelm 13.4.2010 – 64 OWi 18/10 (b), VRR 2010, 236; vgl. Groß/Fünfsinn NStZ 1992, 105 (108); Wessing WuW 2010, 1019 (1024).

15 VG Düsseldorf 4.8.2010 – 26 L 1223/10, ZUM-RD 2011, 265 (266 f.); vgl. zur Steuerakte: Polenz NJW 2009, 1921 (1924 f.).

16 BGH 4.12.2007 – 3 StR 404/07, NStZ 2008, 230 (231); OLG Koblenz 30.6.1995 – 1 Ws 322/95, NStZ 1995, 611; Jahn in Löwe/Rosenberg Rn. 112; Willnow in KK-StPO Rn. 2; Wessing in BeckOK StPO Rn. 17; Wohlers/Schlegel NStZ 2010, 486 (488).

17 Rieß FS Peters, 1984, 113; Schlag FS Koch, 1989, 229 (323 f.).

18 BVerfG 7.12.1982 – 2 BvR 900/82, BVerfGE 62, 338 (343 f.) = NJW 1983, 1046; OLG Zweibrücken 8.10.1976 – Ws 186/76, NJW 1977, 1699; Wohlers in SK-StPO Rn. 5.

nicht.[19] Nach allgA kann das Recht von Personen iSd § 138 Abs. 1 bereits im Stadium des Anbahnungsverhältnisses ausgeübt werden, sofern der Beschuldigte das Mandat angetragen hat. Nach erfolgter Einstellung des Verfahrens (→ Rn. 9) muss die Akteneinsicht auch dem bevollmächtigten Rechtsanwalt, der nicht Verteidiger ist, gewährt werden.[20]

6 Bei mehreren Verteidigern steht das Akteneinsichtsrecht gleichermaßen allen zu.[21] Auch das Recht eines zugleich als Zeuge benannten Verteidigers kann nicht beschränkt werden.[22] Zur Wahrung der Waffengleichheit kann die Befugnis zwecks Arbeitsteilung auf juristische Mitarbeiter – zB Referendare – übertragen werden, ohne diesen Untervollmacht erteilen zu müssen.[23]

7 **2. Zeitlich.** Das Einsichtsrecht besteht zu **jedem Zeitpunkt** des Verfahrens; auch während der Hauptverhandlung (→ Rn. 35).[24] Voraussetzung ist lediglich, dass ein Ermittlungsverfahren – oder auch Vorermittlungen –[25] geführt wird, und dass ein Verteidigungsverhältnis besteht (→ Rn. 5). Zur – durch die EMRK garantierten – (→ § 137 Rn. 3) effektiven Verteidigung bedarf es einer **möglichst frühen** Akteneinsicht, um eine angemessene Vorbereitung der Hauptverhandlung inkl. eigener Ermittlungen zu ermöglichen.[26] Dies gilt auch für die Besichtigung von Beweismitteln,[27] insbes. bei umfangreichen Unterlagen.[28] Konnte die Einsichtnahme nicht rechtzeitig vor der Hauptverhandlung erfolgen, besteht ein Anspruch auf Vertagung; wird einem entsprechenden Gesuch nicht nachgekommen und findet die Hauptverhandlung dennoch statt, liegt hierin ein Revisionsgrund.[29] Wann eine Einsichtnahme noch rechtzeitig ist, bestimmt sich nach dem Umfang der Akten sowie der Sach- und Rechtslage des Verfahrens und unterliegt der Beurteilung des Verteidigers als Organ der Rechtspflege.[30] Keinesfalls rechtzeitig ist die erstmalige Einsichtnahmemöglichkeit am Tage der Hauptverhandlung.[31]

8 Effektive Verteidigung beinhaltet jedoch nicht nur die Vorbereitung der Hauptverhandlung; wegen der Bedeutung des **Ermittlungsverfahrens** muss es der Verteidigung möglich sein, schon in dieser Phase Einfluss auf das Verfahren zu nehmen.[32] Daher ist es nicht

---

[19] OLG Jena 28.10.2004 – 1 Ss 65/04, VRS 2005, 276; LG Chemnitz 5.2.2009 – 2 Qs 117/08, StraFo 2009, 207; LG Cottbus 28.3.2002 – 26 Qs 63/02, StraFo 2002, 233; LG Oldenburg 18.10.1989 – IV Qs 128/89, StV 1990, 59; allgLit; erg. § 137 Rn. 8.

[20] OLG Hamburg 3.9.1997 – 1 VAs 6/97, NJW 1997, 3255 (3256).

[21] BGH 16.10.1984 – 5 StR 643/84, NStZ 1985, 87; Schmitt in Meyer-Goßner/Schmitt Rn. 9; Wohlers in SK-StPO Rn. 7; vgl. OLG Köln 11.12.2009 – 2 Ws 496/09, StraFo 2010, 131; einschr. OLG Naumburg 21.1.2011 – 1 Ws 52/11, NStZ 2011, 599.

[22] OLG Celle 3.10.1960 – 3 WVs 2/60, NdsRpfl 1960, 259; Schmitt in Meyer-Goßner/Schmitt Rn. 9; Hohmann in Radtke/Hohmann Rn. 3.

[23] Ausf. OLG Brandenburg 20.9.1995 – 2 Ws 174/95, NJW 1996, 67 (69) mAnm Krack JR 1996, 172 und Hiebl StraFo 1996, 24; Julius/Schiemann in Gercke/Julius/Temming/Zöller Rn. 9; Jahn in Löwe/Rosenberg Rn. 15; Schmitt in Meyer-Goßner/Schmitt Rn. 9; Hohmann in Radtke/Hohmann Rn. 4; einschr. Wohlers in SK-StPO Rn. 60.

[24] Stern in AK-StPO Rn. 34; Jahn in Löwe/Rosenberg Rn. 86; Wohlers in SK-StPO Rn. 67; Dallmeyer in Heghmanns/Scheffler StrafVerf-HdB Rn. 323; einschr. OLG Stuttgart 28.4.1978 – 3 Ss (3) 73/78, NJW 1979, 559 (560); Schmitt in Meyer-Goßner/Schmitt Rn. 10; Beulke in Satzger/Schluckebier/Widmaier StPO Rn. 10.

[25] BGH 22.1.2009 – StB 29/08, NStZ-RR 2009, 145; Schmitt in Meyer-Goßner/Schmitt Rn. 10; Krause FS Strauda, 2006, 351 (359); aA Senge FS Hamm, 2008, 701 (712).

[26] EGMR 12.3.2003 –, EuGRZ 2003, 472 (481) – Öcalan ./. Türkei; BVerfG 12.1.1983 – 2 BvR 864/81, BVerfGE 63, 45 (62) = NJW 1983, 1043 mzustAnm Amelung StV 1983, 181; OLG Hamburg 16.12.1965 – 2b Ss 23/65, JR 1966, 274; Wohlers in SK-StPO Rn. 20; Schneider Jura 1995, 337 (338).

[27] KG 29.4.1988 – 2 AR 86/87 – 4 Ws 74/88, StV 1989, 8 (9) mAnm Danckert.

[28] EGMR 12.3.2003 –, EuGRZ 2003, 472 (481) – Öcalan ./. Türkei.

[29] BGH 16.10.1984 – 5 StR 643/84, NStZ 1985, 87; OLG Düsseldorf 22.3.1991 – 2 Ws 121/91, StV 1992, 100; OLG Hamm 6.12.1974 – 5 Ss OWi 936/74, VRS 49, 113; Julius/Schiemann in Gercke/Julius/Temming/Zöller Rn. 11; Krack JR 1996, 172 (173); einschr. OLG Stuttgart 28.4.1978 – 3 Ss (3) 73/78, NJW 79, 559 (560).

[30] OLG Hamburg 16.12.1965 – 2b Ss 23/65, JR 1966, 274 (275); Burkhard DStR 2002, 1794 (1798).

[31] AG Bremervörde 6.9.2011 – 11 OWi 91/11, VRR 2011, 363.

[32] Kempf StraFo 2004, 299 (301); Satzger StraFo 2006, 45 (47); vgl. BGHSt 18, 369 = NJW 1963, 1462 mzustAnm Arndt JZ 1963, 609; § 137 Rn. 15 mwN.

zulässig, die Einsichtnahme dadurch zu verzögern, dass die Akten erst nach Abschluss der polizeilichen Ermittlungen an die StA weitergeleitet (→ Rn. 41) bzw. von der StA ohne Einsichtnahmemöglichkeit wieder versendet werden.[33] Die Akteneinsicht muss während des Ermittlungsverfahrens – soweit Abs. 2 S. 1 nicht greift (→ Rn. 24) – tatsächlich und zeitnah gewährt werden; die Strafverfolgungsbehörden haben dies organisatorisch zu gewährleisten.[34]

Das Einsichtsrecht besteht auch nach einer **Einstellung** des Verfahrens gem. § 170 Abs. 2 oder §§ 153 ff. fort, solange eine Wiederaufnahme möglich ist.[35] Zum Teil wird hierfür zwar ein berechtigtes Interesse gefordert;[36] in Ansehung der Möglichkeit einer Wiederaufnahme der Ermittlungen liegt ein solches indes evident vor.[37] Im Übrigen kann sich ein derartiges Interesse auch aus etwaigen mittelbaren Auswirkungen des Verfahrens ergeben.[38] Gem. Abs. 5 S. 1 ist auch nach **rechtskräftigem Verfahrensabschluss** die Einsichtnahme zu gewähren;[39] nach allgM gilt dies jedoch nur, wenn noch Raum für Verteidigungshandeln besteht, so ua bei Bewährungsentscheidungen oder (beabsichtigten) Wiederaufnahme- oder Gnadenanträgen.[40] **9**

Das Einsichtsrecht kann – ohne Begründung – **mehrfach** ausgeübt werden.[41] Insbes. bei neuen Aktenbestandteilen oder Verteidigungssituationen muss eine dadurch entstehende Einschränkung der Arbeit der Strafverfolgungsbehörden hingenommen werden.[42] Auch während der **Hauptverhandlung** muss eine erneute Akteneinsicht möglich sein (→ Rn. 35).[43] Bei Hinzukommen neuer Aktenbestandteile besteht ein Anspruch auf Unterbrechung oder Aussetzung der Hauptverhandlung, wenn dies zu einer sachgemäßen Verteidigung erforderlich ist.[44] Aus dem Grundsatz des fairen Verfahrens ist das Gericht verpflichtet, die Verteidigung zu informieren, wenn nach dem Erlass des Eröffnungsbeschl. ergänzende Ermittlungen unternommen werden oder anderweitig neue Beweismittel zu den Akten gelangen; dies gilt unabhängig davon, ob das Gericht dieses Material später auch tatsächlich einführen will oder nicht.[45] Das **Protokoll** der Verhandlung wird erst mit **10**

[33] Vgl. Stern in AK-StPO Rn. 32; Jahn in Löwe/Rosenberg Rn. 155; Dahs NJW 1985, 1113 (1115); Donath/Mehle NJW 2009, 1399; Kühne StrafProzR Rn. 221; Bsp. bei OLG Naumburg 12.11.2010 – 1 Ws 680/10, NStZ-RR 2011, 250 Ls. = BeckRS 2011, 07669 Rn. 2 f.

[34] EGMR Schöps ./. BRD 13.2.2001 – 23541/94, StV 2001, 203 (204) mAnm Kempf; vgl. EGMR Artico ./. Italien EGMR-E 1, 480 (485).

[35] LG Frankfurt a. M. 29.6.2005 – 5/2 AR 3/2005, StraFo 2005, 379; Willnow in KK-StPO Rn. 21; Wessing in BeckOK StPO Rn. 3; Jahn in Löwe/Rosenberg Rn. 124 f.; Wohlers in SK-StPO Rn. 22; Dahs Strafverteidiger-HdB Rn. 274; Dallmeyer in Heghmanns/Scheffler StrafVerf-HdB Rn. 324; aA bzgl. der Rechtsgrundlage: OLG Karlsruhe 30.11.1995 – 2 VAs 21/95, Justiz 1996, 145 = NStZ 1996, 151 Ls.

[36] Roxin/Schünemann StrafVerfR § 19 Rn. 73.

[37] LG Oldenburg 11.3.1992 – V Qs 33/92, NStZ 1992, 555; Julius/Schiemann in Gercke/Julius/Temming/Zöller Rn. 17; Willnow in KK-StPO Rn. 21; Jahn in Löwe/Rosenberg Rn. 124; vgl. Hamburg 3.9.1997 – 1 VAs 6/97, NJW 1997, 3255 (3256).

[38] OLG Hamm 5.5.1983 – 7 VAs 16/82, NJW 1984, 880 mablAnm H. Schäfer MDR 1984, 455.

[39] BGH 7.11.2019 – StB 24/19, NStZ-RR 2020, 50; Wessing in BeckOK StPO Rn. 4; Willnow in KK-StPO Rn. 22.

[40] Stern in AK-StPO Rn. 35; Julius/Schiemann in Gercke/Julius/Temming/Zöller Rn. 19; Willnow in KK-StPO Rn. 22; Schmitt in Meyer-Goßner/Schmitt Rn. 11; Wohlers in SK-StPO Rn. 23.

[41] OLG Hamm 15.8.2002 – 2 Ws 354/02, StraFo 2002, 355 (356); 2.12.1971 – 4 Ss 1055/71, NJW 1972, 1096 (1097); Stern in AK-StPO Rn. 29; Jahn in Löwe/Rosenberg Rn. 87; Danckert StV 1989, 10.

[42] OLG Hamm 6.12.1974 – 5 Ss OWi 936/74, VRS 49, 113; Stern in AK-StPO Rn. 30; erg. → Rn. 36.

[43] BGH 29.11.1989 – 2 StR 264/89, BGHSt 36, 305 = NJW 1990, 584; Stern in AK-StPO Rn. 34; Wessing in BeckOK StPO Rn. 25; Jahn in Löwe/Rosenberg Rn. 86; Wohlers in SK-StPO Rn. 67; einschr. OLG Hamm 10.10.2003 – 2 Ss OWi 598/03, NJW 2004, 381; Willnow in KK-StPO Rn. 25; Schmitt in Meyer-Goßner/Schmitt Rn. 10.

[44] KG 29.4.1988 – 4 Ws 74/88, StV 1989, 8 (9) mAnm Danckert; Wohlers in SK-StPO Rn. 67; einschr. BGH 24.8.1999 – 1 StR 672/98, NStZ 2000, 46 (Die StA hatte versichert, alle relevanten Akten vorher vorgelegt zu haben, in der HV wurden 250 Ordner ergänzend hinzugezogen).

[45] BGH 10.5.2017 – 1 StR 145/17, NStZ 2017, 549; 10.8.2005 – 1 StR 271/05, NStZ 2006, 115 (116); 21.9.2000 – 1 StR 634/99, StV 2001, 4; 29.11.1989 – 2 StR 264/89, BGHSt 36, 305 = NJW 1990, 584; nur während Hauptverhandlung: OLG Hamm 10.10.2003 – 2 Ss OWi 598/03, NJW 2004, 381.

Fertigstellung durch die Unterschrift des Vorsitzenden und des Protokollführers Aktenbestandteil.[46] Wenn bei einer mehrtägigen Hauptverhandlung das Protokoll als Grundlage für Prozesshandlungen benötigt wird, besteht Anspruch auf eine Abschrift.[47]

11 **3. Begriff der Akte.** Das Einsichtsrecht umfasst die gesamte Akte,[48] ohne dass StA oder Gericht einzelne Bestandteile auswählen oder ausnehmen dürften.[49] Akten sind unstr. sämtliche vom ersten Zugriff der Polizei (bzw. Steuerfahndung) an gesammelten Unterlagen, die im Rahmen von Ermittlungen und Verhandlungen gegen den Beschuldigten entstanden sind. Vom Aktenbegriff umfasst sind weiterhin herangezogene Beiakten[50] sowie nach Abschluss der Ermittlungen entstandene Bestandteile, Sonderbände und Beiakten.[51] Auf die Form kommt es nicht an; erfasst ist die Papierakte sowie auch elektronisch gespeicherte Dateien,[52] Bild- und Tonaufnahmen und deren Verschriftlichung (→ Rn. 23).[53] Dateien müssen ggf. als Ausdrucke eingeheftet werden.[54] Beweismittelordner sind auch dann Akten, wenn sie lediglich Kopien von Urkunden enthalten.[55]

12 Zentral für die effektive Umsetzung des Rechts auf Akteneinsicht ist die **Aktenwahrheit und -vollständigkeit.** Die Geheimhaltung der Ermittlungen wird ausschließlich über Abs. 2 geschützt (→ Rn. 24). Jenseits der dortigen Beschränkungsmöglichkeiten darf nichts aus der Akte entfernt oder bewusst in Nebenakten geführt werden.[56] Die Akten müssen nicht nur die Ermittlungsergebnisse, sondern umfassend den gesamten Ermittlungsverlauf dokumentieren.[57] Nur eine vollständige Akte ermöglicht es der Verteidigung, eigene Schlüsse zu ziehen, einseitige Ermittlungen zu hinterfragen und ggf. ergänzend eigene Ermittlungen vorzunehmen bzw. Beweisanträge zu stellen. Zur Überprüfung der Ermittlungen und Ermittlungsergebnisse der Strafverfolgungsbehörden muss dem Verteidiger alles vorliegen, was üblicherweise einem Sachverständigen vorgelegt würde.[58] Auch die Bezugnahme auf polizeiliche Vorannahmen muss überprüfbar sein, etwa die polizeiliche Speicherung von Daten betreffend die Beschuldigten.[59]

13 Die Unterscheidung zwischen **materiellem und formellem Aktenbegriff** wirkt sich vor allem bei den Spurenakten (→ Rn. 20) aus. Materiell umfassen die Akten alles, was zur Beurteilung der Schuld- oder Rechtsfolgenfrage relevant ist; formell sind dies alle dem Gericht vorzulegenden oder vorliegenden Akten, unabhängig davon, ob sie von

---

46 BGH 29.10.1980 – StB 43/80, BGHSt 29, 394 = NJW 1981, 411; 15.4.1975 – 5 StR 508/74, MDR [D] 1975, 725; bedenklich weit: OLG Karlsruhe 15.9.1981 – 4 Ws 79/81, NStZ 1982, 299; krit. Julius/Schiemann in Gercke/Julius/Temming/Zöller Rn. 6.

47 Jahn in Löwe/Rosenberg Rn. 22; Wohlers in SK-StPO Rn. 69 mwN.

48 Zur elektronischen Akte in Strafsachen Growe/Gutfleisch NStZ 2020, 633.

49 OLG Frankfurt a. M. 22.12.2020 – 3 Ws 852/20, BeckRS 2020, 39788.

50 BVerfG 12.1.1983 – 2 BvR 864/81, BVerfGE 63, 45 (62) = NStZ 1983, 273 mAnm Peters.

51 BGH 29.11.1989 – 2 StR 264/89, BGHSt 36, 305 (310) = NJW 1990, 584 (585); 24.11.1987 – 4 StR 586/87, StV 1988, 193 (194); LG Nürnberg-Fürth 12.1.2011 – 7 Qs 96/10, StraFo 2011, 225 (226).

52 Burkhard DStR 2002, 1794; Dahs Strafverteidiger-HdB Rn. 263; Kühne StrafProzR Rn. 217; Jahn in Löwe/Rosenberg Rn. 29; Fetzer StV 1991, 142; Schäfer NStZ 1984, 203 (205); Julius/Schiemann in Gercke/Julius/Temming/Zöller Rn. 5; aA Schmitt in Meyer-Goßner/Schmitt Rn. 18a; Dallmeyer in Heghmanns/Scheffler StrafVerf-HdB Rn. 325.

53 BGH 18.6.2009 – 3 StR 89/09, StV 2010, 228 (229) mAnm Stuckenberg; Wohlers in SK-StPO Rn. 25; Aufnahmen: OLG Stuttgart 12.11.2002 – 4 Ws 267/02, StV 2003, 17; Köllner StraFo 1995, 50 (51); offen OLG Schleswig 3.10.1979 – 1 Ss 313/79, NJW 1980, 352 (353); OLG Koblenz 10.7.2003 – 1 Ws 425/03, StV 2003, 608; vgl. OLG Köln 21.1.2008 – 2 Ws 715/07, NJW 2008, 1330.

54 Dallmeyer in Heghmanns/Scheffler StrafVerf-HdB Rn. 325.

55 OLG Köln 14.9.1984 – 2 Ws 368/84, NJW 1985, 336 (337); Julius/Schiemann in Gercke/Julius/Temming/Zöller Vorb. § 147 Rn. 2; Schmitt in Meyer-Goßner/Schmitt Rn. 17; Wohlers in SK-StPO Rn. 25.

56 LG Frankfurt a. M. 29.6.2005 – 5/2 AR 3/2005, StraFo 2005, 379; LG Itzehoe 9.11.1989 – 9 Ks 3/88 V – 315 Js 20198/86, StV 1991, 555; Stern in AK-StPO Rn. 2; Wessing in BeckOK StPO Rn. 21; Schmitt in Meyer-Goßner/Schmitt Rn. 14.

57 Wessing in BeckOK StPO Rn. 21; Jahn in Löwe/Rosenberg Rn. 27; Schlothauer in MAH Strafverteidigung § 3 Rn. 35; Wohlers/Schlegel NStZ 2010, 486 (487); Kleinknecht FS Dreher, 1977, 721 (722 f.).

58 AG Senftenberg 26.4.2011 – 59 OWi 93/11, DAR 2011, 422.

59 Stern KritV 1988, 178.

der Polizei, der StA, anderen Behörden oder dem Gericht selber angelegt wurden.[60] Unstr. vom Recht auf Akteneinsicht erfasst sind somit alle Unterlagen, die dem Gericht vorliegen bzw. in Bezug auf welche die StA beabsichtigt, sie dem Gericht vorzulegen.[61] Streitpunkte können zum einen vor Anklageerhebung entstehen, zum anderen bzgl. Unterlagen, die nicht nach § 199 vorgelegt wurden. Sind Unterlagen oder Beiakten im Ermittlungsverfahren zur Akte gelangt, sind diese auch Teile der Akte iSv § 147.[62] Die StA – nicht die Polizei – hat zwar nach der Rspr. im Rahmen des § 199 eine Auswahlkompetenz.[63] Ungeachtet dessen muss das Einsichtsrecht der Verteidigung jedoch darüber hinausgehend möglich sein; denn nur die Verteidigung kann und darf entscheiden, ob weitere im Verfahren entstandene Unterlagen für sie relevant sind.[64] Um dies zu gewährleisten, muss iSd materiellen Aktenbegriffs alles umfasst sein, was im Rahmen der Ermittlungen aus Anlass der zu beurteilenden (präsumtiven) Tat entstanden ist.[65] Im Übrigen ist auch hinsichtl. der Grundlage der gerichtlichen Entscheidungen eine nur eingeschränkte Vorlage nach § 199 überaus problematisch.[66]

a) Mehrere Beschuldigte – abgetrennte Verfahren. Das Einsichtsrecht bezieht sich 14
auf die Akten des **gesamten Verfahrens.** Umfasst sind auch Aktenbestandteile, die nur Mitbeschuldigte bzw. Taten einzelner Beschuldigter betreffen; selbst wenn diese in getrennten Bänden geführt werden.[67] Auch bei einer **Verfahrenstrennung** – bzgl. einzelner Beteiligter oder Taten – dürfen keine Bestandteile der Akte entfernt werden.[68] Jedenfalls soweit die abgetrennten Verfahren sich auf gemeinsame Taten bzw. Tatkomplexe beziehen, müssen die Akten der abgetrennten Verfahren vollständig der Verteidigung zugänglich sein;[69] auch in der Rspr. des BGH wird ein derartiger Anspruch zumindest dann bejaht, wenn die Akten der Parallelverfahren sowohl der StA als auch dem Gericht anderweitig vorliegen.[70]

b) Bei- und Nebenakten. Sämtliche dem Gericht vorgelegte, nachgereichte oder 15
von diesem beigezogene Akten anderer Verfahren oder Behörden sind Teil der Akte iSv

---

60 BGH 10.10.1990 – 1 StE 8/89 StB 14/90, BGHSt 37, 204 (205) = NJW 1991, 435 mkritAnm Foth StV 1991, 337.

61 BVerfG 12.1.1983 – 2 BvR 864/81, BVerfGE 63, 45 (62) = NJW 1983, 1043; BGH 24.11.1987 – 4 StR 586/87, StV 1988, 193 (194).

62 BVerfG 7.12.1982 – 2 BvR 900/82, BVerfGE 62, 338 (343 f.) = NJW 1983, 1046; Wohlers/Schlegel NStZ 2010, 486 (487).

63 BVerfG 12.1.1983 – 2 BvR 864/81, BVerfGE 63, 45 (63 f.) = NStZ 1983, 273 mkritAnm Peters und Amelung StV 1983, 181; aA Jahn in Löwe/Rosenberg Rn. 30; Beulke FS Dünnebier, 1982, 285 (290 f.).

64 BVerfG 12.1.1983 – 2 BvR 864/81, BVerfGE 63, 45 (66) = NStZ 1983, 273 mAnm Peters und Amelung StV 1983, 181; BGH 18.6.2009 – 3 StR 89/09, StV 2010, 228 mAnm Stuckenberg; BGH 4.10.2007 – KRB 59/07, BGHSt 52, 58 (63 f.) = NJW 2007, 3652; BGH 10.10.1990 – 1 StE 8/89 StB 14/90, BGHSt 37, 204 (206) = NJW 1991, 435; 29.11.1989 – 2 StR 264/89, BGHSt 36, 305 (311 f.) = NJW 1990, 584 (586); Dallmeyer in Heghmanns/Scheffler StrafVerf-HdB Rn. 325; Meyer-Goßner NStZ 1982, 353; Welp FS Peters, 1984, 209 (310); vgl. BGH 21.9.2000 – 1 StR 634/99, StV 2001, 4 (5); Wohlers/Schlegel NStZ 2010, 486 (487–491); vgl. aber BGH 24.8.1999 – 1 StR 672/98, NStZ 2000, 46.

65 Wohlers in SK-StPO Rn. 27 f.; Wohlers/Schlegel NStZ 2010, 486 (487 ff.); Danckert StV 1989, 10; Beulke StrafProzR Rn. 160; Beulke FS Dünnebier, 1982, 285 (290).

66 Wohlers in SK-StPO Rn. 27; vgl. EGMR 24.6.2003 –, HRRS 2003, 171 – Dowsett ./. Großbritannien.

67 BGH 4.10.2007 – KRB 59/07, BGHSt 52, 58 (59 ff.) = NJW 2007, 3652; OLG Frankfurt a.M. 21.12.2020 – 3 Ws 852/20, NStZ 2021, 382; OLG Hamm 21.11.1991 – 1 VAs 31/91, StV 1993, 299 (300 f.).

68 OLG Bremen 29.4.1993 – BL 86/93, StV 1993, 377; OLG Hamm 21.11.1991 – 1 VAs 31/91, StV 1993, 299 (300 f.); OLG Karlsruhe 21.5.1980 – 2 Ss 91/79, Justiz 1980, 417 = AnwBl 1981, 18; allgLit.

69 Wessing in BeckOK StPO Rn. 23; Julius/Schiemann in Gercke/Julius/Temming/Zöller Rn. 8; Jahn in Löwe/Rosenberg Rn. 63; vgl. Danckert StV 1989, 10; weiter Willnow in KK-StPO Rn. 5; offen: BGH 23.2.2010 – 4 StR 599/09, NStZ 2010, 530 (531); vgl. aber OLG Hamm 21.11.1991 – 1 VAs 31/91, StV 1993, 299 (301); für Teilnahmestrafbarkeit: Schäfer NStZ 1984, 203 (206), für Kartellverfahren: Wessing WuW 2010, 1019 (1026); aA Schmitt in Meyer-Goßner/Schmitt Rn. 16a; Wohlers in SK-StPO Rn. 52.

70 BGH 4.10.2007 – KRB 59/07, BGHSt 52, 58 (63 f.) = NJW 2007, 3652.

§ 147,[71] auch wenn diese als StA-Akten bezeichnet werden.[72] Beiakten sind Aktenbestandteil und nicht Beweismittel.[73] Auch Nebenakten des Verfahrens, zB die U-Haft oder Fahndung betreffend, sind Teil der Akte.[74] Befinden sich Unterlagen, die für Schuld oder Rechtsfolge relevant sein könnten, nicht in der Ermittlungsakte, sind diese beizuziehen bzw. nachzureichen;[75] dabei ist iSd Rechts auf effektive Verteidigung großzügig zu entscheiden.[76] Selbiges muss, insbes. vor Anklageerhebung, für von der StA beigezogene Akten gelten.[77]

16 Sind **Ermittlungsakten** anderer Verfahren beigezogen, kann die Einsicht nicht nach **Abs. 2** verweigert werden, wenn im vorliegenden Verfahren die Voraussetzungen von Abs. 2 nicht (mehr) vorliegen.[78] Auch das Unterlassen der Beiziehung kann entgegen der Rspr. des BGH nicht mit Abs. 2 begründet werden.[79] Richtigerweise ermöglicht Abs. 2 nur einen temporären Wissensvorsprung der StA im Ermittlungsverfahren; keinesfalls können hierdurch Akten einem Verfahren gänzlich vorenthalten werden.[80] Soweit relevante Akten gleichwohl nicht beigezogen werden, ist das Verfahren nach § 265 Abs. 4 auszusetzen.[81]

17 **c) Innerdienstliche Akten.** Persönliche **Notizen,** innerbehördlicher Schriftverkehr und **Entwürfe** von Schriftstücken[82] sind materiell nicht Teil der Akte. Entsprechende Unterlagen sind jedoch dann nicht mehr intern, wenn in anderen Schriftstücken, zB in Anträgen oder Begr. von Zwangsmitteln auf sie Bezug genommen wird.[83] Sind interne Unterlagen zur Akte gelangt, sind sie vom Einsichtsrecht erfasst; eine Ausnahme gilt hinsichtlich versehentlich in die Akte gelangter Notizen des erkennenden Richters.[84] Welche Schriftstücke intern sind, ist im Hinblick auf den Grundsatz der Aktenvollständigkeit, welcher eine umfassende Dokumentation des Verlaufs der Ermittlungen und des Verfahren verlangt, restriktiv zu beurteilen. Alles, was dem Gericht zu Verfügung steht, muss Aktenbestandteil sein, so auch Notizen des ehemal. Richters einer ausgesetzten Verhandlung.[85] Rein innerdienstliche Akten sind die Handakte der StA[86] und das Senatsheft des Revisionsge-

[71] AllgA; ua BVerfG 7.12.1982 – 2 BvR 900/82, BVerfGE 62, 338 (343 f.) = NJW 1983, 1046; BGH 26.5.1981 – 1 StR 48/81, BGHSt 30, 131 (138) = NJW 1981, 2267; aA Schäfer NStZ 1984, 203 (206).

[72] LG Nürnberg-Fürth 12.1.2011 – 7 Qs 96/10, StraFo 2011, 225 (226); vgl. auch BGH 23.10.1997 – 5 StR 317/97, NStZ 1998, 97.

[73] KG 28.6.1991 – 5 Ws 165/91 REHA, JR 1992, 123 (124); Wohlers in SK-StPO Rn. 31.

[74] U-Haft: BGH 10.10.1990 – 1 StE 8/89 StB 14/90, BGHSt 37, 204 = NJW 1991, 435; Fahndung: OLG Hamburg 19.9.1991 – 1 Ws 237/91, NStZ 1992, 50.

[75] AG Senftenberg 26.4.2011 – 59 OWI 93/11, DAR 2011, 422.

[76] LG Nürnberg-Fürth 12.1.2011 – 7 Qs 96/10, StraFo 2011, 225 (226).

[77] Wohlers in SK-StPO Rn. 30; vgl. BGH 23.10.1997 – 5 StR 317/97, NStZ 1998, 97; LG Frankfurt a. M. 29.6.2005 – 5/2 AR 3/2005, StraFo 2005, 379.

[78] OLG Schleswig 10.1.1989 – 1 Ws 22/89, StV 1989, 95; Julius/Schiemann in Gercke/Julius/Temming/Zöller Rn. 6; Dallmeyer in Heghmanns/Scheffler StrafVerf-HdB Rn. 349.

[79] So aber BGH 11.11.2004 – 5 StR 299/03, BGHSt 49, 317 (329 f.) = NStZ 2005, 569 (571) mAnm Pananis, Vogel JR 2005, 123 und Senge FS Strauda, 2006, 459 (464 f.) (im Erg. zust.; Anwendung von Abs. 2 verneinend); Schmitt in Meyer-Goßner/Schmitt Rn. 16a; einschr. BGH 26.8.2005 – 2 StR 225/05, BGHSt 50, 224 (228 f.).

[80] Pananis NStZ 2005, 572 (573).

[81] Tsambikakis FS Richter II, 2006, 529 (534 ff.).

[82] BGH 29.10.1980 – StB 43/80, BGHSt 29, 394 = NJW 1981, 411; Willnow in KK-StPO Rn. 8; Schmitt in Meyer-Goßner/Schmitt Rn. 13; Beulke in Satzger/Schluckebier/Widmaier StPO Rn. 14.

[83] Wohlers/Schlegel NStZ 2010, 486 (489).

[84] BVerfG 21.3.2001 – 2 BvR 403/01; Julius/Schiemann in Gercke/Julius/Temming/Zöller Rn. 7; Willnow in KK-StPO Rn. 8; Wohlers/Schlegel NStZ 2010, 486 (489); Fischer StraFo 2004, 420; problematisch einschr. OLG Karlsruhe 15.9.1981 – 4 Ws 79/81, NStZ 1982, 299.

[85] Wohlers in SK-StPO Rn. 33; aA OLG Hamm 5.8.2004 – 2 Ws 200/04, StraFo 2004, 419 mablAnm Fischer.

[86] BGH 27.4.2001 – 3 StR 112/01, NStZ 2001, 551 (obiter dictum); Willnow in KK-StPO Rn. 8; Jahn in Löwe/Rosenberg Rn. 32; Schmitt in Meyer-Goßner/Schmitt Rn. 13; ausf. Kleinknecht FS Dreher, 1977, 721; krit. Stern in AK-StPO Rn. 16; Julius/Schiemann in Gercke/Julius/Temming/Zöller Rn. 7; Wohlers in SK-StPO Rn. 32; Burkhard DStR 2002, 1794 (1795); Eisenberg NJW 1991, 1257 (1259); aA Burkhard StV 2000, 526 (528 f.).

richts;[87] in diesen Akten dürfen sich indes lediglich Kopien der Hauptakte und oben genannte interne Unterlagen befinden.[88] Steuerakten und Fallhefte von Betriebsprüfern sind Teil der Akten.[89] Hinsichtlich vorläufiger **Protokollaufzeichnungen** → Rn. 10, 34.

18 **Auswertungen** von Beweismitteln sind keine internen Arbeitsmittel, sondern Teil der Akte; anderes gilt für Bewertungen der Beweise und Einschätzungen der bisherigen Ermittlungsergebnisse, die ggfs. auch polizeiinterne Vermerke sein können.[90] Bspw. sind zusammenfassende Inhaltsangaben und Kurzübersetzungen abgehörter Telefongespräche keine internen Arbeitsmittel; dies gilt auch, wenn diese als nicht relevant eingestuft wurden.[91] Soweit Aus- und Bewertungen vermischt sind, unterfällt das Schriftstück der Akteneinsicht.[92]

19 **d) Vertrauliche Behördendokumente.** Was dem Gericht vorliegt, ist einsehbare Akte, unabhängig davon, ob von StA, anderen Behörden oder Gerichten zum Gericht gelangt.[93] Sperrvermerke, Kennzeichnung als „streng geheim", Erklärungen nach Abs. 2 oder Bitten um Vertraulichkeit sind unbeachtlich.[94] Gem. § 96 kann die Beiziehung von Schriftstücken unterbunden werden, nicht aber die Einsicht in bereits durch StA oder Gericht beigezogene Unterlagen; dies auch dann nicht, wenn diese an die StA mit Bitte um Vertraulichkeit übersandt wurden.[95] Unterlagen, die im Rahmen der Ermittlungen durch Polizei oder StA erlangt wurden, können nicht nach § 96 gesperrt werden;[96] möglich ist dies nur aufgrund spezieller Normen wie §§ 68 Abs. 3, 101 Abs. 5, 110b Abs. 3.[97] Werden Unterlagen, die Bedeutung für die Beurteilung der Schuld- oder Rechtsfolgenfrage haben könnten, wegen einer Sperrerklärung gem. § 96 nicht Teil der Akten, muss ein effektiver Rechtschutz der Verteidigung möglich sein (→ Rn. 54).[98]

20 **e) Spurenakten.** Spurenakten sind Akten, die im Zuge der Ermittlungen zu der in Rede stehenden Tat entstanden sind, aber von den Strafverfolgungsbehörden als nicht relevant eingestuft wurden. Sie enthalten zB Ermittlungen in Bezug auf Personen, die vorübergehend mit der Tat in Verbindung gebracht wurden sowie Spurensammlungen und Auswertungen.[99] Unstr. muss die Akte alle Ermittlungsverläufe und -ergebnisse enthalten, die für das Verfahren

---

87 BGH 17.8.2004 – 3 StR 24/04, StraFo 2005, 28 (29); 27.4.2001 – 3 StR 112/01, NStZ 2001, 551 (obiter dictum); Willnow in KK-StPO Rn. 8; Schmitt in Meyer-Goßner/Schmitt Rn. 13; Beulke in Satzger/Schluckbier/Widmaier Rn. 14; krit. Kühne StrafProzR Rn. 218.

88 Krit. zu fehlendem Rechtsschutz: Wohlers in SK-StPO Rn. 32.

89 Burkhard StV 2000, 526; aA OLG Frankfurt a. M. 10.6.2003 – 2 Ws 01/03, NStZ 2003, 566.

90 BGH 18.6.2009 – 3 StR 89/09, StV 2010, 228 (229 f.) mAnm Stuckenberg; Wohlers in SK-StPO Rn. 28, 32.

91 BGH 18.6.2009 – 3 StR 89/09, StV 2010, 228 mAnm Stuckenberg.

92 Wohlers in SK-StPO Rn. 32; Wohlers/Schlegel NStZ 2010, 486 (489).

93 BGH 11.2.2000 – 3 StR 377/99, NJW 2000, 1661 (1662); 2.9.1997 – 5 StR 433/97, NStZ 1998, 97.

94 BGH 7.3.1996 – 1 StR 688/95, BGHSt 42, 71 = NStZ 1997, 43 mAnm Gillmeister; BGH 29.5.1963 – 6 BJs 497/62 – StB 5/63, BGHSt 18, 369 = NJW 1963, 1462 mzustAnm Arndt JZ 1963, 609; OLG Schleswig 10.1.1989 – 1 Ws 22/89, StV 1989, 95; Julius/Schiemann in Gercke/Julius/Temming/Zöller Rn. 6, 18; Willnow in KK-StPO Rn. 9; Beulke in Satzger/Schluckebier/Widmaier StPO Rn. 33; Wohlers in SK-StPO Rn. 46 ff.; vgl. BGH 23.10.1997 – 5 StR 317/97, NStZ 1998, 97; aA Schmitt in Meyer-Goßner/Schmitt Rn. 16.

95 Stern in AK-StPO Rn. 21; Julius/Schiemann in Gercke/Julius/Temming/Zöller Rn. 7; Willnow in KK-StPO Rn. 13; Jahn in Löwe/Rosenberg Rn. 57; Wohlers in SK-StPO Rn. 46; vgl. BGH 23.10.1997 – 5 StR 317/97, NStZ 1998, 97; OLG Hamm 5.5.1983 – 7 VAs 16/82, NJW 1984, 880; Gillmeister NStZ 1997, 44.

96 OLG Hamburg 7.12.1983 – VAs 15/83, StV 1984, 11 (12); Stern in AK-StPO Rn. 21; Willnow in KK-StPO Rn. 20; weiter: Julius/Schiemann in Gercke/Julius/Temming/Zöller Rn. 7; Jahn in Löwe/Rosenberg Rn. 50 ff.; einschr. Wohlers in SK-StPO Rn. 41 ff.; aA BVerfG 12.1.1983 – 2 BvR 864/81, BVerfGE 63, 45 (65) = NJW 1983, 1043; bei Einstellung des Verfahrens nach § 170 Abs. 2 OLG Hamm 5.5.1983 – 7 VAs 16/82, NJW 1984, 880.

97 Ausf. Willnow in KK-StPO Rn. 9.

98 OLG Hamburg 7.12.1983 – VAs 15/83, StV 1984, 11 (12); Wohlers in SK-StPO Rn. 44; 119; Gaede HRRS 2004, 44; Sommer StraFo 2002, 52.

99 BGH 18.6.2009 – 3 StR 89/09, StV 2010, 228 (229 f.).

relevant sind[100] bzw. sein könnten.[101] Richtigerweise sind Akten iSd Norm daher auch **alle** Aufzeichnungen, die im Rahmen der Ermittlungen entstanden sind, also auch die sog. Spurenakten.[102] Tatsächlich ist für die Bewertung der Ermittlungsergebnisse der gesamte Verlauf der Ermittlungen relevant; auch nicht (weiter)verfolgte Spuren etc. sind ggfs. von Gewicht;[103] die Relevanz für die Verteidigung muss von dieser selbst bewertet werden.[104] Interessen Dritter können das Akteneinsichtsrecht nicht einschränken.[105] Dagegen wird in der Rspr. ein umfassendes Einsichtsrecht unter Hinweis darauf abgelehnt, dass sich der formelle Aktenbegriff durch die Tat und den konkreten Beschuldigten bestimme.[106] Zumindest der Verlauf der Ermittlungen muss jedoch vollständig dokumentiert sein.[107] Nach der Rspr. kann die Verteidigung Beweisanträge sowie einen Antrag auf Einsicht bei der StA als Nichtbeteiligte stellen.[108] Dafür muss die Verteidigung jedoch zumindest umfassende Kenntnis von der Existenz der Spurenakten sowie von deren ungefähren Inhalt erlangen.[109]

21 **f) Straßenverkehrsdelikte.** Bei Verfahren wegen Straßenverkehrsdelikten sind von dem Einsichtsrecht explizit auch die Bedienungsanleitung des Messgeräts,[110] Eichunterlagen,[111] Ton- und Bildaufnahmen (in digitaler Kopie)[112] und der gesamte Messfilm[113] umfasst;[114] auch wenn die Unterlagen nicht in der Papierakte enthalten, sondern allgemeine Unterlagen der Behörde sind. In diesem Fall ist Einsicht vor Ort zu gewähren; an auswärtige Verteidiger ist eine Kopie zu versenden.[115] Das Urheberrecht steht dem nicht entgegen.[116] Soweit eine sog. „Lebensakte" technischer Geräte geführt wird, betrifft das Einsichtsrecht auch diese.[117]

[100] Schmitt in Meyer-Goßner/Schmitt Rn. 18 mwN zum Streit.
[101] Willnow in KK-StPO Rn. 7; Dallmeyer in Heghmanns/Scheffler StrafVerf-HdB Rn. 328.
[102] OLG Koblenz 12.3.1981 – 1 Ws 64/81, NJW 1981, 1570; Stern in AK-StPO Rn. 20; Julius/Schiemann in Gercke/Julius/Temming/Zöller Rn. 5; Jahn in Löwe/Rosenberg Rn. 36 ff.; Wohlers in SK-StPO Rn. 38; Dünnebier StV 1981, 504; Wohlers/Schlegel NStZ 2010, 486 (487 ff.); Danckert StV 1989, 10; Beulke FS Dünnebier, 1982, 285; aA Pfeiffer FS Odersky, 1996, 459 (456).
[103] Stern in AK-StPO Rn. 20; Wohlers in SK-StPO Rn. 35, 38; vgl. BGH 11.3.2003 – 3 StR 28/03, NStZ 2003, 666.
[104] Ausf. Bender/Nack ZRP 1983, 1; Wohlers/Schlegel NStZ 2010, 486 (489 ff.); Welp FS Peters, 1984, 209 (310 f.); vgl. EGMR 22.7.2003 – StraFo 2003, 360 – Edwards and Lewis ./. UK mAnm Sommer; BGH 25.1.1983 – 5 StR 782/82, NStZ 1983, 228; OLG Hamm 9.1.1984 – 1 VAs 1/84, NStZ 1984, 423, mAnm Meyer-Goßner.
[105] Bender/Nack ZRP 1983, 1 (5); Welp FS Peters, 1984, 209 (311).
[106] BGH 18.6.2009 – 3 StR 89/09, StV 2010, 228 (229 f.); 26.5.1981 – 1 StR 48/81, BGHSt 30, 131 (138 f.) = StV 1981, 500 mablAnm Dünnebier; verfassungsgemäß: BVerfG 12.1.1983 – 2 BvR 864/81, BVerfGE 63, 45 (59 f.) = NStZ 1983, 275 mkritAnm Peters und Amelung StV 1983, 181.
[107] Willnow in KK-StPO Rn. 7.
[108] BVerfG 12.1.1983 – 2 BvR 864/81, BVerfGE 63, 45 = NStZ 1983, 273 mAnm Peters und Amelung StV 1983, 181; weiter Meyer-Goßner NStZ 1982, 353 (357).
[109] Wohlers/Schlegel NStZ 2010, 486 (491 f.); vgl. BGH 11.3.2003 – 3 StR 28/03, NStZ 2003, 666; OLG Hamm 9.1.1984 – 1 VAs 1/84, NStZ 1984, 423 (424) mAnm Meyer-Goßner.
[110] Ua LG Wiesbaden 11.8.2011 – Js-OWi 32284/10-76 OWi bei Bock DAR 2011, 606 (Fn. 4); LG Ellwangen 14.12.2009 – 1 Qs 166/09, DAR 2011, 418 mAnm Bölck; AG Lüdinghausen 9.2.2012 – 19 OWi 19/12, DAR 2012, 156.
[111] AG Heidelberg 5.1.2012 – 3 OWi 731/11, VRR 2012, 43.
[112] OLG Celle 13.1.2012 – 322 SsRs 420/11, DAR 2012, 216.
[113] AG Stuttgart 29.12.2011 – 16 OWi 3433/11, VRR 2012, 83; AG Senftenberg 26.4.2011 – 59 OWi 93/11, DAR 2011, 422 (vollständige Messserie); offen: OLG Celle 13.1.2012 – 322 SsRs 420/11, DAR 2012, 216.
[114] Übersicht der Rspr. bei Bock DAR 2011, 606.
[115] LG Ellwangen 14.12.2009 – 1 Qs 166/09, DAR 2011, 418 mAnm Bölck; AG Bremervörde 6.9.2011 – 11 OWi 91/11, VRR 2011, 363; einschr. AG Hamm 18.5.2011 – 12 OWi 283/11, VRR 2011, 275; aA wg Urheberrecht: AG Gelnhausen 14.9.2010 – 44 OWi – 2945 Js 13251/10, DAR 2011, 421.
[116] Ua LG Lübeck 25.7.2011 – 4 Qs 136/11, DAR 2011, 713; LG Dresden-Roßlau 24.5.2011 – 6 Qs 393 Js 23360/10 (101/11), VRR 2011, 275; AG Heidelberg 5.1.2012 – 3 OWi 731/11, VRR 2012, 43; AG Stuttgart 29.12.2011 – 16 OWi 3433/11, VRR 2012, 83; AG Hildesheim 18.5.2011 – 12 OWi 283/11, VRR 2012, 76.
[117] AG Erfurt 25.3.2010 – 64 OWi 624/10, DAR 2010, 713 mAnm Miller; vgl. AG Heidelberg 5.1.2012 – 3 OWi 731/11, VRR 2012, 43; aA LG Lübeck 25.7.2011 – 4 Qs 136/11, DAR 2011, 713; AG Aachen 24.2.2011 – 449 OWi 41/11, Verkehrsrecht aktuell 2011, 86; AG Schwelm 13.4.2010 – 64 OWi 18/10 (b), VRR 2010, 236.

g) Sonstiges. Der Bericht der **Jugendgerichtshilfe** ist Aktenbestandteil.[118] Kein Anspruch auf Einsicht besteht nach hM in die Arbeitsunterlagen des **Sachverständigen;** jedoch ist die diesbezügliche Aufklärungspflicht des Gerichts zu beachten.[119] Wird statt oder neben der Polizeibehörde und der StA zugleich auch die **Steuerfahndung** tätig, muss diese denselben Pflichten zur Aktenvollständigkeit und -wahrheit gerecht werden.[120] Zur Vorbereitung von gerichtlichen Entscheidungen im Rahmen des **Strafvollzugs** besteht neben dem Recht des Inhaftierten aus § 185 StVollzG das weitergehende, umfassende Akteneinsichtsrecht in die **Gefangenenakte;**[121] dies umfasst jedoch nicht die Einsicht in vorbereitende Entwürfe, die noch nicht Teil der Akte geworden sind (→ Rn. 17).[122] Auch in die **Krankenakte im Maßregelvollzug** besteht vollständiges Einsichtsrecht, welches sich nicht nur auf die Dokumentation objektiver Behandlungsfakten, sondern auch auf subjektive Berichte und Einschätzungen bezieht.[123] 22

4. Beweisstücke und Beweismittelordner. Beweisstücke iSd Abs. 1 sind alle beschlagnahmten und sichergestellten Augenscheinsobjekte iSd § 94,[124] zB Tatwaffen, Spurenträger oder Betäubungsmittel. Ebenfalls als Beweisstück iSd Abs. 1 sind alle nach § 111b sichergestellten Gegenstände anzusehen, die als Beweismittel in Betracht kommen, sowie sämtliche potentiellen Augenscheinsobjekte oder Gegenstände, die im Rahmen eines Sachverständigengutachtens oder zum Vorhalt bei Vernehmungen benutzt werden.[125] Auf die **Art der Verwahrung** kommt es, trotz des Wortlauts in Abs. 1, wegen Sinn und Zweck der Norm nicht an;[126] ebenso für das Besichtigungsrecht irrelevant sind auch mögliche **Beweisverwertungsverbote.**[127] 23

Die insbesondere in Wirtschaftsstrafverfahren umfangreich beschlagnahmten oder freiwillig zur Akte gereichten Daten und Geschäftsunterlagen, die regelmäßig in (digitalen und physischen) **Beweismittelordnern** abgelegt werden, sind grundsätzlich Aktenbestandsteile und keine Beweisstücke. Denn **Urkunden** sind nur insoweit Beweismittel, als sie Augenscheinsobjekte sind (z.B. als Spurenträger für Fingerabdrücke oder zur Identifikation einer Handschrift), andernfalls stellen sie originäre Aktenbestandteile dar.[128] Dasselbe gilt für gespiegelte **Daten,** etwa **E-Mails.** Bei Datenträgern, zB auch gespeicherten **Videoaufnahmen,** wird danach unterschieden, ob es – wie zumeist – nur auf deren Inhalt (dann Akte) oder auch auf die Beschaffenheit des Datenträgers ankommt. Ton- und Bildaufnahmen von Zeugenvernehmungen oder TÜ-Mitschnitte sind somit Aktenbestandteil,[129] da keine 23a

[118] Wohlers in SK-StPO Rn. 53.

[119] Schmitt in Meyer-Goßner/Schmitt Rn. 18b; vgl. BGH 14.7.1995 – 3 StR 355/94, StV 1995, 565; Lehmann GA 2005, 639.

[120] Julius/Schiemann in Gercke/Julius/Temming/Zöller Vorb. § 147 Rn. 3; Polenz NJW 2009, 1921 (1924 f.); ausf. Burkhard DStR 2002, 1794; Burkhard StV 2000, 526.

[121] OLG Nürnberg 27.10.2011 – 2 Ws 456/11, StV 2012, 168; OLG Nürnberg 1.12.2003 – Ws 1030/03, NStZ-RR 2004, 318 (319); Julius/Schiemann in Gercke/Julius/Temming/Zöller Rn. 19; Willnow in KK-StPO Rn. 6 mwN; Wohlers in SK-StPO Rn. 57; einschr. Jahn in Löwe/Rosenberg Rn. 71; vgl. aber OLG Hamm 22.12.1992 – 1 Vollz (Ws) 89/92, NStZ 1993, 255.

[122] Vgl. KG 9.9.2010 – 2 Ws 390/10 Vollz, StRR 2011, 117.

[123] Julius/Schiemann in Gercke/Julius/Temming/Zöller Rn. 19; vgl. BVerfG 9.1.2006 – 2 BvR 443/02, StV 2007, 421 mwN mAnm Peter und Klatt JZ 2007, 95; zu eng: OLG Jena 7.11.2011 – 1 Ws 409/11.

[124] Schlag FS Koch, 1989, 229 (230); mwN.

[125] Wohlers in SK-StPO Rn. 85.

[126] AllgA.

[127] Julius/Schiemann in Gercke/Julius/Temming/Zöller Rn. 25; Jahn in Löwe/Rosenberg Rn. 119; Schmitt in Meyer-Goßner/Schmitt Rn. 19; Beulke in Satzger/Schluckebier/Widmaier StPO Rn. 30; Rieß FS Peters, 1984, 113 (Fn. 44); vgl. StA Frankenthal StraFo 2005, 425; aA Schäfer NStZ 1984, 203 (208).

[128] KG 28.6.1991 – 5 Ws 165/91 REHA, JR 1992, 123 (124); Stern in AK-StPO Rn. 23; Wohlers in SK-StPO Rn. 86; Rieß FS Peters, 1984, 113 (122); aA Schäfer NStZ 1984, 203 (204).

[129] OLG Stuttgart 12.11.2002 – 4 Ws 267/02, StV 2003, 17; Stern in AK-StPO Rn. 23; Julius/Schiemann in Gercke/Julius/Temming/Zöller Rn. 5; Stuckenberg StV 2010, 231; Rieß NJW 1998, 3240 (3241); Dallmeyer in Heghmanns/Scheffler StrafVerf-HdB Rn. 330 f.; aA OLG Karlsruhe 29.5.2012 – 2 Ws 146/12, NJW-Spezial 2012, 442.

Gefahr des Beweismittelverlusts und keine Gefahr für die Beweismittelintegrität besteht.[130] Lediglich Originale von Bild- oder Tonaufnahmen, die nicht im Ermittlungsverfahren erstellt wurden, sind Beweisstücke;[131] dies gilt jedoch nicht für deren Kopien; zum Anspruch auf die Erstellung von Kopien → Rn. 38 f. Im Zusammenhang mit der **Durchsicht** nach § 110 ist zu bemerken, dass vorläufig sichergestellte Unterlagen noch keine Beweisstücke oder Akten sind,[132] jedoch ist dem Verteidiger die Einsichtnahme bzw. Anwesenheit bei der Durchsicht zu gestatten, wenn es sich um Unterlagen des Beschuldigten handelt oder wenn der Inhaber der Unterlagen bzw. Daten einverstanden ist.[133] Jedenfalls bei erheblichen Datenmengen ist es nach vorzugswürdiger Auffassung zur Sicherung der Verhältnismäßigkeit der Maßnahme erforderlich, ein Anwesenheitsrecht des Dateninhabers bei der Durchsicht anzuerkennen.[134] Am Tag einer Durchsuchung zur Durchsicht sichergestellte Unterlagen und gespiegelte Daten unterfallen demnach zwar (noch) nicht dem Akteneinsichtsrecht, aber einem Besichtigungsrecht des Inhabers. Sobald den Daten oder Unterlagen indes eine potenzielle Beweisbedeutung zugemessen wird und sie beschlagnahmt werden oder vom Inhaber ihre freiwillige Herausgabe verlangt wird, handelt es sich um Aktenbestandteile, die dem vollen Akteneinsichtsrecht der Verteidigung unterliegen. Dasselbe gilt für unaufgeforderte **Eingaben** der Verfahrensbeteiligten, die als Aktenbestandteile zu behandeln sind und dem vollen Akteneinsichtsrecht nach § 147 unterliegen.

III. Vor Abschluss der Ermittlungen

24 **1. Beschränkung zum Schutz der Ermittlungen.** Das Einsichtsrecht ist so früh wie möglich, also **regelmäßig** vor Abschluss der Ermittlungen zu gewähren.[135] Nach dem – mit Art. 6 EMRK[136] und dem GG vereinbaren – **Abs. 2 S. 1** können jedoch Aktenteile oder temporär die gesamte Akte zurückgehalten werden; gleiches gilt für Beweisstücke.[137] Abs. 2 S. 1 berechtigt indes nur zur Zurückhaltung von Informationen; keinesfalls dürfen Ermittlungen durch falsche Angaben in den Akten geschützt werden.[138] Sind die Akten zu Gericht gelangt, besteht das Einsichtsrecht unbedingt, auch wenn die StA zuvor eine Sperrung nach Abs. 2 erklärt hat.[139] Voraussetzung einer Zurückhaltung nach Abs. 2 S. 1 ist eine Gefährdung des Untersuchungszwecks; dh eine wahrscheinliche **Gefährdung des Ermittlungserfolgs** durch die beantragte Akteneinsicht. Dabei ist zu beachten, dass Verzögerungen der Ermittlungen durch eine Einsicht (→ Rn. 10, 35) sowie ein rechtmäßiges Verteidigungshandeln (auch des Beschuldigten) keine Gefährdung in diesem Sinne darstellt.[140] Hinsichtlich einer Gefährdung, die durch die Person des Verteidigers droht, sind §§ 138a ff. abschließend.[141] Die Akteneinsicht ist nur dann nach Abs. 2 S. 1 zu versagen, wenn konkret davon auszugehen ist, dass der Beschuldigte aufgrund der Informationen aus der Akte Verdunklungshandlungen vornehmen wird oder wenn geplante Ermittlungsmaß-

[130] OLG Stuttgart 12.11.2002 – 4 Ws 267/02, NJW 2003, 767; Jahn in Löwe/Rosenberg Rn. 118; Wohlers in SK-StPO Rn. 73.
[131] Wohlers in SK-StPO Rn. 86.
[132] OLG Jena 20.11.2000 – 1 Ws 313/00, NJW 2001, 1290 (1294).
[133] Vgl. OLG Jena 20.11.2000 – 1 Ws 313/00, NJW 2001, 1290 (1294); Peters NZWiSt 2017, 465; jedenfalls im Einzelfall geboten: BVerfG 12.4.2005 – 2 BvR 1027/02, NJW 2005, 1917.
[134] Vgl. beim Berufsgeheimnisträger BVerfG 12.4.2005 – 2 BvR 1027/02, NJW 2005, 1917; kritisch: LG Bonn 23.8.2011 – 27 Qs 17/11, BeckRS 2013, 13669.
[135] BVerfG 12.1.1983 – 2 BvR 864/81, BVerfGE 63, 45 (62) = NJW 1983, 1043; BGH 11.11.2004 – 5 StR 299/03, BGHSt 49, 317 (330) = NJW 2005, 300; Stern in AK-StPO Rn. 49; Walischewski StV 2001, 243.
[136] EGMR 13.12.2007 – 11364/03, StV 2008, 475 (482) – Mooren ./. BRD; EGMR 19.6.2001 – StraFo 2002, 52 – Atlan ua ./. Vereinigtes Königreich; EGMR 13.2.2001 – 23541/94, StV 2001, 201 (202) – Lietzow ./. BRD; EGMR 13.2.2001 – 23541/94, StV 2001, 205 (206) – Alva ./. BRD.
[137] BVerfG 11.7.1994 – 2 BvR 777/94, NJW 1994, 3219 (3220); 15.1.2004 – 2 BvR 1895/03, wistra 2004, 179 mkritAnm Kempf StraFo 2004, 299.
[138] BGH 11.2.2010 – 4 StR 436/09, NStZ 2010, 294.
[139] LG Nürnberg-Fürth 12.1.2011 – 7 Qs 96/10, StraFo 2011, 225 (226).
[140] Wohlers in SK-StPO Rn. 96; Deckers NJW 1994, 2261 (2263); Schlothauer StV 2001, 192 (194).
[141] Stern in AK-StPO Rn. 48; Jahn in Löwe/Rosenberg Rn. 154; Wohlers in SK-StPO Rn. 96.

nahmen voraussetzen, dass sie unbemerkt bzw. überraschend vorgenommen werden können; so etwa bei Anträgen auf Erlass eines Durchsuchungsbeschlusses bzw. unvollstreckten Durchsuchungsbeschlüssen in der Akte.[142] Hat der Beschuldigte anderweitig von Haft- oder Durchsuchungsanordnungen Kenntnis erlangt, kann die Akteneinsicht nicht mehr zu einer Gefährdung des Ermittlungserfolgs führen;[143] allenfalls kommt eine Gefährdung noch hinsichtl. solcher Aktenteile in Betracht, die Kenntnisse hinsichtlich der konkreten Ausgestaltung der geplanten Ermittlungsmaßnahme vermitteln.[144] Nicht ausreichend für die Bejahung einer Gefährdung ist die möglicherweise drohende Weitergabe von Informationen aus der Akte an andere Bandenmitglieder;[145] die Gefährdung muss sich nämlich – im Umkehrschluss zu § 406e Abs. 2 S. 2 – auf das vorliegende Verfahren beziehen.[146]

In Gänze kann die Akteneinsicht nur versagt werden, wenn die Gefährdung des Untersuchungszwecks nicht durch die Zurückhaltung einzelner Bestandteile ausreichend verhindert werden kann.[147] Ob die Einsicht versagt wird, ist eine **Ermessensentscheidung** der StA. Ein Ermessensspielraum besteht jedoch nicht hinsichtlich der Annahme des Vorliegens einer Gefährdung; diese muss in konkreter Art und Weise aufgrund **konkreter Anhaltspunkte** erwartbar sein.[148] IdR ist dies nur zu Beginn der Ermittlungen gegeben.[149] Das Vorliegen der Gefährdung und die darauf folgende Ermessensausübung der StA sind **gerichtlich überprüfbar.**[150] Die StA muss sich bei der Zurückhaltung ausdrücklich auf Abs. 2 berufen;[151] Abs. 5 S. 3 rechtfertigt nicht die unterlassene Mitteilung der Versagung.[152] Im Falle einer Teilversagung ist die Entnahme von Aktenteilen kenntlich zu machen.[153] Die Begr. der Entscheidung ist zur Ermöglichung einer gerichtlichen Überprüfung aktenkundig zu machen.[154] 25

Sobald der **Abschluss der Ermittlungen** gem. § 169a in den Akten vermerkt ist, muss unverzüglich vollständige Einsicht gewährt werden; nach richtiger allgA gilt dies auch dann, wenn die Ermittlungen zu einem späteren Zeitpunkt wieder aufgenommen werden. Wurde die Einsicht beschränkt oder verwehrt, ist der Verteidiger bzw. der Beschuldigte, der keinen Verteidiger hat, gem. **Abs. 6 S. 2** ohne sein Zutun sofort zu unterrichten, wenn die Beschränkungsgründe entfallen sind; dies ist spätestens mit Abschluss der Ermittlungen 26

142 Vgl. BGH 3.10.1979 – 3 StR 264/79, BGHSt 29, 99 (103) = NJW 1980, 64; mzustAnm Kuckuck NJW 1980, 298 und Müller-Dietz JR 1981, 76; Wohlers in SK-StPO Rn. 96; Dahs Strafverteidiger-HdB (LitVerz.) Rn. 266; krit. zum Überraschungseffekt: Burkard DStR 2002, 1794 (1796).

143 LG Aschenburg 14.3.1997 – Qs 35/97, StV 1997, 644; Beulke/Witzigmann NStZ 2011, 254 (257); Schlothauer StV 2001, 192 (1935); vgl. LG Berlin 18.2.2010 – 536 Qs 1/10, StV 2010, 352 (353 f.); Walischewski StV 2001, 243 (248); aA KG 6.7.2011 – 4 Ws 57/11, StraFo 2012, 15 mAnm Herrmann und Peglau JR 2012, 231; OLG München 27.8.2008 – 2 Ws 763/08, StV 2009, 538. mablAnm Wohlers; OLG Hamm 30.1.2001 – 1 Ws 438/00, NStZ-RR 2001, 254.

144 Vgl. KG 6.7.2011 – 4 Ws 57/11, StraFo 2012, 15 mAnm Herrmann.

145 LG Regensburg 17.12.2003 – 2 Qs 167/03, StV 2004, 369.

146 Stern in AK-StPO Rn. 47; Julius/Schiemann in Gercke/Julius/Temming/Zöller Rn. 14; Wohlers in SK-StPO Rn. 96; aA BGH 26.1.2011 – 4 BGs 1/11, NStZ 2012, 223; Schmitt in Meyer-Goßner/Schmitt Rn. 25; Senge FS Strauda, 2006, 459 (464).

147 Dallmeyer in Heghmanns/Scheffler StrafVerf-HdB Rn. 350; Kühne StrafProzR Rn. 216; vgl. Wohlers in SK-StPO Rn. 97; Burkard DStR 2002, 1794 (1796).

148 Stern in AK-StPO Rn. 46; Wessing in BeckOK StPO Rn. 6; Julius/Schiemann in Gercke/Julius/Temming/Zöller Rn. 14; Jahn in Löwe/Rosenberg Rn. 151; Wohlers in SK-StPO Rn. 97; Hohmann in Radtke/Hohmann Rn. 15; Ambos ZStW 115 (2003), 583 (630); Burkhard DStR 2002, 1794 (1796); Burkhart wistra 1996, 171 (173); Deckers NJW 1994, 2261 (2263); Eisenberg NJW 1991, 1257 (1260); Kempf StraFo 2004, 299 (300); vgl. BGH 3.10.1979 – 3 StR 264/79 (S), BGHSt 29, 99 (103) = NJW 1980, 64 mzustAnm Kuckuck NJW 1980, 298 und Müller-Dietz JR 1981, 76; LG Regensburg 17.12.2003 – 2 Qs 167/03, StV 2004, 369 („vage und entfernte Möglichkeiten reichen nicht"); aA Schmitt in Meyer-Goßner/Schmitt Rn. 25; Willnow in KK-StPO Rn. 15.

149 Julius/Schiemann in Gercke/Julius/Temming/Zöller Rn. 14.

150 LG Regensburg, StV 2004, 369; LG Landau 16.7.2001 – 3 QS 109/01, StV 2001, 613 mAnm Schlothauer StV 2001, 192 (195); Wessing in BeckOK StPO Rn. 9; Wohlers in SK-StPO Rn. 97.

151 Stern in AK-StPO Rn. 44; vgl. Dahs NJW 1985, 1113 (1115).

152 Dallmeyer in Heghmanns/Scheffler StrafVerf-HdB Rn. 353.

153 Börner NStZ 2010, 417 (421).

154 Welp FS Peters, 1984, 309 (330).

der Fall. In der Regel ist die Akte statt der Mitteilung ohne weiteren Antrag unverzüglich zu übersenden.[155] Nach Gewährung vollständiger Akteneinsicht muss vor Anklageerhebung eine angemessene Frist zur Abgabe einer Stellungnahme gewährt werden.[156] Bei **eingestellten Verfahren** (→ Rn. 9) kann Abs. 2 einer Einsicht nicht entgegenstehen, da die Ermittlungen beendet sind –[157] eine Ausnahme besteht lediglich im Falle einer Einstellung nach § 153c.[158] Das uneingeschränkte Einsichtsrecht besteht dann auch hinsichtlich Beiakten aus **anderen Verfahren,** in denen die Ermittlungen noch nicht abgeschlossen sind.[159]

27 **2. Einschränkung der Einschränkung. a) Haftsachen – Abs. 2 S. 2.** Bei dem inhaftierten Beschuldigten dürfte es zumeist schon an den Voraussetzungen einer Versagung nach Abs. 2 S. 1 mangeln (→ Rn. 24). Soweit jedoch der Versagungsgrund nach Abs. 2 S. 1 ausnahmsweise vorliegt, ist die Möglichkeit einer Versagung der Akteneinsicht durch Abs. 2 S. 2 weiter eingeschränkt. Die Regelung in Abs. 2 S. 2 wurde zur Umsetzung der Rspr. des EGMR 2009 eingefügt

27a Demnach sind bei (vorläufiger) Inhaftierung die Unterlagen von einer Versagung nach Abs. 2 S. 1 ausgenommen, auf denen der Haftbefehl bzw. seine Beantragung beruht, dh sowohl die Aktenbestandteile und Beweisstücke, aus denen sich der Haftgrund ergibt, als auch die Teile, aus denen sich der dringende Tatverdacht ergibt. Um eine effektive Verteidigung – die eine eigenständige Be- und Verwertung von Ermittlungsergebnissen beinhaltet – zu ermöglichen, ist dieser Katalog „versagungsfreier" Aktenteile weit auszulegen.[160] Nach konventionengerechter Auslegung umfasst dies keinesfalls nur die Unterlagen, auf die der Haftbefehl gestützt wird;[161] vielmehr bedarf es zur Beurteilung des Tatverdachts in der Regel einer **vollständigen Akteneinsicht.**[162] Unstr. ist in jedem Fall mindestens Einsicht in die Akten zu gewähren, die die StA dem Gericht vorlegt.[163] Ist eine Akteneinsicht ausnahmsweise nicht möglich, sind zumindest Abschriften der Aktenbestandteile herauszugeben. Trotz S. 2 aE ist eine anderweitige Information nicht ausreichend; insbes. nicht eine zusammenfassende (mündliche oder schriftliche)[164] Schilderung der Strafverfolgungsbehörden.[165] Auf Aktenbe-

[155] Vgl. EGMR 13.2.2001 – 25116/94, StV 2001, 203 (204 f.) – Schöps ./. BRD mAnm Kempf.

[156] Stern in AK-StPO Rn. 55 f.; Jahn in Löwe/Rosenberg Rn. 178; anders wohl BGH 23.2.2010 – 4 StR 599/09, NStZ 2010, 530 (531).

[157] OLG Hamburg 3.9.1997 – 1 VAs 6/97, NJW 1997, 3255 (3256); Julius/Schiemann in Gercke/Julius/Temming/Zöller Rn. 17.

[158] BGH 26.1.2011 – 4 BGs 1/11, NStZ 2012, 223.

[159] OLG Schleswig 10.1.1989 – 1 Ws 22/89, StV 1989, 95; Jahn in Löwe/Rosenberg Rn. 155; vgl. aber BGH 11.11.2004 – 5 StR 299/03, BGHSt 49, 317 (329 ff.) = NJW 2005, 300; Wohlers in SK-StPO Rn. 96.

[160] LG Kiel 14.6.2006 – 46 Qs 42/06, NStZ 2007, 424; BT-Drs. 16/13097, 17; Dallmeyer in Heghmanns/Scheffler StrafVerf-HdB Rn. 355; vgl. LG Ravensburg 27.11.2006 – 2 Qs 160/06, NStZ-RR 2007, 114 (115); krit. Roxin/Schünemann StrafVerfR § 19 Rn. 67.

[161] BT-Drs. 16/13097, 17; Hilger GA 2006, 294 (297); Kempf StV 2001, 206 (207).

[162] LG Kiel 14.6.2006 – 46 Qs 42/06, NStZ 2007, 424; AG Halberstadt 8.4.2004 – 3 Gs 12/04, StV 2004, 549; Julius/Schiemann in Gercke/Julius/Temming/Zöller Rn. 15; Ambos NStZ 2003, 14; Borggräfe/Schütt StraFo 2006, 133 (136); Deckers StV 2002, 319 (320); Kühne/Esser StV 2002, 383 (391); Pauly StV 2010, 492; Püschel StraFo 2009, 134 (135); Kieschke/Osterwald NJW 2002, 2003; Dallmeyer in Heghmanns/Scheffler StrafVerf-HdB Rn. 354; Meinen in Heghmanns/Scheffler StrafVerf-HdB Rn. 165 f.; Roxin/Schünemann StrafVerfR § 19 Rn. 67; vgl. auch LG Ravensburg 27.11.2006 – 2 Qs 160/06, NStZ-RR 2007, 114 (115); einschr. bzgl. Beweisstücken EGMR 11.3.2008 – 41077/04, NStZ 2009, 164 – Falk ./. BRD mzustAnm Strafner; einschr. bzgl. trennbarer Vorwürfe: Peglau JR 2012, 231 (232 f.); aA OLG Köln 29.5.2001 – 2 Ws 215/01, NStZ 2002, 659; Wessing in BeckOK StPO Rn. 7.

[163] Wohlers in SK-StPO Rn. 65; Beulke/Witzigmann NStZ 2011, 254 (259 f.); Börner NStZ 2010, 417 (421); Marberth-Kubicki StraFo 2003, 366 (368); Pauly StV 2010, 492; Rau StraFo 20008, 9 (12).

[164] EGMR 13.12.2007 – 11364/03, StV 2008, 475 (481) mAnm Hagmann und Pauly mwN; Wohlers in SK-StPO Rn. 64; Beulke/Witzigmann NStZ 2011, 254 (257); Rau StraFo 2008, 9 (12); Weider StV 2010, 102 (105).

[165] BT-Drs. 16/11644, 33; EGMR 9.7.2009 – 11364/03, StV 2010, 490 mAnm Pauly StV 2010, 492; EGMR 13.2.2001 – 24479/94, StV 2001, 201 (202) – Lietzow ./. BRD; EGMR 13.2.2001 – 25116/94, StV 2001, 203 (204) – Schöps ./. BRD; EGMR 13.2.2001 – 23541/94, StV 2001, 205 (206) – Alva ./. BRD jeweils mAnm Kempf und Kieschke/Osterwald NJW 2002, 2003; Hilger GA 2006, 294 (297); einschr. Peglau JR 2012, 231 (234).

standteile, die gleichwohl zurückgehalten werden, kann eine gerichtliche Entscheidung – auch eine solche nach § 121 Abs. 1 –[166] nicht gestützt werden. Der Haftbefehl ist aufzuheben, wenn überhaupt keine Akteneinsicht gewährt wird.[167] Die Entscheidung über die Anordnung oder Aufrechterhaltung von U-Haft ist ein kontradiktorisches Verfahren, welches nur bei gleichem Informationsstand dem Erfordernis eines **fair Trial** genügt – Art. 5 Abs. 4 iVm Art. 6 **EMRK.**[168] Insofern kann und darf die Verteidigung nicht auf Schlussfolgerungen des Gerichts aufgrund ihr selbst unbekannter Beweismittel verwiesen werden.[169] Der Wahlverteidiger kann – unter Gesichtspunkten der Waffengleichheit – auch nicht darauf verwiesen werden, dass der Pflichtverteidiger bereits Akteneinsicht erhalten hat, die dem Beschuldigten – und hierüber auch dem Wahlverteidiger – zuzurechnen sei.[170] Das Einsichtsrecht besteht während der gesamten U-Haft; Abs. 2 S. 2 gilt nicht nur im Kontext einzelner Entscheidungen.[171] Das Einsichtsrecht bezieht sich indes nur auf dasjenige Verfahren, in dem die Untersuchungshaft vollstreckt wird.[172]

Str. ist die Anwendung des Abs. 2 S. 2 beim erlassenen, aber noch **nicht vollstreckten Haftbefehl.** Auch der nur offene Haftbefehl stellt bereits einen Eingriff dar; zur Beschwerde ist die Aktenkenntnis nötig. Schon vor Einführung des S. 2 durfte sich die Entscheidung des Gerichts nur auf bekannte Aktenbestandteile stützen. Demnach sind diese entscheidungsrelevanten Aktenteile auch im Falle des Vorhandenseins eines nicht vollzogenen Haftbefehls zur Verfügung zu stellen.[173] Im Übrigen ist auch jenseits des Abs. 2 S. 2 das Informationsrecht des in U-Haft befindlichen Beschuldigten bei der Entscheidung der StA nach Abs. 2 S. 1 in gesteigertem Maße zu berücksichtigen, da der Beschuldigte bereits durch den Freiheitsentzug im Ermittlungsverfahren einem gravierenden Eingriff in seine grundrechtlich geschützten Rechtspositionen ausgesetzt ist.[174] 28

b) Andere Zwangsmaßnahmen. Die Grundsätze der Akteneinsicht bei U-Haft (→ Rn. 27) sind auch auf andere Ermittlungsmaßnahmen, die in die Grundrechte des Beschuldigten eingreifen, wie dinglicher Arrest,[175] Durchsuchungen,[176] Beschlagnah- 29

---

[166] OLG Hamm 13.2.2002 – 2 BL 7/02, StV 2002, 318 mAnm Deckers; aA Schmitt in Meyer-Goßner/Schmitt Rn. 25a; nach aF OLG Hamm 20.12.2007 – 3 Ws 676/07, wistra 2008, 195.

[167] BT-Drs. 16/11644, 33; Julius/Schiemann in Gercke/Julius/Temming/Zöller Rn. 15; Wohlers in SK-StPO Rn. 65; Beulke/Witzigmann NStZ 2011, 254 (259); schon nach aF: BVerfG 11.7.1994 – 2 BvR 777/94, NJW 1994, 3219 (3220); BGH 28.9.1995 – StB 54/95, NJW 1996, 734; OLG Köln 29.5.2001 – 2 Ws 215/01, NStZ 2002, 659; Ambos NStZ 2003, 14 (15); Kühne/Esser StV 2002, 383 (392); Pauly StV 2008, 484 (486); weiter: AG Halberstadt 8.4.2004 – 3 Gs 12/04, StV 2004, 549.

[168] EGMR 9.7.2009 – 11364/03, StV 2010, 490 mAnm Pauly StV 2010, 492; EGMR 13.12.2007 – 11364/03, StV 2008, 475 (481 f.) mAnm Hagmann und Pauly mwN; EGMR 13.2.2001 – 24479/94, StV 2001, 201 (202) – Lietzow ./. BRD; EGMR 13.2.2001 – 25116/94, StV 2001, 203 – Schöps ./. BRD jeweils mAnm Kempf; zu § 115a: Weider StV 2010, 102 (105 f.); Schlothauer/Weider/Nobis Untersuchungshaft Rn. 361 f.

[169] EGMR 13.2.2001 – 24479/94, StV 2001, 201 (202) – Lietzow ./. BRD mAnm Kempf.

[170] So aber: OLG Naumburg 21.1.2011 – 1 Ws 52/11, NStZ 2011, 599.

[171] Peglau JR 2012, 231 (232).

[172] BGH 26.1.2011 – 4 BGs 1/11, NStZ 2012, 223.

[173] OLG Köln 13.3.1998 – 2 Ws 115/98, StV 1998, 269; LG Berlin 18.2.2010 – 536 Qs 1/10, StV 2010, 352; LG Aschenburg 14.3.1997 – Qs 35/97, StV 1997, 644; Wohlers in SK-StPO Rn. 66; Beulke/Witzigmann NStZ 2011, 254 (258); Herrmann StraFo 2012, 17 (18 f.); aA BVerfG 27.10.1997 – 2 BvR 1769/97, NStZ-RR 1998, 108; KG 6.7.2011 – 4 Ws 57/11, StraFo 2012, 15 mablAnm Herrmann; OLG München 27.8.2008 – 2 Ws 763/08, StV 2009, 538 mablAnm Wohlers; Wessing in BeckOK StPO Rn. 6; Peglau JR 2012, 231 (236); Dallmeyer in Heghmanns/Scheffler StrafVerf-HdB Rn. 355.

[174] Vgl. BVerfG 11.7.1994 – 2 BvR 777/94, NJW 1994, 3219 (3220); Julius/Schiemann in Gercke/Julius/Temming/Zöller Rn. 15; Beulke/Witzigmann NStZ 2011, 254 (256, 258).

[175] BVerfG 19.1.2006 – 2 BvR 1075/05, NJW 2006, 1048; 5.5.2004 – 2 BvR 1012/02, NJW 2004, 2443 mzustAnm Kempf StraFo 2004, 299; Borggräfe/Schütt StraFo 2006, 133.

[176] BVerfG 4.12.2006 – 2 BvR 1290/05, NStZ 2007, 274; OLG Naumburg 12.11.2010 – 1 Ws 680/10, NStZ-RR 2011, 250 Ls. = BeckRS 2011, 07669; aA LG Saarbrücken 24.8.2005 – 8 Qs 81/05, NStZ-RR 2006, 80.

me[177] und Telefonüberwachung[178] zu übertragen.[179] In konsequenter Anwendung von Art. 103 Abs. 1 gilt dies für jede richterl. Entscheidung zu Ermittlungsmaßnahmen.[180] Spätestens zur Beschwerdebegr. – als nachträgliche Wahrnehmung rechtlichen Gehörs (§ 33 Abs. 4) – muss der Verteidiger die Akten einsehen können.[181] Lagen die entscheidungserheblichen Aktenteile der Verteidigung nicht vor, ist der Beschwerde stattzugeben.[182] Nur bei erledigten Eingriffen kann alternativ die gerichtliche Entscheidung bis zur Gewährung von umfassender Akteneinsicht aufgeschoben werden.[183] Umgekehrt hat bereits die **StA** die vorstehend dargelegten Grundsätze zu beachten, so dass Maßnahmen zu unterlassen sind, wenn die StA nicht beabsichtigt, entspr. Akteneinsicht zu gewähren.[184]

30 **c) Privilegierte Aktenbestandteile – Abs. 3.** Bei einer rechtmäßigen Beschränkung des Einsichtsrechts nach Abs. 2 S. 1 müssen die in Abs. 3 genannten Aktenteile – Originale oder Kopien – der Verteidigung gleichwohl zugänglich gemacht werden. Darüber hinaus ist der Verteidiger durch die StA iSd § 136 Abs. 1 S. 1 über den Tatvorwurf zu informieren, wenn dem Beschuldigten diese Informationen noch nicht vorliegen.

31 Im Rahmen des Gesetzes zur Einführung der elektronischen Akte in der Justiz und zur weiteren Förderung des elektronischen Rechtsverkehrs[185] wurde der bisherige Wortlaut des Abs. 3 durch das Ersetzen des Begriffs „Niederschrift", welcher eng mit der Papierform verbunden ist,[186] verändert. Protokolle über **Vernehmungen des Beschuldigten** iSd Abs. 3 sind alle polizeilichen, staatsanwaltschaftlichen und richterlichen Protokolle, unabhängig vom Status des Beschuldigten zum Zeitpunkt der Aussage.[187] Schriftliche Äußerungen des Beschuldigten sind wie Vernehmungsprotokolle zu behandeln;[188] ebenso schriftliche und mündliche Äußerungen des Beschuldigten gegenüber anderen Behörden.[189] Von den Protokollen **richterlicher Untersuchungshandlungen** sind auch polizeiliche Protokolle erfasst, soweit im richterlichen Protokoll auf diese Bezug genommen wird.[190] Eine Ausnahme von Abs. 3 ist für die Kontaktsperre nach § 34 Abs. 3 Nr. 2 S. 3 EGGVG normiert.

32 Mangels einer Differenzierung im Wortlaut des Abs. 3 sind alle **Sachverständigengutachten,** gleich welchen Inhalts, einsehbar;[191] mithin auch solche, die aus übersetzten Doku-

---

177 Vgl. BVerfG 9.3.1965 – 2 BvR 176/63, BVerfGE 18, 399 (404) = NJW 1965, 1171; aA LG Berlin 16.12.2005 – 505 Qs 217/05, NStZ 2006, 472; LG Saarbrücken 24.8.2005 – 8 Qs 81/05, NStZ-RR 2006, 80.

178 BVerfG 7.9.2007 – 2 BvR 1009/07, NStZ-RR 2008, 16.

179 LG Berlin 18.2.2010 – 536 Qs 1/10, StV 2010, 352 (353); LG Neubrandenburg 16.8.2007 – 9 Qs 107/07, NStZ 2008, 655 (656); LG Ravensburg 27.11.2006 – 2 Qs 160/06, NStZ-RR 2007, 114; LG Kiel 14.6.2006 – 46 Qs 42/06, NStZ 2007, 424; Wohlers in SK-StPO Rn. 66a; Beulke/Witzigmann NStZ 2011, 254 (260); Kempf StraFo 2004, 299; Walischewski StV 2001, 243 (246).

180 Börner NStZ 2010, 417 (418); Börner NStZ 2007, 680 (681); Park StV 2009, 276.

181 BVerfG 7.9.2007 – 2 BvR 1009/07, NStZ-RR 2008, 16; BVerfG 5.5.2004 – 2 BvR 1012/02, NJW 2004, 2443 mzustAnm Kempf StraFo 2004, 299.

182 BVerfG 19.1.2006 – 2 BvR 1075/05, NJW 2006, 1048 (1049); LG Neubrandenburg 16.8.2007 – 9 Qs 107/07, NStZ 2008, 655; LG Kiel 14.6.2006 – 46 Qs 42/06, NStZ 2007, 424; Börner NStZ 2010, 417.

183 BVerfG 4.12.2006 – 2 BvR 1290/05, NStZ 2007, 274 (275); OLG Naumburg 12.11.2010 – 1 Ws 680/10, NStZ-RR 2011, 250 Ls.; Wohlers in SK-StPO Rn. 66a; Börner NStZ 2010, 417 (421); vgl. BVerfG 7.9.2007 – 2 BvR 1009/07, NStZ-RR 2008, 16 (17) mablAnm Rau StraFo 2008, 9 (14).

184 BVerfG 4.12.2006 – 2 BvR 1290/05, NStZ 2007, 274 (275); 19.1.2006 – 2 BvR 1075/05, NJW 2006, 1048 (1049); Borggräfe/Schütt StraFo 2006, 133 (135); Börner NStZ 2007, 680 (681); zur Praxis der Bundesanwaltschaft: Senge FS Strauda, 2006, 459 (468).

185 5.7.2017, BGBl. I 2208.

186 BT-Drs. 18/9416, 59; Wessing in BeckOK StPO Rn. 15.

187 OLG Hamm 21.2.1995 – 1 VAs 104/94, StV 1995, 571 mAnm Mehle/Hiebl; allgLit.

188 AllgA.

189 Vgl. OLG Hamm 21.2.1995 – 1 VAs 104/94, StV 1995, 571 mAnm Mehle/Hiebl; Willnow in KK-StPO Rn. 18; aA Wohlers in SK-StPO Rn. 100.

190 OLG Hamm 27.8.1987 – 1 VAs 37/87, NStZ 1987, 572; allgA.

191 OLG Karlsruhe 9.11.1995 – 2 VAs 18/95, StraFo 1996, 56.

menten bestehen.[192] Irrelevant ist auch, ob das Gutachten Teil der Hauptakte oder einer Spurenakte ist bzw. ob es sich mit deren Auswertung beschäftigt.[193] Auch mündliche Äußerungen eines Gutachters gegenüber den Strafverfolgungsbehörden sind als Gutachten iSd Abs. 3 anzusehen; sie sind durch Vermerke in der Akte zu dokumentieren.[194]

IV. Verfahren der Einsichtnahme

1. Art der Einsichtnahme. a) Akten. Der Abs. 4 aF, welcher die Form der Gewäh- 33
rung der Akteneinsichtnahme regelte, wurde im Rahmen des Gesetzes zur Einführung der elektronischen Akte in der Justiz und zur weiteren Förderung des elektronischen Rechtsverkehrs[195] durch die allgemeine Regelung des § 32f ersetzt. Während die aF des Abs. 4 einen Anspruch auf Mitnahme der Akte in die Kanzlei oder Wohnung des Verteidigers beinhaltete,[196] stellt gem. § 32f Abs. 1 S. 1 das Bereitstellen des Inhalts der (elektronischen) Akte zum Abruf über eine Internetverbindung den künftigen Regelfall dar. Die Einsichtnahme in die **elektronische Akte** kann zum einen über die Möglichkeit des selbstständigen Herunterladens der betreffenden Daten und Datenpakete[197] und zum anderen gem. § 32f Abs. 1 S. 2 durch Bereitstellen der elektronischen Akte in Diensträumen gewährt werden. Die Gewährung der Einsicht in die noch weitgehend verbreitete Papierakte ist in § 32f Abs. 2 geregelt, in welchem die Grundsätze des Abs. 4 aF transferiert wurden. Die Einsicht in die Papierakte erfolgt demnach durch Einsichtnahme in den Diensträumen, die Akte kann aber auch auf Antrag in die Kanzlei oder die Wohnung des Verteidigers mitgenommen werden. Die Rückgabefrist muss dabei nach den Umständen des Einzelfalls so bemessen sein, dass eine sachgemäße Bearbeitung unter Berücksichtigung anderweitiger Verpflichtungen möglich ist.[198] Ein Anspruch auf Zusendung der Akten in die Kanzlei besteht nicht,[199] jedoch muss die Einsichtnahme unter zumutbaren Bedingungen erfolgen können.[200] Daher ist die Akte zumindest dem auswärtigen Verteidiger zuzusenden;[201] alternativ ist die Abholung am Gericht des Kanzleiortes zu ermöglichen.[202] Wird explizit eine Einsicht durch Übersendung beantragt und wird dies abgelehnt, ist gleichwohl Einsicht auf andere Weise zu gewähren.[203] Sofern eine Übersendung der Akte erfolgt, kann – sofort oder mit Abschluss des Verfahrens –

[192] Julius/Schiemann in Gercke/Julius/Temming/Zöller Rn. 13; Jahn in Löwe/Rosenberg Rn. 183; Wohlers in SK-StPO Rn. 102; Welp StV 1986, 446 (450 f.); vgl. BGH 28.11.1950 – 2 StR 50/50, BGHSt 1, 4 (7); offen gelassen OLG Hamburg 1.11.1985 – V As 13/85, StV 1986, 422 (423); aA Schmitt in Meyer-Goßner/Schmitt Rn. 29; Willnow in KK-StPO Rn. 19.

[193] Julius/Schiemann in Gercke/Julius/Temming/Zöller Rn. 13; Meyer-Goßner NStZ 1982, 353 (357).

[194] Wessing in BeckOK StPO Rn. 16.

[195] 5.7.2017, BGBl. I 2208; zur elektronischen Akte in Strafsachen Growe/Gutfleisch NStZ 2020, 633.

[196] Stern in AK-StPO Rn. 57; Julius/Schiemann in Gercke/Julius/Temming/Zöller Rn. 10; Jahn in Löwe/Rosenberg Rn. 98; Wohlers in SK-StPO Rn. 70; Eisenberg NJW 1991, 1257 (1259); Dahs Strafverteidiger-HdB Rn. 266; Dallmeyer in Heghmanns/Scheffler StrafVerf-HdB Rn. 336; Rieß FS Peters, 1984, 113 (Fn. 66); aA BGH 25.9.2007 – 1 StR 350/07, NStZ-RR 2008, 48 Ls.; 24.8.1999 – 1 StR 672/98, NStZ 2000, 46; 12.1.1984 – 4 StR 762/83, BeckRS 1984, 31111724; Willnow in KK-StPO[7] Rn. 11; offen gelassen BVerfG 14.9.2011 – 2 BvR 449/11, NJW 2012, 141 (142).

[197] BT-Drs. 18/9416, 56; Wessing in BeckOK StPO Rn. 29.

[198] BGH 21.7.2005 – 1 StR 78/05, JR 2006, 297 (298) mAnm Cirener/Sander; OLG Hamburg 16.12.1965 – 2b Ss 23/65, JR 1966, 274; Wohlers in SK-StPO Rn. 71; Burkhard DStR 2002, 1794 (1798).

[199] BVerfG 6.3.1996 – 2 BvR 386/96, NJW 1996, 2222; KG 19.12.2001 – 3 Ws 649/01, NZV 2002, 334; aA AG Oldenburg 25.9.1995 – 27 Gs 145/95, StV 1995, 652; Julius/Schiemann in Gercke/Julius/Temming/Zöller Rn. 10.

[200] OLG Hamm 2.12.1971 – 4 Ss 1055/71, NJW 1972, 1096 (1097).

[201] Eisenberg NJW 1991, 1257 (1259).

[202] OLG Frankfurt a. M. 1.12.1980 – 1 Ws (B) 269/80 OWiG, NStZ 1981, 191; Wessing in BeckOK StPO Rn. 29; Jahn in Löwe/Rosenberg Rn. 98; Wohlers in SK-StPO Rn. 71; einschr. bzgl. erg. Akteneinsicht KG 17.12.2001 – 3 Ws (B) 626/01, NZV 2002, 334; aA OLG Stuttgart 28.4.1978 – 3 Ss (3) 73/78, NJW 1979, 559 (560).

[203] Vgl. BGH 16.10.1984 – 5 StR 643/84, NStZ 85, 87; aA OLG Stuttgart 28.4.1978 – 3 Ss (3) 73/78, NJW 1979, 559 (560).

[204] eine Versendungspauschale erhoben werden;[205] deren Schuldner ist der Verteidiger.[206] Im Übrigen sind die Rücksendungskosten als notwendige Auslagen des Verteidigers anzusehen.[207]

34 Ein Anspruch auf **Überlassung von physischen Kopien** besteht nur, wenn dies die einzige Möglichkeit der Einsichtnahme ist;[208] sachgemäß (obgleich umstr.) ist dies insbesondere bzgl. vorläufiger und fertiggestellter Sitzungsprotokolle.[209] Entsprechendes gilt auch für Ton- und Bildaufnahmen und andere **Datenträger,**[210] die als Aktenbestandteile – vorbehaltlich des spezielleren § 58a Abs. 3 – dem Mitnahmerecht unterfallen (→ Rn. 23). Sofern spezielle Geräte oder Software zum Betrachten erforderlich sind, besteht ein Anspruch auf Ausdruck der Daten oder ggf. auf Ermöglichung einer mehrfachen Einsichtnahme bei den Strafverfolgungsbehörden.[211] Umgekehrt kann ein Anspruch bestehen, dass die Ermittlungsbehörde die Akte **einscannt** und auf elektronischem Wege übermittelt, insbesondere wenn die Akte andernfalls nicht rechtzeitig zur Verfügung gestellt werden kann.[212]

35 Die Mitnahme der Papierakte nach § 32f Abs. 2 S. 2 darf, wenn der Verteidiger diese begehrt, nur bei Vorliegen – wie nach altem Recht – eng auszulegender **wichtiger Gründe** versagt werden.[213] **Verfahrensverzögerungen** durch die Einsicht sind hinzunehmen und können nur in Ausnahmefällen einen derartigen wichtigen Grund darstellen;[214] grds. sind zur Vermeidung von Verfahrensverzögerungen Aktendoppel zu fertigen.[215] Im Falle ergänzender Akteneinsicht während oder kurz vor der **Hauptverhandlung** darf diese auf eine Einsichtnahme bei Gericht beschränkt werden,[216] sofern die Menge der neuen Aktenbestandteile übersichtlich ist.[217] Die Rspr. der früheren Rechtslage dürfte weiterhin gelten, sodass **keine wichtigen Gründe** (und insofern einer Mitnahme nach § 32f Abs. 2 S. 2 nicht entgegenstehend) insbes. das Fehlen einer schriftlichen Vollmacht (→ Rn. 5),[218] der Umfang der Akten[219] oder Gründe des Datenschutzes[220] sind. Von einem ordnungsgemäßen Umgang des Verteidigers unter Wahrung der Vertraulichkeit und Integrität der Akten ist

---

[204] OLG Koblenz 23.10.1995 – 1 Ws 555/95, NStZ-RR 1996, 96; aA erst nach Abschluss AG Soest 28.12.1994 – 8 AR 134/94, StV 1995, 652.

[205] AllgM; aA Oldenburg 25.9.1995 – 27 Gs 145/95, StV 1995, 652.

[206] BVerfG 6.3.1996 – 2 BvR 386/96, NJW 1996, 2222; OLG Koblenz 23.10.1995 – 1 Ws 555/95, NStZ-RR 1996, 96; LG Koblenz 10.2.2000 – 2101 Js 40395/96 – 3 Ks, StraFo 2001, 147; aA zum Schuldner ua AG Tecklenburg 21.12.1995 – 1 Gs 411/95, StV 1996, 167 Ls.; AG Beckum 23.8.1995 – 4 Gs 333/95, StraFo 1996, 29 mzustAnm Brüssow; AG Soest 28.12.1994 – 8 AR 134/94, StV 1995, 652; Julius/Schiemann in Gercke/Julius/Temming/Zöller Rn. 32.

[207] OLG Hamm 19.12.2005 – 2 Ws 300/05, NJW 2006, 1076; Büttner NJW 2005, 3108 mwN.

[208] BGH 27.10.1972 – 2 StR 105/70, MDR [D] 1973, 371; OLG Hamburg 4.1.1963 – 1 Ws 467/62, NJW 1963, 1024 (1025); Jahn in Löwe/Rosenberg Rn. 21 f.; Schmitt in Meyer-Goßner/Schmitt Rn. 7 mwN; Wohlers in StPO Rn. 59; krit. Julius/Schiemann in Gercke/Julius/Temming/Zöller Rn. 10.

[209] Stern in AK-StPO Rn. 5; Julius/Schiemann in Gercke/Julius/Temming/Zöller Rn. 10; Jahn in Löwe/Rosenberg Rn. 23; aA BVerfG 13.6.1983 – 2 BvR 601/83, AnwBl 1984, 261 mablAnm Schmidt; BGH 12.1.1984 – 4 StR 762/83, NStZ 1985, 13 [Pf./Miebach]; 15.4.1975 – 5 StR 508/74, MDR [D] 1975, 725.

[210] OLG Schleswig 3.10.1979 – 1 Ss 313/79, NJW 1980, 352 (353).

[211] Wohlers in SK-StPO Rn. 74; Köllner StraFo 1995, 50.

[212] OLG Zweibrücken 10.7.2020 – 1 OWi 2 SsBs 51/20, ZD 2021, 153.

[213] Wessing in BeckOK StPO Rn. 29; Staudinger in KMR-StPO Rn. 14.

[214] BGH 21.7.2005 – 1 StR 78/05, JR 2006, 297; Wohlers in SK-StPO Rn. 61; vgl. Donath/Mehle NJW 2009, 1399; aA BGH 3.7.1990 – 4 StR 263/90, DRiZ 1990, 455.

[215] EGMR 13.2.2001 – 25116/94, StV 2001, 203 (204) – Schöps ./. BRD mAnm Kempf; OLG Dresden 17.7.2009 – 1 Ss 347/09, StV 2010, 475 (476); OLG Stuttgart 29.10.1982 – 1 HEs 126/82, StV 1983, 70; Julius in Gercke/Julius/Temming/Zöller Rn. 10; Jahn in Löwe/Rosenberg Rn. 83; Wohlers in SK-StPO Rn. 61.

[216] Vgl. OLG Stuttgart 22.12.1995 – 1 Ws 227/95, NJW 1996, 1908; OLG Stuttgart 28.4.1978 – 3 Ss (3) 73/78, NJW 1979, 559.

[217] OLG Hamm 2.12.1971 – 4 Ss 1055/71, NJW 1972, 1096 (1097).

[218] BVerfGE 14.9.2011 – 2 BvR 449/11, NJW 2012, 141.

[219] Dallmeyer in Heghmanns/Scheffler StrafVerf-HdB Rn. 336; Dahs Strafverteidiger Rn. 271.

[220] Julius/Schiemann in Gercke/Julius/Temming/Zöller Rn. 10; Wohlers in SK-StPO Rn. 75; Groß/Fünfsinn NStZ 1992, 105 (108).

auszugehen. Daher kann auch der Verdacht der Einsichtnahme Dritter kein wichtiger Grund iSd § 32f. Abs. 2 S. 2 sein.[221] Bzgl. der Daten Dritter oder zum Zwecke des Schutzes von Verschlusssachen ist die Beschränkung der Einsichtnahme schon nicht zweckmäßig, weil die Informationen dadurch nicht geschützt werden;[222] der Verteidiger könnte nur an einer Mitnahme, nicht jedoch an einer Einsichtnahme gehindert werden. Der Verteidiger hat im Falle der Versagung einer Mitnahme der Papierakte einen Anspruch auf Ermöglichung einer Fertigung von Ablichtungen.[223] Soweit technisch die Anfertigung von Kopien möglich ist, dürfte auch die Ansicht, ein vorläufiges Protokoll gem. § 168a Abs. 2 wäre von der Mitnahme ausgeschlossen, veraltet sein.[224] Die Durchführung eines beschleunigten Verfahrens ist nur dann als ein wichtiger Grund anzusehen, wenn auch die Fertigung von Aktendoppeln nicht ausreicht, um den Fortgang des Verfahrens zu gewährleisten.[225]

Lediglich im Falle **erneuter Akteneinsicht** darf die Einsicht zwar nicht verweigert, 36
aber zugunsten des Beschleunigungsgrundsatzes verschoben werden, soweit keine neuen Akteninhalte hinzugefügt wurden und keine neue Verfahrens- (und somit auch Verteidigungs-) situation eingetreten ist.[226] Ansonsten ist Akteneinsicht **sofort** zu gewähren.[227] Wenn vor einer gerichtlichen Entscheidung erneute Akteneinsicht beantragt wird, muss diese gewährt werden – andernfalls wird das Recht auf rechtliches Gehör verletzt.[228]

b) Beweismittel. Im Unterschied zur Akte hat der Verteidiger bzgl. der Beweisstücke 37
nur ein Recht auf Einsichtnahme am Ort der Verwahrung bzw. in den entsprechenden behördlichen Räumen.[229] Sind Beweismittel Bestandteile der Akte, dürfen sie vor Mitgabe der Akte entfernt werden. Indes ist die Entnahme dem Verteidiger mitzuteilen; möglichst sind Kopien oder Fotografien ergänzend der Akte hinzuzufügen.[230] Hintergrund für die Beschränkung des Einsichtsrechts ist die Gefahr des Verlusts eines Beweisstücks bzw. dessen Beweiswert.[231] Richtigerweise sind daher Einschränkungen der Verteidigung nur dann zulässig, wenn sie diesem Zweck auch tatsächlich genügen.[232] Schriftstücke und Datenträger, die einer unkomplizierten Vervielfältigung zugänglich sind, sind in Kopie mitzugeben.[233] Bei der Einsichtnahme in die Beweismittel kann der Verteidiger den **Beschuldigten** und ggf. einen Dolmetscher oder **Sachverständigen** einbeziehen.[234] Dies ist auch zu ermöglichen, wenn sich der Beschuldigte in Haft befindet.[235] Wie bei der Akteneinsicht kann sich

---

221 AA Stern in AK-StPO Rn. 57; Wohlers in SK-StPO Rn. 75; Groß/Fünfsinn NStZ 1992, 105 (108).

222 Bzgl. Datenschutz: Wohlers in SK-StPO Rn. 75; vgl. auch BGH 9.5.1963 – 3 StR 6/63, BGHSt 18, 369 = NJW 1963, 1462 mzustAnm Arndt JZ 1963, 609; aA bzgl. Verschlusssachen Wohlers in SK-StPO Rn. 75; Julius/Schiemann in Gercke/Julius/Temming/Zöller Rn. 10; Dallmeyer in Heghmanns/Scheffler StrafVerf-HdB Rn. 336.

223 Willnow in KK-StPO Rn. 12; Wohlers in SK-StPO Rn. 75.

224 So noch: Kurth NJW 1978, 2481 (2484), zitiert von Wohlers in SK-StPO Rn. 75.

225 Jahn in Löwe/Rosenberg Rn. 102.

226 Julius/Schiemann in Gercke/Julius/Temming/Zöller Rn. 18; Jahn in Löwe/Rosenberg Rn. 82; Wohlers in SK-StPO Rn. 62 mwN.

227 EGMR 13.2.2001 – 25116/94, StV 2001, 203 (204) – Schöps ./. BRD mAnm Kempf; OLG Jena 7.11.2011 – 1 Ss Bs 147/11, VRS 122, 142; Donath/Mehle NJW 2009, 1399.

228 OLG Hamm 15.8.2002 – 2 Ws 354/02, StraFo 2002, 355 (356).

229 BGH 24.4.1979 – 5 StR 513/78, Pfeiffer NStZ 1981, 93 (95) – RsprÜ; Jahn in Löwe/Rosenberg Rn. 120, 127; ausf. zur Normgeschichte: Rieß FS Peters, 1984, 113.

230 Jahn in Löwe/Rosenberg Rn. 128; Wohlers in SK-StPO Rn. 71, 92.

231 Substanzschutz: Rieß FS Peters, 1984, 113 (120); krit. Schlag FS Koch, 1989, 229.

232 LG Bonn 9.10.1995 – 31 Qs 118/95, StV 1995, 632; Julius/Schiemann in Gercke/Julius/Temming/Zöller Rn. 25.

233 Stuckenberg StV 2010, 231; Rieß FS Peters, 1984, 113 (126f.); vgl. Köllner StraFo 1996, 26 (27).

234 OLG Frankfurt a. M. 24.1.2000 – 3 Ws 31/00, StV 2001, 611; OLG Köln 2.10.1998 – 2 Ws 512/98, StV 1999, 12; OLG Köln 30.9.1994 – 2 Ws 400/94, StV 1995, 12; Julius/Schiemann in Gercke/Julius/Temming/Zöller Rn. 25; Willnow in KK-StPO Rn. 10; Jahn in Löwe/Rosenberg Rn. 126; Wohlers in SK-StPO Rn. 60, 91; Schlag FS Koch, 1989, 229 (323ff.); Einbeziehung des Beschuldigten: EGMR 12.3.2003 –, EuGRZ 2003, 472 – Öcalan ./. Türkei; OLG Zweibrücken 8.10.1976 – Ws 186/76, NJW 1977, 1699; ausf. Wesemann, DAV FS 2009, 891; einschr. Schmitt in Meyer-Goßner/Schmitt Rn. 19; Sachverständiger: Stern in AK-StPO Rn. 25; Rieß FS Peters, 1984, 113 (124).

235 LG Düsseldorf 17.1.2008 – 11 KLs 60 Js 1789/07 – 28/07, StraFo 2008, 505; Wessing in BeckOK StPO Rn. 26; Wesemann DAV FS, 2009, 891 (903).

der Verteidiger auch bei der Besichtigung der Beweisstücke der Hilfe juristischer oder sachverständiger **Mitarbeiter** bedienen und diesen die Einsicht auch ohne seine Aufsicht übertragen.[236] Er kann die Einsichtnahme auch an einen Sachverständigen delegieren.[237] Sind die Beweisstücke für ein Sachverständigengutachten unverzichtbar und ist eine Bearbeitung vor Ort nicht möglich, müssen die Beweisstücke ausnahmsweise dem Sachverständigen ausgehändigt werden, soweit dadurch der Beweiswert nicht gefährdet wird;[238] dies gilt uU selbst dann, wenn die Substanz beeinträchtigt wird.[239]

38 Die Besichtigung der Beweismittel muss **rechtzeitig**[240] vor der Hauptverhandlung und unter **zumutbaren Bedingungen** möglich sein. Zugang zu den Beweismitteln ist in zeitlich ausreichendem Umfang – ggf. mehrfach – zu gewähren.[241] Die Ausstattung der Räume, in denen die Besichtigung erfolgt, muss ein längeres Arbeiten ermöglichen; technische Geräte zum Abspielen von Datenträgern müssen vorhanden sein, sofern Datenträger zu den Beweisstücken zählen.[242] Bei größeren Materialmengen, wie zB TÜ-Mitschnitten, müssen diese gezielt aus- und anwählbar sein.[243] Der Verteidiger (und seine Hilfskräfte) dürfen Fotografien und Kopien anfertigen; dies ist technisch zu ermöglichen.[244] Ist die Einsichtnahme vor Ort – zB als Folge der Menge der Unterlagen oder Tonaufzeichnungen – nicht geeignet, um eine effektive Sichtung der Beweismittel und so letztlich eine effektive Verteidigungsarbeit zu ermöglichen, besteht ein Anspruch auf Überlassung von **Kopien.**[245] Ermöglicht die Behörde ausschließlich eine Kenntnisnahme der Unterlagen in Kopie, muss sie auch die Kosten der Vervielfältigung tragen.[246] Existieren bereits Kopien, sind diese dem Verteidiger im Rahmen der Akteneinsicht auszuhändigen (→ Rn. 23a).[247]

39 Dem **auswärtigen** Verteidiger kann Einsicht bei dem Gericht seines Kanzleisitzes gewährt werden.[248] Ist die Herstellung einer Kopie der Beweismittel möglich, ist dem auswärtigen Verteidiger (ggf. nach Bereitstellung eines leeren Datenträgers)[249] eine solche zuzusenden, wenn der Aufwand des Verteidigers für eine Besichtigung der Beweisstücke ansonsten unverhältnismäßig wäre.[250] Anspruch auf ein bestimmtes (Datei)Format besteht

[236] OLG Brandenburg 20.9.1995 – 2 Ws 174/95, NJW 1996, 67 (68) mAnm Krack JR 1996, 172 und Hiebl StraFo 1996, 24.

[237] OLG Brandenburg 20.9.1995 – 2 Ws 174/95, NJW 1996, 67 mAnm Krack JR 1996, 172 und Hiebl StraFo 1996, 24; ausf. Schlag FS Koch, 1989, 229; AG Senftenberg 26.4.2011 – 59 OWi 93/11, DAR 2011, 422.

[238] AG Senftenberg 26.4.2011 – 59 OWi 93/11, DAR 2011, 422; Stern in AK-StPO Rn. 25; Jahn in Löwe/Rosenberg 129; Wohlers in SK-StPO Rn. 92; Eisenberg NJW 1991, 1257 (1260); vgl. aber BGH 1.7.1994 – 2 StR 51/94, StraFo 1995, 52.

[239] Schlag FS Koch, 1989, 229 (326); aA Rieß FS Peters, 1984, 113 (125).

[240] KG 29.4.1988 – 2 AR 86/87 – 4 Ws 74/88, StV 1989, 8 (9); Rieß FS Peters, 1984, 113 (121); Schlag FS Koch, 1989, 229 (338).

[241] OLG Frankfurt a. M. 24.1.2000 – 3 Ws 31/00, StV 2001, 611; LG Düsseldorf 17.1.2008 – 11 KLs 60 Js 1789/07 – 28/07, StraFo 2008, 505; Jahn in Löwe/Rosenberg Rn. 121; Wohlers in SK-StPO Rn. 90.

[242] LG Düsseldorf 17.1.2008 – 11 KLs 60 Js 1789/07 – 28/07, StraFo 2008, 505 (506); OLG Frankfurt a. M. 24.1.2000 – 3 Ws 31/00, StV 2001, 611 (612); Jahn in Löwe/Rosenberg Rn. 124; Wohlers in SK-StPO Rn. 90; Köllner StraFo 1995, 50 (52).

[243] LG Düsseldorf 17.1.2008 – 11 KLs 60 Js 1789/07 – 28/07, StraFo 2008, 505 (506); Wohlers in SK-StPO Rn. 90.

[244] OLG Frankfurt a. M. 27.2.2003 – 3 Ws 234/03, StV 2004, 362; Julius/Schiemann in Gercke/Julius/Temming/Zöller Rn. 25; Jahn in Löwe/Rosenberg 126; Schmitt in Meyer-Goßner/Schmitt Rn. 19; Wohlers in SK-StPO Rn. 9; Rieß FS Peters, 1984, 113 (124, 128).

[245] OLG Frankfurt a. M. 13.9.2001 – 3 Ws 853/01, StV 2001, 611 (612); LG Bonn 9.10.1995 – 31 Qs 118/95, StV 1995, 632 mzustAnm Köllner StraFo 1996, 26; Jahn in Löwe/Rosenberg Rn. 121, 131 f.; Rieß FS Peters, 1984, 113 (126 f.); aA OLG Karlsruhe 29.5.2012 – 2 Ws 146/12, NJW-Spezial 2012, 442.

[246] Wohlers in SK-StPO Rn. 93; weiter: Jahn in Löwe/Rosenberg Rn. 132; Köllner StraFo 1995, 50 (52); aA Rieß FS Peters, 1984, 113 (128).

[247] LG Bonn 9.10.1995 – 31 Qs 118/95, StV 1995, 632 mzustAnm Köllner StraFo 1996, 26.

[248] LG Heilbronn 23.2.1988 – 1 Qs 101/88, StV 1988, 293; allgLit.

[249] OLG Koblenz 17.1.2000 – 2 Ss 4/00, NStZ-RR 2000, 311; AG Lemgo 14.4.2011 – 22 OWi 62/11, RR 2011, 276.

[250] BayObLG 27.11.1990 – 2 Ob OWi 279/90, NJW 1991, 1070; AG Lüdinghausen 9.2.2012 – 19 OWI 19/12 B, DAR 2012, 156 (157); Willnow in KK-StPO Rn. 10; Jahn in Löwe/Rosenberg Rn. 122.

nicht, solange die Speicherung in einem gängigen Format erfolgt.[251] Bei Fotos, die zur Identifizierung dienen sollen, ist eine Papierkopie nicht ausreichend, vielmehr ist eine digitale Kopie zu übersenden.[252]

Die Entscheidung über die Mitgabe und deren Modalitäten (Zusendung, Ort der Abholung) richtet sich nach der Zuständigkeit gem. Abs. 5 (→ Rn. 41 f.). Gegen die Entscheidung der Mitgabe der Akte oder einzelner Bestandteile steht der StA nach S. 2 kein Beschwerderecht zu;[253] ebenso wenig hat die Verteidigung ein Beschwerderecht gegen eine Verweigerung der Mitgabe oder der Zusendung;[254] dennoch muss die Ablehnung eines entspr. Antrags gem. § 34 Var. 2 begründet werden.[255] Im Falle einer willkürlichen Entscheidung der StA kann eine Dienstaufsichtsbeschwerde erhoben werden; eine willkürliche richterliche Entscheidung kann die Besorgnis der Befangenheit begründen, sofern der Eindruck entsteht, die Verteidigungsinteressen würden nicht ernstgenommen.[256] S. 2 schließt eine erneute Antragstellung, etwa nach Zuständigkeitswechsel, nicht aus. 40

2. Entscheidung über die Einsicht – Abs. 5. Im **Ermittlungsverfahren** ist ausschließlich die StA zuständig; trotzdem kann die ermittelnde Polizeibehörde bei Vernehmungen Vorhalte aus der Akte machen;[257] auch die Herausgabe der Vernehmungsniederschrift durch die Polizeibehörde ist zulässig.[258] Die Polizei ist als aktenbesitzende Stelle verpflichtet, etwaige Einsichtsanträge an die StA weiterzuleiten.[259] Nach dem Wortlaut des Abs. 5 verbleibt die Zuständigkeit im Ermittlungsverfahren auch bei Vorlage der Akten an das **Gericht** bei der StA.[260] Soweit das Gericht zugleich für einen Antrag nach Abs. 5 S. 2 zuständig wäre, kann es zur Verkürzung des Verfahrens direkt und selbst über die Einsicht entscheiden;[261] dies muss auch bei Zwangsmaßnahmen gegen den nichtinhaftierten Beschuldigten gelten (→ Rn. 29, 59).[262] Die Mitteilung des Haftbefehls und seiner Begr. ist keine Akteneinsicht; sie kann gem. § 33 Abs. 4 durch das Gericht erfolgen.[263] 41

Ab **Anklageerhebung** bzw. Strafbefehlsantrag ist der Vorsitzende des mit der Sache befassten Gerichts zuständig.[264] Auch während der Hauptverhandlung besteht eine alleinige Zuständigkeit des Vorsitzenden. Im weiteren Instanzenzug wird der Vorsitzende des Rechtsmittelgerichts mit Eingang der Akten zuständig. Nach **rechtskräftigem Urteil** ist die StA zuständig.[265] Endet das Verfahren mit einer **Einstellung,** bleibt die StA zuständig bzw. wird wieder zuständig. Abweichend davon ist der Vorsitzende des sachentscheidenden Gerichts zuständig, wenn Akteneinsicht in einem laufenden Vollstreckungs-, Gnaden- oder Wieder- 42

[251] AG Peine 13.3.2008 – 2 OWi 2/08, VRR 2008, 275 mAnm Burhoff.
[252] AG Lemgo 14.4.2011 – 22 OWi 62/11, VRR 2011, 276.
[253] OLG Stuttgart 12.11.2002 – 4 Ws 267/02, NJW 2003, 767.
[254] OLG Hamm 11.3.1993 – 3 Ws 123/93, MDR 1993, 788; Willnow in KK-StPO Rn. 28; vgl. BGH 10.8.1977 – StB 153/77, BGHSt 27, 244 (245) = NJW 1977, 2086.
[255] Wohlers in SK-StPO Rn. 76; aA OLG Karlsruhe 7.6.1979 – 4 Ws 77/79, Justiz 1979, 341.
[256] OLG Dresden 17.7.2009 – 1 Ss 347/09, StV 2010, 475 (476).
[257] Stern in AK-StPO Rn. 58; Pfeiffer FS Odersky, 1996, 453 (461).
[258] Stern in AK-StPO Rn. 58; Pfeiffer FS Odersky, 1996, 453 (461).
[259] Dallmeyer in Heghmanns/Scheffler StrafVerf-HdB Rn. 332; Reformvorschlag: Buschbell/Janker ZRP 1996, 475.
[260] OLG Naumburg 12.11.2010 – 1 Ws 680/10, NStZ-RR 2011, 250 Ls.; LG Berlin 18.2.2010 – 536 Qs 1/10, StV 2010, 352 (354); Meinen in Heghmanns/Scheffler StrafVerf-HdB Rn. 162; Schmitt in Meyer-Goßner/Schmitt Rn. 34; Jahn in Löwe/Rosenberg Rn. 184 f.; Wohlers in SK-StPO Rn. 106; Beulke/Witzigmann NStZ 2011, 254 (260); Börner NStZ 2010, 417; Kühne/Esser StV 2002, 383 (391).
[261] BGH 4.3.2010 – StB 46/09, NStZ-RR 2010, 246 (247); Peglau JR 2012, 231 (236); OLG Hamm 20.12.2007 – 3 Ws 676/07, wistra 2008, 195 (198).
[262] BVerfG 19.1.2006 – 2 BvR 1075/05, NJW 2006, 1048 (1049); LG Ravensburg 27.11.2006 – 2 Qs 160/06, NStZ-RR 2007, 114 (115); vgl. Stern in AK-StPO Rn. 52; weiter; Rau StraFo 2008, 9 (11 f.).
[263] KG 10.5.1993 – 1 AR 453/93 – 4 Ws 151/93, StV 1993, 370; OLG Stuttgart 19.1.1990 – 3 Ws 248/89, NStZ 1990, 247; Wohlers in SK-StPO Rn. 106; Willnow in KK-StPO Rn. 23.
[264] AllgM; ua Jahn in Löwe/Rosenberg Rn. 187; Welp FS Peters, 1984, 309 (324).
[265] BGH 13.10.2020 – 2 ARs 236/20, 2 AR 145/20, BeckRS 2020, 28757.

aufnahmeverfahren beantragt wird.[266] Die jeweiligen Zuständigkeiten gelten auch, wenn die Einsicht außerhalb des Verfahrens beantragt wird.[267]

43 Eine **Ablehnung** der Einsicht durch die StA oder das Gericht erfolgt durch zu begründenden Bescheid,[268] soweit dadurch der Ermittlungserfolg nicht gefährdet wird, Abs. 5 S. 4 (vgl. zur Gefährdung → Rn. 24). Auch bei kurzfristiger (!) (→ Rn. 8, 36) Nichtverfügbarkeit der Akten ist dem Verteidiger Mitteilung zu machen.

V. Verwendung der Akten

44 Die Akte darf zu **Verteidigungszwecken** verwendet werden sowie für **andere Zwecke,** für die Akteneinsicht gewährt werden dürfte. Die Einzelheiten regelt § 32f Abs. 5.[269] Es ist jede Verwendung zulässig, die für eine sachgemäße Verteidigung notwendig ist oder mit ihr in Zusammenhang steht. Dabei kommt es auf die Sicht des Verteidigers an. Zu berücksichtigen sind jedoch die Gebote von Aktenintegrität und Vertraulichkeit bzgl. Daten Dritter. So hat der Verteidiger alle mit der Akte oder Inhalten der Akte in Berührung kommende Personen (→ Rn. 45) auf Verwendungszweck und Vertraulichkeit hinzuweisen.[270] Zur sachgemäßen Verteidigung gehört auch die Wahrung der Interessen des Beschuldigten gegenüber der **Presse** und somit ggf. eine Information der Presse über den Akteninhalt[271] sowie die Nutzung der Akte in **anderen Verfahren** mit ähnlicher Zielrichtung gegen den Beschuldigten – zB Verwaltungs-, Disziplinar- und Zivilverfahren.[272]

45 Der Verteidiger kann sich für die Bearbeitung verschiedener **Mitarbeiter** bedienen und diesen auch die Originalakte überlassen (→ Rn. 46; → Rn. 6, 37).[273] Zur sachgemäßen Verteidigung kann auch die Einsicht des Beschuldigten oder eines Sachverständigen in die Originalakte gehören (→ Rn. 37).[274] Dem **Beschuldigten** ist zum Schutz der Aktenintegrität nur in Anwesenheit des Verteidigers Einsicht zu gewähren.[275] Eine Kopie der Akte inkl. Datenträger[276] kann dem Beschuldigten[277] (endgültig)[278] überlassen werden; dasselbe gilt – soweit notwendig – auch für Dritte wie **Sachverständige** oder **Dolmetscher.**[279] Eine Bearbeitung ist auch dem inhaftierten Beschuldigten zu ermöglichen;[280] mithin kann der Verteidiger den Beschuldigten **uneingeschränkt** über eigene Erkenntnisse aus den

---

266 Wohlers in SK-StPO Rn. 108; vgl. Pfeiffer FS Odersky, 1996, 453 (462); weiter: Jahn in Löwe/Rosenberg Rn. 190.

267 OLG Hamburg 27.5.1982 – 1 Ws 216/82, NStZ 1982, 482; Pfeiffer FS Odersky, 1996, 453 (461).

268 Burkhard wistra 1996, 171 (173).

269 Ausf. zur Reichweite der Beschränkungsregelungen des § 32f Abs. 5 Travers/Schwerdtfeger StV 2021, 750.

270 Donath/Mehle NJW 2009, 1399.

271 Schmitt in Meyer-Goßner/Schmitt Rn. 7; Dahs Strafverteidiger-HdB Rn. 286; Wohlers in SK-StPO Rn. 84; vgl. Burhoff EV Rn. 183; einschr. Stern in AK-StPO Rn. 41; Jahn in Löwe/Rosenberg Rn. 147.

272 Stern in AK-StPO Rn. 41; Jahn in Löwe/Rosenberg Rn. 148; Wohlers in SK-StPO Rn. 84; Donath/Mehle NJW 2009, 1399; Dahs Strafverteidiger-HdB Rn. 281.

273 Hohmann in Radtke Rn. 4; Dahs Strafverteidiger-HdB Rn. 282; Hiebl StraFo 1996, 24 (26).

274 Hohmann in Radtke/ Rn. 4; aA Schmitt in Meyer-Goßner/Schmitt Rn. 31; Donath/Mehle NJW 2009, 1399; Dahs Strafverteidiger-HdB Rn. 282.

275 OLG Zweibrücken 8.10.1976 – Ws 186/76, NJW 1977, 1699; Dahs Strafverteidiger-HdB Rn. 282; vgl. Welp FS Peters, 1984, 209 (323) mwN.

276 OLG Köln 21.1.2008 – 2 Ws 715/07, NJW 2008, 1330.

277 BGH 26.4.1968 – 4 StR 34/68, MDR [D] 1968, 728; 26.4.1968 – 4 StR 34/68, GA 1968, 307; LG Landshut 25.8.2003 – 4 Qs 209/03, StV 2004, 32 mAnm Heimann; Stern in AK-StPO Rn. 36; Julius/Schiemann in Gercke/Julius/Temming/Zöller Rn. 20; Kühne StrafProzR Rn. 220; Wohlers in SK-StPO Rn. 80 f.; Donath/Mehle NJW 2009, 1399; Marberth-Kubicki StraFo 2003, 366 (371); Roxin/Schünemann StrafVerfR § 19 Rn. 68; Welp FS Peters, 1984, 209 (316); auch schon Alsberg JW 1926, 2726; Lobe JW 1926, 2725 (2726); vgl. BGH 3.10.1979 – 3 StR 264/79 (S), BGHSt 29, 99 (102 ff.) = NJW 1980, 64. mzustAnm Kuckuck NJW 1980, 298 und Müller-Dietz JR 1981, 76.

278 Jahn in Löwe/Rosenberg Rn. 146; Wohlers in SK-StPO Rn. 80; Dahs Strafverteidiger-HdB Rn. 280; einschr. Schmitt in Meyer-Goßner/Schmitt Rn. 23.

279 OLG Brandenburg 20.9.1995 – 2 Ws 174/95, NJW 1996, 67 (68); allgLit ua Dahs Strafverteidiger-HdB Rn. 283; Detter, FS Salger, 1995, 234 (238 f.).

280 Wesemann DAV FS, 2009, 891 (902 f.).

Akten informieren.[281] Der Verteidiger ist zu einseitigem und umfassendem Beistand verpflichtet; das entsprechende Vertrauensverhältnis hindert das Vorenthalten relevanter Informationen.[282] Weil dem Beschuldigten als Prozesssubjekt ein umfassendes Informationsrecht zusteht, zu dessen Erfüllung auch die Akteneinsicht beitragen soll,[283] kann eine Einschränkung (auch durch den Verteidiger) nicht mit dem (vermeintlichen) Schutz des Beschuldigten begründet werden.[284] Insbesondere setzt effektive Verteidigung einen ungehinderten Informationsfluss voraus; ggf. kann der Beschuldigte nämlich andere Erkenntnisse aus dem Akteninhalt ziehen als der Verteidiger.[285] Auch der Zeugenbeistand kann Vernehmungsniederschriften aushändigen, wenn er dies als materielle Verteidigung begreift, weil die Erwartung besteht, dass der Zeuge zum Beschuldigten werden wird.[286] Erg. → Rn. 52. Soweit der Verteidiger durch rechtmäßige Akteneinsicht Kenntnisse erlangt hat, ist die Weitergabe nicht durch eine **Gefährdung der Ermittlungen** beschränkt; diese werden ausschließlich und abschließend durch Abs. 2 geschützt.[287] Der Gesetzgeber – dies belegt Abs. 2 – unterstellt evident eine umfassende und vollständige Unterrichtung des Beschuldigten durch den Verteidiger über den Akteninhalt.[288] Selbst ein schwerwiegender Verdacht dahingehend, dass der Beschuldigte die Aktenkenntnis zu einer objektiv falschen Einlassung oder anderweitig zur Verschleierung nutzen wird, führt nicht dazu, dass die Überlassung von Kopien unzulässig würde.[289] Gegenteilige Absprachen mit der StA würden dem Verteidigungsverhältnis gravierend widersprechen.[290]

Zu den vorgenannten Zwecken darf der Verteidiger **Kopien** anfertigen (lassen) – auch von Daten, Ton- und Bildaufnahmen.[291] Nach hM kann er sich dabei gem. § 19 Abs. 1 BORA nur der Hilfe eigener **Mitarbeiter** – Büropersonal, Auszubildende, Referendare,[292] **46**

[281] BGH 3.10.1979 – 3 StR 264/79 (S), BGHSt 29, 99 (102 f.) = NJW 1980, 64 mzustAnm Kuckuck NJW 1980, 298 und Müller-Dietz JR 1981, 76; OLG Frankfurt a. M. 10.11.1980 – NStZ 1981, 144 (145); Dahs Strafverteidiger-HdB Rn. 280; Roxin/Schünemann StrafVerfR § 19 Rn. 68; Welp FS Peters, 1984, 209 (316); auch schon Lobe JW 1926, 2725 (2726); einschr. Schmitt in Meyer-Goßner/Schmitt Rn. 20 ff.

[282] Stern in AK-StPO Rn. 36; Julius/Schiemann in Gercke/Julius/Temming/Zöller Rn. 20; Schmitt in Meyer-Goßner/Schmitt Rn. 20; Wohlers in SK-StPO Rn. 82f; Welp FS Peters, 1984, 209 (316, 322); so schon: Alsberg JW 1926, 2726; Lobe JW 1926, 2725 (2726).

[283] Julius/Schiemann in Gercke/Julius/Temming/Zöller Rn. 20; Welp FS Peters, 1984, 209 (315, 317).

[284] Bzgl. psychiatrischer Gutachten Stern in AK-StPO Rn. 43; BVerwG 27.4.1989 – 3 C 4/86, BVerwGE 82, 45 = NJW 1989, 2960; aA Tzschaschel NJW 1990, 750.

[285] Welp FS Peters, 1984, 209 (315); Wesemann FS DAV, 2009, 891; vgl. Stern in AK-StPO Rn. 42.

[286] BGH 3.10.1979 – 3 StR 264/79 (S), BGHSt 29, 99 (105) = NJW 1980, 64 mzustAnm Kuckuck NJW 1980, 298 und Müller-Dietz JR 1981, 76.

[287] OLG Hamburg 19.9.1991 – 1 Ws 237/91, NStZ 1992, 50; Stern in AK-StPO Rn. 40; Dahs Strafverteidiger-HdB Rn. 280; Wessing in BeckOK StPO Rn. 6; Wohlers in SK-StPO Rn. 83; Alsberg JW 1926, 2726 (2727); Dedy StraFo 2001, 149 (152); Donath/Mehle NJW 2009, 1399; Tondorf StV 1983, 257; Welp FS Peters, 1984, 209 (319 ff.); vgl. AG Köln 9.6.1987 – 612 Ls 196/86, StV 1988, 256; einschr. Willnow in KK-StPO Rn. 14; aA BGH 3.10.1979 – 3 StR 264/79 (S), BGHSt 29, 99 (102 f.) = NJW 1980, 64 mzustAnm Kuckuck NJW 1980, 298 und Müller-Dietz JR 1981, 76; BGH 26.4.1968 – 4 StR 34/68, GA 1968, 307; KG 5.7.1982 – 1 AR 460/82, NStZ 1983, 556 mablAnm Mehle; vgl. Beulke StrafProzR Rn. 242; Roxin in Büchting/Heussen BeckRA-HdB Rn. 46; Schmitt in Meyer-Goßner/Schmitt Rn. 21.

[288] Alsberg JW 1926, 2726 (2727); Welp FS Peters, 1984, 209 (321 f.) mwN; krit. Eisenberg NJW 1991, 1257 (1260).

[289] BGH 3.10.1979 – 3 StR 264/79 (S), BGHSt 29, 99 (103 ff.) = NJW 1980, 64 mzustAnm Kuckuck NJW 1980, 298 und Müller-Dietz JR 1981, 76; Julius/Schiemann in Gercke/Julius/Temming/Zöller Rn. 20; aA wenn sicher von unzulässiger Verwendung der Kopien auszugehen ist: Donath/Mehle NJW 2009, 1399 (1400).

[290] Wohlers in SK-StPO Rn. 82; vgl. aber LG Ravensburg 27.11.2006 – 2 Qs 160/06, NStZ-RR 2007, 114 (115); Willnow in KK-StPO Rn. 15.

[291] Alsberg JW 1926, 2726; Kopien: BGH 29.5.1963 – 6 BJs 497/62 – StB 5/63, BGHSt 18, 369 = NJW 1963, 1462 mzustAnm Arndt JZ 1963, 609; BGH 15.11.1955 – StB 44/55 – 2 BJs 241/55, BGHSt 8, 194 (197); auch schon Lobe JW 1926, 2725 (2726); Mitarbeiter: OLG Hamburg 4.1.1963 – 1 Ws 467/62, NJW 1963, 1024; Willnow in KK-StPO Rn. 12; Wohlers in SK-StPO Rn. 77; vgl. OLG Schleswig 3.10.1979 – 1 Ss 313/79, NJW 1980, 352 (353).

[292] Dahns NJW-Spezial 2011, 510.

juristische Mitarbeiter, auch wenn es sich um freie Mitarbeiter handelt – bedienen.[293] Jedoch muss zur effektiven Bearbeitung ggf. auch ein Vervielfältigen außerhalb der Kanzlei und unter Zuhilfenahme Dritter möglich sein, soweit auch dabei die Vertraulichkeit und Integrität der Akten gewährleistet ist.[294] Die Kosten der Kopien – auch mehrfache Vervielfältigungen (ua für den Beschuldigten) – sind notwendige Auslagen des Verteidigers.[295]

47 Die Möglichkeit, **Kopien** anzufertigen oder den Beschuldigten zu informieren, bezieht sich auf die **gesamte Akte**[296] und kann ohne gesetzliche Grundlage **nicht eingeschränkt** werden.[297] Eine derartige Restriktion wurde bisher nur in § 174 Abs. 3 GVG normiert, welcher jedoch nicht auf die Akteneinsicht anwendbar ist.[298] Insbes. ist der Verteidiger nicht Adressat des § 101 Abs. 8, so dass die Akteneinsicht nicht von der Zusicherung abhängig gemacht werden kann, bestimmte Aktenbestandteile nicht zu kopieren bzw. Kopien zu einem späteren Zeitpunkt zu vernichten.[299] Bei Verschlusssachen ist es möglich, Auflagen zur Verwahrung und Einsicht Dritter zu machen (vgl. § 19 Abs. 2 S. 2 BORA);[300] jedoch dürfen auch diese Einschränkungen die Verteidigung nicht behindern – dem Verteidiger kann eine Besprechung mit Beschuldigten, Sachverständigen und Mitverteidigern nicht untersagt werden.[301]

48 Aus der StPO lassen sich keine Konsequenzen für einen **unsachgemäßen Umgang** oder **fehlende Rückgabe** der Akten ableiten.[302] Neben dem Berufsrecht kommen in Gestalt von §§ 93 ff., 258, 353d StGB jedoch **strafrechtliche Konsequenzen** in Betracht.[303]

VI. Akteneinsicht des Beschuldigten – Abs. 4

49 Das unmittelbare Akteneinsichtsrecht des Beschuldigten, der keinen Verteidiger hat, ist nunmehr in § 147 Abs. 4 geregelt. Für den sich selbst verteidigenden Beschuldigten ist ein eigenes, unmittelbares Akteneinsichtsrecht zentral für die Gewährleistung eines fairen Verfahrens.[304]

50 **1. Unverteidigter Beschuldigter.** Das Akteneinsichtsrecht des unverteidigten Beschuldigten – welches bislang in Abs. 7 aF geregelt war – wurde durch das Gesetz zur Einführung der elektronischen Akte in der Justiz und zur weiteren Förderung des elektronischen Rechtsverkehrs[305] in Abs. 4 normiert und erweitert. Der Wortlaut der aF (Abs. 7 aF) wurde jedoch den Anforderungen der **Art. 6 Abs. 1, 3 EMRK** und Art. 103 Abs. 1 GG nicht gerecht und war daher bereits entsprechend (extensiv) auszulegen.[306] Die in Abs. 7

293 Vgl. Stellungnahme der Vereinigung Berliner Strafverteidiger 3.11.2010.
294 Wohlers in SK-StPO Rn. 77; Stellungnahme der Vereinigung Berliner Strafverteidiger 3.11.2010; einschr. Dahs in Strafverteidiger-HdB Rn. 276; aA Willnow in KK-StPO Rn. 12; Schmitt in Meyer-Goßner/Schmitt Rn. 7; Dahs NJW-Spezial 2011, 510.
295 LG Landshut 25.8.2003 – 4 Qs 209/03, StV 2004, 32 mzustAnm Heimann; Wohlers in SK-StPO Rn. 81; einschr. bzgl. Kopien für den Beschuldigten: OLG Saarland 5.9.1997 – 1 Ws 121/97, StV 1998, 91; aA OLG Frankfurt a. M. 13.11.2001 – 2 Ws 131/01, NStZ 2002, 164.
296 BGH 29.5.1963 – 6 BJs 497/62 – StB 5/63, BGHSt 18, 369 = NJW 1963, 1462 mzustAnm Arndt JZ 1963, 609 (auch als „Streng geheim" gekennzeichnete Bestandteile); vgl. OLG Hamburg 4.1.1963 – 1 Ws 467/62, NJW 1963, 1024.
297 KG 27.4.1992 – 4 Ws 68 – 69/92, StV 1997, 624; Julius/Schiemann in Gercke/Julius/Temming/Zöller Rn. 20; Wessing WuW 2010, 1019 (1027); Zieger StV 1995, 107 (108); aA Willnow in KK-StPO Rn. 13.
298 KG 27.4.1992 – 4 Ws 68 – 69/92, StV 1997, 624 (625); Zieger StV 1995, 107 (108); aA Willnow in KK-StPO Rn. 13.
299 OLG Köln 27.3.2009 – 2 Ws 125/09, StV 2009, 686 Ls.
300 BGH 29.5.1963 – 6 BJs 497/62 – StB 5/63, BGHSt 18, 369 (373) = NJW 1963, 1462.
301 BGH 29.5.1963 – 6 BJs 497/62 – StB 5/63, BGHSt 18, 369 (372) = NJW 1963, 1462 mzustAnm Arndt JZ 1963, 609; Willnow in KK-StPO Rn. 13; Wohlers in SK-StPO Rn. 78.
302 BGH 21.7.2005 – 1 StR 78/05, JR 2006, 297 (298) mAnm Cirener/Sander.
303 § 258 StGB durch Nichtrückgabe: Erb JR 2006, 526.
304 BT-Drs. 18/9416, 60.
305 5.7.2017, BGBl. I, 2208.
306 Willnow in KK-StPO Rn. 2; Kühne StrafProzR Rn. 220; krit. LG Mainz 22.10.1998 – 1 Qs 225/98, NJW 1999, 1271 mAnm Haass NStZ 1999, 442 und Böse StraFo 1999, 293.

aF enthaltene Beschränkung auf „Auskünfte und Abschriften aus den Akten" wurde in der neuen Fassung gestrichen. Sie beruhte auf der Sorge, der Beschuldigte könne Originalakten manipulieren. Im Zeitalter der elektronischen Aktenführung, die ein Bereitstellen einer elektronischen Kopie ohne Manipulationsgefahr ermöglicht, war für solche Erwägungen kein Raum mehr.[307] Mithin ist dem unverteidigten Beschuldigten zur sachgerechten Verteidigung eine **vollständige Aktenkopie** zu überlassen; alternativ ist ihm die Einsichtnahme bei Gericht inkl. der dortigen Fertigung von Kopien zu ermöglichen sowie ihm die Besichtigung von Beweismitteln unter Aufsicht zu gestatten.[308] Hierfür spricht nicht zuletzt, dass das Akteneinsichtsrecht dem Beschuldigten zusteht und nur zum Schutze der Aktenintegrität durch seinen Verteidiger ausgeübt wird;[309] andere sachliche Beschränkungsgründe bestehen nicht.[310] Der unverteidigte Beschuldigte wäre ohne vollständige Einsicht lediglich Objekt und nicht Subjekt des Verfahrens.[311] Das Einsichtsrecht muss zwingend vollumfänglich sein, da der Beschuldigte ohne Aktenkenntnis bestimmte Aktenbestandteile, die er begehrt, nicht benennen kann;[312] eine Auswahl durch StA oder Gericht steht einer effektiven Verteidigung entgegen (→ Rn. 13, 20).[313] Mündliche Auskünfte oder schriftliche Zusammenfassungen genügen nicht (→ Rn. 27).[314]

Außerdem macht die Neuregelung im Unterschied zum Abs. 7 aF den Umfang der Einsichtnahme nicht mehr davon abhängig, ob dies zur „angemessenen Verteidigung erforderlich ist". Nach der nF soll die Beurteilung der Erforderlichkeit für eine angemessene Verteidigung künftig lediglich der Person obliegen, die sich verteidigt.[315] **50a**

Die Möglichkeit einer Einschränkung der Akteneinsicht für den Beschuldigten nach Abs. 4 ist seit der Neuregelung allein aus den in S. 1 genannten Gründen möglich.[316] Dieser ist im Vergleich zu Abs. 2 ausgeweitet worden, indem auch eine **Gefährdung der Ermittlungen** in anderen Verfahren für Restriktionen genügt. Da kein sachlicher Grund für diese Schlechterstellung des unverteidigten Beschuldigten ersichtlich ist, ist diese Einschränkung eng auszulegen, so dass im Falle einer Gefährdung eine weitestmögliche Teileinsicht zu ermöglichen ist.[317] Weitere Gründe einer Einschränkung sind durch die Streichung des Abs. 7 S. 2 aF und dessen Verweise nicht ersichtlich. **51**

2. Verteidigter Beschuldigter. Auch der verteidigte Beschuldigte hat aus der EMRK und Art. 103 Abs. 1 GG ein Recht auf vollständige Akteneinsicht in Form einer vollständigen Kopie oder der Einsichtnahme bei Gericht mit Kopiermöglichkeit.[318] Zur sachgerech- **52**

---

307 BT-Drs. 18/9416, 60.

308 Bereits nach früherer Rechtslage: EGMR 17.2.1997 – 10/1996/629/812, NStZ 1998, 429 – Foucher ./. Frankreich mAnm Deumeland; Willnow in KK-StPO Rn. 2; Wohlers in SK-StPO Rn. 11; Frohn GA 1984, 554 (564); Schlegel HRRS 2004, 411; Roxin/Schünemann StrafVerfR § 19 Rn. 68; Wesemann FS DAV, 2009, 891 (902); entweder vollständige Einsicht oder Verteidiger nach § 140 Abs. 2: Wessing in BeckOK StPO Rn. 2; Schmitt in Meyer-Goßner/Schmitt[60] Rn. 4; Böse StraFo 1999, 293 (296 f.); vgl. LG Stralsund 28.4.2005 – 22 Qs 91/05, NStZ-RR 2006, 143; LG Hildesheim 9.11.2007 – 12 Qs 57/07, StV 2008, 132.

309 LG Hamburg 11.8.1993 – 603 Qs 548/93, NJW 1993, 3152; OLG Zweibrücken 8.10.1976 – Ws 186/76, NJW 1977, 1699; Alsberg JW 1926, 2726; Frohn GA 1984, 554 (564); Lobe JW 1926, 2725 (2726); Welp FS Peters, 1984, 309 (312); Hahn Mat. I S. 966, Mat. II S. 1298.

310 Julius/Schiemann in Gercke/Julius/Temming/Zöller Rn. 2; Frohn GA 1984, 554 (564 f.); vgl. BT-Drs. 16/11644, 34; Deumeland NStZ 1998, 429.

311 Welp FS Peters, 1984, 309 (313); vgl. Schlegel HRRS 2004, 411.

312 KG 10.9.2010 – 3 Ws 454/10, StRR 2011, 102; vgl. LG Essen 9.5.2011 – 56 Qs 25/11, StV 2011, 663.

313 Welp FS Peters, 1984, 309 (313 f.).

314 Wohlers in SK-StPO Rn. 11; Schlegel HRRS 2004, 411 (416).

315 BT-Drs. 18/9416, 60.

316 BT-Drs. 18/9416, 60.

317 Vgl. Wohlers in SK-StPO Rn. 14.

318 EGMR 12.3.2003 – EuGRZ 2003, 472 – Öcalan ./. Türkei mzustAnm Kühne JZ 2003, 670 (672); LG Stralsund 28.4.2005 – 22 Qs 91/05, NStZ-RR 2006, 143; Roxin/Schünemann StrafVerfR § 19 Rn. 69; nur ausnahmsweise und im Falle der Beeinträchtigung der Effektivität der Verteidigung hingegen BGH 1.9.2020 – 2 StR 45/20, NStZ-RR 2020, 376.

ten Verteidigung kann die Einsicht gemeinsam mit dem Verteidiger notwendig sein (→ Rn. 45); das Recht besteht aber auch in Abwesenheit[319] des Verteidigers bzw. unabhängig vom Verteidiger.[320] Der Wortlaut wurde nur aus ökonomischen Gründen auf den unverteidigten Beschuldigten beschränkt;[321] dies wird dem in EMRK und GG verankerten Anspruch nicht gerecht.[322]

VII. Rechtsfolgen eines Verstoßes gegen das Einsichtsrecht

53 Wird eine gerichtliche Entscheidung ohne rechtzeitige, umfängliche Gewährung der vorher beantragten Akteneinsicht getroffen, muss auf Antrag eine **Wiedereinsetzung in den vorigen Stand** erfolgen, § 33a.[323] Dies gilt auch für eine Einsicht vor Rechtsmitteleinlegung oder -begründung.[324] Erhebliche Verstöße gegen Aktenvollständigkeit und -wahrheit können eine unheilbare Verletzung des fairen Verfahrens und dadurch ein **Verfahrenshindernis** bewirken. **Befangenheitsgründe** können sich ggf. aus einer rechtswidrigen Nichtgewährung der vollständigen Einsicht,[325] einer fehlenden Unterrichtung über neue Aktenbestandteile (→ Rn. 10)[326] oder aus den die Verteidigung behindernden Modalitäten der Einsichtnahme ergeben.[327]

VIII. Rechtsmittel

54 Sind die Akten aus Sicht der Verteidigung nicht vollständig, kann neben der Beschwerde (→ Rn. 60) ein **Beweisantrag** gestellt werden.[328] Ist die Beiziehung von Akten str., kann die Verteidigung Antrag auf Einsicht auch bei der aktenführenden Behörde stellen (→ Rn. 20).[329] Gegen eine **Sperrerklärung** nach § 96 ist der Verwaltungsrechtsweg zulässig. Wurde eine vollständige Akteneinsicht nicht rechtzeitig vor Beginn der Hauptverhandlung ermöglicht, ist die Verhandlung auf Antrag gem. **§ 265 Abs. 4** auszusetzen (→ Rn. 7, 16).[330]

55 Mit den zulässigen Rechtsmitteln gegen die Versagung der Akteneinsicht (→ Rn. 57 ff.) kann auch die Frage einer Klärung zugeführt werden, was im jeweiligen Verfahren Aktenbestandteil ist.[331] Auch hinsichtlich der Art und Weise der Einsichtnahme können entsprechende Entscheidungen erwirkt werden, sofern die in Rede stehenden Fragen über reine **Modalitäten** hinausgehen und eine Einsichtnahme faktisch verhindert oder unverhältnismäßig erschwert wird.[332]

56 **1. Ermittlungsverfahren (Entscheidungen der StA).** Faktisch ist das Recht aus Abs. 1 im Ermittlungsverfahren nicht durchsetzbar. Eine neue Regelung der Rechtsmittel ist daher zur effektiven Umsetzung der Verteidigungsrechte dringend geboten.[333]

---

319 LG Düsseldorf 17.1.2008 – 11 KLs 60 Js 1789/07 – 28/07, StraFo 2008, 505; Wesemann FS DAV, 2009, 891 (902 f.).
320 LG Stralsund 28.4.2005 – 22 Qs 91/05, NStZ-RR 2006, 143; aA OLG Frankfurt a. M. 10.7.2001 – 3 Ws 656/01, NStZ-RR 2001, 374; OLG Zweibrücken 8.10.1976 – Ws 186/76, NJW 1977, 1699.
321 BT-Drs. 14/1484, 22.
322 AA EGMR 19.12.1989 – Nr. 9783/82, EGMRE 4, 450 (476) – Kaminski ./. Österreich; OLG Frankfurt a. M. 10.7.2001 – 3 Ws 656/01, NStZ-RR 2001, 374.
323 KG 10.9.2010 – 3 Ws 454/10, StRR 2011, 102.
324 OLG Jena 7.11.2011 – 1 Ss Bs 147/11, VRS 122, 142.
325 LG Köln 4.9.1985 – 117 – 7/84, StV 1987, 381.
326 BGH 26.1.2006 – 5 StR 500/05, NJW 2006, 854.
327 OLG Dresden 17.7.2009 – 1 Ss 347/09, StV 2010, 475 (476).
328 OLG Saarbrücken 30.4.2004 – 1 Ws 72/04, NStZ 2005, 344.
329 Ausf. Marberth-Kubicki StraFo 2003, 366.
330 OLG Karlsruhe 28.10.2009 – 1 Ss 126/08, NStZ-RR 2010, 287.
331 BGH 4.10.2007 – KRB 59/07, BGHSt 52, 58 (60) = NJW 2007, 3652.
332 OLG Brandenburg 20.9.1995 – 2 Ws 174/95, NJW 1996, 67 mablAnm Krack (ausf.).
333 Vgl. ua Beulke/Witzigmann NStZ 2011, 254 (260); Dedy StraFo 2001, 149; Hassemer JuS 1991, 516 (517); Welp FS Peters, 1984, 209 (325).

a) Abs. 5 S. 2. Seit dem StVÄndG 1999 ist gegen die Versagung der Akteneinsicht für drei Fälle in Abs. 5 S. 2 eine gerichtliche Entscheidung vorgesehen; zuvor wurde über die Anfechtungsmöglichkeit nach § 23 EGGVG gestritten.[334] Die **Zuständigkeit** richtet sich nach § 162, das formelle Verfahren nach den in S. 3 genannten Normen. Eine Frist besteht nicht. Gegen die gerichtliche Entscheidung ist die Beschwerde zulässig.[335] Soweit der Beschl. nach **S. 4** in Ausnahmefällen nicht mit Gründen versehen wird,[336] sind diese in der Akte festzuhalten, um die Beschränkung der Verteidigung einer Revision zugänglich zu machen. Um einen effektiven Rechtsschutz zu gewährleisten, muss eine gerichtliche Entscheidung auch bei **faktischer bzw. konkludenter Versagung** der Akteneinsicht möglich sein, um Umgehungen des Rechts aus Abs. 1 oder Abs. 3 zu verhindern.[337] Bei einer verweigerten Auskunft nach § 491 ist dies nicht zulässig.[338] 57

Nicht auf freiem Fuß iSd Abs. 5 S. 2 ist der Beschuldigte, der aufgrund des Verfahrens, in dem Akteneinsicht beantragt wird, inhaftiert oder untergebracht ist;[339] ausreichend ist Überhaft oder ein Haftbefehl, der auch auf Erkenntnisse aus dem in Rede stehenden Verfahren gestützt wird.[340] Die 1 Var. des S. 2 ist angesichts des Zuständigkeitswechsels ab Anklageerhebung kaum relevant, bietet aber Rechtsschutz im Falle der **Einstellung.**[341] Erg. → Rn. 25. 58

b) Andere Fälle. Nach allgM ist nach Einführung des Abs. 5 S. 2 auch in anderen Fällen die abdrängende Sonderzuweisung des **§ 23 EGGVG nicht** anwendbar; zT wird eine begrenzte Ausnahme im Falle einer versagten Einsicht in Spurenakten vertreten.[342] Mitunter wird vertreten, dass sich aus Abs. 5 S. 2 e contrario ergebe, dass außer in den genannten Fällen überhaupt kein Rechtsmittel vorhanden sei.[343] Gegen eine solche Auffassung spricht jedoch, dass der Gesetzgeber dies explizit offengelassen hat.[344] Zudem würde diese Ansicht mit der effektiven Umsetzung des Rechts aus Abs. 1 sowie mit dem Recht auf effektiven Rechtsschutz aus Art. 19 Abs. 4 GG kollidieren.[345] In der Praxis droht das Einsichtsrecht im Ermittlungsverfahren ohne Rechtsmittel ins Leere zu Laufen; Abs. 2 wird zum Regel- statt zum Ausnahmefall.[346] Solange keine gesetzliche Regelung besteht, ist zum Zwecke der Einheitlichkeit der Rechtsmittel bei Entscheidungen der StA **Abs. 5 S. 2 entsprechend** anzuwenden.[347] Ansonsten wäre der Beschuldigte gegenüber dem Verletzten schlechter gestellt (vgl. § 406e Abs. 4 S. 2). Gänzlich unvertretbar wäre eine Versagung dieser Möglichkeit eines Rechtsmittels bei Zwangsmaßnahmen, die in Grundrechte eingreifen 59

---

334 Vgl. BVerfG 26.10.1993 – 2 BvR 2295/93, NJW 1994, 573.
335 BT-Drs. 16/12098, 21.
336 Krit. dazu Kühne StrafProzR Rn. 216.2.
337 BGH 22.1.2009 – 3 StB 22/08, NStZ-RR 2009, 145; OLG Frankfurt a. M. 13.9.2001 – 3 Ws 853/01, StV 2001, 611; Jahn in Löwe/Rosenberg Rn. 203; Wohlers in SK-StPO Rn. 111; Schlothauer StV 2001, 192 (194); einschr. LG Landau 16.7.2001 – 3 Qs 109/01, StV 2001, 613 mablAnm Schlothauer.
338 BGH 22.1.2009 – StB 29/08, NStZ-RR 2009, 145.
339 BGH 26.1.2011 – 4 BGs 1/11, NStZ 2012, 223; LG Mannheim 16.7.2001 – 3 Qs 109/01, StV 2001, 613 mablAnm Schlothauer; aA LG München I 26.2.2004 – 5 Qs 13/04, StV 2006, 11; Jahn in Löwe/Rosenberg Rn. 206; Schmitt in Meyer-Goßner/Schmitt Rn. 39; Wohlers in SK-StPO Rn. 110; Peglau JR 2012, 231 mit Wortlautvergleich zu Abs. 2; Schlothauer StV 2001, 192 (194); Tsambikakis FS Richter II, 2006, 529 (531).
340 LG Regensburg 17.12.2003 – 2 Qs 167/03, StV 2004, 369; Willnow in KK-StPO Rn. 26.
341 Schlothauer StV 2001, 192 (193).
342 OLG Stuttgart 10.3.2006 – 4 VAs 1/06, NJW 2006, 2565 (2567); nach aF: BVerfG 12.1.1983 – 2 BvR 864/81, BVerfGE 63, 45 = NJW 1983, 1043; OLG Hamm 9.1.1984 – 1 VAs 1/84, NStZ 1984, 423, Lüderssen/Jahn in Löwe/Rosenberg[26] Rn. 162; Schmitt in Meyer-Goßner/Schmitt Rn. 40.
343 Roxin/Schünemann StrafVerfR § 19 Rn. 66.
344 BT-Drs. 14/1484, 22.
345 Wessing in BeckOK StPO Rn. 37; Wohlers in SK-StPO Rn. 112; vgl. EGMR 24.6.2003 – Nr. 39482/98, HRRS 2003, 171 – Dowsett ./. Großbritannien.
346 Satzger StraFo 2006, 45 (47).
347 Julius/Schiemann in Gercke/Julius/Temming/Zöller Rn. 26; Wohlers in SK-StPO Rn. 112; Börner NStZ 2010, 417 (421); vgl. OLG Saarbrücken 20.9.2007 – VAs 5/07, NStZ-RR 2008, 48 (insoweit nicht abgedr.); aA Schmitt in Meyer-Goßner/Schmitt Rn. 40.

(→ Rn. 29),[348] bei willkürlicher Verweigerung der Einsicht[349] bzw. bei Versagung der Einsicht gegenüber dem Beschuldigten und gleichzeitiger Gewährung der Einsicht an Verletzte oder Mitbeschuldigte.[350]

60 **2. Zwischen- und Hauptverfahren (Entscheidungen des Gerichts).** Gegen eine Entscheidung des Vorsitzenden zur Akteneinsicht ist in jeder Lage des Verfahrens die **Beschwerde** nach § 304 zulässig. § 305 S. 1 ist auch nach Eröffnungsbeschl. und während der Hauptverhandlung nicht einschlägig.[351] Entscheidungen des **OLG** sind gem. § 304 Abs. 4 Nr. 4 der Beschwerde zugänglich; nach Ansicht des BGH soll dies jedoch nicht für Entscheidungen zu den Modalitäten der Einsichtnahme gelten (→ Rn. 55).[352] Wegen der Zuständigkeit nach Abs. 5 S. 1 bedarf es keiner vorherigen Entscheidung nach § 238 Abs. 2.[353] Die zeitliche Verschiebung einer gerichtlichen Entscheidung wegen einer Sperrung der Akten nach Abs. 2 S. 1 ist eine selbstständige Entscheidung, die mit der Beschwerde angreifbar ist.[354] Auch gegen die gerichtliche Entscheidung gem. Abs. 5 S. 2 ist die Beschwerde zulässig.[355] Werden Akteneinsichtsgesuche wiederholt übergangen, kann sich hieraus die **Besorgnis der Befangenheit** ergeben.[356]

61 **3. Nach Beendigung des Verfahrens.** Weitgehend unstr. ist die Anwendbarkeit von Abs. 5 S. 2 nach rechtskräftigem Verfahrensende sowie nach einer Einstellung, da diese dem Abschluss der Ermittlungen gleichkommt.[357] Eine Ausnahme kann bei § 153c bestehen.[358] Zuständig für die Entscheidung über die Gewährung von Akteneinsicht nach § 147 Abs. 5 ist nach Verfahrensabschluss die StA.[359]

62 **4. Revision.** Die unzulässige (Teil-)Versagung der Akteneinsicht ist eine **wesentliche Beschränkung** der Verteidigung iSd **§ 338 Nr. 8.**[360] Wird die Akteneinsicht nicht rechtzeitig vor Beginn der Hauptverhandlung gewährt und ein darauf bezogener Unterbrechungs- oder Aussetzungsantrag abgelehnt, liegt auch darin ein Revisionsgrund nach § 338 Nr. 8.[361] Finden während der Hauptverhandlung Nachermittlungen statt, kann das Urteil auch auf

---

[348] OLG Stuttgart 10.3.2006 – 4 VAs 1/06, NJW 2006, 2565; Börner NStZ 2007, 680 (682 ff.); aA LG Berlin 18.2.2010 – 536 Qs 1/10, StV 2010, 352 (354); LG Neubrandenburg 16.8.2007 – 9 Qs 107/07, NStZ 2008, 655; vgl. auch BGH 26.1.2011 – 4 BGs 1/11, NStZ 2012, 223.

[349] OLG Frankfurt a. M. 19.8.2005 – 3 VAs 36/05, NStZ-RR 2005, 376; Julius/Schiemann in Gercke/Julius/Temming/Zöller Rn. 27.

[350] Börner NStZ 2007, 680 (684); vgl. Willnow in KK-StPO Rn. 25.

[351] OLG Köln 2.10.1998 – 2 Ws 512/98, StV 1999, 12; OLG Brandenburg 20.9.1995 – 2 Ws 174/95, NJW 1996, 67 mwN; Willnow in KK-StPO Rn. 28; Jahn in Löwe/Rosenberg Rn. 213; Wohlers in SK-StPO Rn. 115; Beulke in Satzger/Schluckebier/Widmaier StPO Rn. 39; offen: OLG Frankfurt a. M. 13.9.2001 – 3 Ws 853/01, StV 2001, 611 (612); einschr. Julius/Schiemann in Gercke/Julius/Temming/Zöller Rn. 28; aA in HV OLG Naumburg 29.9.2009 – 1 Ws 602/09, NStZ-RR 2010, 151 Ls.; OLG Koblenz 10.7.2003 – 1 Ws 425/03, StV 2003, 608; bereits Eröffnung: LG Limburg 30.8.2011 – 1 Qs 116/11, NStZ-RR 2011, 378; OLG Hamm 5.8.2004 – 2 Ws 200/04, StraFo 2004, 419 mablAnm Fischer; OLG Frankfurt a. M. 27.2.2003 – 3 Ws 234/03, StV 2004, 362 mablAnm Lüderssen.

[352] BGH 29.10.1980 – 1 StE 4/78 – 1 StB 43/80, NJW 1981, 411; 10.8.1977 – 6 StE 1/77, StB 153/77, BGHSt 27, 244 (245) = NJW 1977, 2086.

[353] OLG Koblenz 30.6.1995 – 1 Ws 322/95, NStZ 1995, 611.

[354] OLG Naumburg 12.11.2010 – 1 Ws 680/10, NStZ-RR 2011, 250 Ls. = BeckRS 2011, 07669 Rn. 8.

[355] BT-Drs. 16/12098, 21.

[356] BGH 29.1.2021 – AnwSt (B) 4/20, BeckRS 2021, 2491.

[357] OLG Hamm 17.10.2002 – 1 VAs 65/02, NJW 2003, 768; allgLit nach aF nach § 23 EGGVG: OLG Hamburg 3.9.1997 – 1 VAs 6/97, NJW 1997, 3255; OLG Hamm 5.5.1983 – 7 VAs 16/82, NJW 1984, 880.

[358] BGH 26.1.2011 – 4 BGs 1/11, NStZ 2012, 223 (224).

[359] BGH 13.10.2020 – 2 ARs 236/20, 2 AR 145/20, BeckRS 2020, 28757.

[360] BGH 24.11.1987 – 4 StR 586/87, StV 1988, 193 (194); BayObLG 22.4.1992 – 4 St RR 65/92, NJW 1992, 2242; OLG Karlsruhe 21.5.1980 – 2 Ss 91/79, Justiz 1980, 417 = AnwBl 1981, 18; Julius/Schiemann in Gercke/Julius/Temming/Zöller Rn. 31; Jahn in Löwe/Rosenberg Rn. 217; aA Schmitt in Meyer-Goßner/Schmitt Rn. 42.

[361] BGH 16.10.1984 – 5 StR 643/84, NStZ 1985, 87; OLG Düsseldorf 22.3.1991 – 2 Ws 121/91, StV 1992, 100; Tsambikakis FS Richter II, 2006, 529 (537).

der fehlenden Mitteilung neuer Aktenbestandteile beruhen (→ Rn. 10).[362] Im Übrigen schafft die Ausgestaltung der Akteneinsicht bzw. Beweismittelbesichtigung grds. keinen Revisionsgrund;[363] im Einzelfall kann die Verteidigung jedoch durch die Modalitäten der Einsicht wesentlich behindert worden sein.[364] Wegen der Zuständigkeit nach Abs. 5 S. 1 kommt es nicht auf eine Beanstandung nach § 238 Abs. 2 an.

Soweit die **Einsicht durch die StA** verweigert wurde und keine gerichtliche Entscheidung nach Abs. 5 S. 2 vorliegt, kann bei Fortwirkung der Einschränkung auf die Hauptverhandlung ein Revisionsgrund nach **§ 337** gegeben sein.[365] Das gesamte Verteidigungsverhalten bestimmt sich nach der Akteneinsicht, so dass idR auch von einem **Beruhen** ausgegangen werden kann.[366] Soweit auch für eine gerichtliche Akteneinsichtsentscheidung ein Beruhen verlangt wird, widerspricht dies dem Charakter des § 338 Nr. 8.[367] 63

Die **Revisionsrüge** muss Angaben darüber enthalten, wann Akteneinsicht beantragt, mit welcher Begr. von wem abgelehnt wurde und ob zulässige Rechtsmittel gegen die Versagung eingelegt wurden.[368] Wenn (Teil)Akteneinsicht erfolgte, muss soweit wie möglich dargelegt werden, welche Aktenbestandteile fehlten bzw. wann und wie lange die Einsicht gewährt wurde[369] und warum keine erneute, vollständige Einsicht rechtzeitig vor Beginn der Hauptverhandlung möglich war.[370] Liegt die vollständige Akte bei Revisionsbegr. trotz – vorzutragender –[371] Bemühungen des Verteidigers immer noch nicht vor,[372] kann schon aus faktischen Gründen keine ausführliche Darlegung der fehlenden Aktenteile verlangt werden,[373] wohl aber die Angabe von Anhaltspunkten.[374] Gleiches gilt in diesem Fall für die Darlegung des Beruhens.[375] Liegen die Akten vor, wird nach hA eine Darlegung anderer Verteidigungsmöglichkeiten (Einlassungsverhalten; Zeugenbefragungen, Beweisanträge) unter Nennung der konkreten Aktenstellen, aus denen sich dies ergibt, verlangt.[376] § 338 Nr. 8 ist – anders die st. Praxis[377] – ein absoluter Revisionsgrund,[378] so dass es auf die Darlegung anderer Verteidigungsmöglichkeiten nicht ankommen kann. Die Akteneinsicht ist als Teil des fairen Verfahrens stets ein wesentlicher Bestandteil der Verteidigung.[379] 64

---

362 BGH 29.11.1989 – 2 StR 264/89, BGHSt 36, 305 (312 f.) = NJW 1990, 584 (586).

363 BGH 25.9.2007 – 1 StR 350/07, NStZ-RR 2008, 48 Ls.; BGH 24.8.1999 – 1 StR 672/98, NStZ 2000, 46; OLG Stuttgart 28.4.1978 – 3 Ss (3) 73/78, NJW 1979, 559 (560); Schmitt in Meyer-Goßner/Schmitt Rn. 42.

364 Jahn in Löwe/Rosenberg Rn. 219; Wohlers in SK-StPO Rn. 121; vgl. BGH 26.4.1968 – 4 StR 34/68, GA 1968, 307.

365 OLG Hamm 2.12.1971 – 4 Ss 1055/71, NJW 1972, 1096; nur bei späterem Aussetzungsantrag revisibel: Julius/Schiemann in Gercke/Julius/Temming/Zöller Rn. 31.

366 Ausnahmefälle: Wohlers in SK-StPO Rn. 121.

367 Gillmeister NStZ 1997, 44 Anm. zu BGH 7.3.1996 – 1 StR 688/95, BGHSt 42, 71 (73) = NStZ 1997, 43; Tsambikakis FS Richter II, 2006, 529 (538); aA OLG Hamm 25.5.2005 – 2 Ss OWi 261/05, StraFo 2005, 468.

368 BayObLG 22.4.1992 – 4St RR 65/92, NJW 1992, 2242; Wohlers in SK-StPO Rn. 123.

369 BGH 30.10.2003 – 5 StR 274/03, wistra 2004, 63; Wohlers in SK-StPO Rn. 123.

370 OLG Hamm 10.10.2003 – 2 Ss OWi 598/03, NJW 2004, 381.

371 BGH 23.2.2010 – 4 StR 599/09, NStZ 2010, 530.

372 BGH 11.11.2004 – 5 StR 299/03, BGHSt 49, 317 (328) = JR 2005, 114 (118) m. jeweils abl. Anm. Vogel JR 2005, 123 (127) und Pananis NStZ 2005, 572; krit. Tsambikakis FS Richter II, 2006, 529 (537).

373 Dünnebier StV 1981, 504; Gillmeister NStZ 1997, 44; Tsambikakis FS Richter II, 2006, 529 (537).

374 BayObLG 22.4.1992 – 4St RR 65/92, NJW 1992, 2242.

375 BGH 23.2.2010 – 4 StR 599/09, NStZ 2010, 530; Dünnebier StV 1981, 504.

376 BGH 23.2.2010 – 4 StR 599/09, NStZ 2010, 530 (531); 11.11.2004 – 5 StR 299/03, BGHSt 49, 317 (327 f.) = JR 2005, 114 (118) m. jeweils abl. Anm. Vogel (127) und Pananis NStZ 2005, 572; OLG Hamm 25.5.2005 – 2 Ss OWi 261/05, StraFo 2005, 468; Wohlers in SK-StPO Rn. 123.

377 Vgl. BGH 23.2.2010 – 4 StR 599/09, NStZ 2010, 530 (531); 11.11.2004 – 5 StR 299/03, BGHSt 49, 317 (329 ff.) = JR 2005, 114 (118) m. jeweils abl. Anm. Vogel (127) und Pananis NStZ 2005, 572; OLG Hamm 22.3.2007 – 2 Ss OWi 202/07, NStZ-RR 2007, 209; diff. BGH 11.3.1998 – 3 StR 43/98, NStZ 1998, 369.

378 AA BGH 26.5.1981 – 1 StR 48/81, BGHSt 30, 131 (135) = NJW 1981, 2267.

379 Gillmeister NStZ 1997, 44.

§ 148 Kommunikation des Beschuldigten mit dem Verteidiger

(1) Dem Beschuldigten ist, auch wenn er sich nicht auf freiem Fuß befindet, schriftlicher und mündlicher Verkehr mit dem Verteidiger gestattet.

(2) [1]Ist ein nicht auf freiem Fuß befindlicher Beschuldigter einer Tat nach § 129a, auch in Verbindung mit § 129b Abs. 1, des Strafgesetzbuches dringend verdächtig, soll das Gericht anordnen, dass im Verkehr mit Verteidigern Schriftstücke und andere Gegenstände zurückzuweisen sind, sofern sich der Absender nicht damit einverstanden erklärt, dass sie zunächst dem nach § 148a zuständigen Gericht vorgelegt werden. [2]Besteht kein Haftbefehl wegen einer Straftat nach § 129a, auch in Verbindung mit § 129b Abs. 1, des Strafgesetzbuches, trifft die Entscheidung das Gericht, das für den Erlass eines Haftbefehls zuständig wäre. [3]Ist der schriftliche Verkehr nach Satz 1 zu überwachen, sind für Gespräche mit Verteidigern Vorrichtungen vorzusehen, die die Übergabe von Schriftstücken und anderen Gegenständen ausschließen.

Übersicht

I. Regelungsgehalt

1 Abs. 1 schützt als Grundlage effektiver Verteidigung das Recht auf unüberwachte Kommunikation zwischen Beschuldigtem und Verteidiger sowie das Recht des inhaftierten oder untergebrachten Beschuldigten auf jederzeitigen – unverzögerten und unbehinderten – Verteidigerkontakt.[1] Beschränkungen dieser Rechte in Terrorismusverfahren wurden mit Abs. 2 im Jahr 1976 eingefügt.[2]

2 Die in Abs. 1 garantierten Rechte sind elementare Grundlage jeglicher Verteidigung – ohne eine ungestörte Kommunikation kann es kein ernstzunehmendes Verteidigungsverhältnis geben. Abs. 1 gewährleistet dem Beschuldigten und seinem Verteidiger indes nicht nur Ungestörtheit, sondern einen absoluten Schutzraum, der frei von jeglicher staatlicher Einsichtsmöglichkeit ist.[3] Das Recht auf Verkehr mit dem Verteidiger ist Ausfluss des Rechts auf ein **faires Verfahren** und sichert die Menschenwürde[4] bzw. die Selbstbelastungsfreiheit[5] des Beschuldigten; entsprechend sind diese Rechte auch durch **Art. 6 Abs. 3 lit. c EMRK** garantiert.[6] Die schriftliche Kommunikation unterfällt überdies dem Schutz des **Art. 8**

[1] Vgl. BGH 18.7.1973 – 1 BJs 6/71/StB 29/73, NJW 1973, 1656 (1657); Welp FS Gallas, 1973, 391 (417).

[2] Zum 20.9.1976 mit dem StGBuaÄndG.

[3] Vgl. BGH 5.11.1985 – 2 StR 279/85, NJW 1986, 1183.

[4] BVerfG 7.3.2012 – 2 BvR 988/10, StraFo 2012, 129 (130); 18.4.2007 – 2 BvR 2094/05, NJW 2007, 2749 (2750); 3.3.2004 – 1 BvR 2378/98 u. 1 BvR 1084/99, BVerfGE 109, 279 (322) = NJW 2004, 999 (1004); BT-Drs. 16/5846, 35.

[5] Dahs GS Meyer, 1990, 61 (66 f.).

[6] EGMR 12.3.2003 – 46221/99, EuGRZ 3003, 472 (478) – Öcalan ./. Türkei; EGMR 28.11.1991 – 48/1990/239/309-310, NJW 1992, 3090; EGMR 12.7.1984 – Nr. 9300/81, NJW 1987, 563 – Can ./. Österreich m. Verweisen auf weitere europäische Rechte Inhaftierter.

Abs. 1 EMRK.[7] Die Kommunikationsrechte sind für jeglichen Beschuldigten unverzichtbar, für den inhaftierten Beschuldigten sind sie aber von noch weiter gesteigerter, geradezu herausragender Bedeutung.[8] Aus Sicht der Verteidigung unterfallen die Kommunikationsrechte des Abs. 1 auch dem Schutzbereich des **Art. 12 GG,** da sie für den Verteidiger elementare Grundlage seiner Tätigkeit sind.[9] Der Schutz des Verteidigungsverhältnisses ist in seiner Gesamtheit **unverzichtbar,** auch soweit im Rahmen einer Verteidigungsstrategie freiwillige Einlassungen oder Dokumenten- oder Datenherausgaben aus dem Verteidigungsverhältnis erfolgen, geht damit kein Verzicht auf den Schutz des § 148 im Übrigen einher. Ein im angelsächsischen Recht vorgesehener Privilege Waiver[10] ist dem deutschen Recht fremd.

II. Verkehr mit dem Beschuldigten – Abs. 1

Die Regelung des Abs. 1 hat eine doppelte Dimension: Geschützt ist sowohl die Kontaktaufnahme des Beschuldigten mit dem Verteidiger, wie auch umgekehrt die des Verteidigers mit dem Beschuldigten. Eine Beschränkung dieser Rechte findet sich zum einen in Abs. 2. Eine weitere Einschränkung ergibt sich aus den **abschließenden Regelungen** über die Kontaktsperre in §§ 31–38a EGGVG, die im Kontext der Schleyer-Entführung 1977 durch das Kontaktsperregesetz eingeführt wurden.[11] Dagegen sind die Kommunikationsbeschränkungen bei der Untersuchungshaft nach § 119 nicht auf die Verteidigerkommunikation nach § 148 anwendbar; dies ergibt sich auch unmittelbar aus § 119 Abs. 4 S. 1.[12] Insbes. ist von einem ordnungsgemäßen Verhalten des Verteidigers auszugehen; die §§ 138a ff. sind insoweit abschließend.[13] Daher müssen Normen, die Ermittlungsermächtigungen enthalten, entspr. einschränkend ausgelegt werden (→ Rn. 16, 19). Das Überwachungsverbot soll „den unbefangenen Verkehr zwischen dem Gefangenen und seinem Verteidiger, das heißt ihren freien, vor jeder auch nur bloßen Möglichkeit einer Kenntnisnahme des Kommunikationsinhaltes durch Dritte geschützten Gedankenaustausch auf schriftlichem Wege […] gewährleisten.“[14] 3

1. Personeller Geltungsbereich. Das Recht aus Abs. 1 ist sowohl ein eigenes Recht des Beschuldigten als auch des Verteidigers und kann daher von keinem von beiden dispensiert werden.[15] 4

a) Beschuldigter. Die Rechte des Abs. 1 gelten für alle **Beschuldigten;** besonders schutzbedürftig ist jedoch der inhaftierte oder untergebrachte Beschuldigte, wobei es nicht darauf ankommt, ob das betreffende Verfahren und die Inhaftierung oder Unterbringung 5

[7] EGMR 19.12.2006 – 14385/04, NJW 2007, 3409 (3411) – Oferta Plus SRL ./. Moldau; EGMR 5.7.2001 – 38321/97, NJW 2003, 1439.

[8] Welp GA 1977, 127 (132 f.).

[9] BVerfG 30.4.2007 – 2 BvR 2151/06, NJW 2007, 2752 (2753); 4.7.2006 – 2 BvR 950/05, NJW 2006, 2974 (2975); König StV 2011, 704 (706); vgl. BVerfG 13.10.2009 – 2 BvR 256/09, NJW 2010, 1740; einschr. BVerfG 1.8.1978 – 2 BvR 1013/77, BVerfGE 49, 24 (47) = NJW 1978, 2235.

[10] Dazu Michaelis/Krause CCZ 2020, 343.

[11] Vgl. dazu ua BVerfG 1.8.1978 – 2 BvR 1013/77, BVerfGE 49, 24 = NJW 1978, 2235; BGH 13.10.1977 – 3 ARs 27/77, BGHSt 27, 276 = NJW 1977, 2173; Wohlers in SK-StPO Rn. 3; Kühne StrafProzR Rn. 212 f.; Roxin/Schünemann StrafVerfR § 19 Rn. 78; Lüderssen/Jahn in Löwe/Rosenberg Rn. 22 ff.

[12] BT-Drs. 16/11644, 28; BVerfG 7.3.2012 – 2 BvR 988/10, StraFo 2012, 129 (132); BGH 15.12.2003 – 2 BGs 315/03, NJW 2004, 457; zum Verhältnis § 148 zu § 119: Nibbeling StV 1997, 202 (204).

[13] Lüderssen/Jahn in Löwe/Rosenberg Rn. 19.

[14] OLG Dresden 28.7.2006 – 2 Ws 624/05, NStZ 2007, 707 (708); OLG Frankfurt a. M. 23.10.2004 – 3 Ws 599-615/04, NStZ-RR 2005, 61 (62).

[15] BGH 5.11.1985 – 2 StR 279/85, BGHSt 33, 347 (349 f.) = NJW 1986, 1183; OLG Hamm 29.12.2009 – 3 Ws 504/09, NStZ 2010, 471; OLG Dresden 28.7.2006 – 2 Ws 624/05, NStZ 2007, 707 (708); Julius/Schiemann in Gercke/Julius/Temming/Zöller Rn. 1; Schmitt in Meyer-Goßner/Schmitt Rn. 2; Lüderssen/Jahn in Löwe/Rosenberg Rn. 18; König StV 2011, 704 (705); einschr. Wohlers in SK-StPO Rn. 2; vgl. Beulke FS Lüderssen, 2002, 693 (706).

in einem Zusammenhang stehen;[16] mithin ist auch die Auslieferungshaft erfasst.[17] Unerheblich ist auch, ob ein formeller Beschuldigtenstatus vorliegt. Schon vor Einleitung eines Ermittlungsverfahrens muss es möglich sein, sich des Beistands eines Verteidigers für ein erwartetes Verfahren zu bedienen; entspr. unterfällt auch diese Kommunikation dem Schutzbereich des Abs. 1, was die Rspr. zwischenzeitlich ganz überwiegend anerkennt.[18]

5a Auch **Unternehmen** können als mögliche Adressaten einer Verbandsgeldbuße (§ 30 OWiG) oder einer Einziehung des Wertes von Taterträgen (§ 73c StGB) eine **beschuldigtenähnliche Stellung** einnehmen.[19] Prozessual entspricht die Rolle des Unternehmens der Rolle eines Beschuldigten (§§ 444 Abs. 2 S. 2, 427 Abs. 1 S. 1); im Verteidigungsverhältnis zwischen Unternehmen und Unternehmensverteidiger gilt § 148.[20]

6 **b) Verteidiger.** Unproblematisch ist die Anwendung des § 148 bei bestehenden **Verteidigungsverhältnissen** nach § 137 oder § 141; auch Unterbevollmächtigte sind erfasst.[21] Grds. ist zur Begründung eines Verteidigungsverhältnisses keine schriftliche Vollmacht erforderlich;[22] gegenüber der JVA ist jedoch eine Vollmacht, eine gerichtliche Bestellung oder ein Sprechschein vorzulegen.[23] Soweit nur der Sprechschein anerkannt wird,[24] ist dies eine unverhältnismäßige und dem Status des Verteidigers nicht angemessene organisatorische Hürde. Die Vollmacht muss sich nicht auf ein konkretes Verfahren beziehen; schon die Bezeichnung des Verfahrens als Rahmen des Mandats ist gegen Kenntnisnahme geschützt.[25]

7 Der Schutz des Abs. 1 erstreckt sich auch schon auf die Phase der Begründung des Verteidigungsverhältnisses, die sog **Anbahnung.**[26] Zum Zeitpunkt des Anbahnungsverhältnisses muss gegenüber der JVA eine anwaltliche Versicherung ausreichen.[27] Schon zum Anbahnungszeitpunkt besteht die evidente Notwendigkeit eines unüberwachten Kontakts;[28] ein Normverständnis, wonach nur zum Zweck des Anbahnungsgesprächs ein Verteidigungsverhältnis begründet werden müsste, wäre nicht sachgemäß: Im Falle der Beiordnung nach

---

16 OLG Celle 18.11.2002 – 1 Ws 341/02, StV 2003, 62; AllgLit.

17 VerfGH Berlin 8.9.2011 – 159/07; OLG Koblenz 2.3.1982 – I Ausl. 8/80, StV 1982, 427.

18 LG Mannheim 15.10.2020 – 24 Qs 3/20 NZWiSt 2021, 161; LG München 11.12.2018 – 6 Qs 16/18, NStZ 2019, 172; LG Braunschweig 21.7.2015 – 6 Qs 116/15, NStZ 2016, 308; LG Gießen 25.6.2012 – 7 Qs 100/12; LG Frankfurt a. M. 27.4.2004 – 5/2 Qs 1/04, StraFo 2004, 239 (240); § 137 Rn. 5; Julius/Schiemann in Gercke/Julius/Temming/Zöller Rn. 8; Wohlers in SK-StPO Rn. 5; Taschke StV 1990, 436 (437 f.); G. Schäfer FS Hanack, 1999, 77 (81 f.); vgl. OLG München 30.11.2004 – 3 Ws 720-722/04, NStZ 2006, 300 (301); a.A. LG Bonn 21.6.2012 – 27 Qs 2/12, NZWiSt 2013, 21.

19 BVerfG 27.6.2018 – 2 BvR 1405/17, 2 BvR 1780/17, NJW 2018, 2385.

20 Vgl. LG Braunschweig 21.7.2015 – 6 Qs 116/15, NStZ 2016, 308.

21 Schlothauer/Weider/Nobis Untersuchungshaft Rn. 52.

22 BVerfG 18.4.2007 – 2 BvR 2094/05, NJW 2007, 2749 (2751); § 137 Rn. 8; Wessing in BeckOK StPO Rn. 1.

23 Wessing in BeckOK StPO Rn. 1; Julius/Schiemann in Gercke/Julius/Temming/Zöller Rn. 11; Willnow in KK-StPO Rn. 6; Lüderssen/Jahn in Löwe/Rosenberg Rn. 12; Wohlers in SK-StPO Rn. 9; Schlothauer/Weider/Nobis Untersuchungshaft Rn. 69.

24 LG Würzburg 19.4.1972 – Qs 117/72, NJW 1972, 1824; Willnow in KK-StPO Rn. 6; einschr. Schmitt in Meyer-Goßner/Schmitt Rn. 11; aA AG Aachen 26.1.2010 – 621 Gs 901 Js 212/09 – 120/10, BeckRS 2010, 06476; Lüderssen/Jahn in Löwe/Rosenberg Rn. 12.

25 Grube JR 2009, 362 (363).

26 OLG Düsseldorf 5.10.1983 – V 5/83, StV 1984, 106; Stern in AK-StPO Rn. 7; Wessing in BeckOK StPO Rn. 1; Julius/Schiemann in Gercke/Julius/Temming/Zöller Rn. 7; Willnow in KK-StPO Rn. 5; Lüderssen/Jahn in Löwe/Rosenberg Rn. 7; Hanack JR 1986, 35; Schmitz NJW 2009, 40; G. Schäfer FS Hanack, 1999, 77 (82); ausf. Schlothauer/Weider/Nobis Untersuchungshaft Rn. 66 ff.; vgl. auch OLG München 30.11.2004 – 3 Ws 720-722/04, NStZ 2006, 300 (301); Danckert StV 1986, 171; einschr. KG 28.3.1991 – 4 Ws 60/91, StV 1991, 307; Wohlers in SK-StPO Rn. 7; aA KG 26.8.1991 – 5 Ws 259/81, StV 1991, 524; OLG Stuttgart 23.3.1992 – 2 StE 5/91 – 5, StV 1993, 255 mablAnm Fezer; KG 3.12.1984 – ER 92/84, StV 1985, 405 mablAnm Hassemer; KG 28.6.1978 – ER 145/78, JR 1979, 40; Schmitt in Meyer-Goßner/Schmitt Rn. 4.

27 Stern in AK-StPO Rn. 8; Wohlers in SK-StPO Rn. 13; weiter: Erklärung des Beschuldigten: G. Schäfer FS Hanack, 1999, 77 (82).

28 Vgl. OLG Düsseldorf 5.10.1983 – V 5/83, StV 1984, 106; Bung StV 2010, 587 (588); Fezer StV 1993, 255; Hassemer StV 1985, 405 (406); vgl. den Sachverhalt bei LG Mannheim 26.3.1976 – III Qs 1/76, AnwBl 1976, 357.

§ 142 besteht schon keine Möglichkeit hierzu; gleichwohl muss der Beschuldigte eine fundierte Verteidigerauswahl treffen können. Umgekehrt muss auch der potentielle Verteidiger die Möglichkeit haben, vor Eingehung eines Verteidigungsverhältnisses dessen Grundlagen festzustellen, zB um Interessenkonflikte auszuschließen. Überdies widerspricht das Bestehen einer uneingeschränkten Beistandspflicht als Folge auch einer Bevollmächtigung nach § 137 der bereits vorherigen Begründung eines Verteidigungsverhältnisses.

Dem inhaftierten Beschuldigten muss zur Anbahnung – neben unüberwachten Gesprächen – die unüberwachte telefonische und schriftliche **Kontaktaufnahme** zur Antragung eines Verteidigungsverhältnisses ermöglicht werden;[29] ggf. auch zu mehreren potentiellen Verteidigern; da nur so § 137 Abs. 1 S. 2 und dem Wahlrecht aus § 142 Abs. 5 genügt werden kann.[30] Neben der Möglichkeit, potentielle Verteidiger zu kontaktieren, muss deren **Besuch ohne Hürden** ermöglicht werden. Dies gilt sowohl für eine Kontaktaufnahme durch den Beschuldigten selbst als auch für die **Bitte um eine Kontaktaufnahme** durch Angehörige oder andere dem Lager des Beschuldigten zurechenbare Personen.[31] Die Strafverfolgungsbehörden sind verpflichtet, zur Umsetzung des Rechts aus § 137 und des Wahlrechts aus § 142 Abs. 5 effektive Hilfe zu leisten und die Einschränkungen aufgrund der Inhaftierung auszugleichen.[32] Daher muss es zugelassen werden, dass fehlende eigene Handlungsmöglichkeiten durch Dritte kompensiert werden.[33] Im Rahmen des § 136 Abs. 1 S. 1 ist bereits anerkannt, dass die Polizei den Beschuldigten informieren muss, wenn ein möglicher Verteidiger sich meldet;[34] gleiches muss auch in der JVA gelten.[35] Die sog **Anbiederungsfälle**[36] sollen nicht von § 148 erfasst werden; nach richtiger Ansicht sind Anbiederungsfälle jedoch nur Kontaktaufnahmen von Seiten potentieller Verteidiger aus eigener Initiative.[37] Ohnehin ist auch bei diesen fraglich, warum sie unterbunden werden sollten;[38] insbes. in der U-Haft dürfen dem Beschuldigten nur unvermeidliche Einschränkungen auferlegt werden.[39] Soweit Kontaktbitten von Angehörigen oder anderen nahestehenden Personen ebenfalls als Anbiederungsfall angesehen werden sollten,[40] ist zu beachten, dass der Beschuldigte einen Verteidiger auch durch Dritte beauftragen bzw. ihm den Auftrag durch Dritte antragen kann. 8

Auch der **Unternehmensverteidiger** ist vom Schutzbereich des Abs. 1 erfasst (→ Rn. 5a);[41] ferner unterfallen Verteidiger in **ausländischen Strafverfahren** Abs. 1, wenn sie nicht in Deutschland zugelassen sind,[42] es können allenfalls erhöhte Anforderungen 9

[29] OLG Düsseldorf 5.10.1983 – V 5/83, StV 1984, 106; LG Darmstadt 30.5.2003 – 3 Qs 348/03, StV 2003, 628; Wessing in BeckOK StPO Rn. 1; Julius/Schiemann in Gercke/Julius/Temming/Zöller Rn. 7; Lüderssen/Jahn in Löwe/Rosenberg Rn. 8; Wohlers in SK-StPO Rn. 22; Grube JR 2009, 362 (363); Hassemer StV 1985, 405 (407); aA LG Mannheim 26.3.1976 – III Qs 1/76, AnwBl 1976, 357.

[30] BGH 23.8.2004 – 1 StR 199/04, NStZ 2005, 114; Bung StV 2010, 587 (588, 590); vgl. auch Wohlers in SK-StPO Rn. 8.

[31] AG Aachen 26.1.2010 – 621 Gs 901 Js 212/09 – 120/10, Stern in AK-StPO Rn. 8; Wessing in BeckOK StPO Rn. 1; König in MAH Strafverteidigung § 4 Rn. 109; König StV 2011, 704; BeckRS 2010, 06476; vgl. auch Fezer StV 1993, 255 (256); einschr. Julius/Schiemann in Gercke/Julius/Temming/Zöller Rn. 7; aA OLG Hamm 29.12.2009 – 3 Ws 504/09, NStZ 2010, 471 mablAnm Bung StV 2010, 587; Lüderssen/Jahn in Löwe/Rosenberg Rn. 8; zur Realität vgl. Heydenreich StV 2011, 700 (703).

[32] § 142 Rn. 1.

[33] Bung StV 2010, 587 (590); Schlothauer/Weider/Nobis Untersuchungshaft Rn. 72.

[34] BGH 17.6.1997 – 4 StR 243/97, NStZ 1997, 502.

[35] Schlothauer/Weider/Nobis Untersuchungshaft Rn. 72.

[36] Zur Kritik des Begriffes: Hassemer StV 1985, 405.

[37] Hassemer StV 1985, 405 (407); offen: LG Darmstadt 30.5.2003 – 3 Qs 348/03, StV 2003, 628.

[38] Stern in AK-StPO Rn. 8, 10; Fezer StV 1993, 255; König StV 2011, 704 (705 ff.); König in MAH Strafverteidigung § 4 Rn. 110; vgl. auch Schlothauer/Weider/Nobis Untersuchungshaft Rn. 76.

[39] Vgl. KG 28.3.1991 – 4 Ws 60/91, StV 1991, 307.

[40] LG Darmstadt 30.5.2003 – 3 Qs 348/03, StV 2003, 628; § 137 Rn. 36; Lüderssen/Jahn in Löwe/Rosenberg Rn. 8; differenzierend: OLG Hamm 29.12.2009 – 3 Ws 504/09, NStZ 2010, 471 die einen „Anbiederungsfall" jedenfalls dann bejahen, wenn der Beschuldigte „von alledem gar nichts weiß".

[41] Wessing in BeckOK StPO Rn. 2; Wessing FS Mehle, 2009, 665 (678 ff.).

[42] OLG Celle 18.11.2002 – 1 Ws 341/02, StV 2003, 62 (63); Beulke in Satzger/Schluckebier/Widmaier StPO Rn. 6; Wessing in BeckOK StPO Rn. 3; Wohlers in SK-StPO Rn. 4; aA OLG Köln 12.8.2010 – 2 Ws 498/10, NStZ 2011, 55.

an den Nachweis des Verteidigungsverhältnisses bestehen.[43] Nach **§ 138 Abs. 2 S. 2** tätige Verteidiger können die Kommunikationsrechte auch alleine wahrnehmen.[44]

10 Nach **rechtskräftigem Verfahrensabschluss** kann ein „nachbearbeitendes" Kommunikationsbedürfnis bestehen, daher ist auch dieser Zeitraum vom Schutz der Norm umfasst.[45] Insbes. kann das Verteidigungsverhältnis für die anschließende Vollstreckung weiterbestehen. Ebenso die Kommunikation nach **Kündigung des Verteidigungsverhältnisses** kann dem Schutzbereich unterfallen, wenn sich die Kommunikation auf die Abwicklung des Verfahrens bezieht.[46] Dies gilt insbes. bei einer Kündigung im laufenden Verfahren, wenn noch kein neues Verteidigungsverhältnis besteht. Die vorher erfolgte Kommunikation muss zur effektiven Umsetzung auch nach Beendigung des Verteidigungsverhältnisses vom Schutz des Abs. 1 weiterhin erfasst bleiben.[47]

11 **2. Sachlicher Geltungsbereich.** Abs. 1 gilt für alle in- und ausländischen[48] Strafverfahren inklusive Gnaden- und Wiederaufnahmeverfahren;[49] ebenso für Vollstreckungs- und Strafvollzugssachen.[50] Andere Rechtsangelegenheiten sind grds. nicht erfasst,[51] können aber die Verteidigung mitbetreffen.[52] Exemplarisch gilt, dass etwa die Ordnung der Lebensverhältnisse, Klärung zivilrechtlicher Fragen etc. für das Vorliegen eines Haftgrundes und die Strafzumessung bzw. Strafvollzugsentscheidungen relevant und deshalb auch für die Verteidigung erheblich sind.[53] In den Schutzbereich von Abs. 1 fällt auch die Tätigkeit des Verteidigers für den Beschuldigten als Zeugenbeistand in einem anderen Verfahren, sofern derselbe Tatkomplex betroffen ist.[54] Hingegen sind Disziplinarverfahren nicht erfasst.[55]

12 **3. Mündliche Kommunikation. a) Inhaftierter oder untergebrachter Beschuldigter. Gespräche in der JVA** oder anderen Anstalten dürfen weder akustisch noch optisch überwacht werden (vgl. § 27 Abs. 3 StVollzG).[56] Dazu muss ein Raum zu Verfügung stehen, der ein Gespräch in normaler Lautstärke ohne die Gefahr des Mithörens ermöglicht.[57] Die

[43] OLG Celle 18.11.2002 – 1 Ws 341/02, StV 2003, 62 (63).

[44] KG 19.2.1988 – 4 Ws 37/88, JR 1988, 391 mit Anm Hammerstein.

[45] Julius/Schiemann in Gercke/Julius/Temming/Zöller Rn. 7; bei § 154: OLG Bamberg 12.11.1991 – Ws 540/91, MDR 1992, 507; Grube JR 2009, 362 (363).

[46] AG Koblenz 17.3.2006 – 30 Gs II 225/06, StV 2006, 650 m. ausf. Anm. Wilhelm; Wessing in BeckOK StPO Rn. 1; Julius/Schiemann in Gercke/Julius/Temming/Zöller Rn. 7; Lüderssen/Jahn in Löwe/Rosenberg Rn. 9; Grube JR 2009, 362 (363), offen: OLG Rostock 16.1.2003 – 2 Ws 8/02; aA Schmitt in Meyer-Goßner/Schmitt Rn. 4; Wohlers in SK-StPO Rn. 6.

[47] Vgl. Beulke FS Fezer, 2008, 3 (13 f.).

[48] OLG Celle 18.11.2002 – 1 Ws 341/02, StV 2003, 62; aA OLG Köln 12.8.2010 – 2 Ws 498/10, NStZ 2011, 55.

[49] BGH 28.6.2001 – 1 StR 198/01, NJW 2001, 3793 (3794); OLG Hamm 7.9.1979 – 1 Vollz (Ws) 21, 22/79, NJW 1980, 1404.

[50] OLG Hamm 7.9.1979 – 1 Vollz (Ws) 21, 22/79, NJW 1980, 1404; OLG München 9.12.1977 – 1 Ws 1257/77, NJW 1978, 654; ausf. zu Vollstreckungssachen: Lüderssen/Jahn in Löwe/Rosenberg Rn. 10; Stern in AK-StPO Rn. 11.

[51] BVerfG 1.8.1978 – 2 BvR 1013/77, BVerfGE 49, 24 (48) = NJW 1978, 2235; 4.10.1977 – 2 BvQ 8/77, BVerfGE 46, 1, (12); BGH 13.8.1973 – 1 BJs 6/71/StB 34/73, NJW 1973, 2035 (2036) mAnm Specht NJW 1974, 65; krit. Stern in AK-StPO Rn. 5.

[52] LG München I 26.7.2000 – 5 Qs 80/00, NStZ 2001, 612.

[53] Julius/Schiemann in Gercke/Julius/Temming/Zöller Rn. 8; Lüderssen/Jahn in Löwe/Rosenberg Rn. 17; Wohlers in SK-StPO Rn. 9; König in WidmaierMAH Strafverteidigung § 4 Rn. 128; vgl. auch EGMR 12.7.1984 – 9300/81, NJW 1987, 563 „materielle Verteidigung"; Schlothauer/Weider/Nobis Untersuchungshaft Rn. 98 f.; aA BVerfG 13.10.2009 – 2 BvR 256/09, NJW 2010, 1740 (1741) = StV 2010, 144 mkritAnm Weider; BGH 15.3.1976 – AnwSt (R) 6/75, BGHSt 26, 304 = NJW 1976, 1700.

[54] BGH 28.6.2001 – 1 StR 198/01, NJW 2001, 3793.

[55] LG Koblenz 24.9.1980 – 105 Js (Wi) 21 389/80 ua, MDR 1981, 72; Julius/Schiemann in Gercke/Julius/Temming/Zöller Rn. 8; Schmitt in Meyer-Goßner/Schmitt Rn. 3.

[56] AllgA; ua EGMR 12.7.1984 – 9300/81, NJW 1987, 563 (564); VerfGH Berlin 8.9.20–1 – 159/07, BeckRS 2011, 54436.

[57] OLG Hamm 19.11.1984 – 1 Vollz (Ws) 195/84, StV 1985, 241.; Wessing in BeckOK StPO Rn. 13; Willnow in KK-StPO Rn. 4; Schmitt in Meyer-Goßner/Schmitt Rn. 14; Lüderssen/Jahn in Löwe/Rosenberg Rn. 13; Wohlers in SK-StPO Rn. 15.

Anzahl und Dauer der Gespräche darf nicht begrenzt werden;[58] entspr. räumliche und personelle Voraussetzungen sind vom Staat zu gewährleisten.[59] Eine organisatorische Begrenzung auf bestimmte „Öffnungszeiten" der JVA ist zulässig,[60] sofern diese angemessen sind und die Kommunikation nicht unnötig erschweren;[61] zulässig sind etwa die üblichen Bürozeiten.[62] In dringenden Fällen – insbes. nach einer Festnahme – oder in besonders komplexen Fällen, müssen Gespräche auch außerhalb dieser Zeiten möglich sein.[63] Arbeitsmittel wie Laptop (ohne Netzwerkkarte), Diktiergerät und Unterlagen können mitgeführt werden.[64] E contrario zu Abs. 2 S. 1 ist auch das Mitführen von Augenscheinsobjekten zulässig.[65] Die Teilnahme eines **Dolmetschers** und ggf. von weiteren Hilfspersonen wie Schreibkräften oder Referendaren ist möglich;[66] ebenfalls das Hinzuziehen eines Sachverständigen.[67] Eine Beschränkung auf allg. vereidigte oder anderweitig einer Zuverlässigkeitsprüfung unterzogene Dolmetscher ist zulässig.[68] Wegen der abschließenden Regelung in Abs. 2 sind **Trennscheiben** in allen anderen Fällen unzulässig.[69] Ein Verstoß gegen die Vertraulichkeit der Verteidigerkommunikation ist nicht anzunehmen, wenn sich der vorgeführte Beschuldigte in Anwesenheit von Strafverfolgungsbeamten auf dem Gerichtsflur gegenüber dem Verteidiger in einer Weise äußert, dass dies ohne weiteres wahrgenommen werden kann.[70] Dies kann jedoch nur so lange gelten, als dass sich der Beschuldigte und sein Verteidiger nicht in einem erkennbar vertraulichen Gespräch befinden, sondern aufgrund eigener Nachlässigkeit – insbes. durch erhöhte Gesprächslautstärke und unmittelbarer Nähe zu Personen – den Schutz der Vertraulichkeit aufgeben. Zur Rechtslage bei Tatverdacht gegen den Verteidiger: → Rn. 16.

Mitgeführte **Unterlagen** (in Papier- oder digitaler Form) dürfen nicht durchsucht 13
werden; denn schon eine grobe Durchsicht ermöglicht die Kenntnisnahme der geschützten

[58] OLG Celle 18.11.2002 – 1 Ws 341/02, StV 2003, 62; OLG Hamm 4.3.1985 – 1 VAs 11/85, NStZ 1985, 432; OLG Zweibrücken 12.3.1997 – 1 VAs 2/97, StV 1997, 313 (314); Wessing in BeckOK StPO Rn. 13; Schmitt in Meyer-Goßner/Schmitt Rn. 9; Lüderssen/Jahn in Löwe/Rosenberg Rn. 13.; Wohlers in SK-StPO Rn. 12; vgl. EGMR 12.3.2003 – 46221/99, EuGRZ 3003, 472 (478) – Öcalan ./. Türkei; OLG Stuttgart 23.9.1997 – 4 VAs 15/97, NStZ 1998, 212 (214); BT-Drs. 7/3998, 14; aA OLG Karlsruhe 25.4.1997 – 2 VAs 8/97, NStZ 1997, 407 mablAnm Schriever NStZ 1998, 159.

[59] Schlothauer/Weider/Nobis Untersuchungshaft Rn. 79 ff.

[60] OLG Hamm 4.10.2011 – 1 VAs 42/11, NStZ-RR 2012, 62; OLG Hamm 4.3.1985 – 1 VAs 11/85, NStZ 1985, 432; Schmitt in Meyer-Goßner/Schmitt Rn. 10; Lüderssen/Jahn in Löwe/Rosenberg Rn. 13; krit. Wohlers in SK-StPO Rn. 12.

[61] OLG Stuttgart 23.9.1997 – 4 VAs 15/97, NStZ 1998, 212 (214); LG Karlsruhe 22.11.1984 – StVK 448/84, StV 1985, 381 (382); allgLit.

[62] OLG Zweibrücken 12.3.1997 – 1 VAs 2/97, StV 1997, 313 (314); LG Karlsruhe 22.11.1984 – StVK 448/84, StV 1985, 381, (382); vgl. OLG Hamm 4.3.1985 – 1 VAs 11/85, NStZ 1985, 432.

[63] OLG Zweibrücken 12.3.1997 – 1 VAs 2/97, StV 1997, 313 (314); Lüderssen/Jahn in Löwe/Rosenberg Rn. 13; Wohlers in SK-StPO Rn. 12; Willnow in KK-StPO Rn. 7; BT-Drs. 7/3998, 15.

[64] BGH 15.12.2003 – 2 BGs 315/03, NJW 2004, 457; OLG Frankfurt a. M. 17.3.1980 – 3 Ws 170/80, AnwBl 1980, 307; Lüderssen/Jahn in Löwe/Rosenberg Rn. 13; Wohlers in SK-StPO Rn. 18.

[65] Lüderssen/Jahn in Löwe/Rosenberg Rn. 15; Wohlers in SK-StPO Rn. 18; G. Schäfer FS Hanack, 1999, 77 (83).

[66] LG Frankfurt a. M. 16.5.1989 – 89 Js 26329/88, StV 1989, 350; Stern in AK-StPO Rn. 20; Lüderssen/Jahn in Löwe/Rosenberg Rn. 13; Wohlers in SK-StPO Rn. 17; Schlothauer/Weider/Nobis Untersuchungshaft Rn. 52; einschr. Schmitt in Meyer-Goßner/Schmitt Rn. 13.

[67] Schlothauer/Weider/Nobis Untersuchungshaft Rn. 113.

[68] LG Köln 16.12.1982 – 107 Qs 1064/82, NStZ 1983, 237; Willnow in KK-StPO Rn. 4; Schmitt in Meyer-Goßner/Schmitt Rn. 13; aA Lüderssen/Jahn in Löwe/Rosenberg Rn. 13; Wohlers in SK-StPO Rn. 17.

[69] BGH 17.2.1981 – 5 AR (Vs) 43/80, BGHSt 30, 37 = StV 81, 241 mAnm Wächtler; OLG Nürnberg 20.6.2000 – WS 604/00, StV 2001, 39; vgl. EGMR 19.12.2006 – 14385/04, NJW 2007, 3409 (3411) – Oferta Plus SRL ./. Moldau; vgl. aber BT-Drs. 8/1482, 13; aA OLG Hamm 7.9.1979 – 1 Vollz (Ws) 21, 22/79, NJW 1980, 1404; zum Schutz des Verteidigers BGH 3.2.2004 – 5 ARs (Vollz) 78/03, BGHSt 49, 61 = NJW 2004, 1398 mkritAnm Beulke/Swoboda NStZ 2005, 67; OLG Karlsruhe 12.8.2003 – 1 Ws 14/03, Justiz 2004, 129; Willnow in KK-StPO Rn. 12; Schmitt in Meyer-Goßner/Schmitt Rn. 17.

[70] BGH 4.7.2018 – 2 StR 485/17, BeckRS 2018, 22950.

Verteidigungsunterlagen.[71] Die Unterlagen dürfen unkontrolliert übergeben werden (Arg. → Rn. 17 f.).[72] **Kontrollen** des Verteidigers auf das Mitführen von Waffen und Ausbruchsgegenständen sind grds. zulässig, soweit sie verhältnismäßig sind.[73]

14 Ob der Beschuldigte zu einem Gespräch bereit und in der Lage ist, kann nur dieser selbst entscheiden.[74] Gemeinsame Gespräche mit Mitverteidigern und -beschuldigten zur zulässigen **Sockelverteidigung** (→ § 146 Rn. 13) müssen möglich sein; jenseits der U-Haft stehen dem keine Bedenken entgegen. Auch bei U-Haft ist ein unüberwachter Informationsaustausch zu Verteidigungsbelangen möglich (→ Rn. 17); somit kann auch die Gefahr der Verdunkelung dem nicht entgegenstehen.[75]

15 Auch die **Telekommunikation** zwischen Verteidiger und Beschuldigtem ist von dem Schutzbereich erfasst und somit unüberwacht zu ermöglichen.[76] Eine zwingende Notwendigkeit besteht insbes. im Falle des Erfordernisses kurzfristiger Kommunikation oder wenn ein Besuch wegen der Entfernung nicht möglich ist.[77] Insbesondere kann Schriftverkehr den mündlichen Dialog nicht ersetzen.[78] Eine Darlegungslast (gegenüber der JVA) zur Notwendigkeit einer Telekommunikation kann schon wegen der Vertraulichkeit des internen Verteidigungsverhältnisses nicht bestehen.[79] Der Verweis auf einen ortsnahen Verteidiger als Alternative widerspricht dem Recht auf freie Verteidigerwahl.[80] Auch Bedenken hinsichtlich der Identitätsüberprüfung des Gesprächspartners können dem Recht aus Abs. 1 nicht entgegengehalten werden; die Feststellung des „richtigen" Anschlusses des Gesprächspartners muss genügen.[81] Zur Umsetzung des Rechts auf unbeschränkte und unüberwachte Kommunikation muss die JVA Telefoneinrichtungen in hinreichendem Maße gewährleisten; ebenso wie die direkte Kommunikation darf auch die Telekommunikation mit dem Verteidiger nicht aufgrund organisatorischer Probleme eingeschränkt werden.[82] Das Recht auf unbeschränkte und unüberwachte

[71] BGH 18.7.1973 – 1 BJs 6/71/StB 29/73, NJW 1973, 1656 (1657); OLG Nürnberg 13.1.2004 – Ws 678/03, NStZ-RR 2004, 187 (188); Wessing in BeckOK StPO Rn. 14; Lüderssen/Jahn in Löwe/Rosenberg Rn. 15; Schmitt in Meyer-Goßner/Schmitt Rn. 12 f.; einschr. BGH 15.12.2003 – 2 BGs 315/03, NJW 2004, 457.

[72] BGH 15.3.1976 – AnwSt (R) 6/75, BGHSt 26, 304 (307 f.) = NJW 1976, 1700 (1701); OLG Hamm 7.9.1979 – 1 Vollz (Ws) 21, 22/79, NJW 1980, 1404.

[73] BVerfG 2.7.1974 – 2 BvR 805/72, BVerfGE 38, 26 (30) = MDR 1975, 29; BGH 15.12.2003 – 2 BGs 315/03, NJW 2004, 457; 18.7.1973 – 1 BJs 6/71/StB 29/73, NJW 1973, 1656 (1657); OLG Nürnberg 7.6.2001 – VAs 567/01, NJW 2002, 694 mkritAnm Fahl JA 2003, 368; OLG Celle 21.5.1986 – 3 Ws 241/86, NStZ 1988, 526; KG 8.10.1976 – 2 VAs 37/76, JR 1977, 213 (214); einschr. OLG Nürnberg 13.1.2004 – Ws 678/03, NStZ-RR 2004, 187; nur in Ausnahmen zulässig: OLG Saarbrücken 28.2.1978 – V As 4/78, NJW 1978, 1446; LG Hannover 13.8.2004 – 80 StVK 32/04, 80 StVK 58/04, Nds. Rpfl. 2004, 320 (321); Stern in AK-StPO Rn. 25; Lüderssen/Jahn in Löwe/Rosenberg Rn. 20; Schmitt in Meyer-Goßner/Schmitt Rn. 12; Wohlers in SK-StPO Rn. 14; König in MAH Strafverteidigung § 4 Rn. 120; Schlothauer/Weider/Nobis Untersuchungshaft Rn. 87; nie zulässig: KG 26.8.1991 – 5 Ws 259/81, StV 1991, 524 aE; Calliess StV 2002, 677.

[74] VerfGH Berlin 8.9.2011 – 159/07.

[75] Schlothauer/Weider/Nobis Untersuchungshaft Rn. 114; aA OLG Schleswig 6.12.2001 – 1 Ws 461/01, SchlHA 2002, 152; Schmitt in Meyer-Goßner/Schmitt Rn. 2.

[76] Julius/Schiemann in Gercke/Julius/Temming/Zöller Rn. 9; Willnow in KK-StPO Rn. 7; Wohlers in SK-StPO Rn. 32, 36; Welp NStZ 86, 294; Schlothauer/Weider/Nobis Untersuchungshaft Rn. 111.

[77] BVerfG 7.3.2012 – 2 BvR 988/10, StraFo 2012, 129; BGH 17.5.2011 – 1 StR 208/11, NStZ 2011, 592; LG Dresden 6.9.2011 – 5 Qs 110/11 –, StraFo 2011, 393; Wessing in BeckOK StPO Rn. 13; einschr. hinsichtl. Überwachung BGH 15.7.1998 – 2 BGs 185/98, StV 1999, 39 mablAnm Lüderssen StV 1999, 490.

[78] OLG Stuttgart 21.9.1994 – 1 Ws 197/94, StV 1995, 260; vgl. LG Dresden 6.9.2011 – 5 Qs 110/11, StraFo 2011, 393.

[79] LG Dresden 6.9.2011 – 5 Qs 110/11, StraFo 2011, 393; vgl. BVerfG 7.3.2012 – 2 BvR 988/10, StraFo 2012, 129 (131); aA OLG Köln 12.8.2010 – 2 Ws 498/10, NStZ 2011, 55 (56).

[80] Vgl. BVerfG 7.3.2012 – 2 BvR 988/10, StraFo 2012, 129 (131).

[81] LG Dresden 6.9.2011 – 5 Qs 110/11, StraFo 2011, 393; vgl. BVerfG 7.3.2012 – 2 BvR 988/10, StraFo 2012, 129 (131); BGH 17.5.2011 – 1 StR 208/11, NStZ 2011, 592; aA OLG Köln 12.8.2010 – 2 Ws 498/10, NStZ 2011, 55.

[82] Lüderssen StV 1999, 490 (491); vgl. BGH 5.11.1985 – 2 StR 279/85, BGHSt 33, 347 (350) = NJW 1986, 1183; Wohlers in SK-StPO Rn. 36; offen: BVerfG 7.3.2012 – 2 BvR 988/10, StraFo 2012, 129 (130 f.); aA KG 2.11.2001 – 1 AR 1192/00.

Kommunikation mit dem inhaftierten Beschuldigten soll hingegen nicht grenzenlos gelten. So kann der verteidigungsbezogene Kontakt mit einem Gefangenen über ein in dessen Besitz befindliches nicht genehmigtes Mobiltelefon nach § 115 Abs. 1 OWiG geahndet werden.[83]

b) Nichtinhaftierter Beschuldigter. Bei dem nichtinhaftierten Beschuldigten kommt Abs. 1 vor allem hinsichtlich **Maßnahmen gem. §§ 100a, 100c** Bedeutung zu. Wird ein Telefonanschluss oder Raum überwacht, muss die akustische Überwachung bei Verteidigergesprächen unterbrochen[84] bzw. entsprechende Aufzeichnungen müssen gelöscht werden.[85] Es besteht ein Verwertungsverbot,[86] das auch Fernwirkung entfaltet.[87] Dabei genügt es, wenn faktische Anhaltspunkte für ein Verteidigungsverhältnis vorliegen; auf eine Anzeige des Verteidigungsverhältnisses bei den Behörden kommt es nicht an.[88] Eine Abhörmaßnahme gegen den Verteidiger aufgrund der Strafverfolgung gegen den Mandanten ist verfassungswidrig[89] und auch beim Verdacht von Anschlussdelikten unzulässig.[90] Eine solche Maßnahme verletzt nicht nur die Rechte des Beschuldigten, sondern stellt auch einen Verstoß gegen Art. 12 GG dar.[91] Hinsichtlich des Verdachts der Mittäterschaft oder Teilnahme sind §§ 138a ff. abschließend; eine Überwachung (des Anschlusses und konkreter Verteidigungsgespräche) während des bestehenden Verteidigungsverhältnisses ist also unzulässig.[92] Auch § 160a Abs. 4 führt nicht zu einer Einschränkung des Schutzbereiches.[93] Auch beim nichtinhaftierten Beschuldigten können Gespräche mit Dritten als Verteidigungsgespräche anzusehen sein, so zB wenn der Dritte dem Beschuldigten Informationen übermitteln soll.[94] Zur Überwachung von Gesprächen bei Ermittlungsverfahren gegen den Verteidiger: Schlothauer/Weider/Nobis Untersuchungshaft Rn. 94. 16

4. Schriftliche Kommunikation und Verteidigungsunterlagen. Die Verteidigung betreffende schriftliche Kommunikation zwischen Beschuldigtem und Verteidiger darf weder dem **Umfang** noch dem **Inhalt** nach beschränkt werden. Erfasst ist jegliches Schriftgut wie Briefe, Faxe, Telegramme, elektronische Speicher- oder Kommunikationsmedien[95] und auch Pakete.[96] Die geschützte Kommunikation umfasst das Übersenden von Unterlagen, Aktenbe- 17

[83] OLG Düsseldorf 2.12.2019 – 1 RBs 42/19, NStZ 2021, 110.

[84] BGH 10.3.2005 – 3 StR 233/04, NJW 2005, 1668 (1669); BT-Drs. 16/5846, 35; Gercke in Gercke/Julius/Temming/Zöller § 100a Rn. 29; Meyer-Goßner/Schmitt § 100a Rn. 21; Wohlers in SK-StPO Rn. 32; Welp NStZ 1986, 294 (299); aA StA Frankenthal StraFo 2005, 425 (426).

[85] StA Frankenthal StraFo 2005, 425 (426); BT-Drs. 16/5846, 36; Wohlers in SK-StPO Rn. 32.

[86] BGH 10.3.2005 – 3 StR 233/04, NJW 2005, 1668 (1669); 11.5.1988 – 3 StR 563/87, NStZ 1988, 562 mAnm Taschke StV 1990, 436; BT-Drs. 16/5846, 35; Gercke in Gercke/Julius/Temming/Zöller § 100a Rn. 29; Meyer-Goßner/Schmitt § 100a Rn. 21; Wohlers in SK-StPO Rn. 32; Rieß JR 1987, 77; Welp NStZ 1986, 294.

[87] Wohlers in SK-StPO Rn. 33.

[88] BVerfG 18.4.2007 – 2 BvR 2094/05, NJW 2007, 2749 (2751); § 137 Rn. 8.

[89] BVerfG 18.4.2007 – 2 BvR 2094/05, NJW 2007, 2749 (2750); Lüderssen/Jahn in Löwe/Rosenberg Rn. 14a; Schmitt in Meyer-Goßner/Schmitt Rn. 2; vgl. auch BVerfG 30.4.2007 – 2 BvR 2151/06, NJW 2007, 2752.

[90] BGH 5.11.1985 – 2 StR 279/85, BGHSt 33, 347 (350 f.) = NJW 1986, 1183 mzustAnm Welp NStZ 1986, 294 und Rieß JR 1987, 77; Meyer-Goßner/Schmitt § 100a Rn. 21.

[91] BVerfG 11.5.1988 – 3 StR 563/87, NJW 2007, 2749 (2750 f.).

[92] Gercke in Gercke/Julius/Temming/Zöller § 100a Rn. 29 mwN; Lüderssen/Jahn in Löwe/Rosenberg Rn. 14a; Wohlers in SK-StPO Rn. 33; Welp GA 2002, 535 (551); Schlothauer/Weider/Nobis Untersuchungshaft Rn. 20 (95); G. Schäfer FS Hanack, 1999, 77 (100); aA BGH 5.11.1985 – 2 StR 279/85, BGHSt 33, 347 = NJW 1986, 1183; BGH 5.11.1985 – 2 StR 279/85 mablAnm Welp NStZ 1986, 294; Meyer-Goßner/Schmitt § 100a Rn. 21; vgl. auch BVerfG 4.7.2006 – 2 BvR 950/05, NJW 2006, 2974.

[93] Beulke FS Fezer, 2008, 3 (8 f.).

[94] Lüderssen/Jahn in Löwe/Rosenberg Rn. 14a; Wohlers in SK-StPO Rn. 34; vgl. BGH 11.5.1988 – 3 StR 563/87, NStZ 1988, 562 mAnm Taschke StV 1990, 436.

[95] OLG Hamm 21.11.1995 – 3 Ws 451/95, StV 1997, 199 (200) mAnm Niebbeling; Julius/Schiemann in Gercke/Julius/Temming/Zöller Rn. 9; Wohlers in SK-StPO Rn. 20; Beulke FS Lüderssen, 2002, 693 (695); vgl. BVerfG 30.1.2002 – 2 BvR 2248/00, NJW 2002, 1410.

[96] OLG Stuttgart 9.4.1991 – 4 WS 17/91, NJW 1992, 61; Wessing in BeckOK StPO Rn. 7; Jahn/Lüderssen in Löwe/Rosenberg Rn. 16; Wohlers in SK-StPO Rn. 20; aA Schmitt in Meyer-Goßner/Schmitt Rn. 6.

standteilen etc.[97] Erfasst sind auch noch nicht abgesandte Schriftstücke, Notizen und Entwürfe;[98] auch solche, die der Beschuldigte vor Begründung des Verteidigungsverhältnisses oder vor Beginn der Beschuldigteneigenschaft zu Verteidigungszwecken erstellt.[99] Schreiben **Dritter** an den Verteidiger oder den Beschuldigten oder von diesen an Dritte sind nicht geschützt, auch wenn sie sachlich der Verteidigung dienen.[100] Allerdings sind die Verteidigung betreffende Schreiben Dritter, die der Verteidiger dem Beschuldigten übergibt – oder andersherum – Kommunikation zwischen Beschuldigtem und Verteidiger.[101] Der Verteidiger kann daher dem Beschuldigten Einlassungen anderer (inhaftierter) Beschuldigter zugänglich machen.[102]

18 Der ein- und ausgehende Schriftverkehr untergebrachter oder **inhaftierter Beschuldigter** ist vom Absender als Verteidigerpost zu kennzeichnen. Auch andere Schriftstücke, die anhand des Empfängers, Absenders oder weiterer Merkmale als Verteidigungsschriftstücke erkenntlich sind, dürfen nicht bzw. nur ohne Öffnung darauf **kontrolliert** werden, ob es sich um Verteidigerpost handelt.[103] Eine Öffnung der Post ist jenseits des Abs. 2 keinesfalls – auch nicht bei Missbrauchsverdacht oder fehlender Vollmacht – gestattet.[104] Nach der Rspr. sind bei konkreten, begründeten Zweifeln Rückfragen beim Verteidiger möglich; ebenso eine „Einlagenkontrolle", wenn sicher ausgeschlossen werden kann, dass dabei die Inhalte des Schreibens (wenn auch nur bruchstückhaft) wahrgenommen werden können.[105] Solange keine gegenteiligen Anhaltspunkte vorliegen, ist keine Vollmacht oder andere Bestätigung der Verteidigerstellung nötig.[106] Auch eine unnötige Verzögerung der Postweitergabe – zB durch generelle Rückfragen – widerspricht Abs. 1.[107]

18a Abs. 1 schützt **Verteidigungsunterlagen,** unabhängig davon, ob es sich um Kommunikation zwischen dem Beschuldigten und seinem Verteidiger handelt, oder um jeweils zur eigenen Vorbereitung des Verteidigers oder des Beschuldigten angefertigte Aufzeichnungen (z.B. Vermerke, Übersichten, Gesprächsmitschriften, Strategiepapiere).[108] Unterlagen **interner Untersuchungen** in (drohenden) Wirtschaftsstrafverfahren stellen nach vorzugswürdiger Auffassung jedenfalls dann Verteidigungsunterlagen dar, wenn der Unternehmensverteidiger sie im Rahmen einer zu Verteidigungszwecken durchgeführten internen Ermittlung angefertigt hat.[109] Dass der Verteidiger im Rahmen seiner Verteidigungstätigkeit eigene

[97] AllgA; ua LG Fulda 12.10.1999 – 2 Qs 51/99, StV 2000, 548 (550).

[98] LG Tübingen 14.2.2007 – 1 KLs 42 Js 13000/06, NStZ 2008, 653; AG Frankfurt a. M. 14.4.1988 – 91 Js 32948/86 – 931 Gs, StV 1988, 482; Wessing in BeckOK StPO Rn. 11; Wohlers in SK-StPO Rn. 28; vgl. aber BVerfG 30.1.2002 – 2 BvR 2248/00, NJW 2002, 1410.

[99] OLG München 30.11.2004 – 3 Ws 720-722/04, NStZ 2006, 300; LG Gießen 25.6.2012 – 7 Qs 100/12; Lüderssen/Jahn in Löwe/Rosenberg 20a; Wohlers in SK-StPO Rn. 30; vgl. aber Dahs GS Meyer, 1990, 61 (70).

[100] AllgLit; vgl. aber Dahs GS Meyer, 1990, 61.

[101] Willnow in KK-StPO Rn. 8; Welp GA 1977, 129 (141); vgl. BGH 15.3.1976 – AnwSt (R) 4/75, BGHSt 26, 304 = NJW 1976, 1700; OLG Dresden 17.6.1998 – 2 Ss (OWi) 134/98, NStZ 1998, 535; weiter Wohlers in SK-StPO Rn. 19.

[102] OLG Schleswig 6.12.2001 – 1 Ws 461/01, SchlHA 2002, 152.

[103] AllgLit ua OLG Karlsruhe 25.10.2004 – 1 Ws 374/04, NStZ-RR 2005, 60.

[104] OLG Bremen 19.5.2006 – Ws 81/06, StV 2006, 650; OLG Rostock 16.1.2003 – 2 Ws 8/02; OLG Karlsruhe 12.1.1987 – 1 Ws 264/85, NStZ 1987, 189; OLG Koblenz 30.1.1986 – 2 Vollz (Ws) 118/85, NStZ 1986, 332; LG München 22.2.2005 – 12 QS 01/05, StV 2006, 28; Willnow in KK-StPO Rn. 8; Schmitt in Meyer-Goßner/Schmitt Rn. 6 f.; Lüderssen/Jahn in Löwe/Rosenberg Rn. 18 f.; Wohlers in SK-StPO Rn. 25; aA LG Tübingen 14.2.2007 – 1 KLs 42 Js 13000/06, NStZ 2008, 653 (654 f.); Beulke in Satzger/Schluckebier/Widmaier StPO Rn. 18.

[105] OLG Frankfurt a. M. 12.11.2004 – 3 VAs 20/04, StraFo 2005, 73; OLG Frankfurt a. M. 23.10.2004 – 3 Ws 599-615/04, NStZ-RR 2005, 61; OLG Karlsruhe 12.1.1987 – 1 Ws 264/85, NStZ 1987, 188; vgl. OLG Frankfurt a. M. 13.5.2003 – 3 Ws 292/03, NStZ-RR 2003, 254 mwN.

[106] OLG Dresden 28.7.2006 – 2 Ws 624/05, NStZ 2007, 707 (708); aA OLG Frankfurt a. M. 10.8.2004 – 3 Ws 662, 663/04, StV 2005, 228.

[107] Ua OLG Frankfurt a. M. 12.11.2004 – 3 VAs 20, 23, 24/04, StV 2005, 226 (227); OLG Düsseldorf 4.6.1982 – 3 Ws 219/82, NJW 1983, 186; Wohlers in SK-StPO Rn. 26.

[108] OLG München 30.11.2004 – 3 Ws 720-722/04, NStZ 2006, 300.

[109] LG Stuttgart 26.3.2018 – 6 Qs 1/18, BeckRS 2018, 8717; LG Braunschweig 21.7.2015 – 6 Qs 116/15, BeckRS 2015, 16005.; sogar beim Nicht-Verteidiger: LG Mannheim, 3.7.2012 – 24 Qs 2/12, wistra 2012, 400.

Ermittlungen anstellen kann, steht außer Frage;[110] er kann sogar selbst unmittelbar Zeugen in die Hauptverhandlung laden (→ § 220 Rn. 8). Soweit – wie in der Praxis üblich – im Rahmen der internen Erhebung ausschließlich mit Datenspiegelungen und Kopien von Unterlagen gearbeitet wird und die Original-Beweisstücke und Daten im Unternehmen unverändert verbleiben, besteht kein Anlass, den Kopien, mit denen die Unternehmensverteidigung arbeitet, den Schutz des Abs. 1 vorzuenthalten. Im Gegenteil würde gerade die Einsichtnahme in eine vom Verteidiger im Zuge einer **E-Review** getroffenen Auswahl und Auswertung von Unternehmensdaten es den Ermittlungsbehörden erlauben, Rückschlüsse auf die Verteidigungsstrategie zu ziehen, was nicht mit Abs. 1 vereinbar wäre. Dieser Auffassung steht insbesondere nicht die sog. **Jones-Day-Entscheidung**[111] des BVerfG entgegen, die gerade kein Verteidigungsverhältnis und auch nicht die Schutzsphäre zwischen Beschuldigtem und dessen (nicht-verteidigendem) Rechtsanwalt betraf.

Durch Abs. 1 wird der Schutzbereich des § 97 erweitert; alle Schriftstücke, die von 19 Abs. 1 umfasst sind, unterfallen auch dem **Beschlagnahmeverbot des § 97.**[112] Auf die Gewahrsamsverhältnisse kommt es, anders als bei Nichtverteidigern,[113] nicht an; erfasst sind auch Schriftstücke, die bei Dritten aufgefunden werden.[114] § 97 Abs. 2 S. 3 normiert eine Ausnahme für den Fall, dass der Verteidiger der **Teilnahme oder Anschlussdelikten** verdächtig ist; hier ist nach der Rspr. des BGH eine Durchsicht der Unterlagen gestattet, eine Verwertung von Verteidigungsunterlagen hingegen ausgeschlossen.[115] Da dies zunächst eine inhaltliche Erfassung der Unterlagen und somit einen eklatanten Verstoß gegen Abs. 1 voraussetzt, kann dem nicht gefolgt werden; die §§ 138a ff. sind auch hier abschließend.[116] In dem Verfahren gegen den Mandanten besteht unstr. ein **Verwertungsverbot.**[117] Ebenso können Verteidigungsschreiben nicht im Verfahren gegen den Verteidiger (zB wegen Beleidigung) verwendet werden,[118] da der Schutz der Kommunikation nur dann eine effektive Wirkung entfalten kann, wenn er umfassend ist.[119]

Nach der Rspr. soll der **Insolvenzverwalter** als Folge der Spezialität des § 99 InsO 20 Verteidigerpost lesen dürfen; diese darf sodann aber nach § 97 InsO nicht im Strafverfahren verwertet werden.[120] Diese Auffassung kann allenfalls akzeptiert werden, wenn zugleich die Regelung zivilrechtlicher Angelegenheiten unter den Schutz des Abs. 1 fällt (→ Rn. 11) und eine absolute Fernwirkung des Verwertungsverbots in § 97 InsO anerkannt wird.[121]

III. Beschränkungen des Abs. 2

Abs. 2 eröffnet die Möglichkeit, die Rechte aus Abs. 1 von inhaftierten oder untergebrachten Beschuldigten, gegen die ein **Ermittlungsverfahren** wegen §§ 129a, b geführt 21

[110] Neuhaus in MAH Strafverteidigung § 15 Rn. 1 ff.
[111] BVerfG 27.6.2018 – 2 BvR 1405/17, 2 BvR 1780/17, NStZ 2019, 159.
[112] AllgA; ua LG Fulda 12.10.1999 – 2 Qs 51/99, StV 2000, 549 (550); Dahs GS Meyer, 1990, 61.
[113] Vgl. zu Wirtschaftsprüfern Kämpfer/Schwerdtfeger, WPg 2019, 236.
[114] BGH 25.2.1998 – 3 StR 490/97, BGHSt 44, 46 (50) = NJW 1998, 1963; 13.8.1973 – 1 BJs 6/71/StB 34/73, NJW 1973, 2035; LG Tübingen 14.2.2007 – 1 KLs 42 Js 13000/06, NStZ 2008, 653; Beulke FS Lüderssen, 2002, 693 (715).
[115] BGH 13.8.1973 – 1 BJs 6/71, StB 34/73, NJW 1973, 2035 mkritAnm Specht, NJW 1974, 65; Schmitt in Meyer-Goßner/Schmitt Rn. 8.
[116] Schlothauer/Weider/Nobis Untersuchungshaft Rn. 2095; Beulke FS Lüderssen, 2002, 693 (707 ff.); G. Schäfer FS Hanack, 1999, 77 (100) vgl. auch Rieß JR 1987, 77; aA BGH 24.3.1982 – 3 StR 28/82 (S), NJW 1982, 2508; Greven in KK-StPO § 97 Rn. 39.
[117] Beulke FS Lüderssen, 2002, 693 (707).
[118] Schäfer in Löwe/Rosenberg § 97 Rn. 96; aA BGH 27.3.2009 – 2 StR 302/08, BGHSt 53, 257 = NJW 2009, 2690 mAnm Wohlers, JR 2009, 523; zust. Anm. Ruhmannseder NJW 2009, 2647 und Gössel NStZ 2010, 288; mkritAnm Norouzi StV 2010, 670 und Barton JZ 2010, 102; bestätigt von BVerfG 20.5.2010 – 2 BvR 1413/09, NJW 2010, 2937; Wessing in BeckOK StPO Rn. 4; Schmitt in Meyer-Goßner/Schmitt Rn. 8; Beulke FS Lüderssen, 2002, 693 (706 f.).
[119] Vgl. Norouzi StV 2010, 670.
[120] BVerfG 6.11.2000 – 1 BvR 1746/00, NJW 2001, 745 mablAnm Marberth-Kubicki StV 2001, 433; AG Duisburg 3.5.2004 – 62 IN 345/03, ZVI 2004, 353; Wessing in BeckOK StPO Rn. 10; Willnow in KK-StPO Rn. 8; krit. Julius/Schiemann in Gercke/Julius/Temming/Zöller Rn. 5.
[121] Lüderssen/Jahn in Löwe/Rosenberg Rn. 17a; Wohlers in SK-StPO Rn. 24.

wird, einzuschränken. **Zweck** der Regelung ist die Unterbindung des Weiterführens bzw. Teilhabens an der Organisation während der U-Haft.[122] Die Regelung geht zurück auf die Verfahren gegen Mitglieder der RAF[123] und begegnet vielfältigen Bedenken,[124] genügt nach Rspr. des EGMR jedoch den Ansprüchen der EMRK.[125] Aus richterlicher Sicht ist die Überwachung weitgehend effektlos;[126] inwieweit dies aus Verteidiger- und Beschuldigtensicht bestätigt werden kann oder ob es nicht vielmehr zu einer (unbewussten) „Selbstzensur" beim Verfassen der Schreiben und damit uU zu einer Einschränkung der Verteidigung kommt, ist bislang nicht untersucht.

22 Die Regelung des Abs. 2 ist **abschließend,** mithin keiner analogen Auslegung zugänglich[127] und muss restriktiv ausgelegt werden.[128] Es muss kein **Haftbefehl** wegen §§ 129a, b StGB vorliegen, wohl aber dessen **Voraussetzung** gem. § 112.[129] Die Beschränkung nach Abs. 2 ist somit auch bei Strafhaft und parallelen Ermittlungsverfahren oder U-Haft wegen anderweitiger Haftbefehle möglich.[130] Die Vollstreckung eines Urteils wegen §§ 129a, b StGB ohne laufendes Ermittlungsverfahren ist nicht erfasst.[131] Von den Einschränkungen betroffen ist auch der Verteidiger, der den Beschuldigten in anderer Sache verteidigt.[132]

23 Die Anordnung der Einschränkungen des Abs. 2 setzt – nach dem seit dem 1.1.2010 geltenden Wortlaut „soll" – eine gerichtliche **Ermessensentscheidung** voraus.[133] Diese Anforderung ist ernst zu nehmen; die Einschränkungen nach Abs. 2 sind nur dann anzuordnen, wenn die Gefahren, die mit der Ausnahmevorschrift vermieden werden sollen (→ Rn. 21), auch tatsächlich bestehen und die Einschränkungen zudem geeignet sind, diese Gefahren abzuwenden.[134] **Zuständig** für Anordnung und Aufhebung ist der Haftrichter; wenn kein Haftbefehl wegen §§ 129a, b StGB besteht, ist der Richter zuständig, der für den Haftbefehlserlass zuständig wäre (S. 2). Nach Anklageerhebung ist das mit der Sache befasste Gericht zuständig (vgl. § 126 Abs. 2).[135] Der Richter entscheidet von Amts wegen; die Beteiligten sind vorher zu hören.[136]

24 Die **Durchführung** der Überwachung ist in § 148a geregelt. Wurde die Beschränkung angeordnet, muss der Absender – Verteidiger oder Beschuldigter – sein Einverständnis mit einer Kontrolle nach § 148a erklären; entweder generell oder für das konkrete Schriftstück. Andernfalls ist die Sendung an den Absender zurückzusenden. Die Menge der Sendungen darf nicht beschränkt werden.[137]

---

[122] BT-Drs. 7/4005, 12; BGH 14.12.1983 – 2 ARs 374/83, NStZ 1984, 177.

[123] Ausf. zur Gesetzgebungshistorie: Lüderssen/Jahn in Löwe/Rosenberg Rn. 22 ff.

[124] Wessing in BeckOK StPO Rn. 17; Julius/Schiemann in Gercke/Julius/Temming/Zöller Rn. 4; Lüderssen/Jahn in Löwe/Rosenberg Rn. 27 ff.; Wohlers in SK-StPO Rn. 38 mwN; Dahs NJW 1976, 2145; Welp GA 1977, 129 (140); Gohl FS Rebmann, 1989, 199; vgl. BT-Drs. 14/ 2860; Schnorr/Wissing ZRP 2001, 239.

[125] EGMR 5.7.2001 – 38321/97, NJW 2003, 1439.

[126] Gohl FS Rebmann, 1989, 199.

[127] BGH 17.2.1981 – 5 AR (Vs) 43/80, BGHSt 30, 37 = StV 1981, 241 mAnm Wächtler; OLG Nürnberg 20.6.2000 – WS 604/00, StV 2001, 39; OLG Stuttgart 9.4.1991 – 4 WS 17/91, NJW 1992, 61; allgLit.

[128] BVerfG 7.3.2012 – 2 BvR 988/10, StraFo 2012, 129 (130 f.); BGH 23.5.1989 – 1 BGs 151/89, BGHSt 36, 205 (208 f.) = NJW 1989, 2827 (2828) mAnm Müller-Dietz JZ 1989, 961.

[129] Willnow in KK-StPO Rn. 11; vgl. BGH 29.3.1989 – 1 BJs 33/89-6, NJW 1989, 2002; 14.12.1983 – 2 ARs 374/83, NStZ 1984, 177 (178); Lüderssen/Jahn in Löwe/Rosenberg Rn. 40; zu weit: OLG Stuttgart 9.6.1995 – 5 – 2 StE 2/95, NStZ-RR 1996, 142.

[130] BT-Drs. 16/11644, 34; Wessing in BeckOK StPO Rn. 17; Willnow in KK-StPO Rn. 11; Schmitt in Meyer-Goßner/Schmitt Rn. 18; nach aF OLG Celle 19.9.1979 – 2 Ws 140/79, NJW 1980, 1118.

[131] Schmitt in Meyer-Goßner/Schmitt Rn. 17; Wohlers in SK-StPO Rn. 41; aA Julius/Schiemann in Gercke/Julius/Temming/Zöller 17.

[132] BT-Drs. 16/11644, 34; Schmitt in Meyer-Goßner/Schmitt Rn. 20.

[133] BT-Drs. 16/11644, 14, 34.

[134] KG 12.1.2011 – (1) 2 StE 6/10 – 4 (6/10), StV 2011, 296; vgl. Lüderssen/Jahn in Löwe/Rosenberg Rn. 35.

[135] KG 12.1.2011 – (1) 2 StE 6/10 – 4 (6/10), StV 2011, 296; Willnow in KK-StPO Rn. 18.

[136] Lüderssen/Jahn in Löwe/Rosenberg Rn. 46 f.

[137] LG Stuttgart 27.9.1984 – 16 Qs 193-196/894, StV 1985, 67; Lüderssen/Jahn in Löwe/Rosenberg Rn. 16.

Zur Ergänzung der angeordneten Überwachung des Schriftverkehrs trifft **S. 3** Regelungen zu **Besuchen** des Verteidigers.[138] Nur wenn auch diese Beschränkungen angeordnet wurden, darf der Verteidigerbesuchsraum zur Verhinderung der Übergabe von Schriftstücken mit **Trennscheiben** ausgestattet sein (→ Rn. 12).[139] Andere Beschränkungen oder eine optische Überwachung der Besuche legitimiert S. 3 nicht; so ist weder die Anwesenheit eines Beamten noch die Durchsuchung mitgeführter Unterlagen zulässig. 25

IV. Rechtsfolgen bei Verstößen

Einschränkungen des Abs. 1 stellen einen Verstoß gegen den Grundsatz des **fairen Verfahrens** dar.[140] Bei Brieföffnungen entgegen Abs. 1 kann auch eine Strafbarkeit nach **§ 202 StGB** einschlägig werden.[141] Erkenntnisse aus einem Verstoß unterliegen einem umfassenden **Verwertungsverbot;**[142] dies gilt insbes. bei Eingriffen durch eine Beschlagnahme oder bei akustischer Überwachung.[143] Soweit Verwertungen im Verfahren gegen den Verteidiger als zulässig angesehen werden (→ Rn. 16, 19), besteht im Verfahren gegen dessen Mandanten weiterhin ein Verwertungsverbot; dies gilt insbes., wenn der Verdacht gegen den Verteidiger wieder entfallen ist.[144] Das Verwertungsverbot bezieht sich auf alle Verfahren des Mandanten.[145] In Anbetracht der überragenden rechtsstaatlichen Bedeutung des § 148 erstreckt sich dieses Verwertungsverbot zugunsten einer umfassenden Wirkung des Abs. 1 auch auf Verfahren gegen Dritte.[146] 26

Ein Verstoß gegen die Beschränkung des unüberwachten Verkehrs auf Verteidigungsangelegenheiten durch den Verteidiger kann eine Pflichtverletzung iSv **§ 43 BRAO**[147] und eine Ordnungswidrigkeit gem. **§ 115 Abs. 1 Nr. 1 OWiG** darstellen.[148] Des Weiteren kann der Missbrauch des Kommunikationsrechts – je nach Inhalt der Kommunikation – einen Ausschlussgrund nach **§ 138a Abs. 1 Nr. 2** darstellen. Es ist jedoch in jedem Einzelfall sorgfältig zu prüfen, ob der in Rede stehende Kommunikationsinhalt nicht doch eine Verteidigungsangelegenheit darstellte; die Abgrenzung kann schwierig sein. 27

V. Rechtsbehelfe

1. Rechtsschutz bei Abs. 1. Gegen Entscheidungen des **Haftrichters** können der Beschuldigte und der Verteidiger Beschwerde nach § 304 einlegen. Die Beschwerde gegen eine Versagung der Besuchserlaubnis ist sowohl im Namen des Beschuldigten als auch im Namen des (potentiellen) Verteidigers zulässig – dies gilt auch im Anbahnungsstadium.[149] Auch die Untätigkeitsbeschwerde ist statthaft.[150] 28

Gegen Einschränkungen in der **U-Haft** durch StA, Anstaltsleitung oder Entscheidungen des OLG bzw. des Ermittlungsrichters am BGH ist der Antrag auf Entscheidung des Haftrichters nach **§ 119 Abs. 5** (haftgrundbezogene Maßnahmen), **§ 119a** (haftvollzugsbezogene Maßnahmen) statthaft. Ergibt sich die Einschränkung aus generellen Regelungen der Anstalt oder Weisungen des Ministeriums, ist der Rechtsweg nach **§ 23 EGGVG** eröffnet.[151] 29

---

[138] BT-Drs. 8/1482, 13.
[139] BGH 17.2.1981 – 5 AR (Vs) 43/80, BGHSt 30, 37 = StV 1981, 241 mAnm Wächtler.
[140] BVerfG 7.3.2012 – 2 BvR 988/10, StraFo 2012, 129 (130).
[141] Grube JR 2009, 362 (365); Wilhelm StV 2006, 651.
[142] Postkontrolle: LG München 22.2.2005 – 12 QS 01/05, StV 2006, 28.
[143] G. Schäfer, FS Hanack, 1999, 77 (83).
[144] G. Schäfer, FS Hanack, 1999, 77 (101).
[145] Schlothauer/Weider/Nobis Untersuchungshaft Rn. 2094.
[146] Taschke StV 1990, 436 (437); Schlothauer/Weider/Nobis Untersuchungshaft Rn. 2097.
[147] AGH SchlH 19.6.1998 – 2 AGH 4–98, NJW-RR 1999, 209.
[148] OLG Dresden 17.6.1998 – 2 Ss (OWi) 134/98, NStZ 1998, 535.
[149] OLG Hamm 29.12.2009 – 3 Ws 504/09, NStZ 2010, 471; König StV 2011, 704 (706 f.).
[150] LG München I 7.3.2000 – 8 Qs 8/00, StV 2000, 517.
[151] OLG Hamm 4.10.2011 – 1 VAs 42/11, NStZ-RR 2012, 62; OLG Frankfurt a. M. 12.11.2004 – 3 VAs 20/04, StV 2005, 226 (227); OLG Nürnberg 7.6.2001 – VAs 567/01, NJW 2002, 694; OLG Karlsruhe 25.4.1997 – 2 VAs 8/97, NStZ 1997, 407 mkritAnm Schriever NStZ 1998, 159; Grube JR 2009, 362 (365); aA § 119a: Schlothauer/Weider/Nobis Untersuchungshaft Rn. 83.

Bestehen generelle Anordnungen, ist stets ein Fortsetzungsfeststellungsinteresse gegeben.[152] Dies gilt gleichermaßen für den für die Strafhaft maßgeblichen Rechtsmittelweg nach **§§ 108 ff. StVollzG.** Bei Entscheidungen einzelner JVA-Bediensteter muss vor Einlegung eines Rechtsmittels die Entscheidung der Anstaltsleitung eingeholt werden.[153]

30 **2. Rechtsschutz bei Abs. 2.** Entscheidungen nach Abs. 2 sind wegen der Zuständigkeit für §§ 129a, b-Verfahren generell solche des Ermittlungsrichters bei dem OLG oder dem BGH. Wegen § 304 Abs. 5 entfallen insofern in problematischer Weise wohl Rechtsschutzmöglichkeiten.[154] Um diese Rechtsschutzlücke zu schließen, kommt dem Beschuldigten in analoger Anwendung des § 119 Abs. 5 S. 1 ein Antragsrecht gegen die nach Abs. 2 getroffenen Anordnungen zu.[155] Bzgl. der konkreten Ausgestaltung der Vorrichtung nach Abs. 2 S. 3 durch die JVA ist ein Antrag nach § 23 EGGVG statthaft.[156]

31 **3. Revision.** Revisionsgründe können sich aus einer Beweisverwertung entgegen Abs. 1 ergeben (→ Rn. 16, 19 f., 26).[157] Dazu ist nach der Rspr. des BGH entgegen des Systems der StPO ein Widerspruch gegen die Verwertung in der Hauptverhandlung notwendig.[158] Des Weiteren kann mit der Revision die Einschränkung der Verteidigung durch ungerechtfertigte Beschränkungen der freien Kommunikation gerügt werden. Ein Urteil beruht indes nur dann auf dieser Verletzung, wenn dargelegt werden kann, dass sich die Einschränkung der Verteidigung bis in die Hauptverhandlung auswirkte. § 338 Nr. 8 ist einschlägig, soweit die Kommunikation betreffende Anträge in der Hauptverhandlung abgelehnt worden sind.[159]

§ 148a Durchführung von Überwachungsmaßnahmen

(1) [1]Für die Durchführung von Überwachungsmaßnahmen nach § 148 Abs. 2 ist der Richter bei dem Amtsgericht zuständig, in dessen Bezirk die Vollzugsanstalt liegt. [2]Ist eine Anzeige nach § 138 des Strafgesetzbuches zu erstatten, so sind Schriftstücke oder andere Gegenstände, aus denen sich die Verpflichtung zur Anzeige ergibt, vorläufig in Verwahrung zu nehmen; die Vorschriften über die Beschlagnahme bleiben unberührt.

(2) [1]Der Richter, der mit Überwachungsmaßnahmen betraut ist, darf mit dem Gegenstand der Untersuchung weder befaßt sein noch befaßt werden. [2]Der Richter hat über Kenntnisse, die er bei der Überwachung erlangt, Verschwiegenheit zu bewahren; § 138 des Strafgesetzbuches bleibt unberührt.

I. Übersicht

1 Die Norm wurde zum 20.9.1976 mit dem StGBuaÄndG zur Regelung der aufgrund § 148 Abs. 2 angeordneten Überwachung des Verteidigerschriftverkehrs von Inhaftieren in §§ 129a, b-Verfahren eingefügt. Anwendungsbereich der Norm ist nur die Durchführung der Überwachung des schriftlichen Verkehrs nach § 148 Abs. 2 S. 1; Maßnahmen nach § 148 Abs. 2 S. 3 sind vom Haftrichter anzuordnen und von der JVA umzusetzen. Abs. 1 und Abs. 2 dienen dem Ziel, die Vertraulichkeit der Kommunikation zwischen Verteidiger und Beschuldigtem und somit die effektive Verteidigung in möglichst geringem Maß zu beeinträchtigen. Nach Angaben der beteiligten Richter führen entsprechende Maßnahmen zu einer Verzögerung des Postweges und somit uU zu einer Verzögerung des Verfahrens.[1]

[152] OLG Dresden 28.7.2006 – 2 Ws 624/05, NStZ 2007, 707.
[153] OLG Hamm 4.10.2011 – 1 VAs 42/11, NStZ-RR 2012, 62.
[154] Offen gelassen: BGH 3.2.2021 – StB 5/21, BeckRS 2021, 1983.
[155] BGH 14.11.2017 – 4 BGs156/17, NStZ 2018, 154.
[156] Schmitt in Meyer-Goßner/Schmitt Rn. 25; Wohlers in SK-StPO Rn. 54.
[157] Ausf. Schlothauer/Weider/Nobis Untersuchungshaft Rn. 2082 ff.
[158] Vgl. BGH 25.2.1998 – 3 StR 490/97, BGHSt 44, 46 (47) = NJW 1998, 246.
[159] BGH 17.5.2011 – 1 StR 208/11, NStZ 2011, 592.
[1] Gohl FS Rebmann, 1989, 199; vgl. auch Welp GA 1977, 129 (142); § 148 Rn. 21.

II. Durchführung der Überwachung

Wurde die Beschränkung des Schriftverkehrs nach § 148 Abs. 2 angeordnet, sind dem nach Abs. 1 zuständigen Richter (→ Rn. 3) alle Schriftstücke und Gegenstände, die der Beschuldigte und sein Verteidiger austauschen wollen, mit deren Einverständnis vorzulegen (→ § 148 Rn. 24). Der Verteidiger kann die Schriftstücke zur Beschleunigung auch direkt dem zuständigen Richter vorlegen. 2

1. Zuständigkeit und Ausschluss. Der **zuständige Richter** (sog. Überwachungs- oder Leserichter) bestimmt sich nach dem AG-Bezirk, in dem der Beschuldigte tatsächlich inhaftiert ist.[2] Der Leserichter darf in keiner Weise mit der Untersuchung iSd – weit auszulegenden – § 264 befasst sein; auch nicht als Haftrichter gem. § 126 Abs. 1 S. 1. Da die Überwachung nach § 148 Abs. 2 alle Verfahren des Beschuldigten betrifft, muss dies für sämtliche gegen den Beschuldigten geführten Verfahren gelten; gleichermaßen für Verfahren gegen andere Personen wegen derselben Tat.[3] Die Tätigkeit als Leserichter ist für alle folgenden Befassungen mit der Sache ein **Ausschlussgrund;** dies gilt auch, wenn die Tätigkeit bereits beendet wurde. Umkehrt hindert die **vorherige Befassung** mit der Sache nicht die Tätigkeit als Leserichter; ebenso die Tätigkeit als Leserichter nicht weitere gleichzeitige oder spätere Tätigkeiten nach § 148a.[4] Nach der Rspr. bezieht sich der Ausschlussgrund des Abs. 2 S. 1 nicht auf den Richter, der im Rahmen einer Beschwerde mit der Überwachungsmaßnahme befasst ist;[5] unstr. können Kenntnisse aus dem Beschwerdeverfahren jedoch zur Befangenheit führen. Die Kenntnisse aus der Tätigkeit als Überwachungsrichter führen nach allgA auch zur Unvereinbarkeit mit der **Tätigkeit als StA.**[6] Dagegen ist die Auffassung, wonach auch eine anschließende Mitwirkung als Verteidiger durch Abs. 2 versagt ist,[7] abzulehnen. Zwar mögen bei der Tätigkeit als Wahlverteidiger Bedenken bestehen, soweit Kenntnisse über Mitbeschuldigte erlangt wurden;[8] jedoch ist der Ausschluss des **Verteidigers** an anderer Stelle abschließend geregelt. 3

2. Konkrete Durchführung. Eine Durchsicht der Papiere erfolgt lediglich im Hinblick auf etwaige Katalog(straf)taten nach § 138 StGB (→ Rn. 5 f.). Um den Eingriff in die freie Verteidigerkommunikation gering zu halten, besteht ein Recht auf **unverzügliche** Bearbeitung und Weitersendung. Das Gesetz erlaubt – in bewusster Entscheidung – nur die Kenntnisnahme durch den Richter. Jedoch wird die Zuhilfenahme eines **Dolmetschers** für zulässig zu erachten sein;[9] dies gilt jedoch nicht generell bei fremdsprachigen Schriften, sondern nur, wenn dies dem Richter für die konkrete Schrift notwendig erscheint.[10] Eindeutig vermeidbar – und unter keinen Umständen von der gesetzlichen Ermächtigung gedeckt – ist die Kenntnisnahme weiterer **Hilfskräfte;**[11] dementsprechend 4

[2] Ausf. Lüderssen/Jahn in Löwe/Rosenberg Rn. 2; vgl. BGH 30.1.1980 – 3 ARs 2/80, BGHSt 29, 196 (198) = NJW 1980, 1174.

[3] Wessing in BeckOK StPO Rn. 5; Willnow in KK-StPO Rn. 6; Schmitt in Meyer-Goßner/Schmitt Rn. 9.

[4] Stern in AK-StPO Rn. 10; Willnow in KK-StPO Rn. 5; Wohlers in SK-StPO Rn. 4; einschr. Lüderssen/Jahn in Löwe/Rosenberg Rn. 18.

[5] KG 26.10.1978 – 1 StE 2/77 (130/77), NJW 1979, 771; bestätigt von BGH 23.12.1981 – 3 StR 345/81(S), Pfeiffer/Miebach NStZ 1983, 208 (209); Willnow in KK-StPO Rn. 12; Schmitt in Meyer-Goßner/Schmitt Rn. 9; aA Lüderssen/Jahn in Löwe/Rosenberg Rn. 17; Wohlers in SK-StPO Rn. 18; vgl. auch BGH 30.1.1980 – 3 ARs 2/80, BGHSt 29, 196 (199) = NJW 1980, 1174.

[6] Schmitt in Meyer-Goßner/Schmitt Rn. 9.

[7] Lüderssen/Jahn in Löwe/Rosenberg Rn. 16; Schmitt in Meyer-Goßner/Schmitt Rn. 9.

[8] Wohlers in SK-StPO Rn. 17; weiter: Stern in AK-StPO Rn. 9; Willnow in KK-StPO Rn. 6; Lüderssen/Jahn in Löwe/Rosenberg Rn. 16; Schmitt in Meyer-Goßner/Schmitt Rn. 19.

[9] LG Köln 3.5.1988 – 107 Qs 225/88, StV 1988, 536; Stern in AK-StPO Rn. 11; Willnow in KK-StPO 8; Schmitt in Meyer-Goßner/Schmitt Rn. 11; Wohlers in SK-StPO Rn. 12; krit. Julius/Schiemann in Gercke/Julius/Temming/Zöller § 148 Rn. 21; aA Kreitner NStZ 1989, 5.

[10] LG Baden-Baden 4.11.1981 – Qs 273/81, NStZ 1982, 81.

[11] So aber OLG Stuttgart 24.3.1983 – 5 – 1 StE 2/82, NStZ 1983, 384; Stern in AK-StPO Rn. 11; Willnow in KK-StPO Rn. 8; Lüderssen/Jahn in Löwe/Rosenberg Rn. 12; krit. Julius/Schiemann in Gercke/Julius/Temming/Zöller Rn. 3; vgl. auch Willnow in KK-StPO Rn. 10.

ist die Tätigkeit des Leserichters auch so zu organisieren, dass dies ausgeschlossen werden kann.[12]

5 **3. Kompetenzen des Leserichters.** Nach **Abs. 1 S. 2** kann der Richter Schriftstücke oder Gegenstände, aus denen sich der Verdacht einer Katalogtat iSd § 138 StGB ergibt, vorläufig in Verwahrung nehmen, und diesen Verdacht anzeigen. Als Vorraussetzung dieser Durchbrechung der Schweigepflicht (→ Rn. 7) müssen konkrete Anhaltspunkte vorliegen; lediglich vage Vermutungen genügen nicht.[13] Obwohl die Regelung präventiven Zwecken dient, können diese Schriftstücke – in Durchbrechung des § 148 Abs. 1 – beschlagnahmt und im Strafverfahren verwendet werden.[14] Die Beschlagnahme kann nur durch Beschl. des zuständigen Richters gem. § 98 erfolgen (S. 2 aE); ergeht kein entspr. Beschl., muss der Leserichter die Ingewahrsamnahme aufheben.[15] Abs. 1 S. 2 gilt wegen der präventiven Ausrichtung nur für **bevorstehende und unbekannte Taten** iSd § 138 StGB.[16] Eine Ausdehnung auf bereits anhängige Ermittlungsverfahren wegen Dauerstraftaten wie § 129a StGB würde den engen Regelungen des Abs. 1 S. 2 und § 148 Abs. 1 widersprechen.[17] Zudem muss beachtet werden, dass zulässiges Verteidigerverhalten, welches indirekt der in Rede stehenden terroristischen Vereinigung nutzt, weiterhin zulässiges und privilegiertes Verteidigerverhalten bleibt.[18]

6 Abseits einer Anzeige nach § 138 StGB enthält Abs. 1 **keine weiteren Eingriffskompetenzen** des Richters. Dies ist nach dem Zweck der Einschränkung des § 148 Abs. 2 sachgerecht. Entgegen Zweck und Wortlaut der Regelung wird zuweilen ein Eingriffsrecht bei klarem Missbrauch der Kommunikationsfreiheit zu verteidigungsfremden Zwecken angenommen.[19] Dabei ist zu beachten, dass der Richter das Verteidigungskonzept nicht bewerten kann; bei der insofern gebotenen zurückhaltenden Beurteilung wird der Leserichter generell von einem Verteidigungszweck der Sendungen ausgehen müssen.[20] Im Falle der Beanstandung ist die Sendung zurückzusenden; dieser Schritt ist zudem zu begründen.[21] Im Falle einer Zurücksendung ist dem Verteidiger rechtliches Gehör zu gewähren. ZT wird eine Zurückweisungskompetenz auch bei einer Gefährdung der Sicherheit der Anstalt bzw. bei Anhaltspunkten für Verdunkelung oder Flucht[22] oder für die Vorbereitung von Strafta-

---

12 Vgl. Lüderssen/Jahn in Löwe/Rosenberg Rn. 12.
13 Welp GA 1977, 129 (135).
14 BGH 13.11.1989 – 1 BJs 33/89, StV 1990, 146 (146) mkritAnm Nestler-Tremel.
15 Willnow in KK-StPO Rn. 9; Schmitt in Meyer-Goßner/Schmitt Rn. 5; Wohlers in SK-StPO Rn. 7.
16 BGH v. 11.1989 – 1 BJs 33/89, StV 1990, 146 mAnm Nestler-Tremel; Welp GA 1977, 129 (135); vgl. BT-Drs. 7/5401, 6; BT-Drs. 7/4005, 10; aA Willnow in KK-StPO Rn. 9.
17 Stern in AK-StPO Rn. 4; Julius/Schiemann in Gercke/Julius/Temming/Zöller Rn. 1; Wohlers in SK-StPO Rn. 8; vgl. auch Welp GA 1977, 129 (135 ff.); BT-Drs. 7/5401, 6; aA BGH v. 11.1989 – 1 BJs 33/89, StV 1990, 146 (146 f.) mablAnm Nestler-Tremel; LG Köln 19.1.1979 – 37 Qs 27-28/79, NJW 1979, 1173; Schmitt in Meyer-Goßner/Schmitt Rn. 5.
18 BGH 3.10.1979 – 3 StR 264/79 (S), BGHSt 29, 99 = NJW 1980, 64; Wohlers in SK-StPO Rn. 6.
19 Ausf. OLG Hamburg 13.2.1979 – 5 Ws 1/79, NJW 1979, 1724; LG Frankfurt a. M. 25.8.1995 – 5/1 Qs 9/95, StV 1995, 645; LG Berlin 5.4.1988 – 1 Qs 32/88, StV 1988, 538; LG Baden-Baden 2.10.1981 – Qs 237/81, NStZ 1982, 81; Willnow in KK-StPO Rn. 8; Schmitt in Meyer-Goßner/Schmitt Rn. 3; offen: BayObLG 23.5.1979 – 1 St ObWs 1/79, BayObLGSt 1979, 65 = MDR 1979, 862 (864); krit. LG Regensburg 5.4.1988 – 1 Qs 32/88, StV 1988, 538; LG Stuttgart 10.4.1987 – 6 Qs 10/87, StV 1987, 540; Wohlers in SK-StPO Rn. 9; aA LG Köln 19.1.1979 – 37 Qs 27-28/79, NJW 1979, 1173; Wessing in BeckOK StPO Rn. 3; Julius/Schiemann in Gercke/Julius/Temming/Zöller Rn. 3; Lüderssen/Jahn in Löwe/Rosenberg Rn. 5; Welp GA 1977, 129 (141).
20 BayObLG 23.5.1979 – 1 St ObWs 1/79, BayObLGSt 1979, 65 = MDR 1979, 862 (864); LG Regensburg 5.4.1988 – 1 Qs 32/88, StV 1988, 538; LG Stuttgart 10.4.1987 – 6 Qs 10/87, StV 1987, 540; LG Stuttgart 27.9.1984 – 16 Qs 193/84, StV 1985, 67; LG Baden-Baden 2.10.1981 – Qs 237/81, NStZ 1982, 81; Lüderssen/Jahn in Löwe/Rosenberg Rn. 6; vgl. Willnow in KK-StPO Rn. 8.
21 Wessing in BeckOK StPO Rn. 4; Lüderssen/Jahn in Löwe/Rosenberg Rn. 8; Wohlers in SK-StPO Rn. 10.
22 OLG Stuttgart 24.3.1983 – 5 – 1 StE 2/82, NStZ 1983, 384; LG Stuttgart 27.9.1984 – 16 Qs 193-196/894, StV 1985, 67 (68); Wessing in BeckOK StPO Rn. 3; Schmitt in Meyer-Goßner/Schmitt Rn. 3.

ten, die nicht unter § 138 StGB fallen,[23] angenommen. Dagegen spricht jedoch, dass hierin ein Eingriff in die auch grundrechtlich geschützte Verteidigerkommunikation liegen würde, der nicht von einer ausdrücklichen gesetzlichen Ermächtigungsgrundlage getragen ist.[24]

III. Verschwiegenheitspflicht – Abs. 2 S. 2

Nach Abs. 2 S. 2 besteht für den Richter nicht nur ein Aussageverweigerungsrecht, sondern auch eine entsprechende Pflicht. Die Verschwiegenheitspflicht umfasst die gesamte Tätigkeit, also auch Wahrnehmungen hinsichtlich Anzahl und äußerer Umstände der vorgelegten Sendungen.[25] Ausgenommen ist alleine die Anzeige nach § 138 StGB; also ist – soweit überhaupt zulässig (→ Rn. 6) – auch der Umstand einer Zurückweisung von Sendungen von der Schweigepflicht erfasst.[26] Soweit Hilfskräfte in die Überwachung einbezogen werden (was ohnehin unzulässig ist), unterliegen diese nach allgM denselben Verpflichtungen. 7

IV. Rechtsbehelfe

Gegen die Anordnung der Überwachung ist wohl keine Beschwerde möglich.[27] Gegen Zurückweisungen und Ingewahrsamnahmen können Beschuldigter und Verteidiger Beschwerde einlegen;[28] eine Beschwerde kann auch auf das Vorbringen gestützt werden, es läge kein Verdacht iSd § 138 StGB vor. Die StA wird im Beschwerdeverfahren wegen der Verschwiegenheitspflicht des Leserichters nicht gehört.[29] 8

V. Revision

Die **Mitwirkung** des Leserichters als erkennender Richter oder Ersatzrichter ist ein Revisionsgrund nach **§ 338 Nr. 2.** Die Mitwirkung des Leserichters außerhalb der Hauptverhandlung oder in einer anderen Verfahrensrolle (→ Rn. 3) begründet die Revision nach § 337.[30] Wenn Erkenntnisse entgegen **Abs. 2 S. 2** in das Verfahren eingeflossen sind, liegt ebenfalls ein Revisionsgrund vor.[31] Dies gilt auch dann, wenn die StA Erkenntnisse über eine Anzeige nach § 138 StGB erlangt hat, das betreffende Verfahren aber eingestellt wurde.[32] Ebenso ist eine Rüge nach § 337 möglich, wenn sich Entscheidungen des Leserichters bis in die Hauptverhandlung ausgewirkt haben. 9

§ 149 Zulassung von Beiständen

(1) [1]Der Ehegatte oder Lebenspartner eines Angeklagten ist in der Hauptverhandlung als Beistand zuzulassen und auf sein Verlangen zu hören. [2]Zeit und Ort der Hauptverhandlung sollen ihm rechtzeitig mitgeteilt werden.

(2) Dasselbe gilt von dem gesetzlichen Vertreter eines Angeklagten.

---

23 Wohlers in SK-StPO Rn. 9.

24 LG Köln 19.1.1979 – 37 Qs 27-28/79, NJW 1979, 1173; Lüderssen/Jahn in Löwe/Rosenberg Rn. 5; Welp GA 1977, 129 (141).

25 Wessing in BeckOK StPO Rn. 6; Julius/Schiemann in Gercke/Julius/Temming/Zöller Rn. 5; Wohlers in SK-StPO Rn. 14; aA Willnow in KK-StPO Rn. 10; Schmitt in Meyer-Goßner/Schmitt Rn. 10.

26 Willnow in KK-StPO Rn. 10; Lüderssen/Jahn in Löwe/Rosenberg Rn. 8, 12; Wohlers in SK-StPO Rn. 10.

27 § 148 Rn. 30; vgl. aber Lüderssen/Jahn in Löwe/Rosenberg Rn. 20; offen gelassen: BGH 3.2.2021 – StB 5/21, BeckRS 2021, 1983.

28 BGH 29.1.1980 – 1 StR 683/79, BGHSt 29, 196 = NJW 1980, 1174; allgM; ausf. Wohlers in SK-StPO Rn. 20.

29 BayObLG 3.10.1979 – 3 StR 264/79 (S), BayObLGSt 1979, 65 = MDR 1979, 862 (863); Schmitt in Meyer-Goßner/Schmitt Rn. 12; Wohlers in SK-StPO Rn. 21.

30 Wohlers in SK-StPO Rn. 22.

31 Stern in AK-StPO Rn. 13; Julius/Schiemann in Gercke/Julius/Temming/Zöller Rn. 7; Willnow in KK-StPO Rn. 13; Lüderssen/Jahn in Löwe/Rosenberg Rn. 22; Wohlers in SK-StPO Rn. 23.

32 Wessing in BeckOK StPO Rn. 8; Lüderssen/Jahn in Löwe/Rosenberg Rn. 22; Wohlers in SK-StPO Rn. 23.

(3) Im Vorverfahren unterliegt die Zulassung solcher Beistände dem richterlichen Ermessen.

I. Allgemeines

1 Der Beistand ersetzt nicht das Institut der Verteidigung, sondern ergänzt es.[1] Die Norm entstammt in ihren Ursprüngen einer patriarchalen Gesellschaftsordnung, die den Ehemann als Fürsprecher seiner unmündigen Frau ansah.[2] Seit 1950 ist die Norm geschlechtsneutral formuliert.[3] In zeitgemäßer Auslegung ermöglicht die Norm den Beistand einer nahestehenden Person jenseits der formellen Verteidigung.[4]

II. Zulassung – Abs. 1 S. 1

2 Die Zulassung setzt einen **Antrag** voraus.[5] Die Antragstellung kann auch durch den Verteidiger erfolgen.[6] Zur Ermöglichung der Rechtswahrnehmung sollte ein entspr. Hinweis des Gerichts an in der Hauptverhandlung anwesende Personen des Abs. 1 S. 1 oder Abs. 2 ergehen.[7] Eine Zulassung von Amts wegen erfolgt auch beim Beistand nach Abs. 2 nicht.[8] Nach einer überkommenen Auffassung soll nur der mögliche Beistand **antragsberechtigt** sein.[9] Entgegen der Rspr. folgt dies nicht aus dem Wortlaut der Norm;[10] richtigerweise entscheidet der geschäftsfähige Beschuldigte als Subjekt des Verfahrens autonom darüber, wer ihm Beistand leisten soll; die Gegenauffassung entspringt einem veralteten Rollenverständnis von Mann und Frau (→ Rn. 1). Daher ist mindestens die widerrufliche **Zustimmung** des Beschuldigten erforderlich.[11]

3 Nach Anklageerhebung besteht kein Ermessen, sondern ein **Rechtsanspruch** auf **sofortige** Zulassung durch den Vorsitzenden.[12] Eine weitere Verfahrensrolle als Mitangekl. oder Zeuge steht dem nicht im Wege.[13] Im **Ermittlungsverfahren** ist der Antrag über die StA zu stellen; die Zulassung erfolgt durch Ermessensentscheidung des Vorsitzenden des voraussichtlich für die Hauptsache zuständigen Gerichts, vgl. § 142 Abs. 3.[14] IdR entspricht nur die Zulassung des Beistands dem pflichtgemäßen Ermessen.[15] Entfallen die Voraussetzungen der Zulassung, ist diese zu **widerrufen.**[16]

---

[1] Vgl. BGH 8.5.1953 – 2 StR 690/52, BGHSt 4, 205 = NJW 1953, 1233; vgl. aber Kaum, Der Beistand im Strafprozeßrecht 44 ff.

[2] OLG Düsseldorf 2.11.1978 – 5 Ss (OWi) 536, 600/78 I, NJW 1979, 938; Julius/Schiemann in Gercke/Julius/Temming/Zöller Rn. 1; Lüderssen/Jahn in Löwe/Rosenberg Rn. 4; vgl. RG 6.11.1891 – 2486/91, RGSt 22, 198 (199); Köhler FamRZ 1955, 239 (241 f.).

[3] BGBl. I 455; vgl. Köhler FamRZ 1955, 239.

[4] Vgl. Wollweber NJW 1999, 620.

[5] RG 5.6.1908 – IV 426/08, RGSt 41, 348; allgA.

[6] BGH 8.5.1953 – 2 StR 690/52, BGHSt 4, 205 = NJW 1953, 1233.

[7] Vgl. Lüderssen/Jahn in Löwe/Rosenberg Rn. 17; Wohlers in SK-StPO Rn. 6.

[8] KG 21.1.2005 – (5) 1 Ss 475/04, FamRZ 2005, 1776 Ls.; Lüderssen/Jahn in Löwe/Rosenberg Rn. 8; Schmitt in Meyer-Goßner/Schmitt Rn. 1.

[9] So OLG Düsseldorf 2.11.1978 – 5 Ss (OWi) 536, 600/78 I, NJW 1979, 938; Wessing in BeckOK StPO Rn. 2; Julius/Schiemann in Gercke/Julius/Temming/Zöller Rn. 4; Schmitt in Meyer-Goßner/Schmitt Rn. 1; Kaum, Der Beistand im Strafprozeßrecht 53; aA Stern in AK-StPO Rn. 1; Lüderssen/Jahn in Löwe/Rosenberg Rn. 17; Wohlers in SK-StPO Rn. 6.

[10] Kaum, Der Beistand im Strafprozeßrecht 53.

[11] Wessing in BeckOK StPO Rn. 3; Julius/Schiemann in Gercke/Julius/Temming/Zöller Rn. 1, 3; Lüderssen/Jahn in Löwe/Rosenberg Rn. 4; Wohlers in SK-StPO Rn. 7; vgl. auch ausf. Köhler FamRZ 1955, 239; aA RG 31.5.1905 – 3835/04, RGSt 38, 106; Willnow in KK-StPO Rn. 1; Schmitt in Meyer-Goßner/Schmitt Rn. 1; Kaum, Der Beistand im Strafprozeßrecht 54.

[12] BGH 27.6.2001 – 3 StR 29/01, BGHSt 47, 62 (63); 8.5.1953 – 2 StR 690/52, BGHSt 4, 205 = NJW 1953, 1233; OLG Köln 13.2.1990 – Ss 66/90 (Z), VRS 79, 53; für das Zwischenverfahren diff. Lüderssen/Jahn in Löwe/Rosenberg Rn. 12; Wohlers in SK-StPO Rn. 13.

[13] BGH 8.5.1953 – 2 StR 690/52, BGHSt 4, 205 = NJW 1953, 1233; RG 6.11.1891 – 2486/91, RGSt 22, 198 (199); allgLit.

[14] Ausf. Lüderssen/Jahn in Löwe/Rosenberg Rn. 13; Julius/Schiemann in Gercke/Julius/Temming/Zöller Rn. 4; Schmitt in Meyer-Goßner/Schmitt Rn. 2; Wohlers in SK-StPO Rn. 10.

[15] Vgl. Kaum, Der Beistand im Strafprozeßrecht 58.

[16] Lüderssen/Jahn in Löwe/Rosenberg Rn. 19: nur deklaratorisch: Wohlers in SK-StPO Rn. 4.

III. Mitteilungspflicht – Abs. 1 S. 2

Der Termin muss dem zugelassen Beistand (→ Rn. 2) rechtzeitig – in Orientierung an §§ 217 f. – mitgeteilt werden; eine förmliche Ladung ist nicht vorgesehen.[17] Die Mitteilungspflicht wird bereits ausgelöst durch die vorherige Ankündigung in der Hauptverhandlung, die Zulassung als Beistand beantragen zu wollen.[18] Dass eine Mitteilung nur nach Tätigwerden des potentiellen Beistands erfolgt, ist bei bestehender Betreuung für den Bereich „Vertretung vor Behörden und Gerichten" problematisch.[19] 4

IV. Rechte des Beistands

Der Beistand hat ein **Anwesenheitsrecht** in der Hauptverhandlung; dieses ist jedoch bei gleichzeitiger Zeugeneigenschaft durch § 58 Abs. 1 beschränkt.[20] In diesem Fall besteht ein Recht auf eine möglichst frühe Vernehmung.[21] Das Anwesenheitsrecht besteht unabhängig von dem des Angekl., also auch bei dessen Ausschluss oder Abwesenheit.[22] Der Ausschluss des Beistands ist in entspr. Anwendung des § 247 möglich.[23] 5

Neben der Anwesenheit beschränkt sich sein Recht auf die Beratung des Angekl. und die tatsächliche und rechtliche **Stellungnahme zur Sache;**[24] dazu zählen Erklärungen iSd § 257, das Recht aus § 258 Abs. 1, 3 und Befragungen des Zeugen.[25] Weitere **prozessuale Rechte** stehen dem Beistand nach hM nicht zu;[26] allerdings wird man ihm zur Wahrnehmung seiner Rechte ein dem Beschuldigten entspr. Akteneinsichtsrecht zugestehen müssen.[27] Der Beistand kann keine prozessualen Rechte des Beschuldigten wahrnehmen, insbes. keine Rechtsmittel einlegen;[28] allerdings ergibt sich dieses Recht für den gesetzlichen Vertreter aus § 298 Abs. 1. Der Beistand kann sich des Beistands eines Rechtsanwalts bedienen.[29] Einen Anspruch auf Kostenerstattung hat er nicht.[30] 6

Zur **Beratung des Angeklagten** muss die Möglichkeit akustisch unüberwachter Gespräche bestehen; dies entspricht auch der Garantie des Art. 6 Abs. 3 lit. c EMRK.[31] Auch wenn solche abgelehnt werden, darf der Beistand keinesfalls auf die Besuchsregelungen 7

---

17 BGH 23.4.1998 – 4 StR 57/98, BGHSt 44, 82 (84) = NJW 1998, 2296; KG 21.1.2005 – (5) 1 Ss 475/04 (73/04), FamRZ 2005, 1776 Ls.

18 Lüderssen/Jahn in Löwe/Rosenberg Rn. 8; Wohlers in SK-StPO Rn. 14.

19 Vgl. KG 21.1.2005 – (5) 1 Ss 475/04 (73/04), FamRZ 2005, 1776 Ls.

20 BGH 27.6.2001 – 3 StR 29/01, BGHSt 47, 62 (64) = NJW 2001, 3349 (3350); RG 6.11.1891 – 2486/91, RGSt 22, 198 (199); allgLit.

21 Vgl. BGH 8.5.1953 – 2 StR 690/52, BGHSt 4, 205 = NJW 1953, 1233; Julius/Schiemann in Gercke/Julius/Temming/Zöller Rn. 7; Lüderssen/Jahn in Löwe/Rosenberg Rn. 16; Wohlers in SK-StPO Rn. 17.

22 Julius/Schiemann in Gercke/Julius/Temming/Zöller Rn. 5; Lüderssen/Jahn in Löwe/Rosenberg Rn. 3.

23 BGH 27.6.2001 – 3 StR 29/01, BGHSt 47, 62 (65) = NJW 2001, 3349 (3350 f.); ausf. Lüderssen/Jahn in Löwe/Rosenberg Rn. 21b; Wohlers in SK-StPO Rn. 16.

24 OLG Düsseldorf 6.5.1997 – 3 Ws 221-222/97 ua, NJW 1997, 2533; Schmitt in Meyer-Goßner/Schmitt Rn. 3.

25 BGH 27.6.2001 – 3 StR 29/01, BGHSt 47, 62 (63) = NJW 2001, 3349; BGH 23.4.1998 – 4 StR 57/98, BGHSt 44, 82 (86) = NJW 1998, 2296; Wessing in BeckOK StPO Rn. 4; Julius/Schiemann in Gercke/Julius/Temming/Zöller Rn. 5; Willnow in KK-StPO Rn. 6; Lüderssen/Jahn in Löwe/Rosenberg Rn. 6; Wohlers in SK-StPO Rn. 19; Meyer-Goßner § 240 Rn. 3; Kaum, Der Beistand im Strafprozeßrecht 65 f.; aA BayObLG 15.12.1997 – 2 St RR 244/97, BayObLG 97, 165 = NJW 1998, 1655 mablAnm Wollweber NJW 1999, 620; Frister in SK-StPO § 240 Rn. 9.

26 AllgA; aA Kaum, Der Beistand im Strafprozeßrecht 66 ff.

27 Kaum, Der Beistand im Strafprozeßrecht 68 ff.

28 OLG Düsseldorf 6.5.1997 – 3 Ws 221-222/97 ua, NJW 1997, 2533.

29 BGH 23.4.1998 – 4 StR 57/98, BGHSt 44, 82 (85) = NJW 1998, 2296 (2297); Julius/Schiemann in Gercke/Julius/Temming/Zöller Rn. 5; Willnow in KK-StPO Rn. 2; Lüderssen/Jahn in Löwe/Rosenberg Rn. 5; Schmitt in Meyer-Goßner/Schmitt Rn. 3; weiter Wohlers in SK-StPO Rn. 23.

30 OLG Köln v. 21.4.1987 – 2 Ws 173/87; LG Offenburg 6.6.2007 – 8 KLs 14 Js 15196/06, Rpfleger 2007, 625.

31 Julius/Schiemann in Gercke/Julius/Temming/Zöller Rn. 2, 5; einschr. BGH 23.4.1998 – 4 StR 57/98, BGHSt 44, 82 (86 ff.) = NJW 1998, 2296 (2297 f.); Schmitt in Meyer-Goßner/Schmitt Rn. 3; Wohlers in SK-StPO Rn. 20.

der U-Haft verwiesen werden.[32] Des Weiteren ergibt sich aus der Beratungsfunktion das Recht auf entsprechende Gelegenheiten im Rahmen der Hauptverhandlung.[33]

V. Gesetzlicher Vertreter – Abs. 2

8 Die gesetzlichen Vertreter von Minderjährigen werden zwar von Abs. 2 umfasst, indes sind ihre Rechte in §§ 67, 69 JGG weitergehend geregelt. Relevant ist Abs. 2 daher vor allem für den Betreuer, der nach §§ 1896 Abs. 2 S. 2, 1902 BGB im Rahmen seines Aufgabenfeldes gesetzlicher Vertreter ist.[34]

VI. Rechtsmittel

9 Dem potentiellen Beistand, dem Beschuldigten und der StA steht ein eigenes **Beschwerderecht** gegen die Nichtzulassung zu.[35] Gegen eine erfolgte Zulassung können StA und Beschuldigter Beschwerde einlegen.[36]

10 Die Nichtzulassung stellt eine **Verletzung des rechtlichen Gehörs** iSd § 80 Abs. 1 Nr. 2 OWiG dar.[37] Ein **Revisionsgrund** gem. § 338 Nr. 2 ergibt sich daraus jedoch nicht.[38] Allerdings kann das Urteil auf der fehlenden oder verspäteten Zulassung beruhen;[39] ebenso auf anderen Beschränkungen der Rechte des Beistands, wie dem Unterlassen der Mitteilung nach Abs. 1 S. 2.[40] Auch Entscheidungen vor der Hauptverhandlung können nach § 337 gerügt werden.[41]

§ 150 (weggefallen)

[32] Vgl. Kaum, Der Beistand im Strafprozeßrecht 80.
[33] Vgl. BayObLG 15.12.1997 – 2St RR 244/97, BayObLG 97, 165 = NJW 1998, 1655.
[34] KG 21.1.2005 – (5) 1 Ss 475/04, FamRZ 2005, 1776 Ls.; ausf. Elzer BtPrax 2000, 139; Lüderssen/Jahn in Löwe/Rosenberg Rn. 1; Schmitt in Meyer-Goßner/Schmitt Rn. 1; einschr. Wohlers in SK-StPO Rn. 3; offen BGH 7.5.1996 – 5 StR 169/96, NStZ 1996, 610; aA BGH 23.4.2008 – 1 StR 165/08, NStZ 2008, 524; Wessing in BeckOK StPO Rn. 1; Julius/Schiemann in Gercke/Julius/Temming/Zöller Rn. 3.
[35] OLG Düsseldorf 6.5.1997 – 3 Ws 221-222/97 ua, NJW 1997, 2533; allgLit.
[36] Julius/Schiemann in Gercke/Julius/Temming/Zöller Rn. 6; Willnow in KK-StPO Rn. 7; Schmitt in Meyer-Goßner/Schmitt Rn. 5; Wohlers in SK-StPO Rn. 24.
[37] OLG Köln 13.2.1990 – Ss 66/90 (Z), VRS 79, 53.
[38] BGH 27.6.2001 – 3 StR 29/01, BGHSt 47, 62 (67 f.) = NJW 2001, 3349.
[39] BGH 8.5.1953 – 2 StR 690/52, BGHSt 4, 205 = NJW 1953, 1233 (1234); Julius/Schiemann in Gercke/Julius/Temming/Zöller Rn. 8; Schmitt in Meyer-Goßner/Schmitt Rn. 5; Wohlers in SK-StPO Rn. 26.
[40] Julius/Schiemann in Gercke/Julius/Temming/Zöller Rn. 8; Schmitt in Meyer-Goßner/Schmitt Rn. 5; Wohlers in SK-StPO Rn. 26; weiter: Lüderssen/Jahn in Löwe/Rosenberg Rn. 20 ff.; offen: BGH 23.4.1998 – 4 StR 57/98, BGHSt 44, 82 (84 f.) = NJW 1998, 2296; KG 21.1.2005 – (5) 1 Ss 475/04, FamRZ 2005, 1776 Ls.
[41] Willnow in KK-StPO Rn. 8.

Sachverzeichnis

Bei den fettgedruckten Zahlen handelt es sich um den jeweiligen Paragraf, die mager gedruckten Zahlen weisen die Randnummern aus.

A

E

H

L

O

U

V

W

Z